ISBN 978-0-666-03657-5
PIBN 11034072




FB &c Ltd, Dalton House, 60 Windsor Avenue, London, SW19 2RR.
Company number 08720141. Registered in England and Wales.

For support please visit www.forgottenbooks.com

# NUEVO DICCIONARIO

# FRANCES-ESPAÑOL

Y

# ESPAÑOL-FRANCES

IMPRENTA DE GARNIER HERMANOS
Rue des Saints-Pères, 6, Paris.

# NUEVO DICCIONARIO

# FRANCES-ESPAÑOL

Y

# ESPAÑOL-FRANCES

**CON LA PRONUNCIACION FIGURADA EN AMBAS LENGUAS**

ARREGLADO CON PRESENCIA DE LOS MATERIALES REUNIDOS PARA ESTA OBRA

POR D. VICENTE SALVÁ y Pérez

Y CON OTROS SACADOS DE LOS DICCIONARIOS ANTIGUOS Y MODERNOS MAS ACREDITADOS

COMPUESTO CON MEJOR MÉTODO, MAS EXACTO CORRECTO Y COMPLETO QUE TODOS LOS PUBLICADOS HASTA EL DIA

POR D. J. B. GUIM

DOCTOR EN LEYES

LICENCIADO EN CÁNONES, Y CATEDRÁTICO QUE FUE DE HUMANIDADES EN LA REAL UNIVERSIDAD DE CERVERA

DUODECIMA EDICION

PARIS

LIBRERIA DE GARNIER HERMANOS

6, RUE DES SAINTS-PÈRES, 6

1889

# ADVERTENCIAS.

---

...o queda advertido en el Prólogo, pág. v, habiéndose empleado la letra bastardilla ...a pronunciacion figurada, los sonidos que no se hallan en la lengua castellana se re-...tan con caractéres redondos. Dichos sonidos deben llamar la atencion del lector, quien ...procurar oírlos de la viva voz, si no los conoce; y son los siguientes :

| SONIDOS. | SIGNOS. | EJEMPLOS. | | | |
|---|---|---|---|---|---|
| ... | ch. | Charité, chercher. | léase | *charité, cherché.* | |
| ...tes de e ó i. | g. | Gémir, gibier. | — | *gemir, gibié.* | |
| ...tes de toda vocal. | j. | Jardinier, joli, jupe. | — | *jardinié, joli, jup.* | |
| ...re dos vocales. | s. | Asile, rosée. | — | *asil, rosé.* | Es igual el sonido de estas dos letras, siendo algo sibilante. |
| ...nde quiera que se halle. | z. | Zèle, azote, gaz. | — | *sél, asót, gás.* | |
| ... | u. | Dur, assurer. | — | *dúr, asuré.* | |
| ...pu. | eu. | Feu, vœu. | — | *feu, veu.* | |
| ...s nasales. | n. | Enfant. | — | *enfén.* | |
| | | Remplir. | — | *ranplir.* | |
| | | Un. | — | *eun.* | |
| | | Parfum. | — | *parfeun.* | |

...voces en que el un y el um se pronuncian en, como se ha notado en el Prólogo, pág. vi.

...a indicar bien y facilitar el modo de pronunciar en frances la *e* muda, hemos adoptado ...odo de suprimirla cuando deja de percibirse enteramente, y la figuramos de redondo ...o sin ella la pronunciacion seria difícil. Siempre que de suprimir la *e* muda resulte una ...nciacion chocante ó muy violenta, hágase sentir esa *e*, pero lo ménos posible, teniendo ...a casi cerrada, pues la buena pronunciacion de la *e* muda da mucha suavidad y gracia ...ngua francesa. Véase lo que se dice al fin del aparte que empieza *Una de las mejoras* ...pág. v.

...h, cuando es aspirada, queda con letra bastardilla en la pronunciacion figurada, y se ...me cuando es muda. Véase la introduccion á la letra H, y en las pág. siguientes las vo-...s la tienen aspirada. Importa sobre todo saber si la *h* es aspirada ó muda cuando va ...lida de una palabra que termine en consonante, para hacer ó no lo que los Franceses ...a *liaison.*

---

# EXPLICACION

## DE LAS ABREVIATURAS DE LA PARTE FRANCESA-ESPAÑOLA DE ESTE DICCIONARIO.

| | |
|---|---|
| a. | Verbo activo. |
| absol. | Absolutamente. |
| Acúst. | Acústica. |
| adj. | Adjetivo. |
| adj. y s. | Adjetivo y sustantivo. |
| adj. m. | Adjetivo masculino. |
| adj. f. | Adjetivo femenino. |
| adj. num. | Adjetivo numeral. |
| adj. demost | Adjetivo demostrativo. |
| adjetiv. | Adjetivamente. |
| Adm. | Administracion. |
| adv. | Adverbio. |
| adv. vulg. | Adverbio vulgar |
| Agr. | Agricultura. |
| Agrim. | Agrimensura. |
| Agron. | Agronomía. |
| Alb. ó Albañ. | Albañilería. |
| Albeit. | Albeitería. |
| Alg. | Álgebra. |
| Alf. | Alfarería. |
| Alquim. | Alquimia. |
| Anat. | Anatomía. |
| ant. | Anticuado. |
| Antig. | Antigüedades. |
| Antig. gr. | Antigüedades griegas. |
| Antig. rom. | Antigüedades romanas. |
| Arit. | Aritmética. |
| Arq. ó Arquit. | Arquitectura. |
| Arqueol. | Arqueología. |
| Art. | Artes. |
| art. ó artic. | Artículo. |
| art. cont. | Artículo contraido. |
| Artill. | Artillería. |
| Astr. ó Astron. | Astronomía. |
| Astrol. | Astrología. |
| aum. | Aumentativo. |
| Bell. art. | Bellas artes. |
| Bol. | Bolsa. |
| Blas. | Blason. |
| Bot. | Botánica. |
| burl. | Burlesco. |
| Cald. | Caldereria. |
| Calig. | Caligrafía. |
| Canc. apost. | Cancillería apostólica. |
| Canter. | Cantería. |
| Carb. | Carbonería. |
| Carp. | Carpintería. |
| Carr. | Carretería ó Carruajes. |
| Cas. | Casa. |
| Cerraj. | Cerrajería. |
| Cetr. | Cetrería. |
| Cir. | Cirugía. |
| Coc. | Cocina. |
| Colect. | Colectivo ó colectivamente. |
| Com. | Comercio. |
| Conf. | Confitería. |
| conj. | Conjuncion. |
| Cont. mil. | Contabilidad militar. |
| Chan. rom. | Chancillería romana. |
| Dan. | Danza. |
| Decl. | Declamacion. |
| Der. can. | Derecho canónico. |
| Dib. | Dibujo. |
| Didáct. | Didáctica. |
| dim. | Diminutivo. |
| Diplom. | Diplomacia. |
| Dogm. | Dogmático. |
| Dor. | Dorado. |
| Dram. | Dramático. |
| Econ. polít. | Economía política. |
| Encuad. | Encuadernacion. |
| Entom. | Entomología. |
| Equin. | Equinodermos. |
| Equit. | Equitacion. |
| Erpet. | Erpetología. |
| Esc. ó Escult. | Escultura. |
| Esgr. | Esgrima. |
| expr. adv. | Expresion adverbial. |
| f. | Sustantivo femenino. |
| fam. | Familiarmente, familiar. |
| Farm. | Farmacia. |
| Feud. | Feudalismo, feudal. |
| Fil. | Filosofía. |
| Filol. | Filología |
| Fís. | Física. |
| Fisiol. | Fisiología. |
| For. | Voz forense. |
| Fort. | Fortificacion. |
| Fós. | Fósil. |
| fras. met. | Frase metafórica. |
| fras. prov. | Frase proverbial. |
| Fren. | Frenología. |
| Fund. | Fundicion. |
| Geneal. | Genealogía. |
| Geog. | Geografía. |
| Geol. | Geología. |
| Geom. | Geometría. |
| Gnom. | Gnomónica. |
| Grab. | Grabado. |
| Gram. | Gramática. |
| Gram. gr. | Gramática griega. |
| Guarn. | Guarnicionería. |
| Hidr. | Hidráulica. |
| Hig. | Higiene. |
| Hist. | Historia. |
| Hist. ecles. | Historia eclesiástica. |
| Hist. rel. | Historia religiosa. |
| Hist. ant. | Historia antigua. |
| Hist. nat. | Historia natural. |
| Hort. | Horticultura. |
| Iconol. | Iconología. |
| Ictiol. | Ictiología. |
| Impr. | Imprenta. |
| impers. | Verbo impersonal. |
| indecl. | Indeclinable. |
| indef | Indefinido. |
| Infus. | Infusorios. |
| Ing. | Voz de los ingenieros. |
| interj. | Interjeccion. |
| inus. | Inusitado. |
| irón. | Irónico ó irónicamente. |
| irr. | Irregular. |
| Jard. | Jardinería. |
| Jin. | Voz de la Jineta. |
| joc. | Jocoso. |
| Jurisp. | Jurisprudencia. |
| Lapid. | Lapidario. |
| lat. for. | Latino forense. |
| Legis. | Legislacion. |
| Legis. ing. | Legislacion inglesa. |
| Libr. | Librería. |
| Lit. | Literatura. |
| Liturg. | Liturgia. |
| loc. | Locucion. |
| loc. adv. | Locucion adverbial. |
| loc. lat. | Locucion latina. |
| loc. adv. lat. | Locucion adverbial latina. |
| loc. conj. | Locucion conjuntiva. |
| loc. prep. | Locucion prepositiva. |
| loc. ant. | Locucion anticuada. |
| Lóg. | Lógica. |
| m. | Sustantivo masculino. |
| m. y f. | Masculino y femenino. |
| Manuf. | Manufacturas. |
| Maq. ó Maquin. | Maquinaria. |
| Mar. | Marina. |
| Mat. | Matemáticas. |
| Mec. | Mecánica. |
| Med | Medicina. |
| Med. leg. | Medicina legal. |
| met. | Metáfora, metafórico, metafóricamente. |
| Metalurg. | Metalurgia. |
| Metrol. | Metrología. |
| Mil. | Milicia. |
| Miner. | Mineralogía. |
| Mit. | Mitología. |
| Mit. gr. | Mitología griega. |
| Mit. ind. | Mitología indiana. |
| Moned. | Moneda. |
| Mont. | Montería. |
| Mús. | Música. |
| n. | Verbo neutro. |
| Náut. | Náutica. |
| Nav. | Navegacion. |
| neol. | Neologismo. |
| n. p. | Nombre propio. |
| num. | Numeral. |
| num. card. | Numeral cardinal. |
| num. ord. | Numeral ordinal. |
| Numism. | Numismática. |
| Ópt. | Óptica. |
| Ornit. | Ornitología. |
| Panad. | Panadería. |
| part. act. | Participio activo. |
| part. pas. | Participio pasivo. |
| Pasam. | Pasamanería. |
| Past. | Pastelería. |
| Perf. | Perfumería. |
| Pesc. | Pesca. |
| pers. | Persona. |
| Pint. | Pintura. |
| pl. | Plural. |
| Plat. | Platería. |
| poc. us. | Poco usado. |
| Poes. | Poesía. |
| Poét. | Poética. |
| Polít. | Política. |
| pop. | Popular. |
| prep. | Preposicion. |
| pres. | Presente. |
| pron. | Pronombre, pronominal. |
| pron. pers. | Pronombre personal. |
| pron. poses. | Pronombre posesivo. |
| pron. rel. | Pronombre relativo. |
| prov. | Proverbio, proverbial ó proverbialmente. |
| Quím. | Química. |
| r. | Verbo recíproco. |
| rel. | Relativo. |
| Reloj. | Relojería. |
| Ret. | Retórica. |
| Sal. | Salinas. |
| Sastr. | Sastrería. |
| Sombr. | Sombrerería. |
| sup. | Superlativo. |
| s. ó sust. | Sustantivo. |
| s. y adj. | Sustantivo y adjetivo. |
| sustantiv. | Sustantivamente. |
| Taur. | Tauromaquia. |
| Tecn. | Tecnología. |
| Teol. | Teología. |
| Térm. de esc. | Término de escuela. |
| Térm. de juego. | Término de juego. |
| Terap. | Terapéutica. |
| Tint. | Tintorería. |
| Tip. | Tipografía. |
| triv. y pop. | Trivial y popular. |
| v. | Verbo. |
| V. | Vide ó Véase. |
| Vet. | Veterinaria. |
| vulg. | Vulgar. |
| Zap. | Zapatería. |
| Zoof. | Zoófitos. |
| Zool. | Zoología. |

Los lexicógrafos españoles que han escrito mas modernamente, esto es, desde 1802, y en particular Don Ramon Joaquin Dominguez, han dado en el extremo opuesto á esa concision ántes indicada; formando enormes volúmenes hasta el número de seis á dos columnas, para decir lo que habria podido contener uno solo ó á lo mas dos no muy abultados, como los de la presente edicion. ¡Qué [illegible] qué fárrago, qué cúmulo de palabras y cosas inútiles, inexactas y á veces poco decorosas se han [illegible]tando en los Diccionarios de que hablamos! Botánica, historia natural, historia griega y [illegible] medicina, mitología, derecho consuetudinario frances antiquísimo y cuyo conocimiento es de [illegible] utilidad á los Españoles, de todo se trata en dichos volúmenes con una difusion insoportable, sin [illegible] provecho para el que solo ha de hojear el Diccionario con el objeto de encontrar el significado de [la] palabra francesa que busca. Aun sobre lo tocante á esta lengua las columnas están llenas de [illegible], de definiciones larguísimas, de un sinnúmero de frases y locuciones traducidas al pié de la le[tra] palabra por palabra, sin haber considerado el autor que para tales traducciones basta tener un [illegible] conocimiento de la lengua y el Diccionario en la mano para buscar algun término que no se sepa. [En] el lugar que ocupan esas frases y su traduccion literal hubieran podido ponerse las locuciones [illegible] debe ser muy diferente segun el genio de la lengua, los idiotismos, que aun tienen mas difi[cul]tad, y las muchas cosas útiles que se hallan no solo en los Diccionarios franceses de donde se [ha] copiado, sino en los de Capmany y Taboada, buenos en el fondo y que todos han debido tener por base, habiéndolos copiado algunos demasiado servilmente. En un Diccionario bilingüe debe procurarse sobre todo dar al lector la correspondencia ó equivalente exacto de cada palabra, sin explicar las cosas con esa verbosidad que no dice nada ni sirve mas que para confundir, dejándose al lector en ayunas del propio significado que buscaba, como si el autor del Diccionario, despues de tanto hablar, le dijera aquello del poeta frances:

*Devine si tu peux, et choisis si tu l'oses;*
*Adivina si puedes, y escoge si te atreves.*

De querer dar á una palabra muchos mas significados de los que puede tener, ha de resultar necesariamente falta de propiedad, á menudo un sentido contrario ú opuesto (*contre-sens*) y otros errores groseros en que caerá el lector que no tenga bastante discernimiento para escoger la voz ó correspondencia conveniente. Y así el traducir, por ejemplo, el artículo *Onéraire* á mas de *onerario* añadiendo *oneroso* es un error, puesto que esta última voz no puede aplicarse sino á cosas, y allí el *onéraire* se aplica únicamente á personas. Es tambien una equivocacion el sentar que *onerario* se dice por contraposicion á *honorífico* (sustitúyase *honorario*). Tan impropio y equivocado es traducir el adj. *Honoraire* diciendo en su 2ª. acepcion *grado, título honorífico, recompensa militar ó civil, etc.* Ese sistema de dar á una palabra muchos equivalentes á cual mas inexacto ó equivocado es malo en sí y tan impropio de un Diccionario bilingüe, como la singular ocurrencia de empezar el artículo por las acepciones ménos naturales, por las mas remotas y que solo deberian hallarse en último lugar. Así se hace en *Souci*, donde en vez de traducir *cuidado*, se empieza diciendo ser una especie de planta; *Comment* se traduce *pequeño comentario*, lo cual pocos Franceses saben, y se usa en efecto poquísimo, omitiéndose lo que mas convendria decir, á saber, que algunas veces se toma por *pourquoi*, otras por *comme*, que se usa tambien como sustantivo, etc.; en *Compagnie* se dice que *être de mauvaise compagnie* significa *estar de mal humor*, lo cual si bien puede ser cierto en algun caso, no es la significacion natural y la que se le da generalmente; y mas remoto es todavía, ó por mejor decir, es un error afirmar en el artículo *Comprendre* que *comprendre quelqu'un* significa conocer el genio de alguno. — Es tambien extraordinario y chocante explicar los artículos siguiendo un órden contrario á todos los buenos Diccionarios. Por ejemplo, en *Terrer* se empieza por el pronominal, luego se pone el neutro y por fin el activo, debiendo hacerse al reves. *Touchant* se pone ántes como preposicion que como adjetivo. En *Tout, e*, donde era mas natural explicarlo como adjetivo, luego como sustantivo y en tercer lugar como adverbio, se hace todo lo contrario. Este método, de malísimo gusto, y en casos á propósito para confundir y hacer perder tiempo al lector, se nota en infinitos lugares.

En medio de ese prurito de hablar y de querer innovarlo todo, es cosa que pasma ver que se han conservado y hecho pasar de unos Diccionarios á otros ciertos errores groseros que se deslizaron en los primitivos. Así habiendo dicho Núñez de Taboada en *Desentortiller*, que es *destorcer lo que estaba torcido*, todos los que han escrito despues han puesto lo mismo; en vez de traducir *desenredar*, pues esto significa dicho verbo tanto en sentido propio como figurado. En *Porte-huilier* dice « *cubillo* en que se ponen las vinageras para la mesa: » debe sin duda decir *vinagreras*, pues las vinageras son los jarrillos en que se sirve el agua y el vino en la misa. En *Ravir* se lee: *se ravir*, « volver sobre sí, mudar de dictámen, » lo cual es un error copiado en varios Diccionarios; dicha traduccion corresponde al verbo *se raviser*, que se pone en seguida. En *Recoucher*, verbo activo, dicen todos « volver á acostarse, » y en *Recrotter* « enlodarse de nuevo, » lo cual corresponderia á *se recoucher, se recrotter*, recíprocos ó pronominales. En *Sauter* se confunde el activo con el neutro, y se dice todo al reves. *Soussigner*, que es activo, unos lo han dado como neutro, y otros han tenido el descuido de no hablar de este verbo. En *Suppléer* todos confunden el activo con el neutro. En *Souhait* puso Taboada por equivocacion á *souhait*, adjetivo; y en *Sougorge* se escapó *abogadero* por *ahogadero*: [illegible]

[illegible] trabajo sin duda así el frances *arrêté*, y cometió un error grosero. En *Dépensier* [illegible] y luego *gastador, pródigo*, es equivocacion; solo significa *desalojador*, el que [illegible]. [illegible] *depositador*, el que deposita; sino depositario de algunas mercancías. En *Dépister* decir [illegible] es mal frances. En *Dérisoire* decir *irrisible* en sentido pasivo, en vez de *irrisorio* en [illegible] [illegible]. En *Désappointement* es tambien una equivocacion el definir *engaño*. En la [illegible] dice que *homme difficile à vivre* significa *hombre enfermizo*. Segun todos los buenos Diccionarios [illegible] comun de hablar, equivale á hombre de mal genio, con quien no se puede vivir, ó que es de [illegible] poco agradable, etc. — En *Frère* está equivocado todo lo que se dice de *frère germain, frère* [illegible] *guin*, etc., confundiéndose lo uno con lo otro. En *Fuyasser* hay *fundamentalmente* por [illegible] y en *Fugitif* se puso *profundo* en vez de *prófugo*. — Cuando en *Gros* se dice *jeu gros*, [illegible] de advertir que es mal frances, pues debe decirse y se dice siempre en Francia *gros jeu*, *gros* [illegible] En *Gastronomie* en vez de decir *furor por la carne fina* diríamos *pasion por la buena comida*, [illegible] *comida delicada ó regalada*. En *Goulée* se traduce *bocaza*, *boca grande*, en vez de *bocado*, [illegible] *comida que cabe en la boca*. — En *Habilement* el traducir *de una manera hábil* es decir poco ó [illegible] nifica este adverbio *con habilidad, diestramente*. Lo mismo debe decirse de *télégraphiquement*, [illegible] *de una manera telegráfica*, sino *por medio del telégrafo, telegráficamente*. En *Préliminairement*, [illegible] *un modo preliminar*, sería mas propio y claro decir, á mas de *preliminarmente*, *ante todo*, [illegible] *mente*, etc. — En *Habit* se halla *habit d'arlequin*, y se traduce *un todo compuesto de partes*, [illegible] en vez de *un todo compuesto de partes inconexas*; no habiéndose entendido las palabras [illegible] *disparates*, y no sabemos si es yerro tipográfico la coma puesta ántes de *disparates*. — En [illegible] si no se dice *inmediatamente* faltará la acepcion principal; y es de notar que muchos Españoles [illegible] can acerca del significado de esta voz. El traducir *Innuisible* por *innocible*, no *nocible*, en vez de [illegible] *no dañoso*, es u[illegible] de voces que no creemos hayan obtenido carta de naturaleza en Castilla. [illegible] poco creemos haberla obtenido el *aprovechablemente* traduccion de *Profitablement*, y el *talmente* [illegible] cion de *Tellement*; no siendo tampoco españolas las palabras *proeminencia*, *proeminente*, [illegible] frances se diga *proéminence, proéminent*; ni el *prominar*, como significado de *prominer*; ni el [illegible] *cesariana*, traduccion del frances *opération césarienne*. Nunca hemos oido decir sino *prominencia*, [illegible] *minente, dominar, operacion cesárea*. *Procidence*, que se traduciria bien *procidencia*, se traduce [illegible] y es cosa muy diferente. — El verbo *Prédécéder* traducido por *predeceder* es un neologismo inadmisible [illegible] que pocos entenderán que equivalga á premorir ó morir ántes que otro; pudiendo decirse [illegible] *anteceder á uno en alguna cosa*, como se estampó en el Diccionario Nacional de Dominguez. — Los Franceses llaman al dolor de costado *point de côté*, y no creemos que en Madrid pueda llamársele *punto de costado*, aunque así lo diga en el artículo *Point* un Diccionario de aquella capital. De esta propension á traducir literalmente provienen, como se ve, yerros de bulto. Un escritor frances ha dicho con razon: *la lettre tue l'esprit et le mot pour mot est ennemi du sens*. — En la letra I, á mas de lo que se ha dicho sobre *Incessamment* é *Innuisible*, son tantos los artículos equivocados, que los hemos redactado casi todos de nuevo. *Indélié*, que equivale á *no desatado, no suelto*, se tomó por *indélayé*, que significa no desleido, y todo el artículo es una confusion. *Indégelé*, donde se dice *que no ha sido helado*, quiere decir *que no está deshelado*, lo cual prueba que lo ha estado. Semejantes á estas son las equivocaciones padecidas en los artículos *Inaffermé, Inarticulé, Inconditionné, Indétrempé, Inéchu, Intra, Intransplanté, Irrestreint* y otros. En *Intervention* hay *intervention de protêt*, y está equivocada la explicacion de estas palabras. En el art. *Infant* la definicion contiene tres ó cuatro faltas graves. No sabemos de dónde se ha sacado la extraña definicion de *Internat*, que se dice ser *plaza de colegial interno*. El arte de definir es sumamente difícil, como dice Aristóteles; y si en hacerlo bien hay gran mérito, es imperdonable que la definicion dé una idea falsa de la cosa que se define. — En *Loin* se traduce *loin de* por *á la distancia*, y luego *en igual de*. significaciones que nunca tiene. — Es inexacto casi todo lo que contiene el artículo *Mes*. En *Montagnard* se dice *montaraz* por *montañes*. En *Moralité* se pone *apologia* por *apólogo*. *Malhonnête* se traduce *deshonesto* en vez de *indecente, impolítico, grosero*, etc. — En *Nantir* es un error suponer que hay persona que afianza, cuando no hay mas que entrega de una cosa para seguridad de la deuda. — En la palabra *Page* se hace significar á *mettre en page* todo lo contrario de lo que es; y nada se dice de *metteur en page*, *mise en page*, etc. En *Pourvu* no vemos mas que inexactitudes, confundiéndose este simple participio y adjetivo con la locucion conjuntiva *pourvu que*. Traducir *Pressé* por *aprensado, que tiene prisa*, nos parece extraordinario, si no es un yerro tipográfico, y mas todavía el *deseoso* que se pone en otra acepcion. *Prisonnier* no siempre significa *prisionero*; tradúcese á veces *preso*, hablando con propiedad. — Nunca habíamos oido decir que *commissaire-priseur* significa *alguacil*, como se afirma en *Priseur*. En *Provençalisme* se traduce todo como si dijera *provincialisme*. — *Quatorzièmement* se traduce *la catorcena vez* por *en décimocuarto lugar*; y *Dixièmement* por *décimamente* en vez de *en décimo lugar*. Tan desacertada como esta es la traduccion de *Pirement*; no ménos que la de *Secondement*, si se dice *secundariamente* en vez de *en segundo lugar*. — En *Rational* se aplica á los Indios lo que era de los Judíos. — En varios artículos se hallan traducciones que son equivocaciones manifiestas: por ejemplo, cuando se dice que *Souvent* significa *en poco tiempo*; *Surtout*, adv. *generalmente*, y *sobretodo* por *sobre todo*; la definicion que se da de *Tomaison*, diciendo

etc.; *Toxique*, *tóxico*, *nombre genérico de toda especie de pescados*, por *tósigo*, nombre de
venenos; y este error se halla repetido en *Toxicographie* y en *Toxicologie*.
a correccion y ejecucion tipográfica, solo diremos, como otros han observado ya ántes que
es deplorable, escandaloso el descuido y abandono que reina sobre este punto en la prensa
modo tan incorrectas muchas de las obras publicadas en aquella capital, que hacen inex-
presar. Las numerosas y groseras faltas de ortografía que al arreglar esta edicion hemos
los Diccionarios de España son imperdonables, ni queremos citarlas por ser cosa que cau-
a y fastidio. A mas de esas faltas hay muchas equivocaciones de palabras enteras, come-
por distraccion; como es, por ejemplo, poner en *Bobine* y otros varios artículos *camilla*
no por *vaso*, *terciado* por *torcido*, *fecundo* por *facundo*, *niña de plomo* por *mina de plomo*,
*lemencia*, *hendrijas* por *rendijas*, *gajuza* por *gazuza*, *intestinos* por *intersticios*, *designi-*
*ficativo*, *bombo* por *rombo*, *etc.*, *etc.* En la palabra *Turbith* se puso *alcohol* por *alcobol*, y poco
*fallo*, *teñir* por *heñir*. Mas graves que estas son las equivocaciones que se hallan en las palabras
el artículo, no solo por su mala ortografía ú otra falta, sino tambien por alterar el ór-
Tales son, entre otras, las siguientes encontradas en las letras B y C: *Bluse* por *Blouse*,
*risant*, *Bonace* por *Bonance*, *Bourdalue* por *Bourdaloue*, *Bourdalai* por *Bourdalais*, *Bovi-*
*cidies*, *Brouine* por *Bruine*, *Busserol* por *Busserolle*, *Buquétie* por *Bucquétie*, *Bien-fond*
*le*, *Bifeuille* por *Bifeuillé*, *de*, *Caviline* por *Caveline*, *Cocologie* por *Cacologie*, *Cacodie* por
*orythme* por *Cacorhythme*, *Cacorythmique* por *Cacorhythmique*, *Cacophragie* por *Cacopra-*
*lion* por *Charbouillon*. — Las faltas de ortografía se cometen sobre todo con respecto á
ra se omite en las voces que deberian llevarla, y se pone en otras que no la pueden te-
dice *harenque*, *herizado*, *habierto*, *hechar*, y al contrario *endido*, *echo*, *ollin*, etc., sin
de *hato*, *uso* de *huso* y otras voces semejantes. Y todavia es mas comun el defecto de
con la *v*, sin atenderse al origen de las voces, ni reparar en los errores ó la confu-
resultar de ello; como si se pone *vacia* por *bacia*, *basto* por *vasto*, *beneficio* por *vene-*
por *gravar*, *acerbo* por *acervo*, *deshecho* por *desecho*, y vice versa. Bien merecida fué la
motivo de esta confusion usó un sabio frances, cuando dijo: « O beati Hispani dum *bi-*
*vere!* » ¿Y qué diremos del descuido en poner los acentos oportunamente para evitar esa
on? Véase la palabra *Chevron*, donde se lee en tres ó cuatro parajes *cabrio* en vez de
confundiéndose así una viga ó madero con el adjetivo *cabrío*, perteneciente á las cabras. Tam-
confundirse *cólon* y *colon* por no hacerse caso del acento, y se confundirán por igual des-
ambas voces, como *lucido* y *lúcido*, *dominico* y *dominico*, *sábana* y *sabana* y otras varia
en la inmensa nomenclatura de un Diccionario. Sin hablar de estos casos extraordina-
comunes, siempre hemos sido de parecer que se ponga el mayor cuidado en pintar en la
la el único acento agudo que se usa en ella, y consideramos por una falta grave su omi-
Diccionario bilingüe, el cual ha de servir no solo para los nacionales sino tambien para los
los idiomas español é italiano y otros meridionales la cantidad prosódica es de toda ne-
pronunciar como conviene, para dar á las palabras y frases ese ritmo, esa cadencia que
mezcla de las sílabas breves y largas. Entre los antiguos Romanos, de cuya lengua los
Italianos han heredado los despojos, se hubiera acogido con gritos, vayas y silbidos al ac-
teatro hubiese cometido una falta de cantidad.
mejoras que se ha querido introducir en los Diccionarios modernos para aprender las lenguas
pronunciacion figurada, desechándose en general como defectuoso todo Diccionario que no la
de grande utilidad y aun necesaria si se trata del inglés tanto para los Franceses como para
En cuanto á la lengua francesa, no hace mucho tiempo que los Españoles han pensado en
lugar de ofrecer ménos dificultad, han sido poco felices en sus primeros ensayos, si ha de
los Diccionarios publicados en Madrid. En primer lugar, se ha adoptado un método que causa
consiste en cortar las palabras ó separar cada una de sus sílabas con guiones ó rayitas
para de enseñar á deletrear. En segundo lugar, se ha querido hacer conocer la pronuncia-
es que les son desconocidos, á saber, empleando los acentos graves y circunflejos que se
s palabras, cuando no debia emplearse mas que el agudo, pintándole en la última sílaba
ral; se ha adoptado la *k* ántes de *a*, *o*, *u*, en vez de *c* que es mas clara y da el mismo
les quiere hacer pronunciar la *s* sencilla entre dos vocales por medio de la *z*, siendo así
de pronunciar esta letra en frances les es tan desconocida como la pronunciacion de la
le; en el *ge* y *gi* se les cambia la *g* en *j* para la pronunciacion, siendo tambien igual u
las dos. En esta edicion se ha seguido un camino diferente, habiéndose adoptado reglas
mas fijas. La dificultad está en los sonidos desconocidos á los Españoles, siendo preciso
la vez. Habiéndose empleado la letra bastardilla para figurar la pronunciacion, dichos sonidos
pintados con caractéres llamados *redondos*, tales como la *u francesa*, la vocal compuesta *eu* y
nasales, el *ge*, *gi*, y *ja*, *je*, *ji*, *jo*, *ju*, el *ch*, la *z* y la *s* sencilla puesta entre dos vocales. En
mudo, la hemos suprimido en muchas palabras en que no se hace sentir ó se prescinde del todo

de ella para la pronunciacion; pero observando que algunas no se podrian pronunciar sin ella ó se pronunciarian dificilmente, la hemos puesto de *redondo*, y en otras expresado entre paréntesis que la *s* es muda para llmar la atencion del lector.

Aunque es muy fácil la pronunciacion de la mayor parte de las voces de la lengua francesa, atendiendo á las reglas que da la gramática y recidibas algunas cortas lecciones para los sonidos que conviene oir de la viva voz, son muchos los casos en que el lector se varia embarazado sin la guia de un Diccionario que le saque de duda en todos. En algunos vocablos es difícil saber si el *cha, che, chi, cho, chu* ó *chou* tiene la pronunciacion natural, ó si equivale á *ca, ki* ó *qui etc.*; si *gn* se pronuncia como ñ, ó si tiene el sonido natural; si las *ll* seguidas han de pronunciarse juntas ó separadas, ó si ha de hacerse sentir una solamente. La *s* sencilla puesta entre dos vocales no siempre tiene el sonido suave segun la regla general, pues á veces equivale á dos *ss*, como sucede en *Dasyante* y las veinte voces que se le siguen (véase el Diccionario), entre ellas *Disyllabe*. Unas veces el *qui, que*, ha de pronunciarse como en español, y otras como *cui cué*. El *ti* ora se pronuncia como *s*, ora como *t*. El diptongo *ai* ó *ay* en unos casos se pronuncia como *e*, como en *déblayer*; y en otros se pronuncia *a*, formando esta letra silaba aparte, como en *bayer*. El *un* se pronuncia ya *eun* ya *on*. No siempre el *en* y *em* se pronuncian *an*, pues la *e* conserva el sonido natural en várias palabras extranjeras á la lengua francesa, como *bengali*, *bengari*, y en nombres propios, como *Benjamin*, *Bentham*, *Mentor*, *etc.*; del mismo modo se pronuncian *Decemvir*, *Décemvirat*, y á veces el *en* no tiene sonido nasal, como sucede en *abdomen*, *hymen*, *specimen*, *etc. Humble*, humilde, se pronuncia *eunbl*; y *Umble*, especie de trucha, se pronuncia *ónbl*. En tanta multitud y variedad de casos hemos procedido con la circunspeccion y cuidado que eran menester, y creemos haber acertado en todos, aventajando por cierto en esta parte á todos los demas Diccionarios, que ó cometen mil errores, ó nada dicen cuando convendria hablar y resolver las dificultades.

No será inoportuno indicar aquí algunas de las faltas de pronunciacion que se notan en las ediciones de Madrid. En *Aiguade*, *Aiguail*, *Aiguayer*, la *u* es francesa y se debe hacer sentir, diciendo *egudd*, *eguill*, y no *egáll*; *eguayé* y no *egueyé*; y en *Aiguille*, *Aiguillée* y demas hasta *Aigument*, ha de ponerse la crema sobre la *u* en esta forma ü (pero de redondo), para que sepa el lector que ha de pronunciarla, como se hace en la palabra española *antigüedad*. En *Anguis* y *Anguipède* tambien falta la crema ó dos puntos en la ü para pronunciar como corresponde. *Apotemnon* se pronuncia *apotemnón*, y no *apotemnón*, como se dice *Agamemnón*, *etc. Aplomb* se pronuncia *aplón* y no *aplómb*. En *Aquifolié* y las ocho voces siguientes, entre ellas *Aquilifère*, ha de escribirse *cüi* en vez de *qui* para pronunciar bien. *Arguer* significando pasar por la hilera se pronuncia *argué*, y significando *argüir* se pronuncia *argüé*. *Aspect* no se pronuncia *aspekt* sino *aspée*. *Automne* no *otómn* sino *otón*. *Batoen* no *betodn* sino *betoén*. *Bacche*, *Bacchique* y algunos otros haste *Bacchus* se pronuncian *bache* y no *baquie etc.* *Baragouin*, *baragouiner*, se debe figurar la pronunciacion poniendo *baragüen*, *baragüiné*, con crema. *Bayer*, *Bayeur*, *Bayette* no se pronuncian *beyé*, *beyét*, sino *bayé*, *bayét*, *etc.* *Billion* no *billión* sino *bilión*. *Brayer*, *Brayère*, *Brayette*, no *breié*, *breiér*, *breiét*, sino *brayé*, *brayér*, *brayét*. *Besche*, *Bescher*, *Bisché* se pronuncian *béch*, *beché*, *biché*, y no *bésch*, *etc.* *But* no *bú* sino *bút*, haciendo sentir la *t*. *Cacis* ó *Cassis* se pronuncia *cásis* y no *casi*. *Caoutchouc* se pronuncia *cautchú* sin hacer sentir la *c* final. En *Chasse-poignée* se dice *poñé* y no *poañé* ni *pueñé*. *Cinquantaine* no *senkentén* sino *sencantén*. *Circonspect*, m. se pronuncia *circonspéc*, y *Circonspecte*, f. se pronuncia *circonspéct*. *Clunch* se pronuncia con *o*, *clónch*; é igual prononciacion tiene el *un* de *Badumna* y otras voces semejantes que se hallan en la letra Ch. El *un* de *Commun* se pronuncia *eu* y no *o*, *comeun*; igual pronunciacion tienen *Alun*, *Chacun*, *aleun*, *chaqueun*, siendo de notar que en estos casos las ediciones de Madrid enseñan una pronunciacion defectuosa, como se ve tambien en *Emprunt*, *Emprunter* y otras voces. *Cognition*, *Cognitif*, no *coñisión*, *coñitif*, sino *cognisión*, *cognitif*. *Cul* no se pronuncia *cul* sino *cú*. En *Cyrillien*, *Cyrillique*, no se dice *lli* sino *li*. En *Empoigner*, *Empoignement* se dice *anpoñé*, *anpoñmán*, y no *anpoañé*, *anpoañmán*. *Engouer* se pronuncia *angüé*. En *eteuf* se dice *ete* sin la *f*. *Gundi*, *Gundon*, *Gunter* se pronuncian *gondí*, *etc.*, y no *gun*. — *Hem* se pronuncia *hém* y no *hén*. — En las voces *Hendécagone*, *Hendécagyne*, *Endécaphyle*, *Endécasyllabe* se dice *endécagón*, *endecasiláb*, *etc.*, y no *an*. En *Inéquiangle*, *Inéquilatéral*, *Inéquilatère* debe figurarse la pronunciacion *cüi* y no *qui*, *inecüiángl*, *inecüilaterál*, *etc.* *Inextinguibilité*, *Inextinguible* se excribirá *güi* y no *gui*. — *Jésus* se prononncia *jesú* y no *jesús*. *Juncaire* no *jeun* sino *jon*. En *Jonghil* no se dice *gil* sino *guil*. — *Posément* se pronuncia *posemán* y no *pozmán*. — *Sesquialter*, *Sesquidouble*, *Sesqui quadrat* no se pronuncian *ki* ó *qui* sino *cui*. En *Trentième* se hace pronunciar *trantiésm* en vez de *trantiém*. — En *Ubiquisme*, *Ubiquiste*, *Ubiquité* tambien se dice *cui* y no *ki* ó *qui*, *ubicuism*, *ubicuist*, *etc.* — En el principio de la letra Q hay un gran número de voces cuya pronunciacion se figura equivocadamente, poniéndose la *u* francesa en *Quadregénaire*, *Quadragésime*, *Quadrature*, *etc.*, *etc.*, y esa u debe pronunciarse como en español. El *si* de *Quadrisyllabe* y de otras voces compuestas que le siguen tampoco tiene el sonido de *z* ó *s* suave, sino el de *s* española. Los articulos de esta letra contienen tambien muchos yerros é inexactitudes, y lo mismo sucede en un crecido número de la letra I.

Por lo que toca á las voces extrañas á la lengua francesa, ya sean latinas, españolas, inglesas, italianas, etc., es de advertir que se pronuncian todas las letras y no se hace sentir el acento en la última

[illegible]

de todo lo que debe componer un Diccionario moderno, dándose en él la definicion de [illegible] de matemáticas, de astronomía, de marina, de física, de química, de óptica, de [illegible] de cirugía, de anatomía, de historia natural, de geología, de mineralogía, de botánica, [illegible] escultura, de música, de blason, de danza, de equitacion, de esgrima, de caza, de pesca, [illegible] de comercio, de banco, de moneda, de pesos y medidas, y en fin de todos los [illegible] artes y oficios. Contiene asimismo muchos artículos sobre la mitología, la historia griega y [illegible] que no exceden los límites en que debe encerrarse un Diccionario bilingüe. Finalmente, [illegible] lugar principal el lenguaje político usado en las discusiones de las Córtes y otras [illegible] polémica de los periódicos. Como dice sabiamente un lexicógrafo frances, el Diccionario, [illegible] de todas las revoluciones del entendimiento, debe conservar hasta sus aberraciones; [illegible] que está recibido, escribir lo que se ha hablado: hé ahí el Diccionario; no es el juez, es el [illegible] no discute, registra; no tiene sino una ley, que es el uso; no tiene sino un árbitro, que es [illegible]

6ª. El método que hemos adoptado para figurar la pronunciacion es sumamente claro y sencillo, [illegible] procurado la mayor exactitud en todos los casos, aunque tantos y tan varios por ser tan [illegible] extraordinario el uso en esta parte, sin que pueda hallarse embarazo ni duda en ninguno si se [illegible] á lo dicho arriba, pág. v, aparte *Una de las mejoras* y sig. Ademas en la introduccion á cada [illegible] letras del alfabeto se da una nocion general sobre el modo de pronunciarlas en las voces [illegible] combinacion con otras para el enlace que los Franceses llaman *liaison*.

Tal es el Diccionario que ofrecemos al público. Aunque se halle exento de los muchos [illegible] disen á otros por el tino y esmero con que se ha arreglado, no dejamos de conocer cuán [illegible] se deslicen otras mil faltas en un libro de esta clase. Es un campo muy vasto, para que el [illegible] gente rebuscador no se le queden infinitas espigas por recoger, y una galería sobrado complicada [illegible] que muchos cuadros no estén fuera del órden con que nos hemos propuesto arreglarlos. En medio [illegible] vencimiento que nos queda de la imposibilidad de hacer un libro semejante sin imperfecciones, [illegible] asegurar que este Diccionario, á pesar de ser ménos voluminoso que otros, es mas rico en voces y [illegible] ciones útiles que ninguno de los que hasta ahora han salido á luz, con la circunstancia de estar [illegible] y arreglados los artículos con un método, con un órden y una claridad que no se hallarán en [illegible] alguno. Si á lo dicho se agrega la pureza de las palabras castellanas, la exactitud en escribir las [illegible] á pesar de la dificultad de su ortografía, el estar precedidas respectivamente de las nociones [illegible] necesarias para manejarlas con fruto, el esmero con que se ha corregido la obra, la nitidez de la [illegible] y el precio muy inferior al de los últimos Diccionarios publicados en Madrid, bien podemos [illegible] que el público dará al nuestro la preferencia con que ha distinguido á otras obras salidas de esta casa, [illegible] se la continúa dando á las producciones de nuestro predecesor D. Vicente Salvá, y en especial á su [illegible] *cionario de la lengua castellana* y á su *Gramática*.

**ABATTOIR**, m. *abatuár*. Matadero de ganado.

**ABATTRE**, a. *abátr*. Derribar, derrocar, echar por tierra. || Matar las reses ó la caza. || Cortar las cabezas, los árboles, etc. || Hacer cesar. || Mar. Abatir. || Mar. Arriar. || met. Abatir, humillar, envilecer. || met. Debilitar, quitar. || fam. *Il abattre bien du bois*, ser expedito en los negocios. || *Abattre les cuirs*, desollar, despellejar. || *S'abattre*, r. Bajar, descender, decaecer. || Abatirse, desmayar, desalentarse. || Amainar. || Echarse el viento, calmarse. || Cetr. Arrojarse el ave de rapiña sobre la presa. || Jin. Abatirse, flaquearle los piés al caballo.

**ABATTU, UE**, adj. *abatú*. Murrio, triste, sin ánimo.

**ABATTUE**, f. *abatú*. Sartenada, en las salinas. || Mar. Caida de la proa á sotavento.

**ABATTURE**, f. *abatúr*. Vareo de las bellotas. || pl. Pisadas, rastro, pista de los venados ó jabalíes.

**ABAT-VENT**, m. *abaván*. Tejadillo, sobradillo. || Estera para resguardar las plantas.

**ABAT-VOIX**, m. *abavuá*. Sombrero de púlpito.

**ABAUGA**, m. *abógo*. Abauga, fruto de una especie de palmera.

**ABBA**, m. *ába*. Abba, nombre que los insulares vecinos de las Filipinas dan al Ser Supremo.

**ABBATIAL, E**, adj. *abasiál*. Abacial, lo que pertenece al abad. || Abadengo, lo tocante á la abadía. || *Mense abbatiale*, mensa abacial, la renta de un abad.

**ABBAYE**, f. *abei*. Abadía, monasterio y edificio. || Abadía, dignidad de abad ó abadesa.

**ABBÉ**, m. *abé*. Abad. || Clérigo, eclesiástico. || Abate. || *Table d'abbé*, mesa espléndida.

**ABBESSE**, f. *abés*. Abadesa, superiora de un monasterio.

**A B C**, m. *abesé*. Abecedario, alfabeto, cristus. || met. Los primeros rudimentos de una ciencia ó arte.

**ABCÉDER**, n. *absedé*. Cir. Formarse absceso. || Separar un tumor.

**ABCÈS**, m. *absé*. Cir. Absceso, apostema, tumor apostemado.

**ABDICATION**, f. *abdicasión*. Abdicacion, renuncia. || Jurisp. Acto por el cual un padre desconoce á un hijo y le excluye de la familia.

**ABDIQUER**, a. *abdiqué*. Abdicar, dejar, renunciar voluntariamente una gran dignidad.

**ABDOMEN**, m. *abdómen*. Anat. Abdómen, vientre.

**ABDOMINAL**, adj. *abdominál*. Anat. Abdominal, lo que pertenece al abdómen.

**ABDOMINAUX**, m. pl. *abdominó*. Abdominales, especie de pescados. || Cir. Abdominales, nombre de unos músculos del vientre.

**ABDOMINOSCOPIE**, f. *abdominoscopí*. Abdominoscopia, exploracion del abdómen.

**ABDOMINOSCOPIQUE**, adj. *abdominoscopíc*. Abdominoscópico, perteneciente á la abdominoscopia.

**ABDUCTEUR**, adj. m. *abducteur*. Anat. Abductor, nombre de los músculos que ejercen la abduccion.

**ABDUCTION**, f. *abducsión*. Anat. Abduccion, la accion que separa una parte del cuerpo de la línea que se supone divide á este en dos segmentos iguales.

**ABE**, m. *ab*. Aba, traje oriental.

**ABÉAUSIR**, n. ó **S'ABÉAUSIR**, r. *abeosír*. Mar. Abonanzar, aclarar el tiempo.

**ABÉCÉDAIRE**, m. *abeseder*. Abecedario, cartilla, cristus. || f. Bot. Abecedaria, planta de la India. || adj. Lo que pertenece al alfabeto.

**ABÈCHEMENT**, m. *abechemán*. V. ABECQUEMENT.

**ABECQUEMENT**, m. *abecmán*. El acto de cebar con el pico.

**ABECQUER** ó **ABÈQUER**, a. *abequé*. Cebar, dar las aves la comida con el pico á los polluelos.

**ABÉE**, f. *abé*. Presa para llevar el agua del rio á un molino.

**ABEILLAGE**, m. ant. *abellágo* Colmena, enjambre. || ant. Derecho señorial sobre las abejas.

**ABEILLE**, f. *abéll*. Abeja, insecto. || *Abeille sauvage*, abeja campesina ó silvestre. || *La reine des abeilles*, la abeja machiega, maesa ó maestra, la reina de la colmena. || *Jet d'abeilles*, jabardo, la segunda cria de las abejas.

**ABEILLON**, m. ant. *abellón*. Enjambre de abejas.

**ABELANIER** y **AVELANIÉ**, m. *abelanié*, *avelanié*. Árbol del género de los avellanos.

**ABÉLIR**, a. inus. *abelír*. Adornar, ataviar.

**ABÉLISER**, a. ant. *abelisé*. Encantar, embelesar.

**ABEL-MOSCH**, m. *abelmósc*. Abelmosco, planta que da la ambarilla.

**ABÉLIENS** y **ABÉLONITES**, m. pl. *abelién* y *abelonít*. Abelonitas, sectarios que permitian el casamiento y prohibian sus derechos.

**ABÉNÉVIS**, m. *abenevi*. Alfarda, derecho señorial sobre las aguas de los rios, etc.

**ABÉQUER**, a. *abequé*. V. ABECQUER.

**ABÉQUITER**, n. *abequité*. Alejarse á caballo.

**ABÉRÈME**, m. *aberém*. Aberemo, planta.

**ABERRATION**, f. *aberrasión*. Astr. Aberracion, movimiento aparente de las estrellas. || Ópt. Dispersion regular de los rayos luminosos que atraviesan cuerpos diáfanos, como el cristal y el agua. || met. Extravío de la razon.

**ABESAMUM**, m. ant. *abesámom*. Abésamo, nombre dado al óxido amarillo de hierro.

**ABESTA**, m. *abésta*. Abesta, libro que los magos de Persia atribuyen á Abraham.

**ABÊTI, IE**, adj. *abetí*. Embrutecido, bruto, animal, estólido, negado.

**ABÊTIR**, a. *abetír*. Atontar, entontecer, arrocinar. || n. y r. Entontecer, erse, atontecerse, embrutecerse.

**AB HOC et AB HAC**, *aboquetabác*. adv. lat. fam. Sin ton ni son, á tontas y á locas.

**ABHORRER**, a. *aborré*. Aborrecer, odiar, abominar, tener aversion, mirar con horror.

**ABHORRIR**, a. ant. *aborrír*. Aborrecer. V. ABHORRER.

**ABIGA**, f. *abíga*. Bot. Abiga, variedad del abeto.

**ABIGÉAT**, m. *abigeá*. Abigeato, hurto de bestias ó reses: el delito de cuatrero.

**ABILDGAARD**, m. *abildgaar*. Pez que se encuentra en el mar Adriático.

**ABÎME**, m. *abím*. Abismo, sima, profundidad donde no se halla suelo. || Abismo, infierno. || Caldera de velero. || met. Abismo, todo aquello que por su profundidad inmensa se hace impenetrable á la comprension humana. || Pozo de ciencia, piélago insondable de la misericordia divina. || Mar. Olla, remolino. || Blas. Centro del escudo.

**ABÎMÉ, ÉE**, adj. *abimé*. Sumergido, engolfado en un negocio, en el estudio, en los placeres, etc.

**ABÎMER**, a. *abimé*. Abismar, precipitar en un abismo. || Hundir, confundir. || met. Arruinar enteramente; sumergir, perder.

**AB INTESTAT**, loc. adv *abentestá*. Abintestato: se dice del que muere sin haber hecho testamento, y del que hereda sus bienes.

**ABIOTOS**, m. *abiótos*. Abiotos, planta de las umbeladas.

**AB IRATO**, loc. adv. *abiráto*. Ab-irato; hecho con cólera.

**ABIRQUAJAVE**, m. *abircuajáv*. Abircuajave, nombre que dan los Indios al árbol que produce el incienso.

**ABIRRITATION**, f. *abirritasión*. Med. Falta de irritacion en los tejidos orgánicos.

**ABIS**, m. *abí*. Abis, sacerdote tártaro mahometano.

**ABISSONES**, m. pl. *abisón*. Abisones, habitantes de una parte del Brasil.

**ABITANIS**, f. *abitánis*. Abitanis, una de las mas ricas minas del Perú.

**ABJECT, E**, adj. *abjéct*. Abyecto, bajo, vil, despreciable.

**ABJECTION**, f. *abjecsión*. Abyeccion, abatimiento, humillacion, estado despreciable.

**ABJURATION**, f. *abjurasión*. Abjuracion.

**ABJURER**, a. *abjuré*. Abjurar, [illegible] renunciar una mala doctrina ó [illegible] tractándose solemnemente.

**ABLACTATION**, f. *ablactasión*. [illegible] Destete de los niños.

**ABLANA**, Mit. m. *abléna*. [illegible] bre de una divinidad fabulosa.

**ABLANIER**, m. *ablanié*. Árbol [illegible] nes.

**ABLAQUE**, f. *ablác*. Ardassa [illegible] mas fina que viene de Persia.

**ABLAQUÉATION**, m. *ablaqueasión* [illegible] Descogote, excavacion que se hace al rededor del tronco de los árboles para [illegible] clarlos.

**ABLATEUR**, m. *ablateur*. Instrumento de que se sirven en Francia para cortar [illegible] prontitud el rabo de las ovejas.

**ABLATIF**, m. *ablatíf*. Gram. Ablativo, el sexto y último caso de la declinacion del nombre.

**ABLATION**, f. *ablasión*. Cir. Ablacion, la accion de quitar, cesar. || Intermision de la calentura.

**ABLATIVO**, adv fam. *ablativó*. [illegible] junto, confusamente.

**ABLE**, m. *abl*. Breca, pescado de rio.

**ABLECTES**, m. pl. *abléctes*. Soldados de preferencia en la antigua Roma.

**ABLÉGAT**, m. *ablegá*. Segundo legado, subdelegado, vicelegado.

**ABLÉGATION**, f. *ablegasión*. Der. [illegible] Ablegacion, ley por la cual un padre podia desterrar al hijo de quien estaba descontento. || Dignidad de segundo legado ó de vicelegado.

**ABLEGMINA**, f. pl. *ablégmina*. Ablégminas, parte de las entrañas de las víctimas que se ofrecian á los dioses.

**ABLEPSIE**, m. *ablepsí*. Ablepsia, [illegible] biento del espíritu.

**ABLERET**, m. *ablré*. Buitrera, [illegible] de red cuadrada para pescar brecas.

**ABLETTE**, f. *ablét*. Breca, pescado de rio.

**ABLOCS**, m. pl. *ablóc*. Perpiaño, piedra que atraviesa toda la pared.

**ABLUANT, E**, adj. inus. *abluán*. [illegible] Detergente, diluyente, remedios que se empleaban para limpiar el cuerpo de [illegible] materias viscosas.

**ABLUER**, a. *ablué*. Lavar, pasar [illegible] mente un licor preparado con agallas [illegible] avivar la letra de un escrito.

**ABLUTION**, f. *ablusión*. Ablucion, lo mismo que lavatorio. Usase solo en ceremonias religiosas.

**ABNÉGATION**, f. *abnegasión*. Abnegacion, absoluta y voluntaria renuncia de la voluntad.

**ABNET**, m. *abné*. Banda, distintivo del gran sacerdote entre los Judíos.

**ABNORMAL, E**, adj. *abnormál*. Anormal, lo que no es normal, que está fuera del órden regular.

**ABOE**, m. *aboé*. Pez torácico de los [illegible] orientales.

**ABOI**, m. *abuá*. Ladrido del perro. [illegible] Ademas de su sentido ordinario [illegible] de *aboi*, significa el extremo á que los perros reducen al ciervo cuando le dan alcance, al jabalí, ú otra caza. || met. El extremo, el último apuro en que se halla una plaza sitiada, un enfermo que está acabando, un pleito que va á votarse. || *Mettre aux abois*, acorralar, estrechar.

**ABOIEMENT** ó **ABOÎMENT**, m. *abuamán*. Ladrido, la accion de ladrar un perro.

**ABOLIR**, a. *abolír*. Abolir, anular, [illegible] rar: quitar el uso ó la memoria de [illegible] || *S'abolir*, r. Perderse el uso ó memoria de una cosa, prescribirse.

**ABOLISSABLE**, adj. *abolisábl*. Abolible, que puede ó debe ser abolido.

**ABOLISSEMENT**, m. *abolismán*. Abolicion: hablando de usos, leyes y costumbres.

**ABOLITION**, f. *abolision*. Abolicion, accion y efecto de abolir. Aplicase á remision ó indulto de delitos, y á extincion de una órden monástico ú otro instituto.

**ABOLITIONISME**, m. *abolisionism*. Abolicionismo, doctrina, principios de los abolicionistas.

**ABOLITIONISTE**, m. *abolisionist*. Abolicionista, partidario de la abolicion de la esclavitud.

**ABOMA**, m. *abóma*. Aboma, [illegible]

**ABORNER**, a. inus. *aborné*. Agrim. Amojonar, alindar.

**ABORTIF, IVE**, adj. ant. *abortíf*. Abortivo, que causa aborto. || m. Abortivo : se llama así el medicamento que provoca el aborto.

**ABOT**, m. *abó*. Especie de cerraja con que se detiene á los caballos por la ranilla.

**ABOUCHEMENT**, m. *abuchemán*. Abocamiento. || Anat. Anastómosis, union de dos ó mas ramificaciones de vasos. || Hidr. Union de dos tubos que se comunican por la boca.

**ABOUCHER**, a. *abuché*. Abocar, buscar, ó llamar dos ó mas personas en hora ó en parage fijo, para tratar juntas algun negocio. || *S'aboucher*, r. Abocarse para platicar, parlamentar, etc. || Cir. Unirse, juntarse.

**ABOUCHOUCHOU**, m. *abuchuchú*. Paño frances que sale de Marsella para Levante.

**ABOUEMENT** ó **ABOÛMENT**, m. *abuemán*. Carp. Juntura.

**ABOUFFER**, a. inus. *abufé*. Sofocar, quitar la respiracion. || *S'abouffer*, r. Perder la respiracion.

**ABOUGRI, IE**, adj. *abugrí*. Achaparrado, deforme, mal conformado, no conformado segun su especie.

**ABOU-HANNES**, m. *abuánes*. Cigüeña negra que adoraban los Egipcios.

**ABOU-JABIA**, m. *abujábia*. Mit. Ángel de la muerte entre los Árabes.

**ABOULAZA**, m. *abulása*. Bot. Abulaza, árbol de Madagascar.

**ABOULOMRI**, m. *abulomrí*. Especie de buitre fabuloso que, segun los Orientales, vive cien años.

**ABOUQUEMENT**, m. *abucmán*. Sal. Adicion de nueva sal á la vieja, que se hace en las salinas.

**ABOUQUER**, a. *abuqué*. Sal. Se usa en las salinas, y significa añadir sal nueva á la vieja.

**ABOUT**, m. *abú*. Carp. El madero cortado por los extremos á escuadra.

**ABOUTÉ, ÉE**, adj. *abuté*. Apuntado, da. || Blas. Entrecruzamiento, el punto en que se tocan varias piezas de un escudo ó piedra de armas.

**ABOUTER**, a. *abuté*. Carp. Empalmar por armillado ó por punto de taco, unir dos palos por los extremos ó testas.

**ABOUTIR**, n. *abutír*. Carp. Tocar por un cabo ó extremo una cosa á otra. || met. Tender á, venir á para en, tener por resultado. || Cir. Supurar. || Hidr. Encajar, introducir un tubo menor en otro mayor. || Jard. Principiar á abrirse una flor.

**ABOUTISSANT, E**, adj. *abutisán*. Confinante, terminante, lindo de una heredad con otra. || m. pl. Dícese *les tenants et aboutissants d'un champ*, las señales y lindes de un campo. || met. *Les tenants et aboutissants d'une affaire*, las entradas y salidas de un negocio, los entresijos.

**ABOUTISSEMENT**, m. ant. *abutismán*. Cir. Supuracion de un tumor. Y, aunque ménos usado, es la añadidura ó el añadido para alargar una cosa corta.

**ABOU-ZAKARIA**, m. *abusacaría*. Mit. Abuzakaria, ídolo que se adoró en Siria.

**AB OVO**, adv. *abóvo*. Desde la cuna, desde su origen.

**ABOYANT, E**, adj. *abuayán*. Ladrador, ra, el que ó la que ladra.

**ABOYER**, n. *abuayé*. Ladrar el perro. || Por extension á las personas, es importunar, hostigar, perseguir, acosar á alguno. || met. Dícese *aboyer après un emploi, une succession, etc.*; hipar, aperrearse tras un empleo, herencia, etc.

**ABOYEUR**, m. *abuayeur*. Ladrador, gritador : el que ladra, esto es, el que grita desaforadamente.

**ABRACADABRA**, m. *abracadábra*. Palabra á que los Persas atribuian la virtud de curar las enfermedades.

**ABRACALAN**, m. *abracalán*. Abracalan, palabra á la cual los Judíos atribuian las mismas virtudes que al *abracadabra* y *abraxas*.

**ABRAHAMIENS**, **ABRAHAMITES**, m. pl. *abraamién*, *abraamít*. Mit. Abrahamitas, descendientes de Abraham. || Hist. Monjes que negaban la divinidad de Jesucristo.

**ABRAMIDE**, f. *abramíd*. Abrámide, trage que usaban las mujeres griegas.

**ABRANCHES**, m. pl. *abránche*. Órden de anélidos.

**ABRASIN**, m. *abrasén*. Bot. Abrasino, árbol.

**ABRAQUER**, a. *abraqué*. Mar. Cobrar el seno de un cabo de labor. || Tesar, tezar.

**ABRASION**, f. *abrasión*. Med. Irritacion del estómago ó intestinos causada por un remedio violento.

**ABRATAN**, m. *abratán*. Especie de hisopo.

**ABRAX**, m. *abrácx*. Mit. Uno de los caballos de la Aurora.

**ABRAXAS**, m. *abrácsas*. Especie de amuleto : palabra misteriosa.

**ABRE**, m. *abr*. Bot. Abre, planta leguminosa.

**ABRÉGÉ**, m. *abregé*. Compendio, escrito ó narracion abreviada. || (EN), adv. En breves palabras, compendiosamente, en compendio. || adj. Compendiado, abreviado.

**ABRÉGEMENT**, m. inus. *abregemán*. Resúmen.

**ABRÉGER**, a. *abregé*. Abreviar, compendiar, reducir, acortar, resumir. || Atajar en el camino.

**ABRENUNTIO**, expr. lat. *abrenúntio*. Se usa como interjeccion para significar que detestamos alguna cosa.

**ABREUVAGE**, m. *abreuvage*. La accion de abrevar, de empapar. || Jard. Regadío.

**ABREUVÉ, ÉE**, adj. *abreuvé*. Med. Húmedo : se dice de una llaga que mana.

**ABREUVER**, a. *abreuvé*. Abrevar, dar de beber á las bestias. || Empapar, aguachinar, remojar alguna cosa. || Regar los campos. || *Abreuver un vaisseau*, echar agua en un barco para probar si se sale. || *S'abreuver*, r. fam. Beber abundantemente. || met. *S'abreuver de larmes*, bañarse en lágrimas; *s'abreuver de nouvelles*, hartarse de noticias; *s'abreuver du sang de*, bañarse en la sangre de.

**ABREUVOIR**, m. *abreuvuár*. Abrevadero de bestias, y bebedero de pájaros enjaulados. || Alb. Degolladura, vacío entre los ladrillos.

**ABRÉVIATEUR**, m. *abreviateur*. Abreviador, compendiador, el que abrevia ó compendia. || Abreviador, el ministro de la Nunciatura que despacha los breves pontificios.

**ABRÉVIATIF, IVE**, adj. *abreviatíf*. Calig. Abreviativo, signo, letra que abrevia ó indica la abreviacion.

**ABRÉVIATION**, f. *abreviasión*. Abreviatura, modo de escribir una palabra suprimiendo letras.

**ABRÉVIATIVEMENT**, adv. *abreviativemán*. Por abreviatura.

**ABRÉYER**, a. *abreyé*. Mar. Abrigar, quitar el viento, formar socaire.

**ABRI**, m. *abrí*. Abrigo, resguardo, reparo, defensa. || met. Amparo, patrocinio. || *Se mettre à l'abri*, guarecerse, resguardarse.

**ABRICOT**, m. *abricó*. Albaricoque, fruta de hueso.

**ABRICOTÉ** ó **ABRICOTÉE**, m. *abricoté*. Conf. Chocho, ó confite con albaricoque dentro.

**ABRICOTIER**, m. *abricotié*. Albaricoque, el árbol que da los albaricoques.

**ABRITER**, a. *abrité*. Abrigar, resguardar, poner al abrigo. || *S'abriter*, r. Abrigarse, resguardarse.

**ABRIVENT**, m. *abriván*. Abrigaño, abrigo, la estera que se pone para resguardar las plantas del aire. || Jard. Cobertizo de paja.

**ABRIVER**, n. ant. *abrivé*. Mar. Barbear, ir á la orilla.

**ABRIZAN** ó **ABRIZGHIAN**, *abrizán*, *abrizguián*. Abrizan, fiesta que celebraban los Persas.

**ABROCHAITÈS**, adj. *abrocaítes*. Mit. Abrocáites, nombre que los Griegos dan al hombre que por su larga cabellera anuncia la molicie.

**ABROCOMÈS**, adj. *abrocómes*. V. ABROCHAITÈS.

**ABROGATION**, f. *abrogasión*. Abrogacion, anulacion, revocacion.

**ABROGER**, a. *abrogé*. Abrogar, anular, revocar. || *S'abroger*, r. Abrogarse.

**ABROHANI**, m. *abroaní*. Muselina de Indias.

**ABROLHOS, ABROLLES**, m. pl. *abrólos, abról*. Mar. Abrojos. Nombre de unos arrecifes del mar de India.

**ABROMES**, f. pl. *abróm*. Bot. Género de plantas malváceas.

**ABRONIE**, f. *abroní*. Bot. Abronia, planta nictagíneas.

**ABROTANOÏDE**, f. V. ABROTONOÏDE.

**ABROTONE**, f. *abrotón*. Bot. Abrótano, guardaropa, planta rastrera de las corimbíferas.

**ABROTONOÏDE**, m. *abrotonoíd*. Abrotonóides, animal planta que pertenece al género de los zoófitos. || Coral perforado.

**ABROUTI, IE**, adj. *abrutí* Ramoneado, roido de los animales.

**ABROUTIR**, a. *abrutír*. Ramonear, roer los ganados las plantas ó los pimpollos de ellas.

**ABROUTISSEMENT**, m. *abrutismán*. Accion de ramonear los animales para su pasto los ramos de los árboles.

**ABRUPT, E**, adj. *abrúpt*. Abierto.

**ABRUPTION**, f. *abrupsión*. Cir. Abrupcion, fractura de venas ó nervios.

**ABRUPTO (AB ó EX)**, *abrúpto*. Inopinadamente, de repente. || De sopeton, de golpe, sin decir agua va.

**ABRUS ó ABRUSE**, m. *abrú, abrús*. Bot. Planta de la familia de las leguminóceas.

**ABRUTI, IE**, adj. *abrutí* Degenerado, hablando de plantas. part. pas. Embrutecido.

**ABRUTIR**, a. *abrutír*. Embrutecer, entontecer. || *S'abrutir*, r. Atontarse, embrutecerse.

**ABRUTISSANT, E**, adj. *abrutisán*. Embrutecido, que embrutece.

**ABRUTISSEMENT**, m. *abrutismán*. Brutalidad, estolidez.

**ABRUTISSEUR**, m. *abrutiseur*. Pueblo conquistador que embrutece á los pueblos conquistados.

**ABSCISSE**, f. *absís*. Geom. Abscisa, una de las dos coordenadas rectilíneas, por las cuales se define la posicion de una línea plana.

**ABSCISSION**, f. *absisión*. Anat. Abscision, separacion de una parte. || Cir. Fractura, llaga de los huesos ó de las partes blandas, con pérdida de sustancia. || Med. Terminacion repentina de una enfermedad.

**ABSCONSIO**, m. *abscónsio*. Cir. Cavidad formada debajo de la piel por un absceso.

**ABSENCE**, f. *absáns*. Ausencia, separacion. || met. Enajenamiento, distraccion del pensamiento. || Carencia de una cosa.

**ABSENT, E**, adj. *absán*. Ausente, separado, retirado.

**ABSENTÉISME**, m. *absanteism*. Ausencia, costumbre que tienen de ausentarse de su patria los grandes de Irlanda para gastar sus rentas.

**ABSENTER (S')**, r. *sabsanté*. Ausentarse: se dice por partirse de un lugar, y no de las personas. || Retirarse, ocultarse, retraerse el que teme.

**ABSIDE**, f. *absíd*. Arq. Bóveda, nicho.

**ABSINTHE**, f. *absént*. Bot. Ajenjo, planta medicinal. || met. Acíbar, amargura, dolor.

**ABSINTHÉ, ÉE**, *absenté*. Mezclado con ajenjo. || *Eau absinthée*, agua de ajenjo.

**ABSOLU, UE**, adj. *absolú*. Absoluto, libre, dominante, independiente. Lo absoluto se aplica comunmente á las cosas mas que á las personas. || *Jeudi absolu*, Juéves santo. || Quím. Puro.

**ABSOLUMENT**, adv. *absolumán*. Absolutamente, enteramente, redondamente.

**ABSOLUTEUR**, m. ant. *absoluteur*. El que absuelve.

**ABSOLUTION**, f. *absolusión*. For. Absolucion de la instancia. || Teol. Absolucion de pecados.

**ABSOLUTISME**, m. *absolutism*. Absolutismo, sistema de un gobierno absoluto.

**ABSOLUTISTE**, m. y adj. *absolutist*. Absolutista, partidario de un gobierno absoluto.

**ABSOLUTOIRE**, adj. *absolutuár*. For. Absolutorio.

**ABSORBABLE**, adj. *absorbábl*. Lo que puede ser absorbido.

**ABSORBANT, E**, adj. *absorbán*. Anat. Absorbente. Úsase tambien como sustantivo masculino.

**ABSORBANTER**, a. *absorbanté*. Aplicar remedios absorbentes.

**ABSORBER**, a. *absorbé*. Absorber, embeber, chupar, consumir. || met. Arrebatar, confundir, llevar tras sí.

**ABSORPTIF, IVE**, adj. *absorptíf, tív*. Lo que absorbe.

**ABSORPTION**, f. *absorpsión*. Absorbencia, el acto de absorber en el sentido físico.

**ABSORPTIVITÉ**, f. *absorptivité*. Facultad de absorber.

**ABSOUDRE**, a. *absúdr*. Absolver, ya sea al reo de la pena, ya sea al penitente de sus culpas.

**ABSOUTE**, f. *absút*. Teol. Absolucion general: solo se dice de la absolucion pública y solemne que dan los obispos al pueblo en ciertos dias del año.

**ABSTÈME**, m. y adj. *abstém*. Abstemio (poco usado en castellano), el que no bebe vino, que se llama *aguado*.

**ABSTENIR (S')**, r. *sabstenír*. Abstenerse, privarse de alguna cosa.

**ABSTENTION**, f. *abstansión*. For. Abstension, renuncia de una heredad.

**ABSTERGENT, E**, adj. ant. *absterján*. Med. Abstergente, detergente, emoliente.

**ABSTERGER**, a. *abstergé*. Fis. y Med. Absterger, limpiar y enjugar.

**ABSTERSIF, IVE**, adj. *abstersíf, ív*. Med. Abstersivo: lo mismo que abstergente, que es como se dice.

**ABSTERSION**, f. *abstersión*. Abstersion, la accion de limpiar y enjugar.

**ABSTINENCE**, f. *abstináns*. Abstinencia: principalmente se dice de la comida y bebida. || Relig. *Jours d'abstinence*, dias de viérnes. || Med. Dieta, abstinencia que se manda observar á los enfermos con respecto á los alimentos.

**ABSTINENT, E**, adj. ant. *abstinán*. Abstinente, que se abstiene.

**ABSTRACTEUR**, m. *abstracteur*. Fil. El que hace abstraccion. || Extractor; autor de un extracto

**ABSTRACTIF, IVE**, adj. *abstractíf, ív*. Fil. Abstractivo: término que expresa una cosa abstracta.

**ABSTRACTION**, f

cion, exámen de una cosa separada de sus accesorias, de sus partes. || Separacion ideal. || Acto de la mente que separa una idea de las que coexisten en ella. || *Faire abstraction d'une chose*, prescindir de una cosa.

**ABSTRACTIVEMENT**, adv. *abstractivmán*. Abstractivamente, en abstracto, con abstraccion. *Considérer abstractivement les qualités des corps*, examinar abstractamente las cualidades de los cuerpos.

**ABSTRAIRE**, a. *abstrér*. Abstraer, considerar en una cosa un atributo ó una propiedad sin atender á los atributos ó propiedades que tiene.

**ABSTRAIT, E**, adj. *abstré*. Abstracto, relativamente á las cosas. || Abstraido, relativamente á las personas.

**ABSTRAITEMENT**, adv. poco us. *abstretmán*. Abstractivamente, con abstraccion.

**ABSTRUS, E**, adj. *abstrú*. Abstruso, recóndito. || met. Difícil, oscuro, profundo. Solo se aplica á cosas, y no á personas.

**ABSURDE**, adj. *absúrd*. Absurdo, que repugna á la razon. Se dice de cosas, de acciones y de personas.

**ABSURDEMENT**, adv. *absurdmán*. Absurdamente, de un modo absurdo.

**ABSURDITÉ**, f. *absurdité*. Absurdidad, y mas propiamente absurdo: el hecho ó dicho que repugna á la razon.

**ABSUS**, m. *absús*. Bot. Absus, yerba que crece en Egipto.

**ABU**, m. *abú*. Bot. Abu, especie de plátano, que se cria en las Indias.

**ABUB**, m. *abúb*. Abub, instrumento de música que usan los Hebreos.

**ABUS**, m. *abú*. Abuso, uso irregular ó excesivo de una cosa. || Error, engaño.

**ABUSER**, n. *abusé*. Abusar, hacer mal uso de una cosa. Si se aplica á personas, es hacer burla de su bondad ó inocencia. || a. Engañar, embaucar, hacer creer ó tomar una cosa por otra, como abusando de la credulidad ó sencillez del engañado para [illegible] este en el error. En este sentido [illegible] del verbo *tromper* y de *décevoir*. [illegible] r. Engañarse, alucinarse: [illegible] *sens s'abusent réciproquement* [illegible] la razon y los sentidos se engañan [illegible] camente.

**ABUSEUR**, m. *abuseur*. [illegible] baucador, seductor.

**ABUSIF, IVE**, adj. *abusíf, ív*. [illegible] que introduce abuso.

**ABUSIVEMENT**, adv. *abusivmán*. [illegible] sivamente, irregularmente.

**ABUTA**, m. *abúta*. Bot. Abuta, [illegible] la familia de los menispermos, [illegible] Cayena.

**ABUTER**, n. *abuté*. Tirar á [illegible] el juego es tirar á cierta parte [illegible] quién es mano. || *S'abuter*, r. met. [illegible] á, obrar con algun objeto: *voilà* [illegible] *s'abute*, hé ahí el objeto á que [illegible] Carp. Ensamblar la testa de una pieza [illegible] dera con la de otra. || Mar. Colocar [illegible] de construccion á tope, sin [illegible].

**ABUTILON**, m. *abutilón*. Bot. [illegible] malvabisco de Indias.

**ABUTTO**, m. *abútto*. Hist. [illegible] del Japon.

**ABYLA**, m. *ábila*. Ábila, monte de [illegible] ca en la Mauritania tingitana, en frente de Calpe en España. Estos dos montes [illegible] man las columnas de Hércules.

**ABYME**, m. *abím*. V. ABÎME.

**ABYSSINS**, m. pl. *abisén*. Abisinios, habitantes de la Abisinia en África.

**ABYSSIQUE**, adj. *abisíc*. *Terrain abyssique*, terreno de las profundidades [illegible], formado del sedimento inferior.

**ACA**, m. *áca*. Aca, bebida de las [illegible].

**ACABIT**, m. *acabí*. Calidad buena [illegible] de cosas en venta, particularmente [illegible] y legumbres. || met. Buena índole.

**ACACALIS**, m. *acacális*. [illegible] to leguminoso de Egipto.

**ACACÈTE**, adj. m. *acasét*. Mit. [illegible] sobrenombre dado á Mercurio.

**ACACIA**, m. *acásia*. Bot. Acacia, [illegible] árbol: en la farmacia es el zumo [illegible] drinas silvestres.

**ACACIE**, f. *acasí*. [illegible]

**ACADÉMICIEN**, m. *academisién*. [illegible] démico: esto es, el individuo de [illegible] mia; y tambien el sectario de la [illegible] Platon.

**ACADÉMIE**, f. *academí*. Academia: [illegible] ne las mismas aplicaciones que en [illegible] y ademas la de *picadero*, cuando [illegible] del sitio en que aprendia la nobleza [illegible] tar á caballo; y en la pintura y [illegible] el dibujo de una figura desnuda.

**ACADÉMIQUE**, adj. *academíc*. [illegible] mico, todo lo que pertenece á la [illegible].

**ACADÉMIQUEMENT**, adv. *academic-mán*. En estilo, ó en forma académica.

**ACADÉMISER**, a. *academisé*. En [illegible] tura y escultura, dibujar una figura [illegible].

**ACADÉMISTE**, m. *academíst*. El que aprende ó hace sus ejercicios en [illegible] academia de enseñanza, y principalmente [illegible] las artes de equitacion y esgrima. [illegible] debe confundir con *académicien*, [illegible] mico.

**ACÆNA**, f. *aséna*. Bot. Acena, planta de la familia de las rosáceas.

**ACAGNARDER**, a. *acañardé*. Apoltronar, acostumbrar á alguno á que lleve una vida oscura y ociosa. || *S'acagnarder*, r. fam. Estar apoltronado, enviciado, pegado; no moverse de un sitio, ó del lado de una persona por conveniencia ó aficion. Así se dice *s'acagnarder auprès du feu*, estar [illegible], estar aclocado, no salir de junto á la [illegible] bre; *s'acagnarder auprès d'une femme*, estar engolondrinado, estar pegado á las faldas de una mujer; *s'acagnarder dans sa maison*, amadrigarse, meterse en la [illegible], vivir encerrado ó metido en su casa; *s'acagnarder dans le jeu*, enviciarse en el juego.

**ACAÏA**, m. *acaya*. Especie de ciruela.

**ACAJOU**, m. *acajú*. Bot. Acayoba, [illegible] cardo, caoba: árbol de América.

**ACALANTHIS**, m. *acalántis*. Acalántis, pájaro de la magnitud de un canario.

**ACALÈPHE**, m. *acaléf*. Bot. Ortiga.

lo que acompaña á lo principal. || m. Accesorio, perteneciente de lo principal.

**ACCESSOIREMENT**, adv. *acesoarmán*. Accesoriamente.

**ACCIAVURE**, m. *acsiavur*. V. ACCISE.

**ACCIDENCE**, f. *acsidáns*. Accidencia: accidente, posibilidad de ser del accidente.

**ACCIDENT**, m. *acsidán*. Accidente, desgracia. || Accidente, casualidad, suceso imprevisto. || Accidente, enfermedad repentina. || Accidente, calidad no esencial de una cosa. || pl. Accidentes de la Eucaristía. || Casualidades, accidentes. || Circunstancias, incidentes. || *Par accident*, loc. adv. Por desgracia. || Accidentalmente, por casualidad.

**ACCIDENTÉ, ÉE**, adj. *acsidanté*. Desigual, escabroso, hablando de un terreno.

**ACCIDENTEL, LLE**, adj. *acsidantél*. No esencial. || Accidental, casual, contingente.

**ACCIDENTELLEMENT**, adv. *acsidantelmán*. Accidentalmente, casualmente. || Desgraciadamente.

**ACCIDENTER**, a. *acsidanté*. Crear accidentes, rodear de accidentes; causar embarazos, obstáculos. Hablando de un terreno, hacerle desigual, escabroso, darle aspectos diversos. Este verbo no se halla en ningun diccionario: sin embargo, el uso comun de la palabra *accidenté* como participio supone necesariamente el verbo.

**ACCINITE**, f. *acsinit*. Accinita, sustancia mineral que cristaliza en hachas.

**ACCIPENSER**, m. *acsipansé*. Accipenser, reptil del Paraguay.

**ACCISE**, f. *acsís*. Sisa, impuesto sobre los líquidos.

**ACCISME**, m. *acsism*. Dengue rehusando lo que se desea.

**ACCLAMATEUR**, m. *aclamateur*. Aclamador, el que aclama.

**ACCLAMATION**, f. *aclamasión*. Aclamacion. || *Par acclamation*, loc. adv. Por aclamacion, sin discutir ni votar, si es una proposicion; y por comun consentimiento, sin llegar á votar, si se trata de la eleccion de una persona.

**ACCLAMER**, a. *aclamé*. Aclamar, dar aclamacion, proclamar á alguno.

**ACCLAMPER**, a. *aclanpé*. Mar. Enjimelgar, asegurar con jimelgas.

**ACCLIMATATION**, f. *aclimatasión*. Aclimatacion, accion y efecto de aclimatar.

**ACCLIMATER**, a. *aclimaté*. Aclimatar, connaturalizar, introducir el cultivo de una planta, acostumbrar á la temperatura de un nuevo clima. || *S'acclimater*, pron. Aclimatarse, connaturalizarse á un clima que no es el natural.

**ACCOINÇONS**, m. pl. *acuensón*. Carp. Las vigas que sostienen el maderaje de un techo por los dos extremos.

**ACCOINTABLE**, adj. ant. *acuentábl*. Tratable, sociable, buen camarada, compinche.

**ACCOINTANCE**, f. fam. *acuentáns*. Trato, familiaridad.

**ACCOINTER** (S'), r. *sacuenté*. Compadrar, hacerse compinche. || Convenir en ideas, costumbres ó inclinaciones.

**ACCOISEMENT**, m. ant. *acuasmán*. Calma, tranquilidad, mitigacion de los humores.

**ACCOLA**, m. *acóla*. Acola, especie de pescado de Malta.

**ACCOLADE**, f. ant. *acolád*. Acolada, abrazo por el cuello, una de las ceremonias para armar á los caballeros. || fam. Abrazo. || Abrazadera, corchete, rasgo que une dos ó mas partidas ó renglones. || *Accolade de lapereaux*, reunion de dos gazapos para servirlos en el mismo plato.

**ACCOLADER**, a. *acoladé*. Abrazar con un rasgo dos ó mas objetos que han de formar un todo, ó que tienen analogía entre sí.

**ACCOLAGE**, m. *acolage*. Agr. La accion de enrodrigonar las vides y otras plantas tiernas.

**ACCOLÉ, ÉE**, adj. *acolé*. Unido, acolado en el blason.

**ACCOLEMENT**, m. *acolmán*. Arq. Paseo, espacio de terreno de una toesa poco mas ó ménos de ancho, entre la cuneta de un camino y los bordes de la calzada.

**ACCOLER**, a. joc. *acolé*. Abrazar. || Com. Abrazar con un corchete dos ó mas partidas. || Jard. Atar las ramas á los espalderas, enrodrigonar. || Imp. Unir con un rasgo dos ó mas líneas, dos ó varios objetos, para denotar que tienen analogía entre sí ó que deben formar un todo. || Carp. Unir muchas chapas de madera, para su mayor consistencia.

**ACCOLURE**, f. *acolúr*. Agr. Vencejo, tramojo, atadero de paja, junco, mimbre, etc. || Atado de palos para asegurar mejor los demas de la carga. || El enlomado de un libro.

**ACCOMMETTRE**, a. ant. *acométr*. Azuzar á los perros.

**ACCOMMODABLE**, adj. *acomodábl*. Acomodable, componible, concordable.

**ACCOMMODAGE**, m. *acomodáge*. Compostura de una peluca. || Aderezo, compostura, condimento de un guisado.

**ACCOMMODANT, E**, adj. *acomodán*. Complaciente, cortés, obsequioso, servicial.

**ACCOMMODATION**, f. ant. *acomodasión*. Convenio, compostura amistosa. || Conciliacion de leyes opuestas al parecer.

**ACCOMMODÉ, ÉE**, adj. ant. *acomodé*. Acomodado, rico, hombre de conveniencias.

**ACCOMMODEMENT**, m. *acomodmán*. Acomodamiento, arreglo, compostura que se hace para mayor comodidad. || Acomodamiento, reconciliacion, composicion. || ant. Mejoras, conveniencias añadidas á una casa ó habitacion.

**ACCOMMODER**, a. *acomodé*. Acomodar, poner á una persona ó cosa en sitio conveniente. || Acomodar, venir bien. || Reconciliar, concertar los ánimos. || Conformar, adaptar una cosa á otra. || Componer, aderezar cosas de comer. || Peinar una peluca. || irón. Componer, arreglar por maltratar, reprender, etc. || fam. Tratar bien á los parroquianos, huéspedes, etc. || *S'accommoder*, r. Procurar su comodidad, buscar su conveniencia. || Componerse, reconciliarse sobre una quimera, avenirse sobre un litigio. || Servirse, aprovecharse de algo. || Aficionarse á una persona. || Acomodarse, conformarse. || Apropiarse.

**ACCOMPAGNAGE**, m. *acompañáge*. Trama de los espolines de oro.

**ACCOMPAGNATEUR, TRICE**, s. *acompañateur, tris*. Mús. Acompañante, el ó la que acompaña con algun instrumento al que canta.

**ACCOMPAGNEMENT**, m. *acompañmán*. Acompañamiento, comitiva. || Mús. Acompañamiento, lo que se toca para acompañar al que canta. || Pint. Los objetos secundarios de un cuadro. || Blas. Adorno. || pl. Cabos, piezas, adornos.

**ACCOMPAGNER**, a. *acompañé*. Acompañar, ir de compañía. || Despedir, acompañar hasta la puerta por urbanidad. || Acompañar, juntar, agregar. || inus. Acompañar al que canta. || *S'accompagner*, r. Ir acompañado, llevar consigo compañía. || inus. Acompañarse, cantar y tocar una misma persona.

**ACCOMPARAGER**, a. ant. *aconparagé*. Comparar, cotejar.

**ACCOMPLI, IE**, adj. *acomplí*. Acabado, cumplido, cabal. || Perfecto, sin pero, consumado.

**ACCOMPLIR**, a. *aconplír*. Cumplir, concluir ó acabar un plazo. || Cumplir, realizar, ejecutar una promesa. || Cumplir, dar cumplimiento á una ley. || Desempeñar sus obligaciones. || *S'accomplir*, r. Cumplirse, efectuarse, realizarse.

**ACCOMPLISSEMENT**, m. *aconplismán*. Cumplimiento, verificacion entera de una cosa. No se usa en plural.

**ACCON**, m. *acón*. Mar. Bote chato, chalana: especie de barco.

**ACCORAGE**, m. *acoráge*. Mar. La accion de apuntalar con escoras.

**ACCORD**, m. *acór*. Convenio, composicion, ajuste. || Concordia, buena union, armonía. || Conformidad. || Conciliacion de opiniones. || Pint. Acuerdo, armonía de los colores y tintas. || Gram. Concordancia. || Mús. Consonancia, armonía. || *D'accord*, loc. adv. De acuerdo, concédese, en hora buena. || *Je suis d'accord*, convengo en ello. *Nous sommes d'accord*, estamos conformes.

**ACCORDABLE**, adj. *acordábl*. Conciliable, que puede conciliarse, ajustarse, otorgarse, etc.

**ACCORDAILLES**, f. pl. vulg. *acordáil*. Esponsales. || La concurrencia de [illegible] capitulaciones matrimoniales.

**ACCORDANT, E**, adj. [illegible] Conforme. || Mús. Acorde, [illegible]

**ACCORDÉON**, m. *acordeón*. [illegible] instrumento de música [illegible] moda.

**ACCORDEZ!** interj. *acordé*. [illegible] voz para que los remeros bogu[en] [illegible]

**ACCORDÉ**, m. **ÉE**, f. *acordé*. [illegible] via, el ó la que ha contraido [illegible]

**ACCORDER**, a. *acordé*. [illegible] dar, poner acordes los [illegible] dos pareceres. || Otorgar, conceder [illegible] Prometer en matrimonio. || [illegible] to. || Determinar, deliberar. || [illegible] templar los instrumentos. || [illegible] todos los objetos de un cuadro. || [illegible] r. Acordarse, ponerse acorde, [illegible] Acomodarse, hacer buena [illegible] las voces, los instrumentos. || [illegible] un tiempo, á una.

**ACCORDEUR**, m. *acordeur*. [illegible] que afina los instrumentos de [illegible]

**ACCORDO**, m. *acordó*. [illegible] de contrabajo italiano con [illegible]

**ACCORDOIR**, m. *acorduár*. [illegible] llave ó martillo con que se templa [illegible] mento.

**ACCORDS**, m. pl. *acór*. [illegible] monial, capitulaciones.

**ACCORE**, m. *acór*. Mar. [illegible] || Mar. Cantil. || adj. Náut. [illegible] tillado. Se dice de la costa.

**ACCORER**, a. *acoré*. Mar. [illegible] escoras.

**ACCORT, E**, adj. ant. *acór*. [illegible] urbano, comedido.

**ACCORTEMENT**, adv. ant. [illegible] Sutilmente, con destreza, con [illegible]

**ACCORTE**, f. *acórt*. Orega de [illegible]

**ACCORTESSE**, f. ant. *acortés*. [illegible] peccion.

**ACCORTISE**, f. fam. *acortís*. [illegible] cencia, agrado, condescendencia, [illegible]

**ACCOSTABLE**, adj. fam. *acostábl*. [illegible] table, afable: es voz que [illegible] se, y suele usarse con la negativa. [illegible] *pas accostable*, es intratable. || [illegible] dable, atracable.

**ACCOSTE!** interj. *acóst*. Mar. [illegible]

**ACCOSTÉ, ÉE**, adj. *acosté*. [illegible] da, pieza que está en el escudo al [illegible]

**ACCOSTER**, a. fam. *acosté*. [illegible] otro. || Mar. Abordar, atracar. || [illegible] r. fam. Acompañarse con, [illegible] tomarse en mala parte.

**ACCOTAR**, m. ant. *acotár*. [illegible] perada.

**ACCOTEMENT**, m. *acotmán*. [illegible] ce, la accion de frotarse ó rozarse una [illegible] con otra.

**ACCOTE-POT**, m. *acotpó*. [illegible] la piedra ó hierro con que se calza [illegible] gar.

**ACCOTER**, a. *acoté*. Recostar, [illegible] arrimar. || n. Mar. Tumbar, [illegible] *S'accoter*, r. Recostarse. *S'accoter sur une chaise*, recostarse en una silla.

**ACCOTOIR**, m. *acotuár*. Apoyo [illegible] brazos de una silla. || Mar. Escora, [illegible]

**ACCOUCHÉE**, f. *acuché*. Parida, la [illegible] que acaba de parir. || *Le caquet de l'accouchée*, conversacion frívola, de poca [illegible]

**ACCOUCHEMENT**, m. *acuchmán*. [illegible] el acto de parir la mujer. || met. Produccion trabajosa del entendimiento.

**ACCOUCHER**, a. *acuché*. Partear, [illegible] el comadron ó la comadre á la que [illegible] Parir. || met. Componer, escribir, [illegible] una obra.

**ACCOUCHEUR**, m. *acucheur*. Comadron, partero, el cirujano que asiste á [los] partos.

**ACCOUCHEUSE**, f. *acucheus*. Comadre, partera, matrona.

**ACCOUDER (S')**, r. *sacudé*. Acodarse, [es]tribar sobre el codo.

**ACCOUDOIR**, m. *acuduár*. Reclinatorio, almohadilla para poner los codos. || [illegible] Antepecho de una ventana.

**ACCOUER**, a. *acué*. Desjarretar, [illegible] las piernas de un ciervo por el jarrete.

**ACCOULINS**, m. pl. *aculén*. Terreno, terromontero de los ríos.

la mar. || Aumento de familia, de gastos. || Subida, alza de los precios. || Engrandecimiento, ampliacion de un edificio. || For. Acrecencia, derecho de acrecer. || met. Aumento de poder, de fortuna, de valimiento, etc.

**ACCROÎT**, m. *acruá*. Aumento de un rebaño.

**ACCROÎTRE**, a. *acruâtr*. Acrecentar, aumentar. || n. y r. Crecer, agrandarse, aumentarse.

**ACCROUPI, IE**, adj. *acrupí*. Acurrucado, agachado. || Blas. Acrupido; asentado, sucogido.

**ACCROUPIR (S')**, r. *sacrupír*. Acurrucarse, agacharse, ponerse en cuclillas.

**ACCROUPISSEMENT**, m. *acrupismán*. Encogimiento, el acto de acurrucarse ó ponerse en cuclillas.

**ACCRU, UE**, adj. *acrú*. Acrecentado, crecido, aumentado.

**ACCRUE**, f. *acrú*. Acrecencia, accesion.

**ACCRUS**, m. pl. *acrú*. Bot. Vástagos, los tallos nuevos de un árbol ó planta.

**ACCUBE**, m. ant. *acúb*. Guarida, cueva ó madriguera.

**ACCUBITEUR**, m. *acubitéur*. Camarlengo, título que se da en Constantinopla al gentilhombre que duerme cerca del emperador.

**ACCUEIL**, m. *aqueuil*. Acogida, acogimiento. || Recibo, recibimiento. || *Faire accueil*, recibir con agrado.

**ACCUEILLIR**, a. *aqueuillír*. Acoger, recibir en su casa al que viene de fuera. || Acoger al que pide favor, consejo, etc. || Recoger al náufrago, al perdido. || Adoptar, apadrinar una propuesta.

**ACCUL**, m. *acú*. Caz. Rincon, recodo, estrechura, angostura á que se halla reducido el acosado. || Mar. Seno, saco, fondo de una bahia ó puerto. || Lo mas profundo de las madrigueras. || pl. Estacas clavadas en tierra para impedir el retroceso de un cañon.

**ACCULÉ, ÉE**, adj. *aculé*. Blas. Aculado, sentado boca para arriba.

**ACCULEMENT**, m. *aculmán*. Mar. Astilla muerta, encorvamiento de las varengas.

**ACCULER**, a. *aculé*. Acular, arrinconar, acorralar, estrechar, reducir á un rincon. || Mont. Acosar la caza. || Poner trasero un carruaje. || n. Mar. Sumergir demasiado la popa en las cabezadas. || *S'acculer*, r. Acularse, (fam.) Arrimarse, arrinconarse. || Cerrarse de espaldas contra una pared. || *Varangues acculées*, varengas levantadas; horquillas las que estan hácia popa, y piques las que están hácia proa.

**ACCUMULATEUR, TRICE**, m. y f. *acumulateur, tris*. Acumulador, el que acumula.

**ACCUMULATION**, f. *acumulasión*. Acumulacion, hacinamiento, cúmulo, amontonamiento. || Jurisp. Acumulacion de acciones, de autos, etc.

**ACCUMULER**, a. *acumulé*. Acumular, amontonar, agregar, juntar muchas cosas.

**ACCURBITAIRE**, m. *acurbitér*. Hist. nat. Acurbitaria, especie de lombriz solitaria.

**ACCUSABLE**, adj. *acusábl*. Acusable, el que puede ser acusado.

**ACCUSATAIRE**, adj. ant. *acusatér*. Jurisp. Acusador, que acusa, que sostiene una acusacion.

**ACCUSATEUR, TRICE**, m. y f. *acusateur, tris*. Acusador, el que acusa || Delator, demandante. || *Accusateur public*, fiscal, acusador público. || *Accusateur national*, fiscal del tribunal supremo de justicia en Francia en tiempo de la República. || met. El instrumento, el indicio evidente del delito.

**ACCUSATIF**, m. *acusatíf*. Gram. Acusativo, el cuarto caso en la declinacion de los nombres.

**ACCUSATION**, f. *acusasión*. Acusacion. || Confesion voluntaria que hace el pecador de sus culpas.

**ACCUSATOIRE**, adj. ant. *acusatuár*. For. Acusatorio, auto que promueve la acusacion.

**ACCUSÉ, ÉE**, adj. *acusé*. Acusado, demandado, reo.

**ACCUSEMENT**, m. ant. *acusmán*. Accion de acusar.

**ACCUSER**, a. *acusé*. Acusar. || Delatar, demandar en justicia. || Fiscalizar. || Imputar, notar, tachar. || En el juego, declarar el punto. || Com. Acusar el recibo de una carta, etc. || Pint. Dibujar en el ropaje las formas interiores. || Declarar, confesar. || *S'accuser*, r. Acusarse, declararse reo, denunciarse, confesarse culpado. || Confesarse, acusarse de sus pecados.

**ACÉDIE**, f. *asedí*. Teol. Acédia, pereza, flojedad, caimiento de ánimo.

**ACÉMÈTES**, m. pl. *asemét*. Acémetas, religiosos sirios, cuyos ejercicios piadosos duraban dia y noche sin interrupcion.

**ACÉNA**, f. *asena*. Bot. Acena, género de plantas rosáceas del Brasil.

**ACENS**, m. *asáns*. Arriendo enfitéutico.

**ACENSEMENT**, m. ant. *asansmán*. Arrendamiento á censo, el acto de acensuar, de arrendar una posesion.

**ACENSER**, a. *asansé*. Acensuar, dar ó tomar á censo. || Arrendar, dar ó tomar en arrendamiento.

**ACÉPHALE**, adj. *asefál*. Acéfalo, lo que no tiene cabeza ó jefe. || Hist. nat. Acéfalo, órden de la clase de moluscos que comprende las especies que no tienen cabeza, como las ostras, etc. || Anat. Feto que nace sin cabeza. || Secta que carece de jefe.

**ACÉPHALIE**, f. *asefalí*. Anat. Acefalia, falta total de cabeza.

**ACÉPHALITE**, m. *asefalít*. Acefalita, sinónimo de acéfalo. || Hist. ecl. Acefalita, nombre que se ha dado á unos clérigos que no vivian subordinados á obispo. || Cierios herejes que no admitian dos naturalezas en Jesucristo.

**ACÉPHALOBRACHE**, adj. *asefalobráche*. Anat. Acefalobraquio, feto que no tiene brazos ni cabeza.

**ACÉPHALOCARDE**, adj. *asefalocárd*. Anat. Acefalocardio, que no tiene cabeza ni corazon.

**ACÉPHALOCARDIE**, f. *asefalocardí*. Anat. Acefalocardia, estado del feto que carece de cabeza y corazon.

**ACÉPHALOCYSTE**, m. *asefalosíst*. Hist. nat. Acefalocista, hydátides de los antiguos. || Género de lombrices vesiculares que se desarrollan en el cuerpo humano, y que están formadas de una vejiga trasparente, sin fibras, sin cabeza, sin orificio alguno natural, sin órgano visible y sin movimientos espontáneos.

**ACÉPHALOGASTRE**, adj. *asefalogástr*. Anat. Acefalogastro, que ni tiene cabeza ni estómago.

**ACÉPHALOGASTRIE**, f. *asefalogastrí*. Anat. Acefalogastria, falta de cabeza y de estómago.

**ACÉPHALOME**, adj. *asefalóm*. Anat. Acefalomo, que tiene la cabeza monstruosa.

**ACÉPHALOMIE**, f. *asefalomí*. Anat. Acefalomia, monstruosidad de la cabeza.

**ACÉPHALOPHORE**, adj. *asefalofór*. Hist. nat. Acefalóforo, género de moluscos que carecen de articulaciones y vértebras, y en los cuales no se distingue la cabeza del cuerpo.

**ACÉPHALOPODE**, adj. *asefalopód*. Anat. Acefalópodo, que ni tiene piés ni cabeza.

**ACÉPHALOPODIE**, f. *asefalopodí*. Anat. Acefalopodia, falta de cabeza y piés.

**ACÉPHALOTHORIE**, f. *asefalotorí*. Anat. Acefalotoria, falta de cabeza y de pecho.

**ACÉRAIN, E**, adj. *aserén*. Acerino, que se parece al acero, ó tiene sus propiedades.

**ACÉRAS**, m. pl. *aserás*. Bot. Aceras, plantas orquídeas.

**ACÉRATES**, m. *aserát*. Bot. Acerates, plantas asclepiadeas.

**ACERBE**, adj. *asérb*. Acerbo, áspero, entre agrio y amargo. || Verde, hablando del vino ó de las frutas. || met. Severo, adusto, áspero, hablando de personas.

**ACERBITÉ**, f. *aserbité*. Acerbidad, acrimonia, aspereza.

**ACÉRER**, a. *aseré*. Acerar, poner acero á un instrumento de hierro.

**ACÉRIDE**, m. *aseríd*. Farm. Acéride, emplasto sin cera.

**ACERRE**, f. *asér*. Acerra, braserillo antiguo para quemar perfumes. || Altar ó trípode que se erigia cerca de un cadáver ó lecho fúnebre para quemar incienso, etc.

conocer el genio de alguno; *être difficile à vivre*, estar enfermizo, etc., etc. Y es un error de bulto, como se ha notado ántes, el decir en *Toxique* que significa *tósico* ó *pescado*, por *tósigo* ó *veneno*.

5º. Al paso que se ha suprimido esa abundancia de materias inútiles que contienen otros Diccionarios y abruman al lector, en cambio se han añadido muchos artículos esenciales que faltan en ellos y dejan un gran vacío. Por ejemplo, faltaban los sustantivos *Autographomanie*, *Catalepsie*, *Catéchiser*, á pesar de que se ponen los adjetivos *Autographomane*, *Cataleptique*, *Catéchisé*, los importantes artículos *Achat*, *Ralentir*, *Ralentissement* y otros que sería largo enumerar. En solas 6 páginas de la letra R, desde *Rectificateur*, que está en la 747, hasta 753, se han añadido de 45 á 50 artículos que figuran en todos los buenos Diccionarios y pertenecen al lenguaje usual. Las acepciones añadidas en diversas partes de la obra son innumerables, y en muchos casos se han puesto ejemplitos, que á menudo no se traducen, para que se vea clara la aplicacion de las significaciones ó correspondencias que se dan á las palabras francesas. — Como hemos dicho, en cambio se han suprimido muchas materias inútiles. Ademas se ha tenido cuidado de eliminar las voces anticuadas y de ningun uso, con otras que no son francesas. Así, por ejemplo, el adverbio *Adonc*, ni la interjeccion *Ai*, ni los verbos *Dépositer*, *Déliter*, *Dessouler*, no se hallan en ningun Diccionario frances; como tampoco *Bedoin*, *Beschet*, *Brouine*, puestos tal vez por *Bédoin*, *Beset*, *Bruine*. Y son antiquísimas y desusadas otras voces, como *Adouser*, tranquilizar, *s'Adouloir*, amohinarse, *Altercas* usado por *Altercation*, *Altère* por *Altération*, *Aloser* por *Louer* (alabar), *Loserie* por *Louange*, etc., etc., cuyas voces llenarian las columnas de nuestro Diccionario mas que inútilmente. — Concluiremos diciendo que este, á mas de contener todas las voces pertenecientes al lenguaje usual, con abundancia de frases, locuciones proverbiales y familiares, los principales idiotismos, ó las locuciones peculiares de la lengua francesa vertidas al español adecuadamente, un buen número de cuestiones gramaticales explicadas con brevedad en sus respectivos lugares, y muchos artículos aclarados ó expuestos circunstanciadamente, como puede verse, v. gr. en *Ceci* y *Cela*, *Cesser*, *Croire*, *Chausser*, *Je* y *Moi*, *Les* artículo y *Les* pronombre, *Lequel* y *Laquelle*, *Léonin*, *Leur* y *Leurs*, *Lui*, *Main*, *Maison*, *Manquer*, *Mère*, *Mes*, *Mine*, *Moins*, *Monde*, *Monter*, *Ne*, *Onéraire* y *Onéreux*, *On*, *Où*, *Plus*, *Point*, *Prétention*, *Prêter*, *Prévaloir*, *Proche*, *Puissance* y *Puissant*, *Quatrième*, *Sauter*, *Savoir*, *Séant*, *Si*, *Soir*, *Suffire*, *Sur*, *Tantôt*, *Tirer*, *Trop*, *Venant*, *Venir*, *Vœu*, contiene una noticia sucinta de todo lo que debe componer un Diccionario moderno, dándose en él la definicion de todos los términos de matemáticas, de astronomía, de marina, de física, de química, de óptica, de mecánica, de medicina, de cirugía, de anatomía, de historia natural, de geología, de mineralogía, de botánica, de pintura, de escultura, de música, de blason, de danza, de equitacion, de esgrima, de caza, de pesca, de agricultura, de comercio, de banco, de moneda, de pesos y medidas, y en fin de todos los términos de ciencias, artes y oficios. Contiene asimismo muchos artículos sobre la mitología, la historia griega y romana, sin que se excedan los límites en que debe encerrarse un Diccionario bilingüe. Finalmente, ocupa en él un lugar principal el lenguaje político usado en las discusiones de las Córtes y otras asambleas y en la polémica de los periódicos. Como dice sabiamente un lexicógrafo frances, el Diccionario, testigo pasivo de todas las revoluciones del entendimiento, debe conservar hasta sus aberraciones; hacer constar lo que está recibido, escribir lo que se ha hablado: hé ahí el Diccionario; no es el juez, es el escribano; no discute, registra; no tiene sino una ley, que es el uso; no tiene sino un árbitro, que es el tiempo.

6º. El método que hemos adoptado para figurar la pronunciacion es sumamente claro y sencillo, habiéndose procurado la mayor exactitud en todos los casos, aunque tantos y tan varios por ser tan caprichoso y extraordinario el uso en esta parte, sin que pueda hallarse embarazo ni duda en ninguno si se atiende á lo dicho arriba, pág. v, aparte *Una de las mejoras* y sig. Ademas en la introduccion á cada una de las letras del alfabeto se da una nocion general sobre el modo de pronunciarlas en las voces aisladas ó en combinacion con otras para el enlace que los Franceses llaman *liaison*.

Tal es el Diccionario que ofrecemos al público. Aunque se halle exento de los muchos defectos que afean á otros por el tino y esmero con que se ha arreglado, no dejamos de conocer cuán fácil es que se deslicen otras mil faltas en un libro de esta clase. Es un campo muy vasto, para que al mas diligente rebuscador no se le queden infinitas espigas por recoger, y una galería sobrado complicada, para que muchos cuadros no estén fuera del órden con que nos hemos propuesto arreglarlos. En medio del convencimiento que nos queda de la imposibilidad de hacer un libro semejante sin imperfecciones, podemos asegurar que este Diccionario, á pesar de ser ménos voluminoso que otros, es mas rico en voces y significados útiles que ninguno de los que hasta ahora han salido á luz, con la circunstancia de estar redactados y arreglados los artículos con un método, con un órden y una claridad que no se hallarán en otro alguno. Si á lo dicho se agrega la pureza de las palabras castellanas, la exactitud en escribir las francesas á pesar de la dificultad de su ortografía, el estar precedidas respectivamente de las nociones gramaticales necesarias para manejarlas con fruto, el esmero con que se ha corregido la obra, la nitidez de la impresion y el precio muy inferior al de los últimos Diccionarios publicados en Madrid, bien podemos prometernos que el público dará al nuestro la preferencia con que ha distinguido á otras obras salidas de esta casa, como se la continúa dando á las producciones de nuestro predecesor D. Vicente Salvá, y en especial á su *Diccionario de la lengua castellana* y á su *Gramática*.

lo que acompaña á lo principal. || m. Accesorio, pertenencia de lo principal.

**ACCESSOIREMENT**, adv. *acsesuarmán.* Accesoriamente.

**ACCESSUS**, m. *acsésus.* V. ACCÈS.

**ACCIDENCE**, f. *acsidáns.* Accidencia: estado, posibilidad de ser del accidente.

**ACCIDENT**, m. *acsidán.* Accidente, desgracia. || Accidente, casualidad, suceso imprevisto. || Accidente, enfermedad repentina. || Accidente, calidad no esencial de una cosa. || pl. Accidentes de la Eucaristía. || Cualidades, atributos. || Circunstancias, incidentes. || *Par accident*, loc. adv. Por desgracia. || Accidentalmente, por casualidad.

**ACCIDENTÉ, ÉE**, adj. *acsidanté.* Desigual, escabroso, hablando de un terreno.

**ACCIDENTEL, LLE**, adj. *acsidantél.* No esencial. || Accidental, casual, contingente.

**ACCIDENTELLEMENT**, adv. *acsidantelmán.* Accidentalmente, casualmente. || Desgraciadamente.

**ACCIDENTER**, a. *acsidanté.* Crear accidentes, rodear de accidentes; causar embarazos, obstáculos. Hablando de un terreno, hacerle desigual, escabroso, darle aspectos diversos. Este verbo no se halla en ningun diccionario: sin embargo, el uso comun de la palabra *accidenté* como participio supone necesariamente el verbo.

**ACCINITE**, f. *acsinít.* Accinita, sustancia mineral que cristaliza en hachas.

**ACCIPENSER**, m. *acsipansé.* Accipenser, reptil del Paraguay.

**ACCISE**, f. *acsís.* Sisa, impuesto sobre los líquidos.

**ACCISME**, m. *acsism.* Dengue rehusando lo que se desea.

**ACCLAMATEUR**, m. *aclamateur.* Aclamador, el que aclama.

**ACCLAMATION**, f. *aclamasión.* Aclamacion. || *Par acclamation*, loc. adv. Por aclamacion, sin discutir ni votar, si es una proposicion; y por comun consentimiento, sin llegar á votar, si se trata de la eleccion de una persona.

**ACCLAMER**, a. *aclamé.* Aclamar, dar aclamacion, proclamar á alguno.

**ACCLAMPER**, a. *aclanpé.* Mar. Enjimelgar, asegurar con jimelgas.

**ACCLIMATATION**, f. *aclimatasión.* Aclimatacion, accion y efecto de aclimatar.

**ACCLIMATER**, a. *aclimaté.* Aclimatar, connaturalizar, introducir el cultivo de una planta, acostumbrar á la temperatura de un nuevo clima. || *S'acclimater*, pron. Aclimatarse, connaturalizarse á un clima que no es el natural.

**ACCOINÇONS**, m. pl. *acuensón.* Carp. Las vigas que sostienen el maderaje de un techo por los dos extremos.

**ACCOINTABLE**, adj. ant. *acuentábl.* Tratable, sociable, buen camarada, compinche.

**ACCOINTANCE**, f. fam. *acuentáns.* Trato, familiaridad.

**ACCOINTER** (S'), r. *sacuenté.* Compadrar, hacerse compinche. || Convenir en ideas, costumbres ó inclinaciones.

**ACCOISEMENT**, m. ant. *acuasmán.* Calma, tranquilidad, mitigacion de los humores.

**ACCOLA**, m. *acóla.* Acola, especie de pescado de Malta.

**ACCOLADE**, f. ant. *acolád.* Acolada, abrazo por el cuello, una de las ceremonias para armar á los caballeros. || fam. Abrazo. || Abrazadera, corchete, rasgo que une dos ó mas partidas ó renglones. || *Accolade de lapereaux*, reunion de dos gazapos para servirlos en el mismo plato.

**ACCOLADER**, a. *acoladé.* Abrazar con un rasgo dos ó mas objetos que han de formar un todo, ó que tienen analogía entre sí.

**ACCOLAGE**, m. *acolage.* Agr. La accion de enrodrigonar las vides y otras plantas tiernas.

**ACCOLÉ, ÉE**, adj. *acolé.* Unido, acolado en el blason.

**ACCOLEMENT**, m. *acolmán.* Arq. Paseo, espacio de terreno de una toesa poco mas ó ménos de ancho, entre la cuneta de un camino y los bordes de la calzada.

**ACCOLER**, a. joc. *acolé.* Abrazar. || Com. Abrazar con un corchete dos ó mas partidas. || Jard. Atar las ramas á los espaldares, enrodrigonar. || Imp. Unir con un rasgo dos ó mas líneas, dos ó varios objetos, para denotar que tienen analogía entre sí ó que deben formar un todo. || Carp. Unir muchas chapas de madera, para su mayor consistencia.

**ACCOLURE**, f. *acolúr.* Agr. Vencejo, tramojo, atadero de paja, junco, mimbre, etc. || Atado de palos para asegurar mejor los demas de la carga. || El enlomado de un libro.

**ACCOMMETTRE**, a. ant. *acométr.* Azuzar á los perros.

**ACCOMMODABLE**, adj. *acomodábl.* Acomodable, componible, concordable.

**ACCOMMODAGE**, m. *acomodáge.* Compostura de una peluca. || Aderezo, compostura, condimento de un guisado.

**ACCOMMODANT, E**, adj. *acomodán.* Complaciente, cortés, obsequioso, servicial.

**ACCOMMODATION**, f. ant. *acomodasión.* Convenio, compostura amistosa. || Conciliacion de leyes opuestas al parecer.

**ACCOMMODÉ, ÉE**, adj. ant. *acomodé.* Acomodado, rico, hombre de conveniencias.

**ACCOMMODEMENT**, m. *acomodmán.* Acomodamiento, arreglo, compostura que se hace para mayor comodidad. || Acomodamiento, reconciliacion, composicion. || ant. Mejoras, conveniencias añadidas á una casa ó habitacion.

**ACCOMMODER**, a. *acomodé.* Acomodar, poner á una persona ó cosa en sitio conveniente. || Acomodar, vestir bien. || Reconciliar, concertar los ánimos. || Conformar, adaptar una cosa á otra. || Componer, aderezar cosas de comer. || Peinar una peluca. || Irón. Componer, arreglar por maltratar, reprender, etc. || fam. Tratar bien á los parroquianos, huéspedes, etc. || *S'accommoder*, r. Procurar su comodidad, buscar su conveniencia. || Componerse, reconciliarse sobre una quimera, avenirse sobre un litigio. || Servirse, aprovecharse de algo. || Aficionarse á una persona. || Acomodarse, conformarse. || Apropiarse.

**ACCOMPAGNAGE**, m. *aconpañáge.* Trama de los espolines de oro.

**ACCOMPAGNATEUR, TRICE**, s. *aconpañateur, trís.* Mús. Acompañante, el ó la que acompaña con algun instrumento al que canta.

**ACCOMPAGNEMENT**, m. *aconpañmán.* Acompañamiento, comitiva. || Mús. Acompañamiento, lo que se toca para acompañar al que canta. || Pint. Los objetos secundarios de un cuadro. || Blas. Adorno. || pl. Cabos, piezas, adornos.

**ACCOMPAGNER**, a. *aconpañé.* Acompañar, ir de compañía. || Despedir, acompañar hasta la puerta por urbanidad. || Acompañar, juntar, agregar. || inus. Acompañar al que canta. || *S'accompagner*, r. Ir acompañado, llevar consigo compañía. || inus. Acompañarse, cantar y tocar una misma persona.

**ACCOMPARAGER**, a. ant. *aconparagé.* Comparar, cotejar.

**ACCOMPLI, IE**, adj. *aconplí.* Acabado, cumplido, cabal. || Perfecto, sin pero, consumado.

**ACCOMPLIR**, a. *aconplír.* Cumplir, concluir ó acabar un plazo. || Cumplir, realizar, ejecutar una promesa. || Cumplir, dar cumplimiento á una ley. || Desempeñar sus obligaciones. || *S'accomplir*, r. Cumplirse, efectuarse, realizarse.

**ACCOMPLISSEMENT**, m. *aconplismán.* Cumplimiento, verificacion entera de una cosa. No se usa en plural.

**ACCON**, m. *acón.* Mar. Batea chata, chalana: especie de barco.

**ACCORAGE**, m. *acoráge.* Mar. La accion de apuntalar con escoras.

**ACCORD**, m. *acór.* Convenio, composicion, ajuste. || Concordia, buena union, armonía. || Conformidad. || Conciliacion de opiniones. || Pint. Acuerdo, armonía de los colores y tintas. || Gram. Concordancia. || Mús. Consonancia, armonía. || *D'accord*, loc. adv. De acuerdo, concédese, en hora buena. || *Je suis d'accord*, convengo en ello. *Nous sommes d'accord*, estamos conformes.

**ACCORDABLE**, adj. *acordábl.* Conciliable, que puede conciliarse, ajustarse, otorgarse, etc.

**ACCORDAILLES**, f. pl. vulg. *acordáll.* Esponsales. || La ceremonia de [illegible] capitulaciones matrimoniales.

**ACCORDANT, E**, adj. [illegible] Conforme. || Mús. Acorde, [illegible]

**ACCORDÉON**, m. *acordeón.* [illegible] instrumento de música inventado [illegible] mania.

**ACCORDE!** interj. *acórd.* Mar. [illegible] vos para que los remeros [illegible]

**ACCORDÉ**, m. **ÉE**, f. *acordé.* [illegible] via, el ó la que ha contraido esponsales [illegible]

**ACCORDER**, a. *acordé.* Acordar, [illegible] dar, poner acordes los ánimos. || [illegible] dos pasajes. || Otorgar, conceder. || [illegible] Prometer en matrimonio. || Com[illegible] to. || Determinar, deliberar. || [illegible] templar los instrumentos. || [illegible] todos los objetos de un cuadro. || [illegible] r. Acordarse, ponerse acordes, [illegible] Acomodarse, hacer buena union [illegible] las voces, los instrumentos. || [illegible] un tiempo, á una.

**ACCORDEUR**, m. *acordeur.* [illegible] que afina los instrumentos de [illegible]

**ACCORDO**, m. *acórdo.* Acordo, [illegible] de contrabajo italiano con quince [illegible]

**ACCORDOIR**, m. *acorduar.* [illegible] llave ó martillo con que se templa un [illegible] mento.

**ACCORDS**, m. pl. *acór.* Contrato matri[illegible]monial, capitulaciones.

**ACCORE**, m. *acór.* Mar. Escora, [illegible] || Mar. Cantil. || adj. Náut. Escarpado, [illegible] tillado. Se dice de la costa.

**ACCORER**, a. *acoré.* Mar. Apuntalar con escoras.

**ACCORT, E**, adj. ant. *acór.* [illegible] urbano, comedido.

**ACCORTEMENT**, adv. ant. [illegible] Sutilmente, con destreza, con [illegible]

**ACCORTE**, f. *acórt.* Oruga de [illegible]

**ACCORTESSE**, f. ant. *acortés.* [illegible] peccion.

**ACCORTISE**, f. fam. *acortís.* [illegible] cencia, agrado, condescendencia.

**ACCOSTABLE**, adj. fam. *acostábl.* [illegible] table, afable: es voz que empieza [illegible] se, y suele usarse con la negacion [illegible] *pas accostable*, es intratable. || Mar. [illegible] dable, atracable.

**ACCOSTE!** interj. *acóst.* Mar. [illegible]

**ACCOSTÉ, ÉE**, adj. *acosté.* [illegible] da, pieza que está en el escudo al lado [illegible]

**ACCOSTER**, a. fam. *acosté.* [illegible] otro. || Mar. Abordar, atracar. || [illegible] r. fam. Acompañarse con, arrimarse [illegible] tomarse en mala parte.

**ACCOTAR**, m. ant. *acotár.* Mar. [illegible] perada.

**ACCOTEMENT**, m. *acotmán.* [illegible] ce, la accion de frotarse ó rozarse [illegible] con otra.

**ACCOTE-POT**, m. *acotpó.* [illegible] la piedra ó hierro con que se calza [illegible] gar.

**ACCOTER**, a. *acoté.* Recostar, [illegible] arrimar. || n. Mar. Tumbar, [illegible] *S'accoter*, r. Recostarse. *S'accoter* [illegible] *chaise*, recostarse en una silla.

**ACCOTOIR**, m. *acotuár.* Apoyo, [illegible] brazos de una silla. || Mar. Escora, [illegible]

**ACCOUCHÉE**, f. *acuché.* Parida, la mujer que acaba de parir. || *Le caquet de l'accouchée*, conversacion frívola, de poca [illegible]

**ACCOUCHEMENT**, m. *acuchmán.* [illegible] el acto de parir la mujer. || met. Produccion trabajosa del entendimiento.

**ACCOUCHER**, a. *acuché.* Partear, [illegible] el comadron ó la comadre á la que [illegible] Parir. || met. Componer, escribir, [illegible] una obra.

**ACCOUCHEUR**, m. *acucheur.* Comadron, partero, el cirujano que asiste á los partos.

**ACCOUCHEUSE**, f. *acucheus.* Comadre, partera, matrona.

**ACCOUDER (S')**, r. *sacudé.* Acodarse, es[illegible]tribar sobre el codo.

**ACCOUDOIR**, m. *acuduár.* [illegible] almohadilla para poner los codos. || [illegible] Antepecho de una ventana.

**ACCOUER**, a. *acué.* Desjarretar, [illegible] las piernas de un ciervo por el jarrete.

**ACCOULINS**, m. pl. *aculén.* Terreno terromontero de los rios.

ACERSÉCOMÈS, f. asersecomé m. Mit. Acersécomo, el que lleva largo el pelo sin tener barba. Sobrenombre de Apolo, á quien se le representaba efectivamente con una larga cabellera y sin barba.

ACERURE, f. aserúr. Pedazo de acero preparado para acerar cualquier instrumento de hierro.

ACESCENCE, f. asesáns. Disposicion ó facilidad á acedarse.

ACESCENT, E, adj. asesán. Acedo, lo que principia á acedarse.

ACESTIDE, f. ant. asestíd. Chimeneas de los hornillos para fundir metales.

ACÉTABULE, m. asetabúl. Acetábulo, medida que usan los boticarios para los líquidos. || Anat. Acetábulo, la encajadura de los huesos del músculo. || Bot. Acetábulo, planta llamada tambien *ombligo de Vénus*.

ACÉTATE, m. asetát. Quim. Acetato, sal formada con alguna base y el ácido acético.

ACÉTÉ, ÉE, adj. aseté. Acedo, agrio, convertido en vinagre, agriado.

ACÉTEUSE, f. ant. asetéus. Acedera.

ACÉTEUX, EUSE, adj. aseteu, eus. Acedo, agrio, avinagrado.

ACÉTIFIER (S'), r. sasetifié. Acedarse, agriarse, avinagrarse, convertirse en ácido acético.

ACÉTIMÈTRE, m. asetimétr. Acetímetro, instrumento propio para ensayar los vinagres y medir su fuerza.

ACÉTIQUE, adj. asetíc. Quim. Acético, el ácido que constituye la base principal del vinagre.

ACÉTITE, m. asetít. Quim. Acetito, nombre dado á los acetatos cuando se admitian dos grados de oxidacion del ácido de vinagre.

ACÉTOL, m. asetól. Farm. Acetol, vinagre comun.

ACÉTOLAT, m. ant. asetolá. Farm. Acetolado, vinagre medicinal destilado.

ACÉTOLATURE, f. asetolatúr. Farm. Vinagre medicinal puesto en infusion.

ACÉTOSA, m. asetósa. Bot. Acedera, planta. V. OSEILLE.

ACÉTOSELLA, f. dim. de ACÉTOSA, asetosélla. Acedevilla. V. ACÉTOSA.

ACÉTOSITÉ, f. asetosité. Acidez, agrura.

ACÉTUM, m. asétom. Quim. Vinagre.

ACHACAÑA, m. achacaña. Bot. Achacana, especie de alcachofa que se cria en la provincia del Potosí en el Perú.

ACHADE, f. achád. Agr. Azada, que sirve para binar las viñas.

ACHÆA, f. aquéa. Mit. Aquea, sobrenombre de Céres.

ACHALANDAGE, m. achalandáge. Com. Atractivo, maña para vender. || Crédito, fama, parroquia, el conjunto de los parroquianos de una tienda.

ACHALANDÉ, ÉE, adj. achalandé. Acreditado, afamado.

ACHALANDER, a. achalandé. Com. Acreditar, afamar, atraer parroquianos á una tienda, etc. || *S'achalander*, r. Acreditarse, principiar á adquirir crédito.

ACHAMANTHES, f. acamánt. Bot. Acamántes, planta de la América setentrional.

ACHÁNACA, m. acanáca. Bot. Acanaca, planta del reino de Mely, usada por los naturales como sudorífica contra el mal venéreo.

ACHANAMASI, m. acanamasí. Rel. Mahom. Acanamasi.

ACHANIE, f. acaní. Bot. Acania, planta de la familia de las malváceas.

ACHAOVAN, m. acaován. Bot. Acaovan, planta de la familia de las corimbíferas.

ACHARNÉ, ÉE, adj. acharné. Encarnizado, enfurecido, irritado contra alguno.

ACHARNEMENT, m. acharnmán. Encarnizamiento, la accion del animal que se ceba en la carne, como lobos y perros hambrientos. || Encarnizamiento, ira, furor, animosidad. || Pasion fuerte ó tenacidad en alguna cosa, como en el juego, etc.

ACHARNER, a. acharné. Encarnizar, cebar á un animal en la carne. || Excitar, animar, irritar, enconar los ánimos. || *S'acharner*, r. Encarnizarse || met. Cebarse, viciarse.

ACHARYA, m. acária. Mit. Acaria.

ACHAT, m. achá. Compra, adquisicion, la accion de comprar y la cosa comprada.

ACHATÈS, m. acátes. Acátes, nombre que se da á las ágatas, derivado de un rio de la Sicilia donde se descubrió la primera.

ACHATIE, f. acatí. Acatias, género de lepidópteros nocturnos.

ACH-BOBBA, m. acbóbba. Acboba, especie de buitre, de vuelo pesado, que se cria en Egipto, donde los naturales lo miran como ave sagrada.

ACHE, f. áche. Bot. Apio silvestre, planta de la familia de las umbelíferas, cuyas ramas, de un hermoso verde, se asemejan á las del perejil.

ACHÉE, f. aché. Lombriz de tierra, que se usa para cebo de los peces y para alimento de algunos pájaros.

ACHÉE, m. aqué. Hist. nat. Aqueo, género de mamíferos cuadrúmanos, de los cuales solo se conoce el llamado vulgarmente *perezoso*.

ACHÉLOÏDES, f. pl. aqueloid. Mit. Aqueloides, nombre que se da á las sirenas, tomado de Aqueloo su padre.

ACHÉLOÏS, f. aquelóis. Mit. Aqueloïs, nombre de una musa.

ACHÉLOÜS, m. aquelóus. Mit. Aqueloo, hijo del Océano y de Tétis segun unos, y del Sol y de la Tierra, segun otros.

ACHEMENTS ó HACHEMENTS, m. pl. achemán. Blas. Lambrequines, pedazos de tela pendientes que bajan del casco y ciñen el escudo.

ACHEMINÉ, ÉE, adj. acheminé. Encaminado, adelantado, puesto en buen punto. || Equit. *Cheval acheminé*, caballo que marca bien el paso, que obedece á la espuela y á la rienda, en una palabra, que está casi adiestrado.

ACHEMINEMENT, m. acheminmán. Camino, disposicion, preparacion, medio que conduce al fin que uno se propone.

ACHEMINER, a. acheminé. Encaminar, dirigir, poner en camino. || met. Dar buena direccion á un negocio, dirigirlo bien, ponerlo en buen estado. || Equit. Enseñar, adiestrar un caballo. || *S'acheminer*, r. Encaminarse, dirigirse, ponerse en camino. || Adelantar, ir bien, llevar buen curso.

ACHÉRON, m. aquerón. Mit. Aqueronte, rio del infierno. || Poet. Infierno, muerte.

ACHÉRONTIQUE, adj. aquerontíc. Mit. Aqueróntico, que pertenece al Aqueronte.

ACHÉRUSE, f. aquerús. Mit. Aquerusa, caverna que comunicaba con los infiernos.

ACHÉRUSIE, f. aquerusí. Mit. Aquerusia, lago de Menfis que tenian que atravesar los muertos ántes de dárseles sepultura.

ACHETER, a. acheté. Comprar, mercar, adquirir alguna cosa á cambio de dinero. || met. Comprar, obtener alguna cosa con mucho trabajo y dificultad. || *S'acheter*, r. Comprarse uno alguna cosa. Se usa en todas las acepciones de *acheter* en el sentido propio y en el figurado.

ACHETEUR, EUSE, m. y f. acheteur, eus. Comprador, ra. El ó la que compra.

ACHEVÉ, ÉE, adj. acheré. Acabado, concluido, finalizado, terminado. || Desmejorado, envejecido. || met. Acabado, perfecto, consumado. || *Un fou achevé*, un calavera, un loco rematado. || Equit. *Un cheval achevé*, un caballo perfectamente enseñado.

ACHÈVEMENT, m. achermán. Conclusion, fin, remate. || met. Perfeccion, complemento, última mano.

ACHEVER, a. acheré. Finalizar, terminar, acabar. || Rematar, matar del todo. || met. Perfeccionar. || Morir, extinguirse. || *S'achever*, r. Acabarse, terminarse una cosa. || Arruinarse. || Emborracharse.

ACHEVOIR, m. acherruár. En las manufacturas el sitio en que se terminan las obras. || El último instrumento con que se concluye una obra.

ACHILLE, m. achil. Mit. Aquiles, hijo de Peleo y de Tétis. || ant. Aquiles, el argumento principal. || *Tendon d'Achille*, ant. Anat. Tendon d'Aquiles, comun á los músculos gemelos y sóleo.

ACHILLÉE, f. aquilé. Bot. Aquilea, planta de la familia de las corimbíferas.

ACHIMÈNE, m. [illegible] meno, arbusto que [illegible] lidos de la América [illegible]

ACHIOTE, f. [illegible] de la Nueva España.

ACHIRE, m. achír. Hist. nat. [illegible] nero de pescados de la [illegible] rósomos, cuyo ejemplar [illegible] de los ojos pescados [illegible]

ACHIT, m. achít. Achit, [illegible] que se cria en el Madagascar.

ACHLADAS, m. [illegible] Ac[illegible] silvestres de Creta.

ACHLIS, f. aclís. Mit. Aclis, [illegible] sa de la oscuridad. || Bot. [illegible] poco conocido, fundado en [illegible] que conserva un medio entre [illegible] cose y las berberídeas.

ACHMÉ, m. acmé. Secc. rel. [illegible] de la religion y de las leyes de [illegible]

ACHMÉE, f. acmé. Bot. Acm[illegible] del Perú, de la familia de [illegible]

ACHNÉ, m. acné. Med. [illegible] cosas extendidas en la [illegible] Cir. Hilas raspadas. || Quim. [illegible] que se forma en la superficie [illegible]

ACHNÉRIE, f. acnerí. Bot. [illegible] ta de la familia de las gr[illegible]

ACHOPPEMENT, m. [illegible] zo, escollo, obstáculo, [illegible] usa en la frase *pierre d'achop[illegible]* [illegible] dra de escándalo.

ACHOPPER, a. ant. [illegible] chocar, topar. || *S'achopper*, r. [illegible] empujarse.

ACHORES, m. pl. acór. Med. [illegible] especie de hérpes. || Costras de [illegible] Tiña mucosa.

ACHOUROU, m. acurú. Bot. [illegible] bre de una especie de mirto ó [illegible] cría en África.

ACHRAS, m. acrás. Acras, [illegible]

ACHROMATIQUE, adj. acro[illegible] Acromático. Se dice del [illegible] senta los objetos sin los colores [illegible]

ACHROMATISME, m. acrom[illegible] Acromatismo, destruccion de los [illegible] traños que se observan en la [illegible] objeto, cuando se mira por [illegible] drio lenticular.

ACHRONIQUE, adj. V. A[illegible]

ACHTHÉOGRAPHE, m. [illegible] teógrafo, el que describe los [illegible]

ACHTHÉOGRAPHIE, f. [illegible] teografía, descripcion de los [illegible]

ACHTHÉOGRAPHIQUE, adj. [illegible] *fic*. Acteográfico, lo que [illegible] teografía.

ACHY, m. aquí. Bot. Caña [illegible] Arabia, familia de las leguminosas [illegible]

ACHIOULAC, m. aquiulé. A[illegible] lro que tiene en las Antillas el [illegible] América.

ACHYRONIE, f. aquironí. A[illegible] género de plantas leguminosas de la [illegible] Holanda.

ACHYROPHORE, m. aquirofór. Bot. Aquiróforo, planta achicorácea.

ACHYROSPERME, f. aquirospérm. Bot. Aquirosperma, planta labiada.

ACIANTHE, m. asiánt. Bot. Acianto, género de plantas de la Nueva Holanda.

ACICULAIRE, adj. asiculér. Bot. [illegible] nado. Se dice de las hojas [illegible] das y casi cilíndricas. || Hist. nat. [illegible] que cristaliza en pequeñas agujas.

ACIDE, m. asíd. Quim. Ácido. || adj. Ácido, acedo, agrio.

ACIDIE, m. asidí. Hist. nat. Acidia, género de moluscos acéfalos, sin concha.

ACIDIFÈRE, adj. asidifér. Quim. Acidífero, compuesto de un ácido y [illegible]

ACIDIFIABLE, adj. asidifiábl. Quim. Que puede mudarse en ácido.

ACIDIFIANT, adj. asidifián. Quim. Acidificante, que convierte en ácidos las [illegible] acidificables.

ACIDIFICATION, f. asidificasión. Quim. El acto de oxigenarse una sustancia.

ACIDIFIER, a. asidifié. Quim. Acidificar, convertir en ácido. || *S'acidifier*, r. Acidificarse.

ACIDITÉ, f. asidité. Acidez, acedía, [illegible] tud el sabor acedo y agrio.

**ACRANTE**, m. *acrant*. Hist. nat. Acranto, especie de lagarto de la América meridional.

**ACRASIE**, f. *acrasí*. Med. Acrasia, [illegible], [illegible], falta de régimen, exceso en el comer ó beber.

**ACRATIE** ó **ACRATIE**, f. *acrasia*, *acrasí*. Med. Acracia, debilidad, impotencia.

**ACRATOMELI**, m. *acratomelí*. Med. Acratomeli, vino mezclado con miel.

**ACRE**, adj. *acr*. Acre, agrio, ó fuerte [illegible]. ‖ met. Áspero, desabrido, y duro de genio en sus obras y expresiones.

**ACRÉE**, f. *acré*. Hist. nat. Acrea, género de lepidópteros diurnos.

**ACREMENT**, adv. *acremán*. Acremente, [illegible], [illegible], con acritud, con [illegible].

**ACRÉMONIUM**, m. *acremonióm*. Hist. nat. Acremonio, especie de hongos que se crian en los ramos podridos.

**ACRETÉ**, f. *acreté*. Acritud, acrimonia de las cosas ó del genio.

**ACRIDE**, f. *acríd*. Hist. nat. Langosta, insecto volátil.

**ACRIDOPHAGE**, adj. *acridofágo*. Acridófago, comedor de langostas, que se mantenía con ellas.

**ACRIMONIE**, f. *acrimoní*. Acrimonia: es lo mismo que *âcreté*, acritud; pero el primero es término mas docto, y el segundo mas usado en el trato ordinario.

**ACRIMONIEUX**, **EUSE**, adj. *acrimonieu*, *eus*. Acre, punzante, corrosivo.

**ACRINIE**, f. *acriní*. Acrinia, disminucion ó ausencia de secrecion.

**ACRISIE**, f. *acrisí*. Med. Acrisia, crudeza de los humores que impide la expulsion de la materia morbífica.

**ACROBAPTE**, adj. *acrobápt*. Ornit. Acróbapto, que tiene una mancha parda á la extremidad de las alas.

**ACROBATE**, m. y f. *acrobát*. Acróbata, volatin, volatinero entre los antiguos.

**ACROBATIQUE**, adj. *acrobatíc*. Acrobático, que pertenece á los acróbatas. ‖ Mecán. Acrobático, especie de máquina propia para levantar fardos.

**ACROCÉRAUNIENS**, m. pl. adj. *acroceraunién*. Acroceraunios, montes del Diablo ó de la Quimera, montes muy altos del Epiro.

**ACROCÈRE**, m. *acrocér*. Hist. nat. Acrócero, género de dípteros vesiculosos.

**ACROCHORDE**, m. *acrocórd*. Hist. nat. Acrocordo, género de serpientes de la Nueva Guinea, que tienen escamas en forma de verrugas.

**ACROCHORDON**, m. *acrocordón*. Med. Acrocordon, especie de verruga ó lupia pediculada; es tambien una verruga de los párpados, cuya base es estrecha, y prolongándose se asemeja á la extremidad de una cuerda.

**ACROCINE**, m. *acrocín*. Hist. nat. Acrocino, género de insectos coleópteros.

**ACROCOME**, m. *acrocóm*. Bot. Acrócomo, género de palmeras de la Guyana.

**ACRODACTYLE**, m. *acrodactíl*. Acrodáctilo, género de insectos himenópteros.

**ACRODICLIDE**, f. *acrodiclíd*. Acrodiclidio, género de plantas lauríceas, cuyo tipo es el laurel de la América tropical.

**ACRODRIES**, m. pl. *acrodrí*. Acrodrias: los antiguos llamaban así á los frutos de otoño.

**ACROLITHE**, adj. *acrolít*. Acrólito, cuyas extremidades son de piedra.

**ACROMATIQUE**, adj. *acromatíc*. Acromático, sin color.

**ACROMIAL**, adj. *acromiál*. Anat. Acromial, lo que pertenece al acromion.

**ACROMIO-CORACOÏDIEN**, m. *acromiocoracoidién*. Anat. Acromio-coracoideo, ligamento que se extiende desde el acromion á la apófisis coracoides, formando una especie de bóveda sobre la cabeza del húmero.

**ACROMIO-HUMÉRAL**, m. *acromiohumerál*. Anat. Acromio-humeral, músculo deltoides.

**ACROMION**, m. *acromión*. Anat. Acromion: llámase así la apófisis que termina la espina del omoplato, y que se articula con la clavícula.

**ACROMPHALION**, m. *acronfalión*. Anat. Acronfalio, extremidad del cordon umbilical que permanece unido al feto, despues del nacimiento.

**ACRONYQUE**, m. y adj. *acroníc*. Astr. Acrónico: se dice del orto y ocaso de un astro, cuando nace y se pone al mismo tiempo que el sol.

**ACROPATHIE**, f. *acropatí*. Med. Acropatía, enfermedad que ataca la extremidad de una parte cualquiera.

**ACROPOSTHIQUE**, adj. *acropostíc*. Med. Acropóstico, que pertenece á la acropostia ó prepucio de sus [illegible].

**ACROPOLE**, f. *acropól*. Acrópolis, ciudadela que domina una ciudad. La Acrópolis de Aténas.

**ACROSTICHE**, m. y adj. *acrostích*. Acróstico: título de una composicion poética en que las letras iniciales, medias ó finales forman un nombre ó concepto.

**ACROTÈRE**, m. *acrotér*. Arq. Acrotera, pedestal que sirve de remate en los frontispicios. ‖ Náut. Cabo, promontorio.

**ACROTÉRIASME**, m. *acroteriásm*. Cir. Acroteriasmo, amputacion de un miembro.

**ACROTISME**, m. *acrotism*. Fil. Acrotismo, investigacion de las causas primarias.

**À CROUPETONS**, loc. adv. fam. *acroupetón*. En cuclillas.

**ACTE**, m. *act*. Acto, hecho, accion, operacion. ‖ Acto, jornada de un drama. ‖ Acto, certámen literario, conclusiones. ‖ Auto de juez, testimonio de escribano, instrumento público. ‖ *Prendre acte*, pedir testimonio de un hecho; y tambien, tomar presente una promesa para hacerla cumplir, ó un dicho para reconvenir con él á su tiempo. ‖ *Acte d'accusation*, pedimento fiscal. ‖ *Acte constitutionnel*, acta constitucional, la constitucion. ‖ *Acte de foi*, acto de fe. ‖ pl. Actas, hechos de los apóstoles. ‖ Actas de los mártires, de un concilio, de las Cortes, etc.

**ACTÉA** ó **ACTÉE**, f. *actéa*, *acté*. Mit. Actea, sobrenombre de Céres.

**ACTÉNIE**, f. *acténí*. Hist. nat. Actenia, género de coleópteros de Java.

**ACTÉNISTE**, f. *actenist*. Hist. nat. Actenista, género de coleópteros malacodermos de Cayena.

**ACTÉNODE**, f. *actenód*. Hist. nat. Actenode, género de insectos coleópteros bupréstidos. ‖ Bot. Género de plantas de América.

**ACTÉON**, m. *acteón*. Mit. Acteon, gran cazador, transformado por Diana en ciervo, y devorado por sus propios perros. ‖ Acteon, uno de los caballos del carro del Sol. ‖ Hist. nat. Concha en forma de espiral y cónica.

**ACTÉPHILE**, f. *actefíl*. Bot. Actéfilo, planta de la familia de las euforbiáceas de Java.

**ACTEUR**, m. *acteur*. Actor, cómico, comediante, representante. ‖ Promovedor, farante (fam.), el principal en un negocio, bureo ó partida de juego. ‖ *Il nous manque un acteur*, nos falta un tercero, cuarto ó quinto, segun el número necesario de jugadores.

**ACTIAQUE**, adj. *actiác*. Mit. Acciaco, epíteto de Apolo, tomado de una estatua colosal que le habian levantado en Accio y servia de señal á los navegantes.

**ACTIF**, **IVE**, adj. *actif*, *iv*. Activo, lo que obra. ‖ Activo, diligente, eficaz. ‖ Ágil, ligero. ‖ Activo, lo que denota accion; como: verbo activo, voz activa. ‖ Activo, el crédito, derecho ú obligacion que tenemos á nuestro favor. ‖ *Service actif*, servicio activo. ‖ *Vie active*, vida activa, la contrapuesta á la contemplativa. ‖ *Voix active*, voto activo, el del elector.

**ACTIGÉE**, f. *actigé*. Bot. Actigea, especie de hongos.

**ACTINANTHE**, f. *actinánt*. Bot. Actinanta, género de plantas de la familia de las umbelíferas.

**ACTINECTE**, m. *actinéct*. Bot. Género de equinodermos.

**ACTINENCHYME**, m. *actinenquím*. Bot. El tejido celular de los vegetales, cuando está dispuesto en forma de radios.

**ACTINIAIRES** ó **ACTINIES**, f. pl. *actiniér*, *actiní*. Hist. nat. Actínicos, familia de pólipos, llamado tambien anémona marina.

**ACTINIDIE**, f. *actinidí*. Bot. Actinidias, género de dileniáceas fundado en una sola especie que nace en la India.

[illegible]

**ACTINOSTOME**, adj. [illegible] nat. Actinóstomo, que tiene la boca [illegible] tura estriada en forma de radios.

**ACTINOTE**, m. *actinót*. Bot. [illegible] planta herbácea de la Nueva Holanda [illegible]

**ACTINOTHYRE**, m. *actinotír*. [illegible] tiotiros, género de hongos.

**ACTION**, f. *acsión*. Accion, [illegible] Accion, hecho, obra. ‖ Accion, [illegible] cuentro. ‖ Accion, postura, [illegible] cion, actitud, gesto de un orador, [illegible] diante, etc. ‖ Vehemencia, calor, [illegible] ‖ Accion, demanda judicial. ‖ [illegible] cho de poner una demanda. ‖ [illegible] drama, una novela. ‖ Pint. [illegible] miento, alma de una figura. ‖ Com. [illegible] una de las partes en que está dividido [illegible] pital de una compañía ó alguno de los fon[illegible] dos del Estado.

**ACTIONISTE**, m. *accionist*. [illegible] nista, el que comercia en acciones, [illegible] mente en Inglaterra.

**ACTIONNAIRE**, m. y f. [illegible] Accionista, porcionista, [illegible] algun comercio ó compañía.

**ACTIONNER**, a. *acsioné*. For. [illegible] á alguno, ponerle una demanda [illegible] *S'actionner*, r. fam. Darse [illegible] con ahinco.

**ACTIVEMENT**, adv. [illegible] mente, prontamente, sin dilacion. [illegible] Activamente, en modo activo, por [illegible]

**ACTIVER**, a. *activé*. Activar, [illegible] actividad. ‖ Apretar, obrar [illegible] mayor intension que de ordinario. ‖ [illegible] ver, r. Apresurarse.

**ACTIVITÉ**, f. *activité*. Actividad, [illegible] za, vigor. ‖ Actividad, eficacia, [illegible] Mil. *En activité de service* ó solo *en* [illegible] en activo servicio.

**ACTORE**, m. *actór*. Hist. nat. [illegible] género de dípteros, insectos dotados de [illegible] alas.

**ACTRICE**, f. *actrís*. Actriz, comedianta, cómica, representante.

**ACTUAIRE**, m. *actuér*. Actuario, el [illegible]

**ADAD**, m. *adád*. Mit. Adad, uno de los dioses que adoraban los Asirios.

**ADAGE**, m. *adáge*. Adagio, refran, proverbio.

**ADAGIO**, m. *adágio*. Mús. Adagio, pausado.

**ADALINGUES**, m. pl. *adaléngues*. Raza de nobles Germanos.

**ADAM**, m. *adán*. Hist. nat. Nombre del primer hombre, segun la Biblia. || Teol. El hombre en general, los pecadores, la humanidad.

**ADAMAGIER**, a. *adamagié*. Dañar, perjudicar.

**ADAMANTIN**, adj. m. *adamantén*. Adamantino, brillante y duro como el diamante, de la naturaleza del diamante.

**ADAMIQUE**, adj. *adamíc*. Hist. nat. Adámica: dase este nombre á la tierra que proviene del depósito que hacen las aguas del mar al tiempo del reflujo.

**ADAMITES**, m. pl. *adamít*. Sect. rel. Adamitas, secta de herejes que andaban desnudos como Adan ántes de pecar.

**ADAPTATION**, f. *adaptasión*. Adaptacion, la accion y efecto de adaptar.

**ADAPTER**, a. *adapté*. Adaptar. || met. Aplicar ó acomodar una cosa á otra.

**ADAR**, m. *adár*. Adar, último mes ó lunacion del año hebreo.

**ADARCA**, f. *adárca*. Hist. nat. Alharreca, adarce, espuma salada que se agrega á las cañas y otras matas en el mar, y en las lagunas en tiempos secos.

**ADARGUE**, m. *adárgue*. Adarga, arma defensiva semejante al escudo, fabricada de cuero que usaron nuestros mayores, y especialmente los Moros.

**ADARME**, m. *adárm*. Adarme, peso de España, décimasexta parte de una onza.

**ADARTICULATION**, f. *adarticulasión*. Anat. Adarticulacion. V. ARTHRODIE.

**ADATIS**, m. *adatí*. Hist. nat. Adatis, especie de muselina de las Indias orientales.

**ADAUBAGES**, m. pl. *adobáge* Carnes en adobo, para conservarlas en los viajes marítimos.

**ADCLIVITÉ**, f. *adclivité*. Anat. Nombre dado por algunos anatómicos al tubérculo medio que separa las dos superficies cóncavas articulares de las grandes tuberosidades de la tibia.

**ADDA**, f. *ádda*. Bot. Addad, mata de una yerba muy amarga y venenosa de Numidia. || Zool. Adda, nombre dado al estinco oficinal.

**ADDICTION**, f. *addicsión*. For. Addiccion, traslacion de dominio por sentencia judicial.

**ADDITIF, IVE**, adj. *additif, ív*. Neol. Añadido.

**ADDITION**, f. *addisión*. Adicion: es la añadidura ó aditamento á una cosa, ó la misma cosa añadida. || En las cuentas es la operacion de sumar. || En la imprenta son las notas marginales.

**ADDITIONNEL, LE**, adj. *addisionél*. Adicional, lo que puede ser añadido.

**ADDITIONNER**, a. *addisioné*. Mat. Sumar: operacion de aritmética.

**ADDUCTEUR**, adj. *adducteur*. Anat. Aductor: se dice de ciertos músculos.

**ADDUCTION**, *adducsión*. Anat. Adduccion, accion ó movimiento de los músculos aductores.

**ADECTE**, adj. *adéct*. Med. Adecto, lenitivo.

**ADELANTADE**, m. *adelantád*. Hist. Adelantado, gobernador militar y político de una provincia fronteriza, en la antigua España.

**ADÉLIDE**, adj. *adelid*. Med. Adelido, voz patológicamente calificativa de los síntomas oscuros ó poco manifiestos.

**ADÉLIE**, f. *adelí*. Hist. nat. Adelia, planta de la familia de las titimaloides euforbiáceas.

**ADÉLIPARIE**, f. *adeliparí*. Med. Adeliparia, nombre impuesto por Alibert á la polisarcia.

**ADÉLITES**, m. pl. *adelít*. Adelitas, raza de adivinos descendientes de los Moros.

**ADÉLOCÉPHALE**, adj. *adelosefál*. Hist. nat. Adelocéfalo, que tiene la cabeza escondida y casi imperceptible. || Adelocéfalo, género de lepidópteros nocturnos de la América setentrional.

**ADÉLODAGAM**, m. *adelodagám*. Hist. nat. Adelodagam, planta amarga que crece en el Malabar, cuyos naturales la emplean contra varias enfermedades.

**ADÉLOPODE**, adj. *adelopód*. Hist. nat. Adelópodo, que tiene piés imperceptibles.

**ADELPHE**, adj. *adélf*. Hist. nat. Adelfo, calificacion dada á los estambres cuando están pegados por sus filamentos ó hebras en uno ó algunos cuerpos.

**ADELPHIXIE**, f. *adelficsí*. Anat. Adelfixia, union. Simpatía, confraternidad, disposicion armónica de las partes orgánicas que componen el cuerpo, y de sus afecciones.

**ADÉMONIE**, f. *ademoní*. Med. Ademonía, agitacion extrema, síntoma considerado por algunos nosologistas como una enfermedad.

**ADÉNACANTHE**, f. *adenacánt*. Bot. Adenacanto, género de plantas de la familia de las acantáceas.

**ADÉNAIRE**, m. *adenér*. Bot. Adenario, género de plantas litrarieas salicarieas de la América ecuatorial.

**ADÉNALGIE**, f. *adenalgí*. Med. Adenalgia, dolor de glándulas.

**ADÉNALGIQUE**, adj. *adenalgíc*. Adenálgico, concerniente á la adenalgia.

**ADÉNANDRE**, m. *adenándr*. Hist. nat. Adenandra, género de plantas cuyos órganos están provistos de una glándula: arbolillo del Cabo.

**ADÉNANTHE**, m. *adenánt*. Bot. Adenanto, género de plantas protáceas de la Nueva Holanda.

**ADÉNEMPHRAXIE**, f. *adenanfracsí*. Med. Adenenfraxia, obstruccion de las glándulas.

**ADÉNIE**, f. *adení*. Bot. Adenia, arbusto de la Arabia.

**ADÉNILÈME**, m. *adenilém*. Bot. Adenilemo, planta, género perteneciente á la familia de las rosáceas.

**ADÉNITE**, f. *adenít*. Med. Adenitis, inflamacion de las glándulas.

**ADÉNOCARPE**, m. *adenocárp*. Bot. Adenocarpo, arbolillos de Canarias y Francia, pertenecientes á la familia de las plantas leguminosas.

**ADÉNOCRÉPIDE**, f. *adenocrepid*. Bot. Adenocrépide, género de euforbiáceas: árbol de Java.

**ADÉNOGRAPHE**, m. *adenográf*. Anat. Adenógrafo, el que describe las glándulas.

**ADÉNOGRAPHIE**, f. *adenografí*. Anat. Adenografía, descripcion de las glándulas.

**ADÉNOGRAPHIQUE**, adj. *adenografíc*. Anat. Adenográfico, que pertenece á la adenografía.

**ADÉNOÏDE**, adj. ant. *adenoíd*. Anat. Adenoídes, que tiene la forma de glándula.

**ADÉNOLÉPIDE**, f. *adenolepíd*. Bot. Adenolépide, planta de las islas Sandwich.

**ADÉNOLIN**, m. *adenolén*. Bot. Adenolino, género de plantas, fundado en muchas especies de lino.

**ADÉNOLOGIE**, f. *adenologí*. Anat. Adenología, tratado de las glándulas.

**ADÉNOLOGIQUE**, adj. *adenologíc*. Anat. Adenológico, que pertenece á la adenología.

**ADÉNO-MÉNINGÉE**, adj. f. *adenomenengé*. Med. Adeno-meníngea, fiebre mucosa.

**ADÉNONCOSE**, f. *adenoncós*. Cir. Adenóncosis, tumor formado por una glándula.

**ADÉNO-NERVEUSE**, adj. f. *adenonervéus*. Med. Adeno-nerviosa, fiebre pestilencial.

**ADÉNO-PHARYNGIEN**, adj. *adenofarengién*. Anat. Adeno-faríngeo: calificacion que se da á algunos musculillos carnosos de la faringe, cuya existencia es dudosa.

**ADÉNOPHTHALMIE**, f. *adenoftalmí*. Med. Adenoftalmía, inflamacion de las glándulas de los párpados.

**ADÉNOSME**, m. *adenósm*. Bot. Adenosma, planta de la familia de las escrofularíneas.

**ADÉNOSTÈME**, m. *adenostém*. Bot. Ade-

[illegible], planta de la familia de las corimbíferas.

**ADÉNOSTOME**, m. *adenostóm*. Bot. Adenóstomo, género de rosáceas espiréaceas, arbolillo de la California.

**ADÉNOSTYLE**, f. *adenostil*. Bot. Adenóstilo, género de tusilagos.

**ADÉNOSTYLIS**, m. *adenostilis*. Bot. Adenóstilis, género de plantas orquidáceas [illegible], herbáceas, indígenas de Java.

**ADÉNOTOMIE**, f. *adenotomí*. Anat. Adenotomía, diseccion anatómica de las glándulas.

**ADÉNOTOMIQUE**, adj. *adenotomic*. Anat. Adenotómico, que se refiere á la adenotomía.

**ADENT**, m. *adán*. Carp. Voz usada entre carpinteros y ensambladores: diente, muesca. || Mar. Dentellon.

**ADENTER**, a. *adanté*. Carp. Enlazar, encajar los dientes de una madera en los de otra.

**ADÉONE**, f. *adeón*. Mit. Adeona, diosa patrona de los viajeros, invocada por los Romanos al hacer alguna peregrinacion. || Hist. nat. Adeona, género de políperos.

**ADÉPHAGE**, adj. *adéfag*. Mit. Adéfago, apodo de Hércules, por haberse comido un buey en un dia. || Hist. nat. Adéfago, se aplica á todo animal excesivamente voraz y carnívoro.

**ADÉPHAGIE**, f. *adefagí*. Med. Adefagia, voracidad, hambre desarreglada, excesiva ó incansable, hambre canina.

**ADEPTE**, m. y f. *adépt*. Adepto, el sugeto iniciado en los misterios de alguna secta ó ciencia: se aplica regularmente á los alquimistas.

**ADÉQUAT, E**, adj. *adecuá*. Fil. Adecuado, entero, pleno, completo. *Définition adéquate*, definicion adecuada, propia y única para el objeto.

**ADÈRE**, m. *adér*. Hist. nat. Adero, género de coleópteros, propio de la Inglaterra.

**ADESMACÉ, ÉE**, adj. *adesmacé*. Hist. nat. Adesmáceos, moluscos, cuya concha no envuelve todo el cuerpo. || Familia de moluscos bivalvos.

**ADESME**, f. *adésm*. Adesma, género de coleópteros melásomos, cuyo tipo es la adesma longípeda. || Especie de plantas leguminosas de la América meridional.

**ADESSÉNAIRES**, m. pl. *adesenér*. Adesenarios, herejes del siglo XVI, que creian que Jesucristo estaba en la Eucaristía, pero de un modo muy contrario al que establece el dogma.

**ADESTRE**, adj. ant. *adéstr*. Diestro, hábil.

**ADEXE**, m. *adécs*. Adexo, género de coleópteros.

**ADEXTRÉ, ÉE**, adj. *adecstré*. Blas. Adestrado: se dice de las piezas que se ponen al lado diestro del escudo.

**ADHA**, m. *áda*. Sect. rel. Adha, fiesta de los Musulmanes, celebrada fuera de la Meca, en el valle de Muna, el dia 10 del último mes de cada año.

**ADHALER**, a. ant. *adalé*. Alentar sobre alguna cosa.

**ADHÉRENCE**, f. *aderáns*. Pegadura, union de dos cuerpos. || Tenacidad, viscosidad, calidad pegajosa. || Med. Adherencia, union viciosa ó accidental de ciertas partes que, en su estado natural, deberian hallarse separadas; tales son los conductos excretorios, las vísceras, etc. || met. Parcialidad, adhesion á un partido, malo ó exagerado.

**ADHÉRENT**, m. *aderán*. Secuaz, partidario, parcial. || adj. Adherente, pegado, unido.

**ADHÉRER**, n. *aderé*. Adherir, estar unido ó pegado con fuerza á alguna cosa. || Adherir, seguir el parecer, la opinion de otro. || *S'adhérer*, r. Adherirse, arrimarse, llegarse, pegarse á otro, unirse á un partido ó dictámen.

**ADHÉSIF, IVE**, adj. *adesif, ív*. Adhesivo, que tiene la propiedad de adherir. || Adhesivo, que adhiere ó se adhiere, en un sentido general. || Pegajoso, tenaz.

**ADHÉSION**, f. *adesion*. Adhesion, la accion y efecto de adherir y de adherirse. || Sumision, consentimiento. || Apego, afecto, cariño. || Fís. Atraccion ejercida entre las superficies de los cuerpos de naturaleza diferente. || Med. Adhesion, modo particular de verificarse una adherencia, manera de adherirse una cosa á otra. || Dipl. Adhesion, consentimiento dado por un soberano á los tratados de comercio, de paz, de alianza, etc., hechos por otros soberanos. || Polít. Adhesion, aprobacion de un acto, de un contrato, de una proposicion.

**AD HOC**, loc. adv. lat. Ad hoc, directamente, exactamente, precisamente, especialmente. || *Répondre ad hoc*, contestar categóricamente, de una manera positiva, al caso.

**AD HOMINEM**, loc. adv. lat. Argumento ad hominem, el fundado en lo que dice ó practica la persona á quien se hace.

**AD HONORES**, loc. adv. lat. Ad honorem, título honorario, sin sueldo ni ejercicio.

**ADIANTE**, m. *adiánt*. Bot. Adianto, culantrillo de pozo, planta.

**ADIANTIFOLIÉ, ÉE**, adj. *adiantifolié*. Bot. Adiantifoliado, de hojas parecidas á las del adianto ó culantrillo.

**ADIAPHANE**, adj. *adiafán*. Adiáfano, que no es transparente.

**ADIAPHORE**, adj. *adiafór*. Filos. Adiáforo, indiferente, igual para admitido que para desechado. || m. Quim. Adiáforo, espíritu que se extrae del tártaro y no participa de las propiedades de los ácidos, ni de los vinos, ni de ningun otro cuerpo compuesto.

**ADIAPHORÈSE**, f. *adiaforés*. Med. Adiaforesis, supresion, falta de la transpiracion cutánea.

**ADIAPHORIE**, f. *adiaforí*. Adiaforia, voz griega que significa indiferencia. || Sect. rel. Adiaforismo, doctrina de los adiaforistas.

**ADIAPHORISTE** ó **ADIAPHORITE**, m. y f. *adiaforist*, *adiaforit*. Adiaforista, luterano moderado que conservaba las ceremonias de la Iglesia, y reconocia la autoridad de los obispos. || Indiferentista.

**ADIAPNEUSTIE**, f. *adiapneustí*. Med. V. ADIAPHORÈSE.

**ADIAPTOTE**, f. *adiaptót*. Farm. Adiáptotos, composicion farmacéutica, á la vez aromática y narcótica, llamada así por Galeno por ser eficaz contra el cólico.

**ADIARRHÉE**, f. *adiarré*. Med. Adiarrea, retencion de los humores que deben ser expelidos del cuerpo.

**ADIBOUDDHA**, m. *adibúda*. Adibouda, nombre que dan los Indios al Ser Supremo, anterior á todas las cosas.

**ADIEU**, interj. *adíeu*. Á Dios, agur. || fam. Á Dios, acabóse, no hay remedio. || m. Adios, despedida, separacion, último abrazo. || *Dire adieu*, *faire ses adieux*, despedirse, separarse de alguno. || Renunciar, dejar. || fam. *Sans adieu*, hasta luego, á mas ver.

**ADIMONIE**, m. *adimoní*. Hist. nat. Adimonio, género de coleópteros.

**ADINANDRE**, m. *adinándr*. Bot. Adinandro, árbol indígena de Sumatra.

**ADINE**, f. *adín*. Bot. Adina, planta indígena de la China.

**ADINERER**, a. *adineré*. Jurisp. Pregonar, poner á talla.

**ADIPEUX, EUSE**, adj. *adipeu, eus*. Anat. Adiposo, grasiento, que tiene grasa ó aceite animal.

**ADIPIDE**, f. *adipíd*. Anat. Adípide, género de principios inmediatos de los cuerpos organizados, que por sus propiedades se aproximan á la grasa.

**ADIPOCIRE**, f. *adiposír*. Quim. Adipocire, nombre que los químicos daban antiguamente á la esperma de ballena, á la grasa de cadáver y á la materia cristalizable de las secreciones biliares é intestinales del hombre.

**ADIPSIE**, f. *adipsí*. Med. Adipsia, falta de sed.

**ADIPSOS**, m. *adípsos*. Bot. Adipsos, especie de palmera de Egipto.

**ADIRER**, a. *adiré*. For. Perder, extraviar, traspapelar.

**ADISCAL, E**, adj. *adiscál*. Bot. Adiscal, sin disco.

**ADITE**, m. y f. *adít*. Hist. Adita, árabe de la tribu de Ad.

**ADITION**, f. *adisión*. For. Adicion, el acto de admitir ó adir la herencia.

**ADIVE**, f. *adív*. Adiva ó adive, [illegible] muy [illegible] en África, y muy [illegible] perro llamado podenco.

**ADJACENT, E**, adj. [illegible] dícese en francés, se usa de [illegible] dista á un continente ó á otra [illegible] de tierras, paises, parajes [illegible] cinos á otros.

**ADJECTIF**, m. *adjectíf*. Gram. [illegible] || adj. Adjetivo. || Que tiene ó [illegible]

**ADJECTION**, f. *adjecsión*. [illegible] gacion.

**ADJECTIVEMENT**, adv. [illegible] Gram. Como adjetivo, por [illegible] mente.

**ADJECTIVER**, a. *adjectivé*. [illegible] tivar, usar como adjetivo lo [illegible] no lo es. || Concordar el adjetivo [illegible] tantivo. || *S'adjectiver*, r. [illegible] se usa como adjetivo.

**ADJOINDRE**, a. *adjuindr*. [illegible] asociar una persona con otra [illegible] pañero para ayudarla en alguna [illegible] *S'adjoindre*, r. Asociarse, [illegible] alguno.

**ADJOINT**, m. *adjuén*. Adjunto, [illegible] ñado, agregado, asociado; el que [illegible] pañero ó colega, nombrado por [illegible] superior, ayuda al que ejerce alguna [illegible] rio.

**ADJONCTION**, f. *adjoncsión*. [illegible] compañía de otro ó otros jueces, [illegible] pados, al encargado de algun negocio [illegible] us. Union, aumento.

**ADJUDANT**, m. *adjudán*. Ayu[illegible] que ayuda á otro en alguna [illegible] Ayudante, y en este caso es el [illegible]

**ADJUDICATAIRE**, m. y f. [illegible] Adjudicatario, comprador, ra, [illegible] cuyo favor se remata lo subastado.

**ADJUDICATEUR**, m. *adjudicateur*. [illegible] judicador, el que hace una adjudicacion.

**ADJUDICATIF, IVE**, adj. [illegible] ív. Adjudicativo.

**ADJUDICATION**, f. *adjudicasión*. [illegible] dicacion, el acto de adjudicar.

**ADJUGER**, a. *adjugé*. Adjudicar, [illegible] rar la pertenencia de una cosa. [illegible] favor de uno. || *S'adjuger*, r. [illegible] arrogarse.

**ADJURATEUR**, m. *adjurateur*. [illegible] dor, exorcista, que conjura.

**ADJURATION**, f. *adjurasión*. [illegible] juro, exorcismo.

**ADJURER**, a. *adjuré*. Rel. [illegible] cir conjuros y exorcismos. || [illegible] por rogar encarecidamente, y por [illegible] alguno por testigo, requerirle.

**ADJUTATOIRE**, adj. *adjutatuár*. [illegible] liar, que ayuda: se dice de los [illegible]

**ADJUTEUR**, m. *adjuteur*. [illegible] que ayuda á otro.

**ADJUTOIRE**, m. ant. *adjutuár*. [illegible] auxilio.

**ADJUVANT**, adj. m. *adjuván*. Farm. [illegible] dante, sustancia medicamentosa [illegible] cribe en una receta para aumentar [illegible] de la base.

**AD LIBITUM**, adv. loc. lat. [illegible] al arbitrio de cada uno. || Mús. [illegible] *a piacere*, á su voluntad. Dícese [illegible] un solo instrumental ó vocal, cuya [illegible] es libre.

**ADLUMIE**, f. *adlumí*. Hist. nat. Ad[illegible] mia, planta de la América [illegible]

**ADMÈTE**, m. *admét*. Mit. Admeto, [illegible] de Tesalia, uno de los Argonautas.

**ADMETTRE**, a. *admétr*. Admitir, [illegible] trada ó recibir á alguno á la partici[illegible] alguna cosa, como á la audiencia, á la [illegible] lia, entre los amigos. || Pasar, dar por [illegible] na una excusa, una razon, una [illegible] conocer, conceder, asentir á.

**ADMINICULE**, m. *adminicúl*. For. Ad[illegible] minículo, lo que ayuda á la prueba [illegible] dicina es lo que ayuda á la operacion de un remedio.

**ADMINISTRATEUR, TRICE**, m. y f. *administrateur, tris*. Administrador, [illegible] que administra los bienes ó rentas [illegible] ó de una comunidad.

**ADMINISTRATIF, IVE**, adj. [illegible] *tratif, ív*. Administrativo.

**ADMINISTRATION**, f. [illegible] Administracion, el acto de administrar. ||

ADOLE, m. adól. Hist. nat. Adolo, género de coleópteros pentámeros.

ADOLER, a. adolé. Apesadumbrar, afligir á alguno.

ADOLESCENCE, f. adolesáns. Adolescencia, la edad desde catorce á veinte y cinco años. Dícese solo de los varones.

ADOLESCENT, E, m. y f. adolesán. Adolescente, el jóven que está en la adolescencia.

ADOLIA ó ADOLIE, f. adólia, adolí. Bot. Adolia, planta del Malabar.

ADOLIAS, m. adolías. Hist. nat. Adolias, género de lepidópteros de la India.

ADOLORER, a. ant. adoloré. Enfadar, molestar.

ADOLPHE, m. adólf. Adolfo, moneda de oro de Suecia que equivale á 47 reales de España.

ADONAÏ, m. adonaí. Adonai, nombre de Dios entre los Hebreos, que quiere decir asi Señor.

ADONANTHE, f. adonánt. Bot. Adonanta, género de ranunculáceas.

ADONÉE, m. adoné. Mit. Adoneo, divinidad que presidia en los viajes. || Adoneo, nombre con que los Arabes designaban el sol. Tambien se dió este nombre á Júpiter, Baco, etc.

ADONHIRAMITE, m. adoniramit. Secl. rel. Adoniramita, individuo perteneciente á una fraccion de los francmasones que reconocian á Adonhiram por jefe de los obreros del templo de Salomon.

ADONIDE, f. adoníd. Bot. Adónidas, género de plantas ranunculáceas, cuyas hojas están menudamente picadas y las flores son rojas ó amarillentas. || m. Invernáculo de plantas exóticas. || pl. Autores de obras sobre plantas exóticas.

ADONIDIE, f. adonidí. Adonidia, himno fúnebre consagrado á la memoria de Adónis. || Adonidia, canto guerrero que entonaban los Espartanos al entrar en combate.

ADONIEN ó ADONIQUE, adj. adonién, adoníc. Poes. Adónico, cuarto verso de cada estrofa en las odas sáficas, que consta de dos piés, un dáctilo y un espondeo.

ADONIES ó ADONIENNES, f. pl. adoní, adonién. Mit. ant. Adonias, fiestas fúnebres en honor de Adónis, que se celebraban en Grecia, Egipto, Asiria, Judea, Persia y Chipre.

ADONIS, m. adónis. Mit. Adónis: con alusion á la fábula, se dice del mancebo muy hermoso y bien dispuesto. || Jóven afeminado. || Nombre vulgar de un insecto. Tambien es el nombre de un pez. || *C'est un Adonis*, es un Adónis, un Narciso, un Ninfo.

ADONISÉ, ÉE, adj. adonisé. Puede decirse hecho un Adónis, un Ninfo, que es hombre acicalado y compuesto con extremada afectacion.

ADONISER, a. adonisé. Poner hecho un Adónis, acicalar, componer con demasiada pulidez y afeminacion. || *S'adoniser*, r. Cuidar mucho de su compostura exterior para parecer mas jóven ó mas hermoso || met. Estar infatuado por su juventud, hermosura.

ADONISEUR, m. adoniseur. El que acicala ó engalana á otro.

ADONISTE, m. adonist. El que hace un catálogo de las plantas exóticas cultivadas en un jardin.

ADONNÉ, ÉE, adj. adoné. Entregado, dedicado, aplicado seriamente á alguna cosa.

ADONNER, a. adoné. Mar. Alargarse el viento. *Le vent adonne de trois quarts*, el viento se alarga tres cuartas. || *S'adonner*, r. Darse, dedicarse, entregarse á una cosa, como al estudio, al juego, á la caza. || Tambien es aquerenciarse á un sitio, parajo ó persona, tener allí ó en ello su querencia: dícese mas propiamente de los animales.

ADOPTABLE, adj. adoptábl. Adoptable, que puede ó debe ser adoptado.

ADOPTANT, E, adj. adoptán. Adoptante, el que adopta ó prohija un niño ajeno, y lo considera como suyo propio.

ADOPTÉ, ÉE, adj. adopté. Adoptado, prohijado.

ADOPTER, a. adopté. Adoptar, prohijar. || met. Recibir y seguir opiniones, máximas, pensamientos de otro. || Admitir, aprobar. || Mirar una cosa como propia. || Apropiarse indebidamente algo.

ADOPTIF, IVE, adj. adoptíf, ív. Adoptivo, va, el hijo ó hija que ha sido adoptado. || Adoptivo, adoptante, el que adopta.

ADOPTION, f. adopsión. Adopcion, el acto de adoptar. Solo se dice en sentido propio.

ADORABLE, adj. adorábl. Adorable, lo que es digno de ser adorado. || Amable, encantador.

ADORABLEMENT, adv. adorablemán. Adorablemente, de un modo adorable.

ADORATEUR, TRICE, m. y f. adorateur, trís. Adorador: se dice del que ama con pasion extremada, ó admira ciegamente.

ADORATIF, IVE, adj. adoratíf, ív. Adorativo, que puede ó debe adorarse, que incluye adoracion. || Adorativo, que tiene el carácter de la adoracion.

ADORATION, f. adorasión. Adoracion, el acto de adorar. || Adoracion, amor extremado.

ADORBITAL, adj. adorbitál. Vet. Adorbital, nombre que se ha dado á uno de los huesos de la órbita en algunos animales.

ADORÉA, f. adoréa. Mit. Adórea, falsa divinidad que se cree ser la Victoria. Antiguamente significaba gloria, triunfo, mérito militar. || Recompensa que se concedia á los que habian servido á la república y se habian distinguido por alguna accion, cuyo premio consistia en grano y otros productos de la tierra.

ADORER, a. adoré. Adorar á Dios. || Adorar, amar apasionadamente, admirar con ceguedad. || Adorar al papa, ó tributarle el primer homenaje público. || Tratar con mucho respeto. || *Adorer le veau d'or*, adorar ó incensar á una persona solo por sus bienes ó empleos.

ADORIE, f. adorí. Hist. nat. Adorio, género de coleópteros crisolímenos.

ADORION, m. adorión. Bot. Adorio, planta umbelada de la América setentrional.

ADOS, m. adó. Jard. Arriate, era de tierra que se eleva en pendiente á lo largo de alguna pared.

ADOSSER, a. adosé. Arrimar de espaldas, poner de espaldas. || *Adosser le lit contre la muraille*, arrimar la cama á la pared. *Adosser un bâtiment contre un rocher*, apoyar la obra contra una peña. *Cette maison est adossée contre l'église*, esta casa tiene á espaldas la iglesia. || *S'adosser*, r. Arrimarse, ponerse de espaldas á una pared, etc. || Respaldarse en una silla.

ADOSSETTE, f. adosét. Bot. Adoseta, género de musgos.

ADOUAR, m. aduár. Astr. Ciclo, revolucion de cierto número de años, segun los cuales, los astrólogos marcan la regla ó sucesion de los fenómenos celestes.

ADOUBER, a. ant. adubé. Componer, reparar. || Tocar una pieza (en el juego de damas, ajedrez ó chaquete) para colocarla bien en su lugar.

ADOUCI, m. adusí. Art. Primer pulimento que se da al cristal despues de desbastado.

ADOUCIR, a. adusír. Endulzar, dulcificar || Pulir, quitar la aspereza. || Pint. Suavizar los contornos. || met. Ablandar el hierro, mitigar los dolores, amansar las fieras, suavizar la voz, moderar las expresiones, aliviar el trabajo, la pena, etc. || *S'adoucir*, r. Serenarse, templarse, calmarse, ablandarse, etc. || met. Moderarse, apaciguarse.

ADOUCISSAGE, m. adusiságe. Art. Minoracion, debilitacion de los colores vivos en el tinte.

ADOUCISSANT, E, adj. adusisán. Med. Temperante, calmante, emoliente.

ADOUCISSEMENT, m. adusismán. Aplacacion de la ira, temperante de la acrimonia, ablandamiento del frio, del hierro, suavizacion de los colores, mitigacion de los dolores, alivio de las penas, correctivo de las palabras duras, temperamento, arbitrio para componer un negocio.

ADOUCISSEUR, EUSE, m. y f. adusiseur, eus. Pulidor, el que pule los espejos.

ADOUÉ, ÉE, adué. adj. Apareado, casa-

[illegible] los cuadrúpedos del [illegible] y la [illegible] de los pescados.

[illegible], m. [illegible]. Ant. Gimnasio, pequeña [illegible] vegetal.

AD PATRES, loc. lat. fam. Muerto. Así [illegible] : aller ad patres, morir ; [illegible] ad patres, matar ; être ad patres, haber muerto.

[illegible], f. [illegible]. Zool. [illegible], [illegible].

ADRAGANT, m. adragán. Adraganto ó tragacanto, goma que está [illegible] del [illegible], arbusto muy espinoso de [illegible] que se cria en Persia, Asia [illegible]. || adj. Gomme adragante, goma [illegible], tragacanto.

ADRAGANTINE ó ADRAGANTHINE, f. adragantín. Quím. Adragantina, sustancia que compone casi en su totalidad la goma de tragacanto.

[illegible], f. adreria. Bot. Adreria, [illegible] de la [illegible], que [illegible] los antiguos como á propósito para favorecer la [illegible] de las [illegible] y promover el flujo de los loquios.

ADRAS, m. adrás. Sect. rel. Adras, nombre que dan los Persas al Osiris de los Egipcios.

ADRASTÉE, f. adrasté. Mit. Adrastia, hija de Melisio, rey de Egipto. A esta y á su hermana Ida fué encomendada la infancia de Júpiter. || Adrastia, hija de Júpiter y de la Necesidad. || Adrastia, epíteto de Nemesis. || Adrastia, nombre con que designaban algunas veces los Griegos á la Envidia. || Bot. Adrastia, pequeño arbusto indígena de la Nueva Holanda.

ADRASTIENS, m. pl. adrastién. Adrastas ó adrastinos, especie de juegos instituidos en Délfos por Adrasto en honor de Apolo.

AD REM, loc. lat. que significa á la cosa. Categóricamente, convenientemente. || Ad rem, á la cuestion.

ADRESSANT, E, adj. adresán. Dirigido á; que se dirige á, ó habla con.

ADRESSE, f. adrés. Destreza, habilidad, maña. || Tour d'adresse, chasco, pieza, mala partida, lance pesado. || Gracia, garbo. || Adresses de style, finura, primor en las expresiones ó los pensamientos. || Sobrescrito de una carta ó paquete || Señas de una casa ó persona. Remettre une lettre à son adresse, entregar una carta al sugeto á quien va. Cette lettre est à votre adresse, esta carta es para Vd. || Direccion (neol.), el punto á que va encaminada una carta ó otro objeto. Cela es à l'adresse de ton frère, esto lo dice ó lo dicen por tu hermano; á el va ese tiro. || Memorial, súplica. || Felicitacion, exposicion respetuosa á una autoridad superior. || Mensaje (neol.) del senado, Cortes, cámara, etc., al presidente, rey, etc. || Bureau d'adresse, oficina, despacho á que se acude en virtud de los avisos de los Diarios, ó para hacer insertar algo en ellos. || fam. Mentidero. || Il m'a pris pour son bureau d'adresse, me trae como palillo de barquillero.

ADRESSER, a. adresé. Enderezar, encaminar, dirigir. || Enviar en derechura. || Adresser le discours, dirigir la palabra. || Adresser ses pas vers, enderezarse, encaminarse, tirar hácia. || n. Enderezar, asestar, apuntar. || Adresser au but (poco us.), acertar. || S'adresser, r. Recurrir, dirigirse. || Tirar, herir, satirizar. || S'adresser des reproches, zaherirse, reconvenirse.

ADRIANISTE, m. adrianíst. Sect. rel. Adriano, individuo de la secta fundada en las doctrinas de Simon el Mago. || Adrianos, discípulos de Adrian, innovador del siglo XIV.

ADRIATIQUE, adj. f. adriatic. Geog. Adriático : dícese del mar del golfo de Venecia.

ADROGATION, f. adrogasión. Der. rom. Adrogacion, especie de adopcion.

ADROGER, a. adrogé. Jurisp. Arrogar, prohijar, adoptar.

ADROIT, E, adj. adruá. Diestro, hábil, mañoso. || Avisado, sagaz, fino, astuto.

ADROITEMENT, adv. adruatmán. Diestramente, hábilmente. || Mañosamente, con astucia.

ADROSTRAL, adj. y s. m. adrostrál. Zool. Adrostral, uno de los piezas de la mandíbula superior de algunos animales.

ADROSTRO-LABIAL, adj. y s. m. adrostrolabiál. Zool. Adrostro-labial, uno de los músculos de la boca del [illegible].

ADSCAPULAL, adj. y s. m. adscapulál. Zool. Adscapular, uno de los huesos [illegible] del oído, en los animales.

ADSCAPULO-HUMÉRAL, adj. y s. m. adscapulo-umerál. Zool. Adscápulo-humeral, uno de los músculos del hueso de la salamandra.

ADSIDÉLITE, f. adsidelít. Hist. rom. Adsidelita, mesa al rededor de la cual se colocaban los flámines durante los sacrificios.

ADULATEUR, TRICE, m. y f. adulatour, tris. Adulador, que adula, que lisonjea. || Tambien se usa como adjetivo. Langage adulateur, lenguaje adulador; manières adulatrices, modales aduladores.

ADULATION, f. adulasión. Adulacion lisonja.

ADULATOIRE, adj. adulatuár. Adulatorio, que pertenece á la adulacion.

ADULER, a. adulé. Adular, lisonjear con bajeza. || S'aduler, r. Adularse, lisonjearse mútuamente.

ADULTE, adj. adúlt. Adulto, el que está en la edad de la adolescencia.

ADULTÉRATION, f. adulterasión. Adulteracion, accion y efecto de adulterar, viciar, falsificar una cosa. || Alteracion de monedas. || Farm. Adulteracion, alteracion, falsificacion de los medicamentos.

ADULTÈRE, adj. adultér. Adúltero, que viola la fe conyugal. || Poes. Viciado, que ofrece una mezcla viciosa. || m. y f. Adúltero, el ó la que comete el adulterio. || Adulterio, violacion de la fe conyugal.

ADULTÉRER, a. adulteré. Farm. Adulterar, falsificar los medicamentos.

ADULTÉRIN, E, adj. adulterén. Adulterino, el hijo procedente del adulterio.

ADUNCIROSTRE, adj. y s. m. adunsiróstr. Piquituerto, que tiene el pico torcido.

ADUPLE, f. adúpl. Bot. Adupla, género de plantas de la América setentrional.

ADURENT, E, adj. adurán. Adurente, abrasador, que quema; cáustico.

ADUSTE, adj. adúst. Tostado, requemado, que ha sido ó que parece haber sido quemado. || Med. Antiguamente se llamaba adusta la sangre que salia de las venas muy negra y poco serosa.

ADUSTION, f. adustión. Cir. Adustion, accion del fuego, quemadura, cauterizacion.

ADUTÉRIN, E, adj. aduterén. Anat. Uterino, que pertenece ó tiene relacion con el útero.

ADUTÉRUM, m. adúterom. Adútero, parte de la matriz de los mamíferos, llamada tambien cuernos de la matriz. || Adútero, nombre de una de las partes del órgano genital de las aves.

ADVENIR, n. advenír. Acontecer, suceder por casualidad, sobrevenir. Este verbo solo se emplea en las terceras personas de su conjugacion. || fam. Advienne que pourra, quoi qu'il en advienne, sea lo que quiera, suceda lo que sucediere.

ADVENTICE, adj. advantís. Fil. Adventicio. || Fís. Adventicio, que está unido accidentalmente á un cuerpo. || Med. Adventicio, mal que no procede de la constitucion del individuo, ni es hereditario. || For. Biens adventices, bienes adventicios, aquellos que han sido adquiridos por medios industriosos ó por otra via, y no por sucesion directa.

ADVENTIF, IVE, adj. advantíf, ív. Adventicio.

ADVERBE, m. advérb. Gram. Adverbio: es una de las partes de la oracion que no se declina ni conjuga, y se junta á los verbos y adjetivos para explicar el modo de hacer ó padecer.

ADVERBIAL, E, adj. adverbiál. Gram. Adverbial, lo que pertenece al adverbio.

ADVERBIALEMENT, adv. adverbialmán. Gram. Adverbialmente, de un modo adverbial.

ADVERBIALISER, a. adverbialisé. Gram. Adverbiar, usar una voz como adverbio, transformarla en adverbio. || S'adverbialiser, r. Transformarse en adverbio.

[illegible], f. [illegible]. Adversamente, [illegible] bien.

ADVERSAIRE, m. [illegible]. contrario, enemigo, [illegible] la parte contraria [illegible] otro. || Fil. Contrario, el que [illegible] en una cuestion.

ADVERSATIF, IVE, adj. [illegible]. Gram. Adversativo, que [illegible]. Particule adversative, [illegible] que denota alguna [illegible] entre lo que precede y lo que [illegible] le sait, mais [illegible] pero á nadie lo dice.

ADVERSE, adj. advérs. [illegible] trario, opuesto. || Adversa [illegible]. || Jurisp. Contraria (la [illegible]) Edipo.

ADVERSITÉ, f. adversité. [illegible] caso, suceso contrario, infortunio [illegible]. || pl. Vicisitudes, las [illegible] que Dios castiga á los pecadores.

ADVERTENCE, f. advertáns. [illegible] tencia, atencion á, reflexion [illegible].

ADY, m. adí. Bot. Adi, especie [illegible] mera.

ADYNAMICO-ATAXIQUE, adj. [illegible] mico-ataxic. Med. Adinámico-[illegible] fermedad que presenta juntos los [illegible] de la adinamia y de la ataxia.

ADYNAMIE, f. adinamí. Med. A[illegible] debilidad, pérdida de fuerzas [illegible] mórbida caracterizada por el [illegible] profundo de la fisonomía, y una [illegible] total del cuerpo.

ADYNAMIQUE, adj. adinamic. Adinámico, que pertenece á la [illegible] le es propio. || Adinámico : [illegible] pútrida.

ADYSETON, m. adisetón. Bot. [illegible] género de plantas crucíferas.

ADYTE, m. adít. Ádito, [illegible] templos antiguos, donde solo los [illegible] eran admitidos.

Æ. Búsquense en la E [illegible] que ántes se escribian con Æ en [illegible].

ÆCHMALOTARQUE, m. [illegible] Hist. sagr. Lesotarca, [illegible] los Griegos al jefe que gobernó á [illegible] durante el cautiverio.

ÆCHMANTÈRE, f. ecmantér. [illegible] mántera, planta del género de las [illegible].

ÆCHMÉE, f. ecmé. Bot. [illegible] herbácea del género de las [illegible] gena de la América tropical.

ÆCHMIE, f. ecmí. Hist. nat. [illegible] nero de lepidópteros nocturnos.

ÆCIDIE, f. esidí. Bot. Ecidia, [illegible] hongo parásito.

ÆCIDINÉ, ÉE, adj. esidiné. Bot. [illegible] neo, semejante á una ecidia.

ÆDE, m. éd. Hist. nat. Edo, [illegible] dípteros.

ÆDÉLITE, f. edelít. Hist. nat. [illegible] sustancia mineral que se encuentra [illegible] cia.

ÆDÉMON, m. edemón. Hist. nat. [illegible] mon, género del órden de los coleópteros.

ÆDICULE, f. edicúl. Ant. Capilla, [illegible] plo pequeño. || Mit. El dios que [illegible] los edificios.

ÆDIE, f. edí. Hist. nat. Edia, [illegible] lepidópteros.

ÆDIFICIAL, adj. edifisiál. Mit. [illegible] sobrenombre de Júpiter.

ÆDILE, m. edíl. Hist. nat. Edilo, [illegible] de coleópteros tetrámeros.

ÆDITIME, m. editím. Hist. rom. [illegible] mo, oficial destinado á la guardia de los [illegible] plos. Los editimos eran los depositarios [illegible] tesoro, de los vasos sagrados y de [illegible] que pertenecia al culto.

ÆDOIODYNIE, f. edoiodiní. Med. [illegible] dinia, dolor que aparece en los órganos [illegible] la generacion.

ÆDOIOGRAPHE, m. edoiograf. [illegible] Edeógrafo, el que trata de las partes [illegible] generacion de uno y otro sexo.

ÆDOIOGRAPHIE, f. edoiografí. [illegible] Edeografía, tratado de las partes de la generacion de uno y otro sexo.

ÆDOIOGRAPHIQUE, adj. edoiografic. Med. Edeográfico, perteneciente á la descripcion de los

**ÆGOPITHÈQUE**, m. *egopitéc*. Egopiteco, animal fabuloso descrito por Nicéforo.

**ÆGOPODE**, adj. *egopód*. Hist. nat. Egópodo, que tiene patas semejantes á las de la cabra.

**ÆGOPODIUM**, m. *egopodión*. Bot. Egopódion, planta del género de las umbeladas.

**ÆGOPOGON**, m. *egopogón*. Bot. Egópogon, planta del género de las gramíneas.

**ÆGOPROSOPE**, m. *egoprosóp*. Hist. nat. Egoprósopo, género de coleópteros

**ÆGORHIN**, m. *egorén*. Hist. nat. Egorino, género de coleópteros.

**ÆGOSOME**, m. *egosóm*. Hist. nat. Egósomo, género de coleópteros.

**ÆGOSTÈTHE**, f. *egostét*. Hist. nat. Egóteto, género de coleópteros.

**ÆGOTHÈLE**, m. *egotél*. Hist. nat. Egótelo, especie de chotacabra.

**ÆGYPIUS**, m. *egípius*. Hist. nat. Egipio, especie de buitre.

**ÆLIA (LOI)**, adj. f. *élia*. Elia, ley romana establecida el año 588 de la república, por la que se mandaba á los magistrados consultar á los ágoreros en todos los negocios.

**ÆLURE**, m. *elúr*. Hist. nat. Eluro, gato de Algaría.

**ÆLURUS**, m. *elúrus*. Mit. Eluro, divinidad de los Egipcios.

**ÆMBARELLA**, m. *emberéla*. Bot. Embarela, especie de nogal de Ceylan.

**ÆMIDIUS**, m. *emídius*. Hist. nat. Emidio, género de coleópteros.

**ÆMILIA (LOI)**, adj. f. *emília*. Emilia, ley del segundo consulado de Emilio, año 392 de la república, por la que se prescribia al pretor mas anciano fijar cada año en los idus de setiembre un clavo en el Capitolio.

**ÆNÉADES**, adj. pl. *eneád*. Enéades, descendientes de Eneas.

**ÆNÉOCÉPHALE**, adj. *eneosefál*. Hist. nat. Eneocéfalo, que tiene la cabeza bronceada

**ÆOLANTHE**, m. *eolánt*. Bot. Eolanto, planta de las labiadas.

**ÆOLIDES**, adj. *eolíd*. Mit. Eólides, descendientes de Eolo, dios de los vientos.

**ÆOLODICON**, m. *eolodicón*. Mús. Eolódicon, especie de instrumento.

**ÆON**, f. *eón*. Eon, nombre de la primera mujer, en el sistema de los Fenicios.

**ÆPE**, m. *ép*. Hist. nat. Epo, género de coleópteros.

**ÆPHNIDIUS**, m. *efnídius*. Hist. nat. Efnidio, género de coleópteros.

**ÆQUATEUR**, m. *ecuateur*. Hist. rom. Ecuador, revisador de monedas.

**ÆQUINOLITE**, m. *equinolít*. Hist. nat. Equinólito, sustancia mineral de Méjico.

**AÉRAGE**, m. *aeráge*. Ventilacion, accion de airear. || *Appareil d'aérage*, aparato de ventilacion.

**AÉRANTHE**, m. *aeránt*. Bot. Aeranto, planta de las orquídeas.

**AÉRATION**, f. *aerasión*. Aireo, accion de airear. || Ventilacion, oreo de las plantas.

**ÆRÉNÉE**, f. *erené*. Hist. nat. Ereneo, género de coleópteros.

**AÉRER**, a. *aeré*. Airear, ventilar, dar aire, poner al aire. || Quím. Impregnar de aire. || Mar. Renovar el aire de las partes interiores del buque.

**AÉRIDE**, m. *aeríd*. Bot. Aérida, planta de las orquídeas parásitas, originarias de la India oriental.

**AÉRIEN, NE**, adj. *aerién*. Aéreo, todo lo perteneciente al aire, ó que posee sus cualidades. || Que vive en el aire como las aves. || met. Delicado, suave, de la música. || Lindo, gracioso, de una mujer. || *Aériennes*, f. pl. Cartoneras, especie de avispas.

**AÉRIER**, a. ant. Orear, ventilar.

**AÉRIFÈRE**, adj. *aerifér*. Aerífero ó aéreo, que conduce el aire.

**AÉRIFICATION**, f. *aerificasión*. Aerificacion, accion de transformar en flúido elástico un cuerpo sólido ó líquido.

**AÉRIFORME**, adj. *aerifórm*. Aeriforme, que tiene forma aérea.

**AÉRINÉE**, f. *aeriné*. Aerinea, vestido azul celeste que las ancianas llevaban al teatro, entre los antiguos Griegos.

**AÉRIQUE**, adj. *aeríc*. Aérico: aplícase á los minerales colocados bajo la influencia especial del aire.

**AÉRISER**, a. *aerisé*. Reducir al estado de aire ó de gas. || *S'aériser*, ser reducido a estado de aire.

**AÉRIVORE**, adj. *aerivór*. Hist. nat. Aerívoro, que se mantiene del aire.

**AÉRODYNAMIQUE**, f. *aerodinamíc*. Fi y Mec. Aerodinámica, parte de la mecánica que trata de la fuerza del aire y de otros flúidos elásticos.

**AÉROGNOSIE**, f. *aerognosí*. Fís. Aerognosia, parte de la física que trata de las propiedades del aire y de sus funciones en la naturaleza.

**AÉROGRAPHE**, m. *aerográf*. Fís. Aerógrafo, el físico que describe el aire.

**AÉROGRAPHIE**, f. *aerografí*. Fís. Aerografía, teoría del aire.

**AÉROGRAPHIQUE**, adj. *aerografíc*. Fís. Aerográfico, que corresponde á la aerografía, que pertenece á ella.

**AÉROÏDE**, f. *aeroíd*. Berilo, piedra preciosa, cuyo color es de un verde pálido.

**AÉROLE**, f. *aeról*. Pustulilla llena de aire. || pl. Poros de la esponja.

**AÉROLITHE**, m. *aerolít*. Aerólito: se da este nombre en mineralogía y astronomía á unas masas minerales inflamadas, que bajan de la atmósfera acompañadas constantemente de fenómenos luminosos y de detonacion. Tambien se llaman globos de fuego, ó piedras caidas del cielo.

**AÉROLOGIE**, f. *aerologí*. Aerologia, tratado del aire.

**AÉROMANCIE**, f. *aeromansí*. Aeromancia, arte de adivinar por medio de los fenómenos aéreos.

**AÉROMANCIEN, NE**, adj. y f. *aeromansién*. Aeromántico, que profesa ó ejerce la aeromancia.

**AÉROMÈTRE**, m. *aerométr*. Fís. Aerómetro, instrumento para medir la densidad del aire.

**AÉROMÉTRIE**, f. *aerometrí*. Fís. Aerometría, arte de medir la densidad del aire.

**AÉROMÉTRIQUE**, adj. *aerometríc*. Fís. Aerométrico, que pertenece á la aerometría.

**AÉRONAUTE**, m. y f. *aeronót*. Fís. Aeronauta, el ó la que viaja por los aires.

**AÉRONAUTIQUE**, f. *aeronotíc*. Fís. Aeronáutica, arte de navegar por el aire.

**AÉROPHANE**, adj. *aerofán*. Aerófano, que es trasparente en el aire, ó como el aire.

**AÉROPHOBE**, adj. *aerofób*. Med. Aerófobo, que padece aerofobia.

**AÉROPHOBIE**, f. *aerofobí*. Med. Aerofobia, horror al aire y principalmente al soplo.

**AÉROPHORE**, adj. *aerofór*. Aeróforo, que conduce aire.

**AÉROSTAT**, m. *aerostá*. Aerostático, aparato en forma de globo lleno de un flúido mas lijero que el aire, por cuya causa puede elevarse en la atmósfera.

**AÉROSTATHMION**, f. *aerostatmión*. Aerostatmio, especie de barómetro para apreciar las variaciones del peso y temperatura de la atmósfera.

**AÉROSTATIER**, f. *aerostatié*. Aeróstata, el aeronauta que dirige un globo aerostático.

**AÉROSTATION**, f. *aerostasión*. Aerostacion, arte de hacer y usar los globos aerostáticos.

**AÉROSTATIQUE**, f. *aerostatíc*. Fís. Aerostática, parte de la estática que trata del equilibrio y pesantez del aire atmosférico.

**AÉROSTIER**, m. V. AÉROSTATIER.

**AÉROTONE**, m. *aerotón*. Mil. Aerótono, escopeta de viento.

**AÉROZOES**, adj. y m. *aerozóes*. Aerózoos, nombre de una de las divisiones del reino animal.

**AÉRUE**, f. *aerú*. Bot. Aerúa, género de la familia de las amarantáceas.

**ÆRUGINEUX, EUSE**, adj. *aeruginéu*, *eus*. Herrumbroso, mohoso.

**ÆRUMNA**, f. *erómna*. Mit. Erumna ó la inquietud hija de la noche.

**ÆRUSCATEURS**, m. pl. *eruscatœr.* Mendicantes, mendigos de Cibeles.

**ÆSALE**, m. *esál.* Hist nat. Esalo, insecto, género de coleópteros.

**ÆSALIEN**, adj. *esalié.* Esálido, parecido á un esalo.

**ÆSALON**, m. *esalón.* Hist. nat. Aguilucho, ave de rapiña.

**ÆSCHROPTÈRE**, m. *escrotér.* Hist. nat. Ascroptero, insecto, género de coleópteros.

**ÆSCHYNANTE**, m. *esquinánt.* Bot. Esquinanto, arbusto de los cirtandráceos.

**ÆSCHYNITE**, m. *esquinít.* Min. Esquinito, sustancia mineral.

**ÆSCULANUS**, m. *esculánus.* Mit. Esculano, dios de la moneda de cobre entre los antiguos Romanos.

**ÆSCULE**, m. *escúl.* Bot. Esculo, planta de las esculáceas.

**ÆSCULINE**, m. *esculín.* Quim. Esculina, sustancia alcalina.

**ÆSHNE**, f. *ésn.* Hist. nat. Insecto volátil, llamado caballo del diablo.

**ÆSTHÉSIE**, f. *estesí.* Estesia, sensibilidad.

**ÆSTHÉTÈRE**, m. *estetér.* Estetério, centro de las sensaciones.

**ÆSTHÉTIQUE**, f. *estetic.* Estética, teoría de las sensaciones.

**ÆSTUAIRE**, m. *estuér.* Estuario, nombre dado por los antiguos Romanos á los cañones de las estufas.

**AÉTÉE**, f. *aeté.* Hist. nat. Aetea, especie de pólipo ó pulpo.

**ÆTÈES**, f. pl. *eté.* Mit. Etees, hijas de Júpiter, encargadas de socorrer á los viajeros.

**ÆTHAKALA**, m. *etacála.* Bot. Etacala, especie de judía de Ceylan.

**ÆTHALE**, m. *etál.* Hist. nat. Etalo, insecto, género de coleópteros.

**ÆTHALIN**, E, adj. *etalen.* Etalino, parecido á un etalion.

**ÆTHALION**, m. *etalión.* Hist. nat. Etalion, insecto de los cicadelios hemípteros. || Bot. Etalion, especie de hongo.

**ÆTHÉOGAME**, adj. *eteogám.* Eteógamo, que pertenece á la eteogamia.

**ÆTHÉOGAMIE**, f. *eteogamí.* Bot. Eteogamia. Palabra propuesta en vez de CRYPTOGAMIE.

**ÆTHÉOPAPE**, f. *eteopáp.* Bot. Eteópapa, planta de las centáureas.

**ÆTHÉRIE**, f. *eterí.* Bot. Eteria, planta de las orquídeas.

**ÆTHIOLOGIE**, f. *etiologí.* Etiologia, tratado de las causas de las enfermedades.

**ÆTHIONÈME**, m. *etioném.* Bot. Etionema, planta de las cruciferas silículosas.

**ÆTHIONIQUE**, adj. *etionic.* Quim. Etiónico: se aplica al ácido sulfovínico.

**ÆTHONIE**, f. *etoní.* Bot. Etonia, especie de planta.

**ÆTHOPHYLLE**, m. *etofíl.* Bot. Etófila, planta fósil del asperon abigarrado.

**ÆTHRE**, f. *étr.* Hist. nat. Etre, especie de crustáceos decápodos.

**ÆTHUSE**, f. *etús.* Bot. Etusa, planta de las umbeladas.

**AÉTIEN**, m. *aesién.* Sect. rel. Aeciano, discípulo de Aecio.

**AÉTITE**, f. *aetít.* Etites, piedra del águila.

**AÉTIUS**, m. *aésius.* Aecio, médico griego que vivia en Antioquía á mediados del siglo IV, y que abrazó las opiniones de Arrio.

**AÉTON**, m. *aetón.* Mit. Eton, uno de los cuatro caballos de Pluton.

**AÉTRAGE**, m. *aetráge.* Alquería, dependencia de una casa de campo.

**ÆTTESTUPE**, f. *etestúp.* Mit. Etéstupa, cerca redonda, formada de peñascos grandísimos junto á Raunum, á la que profesaban gran veneracion los antiguos Escandinavos.

**AFAKITE**, m. *afaquít.* Sect. rel. Afaquita, peregrino árabe, que no habita en la Meca.

**AFATONIER**, m. *afatonié.* Bot. Endrino, ciruelo silvestre.

**AFATRACHE**, m. *afatráche.* Bot. Afatracha, arbusto del Madagascar.

**AFÉ**, m. *afé.* Bot. Afe, especie de helecho de la India.

**AFFABILITÉ**, f. *afabilité.* Afabilidad, agrado, dulzura.

**AFFABLE**, adj. *afábl.* Afable, atento, bondadoso.

**AFFABLEMENT**, adv. *afablemán.* Afablemente, con afabilidad.

**AFFABULATION**, f. *afabulasión.* Moralidad de la fábula.

**AFFADIR**, a. *afadír.* Desazonar, quitar la sazon á algun manjar. || met. Quitar á un discurso su gracia natural, dejándolo frio é insulso. || *S'affadir*, r. Desazonarse, desabrirse.

**AFFADISSEMENT**, m. *afadismán.* Desabrimiento, insipidez, la sensacion desagradable que causa una cosa insípida. || Med. Alteracion del paladar, caracterizada por la debilitacion del apetito y de las fuerzas digestivas.

**AFFAIBLIR**, a. *afeblír.* Debilitar, enflaquecer, disminuir las fuerzas. || Bajar la ley de la moneda. || *S'affaiblir*, r. Debilitarse, perder el vigor, la fuerza, el ánimo.

**AFFAIBLISSANT**, E, adj. *afeblisán.* Debilitante, que debilita, atenuante.

**AFFAIBLISSEMENT**, m. *afeblismán.* Debilitacion, extenuacion, disminucion. || Debilidad, flaqueza, caimiento, desfallecimiento, falta de vigor ó fuerza. || Decadencia de un Estado. || met. Se aplica á la disciplina, á una ley, al poder de una dinastía. *Il croyait voir dans l'affaiblissement de la maison d'Autriche la liberté de l'Italie* (Voltaire). || *Affaiblissement d'une loi*, alteracion de una ley; *affaiblissement de la discipline*, relajacion de la disciplina. || Alteracion de las monedas, diminucion de su valor.

**AFFAIRE**, f. *afér.* Quehacer, negocio, dependencia, pleito en el abogado, lance de honor en el caballero, accion ó funcion en el soldado, peligro en el enfermo, empeño en el temerario, cargo ú obligacion en unos, necesidad en otros, conveniencia en el que busca, pendencia ó querella en el imprudente, trato, conocimiento, etc., pues abraza todo lo que llamamos cosas, asuntos, negocios. Tiene ademas otras muchas acepciones que determinan los antecedentes y consiguientes del discurso, y los verbos con que se junta. Las mas notables resultan de su union con *avoir*, *être* y *faire*. *Avoir affaire à*, tener que ver, que hablar á alguno; ó bien, haberlas con alguno. *Avoir affaire de* (fam.), necesitar. *J'ai votre affaire*, yo tengo lo que Vd. busca ó desea. *Cette femme a ses affaires* (fam.), esta mujer está con la regla. *C'est une affaire*, es negocio de importancia, la cosa tiene pelos (fam.). *Faire son affaire d'une chose*, tomar á su cargo una cosa. *Faire ses affaires*, atender á sus negocios; y tambien, hacer sus necesidades. *Faire une affaire*, concluir un trato, un convenio, un ajuste. *Il a fait une belle affaire* (irón.), buena la ha hecho! || *Chargé d'affaires*, encargado de negocios. || *Homme d'affaires*, agente, ó agente de negocios.

**AFFAIRÉ**, ÉE, adj. fam. *aferé.* Anegociado, atrafagado, atareado, muy ocupado.

**AFFAIREUX**, EUSE, m. y f. *afereu, eus* (poco us.). Embarazoso, dificultoso.

**AFFAISSEMENT**, m. *afesmán.* Hundimiento. || met. Caimiento, postracion.

**AFFAISSER**, a. *afesé.* Hundir, aplomar. || met. Agobiar, rendir, postrar, apesgar. || *S'affaisser*, r. Bajarse, hundirse, sentarse, apretarse una obra ó terreno. || met. Encorvarse, rendirse.

**AFFAÎTAGE**, m. *afetáge.* Cetr. Enseñanza, el modo de adestrar el halcon.

**AFFAÎTEMENT**, m. *afetmán.* La accion de criar una ave de rapiña. || Art. Curtimiento de las pieles.

**AFFAÎTER**, a. *afeté.* Adestrar el halcon para la caza. || Retejar, componer la albardilla de un tejado. || Curtir, adobar las pieles.

**AFFAÎTEUR**, m. *afeteur.* Cetrero, el que cria una ave de rapiña para la caza.

**AFFALE**, imp. de AFFALER. *afál.* Mar. Zafa! aclara! voz para poner corriente el cabo que estaba torpe en su laboreo.

**AFFALER**, a. *afalé.* Tocar, tiramollar, resacar. || Mar. Aconchar, impeler la nave á un paraje arriesgado. || *S'affaler*, r. Mar. Aconcharse, empeñarse sobre la tierra ó costa. || *Affale-toi*, abajo! voz para que bajo el marinero del palo ó verga en que se halla.

**AFFAMÉ**, ÉE, adj. *afamé.* Hambriento, famélico, afamado. || met. [illegible] codicioso de [illegible]

**AFFAMER**, a. *afamé.* [illegible] el hombre en alguna [illegible] tar de hambre á alguno [illegible] ó apretar por hambre [illegible] tercepténdole los víveres.

**AFFANER**, a. ant. *afané.* [illegible] ganar en un trabajo ó industria [illegible] gia, labrar, criar los víveres. || [illegible] Cansarse, fatigarse.

**AFFANURE**, f. *afanúr.* [illegible] de grano que se da en algunas [illegible] segadores y trilladores por [illegible] y en pago de su trabajo.

**AFFÉAGE**, m. *afeáge.* [illegible] acto de enfeudar.

**AFFÉAGEANT**, m. *afeaján.* [illegible] el que da en feudo.

**AFFÉAGEMENT**, m. [illegible] dacion de alguna porcion de [illegible]

**AFFÉAGER**, a. *afeagé.* [illegible] en feudo.

**AFFÉAGISTE**, m. *afeagíst.* [illegible] el que paga feudo.

**AFFECTATION**, f. [illegible] cion, estudio de singularizarse [illegible] falta de naturalidad. || Dest[illegible] Objeto, fin. || For. Hipoteca [illegible] lamiento de una cantidad.

**AFFECTÉ**, ÉE, adj. [illegible] Afecto, aplicado, destinado [illegible] rido, enternecido. || Med. [illegible] *trine*, tocado ó dañado del pecho [illegible]

**AFFECTER**, a. *afecté.* [illegible] hipotecar. || Afectar, ostentar [illegible] curar hacerse reparable. || [illegible] dar á entender. || Conmover [illegible] cer. || Med. Afectar, herir, dañar [illegible] met. Tomar naturalmente, [illegible] || Aspirar á, anhelar por, [illegible] agregar. || *S'affecter*, r. [illegible] ternecerse.

**AFFECTIF**, IVE, adj. [illegible] tivo, lo que pertenece á los afectos [illegible] las cosas y de las personas [illegible] sentido místico, porque en el [illegible] *affectueux*, afectuoso.

**AFFECTION**, f. *afecsión.* [illegible] propiamente afícion, afecto, [illegible] nacion á alguna persona ó [illegible] dor moral. || Med. Afecto, [illegible] de escorbuto, de melancolía [illegible]

**AFFECTIONNANT**, E, [illegible] Afectuoso, cariñoso, [illegible]

**AFFECTIONNÉ**, ÉE, [illegible] Afectivo, apasionado, [illegible] sona ó cosa. || *Très-affectionné* [illegible] afectísimo servidor.

**AFFECTIONNÉMENT**, [illegible] *mán.* Afectuosamente, con [illegible]

**AFFECTIONNER**, a. [illegible] aficion, afecto, amor, á [illegible] || Interesar, hacer tomar [illegible] cosa. || *S'affectionner*, r. Afic[illegible] carse con ardor á alguna cosa [illegible] á, prendarse de una persona.

**AFFECTIONNIVITÉ**, f. [illegible] Inclinacion, facultad de tomar [illegible] á los hombres y animales, sino [illegible] objetos que nos rodean.

**AFFECTUEUSEMENT**, adv. [illegible] *mán.* Afectuosamente, afectu[illegible]

**AFFECTUEUX**, EUSE, [illegible] *eus.* Afectuoso, amoroso, [illegible]

**AFFENAGE**, m. *afenáge.* [illegible] de comer á los ganados.

**AFFENER**, a. *afené.* Apacentar [illegible] al ganado, echarle de comer.

**AFFÉRAGE**, m. ant. *aferáge.* [illegible] sacion, precio puesto judicialmente [illegible] cosa.

**AFFÉRENCE**, f. ant. *aferáns.* [illegible] rendimiento.

**AFFÉRENT**, E, adj. *aferán.* [illegible] toca á cada interesado.

**AFFÉRER**, a. ant. [illegible] Repartir, dividir, arreglar la [illegible] cada uno corresponde de [illegible] hacer particiones. || Devolver [illegible] autoridad judicial.

**AFFÉREUR**, m. *afereur.* [illegible] Distributor, el que reparte lo [illegible] uno tocaba de una herencia.

gracias y oraciones á otras, y á los seculares. || Por extension se dice de la adopcion, asociacion, la accion y el efecto de ingresar en otros cuerpos, como academias, etc.

**AFFILIÉ, ÉE**, adj. *afilié*. Afiliado, agregado, asociado, admitido en una corporacion ó sociedad.

**AFFILIER**, a. *afilié*. Prohijar, adoptar, recibir como hijo ó hermano. Solo se dice de comunidades religiosas y cuerpos literarios. || *S'affilier*, r. Entrar en una sociedad, hermandad, etc.

**AFFILOIR**, m. *afiluár*. Afiladera, piedra de afilar: especie de piedra sumamente lisa en la que se pasan los instrumentos cortantes, para quitarles el filban que les queda despues de afilados en la muela. || Cuero sobre que se pasan las navajas de afeitar para asentarlas. || Chaira, instrumento de acero cilíndrico que usan los carniceros y zapateros para afilar las cuchillas. || Pinzas, instrumento con que el pergaminero tiene el acero que le sirve para raspar los pergaminos. || f. pl. Carpint. Juego de piedras de afilar.

**AFFINAGE**, m. *afináge*. Refinadura, la accion de refinar, purificar ó clarificar los metales, los licores, el azúcar, el salitre, etc. || *Chanvre d'affinage*, cáñamo finísimo y de calidad excelente que ha pasado por muchos rastrillos de puas muy delgadas.

**AFFINÉE, ÉE**, adj. *afiné*. Afinado, refinado, purificado, acrisolado.

**AFFINEMENT**, m. Sinónimo de *affinage*.

**AFFINER**, a. *afiné*. Refinar, purificar, clarificar; mejorar una cosa, como los metales, los licores, el azúcar, el salitre, etc. Del oro y plata se dice acendrar, acrisolar. || *Affiner le chanvre*, rastrillar el cáñamo. || met. Se dice *affiner* de las personas á quienes se las hace mas advertidas y cautas con alguna burla ó engaño que las escarmiente, y haga avispar ó apicarar. || n. Mar. Adelgazar el tiempo. || *S'affiner*, r. Afinarse, purificarse. || met. Pulirse, cultivarse.

**AFFINERIE**, f. *afinrí*. El lugar en donde se refinan los metales, etc.

**AFFINEUR**, m. *afineur*. El refinador de metales, etc. || Rastrillador. || Cardador.

**AFFINITÉ**, f. *afinité*. Afinidad, parentesco y proximidad que se contrae por medio de un matrimonio entre dos familias. || met. Afinidad, la analogía y semejanza que tiene una cosa con otra. || *Affinité spirituelle*, parentesco espiritual, el que se contrae por el bautismo y la confirmacion. || Quím. Afinidad, atraccion.

**AFFINOIR**, m. *afinuár*. Peine, género de rastrillo con que se limpia el cáñamo.

**AFFINS**, m. pl. ant. *afén*. Parientes por afinidad.

**AFFION**, m. *afión*. Bot. Afion, sinónimo de opio. || Farm. Afion, nombre con que los habitantes de Bantam designan un electuario, cuya base está formada por el opio, y cuyo uso embriaga y enfurece.

**AFFIQUET**, m. *afiqué*. Palillo ó dagnilla de hacer media. || pl. joc. Alfileres, perifollos, perendengues, atavíos mujeriles.

**AFFIRMATIF, IVE**, adj. *afirmatif, ív*. Afirmativo, lo contrario de negativo.

**AFFIRMATION**, f. *afirmasión*. Afirmacion, lo contrario de negacion.

**AFFIRMATIVEMENT**, adv. *afirmativmán*. Afirmativamente.

**AFFIRMER**, a. *afirmé*. Afirmar, asegurar alguna cosa por verdadera. || For. Ratificar el dicho, la declaracion. || *S'affirmer*, r. Afirmarse, darse por cierta una proposicion ó un hecho.

**AFFIXE**, adj. *afícs*. Gram. Afijo, unido, junto, agregado al fin de alguna palabra.

**AFFLACHIR**, n. ant. *aflachír*. Debilitarse, quedarse débil, flojo, lánguido.

**AFFLE**, m. ant. *áfl*. Viento, aire, soplo.

**AFFLEURAGE**, m. *afleuráge* Buena molienda de granos.

**AFFLEURANT, E**, adj. *afleurán*. Mezclado, de mixtura.

**AFFLEUREMENT**, m. *afleuremán*. Nivelacion, reduccion de dos cuerpos contiguos á una misma superficie, sin que el uno sobresalga mas que el otro. || Min. Extremidad de una vena de hornaguera.

**AFFLEURER**, a. *afleuré*. Igualar, poner ras con ras la superficie de dos cuerpos contiguos.

**AFFLICTIF, IVE**, adj. *aflictif, ív*. Jurisp. Aflictivo, va: se dice de las penas corporales impuestas al reo por la justicia.

**AFFLICTION**, f. *afliesión*. Afliccion, pena grande del espíritu y del cuerpo.

**AFFLIGÉ, ÉE**, adj. *afligé*. Afligido, desconsolado, angustiado. || Oprimido, desgraciado, triste, abatido.

**AFFLIGEANT, E**, adj. *afilján*. Lo que aflige ó causa afliccion: afligente se decia antes en castellano.

**AFFLIGER**, a. *afligé*. Afligir, acongojar. || Mortificar, atormentar. || *S'affliger*, r. Afligirse, desconsolarse.

**AFFLUENCE**, f. *afluáns*. Agolpamiento y avenida de aguas. Dícese del derramamiento de humores en el cuerpo humano; del concurso de gentes á algun parage; de la abundancia de géneros, de comestibles que vienen á un mercado, etc. || met. Afluencia, facundia ó abundancia de palabras.

**AFFLUENT, E**, adj. *afluán*. Que desagua en otro. || Med. Que corre ó circula juntamente con otro.

**AFFLUER**, a. *aflué*. Desaguar un rio ó arroyo en otro. || Correr hácia un mismo parajo. || met. Concurrir, venir ó llegar en abundancia.

**AFFLUX**, m. *aflú*. Cir. Aflujo, abundancia súbita de sangre hácia una parte en que existia un punto de irritacion. || *Afflux idiopathique*, aflujo idiopático, aquel en que la irritacion ha sido directa, como una picadura.

**AFFOLAGE**, m. ant. *afoláge*. Locura de amor. || Se emplea solamente como término de horticultura. Véase en **AFFOLER**.

**AFFOLER**, a. fam. *afolé*. Enloquecer, volver ó poner loco á alguno de pasion. Solo tiene hoy uso en estilo familiar: *il est affolé de sa femme*, está ó anda loco con su mujer; *elle est affolée de son chien*, esta loca con su perro (es decir, de contento) || Fís. *L'aiguille est affolée*, la aguja está loca, es decir, no busca bien el Norte. || n. Enloquecerse, perder la razon. || Bot. Brotar con exceso sin florecer: comunmente sucede con las anémones. || *S'affoler*, r. Enamorarse, apasionarse de alguna cosa ó persona.

**AFFOLIR**, n. *afolír*. Enloquecer, volverse loco, perder el juicio. || *S'affolir*, r. Ponerse loco.

**AFFORAGE**, m. *aforáge* Derecho que se pagaba al señor por la venta del vino.

**AFFORER**, a. *aforé*. Aforar, reconocer, valuar los géneros para el pago de derechos.

**AFFOUAGE**, m. *afuáge* Derecho de cortar en un bosque árboles ó leña.

**AFFOUAGEMENT**, m. *afuagemán*. Encabezamiento, registro, padron. || ant. Fogaje, tributo por fuegos ó casas.

**AFFOUAGER**, a. *afuagé*. Encabezar, empadronar, formar una lista de los vecinos de una poblacion para el reparto de contribuciones.

**AFFOUAGISTE**, m. *afuagíst*. Habitante de un pais que tiene derecho de cortar leña en un bosque para calentarse.

**AFFOUILLEMENT**, m. *afullemán*. Excavacion, la accion de profundizar en la arena debajo del agua para hacer investigaciones ó extraer cualquier cuerpo.

**AFFOUILLER**, a. *afullé*. Ahondar, profundizar, excavar en el fondo de las aguas para extraer los objetos sumergidos y cubiertos de arena.

**AFFOURCHE**, f. *afúrche*. Mar. *Ancre d'affourche*, ancla de leva, que se coloca en la serviola de estribor.

**AFFOURCHER**, a. fam. *afurché*. Poner á horcajadas. || Mar. Echar dos anclas á cierta distancia una de otra, de modo que los cables formen como una horca. Amarrar con dos anclas á la gira.

**AFFOURRAGEMENT**, m. *afurragemán*. La accion de dar forraje ó verde á las bestias. || Provision ó acopio de forraje.

**AFFOURRAGER**, a. *afurragé*. Dar forraje á las bestias. || *S'affourrager*, r. Forrajear, la accion de proveerse, de hacer acopio de forraje.

**AFFRAÎCHIR**, f. *afrechí*. Mar. El acto de refrescar el viento.

[illegible]

AFFRES, m. *afr.* Miedo excesivo, terror extremado.

AFFRÉNÉ, ÉE, adj. *afrené.* Refrenado, que tiene un freno.

AFFRÉRER (S'), r. ant. *safreré.* Hermanarse, unirse con amistad ó lazo fraternal.

AFFRÈREMENT, m. *afrermán.* Hermanacion, acto de hermanarse.

AFFRÉTEMENT, m. *afretmán.* Mar. Fletamento, el ajuste con que se fleta una nave, flete.

AFFRÉTER, a. *afreté.* Mar. Fletar, ajustar el flete ó alquiler de una nave. || *S'affréter,* r. Fletarse, tomarse á flete.

AFFRÉTEUR, EUSE, m. y f. *afretear,* eus. Fletador, el que fleta una nave.

AFFREUSEMENT, adv. *afreusmán.* Horriblemente, espantosamente, horrorosamente.

AFFREUX, EUSE, adj. *afreu,* eus. Horrible, horrendo, horroroso. || Pavoroso, que inspira pavor. || Espantoso, que causa espanto. || Execrable, digno de execracion. || Terrible, insoportable, que no se puede sufrir. || Temible, que es digno de temor ó que lo inspira. || Asombroso, que causa asombro. || Extremado, excesivo. || met. Atroz. || Mal encarado, carantamaula.

AFFRIANDER, a. *afriandé.* Engolosinar, hacer tomar gusto ó acostumbrar á manjares delicados. || *S'affriander,* r. Engolosinarse, acostumbrarse á.

AFFRICHÉ, ÉE, adj. *afriché.* Inculto, baldío.

AFFRICHER, a. *afriché.* Agr. Dejar inculto, baldío. || *S'affricher,* r. Hacerse baldío un terreno.

AFFRIOLÉ, ÉE, adj. *afriolé.* Arregostado.

AFFRIOLEMENT, m. *afriolmán.* Engolosinamiento, accion de engolosinar.

AFFRIOLER, a. *afriolé.* Cebar, atraer con cebo. || Engolosinar.

AFFRITER, a. *afrité.* Poner una sarten en estado de freir una cosa.

AFFRODILLE, f. *afrodill.* Bot. Gamon ó asfódelo, planta.

AFFRONT, m. *afrón.* Afrenta, injuria, baldon, desaire. || Afrenta, infamia, deshonor, sonrojo.

AFFRONTAILLE, f. *afrontáll.* Linde, límite de una tierra que confina con otra.

AFFRONTATION, f. ant. *afrontasión.* Afrontacion, careo. V. CONFRONTATION.

AFFRONTER, a. *afronté.* Arrostrar, desafiar, hacer frente ó cara. || met. Atreverse, exponerse sin miedo. || Jurisp. ant. Carear. || ant. Entrampar, pegarla.

AFFRONTERIE, f. ant. *afrontrí.* Bigotera, petardo, chasco, engaño, trampa hecha bajo de fe y confianza.

AFFRONTEUR, EUSE, m. y f. *afrontour,* eus. Trampeador, estafador.

AFFUBLÉ, ÉE, *afublé.* adj. Rebozado, disfrazado. || met. y fam. Cubierto, lleno.

AFFUBLEMENT, m. *afublman.* Embozo con que se encubre un hombre; y si es mujer, se llama tapujo, rebuje, rebozo.

AFFUBLER, a. *afublé.* Embozar rebozar,

[illegible] á alguna persona; si es mujer, se dice [illegible]. || *S'affubler,* r. [illegible] de una manera extraña y poco conveniente. [illegible]

AFFUSÉ, ÉE, adj. *afusé.* [illegible]

AFFUSER, a. *afusé.* [illegible], echar agua en gran cantidad sobre el cuerpo de un enfermo.

AFFUSION, f. *afusión.* Afusion, accion de verter un líquido sobre un cuerpo cualquiera. || Med. Afusion, modo de aplicar exteriormente el agua, haciéndola caer sobre el cuerpo en masa bastante considerable.

AFFÛT, m. *afú.* Afuste ó cureña. || Acecho del cazador para coger la caza al paso. || met. El que espera á otro cuidadosamente, ó alguna ocasion ó fortuna: *il est à l'affût de,* está á la espera de, á la mira de.

AFFÛTAGE, m. *afutáge.* La maniobra de montar el cañon en el afuste ó cureña. || Arq. Los instrumentos que debe llevar cada oficial de albañil.

AFFÛTER, a. *afuté.* Artill. Poner ó montar el cañon en el afuste ó cureña. || Arq. Afilar toda clase de instrumentos cortantes. || *S'affûter,* r. Afilarse, montarse, ponerse sobre la cureña, hablando de un cañon. || Cetr. Ponerse de acecho. || met. Concertarse, espiar la ocasion de.

AFFÛTIAU, m. *afutió.* Bagatela, baratija, fruslería, cosa de poco valor.

AFFÛT-TRAÎNEAU, m. *afutrené.* Artill. Cureña pequeña para la artillería de montaña.

AFIN, conj. *afén.* Con el fin, para, con intento. Rige de dos modos: el uno con *que* y el subjuntivo: *afin que vous le sachiez,* para que Vd. lo sepa; el otro con la preposicion *de* y el infinitivo: *afin de pouvoir dire, afin d'obtenir cette grâce,* con el fin de.

AFRAGAR, m. *afragár.* Quím. Afragar, nombre que los alquimistas daban al cardenillo.

AFRANCESADOS, m. pl. *afrancesádos.* Polít. Afrancesados, los Españoles que siguieron el partido de Napoleon, cuando este invadió la Península en 1808.

AFRICAIN, E, adj. *afriquén.* Africano, que es natural de África.

AFRICANISME, m. *africanísm.* Africanismo: se usa hablando de locuciones bárbaras de algunos autores latinos africanos.

AFRIQUE, f. *afric.* Iconol. África, mujer mora, descubierta hasta la cintura, asida de un elefante, teniendo en una mano un escorpion y en la otra el cuerno de la abundancia.

AFROSALINO, m. *afrosalino.* Hist. nat. Afrosalino, espejuelo, piedra fósil, especie de yeso transparente que se divide en hojas.

AFROUSE, f. *afrús.* Bot. Fresal.

AFZÉLIE, f. *afselí.* Bot. Afzelia, planta leguminosa del África ecuatorial.

AGA, m. *ága.* Agá, nombre que dan los Turcos á ciertos funcionarios públicos. || Bot. Agá, nombre dado al cardo de Siria en la isla de Creta.

AGABE, m. *agáb.* Hist. nat. Agabe, género de coleópteros pentámeros.

AGAÇANT, E, adj. *agasán.* Provocativo, halagüeño, incitativo. Se dice de las personas y de las cosas: *femme, fille agaçante,* mujer, muchacha seductora. *Regards agaçants,* ojeadas provocativas; *propos agaçants,* palabras halagüeñas. || *Agaçants,* m. pl. Med. Estimulantes ligeros.

AGACE, f. *agás.* Picaza, pájaro.

AGACÉ, ÉE, adj. *agasé.* Excitado, animado, atraido por palabras, miradas, etc.

AGACEMENT, m. *agasmán.* Dentera, cierta sensacion desagradable que causan en los dientes las frutas verdes ó agrias. || Med. Irritacion.

AGACÉPHALE, f. *agasefál.* Hist. nat. Agacéfala, género de coleópteros pentámeros.

AGACER, a. *agasé.* Causar, dar dentera. || Entorpecer, embotar el filo de un cuchillo, etc. || met. Provocar, excitar, estimular el deseo, la gana. || Atraer con halagos y esguinces mujeriles. || Impacientar. || *S'agacer,* r. Tener dentera. || met. Excitarse, picarse, provocarse, animarse mutuamente.

AGACERIE, f. *agasrí.* Arrumaco, roce-

[illegible]

AGAMES, adj. y s. m. pl. [illegible] Agames: nombre dado por [illegible] clase del reino animal, que [illegible] moluscos privados del [illegible] che.

AGAMI, m. *agamí.* Hist. [illegible] ave de la América meridional.

AGAMIDE ó AGAMOÏDE, [illegible] *agamoid.* Hist. nat. [illegible] rece á un agama.

AGAMIDES, m. pl. [illegible] Agamides, familia del órden de [illegible] saurianos.

AGAMIE, f. *agamí.* Bot. [illegible] de las plantas desprovistas de [illegible] les.

AGAMIEN, NE, adj. [illegible] Agamiano, seccion de los [illegible]

AGAMOÏDE, m. [illegible] de, especie de [illegible]

AGANIPPE, f. *aganíp.* [illegible] ninfa que fué transformada en [illegible] lleva su nombre.

AGANIPPIDES, f. pl. [illegible] Aganipides, nombre que se [illegible]

AGANISTHE, m. [illegible] nisto, género del órden de los [illegible] diurnos.

AGANON, m. [illegible] V. [illegible]

AGANTER ó EGANTER, [illegible] Ganar camino, ir alcanzando [illegible]

AGAPANTHE, m. [illegible] panto, planta de la familia de [illegible]

AGAPANTHIE, f. [illegible] Agapantia, género de coleópteros [illegible]

AGAPE, f. *agáp.* Hist. [illegible] los primeros cristianos en las [illegible]

AGAPET, m. *agapé.* Hist. [illegible] género de coleópteros heterómeros [illegible]

AGAPÈTES, f. pl. [illegible] tas, doncellas que en la primitiva [illegible] vian en comunidad, pero sin [illegible]

AGAPHITE, f. *agafít.* Hist. [illegible] dad de piedra azul, conocida [illegible] con el nombre de turquesa [illegible]

AGARIC, m. *agaríc.* Bot. [illegible] cie de hongo.

AGARICE, f. *agarís.* [illegible] lapideos.

AGARICÉ, ÉE, adj. [illegible] coides, que se parece al agárico.

AGARICES, m. pl. [illegible]

**AGÉ, ÉE**, adj. *agé.* Viejo, anciano, párseca de edad. || *Agé de*, de edad de.

**AGÉLASTE**, adj. *ageldst.* Apático, que nunca ríe.

**AGÉLASTICA**, m. *ageldstica.* Hist. nat. Agelástica, género de coleópteros tetrámeros.

**AGENCE**, f. *ajdns.* Agencia, el cargo ó comision de agente.

**AGENCEMENT**, m. *ajensmán.* Adorno, compostura, colocacion de las cosas en órden. || Pint. Agrupado de las figuras.

**AGENCER**, a. *ajensé.* Componer, adereзar, aliñar, colocar las cosas con prolijidad.

**AGENDA**, m. *agénda.* Librito de memoria en que se lleva apuntado lo que se ha de hacer en el dia, mamotreto.

**AGÈNE**, adj. *agén.* Estéril, que no produce, hablando de vegetales.

**AGÉNÉSIE**, f. *ageneзí.* Med. Agenesia, impotencia, esterilidad, incapacidad de engendrar.

**AGÉNION**, m. *agenión.* Bot. Agenion, género de gramíneas andropogóneas.

**AGÉNIUS**, m. *agénius.* Hist. nat. Agenio, género de coleópteros pentámeros.

**AGÉNORIE**, f. *agenorí.* Bot. Agenoria, planta asclepiada.

**AGENOUILLER (S')**, r. *sagenuillé* Arrodillarse, hincarse de rodillas.

**AGENOUILLOIR**, m. *agenuilludr.* Cojin, almohada para arrodillarse.

**AGENT**, m. *ajdn.* Fís. Agente, lo que produce algun efecto. || Procurador, encomendero. || Agente de un príncipe cerca de otro sin carácter público. || Gram. Persona agente. || *Agent d'affaires*, agente de negocios. || *Agent de change ó de banque*, corredor de cambios. || *Agent du clergé*, provisor. || *Agent judiciaire du trésor*, fiscal de hacienda. || *Agent de police*, agente de policía (neol.). || *Agents du gouvernement*, empleados del gobierno.

**AGÉOMÉTRIE**, f. *ageometrí.* Ageometría, falta de geometría; ignorancia de principios geométricos.

**AGÉRASIE**, f. *agerasí.* Med. Agerasia, estado de algunas personas que conservan la fuerza y vigor de la juventud, en una edad avanzada.

**AGÉRATE**, m. *agerát.* Bot. Agerato, planta corimbífera.

**AGERATUS LAPIS**, m. *agerátus lápis*, Agerato, piedra que se empleaba en tiempo de Galeno y de Oribasio en el tratamiento de las inflamaciones de la cámara posterior de la boca.

**AGÉROQUE**, m. *agerók.* Mit. Ageroco, hijo de Neleo y de Clóris.

**AGÉRU**, m. *agerú.* Bot. Girasol ó heliotropo de las Indias.

**AGEUSTIE ó AGHEUSTIE**, f. *ageustí, agueustí.* Med. Ageusia, abolicion del gusto.

**AGGLOMÉRATION**, f. *aglomerasión.* Amontonamiento de muchas cosas, aglomeracion.

**AGGLOMÉRATS**, m. pl. *aglomerá.* Sustancias aglomeradas por las aguas.

**AGGLOMÉRER**, a. *aglomeré.* Aglomerar, hacinar, amontonar, reunir en masa partes aisladas. || *S'agglomérer*, r. Amontonarse desordenadamente, aglomerarse, hacinarse, apiñarse.

**AGGLUTINANT, E, ó AGGLUTINATIF, IVE**, adj. *aglutinán, aglutinatif, iv.* Cir. Aglutinante, que aglutina. || m. Med. Aglutinante, remedio que traba las partes desunidas.

**AGGLUTINATION**, f. *aglutinasión.* Cir. Aglutinacion, la accion de unir y juntar los labios de la herida, conglutinacion.

**AGGLUTINEMENT**, m. *aglutinmán.* Cir. Aglutinacion, la accion y efecto de aglutinar.

**AGGLUTINER**, a. *aglutiné.* Cir. Conglutinar, unir los labios de una herida, aglutinar. || *S'agglutiner*, r. Aglutinarse, conglutinarse, juntarse, unirse.

**AGGRAVANT, E**, adj. *agraván.* Agravante, que aumenta el peso. || Agravante, que aumenta la gravedad de un delito, de un crímen. || *Circonstance aggravante*, circunstancia agravante, que aumenta la gravedad de la culpa: es término forense usado en lo criminal. || Fís. Agravante, que aumenta la fuerza de otra que ya está en movimiento.

**AGGRAVANTER**, a. ant. *agravanté.* Agravar, oprimir.

**AGGRAVATION**, f. *agravasión.* Agravacion, aumento de pena, lo que se añade á un castigo para que sea mas riguroso. || Med. *Aggravation de mal*, exacerbacion, aumento de mal.

**AGGRAVE**, m. *agráv.* Der. can. Agravacion, agravamiento, la segunda amonestacion de una censura eclesiástica. || Vet. Grietas, enfermedad que sobreviene á los perros en las patas, cuando han corrido demasiado tiempo por un terreno duro y pedregoso.

**AGGRAVEMENT**, m. *agravmán.* Agravamiento, estado de una cosa agravada.

**AGGRAVER**, a. *agravé.* Agravar, hacer mas grave un delito ó culpa, aumentarle la malicia. Tambien es aumentar la pena, el castigo. || *S'aggraver*, r. Agravarse, hacerse mas grave, mas penoso, mas doloroso.

**AGHIRLIK**, m. *aguirlík.* Aghirlik, presente que hace á una parienta del Gran Señor el sugeto á quien está ofrecida en matrimonio.

**AGHORI ó AGHORAPOUTI**, m. *agóri, agorapúti.* Sect. rel. Aghori, aghorapuli, individuo de una secta ascética de la India.

**AGIASME**, m. *agiásm.* Rel. Aspersion, bendicion con agua que se da al pueblo en las iglesias griegas el primer domingo de cada mes, excepto en enero.

**AGIDIES**, m. pl. *agidí.* Mit. Agidios, sacerdotes de Cibéles.

**AGIHALID**, m. *agialíd.* Bot. Agialid, arbusto de Egipto, de tallos espinosos.

**AGILE**, adj. *agíl.* Ágil, lijero, expedito para obrar.

**AGILEMENT**, adv. *agilmán.* Ágilmente, con agilidad.

**AGILITÉ**, f. *agilité.* Agilidad, lijereza, expedicion para hacer alguna cosa.

**AGIO**, m. *ágio.* Agio (neol.), diferencia entre el valor nominal y el valor intrínseco de las monedas, entre el dinero efectivo y el papel moneda, entre las monedas nacionales y las extranjeras. || Agio, el mismo giro y comercio en cualquier papel moneda. || Interes del dinero. || Descuento sobre un pago anticipado.

**AGIOGRAPHE y AGIOGRAPHIE**. V. HAGIOGRAPHE y HAGIOGRAPHIE.

**AGIOGRAPHIQUE**, adj. V. HAGIOGRAPHIQUE.

**AGIOLOGIE**, f. V. HAGIOLOGIE.

**AGIOLOGIQUE**, adj. V. HAGIOLOGIQUE.

**AGIONITES**, m. pl. *agionít.* Sect. rel. Agionitas, sectarios que consideraban el celibato y la castidad como una sugestion de principios erróneos.

**AGIOSIDÈRE**, m. V. HAGIOSIDÈRE.

**AGIOSIMANDRE**, m. V. HAGIOSIMANDRE.

**AGIOTAGE**, m. *agiotáge.* Agiotaje, juego que se hace en todas las plazas de comercio sobre efectos públicos á la alza ó á la baja, por los capitalistas que los compran y revenden por especulacion. || Agiotaje, operaciones clandestinas é ilegales hechas con el solo objeto de causar sensacion entre los jugadores y promover por este medio un movimiento de baja ó alza en los fondos. || Agiotaje, operacion por la cual un especulador compra géneros á un precio inferior con el objeto de venderlos cuando están mas caros. || Agiotaje, especie de apuesta establecida entre dos jugadores, sobre la alza ó baja probable, á una época determinada, del precio de los vinos, aceites, algodones, etc.

**AGIOTER**, n. *agioté.* Agiotar, entregarse al agiotaje, ocuparse de él.

**AGIOTEUR, EUSE**, m. y f. *agioteur, eus.* Agiotador, negociante ó agente que hace el agiotaje.

**AGIR**, n. *agír.* Obrar, hacer. || *Agir d'autorité*, obrar como autoridad. || *L'autorité a dû agir*, la autoridad ha debido llenar su puesto ó cumplir con su obligacion. || *Agir d'office*, proceder de oficio. || *S'agir*, r. Tratarse, hablarse de algo. || No parar. || Obrar, causar ó producir algun efecto. || Trabajar, agenciar por. || Proceder, portarse. || Proceder contra, intentar una demanda.

**AGISSANT, E**, adj. *agisán.* Diligente y

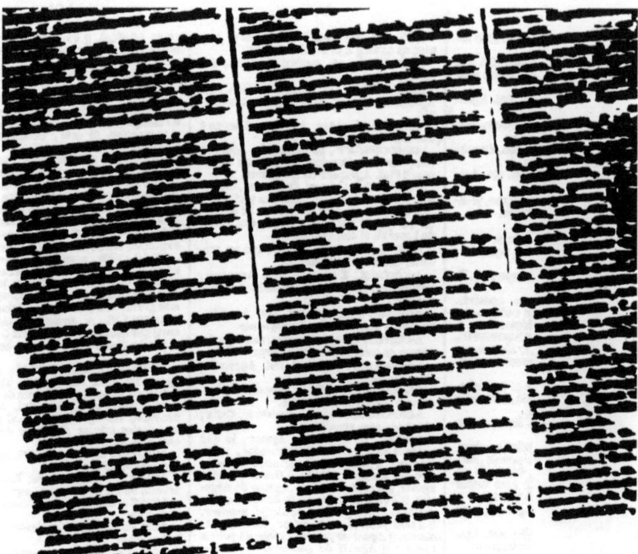

**AGRIONIES**, f. pl. *agrioní*. Mit. Agrionias, fiestas que se celebraban en Beocia en honor de Baco. Estas fiestas eran una escuela de escándalo é inmoralidad

**AGRIOPE**, m. *agrióp* Hist. nat. Agriope, género de pescados del hemisferio austral.

**AGRIOPHAGES**, m. pl. *agriofág*. Agriófagos, nombre de ciertos pueblos de Etiopia, que, segun Plinio, se alimentaban con carne de leones y panteras.

**AGRIOTE**, m. *agriót*. Hist. nat. Agriote, género de coleópteros pentámeros, cuyo tipo es el agriope lapícide, de Paris y de la Persia.

**AGRIOTHYMIE**, f. *agriotimí*. Agriotimia, tendencia irresistible á cometer actos de crueldad; especie de manía cruel y bárbara.

**AGRIOTHYMIQUE**, adj. *agriotímic*. Agriotímico, que se refiere ó pertenece á la agriotimia.

**AGRIOTTE**, f. *agriót*. Fruto del cerezo salvaje.

**AGRIPHYLLE**, f. *agrifíl*. Bot. Agrifila, género de compuestas, que comprende unos arbustos del África austral.

**AGRIPPA**, adj. *agripa*. Cir. Agripa, nombre dado á los niños que nacen de piés ó por los piés

**AGRIPPER**, a. *agripe*. Arrebatar, tomar una cosa con avidez. ‖ fam. Atrapar, pillar, echar la uña. ‖ *S'agripper*, r. pop. Agarrarse, engancharse

**AGRIPPEUR, EUSE**, m. y f. *agripeur*, *eus*. Arrebatador, ra, que arrebata ó tiene la costumbre de arrebatar. ‖ vulg. El ó la que todo lo agarra.

**AGROLOGIE**, f. *agrologí*. Agrología, tratado de agricultura.

**AGROLOGIQUE**, adj. *agrologic*. Agrológico, concerniente á la agrología.

**AGROLOGUE**, m. y f. *agrológue*. Agrólogo, el ó la que escribe sobre la agrología ó obras agrológicas.

**AGROMENE**, m. y f. *agromén*. Agrómena, habitante del campo, agrícola, que mora ó vive en la campaña.

**AGROMIZE**, f. *agromís*. Hist. nat. Agromisa, género de insectos dípteros braccóceros.

**AGRONOME**, m. *agronóm*. Agrónomo, el que está versado en la teoría de la agricultura, que se ocupa de cuanto la concierne. ‖ Agricultor teórico.

**AGRONOMIE**, f. *agronomí*. Agronomía, ciencia, teoría de la agricultura.

**AGRONOMIQUE**, adj. *agronomic*. Agronómico, agrónomo, que se refiere, que pertenece á la agronomía.

**AGRONOMIQUEMENT**, adv. *agronomicmán*. Agronómicamente, de una manera agronómica.

**AGROPYRON**, m. *agropirón*. Bot. Agropiron, género de gramíneas, reunido, como simple seccion, al género *triticum*.

**AGROSTICULE**, f. *agrosticúl*. Bot. Agrostícula, género de gramíneas.

**AGROSTIDE**, f. *agrostid*. Bot. Agróstida, género de gramíneas universales.

**AGROSTIDÉES**, f. pl. *agrostidé*. Bot. Agrostídeas, familia de gramíneas.

**AGROSTOGRAPHE**, m. *agrostográf*. Bot. Agrostógrafo, el que se dedica al estudio de las gramíneas.

**AGROSTOGRAPHIE**, f. *agrostografí*. Bot. Agrostografía, parte de la botánica que trata con especialidad de la familia de las gramíneas.

**AGROSTOGRAPHIQUE**, adj. *agrostografic*. Agrostográfico, que se refiere, que pertenece á la agrostografía.

**AGROSTOLOGIE**, f. *agrostologí*. Bot. Agrostología, tratado de las gramíneas.

**AGROSTOLOGIQUE**, adj. *agrostologic*. Agrostológico, que pertenece, que se refiere á la agrostología.

**AGROSTOPHYLLE**, f. *agrostofíl*. Bot. Agrostófila, género de plantas orquídeas.

**AGROTE**, f. *agrót*. Mit. Agrotes, divinidad fenicia. ‖ adj. Epíteto de Pan y Mercurio.

**AGROTÈRE**, adj. f. *agrotér*. Mit. Agrotera, sobrenombre de Diana.

**AGROUPER**, a. *agrupé*. Pint. Agrupar. ‖ *S'agrouper*, r. Agruparse, reunirse en mismo punto multitud de personas.

**AGRYPNIE**, f. *agripní*. Med. Agripnía, insomnio. ‖ Hist. nat. Agripnia, género de friganios, insectos nocturnos.

**AGUACATÉ**, m. *aguacaté*. Bot. Aguacate, especie de laurel que conserva las hojas todo el año; su fruto es del tamaño de una pera grande, cuya carne tiene un sabor agradable.

**AGUERRI, IE**, adj. *aguerri*. Aguerrido.

**AGUERRIR**, a. *aguerrir*. Aguerrir, acostumbrar, hacer á las armas, ejercitar en los trabajos y peligros de la guerra. ‖ met. Acostumbrar á uno á lo que parece arduo al principio, á aguantar alguna cosa pesada; hacerle hábil ó ducho en alguna facultad. ‖ *S'aguerrir*, r. Aguerrirse, acostumbrarse á las fatigas, al peligro.

**AGUERRISSEMENT**, m. *aguerrismán*. Estado ó cualidad de lo que está aguerrido.

**AGUETS**, m. pl. *agué*. Acecho, emboscada. Solo se usa en estas frases: *être aux aguets*, *se tenir aux aguets*, estar en acecho ó acechando, espiar ó esperar el tiempo, la ocasion para alguna cosa. ‖ *Mettre aux aguets*, *se mettre aux aguets*, se dice casi en el mismo sentido, espiar, estar en acecho.

**AGUI**, m. *aguí*. Mar. V. NŒUD.

**AGUIGNER**, a. ant. *aguiñé*. Guiñar. ‖ met. Advertir, prevenir.

**AGUIGNETTES**, f. pl. *aguiñét*. Guiñadas, miradas furtivas, señales que se hacen con los ojos, cerrando uno de ellos.

**AGUILANLEU ó AGUI L'AN NEUF**, m. *aguilanleu*, *aguilanneuf*. Aguinaldo, propina que se da con motivo de Pascua de Navidad y primer dia del año.

**AGUILLOT**, m. *aguilló*. Mar. Pasador, pasacabo.

**AGUIMPER**, a. ant. *aguempé*. Tocar, poner la toca, meter monja.

**AGUL**, m. *agúl*. Bot. Agul, planta leguminosa de la Arabia.

**AGYATE ó AGYÉE ó AGYEUS**, m. *agiát*, *agié*, *agieus*. Mit. Aguyata, sobrenombre que daban los Griegos á Apolo, como presidente de las calles.

**AGYNE**, adj. *agín*. Bot. Agino, planta cuya flor carece de órgano femenino.

**AGYNÉIA**, m. *aginéia*. Bot. Aginaya, género de plantas euforbiáceas, cuyas especies son originarias de la China y de la India.

**AGYNIENS**, m. pl. *aginién*. Sect. rel. Aginios, herejes que figuraron á fines del siglo VII, que no se casaban ni reconocian el matrimonio como institucion divina.

**AGYNIQUE**, adj. *aginic*. Bot. Agínico, que no tiene pistilo.

**AGYRTES**, f. pl. *agirt*. Mit. Agirtes, sobrenombre de ciertos sacerdotes de Cibeles.

**AH!** interjeccion de admiracion, de gozo, de dolor, segun los diferentes asuntos. Ah! Ay! que es lo mas usado, sobre todo para el dolor. *Ah! que je suis malheureux!* ah! qué desgraciado soy! ‖ *Ha* es sinónimo de *Ah!*

**AH-AH**, m. *a-a*. Punto de vista sorprendente desde un jardin, que se proporciona dejando en su tapia un boquete, al que resguarda un foso por defuera.

**AHALER**, a. *aalé*. Jadear, respirar con dificultad.

**AHAN**, m. ant. *aán*. Jadeo, fatiga que hace perder el aliento. ‖ poco us. Congoja.

**AHANABLE**, adj. *aanábl*. Penoso, fatigoso

**AHANER**, n. *aané*. Jadear. ‖ met. Aperrearse, echar los bofes, afanarse, fatigarse.

**AHÉGAST**, m. *aegást*. Egasto, arbol grande de las Indias orientales, de cuyas raices se extrae un color rojo.

**AHEURTÉ, ÉE**, adj. *aheurté*. Obstinado.

**AHEURTEMENT**, m. *aeurtmán*. Obstinacion, terquedad, aferramiento.

**AHEURTER**, a. *aeurté*. Incitar, encalabrinar. ‖ *S'aheurter*, r. Obstinarse, preocuparse, aferrarse en una opinion, etc.

**AHI! AÏE!** interj. *ai*, *ai*. Ay! exclamacion de dolor.

**AHONTER ó AHONTIR**, a. *aonté*, *aontír*. Avergonzar, deshonrar.

**AHURI, IE**, adj. *aurí* Pasmado, admirado, estupefacto.

**AHURIR**, a. *aurír*. Pasmar, desconcertar, turbar, aturdir, admirar, dejar estupefacto

[illegible]

AIGLE, m. *égl.* Águila. ‖ *Avoir des yeux d'aigle*, tener ojos ó vista de lince. ‖ Ave de caza. ‖ Águila, bandera de las legiones romanas. ‖ met. *C'est un aigle*, es mas vivo que un águila, tiene un talento muy perspicaz. ‖ Astr. Constelacion boreal del hemisferio setentrional. ‖ Pez, especie de raya. ‖ Mit. Pájaro consagrado á Júpiter.

AIGLES-AUTOURS, m. pl. *églotúr.* Astr. especie de gavilan, ave de rapiña.

AIGLETTE, f. *eglét.* Blas. Aguilucho que se representa con las alas extendidas, sin pico ni piernas.

AIGLON, m. *eglón.* Aguilucho, polluelo del águila. ‖ Blas. Aguilucho sin pico ni piernas.

AIGLURES, f. pl. ant. *eglúr.* Cetr. Las pintas coloradas de que están salpicadas algunas plumas.

AIGOCÉROS, m. *egoséros.* Fenogreco, alholva, planta de un pié de altura.

AIGRE, adj. *égr.* Agrio, acedo, ácido. ‖ Agrio, acedo, acerbo al gusto. ‖ Destemplado, refiriéndose á la voz; áspero, desapacible, al sonido, al olor; áspero, agrio, al genio.

AIGRE-DOUX, DOUCE, adj. *egrdu, us.* Agridulce, que tiene mezcla de agrio y de dulce.

AIGREFIN, m. *egrfén.* Caballero de industria, petardista, estafador.

AIGRELET, TE, adj. *egrlé, ét.* Agrillo, un poco agrio.

AIGREMENT, adv. *egrmán.* Agriamente, ásperamente, amargamente.

AIGREMOINE, f. *egrmuán.* Agrimonia, género de plantas rosáceas.

AIGREMORE, m. *egrmór.* Carbon reducido á polvos para el uso de los polvoristas.

AIGRET, TE, adj. *egré, ét.* Agrillo, un poco agrio.

AIGRETTE, f. *egrét.* Cresta, copete de plumas que adornan la cabeza de algunas aves. ‖ Plumero, penacho, adorno que se pone en los sombreros. ‖ Bot. Corona de flequillo ó pelusa que adorna las simientes de algunas plantas, con especialidad á la familia de las [illegible]

[illegible]

AIGUADE, f. *egád.* Mar. Aguada, provision de agua dulce que se hace en una embarcacion. *Faire aiguade*, hacer aguada. ‖ Aguada, el sitio oportuno en tierra para coger agua potable y conducirla á bordo.

AIGUAIL, m. *egáil.* [illegible]

AIGUAYER, a. *egueyé.* Bañar, refrescar, lavar en agua. ‖ *Aiguayer du linge*, enjuagar la ropa blanca despues de lavada, para sacarle la lejía ó jabon.

AIGUE-MARINE, f. *egmarín.* Aguamarina, verde-mar, piedra preciosa.

AIGUIÈRE, f. *eguiér.* Jarro para agua.

AIGUIÉRÉE, f. *eguieré.* Jarro de agua, el líquido que contiene.

AIGUILLADE, *egüillád.* Aguijada, aguijon, vara larga con un pincho en el extremo que los labradores y carreteros usan para aguijonear á sus bueyes.

AIGUILLE, f. *egüill.* Aguja, la de coser y la de hacer media. ‖ *De fil en aiguille*, punto por punto, ce por be. ‖ Aguja, obelisco, pirámide. ‖ Aguja, mano del relox de sol. ‖ Fiel de las balanzas. ‖ Aguja, punzada. ‖ Náut. Aguja, brújula, aguja de marear. ‖ Mar. Flecha de proa. ‖ Aguja de velero. ‖ Boton de tambor. ‖ Arbotante, candelero de las farolas de popa. ‖ Artill. Aguja de oido del cañon. ‖ Aguja de mineador para los barrenos. ‖ *Aiguille aimantée*, aguja de marear. ‖ Bot. *Aiguille de berger*, peine de pastor, planta. ‖ m. Boquilla de pesca en el Garona. ‖ *Aiguille de tête*, aguja que se ponen en el pelo las mugeres. ‖ *Aiguille à tricoter*, aguja para hacer media. ‖ *Aiguille à emballer*, aguja para batir las cataratas. Roca muy aguda y elevada.

AIGUILLÉE, f. *egüillé.* Hebra, porcion de hilo ó seda que para coser algo suele meterse por el ojo de una aguja.

AIGUILLER, a. *egüillé.* Cir. Batir la catarata.

AIGUILLETAGE, m. *egüilltáge.* Mar. Costura, ligadura, trinca, reata, costura.

AIGUILLETER, a. ant. *egüillté.* Atacar, atar, prender con agujetas. ‖ Herretear. ‖ Mar. Coser, ligar, reatar, trincar.

AIGUILLETTE, f. *egüillét.* Agujeta, la correa ó cordon herreteado. ‖ Mar. El cabo con que se reata ó trinca. ‖ Estribo, manzanillo de cuadernal ó motoe. ‖ La ligazon superior de la bularcama. ‖ *Lâcher l'aiguillette*, soltar las bragas ó la pretina para hacer alguna necesidad natural. ‖ pl. Tiras á lo largo de la carne ó de la piel de un animal.

AIGUILLETIER, IÈRE, m. y f. *egüilltié, ér.* Agujetero, el ó la que hace los herretes para los cordones.

AIGUILLIER, IÈRE, m. y f. *egüillié, ér.* Alfilerero, el ó la que hace y vende agujas y alfileres. ‖ Alfiletero, especie de cañuto pequeño para guardar agujas y alfileres.

AIGUILLIÈRE, f. *egüilliér.* Red que se echa entre dos aguas. ‖ Mar. Greera.

AIGUILLON, m. *egüillón.* Aguijon, punta de hierro colocada en el extremo de una vara

[illegible]

AILETTE ó AILERON, f. [illegible] reta, fuerza del zapato, [illegible] pone por dentro á cada [illegible] para reforzarle. ‖ Mar. [illegible]

AILLADE, f. *ailád.* [illegible] de ajos. ‖ prov. Ajiaceite, [illegible]

AILLEURS, adv. *ailleur.* [illegible] á otra parte. *Aller ailleurs* [illegible] *Être ailleurs*, estar en otra parte [illegible] *leurs*, ademas, por otra parte [illegible] *ailleurs*, en cualquiera otra parte [illegible]

AILURES, f. pl. *eilúr.* [illegible] cubierta.

AIMABLE, adj. *emábl.* [illegible] merece ser amado, [illegible] *Faire l'aimable*, afectar [illegible]

AIMABLEMENT, adv. [illegible] blemente, con amabilidad.

AIMANT, m. *emán.* Iman, [illegible] atrae al hierro. El iman [illegible] mente piedra iman. ‖ met. [illegible] ‖ adj. Amante, amador, que [illegible] de amar.

AIMANTAIRE, adj. *emantér.* [illegible] mina de donde se extrae el iman.

AIMANTATION, f. [illegible] cion, la accion de imanar.

AIMANTÉ, ÉE, adj. [illegible] que tiene las propiedades del [illegible]

AIMANTER, a. *emanté.* [illegible] titar, imanar, comunicar al [illegible] piedades del iman. ‖ *S'aimanter*. [illegible]

gigante de bronce, que se opuso al desembarco de los Argonautas en Creta, y fué arrojado al mar por los encantos de Medea.

**AÏRAPADAM**, m. *airapadám*. Mit. Airapadan, uno de los ocho elefantes que sostienen la tierra, segun la mitología indiana.

**AÏRAVATA**, m. *eravata*. Mit. Airavata, el elefante que lleva al dios Indra á través de las nubes, segun la mitología indiana.

**AIRE**, f. *ér*. Geom. Área, el espacio que comprende una figura. || Agr. Era, espacio de tierra firme donde se trillan las mieses. || Mar. Salida, velocidad, ligereza de un buque. || Náut. *Aire de vent*, cuarta de la aguja. || Cetr. Nido de las aves de rapiña. || Astrol. Areola, círculo ó corona de luz que aparece al rededor del sol y de los demas astros.

**AIRÉE**, f. *eré*. Agr. Parva, la cantidad de gavillas que se echa de una vez en la era para trillar.

**AIRER**, n. *eré*. Anidar, hacer nido: se dice de los halcones y azores, y otras aves de rapiña.

**AIS**, m. *é*. Carp. Alfajía, chilla, tabla delgada. || Tabla de cortadillo. || Tablero para prensar los libros. || Mojador para mojar el papel, y lavadero para lavar los moldes en las imprentas. || *Ais délié*, tabla de ripia. || *Ais de boutique*, portada de tienda.

**AISANCE**, f. *esans*. Facilidad, comodidad, soltura, libertad, desahogo para obrar. || Comodidad, bienestar, conveniencias. || For. Servidumbre vecinal. || *Cabinet* ó *lieu d'aisances*, retrete, lugar comun.

**AISE**, f. *és*. Contento, gozo. || Comodidad, descanso, bienestar, conveniencia. || Ocio, espacio, tiempo cómodo. || *Avoir ses aises*, disfrutar de conveniencias. || *A l'aise*, loc. adv. Con facilidad, con comodidad, con desahogo, sin sujecion, sin fatiga. || *A son aise*, á su gusto, á su libertad, ó á su espacio. || *Je suis mal à mon aise*, no me siento bueno. || adj. Contento, gozoso, satisfecho.

**AISÉ, ÉE**, adj. *esé*. Fácil, cómodo, descansado de hacer. *Une dévotion aisée*, ser devoto sin abandonar ninguna de sus conveniencias. || Suelto, desembarazado, sacudido. || Natural, sin esfuerzo, donde no se descubre el arte. || Bienestante, pudiente, acomodado. || *Il n'est pas aisé*, es difícil vivir ó tratar con él.

**AISEMENT**, m. *esmán*. Comodidad, paraje donde está uno cómodamente.

**AISÉMENT**, adv. *esemán*. Cómodamente, fácilmente, sin trabajo, sin dificultad.

**AISSELLE**, f. *esél*. Anat. Sobaco, concavidad que forma el arranque del brazo con el cuerpo. || *Aisselle d'une ancre*, los ángulos que forman los brazos del áncora.

**AISSEAU**, m. *esó*. Hacheta de tonelero.

**AISSIEU**, m. *esieu*. Ejo, perno de eje.

**AIXOLÉNIA**, f. *ecsolenía*. Astron. Aixolenia, constelacion llamada Cabra.

**AÏZOÏDÉ, ÉE**, adj. *aisoidé*. Bot Aizoideo, que se parece al aizoon.

**AÏZOON**, m. *aisoon*. Bot. Aizoon, género de plantas de la familia de las ficoideas.

**AJOINTER**, a. *ajuenté*. Art. Añadir un tubo á otro. || Carp. Encolar, unir dos tablas por sus bordes.

**AJONC**, m. *ajón*. Bot. Aliaga, aulaga, planta de la familia de las leguminosas.

**AJOUPA**, m. *ajúpa*. Choza hecha con estacas y cubierta de ramaje, usada entre los salvajes. || Mar. Choza que hacen los marineros en tierra.

**AJOURÉ, ÉE**, adj. *ajuré*. Blas. Horadado, pasado de parte á parte.

**AJOURNEMENT**, m. *ajurnmán*. Aplazamiento, suspension, la accion de aplazar, de suspender una cuestion política hasta un dia determinado. || Jurisp. Citacion, emplazamiento, emplazo, llamamiento, comparendo. || Dilacion, traslacion, señalamiento de un asunto para tratarlo en otro dia determinado. || *Ajournement illimité* ó *indéfini*, suspension indefinida de un negocio que se estaba tratando.

**AJOURNER**, a. *ajurné*. Aplazar, señalar dia para el debate de una cuestion. || Jurisp. Emplazar, citar. || *Ajourner quelqu'un devant Dieu*, citar á alguno ante el tribunal de Dios. || *Ajourner une délibération*, suspender, diferir una resolucion, ya señalando dia para volver á deliberar del asunto, ya dejándolo indeterminado. || *S'ajourner*, r. Alargarse, prorogarse, diferirse.

**AJOUTAGE**, m. *ajutáge*. Añadidura.

**AJOUTÉ**, m. *ajuté*. Impr. Añadido, adicion hecha al original ó á las pruebas.

**AJOUTÉE**, f. *ajuté*. Geom. Prolongacion, línea que se pone á continuacion de otra y en su misma direccion, para hacer que llegue á un punto dado, cualquiera que sea.

**AJOUTER**, a. *ajuté*. Añadir, agregar, juntar. || Aumentar, contribuir á. || Ampliar, alargar. || *Ajouter foi*, creer, dar crédito, dar fe á. || *S'ajouter*, r. Añadirse agregarse, unirse una cosa á otra. Aumentarse.

**AJOUTOIR**, m. *ajutuár*. Cebolla, pieza añadida al caño de un surtidor.

**AJOUX**, m. pl. *ajú*. Puentes, hojas de hierro que detienen las hileras de los tiradores de oro.

**AJUDANT**, m. *ajudán*. Ayudante, el que ayuda á otro en algun empleo. V. ADJUDANT.

**AJUGA**, f. *ajúga*. Bot. Ayuga, planta de la familia de las labiadas.

**AJUGOÏDE**, adj. *ajugoid*. Ayugoideo, que es parecido á la ayuga.

**AJUGOÏDÉES**, f. pl. *ajugoidé*. Bot. Ayugoideas, tribu de la familia de las labiadas, cuyo tipo es la ayuga.

**AJUS**, m. *ajús*. Mit. Ayus, nombre de un dios entre los Romanos.

**AJUST**, m. *ajúst*. Mar. Gorupo, nudo al reves que se da á dos cabos gruesos como espías, cuando se necesita unirlos.

**AJUSTAGE**, m. *ajustage*. Ajustamiento, contraste de los flanes ó monedas en blanco. || Mil. Ajuste, colocacion y union de las diversas piezas de un fusil.

**AJUSTÉ, ÉE**, adj. *ajusté*. Ajustado.

**AJUSTEMENT**, m. *ajustmán*. Arreglo, afinacion. || Ajuste, método, coordinacion, la accion de acomodar una cosa. || Adorno, compostura. || met. Arreglo, conciliacion, avenencia.

**AJUSTER**, a. *ajusté*. Ajustar, arreglar á lo justo. || Afinar, igualar. || Acomodar, proporcionar, adecuar. || Concordar, conciliar. || Componer, adornar. || *Bien ajusté*, *ajusté de toutes pièces*, bien aviado, mal parado, puesto de oro y azul. || fam. Ajustar la cuenta á alguno, decirle cuántas son cinco. || Pesar la moneda, acabalar los metales ántes de amonedarlos. || Mar. Ajustar cabos. || Apuntar, asestar un arma de fuego, una flecha, etc. || *Ajuster les cartes*, florear los naipes para hacer fullerías. || *S'ajuster*, r. Prepararse, disponerse. || Componerse, ataviarse. || Acomodarse, atemperarse. || Apuntarse, encararse con un arma.

**AJUSTESSE**, f. *ajustés*. Sinónimo de *ajustement*. En la acepcion de adorno, compostura, se usa mas *ajustesse* que *ajustement*.

**AJUSTEUR**, m. *ajusteur*. Art. Ajustador. || Balanzario, juez de balanza, el que aquilata los flanes ántes que se acuñen.

**AJUSTOIR**, m. *ajustuár*. Fiel, balanza en que se pesa la moneda.

**AJUTAGE** ó **AJUTOIR**, m. *ajutáge*, *ajutuár*. Cebolla, pieza que se une al caño de un surtidor.

**AKALAKAS**, m. *acalácas*. Acalacas, especie de hormiga de América del tamaño de una langosta silvestre.

**AKÈNE, ACHAINE** ó **ACHÈNE**, m. *aquén*. Bot. Acenio, fruto monospermo, ordinariamente seco y cuyo pericarpo está separado de la piel del fruto.

**AKÉNOCARPE**, m. *aquenocarp*. Bot. Acenocarpo, planta cuyo fruto es el acenio.

**AKNÉMIE**, adj. *acném*. Anat. Acnemo, que no tiene piernas.

**AKNÉMIE**, f. *acnemí*. Acnemía, falta ó mutilacion de los miembros inferiores.

**AKODON**, m. *acodon*. Hist. nat. Acodon, género de los roedores indígenas de Bolivia.

**AKOLOGIE**, f. *acologí*. V. FARMACOLOGIE.

**ALABAMAS** ó **ALIBAMAS**, m. pl. *alabámas*, *alibamas*. Alibamas, habitantes indios de la América setentrional.

**ALABASTRIN, E**, adj. *alabastrén*. Alabastrino, que goza de la naturaleza, propiedades ó apariencia del alabastro.

**ALABASTRIQUE**, adj. *alabastrík*. Ala-

[illegible] que pertenece ó se [illegible] [illegible]. || [illegible] de hacer ó construir el [illegible] artificial.

ALACERCON, m. alacercón. Hist. nat. Alacerco, insecto venenoso de la Nigricia.

ALACHIER, a. ant. alachié. Aflojar, hacerlo mas flojo.

ALACRITÉ, f. ant. alacrité. Jovialidad, humor jovial, festivo. || Alegría, gozo.

ALACTAGA, m. alactága. Hist. nat. Aláctaga, cuadrúpedo del órden de los roedores, que se cria en la Tartaria.

ALAIDIR, a. ant. poco us. alaidir. Afearse, quedarse feo. V. ENLAIDIR.

ALAIGRETÉ, f. ant. alegrité. Ligereza, agilidad.

ALAIGRIR, a. ant. alegrir. Alegrar, hacer á uno alegre.

ALAISE, f. aléz. Carp. Hijuela, tablilla con que se suple lo que falta á la tabla principal.

ALAISER, a. alesé. Pulimentar, pulir la madera.

ALA LONGA, m. alalónga. Hist. nat. Ala longa, especie de pescado marítimo, no fluvial, con aletas sumamente largas.

ALAMBIC, m. alambic. Alambique, aparato químico, de vidrio ó otra materia, que sirve para la destilacion.

ALAMBIQUEMENT, m. ant. alambicmán. Destilacion, la accion y efecto de destilar con el alambique.

ALAMBIQUER, a. alambiqué. Alambicar, destilar, pasar por el alambique. Met. *Alambiquer l'esprit, la cervelle*, cansar á uno la imaginacion, devanar los sesos. || *S'alambiquer*, r. Estrujarse el entendimiento, devanarse los sesos. || *Discours alambiqué*, discurso sutil.

ALAMOTOU, m. alamotú. Bot. Alamotú, árbol de la isla de Madagascar.

ALAN, m. ant. alán. Alano, perro de presa.

ALANA, f. alána. Alana, especie de tierra algo rojiza, útil para abrillantar el oro.

ALANGUILAN, m. alanguilán. Bot. Alanguilan, árbol deliciosamente odorífero, muy estimado en China. De él se extrae un exquisito perfume que se destina á varios usos.

ALANGUIR, a. ant. alanguír. Amortiguar, quitar la fuerza, la gracia, el mérito á una accion. || n. Debilitarse, perder la energía, hablando en sentido propio ó figurado. || *S'alanguir*, r. Amortiguarse, ponerse lánguido.

ALANGUISSEMENT, m. alanguismán. Languidez, desconocimiento.

ALANIER, m. alanié. Perrero, que cria alanos para la caza del jabalí.

ALAQUE, f. alác. Arq. Plinto de la columna.

ALAQUÉCA, f. alaquéca. Alaqueca, mármol [illegible]ado de color de sangre que se encuentra en América en pequeños trozos. Este mineral, segun los Indios, tiene la virtud de cortar las hemorragias.

ALARMANT, E, adj. alarmán. Alarmante, que causa alarma.

ALARME, f. alárm. Mil. Alarma, toque de alarma. || Alarma, rebato. || *Fausse alarme*, alarma falsa (neol.), arma falsa (ant.). || *Tenir le peuple en alarme*, tener alarmado, consternado al pueblo. || pl. Inquietud, temor, susto, espanto. || Poét. Armas, combates, peligros de la guerra. || met. Zozobra, inquietud, sobresalto, conmocion súbita del alma, por la presencia de alguna desgracia.

ALARMÉ, ÉE, adj. alarmé. Alarmado, asustado, sobresaltado.

ALARMER, a. alarmé. Alarmar, esparcir la alarma, la turbacion en un campamento. || met. Asustar, sobresaltar, atemorizar. || *S'alarmer*, r. Alarmarse, asustarse, turbarse, conmoverse.

ALARMISTE, m. y f. alarmíst. Alarmista, el ó la que da noticias alarmantes.

ALASTOR, m. alastór. Mit. Alastor, uno de los cuatro caballos de Pluton. || Alastor, sobrenombre de Júpiter, por equivalente á vengador.

ALATERNE, m. alatérn. Bot. Alaterna, árbol parecido á la encina verde y al olivo, formando como un medio entre estos dos.

ALATION, f. alasión. Hist. nat. Alacion, modo general con que las alas de los insectos están colocadas en su cuerpo. [illegible] se emplea rara vez.

ALÁTITE, f. alatít. Hist. nat. Alatita, especie de concha univalva y fósil, cuyo borde se parece á un ala.

ALATONGA, m. alatónga. Alatonga, especie de pescado.

ALAUDE, f. alód. Hist. nat. Alondra, especie de ave del órden de los gorriones.

ALAUS, m. alós. Hist. nat. Alao, género de insectos coleópteros pentámeros.

ALBACIGA, m. albácigo. Bot. Albácigo, árbol de Chile.

ALBAIN, E, adj. albén. Albano, el natural de Alba, ó lo que pertenece á ella.

ALBANAIS, E, adj. albané. Albanés, que corresponde á la Albania, que es natural de ella.

ALBÂTRE, m. Albátr. Alabastro, cierta piedra.

ALBATROS, m. albátros. Hist nat. Albatros, género de aves palmípedas.

ALBÉOGE, m. albeóge. Hist. nat. Albeogo, especie de pescado de mar.

ALBERGE, f. albérge. Bot. Albérchigo, fruta.

ALBERGEAGE, m. alberjáge. Der. Feud. Albergaje, derecho que, en los tiempos del feudalismo, tenian los señores de hospedarse en las casas de sus vasallos.

ALBERGEMENT, m. albergemán. Sinónimo de *albergeage*. V. este.

ALBERGER, a. ant. albergé. Albergar, dar albergue ó hospedaje.

ALBERGIER, m. albergié. Bot. Albérchigo, árbol.

ALBERNUS, m. albérnus. Alberno, especie de camelote que viene de Levante.

ALBERTIE, f. albertí. Hist. nat. Albertia, género de gusanos vistólidos, establecido para un parásito de las lombrices é inmediato á los rotíferos.

ALBERTINIE, f. albertiní. Bot. Albertinia, género de vernoniadas, arbusto del Brasil.

ALBERTINIÉES, f. pl. albertinié. Bot. Albertiniades, subdivision de plantas vernoniadas, arbustos del Brasil.

ALBICORE, m. albicór. Hist. nat. Albicoro, especie de pescado marítimo.

ALBICORNE, adj. albicórn. Hist. nat. Albicórneo, de antenas ó cuernecillos albos.

ALBIFLORE, adj. albiflór. Bot. Albifloro, que tiene blancas las flores.

ALBIGEOIS, E, adj. y s. albijuá. Albigense, el natural de Albi, y lo perteneciente á esta ciudad. || Aplícase al hereje de una secta que tuvo su principio en la ciudad de Albi en Francia á principios del siglo XIII. Úsase comunmente como sustantivo.

ALBIMANE, adj. albimán. Albimano, que tiene las manos blancas.

ALBIN, E, adj. albén. Albinio, que se parece á los albinos.

ALBINIE, f. albiní. Albinia, sinónimo de albinismo. || Hist. nat. Albinia, género de insectos dípteros.

ALBINISME, m. albinism. Albinismo, anomalía de varios seres organizados, con especialidad de la organizacion humana, caracterizada por el color blanco de la piel, de los cabellos, del vello, la palidez del iris y el color encarnado ó rojo de la pupila.

ALBINOS, adj. albinos. Albino, que está afectado de albinismo. Fem. *albina* ó *albinos*.

ALBIPÈDE, adj. albipéd. Albípedo, que tiene las patas blancas.

ALBIQUE, f. albic. Albica, especie de tierra blanca.

ALBIRÉO, m. albiréo. Astr. Albíreo, nombre con que algunos designan el Cisne, constelacion.

ALBIROSTRE, adj. albiróstr. Hist. nat. Albirostro, que tiene blanco el pico ó alba la extremidad del hocico.

ALBITARSE, adj. albitárs. Hist. nat. Albitarso, que tiene blancos los tarsos.

ALBOGALERUS, m. albogalérus. Albogalero, gorro de los sacerdotes de Júpiter, hecho de la piel de una víctima blanca, coronado de una rama de oliva.

ALBORNOZ, m. albornós. Albornoz, especie de capa ó capote cerrado y con capucha.

ALBRAN ó HALBRAN, m. albrán. Albran, anadino, ánade pequeño.

[illegible], adj. [illegible] [illegible], sin plumas.

[illegible], a. [illegible] [illegible] dez.

ALBUCA, m. albúca. Bot. [illegible] nero de plantas liliáceas.

ALBUGINÉ, ÉE, adj. [illegible] Albugíneo.

ALBUGINEUX, EUSE, adj. [illegible] eus. Anat. Albugíneo, blanco [illegible]

ALBUGO, m. albúgo. Med. [illegible] mino de que se sirven los [illegible] ramente latino, y significa la [illegible] los ojos, que da en la [illegible] rente, haciéndose ó formándose [illegible] blanquecinas en ella.

ALBUGUE, f. [illegible]

ALBULE, [illegible] [illegible]

ALBUM, m. álbom. [illegible] con que se designa un [illegible] que llevan algunos viajeros [illegible] firmas de personas [illegible] máxima escrita de mano [illegible] neol. Cuaderno de dibujos [illegible] sica ó de trozos escogidos [illegible] || Tabla blanca en que los [illegible] escribian sus edictos. || [illegible] parte blanca de la cabeza [illegible]

ALBUMEN, m. albúmen. [illegible] nombre que dan los botánicos [illegible] que rodea la semilla de algunas [illegible]

ALBUMINE, f. albumín. [illegible] mina, sustancia que se parece [illegible] huevo.

ALBUMINEUX, EUSE, adj. [illegible] eus. Quím. Albuminoso, que [illegible] albúmina.

ALBUMINIFORME, adj. [illegible] Quím. Albuminiforme, que tiene [illegible] la albúmina ó se parece á ella.

ALBUNÉE, f. albuné. Hist. [illegible] género de langostas ó cangrejos [illegible] cuyas especies son originarias [illegible] || Mit. Diosa que veneraban los [illegible] templo de Tíbur ó Tívoli.

ALCABALA, m. alcabála. [illegible] bala, el tanto por ciento del precio [illegible] vendida, que paga el vendedor [illegible]

ALCADE, m. alcád. [illegible] dinario que administra justicia [illegible] pueblo.

ALCADIE, f. alcadí. [illegible] cio de alcalde, ó el territorio [illegible] cion.

ALCAHEST, m. alcaést. [illegible] disolvente universal.

ALCAÏQUE, adj. alcaíc. [illegible] se aplica á una especie de verso [illegible] como latino, compuesto de [illegible] cesura y dos dáctilos, y [illegible] usada por los Griegos y Latinos [illegible] trofas entra un determinado [illegible] sos alcaicos.

ALCALESCENCE, f. [illegible] Alcalescencia, fermentacion [illegible] tado de un cuerpo alcalescente.

ALCALESCENT, E, adj. [illegible] Alcalescente, lo que contiene [illegible] calinas que han principiado [illegible] llarse.

ALCALI, m. alcalí. Quím. [illegible] rico que se da á diferentes [illegible] ó líquidas de sabor acre y [illegible] nen la propiedad de combinarse [illegible] con los ácidos y formar sales.

ALCALIFIABLE, adj. [illegible] Alcalificable, que es susceptible [illegible] tirse en álcali.

ALCALIFIANT, E, adj. [illegible] Alcalificante, lo que forma los [illegible]

ALCALIGÈNE, adj. [illegible] calígeno, engendrador de los [illegible]

ALCALIMÈTRE, m. [illegible] Alcalímetro, instrumento que sirve [illegible] dir el álcali.

ALCALIN, E, adj. alcalén. [illegible] lino, lo que es de álcali ó [illegible] propiedades y naturaleza del [illegible]

ALCALINITÉ, f. alcalinité. [illegible] linidad, naturaleza alcalina, [illegible] cali.

ALCALINULE, adj. [illegible] nulo: se dice de una sal no neutra [illegible] no tiene mucho álcali despues de [illegible] cion.

|| Hist. nat. Género de zoófitos de la familia de los alcionios.

**ALCYONE**, f. *alsión*. Astr. Alciona, una de las estrellas de la constelacion de Tauro. || Mit. Esposa de Ceix, rey de Tracia.

**ALCYONIEN, NE**, adj. *alsionién*. Hist. nat. Alcionio, que pertenece al alcion.

**ALDÉBARAN**, m. *aldebarán*. Astr. Aldebaran, ojo de Tauro, estrella.

**ALDÉE**, f. *aldé*. Bot. Aldea, planta de la familia de las hidrofileas.

**ALDERMAN**, m. *aldermán*. Alderman, nombre que se da en Inglaterra á ciertos funcionarios municipales.

**ALDINE**, f. *aldín*. Bot. Aldina, planta leguminosa, especie de árbol originario de la Jamaica.

**ALE**, f. *él*. Especie de cervesa inglesa, muy fuerte.

**ALÉATOIRE**, adj. *aleatuár*. Aleatorio, que pende de un acontecimiento incierto: se dice de los contratos.

**ALÉATOIREMENT**, adv. *aleatuarmán*. Aleatoriamente, dudosamente, con incertidumbre.

**ALEBRANDE ó ALDEBRANDE**, *albránd*, *aldebránd*. Nombre vulgar de la cercela comun. V. HALBRAN.

**ALECTO**, f. *aléctó*. Mit. Alecto, nombre de una de las tres Furias, hija de Aqueronte y de la Noche. || Hist. nat. Alecto, género de coleópteros pentámeros, familia de los malacodermos, fundado en una especie única, originaria de la isla de Cuba.

**ALECTOIRE**, f. *alectuár*. Alectoria, piedra que alguna vez se engendra en el ventrículo ó en el hígado de los gallos viejos; es casi redonda y como una avellana pequeña.

**ALECTON**, f. *alectón*. Alecto, una de las tres Furias de la fábula.

**ALECTORIE**, f. *alectorí*. Bot. Alectoria, género de plantas criptógamas, de la familia de los líquenes.

**ALECTORIEN, NE**, adj. *alectorién*. V. ALECTOIRE.

**ALECTOROLOPHE ó ALECTOROLOPHUS**, m. *alectorolof*, *alectorolófos*. Bot. Alectorolofa, planta cuyas hojas forman picos parecidos á los de la cresta de un gallo.

**ALECTOROMANCIE ó ALECTRYOMANCIE**, f. *alectoromansí* ó *alectriomansí*. Alectoromancia, adivinacion por medio de algun gallo, como usaban los Griegos.

**ALECTOROMANCIEN, NE**, adj. *alectoromansién*. Alectoromántico, lo que pertenece á la alectoromancia, y el que la practica.

**ALECTOROPHONÈSE**, m. *alectorofonés*. Canto del gallo.

**ALECTRION**, m. *alectrión*. Hist. nat. Alectrion, grupo de conchas del género de las bocinas. || Bot. Alectrion, género de plantas de la familia de las sapindáceas. || Mit. Alectrion, favorito de Marte y confidente de sus amores, convertido en gallo por este dios, á causa de su negligencia.

**ALÉGATE**, f. *alegát*. Alicate de esmaltador. V. ALICATE.

**ALÈGRE, ALÈGREMENT, ALÈGRESSE, ALÉGRETTE ó ALÉGRO**. V. ALLÈGRE, ALLÈGREMENT, ALLÉGRESSE, ALLÉGRETTE, ALLÉGRO.

**ALEM**, m. *além*. Alem, estandarte imperial que se usa en la Puerta Otomana en ciertas festividades.

**ALEIRON**, m. *alerón*. Viadera en los telares de tejidos de seda. V. ALÉRON.

**ALEMDAR**, m. *alendár*. Alendar, el oficial que, en la Puerta Otomana, lleva el estandarte.

**ALÉMONE ó ALIMONA**, f. *alemón*, *alimóna*. Mit. Alémona, diosa que la supersticion romana puso para cuidar de los niños cuando estaban en el regazo de sus madres.

**A L'ENCONTRE**, loc. adv. *alencóntr*. V. ENCONTRE.

**ALÈNE**, f. *alén*. Art. Lesna, instrumento que se compone de un hierrecillo con su punta sutil y un mango de madera, del cual usan los zapateros y otros oficiales para agujerear, coser y pespuntar. || *Un poltron se laisserait donner cent coups d'alène dans les fesses plutôt que de se battre*; el cobarde nunca se bate, aunque le escupan en la cara.

**ALÉNIER**, m. *alenié*. Lesnero, el fabricante ó vendedor de lesnas. || Especie de criba.

**ALÉNOIS**, adj. m. *alenuá*. Picante. || Bot. *Cresson alénois*, malpica, planta crucífera, que tiene como los berros un sabor picante.

**ALENTIR**, a. ant. *alantír*. Aflojar, parar, entibiar. *La vieillesse nous alentit*; la ancianidad nos entorpece, nos hace pesados. || *S'alentir*, r. Hacerse mas lento, apoltronarse.

**ALENTISSEMENT**, m. ant. *alantismán*. Entorpecimiento, detencion, retardo. V. RALENTISSEMENT.

**ALENTOUR**, adv. *alantúr*. Al rededor, en contorno.

**ALENTOURS**, m. pl. *alantúr*. Inmediaciones, alrededores.

**ALÉOCHARE**, m. *aleocár*. Hist. nat. Aleócaro, género de insectos coleópteros, de la familia de los braquelitros.

**ALÉOCHARIDE**, adj. *aleocaríd*. Aleocarídeo, que se parece al aleócaro. || *Aléocharides*, m. pl. Aleocarídeos, tribu de insectos coleópteros pentámeros, de la familia de los braquelitros.

**ALEPASE, ALEPASSE ó LAPAS**, f. *alpás*, *alpás*, *lapá*. Mar. Riostra de entena en las galeras.

**ALÉPINE**, f. *alepín*. Agalla de Alepo. || neol. Alepin, tela negra muy fina de lana que usan las señoras para basquiñas, y tambien para vestidos enteros de calle.

**ALÉRION**, m. *alerión*. Hist. nat. Vencejo, avion. || Blas. Aguilucho, que se representa con las alas extendidas, sin pico ni piernas.

**ALÉRON ó ALEIRON**, m. *alerón*. Art. Tiramuelles, viadera, pieza de madera, en el telar, unida á las caracolas, y en que se afirman los lizos que subiendo y bajando gobiernan la tela.

**ALERTE**, f. *alért*. Alarma, rebato. || met. Prevencion, precaucion con que alguno vive. || adj. Alerto, vigilante, prevenido. || Vivo, avispado, alegre: hablando de gente moza. || adv. Alertamente, cuidadosamente, vigilantemente. || interj. Alerta! cuidado!

**ALÉSAGE**, *aleságe* Art. Pulimentacion, alisadura.

**ALÉSÉ, ÉE**, adj. *alesé*. Blas. Aislado, suspendido, cortado en las extremidades.

**ALÉSER**, a. *alesé*. Horadar, limar las desigualdades interiores de los cañones. || Igualar los bordes de los tejos ántes de acuñarlos.

**ALÉSOIR**, m. *alesuár*. Art. Barrena de punta cuadrada para taladrar y hacer cilíndrico el interior de un tubo de hierro ó de otro cualquier metal.

**ALESTER ó ALESTIR**, a. *alestér*, *alestír*. Mar. Alistar, aprontar, desembarazar. || *S'alester*, r. Mar. Aprontarse, alistarse, disponerse.

**ALÉSURE**, m. *alesúr*. Art. Limaduras que resultan al redondear el interior de un tubo.

**ALÉTHOLOGIE**, f. *aletologí*. Aletologia, tratado acerca de la verdad.

**ALÉTHOLOGIQUE**, adj. *aletologíc*. Aletológico, que pertenece á la aletologia.

**ALÉTIDE ó ALÉTIS**, f. *aletíd*, *alétis*. Mit. Aletis, sobrenombre de Erigona.

**ALÉTIDES**, f. pl. *aletíd*. Alétidas, fiestas que se celebraban en Atenas en honor de Erigona.

**ALÉTRES ó ALÉTRIDES**, f. pl. *alétre*, *aletríd*. Bot. Aletrias, género de plantas monocotiledóneas, familia de las liliáceas, de la hexandria monoginia de Linneo.

**ALÉTRINÉ, ÉE**, adj. *aletriné*. Bot. Aletrineo, que se parece á una aletria. || *Alétrinées*, f. pl. Bot. Aletrineas, grupo de plantas liliáceas del género aletrias.

**ALÉTRIS**, m. *alétris*. Bot. Aletrias. V. ALÉTRES.

**ALETTE**, f. *alét*. Mar. Aleta, culo de mona. V. AILETTE.

**ALEURIE**, f. *aleurí*. Bot. Aleuria, género de hongos.

**ALEURISME**, m. *aleurism*. Bot. Aleurisma, nombre que se da á unos hongos mupequeños, que se asemejan á montoncitos de harina.

**ALEURITE**, f. *aleurít*. Bo. Aleurites, género de plantas de la familia de las euforbiáceas.

**ALEUROMANCIE**, f. *aleuromansí*. Aleuromancia, adivinacion supersticiosa de los gentiles por medio de la harina.

**ALEUROMANCIEN**, **NE**, m. y f. *aleuromansién*. Aleuromántico, el que ejercia la aleuromancia.

**ALEUTIÈRE**, m. *aleutiér*. Hist. nat. Aleutero, género de pescados.

**ALEVIN**, m. *alevén*. Alevino, el pescado menudo que sirve para poblar los estanques.

**ALEVINAGE**, m. *alevinágè*. Los peces menudos que los pescadores arrojan al mar.

**ALEVINER**, a. *aleviné*. Poblar un estanque de pececillos.

**ALEVINIER**, m. *alevinié*. Criadero de cochinos ó morralla.

**ALEXANDRIN**, **E**, adj. *alecsandrén*. Alejandrino, que ha nacido en Alejandría, que pertenece á esta ciudad. || *Vers alexandrins*, verso alejandrino.

**ALEXANDRINIEN**, **NE**. V. ALEXANDRIN.

**ALEXIADE**, f. *alecsiád*. Alexiada, título de la historia de Alexis de Comneno, escrita por su hija Ana.

**ALEXIE**, m. *alecsí*. Hist. nat. Alexio, género de coleópteros tetrámeros.

**ALEXIPHARMAQUE**, adj. *alecsifarmác*. Med. y Farm. Alexifármaco, epíteto calificativo de ciertos medicamentos destinados á corregir los malos efectos de los venenos. Se usa tambien como sustantivo.

**ALEXIPYRÉTIQUE**, adj. *alecsipiretíc*. Med. Alexipirético, febrífugo.

**ALEXITÈRE**, adj. *alecsitér*. Alexitérico, que preserva de las mordeduras de los animales ponzoñosos.

**ALEYRODES**, m. pl. *aleród*. Hist. nat. Aleirodes, género de insectos hemípteros, cubiertos de una materia ó capa harinosa.

**ALEZAN**, **E**, adj. *alezán*. Alazan, caballo cuyo pelo tira á rojo, y cuya crin es tambien roja ó blanca.

**ALÈZE**, f. *alés*. Sábana de lienzo, comunmente vieja, para ponerla debajo de un enfermo. || Carp. Alfajia.

**ALÉZÉ**, **ÉE**, adj. *alezé*. Blas. Cortado en las extremidades.

**ALFA**, m. *alfá*. Sect. rel. Alfá, gran sacerdote entre los negros mahometanos del Senegal. || Gram. f. Alfa, primera letra del alfabeto griego.

**ALFADER**, m. *alfader*. Sect. rel. Alfader, nombre que se da mas comunmente al padre de los dioses en la teogonía escandinava.

**ALFANE**, f. *alfán*. Alfana, caballo fuerte.

**ALFANGE**, f. *alfángè* Alfanje, especie de espada ancha, corta y corva, que tiene corte solo por un lado.

**ALFAQUINS**, m. pl. *alfaquén*. Alfaquíes, los mayores entre los sacerdotes de los Moros, ó doctores de la ley de Mahoma.

**ALFÉNIC** ó **ALPHÉNIC**, m. *alfeníc*. Alfeñique, pasta de azúcar suavizada con aceite de almendras dulces.

**ALFEHÍM**, f. *alfeim*. Mit. Alfeim, ciudad celestial, donde habitan los genios del bien.

**ALFIER** ó **ALFIÈRE**, m. *alfie*, *alfiér*. Mil. Alférez, el oficial que lleva el estandarte en la caballería, ó la bandera en la infantería. Hoy se da este nombre á los subtenientes, aun cuando no tengan á su cargo llevar el estandarte.

**ALFONSIE**, f. *alfonsí*. Bot. Alfonsia, planta de la familia de las palmeras, de la monoecia monadelfia.

**ALFONSIN** ó **ALPHONSIN**, m. *alfonsén*. Alfonsino, instrumento de cirugía para extraer las balas.

**ALFRÉDIE**, f. *alfredí*. Bot. Alfredia, género de compuestas, cuya única especie conocida es originaria de la Siberia.

**ALGACÉ**, **ÉE**, adj. *algasé*. Bot. Algáceo, que se parece á una alga. || *Algacées*, f. pl. Bot. Familia de plantas marinas, generalmente conocidas con el nombre de algas.

**ALGALIE**, f. *algalí*. Cir. Algalia, instrumento cilíndrico y hueco, de metal ó de goma elástica, que se usa particularmente para evacuar la orina contenida en la vejiga.

**ALGANON**, m. *alganón*. Grillete, arco de hierro con un pasador por detras, el cual se pone á los presidiarios en la garganta del pié.

**ALGARADE**, f. *algarád*. Algarada, máquina que se usaba antiguamente para arrojar piedras contra las murallas de un pueblo enemigo. || Gritería, algazara, vocería de algun tropel de gente. || Grita, mofa, burla de alguna persona.

**ALGAROTH** ó **ALGAROT**, m. *algaról*. Algarot, nombre que se dió á unos polvos inventados por Víctor Algaroth.

**ALGATRANE**, f. *algatrán*. Alquitran.

**ALGAZELLE**, f. *algasél*. Nombre comun de la gacela ó cabra montés.

**ALGE**, f. *álge* Alga, yerba marina.

**ALGÈBRE**, f. *algébr*. Álgebra, parte de las matemáticas. || met. y fam. *C'est de l'algèbre pour lui*, eso es griego para él, como si Vd. le hablase en griego.

**ALGÉBRIQUE**, adj. *algebríc*. Mat. Algebraico, lo que pertenece al álgebra.

**ALGÉBRIQUEMENT**, adj. *algebricmán*. Mat. Algebraicamente, segun las reglas del álgebra.

**ALGÉBRISER**, a. *algebrisé*. Ocuparse del álgebra, dedicarse á ella.

**ALGÉBRISTE**, m. y f. *algebríst*. Algebrista, el que posee el álgebra, ó escribe acerca de esta ciencia.

**ALGÉNIB**, m. *algeníb*. Astr. Algenib, estrella de segundo órden, fija al pié derecho del planeta Perseo.

**ALGÉRIEN**, **NE**, adj. *algerién*. Argelino, que es natural de Argel, que pertenece á Argel

**ALGÉRIENNE**, f. *algerién*. Argelina, carruaje público de Paris: es una especie de ómnibus.

**ALGÉRINE**, f. *algerín*. Farm. Algerian, nueva bebida que tiene todas las cualidades de la cerveza y de las limonadas gaseosas.

**ALGIDE**, adj. f. *algid*. Med. Algida, especie de calentura perniciosa, siendo su principal síntoma un frio glacial, sensible al tacto en toda la superficie del enfermo.

**ALGINES**, m. pl. *algin*. Alginos, familia de zoófitos.

**ALGIRE**, m. *algír*. Algiro, lagarto muy notable por sus cuatro rayas longitudinales y amarillas.

**ALGOÏDE**, adj. *algoíd*. Bot. Algoides, que se parece á una alga.

**ALGOL**, m. *algól*. Astr. Algol, estrella fija de segunda magnitud en la constelacion de Perseo.

**ALGOLOGIE**, f. *algologí*. Bot. Algologia, parte de la botánica que trata especialmente de las algas.

**ALGOLOGIQUE**, adj. *algologic*. Algológico, que tiene relacion con la algologia ó pertenece á ella.

**ALGOLOGUE**, m. *algológue*. Algólogo, el que se dedica particularmente al estudio de la algologia.

**ALGORAB**, m. *algoráb*. Astr. Algorab, una de las estrellas de la constelacion Cuervo.

**ALGORITHME**, m. *algorítm*. Mat. Algoritmo, la ciencia de supular ó contar por las cuatro reglas.

**ALGORITHMIE**, f. *algoritmí*. Algoritmia. V. ALGORITHME.

**ALGORITHMIQUE**, adj. *algoritmic*. Algorítmico, que pertenece al algoritmo.

**ALGOROVA**, m. *algoróva* Bot. Algorova, árbol del Perú de la familia de las leguminosas. || f. Algarroba.

**ALGUAZIL**, m. *alguasíl*. Alguacil, oficial inferior de justicia.

**ALGUE**, f. *algue*. Bot. Alga, planta acotiledónea del género agama.

**ALGUETTE**, f. *alguét*. Bot. Alguota, alga pequeña segun Raymond. Segun *Landais*, planta acuática, anual, de flor apétala, por otro nombre saniquela; y segun el *Diccionario de ciencias naturales*, planta de la familia de las náyadas.

**ALHAGI**, m. V. AGUL.

**ALHANDAL**, m. *alandál*. Farm. Albandal, denominacion que dan los boticarios á la coloquíntida

**ALIBOUFIER**, m. *alibufié* [illegible]

**ALIADE**, f. *aliád*. Hist. [illegible] que tiene el [illegible]

**ALIBANIES**, f. pl. *alibaní*. [illegible] telas de algodon de las Indias [illegible]

**ALIBI**, m. lat. for. *alibí*. [illegible] son *alibi*, probar la coartada. [illegible]

**ALIBIFORAIN**, m. *alibiforén*. [illegible] escapatoria, pretexto [illegible] subterfugio. Véase [illegible] lar.

**ALIBILE**, adj. *alibíl*. [illegible] para la nutricion. [illegible]

**ALIBORON**, m. *aliborón*. [illegible] dículo, ignorante.

**ALIBOUFIER**, m. *alibufié*. [illegible] que, árbol parecido al [illegible] Goma resinosa y odorífera.

**ALICA**, m. *alíca*. Bot. [illegible] ó potaje medicinal [illegible]

**ALICATE**, f. *alicát*. Art. [illegible] cie de tenazas con puntas [illegible] de diferentes figuras, que [illegible] fices en obras menudas y [illegible] metales, ya para retorcer los [illegible] asegurar las piececillas que [illegible] ya para colocarlas en sus [illegible] usos.

**ALICHON**, m. *alichón*. Álabe, [illegible] del rodezno de un molino.

**ALICONDE**, m. *alicónd*. Bot. [illegible] árbol grande, muy comun en la [illegible]

**ALICULA**, f. *alícula*. [illegible] pequeña de que usaban los Romanos [illegible]

**ALIDADE**, f. *alidád*. Alidada, [illegible] mento de topografía. || Geom. [illegible] movible.

**ALIDRE**, f. *alídr*. Hist. nat. [illegible] pecie de culebra blanca.

**ALIÉNABLE**, adj. *alienábl*. [illegible] que puede ser enajenado. Voz [illegible] jurisprudencia.

**ALIÉNATAIRE**, m. y f. *alienatér*. [illegible] Enajenatario, la persona á cuyo favor [illegible] la enajenacion de una cosa.

**ALIÉNATEUR**, **TRICE**, m. y f. [illegible] *teur*, *tris*. Jurisp. Enajenante, el [illegible] enajena la propiedad de alguna cosa [illegible]

**ALIÉNATION**, f. *alienasión*. [illegible] jenacion, traslacion del dominio de [illegible] á otra persona. || met. Desvío, [illegible] en los afectos, en la amistad. || [illegible] embelesamiento. || Enajenacion mental [illegible] racion del entendimiento.

**ALIÉNÉ**, **ÉE**, adj. *alienó*. [illegible] Perturbado, embelesado. || [illegible] ha perdido la razon.

**ALIÉNER**, a. *alienó*. Jurisp. [illegible] traspasar el dominio. || met. [illegible] mos, hacer perder á alguno el [illegible] otros le tenian. || Enajenar, [illegible]

**ALIFÈRE**, adj. *alifér*. Alífero, [illegible] alas. || Hist. nat. Alífero: [illegible] uno de los dos segmentos [illegible] rax de los insectos, donde [illegible] órganos del vuelo.

**ALIFORME**, adj. *alifórm*. [illegible] tiene la forma de un ala.

**ALIGÈNE**, adj. f. *aligén*. [illegible] sobrenombre de Vénus, que [illegible] puma del mar.

**ALIGNÉ**, **ÉE**, adj. *aliñé*. Alineado [illegible]

**ALIGNEMENT**, m. *aliñemán*. [illegible] cion, accion y efecto de alinear. [illegible] nacion de la tropa. || Demarcacion [illegible] las casas, plazas, etc., hecha [illegible] dad.

**ALIGNER**, a. *aliñé*. Alinear, [illegible] del, poner en línea recta. || Arq. [illegible] ner á un mismo nivel. || met. [illegible] glar, componer, disponer, [illegible] nar, limar, pulir. || Mont. Cubrir el [illegible] la hembra. || *S'aligner*, r. Alinearse, [illegible] en una misma línea. || met. [illegible] nerse, desembrollarse. || fam. [illegible] dar á golpes.

**ALIGNETTE**, f. *aliñét*. Pesc. [illegible] varilla de madera en que se [illegible] arenques para curarlos.

**ALIGNOIR**, m. *aliñuár*. Art. [illegible] dor, instrumento de hierro con que [illegible] reros hienden las pizarras.

**ALIGNOLLE**, f. *aliñól*. Pesc. Especie [illegible]

**ALISIER**, m. *alisié*. Majuelo, espino majuelo, madroño, arbusto.

**ALKÉKENGE**, m. *alquecange*. Bot. Alquequenje, planta de raices largas, nudosas y retorcidas, las ramas de cosa de un pié de largo, rojas y algo velludas, hojas punteadas y con un palillo de casi una pulgada de largo; produce unas bayas suaves, del grueso y color de una cereza, que están llenas de semillas chatas y blanquiscas.

**ALKERMÈS**, m. *alquérmes*. Alquérmes, confeccion medicinal.

**ALKITRAN**, m. *alquitrán*. Resina del cedro del monte Líbano.

**ALLAH**, m. *alá*. Alá, voz árabe que significa Dios.

**ALLAISE**, f. *alés*. Banco de arena que se forma en el medio de los rios.

**ALLAITÉ, ÉE**, adj. *aleté*. Amamantado, criado al pecho.

**ALLAITEMENT**, m. *aletmán*. Amamantamiento, la accion de dar de mamar.

**ALLAITER**, a. *aleté*. Amamantar, criar al pecho, dar el pecho, dar la leche, dar la teta. || *S'allaiter*, r. Criarse al pecho.

**ALLAITES**, f. pl. *alét*. Tetas de la loba.

**ALLAMANDE**, f. *alamánd*. Bot. Alamanda, género de plantas apocíneas.

**ALLANGOURIR (S')**, r. ant. *salangurrír*. Enflaquecerse, enlanguidecer, ponerse lánguido, triste.

**ALLANGUIR**, a. poco us. *alanguír*. Hacer lánguido ó pesado.

**ALLANGUISSEMENT**, m. *alanguismán*. Languidez, flojedad.

**ALLANT**, s. y adj. *alán*. Yente, el que va. || Callejero, azotacalles. || *Les allants et venants*, los yentes y vinientes.

**ALLANTODIE**, f. *alantodí*. Bot. Alantodia, género de plantas de la Nueva Holanda.

**ALLANTOÏDE**, f. *alantoid*. Anat. Alantoide, una de las túnicas que envuelven el feto.

**ALLANTOÏQUE**, adj. *alantoic*. Quim. Alantoico, calificacion del ácido que se encuentra en el líquido que encierra la alantoide.

**ALLARGUER**, n. ant. *alargué*. Mar. Alejarse de la costa, del enemigo, etc.

**ALLÉBATE**, f. *albát*. Especie de curruca, ave.

**ALLÉBOTE**, f. *albót*. Rebusco, nombre que da la gente del pueblo á los racimitos que los vendimiadores dejan en las viñas.

**ALLÉBOTER**, n. *alboté*. Rebuscar, ir al rebusco.

**ALLÉBOTEUR, EUSE**, m. y f. *alboteur, eus*. Rebuscador, el ó la que rebusca.

**ALLÉCHÉ, ÉE**, adj. *aleché*. Atraido.

**ALLÉCHEMENT**, m. *alechemán*. Cebo, anzuelo, halago, añagaza.

**ALLÉCHER**, a. *aleché*. Cebar, saborear, engolosinar, atraer con halagos. || *S'allécher*, r. Cebarse, engolosinarse, arregostarse, aficionarse.

**ALLÉE**, f. *alé*. Pasillo, pasadizo, corredor de una casa. || Paseo, calle formada por una ó mas filas de árboles, á cada lado ó por empalizadas. || Ida, la accion de ir á alguna parte. || *Allées et venues*, idas y venidas.

**ALLÉGANCES**, f. pl. ant. *alegáns*. Alegacion, alegato.

**ALLÉGATEUR, TRICE**, m. y f. ant. *alegateur, tris*. Jurisp. Alegador, ra.

**ALLÉGATION**, f. *alegasion*. Jurisp. Alegacion, cita de una autoridad, ley ó prueba. || Dicho, proposicion que se ha sentado.

**ALLÈGE**, f. *alége*. Mar. Alijador, lanchon, barcaza. || Camello, máquina para suspender los buques. || Arq. Jamba de una ventana.

**ALLÉGÉ, ÉE**, adj. *alegé*. Aliviado, alijerado.

**ALLÉGEANCE**, f. ant. *alejáns*. Alivio de un trabajo ó pena, consuelo. || *Serment d'allégeance*, pleito homenaje que los ingleses rinden á su monarca en calidad de señor temporal.

**ALLÉGEMENT**, m. *alegemán*. Alivio, aligeramiento de una carga. || met. Alivio de un dolor, etc.

**ALLÉGER**, a. *alegé*. Aligerar, aliviar una carga, un peso. || met. Aliviar, templar, disminuir una pena, un cuidado, etc. || Mar. Alijar, aliviar, hacer. || *S'alléger*, r. Aligerarse, aliviarse, mitigarse.

**ALLÉGERIR**, a. *alegerír*. Equit. Aligerar al caballo, hacerle cobrar agilidad en los brazos.

**ALLÉGIR**, a. *alegír*. Adelgazar.

**ALLÉGORIE**, f. *alegorí*. Alegoría, figura que consiste en presentar á la imaginacion un objeto, de modo que conciba la idea de otro distinto. || Ret. Alusion ingeniosa. || Alusion, referencia. || Teol. Alegoría, pasaje de la sagrada Escritura, que, ademas del sentido propio y natural, puede tener una significacion figurada.

**ALLÉGORIQUE**, adj. *alegoric*. Alegórico, que pertenece á la alegoría ó tiene relacion con ella.

**ALLÉGORIQUEMENT**, adv. *alegoricmán*. Alegóricamente, de una manera alegórica.

**ALLÉGORISER**, a. *alegorisé*. Alegorizar, dar un sentido ó significacion alegórica.

**ALLÉGORISEUR**, m. *alegoriseur*. Alegorizador, que alegoriza. Trovista, malicioso.

**ALLÉGORISME**, m. *alegorism*. Alegorismo, ciencia de las alegorías; metáfora sobrado larga.

**ALLÉGORISTE**, m. *alegorist*. Alegorista, el que explica en sentido alegórico. || El que está muy versado en las alegorías de la Biblia.

**ALLÈGRE**, adj. *alégr*. Alegre, gozoso, risueño, contento. || Ágil, pronto, dispuesto.

**ALLÈGREMENT**, adv. *alegremán*. Alegremente, con alegría.

**ALLÉGRESSE**, f. *alegrés*. Júbilo, regocijo. || Fiestas, regocijos públicos. || Gozo espiritual. || *Les sept allégresses*, los siete gozos de la Vírgen Santísima.

**ALLEGRETTO**, m. *al-legrétto*. Alegreto, movimiento medio entre el alegro y el andante.

**ALLEGRO**, adv. *al-légro*. Mús. Alegro, vivamente, vivo.

**ALLÉGUÉ, ÉE**, adj. *alegué*. Alegado.

**ALLÉGUER**, a. *alegué*. Alegar, citar, producir.

**ALLELUIA**, m. *aleluya*. Rel. Aleluya, voz de gozo espiritual. || Aleluya, acederilla, planta.

**ALLEMAND**, m. *almán*. El aleman, la lengua alemana. || adj. Aleman, tudesco.

**ALLEMANDE**, f. *alemánd*. Alemanda, danza viva y alegre, originaria de Alemania.

**ALLEMANDERIE**, f. *almandri*. Taller donde se forja el hierro para calibrarlo.

**ALLER**, n. *alé*. Ir. Moverse ó pasar de un paraje á otro. || Andar, caminar. || *Le feu va*, la lumbre marcha, se enciende. || *L'ouvrage va*, la obra continúa, se adelanta. || *Cela va sans dire*, eso no tiene réplica, eso ya se supone. || *Cela va tout seul*, eso no admite dificultad. || *Le pis aller*, lo peor que puede suceder. || *Au pis aller*, por mal que se salga, suceda lo que sucediere. || *N'allez pas croire*, no crea Vd. ahora. || *C'est un homme qu'on peut faire aller*, este hombre no se atufa, aunque se rian de él: es el hazmereir de todos. || *Il y va*, va en ello, pone en ello: v. g. *il y va de son honneur*, le va en ello el honor, se juega el honor. || Mar. Andar, marchar, caminar, navegar. || Dirigirse, acudir á. || Sentar, caer bien ó mal un vestido, etc. || Estar, ir, hablando del estado de la salud, etc. || Estar ó hallarse á punto de salir, bajar, etc. || Extenderse á, llegar á. || Apuntar, poner en el juego. || *Aller à*, convenir, cuadrar, estar bien. || *Ce vase va au feu*, esta vasija aguanta el fuego, resiste al fuego. || *On alla aux voix*, se pasó á votar, se tomaron los votos. || *Aller contre*, oponerse, resistir. || *Aller de pair*, ser iguales, correr parejas, ó correr una misma fortuna. || *Aller ensemble*, acordarse, conformarse, hermanar, hacer juego. || Vender juntas dos ó mas cosas. || *Aller jusqu'à*, subir, llegar á ó colgar hasta. || Tocar en desvergonzado, etc. || *Aller loin*, adelantarse, estar adelantado. || Pasar á. || Ser crecido, excesivo. || *Aller par bas*, hacer del cuerpo. || *Aller par haut*, vomitar. || *Faire en aller*, arrojar, echar, despedir; ó quitar, sacar una mancha. || *Se laisser aller*, entregarse, abandonarse, ó dejarse llevar, arras-

[illegible]

… como yeso, tierra, cal, etc.

[illegible] … que puede ser [illegible].

[illegible] … de aprender. ‖ adj. [illegible].

[illegible] … ‖ [illegible].

[illegible] … fuera de sí. V. [illegible].

[illegible]

[illegible] … de una rueda de engranaje, que no forma cuerpo con ella.

[illegible] … hacer referencia á alguna cosa.

[illegible]

[illegible] … Art. Tm., pedazo de madera encorvado, que se usa en algunos talleres para [illegible] el [illegible] de una fragua ú horno.

[illegible]

[illegible] Calidad de las [illegible], hombre de mala [illegible], versos de poco [illegible]

[illegible], f. [illegible] Bot. Aloida, planta [illegible] hojas que semejan [illegible] á las [illegible]

[illegible], f. [illegible] Quím. Aloina, alcalí [illegible] en el aloé.

[illegible], f. [illegible] Med. Alopecia, [illegible] que hace caer el pelo [illegible], y algunas veces las pestañas y [illegible]

[illegible], m. alopecúr. Bot. Alopé[illegible], muy tiernas, cuyo fruto [illegible] á la cola de una zorra.

[illegible]. Entónces. || En este ó [illegible] || Entónces, en ese caso, dado [illegible]

[illegible], f. [illegible] Hist. nat. Alosa, sábalo, [illegible], que sube por la primavera [illegible]

[illegible] ant. [illegible] Alabar, ensalzar.

[illegible] f. ant. [illegible] Alabanza.

[illegible], m. [illegible] Sabogal, red para [illegible]

[illegible], m. [illegible] Hist. nat. Mono [illegible] de los cuadrumanos.

[illegible], m. [illegible] Resina odorífera [illegible] del camalo blanco.

[illegible], f. [illegible] Hist. nat. Alondra, [illegible] pequeña. || *Se lever au chant* [illegible], levantarse con estrellas. || [illegible], barrado arenisco, cascajal. [illegible], copetuda.

[illegible], a. [illegible] Entorpecer, po[illegible] fuera de sí. *Les années* [illegible], los años ponen al [illegible] la entorpecen. || met. [illegible], la voluntad, la [illegible] lerdo, estúpido, [illegible] r. Entorpecerse, atontarse, [illegible]

[illegible], m. [illegible] Liga, alcacion, [illegible] || [illegible], accion de [illegible] que sirven para la fabri[illegible], segun la regla legal.

[illegible], m. [illegible] Leche de vaca, com[illegible]

[illegible], a. [illegible] Aquilatar, dar al oro [illegible] de ley.

[illegible], f. [illegible] Bot. Aloisia, género [illegible]

[illegible], ALPACA, ALPAGA ó AL[illegible], alpagá, alpaú. [illegible] de la América [illegible] || Tela fabricada con la lana de [illegible]

[illegible], m. pl. alpagát. Alpar[illegible] de lana de alpaca, [illegible]

[illegible] Bot. Alpam, arbusto [illegible]

[illegible] Hist. nat. Alpeo, género [illegible]

[illegible] Alpino, que [illegible] los Alpes, ó es propio de [illegible]

[illegible] Gram. Alfa, primera [illegible] griego. || met. *Alpha et* [illegible], palabras usadas en el [illegible] de principio y fin, [illegible] letra del alfabeto [illegible], en cuya lengua se [illegible]

[illegible], m. [illegible] Alfabeto, abe[illegible] un libro con las letras [illegible] se usa de números en [illegible]

[illegible], adj. alfabetic. Alfabé[illegible] ó tiene rela[illegible]

[illegible], adv. alfabetic[illegible], por órden alfabético.

[illegible], m. alfabetist. Alfabe[illegible], con especialidad [illegible]

[illegible], m. [illegible] Cetr. Alfaneque, [illegible] la casa de [illegible]

[illegible], f. al[illegible]

[illegible], m. [illegible] Alfar ó alfard, nombre de una estrella de primer órden, llamada tambien Corazon de la hidra.

**ALPHE**, m. *álf*. Hist. nat. Alfo, género de insectos coleópteros, propio del Brasil.

**ALPHÉA**, f. *alféa*. Mit. Alfea, sobrenombre de Diana, tomado de Alfeo, que se habia enamorado de esta diosa.

**ALPHÉE**, m. *alfé*. Mit. Alfeo, cazador que persiguió á una ninfa de la comitiva de Diana, llamada Aretusa; esta fué convertida en fuente y aquel en rio, cuyas aguas se mezclaron desde esta metamórfosis. || Hist. nat. Alfeo, género de crustáceos de las Antillas y del océano de la India.

**ALPHÉE**, f. *alfé*. Bot. Alfea, género de plantas malváceas, inmediato al género altea; es indígena en el cabo de Buena Esperanza.

**ALPHÉNIC**, m. *alfenic*. Farm. Alfeñique, azúcar candi. V. SUCRE CANDI.

**ALPHÉRAZ**, m. *alferás*. Astr. Alfaraz, enif, nombre árabe de una estrella del ala del Pegaso.

**ALPHÉTA**, m. *alféta*. Astr. Alfeta, estrella fija de segundo órden, situada en la corona setentrional.

**ALPHITÉDON**, m. *alfitedón*. Cir. Alfitedon, fractura y desmenuzamiento de los huesos del cráneo, quedando estos hechos casi harina, segun Galeno.

**ALPHITON**, m. *alfitón*. Alfiton, voz griega que significa harina.

**ALPHONSIN**, m. *alfonsén*. Alfonsí, moneda antigua, mandada acuñar por el rey Alfonso; equivalia á un maravedí. || Alfonsino, instrumento de cirugía. V. ALFONSIN. || *Alphonsines*, f. pl. Alfonsinas, leyes de D. Alfonso el Sabio. || Tablas alfonsinas, cómputos ó cálculos astronómicos hechos de órden del mismo rey.

**ALPHOS**, m. *álfos*. Med. Alfos, especie de lepra escamosa, caracterizada por las manchas blancas de que se cubre la superficie de la parte afectada.

**ALPICIENS**, m. pl. *alpisién*. Alpecienses, habitantes de los Alpes.

**ALPICOLE**, adj. *alpicól*. Bot. Alpícola, que crece en los Alpes, hablando de plantas.

**ALPINES**, adj. f. pl. *alpín*. Bot. Alpinas, calificacion de las plantas que habitan sobre las mas altas montañas.

**ALPINIE**, f. *alpiní*. Bot. Alpinia, género de plantas de la monandria monoginia.

**ALPIOU**, m. ant. *alpiú*. Dobla, puesta doble de lo que se ha ganado en el juego. *Faire un alpiou*, doblar la puesta despues de haberla ganado.

**ALPISTE**, f. *alpist*. Bot. Alpiste, género de plantas de la triandria monoginia, familia de las gramíneas.

**ALQUIÈRE**, f. *alquiér*. Medida de capacidad para líquidos en Portugal.

**ALQUIFOUX**, m. *alquifoú*. Alquifol, zafre, plomo mineral.

**ALRAMECH ó ALRAMIH**, m. *alraméc*, *alramí*. Alramech, nombre que dan los astrónomos árabes al Arturo.

**ALRUNES**, m. pl. *alrún*. Mit. Alrunes: así llamaban los Alemanes antiguos á unas figuras pequeñas de madera que miraban como dioses penates ó lares.

**ALSACIEN, ENNE**, adj. *alsasién*. Alsaciano, que es natural de Alsacia, que pertenece á la Alsacia ó á sus habitantes.

**ALSINE**, f. *alsín*. Bot. Alsina, especie de parietaria.

**ALSODÉE**, f. *alsodé*. Bot. Alsodeya, planta de la familia de las violetas, de la monadelfia pentandria.

**ALSOPHILE**, f. *alsofíl*. Bot. Alsófila, género de plantas arborescentes de la familia de los helechos.

**ALSTROÉMÉRIE**, f. *alstroemerí*. Bot. Peregrina, género de plantas amarilídeas.

**ALTAMBOR**, m. *altanbór*. Mús. Redoblante, especie de tambor al uso de los antiguos Moros.

**ALTAMISE**, f. *altamís*. Bot. Altamisa ó artemisa, planta llamada tambien yerba de San Juan.

**ALTENSTEINIE ó ALTENSTEINIA**, f. *altansteiní*, *altansteinía*. Bot. Altensteinia, género de plantas orquídeas, originarias de la América meridional.

**ALTÉRABLE**, adj. *alterábl*. Alterable, que puede alterarse, que es susceptible de alteracion.

**ALTÉRABILITÉ**, f. *alterabilité*. Alterabilidad, susceptibilidad de alteracion.

**ALTÉRANT**, m. *alterán*. Med. Alterante, remedio que altera los humores. || adj. Med. Alterante, que provoca la sed.

**ALTÉRATEUR, TRIS**, m. y f. *alterateur, tris* Alterador, el que altera.

**ALTÉRATIF, IVE**, adj. *alteratif, iv*. Quím. Alterativo, que altera, que cambia las propiedades de los cuerpos.

**ALTÉRATION**, f. *alterasión*. Fís. Alteracion, accion que muda la naturaleza ó las circunstancias de alguna cosa. || Mutacion considerable en el cuerpo y en los humores. || Alteracion, cambio hecho en el valor ó calidad de la moneda. || Alteracion, agitacion, conmocion, que se demuestra momentáneamente, ya por la palidez del semblante, ya por las miradas, ya por la voz, etc. || Med. Alteracion, la que sufren los alimentos en el estómago trasformándose en quilo. || Sed extraordinaria.

**ALTERCATION**, f. *altercasión*. Altercado, disputa, debate, entre dos ó mas personas.

**ALTÉRER**, a. *alteré*. Alterar, mudar, de ordinario de bien en mal. || met. Inquietar el ánimo, turbar la amistad, viciar un texto, maleár un género, adulterar la moneda, depravar las costumbres, echar á perder el vino. || Dar ó causar sed. || *S'altérer*, r. Alterarse, desazonarse, irritarse. || met. Quebrar la amistad, evaporarse los líquidos, deteriorarse ó averiarse los comestibles, depravarse las costumbres, quebrarse ó bajarse los colores, etc. || Ponerse boquiseco.

**ALTERNAIRE**, m. *alternér*. Bot. Alternario, género de hongos que crecen en los tallos de las plantas secas y en la corteza de los pinos.

**ALTERNANTE ó ALTERNANTHÈRE**, f. *alternánt*, *alternantér*. Bot. Alternante, planta amarantácea, llamada así por tener alternadas las anteras.

**ALTERNAT**, m. *alterná*. Agr. La accion de alternar el cultivo de las tierras. || Hist. Alternativa, privilegio en virtud del cual dos ó mas ciudades tienen alternativamente la residencia de alguna autoridad ó oficina.

**ALTERNATIF, IVE**, adj. *alternatif, iv*. Alternativo, lo que se hace ó dice alternando. || Alternante, que alterna. || Fil. *Proposition alternative*, proposicion alternativa, la que consta de dos partes opuestas, de las cuales la una tiene que admitirse necesariamente.

**ALTERNATION**, f. *alternasión*. Alternacion, accion y efecto de alternar.

**ALTERNATIVE**, f. *alternatív*. Alternativa, sucesion de dos cosas que alternan entre sí. || Alternativa, opcion entre dos ó mas cosas. || Legisl. ant. y moderna. Derecho concedido al soberano para que pueda conmutar una pena á título de gracia.

**ALTERNER**, a. *alterné*. Alternar el órden de las cosas. || *Alterner un champ*, sembrar un campo de año y vez, ó un año sí y otro no. || n. Alternar con otro. || Variarse alternativamente. || Alternar dos pueblos en el derecho de tener ciertas autoridades.

**ALTERNIFLORE**, adj. *alterniflór*. Bot. Alternifloro, calificacion de las plantas cuyas flores son alternas.

**ALTERNIFOLIÉ, ÉE**, adj. *alternifolié*. Bot. Alternifoliado, calificacion de las plantas cuyas hojas son alternas.

**ALTERNIPÈDE**, adj. *alternipéd*. Hist. nat. Alternípedo, calificacion de los animales cuyas patas son alternativamente de distinto color.

**ALTERQUER**, n. *alterqué*. Altercar, contender.

**ALTESSE**, f. *altés*. Alteza, tratamiento de honor que se da á los príncipes.

**ALTHÆA**, f. *altéa*. Malvabisco. Voz latina de la altea. V. ALTÉE.

**ALTHÉE**, f. *alté*. Bot. Altea, nombre que se da ahora al malvabisco. V. GUIMAUVE.

**ALTHÉINE**, f. *altein*. Quím. Alteina, base salificable que se extrae de la altea.

**ALTHÉRIE**, f. *alterí*. Bot. Alteria

género de plantas [illegible], indígenas del [illegible].

ALTICOPE, m. alticóp. Hist. nat. Alticopo, género de coleópteros.

ALTIER, ÈRE, adj. altié. Altivo, soberbio, altanero, soberbio.

ALTIÈREMENT, adv. altiermán. Altivamente, orgullosamente, con altivez, con arrogancia, con orgullo.

ALTILOQUE, adj. altilóc. Hist. nat. Altílocuo, que tiene un canto muy estrepitoso, hablando de pájaros.

ALTIMÈTRE, m. altimetr. Geom. Altímetro, instrumento para medir alturas.

ALTIMÉTRIE, f. altimetrí. Altimetría, parte de la geometría práctica que enseña á medir las alturas.

ALTIMÉTRIQUE, adj. altimetríc. Geom. Altimétrico, que pertenece á la altimetría, que tiene relacion con ella.

ALTIMÉTRIQUEMENT, adv. altimetricmán. Geom. Altimétricamente, segun las reglas de la altimetría.

ALTIN, m. altén. Numism. Altin, moneda de Moscovia equivalente á 47 maravedises ó un medio real de vellon en España.

ALTIROSTRE, m. altiróstr. Hist. nat. Altirostro, género de aves trepadoras, cuyo pico es mas alto que ancho.

ALTISE, f. altís. Hist. nat. Altisa, género de insectillos tetrámeros.

ALTITONNANCE, f. altitonáns. Altitonancia: título dado á Júpiter, dios del trueno.

ALTITONNANT, E, adj. altitonán. Altitonante, que truena en lo alto: epíteto dado á Júpiter por ser el dios del trueno.

ALTITUDE, f. altitúd. Altura, elevacion de un paraje cualquiera sobre el nivel del mar.

ALTO, m. álto. Mús. Violeta, instrumento de música. || Voz ó instrumento de música que gira por signos agudos.

ALTONE, f. altón. V. CLYTIE.

ALUCITAIRES, f. pl. alucitér. Hist. nat. Alucitáreos, familia de insectos lepidópteros.

ALUCITE, f. alucít. Hist. nat. Alucito, género de insectos lepidópteros de colores metálicos muy resplandecientes.

ALUDE, f. alúd. Badana de color para cubiertas de libros.

ALUDEL, m. aludél. Quím. Aludel, vaso sublimatorio, que se usa en las minas de Almaden para extraer el mercurio de su mineral.

ALUINE ó ALUYNE, f. V. ABSINTHE.

ALUME, f. alúm. Leña menuda para encender las fraguas.

ALUMELLE, f. alumél. Hoja de cuchillo ó de espada larga y angosta. Se usa mas *lame*. || Art. Raspador, instrumento de hierro que sirve para raspar boj, marfil, etc. || pl. Mar. Guías de hierro de las bocabarras del cabrestante, cabeza del timon, etc.

ALUMINAIRE, adj. aluminér. Aluminoso, tierra que contiene aluminio.

ALUMINATE, f. aluminát. Quím. Aluminato, combinacion del alumbre con un principio salino.

ALUMINE, f. alumín. Quím. Alúmina, tierra primitiva, base del alumbre.

ALUMINÉ, ÉE, adj. aluminé. Aluminoso, que tiene alúmina, que está combinado con alúmina.

ALUMINER, a. aluminé. Aluminar, combinar, mezclar con alúmina una sustancia cualquiera.

ALUMINEUX, EUSE, adj. alumineu, eus. Aluminoso, formado de alúmina, que tiene alúmina.

ALUMINIATE, m. aluminiát. V. ALUMINATE.

ALUMINICO-AMMONIQUE, adj. aluminíco-amonic. Quím. Aluminico-amoniaca, calificacion de la combinacion de una sal de alúmina con una sal amoniaca.

ALUMINICO-BARYTIQUE, adj. aluminico-baritic. Quím. Aluminico-baritica, combinacion de una sal de alúmina con una sal de bario.

ALUMINICO-CALCIQUE, adj. aluminico-calsic. Quím. Aluminico-calcica, combinacion de una sal de alúmina con una sal de calcio

ALUMINICO-HYDRIQUE, adj. aluminico-hídric. Quím. Aluminico-hídrica, combinacion de una sal de alúmina con una sal hídrica.

ALUMINICO-LITHIQUE, adj. aluminico-litic. Quím. Aluminico-lítica, combinacion de una sal de alúmina con una sal de litio.

ALUMINICO-MAGNÉSIQUE, adj. aluminico-magnesic. Quím. Aluminico-magnésica, combinacion de una sal de alúmina con una sal de magnesia.

ALUMINICO-POTASSIQUE, adj. aluminico-potasic. Quím. Aluminico-potásica, combinacion de una sal de alúmina con una sal de potasa.

ALUMINIDES, f. pl. aluminíd. Aluminidos, familia mineral que comprende todas las especies formadas de alúmina.

ALUMINIFÈRE, adj. aluminifér. Aluminífero, se dice de la tierra que contiene aluminio.

ALUMINIQUE, adj. aluminíc. Quím. Alumínica, sal cuya base es la alúmina.

ALUMINITE, f. aluminít. Aluminita, trisulfuro de alúmina.

ALUMINIUM, m. aluminióm. Aluminio ó aluminio, sustancia metálica que se obtiene bajo la forma de un polvo gris, en el que hay mezclados algunos piedrecillas relucientes.

ALUMINOXIDE, m. aluminoxíd. Óxido de aluminio ó alúmina.

ALUMO-CALCITE, m. alumo-calsít. Piedra caliza alumbrosa.

ALUN, m. alén. Alun ó alumbre, cierta sal mineral. || Cascas, en las tenerías.

ALUNAGE, m. alunága. Art. Alumbramiento, la accion de meter los tejidos, madejas, etc., en una disolucion de alumbre.

ALUNATION, f. alunasión. Quím. Alunacion, formacion natural ó artificial del alumbre.

ALUNÉ, ÉE, adj. aluné. Alumbrado, metido en una disolucion de alumbre.

ALUNER, a. aluné. Art. Alumbrar, dar un baño de agua de alumbre. || *S'aluner*, r. Impregnarse, estar impregnado en una disolucion de alumbre.

ALUNIÈRE, f. alunièr. Alumbrera, mina ó fábrica de alumbre.

ALUNIFÈRE, adj. alunifér. Alunífero, que contiene alumbre.

ALUNIQUE, adj. alunic. Alúnico, que contiene el alumbre formado.

ALUNITE, f. alunít. Alunita. V. ALUMINITE.

ALUNOGÈNE, m. alunogén. Alúmina pura, sulfato de alúmina hidratada, en pequeñas masas blancas, fibrosas o escamosas, soluble, no cristalizable, de sabor amargo.

ALURNE, m. alúrn. Hist. nat. Alurnos, género de coleópteros tetrámeros.

ALUTE, f. alút. Badana colorada, que se usa para la encuadernacion de los libros.

ALUYNE, f. aluín. Bot. V. ABSINTHE.

AL-UZZA, f. al-úsa. Mit. Al-azza, ídolo que adoraban los Árabes ántes de Mahoma.

ALVÉOLAIRE, adj. alveolér. Anat. Alveolar, que pertenece á los alvéolos.

ALVÉOLARIFORME, adj. alveolariform. Alveoliforme, que tiene la forma de los alvéolos de las abejas.

ALVÉOLE, f. alveól. Alvéolo, celdilla que se construyen las abejas en el panal para criar sus larvas y depositar sus provisiones. || Bot. Alvéolo, pequeña cavidad que tienen muchas plantas, donde están contenidas las semillas. || m. Alvéolo, la cavidad que ocupan los dientes. || Alvéolo, la cavidad del oido.

ALVÉOLÉ, ÉE, adj. alveolé. Hist. nat. Alveolado, que tiene cavidades en forma de alvéolos.

ALVÉOLINE, f. alveolín. Alveolina, género de conchas, que comprende varias especies vivientes y varias fosiles.

ALVÉOLO-LABIAL, adj. alveolo-labiál. Anat. Alvéolo-labial, que pertenece á los alveolos y á los labios.

ALVIER, m. alvié. Vivero de pececillos.

ALVIN, E, adj. alvén. Anat. Alvino, que tiene relacion con el vientre ó con el bajo vientre.

ALYDE, m. alíd. Hist. nat. Alido, género de insectos hemípteros.

ALYSSE ó ALYSSON, m. [illegible]. Alyso, género de plantas [illegible].

ALYSSIE, f. alisí. Bot. Alysia, [illegible] plantas.

ALYSSOÏDE, m. alisoíd. [illegible] quitud, aplicacion de [illegible].

ALYTHON, m. alitón. [illegible] insectos himenópteros.

ALYXIPHYLLE, f. [illegible] planta, especie de legume.

ALYSSOÏDE, adj. [illegible] ó alisoideo, que se parece al [illegible].

ALYTARCHIE, f. [illegible] tarquía, dignidad de alitarca.

ALYTARQUE, m. alitárc. [illegible] magistrado de la antigua Grecia.

ALYTOSPOROÏDES, m. [illegible] Alitóspora, género de hongos.

ALYXIE, f. alicsí. Bot. Alixia, [illegible] plantas apocináceas.

ALZIE, m. alsié. Mit. [illegible] amor fraternal.

AMABILITÉ, f. amabilité. [illegible] cualidad de lo que es amable.

AMACARE, m. amacár. [illegible] caro, género de coleópteros [illegible] Bonel.

AMADELPHE, adj. amadélf. [illegible] delfo, calificacion que se da á [illegible] que nacen y crecen reunidos [illegible] mero.

AMADINE, f. amadín. Hist. [illegible] dina, especie de ave.

AMADIS, m. amadís. Especie de [illegible] estrecha, abotonada en el puño y [illegible] ni pliegue, que se usó antiguamente [illegible] tacion de Amadís de Gaula.

AMADOUER, a. amadué. [illegible] tar los modales y el lenguaje [illegible] a. met. Atraer, seducir, [illegible] bras cariñosas, etc.

AMADOTE, f. amadót. [illegible] de pera.

AMADOU, m. amadú. Yesca, [illegible] seca del agarico de encina. || met. [illegible] *fru comme l'amadou*, irritarse, [illegible] al momento por poca cosa.

AMADOUEMENT, m. ant. [illegible] Caricia, halago, la accion de [illegible].

AMADOUER, a. amadué. [illegible] par, halagar, atraer con [illegible] ||. *S'amadouer*, r. Amaricharse, [illegible] gado ó lisonjeado. Dulcificarse, [illegible] afable.

AMADOUERIE, f. amadurí. Yesquería, fábrica de yesca.

AMADOUEUR, EUSE, m. y f. amadueur, eus. Yesquero, fabricante de yesca. || ant. Carantoñero, halagüeño.

AMADOUTIER, m. amadutié. [illegible] V. AMADOUVIER.

AMADOUVIER, m. amaduvié. [illegible] yesquero, agarico de encina.

AMAGA, m amága. Bot. [illegible] especie de ébano de Filipinas.

AMAGALACTE, m. y f. [illegible] Hermano ó hermana de leche.

AMAIGRIR, a. amegrír. [illegible] hacer á uno flaco, magro. || n. [illegible] quedarse flaco, delgado, magro. || [illegible] bajar, disminuir el grueso de [illegible] madera. || *S'amaigrir*, r. [illegible] adelgazarse.

AMAIGRISSEMENT, m. [illegible] Enflaquecimiento, la accion y [illegible] flaquecer, de adelgazar.

AMAILLADE, f. amalládo. [illegible] de trasmallo, red de pesca.

AMAINE, f. amén. Mar. [illegible] amarraba en las galeras la [illegible] quete.

AMALACTE, m. amaláct. [illegible] nero de coleópteros tetrámeros.

AMALADIR (S'), r. ant. [illegible] nerse enfermo, hacerse el enfermo, [illegible] cama por poca cosa y sin gran necesidad.

AMALGAMATION, f. [illegible] Quím. Amalgamacion, la accion y [illegible] amalgamar.

AMALGAME, m. amalgám. Quím. [illegible] gama, mezcla del azogue con los [illegible] met. Union, mezcla.

AMALGAMÉ, ÉE, adj. amalgamé. Amalgamado.

**AMARIR**, a. *amarir*. Acibararse, hacerse amargo, triste, penoso.

**AMAROÏDE**, adj. *amaroid*. Hist. nat. Amaroides, que tiene la forma de un amara. ‖ *Amaroïdes*, m. pl. Amaroideos, tribu de coleópteros pentámeros.

**AMARQUE**, f. *amarc*. Mar. Valiza, boya, palo de marca.

**AMARRAGE**, m. *amarrage*. Mar. Amarradura, ligadura, trinca, costura, boton. ‖ Mar. Fondeadero, amarradero, el sitio donde se amarran las embarcaciones.

**AMARRE**, f. *amárr*. Mar. Amarra, para sujetar las embarcaciones en los puertos.

**AMARRER**, a. *amarré*. Mar. Amarrar, asegurar con cables y ancias una embarcacion.

**AMARISME**, m. *amarigm*. Hist. nat. Amarigmo, género de coleópteros heterómeros, de la Nueva Holanda.

**AMARYLLIDACÉ, ÉE**, adj. *amarilidasé*. Bot. Amarilidáceo.

**AMARYLLIDÉ, ÉE**, adj. *amarilidé*. Bot. Amarilídeo, que se parece al amarilis ó que tiene relacion con él.

**AMARYLLIDIFORME**, adj. *amarilidiform*. Amarilidiforme, que tiene la forma del amarilis.

**AMARYLLIS**, f. *amarilis*. Bot. Amarilis, planta y flor. ‖ Poes. Amarilis, pastor cantado por Virgilio en sus églogas.

**AMARYNTHE**, m. *amarínt*. Mit. Amarinto, uno de los cazadores del séquito de Diana. ‖ Uno de los perros de Acteon.

**AMARYNTHIDE**, f. *amarantid*. Mit. Amarintida, uno de los nombres bajo los que Diana era adorada en Eretria.

**AMARYNTHIE**, f. *amarantí*. Mit. Amarintia, sobrenombre de Diana.

**AMARYSIE**, f. *amarisí*. Mit. Amarisia, sobrenombre de Diana.

**AMARYSSUS**, m. *amarisus*. Hist. nat. Amariso, género de insectos del órden de los lepidópteros diurnos.

**AMAS**, m. *amá*. Monton, cúmulo, rima, pila de cosas. ‖ Tropel de gente. ‖ met. Agolpamiento, aglomeracion, concurrencia, reunion de líquidos en un mismo sitio.

**AMASSÉ, ÉE**, adj. *amasé*. Amontonado.

**AMASSEMENT**, m. *amasmán*. Amontonamiento, acumulacion, accion de juntar, de reunir, de acumular ó de formar un monton.

**AMASSER**, a. *amasé*. Amontonar, acopiar, acumular, reunir muchas cosas formando con ellas un monton. ‖ met. Adquirir, conseguir, reunir datos para un asunto, materiales para una obra científica, conocimientos para un arte, etc. ‖ Atesorar. ‖ *S'amasser*, r. Amontonarse, agolparse, reunirse, aglomerarse.

**AMASSETTE**, f. *amaset*. Cuchillo de madera ó asta para recoger los colores. V. COUTEAU À PALETTE.

**AMASSEUR, EUSE**, m. y f. *amaseur*, *eus*. Amontonador. ‖ met. Atesorador.

**AMATELOTTER**, a. *amatloté*. Mar. Dividir la marinería en dos cuartos que alternan en el servicio.

**AMATEUR**, m. y f. *amateur*. Amante de la gloria, etc., apasionado, que tiene pasion por una cosa. ‖ Aficionado á la música, pintura, etc. ‖ *Un prince amateur des beaux-arts*, un príncipe protector de las bellas artes.

**AMÂTINER**, a. ant. *amatiné*. Dar la perra á un perro para que la cubra. ‖ met. *S'amâtiner*, r. Prostituirse, entregarse al primero que se presenta, hablando de una mujer.

**AMATIR**, a. *amatir*. Dejar sin pulir ó deslustrar el todo ó parte de una pieza de oro ó de plata.

**AMATIVITÉ**, f. *amativité*. Fren. Instinto, ley natural que conduce á los individuos de distinto sexo á unirse para propagar su especie.

**AMAUROSE**, f. *amorós*. Med. Amaurósis, pérdida de la vista sin aparecer la causa, gota serena.

**AMAUROTIQUE**, adj. *amorotic*. Amaurótico, que tiene relacion con la amaurósis, que está afectado de ella.

**AMAUSITE**, f. *amosit*. Amausita, sustancia mineral, variedad del feldespato.

**AMAZONE**, f. *amasón*. Amazona, mujer valerosa y guerrera, de ánimo varonil. ‖ Vestido de señora para montar. ‖ Hist. nat. Amazona, nombre vulgar en Francia de la emberiza y papagayo.

**AMBACT**, m. *anbáct*. Feud. Ambacto, nombre que se daba antiguamente á un territorio cuyo poseedor tenia el mero mixto imperio.

**AMBAGES**, f. pl. *anbáge*. Circunloquios, ambages, rodeos.

**AMBAGINAL, E**, adj. *anbaginál*. Jurisp. ant. *Charte ambaginale*, donacion mútua entre el marido y la mujer en favor del sobreviviente.

**AMBALARD**, m. *anbalár*. Carretón que sirve para transportar la pasta en las fábricas de papel.

**AMBARVAL** ó **AMBARVALLE**, adj. *anbarvál*. Mit. Ambarvalis, calificacion que se daba, entre los Romanos, á la víctima que sacrificaban en las Ambarvalias.

**AMBARVALES** ó **AMBARVALLES**, f. pl. *anbarvál*. Mit. Ambarvalias, fiestas ó ceremonias que hacian los Romanos antiguos para alcanzar de los dioses buena cosecha.

**AMBASSADE**, f. *anbasád*. Embajada, la comision y el empleo de embajador. ‖ Los dependientes y comitiva de un embajador. ‖ La casa ú oficina de un embajador. ‖ fam. Embajada, recado, mensaje.

**AMBASSADEUR**, m. *anbasadeur*. Embajador, el ministro público que, con el primer carácter de los de esta clase, va en nombre de algun príncipe, ó estado independiente, á otro con carta credencial para tratar negocios, ó para asistir en la corte del estado á que se le envía. ‖ met. fam. Mensajero, negociador.

**AMBASSADORIAL, E**, adj. *anbasadorial*. Embajatorio, que pertenece á una embajada ó á un embajador.

**AMBASSADRICE**, f. *anbasadrís*. Embajadora, embajatriz. ‖ met. fam. Mensajera, medianera. ‖ La mujer del embajador.

**AMBATE**, m. *anbát*. Hist. nat. Ambato, género de insectos coleópteros tetrámeros.

**AMBATTAGE**, m. *anbatáge*. Art. Calzadura, la accion de poner las llantas á una rueda.

**AMBE**, m. *anb*. Ambo, combinacion de dos números en el juego de la lotería.

**AMBESAS**, m. *anbésas*. Ases, voz que usan los jugadores de chaquete cuando sale el as en dos dados ó en los tres.

**AMBI**, m. ant. *anbí*. Cir. Ambi, instrumento inventado por Hipócrates para reducir la luxacion de la cabeza del húmero.

**AMBIANNULAIRE**, adj. *anbianuler*. Ambianular, calificacion que se da á las sustancias cristalizadas en prismas, cuya base está rodeada de un anillo de facetas.

**AMBIANT, E**, adj. *anbián*. Fis. Ambiente, circundante. ‖ *Air ambiant*, el ambiente.

**AMBIDENTÉ, ÉE**, adj. *anbidanté*. Ambidentado, el ó la que tiene dientes en ambas quijadas.

**AMBIDEXTÉRITÉ**, f. *anbidexterité*. Ambidexteridad, la facultad del ambidextro.

**AMBIDEXTRE**, adj. *anbidéxtr*. Ambidextro, que se sirve igualmente de ambas manos. ‖ met. fam. Ratero, escamoteador.

**AMBIGÈNE**, adj. *anbigén*. Bot. Ambígena: se dice de una flor cuya parte exterior es de la naturaleza del cáliz, y la interior de la naturaleza de la corola.

**AMBIGU, UË**, adj. *anbigú*. Ambiguo, dudoso, que tiene dos ó mas acepciones. ‖ m. Ambigú, comida ordinariamente fria, en que se sirven á un mismo tiempo los platos fuertes y los postres. ‖ met. Mezcla, mescolanza de cosas opuestas.

**AMBIGUÏFLORE**, adj. *anbiguiflór*. Bot. Ambigüifloro, que tiene flores ambiguas.

**AMBIGUÏTÉ**, f. *anbiguité* Ambigüedad cualidad de lo que es ambiguo.

**AMBIGUMENT**, adv. *anbigumán*. Ambiguamente, de un modo ambiguo.

**AMBIOPIE**, f. *anbiopí*. Med. Ambiopia, vista doble.

**AMBITÉ, ÉE**, adj. *anbité*. Art Escarchado: se dice del cristal ó vidrio que, despues de haber sido afinado, pierde su transparencia y parece lleno de granos.

**AMBITIEUSEMENT**, adv. *anbisieusmán*.

[illegible]

AMBLYE, f. *anblí*. Bot. Amblia, género de plantas polípedas.

AMBLYGNANTHE, m. *anblignát*. Hist. nat. Ambligaanto, género de coleópteros pentámeros.

AMBLYGONE, adj. ant. *anbligón*. Geom. Obtusángulo, que tiene ángulos obtusos.

AMBLYODE, f. *anblíód*. Bot. Ambliode, especie de musgo.

AMBLYOPIE, f. *anbliopí*. Ambliopía, debilidad de la vista.

AMBLYPE, m. *anblip*. Hist. nat. Amblipo, género de coleópteros tetrámeros.

AMBLYPTÈRE, m. *anbliptér*. Hist. nat. Amblíptero, pájaro del Brasil, de alas truncadas.

AMBOLOGÈRE, adj. f. *anbologér*. Ambológera, sobrenombre de Vénus, como mitigadora de los trabajos de la vida y preservadora de la vejez.

AMBON, m. *anbón*. Arq. Grada, especie de pulpitillo en que se cantaban antiguamente ciertas partes del oficio divino. || Mar. ant. Tablon de roble de la cubierta de una galera. || Cir. Anillo cartilaginoso que rodea la cavidad de un hueso. || Bot. Árbol de las Indias orientales, parecido al níspero.

AMBORA ó AMBORE, f. *anbóra, anbór*. Bot. Ambora, árbol del Madagascar.

AMBOUCHOIR, m. *anbuchuár*. V. EMBOUCHOIR.

AMBOUTIR, a. *anbutír*. V. EMBOUTIR.

AMBOUTISSOIR, m. V. EMBOUTISSOIR.

AMBRACAN, m. *anbracán*. Ambracan, pescado de mar.

[illegible]

el color de ámbar.

AMBRÉINÉ, E, adj. *anbreiné*. Ambarino, de ámbar, que pertenece á se asemeja á él.

AMBRETTE, f. *anbrét*. Bot. Ambarilla, abelmosco, planta y flor pequeña. || Especie de almizcle, que viene de Egipto. || Poire d'ambrette, pera ambarilla.

AMBRIN, E, adj. *anbrén*. Ambarino, que tiene el color ó participa de la naturaleza del ámbar.

AMBROISE, m. n. p. *anbruás*. Ambrosio.

AMBROISIE, f. *anbruasí*. Mit. Ambrosía: segun la fábula, era el manjar de los dioses. || met. Manjar celestial, ó de ángeles: se dice por exageracion de todo manjar ó bocado muy delicado y delicioso. || Ambrosía, planta.

AMBROLOGIE, f. *anbrologí*. Ambrologia, parte de la química que trata del ámbar.

AMBROSIACÉ, ÉE, adj. *anbrosiasé*. Bot. Ambrosiáceo, parecido á la ambrosía. || Ambrosiacées, f. pl. Bot. Ambrosiáceas, género de plantas cuyo tipo es el género ambrosía.

AMBROSIAQUE, adj. *anbrosiác*. Que huele á ambrosía.

AMBROSIE, f. V. AMBROISIE. || Bot. Ambrosía, género de plantas de la monoecia pentandria, tribu de las ambrosíceas ó familia de las corimbíferas. || Ambroisie maritime, ambrosía marítima, planta que crece en las costas de Levante.

AMBROSIÉ, ÉE, adj. Bot. V. AMBROSIACÉ.

AMBROSIEN, NE, adj. *anbrosién*. Ambrosiano, que pertenece á S. Ambrosio, obispo de Milan, ó que tiene relacion con este santo. || m. y f. Sect. rel. Ambrosiano, individuo de una secta de anabaptistas, fundada en el siglo XV por un herejo llamado Ambrosio.

AMBROSIES, f. pl. *anbrosí*. Mit. Ambrosías, fiestas que celebraban los Jonios en honor de Baco.

AMBROSIN, E, adj. *anbrosén*. Ambrosino, que tiene un sabor análogo al de la ambrosía.

AMBROSINIE, f. *anbrosiní*. Bot. Ambrosinia, planta aroidea. || Ambrosiniées, f. pl. *anbrosinié*. Bot. Ambrosíneas, tribu de plantas de la familia de las aroideas.

AMBULANCE, f. *anbuláns*. Hospital militar ambulante. || Hospital de la sangre o de la primera sangre, aun en las poblaciones en casos extraordinarios.

AMBULANT, E, adj. *anbulán*. Ambulante, ambulativo: dícese de las personas que no hacen parada, ni tienen habitacion fija. || Comédien ambulant, cómico de la legua. || Hôpital ambulant, el hospital de un ejército. || Marchand ambulant, buhonero.

AMBULATOIRE, adj. ant. *anbulatuár*. Juris. Es lo mismo que *ambulante* en castellano; pero solo se aplica al tribunal que

[illegible]

que permite la entrada [illegible] la salida. || Tripa, los lugares [illegible] están cubiertas por la capa [illegible] animales, etc.

AMÉ, ÉE, adj. *amé*. Amado [illegible] se usa en los patentes y [illegible]

AMÈDE, f. *améd*. Hist. nat. [illegible]

AMÉIBÉ, ÉE, adj. *ameibé*. [illegible] beo, que se parece á la ameiba. [illegible] beo, calificacion de los versos [illegible] con que hablan ó cantan á [illegible] personas que se introducen en [illegible]

AMÉCHER, a. *ameché*. Agr. [illegible] los sarmientos débiles de una [illegible] para que produzcan con mas [illegible]

AMÉCHEUR, a. ant. *amechér*. [illegible] mecha al mosquete.

AMÉDÉE, f. *amedé*. Hist. nat. [illegible] género de dípteros.

AMÉIVA, m. *ameíva*. Hist. nat. [illegible] género de lagartos de América.

AMÉIVOÏDE, ÉE, adj. [illegible] nat. Ameivódeo, que se parece al [illegible]

AMÉLANCHIER, m. [illegible] Cornillo, cornijuelo, árbol.

AMÉLÉ ó AMÉLI, m. [illegible] Bot. Amelo, arbusto del Malabar.

AMÉLÉON, m. *ameleón*. Ameleon [illegible] cie de cidra de Normandía.

AMELET, m. *amelé*. Arq. Listel [illegible] filete que corona el cimacio.

AMÉLETTE, f. *amelét*. V. [illegible]

AMÉLIORATION, f. [illegible]

**AMER**, m. *amer.* Amargor, amargura. ‖ La hiel de ciertos animales, especialmente de los pescados. ‖ pl. Náut. Marca, valiza, punto de reconocimiento, señal de tierra. ‖ adj. Amargo. ‖ met. Amargo, doloroso, penoso. ‖ Amargo, picante, ofensivo.

**AMÈREMENT**, adv. *amermán.* Amargamente, con pena y dolor.

**AMÉRICAIN, E**, adj. y s. *ameriquén.* Americano, que ha nacido en América, que pertenece á sus habitantes.

**AMÉRIQUE**, f. *americ.* América, la mayor de las cuatro partes del mundo conocido. ‖ Iconol. Mujer de rostro color aceitunado, cubierta la cabeza de plumas, y armada de arco y flechas.

**AMERTUME**, f. *amertúm.* Amargor. ‖ met. Amargura, sinsabor, pena. ‖ Hiel, acrimonia, acritud. ‖ Amargura, dureza, mordacidad.

**AMESSEMENT**, m. ant. *amesmán.* El acto de misar ó oir misa.

**AMESTREMENT**, m. *amestrmán.* Accion de mezclar la flor de cártamo con las rasuras del vino.

**AMESTRER**, a. *amestré.* Mezclar la flor de cártamo con las rasuras del vino.

**AMESUREMENT**, m. *amesurmán.* Estimacion, tasacion, justiprecio judicial, acto de tasar por la justicia.

**AMESURER**, a. *amesuré.* Estimar, apreciar, tasar. Reducir á su justo valor.

**AMÉTAMORPHOSE**, f. *ametamorfós.* Hist. nat. Ametamórfosis, fenómeno que presentan algunos insectos no susceptibles de transformacion.

**AMÉTAMORPHOSÉ, ÉE**, adj. *ametamorfosé.* Hist. nat. Ametamorfóseo, insecto que no sufre metamórfosis.

**AMÉTHYSTE**, f. *ametíst.* Amatista, cierta piedra preciosa.

**AMÉTHYSTÉ, ÉE**, adj. *ametisté.* Amatistado, que tiene el color semejante á la amatista.

**AMÉTRIE**, f. *ametrí.* Ametría, irregularidad, falta de medida.

**AMEUBLEMENT**, m. *ameublemán.* Ajuar, menaje, mueblaje, cantidad ó surtido de muebles necesarios para adornar una habitacion.

**AMEUBLER**, a. vulg. *ameublé.* Amueblar una casa.

**AMEUBLIR**, a. *ameublir.* For. Hacer muebles los bienes raices ‖ Amueblar, hacer entrar en la sociedad conyugal, por cláusula expresa, el todo ó parte de los bienes raices de los esposos. ‖ Agric. Mullir la tierra.

**AMEUBLISSEMENT**, m. *ameublismán.* El acto de hacer muebles los bienes raices.

**AMEULONNER**, a. *ameuloné.* Entolvar, echar los granos en la tolva ó tramoya de un molino.

**AMEUTÉ, ÉE**, adj. *ameuté.* Alborotado, amotinado.

**AMEUTEMENT**, m. *ameutmán.* Amotinamiento. ‖ Enjaure, la accion de enjauriar ó acostumbrar á los podencos á cazar reunidos.

**AMEUTER**, a. *ameuté.* Atraillar ó juntar los perros de caza. ‖ met. Amotinar, atropar ó juntar gentes para un alboroto. ‖ Mar. Arrancar la gente. ‖ *S'ameuter*, r. Amotinarse, insurreccionarse (neol.).

**AMI**, m. *amí.* Amigo. ‖ Gente de paz, respondiendo al centinela que pide el quién vive? ó al que desde dentro de una casa pregunta al que llama, quién es? ‖ Amante, que gusta de una cosa. ‖ *Ami de bouteille*, amigo de taza de vino. ‖ *Ami de cour*, amigo solo en la apariencia. ‖ *Ami jusqu'aux autels*, amigo hasta las aras. ‖ *Les bons comptes font les bons amis*, cuanto mas amigos mas claros. ‖ fam. *Bon ami*, querido, por lo regular en mala parte. ‖ adj. Propicio, favorable. ‖ Acorde, conforme.

**AMIABLE**, adj. *amiábl.* Amistoso, cariñoso, agradable. ‖ *Amiable compositeur*, mediador, árbitro, que arregla amistosamente una diferencia. ‖ *A l'amiable*, adv. Amistosamente, como amigos.

**AMIABLEMENT**, adv. *amiablmán.* De un modo amistoso, con amistad, amistosamente.

**AMIANTACÉ, ÉE**, adj. *amiantasé.* Amiantáceo, que tiene semejanza con el amianto.

**AMIANTE**, m. *amiánt.* Amianto, cierta piedra que se deshace en hebras y astillas.

**AMIANTINITE**, m. *amiantinít.* Amiantinito, variedad del anfíbol. V. ACTINETE.

**AMIANTOÏDE**, adj. *amiantoíd.* Amiantoídeo, que tiene semejanza con el amianto.

**AMIATITE**, m. *amiatít.* Amiatito, variedad de pedernal que se encuentra en el monte Amiata en Toscana.

**AMIBE**, f. *amíb.* Hist. nat. Amiba, género de infusorios que se crian en las aguas estancadas, en los sedimentos vegetales, etc.

**AMICAL, E**, adj. *amicál.* Amistoso, que pertenece ó se refiere á la amistad. *Air, ton amical*, aire, tono amistoso. *Des offres amicales*, ofrecimientos amistosos. *Conseil amical*, consejo amistoso. Se usa solo hablando de cosas.

**AMICALEMENT**, adv. *amicalmán.* Amistosamente, amigablemente, con amistad.

**AMICIE**, f. *amisí.* Bot. Amicia, planta de la familia de las leguminosas, originaria de la América ecuatorial.

**AMICT**, m. *amíct.* Rel. Amito, una de las vestiduras del sacerdote para decir misa.

**AMIDA**, m. *amidá.* Mit. Amida, nombre dado al Ser Supremo por los indios del Japon. ‖ f. Hija de Anfion y Niobe, la única que se salvó de las flechas de Diana.

**AMIDON**, m. *amidón.* Almidon, sustancia muy blanca, lijera, insípida, inodora, muy suave al tacto y de un aspecto cristalino, que se extrae, por medio del agua fria, de las semillas y de las raices de varias plantas.

**AMIDONNER**, a. *amidoné.* Almidonar, dar almidon, empapar en almidon, mojar la ropa blanca con agua impregnada de almidon para plancharla y ponerla tiesa.

**AMIDONNERIE**, f. *amidonrí.* Almidonería, fábrica de almidon.

**AMIDONNIER, ÈRE**, m. y f. *amidonié.* Almidonero, fabricante de almidon, vendedor de almidon.

**AMIE**, f. *amí.* Amiga. ‖ fam. *Bonne amie*, querida, amiga, moza, cortejo.

**AMIERTES**, f. pl. *amiért.* Com. Tela de algodon de Ceilan.

**AMIGNARDER**, a. ant. *amiñardé.* Mimar, acariciar, halagar.

**AMIGNONNER (S')**, r. *samiñoné.* Alindarse, ponerse lindo, bonito.

**A-MI-LA**, m. *a-mi-lá.* Mús. A-mi-la, voz que se usaba antiguamente en lugar de *la*.

**AMIMÉTOBIE**, f. ant. *amimetobí.* Amimetobia, vida voluptuosa y desarreglada.

**AMINA**, m. *amina.* Hist. nat. Amina, género de dípteros, establecido sobre una sola especie, encontrada en las inmediaciones de Paris.

**AMINCIR**, a. *amensir.* Adelgazar, poner mas delgado. ‖ *S'amincir*, r. Adelgazarse, quedar mas delgado.

**AMINCISSEMENT**, m. *amensismán.* Adelgazamiento.

**AMINEUR**, m. *amineur.* Medidor de sal.

**AMIRAL**, m. *amirál.* Mar. Almirante, oficial general de marina, cuya clase es equivalente á la de mariscales de Francia y capitanes generales de España.

**AMIRALE**, f. *amirál.* Galera real, la que llevaba á su bordo al jefe de la escuadra de galeras. ‖ Almiranta, la mujer del almirante, la señora almiranta.

**AMIRAUTÉ**, f. *amiroté.* Mar. Almirantía, empleo ó dignidad de almirante. ‖ Almirantazgo, la jurisdiccion del almirante.

**AMISSIBILITÉ**, f. *amisibilité.* Amisibilidad, circunstancia de lo que es amisible.

**AMISSIBLE**, adj. *amisíbl.* Jurisp. Amisible, que puede perderse.

**AMISSION**, f. *amisión.* Jurisp. Amision, pérdida.

**AMITIÉ**, f. *amitié.* Amistad. ‖ Cariño, afecto. ‖ Conocimiento, trato, comunicacion con una persona. ‖ Favor, merced, gusto. ‖ *Faites-moi l'amitié de*, sírvase Vd. ‖ pl. Fiestas, caricias, agasajos. ‖ pl. Expresiones, memorias afectuosas.

**AMITRE**, m. *amítr.* Hist. nat. Amitre, género de coleópteros tetrámeros del Perú.

**AMMAN**, m. *ammá.* Ammah, m hebreo equivalente á un codo.

**AMMALIES**, f. *amalí*. Mit. Amalia, fiesta que se celebraba en honor de Júpiter.

**AMMAN**, m. *amán*. Amman, título que se da en Suiza á los magistrados encargados de algunos cantones.

**AMMAPTÉNODYTE**, adj. *amaptenodít*. V. AMMOPTÉNODYTE.

**AMMI**, m. *ami*. Bot. Ammí, género de plantas de la clase pentandria digínia, familia de las umbelíferas.

**AMMINÉ, ÉE**, adj. *aminé*. Bot. Ammíneo, semejante al ammí. || *Amminées*, f. pl. Ammíneas, tribu de plantas de la familia de las umbelíferas, cuyo tipo es el género ammí.

**AMMOCHOSIE**, f. *amocosí*. Med. Amocosia, medio de obrar sobre el cuerpo humano, hundiéndole hasta el cuello en un baño de arena caliente ó de sal. Tambien usaban los antiguos el medio de enterrar un cadáver en la arena para disecarlo.

**AMMOCHRYSE**, f. *amocrís*. Amocrisia, mica polvorienta de color de oro, que se usa en polvos para que no se borre lo que se acaba de escribir.

**AMMODENDRON**, m. *amodandrón*. Bot. Amodéndros, planta de la familia de las leguminosas, que se cria en las llanuras de la Siberia meridional.

**AMMODRAMME**, m. *amodrám*. Hist. nat. Amodromo, género de gorriones conirostros de la América del Norte.

**AMMOÏDES**, f. pl. *amoid*. Amoídas, género de plantas umbelíferas.

**AMMOLINE**, f. *amolín*. Quim. Amolina, base salificable extraida del aceite animal de Dippel no purificado.

**AMMOLIQUE**, adj. *amolic*. Quim. Amólico, calificacion de las sales cuya base es la amolina.

**AMMON**, m. *amón*. Mit. Amon sobrenombre de Júpiter entre los Egipcios. Representábanle en figura de carnero, ó en forma humana con cabeza de carnero. Tenia un templo en los ardientes arenales de la Libia, cuyo oráculo gozaba de inmensa celebridad. || f. Hist. nat. *Corne d'Ammon*, cuerno de Amon, concha espiral que se halla petrificada.

**AMMONÉEN, NE**, adj. *amonean*. Amónico, que pertenece á Amon ó á su templo, etc. || Quim. Calificacion que se da á las sales producidas por la combinacion del amoníaco con los ácidos que contienen agua.

**AMMONIAC, AQUE**, adj. *amoniác*. Quim. Amoníaco, lo que pertenece al amoníaco, es ó participa de su naturaleza. || *Sel ammoniac*, sal amoníaca; es una sustancia blanca ó gris de un sabor fresco y picante, soluble en una cantidad de agua décuplo de su peso. Está formada por la combinacion del ácido muriático con el álcali volátil hasta el punto de su saturacion. Los químicos modernos le dan el nombre de hidroclorato de amoníaco. || *Gomme ammoniaque*, goma amoníaca, resina fétida producida por una planta de la Libia y de las Indias orientales.

**AMMONIACAL, E**, adj. *amoniacál*. Quim. Amoniacal, que contiene amoníaco ó tiene relacion con él; que participa del olor ó de las propiedades del amoníaco.

**AMMONIACÉ, ÉE**, adj. *amoniasé*. Amoniáceo, que contiene amoníaco. V. AMMONIACAL.

**AMMONIACO-MAGNÉSIEN**, adj. *amoníaco-mañesién*. Quim. Amoníaco-magnesio, que contiene sal de amoníaco y de magnesia.

**AMMONIACO-MERCURIEL**, adj. *amoniaco-mercuriél*. Quim. Amoniaco-mercurial, calificacion de una sal que contiene amoníaco y mercurio.

**AMMONIADE**, f. *amoniád*. Mit. Amoniada, bajel sagrado, cuyo destino era trasportar de Aténas al templo de Amon las ofrendas y presentes, los dones y víctimas sacrificadas por los pueblos.

**AMMONIAQUE**, f. *amoniác*. Quim. Amoníaco, gas que se obtiene descomponiendo el hidroclorato de amoníaco ó sal amoníaca por medio de la cal. Este gas es incoloro, acre, cáustico, peligroso para la respiracion; apaga los cuerpos en combustion y se disuelve fácilmente en el agua.

**AMMONIATE**, m. *amoniát*. Quim. Amoniato, combinacion del amoníaco con un óxido metálico.

**AMMONICO-ARGENTIQUE**, adj. *amonico-arjantic*. Quim. Amonico-argentina, calificacion de la combinacion de una sal de amoníaco con una de plata.

**AMMONICO-CALCIQUE**, adj. *amonico-calsic*. Quim. Amónico-cálcica, combinacion de una sal de amoníaco y otra de calcio.

**AMMONICO-HYDRIQUE**, adj. *amonico-idric*. Quim. Amónico-hídrica, combinacion de una sal de amoníaco y una sal hídrica.

**AMMONICO-LITHIQUE**, adj. m. *amonico-litic*. Quim. Amónico-lítica, calificacion que se da á una sal de amoníaco combinada con una de litio.

**AMMONICO-MAGNÉSIQUE**, adj. m. *amonico-mañesic*. Quim. Amónico-magnésica, calificacion que se da á una sal de amoníaco combinada con otra de magnesia.

**AMMONICO-MERCURIQUE**, adj. m. *amonico-mercuric*. Quim. Amónico-mercúrica, calificacion que se da á una sal de amoníaco combinada con otra de mercurio.

**AMMONICO-POTASSIQUE**, adj. m. *amonico-potasic*. Quim. Amónico-potásica, calificacion que se da á una sal de amoníaco combinada con otra de potasa.

**AMMONICO-SODIQUE**, adj. m. *amonico-sodic*. Quim. Amónico-sódica, calificacion que se da á una sal de amoníaco combinada con otra de sosa.

**AMMONICO-URANIQUE**, adj. m. *amonico-uranic*. Quim. Amónico-uránica, calificacion que se da á una sal de amoníaco combinada con una sal de urano.

**AMMONIDÉES**, f. pl. *amonidé*. Hist. nat. Amonídeas, familia de moluscos fósiles de la clase de los cefalópodos.

**AMMONIQUE**, adj. m. *amonic*. Quim. Amónica, calificacion que se da á las sales producidas por la combinacion del amoníaco con los ácidos que contienen agua.

**AMMONITE**, f. *amonit*. Hist. nat. Amonita, género de moluscos fósiles, clase de los cefalópodos, llamados tambien cuernos de Amon, por la semejanza de dichos moluscos con los cuernos de Júpiter Amon. || Miner. Amonita, piedra compuesta de granos, parecidos á los de la arena.

**AMMONITES**, m. pl. *amonit*. Hist. Amonitas, descendientes de Amon, hijo de Lot, que habitaban al E. de la media tribu de Manases, al otro lado del Jordan.

**AMMOPHORE**, m. *amofór*. Hist. nat. Amóforo, género de coleópteros heterómeros, cuyo tipo es el amóforo peruano.

**AMNÉSIE**, f. *amnesí*. Med. Amnesia, pérdida de la memoria.

**AMNESTIQUE**, f. *amnestic*. Amnéstica, arte de olvidar.

**AMNIATE**, m. *amniát*. Quim. Amniato, sal formada por la combinacion del ácido ámnico con diferentes bases.

**AMNICOLE**, adj. *amnicól*. Hist. nat. Amnícola, que crece ó se cria á la orilla de los rios.

**AMNIOMANCIE**, f. *amniomansí*. Amniomancia, especie de adivinacion, augurio, presagio ó vaticinio que se sacaba de la disposicion del amnios.

**AMNIOS**, m. *ámnios*. Anat. Amnios, membrana delgada, lisa y transparente y la mas interna de las que rodean el feto.

**AMNIOTIQUE**, adj. *amniotic*. Anat. Amniótico, que pertenece al amnios. *Liquide amniotique*, humor linfático ó acuoso contenido en el amnios, y que sirve al feto como de un baño en el que muellemente fluctúa. Se le da tambien el nombre solamente de *aguas*.

**AMNIQUE**, adj. *amnic*. Anat. Ámnico. V. AMNIOTIQUE.

**AMNISTIE**, f. *amnistí*. Amnistía, el perdon que concede un soberano á los autores de ciertos crímenes ó delitos, como la rebelion, la desercion, etc.

**AMNISTIÉ, ÉE**, adj. *amnistié*. Amnistiado, que tiene amnistía, la ha obtenido ó goza de ella, etc. Úsase tambien como sustantivo.

**AMNISTIER**, a. *amnistié*. Amnistiar, comprender en la amnistía.

**AMODIATEUR, TRICE**, m. y f. *amodiateur, trís*. Arrendador, el que arrienda una tierra.

**AMODIATION**, f. *amodiasión*. [illegible] arrendamiento, lo [illegible] de [illegible] tierra, á pagar en frutos ó en [illegible] tivo.

**AMODIER**, a. *amodié*. [illegible] en arriendo una tierra, ya [illegible] frutos ó en dinero efectivo.

**AMOINDRIR**, a. [illegible] disminuir, apocar. || n. [illegible] minuir. || *S'amoindrir*, r. [illegible] minuirse, apocarse.

**AMOINDRISSANCE**, f. [illegible] Aminoracion, reduccion, el [illegible] rar y el resultado de esta accion.

**AMOINDRISSEMENT**, m. [illegible] Aminoramiento, [illegible] nucion, menoscabo.

**AMOISE**, f. *amoás*. V. MOISE.

**AMOISONNEMENT**, m. [illegible] Feud. Impuesto sobre las [illegible] ban los vasallos al señor feudal.

**AMOITIR**, a. *amoatir*. [illegible] nar húmedo. || met. Ablandar, [illegible] Humedecerse, ponerse húmedo [illegible] darse, humillarse.

**AMOLETTE**, f. *amolét*. Mar. [illegible] de cabrestante, molinete, [illegible]

**AMOLLI, IE**, adj. *amolí*. [illegible] vizado.

**AMOLLIR**, a. *amolir*. Ablan[illegible] necer, hacer ménos duro ó [illegible] que era duro, suavizar. || met. [illegible] flaquecer, afeminar. || Dulcificar, [illegible] ternecer, debilitar, doblar, [illegible] *mollir*, r. Ablandarse, [illegible] blando. || met. Enervarse, debilitarse [illegible]

**AMOLLISSANT, E**, adj. [illegible] Enervante, debilitante, que [illegible] enervar, debilitar, ablandar, etc.

**AMOLLISSEMENT**, m. [illegible] Ablandamiento, debilitacion, [illegible] debilitar, de ablandar. || met. [illegible] hablando de las costumbres.

**AMOLLISSEUR**, m. [illegible] Debilitador, el que debilita.

**AMOME**, m. *amóm*. Bot. Amomo, [illegible] nero de plantas de la clase [illegible] nogínia de Lineo, que [illegible] especies originarias todas de los [illegible] lidos del Asia.

**AMOMÉ, ÉE**, adj. *amomé*. [illegible] meo, que se parece á un [illegible] *mées*, f. pl. Amómeas, familia de [illegible] herbáceas vivaces, de raices [illegible] nosas y muy aromáticas.

**AMOMI**, m. *amomí*. Pimienta de [illegible] maica.

**AMOMIE**, f. *amomí*. Bot. [illegible]

**AMONCELER**, a. *amonselé*. [illegible] apilar, poner muchas cosas [illegible] || *S'amonceler*, r. Amontonarse, [illegible] agolparse.

**AMONCELLEMENT**, m. [illegible] Amontonamiento, la accion de [illegible] Agolpamiento, la accion y efecto de [illegible] narse, de agolparse. || Monton, [illegible] cosas.

**AMONT**, adv. *amón*. Hácia [illegible] arriba: es voz de barqueros de [illegible] *amont*, ir contra la corriente [illegible] Cetr. *Mettre amont*, lanzar, [illegible]

**AMONTAL**, adj. *amontál*. [illegible] que sopla del N. E. al S. E.

**AMORCE**, f. *amórs*. Cebo para [illegible] pájaros ó peces, carnada para [illegible] los lobos. || met. Atractivo, [illegible] mento. || Cebo de las armas de fuego [illegible] *brûler une amorce*, sin disparar [illegible] Pebete entre polvoristas, [illegible] granada, mecha de una mina.

**AMORCEMENT**, m. *amorsmán*. [illegible] dura, la accion y efecto de cebar.

**AMORCER**, a. *amorsé*. Cebar, [illegible] algun cebo á las aves y peces, etc. || [illegible] echar pólvora en los fogones de [illegible] fuego. || met. Atraer, cebar, [illegible] promesas y esperanzas. || Carp. [illegible] pezar con el barreno llamado [illegible] bia) un agujero que se acaba con el [illegible]

**AMORÇEUR, EUSE**, m. y f. [illegible] eus. Cebador, el que ceba. || met. [illegible] el que seduce.

**AMORÇOIR**, m. *amorsoár*. [illegible] pecie de barrena que usan los [illegible] para dar el primer taladro á las [illegible]

**AMPAC**, m. *anpác*. Bot. Ampaso, árbol de las Indias orientales, cuyas hojas tienen un olor muy fuerte, y se usan en baños como detersivas. || Ampac, goma que fluye del ampaco.

**AMPASTELER**, a. *anpastlé*. Dar los tintoreros á los paños, lanas, etc., el color azul de pastel.

**AMPÈRE**, m. *anpér*. V. TAUPIN.

**AMPÈLE**, m. *anpél*. Mit. Ampelo, sátiro, hijo de un sátiro y de una ninfa y favorito de Baco, quien le transformó en cepa.

**AMPÉLIDÉ, ÉE**, adj. *anpelidé*. Bot. Ampelídeo, que pertenece á la vid. || *Ampelidées*, f. pl. Ampelídeas, familia de plantas dicotiledóneas, polipétalas-hipogínias que comprende varias especies, siendo la vid la mas importante.

**AMPÉLINÉES**, f. pl. *anpeliné*. Hist. nat. Ampelíneas, division de la familia de los baccívoros, cuyas especies todas, á excepcion del picotero, son originarias de las regiones tropicales del Nuevo Mundo.

**AMPÉLITE**, f. *anpelít*. Ampelita, arcilla esquistiforme, negra, y casi infusible; blanquea á una temperatura elevada, contiene carbono, y expuesta al aire largo tiempo, se cubre de eflorescencias blanquecinas y amarillentas, que son de alumbre y sulfato de hierro. Sirve á los pintores para diseñar. || Geol. Cierta tierra que disuelta en aceite sirve para teñir el cabello y las cejas.

**AMPÉLODESMOS**, m. *anpelodésmos*. Bot. Ampelodesmos, género de plantas, familia de las gramíneas.

**AMPÉLOGRAPHIE**, f. *anpelografí*. Ampelografía, descripcion ó tratado sobre la vid.

**AMPÉLOPSIS**, m. *anpelópsis*. Bot. Ampelopsis, género de plantas, familia de las ampelídeas.

**AMPÉRÉE**, f. *anperé*. Bot. Amperea, género de plantas, familia de las euforbiáceas.

**AMPHARISTÈRE**, adj. *anfaristér*. Anfaristero, zurdo de ambas manos.

**AMPHIARÉES**, f. pl. *anfiaré*. Mit. Anfiareas, fiestas que se celebraban en Oropo en honor de Anfiarao.

**AMPHIBIE**, adj. *anfibí*. Anfibio, que vive en la tierra y en el agua. Se usa en zoología hablando de los animales, y en botánica hablando de las plantas. || met. y fam. Anfibio: se dice de un hombre que se dedica á dos profesiones opuestas.

**AMPHIBIEN, NE**, adj. *anfibién*. Anfibio.

**AMPHIBIOCORISES**, f. pl. *anfibiocorís*. Hist. nat. Anfibiocoriseos, tribu de insectos de la seccion de los hemípteros, que comprende las chinches acuátiles.

**AMPHIBIOGRAPHE**, m. *anfibiograf*. Anfibiógrafo, el que se dedica especialmente á la anfibiografía

**AMPHIBIOGRAPHIE**, f. *anfibiografí*. Anfibiografía, descripcion de los anfibios.

**AMPHIBIOGRAPHIQUE**, adj. *anfibiografíc*. Anfibiográfico, que pertenece á la anfibiografía.

**AMPHIBIOLITE**, m. *anfibiolít*. Hist. nat. Anfibiolito, petrificacion de los animales anfibios.

**AMPHIBIOLOGIE**, f. *anfibiologí*. Anfibiología, parte de la zoología que trata de los anfibios.

**AMPHIBIOLOGIQUE**, adj. *anfibiologíc*. Anfibiológico, que pertenece á la anfibiología.

**AMPHIBIOLOGUE**, m. *anfibiológue* Anfibiólogo, el naturalista que explica la anfibiología, que se dedica especialmente á la anfibiología.

**AMPHIBOLE**, m. *anfiból*. Miner. Anfíbol, género de sustancias minerales, que se presentan de ordinario en cristales de un verde oscuro. || *Amphiboles*, f. pl. Hist. nat. Familia de pájaros del órden de los gorriones.

**AMPHIBOLIE**, f. *anfibolí*. Fil. Anfibolia, doble sentido, ambigüedad.

**AMPHIBOLIFÈRE**, adj. *anfibolifér*. Anfibolífero, que contiene anfíbol, sustancia anfibolífera.

**AMPHIBOLIQUE**, adj. *anfibolíc*. Anfibólico, calificacion de las rocas cuya base está formada por el anfíbol.

**AMPHIBOLITE**, f. *anfibolít* Anfibolito, roca compuesta casi totalmente de anfíbol en el estado cristalino.

**AMPHIBOLOGIE**, f. *anfibologí*. Anfibología, ambigüedad, doble sentido de una palabra, de una frase, de una oracion, etc.: vicio de un discurso ú oracion que puede interpretarse de varios modos, ó que puede tener dos ó mas sentidos. || Equívoco.

**AMPHIBOLOGIQUE**, adj. *anfibologíc*. Anfibológico, ambiguo, que tiene doble sentido, que presenta ambigüedad.

**AMPHIBOLOGIQUEMENT**, adv. *anfibologicmán*. Anfibológicamente, de una manera anfibológica.

**AMPHIBOLOÏDE**, adj. *anfiboloíd*. Anfiboloides, que se parece al anfíbol.

**AMPHIBOLUS**, m. *anfibolus*. Hist. nat. Anfíbolo, género de coleópteros pentámeros de la familia de los belofóridos.

**AMPHIBRANCHIES**, f. pl. *anfibranchí*. Hist. nat. Anfibranquias, espacios que tienen los pescados al rededor de las branquias.

**AMPHIBRAQUE**, m. *anfibrác*. Poes. Anfíbraco, pié de tres sílabas, una larga entre dos breves. Úsase en versos griegos y latinos.

**AMPHICÉPHALE**, adj. *anfisefál*. Zool. Anficéfalo, que tiene dos cabezas opuestas.

**AMPHICHORDE**, m. *anficórd*. Bot. Anficorde, hongo que crece en los excrementos del gato.

**AMPHICOME**, m. *anficóm*. Hist. nat. Anficome, género de coleópteros pentámeros, familia de los lamelicórneos.

**AMPHICRANIE**, f. *anficraní*. Hist. nat. Anficrania, género de coleópteros pentámeros.

**AMPHICTION**, m. *anfictión*. Mit. Anfiction, uno de los hijos de Deucalion y Pirra, que compartió con su hermano Heleno los estados de Deucalion, despues del diluvio universal. || Hist. Anfiction, diputado por una de las ciudades confederadas de la Grecia que tenian derecho de enviar un representante al consejo de los anfictiones, que se celebraba dos veces al año: la una en Délfos por la primavera, y la otra en las Termópilas á mediados de otoño.

**AMPHICTYONIE**, f. *anfictioní*. Anfictionía, nombre del consejo de los anfictiones. || Anfictionía, derecho que tenian las ciudades confederadas de la Grecia de enviar un representante al consejo de los anfictiones.

**AMPHICTYONIQUE**, adj. *anfictioníc*. Anfictiónico, que pertenece, que tiene relacion con el consejo de los anfictiones. Así se dirá: juicio, sufragio anfictiónico.

**AMPHICYON**, m. *anfisión*. Hist. nat. Anficion, animal carnívoro fósil, encontrado en el departamento del Gers, Francia, y cuyo sistema dentario es semejante al del perro, miéntras que el resto de su esqueleto tiene manifiesta proporcion ó relacion con los osos.

**AMPHICYRTE**, adj. *anfisirt*. Anficirto, lo mismo que casi esférico ó redondo en su forma, hablando de insectos. || *Amphicyrtes*, m. pl. Hist. nat. Anficirtos, género de coleópteros tetrámeros.

**AMPHIDASITE**, f. *anfidasít*. Hist. nat. Anfidasita, género de insectos del órden de los lepidópteros.

**AMPHIDE**, adj. *anfíd*. Anfide, calificacion de las sales producidas por la combinacion de compuestos que resultan de la union de cuerpos anfígenos.

**AMPHIDÉON**, m. *anfideón*. Anat. Anfideon, nombre antiguo del orificio del útero.

**AMPHIDESME**, m. *anfidésm*. Hist. nat. Anfidesmos, género de conchas bivalbas. || Anfidesmos, género de coleópteros tetrámeros.

**AMPHIDESMITES**, f. pl. *anfidesmít*. Hist. nat. Anfidesmitas, familia de moluscos acéfalos.

**AMPHIDONAX**, m. *anfidonács*. Bot. Anfidonax, género de plantas gramíneas.

**AMPHIDORE**, m. *anfidór*. Hist. nat. Anfidoro, género de coleópteros heterómeros.

**AMPHIDOXE**, f. *anfidócs*. Bot. Anfidoxia, género dudoso de compuestas originarias del cabo de Buena Esperanza.

**AMPHIDROMIE**, f. *anfidromí*. Anfidromia, fiesta que celebraban los antiguos al quinto dia del nacimiento de un niño, en el cual las parteras, despues de haberse purificado, lo tomaban en brazos y le paseaban tres veces al rededor del hogar. La funcion concluía con una comida, á la que eran convidados todos los parientes.

**AMPHIGÈNE**, adj. *anfigén*. Quím. Anfígeno, calificacion de los cuerpos simples que por su combinacion con otros, producen ácidos y bases. || m. Anfígeno, piedra volcánica, sustancia vítrea, translúcida, las mas veces incolora, la cual es un silicato de alúmina y de potasa. Se halla cristalizado ó en granos en las lavas antiguas.

**AMPHIGÉNIQUE**, adj. *anfigenic*. Anfigénico, que contiene cristales de anfígeno. Lava anfigénica.

**AMPHIGÉNITE**, f. *anfigenit*. Anfigenita, basalto y basanita en las cuales el feldespato está reemplazado en gran parte por algun anfígeno.

**AMPHIGOURI**, m. *anfigurí*. Baturrillo, frase, discurso ó poema burlesco, de ideas desordenadas, y cuyas palabras no tienen sentido alguno determinado. || Escrito, discurso en el cual se hallan las ideas involuntariamente confusas, ininteligibles, y cuyas palabras carecen de sentido determinado.

**AMPHIGOURIQUE**, adj. *anfiguric*. Confuso, ininteligible, que parece un baturrillo.

**AMPHIGOURIQUEMENT**, adv. *anfiguricman*. Confusamente, de un modo ininteligible, á manera de baturrillo.

**AMPHIGLOSE**, f. *anfiglos*. Bot. Anfiglosa, género de plantas compuestas.

**AMPHIGYNANTÈRES**, f. pl. *anfiginantér*. Bot. Anfiginánteas, nombre dado á uno de los grupos de las sinantéreas.

**AMPHILEPTE**, m. *anfilépt*. Hist. nat. Anfilepto, género de infusorios poligástricos, de la familia de los colpódeos.

**AMPHILOCHE**, m. *anfilóche*. Hist. nat. Anfiloco, género de coleópteros tetrámeros.

**AMPHILOCHIE**, f. *anfilochí*. Bot. Anfiloquia, género de plantas que comprende dos árboles propios del Brasil.

**AMPHILOME**, m. *anfilóm*. Bot. Anfiloma, seccion de plantas de la familia de los líquenes.

**AMPHILOPHE**, m. *anfilóf*. Anfilofo, género de plantas trepadoras ó enredaderas, de la América tropical.

**AMPHIMACRE**, adj. ant. *anfimácr*. Poes. Anfímacro, pié de verso latino trisílabo ó compuesto de tres sílabas, una breve entre dos largas.

**AMPHINOME**, f. *anfinóm*. Hist. nat. Anfinoma, género de anélidos de sangre roja, que habitan las regiones tropicales.

**AMPHINOMÉ, ÉE**, adj. *anfinomé*. Hist. nat. Anfinómeo, que se parece á una anfinoma. || *Amphinomées*, f. pl. Zool. Anfinómeas, familia de anélidos, cuyo tipo es el género anfinoma.

**AMPHINOMIE**, f. *anfinomí*. Bot. Anfinomia, género de plantas, inmediato al de las leguminosas, indígenas del cabo de Buena Esperanza.

**AMPHION**, m. *anfión*. Mit. Anfion, hijo de Júpiter y de Antíope. Mercurio le enseñó la música y le dió una lira, á cuyos acentos mágicos todo se conmovia. || met. Anfion, nombre hiperbólicamente designativo de todo músico muy hábil y famoso. || Zool. Anfion, género de crustáceos.

**AMPHIONYQUE**, f. *anfionic*. Hist. nat. Anfiónico, género de coleópteros tetrámeros, familia de los longicórneos.

**AMPHIPNEUSTE**, adj. *anfipneust*. Hist. nat. Anfipneusto, calificacion de los animales que tienen dobles órganos de respiracion. || *Amphipneustes*, m. pl. Anfipneustos, tribu de reptiles, que comprende á aquellos que tienen dos órganos respiratorios.

**AMPHIPODE**, adj. *anfipód*. Hist. nat. Anfípedo, que tiene dos especies de piés. || *Amphipodes*, m. pl. Anfípedos, órden de animales de la clase de los crustáceos.

**AMPHIPOLES**, m. pl. *anfipól*. Anfípoles, magistrados de Siracusa, instituidos por Timoleon.

**AMPHIPTÈRE**, m. *anfiptér*. Blas. Anfíptero, dragon ó serpiente alada, que figura en los escudos de armas.

**AMPHIPYRE**, adj. *anfipír*. Mit. Anfipira, sobrenombre de Diana. || *Amphipyre*, f. Hist. nat. Anfipira, género de insectos lepidópteros, familia de los nocturnos.

**AMPHIRYDES**, f. pl. *anfirid*. Hist. nat. Anfírides, tribu de lepidópteros nocturnos.

**AMPHIRHOÉ**, f. *anfiroé*. Mit. Anfiroe, nombre de una ninfa. || m. Hist. nat. Anfiroe, género de pólipos flexibles del órden de las coralíneas.

**AMPHISBÈNE**, f. *anfisbén*. Hist. nat. Anfisbena, serpiente venenosa á que los antiguos atribuian la facultad de poder andar hácia atras y hácia adelante.

**AMPHISCIENS**, adj. *anfisién*. Geog. Anfiscios, nombre de los habitantes de la zona tórrida, considerados con relacion á su sombra.

**AMPHISMILE**, m. *anfismil*. Cir. Anfismilo, escalpelo de dos filos.

**AMPHISPORE**, m. *anfispór*. Bot. Anfisporo, género de hongos de la familia de los gasteromicetos.

**AMPHISTAURE**, m. *anfistór*. Hist. nat. Anfistauro, género de coleópteros pentámeros.

**AMPHISTOME**, m. *anfistóm*. Hist. nat. Anfistoma, género de gusanos intestinales que se encuentran comunmente en los intestinos de las aves.

**AMPHITANE**, f. *anfitán*. Anfitana, nombre dado en mineralogía á una piedra dorada que, segun los antiguos, se encuentra en las minas de oro de la India.

**AMPHITHALE**, f. *anfitál*. Bot. Anfitala, planta de la familia de las leguminosas.

**AMPHITHÉÂTRAL, ALE**, adj. *anfiteatrál*. Arq. Anfiteatral, lo que pertenece ó se refiere al anfiteatro.

**AMPHITHÉÂTRE**, m. *anfiteátr*. Arq. Anfiteatro: antiguamente se daba este nombre á un edificio de forma circular ó oval, en cuyo centro habia una plaza de la misma figura, rodeada de gradas, y destinada á espectáculos públicos, que consistian principalmente en los combates de los gladiadores entre sí, ó ya con las fieras. || Anfiteatro, lugar elevado que hay en los teatros en frente del escenario. || Poet. Punto de vista elevado, prominencia ó culminancia física y agradablemente pintoresca, sorprendente y magnífico horizonte, etc. || *En amphithéâtre*, en gradería, en forma de anfiteatro.

**AMPHITÉRION**, m. *anfiterión*. Hist. nat. Anfiterion, género establecido para clasificar el fósil de Stonesfield, considerado por algunos como pescado, por otros como didelfo.

**AMPHITOÉ**, f. *anfitoé*. Mit. Anfitoe, nombre de una Nereida. || Hist. nat. Anfitoe, género de crustáceos.

**AMPHITRÉTIE**, f. *anfitreti*. Bot. Anfitrecia, género de hongos, cuyas dos superficies son porosas.

**AMPHITRITE**, f. *anfitrit*. Mit. Anfitrite, hija de Nereo y de Dóris, y esposa de Neptuno.

**AMPHITROPE**, adj. m. *anfitróp*. Bot. Anfítropo, calificacion del embrion cuando sus dos extremidades están muy encorvadas.

**AMPHITROPIE**, f. *anfitropí*. Bot. Anfitropía, fenómeno que ocurre cuando un embrion se encorva sobre sí mismo en sus dos extremidades.

**AMPHITRYON**, m. *anfitrión*. Mit. Anfitrion, príncipe tebano, esposo de Alcmena. || fam. El caballero ó la dama que trincha en mesas de etiqueta; el que sirve ó hace los honores de ella, etc.

**AMPHIUME**, m. *anfiúm*. Hist. nat. Anfiumo, género de reptiles originarios de la América del Norte.

**AMPHIUMOÏDE**, adj. *anfiumoid*. Hist. nat. Anfiumoides, que tiene la figura de un anfiumo. || *Anfiumoides*, f. pl. Anfiumoides, familia de reptiles trematóderos, cuyo tipo es el género anfiumo.

**AMPHODÉLITE**, f. *anfodelit*. Anfodelita, nombre dado al feldespato calizo.

**AMPHONIX**, m. *anfonícs*. Hist. nat. Anfonix, género de insectos lepidópteros.

**AMPHORE**, f. *anfor*. Ánfora, jarra de dos asas, que usaban los antiguos para conservar los licores. || Ánfora, medida de capacidad para líquidos, usada entre los Griegos y los Romanos, que equivalia á unas diez y ocho azumbres. || Bot. Ánfora, válvula inferior de ciertos frutos que se abren al tiempo de la maduracion. || Astr. Ánfora, nombre que daban los antiguos al signo de Acuario.

**AMPHYSE**, m. *anfís*. Hist. nat. [illegible] género de coleópteros heterómeros, [illegible] de los melásomos.

**AMPLE**, adj. *ánpl*. Amplio, extenso, [illegible] tado. || met. Grande, abundante.

**AMPLECTIF, IVE**, adj. *anplectif*. Bot. Amplectivo, epíteto que se da [illegible] ganos que abrazan completamente [illegible] particularmente á las plantas [illegible] plegadas á lo largo del boton, se [illegible] cíprocamente por sus extremos.

**AMPLEMENT**, adv. *anplemán*. Ampliamente, extensamente, con amplitud [illegible] extension.

**AMPLEUR**, f. *anpleur*. Amplitud, anchura, cualidad de lo que es amplio.

**AMPLEXATILE**, adj. *anplexatil*. Amplexátil, calificacion de la raíz [illegible] ensancha y encierra ó rodea el [illegible]

**AMPLEXICAULE**, adj. *anplexicól*. Amplexicaule, calificacion de las hojas de una planta que rodean el tallo.

**AMPLEXIFLORE**, adj. *anplexiflór*. Amplexiflora, calificacion de la parte de las plantas que rodea á la flor.

**AMPLEXIFOLIÉ, ÉE**, adj. *anplexifolié*. Bot. Amplexifoliado, calificacion de las plantas cuyas hojas rodean el tallo.

**AMPLIATIF, IVE**, adj. *anpliatif*. Ampliativo, que aumenta, que tiene la [illegible] de ampliar. No suele usarse esta voz [illegible] hablando de los breves, bulas y otros [illegible] los pontificios que amplían los precedentes.

**AMPLIATIFLORE**, adj. *anpliatiflór*. Bot. Ampliatifloro, calificacion de las plantas cuyas flores tienen las corolas ensanchadas ó dilatadas por su base.

**AMPLIATION**, f. *anpliasión*. [illegible] Traslado de un recibo, carta de pago, [illegible] que se guarda en las contadurías. || Copia sacada de lo que consta en el protocolo de un escribano. || For. *Lettres d'ampliation*, despacho dilatorio, concesion de otro término.

**AMPLIÉ, ÉE**, adj. *anplié*. Ampliado.

**AMPLIER**, a. *anplié*. Ampliar, extender, hacer extensivo. || For. Dilatar el término ó plazo.

**AMPLIFICATEUR**, m. *anplificateur*. Amplificador, exagerador ó encarecedor de lo que dice ó escribe, ponderador.

**AMPLIFICATION**, f. *anplificasión*. Ret. Amplificacion. || fam. Exageracion, ponderacion. || Ópt. Exageracion, aumento del diámetro aparente de los cuerpos celestes, vistos con el telescopio. || Exageracion, [illegible] presentan los cuerpos luminosos, [illegible] dos con los cuerpos ópacos. || Composicion que los estudiantes hacen sobre el tema que se les da.

**AMPLIFIER**, a. *anplifié*. Amplificar, extender. || Aumentar, exagerar, [illegible] que se refiere ó se describe.

**AMPLIPENNE**, adj. *anplipén*. Hist. nat. Alilongo, calificacion de los pájaros que tienen las alas largas.

**AMPLITUDE**, f. *anplitúd*. Amplitud, extension. || Astr. Amplitud, el arco del horizonte comprendido entre el verdadero Oriente y el punto donde nace el astro. || Geom. Amplitud de un arco, la línea [illegible] comprendida entre los dos extremos del arco de una curva. || Mar. Amplitud, [illegible] del horizonte comprendido entre el punto por donde sale ó se pone cualquier astro, y el E. ó O. de la aguja.

**AMPOULE**, f. *anpúl*. Ampolla, [illegible] que se levanta en el cútis. || Campanilla, burbuja, ampolla que se forma en la superficie del agua. || *La sainte ampoule*, la ampolla ó redoma en que se guardaba el óleo para ungir á los reyes de Francia. || Hist. nat. Ampolla, nombre vulgar de una especie de testáceos univalvos.

**AMPOULÉ, ÉE**, adj. *anpulé*. Hinchado, hueco, pomposo: solo se aplica al estilo y lenguaje.

**AMPOULETTE**, f. *anpulét*. Mil. Ampolleta, cilindro de sauce, de álamo ó de [illegible] que sirve para tapar el ojo de un proyectil hueco y para contener el cebo. || Mar. Ampolleta, reloj de arena que se lleva en las embarcaciones.

**AMYGDALINE**, f. *amigdalin*. Quím. Amigdalina, sustancia cristalizable, soluble en el alcohol, insoluble en el agua, que se extrae de las almendras amargas.

**AMYGDALITE**, f. *amigdalit*. Med. Amigdalitis, inflamacion de las amígdalas, llamada tambien angina tonsilar.

**AMYGDALITHE**, f. *amigdalit*. Amigdalita, piedra que tiene la forma de una almendra.

**AMYGDALOÏDE**, adj. V. AMYGDALAIRE.

**AMYLACÉ, ÉE**, adj. *amilasé*. Amiláceo, que tiene analogía ó semejanza con el almidon.

**AMYLIDES**, f. pl. *amilíd*. Quím. Amílidas, familia de compuestos orgánicos que contienen almidon.

**AMYLONINE**, f. *amilonín*. Quím. Amilonina, sustancia particular que producen ciertos ácidos al obrar sobre el almidon.

**AMYNTHIE**, f. *amentí*. Hist. nat. Amintia, órden de insectos lepidópteros diurnos, del género rodócero.

**AMYNTHIQUE**, adj. *amentic*. Amíntico, calificacion de algunos remedios y emplastos tenidos por fortificantes y preservativos, etc.

**AMYON**, adj. m. *amión* Med Amios, lo que está sin músculos : calificacion dada á un miembro atrofiado ó enflaquecido á consecuencia de alguna lesion, y cuyos músculos parecen haber desaparecido.

**AMYRIDE**, f. *amiríd*. Bot. Amírida, género de plantas de la familia de las amirídeas.

**AMYRIDÉ, ÉE**, adj. *amiridé*. Bot. Amirídeo, que se parece á la amírida. || *Amyridées* f. pl. Amirídeas, familia de plantas antiguamente confundidas con las terebintáceas, cuyo tipo es el género amírida.

**AN**, m. *an*. Año. || *An bissextil*, año bisiesto. || *An de grâce, de salut, de l'incarnation du Seigneur*, el año de gracia, de nuestra salud ó redencion, de la encarnacion de Jesucristo, del nacimiento del Señor. || *Jour de l'an, premier jour de l'an*, dia de año nuevo. || pl. Años, edad.

**ANA**, prep. griega. *ana*. Ana, cifra que emplean los médicos para denotar que debe tomarse una parte igual de cada ingrediente. || m. Coleccion de sentencias, discursos ó anécdotas. Se usa mas en el final de los nombres compuestos, como *Menagiana, Voltairiana*, que significan la coleccion de los pensamientos, dichos, etc., de Menagio y Voltaire.

**ANABAINELLE**, f. *anabenél*. Hist. nat. Anabanela, género de pescados, cuyo tipo es la anabanela flabeliforme.

**ANABANTOÏDE**, adj. *anabantoíd*. Hist. nat. Anabantoide, que se parece al anabas, que tiene su forma ó figura.

**ANABAPTISME**, m. *anabaptism*. Sect. rel. Anabaptismo, doctrina de los anabaptistas.

**ANABAPTISTE**, m. *anabaptist*. Sect. rel. Anabaptista, nombre que se da á los miembros de una secta protestante fundada en Alemania á principios del año 1525, que sostenian que los adultos que habian sido bautizados en la infancia debian reiterar el bautismo. Se cree que la institucion de esta secta es debida á los discípulos de Martin Lutero, llamados Nicolas Storch y Tomas Moncer.

**ANABAS**, m. *anabá*. Hist. nat. Anabas, género de pescados, familia de los letmonios.

**ANABASIENS**, m. pl. *anabasién*. Anabasios, nombre que se dobo antiguamente á los correos de tierra.

**ANABASITTE**, m. *anabasit*. Hist. nat. Anabasita, género de gorriones trepadores, de la América meridional.

**ANABASITTINE**, f. *anabasitin*. V. ANABASITTE.

**ANABATE**, m. *anabat*. Hist. ant. Anabato, escudero que en los juegos olímpicos disputaba el premio con dos caballos. || Hist. nat. Anabato, género de tenuirostros.

**ANABATIQUE**, adj. f. *anabatic*. Med. Anabático, calificacion que se da á la fiebre que desde su principio sigue aumentando en intensidad.

**ANABÈNE**, adj. y s. m. *anabén*. Hist. nat. Anabeno, calificacion que se da á los reptiles que trepan y se encaraman por los árboles.

**ANABÉNODACTYLE**, adj. *anabenodactil*. Hist. nat. Anabenodáctilo, calificacion que se da á los animales cuyos dedos son á propósito para trepar ó encaramarse.

**ANABLASTÈME**, m. *anablastém*. Bot. Anablástema, produccion particular de las hojas de algunos líquenes.

**ANABLEPS**, m. *anablép*. Hist. nat. Anablepso, género de pescados de mar de la Guyana, que tienen los ojos dobles y muy elevados.

**ANABOLE**, f. *anabol*. Med. Evacuacion por la boca de ciertas materias. Vómito.

**ANABOLIE**, f. *anabolí*. Hist. nat. Anabolia, género de insectos frigánidos.

**ANABROCHISME**, m. *anabrochism*. Cir. Anabrochismo, operacion quirúrgica que consiste en arrancar con un hilo, seda ó pelo, que se anuda, las pestañas que ofenden al ojo.

**ANABROSE**, f. *anabrós*. Med. Anabrosis, palabra usada por Galeno para indicar una solucion de continuidad ó una especie de erosion producida por un humor acre.

**ANABROTIQUE**, adj. *anabrotic*. Med. Anabrótico, que tiene el carácter ó es de la naturaleza de la anabrosis.

**ANACA**, f. *anáca*. Anaca, especie de cotorra del Brasil.

**ANACALYPTE**, f. *anacalipt*. Bot. Anacalipta, especie de musgo que se cria en Alemania.

**ANACALYPTÉRIE**, f. *anacalipterí*. Hist. ant. Anacalipteria, fiesta que celebraban los Griegos el dia en que la recien casada quitaba su velo y se presentaba en público.

**ANACAMPSÉRE**, m. *anacanpsér*. Bot. Anacámpsero, género de plantas crasuláceas, especie de siempre-viva.

**ANACAMPSIDE**, f. *anacanpsíd*. Hist. nat. Anacámpsida, género de insectos del órden de los lepidópteros nocturnos.

**ANACAMPTIDE**, f. *anacanptíd*. Bot. Anacámptida, género de plantas orquídeas de Europa.

**ANACAMPTIQUE**, adj. *anacanptic*. Fís. Anacámptico, que refleja los rayos luminosos ó sonoros.

**ANACAMPTIQUEMENT**, adv. *anacanpticmán*. Anacámpticamente, por reflexion.

**ANACANTHE**, m. *anacánt*. Hist. nat. Anacanto, género de pescados de la familia de las rayas. || Anacanto, género de insectos coleópteros del Brasil.

**ANACARA**, m. *anacára*. Mús. mil. Anacara, tambor que usa la caballería oriental.

**ANACARDE**, m. *anacárd*. Bot. Anacardo, fruto de un árbol de la India.

**ANACARDIACÉ, ÉE**, adj. *anacardiasé*. Bot. Anacardiáceo, que se parece al anacardo.

**ANACARDIER**, m. *anacardié*. Bot. Anacardo, género de árboles de la familia de las terebintáceas epipetalias, con la corteza de color ceniciento, las hojas en forma de cuña, grandes y salpicadas de pelos claros.

**ANACATHARSIE**, f. *anacatarsí*. Med. Anacartasis, expectoracion abundante de mucosidades.

**ANACATHARSIQUE ó ANACATHARTIQUE**, adj. *anacatarsic*, *anacatartic*. Med. Anacatársico, anacatártico. V. EXPECTORANT.

**ANACÉES ó ANACTÉES**, f. pl. *anasé*, *anacté*. Hist. ant. Anaceas, fiestas que se celebraban en honor de Cástor y de Polux.

**ANACES**, m. pl. *anás*. Mit. Anaces, antiguas divinidades de los Fenicios.

**ANACHORÈTE**, m. *anacorét*. Anacoreta, ermitaño ó solitario, hombre retirado del comercio humano del mundo, y entregado enteramente á la virtud y penitencia. || met. La persona que vive separada de la sociedad, que no tiene amigos ni conocidos, que vive sola.

**ANACHOSTE**, f. *anacóst*. Anacosta, tela de lana usada en mantos y otras cosas.

**ANACHRONISME**, m. *anacronism*. Anacronismo, error que consiste en colocar un hecho ántes de la época en que sucedió.

**ANACINÈME**, f. *anasinem*. Med. Anacinema, voz usada por Hipócrates para designar la conmocion ó sacudimiento de todas las partes del cuerpo : comunmente proviene de ejercicios gimnásticos.

**ANACLASTIQUE**, adj. *anaclastic*. Opt.

[illegible], calificacion del punto ó superficie que causa la refraccion. || f. Anaclástica, parte de la óptica que trata de la refraccion de la luz.

ANACLÉTÉRIES, f. pl. anacleteri. Hist. Anacleterias, fiestas que celebraban los antiguos cuando un nuevo rey tomaba el mando.

ANACLÉTIQUE, adj. anaclétic. Hist. Anaclético, calificacion de un canto guerrero que [illegible] los Griegos [illegible] al enemigo.

ANACLÉTHRE, f. anaclétr. Mit. Anaclettra, piedra que se conservaba en Atenas, porque decían que Céres se sentó en ella á descansar durante de los viajes que hizo en busca de su hija Proserpina.

ANACLINOPALE, f. anaclinopál. Hist. Anaclinópala ó volutacion, lucha que ejecutaban los atletas [illegible], tendidos sobre la arena.

ANACLINTÈRE, f. anaclintér. Anaclintero, especie de butaca muy inclinada, ó cama cuya cabecera está algo elevada.

ANACLISIE, f. anaclisí. Med. Anaclisis, voz con que designan los médicos modernos la posicion que tiene un enfermo, cuando está acostado en una cama [illegible].

ANACOLE, m. anacol. Hist. nat. Anacolo, género de coleópteros longicórneos.

ANACOLLÈME ó ANACOLLÉMATE, m. anacolém, anacolemát. Med. Anacolema, remedio que en las enfermedades de ojos se aplica en la frente, pegándose ó adhiriéndose á ella de algun modo para contener las fluxiones.

ANACOLUPPE, m. anacolúp. Bot. Anacolupa, planta rastrera del Malabar, cuyo zumo, mezclado con el polvo de la pimienta, cura la epilepsia y la mordedura del majá.

ANACOMIDE, f. anacomíd. Med. Anacómide, voz derivada del griego que significa restablecimiento de la salud, á consecuencia de las enfermedades.

ANACOMPTIS, m. anacómptis. Bot. Anacomptis, árbol del Madagascar, no clasificado, cuyo fruto sirve para hacer cuajar la leche.

ANACOSCHELISME, m. V. GARGARISME.

ANACONDO, m. anacóndo. Hist. nat. Anacondo, serpiente de Ceilan.

ANACRÉONTIQUE, adj. anacreontic. Anacreóntico, calificacion que se da á las poesías hechas á imitacion de las de Anacreonte.

ANACRISE, f. anacris. Jurisp. Prueba resultante del interrogatorio de los testigos, ó de la parte misma, ó del careo ó confrontacion de personas.

ANACTÉSIE, f. anactesí. Med. Anactesia, voz empleada por Hipócrates para expresar la reparacion de las fuerzas.

ANACTILÈNE, f. anactilén. Bot. Anactilena, seccion de plantas del género casina.

ANACYCLE, m. anasicl. Bot. Anaciclo, género de plantas de la familia de las corimbíferas.

ANACYCLIQUE, adj. anasiclic. Anacíclico, calificacion de ciertos versos usados en Francia bajo el reinado de Carlos IX y de Luis XII, que forman sentido leidos ya naturalmente ya al revés.

ANACYSTE, m. anasist. Bot. Anacisto, género de plantas fúceas.

ANADARE, f. anadár. Hist. nat. V. ARCHE.

ANADÈME, m. anadém. Anademo, adorno de cabeza parecido á las borlas de una mitra.

ANADÈNE, m. anadén. Hist. nat. Anadeno, pájaro del género de los cucúlidos.

ANADÉNIE, f. anadení. Bot. Anadenia, género de plantas proteáceas.

ANADIPLOSE, f. anadiplós. Med. Anadiplosis, exacerbacion de una calentura ó su tránsito del estado de simplicidad anterior al estado de complicacion. || Gram. Anadiplosis, figura gramatical que consiste en principiar una proposicion con la misma palabra con que termina la precedente.

ANADOSE, f. anadós. Med. Anadosis, voz usada por Hipócrates para expresar la digestion ó el paso del quilo á los vasos linfáticos, ó su distribucion á todas las partes del cuerpo.

ANADROME, f. anadróm. Med. Anadromo, voz usada por Hipócrates para expresar la traslacion de los humores morbíficos de una parte á otra, y muy principalmente de las partes inferiores á las superiores.

ANADYOMÈNE, f. anadiomén. Anadiómeno, género de pólipos flexibles. || Mit. Anadiómena, sobrenombre de Vénus cuando la pintan saliendo de las aguas.

ANAGALLIDÉES, m. anagalidé. Bot. Anagalídeos, género de plantas gencianeas, yerbas vivaces y muy frondosas.

ANAGALLIS, m. anagális. V. MOURON.

ANAGÉNITE, f. anagenít. Hist. nat. Anagenita, especie de roca ácuosa, perteneciente á los terrenos de transicion.

ANAGLYPHE, m. anaglíf. Arq. Anaglifo, obra cincelada y esculpida en relieve. || Anat. Anaglifo, nombre dado por los antiguos al cuarto ventrículo del cerebelo. || Bot. Anaglifo, género de sub-arbustos del Cabo y de la familia de las compuestas.

ANAGNOSTE, m. anagnóst. Anagnosta, nombre que daban los Romanos al esclavo que leía mientras comian los demás.

ANAGOGE, m. anagóge. Med. Vómito.

ANAGOGIE, f. anagogí. Fil. y Teol. Anagogía, elevacion del alma hácia lo espiritual. || Teol. Sentido místico de la sagrada Escritura. || Anagogies, f. pl. Mit. Anagogias, fiestas que se celebraban en Sicilia en honor de Vénus.

ANAGOGIQUE, adj. anagogic. Anagógico, que tiene relacion con la anagogía.

ANAGOGIQUEMENT, adv. anagogicmán. Anagógicamente, con anagogía.

ANAGRAMMATIQUE, adj. anagramatic. Anagramático, que tiene anagrama ó que pertenece á él.

ANAGRAMMATIQUEMENT, adv. anagramaticmán. Anagramáticamente, de un modo anagramático.

ANAGRAMMATISER, n. anagramatisé. Anagramatizar, dedicarse á componer anagramas. || a. Anagramatizar, hacer anagramas. || S'anagrammatiser, r. Anagramatizarse, convertirse en anagramas, ser anagramatizado.

ANAGRAMMATISTE, m. anagramatist. Anagramatizador, el que hace anagramas.

ANAGRAMME, f. anagrám. Anagrama, trasposicion, inversion del órden de las letras que forman una palabra ó de las voces que forman una oracion.

ANAGRAPHE, m. anagráf. Med. Anagrafe, receta, prescripcion medicinal.

ANAGYRE, m. anagír. Bot. Anagiris, arbusto de la familia de las leguminosas, y de la decandria monoginia.

ANAGYRIS ó BOIS-PUANT, m. anagiris, buapuán. Anagiris, planta de olor desagradable.

ANAÏTHÉSIE, f. anaitesí. Med. Anestesia. V. ANESTHÉSIE.

ANAÏTIS, f. anaitis. Mit. Anaitis, diosa oriental adorada por los Judíos, Armenios y Persas.

ANAL, E, adj. anál. Anat. Anal, que pertenece al ano ó que tiene relacion con él.

ANALAMP, f. analánp. Hist. nat. Analampa, género de insectos coleópteros. || Bot. Analampa, género de sub-arbustos de Méjico.

ANALCIME, m. analsím. Analcima, sustancia mineral llamada así por su virtud eléctrica y porque afecta particularmente la forma trapezoidal.

ANALCIS, m. análsis. Hist. nat. Analcis, género de insectos coleópteros, cuyo tipo es el analcis cobrizo de la América setentrional.

ANALECTES, m. pl. analéct. Analectas, fragmentos escogidos de un autor. || Analectos, esclavos encargados de limpiar la sala donde se habia hecho un festin.

ANALECTEUR, m. analecteur. Autor de analectas.

ANALÉMATIQUE, adj. analematic. Astr. Analemático, que tiene relacion con el analema.

ANALÈME, m. analém. Astr. Analema, planisferio ó proyeccion ortográfica de la esfera sobre el meridiano.

ANALEPSIE, f. analepsí. Med. Analepsia, restablecimiento ó recuperacion de las fuerzas perdidas en una enfermedad.

ANALEPTIQUE, adj. analeptic. Med. Analéptico, que tiene la propiedad de volver [illegible]

[illegible]

ANALYSER, a. analisé. [illegible] análisis de alguna cosa. || S'analyser, [illegible] lizarse, ser sometido al análisis.

ANALYSTE, m. analíst. [illegible] analizador, el que está muy [illegible] análisis. Se usa rara vez [illegible] máticos.

ANALYTIQUE, adj. analitic. [illegible] que tiene relacion con el análisis [illegible] ejecuta por medio del análisis.

ANALYTIQUEMENT, adv. [illegible] mán. Analíticamente, por análisis [illegible] todo analítico.

ANAMÉNIE, f. anamení. [illegible] sia, nombre árabe de una especie [illegible] culo ó anémona.

ANAMIRTE, m. anamírt. [illegible] to, género de plantas [illegible] cuyo fruto se conoce bajo el nombre [illegible] Levante.

ANAMNÈSE, f. anamnesí. [illegible] nesia, reminiscencia, el acto de [illegible] memoria las ideas de los objetos que [illegible] bian olvidado. || Anamnesia, arte de [illegible] dar ó de adquirir memoria.

ANAMNESTIQUE, adj. anamnestic. Anamnéstico, que sirve para [illegible] moria.

ANAMORPHIQUE, adj. anamorfic. [illegible] mórfico, calificacion que se da [illegible] gia á los cristales cuyo [illegible] forma distinta de la que ellos tienen.

ANAMORPHOSE, f. anamorfós. [illegible] tura que, vista de cierto punto, [illegible] una cosa, y otra vista de frente.

ANANAS, m. ananás. Bot. [illegible] de plantas de la familia de las [illegible] clase hexandria monoginia.

ANANCHYTE, f. ananchít. [illegible] orteza terrosa con que la [illegible] vuelve á los diamantes.

ANANCYCLE, m. anansicl. [illegible] Ananciclo, género de insectos [illegible]

ANANDA-VOURDON, m. [illegible] dón. Mit. Ananda-Vurdon, [illegible] de la trinidad indiana.

ANANDRATE, f. anandrát. [illegible] drate, divinidad que adoraban los [illegible]

ANANDRAIRE, adj. anandrér. [illegible] dria, calificacion que se da á las [illegible] han perdido los estambres.

ANANDRIE, f. anandrí. Bot. [illegible] género de compuestas, yerbas [illegible] órgano macho, originarias de la [illegible]

ANANDRINE, ANANDRIQUE, [illegible] ANANDRAIRE.

ANAPESTE, m. anapést. Poes. [illegible] pié de verso griego y latino.

ANAPESTIQUE, adj. anapestic. [illegible] Anapéstico, calificacion de un verso [illegible] entran anapestos, dáctilos y espondeos.

**ANASARQUE,** f. *anasárc.* Med. Anasarca, especie de hidropesía.

**ANASPASE,** f. *anaspás.* Med. Anaspasis, contraccion ó estrechez de las paredes del estómago.

**ANASPE,** m. *anásp.* Hist. nat. Anaspe, género de coleópteros de la familia de los estenóceros.

**ANASSER,** m. *anasé.* Bot. Anaser, género de plantas de la familia de las apocíneas, clase pentandria monoginia de Linneo.

**ANASTALTIQUE,** adj. *anastaltic.* Med. Anastáltico, astringente. V. STYPTIQUE.

**ANASTASE,** f. Med. V. ANADROME.

**ANASTATICÉ, ÉE,** adj. *anastaticé.* Bot. Anastatíceo, que se parece á la anastática. ‖ *Anastaticées,* f. pl. Anastatíceas, grupo de plantas crucíferas, cuyo tipo es el género anastática.

**ANASTATIQUE,** f. *anastatic.* Bot. Anastática, género de plantas crucíferas, cuyo tipo es la planta vulgarmente llamada rosa de Jericó.

**ANASTÉCHÉIOSE,** f. *anastequeiós.* Med. Anastequeiosis, resolucion, completa separacion de los elementos de un cuerpo. Se usa mas principalmente hablando de líquidos.

**ANASTOMOSE,** f. *anastomós.* Anat. Anastómosis, recíproca evacuacion de dos vasos sanguíneos ó linfáticos. ‖ Bot. Anastómosis, reunion de diversos ramos.

**ANASTOMOSÉ, ÉE,** adj. *Anastomosé.* Anat. Anastomosado, que tiene venas ramificadas, salientes y unidas por sus extremidades.

**ANASTOMOSER (S'),** r. *sanastomosé.* Anat. Anastomosarse, unirse, juntarse ó adherirse por sus extremos las ramificaciones salientes de las venas y arterias, ó unirse dos troncos en uno solo.

**ANASTOMOTIQUE,** adj. *anastomotic.* Med. Anastomótico, que forma anastómosis.

**ANASTRÉPHIE,** f. *anastrefí.* Bot. Anastrefia, arbusto de la familia de las compuestas, originario de la isla de Cuba.

**ANASTROPHE,** f. *anastróf.* Gram. Anástrofe, figura ó mas bien defecto de construccion.

**ANATASE,** f. *anatás.* Hist. nat. Anatasia, sustancia mineral azul ó parda que cristaliza en octaedros formados por triángulos isósceles.

**ANATE ó ATTOLE,** f. *anát, atól.* Com. Anate ó atola, tinte rojo que viene de las Indias, y que se extrae de la flor de un arbusto del mismo nombre.

**ANATES,** m. *anát.* Med. Anates, enfermedad del ano.

**ANATHÉMATIQUE,** adj. *anatematic.* Anatemático, que tiene relacion con el anatema.

**ANATHÉMATISER,** a. *anatematisé.* Anatematizar, excomulgar. ‖ fam. Maldecir, echar una maldicion.

**ANATHÉMATISME,** m. *anatematism.* Anatema, excomunion. ‖ met. Reprobacion, censura. ‖ La persona anatematizada ó excomulgada. ‖ fam. La que es detestada y todos miran con horror.

**ANATHÈRE,** m. *anatér.* Bot. Anatera, planta de las gramíneas.

**ANATIDE,** adj. *anatid.* Hist. nat. Anatídeo, que se parece ó pertenece al ánade, que tiene relacion con él.

**ANATIDÉES,** f. pl. *anatidé.* Hist. nat. Anatídeas, familia de aves del órden de las palmípedas.

**ANATIF,** m. *anatif.* Hist. nat. Anatifa, género de moluscos, cuya concha es multivalva.

**ANATIFÈRE,** adj. *anatifér.* Hist. nat. Anatífera, calificacion de la concha del anatifa, que creian falsamente los antiguos que contenia un ánade ó sus huevos.

**ANATIFÉRIFORME,** adj. *anatiferifórm.* Hist. nat. Anatiferiforme, que tiene la forma de una concha anatífera.

**ANATIGRALLE,** f. *anatigrál.* Hist. nat. Anatigrala, género de aves palmípedas.

**ANATIGRALLINÉ, ÉE,** adj. *anatigraliné.* Hist. nat. Anatigralíneo, que se parece á la anatigrala. ‖ *Anatigrallinées,* f. pl. Anatigralíneas, division de la familia de los ánades.

**ANATIN, E,** adj. *anatén.* Hist. nat. Anatino ó anadino, que tiene relacion con el ánade ó anadino.

**ANATINE,** f. *anatín.* Hist. nat. Anatina, género de conchas bivalvas, delgadas, frágiles y casi equiláteras.

**ANATINÉ, ÉE,** adj. *anatiné.* Hist. nat. Anatíneo, que se parece á la anatina. ‖ *Anatinées,* f. pl. Hist. nat. Anatíneas, seccion de aves de la familia de las anatídeas.

**ANATOCISME,** m. *anatosism.* Com. Anatocismo, interes compuesto ó doble usura.

**ANATOLIQUE,** m. *anatolic.* Hist. nat. Anatólico, género de coleópteros melásomos.

**ANATOMICO-PATHOLOGIQUE,** adj. *anatomico-patologic.* Anatómico-patológico, perteneciente á la anatomía y á la patología.

**ANATOMIE,** f. *anatomí.* Anatomía, diseccion del cuerpo humano. ‖ met. Anatomía, análisis, exámen detenido.

**ANATOMIQUE,** adj. *anatomic.* Anatómico, perteneciente á la anatomía.

**ANATOMIQUEMENT,** adv. *anatomicmán.* Anatómicamente, de un modo anatómico, conforme á las reglas de la anatomía.

**ANATOMISER,** a. *anatomisé.* Anatomizar, hacer anatomía. ‖ met. Anatomizar un libro, examinar en detalle todas sus partes, analizar su composicion.

**ANATOMISTE,** m. *anatomíst.* Anatomista, anatómico, el profesor de anatomía.

**ANATRÉSIE,** f. *anatresí.* Cir. Anatresia, voz usada por Galeno, como sinónimo de trepanacion.

**ANATRIPSIE,** f. *anatripsí.* Cir. Anatripsia, nombre con que designaba Galeno las fricciones secas ó aceitosas, administradas para aumentar la fuerza del cuerpo.

**ANATRIPSOLOGIE,** f. *anatripsologí.* Cir. Anatripsologia, tratado sobre las fricciones.

**ANATRIPTIQUE,** adj. *anatriptic.* Med. Anatríptico, que sirve para hacer fricciones.

**ANATRON,** m. *anatrón.* Quim. Anatron, sal álcali natural.

**ANATROPE,** adj. *anatróp.* Bot. Anátropo se da este nombre á los óvulos ó rudimentos entre los que la exostoma y la chalaza están diametralmente opuestas. Se dice tambien del embrion cuando su tallo es rectilíneo. ‖ f. Género de plantas.

**ANAUDIE,** f. *anodí.* Med. Anaudia, privacion de la voz.

**ANAULAQUE,** m. *anolác.* Hist. nat. Anaulaco, género de insectos de Java.

**ANAX,** m. *anács.* Mit. Anax, nombre que daban los Griegos á los reyes que por sus acciones eran considerados como dioses. ‖ Hist. nat. Anax, género de insectos del órden de los nevrópteros.

**ANAXABIE,** f. *anacsabí.* Mit. Anaxabia, ninfa perseguida por Apolo.

**ANAXAGORÉE,** f. *anacsagoré.* Bot. Anaxagórea, género de plantas de la familia de las anonáceas.

**ANAXÉTON,** m. *anacsetón.* Bot. Anaxeton, género de plantas de la familia de las compuestas.

**ANAXIBIE,** f. *anacsibí.* Mit. Anaxibia, hermana de Agamenon y madre de Pílades.

**ANAXITHÉE,** f. *anacsité.* Mit. Anaxitea, una de las Danaidas, amante de Júpiter y madre de Oleno.

**ANAXYRIDE,** m. *anacsirid.* Anaxíride, pantalon de los Bárbaros.

**ANBERTKEN,** m. *anberquén.* Amberquen, libro sagrado que contiene la teologia y la filosofía de los Indios.

**ANCÉ,** m. *ansé.* Mit. Anceo, hijo de Neptuno.

**ANCELLE,** f. *ansél.* Voz antigua sacada del latin *ancilla,* sierva, esclava.

**ANCEPS,** adj. *ánceps.* V. ANCIPITÉ.

**ANCÊTRES,** m. pl. *ansétr.* Antepasados, mayores, ascendientes, abuelos, las personas de quienes se desciende por línea recta, no comprendiendo á los padres. ‖ Antepasados, mayores, predecesores, los que han vivido antes de nuestros dias, aunque no seamos de su familia.

**ANCETTE,** f. *ansét.* Mar. Garrucho, anilla.

**ANCHAU,** m. *anchó.* Vasija para apagar la cal.

**ANCHE,** f. *dnche.* Estrangul, tudel, la pipa que se aplica á la boca para tocar los

[illegible]

ANCIEN, NE, adj. ancien. Antiguo, del tiempo pasado. Autrefois [illegible], [illegible] que fué. Ancien [illegible], militar retirado. Ancien [illegible], [illegible] que ya no ejerce su profesion. || Viejo, de muchos años. || Les anciens, los viejos, las personas de mas edad de un pueblo, cuerpo, etc. || Viejo, deteriorado por los años. || m. Antiguo, el mas antiguo de un cuerpo ó comunidad. || Les anciens, los antiguos, como los Griegos, los Romanos, etc. || Les anciens d'Israël, los ancianos de Israel.

ANCIENNEMENT, adv. anciennement. Antiguamente, en lo antiguo, antes.

ANCIENNETÉ, f. ancienneté. Antigüedad. || De toute ancienneté, desde la mas remota antigüedad, de tiempo inmemorial, en todo tiempo.

ANCILE, m. ant. ancil. Ancilia ó ancile, escudo sagrado entre los Romanos.

ANCIPITÉ, ÉE, adj. ancipité. Bot. Comprimido, provisto de dos bordes mas ó menos cortantes.

ANCISTRE, m. ancistr. Bot. Ancistro, género de rosáceas, propio de la América.

ANCISTROCÈRE, m. [illegible]. Hist. nat. Ancistrocero, género de coleópteros tetrámeros.

ANCISTROÏDE, adj. ancistroid. Ancistroides ó ancistroideo, que tiene la forma de un anzuelo.

ANCISTROLOBE, f. [illegible]. Bot. Ancistrolobo, género de hipericíneas [illegible].

ANCISTROPODE, adj. ancistropod. Hist. nat. Ancistropodo, que tiene los pies provistos de uñas encorvadas.

ANCISTROSOME, m. ancistrosom. Hist. nat. Ancistrosomo, género de coleópteros [illegible].

ANCISTROTE, m. ancistrot. Hist. nat. Ancistrota, género de coleópteros tetrámeros.

ANCLABRES, m. pl. anclabr. [illegible] Anclabros, los varios útiles que servian para los sacrificios.

ANCOLIE, f. ancolí. Bot. Guileña ó pajarilla, planta.

ANCONÉ, m. ancone. Anat. Ancóneo, músculo de la punta del codo.

ANCRAGE, m. ancrage. Mar. Anclaje, ancoraje, el acto de anclar. || Anclaje, surgidero, fondeadero. || Droit d'ancrage, derecho de anclaje.

ANCRE, f. ancr. Mar. Ancla, ancora (el primero está mas en uso). || [illegible]. Ancre de salut, el único recurso, la sola esperanza, el último recurso ó refugio. || Mar. Ancre d'affourche, ancla de leva ó de caballo. || Ancre de toue, anclote. || Maîtresse ancre, ancla de la esperanza. || Seconde ancre, ancla de uso ó del ayuste. || Chasser sur ses ancres, cejar, ir hácia atras un navío fondeado. || Lever l'ancre, levar ancla. || Petites d'ancre, [illegible], brazaletes de ancla.

ANCRER, a. [illegible] ancré. Mar. Anclar, echar el ancla. || S'ancrer, r. met. fam. Fijarse, echar raices, establecerse en un paraje.

ANCYLOMÈTRE, m. V. INVOLUCRE [illegible].

ANCYLES, m. pl. ancil. Mit. Ancilos, divinidades inferiores que estaban al servicio de los dioses superiores, y eran los ministros de sus servidores.

ANCUS, m. ancus. Mit. Anco, hijo pequeño de Numa, tercer rey de Roma.

ANCYLE, f. ancil. Hist. nat. Ancilo, género de gasterópodos, vecino del género patela. || m. Hist. nat. Ancilo, insecto himenóptero perteneciente al género [illegible].

ANCYLÈRE, f. ancilère. Hist. nat. Ancilera, género de ortópteros saltones.

ANCYLOCÈRE, m. anciloser. Hist. nat. Ancilócero, género de coleópteros tetrámeros.

ANCYLOCHEIRE, f. ancilokeir. Hist. nat. Ancilóquera, género de coleópteros.

ANCYLOCLADE, m. anciloclad. Bot. Ancilóclado, planta de la familia de las apocíneas.

ANCYLODON, m. ancilodon. Hist. nat. Ancilodon, pescado del género sciena, familia de los esciénicos.

ANCYLOGLOSSE, m. anciloglós. Med. Anciloglosia, cierta enfermedad de la lengua.

ANCYLOGNATHE, m. ancilognat. Hist. nat. Ancilognato, género de insectos coleópteros del cabo de Buena Esperanza.

ANCYLOMÈRE, m. ancilomer. Hist. nat. Ancilómero, género de crustáceos anfípodos de la familia de los hiperinos.

ANCYLONYX, m. ancilonix. Hist. nat. Ancilonice, género de coleópteros tetrámeros del Senegal.

ANCYLOSCÈLE, m. [illegible]. Hist. nat. Ancilosceles, género de insectos coleópteros pentámeros de la familia de los lamelicornios.

ANCYLOSCHÈRE, m. [illegible]. Hist. nat. Ancilosquero, género de coleópteros tetrámeros.

ANCYLOSOCÈLE, m. [illegible]. Hist. nat. Ancilosocelo, género de insectos melíferos de la América meridional.

ANCYROÏDE, adj. ancyroid. Anat. Anciroides, que tiene la forma de un gancho.

ANDABATE, m. andabat. Hist. Andabata, gladiador que combatia á caballo con los ojos vendados.

ANDAILLOTS, m. pl. andaillot. Mar. Anillos para envergar las velas de estay.

ANDAIN, m. andain. Agr. Trecho, espacio que siega un trabajador á cada golpe de hoz.

ANDALOU ó ANDALOUS, SE, m. y f. andalú. Andaluz, que es de Andalucía ó que pertenece á la Andalucía ó á sus habitantes.

ANDALOUSITE, f. andalusit. Hist. nat. Andalucita, sustancia mineral.

ANDANTE, adv. andante. Mús. Andante. || Tambien es sustantivo: un andante.

ANDANTINO, adv. dim. de ANDANTE, andantino. Mús. Andantino.

ANDARÉSIS, m. andarisi. Peréquises, especie de pasas.

ANDÉRIANE, f. andevin. Mit. Anderina, sobrenombre de Cibeles, adorada en Andira.

ANDERSONIE, f. anderson. Bot. Andersonia, género de plantas de la clase pentandria monoginia de Linneo.

ANDESARAM, m. andesaram. Mit. Andesaram, nombre del primer sacrificador establecido por Nemrod para el culto del fuego.

ANDICOLE, adj. andicol. Andícola, que habita en los Andes.

ANDIER, m. andié. Especie de morillo de cocina.

[illegible]

Andrógeo [illegible] Mit. [illegible] hijo de Minos II, rey de Creta [illegible]

[illegible]

Androgenia, [illegible]

ANDROGÉNIQUE, adj. [illegible] Androgénico [illegible]

[illegible]

ANDROGRAPHE, f. [illegible] Bot. Andrografe, género de plantas [illegible] Asia tropical.

ANDROGYNAIRE, adj. [illegible] Androginario, calificativo de las flores [illegible] devienen á ser dobles por la transformacion de los dos sexos de órganos sexuales [illegible] [illegible]

ANDROGYNE, m. y f. androgin. [illegible] Andrógino ó andrógeno; se dice [illegible]

[illegible]

nader. || *S'anéantir*, r. Desbacerse, acabarse. || Anonadarse, humillarse, en lenguaje místico.

**ANÉANTISSEMENT**, m. *aneantismán*. Aniquilamiento, anonadamiento. || met. Abatimiento, humillacion.

**ANECDOTE**, f. *anecdót*. Anécdota, particularidad secreta de la historia. || pl. Memorias secretas ó arcanas.

**ANECDOTIER, ÈRE**, m. y f. *anecdotiér*. Anecdotista, el que reune ó refiere anécdotas.

**ANECDOTIQUE**, adj. *anecdotic*. Arcano, que contiene anécdotas.

**ÂNÉE**, f. *ané*. Carga de un borrico.

**ANÉGYRAPHE**, m. V. ANÉPIGRAPHE.

**ANÉLASTE**, m. *anelást*. Hist. nat. Anelasto, género de coleópteros.

**ANÉLECTRIQUE**, adj. *anelectric*. Aneléctrico: se decia de un cuerpo privado de electricidad.

**ANÉLOPTÈRE**, adj. *aneloptér*. Hist. nat. Anelóptero.

**ANÉLYTRE**, adj. y s. m. *anelitr*. Hist. nat. Anelitro, que no tiene elitros.

**ANÉLYTROPTÈRE**, adj. *anelitroptér*. Hist. nat. Anelitróptero, calificacion que se da á los insectos que aunque tienen alas, carecen de elitros.

**ANÉMASE**, f. *anemás*. Med. Anemasia, sinónimo de anemia. V. ANÉMIE.

**ANÈME**, m. *aném*. Hist. nat. Anemo, género de coleópteros del Senegal.

**ANÉMIE**, f. *anemí*. Med. Anemia, privacion de sangre.

**ANÉMOBATE**, m. *anemobát*. Anemóbata, nombre usado en lugar de volatinero.

**ANÉMOCÈTE**, m. *anemocét*. Anemoceta, nombre de ciertos magos de Corinto.

**ANÉMOGRAPHIE**, f. *anemografí*. Fís. Anemografía, parte de la física que trata de la descripcion de los vientos.

**ANÉMOGRAPHIQUE**, adj. *anemografic*. Anemográfico, que pertenece á la anemografía.

**ANÉMOMÈTRE**, m. *anemométr*. Fís. Anemómetro, instrumento para medir la fuerza del viento.

**ANÉMOMÉTRIE**, f. *anemometrí*. Fís. Anemometría, arte de medir la velocidad de los vientos.

**ANÉMOMÉTROGRAPHE**, m. *anemometrográf*. Fís. Anemometrógrafo, instrumento que marca en un papel la duracion y velocidad de los vientos. || Anemometrógrafo, el que escribe sobre las variaciones del viento.

**ANÉMONE**, f. *anemón*. Bot. Anémona, flor de varios y vistosos colores.

**ANÉMONÉ, ÉE**, adj. *anemoné*. Bot. Anemóneo, que se parece á la anémona. || *Anémonées*, f. pl. Anemóneas, tribu ó sub-tribu de renunculáceas.

**ANÉMONIDION**, m. *anemonidión*. Bot. Anemonídion, sub-género ó seccion de las anémonas.

**ANÉMONINE**, f. *anemonín*. Quim. Anemonina, sustancia acre, oleosa y concreta que se saca de la anémona.

**ANÉMONIQUE**, adj. *anemonic*. Quim. Anemónico, calificacion que se da al ácido que se saca de la anémona.

**ANÉMONOÏDE**, adj. *anemonoid*. Bot. Anemonoides, que se parece á la anémona.

**ANÉMOSCOPE**, m. *anemoscóp*. Fís. Anemóscopo, sinónimo de anemómetro.

**ANENCÉPHALE**, adj. *anansefál*. Anat. Anencéfalo, que carece de encéfalo.

**ANENCÉPHALIE**, f. *ananseffalí*. Anat. Anencefalia, ausencia ó falta de encéfalo.

**ANENTÉRÉ**, adj. m. *ananteré*. Hist. nat. Anentéreo, calificacion que se da á los infusorios que carecen de canal intestinal. || *Anentérés*, m. pl. Anentéreos, familia de infusorios poligástricos que carecen de intestinos y de ano.

**ANENTÉRÉMIE**, f. *ananteremí*. Med. Anenteremia, falta de sangre en los intestinos.

**ANENTÉROTROPHIE**, f. *ananterotrofí*. Med. Anenterotrofia, diminucion del volúmen de los intestinos.

**ANÉPIGRAPHE**, adj. *anepigráf*. Anepígrafo, lo que no tiene título ni inscripcion.

**ANÉPITHYMIE**, f. *anepitimí*. Med. Anepitimia, pérdida de los apetitos, como del venéreo, de comer, de beber, etc.

**ANÉRÈTE**, f. *anerét*. Hist. nat. Aneretа, género de coleópteros lamelicórneos.

**ANÉRÉTHISME**, m. *aneretism*. Med. Aneretismo, falta de irritabilidad.

**ÂNERIE**, f. *anrí*. Asnería, burrada, borricada. || Barbaridad, disparate.

**ANERPONTE**, adj. *anerpónt*. Hist. nat. Voz usada por algunos naturalistas en botánica y en zoología como sinónima de *grimpeur*. V. este.

**ANERVIE**, f. *anerví*. Med. Anervia, falta de accion nerviosa.

**ANÉSIE**, f. *anesí*. Med. Anesia ó anesis, diminucion de los síntomas de una enfermedad.

**ANÉSIPOME**, adj. y s. m. *anesipóm*. Hist. nat. Anesipoma, calificacion que se da á los pescados que tienen móvil el opérculo.

**ÂNESSE**, f. *anés*. Asna, burra, borrica, pollina, jumenta. || met. Borrica, tonta, ruda.

**ANESTHÉSIE**, f. *anestesí*. Med. Anestesia, especie de parálisis.

**ANETH**, m. *anét*. Bot. Aneto, eneldo, planta parecida al hinojo.

**ANÉTIQUE**, adj. *anetic*. Med. Anético, sinónimo de narcótico, paregórico, anodino.

**ANEURE**, m. *aneur*. Hist. nat. Aneuro, género de insectos hemípteros.

**ANÉVRISMAL, E**, adj. *anevrismál*. Med. Aneurismal, que pertenece al aneurisma.

**ANÉVRISMATIQUE**, adj. *anevrismatic*. Med. Aneurismático, que tiene los caractéres del aneurisma.

**ANÉVRISME**, m. *anevrism*. Med. Aneurisma, neurisma, dilatacion de las arterias.

**ANFORA**, f. *ánfora*. V. AMPHORA.

**ANFRACTUEUX, EUSE**, adj. *anfractueu, eus*. Tortuoso, sinuoso, fragoso.

**ANFRACTUOSITÉ**, f. *anfractuosité*. Fragosidad, desigualdad, aspereza. || Anat. Anfractuosidad, circunvolucion.

**ANGAR**, m. *angár*. Colgadizo, cobertizo, sotechado, tinglado.

**ANGARIE**, f. *angarí*. Adm. Mar. Embargo de un buque mercante para que cargue por cuenta del gobierno.

**ANGARIER**, a. *angarié*. Recargar con impuestos. || met. Vejar, atormentar, apurar á uno la paciencia.

**ANGE**, m. *ánge* Ángel. || met. Ángel, inocente y puro como los ángeles. || fam. *Rire aux anges*, reir como un simple, esto es, mucho ó á solas. || met. y fam. *Être aux anges*, estar en sus glorias, estar transportado de placer. || *Voir les anges*, ver las estrellas, cuando uno se lleva un golpe. || n. p., Ángel. || Ángel, pescado. || Mar. Bala enramada, palanqueta á la francesa.

**ANGÉIAL, E**, adj. *angeial*. Anat. Vascular, lleno de vasos.

**ANGÉIOGRAPHE, ANGÉIOGRAPHIE, ANGÉIOGRAPHIQUE, ANGÉIOSCOPE**. V. ANGIOGRAPHE, ANGIOGRAPHIE, ANGIOGRAPHIQUE, ANGIOSCOPE.

**ANGELET**, m. dim. de ANGE, *angelé*. Angelito: nombre que suele darse á los niños.

**ANGELETTE**, f. dim de ANGE, *angelét*. Angelita: se dice hablando á las niñas.

**ANGÉLIE**, f. *angelí*. Mit. Angelia, mensajera, nombre de la Aurora.

**ANGÉLICÉ, ÉE**, adj. *angelisé*. Bot. Angelíceo, que se parece á la angélica. || *Angélicées*, f. pl. Angelíceas, plantas umbeladas.

**ANGELIN**, m. *angelén*. Bot. Angelino, árbol de la América meridional.

**ANGÉLIQUE**, f. *angelic*. Esmirnio, angélica, planta. || Cítara, instrumento músico. || adj. Angélico, lo que pertenece á los ángeles, como coros, espíritus angélicos. || Angelical, lo que se parece á los ángeles, como candor, música angelical. || *Chère angélique*, comida delicada ó exquisita.

**ANGÉLIQUEMENT**, adv. *angelicmán*. Angélicamente, de un modo angelical.

**ANGÉLISER**, a. *angelisé*. Asemejar á los ángeles. || n. y r. poco us. Parecerse á los ángeles.

**ANGÉLITES**, m. *angelit.* Sect. rel. Angelitas, nombre dado á unos sectarios, discípulos de Sabelio.

**ANGÉLOLÂTRIE**, f. *angeiolatrí.* Angelolátria, adoracion tributada á los ángeles.

**ANGÉLONIE**, f. *angeloní.* Bot. Angelonia, género de escrofularíneas hemimerídeas.

**ANGELOT**, m. *angeló.* Angelote, especie de queso que se hace en Normandía.

**ANGELOTTE**, m. dim. de **ANGE**, *angelót.* V. ANGELÉT.

**ANGELUS**, m. *angelus.* Rel. ect. *Angelus Domini*, oracion que se hace tres veces al dia en honor de la encarnacion del Hijo de Dios.

**ANGÉRONA**, f. *angeróna.* Mit. Angerona, diosa del silencio entre los Romanos.

**ANGÉRONALES**, f. pl. *angeronál.* Mit. Angeronales, fiestas que hacian los Romanos el 21 de diciembre de cada año en honor de la diosa Angerona.

**ANGÉRONIE**, f. *angeróni.* Hist. nat. Angeronia, género de lepidópteros nocturnos.

**ANGEVIN**, **E**, adj. *angeven.* Anjovino, que es natural de Anjou, ó que pertenece á Anjou ó á sus habitantes.

**ANGIANTHE**, f. *angiánt.* Bot. Angianta, planta del género de las compuestas.

**ANGIANTHÉ**, **ÉE**, adj. *angianté.* Bot. Angiánteo, que se parece á la angianta.

**ANGIECTASIE**, f. *angiectasí.* Med. Angiectasia.

**ANGIECTASIQUE**, adj. *angiectasic.* Med. Angiectásico, que tiene relacion con la angiectasia.

**ANGIMACURIEN**, m. *angimacurién.* Sect. rel. Angimacurio, nombre de ciertos sectarios indios.

**ANGINE**, f. *angín.* Med. Angina ó esquinencia, inflamacion de la garganta.

**ANGINEUX**, **EUSE**, adj. *angíneu*, *eus.* Med. Anginoso, de la angina.

**ANGIOCARPE**, m. *angiocárp.* Bot. Angiocarpo, fruto encerrado en un órgano extraño. ‖ *Angiocarpes*, f. pl. Angiocarpios, órden de liquenes.

**ANGIOCARPIEN**, **NE**, adj. y s. *angiocarpién.* Angiocarpio, vegetal cuyo fruto es angiocarpo.

**ANGIODÉSIE**, f. *angiodesí.* Angiodesia, demostracion de los vasos.

**ANGIOGASTRE**, adj. *angiogástr.* Bot. Angiogastro, calificacion de ciertos hongos.

**ANGIOGRAPHE**, m. *angiográf.* Anat. Angiógrafo, descriptor de los vasos del cuerpo humano ó de los animales.

**ANGIOGRAPHIE**, f. *angiografí.* Anat. Angiografía, descripcion de los vasos del cuerpo humano ó de los animales.

**ANGIOGRAPHIQUE**, adj. *angiografic.* Anat. Angiográfico, que tiene relacion con la angiografía.

**ANGIOHYDROGRAPHE**, m. *angioidrográf.* Anat. Angiohidrógrafo, descriptor de los vasos linfáticos.

**ANGIOHYDROGRAPHIE**, f. *angioidrografí.* Anat. Angiohidrografía, descripcion de los vasos linfáticos.

**ANGIOHYDROGRAPHIQUE**, adj. *angioidrografic.* Anat. Angiohidrográfico, que pertenece á la angiohidrografía.

**ANGIOHYDROLOGIE**, f. *angioidrologí.* Anat. Angiohidrología, tratado especial acerca de los vasos linfáticos.

**ANGIOHYDROLOGIQUE**, adj. *angioidrologic.* Anat. Angiohidrológico, que pertenece á la angiohidrología.

**ANGIOHYDROLOGUE**, m. *angioidrológue.* Anat. Angiohidrólogo, el que explica la angiohidrología.

**ANGIOHYDROTOMIE**, f. *angioidrotomí.* Anat. Angiohidrotomía, diseccion de los vasos linfáticos.

**ANGIOHYDROTOMIQUE**, adj. *angioidrotomic.* Anat. Angiohidrotómico, que pertenece á la angiohidrotomía.

**ANGIOLEUCITE**, f. *angioleucít.* Med. Angioleucitis, inflamacion de los vasos linfáticos.

**ANGIOLOGIE**, f. *angiologí.* Anat. Angiología, tratado de los vasos del cuerpo humano.

**ANGIOLOGIQUE**, adj. *angiologic.* Anat. Angiológico, que pertenece á la angiología.

**ANGIOPYRIE**, f. *angiopirí.* Med. Angiopiria, especie de fiebre inflamatoria.

**ANGIORIDIUM**, m. *angioridióm.* Bot. Angioridium, género de hongos.

**ANGIORRHAGIE**, f. *angiorragí.* Med. Angiorragia ó angiorrágia, hemorragia activa por exceso de fuerza.

**ANGIORRHAGIQUE**, adj. *angiorragic.* Med. Angiorrágico, que tiene relacion con la angiorragia.

**ANGIORRHÉE**, f. *angiorré.* Med. Angiorrea, flujo sanguíneo por falta de fuerzas.

**ANGIOSCOPE**, m. *angioscóp.* Anat. Angioscopio, especie de microscopio.

**ANGIOSCOPIQUE**, adj. *angioscopic.* Angioscópico, que pertenece al angioscopio.

**ANGIOSE**, f. *angióz.* Med. Angiosis, enfermedad que tiene su asiento en el sistema vascular sanguíneo. ‖ *Angioses*, f. pl. Angiosas, nombre de la sexta familia de la nosología natural de Alibert.

**ANGIOSPERME**, adj. *angiospérm.* Bot. Angiospermo, calificacion de los frutos cuyos granos están encerrados en un pericarpo distinto ó de diversa naturaleza.

**ANGIOSPERMIE**, f. *angiospermí.* Bot. Angiospermia, órden de plantas cuyo grano está rodeado de un pericarpo de distinta naturaleza.

**ANGIOSPORE**, adj. *angiospór.* Bot. Angiospóreo, calificacion de las plantas que tienen simiente envuelta en un pericarpo. ‖ *Angiospores*, f. pl. Angiospóreas, familia de liquenes cuyos corpúsculos generadores están ocultos

**ANGIOSTOME**, adj. *angiostóm.* Hist. nat. Angiostomo, calificacion de las conchas univalvas cuya abertura es muy estrecha. ‖ *Angiostomes*, f. pl. Angiostomos, familia de moluscos paracefalóporos sifonobranquios.

**ANGIOTÉNIE**, f. *angiotení.* Med. Angiotenia, fiebre inflamatoria.

**ANGIOTOMIE**, f. *angiotomí.* Angiotomía, diseccion de los vasos del cuerpo humano.

**ANGIROLLE**, f. *angiról.* Mar. Driza del treo en la galeras.

**ANGITE**, f. *angít.* Med. Angitis, nombre genérico de la inflamacion de los vasos sin determinar la clase de estos.

**ANGLAIS**, adj. y sust. m. *anglé.* Inglés, natural de Inglaterra. ‖ m. El inglés, la lengua inglesa.

**ANGLAISE**, f. *anglés.* Inglesa. ‖ Baile inglés.

**ANGLAISER**, a. *anglesé.* Cortar la cola de un caballo á la inglesa.

**ANGLE**, m. *ángl.* Geom. Ángulo. ‖ *Angle de l'œil*, rabo del ojo.

**ANGLÉ**, **ÉE**, adj. *anglé.* Blas. Angulado.

**ANGLER**, a. *anglé.* Angular, dar la forma de ángulo. ‖ Art. Angular, formar exactamente las molduras de los angulillos de una pieza de metal.

**ANGLÉSITE**, f. *anglesít.* Hist. nat. Anglesita, sulfato de plomo natural que se halla en Irlanda.

**ANGLET**, m. *anglé.* Arq. Inglete, hendidura en ángulo recto que forman las dovelas.

**ANGLEUX**, **EUSE**, adj. *angleu*, *eus.* Bot. Dícese de las nueces que no dan el grano con facilidad.

**ANGLICAN**, **E**, adj. *anglicán.* Anglicano, que tiene relacion con el anglicanismo.

**ANGLICANISME**, m. *anglicanism.* Anglicanismo, religion autorizada por las leyes de Inglaterra y la dominante en la Gran Bretaña.

**ANGLICISME**, m. *anglisism.* Anglicismo, modo ó giro peculiar de la lengua inglesa.

**ANGLOIRE**, m. *angluár.* Art. Escuadra movible, instrumento de ebanista.

**ANGLOMANE**, adj. *anglomán.* Anglómano, admirador exagerado de los Ingleses.

**ANGLOMANIE**, f. *anglomaní.* Anglomanía, admiracion exagerada de los Ingleses.

**ANGLOMANISER**, a. *anglomanisé.* Anglomanizar, imitar con afectacion y servilismo los modales, las costumbres inglesas. ‖ *S'anglomaniser*, r. Anglomanizarse, acostumbrarse demasiado servilmente á los usos de los Ingleses.

**ANGLOPHOBE**, adj. *anglofób.* Anglófobo.

**ANGLOPHOBIE**, f. *anglofobí.* Anglofobia, horror, odio á los Ingleses.

**ANGLO-SAXONS**, m. pl. [illegible] Anglo-sajones.

**ANGOISSE**, f. *angoás* [illegible] je, susto. ‖ *Poire d'angoisse* [illegible] por lo áspera; y [illegible] que los ladrones [illegible] *Avaler des poires d'angoisse* [illegible] tribulaciones, [illegible] amargos disgustos.

**ANGOISSÉ**, **ÉE**, *angoasé* [illegible] joso, fatigoso, lleno de [illegible]

**ANGOISSER**, a. [illegible] acongojar. ‖ *S'angoisser*, r. [illegible]

**ANGOISSEUSEMENT**, adv. [illegible] sado. Angustiosamente, [illegible]

**ANGOISSEUX**, **EUSE**, adj. [illegible] sa. Angustioso (ant.), [illegible]

**ANGON**, m. *angón.* [illegible] antiguos Franceses. ‖ Gancho á la [illegible] palo, con que los pescadores [illegible] tóceos de entre las peñas.

**ANGONE**, f. *angón.* Med. [illegible] racion de la garganta, angina.

**ANGOPHORE**, f. *angofór.* [illegible] fora, género de plantas [illegible] Nueva Holanda.

**ANGOR**, m. *angór.* Med. [illegible] dad precordial. Toda angustia [illegible] tanto física como moral.

**ANGORA**, m. y adj. *angorá.* [illegible] manse de Angora, ó [illegible] goras, los gatos, conejos y [illegible] largo y fino, que son originarios [illegible] país del Asia menor.

**ANGOUMOISIN**, f. y adj. [illegible] Angumesino, del Angumes.

**ANGROIS**, m. *angroá.* Art. [illegible] que se asegura el martillo al [illegible]

**ANGUICHURE**, f. *anguichúr.* [illegible] de caza para colgar la bocina.

**ANGUIFORME**, adj. *anguifórm.* [illegible] forme, que tiene la forma de [illegible]

**ANGUILLADE**, f. *anguillád.* [illegible] latigazo, zurriagazo.

**ANGUILLE**, f. *anguíll.* Hist. [illegible] la, pescado. ‖ *Écorcher l'anguille* [illegible] queue, tomar el rábano por [illegible] y fam. *Il y a quelque anguille* [illegible] hay gato encerrado. [illegible] pesce, casarse en vano, [illegible] ble. ‖ *Anguilles*, f. pl. Mar. [illegible] nas de madera recia, del largo [illegible] que está en la grada, con el [illegible] largo de la banda al tiempo de [illegible] agua.

**ANGUILLÉ**, **ÉE**, adj. *anguillé.* [illegible] Anguilado, que se parece á la [illegible]

**ANGUILLÈRE**, f. *anguillér.* [illegible] anguilas. ‖ Mar. Imbornal de [illegible]

**ANGUILLERS**, m. pl. [illegible] Imbornal de cuadernas por donde [illegible] agua, dirigiéndose á la sentina.

**ANGUILLETTE**, f. dim. de [illegible] *anguillét.* Anguilita, anguila [illegible]

**ANGUILLEUSE**, f. ant. *anguill* [illegible] drosa.

**ANGUILLIFORME**, adj. [illegible] Hist. nat. Anguiliforme, que tiene [illegible] de una anguila.

**ANGUILLOÏDE**, adj. [illegible] nat. Anguiloides, que se parece [illegible]

**ANGUILLONNEUX**, **EUSE**, adj. [illegible] fam. *anguillonneu*, *eus.* Socarron, [illegible] fino, astuto.

**ANGUIN**, **E**, adj. *anguén.* [illegible] guino, que tiene semejanza con [illegible]

**ANGUINE**, f. *anguín.* Bot. [illegible] planta cucurbitácea.

**ANGUINÉE**, f. *anguiné.* Geom. [illegible] la de tercer órden.

**ANGUIPÈDES**, m. pl. [illegible] Anguipedes, gigantes que quisieron [illegible] nar á Júpiter.

**ANGUIS**, m. ant. *angüis.* Mar. [illegible] lo del troceo en las galeras. ‖ Hist. [illegible] güis, género principal de la familia [illegible] culebras.

**ANGUI-VIPÈRES**, f. pl. [illegible] Hist. nat. Angui-víperas, familia [illegible] pientes venenosas.

**ANGULAIRE**, adj. *angulér.* Geom. [illegible] lar, lo que tiene uno ó muchos ángulos [illegible]

**ANGULAIREMENT**, adv. [illegible] Angularmente con ángulos.

ÂNIER, ÈRE, m. y f. *anié.* Borriquero, burrero, el ó la que guarda ó cuida los asnos.

ANIGOSANTHE, m. *anigosánt.* Bot. Anigosanto, género de plantas.

ANIL, m. *aníl.* Añil, planta. V. INDIGO.

ANILLE, f. poco us. *aníll.* Muleta. || Vieja que anda con muletas.

ANILLÉ, ÉE, adj. *anillé.* Blas. Anillado, que tiene forma de anillo.

ANIMADVERSION, f. *animadversión.* Animadversion, nota crítica, reparo, advertencia. || Reprension, amonestacion, correccion. || fam. Repugnancia, aversion.

ANIMAL, m. *animál.* Animal. || met. Bruto, animal, bestia. || adj. Animal, lo que pertenece al cuerpo animado.

ANIMALCULE, m. *animalcúl.* Animalejo, animalillo, solo visible al microscopio.

ANIMALCULISME, m. *animalculism.* Animalculismo, sistema que supone que solo los animalillos espermáticos producen el embrion animal.

ANIMALCULISTE, m. *animalculist.* Animalculista, el fisiólogo que explica el fenómeno de la generacion por los animalillos espermáticos.

ANIMALCULOVISME, m. *animalculovism.* Med. Animalculovismo, sistema en que se supone que el embrion animal se forma por el concurso de los animalillos espermáticos y el huevo de la hembra.

ANIMALCULOVISTE, m. *animalculovist.* Animalculovista, fisiólogo partidario del animalculovismo.

ANIMALIFÈRE, adj. *animalifér.* Animalífero, que contiene animalillos.

ANIMALISABLE, adj. *animalisábl.* Animalizable, que es susceptible de animalizacion.

ANIMALISATION, f. *animalisasión.* Conversion de los alimentos en la sustancia animal.

ANIMALISER, a. *animalisé.* Convertir en sustancia animal. || *S'animaliser*, r. Med. Adquirir las propiedades de la materia animal.

ANIMALISME, m. *animalism.* Existencia ó vida animal.

ANIMALISTE, m. *animalist.* Animalista, partidario del animalismo.

ANIMALITÉ, f. *animalité.* Existencia ó vida animal.

ANIMATEUR, TRICE, adj. *animateur, tris.* Animador, que anima, que da el alma, la vida. Suele usarse como sustantivo.

ANIMATION, f. *animasión.* Animacion del feto.

ANIME, f. *aním.* Mil. ant. Peto, arma defensiva, especie de coraza compuesta de hojas de metal que usaban los antiguos.

ANIMÉ, m. *animé.* Farm. Ánime, especie de resina. || adj. Blas. Se dice del caballo en ademan de combatir.

ANIMELLES, f. pl. *animél.* Despojos de las reses. || Criadillas de carnero guisadas.

ANIMER, a. *animé.* Animar, infundir el alma. || met. Animar, dar vida á una estatua, discurso, etc. || Animar, infundir ánimo, valor. || Animar, avivar, entretener la conversacion. || Enconar, irritar. || *S'animer*, r. Animarse. || Avivarse. || Irritarse, exasperarse.

ANIMEUX, EUSE, adj. *animeu, eus.* Animoso, valeroso, esforzado. || Animoso, colérico, propenso á exaltarse, á irritarse.

ANIMINE, f. *animín.* Quím. Animina, base salificable que existe en el aceite animal.

ANIMIQUE, adj. *animic.* Quím. Anímica, calificacion de las sales cuya base es la animina.

ANIMOSITÉ, f. *animosité.* Encono, coraje, ira. || Arrebato, acaloramiento.

ANIS, m. *aní.* Anís, matalahuva, planta y su semilla. || Grajea de anís, anises.

ANISACANTHE, f. *anisacant.* Bot. Anisacanto, género de plantas quenopódeas.

ANISACTE, m. *anisact.* Anisacto, division del género *daucus*.

ANISARTHRIE, f. *anisartrí.* Hist. nat. Anisartrio, género de coleópteros pentámeros.

ANISARTHRON, m. *anisartrón.* Hist. nat. Anisártron, género de coleópteros longicórneos.

ANISATUM, m. *anisátom.* Farm. Anisaton, especie de vino que preparaban antiguamente con miel, vino de Ascalon y anís.

ANI-SCALPTEUR, m. *aniscalpteur.* Anat. Ani-scalptor, nombre antiguo del músculo gran dorsal.

ANISER, a. *anisé.* Anisar, preparar con anís. || *S'aniser*, r. Anisarse, tomar el sabor del anís.

ANISETTE, f. *anisét.* Anisete, licor hecho con anís.

ANISIME, m. *anisím.* Quím. Anisimo, género de sustancias odoríferas que tienen relacion con el anís.

ANISOCÈRE, m. *anisocér.* Hist. nat. Anisócero, género de coleópteros pentámeros.

ANISOCHILE, f. *anisoquíl.* Hist. nat. Anisoquila, género de plantas.

ANISOCHIRE, m. *anisoquír.* Hist. nat. Anisóquiro, género de coleópteros heterómeros.

ANISOCYCLE, m. *anisosícle.* Mil. ant. Anisociclo, máquina de guerra que usaban los Bizantinos.

ANISODE, m. *anisód.* Bot. Anisodo, género de plantas.

ANISODÈRE, m. *anisodér.* Hist. nat. Anisódero, género de coleópteros tetrámeros.

ANISOGONION, m. *anisogonión.* Bot. Anisogonion, género de helechos.

ANISOLÈME, m. *anisolém.* Hist. nat. Anisolema, género de anélidos.

ANISOMÈLE, f. *anisomél.* Bot. Anisomela, planta de la familia de las labiadas.

ANISOMÉTRIQUE, adj. *anisometríc.* Hist. nat. Anisométrico, sistema de cristalizacion que ofrece tres ejes desiguales.

ANISONIX, m. *anisonícs.* Hist. nat. Anisónix, género de coleópteros pentámeros.

ANISOPE, m. *anisóp.* Hist. nat. Anisope, género de coleópteros tetrámeros.

ANISOPÉTALE, adj. y f. *anisopetál.* Bot. Anisopétala, calificacion de una corola que tiene uno ó muchos pétalos mas cortos que otros.

ANISOPHYLLE, adj. *anisofíl.* Bot. Anisofila, calificacion de una planta cuyas hojas son desiguales.

ANISOPHYSE, f. *anisofís.* Hist. nat. Anisofisa, género de dípteros braquíceros.

ANISOSTÉMOPÉTALE, adj. *anisostemopetál.* Bot. Anisostemopétalo, calificacion que se da á las plantas cuyos estambres no son iguales en número á las divisiones de la corola.

ANISOSTHÈNES, adj. *anisostén.* Med. Anisóstenes, que no tiene igual fuerza.

ANISOSTICTE, f. *anisostíct.* Hist. nat. Anisosticta, género de coleópteros tetrámeros.

ANISOTAQUE, adj. *anisotác.* Med. Anisótaco, calificacion que se daba al pulso frecuente y al mismo tiempo desigual.

ANISOTÈLE, m. *anisotél.* Hist. nat. Anisótelo, género de coleópteros pentámeros.

ANISOTORME, m. *anisotórm.* Hist. nat. Anisotormo, género de coleópteros pentámeros.

ANISTIOPHORE, m. *anistiofór.* Anistióforo, calificacion que se da á los murciélagos que no tienen apéndice alguno sobre la nariz. || *Anistiophores*, m. pl. Anistióforos, nombre de una familia de murciélagos que no tienen apéndice sobre la nariz.

ANKÉRITE, m. *anquerít.* Hist. nat. Anquerita, mineral.

ANKYLOGLOSSE, m. *anquiloglós.* Med. Anquiloglosis, adherencia de la lengua, ya con la parte posterior de las encías, ya con la pared inferior de la boca.

ANKYLOMÈLE, f. *anquilomél.* Cir. Anquilomela, sonda curva, instrumento de cirugía.

ANKYLOMÉRISME, m. *anquilomerism.* Med. Anquilomerismo, adherencia mórbida de una parte cualquiera, ó union de partes que debieran estar separadas.

ANKYLOSE, f. *anquilós.* Med. Anquilósis, union de dos huesos que impide la articulacion.

ANKYLOSER, a. *anquilosé.* Med. Anquilosar, causar ó producir una anquilósis. || *S'ankyloser*, r. Anquilosarse, pasar al estado de anquilósis.

ANKYLOTOME, m. anquilotóm. Cir. Anquilótomo, cuchillo de hoja corva, instrumento que se usaba antiguamente para cortar el frenillo.

ANNAIRE, adj. annér. Der. rom. Anuario, nombre de una ley romana.

ANNAL, E, annál. Anual, anuo, por ó para un año. || m. pl. Anales, historia que refiere los sucesos año por año. || Historia.

ANNALISTE, m. annalíst. Analista, el que escribe anales.

ANNA PERENNA, f. annaperénna. Mit. Annaperenna, diosa de los Romanos.

ANNATE, f. annát. Anata, la renta de un año de los obispados, abadías consistoriales, etc., que se pagaba al papa.

ANNEAU, m. anó. Anillo para el dedo. || Sortija para el dedo y para las cortinas. || met. Rizo del cabello. || Argolla, armella, para atar ó amarrar. || Eslabon ó anillo de una cadena. || Trabas para trabar las bestias. || Grillete. || Anat. Anillo de las fibras. || Hist. nat. Anillo, cada banda de los gusanos, etc. || Mar. Argolla, argollon. || Mar. Caxxxxxx. || L'anneau fait d'une branche, vilorta. || L'anneau du pêcheur, el anillo del pescador, sello de los breves pontificios. || pl. Arras.

ANNÉDOTE ó ANNEDOTE, m. annedót, annédót. Mit. Annedote, nombre genérico de unas divinidades caldeas.

ANNÉE, f. ané. Año, relativamente á la duracion ó á los efectos del espacio de doce meses. || Año, la renta de un año. || Année commune, un año con otro. || Année de probation, año de noviciado. || Année républicaine, el año republicano, que principiaba en la noche del 24 al 23 de setiembre en tiempo de la república francesa. || Année scholastique ó scolaire, curso, año escolar.

ANNELER, a. ant. anlé. Ensortijar, rizar el cabello.

ANNELET, m. anlé. Sortijilla, anillejo. || Arq. Collarino, anillo, el que termina la parte superior de la columna.

ANNÉLIDAIRE, adj. anelidér. Anelidario, que se parece al anelido. || Annélidaires, m. pl. Hist. nat. Anelidarios, especie de gusanos.

ANNÉLIDES, m. pl. anelíd. Hist. nat. Anélidos, clase de animales invertebrados y de sangre roja, con pliegues transversos que figuran anillos.

ANNELURE, f. ant. anlűr. Encrespadura, rizo del cabello.

ANNEXE, m. annécs. Anejo, ayuda de parroquia. || pl. For. Anexidades, las tierras y los derechos unidos á un fondo señorial.

ANNEXER, a. annecsé. Anexar, agregar una iglesia á otra ó una prebenda á otra, con dependencia de la principal. || For. Unir una pieza á los autos. || S'annexer, r. Anexarse, agregarse, ser agregado, unido á una cosa principal.

ANNEXION, f. annecsión. Anexion. || Beneficio eclesiástico al cual va anexo el sacerdocio.

ANNIHILABLE, adj. anniiláhl. Aniquilable, que puede, que debe ser aniquilado.

ANNIHILATION, f. anniilasión. Aniquilacion, aniquilamiento. || Anulacion, derogacion.

ANNIHILER, a. anniilé. Aniquilar. || S'annihiler, r. Aniquilarse.

ANNION, m. anión. Jurisp. ant. Año, prórroga de un año que se concedia á un deudor para el pago de su deuda ántes de perseguirle.

ANNIVERSAIRE, adj. aniversér. Aniversario, anual. || m. Aniversario, el dia del año que se recuerda ó celebra en memoria de lo que sucedió anteriormente en el mismo dia. Si se refiere al nacimiento de alguna persona, se llama sus años ó sus cumpleaños. || Aniversario, el oficio y misa que se celebran por un difunto el dia en que se cumplen uno ó mas años de su fallecimiento.

ANNOISE, f. annuoa. Artemisa ó artemisia, yerba.

ANNOMINATION, f. annominasión. Anominacion, figura retórica que consiste en un juego de palabras.

ANNONA, f. annóna. Mit. Annona, diosa de la abundancia.

ANNONAIRE, adj. annonér. Hist. rom. Annonario. || Loi annonaire, una de las cuestiones, entre los Romanos.

ANNONCE, f. anóns. Anuncio, aviso, ya por carteles, ya en los diarios. || Anuncio, ofreciéndose en el teatro de la comedia del dia siguiente. || Amonestacion, proclama de matrimonio en las iglesias protestantes. || Recado que pasa un criado de la persona que pide por el dueño, ó anuncio de ella cuando entra en la sala.

ANNONCEMENT, m. anonsmán. Anunciamiento, la accion de anunciar.

ANNONCER, a. anonsé. Anunciar, publicar, declarar. || Pronosticar, predecir, revelar. || Indicar, probar. || Predicar la palabra de Dios. || Noticiar, avisar, hacer saber. || Ofrecer los cómicos la comedia del dia siguiente. || Anunciar un criado la persona que entra de visita, ó pasar recado al tiempo de su llegada. || S'annoncer, r. Darse á conocer, manifestarse. || Decir su nombre, hacer entrar recado al dueño de la casa.

ANNONCEUR, m. anonseur. Anunciador, el cómico que ofrece la representacion para otro dia.

ANNONCIADE, f. anonsiád. Anunciada, órden de caballería y de religiosas.

ANNONCIATEUR, m. anonsiateur. Hist. ecles. Anunciador de las fiestas.

ANNONCIATION, f. anonsiasión. Rel. cat. Anunciacion del ángel Gabriel á la Virgen. || Anunciacion, la festividad de este misterio, y la estampa ó pintura que lo representa.

ANNONE, f. ant. anón. Anona, víveres para un año.

ANNOTATEUR, m. anotateur. Anotador, el que pone notas.

ANNOTATION, f. anotasión. Anotacion, nota para aclarar un escrito. || ant. For. Inventario de los bienes embargados. || Com. Asiento del vencimiento de las letras.

ANNOTER, a. anoté. Anotar, poner notas á una obra. || ant. For. Embargar, secuestrar los bienes de un reo. || Com. Tomar nota de los pagarés y letras, y de su vencimiento. || S'annoter, r. Anotarse, apuntarse, tomarse notas.

ANNOTINE, adj. f. anotín. Pâque annotine ó anniversaire, Pascua aniversaria ó anual.

ANNUAIRE, m. annuér. Almanaque, calendario. || Anuario (neol.), obra que se publica todos los años con este título.

ANNUALITÉ, f. annualité. Anualidad, la propiedad de ser anual.

ANNUEL, LE, adj. annuél. Anual, que dura un año. || Aniversario, que se repite cada año. || m. Un año de misas por un difunto desde el dia de su muerte.

ANNUELLEMENT, adv. annuelmán. Anualmente.

ANNUITÉ, f. annuite. Anualidad, anuidad, obligacion del deudor de pagar cada año cierta cantidad.

ANNULABILITÉ, f. annulabilité. Anulabilidad, cualidad de lo que es anulable.

ANNULABLE, adj. annulábl. Anulable.

ANNULAIRE, adj. annulér. Anular, lo que pertenece al anillo ó tiene su figura. || Anuloso, lo que se compone de anillos.

ANNULATIF, IVE, adj. annulatif, iv. For. Anulativo (ant.), que anula.

ANNULATION, f. annulasión. Anulacion, la accion de anular.

ANNULER, a. annule. Anular, invalidar un acto, un contrato, etc. || Com. Rescontrar (ant.), anular un asiento equivocado, escribiéndolo en el débito, si estaba malamente en el crédito, ó al reves. || S'annuler, r. Anularse, suprimirse.

ANNULICORNE, adj. annulicórn. Hist. nat. Anulicórneo.

ANNULIPÈDE, adj. annulipéd. Hist. nat. Anulípedo.

ANNULLEMENT, adv. annulmán. Náut. Señal de anulacion.

ANOBLIR, a. anoblir. Ennoblecer, hacer noble. || met. Engrandecer, levantar el estilo, darle lustre y realce. || S'anoblir, r. Ennoblecerse, hacerse noble.

ANOBLISSEMENT, m. anoblisman. Ennoblecimiento, merced y título de nobleza. || Lettres d'anoblissement, despacho ó gracia de nobleza.

ANOCHE, f. anóch. [illegible] berinas.

ANODE, f. anód. [illegible] plantas malváceas.

ANODIE, f. anodí. [illegible] hablar desconcertado y [illegible]

ANODIN, E, adj. anodén. [illegible] calmante, templante.

ANODINIE, f. anodiní. [illegible] enfermedad caracterizada [illegible] dolor y la comparacion de [illegible] mas, como sucede en la [illegible]

ANODOCHEILE, m. anodoquéil. [illegible] Anodóquelo, género de coleóptero[illegible] ros.

ANODONTE, m. anodónt. [illegible] donte, género de moluscos [illegible]

ANODONTIDE, adj. anodont[illegible] Anodóntido, que se parece a[illegible]

ANODONTIUM, m. anod[illegible] Anodoncio, género de planta[illegible] de los musgos.

ANOECTANGION, m. anoe[illegible] Anoectangio, género de m[illegible]

ANOECTOCHILE, m. [illegible] Anoectócilo, género de planta[illegible]

ANOEMA, m. anoéma. Hist. [illegible] género de mamíferos del órde[illegible] mianos.

ANOGLOCHIS, m. anoglóquis[illegible] Anogloquio, género de dípter[illegible]

ANOÏA, f. anóia. Anoea, [illegible] algunos autores como [illegible] locura. V. Délire, Démence.

ANOLÈNE, adj. anolén. Hist. [illegible] no, calificacion de los animales [illegible] brazos. || Anolènes, m. pl. Ano[illegible] de monstruos animales que no tien[illegible]

ANOLIS, m. anolís. Hist. nat. [illegible] género de reptiles del órden de [illegible]

ANOMAL, E, adj. anomál. [illegible] regular. || pl. Anomaux.

ANOMALES, f. pl. anomál. [illegible] malas, clase de plantas.

ANOMALIE, f. anomalí. Ano[illegible] regularidad, desvío del órden á [illegible] tumbrado.

ANOMALIFLORE, adj. anomal[illegible] Anomalifloro, calificacion de las p[illegible] yas flores son anómalas.

ANOMALIPÈDE, adj. anomal[illegible] nat. Anomalípedo, calificacion [illegible] animales cuyos piés no tienen [illegible] unos con otros, ó presentan [illegible] lía. || Anomalipèdes, m. pl. Hist. [illegible] malípedos, nombre de un órden [illegible]

ANOMALISTIQUE, adj. anom[illegible] Anomalístico. || Année anomalísti[illegible] revolucion de la tierra durante un [illegible]

ANOMALON, m. anomalón. [illegible] Anomalon, género de insectos him[illegible]

ANOMALOPORE, adj. anomal[illegible] nat. Anomalóporo, que tiene poros [illegible] sos tamaños.

ANOMÉE, f. anomé. Bot. Anom[illegible] nero de plantas leguminosas.

ANOMIAL, E, adj. anomiál. [illegible] Anomial, calificacion de las conchas [illegible] parecen á las anomias.

ANOMIDE, adj. anomíd. Hist. [illegible] mido, calificacion de ciertos insectos [illegible] cuerpo tiene una forma extraña.

ANOMIE, f. anomí. Hist. nat. [illegible] nombre de ciertas conchas petrifica[illegible]

ANOMIOPSIS, m. anomiópsis. [illegible] Anomiopsis, género de coleóptero[illegible] meros lamelicórneos.

ANOMMATE, m. anommát. Hist. [illegible] mato, género de coleópteros penta[illegible]

ANOMOCARPE, adj. anomocár[illegible] Anomocarpo, que tiene frutos [illegible]

ANOMOCÉPHALE, adj. anomoc[illegible] nat. Anomocéfalo, nombre dado [illegible] males cuya cabeza ofrece alguna de[illegible]

ANOMOÏA, f. anomóia. Hist. [illegible] moya, género de coleópteros [illegible]

ANOMOTHÈQUE, f. anomotéc. Bot. [illegible] moteca, género de plantas tritícea[illegible]

ANOMOURE, adj. anomúr. [illegible] que tiene una cola extraordinaria y [illegible] || Anomoures, m. pl. Anomuros, [illegible] de crustáceos decápodos.

ANOMPHAL, E, adj. anonfál. [illegible] Anonfal, que no tiene ombligo.

*logic.* Anorganológico, que pertenece á la anorganología.

**ANORGISME**, m. *anorgísm.* Fis. Anorgismo, reunion de todos los cuerpos y de todas las fuerzas de la naturaleza, que no pertenecen al reino orgánico.

**ANORMALE, E**, adj. *anormál.* Anormal, irregular.

**ANORMALIE, ANORMALITÉ.** V. ANOMALIE.

**ANOROPS**, m. *anorops.* Hist. nat. Anoropeo, género de coleópteros heterómeros.

**ANORRHYNQUE**, adj. *anorrénc.* Hist. nat. Anorrinco, sin pico.

**ANORTHITE**, f. *anortít.* Hist. nat. Anortita, mineral que se parece al feldespato.

**ANOSIE**, f. *anosí.* Med. Anosia, estado de salud, falta de enfermedad.

**ANOSMIE**, f. *anosmí.* Med. Anosmia, falta de olfato. || Bot. Anosmia, género de plantas umbeladas de Candia.

**ANOSPHRÉSIE**, f. *anosfresí.* Med. Anosfresia, ausencia ó pérdida del olfato.

**ANOSTÉOPHORE**, adj. *anosteofór.* Hist. nat. Anosteóforo, calificacion de los moluscos que no tienen huesos ó partes duras en el cuerpo. || *Anostéophores*, m. pl. Anosteóforos, órden de moluscos cefalópodos.

**ANOSTÉOZOAIRE**, adj. *anosteozoér.* Hist. nat. Anosteozoario, calificacion de los animales que no tienen verdaderos huesos.

**ANOSTOME**, m. *anostóm.* Hist. nat. Anóstomo, género de pescados.

**ANOSTOSTOME**, f. *anostostóm.* Hist. nat. Anostóstoma, género de locustios ortópteros.

**ANOTIDE**, f. *anotíd.* Bot. Anótida, género de plantas rubiáceas.

**ANOTIE**, f. *anotí.* Hist. nat. Anotia, género de insectos hemípteros.

**ANOU**, m. *anú.* Bot. Anou, palmera de Sumatra, que produce un vino excelente.

**ANOURE**, adj. *anúr.* Anuro, sin cola. || *Anoures*, m. pl. Familia de animales reptiles que no tienen cola, como las ranas, etc.

**ANOXYE**, f. *anocsí.* Hist. nat. Anoxia, género de coleópteros pentámeros.

**ANQUILLEUSE**, adj. f. ant. *anquilleus.* Mujer ratera.

**ANSE**, f. *ans.* Asa de cántaro, cesto, cofre, campana, etc. || fam. *Faire le pot à deux anses*, ponerse en jarras. || *Faire danser l'anse du panier*, sisar en la compra. || Embrazadura del escudo. || Ensenada, ancon. || V. HANSE.

**ANSÉATIQUE**, adj. f. V. HANSÉATIQUE.

**ANSER**, a. *ansé.* poco us. Poner asas.

**ANSÉRES**, f. pl. *anseré.* Hist. nat. Anséreas, nombre genérico de las aves palmípedas de Cuvier, ó de las nadadoras de Vieillot.

**ANSÉRIDE**, adj. *anseríd.* Hist. nat. Ansérido, que se parece al ánsar. || *Ansérides*, m. pl. Ansérides, familia de aves palmípedas.

**ANSETTE**, f. *ansét.* Asita, asa pequeña. || Mar. Garrucho.

**ANSPECT**, m. *anspéc.* Mar. Espeque para mover la cureña.

**ANSPESSADE**, m. *anspesád.* Sotacómitre de galera

**ANTAGONISME**, m. *antagonísm.* Antagonismo. || met. Rivalidad, oposicion

**ANTAGONISTE**, m. *antagoníst.* Antagonista, opuesto, contrario. || adj. Antagonista, que obra en sentido opuesto.

**ANTALE**, m. *antál.* Concha cónica.

**ANTALGIE**, f. *antalgí.* Med. Antalgia, ausencia de dolor.

**ANTALGIQUE**, adj. *antalgíc.* Med. Antálgico, anodino, calmante.

**ANTAMBA**, m. *antanbá.* Antamba, animal del Madagascar muy parecido al leopardo.

**ANTAN**, m. ant. *antán.* Antaño, el año próximo pasado. *Los neiges d'antan*, las nieves del año pasado.

**ANTANACLASE**, f. *antanaclás.* Ret. Antanaclasis, figura retórica.

**ANTANAGOGE**, f. *antanagógе* V. RÉCRIMINATION.

**ANTANAIRE, ANTANIER, ANTANOIS**, adj. *antanér, antanié, antanuá.* De un año, añojo, el hijo de la vaca. || Se dice de los pájaros que no han mudado la pluma.

**ANTANIER, ÈRE**, adj. *antanié.* V. ANTANAIRE.

**ANTANOIS, E**, adj. *antanuá.* V. ANTANAIRE.

**ANTAPHRODISIAQUE, ANTAPHRODITIQUE**, adj. V. ANTIAPHRODISIAQUE, ANTIAPHRODITIQUE.

**ANTAPODOSE**, f. *antapodós.* Méd. Antapodosis, reiteracion de los accesos febriles.

**ANTARCTIQUE**, adj. *antarctíc.* Astr. Antártico, ó que está opuesto al polo ártico.

**ANTARÈS**, m. *antáres.* Astr. Antares, estrella fija en el corazon del Escorpion.

**ANTARTHRITIQUE**, adj. *antartritíc.* V. ANTI-ARTHRITIQUE.

**ANTE**, f. *ant.* Arq. Anta, pilastra. || Pint. Mango de brocha ó pincel.

**ANTÉBRACHIAL, E**, adj. *antebraquial.* Anat. Antibraquial, que pertenece al antebrazo.

**ANTÉCÉDEMMENT**, adv. *antesedamán.* Antecedentemente, anteriormente. No se usa. V. ANTÉRIEUREMENT.

**ANTÉCÉDENCE**, f. *antesedáns.* Antecedencia, estado de lo que es antecedente.

**ANTÉCÉDENT**, m. *antesedán.* Antecedente. || adj. Antecedente, precedente.

**ANTECHRIST**, m. *antecríst.* Antecristo, falso profeta que vendrá al fin del mundo.

**ANTÉDILUVIEN, NE**, adj. *antediluvién.* Antediluviano, que existió ántes del diluvio universal.

**ANTÉE**, m. *anté.* Mit. Anteo, gigante, hijo de Neptuno y de la Tierra, y muerto por Hércules.

**ANTÉGÉNÉSIE**, f. *antegenesí.* Antegenesia, nombre de algunos tratados filosóficos acerca de la época anterior á la historia de la creacion.

**ANTÉGÉNITAL, E**, adj. *antegenitál.* Antegénito, que ha sido engendrado ántes.

**ANTÉMÉTIQUE.** V. ANTI-ÉMÉTIQUE.

**ANTÉSÉASME**, m. *antenasism.* Med. Antenasmo, manía, propension que tiene un enfermo al suicidio.

**ANTENNARIE**, f. *antenarí.* Bot. Antenaria, género de hongos perisporiáceos.

**ANTENNE**, f. *antén.* Mar. Entena ó antena. || pl. Antenas, los cuernecillos de algunos insectos.

**ANTENNÉ, ÉE**, adj. *antené.* Hist. nat. Antenado, que tiene antenas.

**ANTENNIFÈRE**, adj. *antenifér.* Hist. nat. Antenífero, que lleva antenas.

**ANTENNIFORME**, adj. *anteniform.* Anteniforme, que tiene la forma de antena.

**ANTENNOLE**, f. *antenól.* Mar. Enténola ó anténola, antena pequeña.

**ANTENNULAIRE**, m. *antenulér.* Hist. nat. Antenulario, género de pólipos que tienen antenas. || Antenulario, segundo segmento cefálico del esqueleto tegumentoso de los crustáceos.

**ANTENNULE**, f. *antenúl.* Hist. nat. Anténula, antena corta y muy pequeña.

**ANTENOIS**, adj. V. ANTANOIS.

**ANTÉNOR**, m. *antenór.* Mit. Antenor, príncipe troyano.

**ANTÉNORON**, m. Bot. V. POLYGONON.

**ANTÉNUPTIAL, E**, adj. *antenupsiál* Antenupcial, que precede á la boda.

**ANTÉOCCUPATION**, f. *anteocupasión.* Ret. Anteocupacion ó prolépsis, figura que consiste en prevenir una objecion para destruirla.

**ANTÉPECTORAL, E**, adj. *antepectorál.* Hist. nat. Antepectoral, que está colocado delante del pecho.

**ANTÉPÉNULTIÈME**, adj. *antepenultiém.* Antepenúltimo.

**ANTÉPHIALTIQUE**, adj. *antefialtíc.* Med. Antefiáltico, calificacion de los remedios que son á propósito para curar la opresion del pecho.

**ANTÉPILANES**, m. pl. *antepilán.* Hist. Antepilanos, soldados veteranos de cada legion entre los Romanos.

**ANTÉPRÉDICAMENTS**, m. pl. *antepredicamán.* Antepredicamentos, cuestiones preliminares.

**ANTÉRIEUR, E**, adj. *anterieur.* Anterior, que precede.

**ANTÉRIEUREMENT**, adv. *anterieur-mán*. Anteriormente.

**ANTÉRIORITÉ**, f. *anteriorité*. Anterioridad, prioridad, antelacion.

**ANTERNÓN**, m. *anternón*. Calzada, camino elevado á la orilla del mar para dar paso por medio del dique que contiene la marea.

**ANTÉROCIENS**, adj. pl. *anterosién*. Anteceo, antíscios.

**ANTESTATURE**, f. *antestatúr*. Fort. Antestatura, reparo, trincheras.

**ANTÉSIGNAIRE**, m. *antesiñér*. Ant. rom. Antesignano, soldado encargado de defender las banderas.

**ANTÉSINISTRE**, adj. *antesinistr*. Antesiniestro, epíteto que daban los arúspices á los fenómenos atmosféricos que venian de la izquierda.

**ANTÉVERSION**, f. *anteversión*. Cir. Anteversion, posicion anormal del útero.

**ANTÉVERTA**, f. *antevérta*. Mit. Anteverta, diosa de lo pasado.

**ANTHALÉPHILE**, f. *antalefil*. Hist. nat. Antalefila, género de coleópteros heterómeros.

**ANTHÉLIE**, f. *antelí*. Hist. nat. Antelia, género de pólipos.

**ANTHÉLIX**, m. *antélics*. Anat. Antehélix, eminencia ó repliegue curvilíneo formado por el cartílago de la oreja, y situado delante del hélix.

**ANTHELMINTIQUE**, adj. *antelmentic*. Med. Antelmíntico, vermífugo.

**ANTHÉMIDE** ó **ANTHÉMIS**, f. V. CAMOMILLE.

**ANTHÉRAL, E**, adj. *anterál*. Bot. Anteral, que pertenece á la antera.

**ANTHÈRE**, f. *antér*. Bot. Antera, saquillo membranoso de forma oblonga, colocado en el extremo de los estambres de las flores, y que está considerado como el órgano sexual macho de las plantas.

**ANTHÉRIC**, m. *anteríc*. Bot. Antérico, género de plantas liliáceas antericeas.

**ANTHÉRICÉ, ÉE**, adj. *anteris*é. Bot. Anteríceo, parecido á la antera. || *Anthéricées*, f. pl. Antericeas, grupo de plantas liliáceas.

**ANTHÉRICÈRE**, adj. *anterisér*. Hist. nat. Antericero, que tiene un pelo en las antenas. || *Anthéricères*, m. pl. Antericeros, familia de insectos dípteros.

**ANTHÉRIFÈRE**, adj. *anterifér*. Bot. Anterífero, que tiene anteras.

**ANTHÉRIFORME**, adj. *anterifórm*. Bot. Anteriforme, que tiene la forma de una antera.

**ANTHÉRIN, E**, adj. *anterín*. Hist. nat. Anterino, calificacion de los insectos que viven en las flores.

**ANTHÉRIQUE**, adj. *anteric*. Bot. Antérico, que tiene relacion con las anteras.

**ANTHÉROPHAGE**, m. *anterofágo*. Hist. nat. Anterófago, género de coleópteros pentámeros.

**ANTHÉRURE**, f. *anterür*. Bot. Anterura, arbusto del género de las rubiáceas.

**ANTHÉRYLIE**, f. *anterilí*. Bot. Anterilia, arbusto de la familia de las litráceas.

**ANTHÈSE**, f. *antés*. Bot. Antesis, florescencia.

**ANTHESPHORIES**, f. pl. *antesforí*. Mit. Antesforias, fiestas celebradas en Sicilia en honor de Proserpina.

**ANTHESTÉRIES**, f. pl. *antesterí*. Antesterias, fiestas que se celebraban en Aténas en honor de Baco.

**ANTHESTÉRION**, m. *antesterión*. Antesterion, sexto mes del año ateniense.

**ANTHIA**, m. *antía*. Hist. nat. Antías, pescado del Archipiélago y del Mediterráneo.

**ANTHICE**, m. *antís*. Hist. nat. Antico, género de insectos coleópteros.

**ANTHIDIE**, f. *antidí*. Hist. nat. Antidia, género de insectos himenópteros.

**ANTHIE**, f. *antí*. Hist. nat. Antia, género de coleópteros pentámeros.

**ANTHILLION**, m. *antillión*. Bot. Antilio, girasol anuo.

**ANTHISTIRIE**, m. *antistirí*. Bot. Antistiria, género de plantas de la familia de las gramíneas.

**ANTHOBIE**, f. *antobí*. Hist. nat. Antobia, género de coleópteros pentámeros. || *Anthobies*, f. pl. Hist. nat. Antobios, género de insectos coleópteros xilófagos.

**ANTHOCÉPHALE**, m. *antosefál*. Bot. Antocéfalo, género de plantas de la familia de las rubiáceas. || Hist. nat. Antocéfalo, familia de gusanos.

**ANTHODENDRON**, m. Bot. V. RHODODENDRON.

**ANTHOGRAPHIE**, f. *antografí*. Antografía, arte de expresar los pensamientos por medio de las flores.

**ANTHOLITHE**, f. *antolít*. Bot. Antolito, nombre del trigo de Canarias.

**ANTHOLOGIE**, f. *antologí*. Antología, silva, floresta, coleccion de poesías escogidas.

**ANTHOLOGUE**, m. *antológue*. Fil. Antólogo, autor de una antología.

**ANTHOMÈTRE**, f. *antométr*. Hist. nat. Antómetra, género de lepidópteros nocturnos.

**ANTHONYME**, adj. *antonimé*. Hist. nat. Antónimo, que se parece á una antena.

**ANTHOMYIE**, f. *antomí*. Hist. nat. Antomia, género de dípteros braquíceros.

**ANTHONYCTIDE**, adj. *antonictid*. Antonictido, que chupa el jugo de las plantas.

**ANTHONOME**, m. *antonóm*. Hist. nat. Antónomo, género de coleópteros tetrámeros.

**ANTHONOTE**, m. *antonót*. Bot. Antonote, género de plantas de las leguminosas.

**ANTHOPHAGE**, adj. *antofág*. Hist. nat. Antófago, que vive en las flores y se mantiene de ellas. || *Anthophages*, m. pl. Antófagos, género de coleópteros braquélitros.

**ANTHOPHILE**, adj. *antofil*. Hist. nat. Antófilo, que vive en las flores sin mantenerse de ellas. || *Anthophile*, f. Antófila, género de lepidópteros nocturnos.

**ANTHOPHORE**, m. *antofór*. Hist. nat. Antóforo, género de insectos himenópteros.

**ANTHOPHYLLITE**, m. *antofilit*. Hist. nat. Antofilita, silicato aluminoso.

**ANTHORE**, m. *antór*. Bot. Antore, especie de acónito cuyas flores son de un amarillo claro ó de un azul lívido.

**ANTHOS**, f. *ántos*. Bot. Antos, voz tomada del griego que significa flor en general, pero usada para designar la flor del romero.

**ANTHOSPERME**, m. *antospérm*. Bot. Antosperma, aglomeracion de los globulillos reproductores de ciertas plantas marinas. || Antosperma, planta rubiácea.

**ANTHOSTÈME**, f. *antostém*. Bot. Antostema, planta euforbiácea.

**ANTHOTIE**, f. *antosí*. Bot. Antesia, planta de la familia de las lobeliáceas.

**ANTHOXANTHE**, m. *antocsánt*. Bot. Antoxanto, planta gramínea.

**ANTHOZOA**, f. *antozóa*. Hist. nat. Antozoa, género de pólipos con una sola abertura digestiva.

**ANTHOZOAIRE**, adj. *antozoér*. Hist. nat. Antozoario. || *Anthozoaires*, m. pl. Antozoarios, familia de pólipos.

**ANTHRACIDES**, m. pl. *antrasid*. Hist. nat. Antrácidos, familia de insectos dípteros.

**ANTHRACIENS**, m. pl. Hist. nat. V. ANTHRACIDES.

**ANTHRACIFORME**, adj. *antrasifórm*. Hist. nat. Antraciforme, que tiene la forma de un ántrax.

**ANTHRACOMÈTRE** ó **ANTHRACONISTRE**, m. *antracométr*, *antraconístr*. Quím. Antracómetro, instrumento que sirve para determinar la cantidad de ácido carbónico contenido en una mezcla gaseosa.

**ANTHRACOMÉTRIQUE**, adj. *antracometríc*. Antracométrico, que pertenece al antracómetro.

**ANTHRACONITE**, f. *antraconít*. Miner. Antraconita, variedad de la calcárea carbonosa.

**ANTHRACOSE**, f. *antracós*. Med. Antracosis, úlcera corrosiva que ataca los párpados.

**ANTHRACOTHÈRE**, m. *antracotér*. Hist. nat. Antracótero, género fósil de mamíferos paquidermos.

**ANTHRASOME**, m. *antrasóm*. Hist. nat. Antrásomo, género de insectos coleópteros heterómeros.

**ANTHRAX**, m. [illegible] carbunclo, [illegible]

**ANTHRAXIFÈRE**, adj. [illegible] [illegible]

**ANTHRAXOMÉCHIE**, m. [illegible] [illegible]

**ANTHRÈNE**, m. [illegible] treno, género de [illegible]

**ANTHRIBE**, m. [illegible] tribo, género de insectos [illegible] meros.

**ANTHRIBIDE**, adj. [illegible] Antríbido, que se parece [illegible] || *Anthribides*, m. pl. [illegible] coleópteros.

**ANTHRISQUE**, m. [illegible] género de plantas umbelíferas.

**ANTHROPIATRIE**, f. [illegible] Antropiatría, medicina [illegible] que se ejerce con la [illegible]

**ANTHROPOCHIMIE**, f. [illegible] Hist. nat. Antropoquímica, [illegible] elementos químicos que [illegible] cuerpo humano.

**ANTHROPOCHIMIQUE**, [illegible] chimíc. Antropoquímico, [illegible] con la antropoquímica.

**ANTHROPOFORME**, adj. [illegible] Antropoforme, de figura [illegible]

**ANTHROPOGÉNÉSIE**, f. [illegible] Antropogénesis, estudio [illegible] ómenos de la generacion del [illegible] fenómenos que la acompañan.

**ANTHROPOGÉNIQUE**, [illegible] genéic. Antropogénico, que [illegible] con la antropogénesis.

**ANTHROPOGÉNIE**, f. [illegible] tropogenia.

**ANTHROPOGLYPHITE**, f. [illegible] fit. Antropoglifita, piedra [illegible] lada, que sin auxilio del arte [illegible] guna parte del cuerpo humano.

**ANTHROPOGNOSIE**, f. [illegible] Antropognosia, conocimiento [illegible] bajo el aspecto principal de su [illegible] física y anatómica.

**ANTHROPOGRAPHE**, m. [illegible] Antropógrafo, descriptor de [illegible] Pintor de figuras humanas.

**ANTHROPOGRAPHIE**, f. [illegible] Antropografía, descripcion [illegible] hombre. Es sinónimo de [illegible]

**ANTHROPOGRAPHIQUE**, [illegible] grafíc. Antropográfico, lo [illegible] relativo á la antropografía.

**ANTHROPOÏDE**, m. [illegible] nat. Antropoide, género de [illegible]

**ANTHROPOLÂTRE**, m. y f. [illegible] Antropólatra, el ó la que [illegible] un hombre.

**ANTHROPOLÂTRIE**, f. [illegible] Antropolatría, culto idólatra [illegible] bre.

**ANTHROPOLÂTRIQUE**, adj. [illegible] tríc. Antropolátrico, que se [illegible] tropolatría.

**ANTHROPOLITHE**, m. [illegible] tropolita, hombre-piedra, [illegible]

**ANTHROPOLOGIE**, f. [illegible] tropología, tratado sobre el [illegible]

**ANTHROPOLOGIQUE**, adj. [illegible] gíc. Antropológico, que [illegible] tropología.

**ANTHROPOMAGNÉTISME**, [illegible] mañetism. Fis. Antropomagnetismo [illegible] netismo animal, considerado [illegible] las relaciones que existen entre [illegible] los demas cuerpos.

**ANTHROPOMANCIE**, f. [illegible] Antropomancia, adivinacion [illegible] inspeccion fatídica de las [illegible] dáver humano.

**ANTHROPOMANCIEN**, [illegible] tropomansién. Antropomántico, [illegible] la antropomancia.

**ANTHROPOMÉTALLISME**, [illegible] metalism. Antropometalismo, [illegible] puede haber en el magnetismo [illegible]

**ANTHROPOMÈTRE**, m. [illegible] Antropómetro, instrumento que [illegible] graduar las proporciones de las [illegible] partes del cuerpo humano.

**ANTHROPOMÉTRIE**, f. [illegible] Antropometría, ciencia que trata de las proporciones humanas.

**ANTIARE**, m. *antiar*. Bot. Antiaro, árbol de Java.

**ANTIARINE**, f. *antiarin*. Quim. Antiarina, sustancia particular que se halla en el veneno antiar.

**ANTIARISTOCRATE**, m. y. f. *antiaristocrát*. Antiaristócrata, contrario á la aristocracia.

**ANTIARTHRITIQUE**, adj. *antiartritic*. Med. Antiartrítico, calificacion de los remedios que producen buenos efectos contra la gota.

**ANTIASPHYCTIQUE**, adj. *antiasfictic*. Med. Antiasfíctico, calificacion de los remedios que se emplean contra la asfixia.

**ANTIASTHMATIQUE**, adj. *antiasmatic*. Med. Antiasmático, calificacion de los medicamentos que producen resultados favorables contra el asma.

**ANTIATROPHIQUE**, adj. *antiatrofic*. Med. Antiatrófico, calificacion de los remedios que se emplean contra la atrofia.

**ANTIBACCHIQUE**, m. *antibaquic*. Poés. Antibaquio, pié de verso griego y latino.

**ANTI-BOIS**, m. *antibuá*. Carp. Liston, tira de madera que se pone en algunas habitaciones.

**ANTICABINET**, m. *anticabiné*. Arq. Antegabinete, pieza que precede á un gabinete.

**ANTICACHECTIQUE**, adj. *anticaquectic*. Med. Anticaquéctico, propio del medicamento que sirve contra la caquexia.

**ANTICADMIE**, f. *anticadmí*. Quim. Anticadmia, cadmia falsa.

**ANTICANCÉREUX, EUSE**, adj. *anticansereu, eus*. Med. Anticanceroso, que obra contra el cáncer.

**ANTICARCINOMATEUX, EUSE**, adj. *anticarsinomateu, eus*. Anticarcinomatoso, sinónimo de anticanceroso.

**ANTICARDE**, m. *anticárd*. Anat. Anticardio, parte correspondiente á la boca superior del estómago.

**ANTICARDINAL**, m. *anticardinál*. Anticardenal, cardenal del partido de un antipapa.

**ANTICATARRHAL, E**, adj. *anticatarrál*. Med. Anticatarral, que obra contra el catarro.

**ANTICAUSOTIQUE**, adj. *anticosotic*. Med. Anticausótico, que obra contra el causon ó fiebre ardiente.

**ANTICHAMBRE**, f. *antichánbr*. Arq. Anticámara, antesala. || *Propos d'antichambre*, habladuría de criados.

**ANTICHOLÉRIQUE**, adj. y s. *anticoleric*. Med. Anticolérico, que obra contra la cólera.

**ANTICHORE**, m. *anticór*. Bot. Anticoro, planta liliácea de la Arabia.

**ANTICHRÈSE**, f. *anticrés*. Jurisp. Anticrésis, pacto anticrético.

**ANTICHRÉTIEN, NE**, adj. y s. *anticretién*. Anticristiano, que se opone al cristianismo.

**ANTICHRISTIANISME**, m. *anticristianism*. Anticristianismo, doctrina opuesta á la del cristianismo.

**ANTICIPANT, E**, adj. *antisipán*. Med. Anticipante: se dice de las accesiones que se repiten ántes del período regular.

**ANTICIPATION**, f. *antisipasión*. Anticipacion, prevencion. || Com. Anticipo de dinero sobre una mercancía que se tiene para vender. || Usurpacion. || Anticipacion, figura de retórica. || *Par anticipation*, de antemano.

**ANTICIPER**, a. *antisipé*. Anticipar, adelantar. || n. Usurpar, meterse en lo ajeno. || *S'anticiper*, r. Anticiparse, adelantarse, ser anticipado ó adelantado.

**ANTICIVIQUE**, adj. *antisivic*. Anticívico, lo que se opone al civismo.

**ANTICIVISME**, m. *antisivism*. Anticivismo, cualidad de lo que se opone al civismo, al celo patriótico por el bien de la patria.

**ANTICLÉE**, f. *anticlé*. Mit. Anticlea, hija de Autólico, esposa de Laértes y madre de Ulíses.

**ANTICŒCAL, E**, adj. *antisecál*. Anat. Anticecal, que está situado delante del intestino recto.

**ANTICŒUR**, m. V. AVANT-CŒUR.

**ANTICOLIQUE**, adj. *anticolic*. Med. Anticólico, calificacion de los remedios que se consideran como eficaces para la curacion de los cólicos.

**ANTICONSTITUTIONNAIRE**, adj. y s. *anticonstitusionér*. Anticonstitucionario, opuesto á la constitucion *Unigenitus*. V. JANSÉNISTE.

**ANTICONSTITUTIONNALITÉ**, f. *anticonstitusionalité*. Infraccion de la Constitucion.

**ANTICONSTITUTIONNEL, LE**, adj. *anticonstitusionél*. Anticonstitucional, contrario á la Constitucion.

**ANTICONSTITUTIONNELLEMENT**, adv. *anticonstitusionelmán*. De un modo contrario á la Constitucion.

**ANTICOUR**, m. Arq. V. AVANT-COUR.

**ANTICRÉPUSCULE**, m. *anticrepuscúl*. Fis. Anticrepúsculo, claridad que aparece en el cielo á la parte opuesta y en el momento del crepúsculo.

**ANTICRITIQUE**, adj. *anticritic*. Anticrítico, que es opuesto á la crítica. || m. Anticrítico, el que no tiene disposicion alguna para la crítica. || f. Anticrítica, crítica en contestacion á otra crítica.

**ANTICTÉRIQUE**, adj. y s. *anticteric*. Med. Antictérico, calificacion de los medicamentos usados contra la ictericia.

**ANTIDACTYLE**, adj. y s. *antidactíl*. Poes. ant. Antidáctilo, pié de verso, conocido bajo el nombre de anapesto, y contrario al dáctilo en la disposicion de sus sílabas.

**ANTIDATE**, f. *antidát*. Jurisp. Antedata, fecha anticipada.

**ANTIDATER**, a. *antidaté*. Antedatar, poner la fecha adelantada.

**ANTIDESPOTE**, adj. y s. *antidespót*. Antidéspota, que es opuesto al despotismo.

**ANTIDIARRHÉIQUE**, adj. y s. *antidiareic*. Med. Antidiarréico, que obra contra la diarrea.

**ANTIDILUVIEN, NE**, adj. *antidiluvién*. Antediluviano, que ha precedido al diluvio.

**ANTIDINIQUE**, adj. y s. *antidinic*. Med. Antidínico, que obra contra el vértigo.

**ANTIDIPLOHÉMIÉDRIE**, f. *antidiploemiedrí*. Antidiplohemiedria, forma de cristalizacion piramidal que resulta de dos esfenoedros.

**ANTIDIPLOHÉMIÉDRIQUE**, adj. *antidiploemiedric*. Antidiplohemiédrico, que tiene el carácter de la antidiplohemiedria.

**ANTIDOGMATISME**, m. *antidogmatism*. Antidogmatismo, doctrina opuesta al dogma.

**ANTIDORE**, m. *antidór*. Liturg. Antidoro, pan bendito que se da en la iglesia griega á los que no pueden comulgar.

**ANTIDOTAIRE**, m. ant. *antidotér*. Med. Antidotario, el libro que trata de las composiciones de los medicamentos. Formulario de recetas. || Tratado de los antídotos.

**ANTIDOTE**, m. *antidót*. Med. Antídoto, medicamento contra el veneno. || met. Preservativo, remedio.

**ANTIDOTER**, a. *antidoté*. Recetar un antídoto.

**ANTIDRAMATIQUE**, adj. *antidramatic*. Antidramático, que es contrario á las reglas dramáticas.

**ANTIDUALISME**, m. *antidualism*. Antidualismo, doctrina opuesta al dualismo.

**ANTIDYNAMIQUE**, adj. *antidinamic*. Med. Antidinámico, que obra contra las fiebres adinámicas.

**ANTIDYSSENTÉRIQUE**, adj. *antidisenteric*. Med. Antidisentérico, que es contra la disentería.

**ANTIÉMÉTIQUE**, adj. y s. *antiemetic*. Med. Antiemético, que tiene la virtud de detener el vómito.

**ANTIENNE**, f. *antién*. Liturg. Antífona. || met. fam. *Chanter la même antienne*, volver á la misma cancion.

**ANTIÉPHIALTIQUE**, adj. y s. *antiefialtic*. Med. Antiefiáltico, que obra contra la pesadilla.

**ANTIÉPILEPTIQUE**, adj. y s. *antiepileptic*. Antiepiléptico, que es contra la epilepsia.

**ANTIÉVANGÉLIQUE**, adj. *antievangelic*. Antievangélico, contrario al Evangelio.

**ANTIFARCINEUX**, adj. y s. *antifarsineu*. Vet. Antilamparoso, eficaz contra los lamparones.

**ANTIFÉBRILE**, adj. *antifebril*. Antifebril, que es contra la calentura.

**ANTIFIDE**, f. *antifid*. V OZYDE

**ANTITHÉÂTRAL, E**, adj. *antiteatrál.* Antiteatral, que no es conveniente ni apto para el teatro.

**ANTITHÉES ó ANTITHÉES**, m. pl. *antit, antité.* Mit. Antiteos, genios malignos que invocaban los magos.

**ANTITHÈSE**, f. *antités.* Ret. Antítesis, contraposicion.

**ANTITHÉTAIRE**, m. *antitetér.* Jurisp. Recriminador, acusado que trata de descargarse de un delito acriminando al acusador.

**ANTITHÉTIQUE**, adj. *antitetic.* Antitético, que contiene antítesis.

**ANTITRAGUS**, m. *antitrágus.* Anat. Antitrago, eminencia de la oreja, situada enfrente del trago.

**ANTITRINITAIRE**, f. *antitrinitér.* Sect. rel. Antitrinitario, que niega el misterio de la Trinidad.

**ANTITRIXIE**, f. *antitricsí.* Bot. Antitrixia, género de plantas compuestas.

**ANTITYPE**, m. *antitíp.* Liturg. Antitipo, tipo, figura. || Antitipo, nombre que en la Iglesia griega equivale á símbolo ó figura.

**ANTITYPIE**, f. *antitipí.* Med. Antitipia, resistencia, dureza.

**ANTIUNIONISTE**, m. y f. *antiunionist.* Antiunionista, el que es opuesto á la union de dos pueblos, partidos, etc.

**ANTIVARIOLIQUE**, adj. y s. *antivariolic.* Med. y Cir. Antivariólico, que obra contra las viruelas.

**ANTIVÉNÉRIEN, NE**, adj. Med. y Cir. Antivenéreo. V. ANTISYPHILITIQUE.

**ANTIVERMINEUX**, adj. y s. Med. Antiverminoso. V. VERMIFUGE y ANTHELMINTIQUE.

**ANTIVÉROLIQUE**, adj. y s. *antiverolic.* Med. V. ANTIVARIOLIQUE.

**ANTIVERSIFICATEUR**, m. *antiversificateur.* Antiversificador, opuesto á la poesía.

**ANTIZYMIQUE**, adj. *antisimic.* Quím. Anticímico, que se opone á la fermentacion.

**ANTŒCIENS**, m. pl. *antesién.* Antecos. V. ANTISCIENS.

**ANTOFLE**, m. *antófl.* Clavo, especia.

**ANTOISER**, a. *antuasé.* Agr. Apilar, poner el estiércol en montones para las tierras.

**ANTONIA**, adj. *antónia.* Der. rom. Antonia, epíteto de una ley, publicada en tiempo del consulado de Antonio.

**ANTONOMASE**, f. *antonomás.* Ret. Antonomasia, figura de retórica.

**ANTONYMIE**, f. *antonimí.* Lit. Antonimia, oposicion de palabras.

**ANTRE**, m. *ántr.* Cueva, caverna.

**ANTYLION**, m. *antilión.* Farm. Antilion, emplasto, cataplasma astringente.

**ANUBIS**, m. *anúbis.* Mit. Anubis, ídolo egipcio.

**ANUER**, a. *anué.* Cetr. Ojear, buscar el momento favorable para tirar á las aves al vuelo.

**ANUITER**, n. ant. *anuité.* Anochecer, venir la noche. || *S'anuiter*, r. fam. Dejarse coger de la noche, caminar de noche.

**ANUS**, m. *ánus.* Anat. Ano, el orificio del trasero.

**ANVERSOIS, E**, adj. *anversuá.* Amberés, que ha nacido en Ambéres, que es propio de Ambéres ó de sus habitantes.

**ANXIÉTÉ**, f. *ancsieté.* Ansiedad, ansia, congoja.

**ANXIEUSEMENT**, adv. *ancsieusmán.* Ansiosamente, con ansiedad.

**ANXIEUX, EUSE**, adj. *ancsieu, eus.* Ansioso, que tiene ansiedad.

**ANYCHIE**, f. *anichí.* Bot. Aniquia, planta amarantácea.

**AOCHLÉSIE**, f. *aoclesí.* Med. Aoclesia, tranquilidad, bienestar, calma, diminucion de los síntomas de una enfermedad.

**AODON**, adj. *aodón.* Hist. nat. Aodon, que no tiene dientes. || m. Aodon, género de pescados plagióstomos.

**AOME**, m. *aóm.* Hist. nat. Aome, género de coleópteros tetrámeros.

**AON**, m. *aón.* Mit. Aon, hijo de Júpiter y de una ninfa.

**AONIDES**, f. pl. *aoníd.* Aonidas, nombre de las musas que habitan en los montes aonianos.

**AONIE**, f. *aoní.* Hist. nat. Aonia, género de anélidos.

**AONIEN, NE**, adj. *aonién.* Geog. ant. Aoniano, de la ciudad de Aonia.

**AOPLIE**, f. *aoplí.* Bot. Aoplea, género de plantas orquídeas olrídeas.

**AORE**, m. *aór.* Hist. nat. Aoro, género de coleópteros tetrámeros.

**AORISTE**, m. *aorist.* Gram. Aoristo, tiempo de la conjugacion griega y de la francesa.

**AORTE**, f. *aórt.* Anat. Aorta, la arteria mayor del cuerpo humano.

**AORTÉVRISME**, m. *aortevrism.* Aorteurisma, aneurisma de la aorta.

**AORTIQUE**, adj. *aortic.* Anat. Aórtico, lo que pertenece á la aorta.

**AORTITE**, m. *aortit.* Med. Aortitis, inflamacion de la aorta.

**AOÛT**, m. *u.* Agosto. || Siega, recoleccion de las mieses. || *Mi-août*, el quince de agosto.

**AOÛTÉ, ÉE**, adj. *auté.* Sazonado, maduro por el calor del verano.

**AOÛTEMENT**, m. *autmán.* Maduracion, accion de madurar.

**AOÛTER**, a. *auté.* Sazonar, hacer madurar los frutos. || *S'aoûter*, r. Fortalecerse, hablando de las plantas.

**AOÛTERON**, m. *autrón.* poco us. Mozo agostero, segador de mieses.

**APACARO**, m. *apacáro.* Bot. Apacaro, arbusto del Malabar, siempre verde, cargado á un mismo tiempo de hojas, flores y fruto.

**APAGMA**, m. ant. *apágma.* Cir. Apagma, dislocacion, luxacion ó separacion de su sitio por fractura trasversal de algun miembro.

**APAGOGIE**, f. *apagogí.* Lóg. Apagogía, demostracion de una proposicion por lo absurdo de la contraria.

**APAISANTEUR**, m. ant. *apesanteur.* Pacificador.

**APAISEMENT**, m. ant. *apesmán.* Pacificacion.

**APAISER**, a. *apesé.* Apaciguar, sosegar, aquietar. || *S'apaiser*, r. Tranquilizarse, sosegarse.

**APAISEUR**, m. fam. *apeseur.* Apaciguador, el que apacigua ó [illegible] paz.

**APALACHINE**, f. *apalachín.* Bot. Apalachina, casina ó té de los Apalaches.

**APALAT**, m. *apalá.* Bot. Apalato, planta.

**APALE**, m. *apál.* Hist. nat. Apalo, género de coleópteros heterómeros.

**APALLAGE**, m. *apaláge.* Med. Apalaje, tránsito del estado de enfermedad al estado sanitario.

**APALODERME**, m. *apalodérm.* Hist. nat. Apalodermo, sub-género de la familia de los curucús.

**APALYTRE**, adj. *apalitr.* Hist. nat. Apalitro, que tiene blandos los élitros. || *Apalytres*, m. pl. Apalitros, familia de coleópteros pentámeros.

**APANAGE**, m. *apanage.* Heredamiento, infantazgo, las tierras ó rentas señaladas á un infante ó infanta || met. Gage, carga, pension.

**APANAGER**, a. *apanagé.* Señalar alimentos á un infante ó infanta.

**APANAGISTE**, m. *apanagist.* Infante heredado, dotado ó alimentista.

**APANTHISME**, m. *apantism.* Med. Apantismo, obliteracion completa de alguna parte ó de algun órgano, como por ejemplo, de la vena umbilical despues del nacimiento del feto.

**APANTHROPIE**, f. *apantropí.* Med. Apantropía, misantropía, aversion á los hombres.

**APANTHROPIQUE**, adj. y s. *apantropic.* Apantrópico, afectado de apantropía.

**APANTOMANCIE**, f. *apantomansí.* Apantomancia, adivinacion por medio de las cosas que se presentan súbita ó inopinadamente á la vista.

**APANTOMANCIEN, NE**, m. y f. *apantomansién.* Apantomántico, el ó la que ejerce la apantomancia.

**APARGIE**, f. *apargí.* Bot. Apargia, género de plantas compuestas, familia de las chicoráceas.

**APARINE**, f. *aparín.* Bot. Aparina, género de plantas, familia de las rubiáceas.

**APARISTHMIE**, m. *aparismí.* Bot. Aparismio, género de plantas euforbiáceas.

**APARITOIRE**, f. *aparituár.* Cañarroya, planta.

**APARTÉ**, m. *aparté.* Lo que un actor

[illegible]

ria, lleva [illegible] á la entrada del [illegible] que marcaba el punto de partida de los [illegible]dores.

APH[illegible], m. pl. [illegible]. Afe[illegible]rios, sobrenombre dado á Cástor y Pólux, como dioses presidentes de los baños del [illegible].

APHIDIENS, m. pl. afidién. Hist. nat. Afidianos, familia de hemípteros homópteros.

APHILANTHROPE, m. afilantróp. Afilántropo, disgustado de la sociedad.

APHILANTHROPIE, f. afilantropí. Afilantropía, misantropía, disgusto de la sociedad.

APHLOGISTIQUE, adj. aflogistic. Aflogístico, que quema sin llama, que no puede inflamarse. || Med. Aflogístico, que obra contra la inflamacion.

APH[illegible], adj. [illegible]. Bot. [illegible], que no tiene corteza. || [illegible], f. pl. [illegible], nombre de una de las dos familias de [illegible].

APHODIE, f. afodí. Hist. nat. Afodio, género de insectos coleópteros.

APHONE, adj. afón. Áfono, que no produce sonido.

APHONIE, f. afoní. Afonía, imposibilidad de hablar.

APHORISME, m. aforism. Aforismo, máxima, sentencia.

APHORISTIQUE, adj. aforistic. Aforístico, que contiene aforismo ó pertenece á él.

APH[illegible], adj. [illegible]. Af[illegible], que crece, que vegeta al abrigo de la luz y del sol.

APHRITE, m. afrít. Hist. nat. Afrito, género de insectos dípteros, que viven en las flores.

APHRIZITE, f. afrizít. Miner. Afrizita, chorlo ó una turmalina de potasa y de magnesia.

APHRODISE, adj. [illegible] [illegible].

APHRODISIAQUE, adj. [illegible]. Med. [illegible], que excita al amor.

[illegible]

**APLOMÈRE**, m. *aplomer*. Hist. nat. Aplómero, género de insectos dípteros braquíceros.

**APLOMIE**, m. *aplomí*. Hist. nat. Aplomia, género de infusorios desprovistos de órganos externos.

**APLOMYE**, f. *aplomí*. Hist. nat. Aplomia, género de insectos dípteros.

**APLOPE**, m. *aplóp*. Hist. nat. Aplopé, género de insectos coleópteros tetrámeros.

**APLOPÉRISTOMÉ**, adj. *aploperistomé*. Bot. Aploperistómeo: se dice del musgo que tiene un peristomo simple.

**APLOSONYX**, m. *aplosónice*. Hist. nat. Aplosónix, género de coleópteros.

**APLOSTÉGUES**, m. pl. *aplostégue* Hist. nat. Aplóstegos, seccion de moluscos.

**APLOTARSE**, m. *aplotárs*. Hist. nat. Aplotarso, género del órden de los coleópteros pentámeros.

**APLOTOMIE**, f. *aplotomí*. Anat. Aplotomía, incision simple.

**APLUDE**, f. *aplúd*. Bot. Apluda, género de plantas gramíneas andropogóneas.

**APLYSIACÉ, ÉE**, adj. *aplisiasé*. Hist. nat. Aplisiáceo, que se parece á una aplisia. || *Aplysiacés*, m. pl. Aplisiáceos, familia de moluscos gasterópodos pomolobranquios.

**APLYSIE**, f. *aplisí*. Hist. nat. Aplisia, género de moluscos gasterópodos.

**APLYSIFORME**, adj. *aplisifórm*. Hist. nat. Aplisiforme, que tiene la forma de la aplisia.

**APNÉE**, f. *apné*. Med. Apnea, suspension ó falta de respiracion, asfixia.

**APNÉOLOGIE**, *apneologí*. Med. Apneologia, tratado de las diversas clases de apneas.

**APNÉOSPHYXIE**, f. *apneosficsí*. Med. Apneosfixia, suspension de la respiracion y del pulso.

**APNEUSTIE**, f. *apneustí*. Med. Apneustia, sinónimo de apnea.

**APOA**, m. *apóa*. Hist. nat. Apoa, especie de serpiente del Brasil; y tambien es una especie de pato.

**APOBATE**, m. *apobát*. Apobato, nombre que daban los Griegos al atleta.

**APOBATÉRION**, m. ant. *apobaterión*. Mús. Apobaterio, nombre que daban los Griegos á un canto de despedida.

**APOBOMIES**, f. pl. *apobomí*. Hist. ant. Apobomias, fiestas en que los Griegos no sacrificaban en el altar.

**APOCALBASE**, m. *apocalbás*. Bot. Apocalbaso, sustancia gomo-resinosa.

**APOCALYPSE**, f. *apocalíps*. Apocalipsis, libro de la Biblia.

**APOCALYPTIQUE**, adj. *apocaliptic*. Apocalíptico, que pertenece al Apocalípsis. || met. Profético, oscuro.

**APOCAPNISME**, m. *apocapnism*. Med. Apocapnismo, fumigacion de vapores aromáticos.

**APOCAPONE**, m. *apocapón*. Apocápono, árbol del Madagascar.

**APOCATASTASE**, f. *apocatastás*. Astr. ant. Apocatástasis, revolucion periódica por la que vuelven los astros al punto de donde han salido.

**APOCATHARSIE**, f. *apocatarsí*. Med. Apocatarsis, purgacion, evacuacion.

**APOCATHARTIQUE**, adj. y s. *apocatartic*. Med. Apocatártico, remedio ó sustancia purgante.

**APOCÉNOSE**, f. *aposenós*. Med. Apocenosis, evacuacion segun unos, y segun otros flujo morboso.

**APOCHYLISME**, m. *apochilism*. Farm. Apochilismo, jugo vegetal espesado, llamado por otro nombre arrope.

**APOCHYMA**, m. *apóquima*. Apócimo, brea que sueltan los navios que han andado mucho por la mar.

**APOCOPE**, f. *apocóp*. Gram. Apócope, figura por la cual se quita alguna silaba ó letra del fin de una diccion.

**APOCOPÉ, ÉE**, adj. *apocopé*. Gram. Apocopado, que ha sufrido apócope.

**APOCRISIAIRE** ó **APOCRISAIRE**, m. ant. *apocrisiér*, *apocrisér*. Apocrisario, diputado de un príncipe ó de un monasterio || Tesorero de un monasterio. || Limosnero mayor de palacio.

**APOCRISIE**, f. *apocrisí*. Med. Apocrisis, secrecion, evacuacion de humores sobreabundantes.

**APOCROUSTIQUE**, adj. V. ASTRINGENT.

**APOCRYPHE**, adj. *apocríf*. Apócrifo, no canónico. || Fabuloso, incierto, dudoso.

**APOCYÉSIE**, f. V. PARTURITION.

**APOCYN**, m. *aposén*. Bot. Apocino, planta cuyo jugo es mortal para los perros, lobos, etc.

**APOCYNÉES**, f. pl. *aposiné*. Bot. Apocíneas, familia de plantas dicotiledóneas.

**APOCISTE**, m. *aposíst*. Hist. nat. Apocisto, género de coleópteros tetrámeros.

**APODACRYTIQUE**, adj. *apodacritic*. Med. Apodacrítico: se dice de los remedios cuya acritud hace correr las lágrimas, deteniéndolas en seguida.

**APODANTHE**, m. *apodánt*. Bot. Apodanto, planta del género de los musgos.

**APODE**, adj. *apód*. Ápodo ó ápedo, que no tiene piés. || *Apodes*, m. pl. Hist. nat. Ápedos, pescados de esqueleto huesoso que no tienen aletas ventrales.

**APODECTE**, m. *apodéct*. Apodecto, recaudador de contribuciones entre los Griegos.

**APODÈRE**, m. *apodér*. Hist. nat. Apodero, género de coleópteros tetrámeros.

**APODICTIQUE**, adj. poco us. *apodictic* Lóg. Apodíctico, comun, claro.

**APODIE**, f. *apodí*. Anat. Apodia, ausencia ó falta de piés.

**APODIOXIS**, f. *apodiócsis*. Ret. Apodioxis, proposicion ó frase que rechaza con indignacion un argumento ó objecion que se considera como un absurdo.

**APODONTE**, m. *apodónt*. Hist. nat. Apodonte, género de pescados escomberoides.

**APODOPNIQUE**, adj. *apodopnic*. Med. Apodópnico: se dice de los remedios propios para restablecer la respiracion.

**APODYTÉRION**, m. *apoditerión*. Antig. gr. Apoditerio, sala de la palestra en que los Griegos se despojaban de sus vestidos.

**APOGALACTISME**, m. *apogalactism*. Med. Apogalactismo, destete, ablactacion.

**APOGASTRE**, adj. *apogástr*. Hist. nat. Apogastro: se dice de los moluscos cuyo vientre carece de piés.

**APOGÉE**, m. *apogé*. Astr. Apogeo, auge, la mayor distancia en que se halla un planeta de la tierra. || met. Cumbre, cenit, el punto mas alto de gloria, fortuna, etc.

**APOGEUSIE**, f. *apogeusí*. Med. Apogeusia. V. AGEUSTIE.

**APOGON**, m. *apogón*. Hist. nat. Apogon, género de pescados de la familia de los leiópomos.

**APOGONE**, adj. *apogón*. Hist. nat. Apógono, que no tiene barba. || *Apogones*, f. pl. Bot. Apógonas, seccion de plantas de la familia de los musgos.

**APOGONIE**, f. *apogoní*. Hist. nat. Apogonia, género de coleópteros pentámeros lamelicórneos.

**APOGRAPHE**, m. poco us. *apográf*. Apógrafo, traslado, copia fiel de un libro.

**APOICA**, m. *apuáca*. Hist. nat. Apoica, género de insectos himenópteros.

**APOINTISSER**, a. *apuantisé*. Art. Apuntar, aguzar, sacar la punta, hacer aguda una cosa.

**APOLEPSIE**, f. *apolepsí*. Med. Apolepsia, palabra con que indica Hipócrates toda especie de supresion ó retencion de flujo ó de materias excrementicias.

**APOLEXIE**, f. *apolecsí*. Apolexia, voz griega, como sinónimo de vejez, decrepitud.

**APOLINOSE**, f. *apolinós*. Med. Apolinosis, método operatorio curativo de las fístulas del ano.

**APOLLE**, f. *apól*. Hist. nat. Apola, género de moluscos.

**APOLLINAIRE**, adj. *apolinér*. Poét. Apolinar, apolíneo. || *Apollinaires*, m. pl. Hist. ant. Apolinarios, ciertos juegos que se celebraban todos los años en honor de Apolo.

**APOLLINARISME**, m. *apolinarism*. Sect. rel. Apolinarismo, heregía del siglo IV llamada así de Apolinario el jóven.

**APOLLO**, m. *apólo*. Mús. Apolo, especie de tiorba de veinte y cinco cuerdas simples.

**APOLLON**, m. *apolon*. Mit. Apolo, dios fabuloso.

**APOLLONIADE**, f. *apoloniad*. Bot. Apoloniada, género de plantas, familia de las [illegible].

**APOLLONICON**, m. *apolonicón*. Apolonicon, especie de órgano de cilindro, inventado en Lóndres en 1824.

**APOLLONIES**, f. pl. *apoloní*. Hist. ant. Apolonias, fiestas celebradas en honor de Apolo.

**APOLLONION**, m. *apolonión*. Apolonio, mes de los Atenienses. || Mús. Apolonio, instrumento con dos teclados, inventado en el siglo XIII.

**APOLLONISER**, n. *apolonisé*. Apolonizar, versificar, hacer versos como Apolo.

**APOLOGÉTIQUE**, m. *apologetic*. Apologético (ant.), apología. || adj. Apologético.

**APOLOGIE**, f. *apologí*. Apología, defensa.

**APOLOGIQUE**, adj. *apologic*. Apológico.

**APOLOGISER**, a. *apologisé*. Hacer la apología.

**APOLOGISTE**, m. *apologist*. Apologista, defensor.

**APOLOGUE**, m. *apológue*. Apólogo, fábula moral.

**APOLTRONIR**, a. ant. *apoltronir*. Cetr. Cortar las garras á las aves.

**APOLTRONNER**, a. poco us. *apoltroné*. Hacer cobarde á alguno. || *S'apoltronner*, r. Apoltronarse, hacerse poltron.

**APOLYSIA**, f. *apolisia*. Apolisia.

**APOLYSIE**, f. *apolisí*. Cir. Apolisia, flojedad de los vendajes.

**APOLYSIS**, f. *apolisis*. Cir. y Med. Apolisis, expulsion del feto segun Hipócrates.

**APOMATHÉSIE**, f. *apomatesí*. Med. Apomatesia, olvido de una cosa aprendida.

**APOMATOSTOMES**, m. pl. *apomatostóm*. Hist. nat. Apomatóstomos, moluscos cuya concha univalva está sin opérculo.

**APOMÉCOMÈTRE**, m. *apomecomètr*. Apomecómetro, instrumento para medir la distancia de los objetos lejanos.

**APOMÉCOMÉTRIE**, f. *apomecometrí*. Apomecometría, arte de medir la distancia de los objetos lejanos.

**APOMÉCOMÉTRIQUE**, adj. *apomecometríc*. Apomecométrico, que pertenece á la apomecometría.

**APOMÉCYNE**, m. *apomesín*. Hist. nat. Apomecino, género de coleópteros tetrámeros.

**APOMÉSOSTOMES**, m. pl. *apomesostóm*. Hist. nat. Apomesóstomos, género de esquiposos cuya boca no está colocada en el centro.

**APOMYTHOSE**, f. *apomitós*. Med. Apomitosis, especie de enfermedad.

**APONE**, m. *apón*. Med. Apono, remedio contra el dolor. || Bot. Género de algas batracospérmeas.

**APONÉVROGRAPHIE**, f. *aponevrografí*. Anat. Aponeurografía, descripcion de las aponeurosis.

**APONÉVROLOGIE**, f. *aponevrologí*. Anat. Aponeurología, tratado especial acerca de las aponeurosis.

**APONÉVROSE** ó **APONEUROSE**, f. *aponevrós*, *aponeurós*. Anat. Aponevrose, aponevrosis, aponeurosis. Se dan estos tres nombres y mas generalmente el último á unas membranas fibrosas, resistentes y blancas, destinadas ya á mantener en su lugar los músculos que envuelven, ya á servirles de punto de insercion.

**APONÉVROTIQUE**, adj. *aponevrotic*. Anat. Aponevrótico ó aponeurótico, que pertenece á las aponeurosis.

**APONÉVROTOMIE**, f. *aponevrotomí*. Aponevrotomía ó aponeurotomía, diseccion de las aponeurosis.

**APONÉVROTOMIQUE**, adj. *aponevrotomic*. Aponeurotómico, que pertenece á la aponeurotomía.

**APONIE**, f. *aponí*. Med. Aponía, cesacion del dolor.

**APONITROSE**, f. *aponitrós*. Cir. Aponitrosis, accion de polvorear con nitro una llaga ó úlcera.

**APONOGET**, m. V. **APONOGÉTON**.

**APONOGÉTON**, m. *aponogetón*. Bot. [illegible]on, planta acuática.

[illegible]**PTIQUES**, adj. *apopompic*. Mit. [illegible], nombre dado á las fiestas que se celebraban por la supuesta partida de los dioses para su respectivo pais.

**APOPHANE**, adj. *apofán*. Apófano, calificacion que se da á los cristales por cuyos lados se puede reconocer la forma primitiva de la cristalizacion, y la posicion, direccion y medida de sus facetas.

**APOPHANITE**, m. *apofanít*. Sect. rel. Apofanita, sectario de Apófano, discípulo de Manes. V. **MANICHÉEN**.

**APOPHLEGMATIQUE**, adj. *apoflegmatic*. Med. Apoflegmático, que saliva mucho.

**APOPHLEGMATISANT, E**, adj. *apoflegmatisán*. Med. Apoflegmatizante, epíteto de los medicamentos que promueven la salivacion.

**APOPHLEGMATISER**, a. *apoflegmatisé*. Med. Apoflegmatizar, arrojar mucosidades por la boca.

**APOPHLEGMATISME**, m. *apoflegmatism*. Med. Apoflegmatismo, expulsion de mucosidades por la boca.

**APOPHTHEGME**, m. *apoftégm*. Apotegma, sentencia breve.

**APOPHYGE**, f. *apofige*. Arq. Amescapo de la columna.

**APOPHYLE**, m. *apofil*. Hist. nat. Apófilo, género de coleópteros.

**APOPHYLLITE**, f. *apofilit*. Apofilita, sustancia terrosa.

**APOPHYSE**, f. *apofis*. Anat. Apófisis, eminencia al extremo de un hueso.

**APOPHYSÉ, ÉE**, adj. *apofisé*. Bot. Apofisado, que tiene apófisis.

**APOPHYSIFORME**, adj. *apofisiform*. Bot. Apofisiforme, que tiene la forma de un apófisis.

**APOPLANÈSE**, f. *apoplanés*. Med. Apoplanesis, aberracion de los humores.

**APOPLECTIQUE**, adj. *apoplectic*. Med. Apoplético, que pertenece á la apoplejía ó la amenaza. || Apoplético, tocado de la apoplejía. En esta acepcion es tambien sust.

**APOPLEXIE**, f. *apoplecsí*. Med. Apoplejía.

**APOPNIXIS**, f. *apopnicsí*. Med. Apopnixis, sensacion de sofocacion.

**APOPSYCHIE**, f. *apopsiquí*. Med. Apopsiquia, desfallecimiento. V. **ASSICHIE**.

**APOPTOSE**, f. *apoptós*. Med. Apoptosis, relajacion, aflojamiento ó caida de un vendaje.

**APORE** ó **APORON**, m. *apór*, *aporón*. Mat. Aporo, problema cuya solucion se mira como imposible.

**APORIE**, f. *aporí*. Aporia, voz derivada del griego, que significa ansiedad, duda.

**APOROBRANCHE**, adj. *aporobránche* Hist. nat. Aporobranquio, dotado de branquios poco desarrollados ó poco manifiestos. || *Aporobranches*, m. pl. Aporobranquios, órden de pescados.

**APOROCÉPHALE**, adj. *aporocefál*. Hist. nat. Aporocéfalo, calificacion de los animales cuya cabeza es difícil de distinguir.

**APOROCÉPHALÉS**, m. pl. *aporosefalé*. Hist. nat. Aporocefáleos, órden de anélidos.

**APOROSE**, m. *aporós*. Hist. nat. Aporoso, género de insectos dípteros hemóceros.

**APORRHÉE**, f. *aporré*. Aporrea, evacuacion; y segun otros, caida del pelo. || *Aporrhées*, f. pl. Fis. Aporreas, emanaciones ó exhalaciones sulfúreas salidas por los poros de la tierra.

**APOSCEPSIE**, f. *aposepsí*. Med. Aposcepsis ó metástasis, paso rápido de los humores de una parte á otra del cuerpo.

**APOSCHASIE**, f. *aposcasí*. Med. Aposcasia: es, segun Hipócrates, escarificacion, esto es, incision de una vena.

**APOSÉPÉDINE**, f. *aposepedin*. Aposepedina, sustancia que se extrae del ácido de queso.

**APOSÈRE**, m. *aposér* Bot. Aposero, género de plantas chicoreáceas.

**APOSIOPÈSE**, f. *aposiopés*. Ret. Aposiopésis, reticencia, figura retórica.

**APOSKEPSIE** ó **APOSKÈME**, f. *aposquepsí*, *aposquém*. Med. Aposquepsia, aposquema, aflujo de los líquidos hácia una parte del cuerpo.

**APOSMODATIQUE**, adj. *aposmodatic*. Aposmodático, que es propio para limpiar la dentadura.

**APOSPASME**, m. *apospásm*. Cir. Apospasmo, [illegible] una parte, [illegible]

**APO**[illegible] Cir. Apo[illegible] en las [illegible] excesiva de los [illegible]

**APO**[illegible] y Vet. Apo[illegible]

**APO**[illegible] y Cir. Apo[illegible] limpiar con [illegible]

**APOSTASE**, f. [illegible] coleccion de pus [illegible] tisto del arte [illegible]

**APOSTASIE**, f. [illegible] cristianismo ó de un [illegible] Abandono, desercion [illegible] Bot. Apostasia, género [illegible] Apostasiáceas, tribu de la [illegible] quídeas.

**APOSTASIER**, n. [illegible] del cristianismo ó de [illegible] met. Apostatar, desertar [illegible] opinion, etc.

**APOSTA**[illegible] *rié*. Hist. nat. Apo[illegible] vision de [illegible]

**APOSTAT**, m. *apostá*. [illegible] cristiana ó de alguna [illegible] Apóstata, desertor de su [illegible]

**APOSTAXIS**, f. [illegible] Epistaxis, hemorragia de [illegible]

**APOSTÉ, ÉE**, adj. [illegible] averiguar algo con [illegible]

**APOSTÈME**, m. [illegible] Apostema, voz [illegible] CES.

**APOSTER**, a. *aposté*. [illegible] á otro para acechar, [illegible]

**APOSTÉRIGME**, m. [illegible] Aposterigma, enfermedad [illegible] testinos.

**APOSTILLATEUR**, [illegible] Anotador, comentador.

**APOSTILLE**, f. *apostíll*. [illegible] puesta al márgen de un libro [illegible] || Decreto escrito al márgen de [illegible] to. || Posdata de una carta.

**APOSTILLER**, a. [illegible] poner notas en las márgenes [illegible] de las cuentas, etc. || [illegible] citud al márgen del [illegible]

**APOSTIS**, f. ant. *apostís*. [illegible] de embarcaciones menores y [illegible] y otros buques de remos.

**APOSTOLAT**, m. *apostolá*. [illegible] ministerio de apóstol.

**APOSTOLE**, m. *apostól*. [illegible] tolo, magistrado de Grecia [illegible] equipo de alguna flota.

**APOSTOLICISME**, m. [illegible] Apostolicismo, doctrina de los [illegible]

**APOSTOLICITÉ**, m. [illegible] tolocidad, conformidad con [illegible] iglesia apostólica.

**APOSTOLIN**, m. V. [illegible]

**APOSTOLIQUE**, adj. [illegible] lico, de los apóstoles. || [illegible] santa Sede ó Silla apostólica.

**APOSTOLIQUEMENT**, adv. [illegible] *mán*. Apostólicamente.

**APOSTOLISER**, a. [illegible] como los apóstoles.

**APOSTOLORUM**, m. [illegible] Especie de ungüento, [illegible] toles por componerse de doce [illegible]

**APOSTROPHE**, f. [illegible] trofe, figura retórica. || met. [illegible] cion amarga, expresion [illegible] trofo, signo de haberse suprimido [illegible]

**APOSTROPHER**, a. [illegible] far. || Dirigir una palabra [illegible] á alguno. || joc. Saludar, [illegible] palo, etc.

**APOSTUME**, m. *apostúm*. [illegible] so. V. **APOSTÈME**.

**APOSTUMER**, n. *apostumé*. [illegible] marse.

**APOSURES**, m. pl. *aposúr*. [illegible] Aposuros, tribu de [illegible]

**APOSYRME**, m. *apositrm*. [illegible] ma, úlcera superficial de la piel. || [illegible] escoriacion de un hueso.

**APOTACTIQUE** ó **APOTACTITE**[illegible] *apotactic*. Sect. rel. Apota[illegible]

Cosa, exterior. || Señal, viso. || Rastro, vestigio, traza. || Probabilidad, verosimilitud.

**APPARENT, E,** adj. *aparán*. Manifiesto, visible, claro. || Aparente, engañoso, falaz || *Le plus apparent*, el principal, el mas visible, mas distinguido.

**APPARENTER,** a. poco us. *aparanté*. Hacer emparentar. || *S'apparenter*, r. Emparentar, contraer parentesco.

**APPARESSER,** a. *aparesé*. Volver perezoso. || *S'apparesser*, r. Emperezar.

**APPARIADE,** f. *apariád*. Union, apareamiento, accion de acoplar, de unir, de emparejar.

**APPARIEMENT,** m. *aparimán*. Pareo, la accion de parear dos cosas.

**APPARIER,** a. *aparié*. Parear, juntar dos guantes, dos zapatos, etc. || Poner un tiro de caballos, uncir dos bueyes ó mulas. || Aparear las aves para la generacion. || *S'apparier*, r. Aparearse, juntarse las aves.

**APPARIEUSE,** f. *apariеus*. vulg. Casamentera.

**APPARITEUR,** m. *apariteur*. Portero, alguacil de la curia eclesiástica. || Bedel de una universidad.

**APPARITION,** f. *aparisión*. Aparicion. || *Ne faire qu'une apparition*, dejarse ver de paso.

**APPAROIR,** n. *aparuár*. For. *Il appert*, consta, es evidente, resulta. || *Faire apparoir*, manifestar, probar.

**APPARTEMENT,** m. *apartmán*. Vivienda, habitacion separada dentro de una misma casa, cuarto en palacio y en las casas que tienen division de alojamientos, piso primero, segundo, etc., en las de vecindad. || ant. Funcion de corte con música y juego.

**APPARTENANCE,** f. *apartnáns*. Pertenencia, dependencia. || *Appartenances*, f. pl. For. Accesorias.

**APPARTENANT, E,** adj. *apartnán*. Perteneciente por derecho.

**APPARTENIR,** n. *apartnír*. Pertenecer, tocar de derecho. || Incumbir, corresponder á alguno. || Pertenecer, formar parte de un cuerpo, regimiento, etc. || Tocar á una persona por parentesco ú otro motivo. || Ser propio de, corresponder. || Referirse, tener relacion. || *Il n'appartient qu'à*, solo puede. || *S'appartenir*, r. Ser suyo, poder disponer de sí.

**APPAS,** m. pl. *apá*. Gracias, encantos de la hermosura, atractivo, aliciente de la gloria, de los deleites, etc.

**APPÂT,** m. *apá*. Cebo para atraer ó engordar la caza ó la pesca. || met. Incentivo, fomento de la voluntad.

**APPÂTER,** a. *apaté*. Poner el cebo en el anzuelo ó en la red. || Cebar, engordar. || Dar la comida por mano ajena á los niños, enfermos, etc.

**APPAUMÉE,** adj. f. *apomé*. Blas. Apalmada: dícese de una mano abierta que presenta la palma en el escudo.

**APPAUVRIR,** a. *apovrír*. Empobrecer, reducir á pobreza. || met. Esquilmar la tierra. Med. Desustanciar la sangre. || *S'appauvrir*, r. Empobrecerse.

**APPAUVRISSEMENT,** m. *apovrismán*. Empobrecimiento. || met. Pobreza de una provincia, lengua, etc.

**APPEAU,** m. *apó*. Reclamo, silbato para llamar á los pájaros. || Añagaza, reclamo, pájaro que con su canto hace caer á otros en la red. || La campana de cuartos y medias horas en los relojes de torre.

**APPEL,** m. *apél*. Llamamiento. || Apellido, convocacion de pueblos, etc. || Lista, nómina. || El acto de pasar lista. || *Appel nominal*, votacion nominal. || Cartel, reto. || For. Apelacion, recurso. || Mil. Llamada. || Com. *Appel de fonds*, llamada de fondos, accion de pedir dinero á los accionistas de una sociedad ó compañía. || met. *Faire un appel à la générosité de quelqu'un*, apelar á la generosidad de alguno, invocar su generosidad.

**APPELANT,** m. *aplan*. Reclamo, señuelo. || adj. Apelante, el que apela.

**APPELER,** a. *aplé*. Llamar por el nombre. || Llamar, convocar. || *Dieu l'a appelé à lui*, ha pasado á mejor vida. || met. Llamar, mover, incitar. || Reclamar, exigir. || n. For. Recurrir, apelar de una sentencia. || Nombrar en alta voz, pasar lista. || Llamar, apellidar, dar un renombre ó apodo. || Llamar, convidar, enviar á buscar. || Desafiar, retar. || For. Citar ante un juez. || For. Pedir la vista de una causa. || Reclamar con el pájaro adestrado. || *S'appeler*, r. Llamarse, ser llamado, tener por nombre.

**APPELET,** m. *aplé*. Pesc. Palangre, cordel con muchos anzuelos para pescar.

**APPELLATIF,** adj. m. *apelatif*. Gram. Apelativo.

**APPELLATION,** f. *apelasión*. Llamamiento. || For. Apelacion de una sentencia. || ant. *Appellation des lettres*, deletreo de cada letra.

**APPENDICE,** m. *apendís*. Apéndice, adicion, suplemento de un tratado, etc. || Anat., Fis. y Bot. Apéndice, toda parte que parece ser añadidura, aumento ó prolongacion de otra principal.

**APPENDICÉ, ÉE,** adj. *apendisé*. Apendizado, que tiene uno ó mas apéndices.

**APPENDICIFORME,** adj. *apendisifórm*. Apendiciforme, que tiene la forma de un apéndice.

**APPENDICULAIRE,** adj. *apendikulér*. Apendicular, que tiene el carácter de un apéndice. || *Appendiculaires*, m. pl. Bot. Apendiculares, familia de musgos dicotiledóneos.

**APPENDICULE,** m. *apendikúl*. Apendículo, pequeño apéndice ó prolongacion.

**APPENDICULÉ, ÉE,** adj. *apendikulé*. Apendiculado, que tiene uno ó mas apéndices. || *Appendiculés*, adj. y s. m. pl. Hist. nat. Apendiculados, género de infusorios.

**APPENDRE,** a. *apándr*. Colgar, suspender de una pared ó bóveda alguna cosa. Se usa hablando de las ofrendas ú objetos que se conservan en una iglesia para recuerdo y en señal de reconocimiento.

**APPENS,** m. *apán*. V. GUET-APENS.

**APPENSER,** a. poco us. *apansé*. Obrar de pensado.

**APPENSION,** f. *apansión*. Suspension del brazo lastimado.

**APPENTIS,** m. *apantí*. Tejadillo, colgadizo, paralluvia.

**APPERÇU,** m. *apersú*. V. APERÇU.

**APPERCEPTIBILITÉ, APPERCEPTION,** f. *aperseptibilité*, *apersepsión*. V. APERCEPTIBILITÉ, APERCEPTION.

**APPERT (IL),** *apér*. V. APPAROIR.

**APPERTEMENT,** adv. *apertmán*. Manifiestamente, á las claras.

**APPESANTI, IE,** adj. *apesantí*. Cargado, agravado.

**APPESANTIR,** a. *apesantír*. Poner ó hacer mas pesado. || met. Embotar, entorpecer las potencias, etc. || *S'appesantir*, r. Ponerse pesado. || met. Hacerse pesado ó molesto, insistir con pesadez sobre una materia.

**APPESANTISSEMENT,** m. *apesantismán*. Pesadez del cuerpo, cargazon, pesadez de la cabeza, de los ojos, torpeza, entorpecimiento de las potencias.

**APPÉTENCE,** f. *apetáns*. Apetencia, el deseo vago de apetecer alguna cosa.

**APPÉTER,** a. *apeté*. Pedir, desear, buscar.

**APPÉTEUR, EUSE,** m. y f. poco us. *apeteur*, *eus*. Apetecedor, ra.

**APPÉTIBILITÉ,** f. *apetibilité*. Facultad de apetecer. || La calidad de lo que es apetecible.

**APPÉTIBLE,** adj. *apetíbl*. Apetecible, digno de apetecerse.

**APPÉTISSANT, E,** adj. *apetisán*. Apetitoso, sabroso, gustoso. || met. *Une fille appétissante*, muchacha á quien se le puede hacer una fiesta.

**APPÉTIT,** m. *apetí*. Apetito, deseo de una cosa. || Apetito, gana de comer. *Il n'est chère ó il n'est sauce que d'appétit*, á buena hambre no hay pan duro. || pl. Yerbecillas que sirven de sainete para la ensalada. || loc. adv. ant. *A l'appétit*, por no gastar, por miseria ó mezquindad. || met. y fam. *C'est un appétit de femme grosse*, es un capricho raro, extravagante.

**APPÉTITIF, IVE,** adj. *apetitif*, *iv*. Apetitivo.

**APPIADES,** s. y adj. f. pl. *apiád*. Mit. Apias ó Apiadas, ninfas esculpidas al rededor de la fuente Apia en Roma.

[illegible]

APPOINTEMENT, m. apuantmán. Señalamiento para la vista de un pleito. || pl. Sueldo, salario, gajes. || fam. *Fournir aux appointements*, hacer el gasto, ser el pagano.

APPOINTER, a. apuanté. Jurisp. Asignar el salario ó los gajes. || Cortar de último [illegible]. || For. Señalar la vista de un pleito. || Mil. Imponer un castigo menor.

APPOINTEUR, m. apuanteur. Jurisp. Relator. || Juez prevaricador.

APPOINTIR, a. apuantír. Aguzar, sacar la punta.

[illegible], m. [illegible]. Especie de pañal.

[illegible], f. [illegible]. Art. Empalme, refuerzo. || Pértiga, vara con que se [illegible] para mover las balsas. || Acto de [illegible].

APPONTEMENT, m. apontmán. Ponton, puente volante que se fija sobre unas estacas.

APPORT, m. apór. Sitio ó plaza de mercado. || For. Bienes aportados al matrimonio. || Com. Los fondos puestos por un socio.

APPORTAGE, m. aportáge. Porte, el trabajo y la paga de un mozo de cordel.

APPORTER, a. aporté. Traer, y en algun caso llevar. || met. Traer, acarrear, causar. || Alegar, citar. || Emplear, valerse. || Proporcionar, suministrar. || For. Aportar, llevar. || *Apporter de l'attention à une chose*, poner atencion en una cosa.

APPOSER, a. apozé. Poner, fijar. || Agregar, añadir. || *Apposer sa signature*, firmar.

APPOSITION, f. apozisión. Fijacion, aplicacion de una cosa sobre otra. || *Appos-* [illegible]

[illegible]

[illegible], m. [illegible]. Apretador, especie de cintillo ó banda que usaban las mujeres para sujetar los cabellos.

APPRÊTE, f. ant. aprét. Sopa de pan delgada. V. MOUILLET, mas usado.

[illegible], f. [illegible]. Mar. Cartuchería de cañon, cargada y presta para el servicio de la artillería.

APPRÊTER, a. apreté. Preparar, disponer, prevenir. || Aprestar, dar aderezo á las telas. || Aderezar, componer, guisar la comida. || Sobar, adobar las pieles. || Pint. Aparejar. || *Apprêter à rire*, dar que reir. || *S'apprêter*, r. Aprestarse, prepararse, disponerse. || Prepararse, atraerse, echar sobre sí.

APPRÊTEUR, EUSE, m. y f. apreteur, eus. Art. Aparejador, el que apareja ó prepara. || Aprestador.

APPRIS, SE, adj. apri. En lenguaje fam., *bien ó mal appris*, bien ó mal enseñado ó educado.

APPRISE, f. apris. Jurisp. ant. Valuacion, tasacion.

APPRIVOISABLE, adj. ant. aprivoazábl. Domesticable.

APPRIVOISEMENT, m. aprivoazmán. Amansamiento, la accion de amansar.

APPRIVOISER, a. aprivoazé. Amansar, domesticar los animales. || met. [illegible], poner dóciles ó tratables á las personas. || Familiarizar, habituar. || *S'apprivoiser*, r. Domesticarse. || Hacerse tratable ó sociable. || Acostumbrarse, hacerse á alguna cosa.

APPROBATEUR, TRICE, m. y f. aprobateur, tris. Aprobador, ra. || ant. Censor. || m. Aprobante de un libro, etc.

APPROBATIF, IVE, adj. aprobatif, iv. Aprobativo (ant.), que aprueba.

APPROBATION, f. aprobasión. Aprobacion.

APPROBATIVEMENT, adv. aprobativmán. Aprobadamente, con aprobacion.

[illegible]

**APTÉRIX ó APTÉRYX**, m. *apterics*. Hist. nat. Apterix, nombre de un ave singular de la Nueva Zelandia.

**APTÉRODICÈRES**, m. pl. *apterodisér*. Hist. nat. Apterodíceros, clase de insectos sin alas y con dos antenas.

**APTÉROESSE**, m. *apteroés*. Hist. nat. Apteroeso, género de coleópteros pentámeros.

**APTÉROGINE**, f. *apterogín*. Hist. nat. Apterogino, género de la familia de los himenópteros mochos.

**APTÉROLOGIE**, f. *apterologí*. Apterologia, tratado de los insectos ápteros.

**APTÉROLOGIQUE**, adj. *apterologíc*. Apterológico, referente á la apterologia.

**APTÉROLOGUE**, m. *apterológue* Hist nat. Apterólogo ó apterologista, el que se dedica al estudio de los insectos ápteros.

**APTÉRONOTES**, m. pl. *apteronót*. Hist. nat. Apteronotos ó aptericios, género de peces.

**APTÉROPÈDE**, m. *apteropéd*. Hist. nat. Apterópodo, género de coleópteros tetrámeros.

**APTÉROPHASMIENS**, m. pl. *apterofasmién*. Hist. nat. Apterofasmios, grupo de la familia de los fasmios.

**APTÉRURE**, m. *apterúr*. Hist. nat. Apteruro, familia de los decápodos anomuros.

**APTÉRYGIDE**, m. *apterigíd*. Hist. nat. Apterígido, género de la familia de los ortópteros forfículios.

**APTÉRYGIENS**, m. pl. *apterigién*. Hist. nat. Apterigios, que carecen de órgano especial para nadar.

**APTÉRYGINÉES**, m. pl. *apteriginé*. Zool. Apteriginos, sub-familia de los estrociónecos.

**APTÉRYX**, m. Hist. nat. V. **APTÉRIX**.

**APTINE**, m. *aptín*. Hist. nat. Aptino, género de coleópteros pentámeros.

**APTINOTHRIPS**, m. *aptinotríps*. Hist. nat. Aptinotris, sub-género de la familia de los tripsios hemípteros.

**APTITUDE**, f. *aptitúd*. Aptitud, disposicion para alguna cosa. || For. Capacidad, aptitud legal.

**APTOSIME**, m. *aptosím*. Bot. Aptósimo, género de escrofulariadas salpigiosideas.

**APTOTE**, m. *aptót*. Hist. nat. Aptoto, género de la familia de los esternoxos.

**APTUMISME**, m. *aptumism*. Despejo ó aptitud para todo.

**APTUMISTE**, m. y f. y adj. *aptumíst*. Despejado ó apto para todo.

**APUREMENT**, m. *apurmán*. Revision de las cuentas.

**APURER**, a. *apuré*. Apurar, rever, examinar alguna cuenta. || Apurar, purificar el oro.

**APUS ó APOUS**, m. *ápus, ápus*. Astr. Apos, nombre griego de la constelacion meridional conocida con el de *ave del paraiso*.

**APYRE**, adj. *apír*. Quim. y Miner. Apiro, refractario, que resiste al fuego.

**APYRÈNE**, adj. *apiren*. Apirena, planta.

**APYRÉTIQUE**, adj. *apiretíc*. Med. Apirético, que no tiene fiebre ni su carácter.

**APYREXIE**, f. *apirecsí*. Apirexia, intermitencia ó cesacion de la calentura.

**APYRINE**, f. *apirín*. Quim. Apirina, álcali que se extrae del fruto de un cocotero.

**APYRITE**, f. *apirít*. Miner. Apirita, especie de turmalina roja.

**APYROMÈLE**, f. *apiromél*. Cir. Apiromela, especie de sonda sin boton.

**AQUADOR**, m. *acuadór*. Hist. nat. Aguador, dactilóptero ó pez volante.

**AQUAMOTEUR**, m. *acuamoteur*. Acuamotor, aparato en el cual se vale uno del impulso mismo de las olas para pasar esta accion, en sentido contrario, á una embarcacion cargada que se quiere dirigir contra la corriente.

**AQUARE**, m. *acuár*. Hist. nat. Acuario, género de hemípteros.

**AQUARELLE**, f. *acuarél*. Aguada para lavar planos, etc.

**AQUARELLISTE**, m. y f. *acuarelíst*. Pintor á la aguada.

**AQUARIEN**, m. *acuarién*. Sect. rel. Acuario, nombre de unos sectarios del siglo III, que solo ofrecian agua en el sacrificio de la misa.

**AQUARIUS**, m. *acuariús*. Astr. Acuario signo del zodíaco.

**AQUARTIE**, f. *acuartí*. Bot. Acuartia, arbusto de las Antillas.

**AQUATEUR**, m. *acuateur*. Hist. rom. Aguador, nombre que daban los Romanos á los encargados de distribuir el agua á las soldados.

**AQUATILE**, adj. *acuatíl*. Bot. Acuátil, epíteto que se da á las plantas sumergidas del todo ó flotantes en las aguas.

**AQUA-TINTA ó AQUA-TINTE**, m. *acuatínta, acuatínt*. Estampa de humo.

**AQUATIQUE**, adj. *acuatíc*. Acuático, acuátil.

**AQUA-TOFANA**, f. *acuatofána*. Farm. Agua-Tofana, ó *acquetta di Napoli*, con que se dice fueron envenenadas mas de seiscientas personas, y entre ellas los papas Pio III y Clemente XIV.

**AQUE**, m. *ac*. Mar. Barco chato de carga, que se usa en el Rin y en los canales de Holanda.

**AQUEDUC**, m. *acdúc* ó *aquedúc*. Acueducto, conducto de agua. || Anat. Acueducto del nervio auditivo, etc.

**AQUEITLES**, f. *aqueíl*. Hist. nat. Aqueiles, sub-seccion de arácnidos acuátiles.

**AQUEUX, EUSE**, adj. *aqueu, eus*. Acuoso, aguanoso, que abunda de agua. || Ácueo, que tiene la naturaleza del agua.

**AQUIFOLIACÉ, ÉE**, adj. *acüifoliasé*. Bot. Aquifoliáceo, que se parece al acebo. || *Aquifoliacées*, f. pl. Aquifoliáceas, familia de plantas.

**AQUIFOLIUM**, m. *acüifóliom*. Bot. Aquifolio, acebo, género de arbustos.

**AQUILA-ALBA**, f. *acüilaálba*. Quim. y Farm. Aquila blanca, proto-cloruro de mercurio sublimado, cloruro mercurioso sublimado.

**AQUILAIRE**, f. *acüilér*. Bot. Aquilaria, árbol de las Indias que produce el palo del águila ó garo.

**AQUILARINÉ, ÉE**, adj. *acüilariné*. Bot. Aquilaríneo, que se parece á la aquilaria. || *Aquilarinées*, f. pl. Aquilaríneas, familia de plantas dicotiledóneas.

**AQUILICE**, f. *acüilís*. Bot. Aquiliza, arbusto de Java de la familia de las meliáceas.

**AQUILICES ó AQUILICIES**, f. pl. *acüilís, acüilisí*. Aquilicias, sacrificios hechos á Júpiter en peticion de lluvias.

**AQUILICIENS**, m. pl. *acüilisién*. Hist. ant. Aquilicianos, sacerdotes que presidian los sacrificios aquilicios.

**AQUILIEN, NE**, *acüilién*. Hist. nat. Aguileño, que tiene relacion con el águila.

**AQUILIFÈRE**, m. *acüilifér*. Mil. ant. Aquilífero, porta-águila, porta-estandarte ó porta-bandera en la milicia romana.

**AQUILIN, E**, adj. *aquilén*. Aguileño: se dice de la nariz.

**AQUILINÉES**, f. pl. *aquiliné*. Hist. nat. Aquilinas ó falconias, familia de aves de musculatura muy robusta.

**AQUILON**, m. *aquilón*. Aquilon, cierzo, bóreas, norte. || *Aquilons*, m. pl. Aquilones, nombre que se da á todos los vientos frios y tempestuosos.

**AQUILONNAIRE**, adj. *aquilonér*. Aquilonal ó aquilonar.

**AQUIQUI**, m. *aquiquí*. Hist. nat. Aquiquí, pájaro vocinglero del Brasil.

**AQUITAIN, E**, adj. *aquitén*. Aquitano, que es natural de Aquitania.

**AQUOSITÉ**, f. *acuosité*. Acuosidad, calidad de lo que es acuoso.

**ARA**, m. *ára*. Astr. Altar, nombre de una costelacion meridional llamada mas comunmente en frances *autel*. || Hist. nat. Ara ó guacamayo, ave magnífica de ambas Américas.

**ARABATE**, m. *arabát*. Hist. nat. Arabato, especie de mono de América.

**ARABE**, m. *aráb*. Árabe. || Judio, caribe, por el que es avaro ó usurero. || El árabe, la lengua árabe. || adj. Árabe, arábigo.

**ARABEBBAH**, m. *arabébba*. Mús. Rabel, instrumento pastoril formado con una cuerda apoyada en una vejiga.

**ARABESQUE**, adj. *arabésc*. Arabesco, del gusto ó labor de los Árabes. || pl. Pint. Arabescos, adornos afestonados.

**ARABITE**, f. *arabít*. Hist. nat. Arabeto, género de dípteros. || Bot. Arabeto, género de plantas cruciferas.

**ARABIDE**, f. *arabíd.* Arábida, género de cruciferas silicosas.

**ARABIDÉ, ÉE**, adj. *arabidé.* Bot. Arabídeo, que se parece á la arábida. || *Arabidées*, f. pl. Arabídeas, grupo de plantas cruciferas.

**ARABIDION**, m. *arabidión.* Bot. Arabidion, género de cruciferas silicosas.

**ARABIQUE**, adj. *arabíc.* Arábigo: se aplica á la goma y al golfo de este nombre.

**ARABIQUEMENT**, adv. poco us. *arabicmán.* A la manera de los Árabes.

**ARABISANT**, m. *arabisán.* Docto en la lengua árabe. || El que estudia el árabe.

**ARABISER**, a. *arabisé.* Dar la inflexion arábiga á una palabra.

**ARABISME**, m. *arabísm.* Arabismo, locucion arábiga.

**ARABLE**, adj. poco us. *arábl.* Labrantío, de labor.

**ARABOUTAN**, m. *arabután.* Bot. Araboutan, árbol que da la *madera del Brasil.*

**ARAC, ARACK ó ARAK**, m. *arác.* Arac. Voz indiana que significa toda especie de licor espirituoso y en particular una especie de aguardiente.

**ARACANTE**, m. *aracánt.* Hist. nat. Aracanto, género de coleópteros tetrámeros.

**ARACA-PUDA**, f. *aracapúda.* Bot. Araca-puda, planta del Malabar.

**ARACARI**, m. *aracári.* Hist. nat. Aracari, especie de tucan.

**ARACHIDE ó ARACHINE**, f. *arachíd, arachín.* Bot. Cacahuate, planta anua.

**ARACHNÉ**, f. *aracné.* Mit. Aracnea, hija de Idmon.

**ARACHNIDE ó ARACHNÉIDE**, adj. *aracníd, aracnéid.* Hist. nat. Arácnido ó aracneido, que se parece á la araña. || *Arachnides* ó *arachnéides*, m. pl. Arácnidos ó aracneidos, clase de insectos.

**ARACHNIMORPHE**, f. *aracnimorf.* Hist. nat. Aracnimorfea, sub-género de coleópteros. || Bot. Aracnimorfea, género de plantas rubiáceas.

**ARADAVINE**, f. *aradavín.* V. TARIN.

**ARADECH**, m. *aradéc.* Bot. Nombre vulgar del mírtilo. V. AIRELLE.

**ARACHNIODE**, f. *aracnióod.* Bot. Aracniode, género de helechos.

**ARACHNION**, m. *aracnión.* Bot. Aracnion, género de hongos.

**ARACHNODERMAIRE**, adj. *aracnodermér.* Hist. nat. Aracnodermo, que tiene la piel muy fina, parecida á una tela de araña.

**ARACHNOÏDE**, f. *aracnoíd.* Anat. Aracnoides: ahora se da este nombre á una de las tres membranas que rodean el encéfalo. || Hist. nat. Aracnoide, especie de mono americano. || Aracnoide, género de falsos escorpiones. || Aracnoide, concha erizada de espinas.

**ARACHNOÏDIEN, NE**, adj. *aracnoidién.* Hist. nat. Aracnidio ó aracnoídeo, que es tan fino como una tela de araña.

**ARACHNOÏDITE ó ARACHNITIS**, f. *aracnoidít, aracnítis.* Med. Aracnoiditis ó aracnitis, inflamacion de la aracnoides.

**ARACHNOLOGIE**, f. *aracnologí.* Hist. nat. Aracnologia, tratado especial acerca de las arañas.

**ARACHNOLOGIQUE**, adj. *aracnologíc.* Hist. nat. Aracnológico, que pertenece á la aracnologia.

**ARACHNOLOGUE**, m. *aracnológue.* Hist. nat. Aracnólogo, el que escribe acerca de las arañas.

**ARACHNOPE**, m. *aracnóp.* Hist. nat. Aracnopo, género de coleópteros tetrámeros.

**ARACHNOPHILE**, m. y f. y adj. *aracnofíl.* Aracnófilo, amante de las arañas.

**ARACHNOTHÈRE**, m. *aracnotér.* Hist. nat. Aracnótero, género de pájaros trepadores.

**ARACION**, m. *arasión.* Bot. Aracion, género de plantas sinantéreas.

**ARACINAPPIS**, m. *arasinápis.* Bot. Arasinapis, especie de naranja de la India.

**ARACH, ARAK ó ARACK**, m. *arác.* Aguardiente de azúcar: en la América se llama tafia, cachaza.

**ARACOUCHINI**, m. *aracuchiní.* Farm. Aracuchini, especie de bálsamo.

**ARACYNTHIADE, ARACYNTHIDE, ARACYNTHIAS**, f. *arasentiád, arasentíd, araséntias.* Mit. Aracíntida, uno de los sobrenombres de Minerva.

**ARADA**, m. *aráda.* Hist. nat. Arada, nombre de un pájaro de Cayena.

**ARADE**, m. *arád.* Hist. nat. Árado, género de arádios heterópteros.

**ARADIEN, NE**, adj. *aradién.* Hist. nat. Aradio, que se parece á los árades. || *Aradiens*, m. pl. Arádios, familia de hemípteros heterópteros.

**ARADITE**, adj. *aradít.* Hist. nat. Arádita, familia de geocorices hemípteros.

**ARAF**, m. *aráf.* Mit. Araf, el purgatorio de los Musulmanes.

**ARAGALE**, f. Bot. V. ASTRAGALE.

**ARAGE**, m. *aráge.* Agr. Aradura, labor, la accion de arar, de labrar las tierras.

**ARAGNE**, f. V. ARAIGNÉE.

**ARAGOACÉES**, f. pl. *aragoasé.* Bot. Aragoáceas, género de escrofularíneas.

**ARAGONAIS, E**, adj. y s. *aragoné.* Aragonés, que es natural de Aragon.

**ARAGONITE**, f. *aragonít.* Aragonita, especie de cal carbonatada.

**ARAGUAGÉE**, f. *araguagé.* Hist. nat. Especie de sierra.

**ARAGUE**, f. Bot. V. ASTRAGALE.

**ARAIGNÉE**, f. *areñé.* Hist. nat. Araña, insecto. || Telaraña. || Mar. Araña, porcion de cuerdecitas. || *Araignée vagabonde*, alguacil de moscas. || *Araignée de mer*, araña, peje araña.

**ARAIGNEUX, EUSE**, adj. *areñeu, eus.* Lo que se parece á la telaraña.

**ARAIN**, m. *arén.* Com. Tafetan rayado y á cuadros, que viene de la India.

**ARAINÉ, ÉE**, adj. *arené.* Hist. nat. Araíneo, que se parece al ara. || *Arainées*, f. pl. Araíneas, sub-familia de papagayos del Nuevo-Mundo.

**ARAIRES**, m. pl. *arér.* Instrumentos de agricultura. || Especie de arado para las tierras lijeras.

**ARALIACÉ, ÉE**, adj. *araliasé.* Bot. Araliáceo, que se parece á la aralia. || *Araliacées*, f. pl. Araliáceas, familia de plantas.

**ARALIASTRE**, m. *araliástr.* Bot. Araliastra.

**ARALIE**, f. *aralí.* Bot. Aralia, género de plantas de la familia de las araliáceas.

**ARAMACA**, m. *aramáca.* Hist. nat. Aramaca, pescado de las costas del Brasil.

**ARAMAQUE**, f. *aramác.* V. ARAMACA.

**ARAMBAGE**, f. *aranbág.* Mar. Arramblaje. Antiguamente equivalia á abordaje.

**ARAMBER**, a. ant. *aranbé.* Mar. Arramblar. || Atracar á bordo un bote.

**ARAME**, m. *arám.* Hist. Aramo, nombre que dan los Persas al palacio de los reyes. || Hist. nat. Aramo, cierto pájaro de América.

**ARAMECH**, m. *araméc.* Astr. Arturo.

**ARAMER**, a. *aramé.* Arrollar, poner el paño en un rollo para estirarlo.

**ARAMINÉ, ÉE**, adj. *araminé.* Hist. nat. Aramíneo, que se parece al aramo. || *Araminées*, f. pl. Aramíneas, sub-familia de aves de la América.

**ARANAPANNA**, f. *aranapánna.* Bot. Aranapanna, especie de helecho del Malabar.

**ARANÇADA**, f. *aransáda.* Aranzada, medida agraria usada en España.

**ARANDRANTO**, m. *arandránto.* Bot. Arandranto, árbol de la India.

**ARANÉEUX, EUSE**, adj. *araneeu, eus.* Arañoso, que tiene la forma de una araña ó de una tela de araña.

**ARANÉIDES**, f. pl. *araneíd.* Hist. nat. Araneidos, primera familia de la clase de los arácnidos.

**ARANÉIFÈRE**, adj. *araneifér.* Araneífero, que contiene arañas.

**ARANÉIFORME**, adj. *araneifórm.* Araneiforme, que tiene la forma de una araña.

**ARANÉOGRAPHE, ARANÉOGRAPHIE.** V. ARANÉOLOGUE, ARANÉOLOGIE.

**ARANÉOLE**, f. *araneól.* Hist. nat. Aranéola, araña ó dragon marino, cuando es nuevo.

**ARANÉOLOGIE**, f. *araneologí.* Araneologia, tratado de las arañas.

**ARANÉOLOGIQUE**, adj. *araneologíc.* Araneológico, que [illegible] logia.

**ARANÉOLOGUE**, m. [illegible] neólogo, el que se ocupa [illegible] las arañas.

**ARARA y ARARACA**, m. V. [illegible]

**ARASEMENT**, m. [illegible] igualacion de las piezas. [illegible]

**ARASER**, a. *arasé.* Alb. [illegible] ras con ras, nivelar la altura [illegible]

**ARASES**, f. pl. *arás.* [illegible] con que se igualan las hiladas [illegible]

**ARATE**, m. *arát.* Peso de [illegible] valente á nuestra arroba.

**ARATÈRES**, f. pl. *aratér.* [illegible] celebradas en Grecia en honor [illegible]

**ARATOIRE**, adj. [illegible] perteneciente á la labranza.

**ARATRIFORME**, adj. [illegible] triforme, que tiene la forma del [illegible]

**ARAUCAIRE**, m. *aroquér.* [illegible] árbol.

**ARAUCANIEN, NE**, adj. y s. [illegible] Araucano, el natural de Arauc[illegible]

**ARAUCARIE**, f. *arocarí.* Bot. [illegible] género de plantas.

**ARBALESTRES**, f. pl. *arbalestr* [illegible] ramacelles en las fábricas de [illegible]

**ARBALESTRILLE ó ARBALÈ**[illegible] *balestrill, arbalét.* Mar. Balles[illegible] servar la altura de los astros. [illegible]

**ARBALÈTE**, f. *arbalét.* Mil. [illegible] || *Mule ó cheval en arbalète*, [illegible] delantero ó de guia. || Náut. V. [illegible] TRILLE. || fam. *Plus vite qu'un trait d'arba*[illegible] *lète*, mas pronto que la vista: [illegible] expresa una suma velocidad.

**ARBALÉTER**, a. *arbaleté.* [illegible] sostener con puntales menores.

**ARBALÉTIER**, m. *arbaletié.* [illegible] flechero, arquero, saetero. || [illegible] que cargan los techos de un edificio.

**ARBALÉTIÈRE**, f. *arbaletiér.* [illegible] ra, especie de agujero ó tronera [illegible] se disparaban á cubierto dardos y [illegible]

**ARBALÉTRIER**, m. V. Arbal[illegible]

**ARBALÉTRIÈRE**, f. V. Arbal[illegible]

**ARBENNE**, f. *arbén.* Hist. nat. [illegible] pájaro parecido á la perdiz en [illegible] magnitud.

**ARBITRAGE**, m. *arbitráge.* [illegible] to, sentencia de árbitros. || Com. [illegible] (neol.), combinacion de los [illegible] calcular qué papel es el que [illegible]

**ARBITRAIRE**, adj. *arbitrér.* [illegible]

**ARBITRAIREMENT**, adv. *arb*[illegible] Arbitrariamente, despóticamente. [illegible] bitramento, á juicio de árbitros.

**ARBITRAL, E**, adj. *arbitrál.* [illegible] arbitrario, sentenciado por árbitros. [illegible]

**ARBITRALEMENT**, adv. *arb*[illegible] Arbitralmente, por juicio de árbitros.

**ARBITRATEUR**, m. *arbitrateur.* [illegible] tro, arbitrador, amigable componedor.

**ARBITRATION**, f. *arbitrasión.* [illegible] sesgo que se toma en un negocio [illegible]

**ARBITRE**, m. *arbítr.* Árbitro, [illegible] dor, avenidor (ant.). || met. Árbitro, [illegible] absoluto. || Arbitrio, albedrío. || *Le libre ar*[illegible] *bitre*, el libre albedrío.

**ARBITRER**, a. *arbitré.* Arbitrar, [illegible] minar como árbitro. || Juzgar por [illegible] cer un juicio prudencial. || *S'arbitrer*, ar[illegible] bitrarse, ser valuado, calculado, [illegible] tanto ó cuanto.

**ARBOISE**, m. *arbuás.* Bot. V. [illegible]

**ARBOLADE**, f. *arboládi.* Coc. [illegible] flan ó flaon.

**ARBORADURE**, f. ant. *arboradúr.* [illegible] Maniobra para elevar las cabrias.

**ARBORER**, a. *arboré.* Enarbolar. [illegible] Hacer gala ó alarde de una opinion. [illegible] Arbolar un navio.

**ARBORESCENCE**, f. *arboresáns.* Ar[illegible] rescencia, cualidad de lo que crece en [illegible] de árbol, de lo que se hace árbol.

**ARBORESCENT, E**, adj. *arboresán.* Ar[illegible] borescente, que tiene la forma y la [illegible] un árbol.

**ARBORIBONCES**, m. pl. *arboribóns.* [illegible] boribonzos, sacerdotes del Japon, [illegible] casi siempre errantes; se mantienen de li[illegible] mosnas, y se alaban de tener el poder de conjurar los demonios.

**ARCHAL (FIL D')**, m. *archál*. Alambre, hilo de alambre.

**ARCHANGE**, m. *arcánge*. Arcángel.

**ARCHANGÉLIQUE** f. *arcangelic*. Ortiga muerta, planta. || adj. Que pertenece á los arcángeles.

**ARCHE**, f. *árche*. Arq. Arcada, arco á ojo de puente. || Arca de Noé, del Testamento, etc. || *Etre hors de l'arche*, estar fuera de la iglesia. || Mar. *Arche de pompe*, caja de las bombas.

**ARCHÉAL, E**, adj. *archeál*. Archeal, que pertenece al archeo.

**ARCHÉE**, f. *arché*. Principio de la vida en los vegetables, segun los antiguos químicos. || Med. El principio de la vida en los hombres.

**ARCHEGAYE**, f. *archeguey*. Archegaya, especie de lanza arrojadiza que usaban los antiguos.

**ARCHÉGÈTES**, m. *archegét*. Mit. Archegeto, sobrenombre bajo el cual adoraban á Apolo en la isla de Naxos.

**ARCHÉISME**, m. *archeísm*. Archeismo, doctrina sobre el archeo.

**ARCHELET**, m. *archelé* Art. Ballesta de torno.

**ARCHÉMORE**, f. *archemór*. Bot. Archemora, planta umbelada, yerba vivaz y muy venenosa de la América setentrional.

**ARCHÉOGRAPHE**, m. *arqueográf*. Arqueógrafo, el que describe las antigüedades.

**ARCHÉOGRAPHIE**, f. *arqueografí*. Arqueografía, descripcion de los monumentos antiguos.

**ARCHÉOLOGIE**, f. *arqueologí*. Arqueología, conocimiento de la antigüedad.

**ARCHÉOLOGIQUE**, adj. *arqueologíc*. Arqueológico, que pertenece á la arqueología.

**ARCHÉOLOGUE**, m. *arqueológue* Arqueólogo, anticuario.

**ARCHER**, m. *arché*. Mil. ant. Arquero, ballestero, cuadrillero en lo antiguo; y ahora gendarme, aunque nosotros no los tenemos. || Portero de maza (ant.), alguacil, ministro inferior de justicia, corchete, esbirro de policía.

**ARCHEROT**, m. *archeró*. Mit. Flechero, nombre de Cupido.

**ARCHET**, m. *arché*. Mús. Arco de violin, etc. || Ballesta para tornear ú boradar. || Cerco ó aro de cuna ó de cama de un enfermo. || fam. *Passer sous l'archet*, tomar la manta, esto es, tomar las unciones.

**ARCHÉTYPE**, m. *arquetíp*. Arquetipo, modelo, dechado. || Marco, pote, patron de los pesos y medidas.

**ARCHEVÊCHÉ**, m. *arcbeveché*. Arzobispado, dignidad de arzobispo, y tambien el territorio ó la jurisdiccion del arzobispo. || Palacio arzobispal.

**ARCHEVÊQUE**, m. *archevéc* Arzobispo || Bot. Arzobispo, nombre de un clavel morado.

**ARCHI**, *archí*. Palabra griega que entra en la composicion de muchas francesas, siempre para indicar el grado mas alto de alguna calidad, como en *archi-fou*, que es un loco rematado, y en *archi-vilain*, que vale para nosotros la quinta escencia de la roñería.

**ARCHIABBÉ**, m. *archiabé*. Archiabad, título conferido al abad de Cluny.

**ARCHIACOLYTE**, m. *archiacolít*. Archiacólito, primer acólito.

**ARCHIÂTRE**, m. *archiátr*. Archiatro, primer médico de los emperadores griegos. El mismo nombre se daba al primer médico de los reyes de Francia.

**ARCHIÂTRIE**, f. *archiatrí*. Archiatría, dignidad de archiatro.

**ARCHICHAMBELLAN**, m. *archichambelán*. Archichambelan, ó camarero mayor del imperio, equivalente á primer ayuda de cámara.

**ARCHICHANCELIER**, m. *archichanslié*. Canciller mayor.

**ARCHICHAPELAIN**, m. ant. *archichaplén*. Nombre que los primeros reyes de Francia dieron al limosnero mayor.

**ARCHICONFRÉRIE** ó **ARCHICONFRATERNITÉ**, f. *archiconfrerí*, *archiconfraternité*. Archicofradía, cofradía principal.

**ARCHICONSUL**, m. *archiconsúl*. Archicónsul, título que lleva el presidente de la academia de la Crusca en Florencia.

**ARCHIDAPIFER**, m. *archidapifé*. Repostero mayor, en la corte del emperador de Alemania.

**ARCHIDIACONAT**, m. *archidiaconá*. Arcedianato, la dignidad de arcediano.

**ARCHIDIACONÉ**, m. *archidiaconé*. Arcedianato, el territorio y jurisdiccion de un arcediano.

**ARCHIDIACRE**, m. *archidiácr*. Arcediano, dignidad eclesiástica.

**ARCHIDIE**, f. *archidí*. Hist. nat. Archidia, concha del golfo Pérsico.

**ARCHIDIOCÉSAIN**, m. *archidiocesén*. Archidiocesano, que depende de un arzobispado.

**ARCHIDION**, m. *archidión*. Bot. Archidion.

**ARCHIDRUIDE**, m. *archidruíd*. Hist. ant. Archidrúida, jefe ó pontífice de los drúidas.

**ARCHIDUC**, m. *archidúc*. Archiduque, título.

**ARCHIDUCAL, E**, adj. *archiducál*. Archiducal, del archiduque. || pl. *Archiducaux*.

**ARCHIDUCHÉ**, m. *archiduché*. Archiducado, dignidad ó territorio de archiduque.

**ARCHIDUCHESSE**, f. *archiduchés*. Archiduquesa.

**ARCHIÉCHANSON**, m. *archiechansón*. Hist. Copero mayor, primer copero del imperio de Alemania.

**ARCHIÉPISCOPAL, E**, adj. *arquiepiscopál*. Arzobispal, arquiepiscopal. || pl. *Archiépiscopaux*.

**ARCHIÉPISCOPAT**, m. *arquiepiscopá*. Arzobispado, la dignidad del arzobispo.

**ARCHIÉRARCHIE**, f. *archierarchí*. Arquijerarquía, dignidad suprema de la jerarquía.

**ARCHIÉRARCHIQUE**, adj. *archierarchíc*. Arquijerárquico, que es relativo á la arquijerarquía.

**ARCHIÉRARQUE**, m. *archierárc*. Arquijerarca, jefe de la jerarquía.

**ARCHIEUNUQUE**, m. *archieunúc*. Arquieunuco, eunuco mayor, jefe de los eunucos.

**ARCHIGALLE**, m. *archigál*. Arquigalo, jefe de los galos ó sacerdotes de Cibeles.

**ARCHIGRELIN**, m. *archigrlén*. Mar. Guindaleza acalabrotada.

**ARCHILOQUIEN**, adj. m. *archiloquién*. Poes. ant. Arquiloquio, verso de siete piés.

**ARCHILUTH**, m. *archilút*. Mús. Archilaud, instrumento músico.

**ARCHIMAGE**, m. *archimáge* Arquimago, jefe de la religion de los Persas.

**ARCHIMAGIE**, f. *archimagí*. Arquimagia, parte de la alquimia que trata del arte de hacer el oro. || Arquimagia, arte de hacer el oro. || Arquimagia, dignidad de la arquimago.

**ARCHIMANDRITAT**, m. *archimandritá*. Archimandritado, el beneficio del archimandrita.

**ARCHIMANDRITE**, m. *archimandrít*. Archimandrita, abad de Oriente.

**ARCHIMARÉCHAL**, m. *archimarechál*. Gran mariscal. || pl. *Archimaréchaux*, archimariscales.

**ARCHIMIME**, m. *archimím*. Arquimimo, primer bufon entre los actores de la antigua Roma.

**ARCHIMINISTRE**, m. ant *archiminístr*. Nombre que se dió en Francia al primer ministro de Estado.

**ARCHINOTAIRE**, m. *archinotér*. Notario mayor.

**ARCHIPATELIN, E**, adj. y s. *archipatlén*. fam. Gran vellaco, gran trapacero.

**ARCHIPÉDANT, E**, adj. y s. *archipedán*. fam. Gran pedante, insufrible por su excesiva pedantería.

**ARCHIPEL**, m. *archipél*. Archipiélago, grupo de muchas islas. || El mar Egeo.

**ARCHIPÉRACITE**, m. *archiperasít*. Arquiperacita, ministro encargado de explicar la ley entre los Judíos.

**ARCHIPIRATE**, m. *archipirát*. Capitan de piratas. || met. y fam. Gran pirata, gran ladron, usurero inexorable.

**ARCHIPOMPE**, f. *archipómp*. Mar. Caja de bombas ó sentina.

**ARCHIPRESBYTÉRAL, E**, adj. *archipresbiterál*. Arciprestal, perteneciente al

**ARCHIPRÊTRE**, m. *archiprétr*. Arcipreste, dignidad eclesiástica.

**ARCHIPRÊTRÉ**, m. *archipretré*. Arciprestazgo, dignidad ó territorio de arcipreste.

**ARCHIPRIEUR**, m. *archiprieur*. Prior mayor: era el gran maestre de los templarios.

**ARCHIPRIEURÉ**, m. ant. *archiprieuré*. V. ARCHIDIACONÉ y ARCHIPRÊTRÉ, de cuyas dos voces era sinónimo.

**ARCHI-SOUS-DIACRE**, m. *archisudiácr*. Primer sub-diácono en la iglesia romana.

**ARCHISYNAGOGUE**, m. *archisinagógue*. Archisinagogo, el principal de la sinagoga.

**ARCHITECTE**, m. *architéct*. Arquitecto, alarife.

**ARCHITECTONIQUE**, adj. *architectonic*. Arquitectónico, perteneciente á la arquitectura.

**ARCHITECTONOGRAPHE**, m. *architectonográf*. Arquitectonógrafo, escritor que se ocupa de la historia y de la descripcion de los edificios.

**ARCHITECTONOGRAPHIE**, f. *architectonografí*. Arq. Arquitectonografía, descripcion de los edificios.

**ARCHITECTURAL**, E, adj. *architecturál*. Arquitectónico, que pertenece á la arquitectura.

**ARCHITECTURE**, f. *architectúr*. Arquitectura, el arte de construir edificios. || Mit. La arquitectura se representa por una mujer apoyada en una columna, con un plano en la mano izquierda y un compas en la derecha.

**ARCHITONNERRE**, m. *architonér*. Fis. Cañon de vapor, inventado por Arquimédes para arrojar balas de hierro.

**ARCHITRAVE**, f. *architráv*. Arq. Arquitrabe de una cornisa. || Mar. Galon ó moldura de la bovedilla.

**ARCHITRAVÉ**, ÉE, adj. *architravé*. Arq. Arquitrabado: se dice de la cornisa cuyo friso se ha suprimido.

**ARCHITRAVÉE**, f. *architravé*. Arq. Cornisa con arquitrabe. *Une architravée*, una cornisa con arquitrabe.

**ARCHI-TRÉSORIER**, m. *architresorié*. Hist. Tesorero mayor, dignidad que habia antiguamente en Alemania.

**ARCHITRICLIN**, m. *architriclén*. Repostero. V. MAITRE D'HÔTEL.

**ARCHIVES**, f. pl. *archív*. Archivo. || Títulos y papeles que se guardan en un archivo.

**ARCHIVISTE**, m. *archivíst*. Archivero.

**ARCHIVOLTE**, f. *archivólt*. Arq. Arquivolta, moldura ó pequeña eminencia de un muro.

**ARCHON**, m. *archón*. Hist. nat. Arcon, género de coleópteros pentámeros.

**ARCHONTAT**, m. *arcontá*. Arcontado, dignidad de arconte.

**ARCHONTE**, m. *arcónt*. Hist. Arconte, título de los principales magistrados de las repúblicas griegas.

**ARCHONTIQUE**, adj. *arcontíc*. Sect. rel. Arcóntico, nombre de unos herejes que negaban la resurreccion de los muertos, y atribuian la creacion del mundo á unos seres sobrenaturales que llamaban arcontes.

**ARCIFÈRE**, m. *arsifér*. Astr. Arquífero, nombre de Sagitario, uno de los doce signos del zodíaco.

**ARCINELLE**, f. *arsinél*. Hist. nat. Arcinela, especie de conchas bivalvas. V. CARDITE.

**ARÇON**, m. *arsón*. Guarn. Arzon de la silla de montar. || Arco de sombrerero para abuecar la lana.

**ARÇONNAGE**, m. *arsonáge*. Art. Arqueo, accion de preparar el pelo, la lana ó el algodon, vareándolos ó trabajándolos con el arco.

**ARÇONNER**, a. *arsoné*. Arquear, tundir ó mullir la lana.

**ARÇONNEUR**, EUSE, m. y f. *arsoneur*, *eus*. Jalmero, bastero. || Arqueador de lana.

**ARCOPAGE**, m. *arcopáge*. Hist. nat. Arcópago, género de coleópteros dímeros.

**ARCOT**, m. *arcó*. Escoria de laton.

**ARCTATION**, f. *arctasión*. Med. Artacion, constipacion ó estreñimiento.

**ARCTICOLE**, adj. *arcticól*. Hist. nat. Arcticola, que habita cerca del polo ártico. || *Arcticoles*, m. pl. Arctícolas, grupo de insectos lepidópteros diurnos.

**ARCTIER**, m. ant. *arctié*. Arquero, el que hace ó vende arcos.

**ARCTION**, m. *arcsión*. Bot. Arcion, género de plantas vivaces y sin tallo.

**ARCTIQUE**, adj. *arctic*. Ártico, boreal, setentrional.

**ARCTITUDE**, f. Med. V. ARCTATION.

**ARCTIUM**, m. *arcsióm*. Arcion, planta medicinal.

**ARCTOCORIS**, m. *arctocóris*. Arctocoris, insecto hemíptero.

**ARCTODE**, m. *arctód*. Hist. nat. Artodo, género de coleópteros pentámeros.

**ARCTOGÈRE**, m. *arctogér*. Bot. Artógero, pequeña planta vivaz.

**ARCTOPE**, m. *arctóp*. Bot. Artopa, género de plantas de la familia de las umbeladas.

**ARCTOFILAX**, m. *arctofiláca*. Artófilas, constelacion setentrional.

**ARCTOSTAPHYLE**, m. *arctostafíl*. Bot. Arctostáfila, género de plantas ericáceas.

**ARCTOTHÈQUE**, f. *arctotéc*. Bot. Artoteca, género de plantas vivaces del Cabo.

**ARCTOTIDÉ**, ÉE, adj. *arctotidé*. Bot. Artotídeo, que se parece al artotis. || *Arctotidées*, f. pl. Artotídeas, grupo de plantas compuestas.

**ARCTOTIS**, m. *arctótis*. Bot. Artotis, género de la familia de las corimbíferas.

**ARCTURE** ó **ARCTURUS**, m. *arctúr*, *arctúrus*. Astr. Arturo, nombre de una estrella fija.

**ARCUATION**, f. *arcuasión*. Anat. Arcuacion, curvatura de algun hueso en forma de arco, como se ven en los niños raquíticos. || Med. Jibosidad delantera, salida del esternon.

**ARCYPHYLLE**, m. *arsifíl*. Bot. Arcifila, género de plantas leguminosas.

**ARCYPTÈRE**, m. *arsiptér*. Hist. nat. Arcíptero, género de insectos acrídios.

**ARCYRIE**, f. *arsirí*. Bot. Arciria, género de hongos tricepterinos.

**ARDASSE**, f. *ardás*. Com. Ardasa, seda de inferior calidad, que viene de Persia.

**ARDASSINE**, f. *ardasín*. Com. Ardasina, seda de Persia, fina y muy hermosa.

**ARDEB**, m. *ardéb*. Com. Ardeb, medida de granos usada en casi toda el África.

**ARDÉE**, f. *ardé*. V. HÉRON.

**ARDÉLION**, m. *ardelión*. Zarandillo, bullebulle, mequetrefe, persona complaciente, oficiosa, servicial.

**ARDEMMENT**, adv. *ardamán*. Ardientemente, con ardor.

**ARDENT**, E, adj. *ardán*. Ardiente. || Encendido, rojo por el color. || met. Vehemente, activo, eficaz. || Blas. Se dice de un carbon encendido. || Mar. Propenso á partir al paño. || m. Fuego fatuo, exhalacion. || Mar. Fuego de san Telmo. || ant. Med. Tocado del fuego sacro ó de san Anton. || Med. Mal pestilencial, especie de carbúnculo.

**ARDER** ó **ARDRE**, a. ant. *ardé*, *árdr*. Quemar. V. BRÛLER.

**ARDEUR**, f. *ardeur*. Ardor. || met. Ardor, calor, actividad. || Viveza, exceso de actividad de algunos animales. || met. y poét. Ardor, pasion amorosa.

**ARDIER**, m. *ardié*. Art. Cuerda gruesa que rodea un enjullo ó cilindro de telar y que lo hace girar sobre su eje.

**ARDILLON**, m. *ardillón*. Clavillo de hebilla. || met. *Il n'y manque pas un ardillon*, nada falta ahí. *Avez-vous vu votre équipage? Oui, il n'y manque pas un ardillon*. Ha visto Vd. su equipaje? Sí, no le falta ni una hilacha, está completo. || Impr. Puntura, nombre que se da á cada uno de los dos clavillos que sirven para fijar en el tímpano el papel que se imprime, á fin de que salga bien el registro.

**ARDISIACÉ**, ÉE, adj. *ardisiasé*. Bot. Ardisiáceo, que se parece á la ardisia. || *Ardisiacées*, f. pl. Ardisiáceas, familia de plantas.

**ARDISIE**, f. *ardisí*. Bot. Ardisia, género de plantas.

**ARDISIÉ**, ÉE, adj. Bot. V. ARDISIACÉ.

**ARDOISE**, f. *arduás*. Geol. Pizarra de tejado. || *Ardoises de plomb*, planchas de plomo para cubrir los edificios.

**ARDOISÉ**, ÉE, adj. *arduasé*. [illegible] de color ó semejanza de pizarra.

**ARDOISER**, a. *arduasé*. Empizarrar, cubrir con pizarras.

**ARDOISEUX**, EUSE, adj. [illegible] eus. Pizarroso, que tiene la [illegible] pizarra.

**ARDOISIER**, m. *arduasié*. [illegible] el que labra ó asienta las pizarras.

**ARDOISIÈRE**, f. *arduasiér*. [illegible] sitio en que se hallan las pizarras.

**ARDOISIN**, INE, adj. *arduasén*. [illegible] roso, que imita la pizarra.

**ARDOPTÈRE**, f. *ardoptér*. [illegible] dóptero, género de dípteros [illegible]

**ARDOURANGA**, f. *ardurangá*. [illegible] ga, planta del Madagascar.

**ARDU**, UE, adj. ant. *ardú*. [illegible] met. Arduo, muy dificultoso.

**ARDUITÉ**, f. *arduité*. Arduidad [illegible] tad grande.

**ARDUOSITÉ**, f. poco us. *arduosité*. [illegible] duidad (ant.), gran dificultad.

**ARDURE**, f. ant. *ardúr*. Fuego, [illegible] cido de la pasion amorosa.

**ARE**, m. *ár*. Área, medida de [illegible] del presente sistema métrico de [illegible] un cuadrado que tiene en cada lado [illegible] tros, que son unos 26 piés cuadrados [illegible]

**ARÉAGE**, m. *areáge*. Areaje, [illegible] las tierras por áreas.

**ARÉALU**, m. *arealú*. Bot. [illegible] cie de higuera del Malabar.

**AREB**, m. *aréb*. Areb, moneda [illegible]

**AREC**, m. *aréc*. Bot. Areca, [illegible]

**ARÉCINE**, f. *aresín*. Quím. [illegible] sustancia extraida de la fruta del [illegible]

**ARÉCINÉ**, ÉE, adj. *aresiné*. [illegible] neo, que se parece al areca. || [illegible] f. pl. Arecíneas, tribu de la familia [illegible] palmeras.

**ARÉFACTION**, f. *arefacsión*. [illegible] faccion (ant.), desecacion de [illegible] mentos que se han de pulverizar.

**ARÉIEN**, NE, adj. *areién*. [illegible] que pertenece á Ares ó Marte.

**ARÉIGNOL**, m. *areñól*. Pesc. [illegible] red para pescar en los estanques.

**ARÉGER**, a. ant. *aregé*. [illegible] glar. || n. y r. ant. Componerse.

**AREMONE**, f. *aremón*. Bot. [illegible] AIGREMOINE.

**ARÉNACÉ**, ÉE, adj. *arenasé*. [illegible] arenoso.

**ARÉNACÉO-CALCAIRE**, adj. [illegible] *calquer*. Miner. Arenáceo-calcáreo, [illegible] compuesto de arena y de una [illegible] cárea.

**ARÉNAGE**, m. *arenáge*. Hist. [illegible] naje, derecho que los bretones [illegible] sus duques.

**ARÉNAIRE**, m. *arenér*. Hist. [illegible] rio, el que lidiaba en la arena. || [illegible] nat. Arenario, que vive ó crece en [illegible] ó parajes arenosos. || Bot. [illegible] de plantas.

**ARÉNATION**, f. *arenasión*. [illegible] baño de arena caliente.

**ARENDATEUR**, m. poco us. [illegible] Colono, arrendador.

**ARENDATION**, f. poco us. [illegible] Arriendo hecho por un colono.

**ARÈNE**, f. *arén*. Arena, [illegible] liza, coso. || met. Lid, disputa, [illegible] contestacion. || Min. Canal de [illegible] Arenilla, arena movediza. || *Descendre dans l'arène*, salir á la palestra, entrar en [illegible] *Ecrire ou bâtir sur l'arène*, escribir ó [illegible] ficar en la arena: ocuparse de [illegible] poca duracion, que no pueden [illegible] cer castillos ó torres en el aire.

**ARÉNER**, n. *arené*, ó S'ARÉNER, [illegible] *rené*. Arq. Cargarse un edificio, [illegible] desplomarse.

**ARÉNEUX**, EUSE, adj. *areneu*, [illegible] Poét. Arenoso.

**ARENG**, m. *arén*. Bot. Arenga, [illegible] la familia de las palmeras.

**ARÉNICAL**, E, adj. *arenicál*. [illegible] mezclado con arena.

**ARÉNICOLE**, m. *arenicól*. Hist. [illegible] y Bot. Arenícola, calificacion de ciertos [illegible]

**ARGALE**, f. *argál*. Hist. nat. Argala, especie de cigüeña.

**ARGALI**, m. *argalí*. Hist. nat. Argalí, carnero montaraz.

**ARGAMASSE**, f. *argamás*. Arq. Terrado, azotea.

**ARGANEAU**, m. *arganó*. Mar. Arganeo, argollon.

**ARGANÈTE**, f. *arganét*. Argana, máquina de guerra que usaban los antiguos para lanzar materias incendiarias.

**ARGÉMA ó ARGÉMON**, m. *argéma*, *argemón*. Med. Argema ó argemon, úlcera superficial de la córnea.

**ARGÉMONE**, f. *argemón*. Bot. Argemone, adormidera espinosa.

**ARGENT**, m. *arján*. Plata, metal. *Argent en bain*, plata derretida. *Argent ó argent blanc*, plata, moneda de plata. *Argent battu*, plata de martillo. *Argent en billon*, plata en bruto. *Argent de coupelle*, plata pura, acendrada. *Argent en feuilles*, plata en panes. *Argent mat*, plata mate, sin bruñir. *Argent trait*, hilo de plata. ‖ Dinero. *Argent comptant*, dinero efectivo. *Argent courant*, moneda corriente. *Argent mignon*, dinero que se va poniendo aparte, para poderlo gastar en lo que se quiera, sin que haga falta. ‖ *C'est de l'argent en barre*, eso es oro molido. ‖ *C'est autant d'argent perdu*, es dinero tirado á la calle. ‖ fam. *Un bourreau d'argent*, un perdido, un despilfarrado. ‖ *Amasser de l'argent*, recoger dinero. ‖ *Faire argent de tout*, sacar agua de las piedras. ‖ fam. *Payer argent sur table*, pagar en efectivo ó en dinero contante. ‖ met. Caudal, hacienda. ‖ fam. *Argent vif ó vif-argent*, argen vivo (ant.), azogue, mercurio. ‖ Blas. Plata, color blanco.

**ARGENTAL, E**, adj. *arjantál*. Argental, que contiene plata.

**ARGENTATE**, m. *arjantát*. Quím. Argentato, sal producida por el óxido de plata combinado con una base salificable.

**ARGENTÉ, ÉE**, adj. *arjanté*. De color de plata, plateado. ‖ Poét. Argentado.

**ARGENTER**, a. *arjanté*. Platear. ‖ Poét. Argentar. ‖ *S'argenter*, r. Poderse platear una cosa.

**ARGENTERIE**, f. *arjantrí*. Plata labrada, vajilla de plata. ‖ La plata de las iglesias. ‖ ant. Fondo de la casa real para ciertos gastos extraordinarios.

**ARGENTEUR, EUSE**, m. y f. ant. *arjanteur, eus*. Plateador.

**ARGENTEUX, EUSE**, adj. *arjanteu, eus*. Adinerado, acaudalado.

**ARGENTICO-AMMONIQUE**, adj. *arjantico-amonic*. Quím. Argéntico-amoniaca, combinacion de una sal de plata con otra de amoníaco.

**ARGENTICO-CALCIQUE**, adj. *arjantico-calsic*. Quím. Argéntico-cálcica, combinacion de una sal de plata con otra de calcio.

**ARGENTICO-PLOMBIQUE**, adj. *arjantico-plonbic*. Quím. Argéntico-plómbica, combinacion de una sal de plata con otra de plomo.

**ARGENTICO-POTASSIQUE**, adj. *arjantico-potasic*. Quím. Argéntico-potásica, combinacion de una sal de plata con otra de potasa.

**ARGENTICO-SODIQUE**, adj. *arjantico-sodic*. Quím. Argéntico-sódica, combinacion de una sal de plata con otra de sosa.

**ARGENTICO-STRONTIQUE**, adj. *arjantico-strontic*. Quím. Argéntico-estronciaca, combinacion de una sal de plata con otra de estroncio.

**ARGENTIER**, m. ant. *arjantié*. Tesorero que distribuia ciertos fondos de la casa real. ‖ ant. Ministro de Hacienda. ‖ Cambista. ‖ Usurero.

**ARGENTIFÈRE**, adj. *arjantifér*. Argentífero (poét.).

**ARGENTIFIQUE**, adj. *arjantific*. Argentífico, que produce, da ó hace plata.

**ARGENTIN, E**, adj. *arjantén*. Argentino, sonoro como plata: se dice de la voz humana y de las campanas. ‖ Poét. Plateado, argentado: se aplica á las olas.

**ARGENTINE**, f. *arjantín*. Bot. Fresera plateada, planta. ‖ *Argentine rouge*, fresera de agua con flor encarnada.

**ARGENTIQUE**, adj. *arjantic*. Quím. Argéntico, calificacion que se da á un óxido y sales cuya base es la plata.

**ARGENTO-FULMINIQUE**, adj. *arjanto-fulminic*. Quím. Argento-fulmínico.

**ARGENTON**, m. *arjantón*. Quím. Argenton, amalgama de cobre, níquel y estaño.

**ARGENTURE**, f. *arjantúr*. Plateadura. ‖ El oficio de plateador.

**ARGIE**, f. *argí*. Mit. Argía, hija de Adrasto y esposa de Polínice.

**ARGIEN, NE**, adj. y s. *argién*. Argivo, de Argos.

**ARGILE**, f. *argíl*. Arcilla, greda. ‖ met. Fragilidad, poca consistencia.

**ARGILEUX, EUSE**, adj. *argileu, eus*. Arcilloso, gredoso, que tiene greda ó arcilla.

**ARGILICOLE**, adj. *argilicól*. Hist. nat. Argilícola, que vive en la arcilla.

**ARGILIFÈRE**, adj. *argilifér*. Arcillífero, que contiene arcilla.

**ARGILIFORME**, adj. *argilifórm*. Arciliforme, que tiene la apariencia de la arcilla.

**ARGILO-FERRUGINEUX, EUSE**, adj. *argilo-feruginéu, eus*. Arcilo-ferruginoso, que contiene arcilla y óxido de hierro.

**ARGILO-GYPSEUX, EUSE**, adj. *argilo-gipseu, eus*. Arcilo-gipsoso, que contiene arcilla y yeso.

**ARGILOÏDE**, adj. *argiloíd*. Geol. Arciloides, rocas cuya masa principal presenta el aspecto de la arcilla.

**ARGILOLITIQUE**, adj. *argilolitic*. Arcilolítico, que se ha convertido en arcilla dura.

**ARGILO-MURITE**, f. *argilo-murít*. Miner. Arcilla ligera, harina fósil de Fabroni.

**ARGILOPHYRE**, m. *argilofír*. Miner. Arcilófiro, especie de pórfiro pétreo-silíceo descompuesto.

**ARGILO-SABLONNEUX, EUSE**, adj. *argilo-sabloneu, eus*. Arcilo-arenoso, compuesto de arcilla y de arena.

**ARGILO-TOURBEUX, EUSE**, adj. *argilo-turbeu, eus*. Arcilo-turboso, compuesto de arcilla y de turba.

**ARGO**, m. *árgo*. Hist. ant. y Mit. Argo, nombre del navío en que Jason se embarcó con sus compañeros para ir á conquistar el vellon de oro.

**ARGODERME**, m. *argodérm*. Hist. nat. Argodermo, género de moluscos.

**ARGOLIDE**, adj. *argolíd*. Hist. nat. Argólido, que se parece al argus. ‖ *Argolidés*, f. pl. Argólidas, género de entomostráceos.

**ARGOLIQUE**, adj. y s. *argolic*. Argólico, que es de Argólida ó pertenece á esta ciudad.

**ARGON**, m. *argón*. Palo encorvado para coger pájaros.

**ARGONAUTACÉ, ÉE**, adj. *argonotasé*. Hist. nat. Argonautáceo, parecido al argonauta. ‖ *Argonautacées*, f. pl. Argonautáceas, familia de moluscos.

**ARGONAUTE**, m. *argonót*. Mit. Argonauta, nombre que se dió á los que fueron á Cólcos en la nave Argo á la conquista del vellocino de oro. ‖ Hist. nat. Argonauta, género de moluscos.

**ARGONAUTIQUE**, adj. *argonotic*. Argonáutico, que se refiere á los argonautas.

**ARGOPHYLLE**, m. *argofíl*. Bot. Argófilo, género de plantas.

**ARGOPHYLLÉ, ÉE**, adj. *argofilé*. Bot. Argofilado, que se parece al argófilo. ‖ *Argophyllées*, f. pl. Argofiladas ó argofíleas, grupo de plantas.

**ARGOSTEMME**, f. *argostém*. Bot. Argostema, género de plantas.

**ARGOT**, m. *argó*. Jerga, jerigonza: la de los gitanos se llama germanía. ‖ fam. *Il sait ó entend l'argot*, ya es buena trucha: bien le pueden dejar ir solo. ‖ Jard. Punta de rama muerta.

**ARGOTER**, a. *argoté*. Agr. Jerigonzar (ant.), hablar jerga. ‖ Jard. Cortar las puntas muertas de las ramas.

**ARGOTIER, ÈRE**, m. y f. *argotié, argotiér*. El ó la que habla en jerigonza.

**ARGOTIQUE**, adj. *argotic*. Germánico, que pertenece á la germanía ó jerigonza.

**ARGOTISER**, n. *argotisé*. Germanizar, hablar el lenguaje germánico.

**ARGOTISME**, m. met. *argotism*. La jerigonza ó jerga que forman las voces técnicas de ciertas facultades ó profesiones.

**ARGOULET**, m. *arguIé*. Mil. ant. Carabiscero, arcabucero. || fam. poco. us. Hombre de nada, un pelgar.

**ARGOUSIER**, m. *argusié*. Bot. Argusero, planta.

**ARGOUSIN**, m. *argusén*. Sotacómitre de galera.

**ARGUE**, f. *árgue* Argüe, molinillo de los tiradores de oro.

**ARGUEL**, m. *arguél*. Bot. Arguel, arbusto.

**ARGUER**, a. *argué*. Art. Pasar el metal por la hilera.

**ARGUER**, a. *argüé*. Argüir, sacar consecuencias. || For. Acusar, poner faltas.

**ARGUILLONNEUX, EUSE**, adj. *arguilloneu*, *eus*. Argumentador, inclinado á disputas.

**ARGULE**, f. *argúl*. Hist. nat. Argula, género de crustáceos.

**ARGUMENT**, m. *argumán*. Argumento, razon con que se prueba ó impugna alguna cosa. || *Argument ad hominem*, argumento *ad hominem*, el contraido á los hechos ó dichos de la persona á la que se reconviene con él. || ant. Conjetura, presuncion, indicio. || Argumento, sumario, epítome.

**ARGUMENTANT**, m. *argumantán*. Argüyente, el que arguye ó argumenta en unas conclusiones.

**ARGUMENTATEUR, TRICE**, m. y f. *argumantateur*, *tris*. Argumentador, disputador, espíritu de contradiccion.

**ARGUMENTATION**, f. *argumantasión*. Argumentacion.

**ARGUMENTER**, n. *argumanté*. Argüir, hacer argumentos. || Argumentar, probar por argumentos. || Argüir, inferir, deducir.

**ARGUS**, m. *árgus*. Mit. Árgos, hijo de Júpiter y de Níobe que tenia cien ojos. || met. Árgos, vigilante, lince. || Espía doméstico. || Hist. nat. Árgos, género de mariposas, de aves, de pescados y de una serpiente.

**ARGUT, E**, adj. ant. *argú*. Sutil, agudo, ingenioso.

**ARGUTIE**, f. *argusí*. Sofistería, sutileza.

**ARGUTIEUX, EUSE**, adj. *argusieu*, *eus*. Sofístico, astuto, trapacero. || Especioso, engañoso, deslumbrador.

**ARGUZIE**, f. Bot. V. TOURNEFORTIA.

**ARGYNNE**, f. *argín*. Hist. nat. Argina, género de lepidópteros diurnos.

**ARGYNNIDE**, adj. *arginíd*. Hist. nat. Argínido, que se parece ó pertenece á la argina. || *Argynnides*, f. pl. Argínidas, tribu de lepidópteros diurnos.

**ARGYRANTHÈME**, adj. *argirantém*. Bot. Argirántemo, que tiene flores plateadas.

**ARGYRATES**, m. pl. *argirát*. Hist. ant. Argiritas, combates ó juegos en los que se daba al vencedor un premio de plata.

**ARGYRE**, m. *argír*. Hist. nat. Argiro, género de dípteros bracóceros.

**ARGYRÉE**, f. *argiré*. Bot. Argirea, género de la familia de las convolvuláceas. || Hist. nat. Argirea, género de lepidópteros diurnos.

**ARGYRÉIOSE**, m. *argireiós*. Especie de dorado, pescado de las costas orientales de América.

**ARGYRIDES**, f. pl. *argiríd*. Miner. Argíridas, familia de minerales cuyo tipo es la plata.

**ARGYRITE**, f. *argirít*. V. ARGYROLITHE. || Hist. nat. Argirita.

**ARGYROCEFALE**, adj. *argirosefál*. Hist. nat. Arcirocéfalo, que tiene la cabeza de un blanco plateado.

**ARGYROCOME**, f. *argirocóm*. Astr. Argirócoma, especie de cometa de color plateado.

**ARGYROCRATIE**, f. *argirocrasí*. Argirocracia, aristocracia que no consiste en la nobleza sino en las riquezas.

**ARGYRODAMAS**, m. *argirodámas*. Miner. Argirodamas, clase de talco de color plateado que resiste al fuego mas vivo.

**ARGYROGONIE**, f. *argirogoní*. Argirogonía: voz de los alquimistas para expresar la piedra filosofal.

**ARGYROLÉPIS**, f. *argirolepís*. Bot. Argirolepis, seccion del género heliántemo. || Hist. nat. Argirolepis, género de lepidópteros.

**ARGYROLITHE**, f. *argirolít*. Miner. Argirolita ó argirita, nombre que se ha dado á las marquesitas que se encuentran en las minas de plata.

**ARGYROLOBE**, m. *argirolób*. Bot. Argirólobo, planta leguminosa.

**ARGYRONÈTE**, f. *argironét*. Hist. nat. Argironeta, género de la familia de las arañas.

**ARGYROPÉE**, f. *argiropé*. Argiropea, término de alquimia, que significa arte de hacer la plata con un metal inferior.

**ARGYROPHORE**, m. *argirofór*. Med. Argiróforo, especie de antídoto.

**ARGYROPHTHALME**, adj. *argiroftálm*. Hist. nat. Argiroftalmo, que tiene los ojos plateados.

**ARGYROPHYLLE**, adj. *argirofíl*. Bot. Argirófilo, que tiene las hojas cubiertas de un vello blanquisco y brillante.

**ARGYROPTÈRE**, m. *argiroptér*. Hist. nat. Argiróptero, género de lepidópteros.

**ARGYROSE**, f. *argirós*. Miner. Argirosa, mineral argentífero.

**ARGYROSÉTIE**, f. *argirosesí*. Hist. nat. Argirosecia, género de lepidópteros.

**ARGYROSTIGMÉ, ÉE**, adj. *argirostigmé*. Bot. Argirostígmeo, calificacion de ciertas plantas salpicadas de manchas blancas.

**ARGYROSTOME**, adj. *argirostóm*. Hist. nat. Argiróstomo, que tiene la boca plateada.

**ARGYROTHAMNE**, m. *argirotámn*. Bot. Argirotamno, arbolito de la Jamaica.

**ARGYROTOZE**, m. *argirotós*. Hist. nat. Argirotoso, género de lepidópteros.

**ARGYROXYPHE**, f. *argirocsíf*. Bot. Argiroxifa, planta de la forma de una espada.

**ARGYRYTHROSE**, *argiritrós*. Miner. Argiritroso, especie de mineral.

**ARGYTHAMNE**, f. *argitámn*. Bot. Argitamna, arbusto de las Antillas.

**ARHEUMATIQUE**, adj. *areumatíc*. Med. Areumático, que no padece reumatismo.

**ARHINE**, m. *arín*. Hist. nat. Arino, género de coleópteros tetrámeros.

**ARHIPIS**, m. *aripís*. Hist. nat. Aripis, género de coleópteros pentámeros.

**ARHIZE**, adj. *arís*. Bot. Arizo, que no tiene raiz.

**ARHIZOBLASTE**, adj. *arisoblást*. Bot. Arizoblasto, que brota sin producir raíces.

**ARHOPALE**, m. *aropál*. Hist. nat. Arópalo, género de lepidópteros diurnos.

**ARHYNQUE**, m. *arénc*. Hist. nat. Arioco, género de coleópteros tetrámeros.

**ARYTHME**, adj. *arítm*. Med. Aritmo, irregular, desigual, hablando del pulso.

**ARIA**, f. *ária*. Mús. Aria, composicion de música.

**ARIADNE**, f. *ariádn*. Hist. nat. Ariadna, género de arañas.

**ARIANE**, f. *arián*. Mit. Ariana, hija de Minos. || Astr. Ariana, estrella.

**ARIANISME**, m. *arianísm*. Sect. rel. Arrianismo, la heregía de Arrio.

**ARICIADÉ, ÉE**, adj. *arisiadé*. Hist. nat. Ariciado, parecido á la aricia.

**ARICIE**, f. *arisí*. Mit. Aricia, princesa de la sangre real de Aténas. || Hist. nat. Aricia, género de dípteros bracóceros.

**ARICIEN, NE**, adj. *arisién*. V. ARICIADÉ.

**ARICINE**, f. *arisín*. Quím. Aricina. V. ARÉCINE. || Hist. nat. Aricina, tribu de dípteros.

**ARIDE**, adj. *aríd*. Árido, seco, estéril. || met. Árido, descarnado, falto de ornato. || met. Pobre, que no ofrece campo á un autor, artista, etc. || Enjuto, insensible.

**ARIDED**, f. *aridéd*. Astr. Arided, estrella.

**ARIDIFOLIÉ, ÉE**, adj. *aridifolié*. Bot. Aridifoliado, que tiene hojas secas. || *Aridifoliées*, f. pl. Aridifoliadas, clase de plantas.

**ARIDITÉ**, f. *ariditá*. Aridez, sequedad, esterilidad. || Mist. Sequedad, desconsuelo.

**ARIDURE**, f. *aridúr*. Med. Aridura, atrofia, enflaquecimiento.

**ARIE**, f. *arí*. Bot. V. ALISIER. || Hist. nat. m. Ario, género de insectos dípteros.

**ARIEL**, m. *ariél*. Hist. nat. Ariel, cuadrúpedo de la Arabia.

**ARIEN, NE**, adj. *arién*. Arriano, sectario de Arrio.

**ARIÈS**, m. *áries*. Astr. Aries, signo del zodiaco. V. BÉLIER.

**ARIÉTIN**, m. Bot. V. CYPRIPÈDE.

**ARIETTE**, f. *ariét*. Mús. Arieta, aria.

**ARIGOT**, m. *arigó*. [illegible] fer ó boire à tire-larigot, [illegible] como un desesperado. [illegible]

**ARILLE**, m. *arílle*. Hist. nat. A[illegible] de hemípteros.

**ARILLAIRE**, adj. *ariler*. [illegible] que tiene las propiedades y [illegible] arila.

**ARILLE**, f. *aríll*. Bot. [illegible] cion del cordon umbilical [illegible]

**ARILLÉ, ÉE**, adj. *arillé*. [illegible] que está provisto de una arila. [illegible]

**ARIMANON**, m. *arimanón*. [illegible] Arimanon, especie de [illegible]

**ARINE**, f. *arín*. Hist. nat. [illegible] de dípteros.

**ARIOCARPE**, m. *ariocarp*. [illegible] carpo, género de la familia de [illegible]

**ARIOLE**, m. *arióle*. [illegible] cero, adivino.

**ARIOLER**, a. ant. *ariolé*. [illegible] nosticar los sucesos futuros. [illegible]

**ARION**, m. *arión*. Mit. A[illegible] que Neptuno hizo salir [illegible] de la tierra con un golpe de [illegible] Hist. nat. Arion, género de [illegible]

**ARIOSO**, adv. *arióso*. Mús. [illegible] una manera brillante, armoniosa [illegible]

**ARISARE**, m. *arisár*. Bot. [illegible] nero de plantas vivaces.

**ARISARÉ, ÉE**, adj. *arisaré*. [illegible] reo, que se parece al arísaro. [illegible] f. pl. Arisáreas, plantas acotiledóneas [illegible]

**ARISÈME**, f. *arisém*. Bot. A[illegible] nero de plantas aroídeas.

**ARISER**, a. *arisé*. Mar. [illegible]

**ARISTARQUE**, m. *aristárc*. [illegible] tarco, censor rígido.

**ARISTARQUER**, n. *aristarqué*. [illegible] con severidad y juicio.

**ARISTÉE**, f. *aristé*. Bot. A[illegible] de plantas irídeas. || m. Mit. [illegible] Apolo y de la ninfa Cirene.

**ARISTELLE**, f. *aristél*. [illegible] género de plantas [illegible]

**ARISTIDE**, f. *aristíd*. Bot. [illegible] nero de plantas gramíneas.

**ARISTIFORME**, adj. *aristiform*. [illegible] Aristiforme, que tiene la forma de [illegible]

**ARISTOCRATE**, m. y f. *aristocrát*. [illegible] tócrata.

**ARISTOCRATIE**, f. *aristocrasí*. [illegible] cracia, gobierno de los nobles. [illegible] la nobleza. || met. Aristocracia, [illegible] ponen la clase mas rica ó [illegible] cualquier ramo, como la aristocracia [illegible] escritores, de los banqueros, etc. [illegible]

**ARISTOCRATIQUE**, adj. *aristocratíc*. [illegible] Aristocrático.

**ARISTOCRATIQUEMENT**, adv. [illegible] *craticmán*. Aristocráticamente, de un modo aristocrático. || met. Aristocráticamente, [illegible] grandeza, con orgullo.

**ARISTOCRATISER**, a. *aristocratisé*. [illegible] Polit. Aristocratizar, dar una forma [illegible] tica, hablando de un gobierno. || [illegible] tizar, hacer aristócrata, inspirar [illegible] gusto de la aristocracia. || S'aristocratiser, [illegible] Aristocratizarse, tomar la forma de [illegible] aristocrático. || Aristocratizarse, [illegible] tócrata, abrazar las ideas de la [illegible]

**ARISTO-DÉMOCRATE**, m. y f. [illegible] *democrát*. Polit. Aristo-demócrata, [illegible] rio de la aristo-democracia.

**ARISTO-DÉMOCRACIE**, f. *aristo*[illegible] *crasí*. Aristo-democracia, gobierno [illegible] nobles y del pueblo juntamente.

**ARISTO-DÉMOCRATIQUE**, adj. [illegible] *democratíc*. Polit. Aristo-democrático, [illegible] pertenece á la aristo-democracia.

**ARISTOLOCHE**, f. *aristolóch*. [illegible] toloquia, planta medicinal.

**ARISTOLOCHÉ, ÉE, ARISTOLOCHIÉ, ÉE**, adj. V. ARISTOLOCHIÉ.

**ARISTOLOCHIÉ, ÉE**, adj. *aristolochié*. [illegible] Bot. Aristoloquiado, que se parece á la aris[illegible] toloquia. || *Aristolochiées*, f. pl. A[illegible] quiadas, familia de plantas dicotiledóneas [illegible]

**ARISTOLOCHIQUE**, adj. y s. *aristolochíc*. Med. Aristoloquio, que puede promover el flujo loquial.

**ARISTOTÉLE**, f. *aristotél*. Bot. Aristotela, género de plantas.

*armes!* ¡arma, arma! ó, ¡á las armas! || *Fait d'armes*, accion de guerra, hazaña militar. || *Maître d'armes*, maestro de esgrima. || *Pas d'armes*, torneo, justa, paso honroso. || *Être sous les armes*, estar sobre las armas. || *Faire des armes*, jugar las armas, esgrimir. || *Passer par les armes*, arcabucear, fusilar. || *Mettre bas les armes*, rendirse. || *Poser les armes*, rendirse; y tambien, hacer paces ó treguas. || *Suspension d'armes*, treguas. || Blas. Armas, escudo de armas.

**ARMECHE**, m. *arméc*. Mar. Amarrazon.

**ARMÉE**, f. *armé*. Ejército. || *La grande armée*, el ejército que mandaba Napoleon. || *Armée navale*, armada, escuadra. || pl. Bot. Armadas, tribu de plantas de la familia de las amómeas.

**ARMÉJER**, a. ant. *armejé*. Mar. Ormejar ó bormejar.

**ARMELINE**, f. *armlín*. Armelina, piel blanca y muy fina, que viene de la Laponia, y que pertenece al armiño.

**ARMEMENT**, m. *armmán*. Armamento, accion de armar. || Armamento, aparato y prevencion de todo lo necesario para la guerra.

**ARMÉNIEN, NE**, adj. y s. *armenién*. Armenio, de Armenia.

**ARMÉNIQUE**, adj. *armeníc*. Arménico, que tiene relacion con la Armenia.

**ARMÉNISTE**, m. *armeníst*. Armenista, el que está versado en el idioma armenio.

**ARMÉNITE**, f. *armenít*. Miner. Armenita, piedra de Armenia, parecida al lapislázuli.

**ARMENTAIRE**, adj. *armantér*. Rebañego, que pertenece al rebaño. || *Armentaires*, m. pl. Hist. nat. Rebañegos, seccion de insectos.

**ARMENTEUX, EUSE**, adj. poco us. *armanteu*, *eus*. Rico en ganado.

**ARMENTINE**, f. *armantín*. Miner. Armentina. V. ARMÉNITE.

**ARMER**, a. *armé*. Armar, suministrar armas ó el armamento. || *Armer une batterie*, artillar ó coronar de piezas una batería. || *Armer un canon*, cargar un cañon. || *Armer un fusil*, montar un fusil. || *Armer un fourneau de mine*, cargar una mina. || Armar caballero á alguno. || *Armer de toutes pièces ó de pied en cap*, armar de punta en blanco. || Armar, enemistar, poner en guerra. || Oponer una cosa á otra. || Armar una máquina. || met. Robustecer, fortalecer, roborar. || Mar. Armar, equipar un buque. || Jard. Espinar, llenar de cambroneras el pié de un árbol. || || n. Armar, levantar tropas. || Mar. Embarcarse. || *S'armer*, r. Armarse, proveerse de armas ó tomarlas. || Armarse, repararse, fortificarse contra el frio, etc. || *Armé*, guarnecido, provisto. || Blas. Armado: se aplica al animal que tiene las uñas ó algun miembro de otro esmalte que el resto del cuerpo. || *A main armée*, de mano armada, á la fuerza.

**ARMERET**, m. *armeré*. V. ARMET.

**ARMÉRIACÉ, ÉE**, adj. *armeriasé*. Bot. Armeriáceo, parecido á la armeria. || *Arméniacées*, f. pl. Armeriáceas, familia de plantas.

**ARMÉRIE**, f. *armerí*. Bot. Armeria, género de plantas de las plombagíneas.

**ARMET**, m. *armé*. Almete, capacete de hierro. || met. La cabeza. || Mar. Amarrazon.

**ARMICEPS**, m. *armiséps*. Hist. nat. Armícapo, pescado.

**ARMIFÈRE ó ARMIGÈRE**, adj. *armifér*, *armigér*. Armífero ó armígero, que tiene ó lleva armas.

**ARMILLAIRE**, adj. *armilér*. Astr. Armilar: se dice de la esfera artificial.

**ARMILLÉ, ÉE**, adj. *armillé*. Hist. nat. Armillado, que está rodeado de anillos.

**ARMILLES**, f. pl. *armill*. Arq. Armillas, parte del capitel ó base de la columna compuesta de varias molduras en forma de anillos. || Hist. nat. Armillas, brazalete que usaban los soldados romanos en señal de condecoracion.

**ARMINIANISME**, m. *arminianism*. Sect. rel. Arminianismo, doctrina de Arminio.

**ARMINIEN, NE**, adj. y s. *arminién*. Sect. rel. Arminio ó arminiano, partidario de la doctrina de Arminio.

**ARMIPÈDE**, adj. *armipéd*. Hist. nat. Armipedo, que tiene los piés armados de espinas.

**ARMISTICE**, m. *armistís*. Armisticio, suspension de armas.

**ARMOGAN**, m. *armogán*. Mar. Bonanza, tiempo favorable para navegar.

**ARMOIRE**, f. *armuár*. Armario ó almario.

**ARMOIRIES**, f. pl. *armuarí*. Blas. Armas, escudo de armas.

**ARMOISE**, f. *armuás*. Bot. Artemisa ó artemisia, yerba.

**ARMOISEUR, EUSE**, m. y f. *armuaseur*, *eus*. Fabricante de tafetan sencillo.

**ARMOISIN**, m. *armuasén*. Tafetan sencillo.

**ARMOMANCIE**, f. *armomansí*. Armomancia, adivinacion practicada examinando los hombros de las víctimas.

**ARMON**, m. *armón*. Art. Tijera, pieza del juego delantero del coche.

**ARMORACIE ó ARMORICI**, f. *armorasí*, *armorisí*. Bot. Armoracia ó armoricia, género de plantas.

**ARMORIAL, E**, m. *armoriál*. Libro de armas ó blasones, antiguamente llamado de armerías. || adj. Que trata de los blasones.

**ARMORIER**, a. *armorié*. Blasonar escudos de armas.

**ARMORISTE**, m. *armoríst*. Blasonista, genealogista, heráldico.

**ARMOSELLE**, f. *armosél*. Bot. Armosela, arbusto.

**ARMURE**, f. *armúr*. Armadura, el conjunto de armas. || met. Armadura, cualquier objeto moral que nos preserva ó ayuda en alguna cosa.

**ARMURERIE**, f. *armurerí*. Armería, profesion de armero. || Taller, tienda de armero.

**ARMURIER**, m. *armurié*. Armero, el que fabrica ó vende armas. || Mar. Armero, el que las cuida y compone en los buques.

**ARNALDIE**, f. *arnaldí*. Med. Arnaldia, especie de caquexia, caracterizada especialmente por la caida del pelo ó alopecia.

**ARNALDISME**, m. V. ARNAUDISME.

**ARNALDISTE**, m. V. ARNAUDISTE.

**ARNAUDISME**, m. *arnodísm*. Sect. rel. Arnaldismo, doctrina de Arnaldo de Bresa.

**ARNAUDISTE**, m. y f. *arnodíst*. Sect. rel. Arnaldista, sectario de Arnaldo de Bresa.

**ARNICA**, m. *arníca*. Bot. Arnica, género de plantas corimbíferas.

**ARNICINE**, f. *arnisín*. Quim. Arnicina, especie de resina.

**ARNIDIE ó ARNIDIUS**, m. *arnidí*, *arnidius*. Hist. nat. Arnidia, género de coleópteros.

**ARNIQUE**, f. *arníc*. Bot. V. ARNICA.

**ARNOGLOSE**, m. *arnoglós*. Bot. Arnoglosa, yerba.

**ARNOSÈRE**, f. *arnosér*. Bot. Arnosera, planta chicoriácea.

**ARNOSÉRIDE**, adj. *arnoseríd*. Bot. Arnosérido, parecido á la arnosera. || *Arnosérides*, m. pl. Arnoséridos, familia de plantas.

**ARNOTTIE**, f. *arnotí*. Bot. Arnotia, género de plantas.

**AROBE ó ARROBE**, f. *aròb*, *arròb*. Com. Arroba, medida de peso usada en España, que consta de 25 libras.

**AROCAT**, m. *arocá*. Hist. nat. Arocat, género de insectos.

**AROCÈRE**, m. *arosér*. Hist. nat. Arocero, género de insectos.

**AROMADENDRON**, m. *aromadendrón*. Bot. Aromadendros, árbol.

**AROMARIE**, f. *aromarí*. Bot. Aromaria, género de plantas.

**AROMATE**, m. *aromát*. Aroma, droga odorífera.

**AROMATIQUE**, adj. *aromatíc*. Aromático.

**AROMATIQUEMENT**, adv. *aromaticmán*. Aromáticamente, de una manera aromática.

**AROMATISATION**, f. *aromatisasión*. Aromatizacion, accion y efecto de aromatizar.

**AROMATISER**, a. *aromatisé*. Aromatizar, dar olor aromático.

**AROMATITE**, f. *aromatít*. Miner. Aromatita, piedra preciosa de Egipto.

**AROMATOPHORE**, adj. *aromatofor*. Aro-

[illegible]fóro, que exhala un olor aromático. ‖ m. Aromatóforo, esclavo que llevaba los aromas.

**AROMATOPOLE**, m. ant. *aromatopól.* Vendedor de aromas, droguista.

**AROME**, m. *aróm.* Aroma, el principio odorífero de las plantas.

**AROMIE**, m. *aromí.* Hist. nat. Aromio, género de coleópteros tetrámeros.

**ARONDE**, f. poco us. *arónd.* Golondrina. ‖ Carp. y Fort. *En queue d'aronde*, á cola de milano.

**ARONDELAT**, m. ant. *arondlá.* Golondrinillo.

**ARONDELLE**, f. poco us. *arondél.* Golondrina, pájaro. ‖ Cierta arte para coger peces con anzuelos. ‖ *Arondelles de mer*, los buques menores y ligeros.

**ARONDINACÉE**, adj. f. *arondinasé.* Bot. Arundinácea, nombre de las plantas cuyas varas son huecas, como lo son todas las especies de cañas.

**ARONIE**, f. *aroní.* Bot. Aronia, género de plantas.

**AROT y MAROT**, m. *arót, marót.* Arot y Marot, nombre de dos ángeles que, segun Mahoma, envió Dios á la tierra.

**AROTES**, m. pl. *arót.* Arotes, siracusanos libres, pero pobres y reducidos á la servidumbre.

**ARPAILLEUR**, m. *arpailleur.* El que busca el oro entre la arena de los rios.

**ARPALIK**, m. *arpalic.* Hist. nat. Arpalik ó arpanlik, sueldo que el sultan concede á los oficiales de su corte ó á sus empleados, cuando estos cesan en sus funciones.

**ARPÈDE**, m. *arpéd.* Hist. nat. Arpedo, género de coleópteros pentámeros.

**ARPÈGE**, m. *arpég.* Mús. Arpegio.

**ARPÉGEMENT**, m. *arpegemán.* Arpegio, floreo.

**ARPÉGER**, n. *arpegé.* Mús. Arpegiar, hacer arpegios.

**ARPENT**, m. *arpán.* Fanega francesa de tierra, equivalente á media de Toledo.

**ARPENTAGE**, m. *arpantáge.* Deslinde, apeo de tierras. ‖ Agrimensura.

**ARPENTER**, a. *arpanté.* Apear, deslindar, amojonar las tierras. ‖ met. fam. Zanquear, andar mucho y de prisa.

**ARPENTEUR**, m. *arpánteur.* Agrimensor, medidor, apeador, deslindador, amojonador de tierras.

**ARPÉPHORE**, m. *arpefór.* Hist. nat. Arpéforo, género de coleópteros pentámeros.

**ARPOPHYLLE**, m. *arpofíl.* Bot. Arpófilo, planta parásita de Méjico.

**ARQUÉ, ÉE**, adj. *arqué.* Combado, arqueado, torcido.

**ARQUEBUSADE**, f. *arcbusád.* Arcabuzazo, escopetazo.

**ARQUEBUSE**, f. *arcbús.* Arcabuz. ‖ *Arquebuse à croc*, mosquete.

**ARQUEBUSER**, a. ant. *arcbusé.* Arcabucear, escopetear, fusilar, pasar por las armas.

**ARQUEBUSERIE**, f. *arcbusrí.* El oficio de arcabucero.

**ARQUEBUSIER**, m. *arcbusié.* Arcabucero, el que fabrica ó vende arcabuces, escopetas, etc. ‖ ant. Arcabucero ó escopetero, soldado armado de arcabuz.

**ARQUER**, a. *arqué.* Arquear, formar en figura de arco. ‖ n. Combarse, torcerse, encorvarse.

**ARQUET**, m. *arqué.* Art. Caja de cuerda, alambre fijo en el aro ó marco, que contiene los canutillos de la lanzadera.

**ARQUIROU**, m. V. GALÈNE.

**ARRACACHE**, f. *arracache.* Bot. Arracachas, planta de la América meridional.

**ARRACHEMENT**, m. *arrachemán.* Arrancamiento. ‖ Arq. Arranque, el nacimiento ó planta de un arco.

**ARRACHE-PIED (D')**, loc. adv. y fam. *arrachepié* De un tiron, sin descansar.

**ARRACHER**, a. *arraché.* Arrancar, sacar de raíz ó con violencia. ‖ met. Conseguir con dificultad. ‖ Sacar con maña. ‖ *S'arracher*, r. Sacarse, quitarse. ‖ Disputarse una cosa, buscarla con afan.

**ARRACHEUR**, m. *arracheur.* Arrancador. ‖ *Arracheur de dents*, sacamuelas. ‖ *Mentir comme un arracheur de dents*, mentir sin suelo.

**ARRACHEUSE**, f. *arracheus.* Art. Descañonadora, la que limpia el pelo y quita la lana cabrada ó relucienie de los pelos que se usan en la fabricacion de sombreros.

**ARRACHIS**, m. *arrachí.* Robo de los arbolitos nuevos.

**ARRACK**, m. *arrác.* V. ARACK.

**ARRAFLER**, a. poco us. *arraflé.* Arañar, rasguñar.

**ARRAGONITE**, f. Miner. V. ARAGONITE.

**ARRAISONNER**, a. *arrasoné.* Persuadir, atraer á su partido ú opinion.

**ARRAMBER**, a. poco us. *arrambé.* Mar. En el Mediterráneo equivale á atracar á bordo las embarcaciones de remos.

**ARRAMER**, a. *arramé.* Enramar ó enramblar el paño, estirarlo sobre la rambla.

**ARRANG**, m. *arrán.* Imp. Chucha: nombre que se da al oficial ó aprendiz holgazan.

**ARRANGÉ, ÉE**, adj. *arrangé.* Arreglado, dispuesto, compuesto. ‖ Afectado en el hablar ó en los modales.

**ARRANGEMENT**, m. *arrangemán.* Coordinacion, arreglo. ‖ Colocacion, disposicion de las partes de un discurso. ‖ Órden, economía. ‖ Conciliacion, union. ‖ pl. Disposiciones, medidas.

**ARRANGER**, a. *arrangé.* Coordinar, colocar. ‖ Arreglar, componer, poner arreglo. ‖ Terminar amistosamente un negocio. ‖ fam. Poner de vuelta y media. ‖ *Arranger un projet*, disponer, formar un proyecto. ‖ *S'arranger*, r. Ponerse acorde con otro. ‖ Tomar sus disposiciones. ‖ *S'arranger avec soin*, prenderse con esmero.

**ARRAS**, m. *arrás.* Guacamayo, especie de papagayo de la América.

**ARRASEMENT, ARRASER.** V. ARASEMENT, ARASER.

**ARRÉMON**, m. *arremón.* Hist. nat. Arremon, género de pájaros.

**ARRÉMONINÉ, ÉE**, adj. *arremoniné.* Hist. nat. Arremoníneo, que se parece al arremon. ‖ *Arrémoninées*, f. pl. Arremoníneas, sub-familia de la de los tángaros.

**ARRENTEMENT**, m. vulg. *arrantmán.* Arrendamiento, arriendo.

**ARRENTER**, a. vulg. *arranté.* Arrendar, dar ó tomar en arrendamiento.

**ARRÉPHORES**, m. pl. *arrefór.* Hist. ant. Arreforos, niños ó niñas de 7 á 11 años, que llevaban los objetos sagrados en las fiestas arreforias.

**ARRÉPHORIES**, f. pl. *arreforí.* Hist. ant. Arreforias, fiestas que se celebraban en Aténas en honor de Minerva y de Heres.

**ARRÉRAGER**, n. y r. *arreragé.* Retrasarse las pagas.

**ARRÉRAGES**, m. pl. *arrerágo.* Los atrasos ó atrasados, los caidos, las rentas, sueldos, etc., devengados y no pagados. ‖ poco us. Rentas, sueldos, réditos aun no devengados.

**ARRESTATION**, f. *arrestasión* Arresto, el acto de prender ó arrestar. ‖ Captura, prision.

**ARRÊT**, m. *arre.* Decreto, auto, sentencia. ‖ Juicio, decision. ‖ Arresto, prision. ‖ Embargo, secuestro de bienes. ‖ Mar. Embargo de buques por órden superior. ‖ El fiador de la llave de un arma de fuego. ‖ ant. Ristre de la lanza. ‖ Abarcon de coche. ‖ Presilla, remate de una costura. ‖ Registro, pieza del reloj que arregla su movimiento. ‖ Parada del perro de muestra. ‖ pl. Posas ó posadas que hace el caballo. ‖ Arresto en la milicia. ‖ *Maison d'arrêt*, cárcel, prision, lugar de detencion.

**ARRÊTANT**, m. *arretán.* Art. Pieza de hierro ó de madera á la que está sujeto el gancho en los telares de medias.

**ARRÊTÉ**, m. *arreté.* Resolucion, acuerdo de un cuerpo, junta, etc. ‖ Decreto, auto de una autoridad. ‖ *Arrêté d'un compte*, remate, arreglo definitivo de una cuenta.

**ARRÊTE-BŒUF**, m. *arretbeuf.* Gatuña, planta leguminosa.

**ARRÊTER**, a. *arreté.* Detener, parar, fijar. ‖ met. Reprimir, atajar. ‖ *Arrêter la fureur du peuple*, acallar, sosegar la indignacion del pueblo. ‖ Atajar, interrumpir una conversacion. ‖ *Arrêter un point*, echar un nudo para que no se corra lo cosido. ‖ Resolver, acordar, decretar. ‖ Arrestar, prender. ‖ Embargar. ‖ Fenecer, liquidar una cuenta. ‖ Parar, [illegible] ajustar un criado. ‖ *Arrêter* [illegible] diligence, tomar [illegible] *Arrêter les yeux sur* [illegible] en. ‖ *Arrêter une* [illegible] clavar una viga. ‖ [illegible] preciosa. ‖ Mar. *Arrêter* [illegible] la artillería. ‖ a. [illegible] alto! ó, alto ahí! ‖ *S'arrêter* [illegible] nerse. ‖ met. Parar la [illegible] caso. ‖ Suspenderse [illegible] tenerse, moderarse. ‖ [illegible] una determinacion. ‖ [illegible] en una parte. ‖ Pararse [illegible] el perro indicando la caza.

**ARRÊTISTE**, m. poco [illegible] sionista, recopilador de [illegible] decretos.

**ARRÊTOIR**, m. *arretuár.* [illegible] eminencia de hierro [illegible] de un fusil, que sirve [illegible] neta y hacer la puntería.

**ARRHABONNAIRE**, [illegible] Sect. rel. Arrabonario, [illegible] unos herejes que negaban [illegible] de Jesucristo en la [illegible]

**ARRHEMENT**, m. ant. [illegible] de dar prenda ó señal para [illegible] de un contrato. ‖ La [illegible] cuando aun no se ha [illegible] se hace dando algo á [illegible] convenido.

**ARRHÉNATHÈRE**, f. [illegible] renatera, género de plantas.

**ARRHÉNODE**, m. [illegible] renodo, género de insectos [illegible]

**ARRHÉNOPTÈRE**, [illegible] Arrenóptero, género de [illegible]

**ARRHÉPHORE**, adj. [illegible]

**ARRHÉPHORIES**, f. pl. [illegible] forias, fiestas que se [illegible] en honor de Minerva.

**ARRHEPSIE**, f. [illegible] perplejidad, irresolucion.

**ARRHER**, a. poco us. [illegible] prenda para asegurar el [illegible] un trato.

**ARRHES**, f. pl. [illegible] señal, la que se da para [illegible] tado. Se dice *arras* para [illegible] trimoniales.

**ARRIAN**, m. *arrián.* [illegible] especie de buitre.

**ARRIÈRE**, f. [illegible] Atras. ‖ *En arrière*, hácia [illegible] *arrière*, estar atrasado.

**ARRIÉRÉ**, m. *arrieré.* [illegible] caido, lo devengado. ‖ adj. [illegible] guna obra ó trabajo. ‖ [illegible] atrasado.

**ARRIÈRE-BAN**, m. [illegible] miento de los nobles que [illegible] para la guerra. ‖ También [illegible] mismos nobles: *l'arrière-ban* [illegible] *armes*, la nobleza ha tomado [illegible]

**ARRIÈRE-BEC**, m. [illegible] jamar, ángulo que forman los [illegible] puente por la parte que [illegible] corriente.

**ARRIÈRE-BOUCHE**, f. [illegible] Cámara posterior de la boca. [illegible]

**ARRIÈRE-BOUTIQUE**, [illegible] Trastienda.

**ARRIÈRE-CAUTION**, f. [illegible] Com. Fianza del fiador. [illegible] za, seguridad de que una [illegible]

**ARRIÈRE-CHANGE**, m. [illegible] Com. Recambio, interés del [illegible]

**ARRIÈRE-CHARTE**, f. [illegible] tra-escritura, escritura por la [illegible] accion á otra.

**ARRIÈRE-CHŒUR**, m. [illegible] Trascoro de una iglesia.

**ARRIÈRE-CORPS**, m. [illegible] parte trasera ó posterior de un [illegible]

**ARRIÈRE-COUR**, f. *arriércur.* [illegible] terior.

**ARRIÈRE-DEMI-FILE**, f. [illegible] Mil. ant. Segunda mitad de [illegible]

**ARRIÈRE-DENT**, f. [illegible] muela que nace, llamada [illegible] del juicio, y en frances *dent de sagesse* [illegible]

**ARRISER**, a.*arrisé*. Mar. Arriar. || Mar. Trincar á buen viaje.

**ARRIVAGE**, m.*arriváģ*. Mar. Arribaje de las mercaderías ó de un barco al muelle.

**ARRIVÉE**, f.*arrivé*. Arribo, llegada, venida. || Entrada del correo, de una diligencia.

**ARRIVER**, n.*arrivé*. Arribar, llegar, aportar. || met. Llegar á, alcanzar, conseguir. *Vous aurez peine à arriver, si vous ne vous y prenez autrement*; le costará á Vd. trabajo conseguirlo si no toma otras medidas, ó si no se maneja Vd. de otro modo. || Acontecer, suceder, acaecer. || *Il arrive que, il arriva que*; sucede que, sucedió que.

**ARROBE**, f.*arrób*. Arroba, peso y medida de España y Portugal.

**ARROCHE**, f.*arróch*. Bot. Armuelle, salgada, yerba.

**ARROGAMMENT**, adv.*arrogamán*. Arrogantemente, con presuncion.

**ARROGANCE**, f.*arrogáns*. Arrogancia, presuncion, vanidad.

**ARROGANT, E**, adj.*arrogán*. Arrogante, presumido, vano.

**ARROGATIF, IVE**, adj. inus.*arrogatif, iv*. V. ADOPTIF.

**ARROGATION**, f. inus.*arrogasión*. Arrogacion. V. ADOPTION.

**ARROGER (S')**, r.*sarrogé*. Arrogarse, atribuirse, apropiarse indebidamente.

**ARROI**, m.*arruá*. Arreo, tren, equipaje.

**ARRONDI, IE**, adj.*arrondí*. Redondo, rollizo, abalizado.

**ARRONDIR**, a.*arrondír*. Redondear, poner redondo. || met. Cerrar, redondear los campos, estados, etc. || met. Aumentar, extender. || Náut. Bojar, bojear. || *S'arrondir*, r. Redondearse, descargarse de deudas, y de consiguiente mejorar de fortuna.

**ARRONDISSAGE**, m. *arrondisáģe*. Redondeo, la accion de redondear.

**ARRONDISSEMENT**, m.*arrondismán*. La accion de redondear. || Redondez, lo redondo, lo rollizo de una cosa. || Distrito, territorio de una ciudad, etc. || met. Rotundidad, sonoridad de una frase ó período.

**ARRONDISSEUR**, m.*arrondiseur*. Art. Esplaneta, instrumento que sirve para redondear las puas de los peines ó batidores.

**ARROSAGE**, m.*arrosáģe*. Hidr. Riego. || *Canal d'arrosage*, reguera, atarjea.

**ARROSEMENT**, m.*arrosmán*. Riego. || Rociadura, rociada, la accion de rociar. || *Terres d'arrosement*, tierras de regadío.

**ARROSER**, a.*arrosé*. Agr. Rociar. || Regar los campos, las calles, etc. || Regar, bañar, fertilizar: se dice de los rios. || fam. Dar algo al acreedor para acallarle; y asi se dice *arroser les créanciers*, contentar á los acreedores, taparles la boca. || Regalar, agasajar. || Agregar algo al primer capital que pone un accionista. || *S'arroser*, r. Rociarse, regarse, bañarse.

**ARROSOIR**, m.*arrosuár*. Regadera. || *Arrosoir en terre*, almarraja (ant.).

**ARROUTER (S')**, r. ant.*sarruté*. Ponerse en camino.

**ARROW-ROOT**, m.*arro-rút*. neol. Harina inglesa.

**ARRUDÉE**, f.*arrudé*. Bot. Arrudea, género de plantas de la familia de las gutíferas.

**ARRUDIR**, n. poco us.*arrudír*. Hacerse rudo, descortés.

**ARRUGIE**, f.*arrugí*. Min. Atarjea, canal para conducir aguas.

**ARRUMAGE, ARRUMER, ARRUMEUR**. V. ARRIMAGE, ARRIMER, ARRIMEUR.

**ARS ó ARTS**, m. pl. *ar*. Remos, las piernas y brazos del caballo.

**ARSÉE**, f. poco us. *arsé*. Acaloramiento, arrebato.

**ARSENAL**, m. *arsenál*. Mar. Armería. || Arsenal, atarazana. || Maestranza.

**ARSÉNIATE**, m. *arseniát*. Quim. Arseniato, sal compuesta del ácido arsénico y de una base.

**ARSENIC**, m. *arsnic*. Miner. Arsénico, veneno mineral.

**ARSENICAL, E**, adj. *arsenicál*. Quim. Arsenical, perteneciente al arsénico.

**ARSÉNICITE**, f. *arsenisít*. Miner. Arsenicita ó farmacolita, arsenita de cal.

**ARSÉNICO-FERRIFÈRE**, adj. *arsenico-ferrifér*. Quim. Arsénico-ferrífero, que accidentalmente contiene á un mismo tiempo arsénico y hierro.

**ARSÉNICOXIDES**, m. pl. *arsenicoxíde*. Miner. Arsenicóxidos, género de minerales combinacion del arsénico con el oxígeno.

**ARSÉNIDES**, f. pl. *arsenid*. Miner. Arsénidos, familia de minerales, que son mezclas del arsénico con otro metal.

**ARSÉNIÉ, ÉE**, adj. *arsenié*. Quim. Arseniado, que contiene arsénico.

**ARSÉNIFÈRE**, adj. *arsenifér*. Quim. Arsenífero, que contiene accidentalmente arsénico.

**ARSÉNIQUE**, adj. *arsenic*. Quim. Arsénico, formado de arsénico y de oxígeno.

**ARSÉNITE**, f. *arsenít*. Quim. Arsenito, sal formada del óxido de arsénico y de una base.

**ARSÉNIURE**, f. *arseniúr*. Miner. Arseniuro, sustancia mineral compuesta de azufre y de arsénicos.

**ARSÉNIURÉ**, adj. m. *arseniuré*. Quim. Arseniurado, metal que está ligado con el arsénico.

**ARSENICITE**, f. *arsenisit*. Quim. Arsenicita, arseniato de cal natural.

**ARSIN (BOIS)**, m. *arsén*. Bosque quemado por casualidad. Fuera de este caso, no se usa del adjetivo *arsin* sino de *brûlé*.

**ARSINOÉ**, f. *arsinoé*. Hist. nat. Arsinoé, género de coleópteros pentámeros.

**ART**, m. *ár*. Arte, el conjunto de preceptos gramaticales, poéticos, etc. || Arte, artificio, primor. || Arte, maña, destreza, habilidad. || Arte, sagacidad, ficcion, fingimiento.

**ARTAME**, f. *artám*. Hist. nat. Artama, género de araneidas.

**ARTAMÈNE**, f. *artamén*. Bot. Artamena, género de plantas de las escrofularíneas.

**ARTANITE ó ARTHANITE**, f. *artanít*. Bot. Artanita, nombre que se daba antiguamente al ciclamino ó pan porcino.

**ARTANITINE ó ARTHANITINE**, f. *artanitín*. Quim. Artanitina, sustancia particular que se extrae de la raiz de la artanita ó pan porcino.

**ARTÉDIE**, f. *artedí*. Bot. Artedia, género de plantas de la familia de las umbelíferas.

**ARTÉMATOPE**, m. *artematóp*. Hist. nat. Artematopo, género de coleópteros.

**ARTÈME**, f. *artém*. Hist. nat. Artema, género de insectos de la familia de las arañas.

**ARTÉMIE**, m. *artemí*. Hist. nat. Artemio, género de crustáceos braquiópodos.

**ARTÉMIS**, adj. f. *artemís*. Mit. Artémis, sobrenombre que los Griegos dieron á Diana.

**ARTÉMISE**, f. *artemís*. Bot. Artemisa, planta. V. ARMOISE.

**ARTÉMISIÉ, ÉE**, adj. *artemisié*. Bot. Artemisiado, que se parece á la artemisa. || *Artémisiées*, f. pl. Artemisiadas, tribu del grupo de las compuestas.

**ARTÉMISIES**, f. pl. *artemisí*. Hist. ant. Artemisias, fiestas que se celebraban en muchos pueblos de Grecia, en honor de Diana.

**ARTÉMISINE**, f. *artemisín*. Quim. Artemisina, principio amargo contenido en la artemisa.

**ARTÉMISIOÏDE**, adj. *artemisioíd*. Bot. Artemisioideo ó artemisioídeo, que tiene la forma de la artemisa. || *Artemisioïdées*, f. pl. Artemisioídeas, seccion de plantas.

**ARTÉMON**, m. *artemón*. Mec. Tercera polea de una máquina para levantar pesos.

**ARTÈRE**, f. *artér*. Anat. Arteria: se llaman asi los vasos que llevan la sangre del corazon á las diversas partes del cuerpo.

**ARTÉRIECTASIE**, f. *arteriectasí*. Med. Arteriectasia, angiosis, dilatacion de una arteria.

**ARTÉRIEL, LE**, adj. *arteriél*. Arterial, que pertenece á las arterias.

**ARTÉRIEUX, EUSE**, adj. *arterieu, euz*. Anat. Arterioso, que pertenece á las arterias.

**ARTÉRIODÈME**, m. *arteriodém*. Cir. Arteriodemo, especie de pinza que sirve para atar las arterias.

**ARTÉRIOGRAPHE**, m. *arteriograf*. Anat. Arteriógrafo, anatómico que describe las arterias.

**ARTÉRIOGRAPHIE**, f. *arteriografí*,

Anat. Arteriografía, descripcion de las arterias.

ARTÉRIOGRAPHIQUE, adj. *arteriografic.* Arteriográfico, que pertenece á la arteriografía.

ARTÉRIOLE, f. dim. de ARTÈRE. *arteriól.* Anat. Arteriola, arteria pequeña.

ARTÉRIOLOGIE, f. *arteriologí.* Anat. Arteriologia, tratado sobre las arterias.

ARTÉRIO-PITUITEUX, adj. *arterio-pituiteu.* Anat. Arterio-pituitoso, nombre de los vasos que están situados en toda la extension de la pituitaria.

ARTÉRIOTOMIE, f. *arteriotomí.* Arteriotomía, abertura de una arteria, ó diseccion anatómica de las arterias.

ARTÉRITE, f. *arterít.* Med. Arteritis, inflamacion de las arterias.

ARTÉSIEN, NE, adj. y s. *artesién.* Del condado de Artois.

ARTÉTIQUE, adj. *artetíc.* Artetiaco, que ha perdido un miembro.

ARTHÉMIDE, f. *artemíd.* Hist. nat. Artemida, concha.

ARTHRALGIE, f. *artralgí.* Med. Artralgia, dolor en las articulaciones, neuralgia articular.

ARTHRALGIQUE, adj. *artralgíc.* Artrálgico, que pertenece á la artralgia.

ARTHRATHÈRE, m. *artratér.* Bot. Artrátero, género de plantas.

ARTHREMBOLE, m. *artramból.* Cir. Artrémbolo, instrumento antiguamente empleado en la coaptacion ó reduccion de un hueso dislocado.

ARTHRIE, m. *artrí.* Hist. nat. Artrio, género de insectos dípteros.

ARTHRIFUGE, adj. y s. *artrifúge.* Med. Artrífugo, que obra contra la gota.

ARTHRITE, f. *artrít.* Med. Artritis, gota, enfermedad de las articulaciones.

ARTHRITIQUE, adj. *artritíc.* Med. Artético ó artrítico, relativo á la artritis.

ARTHROCACE, f. *artrocás.* Med. Artrocacis, enfermedad de las articulaciones.

ARTHROCÉPHALÉS, m. pl. *artrosefalé.* Hist. nat. Artrocefálicos ó artrocéfalos, division de crustáceos.

ARTHROCLADE, f. *artroclád.* Bot. Artroclada, género de algas.

ARTHRODACTYLE, m. *artrodactíl.* Hist. nat. Artrodáctilo, género de coleópteros.

ARTHRODE, m. *artród.* Hist. nat. Artrodo, género de coleópteros heterómeros.

ARTHRODIAL, E, adj. *artrodiál.* Anat. Artrodial, que tiene las propiedades ó el carácter de una artrodia.

ARTHRODIE, f. *artrodí.* Anat. Artrodia, articulacion formada por el contacto de superficies planas ó casi planas, ó por una cavidad huesosa poco profunda, en la que entra tambien el extremo de una parte saliente, poco notable, de otro hueso.

ARTHRODYNIE, f. *artrodiní.* Artrodinia, dolor de las articulaciones, especie de reumatismo crónico.

ARTHROGASTRE, adj. *artrogástre* Hist. nat. Artrogastro, que tiene el vientre articulado. || *Arthrogastres*, m. pl. Artrogastros, familia de arácnidos.

ARTHROLOBE, m. *artrolób.* Bot. Artrólobo, género de plantas.

ARTHROMBOLE, m. *artronból.* Cir. V. COAPTATION.

ARTHRONALGIE, f. *artronalgí.* Cir. V. ARTHRALGIE.

ARTHRON, m. *artrón.* Med. Artron, articulacion, juntura.

ARTHRONCUS, m. *artróncus.* Med. Artronco, hinchazon, tumefaccion de las articulaciones.

ARTHRONÈME, m. *artroném.* Hist. nat. Artronemo, genero de insectos.

ARTHROPHLOGOSE, f. *artroflogós.* Med. Artroflogosis, inflamacion ó flogosis de una articulacion.

ARTHROPHYLLE, m. *artrofíl.* Bot. Artrófilo, género de plantas urulíceas.

ARTHROPODE, m. *artropód.* Bot. Artrópodo, género de plantas.

ARTHROPOGON, m. *artropogón.* Bot. Artrópogon, género de plantas gramíneas.

ARTHROPTÈRE, m. *artroptér.* Hist. nat. Artróptero, género de coleópteros.

ARTHROPYOSE, f. *artropiós.* Med. Artropiosis, supuracion ó absceso de las articulaciones.

ARTHROSE, f. *artrós.* Anat. Artrosis ó articulacion. V. ARTICULATION.

ARTHROSTÈME, f. *artrostém.* Bot. Artróstemo, género de plantas melastomáceas.

ARTHROSTÈNE, m. *artrostén.* Hist. nat. Artrósteno, género de coleópteros tetrámeros.

ARTHROSTIGME, m. *artrostígm.* Bot. Artrostigma, género de plantas proteáceas.

ARTHROSTILIDE, f. *artrostilíd.* Bot. Artrostilida, género de plantas ciperáceas.

ARTHROTOME, m. *artrotóm.* Bot. Artrótomo, género de plantas.

ARTIALISER, a. *arsialisé.* Reducir ó someter á las reglas del arte.

ARTICHAUT, m. *artichó.* Bot. Alcachofa, la planta y el fruto. || *Artichaut sauvage*, alcaucil, la alcachofa silvestre.

ARTICHAUTIÈRE, f. *artichotiér.* Alcachofal, el sitio que está plantado de alcachofas.

ARTICLE, m. *articl.* Anat. Artículo (ant.), articulacion, union, coyuntura de los huesos. || Artejo de los dedos. || met. Artículo de un libro, de un periódico, de un contrato, de la fe, etc. || Partida de una cuenta. || fam. *C'est un autre article*, ese es otro cantar. || Renglon, ramo, en los objetos comerciables. || *Faire l'article*, chalanear, hacer el chalan para comprar ó vender. || For. Artículo de un interrogatorio. || Gram. Artículo, una de las partes de la oracion. || *A l'article de la mort*, en el artículo de la muerte, cerca de espirar. || For. *Interroger sur faits et articles*, interrogar á una persona sobre las circunstancias y particularidades de un hecho.

ARTICULAIRE, adj. *articulér.* Articular, artético, perteneciente á los artículos ó artejos.

ARTICULATION, f. *articulasión.* Articulacion de los huesos. || Articulacion de las palabras. || For. Exposicion de los hechos por artículos.

ARTICULÉMENT, adv. *articulemán.* Articuladamente, por partes, de un modo articulado.

ARTICULER, a. *articulé.* Articular palabras. || For. Deducir por artículos. || fam. *Articuler un fait*, afirmar un hecho contándolo con sus pelos y señales. || *S'articuler*, r. Articularse, unirse ó juntarse los huesos por articulacion.

ARTICULEUX, EUSE, adj. *articuleu, eus.* Articuloso, que está compuesto de nudos ó articulaciones.

ARTIEN, m. poco us. *arsién.* Artista, el que estudia el curso de artes.

ARTIFICE, m. *artifís.* Artificio, arte, primor. || Artificio, solapa, astucia, maña. || Cuidado, buen régimen. || Composicion de mistos de fuego. || *Feu d'artifice*, castillo de fuego, fiesta de pólvora.

ARTIFICIEL, LE, adj. *artifisiél.* Artificial, hecho con arte.

ARTIFICIELLEMENT, adv. *artifisielmán.* Artificialmente.

ARTIFICIER, m. *artifisié.* Cohetero, polvorista.

ARTIFICIEUSEMENT, adv. *artifisieusmán.* Artificiosamente, por medio del arte.

ARTIFICIEUX, EUSE, adj. *artifisieu, eus.* Artificioso, lleno de astucia, que obra con artificio.

ARTIFIER, a. *artifié.* Artificiar, hacer con artificio.

ARTILLER, m. *artillé.* Operario que trabaja en la artillería. || a. Artillar, armar de artillería.

ARTILLERIE, f. *artillrí.* Artillería, tren de cañones, etc. || *Pièce d'artillerie*, un cañon. || Artillería, cuerpo militar.

ARTILLEUR, m. *artillour.* Artillero, soldado de artillería.

ARTILLIER, m. *artillié.* V. ARTILLER.

ARTIMON, m. *artimón.* Mar. Mesana. || *Mât d'artimon*, palo de mesana.

ARTIPE, m. *artip.* Hist. nat. Artipo, género de coleópteros tetrámeros de las Antillas.

ARTISAN, m. [illegible] Autor, artífice, [illegible] lar, según la clase á [illegible]

ARTISON, m. [illegible] carcoma. [illegible] alimentan de varias [illegible] males, y con [illegible] mentan de pieles y [illegible]

ARTISONNÉ, ÉE, adj. [illegible] lledo, que está picado ó [illegible] lilla.

ARTISTE, m. y f. [illegible] que ejercita algun arte. || [illegible] moroso, hecho con arte, [illegible]

ARTISTEMENT, [illegible] arte, con primor. || [illegible]

ARTISTIQUE, adj. [illegible] que pertenece á las artes.

ARTOCARPE, m. [illegible] carpo, género de plantas [illegible]

ARTOCARPÉ, ÉE, adj. [illegible] Artocárpeo, parecido al [illegible] *carpées*, f. pl. Artocárpeas, [illegible] tas urticeas.

ARTOISON, adj. [illegible]

ARTOLITHE, m. [illegible] to, nombre dado á varias [illegible] cáreas.

ARTOMEL, m. [illegible] especie de cataplasma [illegible] miga de pan y alguna [illegible]

ARTONOMIE, f. [illegible] arte de hacer pan.

ARTONOMIQUE, adj. [illegible] nómico, concerniente ó [illegible] mía.

ARTOPHAGE, adj. [illegible] que come mucho pan, [illegible] pan.

ARTOPTE, s. y adj. f. [illegible] epíteto dado á las [illegible] facilidad.

ARTOTYRITE, m. y f. [illegible] Artotirita, nombre dado á [illegible] siglo II, que usaban pan y [illegible] caristía, y admitian á las [illegible] cerdocio.

ARTS, m. pl. *ár.* V. [illegible]

ARUM, m. *aróm.* Yaro, [illegible] la familia de las yaroideas.

ARUNDE, f. *arónd.* Bot. [illegible] de plantas gramíneas.

ARUNDINACÉ, ÉE, adj. [illegible] Bot. Arundináceo, [illegible] Arundináceo, que se parece [illegible] *Arundinacées*, f. pl. [illegible] de plantas del género [illegible]

ARUNDINAIRE, f. [illegible] dinaria, género de plantas [illegible]

ARUNDINE, f. [illegible] género de plantas orquídeas [illegible] orientales.

ARUSPICE, m. *arruspís.* [illegible] rero, adivino; sacerdote que [illegible] manos examinaba las entrañas [illegible] mas sacrificadas para adivinar [illegible] samente algun suceso.

ARUSPICINE, m. [illegible] cismo, arte de los arúspices.

ARVÈLE, m. *arvél.* [illegible] insectos de la familia de los [illegible]

ARVÉRIS, m. *arvéris.* [illegible] de la luz entre los Griegos.

ARVERSE, f. *arvérs.* Bot. [illegible] ta de la familia de las [illegible]

ARVICOLE, adj. *arvicól.* [illegible] vive en los campos de [illegible] Arvícola, animal mamífero. V. [illegible]

ARVICOLIEN, NE, adj. [illegible] nat. Arvicoliense, mamífero [illegible] vícola.

ARVICULTURE, f. [illegible] tura, cultivo del campo, [illegible] cereales.

ARVIEN, NE, ó ARVEN, [illegible] *vién, arven.* Arvense ó [illegible] en los campos sembrados.

ARYTÉNÉAL, adj. y s. [illegible] nal, que tiene relacion con [illegible]

ARYTÉNOÏDE, adj. y s. [illegible] Anat. Aritenoides, dos cartílagos [illegible] ringe situados en su parte [illegible] cuales en su reunion forman [illegible] embudo.

ARYTÉNOÏDIEN, adj. y s. [illegible]

dominio, superioridad. || Horóscopo relativamente al nacimiento. || Inclinacion, pasion hácia algo. || Astr. Ascendiente, el punto de la eclíptica situado en el horizonte oriental. || adj. Ascendiente, que asciende ó sube.

**ASCENSION**, f. *asansión*. Ascension, accion de ascender ó subir. || Rel. cat. Ascension, elevacion milagrosa de nuestro Señor Jesucristo al cielo; fiesta de la Ascension; estampa que representa este misterio. || Ascension, la accion de elevarse en los aires por medio de un globo aerostático. || Astr. Ascension de los astros. || Fís. ó Hidr. Ascension, subida ó elevacion del agua en las bombas, del mercurio en el barómetro.

**ASCENSIONNEL, LE**, adj. *asansionél*. Astr. Ascensional, que sube.

**ASCÈTE**, m. *asét*. Asceta, el que hace vida ascética.

**ASCÉTÈRE**, m. *asetér*. Ascetario, lugar donde los ascetas se consagraban á ejercicios de piedad.

**ASCÉTIQUE**, adj. *asetíc*. Ascético, epíteto que se aplica á las personas que se dedican particularmente á la práctica de las virtudes cristianas. Se dice tambien de las obras espirituales y autores de ellas.

**ASCÉTISME**, m. *asetísm*. Ascetismo, estado de una persona que se dedica exclusivamente á los ejercicios de piedad.

**ASCHARIEN, NE**, adj. *ascarién*. Ascario, el que sigue la doctrina de Ascari.

**ASCHARISME**, m. *ascarísm*. Sect. rel. Ascarismo, doctrina de Ascari.

**ASCHÉMIE**, m. *asquemí*. Astr. Asquemia, nombre de la constelacion del Serrillo.

**ASCHIPHASME**, m. *asquifásm*. Hist. nat. V. PERLAMORPHE.

**ASCIDIACÉ, ÉE**, adj. *asidiasé*. Hist. nat. V. ASCIDIEN.

**ASCIDIDE**, adj. Hist. nat. V. ASCIDIEN.

**ASCIDIE**, f. *asidí*. Hist. nat. Ascidia, género de conchas bivalvas.

**ASCIDIÉ, ÉE**, adj. *asidié*. Bot. Ascidiado, calificacion que se da á las hojas ó á cualquier otro órgano que termina en un apéndice ciatiforme, cubierto de un opérculo móvil.

**ASCIDIEN, NE**, adj. *asidien*. Hist. nat. Ascidiano, parecido á la ascidia. || Bot. *Ascidiens*, m. pl. Ascidianos, género de plantas de la familia de los tunicerus.

**ASCIDIOCARPE**, m. *asidiocárp*. Bot. Ascidiocarpo, nombre dado á los hepáticos cuya fruta se abre por su vértice.

**ASCIDION**, m. *asidión*. Bot. Ascidion, género de plantas de la familia de los líquenes. || Ascidion, género de hongos.

**ASCIDITES**, adj. *asidít*. Hist. nat. V. ASCIDIEN.

**ASCIE**, m. *así*. Hist. nat. Ascio, género de lepidópteros diurnos. || Ascio, género de dípteros braccóceros.

**ASCIENS**, m. pl. *asién*. Ascios, los habitantes de la zona tórrida, que no tienen sombra cuando el sol pasa por su meridiano.

**ASCIOR**, m. *asiór*. Mús. Ascior, citara de los Hebreos.

**ASCIRE**, m. *asír*. Bot. Asciro, género de plantas de la familia de las hiperícineas.

**ASCITE**, f. *asít*. Med. Ascitis, nombre que daban los antiguos á las hidropesías del vientre: hoy se llaman hidropesías abdominales.

**ASCITES**, m. pl. *asít*. Sect. rel. Ascitas, herejes de la secta de los montanistas.

**ASCLÉPIADE**, f. *asclepiád*. Bot. Asclepiada ó ornaballo, género de plantas herbáceas, originarias de América. || m. Asclepiadeo, cierto verso latino.

**ASCLÉPIADÉ, ÉE**, adj. *asclepiadé*. Bot. Asclepiadeo, parecido á la asclepiada. || *Asclépiadées*, f. pl. Asclepiádeas, familia de plantas dicotiledóneas.

**ASCLÉPIES**, f. pl. *asclepí*. Hist. ant. Asclepias, fiestas que se celebraban en Grecia en honor de Baco y de Esculapio.

**ASCLÈRE**, m. *asclér*. Hist. nat. Asclero, género de coleópteros heterómeros.

**ASCOBOLE**, m. *ascoból*. Bot. Ascóbolo, especie de hongos que se crian en el excremento de los animales rumiantes.

**ASCOCHYTE** m. *ascoquít*. Bot. Ascocito, género de hongos parásitos que se desarrollan en las hojas de algunos árboles.

**ASCODRUTES ó ASCODRUPITES**, m. pl. *ascodrút*, *ascodrupít*. Ascodrutas, herejes del siglo II que no admitian los sacramentos.

**ASCOGASTRE**, m. *ascogástr*. Hist. nat. Ascogastro, género de insectos de la familia de los icneumónidos.

**ASCOLIES**, f. pl. ant. *ascolí*. Ascolías, fiestas que se celebraban en Aténas en honor de Baco.

**ASCOME**, m. *ascóm*. Med. Ascoma, eminencia del pubis, en la época de la pubertad, en las mujeres.

**ASCOPHORE**, m. *ascofór*. Bot. Ascóforo, género de hongos del órden de las mucedíneas.

**ASCOPHORÉ, ÉE**, adj. *ascoforé*. Bot. Ascofóreo, parecido al ascóforo. || *Ascophorées*, f. pl. Ascofóreas, familia de hongos.

**ASCOPHYCÉ, ÉE**, adj. *ascofisé*. Bot. Ascofíceo, nombre dado á las plantas fagáceas.

**ASCOSPORE**, m. *ascospór*. Bot. Ascósporo, género de hongos, cuya cabeza se parece á una bota de vino.

**ASCOSPORÉ, ÉE**, adj. *ascosporé*. Bot. Ascospóreo, parecido al ascósporo.

**ASE**, f. *ds*. Fastidio, incomodidad general.

**ASÉITÉ**, f. *aseité*. Aseidad: voz que significa esencia de Dios, que existe de sí mismo, sin dependencia de otro.

**ASÉKI ó ASSÉKAÏ**, m. *asequí*, *asecaí*. Asequi, nombre que daban los Turcos á las mujeres de su soberano que dan á luz un varon.

**ASÉMEE**, m. *asém*. Hist. nat. Asemo, género de coleópteros tetrámeros.

**ASÉROÉ**, m. *aseroé*. Bot. Aseroe, género de hongos inmediato al género pentacino.

**ASEXE**, adj. *asécs*. Bot. Asexo, calificacion que se da á los vegetales que no tienen sexo. V. AGAME.

**ASIARCHAT**, m. *asiarcá*. Asiarcato, magistratura anual unida al sacerdocio, que daba el derecho de presidir los juegos en honor de los dioses.

**ASIARQUE**, m. *asiárc*. Asiarca, el que estaba en posesion del asiarcato.

**ASIATIQUE**, adj. *asiatíc*. Asiático, lo que pertenece al Asia. || *Luxe asiatique*, lujo asiático, exagerado, excesivo. *Mœurs asiatiques*, costumbres asiáticas, afeminadas. *Style asiatique*, estilo asiático, redundante, cargado de adornos inútiles.

**ASIDE**, f. *asíd*. Hist. nat. Asida, género de coleópteros heterómeros.

**ASIDITE**, adj. *asidít*. Hist. nat. Asidito, parecido á la asida. || *Asidites*, f. pl. Asidites, grupo de plantas de la familia de los melásomos.

**ASIE**, f. *así*. Asia, [illegible] una poblada de las cinco partes del mundo.

**ASILE**, m. *asíl*. Asilo, lugar sagrado lugar de refugio para los criminales. || Asilo habitacion, morada, retiro. || met. Asilo, amparo, proteccion, favor. || Hist. nat. Asilo, género de insectos dípteros de los esclerótomos.

**ASILIQUE**, adj. *asilíc*. Hist. nat. Asílico, que se parece al asilo. || *Asiliques*, f. pl. Asílicas, dípteros tanistomos, cuyo tipo es el género asilo.

**ASILITES**, m. pl. *asilít*. Hist. nat. Asilitos, insectos de las asílicas, que pertenece al órden de los dípteros tanistomos.

**ASIMINE**, m. *asimín*. Bot. Asimino, planta de la familia de las anonáceas.

**ASINAL, E**, adj. *asinál*. Asinino, asnino (fam.).

**ASINARIES ó ASINAIRES**, f. *asinarí*, *asinér*. Asinarias, fiestas de los Siracusanos por la victoria que consiguieron contra los Atenienses junto al rio Asinario.

**ASINDULE**, m. *asendúl*. Hist. nat. Asíndulo, género de dípteros de los tipularios.

**ASINE**, adj. *asin* *Béte asine*, bestia asnal, jumento ó borrico. || met. fam. poco us. Bestia, sopenco.

**ASINERIE**, f. *asinrí*. Asnada, borricada.

**ASIPHONOBRANCHE**, adj. *asifonobránche*. Hist. nat. Asifonobranquio, moluscos parcefalóforos, cuyas branquias están encerradas en una cavidad que no se prolonga en forma de sifon. || *Asiphonobranches*,

f. pl. Asifonobranquios, órden de moluscos cefalópodos.

**ASIPHONOÏDE**, adj. *asifonoid*. Hist. nat. Asifonoídeo, calificacion de los moluscos cefalópodos, que no tienen tubo en su concha. ‖ *Asiphonoïdes*, m. pl. Asifonoídeos, órden de moluscos cefalópodos.

**ASIRAQUE**, m. *asirác*. Hist. nat. Asiraco, hemípteros de la familia de los fulgorios.

**ASODE**, m. y f. *asód*. Med. Asode, mal saber, mal gusto. Algunos autores han dado este nombre á una calentura acompañada de un disgusto y ansiedad notables.

**ASOP**, m. *asóp*. Hist. nat. Asopo, género de hemípteros de la familia de los escuteleros.

**ASOPIE**, m. *asopí*. Hist. nat. Asopio, género de lepidópteros nocturnos.

**ASPALATHE**, m. *aspalát*. Bot. Aspálato, arbolillo ó arbusto del África austral.

**ASPALATHOÏDE**, adj. *aspalatoíd*. Bot. Aspalatoídeo, que se parece al aspálato. ‖ *Aspalathoïdes*, m. pl. Aspalatoídeos, seccion de plantas del género aspálato.

**ASPALOSOME**, m. *aspalosóm*. Anat. Aspalósomo, monstruosidad de un feto humano cuyo cuerpo tenia alguna semejanza con el topo.

**ASPARAGE**, f. ant. *asparága*. Espárrago. V. ASPERGE.

**ASPARAGÉ, ÉE**, adj. *asparagé*. Bot. Esparragíneo, que se parece al espárrago. ‖ *Asparagées*, f. pl. Esparragíneas, planta de las liliáceas, cuyo tipo es el género espárrago.

**ASPARAGINE**, f. *asparagín*. Quím. Esparragina, principio inmediato cristalizable, que se encuentra en el jugo del espárrago.

**ASPARAGINÉ, ÉE**, adj. Bot. V. ASPARAGÉ.

**ASPARAGOÏDE**, adj. Bot. V. ASPARAGÉ.

**ASPARAGOLITHE**, m. *asparagolít*. Miner. Asparagolito, pargelstein ó piedra espárrago.

**ASPARAGOPSIDE**, f. *asparagopsíd*. Bot. Asparragópside, algas de las florídeas, planta marina.

**ASPARTATE**, m. *aspartát*. Quím. Aspartato, género de sales formadas por la combinacion del ácido aspártico con bases salificables.

**ASPARTIQUE**, adj. *aspartíc*. Quím. Aspártico, calificacion del ácido sacado de las plantas esparragíneas.

**ASPASIE**, f. *aspasí*. Hist. nat. Aspasia, insectos coleópteros carábicos del Brasil. ‖ Bot. Aspasia, planta de las orquídeas, cuyo tipo es la aspasia epidendráica.

**ASPE** ó **ASPLE**, m. *asp*, *aspl*. Hist. nat. Aspe, pescado del género ciprino. ‖ Aspa, instrumento en forma de cruz doble, que sirve para hacer las madejas.

**ASPECT**, m. *aspéc*. Aspecto, vista de un objeto. ‖ Aspecto, semblante. ‖ met. Cara, apariencia. ‖ Sitio, posicion, situacion. ‖ Astr. Aspecto, situacion que tienen los astros en el zodiaco. ‖ Náut. *Aspect des astres*, caja, sombra de tierra.

**ASPER**, m. *aspér*. Hist. nat. Ásporo, pececillo del Ródano, llamado así por la aspereza de sus escamas.

**ASPÉRAGUE**, f. *asperágue*. Bot. Asperaga, género de plantas de las borragíneas.

**ASPÈRE**, f. *aspér*. Bot. Áspera, sub-género de plantas de las rubiáceas.

**ASPÉRÉGRÈNE**, f. *asperegrení*. Bot. Asperegrenia, planta de las orquídeas del Perú.

**ASPERÈLE**, f. *asprél*. Bot. Asperela. V. PRÊLE.

**ASPÉRELLINÉ, ÉE**, adj. *asperelliné*. Bot. Asperelíneo, áspero al tacto. ‖ *Aspérellinées*, f. pl. Asperelíneas, familia de plantas gramíneas.

**ASPERGE**, f. *aspérge*. Bot. Espárrago, planta hortense, de hojas filiformes, de flor pequeña, rosácea y de raíces aperitivas. ‖ Espárrago, tallo tierno de la planta del mismo nombre, muy sabroso ántes de endurecerse.

**ASPERGER**, a. *aspergé*. Rociar. ‖ Hisopear, echar agua con el hisopo.

**ASPERGERIE**, f. *aspergerí*. Esparraguera, terreno sembrado de espárragos.

**ASPERGÈS**, m. *aspergés*. Aspersorio, hisopo para echar el agua bendita.

**ASPERGILLE**, f. *aspergíl*. Bot. Aspérgil, género de hongos que crecen en las sustancias vegetales y animales, en estado de descomposicion.

**ASPERGILLIN, E**, adj. *aspergilén*. Bot. Aspergilíneo, que se parece al aspérgilo.

**ASPERGILLIFORME**, adj. *aspergiliform*. Bot. Aspergiliforme, que tiene la forma de un hisopo.

**ASPERGILLUM**, m. ant. *aspergil-lom*. Aspersorio, especie de hisopo con que antiguamente se echaba el agua lustral.

**ASPÉRIFOLIÉ, ÉE**, adj. *asperifolié*. Bot. Asperifoliado, que tiene las hojas ásperas. ‖ *Aspérifoliées*, f. pl. Asperifoliadas, sinónimo de borragíneas.

**ASPÉRITÉ**, f. *asperité*. Aspereza: dícese en lo físico y en lo moral, como aspereza de la piel, aspereza del trato, etc. ‖ Aspereza, escabrosidad, desigualdad del terreno. ‖ Rel. Aspereza, rigor, rigidez, austeridad. ‖ met. Aspereza, bronquedad en el estilo.

**ASPERMASIE**, f. *aspermasí*. Aspermasia, ausencia del sémen.

**ASPERMATISME**, m. *aspermatism*. Med. Aspermatismo, imposibilidad ó dificultad de arrojar el esperma; reflujo ó retroceso del sémen.

**ASPERME**, adj. *aspérm*. Bot. Asperno, el vegetal que aun no tiene la facultad de reproducirse por sí solo.

**ASPERMIE**, f. *aspermí*. Bot. Aspermia, estado de una planta que no da simiente.

**ASPERSEMENT**, m. V. ASPERSION.

**ASPERSER**, a. V. ASPERGER.

**ASPERSION**, f. *aspersión*. Aspersion, rociadura ó rociada, accion de rociar, de esparcir un líquido. ‖ Aspersion, la accion de echar agua bendita con un hisopo.

**ASPERSOIR**, m. *aspersuár*. Aspersorio ó hisopo. V. GOUPILLON.

**ASPÉRULE**, f. *asperúl*. Bot. Aspérula, género de plantas de las rubiáceas.

**ASPÉRULÉ, ÉE**, adj. *asperulé*. Bot. Asperulado ó asperúlico, que se parece á la aspérula. ‖ *Aspérulées*, f. pl. Asperuladas ó asperúleas, plantas rubiáceas.

**ASPHALTE**, m. *asfált*. Miner. Asfalto, especie de betun: es una masa compacta, negra ó parda, de brillo craso, de fractura á veces casi cristalina, y á veces conchífera. Se halla en las orillas del mar Rojo, en Suecia, Francia, Alemania, y en Méjico y otras partes de América.

**ASPHODÈLE**, m. *asfodél*. Bot. Asfodelo, planta medicinal. Los asfodelos son plantas herbáceas ó vivaces.

**ASPHODÉLÉ, ÉE**, adj. *asfodelé*. Bot. Asfodelado ó asfodéleo, parecido al asfodelo. ‖ *Asphodélées*, f. pl. Asfodéleas, familia de plantas monocotiledóneas apétalas hipoginias.

**ASPHODÉLINE**, f. *asfodelín*. Bot. Asfodelina, plantas liliáceas, herbáceas y vivaces.

**ASPHYXIE**, f. *asficsí*. Med. Asfixia, suspension de todos los fenómenos vitales, ó privacion repentina de los sentidos y pulso.

**ASPHYXIER**, a. *asficsié*. Asfixiar, causar la muerte por falta de respiracion, ó privar del aire que respiramos. ‖ *S'asphyxier*, r. Asfixiarse, darse la muerte por este medio.

**ASPHYXIQUE**, adj. *asficsíc*. Asfíctico, que causa asfixia.

**ASPIC**, m. *aspic*. Hist. nat. Áspid, especie de culebra muy venenosa. ‖ met. *Langue d'aspic*, lengua de escorpion, lengua de víbora.

**ASPICARPE**, m. *aspicárp*. Bot. Aspicarpo, arbusto de Méjico.

**ASPICARPON**, m. Bot. V. ASPICARPE.

**ASPICÈLE**, m. *aspisél*. Hist. nat. Aspicelo, género de coleópteros tetrámeros.

**ASPIDIACÉ, ÉE**, adj. *aspidiasé*. Bot. Aspidiáceo, parecido á la aspidia. ‖ *Aspidiacées*, f. pl. Aspidiáceas, plantas de la familia de los helechos.

**ASPIDIE**, f. *aspidí*. Hist. nat. Aspidia, género de lepidópteros nocturnos. ‖ Bot. Aspidia, género de helechos.

**ASPIDIOTE**, m. *aspidiót*. Hist. nat. Aspidiota, género de insectos hemípteros.

**ASPIDIPHORE**, m. *aspidifór*. Hist. nat. Aspidíforo, insecto coleóptero pentámero.

**ASPIDISQUE**, m. *aspidísc*. Hist. nat. Aspidisco, género de insectillos infusorios.

**[illegible]**, m. [illegible] dístro, género de [illegible]

**[illegible]** Hist. nat. [illegible] luscos.

**[illegible]**, m. [illegible] Hist. nat. Aspidocéfalo [illegible] ofídianos.

**[illegible]**, m. [illegible] nat. Aspidocotilo, género de [illegible]

**ASPIDOGASTRE**, m. [illegible] nat. Aspidogastro, género de [illegible]

**[illegible]**, m. [illegible] Aspidogleno, género de [illegible] de las asclepiádeas.

**[illegible]**, m. [illegible] nat. Aspidomorfo, género de [illegible] teros tetrámeros.

**[illegible]**, m. [illegible] Aspidonoto, género de [illegible] de los locustios.

**ASPIDOPHORE**, m. [illegible] Aspidóforo, pescado de [illegible] cóideos.

**[illegible]**, m. [illegible] Aspidóptero, género de plantas [illegible] de las malpigiáceas.

**[illegible]**, m. [illegible] nat. Aspidorinco, género de [illegible]

**[illegible]**, m. [illegible] Aspidosperma, género de [illegible] milia de las apocíneas.

**[illegible]**, m. [illegible] pigeno, género de [illegible] los tenebrionales.

**ASPILATE**, f. *aspilát*. [illegible] lata, género de insectos [illegible] turnos.

**ASPILIE**, f. *aspilí*. Bot. [illegible] de yerbas vivaces.

**ASPIRAIL**, m. *aspirál*. [illegible] abertura practicada en la pared [illegible] para que pueda entrar el aire [illegible] mentar la combustion.

**ASPIRANT, E**, m. y f. *aspirán* [illegible] pretendiente, candidato. ‖ [illegible] cina y de abogacía, graduando [illegible] dad, practicante ó mancebo de [illegible] boticario, oficial de alguna [illegible] mente el que pretende [illegible] pleo, ó recibirse en alguna [illegible] ‖ adj. Aspirante: se dice de [illegible] bombas hidráulicas.

**ASPIRATIF, IVE**, adj. [illegible] Gram. Aspirativo, que se [illegible] rando.

**ASPIRATION**, f. *aspirasión* [illegible] accion de aspirar. ‖ Aspiracion [illegible] del alma que se elevan [illegible] Aspiracion, la fuerza con que [illegible] algunas sílabas.

**ASPIRER**, a. *aspiré*. [illegible] aire exterior introduciéndolo [illegible] nes. ‖ Gram. Aspirar, pronunciar [illegible] ‖ Aspirar á, pretender, desear [illegible] Atraer, entre dorADores.

**ASPISOME**, m. *aspisóm*. [illegible] písomo, género de insectos [illegible] támeros.

**ASPISTÈRE**, f. *aspistér*. [illegible] V. PARHÉLIE.

**ASPISURE**, m. *aspisúr*. [illegible] ACANTHURE.

**ASPITE**, m. *aspít*. Hist. nat. [illegible] nero de insectos dípteros [illegible]

**ASPIURE**, f. *aspiúr*. [illegible] tierra.

**ASPLE** ó **ASPE**, m. *aspl*, [illegible] nombre que dan en las fábricas [illegible] dovanaderas con que se forman [illegible] de seda.

**ASPLÉNIE**, f. ó **ASPLÉNIUM** [illegible] *ní*, *asplenión*. Bot. Asplenio [illegible] género de plantas de la familia [illegible] chos.

**ASPLÉNIAIRES**, f. pl. [illegible] Asplenarias, seccion de plantas [illegible] de los helechos.

**ASPLÉNITE**, f. *asplenít*. [illegible] género de helechos fósiles.

**ASPONGOPE**, m. *aspongóp* [illegible] Aspóngopo, género de insectos [illegible] pentatomios.

**ASPORE**, adj. *aspór*. Bot. [illegible] no tiene cuerpos ó órganos [illegible]

greso, reunion de los diputados de una nacion, Córtes. || Mil. Asamblea, toque que llama á la tropa á formar.

**ASSEMBLER**, a. *asamblé*. Juntar, congregar, reunir muchas personas en un mismo paraje. || Carp. Ensamblar, acoplar. || Impr. Alzar una impresion. || *S'assembler*, r. Juntarse, congregarse.

**ASSEMBLEUR, EUSE**, m. y f. *asamblëur, eus*. Juntador, el que junta, reune ó recoge. || Impr. Alzador, el que ordena los pliegos de una impresion por sus signaturas.

**ASSÉNER**, a. *asené*. Descargar, asentar un palo, una pedrada, etc. || poco us. Acertar un golpe, etc., dar en el blanco.

**ASSENTIMENT**, m. *asantimán*. Consentimiento, asentimiento, asenso.

**ASSENTIR**, n. *asantir*. Consentir en que se haga alguna cosa. || Asentir á una verdad demostrada.

**ASSEOIR**, a. *asuár*. Asentar, sentar, poner en un asiento. || Asentar, afirmar una cosa sobre otra. || met. Sentar, establecer, fundar. || Situar una renta ó pension. || Imponer, repartir, derramar (ant.) las contribuciones. || *Asseoir le camp*, asentar el real. *Asseoir son jugement*, sentar ó fundar su parecer. || *S'asseoir*, r. Sentarse en una silla, etc. || Posarse las aves.

**ASSERMENTÉ, ÉE**, adj. *asermanté*. Que ha prestado el juramento indispensable para ejercer las funciones de su empleo; jurado, hablando de un experto; y aprobado ó examinado, relativamente á otras profesiones. || Juramentado, llamaron en Francia durante la revolucion de 1789 al eclesiástico que habia prestado juramento al gobierno republicano.

**ASSERMENTER**, a. *asermanté*. Juramentar, tomar juramento á alguno.

**ASSERTER**, a. ant. *aserté*. Afirmar. || ant. Desmontar un bosque.

**ASSERTIF, IVE**, adj. *asertif, iv*. Asertivo, que afirma, que asevera.

**ASSERTION**, f. *asersión*. Asercion, afirmacion, aserto.

**ASSERVI, IE**, adj. *aserví*. Sojuzgado, esclavizado, avasallado.

**ASSERVIR**, a. *aservír*. Sojuzgar, avasallar, sujetar. || met. Enfrenar, sujetar, domar las pasiones. || *S'asservir*, r. Sujetarse, esclavizarse.

**ASSERVISSABLE**, adj. *aservisábl*. Que puede sojuzgarse ó domarse.

**ASSERVISSANT, E**, adj. *aservisán*. Avasallador, el que avasalla, sujeta ó esclaviza á otro.

**ASSERVISSEMENT**, m. *aservismán*. Servidumbre, esclavitud.

**ASSESSEUR**, m. *asesear*. Asesor, el letrado con quien se acompaña el juez lego: es poco usado.

**ASSEZ**, adv. *asé*. Bastante, bastantemente, harto, sobrado. || *C'est assez*, basta, no mas. || *Quel cœur serait assez dur pour ne pas le secourir?* ¿quién tendria el corazon tan duro que no le socorriese? || *Il ne pouvait assez regarder*, no se saciaba, no se hartaba, no se cansaba de mirar. || Comunmente es expletivo ó ampliativo delante de *peu* y de *souvent*. *Il a assez peu de bien*, tiene muy poca fortuna. *Il y va assez souvent*, va con mucha frecuencia.

**ASSIDÉEN, NE**, s. y adj. *asidéén*. Sect. rel. Asideo, miembro de una secta judáica que tenia por necesarias las obras de supererogacion.

**ASSIDU, UE**, adj. *asidú*. Asiduo, continuo, perenne, incesante. || Asiduo, muy aplicado. || *Être assidu auprès d'une femme*, no apartarse del lado de una mujer.

**ASSIDUITÉ**, f. *asiduité*. Asiduidad, exactitud, constancia, aplicacion continua. || Asiduidad, asistencia escrupulosa ó frecuente á alguna parte. || pl. Atenciones.

**ASSIDÛMENT**, adv. *asidumán*. Asiduamente, con asiduidad, con constancia, sin cesar.

**ASSIÉGEANT, E**, adj. *asiejan*. Sitiador, asediador, el que sitia, el que asedia una plaza.

**ASSIÉGER**, a. *asiegé*. Sitiar, asediar, cercar una plaza. || met. Asediar, perseguir, importunar, acosar, no dejar de la mano.

**ASSIENTE** ó **ASSIENTO**, m. *asiént, asiénto*. Asiento, contrato que hizo el gobierno español cediendo, primero á una compañía francesa y despues á una inglesa, el derecho de importar esclavos á las colonias españolas.

**ASSIENTISTE**, m. *asientist*. Asientista ó asentista de negros.

**ASSIETTE**, f. *asiét*. Asiento, colocacion de una cosa sobre otra. || Asiento de un pueblo, etc. || met. Asiento, madurez de juicio, consistencia, solidez en el pensar. || Estado, disposicion del ánimo. *N'être pas dans son assiette ordinaire*, estar fuera de caja. || Talla, repartimiento de contribuciones. || Arq. Sentamiento, asiento de una obra. || For. Finca en que se asegura una renta. || Sisa, entre doradores. || Mar. *L'assiette d'un vaisseau*, calado de un buque en la linea de agua mas ventajosa para la navegacion, la carga, etc. || *Assiette des ventes*, asignacion de corta de árboles al que los ha comprado. || Plato en que se come, ó lo que contiene. || Cubierto, sitio de cada uno de los que comen en una mesa. || *Assiettes blanches*, platos limpios, los que se mudan al que está comiendo. || *Assiettes volantes*, platillos en que se sirven los rabanillos, aceitunas, etc. || *Son assiette dîne pour lui*, se dice del que paga en una fonda, hostería, etc., el dia que no come en ella.

**ASSIETTÉE**, f. *asieté*. Plato, platada, la cantidad de comida que coge un plato. || Tina del tintorero.

**ASSIGNABLE**, adj. *asiñábl*. Asignable, que puede ser asignado.

**ASSIGNAT**, m. *asiñá*. Asignado, papel moneda creado en Francia en 1789 y abolido en 1796. || Asignacion, constitucion de una renta sobre una finca.

**ASSIGNATION**, f. *asiñasión*. Asignacion, señalamiento del fondo de que ha de pagarse alguna cantidad. || Libranza, libramiento. || Asignacion, constitucion de una renta sobre una finca. || For. Citacion, emplazamiento. || Auto del juez para la citacion ó emplazamiento.

**ASSIGNER**, a. *asiñé*. Asignar, señalar, destinar. || Indicar, señalar, atribuir. || For. Citar, emplazar, requerir á alguno para que comparezca ante algun juez.

**ASSIMILABLE**, adj. *asimilábl*. Asimilable, que puede asemejarse.

**ASSIMILATEUR, TRICE**, adj. *asimilateur, tris*. Asimilador, que asimila.

**ASSIMILATIF, IVE**, adj. *asimilatif, iv*. Asimilativo, comparativo, que puede asimilarse ó compararse.

**ASSIMILATION**, f. *asimilasión*. Asimilacion, accion de asimilar, de comparar, de presentar dos ó mas cosas como semejantes.

**ASSIMILER**, a. *asimilé*. Asimilar, asemejar, comparar, hacer semejante. || Med. Asimilar, transformar los alimentos en su propia sustancia. || *S'assimiler*, r. Asimilarse, asemejarse, hacerse semejante, compararse. || Med. Asimilarse.

**ASSIMULATION**, f. *asimulasión*. Ret. Simulacion ó reticencia.

**ASSINARIES**, f. *asinarí*. Hist. nat. Asinarias, fiestas que celebraban los Siracusanos en memoria de la victoria conseguida sobre Nicias y Demóstenes cerca del rio Asinaro.

**ASSISE**, f. *asís*. Arq. Hilada, serie horizontal de piedras labradas de sillería ó de ladrillos. || f. pl. Nombre que dan en Francia á un tribunal que entiende en los asuntos criminales despues de la decision del jurado, equivalente á la audiencia en España. || *Tenir des assises*, juntarse los magistrados para juzgar las causas criminales.

**ASSISTANCE**, f. *asistáns*. Asistencia, presencia personal, accion de asistir á alguna parte, á algun acto. || Asistencia, concurso, conjunto de personas reunidas en un lugar. || Asistencia, ayuda, favor, socorro. || pl. Socorros.

**ASSISTANT, E**, adj. *asistán*. Asistente, auxiliante. || Asistente, el religioso que asiste á su general. || pl. Asistentes, los que ayudan á celebrar alguna ceremonia. || Asistentes, los que se hallan presentes en algun acto.

**ASSISTER**, a. *asisté*. Asistir, socorrer, ayudar. || For. *Être assisté*, estar acompañado. || n. Asistir, concurrir, hallarse presente. || *S'assister*, r. Auxiliarse, ayudarse, mutuamente.

**ASSOCIATION**, f. *asosiasión*. Asociacion, compañía, union establecida entre varias personas que se juntan para un interes comun.

**ASSOCIÉ, ÉE**, adj. *asosié*. Asociado, acompañado. || m. Socio, compañero.

**ASSOCIER**, a. *asosié*. Asociar, admitir en una compañía ó sociedad, empresa ó trabajo. || Asociar, tomar á otro por compañero ó colega. || Asociar, juntar una cosa con otra. || *S'associer*, r. asociarse, hacer compañía para algun objeto mercantil. || Acompañarse, andar en compañía de otro. || met. Juntarse, amalgamarse, convenir, compadecerse.

**ASSOGUE**, m. *asógue* Azogue, nombre que se daba á los barcos españoles destinados á transportar á América el mercurio que se usaba para purificar el oro.

**ASSOLEMENT**, m. *asolmán*. Agr. Amelga, accion de dividir las tierras de labor en hojas ó porciones para sembrarlas.

**ASSOLER**, a. *asolé*. Agr Amelgar, dividir las tierras de labor en hojas para sembrarlas.

**ASSOMBRIR**, a. *asombrír*. Sombrear, hacer sombrío. || *S'assombrir*, r. Sombrearse, oscurecerse, ponerse sombrío. || met. Ponerse triste ó sombrío.

**ASSOMMANT, E**, adj. *asomán*. Pesado, molesto, fastidioso, que cansa, que mata.

**ASSOMMEMENT**, m. *asommán*. Aporreamiento, aporreo, aporreadura. || met. Molestia, fastidio, incomodidad, accion de molestar, de cansar.

**ASSOMMER**, a. *asomé*. Acogotar, aplastar á uno, matarlo de un golpe dado con maza ú otro cuerpo pesado. || Aporrear, moler á golpes. || En sentido met ó hiperb., hablando de un gran calor, de un vestido, del trato de un majadero, etc., se dice abrumar, mortificar, fastidiar, importunar. || *S'assommer*, r. Aporrearse, maltratarse.

**ASSOMMEUR**, m. *asomeur*. Acogotador, el ladron que mata á golpes en los caminos reales. || El que acogota los bueyes en el matadero, matarife, jifero.

**ASSOMMOIR**, m. *asomuár*. Maza, palo guarnecido de hierro, y aun todo palo pesado ó caña embutida de plomo. || Trampa para coger los zorros, tejones, etc. || met. Tormento, muerte.

**ASSOMPTION**, f. *asonpsión*. Asuncion de la Vírgen santísima. || Asuncion, la festividad con que se celebra y la estampa ó cuadro que la representa. || *Lóg*. La menor de un silogismo.

**ASSONANCE**, f. *asonáns*. Asonancia, semejanza imperfecta de sonidos al fin de las palabras.

**ASSONANT, E**, adj. *asonán*. Asonante, que produce asonancia.

**ASSONIE**, f. *asoní*. Bot. Asonia, género de plantas de la familia de las malváceas.

**ASSORATH ó ASSONATH**, m. *asorát*, *asonat*. Sora ó Sara, libro que contiene la tradicion mahometana.

**ASSORTI, IE**, adj. *asortí*. Adecuado, proporcionado. || Surtido, provisto. || Acorde, acertado, hablando de sonidos.

**ASSORTIMENT**, m *asortimán*. Correspondencia, consonancia, armonía que guardan varias cosas que tienen relacion entre sí. || Surtido, provision de una tienda ó almacen. || *Livres d'assortiment*, libros de surtido, libros que el comerciante en ellos compra á otros libreros, en oposicion de los que publica él mismo y se llaman libros de fondo.

**ASSORTIR**, a. *asortír*. Adecuar, acomodar, ajustar, casar dos ó mas cosas que tienen entre sí cierta semejanza. || Surtir, abastecer, proveer una tienda ó almacen || n. Concordar, convenir, hacer buen juego. || *S'assortir*, r. Ajustarse, convenirse, concordarse.

**ASSORTISSANT, E**, adj. *asortisán*. Correspondiente, proporcionado, adecuado.

**ASSORTISSOIR**, m. *asortisuár*. Conf. Zaranda, criba cuyos agujeros marcan la magnitud de los confites que se van á hacer. || Estuche, caja que contiene los útiles necesarios para cualquier cosa.

**ASSOTER ó ASOTER**, a. *asoté*, *asoté*. Entontecer, atontar. || Infatuar, inspirar una pasion loca. || *S'assoter*, r. Infatuarse, enamorarse locamente.

**ASSOUPI, IE**, adj. *asupí*. Amodorrado, adormecido. || met. Amortiguado, calmado, apagado.

**ASSOUPIR**, a. *asupír*. Amodorrar, adormecer, embotar. || met. Entorpecer, apagar, amortiguar, apaciguar, calmar. || *S'assoupir*, r. Amodorrarse, adormecerse. || met. Entorpecerse, oscurecerse el entendimiento, la razon.

**ASSOUPISSANT, E**, adj. *asupisan*. Soporífero, que causa ó excita al sueño. || met. Empalagoso, que hace bostezar y dormir: se dice de una obra literaria cansada ó insulsa.

**ASSOUPISSEMENT**, m. *asupismán*. Sopor, modorra, adormecimiento. || met. Apatía, descuido, indolencia, negligencia, dejadez.

**ASSOUPLI, IE**, adj. *asuplí*. Ablandado, suavizado. || met. Humillado, doblegado, domado, abatido.

**ASSOUPLIR**, a. *asuplír*. Ablandar, suavizar. || met. Abatir, domar, doblegar, dulcificar. || Equit. *Assouplir un cheval*, domar un caballo, hacerle dócil y obediente. || *S'assouplir*, r. Ablandarse, suavizarse, hacerse dócil. || met. Abatirse, doblegarse, domarse.

**ASSOURDI, IE**, adj. *asurdí*. Ensordecido.

**ASSOURDIR**, a. *asurdír*. Ensordecer, asordar. || Pint. Apagar los claros y medias tintas. || *S'assourdir*, r. Ensordecerse, ponerse sordo.

**ASSOURDISSANT, E**, adj. *asurdisán*. Que asorda, que aturde, como los cañonazos, el ruido de las campanas, etc

**ASSOUVI, IE**, adj. *asuví*. Saciado, harto, bien satisfecho. Se dice tanto en el sentido propio como en el figurado.

**ASSOUVIR**, a. *asuvír*. Saciar, hartar, satisfacer, aplacar una hambre voraz. || Se usa tambien con la misma significacion en sentido figurado, hablando de las pasiones innobles y violentas. || *S'assouvir*, r. Saciarse, hartarse, en uno y otro sentido.

**ASSOUVISSEMENT**, m. *asuvismán*. met. Hartura, saciedad de las pasiones, de los deseos, etc.

**ASSUJÉTI, IE**, adj. *asujetí*. Sometido, sujeto. || met. Esclavizado.

**ASSUJÉTIR**, a. *asujetír*. Sujetar, someter. || met. Sujetar, enfrenar, contener los deseos, etc. || Rendir, avasallar los corazones. || Sujetar, obligar, atar, hablando de leyes, condiciones, etc. || Sujetar, poner, dejar sujeto ó firme. || *S'assujétir*, r. Sujetarse, someterse.

**ASSUJÉTISSANT, E**, adj. *asujetisán*. Gravoso, pesado, que trae sujecion.

**ASSUJÉTISSEMENT**, m. *asujetismán*. Sujecion, obligacion, precision de hacer alguna cosa.

**ASSUMÉ, ÉE**, adj. *asumé*. Reasumido.

**ASSUMER**, a. *asumé*. Reasumir, cargar sobre sí. Solo se usa en esta frase: *assumer sur soi la responsabilité d'une chose*, reasumir ó cargar sobre sí la responsabilidad de una cosa.

**ASSURANCE**, f. *asuráns*. Seguridad, certeza de una cosa. || Seguridad, fianza, prenda. || Aseguracion, seguro de los efectos embarcados, de las casas, etc. || *Assurance mutuelle*, compañía de seguros mutuos. || Paraje seguro, situacion libre de todo peligro. || Seguridad, confianza, satisfaccion. || Promesa, palabra, protesta. || Confianza, ánimo, resolucion. || *Compagnies d'assurances*, compañías de seguros contra incendios, riesgos de navegacion, etc.

**ASSURÉ, ÉE**, adj. *asuré*. Asegurado, seguro, cierto. || Seguro, firme, sólido. || Osado, resuelto, confiado, que carece de temor.

**ASSURÉMENT**, adv. *asuremán*. Seguramente, de seguro. || Ciertamente, de cierto.

**ASSURÉMENT**, m. ant. *asuremán*. Seguridad, certeza, prenda, fianza.

**ASSURER**, a. *asuré*. Asegurar, afianzar, poner firme. || Asegurar, poner fuera de riesgo. || Asegurar mercancías, casas, etc. || Prometer bajo seguridad ó hipoteca. || Inspirar seguridad, quitar el miedo. || Mar. *Assurer le pavillon*, disparar un cañonazo al izar la bandera. || Asegurar, afirmar, aseverar. || *S'assurer*, r. Estar seguro, firme, cierto. || Creer, confiar en. || Contar con alguno. || Asegurar, prender, echar la mano á alguno.

**ASSUREUR**, m. [illegible] el que asegura [illegible]

**ASTACIEN, IENNE**, adj. [illegible] Astaciformo, que se parece [illegible] grejo. || *Astaciens*, m. pl. [illegible] de crustáceos decápodos [illegible] es el género ástaco ó cangrejo [illegible]

**ASTACIDÉES**, adj. [illegible] Astacoídeo, que tiene la [illegible] ó cangrejo. || m. Astacoide [illegible] táceos decápodos, cuyo [illegible] del Madagascar.

**ASTACOLITHE**, m. [illegible] Astacolito, género de crustáceos [illegible] órden de los macruros.

**ASTACOPE**, m. [illegible] tácopo, género de insectos [illegible]

**ASTAQUE**, m. [illegible] nombre genérico de los [illegible]

**ASTAROTH**, m. [illegible] ídolo de los Sidonios, que [illegible] de la mitología egipcia y [illegible] mitología griega. || Astaroth [illegible] demonio.

**ASTARTÉ**, m. [illegible] de las divinidades de los [illegible]

**ASTARTÉE**, f. [illegible] planta de la familia de las [illegible]

**ASTASIE**, f. [illegible] género de insectillos infusorios [illegible] de ojos.

**ASTASIÉ, ÉE**, adj. [illegible] Astasiado, que se parece al [illegible] *siés*, m. pl. Astasiados, familia [illegible] poligástricos.

**ASTATIQUE**, adj. [illegible] no es estable, que no está [illegible]

**ASTÉIA**, f. *astéia*. Hist. [illegible] nero de insectos dípteros.

**ASTÉISME**, m. [illegible] ironía fina y delicada, que [illegible] tar la lisonja ó alabanza bajo [illegible] crítica, y al contrario.

**ASTÉLIE**, f. *astelí*. Bot. [illegible] de plantas de la familia de las [illegible] herbáceas vivas.

**ASTÉLIÉE**, m. [illegible] cion de plantas del género [illegible]

**ASTÉMME**, m. [illegible] género de insectos hemípteros [illegible] de los higuos. || Bot. Astema, [illegible] tas de la tribu de las [illegible]

**ASTEMMITE**, adj. [illegible] Astemita, parecido al [illegible] m. pl. Astemitos, grupo de [illegible] teros, de la familia de los [illegible]

**ASTÉPHANE**, m. [illegible] género de plantas de la familia [illegible] piádeas.

**ASTER**, m. *astér*. Bot. [illegible] plantas radiadas, yerba vivaz [illegible]

**ASTÉRACANTHE**, f. [illegible] Asteracanto, género de plantas [illegible] de las acantáceas.

**ASTÉRANTHE**, f. [illegible] ranto, árbol del Brasil, [illegible] de las belvisieas.

**ASTÉRELLE**, f. [illegible] género de hongos.

**ASTÉRÉOMÈTRE**, m. [illegible] tereómetro, instrumento [illegible] de salir y ponerse los astros.

**ASTÉRÉOMÉTRIE**, f. [illegible] tereometría, arte de calcular [illegible] y ponerse el sol.

**ASTÉRÉOMÉTRIQUE**, adj. [illegible] *tric*. Astereométrico, que [illegible] la astereometría.

**ASTÉRIDÉ, ÉE**, adj. [illegible] terídeo, que se parece al [illegible] f. pl. Asterídeas, familia de [illegible] encuentran en la Nueva-[illegible]

**ASTÉRIDE**, adj. *asterid*. [illegible] rido, que tiene la forma de la [illegible] *térides*, f. pl. Asterides, [illegible] ó estrellas de mar.

**ASTÉRIE**, f. *asterí*. Hist. [illegible] género de zoófitos llamados [illegible] estrellas de mar, porque [illegible] muy semejante á la de las [illegible] Asteria ó piedra estrellada, [illegible] mosas variedades de zafiro.

**ASTÉRIGÈRE**, f. *asterigér* [illegible]

**ASTÉRÉE**, f. *astré*. Hist. nat. Astrea, género de coleópteros pentámeros.

**ASTIC**, m. *astic*. Zap. Costa ó bruñidor de zapatero, instrumento de madera de boj para alisar y dar lustre á las suelas.

**ASTICOT**, m. *asticó*. Gusano blanco que sirve de cebo para pescar. || *Mordre à l'asticot*, caer en el garlito.

**ASTICOTER**, a. *asticoté*. Contrariar, disgustar, armar camorra con alguno por pequeñeces. || *S'asticoter*, r. Contrariarse mutuamente.

**ASTICTE**, m. *astict*. Hist. nat. Asticto, género de insectos.

**ASTIGIDE**, m. *astigid*. Hist. nat. Astígido, género de insectos coleópteros pentámeros.

**ASTILBE**, m. *astilb*. Hist. nat. Astilbo, género de insectos coleópteros pentámeros.

**ASTIQUER**, a. *astiqué*. Alisar, dar lustre á las suelas de las botas ó zapatos con una costa. || Mil. Dar bola, lustrar la cartuchera.

**ASTOLISME**, m. *astolism*. Hist. nat. Astolismo, género de insectos coleópteros tetrámeros.

**ASTOME**, m. *astóm*. Bot. Astomo, género de plantas de la familia de las umbelíferas.

**ASTOMELLE**, f. *astomél*. Hist. nat. Astomela, género de insectos dípteros tanistomos.

**ASTRAGALE**, m. *astragál*. Bot. Astrágalo, alquitira, planta. || Arq. Astrágalo, collarín de la columna. || Anat. Astrágalo, talon. || Art. Astrágalo de un cañon.

**ASTRAGALOLOGIE**, f. *astragalologí*. Bot. Astragalología, tratado acerca de los astrágalos.

**ASTRAL, E**, adj. *astrál*. Astral, que pertenece á los astros.

**ASTRANCE**, f. *astráns*. Bot. Astrancia, género de plantas de la familia de las umbeladas.

**ASTRAPÉE**, f. *astrapé*. Hist. nat. Astrapea, género de insectos coleópteros pentámeros. || Bot. Astrapea, género de plantas de la familia de las malváceas.

**ASTRAPIE**, f. *astrapí*. Hist. nat. Astrapia, género de pájaros del órden de los gorriones.

**ASTRE**, m. *ástr*. Astro, nombre genérico de todos los cuerpos celestes, ya brillen con luz propia, ya reciban su luz de otro. || met. ant. Sol, lucero, la persona muy hermosa. || met. Lumbrera, el que sobresale en una ciencia. || met. Estrella, signo, destino, hado. || Poét. *L'astre du jour*, el sol. *L'astre de la nuit*, la luna.

**ASTRÉE**, f. *astré*. Mit. Astrea, diosa de la justicia, hija de Astreo y de Témis || Poét. Astrea, la justicia. || Hist. nat. Astrea, género de pólipos muy numeroso.

**ASTREINDRE**, a. *astréndr*. Estrechar, apretar, apremiar, obligar, sujetar. || *S'astreindre*, r. Sujetarse, obligarse, ceñirse á.

**ASTRÉPHIE**, f. *astrefí*. Bot. Astrefia, planta del Perú de la familia de las valerianas.

**ASTRICIE**, f. *astricí*. Bot. Astricia, género de hongos de la seccion de las licoperdáceas.

**ASTRICTION**, f. *astricsión*. Med. Astriccion, astringencia, accion de una materia astringente.

**ASTRINGENT, E**, adj. y s. *astrenján*. Med. Astringente, astrictivo: se dice de los remedios.

**ASTROBLÈPE**, m. *astroblép*. Hist. nat. Astroblepo, género de pescados de los siluroides.

**ASTROCARPE**, m. *astrocárp*. Bot. Astrocarpo, género de plantas.

**ASTROCARYE**, f. *astrocarí*. Bot. Astrocaria, género de palmeras de la Guyana y del Brasil.

**ASTROCINOLOGIE**, f. *astrocinologí*. Astrocinología, tratado de los dias caniculares.

**ASTRODERME**, m. *astrodérm*. Hist. nat. Astrodermo, género de pescados de la forma de los escombros.

**ASTRODON**, m. *astrodón*. Bot. Astrodon, género de plantas de la familia de las labiadas.

**ASTRODONTE**, m. *astrodónt*. Bot. Astrodonte, pleurocarpo de la familia de los musgos.

**ASTROGNOSIE**, f. *astrognosí*. Astrognosia, parte de la astronomía que trata del conocimiento de las estrellas fijas.

**ASTROGYNE**, f. *astrogín*. Bot. Astrogina, planta de la familia de las euforbiáceas.

**ASTROLABE**, m. *astroláb*. Astrolabio, instrumento matemático: su principal uso era en el mar para observar la altura del polo y de los astros.

**ASTROLÂTRE**, adj. y s. *astrolátr*. Astrólatra, que adora los astros.

**ASTROLÂTRIE**, f. *astrolatrí*. Astrolatría, culto de los astros.

**ASTROLOGIE**, f. *astrologí*. Astrología.

**ASTROLOGIQUE**, adj. *astrologíc*. Astrológico, que pertenece á la astrología.

**ASTROLOGUE**, m. *astrológ*. Astrólogo.

**ASTROLOME**, m. *astrolóm*. Bot. Astrólomo, género de plantas epacrídeas.

**ASTROMANCIE**, f. *astromansí*. Astromancia, adivinacion que se hace por la inspeccion de los astros.

**ASTROMANCIEN, NE**, m. y f. *astromansién*. Astromántico, el que profesa la astromancia.

**ASTROMÈTRE**, m. *astrométr*. Astrómetro, heliómetro, instrumento para medir los astros y las distancias de las estrellas.

**ASTROMÉTRIE**, f. *astrometrí*. Astrometría, arte de medir los diámetros aparentes de los astros y las distancias de las estrellas.

**ASTROMÉTRIQUE**, adj. *astrometríc*. Astrométrico, de la astrometría.

**ASTRONE**, m. *astrón*. Bot. Astreno, género de plantas de la familia de las terebintáceas.

**ASTRONIE**, f. *astroní*. Bot. Astronia, género de plantas de las melastomáceas.

**ASTRONOME**, m. *astronóm*. Astrónomo.

**ASTRONOMIE**, f. *astronomí*. Astronomía.

**ASTRONOMIQUE**, adj. *astronomíc*. Astronómico, relativo á la astronomía.

**ASTRONOMIQUEMENT**, adv. *astronomicmán*. Astronómicamente, segun las reglas de la astronomía.

**ASTROPHÉE**, f. *astrofé*. Bot. Astrofea, género de plantas de las pasifloras.

**ASTROPHORE**, adj. *astrofór*. Astróforo, que tiene estrellas.

**ASTROPHYTE**, m. *astrofít*. Hist. nat. Astrófito, animal equinodermo del órden de los estelarios. || Bot. Astrófito, género de plantas cactáceas.

**ASTROPODE ó ASTROPE**, m. *astropód*, *astróp*. Hist. nat. Astrópodo ó astropo, género de insectos equinodermos longípedos.

**ASTROSCOPE**, m. *astroscóp*. Astr. Astroscopio, instrumento astronómico compuesto de dos conos, en el que están descritas las estrellas y constelaciones, por cuyo medio se las encuentra fácilmente.

**ASTROSCOPIE**, f. *astroscopí*. Astr. Astroscopia, contemplacion de los astros.

**ASTROSOPHIE**, f. *astrosofí*. Astrosofía, estudio ó conocimiento de los astros.

**ASTROSTATIQUE**, f. *astrostatíc*. Astr. Astrostática, ciencia que tiene por objeto el cálculo del volúmen y de la distancia respectiva de los astros.

**ASTROPHÈLE**, m. *astrofél*. Bot. Astrofelo, género de plantas, familia de los líquenes.

**ASTROTRICHE**, m. *astrotrích*. Bot. Astrótrico, género de plantas de la Nueva Holanda.

**ASTUCE**, f. *astús*. Astucia, artería, ardid para engañar.

**ASTUCIEUSEMENT**, adv. *astusieusmán*. Astutamente, sagazmente, con astucia, con sagacidad.

**ASTUCIEUX, EUSE**, adj. *astusieu, eus*. Astuto, sagaz, que tiene astucia.

**ASTYDAMIE**, f. *astidamí*. Bot. Astidamia, género de plantas de la familia de las umbeladas.

**ASTYLE**, adj. *astíl*. Bot. Astilo, calificacion que se da á las plantas cuyas flores carecen de estilo. || Hist. nat. Astilo, género de coleópteros pentámeros.

**ASTYNOME**, m. *astinóm*. Hist. nat. Astinomo, género de insectos coleópteros tetrámeros.

**ASITYQUE**, m. *asític*. Hist. nat. Ástico, género de insectos coleópteros tetrámeros.

**ASYMÉTRIE**, f. *asimetrí*. Asimetría, sinónimo de inconmensurabilidad.

**ASYMÉTRIQUE**, adj. *asimetríc*. Asimétrico, que no tiene simetría.

**ASYMPTOTE**, f. *asenptót*. Geom. Asíntota, línea recta que, indefinidamente prolongada, se aproxima continuamente á una curva sin poder cortarla.

**ASYNDÉTON**, m. *asendetón*. Asíndeton, figura retórica que se comete cuando no se expresan las conjunciones copulativas.

**ASYSTASIE**, f. *asistasí*. Bot. Asistasia, género de plantas de la familia de las acantáceas.

**ATABAL**, m. *atabál*. Atabal, especie de tambor de los Moros.

**ATABULE**, m. *atabúl*. Atabulo, viento bastante frecuente en la Pulla.

**ATACAMITE**, m. Miner. V. ATAKAMITE.

**ATACE**, m. *atás*. Hist. nat. Atace, género de insectos acuáticos, ápteros y sin antenas.

**ATAKAMITE**, f. *atacamít*. Miner. Atacamita, nombre del cobre oxi-cloruro traido de Atakama.

**ATALANTE**, f. *atalánt*. Mit. Atalanta, hija de Joseo, rey de Arcadia, amante de Meleagro. || Hist. nat. Atalanta, especie de mariposa.

**ATALANTHE**, m. *atalánt*. Bot. Atalanto, género de plantas, familia de las compuestas.

**ATALANTIE**, f. *atalantí*. Bot. Atalantía, género de la familia de las aurantiáceas.

**ATALAPHE**, m. *atalàf*. Hist. nat. Atalafo, mamífero de la familia de los murciélagos.

**ATAMISQUÉE**, f. *atamisqué*. Bot. Atamisquea, planta de la familia de las caparídeas.

**ATARACTAPOÏÉSIE**, f. *ataractapoiesí*. Med. Ataractopesia, palabra griega que significa serenidad, sangre fria, calma.

**ATARAXIE**, f. *ataracsí*. Fil. Ataraxia, sosiego, tranquilidad del alma.

**ATAVERNER**, n. *ataverné*. Tener taberna. || a. Conducir á uno con violencia á la taberna.

**ATAVISME**, m. *atavism*. Atavismo, semejanza de un animal ó de una planta con sus ascendientes, aunque lejanos.

**ATAX**, f. *atács*. Hist. nat. Atax, género de la clase de los arácnidos traqueneos.

**ATAXIE**, f. *atacsí*. Med. Ataxia, desórden, irregularidad en las crisis de la calentura. || Fil. Ataxia, desórden de los apetitos, de los movimientos, de los instintos y de las pasiones del alma. || Bot. Ataxia, género de plantas de la familia de las gramíneas.

**ATAXIQUE**, adj. *atacsíc*. Med. Atáxico, que ofrece alguna cosa de irregular.

**ATAXODINAMIE**, f. *atacsodinamí*. Med. Ataxodinamia, irregularidad en los movimientos de un órgano.

**ATCHÉ**, m. *atché*. Atché, moneda turca que vale dos maravedises.

**ATE**, m. *át*. Bot. Ato, género de planta de la familia de las orquídeas.

**ATÉ**, f. *até*. Mit. Atea, nombre que los Griegos daban á una diosa maléfica.

**ATEBRAS**, m. *atbrá*. Quím. Atebras, especie de vaso sublimatorio.

**ATECHNE**, m. *atécn*. Hist. nat. Atecno, género de coleópteros tetrámeros.

**ATECHNIE**, f. *atecní*. Atecnia, ignorancia del arte ó ciencia que se profesa.

**ATECNIE**, m. *atecní*. Atecnia, impotencia viril.

**ATÉLANDRE**, f. *ateländr*. Bot. Atelandra, planta de la familia de las labiadas.

**ATÈLE**, m. *atél*. Atelo, palabra derivada del griego que significa exento de impuestos ó contribuciones. || Hist. nat. Atelo, género de insectos coleópteros pentámeros.

**ATÉLÉCYCLE**, m. *atelesicl*. Hist. nat. Ateléciclo, género de crustáceos.

**ATÉLÉNÈVRE**, f. *atelenévr*. Hist. nat. Atelenevra, género de insectos del órden de los dípteros bracóceros.

**ATÉLÉPODE**, m. *atelepód*. Hist. nat. Atelépodo, tribu de aves nadadoras.

**ATÉLESTITE**, m. *atelestít*. Miner. Atelestita, sustancia rara, de color amarillo, que cristaliza en tetraedros.

**ATÉLIE**, f. *atelí*. Bot. Atelia, planta leguminosa del género terocarpo.

**ATELIER**, m. *atlié*. Taller, obrador, oficina en que trabajan muchos. || Los trabajadores de un mismo taller. || Estudio de un artista. || *Atelier de vers à soie*, el sitio en que se crian los gusanos de seda.

**ATÉLINÉES**, f. pl. *atelin*. Atelinas: comprende 21 clases de vegetales.

**ATELLANES**, f. pl. *atelán*. Atelanas, piezas cómicas y satíricas entre los Romanos.

**ATÉLOCÈRE**, m. *atelosér*. Hist. nat. Atelócero, género de insectos hemípteros.

**ATÉLODESME**, m. *atelodésm*. Hist. nat. Atelodesmo, género de coleópteros tetrámeros.

**ATÉMÉLES**, m. *atemél*. Hist. nat. Atemelos, género de insectos coleópteros pentámeros.

**ATÉRICE**, m. *aterís*. Hist. nat. Aterico, género de insectos lepidópteros tetrápteros.

**ATERMOIEMENT**, m. *atermuamán*. For. y Com. Moratoria, espera, prórroga.

**ATERMOYER**, a. *atermuayé*. Prorogar, dar espera, moratoria para un pago. || *S'atermoyer*, r. Arreglarse con los acreedores para pagar con algun respiro.

**ATERPE**, m. *atérp*. Hist. nat. Aterpo, género de insectos coleópteros tetrámeros.

**ATEUCHE**, m. *ateuche*. Hist. nat. Ateuco, género de insectos coleópteros pentámeros.

**ATHALAME**, adj. *atalám*. Bot. Atálamo, planta, calificacion que se da á los líquenes que no tienen conceptáculo.

**ATHALLE**, adj. *atál*. Bot. Atalo, calificacion que se da á las plantas que no tienen tallo.

**ATHAMANTE**, f. *atamánt*. Bot. Atamanto, género de plantas de la familia de las umbeladas pleurospérmeas.

**ATHAMANTOÏDES**, adj. *atamantoid*. Bot. Atamantoides, plantas que se parece al atamanto.

**ATHANASIE**, f. *atanasí*. Bot. Atanasia, género de plantas de la familia de las compuestas antemídeas.

**ATHÉE**, m. *até*. Ateo ó ateista, el que niega la existencia de Dios.

**ATHÉISME**, m. *ateism*. Ateismo, opinion, doctrina de los ateistas.

**ATHÉISTIQUE**, adj. *ateistic*. Ateístico, que pertenece al ateismo.

**ATHÉNA** ó **ATHÉNÉ**, f. *aténa*, *atené*. Mit. Atena, diosa de la sabiduría, protectora de los Atenienses. || Mús. Atena, especie de flauta ó trompeta.

**ATHÉNÉE**, m. *atené*. Especie de academia ó escuela de Aténas, Alejandría y Roma, donde se reunian los literatos de todas las naciones. || Ateneo (neol.), el sitio en que tienen sus reuniones los literatos y los que profesan las bellas artes. || *Athénée*, f. Bot. Atenea, género de plantas, sinónimo de casiaria. || *Athénées*, f. pl. Ateneas, nombre de unas fiestas que los Atenienses celebraban en honor de Minerva.

**ATHÉNIEN, NE**, adj. y s. *atenién*. Ateniense, natural ó habitante de Aténas.

**ATHÉNIENNE**, f. *atenién*. Ateniena, nombre que daban los antiguos á una vasija que servia para poner flores.

**ATHÉRINE**, f. *aterín*. Hist. nat. Aterina, género de pescados.

**ATHÉRIX**, m. *aterics*. Hist. nat. Aterix, género de insectos dípteros bracóceros.

**ATHERMASIE**, f. *atermasí*. Med. Atermasia, calor excesivo, morbífico.

**ATHÉROMATEUX, EUSE**, adj. *ateromateu*, *eus*. Med. Ateromatoso, que es de la naturaleza del ateroma.

**ATHÉROME**, m. *aterόm*. Med. Ateroma, tumor.

**ATHÉROPOGON**, m. *ateropogón*. Bot. Aterópogon, planta de la América del norte.

**ATHÉROSPERMACÉES**, m. pl. V. ATHÉROSPERMÉES.

**ATHÉROSPERME**, m. *aterospérm*. Bot. Aterospermo, género de plantas de la familia de las monimias aterospérmeas.

**ATHÉROSPERMÉ, ÉE**, adj. *aterospermé*. Bot. [illegible] aterospermo.

**ATH**[illegible], m. [illegible] género de plantas [illegible] deas espatiflorpeas.

**ATH**[illegible], f. pl. [illegible] fiestas que los [illegible] de Minerva.

**ATHLÈTE**, m. *atlét*. [illegible] luchador entre los Griegos [illegible] hombre fuerte, robusto [illegible] cicios del cuerpo. [illegible] *la foi de Jésus-Christ* [illegible]

**ATHLÉTIQUE**, f. [illegible] de la gimnástica de los [illegible] arte de los atletas. || adj. [illegible] nece al atleta.

**ATHLÉTIQUEMENT**, adv. [illegible] Atléticamente, de un [illegible]

**ATHLIE**, m. *atlí*. [illegible] de insectos coleópteros [illegible]

**ATHLOTHÈTE**, m. [illegible] tulo que daban los Griegos [illegible] que presidía en los juegos [illegible]

**ATHOR**, m. *atór*. [illegible] gar del alma en el [illegible]

**ATHOR** ó **ATHYR**, f. [illegible] Ator ó Atir, divinidad egipcia [illegible]

**ATHOS**, m. *átos*. [illegible] tano.

**ATHOÜS**, m. *atóus*. [illegible] nero de insectos coleópteros [illegible]

**ATHRICHIE**, f. [illegible] quia, género de insectos [illegible]

**ATHRIXIE**, f. *atricsí*. [illegible] busto del Madagascar.

**ATHROTOME**, m. [illegible] Atrótomo, género de [illegible] tetrámeros.

**ATHYMIE**, f. *atimí*. [illegible] miento ó decaimiento de [illegible] algunos enfermos.

**ATHYRE**, m. *atír*. Hist. [illegible] nero de insectos coleópteros [illegible] Bot. Atiro, sinónimo de [illegible] leguminóceas.

**ATHYRION**, m. *atirión*. [illegible] género de plantas de la [illegible] chos.

**ATHYTE**, m. *atít*. [illegible] que significa sacrificio sin [illegible]

**ATIME**, m. *atím*. Hist. nat. [illegible] ro de insectos coleópteros [illegible]

**ATIN** ó **ATIR**, m. [illegible]

**ATINGAN**, m. *atengán*. [illegible] bre que los Griegos daban [illegible]

**ATINGE**, m. *atinge*. [illegible] especie de pescado del género [illegible]

**ATINTER**, a. *atinté*. [illegible] aderezar con afectacion el [illegible] do. || *S'atinter*, r. Acicalarse, aderezarse.

**ATLANTE**, m. *atlánt*. [illegible] bre que sirve para designar [illegible] bre de medio cuerpo ó de [illegible] f. Hist. nat. Atlanta, género [illegible] gasterópodos.

**ATLANTIDES**, f. *atlantíd*. [illegible] des, hijas de Atlas y de Hesperis [illegible]

**ATLANTIQUE**, adj. *atlantic*. [illegible] del Atlas, que se refiere al Atlas.

**ATLANTIUS**, m. *atlanciús*. [illegible] tio, hijo de Mercurio y de Vénus.

**ATLAS**, m. *atlás*. Med. [illegible] que se da á la primera vértebra [illegible] Atlas, nombre de una coleccion [illegible] || Mit. Atlas, hijo de Japet, rey [illegible] tania, que conquistó con sus [illegible] Atlas, hombre fuerte y robusto.

**ATLODIDYME**, m. *atlodidím*. [illegible] Atlodídimo, género de monstruos [illegible]

**ATLOÏDE**, adj. *atloid*. [illegible] referente á la primera vértebra [illegible]

**ATLOÏDO-AXOÏDIEN**, adj. *atloido-acsoidién*. Anat. Atloido-axoideo, [illegible] relacion con el átlas y el axis.

**ATLOÏDO-CORONOÏDIEN**, adj. *atloido-coronoidién*. Anat. Atloido-coronoi[illegible] deo, uno de los músculos de la [illegible] inferior de la salamandra.

**ATLOÏDO-MASTOÏDIEN**, adj. *atloido-mastoidién*. Anat. Atloido-mastoideo [illegible] calificacion de un músculo que va [illegible] átlas á la apófisis mastoídes.

[illegible]

**ATOMOLOGIQUE**, adj. *atomologic.* Quím. Atomológico, que tiene relacion con la atomología.

**ATOMOSIE**, f. *atomosí.* Hist. nat. Atomosia, género de insectos dípteros aplóceros.

**ATONIE**, f. *atoní.* Med. Atonía, disminucion de fuerzas vitales y orgánicas.

**ATONIQUE**, adj. *atonic.* Med. Atónico, que pertenece ó tiene relacion con la atonía.

**ATOPE**, f. *atóp.* Hist. nat. Atopo, género de insectos coleópteros pentámeros.

**ATOPIDES**, f. pl. *atopíd.* Hist. nat. Atópidas, sub-tribu de insectos coleópteros pentámeros.

**ATOUR**, m. *atúr.* Adorno, atavío, compostura. Ordinariamente se usa en plural. ‖ *Dames d'atour*: en la casa real, azafatas.

**ATOURNARESSE**, f. *atournarés.* Doncella, la que está para vestir á las señoras.

**ATOURNEMENT**, m. ant. *aturnemán.* Compostura, adereso.

**ATOURNER**, a. *aturné.* Adornar, engalanar, ataviar, hablando de las mujeres.

**ATOUT**, m. *atú.* Triunfo, arrastre en los juegos de naipes. ‖ *Faire atout*, triunfar, arrastrar.

**ATRABILAIRE**, adj. *atrabilér.* Med. Atrabilario, lo que se refiere á la atrabílis. ‖ Atrabilario, hombre melancólico.

**ATRABILE**, f. *atrabíl.* Med. Atrabílis, bílis negra.

**ATRABILIEUX, EUSE**, adj. V. ATRABILAIRE.

**ATRACTE**, m. *atráct.* Hist. nat. Atracto, género de insectos coleópteros heterómeros.

**ATRACTIE**, f. *atracsí.* Hist. nat. Atraccia, género de insectos dípteros aplóceros.

**ATRACTOBOLE**, m. *atractoból.* Bot. Atractóbolo, género de hongos que tienen vesículas seminiformes.

**ATRACTOCÈRE**, m. *atractosér.* Hist. nat. Atractócero, género de insectos coleópteros pentámeros.

**ATRACTODES**, m. pl. *atractód.* Hist. nat. Atráctodos, género de insectos coleópteros pentámeros.

**ATRACTOMÈRE**, m. *atractomér.* Hist. nat. Atractómero, género de insectos coleópteros tetrámeros.

**ATRACTOSOME**, m. *atractosóm.* Hist. nat. Atractósomo, familia de pescados del órden de los bolobranquios.

**ATRAGÈNE**, f. *atragén.* Bot. Atragene, género de plantas de la familia de las ranunculáceas.

**ATRAMENTAIRE**, adj. *atramantér.* Atramentario, que tiene los caractéres ó la apariencia de la tinta. ‖ f. Quím. Atramentaria, piedra de vitriolo. V. SULFATE DE FER.

**ATRAPHACE**, m. *atrafás.* Bot. Atrafaxis, género de plantas de la familia de las poligonáceas.

**ÂTRE**, m. *átr.* Hogar, el sitio de la chimenea donde se enciende la lumbre.

**ATRÉE**, m. *atre.* Mit. Atreo, hijo de Pelope y de Hipodamia. ‖ Hist. nat. Atreo, género de escorpiones.

**ATRÈME**, f. *atrém.* Bot. Atrema, género de plantas de la familia de las umbeladas.

**ATRÉTENTÉRIE**, f. *atretanterí.* Anat. Atretentería, imperforacion de un intestino.

**ATRÉTIE**, f. *atresí.* Anat. Atresia, oclusion de las aberturas naturales.

**ATRÉTOBLÉPHARIE**, f. *atretoblefarí.* Anat. Atretoblefaria, union de los dos párpados.

**ATRÉTOCYSIE**, f. *atretosisí.* Anat. Atretocisia, imperforacion del ano.

**ATRÉTOCYSTIE**, f. *atretosistí.* Anat. Atretocistia, imperforacion de la vejiga.

**ATRÉTOLÉMIE**, f. *atretolemí.* Anat. Atretolemia, imperforacion de la garganta.

**ATRÉTOMÉTRIE**, f. *atretometrí.* Anat. Atretometría, imperforacion de la matriz.

**ATRÉTOPSIE**, f. *atretopsí.* Anat. Atretopsia, imperforacion de la pupila.

**ATRÉTORHINIE**, f. *atretoriní.* Anat. Atretorinia, imperforacion de la nariz.

**ATRICES**, f. pl. *atrís.* Med. Atrices, pequeños tumores que aparecen por intervalos al rededor del ano.

**ATRICHIE**, f. *atrichí.* Bot. Atriquia, género de plantas de la familia de los musgos.

**ATRICORNE**, adj. *atricórn.* Hist. nat. Atricornio, que tiene los cuernos ó las antenas negras.

**ATRIGASTRE**, adj. *atrigástr.* Hist. nat. Atrigastro, que tiene el vientre negro.

**ATRIPÈDE**, adj. *atripéd.* Hist. nat. Atrípedo, que tiene las patas ó los piés negros.

**ATRIPLETTE** ó **ATRIPLOTE**, f. *atriplét*, *atriplót.* Hist. nat. Nombre vulgar que dan en Francia á la carraca roja.

**ATROCE**, adj. *atrós.* Atroz, enorme, grave. ‖ met. Atroz, cruel, inhumano. Se usa hablando de las cosas y de las personas.

**ATROCEMENT**, adv. *atrosmán.* Atrozmente, con atrocidad.

**ATROCITÉ**, f. *atrosité.* Atrocidad, enormidad de un crímen, injuria ó suplicio. ‖ met. Atrocidad, accion atroz, muy cruel.

**ATROGULAIRE**, adj. *atrogulér.* Hist. nat. Atrogulario, que tiene la garganta negra.

**ATROMARGINÉ, ÉE**, adj. *atromarginé.* Atromarginado, que está ribeteado de negro.

**ATROPE**, m. *atróp.* Hist. nat. Átropo, género de pescados de la familia de los escomberoides.

**ATROPHIE**, f. *atrofí.* Med. Atrofia, enmagrecimiento ó consuncion del cuerpo, ya sea local ó parcial.

**ATROPHIÉ, ÉE**, adj. *atrofié.* Med. Atrofiado, que padece atrofia.

**ATROPHIER (S')**, r. *satrofié.* Med. Atrofiarse, perder gradualmente de su gordura ó volúmen, enflaquecerse, enmagrecerse.

**ATROPINE**, f. *atropín.* Quím. Atropina, sustancia alcalina que se saca de la belladona.

**ATROPOS**, f. *atropós.* Mit. Átropos, una de las tres Parcas, y la que corta el hilo de la vida. ‖ Hist. nat. Átropos, género de insectos de la familia de los nevrópteros.

**ATROPTÈRE**, adj. *atroptér.* Hist. nat. Atróptero, que tiene alas negras.

**ATROSTOME**, adj. *atrostóm.* Hist. nat. Atróstomo, que tiene la boca negra.

**ATTABALLE**, m. *atabál.* Mil. Atabale, instrumento músico morisco, timbales de caballería.

**ATTABLER**, a. *atablé.* Arrimar un asiento á la mesa para comer, beber ó jugar. ‖ *S'attabler*, r. Ponerse ó sentarse á la mesa.

**ATTACE**, m. *atás.* Hist. nat. Atace, nombre que da Linneo á la primera division de su gran género faleno, que abraza todos los lepidópteros nocturnos.

**ATTACHANT, E**, adj. *atachán.* met. Atractivo, interesante, pegajoso.

**ATTACHE**, f. *atáche.* Atadura, soga, correa, lazo, cosa que sirve para atar otra. ‖ met. Apego, afecion á alguna cosa. ‖ Consentimiento, permiso, licencia. ‖ Jurisp. ant. *Lettres d'attache*, cédula de aprobacion, *exequatur* regio: nota que el rey ponia, bien en las bulas del papa, bien en las órdenes de un comisionado de la corona fuera del reino para que fueran cumplidas. ‖ Plat. Engarce, enlace, union de varias piezas, principalmente de joyería. ‖ Anat. Insercion, paraje donde se inserta la extremidad de un músculo, de un ligamento. ‖ Carp. Madre, en los molinos de viento, pieza que sostiene casi toda la máquina. ‖ pl. Apretaderas. ‖ Plomos de una vidriera. ‖ Lazos entre los pasamaneros. ‖ Art. Lana, grapa de hierro que sirve para componer la losa cuando está rota. ‖ *Chien d'attache*, perro de cadena. ‖ *Prendre des chevaux d'attache*, dejar atar las caballerías en la cuadra por un tanto.

**ATTACHÉ, ÉE**, adj. *atachc.* Atado, unido, fijado. ‖ met. Fiel, adicto, afecto. = Entregado, aplicado, consagrado á alguna cosa. = Agregado, anejo, perteneciente á alguna cosa que forma parte de ella. = Inherente, inseparable. = Esclavizado, forzado, obligado á.

**ATTACHEMENT**, m. *atachemán.* Apego, amor, amistad, adhesion á las personas, á las pasiones, opiniones ó partidos. ‖ Aplicacion, aficion al estudio, al trabajo.

**ATTACHER**, a. *atachó.* Atar, ligar. ‖ Clavar. ‖ Pegar, encolar. ‖ Pegar un boton, etc. ‖ Prender el vestido. ‖ Atacar los calzones. ‖ Hacer amigas á dos personas. ‖ Colocar, emplear. ‖ met. Prender, atraer, aficionar, interesar. ‖ Atraer, hacer entrar en un partido. ‖ *Attacher avec le licou*, ar rendar un caballo, etc. || *Attacher du prix à quelque chose*, dar valor ó importancia á una cosa. || *Attacher ses regards, ses yeux sur*, fijar la atencion, la vista: poner, clavar los ojos. || *Attacher les regards, les yeux de quelqu'un*, llamar, cautivar la atencion de alguno. || *Attacher un sens à un mot*, entender una palabra de cierta manera. || Mar. *Attacher les voiles*, agolar. || *S'attacher*, r. Pegarse, agarrarse, asirse. || met. Arrimarse, adherirse. || Unir su suerte á la de otro. || Agarrarse un guisado. || Entregarse, aplicarse. || Aficionarse, prendarse, cebarse. || *S'attacher aux pas de quelqu'un*, no soltar á uno de la mano: no dejarle ni á sol ni á sombra. || *L'envie s'attache au mérite*, los envidiosos persiguen, detestan, no pueden ver al hombre de mérito.

**ATTACIDES**, m. pl. *atasid*. Hist. nat. Atácidos, tribu de insectos lepidópteros.

**ATTAGÈNE**, m. *atagén*. Hist. nat. Atágeno, género de insectos coleópteros pentámeros.

**ATTALÉE**, f. *atale*. Bot. Ataleo, pequeña palmera de la América del sur.

**ATTAQUABLE**, adj. *atacábl*. Atacable, que puede ser atacado, acometido ó embestido.

**ATTAQUANT**, m. *atacán*. Agresor, acometedor, embestidor.

**ATTAQUE**, f. *atác*. Ataque, acometimiento, embestida, hablando de tropas ó otra gente armada. || Ataque, asalto dado á una plaza fuerte. || met. Ataque, agresion, insulto. || met. Embestida, tiento que se da para sondear el pensamiento ó la intencion de alguno. || Pulla, indirecta. || Med. Ataque, insulto, acometimiento repentino de alguna enfermedad. || Esgr. *Fausse attaque*, ataque falso, fingido.

**ATTAQUER**, a. *ataqué*. Provocar, insultar, ser el agresor. || Arremeter, acometer. || *Attaquer quelqu'un de conversation*, procurar armar conversacion con alguno. || Atacar, embestir, asaltar, combatir un puesto de tropas. || Invadir, acometer á una nacion. || met. Combatir los abusos, impugnar una doctrina. || met. Atacar, estrechar con argumentos. || For. *Attaquer en justice*, entablar una accion judicial. || For. *Attaquer un acte*, disputar la validez de una escritura. || Equit. *Attaquer un cheval*, hostigar un caballo, meterle espuela. || *S'attaquer*, r. Atacarse, acometerse, embestirse, insultarse, provocarse, destruirse mutuamente. || *S'attaquer à quelqu'un*, provocar á alguno abiertamente, declararse enemigo suyo; en el mismo sentido, habérselas con alguno. || *S'attaquer à une chose*, atacar alguna cosa, en el sentido de oponerse á ella.

**ATTARDER**, a. *atardé*. Retardar, detener á alguno, hacer que llegue tarde. || *S'attarder*, r. Retardarse, detenerse, llegar tarde á donde se va.

**ATTÉDIER**, a. *atedié*. Fastidiar, causar fastidio ó tedio. No se usa.

**ATTEIGNEMENT**, m. *ateñmán*. Alcance, la accion de alcanzar.

**ATTEINDRE**, a. *aténdr*. Alcanzar, tocar un objeto distante. *Atteignez-moi ce tableau*, alcánceme Vd. ese cuadro. || met. *Atteindre son but*, salir con su intento. || Llegar á. || met. Igualar á alguno. || Herir, tocar, hablando de enfermedades. || met. Perjudicar, herir, causar menoscabo. || n. Llegar, subir á, tocar. || Alcanzar. || *S'atteindre*, r. Alcanzarse, ser tocado, cogido, conseguido.

**ATTEINT, E**, adj. *atén*. Alcanzado. || met. Acometido, atacado, invadido, hablando de enfermedades, etc. || Jurisp. *Atteint et convaincu*, convicto y confeso.

**ATTEINTE**, f. *atént*. Golpe, tiro. || *Hors d'atteinte*, á salvo, fuera de tiro. || Ataque de una enfermedad. || met. Ofensa, menoscabo, daño, detrimento. || Alcance, rozadura de la bestia caballar en las manos ó pies. || *Atteinte mortelle*, golpe mortal, acontecimiento imprevisto.

**ATTEL**, m. *atél*. Art. Horcate de las caballerías para el tiro.

**ATTÉLABE**, m. *ateláb*. Hist. nat. Atelabio, género de insectos coleópteros tetrámeros.

**ATTÉLABIDE**, adj. *atelabid*. Hist. nat. Atelábido ó atelabideo, que se parece al atelabio. || *Attélabides*, m. pl. Atelábidos, familia de insectos coleópteros.

**ATTELABLE**, adj. *atlábl*. Uncible, que se puede uncir.

**ATTELAGE**, m. *atlága*. Tiro, número de caballerías necesarias para tirar de un carruaje. || Yunta de bueyes, mulas ó caballos que tiran del arado ó de un carro.

**ATTELER**, a. *atlé*. Enganchar, poner el tiro ó caballerías á un carruaje. || Uncir los bueyes al arado ó carro. || met. *C'est une charrue mal attelée*, es un reloj mal compuesto, una máquina desorganizada: se dice hablando de un gobierno, de una sociedad cuyos individuos están discordes.

**ATTELLE**, f. *atél*. Horcate de las caballerías. || Instrumento con que los alfareros adelgazan las vasijas que trabajan á la rueda. || pl. Cir. Tablillas para entablillar un hueso roto.

**ATTELLEMENT**, m. *atelmán*. Enganche, enganchamiento, uncimiento.

**ATTELOIRE** y **ATELLOIRE**, m. *ateluár*. Art. Clavija maestra, especie de clavo fijo en la lanza de un carro, al que se sujetan los tiros de los caballos delanteros.

**ATTENANT, E**, adj. *atnán*. Contiguo, pegado, confinante, que está al lado. || prep. y adv. ant. Junto, inmediato á, pared en medio de, al lado de.

**ATTENDANCE**, f. *atandáns*. Tendencia, objeto á que uno tiende ó se dirige. || met. Espera. V. ATTENTE.

**ATTENDANT (EN)**, loc. adv. *anatandán*. Entretanto, miéntras, hasta entónces.

**ATTENDRE**, a. *atándr*. Aguardar, esperar, estar aguardando ó esperando. || Aguardar, esperar, estar reservado, como la gloria, el premio, etc. || Aguardar, diferir. || *Attendre de*, esperar de, prometerse de. || *Attendre après*, esperar por. || *Attendre à*, esperar, ó esperar á, hablando del tiempo. || *C'est là que je l'attends*, allí será la mia. || *S'attendre*, r. Estar á lo que venga, verlo venir. || Consentir en, contar con, contar por seguro, prometerse algo de una persona.

**ATTENDRIR**, a. *atandrír*. Enternecer, ablandar. || met. Enternecer, mover á compasion. || *S'attendrir*, r. Enternecerse, ablandarse, suavizarse. || met. Enternecerse, condolerse. || Enamorarse.

**ATTENDRISSANT, E**, adj. *atandrisán*. Tierno, lastimero, lastimoso.

**ATTENDRISSEMENT**, m. *atandrismán*. Enternecimiento. || Ternura, terneza.

**ATTENDU**, adv. *atandú*. Atento á, en atencion á, en vista de. || *Attendu que*, visto que, puesto que.

**ATTENTAT**, m. *atanlá*. Atentado, violacion, insulto, ofensa.

**ATTENTATOIRE**, adj. *atantatuár*. Atentatorio: dícese del procedimiento de un juez contra derecho.

**ATTENTE**, f. *atánt*. Espectacion. || Esperanza. || Arq. *Pierres d'attente*, agrajas ó adarajas. || *Table d'attente*, tabla, piedra ó plancha lisa, en la que nada hay aun pintado ó grabado. || Cir. *Ligature d'attente*, ligadura provisional. || met. *C'est une table d'attente*, promete: se dice hablando de un jóven de grandes esperanzas.

**ATTENTER**, n. *atanté*. Atentar, cometer un atentado. || Atentar, maquinar contra. || *Attenter à la vie, à l'honneur de quelqu'un*, atentar contra la vida, contra el honor de alguno.

**ATTENTIF, IVE**, adj. *atantíf, ív*. Atento, que atiende á alguna cosa, que piensa en ella. || Atento, cortés, fino.

**ATTENTION**, f. *atansión*. Atencion, cuidado, vigilancia, advertencia. || Atencion, cortesanía, urbanidad.

**ATTENTIONNÉ, ÉE**, adj. *atansioné*. Atento, cumplido, urbano.

**ATTENTIVEMENT**, adv. *atantivmán*. Atentamente, cuidadosamente.

**ATTÉNUANT, E**, adj. *atenuán*. Atenuante. || Med. Atenuante, que pone flúidos los humores. || For. Atenuante, que disminuye la gravedad de un crímen, de un delito.

**ATTÉNUATIF, IVE**, adj. *atenuatíf, ív*. Atenuativo. V. ATÉNUANT.

**ATTÉNUATION**, f. *atenuasión*. Atenuacion, debilitacion, diminucion de fuerzas. || Jurisp. Atenuacion, [illegible] gos que se hacen á un [illegible]

**ATTÉNUÉ, ÉE**, adj. [illegible] extenuado, debilitado.

**ATTÉNUER**, a. *atenué*. [illegible] rar, disminuir. || Extenuar, [illegible] quecer. || *S'atténuer*, r. [illegible] tarse, disminuirse.

**ATTERRAGE** ó **ATTÉRRAGE** [illegible] Mar. Recalada, la accion de [illegible] tierra. || Barradero, surgidero, [illegible]

**ATTERREMENT**, m. [illegible] miento, accion de aterrar. || met. [illegible] panto.

**ATTERRER** ó **ATTÉRRER**, a. [illegible] rar, derribar, echar por tierra. || [illegible] millar, abatir. || met. Aterrar, [illegible] pantar, abatir, causar terror. || [illegible] || *S'atterrer*, r. Aterrarse. || [illegible] espantarse.

**ATTERRIR** ó **ATTÉRRIR**, a. V. [illegible]

**ATTERRISSAGE** ó **ATTÉRRISSAGE** [illegible] V. ATERRAGE.

**ATTERRISSEMENT**, m. [illegible] rero ó terromontero, montón de [illegible] na ó lodo que la mar ó el río [illegible] lado de las corrientes.

**ATTESTATION**, f. [illegible] cion, fe, testimonio, certificación [illegible]

**ATTESTÉ, ÉE**, adj. [illegible] atestiguado.

**ATTESTER**, a. *atesté*. [illegible] guar, testimoniar, certificar [illegible] por escrito la verdad de una cosa. [illegible] guar, invocar, poner por testigo [illegible]

**ATTICISME**, m. *atisism*. [illegible] lenguaje de los Atenienses. || [illegible] mo, locucion peculiar del [illegible] Elegancia, pulidez, finura, [illegible] en el lenguaje.

**ATTICISTE**, m. *atisist*. [illegible] que se da á los autores griegos [illegible] estilo de los escritores atenienses [illegible]

**ATTICURGUE**, f. [illegible] ga, columna cuadrada del estilo [illegible]

**ATTIÉDIR**, a. *atiedír*. Entibiar, [illegible] poner tibio. || met. Entibiar, [illegible] fervor, etc. || *S'attiédir*, r. [illegible] friarse, amortiguarse.

**ATTIÉDISSEMENT**, m. [illegible] bieza, resfriamiento. || met. [illegible] fervor.

**ATTIFEMENT**, m. y **ATTIFET** [illegible] joc. *atifmán*, *atifé*. Adorno, [illegible] víos, engalanamientos.

**ATTIFER**, a. *atifé*. Adornar, [illegible] emperifollar. || *S'attifer*, r. Adornarse, [illegible] perifollarse, engalanarse, [illegible] cabeza y hablando de mujeres.

**ATTILE**, m. *atíl*. Zool. Atilo, [illegible] cado grande del Pó. || Atila, [illegible] de una sola especie propia del [illegible]

**ATTIQUE**, m. *atíc*. Arq. Ático, [illegible] de arquitectura que se coloca [illegible] cornisa de un edificio para [illegible] adj. Que pertenece á la Ática. || [illegible] el gusto y finura de los escritores [illegible]

**ATTIQUE-FAUX**, m. *atic-fó*. [illegible] pecie de pedestal sobre que [illegible] de la columna en los edificios muy [illegible]

**ATTIQUEMENT**, adv. *aticmán*. [illegible] mente, segun las costumbres ó [illegible] ó de los Atenienses.

**ATTIRABLE**, adj. *atirábl*. [illegible] puede ser atraido.

**ATTIRAIL**, m. *atirál*. [illegible] conjunto de útiles necesarios para [illegible] usos. || Tren, arreo, boato, [illegible] superfluas. || Ajuar.

**ATTIRANT, E**, adj. *atirán*. [illegible] encantador, seductor, halagüeño.

**ATTIRER**, a. *atiré*. Atraer, [illegible] sí. || met. Atraer, seducir, encantar, [illegible] ganar, obtener. || *S'attirer*, r. [illegible] tarse el afecto ó benevolencia de [illegible] Atraerse mutuamente. || met. [illegible] jearse.

**ATTISE**, f. *atís*. Tizna, [illegible] veceros ponen debajo de las calderas.

**ATTISE-QUERELLE**, m. y f. [illegible] Arma-camorra, el ó la que causa ó [illegible] disputas.

**ATTISER**, a. *atisé*. Atizar, avivar, [illegible] glar los tizones en una chimenea para [illegible] ardan mejor. || met. Atizar, echar leña [illegible]

ó semblante. ‖ Coger, hallar el sentido de un autor. ‖ Albeit. Alcanzarse, rozarse las bestias caballares; y en esta acepcion se usa ordinariamente como recíproco: *ce cheval s'attrape*, este caballo se alcanza, se tropieza en las manos con los piés.

**ATTRAPERIE**, f. V. ATTRAPE.

**ATTRAPETTE**, f. *atrapét*. Chanza; petardo ligero, trampilla.

**ATTRAPEUR, EUSE**, m. y f. *atrapeur, eus*. Atrapador, el que atrapa. ‖ Chancero, engañador, trampista.

**ATTRAPOIRE**, f. *atrapuár*. Trampa, armadija, garlito. ‖ met. fam. poco us. Lazo, ardid, engaño, petardo.

**ATTRAQUER**, n. Mar. V. ACCOSTER.

**ATTRAYABLE**, adj. ant. V. ATTRAYANT.

**ATTRAYANT, E**, adj. *atreyán*. Atractivo, atrayente, halagüeño.

**ATTREMPAGE**, m. *atranpág*. Hornilla, estufa graduada que sirve para elevar el calor de un horno ó crisol á la temperatura que se le quiera dar.

**ATTREMPANCE**, f. *atranpáns*. Templanza, moderacion de las pasiones.

**ATTREMPÉ**, adj. *atranpé*. Cetr. Ni gordo ni flaco: dícese hablando de las aves.

**ATTREMPER**, a. *atranpé*. Atemperar, templar, graduar el calor de una cosa que se calienta. ‖ Templar, dar el temple á una cosa, especialmente á metales. ‖ met. Atemperar, templar, calmar, moderar las pasiones. ‖ *S'attremper*, r. Atemperarse, moderarse, templarse, calmarse.

**ATTRIBUER**, a. *atribué*. Atribuir, aplicar á uno una cosa, imputársela. ‖ Aplicar, conceder, conferir alguna prerogativa. ‖ *S'attribuer*, r. Atribuirse, apropiarse.

**ATTRIBUT**, m. *atribú*. Atributo, cualidad ó propiedad que conviene á una persona ó cosa. ‖ Teol. Atributo, cualquiera de las infinitas perfecciones de Dios. ‖ Lóg. Atributo, lo que se afirma ó niega del sujeto de una proposicion. ‖ Pint. y Esc. Atributo, señal, símbolo.

**ATTRIBUTIF, IVE**, adj. *atributif, iv*. Jurisp. Atributivo, que atribuye.

**ATTRIBUTION**, f. *atribusión*. Atribucion, facultad, cargo, jurisdiccion. ‖ Asignacion, concesion.

**ATTRISTANT, E**, adj. *atristán*. Triste, melancólico, que entristece.

**ATTRISTER**, a. *atristé*. Entristecer, afligir, poner triste. ‖ *S'attrister*, r. Entristecerse, afligirse.

**ATTRIT, E**, adj. *atri*. Atrito, lleno de atricion. ‖ Teol. Atrito, nombre con que se designa á los que tienen dolor de haber ofendido á Dios por temor de sus castigos.

**ATTRITION**, f. *atrisión*. Teol. Atricion, dolor de haber ofendido á Dios por la vergüenza de haber cometido el pecado ó por el temor del castigo. ‖ Fis. Frote, roce, frotamiento de dos cuerpos. ‖ Med. Atricion, rozamiento ó desolladura superficial.

**ATTRITIONNAIRE**, m. *atrisionér*. Atricionario, voz de la teología.

**ATTROTER**, a. *atroté*. Trotar, correr, acudir con prontitud á alguna parte (fam.).

**ATTROUPEMENT**, m. *atrupman*. Grupo, reunion de gente tumultuaria.

**ATTROUPER**, a. *atrupé*. Agrupar, juntar, reunir gente para perturbar el órden. ‖ *S'attrouper*, r. Agruparse, tumultuarse, agavillarse.

**ATTRUANDER** (S'), r. ant. *satruandé*. Atruanarse, hacerse holgazan, pedigüeño, mendigante.

**ATUNE**, m. *atún*. Bot. Atuna, especie de plantas del género heritiera.

**ATURION**, m. Bot. V. ATHYRION.

**ATYCHIDES**, m. pl. *atichid*. Zool. Atíquidos, tribu de lepidópteros crepusculares.

**ATYCHIE**, f. *atichí*. Zool. Atiquia, género de lepidópteros crepusculares.

**ATYE**, f. *atí*. Zool. Atia, género de decápodos macruros.

**ATYLE**, m. *atil*. Zool. Atilo, género de crustáceos anfípodos.

**ATYLOSIE**, m. *atilosí*. Bot. Atilosia, género de plantas de la familia de las leguminosas.

**ATYPE**, m. *atip*. Zool. Atipo, género de insectos de la familia de los membracios hemípteros homópteros. ‖ Atipo, género de insectos del órden de los aracnidos.

**ATYPIQUE**, adj. *atipic*. Zool. Atipo ó atípico, calificacion de un grupo de insectos que carecen de tipo regular.

**ATYPOMORPHOSE**, f. *atipomorfós*. Zool. Atipomórfosis, metamórfosis de algunos insectos.

**ATYS**, m. *atís*. Mit. Atis, pastor de Frigia, de quien se enamoró Cibeles apasionadamente. ‖ Atis, hijo de Creso, rey de Lidia. ‖ Zool. Atis, especie de concha. ‖ Atis, especie de mono blanco, conocido con el nombre de cercopiteco fuliginoso.

**AU**, artic. *ó*. Es contraccion de la preposicion *á* y del artículo *le*. Al. ‖ Con el, del, en el, por el ó por la, segun los casos y géneros de los nombres á que se refiere. ‖ pl. AUX.

**AUANTE**, f. *oant*. Med. Voz sacada del griego, que significa desecacion.

**AUBADE**, f. *obád*. Albada ó alborada, concierto, serenata, música que dan en los pueblos por la mañana al rayar el alba. ‖ met. Cencerrada, música insultante y burlesca que se da en señal de befa.

**AUBADER**, a. *obadé*. Dar serenatas.

**AUBAIN**, m. *obén*. Forastero, extranjero, no naturalizado.

**AUBAINAGE**, m. *obenáge*. Extranjerismo, derecho que gozan los extranjeros.

**AUBAINE**, f. *obén*. met. Fortuna, provecho inesperado, buena suerte. ‖ *Droit d'aubaine*, derecho que tenia el fisco á heredar los bienes de cualquiera extranjero no naturalizado.

**AUBAN**, m. ant. *obán*. Adm. Permiso para abrir tienda ó poner un puesto. ‖ *Droit d'auban*, patente, lo que se pagaba por semejante permiso.

**AUBANS**, m. pl. V. HAUBANS.

**AUBE**, m. *ób*. Fis. Alba, crepúsculo, primeros albores que preceden á la luz del dia, intermedio de luz que hay entre el amanecer y la salida del sol, y entre el ocaso y la noche. Se usa muchas veces esta voz por aurora. ‖ f. Alba del sacerdote. ‖ ant. Pañales blancos en que se envuelven los niños.

**AUBÉPINE**, f. ó **AUBÉPIN**, m. *obepín, obepén*. Bot. Oxiacanto, arbusto espinoso de la familia de las rosáceas.

**AUBER** ó **AUBÈRE**, m. V. HAUBERT.

**AUBÈRE**, adj. *obér*. Overo, calificacion del caballo de color de albérchigo ó color entre blanco y bayo.

**AUBERGE**, f. *obérge*. Albergue, meson, posada, venta. ‖ Albergue de los caballeros de Malta. ‖ met. fam. La casa en que todos hallan mesa puesta.

**AUBERGINE**, f. *obergín*. Bot. Berengena, planta y fruto. V. ALBERGINE.

**AUBERGISTE**, m. *obergíst*. Posadero, hostalero, mesonero.

**AUBERGUE**, m. V. HAUBERT.

**AUBÉRON**, m. *oberón*. Cerraj. Cerradero.

**AUBÉRONNIÈRE**, f. *oberoniér*. Cerraj. Chapa, pieza de la cerradura.

**AUBERTIE**, f. *oberti*. Bot. Auberdia, árbol de la isla de Mascareña.

**AUBIER**, m. *obié*. Bot. Albura ó alburno, blancura del tronco de un árbol. V. OBIER. ‖ *Aubiers*, m. pl. Uvas pardillas.

**AUBIFOIN**, m. *obifuén*. Bot. Aciano, azulejo, planta.

**AUBIN**, m. *obén*. Equit. Paso de andadura ó especie de andadura defectuosa. ‖ Uva blanca. ‖ Clara de huevo.

**AUBINER**, n. *obiné*. Llevar el paso entre el portante y el galope.

**AUBLÉTIE**, f. *obletí*. Bot. Aubletia, planta.

**AUBOUR**, m. *obúr*. Bot. Falso ébano, sinónimo de viburno, sauquillo de agua, citiso ó codeso de los Alpes.

**AUBRÈGUE**, f. *obrégue*. Miner. Aubrega, nombre que se da á una tierra arcillosa.

**AUBRESSIN**, m. *obresén*. Bot. Aubresino, nombre vulgar del níspero blanco.

**AUBRIER**, m. *obrié*. Zool. Aguilucho, nombre vulgar de una especie de falconeto.

**AUBRIÉTIE**, f. *obrietí*. Bot. Aubrecia, género de plantas de la familia de las crucíferas.

**AUCHE**, f. *óche*. Art. Cavidad hemisférica practicada en la cabeza de la maza con que se hacen las cabezas de los alfileres.

**AUCHENANGIE**, m. *ochenangí*. Bot. Oquenangia, género de musgos.

**AUCHÉNATE**, m. *ochenát*. Hist. nat. Oquenato, familia de insectos ápteros. || adj. Oquenato, que tiene la cabeza sostenida por un cuello.

**AUCHÉNIE**, f. *oquení*. Hist. nat. Oquenia, nombre del género lama.

**AUCHÉNION**, m. *ochenión*. Hist. nat. Oquenion, region del cuello, situada bajo la nuca.

**AUCHÉNOPTÈRE**, m. *ochenoptér*. Hist. nat. Oquenóptero, familia de pescados. || adj. Aquenóptero, se dice del pez yugular.

**AUCHÉNORHYNQUES**, m. pl. *ochenorénc*. Hist. nat. Oquenorincos, nombre que se da á una familia de insectos hemípteros.

**AUCHÈRE**, f. *ochér*. Bot. Oquera, especie de planta originaria de Persia.

**AUCILLA**, m. *ocill*. Hist. nat. Aucillo, especie de ave.

**AUCUBE** ó **AUCUBA**, m. *ocúb*, *ocúba*. Bot. Acuba, género de plantas del Japon.

**AUCUN, E**, adj. *oqueun*. Ningun, ni un. || pron. Ninguno, nadie. || *Aucuns*, m. pl. Algunos.

**AUCUNEFOIS**, adv. ant. *ocunfuá*. Alguna vez, á veces.

**AUCUNEMENT**, adv. *ocunmán*. De ningun modo, de ninguna manera.

**AUDACE**, f. *odás*. Audacia, osadía, atrevimiento, arrojo. || met. Osadía noble, generosa, heróica. || Art. presilla de sombrero.

**AUDACIEUSEMENT**, adv. *odasieusmán*. Audazmente, osadamente, con osadía.

**AUDACIEUX, EUSE**, adj. *odasieu*, *eus*. Audaz, atrevido, osado, intrépido. || met. Pensamiento audaz, atrevido.

**AU-DEÇÀ**, adv. *odsá*. De esta parte, de la parte de acá.

**AU-DEDANS**, adv. *oddán*. Interiormente.

**AU-DELÀ**, adv. *odlá*. De la otra parte, de la parte de allá.

**AU-DEHORS**, adv. *odeór*. Por afuera, por la parte de afuera.

**AU-DESSOUS**, adv. *odsú*. Abajo, debajo.

**AU-DESSUS**, adv. *odsú*. Arriba, encima.

**AU-DEVANT**, adv. *odván*. Al encuentro. || *Aller au-devant*, anticiparse, dar los primeros pasos; y tambien, arrostrar.

**AUDIAN-BONICHA**, m. *odianbonicha*. Bot. Audian-bonicha, arbolillo del Madagascar.

**AUDIAN-BOULOHA**, f. *odianbulóa*. Bot. Audian-buloha, arbolillo del Madgascar.

**AUDIBERTIE**, f. *odiberti*. Bot. Audibercia, género de plantas de las labiadas.

**AUDIENCE**, f. *odiáns*. Atencion con que se escucha al que habla. || Auditorio. || Audiencia de los reyes, ministros, etc. || For. Audiencia, la reunion de los jueces para ver alguna causa, y el edificio en que se juntan. || Audiencia, tiempo que duran las sesiones judiciales.

**AUDIENCER**, a. *odiansé*. Pleitear, resolver judicialmente una causa.

**AUDIENCIER**, adj. *odiansié*. Audienciero, voz que se aplica á los porteros de alguna audiencia. || *Grand audiencier*, el escribano de cámara de un consejo ú otro tribunal.

**AUDIMÈTRE**, m. *odimétr*. Audímetro, instrumento para medir la extension del oido.

**AUDITEUR, TRICE**, m. y f. *oditeur*, *trís*. Oyente, el que oye. || Oidor, ministro togado. || Auditor de la Rota, de la nunciatura, de guerra, etc.

**AUDITIF, IVE**, adj. *oditif*, *iv*. Anat. Auditivo, lo que pertenece al oido.

**AUDITILE**, adj. *oditil*. Que puede oirse. Carece de equivalente simple en castellano.

**AUDITION**, f. *odisión*. Audicion, accion de oir. || For. *Audition de témoins*, audicion ó exámen de testigos en justicia. || *Audition de comptes*, toma de cuentas.

**AUDITOIRE**, m. *odituár*. Auditorio, el concurso de oyentes. || Auditorio, sitio ó lugar donde se reunen los jueces para dar audiencia.

**AUDOUINIE**, *oduiní*. Bot. Oduinia, género de plantas de las bruniáceas.

**AUGE**, f. *óge*. Gamella, dornajo, artesa de madera. || Pila ó pilon para dar de comer y beber á los caballos y otros animales domésticos. || Alb. Cuezo de los albañiles. || *Auge de moulin*, canal estrecho de madera ó de piedra que conduce el agua á la rueda de los molinos. || Taza de fuente. || Mar. Balde. || Fís. *Auge galvanique*, pila galvánica, aparato cuyos discos metálicos se tocan unos á otros. || Saque, en el juego de la pelota: es la raya que se hace á cierta distancia de la pared.

**AUGE**, m. *ógr*. Hist. nat. Auge, género de insectos coleópteros pentámeros.

**AUGÉE**, f. *ogé*. Mit. Augea, hija de Aleo. || Alb. Cubo, lo que amasa de una vez el albañil en el cuezo. || Bot. Augea, género no bien conocido ni clasificado.

**AUGELOT**, m. *ogeló*. Espumadera de salitreros.

**AUGER**, a. *ogé*. Ahuecar en forma de comedero de pájaros.

**AUGET**, m. *ogé*. Comedero ó bebedero de pájaros enjaulados. || Canaleja de tolva. || Canalon para recibir las canales del tejado.

**AUGETTE**, f. *ogét*. Min. Vasija en que el amalgamador lava el mineral.

**AUGIAS** ó **AUGÉAS**, m. *ogiás*, *ogeás*. Mit. Augias, hijo del Sol, y uno de los Argonautas.

**AUGIE** ó **AUGIN**, *ogí*, *ogén*. Bot. Augia ó augino, género poco conocido, que se supone pertenecer á las terebintáceas.

**AUGITE**, m. *ogít*. Miner. Chorlo volcánico, piedra cristalizada.

**AUGMENT**, m. Med. *ogmán*. Aumento, subida de una enfermedad. || Gram. Aumento, agregacion de una sílaba. || For. ant. *Augment de dot*, lo que el marido podia dejar á la mujer despues de sus dias.

**AUGMENTABILITÉ**, f. *ogmantabilité*. Aumentabilidad, cualidad de lo que puede aumentarse.

**AUGMENTABLE**, adj. *ogmantábl*. Aumentable, que puede aumentarse.

**AUGMENTATEUR, TRICE**, m. y f. *ogmantateur*, *trís*. Aumentador, el que aumenta.

**AUGMENTATIF, IVE**, adj. *ogmantatif*, *iv*. Gram. Aumentativo, que aumenta la significacion del nombre.

**AUGMENTATION**, f. *ogmantasión*. Aumento, adicion.

**AUGMENTER**, a. *ogmanté*. Aumentar, dar aumento. || n. Aumentar, crecer.

**AUGOCORIS**, m. *ogocoris*. Zool. Ogocoris, género de insectos.

**AUGURAL, E**, adj. *ogurál*. Augural, lo perteneciente á la dignidad y ceremonias de los áugures ó agoreros.

**AUGURALEMENT**, adv. *oguralmán*. Auguralmente, de un modo augural.

**AUGURE**, m. *ogúr*. Agüero, presagio, augurio. || Áugur, el agorero ó adivino entre los Romanos. Úsase mas comunmente en plural.

**AUGURER**, a. ant. *oguré*. Agorar, augurar, vaticinar alguna cosa. || n. Formar juicio de lo que puede ó debe suceder.

**AUGUSTAT**, m. *ogustá*. Augustado, dignidad entre los Romanos.

**AUGUSTE**, adj. *ogúst*. Augusto, venerable.

**AUGUSTIN**, m. *ogustén*. Agustino, el que pertenece al órden de San Agustin. || Impr. *Saint-Augustin*, atanasia, grado de letra que tiene 12 puntos tipográficos. || *Saint-Augustin*, Jard. Especie de pera, que se come en el mes de noviembre; y tambien agustina ó anémona, planta.

**AUGUSTINE**, f. *ogustín*. Agustina, religiosa de San Agustin. || Hist. Agustina, funcion que se celebraba en Roma, en honor de Augusto.

**AUGUSTINIEN, NE**, adj. *ogustinién*. Sect. rel. Agustiniano, nombre de unos herejes que creian que las almas de los santos no entraban en el paraiso hasta el dia del juicio universal.

**AUGUSTINISME**, m. *ogustinism*. Sect. rel. Agustinismo, doctrina de los agustinianos.

**AUGUSTURA**, f. *ogustúra*. Bot. Augostura, planta de Abisinia de sabor amargo.

**AUJON** ó **AJONE**, m. *ojón*. Bot. Aliaga, aulaga, planta leguminosa y muy comun.

**AUJOURD'HUI**, adv. *ojurdui*. Hoy, el dia de hoy, hoy en dia. || Al presente, en la actualidad, ahora.

**AUK**, [illegible] Zool. Auk, nombre que dan los Ingleses al pinguino ó pájaro bobo.

**AUKEB**, m. *oquéb*. Zool. Aukeb, nombre árabe del águila grande.

**AUKPALLARTOK**, m. [illegible] Zool. Aupalartóco, [illegible] Groelandeses al gallo.

**AUKUBA**, m. *ocúba*. Bot. V. [illegible]

**AULACIDE**, f. *olasíd* [illegible] sinónimo de salpinga.

**AULACIGASTRE**, m. [illegible] Olacígastro, género del órden [illegible]

**AULACINTHE**, m. *olasént* [illegible] to, género de la familia de [illegible]

**AULACOCHILE**, m. [illegible] Olacoquilia, género de [illegible] ros crisomelinos, de Java y [illegible]

**AULACODE**, m. *olacód* [illegible] género del órden de roedores [illegible] género de coleópteros [illegible] córneos.

**AULACODÈRES**, f. *olacodér* [illegible] dera, género de coleópteros [illegible] melásomos.

**AULACOSNÈME**, m. *olacosném* [illegible] cosmero, género de [illegible] ios terebrantes, ó taladradores.

**AULACOMNION**, m. [illegible] Olacomnion, género de [illegible]

**AULACOPALPE**, m. [illegible] Olacopalpo, género de coleópteros [illegible] ros.

**AULACOPE**, m. *olacóp*. Zool. [illegible] género de coleópteros [illegible] neos.

**AULACOSCÈLES**, m. *olacosél* [illegible] coscelo, género de coleópteros [illegible]

**AULAQUE**, m. *olác*. Zool. [illegible] de coleópteros tetrámeros. || [illegible] de la familia de los [illegible]

**AULASTOME**, m. *olastóm*. Zool. [illegible] mo, género de hirudíneas ó [illegible]

**AULAX**, m. *olács*. Bot. Olács, [illegible] la familia de las proteáceas.

**AULAXANTHE**, m. *olacsánt*. Bot. [illegible] to, género de gramíneas.

**AULAXIE**, f. *olacsí*. Bot. Olaxia [illegible] LAXANTHE.

**AULAXINE**, f. *olacsín*. Bot. [illegible] nero de escuamarias epífilas.

**AULAXIS**, m. *olacsís*. Bot. [illegible] nimo del género ó sub-género [illegible]

**AULÉDIBRANCHE**, adj. y s. [illegible] *bránch*. Zool. Oledibranquio, [illegible] ces.

**AULÉDIE**, f. ant. *oledí*. Hist. [illegible] nombre con que los antiguos [illegible] arte de acompañar la voz con la [illegible]

**AULÉDIQUE**, adj. ant. *oledíc*. [illegible] que pertenece á la auledia.

**AULÈTE**, m. *olét*. Zool. [illegible] de coleópteros tetrámeros.

**AULÉTIQUE**, f. *oletíc*. Hist. [illegible] arte de tocar la flauta sin acompañamiento de la voz.

**AULÉTRIDE**, f. *oletríd*. Hist. [illegible] trida, entre los Griegos mujeres [illegible] tian á los convidados en los [illegible]

**AULIQUE**, adj. *olíc*. Áulico. [illegible] || f. Acto, tésis que sostiene [illegible] dad el que se ha de graduar [illegible] teología. || Áulico: se dice del [illegible] sejeros de Alemania.

**AULIZE**, f. *olís*. Bot. Auliza, [illegible] plantas que viene á ser una [illegible] gran género epidendros.

**AULNE**, m. V. AUNE.

**AULOFFÉE**, f. *olofé*. Mar. [illegible]

**AULOPE**, m. *olóp*. Zool. [illegible] nero de peces del género [illegible]

**AULOPIE**, m. *olopí*. [illegible] aplicado por Donati á algunos [illegible]

**AULOPORE**, f. *olopór*. [illegible] género de la familia de los [illegible]

**AULOSTOME**, m. *olostóm*. [illegible] mo, género de peces.

**AULOSTOMIDES**, adj. y s. m. [illegible] *mid*. Olostómidos, familia de peces [illegible]

**AUMAILLADE**, f. *omalliád*. Pes. [illegible] llo, red para pescar.

**AUMAILLE**, adj. f. *omáll*. [illegible] cuno. Este adjetivo se pone [illegible] porque comunmente va [illegible] Sust. *Un troupeau d'aumailles*, [illegible] da, una torada. Dícese tambien [illegible] en algunas partes de Francia.

**AUMÉLIE**, m. *omelí*. Farm. [illegible] pecie de jarabe ó hidromiel.

**AUMÔNE**, f. *omón*. Limosna [illegible]

**AURANTIACÉES**, f. pl. *orantiasé*. Bot. Aurantiáceas ó hesperídeas, familia de plantas dicotiledóneas, apétalas hipoginias.

**AURANTION**, m. *oransión*. Bot. Oransio ó aurancio, nombre aplicado al género citronio, de las aurantiáceas.

**AURANTINE** ó **HESPÉRIDINE**, f. *orantín* ó *esperidín*. Quim. Aurantina ó hesperidina, principio amargo de las naranjas.

**AURATE**, m. *orát*. Quim. Auraton, orato, sal formada por la combinacion de una base salificable con el óxido áurico.

**AURAY**, m. *oré*. Mar. Noray, piedra, cañon ó poste á que se amarran los buques en los muelles y puertos.

**AURE**, m. *ór*. Mit. Aura, nombre que daban á ciertos espíritus aéreos que se pueden considerar como los silfos de los antiguos. || Poes. Aura, viento suave y fresco de verano.

**AURÉA ALEXANDRINA**, f. *órea alecsandrina*. Farm. Áurea alejandrina, opiata compuesta de varios ingredientes.

**AURBILLON**, m. *orelión*. Art. Plegador de tela, cilindro elevado en los piés traseros del telar en qué se arrolla la seda tejida.

**AURÈLE**, m. pl. *orél*. Aurelio.

**AURÉLIE**, f. *orelí*. Bot. Aurelia, griudelia ó crisálida, género de plantas de la familia de las corimbíferas.

**AURÉOLAIRE**, adj. *oreolér*. Aureolar, que imita á la auréola.

**AURÉOLE**, f. *oreól*. Pint. y Esc. Auréola, círculo luminoso que se coloca encima de la cabeza de Jesucristo, de la Vírgen y de los santos en señal de gloria. || met. Círculo, corona. || ant. Auréola, alhaja propuesta por premio de alguna cuestion literaria, y que se adjudicaba como recompensa al mérito. || Teol. Auréola, el galardon de cada bienaventurado. || met. Auréola, brillo, esplendor moral. || m. Hist. nat. Aureolo, especie de verderon. || pl. *Auréoles*, aureolos, familia de aves de la tribu de las zigodactilas.

**AURÉUS**, m. *óreus*. Arqueol. Áureo, moneda de oro de los Romanos.

**AUREUX**, adj. *oreu*. Aureoso ú oroso, el primer grado de combinacion del oro con otro cuerpo mas electro-negativo que él.

**AURIBARBE**, adj. *oribárb*. Hist. nat. Auribarbo, que tiene pelos dorados en forma de barba.

**AURICHALQUE**, m. *oricálc*. Auricalco, azófar, laton. || Oropel.

**AURICO-AMMONIQUE**, adj. *orico-amonic*. Quim. Áurico-amónica, compuesto de sal de oro y sal de amoniaco.

**AURICO-BARYTIQUE**, adj. *orico-baritic*. Quim. Áurico-barítica, compuesto de sal de oro y sal de bario.

**AURICO-CADMIQUE**, adj. *orico-cadmic*. Quim. Áurico-cádmica, compuesto de sal de oro y sal de cadmio.

**AURICO-COBALTIQUE**, adj. *orico-cobaltic*. Quim. Áurico-cobáltica, compuesto de sal de oro y sal de cobalto.

**AURICO-LITHIQUE**, adj. *orico-litic*. Quim. Áurico-lítica, compuesto de sal de oro y sal de litio.

**AURICO-MAGNÉSIQUE**, adj. *orico-mañesic*. Quim. Aurico-magnésica, compuesto de sal de oro y sal de magnesia.

**AURICO-MANGANIQUE**, adj. *orico-manganic*. Quim. Áurico-mangánica, compuesto de sal de oro y sal de manganeso.

**AURICO-NICCOLIQUE**, adj. *orico-nicolic*. Quim. Áurico-niquélica, compuesto de sal de oro y sal de níquel.

**AURICO-POTASSIQUE**, adj. *orico-potasic*. Quim. Áurico-potásica, compuesto de sal de oro y sal de potasa.

**AURICORNE**, adj. *oricórn*. Auricornio, que tiene los cuernos de oro.

**AURICO-SODIQUE**, adj. *orico-sodic*. Quim. Áurico-sódica, compuesto de sal de oro y sal de sosa.

**AURICO-STRONTIQUE**, adj. *orico-strontic*. Quim. Áurico-estronciaca, compuesto de sal de oro y sal de estroncio.

**AURICO-ZINCIQUE**, adj. *orico-sensic*. Quim. Áurico-zíncica, compuesto de sal de oro y sal de zinc.

**AURICULACÉ**, adj. y s. m. *oriculasé*. Hist. nat. Auriculáceo, familia de moluscos del órden de los cefaléforos pulmobranquios.

**AURICULAIRE**, adj. *oriculér*. Auricular, que tiene relacion con el oido; por eso se aplica á la confesion, al testigo de oidas, y al dedo pequeño con que se escarba la oreja. || m. Bot. Auricular, género de hongos que comprende los que tienen la forma de una oreja.

**AURICULE**, f. *oricúl*. Bot. Aurícula, apéndice lateral, corto y redondeado como el extremo de la oreja, que se halla en la base de algunas hojas. || Bot. Aurícula, género de plantas de la familia de las primuláceas. || Zool. Aurícula, género de moluscos gasterópodos, cuya forma se asemeja á una oreja. || Anat. Aurícula ú oreja externa, pabellon del oido. || Bot. *Auricule de Judas*, oreja de Júdas, hongo que se cria en el tronco de los saúcos. = *Auricule de lièvre*, oreja de liebre, nombre que se daba al bupleuro. V. BUPLÈVRE.

**AURICULÉ, ÉE**, adj. *oriculé*. Auriculado, que tiene aurículas ú orejillas.

**AURICULIFÈRE**, adj. *oriculifér*. Zool. Auriculífero, calificacion que se da á una concha cuyos tubérculos espirales están erizados en forma de aurícula.

**AURICULO-VENTRICULAIRE**, adj. *oriculo-vantriculér*. Anat. Aurículo-ventricular, que pertenece á la aurícula y al ventrículo del corazon.

**AURIDES**, m. pl. *oríd*. Miner. Áurides ú óridos, familia de minerales que comprende el oro y sus combinaciones.

**AURIFÈRE**, adj. *orifér*. Aurífero, que contiene ó produce oro.

**AURIFIQUE**, adj. *orific*. Aurífico, que contiene oro. || *Vertu aurifique*, virtud aurífica, virtud atribuida á algunas sustancias de poder convertir cualquier cosa en oro.

**AURIFLAMME**, f. V. ORIFLAMME.

**AURIFORME**, adj. *orifórm*. Auriforme, que tiene la forma de una oreja. || *Auriformes*, m. pl. Zool. Auriformes, nombre dado por Latreille á una familia de moluscos.

**AURIGA**, m. *origa*. Astr. Auriga, nombre que se da á la constelacion del Carretero. || Anat. Auriga, la porcion globosa del hígado. || Cir. Auriga, vendaje para las fracturas de las costillas.

**AURIGASTRE**, adj. *origástr*. Aurigastro, que tiene el vientre de un amarillo dorado.

**AURIGE**, m. *oríg*. Poét. Conductor de un carro.

**AURIGÈNE**, f. *origén*. Zool. Aurígena, género de insectos coleópteros pentámeros. || m. Mit. Aurígeno, sobrenombre de Perseo, porque Júpiter se transformó en lluvia de oro para entrar en la torre en que estaba encerrada Dánae, su madre.

**AURIGÈRE**, adj. *origér*. Aurígero, que tiene oro. || Bot. Aurígero, calificacion de una especie de líquen.

**AURIGINEUX, EUSE**, adj. *origineu, eus*. Med. Auriginoso, que es de un color amarillo-dorado.

**AURIGO** ú **AURUGO**, m. *origo*, *orúgo*. Med. Aurigo ó aurugo, nombre que dan algunos á la ictericia por el color amarillo que presenta la piel en esta enfermedad.

**AURILLARD** ó **AURELLAS**, adj. m. *orillar*, *orellás*. Equit. Orejudo, calificacion del caballo que tiene largas y grandes orejas.

**AURILLERIE**, f. *orilirí*. Impuesto sobre las colmenas.

**AURINIE**, f. *oriní*. Bot. Aurinia, seccion de plantas del género aliso.

**AURIOL**, m. *oriól*. Zool. Auriol, nombre que en las costas del Mediterráneo se da vulgarmente al escombro ó sarga, pescado de mar.

**AURION** ó **AURIOU**, m. V. AURIOL.

**AURIPEAU** ú **ORIPEAU**, m. *oripó*. Oropel, laton ó cobre amarillo batido en hojas del grueso de un papel.

**AURIPENNE**, adj. *oripén*. Hist. nat. Auripena, que tiene las alas de color de oro.

**AURIQUE**, adj. *oríc*. Mar. Cangreja, vela áurica. || Quim. Áurico ú órico, segundo grado de combinacion del oro con cuerpos electro-negativos.

**AURISCALPE** ú **AURISCALPIUM**, m. *oriscalp*, *oriscálpiom*. Cir. Auriscalpo, escarbaorejas, instrumento para limpiarlas.

**AURILLAGE**, m. ant. *orilláge*. Impuesto ó derecho sobre las colmenas.

**AURISTARSE**, adj. *oritárs*. Hist. nat. Aurítarso, que tiene los tarsos de color de oro.

**AURITE**, m. *orít*. Hist. nat. Aurita, pescado del género de los labros.

**AURIVENTRE**, adj. *oriváníz*. Aurivéntreo, que tiene el vientre de color de oro.

**AURIVORE**, adj. *orivór*. met. Aurívoro, que se traga el oro.

**AUROCÉPHALE**, adj. *orosefál*. Aurocéfalo, que tiene la cabeza de color amarillo-dorado.

**AUROCHS**, m. *oróc*. Zool. Uro, toro montaraz que vivia antiguamente en toda la Europa, y ahora solo se halla en algunos bosques de la Lituania.

**AUROFERRIFÈRE**, adj. *oroferrifér*. Aurofcrrífero, que contiene accidentalmente oro y hierro.

**AUROÏDES**, m. pl. *oroíd*. Auroides, clase de metales que comprende el oro y el iridio.

**AURON**, m. *orón*. Hist. nat. Auron, culebra de América.

**AURONE Ó AURONNE**, f. *orón*. Bot. Abrótano, lombrigueta, planta. || *Aurone femelle*, guardaropa, planta.

**AUROPLOMBIFÈRE**, adj. *oroplombifér*. Miner. Auroplombífero, mineral que contiene accidentalmente oro y plomo.

**AUROPUBESCENT**, E, adj. *oropubesán*. Auropubescente, que está cubierto de pelillos de color amarillo dorado.

**AURORAS**, m. *orórss*. Bot. Auroras, nombre de una especie de camuelita del Perú, cuyas flores se abren al despuntar la aurora.

**AURORE**, f. *orór*. Astr. Aurora, luz que principia á despuntar por la mañana. || Aurora, la primera luz del dia. || Principio, nacimiento. || Poet. El oriente del dia. || Mit. Aurora, diosa, hija de Titan y de la Tierra. || Zool. Aurora, nombre genérico de una culebra de América. || Aurora, mariposa diurna que vive sobre una especie de berro. || Bot. Aurora ó cardamina, planta de la familia de las cruciferas.

**AURORIN**, E, adj. *ororén*. Aurorino, que se parece á la aurora.

**AURUM-CORONARIUM**, m. *orom-coronáriom*. Hist. ant. Don ó regalo voluntario que el pueblo hacia á los emperadores al tiempo de su advenimiento al mando, y consistia en una corona de oro.

**AURUM-MUSIVUM**, m. *orom-musívom*. Quím. Oro musivo, sulfuro de estaño, obtenido con una mezcla de cuatro cuerpos.

**AURURE**, m. *orúr*. Quím. Aururo ó ororo, aleacion en proporciones marcadas de oro y otro metal cualquiera.

**AUSCULTATION**, f. *oscultasión*. Med. Auscultacion del pecho por medio de un instrumento.

**AUSCULTER**, a. *oscullé*. Med. Auscultar, explorar atentamente con el oido los fenómenos de los órganos internos.

**AUSEN**, m. *osén*. Hist. nat. Ausen, nombre que los Godos daban á sus generales, cuando habian ganado alguna victoria.

**AUSERON**, m. *osron*. Farm. Oseron, droga muy rara de Persia.

**AUSON**, m. *osón*. Mit. Auson, hijo de Ulises y de Calipso.

**AUSPICE**, m. *ospís*. Auspicio, agüero conjetura que hacian los Romanos por el canto ó vuelo de las aves. || met. Presagio, anuncio. || Agorero, adivino, entre los Romanos. || pl. Auspicios, patrocinio, proteccion, sombra. || *Sous d'heureux auspices*, con buena dicha, con buena ventura, con favorable estrella.

**AUSSI**, conj. y adv. *osí*. Tambien, ademas. || Tan: *il est aussi faible qu'une femme*, es tan débil como una mujer. || Y por eso, aun por eso. || *Aussi bien*, pues, puesto que, así como así. Ejemplos: *Je ne veux point y aller, aussi bien est-il trop tard. Qu'il périsse! aussi bien il ne vit plus pour moi.* (Racine.) || *Aussi bien que*, tan bien como, tanto como, lo mismo que. || *Aussi peu que*, un si es no es, tan poco como, ó tan poco que.

**AUSSIÈRES**, f. *osiér*. Mar. Guindaleza, cabo grueso. || Mar. Espía.

**AUSSITÔT**, adv. *osító*. Luego, al punto, al instante, al mismo tiempo. || *Aussitôt dit, aussitôt fait*, dicho y hecho. || fam. *Aussitôt pris, aussitôt pendu*, no fué visto ni oido: no fué muerto, cuando fué desollado.

**AUSTER**, m. *ósler*. Poes. Austro, viento del Mediodía.

**AUSTÈRE**, adj. *ostér*. Acerbo, agrio, verde, hablando de frutas. || met. Austero, áspero de genio. || Austero, severo, mortificado. || Austero, estrecho, riguroso, hablando de un instituto, etc. || Serio, grave, hablando de una composicion ó de un cuadro.

**AUSTÈREMENT**, adv. *ostermán*. Austeramente, con austeridad, con rigor.

**AUSTÉRITÉ**, f. *osterité*. Austeridad, aspereza, rigor. || Mortificacion de los sentidos, penitencia. || Severidad. || Asunto serio ó grave de una composicion ó de un cuadro.

**AUSTRAL**, E, adj. *ostrál*. Astr. Austral, meridional, que es del lado del Mediodía.

**AUSTRALASIE**, f. *ostralasí*. Zool. Australasia, género de aves formado de la familia de los papagayos.

**AUSTRALIEN**, NE, adj. y s. *ostralién*. Australiano, que es de Australia.

**AUSTRALIQUE**, f. *ostralíc*. Zool. Austrálica, género de coleópteros tetrámeros.

**AUSTRALITE**, f. *ostralít*. Miner. Australita ó australasita, arena grisácea hallada en Sidney Cové (Australasia).

**AUSTRASIEN**, NE, adj. y s. *ostrasién*. Austrasiano, que es de Austrasia ó que pertenece á la Austrasia.

**AUSTRO**, m. *óstro*. Austro, viento del Sur ó del Mediodía.

**AUSTROMANCIE**, f. *ostromansí*. Austromancia, arte de adivinar ó predecir el porvenir por la observacion de los vientos.

**AUSTROMANCIEN**, NE, adj. y s. *ostromansién*. Austromántico, el ó la que practica la austromancia.

**AUSTRUCHE**, f. *ostrúche*. Bot. Austrancia, nombre que daban los antiguos á la planta imperatoria, llamada en latin antiguamente *astruncia* y *ostruthium*.

**AUTALIE**, f. *otalí*. Autalia, género de coleópteros pentámeros.

**AUTAN**, m. *otan*. Poes. Austro, ábrego, viento de Mediodía.

**AUTANT**, adv. *otán*. Tanto, otro tanto, lo mismo. || *Autant de fois*, cuantas veces. || *Autant de têtes, autant d'avis*, cuantos hombres, tantos pareceres. || vulg. *Autant comme autant*, lo mismo, igualmente. || *Autant que*, tanto como, cuanto, tanto cuanto, en cuanto. || *D'autant que*, particularmente, especialmente, puesto que. || For. *Et d'autant que*, y por cuanto. || fam. ant. *Boire d'autant*, beber mucho. || *Autant en emporte le vent*, todas esas promesas son vanas é ilusorias, no hay que inquietarse por esas amenazas; y tambien, eso no vale un pito, importa un bledo. || *C'est toujours autant*, locucion usual que equivale á decir: lo que está hecho permite que se espere lo demas.

**AUTANT**, m. *otán*. Dipl. Copia, traslado de un escrito. Solo se usa en estilo palaciego.

**AUTARCHOGLOSSE**, adj. *otarcoglos*. Zool. Autarcogluso, que tiene expedita la lengua, que tiene facilidad para hablar.

**AUTARCIE**, f. *otarsí*. Med. Autarcia: segun Galeno, es tranquilidad de espíritu y el bienestar. || Templanza, sobriedad.

**AUTEL**, m. *otél*. Altar. || *Maître ó grand autel*, altar mayor. || *Autel privilégié*, altar privilegiado, de alma ó ánima. || *Le sacrement de l'autel*, la Eucaristía. || *S'approcher de l'autel*, acercarse al altar, comulgar. || *Le sacrifice de l'autel*, la misa. || *Devant d'autel*, frontal. || *Nappe d'autel*, paño de altar. || Ara. || Astr. Altar, constelacion. || pl. La religion, el culto divino. || met. Los mayores honores. || *Ami jusqu'aux autels*, amigo hasta las aras.

**AUTÉLAGE**, f. ant. *otelágé*. Altar, derecho sobre las ofrendas.

**AUTÉMÉSIE**, f. *otemesí*. Med. Autemisia, nombre dado por Alibert á una especie de vómito espontáneo ó idiopático.

**AUTEUR**, m. *oteur*. Autor, el que es primera causa ó principio de alguna cosa. || Autor de un libro. || Autor, escritor. || Autor, obra, libro. || Autor, inventor de una máquina. || La persona que da una noticia. || For. Autor, causante, la persona de la que se deriva un derecho.

**AUTHÉMÉROS** [illegible], m. [illegible] medio eficaz, que [illegible]

**AUTHENTICITÉ**, f. [illegible] cidad, cualidad de lo que es [illegible]

**AUTHENTIQUE**, adj. [illegible] Auténtico, autorizado, [illegible] || s. Original, registro, [illegible] téntica, cada una de las [illegible] Código de Justiniano. || adj. [illegible] ciente. || met. Aprobado, [illegible]

**AUTHENTIQUEMENT**, adv. [illegible] Auténticamente, de un modo [illegible]

**AUTHENTIQUER**, a. [illegible] Autenticar, autorizar, legalizar [illegible] le alguna cosa. || Der. [illegible] une femme, declarar [illegible] mujer por adúltera.

**AUTOBIOGRAPHE**, m. [illegible] tobiógrafo, el que escribe su [illegible]

**AUTOBIOGRAPHIE**, f. [illegible] tobiografía, relacion que [illegible] histórico de sus pensamientos y [illegible] sos que han agitado su vida.

**AUTOCÉPHALE**, m. [illegible] lo, nombre que daban los [illegible] exento de la jurisdiccion del [illegible]

**AUTOCHTHONE**, m. [illegible] na del pais en que vive.

**AUTOCLAVE**, m. *otoclév*. [illegible] ve, ó mejor altaclave, marmita [illegible] cocer los alimentos sin evaporacion [illegible]

**AUTOCRATE, TRICE**, m. y f. [illegible] *trís*. Polít. Autócrata, título [illegible] emperador de Rusia. Es lo [illegible] cir: aquel cuyo poder no depende [illegible] alguno.

**AUTOCRATIE**, f. *otocrasí*. [illegible] cracia, absolutismo, gobierno de uno [illegible]

**AUTOCRATIQUE**, adj. [illegible] Autocrático, que tiene relacion [illegible] cracia. || Med. Autocrático, que [illegible] táneamente.

**AUTOCRATOR**, m. V. [illegible]

**AUTO-DA-FÉ**, m. [illegible] Auto de fe, acto judicial que [illegible] ce el tribunal de la Inquisicion.

**AUTODIDACTE**, adj. y s. [illegible] todidacto, el que aprende una [illegible] maestro.

**AUTODIDACTIQUE**, adj. [illegible] Autodidáctico, que se aprende [illegible]

**AUTODIDAGMATIQUE**, adj. [illegible] *matic*. Autodidagmático, lo que [illegible] cion con el talento de aprender [illegible]

**AUTODIDAXIE**, f. [illegible] daxia, accion ó talento de aprender [illegible] cosa sin maestro.

**AUTODINAMIQUE**, adj. [illegible] Autodinámico, lo que se halla [illegible] la fuerza misma de una cosa.

**AUTOGÈNE**, adj. *otogén*. Bot. [illegible] nombre dado al narciso, porque [illegible] producen hojas sin hallarse [illegible]

**AUTOGNOSIE**, f. [illegible] conocimiento, aprecio de sí mismo [illegible]

**AUTOGRAPHE**, m. [illegible] original escrito por mano del [illegible] adj. Autógrafo, escrito por el [illegible]

**AUTOGRAPHIE**, f. [illegible] grafía, arte de imitar un escrito [illegible] por medio de la litografía. || [illegible] nocimiento de los libros autógrafos [illegible]

**AUTOGRAPHIER**, a. [illegible] grafiar, imitar y multiplicar un [illegible] bujo por medio de la litografía.

**AUTOGRAPHIQUE**, adj. [illegible] tográfico, relativo á la autografía.

**AUTOGRAPHOMANE**, m. [illegible] Autografómano, el apasionado [illegible] escritos autógrafos.

**AUTOGRAPHOMANIE**, f. [illegible] Autografomanía, manía ó pasion [illegible] los escritos autógrafos.

**AUTOLITHOTOME ó AUTOLITHOTO-MISTE**, m. *otolitotóm*, [illegible] Autolitotomo ó autolitotomista, [illegible] practica á sí mismo la operacion [illegible]

**AUTOLITHOTOMIE**, f. [illegible] Autolitotomía, arte de practicarse [illegible] mo la operacion de la talla.

**AUTOMACHIE**, f. *otomachí*. [illegible] quia, oposicion, contradiccion [illegible] mo en ideas, etc.

**AUTOMALITHE**, f. *otomalit*. [illegible] tomalita, mineral. V. GAHNITE.

**AUTOTHÉLIE**, f. *ototelí*. Fil. Autotelia, cualidad de un ser que puede trazarse á sí mismo el fin ú objeto de sus acciones.

**AUTOTHÉTIQUE**, adj. *ototetic*. Fil. Autotético, todo conocimiento que emana de la manera con que nuestro espíritu utiliza las lecciones de la experiencia.

**AUTOUR**, prep. *otúr*. Al rededor, en contorno. || Al lado, junto, cerca, con. *Il est toujours autour d'elle*, siempre está á su lado ó con ella. || Se usa tambien como adverbio, y entónces no va seguido de régimen: v. gr. *ici autour*, aquí cerca, en la vecindad, por estos alrededores.

**AUTOUR**, m. *otúr*. Zool. Azor, ave de rapiña, de la familia de los diurnos.

**AUTOURSERIE**, f. *oturserí*. Cetr. El arte de criar, domesticar, enseñar y curar los azores.

**AUTOURSIER**, m. *otursié*. Cetr. Halconero, el que cuida de los halcones ó azores.

**AUTOXA**, f. *otócsa*. Bot. Autoxa, género de plantas de la familia de los ajenjos.

**AUTRE**, adj. *ótr*. Otro, diferente, distinto. || *Je ne connais autre*, es la persona que yo mas conozco. || *Autre est promettre, autre est tenir*, una cosa es prometer, y otra cumplir. || *A d'autres*, á otro perro con ese hueso. || *Un autre*, cualquiera ó cualquiera otro. || Mejor. || Mayor, de mas importancia. || Otro, igual, semejante á. || pl. Los demas. || fam. *Nous autres, vous autres, eux autres*, nosotros, vosotros, ellos.

**AUTREFOIS**, adv. *otrfuá*. Antiguamente, en otro tiempo, otras veces.

**AUTREMENT**, adv. *otremán*. De otro modo, de otra manera, forma; en otro caso. || Sino, de lo contrario. || *Rapporter les faits tout autrement*, referir los hechos de un modo muy diverso. || fam. *Pas autrement*, no mucho, así así. *Fait-il froid? Pas autrement.* ¿Hace frio? No mucho, así así.

**AUTRE PART**, adv. *otrpár*. En otra parte, á otra parte. || *D'autre part*, por otra parte, de otra parte.

**AUTRICE**, f. *otrís*. Autora, la que es causa ú orígen de alguna cosa. || Escritora. || En uno y otro sentido esta voz solo se halla en obras francesas antiguas.

**AUTRICHIEN, NE**, adj. y s. *otrichién*. Austriaco, el natural de Austria y lo que pertenece á ella.

**AUTRUCHE**, f. *otrúche*. Zool. Avestruz, ave del órden de las zancudas, de la familia de las brevipennas. || met. Avestruz, animal, bestia.

**AUTRUI**, m. *otruí*. Otro, otros, el prójimo. *Notre droit et l'autrui* (por contraccion de *notre droit et le droit d'autrui*), nuestro derecho y el ajeno ó el de otros.

**AUVENT**, m. *ován*. Colgadizo, tejadillo sobre las puertas de las tiendas. || Sobradillo de los balcones y ventanas. || pl. Aleros de tejado.

**AUVERGNAT, E**, adj. y s. *overñá*. Auverniano, de Auvernia.

**AUVERGNE**, f. *overñ*. Art. Agua de corteza, disolucion de casca en la que se maceran las pieles de ganado vacuno.

**AUVERGNER**, a. *overñé*. Poner las pieles de ganado vacuno en una disolucion de casca ó agua de corteza para que suelten la grasa.

**AUVERGNEUR**, m. *overñeur*. Art. Curtidor que echa las pieles en una disolucion de casca.

**AUVERNAT**, m. *overná*. Auvernat, vino fuerte de Auvernia.

**AUVESQUE**, m. *ovésc*. Auvesca, especie de sidra de superior calidad.

**AUX**, artíc. pl. *ó*. Contraccion de la prep. *á* y del artículo *les*. Á los, á las.

**AUXÈSE**, f. *ocsés*. Gram. Augesis, figura que consiste en una amplificacion exagerada. Es mas conocida con el nombre de hipérbole.

**AUXÉSIE**, f. V. ACCROISSEMENT.

**AUXÉTES**, m. *ocsét*. Mit. Augetes, sobrenombre de Júpiter, por ser el que daba vida y aumento á todos los seres.

**AUXI**, m. *ocsí*. Com. Auxi, lana muy fina que hilaban en Picardía.

**AUXIDE**, f. *ocsíd*. Zool. Auxido, sub-género de peces de la familia de los escombros.

**AUXILIAIRE**, adj. *ocsiliér*. Auxiliar, que ayuda, que auxilia, que socorre. || Mil. Auxiliar, cuerpo de ejército enviado por una potencia extranjera. || Gram. *Verbes auxiliaires*, verbos auxiliares.

**AUXILIATEUR**, m. *ocsiliateur*. Auxiliador, el que auxilia.

**AUXILIATION**, f. *ocsiliasión*. Auxilio, accion de auxiliar, de socorrer.

**AUXITHALLE**, f. *ocsitál*. Mit. Auxitala, epíteto que se ha dado á Céres y á la Tierra.

**AUXITROPHES**, f. pl. *ocsitróf*. Mit. Auxitrofas, nombre de unas ninfas que daban buenos pastos á los rebaños.

**AUXO**, f. *ocsó*. Mit. Auxo, una de las dos Gracias que adoraban los Atenienses.

**AUXOMÈNE**, f. *ocsomén*. Mit. Auxómena, sobrenombre de la Luna.

**AUXOMÈTRE**, m. *ocsométr*. Fís. Auxómetro, instrumento que sirve para medir los grados que aumenta un aparato óptico.

**AUXOMÉTRIQUE**, adj. *ocsometríc*. Auxométrico, que se refiere al auxómetro.

**AUZUBE**, m. *ozúb*. Bot. Ouzuba, árbol de Santo Domingo, cuyo género es desconocido.

**AVA**, m. *ava*. Ava, nombre de un licor, procedente de las islas de Otaiti.

**AVACHI, IE**, adj. *avachí*. Hobachon, na. Hablando de la mujer, *une femme avachie*, es una pandorga. || Blando. || Traido, raido, gastado.

**AVACHIR (S')**, r. vulg. *s'avachír*. Mollear, ablandarse el cuero. || Doblarse las puntas de los árboles. || Estar muy traido, usado ó gastado un vestido. || Apandorgarse, ser una pandorga, hablando de una mujer muy gruesa.

**AVAGE**, m. ant. *avage*. Derecho que cobraba el verdugo sobre diferentes mercaderías en ciertas provincias de Francia.

**AVAGNON**, m. *avañón*. Zool. Avañon, nombre vulgar que se da en algunas costas á una concha comun.

**AVAL**, m. *avál*. Com. Aval (neol.), afianzamiento del pago de una letra para el caso de que no sea satisfecha por el aceptante. || Papeleta de la negociacion de una letra con que se cobra su importe del tomador. || adv. Mar. Hácia abajo, agua abajo, con la corriente de un rio. || *Vent d'aval*, viento que sigue la direccion contraria á la corriente del rio. || El oeste, particularmente si sopla de la mar; vendaval, en nuestras costas.

**AVALAGE**, m. *avaláge*. La accion de bajar los vinos á las cuevas. || Mar. Bajada de los barcos en un rio.

**AVALAISON**, f. *avalesón*. Rambiazo, torrentada, aluvion, avenida de aguas. || Turbion, chaparron. || Rambla, la que deja un torrente. || Mar. Collada de vientos del oeste, vendavalada para nosotros.

**AVALANCHE**, f. *avalánche*. Alud, lurte, bolas ó pellones grandes de nieve que se desprenden de las cumbres de las montañas.

**AVALANT, E**, adj. *avalán*. Que baja, que va rio abajo, en direccion de la corriente.

**AVALASSE**, f. V. AVALAISON.

**AVALÉ, ÉE**, adj. *avalé*. Caido, lacio, que cuelga un poco.

**AVALÉE**, f. *avalé*. Art. Fajola, cantidad de tela que puede hacer un tejedor sin desarrollar los enjulios de los cilindros.

**AVALER**, a. *avalé*. Tragar, engullir, zampar algo de comer. || Sorberse, soplar una bebida. || *Avaler des couleuvres*, tragar saliva, devorar disgustos, pesares ó mortificaciones sin poderse desahogar. || met. *Avaler le calice jusqu'à la lie*, apurar el cáliz hasta las heces. || Com. Poner un aval en una letra de cambio. || Blas. Engolar. || n. ant. Mar. Ir rio abajo los barcos. || Cortar, echar abajo un brazo, etc., de una cuchillada. || *S'avaler*, r. Caerse, aflojarse, ponerse lacio.

**AVALEUR, EUSE**, m. y f. *avaleur, eus*. Joc. Tragador, tragon, zampatortas, zampabollos. || *Avaleur de bouillon*, calcacaldos. || *Avaleur de pois gris*, tragaaldabas. || ant. *Avaleur de charrettes ferrées*, mata-siete, temeron, un perdonavidas, un rajabroqueles.

**AVALI**, m. *avalí*. Bot. Avali, género de plantas de la familia de las anonáceas.

**AVALIES**, f. pl. *avalí*. Peladiza, lana que se saca de las pieles de carnero y que es de calidad mas inferior que la de las lanas de vellon.

**AVALOIRE**, m. vulg. y joc. *avaluár*. El tragadero. || Retranca de las caballerías. || Pesc. Poza ó hoyo abierto en el fondo de un rio para pescar salmones.

**AVALURE**, f. *avalúr*. Vet. Desarae, enfermedad de los caballos, que consiste en la caida de la materia córnea del casco del caballo y en la salida de otra.

**AVANÇAGE**, m. *avansádge*. Pesc. nombre que dan al permiso concedido á los carruajes públicos para que puedan situarse fuera del límite que les está marcado.

**AVANCE**, f. *avánse*. Delantera en el andar, etc. || Adelanto, anticipacion de dinero. || *Être en avance de mille francs*, alcanzar mil francos. || Prevencion de materiales. || Preparacion. || Arq. Proyectura, vuelo de un edificio. || loc. adv. *D'avance* ó *par avance*. De antemano; ó bien, anticipadamente, con anticipacion. || pl. Preliminares, primeras proposiciones para un convenio, primeros pasos en un negocio, insinuaciones, declaracion en materia de amores. || Avances en la marina mercante, anticipaciones de campaña en la militar.

**AVANCÉ, ÉE**, adj. *avansé*. Adelantado. || Avanzado, adelantado, que concluye pronto. || *Saison bien avancée*, estacion muy avanzada, que toca á su término. || Arq. Avanzado, que vuela, que sobresale, que sale hácia fuera. || *Parole avancée*, palabra empeñada.

**AVANCÉE**, f. *avansé*. Mil. Avanzada, puesto de guardia situado por la parte exterior de la primera trinchera de una fortaleza; como tambien el edificio que sirve de cuerpo de guardia.

**AVANCEMENT**, m. *avansemán*. Adelantamiento, anticipacion. || Progresos, aprovechamiento. || Ascensos, promocion. || Mar. Aumento de sueldo.

**AVANCER**, a. *avansé*. Adelantar, acercar. || Adelantar, alargar la mano, etc. || Adelantar, apresurar, acelerar los preparativos del viaje, etc. || Adelantar un reloj que estaba atrasado. || Adelantar, anticipar dinero. || Pagar por cuenta de otro. || Suministrar, dar. || Adelantar, sostener, sentar una proposicion. || Contribuir á los ascensos de alguno. || n. y r. Adelantarse, ir adelante. || Adelantar, progresar en los estudios. || Ascender, subir en graduacion. || Adelantar un reloj. || Avanzar, hablando de tropas. || *Une garde avancée*, una avanzada. || *Avancer en âge*, entrar en edad, hacerse viejo. || *S'avancer*, r. Empeñarse, comprometerse, enfrascarse en un negocio.

**AVANCEUR**, m. *avanseur*. V. AGRESSEUR. || Art. El oficial tirador de oro que lo tira por cuarta vez.

**AVANÇON**, m. *avansón*. Pesc. El hilo de pescar que media entre el anzuelo y el plomo. Art. Lámina pequeña que se coloca á la extremidad de las alas de un escalamo.

**AVANIE**, f. *avaní*. Extorsion pecuniaria que suelen padecer en Turquía los mercaderes de otro culto. || La vejacion que causan los Turcos y Moros á los barcos mercantes. || met. Insulto, injuria, vejacion. || Burla, chasco.

**AVANO**, m. *avóno*. Balanza, refuello, cierta red de pesca.

**AVANT**, m. *aván*. Mar. La parte del buque comprendida entre el palo mayor y el figuron de proa; á veces se toma por la misma proa. = *Voiles de l'avant*, velas de proa. = *Gaillard d'avant*, castillo. = *Être trop de l'avant*, estar metido de proa. = *Être de l'avant*, estar adelantado á otro buque. = *Avant partout*, bala avante! órden que se da á la gente de los botes para que remen á una. || prep. Ántes, esto es, una cosa ántes de otra. || adv. Adelante. || *Le jour d'avant*, el dia anterior. || Mar. Avante. || *Bien avant dans la nuit*, muy entrada la noche. || *Entrer bien avant*, internarse mucho. || *Être bien avant*, estar muy introducido. || *En avant*, adelante, mas adelante, mas adentro; y tambien, en adelante, en lo sucesivo. || *Mettre en avant une proposition*, sentar una proposicion.

**AVANTAGE**, m. *avantádge*. Ventaja, preeminencia, superioridad. || Victoria. || Beneficio, provecho, utilidad. || Merced, gracia, honra. || Mejora en la herencia. || Partido, ventaja que se da en el juego. || Sobresueldo. || *Prendre quelqu'un à son avantage*, coger ó atacar á alguno con ventaja, es decir, con mas armas ó con fuerzas superiores. || *Se mettre, s'habiller avec avantage*, ponerse ó vestirse con gracia, de modo que el traje favorezca á la persona, ó que haga realzar las formas del cuerpo. || Equit. *Être monté avec avantage*, estar bien montado, en un buen caballo, ó con ventaja.

**AVANTAGER**, a. *avantagé*. Aventajar, mejorar, proporcionar una ventaja á alguno. || met. Agraciar, dotar. || For. Mejorar en el testamento. || *S'avantager*, r. Mejorarse, agraciarse recíprocamente.

**AVANTAGEUSEMENT**, adv. *avantageusemán*. Ventajosamente. || Aventajadamente, excelentemente, dícese del que está bien vestido, etc.; favorablemente, del que opina bien de otro; superiormente, grandemente, del que está colocado en buen sitio.

**AVANTAGEUX, EUSE**, adj. *avantageu, eus*. Ventajoso. || Provechoso, útil, favorable. || Alto, aventajado, hablando de la estatura; gallardo, recomendable, del cuerpo ó semblante; que favorece, que va bien, de vestidos ó colores; dominante, insolente, del tono ó aire de una persona.

**AVANT-BATAILLE**, f. *avanbatáll*. Voz usada por algunos autores militares como un sinónimo de *avant-garde*.

**AVANT-BEC**, m. *avanbéc*. Arq. Nariz ó tajamar, ángulo agudo en los estribos de los puentes.

**AVANT-BOUCHE**, f. *avanbúche*. Anat. Cámara anterior de la boca, que se extiende desde los labios hasta el velo del paladar.

**AVANT-BRAS**, m. *avanbrá*. Anat. Antebrazo, la parte del brazo que se extiende desde el codo hasta la muñeca. || Blas. Avambrazo.

**AVANT-CALE**, f. *avancál*. Mar. Antegrada.

**AVANT-CHEMIN-COUVERT**, m. *avanchemencuvér*. Fort. Camino cubierto al pié del glácis.

**AVANT-CHŒUR**, m. *avanqueur*. Arq. Antecoro, entrada principal del coro de una iglesia.

**AVANT-CŒUR**, m. *avanqueur*. Vet. Lobado, enfermedad particular del buey y del caballo.

**AVANT-CORPS**, m. *avancór*. Arq. Arimez, parte voladiza que sobresale en la pared de un edificio. || Cerraj. Antecuerpo, refuerzo, pieza que se aplica á otra para que sea mas fuerte.

**AVANT-COUR**, f. *avancúr*. Arq. Antepatio, zaguan, el primer patio de una casa ántes del principal.

**AVANT-COUREUR**, m. *avancureur*. Precursor, delantero. || Descubridor de campaña. || met. Anuncio, preludio.

**AVANT-COURRIER**, m. *avancurié*. Postillon, el mozo que acompaña al correo de una casa de postas hasta la inmediata.

**AVANT-COURRIÈRE**, f. *avancurier*. Poes. Precursora: se dice de la aurora.

**AVANT-DERNIER, ÈRE**, adj. *avandernié*. Penúltimo.

**AVANT-DUC**, m. *avandúc*. Arq. Malecon, zampado, que se hace para empezar un puente.

**AVANT-FAIRE-DROIT**, m. *avanferdruá*. Jurisp. Juicio preparatorio, sentencia ó auto interlocutorio.

**AVANT-FOSSÉ**, f. *avanfosé*. Fort. Antefoso.

**AVANT-GARDE**, f. *avangárd*. Mil. Vanguardia. || Mar. Bajel de guardia, fijo á la entrada de un puerto.

**AVANT-GLACIS**, m. *avanglasí*. Fort. Anteglácis, el glácis que está del otro lado de un antefoso.

**AVANT-GOÛT**, m. met. *avangú*. Goce anticipado, gusto ideal, fruicion anticipada de la felicidad ó deleite que se ha de poseer.

**AVANT-HIER**, adv. *avantiér*. Anteayer, antes de ayer.

**AVANTIN**, m. Agr. V. CROSSETTE.

**AVANT-JOUR**, m. inus. *avanjúr*. El amanecer, el alba.

**AVANT-LOGIS**, m. *avanlogí*. Primer aposento, ó cuerpo del aposento anterior de una casa de los antiguos.

**AVANT-MAIN**, m. *avanmén*. Vet. Toda la parte anterior del caballo [illegible] el cuello y el pecho. || [illegible] de la mano, [illegible] d'avant-main, [illegible] que se da á la pelota [illegible] de la pala.

**AVANT-MUR**, m. [illegible] Antemuro, [illegible] de otro.

**AVANT-NEF**, f. [illegible] tenave, la parte de las iglesias [illegible]

**AVANT-PART**, f. [illegible] jora. V. PRÉCIPUT.

**AVANT-PÊCHE**, f. [illegible] lla, especie de melocoton que [illegible] prano.

**AVANT-PIED**, m. [illegible] parte mas delantera del pié, [illegible] tarso. || Art. Avanpiée. V. [illegible]

**AVANT-PIEU**, m. [illegible] dazo de madera [illegible] la cabeza de un jalon para [illegible] pendicular cuando se le [illegible] para clavarlo en el suelo. || [illegible]

**AVANT-POIGNET**, m. [illegible] Antepuño, la parte anterior [illegible] MÉTACARPE.

**AVANT-POITRINE**, f. [illegible] Zool. Antepecho, parte inferior [illegible] ó primer segmento del tórax [illegible]

**AVANT-PORT**, m. [illegible] puerto, espacio que hay en los [illegible] ántes de la esclusa de entrada.

**AVANT-PORTAIL**, m. [illegible] Arq. Anteportal, primer portal [illegible] cuentra en una casa en que hay [illegible]

**AVANT-POSTE**, m. [illegible] Puesto avanzado, guardia [illegible]

**AVANT-PROPOS**, m. [illegible] logo, introduccion de una [illegible] FACE. || fam. y met. Circunloquio [illegible] bato.

**AVANT-QUART**, m. [illegible] golpe que dan algunos relojes [illegible] horas, medias ó cuartos.

**AVANT-RÈGNE**, m. [illegible] toridad ó poder ejercido ántes [illegible]

**AVANT-SCÈNE**, f. [illegible] nario, proscenio ó el lugar que [illegible] telon de boca y la orquesta.

**AVANT-TOIT**, m. [illegible] la parte voladiza de un tejado.

**AVANT-TRAIN**, m. [illegible] Avantren, tiro que se pone á la [illegible] tera de la cureña. || Art. La [illegible] de un coche.

**AVANT-VEILLE**, f. [illegible] pera, el dia anterior á la víspera.

**AVARE**, s. y adj. *avár*. Avaro [illegible] un apego excesivo al dinero. || [illegible] escaso. || Difícil, poco amigo de [illegible]

**AVAREMENT**, adv. *avaremán*. [illegible] samente, avaramente, con avaricia [illegible]

**AVARES**, m. pl. *avár*. Hist. [illegible] nombre dado á algunas tribus [illegible] de la poderosa nacion huna.

**AVARICE**, f. *avarís*. Avaricia [illegible] excesiva por las riquezas.

**AVARICIEUSEMENT**, adv. [illegible] mán. Avariciosamente, con [illegible]

**AVARICIEUX, EUSE**, adj. [illegible] eus. Avaricioso, avariento, [illegible] mezquino. Se usa tambien como [illegible]

**AVARIE**, f. *avarí*. Avería, [illegible] daños sobrevenidos á mercancías [illegible]

**AVARIÉ, ÉE**, adj. *avarié*. [illegible]

**AVARIER (S')**, r. *savarié*. [illegible] sufrir avería.

**AVARISME**, m. *avarísm*. [illegible] tema de avaricia, espíritu de [illegible]

**AVARU**, m. *avarú*. Bot. [illegible] de la familia de las papilionáceas.

**AVASTE**, interj. *avást*. Mar. [illegible] basta! forte y bueno.

**AVAZANE**, f. *avazán*. Bot. [illegible] pecie de avellana originaria del [illegible]

**AVE**, m. *áve*. Ave, voz latina [illegible] fica, *te saludo* ó *os saludo*.

**AVEC**, prep. *avéc*. Con, [illegible] en compañía. || *D'avec*, de. || *Avecque* y *avecques*, prep. ant. Lo mismo que *avec*.

**AVEINDRE**, a. fam. *avéndr*. [illegible] canzar.

**AVEINE**, f. V. AVOINE.

**AVÉRAGE**, m. *averáge*. Com. Año mediano.

**AVERANE**, m. *averán*. Zool. Averano ó ave de estío del Brasil.

**AVÉRATION**, f. *averasión*. Verificacion, la accion de probar un hecho.

**AVERDIR**, n. *averdír*. Enverdecer, hacerse ó ponerse verde, tomar el color verde.

**AVÉRÉ, ÉE**, adj. *averé*. Averiguado, justificado, probado.

**AVÉRER**, a. *averé*. Averiguar, buscar la verdad de un hecho.

**AVERNE**, m. *avérn*. Poes. Averno, el infierno. || Mit. Averno, voz que aplicaban los antiguos á todas las grutas, cuevas, cavernas, lagos y demas lugares de donde salian exhalaciones mefíticas. || Bot. Averno, nombre vulgar del aliso.

**AVERRHOA**, m. *averóa*. Bot. Averroa, nombre dado al carambolero ó manzano de Goa, en honor de Averroes.

**AVERRUNQUE**, m. *averrunc*. Mit. Averrunco, nombre de un dios que invocaban los Romanos.

**AVERSE**, f. *avérs*. Chaparron, aguacero, chubasco, lluvia repentina y abundante. || *Il pleut à verse*, llueve á cántaros.

**AVERSION**, f. *aversión*. Aversion, aborrecimiento, antipatía, repugnancia. || fam. *C'est ma bête d'aversion*, es lo que mas detesto.

**AVERTIN**, m. *avertín*. Med. Avertin, enfermedad del espíritu que enfurece y entristece al mismo tiempo. || Vet. Cólico flatulento, enfermedad que acomete al ganado vacuno.

**AVERTINEUX, EUSE**, adj. *avertineu*, *eus*. Med. Furioso, frenético.

**AVERTIR**, a. *avertír*. Avisar, informar, hacer saber, advertir, hacer á uno alguna advertencia ú observacion.

**AVERTISSEMENT**, m. *avertismán*. Advertencia, consejo, prevencion. || Advertencia que se prefija á un libro. || Aviso puesto en los periódicos. || Papeleta de aviso que los perceptores de contribuciones envían para que se acuda á pagarlas.

**AVERTISSEUR**, m. ant. *avertiseur*. Empleado de palacio encargado de dar aviso de la llegada del rey.

**AVESTA**, m. *avésta*. Sect. rel. Avesta, libro sagrado que contiene la ley de Zoroastro.

**AVET**, m. *avé*. Bot. Abeto.

**AVEU**, m. *aveu*. Confesion, reconocimiento, declaracion. || Aprobacion, consentimiento. || Opinion, sentir. || Feud. Reconocimiento, acto por el cual un nuevo vasallo reconocía que tal ó cual hacienda pertenecía al señor feudal. || *Faire l'aveu de son amour*, declarar su pasion. || *Un homme sans aveu*, un vago, el que no tiene casa ni hogar.

**AVEUER** ó **AVUER**, a. *aveué*, *avué*. Tener á la vista, seguir con la vista alguna pieza de caza.

**AVEUGLE**, s. y adj. *aveugl*. Ciego, que no tiene vista. || *Aveugle-né*, ciego de nacimiento. || met. Ciego, obcecado. || loc. adv. *A l'aveugle*, á ciegas, sin conocimiento. || loc. adv. *En aveugle*, á tontas y á locas, sin reflexion. || *Changer son cheval borgne contre un aveugle*, cambiar los ojos por el rabo.

**AVEUGLÉ, ÉE**, adj. *aveuglé*. Cegado. || Ciego.

**AVEUGLEMENT**, m. *aveuglemán*. Ceguedad, privacion de la vista. || Ceguera, enfermedad ó defecto en la vista. || met. Ceguedad, obcecacion, ofuscamiento, alucinacion.

**AVEUGLÉMENT**, adv. met. *aveuglemán*. Ciegamente, á ciegas. || Sin reflexion, inconsideradamente.

**AVEUGLER**, a. *aveuglé*. Cegar, poner ó dejar ciego. || met. Cegar, deslumbrar. || met. Cegar, obcecar, ofuscar. || Mar. Cegar, tomar, tapar un agua. || *S'aveugler*, r. Cegarse, obcecarse, deslumbrarse. || Ofuscarse. || Equivocarse.

**AVEUGLETTE (A L')**, adv. fam. *alaveuglét*. A ciegas, á tientas, sin ver.

**AVI**, m. *aví*. Caldeo, la accion de caldear ó de calentar un horno.

**AVIANDER**, a. *aviandé*. Alimentar, proveer de alimentos. || *S'aviander*, r. Alimentarse. V. REPAITRE.

**AVICÈDE**, f. *avicéd*. Zool. Avicedo, género de aves de rapiña de la sub-familia de las milvíneas.

**AVICENNIE**, f. *avisení*. Bot. Avicena, planta de la familia de las gutíferas.

**AVICENNIE**, f. *avisení*. Bot. Avicenia, género de plantas inmediato á las verbenáceas y mioporíneas.

**AVICENNIÉES**, f. pl. *aviseníé*. Bot. Avicenieas, familia de plantas.

**AVICEPTOLOGIE**, f. *aviseptologí*. Aviceptología, tratado acerca del arte de coger las aves.

**AVICEPTOLOGIQUE**, adj. *aviseptologíc*. Aviceptológico.

**AVICTUAILLEMENT**, m. *avictuallemán*. Abastecimiento. V. AVITUAILLEMENT.

**AVICULAIRE**, adj. *aviculér*. Zool. Avicular, que sirve de alimento á las aves, como cierto polígono. || Avicular, que devora las aves como la migala avicular. || Avicular, que vive parásito sobre las aves. || *Aviculaires*, f. pl. Aviculares, division del género migala.

**AVICULE**, f. *avicúl*. Zool. Avícula, género de testáceos ó moluscos acéfalos de concha bivalva. || Avícula, avecilla, nombre que se ha propuesto al pájaro-mosca.

**AVICULÉ, ÉE**, adj. *aviculé*. Zool. Avicúleo, que se asemeja á una avícula. || *Aviculés*, m. pl. Avicúleos, familia de moluscos.

**AVIDE**, adj. *avid*. Voraz, ansioso en el comer. || met. Ávido (poét.), ansioso, codicioso, hambriento de riquezas, etc. || *Œil avide*, ansia, curiosidad. || *Être avide de sang*, estar sediento de sangre.

**AVIDEMENT**, adv. *avidemán*. Ávidamente, ansiosamente, codiciosamente. || Vorazmente.

**AVIDITÉ**, f. *avidité*. Avidez, ansia, deseo inmoderado de comer y beber. || met. Avidez, ansia, codicia. || Voracidad.

**AVIGNER**, a. *aviñé*. Agr. Poblar de cepas un terreno.

**AVIGNON**, m. *aviñón*. Zool. Aviñon, género de moluscos, sinónimo de avañon. V. AVAGNON.

**AVIGNONAIS, E**, s. y adj. *aviñoné*. Aviñonés, que es de Aviñon.

**AVI-HI-AVI**, m. *aviiaví*. Bot. Avi-hiavi, nombre de un árbol del Madagascar.

**AVILA**, f. *ávila*. Bot. Ávila, manzana de Indias, mayor que una naranja.

**AVILIR**, a. *avilír*. Envilecer, deshonrar, hacer despreciable. || Envilecer, reducir á precio vil un género. || *S'avilir*, r. Envilecerse, perder el valor un género. || Deshonrarse, quitarse la estimacion.

**AVILISSANT, E**, adj. *avilisán*. Vil, degradante, deshonroso.

**AVILISSEMENT**, m. *avilismán*. Envilecimiento, menosprecio, desestimacion.

**AVILISSEUR, EUSE**, m. y f. *aviliseur*, *eus*. Detractor, el que detrae, critica, etc.

**AVILLON**, m. *avillón*. Espolon de las aves de rapiña.

**AVILLONNER**, a. *avilloné*. Cetr. Coger con el espolon, ó defenderse con el espolon las aves de rapiña.

**AVINÉ, ÉE**, adj. *aviné*. Enviciado, muy bebedor, el que tiene su cuerpo hecho al vino como si fuera una cuba. || fam. *Il est aviné*, *c'est un corps aviné*, *un tonneau aviné*, es un pellejo, una cuba: se dice de uno que bebe mucho.

**AVINER**, a. *aviné*. Envinar, empapar en vino una vasija de madera destinada á contenerlo, hacer al vino una bota, etc. || *S'aviner*, r. Envinarse. || fam. Ponerse hecho una bota, beber demasiado.

**AVIONA**, f. *avióna*. Zool. Aviona, especie de reptil.

**AVIR**, n. *avír*. Caldear, desecar, quemar por encima, tostar.

**AVIRON**, m. *avirón*. Mar. Palo de hirar, que sirve de timon para las barcas de los rios. || Mar. Remo.

**AVIRONNER**, a. *avironé*. Birar con un remo.

**AVIRONNERIE**, f. *avironerí*. Obrador de remolar donde se fabrican los remos.

**AVIRONNIER**, m. *avironié*. Remolar ó remero, el que hace ó vende remos.

**AVIROSTRE**, adj. *aviróstr*. Avirostro, que se parece al pico de una ave.

**AVIS**, m. *aví*. Aviso, noticia. || Parecer.

dictámen, voto. || Advertencia, consejo. || Advertencia al lector. || Aviso de un comerciante á otro. || Mar. Aviso, embarcacion pequeña para la correspondencia del gobierno.

**AVISÉ, ÉE**, adj. *avisé* Aviesado, advertido, prudente. || Pícaro, fino, travieso.

**AVISEMENT**, m. ant. *avisemán*. Opinion, dictámen. || Prudencia, prevision.

**AVISER**, a. *avisé*. Advertir, aconsejar. || Avisar, escribir un comerciante á otro alguna cosa. || fam. Columbrar, divisar, descubrir. || n. y r. Pensar. || Hacer alto ó atencion. || Idear, imaginar, pensar una cosa. || Atreverse, osar.

**AVISO**, m. *aviso*. Mar. Aviso, embarcacion que lleva los despachos de oficio.

**AVISSE**, f. ant. *avis*. Hierro atornillado, ó cualquiera cosa que tenga tornillo.

**AVISTUPOR**, m. *avistupór*. Mit. Avistupor, nombre de Príapo, dios tutelar de los jardines.

**AVISUGE**, adj. *avisúge*. Zool. Avisugos, familia de insectos ápteros.

**AVISURE**, f. *avisúr*. Cald. Clavazon, reborde de una pieza que se remacha sobre otra.

**AVITAILLEMENT**, m. *avitallemán*. Abastecimiento, provision de bastimentos ó víveres. || Vitualla, víveres reunidos para una plaza de armas, un ejército, etc.

**AVITAILLER**, a. *avitallé*. Avitualiar, proveer, abastecer de víveres una plaza de armas, un castillo, etc. || *S'avitailler*, r. Avitualiarse, proveerse, abastecerse de vitualla.

**AVITAILLEUR, EUSE**, m. y f. *avitalleur, eus*. Proveedor, abastecedor de víveres.

**AVIVAGE**, m. *avivága*. Art. Avivado, la primera labor que se da al estaño para que pueda recibir el azogue.

**AVIVER**, a. *avivé*. Avivar, animar, dar viveza, brillo á los colores, esmaltes, etc. || Pint. Restaurar un cuadro, limpiarlo. || Preparar el estaño de los espejos para que reciba el azogue.

**AVIVES**, f. pl. *avív*. Vet. Adivas, inflamacion de las glándulas de los caballos.

**AVIVOIR**, m. *avivuár*. Art. Piedra cándida, instrumento que sirve para extender el oro que está amalgamado.

**AVO**, m. *avo*. Bot. Avo, árbol de la India.

**AVOCASSEAU**, m. *avocasó*. Abogadillo, el que tiene poco talento en su facultad.

**AVOCASSER**, n. *avocasé*. Abogadear, ejercer la profesion de abogado, en sentido de desprecio.

**AVOCASSERIE**, f. *avocasrí*. Abogacía, la profesion de abogado. Úsase solo en estilo satírico ó bur[illegible].

**AVOCASS[illegible]**, f. *avocasí*. Abogacía, la profesion de abogado.

**AVOCASSIER, ÈRE**, adj. *avocasié, ier*. Abogadil, concerniente al abogado. Úsase en tono de desprecio.

**AVOCAT**, m. *avocá*. Abogado, letrado. || met. Abogado, intercesor, defensor, patrono. En estas últimas acepciones se usa tambien como femenino.

**AVOCATIER ó AGNACAT**, m. *avocatié, añacá*. Bot. Avocatero, nombre vulgar de un árbol americano del género de los laureles.

**AVOCETTE**, f. *avosét*. Zool. Avoceta, género de aves zancudas, de la familia de las palmípedas.

**AVOINE ó AVEINE**, f. *avuán, avén*. Bot. Avena. || *Avoine folle*, ballueca, avena loca. || *Avoine sauvage*, egílope, avena estéril.

**AVOINERIE**, f. *avuanrí*. Avena, avenera, campo sembrado de avena.

**AVOINEUX, EUSE**, adj. *avuaneu, eus*. Avenoso, que es de avena ó guarnecido de avena.

**AVOIR**, a. *avuár*. Haber (poco us.), tener, poseer. || *Tu en auras*, tu te acordarás: ya te lo dirán de misas. || *A qui en avez-vous?* con quien es la ojeriza? || Obtener, conseguir, alcanzar. || *Avoir à*, tener que, haber de. || *Avoir de quoi*, tener con qué, ser rico. || *Avoir beau*, ser en vano ó inútil. || *Avoir la parole*, tener la palabra, tener permiso para hablar en una junta, etc. || *Avoir peine ó de la peine à*, tener dificultad en. || *Je n'ai qu'à*, así que yo, tan pronto como yo. || *Il y a*, hay; y tambien, hace, há ó han pasado. || *Il y en a qui disent*, no falta quien dice. || *Il y a que*, hay que, sucede que. || *Avoir obligation à quelqu'un*, deber á uno mucho por sus favores. || *Avoir sur le cœur*, estar resentido. || *Avoir la main* (en el juego), ser mano. || *Avoir bon bec*, tener buen pico. || *Avoir bonne grâce*, tener garbo. || *Avoir les bonnes grâces ó être dans les bonnes grâces de quelqu'un*, gozar del favor de uno. || *Avoir une dent contre quelqu'un*, tenerlas contra uno, guardarle rencor. || *Avoir bon nez*, oler el poste. || *Avoir la tête près du bonnet*, enojarse con facilidad. || *Avoir du front*, tener descaro. || *Avoir le dessus*, tener ventaja. *Avoir le dessous*, significa lo contrario. || *Avoir l'œil sur quelqu'un*, no perder á uno de vista. || *Avoir quelqu'un dans sa manche*, tener á uno á su disposicion y devocion. || m. Haber ó haberes, hacienda, bienes, caudal. || Posesion, finca. || Haber, data en las cuentas.

**AVOIRA**, f. *avuára*. Bot. Avoira ó elais, género de plantas de la familia de las palmeras.

**AVOIRDUPOIS**, m. *avuardupuá*. Libra inglesa de unas diez y seis onzas.

**AVOISINANT, E**, adj. *avuasinán*. Vecino, cercano, contiguo. || Lindante.

**AVOISINEMENT**, m. *avuasinmán*. Inmediacion, contigüidad, cercanía.

**AVOISINER**, a. *avuasiné*. Lindar, confinar, estar cerca, estar contigua una tierra, una provincia á otra.

**AVORTEMENT**, m. *avortmán*. Aborto de los animales, y el de las mujeres, si es voluntario.

**AVORTER**, n. *avorté*. Abortar los animales, y tambien las mujeres, cuando lo procuran voluntariamente. || Abortar, caerse las flores sin dar fruto. || met. Abortar, malograrse, frustrarse.

**AVORTON**, m. *avortón*. Aborton. || Aborto, engendro, lo que sale á luz ó es producido ántes de tiempo. || met. Figurilla, bicho.

**AVOSETA ó SPINZAGO D'AQUA**, f. Zool. Avoceta, ave. V. AVOCETTE.

**AVOUABLE**, adj. *avuábl*. Confesable.

**AVOUÉ**, m. ant. *avué*. Abogado, patrono, defensor de los derechos de una iglesia. || Procurador judicial.

**AVOUÉ, ÉE**, adj. *avué*. Confesado, reconocido, aprobado, autorizado.

**AVOUER**, a. *avué*. Confesar, reconocer una deuda, falta, etc. || Conceder, declarar la certeza de una cosa. || Aprobar como bueno. || Abonar, autorizar un hecho, etc. || *S'avouer*, r. Declararse, confesarse. || *S'avouer vaincu*, darse por vencido. || poco us. Autorizarse, cubrirse con el nombre de otro.

**AVOUERIE**, f. ant. *avuerí*. Procuraduría, cargo del procurador.

**AVOUILLER**, a. *avuillé*. Llenar, rellenar.

**AVOUILLER**, f. Embudo. V. OUILLETTE.

**AVOUTRE ó AVOÈTRE**, m. ant. *avútr, avuétr*. Bastardo, adulterino.

**AVOUTRIE**, f. ant. *avutrí*. Adulterio.

**AVOYER**, m. *avuayé*. El primer magistrado en algunos cantones suizos. || a. Mar. Rolar el viento. || Empezar á soplar el viento.

**AVRIL**, m. *avril*. Abril, cuarto mes del año. || met. La primavera de la vida; y así se dice: *à l'avril de ses ans*, en la primavera de sus años, ó en la flor de su vida. || *Poisson d'avril*, la caballa, pescado; y tambien, chasco, burla que se hace el dia primero de abril.

**AVRILLET**, m. *avrillé*. Tremesino, nombre del trigo sembrado en abril.

**AVRON**, m. *avrón*. Bot. Abron, nombre vulgar de la avena loca.

**AVULSION**, f. Cir. V. ARRACHEMENT.

**AVUNCULAIRE**, adj. *avonculér*. Que pertenece al tio ó á la tia. Carece de equivalente simple en castellano.

**AVUSTE**, m. *avúst*. Mar. Ayuste de cabos.

**AVUSTER**, a. *avusté*. Mar. Ayustar dos cuerdas.

**AWATCHA**, f. *avátcha*. Zool. Avacha, ave, especie de curruca de Kanchacá.

**AWAVU**, m. *avavú*. Zool. Avavú, especie de pez de Utaiti.

**AXANTHE**, m. *acsánt*. Bot. Axanto, género de plantas de la familia de las rubiáceas.

**AXE**, m. *acs*. [illegible] madera ó de hierro [illegible] de un cuerpo y que [illegible] sobre sí mismo. || [illegible]

**AXÉRASINE**, f. [illegible] sina, pasta que las [illegible] parajes en su localidad.

**AXESTE**, m. *acsést*. [illegible] nero de coleópteros [illegible]

**AXÉUS**, m. *acséus*. [illegible] Climénes, rey de Orcomenia.

**AXI**, m. *acsí*. Bot. Axi, [illegible] nea, ambrosía.

**AXIA ó AXIE**, f. *acsía*, [illegible] arbusto trepador.

**AXICORNE**, adj. *acsicórn*. [illegible] córneo, que tiene cuernos [illegible] del axis.

**AXICULE**, f. diminutivo [illegible] *cúl*. Ejecito, ejecillo, eje [illegible] Axículo, especie de [illegible]

**AXIE**, f. *acsí*. Zool. [illegible] crustáceos macruros.

**AXIFÈRE**, adj. *acsifér*. [illegible] fero, que está provisto de un [illegible]

**AXIFORME**, adj. [illegible] Axiforme, que tiene la forma [illegible]

**AXIFUGE**, adj. *acsifúge*. [illegible] centrífugo.

**AXIGRAPHE**, adj. *acsigráf*. [illegible] grafo, variedad de cal carbonatada [illegible]

**AXILE**, adj. *acsil*. Bot. Axil, [illegible] implantado sobre el eje de un órgano [illegible]

**AXILÉ, ÉE**, adj. *acsilé*. [illegible] provisto de un eje.

**AXILLAIRE**, adj. *acsilér*. [illegible] Axilar, referente á la axila [illegible]

**AXILLE**, f. *acsil*. Bot. Axila, [illegible] ángulo formado por la soldadura [illegible] no sobre otro. || Zool. Axila, [illegible] del ala en las aves.

**AXILLIBARBU, UE**, adj. [illegible] Bot. Axilibarbudo, que lleva [illegible]

**AXILLIFLORE**, adj. [illegible] lifloro, que tiene flores axilares [illegible]

**AXINE ó AXIN**, m. [illegible] Axino, género de [illegible] Axino, género de insectos [illegible] támeros. || Axino, género de [illegible] sitos.

**AXINÉE**, f. *acsiné*. Zool. [illegible] de moluscos. || Bot. Axinea, [illegible] tas melastomáceas.

**AXINITE**, f. *acsinít*. [illegible] especie de silicato de alúmina [illegible]

**AXINODERME**, m. [illegible] Axinodermo, género de [illegible]

**AXINOPALPE**, m. [illegible] Axinopalpo, género de coleópteros [illegible] ros.

**AXINOPHORE**, m. [illegible] nóforo, género de insectos [illegible] Guinea. || Axinóforo, [illegible]

**AXINOPSOPHE**, m. [illegible] Axinópsofo, coleóptero [illegible]

**AXINOTOME**, m. [illegible] nótomo, coleóptero pentámero [illegible]

**AXINURE**, m. *acsinúr*. [illegible] pez acantopterigio de la [illegible]

**AXIOMATIQUE**, adj. [illegible] mático, que pertenece al axioma [illegible]

**AXIOME**, m. *acsióm*. Fil. [illegible] posicion cuya verdad es tan [illegible] dente, que no es necesario [illegible]

**AXIOMORPHIQUE**, adj. [illegible] Miner. Axiomórfico, se dice [illegible] de cal carbonatada.

**AXIOTHÉATE**, m. [illegible] téato, género de coleópteros [illegible]

**AXIOTHÉE**, f. [illegible] nombre de una mujer de [illegible] ant. Una de las mujeres que [illegible] para seguir las lecciones de [illegible] despues á su vez las transmitió [illegible]

**AXIOTIME**, f. [illegible] género de heroides.

**AXIPÈTE**, adj. *acsipét*. Fil. [illegible] centrípeto.

**AXIRIS**, m. *acsíris*. Bot. Axiris, [illegible] de plantas quenopodiáceas.

**AXIRNACH**, m. [illegible] co, tumor craso en el párpado [illegible]

**AXIS**, m. *acsís*. Zool. Axis, [illegible] miante. || Anat. Axis, segunda vértebra [illegible] cuello.

**AYPI**, m. *epí*. Bot. Aipi, especie de cinanco brasileaño.

**AYRA**, m. *éra*. Zool. Aira, zorro de Guyana.

**AYRI**, m. *éri*. Bot. Airi, palmera espinosa del Brasil, cuyo leño es muy duro.

**AYTIMUL**, m. *eitimúl*. Bot. Aitimul, árbol.

**AYULAN**, m. *ayulán*. Bot. Ayulan, nombre dado en Amboina al bautol de las Filipinas.

**AYUN**, m. *ayeun*. Bot. Ayun, árbol de la isla de Amboina, cuyos frutos algo agrios son buenos de comer y sirven para teñir.

**AYVAL**, m. *evál*. Bot. Aival, arbusto de las Molucas.

**AZABACHE**, m. *asabáche*. Miner. Azabeche, nombre que se da á la lignita compacta.

**AZADIRACHTE**, *asadirácl*. Azadirac, árbol del mismo género que el azederac comun, tipo de las meliáceas.

**AZAËL**, m. *asaél*. Mit. Azael, segun los rabinos es un ángel revoltoso á quien el arcángel san Rafael ató de piés y manos de órden de Dios.

**AZAFRAN**, m. *asafrán*. Bot. Azafran, nombre peruviano de la escobidia.

**AZAGOR**, m. *asagór*. Cardenillo.

**AZALA**, m. *asála*. Bot. Azala, rubia de Turquía.

**AZALÉE**, f. *asalé*. Bot. Azalea, género de plantas rodoráceas.

**AZAMAR**, m. *asamár*. Miner. Azamar, bermellon ó cinabrio natural.

**AZANCH ó AZANEC**, m. *asáns*, *asanéc*. Quím. Azanec, sal amoníaca.

**AZANÉDIE**, f. *asanedí*. Bot. Azanedia, planta de las Indias orientales.

**AZANITA, AZANITI, ACOPON**, m. *asanita*, *asaniti*, *acopón*. Farm. Azanita ó acopon, cierto ungüento.

**AZANITE**, m. *asanít*. Liturg. Azanita, ministro de la antigua sinagoga.

**AZANZE**, f. *asáns*. Bot. Azanza, seccion del género hibisco.

**AZAPHIE**, f. *asafí*. Med. Asafia, falta de claridad, de sonoridad en la voz.

**AZAR ó ADHAR**, m. *asár*, *adár*. Azar ó adar, nombre del primer mes del calendario siro-macedonio. || Azar, moneda de oro corriente en la isla de Ormus.

**AZARA**, f. *asára*. Bot. Azara, género de plantas de Chile.

**AZAREIRO ó AZARÉRO**, m. *asaréro*. Bot. Azareiro, laurel-cerezo de Portugal.

**AZARIA**, m. *asaría*. Azaria, especie de coral que se lleva de Europa á Smirna.

**AZARIMIT**, m. *asarimít*. Azarimit, especie de piedra.

**AZARINITE**, m. *asarinít*. Bot. Azarinito, planta medicinal de Cananor.

**AZARNET**, m. *asarné*. Quím. Azarneto, oropimente, sulfuro de arsénico.

**AZARUM ó ASARUM**, m. *asárom*. Bot. Ásaro. V. ASARET.

**AZAUCHE**, m. *asóche*. Bot. Azaucho, higuera silvestre.

**AZAZEL**, m. *asasél*. Azazel, voz griega que entre los Judíos significaba chivo emisario. || Sect. rel. Azazel, demonio que Marco, jefe de los herejes marqueos, pretendia tener á sus órdenes. || Mit. Azazel, nombre de los ángeles que están mas cercanos al trono de Dios, segun los Mahometanos.

**AZE**, m. y f. *as*. Asno, asna. Voz antigua. V. ANE y ANESSE.

**AZÉBOUCQ**, m. *asebúc*. Farm. Azebuco, especie de droga medicinal.

**AZÉBRO ó AZÈBRE**, m. *asébro*, *asébr*. Azebro, caballo montaraz de Etiopía.

**AZÉBUCHE ó AZUCHE**, m. *asebúche*, *asúche*. Bot. Acebuche, nombre español del olivo silvestre.

**AZEC**, m. *aséc*. Quím. Azec, tinta verde.

**AZÉDARACH**, m. *asedarác*. Asedarac, género de plantas meliáceas.

**AZEF**, m. *aséf*. Miner. Azef, alumbre de pluma.

**AZÉG**, m. *aség*. Quím. Vitriolo. V. VITRIOL.

**AZÉGI ó AZAGI**, m. *asegí*, *asagí*. Quím. Azegi ó azagi, óxido rojo de hierro, colcotar.

**AZÉLIDE**, adj. *aselíd*. Zool. Acelideo, que se parece á una acelia.

**AZÉLIE**, f. *aselí*. Zool. Acelia, género de insectos dípt

**AZÉMALA**, f. *asemála*. Quím. Acemala, minio y tambien cinabrio. V. MINIUM y CINABRE.

**AZEMAPHOR**, m. *asemafór*. Quím. Acemafor. V. ACANTUM.

**AZEMASOR**, m. *asemasór*. Miner. Acemasor, cinabrio natural.

**AZENSALI**, m. *asensalí*. Farm. Acensali, musgo que cubre las piedras. || Miner. Acensalí, piedra negra.

**AZER**, m. *asér*. Mit. Azer, nombre bajo el cual los magos adoraban al fuego. || Azer, uno de los atributos de Dios. || Azer, noveno mes del año solar de los Persas.

**AZERBE**, f. *asérb*. Farm. Acerba, moscada silvestre.

**AZERGAH**, m. *asérga*. Azerga, dia noveno del mes Azer. V. AZER.

**AZERM**, m. *asérm*. Conversion de un infiel al mahometismo.

**AZEROLE**, f. *asról*. Bot. Azerola, fruto algo agrio y azucarado.

**AZI**, m. *así*. Bot. Azi, cuajo hecho con leche y vinagre, usado en Suiza para hacer el segundo queso.

**AZIER**, m. *asié*. Bot. Azero monatello, género de plantas rubiáceas de la Guyana.

**AZIMAR**, m. *asimár*. Quím. Azimar, bermellon. || Azimar, cobre oxidado.

**AZIMÈNE**, f. *asimén*. Bot. Azimena, arbusto del Madagascar.

**AZIMUT**, m. *asimút*. Astr. Azimut, arco de horizonte comprendido entre el punto de mediodía, tomado sobre el horizonte y el punto en que corta á este el círculo vertical. || Azimut, círculo que corta el horizonte en ángulo recto y pasa por el punto vertical.

**AZIMUTALE, E**, adj. *asimutál*. Astr. Azimutal, que representa el azimut. || Mar. Aguja azimutal, la que por medio de un círculo horizontal graduado y de dos pínulas sirve para observar el azimut del sol y para hacer marcaciones.

**AZINABAN**, m. *asinabán*. Azinaban, voz de alquimia que significa hez.

**AZINÉPHORE**, m. *asinefór*. Azinéforo, género de lepidópteros nocturnos.

**AZINGHAN**, m. *asengán*. Hist. Azingan, nombre que se daba en la edad media á los pueblos errantes que llaman en Francia *bohemios* y en España *gitanos*.

**AZIO**, m. *ásio*. Zool. Azio, género de peces plagióstomos, llamado tambien espinaco.

**AZIUS-LAPIS**, m. *asiuslápis*. Piedra acia, piedra sobre la que se eflorece el nitro.

**AZOB**, m. *asób*. Quím. Azob, alumbre sacarino.

**AZOCARBIQUE**, adj. y s. m. *asocarbíc*. Quím. Azocárbico, ciánico.

**AZOCH, AZOK, AZOTH**, m. *asóc*, *asót*. Azoc ó azote, mercurio de los alquimistas.

**AZOLLE**, f. *asól*. Bot. Azolia, género de plantas acuáticas pequeñas y flotantes.

**AZOLOTLI**, m. *asolotlí*. Zool. Azolotli, salamandra de Méjico.

**AZOOTIQUE**, adj. *asootíc*. Geol. Azoótico, terreno sin despojos de cuerpos orgánicos.

**AZONES**, m. pl. *asón*. Mit. Azones, dioses que no eran conocidos y adorados en un solo pueblo, sino generalmente. || Azones, pueblos de Asiria.

**AZOODINAME**, adj. *asoodinám*. Med. Azoodinamo, privado de fuerzas vitales.

**AZOODINAMIE**, f. *asoodinamí*. Med. Azoodinamia, pérdida, cesacion ó diminucion de las fuerzas vitales.

**AZOPHORE**, f. *asofór*. Bot. Azófora, rizófora, género de plantas.

**AZORELLE**, f. *asorél*. Bot. Azorelia, género de umbeladas de la América austral.

**AZOSME**, f. *asósm*. Bot. Azosma, hongo de la familia de las helmintosporeas.

**AZOTANE**, m. *asotán*. Quím. Azótano, combinacion del azoe con el cloro.

**AZOTATE**, m. *asotát*. Quím. Azotato, nitrato. V. NITRATE.

**AZOTE**, m. *asot*. Quím. Azoe ó azote, nitrógeno.

**AZOTÉNÈSE**, f. *asotenés*. Med. Azotenesis, enfermedad debida á la predominacion del azoe sobre los demas principios de la economía animal.

**AZOTER**, a. asoté. Quím. Azoar, cargar de azoe.

**AZOTEUX, EUSE**, adj. asotéu, eus. Quím. Azooso ó azotoso.

**AZOTIDES**, m. pl. asotíd. Miner. Azótidos, nombre dado á una familia de minerales que contienen azoe.

**AZOTIFÈRE**, adj. asotifér. Quím. Azotífero, que contiene azoe.

**AZOTIODIQUE**, adj. asotiodic. Quím. Azoyódico, compuesto de azoe y de yodo.

**AZOTIQUE**, adj. asotic. Quím. Azóico ó azótico, que contiene azoe en exceso.

**AZOTISATION**, f. asotisasión. Azotizacion ó azoamiento, accion de azotizar.

**AZOTISER**, a. asotisé. Azotizar, impregnar de azoe. || *S'azotiser*, r. Azotizarse.

**AZOTITE**, m. asotít. Quím. Azotito, azotito ó nitrito. V. NITRITE.

**AZOTOÏDES**, m. pl. asotoíd. Quím. Azotoides, familia de cuerpos minerales que comprende el azoe, el fósforo y el arsénico.

**AZOTOXYDE**, m. asotocsíd. Miner. Azotóxido, combinacion del azoe con el oxígeno.

**AZOTURE**, f. asotúr. Quím. Azoturo, combinacion del azoe con cuerpos electro-positivos.

**AZOUFA ó AZOUFFE**, m. asúfa, asúf. Zool. Azufa, mamífero carnicero de África, que desentierra y devora los cadáveres.

**AZOVALALA**, m. asovalála. Bot. Azovalala, frutillo rojo del Madagascar.

**AZRAGAR**, m. asragár. Quím. ant. Cardenillo.

**AZRAËL ó AZRAIL**, m. asraél, asráil. Mit. Azrael, nombre que dan los Mahometanos al ángel de la muerte, que, segun ellos, recibe las almas de los mortales en su último suspiro.

**AZRAZIL**, m. asrasíl. Mit. Azrazil, nombre genérico, entre los Mahometanos, de todos los querubines y serafines.

**AZUB**, m. asúb. Quím. ant. Azub, nombre del alumbre.

**AZUBO**, m. asúbo. Quím. ant. Azubo, nombre que se ha dado á cierto vaso químico.

**AZUCARILLOS**, m. asucarillos. Azucarillo, esponjado.

**AZULMINE**, f. asulmín. Quím. Azulmin. V. ULMINE.

**AZULMINIQUE ó AZULMIQUE**, adj. asulminic, asulmic. Quím. Azulmínico ó azúlmico, compuesto de azul y ulmina.

**AZUR**, m. asúr. Azul, color semejante al de la atmósfera despejada. || Lapislázuli, piedra mineral. = El color azul de este mineral. || Blas. Azur ó azul. || Poét. Color cerúleo. || Pint. Azul ultramarino. || *Azur de cuivre*, azul de montaña, carbonato nativo de cobre. || Bot. *Azur de bois*, azul de bosque, nombre vulgar del agárico azulado.

**AZURÉ, ÉE**, adj. asuré. Azulado. || Poes. *La voûte azurée* la bóveda azulada, el cielo.

|| *Les plaines azurées*, la[...] el mar.

**AZURER**, a. asuré. A[...] azul. || *S'azurer*, r. A[...]

**AZURIN**, m. asurin. [...] cie de vírides mejo[...]

**AZURITE**, f. asurit. [...] un azul [...]

**AZUROU**, m. asurú [...] de la Guyana.

**AZURITE**, f. asurít. [...] uno de los nombres [...]

**AZURNIN ó AZURNIN[...]** vom. Farm. Azurca[...] curio, de azufre y de sal[...]

**AZUROUX**, m. asurú[...] verderon azul, originario [...]

**AZYGITE**, f. asigít. [...] de hongos.

**AZYGOCÈRES**, adj. [...] género, de antenas [...] m. pl. Azigóceros, [...] roideos.

**AZYGOS**, m. asigós. [...]

**AZYME**, m. asím. [...] dura. || adj. Ázimo, sin le[...] fermentado. || Bot. Azima[...] tos de la India, siempre v[...]

**AZYMITE**, m. y f. asi[...] mista ó azimita, el que[...] que comulga con esto pa[...]

# B.

**B**, m. B, letra consonante y la segunda del alfabeto. || *Être marqué au b*, ser tuerto, jorobado ó cojo, porque estos defectos se expresan en frances por palabras que empiezan por la *b*; ó bien, ser astuto, malicioso ó maligno, como suelen serlo muchos de los que tienen aquellas imperfecciones, á los que el vulgo llama señalados de la mano de Dios. || *Parler par b et par f*, ser largo de lengua, deslenguado ó desbocado.

**BAAL**, m. baál. Baal, personaje de la Biblia, en la cual se le llama el ídolo de los Asirios.

**BAALITE**, adj. y s. baalít. Baalita, adorador de Baal.

**BAANITE**, adj baanít. Baanita, miembro de una secta cristiana fundada por Baanes, que enseñaba el maniqueismo en 810.

**BAARDINAN**, m. baardinán. Baardinan, género de pescados.

**BAB**, m. báb. Mit. Bab, nombre que los Persas daban por excelencia al fuego.

**BABA**, m. bába. Baba, especie de pudingo ó bizcocho que tiene pasas de Corinto y otros ingredientes. || Hist. ecles. Baba, nombre que el pueblo de Alejandría daba á su patria. || Zool. Baba, sinónimo del pelícano blanco.

**BABAN**, m. babán. Zool. Baban, insecto de las costas de Niza.

**BABAU ó BABEAU**, m. poco us. babó. Fantasma, sombra.

**BABAYITE**, m. babeít. Sect. rel. Babayita, miembro de una órden monástica turca, fundada á mediados del siglo XV.

**BABEL**, f. babél. Babel, nombre oriental de Babilonia. || met. *Être une vraie tour de Babel*, ser una Babilonia, un embolismo: se dice de una asamblea donde reina gran confusion de opiniones y donde todos hablan á la vez.

**BABELA**, f. babéla. Bot. Babela, acacia de las Indias.

**BABELU**, f. babilú. Chancero, burlon, gracioso, chistoso, festivo.

**BABEURRE**, m. babeur. Especie de suero, que queda despues de hecha la manteca.

**BABI**, m. babí. Arqueol. Babi, nombre dado á los ídolos de piedra descubiertos en los desiertos de la Arabia meridional.

**BABIA**, f. bábia. Zool. Babia, insecto de la América. || Mit. nombre de Vénus en Siria.

**BABIANE**, f. babián. Bot. Babiana, planta liliácea.

**BABICHON**, m. babichón. Babichon, especie de perrito de pelo largo.

**BABICHE**, f. babiche. Babicha, hembra del babichon.

**BABIL**, m. babíll. fam. Palique, cháchara, charla, charlatanería, flujo de hablar.

**BABILLARD, E**, adj. babillar. Charlatan, hablador. || Zool. Parlero, pescado del género pleuronectes.

**BABILLEMENT**, m. V. BABIL.

**BABILLER**, n. babillé. Charlar, parlar, parlotear, hablar mucho por nada.

**BABINES**, f. pl. babín. Morros, labios abultados, hocicos, jeta.

**BABIOLE**, f. babiól. Bujería, baratija, juguete de niños. || met. Niñería, fruslería.

**BABION**, m. babión. Zool. Babion, especie de mono pequeño.

**BABIROUSSA**, m. babirúsa. Zool. Babirusa, jabalí de la India.

**BABKA**, m. bábca. Arqueol. Babca, moneda pequeña de cobre de Ungría.

**BABLAH**, m. bábla. Zool. Babla, nombre del pericarpio de la acacia arábiga.

**BÂBORD**, m. babór. Mar. Babor, la parte izquierda del buque mirando á proa.

**BABOTTE**, f. babót. Zool. Babota, larva de un insecto que devora la alfalfa.

**BABOUCARD**, m. babucár. Zool. Martin pescador del Senegal.

**BABOUCHE**, f. babúche. Babucha, especie de calzado de los Turcos.

**BABOUIN**, m. babuén. Zool. Papion, babuino, nombre de una familia de monos. || met. fam. Monuelo, trastuelo: se aplica á los niños bulliciosos y traviesos. || Mono ó figura ridícula que se hacia besar á los soldados por castigo. || *Faire baiser le babouin à quelqu'un*, hacer besar la correa. || Med. Postilla que sale en los labios.

**BABOUINER**, n. babuiné. Bufonear, bobear, hacer monadas ó monerías

**BABOUINERIE**, f. babuineri. Bobería, bufonada, dicho ó accion necia.

**BABOUVISME**, m. babuvísm. Babuvismo, sistema político de Babœuf, que se funda en el principio de la igualdad absoluta.

**BABOUVISTE**, adj. [...] Babuvista, partidario de [...] tema.

**BABYLON**, m. bab[...] hijo de Belo y fundador [...]

**BAC**, m. bác. [...] de agua.

**BACALIAU**, m. bac[...] lao, abadejo seco.

**BACA, BACCA ó BAC[...]** bácca, baccáris. Bot. [...] una yerba olorosa. || [...] caris, ungüento de Lidia[...]

**BACARE**, m. ant. [...] de vasija de los antiguos[...]

**BACASSAS**, m. [...] que tiene la forma de un[...]

**BACAZE**, f. bacasé. [...] corimbífero del Perú.

**BACBAKIRI**, m. bac[...] baquiri, ave africana.

**BACCALAURÉAT**, [...] llerato, grado de bachiller[...]

**BACCARÉO**, m. bac[...] nombre de un gusano del[...]

**BACCARIS**, f. V. Ba[...]

**BACCAULAIRE**, f. b[...] ria, fruto [...]

**BACCAURÉE**, f. bac[...] arbolillo de la Cochinchina[...]

**BACCHA**, m. báca. [...] de dípteros.

**BACCHANAL**, m. ba[...] lla, ruido, orgía.

**BACCHANALE**, f. b[...] francachela. || *Bacchanales*[...] fiestas en honor de Baco[...]

**BACCHANALISER**, [...] rachear, bromear.

**BACCHANT**, m. bac[...] del sacerdote de Baco.

**BACCHANTE**, f. bac[...] ler que celebraba las fi[...] Furia, basilisco. || met. [...] encolerizada.

**BACCHARIDE**, f. bac[...] género de plantas [...]

**BACCHAROÏDE**, f. [...] roide, género de planta[...]

**BACCHE ó BACCH[...]**

paga al que cada de ella. || Cerradura de un puerto con cadenas.

**BÂCLÉ, ÉE**, adj. met. fam. *baclé*. Cerrado, concluido. || *Affaire bâclée*, negocio, trato concluido. || *Rivière bâclée*, rio que está enteramente helado.

**BÂCLER**, a. *baclé*. Barrear, atrancar, cerrar con barra ó tranca. || Cerrar un puerto con la cadena. || fam. Hacer de prisa algo, chafarrinar, hablando de escritos, pinturas, etc. || *Bâcler un bateau*, poner en sitio cómodo del puerto un barco para la carga y descarga.

**BACONIE**, f. *baconí*. Bot. Baconia, género de plantas rubiáceas.

**BACONISME**, m. *baconísm*. Fil. Baconismo, nombre de la filosofía de Bacon.

**BACONISTE**, adj. y s. *baconíst*. Baconista, discípulo ó partidario de Bacon.

**BACONNÉ, ÉE**, adj. ant. *baconé*. Ahumado, hablando del bacalao.

**BACONNER**, a. *baconé*. Baconar, salar, echar cualquier cosa en agua salada.

**BACOVE**, f. *bacóv*. Bot. Bacova, especie ó variedad de bananero.

**BACOVIER**, m. Bot. V. BANANIER.

**BACTÉRIE**, f. *bactrí*. Zool. Bacteria, género de insectos ortópteros. || m. Bacterio, género de animalillos infusorios vibriónidos.

**BACTRE**, m. *báctr*. Zool. Bactro, género de lepidópteros nocturnos tortrícidos.

**BACTRÉOLE**, f. *bactreól*. Art. Chalia, ó raspadura de oro en panes.

**BACTRIDE**, m. *bactríd*. Bot. Bactrido, especie de hongo.

**BACTRIDIÉES**, f. pl. *bactridié*. Bot. Bactridias, nombre de una tribu de las uredíneas.

**BACTRIS**, m. *bactrís*. Bot. Bactris, cierto palmero de la América meridional.

**BACTROCÈRE**, m. *bactrosér*. Zool. Bactrócero, género de dípteros.

**BACTROPÉRATE**, m. *bactroperát*. Bactroperato, nombre que los Atenienses daban por desprecio á los filósofos.

**BACULE**, f. *bacúl*. Ataharre, baticola, especie de cincha forrada de badana.

**BACULER**, a. poco us. *baculé*. Apalear.

**BACULIFÈRE**, adj. *baculifér*. Bot. Baculífero, arbusto muy buscado para bastones.

**BACULITHES**, f. *baculít*. Geol. Baculitas, restos de moluscos fósiles cilíndricos

**BACULOMÈTRE**, m. *baculométr*. Baculómetro, instrumento para medir los terrenos de difícil acceso por medio de varas ó bastones.

**BACULOMÉTRIE**, f. *baculometrí*. Baculometría, arte de medir las alturas.

**BACULOMÉTRIQUE**, adj. *baculometríc*. Baculométrico, relativo á la baculometría.

**BAD**, m. *bád*. Mit. Bad, genio persa que presidía á los vientos.

**BADA, BADAS**, m. *bádas*. Zool. Badas, rinoceronte del África.

**BADAIL**, m. *badáil*. Pesc. Especie de nasa, red cilíndrica con una sola abertura.

**BADAMIER**, m. *badamié*. Bot. Badamia ó badamio, sinónimo del género terminalia.

**BADASE**, f. *badás*. Bot. Badasa, especie de espliego ó lavándula del Languedoc.

**BADAUD, E**, m. y f. fam. *badó, ód*. Pazguato, bausan, bodoque, papanatas.

**BADAUDAGE**, m. *badodág*. Tontería, bobería, patochada, majadería.

**BADAUDAILLE**, f. *badodáll*. Reunion de bobos.

**BADAUDEMENT**, adv. *badodmán*. Bobamente, como un bobo.

**BADAUDER**, n. fam. *badodé*. Embobarse, embelesarse con cosas de poca consideracion.

**BADAUDERIE**, f. V. BADAUDAGE.

**BADAUDISME**, m. *badodism*. Simpleza, tontería, bobería.

**BADÉ**, f. *bad*. Carp. Medida, distancia marcada por la abertura del compas.

**BADÉ**, m. *badé*. Zool. Badeo, pez de la familia de los pleuronectos.

**BADELAIRE**, m. ant. *badlér*. Blas. Sable; es decir, espada de la forma de sable.

**BADER**, a. *badé*. Mar. Cerrar un puerto con cadenas, estacadas.

**BADERNE**, f. *badern*. Mar. Baderna.

**BADHAMU**, m. *badamú*. Bot. Badamo, especie de mijo de Ceilan.

**BADIANE**, f. *badián*. Bot. Badiana, arbusto. || Badiana, anís de la China.

**BADIER**, m. *badié*. Bot. Badero, género de plantas poligáleas.

**BADIGEON**, m. *badijón*. Alb. Estuco, color amarillo que se emplea para revocar las paredes. || Estuco hecho con pedazos de piedra molidos. || Pasta, masa para rellenar los agujeros de estatuas ó piezas de madera.

**BADIGEONNAGE**, m. *badijonáge*. Accion de estucar, de pintar una pared con estuco.

**BADIGEONNER**, a. *badijoné*. Estucar.

**BADIGEONNEUR**, m. *badijoneur*. Revocador. || Plastecedor. || El que estuca.

**BADILLON**, m. *badillón*. Mar. Señales que hacen los carpinteros para trazar el gálibo sobre las piezas de madera.

**BADIN, E**, adj. y s. *badén*, *ín*. Chancero, bromista, jocoso, festivo.

**BADINAGE**, m. *badinage*. Broma, chanza. || Chiste, jocosidad. || Juguete, entretenimiento. || Frusleria, niñería.

**BADINANT**, m. poco us. *badinán*. Consejero, supernumerario de los tribunales supremos de Paris y Ruan. || poco us. Guia ó caballo de repuesto, caballo supernumerario en los tiros.

**BADINE**, f. *badín*. Bengala, junco de Indias. || Varita para sacudir la ropa, asientos de sofás, etc. || pl. Tenazas ligeras para atizar el fuego.

**BADINEMENT**, m. V. BADINAGE.

**BADINER**, a. *badiné*. Chancear, juguetear, estar de burla, de juego, de chunga, andarse con chanzas, con burlas. || met. Tembloquear una guarnicion, flor, etc.

**BADINERIE**, f. *badinrí*. Chiste, chanza, jocosidad, chu[illegible]a, cosa de juego.

**BADIRÉ**, [illegible]. Bot. Badireo, planta de las selvas [illegible] sombrías de Amboina.

**BADISTE**, m. *badíst*. Zool. Badisto, género de insectos carábicos.

**BADOK-BAUCON**, m. *badocbocón*. Bot. Badok-baucon, planta de Ceilan.

**BADOUE**, m. *badú*. Zool. Baduo, nombre vulgar de la bleuis cornuda.

**BADUCCA**, m. *badúcca*. Bot. Baduca, nombre del alcaparro del Malabar.

**BADULAM**, m. *badulám*. Bot. Badulam, arbusto de Ceilan.

**BADUMNA**, f. *badómna*. Mit. Badumna, diosa de las selvas y de los bosques.

**BÆCKÉE**, m. *bequé*. Bot. Bequeo, arbusto de la Nueva Holanda.

**BÆE**, f. *bé*. Bot. Bea, planta de la China y de la Nueva Irlanda.

**BÆNAK**, m. *benác*. Zool. Benaco, especie de pez bodiano. V. BODIAN.

**BÆNODACTYLES**, m. pl. *benodactíl*. Zool. Benodáctilos, especie de reptiles.

**BÆOBOTRYS**, f. *beobotrí*. Bot. Beobótride, género de plantas.

**BÆOMYCÉES**, adj. y s. pl. *beomisé*. Bot. Beomiceas, tribu de plantas.

**BÆRE**, s. V. BÈRE.

**BÆTOEN**, m. *betoén*. Zool. Betoen, serpiente de la Arabia.

**BAFETAS**, m. *baftá*. Com. Bafetas, tela gorda de algodon de las Indias orientales.

**BAFOUÉ, ÉE**, adj. *bafué*. Burlado, mofado, befado.

**BAFOUER**, a. *bafué*. Hucbear, escarnecer, mofar, denostar á alguno.

**BÂFRE**, f. vulg. *báfr*. Comilona, tragantona, comida abundante.

**BÂFRER**, n. vulg. *bafré*. Tragar, atracar, zampar, embocar, glotonear, devorar, comer glotonamente y con exceso. || *Se bâfrer*, r. Llenarse, atracarse.

**BÂFRERIE**, f. V. BAFRE.

**BÂFREUR, EUSE**, m. y f. *bafreur*, *eus*. Tragon, gloton.

**BAGACE**, f. *bugás*. Gabazo de la caña dulce exprimida, restos de la fermentacion del índigo, etc.

**BAGADAIS**, m. pl. *bagadé*. Zool. [illegible]des, pichones del Senegal.

**BAGAGE**, m. *bagage*. Bagaje de un ejército. || Equipaje de un viajante. || met. fam. *Plier ó trousser bagage*, tomar el tole ó las de Villadiego; y tambien, liarlas, morirse

**BAGARRE**, f. *bagárr*. Alboroto, grita, tumulto, ruido; y en un lenguaje fam. sarracina, gazapela, zipizape. || Estruendo, confusion de coches que se cruzan y se estorban en un camino.

**BAGASSE**, f. ant. *bagás*. Churriana, pelleja, pelandusca, soldadera, ramera indecente. Solo se usa en lenguaje popular. || Bot. Bagasa, fruto del bagasero.

**BAGASSIER**, m. *bagasié*. Bot. Bagasero, árbol de la Guyana que produce frutos buenos para comer.

**BAGATBAG**, m. *bagatbág*. Bot. Bagatbago, árbol de Filipinas.

**BAGATELLE**, f. *bagatél*. Bagatela, baratija, bujería, friolera, fruslería. || *S'embarrasser pour une bagatelle*, pararse en frioleras, en pelillos. || fam. *Ne songer qu'à la bagatelle*, andarse á picos pardos: pensar en devaneos. || interj. *Bagatelle!* disparate! buena te la dé Dios!

**BAGATTINO**, m. *bagattino*. Arqueol. Bagatino, moneda de cobre de Venecia, que equivale al cuarto de la moneda española.

**BAGAUD**, m. *bagó*. Rebelde, revolucionario, conjurado.

**BAGAUDE**, f. *bagód*. Revolucion, conjuracion.

**BAGLATTÉA**, f. *baglattéa*. Baglatea, instrumento músico de los Arabes.

**BAGNE**, m. *bañ*. Baño, mazmorra. || El edificio en que están custodiados los presidiarios, cuando no tienen que ir á trabajar á alguna parte. || Presidio, lugar de forzados. || Lugar donde se encierra á los esclavos en Turquía.

**BAGNOLET**, m. **BAGNOLETTE**, f. *bañolé*, *bañolét*. Antiguo tocado de las mujeres. || Mar. Encerado para preservar de la lluvia las bitas de las galeras.

**BAGOLA**, m. *bagóla*. Bot. Bagola, planta que produce unos granitos negros del tamaño de la grosella.

**BAGOTTIER**, m. *bagotié*. Bobo, simple, baduluque.

**BAGOUS**, m. *bagú*. Zool. Eunuco, insecto coleóptero tetrámero.

**BAGRE**, m. *bágr*. Zool. Bagro, género de peces.

**BAGUARI**, m. *bagárí*. Zool. Baguarí, especie de cigüeña.

**BAGUE**, f. *bague*. Sortija, anillo que suele llevar una piedra engarzada. || ant. *Bagues d'oreilles*, arillos, zarcillos sin pendiente. || For. *Bagues et joyaux*, las joyas y galas de novia que recobra una viuda. || *Sortir vie et bagues sauves*, salir de una plaza rendida con vidas y equipajes libres; y por extension, salir de un pleito ó negocio sin descalabro, en paz, ó libre y sin costas. || Sortija, la que se corre en un juego de este nombre, que se llama en frances *course de bague*. || Mar. Argollon de cuerpo inserto. || Mar. Arganeo. || Mar. Arnillo. || Zool. Bago, pescado del género de los esparos.

**BAGUENAUDE**, f. *bagnód*. Bot. Espantalóbos, fruta del arbol del mismo nombre.

**BAGUENAUDER**, n. *bagnodé*. Hacer estallar las vainas del espantalóbos. || met. y fam. Chocarrear, chunguear, estar de chirinola.

**BAGUENAUDERIE**, f. *bagnodrí*. Chocarrería, bufonada, chanza grosera.

**BAGUENAUDIER**, **ÈRE**, m. y f. *bagnodié*, *ér*. Zumbon, na, chocarrero, chunguero, amigo de chirinolas. || m. Bot. Espantalóbos, arbusto.

**BAGUER**, a. *bagué*. Bilvanar. || Mar. Poner guardacabos, ó unir dos guardacabos. || For. ant. Hacer el esposo alguna donacion esponsalicia á la esposa ántes del casamiento.

**BAGUETTE**, f. *baguét*. Varilla, vareta, bastoncillo, palillo. || *Commander ó mener à la baguette*, mandar ó tratar á baqueta. || *Baguette divinatoire ó magique*, varita de virtudes. || Hist. sag. *Baguette de Moïse*, vara de Moises. || *Rôles à baguette*, papeles de magia ó de tramoya en los teatros. || *Baguette de fusée volante*, varilla de cohete. || Baqueta de las armas de fuego. || Arq. Baquetilla, moldura redonda. || Mar. Esnon ó esnock. || pl. Palillos, baquetas de tambor. || *Passer par les baguettes*, baquetear (ant.), dar baquetas.

**BAGUETTER**, a. poco us. *baguetté*. Varear, dar con una vara, baquetear, dar baquetas.

**BAGUIER**, m. *baguié*. Cofrecito, arquita para guardar los diamantes y joyas.

**BAH**, interj. *bá*. Ah! ah! Úsase para denotar el asombro, la duda, la negativa, el desprecio, etc., segun los diferentes asuntos. || Qué! Vaya! Calle Vd.! Bueno, bueno! || *Ah bah!* interjeccion de indiferencia.

**BAHARITES**, m. *baarít*. Baharitas, nombre de la primera dinastía de los Turcos que reinaron en Egipto.

**BAHAIR**, m. *baér*. Bahair, título del libro mas antiguo de los rabinos.

**BAHAMAN**, m. *baamán*. Mit. Baaman, divinidad de los antiguos Persas.

**BAHEL**, m. *baél*. Bot. Bael, planta labiada, originaria del Malabar.

**BAHO**, m. *báo*. Bot. Baho, planta de Filipinas.

**BAHUT**, m. *baú*. Baul, cofre grande.

**BAHUTIER**, m. *bautié*. Baulero, cofrero.

**BAI**, **IE**, adj. *bé*. Bayo, color dorado bajo de los caballos. || *Bai-brun*, castaño. || *Bai-doré*, melado.

**BAÏETTE**, f. *bayét*. Bayeta, tela de lana.

**BAÏART**, m. V. CIVIÈRE.

**BAIE**, f. *bé*. Bot. Baya, fruta carnosa de ciertas plantas. || Arq. Vano, espacio que se deja en una pared para poner una puerta ó ventana. || Geog. Bahía, golfo pequeño. || ant. Vaya, burla, zumba.

**BAIÉ**, **ÉE** adj. *bayé*. Bot. Bayiforme ó baciforme.

**BAIGNÉ**, **ÉE**, adj. *beñé*. Bañado. || met. *Baigné de larmes*, bañado en lágrimas. Se dice tambien *baigné de lumière*, bañado de luz.

**BAIGNER**, a. *beñé*. Bañar, poner en el baño ó en remojo. || Bañar, regar. *La Seine baigne les murs de Paris*, el Sena baña los muros de Paris. *La pluie baigne les fleurs*, la lluvia riega ó rocía las flores. || Humedecer, empapar. || n. Estar á remojo, en agua, en infusion. || *Se baigner*, r. Bañarse. || Cubrirse, llenarse, nadar en. || met. Deleitarse, saborearse en algo.

**BAIGNEUR**, **EUSE**, m. y f. *beñeur*, *eus*. El ó la que se baña. || Bañador, ra, que baña á otro. || Bañero, que tiene baños ó cuida de ellos.

**BAIGNEUSE**, f. *beñeus*. V. BAIGNEUR. || ant. Especie de tocado. || ant. Camisa ó vestido para bañarse.

**BAIGNOIRE**, f. *beñuár*. Bañadero, paraje para bañarse en los rios. || f. Baño, tina, pila para bañarse. || Palco que está al nivel del patio en los teatros, que ántes se llamaba alojero.

**BAIKALITE**, f. *becalít*. Miner. Bacalita, variedad de piroxena sahlita.

**BAIL**, f. *báil*. Arrendamiento. || Escritura de arrendamiento. || *Bail à ferme*, arriendo de tierras. || *Bail à loyer*, arriendo de casas. || met. *Bail d'amour* (dícese en estilo familiar y cómico), empeño galante y amoroso y promesa de amar siempre.

**BAILE**, m. *bél*. ant. Baile, el embajador de la república de Venecia en Constantinopla. || ant. Juez real.

**BAILLADÈRE**, f. V. BAYADÈRE.

**BÂILLANTS**, m. pl. *ballán*. Zool. Fis. Rostros, tribu y familia del órden de los pájaros.

**BAILLARD**, m. *ballár*. Art. Canal, palo que ponen los tintoreros sobre las calderas.

**BAILLE**, f. *báll*. Mar. Tina.

**BAILLE-BLÉ**, m. *ballblé*. Art. Canaleja, cilindro pequeño de la tolva de un molino.

**BÂILLEMENT**, m. *ballmán*. Bostezo, accion de bostezar. || Gram. V. HIATUS.

**BÂILLER**, a. *ballé*. Bostezar. || met. Fastidiarse, aburrirse. || Henderse, agrietarse una pared. || Ralear una tela, por no estar tejida con igualdad.

**BAILLER**, a. ant. *ballé*. Entregar, poner en manos de alguno una cosa. || Embrocar, pegarla, embocarla. || Mar. Prestar á la gruesa aventura.

**BAILLÈRE**, f. *ballér*. Bot. Ballera, género de plantas sinantéreas.

**BAILLET**, adj. m. *ballé*. Bayo, de color de paja, rojo ó que tira á blanco. Dícese de los caballos de este color.

**BAILLEUL**, m. ant. *balleul*. Cir. Algebrista, el que compone los huesos disloca-

dos. Se dice así de [illegible] mero que adquirió celebridad [illegible]

**BÂILLEUR**, **EUSE**, m. y f. [illegible] Bostezador, ra.

**BAILLEUR**, **ERESSE**, m. [illegible] *ballrés*. For. Arrendador [illegible] en arrendamiento. || [illegible] que pone los fondos [illegible] una especulacion. || [illegible] pelota.

**BAILLI**, m. ant. *ballí*. [illegible] nario. || Bailío de la órden [illegible]

**BAILLIAGE**, m. [illegible] bunal y el territorio de [illegible] bailío. || Bailiaje en la órden [illegible] casa en que habita el bailío.

**BAILLIAGER**, **ÈRE**, adj. [illegible] Bailial, que pertenece, que [illegible] bailía.

**BAILLIAL**, **E**, adj. [illegible] concierne, que pertenece [illegible]

**BAILLIVE**, f. *ballív*. [illegible] del baile.

**BÂILLON**, m. *ballón*. [illegible] Zool. Ballon, especie de [illegible] *Mettre un bâillon* á [illegible] mordaza á alguno, taparle [illegible]

**BÂILLONNER**, a. *ballonné*. [illegible] daza á una persona ó al animal [illegible] met. Atrancar, barrear [illegible] Representar á un animal con [illegible] boca.

**BÂILLOQUES**, f. pl. [illegible] color mezclado ó de diversos [illegible]

**BAILLOTTE**, f. V. [illegible]

**BAILLOUVIANE**, f. [illegible] lloviana, especie de alga.

**BAIN**, m. *bén*. Baño, la [illegible] de bañarse. || Baño, el paraje [illegible] baña, sea en el rio, en casa [illegible] tina, pila, el vaso ó utensilio [illegible] el baño. || Baño, el agua ó [illegible] bañamos. || *Bain de pieds* [illegible] *marie*, baño-maría: es [illegible] sija de agua caliente se pone [illegible] tiene algun licor para calentar [illegible] *Bain de mortier*, lechada. || [illegible] aguas, de ordinario medicinales [illegible] para tomarlos, y el sitio en que [illegible] de baños.

**BAÏNIENS**, m. pl. [illegible] nos, ciertos sacerdotes indios.

**BAÏO** ó **BAHGO**, m. *báyo*, [illegible] ó bahó, el árbol que da la [illegible]

**BAÏONISME**, m. [illegible] Bayonismo, secta que participa [illegible] mo y de calvinismo.

**BAÏONNETTE**, f. *bayonét*. [illegible] ta. || pl. met. *Les bayonettes*, [illegible] soldados.

**BAÏOQUE** ó **BAJOQUE**, f. [illegible] Bayoco, moneda de cobre de [illegible] lente á dos cuartos de España.

**BAISEMAIN**, m. *besmén*. [illegible] Feud. Homenaje prestado al [illegible] le la mano. || La ofrenda que [illegible] yendo á besar la paz. || Besamanos [illegible] ceremonia en algunas cortes [illegible] Cumplimientos, recados, [illegible] *belles* (en femenino solo se [illegible] *baisemains*, de mil amores [illegible] gusto.

**BAISEMENT**, m. *besmán*. [illegible] de besar. Solo se usa hablando [illegible] dad; y así *le baisement des pieds* [illegible] el acto de besar los piés á Su [illegible]

**BAISER**, a. *besé*. Besar. || [illegible] *mains*, besar la mano ó [illegible] hombres, y los piés á las [illegible] dar memorias, hacer un [illegible] Estar con una mujer. || fam. [illegible] *bouin*, besar el manípulo [illegible] *baiser*, r. Besarse. || met. [illegible] hablando de cosas, como dos [illegible] deros que se tocan. || m. Beso [illegible] *ser de paix*, ósculo de paz [illegible] ban los católicos al tiempo de [illegible] = Ósculo de paz, beso y abrazo [illegible] los celebrantes y asistentes en la [illegible] yor al *Pax Domini*. || *Baiser de Judas* [illegible] culo de Júdas, beso falso.

**BAISEUR**, **EUSE**, m. y f. [illegible] Besador, amigo de besar.

serable; ó bien, llevar una vida estragada. || *Faire balai neuf*, mudar de escoba, cambiar de criados.

**BALAIDA**, f. *baléda*. Bot. Balaida, planta de las Indias.

**BALAISEMENT**, m. V. BALAYAGE.

**BALAIS**, adj. *balé*. Miner. Balaja, especie de rubí superior.

**BALALEIGA**, f. *balaléga*. Mús. Balaleiga, especie de guitarra con tres cuerdas que usan los Rusos.

**BALANCE**, f. *baláns*. Balanza, peso. || met. Incertidumbre, irresolucion, perplejidad. || met. Balanza, comparacion. || Balanza (neol.) del comercio de las naciones. || Equilibrio de los poderes de un Estado, ó de las naciones que lo necesitan para que ninguna preponderе. || Libra, signo del zodiaco. || Balanza, constelacion situada en el hemisferio austral. || Balance de una cuenta.

**BALANCÉ**, m. *balansé*. Dan. Balancé, paso de rigodon.

**BALANCÉ, ÉE**, adj. *balansé*. Balanceado, contrapesado.

**BALANCELLE**, f. *balansél*. Mar. Barco latino napolitano.

**BALANCEMENT**, m. *balansmán*. Balanceo, columpio, bambaneo (ant.), bamboleo, vaiven. || Contoneo en el andar. || Fís. Libracion. || Mar. La accion de equilibrar las cuadernas. || met. Duda, alternativa.

**BALANCER**, a. *balansé*. Balancear, igualar, equilibrar. || met. Pesar, ponderar, examinar. || Contrapesar, compensar, equiparar, cotejar. || Liquidar, saldar una cuenta. || Pint. Agrupar las figuras de modo que estén bien repartidas. || Mar. Equilibrar las cuadernas. || n. Balancear, bambanearse (ant.), bambolear. || met. Balancear, titubear, vacilar, estar perplejo, estar indeciso. || Com. *Balancer un compte*, hacer el balance entre el debe y el haber de una cuenta. || *Se balancer*, r. Columpiarse dos, poniéndose cada uno al extremo de una tabla. || Compensarse, igualarse. || Cernerse en el aire las aves.

**BALANCEUR**, m. *balanseur*. Zool. Balancero, especie de pico-grueso de América.

**BALANCIER**, m. *balansié*. Volante para acuñar. || Balancin, tiento, contrapeso de los volatineros. || Volante, péndola de los relojes. || El que hace y vende balanzas. || Náut. *Balancier de boussole*, balancin, suspension de Cardano, en la aguja náutica.

**BALANCINE**, f. *balansín*. Mar. Amantillo, cabo para levantar los penoles.

**BALANÇOIRE**, f. *balansuár*. Columpio de viga ó tabla.

**BALANÇONS**, m. pl. *balansón*. Madera de abeto vendida al menudeo.

**BALANDRAN** ó **BALANDRAS**, m. poco us. *balandrán*, *balandrás*. Balandran, especie de ropon.

**BALANDRE**, f. *baländr*. Balandre, embarcacion pequeña. || Zool. Balana, lepa, molusco cirrípedo.

**BALANGUE**, m. *balángue*. Bot. Balanga, fruto del Madagascar.

**BALANIDE**, adj. *balanid*. Balanido, que se parece á una balana. || *Balanidées*, m. pl. Zool. Balanídeas, familia de la clase de los cirrípedos.

**BALANINE**, f. *balanín*. Zool. Balanina, insecto de la familia de los porta-picos.

**BALANITE**, f. *balanít*. Zool. Balanita ó balana, molusco acéfalo. V. BALANE. || Balanita, castaña purgante. || Minor. Balanita, piedra preciosa. || Med. Balitis, inflamacion del balano.

**BALANOÏDE**, adj. *balanoid*. Balanoideo, que se parece á una bellota.

**BALANOMORPHE**, m. *balanomórf*. Zool. Balanomorfo, género de coleópteros tetrámeros.

**BALANOPHAGE**, adj. *balanofáge*. Balanófago, que se alimenta de bellotas.

**BALANOPHORE**, adj. *balanofór*. Bot. Balanóforo, que produce bellotas. || f. Balanófora, planta parásita de los mares del sur.

**BALANOPHORÉ, ÉE**, adj. *balanoforé*. Balanofóreo, que se parece á una balanófora.

**BALANORRHAGIE**, f. *balanorragí*. Med. Balanorragia, evacuacion mucosa por el glande.

**BALANORRHAGIQUE**, adj. *balanorragíc*. Med. Balanorrágico, relativo á la balanorragia.

**BALANT**, m. *balán*. Mar. Péndola ó pendura. || Mar. El seno de un cabo que está en oscilacion.

**BALANTION**, m. *balansión*. Bot. Balantino, género de helechos. || Balántica, moneda antigua que valia 250 dineros.

**BALANTIOPHTHALME**, adj. *balansiofldlm*. Zool. Balantioftalmo, que tiene los párpados en forma de bolsa.

**BALANUS**, m. *balánus*. Anat. Balano, pene, la parte extrema del miembro viril.

**BALAOU**, m. *balaú*. Balú, pescado pequeño de la Martinica. || Mar. Balahú, especie de goleta comun en las Antillas, y buque pequeño de las costas de Vizcaya.

**BALASSE**, f. *balás*. Jergon de paja de avena. || Alcarraza, botijo para refrescar el agua.

**BALASSOR**, m. *balasór*. Balasor, tela de la India oriental.

**BALAST**, m. *balást*. Mar. Enjunque, lo mas pesado del lastre.

**BALASTRIS**, m. *balástris*. Brocado de oro de Venecia.

**BALATAS**, m. *balátas*. Balátas, árbol de América.

**BALAUST**, f. *balóst*. Flor seca del granado silvestre. Nosotros llamamos balaustra, balaustria ó balaustia á la flor del granado, sea ó no silvestre.

**BALAUSTIER**, m. *balostié*. Bot. Granado silvestre, árbol.

**BALAYAGE**, m. *baleyáge*. Barredura, barrido. || Paga del barrendero.

**BALAYER**, a. *baleyé*. Barrer, escobar (poco us.). || met. Ir zaparrastrando. || met. Limpiar, ahuyentar, llevarse. || met. Echar fuera, expulsar.

**BALAYETTE**, f. *baleyét*. Escobilla, escobita.

**BALAYEUR, EUSE**, m. y f. *baleyeur*, *eus*. Barrendero, barrendera. || m. Barrendero, hongo del género agarico.

**BALAYURES**, f. pl. *baleyúr*. Barreduras: escobilla entre los plateros. || *Balayures de mer*, lo que deja la mar en la costa al tiempo de la resaca.

**BALBISIE**, f. *balbisí*. Bot. Balbisia, género de plantas sinantéreas corimbíferas.

**BALBUTIE**, f. *balbusí*. Tartamudeo, balbucencia, dificultad en pronunciar. || Bagatela, frivolidad, tontería, dicho irreflexivo.

**BALBUTIEMENT**, m. *balbusimán*. Balbuceamiento, tartamudeo.

**BALBUTIER**, n. *balbusié*. Rezar, hablar entre dientes. || Tartamudear. || met. Farfullar, hablar confusa ó atropelladamente.

**BALBUZARD**, m. *balbusár*. Zool. Balbuzardo, halieto, águila pescadora.

**BALCON**, m. *balcón*. Arq. Balcon. || Mar. Galería.

**BALDAQUIN**, m. *baldaquén*. Baldaquino, palio, dosel. || Arq. Baldaquino, cascaron. || Dosel, adorno que se coloca sobre los tronos, altares, etc. || Pabellon, especie de dosel, guarnecido de sedas y suspendido encima de una cama.

**BALDER**, m. *baldér*. Mit. Balder, hijo de Odin y de Friga; es el Apolo de los Escandinavos, y la personificacion de la luz y de la hermosura.

**BALÉARIQUE**, adj. *balearíc*. Baleárico, balear, de las islas Baleares.

**BALÉNAS** ó **BALÈNAS**, m. *balénas*. Zool. Miembro genital de la ballena macho.

**BALEINE**, f. *balén*. Zool. Ballena, mamífero cetáceo. || Ballena, la tira que se saca de su mandíbula superior. || *Sperme* ó *blanc de baleine*, esperma de ballena. || Astr. Ballena, constelacion.

**BALEINÉ, ÉE**, adj. *balené*. Emballenado, guarnecido, armado con ballenas.

**BALEINAU** ó **BALEINON**, m. *balenó*, *balenón*. Zool. Ballenato, el hijo de la ballena.

**BALEINIDE**, adj. *balenid*. Zool. Balenoideo, que se parece á la ballena. || m. pl. Ballenídeos, familia de cetáceos.

**BALEINIER**, m. *balenié*. Ballenero, navío equipado para la pesca de la ballena.

**BALEINIÈRE**, f. *balenièr*. Ballenera, especie de embarcacion que sirve á los navíos balleneros para seguir á la ballena.

**BALEINOLOGIE**, f. *balenologí*. Balenologia, tratado de las ballenas y de los cetáceos.

**BALEINOPTÈRE**, f. *balenoptér*. Zool. Ballenóptero, cierto género de ballenas.

**BALESTON**, m. *balestón*. Mar. Botavara, verga de las velas de abanico.

**BALÈVRE**, m. *baléer*. Labio inferior. || Arq. Resalto. || Art. Rebaba de metal.

**BALFOUR**, m. *balfùr*. Bot. Balfurod, árbol de la Nueva Holanda.

**BALI**, m. **BÂLIE**, f. *balí*. Balí, lengua sabia de los moradores de Siam.

**BALICASSE**, m. *balicás*. Chuca, especie de cuervo de Filipinas.

**BALIGARAB**, m. *baligaráb*. Bot. Baligarab, arbusto de las islas Filipinas.

**BALIN**, m. *balén*. Carnedero, lenzon en que cae el grano cuando se le criba.

**BALINE**, f. *balín*. Arpillera, lienzo vasto para enfardar las mercaderías.

**BALISAGE**, m. *baliságe* Limpia de un rio. || Mar. La accion de avalizar.

**BALI-SAUR**, m. *balisór*. Zool. Balisauro, animal carnicero plantigrado de las montañas del Indostan.

**BALISCORNE**, f. *baliscórn*. Art. Tobera, pieza de hierro cilíndrica en la que entra el cañon del fuelle de una fragua.

**BALISE**, f. *balís*. Senda que se deja á la orilla de los rios navegables. || Mar. Valiza, boya. || Marca que ponen los calafates en ciertos parajes.

**BALISER**, a. *balisé*. Mar. Avalizar, poner boyas ó valizas.

**BALISEUR**, m. *baliseur*. El celador de las sendas que sirven para halar los barcos en los rios. || El celador de las valizas de un puerto.

**BALISIER**, m. *balisié*. Bot. Balicero, caña de Indias. || *Balisiers*, pl. Bot. Balisoídeas. V. **AMOMÉES**.

**BALISIOÏDE**, adj. *balisioíd*. Balisoide, que se parece al balicero ó caña de Indias. || *Balisioïdes*, f. pl. Balisoídeas, familia de plantas que comprende la de las cañas de Indias. V. **AMOMÉES**.

**BALISTAIRE**, m. *balistér*. Ballestero, soldado cuya arma es la ballesta. || Ballestero, oficial encargado de las armas y máquinas de guerra.

**BALISTE**, f. *balíst*. Ballesta, máquina de guerra usada antiguamente. || Ballesta, género de peces.

**BALISTIQUE**, f. *balistíc*. Balística, ciencia que enseña á calcular el movimiento de los proyectiles. || adj. Balístico, que pertenece á la balística.

**BALIVAGE**, m. *baliváge*. Resalvia, operacion agronómica que tiene lugar en la poda de los árboles.

**BALIVEAU**, m. *balivó*. Resalvo, vástago que debe dejarse en la corta de árboles.

**BALIVERNE**, f. fam. *balivérn*. Hojarasca, paja, faramalla, conversacion de cosas insustanciales.

**BALIVERNER**, n. *baliverné*. Contar cuentos, chacharear, chufletear, faramallear.

**BALLADE**, f. ant. *balád*. Balada, balata, composicion métrica con estribillo para cantar en los bailes. || met. fam. *C'est le refrain de la ballade*, eso es volver á la misma cancion: eso es andar en villancicos.

**BALLADER**, n. *baladé*. Hacer baladas.

**BALLANT**, adj. fam. *balán*. *Aller les bras ballants*, llevar colgando los brazos: ser desgarbado en el andar.

**BALLE**, f. *bál*. Pelota para jugar. || *Prendre ó saisir la balle au bond*, aprovecharse de la ocasion. || *La balle cherche le bon joueur*, quien las sabe, las tañe: la fortuna busca al que sabe aprovecharse de ella. || fam. *À vous la balle*, á Vd. le toca hablar. || Bala de fusil, pistola, etc., pero no de cañon. || *Balle ardente*, bala luminosa ó de iluminacion. || *Balle ramée*, bala encadenada. || *Balle sèche*, bala rasa. || Bala, balon, fardo de mercaderías. || *Marchandises de balle*, generos de municion. || ant. *Artiste, écrivain de balle*, artista, escritor adocenado. || *Rimeur de balle*, un mal coplero. || Bala para dar tinta en las imprentas. Está poco en uso la bala, y se ha reemplazado con el rodillo *(rouleau)*, que sirve en la prensa. || Muñeca de estampador. || Bodoque, zurron, vainita, la cascarilla en que están encerrados los granos del trigo, etc.

**BALLERUS**, m. *balrús*. Balero, pez.

**BALLET**, m. *balé*. Danza figurada, representando alguna accion. || Pantomima, accion trágica ó cómica. || Equit. Corbeta, salto en que se levanta el caballo de adelante, rebatiendo las piernas. || *Maître de ballet*, el bastonero de un baile.

**BALLIARDE**, f. *baliárd*. Astr. Nombre de una de las manchas de la luna.

**BALLIER**, m. *balié*. Pajar, lugar donde se recoge la paja.

**BALLON**, m. *balón*. Balon, pelota grande de viento para jugar. || Globo, máquina aerostática. || Quím. Recipiente. || Mar. Especie de bergantin. || Mil. Bomba, granada.

**BALLONNÉ, ÉE**, adj. *baloné*. Hinchado como un globo, entumecido.

**BALLONNEMENT**, m. *balonmán*. Med. Hinchazon del vientre.

**BALLONNER**, a. *baloné*. Hinchar, dilatar en forma de globo. || n. Hinchar, ponerse hinchado. || *Se ballonner*, r. Hincharse.

**BALLONNIER**, m. *balonié*. Pelotero, que hace y vende globos ó pelotas de viento.

**BALLOT**, m. *baló*. Com. Bulto ó lio grande, fardo. || fam. *Voilà votre vrai ballot*, halló Vd. la horma de su zapato; ahí tiene Vd. lo que deseaba.

**BALLOTTADE**, f. *balotád*. Balotada, salto del caballo con los cuatro piés iguales, aunque enseñando las herraduras de los traseros.

**BALLOTTAGE**, m. *balotág*. El sorteo por bolitas, ó la votacion por escrutinio con las mismas.

**BALLOTTE**, f. *balót*. Bolita, balota, haba para votar ó sortear. || pl. Cuévanos para la vendimia.

**BALLOTTEMENT**, m. *balotmán*. Golpeo, bamboleo, agitacion, sacudimiento.

**BALLOTTER**, a. *baloté*. Sacudir, mover á una parte y á otra. || met. Traquear, ventilar, dar muchas vueltas á un negocio. || Traer al retortero, al pelotero á alguno. || Votar de nuevo á los dos que han sacado mas votos en el primer escrutinio. || n. Bambolearse, golpearse. || Balotar (poco us.), votar con balotas.

**BALLOTTINE**, f. *balotín*. Quim. Balotina, principio amargo de la planta llamada balota.

**BALNÉABLE**, adj. *balneábl*. Med. Termal, propio para baños.

**BALNÉOGRAPHE**, m. *balneográf*. Balneógrafo, que escribe acerca de baños.

**BALNÉOGRAPHIE**, f. *balneografí*. Balneografía, descripcion ó tratado de los baños.

**BALNÉOTECHNIE**, f. *balneotecní*. Balneotecnia, arte de preparar los baños.

**BALOISE**, f. *baluás*. Baloisa, tulipan de tres colores.

**BALOURD**, m. *balúr*. Palurdo, zopenco, rudo, persona estúpida.

**BALOURDISE**, f. *balurdís*. Patochada, tontería, tontada, tosquedad.

**BALSAMARIE**, f. *balsamarí*. Bot. Calófilo, género de plantas. || Bálsamo de María.

**BALSAMÉE**, f. *balsamé*. Jugo del bálsamo.

**BALSAMÉLÉON**, m. *balsameleón*. Farm. Balsameleon, trementina de Judea, arbusto.

**BALSAMIER**, m. *balsamié*. Bot. Balsamero, arbusto.

**BALSAMIFÈRE**, adj. *balsamifér*. Bot. Balsamífero, que produce bálsamo.

**BALSAMIFLUE**, adj. *balsamiflù*. Balsamifluo, que fluye bálsamo. || *Balsamiflues*, f. pl. Balsamífluos, familia de plantas.

**BALSAMINE**, f. *balsamín*. Bot. Balsamina, planta.

**BALSAMINÉ, ÉE**, adj. *balsaminé*. Bot. Balsamíneo, que se parece á la balsamina. || *Balsaminées*, f. pl. Balsamíneas, familia de plantas dicotiledóneas.

**BALSAMIQUE**, adj. *balsamíc*. Balsámico, que participa de las cualidades del bálsamo ó que lo contiene.

**BALSAMITE**, f. *balsamít*. Bot. Balsamita, planta que se llama tambien yerba de Santa María.

**BALSAMODENDRON**, m. *balsamodendrón*. Bot. Balsamodendro, planta terebintácea.

**BALSAMUM**, m. *bálsamom*. [illegible] árbol.

**BALSE ó BALZE**, f. *bals, bóls*. [illegible] jangada, especie de almadía.

**BALTIMORE**, m. *baltimór*. Zool. [illegible] moro, género de aves silvanas. || f. [illegible] timora, género de plantas.

**BALTRACAN**, m. *baltracán*. [illegible] planta de la Tartaria.

**BALUSTRADE**, f. *balustrád*. [illegible] trada, serie de balaustres.

**BALUSTRE**, m. *balústr*. [illegible] Arq. Balaustre, adorno del capitel [illegible]

**BALUSTRER**, a. *balustré*. [illegible] dear de balaustres, poner una balaus[illegible]

**BALZAN**, adj. *balzán*. Calzado: [illegible] de un caballo negro ó bayo que tiene [illegible] chas blancas en los piés.

**BALZANE**, f. *balzán*. Mancha blanca [illegible] los caballos tienen en los piés.

**BAMBIN**, m. *banbén*. Nene, niño [illegible] Úsase solo como caricia y mimo.

**BAMBOCHADE**, f. *banbochád*. Bambochada, bamboche, la pintura que [illegible] presenta una orgía ó un banquete [illegible]

**BAMBOCHE**, f. *banbóche*. Títere, [illegible] mayor que el comun. || met. y fa[illegible] boche, botarga, retaco, la persona [illegible] achaparrada y rechoncha. || Junco [illegible] que es muy nudoso. || pl. vulg. Chasco, [illegible] chanza. || fam. *Faire ses bamboches*, [illegible] la tuna, andar á la briba.

**BAMBOCHER**, n. *banboché*. Pint. [illegible] ó pintar bambochadas.

**BAMBOCHEUR, EUSE**, m. y f. [illegible] cheur, eus. Bambochador, el que pinta [illegible] bochadas.

**BAMBOU**, m. *banbú*. Bot. Bambú, [illegible] cie de junco ó caña de Indias. || [illegible] bengala de bambú.

**BAMBUSACÉ, ÉE**, adj. *banbusasé*. [illegible] Bambusáceo, que se parece al bamb[illegible] *Bambusacées*, f. pl. Bambusáceas, [illegible] gramíneas, cuyo tipo es el bambú.

**BAN**, m. *ban*. Bando, pregon. || [illegible] toque de bando. || Amonestacion, [illegible] de casamiento. || Destierro, proscripcion. [illegible] *Ban et arrière-ban*, [illegible] nobleza para el servicio militar. || met. [illegible] *vaquer le ban et l'arrière-ban*, [illegible] das las puertas: no dejar piedra por [illegible] || *Battre un ban*, engañar, mentir. || [illegible] Muselina muy tejida y fina de las Indias.

**BANAL, E**, adj. *banál*. Del señorío [illegible] de los establecimientos, cuales son [illegible] molino, almazara, etc., á los que tienen [illegible] acudir por precision los vasallos de [illegible] || met. Comun, que sirve ó complace á [illegible] v. gr. *galant banal*, cortejante de [illegible] || *Louanges banales*, elogios de [illegible] *Témoin banal*, testigo á dos manos [illegible] haces.

**BANALITÉ**, f. *banalité*. Fuero, derecho [illegible] exclusivo del señor á tener los hornos, [illegible] linos, etc., de que han de usar sus vasallos. || met. La facilidad ó generalidad con que [illegible] ganos se prestan á ciertas cosas. || [illegible] dad, vulgaridad.

**BANANE**, f. *banán*. Bot. Banana [illegible] tano, fruto del bananero.

**BANANIER**, m. *bananié*. Bot. Ban[illegible] plátano, árbol de las Indias.

**BANANIVORE**, adj. *bananivór*. [illegible] nivoro, que se alimenta de bananas.

**BANANISTE**, m. *bananist*. Zool. [illegible] nista, ave azucarera de América.

**BANARE**, m. *banár*. Banaro, género [illegible] plantas de la América setentrional.

**BANC**, m. *ban*. Banco, asiento lar[illegible] *Banc à dossier*, banco de respaldo, [illegible] || Banqueta del reo en juicio. || Banco, [illegible] asiento de los diputados de una nacion, [illegible] cual suele indicar cuáles son sus opiniones [illegible] políticas. || Impr. Banco. || Mar. Banco, [illegible] bajo. || Banco de nieve. || Banco de [illegible] meros de una galera. || Pedestal ó [illegible] las galeras. || *Banc de maréchal*, [illegible] banco de herrador. || Geol. Banco, [illegible] nada ó capa de piedra. || met. Banco, [illegible] línea, puesto. *S'asseoir sur le banc de quelqu'un*, sentarse en el banco de alguno, [illegible] carse al lado de alguno, igualarse á él.

**BANCA**, m. *banca*. Bot. Banca, pa[illegible] de Filipinas.

**BANCAL, E**, adj. y s. fam. *bancál*. [illegible]

*lière*, dar la bandolera: establecer una guarda en una posesion, monte, etc. || *Porter quelque chose en bandoulière*, llevar algo cruzado á la espalda. || Zool. Bandolero, pescado de la América del Sur y del mar de las Indias.

**BANDURE**, f. *bandúr*. Bandura, planta de la América.

**BANEAU**, m. *banó*. Vaso de madera.

**BANG**, m. *bán*. Bot. Bange ó benge, árbol de África.

**BANGIE**, f. *bangí*. Bot. Bangia, género de algas, de que hay varias especies.

**BANGUE**, m. *bangue*. Bango, especie de cáñamo, cuyas hojas mascan y fuman los Indios.

**BANIAHBOU**, m. *baniabú*. Baniabú, especie de mirlo de Bengala.

**BANIANS**, m. pl. *banián*. Banianos, idólatras de la India.

**BANISTAN** ó **BANITAN**, m. *banistán*, *banitán*. Bot. Banistan, raiz que se coge en Luzon y en Filipinas, y se emplea contra el asma.

**BANISTÈRE**, f. *banistér*. Bot. Banisteria, género de plantas malpigiáceas.

**BANISTÉRIÉ**, **ÉE**, adj. *banisterié*. Bot. Banisteriáceo, que pertenece á la banisteria. || *Banistériées*, f. pl. Banisteriáceas, tribu de las malpigiáceas.

**BANKARETTI**, m. *bancaretti*. Bot. Bancareti, árbol espinoso del Malabar.

**BANK-NOTES**, m. pl. *bancnót*. Billetes del banco de Inglaterra.

**BANKSIE**, f. *bancsí*. Bot. Bancsia, arbusto.

**BANLIEUE**, f. *banlieu*. Distrito de la jurisdiccion de una ciudad: el de Madrid se llama *rastro de la corte*.

**BANNE**, f. *bán*. Especie de banasta formada de ramas para llevar el carbon en carros. || Lona para cubrir las mercancías que van á la inclemencia. || Toldo, tendal de los barcos, carros y puestos de los vendedores. || Mar. Tilla de los bateles.

**BANNEAU**, m. *banó*. Banasta. || Carrito cubierto que se arrastra á la mano. || Cuévano para vendimiar. || Medida antigua de líquidos.

**BANNER**, a. *bané*. Entoldar, cubrir con toldo.

**BANNERET**, s. m. y adj. *banré*. Hist. Mesnadero, el que tenia derecho de llevar pendon en la guerra. || *Seigneur banneret*, gentil-hombre de pendon y caldera, caballero mesnadero.

**BANNERETTE**, f. *banrét*. Banderola, banderita, bandera pequeña.

**BANNETON**, m. *banton*. Pesc. Vivero de peces. || Banasto para poner á fermentar la masa.

**BANNI**, m. *baní*. Desterrado, el que es echado de un pueblo por la justicia.

**BANNIE**, f. ant. *baní*. Bando, publicacion, promulgacion. || Agr. *Temps de bannies*, tiempo de veda.

**BANNETTE**, f. *banét*. Banasta para transportar géneros, canasta.

**BANNIÈRE**, f. *banier*. Pendon, estandarte de parroquia, etc. || ant. Pendon de mesnada. || poco us. Pabellon de navío ó galera. || poco us. Pendon, bandera de un regimiento. || Mar. Aventadura de las escotas de una vela. || loc. adv. fam. *En bannière*, en camisa, en paños menores. || *Recevoir avec la croix et la bannière*, recibir á alguno con pompa. || *Se ranger sous la bannière de quelqu'un*, alistarse en el partido de alguno. || *Entrer en bannière*, ser recibido de caballero mesnadero.

**BANNIR**, a. *banír*. Desterrar, confinar. || met. Desterrar, ahuyentar, apartar de sí. || Recortar, separar.

**BANNISSABLE**, adj. *banisábl*. Desterrable, digno de destierro.

**BANNISSEMENT**, m. *banismán*. Destierro, expulsion judicial de alguna persona de un lugar determinado.

**BANQUE**, f. Banco en que se deposita dinero ganando interes. || Banca (neol), giro ó comercio de banca, esto es, girando ó descontando letras. || Cambio de dinero ó de billetes de banco. || La casa y la profesion del banquista ó del banquero. || Banca, fondo del banquero en el juego de la banca. || vulg. *Faire la banque*, ser ladino ó solapado. || Monte, las cartas que quedan despues de darlas á los jugadores. || Tropa de titiriteros. || Banqueta de peinero. || Impr. Semana, lo que se paga cada sábado á los prensistas, cajistas y demas oficiales de la imprenta.

**BANQUÉ**, **ÉE**, adj. *banqué*. Dícese del barco que va á la pesca del bacalao.

**BANQUER**, n. *banqué*. Mar. Coger la sonda de un banco.

**BANQUEREAU**, m. *bancró*. Mar. Banco menor que otro que está inmediato.

**BANQUEROUTE**, f. *bancrút*. Bancarota, quiebra. || *Faire banqueroute*, quebrar; met. y fam., faltar á, no cumplir una obr...

**BANQUEROUTIER**, **ÈRE**, m. y f. *bancrutié*, *ér*. Quebrado, fallido, el que quiebra ó hace bancarota.

**BANQUET**, m. *banqué*. Festin, banquete, comida espléndida. || Feud. Banquete, convite que el vasallo estaba obligado á dar á su señor una ó dos veces al año. || Rel. cat. Banquete, nombre que se da á la mesa sagrada, es decir, á la Eucaristía.

**BANQUETER**, n. ant. *bancté*. Banquetear, dar ó andar en banquetes.

**BANQUETTE**, f. *banquét*. Banqueta, asiento pequeño relleno y forrado con tela. || Arq. Anden, andito. || Fort. Banqueta.

**BANQUIER**, m. *banquié*. Banquero, cambista, negociante en letras. || Banquero en el juego. || *Banquier en cour de Rome*, curial, el que hace traer las dispensas y bulas pontificias. || Mar. Buque que fondea sobre un banco para pescar.

**BANQUISTE**, m. *banquist*. Charlatan, saltimbanquis, titiritero. || Zorro, solapado.

**BANS**, m. pl. *bán*. Cama de perros.

**BANSE**, f. *báns*. Cesta, canasto, canaston, canasta grande.

**BANTIALE**, f. *bansiál*. Bot. Bantiala, planta parásita de las Molucas.

**BANULAC**, m. *banulác*. Bot. Banulaco, planta de Filipinas.

**BANVIN**, m. *banvén*. Banvino, derecho del señor feudal de vender su vino exclusivamente por cierto tiempo.

**BANZA**, f. *bánsa*. Banza, especie de guitarra de cuatro cuerdas usada entre los negros.

**BAOBAB**, m. *baobab*. Bot. Baobab, adansonia, género de plantas malváceas.

**BAPTE**, m. *bápt*. Bapto, nombre de los sacerdotes de Cotito, diosa de la impureza. || Zool. Bapto, género de lepidópteros.

**BAPTÊME**, m. *batém*. Rel. cat. Bautismo, uno de los siete sacramentos instituidos por Jesucristo. || Bautizo, el acto de bautizar. || met. Bautizo, mojadura. || *Baptême de la ligne*, ceremonia que hacen los marineros, mojando á los que pasan la vez primera la línea. || *Nom de baptême*, nombre de pila.

**BAPTISER**, a. *batisé*. Bautizar, administrar el bautismo. || fam. *Baptiser quelqu'un*, poner sobrenombre ó apodo á alguno. || met. *Baptiser le vin*, bautizar el vino, echarle agua. || Bautizar, poner nombre. || Bautizar, mojar ó echar agua encima. || Bendecir una campana, un navío.

**BAPTISIE**, f. *batisí*. Bot. Baptisia, género de plantas de las leguminosas.

**BAPTISMAL**, **E**, adj. *baptismál*. Bautismal, que pertenece al bautismo. || *Les fonts baptismaux*, la pila bautismal.

**BAPTISTAIRE**, adj. *batistér*. Bautismal. || *Extrait baptistaire*, partida ó fe de bautismo. || *Registre baptistaire*, libro de bautismo ó de bautizados. || m. Fe de bautismo.

**BAPTISTÈRE**, m. *batistér*. Bautisterio, la capilla que habia antiguamente junto á las catedrales, en la que se administraba el bautismo. || Bautisterio, sitio donde está la pila bautismal.

**BAQUET**, m. *baqué*. Cubeta chata de madera. || Remojadero. || Brazador, lavadero de imprenta. || Fís. Batería magnética. || Jard. Cueso, especie de cajon de madera en el que se siembra alguna cosa delicada.

**BAQUETER**, a. *bacté*. Achicar, agotar el agua de un barco, desaguarlo. || Jard. Regar ó rociar con pala.

**BAQUETURES**, f. pl. *bactúr*. Escurriduras, el vino que cae de una vasija al embotellarlo.

**BAQUIER**, m. *baquié*. Com. Algodon de inferior calidad.

**BAR**, m. *bár*. Angarilla, máquina para transportar piedras, fardos, etc. || Bar, pesc

zando en la costa de Coromandel, equivalente á 300 libras. || Blas. Barbo, pescado que se coloca muchas veces en los escudos de armas.

**BARACAN**, f. baracán. Barragan, tela fuerte de lana impermeable. V. BOURACAN.

**BARACAQUE**, m. baracác. Sect. rel. Baracaque, miembro de una secta de religiosos en el Japon.

**BARACHOIS**, m. barachuá. Mar. Seno pequeño en el fondo de una bahía. || Dársena, dique natural.

**BARACODOTO**, m. baracodóto. Zool. Baracoodo, pescado de las Antillas.

**BARADINE**, f. baradín. Agr. Desagüe, zanja abierta en una colina.

**BARAGOUIN**, m. baraguén. Jerga, algarabía, guirigay, lenguaje ininteligible.

**BARAGOUINAGE**, m. V. BARAGOUIN.

**BARAGOUINER**, n. baraguiné. Barbullar, farfullar. || Hablar en guirigay, en una lengua que no se entiende. || Chapurrar una lengua, hablarla mal.

**BARAGOUINEUR, EUSE**, m. y f. baraguineur, eus. Farfullador, ra, barbullon, na, el que chapurrea una lengua, ó el que habla y tartamudea tanto que no se le entiende.

**BARAL**, m. barál. Baral, medida de capacidad para los líquidos usada en otro tiempo en la Provenza y en el Languedoc.

**BARAMARÉCA**, m. baramaréca. Bot. Baramareca, planta del Malabar.

**BARANDAGE**, m. barandáge. Barandaje, pesca prohibida por las ordenanzas.

**BARANGE**, m. baránge. Barango, oficial del Bajo Imperio, ó capitan de llaves.

**BARAQUE**, m. barác. Barraca, especie de cabaña, choza, casa rústica. || Mil. Choza, pequeña habitacion que reemplaza las tiendas en los campamentos. || Tienda provisional, puesto. || Carcamal, casa mal construida, sin ninguna comodidad; y tambien casa de pelgar, en que se paga mal á los criados.

**BARAQUEMENT**, m. baracmán. Accion de construir barracas. || Reunion de barracas de un cuerpo militar.

**BARAQUER**, n. baraqué. Hacer ó poner barracas en campaña. || a. y r. Abarracarse, alojarse en barracas los soldados.

**BARAQUETTE**, f. baraquét. Mar. Telera.

**BARAT**, m. ant. bará. Com. Engaño fraude, dolo.

**BARATERIE**, f. baratrí. Baratería, malversacion de un patron de barco.

**BARATEUR, EUSE**, m. y f. ant. barateur, eus. Engañoso, sa.

**BARATHRE**, m. barátr. Báratro, sima que hay en el Ática donde se precipitaban los criminales condenados á muerte. || met Báratro, toda especie de simas. || Algunos autores dan este nombre al infierno.

**BARATRON**, m. baratrón. Mit. Baratron, nombre de un ídolo de los Sarracenos.

**BARATTAGE**, m. baratáge. Batido, mazado, la accion de batir ó mazar la leche para sacar la manteca.

**BARATTE**, f. barát. Mantequera, vaso de madera para hacer manteca.

**BARATTER**, a. baraté. Mazar, batir la leche para hacer manteca.

**BARATTERIE**, f. V. BARATERIE.

**BARBACANE**, f. barbacán. Fort. Barbacana de una muralla. || Saetera. || Arq. Desaguadero abierto en una pared para dar salida á las aguas de una azotea.

**BARBACÉNIE**, f. barbaceni. Bot. Barbacenia, género de plantas del Brasil.

**BARBACOLE**, m. barbacól. Oca, cierto juego de azar. || Pedante, maestrillo.

**BARBACOU**, m. barbacú. Zool. Barbacú, cuclillo negro de Cayena.

**BARBAJAN**, m. barbaján. Zool. Barbajano, especie de buho.

**BARBAJOUE** ó **BARBAJEU**, m. barbaju, barbajeu. Bot. Nombre vulgar en Francia de la siempreviva. V. JOUBARBE.

**BARBARALEXE**, m. barbaraléx. Barbaralexis, figura retórica que consiste en unir una palabra del idioma propio con otra extraña.

**BARBARE**, adj. barbár. Bárbaro, cruel, inhumano. || met. Bárbaro, salvaje, grosero, bruto, impolítico, rústico. || Bárbaro, que se aparta de las reglas y uso del idioma: *mot barbare*, palabra bárbara.

**BARBARÉE**, f. barbaré. Bot. Barbárea, género de plantas crucíferas.

**BARBAREMENT**, adv. barbaremán. Bárbaramente, de un modo cruel, feroz. || Bárbaramente, sin cultura.

**BARBARESQUE**, adj. y s. barbarésc. Berberisco, natural de Berbería. || m. Zool. Barbaresco, pequeña ardilla de Berbería.

**BARBARICAIRE**, m. barbariquér. Bordador ó tapicero que usa hilos de oro ó sedas de varios colores.

**BARBARIE**, f. barbarí. Barbaridad, inhumanidad, crueldad, ferocidad. || Barbarie, falta de civilizacion y cultura. || Barbarie, falta de reglas en el lenguaje. || Geog. Berbería, país de la costa de África.

**BARBARIN**, m. barbarín. Zool. Barbarino, nombre genérico de algunos peces.

**BARBARINE**, f. barbarín. Bot. Barbarina, variedad de calabaza.

**BARBARISER**, a. barbarisé. Cometer barbarismos, hablar de una manera bárbara.

**BARBARISME**, m. barbarísm. Barbarismo, vicio contra la pureza del lenguaje.

**BARBASTELLE**, f. barbastél. Zool. Barbastela, especie de murciélago.

**BARBE**, f. bárb. Barba, el pelo de la parte inferior de la cara. || *Se faire la barbe*, afeitarse. || *Plat à barbe*, bacía. || *Faire la barbe à quelqu'un*, mojar la oreja á uno: subírsele á las barbas. || *Faire une chose à la barbe de quelqu'un*, hacer algo á la barba de uno ó en sus barbas. || *Prendre la barbe*, achisparse, entre impresores. || *Livre avec barbes*, libro intonso (neol.), sin cortar, aunque abierto. || Barba del macho cabrío, bigotes del gato, barbas del gallo, de la ballena. || Rebaba en las piezas de metal fundidas. || Borrilla, pelusilla que levanta el moho del dulce de almíbar. || Barbas, espillos, enfermedad de las caballerías. || pl. Barbas de pluma. || Aristas de las espigas. || Bot. Barbas, pelitos largos y delgados de que están erizados ciertos frutos y algunas flores. || Las tiras que cuelgan de ciertos tocados de las mujeres. || *Une jeune barbe*, un jóven sin experiencia, mozalvete. || Mar. *Sainte-Barbe*, Santa Bárbara, espacio que hay en los buques de guerra encima del pañol de la pólvora. || m. Caballo bárbaro, el que viene de Berbería.

**BARBÉ, ÉE**, adj. barbé. Barbado.

**BARBEAU**, m. barbó. Zool. Barbo, género de peces ciprinoides. || Barbo, insecto. || Bot. Aciano, liebrecilla, planta de flor azul. || *Bleu barbeau*, azul claro

**BARBE-DE-BOUC**, f. barbdebúc. Bot. Barbacabruna, planta sinantérea.

**BARBE-DE-CAPUCIN**, f. barbdecapusén. Bot. Barba de capuchino, achicoria ahilada en las bodegas, que sirve para ensalada.

**BARBE-DE-CHAT**, f. barbdechá. Bot. Barba de gato, planta de pequeñas flores blancas.

**BARBE-DE-CHÈVRE**, f. barbdechévr. Bot. Ruda cabruna, planta del género espíreas.

**BARBE-DE-DIEU**, f. barbdedieu. Bot. Barba de dios, especie de gramíneas.

**BARBE-DE-JUPITER**, f. barbdejupitér. Bot. Barba de Júpiter, arbusto llamado albaquilla, culen.

**BARBE-DE-MOINE**, f. barbdemuan. Bot. Barba de monje, cuscuta, epítimo, planta convolvuláceas.

**BARBE PARASITE**, f. barbparasít. Bot. Barba parásita, usnea, planta liquenácea.

**BARBE-DE-RENARD**, f. barbderenar. Bot. Barba de zorro, astrágalo gumífero, que produce la goma tragacanto.

**BARBELÉ, ÉE**, adj. barblé. Barbado, nombre que se da al dardo ó flecha cuya punta está en figura de sierra.

**BARBELET**, m. barblé. Instrumento con que se hacen los anzuelos.

**BARBÉLIOTES**, m. pl. barbéliot. Hist. rel. Barbeliotas, secta de los gnósticos.

**BARBÉLITE**, adj. barbelit. Hist. rel. Barbelita, nombre que se dió á los nicolaitas, que adoraban cierta divinidad llamada Barbelo.

**BARBELLE**, f. barbél. Zool. Barbela, género de moluscos. V. IRIDINE.

**BARBELLINE**, f. barbelín. Bot. Barbelina, género de plantas. V. STRÆLINE.

[illegible] [illegible]

**BARBER**, [illegible] barba.

**BARBERIE**, f. [illegible] de barbero. || [illegible] bero.

**BARBERINE**, f. [illegible] nombre que [illegible] Sta. Teresa.

**BARBEROT**, m. [illegible] barbero.

**BARBETIN**, m. [illegible] bongo comestible.

**BARBET, TE**, m. y f. [illegible] Perro de aguas. || [illegible] pajel, ó almocate. [illegible] barbet, lleno de lodo [illegible] El que todo lo va [illegible] Barbets, m. pl. [illegible] de los Pirineos y de los [illegible]

**BARBETTE**, f. [illegible] las beatas y monjas. || [illegible] rasa, plataforma rasa [illegible] lones. || *A barbette*, á [illegible] rasa (esto es, disparar á [illegible])

**BARBETTER**, a. [illegible] [illegible]

**BARBICAN**, m. [illegible] cano, género de aves [illegible]

**BARBICHE**, f. [illegible] nace debajo del labio [illegible] guilla.

**BARBICHE** [illegible] coquefil. Bot. Cuerno de [illegible]

**BARBICHON**, m. [illegible] aguas. || Zool. Barbichon, [illegible] Cayena.

**BARBICORNE**, adj. [illegible] Barbicórneo, epíteto dado [illegible] que tienen algunos pelillos [illegible] antenas. || m. Barbicórneo, [illegible] dípteros diurnos.

**BARBIER, ÈRE**, m. y f. [illegible] Barbero, barbera. || Zool. [illegible] de pez.

**BARBIÉRIE**, f. barbierí. [illegible] género de plantas leguminosas.

**BARBIFÈRE**, adj. [illegible] barbado, que tiene barbas.

**BARBIFIER**, a. barbifié. [illegible] rar, hacer la barba. || *Se* [illegible] tarse, rasurarse, hacerse la [illegible]

**BARBIGÈRE**, adj. [illegible] gero, epíteto que se da á [illegible] talos velludos.

**BARBILANIER**, m. [illegible] Barbilanero, ave de las [illegible] Sur.

**BARBILLE**, f. barbíll. [illegible] que hay en el canto de las [illegible]

**BARBILLON**, m. dim. [illegible] Barbillo, barbo pequeño. || [illegible] llas de algunos peces. || [illegible] cillo del anzuelo. || [illegible] que ataca la lengua de [illegible] piña.

**BARBILLONNER**, a. [illegible] Aguzar, reponer el gancho [illegible] anzuelo.

**BARBION**, m. barbión. [illegible] || Barbion, género de aves [illegible]

**BARBIPÈDE**, adj. [illegible] bipedo, que tiene los piés [illegible]

**BARBIQUE**, f. barbíc. [illegible] especie de mona.

**BARBIROSTRE, ÉE**, adj. [illegible] Zool. Barbirostro, se dice de [illegible] los insectos cuyo pico ó trompa [illegible] necidos de pelo.

**BARBITISTE**, m. barbitíst. [illegible] bitista, género de langostas.

**BARBITON**, m. barbitón. [illegible] ton, instrumento músico [illegible] arpa.

**BARBON**, m. barbón. [illegible] es voz de desprecio. || Bot. [illegible] de plantas gramíneas.

**BARBONNE**, f. barbón. Zool. [illegible] pez marino.

**BARBONNAGE**, m. barbonáge. [illegible] chochez del vejancon ridículo.

**BARBOT**, m. barbó. [illegible] sados en las galeras, ó en el [illegible]

de caballos que se trasladan por mar en un navío.

**BARCAILLAO**, m. *barcaido*. Com. Abadejo, especie de bacalao.

**BARCAROLLE**, f. *barcaról*. Mús. Barcarola, cancion de los marinos y gondoleros de Venecia. || Barcarola, música propia para cantar una barcarola.

**BARCASSE**, f. *barcás*. Mar. Barcaza, carraca, potala, buque de malas propiedades.

**BARCE**, f. *bárs*. Barroco, especie de cañones usados antiguamente.

**BARCELLE**, f. *barsél*. Agr. Carreta, carro para trasladar estiércol y tierra.

**BARCELONNAIS, E**, adj. y s. *barsloné*. Barcelones, habitante de Barcelona ó relativo á esta ciudad.

**BARCELONNETTE**, f. *barslonét*. Cuna de niño de forma particular.

**BARCLAYE**, f. *barclé*. Bot. Barclaya, planta ninféacea.

**BARCLAYÉ, ÉE**, adj. *barcleyé*. Bot. Barclayáceo, que se parece á una barclaya. || *Barclayées*, f. pl. Barclayáceas, tribu de las plantas ninfeáceas.

**BARD**, m. *bár*. Art. Angarillas fuertes para llevar cosas pesadas.

**BARDACHE**, m. *bardách*. Bardaje, catamito, bujarron, sodomita.

**BARDANE**, f. *bardán*. Bot. Bardana, lampazo, planta llamada yerba de los tiñosos.

**BARDAQUE**, f. *bardác*. Alcarraza, vasija de tierra porosa para refrescar el agua.

**BARDARISTE**, m. *bardarist*. Hist. ant. Bardarista, soldado de la guardia de los emperadores bizantinos.

**BARDE**, m. *bárd*. Hist. Bardo, sacerdote galo. || met. Poeta épico. || f. Barda, armadura que cubria el pecho y ancas de un caballo. || Enjalma ó jalma. || Albarda, lonjas ó rajas de tocino con que se asan las aves.

**BARDÉ, ÉE**, adj. *bardé*. Bardado, armado con bardas.

**BARDEAU**, m. *bardó*. Barda, tablillas delgadas con que se cubren las chozas. || Impr. Viñetero, caja en que se ponen las letras de adorno.

**BARDÉE**, f. *bardé*. Viaje, cantidad de materiales que pueden dos hombres trasladar de una vez en las angarillas. || Bardada, reunion de bardas para envolver una pieza que se va á asar. || *Bardée d'eau*, cantidad de agua que se echa en las cubas para hacer ó afinar el salitre.

**BARDELLE**, f. *bardél*. Jalma, lomillos, especie de albarda ó silla sin arzon.

**BARDER**, a. *bardé*. Bardar, armar el caballo con bardas. || Albardar las aves para asarlas. || Cargar piedras ó otra cosa sobre las angarillas. || met. Albardar, cargar de cruces, de condecoraciones. || *Se barder*, r. Albardarse, ser albardado, en todas las acepciones del verbo activo.

**BARDEUR**, m. *bardeur*. Acarreador, el que lleva cosas pesadas en las angarillas.

**BARDI ó BARDIS**, m. *bardí*. Mar. Cubichete de tambar.

**BARDIGLIO**, m. *bardílio*. Geol. Bardiglio, variedad de yeso silíceo anhidro: se halla en el Milanesado.

**BARDIGLIONE**, f. *bardilióne*. Miner. Bardiglione, carstenita ó sulfato anhidro de cal.

**BARDISME**, m. *bardísm*. Bardismo, género de poesía y música adoptado por los Bardos.

**BARDIT**, m. *bardí*. Bardito, canto de guerra de los antiguos Germanos.

**BARDOCUCULLE**, f. *bardocucúl*. Hist. ant. Bardo-cogulla, especie de capa con capucha usada por los Galos y los Romanos.

**BARDOIRE**, m. *barduár*. Zool. Melolonta, género de insectos coleópteros pentámeros.

**BARDOT**, m. *bardó*. Zool. Burdégano, macho romo, animal híbrido procedente del caballo y la borrica. || met. El que lleva el remo en una oficina, taller, etc., y en quien los otros descansan, por ser el mas inteligente ó el mas laborioso. || El hazmereir de una reunion, oficina, etc.

**BARDOTTIER**, m. *bardotié*. Bot. Imbricaria, planta que se llama tambien madera de esteras.

**BARDOU**, m. ant. V. LOURDAUD.

**BARÉGE**, f. *barég*. Com. Barés, tela de lana sin cruzar que usan las señoras.

**BARÉGINE**, f. *baregín*. Quím. Baregina, sustancia mas conocida con el nombre de glairina.

**BARÊME**, m. *barém*. Baremo, libro de cuentas hechas. Barrême fué su inventor.

**BARER**, n. *baré*. Mont. Perder el viento, no tomarlo bien. || Perder el rastro.

**BARET**, m. *baré*. Grito, bramido del elefante ó del rinoceronte. V. BARRIT, mas usado.

**BARÉTER**, n. *baretė*. Gritar, bramar como un elefante ó un rinoceronte.

**BARÉTIE**, f. *baresí*. Bot. Barecia, género de plantas de la familia de las meliáceas.

**BARETTE**, f. *barét*. Reloj. Bareta, cierta pieza del reloj.

**BARFOUL**, m. *barfúl*. Com. Barful, tela basta que fabrican los negros de Gambia.

**BARGACHE**, m. *bargách*. Abejorro, especie de moscardon.

**BARGE**, f. *bárge*. Zool. Limosa, barga, género de aves zancudas. || Barga, pez que se llama mas bien platija. || Hacina ó monton de heno seco. || Pira, hacina ó monton de leña en pedazos pequeños. || Barga ó barja, batelillo de rio.

**BARGUETTE**, f. *barguét*. Barca para pasar los caballos. || Armario para guardar los platos guisados y los de pastelería. || Especie de pastel.

**BARGUIGNAGE**, m. *barguiñáge*. Duda, titubeo, perplejidad, remolonería.

**BARGUIGNER**, n. met. y fam. *barguiñé*. Dudar, titubear, vacilar, flotar entre dos opiniones opuestas. || Regatear, porfiar sobre el precio de una cosa.

**BARGUIGNEUR, EUSE**, m. y f. *barguiñeur, eus*. Irresoluto, indeciso, falto de resolucion, que duda, titubea. || Regateador.

**BARICOT**, m. *baricó*. Bot. Baricote, fruto del baricotero, y una bebida ó licor que se extrae de él. || Bariga, especie de seda.

**BARICOTIER**, m. *baricotié*. Bot. Baricotero ó baricote, árbol robusto del Madagascar.

**BARIDIE**, f. *baridí*. Zool. Baridia, género de coleópteros tetrámeros.

**BARIGA**, f. *bariga*. Com. Bariga, seda comun de las Indias orientales.

**BARIGEL ó BARISEL**, m. *barigél*, *barisél*. Barigel, cabo de ronda de los esbirros de Roma y de Módena.

**BARIGOULE**, f. *barigúl*. Bot. Barígula, hongo comestible. || *Artichauts à la barigoule*, alcachofas rellenas y estofadas.

**BARIL**, m. *barí*. Barril, cabeto, tonel pequeño. || Barril, cierta medida de líquidos, arenques, jabon, etc. || Mil. *Baril foudroyant*, barril fulminante, barril de pólvora.

**BARILLAGE**, m. poco us. *barilláge*. Envasamiento del vino en cántaros ó botellas. || Mar. Barrilería, barrilame, pipería, vasijería.

**BARILLARD**, m. *barillár*. Oficial de la casa de los reyes de Francia, que tenia á su cargo el cuidado de la bódega.

**BARILLE**, f. *barill*. Barrilla, sosa que se saca de la planta del mismo nombre.

**BARILLET**, m. *barillé*. Barrilillo, barril pequeño. || Reloj. Barrilete, tamborcillo cilíndrico del resorte del reloj. || Fís. Cilindro de bomba. || Zool. Barrilete, molusco muy extraño.

**BARILLEUR**, m. *barilleur*. Tonelero.

**BARILLON**, m. *barillon*. Fís. Barrilion, especie de pesa-licores.

**BARIOLAGE**, m. *barioláge*. Baturrillo, mescolanza de colores. || Baturrillo, mezcla de ideas incoherentes.

**BARIOLER**, a. *barioló*. Pintorrear, confundir, mezclar diversos colores. || *Barioler son style*, hacer un baturrillo al escribir, escribir sin gusto.

**BARIOLURE**, f. *bariolúr*. Baturrillo, pintarrajo, confusion, fárrago.

**BARIPE**, m. *baríp*. Zool. Baripo, género de coleópteros pentámeros.

**BARIQUE**, f. y **BARIQUAUT**, m. V. BARRIQUE, BARRIQUAUT.

**BARITE**, f. *barit*. Quím. V. BARYTE.

**BARITEAU**, m. *baritó*. Com. Tela de tamices, tela gorda de América.

**BARITINÉES**, f. pl. *baritiné*. Zool. Baritíneas, sub-familia de aves corvideas.

**BARITON**, m. *baritón*. V. BARYTON.

**BARIUM**, m. *báriom*. Quím. Bario, metal blanco argentino. La fórmula que lo representa es *Ba*.

**BARJELADE**, f *barijeládé*. Mescla de queso, avena, guisantes, etc, que se da entre el verde á los ganados para engordarlos.

**BARKANIE**, f. Bot. V. HALOPHILE.

**BARKHAUSIE**, f. *barcosí*. Bot. Barcausia, género de plantas de las chicoriáceas.

**BARLÉRIE**, f. *barlerí*. Bot. Barlería, género de plantas acantáceas de América.

**BARLIN**, m. *barlén*. Nudo que se hace al principio ó al fin de una hebra ó cordon de seda para torcerlos.

**BARLONG, GUE**, adj. *barlón*. Mal redondeado, mas largo de un lado que de otro: se dice de un vestido.

**BARLOTIÈRES**, f. pl. *barlotiér*. Varetas, varillas de los bastidores de las vidrieras.

**BARNABITE**, adj. y s. *barnabít*. Barnabita, clérigo regular de la congregacion de San Pablo.

**BARNACHE**, f. *barnáche*. Zool. Barnacle, ave de paso, especie de ganso.

**BARNADÉSIE**, f. *barnadesí*. Bot. Barnadesia, género de plantas corimbíferas.

**BARNARDIE**, f. *barnadí*. Bot. Barnadia, género de plantas de la familia de las liliáceas.

**BARNE**, f. *bárn*. Fábrica de sal.

**BARNISOTTE**, m. *barnisót*. Bot. Barnisota, variedad de la higuera comun.

**BAROCCO**, m. *baróco*. Baroco, moneda imaginaria de Sicilia.

**BAROLITHE**, f. *barolít*. Miner. Barolita, nombre que se ha dado á la barita carbonatada.

**BAROMACROMÈTRE**, m. *baromacrométr*. Baromacrómetro, instrumento destinado á medir la longitud y peso de un niño recien nacido.

**BAROME**, m. *baróm*. Bot. Barosma, género de plantas del África austral.

**BAROMÈTRE**, m. *barométr*. Fis. Barómetro, instrumento para conocer la presion atmosférica.

**BAROMÉTRIQUE**, adj. *barometríc*. Fis. Barométrico, perteneciente al barómetro.

**BAROMÉTROGRAPHE**, m. *barometrográf*. Fis. Barometrógrafo, instrumento propio para indicar las variaciones del barómetro.

**BAROMÉTROGRAPHIE**, f. *barometrografí*. Fis. Barometrografía, descripcion de barómetros. || Barometrografía, arte de hacer observaciones barométricas.

**BARON**, m. *barón*. Baron, título de nobleza.

**BARONNAGE**, m. *baronáge*. Baronaje, cualidad de baron: se dice por burla.

**BARONNAT**, m. *baroná*. Baronato, título, tierra, dominio de un baron.

**BARONNE**, f. *barón*. Baronesa, señora noble que posee una baronía; esposa de un baron.

**BARONNESSE**, f. V. BARONNE.

**BARONNET**, m. *baroné* Baronet, título hereditario de nobleza en Inglaterra, medio entre baron é hijo-dalgo.

**BARONNIAL, E**, adj. *baronial*. Baronial, que pertenece á un baron.

**BARONNIE**, f. *baroní*. Baronía, el territorio y la dignidad de baron.

**BAROQUE**, adj *baroc*. Barrueco, la perla imperfecta. || met. Extravagante, estrambótico, irregular, desigual. || *Musique baroque*, música ratonera, órgano de gatos.

**BAROSANÈME**, f. *barosaném*. Fis. Barosanemo, instrumento para conocer la fuerza de impulsion del viento.

**BAROSCOPE**, m. *baroscop*. Fis. Baróscopo, especie de barómetro.

**BAROTS**, m. pl. *baró*. Mar. Estremiches, los maderos que sostienen la cubierta.

**BARQUE**, f. *barc*. Barca, barco de rios. || met. *Conduire la barque*, dirigir un asunto, una empresa.

**BARQUÉE**, f. *barqué*. Barcada, carga que lleva una barca.

**BARQUEROLLE**, f. *barcról*. Barquillo, barquilla, barca pequeña.

**BARQUETTE**, f. ant. *barquét*. Barquilla. || Armario portátil para llevar la comida á los empleados de palacio que viven en él. || Especie de pastel.

**BARQUIEU**, m. *barquieu*. Art. Trujales, especie de cubo de los fabricantes de jabon.

**BARRACOL**, m. *barracól*. Zool. Barracol, raya matizada. V. RAIE.

**BARRADES**, m. *barradé*. Agr. Sebe, cercado que se hace con estacas para cerrar un campo.

**BARRAGE**, m. *barráge* Barrera. || Portazgo, derecho que se exige al pasar por ciertos sitios. || met. Obstruccion, embarazo, impedimento.

**BARRAULT**, m. *barró*. Medida grande para los líquidos.

**BARRAGER**, m. *barragé*. Portazguero.

**BARRE**, f. *barr*. Barra de hierro, plata, etc. || *C'est de l'or en barre*, eso es oro molido. || Barra para suspender peso. || Tranca para asegurar una puerta. || Cadena para cerrar la puerta de una ciudad. || Barra que separa á los caballos en las caballerizas para que no se toquen. || Tachon, raya para borrar lo escrito. || El juego de la barra. || Barandilla, en un cuerpo representativo ó en un tribunal. || Foro, estrados. || Mástil en la urdidera. || Barra de un puerto ó de un rio. || Mar. *Barre d'arcasse*, yugo. || Mar. *Barre du gouvernail*, caña del timon. || Blas. Barra, contrabanda. || pl. Palotes, los principios de escribir. || Asientos, la parte de la boca del caballo en que asienta el bocado. || *Jeu de barres*, marro, juego parecido al que llaman de moros y cristianos. || fam. *Avoir barres contre quelqu'un*, llevar la delantera á alguno. || Mar Baos y crucetas de los palos. || Impr. *Barre de châssis*, barra de la rama. || Zool. Barra, espacio que separa los dientes caninos de los molares en varios mamíferos. || Barra, mandíbula del jabalí. || Barra, nombre de cada cinta negra que atraviesa la cola del gavilan, ó de la de otro color en otros animales.

**BARRÉ, ÉE**, adj. *barré*. Mar. Verga seca, que es la principal del palo de mesana. || Anat. *Femme barrée*, mujer baja de empeine.

**BARRÉ**, m. *barré*. Mús. Ceja y cejilla, accion de apoyar el índice sobre un traste del diapason para coger dos ó mas cuerdas. || adj. Blas. Barrado.

**BARREAU**, m. *barró*. Atravesaño, barrote, verja. || Banco en que se sientan los abogados para defender las causas. || *L'éloquence du barreau*, la elocuencia del foro. || Abogacía, la profesion ó carrera de abogado. || *Il est l'honneur du barreau*, es el lustre, la gloria de los abogados. || El cuerpo ó colegio de abogados. || Impr. Barra que entra en el husillo de la prensa para hacer la presion. || *Barreau magnétique*, iman artificial. || pl. *Barreaux d'une chaise*, los palitos que juntan los cuatro piés de una silla.

**BARREFORT**, m. *barrfór*. Viga, media vara, madero grueso y largo de pino.

**BARREMENT**, m. *barrmán*. Vet. Desgobernadura de un caballo.

**BARRER**, a. *barré*. Barrear, atrancar. || Atajar, obstruir, cerrar un paso. || Reforzar un tonel, etc. || met. *Barrer le chemin à quelqu'un*, cortar, estorbar la fortuna á alguno. || Borrar, tachar, rayar lo escrito. || Poner barras entre los caballos para que no se toquen en las caballerizas. || Albeit. Desgobernar un caballo, etc. || Mar. *Barrer le vaisseau*, gobernar mal el timonel.

**BARRETON**, m. *baretón*. Art. Barreton, barreta.

**BARRÉTONE**, f. *barretón*. Hist. Birrete del gran maestre de la órden de Malta.

**BARRETTE**, f. *barrét*. Birrete, especie de bonete que llevaban los nobles en Venecia. || Birreta de los cardenales. || loc. ant. *Je parlerai bien à sa barrette*, le diré cuántas son cinco: le diré de una hasta ciento.

**BARREUR**, m. *barreur*. Galgo, lebrel, perro bueno para la caza de corzos ó de liebres.

**BARRICADE**, f. *barricad*. Barricada, atrincheramiento, parapeto, barrera.

**BARRICADER**, a. *barricadé*. Atrincherar, barrear, cerrar con barricadas. || Atrancar una puerta, ventana, etc. || *Se barricader*, r. Atrincherarse [illegible] dense con barricadas [illegible] un cuarto para [illegible] vida retirada.

**BARRIER**, m. [illegible] que da vuelta á la [illegible]

**BARRIÈRE**, f. *barriér*. [illegible] ra hecha con maderos. || [illegible] estacada de [illegible] met. Embarazo, [illegible] || met. Antemural, defensa, [illegible] ta de una poblacion en que [illegible] tos derechos. || Aduana de la [illegible] tazgo, portazgo.

**BARRINGTONIE**, f. *barringtoní*. [illegible] Barringtonia, género de plantas [illegible]

**BARRIQUAUT**, m. *barricó*. [illegible] nel pequeño.

**BARRIQUE**, f. *barríc*. [illegible] nel grande. || Una medida de [illegible]

**BARRIR**, n. *barrír*. Bramar [illegible] fante.

**BARRIT**, m. *barrí*. Bramido [illegible]

**BARROIR**, m. *barruár*. Barrena [illegible] de tonelero.

**BARROTS**, m. pl. *barró*. Mar. [illegible] baos de menores dimensiones. || [illegible] queño en el que se meten [illegible]

**BARROTER**, a. *barroté*. [illegible] tar con barrotes. || Abarrotar, [illegible] mente un barco mercante. || [illegible] asegurar la estiva.

**BARRURE**, f. *barrúr*. Art. [illegible] un laud.

**BARRUTINES**, f. pl. *barrutín*. [illegible] nes, especie de sedas de Persia.

**BARSANIEN, NE**, adj. y s. [illegible] *én*. Hist. ecl. Barsaniano, [illegible] secta cristiana que apareció en [illegible]

**BARSE**, f. *bárs*. Bota [illegible] en que se lleva el té de la China.

**BARSIM**, m. *barsín*. Agr. [illegible] bol que se cultiva en Egipto, [illegible] caso.

**BARTAME**, f. *bartám*. Bot. [illegible] planta anual de las Indias.

**BARTAVELLE**, f. *bartavél*. [illegible] vela, perdiz griega muy [illegible] que las comunes.

**BARTHOLINIE**, f. *bartoliní*. [illegible] linia, planta del cabo de Buena [illegible]

**BARTLINGIE**, f. *bartlingí*. [illegible] gia, género de plantas [illegible]

**BARTONIE**, f. *bartoní*. [illegible] género de plantas de la América [illegible]

**BARTRAMIE** ó **BARTRAME**, [illegible] *tramí*, *bartrám*. Bot. Bartramia, [illegible] acrocarpo.

**BARTSIE**, f. *bartsí*. Bot. [illegible] de plantas vivaces.

**BARUTH**, m. *barút*. Baruto, [illegible] medida para la pimienta, usada [illegible] dias.

**BARYBADE**, m. *baribád*. Zool. [illegible] do, género de coleópteros [illegible]

**BARYCOÏE**, **BARYCOÏTE**, f. [illegible] *baricoí*. Med. Dureza de oido, [illegible] do de la sordera.

**BARYMÉTRIE**, f. *barimetrí*. [illegible] metría, medida de la gravedad de [illegible] pos.

**BARYNOTE**, m. *barinót*. Zool. [illegible] género de coleópteros tetrámeros.

**BARYÔME**, m. V. BAROME.

**BARYPHONE**, m. *barifón*. Zool. [illegible] no, ave de voz fuerte. V. [illegible]

**BARYPHONIE**, f. *barifoní*. Med. [illegible] nía, dificultad en hablar ó [illegible]

**BARYPHONIQUE**, adj. [illegible] Barifónico, que se refiere á la [illegible]

**BARYPLOTÈRES**, m. pl. [illegible] Zool. Baripléteros, aves [illegible] pa a nadar.

**BARYPODE**, m. *baripód*. Zool. [illegible] género de insectos. V. [illegible]

**BARYSCÈLE**, m. *barisél*. Zool. [illegible] lo, género de coleópteros [illegible]

**BARYSOME**, m. *barisóm*. Zool. [illegible] mo, género de coleópteros [illegible]

**BARYTE**, f. *barít*. Miner. Barita, [illegible] bárico, tierra pesada. La fórmula [illegible]

**BARYTICO-ARGENTIQUE**, adj. [illegible] *arjantíc*. Quím. Barítico-argéntico, compuesto de barita y plata.

**BASALTINE**, f. *basaltin*. Miner. Basaltina, nombre comun del anfíbol.

**BASALTIQUE**, adj. *basaltic*. Miner. Basáltico, formado de basalto ó relativo á él.

**BASALTOÏDE**, adj. *basaltoid*. Miner. Basaltoideo, que tiene apariencia de basalto.

**BASANE**, f. *basán*. Art. Badana, la piel de carnero ú oveja curtida.|| *Relier en basane*, encuadernar en pasta.

**BASANÉ, ÉE**, adj. *basané*. Prieto, moreno, atezado.

**BASANER**, a. *basané*. Ennegrecer, teñir de negro, poner negro.

**BASANIER, IÈRE**, m. y f. *basanié, ér*. Badanero, el que vende badanas.

**BASANISTE**, m. *basanist*. Zool. Basanista, género de crustáceos chupadores.

**BASANITE**, f. *basanit*. Geol. Basanita, piedra de toque, roca basáltica parda ó negra.

**BASARUCO**, m. *basarúco*. Basaruco, moneda pequeña de la India portuguesa.

**BAS-BORD**, m. Mar. V. BABORD.

**BASBORDAIS**, m. Mar. V. BABORDAIS.

**BASCONADE**, f. *basconád*. Vascuence, la lengua vascongada.

**BASCULE**, f. *bascúl*. Mec. Báscula, especie de palanca. || Columpio hecho con una tabla. || Palos, contrapeso de un puente levadizo. || Trampa, armadijo de tablas en forma de báscula para coger ratas y otros animales. || met. *Système de bascule*, el juego de tira y afloja en política: es cuando el gobierno favorece ya á un partido, ya á su contrario, para equilibrarlos ó para apoyarse en ambos.

**BAS DE CASSE**, m. *badcás*. Impr. Caja baja, las letras minúsculas.

**BAS-D'ESTAMIER**, m. *badestamié*. El que hace medias con telar.

**BASE**, f. *bás*. Arq. Base, todo miembro de arquitectura que sirve de apoyo á otro. || met. Base, fundamento, asiento, apoyo. || Quim. Base, el cuerpo que se combina con algun ácido para formar una sal. || Geom. Base, línea ó superficie sobre que insiste una figura ó un sólido. || Bot. Base, punto por donde se halla sostenido un órgano vegetal. ||Zool. Base, origen de diversas partes de un insecto, como base de la cabeza, del tórax, etc.

**BASELLACÉ, ÉE**, adj. *baselasé*. Bot. Baselíceo, semejante á una basela. || *Basellacées*, baseláceas, familia pequeña de plantas.

**BASELLE**, f. *basél*. Bot. Basella, género de plantas parecidas á la acelga.

**BASALLÉ, ÉE**, adj. Bot. V. BASELLACÉ.

**BASENTIDÈME**, m. *basantidém*. Zool. Basantidemo, género de insectos dípteros.

**BASÉOLOGIE**, f. *baseologí*. Quím. Baseología, historia de las bases químicas.

**BASER**, a. *basé*. Basar, apoyar, asentar una cosa sobre otra. || met. Basar, fundar, apoyar una proposicion en otra.||*Se baser*, r. Basarse, fundarse, apoyarse.

**BAS-FOND**, m. *bafón*. Hondonada, terreno bajo. || Sitio en el mar donde hay poca agua. || Mar. Sonda, placer.

**BASICÉRINE**, f. *basiserín*. Miner. Basicerina, fluato básico de cerio.

**BASICITÉ**, f. *basisité*. Quim. Estado básico de un cuerpo, propiedad de ser base.

**BASIFICATION**, f. *basificasión*. Quim. Basificacion, accion y efecto de basificar.

**BASIFIXE**, adj. *basifics*. Bot. Basifijo, que está adherido por su base.

**BASILAIRE**, adj. *basilér*. Es voz de historia nat. y singularmente de botánica. || Anat. adj. y m. Un hueso de la cabeza.

**BASILE**, m. *basíl*. Tonto, fatuo, necio.|| Jaire: es término de carpintería. || n. pr. Basilio.

**BASILÉ, ÉE**, adj. *basilé*. Bot. Basilado, colocado sobre una base.

**BASILÉE**, f. *basilé*. Mit. Basilea, hija de Urano y de Titea.

**BASILÉE**, f. *basilé*. Bot. Basilea, planta del cabo de Buena Esperanza.

**BASILÉES**, f. pl. *basilé*. Basileas, fiestas anuales celebradas en honor de Júpiter en Libadea y otras ciudades.

**BASILÉOLÂTRE**, m. *basileolátr*. Hist. Basileólatra, adorador de reyes: voz con que se designa á todos los que tributan á los reyes el culto debido á Dios.

**BASILÉOLÂTRIE**, f. *basileolatrí*. Hist. Basileolatría, adoracion de los soberanos de la tierra, culto que se les tributa.

**BASILIC**, m. *basilic*. Zool. Basilisco, animal fabuloso; y segun *Linneo*, género de reptiles de la familia de los iguanianos. ||Bot. Ocimo, albahaca, planta olorosa. || Mil. Basilisco, cañon muy grueso usado antiguamente. || Astr. Corazon de leon, estrella.

**BASILICAIRE**, m. *basilicair*. Hist. Basilicario: se llamó así en la edad media al eclesiástico que asistía al papa ó á algun obispo cuando celebran.

**BASILICON** ó **BASILICUM**, m. *basilicón basilicom*. Farm. Basilicon ó basilicum, ungüento amarillo.

**BASILICUS** ó **BASILIQUE**, m. *basilicus, basilic*. Astr. Basilisco, nombre de la estrella del Leon, mas conocida con el de *Regulus*.

**BASILIDION**, m. fam. *basilidión*. Basilidion, ungüento ó cerato para curar la sarna.

**BASILIQUE**, f. *basilic*. Basílica, iglesia magnífica. || Arq. Basílica, casa real, palacio del rey. || Anat. Basílica, nombre de una vena. || pl. Basílicas, un cuerpo de leyes romanas.

**BASILIS**, m. *basilis*. Farm. Basilis, nombre de un colirio del que habla Galeno.

**BASILINNE**, f. *basilín*. Zool. Basilina, ave.

**BASILOSAURE**, m. *basilosór*. Geol. Basilosaurio, nombre de un animal fósil.

**BASIN**, m. *basén*. Bombasí, tela de hilo y de algodon.

**BASIO-GLOSSE**, adj. y s. *basioglós*. Anat. Músculo depresor de la lengua.

**BASIO-PHARYNGIEN**, adj. y s. *basiofarengién*. Anat. Basio-faríngio, músculo de la faringe.

**BASIPRIONOTE**, m. *basiprionót*. Zool. Basiprionoto, género de insectos coleópteros tetrámeros de las Indias orientales.

**BASIPTE**, m. *basipt*. Zool. Basipto, género de coleópteros tetrámeros.

**BASI-SOLUTÉ, ÉE**, adj. *basisoluté*. Bot. Basisoluto, prolongado por su base.

**BASITOXE**, m. *basitóx*. Zool. Basitoxo, género de coleópteros del Brasil.

**BASIUM**, m. *basiom*. Farm. Basio, tintura de cobre y de acero.

**BAS-JUSTICIER**, m. V. JUSTICIER.

**BAS-MÂT**, m. *bamá*. Mar. Palo, con exclusion del bauprés.

**BAS-MÉTIER**, m. *bametié*. Telar pequeño, de falda. V. MÉTIER.

**BAS-MOULE**, adj. *bamúl*. Nombre antiguo de los hijos nacidos de un frances y de una griega.

**BASOCHE**, f. *basóche*. Cierta asociacion de los procuradores, escribanos, pasantes, amanuenses y demas dependientes del parlamento de Paris, que tenian un tribunal especial que entendia en todo lo judicial y administrativo, correspondiente á los miembros de la asociacion. — De *basoche* se ha formado el sust. *basochien*, miembro de dicho tribunal; y el adj. *basochial*, relativo á él.

**BAS-OFFICIER**, m. V. SOUS-OFFICIER.

**BASOÏDE**, adj. *basoid*. Miner. Basoideo, especie de prisma piramidal.

**BASOLÉE**, m. *basolé*. Zool. Basoleo, género de coleópteros pentámeros.

**BASQUE**, m. *básc*. El vascuence, la lengua vascongada. || f. Faldon, falda, faldilla de chupa, casaca ó levita. || s. y adj. Vasco ó vascongado, de las provincias Vascongadas. || *Courir comme un basque*, andar como un gamo, ser un traga-leguas.

**BASQUINE**, f. *basquín*. Basquiña, parte del vestido de las mujeres.

**BASQUINER**, a. poco us. *basquiné*. Hechizar, embrujar, maleficiar.

**BAS-RELIEF**, m. *barlief*. Arq. Bajo relieve, obra de medio relieve.

**BASSAGE**, f. *basage*. Art. Pelambre, la operacion de pelambrar.

**BASSARÉEN**, adj. *basareén*. Mit. Basareano, epíteto de Baco, cuya etimología es dudosa.

**BASSE**, f. *bás*. Mús. Bajo, el tono mas bajo de la música. || *C'est là sa basse con* *sique*, ese es su estribillo. || Bajo, cantor. || Bajo, instrumento músico: si se habla de violines, es contrabajo ó violon. || Mar. Bajo, bajío.

**BASSE-CONTRE**, f. *bascóntr*. Mús. Contrabajo, voz mas gruesa y profunda que el bajo.

**BASSE-COUR**, f. *bascúr*. Corral, en las casas rústicas. = Patio interior para caballerizas ú otros menesteres, en las casas urbanas. || met. *Nouvelle de basse-cour*, rumor popular, noticias de calle, noticias mal fundadas.

**BASSE DE VIOLE**, f. *basdeviól*. Viola, instrumento músico. V. BARYTON y VIOLE.

**BASSE DE VIOLON**, f. *basdeviolón*. Mús. Violon, violoncelo.

**BASSE-EAU**, f. V. BASSE-MER.

**BASSE-ENCEINTE**, f. Mil. FAUSSE-BRAIE.

**BASSE-ÉTOFFE**, f. *basstóf*. Aleacion ó liga de plomo y estaño.

**BASSE-FOSSE**, f. *basfós*. Calabozo, mazmorra.

**BASSE-JUSTICE**, f. V. JUSTICE.

**BASSE-LISSE**, f. *baslís*. Art. Especie de tapiz labrado.

**BASSEMENT**, adv. *basmán*. Bajamente, con bajeza.

**BASSE-MER**, f. *basmér*. Mar. Bajamar.

**BASSER**, a. *basé*. Art. Remojar los cadillos de lana para que esté escurridiza.

**BASSESSE**, f. *basés*. met. Bajeza del ánimo ó de las acciones. || loc. fam. *Faire des bassesses*, hacer imposibles por conseguir algo. || loc. vulg. *Faire une bassesse*, cometer un robo. || Bajeza, humildad, oscuridad del nacimiento. || Humildad, llaneza del estilo.

**BASSES-VERGUES**, f. pl. *basvergue*. Mar. Vergas mayores.

**BASSET**, adj. y s. *basé*. Mont. Zarcero, perrillo raposero. || Bot. Basecto: se llaman así los agáricos de pedúnculo corto.

**BASSET, TE**, adj. *basé, ét*. Renacuajo, arrapiezo; persona pequeña y de talle achaparrada.

**BASSE-TAILLE**, f. Mús. V. BARYTON.

**BASSETTE**, f. *basét*. Baceta, especie de juego de naipes.

**BASSICOT**, m. *basicó*. Art. Cajon de madera, que sirve para transportar la pizarra.

**BASSIERS**, m. pl. *basié*. Bajíos, monton de arena en el fondo de un rio.

**BASSIN**, m. *basén*. Fuente, plato grande. || Lebrillo para lavarse los piés. || Palangana ó palancana. || Bacía de barbero. || Bacineta para recoger limosna. || met. y vulg. *Cracher au bassin*, contribuir, dar su contingente. || vulg. Bacin, sillico. || Arca, depósito de agua para las fuentes. || Pilon de fuente. || Taza de fuente. || Estanque de un jardin. || Pila, en la fundicion de estatuas. || Hoya, madre de un rio. || met. Valle, hondonada. || Concha de un puerto. || Dársena, dique. || Agr. Excava al rededor de un árbol. || Anat. Bacinete, la parte inferior del tronco. || Alb. Hoyo que forman los albañiles en un monton de cal. || *Bassin de moulin*, represa de molino. || *Bassin de balance*, platillo de balanza, plato de cobre, comunmente sin borde, colgado á los brazos de una balanza.

**BASSINAGE**, m. *basináge*. Impuesto sobre la sal, cobrado antiguamente en Francia.

**BASSINE**, f. *basín*. Caso, caldera de cerero, confitero, etc. || Quím. Evaporadera, vaso evaporatorio para evaporar los líquidos.

**BASSINER**, a. *basiné*. Calentar, caldear una cama con el calentador. || Fomentar, humedecer una llaga con algun líquido tibio. || Rociar las plantas. || Añadir agua ó harina cuando se está amasando.

**BASSINET**, m. *basiné*. Cazoleta de toda arma de fuego. || *Bassinet de sûreté*, seguro, muellecillo que impide que el pié de gato caiga sobre el rastrillo. || Arandela, especie de platillo que está en la parte superior de los candeleros. || Bacinete, capacete, armadura antigua. || Bot. Boton de oro, apiastro, ranúnculo bulboso. || Anat. Pélvis del riñon.

**BASSINOIRE**, f. *basinuár*. Calentador de oro. || fam. Calentador, caldero, reloj grande de bolsillo.

**BASSIOT**, m. *basió*. Cubeta que usa el destilador de aguardiente.

**BASSISTE**, m. *basist*. Mús. Bajista, el que maneja ó toca el contrabajo ó violoncelo.

**BASSON**, m. *basón*. Mús. Bajon ó fagot, instrumento músico de viento. || Bajonista, el que toca el bajon.

**BASSORE** ó **BASSORIE**, f. *basór, basorí*. Bot. Básora, planta de la Guyana.

**BASSORINE**, f. *basorín*. Quím. Basorina, principio vegetal análogo á las gomas.

**BASSORITE**, f. Quím. V. BASSORINE.

**BASSOVE**, m. *basóv*. Bot. Basovia, género de plantas monopétalas.

**BASSURE**, f. *basúr*. Cenagal, pantano.

**BASUS**, m. *básus*. Zool. Baso, insecto.

**BASTA**, f. *básta*. Com. Basta, tela de algodon de las Indias, muy fina y muy estimada.

**BASTAGAIRE**, m. *bastaguér*. Bastagario, cierto oficial de la corte de Constantinopla.

**BASTANT, E**, adj. ant. *bastán*. Bastante, suficiente.

**BASTARDIE**, f. *bastardí*. Bot. Bastardia, género de plantas malváceas.

**BASTARÈCHE**, f. *bastaréche*. Carr. Pescante, especie de silla.

**BASTARNE**, f. V. BASTERNE.

**BASTE**, adv. ant. *bást*. Bastantemente, suficientemente. || f. Cubeta, cilindro con aros para conservar leche. || Basta, especie de banasta que se asegura al aparejo de una bestia de carga. || Com. Basta, tela de seda de la China.

**BASTER**, n. *basté*. Bastar, ser suficiente. || *Baste*, ó *baste pour cela!* bien! en hora buena!

**BASTERNE**, f. *bastérn*. Basterna, especie de carromato tirado por mulos ó caballos, usado antiguamente.

**BASTIDE**, f. *bastíd*. Bastida, quinta ó casa de campo en la Provenza. || Mil. ant. Bastida, especie de máquina.

**BASTILLE**, f. *bastíll*. Castillo fortificado con torres. || Bastilla, la prision para los reos de Estado que habia en Paris. || Bastida, máquina de guerra.

**BASTILLÉ, ÉE**, adj. *bastillé*. Blas. Bastillado con almenas.

**BASTILLER**, a. *bastillé*. Mil. Fortificar, cerrar, guarnecer de almenas.

**BASTILLEUR**, m. *bastilleur*. Alcaide de una prision de Estado.

**BASTILLONNER**, a. *bastilloné*. Fortificar, rodear con castilletes.

**BASTINE**, f. *bastín*. V. BATINE.

**BASTINGAGE**, m. *bastengáge*. Mar. La accion de empalletar. || Mar. Las camas, salchichones, etc., con que se forma el empalletado.

**BASTINGUE**, f. *basténgue*. Mar. Empavesada ó empalletado, trinchera de abordaje.

**BASTINGUER**, a. *bastengué*. Mar. Empalletar. || *Se bastinguer*, r. Empalletarse, empavesarse en una nave, para entrar en combate.

**BASTION**, m. *bastión*. Fort. Bastion, baluarte. || met. Anat. La parte del cuerpo que defiende á otra, como el cráneo que parece destinado á proteger el cerebro

**BASTIONNÉ, ÉE**, adj. *bastioné*. Bastionado, lo que tiene bastiones ó baluartes.

**BASTIONNER**, a. *bastioné*. Mil. Formar bastiones ó baluartes.

**BASTIR**, a. *bastír*. Art. Bastir, formar un sombrero con lana vicuña.

**BASTONNADE**, f. *bastonád*. Paliza, apaleamiento, tunda, zurra de palos.

**BASTONNER**, a. fam. *bastoné*. Apalear, dar una paliza.

**BASTRINGUE**, m. *bastréngue*. Baile público de gente popular, baile de boton gordo, de candil ó de cascabel gordo.

**BASTUDE** ó **BATTUDE**, f. *bastúd, batúd*. Pesc. Especie de red para pescar en los estanques salados.

**BAS-VENTRE**, m. *bavántr*. Anat. Empeine, la parte baja del vientre.

**BAS-VOLE**, m. *bavól*. Rastrero, entre cazadores.

**BÂT**, m. *bá*. Basto, especie de albarda. || *Cheval de bât*, caballo de carga; y met. macho de litera, bolo, zoquete. || *Etre cheval de bât*, ser el borrico, el que hace las faenas pesadas de una casa, comunidad, etc. || *Je sais où le bât me blesse*, sé dónde me aprieta el zapato ó dónde tengo las mataduras.

**BAT** ó **BATE**, [illegible] pocas. || [illegible] pescado entre [illegible] de alemanes.

**BAT-À-BOURRE**, m. [illegible] Enchicor, instrumento para [illegible]

**BATACLAN**, m. [illegible] trastos mas inclusivos que [illegible] ches.

**BATADOIR**, m. *batadoár*. [illegible] de se tuestes las mejores [illegible]

**BÂTAGE**, m. *batáge*. Feud. [illegible] se imponia sobre toda [illegible] basto.

**BATAIL**, m. *batáil*. Blas. [illegible] gua de campana.

**BATAILLE**, f. *batáll*. [illegible] tre dos ejércitos. || ant. [illegible] tro del ejército. || Un juego [illegible] Combate naval. || Pint. [illegible] que representa una batalla. [illegible] *cheval de bataille*, [illegible] gumento favorito, ó un [illegible] *demeuré maître du champ* [illegible] quedó dueño del campo; [illegible] de una persona que obtuvo [illegible] asunto.

**BATAILLER**, n. *batallé*. [illegible] tar, altercar dos personas. || [illegible] Batallarse, disputarse.

**BATAILLEUR, EUSE**, m. y f. [illegible] eus. Altercador, disputador, [illegible] nado á batallas, y el que ha [illegible]

**BATAILLIÈRE**, f. *batallièr*. [illegible] que mueve la taravilla ó [illegible]

**BATAILLON**, m. *batallón*. [illegible] llon, agregacion de muchas [illegible] tropa que componen una parte [illegible] miento de infantería. || met. fam. [illegible] dada, etc.

**BATAN**, m. *batán*. Bot. Batan, [illegible] las Indias orientales.

**BATANOME**, m. *batanóm*. Com. [illegible] mo, especie de tela de Levante.

**BÂTARD, E**, adj. y s. *batár*, [illegible] hijo ilegítimo. || Bastardo, que [illegible] do de su orígen ó naturaleza. [illegible] extraordinario. || *Chien bâtard*, [illegible] vesado. || *Pomme bâtarde*, [illegible] || *Lettre bâtarde*, letra bastarda. [illegible] *bâtarde*, postigo de una casa. [illegible] *tarde*, lana bastarda, segunda [illegible] saca de la vicuña. || *Lime bâtarde*, [illegible] tarda, especie de lima que [illegible] lustre. || Hist. nat. Bastardo, [illegible] que no es de buena especie, [illegible] dos especies diferentes. En [illegible] se dice tambien mestizo, híbrido. [illegible] tardo, cabo de distintas [illegible] para sujetar las vergas á los palos. [illegible] *bâtards*, botes de igual figura [illegible] nes.

**BÂTARDAILLE**, f. *batardáill*. [illegible] na, raza de bastardos.

**BÂTARDE**, f. *batárd*. Bastarda, [illegible] artillería. || Mar. Bastardo, vela [illegible] una galera.

**BÂTARDEAU**, m. *batardó*. [illegible] presa ó azud con estacada para [illegible] viar la corriente de un rio. || Mar. [illegible] de tumbar.

**BÂTARDIER**, m. *batardié*. [illegible] criba.

**BÂTARDIÈRE**, f. *batardièr*. [illegible] tel, criadero de arbolitos para trasplantar [illegible] á otra parte.

**BÂTARDISE**, f. *batardís*. Bastardía, cualidad ó estado de todo lo que es bastardo.

**BATATE**, f. *batát*. Batata, el [illegible] planta llamada camote. V. PATATE.

**BATAULE**, m. *bató*l. [illegible] de la caña del bambú.

**BATAVE**, adj. y s. *batáv*. [illegible] ral ó habitante de Batavia ó [illegible] neciente á Holanda. || m. Zool. [illegible] pecie de pichon de cola larga.

**BATAYOLE**, f. *batayól*. Mar. [illegible] || Mar. Candelero, en las galeras.

**BÂTE**, f. *bat*. Art. Cerco, el [illegible] una caja de tabaco ó de un reloj.

**BÂTÉ, ÉE**, adj. *baté*. [illegible] met. y fam. *C'est un âne bâté*, es un [illegible] ro con albarda, es un asno, es un [illegible]

esa. Jugueton, retozon, amigo de jugar ó enredar. Se usa poco.

**BATIGNOLAIS, E**, adj. y s. *batiñolé*. Batiñolés, que es de Batiñoles. ‖ *Batignolaise*, f. Batiñolesa, carruaje, especie de *omnibus* de Batiñoles.

**BÂTIMENT**, m. *batimán*. Arq. Edificio, fábrica. ‖ Mar. Buque, nave, embarcacion. *Bâtiment de guerre, de commerce*, buque de guerra, de comercio. ‖ Arq. *Bâtiment simple*, edificio de un cuerpo. *Bâtiment double*, edificio doble ó de dos cuerpos, etc. ‖ *Bâtiment* es sinónimo de *édifice*, con la diferencia de ser aquel mas usado, hablando de edificios particulares, y este de públicos.

**BATINE**, f. *batín*. Basta, especie de albarda que se usa en el campo.

**BÂTIR**, a. *batír*. Arq. Edificar, fabricar. ‖ *Bâtir des châteaux en Espagne*, hacer torres de viento ó castillos en el aire: pasearse por los espacios imaginarios. ‖ *Bâtir en l'air*, concebir esperanzas locas, infundadas. ‖ *Bâtir sur le sable*, hacer una cosa sin basarla en principios sólidos. ‖ met. Levantar, fundar, establecer la fortuna, el crédito, etc. ‖ Embastar, hilvanar.

**BATIROLLE**, f. *batiról*. Batidor, el palo con que se maza la leche.

**BÂTISSE**, f. *batís*. Arq. Obra, construccion de un edificio, etc.

**BÂTISSEUR**, m. *batiseur*. Voz burlesca que significa rampion, mal arquitecto. ‖ El que es amigo de hacer obras.

**BÂTISSOIR**, m. *batisuár*. Art. Aro, cerco de hierro para juntar las duelas de los toneles.

**BATISTE**, f. *batíst*. Batista, orlan, tela de hilo muy fina para hacer pañuelos, camisas, etc.

**BATITURES**, f. *batitír*. Art. Escamas, laminitas que se desprenden de los metales, cuando se forjan.

**BATMAN**, m. *batmán*. Com. Batman, peso de Turquía.

**BATOCÈRE**, m. *batosér*. Zool. Batócero, coleóptero de las Indias orientales.

**BATOLITE**, m. *batolít*. Geol. Batolito, género de conchas bivalvas fósiles.

**BÂTON**, m. *batón*. Palo, baston en general. ‖ *Coup de bâton*, palo, garrotazo. ‖ *Jouer du bâton*, manejar un palo con destreza. ‖ *Sauter le bâton*, tener que tragarla; y tambien, resolverse. ‖ *Tirer au bâton avec quelqu'un*, darse de las astas con alguno: tenérselas tiesas. ‖ *Tour du bâton*, manos puercas, provechos ilícitos. ‖ *Bâton de chaise à porteur*, vara de silla de manos. ‖ *Bâton de cire d'Espagne*, barrito ó bastoncito de lacre. ‖ *Bâton de confrérie*, el asta del estandarte de un santo. ‖ *Bâton de la croix*, el asta de la cruz que se lleva en las procesiones. ‖ *Bâton de Jacob*, vara para medir; y, varita de virtudes ó de la fortuna, la que usan los titiriteros. ‖ *Bâton de mesure*, el bastoncito ó papel con que se echa el compas ‖ *Tenir le bâton*, llevar ó echar el compas, regir la orquesta. ‖ *Bâton pastoral*, báculo pastoral. ‖ *Il arrive le bâton blanc à la main*, vino con lo encapillado, con lo que llevaba puesto. ‖ *Sortir le bâton blanc à la main*, quedar por puertas ó en la calle. ‖ Báculo, muleta, baston para apoyarse. ‖ met. *Bâton de vieillesse*, báculo de la vejez, apoyo, arrimo, amparo. ‖ Baston de mando. ‖ El grado de mariscal de Francia, equivalente al de capitan general de ejército entre nosotros. ‖ Mar. Botalon, asta, guimbalete. ‖ Arq. Toro, cordon. ‖ Regalador de botero. ‖ *Bâton de croisure*, aguja de cruzar, entre tapiceros. ‖ Guant. *Bâton à gant* ó *tourne-gant*, pedazo de madera en forma de huso que sirve para volver los guantes, ensanchar los dedos, y para otros varios usos. ‖ Farm. Cilindro, magdaleon, forma cilíndrica que se da á varios medicamentos. ‖ *Une volée de coups de bâton*, una paliza, somanta, tunda, zurra, siempre que ande el palo. ‖ *Mener le bâton haut*, tratar con acrimonia, con dureza. ‖ Bot. Baston, vara, nombre dado á las plantas cuyas flores están dispuestas en espiga á lo largo de un eje recto y rígido. ‖ *Bâton de Jacob*, vara de Jacob, asfodelo amarillo. *Bâton de Saint-Jean*, vara de S. Juan, polígono oriental. *Bâton d'or, bâton royal*, baston de oro, vara real, asfodelo blanco, especie de alelí amarillo de flores dobles.

**BÂTONNAT**, m. *batoná*. Mayordomía, funciones del mayordomo de una corporacion.

**BÂTONNÉE D'EAU**, f. *batonéé*. Mar. La cantidad de agua que arroja la bomba á cada golpe del émbolo.

**BÂTONNER**, a. *batoné*. Apalear, dar de palos. ‖ Cancelar, tachar, borrar una cláusula, un escrito cualquiera.

**BÂTONNET**, m. dim. de BATON, *batoné*. Tala, toña, billarda, juego de muchachos. ‖ Zool. Bastoncillo, nombre de una especie de concha del género cono.

**BÂTONNIER**, m. *batonié*. Bastonero, ó sea el mayordomo de una cofradía. ‖ *Bâtonnier des avocats*, prior del colegio de abogados.

**BÂTONNISTE**, m. *batoníst*. Jugador de palo, el que maneja bien el palo ó garrote.

**BATOSCÈLE**, m. *batoscél*. Zool. Batoscelo, insecto de Bengala.

**BATOURNER**, a. *baturné*. Art. Medir la longitud y anchura de las duelas de un tonel para que estén iguales.

**BATRACHIDÉE**, f. *batrachidé*. Zool. Batraquidia, género de insectos acrídios.

**BATRACHION**, m. *batrachión*, Zool. Batraquion, género de coleópteros pentámeros.

**BATRACHITE**, m. *batrachít*. Miner. Batraquita, mineral gris verdoso como la rana.

**BATRACHOGRAPHE**, m. *batracográf*. Zool. Batracógrafo, el sugeto que se ocupa especialmente de las ranas.

**BATRACHOÏDE**, adj. *batracoíd*. Zool. Batracoídeo, que se parece á la rana. ‖ *Batrachoïdes*, m. pl. Batracoídeos, familia de peces.

**BATRACHOMYOMACHIE**, f. *batracomiomaquí*. Batracomiomaquia, ó combate de las ratas y de las ranas.

**BATRACHOS** ó **BATRACHUS**, m. *batrácos*, *batrácus*. Batraca ó ránula. V. GRENOUILLETTE.

**BATRACHOSPERME**, m. *batracospérm*. Bot. Batracospermo, género de algas de agua dulce.

**BATRACHOSTOME**, m. *batracostóm*. Zool. Batracóstomo, género de aves. V. PODARGE.

**BATRACIEN, NE**, adj. *batrasién*, *én*. Zool. Batraciano, que se parece á la rana. ‖ *Batraciens*, m. pl. Batracianos, reptiles cuyo tipo es el género rana.

**BATRATHÈRE**, f. *batratér*. Bot. Batratera, género de plantas gramíneas.

**BATRISE**, m. *batrís*. Zool. Batriso, género de coleópteros dímeros.

**BATTABLE**, adj. *batábl*. Lo que puede ser batido. ‖ met. Débil, flaco, de poca resistencia.

**BATTAGE**, m. *batáge*. Batido, la accion de batir. ‖ Agr. Trilla, el acto de trillar las mieses ‖ Vareo, baqueteo de lanas.

**BATTANT**, m. *batán*. Hoja de puerta ó ventana. ‖ Picaporte. ‖ Badajo, lengua de campana. ‖ Varal, en los telares. ‖ Trampilla de mostrador. ‖ Mar. El largo de una bandera. ‖ adj. Batiente, que bate. ‖ *Pluie battante*, lluvia fuerte. ‖ *Porte battante*, puerta ó mampara que se cierra por sí sola. ‖ fam. ant. *Un habit tout battant neuf*, vestido flamante. ‖ Mar. *Vaisseau battant*, bajel que tiene mucha batería. ‖ Mil. *Tambour battant*. V. TAMBOUR. ‖ fam. *Mener battant quelqu'un*, ó *mener quelqu'un tambour battant*, estrechar á uno, traerle al retortero ó á maltraer: tratarle sin consideracion alguna.

**BATTARÉE**, f. *bataré*. Bot. Bataria, género de hongos.

**BATTE**, f. *bát*. Pison, instrumento con que se aprieta la tierra. ‖ Maza, instrumento que se usa en varios oficios mecánicos. ‖ Banco ó tabla de lavandera. ‖ Sable ó espadon de palo que llevan los arlequines.

**BATTE-À-BŒUF**, f. *batabeuf*. Maza de carnicero.

**BATTE-CUL**, m. *batcú*. Parte de la armadura de los antiguos caballeros.

**BATTÉE**, f. *baté*. Postelo, el trozo del

libro que se bate de una vez para encuadernado. || Sacudido de la lana.

**BATTELAGE**, m. V. BATELAGE.

**BATTELER**, n. V. BATELER.

**BATTELLERIE**, f. V. BATELLERIE.

**BATTELLEUR**, **EUSE**, m. y f. V. BATELEUR.

**BATTEMENT**, m. *batmán*. Golpeo, agitacion. || Palpitacion, pulsacion, latido. || *Battement des ailes*, aleteo. || *Battement des mains*, palmoteo, palmadas que se dan por aplauso. || *Battement de tambour*, son, toque de tambor. || Mús. Trinado, gorjeo, cierto quiebre de la voz. || Compas llevado con la mano ó con el pié.

**BATTERAND**, m. *batrán*. Masa de hierro para deshacer las piedras.

**BATTERIE**, f. *batrí*. Artill. Batería, cierto número de piezas de artillería, como cañones, morteros ú obuses, puestas en disposicion de hacer fuego. || Batería, el sitio en que están colocadas las piezas. || Mar. Batería, los cañones colocados sobre una misma cubierta. = *Première batterie*, batería baja. = *Batterie des gaillards*, batería de alcázar y castillo. || met. Batería, medidas, esfuerzos, planes, combinaciones. || Riña, pendencia, disputa, camorra. || *Batterie de cuisine*, batería ó ajuar de cocina, los útiles accesarios en ella, como sartenes, cazos, etc. || met. *Dresser batteries*, tomar sus medidas para conseguir algo. || *Changer de batterie, dresser de nouvelles batteries*, mudar de plan. || Toque de caja, los diversos modos de tocar el tambor. || Rastrillo de la llave de un arma de fuego. || Rasgueado en la guitarra.

**BATTEUR**, m. *bateur*. Apaleador, aporreador, el que sacude ó casca á otro. || *Batteur de blé*, ó mas bien *Batteur en grange*, trillador de granos con látigo, zurriago ó vara. || ant. *Batteur d'estrade*, batidor, explorador, el que va de descubierta. || *Batteur d'or* [illegible] *liaqe*, batidor de oro ó plata. || met. *Batteur de pavé*, callejero, azotacalles, holgazan. || pl. Batidores, los que levantan la caza.

**BATTIN**, m. *batén*. Bot. Junco de España.

**BATTOIR**, m. *batuár*. Raqueta, pala con que se juega al volante. || Pala, tabla con que se juega á la pelota. || Mesa, pala de lavandera.

**BATTOIRE**, m. *batuár*. Lacheron, vasija en que los pastores conservan la leche.

**BATTOGUES**, f. pl. *batógue*. Castigo de baquetas entre los Rusos.

**BATTOLOGIE**, f. *batologí*. Batología, repeticion inútil y enfadosa de palabras.

**BATTOLOGIQUE**, adj. *batologic*. Batológico, que pertenece á la batología.

**BATTOLOGUE**, m. *batologue*. Batólogo, autor insípido, que fastidia con repeticiones.

**BATTRE**, a. *batr*. Batir, golpear, dar golpes á una cosa con otra. || Pegar, cascar, zurrar. || Azotar, maltratar. || Apalear, sacudir un tapiz, varear un árbol. || Martillar un metal, reducirlo á panes ú hojas. || Batir, macear un libro. || Batir, arruinar. || Derrotar, vencer. || Ganar en el juego. || Batir, revolver los huevos. || Agitar, traquear, menear. || Batir el coso ó el monte. || *Il a battu les buissons, et un autre a pris les oiseaux*, uno levanta la casa y otro la mata. || Tocar alguno de los toques del tambor. || Bañar, lamer: se dice del mar, de un rio. || *Battre le blé*, trillar. || *Battre le briquet*, sacar fuego del pedernal. || *Battre la caisse*, tocar la caja ó el tambor. || met. *Battre la campagne*, perderse: salirse del texto: desatinar. || *Battre les cartes*, barajar. || met. *Battre l'eau*, trabajar en balde. || *Battre l'estrade*, reconocer el terreno, registrar el campo; y met. y fam., hacer el vagabundo. || *Battre la mesure*, llevar el compas. || *Battre monnaie*, batir, fabricar ó acuñar moneda; y met. y fam., procurarse dinero, hacerse con dinero. || met. *Battre les oreilles*, romper los cascos ó la cabeza: corromper los oidos. || *Battre le pavé*, callejear, pasear las calles. || *Battre la terre*, apisonar ó apretar la tierra. || *Battre à terre*, oprimir, abrumar, aterrar. || met. *Battre en ruine*, refutar completamente una doctrina; y, dejar á uno sin respuesta, concluirle. || *Battre le fer pendant qu'il est chaud*, aprovechar la ocasion. || Mar. *Battre la mer*, correr la mar. || n. Portear, dar golpes una puerta ó ventana. || Palpitar, latir el corazon. || Pulsar las venas. || Andar el reloj, el molino. || Batir, mover, revolver. || Chacolotear la herradura. || Sonar el tambor. || *Battre de l'aile*, estar herido del ala. || *Ne battre que d'une aile*, estar alicaido, por tener una salud quebrantada ó en mal estado los negocios, ó por haber decaido de fortuna, etc. || *Battre des ailes*, aletear los pájaros. || *Battre des mains*, palmear, palmotear, dar palmadas. || *Le soleil bat à plomb*, el sol cae ó hiere de plano. || Mil. *Battre en retraite*, tocar retirada, retirarse; y tambien, retraerse. || met. *Rien ne lui bat*, nada le hace mella, nada le altera, á todo es insensible. || Mar. Gualdrapear, zapatear las velas. || *Se battre*, r. Pelear, reñir. || *Se battre à l'épée*, andar á estocadas. || *Se battre les flancs*, atormentarse, fatigarse en vano. || met. *Se battre à la perche*, perder el calor natural en alguna cosa. || *Se battre l'œil de quelque chose*, no dársele á cualquiera un bledo ó un ardite por alguna cosa: mirarla con desprecio.

**BATTU**, **UE**, adj. *batú*. *Chemin battu*, camino trillado. || *Battu de la tempête*, azotado de la tormenta. || *Yeux battus*, ojos tristes, caidos. || prov. *Les battus paient l'amende*, cornudo y apaleado: tras de cuernos penitencia.

**BATTUE**, f. *batú*. Batida, la montería de caza mayor, que se hace batiendo el monte. || *Faire la battue*, batir con una escoba los capullos de la seda cuando hierven en la caldera.

**BATTURE**, f. *batúr*. Especie de sisa para dorar, que se hace con miel, agua de cola y vinagre. || pl. Restinga, banco de arena mezclado con rocas, que no salen de la superficie del agua.

**BATTUS**, m. pl. *batú*. Azotados, disciplinantes, penitentes que se disciplinan en público.

**BATZ**, m. *bátz*. Moneda alemana.

**BAU**, m. *bó*. Mar. Bao piezas de madera que sostienen las cubiertas y sujetan los costados á la manera que lo hacen las vigas. *Maître bau*, bao principal.

**BAUBI**, m. *bobí*. Zool. Zorrero, variedad de perro llamado tambien normando.

**BAUCIS**, f. *bósis*. Mit. Baucis, anciana de Frigia, esposa de Filemon, que recibió en su cabaña á Júpiter y á Mercurio.

**BAUCAL**, m. *bocal*. Vaso de boca angosta, como cántaro, cantarilla, etc.

**BAUCHES**, f. *bóche*. Platanaria, planta.

**BAUD**, m. *bó*. Lebrel, sabueso, perro para la caza del ciervo.

**BAUDEMENT**, m. ant. *bodmán*. Desvergüenza, jocosidad desvergonzada.

**BAUDEQUIN**, m. *bodquén*. Bodequino, antigua moneda francesa de poco valor.

**BAUDES**, m. pl. V. CABRIÈRES.

**BAUDET**, m. *bodé*. Pollino, jumento. || met. Pollino, jumento, persona ignorante y estúpida. || Carp. Burro, los caballetes en que se afianzan los maderos para aserrarlos.

**BAUDIR**, a. *bodír*. Jalear, incitar á los perros con el cuerno y con la voz. || *Se baudir*, r. Alegrarse, regocijarse.

**BAUDISE**, f. V. EFFRONTERIE.

**BAUDISSÉRITE**, f. Miner. V. BALDISSÉRITE.

**BAUDOSE**, f. *bodós*. Instrumento músico de cuerdas, usado antiguamente.

**BAUDOUINAGE**, m. *boduinága*. Acaballamiento, el acto de acaballar el garañon á la burra.

**BAUDOUINER**, a. *boduiné*. Acaballar, hablando de los garañones que sirven para la propagacion de su especie.

**BAUDREUIL**, m. V. BAUDROIE.

**BAUDRIER**, m. *bodrié*. Tahalí, talabarte, ó cinturon terciado de que cuelga la espada. || Bot. *Baudrier de Neptune*, tahalí de Neptuno, laminea, sacarina.

**BAUDROIE**, f. *bodrud*. Balderaya, pez.

**BAUDROYEUR**, m. ant. V. CORROYEUR.

**BAUDRUCHE**, f. *bodrúche*. Película de tripa de buey.

**BAUÉRACÉ**, **ÉE**, adj. *bocrasé*. Bot. Boeráceo, que se parece á la boeria. || *Boéracées*, f. pl. Boeráceas, familia de plantas.

**BAUÈRE**, f. *boér*. Bot. Boeria, género de plantas, arbustos de Nueva Holanda.

**BAUFFE**, f. *bóf*. Pesc. Especie de cuerda gruesa guarnecida de anzuelos.

**BAUFFRER**, n. V. BAFRER.

**BAUFFREUR**, **EUSE**, adj. y s. V. BAFREUR.

**BAUGE**, f. *bóge*. [illegible] se recogen los jabalíes [illegible] charco en que [illegible] tro, lecho pobre y sucio. || [illegible] tapias. || loc. adv. ant. y fam. [illegible] manta, á manta de Dios, [illegible] dancia.

**BAUGUE**, f. *bógue*. Alga, [illegible] en los estanques salados.

**BAUHIN**, f. *bohén*. Anat. Válvula [illegible] que está situada en el [illegible] se abre en el ciego.

**BAUHINIE**, f. *boiní*. Bot. [illegible] nero de plantas leguminosas.

**BAUMANNIE**, f. *bomaní*. Bot. [illegible] nia, género de plantas [illegible]

**BAUME**, m. *bóm*. Bálsamo, [illegible] tico, y tambien el licor que [illegible] lo, especie de yerba buena. [illegible] se dice para ponderar la [illegible] dad de una cosa. || *Baume* [illegible] mina, planta. || *Baume* [illegible] tica ó poleo, planta. || [illegible] suelo, alivio. || Farm. *Baume* [illegible] samo de María. V. CALAMBUCO.

**BAUMÈNE**, f. *bomén*. Bot. [illegible] de plantas ciperáceas.

**BAUMIER**, m. *bomié*. [illegible] ó balsámica, nombre genérico [illegible] vegetales balsamíferos ó [illegible]

**BAUQUIÈRES**, f. pl. *boquiér*. [illegible] mientes, bordaje de [illegible]

**BAUQUIN**, m. *boquén*. [illegible] hornos de vidrio en el [illegible] por donde sopla el oficial.

**BAURACH**, m. V. BORAX.

**BAUR-MANEDJE**, m. [illegible] Bard-manedje, especie de [illegible]

**BAUX**, m. pl. V. BAIL y [illegible] nombres en plural.

**BAVANG**, m. *bavang*. Bot. [illegible] de las Molucas que exhala un [illegible] ajo.

**BAVARD**, **E**, adj. *bavár*. [illegible] latan, parlanchín, picotero.

**BAVARDAGE**, m. *bavardáge*. [illegible] ría, charlatanería, [illegible]

**BAVARDER**, n. *bavardé*. [illegible] lotear, charlar.

**BAVARDERIE**, f. *bavardrí*. [illegible] latanería, habladuría.

**BAVARDIN**, **E**, m. y f. [illegible] Parlanchín, habladorcillo, [illegible] habla mucho.

**BAVARDINAGE**, m. ant. V. C[illegible]

**BAVARDINER**, n. [illegible] picotear, hablar solo por hablar.

**BAVARDISE**, f. *bavardís*. [illegible] latanería, resultado de la [illegible] dor.

**BAVAROIS**, **E**, adj. y s. [illegible] ro, de Baviera.

**BAVAROISE**, f. *bavaruás*. [illegible] bida hecha de té y jarabe de [illegible] hace tambien con café, [illegible]

**BAVASSER**, a. fam. y [illegible] Hablar, charlar, parlotear. V. [illegible]

**BAVE**, f. *báv*. Baba, [illegible] rajo. || vulg. *N'avoir que de la* [illegible] jarabe de pico.

**BAVÉOLE**, f. *baveól*. Bot. [illegible] lada.

**BAVÈQUE ó BAVEUSE**, [illegible] BLENNIE.

**BAVER**, n. *bavé*. Babear, [illegible] baba. || met. Babosear, [illegible]

**BAVETTE**, f. *bavét*. Babador, [illegible] babero que se pone á los niños. [illegible] *encore à la bavette*, estar [illegible] llas, ser demasiado jóven ó [illegible] *neau à bavette*, canal cuyo [illegible] borde. || vulg. *Tailler une bavette* [illegible]

**BAVEUSE**, f. *baveús*. Bot. [illegible] de flor [illegible], comun en los [illegible]

**BAVEUX**, m. ant. *baveú*. [illegible] burlon, burlesco, bufon, [illegible]

**BAVEUSE**, f. *baveús*. Babosa, [illegible] mar muy comun en las costas de [illegible]

**BAVEUX**, **EUSE**, adj. *baveú*, [illegible] boso, que echa baba, ó está [illegible] *Omelette baveuse*, tortilla sin volver, [illegible]

**BAVACHÉ**, **ÉE**, adj. *bavaché*. [illegible]

**BÉATIFICATION**, f. *beatificasión*. Beatificacion, accion de beatificar.

**BÉATIFIER**, a. *beatifié*. Beatificar, declarar el Sumo Pontífice que algun siervo de Dios goza de la bienaventuranza. || met. y fam. Beatificar, poner contento, colmar de gozo.

**BÉATIFIQUE**, adj. *beatific*. Teol. Beatífico, que hace bienaventurado.

**BÉATILLES**, f. pl. *beatill*. Menudillos de aves, y todo cuanto entra en un pastel, como estas, criadillas de tierra, etc. || Chucherías de monjas, como escapularios, bolsitas con los Evangelios, etc.

**BÉATITUDE**, f. *beatitúd*. Beatitud, bienaventuranza. || *Les huit béatitudes*, las ocho bienaventuranzas. || Bienaventuranza, felicidad temporal, la que disfrutan los buenos aun en este mundo. || Beatitud, tratamiento del Sumo Pontífice.

**BÉATONIE**, f. *beatoni*. Bot. Beatonia, planta de las irídeas.

**BÉATSONIE**, f. *beatsoni*. Bot. Beatsonia, planta de la isla de Santa Helena.

**BEAU**, m. *bó*. Lo bueno, lo honesto, lo útil. || Lo primoroso en una obra ó escrito. || *Le beau*, el lado favorable. || fam. *Se faire beau, belle*, atildarse, andar sopiado, adornarse, componerse. || *Faire le beau, la belle*, pavonearse, hincharse bajo la creencia de ser buena figura. || *Un beau*, un petimetre, un lechuguino. || *Il fait beau aujourd'hui*, hoy hace bueno : hoy hace buen tiempo. || *Il fait beau*... es cosa gustosa, agradable... Es un gusto. || irón. *Il ferait beau*, sería cosa de ver : no faltaria sino que. || *Avoir beau*, por mas que, en vano. || *Il a beau faire l'hypocrite*, bien puede hacer ó en vano hace el hipócrita : por mas que haga el hipócrita. || *Au plus beau de son âge*, en la flor de sus años. || loc. adv. fam. *Tout beau*, bonitamente, quedo, pasito, con tiento; ó bien, poco á poco. *Tout beau, ne vous emportez pas*, poco á poco, no se exalte Vd. tanto. || *En beau*, loc. adv. Bajo buen aspecto, bajo una apariencia favorable. *Cet homme voit tout en beau*, este hombre todo lo toma por el lado mejor. || **BELLE**, f. La mujer hermosa. || *Une belle*, una buena moza. || La querida ó amiga, los amores de alguno. || Querida, como expresion de cariño. || La buena mujer, en sentido irónico. || *L'avoir beau* ó *l'avoir belle*, tener ocasion ó coyuntura. || *Donner beau* ó *la donner belle*, dar un susto : pegar un chasco; ó bien, dar pié, campo ó pretexto. || *Gagner la belle*, ganar la moza en el juego. || *L'échapper belle*, salvarse en una tabla : librarse de buena : estar en un tris que no suceda una desgracia. || loc. adv. *De plus belle*, de nuevo, otra vez; ó, con mas instancia, con mayor encarecimiento. || **BELLES**, pl. Buenas pasadas, fechorías, mucho mal. || Faltas, desaciertos. || Embustes, cuentos, chismes. || adj. **BEAU**, **BEL**, m. **BELLE**, f. hermoso, bello, agraciado. || *Le sang est beau dans cette ville*, esta ciudad abunda de buenas caras : sus habitantes son hermosos, bien hechos. || *Un bel homme*, un buen mozo. || vulg. *Un beau monsieur*, un señor bien puesto, bien vestido. || Agradable, lindo. || Ameno, hermoso, agradable, deleitoso, hablando de un sitio, y tambien, saludable. || Bueno, excelente, noble. || *Le beau monde*, las gentes ricas, de distincion. || *Le beau sexe*, el bello sexo, las mujeres en general. || *Perdre à beau jeu*, perder con buenas cartas. || *Beau frais*, viento fresquito y favorable. || *La mer est belle*, el mar está tranquilo, sosegado. || *Il fait beau temps*, hace bueno. || *Il fera beau temps, quand je retournerai chez lui*, tarde volveré á visitarle. || fam. *Il y a beau temps*, mucho tiempo hace. || *Un beau jour*, un dia, un cierto dia. || Ventajoso. || Decoroso, conveniente, proporcionado. || Hábil, diestro. || *Beau parleur*, purista. || *Il est bel homme à cheval*, es un arrogante jinete. || Glorioso, distinguido, memorable. || Grande, admirable. || *Mourir de sa belle mort*, morir en su cama : morir de muerte natural. || Mucho, considerable, grande : así decimos, avanzado, hablando de la edad; colosal, de la hacienda; pingüe, de la renta; honorífico, de importancia, de un empleo, etc., etc. || irón. Grande, valiente, como : *c'est un beau coquin*, es un gran pícaro, un picaronazo. || Aparente, engañoso, seductor. || *Un bel esprit*, un literato, en lo antiguo; y ahora, un erudito á la violeta, un mequetrefe, y tratándose de una mujer, una marisabidilla.

**BEAUCERON, NE**, adj. y s. *bocerón, én*. Beceron, que ha nacido en la Beocia, ó en la provincia llamada *Beauce*, que pertenece á ella.

**BEAU-CHASSEUR**, m. *bochaseur*. Sabueso, perro de caza que hace bien la guia y que lleva la cola enroscada sobre el lomo.

**BEAUCOUP**, adv. *bocú*. Mucho. || *Il s'en faut beaucoup* ó *de beaucoup que*, falta mucho para que. || *Beaucoup de*, mucho ó mucha, como adjetivo; y siéndolo, en español concuerda siempre en género y número. || *Parler beaucoup*, charlar, parlotear. || irón. Apénas, con dificultad. *C'est beaucoup s'il vous regarde*, apénas se digna mirar.

**BEAUCUIT**, m. *bocuit*. Bot. Trigo sarracénico.

**BEAU-FILS**, m. *bofis*. Yerno, marido de la hija. || Hijastro, entenado, alnado. || Fatuo. || met. fam. Petimetre, pisaverde.

**BEAUFORTIE**, f. *bofortí*. Bot. Befortia, género de plantas mirtáceas de Australia.

**BEAU-FRAIS**, adj. Mar. V. **FRAIS**.

**BEAU-FRÈRE**, m. *bofrér*. Cuñado, hermano político.

**BEAUHARNAISIE**, f. *boarnesí*. Bot. Boarnesia, árbol del Perú.

**BEAUGÈNE**, f. *bogén*. Bot. Bojenia, género de plantas leguminosas.

**BEAUMARI**, f. *bomari*. Bot. Bomaria, arbusto de Chile, cuyos frutos fermentados producen una bebida vinosa.

**BEAUMARIS-SHARK**, m. *bomarisérc*. Zool. Escualo de Bomaris, pez de Cornualles.

**BEAUMARQUET**, m. *bomarqué*. Zool. Bomarquet, especie de pinzon de África.

**BEAUMERTE**, f. *bomért*. Bot. Berro de fuente.

**BEAUMONTIE**, f. *bomonsí*. Bot. Bomoncia, planta trepadora de la India.

**BEAUMULIX**, m. *bomulícs*. Bot. Bomuria. V **BEAUMURIE**.

**BEAUNIER**, m. *bonié*. Bot. Uva blanca.

**BEAUNOIS, E**, adj. y s. *bonuá, da*. Bonés, de la ciudad de Bona.

**BEAU-PÈRE**, m. *bopér*. Suegro, padre político. || Padrastro, padre político.

**BEAUPRÉ**, m. *bopré*. Mar. Bauprés, mástil que sale de la proa del navío.

**BEAU-REVOIR**, m. *borevuar*. Mont. Cargar : es cuando el perro sigue con ahinco la res, sin perder el rastro ni el viento.

**BEAU-SEMBLANT**, m. *bosanblan*. Bello ideal, hermosa apariencia. || Simulacion, fingimiento.

**BEAUTÉ**, f. *boté*. Belleza, hermosura. || Primor, perfeccion, gracia. || *C'est une beauté*, es una beldad : se dice hablando de una mujer.

**BEAUTURE**, f. *botúr*. inus. Mar. Buen tiempo con apariencias de durable.

**BEAUVAISIN, E**, adj. y s. *bovesén, én*. Bovesino, de la ciudad de Bovés.

**BEAUVEAU**, m. Art. V. **BEUVEAU**.

**BEAUVOTTE**, f. *bovót*. Zool. Gorgojo del trigo, insecto.

**BEAUVRIER**, m. Bot. V. **BEAUCRIER**.

**BÉBÉ**, m. *bebé*. Zool. Bebé, pez del Nilo. || met. Bebé, persona de poca talla.

**BÉBELIS**, m. *bebilí*. Zool. Bebelis, género de coleópteros tetrámeros longicórneos.

**BEC**, m. *béc*. Pico de las aves. || met. *Avoir bec et ongles*, tener buenos espolones para defenderse || Boca, lengua del hombre. || met. Pico, labia, facundia, facilidad en expresarse. || *N'avoir que du bec*, ser todo jarabe de pico. || *Faire le bec à quelqu'un*, instruir á uno en lo que ha de decir. || *Mener quelqu'un par le bec*, calzarse á uno : tenerle agarrado por las narices. || *Passer la plume par le bec à quelqu'un*, treírsela á uno. || *Se prendre de bec avec quelqu'un*, trabarse de palabras con otro. || *Être pris par le bec*, morir por la boca como el pez. || *Tenir quelqu'un le bec dans l'eau*, dar con la entretenida á alguno : entretenerle dándole esperanzas. || *Bec de lièvre*, labihendido, el que tiene partido el labio superior. || met. y fam. *Blanc-bec*, mocoso, boquirubio, inexperto. || fam. *Caquet bon bec*, picaza, marica, ave; y met., cotorra, hablador. || *Coup de bec*, pulla, dicho satírico. || Pico de jarro, pico de alambique, punta de tierra, espolon de jabeque ó tartana, gavilan de pluma, uña, pico de loro del ancla, mechero, piquera de velon, etc., etc., pues se da este nombre á las partes salientes (sobre todo si tienen forma de pico), de varios objetos, y tambien á algunos instrumentos quirúrgicos, curvos por lo regular. || Mar. *Bec de corbin*, descalcador ó manjo. || *Bec de grue*, cigüeña, geranio, aguja de pastor, planta. || Zool. Pico, parte saliente y dura, que reemplaza las mandíbulas de los mamíferos. || Pico, denominacion que se aplica á las mandíbulas que se parecen al pico de las aves en otras clases de animales. || Bot. Pico, nombre de ciertas partes vegetales que tienen la forma de este órgano.

**BÉCABUNGA**, m. *becabónga*. Bot. Becabunga, especie de verónica.

**BEC-À-CUILLER**, m. *becacullér*. Zool. Pico-cuchara, ave acuática.

**BÉCADE**, f. V. BÉCASSE.

**BEC-À-FIGUE** ó **BEC-FIGUE**, m. *becafigue, becfigue*. Zool. Papafigo, becafigo, especie de pájaro que gusta mucho de los higos.

**BEC-ALLONGÉ**, m. *becalongé*. Zool. Picolargo, pez del género quetodonte.

**BÉCARD** ó **BECCARD**, m. *becár*. Zool. Becardo, ave de pico encorvado en su extremidad. || Becardo, salmon macho, segun unos; salmon hembra, segun otros; y algunos pretenden que sea variedad del salmon comun.

**BÉCARDE**, f. *becárd*. Zool. Becarda, picaza chillona, ave.

**BÉCARRE**, m. *becárr*. Mús. Becuadro, signo musical, que vuelve á su tono natural toda nota.

**BÉCASSE**, f. *becás*. Zool. Becada, chocha, chocha-perdiz. || *Bécasse de mer*, chocha marina, cuervo marino, ave anfibia. || Becada, nombre comercial de ciertas conchas. || Mar. Barcaza.

**BÉCASSE D'ARBRE** ó **PERCHANTE**, f. *becasdárbr, perchánt*. Zool. Abubilla, ave copetada muy comun. || Mar. Barco de carga con una sola vela al tercio.

**BÉCASSEAU**, m. *becasó*. Zool. Caballero, tringa, género de aves longirostras zancudas. || Chochin ó chorchin, pollito de la becada. || Becacin.

**BÉCASSIN** ó **BÉCASSINE**, f. *becasín, becasín*. Zool. Becacin ó becacina, sub-género de becada. || Becacin, nombre vulgar en Francia de muchos peces y conchas.

**BÉCASSINE-CHEVALIER**, m. *becasínchevalié*. Zool. Becacin-caballero, sub-género de zancudas que tienen picos de becada.

**BÉCASSON**, m. *becasón*. Zool. Nombre vulgar de muchas especies del caballero. || Becacina doble. || Becacina sorda de Normandía.

**BEC-BÂTARD**, m. *becbatárd*. Zool. Pico bastardo, ave de la Nueva Holanda.

**BEC-COURBÉ**, m. *beccurbé*. Zool. Picocorbo, avoceta, ave acuática.

**BEC-CROCHE**, m. *beccróche*. Zool. Picotorcido, nombre del chorlito rojo.

**BEC-CROISÉ**, m. *beccruasé*. Zool. Picocruzado, género de aves silvanas granívoras.

**BEC-D'ÂNE**, m. *becdán*. Barrilete, instrumento de carpintería.

**BEC-D'ARGENT**, m. *becdarján*. Zool. Pico de plata, tángara purpúrea, ave.

**BEC-D'ASSE**, m. *becdas*. Zool. Pico de as, nombre de la becada.

**BEC-DE-CANARD**, m. *becdcanár*. Zool. Pico de ánade, la língula anatina, insecto.

**BEC-DE-CANE**, m. *becdcán*. Art. Cerradura sin llave, que se abre apretando sobre un boton. || Bot. Pico de cana, aloe lingüiforme, planta.

**BEC-DE-CIGOGNE**, m. *becdcigóñ*. Bot. Pico de cigüeña.

**BEC-DE-CIRE**, m. *becdsír*. Zool. Pico de cera, senegali rayado, ave del Senegal.

**BEC-DE-CORNE**, m. *becdcórn*. Zool. Pico córneo, nombre de varios calaos.

**BEC-DE-CYGNE**, m. *becdsíñ*. Cir. Pico de cisne, instrumento de cirugía á manera de pinzas para sacar las balas de las heridas.

**BEC-DE-FAUCON** ó **BEC-À-FAUCON**, m. *becdfocón, becafocón*. Zool. Pico de halcon, tortuga franca ó carey.

**BEC-DE-FER**, m. *becdfér*. Zool. Pico de hierro, barbilanero, esparacto, ave.

**BEC-DE-FLÛTE**, m. *becdflút*. Zool. Pico de flauta, insecto llamado docax escorio.

**BEC-DE-GRUE** ó **GÉRANIUM**, m. *becdgrú, gerániom*. Bot. Geranio, género de plantas. || Bot. Geranio de las grullas. || Cir. Pico de grulla, instrumento para extraer las reliquias de los huesos fracturados.

**BEC-DE-HACHE**, m. *becdhách*. Zool. Pico de hacha, ostrero, ave.

**BEC-DE-HÉRON**, m. *becdherón*. Bot. Pico de garza, geranio, mesembricantemo de pico.

**BEC-DE-LÉZARD**, m. *becdlezár*. Art. Sacabalas, instrumento con el cual se sacan balas de un cañon.

**BEC-DE-LIÈVRE**, m. *becdliévr*. Cir. Pico de liebre, nombre de las deformidades que con esta figura salen en los labios. || Zool. Pico de liebre, especie de murciélago.

**BEC-DE-PERROQUET**, m. *becdperoqué*. Zool. Pico de papagayo, especie de escuala. || Escuaros.

**BEC-DE-PIGEON**, m. *becdpijón*. Bot. Pico de pichon, nombre del geráneo de pichones.

**BEC-D'INDE-HUPPÉ**, m. *becdendhupé*. Zool. Pico de la India copetudo.

**BEC-D'OIE**, m. *becdué*. Zool. Pico de ganso, delfin, pez.

**BEC-D'OIE** ó **BEC-DE-POULE**, m. *becdué, becdpúl*. Zool. Pico de ganso ó de polla, tortuga franca.

**BEC-D'OISEAU**, m. *becduasó*. Zool. Pico de ave, ornitorinco. || Pico de ave, especie de uvas.

**BEC-DORÉ**, s. y adj. *becdoré*. Zool. Pico dorado, pichon de pico y patas amarillas.

**BEC-DUR**, m. *becdúr*. Zool. Pico-duro, nombre del pico-grueso comun.

**BEC-EN-CISEAUX** ó **COUPEUR D'EAU**, m. *becansisó, cupeurdó*. Zool. Pico-tijeras, corta-aguas, género de aves palmípedas.

**BEC-EN-CUILLER**, m. *becancullér*. Zool. Pico-cuchara. || V. BEC-À-CUILLER.

**BEC-EN-FOURREAU**, m. *becanfurró*. Zool. Pico de estuche ó pié-forrado, género de aves de ribera.

**BEC-EN-PALETTE**, m. *becanpalét*. Zool. Pico-paleta, espátula, género de aves palmípedas.

**BEC-EN-POINÇON**, m. *becanpuensón*. Zool. Pico de punzon, familia de aves pequeñas del Paraguay.

**BEC-EN-SCIE**, m. *becansí*. Zool. Pico-sierra, harlo, ave.

**BEC-FIN**, m. *becfén*. Zool. Pico-fino, nombre de varias especies de pajaritos.

**BÉCHAMEL**, m. *bechamél*. Especie de salsa blanca que se hace con crema.

**BÈCHARD**, m. *bechár*. Agr. Rastro en forma de azadon con dientes.

**BÉCHARU**, m. *becharú*. Zool. Flamenco, fenicóptero, ave de paso.

**BEC-HAUCHANT**, m. *bechochán*. Zool. Ave acuática de York.

**BÈCHE**, f. *béche*. Azada ó pala para cavar y revolver la tierra. || Zool. Rinquito, insecto perjudicial á los viñedos.

**BÈCHELON**, m. *bechelón*. Agr. Lengua de buey, especie de azada pequeña.

**BÉCHEN**, m. V. BEHEN.

**BÈCHER**, a. *beché*. Cavar con azadon ó pala, azadonar, hacer hoyos con el azadon.

**BÉCHER**, m. *beché*. Medida de Alemania.

**BÉCHET**, m. *beché*. Zool. Baqueto, sollo, pez. || Especie de camello mamífero.

**BÈCHETONNER**, a. *bechtoné*. Azadonar, cavar con el azadon.

**BÈCHETTE**, f. *bechét*. Agr. Azadilla, instrumento de jardinería.

**BÉCHION**, m. *bechión*. Bot. Bequion, género de plantas. || Bequion, nombre antiguo del tusílago.

**BÉCHIQUE**, adj. *bechíc*. Med. Béquico, pectoral, todo remedio contra la tos.

[illegible] cin. V. BÉCASSE.

**BEC-JAUNE**, m. V. [illegible]

**BECHLÉE**, f. [illegible] de plantas [illegible]

**BECKMANNIE**, f. [illegible] nero de plantas [illegible]

**BECKMANNIE**, f. [illegible] nia, género de plantas [illegible]

**BÉCLARDIE**, m. [illegible] dia, género de plantas [illegible]

**BÉCMARE**, m. [illegible] género de insectos [illegible]

**BÉCO**, m. *béco*. [illegible] caballero [illegible]

**BÉCOQUILLE**, f. [illegible] coquilla, raiz de la [illegible] que excita el vómito [illegible]

**BÉCOT**, m. *becó*. Zool. [illegible] CASSE.

**BEC-OUVERT**, m. [illegible] abierto, género de [illegible]

**BEC-PLAT**, m. *becplá*. [illegible] especie de ánade.

**BEC-POINTU**, m. [illegible] agudo, denominacion de la [illegible]

**BECQUÉ**, adj. *becqué*. [illegible] el pico de otro color que el [illegible]

**BECQUEBOIS**, m. [illegible] gar en Francia del pico-verde. [illegible]

**BECQUÉE**, f. *becqué*. [illegible] se da en el pico á un [illegible] pájaro toma para darla [illegible]

**BECQUEFLEURS**, m. [illegible] cañores, ave del cabó de [illegible]

**BECQUEREAU**, f. [illegible] relia, género de [illegible]

**BECQUEROLLE**, f. Zool. V. [illegible]

**BECQUET**, m. Zool. V. [illegible]

**BECQUETER**, a. *becté*. [illegible] tirar picotazos. || *Se becqueter*, [illegible] || Besarse, acariciarse los [illegible] aves. Tambien se dice de los [illegible]

**BECQUETEUR**, m. [illegible] drina de mar pequeña.

**BECQUILLAGE**, m. [illegible] quito de un pájaro nuevo. [illegible] queño.

**BEC-ROND**, m. [illegible] do, nombre del [illegible] y de [illegible] gruesos.

**BEC-SCIE**, m. *becsí*. Zool. [illegible] ave acuática de la Luisiana. V. [illegible]

**BECS-FINS**, m. pl. *becfén*. [illegible] finos, familia de aves pequeñas.

**BECS-FLEURS**, m. pl. [illegible] flores, género de pájaros [illegible]

**BECS-MOUCHES**, m. pl. [illegible] Hidromias, familia de insectos [illegible]

**BEC-TRANCHANT**, m. [illegible] Zool. Pico-cortante, pinguino.

**BÉCU**, adj. *becú*. Picudo, de [illegible]

**BÉCUAN**, m. *becuán*. Miner. [illegible] procedida de la cantera.

**BÉCUDEL**, m. *becudél*. Bot. [illegible] uvas, becudela.

**BÉCUIBA**, f. *becuíba*. Bot. [illegible] pecie de nuez del Brasil.

**BÉCUL**, m. *becúl*. Miner. [illegible] tiene el tablado en una pizarrería.

**BÉCULO**, m. *beculó*. Bot. [illegible] quillo, ipecacuana, raiz medicinal.

**BÉCUNE**, f. *becún*. Zool. [illegible] don, pez marino, llamado [illegible] mar.

**BÉDA**, m. *béda*. Miner. [illegible] oro ó plata con mezcla de hierro [illegible]

**BEDAINE**, f. vulg. *bedén*. [illegible] dullo || *Farcir sa bedaine*, [illegible] la andorga: darse una panzada.

**BEDEAU**, m. *bedó*. Pertiguero [illegible] ro de una iglesia. || Muñidor de [illegible] || Bedel, en las universidades.

**BÉDÉ-GAR** ó **BÉDÉGUARD**, [illegible] Bot. Bedegar, especie de planta. [illegible] protuberancia esponjosa producida [illegible] picadura de un insecto en los [illegible] tres.

**BEDELIN**, m. *bedlén*. Bedelin, [illegible] de algodon de Levante.

**BEDON**, m. ant. *bedón*. Atabal, [illegible] met. joc. *Gros-bedon*, barrigon, [illegible] botijon, hablando de un hombre grueso.

**BÉHOURDIS**, m. ant. *beurdí*. Ejército militar de la caballería con bohordos.

**BEHRÉE**, m. *beré*. Zool. Berea, ave de rapiña de las Indias orientales.

**BERRINIE**, f. *berini*. Bot. Berrinia, género de plantas sicantéreas.

**BEURIE**, f. *beurí*. Bot. Beuria, género de plantas melastomáceas.

**BÈGE**, f. *bége* Sarga tejida con lana sucia.

**BEIGNE**, f. *béñ*. Especie de sarga de lana.

**BEIGNET**, m. *beñé*. Buñuelo, fruta de sarten.

**BEILSCHMIEDTIE**, f. *beilschmidíé*. Bot. Beilsmiltia, género de plantas lauráceas.

**BÉJAUNE**, m. *bejón*. Pico amarillo : dícese de todo pájaro nuevo, porque tienen el pico amarillo. || met. fam. Boquirubio, bobonalillo, muzalvete, bisoño. || met. fam. Bobada, bisoñada, calaverada que comete la gente moza. || Patente, refresco que paga el que entra en un taller, ó el que sale de él para maestro.

**BEINBRECHER**, m. *benbrechí* Zool. Pesótero del Egipto.

**BEL, LE**, adj. *bél*. Hermoso, bueno, excelente, grande. Tiene la misma significacion que *beau*, y le sustituye cuando precede á palabras que empiezan por vocal ó *h* muda. || *Bel âge*, la juventud. || m. Bot. Belo, especie de fruto de una palmera.

**BÉLAME**, m. *belám*. Zool. Belamo, pez.

**BÉLANDRE**, f. *beldndre*. Balandra, especie de embarcacion. || Mar. Bergantin mercante de los mares del Norte.

**BÉLANGÈRE**, f. *belangér*. Bot. Belangera, género de plantas saxifragáceas.

**BÊLANT, E**, adj. *belán*. Balante, que bala : se dice hablando de ovejas ó corderos.

**BELBUS**, m. *bélbus*. Zool. Hiena, mamífero carnívoro.

**BÊLEMENT**, m. *belmán*. Balido de la oveja, carnero y cordero.

**BÉLEMNITE**, m. *belemnít*. Zool. Belemnita, piedra del rayo, concha petrificada.

**BÉLEMNITELLE**, f. dim. de BÉLEMNITE, *belemnitél* Especie de belemnitas.

**BÉLEMNITIDÉES**, f. *belemnitidé*. Zool. Belemnitideas, familia de moluscos.

**BÉLÉOPTÈRE**, m. *beleoptér*. Zool. Beleóptero, genero de coleópteros pentámeros.

**BÊLER**, n. *belé*. Balar, dar balidos.

**BELETTE**, f. *belét*. Comadreja, animal carnicero del tamaño de una rata.

**BELGE**, m. y f. *bélge*. Belga, el natural de la Bélgica. || adj. Bélgico, perteneciente á la Bélgica.

**BÉLIER**, m. *belié*. Carnero padre, morueco. || Mil. ant. Ariete, máquina antigua de guerra. || Astr. Aries, signo del zodiaco.

**BÉLIÈRE**, f. *beliér*. El anillo de que cuelga el badajo de la campana. || Campanilla ó cencerro que se pone al carnero en los rebaños. || Arete, el anillo del que cuelgan los pendientes. || Engarce de los colgantes de una araña.

**BÉLINER**, n. *beliné*. Calamorrar, amorecer, juntarse el carnero con la oveja. || a. Esquilar. V. TONDRE. || met. y fam. *Béliner une femme*, gozar de una mujer.

**BÉLÎTRAILLE**, f. *belitrálI*. Cuadrilla de belitres.

**BÉLÎTRE**, m. *belítr*. Belitre, pícaro, ruin.

**BÉLÎTRERIE**, f. *belitrerí*. Bellacada, junta de belitres. || Bellaquería.

**BELLADONE** ó **BELLADAME**, f. *beladón*, *beladám*. Bot. Belladona ó bella dama, planta, cuyas bayas son venenosas.

**BELLÂTRE**, m. vulg. *belátr*. Hermosote, el que tiene una hermosura aparente, engañosa. Úsase tambien como adjetivo.

**BELLE**, f. *bél*. *Une belle*, una buena moza. *Ma belle*, mi querida, mi chacha, mi amor, etc. || *Il l'a échappé belle*, de buena se libró : aquí es adverbio. || adj. V. BEL y BEAU.

**BELLE-DE-JOUR**, f. *beldjúr*. Dondiego de dia, especie de lirio que florece solo de dia.

**BELLE-DE-NUIT**, f. *beldnuí*. Maravilla de noche, jalapa, planta y flor.

**BELLE-FILLE**, f. *belfíll*. Alnada, entenada, hijastra, hija del primer matrimonio. || Nuera, hija política.

**BELLEMENT**, adv. fam. *belmán*. Bonitamente, con tiento, quedito.

**BELLE-MÈRE**, f. *belmér*. Suegra, y tambien madrastra, madre política.

**BELLE-SŒUR**, f. *belseur*. Cuñada, hermana política : es la hermana del marido ó de la mujer.

**BELLIGÉRANT, E**, adj. *beligerán*. Beligerante : se dice de las potencias, ejércitos, etc.

**BELLIQUEUX, EUSE**, adj. *beliqueú*, *eús*. Belicoso, guerrero, inclinado á la guerra.

**BELLISSIME**, adj. *belisím* (superlativo de *beau* y del estilo familiar). Bellísimo.

**BELLON**, m. *belón*. Arbusto de Santo Domingo. || Enfermedad causada por la mina de plomo.

**BELLOT, E**, adj. *beló*. Bonitillo, lindito, relativamente á los niños.

**BELLUTA**, f. *belúta*. Bot. Beluta, árbol.

**BELSAMINE**, f. *belsamín*. Bot. Nicaragua, planta.

**BELVÉDER**, m. *belvedér*. Azotea, mirador de una casa.

**BELVÉDÈRE**, m. *belvedér*. Mirabel, planta de jardines.

**BELZÉBUTH**, m. *belsebút*. Belcebú, el diablo.

**BÉMOL**, m. *bemól*. Mús. Bemol, signo que baja un semitono la nota ántes de la cual se pone. || *Mettre en bémol*, abemolar. || *Où il y a des bémols*, bemolado.

**BÉMOLISER**, a. *bemolisé*. Abemolar.

**BÉMUS**, m. ant. *bemú*. Orate, sandio, inocente, sencillo, tonto.

**BEN**, m. V. BEHEN.

**BENAIS**, m. *bné*. Simple, tonto, bendito.

**BÉNARDE**, f. *benárd*. Cerradura que abre á ambos lados ó manos.

**BÉNARI**, m. *benarí*. Nombre que dan en el Languedoc á un ave de paso.

**BÉNATE**, f. *benát*. Cesto de mimbres que contiene doce panes de sal.

**BÉNÉDICITÉ**, m. *benedisité*. Benedícite, la bendicion de la mesa ántes de comer.

**BÉNÉDICTE**, m. *benedict*. Farm. Benedicta, electuario purgante.

**BÉNÉDICTIN, E**, adj. y s. *benedictén*, *ín*. Benedictino, benito, monje ó monja de órden de San Benito.

**BÉNÉDICTION**, f. *benedicsión*. Bendicion, el acto de bendecir. || Absolucion general, á que asisten los fieles en las iglesias. || *Bénédiction nuptiale*, bendiciones nupciales. || *La mémoire de cet homme est en bénédiction*, todos bendicen el nombre de ese varon : su memoria es bendecida por la posteridad. || Gracia, favor especial del cielo. || Abundancia. || *C'est une bénédiction*, es una bendicion : es bendicion de Dios. || *Une maison de bénédiction*, casa en que reina la abundancia, ó en que reina la paz. || Accion de gracias. || pl. Votos por la felicidad de alguno.

**BÉNÉDICTIONNAIRE**, m. *benedicsionér*. Benedicionario, libro donde están recopiladas las bendiciones.

**BÉNÉFICE**, m. *benefís*. Beneficio, provecho, ventaja. || Beneficio, utilidad, ganancia que resulta de un negocio. || Beneficio de un comediante. || ant. Beneficio, favor. || Beneficio eclesiástico, título con cierta renta. || *Bénéfice avec charge d'âmes*, beneficio curado. || Jurisp. Beneficio, dispensa, derecho que conceden las leyes ó el príncipe.

**BÉNÉFICENCE**, f. *benefisáns*. Beneficencia, el acto de hacer bien.

**BÉNÉFICIAIRE**, m. *benefisiér*. Beneficiado, el actor para quien se da un beneficio. || adj. *Héritier bénéficiaire*, el que acepta una herencia á beneficio de inventario.

**BÉNÉFICIAL, E**, adj. *benefisiál*. Beneficial, lo perteneciente á la práctica y materia de los beneficios eclesiásticos.

**BÉNÉFICIÉ, ÉE**, adj. *benefisié*. Beneficiado, explotado.

**BÉNÉFICIER**, m. *benefisié*. Beneficiado, el que goza y posee beneficio eclesiástico. || a. Beneficiar, explotar una mina ó industria. || Lucrar, ganar.

**BÉNÉFIQUE**, adj. *benefic*. Benéfico ha.

signo, favorable: solo se dice de la influencia de los planetas.

**BÉNÉVOLE**, adj. *benevól*. Benévolo, el que tiene buena voluntad ó afecto á otro.

**BENGALI**, m. *bengalí*. Bengalí, pajarillo de Bengala.

**BENGIRI**, m. *bengirí*. Bot. Bengiri, planta euforbiácea del Malabar.

**BÉNI, E**, adj. *bení*. Bendito, bienaventurado, glorioso, celestial.

**BÉNIBEL**, m. *benibél*. Mercurio hermético.

**BÉNIGNEMENT**, adv. poco us. *beniñemán*. Benignamente, con ánimo benigno, con humanidad.

**BÉNIGNITÉ**, f. poco us. *beniñité*. Benignidad, blandura, agrado.

**BÉNIN, IGNE**, adj. *benén, iñ*. Benigno, pio, propicio, humano. || met. Benigno, favorable, propicio, apacible. || irón. Bonazo, de buena pasta: v. gr. *mari bénin*, un buen marido: un Juan lanas. || Med. Benigno: así se califican las enfermedades que no inspiran temor.

**BÉNINCASA**, f. *benencasa*. Bot. Benincasa, género de plantas cucurbitáceas.

**BÉNINGANIO**, m. *benengánio*. Bot. Beninganio, fruto del grueso de un limon.

**BÉNIR**, a. *benír*. Bendecir, echar la bendicion. || Bendecir, dedicar al culto divino. || Bendecir los campos, las armas, etc. || Bendecir, hacer prosperar. || Dar gracias. || Bendecir, ver ó recordar con gusto. || Bendecir, alabar, ensalzar. || *Bénir des époux, un mariage*, casar segun el rito de la Iglesia. || *Dieu vous bénisse!* Dios le haga á Vd. mucho bien; ó, Dios ayude á Vd., cuando alguno estornuda; ó, perdone Vd., hermano, para despedir á un pobre sin darle limosna.

**BÉNISSA**, f. *benisa*. Bot. Benisa, planta euforbiácea de la India.

**BÉNIT, E**, adj. *bení, ít*. Bendito, bendecido: dícese de las cosas que han recibido la bendicion del sacerdote, como banderas, agua, etc. || *Eau bénite de cour*, muchas palabras y pocas obras.

**BÉNITIER**, m. *benitié*. Pila del agua bendita. || Pilita que cuelga al lado de la cama. || Acetre, ó calderilla del agua bendita en que va el hisopo.

**BENJAMIN**, m. *benjamén*. Benjamin, el hijo mas querido de sus padres.

**BENJAMINE**, f. *benjamín*. Bot. Benjamina, género de plantas sapindáceas.

**BENJOIN**, m. *benjuén*. Benjuí ó menjuí, bálsamo del árbol del mismo nombre.

**BENNARIE**, f. *benarí*. Zool. Hortelano, ave comun en España.

**BENNE**, f. *bén*. Cubeto que en lugar de cuévano usan en Francia, para la vendimia y trasportar frutas, etc. || Cierta medida de áridos.

**BENNET**, m. *bené*. Zool. Beneto, pez del cabo de Buena Esperanza.

**BENNI**, m. *benní*. Zool. Beni, pez del Nilo, parecido al barbo.

**BÉNODACTYLES**, f. pl. *benodactíl*. Zool. Benodáctilas, aves que andan sobre los dedos.

**BENOÎTE**, f. *benuát*. Cariofilata, planta medicinal de la familia de las rosadas.

**BÉNOSAURIEN**, f. *benosorién*. Zool. Benosauriano, reptil.

**BENTHAMIE**, f. *bentamí*. Bot. Bentamia, género de plantas orquideas.

**BENZAMIDE, BENZIMIDE, BENZINE**, f. *bensamíd*, *bensimíd*, *bensín*. Quím. enzamida, etc., compuestos de benzoila.

**BENZOATE**, m. *bensuát*. Quím. Benzoato, sal formada por el ácido benzoico con cualquier base.

**BENZOÏNE**, f. *bensoín*. Quím. Benzoina, alcanfor que se forma en el aceite de almendras, en ciertas circunstancias.

**BENZOÏQUE**, adj. *bensoíc*. Benzoico, ácido que se saca del benjuí.

**BENZONE**, f. *benson*. Quím. Bensona, aceite espeso obtenido de la destilacion del benzoato cálcico.

**BENZOYLE**, f. *bensoíl*. Quím. Benzoila, radical del ácido benzoico.

**BÉOLE**, f. *beól*. Bot. Beola, planta con fibras radicales del estrecho de Magallanes.

**BÉOMYCÈS**, m. *beomisés*. Beomices, género de liquenes.

**BÉORI**, m. *beorí*. Beori, cuadrúpedo de Oriente.

**BÉOTARQUE**, m. *beotárc*. Beotarca, magistrado de los Beocios.

**BÉOTIEN, NE**, adj. y s. *beosién, én*. Beocio, de la Beocia. || met. Estúpido, zompo. || *Oreilles béotiennes*, orejas de asno: aplícase á los Parisienses, por su mal gusto para la música.

**BÉQUE-FLEUR**, m. *becflœur*. Zool. Colibrí, ave semejante al pájaro mosca.

**BÉQUÈNE**, f. *bequén*. Bot. Bequena, especie de pera.

**BÉQUET**, m. *bequé*. Piquito. || Sello, pez. || Piececita añadida á un zapato. || Impr. Pedacito de papel escrito añadido al original ó á una prueba.

**BÉQUILLARD**, m. *bequillár*. Cojitranco: dícese por burla del que anda con muleta.

**BÉQUILLE**, f. *bequíll*. Muleta de viejo ó cojo. || *Boiteux à béquille*, cojitranco. || Escardillo ó legon. || f. pl. Mar. Puntales de escora para impedir que un buque barado no tumbe.

**BÉQUILLER**, n. *bequillé*. Andar con muleta. || a. Agr. Entrecavar la tierra.

**BÉQUILLON**, m. *bequillón*. Jard. Hoja pequeña que remata en punta. || Escardillo. || Cetr. Piquillo de los pajaritos.

**BER**, m. *bér*. Ber ó malayo, árbol. || Mar. Basada, aparato para botar los buques al agua. Tambien se llama *berceau*.

**BÉRARDE**, f. *berárd*. Bot. Berarda, planta cinarocéfala.

**BÉRARDIE**, f. *berardí*. Bot. Berardia, género de plantas bruniáceas.

**BERBE**, m. *bérb*. Zool. Berba, fuina del Senegal y del Madagascar.

**BERBÉRIDÉES**, f. pl. *berberidé*. Berberídeas, familia de plantas dicotiledóneas.

**BERBERIS**, m. *berbéris*. Berberis ó agracejo, género de plantas berberídeas.

**BERCAIL**, m. *bercáil*. Redil de ovejas, aprisco || met. El gremio de la Iglesia. || met. Buen camino, vida arreglada.

**BERCE**, m. *bérs*. Un pajarito que vive en los bosques. || f. Esfondilio, planta.

**BERCEAU**, m. *bersó*. Cuna, cama de los niños. || met. El principio ó nacimiento de una cosa. || met. Toldo ó bóveda formada con vástagos ó ramas, como algunos emparrados, etc. || met. Arco que forman dos ó mas surtidores de agua. || *Berceau de la vierge*, Bot. Clemátide de las hayas.

**BERCELLES**, f. pl. *bersél*. Becelas, tenazuelas que usan los esmaltadores.

**BERCER**, a. *bersé*. Mecer la cuna. || Arrullar un niño. || Art. Bornear un libro, para cortarlo por delante. || Entretener, traer entretenido ó embaucado á alguno con vanas promesas ó esperanzas. || *Être bercé d'une chose*, tener los oidos podridos de una cosa: haber oido hablar de ella muchas veces. || *Se bercer*, r. Alimentarse con vanas esperanzas.

**BERCEUSE**, f. *bersœus*. Camera, en palacio.

**BERCHE**, f. *bérche* Náut. Pieza pequeña de artillería, semejante al falconete.

**BERCHEMIE**, f. *berchemí*. Bot. Berquemia, arbusto de la América boreal.

**BERCHLOLDIE**, f. *berclolдí*. Bot. Bercloldia, género de plantas de Méjico.

**BERCKHEYA**, m. *berquéya*. Bot. Berqueya, género de plantas del Cabo.

**BERCLAN**, m. *berclán*. Zool. Tadorna, ave.

**BERDIN**, m. *berdén*. Zool. Berdin, insecto que ataca la viña.

**BÉRÉ**, f. *beré*. Zool. Berea, cuelli-rojo, ave.

**BÉRÉENS**, m. pl. *bereén*. Sect. rel. Bereenos, sectarios del siglo XVIII que no reconocian la religion natural y decian que la incredulidad no será perdonada en esta vida ni en la otra.

**BÉRENGARIEN**, m. *berengarién*. Sect. rel. Berengario, sectarios que negaban la transustanciacion de Jesucristo en la sagrada Eucaristía.

**BÉRET**, m. *bere*. Gorra vizcaina. || Especie de gorra para las señoras; y tambien

[illegible]

**BÉRYL**, m. *béril*. Berilo, piedra preciosa. V. BÉRIL.

**BÉRYTTION**, m. *berisión*. Colirio para los ojos. || Pastilla contra la disenteria.

**BERZÉLINE**, f. *berzelín*. Miner. Berceline, seleniuro de cobre.

**BERZÉLIITHE**, f. *berzelít*. Miner. Bercelita, sustancia mineral, descubierta en Suecia.

**BERZÉLIUS**, m. *berzélius*. Bot. Bercelius, género de plantas bruniáceas.

**BESACE**, f. *bezás*. Alforja, mochila, barjaleta. || met. y fam. *Être à la besace*, *porter la besace*, andar ó verse por puertas. || *Réduire ó mettre à la besace*, dejar á alguno por puertas: reducirle á la mendicidad.

**BESACIER**, m. irón. *besasié*. Alforjero, mochilero, paal, mata-hormigas.

**BESAIGRE**, m. *beségr*. Punta en el vino que se tuerce.||adj. Torcido, apuntado, agrio. || met. *Tourner au besaigre*, agriarse, irritarse.

**BESAIGUË**, f. *beségü*. Hacha con dos cortes de que usan los carpinteros.|| Cierto martillo de los vidrieros.

**BESANT**, m. *besán*. Besante, moneda antigua de oro y de plata. || Blas. Roel, pieza redonda en los cuarteles del escudo.

**BESCHE**, f. *béche*. Escardillo, instrumento de hortelanos. V. BÊCHE.

**BESCHER**, a. *beché*. Escardar la tierra. Ahora se escribe BÊCHER, BÊCHE.

**BESEAU**, m. *besó*. Agr. Arroyuelo, zanja para que corra el agua.

**BESER**, n. *besé*. Amoscarse: se dice de las vacas, cuando corren por estar picadas de las moscas.

**BESET**, m. *besé*. Ases, las parejas de ases en el juego de tablas reales.

**BESI**, m. *besí*. Especie de pera.

**BESICLES**, f. pl. fam. *besícl*. Antiparras, gafas.

**BESLÉRIE**, f. *beslér*. Bot. Beslera, planta de la familia de las personadas. || *Besléréés*, pl. Bot. Beslerúceas, tribu de la familia de las gesneríceas.

**BESLÉRIES**, f. pl. *besleri*. Bot. Beslerias, género de plantas de las gesneríceas.

**BESOCHE**, f. *besoche*. Azada.

**BESOGNE**, f. fam. *besoñ*. Obra, labor, tarea, faena, cualquier trabajo ú ocupacion útil.|| *Selon l'argent la besogne*, conforme es la paga, asi es el trabajo. || *Se mettre en besogne*, echar manos á la obra, principiar un trabajo.

**BESOGNER**, n. ant. *besoñé*. Trabajar, hacer su tarea.

**BESOIN**, m. *besuén*. Menester, necesidad, falta de lo necesario. || Pobreza, indigencia. || *Besoins*, pl. Las necesidades naturales del cuerpo humano. || *Au besoin*, loc adv. En caso de necesidad, si es menester.

**BESSON**, **NE**, adj. ant. *besón*, *ón*. Mellizo. V. JUMEAU.

**BESTE**, f. *best*. Vaso de greda de que se hace uso en la destilacion del agua fuerte.

**BESTIAIRE**, m. *bestiér*. Confector, gladiador que peleaba con las fieras. || Recopilacion de fábulas acerca de las fieras.

**BESTIAL**, **E**, adj. *bestiál*. Bestial, brutal, que pertenece ó se asemeja á las bestias.

**BESTIALEMENT**, adv. *bestialmán* Bestialmente, como las bestias, como los brutos.

**BESTIALISER**, a. *bestialisé*. Bestializar, embrutecer, hacer semejante á las bestias. || *Se bestialiser*, r. Bestializarse, embrutecerse, hacerse igual á las bestias.

**BESTIALITÉ**, f. *bestialité*. Bestialidad, acto carnal con una bestia. || ant. Necedad, tontería, borricada.

**BESTIASSE**, f. vulg. *bestiás*. Bestiaza, gran bestia, majadero, pedazo de animal, pedazo de alcornoque.

**BESTIAUX**, m. pl. *bestió*. Ganados. V. BÉTAIL singular. || Mil. Brigada, conjunto de acémilas para el transporte de útiles de guerra.

**BESTIOLE**, f. *bestiól*. Bicho, animalejo. || met. Animalito, brutito, hablando de un niño.

**BESTION**, m. *bestion*. Mar. Pico del espolon del navío. || *Tapisserie de bestion*, tapices en que hay representados animales.

**BESTORS**, adj. *bestor*. Tortuoso. || met. Torcido, siniestro, de segunda intencion.

**BESTOURNER**, a. ant. *besturné*. Trastornar, turbar. || Revolver, enturbiar.

**BESUGUE**, f. V. NIAISERIE.

**BÉSYCHIDES**, m. pl. *besichíd*. Mit. Besiquides, sacerdotes del templo de las Furias.

**BÊTA**, m. fam. *béta*. Bruto, animal, zamacuco: se dice del hombre muy rudo y tosco. || Beta, segunda letra del alfabeto griego.

**BÉTAIL**, m. *betáil*. Ganado: solo se dice del vacuno, lanar y cabrío. || *Gros bétail*, ganado mayor. *Menu bétail*, ganado menor.

**BÉTAS**, f. pl. *bétas*. Mit. Betas, sacerdotisas negras de África.

**BÊTE**, f. *bét*. Bestia, animal, bruto. || *Bête à corne*, res vacuna. || *Bête à laine*, res lanar. || *Bête de somme*, caballería ó acémila. || *Bête sauvage*, salvajina. || *Bête farouche*, fiera. || *Bête féroce*, animal carnicero. || *Bête noire*, jabalí. || *Bêtes de labour*, animales de carga ó de trabajo. || *Bêtes aumailles*, ganado casero, bueyes, vacas, carneros, etc. || *Bêtes de trait ó de voiture*, animales de tiro. || *Bêtes fauves*, venados de toda especie. || *Bêtes puantes*, zorros, tejones, etc. || *Bêtes rouges*, garrapatas. || met. Bestia, zoquete, rudo. || *Faire la bête*, hacer el nosabo (fam.). || *Morte la bête, mort le venin*, muerto el perro, muerta la rabia. || fam. *Pas si bête*, á otro perro con ese hueso: para tonto, quedarse en casa: no soy, ó no es tan tonto. || Un juego de naipes. = *Faire la bête*, perder la polla. = *Tirer la bête*, ganar la polla. || *Remonter sur sa bête*, recobrar lo que se habia perdido, como la salud, etc. || *Reprendre du poil de la bête*, buscar el remedio en la causa del mismo mal. || *Telle bête, telle tête*, tal cabeza, tal sentencia.

**BÉTEL**, m. *betél*. Betel, planta de la India, cuya hoja mascan por regalo los naturales.

**BÊTEMENT**, adv. *betmán*. Bestialmente. || Neciamente, tontamente.

**BÉTILLE**, m. *betíl*. Bestilla, género de tela ó muselina.

**BÊTISE**, f. *betís*. Patochada, machada, tontería, bobería, majadería, desatino, disparate, borricada, necedad.

**BÉTOINE**, f. *betuán*. Bot. Betónica ó betonia, planta de un olor penetrante.

**BÉTOIRES**, m. pl. *betuár*. Hoyos que se llenan de cascajo para recibir las aguas y que se pierdan en la tierra.

**BÉTON** ó **BÉTONISME**, m. *betón*, *betonísm*. Hormigon, especie de argamasa que se petrifica. || Betonismo, naturaleza de la leche en un mal parto.

**BÉTONIE**, f. Bot. V. BÉTOINE.

**BÉTONNAGE**, m. *betonáge*. Albañ. Betunaje, embetunado, trabajo hecho con betun.

**BÉTONNER**, a. *betoné*. Construir con betun, embetunar.

**BETTE**, f. *bét*. Acelga, hortaliza muy conocida. || Vaso de greda para la destilacion del aguardiente.

**BETTERAVE**, f. *betráv*. Bot. Betarraga, remolacha, raiz de que se saca azúcar.

**BETTHYLE**, m. *betíl*. Zool. Betilo, género de insectos himenópteros.

**BÉTULINE**, f. *betulín*. Quím. Betulina, especie de aceite volátil sólido.

**BÉTUSE**, f. *betús*. Tonel para avena. || pl. Toneles que sirven para trasportar el pescado vivo.

**BÉTYLE**, m. *betíl*. Bétulo, especie de piedra á que los sacerdotes idólatras atribuian virtudes portentosas. Otros la llaman belemnita ó piedra del rayo.

**BÉTYS**, m. *bétis*. Bot. Bétis, arbusto del Brasil que produce pimienta.

**BEUDO**, m. *beudo*. Bot. Beudo, árbol grande del archipiélago índico.

**BEUGLEMENT**, m. *beuglmán*. Bramido, berrido del toro ó de la vaca. || met. Baladro (ant.), grito espantoso.

**BEUGLER**, n. *beuglé*. Bramar, berrear las reses. || met. Baladrar (ant.), dar alaridos.

**BEURRE**, m. *beurr*. Manteca, la que se saca de la leche de vacas, ovejas y cabras. || *Pot à beurre*, mantequera.

**BEURRÉ**, m. *beurré*. Pera mantecosa, fruta muy sabrosa y delicado || adj. Mantecaso, suave, como la carne de algunas frutas.

BEURRADE, f. beurréTostada de manteca; dícese tambien mantecada.

BEURRER, a. beurré.Pringar con manteca, empapar en manteca.

BEURRERIE, m. beurrí. Mantequera, lugar ó parage en que se hace la manteca. || Bot. Mantequera, género de plantas.

BEURRIER, IÈRE, m. y f. beurrié, ér. Mantequero, el ó la que vende la manteca. || Ce livre n'est bon que pour la beurrière, este libro no sirve mas que para envolver especias.

BEUVAILLER, a. y n. vulg. beuvallé. Beborrotear, beber á menudo y en corta cantidad.

BEUVANTE, f. beuvánt. Derecho que se reserva el dueño de un navío, cuando lo ha fletado.

BEUVASSER, a. y n. vulg. beuvassé. Beborrotear, chingar.

BEUVEAU, BEVEAU ó BIVEAU, m. beuvó, bvó, bivó. Baivel, regla corcha, instrumento que usan los canteros.

BEUVOTTER, a. y n. beuvotté. Beborrotear, beber poco á poco deleitándose.

BÉVUE, f. bevú. Yerro, descuido, equivocacion, inadvertencia.

BEY, m. bé. Bey, gobernador de una ciudad ó provincia entre los Turcos.

BEZ, m. bes. Bes, cumbrecita salina.

BEZESTAN, m.bezestan. Mercado público en Turquía.

BEZET, m. V. BESET.

BÉZOARD, m. bezoárd. Bezoar ó bezar, concrecion lapídea ó pétrea que se cria en los intestinos de ciertos animales.

BHÂGAVADAM, m. bagavadám. Bagavadam, libro sagrado de los Indios.

BIAIS, m. bié. Sesgo, oblicuidad, traves, torcimiento hácia un lado. || met. Sesgo, corte, temperamento, camino en un asunto. || fam. Lado, aspecto de una cosa. || loc. adv. De biais, al sesgo, oblicuamente, al traves. || Prendre quelqu'un de biais, manejar á uno con destreza.

BIAISEMENT, m. biesmán. Modo de ir oblicuamente ó al traves, paso oblicuo. || met. Rodeo, ardid, doblez.

BIAISER, n. biesé. Torcerse, estar ó andar al sesgo ó al traves. || Usar de rodeos. || met. fam. Andar ú obrar con dobles, con segunda, con soluga. || met. fam. Tomar un sesgo, un temperamento, un arbitrio, un medio en un asunto.

BIAISEUR, m. biesær. Solapo, sollastron, hombre solapado, de segunda intencion.

BIAMBONNÉES, f. pl. biambooné. Biambonas, telas de la India oriental.

BIARRE, m. biarr. Zool. Ballenato, familia de mamíferos cetáceos.

BIARQUE, m. biarc. Biarca, comisario de víveres en el imperio de Constantinopla.

BIASSE, f. biass. Seda cruda que viene de Levante.

BIBACITÉ, f. bibasité. Pasion por la bebida.

BIBAUX, m. pl. bibó. Saltaderos armados con picas.

BIBERON, NE, m. y f. bibrón. Beberron, zampacuartillos, borrachon. || La botellita en que se pone leche para criar artificialmente á los niños, que pudiera llamarse chupador. || Taza de pico para los enfermos.

BIBIONS, m. pl. bibión. Especie de moscas llamadas mosquitos de S. Juan.

BIBLE, f. bibl. Biblia, Escritura sagrada del antiguo y nuevo Testamento.

BIBLIATRIQUE, f. bibliatríc. Bibliátrica, arte de restaurar los libros.

BIBLIOGNOSTIQUE, f. bibliognostic. Bibliognóstica, ciencia de los libros.

BIBLIOGRAPHE, m. bibliograf. Bibliógrafo, el muy versado en el conocimiento de libros, de ediciones, etc.

BIBLIOGRAPHIE, f. bibliografí. Bibliografía, la ciencia del bibliógrafo.

BIBLIOGRAPHIQUE, adj. bibliografíc. Bibliográfico, que pertenece á la bibliografía.

BIBLIOMANCIE, f. bibliomansí. Bibliomancia, adivinacion por medio de la Biblia.

BIBLIOMANCIEN, NE, adj. y s. bibliomansién. Bibliomancio, el que ejerce la bibliomancia.

BIBLIOMANE, m. bibliomán. Bibliomaníaco, el que tiene manía ó pasion por poseer muchos libros.

BIBLIOMANIE, f. bibliomaní. Bibliomanía, manía ó pasion por tener muchos libros.

BIBLIOMAPPE, m. bibliomap. Bibliomapa, mapa geográfico, acompañado de algunas explicaciones.

BIBLIOPHILE, m. bibliofíl. Bibliófilo, el amante de los libros.

BIBLIOPOLE, m. poco us. bibliopól. Bibliópola, librero.

BIBLIOTAPHE, m. bibliotáf. Bibliotafo, el que no comunica á nadie sus libros.

BIBLIOTHÉCAIRE, m. bibliotequér. Bibliotecario, el que tiene á su cuidado alguna biblioteca.

BIBLIOTHÈQUE, f. bibliotéc. Biblioteca, librería, el sitio ó casa donde se tiene copia de libros. Se llama biblioteca si es pública; la que tiene un particular para su uso, se llama comunmente librería. || Bibliothèque vivante, biblioteca ambulante: dícese del hombre muy sabio. || Bibliothèque renversée, el erudito que hace de su saber un batiburrillo incomprensible. || Bibliothèque bleue, cuentos de viejas.

BIBLIQUE, adj. biblíc. Bíblico, que pertenece á la Biblia, como el estilo, método, etc.

BIBO, m. bibo. Bibo, árbol de la India, que produce anacardos.

BIBUS, m. bibus. Es el nihilum de los Latinos, nada, chuchería, cosa ó conversacion de poco valor. || Affaire de bibus, asunto de mercadanga. Raisons de bibus, razones de pié de banco. Poète de bibus, poeta de chicha y nabo.

BICA, f. bica. Bica, pescado de la costa de Vizcaya, parecido al besugo.

BICAPSULAIRE, adj. bicapsulér. Bicapsular, que tiene dos cápsulas.

BICARÉNÉ, ÉE, adj. bicarené. Hist. nat. Bicarenado, que tiene dos carenas ó pétalos inferiores.

BICÉPHALE, adj. bisefál. Bicéfalo, que tiene dos cabezas.

BICEPS, m. bisèps. Anat. Biceps ó bicipite, nombre que se da á dos músculos, el bíceps femoral y el biceps braquial ú humeral.

BICÊTRE, m. bisétr. Infortunio, desgracia. || Hospital de locos, en Paris.

BICHATIE, f. bichatí. Bot. Bichacia, género de algas nostocíneas.

BICHE, f. bích. Cierva, corza, la hembra del ciervo, del corzo. || Escombro, pez. || Bicha, hembra del ciervo-volante.

BICHENAGE, m. bichenage. Tributo impuesto sobre los granos que se vendian en los mercados.

BICHENÉE, f. bichené. Bot. Biquenia, quenópoda, planta sinantérea.

BICHET, m. biché. Cierta medida antigua de granos.

BICHIR, m. bichir. Zool. Biquiro, pez.

BICHIOS ó BICHO, bichios, bicho. Gusanillo que se cria debajo del cútis.

BICHON, NE, m. y f. bichon. Perrillo faldero de lanas largas y blancas.

BICHROMATE, m. bicromat. Quim. Bicrómato, especie de sales.

BICHY, m. bichí. Bot. Lanaco, planta.

BICIPITAL, E, adj. bisipitál. Lo que pertenece al biceps ó bicípite.

BICOQ, m. bicóc. Pié de cabra, instrumento mecánico.

BICOQUE, f. bicóc. Bicoca, fortificacion de poca defensa. || Casucha, casa pequeña.

BICORNE, m. bicorn. Zool. Bicornio, gusanillo intestinal. || Bicornes, f. pl. Bot. Bicórneas, familia de plantas. || adj. Bicorneo, que tiene dos cuernos ó astas, como algunos insectos, etc.

BICORNES, m. bicórnis. Anat. Biceps del brazo, el músculo que sirve para extender el brazo.

BICORNU, UE, adj. bicornú. Bot. Bicorne, que tiene dos puntas como cuernos.

BIDAUCT, m. bidóct. Hoja que usan los tintoreros en sus composiciones.

BIDENT, m. bidán. Planta, cuya flor tiene la figura de un cuerno.

BIDENTÉ, ÉE, adj. bidanté. Bot. Bidentado, que tiene dos dientes.

[illegible]

BIENFAITEUR, TRICE, m. y f. [illegible]

[illegible], m., el que ó la que [illegible] beneficios á al-
[illegible] pl. *biénfé*. Bienes [illegible], fincas, posesiones.
[illegible] *bienmeré*. Favorecer, [illegible] á otros.
[illegible], adj. y s. *bienaru-*[illegible], muy afortunado. || [illegible] en el cielo. || Bea-[illegible] *l'air d'un bien-*[illegible] venerable, ó,
[illegible], *biennál*. Bienal, que
[illegible] *biénc*. Aunque, por
[illegible] adv. poco us. *bienseo-*[illegible] decentemente.
[illegible] *biensedns*. Decencia, [illegible] honestidad, confor-[illegible] || *Cette maison est* [illegible] me vendria bien, [illegible] *Par droit de bien-*[illegible] conveniencia.
[illegible] *bienseán*. Decente, [illegible] conveniente, corres-
[illegible] adj. *bientenán*. Jurisp. [illegible] de alguna he-[illegible] y así se dice:
[illegible] Por. Goce, [illegible] alguna herencia.
[illegible] Luego, presto. || [illegible] poco decir-[illegible], hasta luego: para
[illegible] f. *bienveillánc*. Bene-[illegible], amor, afecto.
[illegible], adj. *bienveillán*. [illegible] voluntad ó afecto
[illegible] *biennond*. Bienve-
[illegible], feliz llega-[illegible] paga el que entra [illegible], empleo, taller, etc.
[illegible] *bienvenidr*. Querer
[illegible], adj. ant. *bienvoulé*.
[illegible] adj. *bieprond*. Hist. [illegible] de las aves, y
[illegible] adj. *biepineu*, eus. [illegible] dos espinas.
[illegible], caja, féretro, an-[illegible], cerveza fuerte. [illegible] *Bière de mars*, [illegible] || Bot., bosque de [illegible] *de bière*, jirse,
[illegible], Biharo, especie de [illegible] ó cuervo marino, [illegible].
[illegible] canal por donde se [illegible] la presa al rodete [illegible].
[illegible] adj. y s. *bifari-*[illegible], que tiene [illegible] del cuerpo.
[illegible] Que florece dos [illegible], cristal cuya for-[illegible] dos variaciones.
[illegible] Quim. Bifér-[illegible] de base fér-
[illegible] *bifenstic*. Bot. Bi-[illegible] || Zool. m. [illegible] conocido.
[illegible] y cancela-[illegible], indicen.
[illegible] Piedra preciosa fal-[illegible].
[illegible], tachar, tachar lo
[illegible] Bifora: dícese de [illegible] solamente.
[illegible] Bífido, hendido [illegible] por un ángulo en-
[illegible] adj. *bifistuleur*,



eus. Bot. Bifistuloso, epíteto de las hojas que ofrecen dos cavidades en toda su longitud.

**BIFOLIÉ, ÉE**, adj. *bifolié*. Bot. Bifoliado, vegetal que tiene hojas opuestas.

**BIFOLIOLÉ, ÉE**, adj. *bifoliolé*. Bot. Bifoliolado, compuesto de dos hojuelas.

**BIFOLLICULE**, m. *bifolicül*. Bot. Bifolículo, fruto de un ovario sencillo que se parte hasta que llegan á ser otros tantos folículos.

**BIFORME**, adj. *bifórm*. Biforme, de dos formas.

**BIFORE**, f. *bifór*. Bot. Bifora, género de plantas umbeladas.

**BIFRE**, m. V. CASTOR.

**BIFTECK**, m. (alteracion de la voz inglesa *beef-steak*.) *bifiéc*. Lonja de carne de vaca.

**BIFURCATION**, f. *bifurcasión*. Anat. y Bot. Division ó separacion en dos partes ó puas, á modo de horquilla.

**BIFURQUE**, f. *bifúrc*. Bot. Bifurca, planta de la familia de los musgos.

**BIFURQUER (SE)**, r. *bifurqué*. Anat. y Bot. Bifurcarse, ahorquillarse, dividirse en dos ramas como una horquilla. || Tener dos raigones los dientes.

**BIGAILLE**, f. *bigáll*. Nombre genérico de todo insecto volátil.

**BIGAME**, s. y adj. *bigám*. Bígamo, el casado con dos mujeres á un tiempo. || Der. can. El que ha sido casado dos veces, y el casado con viuda.

**BIGAMIE**, f. *bigamí*. Bigamia, matrimonio con dos personas á un mismo tiempo || Jur. can. Bigamia, el estado del que ha pasado á segundas nupcias. || *Bigamie spirituelle*, posesion de dos beneficios incompatibles.

**BIGARADE**, f. *bigarád*. Bot. Bigarada, naranja agria ó silvestre.

**BIGARRÉ, ÉE**, adj. *bigarré* Abigarrado, pintorreado, pintarrajado. || Alagartado, hablando de medias, cintas, guantes, etc. || *Œil bigarré*, ojo garzo.

**BIGARREAU**, m. *bigarró*. Cereza gordal ó garrafal.

**BIGARREAUTIER**, f. *bigarrotié*. Cerezo gordal ó garrafal.

**BIGARRER**, a. *bigarré* Abigarrar, gayar. || Pintorrear, pintarrajar una cosa. || met. Abigarrar, confundir, hablar ó escribir sirviéndose de locuciones inconexas.

**BIGARRURE**, f. *bigarrúr*. Mezcolanza, pintarrajo, extraño y ridículo casamiento de colores. || met. Confusion, fárrago, baturrillo, ensalada, hablando del estilo ó de una obra.

**BIGAUDELLE**, m. *bigodél*. Bot. Bigodela, variedad de cereza.

**BIGAUT**, m. *bigó*. Agr. Azada con que se binan las viñas.

**BIGELOVIE**, f. *bigeloví*. Bot. Bigelovia, género de plantas sinantereas.

**BIGÉMINÉ, ÉE**, adj. *bigeminé*. Bot. Bigeminado, epíteto que se da á las flores ú hojas colocadas de dos en dos en un mismo extremo del vegetal.

**BIGEMME**, adj. *bigém*. Bot. Bigemo, que tiene dos yemas ó botones.

**BIGÈNE**, adj. *bigen*. Bot. Bigeno, que produce dos veces al año.

**BIGÉNÈRE**, adj. *bigenér*. Bot. Bigénero, que proviene de dos géneros.

**BIGÉNÉRINE**, m. *bigenerín*. Zool. Bigenerina, género de moluscos.

**BIGGÉL**, m. *biguél*. Zool. Bigel, mamífero rumiante de Bengala.

**BIGIBBEUX, EUSE**, adj. *bigibeu*, eus. Bot. Bigiboso, provisto de dos protuberancias ó excrecencias.

**BIGLE**, adj. *bigl*. Bisojo, bizco. || m. Perro de raza inglesa, parecido al podenco.

**BIGLER**, n. *biglé*. Bisquear, mirar bizco ó atravesado.

**BIGLOCHIDÉ, ÉE**, adj. *biglochidé*. Bot. Bigloquideo, provisto de dos puntas.

**BIGLUMÉ, ÉE**, adj. *biglumé*. Bot. Biglumado, provisto de dos glumas.

**BIGNE**, f. ant. *biñ*. Chichon, tolondron, bulto en la cabeza ó en la frente.

**BIGNONIACÉES**, f. pl. *biñoniasé*. Bot. Bignoniáceas, plantas dicotiledóneas.

**BIGNONE**, f. *biñoní*. Bot. Bignonia, género de plantas.

**BIGORNE**, f. *bigórn*. Bigornia, especie de yunque. || Mar. Cortahierro de calafate.

**BIGORNEAU**, m. *bigornó*. Bigornillo, bigornia pequeña.

**BIGORNER**, a. *bigorné*. Forjar sobre la bigornia.

**BIGOT, E**, adj. y s. *bigó*, *ót*. Santurron, beato, gazmoño. || m. Mar. Liebre de racamento.

**BIGOTE, BIGOTELLE ó BIGOTÈRE**, f. *bigót*, *bigotél*, *bigotér*. Bigotera, pieza de cobre para ponerse bigotes.

**BIGOTER**, n. *bigoté*. Santurronear.

**BIGOTERIE**, f. *bigotrí*. Santurronería, beatería, gazmoñería.

**BIGOTISME**, m. *bigotísm*. Egoismo divinizado, falsa devocion de los hipócritas.

**BIGOURELLE**, f. *bigurél*. Mar. Costura de dobladillo que se hace en las velas.

**BIGUER**, a. *bigué*. Trocar ó mudar de una mano á otra alguna cosa.

**BIGRERIE**, f. *bigrrí*. Colmenar de abejas. Al que las cuida se le llama *bigre*, palabra que tambien expresa una interjeccion de mal tono.

**BIGUE**, f. *bígue* Mar. Bordon, puntal, escora, postelero de andamio, etc.

**BIHAÏ**. m. *bidí* Bihai, planta americana.

**BIHAL**, m. *biál*. Bot. Bial, género de plantas musáceas. V. HÉLICON.

**BIHASTÉ, ÉE**, adj. *biasté*. Zool. Biastado, con apéndices en forma de lanzas.

**BIHOREAU**, m. *bioró*. Garza, íris, ave acuática.

**BIJON**, m. *bijón*. Farm. Resina de pino y de alerce, parecida á la trementina.

**BIJOU**, m. *bijú*. Joya, alhaja. || met. Alhaja, lo que es precioso en su línea. || Bujería, dije, sea para adorno ó para juguete. Tambien se aplica á las personas en sentido figurado: *cet enfant est un bijou*, este niño es una alhaja, vale un imperio, vale un Perú.

**BIJOUTERIE**, f. *bijutrí*. Bisutería, plata, oro, quincalla. || Comercio de joyería.

**BIJOUTIER, ÈRE**, m. y f. *bijutié*, *ér*. Bisutero, mercader, joyero. || La persona curiosa y amiga de juntar, llevar ó comprar alhajas y preciosidades.

**BILABIÉ, ÉE**, adj. *bilabié*. Bot. Bilabiado, que afecta la forma de dos labios.

**BILAMELLÉ, ÉE**, adj. *bilamelé*. Bot. Bilamelado, de dos láminas ú hojuelas.

**BILAN**, m. *bilan*. Balance, libro en que los comerciantes asientan sus deudas activas y pasivas. || Avanzo ó cuenta final, entre los mismos.

**BILBOQUET**, m. *bilboqué*. Boliche, cierto juego de muchachos. || Dominguillo, la figurilla que tiene plomo en los piés para tenerse siempre derecha. || Imp. Remiendo, obra de poca consideracion. || Art. Pincel, pedazo de tela fijada en un trocito cuadrado de madera para introducir el oro en las garganullas y otras molduras difíciles. || Art. Palillo de rizar, palo de madera torneado, que usan los peluqueros para rizar el pelo de las pelucas.

**BILE**, f. *bil*. Med. Bilis, cólera, uno de los humores del cuerpo humano. || met. Cólera, ira, enojo. || *Bile noire*, atrabilis, cólera negra.

**BILIAIRE**, adj. *biliér*. Anat. Biliar: dícese de los vasos ó conductos de la bilis.

**BILIEUX, EUSE**, adj. *bilieu*, eus. Bilioso, colérico, abundante en cólera. || met. Colérico, fácil de encolerizarse, de airarse.

**BILIMBI**, m. *bilenbí*. Bot. Bilimbi, árbol del Malabar, que tiene flor y fruto todo el año.

**BILINGUE**, adj. *bilingue* Bilingüe ó de dos lenguas: dícese mas comunmente de todo escrito puesto en dos idiomas distintos.

**BILL**, m *bill*. Proyecto de ley en el parlamento inglés || *Bill d'indemnité*, declaracion de indemnidad: aprobacion que da el cuerpo legislativo á una medida tomada por el gobierno fuera de sus facultades.

**BILLARD**, m. *billar* Billar, juego. || La mesa y casa en que se juega. || *Partie de billard*, mesa ó partida de billar. || *Queue de billard*, taco. || *Bande de billard*, tablas de billar. || Art. Billarde, intrumento que usan los cuberos para torcer las duelas. || Mar. Simbarra, ó barra de ensunchar.

**BILLARDER**, n. *billardé*. Retacar, picar la bola con el taco dos veces seguidas, ó picar dos bolas á un tiempo. || Mar. Golpear con la cimbarra.

**BILLARDIÈRE**, f. *billardiér*. Bot. Bilardiera, planta de las pitosporáceas.

**BILLE**, f. *bill*. Bola de billar ó de trucos. || Canillo, bolitas de piedra ó mármol con que juegan los niños. || Art. Bajan, máquina para torcer las pieles y extraer el agua, la goma y grasa que contienen. || Garrote, palo con que se aprietan los fardos.

**BILLEBARRER**, a. fam. *billbarré*. Abigarrar, pintarrajear, pintorrear.

**BILLEBAUDE**, f. fam. *billbód*. Tararira, desbarato, barullo, desórden. || *A la billebaude*, loc. adv. Confusamente, de monton, á la [illegible], á la diabla, sin órden.

**BILLEBAUDER**, n. *billbodé*. Mont. Ir ó marchar confusamente, en desórden.

**BILLÉE**, f. *billé*. Zool. Billea, género de insectos dípteros.

**BILLER**, a. *billé*. Atar los caballos para sirgar en un rio. || Agarrotar, apretar con el palo ó garrote.

**BILLET**, m. *billé*. Billete, esquela. || Vale, póliza. || *Billet à ordre*, pagaré. || *Billet de banque*, billete de banco (neol.). || *Billet de change*, letra ó cédula de cambio. || Cédula de comunion, de lotería, para votar, etc. || Esquela de casamiento, de entierro, etc. || Boleta de alojamiento, de sanidad, etc. || *Billet doux*, esquela amorosa. || *Billet d'entrée*, boletin, entrada para el teatro ú otros espectáculos. || *Billet de souffrance*, guia que dan en Inglaterra, para traficar de puerto en puerto sin pagar derechos. || *Billet de visite*, tarjeta. || La certificacion del maestro ó regente de una imprenta, sin la cual no puede un oficial trabajar en otra. || *Tirer au billet*, rifar.

**BILLETÉ, ÉE**, adj. *billté*. Marcado, rotulado, numerado. || Blas. Billetado.

**BILLETER**, a. *billeté*. Marcar, señalar y numerar los fardos ó géneros. || Aposentar ó dar boletas de alojamiento.

**BILLETEUR**, m. *billteur*. Mar. El que recibe la paga para los demas.

**BILLETIER**, m. *billtié*. Aposentador, comisario que expide y reparte las boletas.

**BILLETTE**, f. *billét*. Blas. Pieza sólida en el escudo, que tiene la figura de un cuadrilongo. || Mangueta con que los tundidores impiden que la tijera no vaya de prisa. || Anuncio, cartel fijado en un sitio donde debe pagarse algun peaje, para avisarlo á los viajantes.

**BILLETTEMENT**, m. *billetmán*. Alojamiento, accion de alojar ó aposentar por boletas.

**BILLEVESÉE**, f. fam. *billvsé*. Cuento de viejas, conseja, pamplina, pampirolada.

**BILLION**, m. *bilion*. Millar de cuento, mil millones.

**BILLON**, m. *billón*. Vellon, moneda de cobre. || Toda moneda de oro ó plata de liga, ó de baja ley. || La moneda vedada, ó que no tiene curso. || Puesto ú oficina á donde se lleva esta moneda. || *Argent en billon*, plata en bruto. || met. *Mettre au billon*, echar al carnero: mirar como cosa de poco valor. || Agr. Caballon, lomo de tierra que queda entre surco y surco.

**BILLONNAGE**, m. *billonáge*. Tráfico de moneda ilícito. || Falsificacion de moneda.

**BILLONNEMENT**, m. *billonmán*. Refundicion, el acto de refundir la moneda.

**BILLONNER**, n. *billoné*. Sustituir moneda defectuosa en lugar de la buena. || Agr. [illegible]var, trabajar el campo formando surcos.

**BILLONNEUR**, m. *billoneur*. El que [illegible]te el comercio ilícito de mala moneda.

**BILLOT**, m. *billó*. Tajo de cocina, ó para cortar la cabeza á los criminales. || *Mettre la tête ó la main sur le billot*, poner las manos en el fuego: afirmar algo sin recelo. || Pié ó banco de yunque. || Chambrana para asentar algo. || Taragallo, torga. || Maza para sujetar á los monos. || met. Tomo desproporcionadamente grueso. || Especie de ratonera. || Mar. Cuaderna.

**BILLOTTIE**, f. *billoti*. Bot. Billotia, planta mirtácea de la Nueva Holanda.

**BILOCULAIRE**, adj. *biloculér*. Bot. Bilocular, que tiene dos celdillas ó cavidades.

**BILOCULINE**, f. *biloculín*. Zool. Biloculina, género de conchas microscópicas.

**BILUNULÉ, ÉE**, adj. *bilunulé*. Zool. Bilunulado, que tiene dos manchas en forma de media luna.

**BIMACULÉ, ÉE**, adj. *bimaculé*. Zool. Bimaculado, que tiene dos manchas de diferente color que el resto del cuerpo.

**BIMALATE**, m. *bimalát*. Quím. Bimalato, sal doble que contiene dupla cantidad de ácido málico que la sal neutra de la misma base.

**BIMANE**, adj. *bimán*. Bimano, que tiene dos manos. Se usa principalmente hablando del hombre. || Bimano, calificacion de los reptiles del género quirote.

**BIMARGARATE**, m. *bimargarát*. Quím. Bimargarato, sal doble que contiene dupla cantidad de ácido margárico que la sal neutra.

**BIMBELOT**, m. *benbló*. Trebejo, muñeco, trasto, juguete.

**BIMBELOTERIE**, f. *benblotrí*. Fábrica y comercio de chucherías y muñecos para muchachos.

**BIMBELOTIER**, m. *benblotié*. El que hace y vende trastos, muñecos y juguetes.

**BIMESTRE**, s. m. y adj. *biméstr*. Bimestre, espacio de dos meses.

**BIMILLIARD**, m. *bimiliár*. Bimillar, dos millares.

**BINAGE**, m. *bináge*. Renda, ó segunda labor que se da á las viñas, binazon. || La celebracion de dos misas en un mismo dia por un clerigo en dos lugares diferentes.

**BINAIRE**, adj. *binér*. Binario, que consta de dos unidades.

**BINARD**, m. *binár*. Especie de carro de cuatro ruedas iguales, galera.

**BINDELY**, m. *bendlí*. Pasamano pequeño de seda y plata, que se fabrica en Italia.

**BINÉ, ÉE**, adj. *biné*. Binado, Pinado en botánica.

**BINEMENT**, m. *binmán*. Binazon, la segunda labor que se da á las tierras.

**BINER**, a. *biné*. Binar, dar segunda reja ó labor á las tierras. || n. Decir dos misas en un dia con dispensa del Ordinario.

**BINET**, m. *biné*. Valoncita de hoja de lata, que se pone encima de un candelero para aprovechar los cabos de vela.

**BINETTE**, f. *binét*. Azada para binar.

**BINI**, m. *biní*. Compañero de un religioso á quien daba el superior licencia para salir.

**BINKOSUMBA**, f. *bencosumba*. Bot. Bincoumba, filanto, planta de Ceilan.

**BINNI**, m. *binní*. Zool. Binni, especie de pescado.

**BINOCHON**, m. *binochón*. Agr. Hazadilla, hazada pequeña para escardar el cebollin.

**BINOCLE**, m. *binócl*. Binóculo, anteojo doble de larga vista. || Zool. Binoculo, especie de crustáceo.

**BINOCULAIRE**, adj. *binoculér*. Binocular ó binóculo, que sirve á ambos ojos.

**BINÔME**, m. *binóm*. Binomio, cantidad algebráica, que consta de dos términos unidos por los signos *mas* † ó *ménos* —.

**BINTAMBARU**, m. *bentanbarú*. Bintambarú, planta del Malabar y de Ceilan.

**BINUBE**, adj. *binúb*. Binubo, casado dos veces, bígamo.

**BINUNGA**, m. *bineunga*. Binunga, especie de uva americana.

**BIOCOLYTE**, m. *biocolit*. Hist. Biocolita, funcionario griego encargado de impedir las violencias.

**BIOGRAPHE**, m. *biográf*. Biógrafo, escritor de vidas de sugetos particulares.

**BIOGRAPHIE**, f. *biografí*. Biografía, historia ó relacion de vidas de personas particulares.

**BIOGRAPHIQUE**, adj. *biografic*. Biográfico, que pertenece á la biografía.

**BIOLOGIE**, f. *biologí*. Biologia, tratado de la vida del hombre ó de los animales.

**BIOLOGIQUE**, adj. *biologic*. Biológico, que pertenece á la biología.

**BIOLOGISTE**, m. y f. *biologist*. Biólogo, biologista, el que se dedica á la biología.

**BIOMÈTRE**, m. *biométr*. Biometro, memorial horario que sirve para indicar las horas de la vida y su uso.

**BIOMÉTRIE**, f. *biometrí*. Biometría, arte de calcular el uso ó empleo de la vida, en términos de sacar [illegible] joso.

**BIOMÉTRIQUE**, adj. [illegible] trico, que pertenece á la [illegible]

**BION**, m. *bión*. Art. [illegible] mento usado para cortar el [illegible]

**BIOSCOGRAPHE**, m. [illegible] grafo, el que posee la [illegible]

**BIOSCOGRAPHIE**, f. [illegible] grafía, conocimiento de todos [illegible] tentes en la superficie del globo.

**BIOSCOGRAPHIQUE**, adj. [illegible] Biosográfico, que pertenece á la [illegible]

**BIPALMÉ, ÉE**, adj. [illegible] do, que tiene dos palmas [illegible] siones.

**BIPAPILLAIRE**, m. [illegible] lar, nombre de un animal de [illegible] Nueva Holanda.

**BIPARIÉTAL, E**, adj. [illegible] Biparietal, extensivo de los parietales. [illegible]

**BIPARTI, E**, adj. [illegible] hendido en dos partes.

**BIPARTIBLE**, adj. [illegible] puede dividirse [illegible] partes.

**BIPÉDAL**, adj. *bipedál*. [illegible] tiene la medida de dos piés.

**BIPÈDE**, adj. *bipéd*. Bípedo [illegible] de dos piés.

**BIPERFORÉ, ÉE**, adj. [illegible] nal. Biperforado, que tiene dos [illegible]

**BIPÉTALÉ, ÉE**, adj. [illegible] pétalo, que tiene dos pétalos.

**BIPHORE**, m. *bifór*. Bíforo, [illegible] rico.

**BIPHORIDÉ, ÉE**, adj. [illegible] Biforídeo, que se parece al bíforo.

**BIPHOSPHATE**, m. [illegible] fosfato, sales dobles en las que [illegible] del ácido fosfórico es duplo del [illegible]

**BIPHOSPHITE**, m. [illegible] fito, sales dobles en las que el [illegible] ácido fosforoso es duplo del de [illegible]

**BIPHYLLE**, m. *bifil*. Zool. [illegible] de coleópteros tetrámeros.

**BIPHYLLOCÈRE**, m. [illegible] filócero, género de coleópteros [illegible]

**BIPINNATIFIDE**, adj. [illegible] Bipinatífido, calificacion de las [illegible] tán divididas en glóbulos laterales.

**BIPLOMBIQUE**, adj. [illegible] Biplómbico, calificacion de una sal [illegible] que contiene dupla cantidad de [illegible] sal neutra correspondiente.

**BIPOLAIRE**, adj. *bipolér*. Fís. [illegible] que tiene dos polos.

**BIPOLARITÉ**, f. *bipolarite*. Fís. [illegible] ridad, estado de un cuerpo [illegible] tiene dos polos naturalmente [illegible]

**BIPOREUX, EUSE**, adj. [illegible] Bot. Biporoso, que tiene dos poros.

**BIPOTASSIQUE**, adj. [illegible] Bipotásico, calificacion de una sal [illegible] tiene dupla cantidad de potasa [illegible] neutra correspondiente.

**BIQUE**, f. *bic*. Chiva, cabra.

**BIQUET**, m. *biqué*. Cabrito, el [illegible] queño de la cabra. || Balancilla [illegible] pesa el oro y la plata en las [illegible] neda.

**BIQUETER**, a. *bicté*. Pesar [illegible] n. ant. Parir las cabras.

**BIRAMBROT**, m. *biranbró*. [illegible] sopa que se hace con cerveza, [illegible] moscada, etc.

**BIRE**, f. *bir*. Cesta de mimbres para [illegible] car.

**BIRÈME**, f. *birém*. Birreme, [illegible] dos órdenes de remos.

**BIRIBI**, m. *biribí*. Especie de juego de suerte y ventura.

**BIROLIE**, f. *birolí*. Bot. Birolia, [illegible] de plantas, familia de las elatrináceas. [illegible]

**BIRLOIR**, m. *birluar*. Taravilla, [illegible] tillo de madera para asegurar las ventanas.

**BIROSTRÉ, ÉE**, adj. *birostré*. [illegible] rostro, que tiene dos picos.

**BIROTINE**, f. *birotín*. Birotina, [illegible] Levante.

**BIROUCHE**, f. *birúche*. Carruaje [illegible] para ir á casa.

**BIS, E**, adj. *bi*, *bis*. Bazo, moreno, [illegible] blando del pan, harina, etc. || *Pain bis*, [illegible] rena, pan moreno. || met. fam. poco [illegible]

BISSECTRICE, adj. y s. f. *bisectris*. Geom. Bisectriz, línea que divide un ángulo en dos partes iguales.

BISSEXTE, m. *bisécst*. Bisiesto, el aumento que se hace de un dia al mes de febrero cada cuatro años. || adj. Bisiesto.

BISSEXTIL, E, adj. *bisecstil*. Bisextil, lo mismo que bisiesto. V. BISSEXTE.

BISSOCS, m. V. LAPIN.

BISTARDE, m. ant. *bistárd*. Avutarda, ave. V. OUTARDE.

BISTOQUET, m. *bistoqué*. Retaco ó taco corto, hablando del juego de trucos.

BISTORTE, f. *bistort*. Bistorta, planta.

BISTORTIER, m. *bistortié*. Majadero ó mazo de mortero grande de boj.

BISTOURI, *bisturí*. Bisturí, postemero, cierto instrumento de cirugía.

BISTOURNAGE, m. *bisturnáge*. Albeit. Capadura torciendo los testículos.

BISTOURNÉ, ÉE, adj. *bisturné*. Torcido. || *Jambe bistournée*, pata tuerta. || *Qui a les jambes bistournées*, patizambo.

BISTOURNER, a. fam. *bisturné*. Torcer algo en sentido contrario al natural. || Albeit. Capar torciendo los testículos.

BISTRE, m. *bistr*. Hollin desleido para hacer dibujos, etc. || Hollin liquidado que se corre de las chimeneas.

BISULCE, adj. *bisúlc*. Hist. nat. Patihendido, que tiene los piés hendidos.

BITARTRATE, m. *bitartrát*. Quím. Bitartrato, sal que contiene dupla cantidad de ácido tártrico que la sal neutra correspondiente.

BITCHEMORE, m. *bitchemór*. Zool. Pescado de las costas de la Cochinchina.

BITENTACULÉ, ÉE, adj. *bitentaculé*. Zool. Bitentaculado, que está provisto de dos tentáculos.

BITERN, m. *bitern*. Agua marina, que queda despues de congelada la sal.

BITESTACÉS, m. pl. *bitestasé*. Zool. Bitestáceos, nombre que se da á ciertos crustáceos del órden de los braquiópodos.

BITI, m. *biti*. Biti, árbol del Malabar.

BITORD, m. *bitór*. Mar. Meollar, cabo delgado que se hace á bordo con filástica de jarcia vieja y sirve para varios objetos.

BITTACOMORPHE, m. *bitacomórf*. Zool. Bitacomorfo, género de insectos del órden de los dípteros.

BITAQUE, m. *bitác*. Zool. Bitaco, género de insectos nevrópteros.

BITTES, f. pl. *bit*. Mar. Bitas, piezas de madera á que se amarran los cables.

BITTER, a. *bité*. Mar. Abitar, aforrar ó asegurar el cable á las bitas dándole vueltas.

BITTONS, m. pl. *bitón*. Mar. Guindastes, bitas de menores dimensiones que hay por la cara de popa de todos los palos.

BITTURE, f. *bitúr*. Mar. Bitadura, la porcion de cable que media entre el ancla y las bitas.

BITUBERCULÉ, ÉE, adj. *bituberculé*. Bituberculado, que ofrece dos tubérculos.

BITUBÉREUX, EUSE, adj. *bitubereu, eus*. Bituberoso, que tiene dos tuberosidades.

BITUBULITE, m. *bitubulit*. Geol. Bitubulita, género de fósiles.

BITUME, m. *bitúm*. Betun.

BITUMINER, a. *bituminé*. Embetunar, dar de betun.

BITUMINEUX, EUSE, adj. *bitumineu, eus*. Bituminoso, que contiene betun.

BITUMINISER, a. *bituminisé*. Convertir en betun.

BITUMINIFÈRE, adj. *bituminifér*. Bituminífero, que contiene betun.

BITUMINISATION, f. *bituminisatión*. Quím. Bituminizacion, conversion de una materia orgánica en betun.

BITUMINISER, a. *bituminisé*. Quím. Betuminizar, convertir en betun.

BITUNGSTATE, m. *biteungstát*. Quím. Bitungstato, sal que contiene dupla cantidad de oxígeno que la base.

BIURATE, m. *biurat*. Quím. Biurato, sal que contiene dupla cantidad de ácido úrico que la sal neutra correspondiente.

BIUS, m. *bius*. Zool. Bius, género de insectos coleópteros heterómeros.

BIVAC, m. Mil. V. BIVOUAC.

BIVALDIE, f. Bot. V. GARCINIE.

BIVALVE, adj. *biválv*. Zool. Bivalvo, de dos conchas. || Bot. La fruta que se separa en dos.

BIVALVULAIRE, adj. *bivalvulér*. Zool. Bivalvular, de forma de una válvula doble.

BIVALVULÉ, ÉE, adj. *bivalvulé*. Zool. Bivalvulado, que tiene dos válvulas.

BIVAQUER, n. Mil. V. BIVOUAQUER.

BIVARIQUEUX, EUSE, adj. *bivarique*u, eus. Med. Bivaricoso, que tiene dos venas dilatadas.

BIVEAU, m. V. BEUVEAU.

BIVENTRE, m. *bivantr*. Anat. Digástrico, músculo de la mandíbula inferior. V. DIGASTRIQUE.

BIVERONNE, f. *biverón*. Zool. Biverona, especie de concha.

BIVIA, f. *bivia*. Mit. Bivia, diosa que presidia á los cruceros de dos caminos.

BIVIAIRE, adj. *biviér*. La plaza ó sitio donde rematan dos caminos.

BIVIAL, E, adj. *bivial*. Bivial, se dice de un camino que se divide en dos partes.

BIVOIE, f. *bivuá*. Bivio, camino que se separa y va á dos parajes diferentes || Bivio, el punto en que se cruzan dos caminos.

BIVONÉE, f. *bivoné*. Bot. Bivonea, género de plantas de la familia de las cruciferas.

BIVOUAC, m. *bivuác*. Mil. Vivac, vivaque, guardia extraordinaria que se hace de noche á campo raso. || Vivaque, toda mansion que hace la tropa al raso. || Vivaque, la tropa que vivaquea, y tambien el lugar en que vivaquea. || *Etre ó coucher au bivouac*, estar ó dormir al raso, á la inclemencia.

BIVOUAQUER, n. *bivuaqué*. Mil. Vivaquear, pararse la tropa de noche ó de dia al raso. || fam. Dormir en el meson de la estrella; pasar la noche al sereno ó á campo raso.

BIXA, f. *bicsa*. Bot. Bixa, árbol de la familia de las liliáceas.

BIXACÉES, f. pl. *bicsasé*. Bot. Bixáceas, familia de plantas dicotiledóneas.

BIZARRE, adj. *bisár*. Raro, extravagante, caprichoso. || Extraordinario, fuera de lo comun.

BIZARREMENT, adv. *bisarrmán*. Con extravagancia, de un modo raro, de capricho.

BIZARRERIE, f. *bisarrí*. Rareza, extravagancia, singularidad, capricho.

BIZÈGLE, m. *biségl*. Costa, pulidor, instrumento de boj para los zapateros.

BIZERT, m. *bisér*. Zool. Frinjigalo, ave.

BIZINCIQUE, adj. *bisensic*. Quím. Bizíncico, calificacion de una sal que contiene dupla cantidad de óxido zíncico que su correspondiente sal neutra.

BIZIRCONIQUE, adj. *bisirconic*. Quím. Bizircónico, calificacion de una sal que contiene dupla cantidad de base zircónica que su correspondiente sal neutra.

BIZIURE, m. *bisiúr*. Zool. Biziuro, género de aves de la Nueva Holanda.

BLABE, f. Med. V. BLESSURE.

BLABÈRE, m. *blabér*. Zool. Blabero, género de insectos coleópteros tetrámeros.

BLAC, m. *blác*. Zool. Blaco, milano de África.

BLACCIES, f. pl. Med. V. ROUGEOLE.

BLACE, m. *blás*. Zool. Blaco, género de insectos himenópteros.

BLACK-BURNIE, f. *blacburní*. Bot. Blacburnia, género de plantas zantoxíleas.

BLACK-STONIE, f. Bot. V. CHLORE.

BLACK-UMBER, m. Zool. V. SCIÈNE.

BLACKWELLIACÉES, f. pl. *blacvelias*é. Bot. Blacveliáceas, familia de plantas.

BLACKWELLIE, f. *blacvelí*. Bot. Blacvelia, tribu de plantas homaliáceas.

BLACODES, m. pl. *blacód*. Zool. Blacodos, género de coleópteros.

BLACOUEL, m. Bot. V. BLACKWELLIE.

BLACTARRE, m. Quím. V. CÉRUSE.

BLADIE ó BLADHIE, f. *bladí*. Bot. Bladia, género de plantas.

BLADERIE, f. Bot. V. BLAIRIE.

BLAFARD, E, adj. *blafár*. Descolorido, pálido, bajo ó perdido de color.

BLAFFART, m. *blafár*. Blafar, moneda pequeña de Alemania.

BLAGRE, m. *blágr*. Zool. Blagro, halcon de África, especie de águila.

BLAGUE, f. *blague* Vejiga que sirve para

pone el tabaco de fumar. || vulg. Fanfarronada, habladuría, embuste, mentira, enredo.

BLAGUER, n. blagué. Mentir, contar paparruchas, cosas falsas, meter bolas.

BLAGUEUR, EUSE, s. y adj. blagueur, eus. Mentiroso, embustero, el que dice embustes. || Embromador, bromista.

BLAICHE, adj. blèche. Indolente, perezoso, flojo.

BLAINVILLÉE, f. blenvillé. Bot. Blenvilea, género de plantas asteroideas. || Zool. Blenvilea, género de insectos dípteros.

BLAIREAU, m. bleró. Tejon, animal silvestre. || Art. Difumador, especie de pincel muy duro que usan los doradores.

BLAIRIE, f. blerí. Bot. Blaria, género de plantas del cabo de Buena Esperanza.

BLÂMABLE, adj. blamábl. Vituperable, reprensible, condenable.

BLAMANÈNE, f. blamané. Bot. Blamanea, nombre que dan en el mediodía de la Francia al maíz.

BLÂME, m. bláme. Vituperacion, reprobacion, censura. || Infamia, vergüenza, descrédito. || For. Correccion, apercibimiento de un juez á un reo.

BLÂMER, a. blamé. Vituperar, condenar, afear, reprobar. || For. Apercibir, reprender el juez á un reo.

BLANC, m. blan. Blanco, el color blanco. || Blanco, lo que no está escrito en un libro ó papel. || Blanco, la cara de los dados que no tiene ningun punto marcado. || Blanquete, afeite de las mujeres. || Barniz del vidriado. || El blanco á que se tira. || Blanca, moneda antigua. || Six blancs, dos cuartos y medio. || Impr. Los márgenes de los cruceros y medianiles. || Impr. El blanco entre líneas y líneas. || fam. Blanc-bec, boquirubio, bobalicon, jóven falto de experiencia. || Blanc de baleine, esperma de ballena. || Blanc d'Espagne, yeso-mate. || Blanc d'œuf, clara de huevo. || Blanc de plomb ó de céruse, albayalde, cerusa. || Blanc des volailles, la pechuga de las aves. || Blanc-manger, manjar blanco. || Blanc-seing ó blanc-signé, firma en blanco. || Mettre un homme au blanc, dejar á alguno en cueros : pelarle en el juego. || Saigner quelqu'un jusqu'au blanc, sacar el quilo á alguno. || Livre en blanc, libro en papel, sin encuadernar. || BLANCHE, adj. Blanco. || Limpio : se dice de la ropa, los platos, etc. || Se tirer ó sortir blanc, salir inocente de una acusacion. || Argent blanc, toda moneda de plata. || Cheveux blancs, canas, pelo cano. || Épée blanche, espada desnuda. || Monnaie blanche, plata menuda. || Verre blanc, cristal. || Vers blanc, verso suelto ó libre. || Ferblanc, hoja de lata. || Gris blanc, pardo claro. || Bleu blanc, azul claro. || Gelée blanche, escarcha, rociada. || Poudre blanche, pólvora sorda. || Vigne blanche, brionia, nueza blanca. || Nuit blanche, noche toledana, la que se pasa sin dormir. || Chicorée blanche, endibia, planta hortense. || Chauffer au blanc, caldear el hierro, ponerle candente. || De but en blanc, adv. De punta en blanco, de golpe y zumbido, de buenas á primeras, sin mas ni mas.

BLANCHAILLE, f. poco us. blancháill. Morralla, pececillos menudos.

BLANCHARD, m. blanchár. Zool. Blancardo, especie de águila grande de los paises orientales. || Bot. Blanchard velouté, blancardo velludo, yerba vivaz.

BLANCHÂTRE, adj. blanchátr. Blanquecino, blanquizco, blanquinoso.

BLANCHE, f. blanche. Mús. Mínima, nota musical. || La bola blanca en el juego del billar. || Impr. La página blanca. || Zool. Blanca, especie de ave.

BLANCHE-BLEUE, f. blanchebleu. Geol. Blanco-azul, especie de pizarra.

BLANCHET, TE, adj. blanchet, et. Blanquito.

BLANCHE-MÊLÉE, f. blanchemelé. Pesc. Pescado menudo, morralla.

BLANCHEMENT, adv. poco us. blanchemán. Con aseo, con limpieza. = Tenir les enfants blanchement, tener á los niños aseados, limpios.

BLANCHER, m. blanché. Curtidor de baldeses y cabritillas, guantero.

BLANCHERIE, f. ant. V. BLANCHISSERIE.

BLANCHET, m. blanché. Blanquete, afeite blanco que se dan algunas mujeres en la cara. || Camiseta, especie de camiseta de los aldeanos. || Impr. Mantilla, paño que se pone en el tímpano de la prensa.

BLANCHETTE, f. blanchet. Canónigos, macha, yerba que se pone en las ensaladas.

BLANCHEUR, f. blancheur. Blancura. || Blancheur extrême, albura.

BLANCHIMENT, m. blanchimán. Blanqueo de lienzos, cera, etc. || Blanquicion ó blanquecacion de la plata ó moneda. || Blanquimiento, el agua compuesta para blanquear la plata.

BLANCHIR, a. blanchír. Blanquear, emblanquecer, poner blanco. || Jalbegar, enjalbegar, encalar, blanquear una pared. || Blanquear el oro, la plata, etc. || Limpiar, blanquear. || Colar, lavar la ropa. || Blanchir quelqu'un, lavar la ropa de una persona. || Curar, blanquear el hilo, lienzo, etc. || Hacer salir las canas. || Caldear, caregar (ant.), encalbar (ant.) el hierro. || Enrubiar la cera. || Aparejar, dar de aparejo para dorar. || Acepillar la madera. || Limar el hierro, etc. || Amolar un instrumento, etc. || met. Hacer ver la inocencia de una persona. || Aperdigar, entre cocineros. || Impr. Espaciar la composicion. || Impr. Tirar con poca tinta. || n. Blanquear, emblanquecerse, ponerse blanco. || Encanecer, ponerse cano. || Faire blanchir, aporcar, entre hortelanos; y así faire blanchir des cardes, du céleri, aporcar, hacer blanquear cardos, apios, etc. || Faire blanchir des légumes, dar un hervor á la verdura. || Ne faire que blanchir, rozar solamente; y met. y fam., acercarse al fin sin conseguirlo : quedar frustrado. || Blanchir se usa algunas veces en el sentido de perder el tiempo, trabajar en balde.

BLANCHISSAGE, m. blanchisage. Lavado, lavadura, accion y efecto de lavar la ropa.

BLANCHISSANT, E, adj. blanchisán. Poét. Plateado, argentado. Des flots, des ondes blanchissantes, olas, ondas plateadas ó argentadas.

BLANCHISSERIE, f. blanchisrí. Lavadero, blanquería, paraje donde se lava la ropa.

BLANCHISSEUR, EUSE, m. y f. blanchiseur, eus. Lavandero, lavandera.

BLANCHOUVRIER, m. blanchouvrié. Fabricante ó comerciante de herramientas de corte que blanquean afiladores.

BLANCHOYER, n. blanchuayé. Blanquear : dícese de las flores que blanquean los árboles.

BLANC-SIGNÉ, m. blanciñé. Firma en blanco, papel sin otro escrito que la firma para que se ponga encima algun recibo, etc.

BLANDICES, f. pl. ant. blandís. Halagos, caricias, agasajos engañosos.

BLANDIE, f. blandí. Lisonja, zalamería, discurso dulce, adulador, lisonjero.

BLANDIMENTS, m. pl. blandimán. Zalamerías. V. FLATTERIE.

BLANDINE, f. blandín. Zool. Blandina, especie de mariposa.

BLANDIR, a. ant. blandír. Halagar, acariciar, lisonjear.

BLANDISSANT, E, adj. ant. V. CARESSANT.

BLANDISSEUR, EUSE, m. y f. blandiseur, eus. Zalamero, adulador. V. FLATTEUR.

BLANDOVIE, f. blandoví. Bot. Blandovia, género de plantas.

BLANQUE, f. blánc. Cierto juego de suerte ó de lotería, en que se rifa una alhaja.

BLANQUETTE, f. blanquet. Pera pequeña de verano. || Chacolí blanco de Gascuña. || Guisado de ternera ó carnero con salsa blanca.

BLANQUILLE, f. ó BLANQUIL, m. blanquill, blanquil. Blanquil, moneda de Marruecos, que vale siete cuartos y medio.

BLANQUININE, f. blanquinín. Quím. Blanquinina, álcali obtenido por la evaporacion del jugo de varias plantas.

BLAPIDE, m. blapíd. Zool. Blápido, género de insectos coleópteros heterómeros.

BLAPS, m. bláps. Zool. Blapso, insecto coleóptero heterómero.

BLAPSIDAIRE, adj. blapsidér. Blapsidario, que tiene relacion con el blapso.

BLAPSIDE, adj. V. BLAPSIDAIRE.

BLAPSIGONIE, f. blapsigoní. Blapsigonia, nombre de cierta enfermedad [illegible] de las abejas.

BLASPHEN[illegible], m. [illegible] ... sitos, division de [illegible] coleópteros.

BLASQUE, f. blásk. [illegible] el tabaco. V. BLAGUE. || [illegible] ro de vencejos.

BLASER, a. blasé. [illegible] acabar, desgastar, [illegible] cosas. || Extenuar, [illegible] otras pasiones. || Se blaser, [illegible] consumirse, etc.

BLASON, m. blasón. [illegible] que componen un escudo [illegible] vias que le distinguen. || [illegible] del blason, arte de arreglar y [illegible] escudos.

BLASONNER, a. blasoné. [illegible] poner, pintar, [illegible] || Explicar y describir los [illegible] mas. || met. fam. Denigrar, [illegible] ponerle de oro y azul.

BLASONNEUR, m. ant. [illegible] tor de heráldica ó del arte del [illegible] blason. || met. El que critica [illegible] fam. Maldiciente, lengua de [illegible] víbora.

BLASPHÉMATEUR, m. [illegible] Blasfemo, blasfemador.

BLASPHÉMATOIRE, adj. [illegible] Blasfematorio, blasfemo.

BLASPHÈME, m. [illegible] palabra injuriosa contra Dios [illegible]

BLASPHÉMER, a. y n. [illegible] mar, decir blasfemias. || [illegible] cir, vituperar. || Hablar [illegible]

BLASONNER, a. [illegible] elogiar, acariciar. V. AMADOUER [illegible]

BLASTE, m. blást. Bot. [illegible] || Blasto, parte de un embrion [illegible] ceptible de germinar.

BLASTÈME, m. blastém. Bot. [illegible] parte del embrion de las [illegible] prende la radícula y la plúmula.

BLASTOCARPE, m. [illegible] Blastocarpio, epíteto [illegible] nos que comienzan á [illegible] haber salido del pericarpio.

BLASTODERME, m. [illegible] dermo, cuerpo [illegible] cicatrícula del huevo.

BLATÉRER, n. blateré. [illegible] gamos, como los camellos. || [illegible] mo las personas, pero sin [illegible] sin ideas. V. DÉBLATÉRER.

BLÂTIER, m. blatié. [illegible] ó en trigo solamente.

BLÂTIR, n. blatír. Charlar, [illegible] y neciamente.

BLÂTRER, a. blatré. [illegible] darle color, etc., con [illegible]

BLATTAIRE ó BLATTARIA, [illegible] blattária. Polilla, [illegible]

BLATTE, f. blát. Zool. [illegible] insectos ortópteros, [illegible] ta, especie de cucaracha, [illegible]

BLATTI-ACIDE, m. [illegible] ti-ácido, mixto del [illegible]

BLAUDE, f. blód. [illegible] tela. V. BLOUSE.

BLAVEÑE, BLAVEROLLE [illegible] f. blavél, blavól, blavoról. Bot. [illegible] lejo, planta centáurea. || Cierto [illegible] Picardía.

BLAVET, m. blavé. Zool. [illegible] mestible de las Landas.

BLÉ, m. blé. Trigo, [illegible] Pan, todo grano cereal. || [illegible] llar. || Manger son blé en herbe [illegible] merse la renta antes de cobrarla. || [illegible] crins sur un tas de blé, [illegible] en tiempo de abundancia. || [illegible] trémois, trigo tremesino. || Blé [illegible] rie, alpiste. || Blé noir ó sarraceno [illegible] bion ó trechel. || Blé d'Inde ó de [illegible] trigo de la India, maíz. || Blé [illegible] rubion. || Blé tremois, trigo [illegible] Petit blé, trigo tremesino. || Blé [illegible] lico, especie de cañjo. || Blé de vache [illegible] lampiro, planta. || Bailla de blé, [illegible] nita del grano. || Blé de la Saint-Jean [illegible] temo. || Blé méteil, comuña, [illegible] y centeno. || Blé d'oiseau, alpiste. || Blé [illegible]

**BLÉSER**, n. *blesé*. Cecear, hablar con ceceo, esto es, con la *c* en lugar de la *s*.

**BLÉSITÉ**, f. *blesitié*. Med. Lengua de estropajo, ceceo, defecto en la pronunciacion.

**BLESSANT, E**, adj. *blesán*. Ofensivo, injurioso : se dice de las expresiones.

**BLESSÉ, ÉE**, adj. *blesé*. Herido. || Ofendido, agraviado.

**BLESSER**, a. *blesé*. Herir, llagar, lastimar. Hablando de guerra, siempre es herir. || met. Ofender, agraviar, perjudicar el honor, los intereses, etc. || met. Ofender, disgustar, causar una impresion desagradable. || *Se blesser*, r. Lastimarse, hacerse daño, herirse por casualidad. || Hablando de una mujer, abortar, malparir.

**BLESSIR**, n. *blesir*. Pasarse, ponerse blandas las frutas despues de la maduracion.

**BLESSISSEMENT**, m. *blesismán*. La accion de pasarse una fruta. Carece de equivalente simple en castellano.

**BLESSURE**, f. *blesúr*. Herida, llaga, golpe ó daño recibido. || met. Todo lo que lastima la honra, ó hace impresion en el ánimo.

**BLESTRISME**, m. *blestrism*. Med. Blestrismo. inquietud vaga y continua del cuerpo, ó sea un malestar general.

**BLET, TE**, adj. *blé*. Blando, pasado, demasiado maduro, particularmente hablando de peras. || f. Bledo, especie de hortaliza.

**BLÉTISSEMENT**, m. V. BLESSISSEMENT.

**BLETTISSURE**, f. V. BLESSISSEMENT.

**BLETTIR**, n. V. BLESSIR.

**BLETTON**, m. *bletón*. Cimiento, compuesto de cal y casquijo.

**BLEU, E**, adj. y s. *bleu*. Azul, cosa de este color, y el mismo color. || met. Amoratado. || *Bleu mourant*, azul desmayado, ó muy bajo. || *Bleu de safre*, azul de cobalto ó de safre. || *Parti bleu*, partida de soldados desmandados.

**BLEUÂTRE**, adj. *bleuátr*. Azulado, lo que tira á azul ó azulea.

**BLEUIR**, a. *bleuir*. Azular, dar ó teñir de azul. || Pavonar, poner el acero azulado. || n. Azular, azularse, ponerse azul.

**BLEUISSAGE** ó **BLEUISSEMENT**, m. *bleuiságe*, *bleuismán*. Azuleo, el paso de un color al azul.

**BLEUISSANT, E**, adj. *bleuisán*. Que tiende á azularse.

**BLIN**, m. *blén*. Mar. Gargadera, gallarda, madero cuadrado que sirve para ensamblar los mástiles de varias piezas. = *Blin de bout dehors de bonnettes*, sunchos de botalones de ala.

**BLINDAGE**, m. *blendáge* Mil. Blindaje, la accion de hacer las blindas y lo concerniente á ello.

**BLINDE**, f. *blénd*. For. Blinda, estacada hecha con troncos de árboles, estacas fuertes, etc., entretejidas de ramas, para ponerse á cubierto del fuego del enemigo.

**BLINDER**, f. *blendé*. Mil. Poner blindajes, cubrir con blindajes.

**BLOC**, m. *blóc*. Pedrusco, ó pedazo grande de mármol en bruto. || Monton, hablando de géneros. || *Vendre* ó *acheter en bloc*, vender ó comprar por junto, al monton, sin contar. || *Travailler en bloc*, trabajar á destajo.

**BLOCAGE**, m. V. BLOCAILLE.

**BLOCAGEUX, EUSE**, adj. *blocageu*, *eus*. Alb. De mampostería. *Mur blocageux*, pared de mampostería.

**BLOCAILLE**, f. *blocáll*. Alb. Casquijo, broma, mampuesto, las piedras ó cantos menores que entran en las obras de mampostería. || Impr. Traspuesto, cambio de diccion ó líneas.

**BLOCAILLEUX, EUSE**, adj. V. BLOCAGEUX.

**BLOCHET**, m. *bloché*. Paralelo, lima ó par, madero que sostiene los cuchillos de la armadura de un tejado.

**BLOCUS**, m. *blocús*. Mil. Bloqueo, sitio que se pone á una plaza.

**BLOND, E**, adj. *blon*. Blondo, rubio, en especial hablando del cabello y de la barba. || Poes. Dorado, rubio, rubicundo. *La blonde Cérès*, las doradas mieses, tomando estas por la diosa. || f. Hablando de personas, es blanco : *les brunes sont plus piquantes que les blondes*, las morenas son mas saladas que las blancas.

**BLONDE**, f. *blónd*. Com. Blonda, especie de encaje de seda ó de hilo.

**BLONDELET, TE**, adj. dim. de BLOND, *blondlé*. Rubito, rubita.

**BLONDELIE**, f. *blondeli*. Zool. Blondelia, género de insectos dípteros.

**BLONDEUR**, f. *blóndeur*. Color rubio.

**BLONDIE**, f. *blondi*. Bot. Blondia, género de plantas de las saxifragáceas.

**BLONDIER, ÈRE**, m. y f. *blondié*, *ér*. Art. Encajero, el que hace encajes y blondas.

**BLONDIN, E**, m. y f. poco us. *blondén*, *ín*. Rubio ó pelirubio. || Pisaverde, presumido de buen mozo.

**BLONDIR**, n. *blondir*. Enrubiarse, ponerse rubio : dícese de los cabellos; y poéticamente de las espigas y mieses que amarillean, ó se ponen doradas.

**BLONDISSANT, E**, adj. *blondisán*. Poes. Que dorea. *Epis blondissants*, espigas doradas ó amarillentas. *Campagnes blondissantes d'épis*, campos que empiezan á dorarse de espigas, ó á amarillear.

**BLONDOYER**, n. *blonduayé*. Enrubiarse, hablando de los cabellos; dorarse, de las mieses.

**BLOQUER**, a. *bloqué*. Mil. Bloquear una plaza que se quiere tomar. || Alb. Rellenar, llenar con ripio los huecos que quedan en la mampostería. || Impr. Volver una letra, ó poner otra de la misma fuerza, por no haber la correspondiente á aquella suerte.

**BLOT**, m. *bló*. Cetr. Alcándara, el caballete donde descansa el ave.

**BLOTTIR (SE)**, r. *blotir*. Agazaparse, agacharse, acurrucarse.

**BLOUSE**, f. *blús*. Tronera en las mesas de trucos. || Agujero ó bolsa en que caen las bolas en las mesas de billar. || Blusa, sobretodo de tela, en forma de camisa.

**BLOUSER**, a. *blusé*. Hacer billa en el juego del billar. || En el de trucos, hacer truco bajo. || *Se blouser*, r. Clavarse, meterse, caer en la trampa; por, alucinarse, engañarse, errar.

**BLOUSSE**, f. *blús*. Tramon, la lana corta que queda en el suelo del peine en los telares, y no puede cardarse.

**BLUET**, m. *blué*. Aciano, planta de flor azul. V. BARBEAU.

**BLUETTE**, f. *bluét*. Centella, chispa, partícula encendida de fuego.

**BLUETTER**, n. *bluetté*. Chispear, producir ó echar chispas.

**BLUFFIE**, f. *blufi*. Bot. Bluña, género de plantas gramíneas panáceas.

**BLUMÉE**, f. *blumé*. Blumea, planta originaria de la India y de África.

**BLUTAGE**, m. *blutáge*. Panad. Cernido, la accion y el efecto de cerner.

**BLUTEAU**, m. *blutó*. Panad. Tamiz, cedazo con que se pasa la harina.

**BLUTER**, a. *bluté*. Panad. Cerner, pasar la harina por el cedazo.

**BLUTERIE**, f. *blutri*. Cernedero, pieza ó cuarto destinado para cerner la harina.

**BLUTOIR**, m. *blutuár*. Panad. Torno, tamiz grande y cilíndrico con que se pasa la harina.

**BO**, m. *bó*. Bot. Bo, especie de té que viene de la China.

**BOA**, m. *bóa*. Zool. Boa, culebra grande acuática. Se llama tambien *boba*.

**BOADJA**, f. *boádja*. Bot. Boadja, planta malvácea de Java.

**BOBA**, m. *bóba*. Bot. Boba, arbusto de las islas Molucas.

**BOBAQUE**, m. *bobác*. Zool. Bobaque, animal cuadrúpedo algo parecido al conejo.

**BOBÈCHE**, f. *bobéche*. El cañon del candelero donde se mete la vela. || Arandela, cazoleta, platillo del cañon del candelero.

**BOBINE**, f. *bobín*. Canilla en que los tejedores devanan el hilo ó la seda. || Broca entre bordadores.

**BOBINER**, a. *bobiné*. Encanillar, devanar la seda ó el hilo.

**BOBINEUSE**, f. *bobineus*. Devanadora, la mujer que devana.

**BOBO**, m. *bobó*. Nombre que dan los niños á todo mal. En español se dice buba, hupa, pupa, segun los paises.

**BOBUA**, m. *bobúa*. Bot. Bobua, género de plantas combretáceas.

**BOCAGE**, m. *bocáge* Poes. Soto, floresta.

|| Pint. Bocaje, esto es, arboleda ó pais de árboles.

**BOCAGER, ÈRE**, adj. *bocagé, ér*. Poes. Amante ó habitante de los bosques. *Les nymphes bocagères*, las ninfas moradoras de los bosques, de las selvas.

**BOCAL**, m. *bocál*. Bote, vasija de vidrio, de loza ó porcelana. || Bocal, cualquiera vasija cilíndrica y de cristal que, llena de agua, se interpone á la luz artificial para ver con mas claridad. || Mús. Bocal ó boquilla, pieza de metal que sirve de embocadura á un instrumento de aire.

**BOCALO**, m. *bocalo*. Bot. Bocalo, planta gramínea de las costas del Malabar.

**BOCAMÈLE**, f. *bocamél*. Comadreja de Cerdeña; es el ictis de Aristóteles.

**BOCANE**, m. *bocán*. Especie de baile serio y grave, que ya no tiene uso.

**BOCARD**, m. *bocár*. Bocarte, máquina que sirve para quebrantar y machacar el mineral antes de fundirlo.

**BOCARDÉ, ÉE**, adj. *bocardé*. Quebrantado, pulverizado.

**BOCARDER**, a. *bocardé*. Quebrantar, machacar.

**BOCCONIE**, f. *boconí*. Bot. Boconia, género exótico de plantas papaveráceas.

**BOCHET**, m. *boché*. Med. Segunda decoccion de algun palo sudorífico.

**BOCHIR**, f. *bochír*. Zool. Boquir, especie de serpiente ó culebra de Egipto.

**BOCHOS**, m. *bóchos*. Bot. Bochos, árbol grande de Guinea, y planta de Java

**BOCQUET**, m. *boqué*. Blas. Boqueto, el hierro de una pica.

**BOCYDION**, m. *bosidión*. Zool. Bocidio, género de insectos.

**BODÉE**, f. *bodé*. Banco de vidriero.

**BODINE**, f. *bodín*. Quilla de un navío.

**BODINERIE**, f. *bodinrí*. Préstamo á la buena ventura, hecho sobre la quilla de un navío.

**BODINURE**, f. *bodinúr*. Náut. Meollar ó merlin, cordelillo arrollado al rededor del arganeo.

**BODRAY**, m. *bodré*. Bodrato, tejido que se fabrica en Egipto y en el Levante.

**BODRUCHE**, f. *bodrúche*. Película de tripa de buey. V. BAUDRUCHE.

**BOÉ**, m. *boé*. Bot. Boé, especie de té de la China. || Zool. Boé, pescado.

**BOEBÈRE**, f. *bebér*. Bot. Boebera, género de plantas, familia de las compuestas.

**BOEHMÉRIE**, f. *bemerí*. Bot. Bomeria, género de plantas euforbiáceas.

**BOEHMÉRIÉES**, f. pl. *bemerié*. Bot. Bomerias, género de urticáceas.

**BOEMYCE**, m. *bemís*. Bot. Bemica, género de plantas de la familia de los líquenes. || *Boemycées*, m. pl. Bot. Bemiceas, tribu de plantas, familia de los líquenes.

**BOENAC**, m. *benác*. Zool. Benaco, pescado del género bodiano.

**BOERHAAVIE**, f. *bersaví*. Bot. Bersavia, género de plantas nictagíneas.

**BOESSE**, f. *boés*. Grata, cepillo ó escobilla de alambre delgado para limpiar el grabado en hueco. || Especie de concha que pasa por moneda entre los negros.

**BOESSER**, a. *boesé*. Gratar, limpiar todo grabado en hueco con la grata.

**BOEUF**, m. *beuf*. Zool. Buey, animal cuadrúpedo rumiante. || Vaca, carne del buey y de la vaca que se vende en la carnicería: en español esta carne siempre se llama vaca, y no buey; y así *bœuf à la mode*, estofado de vaca. *Bœuf* se aplica principalmente al toro castrado. || En la caza, es boezuelo y cabestrillo. || met. *Gros bœuf*, hombre tosco y estúpido, macho de litera. || *Troupeau de bœufs*, vacada, boyada. || *Fiente de bœuf*, boñiga. || *Nerf de bœuf*, vergajo. || *Pied de bœuf*, juego de muchachos. || *Œil-de-bœuf*, tragaluz de los edificios. | Gamarza, planta. || *Bande de cuir de bœuf*, verdugo. || *Mettre la charrue devant les bœufs*, tomar el rábano por las hojas, hacer las cosas al revés.

**BOGUE**, m. *bógue*. Boga, pescado de mar. || Erizo, la cáscara con puntas que cubre la castaña.

**BOGUETTE**, f. *bogét*. Agr. Especie de trigo sarracénico.

**BOHÊME ó BOHÉMIEN, NE**, adj. y s. *boem, boemién, én*. Gitano, llamado zíngaro en Italia. || *C'est une maison de bohémiens*, es una casa de gitanos, una casa de trueno.

**BOHÉMILLON**, m. *boemillón*. Gitanillo, gitano pequeño.

**BOÏARD**, m. *boiár*. Boyardo, título de dignidad en Rusia.

**BOICININGA**, m. *buasíndaga*. Zool. Boicininga, especie de serpiente de cascabel, indígena del Brasil.

**BOÏQUIRA**, m. *boiquíra*. Culebra de cascabel, de América.

**BOIRE**, a. *buár*. Beber. || Por extension se aplica al papel y á todo cuerpo esponjoso. || Tambien en sentido absoluto es emborracharse. || *Faire boire*, voz de costureras para significar que embeben ó dan puntada larga. || *Boire le vin du marché*, echar el alboroque. || *Boire comme un trou, comme une éponge, comme un sonneur*, etc., beber con exceso. || *Qui a fait la faute ó la folie, la boit*, el que la hace, la paga. || met. *Boire un affront*, tragar injurias, ofensas. || m. El beber, la bebida.

**BOIRIN**, m. *buarén*. Cuerda de la boya.

**BOIS**, m. *buá*. Madera, palo, madero, leño, leña. || Bosque, monte, cualquier paraje poblado de árboles silvestres; como un *bois de chêne*, un encinar; un *bois de pin*, un pinar, etc. || *Bois de charpente*, madera de carpintería, para labrar. || *Bois de haute futaie*, árboles para construccion. || *Bois taillis*, monte tallar. || *Bois arsin*, chamicera. || *Bois à canon*, pimpido, guayacana de Virginia. || *Bois punais*, cornejo, sanguiñuelo, cerezo silvestre. || *Bois de cerf*, la cornamenta ó palazon del ciervo. || *Bois de lit*, armadura de la cama. || Impr. Dícese *bois de* [illegible], al tamborilete; *bois de fond* ó *bois de marge*, á los medianiles; *bois de tête*, á los cruceros; *bois plats*, á las cabeceras. || *Bois à brûler*, leña. || *Petit bois*, leña menuda. || *Abatteur de bois*, bocon, fanfarron. || *Bouquet de bois*, sotillo, bosquecillo de una quinta. || *Cheval de bois*, potro para castigo. || *Chevalet de bois, chevalet de scieur de bois*, tijera, dos palos en forma de aspa, en que recarga la viga para serrarla. || *Champ semé en bois*, tranzon. || *Chevilles de bois*, maniquetes. || *Coq de bois*, gallo silvestre. || *Corde de bois*, cárcel, cierta medida de leña. || *Coureurs de bois*, habitantes del Canadá que comercian en peletería con los indios bravos. || *Ecuelle de bois*, hortera, cuenca. || *Jambe de bois*, pata de palo. || *Homme de bois*, orangutan. V. ORANG-OUTANG. || Mar. *Bois tors*, madera de vuelta ó de figura. || *Raisin des bois*, arandano, planta.

**BOISAGE**, m. *buaságe*. El conjunto de maderaje para adornar una sala.

**BOISDUVALIE**, f. *buaduvalí*. Boisduvalia, género de plantas onagrarieas. || Zool. Boisduvalia, género de dípteros [illegible].

**BOISEMENT**, m. *buasmán*. Plantacion de árboles.

**BOISER**, a. *buasé*. Cubrir, adornar una sala con muebles de ebanistería, de ensambladura. || *Un pays, un jardin bien boisé*, un terreno, una huerta bien poblada de árboles. || Mar. Colocar las cuadernas intermedias entre las de armar.

**BOISERIE**, f. *buasrí*. Enmaderamiento de ensambladura, con que se cubren y adornan las paredes de una sala ó gabinete.

**BOISEUX, EUSE**, adj. *buaseu, eus*. Leñoso: entre hortelanos se dice de las plantas y raices que se ponen duras.

**BOISILIER**, m. *buasilié*. Tumbador, el cortador de maderas para construccion.

**BOISSEAU**, m. *buasó*. Nombre de cierta medida de áridos usada en Francia, algo menor que nuestra fanega.

**BOISSELAGE**, m. *buaslàge*. Trabajo ú oficio del que mide el trigo.

**BOISSELÉE**, f. *buaslé*. La cabida ó toda la medida de un *boisseau*, ó la tierra de sembradura que le cabe, como si dijéramos una fanegada.

**BOISSELIER**, m. *buaslié*. Cedacero, celeminero, cucharero, el que hace las medidas llamadas *boisseaux*, y todos los utensilios de madera para el uso de una casa.

**BOISSELLERIE**, f. *buaselrí*. Cedacería, el oficio y tienda donde se [illegible] los cedazos.

[illegible] corcer el trigo. [illegible]

**BOISSON**, f. [illegible] diariamente, bebe [illegible] pocion. || [illegible]

**BOITE**, f. *buát*. Caja [illegible] cio. || Mortezuelo [illegible] dispara en las salvas [illegible] Impr. Cubo de [illegible]

**BOITE**, f. [illegible] en que un vino [illegible] estas frases: *du vin* [illegible] *est dans sa boite*; *du vin qui* [illegible] *core en boite*.

**BOITEMENT**, m. *buatmán*. [illegible] movimiento ó vicio del que [illegible]

**BOITER**, n. [illegible] jeando.

**BOITERIE**, f. *buatrí*. [illegible] del caballo.

**BOITEUX, EUSE**, adj. y [illegible] Cojo, el que cojea. || [illegible] cojitranco. || *Il ne faut pas* [illegible] *les boiteux*, no en la [illegible] casa del ahorcado.

**BOITIER**, m. *buatié*. [illegible] de caja de plata ó de hoja de [illegible] llevan los cirujanos varios [illegible] güentos.

**BOITILLAGE**, m. [illegible] tarugo de madera para [illegible] lino.

**BOITTE**, m. *buát*. [illegible] pescadores de abadejo [illegible]

**BOIT-TOUT**, m. [illegible] pie ó asiento.

**BOJÉRIE**, f. *bojerí*. [illegible] pecie de plantas de las [illegible]

**BOJOBI**, m. *bojobí*. Zool. [illegible] de serpiente del género [illegible]

**BOLAS**, f. pl. *bólas*. [illegible] godon de Surate.

**BOL** ó **BOLUS**, m. *bol*. [illegible] de cualquier droga [illegible] *Bol d'Arménie*, bol arménico [illegible] que sirve para el aparejo [illegible] que se han de dorar.

**BOLAC**, m. *bolác*. Bot. [illegible] de plantas umbelíferas.

**BOLAIRE**, adj. *bolér*. [illegible] que se usaba en Egipto [illegible]

**BOLAN**, m. *bolán*. Zool. [illegible] do de la familia de los [illegible]

**BOLASSE**, f. *bolás*. Agric. [illegible] diana fertilidad.

**BOLAX**, m. *bolácx*. Zool. [illegible] de coleópteros pentámeros [illegible] Bot. Bolaco, género de plantas [illegible]

**BOLBOPHYLLUM?**, m. [illegible] dion, planta de las orquídeas, [illegible] de América.

**BOLBITIUS**, m. *bolbitiús*. [illegible] género de plantas [illegible]

**BOLBOCÈRAS**, m. [illegible] Bolbocerus, género de coleópteros [illegible]

**BOLBOCHÈTE**, f. [illegible] queta, especie de alga.

**BOLBOPHYLLE**, m. [illegible] bófilo, género de plantas [illegible]

**BOLDU**, m. *boldú*. Bot. [illegible] aromático de Chile.

**BOLÉ**, m. *bolé*. Bot. [illegible]

**BOLÉNIE**, f. *bolení*. Miner. [illegible] dra preciosa.

**BOLET** ó **BOLETUS**, m. [illegible] Bot. Boleto, género de hongos [illegible]

**BOLÉTACÉES**, f. pl. [illegible] letáceas, seccion de los hongos [illegible]

**BOLÉTATE**, m. *boletát*. [illegible] sal formada por el ácido bolético [illegible]

**BOLÉTITE**, f. *boletít*. [illegible] coniciente, parecida al hongo. [illegible]

**BOLÉTOÏDES**, m. pl. V. [illegible]

**BOLÉUM**, m. *boléum*. Bot. [illegible] ro de plantas crucíferas.

**BOLITOBIE**, m. *bolitobí*. [illegible] bia, género de coleópteros [illegible]

**BOLITOCHARA**, m. [illegible] Bolitocarus, género de insectos [illegible]

**BOLITOPHILE** ó [illegible] *bolitofil*, *bolitofil*. Zool. [illegible] de insectos dípteros.

‖ adv. Bien, bueno, etc. ‖ *Sentir bon*, oler bien. ‖ *Coûter bon*, costar bien, ó muy caro. ‖ *Tenir bon*, estar firme. ‖ *Tout de bon*, de veras, seriamente. ‖ interj. Bueno!... pues señor, estamos frescos! indica la duda, admiracion, etc. ‖ BONNE, adj. Bueno, que tiene bondad, que es útil, que sirve para el objeto á que está destinado: tiene los mismos usos y significaciones que en español. Sin embargo hay algunas diferencias, v. gr. *bon mot*, dicho agudo, donaire. *Bon homme*, no solo tiene su significado recto, sino tambien el de hombre sencillo, fácil de engañar, etc. ‖ Mar. *Bon frais*, viento fresco. *Bon voilier*, buque de buenas propiedades. *Bon bras!* afirma á barlovento!

**BONA**, m. *bóna*. Bot. Bona, árbol de Filipinas.

**BONACE**, f. *bonás*. Bonanza: solo se dice de la tranquilidad y serenidad del mar.

**BONAFIDIE**, f. *bonafidí*. Bot. Bonafidia, planta papilionácea.

**BONAMIE**, f. *bonamí*. Bot. Bonamia, planta convolvuláceа del Madagascar.

**BONAPARTÉE**, f. *bonaparté*. Bot. Bonapártea, género de plantas amarilídeas. ‖ Bonapártea, género de bromeliáceas.

**BONAPARTISTE**, adj. y s. *bonapartíst*. Bonapartista, partidario del sistema de Bonaparte.

**BONARD**, m. *bonár*. Toro silvestre.

**BONASSE**, adj. *bonás*. Bonazo, bonachon, Juan Lanas: dícese del hombre simple, fácil, que se deja gobernar de cualquiera.

**BONATI**, m. *bonatí*. Bot. Bonati, arbusto de las Indias.

**BONBANE**, m. *bonbán*. Piedra blanca de las canteras de Paris, con que se hacen columnas, adornos, etc.

**BONBON**, m. *bonbón*. Chocho, confite, cualquier golosina de confitería.

**BONBONNIÈRE**, f. *bonboniér*. Cajita para llevar chochos y anises.

**BON-CHRÉTIEN**, m. *boncretién*. Pera de buen cristiano.

**BONCORE**, m. *boncór*. Bot. Especie de narciso.

**BOND**, m. *bón*. Bote ó salto que da un cuerpo cualquiera. ‖ Saltos y corcovos de ciertos animales. ‖ met. *Aller par sauts et par bonds*, ir á tontas y á locas, ser inconsecuente. ‖ *Faire faux bond*, faltar á su palabra, no tener conducta. ‖ *Second bond*, rebote, rechazo. *Il venait chez moi du second bond*, venia á mi casa de rechazo, de otra estacion. = *Faire une chose du second bond*, hacer una cosa pasada la ocasion, despues que no sirve. ‖ *Prendre la balle au bond*, asir la ocasion por los melenas.

**BONDA**, m. *bónda*. Bonda, árbol de África.

**BONDE**, f. *bónd*. Compuerta parada, ó reserva de hierro para soltar ó detener el agua de un estanque ó balsa. ‖ El agujero por donde se llenan los barriles y pipas. ‖ met. *Lâcher la bonde*, dar rienda suelta para cualquiera cosa.

**BONDER**, a. *bondé*. Mar. Aberrotar, cargar un buque hasta llenarlo completamente.

**BONDIEU**, m. *bondieu*. Cuña de los serradores para tener separadas las piezas.

**BONDIR**, n. *bondír*. Botar, dar botes la pelota. ‖ Dar saltos la bala de cañon. ‖ Dar botes ó brincos el caballo, la cabra y otros animales. ‖ Dar arcadas, levantarse el estómago, revolverse de náuseas. ‖ *Cela me fait bondir le cœur*, eso me ralla las tripas, me estomaga.

**BONDISSANT, E**, adj. *bondisán*. Salton, retozon, hablando de corderos y cabritos.

**BONDISSEMENT**, m. *bondismán*. Los saltos y brincos que dan en el campo los corderos y cabras. ‖ *Bondissement de cœur*, las arcadas ó náuseas del estómago.

**BONDON**, m. *bondon*. Tapon con que se tapan los toneles. ‖ *Douve de bondon*, duela del tapon.

**BONDONNER**, a. *bondoné*. Atarugar, tapar los toneles.

**BONDONNIÈRE**, f. *bondoniér*. Barrena de cubero, para agujerear ó abrir la parte por donde se llenan los toneles.

**BONDRÉE**, f. *bondré*. Friorque, especie de milano.

**BONDUC**, m. *bondúc*. Bonduque ó guilandiona, planta de América.

**BONGARE**, m. *bongár*. Böngaro, género de serpientes.

**BON-HENRI**, m. *bonanrí*. Cenizo untuoso, zurrones, planta.

**BONHEUR**, m. *boneur*. Dicha, felicidad, fortuna, suerte próspera. ‖ *Par bonheur*, loc. adv. Por fortuna, por ventura, quiso la suerte. ‖ *Jouer de bonheur*, tener fortuna. ‖ *Coup de bonheur*, buen lance, fortuna. ‖ fam. y pop. *Au petit bonheur*, á lo que salga, salga pelo ó salga lana.

**BONHOMIE**, f. *bonomí*. fam. Natural bondad, buen natural: aplícase á una persona bondadosa, natural é ingenua.

**BONI**, m. *boní*. Bonificacion. ‖ Exceso, la cantidad que queda excedente despues de liquidada una cuenta.

**BONICHON**, m. *bonichón*. Boca ó agujero de un horno de una fábrica de cristal.

**BONIFICATION**, f. *bonificasión*. Abono, mejora, aumento en el producto de una cosa.

**BONIFIER**, a. *bonifié*. Bonificar, abonar, mejorar la tierra, la hacienda.

**BONITE**, f. *bonít*. Bonito, pez algo semejante al atun.

**BONJOUR**, m. *bonjúr*. Buenos dias, salutacion familiar. ‖ *Je vous souhaite le bonjour*, tenga Vd. buenos dias.

**BONNE**, f. ó m. *bón*. Niñera, criada para cuidar niños.

**BONNEAU**, m. *bonó*. Náut. Boya, corcho, ó tabla que sirve para señalar dónde está echada el ancla.

**BONNE-DAME**, f. *bondám*. Armuelle, salgada, yerba hortense. V. ARROCHE.

**BONNEMENT**, adv. *bonmán*. Buenamente, con ingenuidad, de buena fe.

**BONNET**, m. *bone*. Gorro, gorra: ántes se llamaba bonete. ‖ *Bonnet carré*, bonete de clérigo ó de doctor. ‖ *Bonnet rouge*, birreta ó sombrero encarnado de cardenal. ‖ *Bonnet de grenadier*, gorra ó birretina de granadero. ‖ *Bonnet de nuit*, gorro de dormir. ‖ Bot. *Bonnet d'électeur*, calabaza pastelera. ‖ Bot. *Bonnet de prêtre*, bonetero, árbol. V. FUSAIN. ‖ Fort. Bonete, un fuerte exterior de la plaza á tenaza doble, ó cola de golondrina. ‖ *C'est bonnet blanc et blanc bonnet*, olivo y aceituno es todo uno.

**BONNETADE**, f. fam. *bonitád*. Bonetada, gorretada, saludo ó reverencia que se hace quitándose el sombrero ó la gorra.

**BONNET-CHINOIS**, m. *bonechinuá*. Bonete chino, especie de mono. ‖ Cierta concha del género patela. ‖ Instrumento músico de cobre.

**BONNETER**, a. fam. *boneté*. Hacer bonetadas, hacer muchas cortesías á alguno, hacerle la corte.

**BONNETERIE**, f. *bonetrí*. Bonetería, el paraje donde se trabajan y venden gorros, guantes, etc. ‖ El oficio de bonetero.

**BONNETEUR**, f. fam. *boneteur*. Trapacero, trapalon: dícese del tahur que con cortesías se cuela para sacar el dinero á los otros.

**BONNET-PIQUÉ**, m. *bonepiqué*. Zool. Bonete, segundo estómago de los rumiantes llamado tambien en frances *bonnet*.

**BONNÉTIE**, f. *bonesí*. Zool. Bonecia, género de dípteros calípteros. ‖ Bot. Bonecia, género de plantas terirемiáceas.

**BONNETIER**, m. *bontié*. Bonetero, gorrero, el fabricante y el mercader de gorros, guantes, medias. ‖ *Chardon á bonnetier*, cardencha para cardar los paños.

**BONNETTE**, f. *bonét*. For. Bonete, defensa exterior en las plazas ó castillos. ‖ Gorrito de niño. ‖ pl. Náut. Bonetas, barrederas, pedazo de vela que se lleva de respeto para añadir á la mayor.

**BONNET-TURC**, m. *bonetúrc*. Agr. Bonete turco, planta. V. GIRAUMONT.

**BONNEVOGLIE**, m. *bonevóllie*. Buenaboya, el remero voluntario que sienta plaza en las galeras. Es la voz *buona voglia* del italiano.

**BONPLANDIE**, f. *bonplandí*. Bot. Bonplandia, nombre de dos géneros de árboles américanos inclasificados.

**BONSDORFITE**, m. *bonsdorfít*. Miner. Bonsdorfita, mineral de Finlandia.

**BONSE** ó **BONZE**, m. *bóns*. Bonzo, sacerdote japones ó chino.

**BONSOIR**, m. *bonsuár.* Buenas tardes, buenas noches, salutacion comun y familiar entre las gentes. || *Souhaiter le bonsoir*, dar las buenas tardes ó noches.

**BONTÉ**, f. *bonté.* Bondad, calidad de lo que es bueno, hablando de cosas y de personas. || Benignidad, beneficencia, inclinacion á hacer bien. || A veces es palabra de cumplimiento, y tambien significa favor, merced. Se toma tambien por demasiada bondad, debilidad ó indulgencia. || *Bontés*, pl. Favores, atenciones, finezas.

**BONTE-CAFFER**, m. *bontcafe.* Zool. Bontecáfero, pez de los mares de Amboina.

**BONTEBAAN**, m. *bontaan.* Zool. Bontaban, pez de las islas Molucas.

**BONTIER**, m. *bontié.* Bot. Bontero, género de plantas mioporáceas.

**BONT-JAA**, m. *bonjáa.* Bot. Bonjá, variedad de té.

**BONTOU**, m. *bontú.* Bot. Bontú, árbol de la India, cuya raiz tiñe de amarillo.

**BONZERIE**, f. *bonsrí.* Monasterio chino.

**BONZESSE**, f. *bonsés.* Boncesa, mujer china encerrada en un monasterio.

**BOO**, m. *bóo.* Caña de azúcar del Japon.

**BOOBOOK**, m. *boobóc.* Zool. Mochuelo de la Nueva Holanda, ave.

**BOOP**, m. *boóp.* Pescado de mar.

**BOOPIS**, m. *boópis.* Bot. Hoopis, género de plantas boopideas ó calicéreas.

**BOORAN**, m. *booran.* Bot. Booran, género de plantas ericáceas.

**BOOTE**, m. *boót.* Boote, en el mar Báltico.

**BOOTÈS**, m. *boótes.* Bootes, constelacion vecina del polo ártico.

**BOOTIE**, f. *boosí.* Bot. Boocia, género de plantas hidrocarídeas.

**BOPYRE**, m. *bopir.* Zool. Bopiro, género de crustáceos cloportes.

**BOQUE**, m. *bóc.* Zool. Boca, pez marino.

**BOQUET**, m. *boqué.* Paleta, útil de salinero.

**BOQUETTIER**, m. *boquetié.* Bot. Nombre vulgar del manzano silvestre.

**BOQUILA**, m. *boquila.* Bot. Sub-arbusto de Chile y del Perú.

**BOQUILLON**, m. ant. *boquillón.* Leñador.

**BORA**, f. *bóra.* Bora, viento del norte ó del nordeste, que causa desolaciones en las costas del Adriático.

**BORAQUÉRA**, m. *boraquéra.* Bot. Boraquera, árbol de las Indias occidentales.

**BORACIQUE**, adj. *borasic.* Borácico, lo que pertenece al bórax, como el ácido que se extrae de él.

**BORACITE**, f. *borasit.* Miner. Boracita, sal petrosa, formada por el ácido bórico, la cal y la magnesia.

**BORARITE**, m. *borarit.* Miner. Borarita, borato de magnesia natural.

**BORASSE**, m. *boras.* Bot. Borasa, género de palmas orientales.

**BORASSEAU**, m. *borasó.* Borajero, caja donde tienen el bórax los soldadores.

**BORATE**, m. *borat.* Quim. Borato, combinacion del ácido borácico con las bases.

**BORAX**, m. *boracs.* Bórax, atincar, borato de sosa, sal.

**BORBONIE**, f. *borboní.* Bot. Borbonia, género de plantas leguminosas.

**BORBORE**, m. *borbor.* Zool. Borboro, género de insectos dípteros.

**BORBORISME** ó **BORBORYGME**, m. *borborism*, *borborigm.* Borborigmo, gruñido, rugido de tripas.

**BORD**, m. *bor.* Borde, orla, canto, orilla, extremo de alguna cosa. || Cinta ó galon con que se ribetea un vestido. || Canto de un libro. || Márgen de una fuente. || Lengua del agua. || pl. Poét. Playas ó riberas. || *Un rouge bord*, un vaso lleno de vino hasta el borde. || *Boire des rouges bords*, beber buenos vasos, ó vasos enteros. || Mar. Se llama *bord* cualquiera de los costados de la nave, y tambien la nave misma: como *aller à bord*, ir á bordo; *mettre à bord*, poner á bordo. || *Courir bord sur bord*, voltejear en bordadas cortas. || met. fam. *Etre de son bord* ó *du bord*, ser del partido, de la opinion de alguno. || *Avoir quelque chose sur le bord des lèvres*, tener algo en el pico de la lengua. || *Etre sur le bord de la fosse*, ser muy viejo.

**BORDAGE**, m. *bordage.* Bordaje, tablones y tablas de forro exterior y de cubierta, de dos pulgadas de grueso para arriba.

**BORDAT**, m. *bordá.* Borda, tela que se teje en Egipto.

**BORDAYER**, n. *bordeyé.* Mar. Bordear, dar bordos, barloventear.

**BORDE**, f. *bord.* Borda, casita de campo. || Borda, reducto en el que se metia á los leprosos.

**BORDÉ**, m. *bordé.* Galon ó cinta, que se echa en los vestidos para ribetearlos.

**BORDEAU** ó **BORDEL**, m. *bordó*, *bordél.* Burdel, lupanar, casa de prostitucion.

**BORDÉE**, f. *bordé.* Mar. Bordada, espacio que recorre un buque, ciñendo el viento de una misma vuelta. || Descarga ó andanada. *Lâcher sa bordée*, tirar una descarga ó andanada con toda la artillería. || met. Tempestad ó chaparron de locuras, de injurias; sarta de frases, ó disparates.

**BORDELAIS**, **E**, adj. y s. *bordlé.* Burdelés, de Burdeos.

**BORDELIER**, m. *bordlié.* Burdelero, que frecuenta los burdeles || Mozo del burdel, alcahuete.

**BORDELIÈRE**, f. *bordliér.* Bordelera, mujer que frecuenta los burdeles. || Zool. Bordelera, pez ciprino que ocupa casi siempre el borde del agua, y se cria en los lagos de Saboya.

**BORDEMENT**, m. *bordmán.* Pint. Asiento, el modo de emplear los esmaltes claros sentándolos por plano.

**BORDER**, a. *bordé.* Orlar, guarnecer, galonear ó ribetear una ropa ó mueble. || Poblar, adornar de árboles, etc., la orilla de un camino, rio. || Coronar, cercar, circundar. || Mar. Entablar. || *Border une voile*, cazar una vela, halando por su escota. *Border les avirons*, armar los remos.

**BORDEREAU**, m. *bordró.* Factura, memoria de las diferentes monedas con que se hace algun pago. || Registro ó razon de los géneros sacados de una tienda.

**BORDES**, f. pl. *bórd.* Orillas, maciso de los caminos de los Romanos.

**BORDIER**, **ÈRE**, adj. *bordié*, *er.* Mar. Se dice del navío que tiene un costado mas fuerte que el otro.

**BORDIGUE**, f. *bordigue* Espacio cercado con zarzo en la orilla del mar, para coger pescado. || Corral.

**BORD-OPPOSÉ**, m. *boroposé.* Mar. Vuelta ó bordada contraria.

**BORDOYER**, a. *borduayé.* Sentar los esmaltes claros poniéndolos por plano, y orleados del mismo metal sobre el cual se sientan.

**BORDURE**, f. *bordúr.* Orladura, guarnicion, ribetes, galon de alguna ropa ó mueble. || Mar. Pujamen, lado inferior de todas las velas. || Blas. Cierta pieza de honor. || Encuad. Ceja ó canto, la parte de carton que sobresale de las hojas de un libro; y se llama contracanto el dorado que se pone en la parte interior del libro, donde pega la guarda.

**BORDURÉ**, **ÉE**, adj. *borduré.* Orlado, ribeteado, guarnecido.

**BORE**, m. *bór.* Quim. Boro, cuerpo simple no metálico. Su forma atómica es *B*.

**BORÉAL**, **E**, adj. *boreál.* Boreal, setentrional.

**BORÉAPHILE**, m. *boreafil.* Zool. Boreáfilo, género de coleópteros pentameros.

**BORÉE**, m. *boré.* Bóreas, aquilon, el viento norte.

**BORÉLIE**, f. *borelí.* Zool. Borelia, género de conchas univalvas.

**BORGNE**, **ESSE**, adj. y s. *bórñ*, *és.* Tuerto, la persona falta de un ojo. || met. Lóbrego, oscuro, hablando de casas, cuartos ó piezas sin luces. || *Compte borgne*, cuentas del gran capitan. || *Conte borgne*, patraña, fábula. || *Sein borgne*, pecho sin pezon.

**BORICO-ALUMINIQUE**, adj. m. *borico-aluminic.* Quim. Borico-aluminico, sal bórica combinada con una sal aluminica.

**BORICO-AMMONIQUE**, adj. m. *borico-amonic.* Quim. Bórico-amónico, compuesto de sal de boro y sal de amoniaco.

**BORICO-BARYTIQUE**, adj. m. *borico-baritic.* Quim. Borico-barítico, compuesto de sal de boro y sal de bario.

**BORICO-CALCIQUE**, adj. m. *borico-calsic.* Quim. Bórico-cálcico, [illegible] de boro y sal de calcio.

**BORICO-CUIVRIQUE**, adj. [illegible] *cuivric.* Quim. Bórico-[illegible] de sal de boro y sal de cobre.

**BORICO-LITHIQUE**, adj. m. [illegible] Quim. Bórico-lítico, compuesto [illegible] boro y sal de litio.

**BORICO-MAGNÉSIQUE**, adj. [illegible] *mañesic.* Quim. Bórico-[illegible] puesto de sal de boro y sal de [illegible]

**BORICO-PLOMBIQUE**, adj. [illegible] *plombic.* Quim. Bórico-[illegible] de sal de boro y sal de [illegible]

**BORICO-POTASSIQUE**, adj. [illegible] *potasic.* Quim. Bórico-potásico, [illegible] de sal de boro y sal de potasa.

**BORICO-SODIQUE**, adj. m. [illegible] Quim. Bórico-sódico, compuesto [illegible] boro y sal de sosa.

**BORICO-STRONTIQUE**, adj. [illegible] *strontic.* Quim. Bórico-[illegible] puesto de sal de boro y sal de [illegible]

**BORICO-YTTRIQUE**, adj. [illegible] *itric.* Quim. Bórico-itrico, [illegible] de boro y sal de itrio.

**BORICO-ZINCIQUE**, adj. m. [illegible] *sic.* Quim. Bórico-zincico, [illegible] de boro y sal de zinc.

**BORIDES**, m. pl. *borid.* [illegible] género de cuerpos simples, [illegible] boro. || Bóridos, familia de [illegible] comprende el ácido bórico y [illegible] combinaciones.

**BORIN**, m. *boren.* Carbonero [illegible] que saca el carbon de la mina.

**BORIQUE**, adj. m. *boric.* Quim. [illegible] combinacion en que entra el boro.

**BORITI**, m. *borití.* Bot. [illegible] del Malabar, de olor fuerte y [illegible]

**BORKHAUSIE**, f. *borcosí.* [illegible] sia, género de plantas compuestas [illegible]

**BORNAGE**, m. *bornage.* Amojonamiento [illegible] deslinde de tierras.

**BORNE**, f. *born.* Mojon, [illegible] ñal para dividir las heredades, [illegible] || Lindero, linde. || Límite, raya, [illegible] reino, provincia, etc. || [illegible] ruédas, la piedra ó pilar que [illegible] esquinas de las casas. || pl. [illegible] término, punto del cual no [illegible] sin faltar á la justicia, al honor, [illegible]

**BORNÉ**, **ÉE**, adj. met. *borné.* [illegible] mitado || *Esprit borné*, [illegible] tado, corto talento. || *Vues bornées* [illegible] estrecho, pocos alcances.

**BORNER**, a. *borné.* Amojonar [illegible] un campo, una heredad. || Cercar [illegible] ceñir, formando los límites de [illegible] torio. || met. Limitar, reducir, [illegible] deseos, las pasiones. || *Se borner* [illegible] rarse, limitarse, poner límites [illegible]

**BORNOYER**, a. *bornuayé.* [illegible] les, mirar con un solo ojo [illegible] para ver si está recta.

**BORNOYEUR**, m. *bornuayeur* [illegible] mira una cosa con un ojo para [illegible] lineal.

**BOROCÈRE**, f. *borosér.* Zool. [illegible] género de lepidópteros nocturnos [illegible]

**BORONIE**, f. *boroní.* Bot. [illegible] nero de plantas de la Nueva [illegible]

**BOROS**, m. *bóros.* Zool. [illegible] de coleópteros tetrámeros.

**BOROZAIL**, m. *borosáil.* [illegible] de los Africanos que proviene del [illegible] derado de las mujeres, especie de [illegible]

**BORRAGINÉ**, **ÉE**, adj. *borraginé* [illegible] rajíneo, parecido á la borraja. [illegible] *nées*, f. pl. Borrajíneas, [illegible]

**BORRAGINOÏDE**, adj. *borraginoid* [illegible] Borrajinoídeo, de la forma de la [illegible]

**BORRÉLISTE** ó **BORRÉLIEN**, [illegible] *list*, *boreliéa.* Sect. rel. Borreliano, miembro de una secta que [illegible] comentarios á la Biblia al [illegible]

**BORRÉRIE**, f. *borrerí.* Bot. [illegible] género de plantas rubiáceas.

**BORROMINESCO**, m. *borrominesco* [illegible] Borrominesco, género vicioso de [illegible] tura, creado por Borromini.

**BORROU**, m. *borrú.* Borrú, [illegible] Indias.

**BORTAM**, m. *bortám.* Bot. [illegible] usada para lavar los [illegible]

[illegible] Bot. Bosiona, [illegible]

[illegible] Quim. Boruro, combinacion [illegible] cuerpo simple.

[illegible] Quim. Bo[illegible] de boruro.

[illegible] Boria, género de [illegible] Nueva Holanda.

[illegible] hecha con [illegible]

[illegible] Bot. Bosaya, especie [illegible]

[illegible] cuadrú[illegible] búfalo y la rupi[illegible]

[illegible] Bot. Boscia, género [illegible] || Boscia, género de [illegible]

[illegible] Bot. Bo[illegible] la Cochinchina.

[illegible] Bossé, forma de [illegible] el nombre de as[illegible]

[illegible] adj. y s. bosniác. Bos[illegible]

[illegible], ó [illegible], [illegible] bosforián. Bosfo[illegible]

[illegible] Bósforo, estre[illegible] dos tierras firmes, por [illegible] con otro.

[illegible] Bosquecillo, so[illegible]

[illegible] Arq. Almohadi[illegible] sillería ó albañilería con [illegible] en forma de almoha[illegible]

[illegible] joroba, corcova de [illegible] || Abolladura, [illegible] un golpe en una pieza [illegible] en la cabeza; y [illegible] bulto. || Barriga, [illegible] que amenaza ruina; [illegible] || Bot. *Chasse*[illegible] || Mar. Bosa, cabo [illegible] que sirve para [illegible] pl. Bosas, cabos. || [illegible] de bulto, es[illegible] que *pinte el bosse*, [illegible] y valérse, querer ca[illegible] la bosse, usar en el [illegible]

[illegible] Abosado, joro[illegible]

[illegible] Abolladura ú [illegible] la vajilla y otras piezas [illegible]

[illegible] Abollar, trabajar [illegible] las piezas de vajilla á [illegible], etc.

[illegible] Bot. Los bultos ó [illegible] en varias hojas.

[illegible] Mar. Con[illegible]

[illegible] Mar. Abosar, suje[illegible] || Colocar el ancla [illegible]

[illegible] Soplador, el ofi[illegible] en los hornos de vi[illegible] que la abre despues de [illegible]

[illegible] pl. [illegible] Copas, las [illegible] || Antojeras [illegible]

[illegible] Mar. Serviola, [illegible] y aparejo para izar el [illegible]

[illegible] Zool. Bosса, concha [illegible]

[illegible] y s. [illegible] Jiboso, joro[illegible]

[illegible] Tulipan de olor.

[illegible] Abollar, hacer [illegible] en las piezas de metal [illegible]

[illegible] Bot. Bosi, árbol de [illegible]

[illegible] [illegible] de los jardines [illegible]

[illegible] Juego de naipes [illegible]

[illegible] [illegible], in[illegible]

[illegible] f. [illegible] Bostri[illegible]

quita, piedra figurada, semejante al peinado de una mujer. Sinónimo de prenita.

**BOSWELLIE**, m. *boswelí*. Bot. Bosvelia, árbol de la Arabia.

**BOT**, adj. *bo*. Estropeado, contrahecho: se dice solo de los piés. || *Pied bot*, pié de piña, patota. || Mar. Especie de nave de las Indias occidentales. || Barco grande flamenco.

**BOTAL (TROU DE)**, m. *trudbotál*. Anat. Agujero botal, ú orificio inter-auricular que establece comunicacion entre las aurículas del corazon en el feto.

**BOTANÈBIE**, m. *botanebí*. Zool. Botanebia, género de insectos de Cuba.

**BOTANIQUE**, f. *botaníc*. Botánica, ciencia que trata de las plantas y de sus propiedades. || adj. Botánico, lo que pertenece á la ciencia botánica.

**BOTANISTE**, m. *botaníst*. Botánico, el inteligente en la botánica.

**BOTANOGRAPHE**, m. y f. *botanográf*. Botanógrafo, el que describe plantas.

**BOTANOGRAPHIE**, f. *botanografí*. Botanografía, principios de botánica, anatomía y fisiología vegetal.

**BOTANOGRAPHIQUE**, adj. *botanografíc*. Botanográfico, relativo á la botanografía.

**BOTANOLOGUE**, m. *botanológue* Botanólogo, el que escribe sobre las plantas.

**BOTANOMANCIE**, f. *botanomansí*. Botanomancia, arte de adivinar por las yerbas.

**BOTANOMANCIEN, NE**, m. y f. *botanomansién, én*. Botanomántico, el que predice ó adivina por medio de las plantas.

**BOTANOPHAGE**, adj. *botanofáge*. Botanófago, que se mantiene de plantas.

**BOTANOPHILE**, m. y f. *botanofíl*. Botanófilo, el que es apasionado por la botánica.

**BOTE**, m. *bót*. Mar. Balandra costera sin gavia. || Zool. Bot, género de insectos heterósomos.

**BOTHRIDÈRES**, m. pl. *botridér*. Zool. Botrideros, género de insectos.

**BOTHRIDIE**, m. *botridí*. Zool. Botridia, género de gusanos anoricaos.

**BOTHRIMONE**, m. *botrimón*. Zool. Botrímono, género de gusanos.

**BOTHRIOCÉPHALE**, m. *botriosefál*. Zool. Botriocéfalo, género de gusanos.

**BOTHRIOCÈRE**, m. *botriosér*. Zool. Botriócero, género de insectos.

**BOTHRIOLITHE**, f. *botriolít*. Botriolita, variedad de borato calcáreo.

**BOTHRION**, m. *botrión*. Cir. Botrion, pequeña fosa, úlcera de la córnea.

**BOTHRIONOPE**, m. *botrionóp*. Botriónopo, género de insectos.

**BOTHRIOPTÈRE**, m. *botriopiér*. Zool. Botrióptero, género de insectos.

**BOTHRIORHYNQUE**, m. *botrioréno*. Zool Botriorinco, genero de insectos.

**BOTHRIOSPERME**, m. *botriospérm*. Bot. Botriospermo, genero de plantas.

**BOTHROCÉPHALÉS**, m. pl. *botrosefalé*. Zool. Botrocéfalos, insectos subanélidos.

**BOTHUS**, m. *bótus*. Zool. Boto, género de peces parecidos á los pleuronectos.

**BOTHYNE**, m. *botín*. Zool. Botino, género de coléopteros pentámeros.

**BOTHYNODÈRES**, m. pl. *botinodér*. Zool. Botinoderos, género de insectos.

**BOTICHE**, f. *botíche*. Botija, vasija de barro.

**BOTOR**, m. *bótor*. Bot. Botor, planta del Madagascar, llamada arveja cuadrada.

**BOTRIE**, f. *botrí*. Bot. Botria, arbolillo trepador de las Indias.

**BOTROBATYS**, m. *botrobátis*. Zool. Botrobatis, género de insectos.

**BOTROPHIS**, m. *botrófis*. Bot. Botrofis, género de plantas ranunculáceas.

**BOTRYCÈRE**, m. *botrisér*. Bot. Botricero, género de plantas anacardiáceas.

**BOTRYDINE**, f. *botridín*. Bot. Botridina, género de plantas nostocídeas.

**BOTRYDION**, m. Bot. V. DASYCLADE.

**BOTRYLLAIRES**, m. pl. *botrilér*. Zool. Botrilarios, género de insectos tuníceros.

**BOTRYLLES**, m. pl. *botríl*. Zool. Botrilos, genero de animales moluscos.

**BOTRYLLIENS**, m. pl. *botrilién*. Zool. Botriliano, familia de ascidias.

**BOTRYLLOÏDES**, m. pl. *botriloíd*. Zool. Botriloidos, género de insectos botrilios.

**BOTRYOCARPE**, m *botriocárp*. Zool. Botriocarpo, género de algas.

**BOTRYOCÉPHALES**, m. pl. *botriosefál*. Zool Botriocéfalos, género de gusanos.

**BOTRYODENDRON**, m. *botriodandrón*. Bot. Botriodendron, género de plantas.

**BOTRYOGÈNE**, m. *botriogén*. Miner. Botriógeno, un sulfato de hierro rojo.

**BOTRYORHYNQUE**, m. *botrioréno*. Zool. Botriorinco, género de insectos botriocéfalos.

**BOTRYOSPORE**, m. Bot. V. STACHYLIDA.

**BOTRYPE**, m. *botrip*. Bot. Botripo, género de helechos.

**BOTRYS**, m. *bótris*. Bótris ó biengranada, planta.

**BOTRYTE ó BOTRYOÏDE**, f. *botrit, botrioíd*. Botrita, especie de cadmía quemada, en forma de racimo.

**BOTRYTIS**, m. *botritis*. Bot. Botritis, género de hongos.

**BOTTE**, f. *bót*. Manojo, atado, haz, hacecillo de muchas cosas juntas de una misma especie. || Legajo, fajo, hablando de papeles; y gavilla, hablando de sarmientos. || met. fam. Monton, promontorio de papelotes, de librotes. || Esgr. Bote, estocada. || *Juge botte*, juez lego ó de capa y espada. || met. Tapaboca, dentellada, hablando de disputas, réplicas, objeciones. || Bigotera, petardo que se pega á alguno con maña. || Bota, como calzado, y tambien estribo de un coche. || *Graisser ses bottes*, ponerse las espuelas: prepararse para un viaje ó para morir. || *Avoir du foin dans ses bottes*, tener sebo en los riñones: tener dinero. || *A propos de bottes*, sin motivo, sin fundamento.

**BOTTELAGE**, m. *botláge*. La accion de engavillar ó hacinar.

**BOTTELÉ, ÉE**, adj. *botle*. Agavillado.

**BOTTELER**, a. *botlé*. Agavillar, hacinar ó hacer haces.

**BOTTELEUR**, m. *botleur*. Agavillador, hacinador.

**BOTTER**, a. *boté*. Hacer botas, y tambien calzar. *Le cordonnier qui me botte*, el zapatero que me hace las botas ó que me calza. || *Se botter*, r. Ponerse las botas, calzarse: *il se botte bien ó mal*, se calza bien ó mal; y tambien, lleva botas bien ó mal hechas. || Llenarse las botas de polvo andando.

**BOTTERIE**, f. *botrí*. Zapatería, tienda donde se hacen y venden zapatos y botas.

**BOTTIER**, m. *botié* Zapatero que hace y vende botas.

**BOTTINE**, f. *botín*. Botin, borceguí, calzado de cuero.

**BOTYDES**, m. pl. *botíd*. Zool. Botidos, tribu de lepidópteros nocturnos.

**BOTYS**, m. *bótis*. Zool. Botis, género de mariposas nocturnas.

**BOTYTES**, m. pl. *botít*. Zool. Botitos, grupo de lepidópteros nocturnos.

**BOU**, m. *bú*. Bot. Bou, especie de té.

**BOUARD**, m. *buár*. Martillo grande que servia para acuñar la moneda antes de la invencion del volante.

**BOUATE**, m. *buát*. Bot. Buato, planta de las Indias.

**BOUAYA**, m. *buáya*. Zool. Buaya, pescado muy bueno de las islas Molucas.

**BOUBAC**, m. *bubac*. Bubac, animal cuadrúpedo de Moscovia.

**BOUBIE**, f. *bubí*. Bubia, ave acuática de América.

**BOUBIL**, m. *bubíl*. Especie de mirlo de la China. || Ave acuática de América.

**BOUBOU**, m. *bubú*. Zool. Bubo, género de cuclillos de Java y de Sumatra.

**BOUBOUT ó BOUBOUL**, m. *bubút, bubúl*, Zool. Bubo, ave.

**BOUBOULER ó BUBULER**, n. *bubulé, bubulé*. Chillar á la manera de los buhos.

**BOUC**, m. *búc*. Macho cabrío. || iron. Barbas de chivo, hablando del hombre que sole tiene pelo en la punta de la barba; y tambien del lascivo, que en español se dice mico. || *Arbre de bouc*, barbas de cabron, árbol. || *Puant comme un bouc*, el que huele á choturo. || Odre, cuero ó pellejo del animal, ya esté vacío, ya lleno de algun líquido. || *Œil de bouc*, lepada, ojo de chivo, fenómeno marino que aparece como el cabo del arco iris.

**BOUCAGE**, m. *bucáge*. Saxifraga mayor, planta umbelífera. Tambien se llama *boucquetine* ó *pimprenelle blanche*.

**BOUCAGE**, f. *bugaáge*. Renta que pagan en Francia ciertas villas.

**BOUCAN**, m. *bucán*. Saladero, sitio en que los salvajes suelen acecinar las carnes de los animales que matan; y tambien espetador de palo, en que las ponen á secar y ahumar. || vulg. Burdel, lupanar.

**BOUCANER**, a. *bucané*. Acecinar, curar al humo y al aire la carne hecha tasajos á lo salvaje. || n. Ir á caza de toros silvestres. || *Chair boucanée*, tasajo, cecina.

**BOUCANIER**, m. *bucanié*. Cazador y acecinador de toros silvestres.

**BOUCARD**, m. *bucár*. Búcaro, cierto barro oloroso. == Jarrita ó vaso hecho de este barro para beber. || Sonda ordinaria.

**BOUCARDE** ó **BUCARDE**, f. *bucárd*, *bucárd*. Zool. Bucarda, concha bivalva, llamada tambien corazon de buey.

**BOUCARDITES**, f. pl. *bucardít*. Bucarditas, varias conchas bivalvas fósiles.

**BOUCARÈS**, m. pl. *bucaré*. Bucaras, variedad de uvas.

**BOUCASSIN**, m. *bucasen*. Bocací ó bocacín, tela de algodon.

**BOUCASSINÉ**, **ÉE**, adj. *bucasiné*. Tela que tiene semejanza con el bocací.

**BOUCAUT**, m. *bucó*. Mar. Barrica, tonel en que vienen géneros. == Barrica de azúcar.

**BOUCHAGE**, m. *buchâge*. Tierra con que se da un revoque á los hornos de forja.

**BOUCHARDE**, f. *buchárd*. Cincel de escultor.

**BOUCHE**, f. *búche*. Boca, la de los racionales, de los caballos y otras bestias de carga, y de los monos. || Boca de un cañon, de un rio, del infierno, de un horno, etc. || *Cheval qui a la bouche délicate*, boquimuelle. || *Palais de la bouche*, paladar, cielo de la boca. || *Place de la bouche*, Mil. Cualquier racion de rancho, de paja, de cebada, etc. || *Munitions de bouche*, víveres. || *Bouches à feu*, cañones, escopetas, etc. || *Faire la petite bouche*, repulgar la boca, fruncir la boca, formar boquillo. || *Avoir bouche en cour*, tener mesa en palacio. || *L'eau lui en vient à la bouche*, se le hace la boca un agua. || *Fermer la bouche à quelqu'un*, cerrar la boca á alguno, hacerle callar, darle un tapaboca. || *Prendre sur sa bouche*, quitárselo del pico, ahorrar á costa de su alimento. || *Traiter quelqu'un à bouche que veux-tu*, regalar á alguno, tratarle á pedir de boca. || *Fort en bouche*, boquiduro: se dice del caballo que tiene duro el asiento del freno y no lo siente.

**BOUCHÉ**, **ÉE**, adj. *buché*. Tapado. || Cerrado. || met. *Esprit bouché*, entendimiento boto, obtuso, hombre estúpido.

**BOUCHE D'ARGENT**, f. *buchedarján*. Zool. Concha de plata, nombre de la peonza argiróstoma.

**BOUCHE DE LAIT**, f. *buchdlé*. Boca de leche, bocina rústica.

**BOUCHE DE LIÈVRE**, f. *buchdliévr*. Boca de liebre, hongo comestible.

**BOUCHE D'ÉOLE**, f. *buchedeol*. Boca de Eolo, abertura de las montañas de donde salen vientos frios.

**BOUCHE D'OR**, f. *buchedór*. Zool. Boca de oro, peonza crisóstoma, concha.

**BOUCHÉE**, f. *buché*. Bocado, lo que toma de una vez en la boca el que come.

**BOUCHE-EN-FLÛTE**, f. *buchanflût*. Zool. Boca de flauta, género de peces.

**BOUCHEFOUR**, m. *buchefur*. Zool. Bocahorno, nombre de una ave cantora.

**BOUCHE-JAUNE**, f. *buchejón*. Zool. Boca amarilla, bocina hemastoma, concha.

**BOUCHE-NEZ**, m. *buchené*. Tapa-nariz, que sirve para librarse del mal olor.

**BOUCHE-NOIR**, f. *buchenuar*. Zool. Boca negra, nombre dado al estrombo jiboso.

**BOUCHER**, **ÈRE**, m. y f. *buché*, *ér*. Matarife, jifero, carnicero, cortador, tablajero, el que mata las reses y vende la carne.

**BOUCHER**, a. *buché*. Tapar, cerrar, obstruir un agujero, una cosa que está abierta.

**BOUCHERIE**, f. *bucherí*. Carnicería, lugar donde se vende la carne y se matan las reses. || met. Carnicería, mortandad ó destrozo en las batallas. || *Mener à la boucherie*, llevar al matadero: se dice de soldados, cuando se les expone á morir sin resistencia.

**BOUCHET**, m. *buché*. Especie de hipocras, hecho de agua, azúcar y canela.

**BOUCHE-TROU**, m. fam. *buchetrú*. El cómico que reemplaza á otro en las representaciones teatrales. || Hombre ó cosa inútil.

**BOUCHETTE**, f. dim. de **BOUCHE**, *buchét*. Boquita, boca pequeña.

**BOUCHETURE**, f. *buchetúr*. Cerca, cerramiento de una heredad.

**BOUCHIÈRE**, f. *buchiér*. Bojera, plantío de bojes.

**BOUCHIN**, m. *buchén*. Mar. Manga, anchura del buque, ó lo mas ancho en su medio.

**BOUCHOIR**, m. *buchuár*. Tapa, plancha de hierro que cierra la boca del horno.

**BOUCHON**, m. *buchón*. Tapon, con que se tapa algun agujero. || *Bouchon de taverne*, ramo. || *Tenir bouchon*, vender al ramo. || fam. *Mon petit bouchon*, gachon mio, chacho mio, mono mio.

**BOUCHONNE**, f. fam. *buchón*. Gachona, querida.

**BOUCHONNER**, a. *buchoné*. Poner tapones á las botellas. || Tapar algun agujero. || Estregar ó frotar con un manojo de paja. || Hacer un lio de ropa blanca ó de color. || Mimar, hacer caricias ó fiestas á un niño.

**BOUCHONNIER**, m. *buchonié*. Taponero, el que hace ó vende tapones.

**BOUCHOT**, m. *buchó*. Buitron, parque, cercado hecho á las orillas del mar para coger la pesca.

**BOUCLE**, f. *búcl*. Hebilla, para sujetar una correa, cinta, etc. || Bucle, ó rizo del pelo. || *Boucles d'oreilles*, arillo ó zarcillo que se trae sin pendiente alguno. || Broca de zapatero. || Coyunda, entre fundidores de campanas. || Mar. Argolla.

**BOUCLEMENT**, m. *buclemán*. La accion de cerrar las yeguas para que no las acaballen.

**BOUCLER**, a. *buclé*. Atar, cerrar una cosa con hebilla. || Rizar, ensortijar. || *Boucler une jument*, cerrar con candado una yegua para que no la cubra el garañon. || *Boucler un port*, cerrar la entrada de un puerto.

**BOUCLER** ó **BOUCLET**, m. V. **BOUCLIER**.

**BOUCLETTE**, f. *buclét*. Mallon, gafete, en las manufacturas de lana.

**BOUCLIER**, m. *buclié*. Broquel, escudo, adarga. || met. Escudo, defensa, amparo. || *Levée de boucliers*, demostracion de la tropa con que manifiesta la resistencia al general o al gobierno. || *Faire une grande levée de boucliers*, mucha bulla y nada entre dos platos: empresa sin resultado. || *Anse de bouclier*, embrazadura del escudo.

**BOUCON**, m. *bucón*. Bocado, en el sentido de veneno que se da á algun animal. || Jicarazo, veneno que se da en el chocolate ó en otra cosa á una persona.

**BOUCONNEUR**, m. ant. *buconeur*. Envenenador.

**BOUDER**, n. *budé*. Embotijarse, enfurruñarse, estar de hocico ó mohino. || fam. *Bouder contre son ventre*, pegar contra sí mismo, reñir contra su propio gusto. || Tambien se usa como activo: v. gr. *pourquoi me boudez-vous?* porqué me pone Vd. ese hocico? || *Se bouder*, r. Enfurruñarse, ponerse de hocico: *nous nous sommes boudés huit jours*, hemos estado reñidos durante ocho dias.

**BOUDERIE**, f. *budrí*. Hocico, rabieta, mohina, demostracion de enfado ó disgusto.

**BOUDEUR**, **EUSE**, adj. y s. *budeur*, *eus*. Enfurruñado, embotijado, mohino.

**BOUDIN**, m. *budén*. Morcilla. || prov. *Faire un boudin*, hacer un bodijo, un casamiento desigual. || *S'en aller en eau de boudin*, volverse agua de cerrajas, frustrarse una empresa, aguarse un negocio.

**BOUDINADE**, f. *budinád*. Morcilla de sangre de cordero.

**BOUDINAGE**, m. *budinág*. Lijera torcedura á que se sujeta el hilo de lino ántes de devanarle en las canillas.

**BOUDIN DE MER**, m. *budendmer*. Zool. Morcilla de mar, zoófito.

**BOUDINE**, f. *budín*. Nudo en el medio de un plato de vidriado. || Ombligo, entrañas.

**BOUDINÉE**, f. *budine*. Presente, regalo que se hace á los parientes y amigos al matar un cerdo.

[illegible] ejecutar el [illegible]

[illegible] El ó la que [illegible]

[illegible] pequeño, [illegible] salchichas, [illegible]

[illegible] go comestible [illegible]

[illegible] que sirve para [illegible] zillarto.

**BOUDRIER**, [illegible] cubierta de cuero [illegible] del arganeo del [illegible] con los cables.

**BOUDROIE**, m. [illegible] de una señora.

**BOUDRAGUE** ó [illegible] *budrég*. Cartas [illegible]

**BOUÉE**, f. [illegible] corcho ó madera [illegible] rajo en que está el [illegible]

**BOUE**, f. *bú*. Lodo, [illegible]

**BOUEMENT**, m. [illegible] bladura de las piezas [illegible] piga y á mortaja, [illegible] inglete. || Accion de [illegible] dolas por medio del [illegible] cion ó hervor.

**BOUER**, a. *bué*. [illegible] con igualdad [illegible] hacia en otro tiempo [illegible]

**BOUES MINÉRALES**, [illegible] Sedimentos ó lodos que [illegible] ciertas aguas minerales, [illegible]

**BOUETTER**, a. *bueté*. [illegible] para que suban á la [illegible]

**BOUEUR**, m. [illegible] tero ó mozo de la [illegible]

**BOUEUX**, **EUSE**, adj. [illegible] goso, lodoso, [illegible]

**BOUFFANT**, **E**, adj. [illegible] fofo, hueco: dícese de [illegible] dos que no se deshacen [illegible]

**BOUFFARDE**, f. [illegible] cie de pipa.

**BOUFFE**, m. *buf*. [illegible] no. || Perro [illegible] y de perrita faldera.

**BOUFFEMENT**, m. [illegible] to, exhalacion, [illegible]

**BOUFFÉE**, f. *bufé*. [illegible] aire, de humo, de [illegible] vaho, tufarada, [illegible] á vino, ó á otra cosa, [illegible] el aliento. || [illegible] diar ó de otro trabajo, [illegible] un calenturon [illegible] *lère*, bufido de cólera, [illegible] ventarron, ventolera, [illegible] alegron. || *Bouffée de* [illegible] de devocion ó de [illegible]

**BOUFFER**, n. [illegible] carrillos. || Hacer [illegible] fofo, hablando de [illegible] Amostazarse, enfurruñarse [illegible] lera ó rabia. || vulg. [illegible] mucho y aprisa. || [illegible] solladores, etc., [illegible]

**BOUFFETTE**, f. *bufét*. [illegible] de los rendajes y [illegible] tercera vela del palo [illegible] Borlilla de [illegible] mujeres.

**BOUFFI**, **E**, adj. *bufí*. [illegible] mocido. || met. [illegible] mo. || *Style bouffi*, [illegible]

**BOUFFIR**, a. *bufír*. [illegible] hinchar, poner hinchado. [illegible] Abotagarse, abofellarse, [illegible] hinchado: solo se dice de [illegible] vanecerse, engreirse, [illegible]

**BOUFFISSURE**, f. [illegible] de alguna parte del [illegible] estilo.

**BOUFFOIR**, m. *bufuár*. [illegible] los jiferos soplan la [illegible]

**BOUFFON**, **NE**, m. y f. [illegible] gracioso, bobo de [illegible] chancero, burlon, [illegible] adjetivo.

**BOUFFONNER**, n. *bufo*[illegible] chancearse, chocarrear.

**BOUILLITOIRE**, f. *bullituár*. *Donner le bouillitoire*, hacer hervir los tejuelos en algun líquido preparado para blanquearlos.

**BOUILLOIR**, m. *bulluár*. Vasija de cobre en la que se hacen hervir los metales para limpiarlos.

**BOUILLOIRE**, f. *bulluár*. Perol, olla de cobre ó de hierro para calentar agua.

**BOUILLON**, m. *bullón*. Caldo, agua en que se han cocido viandas. || Hervor, borboton: dícese de todo líquido que hierve ó cuece mucho. || met. *Boire un bouillon*, entre comerciantes es hacer mala especulacion, salir perdiendo. || *Dans les premiers bouillons de sa colère*, en su primer transporte, en el primer acceso de su furor.

**BOUILLON-BLANC**, m. *bullonblán*. Bot. Gordolobo, planta solanácea.

**BOUILLON-MITIER**, m. *bullonmitié*. Bot. Berbárco-blataria, especie de gordolobo.

**BOUILLON-SAUVAGE**, m. *bullonsováge* Bot. Flomis-fruticosa, planta labiácea.

**BOUILLON-SEC**, m. *bullonséc*. Farm. Tabletas de caldo.

**BOUILLONNANT**, **E**, adj. *bullonán*. Hirviendo, burbujeando.

**BOUILLONNEMENT**, m. *bullonmán*. Hervidero, el ruido de lo que hierve ó bulle. || El hervor de lo que hierve. || La fermentacion de lo que fermenta, efervescencia.

**BOUILLONNER**, n. *bulloné*. Borbotar, salir á borbotones ó con fuerza el agua ó la sangre. || Hervir la sangre en las venas, el agua en un baño ó pozo caliente.

**BOUILLOTE**, f. *bullót*. Especie de juego entre cinco, tomado de la berlanga. || Vasija de metal para hacer hervir el agua.

**BOUIN**, m. *buén*. Paquete de madejas de seda.

**BOUIS**, m. *buí*. Boj, árbol. V. BUIS.

**BOUISSE**, f. *buís*. Zapat. Huevo, hueco ovalado practicado en un tarugo de madera para ahuevar ó aberquillar la suela de los zapatos.

**BOUJARON**, m. *bujarón*. Medida de hoja de lata como de unas dos onzas de capacidad, para medir líquidos.

**BOUJON**, m. *bujón*. Utensilio para emplomar las telas.

**BOUJONNER**, a. *bujoné*. Señalar, emplomar una tela.

**BOUJONNEUR**, m. *bujoneur*. Emplomador de tela. || ant. Inspector de paños.

**BOULAF**, m. *buláf*. Baston de mando de los generales polacos.

**BOULAIE**, f. *bulé*. Plantío y alameda de abedules.

**BOULANGER**, **ÈRE**, m. y f. *bulangé*, *ér*. Panadero, el que por oficio hace y vende pan. Tambien se usa como adjetivo.

**BOULANGER**, a. *bulangé*. Amasar, hacer pan.

**BOULANGERIE**, f. *bulangerí* Panadería, el paraje en que se hace el pan. || Arte de hacer el pan. || Comercio del panadero.

**BOULBÈNE**, f. *bulbén*. Tierra, arcilla arenosa de la Provenza, tierra lijera mas ó ménos fértil.

**BOULBOUL**, m. *bulbúl*. Bábula, ave, especie de pega reborda de la India.

**BOULDURE**, f. *buldúr*. Canal, foso ó caz que está debajo de la rueda de una haceña ó molino de agua.

**BOULE**, f. *búl*. Bola, cuerpo esférico de cualquier sustancia. || Bocha, bola del juego del mismo nombre. || met. fam. *A boule vue*, á bulto, á tun tun, sin reflexion. || *Tenir pied à boule*, estar en un pié, no descuidar el trabajo ó la ocupacion. || *Laisser rouler la boule*, ruede la bola, ó á la de Dios.

**BOULÉ**, m. *bulé*. Zool. Pluvial, ave.

**BOULEAU**, m. *buló*. Bot. Abedul, álamo blanco, planta betulácea.

**BOULENC**, m. *bulénc*. Bot. Manzanilla de los campos en muchas partes.

**BOULE-DE-NEIGE**, f. *buldnége* Bot. Bola de nieve, variedad de un viburno.

**BOULEDOGUE**, m. *buledógue*. Especie de perro con dientes en forma de gancho.

**BOULENOIS**, **E**, adj. y s. *bulnuá*, *uás*. Boloñés, de Boloña.

**BOULER**, n. *bulé*. Arrullar, hincharseles el buche á las palomas. || a. Batir el agua y las yerbas para hacer salir el pescado. || Llenarse de vejigas ó ampollarse, hablando del pan al tiempo de cocer.

**BOULERAIE**, f. *bulré*. Alameda, terreno plantado de abedules.

**BOULEROT** ó **BOULEREAU**, m. *bulró*. Zool. Se dan estos nombres á varias especies de gobios del mediodía de la Francia.

**BOULÉSIE**, f. *bulesí*. Bot. Bulesia, planta umbelífera del Perú.

**BOULET**, m. *bulé*. Bala con que se cargan los cañones de artillería: la de fusil, escopeta y pistola se llama *balle*. || Vet. La cuartilla, el menudillo de un caballo.

**BOULETÉ**, **ÉE**, adj. *bulté*. Acuartillado, caballo cuya cuartilla está fuera de su situacion natural.

**BOULETTE**, f. *bulét*. Bolita ó bolilla. || Albondiguilla, bolita de carne picada y aderezada. || Bot. Bolita, nombre dado á la globularia y á otras plantas por la particular disposicion de sus flores. || Bolita de carne mezclada con soliman para matar los perros. || *Faire une boulette*, engañarse, llevarse chasco.

**BOULEUR**, m. *buleur*. El que bate el agua y las yerbas para hacer salir el pescado.

**BOULEUX**, m. *buleu*. Caballo doble, bueno para trabajar. || met. Burro para el trabajo: dícese del sugeto de corto talento, pero muy trabajador.

**BOULEVARD**, m. *bulvár*. Baluarte, cierta obra de fortificacion. || met. Antemural, baluarte, defensa.

**BOULEVERSÉ**, **ÉE**, adj. *bulversé*. Trastornado, desconcertado, descompuesto.

**BOULEVERSEMENT**, m. *bulversmán*. Trastorno, subversion. || met. Mudanza, revuelta.

**BOULEVERSER**, a. *bulversé*. Trastornar, volver de arriba abajo. || met. Desconcertar, descomponer, revolver.

**BOULEVERT**, m. *bulvér*. Bot. Bolaverde, especie de boleto, hongo comestible.

**BOULEVUE** (**À** ó **À LA**), loc. adv. *bulvú*. Vagamente, sin atencion.

**BOULI**, m. *bulí*. Tetera, la vasija donde preparan el té en el reino de Siam.

**BOULICHE**, f. *bulíche* Vaso de tierra en los barcos.

**BOULIER**, m. *bulié*. Pesc. Chinchorro, red que se tiende en la boca de los estanques salados.

**BOULIGOU**, m. *buligú*. Red con mallas muy menudas.

**BOULIMIE**, f. *bulimí*. Gazuza, hambre muy grande y frecuente con desfallecimiento, hambre canina.

**BOULIN**, m. *bulén*. Mechinal, hueco donde anidan las palomas. || Arq. *Boulin*, *trou de boulin*, mechinal, el hueco que dejan en las paredes para los andamios.

**BOULINE**, f. *bulín*. Mar. Bolina, cabo que se fija en la caida de las velas para sujetarlas en los vientos escasos. = *Bouline de revers*, bolina de reves, la que no trabaja. = *Courir la bouline*, castigo igual al de las carreras de baquetas, con la diferencia de usar cuerdas en vez de varas.

**BOULINER**, a. vulg. *buliné*. Merodear, hurtar en el campo, hablando de soldados. || Mar. Ronzar ó halar las bolinas, barloventear.

**BOULINEUR**, m. vulg. *bulineur*. Ladron de campaña.

**BOULINGRIN**, m. *bulengrén*. Bulingrin, calle cubierta de céspedes con ribete de boj ó de otra planta, para adorno de los jardines.

**BOULINGUE**, f. *bulíngue* Náut. Bolinga, vela de gavia.

**BOULINIER**, m. *buliníé*. Nave que va á la bolina.

**BOULJANUS**, m. *buljánus*. Mit. Buljano, ídolo que se adoró antiguamente.

**BOULLÈTTES**, f. pl. *bulét*. Bot. Plantas compuestas.

**BOULOIR**, m. *buluár*. Albañ. Batidera, el instrumento con que se bate la mezcla y apaga la cal.

**BOULOIS**, m. *buluá*. Min. Mecha, pedazo largo de yesca con que se pone fuego para hacer volar una cantera ó mina.

**BOULON**, m. *bulón*. Perno, clavija de hierro, estaquilla, clavo trabadero. || Pilar de una romana. || Carcolero, entre pasamaneros. || *Boulons*, pl. Impr. Pasadores, los que pasan por las bisagras del tímpano y frasqueta.

**BOULONNER**, a. *bulonė*. Carp. Clavar, asegurar con pernos.

**BOULOT**, m. *buló*. Bot. Álamo blanco, abedul.

**BOULOUK-BACHI**, m. *bulucbáchí*. Buluc-bachi, ujier turco.

**BOUQUE**, f. *búc*. Náut. Boca, boquete, estrecho, ó paso angosto de mar.

**BOUQUER**, a. *buqué*. Besar por fuerza: solo se dice de un mono ó de un niño á quien se hace besar alguna cosa que se le pone delante. || met. Besar la correa, amorrar, ceder: bajarse ó humillarse por fuerza.

**BOUQUET**, m. *buque*. Ramillete de flores. || Manojito de cerezas, etc. || Rosa de diamantes. || Plumaje, penacho. || *Bouquet d'artifice*, *bouquet de fusées*, cierto artificio de fuego ó fiesta de pólvora. || *Il a la barbe par bouquets*, tiene la barba á pelluzgones, á mechones. || Fragancia, olor agradable que exhalan los buenos vinos. || Coleccion de poesías ó historietas escogidas. || Soneto, décima ó cualquier piececita en verso preparada para un convite ó funcion. || Impr. Fraile, líneas ó dicciones escasas de tinta.

**BOUQUETEAU**, m. *bucló*. Bosque pequeño.

**BOUQUETIER**, m. *buctié*. Jarron, jarro ó especie de vasija para flores.

**BOUQUETIÈRE**, f. *buctiér*. Ramilletera, florera, la mujer que hace y vende ramilletes y flores.

**BOUQUETIN**, m. *buctén*. Reveso, cabron montés que se cria en los Alpes.

**BOUQUETINE**, f. *buctin*. Bot. Saxífraga mayor, ó pimpinela, planta.

**BOUQUIN**, m. *buquén*. Cabron, ó macho de cabrío ya viejo. || Conejo y liebre macho. || Librace, libro viejo de desecho || met. El hombre viejo, encenagado en los vicios, como si dijéramos viejo verde. || *Cornet à bouquin*, corneta, instrumento de aire.

**BOUQUINER**, n. *buquiné*. Juntarse el macho y la hembra cuando están en celo, hablando de las liebres. || Buscar libros viejos, comprarlos y leerlos.

**BOUQUINERIE**, f. *buquinerí*. Baratillo, tráfico de libros viejos.

**BOUQUINEUR**, m. *buquineur*. El que anda tras de libros viejos y de desecho, y el aficionado á leerlos.

**BOUQUINISTE**, m. *buquinist*. El chalan de libros viejos.

**BOUR**, m. *búr* Com. Burmeo, seda de Persia.

**BOURA**, f. *búra*. Bura, tela de seda y lana.

**BOURACAN**, m. *buracán*. Com. Barragan, camelote basto y grosero.

**BOURACANIER**, m. *buracanié*. Barraganero, tejedor de barraganes.

**BOURBE**, f. *búrb*. Fango, cieno, lama que se hace en los suelos pantanosos y en los estanques y balsas.

**BOURBELIER**, m. *burblié*. Mont. El pecho del jabalí.

**BOURBEUX**, **EUSE**, adj. *burbeu*, *eus*. Cenagoso, lleno de cieno, de lama.

**BOURBIER**, m. *burbié*. Cenagal, lamedal, sitio cubierto de cieno ó fango. || met. Pantano, atascadero, hablando de negocios que tienen embarazos ó difícil salida.

**BOURBILLON**, m. *burbillón*. Med. Pus craso y sanioso que sale de los tumores en que ha invadido la gangrena; ó materia espesa que sale de alguna postema, etc.

**BOURBONNAIS**, **E**, adj. y s. *burboné*. Borbonés, habitante del Borbonesado, antigua provincia de Francia.

**BOURBONNAISE**, f. *burbonés*. Bot. Borbonesa, planta del género lignida. || Borbonesa, baile burlesco.

**BOURBONNISME**, m. *burbonism*. Polít. Borbonismo, sistema, principios, marcha política que siguen los Borbones.

**BOURBONNISTE**, adj. *burbonist*. Borbonista, partidario de los Borbones.

**BOURCER**, a. ant. *bursé*. Mar. Cargar los paños de una vela.

**BOURCET**, m. *bursé*. Mar. Vela al tercio de lugre: en algunos puntos de la costa de Francia llaman así al triquete.

**BOURCETTE**, f. *bursét*. Bot. Canónigos, yerba que se pone en las ensaladas.

**BOURDAIGNE**, f. *burdéñ*. Pint. Glasto silvestre, especie de pastel para teñir.

**BOURDAINE**, f. *burdén*. Bot. Frángula ó arraclan, arbusto.

**BOURDALOU**, m. ó **BOURDALOUE**, f. *burdalú*. Cintillo, ó galon con su hebilla, que se pone al rededor de la copa del sombrero. || Orinal oblongo. || Gusanillo, tejido para mantelería.

**BOURDE**, f. fam. *búrd*. Bola, pilonera, jácara, pajarotada, embuste en materia de noticias. Es anticuada esta voz.

**BOURDELAIS**, m. *burdlé*. Bot. Uva de parra gruesa, morada ó blanca, que vulgarmente llaman de San Diego.

**BOURDER**, n. *burdé*. Mentir, echar piloneras, ya por divertirse, ya con malicia.

**BOURDERIE**, f. *burderí*. Engaño por bromear, por jugar.

**BOURDEUR**, **EUSE**, m. y f. *burdeur*, *eus*. Pilonero, embustero.

**BOURDILLON**, m. *burdillón*. Madera rajadiza, propia para duelas de cubas.

**BOURDIN**, f. *burdén*. Bot. Especie de albérchigo.

**BOURDINE**, f. *burdín*. Zool. Burdina, concha univalva. || Sopas de ajo y manteca.

**BOURDON**, m. *burdón*. Bordon, baston ó báculo de los romeros ó peregrinos. || Zángano, abejarron ó abejorro, todo moscon ó moscardon que hace ruido volando. || Mús. Contratono que sirve de bajo continuo en algunos instrumentos de aire. || Bordon, la cuerda mas gruesa que hace el bajo en los instrumentos. || Impr. Olvido, el que comete el cajista, saltando alguna palabra ó frase en la composicion. || Campana grande de una catedral. || Abejera, planta. || *Faux-bourdon*, pieza de música de varias partes, sin compas y con notas casi iguales, como la de la salmodia.

**BOURDONNASSE**, f. *burdonas*. Lanza gruesa y hueca.

**BOURDONNÉ**, **ÉE**, adj. *burdoné*. Blas. Bordonado, el escudo sembrado de bordones.

**BOURDONNEMENT**, m. *burdonmán*. Zumbido, zurrido de las abejas, moscones, escarabajos, etc. || Murmullo, el rumor de mucha gente junta que habla quedo; y en estilo bajo el run run. || Zumbido de oidos, enfermedad molesta y precursora de la sordera.

**BOURDONNER**, n. *burdoné*. Zumbar, hacer rumor sordo y continuo los moscones, el aire. || Murmujear la gente, hablando quedo y discutiendo entre sí. || a. Cantar en voz baja entre dientes.

**BOURDONNET**, m. *burdoné*. Cir. Lechino, clavo de hilas para curar una llaga.

**BOURG**, m. *búrc*. Villa grande con mercado; ó, poblacion entre ciudad y lugar.

**BOURGADE**, f. *burgád*. Burgo, villa pequeña.

**BOURGÈNE**, f. *burgén*. Frángula, arbusto. Es lo mismo que *Bourdaine*.

**BOURGEOIS**, **E**, m y f. *burjuá*. Vecino de una ciudad ó villa, que guarda un estado medio entre la plebe y la nobleza. || Amo ó patron en cuya casa ó para quien trabajan los oficiales mecánicos. || Paisano en contraposicion á soldado. || adj. Comun, ordinario. = *Manières bourgeoises*, modales ordinarios. = *Style bourgeois*, estilo vulgar ó llano. = *Vin bourgeois*, vino puro, no adulterado. || *Garde bourgeoise*, milicia urbana.

**BOURGEOISEMENT**, adv. *burjuasmán*. A lo casero, á lo llano, llanamente, caseramente.

**BOURGEOISIE**, f. *burjuasí*. Vecindad, el derecho ó calidad de vecino de una poblacion. || Vecindario, el cuerpo de los vecinos.

**BOURGEOISER**, n. *burjuasé*. Vulgarizarse, aparentando naturalidad.

**BOURGEON**, m. *burjón*. Boton, yema del vástago que empiezan á arrojar los árboles y plantas. || Orzuelo, el grano que sale en los párpados. = Boton, grano ó pupa que sale á la cara. || pl. Lanas finas, que salen por hebras largas.

**BOURGEONNÉ**, **ÉE**, adj. *burjoné*. Engranujado, granujiento ó cosa llena de granos, hablando de la cara ó alguna de sus partes.

**BOURGEONNEMENT**, m. *burjonman*. Bot. Desarrollo de los [illegible] fenómenos que [illegible]

**BOURGEONNER**, [illegible] echar botones, [illegible] tas. || Engranujarse, [illegible] la cara.

**BOURG-ÉPINE**, m. [illegible] bron, cambronera, arbusto [illegible]

**BOURGETEUR**, m. [illegible] trabajador de lanas.

**BOURGIE**, f. [illegible] Bot. [illegible] de plantas borraginas.

**BOURGMESTRE** ó **BOURGUEMESTRE**, m. *burgmèstr*. Burgomaestre: [illegible] se da en Flándes, Holanda y [illegible] primeros magistrados de [illegible]

**BOURGNE**, f. ó **BOURGNON**, [illegible] *burñón*. Pesc. Nasa que se pone [illegible] midad de los parques [illegible] de paja, usado en algunos [illegible] Francia para conservar frutas [illegible]

**BOURGOGNE**, m. *burgoñ*. [illegible] vino de aquella provincia. || f. [illegible] llo, planta.

**BOURGUIGNON**, **NE**, adj. y [illegible] ñón. Borguiñon, de Borgoña. [illegible] ca de nieve sucia y sola que [illegible] sobre el banco de Terranova.

**BOURI**, m. *burí*. Mar. [illegible] del rio Gánges.

**BOURGUIGNOTTE**, f. *burgu*[illegible] goñota, armadura de la cabeza, [illegible] casco.

**BOURICHON**, m. *burichón*. [illegible] glodita europeo, ave.

**BOURIOLE**, f. *buriól*. Zool. [illegible]

**BOURIQUET**, m. *buriqué*. [illegible] para levantar cargas en las minas [illegible]

**BOURJASOTTE**, f. *burjasot*. [illegible] de color morado oscuro.

**BOURLET**, m. *burlé*. Rodete [illegible] para la cabeza. || Chichonera [illegible] || Collera para mulas ó caballos. [illegible] za ó cordon que está sobre el [illegible] Roñada, anillo de cabo que se [illegible] vergas, botes, etc., para evitar [illegible]

**BOURLEUR**, m. *burleur*. [illegible] sillero, engaitador.

**BOURLINGTONIE**, f. *burlin*[illegible] Burlingtonia, planta de las orquídeas [illegible]

**BOURLINGUER**, n. *burlin*[illegible] Trabajar barloventeando con [illegible] y mar y fuerza de vela sin [illegible] bien se dice caravanear.

**BOURLOTTE**, f. *burlót*. Goma [illegible] Persia de ínfima calidad.

**BOURME**, f. *búrm*. Goma [illegible] cebar los peces.

**BOURNAL**, m. *burnál*. Panal [illegible]

**BOURNONITE**, m. *burnonít*. [illegible] nonita, triple sulfuro de plomo, [illegible] nio y de cobre.

**BOURNOUS**, m. *burnús*. Albornoz [illegible] de lana blanca con capucha, [illegible] Árabes.

**BOURRACHE**, f. *burrách*. [illegible] de plantas que sirve de tipo á [illegible] neas. || *Petite* bourrache, [illegible]

**BOURRADE**, f. *burrád*. [illegible] que un galgo da con la boca [illegible] corriendo. || Golpe ó [illegible] alguno con el cañon de una [illegible] Remoquete ó tarascada, [illegible] dura y picante.

**BOURRAGE**, m. *burrage*. [illegible] se llena con esfuerzo un vaso [illegible]

**BOURRAGINÉES**, f. pl. [illegible] rajíneas, familia de plantas [illegible] V. BORRAGINÉES.

**BOURRAQUE**, m. *burrac*. [illegible]

**BOURRASQUE**, f. *burrásc*. [illegible] pestad. || met. Alboroto, [illegible] Reves, trabajo que sobreviene [illegible] na. || Arrebato, mal repentino [illegible] como un accidente. || Arrebato, [illegible] enojo ó cólera. || Alteracion que [illegible] cuerpo ó en los humores [illegible] lento.

**BOURRASQUEUX**, **EUSE**, [illegible] queu, eus. Borrascoso, sujeto á [illegible]

**BOURRE**, f. *búrr*. Borra ó [illegible] se rehinchen los cojines, [illegible] Tundizna, borra ó pelo que sale [illegible] del paño. || Atanquía, cadarzo [illegible] seda. || Taco, el que se echa en [illegible] fuego. || met. Broza, hablando de [illegible]

**BOURSE-À-PASTEUR**, f. V. BOURSETTE.

**BOURSEAU**, m. *bursó*. Caballete de tejado emplomado.

**BOURSERON**, m. V. BOURSON.

**BOURSET**, m. *bursé*. Pesc. Cuerpecillo flotante para sostener y sacar la red.

**BOURSETTE**, f. *bursét*. Bot. Bolsa de pastor, planta astringente. || Bolsilla, bolsa pequeña. || Bolsa, parte ó separacion que hay en el secreto de un órgano.

**BOURSICAUT**, m. *bursicó*. Ahorro, capitalillo, suma reunida con economía para conservarla reservada.

**BOURSIER, ÈRE**, m. y f. *bursié, ér*. Bolsero, el que hace y vende bolsas. || m. El estudiante que tiene plaza dotada en algun colegio.

**BOURSILLER**, n. fam. *bursillié*. Escotar, contribuir con su bolsa ó entrar á escote en algun gasto.

**BOURSON**, m. *bursón*. Bolsilla, bolsita de calzones. Ahora se dice *gousset*.

**BOURSOUFFLADE**, f. *bursufládá*. Elacion, vanidad, ventolera, vanistorio. || Hinchazon, estilo hueco.

**BOURSOUFFLAGE**, m. *bursufláge*. Hinchazon, pompa de estilo, estilo hueco, pomposo.

**BOURSOUFFLÉ, ÉE**, adj. Hinchado. || *Style boursoufflé*, estilo campanudo, pomposo.

**BOURSOUFFLEMENT**, m. *bursuflmán*. Dilatacion, aumento de volúmen de un líquido por el calórico ó la fermentacion.

**BOURSOUFFLER**, a. *bursuflé*. Abotargar, abofellar, poner hinchada la cara, los ojos, etc. || Encuad. Bornear. V. BERCER.

**BOURSOUFFLURE**, f. *bursuflúr*. Hinchazon, entumecencia.

**BOUSAGE**, m. *buságe*. Operacion por la que el tintorero hace limpiar una tela ántes de aplicarle el mordiente.

**BOUSARD**, m. *busár*. Senda ó estiércol ahumado de ciervo.

**BOUSCALE**, f. *buscál*. Buscala, nombre de una especie de curruca, ave.

**BOUSCULEMENT**, m. *busculmán*. Atropello, trastorno.

**BOUSCULER**, a. pop. *busculé*. Trastornar, atropellar.

**BOUSE**, f. *bús*. Boñiga, el estiércol del ganado vacuno.

**BOUSER**, a. *busé*. Agr. Formar el cercado de una granja con mezcla de tierra y estiércol de vaca.

**BOUSIER**, m. *busié*. Zool. Escarabajo, género de insectos coleópteros.

**BOUSILLAGE**, m. *busilláge*. Tapia construida con barro y tierra. || met. Obra mal hecha, malbaratada y echada á perder. || Especie de adobe, compuesto de paja y tierra.

**BOUSILLÉ, ÉE**, adj. *busillé*. Mal construido, hecho con adobes.

**BOUSILLER**, a. *busillé*. Construir una tapia con tierra y barro. || met. Atrabancar, chafallar, hacer mal alguna obra.

**BOUSILLEUR, EUSE**, m. y f. *busilleur, eus*. El albañil de aldeas, que hace fábricas con tierra y barro. || met. Chafallon, mal obrero, oficial de mala traza.

**BOUSIN** ó **BOUZIN**, m. *busén*. Flor ó superficie blanda que cubre las piedras de cantería.

**BOUSINGOT**, m. *busengó*. Busingote, sombrero marino. || Republicano que adoptó esta especie de sombrero en Francia en 1830 y 31.

**BOUSINGOTERIE**, f. *busengotrí*. Busingotería, principios, opinion de los busingotes. || Reunion de busingotes, y lugar donde se reunen.

**BOUSQUER**, n. *busqué*. Obligar á trabajar, violentar á un novicio ó á un marinero perezoso.

**BOUSQUIER**, n. ant. *busquié*. Pillar, hacer presa de un barco.

**BOUSSARD**, m. *busár*. Zool. Arenque que acaba de desovar.

**BOUSSBOU**, m. *busu*. Nombre genérico de pólos en los puertos del Mediterráneo.

**BOUSSERADE**, f. *busrád*. Bot. Gayuba, uva de oso, arbusto.

**BOUSSINGAULTIE**, f. *busengolsí*. Bot. Busingaultia, género de plantas.

**BOUSSOIR**, m. *busuár*. Serviola, madera que sirve para levantar las ancias en los navíos, y si es en chalupa se llama gabite.

**BOUSSOLE**, f. *busól*. Brújula, la aguja de marcar. || met. Norte, guía, conductor. *Vous êtes ma boussole*, sois mi norte.

**BOUSTROPHÉDON**, m. *bustrofedón*. Bustrofedon, modo de escribir de derecha á izquierda, y de izquierda á derecha, sin cortar la línea.

**BOUSTROPHÉDONE**, adj. f. *bustrofedón*. Bustrofedona, escritura ó inscripcion continuada.

**BOUSURE**, f. *busúr*. Composicion con la que se blanquean las monedas.

**BOUT**, m. *bú*. Cabo, extremidad, punta, fin y término de una cosa. || met. *Tenir le haut bout*, predominar, privar. || Mar. *Bout de la vergue*, penol, el extremo de todas las vergas. = *Bout d'un mât de navire*, juanete. = *Filer un câble par le bout*, arriar ó largar un cable por el chicote. = *Être de bout au vent*, estar aproado al viento. = *Avoir le bout sur la terre*, navegar en vuelta de tierra. || *Bout de fleuret ó bouton*, zapatilla ó boton. || *Bout de la langue*, punta de la lengua. || *Bout de la mamelle ó mamelon*, peson del pecho. || *Bout de lance, de corne*, regaton, cuento, casquillo. || *Bout d'un essieu*, peson. || *Bout de l'arc*, empulgadura. *Bout d'une fronde*, chasco, restallo. || met. *Rester au bout de la plume*, quedar en el tintero. || met. *Rire du bout des dents*, reir de dientes afuera. || *Savoir sur le bout du doigt*, saber por los dedos, tener en la punta de los dedos. || *Tirer à bout portant*, tirar á boca de jarro. || *Bout du doigt*, yema del dedo. || *Bout d'un fourreau d'épée*, contera. || *Bout mis à un soulier*, tapa echada á un tacon de zapato. || *A tout bout de champ*, á cada instante, á cada paso ó trecho. || *Au bout du compte*, al fin de la cuenta, al cabo, al fin, al postre. || *Pousser quelqu'un à bout*, hacer salir á alguno de sus casillas: irritarle, impacientarle. || *Venir à bout de*, salir al cabo de, salir con, conseguir alguna cosa. || *Piquer par tous les bouts*, ser como un erizo, como unas ortigas: ser desapacible en el trato. || *Bout à bout*, loc. adv. De cabo á cabo, de rabo á oreja.

**BOUTADE**, f. *butád*. Arranque, arrebato, capricho, pronto, humorada.

**BOUTADEUX, EUSE**, adj. fam. *butadeu, eus*. Vivo de genio. || Caprichoso, fantástico.

**BOUTAGE**, m. *butáge*. Botaje, el paraje de una almadía desde se coloca el que la dirige.

**BOUTANE**, f. *bután*. Botana, tela de algodon que se fabrica en la isla de Chipre.

**BOUTANT**, m. *bután*. Arq. Botarel, estribo.

**BOUTARGUE** ó **BOUTARQUE**, f. *butárguebutárc*. Huevas de pescado salado, conservadas en vinagre.

**BOUT-DEHORS**, m. *budeór*. Mar. Botalon de ala ó de rastrera.

**BOUTE**, f. *bút*. Mar. Bota, cuba ó pipa de madera con arcos.

**BOUTÉ, ÉE**, adj. *buté*. Jin. Se dice del caballo que tiene las piernas derechas desde la rodilla hasta la corona del casco.

**BOUTEAU** ó **BOUT-DE-QUÈVRE**, *butó, budquévr*. Medio mundo, red de pescar pequeña puesta en una horquilla para pescar en las playas.

**BOUTÉE**, f. *buté*. Arq. Estribo para sustener el empuje de una bóveda.

**BOUTE-EN-TRAIN**, m. *butantrén*. Caballo que sirve para recalentar á las yeguas. || met. fam. El que guia la danza, el incitador, ó el que mueve y mete á los otros en bulla, fiesta, danza, etc.

**BOUTE-FEU**, m. *butfeu*. Incendiario, el que con intencion deliberada pone fuego á un edificio. || met. Zizañero, promotor de discordias, disensiones y alborotos. || Botafuego, el palo en que el artillero tiene enroscada la mecha para pegar fuego al cañon.

**BOUTE-HORS**, m. *butór*. Náut. Botavante ó chuzo de que se usaba en las embarcaciones. || Nombre de un juego que ya no se usa. || *Jouer au boute-hors*, andar á quién se desbanca ó derriba del puesto que ocupa ó gracia que obtiene. || met. Buena labia, pico, parla, ó facilidad en explicarse.

**BOUTEILLAGE**, f. *butelláge*. Derecho

que se pegaba antiguamente sobre el vino que se vendia en botellas.

BOUTEILLAN, m. butellán. Uva de las cercanías de Provenza.

BOUTEILLE, f. butéll. Botella, redoma de vidrio. ‖ Botella, cantidad de vino que en ella se contiene. ‖ Ampolla, la burbuja ó campanilla que se forma en el agua. ‖ Mar. Jardin, lugar común que hay á popa á ambos lados.

BOUTEILLER, n. butellé. Formar ampollas, hacer burbujas ó campanillas el agua.

BOUTEILLIER, m. V. BOUTILLIER.

BOUTEILLERIE, f. butellerí. Botillería ó botellería, sitio en que se colocan las botellas, fabricacion y comercio de botellas.

BOUTEILLETTE, f. butellét. Botellita, frasco.

BOUTEILLON, m. butellón. Zool. Matriz, nombre de un ave.

BOUTELOUBÈRE, f. butelubér. Bot. Butelouea, planta gramínea.

BOUTER, a. vulg. ant. buté. Poner, meter ó echar. Boute-toi là, ajústate, métete, ponte ahí. ‖ Náut. Bouter à l'eau, hablando de un navío, es hacerle salir del puerto. ‖ Náut. Bouter à lof ó de lof, arribar gobernando á la bolina.

BOUTEREAU ó BOUTEROT, m. buteró. Punzon del fabricante de alfileres.

BOUTEROLLE, f. buteról. Contera de vaina de espada. ‖ Cerraj. Rodo-planchas, hendidura que hay en las guardas de una llave por donde pasan las de la cerradura.

BOUTEROUE, f. buterú. Guardalado, pretil de puente ó de calzada.

BOUTE-SELLE, m. butsél. Mil. Botasilla, toque en la caballería para ensillar los caballos.

BOUTE-TOUT-CUIRE, m. vulg. buttucuír. Disipador, glotón.

BOUTEUSE, f. butéus. Obrera que coloca los alfileres en el papel.

BOUTEUX, m. buteu. Red pequeña para pescar en las playas.

BOUTICLAR, m. buticlár. Barco en el que se trasporta y alimenta á los pescados.

BOUTILLIER (GRAND), m. butillé. Copero mayor, oficio de la casa real. ‖ Ordeñador de vacas.

BOUTIQUAGE, m. butikáge. Comercio de tienda.

BOUTIQUE, f. butíc. Tienda del mercader y del menestral. ‖ Caudal ó géneros que hay en ella. ‖ Barco de pescar, que tiene el fondo agujereado y en que se conduce y conserva vivo el pescado que se ha de vender. ‖ met. fam. Casa de perversas, donde se da buen trato á los criados ú operarios.

BOUTIQUIER, m. butiquié. Tendero, artista ó comerciante que tiene tienda ‖ Mercachifle: se dice por desprecio de un mal tendero.

BOUTIS, m. butí. Mont. Querencia, sitio en que el jabalí hoza la tierra para echarse.

BOUTISSE, f. butís. Alb. Tizon, cierta piedra de construccion. ‖ Pierre mise en boutisse, piedra tizon ó atizonada.

BOUTOIR, m. butuár. Pujavante, instrumento de herradores. ‖ Hocico del jabalí.

BOUTON, m. butón. Boton, el que cierra y ajusta los vestidos. ‖ Boton, capullo que echan las plantas y las flores. ‖ Granos, barros, granos, barrujones que salen en el cútis. ‖ Bouton de feu, [illegible]. ‖ Bouton d'un canon ó pomo de un cañon, el punto ó la mira de un cañon ó escopeta. ‖ Bouton de porte, manecilla para tirar de la puerta y cerrarla. ‖ met. Serrer le bouton, estrechar á alguno, apretarle las clavijas, ponerle las peras á cuarto. ‖ Mar. Cascabel de cabrea.

BOUTONNÉ, ÉE, adj. butoné. Abotonado. ‖ met. Cerrado, reservado, misterioso, hablando de una persona. ‖ Visage boutonné, cara engranujada ó llena de granos ó barros.

BOUTONNER, a. butoné. Abotonar un vestido. ‖ n. Abotonar, echar botones los árboles y las plantas. ‖ Mar. Boutonner les bonnettes, asegurar las bonetas á sus velas respectivas por medio de las cazonetas.

BOUTONNERIE, f. butonerí. Botonería, obra y mercadería de botonero.

BOUTONNIER, m. butonié. Botonero, el que hace y vende botones.

BOUTONNIÈRE, f. butonièr. El ojal por donde entra el boton.

BOUTON-ROUGE, m. butonrúge. Bot. Árbol del amor, ciclamor, planta leguminosa.

BOUT-SAIGNEUX, m. busañéu. El cuello del becerro ó carnero como se vende en las carnicerías.

BOUTSALIK, m. butsalíc. Zool. Cuclillo de Bengala.

BOUTS-RIMÉS, m. pl. burimé. Consonantes ó pies forzados, para una composicion poética.

BOUTTES, f. pl. bút. Vasijas grandes ó tinajillas, en que se ponen las hojas del tabaco despues que han sudado.

BOUTURE, f. butúr. Estaca, la rama ó palo que se planta y cultiva para que dé fruto con el tiempo. ‖ Lejía de potasa y sal para limpiar la plata.

BOUTURER, n. buturé. Hacer estacas. ‖ Limpiar la plata.

BOUVARD, m. buvár. Martillo con que se sellaba la moneda antes de la invencion del balancin.

BOUVARDIE, f. buvardí. Buvardia, género de plantas indígenas de Méjico.

BOUVART, m. buvár. Novillo, becerro.

BOUVEAU, m. V. BOUVILLON.

BOUVEMENT, m. buvmán. Carp. Cepo que sirve para hacer molduras.

BOUVERIE, f. buverí. Boyera, vaquerizo, corral ó establo de bueyes ó vacas.

BOUVET, m. buvé. Carp. Guillame, especie de cepillo.

BOUVETTE, f. buvét. Especie de uva.

BOUVIER, IÈRE, m. y f. buvié, ér. Boyero, vaquero, el que guarda y guía los bueyes ó vacas. ‖ m. Boötes, constelacion boreal. ‖ met. y fam. C'est un vrai ó un gros bouvier, es un vaquero, un grosero.

BOUVIÈRE, f. buviér. Zool. Bubiera, especie de pescado la mas pequeña del género cíprino.

BOUVILLON, m. buvillón. Utrero, novillo de tres años.

BOUVREUIL ó BOUVREUX, m. buvreull, buvreu. Zool. Pájaro del tamaño de la alondra.

BOUZAS, m. búzas. Buza, bebida fermentada de harina de cebada, agua y otros ingredientes, usada en Egipto.

BOUZE, f. V. BOUSE.

BOUZE DE VACHE, f. busdeváche. Bot. Boñiga de vaca, especie de agarico.

BOUZIN, m. V. BOUSIN.

BOVICIDIES, f. pl. bovisidí. Bovicidias, sacrificios en que se inmolaban bueyes.

BOVISTE, m. bovíst. Pedo de lobo, planta.

BOWL, m. ból. Bol, taza grande en que se sirve el ponche, la leche, etc.: es palabra inglesa.

BOXER, n. boxé. Batir a puñadas.

BOXEUR, m. boxeur. El que riñe á puñadas.

BOYARD, m. V. BOIARD.

BOYAU, m. buayó. Intestino, tripa del cuerpo del animal. ‖ Fort. Ramal. ‖ Gros boyau, tripa del cagalar. ‖ Corde de boyau, cuerda de vihuela.

BOYAUDERIE, f. buayoderí. Tripería, paraje destinado á lavar y preparar las tripas para los usos convenientes.

BOYAUDIER, m. buayodié. Fabricante de cuerdas de tripa para instrumentos.

BOYÉ, m. buayé. Sacerdote idólatra egipcio.

BOYER, m. buayé. Mar. Barco de cabotage de Holanda y Flandes.

BRABANÇON, NE, adj. y s. brabansón. Brabanzon, del Brabante.

BRABANTE, f. brabánt. Com. Brabante, tela de estopa la fabricada en los alrededores de Gante, Brujas, Utrecht ó Ypres.

BRABANTIN, E, adj. y s. V. BRABANÇON.

BRACK, f. brac. Bot. Variedad de espelta que da mucha harina.

BRACELET, m. braslé. Brazalete, manilla, cerquillo, ajorca, pulsera.

BRACHANTHÈME, m. bracantém. Bot. Bracantemo, género de plantas.

BRACHÉLIE, m. braquelí. Zool. Braquelio, género de insectos.

BRACHÉLYTRE, m. braquelitr. Zool. Braquelitro, insecto coleóptero.

[illegible]

**BRACHYSTÈTHE**, m. *braquistét.* Zool. Braquisteto, género de insectos.

**BRACHYSTOME**, m. *braquistóm.* Zool. Braquistomo, género de insectos.

**BRACHYSTYLE**, f. *braquistil.* Zool. Braquistila, género de insectos.

**BRACHYTARSE**, m. *braquitárs.* Zool. Braquitarso, género de coleópteros.

**BRACHYTÈLE**, m. *braquitél.* Zool. Braquitelo, género de monos americanos.

**BRACHYTRIE**, m. *braquitrí.* Zool. Braquitrio, género de coleópteros tetrámeros.

**BRACHYTRIS**, m. *braquitris.* Braquitris, género de musgos.

**BRACHYTROPE**, f. *braquitróp.* Bot. Braquitropa, familia de las poligaláceas.

**BRACHYURES**, m. pl. *braquiúr.* Zool. Braquiuros, una de las grandes sub-divisiones de los crustáceos decápodos.

**BRACHWELLIACÉES**, f. pl. *bracveliasé.* Bot. Bracveliáceas, familia de plantas polipétalas.

**BRACMANE**, m. V. BRAHMANE.

**BRACON**, m. *bracón.* Zool. Bracon, género de insectos.

**BRACONNAGE**, m. *braconáge.* Accion de cazar en vedado.

**BRACONNER**, n. *bracone.* Cazar furtivamente en tierras vedadas.

**BRACONNIER**, m. *braconié.* Cazador furtivo, que caza en tierras vedadas.

**BRACONOÏDES**, m. pl. *braconoide* Zool. Braconoides, familia de insectos.

**BRACTÉATE**, f. *bracteát.* Moneda que se fabrica toscamente con hojas delgadas de metal. || Antigua moneda degenerada del Bajo-Imperio.

**BRACTÉE**, f. *bracté.* Bot. Bráctea, nombre de unas hojitas que nacen con la flor de algunas plantas y difieren de las demas hojas.

**BRACTÉES**, f. pl. *bracté.* Veletas que se colocan en el vértice de las torres ó cúpulas de un edificio.

**BRACTÉIFÈRE**, adj. *bracteifér.* Bracteífero, que trae una ó muchas brácteas.

**BRACTÉOGAME**, f. *bracteogám.* Bot. Bracteógama, especie de plantas.

**BRACTÉOLE**, f. dim. de BRACTÉE, *bracteól.* Bot. Bractéola. || Art. Hojuela de plata y oro, y las limaduras de ella.

**BRADYBATE**, m. *bradibát.* Zool. Bradibato, género de insectos coleópteros.

**BRADYBÈNE**, m. *bradibén.* Zool. Bradibeno, género de insectos.

**BRADYCELLE**, m. *bradisél.* Zool. Bradicelo, género de insectos coleópteros.

**BRADYE**, m. *bradí.* Zool. Bradie, género de insectos coleópteros heterómeros.

**BRADYÉPÈTES**, m. pl. *bradiepét.* Zool. Bradiepetos, género de insectos.

**BRADYPEPSIE**, f. *bradipepsí.* Med. Bradipepsia, digestion lenta é imperfecta.

**BRADYPODES**, m. pl. *bradipód.* Zool. Bradipodos, insectos mamíferos.

**BRADYPORE**, m. *bradipór.* Zool. Bradiporo, género de insectos locustios.

**BRADYSPERMATIQUE**, adj. *bradispermatic.* Bradispermático, que tiene relacion con el bradispermatismo.

**BRADYSPERMATISME**, m. *bradispermatism.* Med. Bradispermatismo, emision difícil del sémen.

**BRADYTE**, m. *bradít.* Zool. Bradito, género de insectos coleópteros pentámeros.

**BRAGANTIE**, f. *bragansí.* Bot. Bragancia, género de plantas cristoloquiáceas.

**BRAGUE**, f. *brague.* Mar. Braga, maderillo colocado en la extremidad del laud.

**BRAGUER**, n. *bragué.* Bigardear, llevar una vida alegre y ociosa.

**BRAGUES**, m. pl. *brágue.* Divertimiento amoroso. || Bragas muy anchas, zaragüelles.

**BRAGUET**, m. *bragué.* Mar. Ayuda de virador. V. GUINDERESSE.

**BRAGUETTE**, f. V. BRAYETTE.

**BRAHÉE**, f. *braé.* Bot. Brahea, género de plantas palmáceas corifíneas.

**BRAHMA**, m. *brάma.* Mit. Brama, deidad suprema de los Indios.

**BRAHMALOKA**, m. *bramalóca.* Sect. rel. Bramaloca, nombre que dan los Indios al cielo de Brama.

**BRAHMAN**, m. *bramán.* Mit. Braman, padre de los Bramanes é hijo mayor de Brama, creado de la boca de su padre, segun los Indios.

**BRAHMANE** (dicho tambien BRACHMANE, BRAHME, BRAMIN, BRAMINE), m. *bramán.* Braman, sacerdote y doctor de la religion de Brama.

**BRAHMANIQUE**, adj. *bramanic.* Bramánico, que se refiere á los bramanes.

**BRAHMANISME**, m. *bramanism.* Bramanismo, doctrina de los bramanes.

**BRAI**, m. *bré.* Brea, jugo resinoso y negruzco que se extrae del pino. || Especie de trampa compuesta de dos piezas de madera unidas por una cuerda pequeña con la que se cogen los pájaros por las patas.

**BRAIE**, f. *bré.* Calero, metedor que se pone á los niños para poderlos limpiar á menudo sin desenvolverlos. || Impr. El pedazo de papel con que se cubre la frasqueta para tirar el encarnado. || Espadilla para restrillar el cáñamo. || Mar. Capa de palo, timon, etc. Forro de lona dispuesto de manera que impide la entrada del agua por las fogonaduras ó agujeros de las cubiertas por donde pasan. || pl. Bragas. || met. *Sortir d'une affaire les braies nettes*, sacar su caballo: salir en paz y en salvo.

**BRAILLARD, E**, adj. *braillár.* Vocinglero, chirriador, gritador.

**BRAILLE**, f. *brall.* Pala que usan en los puertos para menear los arenques.

**BRAILLEMENT**, m. *brallmán.* Grito desagradable de algunos animales.

**BRAILLER**, n. *brallé.* Vocear, chirriar, gritar neciamente, atronar.

**BRAILLEUR, EUSE**, adj. *bralleur, eus.* Vocinglero, chirriador. || Relinchador, hablando del caballo.

**BRAIME**, f. *brém.* Machorra, hembra estéril.

**BRAIMENT**, m. *bremán.* Rebuzno, sonido de la voz del asno.

**BRAINE**, f. *brén.* Zool. Ternera, vaquilla.

**BRAIRE**, n. *brér.* Rebuznar, despedir el asno el sonido de su voz. || met. Rebuznar, gritar, desgañitarse, hablando de un orador que grita mucho. || m. V. BRAIMENT.

**BRAIRÈTE**, f. *brerét.* Bot. Brereta, primavera, planta.

**BRAISE**, f. *brés.* Brasa, ascua. || Cisco, el carbon que queda despues de caliente el horno. || met. *Être sur la braise*, estar en ascuas, estar sobresaltado é inquieto por algun recelo ó temor.

**BRAISER**, a. *bresé.* Asar, poner carne sobre brasas ó ascuas.

**BRAISIER**, m. *bresié.* Especie de arca donde los panaderos y pasteleros echan el carbon que queda despues de calentado el horno.

**BRAISIÈRE**, f. *bresiér.* Tartera, vasija de cobre que se pone al fuego para tostar algunos manjares. || Caldera donde los panaderos apagan la lumbre que queda del horno.

**BRAME** ó **BRAMINE**, m. V. BRAHMANE.

**BRAME DE MER**, m. *bramdemér.* Zool. Brama de mar, especie de pez.

**BRAMEMENT**, m. *brammán.* Bramido graznido del ciervo.

**BRAMER**, n. *bramé.* Bramar, dar bramidos.

**BRAMIE**, f. *bramí.* Bot. Bramia, género de plantas de las escrofulariáceas.

**BRAMPOU**, m. *brampu.* Bot. Brampú, árbol del Malabar.

**BRAN**, m. *brán.* Excremento, materia fecal que sale del cuerpo de los animales. || *Bran de Judas*, fuego en la cara. || *Bran de son*, salvado.

**BRANCADES**, f. pl. *brancád.* Cadenas de galeotes.

**BRANCARD**, m. *brancár.* Camilla, cama portátil para llevar enfermos. || Parihuelas, angarillas, para llevar algun peso con cuidado y facilidad. || Las varas de un carro ó silla volante.

**BRANCARDIER**, m. *brancardié.* Angarillero, el que lleva las angarillas ó parihuelas.

**BRANCE**, m. *bráns.* Bot. Especie de trigo blanco, bastante comun en el Delfinado.

**BRANCHAGE**, m. *branchage.* Ramaje, todas las ramas de un árbol.

**BRANCHE**, f. *brάnche.* Rama ó ramo de los árboles. || Rama, línea de sucesion. || Ra che, parte cualquiera ó division de una cosa fija ó natural: como, ramo de [illegible], de [illegible], de [illegible], etc. || Mar. Branche de [illegible], pan de [illegible]. || Art. Pierna, cada una de las dos partes en que se dividen ciertos instrumentos, como tijeras, compás, tenazas, etc. || Branche de [illegible], [illegible] de [illegible]. || Branche de flambeau, brazo de candelero.

**BRANCHELLION**, m. branchelión. Zool. Branquelion, género de anguijuelas.

**BRANCHER**, a. branché. Colgar, suspender de una rama de un árbol: se decia de los desertores y ladrones, á quienes se ahorcaba en el campo. || Cetr. Dar la primera educacion á una ave de alto vuelo. || n. Sentarse ó posarse los pájaros en las ramas de los árboles.

**BRANCHE-URSINE**, f. brancheursín. Bot. Branca-ursina, nombre de algunas especies de acanto.

**BRANCHIAL, E**, adj. branchiál. Zool. Branquial, que tiene relacion con las branquias.

**BRANCHIALE**, f. branchiál. Branquiala, [illegible], [illegible], pez.

**BRANCHIÉ, ÉE**, adj. branchié. Zool. Branquiado, que tiene branquias. || Branchiées, f. pl. Branquiados, órden de anélidos que respiran por branquias.

**BRANCHIELLE**, f. branchièl. Bot. Branquiela, género de hongos.

**BRANCHIER**, adj. m. branchié. Cetr. Nombre que se da á las aves de rapiña nuevecillas que no tienen fuerza para volar mas que de rama en rama.

**BRANCHIES**, f. pl. branchí. Zool. Branquias ó agallas, órganos pulmonares de los peces, de los crustáceos, de la mayor parte de los moluscos, etc.

**BRANCHIOBDELLIENS**, m. branchiobdelién. Zool. Branquiobdelio, nombre de las sanguijuelas marinas branquíferas.

**BRANCHIODÈLE**, adj. branchiodél. Zool. Branquiodelo, de branquias manifiestas al exterior.

**BRANCHIOGASTRE**, adj. branchiogástr. Zool. Branquiogástro, que tiene branquias debajo del vientre.

**BRANCHIO-MASTOÏDIEN**, m. branchiomastoidién. Branquiomastoideo, uno de los músculos del cuello de la salamandra.

**BRANCHIOPE**, m. branchióp. Zool. Branquiopo, género de crustáceos.

**BRANCHIOPODES**, m. pl. branchiopód. Zool. Branquiopodos, nombre de todos los animales que respiran por branquias.

**BRANCHIOSTÈGE**, adj. branchiostége. Zool. Branquiostego, epíteto dado á la membrana que sirve para la respiracion del pez.

**BRANCHIOSTOME**, m. branchiostóm. Zool. Branquióstomo, abertura por la cual comunican las branquias con el exterior.

**BRANCHIURE**, adj. branchiúr. Zool. Branquiuro, que tiene sus branquias en la cola.

**BRANCHIUROMOLGE**, adj. branchiuromólge. Zool. Branquiuromolgo, que respira por branquias puestas en la cola, como la salamandra.

**BRANCHU, E**, adj. branchú. Bot. Ramoso, que tiene muchas ramas.

**BRANCHU-FEUILLETÉ**, m. branchufeuilté. Bot. Agarico grande, muy ramoso y comestible.

**BRANDE**, f. bránd. Bot. Erica, arbusto de las tierras incultas. || Matorral, terreno lleno de tales arbustos.

**BRANDEBOURG**, m. brandbúr. Casaca grande ó sobretodo con mangas que se llevaba en otro tiempo en Francia. || Galoneadura, especie de adorno de cordon ó de galon que rodea los ojales de ciertos trajes.

**BRANDEBOURGEOIS, E**, s. y adj. brandburjuá. Brandeburgés, de Brandeburgo.

**BRANDERIE**, f. brandrí. Fábrica de aguardiente de granos.

**BRANDÉSIE**, f. brandesí. Bot. Brandesia, género de plantas amarantáceas.

**BRANDEVIN**, m. brandvín. Especie de aguardiente para soldados y trabajadores. Es voz tomada del aleman.

**BRANDEVINIER**, m. y f. brandvinié. Aguardientero, el que vende aguardiente en los campamentos y cuarteles, tiene puesto de aguardiente, mistela, etc. Ahora se llama cantinero, cantinera.

**BRAND-HIRSCH**, m. brandírch. Zool. Ciervo de las Ardenas.

**BRANDI, IE**, adj. brandí. En vilo, al aire, en volandas. Enlever un gros fardeau, un gros ballot tout brandi, coger ó levantar un fardo ó bala en vilo, ó al aire: y en estilo familiar, enlever un homme tout brandi, cogerle ó llevarle de un vuelo, en volandas.

**BRANDIF, IVE**, adj. brandíf, ív. Florido, gallardo, [illegible].

**BRANDILLEMENT**, m. brandillmán. Columpio, vaiven, [illegible], bamboleo.

**BRANDILLER**, a. brandillé. Hacer columpiar, agitar, mover de una parte á otra. || Se brandiller, r. Columpiarse, mecerse, bambolearse.

**BRANDILLOIRE**, f. brandilluár. Columpio, [illegible], cuerdas ó ramas entrelazadas ú otras cosas semejantes, en que se puede uno sentar para mecerse.

**BRANDIR**, a. brandír. Blandir ó vibrar la espada, la lanza, la pica, etc. || Art. Ensamblar, sujetar dos piezas de madera por medio de una clavija que las atraviesa.

**BRANDON**, m. brandón. Hachon de paja ó esparto retorcido que usa la gente del campo. || Pavesa, cuerpo inflamado que se eleva de un incendio. || met. Tea de la discordia, causa de algun mal. || Paja rodeada al extremo de un jalon que se planta en las extremidades de una tierra ó finca para indicar que sus frutos están embargados judicialmente. || Dimanche des brandons, primer domingo de cuaresma.

**BRANDONNER**, a. brandoné. Poner en un campo señales para indicar que los frutos están embargados judicialmente.

**BRANDTIE**, f. brantí. Bot. Brantia, género de gramíneas, originario de la India.

**BRANLANT, E**, adj. branlán. Lo que cabecea, se bambolea ó anda de un lado á otro por su poca firmeza. De la cabeza y de las piernas se dice trémulas. || met. Château branlant, persona que no está firme en sus piés, que anda titubeando por vejez, enfermedad ó debilidad natural.

**BRANLE**, m. brál. Oscilacion, vaiven, bamboleo, meneo. || Sonner en branle, tocar á vuelo, dar á las campanas todo el movimiento que pueden tener. || Mar. Hamaca, coy ó cama de la gente. || Fís. Espacio recorrido por el regulador de un péndulo. || Cama colgada entre dos árboles ó postes, usada en las Indias orientales. || met. Movimiento, impulso que se da á una cosa. || met. Movimiento, agitacion, estado activo de una persona ó cosa. Être en branle, estar en accion ó en movimiento para hacer alguna cosa. || met. Suspension, duda, vacilacion del ánimo en hacer alguna cosa; y tambien algunas veces, inclinacion á hacerla. || met. fam. Mener le branle, guiar la danza: alborotar, meter en bulla á otros. || Faire danser un branle de sortie à quelqu'un, echar á uno de una parte, despedirle.

**BRANLE-BAS**, m. branlbá. Mar. Zafarrancho, la accion de colocar los coys en los parapetos. Branle-bas de combat, zafarrancho de combate, preparacion general para combatir.

**BRANLEMENT**, m. branlmán. Agitacion, movimiento, sacudimiento.

**BRANLE-QUEUE**, m. branlqueu. Zool. Nevatilla, ave que mueve continuamente la cola.

**BRANLER**, a. branlé. Sacudir, agitar, mover, bambonear ó bambolear, menear. || n. Moverse, menearse, bambonearse. || Agitarse, oscilar, vacilar, inclinarse ya á un lado ya á otro. || met. Vacilar, titubear, inclinarse. || fam. Ne branlez pas, no se mueva, no se menee Vd.

**BRANLEUR, EUSE**, m. y f. branleur, eus. El que ó la que bambolea una cosa, ó se bambolea.

**BRANLOIRE**, f. V. BALANÇOIRE.

**BRANQUE**, f. bránc. Branque, mezcla de arcilla y carbon con que se cubren por lo interior los hornos de fundir.

**BRAQUE**, m. brác. Braco, perro de muestra. || met. Atolondrado, aturdido, loco. Se usa tambien como adj. en este sentido.

**BRAQUEMART**, m. bracmár. Mil.

**BRAVETÉ**, f. *bravté*. Rabelais se sirve de esta palabra como *courage*, *bravade*; y Despériers la toma en el sentido de *confiance*, *suffisance*.

**BRAVO**, interj. *brávo*. Bravo! bueno! bien! Voces usadas para aplaudir. || m. Bravo, aplauso. *Son discours fut suivi de mille bravos*, mil bravos resonaron al fin de su discurso.

**BRAVOÉ**, f. *bravoé*. Bot. Bravoé, género de plantas liliáceas mejicanas.

**BRAVOURE**, f. *bravúr*. Bravura, valentía, ánimo guerrero. || pl. Bravuras, hazañas, hechos heróicos.

**BRAXEN**, m. *bracsén*. Zool. Braxen, nombre austriaco de un pez ciprino.

**BRAY, BRAHIE, BRAICH, BROUE, BROUET**, m. **BRAIE, BRAYE, BRIE, BROYE**, f. Barro gredoso para hacer adobes.

**BRAYER**, m. *brayé*. Cir. Braguero, vendaje destinado á contener las hernias. || Metedor de niño, paño, braguero. || Portabandera, el cinturon con su bolsa en que descansa el asta de la bandera. || Art. Correas, cuerdas, etc., que se usan para sujetar alguna cosa. || Rabadilla de las aves. || pl. Alb. Tiros, cuerdas con que se suben los materiales. || Pasador que asegura el fiel á los brazos de una balanza ó romana.

**BRAYER**, a. *brayé*. Brear, embrear, dar brea, untar con brea.

**BRAYÈRE**, f. *brayér*. Bot. Brayera, género de plantas parecidas á las rosáceas.

**BRAYES**, f. pl. ant. *bráye*. Rodillas para limpiar. V. TORCHON.

**BRAYETTE**, f. *brayét*. Bragueta, parte delantera de los antiguos calzones. || Pretina, abertura delantera de los pantalones.

**BRAYEUR**, m. *brayeur*. Peon ó obrero que sube los materiales por medio de los tiros ó sogas.

**BRAYON**, m. *brayón*. Cepo, trampa para coger lobos, zorros y otros animales.

**BRÉANT**, m. *breán*. Pico, pájaro pequeño.

**BREBIAGE**, m. *brbiága*. Tributo sobre las ovejas.

**BREBIS**, f. *brebí*. Oveja, hembra del carnero. || En sentido místico y figurado no se dice *brebis*, sino *ouaille*, la oveja de la grey ó rebaño de la Iglesia. || *Troupeau de brebis*, hato, manada de ovejas. || *Fiente de brebis*, cagarruta. || prov. *Brebis comptée, le loup la mange*, de lo contado come el lobo. || *Qui se fait brebis, le loup le mange*, quien se hace miel, las moscas le comen. || *Faire un repas de brebis*, comer sin beber. || *Brebis galeuse*, persona que puede comunicar á los otros el contagio de los vicios.

**BREBISSONIE**, f. *brebisoní*. Bot. Brebisonia, género de plantas.

**BRÈCHE**, f. *bréche*. Brecha, portillo, boca, boquete, rotura, mella, toda abertura, raja ó agujero. || Mil. Brecha, abertura hecha en las murallas de una fortaleza batida. || *Grande brèche*, boqueron. || *Faire brèche*, abrir brecha. || met. Detrimento, menoscabo, herida en la fama, en la honra. || Especie de mármol.

**BRÈCHE-DENT**, s. y adj. *brechedán*. Mellado, que ha perdido uno ó mas dientes.

**BRECHET**, m. *breché*. Paletilla, cierta ternilla que hay en la boca del estómago.

**BRÈCHIFORME**, adj. *brechifórm*. Miner. Brechiforme, en brecha.

**BRÈCHITE**, f. *brechit*. Zool. Brechita, pólipo fósil.

**BRÉCIN** ó **BERCIN**, m. *brecín*, *bercín*. Mar. Gancho de hierro con rabiza de cabo para levantar algunos pesos.

**BRÈDE**, f. *bréd*. Bot. Breda, nombre de un gran número de vegetales

**BREDI-BREDA**, loc. adv *bredibredá*. Precipitadamente, muy de prisa, hablando de una cosa hecha ó dicha con mucha precipitacion: *il a dit, il a fait cela bredi-breda*.

**BREDINDIN**, m. *bredenden*. Mar. Candaliza de combes, aparejo que se hace firme á las cabezas de los palos y sirve para meter y sacar pesos de consideracion.

**BREDIR**, a. *bredír*. Guarn. Agujetear, coser ó unir dos piezas de cuero con correitas.

**BREDISSAGE**, m. *bredisage*. Guarn. Agujetaje, costura hecha con correitas de cuero.

**BREDISSURE**, f. *bredisur*. Med. Imposibilidad de abrir la boca, causada por la adherencia de la parte interna de los carrillos con la membrana de las encías.

**BREDOUILLE**, f. *bredúll*. Dobla, parte que duplica, que se hace doble en el juego.

**BREDOUILLEMENT**, m. *bredullemán*. Tartajeo, farfulla, accion de mascar las palabras, de rozarse, de tartajear al hablar.

**BREDOUILLER**, n. *bredullé*. Tartajear hablar con dificultad, pronunciar mal las palabras. || a. Mascar ó farfullar las palabras.

**BREDOUILLEUR, EUSE**, m. y f. *bredulleur*, *eus*. Tartajoso, farfullador.

**BREF, ÈVE**, adj. *bréf*, *év*. Breve, corto, de poca duracion. || *Avoir le commandement bref*, mandar con imperio. *Avoir la parole brève*, gastar pocas palabras, ser lacónico. || Gram. Breve, se dice de las vocales ó sílabas que deben pronunciarse rápidamente. En este sentido se usa en el femenino como sustantivo. || met. y fam. *Observer les longues et les brèves*, ser muy circunspecto, medir las palabras. || *Savoir les longues et les brèves*, estar muy instruido en su profesion. || *Bref*, adv. Breve, brevemente, en pocas palabras; y tambien, en resúmen, al caso. || *Parler bref*, hablar de hilvan, ó á borbotones. || m. Breve, buleto apostólico, carta del Papa á un particular, congregacion, etc. || Breve, añalejo, directorio, libro que contiene las rúbricas.

**BRÉGIN, BRÈGE** ó **BRÉGIER**, m. *bregén*, *brége*. *bregié*. Pesc. Garapita, especie de red con mallas estrechas.

**BREGMA**, m. Anat. V. SINCIPUT.

**BREH**, m. V. BRÉHIS.

**BRÉHAIGNE**, adj. f. *breéñ*. Machorra, epíteto que se da á las hembras estériles. || fam. Mujer infecunda.

**BRÉHAIGNETÉ**, f. ant. *breeñté*. Esterilidad, impotencia.

**BRÉHÈME**, f. *breém*. Bot. Bremia, y segun algunos berenjena. V. MELONGÈNE.

**BRÉHER**, a. *breé*. Clavar, meter clavos en el casco del caballo, haciéndolos pasar por los agujeros de la herradura.

**BRÉHIS**, m. *breis*. Zool. Breis, especie de unicornio salvaje. || Breis, animal fabuloso que se creyó existia en el Madagascar.

**BRÉINE**, f. *breín*. Quim. Breina, sustancia cristalizada producida por la brea.

**BRELAN**, m. *breldn*. Berlanga, cierto juego de naipes. || Garito, casa de juego.

**BRELANDER**, n. *brelandé*. Garitear, frecuentar los garitos ó casas de juego.

**BRELANDINIER, ÈRE**, m. y f. *brelandinié*, *ér*. Garitero, tahur, jugador de profesion. || Revendedor que expone sus géneros en la calle.

**BRELÉE**, f. *brelé*. Agr. Forraje que se da en invierno á los carneros.

**BRELIQUE-BRELOQUE**, loc. adv. *brelic breloc*. Desordenadamente, disparatadamente.

**BRELINGOT**, m. V. BERLINGOT.

**BRELLE**, f. *brél*. Especie de almadía ó balsa.

**BRELOQUE**, f. *breloc*. Churrería, bagatela, miriñaque, cosa de poco valor. || Joyitas de poco valor que se atan á las cadenas ó cintas de los relojes de faltriquera. || Mil. Toque del tambor para avisar á los soldados que vayan á la distribucion del pan, de la carne, etc. || *Il vend bien cher ses breloques*, alaba sus agujetas.

**BRELUCHE**, f. *brelúche*. Droguete de hilo y lana que se fabricaba en Normandía.

**BREMAS**, m. *bremá*. Especie de cerveza. || Toda arma ofensiva y defensiva

**BRÈME**, m. *brém*. Zool. Brema, sargo, pez de agua dulce que se parece á la carpa. || Dorado, pescado de mar. || Brema, género de insectos himenópteros.

**BREMONTIÈRE**, f. *bremontiér*. Bot. Bremontiera, género de plantas.

**BREMOTTE**, f. dim. de BRÈME, *bremót*. Zool. Brema pesquera, pez.

**BRENADE**, f. *brenád*. Masa, mezcla de salvado y legumbres que se da á las aves.

**BRENAGE**, m. *brenáge*. Feud. Derecho ó censo en salvado que se pagaba á los señores feudales para hacer pan á los perros.

[illegible], f. brèn. Brena, tejido que se fabrica en Lyon.

BRENEUX, EUSE, adj. vulg. breneu, eus. [illegible], ciscado, cagado, sucio.

[illegible] y [illegible], m. brènt. Zool. Brento, especie de ave acuática.

BRENTA, f. brènta. Brenta, medida para líquidos de Suiza é Italia.

[illegible], f. bresol. Bot. [illegible], árbol de Madagascar.

[illegible], m. brel. Nombre de varias cosas que las mujeres y los niños suelen llevar al cuello, como guarda-pelo, relicarios, escapularios, etc.

BRÈPHE, m. bréf. Zool. Brefo, género de insectos lepidópteros nocturnos.

[illegible], f. bresañ. Zool. Bresaña, especie de mochuelo, ave nocturna.

BRESCIAN, E, adj. y s. bresián. Bresciano, de Brescia ó perteneciente á Brescia.

BRESCIANE, f. bresiané. Bresiane, especie de tela que se vendía á los negros.

BRÉSIL, m. bresil. Bras., estado vasto de la América meridional. || Bois de Brésil, palo del Brasil, madera que viene de este imperio y que se usa para teñir.

BRÉSILIEN, NE, adj. y s. brasilien, de. Brasileño, del Brasil.

BRÉSILINE, f. brasilin. Quím. Brasilina, materia colorante roja del palo del Brasil.

BRÉSILLER, a. brasillé. Teñir con palo del Brasil. || Romper, despedazar, hacer pedazos, añicos una cosa.

BRÉSILLET, m. brasillé. Bot. Brasilete, especie de palo del Brasil, el ménos apreciado.

BRÉSILLOT, m. brasilló. Bot. Brasilote, arbusto de América.

BRÉSINE, m. bresin. Agr. Bresina, planta de adorno.

BRESILINGUE, f. bresilingue. Agr. Breslinga, variedad de fresal ó fresera.

BRESSE, f. brés. Vega, llanura húmeda, baja y fértil.

[illegible], m. Mar. V. GUINDERESSE.

BRESTE, f. brést. Especie de caza que se hace con liga y reclamo.

BRESTOIS, adj. y s. brestuá. Brestense, de Brest.

BRETAGNE, f. bretañ. Dan. Britano, baile frances muy noble y variado. || Bretaña, antigua provincia de Francia. || Grande-Bretagne, gran Bretaña, la Inglaterra. || Bretagnes, f. pl. Bretañas, telas fabricadas en Bretaña.

BRÉTAILLER, a. bretallé. Frecuentar las casas de armas ó juegos de esgrima. || Andar á estocadas, hacerse el espadachin.

BRÉTAILLEUR, m. bretalleur. Espadachin, esgrimidor.

BRETAUDER, a. bretodé. Tundir mal ó desigualmente. || Bretauder les cheveux de quelqu'un, trasquilar á alguno, cortarle el pelo desigualmente. || Bretauder un cheval, cortar las orejas á un caballo.

BRETELLE, f. bretél. Tirante, correon que sirve para sostener ó llevar algun peso, como una silla de manos, camilla, etc. || pl. Tirantes para sostener los pantalones. || Correas ó bandas en la pasamanería. || Mil. Porta-fusil.

BRETELLERIE, f. bretelrí. Tirantería, fábrica y comercio de tirantes.

BRETÈQUE, f. breték. Mil. Anden, terraplen, sitio elevado en una fortificacion.

BRETESSÉ, ÉE, adj. bretesé. Blas. Bretesado, almenado alto y bajo y alternativamente.

BRETESSES, f. pl. bretés. Blas. Bretesas, hileras de almenas sobre una faja, ó á los lados del escudo.

BRETON, NE, adj. y s. bretón, on. Breton, de Bretaña. || m. Breton, moneda de los duques de Bretaña. || Breton, concha blanca y desigual que se emplea en las obras adornadas con conchas.

BRETONE ó BRETONNE, f. bretón. Zool. Curruca, ave pequeña. V. FAUVETTE.

BRETTE, f. brét. Espadon, espada larga. || met. y fam. Espadon, fanfarron, rompe-esquinas, jaque, cheche.

BRETTELER, a. bretlé. Escodar, labrar las piedras ó raspar paredes con la escoda.

BRETTEUR, m. breteur. Quimerista, matón, perdona-vidas.

BREUVETTES, f. pl. breuvét. Montes, la carrera de años que tienen en sus extremos varios instrumentos de oficios y artes.

BREUILLER, a. breullé. Mar. Cargar ó recoger las velas de una embarcacion.

BREUILS, m. pl. breull. Mar. Nombre con que se designaban todos los cabos que sirven para cargar las velas, como brioles, candalizas, etc.

BREUVAGE, m. breuvage. Brebaje, bebida, licor para beber. || Med. Pocion, brebaje, pócima. || Vet. Brebaje, todo medicamento líquido que se da á los animales.

BRÈVE, f. bréve. Gram. Breve, sílaba cuya pronunciacion ha de ser pronta. || Mús. Breve, nota que vale dos compases. || met. Savoir les longues et les brèves, saber por puntos una cosa, estar en los ápices de ella. || Zool. Breve, género de aves insectívoras dentirostras.

BREVET, m. brevé. Oficio expedido por algun secretario de Estado concediendo alguna gracia ó merced real || Título ó despacho para algun empleo ó comision. || Brevet d'apprentissage, escritura ó contrata de aprendizaje. || Brevet d'invention, privilegio de invencion, concedido al autor de un descubrimiento, para asegurarle la propiedad exclusiva por cierto número de años.

BREVETAIRE, m. brevtér. El agraciado por el rey con algun beneficio ó prebenda.

BREVETER, a. brevté. Agraciar, privilegiar, dar ó conceder el rey una gracia, un beneficio. || Conceder un privilegio de invencion. || ant. Abreviar. V. ABRÉGER.

BREVEUX, m. breveu. Gancho de hierro para pescar cangrejos, almejas y otros mariscos entre las rocas.

BRÉVIAIRE, m. brevier. Litarg. Breviario, libro que contiene el rezo eclesiástico de todo el año.

BRÉVIATEUR, m. breviateur. Oficial del imperio de Oriente encargado de escribir y trasladar los decretos del príncipe.

BRÉVICAUDE, adj. brevicód. Bot. Brevicaude, epíteto de las plantas cuyo pedúnculo es mas corto que la flor ó que las hojas. || Zool. Brevicaude, corto de cola ó de cola corta.

BRÉVICAULE, adj. brevicól. Bot. Brevicaule, que tiene el tallo corto.

BRÉVICEPS, adj. y s. m. pl. breviséps. Zool. Bréviceps, género de reptiles.

BRÉVICITE, f. brevisit. Miner. Brevicita, sustancia blanca con estrías.

BRÉVICOLASPIS, m. brevicolaspis. Zool. Brevicolaspis, género de coleópteros.

BRÉVICOLLE, adj. brevicól. Zool. Brevícola, de corselete corto. || Bot. Brevícola, de pedículo breve, hablando de musgos.

BRÉVICORNE, adj. brevicórn. Zool. Brevicórneo, de cuernecillos y antenas cortas.

BRÉVIDENTÉ, ÉE, adj. brevidanté. Zool. Brevidentado, de dientes cortos.

BRÉVIER, m. brevié. Zool. Ave grande de rapiña, en general.

BRÉVIFLORE, adj. breviflór. Bot. Breviforo, vegetal que tiene las flores cortas.

BRÉVIFOLIÉ, ÉE, adj. brevifolié. Bot. Brevifoliado, que tiene hojas cortas.

BRÉVIGASTRES, m. pl. brevigástre. Zool. Brevigastros, de abdómen corto.

BRÉVIPÈDES, adj. y s. m. pl. brevipéde. Zool. Brevipedos, familia de aves notables por la cortedad de sus piés.

BRÉVIPENNES, adj. y s. f. pl. brevipén. Zool. Brevipenas, familia de aves que solo tienen rudimentos de alas.

BRÉVIROSTRÉ, ÉE, adj. brevirostré. Zool. Brevirostrado, de pico corto.

BRÉVIROSTRES, m. pl. brevirróstre. Zool. Brevirostros, familia de aves zancudas, cuyo pico es grueso y corto.

BRÉVISCAPE, adj. breviscáp. Bot. Breviscapo, epíteto de la planta de tallo corto.

BRÉVISÉTE, adj. brevisét. Bot. Brevíseta, de pedúnculos cortos.

BRÉVISTYLE, adj. brevistíl. Bot. Brevistilo, que tiene el estilo muy corto.

BRÉVITÉ, f. brevité. Gram. Brevedad, cantidad de una sílaba breve.

**BRILLANTAISIE**, f. *brillanteсі*. Bot. Brillantasia, género de plantas.

**BRILLER**, n. *brillé*. Brillar, relucir, resplandecer. ‖ met. Lucir, sobresalir, distinguirse alguno en talento, prendas, etc.

**BRILLOTER**, a. *brilloté*. Brillar débilmente. ‖ *Se brilloter*, r. Darse un poco de brillo, realce ó importancia.

**BRIMBALE**, f. *brenbál*. Artill. Guimbalete, el émbolo de la bomba.

**BRIMBALER**, a. *brenbalé*. Bambolear, bandear, zarandear. ‖ fam. Campanear, doblar, echar las campanas á vuelo.

**BRIMBORION**, m. fam. *brenborión*. Baratijas, chismes, trastos, cosas de poco valor que hay en un cuarto, arca, etc.

**BRIN**, m. *bren*. Bot. Brizna, pimpollo, vástago, tallo de una planta, el que arroja la semilla. ‖ Mata, hablando de ciertas plantas, como mata de perejil, orégano, yerba buena. ‖ Hebra de azafran, espliego, lino, y de cualquiera cosa en forma de hilo ó pelo. ‖ *Brin-en-racine*, planton. ‖ *Maître-brin*, guia de la vid. ‖ *Brin de plume*, pluma de avestruz. ‖ *Arbre de brin*, árbol de un solo tallo procedente de la semilla. ‖ *Beau brin de bois*, madero largo y recto. ‖ *Brin-blanc*, colibrí blanco de la Guyana. ‖ *Brin-bleu*, colibrí azul de Méjico. ‖ Mar. *Brin d'estoc*, palo largo herrado por los dos cabos. ‖ fam. Brizna, miaja, pizca, chispa, en frases negativas, como: *il n'a brin de pain*, *brin de viande*, *brin de chemise*, *etc.* ‖ fam. met. *C'est un beau brin d'homme*, es un mozo como un pino, como un trinquete: *un beau brin de fille*, *de femme*, un buen trozo de moza, de mujer. ‖ *Brin à brin*, loc. adv. Pelo por pelo, hebra por hebra, uno por uno, poco á poco, á migajas, á pellizcos.

**BRIMBELLE**, f. *brenbél*. Bot. Fruto del mirtilo.

**BRIMBELLIER** ó **AIRELLE**, m. *brenbelié*, *erél*. Bot. Mirtilo, arbusto.

**BRINDELLES**, f. pl. *brindél*. Seruja, hojas secas.

**BRINDILLE**, f. *brendill*. Bot. Ramilla, vardasca ó vardasco, chabasca, las ramas delgadas y pequeñas.

**BRINDE**, f. ant. *brend*. Brindis, el trago que se bebe á la salud de alguno.

**BRINDONIER**, m. *brendonié*. Bot. Brindera ó brindonia, género de plantas.

**BRINGARASI**, m. *brengarasi*. Bot. Bringarasi, planta anual del Malabar.

**BRINGÉ**, m. *brengé*. Zool. Bringa, nombre dado á los bueyes de pelo manchado.

**BRINGUE**, f. *brengue*. Zool. Jaco, rocinete, caballo pequeño y mal formado.

**BRINGUEBALE**, f. *brenguebál*. Mar. Guimbalete, palanca de bomba aspirante.

**BRINTHE**, m. *brent*. Zool. Brinta, ave cantora. V. BARNACHE.

**BRIOCHE**, f. *brióche*. Past. Torta, especie de bollo hecho con harina de flor, huevos y manteca. ‖ met. y fam. Torpeza, poca maña.

**BRION**, m. *brión*. Mar. Pié de roda, pieza de madera que une á esta con la quilla. ‖ Bot. Brion, musgo que se cria en la corteza de los árboles, especialmente de las encinas.

**BRIONE**, **BRYONE COULEUVRÉE**, f. *brión*, *culeuvré*. Bot. Brionia, nueza, viña blanca, nabo del diablo, cuya raiz es un purgante violento, y reducida á polvo es buena para las disenterias.

**BRIONNE**, f. *brión*. Com. Especie de tela de hilo, fabricada en Normandía y Briona.

**BRIOSO**, **CON BRIO**, m. *brióso*, *conbrío*. Mús. Brioso, con brio: son voces italianas.

**BRIOTTE**, f. *briót*. Bot. Briota, anémona vellida, planta ranunculácea.

**BRIQUE**, f. *bric*. Ladrillo, adobe, tierra arcillosa rojiza para la construccion de las casas. ‖ *Four à brique*, tejar.

**BRIQUET**, m. *briqué*. Eslabon para sacar lumbre del pedernal. ‖ *Boîte à briquet*, avíos de encender. ‖ Sable de los soldados de infantería.

**BRIQUETAGE**, m. *bricíág*. Rimero de ladrillos. ‖ Agramilado, la pintura ó revoco que se pone en los edificios imitando el ladrillo.

**BRIQUETÉ**, **ÉE**, adj. *bricté*. Med. Se dice de la orina encendida que tira á color de ladrillo.

**BRIQUETER**, a. *bricte*. Agramilar, pintar ó revocar una pared imitando el ladrillo.

**BRIQUETERIE**, f. *bricirí*. Ladrillar, tejar ó tejera, el paraje donde se fabrica ladrillo y teja. ‖ Oficio del ladrillero.

**BRIQUETIER**, m. *bricitié*. Ladrillero, tejero, el que hace ó vende ladrillo ó teja.

**BRIS**, m. *bri*. Fractura, rompimiento, quebrantamiento de puertas, sellos, etc. ‖ *Bris de prison*, evasion ó tentativa de evasion con fractura de puertas, etc. ‖ Mar. Naufragio.

**BRISABLE**, adj. *brisábl*. Frágil, que se puede romper ó quebrantar.

**BRISANT**, m. pl. *brisán*. Mar. Rompiente, cualquier bajo ó escollo, placer ó costa donde rompe y se levanta la mar. ‖ Cachones, las olas que rompen en la playa.

**BRISCAMBILLE**, f. *briscanbíll*. Juego de naipes entre dos personas.

**BRISCAN**, m. *briscán*. Brisca, juego de cartas que se hace entre dos ó mas.

**BRISE**, f. *bris*. Brisa, viento fresco y periódico, ventolina. ‖ Mar. Brisa, vientos generales que soplan en la zona tórrida del N. E. al S. E. = *Brise carabinée*, brisa carabinera ó muy fresca.

**BRISE-COU**, m. *briscú*. Desnucadero, cuesta ó escalera muy pina.

**BRISÉES**, f. pl. *brisé*. Ringlera ó hilera de ramas de árboles cortados para señal de los cazadores. ‖ *Revenir sur ses brisées*, emprender de nuevo un negocio, volver á la carga. ‖ *Aller sur les brisées de quelqu'un*, pretender solícito lo mismo que otro pretende, atajarle los pasos, ser su rival. ‖ Ramas que se cortan en un bosque ó en los grandes árboles para marcar los límites de una corta.

**BRISE-GLACE**, m. *brisglás*. Rompehielo, estacada delante de los tajamares de los puentes, para que los hielos no rompan los pilares.

**BRISEMENT**, m. *brismán*. Rompimiento ó fracaso de las olas, que baten un peñasco ó roca. ‖ *Brisement de cœur*, quebranto.

**BRISE-MOTTE**, m. *brismót*. Bollo, cilindro grueso para romper los terrones.

**BRISE-PIERRE**, m. *brispiér*. Tenaza que usan los cirujanos para romper la piedra en la vejiga.

**BRISER**, a. *brisé*. Romper, destrozar, hacer pedazos ó astillas. ‖ Espadillar el cáñamo. ‖ met. Quebrantar el dominio, la prision, la soberbia, etc. ‖ met. Romper, disolver. ‖ n. Estrellarse, fracasar, embestir un navío contra una costa, etc. ‖ Estrellarse las olas del mar, cuando rompen y baten con violencia. ‖ met. fam. *Brisons là-dessus*, doblemos la hoja, no se hable mas de ello. ‖ *Se briser*, romperse, quebrarse. ‖ *Lit brisé*, matrimonio disuelto.

**BRISE-RAISON**, m. *brisresón*. Rompe ó corta-conversaciones, el que interrumpe una conversacion sin venir al caso.

**BRISE-SCELLÉ**, m. *brisselé*. Ladron de cosa embargada.

**BRISEUR**, **EUSE**, m. y f. *briseur*, *eus*. Destrozador, quebrantador: solo se dice de los herejes destructores de las imágenes con el nombre de *briseurs d'images* ó *iconoclastes*.

**BRISE-VENT**, m. *brisván*. Alvitana, cerca que hacen los jardineros para el resguardo de las plantas.

**BRISIS**, m. *brisí*. Arq. El ángulo que forma en los tejados la cumbre ó caballete quebrado.

**BRISOIR**, m. *briseár*. Espadilla, instrumento para espadar ó quebrantar el cáñamo.

**BRISQUE**, f. *brisc*. Brisca, juego de naipes.

**BRISSE**, m. *bris*. Zool. Briso, género de coleópteros pentámeros. V. BRISSUS.

**BRISSITES**, m. pl. *brisít*. Zool. Brisitos, especie de fósiles.

**BRISSOCARPE**, m. *brisocárp*. Bot. Brisocarpo, género de plantas riccias.

**BRISSOÏDE**, m. *brisoíd*. Zool. Brisoide, género de zoófitos equínidos. ‖ adj. Brisoídeo, que se parece á un briso.

**BRISSUS**, m. *brísus*. Zool. Equínido de figura ovalada, istriado, dentado y puntiagudo en su cima.

**BRISURE**, f. *brisúr*. Rotura. ‖ pl. Blas. Brisadas, añadidura de nuevos blasones, con que divisa alguno y diferencia las propias armas.

**BRITANNIE**, f. *britaní*. Bot. Britania.

nombre dado á la vistorta, á la coclearia y á la paciencia.

**BRITANNIQUE**, adj. *britanic.* Británico, de Bretaña ó Inglaterra.

**BRITHIE**, m. *brití.* Zool. Britia, género de insectos lepidópteros nocturnos.

**BRITHOPE**, m. *britóp.* Zool. Britopo, nombre de un animal fósil.

**BRIZE**, f. *bris.* Bot. Briza, género de plantas gramíneas. V. AMOURETTE

**BRIZOMANCIE**, f. *brisomansí.* Brizomancia, arte de adivinar el porvenir por los sueños.

**BRIZOMANCIEN, NE**, m. y f. *brisomansién, én.* Brizomántico, el que adivina por los sueños las cosas ocultas ó futuras.

**BROC**, m. *bróc.* Colodra, vasija grande en que se echa el vino que se ha de vender por menor en las tabernas. || ant. Asador lo mismo que *broche*; y de ahí ha quedado esta frase familiar *manger de la viande de broc en bouche*, como quien dice á quema diente, del asador á la boca. || *De bric et de broc*, acá y allá, de un modo ó de otro.

**BROCADE**, m. *brocád.* Zool. Brocado, pez del mar de Amboina.

**BROCAILLE**, m. *brocáll.* Guijo, conjunto de guijarros pequeños para consolidar y rellenar los caminos.

**BROCANTAGE**, m. *brocantáge.* Cambalache, chalanería.

**BROCANTER**, a. *brocanté.* Cambalachar, chalanear en alhajas, muebles y curiosidades.

**BROCANTEUR**, m. *brocanteur.* Chalan, ó cambalachero de alhajas, muebles y curiosidades: en castellano fam. se llama zacarratin.

**BROCARD**, m. fam. *brocár.* Pulla, vareta, expresion picante con que se zahiere á alguno. || Brocado. V. BROCART.

**BROCARDER**, a. *brocardé.* Echar pullas, varetas, zaherir, picar, con burla ó matraca.

**BROCARDEUR, EUSE**, m. y f. *brocardeur, eus.* Pullista, burlon, chuzon.

**BROCART** ó **BROCARD**, m. *brocár.* Brocado, tela de seda tejida con oro ó con plata.

**BROCATELLE**, f. *brocatél.* Miner. Brocatela, especie de mármol jaspeado de amarillo, morado ó rojizo. || Brocatel, tela de algodon y seda imitando al brocado. || Nombre dado á varias especies de lepidópteros.

**BROCHAS**, m. pl. *brochá.* Zool. Brocas, familia de mamíferos pinípedos.

**BROCHAGE**, m. *brochage.* Art. Encuadernacion á la rústica.

**BROCEUS**, m. *bróseus.* Especie de marisco.

**BROCHANT**, m. *brochán.* Blas. Soldante, nombre de las piezas que atraviesan de una parte á otra del escudo. || met. *Brochant sur le tout*, sobresaliente, la persona que sobresale y eclipsa á todas las demas en una tertulia ó concurrencia por sus habilidades.

**BROCHANTITE**, f. *brochantit.* Miner. Brochantita, sustancia vidriosa, insoluble en el agua; es un sub-sulfato de cobre.

**BROCHE**, f. *bróche.* Asador. || Espita ó canilla que se pone en una cuba ó tonel. || Aguja de hacer media. || pl. Navajas, los colmillos del jabalí. || Brochas para espolinar las telas.

**BROCHÉE**, f. *broché.* La cantidad de carne que puede caber en el asador.

**BROCHER**, a. *broché.* Bordar de recamado una tela con oro, plata ó seda. || Poner un libro á la rústica. || Entretejer ó sobretejer con aguja. || met. Harbar, hacer las cosas atropelladamente y de prisa. || met. Zurcir, hilvanar un discurso, una memoria. || *Satin broché*, raso espolinado con flores de oro ó plata.

**BROCHET**, m. *broché.* Sollo, pescado de agua dulce. || *Brochet de mer*, sofia, merluza y otros peces análogos.

**BROCHETER**, a. *brocheté.* Espetar en el asador lo que se ha de asar; y tambien lardear con la aguja. || Mar. Frasquiar.

**BROCHETON**, m. dim. de BROCHET, *brochetón.* Zool. Sollito, sollo pequeño.

**BROCHETTE**, f. *brochét.* Aguja de lardear. || Brocheta, el cilindro en que los fundidores de campanas tienen señalados los gruesos. || Impr. Chaveta. || *Elever á la brochette*, criar un pajarito á la mano. || met. Criar á un niño con mucho esmero.

**BROCHETTE** ó **BUQUETTE**, f. *brochét, buquét.* Mar. Frasquia, regla que usan los carpinteros para señalar el ancho de los tablones.

**BROCHEUR, EUSE**, m. y f. *brocheur, eus.* Art. Encuadernador á la rústica.

**BROCHOIR**, m. *brochuár.* Martillo de herrador.

**BROCHON**, m. *brochón.* Goma de bedelio.

**BROCHURE**, f. *brochúr.* Libro encuadernado á la rústica. || Librejo, folleto, papelejo ó cuaderno impreso que por su corto volúmen se vende sin encuadernar. || Encuadernacion á la rústica.

**BROCOLI** ó **BROCOLIS**, m. *brócoli.* Agr. Brócul ó bróculi, especie de col de Italia.

**BROCOTTES**, f. pl. *brocót.* Parte caseosa y mantecosa del suero.

**BRODE**, adj. inus. *bród.* Moreno, negro. Se decia ántes *femme brode*, por *femme á teint noir*; *du pain brode*, por *du pain bis.*

**BRODEQUIN**, m. *brodquén.* Borcegui, especie de calzado. || Coturno ó calzado que usan los actores en la tragedia. || pl. Calcetas, género de tormento que se da á los reos.

**BRODER**, a. *brodé.* Bordar, recamar. || met. y fam. Vestir un cuento, una noticia, echarle ribetes glosando y añadiendo algo. || *Métier á broder*, bastidor. || *Broder en relief*, bordar de realce.

**BRODERIE**, f. *brodrí.* Bordadura, bordado. || Arte de bordar. || met. Adorno, ribete, hablando de un escrito, de un cuento.

**BRODEUR, EUSE**, m. y f. *brodeur, eus.* Bordador, el que borda. || *Autant pour le brodeur*, cuénteselo á su tia, cuénteselo Vd. á san Bruno.

**BRODIE**, f. *brodí.* Bot. Brodia, planta liliácea de la América del Norte.

**BRODOIR**, m. *broduar.* Carrete para poner la seda, entre los bordadores de sombreros.

**BROGUES**, f. pl. *brógue.* Abarcas, calzado de cuero de buey sin curtir.

**BROIE**, f. V. BROYE.

**BROIEMENT** ó **BROÎMENT**, m. *bruamán.* Molienda, la accion de moler los colores. || Blas. Feston.

**BROMATE**, m. *bromát.* Quím. Bromato, género de sales.

**BROMATOLOGIE**, f. *bromatologí.* Med. Bromatologia, tratado acerca de los alimentos.

**BROMATOLOGIQUE**, adj. *bromatologíc.* Bromatológico, relativo á la bromatologia.

**BROME**, m. *bróm.* Bot. Bromo, género de plantas gramíneas. || Quím. Bromo, cuerpo simple, así denominado por el olor fuerte y desagradable que exhala.

**BROMÉ, ÉE**, adj. *bromé.* Quím. Bromado, que contiene bromo.

**BROMÉES**, f. pl. *bromé.* Bot. Bromeas, tribu de plantas de las gramíneas.

**BROMÉLIACÉ, ÉE**, adj. *bromeliasé.* Bromeliaceo, parecido á la bromelia. || *Broméliacées*, f. pl. Bromeliáceas, familia de plantas monocotiledóneas.

**BROMÉLIE**, f. *bromelí.* Bot. Bromelia, género de plantas bromeliáceas.

**BROMHYDRATES**, m. pl. *bromidrát.* Quím. Bromhidratos, combinaciones del ácido bromhídrico con las bases.

**BROMHYDRIQUE**, m. *bromidríc.* Quím. Bromhídrico, resultante de la combinacion del bromo con el hidrógeno.

**BROMIOS**, m. *bromios.* Zool. Bromios, género de coleópteros tetrámeros.

**BROMIQUE**, adj. *bromic.* Quím. Brómico, combinacion del bromo con el oxígeno.

**BROMOS**, m. *brómos.* Bot. Bromos, nombre griego del bromo, planta.

**BROMURE**, m. *bromúr.* Quím. Bromuro, género de compuestos químicos, como el bromuro de zinc, el de plata.

**BRONCHADE**, f. *bronchád.* Tropezon, traspié, la accion de tropezar.

**BRONCHES**, f. pl. *brónch.* Anat. Bronquios, los vasos del pulmon que reciben la sangre.

**BRONCHEMENT**, m. *bronchemán.* Tropiezo, tropezon, el acto de tropezar.

**BRONCHER**, n. *bronché.* Tropezar, dar un traspié, trompicar. || met. Tropezar, deslizarse, tener un desliz, un descuido, caer en una falta. || *Cheval qui bronche*, caballo tropezon. || *Il n'y a si bon cheval qui ne* [illegible] no hay caballo por bueno que [illegible] piece; es decir, no hay hombre [illegible]

**BRONCHIAL, E**, adj. [illegible] Bronquial, que pertenece á los bronquios [illegible]

**BRONCHITE**, f. [illegible] quitis, inflamacion de los bronquios [illegible]

**BRONCHOCÈLE**, m. [illegible] Broncocele, tumor que se presenta [illegible] llo, llamado papera. V. GOITRE [illegible]

**BRONCHOIR**, m. [illegible] trumento para doblar pelos [illegible]

**BRONCHOPHONIE**, f. [illegible] Broncofonia, ronquera.

**BRONCHOTOME**, m. [illegible] Broncótomo, especie de lanceta para [illegible] ciziones de la traqueartéria.

**BRONCHOTOMIE**, f. [illegible] cotomia, abertura de la traquearteria [illegible]

**BRONCHOTOMIQUE**, adj. [illegible] Broncotómico, relativo á la broncotomia [illegible]

**BRONTE**, f. *brónt.* Zool. [illegible] de conchas llamadas bocaderas [illegible] pl. Zool. Brontos, género de [illegible] leópteros tetrámeros.

**BRONTÈS**, m. *bróntes.* [illegible] hijo del cielo y de la tierra.

**BRONTÉUS**, m. *bronteús.* [illegible] padre de Tántalo.

**BRONTIAS** ó **BRONTIE**, [illegible] *brónsia.* Miner. [illegible] con azufre. || Equiseto, [illegible] cado.

**BRONTOLITHE**, f. [illegible] Brontolita, cierta sustancia [illegible]

**BRONTOMÈTRE**, m. [illegible] Brontómetro, aparato para [illegible] sidad eléctrica en las tempestades [illegible]

**BRONZE**, m. *brónz.* [illegible] cese un *bronze*, un bello bronce [illegible] figura ó estatua de bronce [illegible] güedades; y en términos de [illegible] *le grand, le moyen, le petit* [illegible] las grandes, las medianas, las [illegible] dallas de bronce. || met. *Un cœur* [illegible] un corazon de hierro, es decir [illegible] sible.

**BRONZER**, a. *bronzé.* [illegible] un objeto el color de bronce. || [illegible] gro, hablando de gamuzas [illegible] ban. || *Souliers bronzés*, [illegible] || *Se bronzer*, r. Broncearse [illegible] de bronce. || met. Hacerse [illegible] bronce.

**BRONZITE**, m. *bronsít.* [illegible] ta, especie de mineral con [illegible] ceados.

**BROODHOM**, m. *broodóm.* [illegible] entre los Holandeses árbol del pan [illegible]

**BROOKITE**, m. *broquít.* [illegible] quita, titano oxidado rojo.

**BROQUART**, m. *brocár.* [illegible] año.

**BROQUE**, m. V. BROCCOLI.

**BROQUER**, a. *broqué.* [illegible] atravesar por los ojos, boca [illegible] cuerdecita, peces menudos [illegible]

**BROQUETTE**, f. *broquét.* [illegible] vito de hierro.

**BROSIMON**, m. *brosimón.* [illegible] mon, género de plantas [illegible]

**BROSME**, m. *brósm.* Zool. [illegible] bastante parecido al loto.

**BROSSAILLES**, f. pl. V. [illegible]

**BROSSE**, f. *brós.* Cepillo [illegible] Brocha de que usan los pintores [illegible] para limpiar los caballos. || [illegible] limpiar la tinta de los moldes [illegible] copete de pelos tiesos de los [illegible] se hallan en las patas de [illegible]

**BROSSÉE**, f. *brosé.* Bot. [illegible] de la América y planta de las [illegible]

**BROSSER**, a. *brosé.* [illegible] la ropa con el cepillo. || [illegible] ma, limpiarla. || n. Atravesar [illegible] ó espesura de un monte ó bosque [illegible] sea á caballo.

**BROSSIER**, m. *brosié.* El que [illegible] hace cepillos y escobillas para [illegible]

**BROSSIÈRE**, f. *brosiér.* [illegible] yerba.

**BROSSURE**, f. *brosúr.* El color [illegible] tiñen los curtidores las pieles [illegible] mente lo hacen con una brocha.

**BROSSWELLIA-DENTELÉE**, f. [illegible]

**BROUILLONNER**, a. *brulloné*. Hacer, escribir un borron.

**BROUIR**, a. *bruír*. Abornagar : dícese de la accion de la escarcha, helada ó niebla, que con los rayos del sol quema las flores y los botones de las plantas.

**BROUISSURE**, f. *bruisúr*. El daño que hace el sol despues del yelo á los botones de las plantas.

**BROUSSAILLER**, a. *brusallé*. Agr. Cercar ó cerrar un campo con maleza.

**BROUSSAILLES**, f. pl. *brusáll*. Maleza, terreno cubierto de matas silvestres y espesas.

**BROUSSE**, f. *brús*. Cuajada, especie de queso. || pl. Preparaciones de leche cuajada.

**BROUSSER**, a. *brusé*. Echar, arrojar á una persona de un lugar. || Cazar, ir á caza.

**BROUSSIN D'ÉRABLE**, m. *brusenderabl*. Excrecencia que viene en el ácer.

**BROUSSONÉTIE**, f. *brusonesí*. Bot. Brusonesia, género de plantas moreáceas.

**BROUT**, m. *brú*. Renuevos que empieza á arrojar el monte tallar despues de la corta.

**BROUTANT, E**, adj. *brután*. Mont. Caza de ramoneo, el ciervo, el gamo y la rupicabra.

**BROUTER**, n. *bruté*. Ramonear, comerse el ganado cabrío las hojas y retoños de los árboles. Tambien es pacer la yerba.

**BROUTILLES**, f. pl. *brutíll*. Ramaje seco y chamarasca que queda en el monte despues de la corta. || met. fam. Zarandajas, morralla, broza.

**BROWALLIE**, f. *broualí*. Bot. Broavalia, género de plantas escrofulariáceas.

**BROWNÉE**, f. *bruné*. Bot. Brounea, género de la familia de las papilionáceas.

**BROWNISME**, m. *brunism*. Brunismo, teoría medical de Brun.

**BROWNISTE**, m. *brunist*. Brunista, el que sigue las opiniones de Brun.

**BROWNLOWIE**, f. *brunloví*. Bot. Brounlovia, género de plantas liliáceas.

**BROYAGE**, m. *bruayáge*. Moledura, accion de machacar, de triturar.

**BROYE**, f. *bruá*. Agramadera, instrumento para agramar el cáñamo ó lino.

**BROYEMENT**, m. *bruamán*. Moledura, pulverizacion, la accion de pulverizar.

**BROYER**, a. *bruayé*. Moler, pulverizar, machacar, triturar. || met. *Broyer du noir*, entregarse á melancolías.

**BROYEUR**, m. *bruayeur*. Moledor de colores.

**BROYON**, m. *bruayón*. Moleta para moler la tinta en el tintero, y piedra para moler sobre la losa los colores, drogas de botica, etc.

**BRU**, f. *brú*. Nuera, la mujer del hijo. Se usa mas *belle-fille*.

**BRUAND ó BRUANT**, m. *bruán*. Emberiza ó verderon, género del órden de los gorriones conirostros.

**BRUCÉE**, f. *brusé*. Bot. Brucea, género de plantas zantoxiláceas.

**BRUCELLES**, f. *brusél*. Art. Especie de pinzas pequeñas que sirven en varios oficios, especialmente en relojería, para coger objetos ó piezas menudas.

**BRUCHE**, f. *brúche*. Zool. Bruca, género de coleópteros.

**BRUCHÈLE**, f. *bruchél*. Zool. Bruquela, género de coleópteros tetrámeros.

**BRUCINE**, f. *brusin*. Bot. Brucina, nombre dado á un álcali vegetal que se creia existir en la corteza de la brucea.

**BRUCIQUE**, adj. *brusic*. Quím. Brúcica, una sal cuya base es la brucina.

**BRUCKENTHALIE**, f. *brucantalí*. Bot. Bruquentalia, género de plantas ericáceas.

**BRUCKMANNIE**, f. *brucmaní*. Bot. Brucmania, género de plantas gramíneas.

**BRUCOLAQUE**, m. *brucolac*. Brucolaco, entre los Griegos era el cadáver de un excomulgado. || Alma en pena.

**BRUÉE**, f. *brué*. Evaporacion de la humedad de la masa del pan.

**BRUGEOIS, E**, adj. y s. *brujuá*. Brugés, de la ciudad de Brujas.

**BRUGNON**, m. *bruñón*. Abridor liso, fruta.

**BRUINE**, f. *bruín*. Pesc. Cabo, cuerda que limita

**BRUIN**, m. *bruén*. Mit. Bruino, nombre de un dios que adora una secta de banianos en varias partes de la India.

**BRUINE**, f. *bruín*. Escarcha, neblina fria, ó rocío que yela y daña á los sembrados.

**BRUINER**, v. impers. *bruiné*. Orballar, caer la niebla ó rocío. || Lloviznar, caer agua muy menuda.

**BRUIR**, a. *bruír*. Suavizar, ablandar un paño ó tela por medio del vapor del agua caliente.

**BRUIRE**, v. impers. *bruír*. Zumbar, mugir, hacer un ruido bronco y confuso.

**BRUISSEMENT**, m. *bruismán*. Zumbido, zurrido, ruido confuso oido de lejos.

**BRUIT**, m. *brui*. Ruido, estruendo. || Rumor, susurro. || met. Fama, nombre, noticia ó novedad. || fam. Pendencia, alboroto, tremolina, trapisonda. || *Mener beau grand bruit*, hacer mucho ruido. || loc. adv. *A petit bruit*, *á bas bruit*, secretamente. || loc. adv. *A grand bruit*, con ostentacion. || Run run, noticia no autorizada. || *Bruits de la bourse*, noticias de la bolsa. || *Faire plus de bruit que de besogne*, hablar mucho y no hacer nada, volverse todo balla.

**BRÛLABLE**, adj. *bruláb l*. Lo que merece ser quemado : dícese de un libro, una pintura deshonesta, etc.

**BRÛLANT, E**, adj. *brulán*. Ardiente, que arde. || Quemante, que quema. || Abrasador, que abrasa.

**BRÛLÉ, ÉE**, adj. *brulé*. Abrasado, quemado. || En historia natural significa á veces de color negro ó negruzco. || m. Quemazon olor de lo que se quema; y así se dice : *ce ragoût sent le brûlé*. || *Il sent le brûlé*, huele á chamusquina. || *Cerveau brûlé*, *tête brûlée*, calavera, botarate. || *Cheval brûlé*, alazan tostado. || f. Concha marina, llamada así por sus colores.

**BRÛLEMENT**, m. *brulmán*. Quema, quemazon.

**BRÛLE POURPOINT (À)**, loc. adv. *abrulpurpuén*. A quema ropa. Se dice mas comunmente *à bout portant*. V. BOUT.

**BRÛLE-QUEUE**, m. *brulqueu*. Hierro caliente que se aplica á la cola del caballo despues de la amputacion.

**BRÛLER**, a. *brulé*. Quemar, consumir con la llama, abrasar ó calentar demasiado. || Tostar, requemar. || n. Arder, estar quemándose ó abrasándose. || met. Consumirse, deshacerse por un deseo, una pasion. || fam. Pasar un viajante sin detenerse en la posada, aunque haya hecho su jornada; y así se dice *brûler une étape*, *un gîte*, pasar de largo sin detenerse. || *Bois à brûler*, leña para quemar. || *Brûler la cervelle à quelqu'un*, hacerle saltar ó levantarle la tapa de los sesos. || *Se brûler*, r. Quemarse, abrasarse, tostarse, requemarse.

**BRÛLERIE**, f. *brulrí*. Aguardentería, fábrica de aguardiente. || Suplicio de fuego.

**BRÛLEUR**, m. *bruleur*. Quemador. || Solo acostumbra decirse *brûleur de maisons*, incendiario. || Facineroso, bergante, hablando del hombre de mala traza; y en frances se dice tambien de un hombre tal, que parece un *brûleur de maisons*, equivalente á un escapado de presidio. || Aguardentero, el obrero que fabrica el aguardiente.

**BRÛLOT**, m. *bruló*. Mar. Brulote, una embarcacion incendiaria. || met. Hombre ardiente, inquieto : *c'est un brûlot*, es una pólvora, un botafuego. || Pedacito de pan, de torta ú otra cosa, que se carga de sal y pimienta para dar un chasco á alguno.

**BRÛLOTIER**, m. *brulotié*. El que guia un brulote.

**BRÛLURE**, f. *brulúr*. Quemadura. || met. *Craindre la brûlure*, huir de la quema. || Quemadura, alteracion producida sobre las plantas por la accion del sol, del viento y del frio.

**BRUMAIRE**, m. *brumér*. Brumario, segundo mes del calendario republicano frances.

**BRUMAL, E**, adj. *brumál*. Brumal ó invernal, lo perteneciente al invierno.

**BRUMALES ó BRUMALIES**, f. pl. *brumál*, *brumalí*. Hist. ant. Brumales ó brumalias, fiestas que se celebraban en honor de Baco.

**[illegible]**, m. *brumasár*. Brumazar, una [illegible] mineral [illegible].

**BRUME**, f. *brúm*. Mar. Neblina, niebla espesa y baja. = *Brume épaisse*, brumazon.

**BRUMEUX, EUSE**, adj. *brumeu*, *eus*. Brumoso, nebuloso : se dice del tiempo, de los dias en que hay bruma ó niebla.

**BRUN, E**, adj. *breun*. Moreno : aplícase al color de la tez, del pelo, y de los ojos de una persona entre rojo y negro. Así se dice pelinegra, ojinegra, la mujer que tiene alguna de estas dos calidades. || *Bai brun*, bayo oscuro : se dice de los caballos. || m. Moreno, nombre que se da á los que tienen la tez de este color. *Un beau brun*, *une belle brune*, un moreno ó una morena agraciada. *Une brune claire*, una trigueña. || *Faire brun*, anochecer. || *Sur la brune* ó *à la brune*, á boca de noche, entre dos luces.

**BRUNÂTRE**, adj. *brunátr*. Morenuzco, lo que tira á moreno.

**BRUNELLE**, f. *brunél*. Bot. Brunelia ó prunella, planta vulneraria. || Zool. Culebra

**BRUNET, TE**, adj. y s. *bruné*, *ét*. Morenito, moreno claro ó bajo, trigueño. || *Brunettes*, f. pl. Jácaras, canciones tiernas, amorosas.

**BRUNFELSIE**, f. *breunfelsí*. Bot. Brunfelsia, género de plantas escrofulariáceas.

**BRUN-FOUCAT**, m. *breunfucá*. Bot. Brunfuca, especie de uva del mediodía de la Francia.

**BRUNI**, m. *bruní*. Bruñimiento, la accion y efecto de bruñir.

**BRUNIACÉ, ÉE**, adj. *bruniasé*. Bot. Bruniáceo, parecido á la brunia. || *Bruniacées*, f. pl. Bruniáceas, familia de plantas.

**BRUNIE**, f. *bruní*. Bot. Brunia, género tipo de la familia de las bruniáceas.

**BRUNIR**, a. *brunír*. Poner, volver morena ó parda una cosa. || Bruñir, pulir los metales. || n. Ponerse ó volverse algo negro, negrear, ponerse moreno.

**BRUNIS**, m. *bruní*. Art. Bruñido, el efecto de la accion de bruñir metales.

**BRUNISSAGE**, m. *bruniságe*. Bruñido, pulimento.

**BRUNISSEUR**, m. *bruniseur*. Bruñidor, el que bruñe ó pule metales.

**BRUNISSOIR**, m. *brunisuár*. Bruñidor, el instrumento con que se bruñe.

**BRUNISSURE**, f. *brunisúr*. Lustre, en las telas de seda. || Pulimento, en las cuernas de gamos y ciervos.

**BRUNNIBARBE**, adj. *brunibárb*. Zool. Brunibarbo, que tiene la barba negra.

**BRUNNICHIE**, f. *brunichí*. Bot. Bruniquia, género de plantas poligonáceas.

**BRUNNICORNE**, adj. *brunicórn*. Zool. Brunicórneo, de antenas de color negruzco.

**BRUNOIR**, m. *brunuar*. Zool. Especie de mirlo de África.

**BRUNONIE**, f. *brunoní*. Bot. Brunonia, género tipo de las brunoniáceas.

**BRUNONIACÉES**, f. pl. *brunoniasé*. Bot. Brunoniáceas, familia de plantas herbáceas de la Nueva Holanda.

**BRUNSWIGIE**, f. *bronsvigí*. Bot. Brunswigia, género de plantas amarilídeas.

**BRUSC** ó **BRUSQUE**, m. *brusc*. Bot. Mata que se parece mucho al arrayan.

**BRUSQUE**, adj. *brúsc*. Bronco, brusco, bravío en el genio. || Atropellado, precipitado en el obrar. || Áspero, seco, sacudido en el hablar.

**BRUSQUEMBILLE**, f. *bruscanbíll*. Juego de naipes no conocido en España.

**BRUSQUEMENT**, adj. *brusemán*. Bruscamente, precipitadamente, atropelladamente. || Con celeridad, de golpe, de sopeton.

**BRUSQUER**, a. *brusqué*. Zaherir, insultar, picar con palabras ó con respuestas duras. || Hacer las cosas de trompon, atropellarlas. || *Brusquer une place*, tomar una plaza por asalto, llevársela de un golpe de mano.

**BRUSQUERIE**, f. *bruscrí*. Sequedad, sacudida, claridad, palabras duras ó acciones descorteses con que se maltrata á alguno. || Prontitud, viveza de genio ; y se toma en mal sentido.

**BRUT, E**, adj. *brút*. Bruto, tosco, basto, lo que está sin limar, sin pulir. || *Produit brut*, producto íntegro sin deduccion ninguna.

**BRUTAL, E**, adj. *brutál*. Brutal, abrutado, bestial : dícese de las personas, y de sus obras y apetitos.

**BRUTALEMENT**, adv. *brutalmán*. Brutalmente, bestialmente.

**BRUTALISER**, a. fam. *brutalisé*. Sopetear, poner como un trapo á alguno, tratarle con aspereza y grosería.

**BRUTALITÉ**, f. *brutalité*. Brutalidad, vicio, apetito é irracionalidad semejante á la de los animales. || Brutalidad, dicho ó accion brutal, grosera.

**BRUTA-MANNA**, f. *brutamánna*. Jard. Una especie de pera.

**BRUTE**, f. *brút*. Bruto, bestia. || met. Persona estúpida, incapaz.

**BRUTE-BONNE**, f. *brutbón*. Jard. Especie de pera llamada del papa.

**BRUTIER**, m. *brutié*. Buaro ó buarillo, especie de ave de rapiña.

**BRUTIFICATION**, f. *brutificasión*. La accion de embrutecer.

**BRUTIFIER**, a. *brutifié*. Embrutecer, enrudecer. || *Se brutifier*, r. Embrutecerse, enrudecerse.

**BRUYA**, f. *brúya*. Zool. Bruya, ave del Madagascar.

**BRUYAMMENT**, adv. *bruyamán*. Ruidosamente, con estrépito.

**BRUYANT, E**, adj. *bruyán*. Ruidoso, estrepitoso.

**BRUYÈRE**, f. *bruyer*. Brezo, arbusto. || Matorral.

**BRY**, m. *brí*. Bot. Bri, planta la mas notable de la familia de los musgos.

**BRYACÉES**, f. pl. *briasé*. Bot. Briáceas, tribu de plantas de la familia de los musgos acrocarpos.

**BRYAXIS**, m. *briácsis*. Zool. Briaces, género de insectos coleópteros dímeros.

**BRYOBIE**, f. *briobí*. Bot. Briobia, género de plantas orquídeas. || Zool. Briobia, género de insectos coleópteros pentámeros.

**BRYOCHARIS**, m. *briocáris*. Zool. Briocaris, género de insectos.

**BRYOCHYSE**, m. *brioquís*. Bot. Brioquiso, especie de hongo.

**BRYOCLES**, f. pl. *briócl*. Bot. Briocles, familia de plantas liliáceas.

**BRYOCORIS**, m. *briocoris*. Zool. Briocoris, género de insectos.

**BRYOLOGIE**, f. *briologí*. Bot. Briología, tratado sobre los musgos.

**BRYOLOGIQUE**, adj. *briologíc*. Briológico, relativo ó concerniente á la briología.

**BRYOLOGISTE**, adj. y s. *briologíst*. Briologista, el que escribe sobre los musgos.

**BRYONE**, f. *brión*. Bot. Briona, género de plantas cucurbitáceas.

**BRYONINE**, f. *brionín*. Quím. Brionina, sustancia extraida de la briona.

**BRYOPHILE**, m. *briofíl*. Bot. Briofilo, género de plantas crasuláceas.

**BRYOPSIS**, m. *briópsis*. Bot. Briopsis, género de plantas zoospérmeas.

**BRYOPTÈRE**, m. *briopter*. Bot. Briopteró, género de plantas frullanias.

**BRYOZOAIRE**, m. *briosoér*. Zool. Briozoario, familia de pólipos.

**BUANDERIE**, f. *buandrí*. Lavadero, el cuarto destinado para pasar la colada.

**BUANDIER, ÈRE**, m. y f. *buandié*, *er*. Curador ó curadora de lienzos.

**BUANTHROPIE**, f. *buantropí*. Med. Buantropía, monomanía en la que cree uno ser transformado en buey.

**BUANTHROPIQUE**, adj. *buantropíc*. Med. Buantrópico, relativo á la buantropía.

**BUBALE**, m. *bubál*. Zool. Búbalo ó toricierro, especie de antílope de África.

**BUBAS**, m. *búbas*. Zool. Bubas, género de insectos coleópteros pentámeros.

**BUBATE**, f. *bubát*. Miner. Bubasta, especie de piedra muy dura.

**BUBE**, f. *búb*. Buba, pústula, granillo que se levanta en la piel ; pupa, si es en la boca.

**BUBÉTIES**, f. pl. *bubesí*. Hist. Bubecias, corrida y combate de toros que se celebraba en Roma.

**BUBO**, m. *búbo*. Zool. Bubo, division de aves nocturnas de rapiña.

**BUBON**, m. *bubón*. Tumor grande lleno de materia. || Incordio, potro, tumor que procede de mal venéreo.

**[illegible]**, f. [illegible] que se [illegible] bueyes y vacas.

**BUBONOCÈLE**, m. [illegible] bonocele, nombre [illegible] tumor [illegible]

**BUCCAL, E**, adj. [illegible] lificacion de las [illegible] relacion con la boca [illegible] de cierto [illegible]

**BUCCAMANCE**, f. [illegible] Bocamancia, [illegible] que da la boca [illegible]

**BUCCELLAIRE**, m. [illegible] soldado que hacia la guardia [illegible] dores griegos.

**BUCCELLATION**, f. [illegible] Bucelacion, division en [illegible]

**BUCCENAIRE, ÉE**, adj. [illegible] que tiene una boca muy [illegible] *ides*, m. pl. Zool. [illegible] secinos nevrópteros.

**BUCCIN**, f. *bucsén*. [illegible] pecie de caracol, algo [illegible]

**BUCCINAL, E**, adj. [illegible] cinal, que tiene la forma [illegible] trompeta, hablando de [illegible]

**BUCCINATEUR**, m. [illegible] Buccinador, músculo [illegible] de los carrillos.

**BUCCINE**, f. *bucsín*. [illegible] PETTE.

**BUCCINÉ, ÉE**, adj. [illegible] en forma de bocina. || met. [illegible] bado.

**BUCCINER**, n. *bucsiné*. [illegible] peta. || met. Alabar, [illegible] cualidades de una persona.

**BUCCINIER**, m. *bucsinié*. [illegible] ro, animal que está encerrado [illegible] de las conchas bocinas.

**BUCCINITE**, m. *bucsinít*. [illegible] buccino fósil.

**BUCCINUM**, m. [illegible] cino, cierto pescado [illegible]

**BUCCO**, m. *búcco*. Bot. [illegible] plantas del cabo de Buena [illegible] Buco, género de pájaros [illegible]

**BUCCOÏDÉS**, m. pl. [illegible] coideos, familia de aves [illegible]

**BUCCO-LABIAL, E**, adj. [illegible] Anat. Buco-labial, que [illegible] boca y los labios.

**BUCCONIDÉS**, m. pl. [illegible] conados, familia de pájaros [illegible]

**BUCCONIATE**, m. [illegible] niato, especie de uva.

**BUCCO-PHARYNGIEN**, [illegible] *farengián*. Anat. Buco-faríngeo [illegible] relacion con la boca y la faringe [illegible]

**BUCCULE**, f. *bucúl*. Anat. [illegible] carnosa que hay debajo de la [illegible] gunas personas gruesas, y [illegible] parecer con dos barbas.

**BUCCOLINE**, f. *bucolín*. [illegible] género de plantas orquídeas.

**BUCE**, f. *bús*. Tonel pequeño [illegible]

**BUCENTAURE**, m. [illegible] centauro, especie de centaura. [illegible] tauro, nombre de un [illegible] navío de remos del Dux y [illegible]

**BUCENTE**, m. *busánt*. [illegible] género de insectos dípteros.

**BUCÉPHALE**, m. [illegible] nombre del caballo de Alejandro [illegible] caballo, como si dijéramos [illegible] alusion al famoso del Cid [illegible] ballo de regalo ó de gala. || [illegible] mala estampa ó rocinante. || [illegible] género de helmintos. || adj. [illegible] se dice de varias especies de [illegible] tables por la magnitud de su [illegible] forma.

**BUCÉPHALON**, f. [illegible] falon, género de plantas. || [illegible] género de insectos.

**BUCÉPHALOPHORE**, adj. [illegible] Bucefalóforo, que tiene cabeza [illegible]

**BUCÈRE**, m. *busér*. Bot. [illegible] de la Jamaica.

**BUCÉRIDÉS**, m. pl. [illegible] céridos, familia de pájaros.

**BUCÉROS**, m. *busérós*. [illegible] nombre científico del género [illegible]

fuse. *Repasser le buffle à quelqu'un*, ajustar á, solvio á alguno, zurrarle la badana, la pámpana. || *Buffles*, m. pl. Antes de piel de búfalo.

**BUFFLESSE**, f. *buflés*. Zool. Búfala, la hembra del búfalo.

**BUFFLETERIE**, f. *bufletrí*. Mil. Correajes, las varias correas de búfalo que pertenecen al equipo de un soldado.

**BUFFLETIN**, m. *buflén*. Ternerillo de la búfala, bufalillo.

**BUFOLT**, m. *bufólt*. Zool. Bufolt, género de pescados branquiostegos.

**BUFONIE**, f. *bufoní*. Bot. Bufonia, género de plantas cariofíleas.

**BUFONIFORMES**, m. pl. *bufoniform*. Zool. Bufoniformes, familia de insectos.

**BUFONITE**, m. *bufonít*. Zool. Bufonita, diente fósil de muchas especies de pescados.

**BUFONOÏDES**, m. pl. *bufonoíd*. Zool. Bufonoides, familia de reptiles. || Bot. Bufonoides, familia de plantas.

**BUGADIER**, m. *bugadié*. Colador, especie de cuba para hacer la colada.

**BUGLE**, f. *búgl*. Bot. Bugla, consuelda menor, planta astringente y vulneraria. || Mús. Especie de clarinete de llaves.

**BUGLOSE**, f. *buglós*. Bot. Buglosa, lengua de buey, planta parecida á la borraja.

**BUGRANE**, f. *bugrán*. Bot. Bugrana, género de plantas leguminosas.

**BUHOTS**, m. pl. *buó*. Plumas de ganso pintadas que sirven de muestra á los plumajeros.

**BUIGNARD**, m. ant. *buiñár*. Loco, extravante.

**BUIRE**, f. *buír*. Ropa, especie de vaso para poner licores. || Jarro grande de plata ó peltre, que se pone en los aparadores de las grandes mesas.

**BUIS**, m. *bus*. Bot. Boj, género de arbustos siempre verdes. || Boj, madera de este arbusto que se usa mucho en las artes. || Zap. Visagra, instrumento de boj para alisar los cantos de las suelas cuando ya se han desvirado.

**BUISSART**, m. *buisár*. Busaro, ave de rapiña. V. BUSAR.

**BUISSE**, f. *buís*. Utensilio de sastre para aplanar las costuras. || Huevo, instrumento de zapatero para machacar la suela.

**BUISSERIE**, f. *buisrí*. Duelas largas para pipas y cubas.

**BUISSON**, m. *buisón*. Breña, zarzal, espinar. || Chaparro: dícese de los árboles achaparrados que crecen poco, y de los que llaman enanos en las huertas. || Chaparral, matorral ó monte bajo. || *Buisson ardent*, *pyracanthe*, ó *arbre de Moïse*, espino albar, piricanta ó árbol de Moises.

**BUISSONNER**, n. *buisoné*. Echar muchas ramas ó botones por abajo. || ant. Perseguir de muerte.

**BUISSONNET**, m. *buisoné*. Matorralillo, matorral pequeño.

**BUISSONNEUX**, **EUSE**, adj. *buisoneu*, *eus*. Terreno lleno de matorrales.

**BUISSONNIER**, m. *buisonié*. Capitan de puerto. || Maestro de escuela sin título de tal. || Se usa como adjetivo. *Lapin buissonnier*, conejo de monte. || *Faire l'école buissonnière*, hacer novillos, faltar á la escuela los muchachos

**BUISSURE**, f. *buisúr*. Dor. Basura ó suciedad que se amontona sobre una pieza cocida.

**BUITELAAR**, m. *buitlaár*. Zool. Buitelaar, pescado de las islas Molucas.

**BUKKU**, m. *buccú*. Bot. Bucú, arbusto del cabo de Buena Esperanza.

**BULA**, f. *búla*. Bot Bula, planta del Malabar sin sabor y sin olor.

**BULAFO**, m. *buláfo*. Mús. Bulafo, instrumento músico de la costa de Guinea.

**BULBE**, m. *búlb*. Bot. Bulbo, raiz oblonga compuesta de muchas capas ó túnicas sobrepuestas ó como encajadas unas dentro de otras. || Especie de cebolla silvestre. || Anat. El globo del ojo. || Anat. Bulbo, nombre genérico de diferentes cuerpos que tienen mas ó ménos relacion con el bulbo de los vegetales.

**BULBEUX**, **EUSE**, adj. *bulbeu*, *eus*. Bot. Bulboso, que está formado por un bulbo ó que tiene un bulbo ó cebolla por raiz, como el arrayan, el junquillo, etc.

**BULBIFÈRE**, adj. *bulbifér*. Bot. Bulbífero, nombre de una planta ó parte de planta que tiene fuera de la tierra uno ó mucho bulbos. || pl. Zool. Bulbíferos, género de coleópteros tetrámeros.

**BULBIFORME**, adj. *bulbifórm*. Zool. Bulbiforme: dícese de las conchas que tienen la forma de un bulbo.

**BULBILLE**, m. *bulbíll*. Bot. Bulbillos bulbos pequeños que nacen de la sustancia de un bulbo ó que se desarrollan á su lado.

**BULBILLIFÈRE**, adj. *bulbillifér*. Bot. Bulbilífero, calificacion de una planta que tiene bulbillos en una parte cualquiera.

**BULBINE**, f. *bulbín*. Bot. Bulbina, género de plantas liliáceas.

**BULBIPARE**, adj. *bulbipár*. Zool. Bulbíparo: se dice de los zoófitos que se reproducen por medio de tubérculos que se han comparado con los bulbos de ciertas raices carnosas. V. GEMMIPARES.

**BULBO-CAVERNEUX**, adj. m. *bulbocaverneu*. Anat. Bulbo-cavernoso, que pertenece al bulbo de la uretra y al cuerpo cavernoso. || m. Bulbo-cavernoso, músculo que pertenece exclusivamente al hombre.

**BULBOCODE**, m. *bulbocód*. Bot. Bulbocodo, género de plantas colchicáceas.

**BULBOSPERME**, m. *bulbospérm*. Bot. Bulbospermo, género de plantas fundado sobre una herbácea de la isla de Java.

**BULBOSTYLIS**, m. *bulbostilís*. Bot. Bulbóstilis, sub-arbusto de Méjico.

**BULBO-URÉTRAL**, **E**, adj. *bulbouretrál*. Anat. Bulbo-uretral, sinónimo de bulbo-cavernoso. V. BULBO-CAVERNEUX

**BULBULE**, f. dim. de BULBE, *bulbúl*. Bot. Búlbulo, bulbo pequeño.

**BULBULEUX**, **EUSE**, adj. *bulbuleu*, *eus*. Bot. Bulbuloso, que tiene bulbo.

**BULGARE**, adj. y s. *bulgár*. Búlgaro, que es de Bulgaria.

**BULGOLDOLPHE**, m. *bulgoldólf*. Zool. Bulgoldolfo, cuadrúpedo poco conocido que se cria en la India.

**BULIME**, m. *bulím*. Zool. Búlimo, género del órden de los gasterópodos.

**BULIMINE**, f. *bulimín*. Zool. Bulimina, género de cefalópodos microscópicos.

**BULIMULE**, m. *bulimúl*. Zool Bulimula, género de conchas univalvas.

**BULIN**, m. *bulén*. Zool. Bulino, molusco de la familia de los caracoles.

**BULITHE**, m. *bulít*. Bulita, concrecion que se forma en los intestinos del buey.

**BULLAIRE**, m. *bulér*. Bulario, recopilacion de las bulas de los papas. || Bulario, empleado cuyo cargo es copiar bulas del papa.

**BULLE**, f. *búl*. Fís. Burbuja, gorgorita que se eleva en la superficie de las aguas. || Med. Ampolla, tumorcillo superficial que hincha el epidérmis. || Polít. Bula, constitucion de algunos emperadores. || Der. can. Bula, letras apostólicas en que se contiene alguna gracia ó providencia. || Hist. Joyel de bolitas de oro que llevaban al cuello los niños romanos hasta la edad de diez y siete años. || Papel de estraza muy basto.

**BULLÉ**, **ÉE**, adj. *bulé*. Sellado. || Jurisp. ant. Autenticado, hecho en forma auténtica. || Lo que está despachado en forma auténtica por la curia romana

**BULLER**, a. *bulé*. Sellar, hablando del sello del papa.

**BULLETIN**, m. *bullén*. Boletin, especie de diario ó periódico de cortas dimensiones. || Papeleta, papel para extender el voto en unas elecciones ó en cualquier deliberacion. || Parte, papel en que se da cuenta de un asunto interesante. || Carta de sanidad que se da en los puertos de mar, ó para entrar en pueblos no contagiados en tiempo de peste. || Papeleta, escrito expedido en ciertos casos para resguardo del interesado. || Guia, escrito expedido en una administracion de rentas para acreditar haberse satisfecho los derechos correspondientes. || Mil. Boleta, papeleta para alojamiento de la tropa.

**BULLEUX**, **EUSE**, adj. *buleu*, *eus*. Fís. Globuloso, que está lleno de globulillos.

**BULLIFÈRE**, adj. *bulifér*. Bot. Bulífero, que tiene bolitas ó tuberosidades.

**BULLINE**, f. *bulín* Zool. Bulina, género de conchas univalvas marinas.

**BULLISTE**, m. *bulíst*. Bullista, el encargado de registrar las bulas del papa.

**BULTEAU**, m. *bultó*. Árbol cortado y dispuesto en forma de bola.

**BULTRONAGE**, m. *bultronáge*. Accion de derribar un árbol, golpeándole con la cabeza del hacha para sacarle de quicio.

**BUMÉLIE**, f. *bumelí*. Bot. Bumelia, género de plantas sapotáceas.

**BUNBURYE**, f. *beunburí*. Bot. Bunburia, género de plantas asclepiádeas.

**BUNCHOSIE**, f. *beunchosí*. Bot. Bunchosia, género de plantas malpigiáceas.

**BUNETTE**, f. *bunét*. Zool. Gorrion de seto ó matorral.

**BUNGALON**, m. *beungalón*. Bot. Bungalon, árbol de Filipinas.

**BUNGARE**, m. *beungár*. Zool. Búngaro, género de reptiles ofidianos.

**BUNGÉE**, f. *beungé*. Bot. Bungea, género de plantas escrofulariáceas.

**BUNGO**, m. *beungo*. Bot. Bungo, adatoda de la India, planta.

**BUNGUM**, m. *beungóm*. Bot. Bungon, especie de adatoda diferente del bungo.

**BUNIADE**, f. *buniád*. Bot. Buniada, planta crucífera.

**BUNIAS**, m. *búnias*. Nabo silvestre, cuya semilla entra en la composicion de la triaca.

**BUNION**, m. *bunión*. Bot. Bunion, género de plantas umbelíferas.

**BUNODE**, m. *bunód*. Zool. Tubo vermicular, género de gusanos quetópodos.

**BUONACORDO**, m. *buonacórdo*. Mús. Buonacordo, espineta, especie de clavicordio pequeño usado en Italia.

**BUPALE**, m. *bupál*. Zool. Búpalo, género de lepidópteros nocturnos.

**BUPARITI**, m. *bupariti*. Bot. Bupariti, planta malvácea del Malabar.

**BUPHAGE**, m. *bufáge*. Mit. Búfago, sobrenombre de Hércules que se comia un buey entero. || Zool. Ave llamada tambien pincha-buey.

**BUPHAGÉS**, m. pl. *bufagé*. Zool. Búfages, familia de gorriones.

**BUPHAGIDÉES**, f. pl. *bufagidé*. Zool. Bufagideas, familia de gorriones.

**BUPHAGINÉES**, f. pl. *bufaginé*. Zool. Bufagíneas, sub-familia de la familia de las bufagídeas.

**BUPHONIES**, f. pl. *bufoní*. Hist. Bufonias, fiestas celebradas en Atênas en honor de Júpiter.

**BUPHTHALME**, m. *buftálm*. Bot. Buftalmo, género de plantas compuestas.

**BUPHTHALMIE**, f. *buftalmí*. Med. Buftalmia, enfermedad que consiste en el aumento de volúmen del ojo causado por la hidropesía de este órgano.

**BUPHTHALMIQUE**, adj. *buftalmic*. Med. Buftálmico, relativo á la buftalmia.

**BUPHTHALMUM**, m. *buftalmóm*. Bot. Buftalmo, especie de planta.

**BUPLEURINÉES**, f. pl. *bupleuriné*. Bot. Bupleurineas, plantas umbelíferas.

**BUPLEURON**, m. *bupleurón*. Bot. Bupleuron ú oreja de liebre, planta.

**BUPLÈVRE** ó **BUPLEUVRE**, m. *buplêvr*, *bupleuvr*. Bot. Bupleuro ó bupleuvro, género de plantas umbelíferas.

**BUPRESTE**, m. *buprést*. Zool. Bupresto, insecto con alas y aguijon semejante á la cantárida.

**BUPRESTOÏDE**, adj. *buprestoíd*. Zool. Buprestoide, parecido al bupresto. || *Buprestoïdes*, m. pl. Buprestoides, género de insectos coleópteros estenelitros.

**BUQUET**, m. *buqué*. Revolvedor, instrumento para revolver el índigo en las cuvas.

**BURAC**, m. *burác*. Quím. Bórax. El mismo nombre se ha dado á otras sales.

**BURAIL**, m. *buráll*. Especie de sarga ó de ratina, tela.

**BURALISTE**, m. *buralíst*. Cajero, recaudador, estanquero, todo empleado en rentas del Estado con tal que las recaude por sí mismo. || *Lotero*, el que despacha los billetes y anota los números de los que juegan á la lotería.

**BURANG**, m. *burán*. Burang, higuera de las Indias.

**BURAT**, m. *burá*. Com. Burato cierta tela de lana basta.

**BURATIN**, m. ó **BURATINE**, f. *buratén*, *buratín*. Com. Buratin ó buratina, especie de muselina cuya urdimbre es de seda y el entramado de lana.

**BURATTE**, f. *burát*. Com. Burata, tela de filoseda y de lana muy fina.

**BURCADE** ó **BURCADIE**, f. *burcád*, *burcadí*. Bot. Burcadia, género de hongos.

**BURCHARDIE**, f. *burcardí*. Bot. Burcardia, género de plantas colquicáceas.

**BURCHELLIE**, f. *burchelí*. Bot. Burquelia, género de plantas rubiáceas.

**BURDACHIE**, f. *burdachí*. Bot. Burdaquia, género de plantas malpigiáceas.

**BURE**, f. *búr*. Sayal, buriel, paño burdo y pardo para la gente pobre. || Pozo de minas que baja de la superficie de la tierra al interior. || Parte superior de un horno de forja.

**BUREAU**, m. *buró*. Bufete, mesa destinada exclusivamente para escribir. || Papelera, escritorio, especie de papitre en que se conservan papeles. || Oficina, despacho, ordinariamente de los empleados del gobierno. || Escritorio, oficina de un hombre de negocios ó de una casa de comercio. || Estanco, estanquillo, paraje en que se vende tabaco, sal, papel sellado, etc. || Mostrador. V. COMPTOIR. || Despacho ó lugar donde se venden ciertos géneros. || *Garçon de bureau*, escribiente, dependiente de una oficina. || Comision, número de individuos sacados de una corporacion para examinar ciertos asuntos y dar luego cuenta de lo que se haya acordado. || Mesa, la reunion del presidente, de los vice-presidentes y secretarios, tratándose de juntas académicas, electorales, etc. || Adm. Registro, lugar donde se [illegible] los derechos impuestos sobre los [illegible] que entran en una ciudad ó poblacion [illegible]. || *Bureau de placement*, agencia, [illegible] destinado para facilitar colocacion á [illegible], criados, etc. || *Bureau d'un spectacle*, despacho de billetes, lugar donde estos se distribuyen. || *Bureau d'adresses*, especie de agencias para dar noticias, informes, etc. || ant. Juzgado ó junta en que se ejerce alguna jurisdiccion: de aquí viene la voz *burro*, tribunal á que estaban sujetos los criados del rey. || *Bureau de la poste*, estafeta, casa de correos. || *Bureau central*. V. PRÉFECTURE DE POLICE. || *Bureau de loterie*, lotería, la casa donde el lotero despacha los billetes, etc. || Com. Antiguamente significaba buriel, paño muy ordinario de lana, conservándose todavía el proverbio: *Aussi bien sont amourettes sous bureau que sous brunettes*. || met. y fam. *Comme bureau*, fino como buriel, como punta de colchon: se dice irónicamente de un hombre ordinario.

**BUREAUCRATE**, m. y f. *burocrát*. Burócrata, hombre ó mujer de oficina. = Aficionado á oficinas, y tambien apto para ellas. Se usa de esta voz por ironía.

**BUREAUCRATIE**, f. *burocrasí*. Burocracia, influencia abusiva de los empleados en una oficina. Solo se usa en sentido irónico y denigrativo.

**BUREAUCRATIEN**, **NE**, adj. *burocrasién*, *én*. Burocrático, que pertenece á la burocracia: se usa irónicamente, hablando de los abusos, modales y carácter de los empleados de una oficina.

**BUREAUCRATIF**, **IVE**, adj. V. BUREAUCRATIEN.

**BUREAUCRATIQUE**, adj. V. BUREAUCRATIEN.

**BUREAUCRATISME**, m. V. BUREAUCRATIE.

**BURELÉ**, **ÉE**, adj. *burlé*. Blas. Lleno de bureles.

**BURÈLES**, f. pl. *burél*. Blas. Bureles, piezas que consisten en una faja cuyo ancho es la novena parte del escudo.

**BURESINUM**, m. *buresinom*. Bot. Buresino, planta que se halla en Creta.

**BURET**, m. *buré*. Múrice, pescado de concha.

**BURETTE**, f. *burét*. Vinajera, en que se pone el vino ó el agua para decir misa. || Sayalete, tela de lana.

**BURETTIER**, m. *buretié*. Monacillo que lleva las vinajeras delante del sacerdote cuando va á celebrar.

**BURGALÈSE**, f. *burgalés*. Burgalesa, la lana que sale de la provincia de Búrgos.

**[illegible]** de las Antillas, [illegible] nácar.

**BURGANDE**, m. [illegible] especie de nácar.

**BURGANDINE**, f. [illegible] na, especie de nácar, que [illegible] molusco llamado [illegible]

**BURGAU**, m. V. [illegible]

**BURGEAGE**, m. [illegible] pecie de grasa que [illegible] cuando el [illegible] madera verde.

**BURGER**, a. *burgé*. Ant. [illegible] mar el escarchado.

**BURGRAVE**, m. [illegible] ñor de una ciudad ó villa [illegible]

**BURHIN**, m. *burén*. Zool. [illegible]

**BURIN**, m. *burén*. Buril [illegible] grabador. || Mar. Burel [illegible] dura de figura cónica [illegible]

**BURINÉ**, **ÉE**, adj. [illegible]

**BURINER**, a. *burine*. [illegible] dones de un cable á otro [illegible] burel. || Burilar, abrir [illegible] metales || Quitar la carta de [illegible] Retener, grabar una [illegible] || Escribir la historia, etc.

**BURLESQUE**, adj. *burlésk*. [illegible] jocoso. || Ridículo, risible, [illegible] *Le burlesque*, m. Lo burlesco [illegible] hablando del estilo.

**BURLESQUEMENT**, adv. [illegible] De un modo burlesco, ridículo, bufon.

**BURMANNIE**, f. *burmaní*. [illegible] nia, planta pequeña que [illegible] jes húmedos.

**BURNETTIE**, f. *burnetí*. [illegible] género de plantas orquídeas. [illegible]

**BURNI**, **E**, adj. *burní*. [illegible] BRONZÉ. || Enrojecido. V. [illegible]

**BURO**, m. *búro*. Zool. Buro, [illegible] rico de los anfibios.

**BURON**, m. *burón*. Choza de [illegible] pastores de la Auvernia, en [illegible] queso. V. CABANE.

**BURONNIER**, m. *buronié*. [illegible] una choza ó cabaña.

**BURQUE**, m. *búrc*. Mil. [illegible] coraza.

**BURQUET**, m. *burqué*. [illegible] de mal gusto.

**BURRIELIE**, f. *burielí*. [illegible] género de plantas compuestas [illegible]

**BURSAIRE**, adj. *bursér*. [illegible] forme, que tiene la forma de [illegible] m. Zool. Bursario, género de [illegible] sorios amorfos. || Bot. [illegible] árboles de la Nueva Holanda.

**BURSAL**, **E**, adj. *bursál*. [illegible] sátil, pecuniario: dícese de [illegible] yes y decretos en órden á [illegible] nero. || Anat. *Muscle bursal* [illegible] algunos anatómicos han dado [illegible] interno.

**BURSARIE**, f. *bursarí*. [illegible] género de zoófitos [illegible]

**BURSARIENS**, m. pl. [illegible] Bursarios, familia de [illegible]

**BURSATELLE**, f. [illegible] tela, género de gasterópodos [illegible]

**BURSÈRE**, f. *bursér*. [illegible] nero de plantas terebintáceas [illegible]

**BURSÉRINE**, f. *burserín*. [illegible] rina, sub-resina blanca, [illegible] fosforescente.

**BURSICULE**, f. dim. de [illegible] cúl. Bolsita, bolsa pequeña.

**BURSOT**, m. *bursó*. Bot. [illegible] africano cuyas hojas y corteza [illegible] amarillo que pasa por buen [illegible]

**BURTONIE**, f. *burtoní*. [illegible] nero de plantas leguminosas.

**BURTONIE**, f. *burtoní*. [illegible] género de plantas papilionáceas.

**BUSARD**, m. *busár*. Zool. [illegible] pecie de halcon muy voraz.

**BUSC**, m. *búsc*. Ballena, [illegible] que usan las mujeres en el [illegible] jotar ó recoger el vientre.

**BUSCHE**, m. *búche*. Buse, [illegible] para la pesca de los arenques. [illegible] llama buse.

**BUTONIE**, f. *butoní*. Bot. Butonia, árbol muy bello de la familia de los mirtos, que se cria en las Molucas.

**BUTOR**, m. *butór*. Alcaravan, ave que vive en los pantanos. || met. Ganso, sopenco, torpe, avestruz, hablando de un hombre.

**BUTTE**, f. *bút*. Terromontero, cerrillo levantado en una llanura. || Terrero, aquel en que se pone el blanco para tirar. || met. *Etre en butte á*, estar expuesto á, ser el blanco de.

**BUTTER**, a. *buté*. Arq. Apear con botareles ó estribos. || Hort. Aporcar, cubrir de tierra las plantas.

**BUTTIÈRE**, f. *butiér*. Arcabuz, ó escopeta grande con que se tira al blanco.

**BUTTNÈRE**, f. *butnér*. Bot. Butneria, planta malváces.

**BUTTNÉRIACÉES**, f. pl. *butneriasé*. Bot. Butneriáceas, familia de plantas.

**BUTTOIR**, m. *butuár*. Tope, parte saliente que detiene ó empuja alguna pieza de máquina.

**BUTTURE**, f. *butúr*. Cas. Tumor que se hace en la coyuntura que está encima del pié del perro.

**BUTUMBO**, m. *butómbo*. Bot. Butumbo, arbusto de las Indias.

**BUTIRACÉ, ÉE**, adj. *butirase*. Butiráceo, que tiene la consistencia de la mantera.

**BUTYRATE**, m. *butirát*. Quim. Butirato, sal producida por el ácido butírico con una base.

**BUTYREUX, EUSE**, adj. *butireu*, *eus*. Mantecoso, lo que es de la naturaleza de la manteca de vaca.

**BUTYRINE**, f. *butirín*. Quim. Butirina, cierta grasa parecida á la manteca de vaca.

**BUTYRIQUE**, adj. m. *butiric*. Quim. Butírico: se dice de un ácido al que debe la manteca su principio odorífero.

**BUVABLE**, adj. *buvabl*. Potable, que se puede beber.

**BUVANT, E**, adj. *buván*. Que se halla en estado de beber: *cet homme a sept enfants, tous bien buvants et bien mangeants.* || Que se halla con gana ó en disposicion de beber: *j'ai laissé votre gastronome buvant et mangeant.* || *Bien buvant et bien mangeant*, bien comido y bien bebido, en vez de bien cuidado ó bien mantenido; y tambien (en lenguaje fam.), sano y bueno.

**BUVEAU**, m. *buvó*. Baivel, cartabon, instrumento para formar ángulos.

**BUVETIER**, m. *buvtié*. El portero que cuida de la pieza ó cuarto en que se sirve algun refrigerio á los ministros de un tribunal.

**BUVETTE**, f. *buvét*. Cuarto ó pieza en los tribunales destinado para servir á los jueces demas oficiales algun desayuno. || Pabellon en un jardin, donde se tomar refrescos. || Todo lugar escogido para tomar refrescos.

**BUVEUR, EUSE**, m. y f. *buveur*, *eus*. Bebedor, el aficionado al vino. || *Vin qui rappelle son buveur*, vino que se deja beber, que convida á repetir.

**BUVOTTER**, n. *buvoté*. Beborrotear, echar copitas, sorbitos, tragos, pasar el tiempo bebiendo.

**BUXBAUMIACÉES**, f. pl. *bucsbomiase*. Bot. Buxbomiáceas, familia de musgos acrocarpos del género buxbomia.

**BUXBAUMIE**, f. *bucsbomí*. Bot. Buxbomia, género de musgos.

**BUXBAUMOÏDE**, adj. *bucsbomoid*. Bot. Buxbomoideo, parecido á la buxbomia. || *Buxbaumoides*, m. pl. Buxbomoideas, familia de musgos.

**BUXIFOLIÉ, ÉE**, adj. *bucsifolié*. Bot. Buxifoliado, epíteto que se da á las plantas cuyas hojas se parecen á las del boj.

**BUXINE**, f. *bucsín*. Quim. Buxina, álcali vegetal que se extrae del boj.

**BUXINÉES**, f. pl. *bucsiné*. Bot. Buxíneas, familia de plantas que comunmede el boj.

**BUYANDIÈRE**, f. *buyandiér*. Especie de guisado.

**BUYSE**, m. *buís*. Pesc. Barco que usan los Holandeses para la pesca del arenque.

**BUZARD**, m. V. BUSSARD.

**BUZE**, f. V. BUSCHE.

**BUZY-COW**, m. *busicóf*. Cabiachato, especie de delfin del mar setentrional.

**BY**, m. *bí*. Foso que atraviesa un estanque, y va hasta la compuerta ó rasera de hierro que sirve para detener el agua.

**BYANI**, m. *biání*. Zool. Biani, ciprino de Egipto.

**BYBLIS**, f. *biblis*. Bot. Biblia, género de plantas de la Nueva Holanda.

**BYBLUS**, m. *biblus*. Bot. Biblo, planta acuática de Egipto.

**BYNNI**, m. *binní*. Zool. Bini, hermoso pez del género de los barbos.

**BYOMYE**, f. *biomí*. Zool. Biomia, género de insectos dípteros.

**BYRONIE**, f. *bironí*. Bot. Bironia, género de plantas ilicáceas.

**BYRRHE**, m. *birr* Zool. Birro, género de insectos coleópteros clavicórneos.

**BYRRHIENS**, m. pl. *birién*. Zool. Biríenos, tribu de coleópteros pentámeros.

**BYRSANTHE**, m. *birsánt*. Bot. Birsante, género de plantas lobeliáceas.

**BYRSOCARPE**, m. *birsocárp*. Bot. Birsocarpo, sinónimo de *omphalobion*.

**BYRSONIME**, m. *birsoním*. Bot. Birsónimo, género de plantas malpigiáceas.

**BYRSOPAGES**, f. pl. *birsopáge*. Zool. Birsópagos, género de coleópteros.

**BYRSOPSIDES**, m. pl. *birsopsíd*. Zool. Birsópsidos, division de coleópteros tetrámeros.

**BYRSOPSITES**, m. pl. *birsopsít*. Zool. Birsópsitos, grupo de curculiónidos.

**BYSSACÉ, ÉE**, adj. *bisacé*. Bot. Bisáceo, que se parece al biso. || *Byssacées*, f. pl. Bisáceas, plantas algáceas.

**BYSSE**, m. V. BYSSUS.

**BYSSIFÈRE**, adj. *bisifér*. Hist. nat. Bisífero, que produce biso.

**BYSSINÉES**, f. pl. *bisiné*. Bot. Bisíneas, seccion de la tribu de las mucedíneas.

**BYSSIQUE**, adj. *bisic*. Bísico, que es de biso ó que pertenece al biso.

**BYSSOCLADE**, m. *bisocládi*. Bot. Bisoclade, género de hongos.

**BYSSOÏDE**, adj. *bisoíd*. Bisoídeo, que se parece al biso.

**BYSSOÏDÉES**, f. pl. *bisoidé*. Bot. Bisoídeas, órden de hongos.

**BYSSOLITHE**, f. *bisolit*. Miner. Bisólita ó musgo lapídeo, musgo lanudo que se forma sobre las piedras.

**BYSSUS** ó **BYSSE**, m. *bísus*, *bís*. Biso, nombre dado por los antiguos á la materia con que hacian las mejores telas. || Biso, especie de seda negra para medias y otras obras. || Hist. nat. Biso, tejido filamentoso que une varias conchitas á las peñas del mar, y que es susceptible de labor. || Bot. Especie de líquen.

**BYSTROPOGON** ó **BYSTROPOGUE**, m. *bistropogón*, *bistropógue*. Bot. Bistrópogo género de plantas labiadas.

**BYTHINE**, f. *bitín*. Zool. Bitina, género de insectos dímeros.

**BYTHOSCOPE**, m. *bitoscóp*. Zool. Bitoscopo, género de insectos cercopianos.

**BYTOWNITE**, f. *bitunít*. Miner. Bitunita, sustancia vítrea, transparente, y de una estructura algo laminosa.

**BYTTNÉRIE**, f. *bitnerí*. Bot. Bitneria, género de plantas indígenas de América.

**BYTURE**, m. *bitúr*. Zool. Bituro, género de coleópteros pentámeros.

**BYZANTIN, E**, adj. y s. *bisantén*, *in*. Bizantino, de la ciudad de Bizancio.

**BYZÈNE**, m. *bisén*. Mit. Biceno, hijo de Neptuno. || Zool. Biceno, grupo de crustáceos.

**BYZÉNIE**, f. *biseni*. Bot. Bicenia, género de plantas vivaces.

# C.

**C**, m. C, letra consonante y la tercera del alfabeto. Suena como *s* ántes de *e*, *i*; y como en castellano ántes de *a*, *o*, *u*. Sobre los diferentes modos de pronunciarse tanto en medio como en fin de diccion, debe verse la gramática. || *C* se usa generalmente por *compte*, cuenta; así es que *C/O*, *C/C*, *M/C*, *V/C*, etc., son las abreviaturas de *compte ouvert*, *compte courant*, *mon compte*, *votre compte*.

**ÇÀ**, adv. sá. Acá, aquí. Solo se une al imper. del verbo *venir*. *Viens çà*, *venez çà*; ven acá, venga Vd. ó venid acá. || *Çà et là*, aquí y allí, acá y acullá. || *Deçà*, *delà*, de acá para allá. || *Deçà et delà*, de aquende y de allende. || Por. *Depuis deux ans en çà*, de dos años acá. || *Ça*, pronom. demostrativo, abreviacion de *cela*. Esto, eso, aquello: es muy familiar. || *Comme ça*, así, de este ó de este modo. *Comme ça* significa tambien tal cual, medianamente. || interj. Ea! vaya! expresion de mando, de ánimo, de excitacion. *Çà*, *allons*, ea, vamos; *çà*, *travaillons*, ea, trabajemos. || *Or çà*, *ah çà*, ahora, así pues, ya pues.

**CA**, m. cá. Quím. Ca, fórmula atomística del calcio.

**CAABA**, f. *caába*. Caaba, casa en que nació Mahoma en la Meca.

**CAACHIRA**, f. *caachíra*. Índigo, planta de que se saca el añil.

**CAA-CHIYNYIO**, m. *caachiniio*. Bot. Caachinio, planta del Brasil.

**CAAGUA-CUBA**, m. *caaguacúba*. Bot. Caagua-cuba, arbusto del Brasil.

**CAAIGOUATA**, m. *caaguáta*. Zool. Caiguata, especie de cerdo.

**CAAMA**, m. *caáma*. Zool. Caama, especie de antílope.

**CAANTIE**, m. *caanti*. Zool. Caancia, género de peces de las islas Molucas.

**CAA-OPIA**, m. *caaópia*. Bot. Caaopia, árbol del Brasil.

**CAA-POMONGA**, m. *caapomónga*. Bot. Caapomonga, especie de pipirigallo.

**CAA-PONGA**, m. *caaponga*. Bot. Caaponga, verdolaga velluda del Brasil.

**CAA-RAROA**, m. *caaraboá*. Bot. Caararoa, arbusto del Brasil.

**CAARINA**, m. *caarína*. Bot. Caarina, raíz de la yuca.

**CAAYA**, m. *caáya*. Zool. Caaya, especie de mono del género aluato.

**CABACET**, m. *cabasé*. Capacete, casco para adornar la cabeza.

**CABADE**, m. *cabád*. Traje militar que usan los Griegos modernos.

**CABAL**, m. *cabál*. Géneros que se toman á mitad, tercera ó cuarta parte de ganancia.

**CABALANT**, E, adj. *cabalán*. Pandillero, el que maquina, trama ó hace cabalas.

**CABALE**, f. *cabál*. Cabala, tradicion judáica sobre el arte de adivinar, combinando las letras y palabras de la Biblia. || Cabala, maquinacion, trama, partido.

**CABALER**, n. *cabalé*. Maquinar, tramar, fomentar alguna conjuracion ó partido.

**CABALEUR**, m. *cabaleur*. Maquinador, sedicioso, fomentador de tramas ó partidos.

**CABALEZET**, m. *cabalsé*. Corazon de leon, estrella fija.

**CABALHAU**, m. *cabaló*. Bot. Cabalau, planta de Méjico.

**CABALISER**, n. *cabalisé*. Cabalizar, ejercer ó profesar la ciencia cabalística.

**CABALISTE**, m. *cabalist*. Cabalista, el que profesa la vana ciencia de la cabala.

**CABALISTIQUE**, adj. *cabalistic*. Cabalístico; lo que pertenece á la cabala, como arte quimérico.

**CABALISTIQUEMENT**, adv. *cabalisticmán*. Cabalísticamente, de una manera cabalística.

**CABALLEROS**, m. *caballéros*. Caballero, lana de España.

**CABALLIN**, adj. m. *cabalén*. Especie de aloe que no se emplea sino para los caballos.

**CABAN**, m. *cabán*. Mar. Capote de lona con capucha que sirve á los centinelas.

**CABANAGE**, m. *cabanáge*. Chacra, rancho, el sitio donde se acampan los Indios y hacen sus chozas.

**CABANE**, f. *cabán*. Cabaña, choza. || Mar. Camarote.

**CABANER**, n. *cabané*. Construir cabañas y chozas. || Mar. Zozobrar, volcarse el buque llenándose de agua y descubriendo la quilla. = *Cabaner une embarcation*, zozobrar un bote. || *Se cabaner*, r. Guarecerse en una cabaña. || Este verbo á veces es activo.

**CABANON**, m. *cabanón*. Cabañuela, chozuela.

**CABARE**, m. *cabár*. Zool. Cabare, especie de mochuelo del Brasil.

**CABARET**, m. *cabaré*. Taberna, figon. || Batea, bandeja en que se ponen las tazas para servir el café, el té, etc. || Asarabácara, cierta yerba de olor.

**CABARETER**, n. *cabarté*. Frecuentar á menudo las tabernas.

**CABARETEUR**, m. *cabarteur*. Tabernero, el que frecuenta las tabernas.

**CABARETIER, ÈRE**, m. y f. *cabartié*, *ér*. Tabernero, el que tiene por oficio vender vino.

**CABARÉTIQUE**, adj. *cabaretic*. Tabernario, que se refiere ó tiene relacion con la taberna. Solo se dice del lenguaje.

**CABARNE**, m. *cabárn*. Mit. Cabarno, sacerdote de Céres en la isla de Páros.

**CABAS**, m. *cabá*. Capacho, esportillo de palma ó junco.

**CABASSER**, n. *cabasé*. Maquinar, engañar, tender lazos.

**CABASSET**, m. ant. *cabase*. Capacete, casco para armar la cabeza.

**CABASSEUR, EUSE**, m. y f. *cabaseur*, *eus*. Maquinador, engañador, estafador.

**CABE**, f. *cáb*. Vaca vieja que se engorda para el matadero.

**CABELIAU**, m. *cabelió*. Zool. Bacalao, truchuela.

**CABÉLO**, m. *cabélo*. Zool. Cabelo, especie de serpiente que se halla en Surinam.

**CABÈRE**, f. *cabér*. Zool. Cabera, género de mariposa.

**CABESSAL**, m. *cabesál*. Rodete, especie de rosca para llevar peso en la cabeza.

**CABESTAN**, m. *cabestán*. Cabrestante, cilindro de madera perpendicular á que se da vueltas con las palancas para atraer cuerpos muy pesados. || Bot. Cabrestante, planta de África. || Náut. Cabestante.

**CABEZON**, m. *cabsón*. Zool. Cabezon, pájaro cuyo tipo es el tamaria de Buffon.

**CABIAI**, m. *cabié*. Cabiai ó capivar, cuadrúpedo de la Guyana y del Brasil.

**CABILAH ó CABILLE**, f. *cabila*, *cabill*. Tribu de Árabes y Abisinios.

**CABILLAUD**, m. *cabilló*. Truchuela, especie de abadejo que se come fresco.

**CABILLOTS**, m. pl. *cabilló*. Mar. Cavillas, pequeñas clavijas en que se atan los cabos de las maniobras volantes.

**CABINET**, m. *cabiné*. Gabinete, pieza retirada de la casa. || Paraje de la casa destinado para guardar pinturas, medallas, antigüedades, manuscritos, libros, etc. || Despacho, estudio, retrete. || Papelera, escritorio || ant. Guardaropa. || Letrina. || Consejo privado, despacho secreto de los negocios de gobierno, que tambien se llama gabinete, por suponerse tratados en la cámara ó retrete de palacio. || [illegible] ta, político, y tambien [illegible] literato. || *Cabinet de* [illegible] mado de lana de [illegible] *din*, cazador. || [illegible] *cordero*, glorieta [illegible] madera cubiertos de [illegible] *net d'orgue*, órgano pe[illegible] mado realejo.

**CÂBLE**, m. *cábl*. [illegible] se. || *Commettre un câble* [illegible] || Mar. Cable, cabo grueso [illegible] nes, que sirve para [illegible]

**CÂBLÉ, ÉE**, adj. *cablé*. [illegible] cha de cables torcidos.

**CÂBLEAU ó CABLOT**, [illegible] Amarra, cabo que sirve de [illegible]

**CÂBLER**, a. *cablé*. [illegible] chos hilos para formar [illegible] Mar. Acalabrotar.

**CÂBLIÈRE**, f. *cablièr*. [illegible] sada, agujereada en el [illegible] para mantener las redes [illegible] agua ó sobre la arena.

**CABOCHE**, f. *cabóche*. [illegible] do y de cabeza cuadrada. [illegible] *che*, cabezorro, cabezon, [illegible] grande. || *Bonne caboche*, [illegible] hombre de testa ó cabeza [illegible]

**CABOCHON**, m. *cabochon* [illegible] bí que está pulido sin labrar [illegible] lamon, clavo pequeño con [illegible] diamante. || Zool. Cabujon, [illegible] chas bivalvas.

**CABOMBA**, m. *cabómba*. [illegible] yerba muy comun en las agua[illegible]

**CABOMBÉES**, f. pl. *cabo*[illegible] bombeas, seccion de plantas [illegible] cuyo tipo es el género [illegible]

**CABONÉGRO ó CA**[illegible] *négro*, *cabonégro*. Bot. Ca[illegible] gro, género de plantas de [illegible] palmeras.

**CABOO**, m. *cabóo*. Bot. [illegible] Sumatra.

**CABORDE**, f. *cabórd*. [illegible] sin argamasa, que se [illegible]

**CABORNE ó CABOUR**[illegible] *cabúrn*. Especie de capuchon [illegible]

**CABOSSE**, f. *cabós*. [illegible] del cacao.

**CABOSSER**, a. *cabosé*. [illegible] llar, acardenalar, golpear. || [illegible] como recíproco.

**CABOTAGE**, m. *cabotáge*. [illegible] navegacion que se hace de [illegible] de una misma nacion.

**CABOTER**, n. *caboté*. [illegible] de costa en costa, de puerto [illegible]

**CABOTEUR ó CABOT**[illegible] *cabotié*. Barco costanero ó [illegible] solo hace viajes de puerto [illegible]

**CABOTIN, E**, m. y f. [illegible] mico de la legua, cómico [illegible]

**CABOUILLE**, f. *cab*[illegible] nombre de la pita de [illegible]

**CABRE**, f. *cábr*. Mar. [illegible] para cargar y descargar los [illegible]

**CABRÉ, ÉE**, adj. *cabré*. [illegible] dícese del caballo que está [illegible]

**CABREMENT**, m. *cabre*[illegible] miento, lenvantamiento de [illegible]

**CABRER (SE)**, r. *cabré*. [illegible] empinarse, encabritarse [illegible] Montarse en cólera, [illegible] se en peso, subirse á la [illegible] Este verbo se usa rara vez [illegible]

**CABRI ó CABRIT**, m. *cabri*. [illegible] hijo de la cabra, sea macho ó [illegible]

**CABRIALET**, m. *cabrialé*. [illegible] [illegible]o, género de viandas [illegible]

**[illegible]**, m. *cabrilú*. Queso de leche de cabra que se hace en Auvernia.

**CABRIOLE**, f. *cabriól*. Cabriola, brinco que dan los que danzan. || Corcovo, salto malicioso que da el caballo.

**CABRIOLER**, n. *cabriolé*. Cabriolear, hacer ó echar cabriolas.

**CABRIOLET**, m. *cabriolé*. Cabriolé, birlocho, carruaje ligero de dos ruedas.

**CABRIOLEUR, EUSE**, m. y f. *cabrioleur, eus*. Cabriolista, el que hace cabriolas.

**[illegible]**, m. *cabrión*. Mar. Cabriones, [illegible] de cuñas que se ponen debajo de las [illegible] de la cureña del cañon.

**[illegible]**, m. *cabrú*. Cabritilla, piel de [illegible].

**[illegible]**, m. *cabrué*. Carretilla que [illegible] en las islas para llevar las cañas de [illegible] al molino.

**[illegible]**, m. *cabruetié*. Conductor de una carreta.

**[illegible]**, m. *cabuágo*. Bot. Cabuago, [illegible] de las Filipinas.

**[illegible]**, m. *cabája*. Bot. Cabuja, planta [illegible] con que se hacen cuerdas.

**[illegible]**, m. *cabél*. Cabalo, máquina [illegible] de guerra para arrojar piedras.

**[illegible]**, m. *cabár*. Bot. Cabur, género [illegible] originarios de Java.

**[illegible]**, m. *cabár*. Zool. Cabaro, [illegible] del Brasil.

**[illegible]**, m. *caburéba*. Bot. Cabureiba, árbol que produce el bálsamo del [illegible].

**[illegible]**, adj. *cabú*. Solo se usa esta voz cuando va precedida de *chou*, col, y entónces [illegible] cabus ó *pommé*, es el repollo ó la [illegible].

**[illegible]**, m. *cáca*. Caca, excremento de los [illegible], hacer la caca ó la pua.

**[illegible]**, n. *cacabé*. Cachichear, cantar [illegible] como la perdiz.

**[illegible]**, m. *cacaboya*. Zool. Cacaboya, especie de serpiente anfibia del Brasil.

**[illegible]**, f. *cacád*. Cagada. || met. *Faire* [illegible] cacade, hacer una buena cagada, [illegible] el mal éxito de una cosa emprendida [illegible].

**[illegible]**, m. *cacadú*. Zool. Cacadú, especie de loro.

**[illegible]**, m. *cacagógue*. Farm. Cacagogo, ungüento que se aplica al ano para [illegible] el vientre.

**[illegible]**, m. *cacauí*. Zool. Cacahuy, [illegible] de pájaro de América.

**[illegible]**, f. *cacauét*. Bot. Cacahuete, [illegible] de tierra.

**[illegible]**, m. *cacajó*. Zool. Cacajo, especie de [illegible] de la América meridional.

**[illegible]**, f. *cacalí*. Bot. Cacalia, género [illegible].

**[illegible]**, f. pl. *cacalié*. Bot. Caca-[illegible], familia de plantas.

**[illegible]**, m. *cacáo*. Bot. Cacao, fruto de [illegible], con el cual se labra el chocolate.

**[illegible]-CARAQUE**, m. *cacaocarác*. Bot. [illegible], especie de cacao de la costa [illegible].

**[illegible]**, m. *cacaoctéli*. Hist. Cacau-[illegible], [illegible] de una planta de México.

**[illegible] ó CARACOYER**, m. *cacao*-[illegible]. Bot. Árbol de la América, que [illegible].

**[illegible], CACAOYÈRE**, f. *cacao*-[illegible]. Cacaotal, sitio plantado de [illegible].

**[illegible]**, n. *cacarié*. Graznar, ba-[illegible] del ganso. || Imitar el graznido del [illegible].

**[illegible]**, adj. *cacaspi*-[illegible]. Zool. Cacaspi-[illegible] de una serpiente venenosa.

**[illegible]**, m. *cacastól*. Zool. Cacastol, [illegible].

**[illegible]**, m. *cacatáli*. Bot. Cacatali, [illegible] del Malabar.

**[illegible]**, m. [illegible]. Zool. Cacatuy, [illegible] de las islas Molucas. || [illegible] de *Cacatoi de misaine*, [illegible].

**[illegible]**, adj. [illegible]. Anat. Ca-[illegible], que causa deposiciones alvinas. || [illegible] que se da á una caballería.

**[illegible]**, f. [illegible]. Farm. Nombre de una píldora contra la disentería.

**CACÉRAS**, f. *caséras*. Bot. Caceras, raíz de las Indias.

**CACHALOT**, m. *cachaló*. Zool. Cachalote, cetáceo, una de las especies de ballena.

**CACHANG-PARANG**, m. *cachanparán*. Bot. Cachan-parango, planta leguminosa de Sumatra. || Especie de ave.

**CACHATIN**, m. *cachatén*. Goma laca que viene de Smirna.

**CACHAUL-CORING**, m. *cacholcorén*. Bot. Cachaul-coringo, planta leguminosa de Sumatra.

**CACHE**, f. fam. *cáche*. Escondrijo, escondite. || *Il a trouvé la cache*, ha hallado el secreto, esto es, el medio para algun descubrimiento ó invencion. || Nombre de una moneda de la China.

**CACHÉ, ÉE**, adj. *caché*. Escondido. || *Esprit caché*, genio disimulado, reservado. || *Vie cachée*, vida retirada, solitaria.

**CACHE-CACHE**, m. *cachecáche*. Especie de juego de muchachos.

**CACHECTIQUE**, adj. *caquectic*. Anat. Caquéctico, que está atacado de la caquexia. = Que pertenece á la caquexia.

**CACHE-ENTRÉE**, m. *cachantré*. Cerraj. Escudo, chapa de hierro que guarnece el agujero de las llaves.

**CACHEMENT**, m. *cachemán*. Ocultacion, encubrimiento.

**CACHEMIRE**, m. *cachemír*. Cachemira, tejido muy fino hecho con el pelo de las cabras que se crian en el valle de Cachemira en la India, donde se fabrica.

**CACHE-MUSEAU**, m. *cachemusó*. Especie de col.

**CACHE-NEZ**, m. *cachené*. Bufanda, especie de corbata de estambre que sirve para taparse la boca cuando hace frio.

**CACHER**, a. *caché*. Esconder á alguno ó alguna cosa. || Tapar, cubrir, ocultar, no dejar ver. || met. Ocultar, callar su nombre, etc. || Encubrir ó disimular un pensamiento, un designio. || *Se cacher*, r. Esconderse, ocultarse, retirarse del trato, hacer vida retirada ó solitaria.

**CACHÈRE**, f. *cachér*. Archa ó templador, entre vidrieros.

**CACHERÉE**, f. *cacheré*. Bot. Cacherea ó *hibiscus subduriffa*, planta ácida.

**CACHERON**, m. *cacherón*. Bramante, especie de cordelillo de cáñamo ordinario.

**CACHET**, m. *caché*. Sello con el que se cierran las cartas. El sello del rey, de las autoridades y de las corporaciones se llama *sceau*. || Sello, oblea, lacre u otra sustancia en la que se ha estampado el sello, como tambien la marca que este deja. || met. Sello, modo de hacer, carácter peculiar que distingue las obras de un autor. || *Lettres de cachet*, cartas-órdenes del rey, selladas y firmadas de un secretario de Estado.

**CACHETER**, a. *cacheté*. Sellar, cerrar una carta, ponerle el sello. || *Pain à cacheter*, oblea. = *Cire à cacheter*, lacre.

**CACHETTE**, f. *cachét*. Escondrijo, escondite. || met. Secreto, arcano. || *En cachette*, loc. adv. En secreto, á escondidas.

**CACHEUR, EUSE**, m. y f. *cacheur, eus*. Ocultador, el que oculta. || m. Instrumento de madera para componer las formas del azúcar.

**CACHEXIE**, f. *caquecsí*. Med. Caquexia, estado morbífico que resulta de un vicio de nutricion, caracterizado por la languidez, por un adelgazamiento mas ó ménos rápido, etc. Tabuada y otros la llaman tambien *cacoquimia*, y dicen que proviene de los malos humores. || Vet. *Cachexie aqueuse*, caquexia acuosa, enfermedad peculiar de las ovejas.

**CACHI**, m. *cachí*. Bot. Cachí, árbol del Malabar. || Miner. Cachí, especie de piedra blanca parecida al alabastro, que se encuentra en las minas de plata de América.

**CACHIBOU**, m. *cachibú*. Bot. Galanga amarilla de América.

**CACHICAME**, m. V. TATOU.

**CACHIMENT**, m. *cachimán*. Bot. Chirimoya, fruto del guanabano.

**CACHIMENTIER**, m. *cachimantié*. Bot. Guanabano, árbol muy comun en las islas Antillas, que lleva la fruta llamada chirimoya.

**CACHIMIA**, f. *cachimía*. Quím. Caquimia, nombre antiguo de las sustancias minerales imperfectas, como el cobalto, zinc.

**CACHIMBO**, m. *cachénbo*. Pipa de tierra rojiza con que fuman los Chinos.

**CACHINATION**, f. *cachinasión*. Risotada, carcajada, risa excesiva.

**CACHIOURA**, m. *cachiúra*. Com. Tela de algodon fabricada en el Indostan.

**CACHIRI**, m. *cachirí*. Cachiri, especie de licor fermentado que se saca por destilacion del yuca y de las patatas machacadas.

**CACHOLONG**, m. *cacholón*. Miner. Ágata calcedonia blanca y opaca.

**CACHOS**, m. *cáchos*. Bot. Cachos, arbusto verde de las montañas del Perú; y el fruto del mismo árbol, reputado litontríptico.

**CACHOT**, m. *cachó*. Calabozo, encierro, prision las mas veces subterránea y oscura. || *Un noir cachot*, un lóbrego calabozo.

**CACHOTTERIE**, f. *cachotrí*. Secretillo, misterio, tapadillo, modo misterioso de hablar ó hacer alguna cosa poco importante. || *Faire des cachotteries*, andar con secretillos, con misterios, con tapujos.

**CACHOTTIER, IÈRE**, m. y f. *cachotié, ér*. Misterioso, secretista, que anda con secretillos, que de todo hace misterios.

**CACHOU**, m. *cachú*. Cachunde, sustancia morena, concreta y astringente que se saca de un árbol de las Indias.

**CACHOUDÉ**, m. *cachudé*. Cachundado, mezcla de cachunde, de azúcar y de sustancias aromáticas con que hacen los Orientales pastillas para perfumar el aliento.

**CACHRYDE**, f. *cacríd*. Bot. Cacrida, género de plantas umbelíferas.

**CACIQUAT**, m. *casicá*. Cacicato, dignidad de cacique.

**CACIQUE**, m. *casíc*. Hist. Caciques, título de los príncipes del Perú, Méjico é isla de Cuba ántes de la conquista. = Nombre de los jefes de los Indios no sometidos á los Europeos. || Zool. Cacique, pájaro grande de América.

**CACIS**, m. *cásis*. Casis, planta muy parecida á la que produce la grosella. Hácese de ella un excelente rosoli. V. CASSIS.

**CACOCHÈME**, s. y adj. *cacochém*. Cir. Caconemo, el ó la que tiene las piernas defectuosas.

**CACOCHOLIE**, f. *cacocolí*. Cacocolia, depravacion de la bilis.

**CACOCHONDRIQUE**, adj. *cacocondríc*. Zool. Cacocóndrica, calificacion de una serpiente venenosa que tiene la piel granuda.

**CACOCHYLE**, m. *cacochíl*. Med. Cacoquilo, quilo dañado ó depravado.

**CACOCHYLIE**, f. *cacochilí*. Med. Cacoquilia, mala digestion.

**CACOCHYME**, adj. *cacochím*. Cacoquimio, malsano. || met. Extravagante, [illegible] genio, por el talento, por el genio.

**CACOCHYMIE**, f. *cacochimí*. Cacoquimia, depravacion de humores.

**CACOCHYMIQUE**, adj. *cacochimíc*. Cacoquímico, que pertenece á la cacoquimia.

**CACODÉMON**, m. *cacodemón*. Mit. Espíritu maligno, el demonio.

**CACOËTHE**, adj. *cacoét*. Cir. De mala naturaleza; y así se dice *ulcère cacoëthe*.

**CACOGRAPHE**, m. y f. *cacográf*. Cacógrafo, que tiene mala ortografía, que escribe irregularmente las voces de un idioma.

**CACOGRAPHIE**, f. *cacografí*. Cacografía, escritura contra las reglas de la ortografía, ortografía viciosa.

**CACOLET**, m. *cacolé*. Artola, especie de aparejo consistente en dos sillones atados con cuerdas y colocadas cada una al lado de la caballería, en la que van dos personas con comodidad.

**CACOLOGIE**, f. *cacologí*. Cacología, locucion contra las reglas de la gramática.

**CACOLOGUE**, m. y f. *cacológue*. Cacólogo, el que habla mal ó usa de locuciones viciosas.

**CACOMITE**, m. *cacomít*. Bot. Cacomita, especie de tigridia, planta cuya hoja servia de alimento á los antiguos Peruvianos.

**CACONICHIE**, f. *caconichí*. Cir. Caconiquia, deformidad de las uñas.

**CACOPATHIE**, f. *cacopatí*. Med. Cacopatía, segun Hipócrates, enfermedad maligna ó de mal carácter.

[illegible], m. [illegible]. Zool. [illegible], género [illegible].

[illegible], m. y f. [illegible]. Cafre, el natural de [illegible]. || m. Ave de rapiña, que es un [illegible] y buitre.

[illegible], m. cagarol. Zool. Cagarolo, [illegible].

[illegible], adj. cagagóg. [illegible] que se da en medicina á toda [illegible] que es producto de un principio [illegible].

[illegible], m. [illegible]. Cagastrum, [illegible] y el germen de todas las enfer[illegible].

[illegible], f. cagé. Especie de jaula de [illegible] que se [illegible] las castañas [illegible] para sacar el aceite.

[illegible], f. cage. Jaula, en que se encierran [illegible]. || [illegible], encierro con enrejados [illegible] las focas y las fieras. || Mar. [illegible] = Cage á grilles, [illegible] de gavia. || Alcahaz, [illegible] para conservar pájaros y aves. || [illegible] casa estrecha y aislada. || Cage [illegible], caja de una casa. || Cárcel, [illegible]. [illegible], espacio que [illegible] y ruedas de un reloj.

[illegible], f. cagé. Pajarera, jaula llena de [illegible].

[illegible], m. cagié. Cetr. Pajarero, el [illegible] pájaros y jaulas.

[illegible], f. [illegible]. Cagliarese, [illegible] de Cerdeña.

[illegible], m. cañár. Mar. Encerados, [illegible] que resiste al agua, [illegible] y otros usos.

[illegible], E, adj. fam. cañár. Pendejo, [illegible], gallina.

[illegible], n. fam. cañardé. Poltronear, [illegible], estar hecho un [illegible], un pendejo.

[illegible], f. fam. cañardís. Hara[illegible], poltronería.

[illegible], adj. cañeu, eus. [illegible].

[illegible], m. cañó. Especie de perro de [illegible].

[illegible], f. cañót. Cabaña pequeña [illegible].

[illegible], E, adj. y s. cagó, ót. Santurron, [illegible] devocion falsa ó mal [illegible].

[illegible], n. cagoté. Santurronear, ha[illegible].

[illegible], f. cagotrí. Santurronería, [illegible] hipócrita del santurron.

[illegible], m. cagotism. Santurrone[illegible] y carácter hipócrita del [illegible].

[illegible], m. cagú. [illegible], que vive me[illegible] y separado de todo trato, avaro, [illegible].

[illegible], f. cagúll. Mar. Voluta ó [illegible] se lleva figura.

[illegible], f. cagúl. Cogulla, especie [illegible] que visten algunos religiosos.

[illegible], f. caiguelier. Barco de cabotaje [illegible].

[illegible], m. caié. Cuaderno, reunion de [illegible] ó pergamino cosidos. || [illegible], los cahiers [illegible]: en España, [illegible], se llaman tambien cua[illegible] cargos, en las adjudi[illegible] de las condi[illegible] el adjudicatario.

[illegible], m. V. [illegible].

[illegible], adv. vulg. [illegible]. Tal [illegible]. || De mala ga[illegible].

[illegible], m. [illegible]. Cahiz, medida española [illegible].

[illegible], m. caór. Cahors, especie de [illegible], porque crece en los [illegible] de Cahors, ciudad de Francia.

[illegible] ó [illegible], E, adj. y s. [illegible], de Cahors.

[illegible], m. V. [illegible], mejor ortografía.

[illegible], m. caó. Vaiven, traqueo que [illegible] en un terreno des[illegible], interrupcion, [illegible].

[illegible]

**CAHOTANT**, E, adj. *caotán*. Salton, volandero: se dice del carruaje que por su mala construccion da muchos vaivenes, y tambien de los caminos y calles que los ocasionan.

**CAHOTER**, a. *caoté*. Traquear, zangolotear, bazuquear, hablando del mal movimiento de un coche ú otro carruaje. || Atormentar, fastidiar. || *Se cahoter*, r. Traquearse, zangolotearse.

**CAHUTE** ó **CAHUETTE**, f. *caút*, *cahuét*. Chocil, choza pequeña, casilla construida con tierra y algunas piedras ó madera mala.

**CAÏC** ó **CAÏQUE**, m. *caic*. Mar. Caique, esquife destinado al servicio de las galeras. || Lancha de los Cosacos, Turcos, etc. || pl. Cayos, arrecifes grandes, que á veces forman isletas.

**CAÏCA**, m. *caica*. Caique, especie de papagayo de la Guyana.

**CAÏD**, m. *caid*. Caid, especie de juez de los estados de Trípoli.

**CAÏEU**, m. *caieu*. Cebolleta, la cebolla ó bulbo pequeño que tienen varias plantas de flores. || Bot. pl. Esquejes, los hijuelos de las plantas.

**CAILLE**, f. *cáll*. Codorniz, ave de paso, del órden de las gallináceas.

**CAILLÉ**, m. *callé*. Cuajo, cuajada, leche separada del suero. || adj. Cuajado.

**CAILLÉ-BLANC**, m. *calleblán*. Quím. Precipitado blanco, precipitado de las disoluciones de plata y ácido marino.

**CAILLEBOTIN**, m. *callbotín*. Canastillo donde los zapateros tienen sus herramientas.

**CAILLEBOTTE**, f. *callbót*. Cuajada, la masa de leche coagulada y separada del suero. || Mar. Sobresano.

**CAILLEBOTTER**, a. *callboté*. Cuajar, condensar.

**CAILLEBOTTIS**, m. *callbotí*. Mar. Enrejado, especie de celosía que se pone sobre las escotillas para ventilar el buque.

**CAILLE-LAIT**, m. *callé*. Bot. Galio, cuaja-leche, cardo lechero. V. GAILLET.

**CAILLEMENT**, m. *callmán*. Cuajo, coagulacion, el estado de lo que está cuajado.

**CAILLER**, a. *callé*. Cuajar, coagular la leche ó la sangre.

**CAILLETAGE**, m. *callitáge*. Picotería, cotorrería, charladuría. || Cháchara, parola, mucha parla con poca sustancia.

**CAILLETEAU**, m. *callitó*. Codorniz pequeña, el polluelo de la codorniz.

**CAILLETER**, n. *callité*. Charlar, picotear, hablar mucho y tontamente.

**CAILLETOT**, m. *callitó*. Especie de rodaballo pequeño.

**CAILLETTE**, f. *calliét*. Cuajar, cuarto estómago de los rumiantes. || met. Cotorrera ó cotorra, bocona, mujer frívola y habladora.

**CAILLEUR**, m. *callieur*. Cazador de codornices.

**CAILLOT**, m. *calló*. Coágulo, cuajaron de la sangre.

**CAILLOTIS**, m. *callotí*. Sosa cuyos pedazos son tan duros como los guijarros.

**CAILLOT-ROSAT**, m. *callorosá*. Especie de pera pétrea del mismo sabor que la rosa. || Su plural es *caillots-rosats*.

**CAILLOU**, m. *callú*. Guijarro, pedernal. =*Petit caillou*, china. =*Gros caillou*, chinarro, chinarron. || *Vouloir tirer de l'huile d'un caillou*, pedir peras al olmo, sacar leche de un canto, ó sacar leche de una alcuza. Pedir peras al olmo corresponde tambien á *vouloir tirer de l'huile d'un mur*. V. OLMO en el tomo español-frances.

**CAILLOUTAGE**, m. *callutáge*. Obras de morrillo, hechas con guijarros.

**CAILLOUTÉE**, f. *calluté*. Pedernal, loza fina de piedra. || Cascada, adorno pintoresco que se eleva artísticamente con una especie de guijarros de varios colores en los jardines, patios, bosquecillos, etc.

**CAILLOUTER**, a. *callutí*. Empedrar.

**CAILLOUTEUR**, m. *calluteur*. Empedrador, bracero que trabaja en el empedrado de las calles. || Pedrero, el que corta y arregla las piedras de chispa.

**CAILLOUTEUX**, EUSE, adj. *calluteu*, eus. Guijarroso, sembrado de guijarros.

**CAÏMACAN**, m. V. CAÏM-MÉKAM.

**CAÏMAN**, m. *caimán*. Caiman, especie de cocodrilo.

**CAIMAND**, E, m. y f. V. QUÉMAND.

**CAIMANDER**, n. V. QUÉMANDER.

**CAIMANDEUR**, EUSE, m. y f. V. QUÉMANDEUR.

**CAÏMIRI**, m. *caimirí*. Caimiri, especie muy bonita de mono de América.

**CAÏNITES**, m. pl. *caimít*. Caimitas, secta de gnósticos que creian poseer un saber sobrenatural.

**CAÏMITIER**, m. *caimitié*. Bot. Caimitero, árbol de las Antillas.

**CAÏM-MÉKAM**, m. *caimmecán*. Hist. Caimacan, funcionario otomano que suple ó sustituye al gran visir.

**CAÏNITE**, s. y adj. *cainít*. Cainita, sectarios del siglo XI originarios del gnosticismo.

**CAÏNITO**, m. *cainito*. Bot. Cainito, género de plantas de flores monopétalas.

**CAÏPA-SCHORA**, f. *caipascóra*. Caipécora, nombre de una especie de calabaza.

**CAÏPON**, m. *caipón*. Bot. Caipon, árbol grande de Santo Domingo.

**CAÏQUE**, m. V. CAÏC.

**CAISSE**, f. *qués*. Caja, especie de cajon con tapa para guardar alguna cosa ó trasladarla de un punto á otro. || Arca donde se guardan los caudales públicos, de cuerpos, comunidades y comerciantes; y tambien los fondos que en ella se contienen. || Tambien se toma por la pieza, paraje ó sea tesorería en que se hacen los pagos y cobranzas. || Caja, tambor ó atabal de guerra. || Cajonera en la que se crian arbolillos. || *Battre la caisse*, tocar la caja ó el tambor. || Anat. *Caisse du tambour* ó *du tympan*, cavidad del oido que se halla en la extremidad del conducto auditivo.

**CAISSETIN**, m. *questen*. Cajoncito de abeto para llevar pasas.

**CAISSIER**, m. *quesié*. Cajero, el que en las casas de banco y de comercio tiene á su cargo el dinero.

**CAISSON**, m. *quesón*. Arcon ó cajon grande que sirve en los ejércitos para víveres, municiones, etc. || Carr. Arca, especie de cajon que se halla en la trasera de los coches ó debajo de los asientos.

**CAJAN**, m. *caján*. Bot. Cayano, planta de la familia de las papilionáceas.

**CAJEPUT**, m. *cajepu*. Cayeput, malaleuca, planta cuyo aceite claro, trasparente y verde dicen que tiene la virtud de curar el caries de las muelas.

**CAJOLABLE**, adj. *cajolábl*. Dulce, amable, que merece ser amado, acariciado.

**CAJOLER**, a. *cajolé*. Requebrar, acariciar, engatusar, decir requiebros y hacer zalamerías. || Mar. Vacuar, mantenerse con poca vela en bordes cortos. || n. Cetr. Chirrear, gritar el grajo.

**CAJOLERIE**, f. *cajolrí*. Requiebro, zalamería, roncería, lisonja.

**CAJOLEUR**, EUSE, m. y f. *cajoleur*, eus. Zalamero, adulador, requebrador, halagador.

**CAKEXIE**, f. Med. V. CACHEXIE.

**CAKILE**, m. *caquíl*. Bot. Caquilo, planta carnosa de la familia de las cruciferas.

**CAL**, m. *cál*. Callo, pequeño tumor sólido que se forma en las manos y en los piés. || Callo, cicatriz ó modo de union natural de los huesos fracturados.

**CALABA**, m. *calába*. Bot. Calaba, grupo de plantas gutíferas.

**CALABRAIS**, E, adj. y s. *calabré*. Calabrés, de la Calabria.

**CALABURE**, m. *calabúr*. Bot. Calabura, árbol grande de Santo Domingo.

**CALAC**, m. *calác*. Bot. Calac, arbolillo de la India, planta apocinea.

**CALADARIS**, m. *caladáris*. Com. Caladaris, tela de algodon con listas negras y encarnadas que viene de las Indias y particularmente de Bengala.

**CALADE**, f. *caléd*. Declive ó bajada de algun terreno elevado.

**CALADÉNIE**, f. *caladení*. Bot. Caladenia, género de plantas aretúseas.

**CALADION**, m. *caladión*. Bot. Caladio, planta herbácea y parásita.

**CALAF**, m. *caláf*. Bot. Calaf, especie de sauce de Egipto.

**CALAIS**, m. *calé*. Calais, plancha de hierro con que se fijan los lizos de un tapiz. || Zool. Género de coleópteros. || Bot. Género de plantas chicoriáceas.

**CALAISIEN, NE**, adj. y s. *calesién, én*. Calesiano, de la ciudad de Calais.

**CALALOU**, m. *calalú*. Bot. Calalú, planta rocabiríácea de la Guyana.

**CALAMAGROSTIS**, m. ó **CALAMAGROSTIDE**, f. *calamagróstis, calamagrostíd*. Bot. Calamagróstida, planta vivaz de la familia de las gramíneas arundináceas.

**CALAMANDRIER**, m. *calamandrié*. Chaparro, encina pequeña.

**CALAMANTHE**, m. *calamánt*. Zool. Calamanto, género de pájaros.

**CALAMARIE**, f. *calamarí*. Bot. V. ISOÈTE. || Zool. Calamaria, género de ofidianos.

**CALAMARIÉES**, f. pl. *calamarié*. Bot. Calamariadas, familia de plantas monocotiledóneas.

**CALAMARIENS**, m. pl. *calamarién*. Zool. Calamarianos, familia de la seccion de los ofidianos jifodontes.

**CALAMBA**, m. *calánba*. Aloe calamba, planta crasa cuya madera es odorífera.

**CALAMBOUC**, m. *calanbúc*. Calambuco, madera de Indias.

**CALAME** ó **CALAMUS**, m. *calám, cálamus*. Bot. Cálamo, planta aroidea.

**CALAMENT**, m. *calamánt*. Bot. Calaminta, nébeda, yerba del género melisa.

**CALAMIDE**, adj. *calamíd*. Calamido, que tiene la forma de una pluma. || m. pl. *Calamídes*, Zool. Calamidos, familia de la clase de pólipos cuyo cuerpo tiene la forma del cañon de una pluma.

**CALAMINAIRE**, adj. *calaminér*. Calaminar, lo perteneciente á la calamina.

**CALAMINE**, f. *calamín*. Miner. Calamina, mineral de zinc muy comun.

**CALAMINTHE**, f. Bot. V. MÉLISSE.

**CALAMISTRER**, a. *calamistré*. Encrespar ó rizar el cabello con afectacion: úsase por burla, como si dijéramos emlosanarse ó enquillotrarse la cabeza, el peinado.

**CALAMISTRES**, m. pl. *calamistr*. Adornos afectados, ridículos, de mal gusto.

**CALAMITE**, f. *calamít*. Bot. Calamita, especie de vegetal fósil. || Zool. Calamita, especie de sapo verde. || Quím. V. CALAMINE. || Min. Calamita, nombre que se ha dado al iman.

**CALAMITÉ**, f. *calamité*. Calamidad, desgracia que sobreviene á uno ó muchos individuos.

**CALAMITÉ, ÉE**, adj. *calamité*. Bot. Calamitáceo, que se parece á la calamita. || *Calamitées*, f. pl. Calamitáceas, familia de plantas fósiles.

**CALAMITEUX, EUSE**, adj. *calamiteu, eus*. Calamitoso, que abunda en calamidades.

**CALAMODYTE**, m. *calamodít*. Zool. V. ACROCÉPHALE.

**CALAMOPHILE**, m. *calamofíl*. Zool. Calamófilo, ave.

**CALAMOPORE**, m. *calamopór*. Zool. Calamóporo, género de pólipos.

**CALAMOSPIZE**, m. *calamospís*. Zool. Calamóspico, género de aves.

**CALAMOXYLON**, m. *calamocsilón*. Bot. Calamóxilo, género de plantas fósiles.

**CALAMUS-AROMATICUS**, m. *cálamus-aromáticus*. Farm. Cálamo aromático, nombre dado en las boticas á la raiz del acoro cálamo ó caña aromática.

**CALAMUS-SCRIPTORIUS**, m. *cálamus-scriptorius* (liter. pluma para escribir). Anat. Surco ó ranura en forma de pluma, que se encuentra en la parte anterior del ventrículo del cerebelo ó cuarto ventrículo.

**CALAMUS VERUS**, m. *calamus vérus*. Farm. Cálamo vero ó alejandrino, nombre de una caña de Indias usada en medicina.

**CALANDRAIRE**, m. *calandrér*. Calenda, libro del rezo eclesiástico.

**CALANDRE**, f. *calándr*. Calandria ó alondra, especie de ave. || Calandria, cierta máquina para prensar y dar lustre á los tejidos. || Zool. Gogo, género de insectos.

**CALANDRER**, a. *calandré*. Dar calandria, ó pasar por la calandria las telas, que es darles prensa y lustre.

**CALANDREUR**, m. *calándreur*. Oficial que maneja la calandria para lustrar las telas.

**CALANDRINIE**, f. *calandriní*. Bot. Calandrinia, género de portuláceas.

**CALANDRINIÉ, ÉE**, adj. *calandrinié*. Bot. Calandrináceo, parecido á la calandrinia. || *Calandriniées*, f. pl. Calandrináceas, familia de plantas herbáceas, cuyo tipo es el género calandrinia.

**CALANDRITES**, m. pl. *calandrít*. Zool. Calandritos, grupo de curculiónidos.

**CALANDRONE**, f. *calandrón*. Mús. Calandrona, instrumento musical que se usa en las montañas de Italia.

**CALANGE**, f. ant. *calánge*. Apremio, multa. V. AMENDE.

**CALANGER**, a. ant. *calangé*. Apremiar, hacer pagar una multa.

**CALANE**, m. *calán*. Zool. Calano, género de crustáceos.

**CALANTHE**, m. *calánt*. Bot. Calanto, planta orquídea muy bella.

**CALANTHIQUE**, f. *calantíc*. Calántica, adorno que usaban las señoras romanas en la cabeza. || Bot. m. Calántico, nombre de un agarico.

**CALAO**, m. *caláo*. Zool. Calao, tedopico, especie de guacamayo.

**CALAPITE**, f. *calapít*. Calapita, especie de concrecion pétrea que se encuentra algunas veces en el interior de los cocos, muy célebre en las islas Molucas.

**CALAPPE**, m. *caláp*. Zool. Calapo, género de decápodos, familia de los braquiuros.

**CALASIE**, f. *calasí*. Med. Calasia, relajacion de las fibras de la córnea del ojo.

**CALASPIS**, m. *caláspis*. Zool. Calaspis, género de coleópteros tetrámeros.

**CALASTIQUE**, adj. *calastíc*. Cir. Calástico, que relaja las fibras.

**CALATHE**, m. *calát*. Zool. Calato, género de coleópteros carnívoros.

**CALATHÉE**, f. *calaté*. Bot. Calatea, planta herbácea y alta de la América tropical.

**CALBOA**, m. *calbóa*. Bot. Calboa, planta trepadora de las convolvuláceas.

**CALCAIRE**, adj. *calquér*. Miner. Calizo, calcáreo, que contiene cal.

**CALCAMAR**, m. *calcamár*. Zool. Calcamar, ave brasileña del tamaño de un pichon.

**CALCANÉUM**, m. *calcáneom*. Anat. Calcáneo, el hueso mayor del pié, que contribuye á formar el talon.

**CALCANTHE**, m. *calcánt*. Quím. Calcanto, nombre antiguo del sulfato de cobre.

**CALCANTHUM**, m. *calcantóm*. Calcanto, vitriolo rubificado.

**CALCAR**, m. *calcár*. Zool. Calcar, género de coleópteros heterómeros.

**CALCARIFÈRE**, m. *calcarifér*. Calífero, que contiene cal.

**CALCARINE**, f. *calcarín*. Zool. Calcarina, género de moluscos cefalópodos.

**CALCÉAIRE**, f. *calseér*. Bot. Calcearia, planta orquídea.

**CALCÉDOINE**, f. *calseduán*. Calcedonia, piedra preciosa de una transparencia nebulosa: es una especie de ágata.

**CALCÉDOINEUX, EUSE**, adj. *calseduaneu, eus*. Parecido á la calcedonia ó que tiene semejanza con ella.

**CALCÉOLAIRE**, f. *calseolér*. Bot. Calceolaria, género de plantas escrofulariáceas de Chile y del Perú.

**CALCÉOLE**, f. *calseól*. Zool. Calceola, género de conchas fósiles.

**CALCÉOLÉES**, f. pl. *calseolé*. Zool. Calceoladas, familia de moluscos.

**CALCET**, m. *calsé*. Mar. Calcés de palo de buque latino.

**CALCINITES**, f. *calsinít*. Miner. Calcinita, piedra que contiene cal.

**CALCIN**, m. *calsén*. Pedazo de cristal calcinado.

**CALCINABLE**, adj. *calsinábl*. Calcinable, que puede ó debe calcinarse.

**CALCINATION**, f. *calsinasión*. Calcinacion, la accion de calcinar ó reducir á cal viva la piedra calcárea, y el resultado de esta accion.

**CALCINER**, a. *calsiné*. Quím. Calcinar, reducir á cal un cuerpo, ó [illegible] || Calcinar, quemar [illegible]

**CALCIS**, m. [illegible] turno.

**CALCITRAPPE**, f. [illegible] cítrapa, género de [illegible]

**CALCIUM**, m. [illegible] metal sólido y blanco que, [illegible] oxígeno, forma la cal.

**CALCUL**, m. *calcúl*. [illegible] Cuenta. = Cómputo. || Med. [illegible] dra que se forma en la vejiga [illegible] bien *calcul urinaire*. Y [illegible] *la pierre*. || met. Cálculo, [illegible] combinan, medidas que se [illegible] grar una cosa cualquiera.

**CALCULABLE**, adj. *calcul*[illegible] ble, lo que se puede calcular [illegible]

**CALCULATEUR**, m. [illegible] lador, contador, el que calcula [illegible] previsor, el que tiene ciertos [illegible] en juego medios para lograr [illegible]

**CALCULATOIRE**, adj. [illegible] culatorio, que pertenece al [illegible]

**CALCULER**, a. *calculé*. [illegible] putar, hacer un cálculo, un [illegible] cular, conjeturar, prever. || [illegible] meditar, pesar el pro y el contra [illegible]

**CALCULEUX, EUSE**, adj. [illegible] Geol. Calculoso, que está lleno [illegible] || adj. y s. Med. Calculoso, el que [illegible] de piedra.

**CALCULIFRAGE**, adj. [illegible] que tiene virtud para romper [illegible] cálculos ó piedras que hay en [illegible]

**CALE**, f. *cál*. Mar. Cala, [illegible] nada entre dos puntas de [illegible] Bodega, parte interior de [illegible] *ner la cale*, zambullir por [illegible] penol de la verga mayor. || [illegible] sentina, la parte mas baja [illegible] cion. || El plomo de la caña [illegible] que se pone debajo de [illegible] darle firmeza. || Cofia ó [illegible] aldeanas.

**CALEBAS**, m. *calbá*. Náut. [illegible] para guindar y arriar las [illegible]

**CALEBASSE**, f. *calbás*. [illegible] de la calabacera. || Fruto de [illegible] á la calabaza. || Calabaza [illegible] pone en los sobacos para [illegible] En este sentido se dice [illegible] *de calebasse*.

**CALEBASSIER**, m. [illegible] bacera, planta que produce [illegible] labacero, género de plantas [illegible] indígenas de las Indias.

**CALÈCHE**, f. *caléch*. [illegible] elegante de cuatro ruedas. || [illegible] adorno antiguo de cabeza para [illegible]

**CALEÇON**, m. *calsón*. [illegible] de ropa blanca que se pone [illegible] pantalones.

**CALEÇONNIER**, m. [illegible] llero, el que hace calzoncillos.

**CALECTASIE**, f. [illegible] tasia, arbusto muy [illegible] landa.

**CALÉDONIEN, NE**, adj. y s. [illegible] *én*. Caledonio, que pertenece á [illegible]

**CALÉDONITE**, f. [illegible] ledonita, mineral encontrado [illegible]

**CALÉFACTEUR**, m. [illegible] Calefactor, instrumento ó aparato [illegible] para calentar.

**CALÉFACTION**, f. [illegible] cion, accion de calentar por el [illegible] causado por la accion del fuego [illegible]

**CALEFRETER**, a. [illegible]

**CALEMARD**, m. [illegible] cado. || Estuche de plumas de [illegible]

**CALEMBOUR** ó [illegible] *lanbúr*. Juego de vocablos [illegible] dar á una vez un sentido [illegible] presenta en sí.

**CALEMBREDAINE**, f. [illegible] capatoria, excusa, [illegible]

**CALEMENT**, m. V. [illegible]

**CALENCAR**, m. [illegible] pintado de las Indias.

**CALENDAIRE**, m. [illegible] partidas que tienen las [illegible] correspondientes [illegible]

**CALENDARIS**, f. [illegible] dario, [illegible] de Juno.

[illegible], m. calandé. Calender, nom- [illegible]
[illegible], f. pl. calánd. Calendas, el [illegible] los Romanos. [illegible] provincia, con- [illegible] Renvoyer quel- [illegible] prometer para [illegible] (porque los Griegos no con- [illegible]
[illegible], m. calendrié. Calenda- [illegible]
[illegible], f. calandél. Zool. Calán- [illegible] de la familia de las alondras. || Bot. [illegible]
[illegible], f. pl. calendulé. Bot. [illegible] division de sinantéreas del gé- [illegible]
[illegible], f. calendulin. Bot. Ca- [illegible] mucilaginosa, bastante [illegible] de las flores de la [illegible]
[illegible], m. calendén. Zool. Calen- [illegible] de insectos.
[illegible], m. calén. Zool. Caleno, género [illegible] tetrámeros.
[illegible], m. calentúres. Calentu- [illegible] muy amarga de Filipinas, [illegible] la calentura.
[illegible], f. calentír. Fiebre ar- [illegible], que suelen padecer los [illegible]
[illegible], m. calép. Zool. Calepe, género [illegible]
[illegible], m. calepén. Mamotreto, reper- [illegible] de notas, apuntes, etc., [illegible] para su uso privado.
[illegible], f. calepín. Bot. Calepina, [illegible] crucíferas.
[illegible], a. calé. Mar. Calar, sumergir [illegible] su carga, arriar [illegible] y las ver- [illegible]. No trabajar por falta [illegible] no trabajar por pereza [illegible] || Calzar una [illegible] || Impr. Acu- [illegible] de una prensa, ó [illegible] que el cuadro baje igual. [illegible], ó en sentido neutro [illegible], ceder á alguno su- [illegible] y fuerza.
[illegible], m. calesián. Bot. Calesia- [illegible] del Malabar.
[illegible], f. pl. cal. Impr. Cuñas y alzas [illegible] de la prensa.
[illegible], m. fam. caleur. Impr. Oficial [illegible], que va de prensa en [illegible] á los demas.
[illegible], f. [illegible]. Caleya, especie [illegible] la Nueva Holanda.
[illegible], m. [illegible]. Bot. [illegible], árbol del Malabar, [illegible]
[illegible] calfá. Mar. Hierro de ca- [illegible]
[illegible], m. calfá. Mar. Calafate, el que [illegible]
[illegible] CALFATTAGE, m. cal- [illegible]. Calafateo, accion de [illegible]
[illegible], a. calfaté. Mar. Calafatear, [illegible] los huecos ó junturas de [illegible]
[illegible], m. Mar. V. CALFAT.
[illegible], m. calfatén. Criado del ca- [illegible]
[illegible], m. calfeutrage. Calafa- [illegible] tapar las aberturas, [illegible] de las puertas y venta- [illegible]
[illegible], adj. calfeutré. Cer- [illegible]
[illegible], a. calfeutré. Cerrar, ta- [illegible] rendijas ó agujeros.
[illegible] Acerado, [illegible] todas las preparaciones [illegible]
[illegible] Calibre, la magni- [illegible] una arma de fue- [illegible] la bala que dispara. || [illegible], hablando de per- [illegible] en esa cali- [illegible] de artillería y [illegible]

**CALIBRER**, a. *calibré*. Art. Tomar, señalar el calibre de una pieza de artillería.

**CALIC-CALIC**, m. *calic-calic*. Zool. Picaza manchada de Madagascar.

**CALICE**, m. *calis*. Cáliz, vaso sagrado. || Cáliz ó campanilla que tienen las flores. || met. míst. Copa de amargura, cruz de trabajos, penas, dolores: v. gr. *boire le calice jusqu'à la lie*. || Anat. Cálices ó embudos que se encuentran en el tejido glanduloso del riñon.

**CALICÉ, ÉE**, adj. *calisé*. Bot. Rodeado de un cáliz ó campanilla, hablando de las flores.

**CALICÈRE**, f. *calisér*. Bot. Calicera, especie de planta vivaz de Chile.

**CALICÉRÉES**, f. pl. *caliseré*. Bot. Calicéreas, familia de plantas.

**CALICHIRON**, m. *calichirón*. Bot. Nombre que se da al añil ordinario.

**CALICIÉES**, f. pl. *calisié*. Bot. Calicias, tribu de liquenes gimnocarpos.

**CALICINAL, E**, adj. *calisinál*. Bot. Calicinal, lo que pertenece al cáliz de las flores ó proviene de él.

**CALICINIEN, EN**, adj. *calisinién, én*. Bot. Caliciniano, que tiene los caractéres, la apariencia de un cáliz.

**CALICIUM**, m. *calisióm*. Bot. Calicio, género de liquenes.

**CALICOT**, m. *calicó*. Indiana, tela de algodon ménos fina que el percal.

**CALICULE**, m. *calicúl*. Bot. Calículo, cáliz pequeño ó doble cáliz de una flor.

**CALIDICTYON**, m. *calidictión*. Bot. Calidiction, género de plantas florideas.

**CALIDUCS**, m. pl. *calidúc*. Caliductos, tubos de calor de que hacian uso los antiguos para calentar las habitaciones.

**CALIER**, m. *calié*. Mar. Bodeguero, el que cuida de la bodega.

**CALIETTE**, f. *caliét*. Bot. Calieta, hongo amarillo que se cria al pié de los enebros.

**CALIFAT**, m. *califá*. Califato, dignidad de califa.

**CALIFE**, m. *calif*. Califa, príncipe sarraceno sucesor de Mahoma.

**CALIFORNIEN, NE**, adj. y s. *californién, én*. Californiano, de las Californias.

**CALIFOURCHON (À)**, loc. adv. *califurchón*. A horcajadas ó horcajadillas: estar, ponerse, andar empernecado; lo contrario de andar á mujeriegas. || *Monter à califourchon*, ahorcajarse.

**CALIGA**, f. *calíga*. Mil. ant. Caliga, especie de sandalia de los soldados romanos.

**CALIGE**, m. *calíg*. Zool. Caligo, género de crustacillos parásitos.

**CALIGIENS**, m. pl. *caligién*. Caligianos, familia de crustáceos.

**CALIGINEUX, EUSE**, adj. *caligíneu, eus*. Caliginoso, sombrío, oscuro.

**CALIGULE**, f. *caligúl*. Zool. Calígula, piel que cubre el tarso de los pájaros.

**CALIN**, m. *calén*. Calin ó calino, liga ó mezcla de plomo y estaño que viene de la China.

**CÂLIN, E**, adj. *calén, in*. Zalamero, cariñoso. Se usa hablando de los niños. || Mandria, apocado, pusilánime, de poco ánimo. || Simplon. || Molondro, molondron, perezoso, apoltronado y sin instruccion. || Pendejo, cobarde, cagon. || Modrego mal amañado, de poca habilidad. *Le grand câlin*, el modregon, el molondron. Todas las acepciones expresadas son familiares como lo es *câlin*.

**CALINAGE**, m. *calinage*. Mimo, caricia, la accion de mimar, de acariciar.

**CALINDA**, f. *calénda*. Calinda, danza lasciva que usan los negros en algunas partes de América.

**CÂLINER**, a. *caliné*. Mimar, acariciar, tratar con excesivo cariño y afectada lisonja á alguno. || n. Vivir en la inaccion, estar indolente y flojo. || *Se câliner*, r. Repantigarse, tender la raspa, estar tumbado mano sobre mano.

**CÂLINERIE**, f. *calinrí*. Mimo, gracia, monería, modales graciosos.

**CALINIER**, m. *calinié*. Bot. Calinlero, arbusto indeterminado de la Guyana.

**CALINGUE**, m. V. CARLINGUE.

**CALIORNE**, f. *caliórn*. Mar. Aparejo de mayores dimensiones formado de dos cuadernales de dos y tres ojos, aparejo real.

**CALIPHYLLE**, m. *califíl*. Bot. Califila, género de plantas. V. PORPHYRION.

**CALIPPIQUE**, adj. *calipíc*. Astr. Calípico, dícese de un ciclo de sesenta y seis años.

**CALIS**, f. *calís*. Mit. Calis, divinidad protectora de las ciudades de la India.

**CALISPERME**, m. *calispérm*. Bot. Calisperme, género de plantas berberídeas.

**CALISSOIRE**, f. *calisuár*. Estufa de que se usa para dar lustre á las telas en las manufacturas.

**CALISTO**, f. *calisto*. Mit. Calisto, hija de Licaon y compañera de Diana.

**CALLACÉES**, f. pl. *calasé*. Bot. Caláceas, sub-órden de plantas aroídeas.

**CALLÉE**, f. *calé*. Cueros excelentes de Berbería.

**CALLEUX, EUSE**, adj. *caleu, eus*. Calloso, que tiene callos ó callosidades, encallecido. || *Corps calleux*, la parte del cerebro que es mas firme que la otra.

**CALLIANASSE**, f. *calianás*. Zool. Calianaso, género de crustáceos.

**CALLIANIDE**, f. *calianid*. Zool. Caliánida, género de crustáceos.

**CALLIANIRE**, f. *calianír*. Zool. Calianira, género de zoófitos.

**CALLIANIRIDES**, f. pl. *calianirid*. Zool. Calianiridas, familia de acalefos.

**CALLIANTHÈME**, m. *caliantém*. Bot. Caliantemo, género de plantas.

**CALLIANTHIE**, f. *calianti*. Zool. Calantia, género de coleópteros pentámeros.

**CALLIASPIS**, m. *caliaspis*. Zool. Caliaspis, género de coleópteros tetrámeros.

**CALLICARPE**, m. *calicárp*. Bot. Calicarpo, género de plantas verbenáceas.

**CALLICÉRATE**, m. *caliserát*. Zool. Calicerato, género de insectos himenópteros.

**CALLICÈRE**, m. *calisér*. Zool. Calicero, género de insectos dípteros bracóceros.

**CALLICHÈNE**, m. *caliquén*. Zool. Caliqueno, género de aves.

**CALLICHLORIS**, m. *caliclóris*. Zool. Caliclorís, género de insectos.

**CALLICHROÉ**, m. *calicroé*. Bot. Calicroé, género de plantas compuestas.

**CALLICHROME**, m. *calicróm*. Zool. Calicromo, género de insectos.

**CALLICNÈME**, m. *calicném*. Zool. Calicnemo, género de coleópteros.

**CALLICOME**, m. *calicóm*. Bot. Calicomo, género de plantas saxifragáceas.

**CALLIDÉE**, f. *calidé*. Zool. Calidea, género de insectos hemípteros.

**CALLIDIE**, f. *calidí*. Zool. Calidia, género de insectos coleópteros longicórneos.

**CALLIDRYADE**, f. *calidriad*. Zool. Calidriada, género de insectos lepidópteros.

**CALLIGON**, m. *caligón*. Caligon, arbolillo de la Turquía de Asia, planta poligonácea.

**CALLIGRAPHE**, m. *caligráf*. Calígrafo, escribiente para poner en limpio. || Pendolista, el que escribe bien, con destreza y garbo. || Zool. Pendolista, género de coleópteros de los Estados Unidos de América.

**CALLIGRAPHIE**, f. *caligrafí*. Caligrafía, conocimiento, descripcion de antiguos manuscritos. || Arte de escribir bien.

**CALLIGRAPHIER**, n. *caligrafié*. Caligrafiar, formar hermosos caractéres de escritura.

**CALLIGRAPHIQUE**, adj. *caligrafic*. Caligráfico, relativo á la caligrafía.

**CALLIME**, m. *calím*. Calimo, piedra guijarro que se halla en la piedra de águila y es á veces transparente como el cristal.

**CALLIMICRE**, f. *calimicr*. Zool. Calimicro, género de coleópteros pentámeros.

**CALLIMONE**, m. *calimón*. Zool. Calimono, género de insectos calcidianos.

**CALLIMORPHE**, m. *calimórf*. Zool. Calimorfo, género de lepidópteros.

**CALLIMOSOME**, m. *calimosóm*. Zool. Calimósomo, insecto carábico.

**CALLINOTE**, m. *calinót*. Zool. Calinote, género de coleópteros tetrámeros.

**CALLIODON**, m. *caliodón*. Zool. Calliodon, género de pescados acantopterigios.

**CALLIOMORE**, m. V. PLATYCÉPHALE.

**CALLIONYME**, m. *calionim*. Zool. Calionimo, llamado ántes uranoscope.

**CALLIOPE**, f. *caliop*. Zool. Caliope, mamífero del órden de los rumiantes. = Caliope, ave. V. FAUVETTE. || Mit. Caliope, una de las nueve musas que presidia la historia.

**CALLIPÉDIE**, f. *calipedí*. Calipedia, arte de hacer niños hermosos, y la obra ó escrito que trata de ello. La calipedia está considerada como una quimera ó preocupacion.

**CALLIPÉDIQUE**, adj. *calipedic*. Calipédico, que pertenece á la calipedia.

**CALLIPELTIS**, m. *calipéltis*. Bot. Calipeltis, género de plantas rubiáceas.

**CALLIPÉPLA**, f. *calipépla*. Zool. Calipepla, género de aves que comprende las variedades mas bellas de perdices. || Zool. Calipepla, género de coleópteros tetrámeros.

**CALLIPHORE**, f. *califór*. Zool. Califora, género de dípteros calípteros.

**CALLIPOGON**, m. *calipogón*. Zool. Calipogon, género de coleópteros tetrámeros.

**CALLIPRORE**, f. *caliprór*. Bot. Caliprora, planta liliácea, originaria de la California.

**CALLIRHIPIS**, m. *calirípis*. Zool. Caliripo, género de coleópteros.

**CALLIRHOÉ**, f. *caliroé*. Mit. Caliroé, hija de Calidon. || Variedad de amarilis bella.

**[CALL]ISACE**, f. *calisás*. Bot. Calisacia, [una] umbelífera.

**CALLISAURE**, m. *calisór*. Zool. Calisauro, género de saurianos.

**CALLISE**, f. *calís*. Bot. Calisa, planta rastrera de la familia de los juncos.

**CALLISÉMÉE**, f. *calisemé*. Bot. Calisemea, género de plantas papilionáceas.

**CALLISIE**, f. *calisí*. Bot. Calisia, género de la familia de las comelíneas.

**CALLISPHYRE**, m. *calisfír*. Zool. Calisfiro, género de coleópteros.

**CALLISTE**, f. *calíst*. Bot. Calista, planta parásita. || Zool. Especie de insectos.

**CALLISTÉMON**, m. *calistemón*. Bot. Calistemon, género de plantas mirtáceas.

**CALLISTEPHE**, m. *calistéf*. Bot. Calistefo, género de sinantéreas asteroideas.

**CALLISTITE**, adj. *calistít*. Zool. Calistito, que se parece al calisto. || *Callistites*, m. pl. Zool. Calistitos, grupo de insectos coleópteros de hermosos colores.

**CALLISTOLE**, f. *calistól*. Zool. Calistola, género de coleópteros pentámeros.

**CALLITHAMNIE**, f. *calitamní*. Bot. Calitamnia, género de algas marinas.

**CALLITHAUME**, m. *calitóm*. Bot. Calitome, género de plantas amarilídeas.

**CALLITHÉE**, m. *calité*. Zool. Calitea, género de lepidópteros diurnos.

**CALLITHRICHE**, m. *calitriche*. Calitriche, mono de color verde.

**CALLIXÈNE**, m. *calicsén*. Bot. Calixeno, género de plantas esmiláceas.

**CALLIZONE**, m. *calisón*. Zool. Calizono, género de insectos curculiónidos.

**CALLOCÉPHALE**, m. *calosefál*. Zool. Calocéfalo, género de loros.

**CALLOMYIE**, f. *calomií*. Zool. Calomia, género de insectos dípteros.

**CALLOPHORE**, f. *calofór*. Bot. Calófora, género de plantas compuestas.

**CALLOPISME**, f. *calopism*. Bot. Calopisma, género de plantas del Brasil.

**CALLORHYNQUE**, m. *caloréne*. Zool. Calorinco, pez de los mares meridionales.

**CALLOSITÉ**, f. *calosité*. Callosidad, y tambien callo.

**CALLOTS**, m. pl. *caló*. Piedras grandes de donde se parten las pizarras.

**CALLUNE**, f. *calún*. Bot. Caluna, género de plantas ericáceas-enericeas.

**CALLYNTRE**, m. *caléntr*. Zool. Calintro, género de insectos.

**CALMANDE**, f. *calmánd*. Calamaco, especie de tela de lana.

**CALMANT**, m. *calmán*. Calmante, lenitivo, remedio que mitiga los dolores.

**CALMAR**, m. *calmár*. Zool. Calamar, género de pescados cefalópodos. || Estuche de plumas de escribir.

**CALMARET**, m. *calmaré*. Zool. Calamareto, género de pescados

**CALME**, m. *cálm*. Calma, tranquilidad, sosiego, serenidad. || Mar. Calma, bonanza, falta de viento. = *Étre pris de calme*, pairar, estar el navío quedo con las velas tendidas, y largas las escotas. = *Calme plat*, calma chica. || adj. Tranquilo, quieto, sosegado, sereno, sin agitacion.

**CALMER**, a. *calmé*. Calmar, tranquilizar, sosegar, adormecer, aquietar, templar. || Mar. Calmar, abonanzar. = Aflojar, hablando del viento. || Se usa tambien como recíproco.

**CALMI**, m. *calmí*. Calmi, especie de tela pintada que se fabrica en el imperio del Mogol.

**CALMOUCK**, m. *calmúc*. Calmuco, tejido de lana que se fabrica en Tolosa de Francia.

**CALOBATE**, m. *calobát*. Zool. Calobato, género de pájaros. || Calobato, género de insectos dípteros.

**CALOCAMPA**, f. *calocámpa*. Zool. Colocampa, género de insectos.

**CALOCÉPHALE**, m. *calosefál*. Bot. Calocéfalo, género de plantas.

**CALOCÈRE**, m. *calosér*. Bot. Calócero, especie de hongos.

**CALOCHILE**, m. *calochíl*. Bot. Caloquilo, género de plantas orquídeas.

**CALOCHORTE**, m. *calocórt*. Bot. Calocorto, género de plantas liliáceas.

**CALOCHROA**, m. *calocróa*. Zool. Calocroa, género de insectos.

**CALOCHROME**, m. *calocróm*. Zool. Calócromo, género de insectos coleópteros.

**CALOCITE**, m. *calosít*. Zool. Calosito, género de grajos.

**CALOCLADIE**, f. *calocladí*. Bot. Calocladia, género de plantas florídeas.

**CALOCOME**, m. *calocóm*. Zool. Calocomo, género de insectos.

**CALODÈME**, m. *calodém*. Zool. Calodemo, género de insectos.

**CALODENDRON**, m. *calodandrón*. Bot. Calodendron, género de plantas.

**CALODROME**, m. *calodróm*. Zool. Calodromo, género de insectos [co]leópteros.

**CALODRYON**, m. *calodrion*. Bot. Calodrion, género de plantas meliáceas.

**CALOENAS**, m. *calénas*. Zool. Caléna[s], género de pichones.

**CALOGNATHE**, m. *calonát*. Zool. Calognato, género de insectos.

**CALOGYNE**, f. *calogín*. Bot. Calogina, género de plantas goodeniáceas.

**CALOMEL**, m. *caloméI*. Med. Calomel, mercurio dulce.

**CALOMÉRIE**, f. *calomerí*. Bot. Calomeria, linda planta herbácea corimbífera.

**CALOMICRE**, m. *calomícr*. Zool. Calómicro, género de insectos.

**CALOMNIATEUR, TRICE**, adj. y s. *calomniateur, tris*. Calumniador, el que calumnia.

**CALOMNIE**, f. *calomní*. Calumnia.

**CALOMNIER**, a. *calomnié*. Calumniar, acusar falsa y maliciosamente á alguno, imputándole delitos que no ha cometido.

**CALOMNIEUSEMENT**, adv. *calomnieusemán*. Ca[lu]m[ni]osamente.

[illegible] **EUSE**, adj. *calomnieu*, [illegible]

**[CALONÈME]**, f. *calonén*. Bot. Calonema, seccion de plantas del género caladenia.

**CALONIERE**, f. *calonièr*. Juguete de niños. V. CANONNIÈRE.

**CALOPAPPE**, m. *calopáp*. Bot. Calopapo, género de plantas de Chile.

**CALOPE**, m. *calóp*. Zool. Calopo, género de insectos coleópteros.

**CALOPHANE**, f. *calofán*. Bot. Calófana, género de plantas acantáceas.

**CALOPHÆNE**, m. *calofén*. Zool. Calófeno, género de insectos coleópteros.

**CALOPHYLLE**, m. *calofíl*. Bot. Calofilo, género de plantas gutíferas de las Indias.

**CALOPHYLLÉES**, f. pl. *calofilé*. Bot. Calofíleas, tribu de plantas gutíferas.

**CALOPHYSE**, f. *calofís*. Bot. Calofisa, género de plantas del Brasil.

**CALOPOGON**, m. *calopogón*. Bot. Calópogon, género de plantas aroideas.

**CALOPSITTE**, f. *calopsít*. Zool. Calopsita, género de loros.

**CALOPTÈRE**, m. *caloptér*. Zool. Calóptero, género [de] insectos coleópteros.

**CALOPTÉRIGE**, m. *caloptérig*. [illegible] lopterom, género de insectos.

**CALOPTILE**, m. *calopt[il]*. Bot. [illegible] género de plantas [illegible].

**CALORAMPHE**, m. *caloránf*. [illegible] loranfo, género de aves.

**CALORICITÉ**, f. *calorisité*. [illegible] cidad, propiedad vital en virtud [illegible] la mayor parte de los seres [illegible] servan un calor superior al [illegible] que viven.

**CALORIE**, f. *calorí*. Fís. Ca[lo]r[ía] [illegible] dad de calor necesario para [illegible] lógramo de agua de un grado [illegible] tro centígrado. Es la unidad de [illegible] el calor.

**CALORIFÈRE**, adj. *calorifér*. [illegible] que transmite el calor.

**CALORIFICATION**, f. [illegible] Med. Calorificacion, funcion que [illegible] formacion del calor en los órganos [illegible]

**CALORIFIQUE**, adj. *calorific*. [illegible] co, lo que calienta ó produce [illegible]

**CALORIMÈTRE**, m. *calorimétr*. [illegible] y Fís. Calorímetro, instrumento [illegible] ó apreciar el calor específico.

**CALORIMÉTRIE**, f. *calorimetrí*. [illegible] Calorimetría, método para servirse [illegible] lorímetro.

**CALORIMÉTRIQUE**, adj. *calorimetric*. [illegible] Calorimétrico, que tiene relacion [illegible] lorimetría.

**CALORINOSES**, f. pl. *calorinós*. [illegible] Calorinosas, enfermedades que [illegible] de una alteracion sensible en la [illegible] calor.

**CALORIQUE**, m. *caloríc*. [illegible] co, principio ó causa del calor.

**CALOSANTHE**, m. *calosánt*. [illegible] santo, género de plantas [illegible]

**CALOSAURE**, m. *calosór*. [illegible] sauro, género de saurianos [illegible]

**CALOSOME**, m. *calosóm*. [illegible] mo, género de insectos [illegible]

**CALOSTEMME**, f. *calostém*. [illegible] tema, género de plantas [illegible]

**CALOT**, m. *caló*. Las [illegible] por el famoso Calot. || *Figura* [illegible] grotesca. || El fondo del [illegible]

**CALOTA**, m. *calóta*. Bot. [illegible] de plantas orquídeas.

**CALOTHÉQUE**, f. *calotéc*. Bot. [illegible] género de plantas gramíneas.

**CALOTHORAX**, m. *calotórax*. [illegible] lotórax, género de colibrís.

**CALOTIS**, m. *calótis*. Bot. [illegible] nero de plantas de la Nueva [illegible]

**CALOTROPE**, m. *calotróp*. [illegible] po, género de plantas [illegible]

**CALOTTE**, f. *calót*. Ca[lota] [illegible] solideo, hablando de los clérigos [illegible] de los cardenales. || Casco ó [illegible] Pescozon, palmada fuerte que [illegible] alguno en la cabeza ó en el [illegible]

**CALOTTER**, a. *caloté*. Dar [illegible]

**CALOTTIER**, m. *calotié*. [illegible] tero, el que hace bonetes, [illegible]

**CALOTTIN**, m. *calotén*. [illegible] te, hombre extravagante. || [illegible] con que en la primera revolucion [illegible] se designaba á los eclesiásticos.

**CALOTTINE**, f. *calotín*. [illegible] poética jocosa y satírica.

**CALOYER**, m. *caloayé*. [illegible] órden de San Basilio.

**CALP**, m. *cálp*. Miner. Calp, [illegible] gra que contiene marna.

**CALPA**, m. *cálpa*. Bot. Calpa, [illegible] dado á la urna, planta del género [illegible] familia de los musgos.

**CALPANDRIE**, f. *calpandrí*. [illegible] pandria, género de plantas [illegible]

**CALPE**, m. *cálp*. Zool. [illegible] lepidópteros nocturnos.

**CALPICARPE**, m. *calpicárp*. [illegible] picarpo, sinónimo del género [illegible]

**CALPIDES**, f. pl. *calpíd*. [illegible] tribu de lepidópteros nocturnos.

**CALPIDIE**, f. *calpidí*. Bot. [illegible] nero de plantas nictagíneas.

**CALPURNIE**, f. *calpurní*. [illegible] nia, planta papilionácea.

**CALQUE**, m. *cálc*. Calco, [illegible] saca de otro por medio de un papel [illegible] rente.

[illegible] calqué. Calcar, estampar [illegible] por medio del trans-[illegible] servilmente las escri-[illegible] de otro. || Se cal-[illegible], ser estampado, imitado. [illegible] m. calcens. Art. Cárcola, [illegible] que sirve para mover los [illegible].

[illegible] calquié. Calquier, nom-[illegible] y tafetanes de las Indias.

[illegible] calendr. Calender, ins-[illegible].

[illegible] Bot. Calta, género de [illegible].

[illegible] calumé. Pipa larga, ador-[illegible] blancas que usan los salva-[illegible] símbolo de paz.

[illegible] Callo, dureza que se [illegible] del cuerpo. || met. En-[illegible], hablando [illegible].

[illegible] m. calvér. Calvario, monte [illegible] donde el Salvador padeció [illegible] Por extension unos mon-[illegible] los cristianos á imitacion [illegible] ó bien, eminencia donde [illegible] cruz. || met. Calvario su-[illegible] en los trabajos de [illegible].

[illegible] m. calvenís. Peon que [illegible] para hacer las hacinas [illegible] de las granjas.

[illegible] Bot. Variedad de [illegible] en la camuesa.

[illegible] Camuesa, espe-[illegible].

[illegible] m. calvinism. Calvinis-[illegible] de Calvino.

[illegible] adj. y s. calvinist. Calvi-[illegible] la doctrina de Calvino; y [illegible].

[illegible] Calvicie, falta de [illegible] el efecto de la alopecia. [illegible] Zool. Calibe, género [illegible].

[illegible] Pájaro del paraiso, [illegible] Nueva Guinea.

[illegible] adj. y s. calibit. Calibita, [illegible] el que vive en una [illegible] se ha dado este epíteto á [illegible].

[illegible] f. [illegible] Bot. Cali-[illegible] de plantas de la California.

[illegible] ÉE, adj. [illegible] parecido al calicanto. || [illegible] f. pl. Bot. Calicantáceas, [illegible] cuyo tipo es el género [illegible].

[illegible] m. [illegible] Bot. Cali-[illegible].

[illegible] f. [illegible] Bot. [illegible] de plantas onagreas [illegible].

[illegible] Bot. Calicero, [illegible] de las calicéreas.

[illegible] m. pl. [illegible] Bot. [illegible].

[illegible] m. [illegible] Bot. Cali-[illegible] á causa de la caida [illegible].

[illegible] m. [illegible] Bot. [illegible] de plantas melastomá-[illegible].

[illegible] m. [illegible] Bot. [illegible] plantas rubiáceas.

[illegible] Bot. Cali-[illegible].

[illegible] Bot. Cali-[illegible].

[illegible] Zool. Caligo, [illegible].

[illegible] Bot. [illegible].

[illegible] V. [illegible].

[illegible] V. PLATYSOME.

[illegible] Zool. [illegible].

[illegible] V. [illegible].

[illegible] || Caly-[illegible], familia de [illegible].

[illegible] Zool. [illegible].

**CALYMMATION**, f. *calimatión*. Zool. Calimacion, género de coleópteros.

**CALYMNE**, m. *calimn*. Zool. Calimno, género de acalefos tenóforos.

**CALYMPÈRE**, m. *calimpér*. Bot. Calímpero, género de musgos acrocarpos.

**CALYPOGÉIA**, f. *calipogéia*. Bot. Calipogeya, género de plantas.

**CALYPSO**, f. *calipso*. Mit. Calipso, hija de Atlas y diosa del silencio. || Zool. Calipso, género dudoso de crustáceos. || Bot. Calipso, género de plantas orquídeas.

**CALYPTE**, m. *calipt*. Zool. Calipto. V. BRACHISTE.

**CALYPTÉRÉES**, f. pl. *calipterí*. Zool. Calipteros, familia de insectos dípteros.

**CALYPTÉRIE**, f. *calipterí*. Zool. Calipteria, ave.

**CALYPTOBION**, m. *caliptobión*. Zool. Caliptobio, género de coleópteros.

**CALYPTOCÉPHALE**, m. *caliptosefál*. Zool. Caliptocéfalo, género de reptiles. = Caliptocéfalo, género de coleópteros pentámeros.

**CALYPTOMÈNE**, m. *caliptomen*. Zool. Caliptómeno, género de aves.

**CALYPTOPE**, m. *caliptópe*. Zool. Caliptope, género de coleópteros tetrámeros.

**CALYPTOPSIS**, m. *caliptópsis*. Zool. Caliptosis, género de coleópteros heterómeros.

**CALYPTORHYNQUE**, m. *caliptorínc*. Zool. Caliptorinco, género de papagayos.

**CALYPTRACÉ, ÉE**, adj. *caliptrasé*. Zool. Caliptráceo, que se parece á la caliptrea. || *Calyptracées*, f. pl. Caliptráceas, familia de moluscos gasterópodos.

**CALYPTRE**, m. *caliptr*. Bot. Caliptro, órgano que al principio rodea el pistilo. || Caliptro, velo con que se cubrian los sacerdotes miéntras celebraban sus misterios.

**CALYPTRÉE**, f. *caliptré*. Zool. Caliptrea, conchita del mar de la India.

**CALYPTRÉOPSIS** ó **CALYPTRÉOPSIDE**, f. *caliptreópsis*, *caliptreopsid*. Zool. Caliptreópsis, género de moluscos.

**CALYPTRIDION**, m. *caliptridión*. Bot. Caliptridion, género de plantas portuláceas calandrineas.

**CALYPTRIFORME**, adj. *caliptriform*. Bot. Caliptriforme, calificacion de los órganos que tienen la forma de una cofia.

**CALYPTRION**, m. *caliptrión*. Bot. Caliptrion, género de plantas violáceas.

**CALYPTROCALICE**, m. *caliptrocalís*. Bot. Caliptrocalix, género de palmeras.

**CALYPTROCARPE**, m. *caliptrocárp*. Bot. Caliptrocarpo, género de plantas compuestas senecionídeas.

**CALYPTROCARYE**, f. *caliptrocarí*. Bot. Caliptrocaria, género de plantas ciperáceas.

**CALYPTROSTYLE**, m. *caliptrostil*. Bot. Caliptrostilo, género de plantas ciperáceas.

**CALYSPHYRE**, m. *calisfir*. Bot. Calisfiro, género de plantas rubiáceas.

**CALYSSOSPORION**, m. *calissosporión*. Bot. Calisosporion, género de hongos.

**CALYSTÉGIE**, m. *calistegí*. Bot. Calistegio, género de plantas convolvuláceas.

**CAMA**, m. *cáma*. Cama, nombre que dan los Indios al dios del amor y del himeneo.

**CAMACÉES**, f. pl. *camasé*. Zool. Camáceas, familia de conchas conchíferas.

**CAMAGNOC**, m. *camañóc*. Bot. Camañoc, especie de plantas de la Cayena.

**CAMAÏEU**, m. *camaieu*. Camafeo, piedra preciosa de dos colores. || Pint. Aguada, cuadro pintado con solo dos colores.

**CAMAIL**, m. *camail*. Muceta de obispo, de abad ó de canónigo.

**CAMALDULES**, m. pl. *camaldúl*. Religiosos camaldulenses.

**CAMANIOC**, m. *camanióc*. Yuca, planta americana, mayor que la yuca comun.

**CAMARA**, m. *camara*. Anat. Coronilla, el casco de la cabeza ó cráneo.

**CAMARA-CUBA**, f. *camaracúba*. Tepocan, planta americana. Tambien se llama *camara-mira* y *camara-tinga*.

**CAMARADE**, m. *camarád*. Camarada, compañero: se dice principalmente entre soldados, estudiantes, criados, etc. || *Camarades de voyage*, compañeros de viaje. *Camarades de collége*, concolegas. *Camarades de classe*, condiscípulos.

**CAMARADERIE**, f. *camaradrí*. Familiaridad entre camaradas. || Confabulacion entre literatos por particulares miras ó intereses. || Pandilla.

**CAMAREE**, f. *camaré*. Bot. Camarea, género de plantas de la familia de las malpigiáceas molostemóneas.

**CAMARD, E**, adj. y s. *camár*. Chato, el de narices chatas. V. CAMUS. || *La camarde*, la muerte, en estilo jocoso.

**CAMARE**, m. *camár*. Bot. Cámara nombre del pericarpo.

**CAMARIA**, f. *camária*. Zool. Camaria, nombre de la golondrina en la Cayena.

**CAMARIE**, f. *camarí*. Zool. Camaria, género de insectos coleópteros heterómeros.

**CAMARIEN, NE**, adj. *camarién*, *én*. Bot. Camariano, que es de la naturaleza del cámara.

**CAMARINE**, f. *camarín*. Bot. Camarina, género de plantas empetreas.

**CAMAROSIS**, f. *camarósis*. Cir. Camarosis, fractura del cráneo, cuyos fragmentos se hallan dispuestos en forma de bóveda.

**CAMAROTE**, m. *camarót*. Zool. Camarote, género de insectos dípteros.

**CAMAROTIDES**, f. pl. *camarotíd*. Zool. Camarótidos, division de insectos de los curculiónidos ortóceros.

**CAMAROTIS**, f. *camarótis*. Bot. Camarotis, género de plantas orquidáceas.

**CAMAROTUS**, m. *camarótus*. Zool. Camarotus, género de insectos.

**CAMASSIE**, f. *camasí*. Bot. Camasia, género de plantas liliáceas.

**CAMBAGE**, m. *canbáge*. Cervecería, la tienda donde se vende. || Impuesto sobre la cerveza.

**CAMBALA**, m. *canbála*. Zool. Cambala, género de miriápodos quilíognatos iuliinos.

**CAMBANIA**, f. *canbánia*. Bot. Cambania, género de plantas meliáceas.

**CAMBAYES**, f. pl. *canbá*. Cambayes, telas de algodon fabricadas en la costa de Coromandel.

**CAMBÉA**, f. *canbéa*. Bot. Cambea, planta sinónima de careya.

**CAMBESSÉDÉSIE**, f. *canbesedesí*. Bot. Cambesedesia, género de plantas de la familia de las melastomáceas.

**CAMBISTE**, m. *canbist*. Cambista, el que tiene por oficio dar ó aceptar letras de cambio.

**CAMBIUM**, m. *canbióm*. Cambium, sustancia viscosa orgánica de la madera.

**CAMBO**, m. *cánbo*. Bot. Cambo, nombre de una variedad del té que tiene mucho aroma y un olor de violeta.

**CAMBOGE**, m. *canbóge*. Bot. Cambogio, árbol de la India oriental.

**CAMBOUIS**, m. *canbuí*. Unto de rueda de coche ó otro carruaje.

**CAMBRÉ, ÉE**, adj. *canbré*. Combado, encorvado.

**CAMBRER**, a. *canbré*. Combar, arquear, doblar una tabla, una vara, un liston, etc. || *Se cambrer*, r. Combarse, alabearse.

**CAMBRURE**, f. *canbrúr*. Combo, alabeo, combadura, torcimiento.

**CAMBUSE**, f. *canbús*. Mar. Despensa.

**CAMBUSIER**, m. *canbusié*. Mar. Despensero.

**CAME**, f. *cám*. Camo, género de conchas bivalvas de los mares intertropicales.

**CAMÉADE**, f. *cameád*. Pimienta silvestre negra.

**CAMÉLAIRE**, adj. *camelér*. Hist. Camellario, el que cuidaba de los camellos.

**CAMÉE**, m. *camé*. Camafeo, piedra fina grabada en relieve, cuya materia se compone de muchas capas superpuestas de diversos colores.

**CAMÉLÉE**, f. *camelé*. Olivilla, arbusto de la familia de las connaráceas.

**CAMÉLÉON**, m. *cameleon*. Zool. Camaleon, género de reptiles cuadrúpedos, que tienen la propiedad de cambiar casi repentinamente de color. || met. fam. Camaleon, hombre que vuelve casaca ó cambia de opinion segun conviene á sus intereses, y en castellano se llama veleta. || Astr. Camaleon, constelacion meridional. || *Caméléon blanc*, angélica carlina planta.

CAMÉLÉOCONIDES, m. pl. cameleoconíd. Zool. Cameleoconiones, familia de reptiles americanos.

CAMÉLÉOPARD, m. cameleopár. Astr. Cameleopardo, constelacion astronómica llamada tambien Girafa.

CAMÉLIENS, m. pl. camelién. Zool. Camelianos, género de mamíferos rumiantes, cuyo tipo es el género camello.

CAMÉLINÉ, f. camelíné. Bot. Miagro, camelina, género de plantas crucíferas.|| Caméliinées, f. pl. Camelíneas, tribu de plantas crucíferas.

CAMELLE, m. camél. Especie de vaso de madera que usaban en los sacrificios.

CAMELLIA, m. camélia. Bot. Camelia, género de plantas ternstroemiáceas.

CAMELOT, m. camló. Camelote, cierta tela de lana pura. || Camelot de Lille, íd. || Camelot ondé, camelote de aguas. || Impr. Camelote, mamarracho, obras de poco cuidado.

CAMELOTÉ, ÉE, adj. camloté. Camelotado, tejido hecho como los camelotes.

CAMELOTER, a. camloté. Imitar el camelote, tejer ó trabajar la tela como el camelote.

CAMELOTIER, m. camlotié. Papel de clase muy inferior. || Camelotero, el que hace y vende camelote.

CAMELOTINE, f. camlotín. Camelotina, tela que imita el camelote.

CAMELOTTE, f. camlót. Obra mal hecha ó géneros despreciables, de mala calidad. Vendre, faire de la camelotte, vender, fabricar malos géneros.

CAMÉRAIRE, m. camerér. Bot. Camerario, género de plantas apocináceas.

CAMÉRALISTIQUE, f. cameralistic. Cameralística, ciencia de la administracion de las rentas públicas.

CAMÉRIER, m. camerié. Camarero, oficial de la cámara del papa, de un cardenal ó de un prelado italiano.

CAMÉRIÈRE, f. V. CAMÉRISTE.

CAMÉRINE, f. camerín. Piedra numismal ó lenticular, fósil lenticular.

CAMÉRISIER, m. camerisié. Bot. Camericero, arbusto de Tartaria.

CAMÉRISTE, f. camerist. Camarista, la doncella que asiste y sirve á la reina en su cuarto y tocador.

CAMERLINGAT, m. camerlengá. Camerlengato, la dignidad de camarlengo.

CAMERLINGUE, m. camerlíngue. Camarlengo, cardenal jefe de la Cámara Apostólica.

CAMÉRONIENS, m. pl. cameronién. Sect. rel. Cameronianos, calvinistas franceses que no podian conciliar el dogma de la fatalidad con la bondad de Dios.

CAMÉRULE, f. camerúl. Bot. Camérula, celdilla ó concavidad pequeña que se halla en una parte cualquiera de un vegetal.

CAMHA, m. cáma. Bot. Cama, especie de criadilla de tierra comestible.

CAMILLE, m. y f. camíll. Hist. Camilo, nombre que daban los antiguos á los niños de uno y otro sexo destinados al servicio de los altares. || Zool. Camila, concha microscópica, inmediata á las ceritas.

CAMINOLOGIE, f. caminologí. Fis. Caminología, arte de construir chimeneas.

CAMION, m. camión. Tocamonja, alfiler muy pequeño y delgado. || Carreton pequeño del que tiran dos ó mas hombres en lugar de caballerías.

CAMISADE, f. camisád. Mil. Encamisada, sorpresa que se ejecutaba de noche cubriéndose con camisas para no confundirse con los enemigos.

CAMISARD, E, m. y f. camisár. Camisardo, nombre que se dió á los calvinistas de Cevénas en Francia.

CAMISOLE, f. camisól. Camisa ó camisilla de tela mas fina que las comunes.|| Almilla, ajustador.

CAMOÏARD, m. camoiár. Tela tejida con pelo de cabra montés.

CAMOMILLE, f. camomíll. Manzanilla. Camomille romaine, manzanilla fina.

CAMOUFLET, m. camuflé. Humazo, humo de papel que se aplica á las narices del que se duerme. || met. y fam. Afrenta, burla, desaire.

CAMOURLOT, m. camurló. Engrudo fuerte y de grande consistencia cuando está seco.

CAMP, m. cán. Campo, el terreno que ocupa un ejército acampado; y tambien el mismo ejército ó real sentado. || Campo, el sitio en que se efectuaban los duelos ó desafíos. || Lever le camp, levantar el campo, decampar, alzar el real. || Asseoir le camp, plantar el campo, asentar el real. || Camp volant, campo volante, trozo de tropa á la lijera que defiende la campaña, y amenaza y fatiga al enemigo.

CAMPAGNARD, E, adj. y s. campañár. Aldeano, lugareño. || Gentilhomme campagnard, caballero de lugar; femme campagnarde, lugareña.

CAMPAGNE, f. canpáñ. Campo, la llanura de tierra sin montes ni asperezas. || Todo terreno que está fuera de poblado.||Campaña, el tiempo que las tropas están en cada año fuera de cuarteles para pelear. || Mar. Campagne navale, campaña, tiempo que emplea un buque de guerra en cada viaje redondo. = Campagne de rade, campaña de puerto, el tiempo que permanece armado un buque de guerra sin salir á la mar.||met. Battre la campagne, desatinar, delirar, disparatar, hablar al aire. || Mettre des amis en campagne, valerse de los amigos para el logro de algun fin.|| Être à la campagne, estar en el campo. || Être en campagne, estar ó hallarse en campaña. || met. Se mettre en campagne, andar en investigaciones, ir á tomar informes. || En pleine campagne, á campo raso.

CAMPAGNOL, m. canpañól. Campañol, murciélago volador, animalito mamífero del Senegal.

CAMPANE, f. canpán. Borla y borlon de oro, plata ó seda en forma de campanilla. || Cuerpo del capitel corintio y del órden compuesto.

CAMPANELLE, f. canpanél. Campanilla, planta y flor.

CAMPANELLÉ, ÉE, adj. canpanelé. Campanelado ó campanillado, epíteto de las flores que presentan la forma de una campanilla.

CAMPANIER, m. canpanié. Campanero, por sonneur de cloches. V. SONNEUR.

CAMPANIFORME, adj. canpanifórm. Campaniforme, que tiene la forma de campana.

CAMPANILLE, f. canpanill. Linterna de una cúpula ó media naranja.

CAMPANULACÉ, ÉE, adj. canpanulasé. Campanuláceo, que pertenece al género campánula. || Campanulacées, f. pl. Campanuláceas, gran familia de plantas herbáceas.

CAMPANULAIRE, adj. canpanulér. Bot. Campanulario, que se parece á la campánula. || f. Campanularia, especie de pólipos.

CAMPANULE, f. canpanúl. Campánula, nombre genérico de algunas plantas.

CAMPANULÉ. V. CAMPANIFORME.

CAMPANULINE, f. canpanulín. Campanulina, especie de campánula pequeña.

CAMPANULINÉ, ÉE, adj. canpanuliné. Bot. Campanulíneo, que se parece ó pertenece á la campánula.||Campanulinées, f. pl. Campanulíneas, clase de plantas.

CAMPANUMÉE, f. canpanumé. Campanumea, género de plantas campanuláceas.

CAMPDÉRIE, f. canpderí. Bot. Canderia, planta de la familia de las homorodáceas.

CAMPÉ, ÉE, adj. canpé. Acampado. || met. Être bien campé, estar bien instalado en algun paraje.

CAMPÊCHE, m. canpéche. Campeche, cierta madera de tinte.

CAMPÉCOPÉE, f. canpecope. Campecopea, género de crustáceos isópodos.

CAMPÉLIE, f. canpelí. Campelia, género de plantas comelináceas.

CAMPEMENT, m. canpmán. Campamento, el terreno en que acampa un ejército ó parte de él.

CAMPER, n. canpé. Acampar, poner tiendas de campaña y alojarse en ellas un ejército. || met. No tener habitacion ó morada fija.||Esgr. Ponerse en guardia.|| a. Acampar, hacer que se detenga un ejército en campamento. || met. Camper un soufflet á [illegible]

[illegible] quelqu'un, echar [illegible] lada. || Se camper, r. [illegible] camper sur une chaise [illegible] plantificarse en una silla [illegible] se en ella.

CAMPERCHE, f. [illegible] entre tapiceros.

CAMPES, f. cánp. [illegible]

CAMPESTRE, m. [illegible] que los soldados [illegible] ejercicios.

CAMPÉTRIÈRE, m. [illegible] petero, género de aves.

CAMPÊTRAGE, f. [illegible] parte superfina de la [illegible] vido ya para su tinte.

CAMPHÈNE, m. [illegible] feno ó canfeno, [illegible] en la esencia de la trementina.

CAMPHOGÈNE, m. [illegible] fógeno ó alcanfógeno, [illegible] carbono y de hidrógeno.

CAMPHORATE, m. [illegible] ó alcanforato, sal formada [illegible] del ácido alcanfórico con [illegible]

CAMPHORÉ, ÉE, adj. [illegible] reo, que se parece al [illegible] phorées, f. pl. Canforeas, tribu de [illegible] de las laurineas.

CAMPHORIDE, f. camforíd. [illegible] alcanforida, sustancia de [illegible] que se aproxima al alcanfor.

CAMPHORIQUE, adj. [illegible] Alcanfórico, calificacion de un [illegible]

CAMPHRE, m. cánfr. Bot. [illegible] pecie de goma de Oriente.

CAMPHRÉ, ÉE, adj. [illegible] Solo se dice del espíritu de vino [illegible] diente.|| Camphrées, f. Bot. [illegible] dicinal.

CAMPHRER, a. canfré. [illegible] alcanfor á un líquido.

CAMPHRIER, m. canfrié. Bot. [illegible] ó alcanforero, sub-género del [illegible] y que produce el alcanfor.

CAMPICOLE, adj. canpicól. [illegible] que vive en el campo. || m. Zool. [illegible] género de aves.

CAMPINE, f. canpín. [illegible] sumamente fina y de buen gusto [illegible]

CAMPO, m. cámpo. [illegible] Franceses á la lana sevillana. [illegible] po, catre de cuestas ó de campaña [illegible]

CAMPOMANÉSIE, f. [illegible] Campomanesia, género de plantas [illegible]

CAMPOS, m. cámpos. [illegible] diantes y colegiales: es el dia [illegible] les da de vacaciones.|| met. fam. [illegible] sacion de cualquier estudio ó [illegible]

CAMPOTE, f. canpót. Com. [illegible] pecie de tela de algodon de [illegible]

CAMPSIE, m. canpsí. [illegible] género de coleópteros heterómeros.

CAMPSIS, f. cánpsis. Med. [illegible] curvacion anormal.

CAMPSIURE, f. canpsiúr. Zool. [illegible] ra, género de coleópteros [illegible]

CAMPTA, m. cánpta. Zool. [illegible] nero de coleópteros pentámeros.

CAMPTAN, m. canptán. [illegible] nombre de una especie de [illegible]

CAMPTOCÈRE, m. canptosér. [illegible] tócero, género de coleópteros.

CAMPTODONTE, m. [illegible] Cantodonte, género de coleópteros.

CAMPTOGNATHE, m. [illegible] Cantógnato, género de coleópteros.

CAMPTORHIN, m. canptorén. [illegible] torino, género de coleópteros.

CAMPTORHYNQUE, m. [illegible] Zool. Cantorinco, género de [illegible]

CAMPTOSÈME, m. canptosém. [illegible] tosema, arbusto muy bello de [illegible]

CAMPYLANTHE, m. [illegible] Campilanto, género de plantas [illegible] ceas.

CAMPYLE, m. canpíl. Bot. [illegible] género de coleópteros pentámeros [illegible] Campila, especie de [illegible]

CAMPYLIPE, m. canpilíp. Zool. [illegible] lipo, género de coleópteros pentámeros.

CAMPYLOCARPE, m. [illegible] Campilocarpo, planta crucífera.

CAMPYLOCARION, m. [illegible]

[illegible]

**CANARDER**, a. *canardé.* Mil. Tirar un tiro desde un parage oculto ó defendido.|| n. Irá caza de ánades.|| Mús. Dejar escapar un cantor ó un instrumento un sonido bronco y agudo como la voz del ánade.|| *Se canarder*, r. Tirotearse desde las trincheras.

**CANARDERIE**, f. *canarderí.* Criadero de patos ó ánades.

**CANARDIER**, m. *canardié.* Casador de ánades ó patos silvestres.

**CANARDIÈRE**, f. *canardiér.* Barraca ó puesto encubierto, junto ó dentro de una laguna para tirar á los ánades.|| Fort. Garita ó otra obra de reparo, desde donde se tiraba resguardado.

**CANARI**, m. *canári.* Canario, pájaro hermoso. || *Blé de canari*, alpiste.

**CANARIE**, f. *canarí.* Canario, cierto baile ridículo, desusado en el dia.

**CANARIN**, m. *canaren.* Gorrion de Canarias, ave.

**CANARINE**, f. *canarín.* Bot. Canarina, género de plantas campanuláceas.

**CANARION**, m. *canarión.* Bot. Canarion, género de plantas burseráceas.

**CANASSE**, f. *canás.* Tabaco en hebras muy menudas, y bueno para fumar. || Caja de estaño en que se trae el té de la China.

**CANAVALIE**, f. *canavalí.* Bot. Canavalia, género de plantas papilionáceas.

**CANCAMUM**, m. *cancamóm.* Bot. Cáncamo, goma de ciertos árboles de África, del Brasil, etc., que tiene mucha semejanza con el árbol de mirra.

**CANCAN**, m. *cancán.* Zacapela, quejas dadas con muchas voces y ruido. || pl. Chismes, cuentos, embolismos.

**CANCANER**, n. *cancané.* Ganguear, hablar despidiendo el sonido por las narices. || Chismear, embolismar, murmurar.

**CANCANIAS**, m. *cancánias.* Cancanias, cierto raso de Indias, rayado y labrado.

**CANCANIER, IÈRE**, m. y f. *cancanié, ér.* Murmurador, el que murmura continuamente ó tiene vicio de murmurar.

**CANCEL**, m. *cansél.* Cancel, el presbiterio ó santuario de la iglesia, en donde está colocado el altar mayor. || Cancel, sitio rodeado de un balaustre en que se guardaba el sello del Estado.

**CANCELLAIRE**, m. *canselér.* Zool. Cancelaria, género de conchas univalvas.

**CANCELLARIAT**, m. *canselariá.* Cancelariato, dignidad de canciller.

**CANCELLATION**, f. *canselasión.* For. Cancelacion, accion de cancelar, de anular una escrituras, un acto ó documento.

**CANCELLE**, f. *cansél.* Zool. Cancela, género de crustáceos decápodos.

**CANCELLER**, a. *canselé.* For. Cancelar, borrar, testar una escritura, instrumento, etc.

**CANCER**, m. *cansér.* Cir. Tumor maligno. || Cáncer, signo boreal del zodiaco. || met. Cáncer, ambicion desmesurada que roe las entrañas del avaro.

**CANCÉREUX, EUSE**, adj. *cansereu, eus.* Canceroso, acancerado.

**CANCÉRIENS**, m. pl. *canserién.* Zool. Cancerianos, tribu de insectos.

**CANCRE**, m. *cáncr.* Cangrejo, especie de cámbaro del mar. || met. y fam. Lázaro, piojoso, hablando de un miserable ó sórdidamente avaro.

**CANCRELAS**, m. *cancrlá.* Zool. Cucaracha.

**CANCRIFORMES**, m. pl. *cancrifórm.* Zool. Cancriformes, familia de crustáceos.

**CANCRITE**, m. *cancrít.* Zool. Cancrito, nombre que se da á los crustáceos fósiles.

**CANCROÏDE**, adj. *cancroíd.* Anat. Cancroideo, que se asemeja al cáncer.

**CANDALE**, f. *candál.* Quím. Licor perfumado que se hace con aguardiente, canela fina, azúcar y agua de rosa. || Sayo de lienzo que usan los negros del Senegal.

**CANDÉINE**, f. *candein.* Zool. Candeina, género de conchas.

**CANDÉLABRE**, m. *candelabr.* Candelabro, candelero grande con muchos brazos y mecheros.

**CANDELETTE**, f. *candilét.* Mar. Estrellera, aparejos de los palos y masteleros.

**CANDEUR**, f. *candeur.* Candor, candidez, sinceridad y pureza del ánimo.

**CANDI, E**, adj. *candí.* Cande. || *Sucre candí*, azúcar cande ó azúcar piedra.

**CANDIDAT**, m. *candidá.* Candidato, el que aspira á alguna puesto ó dignidad.

**CANDIDE**, adj. *candíd.* Cándido, sencillo, sin malicia ni doblez.

**CANDIDEMENT**, adv. *candidemán.* Cándidamente, sencillamente, con candor.

**CANDIL**, f. *candíl.* Candil, especie de medida usada en las Indias.

**CANDIOTE**, f. *candiót.* Bot. Candiota, especie de anémona vellosa.

**CANDIR**, a. *candír.* Cristalizar azúcar. || *Se candir*, r. Endurecerse, secarse, tomar consistencia el azúcar, el almíbar, cuando se azucara. Tambien se usa como neutro.

**CANDISATION**, f. *candisasión.* Candidacion, operacion para cristalizar el azúcar cande.

**CANDOLLÉE**, m. *candolé.* Bot. Candolea, género de plantas diteniáceas.

**CANE**, f. *cán.* Ánade, la hembra.

**CANEBAS**, m. *canbá.* Bot. Nombre vulgar de la malva canabina.

**CANEFAS**, m. *canfá.* Canefas, tela gruesa y fuerte de Holanda.

**CANEFICIER**, m. *canifisié.* Cañafístola, árbol de donde se saca la casia.

**CANELAS**, m. *canlá.* Especie de pasta dulce.

**CANÉLO**, m. *canélo.* Especie de corteza amarga que viene de Chile.

**CANEPETIÈRE**, f. *canptiér.* Zool. Abutarda, ave del tamaño de un faisan.

**CANÉPHORE**, f. *canefór.* Canéfora, nombre que daban los antiguos á unas doncellas que llevaban en canastillos las cosas destinadas á los sacrificios. || Bot. Canéforo, género de plantas del Madagascar.

**CANÉPHORIES**, f. pl. *canefori.* Canefórias, fiestas que entre los antiguos Atenienses se hacian á Baco y á Céres.

**CANEPIN**, m. *canpén.* Cabritilla, piel fina de que se hacen guantes. || Flor de la cabritilla, que sirve para paises de abanico.

**CANEQUIN**, m. *canquén.* Caniqui, tela blanca de algodon de Indias.

**CANESOU ó CANEZOU**, m. *canesú.* Canesú, especie de corpiño de mujer sin mangas.

**CANET**, m. *cané.* Ánade pequeño.

**CANETER**, n. fam. *canté.* Anadear, andar como el pato moviendo las caderas.

**CANETIER, IÈRE**, adj. *cantié, ér.* Que pertenece al Ánade.

**CANETON**, m. *cantón.* Anadillo, anadoncillo, el pollo del ánade.

**CANETTE**, f. *canét.* Anadina, ánade pequeña. || Blas. Ánades sin piés.

**CANEVAS**, m. *canvá.* Cañamazo, angeo ó estopilla para bordar en él. || Borrador de un escrito ó pensamiento.

**CANEVASSIER, IÈRE**, m. y f. *canvasié, ér.* Cañamacero, fabricante ó vendedor de cañamazo.

**CANEVETTE**, f. *canvét.* Mar. Frasquera.

**CANGE**, m. *cáng.* Agua de arroz espesa.

**CANGETTE**, f. *cangét.* Sarguela que se fabrica en Normandía.

**CANG-FOU**, m. *canfú.* Bot. Especie de té negro que viene de la China.

**CANGUE**, f. *cangue.* Especie de argolla portátil que usan en el Asia.

**CANI**, adj. m. *caní.* Mar. Se dice de la madera que empieza á podrirse.

**CANIARD**, m. *caniár.* Zool. Caniardo, especie de gaviota.

**CANICA**, f. *canica.* Canica, canela silvestre de la isla de Cuba.

**CANICHAS**, m. pl. *canichas.* Chozas de piedra, construidas de distancia en distancia en los Andes para refugio de los viajeros.

**CANICHE**, m. *caniche.* Perro de aguas.

**CANICHON**, m. *canichón.* Zool. Anadoncillo, pollo del ánade.

**CANICIDE**, m. *canisíd.* Canicidio, diseccion de un perro vivo. = Muerte de un perro. || vulg. Canicida ó perricida, mataperros.

**CANICULAIRE**, adj. *caniculér.* Canicular, que pertenece á la canícula.

**CANICULE**, f. *canicúl.* Canícula, estrella de constelacion llamada Can mayor. || Tiempo que dura ó domina esta constelacion y son excesivos los calores.

**CANIF**, m. *caníf.* Cortaplumas. || Art

ßeril, útil con que los grabadores en madera abondan varias partes de una lámina.

**CANILLÉE**, f. *canillé*. Lentejuela, planta. || Zool. Hermoso y grande papagayo de América.

**CANIN, E**, adj. *canén, ín*. Canino, perruno, que pertenece al perro. || *Faim canine*, hambre canina, excesiva. || Anat. *Dents canines*, dientes caninos, nombre que se da á cada uno de los dientes situados al lado de los incisivos.

**CANINA**, m. *canína*. Zool. Canina, serpiente inofensiva de América, que acompaña al hombre como un perro.

**CANINIE**, f. *caniní*. Zool. Caninia, género de zoófitos cariófilos.

**CANINS**, m. pl. *canén*. Zool. Caninos, familia de la clase de los mamíferos.

**CANISTRE**, m. *canístr*. Canastillo, cesta de junco ó mimbre que se usaba en las fiestas públicas.

**CANITIE**, f. *canisí*. Canicie, color blanco del cabello.

**CANIVEAUX**, m. pl. *canivó*. Alb. Adoquines, piedras anchas que sirven para encajonar el empedrado. Si atraviesan el centro de un arroyo, de una calle ó de un patio, se llaman adoquines con baden.

**CANIVET**, m. *canivé*. V. CANIF.

**CANJARE** ó **CRIC**, m. *canjár, crí* ó *cric*. Hist. Especie de puñal largo como una bayoneta con mango terminado en punta y de ordinario envenenado, que se usa en las riberas del Ganges.

**CANNA**, f. *cánna*. Zool. Cana, especie de gacela de África.

**CANNABINE**, f. *canabín*. Canabina, planta de Candía. || Zool. V. LINOTTE.

**CANNABIS**, m. *canabís*. Bot. Canabis, nombre científico del cáñamo.

**CANNACÉ, ÉE**, adj. *canasé*. Bot. Canáceo, que se parece al género caña. || *Cannacées*, f. pl. Bot. Canáceas, familia de plantas.

**CANNAGE**, m. *canáge*. Vareo, el acto de medir las telas con la cana.

**CANNAIE**, f. *cané*. Cañaveral.

**CANNAMELLE**, f. *canamél*. Bot. Cañamiel, género de la familia de las gramíneas.

**CANNARINS** ó **CANNARES**, m. pl. *canarén, canár*. Canarinos, salvajes de Méjico que adoran al sol.

**CANNE**, f. *cán*. Bot. Caña, nombre vulgar de todas las especies de plantas de tallos rectos. || Junquillo, baston que se lleva en la mano para apoyarse ó por insignia. || Caña, vara de medir. || Caña, nombre de diversas plantas. || *Canne à sucre*, caña de azúcar, caña dulce. || *Canne à vent*, cerbatana. || *Canne à écrire*, estilo, caña delgada que los antiguos cortaban á manera de pluma para escribir. || *Jeu de cannes*, cañas, antiguo juego guerrero. || *Claie de cannes*, encañizado, cañizo. || *Bout de canne*, recaton, casquillo, cuento. || *Bois à canne*, pisania, guayacana de Virginia. || pl. Manuf. Canillas para devanar la seda.

**CANNÈBE**, m. *canéb*. Nombre vulgar del cáñamo en varios departamentos del mediodía de Francia.

**CANNEBERGE**, f. *canbérge*. Bot. Cañabeja ó arándano agrio, planta.

**CANNELADE**, f. *canlád*. Cetr. Canelada, especie de jalea, hecha con canela, azúcar y tuétano de garza para dar al halcon.

**CANNELAS**, m. *canlá*. Canelon, chocho de canela.

**CANNELÉ**, m. *canlé*. Tejido de seda, parecido al gro.

**CANNELER**, a. *canlé*. Arq. Acanalar, estriar una columna ó otra pieza.

**CANNELÉS**, m. pl. *canlé*. Zool. Canelados, familia de insectos equinodermos.

**CANNELLE**, f. *canél*. Canela, cierta especia. || Canilla, espita de una cuba ó pipa.

**CANNELLÉ, ÉE**, adj. *canelé*. Acanelado, que tiene el color de la canela.

**CANNELLIER**, m. *canelié*. Canelo, canelero, el árbol de la canela.

**CANNELLINE**, f. *canelín*. Quím. Canelina, sustancia cristalizable que se extrae de la canela.

**CANNELURE**, f. *canlúr*. Arq. Estria ó media caña, formada en una columna.

**CANNEQUINS**, m. pl. *canquén*. Canequíes, telas de algodon de P[illegible]

**CANNER**, a. *cané*. Varear, medir con la vara llamada cana.

**CANNETILLE**, f. *canetíll*. Art. Cañutillo, hilo de oro ó de plata, rizado en cañutos para bordar.

**CANNETTE**, f. *canét*. Espita, canilla de cuba ó pipa. || Bovina, cañita en que se pone la seda devanada para la trama en los tejidos. || Jarrito para medir licores.

**CANNEVETTE**, f. *canvét*. Especie de medida de líquidos muy en uso en Holanda.

**CANNIBALE**, m. *canibál*. Caníbal, nombre de algunos salvajes de América que comen carne humana. || met. Hombre feroz.

**CANNIBALISME**, m. *canibalísm*. Canibalismo, pasion voraz de los caníbales por la carne humana. Antropofagia. || met. Crueldad, ferocidad.

**CANNIFICIER**, m. *canifisié*. Cañafístolo, árbol que lleva la cañafístola.

**CANNOPHYLLITE**, m. *canofilít*. Bot. Canofilito, género de plantas fósiles.

**CANOLIRE**, f. *canolír*. Zool. Canolira, género de insectos isópodos.

**CANON**, m. *canón*. Cañon, pieza de artillería. || Toda la artillería de una plaza ó trinchera. || Cañon de armas de fuego, de pluma, etc. || *Poudre à canon*, pólvora. || *Chevet de canon*, cuña para levantar el cañon. || *Chambre d'un canon*, magaña, defecto en el alma de un cañon por la mala fundicion. || *Jouer le canon*, disparar la artillería. || *Coup de canon*, cañonazo. || *Bouton d'un canon*, el punto de una escopeta. || Liturg. Cánon de la misa. = Cánon de los santos, catálogo de los santos. = *Canons des apôtres*, cánones de los apóstoles. = *Canons des conciles*, cánones de los concilios. || *Droit canon* ó *canonique*, derecho canónico. || pl. Decisiones de un concilio en materia de dogma y de disciplina. || *Canon emphytéotique*, censo reservativo. || Impr. *Gros canon*, gran cánon, cierto grado de letra. = *Petit canon*, otro grado de letra.

**CANONIAL, E**, adj. *canoniál*. Canonical. || Canónico, que tiene relacion con los cánones ó está conforme con ellos. || *Heures canoniales*, horas canónicas.

**CANONICAT**, m. *canonicá*. Canonicato, canonjía. || met. Canonicato, prebenda, oficio simple: se dice de lo que es lucrativo y de poco trabajo.

**CANONICITÉ**, f. *canonisité*. Canonicidad, la calidad de lo que es canónico.

**CANONIQUE**, adj. *canonic*. Canónico, segun los cánones.

**CANONIQUEMENT**, adv. *canonicmán*. Canónicamente, legítimamente.

**CANONISATION**, f. *canonisasión*. Canonizacion, accion de canonizar.

**CANONISER**, a. *canonisé*. Canonizar, poner en el catálogo de los santos al siervo de Dios ya beatificado.

**CANONISTE**, m. *canonist*. Canonista, el profesor de derecho canónico.

**CANONNADE**, f. *canonád*. Cañonazo, el tiro de un cañon. || Cañoneo, la repeticion de cañonazos, fuego de cañon.

**CANONNAGE**, m. *canonáge*. Ejercicio y conocimiento del manejo de la artillería.

**CANONNER**, a. *canoné*. Cañonear, batir á cañonazos.

**CANONNIER**, m. *canonié*. Artillero. || Mar. *Maître canonnier*, condestable ó sarjento de artillería.

**CANONNIÈRE**, f. *canoniér*. Cañonera, abertura en las murallas, baterías ó trincheras para poner el cañon. || Cañonera, tienda de campaña para los soldados. || Juguete de niño.

**CANONNISTE**, m. *canonist*. Art. Fundidor de cañones.

**CANOPE**, m. *canóp*. Canope, nombre de una estrella. || Zool. Canope, género de insectos hemípteros.

**CANOPITE**, m. *canopít*. Canópito, género de colirio descrito por Celso.

**CANOPUM**, m. *canopóm*. Bot. Canopon, nombre dado á la corteza del saúco.

**CANOT**, m. *canó*. Mar. Bote, embarcacion menor de remos. = Bote de un navío.

**CANOURGE**, f. *canúrg*. Com. Especie de tela de lana.

**CANQUE**, f. *cánc*. Com. Tela de algodon de la China de que hacen sus camisas los Chinos.

**CANSCHY**, m. *canschí*. Bot. Canchí, árbol del Japon, cuya corteza sirve de papel para escribir.

**CANSCORA**, f. *canscóra*. Bot. Canscora, género de plantas [illegible].

**CANSJÈRE**, m. *cansjér*. Bot. Canjera, género de plantas [illegible].

**CANTAL**, m. *cantál*. Especie de queso muy sabroso de Auvernia.

**CANTALOUP**, m. *cantalú*. Bot. Cantalú, variedad de melon. = Cantalú, [illegible] de Florencia.

**CANTANETTES**, f. pl. Náut. *cantanet*. Mamparos, divisiones en las cámaras de los navíos.

**CANTARELLA**, m. *cantarélla*. Cantarela, especie de veneno que sale de la boca de un cerdo rabioso.

**CANTATE**, f. *cantát*. Mús. Cantata, composicion de recitado y de una ó dos arias.

**CANTATILLE**, f. dim. de CANTATE. *Cantatíll*. Cantatela, cantata corta.

**CANTATRICE**, f. *cantatrís*. Cantora, cantatriz.

**CANTHARIDE**, f. *cantarid*. Zool. Cantarida, especie de mosca [illegible], irritante, con la cual se componen vejigatorios eficaces.

**CANTHARIDIEN, NE**, adj. *cantaridién, én*. Zool. Cantaridiano, parecido á la cantárida.

**CANTHARIDIENNES**, f. pl. *cantaridién*. Zool. Cantaridianas, familia de insectos coleópteros, cuyo tipo es el género cantárida.

**CANTHARIDINE**, f. *cantaridín*. Quím. Cantaridina, principio inmediato de la propiedad epispástica de las cantáridas.

**CANTHÈNE**, m. *cantén*. Canteno, pescado del Mediterráneo.

**CANTHUS**, m. *cántus*. Anat. El ángulo del ojo. || Agujero pequeño para [illegible] algun licor.

**CANTIBAN**, m. *cantibán*. Carp. [illegible], madera hendida que no [illegible].

**CANTILÈNE**, f. *cantilén*. Mús. Cantinela ó cantilena, canto suave, [illegible]. || met. Cantinela, cancion fastidiosa.

**CANTIMARON** ó **CATIMARON**, m. *cantimarón, catimarón*. Mar. Almadía, balsa para pescar de los negros de la costa de Coromandel.

**CANTINE**, f. *cantín*. Cantina, [illegible] que se vende vino á la tropa. || [illegible] de viajero con muchos secretos.

**CANTINIER, ÈRE**, m. y f. *cantinié, ér*. Cantinero, tabernero de la tropa.

**CANTIQUE**, m. *cantíc*. Cántico de las divinas alabanzas.

**CANTON**, m. *cantón*. Canton, [illegible] territorio ó distrito. || Blas. Cuartel del escudo, menor que el cuartel ordinario.

**CANTONADE**, f. *cantonád*. Canton, cantonada, la esquina del teatro. || *Parler à la cantonade*, entre los comediantes, es hablar con alguna persona entre bastidores.

**CANTONAL, E**, adj. *cantonál*. Cantonal, del canton, del distrito territorial.

**CANTONNÉ, ÉE**, adj. *cantoné*. Acantonado. || Blas. Cantonado.

**CANTONNEMENT**, m. *cantonmán*. Acantonamiento, la accion y efecto de acantonar, y el sitio que ocupan las tropas acantonadas.

**CANTONNER**, a. *cantoné*. Mil. Acantonar la tropa. || n. Acantonar, estar de canton, estar acantonado. || *Se cantonner*, r. Acantonarse.

**CANTONNIER**, m. *cantonié*. Cantonero, el obrero que cuida de la reparacion de los caminos.

**CANTONNIÈRE**, f. *cantoniér*. [illegible] que se pone á los piés de una cama de [illegible] á pilar para impedir el paso al aire.

**CANULE**, f. *canúl*. Cir. Cánula, cañon de jeringa. || Cierto cañoncito de [illegible].

**CANUT**, m. *canú*. Canuto, ave del norte de Europa.

**CAOUTCHOUC**, m. *cauchú*. Cauchuc, árbol de América, de donde se extrae la goma elástica ó caucho.

**CAP**, m. *cáp*. Mar. Cabo, punta de tierra elevada que sale á la mar. || La proa del buque. = *Où est le cap?* ¿dónde va la proa? = *Doubler un cap*, doblar ó montar un cabo. = [illegible]

[illegible] sur la terre, naviguer en vue de la terre. [illegible], vigueta, pieza de [illegible] que sirve [illegible]. || met. fam. Avoir [illegible] de piés á cabeza. || [illegible] á cap, hablar mano á mano.

[illegible], adj. capábl. Capaz, inteli- [illegible]. || Il fait le ca- [illegible], hace el sabiondo. [illegible] que tiene suficiente espacio para [illegible].

[illegible], adv. capablemán. Ca- [illegible] capaz, con capacidad.

[illegible], f. capasité. Capacidad: tiene [illegible] que en castellano.

[illegible], f. capád. Entre sombrereros, es [illegible] necesaria para hacer un [illegible].

[illegible], m. caparasón. Caparazon, [illegible] al caballo para preser- [illegible] en tiempo de calores. Hay [illegible] de puro adorno.

[illegible], ÉE, adj. caparasoné. [illegible], cubierto de un caparazon.

[illegible], a. caparasoné. Poner, [illegible] del caballo un caparazon.

[illegible] f. cap. Capingo, capote de campo [illegible]. || Capa con capucha que usan [illegible]. || Rire sous cape, burlarse de [illegible]. || Mar. Capa, vela del palo mayor. = [illegible] la cape, ponerse á la capa.

[illegible] ó CAPEYER, n. capé, capeyé. [illegible], estar á la capa.

[illegible], m. caplág. Mar. Encapilla- [illegible] de colocar en su lugar las [illegible] los palos y masteleros.

[illegible], a. caplé. Mar. Encapillar, [illegible], masteleros y vergas de toda [illegible] que requiere su seguri- [illegible].

[illegible], m. fam. caplán. Clérigo po- [illegible]. || Clérigo pequeño del [illegible].

[illegible], m. capé. Vet. Esparavan, tu- [illegible] de caballos y mulas.

[illegible], f. caplín. Sombrerito de [illegible] usar las mujeres para el [illegible] que sirve en las amputaciones [illegible].

[illegible] ó CAPENDU, m. capan- [illegible]. Manzana colorada por fuera [illegible] dentro.

[illegible], f. cafepicrit. Quím. [illegible] que se extrae [illegible].

[illegible], m. cafír. Zool. Cáfiro, gé- [illegible].

[illegible], f. capía. Bot. Capia, planta del [illegible].

[illegible], m. capiomán. Especie [illegible].

[illegible], m. capiyí. Portero del serra- [illegible].

[illegible], ÉE, adj. capilasé. Bot. Ca- [illegible] y delgado como un ca- [illegible].

[illegible], adj. capilér. Capilar, que [illegible] de un cabello. || [illegible] capillaires, vasos capilares. [illegible] capillaires, raices pelosas, [illegible] de pelo, yerba. || s. m. [illegible], género de lepidóp- [illegible].

[illegible], m. capilasión. Cir. Ca- [illegible] del cráneo, que se [illegible] de una línea muy [illegible].

[illegible], adj. capiliform. Capi- [illegible] la forma de un cabello.

[illegible], f. capilín. Bot. Capilina, [illegible] de la familia [illegible].

[illegible], f. capilicosmí. Capilo- [illegible] los cabellos.

[illegible], f. capilotád. Coc. Ropa- [illegible] de carne ya cocida. [illegible] con mendrugos de [illegible] en co- [illegible] con melodi- [illegible], un buen mano. [illegible]. Chantre, digni- [illegible].

[illegible], adj. [illegible]. Zool. V. [illegible], nombre de [illegible].

CAPISTRE, m. capistr. Med. V. CAPELINE y CHEVESTRE.

CAPITAINE, m. capitén. Capitan, cabeza, caudillo, jefe. || General de un ejército. || Capitan, oficial que manda una compañía de infantería ó caballería. || Alcaide, hablando de un sitio ó casa real. || Mar. Capitan, el que manda un buque. = *Capitaine de pavillon*, capitan de bandera, el que manda buque en que hay embarcado general. = *Capitaine des mousses*, capitan de pajes, el marinero que está encargado de ellos. = *Capitaine au long cours*, capitan de barco mercante. = *Capitaine au cabotage*, patron de buque costero.

CAPITAINERIE, f. capitenrí. Alcaidía ó gobierno de un sitio ó casa real. || Capitanía, grado y autoridad de un capitan.

CAPITAL, m. capitál. Capital, el fondo de una renta, el principal de un crédito ó deuda, el caudal de una casa de comercio. || met. Lo principal ó lo mas importante de una cosa.

CAPITAL, E, adj. capitál. Capital, principal. || f. Capital, la ciudad cabeza del reino ó provincia. || Impr. Versal, letra mayúscula.

CAPITALEMENT, adv. capitalemán. Capitalmente, mortalmente, gravemente.

CAPITALISATION, f. capitalisasión. Capitalizacion, accion de capitalizar.

CAPITALISER, a. capitalisé. Capitalizar, reducir á capital, acumular para formar un capital. || Capitalizar, realizar un capital.

CAPITALISTE, m. y f. capitalist. Capitalista, el que ó la que posee capitales ó fondos en papel ó metálico y los negocia.

CAPITALITÉ, f. capitalité. Capitalidad, enormidad de un delito capital.

CAPITAN, m. capitán. Fanfarron, que cuenta y afecta valentías.

CAPITANE, f. capitán. Capitana, la principal galera de una armada.

CAPITANIE, f. capitaní. Capitanía, título, cargo, funciones de un capitan.

CAPITATION, f. capitasión. Capitacion, impuesto por cabezas ó personas.

CAPITÉ, ÉE, adj. capité. Hist. nat. Capitado, que tiene la forma de una cabeza.

CAPITÉES, f. pl. capité. Bot. Capitadas, plantas cinarocéfalas.

CAPITEL, m. capitél. Extracto de una lejía de ceniza y cal viva, que entra en la composicion del jabon.

CAPITELLE, m. capitél. Zool. Capitelo, género de gusanos anélidos.

CAPITEUX, EUSE, adj. capiteu, eus. Cachetero, calificacion del vino ó cualquier licor que se sube á la cabeza.

CAPITO, m. capito. Zool. Capito, especie de pescado de las islas Molucas.

CAPITOLE, m. capitól. Capitolio, templo de la antigua Roma dedicado á Júpiter.

CAPITOLIN, E, adj. capitolén, ín. Capitolino, perteneciente ó relativo al Capitolio.

CAPITON, m. capitón. Cadarzo, seda basta de capullos.

CAPITOUL, m. capitúl. Capitular, regidor del estado noble de Tolosa en Francia.

CAPITOULAT, m. capitulá. Dignidad del capitular ó regidor de Tolosa.

CAPITULAIRE, adj. capitulér. Capitular, que concierne á un cabildo ó comunidad. || m. pl. Ordenanzas reales divididas en capítulos.

CAPITULAIREMENT, adv. capitulermán. Capitularmente, en forma de cabildo ó de capítulo.

CAPITULANT, adj. m. capitulán. Capitular, cabildante, el que tiene voto en cabildo.

CAPITULATION, f. capitulasión. Capitulacion, hablando de una plaza sitiada que se entrega. || Capitulacion, accion de capitular. || Capitulacion, convencion en virtud de la cual los súbditos de una potencia gozan de ciertos privilegios en los dominios extranjeros.

CAPITULE, m. capitúl. Capítula, pasaje ó versículo de la sagrada Escritura.

CAPITULER, n. capitulé. Capitular, pactar, estipular la entrega de una plaza. || Transigir, ceder de su derecho.

CAPITULIFORME, adj. capituliform. Bot. Capituliforme, que tiene la forma de una cabeza pequeña.

CAPIVARD ó CAPIVERT, m. capivár, capivér. Zool. Capivar, cuadrúpedo anfibio de las tierras bajas de la América meridional.

CAPLAN, m. caplán. Zool. Caplan, pescado muy comun en el Mediterráneo.

CAP-MORE, m. capmór. Trupial del Senegal, ave.

CAPNÉE, f. capné. Bot. Capnia, género de plantas de la familia de las algas.

CAPNIES, m. capní. Zool. Capnias, género de coleópteros pentámeros.

CAPNOMANCIE, f. capnomansí. Capnomancia, arte de predecir lo futuro por el humo de los sacrificios.

CAPNOMANCIEN, NE, adj. y s. capnomansién, én. Capnomántico, el que profesa la capnomancia.

CAPNOPHYLE, f. capnofíl. Bot. Capnofila, género de plantas umbelíferas.

CAPNOTÈRE, adj. capnotér. Capnótero, que tiene las alas amarillentas.

CAPOC, m. capóc. Capoc, algodon basto para acolchar.

CAPOLIN, m. capolén. Bot. Capulin, árbol de la Nueva España, cuyo fruto es parecido á la guinda.

CAPON, m. capón. Tahur, artero, trafallon. || fam. Hipócrita. || vulg. Collon. || *Faire le capon*, doblar la cerviz para conseguir lo que se quiere. || Mar. Gata, aparejo con que se izan las ancias.

CAPONNER, n. caponé. Trafullar, hacer fullerías en el juego. || Humillarse para conseguir alguna cosa. || Acollonarse. || a. Mar. Izar las ancias con la gata.

CAPONNIÈRE, f. caponiér. Fort. Caponera, obra para defender los fosos.

CAPOQUIER, m. capoquié. Bot. Capoquero, árbol del algodon llamado capoc.

CAPORAL, m. caporál. Cabo, el jefe mas inmediato al soldado.

CAPOT, m. capó. Capote con capucha. || *Faire capot*, dar capote, hacer en una mano todas las bazas, hablando del juego de los cientos. || vulg. *Être capot*, estar avergonzado. || Mar. Chapeta, armazon de tablas ó lona con que se cubren las escotillas. = *Faire capot*, zozobrar.

CAPOTE, f. capót. Capa de mujer con su capilla, como la de un fraile. || Capota, sombrero de mujer hecho de tela fina. || Capote, especie de leviton para el uso de los soldados. || Capote, capa con mangas y capucha para los centinelas. || Mar. Capote de abrigo del centinela.

CAPOTER, n. capoté. Mar. Zozobrar, volcarse el buque y llenarse de agua.

CAPOUDAN, m. capudán. Capudan, gobernador de una ciudad en los estados del sultan.

CAPPA, m. cáppa. Zool. Capal, género de cuadrúpedos mamíferos.

CAPPADOCIEN, NE, adj. y s. capadosién. Capadociano, de Capadocia.

CAPPARÉES, f. pl. caparé. Bot. Capareas, tribu de plantas de caparídeas.

CAPPARIDÉES, f. pl. caparidé. Bot. Caparídeas, familia de plantas dicotiledóneas.

CAPPE, f. cap. Capa, corteza que se forma en la superficie del mosto pisado.

CAPPELLINO, m. capel-líno. Capelino, pequeña moneda de Módena.

CAPPELLONO, m. capel-lóno. Capelono, moneda de Módena.

CAPRA-CAPELLA, f. capracapéla. Zool. Capra-capela, serpiente del Malabar.

CAPRAIRE, m. caprér. Bot. Caprario, género de plantas personadas.

CAPRATE, m. caprát. Quím. Caprato, género de sales.

CÂPRE, f. capr. Alcaparra y alcaparron, la fruta del alcaparro.

CAPRELLIENS, m. pl. caprelién. Zool. Caprelianos, insectos crustáceos.

CAPRÉOLE, m. capreól. Anat. Capreolo se ha dado este nombre al hélix, por las sinuosidades que presenta. || Zool. Capreolo, órden de mamíferos.

CAPRÉOLÉ, ÉE, adj. capreolé. Capreolado, calificacion que se da á las plantas que estan cubiertas de zarcillos.

**CAPRICE**, m. *capris*. Capricho, fantasía.
**CAPRICIEUSEMENT**, adv. *caprisieusemán*. Caprichosamente, por ó con capricho.
**CAPRICIEUX**, **EUSE**, adj. *caprisieu*, *eus*. Caprichoso, caprichudo.
**CAPRICORNE**, m. *capricórn*. Capricornio, el décimo signo del zodíaco. || Zool. Capricornio, género de insectos.
**CÂPRIER**, m. *caprié*. Alcaparro, arbusto que produce las alcaparras.
**CAPRIFICATION**, f. *caprificasión*. Caprificacion, operacion supersticiosa que se practicaba para adelantar la madurez de los higos.
**CAPRIFIGUIER**, m. *caprifiguié*. Cabrahigo, higuera silvestre.
**CAPRIFOLIACÉES**, f. pl. *caprifoliasé*. Bot. Caprifoliáceas, género de plantas.
**CAPRIMULGIDÉES**, f. pl. *caprimulgidé*. Zool. Caprimulgídeas, familia de pájaros.
**CAPRINIDÉES**, f. pl. *caprinidé*. Zool. Caprinídeas, familia de moluscos.
**CAPRIPÈDE**, adj. *capripéd*. Caprípedo, que tiene piés de cabra.
**CAPRIQUE**, adj. *capric*. Quím. Cáprico, calificacion que se da á un ácido particular descubierto en la manteca de vaca y de cabra.
**CAPRISANT**, adj. *caprisán*. Med. Desigual, duro, hablando del pulso.
**CAPROMYS**, m. *caprómis*. Zool. Capromis, género de mamíferos roedores.
**CAPROMYSIDÉES**, f. pl. *capromisíde*. Zool. Capromisídeas, familia de roedores.
**CAPRON**, m. *caprón*. Especie de fresa muy gruesa.
**CAPRONIER**, m. *capronié*. Bot. Fresero, árbol que produce la fresa.
**CAPROS**, m. *cápros*. Zool. Cápros, género de peces de los escomberoides.
**CAPROTIN**, m. *caprotén*. Zool. Caprotino, género de moluscos branquiópodos.
**CAPSA**, m. *cápsa*. Zool. Capsa, especie de pájaro de África.
**CAPSELLE**, f. *capsél*. Bot. Capsela, género de plantas crucíferas.
**CAPSE**, f. *cáps*. Cajeta que sirve en las elecciones por escrutinio. || Zool. Capsa, género de moluscos.
**CAPSIQUE**, m. *capsíc*. Bot. Cápsica, especie de pimienta que se llama tambien pimienta de la India ó de Guinea.
**CAPSULAIRE**, adj. *capsulér*. Capsular, que tiene semejanza con una cápsula, ó que pertenece á una cápsula. || Anat. Capsular: dícese de ciertos ligamentos, venas y arterias.
**CAPSULE**, f. *capsúl*. Piston, cilindro pequeño de metal que contiene en su fondo un mixto que sirve de cebo á las escopetas de caza. || Bot. Cápsula, parte de las plantas en que están encerradas las semillas. || Anat. Especie de vaina membranosa. || Quím. Cápsula, cazuela ó plato de evaporacion.
**CAPSULIER**, **ÈRE**, adj. *capsulié*, *ér*. Capsulero, clase de vegetales con cápsula.
**CAPTATEUR**, **TRICE**, m. y f. *captateur*, *tris*. For. Captador, el que quiere y procura apropiarse testamentos y donaciones.
**CAPTATION**, f. *captasión*. For. Captacion, acto de captar, de sorprender herencias ó donaciones con lisonjas ó engaños.
**CAPTATOIRE**, adj. *captatuár*. For. Captatorio, logrado por captacion.
**CAPTER**, a. *capté*. Captar, obtener por insinuacion la voluntad, los votos, etc.
**CAPTEUR**, adj. y m. *capteur*. Apresor, que apresa, que hace una captura. || Mar. que que apresa á otro.
**CAPTIEUSEMENT**, adv. *capsieusmán*. Engañosamente, sofísticamente.
**CAPTIEUX**, **EUSE**, adj. *capsieu*, *eus*. Capcioso, que engaña, que induce en error.
**CAPTIF**, **IVE**, adj. *captif*, *iv*. Cautivo, los prisioneros de guerra entre los antiguos. || met. Esclavo, esclavizado, sujeto: se dice del alma, de la razon, etc. || Cautivo, cristiano prisionero entre los Turcos.
**CAPTIVÉ**, **ÉE**, adj. *captivé*. Preso, aprisionado, sujeto, cautivo.
**CAPTIVER**, a. *captivé*. Cautivar, hacer cautivo, privar de libertad. || Cautivar, captar, ganar el afecto de alguno.
**CAPTIVITÉ**, f. *captivité*. Cautiverio, cautividad. || met. Esclavitud, sujecion, hallando de súbditos, hijos, criados, discípulos, etc. || Estado del que tiene que estar por fuerza bajo el poder de otro. || met. Sujecion á los placeres, á los vicios, etc.
**CAPTURE**, f. *captúr*. Captura, prision, prendimiento de un deudor, de un reo. || Aprehension de un contrabando. || Presa, pillaje que hacen los soldados ó corsarios al enemigo. || Botin.
**CAPTURER**, a. *capturé*. Capturar, poner en captura, ó prender á una persona. || Apresar un buque.
**CAPUCE**, m. *capús*. Capilla de hábito religioso.
**CAPUCHON**, m. *capuchón*. Capucha, capilla, cogulla. || met. *Prendre le capuchon*, tomar el hábito, hacerse fraile.
**CAPUCIN**, **E**, m. y f. *capusén*. Capuchino. || met. y fam. Hombre que aparenta ser muy devoto.
**CAPUCINADE**, f. *capucinád*. Discurso mazorral, rampion. || Devocion afectada.
**CAPUCINAGE**, m. *capusinága*. Vida, condicion de capuchino.
**CAPUCINAL**, **E**, adj. *capusinál*. Capuchino, que tiene relacion con los capuchinos.
**CAPUCINE**, f. *capusín*. Capuchina, mastuerzo de Indias, yerba y flor. || Abrazadera de fusil.
**CAPUCINIÈRE**, f. fam. *capusinier*. Convento de capuchinos.
**CAPUK**, m. *capúc*. Algodon muy fino pero demasiado corto para hilarlo.
**CAPULI**, m. *capúli*. Bot. Capuli, planta del Perú y de Virginia.
**CAPURION**, m. *capurión*. Caparion, nombre que tienen en Roma los magistrados encargados de la policía urbana.
**CAPUT-MORTUUM**, m. *caput-mórtuom*. Caput mortuum, residuo de un cuerpo despues de haberle destilado. || Fig. Cosa despreciable.
**CAPU-UBÉRA**, m. *capu-ubéra*. Bot. Capu-ubera, especie de césped del Brasil.
**CAQUAGE**, m. *caág*. El acto de salar y poner los arenques en banastas.
**CAQUE**, f. *cac*. Banasta, barril en que se pone el arenque salado. || Mil. Barrilete de pólvora. || Fig. *Etre rangés, pressés, serrés comme des harengs en caque*, estar como piojos en costura, ó como sardinas en banasta.
**CAQUER**, a. *caqué*. Poner y apretar los arenques en banastas.
**CAQUEROLLE**, f. *cacról*. Marmita con tres piés y mango, que por lo comun es de hierro.
**CAQUE-SANGUE** ó **CAQUE-SANUE**, f. *cacsángue*, *cacsanú* Disentería, deyecciones alvinas sanguinolentas.
**CAQUET**, m. *caqué*. Cacareo de las gallinas. || Cháchara, parla, pico. || pl. Chismerías, platillos, murmuraciones.
**CAQUETAGE**, m. *cactáge*. Chismería, murmuracion, charlería.
**CAQUETARD**, **E**, adj. y s. *cactár*. Hablador, parlanchin.
**CAQUETTE**, f. *caquet*. Herrada grande, en que los pescadores echan las carpas con agua para que se mantengan vivas.
**CAQUETER**, n. *cacté*. Cacarear la gallina. || Chacharear, charlar mucho.
**CAQUETERIE**, f. *caquetri*. Parloteo, parlería, charla, indiscrecion.
**CAQUETEUR**, **EUSE**, adj. y s. *cacteur*, *eus*. Chacharero, picotero, garlante.
**CAQUETINER**, n. ant. *cactiné*. Hablar con mimo y dulzura.
**CAQUETOIRE**, f. *cactuár*. Silla poltrona cómoda para conversacion.
**CAQUEUR**, **EUSE**, adj. y s. *caqueur*, *eus*. El ó la que pone el arenque en banasta.
**CAQUEUX**, m. *caqueu*. Cuchillo de que se sirve el que prepara los arenques para quitarles los oidos y las entrañas.
**CAQUILLIER**, m. *caquilié* Bot. Caquillero, género de plantas crucíferas.
**CAR**, conj. *car*. Porque, pues.
**CARA**, m. *cara*. Bot. Cara, bigorda de África.
**CARABACCIUM**, m. *carabacsióm*. Bot. Palo aromático de la India.
**CARABAS**, m. *carabá*. Carabá, nombre popular de *char-à-bancs*, carro de bancos, carruaje largo y lleno de bancos.
**CARABE**, m. *arda*. Carabe, ámbar amarillo.
**CARABIQUE**, **NE**, adj. [illegible] Carabios, que se parece al [illegible] m. pl. Zool. Carabicos, [illegible] ros, cuyo tipo es el género [illegible]
**CARABIN**, m. *carabén*. [illegible] dado lijero de á caballo. || [illegible] bre que por derision se da á los [illegible] de cirujía. || Pipiolo, el que [illegible] juego poco dinero.
**CARABINADE**, f. *carabinád*. [illegible] descarga de carabinas.
**CARABINE**, f. *carabín*. Carabina, [illegible] arma de fuego.
**CARABINER**, a. *carabiné*. [illegible] escopeta ó otra arma de fuego [illegible] con surcos, como los de las [illegible] n. Pelear al modo de los carabineros, [illegible] rando y retirándose luego.
**CARABINEUR**, m. *carabineur*. El que raya una escopeta ó otra arma de fuego.
**CARABINIER**, m. *carabinié*. Carabinero, el soldado de á caballo, armado de carabina. || Carabinero, soldado [illegible] á la persecucion del contrabando.
**CARABIQUES**, m. pl. *carabíc*. Zool. Carábicos, insectos coleópteros [illegible] carnívoros.
**CARABOU**, m. *carabú*. Bot. [illegible] hermoso árbol de la India.
**CARACA**, m. *caráca*. Bot. Caraca, nombre dado á un dólico bulboso.
**CARAK** ó **CARACHE**, m. *carác*, [illegible] Impuesto que el Gran Señor hace pagar á los vasallos que no son musulmanes.
**CARACAL**, m. *caracál*. Caracal, especie de gato montés de Asia y de África.
**CARACALLA**, f. *caracála*. [illegible] vestido que se usó en la antigua [illegible]
**CARACARA**, m. *caracára*. [illegible] especie de halcon del Brasil.
**CARACHÉRA**, f. *carachéra*. Bot. [illegible] chéra, especie de planta americana.
**CARACHUPA**, m. *carachúpa*. Zool. Carachupa, especie de mono del Brasil.
**CARACO**, m. *caracó*. Traje casero de las mujeres en Francia. || Caraco, raza [illegible] y doméstica de la China.
**CARACOL**, m. *caracól*. Arq. [illegible] escalera en forma de caracol.
**CARACOLE**, f. *caracól*. La vuelta ó [illegible] no que hace el caballo de una ó dos [illegible] Mil. Conversion, vuelta que dan todos los soldados á un tiempo á la voz de mando.
**CARACOLER**, n. *caracolé*. [illegible] dar vueltas un caballo galopando.
**CARACOLI**, m. *caracolí*. Liga de oro, plata y cobre.
**CARACOLLE**, f. *caracól*. [illegible] planta.
**CARACORE**, m. *caracór*. Mar. Caracora, embarcacion usada en las Molucas.
**CARACOSMOS**, m. *caracósmos*. Caracosmos, leche agriada de yeguas, [illegible] estimado por los magnates tártaros.
**CARACOULER**, n. *caraculé*. Arrullar las palomas.
**CARACTÈRE**, m. *caractér*. [illegible] señal, marca, distintivo. || Forma de la letra manuscrita ó impresa, y [illegible] misma. || Carácter, distincion, [illegible] grado de un título, de un cargo [illegible] una dignidad. || Carácter, conjunto de cualidades del ánimo y del ingenio que distinguen á una persona. || Carácter, [illegible] cia de una persona en pensar y [illegible] sus principios, su genio, índole ó [illegible] || Hist. nat. Carácter, rasgos [illegible] signos característicos que distinguen [illegible] ser ó á un fenómeno de todos los demas. || Caso, cualidad de la letra escrita. [illegible] dramática, papel propio del personaje que representa cada autor.
**CARACTÉRISER**, a. *caracterisé*. Caracterizar á una persona atribuyéndole un [illegible] cio ó una virtud. || *Se caractériser*, r. Caracterizarse, mostrarse lo que uno es, [illegible] sin quererlo.
**CARACTÉRISME**, m. *caracterísm*. [illegible] Semejanza y conformidad de las plantas [illegible] algunas partes del cuerpo humano.
**CARACTÉRISTIQUE**, adj. *caracteristíc*. Característico, que caracteriza, que es bastante para diferenciar. || f. Mat. Característica, signo ó cifra con que se designa la funcion de una cantidad. || Característica, parte entera de un logaritmo.

CARADRINE, f. caradrín. Zool. Caradrina, género de insectos lepidópteros nocturnos.

CARADRINIDE, adj. caradrinid. Zool. Caradrínido, que se parece á una caradrina. || Caradrinides, m. pl. Caradrínidos, tribu de insectos lepidópteros nocturnos.

CARAFE, f. caráf. Garrafa, vasija de vidrio ó cristal, que sirve para poner agua, vino ó licores.

CARAFON, m. carafón. Garrafon, vasija de vidrio ó de metal, en que se enfria la bebida; y tambien se toma por la corchera ó vasija en que se pone el garrafon á enfriar. || Un carafon de vin, medio chico, cuarta parte de una botella de vino.

CARAGACE, m. caragác. Algodon de [illegible].

CARAGAN, m. caragán. Bot. Caragan, género de plantas papilionáceas.

[illegible], f. caragí. Almojarifazgo, derecho de entrada y salida en los estados del Gran Turco.

CARAGNE, f. carañ. Caraña, resina aromática que se usa en la medicina.

CARAGUATE, m. caraguát. Bot. Caraguato, género de plantas bromeliáceas.

CARAÏBES Ó CANNIBALES, m. pl. caraíb, canibál. Caraibes ó caribes, antiguos habitantes de las Antillas.

CARAÏPÉ, m. caraipé. Bot. Caraipeo, género de plantas ternstroemiáceas, que comprende varias especies.

CARAÏSME, m. caraísm. Caraismo, doctrina de los caraitas.

CARAÏTE, m. caraít. Caraita, judío que sigue la letra de la Escritura.

CARALLIE, f. caralí. Bot. Caralia, género de arbustos de la América tropical.

CARALLUMA, f. caralúma. Bot. Caraluma, género de plantas asclepiadáceas.

CARAMBOLAGE, m. carambolág. Carambolage, accion de carambolar.

CARAMBOLE, f. caramból. Carambola, en el juego del billar. || Bot. Carambola, fruto del carambolo.

CARAMBOLER, n. carambolé. Carambolar, hacer carambola, tocar dos bolas con [illegible].

CARAMBOLEUR, m. caramboleur. El que hace carambolas, en el juego de billar.

CARAMBOLIER, m. carambolié. Carámbolo, árbol de las Indias.

CARAMBOU, m. carambú. Bot. Carambu, planta del Malabar.

CARAMEL, m. caramél. Caramelo.

CARAMÉLISATION, f. caramelisasión. Caramelizacion, reduccion del azúcar á caramelo.

CARAMÉLISER, a. caramelisé. Acaramelar, reducir el azúcar á caramelo. || Se caraméliser, r. Acaramelarse, reducirse á caramelo.

CARAMOUSSAL, m. caramusál. Caramusal, embarcacion de transporte de que usan los Moros.

[illegible], f. carandt. Pesc. Nombre de una especie de cangrejo que sirve de cebo para pescar.

CARANDAS, m. carándas. Bot. Carandas, especie de plantas del género carisa.

CARANDE, f. carand. Bot. Caranda, fruto del carandero.

[illegible], m. carandíl. Bot. Caran-[illegible], palmera pequeña de Ceilan.

CARANGA, f. caránga. Bot. Caranga, [illegible].

CARANGUE, f. carángue. Caranga, pescado de las Antillas.

CARANGUER, a. caranguí. Náut. Hacer [illegible]: es voz de los marineros [illegible].

CARANGUEUR, m. caranguer. Náut. [illegible].

CARANNA, m. caránna. Bot. Caranna, especie de palmera resinosa de América.

CARANNE, m. caránn. Lo mismo que caranna.

CARANX, m. caránx. Zool. Caranx, género de pescados escombéridos.

CARANXOMORE, m. caranxomór. Zool. Caranxomoro, género de pescados escombéridos, muy parecido al caranx.

CARAPACE, f. carapás. Zool. La concha de la tortuga carey.

CARAPAT, m. carapá. Bot. Carapato, aceite de palma-cristi.

CARAPATA, m. carapáta. Garrapata, insecto.

CARAPATINE, f. carapatín. Zool. Carapatina, dientes fósiles de los pescados.

CARAPE, m. caráp. Zool. Carapo, género de pescados ápodos.

CARAPÉ, m. carapé. Zool. Carapé, especie de ave del género notusa.

CARAPICHE, m. carapiche. Bot. Carapico, género de árboles.

CARAPOPÉLA, m. carapopéla. Zool. Carapopela, especie de lagarto del Brasil.

CARAPOUCHA, f. carapúcha. Bot. Carapucha, especie de planta del Perú.

CARAQUE, m. carác. Mar. Carraca, buque de grueso porte, que se usaba antiguamente para el comercio de América. || Porcelana de la China. || Bot. Caraca ó caraco, cacao de una cualidad superior que se recoge en la costa de Carácas.

CARARAYADA, m. cararayáda. Zool. Cararayada, mono de la América meridional.

CARARU, m. cararú. Bot. Cararú, nombre que se da al amaranto verde.

CARASCHULLI, m. caraschulí. Bot. Carasculi, planta del Malabar.

CARASSIN, m. carasín. Zool. Carasino, pescado del género ciprino.

CARAT, m. cará. Quilate, ley, grado de bondad y perfeccion del oro. || Diamante pequeño. || Peso de granos, hablando de perlas y diamantes. || Sot, fou, impertinent à 36 carats, necio, loco, majadero de cuatro suelas, ó de clavo pasado.

CARATA, m. caráta. Bot. Aloes carata, planta.

CARATCH, m. carátch. Especie de capitacion que los cristianos y judíos pagaban al Gran Señor.

CARATE, m. carát. Carato, especie de alcanfor. || f. Med. Carates, enfermedad cutánea de los paises cálidos.

CARATÉ, ÉE, adj. carató. Med. Caráteo, que está atacado de la carates.

CARATURE, f. caratúr. Quím. Liga de oro y plata de que se hacen las agujas para ensayar el oro.

CARAVANE, f. caraván. Caravana, multitud de viajeros ó mercaderes que se reunen en el Levante para ir á las ferias ó á visitar el sepulcro de Mahoma. || Mar. Caravana, las primeras campañas que los caballeros de Malta tenian la obligacion de hacer por mar.

CARAVANEUR, m. caravaneur. Mar. Caravanista, nombre de los navíos y marineros de Marsella, que llevan géneros al Levante de escala en escala. || El caballero de Malta que corria la caravana.

CARAVANIER, m. caravanié. Caravanero ó arriero de caravana.

CARAVANISTE, m. y f. caravanist. Caravanista, el que pertenece á una caravana.

CARAVANSÉRAIL, m. caravanseráil. Parador público de Oriente para alojar las caravanas.

CARAVELLE, f. caravél. Carabela, nave.

CARAYA, m. caráya. Zool. Caraya, nombre de una especie de mamíferos.

CARBATINE, f. carbatín. Pellejos de animales recien desollados.

CARBAZOTATE, m. carbazotát. Quím. Carbazotato, género de sales.

CARBET, m. carbé. Cabaña espaciosa para el uso de los salvajes de las Antillas.

CARBO, m. cárbo. Zool. Carbo, nombre genérico del cormoran, ave de Ceilan.

CARBOCÉRINE, f. carboserín. Miner. Carbocerina, carbonato de cerio.

CARBOHYDRIQUE, m. carboidríc. Quím. Carbohidrico, especie de ácido.

CARBONAGE, m. carbonág. Derecho de fabricar el carbon en un bosque.

CARBONARISME, m. carbonarism. Carbonarismo, asociacion de los carbonarios y sus principios.

CARBONARO, m. carbonáro. Carbonario, nombre de los miembros de una sociedad política y secreta que se formó en Italia al principio del siglo XIX.

CARBONATE, m. carbonát. Quím. Carbonato, sal formada por la combinacion del ácido carbónico con las bases.

CARBONATER, a. carbonaté. Quím. Carbonatar, convertir en carbono. || Se carbonater, r. Carbonatarse.

CARBONCLE, m. carbóncl. Carbunco ó carbunclo, tumor inflamado y comunmente pestífero. || Piedra preciosa del color del rubí.

CARBONE, m. carbón. Quím. Carbono, principio combustible de muchas sustancias.

CARBONÉ, ÉE, adj. carboné. Carbonado, que contiene carbono.

CARBONEUX, EUSE, adj. carboneu, eus. Quím. Carbonoso, que contiene carbono.

CARBONIDES, m. pl. carbonid. Miner. Carbónidos, familia mineral que comprende los cuerpos formados de carbono puro ó unido á otras sustancias.

CARBONIFÈRE, adj. carbonifér. Carbonífero, que produce carbon.

CARBONILLA, f. carbonila. Quím. Carbonilla, nombre que dan en el Potosí á una mezcla de carbon y de tierra crasa.

CARBONIQUE, adj. carboníc. Carbónico, que contiene carbono.

CARBONISATION, f. carbonisasión. Carbonizacion, reduccion de un combustible al estado de carbon.

CARBONISER, a. carbonisé. Carbonizar, reducir á carbon.

CARBONNADE, m. carbonád. Carbonada, carne asada en parrillas.

CARBONITE, m. carbonít. Carbonito, nombre que se da á los compuestos salinos del ácido oxálico.

CARBONOXYDE, m. carbonocsíd. Quím. Carbonóxido, combinacion natural del carbono con el oxígeno.

CARBOSULFURE, m. carbosulfúr. Quím. Carbosulfuro, combinacion del carbon de azufre con un álcali.

CARBOSULFUREUX, EUSE, adj. carbosulfureu, eus. Quím. Carbosulfuroso, que contiene carbono y azufre.

CARBURE, m. carbúr. Quím. Carburo, combinacion del carbono con algun álcali ó metal.

CARCADEL, m. carcadél. Zool. Nombre vulgar de la codorniz.

CARCAILLER, m. carcaillé. Cantar la codorniz.

CARCAJOU, m. carcajú. Zool. Carcajú, mamífero carnívoro del Canadá.

CARCAN, m. carcán. Argolla, en que se ponen á la vergüenza los delincuentes. || El mismo suplicio. || Mettre au carcan, sacar á la vergüenza, poner en la picota. || Especie de collar ó gargantilla de perlas ó de otras piedras.

CARCAPULI, m. carcapulí. Bot. Carcapuli, especie de naranjo del Malabar.

CARCAPULI-D'ACOSTA, m. carcapulidacósta. Bot. Carcapulidacosta, árbol de las Indias que produce la goma guta.

CARCAROS, m. carcáros. Med. Carcaros, nombre con el que se designan ciertas afecciones febriles.

CARCASSE, m. carcás. Esqueleto, armazon, la osamenta del cuerpo de un animal muerto. || Caparazon de las aves, ó el cuerpo sin patas ni alas. || fam. Estantigua, persona muy flaca. || Mil. Carcasa, bomba pequeña de cercos de hierro, que se dispara con el mortero. || Armazon de alambres de una escofieta ó gorra. || Mar. Esqueleto, el casco de un buque.

CARCÉLIE, f. carselí. Zool. Carcelia género de insectos dípteros.

CARCHÉDOINE, f. carchedoán. Miner. Variedad de ágata.

CARCIN, m. carsín. Zool. Carcino, género de crustáceos.

CARCINIAS, m. carsínias. Min. Carcinias, piedra preciosa.

CARCINOÏDES, m. pl. carsinoíd. Zool. Carcinoidos, familia de crustáceos.

CARCINOLOGIE, f. carsinologí. Carcinologia, tratado sobre los cangrejos.

CARCINOLOGIQUE, adj. carsinologíc. Carcinológico, relativo á la carcinologia.

CARCINOMATEUX, EUSE, adj. carsinomateu, eus. Canceroso.

CARCINOSE, m. carsinóz. Med. Carci

noma, cáncer, cáncer incipiente ó tumor del aspecto de un cáncer.

**CARDAGE**, m. *cardáge*. Cardadura, la accion de cardar.

**CARDALINE**, f. *cardalín*. Zool. Cardalina, nombre vulgar del jilguero.

**CARDAMINE ó CRESSON DES PRÉS**, f. *cardamín, cresondeprí*. Mastuerzo de prados, yerba.

**CARDAMOME**, m. *cardamóm*. Cardámomo, semilla aromática y medicinal.

**CARDANE**, m. *cardán*. Zool. Cardano, género de insectos lamelicórneos.

**CARDASSE**, f. *cardás*. Alanquia, cadarzo, carducha, carda gruesa de hierro. || Bot. Tunal, higuera de pala ó de higos chumbos, planta.

**CARDE**, f. *cárd*. Tallo del cardo y otras plantas, cuyas pencas se comen. || Tambien es la carda ó peine de cardar de los pelaires.

**CARDÉE**, f. *cardé*. Cardada, la mano de lana cardada que se alza de la carda.

**CARDER**, a. *cardé*. Cardar la lana. || *Carder la laine pour la première fois*, emborrizar. = *Carder la laine pour la seconde fois* ó *la drousser*, emborrar.

**CARDÈRE**, f. *cardér*. Cardencha ó capota, planta.

**CARDERIE**, f. *cardrí*. Carderia, taller en que se carda la lana. || Carderia, fabrica de cardas.

**CARDEUR, EUSE**, m. y f. *cardeur, eus*. Cardador, el que carda la lana.

**CARDIA**, f. *cárdia*. Cardia, orificio superior del estómago.

**CARDIACÉ, ÉE**, adj. *cardiasé*. Zool. Cardiáceo, parecido á un corazon. || *Cardiacées*, f. pl. Cardiáceas, familia de conchíferas dimiaras.

**CARDIÆPATHIE**, f. *cardiepatí*. Med. Cardiepatía, aumento de volúmen del corazon.

**CARDIAGRAPHE**, m. *cardiagráf*. Anat. Cardiágrafo, anatómico que se ocupa especialmente de la descripcion del corazon.

**CARDIAGRAPHIE**, f. *cardiagrafí*. Cardiagrafía, parte de la anatomía que trata de la descripcion del corazon.

**CARDIAGRAPHIQUE**, adj. *cardiagrafíc*. Anat. Cardiagráfico, que tiene relacion con la cardiagrafía.

**CARDIAIRE**, adj. *cardiér*. Dicese de un gusano que se cria en el corazon del hombre.

**CARDIALGIE**, f. *cardialgí*. Cardialgia, dolor vivo que se siente en el epigastrio cerca de la boca del estómago.

**CARDIALOGIE**, f. *cardialogí*. Cardialogía, tratado de las diferentes partes del corazon.

**CARDIALOGIQUE**, adj. *cardialogíc*. Cardialógico, que tiene relacion con la cardialogía.

**CARDIANDRE**, f. *cardiándr*. Bot. Cardiandra, arbusto del Japon.

**CARDIAPE**, m. *cardiáp*. Zool. Cardiapo, género de coleópteros tetrámeros.

**CARDIAQUE**, adj. *cardiác*. Cardíaco ó cordial: se dice de los remedios para fortificar el corazon, y de las cosas que le pertenecen.

**CARDIATOMIE**, f. *cardiatomí*. Anat. Cardiatomía, diseccion del corazon.

**CARDIATOMIQUE**, adj. *cardiatomíc*. Anat. Cardiatómico, que pertenece ó es relativo á la cardiatomía.

**CARDIER**, m. *cardié*. Cardero, el que hace cardas.

**CARDIÈRE**, f. *cardiér*. Cardencha ó capota, planta.

**CARDIEURYSME**, m. *cardieurísm*. Med. Cardieurisma, dilatacion anormal del corazon.

**CARDIGÈNE**, m. *cardigen*. Zool. Cardigeno, género de coleópteros.

**CARDINAL, E**, adj. *cardinál*. Cardinal, principal, fundamental. Solo se dice de los cuatro puntos cardinales de la esfera, de las virtudes asi llamadas y de los números. || m. Cardenal, cada uno de los setenta purpurados del Sacro Colegio. || Carda llena de borra de que se sirven los tundidores de paños. || Cardenal, ave de América.

**CARDINALAT**, m. *cardinalá*. Cardenalato, la dignidad de cardenal.

**CARDINALE**, f. *cardinál*. Escurripa ó cardenal de Tencin, planta y flor que viene de América || Zool. Cardinale, género de coleópteros.

**CARDINALICE**, adj. *cardinalís*. Cardenalicio, que pertenece al cardenal.

**CARDINALISER**, a. *cardinalisé*. Cardenalizar, hacer á uno cardenal. || Art. Cardenalizar, pintar ó teñir de rojo.

**CARDINALISME**, m. ant. *cardinalism*. Cardenalismo ó cardenalato. || Cardenalismo, opinion de los cardenalistas, de los partidarios de Richelieu y de Mazarino.

**CARDINALISTE**, adj. y s. *cardinalist*. Cardenalista, partidario de Richelieu y de Mazarino. || adj. Cardenalista, que pertenece á un cardenal.

**CARDIOCÈLE**, f. *cardiosél*. Med. Cardiocela, hernia del corazon.

**CARDIOGME**, m. *cardiógm*. Med. Cardiógma, nombre genérico que comprende todas las afecciones del corazon.

**CARDIOGRADE**, adj. *cardiográd*. Cardiogrado, que se mueve por medio del corazon. || *Cardiogrades*, m. pl. Zool. Cardiógrados, órden de moluscos.

**CARDIOMÈRE**, m. *cardiomér*. Zool. Cardiómero, género de coleópteros.

**CARDIONÈME**, m. *cardionèm*. Bot. Cardionemo, género de plantas.

**CARDIOPÉTALE**, m. *cardiopetál*. Bot. Cardiopétalo, género de plantas anonáceas.

**CARDIOPHORE**, m. *cardiofor*. Zool. Cardióforo, género de coleópteros pentámeros esternoxios.

**CARDIOPHTHALME**, m. *cardioftálm*. Zool. Cardioftalmo, género de coleópteros pentámeros carábicos.

**CARDIOPHYLLE**, adj. *cardiofíl*. Bot. Cardiofila, calificacion de las plantas cuyas hojas tienen la forma de un corazon.

**CARDIOPTÈRE**, adj. *cardioptér*. Zool. Cardióptero, que tiene las alas ó las aletas en forma de corazon.

**CARDIORRHEXIE**, f. *cardiorecsí*. Med. Cardiorexia, desgarradura del corazon.

**CARDIORHIN**, m. *cardiorén*. Zool. Cardiorino, género de coleópteros.

**CARDIOSPERME**, m. *cardiospérm*. Bot. Cardiospermo, género de plantas.

**CARDIOTARSE**, m. *cardiotárs*. Zool. Cardiotarso, género de coleópteros.

**CARDIPÉRICARDITE**, f. *cardipericardít*. Med. Cardipericarditis, inflamacion simultánea del corazon y del pericardio.

**CARDISOME**, m. *cardisóm*. Zool. Cardísomo, género de crustáceos.

**CARDITACÉES**, f. pl. *carditasé*. Zool. Carditáceas, familia de moluscos.

**CARDITE**, f. *cardít*. Med. Carditis, inflamacion del tejido muscular del corazon. || Zool. Cardita, género de moluscos.

**CARDITIQUE**, adj. *carditíc*. Cardítico, que tiene relacion con el corazon.

**CARDON**, m. *cardón*. Cardo y cardon, planta, especie de alcachofa cuyos pedículos ú hojas anchas y carnosas se comen. || Llamase así cierta especie de langosta de mar.

**CARDONCELLE**, f. *cardonsél*. Bot. Cardoncela, género de plantas sinantéreas.

**CARDOPAT**, m. *cardopá*. Bot. Cardopato, género de plantas sinantéreas.

**CARDOPATÉES**, f. pl. *cardopaté*. Bot. Cardopateas, sub-tribu de plantas cináreas.

**CARDUACÉ, ÉE**, adj. *carduasé*. Bot. Cardáceo, parecido al cardo.

**CARDUINÉES**, f. pl. *carduiné*. Bot. Carduineas, tribu de plantas sinantéreas.

**CARÉE**, f. ant. *caré*. Carretada, carga.

**CARÉLIE**, f. *carelí*. Bot. Carelia, género de plantas sinantéreas vernoniaceas.

**CARELU**, m. *carlú*. Bot. Carelu, especie de arbusto del Malabar.

**CARÊME**, m. *carém*. Cuaresma, tiempo de abstinencia y de ayuno determinado por la Iglesia. || *Carême prenant*, el carnaval, y mas comunmente el mártes de carnestolendas. || *Carême*, coleccion de sermones predicados durante la cuaresma, ó que, escritos, forman cuerpo ó volúmen. || met. *Face de carême*, cara de acelga. || *Carêmes*, pl. Sugetos disfrazados de botargas, y que corren las calles enmascarados.

**CARÉNAGE**, m. *carenáge* Mar. Carenero, lugar á propósito para carenar las embarcaciones. || Carena, la operacion y la obra de carenar.

**CARENCE**, f. *caráns*. For. Declaracion de pobre, hecha ante escribano.

**CARÈNE**, f. *carén*. Bot. Carena, pétalo inferior de las flores papilionáceas. || Mar. Carena, reparacion de las obras vivas ó fondos de los buques. Tambien se llama carène á toda la parte sumergida. || *Donner carène à un vaisseau*, darle una carena, esto es, tumbarle á la banda para reparar los fondos.

**CARÉNER**, a. *caréné*. Mar. Carenar, componer, recorrer y calafatear un buque.

**CARÉNOSTYLE**, m. *carenostíl*. Zool. Carenóstilo, género de coleópteros.

**CARESSANT, E**, adj. *caresán*. Acariciador, cariñoso, amoroso.

**CARESSE**, f. *cares*. Caricia, agasajo, demostracion exterior de afecto, amistad, amor, benevolencia.

**CARESSER**, a. *caresé*. Acariciar, hacer caricias á alguno. || Hacer arrumacos, morecicos, carantoñas, hablando de amantes. || Mimar, agasajar. || Acariciar, tocar ligeramente con la mano. || *Caresser* es propiamente acariciar, hacer mimos ó caricias; al paso que *faire des caresses*, es halagar, agasajar, demostrar aprecio á una persona.

**CARET**, m. *caré*. Carey, tortuga cuya concha es la mas estimada. || Náut. Hilo de acarrete, filástica. || Bot. Careto, género de plantas gramíneas.

**CAREYE**, f. *caréye*. Bot. Careya, género de plantas mirtáceas de la India.

**CARGADORS**, m. pl. *cargadór*. Cargadores, corredores de carga para los navíos.

**CARGAISON**, f. *cargesón*. Cargamento, carga, la cantidad de géneros que hasta la carga entera de una nave. || Factura de los géneros embarcados. || Cargazon, accion de cargar.

**CARGILLIER**, m. *cargilié*. Bot. Cargillero, género de plantas ebenáceas.

**CARGUE**, f. *cárgue* Mar. Nombre genérico de todo cabo destinado á cargar las velas. = *Cargue-point*, palanquin ó chafaldete de mayores, gavias y juanetes. *Cargue-boulines*, apaga-penol de mayor, ó cruz de gavia. *Cargue-fond*, briol. *Fausse-cargue*, traza. || *Cargues*, f. pl. Apagapenoles, cabos delgados, cosidos á los extremos de las velas, y que ayudan á subirlas y á aferrarlas.

**CARGUER**, a. *cargué*. Mar. Cargar las velas recogiéndolas por medio de los cabos destinados al efecto.

**CARGUETTE**, f. *carguét*. Mar. Dabante de entena.

**CARIACOU**, m. *cariacú*. Zool. Cariacu, especie de cabrito de América. || Cariacu, bebida fermentada de jarabe de caña, de cazave y de patatas, usada en Guyana.

**CARIAMA**, f. *cariáma*. Pájaro grande de América que tiene un cuerno en la cabeza.

**CARIAROU**, m. *cariarú*. Bot. Cariaru, liana de las Antillas.

**CARIATIDE**, f. *cariatid*. Arq. Cariátide, especie de columna ó pilastra en figura de mujer, que sirve para sostener el arquitrabe. || Cariátida, baile de los Lacedemonios en honor de Diana.

**CARIBOU**, m. *caribú*. Zool. Caribú, ciervo de la América setentrional.

**CARICATURAL, E**, adj. *caricatural*. Caricatural, que pertenece ó corresponde á la caricatura.

**CARICATURE**, f. *caricatúr*. Pint. Caricatura, pintura ó dibujo en que bajo formas alegóricas y burlescas se representa á alguna persona ó hecho que se trata de ridiculizar. || met. Caricatura, persona ridiculamente vestida.

**CARICATURER**, n. *caricaturé*. Caricaturar, hacer caricaturas. || a. Caricaturar, ridiculizar por medio de una caricatura.

**CAICATURISTE**, m. *caricaturíst*. Caricaturista, artista que hace caricaturas.

**CARICÉE**, f. *carisé*. Zool. Caricea, género de insectos dípteros muscídeos.

**CARICÉES**, f. pl. *carisé*. Bot. Cariceas, tribu de plantas ciperáceas.

**CARICICOLOGIE**, f. *caricicologí*. Caricicologia, tratado sobre los cárices.

**CARICOÏDE**, m. *caricoíd*. Zool. Caricoide, género de acéfalos [illegible].

pieza de madera, fijada en la contraquilla, y en la cual entra la mecha del palo.

**CARLISME**, m. *carlísm*. Polít. Carlismo, opinion de los carlistas ó de los partidarios de Cárlos X de Francia, ó de D. Cárlos en España.

**CARLISTE**, s. y adj. *carlíst*. Carlista, en el sentido del artículo anterior.

**CARLOCK**, m. *carlóc*. Com. Cola de pescado que hacen en Arcangel con la vejiga del sollo.

**CARLOVINGIEN, NE**, adj. y s. *carlovengién, én*. Hist. Carlovingio, de la raza de Carlomagno.

**CARLOVINGIENS**, m. pl. *carlovengién*. Carlovingios, segunda dinastía de reyes de Francia.

**CARLUDOVIQUE**, f. *carludovic*. Bot. Carludovico, género de palmeras.

**CARMAGNOLE**, f. *carmañól*. Carmañola, cancion republicana francesa. || Carmañola, casaca de faldones cortos y casi sin cuello que usaba la clase popular francesa en tiempo de la revolucion.

**CARMANTINE**, f. *carmantín*. Bot. Carmantina ó adaíoda, género de plantas acantáceas.

**CARME**, m. *cárm*. Carmelita ó carmelitano, fraile del órden del Cármen. || *Eau des carmes*, cierta agua espiritosa inventada por los religiosos carmelitas. V. **MÉLISSE**. || pl. Cuadernas ó cuatros, las parejas de cuatro en el juego de tablas ó del chaquete.

**CARMEL**, m. *carmél*. Carmelo ó Monte Carmelo.

**CARMELINE**, f. *carmelín*. Carmelina, lana de vicuña de segunda clase.

**CARMÉLITE**, f. *carmelít*. Carmelita, monja del Cármen. || Carmelita, planta.

**CARMIN**, m. *carmén*. Carmin, droga colorante; y tambien el mismo color, que es encarnado vivo.

**CARMINATIE**, f. *carminasí*. Bot. Carminacia, género de plantas eupatorias.

**CARMINATIF, IVE**, adj. *carminatíf, ív*. Med. Carminativo: se dice de los remedios contra los flatos.

**CARMINE**, f. *carmín*. Quím. Carmina, materia colorante de la cochinilla y del kérmes.

**CARMINÉ, ÉE**, adj. *carminé*. Carminado. || Carmíneo, del color del carmin.

**CARMINER**, a. *carminé*. Carminar, pintar con carmin. || Carminar, convertir en carmin. || *Se carminer*, r. Carminarse, tomar el color del carmin.

**CARMINIFORME**, adj. *carminifórm*. Lit. Carminiforme, que tiene forma de verso.

**CARMONE**, f. *carmón*. Bot. Carmona, arbusto de las islas Marianas.

**CARNAGE**, f. *carnage*. Carnicería, matanza, mortandad.

**CARNAIRE**, adj. *carnér*. Carnario, que vive en la carne.

**CARNALAGE**, m. *carnaláge*. Antiguo impuesto que habian de pagar á su señor los carniceros de su feudo.

**CARNASSIER, ÈRE**, adj. *carnasié, ér*. Carnicero, carnívoro, hablando de animales. || Carnívoro, la persona muy comedora y ansiosa de carne.

**CARNASSIÈRE**, f. *carnasiér*. Morral de red que usan los cazadores.

**CARNATION**, f. *carnasión*. Pint. Encarnacion, imitacion del color de carne.

**CARNAU**, m. *carnó*. Art. Orificio practicado en la bóveda de un horno de porcelana.

**CARNAUBA**, m. *carnóba*. Bot. Carnauba, palmera del Brasil.

**CARNAVAL**, m. *carnavál*. Carnaval, carnestolendas.

**CARNAVATEPY**, m. *carnavatpí*. Com. Carnavatepi, palo de Surinam.

**CARNE**, f. *cárn*. Esquina de una piedra, de una mesa, etc. || *Carnes*, f. pl. Los cortes de una pluma de escribir.

**CARNÉ, ÉE**, adj. *carné*. Acarnazado, epíteto de las flores que tienen color de carne.

**CARNÉES**, m. pl. *carne*. Cárneas, fiestas de Apolo en Esparta.

**CARNÈLE**, f. *carnél*. Gráñila, orilla al rededor de la moneda, que ciñe la leyenda.

**CARNELER**, a. *carnlé*. Grañilar, hacer la gráñila á la moneda.

**CARNER**, n. ó **SE CARNER**, r. *carné*. Acarnazarse, tomar las flores un color de carne.

**CARNET**, m. *carne*. Extracto del libro de mercader que contiene las deudas activas y pasivas, y tambien las compras que hace.

**CARNIFICATION**, m. *carnificasión*. Med. Carnificacion, alteracion mórbida de un tejido que le hace tomar la consistencia ó la apariencia de la sustancia carnosa ó muscular.

**CARNIFIER (SE)**, r. *carnifié*. Carnificarse, tomar la consistencia de la carne.

**CARNIFORME**, adj. *carnifórm*. Carniforme, que presenta un aspecto carnoso.

**CARNILLET**, m. Bot. V. **BÉHEN BLANC**.

**CARNIVORE**, adj. *carnivór*. Carnívoro, que se alimenta con carne.

**CARNOSITÉ**, f. *carnosité*. Cir. Carnosidad, excrecencia, tumor carnoso.

**CARNYX**, f. *carnics*. Mil. ant. Corneta que usaban los antiguos Galos.

**CAROCHE**, m. *caróche*. Coroza, gorro con figuras de diablos que ponian en la cabeza de las víctimas de la inquisicion.

**CAROGNE**, f. vulg. *caróñ*. Pulpa, pelleja, desollada, mujer perdida y estragada.

**CAROLE**, f. *caról*. Dan. Carola, baile antiguo. || Arq. Presbiterio, el fondo de un templo.

**CAROLER**, a. *carolé*. Bailar á corros. Hoy se dice *danser en rond*.

**CAROLEUR, EUSE**, adj. y s. V. **DANSEUR**.

**CAROLIE**, f. *carolí*. Zool. Carolia, género de queirópteros filóstomos.

**CAROLIN, E**, adj. *carolén, ín*. Hist. Carolino, que se refiere á Carlomagno. || Carlino, epíteto que se da á lo que tiene relacion con varios monarcas que llevaron el nombre de Cárlos.

**CAROLINE**, f. *carolín*. Carolina ó carlina, moneda de plata de Suecia.

**CAROLUS**, m. *carólus*. Cárolus, moneda antigua de Francia.

**CARON**, m. *carón*. Mit. Caron, barquero del infierno. || Lonja de tocino gordo sin mezcla de magro. || Arq. *Escalier de Caron*, escalera que va de la orquesta al antescenario.

**CARONADE**, f. *caronád*. Caronada, pieza de artillería corta, especie de obus.

**CARONCULAIRE**, adj. *caronculér*. Bot. Caruncular, epíteto de una planta formada de muchas carúnculas.

**CARONCULE**, f. *caroncúl*. Med. Carúncula, pedacito de carne. || Bot. Carúncula, tuberculitos que se notan en la superficie de varias semillas ó granos. || Zool. Carúncula, excrecencia carnosa que tienen las aves en la frente y debajo de la mandíbula inferior, que les sirve de adorno.

**CARONCULÉ, ÉE**, adj. *caronculé*. Hist. nat. Carunculado, que tiene una carúncula. || *Caronculés*, m. pl. Zool. Carunculados, familia de pájaros.

**CARONCULEUX, EUSE**, adj. *caronculeu, eus*. Med. Carunculoso, que tiene carúnculas.

**CARONIEN, NE**, adj. *caronién*. Mit. Carónico, que pertenece á Caron.

**CAROSSIER**, m. *carosié*. Palmera de Guinea.

**CAROTIDE**, f. *carotíd*. Anat. Carótida, arteria que lleva la sangre á los diversos puntos de la cabeza.

**CAROTIDIEN, NE**, adj. *carotidién, én*. Carotidio, que tiene relacion con las carótidas.

**CAROTIQUE**, adj. Med. V. **CAROTIDIEN**.

**CAROTTE**, f. *carót*. Zanahoria, género de plantas de la familia de las umbeladas. || *Ne vivre que de carottes*, vivir mezquinamente. || *Conserve de carottes*, cabellos de ángel. || *Carotte de tabac*, rollo de tabaco.

**CAROTTER**, n. *caroté*. Jugar atacado, mezquinamente.

**CAROTTIER, ÈRE**, m. y f. *carotié, ér*. El jugador tímido, que juega con mezquindad.

**CAROTTINE**, f. *carotín*. Quím. Carotina, sustancia cristalizable que se halla en el extracto del jugo fresco de la zanahoria.

**CAROUBE**, m. *carúb*. Algarroba, garrofa, fruta del algarrobo.

**CAROUBIER**, m. *carubié*. Algarrobo,

garrofo, árbol de la familia de las leguminosas.

**CAROUGE**, m. *carúge*. Algarroba, garrofa, madero del algarrobo. || Fruta del mismo árbol.

**CAROVAGLIE**, f. *carovagli*. Bot. Carovaglia, género de musgos.

**CAROXILE**, m. *caroxíl*. Bot. Caroxilo, árbol del cabo de Buena Esperanza.

**CARPALIME**, m. *carpalím*. Zool. Carpalimo, género de coleópteros.

**CARPANTHE**, m. *carpánt*. Bot. Carpanto, género de plantas de la Pensilvania.

**CARPENTURÉES**, f. pl. *carpanté*. Bot. Carpánteas, familia de plantas acuáticas.

**CARPE**, f. *carp*. Carpa, pez que se cria en los estanques y rios. || m. Anat. Carpo, la parte que está entre el antebrazo y la palma de la mano.

**CARPEAU**, m. *carpó*. Carpa albina, carpa pequeña.

**CARPENTE**, m. *carpént*. Especie de coche usado por los patricios romanos.

**CARPÉSIE**, f. *carpesí*. Bot. Carpesia, género de plantas senecionídeas.

**CARPÉSIÉES**, f. pl. *carpesie*. Bot. Carpesíeas, seccion de plantas senecionídeas.

**CARPET**, m. *carpé*. Zool. Carpeto, pescado del Senegal parecido á la carpa.

**CARPETTE**, f. *carpét*. Carpeta, paño burdo que sirve para el embalaje. || Capa pluvial que usaban los carmelitas. || Zool. Carpa pequeña.

**CARPHA**, m. *carfa*. Bot. Carfa, género de plantas de la Nueva Holanda.

**CARPHALÉE**, f. *carfalé*. Bot. Carfalea, género de plantas rubiáceas.

**CARPHEPHORE**, m. *carfefór*. Bot. Carféforo, género de plantas.

**CARPHOLITE**, m. *carfolít*. Miner. Carfolita, especie de mineral de Bohemia.

**CARPHOLOGIE**, f. *carfologí*. Med. Carfología, agitacion de las manos que hace al enfermo buscar los átomos del aire, ó arrollar y palpar las sábanas y colcha de la cama.

**CARPHOLOGIQUE**, adj. *carfologic*. Carfológico, que tiene relacion con la carfología.

**CARPHOPHIS**, m. *carfófis*. Zool. Carfofis, género de calamarianos.

**CARPHURE**, m. *carfúr*. Zool. Carfuro, género de coleópteros pentámeros.

**CARPIEN**, **NE**, adj. *carpién*, *én*. Anat. Carpiano, que pertenece al carpo.

**CARPIER**, m. ó **CARPIÈRE**, f. *carpié*, *carpiér*. Carpero ó carpera, estanque en que se conservan ó crian carpas.

**CARPILIE**, f. *carpilí*. Zool. Carpilia, género de insectos crustáceos.

**CARPILLON**, m. dim. de **CARPE**. *carpillón*. Carpa pequeña.

**CARPIQUE**, adj. *carpic*. Cárpico, que tiene relacion con los frutos.

**CARPOBALSAME**, m. *carpobalsám*. Bot. Carpobálsamo, especie de fruto que viene de Levante, que se cree sea la simiente del balsamero de la Meca.

**CARPOBLEPTE**, m. *carpoblept*. Bot. Carpoblepto, género de algas marinas.

**CARPOBOLE**, m. Bot. V. **CYATHOCTIER**.

**CARPOBOLÉES**, f. pl. *carpobolé*. Bot. Carpoboleas, seccion de plantas.

**CARPOBOLÉS**, m. pl. *carpobolé*. Bot. Carpobolados, tribu de hongos.

**CARPOCALYMME**, m. *carpocalím*. Bot. Carpocalimmo, género de plantas.

**CARPOCAPSE**, m. *carpocaps*. Zool. Carpocapso, género de insectos.

**CARPOCÉRAS**, m. *carpocerá*. Bot. Carpocera, género de plantas pedaliáceas.

**CARPOCRATIEN**, **NE**, adj. *carpocrasién*, *én*. Sect. rel. Carpocraciano, discípulo de Carpócrates, hereje de Alejandría.

**CARPODE**, m. *carpód*. Zool. Carpodo, género de coleópteros.

**CARPODÈTE**, m. *carpodét*. Bot. Carpodete, género de plantas celestríneas.

**CARPODINE**, m. *carpodín*. Bot. Carpodina, género de plantas apocíneas.

**CARPODONTE**, m. *carpodónt*. Bot. Carpodonte, género de plantas garcíneas.

**CARPODONTÉES**, f. pl. *carpodonté*. Bot. Carpodónteas, tribu de plantas garcíneas.

**CARPOLÉPIDE**, m. *carpolepíd*. Bot. Carpolépido, género de plantas.

**CARPOLITHE**, m. *carpolít*. Bot. Carpolito, fruto fósil en general y mas especialmente fruto fósil, poco conocido.

**CARPOLOBE**, m. *carpolób*. Bot. Carpolobo, género de plantas poligáleas.

**CARPOLOGIE**, f. *carpologí*. Carpología, ciencia que trata del estudio especial de los frutos.

**CARPOLOGIQUE**, adj. *carpologic*. Bot. Carpológico, que se refiere á la carpología.

**CARPOLOGUE**, m. *carpológ*. Carpólogo, botánico que se ocupa especialmente del estudio de los frutos y de los granos.

**CARPOLYZE**, f. *carpolís*. Bot. Carpoliza, género de plantas amarilídeas.

**CARPO-MÉTACARPIEN**, **NE**, adj. *carpometacarpién*, *én*. Anat. Carpo-metacarpiano, que pertenece al carpo y al metacarpo.

**CARPOMORPHE**, m. *carpomórf*. Bot. Carpomorfo, nombre dado á un producto de los líquenes que se parece á los frutos.

**CARPOMYZE**, adj. *carpomís*. Zool. Carpomizo, que vive del jugo de las plantas. || *Carpomyzes*, m. pl. Zool. Carpomizos, tribu de insectos melacídeos.

**CARPOPHAGE**, adj. *carpofág*. Zool. Carpófago, que se alimenta de frutos. || m. Carpófago, género de pichones. || Carpófago, género de coleópteros. || Carpófago, familia de mamíferos.

**CARPO-PHALANGIEN**, **NE**, adj. *carpofalangién*, *én*. Anat. Carpo-falangiano, que pertenece al carpo y á las falanges ó á alguna de ellas.

**CARPOPHILE**, adj. *carpofil*. Bot. Carpófilo, que crece sobre los frutos. || m. Zool. Carpófilo, género de coleópteros.

**CARPOPHORE**, adj. *carpofór*. Bot. Carpóforo, que tiene frutos.

**CARPOPHYLLE**, m. *carpofil*. Bot. Carpófilo, género de algas.

**CARPOPTÉRIGIEN**, **NE**, adj. *carpopterigién*, *én*. Zool. Carpopterigio, que tiene los brazos en forma de aletas ó las aletas en forma de brazos.

**CARPO-SUS-PHALANGIEN**, **NE**, adj. *carposusfalangién*, *én*. Anat. Carpo-sub-falangino, que pasa desde el carpo á la parte superior de la primera falange.

**CARPOT**, m. *carpó*. La cuarta parte de la vendimia que toca al dueño de la viña.

**CARPOTROCHE**, m. *carpotróche*. Bot. Carpótroco, género de plantas bixíneas.

**CARQUAISE** ó **CARCAISE**, f. *carqués*. Art. Horno en que se cuece el cristal para darle elasticidad y cierta solidez, y donde se cuece la loza ántes de darle barniz.

**CARQUERON**, m. *carcrón*. Art. Palanca que se interpone entre las cárcolas de un telar.

**CARQUOIS**, m. *carcuá*. Carcaj ó aljaba, en que se llevan las saetas.

**CARRARE**, m. *carrar*. Mármol de Carrara.

**CARRE**, f. *cárr*. Espalda de vestido. || Copa de sombrero. || Punta del zapato. || vulg. *Il a une bonne carre*, tiene espaldas de molinero.

**CARRÉ**, m. *carré*. Cuadro, cuadrado, cuadrilátero. || *Les carrés d'un potager*, las eras de una huerta. || *Un carré d'eau*, un cubo de agua. || *Tant de pieds en carré*, tantos piés en cuadro. || Agr. Cuadro, cuadrilátero de tierra en que se siembran flores, legumbres, etc. || Arit. *Carré d'un nombre*, cuadrado de un número, producto de multiplicarlo por sí mismo una vez. || Mil. Cuadro, formacion en batalla á cuatro frentes. || Mar. Carro que sirve para corchar la jarcia. || *Cela forme un carré*, esto forma un cuadrado. || *Carré de toilette*, las tajas de tocador.

**CARRÉ**, **ÉE**, adj. *carré*. Cuadrado, que tiene cuatro ángulos y cuatro lados iguales. || Mar. *Voile carrée*, vela cuadrada ó de cruz. *Bâtiment à trait carré*, barco de cruz. || Geom. *Surface carrée*, superficie cuadrada. || Arit. *Racine carrée*, raíz cuadrada, número que multiplicado por sí mismo produce la cantidad. || *Bonnet carré*, bonete de doctor ó clérigo. || met. *Partie carrée*, dos hombres y dos mujeres que van de meren-

dona ó á comer y divertirse juntos. || [illegible] *Période carrée*, [illegible]

**CARREAU**, m. *carró*. [illegible] dosa ó cuadro de una [illegible] para enlosar las casas. [illegible] mento, piso, el suelo de [illegible] casa, etc. || Vidrio, cristal, [illegible] que entran á componer una [illegible] almohadas cuadradas para [illegible] las rodillas. || Palo de [illegible] Piedra de molino. || [illegible] sastres para aplanar las costuras. [illegible] *mourir sur le carreau*, [illegible] cada, morir en alguna [illegible]

**CARREFOUR**, m. *carrefúr*. [illegible] punto donde se cruzan [illegible] tro calles, cuatro esquinas, [illegible] cruzan ó desembocan varias calles.

**CARREIGNE**, n. Náut. V. [illegible]

**CARRELAGE**, m. *carrelág*. [illegible] Rado, enladrillado, [illegible] efecto de enladrillar ó [illegible]

**CARRELE**, m. *carrél*. [illegible] nérico de toda tela de seda [illegible]

**CARRELÉE**, f. *carrelé*. [illegible] tortuga, segun algunos naturalistas. [illegible]

**CARRELER**, a. *carrelé*. [illegible] baldosar, enlosar un piso.

**CARRELET**, m. *carrelé*. Zool. [illegible] platija, pescado de mar. || [illegible] mar, de jalmero, de [illegible] lle, estoque delgado. || [illegible] farmacia que sirve de [illegible] Escobilla para sacar el pelo [illegible] || Red cuadrada para pescar.

**CARRELETTE**, f. *carrelét*. [illegible] fina y cuadrada para pulir el [illegible]

**CARRELEUR**, m. *carreleur*. [illegible] solador. || Zapatero remendon.

**CARRELIER**, m. *carrelié*. [illegible] ladrillos.

**CARRELURE**, f. *carrelúr*. [illegible] compostura de zapatos, [illegible] prov. fam. *Se donner une* [illegible] *de ventre*, echar un remiendo [illegible] car el vientre de mal año [illegible] na comida.

**CARRÉMENT**, adv. *carremán*. [illegible] á escuadra, en ángulos rectos.

**CARRER**, a. *carré*. Cuadrar, [illegible] gura cuadrada una cosa. || Arit. [illegible] car un número por sí mismo. [illegible] luar una superficie en [illegible] Mil. *Carrer un bataillon*, [illegible] un batallon, formar un cuadro [illegible] *carrer*, r. met. y fam. Contonearse, [illegible] en jarras como los fanfarrones. [illegible] quedarse, no querer mas [illegible] juegos, como en la treinta y una.

**CARRET** (FIL DE), m. [illegible] ca, hilos que se destuercen y [illegible] viejos.

**CARRETAGE**, m. *carretág*. [illegible] rechos que se pagaban por los [illegible]

**CARRICHTÈRE**, m. *carrictér*. Bot. [illegible] ritero, género de plantas crucíferas.

**CARRIER**, m. *carrié*. Cantero, el [illegible] baja en sacar ó tajar piedra en [illegible]

**CARRIÈRE**, f. *carrièr*. Cantera, [illegible] donde se saca la piedra de [illegible] Corredera, liza, coso para [illegible] llos, etc. || Carrera del caballo. [illegible] rera ó curso de la vida. || [illegible] vacion del ave. || Campo para la [illegible] || Vuelo para el ingenio. || [illegible] camino abierto para las [illegible] rera, la profesion que uno [illegible] *Donner carrière*, dar alas, [illegible] obrar.

**CARRIK**, m. *carric*. [illegible] capote con muchas [illegible] solo llevan los lacayos.

**CARRIOLE**, f. *carriól*. Calesa, [illegible] silla volante.

**CARROSSE**, m. *carrós*. Coche, [illegible] carruaje mayor de cuatro [illegible] Chupeta, carricoche, [illegible] con tablas delgadas ó [illegible] *Cheval de carrosse*, caballo de [illegible] *de carrosse*, testera de coche [illegible] los asientos. *Place de fond* [illegible] asiento de la testera. [illegible] horquilla de coche para que no [illegible] cuestas. || met. y fam. *C'est un* [illegible]

[illegible] brute, valiente [illegible] de un hombre airado, [illegible].

[illegible] Carr. Maestro [illegible] construye coches.

[illegible] árbol.

[illegible] Corrida de [illegible] Corresponde á cañas, [illegible] y otros ejercicios de la [illegible], el sitio destinado para [illegible].

[illegible], f. ant. y vulg. Co- [illegible].

[illegible] Andar en [illegible].

[illegible], m. [illegible] Camino real ó car- [illegible].

[illegible], f. [illegible] Encuentro, [illegible] de un vestido entre [illegible].

[illegible] Agr. Dar la ú- [illegible].

[illegible], m. [illegible] Mar. Andaribel, [illegible] que sirve para izar pesos de [illegible].

[illegible], m. [illegible] Zool. Cartal, géne- [illegible].

[illegible], n. [illegible] Carr. Salir del [illegible].

[illegible], f. [illegible] Cartulina. || Naipe. || [illegible] en una hoz- [illegible], mapa. || met. [illegible] á cualquiera, darle li- [illegible] para obrar. || *Carte* ma- [illegible] || *Perdre la carte*, perder [illegible] la carte du pays, [illegible]

[illegible]

**CARTILAGINIFICATION**, f. *cartilagi-nificasión*. Anat. Cartilaginacion, conversion de un tegumento en cartílago.

**CARTILAGINIFIER (SE)**, r. *cartilagi-nifié*. Cartilaginarse, convertirse en cartílago.

**CARTISANE**, f. *cartisán*. Cartulina, tira de carton ó de pergamino para bordar. || Las mismas tiras cubiertas de seda, plata ú oro.

**CARTOGRAPHE**, m. *cartográf*. Cartógrafo, autor de cartas geográficas.

**CARTOGRAPHIE**, f. *cartografí*. Cartografía, arte de trazar cartas geográficas.

**CARTOMANCIE**, f. *cartomansí*. Cartomancia, arte de adivinar por la disposicion de los naipes.

**CARTOMANCIEN, NE**, m. y f. *carto-mansién, én*. Cartomántico, el que adivina por medio de los naipes.

**CARTON**, m. *cartón*. Carton, conjunto de dos ó mas cartulinas, ó de varios pliegos de papel pegados uno con otro. || Carton, varios pliegos de papel pegados para prensar paños. || Impr. Cuartilla, la hoja que se rehace, ya por correccion, ya por errata. || Pint. Carton, dibujo que ha de servir de modelo para varias obras. || Arq. Plantilla, hoja de lata ó carton en que se traza el perfil de las molduras. || Caja de carton destinada á contener papeles ú objetos de moda. || *Carton pierre*, carton muy duro del que se hacen adornos de arquitectura.

**CARTONÈME**, m. *cartonèm*. Bot. Cartonema, género de plantas comelináceas.

**CARTONNAGE**, m. *cartonáge*. Art. Cartonería, arte de fabricar carton. || Cartonería, cartonaje, efectos ú objetos de carton. || Encartonado, la accion de encartonar un libro.

**CARTONNER**, a. *cartoné*. Encartonar, encuadernar con carton. || Encartonar, poner cartones entre los dobleces de un tejido ántes de prensarlo. || Impr. Rehacer una cuartilla por algun olvido ó error cometido.

**CARTONNERIE**, f. *cartonrí*. Cartonería, fábrica de carton y tambien el arte de fabricarlo.

**CARTONNEUR, EUSE**, m. y f. *carto-neur, eus*. Cartonero, el que encuaderna en carton.

**CARTONNIER**, m. *cartonié*. Cartonero, fabricante ó vendedor de cartones y de objetos de carton.

**CARTONNIÈRES**, f. pl. *cartoniér*. Zool. Cartoneras, avispas cuyo nido parece una cajita de carton.

**CARTOUCHE**, f. *cartúche*. Mil. Cartucho, el envoltorio de papel ó saco que contiene la carga de pólvora para las armas de fuego. || *Cartouche blanche*, cartucho sin bala. || Cartucho, toda caja que contiene materias inflamables para producir efectos variados en los fuegos artificiales. || m. Arq. Carton, especie de adorno de arquitectura.

**CARTOUCHIER**, m. *cartuchié*. Mar. Cartuchera. || Mil. V. GIBERNE.

**CARTULAIRE**, m. *cartulér*. Cartulario, el libro donde se sientan y copian los privilegios, donaciones, etc., otorgados á favor de una iglesia ó de un convento.

**CARUDE**, m. *caréd*. Zool. Carudo, pez del género de los labros.

**CARUM**, m. *caróm*. Bot. Caro, género de la familia de las umbelíferas.

**CARUS**, m. *carús*. Med. Modorra profunda, especie de letargo.

**CARVE**, f. *cárv*. Pesc. Red de manga parecida á la que se emplea para pescar ostras.

**CARVELLE**, f. *carvél*. Mar. Clavos de cabeza de diamante de cuatro pulgadas.

**CARVI**, m. *carví*. Bot. Carvi, alcaravea, planta.

**CARVIFEUILLE**, m. *carvifeuil*. Bot. Carvifolio, género de plantas.

**CARYA**, m. *cária*. Bot. Caria, género de plantas juglandáceas.

**CARYBDE**, m. *caríbd*. Caribdis, célebre remolino muy temible que hay cerca de Mesina. || *Pour éviter Carybde on tombe dans Scylla*, para huir de herrera se cae en carbonera.

**CARYBDÉE**, f. *caribdé*. Zool. Caribdea, género de medusas.

**CARYCHION**, m. *carichión*. Zool. Cariquion, género de moluscos.

**CARYEDON**, m. *carïdón*. Zool. Caridon, género de coleópteros.

**CARYOBORE**, m. *carïobór*. Zool. Carioboro, género de coleópteros.

**CARYOBRANCHES**, m. pl. *carïobránche*. Zool. Cariobranquios, órden de moluscos gasterópodos.

**CARYOCARPE**, adj. *carïocárp*. Bot. Cariocarpo, epíteto de las plantas cuyo fruto está hinchado y es semejante á una nuez.

**CARYOCATACTE**, adj. *carïocatáct*. Zool. Cariocatacto, calificacion de las aves que se alimentan de nueces, almendras, etc.

**CARYOCHLOÉ**, f. *carïoclóé*. Bot. Carioclóe, género de plantas gramíneas.

**CARYOCOSTIN**, m. *carïocostín*. Farm. Cariocostino, electuario en cuya composicion entran el costo y otras sustancias muy estimulantes.

**CARYOLOBE**, f. *carïolób*. Bot. Cariolobo, planta de Ceilan.

**CARYOPHYLLAIRE**, adj. *carïofilér*. Zool. Cariofilar, que se refiere á la cariofilia.

**CARYOPHYLLÉ, ÉE**, adj. *carïofilé*. Bot. Cariofilado, calificacion de las corolas regulares compuestas de cinco pétalos. || *Caryophyllées*, f. pl. Cariofileas, familia de plantas dicotiledóneas polipétalas.

**CARYOPHYLLIE**, f. *carïofilí*. Zool. Cariofilia, género de madréporas.

**CARYOPHYLLINE**, f. *carïofilín*. Quím. Cariofilina, sustancia que se extrae del alcohol de clavillo.

**CARYOPHYLLITE**, m. *carïofilít*. Zool. Cariofilito, nombre que dan algunos autores á los cariófilos fósiles.

**CARYOPHYLLODENDROS**, m. Bot. V. GIROFLIER.

**CARYOPHYLLOÏDES**, f. pl. *carïofiloíd*. Cariofiloides, especie de fósiles del género cariofilia.

**CARYOPTÈRE**, m. *carïoptér*. Bot. Carióptero, planta de las verbenáceas.

**CAS**, m. *cá*. Caso, suceso, acontecimiento fortúito. || Caso, la estimacion que se hace ó no de una persona ó cosa. || Jurisp. Caso, hecho, accion, crímen; y así se dice caso grave, caso privilegiado, etc. || Gram. Caso, cada una de las diversas inflexiones ó terminaciones que tienen los nombres. || *En cas que*, en caso que, dado el caso que. || *En tout cas*, en todo caso, aunque así sea. || Las demas significaciones son las mismas que en castellano.

**CASANIER, ÈRE**, adj. *casanié, ér*. Haragan, perezoso, apoltronado en su casa: se dice tambien de las cosas que se refieren á esta cualidad, como *vie casanière*, vida sedentaria, que se pasa en casa. Tambien se usa como sustantivo.

**CASAQUE**, f. *casác*. Antigua casaca ó sobretodo con mangas largas. || met. *Tourner casaque*, mudar de opinion, renegar de un partido, huir.

**CASAQUIN**, m. *casaquén*. Casaquin, casaquilla que se usaba ántes por comodidad. || Jubon que gastan las mujeres del pueblo. || met. *Donner sur le casaquin*, zurrar á uno la badana.

**CASARCA**, m. *casárca*. Zool. Casarca, especie de ave.

**CASBAH**, f. *casbá*. Casbá, nombre que dan en África á las ciudadelas.

**CASCADE**, f. *cascád*. Cascada, caida considerable de una corriente de agua. || *Cascade de feu*, cascada de fuego en los fuegos artificiales. || met. *Cascade*, tropezon, piña, hablando de una falta en el estilo, en el lenguaje. || *Ne savoir une nouvelle que par cascades*, no saber una noticia sino despues que ha corrido de boca en boca. || *Parvenir á une place par cascades*, llegar á conseguir un empleo á empujones, por una serie de acontecimientos imprevistos.

**CASCALHO**, m. *cascaló*. Geol. Cascajo, ganga entre la cual se encuentran los diamantes en el Brasil.

**CASCANES**, f. pl. *cascán*. Fort. Fosa en el terraplen de una muralla para ventilar las minas.

**CASCARONQUI**, m. *cascaronquí*. Cascaronqui, corteza tintorial amarilla, usada en medicina como febrífugo.

**CASCARET**, m. *cascaré*. Rampion, hombre de pobre facha, mal trazado.

**CASCARILLE**, f. *cascarill*. Cascarilla, corteza medicinal de un árbol de América, llamado cascarillo.

**CASCATELLE**, m. *cascatlé*. Zool. Cascatelo, pez marmiro del Nilo.

**CASCATELLE**, f. dim. de **CASCADE**. *cascatél*. Cascadita, cascada pequeña.

**CASCELLIS**, f. *caslí*. Zool. Cascelis, género de coleópteros pentámeros.

**CASCHIVE**, m. *caschív*. Zool. Cachivo, nombre de un pez.

**CASCOCLYTRE**, m. *cascoclítr*. Bot. Cascoclitro, género de gramíneas.

**CASE**, f. *cás*. Casa (sin uso en el sentido propio). ‖ Choza de negros. ‖ pl. Casas, los escaques ó cuadretes en que está dividido el tablero de ajedrez y damas. ‖ Compartimiento, subdivision de un cajon ó de un armario. ‖ Casilla, en un estado.

**CASÉARIE**, f. *caseari*. Bot. Casearia, género de la familia de las samidáceas.

**CASÉATE**, m. *caseát*. Quim. Caseato, sal formada por la combinacion del ácido caséico con una base.

**CASÉATION**, f. *caseasión*. Quim. Caseacion, formacion del queso por la fermentacion de la leche.

**CASÉEUX, EUSE**, adj. *caseeu, eus*. Quim. Caseoso, de la naturaleza del queso.

**CASÉIFORME**, adj. *caseifórm*. Caseiforme, que tiene forma ó apariencia de queso.

**CASÉINE**, f. *casein*. Quim. Caseina, sustancia que se encuentra en el queso.

**CASEMATE**, f. *casmát*. Mil. y Fort. Casamata. ‖ ant. Cárcel.

**CASEMATÉ, ÉE**, adj. *casmaté*. Mil. Provisto de casamatas.

**CASÉOLAIRE**, adj. *caseoler*. Bot. Caseolar, epíteto que se da al zizóforo, por parecerse la blandura de su madera á la del queso.

**CASER**, n. *casé*. Hacer casa, en el juego del chaquete. ‖a. Colocar, proporcionar á alguno colocacion. ‖ *Se caser*, r. Colocarse, encontrar una colocacion. = Establecerse en un sitio.

**CASERET**, m. *caseré*. Vasija con agujeritos, ó cestita de mimbres, en la cual se pone á gotear el queso.

**CASERETTE**, f. *caserét*. Quesera, molde de madera para hacer queso.

**CASERIE**, f. *caserí*. Casería, nombre que dan los Árabes de la Tierra Santa á las hospederías.

**CASERNE**, f. *casérn*. Mil. Caserna, cuartel, alojamiento para la tropa.

**CASERNEMENT**, m. *casernmán*. Acuartelamiento, accion de acuartelar.

**CASERNER**, a. *caserné*. Acuartelar, alojar en cuarteles. ‖ n. Vivir en cuarteles.

**CASET**, m. *casé*. Zool. Caseto, nombre que dan los pescadores á ciertas larvas, de las cuales se sirven para cebo.

**CASEUX, EUSE**, adj. *caseu, eus*. Caseoso: se llama así la parte de la leche que produce el queso. V. **CASÉEUX**.

**CASH**, m. *cách*. Cash, moneda de cobre de Tonquin.

**CASI**, m. *casí*. Casí, nombre del jefe de la religion mahometana en el Mogol.

**CASIASQUIER**, m. *casiasquié*. Superintendente de justicia militar entre los Turcos.

**CASIER**, m. *casié*. Estante de una oficina con divisiones para colocar papeles.

**CASIÈRE**, f. *casiér*. Quesera, lugar en que se conserva el queso de Parma.

**CASILLEUX, EUSE**, adj. *casilleu, eus*. Quebradizo: se dice del vidrio que el diamante rompe, en lugar de cortarlo.

**CASIMIR**, m. *casimír*. Casimir, especie de paño fabricado con la lana mas fina.

**CASIMIROA**, m. *casimiróa*. Bot. Casimiroa, arbolito originario de Méjico.

**CASINO** m. *casino*. Casino, lugar en que se reune una sociedad particular para entregarse al placer de la conversacion y del juego.

**CASLEU** ó **KISLEV**, m. *casleu, quislév*. Hist. Mes noveno del año sagrado de los Hebreos y tercero del año civil.

[illegible] f. *casnoidé*. Zool. Casnoidea, género de coleópteros pentámeros, familia de los carábicos.

**CASNONIE**, f. *casnoní*. Zool. Casnonia, género de coleópteros.

**CASOAR**, m. *casoár*. Zool. Casoar, género del órden de las zancudas brevipenas, que son casi tan grandes como un avestruz.

**CASOLANE**, f. *casolán*. Bot. Casolana, especie de manzana de Italia.

**CASPARÉE** ó **CASPARIE**, f. *casparé, casparí*. Bot. Caspárea, género de plantas papilionáceas.

**CASPIA**, m. *cáspia*. Bot. Caspia, arbusto.

**CASQUE**, m. *cásc*. Mil. Casco, arma defensiva que cubre la cabeza. ‖ Blas. Casco, figura de esta prenda puesta en un escudo. ‖ Zool. Casco, género de conchas. ‖ Casco, prominencia callosa que tienen algunas aves en la coronilla.

**CASQUÉ, ÉE**, adj. *casqué*. Encasquetado, cubierto con un casco.

**CASQUETTE**, f. *casquét*. Casquete, especie de gorra de tela ó de piel.

**CASSADE**, f. *casád*. Mentirilla, embuste, chasco, burla que se inventa para librarse de las importunidades de alguno. ‖ Mentira, excusa, descargo.

**CASSAILLE**, f. *casáll*. Primera labor que se da á las tierras despues de Pascua.

**CASSANDRE**, f. *casándre* Mit. Casandra, hija de Priamo y de Hécuba.

**CASSANT, E**, adj. *casán*. Frágil, que se rompe con facilidad.

**CASSATION**, f. *casasión*. Jurisp. Casacion, acto jurídico por el que se anula ó se declara de ningun efecto algun instrumento. ‖ *Cour de cassation*, tribunal que anula ó confirma las sentencias de los tribunales inferiores.

**CASSAVE**, f. *casáv*. Cazabe, especie de pan ó galleta que se prepara con la raiz de la yuca.

**CASSE**, f. *cás*. Impr. Caja, especie de cajon, de poco fondo y cuadrilátero, dividido en compartimientos llamados cajetines, que contienen las letras de imprimir. = *Haut de casse*, caja alta. = *Bas de casse*, caja baja. ‖ La pulpa de la cañafístola que sirve para purgar. ‖ Arq. Caseton. ‖ Muselina de la India oriental. ‖ Acendrador, vasija donde se afina el oro y la plata. ‖ Casia, género importante de plantas papilionáceas, que comprende en el dia 300 especies.

**CASSEAU**, m. *casó*. Impr. Cajon, cada una de las dos partes en que se divide la caja. ‖ Viñetero, caja pequeña dividida en varios cajetines en que se colocan las letras de adorno. ‖ Vet. Cierto instrumento para castrar los caballos.

**CASSE-BARGOT**, m. *casbargó*. Zool. Pescado de la Guyana.

**CASSEBÉÈRE**, f. *casbeér*. Bot. Casiabera, género de helechos.

**CASSE-COU**, m. *cascú*. Resbaladero, resbaladizo, paraje en que hay peligro de caer.

**CASSE-CROÛTE**, f. *cascrút*. Rompecortezas, instrumento en forma de lima que usan los ancianos para quebrantar las cortezas duras que no pueden mascar.

**CASSE-CUL**, m. *cascú*. Culada, golpe que se da con el culo al caer.

**CASSE-FIL**, m. *casfíl*. Instrumento que usan los fabricantes de telas para conocer la tenacidad de los hilos crudos.

**CASSELIE**, f. *caslí*. Bot. Caselia, género de plantas verbenáceas.

**CASSEMENT**, m. *casmán*. Rompimiento, accion de romper. ‖ *Cassement de tête*, quebradero de cabeza.

**CASSE-MOTTE** ó **BRISE-MOTTE**, m. *casmót, brismót*. Zool. Collalba, especie de pájaro ‖ Mazo de madera dura con el cual los jardineros separan los terrones.

**CASSE-MUSEAU**, m. *casmusó*. Especie de pastelillo blando y hueco de gusto muy delicado. ‖ Cachete, moquete, ó puñada en las narices.

**CASSENAY**, m. *casné*. Medida superficial usada en la India francesa.

**CASSE-NOISETTES**, m. *casnuasét*. Cascanueces, instrumento para romper nueces, avellanas, almendras, etc. ‖ Zool. Especie de pico, ave.

**CASSE-NOIX**, m. *casnuá*. [illegible] Cascanueces, género del órden de las [illegible]

**CASSENOLE**, f. *casnól*. Art. [illegible] nombres vulgares de las agallas, [illegible] los tintoreros.

**CASSE-NOYAUX**, m. [illegible] gordo, especie de ave. V. [illegible]

**CASSE-PIERRE**, f. [illegible] fraga, parietaria, quiebra-piedra. [illegible]

**CASSER**, a. *casé*. Quebrar, [illegible] brantar. ‖ Quebrar, [illegible] derogar, abrogar, anular. ‖ [illegible] privar de un grado ó empleo. = [illegible] troupes, licenciar tropas. ‖ [illegible] *tête à quelqu'un*, romper á uno la [illegible] cansarle, molestarle. ‖ n. Romperse. [illegible] bien se usa como recíproco. ‖ [illegible] *cassé*, hombre cascado, achacoso, [illegible] tado de salud.

**CASSEROLE**, f. *casról*. Cacerola, [illegible] lio de cocina, sea de barro ó de metal. [illegible]

**CASSERON**, m. *casrón*. Calamar, [illegible] cado volante.

**CASSETIN**, f. *casté*. Una caja [illegible] que puede contener.

**CASSE-TÊTE**, m. *castét*. Macana, [illegible] gruesa y dura que usan en los combates [illegible] Americanos. ‖ Rompe-cabezas, vino [illegible] que se sube á la cabeza. ‖ [illegible] cabeza, cosa de mucho trabajo y [illegible] ‖ Náut. Red de combate.

**CASSETIN**, m. *castén*. Impr. [illegible] cada una de las divisiones de la caja. [illegible]

**CASSETTE**, f. *casét*. Arquilla, [illegible] portátil, en que comunmente se guardan [illegible] bajas. ‖ Tesoro particular del rey. [illegible]

**CASSEUR**, m. *caseur*. [illegible] rompe. ‖ *Grand casseur de* [illegible] siete, perdonavidas. Es de muy poco [illegible]

**CASSE-VESSIE**, f. *casvesí*. [illegible] piente de cristal abierto por uno [illegible] dos y cerrado por el otro con una [illegible] jada, usado para hacer experiencias [illegible]

**CASSICAN**, m. *casicán*. Zool. [illegible] género de aves de la familia de las [illegible]

**CASSIDAIRE**, m. *casidér*. Zool. [illegible] rio, género de moluscos marinos. ‖ [illegible] rio, tribu muy numerosa de insectos [illegible] teros tetrámeros cíclicos.

**CASSIDE**, f. *casíd*. Zool. Casida, [illegible] de coleópteros. = Casido, género de [illegible]

**CASSIDÉE**, m. *casidé*. Lit. Casidea, [illegible] pecie de idilio ó de poesía elegíaca, [illegible] entre los Griegos.

**CASSIDITES**, m. pl. *casidít*. Zool. [illegible] ditos, grupo de casidarias.

**CASSIDOINE**, f. *casiduán*. Casidonia, [illegible] cierta piedra preciosa.

**CASSIDULE**, m. *casidúl*. Zool. Casidulo, [illegible] género de insectos equinideos.

**CASSIDULINE**, f. *casidulín*. Zool. [illegible] dulina, género de conchas microscópicas [illegible]

**CASSIE**, f. *casí*. Bot. Acacia vera, [illegible] de las Indias.

**CASSIÉES**, f. *casié*. Casiáceas, tribu [illegible] plantas leguminosas.

**CASSIER**, m. *casié*. Espacio de [illegible] en que se ponen las cajas, [illegible] nes. ‖ Bot. Cañafístolo, árbol que produce [illegible] cañafístola.

**CASSINE**, f. *casín*. Casina, casita de [illegible] po ó barraca. ‖ Bot. Casina, género de [illegible] tas.

**CASSINIE**, f. *casiní*. Bot. Casinia, [illegible] nero de plantas compuestas.

**CASSINIÉ, ÉE**, adj. *casinié*. [illegible] neo, que se parece al género casinia.

**CASSINOÏDE**, f. *casinoíd*. [illegible] curva propuesta por el astrónomo [illegible] para representar el movimiento del [illegible]

**CASSIOPÉE**, f. *casiopé*. Astr. [illegible] nombre de una constelacion boreal.

**CASSIQUE**, m. *casíc*. Zool. [illegible] ro de aves.

**CASSIRY**, m. *casirí*. Casiri, [illegible] que se hace del maiz en América.

**CASSIS**, m. *casís*. Bot. [illegible] vulgar de una planta semejante al [illegible] y que produce una fruta negra.

**CASSITE**, f. *casít*. Bot. Casita, [illegible] de plantas parásitas.

**CASSITÉRITE**, f. *casiterít*. Miner. [illegible] terita, estaño oxidado.

**CASSOLLE**, f. *casól*. Art. [illegible] usan los libreros para calentar la cola.

[illegible], f. *cassolét*. Braserillo en el [illegible], pebetero. || Arq. El [illegible] por medio de dibujos.

[illegible], m. *cassón*. Terron de azúcar.

[illegible], f. *cassonád*. Cogucho, azú[illegible].

[illegible], m. *casorári*. Zool. Casorari, [illegible] del tamaño de una anchoa.

[illegible], m. *casúpa*. Bot. Casupa, gé[illegible] de la América tropical.

[illegible], f. *cassúr*. Rotura, quebradura [illegible] de un cuchillo; y [illegible] por donde se rompen. || Miner. [illegible] de un mineral quebrado.

[illegible], f. *casit*. Bot. Casita, género [illegible].

[illegible], m. *castañó*. Zool. Casta[illegible] pequeño y muy comun en el [illegible].

[illegible], f. *castañet*. Castañeta, [illegible] pl. Castañuelas, [illegible] en forma de concha, hechos [illegible], ébano ó marfil, con que los [illegible] de España acom[illegible] y sus propios pasos.

[illegible], m. *castañeu*. Somor[illegible].

[illegible], f. *castañól*. Mar. En las [illegible] de madera con dos agujeros [illegible] la relinga del tendal para [illegible] las cargaderas por dichos [illegible] || Castañola, especie de pescado.

[illegible], f. *castali*. Mit. Castalia, [illegible], género de insectos.

[illegible], f. *castanit*. Castanita, pie[illegible] y forma de una castaña.

[illegible], adj. *castanocárp*. Bot. [illegible], planta cuyo fruto es parecido [illegible].

[illegible], adj. *castanopiér*. Zool. [illegible], calificacion de las aves de co[illegible].

[illegible], m. *castanospérm*. [illegible], género de plantas.

[illegible], f. *cast*. Casta, raza, linaje. Se [illegible] de las diversas [illegible] de la India. || irón. [illegible] del Estado.

[illegible], m. *castél*. Castillo, voz usada [illegible] de *château*.

[illegible], f. *castelán*. Castellana, ci[illegible].

[illegible], f. *castél*. Bot. Castela, género [illegible].

[illegible], f. pl. *castelé*. Bot. Caste[illegible].

[illegible], f. *castelgárd*. Feud. [illegible] que tenian los vasallos de con[illegible] y custodia del castillo del [illegible].

[illegible], f. *castiñé*. Manta de [illegible].

[illegible], m. *castillán*. Castellano, [illegible] || adj. y s. Castellano, de [illegible].

[illegible], m. *castór*. Castor, animal anfí[illegible] la piel del mismo animal. || [illegible] del Santelmo, ráfa[illegible] que los marineros observan á [illegible] de los buques.

[illegible], f. *castrametasión*. [illegible], arte de acampar las tropas.

[illegible], adj. y s. *castré*. Castrado. || [illegible] que ha sido mutilado para [illegible].

[illegible], f. *castrasión*. Castradu[illegible], la operacion de castrar.

[illegible], adj. f. *castrénse*. Calificacion [illegible] daban los Romanos al que [illegible] enemigo. || Castren[illegible].

[illegible], f. *casualité*. Casualidad, [illegible].

[illegible], m. *casuél*. Eventual en rentas, [illegible] || Provecho casual de una [illegible], de que gozan los sacer[illegible].

[illegible], adj. *casuél*. Casual, [illegible].

[illegible], adv. *casuelmán*. Ca[illegible].

[illegible], m. *casuist*. Casuista, teólogo [illegible] en esta [illegible].

[illegible], adj. *catabolistic*. Mil. Catabalístico, que obra á la manera de un ariete de guerra.

**CATABAPHYTE**, m. *catabafit*. Bot. Catabafito, nombre que se da á las plantas que viven sumergidas en las aguas.

**CATABAPTISTES**, m. pl. *catabatist*. Catabaptistas, sectarios que niegan la necesidad del bautismo.

**CATABROSE**, f. *catabrós*. Bot. Catabrosa, género de plantas.

**CATACANTHE**, m. *catacánt*. Zool. Catacanto, género de insectos.

**CATACAUSTIQUE**, f. *catacostic*. Ópt. Catacáustica, curva formada por rayos reflejados, en oposicion á la diacáustica, que está formada por refraccion.

**CATACHÈNE**, m. *catachén*. Zool. Catagena, género de insectos coleópteros.

**CATACHRÈSE**, f. *catacrés*. Catacrésis, figura de retórica por la que se emplea una palabra contraria á su significacion propia.

**CATACLASE**, f. *cataclás*. Med. Cataclásis, distorsion ó torcimiento de los ojos.

**CATACLYSME**, m. *cataclism*. Cataclismo, inundacion grande. || Trastorno general.

**CATACLYSMOLOGIE**, f. *cataclismologí*. Cataclismologia, historia de los diluvios ó de las revoluciones de la superficie del globo.

**CATACOIS**, m. *catacuá*. Mar. Sobrejuanete.

**CATACOMBES**, f. pl. *catacónb*. Catacumbas, subterráneos donde están enterrados muchos cuerpos de mártires en Roma.

**CATACOUSTIQUE**, f. *catacustic*. Fis. Catacústica, tratado de ecos y sonidos. || adj. Catacústico, que pertenece á la catacústica.

**CATADIOPTRIQUE**, adj. *catadioptric*. Ópt. Catadióptrico, que pertenece á la vez á la catóptrica y á la dióptrica.

**CATADUPE**, f. *catadúp*. Catarata, despeñadero de agua en los rios.

**CATADROME**, m. *catadróm*. Zool. Catadromo, género de insectos.

**CATAFALQUE**, m. *catafálc*. Catafalco, túmulo que se levanta en medio de un templo, de forma piramidal, cubierto de luces, para celebrar las exequias de algun personaje.

**CATAGLOTTISME**, m. *cataglotism*. Lit. ant. Cataglotismo, uso de palabras estudiadas.

**CATAGMATIQUE**, adj. *catagmatic*. Med. Catagmático, que sirve para favorecer la consolidacion de las fracturas.

**CATAGRAMME**, m. *catagrám*. Zool. Catágramo, género de insectos.

**CATAGRAPHE**, m. *catagráf*. Pint. Catágrafo, voz que antiguamente usaban para expresar el perfil de un dibujo.

**CATAIRE**, f. *catér*. Nevada, yerba gatera.

**CATALASIS**, m. *catalasis*. Zool. Catalasis, nombre de un grupo de coleópteros pentámeros lamelicórneos.

**CATALAN**, **E**, adj. y s. *catalán*, *án*. Catalan, de Cataluña.

**CATALECTES**, m. pl. *catalect*. Catalectos, fragmentos de los autores antiguos.

**CATALECTIQUE**, adj. *catalectic*. Cataléctico: dícese del verso falto de una sílaba.

**CATALEPSIE**, f. *catalepsí*. Catalépsis, especie de apoplejía.

**CATALEPTIQUE**, adj. *cataleptic*. Med. Cataléptico, que está atacado de catalépsis.

**CATALOGOGRAPHE** ó **CATALOGRAPHE**, m. y f. *catalogograf*, *catalográf*. Catalógrafo, el que extracta catálogos.

**CATALOGUE**, m. *catalógue*. Catálogo, lista de nombres de libros, hombres ú otras cosas en cierto órden.

**CATALOGUER**, a. *catalogue*. Poner el título de un libro ó un artículo en un catálogo.

**CATALOGUEUR**, m. *catalogueur*. El que hace ó extracta catálogos.

**CATALOTIQUE**, adj. *catalotic*. Med. Catalótico, calificacion de un medicamento para hacer lociones.

**CATALPA**, m. *catálpa*. Bot. Catalpa, género de plantas bignoniáceas.

**CATALYSE**, f. *catalís*. Quim. Catálisis, facultad que tienen algunos cuerpos de despertar con su presencia la accion de ciertas afinidades.

**CATALYSER**, a. *catalise*. Quim. Descomponer ó modificar un cuerpo por catálisis.

**CATALYTIQUE**, adj. *catalitic*. Quim. Catalítico, que tiene los caractéres de la catálisis.

**CATAMÉNIAL**, **E**, adj. *catamenial*. Med. Catamenial, que tiene relacion con el flujo periódico de las mujeres.

**CATAMITE**, m. *catamit*. Jóven libertino, afeminado.

**CATANANCÉ**, **ÉE**, adj. *catanansé*. Bot. Catanánceo, que se parece á la catananca.

**CATANANCHE**, f. *catanánche*. Bot. Catananca, género de plantas chicoriáceas.

**CATAPASME**, m. *catapásm*. Farm. Catapasmo, mezcla de polvos olorosos, que empleaban los antiguos para pulverizar las úlceras.

**CATAPELTE**, f. *catapélt*. Catapelta instrumento de suplicio que usaban los paganos para atormentar á los cristianos.

**CATAPELTIQUE**, f. *catapeltic*. Mil. Catapéltica, manejo de la catapulta. || adj. Catapéltico, que tiene relacion con el manejo de la catapulta.

**CATAPHAGE**, m. *catafáge*. Zool. Catáfago, género de insectos.

**CATAPHONIQUE**, f. V. CATACOUSTIQUE.

**CATAPHORE**, m. *catafór*. Med. Catáfora, estado semejante al sueño con privacion del sentido y de la voz.

**CATAPHRACTE**, m. *catafráct*. Zool. Catafracta, género de pescados. || Cir. Catafracta, especie de vendaje. || Mil. Catafracta, nombre de una armadura de hierro.

**CATAPHRACTAIRE**, m. *catafrartér*. Mil. Catafractario, soldado armado de catafracta

**CATAPHRACTÉES**, m. pl. *catafracté*. Zool. Catafractos, pescados de los siluroides

**CATAPHRONÉTIS**, m. *catafronétis*. Zool. Catafronetis, género de insectos.

**CATAPIÉSIS**, m. *catapiésis*. Zool. Catapiesis, género de insectos.

**CATAPIESTE**, m. *catapiést*. Zool. Catapiesto, género de insectos.

**CATAPIONE**, m. *catapión*. Zool. Catapiono, género de insectos.

**CATAPLASME**, m. *cataplásm*. Med. Cataplasma, cierto emplasto.

**CATAPLEXIE**, f. *catapleesí*. Med. Cataplexia, especie de estupor caracterizado por la admiracion que manifiestan los ojos.

**CATAPPA**, m. *catáppa*. Bot. Catapa, nombre de una especie de planta terminalia.

**CATAPSYXIE**, f. *catapsicsí*. Med. Catapsijia, frescura ó enfriamiento considerable sin temblor ni horripilacion.

**CATAPULTE**, f. *catapúlt*. Mil. Catapulta, máquina de guerra que usaban los antiguos para disparar piedras, y equivalente á nuestra artillería.

**CATAPULTAIRE**, adj. *catapultér*. Mil. Catapultario, epíteto que se daba á los soldados que manejaban la catapulta.

**CATAPYGE**, m. *catapíge*. Zool. Catapigo, género de insectos coleópteros.

**CATAPIGNES**, m. *catapiñ*. Zool. Catapignos, género de insectos coleópteros.

**CATARACTAIRE**, adj. y s. *cataractér*. Nombre que daban los antiguos al guarda de las puertas de una ciudad ó prision.

**CATARACTE**, f. *cataráct*. Catarata, cascada ó salto que forman las aguas de un rio, cuando caen de muy alto. || Catarata, aguacero extraordinario. || Med. Catarata, humor que forma un velo en los ojos é intercepta la vista. || Zool. Catarata, ave marina. || met. y fam. *Lâcher les cataractes*, reventar, estallar de cólera, de indignacion.

**CATARACTER (SE)**, r. *cataracté*. Med. Formarse en los ojos cataratas.

**CATARRHAL**, **E**, adj. *catarrál*. Med. Catarral, que pertenece al catarro ó tiene relacion con él.

**CATARRHE**, m. *catárr*. Med. Catarro, toda inflamacion crónica de las membranas mucosas.

**CATARRHECTIQUE**, adj. *catarrectic*. Catarréctico, penetrante, disolvente.

**CATARRHEUX**, **EUSE**, adj. *catarreu*, *eus*. Med. Catarroso, el que está sujeto á catarros.

**CATARRHINIEN**, m. *catarrinién*. Zool. Catarriniano, nombre de una familia de moluscos del antiguo mundo.

**CATASARQUE**, m. *catasárc*. Catasarco, género de insectos coleópteros.

**CATASCOPE**, m. *catascóp*. Zool. Catáscope, género de insectos.

**CATASÈTE**, m. *catasét*. Bot. Catasato, género de plantas orquídeas.

**CATASTALTIQUE**, adj. *catastaltic*. Med. Catastáltico, sinónimo de astringente, estíptico.

**CATASTASE**, f. *catastás*. Catástasis, tercera parte de una tragedia en que el interes era mas vivo y mas sostenido. || Med. Catástasis, constitucion de una cosa en general.

**CATASTE**, f. *catást*. Catasta, especie de tablado en el que se colocaba á los esclavos para venderlos.

**CATASTROPHE**, f. *catastróf*. Catástrofe, el último lance que remata una tragedia. || met. El fin funesto y desgraciado de una cosa. || Suceso importante, las mas veces funesto.

**CATAU**, f. *cató*. Moza de posada. || Muchacha indecente y de vida licenciosa.

**CATÉCHÈSE**, f. *catequés*. Catequesis, instruccion que se daba á los que querian abrazar el cristianismo y bautizarse. V. CATÉCHISME.

**CATÉCHÈTE**, m. *catechét*. Hist. ecl. Catequista, eclesiástico encargado de enseñar á los catecúmenos los primeros elementos de la religion.

**CATÉCHÉTIQUE**, f. *catechetic*. Ciencia de instruir por preguntas y respuestas, es decir, por medio de diálogos.

**CATÉCHISER**, a. *catechisé*. Catequizar, instruir en la doctrina y misterios de la fe. || met. Catequizar, persuadir, preocupar á alguno sobre lo que ha de hacer.

**CATÉCHISME**, m. *catechísm*. Catecismo, libro que contiene la instruccion que se da á los niños para iniciarlos en los preceptos de la religion. || Catecismo, todo libro escrito por preguntas y respuestas.

**CATÉCHISTE**, m. *catechíst*. Catequista, el que instruye en la doctrina cristiana á los adultos.

**CATÉCHISTIQUE**, adj. *catechistic*. Que está en forma de catecismo.

**CATÉCHONTES**, m. pl. *catecónt*. Acúst. Catécontos, sitios que por su disposicion ahogan la voz, haciéndola parecer sorda.

**CATÉCHU**, m. *catechú*. Bot. Catecú, especie de plantas leguminosas. V. CACHOU.

**CATÉCHUMÉNAT**, m. *catecumená*. Catecumenado, estado del catecúmeno durante el tiempo en que se prepara para recibir el bautismo.

**CATÉCHUMÈNE**, m. *catecumén*. Catecúmeno, el que se está instruyendo en la doctrina á fin de recibir el bautismo.

**CATÉCHUMÉNIE**, f. *catecumení*. Galería de iglesia á que asistian las mujeres antiguamente. || Sitio en que se instruian los catecúmenos.

**CATÉGORÉMATIQUE**, adj. *categorematic*. Fil. Categoremático, calificacion que se da á las cosas que son actualmente tales como lo indica su nombre.

**CATÉGORÈME**, m. *categorém*. Fil. Categorema, aspecto bajo el cual puede considerarse un término para colocarlo en la categoría que le corresponde.

**CATÉGORIE**, f. *categorí*. Log. Categoría, clase, órden en que debe ser colocada una cosa respectivamente á sus propiedades. Aplícase á cosas de una misma naturaleza y á personas; en castellano solo á estas para denotar su distincion ó graduacion.

**CATÉGORIQUE**, adj. *categoric*. Categórico, lo que se refiere á las categorías. || Categórico, lo que está completamente determinado, que no admite duda.

**CATÉGORIQUEMENT**, adv. *categoricmán*. Categóricamente, con claridad.

**CATÉGORISER**, a. *categorisé*. Colocar por clases.

**CATÉGORISEUR**, s. y adj. *categoriseur*. Fil. Clasificador, el que establece clases ó categorías.

**CATÉGORISTE**, adj. y s. *categoríst*. Fil. Categorista, clasificante, el que hace un sistema de clases.

**CATELLE**, f. *catél*. Cadenilla que daban los Romanos como recompensa militar.

**CATÉNAIRE**, m. *catenér*. Cadenario, género de pólipos briozoarios.

**CATENELLE**, f. *catenél*. Bot. Cadenilla, género de la familia de las florídeas.

**CATÉNIÈRE**, f. *catenièr*. Pesc. Cadena con ganchos que arrojan los pescadores al mar para encontrar sus redes.

**CATÉNIFÈRE**, adj. *catenifér*. Cadenífero, lo que lleva una cadena.

**CATÉNIFORME**, adj. *cateniform*. Cadeniforme, lo que tiene figura de cadena.

**CATÉNIPORE**, m. *catenipór*. Zool. Catenipora, género de madréporas.

**CATÉNULAIRE**, adj. *catenulér*. Cadenular, que se parece á una cadenilla.

**CATÉNULE**, f. *catenúl*. Cadenilla.

**CATÉNULÉ, ÉE**, adj. *catenulé*. Acadenillado, que tiene forma de una cadenita.

**CATÉPHIE**, f. *catefí*. Zool. Catefia, género de lepidópteros nocturnos.

**CATÉRÈTE ó CATHÉRÈTE**, m. *caterét*. Zool. Catereto, género de coleópteros.

**CATEROLES**, f. pl. *catról*. Conejeras, gazaperas, madrigueras de conejos.

**CATERVE**, f. *catérv*. Caterva, multitud de personas. || Falange de bárbaros entre los Romanos.

**CATESBÉE**, f. *catesbé*. Bot. Catesbea, género de plantas rubiáceas.

**CATESCHÈNE**, m. *catechén*. Zool. Catecheno, género de coleópteros.

**CATHA**, m. *cáta*. Bot. Cata, género de la familia de las celastráceas.

**CATHAMISTE ó CATAMISTE**, m. *catamíst*. Zool. Catamisto, género de coleópteros.

**CATHARE**, adj. y s. *catár*. Fil. Tipo, nocion pura, en las doctrinas platónicas.

**CATHARISTE**, adj. y s. *catarist*. Hist. rel. Catarista, maniqueos que se entregaban sin escrúpulo á excesos vergonzosos.

**CATHARSIE**, f. *catarsí*. Med. Catarsis, purgacion, evacuacion natural ó artificial por una via cualquiera.

**CATHARSIER**, m. *catarsié*. Zool. Catárseo, género de coleópteros.

**CATHARTE**, m. *catárt*. Zool. Catarto, ave de rapiña de la familia de los buitres.

**CATHARTINE**, f. *catartín*. Quím. Catartina, sustancia incristalizable.

**CATHARTINÉ, ÉE**, adj. *catartiné*. Zool. Catartíneo, que se parece á un catarto. || *Cathartinées*, f. pl. Zool. Catartíneas, subfamilia del órden de las aves de rapiña.

**CATHARTIQUE**, adj. *catartic*. Med. Catártico, purgativo.

**CATHÉDRAL, E**, adj. *catedrál*. Catedral, principal, magistral. || *Cathédrale*, f. Catedral, iglesia episcopal.

**CATHÉDRANT**, m. *catedrán*. Catedrático. || Presidente de conclusiones, á otro acto académico.

**CATHÉDRATIQUE**, adj. *catedratic*. Catedrático: se decia de un derecho debido á los obispos en consideracion á la cátedra episcopal.

**CATHÉDRER**, n. ant. *catedré*. Presidir conclusiones ó tésis, ó algun otro acto.

**CATHÉMÉRIN, E**, adj. *catemerín*. Med. Diario, que se repite todos los dias.

**CATHÉRÈSE**, f. *caterés*. Med. Catéresis, extenuacion independiente de toda evacuacion artificial.

**CATHÉRÉTIQUE**, adj. *cateretic*. Med. Caterético, cáustico empleado en corta cantidad para extirpar carnes superabundantes.

**CATHERINETTE**, f. *catrinét*. Nombre que se daba en los colegios de Paris á las conclusiones que defendian los estudiantes el dia de Santa Catalina.

**CATHESTÈQUE**, m. *catesték*. Bot. Catésteca, género de plantas gramíneas.

**CATHÈTE**, adj. y s. f. *catét*. Geom. Cateto, cualquiera de los lados del triángulo rectángulo que forman el ángulo recto. || Arq. Cateto, perpendicular que pasa por el eje de la voluta del capitel jónico.

**CATHÉTER**, m. *catetér*. Cir. Catéter, tienta para sondar la vejiga.

**CATHÉTÉRISER**, a. *cateterisé*. Cir. Cateterizar, introducir una sonda en la vejiga.

**CATHÉTÉRISME**, m. *cateterism*. Cateterismo, introduccion de un catéter, de una sonda ó de una algalia en la vejiga.

**CATHIDIE**, f. [illegible] neral [illegible] la plata.

**CATHOLICISME**, [illegible] cismo, dogma, [illegible] religion católica. [illegible] universal de [illegible] ligion católica. || [illegible] paises donde se [illegible]

**CATHOLICITÉ**, f. [illegible] la Iglesia católica, la [illegible] fieles católicos.

**CATHOLICON**, f. [illegible] catalicon, especie de [illegible]

**CATHOLIQUE**, adj. [illegible] co, universal; [illegible] Iglesia latina ó religion [illegible] verdadero, cierto, [illegible] met. *Catholique* [illegible] mango ancho. || fam. [illegible] *lique*, no estar muy [illegible]

**CATHOLIQUEMENT**, [illegible] Católicamente, [illegible] catolicismo.

**CATHOLISATION**, f. [illegible] tolizacion, accion de [illegible] al catolicismo.

**CATHOLISER**, n. [illegible] hacerse el católico. || a. [illegible] á la fe católica.

**CATI**, m. *catí*. Art. [illegible] dura y prensado que [illegible] lustrarlos.

**CATICHES**, f. pl. [illegible] nutria é las orillas de [illegible]

**CATILAS**, f. *catilá*. [illegible] de insectos dípteros [illegible]

**CATILINAIRE**, f. [illegible] título de cuatro discursos [illegible] ron contra Catilina.

**CATIMARON**, m. [illegible] formada de maderos [illegible]

**CATIMARUS**, m. [illegible] árbol que crece en Java.

**CATIMINI (EN)**, adv. [illegible] hurtadillas, á escondidas.

**CATIN**, f. *catén*. [illegible] tumbres, como si [illegible] una maruja. || Vasija de [illegible] echa el metal derretido.

**CATIR**, a. *catír*. [illegible] lustrarlos. || Cuadrar [illegible] sarias.

**CATISSAGE**, m. [illegible] prensar y dar lustre á los [illegible]

**CATISSEUR**, m. [illegible] oficial que prensa los [illegible] lustre.

**CATISSOIR**, m. [illegible] que sirve para introducir el [illegible] duras pequeñas.

**CATMARIN**, m. *catmarín*. [illegible] rino, nombre vulgar y [illegible] bo setentrional, ave.

**CATOBLÉPAS**, m. [illegible] pas, animal fabuloso de [illegible] decia que daba la muerte á [illegible] traba con sus miradas.

**CATOCALE**, f. *catocál*. [illegible] género de insectos.

**CATOCALIDES**, m. pl. [illegible] Catocálidos, tribu de [illegible]

**CATOCHE**, m. *catóche*. [illegible] nero de insectos dípteros [illegible]

**CATOCHITES**, f. [illegible] quites, piedra de la isla de [illegible]

**CATOCHRYSOPE**, m. [illegible] Catocrisopo, género de [illegible]

**CATODON**, m. *catodón*. [illegible] na que solo tiene dientes [illegible] rior.

**CATODONTE**, adj. [illegible] donte, que tiene los dientes [illegible]

**CATOGAN**, m. *catogán*. [illegible] lle cogido con el peine.

**CATOLÈTHRE**, m. [illegible] letro, género de insectos [illegible]

**CATOMÉTOPES**, m. [illegible] Zool. Catometopos, familia [illegible]

**CATONISME**, m. [illegible] mismo.

...[illegible] Faire le Ca-
... Bot. Cateson, es-
... patégénico, én. Ca-
... el que es e-
... partidario de Caton.
..., catofráct. Zool.
...
... Catopo, género
...
... Zool. Catoptos,
... pentámeros.
... Catóptrica,
... de la luz re-
... á la catóp-
..., adv. catoptríc-
..., por medio de la
...
..., f. catoptromansí.
... por medio de
..., ENE, adj. catop-
..., que prac-
..., m. catoptrofór.
...
... Zool. Catópiga,
...
... Nombre de
... se hace en Chi-
... Bot. Catos-
...
... Zool. Catós-
... de la América.
..., catotería. Farm.
... Zool. Catotol,
... del Brasil
... Zool. Ca-
... catópteros.
... Zool. Catraca,
... de las riberas de
...
... Bot. Cata-
... en Amboina á un
... la India, y que se
... su hermosura y
... Bot. Catleya, gé-
...
... Zool. Catolo-
...
..., catalogic. Catoló-
... la catología.
... de peso que
...
... Bot. Ca-
..., especie de
... Mar. Buque de
...
..., caturritáceo. Bot.
... originaria
...
... Bot. Catu-
..., especie de sida.
... Caturzo, arbusto
... Bot. Caucalon,
...
... Bot. Caucálida,
... Es lo mismo
...
..., caucaling. Bot.
... umbelíferas,
...
..., m. cocalis,
... comun en los
... Bot. Caucazato,
...
..., caucasién, én.
... Cáucaso.
... Pandilla,
... en general,
... de sucedos
..., desazon
... Ant. Libro de oro,
... en que los
...
... Cauchés. de

Caux en Normandía. || *Pigeons cauchois*, especie de palomos muy gruesos.

CAUDALISONE, m. *codalisón*. Zool. Caudalisono, género de reptiles.

CAUDATAIRE, m. *codatér*. Caudatario, el que lleva alzada la falda ó cola de la sotana de algun cardenal.

CAUDATION, f. *codasión*. Med. Caudacion, vicio de conformacion que consiste en la prolongacion extraordinaria del clítoris.

CAUDEBEC, m. *codbéc*. Especie de antiguo sombrero de lana.

CAUDEC, m. *codéc*. Zool. Especie de papamoscas, ave.

CAUDÉ, ÉE, adj. *codé*. Astr. Caudato, que tiene cola, hablando de astros.

CAUDICIFORME, adj. *codisifórm*. Bot. Caudiciforme, que no tiene ramas, sino el tallo solo.

CAUDIFÈRE, adj. *codifér*. Bot. Caudífero, que lleva tallo.

CAUDIMANE, m. *codimán*. Zool. Caudímano, mono que hace uso de su cola como de una mano.

CAUDINES (FOURCHES), adj. f. pl. *furchecodín*. Hist. Horcas caudinas, desfiladero de Italia donde fueron derrotados los Romanos por los Samnitas. || met. Tratado vergonzoso, concesiones humillantes arrancadas por la fuerza ó la necesidad.

CAUDRETTE, f. *codrét*. Pesc. Buitron de pescar colgado como una balanza, y que se levanta con horquilla. Tambien se llama *caudelette* y *caudelle*.

CAULESCENT, E, adj. *colesán*. Bot. Caulescente, provisto de tallo.

CAULICINAL, E, adj. *colisinál*. Bot. Caulicinal, que crece en el tallo y en las ramas.

CAULICOLE, adj. *colicól*. Bot. Caulícola, que vive en el tallo de otras plantas. || f. Arq. Caulícola, parte del capitel corintio en forma de tallo, de donde parten las volutas y hélices.

CAULIFORME, adj. *colifórm*. Bot. Cauliforme, que tiene la forma de un tallo.

CAULINAIRE, adj. *colinér*. Bot. Caulinario, calificacion de todo órgano apendicular que nace sobre el tallo ó que depende de él.

CAULINICOLE, adj. *colinicól*. Bot. Caulinícola, que crece en los troncos.

CAULINIE, f. *colini*. Bot. Caulinia, género de plantas nayadáceas.

CAULIRHIZE, adj. *colirís*. Bot. Caulirizo, planta cuyo tallo echa raices.

CAULOBIE, m. *colobí*. Zool. Caulobio, género de insectos lepidópteros nocturnos.

CAULOCARPE, m. *colocarp*. Bot. Caulocarpo, tallo de las plantas vivaces que dura mucho y produce fruto muchas veces.

CAULOGASTRE, m. *cologastr*. Bot. Caulogastro, género de hongos.

CAULOGLOSSE, m. *cologlós*. Bot. Caulogloso, género de hongos.

CAULOPHYLLE, f. *colofíl*. Bot. Caulofila, género de plantas herbáceas.

CAULOTRÈTE, m. *colotrét*. Bot. Caulotreto, género de plantas papilionáceas.

CAUMOUN, m. *común*. Bot. Comun, palmera de Cayena que produce excelente aceite de cocina.

CAUQUE, m. *cóc*. Zool. Cauco, pescado de los rios de Chile.

CAURALE, m. *corál*. Zool. Cáuralo, ave de la familia de las zancudas.

CAURIS, m. *córis*. Conchita que sirve de moneda en África.

CAURUDE, m. *corúd*. Cairudo, pájaro de la Guyana, especie de rascon.

CAUSAGE, m. *coságe* Conversacion, charlataneria.

CAUSAL, E, adj. *cosál*. Gram. Causal: se dice de ciertas partículas que sirven para manifestar la razon ó causa porque se hace ó dice alguna cosa.

CAUSALITÉ, f. *cosalité*. Causalidad ó modo de operar peculiar á una causa.

CAUSANT, E, adj. *cosán*. Hablador, charlador.

CAUSATIF, IVE, adj. *cosatíf*, *ív*. Gram. Causativo, que manifiesta la causa.

CAUSE, f. *cós*. Causa, principio que produce ó concurre á producir un efecto. || Motivo, razon, objeto para obrar. || Pleito y litigio. || Proceso criminal. || Partido, su política. || Esta palabra tiene otras varias acciones, y son las mismas que en castellano. || *Cause finale*, el objeto ó fin que nos proponemos al hacer alguna cosa; y mas comunmente, el fin para el cual cada cosa ha sido hecha ó creada. || Der. can. *Causes majeures*, causas reservadas por su gravedad á la Santa Sede. || *Prendre fait et cause pour quelqu'un*, sacar la cara por alguno, defenderle.

CAUSER, a. *cosé*. Causar, ocasionar, ser causa de. || n. Conversar, hablar, discurrir, tratar, platicar sobre alguna cosa con alguno. || Hablar familiarmente, y, como suele decirse, mano á mano. || Charlar, parlar, chismear, murmurar, esto es, contar en secreto lo que se ve ó se oye.

CAUSERIE, f. fam. *cosrí*. Parlería, parlatorio. || Parla, charla. || Faramalla.

CAUSEUR, EUSE, m. y f. *coseur*, *eus*. Charlatan, hablador. || *Causeur indiscret*, faramallero.

CAUSEUSE, f. *coseus*. Confidente, especie de sofá pequeño en el cual pueden sentarse y hablar juntas dos personas.

CAUSIDIQUE, m. *cosidic*. Palabrero, parlero: se ha usado á veces en el estilo burlesco, hablando de un abogado.

CAUSIMOMANCIEN, NE, adj. y s. *cosimomansién*, *én*. Causimomántico, el que practica la causimomancia.

CAUSIMOMANTIE, f. *cosimomansí*. Causimomancia, adivinacion por medio del fuego.

CAUSSERGUE, f. *cosérgue*. Agr. Árida, nombre que se da á una tierra calcárea, ligera, seca y mezclada de piedras.

CAUSSINÉ, ÉE, adj. *cosiné*. Alabeado, combado, hablando de madera.

CAUSTICITÉ, f. *costisité*. Causticidad, la propiedad de quemar ó corroer. || met. Malignidad, mordacidad en el decir, inclinacion á decir ó escribir cosas satíricas.

CAUSTIQUE, adj. *costíc*. Cáustico, que tiene virtud de quemar, y es corrosivo. || met. Mordaz, picante, satírico en sus dichos ó escritos. || *Caustique perpétuel de Lémery*, piedra infernal. || f. Geom. Cáustica, curva formada por la interseccion de rayos luminosos que, partiendo de un punto radiante, son reflejados ó refractados por otra curva.

CAUSTIQUEMENT, adv. *costicmán*. Cáusticamente, de un modo cáustico.

CAUSTIQUER, a. *costiqué*. Causticar, volver una cosa cáustica.

CAUSTIS, m. *cóstis*. Bot. Caustis, género de plantas ciperáceas.

CAUSUS ó COSUS, m. *cósus*. Causon, calentura muy ardiente.

CAUTÈLE, f. *cotél*. Cautela, astucia, sutileza. Es anticuado en este sentido. || En derecho can. significa precaucion, y casi solo se usa en esta frase: *absolution à cautèle*.

CAUTELEUSEMENT, adv. *coteleusmán*. Cautelosamente, con cautela, con reserva.

CAUTELEUX, EUSE, adj. *coteleu*, *eus*. Cauteloso, reservado, disimulado.

CAUTÈRE, m. *cotér*. Cir. Cauterio, llaguita artificial llamada fuente. || El cáustico mismo que la produce. || Cauterio, instrumento para cauterizar.

CAUTÉRISATION, f. *coterisasión*. Cauterizacion, la accion de cauterizar.

CAUTÉRISÉ, adj. *coterisé*. Cauterizado. || met. *Conscience cautérisée*, conciencia empedernida.

CAUTÉRISER, a. *coterisé*. Cauterizar, dar cauterios.

CAUTIBAN, adj. m. *cotibán*. Com. Se dice de una madera que solo tiene desperdicios por un lado.

CAUTION, f. *cosión*. Caucion, seguridad que se da ó se toma. || Fiador, obligado, el que se obliga por otro. || met. *Etre caution d'une chose*, responder de algo. || *Etre sujet à caution*, no inspirar confianza.

CAUTIONNEMENT, m. *cosionmán*. Fianza, obligacion que se toma de responder de ó por una persona. || La cantidad ó el valor dados por el fiador. || Suma que ciertos empleados tienen que depositar.

CAUTIONNER, a. *cosioné*. Afianzar, responder alguno por otro. || *Se cautionner*, r. Afianzarse mutuamente uno á otro.

CAUVETTE, f. *covét*. Zool. Chova, especie de grajo.

**CAUX**, m. *cá*. Pasto compuesto de coles, nabos y manzanas para vacas y cerdos.

**CAVAGE**, m. *cavága*. Com. Alquiler de un sótano para almacenar mercancías; gastos de esta operacion.

**CAVALAGE**, m. *cavalága*. Cópula de las tortugas para la generacion.

**CAVALAM**, m. *cavalán*. Bot. Cavalan, especie de árbol de la costa del Malabar.

**CAVALCADE**, f. *cavalcád*. Cabalgada, marcha pomposa de muchas personas á caballo. || Cabalgata, paseo recreativo, igualmente de muchas personas montadas.

**CAVALCADOUR**, m. *cavalcadúr*. Caballerizo, escudero que tiene á su cargo el cuidado de los caballos y arneses de las caballerizas reales.

**CAVALE**, f. *cavál*. Yegua, la hembra del caballo. Es lo mismo que *jument*. || *Jeune cavale*, potranca.

**CAVALERIE**, f. *cavalrí*. Caballería, cuerpo del ejército que sirve á caballo. Para las órdenes de la antigua caballería ó clase de caballeros se dice *chevalerie*.

**CAVALET**, m. *cavalé*. Cubierta de la lúnula en los hornos de vidrio, que hace que el fuego baje y caliente el ojo del horno.

**CAVALIER**, m. *cavalié*. Jinete, hombre ó soldado á caballo. || Caballero, noble que seguia antiguamente la profesion de las armas. || Caballero, voz usada en el trato social en contraposicion de señora, y así se dice: *six dames et point de cavalier*, seis señoras y ningun caballero. En este sentido significa tambien galan, cortejo, servidor de damas. || Caballo, pieza del juego de ajedrez. || For. Caballero, obra alta de fortificacion para colocar artillería.

**CAVALIER, ÈRE**, adj. *cavalié, ér*. Suelto, marcial, desembarazado en el porte y en los modales. || Libre, desenvuelto, descomedido. || Galan, cortés.

**CAVALIÈREMENT**, adv. *cavaliermán*. Gallardamente, bizarramente; y mas propio, libremente, descortesmente, de un modo altanero.

**CAVALQUET**, m. *cavalqué*. Nombre que se daba á un antiguo toque de caballería.

**CAVALUCO**, m. *cavalúco*. Zool. Cabaluco, pez que se halla en la costa de Niza.

**CAVANDELY**, m. *cavandilí*. Bot. Cavandeli, especie de pepino del Malabar.

**CAVANILLE**, f. *cavanill*. Bot. Cavanilla, arbusto trepador del cabo de Buena Esperanza.

**CAVANILÉSIE**, f. *cavanilesí*. Bot. Cavanilesia, género de plantas de la familia de las esterculiáceas.

**CAVATINE**, f. *cavatín*. Cavatina, aria de corta duracion sin retornelo.

**CAVE**, f. *cáv*. Bodega, cueva, sótano para guardar provisiones, pero principalmente vino. || Frasquera, caja para frascos de licores ó aguas de olor. || met. *Aller de la cave au grenier*, decir despropósitos inconexos. || adj. Hueco, cóncavo. || Anat. *Veine cave*, vena cava, una de las dos que llevan al corazon la sangre de todas las partes del cuerpo. || Astr. *Lune cave*, mes lunar de 29 dias. || *Année cave*, año lunar de 365 dias.

**CAVEAU**, m. *cavó*. Cueva ó bodega pequeña. || Bóveda para enterrar los muertos en las iglesias. || Mar. Pañol, aposento cerrado para guardar las provisiones ó rancho del comandante.

**CAVECÉ, ÉE**, adj. *cavsé*. Solo se aplica al caballo. *Cheval cavecé de noir*, caballo ruano ó rodado con la cabeza negra.

**CAVEÇON ó CAVESSON**, m. *cavsón*, *vesón*. Art. Serreta, cabezon de picadero. met. Freno.

**CAVÉE**, f. *cavé*. Camino hondo y rodeado selvas, en un monte.

**CAVELÉE**, f. *cavlé*. Art. Medida para la casca ó corteza de árbol que usan los curtidores.

**CAVER**, a. *cavé*. Cavar, ahondar, profundizar, hacer hoyos. || Hacer resto ó fondo en juegos de envite. || met. y fam. *Caver au plus fort*, llevar las cosas á punta de lanza ó con todo empeño.

**CAVERNAIRE**, adj. *cavernér*. Que nace en caverna, hablando de plantas.

**CAVERNE**, f. *cavérn*. Caverna, concavidad espaciosa debajo de peñas ó bajo de tierra. || met. Caverna, reunion de malhechores.

**CAVERNEUX, EUSE**, adj. *cavernéu, eus*. Cavernoso, lleno de cavernas. || Cavernoso, ahondado, profundo, subterráneo. || Anat. Cavernoso, que tiene pequeñas cavidades ó cavernitas. || met. *Voix caverneuse*, voz profundamente ronca, voz sorda y áspera.

**CAVERNOSITÉ**, f. *cavernosité*. Cavernosidad, vacío de un cuerpo cavernoso.

**CAVET**, m. *cavé*. Arq. Moldura redonda formando como un huevo cóncavo.

**CAVIAR**, m. *caviár*. Cavial, manjar hecho con huevos de esturion salados.

**CAVICOLE**, adj. *cavicól*. Cavícola, que vive ó habita en las cavidades.

**CAVICORNE**, m. *cavicórn*. Zool. Cavicornio, familia de mamíferos rumiantes.

**CAVIÉ, ÉE**, adj. *cavié*. Zool. Capívaro, que se parece al capivar.

**CAVILLATION**, f. *cavilasion*. Cavilacion, sofisma, argucia, razonamiento capcioso, sofistería.

**CAVILLEUX, EUSE**, adj. ant. *cavileu*, *eus*. Caviloso, artificioso, astuto, sutil.

**CAVIN**, m. *caván*. Fort. Camino cubierto ó ramal que favorece los aproches de una plaza.

**CAVINIE**, f. **CAVINION**, m. *caviní*, *cavinión*. Bot. Cavinia ó cavinion, arbusto del Madagascar.

**CAVIROSTRE**, adj. *caviróstr*. Zool. Cavirostro, que tiene el pico hundido.

**CAVISTE**, m. *cavist*. Bodegonero, administrador de la bodega, nombre que se daba en algunas comunidades religiosas al encargado de la bodega.

**CAVITAIRE**, m. *cavitér*. Zool. Cavitario, nombre dado por Cuvier al primer órden de gusanos intestinales.

**CAVITÉ**, f. *cavité*. Cavidad, hueco, hondura, hoyo, vacío en un cuerpo sólido.

**CAVOIR**, m. *cavuár*. Brujidor, instrumento de vidriero.

**CAVOLINE**, f. *cavolín*. Zool. Cavolina, género de moluscos.

**CAWERIRKY**, m. *caverirquí*. Zool. Caveririco, nombre de un ánade de Surinam.

**CAYAMBUC**, m. *cayanbúc*. Mar. Buque de poco valor y mala figura.

**CAYASSE**, f. *cayás*. Cayasa, barca egipcia de remo y vela.

**CAYENNE**, f. *cayén*. Mar. Cuartel de marinería que hay en los arsenales. || Cocina provisional que se establece en tierra.

**CAYES**, f. pl. *cáye*. Mar. Cayos, islas bajas y pequeñas de las costas de América.

**CAYEU**, m. *cayeu*. Bot. Cebolleta de varias plantas. || Esquejes, ó hijuelos de las plantas.

**CAYLUSÉE**, f. *cailusé*. Bot. Cailusea, género de plantas resedáceas.

**CAYMIRI**, m. *caimirí*. Zool. Caimiri, especie de mono pequeño de America.

**CAYMITTE**, f. *caimít*. Bot. Caimita, fruto de América de la misma forma y magnitud que una manzana esperiega.

**CAYOPOLLIN**, m. *cayopolén*. Cayopolin, cuadrúpedo pedímano de América, especie de didelfo.

**CAZAN**, m. *casán*. Judío que dirige los rezos en las sinagogas.

**CAZELLE**, f. *casél*. Carrete, especie de canilla en que se devana el hilillo de oro ó plata.

**CAZETTE**, f. *casét*. Alf. Caja, especie de molde en que se colocan las piezas de alfarería ántes de meterlas en el horno.

**CAZIER**, m. *casié*. Especie de nasa para pescar.

**CAZIMI**, m. *casími*. Astr. Casimi, disco aparente del sol.

**CE, CET**, adj. demostrativo, m. **CETTE**, f. *cet* (en *ce* la *e* es muda). Este, ese, aquel; esta, esa, aquella. || Para que *ce* sea adjetivo, debe venir acompañado de un sustantivo: como *ce livre*, este, ese ó aquel libro. = *Ce* se usa ántes de nombre que empieza por consonante, como en el ejemplo anterior, y *cet* cuando principia por vocal ó *h* muda: como en *cet enfant*, *cet homme*, este, ese ó aquel niño, este, ese ó aquel hombre. = Para mejor circunscribir el objeto determinado por cualquiera de los adjetivos *ce*, *cet*, *cette* á uno de los tres [illegible] castellano, mayormente cuando se [illegible] dos ó tres objetos que [illegible] se pospone *ci* al objeto [illegible] al mas lejano. *Ce pays-ci*, [illegible] país, ese ó aquel rio; ó ese país, [illegible] *Cette maison-ci et cette place-là*, [illegible] y esa ó aquella plaza; ó esa casa [illegible] plaza. || El plural de los tres [illegible] *ces*, *cette*, es *ces*, estos, esos, [illegible] estas, esas, aquellas; observándose [illegible] pecto á las partículas *ci* y *là* las [illegible] glas que en el singular.

**CE ó C'**, pronom. demostrativo. [illegible] aquello. *Ce dont il s'agissait*, [illegible] que se trataba. Es invariable [illegible] ó la persona de que se habla. [illegible] puesto y unido á las partículas [illegible] se habla de varios objetos que [illegible] equivocar, poniendo el primero [illegible] mas próximo, y el segundo el [illegible] *Ce* precediendo al verbo *être*, [illegible] formacion de muchas frases, que [illegible] deros galicismos, y suele [illegible] castellano: v. gr. *c'est un malheur*, [illegible] desgracia. *C'est bien*, bueno, muy [illegible] riente. A veces se traduce por [illegible] *c'est ce que je vous dis*, eso es lo [illegible] á Vd.; y delante de *que*, *qui*, [illegible] v. gr. *ce que je vous dis-là*, lo que [illegible] á Vd. *Ce qui était plus déplorable* [illegible] era mas sensible.

**CÉANOTHE**, m. *seanót*. Bot. [illegible] género de plantas ramnáceas.

**CÉANS**, adv. *seán*. Aquí, [illegible] casa: no se dice sino de la casa [illegible] que uno se halla cuando habla. [illegible]

**CÉAUSTE**, m. *seóst*. Bot. [illegible] nero de plantas exóticas.

**CEB ó CEP**, m. *séb*, *sép*. Cefo, [illegible] mono con el rostro azul [illegible]

**CEBAR**, m. *sebar*. Bot. Cebar, [illegible] dinario.

**CÉBATH**, m. *sebát*. Bot. Cebato, [illegible] de Arabia.

**CÉBIEN**, m. *sebién*. Cebido, [illegible] mamíferos cuadrúmanos.

**CÉBIEN, NE**, adj. *sebién*, *én*. [illegible] que tiene relacion con el cebo y [illegible] á él.

**CÉBI-GALLINA**, m. *sebigal-lína*. [illegible] Cebigalina, hígado de gallina [illegible]

**CÉBIPIRE**, m. *sebipír*. Bot. [illegible] árbol grande del Brasil.

**CÉBLÉPIRIS**, m. *seblepíris*. [illegible] blepiro, nombre griego de un [illegible] conocido.

**CÉBOCÉPHALE**, m. *sebosefál*. [illegible] bocéfalo, género de monstruos.

**CÉBOCÉPHALIE**, f. *sebosefalí*. [illegible] falia, conformacion viciosa del [illegible]

**CÉBRION**, m. *sebrión*. Mit. [illegible] nombre de un gigante. || Zool. Cebrion, [illegible] nero de insectos.

**CÉBRIONATES**, m. pl. *sebrionát*. [illegible] Cebrionatos, tribu de insectos.

**CÉBRIONITES**, m. pl. *sebrionít*. [illegible] nitos. V. CÉBRION en su primera [illegible] || Zool. Tribu de insectos.

**CÉBUGALE**, m. *sebugál*. Cebugalo, especie de mono del Madagascar.

**CÉCAL, E**, adj. *secál*. Anat. Cecal, [illegible] que pertenece al intestino ciego.

**CÉCALYPHE**, m. *secalíf*. Bot. [illegible] género de musgos.

**CÉCHÈNE**, m. *sechén*. Zool. [illegible] género de insectos coleópteros [illegible]

**CECI**, pron. demostrativo *sesí* (la *e* [illegible] muda). Esto: indica la cosa [illegible] dos cosas de que se habla. *Ceci est* [illegible] *cela est à vous*, esto es mio, eso [illegible] || *Retenez ceci*, acordaos de esto.

**CÉCIDODAPHNE**, f. *secidodáfn*. [illegible] Cecidodafna, género de plantas [illegible]

**CÉCIDOMYIE**, f. *secidomí*. Zool. [illegible] domia, género de insectos.

**CÉCIDOMYTES**, m. pl. *secidomít*. [illegible] Cecidomitos, sub-familia de [illegible]

**CÉCILE**, f. *sesíl*. Zool. Cecilia, especie de insectos con cuatro alas.

**CÉCILIADES**, m. pl. *sesiliád*. Ceciliados, familia de [illegible]

[illegible], f. [illegible]. Zool. Cecilia, serpiente pequeña de América, sin cola, de piel [illegible], y dientes [illegible]. || Cecilia, género de insectos. || Cecilia, género de peces.

[illegible], m. [illegible]. Bot. Bellota de encina.

[illegible], f. [illegible]. Ceguera, privacion ó [illegible] de la vista.

[illegible], m. y f. secográf. Cecógrafo, el que escribe la cecografía ó la enseña.

[illegible], f. secografí. Cecografía, método particular que tienen los ciegos para escribir, escritura de los ciegos.

[illegible], adj. secografíc. Cecográfico, que tiene relacion, que pertenece [illegible].

[illegible], m. [illegible]. Zool. Cératos, género de coleópteros curculiónidos.

[illegible], m. [illegible]. Zool. Cécropo, género de [illegible].

[illegible], m. pl. secróp. Mit. Cécropes, los que ayudaron á Júpiter á hacer la [illegible] contra los Titanes.

[illegible], m. pl. secropíd. Cecrópidas, los descendientes de los Cécropes, los [illegible].

[illegible], f. secropí. Bot. Cecropia, [illegible] de la familia de las urticeas.

[illegible], m. secróps. Zool. Cécrope, género de arácnidos. || Cécrope, mariposa.

[illegible], m. [illegible]. Anat. Ce[illegible], uno de los buches de los animales [illegible].

[illegible], m. [illegible]. Zool. Cécalo, género de [illegible] pentámeros esternoxos.

[illegible], adj. sedán. El que cede ó hace [illegible] á otro de lo que es suyo.

[illegible], a. sedé. Ceder, dar, transferir alguna cosa, accion ó derecho. || met. En sentido físico y moral, someterse, dejar de [illegible], no oponerse. || Hablando del viento, de la calentura, etc., mitigarse, disminuirse su fuerza. || Tiene otras significaciones, y son las mismas que en castellano.

[illegible], m. [illegible]. Zool. Cedio, género de [illegible] coleópteros melásomos.

[illegible], f. sedíl. Cedilla, pequeña [illegible] que se pone debajo de la c ántes de las vocales a, o, u, para indicar que debe pronunciarse como una s.

[illegible], m. [illegible]. Cedónulo, [illegible] de la América meridional.

[illegible], m. [illegible]. Bot. Cidra, especie de [illegible] de olor muy agradable. Otros [illegible] que es la toronja ó azamboa, fruto del [illegible].

[illegible], m. sedratié. Bot. Cedro, [illegible] que produce las cidras.

[illegible], m. [illegible]. Cedro, pino del Líbano, [illegible] siempre verde. || met. En sentido [illegible] y los cedros del Líbano, los grandes, los poderosos del siglo.

[illegible], m. [illegible]. Bot. Cedrelo, árbol [illegible] de la América meridional.

[illegible], m. [illegible]. Bot. Cedrela-[illegible], árbol [illegible], de una altura gigantesca [illegible] al cedro.

[illegible], f. [illegible]. Farm. Cedreleol, [illegible] preparado con la cedria ó fruto del [illegible].

[illegible], m. [illegible]. Farm. Ce[illegible], [illegible] de cedro, especie de resina [illegible] los antiguos.

[illegible] ó [illegible], f. [illegible], [illegible]. Ce[illegible], la goma ó resina que destila [illegible].

[illegible], m. [illegible]. Bot. Cedrido, fru[illegible].

[illegible], m. [illegible]. Farm. Cedrito, [illegible].

[illegible], m. [illegible]. Bot. Variedad del li[illegible].

[illegible], f. [illegible]. Cédula, vale ó billete [illegible]. [illegible] contre la cédula, [illegible] por su pro[illegible].

[illegible], f. [illegible]. [illegible], género de insectos [illegible] de la familia de los [illegible].

[illegible], m. [illegible]. [illegible], unidad de peso ó moneda [illegible] en la costa de Coromandel.

**CEIBA ó CEÏBA**, m. *séba*, *séiba*. Ceiba, árbol espinoso de África.

**CEIGNANTE**, f. *señánt*. Anat. Cingente, la duodécima vértebra de la espalda.

**CEINDRE**, a. *séndr*. Ceñir. || Cerrar, cercar, rodear una plaza, una poblacion. || met. Ceñir, coronar.

**CEINTE**, f. *sént*. Mar. Fasquía, la cinta del navío.

**CEINTRAGE**, m. *sentrága*. Mar. Cintas, todas las cuerdas que ciñen ó circundan una nave.

**CEINTRER**, a. *sentré*. Mar. Atortorar, asegurar los costados de un buque por medio de trancas hechas con calabrotes, cuando se teme que se desligue.

**CEINTURE**, f. *sentúr*. Cintura, cíngulo, cinto, ceñidor, cinta, pretinilla con que las damas solian apretar la cintura. || Cintura, parte inferior del talle por donde se ciñe el cuerpo. || Pretina de los calzones, de los pantalones y de los jubones. || met. *Être toujours pendu à la ceinture de quelqu'un*, no dejar á uno á sol ni á sombra. || Fort. *Ceinture de muraille*, cerco, circúito ó recinto de una muralla.

**CEINTURÉ, ÉE**, adj. *senturé*. El que lleva cintura.

**CEINTURELLE**, f. *senturél*. Mar. Jareta que sujeta los obenques de los barcos latinos.

**CEINTURETTE**, f. *senturét*. Correa que rodea la trompa ó la bocina para la caza.

**CEINTURIER**, m. *senturié*. Fabricante de cinturas. || Talabartero, pretinero.

**CEINTURON**, m. *senturón*. Cinturon ó biricú del que se lleva pendiente una espada ó sable.

**CEINTURONNIER**, m. *senturonié*. El que hace ó vende cinturones.

**CELA**, pronom. demostrativo. *selá* (*sesa*-*da*). Eso, aquello.

**CÉLACHNÉE**, f. *selacné*. Bot. Celánea, pequeña planta de la Nueva Holanda.

**CÉLA-DOLO**, f. *seladólo*. Cela-dolo, pequeña planta de la costa del Malabar.

**CÉLADON**, m. *seladón*. Verde claro, garzo y tambien verdeceledon. || Celadon, nombre de un pastor amante y apasionado. = met. *C'est un vrai Céladon*, es un Cupido.

**CÉLADONIQUE**, adj. *seladonic*. Celadónico, que pertenece al celadon.

**CÉLADONISME**, m. *seladonism*. Celadonismo, estilo de Celadon, lenguaje insulso de los enamorados.

**CÉLAN**, m. *selán*. Zool. Celan, especie de insectos del género arenque.

**CÉLATE**, m. *selát*. Celada, delantera de un casco; algunas veces se usa por el mismo casco.

**CÉLATION**, f. *selasión*. Med. leg. Celacion, accion de ocultar la preñez y el parto.

**CÉLAURITE**, f. *selorit*. Quim. Celaurita, nombre que daban los alquimistas al litargirio.

**CÈLE**, m. *sél*. Med. Cele, voz griega que significa tumor, hernia.

**CÉLÉBOGINE**, f. *selebogín*. Bot. Celebogina, género de plantas euforbiáceas.

**CÉLÉBRABLE**, adj. *selebrábl*. Celebrable, digno de ser celebrado.

**CÉLÉBRANT**, m. *selebrán*. Celebrante, sacerdote que dice misa, que oficia en las ceremonias del culto católico.

**CÉLÉBRATION**, f. *selebrasión*. Celebracion, acto de celebrar.

**CÉLÈBRE**, adj. *selébr*. Célebre, famoso, que tiene fama y renombre.

**CÉLÉBRER**, a. *selebré*. Celebrar, exaltar, alabar, elogiar, aplaudir, publicar con elogio. || Celebrar, solemnizar, hacer solemnemente y con los requisitos necesarios alguna funcion ó contrato, Córtes, un sínodo, unas bodas, etc. || n. Celebrar, decir misa.

**CÉLÉBRITÉ**, f. *selebrité*. Celebridad, fama, renombre de una persona. || Celebridad, solemnidad, pompa de una fiesta. || Celebridad, persona célebre.

**CÉLEBS**, m. *selébs*. Zool. Celebso, especie de pájaro del género pinzon.

**CÉLÉINÉES**, f. pl. *seleiné*. Zool. Celeíneas, sub-familia de aves picídeas.

**CÉLÈNE**, m. *selén*. Zool. Celeno, género de lepidópteros nocturnos.

**CÉLÉNO**, f. *seléno*. Mit. Celeno, una de las tres Harpías. || m. Zool. Celeno, género de vespertílios.

**CELER**, a. *selé*. Ocultar, callar, disimular alguna cosa, encubrir un hecho, un robo.

**CÉLERI**, m. *selrí*. Apio, planta de huerta. || *Céleri sauvage*, oreoselino, apio silvestre.

**CÉLÉRIFÈRE**, m. *selerifér*. Acelerado, carruaje que va con mucha celeridad.

**CÉLÉRIMÈTRE**, m. *selerimétr*. Art. Celerímetro, instrumento últimamente inventado, que se adapta á la rueda de un coche y marca las leguas andadas.

**CÉLERIN**, m. *selrén*. Alacha ó alache, pescado de mar.

**CÉLÉRIPÈDE**, s. y adj. *seleripéd*. Celerípedo, que anda con mucha velocidad.

**CÉLÉRITÉ**, f. *selerité*. Celeridad, prontitud en la ejecucion. || Mec. Celeridad, velocidad de un cuerpo que está en movimiento.

**CÉLESTE**, adj. *selést*. Celeste y celestial. Lo primero se dice de todo lo que pertenece al cielo en sentido astronómico y poético, como esfera celeste, cuerpo celeste; y á su color, como azul celeste. Lo segundo hablando en sentido místico, como corte celestial, voz celestial, etc. || Celestial, divino, que viene de Dios. || Celeste, excelente, extraordinario, perfecto, muy bueno.

**CÉLESTIN**, m. *selestén*. Celestino, religioso de una órden instituida por el papa Celestino V, en 1244.

**CÉLESTINE**, f. *selestín*. Bot. Celestina, hermosa planta de la familia de las corimbíferas. || Celestina, monja del órden de San Benito.

**CÉLÈTE**, m. *selét*. Zool. Celeto, género de insectos coleópteros tetrámeros.

**CÉLEUSTIQUE**, adj. *seleustíc*. Mil. Celeústico, epíteto que se da al arte de trasmitir órdenes por medio de instrumentos de música.

**CÉLEUSTIQUEMENT**, adv. *seleusticmán*. Mil. Celeústicamente, por medio de la celeústica.

**CÉLIBAT**, m. *selibá*. Celibato, el estado de la persona soltera.

**CÉLIBATAIRE**, m. *selibatér*. Celibato, célibe, soltero.

**CÉLIBE**, f. *selíb*. Zool. Celiba, género de conchas univalvas. || Célibe, género de insectos.

**CÉLICOLE**, m. y f. *selicól*. Celícola, adorador del cielo.

**CÉLIDÉE**, f. *selidé*. Bot. Celidea, anémona de color de rosa, blanca y encarnada.

**CÉLIDOGRAPHE**, m. y f. *selidograf*. Astr. Celidógrafo, el que sabe y practica la celidografía.

**CÉLIDOGRAPHIE**, f. *selidografí*. Astr. Celidografía, descripcion de las manchas de los planetas, y principalmente de las que se notan en el disco de Vénus.

**CÉLIDOGRAPHIQUE**, adj. *selidografíc*. Astr. Celidográfico, que se refiere á la celidografía ó tiene relacion con ella.

**CÉLIE**, f. *selí*. Celia, especie de cerveza que se hacia con trigo.

**CÉLIN**, m. *selén*. Zool. Celino, género de insectos bracónidos.

**CÉLINE**, f. *selín*. Zool. Celina, género de insectos lepidópteros nocturnos.

**CELLAIRE**, f. *selér*. Zool. Celaria, género de insectos políperos.

**CELLE**, pron. demost. f. *sél*. V. CELUI. || f. ant. Celda, cabaña de un ermitaño.

**CELLÉPORE**, m. *selepór*. Zool. Celéporo, género de insectos políperos.

**CELLÉRAGE**, m. *selerága*. Cilleraje, derecho señorial sobre el vino, miéntras permanece en la bodega.

**CELLÉRERIE**, f. *selerrí*. Hist. ecl. Cillería, mayordomía de un monasterio.

**CELLÉRIER, ÈRE**, m. y f. *selerié, ér*. Hist. ecl. Cillerero, el mayordomo de un monasterio; y cillerera, entre monjas, con igual oficio.

**CELLICOLE**, adj. *selicól*. Hist. nat. Celícola, que habita en las cuevas.

**CELLIER**, m. *selié*. Despensa, bodega, cueva, cuarto bajo donde se guardan los vinos y las provisiones de la casa.

**CELLULAGE**, m. *selulâge*. Celulaje, manera de construir las celdas en las cárceles modernas.

**CELLULAIRE**, adj. *selulér*. Anat. Celular, que forma alvéolos.

**CELLULE**, f. *selúl*. Celda de religioso ó religiosa. || Celda en las prisiones modernas, donde encierran los acusados para separarlos unos de otros. || Alvéolo, cada uno de los agujeros que hacen las abejas en los panales. || Bot. Célula, cavidad de algunas frutas en la que se contiene la simiente. || Anat. Célula, pequeñas cavidades que presentan las mallas del tejido celular.

**CELLULEUX, EUSE**, adj. *seluleu, eus*. Anat. Celuloso, lo que contiene células. || Bot. Celuloso, calificacion que se da á las frutas divididas interiormente en varias celdas ó celdillas.

**CELLULIE**, f. *seluli*. Zool. Celulia, género de conchas univalvas. || Celulia, especie de nodílos del género polistomelo.

**CELLULIFÈRES**, m. pl. *selulifér*. Zool. Celulíferos, nombre de una seccion de insectos políperos flexibles.

**CELLULIFORME**, adj. *seluliform*. Hist. nat. Celuliforme, que tiene la forma de una célula.

**CELLULITÈLE**, f. *selulitél*. Zool. Celulitela, especie de arañas cuyas telas muy apretadas forman una celdilla.

**CELLULOSITÉ**, f. *selulosité*. Celulosidad, aglomeracion de células.

**CELMISIE**, f. *selmisí*. Bot. Celmisia, género de plantas compuestas.

**CÉLOME**, m. *selóm*. Med. Celoma, especie de úlcera de la córnea.

**CÉLONITE**, m. *selonit*. Zool. Celónito, género de insectos himenópteros.

**CÉLOPELTIDE**, m. *selopeltíd*. Zool. Celopéltido, género de serpientes.

**CÉLOPNÉS**, m. pl. *selopné*. Zool. Celopneos, familia de moluscos gasterópodos.

**CÉLORHIZE**, adj. *seloris*. Anat. Celorizo, epíteto que se da á los dientes que tienen las raíces huecas.

**CÉLOSIÉES**, f. pl. *selosié*. Bot. Celosíeas, tribu de plantas poligóneas.

**CÉLOSOMIE**, f. *selosomí*. Zool. Celosomía, monstruosidad por falta de vientre.

**CÉLOSTOMIE**, f. *selostomí*. Med. Celostomía, nombre que daban los antiguos nosólogos á la *ronfia* ó dificultad de hablar, y segun otros á la voz oscura.

**CÉLOTOMIE**, f. *selotomí*. Cir. Celotomía, operacion para obtener la curacion radical de la hernia inguinal. || Celotomía, castracion por medio de la ligadura de los vasos espermáticos.

**CÉLOTOMIQUE**, adj. *selotomíc*. Cir. Celotómico, que tiene relacion con la celotomía.

**CELSIE**, f. *selsí*. Bot. Celsia, género de plantas de la familia de las soláneas.

**CELSITUDE**, f. *selsitúd*. Celsitud, título antiguo que equivalia al de majestad, alteza, excelencia, etc.

**CELTE**, m. *sélt*. Celta, habitante de un pueblo de la antigua Galia.

**CELTIDÉES**, f. pl. *seltidé*. Bot. Celtídeas, nombre de un grupo de plantas de la familia de las ulmáceas.

**CELTIQUE**, adj. *seltic*. Céltico, que pertenece á los Celtas. || m. *Le celtique*, el celta, la lengua celta ó céltica.

**CELTOMANE**, adj. *seltomán*. Celtómano, que está poseido de la celtomanía.

**CELTOMANIE**, f. *seltomaní*. Celtomanía, nombre que se da á la manía que han tenido algunos sabios de querer conocer el orígen de todas las lenguas en la Céltica.

**CELUI**, m. **CELLE**, f. pronom. demostrativo. *selui* (*e* muda), *sél*. Significa el, la, antes de un relativo ó de la proposicion *de*. *Celui qui*, *celui que*, el que, ó aquel que. *Celle qui*, *celle que*, la que, ó aquella que. *Celui* ó *celle dont*, el ó la de que ó de quien, aquel ó aquella de que ó de quien. *Celui* ó *celle de*, el ó la de. Ejemplos: *Celui qui me défend*, el que me defiende. *Celle qui nous regardoit*, la que nos miraba. *Celui dont vous parlez*, aquel de quien Vd. habla. *Le droit d'un père est celui de ses enfants*, el derecho de un padre es el de sus hijos. *Point de liberté, pas même celle de se plaindre*, no hay libertad, ni siquiera la de quejarse. = En el plural *ceux*, *celles*. *Ceux qui*, los que; *celles qui*, las que: *ceux de*, los de; *celles de*, las de. || Para determinar mejor el objeto que representan estos pronombres se debe posponer *ci* al mas próximo y *là* al mas remoto. *Celui-ci*, este; *celui-là*, ese ó aquel: *celle-ci*, esta; *celle-là*, esa ó aquella. En el plural *ceux-ci*, estos; *ceux-là*, esos ó aquellos, etc.

**CÉLUINÉ**, m. *seluiné*. Bot. Celuino, género de plantas corimbíferas.

**CÉLYPHE**, m. *selíf*. Zool. Celifo, género de insectos astericeros.

**CÉMADE**, m. *semád*. Zool. Cemade, especie de ciervo.

**CYMBALO**, m. *sénbalo*. Mús. Címbalo, especie de campanilla.

**CEMBRE**, m. *sánbr*. Bot. Cembro, especie de pino de los Alpes.

**CÉMENT**, m. *semán*. Quím. Cemento, composicion de sales ú otras materias, en la que se envuelve algun metal á fin de purificarlo ó reducirlo al estado que se desea.

**CÉMENTATION**, f. *semantasión*. Quím. Cementacion, operacion en que se emplea algun cemento.

**CÉMENTATOIRE**, adj. *semantatuár*. Quím. Cementatorio, que pertenece á la cementacion.

**CÉMENTER**, a. *semanté*. Quím. Cementar, exponer un metal á la accion de un cemento.

**CÉMENTEUX, EUSE**, adj. *semanteu, eus*. Cementoso, que tiene relacion con los cementos.

**CÉMÉTÉRIAL, E**, adj. *semeteriál*. Cementerial, que tiene relacion con el cementerio.

**CÉMONE**, m. *semón*. Zool. Cémono, género de insectos himenópteros.

**CÉNACLE**, m. *senácl*. Cenáculo, sala en que Jesucristo celebró la última cena.

**CÉNANGIENS**, m. pl. *senangién*. Bot. Cenangianos, familia de hongos.

**CÉNANGION**, m. *senangión*. Bot. Cenangio, género de hongos.

**CÉNARRHÈNE**, m. *senarrén*. Bot. Cenareno, árbol de la familia de las laurineas.

**CENCHRAME**, m. V. Dindon.

**CENCHRÉ**, m. *sancré*. Bot. Cencrea, género de plantas gramíneas. || Zool. Cencro, nombre de una especie de boa.

**CENCHRITES**, f. pl. *sancrít*. Miner. Cencritas, especie de piedras con granitos como el mijo.

**CENCHROME**, m. *sancróm*. Zool. Céncromo, género de insectos.

**CENCHRUS**, m. *sáncrus*. Bot. Cencro, género de plantas gramíneas.

**CENCO** ó **CENCHRIS**, m. *sánco*, *sáncris*. Zool. Cencro, especie de culebra.

**CENDAL**, m. *sandál*. Mil. Tela de seda con que se hacian vestidos y banderas militares.

**CENDRE**, f. *sándr*. Ceniza. || *Prendre le sac et la cendre*, hacer penitencia; en frances se usa poco el singular. || *Réduire en cendres une ville*, reducir á cenizas una ciudad. || *Mercredi des Cendres*, miércoles de ceniza. || met. *Il ne faut pas remuer les cendres des morts*, no se deben desenterrar los huesos de los muertos; es decir, no se debe criticar su vida. || *Cendres de plomb*, mostacilla. || Art. *Cendres d'orfèvre*, escobilla, ceniza que queda en los crisoles en que se ha fundido el oro ó plata.

**CENDRÉ, ÉE**, adj. *sandré*. Ceniciento, de color de ceniza. || Cenizoso, que tiene ceniza.

**CENDRÉE**, f. *sandré*. Quím. Escoria de plomo. || Perdigones para caza menuda. || Art. Cendra, pasta de cenizas y otras materias para acendrar la plata. || *Cendrée sauvage*, f. Cenizo, planta.

**CENDRER**, a. *sandré*. Art. Dar el color de ceniza ó mezclar ceniza con alguna cosa.

**CENDREUX, EUSE**, adj. [illegible] Encenizado, cubierto de [illegible] *cendreux*, hierro que [illegible] Cenizoso, que tiene ceniza.

**CENDRIER**, m. *sandrié*. [illegible] sal, sitio para guardar la [illegible]

**CENDRIER, IÈRE**, m. y f. [illegible] Cenicero, el que trata en [illegible]

**CENDRIETTE**, f. [illegible] drieta, uno de los [illegible]

**CENDRILLARD**, m. [illegible] Cendrillardo, especie de ave.

**CENDRILLE**, f. *sandríll*. [illegible] lla, nombre comun que dan [illegible] frinjílgalo y á otros pájaros.

**CENDRILLON**, f. *sandrillón*. [illegible] se dice de una jóven que [illegible] metida entre el fuego y la ceniza.

**CENDRURE**, f. *sandrúr*. [illegible] descubre en el acero, y [illegible] dad.

**CÈNE**, f. *sén*. Hist. sag. Cena [illegible] que tuvo Cristo con sus discípulos [illegible] que instituyó la Eucaristía. || [illegible] nia religiosa que se hace el [illegible] que consiste en dar de comer á [illegible] despues del lavatorio. || Cena, [illegible] tre protestantes.

**CÉNELLE**, f. *senél*. Bot. [illegible] frutilla.

**CÉNESTHÉSIE**, f. *senestesí*. [illegible] tesia, sensibilidad general del [illegible]

**CÉNIE**, f. *sení*. Bot. Cenia, [illegible] plantas del cabo de Buena Esperanza [illegible] Cenia, género de insectos.

**CÉNISME**, m. *senísm*. [illegible] bre que daban los Griegos á la [illegible] todos los dialectos.

**CÉNOBIARQUE**, m. *senobiárc*. [illegible] nobiarca, superior de un monasterio.

**CÉNOBIE**, f. *senobí*. [illegible] habitan los cenobitas.

**CÉNOBION**, m. *senobión*. Bot. [illegible] especie de fruta.

**CÉNOBIONNAIRE**, adj. [illegible] Cenobionario, que tiene los [illegible] cenobion.

**CÉNOBIONNIEN, NE**, adj. [illegible] *én*. Bot. Cenobioniano, que [illegible] con el cenobion.

**CÉNOBITE**, m. *senobít*. Rel. [illegible] que profesa la vida monástica y [illegible] munidad.

**CÉNOBITIQUE**, adj. [illegible] nobítico, que pertenece al [illegible] vida monástica ó á los cenobitas.

**CÉNOBITOPHILE**, adj. [illegible] Rel. Cenobitófilo, amante de los [illegible]

**CÉNOCHILE**, m. *senochíl*. [illegible] quilo, género de insectos.

**CÉNOCOQUE**, m. [illegible] que, género de hongos.

**CÉNOGASTRE**, m. [illegible] nogastro, insecto del órden de los [illegible]

**CÉNOGYNE**, f. *senogín*. Bot. [illegible] género de plantas.

**CÉNOLBOLOGIE**, f. [illegible] bología, parte de la economía [illegible] parada, que trata de los medios [illegible] el bienestar de los pueblos.

**CÉNOLOGIE**, f. *senología*. [illegible] ciencia que trata de las propiedades [illegible] cuerpos considerados en el vacío [illegible] nología, consulta de médicos.

**CÉNOLOGIQUE**, adj. *senologíc*. [illegible] gico, que pertenece á la cenología.

**CÉNOLOGUE**, m. y f. [illegible] que se ocupa de la cenología.

**CÉNOLOPHE**, m. *senolóf*. Bot. [illegible] género de plantas umbelíferas.

**CÉNOMICÉES**, f. pl. [illegible] nomíceas, familia de líquenes.

**CÉNOMIE**, f. *senomí*. Zool. Cenomia, [illegible] nero de insectos dípteros.

**CÉNOPTÈRE**, f. *senoptér*. Bot. [illegible] ra, género de helechos [illegible]

**CÉNORHAMPHES**, m. pl. [illegible] Cenoranfos, aves trepadoras que [illegible] pico lijero y celuloso.

**CÉNOSE**, f. *senós*. Med. Cenosis, [illegible] cion, deplecion.

[illegible], f. [illegible] Zool. Cenosia, gé[illegible].

[illegible], m. [illegible]. Cenotafio, se[illegible], que se erige en memoria de [illegible] en otra parte, ó cuyo [illegible] encontrado.

[illegible], adj. [illegible]. Med. Cenó[illegible], evacuante.

[illegible], m. [illegible]. Hist. ant. Censo entre [illegible], lista que los censores hacian [illegible] y haciendas.|| Censo, tributo [illegible] canal de vasallaje. || Pen[illegible] que algunas iglesias pagaban á su [illegible]. Censo con que se pagaba [illegible] derechos cívicos.|| Censo, [illegible] sobre una hacienda.

[illegible], m. [illegible]. Corredor, en los [illegible] y en las escalas del Le[illegible].

[illegible], ant. [illegible]. Alquería, quinta.

[illegible], adj. [illegible]. Reputado, juz[illegible] por tal ó como tal : [illegible], se le considera como presente.

[illegible], adj. [illegible]. Que está [illegible].

[illegible], f. [illegible]. Corretaje, funcion [illegible] en Provenza y en el Levante.

[illegible], m. [illegible]. Hist. ant. Cen[illegible] romano que llevaba un re[illegible] los ciudadanos y sus bienes, y te[illegible] de inquirir sus costumbres y [illegible]. || Censor, el que reprende ó exa[illegible] de otro. || Censor, crítico [illegible] sobre las obras literarias. || [illegible] el encargado por el gobierno de re[illegible], periódicos, piezas teatra[illegible] de la publicacion ó de la re[illegible]. || Censor, en los colegios, alum[illegible] vigilar sobre la conducta de [illegible].

[illegible], adj. m. [illegible]. Feud. Censua[illegible] á quien se pagaba un cen[illegible], libro en que se registraba la [illegible] del censo; y el oficial que recibia [illegible].

[illegible], f. [illegible]. Censataria, fami[illegible] un censo.

[illegible], adj. [illegible]. Pertene[illegible].

[illegible], adj. V. CENSITAIRE.

[illegible], m. y f. [illegible]. Censata[illegible] los réditos de un censo.|| El [illegible] requerida para ser [illegible].

[illegible], m. [illegible]. Hist. ant. [illegible], antiguo magistrado ro[illegible] de repartir los impuestos.

[illegible], f. [illegible]. Feud. Censual, ren[illegible] una finca que dependia [illegible] Censual, extension de terreno [illegible], para que dependia de un señor y [illegible] tributo.

[illegible], adv. [illegible]. Cen[illegible].

[illegible], adj. [illegible]. Censo[illegible] lo que pertenece á la censura y á los [illegible].

[illegible], adj. [illegible]. Jurisp. Cen[illegible] al censo.

[illegible], adj. [illegible]. Censu[illegible] censurarse.

[illegible], f. [illegible]. Censura, correc[illegible]. || Censura, juicio formado [illegible]. || Censura, entre [illegible] el oficio y la dignidad de cen[illegible], entredicho, [illegible] y cargo eclesiástico.

[illegible], a. [illegible]. Censurar, re[illegible], condenar. || Censurar, re[illegible] alguna cosa contraria al [illegible].

[illegible], adj. num. [illegible]. Cien, ciento. Es [illegible] : cent francs, cien [illegible], cien dias. Pero si ante[illegible], y está precedido de un [illegible], entónces toma la s carac[illegible] plural, como deux cents francs, [illegible], doscientos francos, [illegible]. Si le sigue otro nú[illegible] y se dice sans : cent vingt, [illegible], etc. || También es sustantivo; [illegible] : un cent d'épingles, etc.

[illegible], f. [illegible]. Centena, conjun[illegible]. || Centena, conjunto de cien objetos sobre poco mas ó ménos. || met. *À centaines*, por centenares. || Art. Cadena, el hilo con que se ata una madeja.

**CENTAURE**, m. *santór*. Mit. Centauro, ente fabuloso, mitad hombre y mitad caballo. || Astr. Centauro, constelacion meridional.

**CENTAURÉE**, f. *santoré*. Bot. Centáurea, planta. = *Petite centaurée*, centáurea menor. = *Centaurée commune* ó *grande centaurée*, genciana. = *Centaurée bleue*, terciaaria. = *Centaurée jaune*. V. CHLORE.

**CENTAURELLE**, f. *santorél*. Bot. Centaurela, género de plantas de la América setentrional, que difieren de la genciana por el número de partes de la flor y por el ovario.

**CENTAURIÉ, ÉE**, adj. *santorié*. Bot. Centáureo, que se parece á la centáurea.

**CENTAURIOÏDE**, adj. *santorioíd*. Bot. Centauroídeo, que se parece á una centáurea.

**CENTAUROPSE**, m. *santorópe*. Bot. Centauropso, género de plantas.

**CENTEMÈRE**, m. *santmér*. Zool. Centemero, género de coleópteros.

**CENTENAIRE**, adj. *santnér*. Centenario, que cuenta cien años de edad ó de duracion.

**CENTÈNE**, m. *santén*. Centurionazgo, empleo de centurion.

**CENTENIER**, m. *santnié*. Centurion, capitan de cien hombres. Dícese *centenier* solo el del Evangelio, porque cuando se habla del romano se dice *centurion*.

**CENTENILLE**, f. *santnill*. Bot. Centenilla, plantita del norte de Europa.

**CENTÉSIMAL, E**, adj. *santesimál*. Arit. Centesimal : se dice de los diferentes números desde 1 hasta 99. || Centesimal, que pertenece á las centésimas.

**CENTI**, m. *sánti*. Centi, voz que, unida á los nombres de las medidas decimales, designa una centésima parte del entero.

**CENTIARE**, m. *santiár*. Centiárea, medida de superficie que equivale á la centésima parte del área, que es un metro cuadrado.

**CENTIÈME**, adj. *santiém*. Centésimo, cada una de las cien partes en que se halla dividido un todo. || *Le centième*, la centésima parte, es sinónimo de *la centième partie*.

**CENTIGRADE**, adj. *santigrád*. Centígrado, epíteto que se da á lo que está dividido en cien grados. Solo se aplica al termómetro dividido en cien grados : *thermomètre centigrade*.

**CENTIGRAMME**, f. *santigrám*. Centígramo, la centésima parte del gramo.

**CENTILITRE**, m. *santilitr*. Centilitro, la centésima parte del litro.

**CENTIME**, m. *santím*. Céntimo, la centésima parte de un franco.

**CENTIMÈTRE**, m. *santimétr*. Centímetro, la centésima parte del metro.

**CENTINODE**, f. *santinód*. Bot. Centinodia, planta. Es lo mismo que *renouée*.

**CENTIPÈDE**, adj. *santipéd*. Zool. Centípedo, epíteto que se da á los insectos que tienen cien piés.

**CENTON**, m. *santón*. Vestido abigarrado, hecho con varios trozos de diferentes colores. || Centon, especie de manta con que se cubrian las máquinas de guerra. || Mús. Obra compuesta de trozos de diferentes maestros. || Centon ó rapsodia, obra de poesía compuesta de trozos sacados de diferentes autores.

**CENTONAIRE**, m. *santonér*. Hist. Centonar, oficial romano que cuidaba los centones y tambien el operario que los construia.

**CENTONIFIQUE**, adj. y s. *santonific*. Centonífico, el que hace centones.

**CENTONISER**, n. *santonisé*. Componer centones, hacer composiciones con trozos de diferentes autores.

**CENTOTHÈQUE**, f. *santotéc*. Bot. Centoteca, género de plantas.

**CENT-PIEDS**, m. *sanpié*. Zool. Cienpiés, culebra de Siam, muy venenosa.

**CENTRADÉNIE**, f. *santradení*. Bot. Centradenia, género de plantas.

**CENTRAL, E**, adj. *santrál*. Central ó céntrico, que está en el centro ó se refiere á él : como *point central*, punto céntrico; *force centrale*, fuerza central, etc. || met. Principal. *Administration centrale*, administracion principal.

**CENTRALISATEUR, TRICE**, m. y f. *santralisateur, tris*. Centralizador, agente ó partidario de la centralizacion.

**CENTRALISATION**, f. *santralisasión*. Centralizacion, accion de centralizar. || Polít. *Centralisation des pouvoirs*, centralizacion del poder, reunion de la autoridad y de todas las fuerzas de un Estado en uno solo ó en el gobierno.

**CENTRALISER**, a. *santralisé*. Centralizar, reunir en un mismo centro. || Úsase tambien como recíproco.

**CENTRALISTE**, m. *santralíst*. V. CENTRALISATEUR. || Polít. é Hist. Centralista, partidario de la Junta Central que se proclamó en varias provincias de España, despues de la caida del Regente y ántes de la mayoría de Isabel II.

**CENTRANTHE**, f. *santránt*. Bot. Centranta, género de plantas valerianas.

**CENTRANTHÈRE**, f. *santrantér*. Bot. Centrantera, planta de la Nueva Holanda.

**CENTRAPALE**, f. *santrapal*. Bot. Centrápalo, género de plantas sinantéreas.

**CENTRATHÈRE**, m. *santratér*. Bot. Centratero, género de plantas compuestas.

**CENTRE**, m. *sántr*. Centro. Tiene las mismas significaciones y usos que en castellano tanto en el sentido propio como en el metafórico. || *Centre des rets*, alcabala. || En la red de pescar se llama *seno*. || *Chercher deux centres dans un cercle*, pedir peras al olmo. || Polít. *Le centre*, el centro, los diputados ministeriales que se sientan en el centro de la cámara. || met. *Être dans son centre*, estar alguna persona gustosa y contenta en algun lugar ó empleo.

**CENTRER**, a. *santré*. Art. Espesar un vidrio. = *Centrer une lunette*, hacer un anteojo mas espeso en el centro, hacer pasar el eje óptico por el centro del vidrio objetivo.

**CENTRICIPUT**, m. *santrisipút*. Anat. Centricipucio, parte media del cráneo.

**CENTRIFUGE**, adj. *santrifúge*. Fís. y Astr. Centrífugo, que tiende á alejarse del centro. || *Force centrifuge*, fuerza centrífuga.

**CENTRINE**, f. *santrín*. Zool. Centrina ó puerco marino, pescado cuya carne excita á orinar.

**CENTRIPÈTE**, adj. *santripét*. Fís. Centrípeto, que tiende á dirigirse hácia el centro.

**CENTRIPÉTANCE**, f. *santripetáns*. Fís. Centripetencia, tendencia al centro.

**CENTRIS**, m. *sántris*. Zool. Centris, género de insectos himenópteros.

**CENTRISQUE**, m. *santrísc*. Zool. Centrisco, género de peces branquióstegos.

**CENTRODONTE**, adj. *santrodónt*. De dientes agudos.

**CENTROGASTRE**, m. *santrogástr*. Zool. Centrogastro, género de peces torácicos.

**CENTROLÉPIDE**, f. *santrolepíd*. Bot. Centrolépida, género de plantas restiáceas.

**CENTROLOPHE**, m. *santrolof*. Zool. Centrólofo, género de pescados.

**CENTRONOTE**, adj. *santronót*. Zool. Centrónoto, que tiene el lomo espinoso. || m. Centrónoto, género de pescados.

**CENTROPE**, m. *santrop*. Zool. Céntropo, género de aves, especie de cuco.

**CENTROPHORE**, m. *santrofór*. Bot. Centróforo, género de plantas gramíneas.

**CENTROPHYLLE**, m. *santrofíl*. Bot. Centrófilo, género de plantas compuestas.

**CENTROPODE**, m. *santropód*. Zool. Centrópodo, género de pescados.

**CENTROPOME**, m. *santropóm*. Zool. Centrópomo, sollo de mar.

**CENTROPYX**, m. *santrópics*. Zool. Centrópix, género de reptiles.

**CENTROSCOPE**, m. *santroscóp*. Geom. Centróscopo, el que se dedica á descubrir el centro de las magnitudes.

**CENTROSCOPIE**, f. *santroscopí*. Geom. Centroscopia, parte de la geometría que trata de la determinacion de los centros de las magnitudes.

**CENTROSCOPIQUE**, adj. *santroscopíc*. Geom. Centroscópico, que tiene relacion con la centroscopia.

**CENTROSPERME**, m. *santrospérm*. Bot. Centrospermo, planta de la Nueva Andalucía.

**CENTRUTE**, m. *santról*. Zool. Centroto, género de insectos hemípteros.

**CENT-SUISSES**, m. pl. *sansuis*. Cien-suizos, uno de los cuerpos de la guardia del rey de Francia.

**CENTUMVIR**, m. *santomvír*. Hist. rom. Centunviro, juez civil entre los Romanos.

**CENTUMVIRAL, E**, adj. *santomviràl*. Hist. ant. Centunviral, que pertenece á los centunviros.

**CENTUMVIRAT**, m. *santomvirá*. Hist. rom. Centunvirato, tribunal y dignidad de los centunviros.

**CENTUPLE**, adj. *santúple* Céntuplo, cien veces mayor. Se usa tambien como sustant.

**CENTUPLER**, a. *santuplé*. Centuplicar, repetir cien veces. || *Se centupler*, r. Centuplicarse, hacerse cien veces mayor.

**CENTURIE**, f. *santurí*. Hist. rom. Centuria, compañía de cien hombres en la milicia romana. || Centuria, período de cien años.

**CENTURION**, m. *santurión*. Hist. rom. Centurion, capitan romano que mandaba una centuria.

**CENTUSSE**, f. *santús*. Cien ases ó sueldos de moneda romana. Es la voz latina *centussis*, formada de *centum* y *assis*.

**CÉNURE**, m. *senúr*. Zool. Cénuro, género de gusanos entozoarios.

**CÉOAN**, m. *seoán*. Zool. Ceoan, pájaro de Méjico.

**CÉOMACÉES**, f. pl. *seomasé*. Bot. Ceomáceas, familia de hongos epífitos.

**CÉOME**, m. *seóm*. Bot. Ceomo, nombre genérico de los hongos epífitos.

**CÉOMURE**, m. *seomúr*. Bot. Ceomuro, género de hongos.

**CEP**, m. *sép*. Bot. Cepa, tronco de la vid. || Agr. Cepo, pieza que sostiene la cama del arado. || Cepo, instrumento hecho de dos maderos gruesos, que sirve para castigo.

**CÉPACÉ, ÉE**, adj. *sepasé*. Bot. Cepáceo, que tiene el olor y la forma de la cebolla.

**CÉPAGE**, m. *sepáge* Agr. Poda de la vid.

**CÈPE**, m. *sép*. Bot. Cepe, especie de hongos.

**CÉPEAU**, m. *sepó*. Cepo, caja con su agujero. || Art. Zoquete en que los monederos ponen las piezas para acuñarlas.

**CÉPÉE**, f. *sepé*. Cepellon, pié con varios vástagos que salen de un mismo tronco. || Bot. Cepea, planta que se parece á la siempreviva.

**CEPENDANT**, adv. *sepandán*. Entre tanto, durante este tiempo, miéntras tanto. || Sin embargo, no obstante eso, con todo eso.

**CÉPHAELIE**, f. *sefaelí*. Bot. Cefaelia, planta vivaz de la familia de las rubiáceas.

**CÉPHALACANTHE**, m. *sefalacánt*. Zool. Cefalacanto, pescado huesoso.

**CÉPHALACÈNE**, m. *sefalasén*. Zool. Cefaláceno, tribu de insectos.

**CÉPHALAGRAPHE**, m. y f. *sefalagráf*. Anat. Cefalágrafo, anatómico que escribe un tratado acerca de la cabeza ó del cerebro.

**CÉPHALAGRAPHIE**, f. *sefalagrafí*. Anat. Cefalagrafía, descripcion anatómica de la cabeza ó del cerebro.

**CÉPHALAGRAPHIQUE**, adj. *sefalagrafic*. Anat. Cefalagráfico, que tiene relacion con la cefalagrafía.

**CÉPHALAGRE**, f. *sefalágre* Med. Cefalagra, irritacion de la cabeza.

**CÉPHALALGES**, m. pl. *sefaldlge* Zool. Cefalalgos, género de insectos.

**CÉPHALALGIE**, f. *sefalalgí*. Med. Cefalalgia, dolor violento de cabeza.

**CÉPHALALGIQUE**, adj. *sefalalgíc*. Med. Cefalálgico, que tiene relacion con la cefalalgia.

**CÉPHALALOGIE**, f. *sefalalogí*. Anat. Cefalalogía, parte de la anatomía que trata de la cabeza y del cerebro.

**CÉPHALALOGIQUE**, adj. *sefalalogíc*. Anat. Cefalalógico, que tiene relacion con la cefalalogía.

**CÉPHALANDRE**, f. *sefaldndr*. Bot. Cefalandra, género de plantas cucurbitáceas.

**CÉPHALANTHE**, adj. *sefalánt*. Bot. Cefalanto, que tiene las flores unidas en forma de cabeza. || m. Cefalanto, género de plantas.

**CÉPHALANTHÈRE**, f. *sefa*[illegible]. [illegible] Cefalántera, género de plantas orquídeas.

**CÉPHALARIE**, f. *sefalarí*. Bot. Cefalaria, género de plantas dipsáceas.

**CÉPHALARTIQUE**, adj. *sefalartíc*. Med. Cefalártico: dícese de un remedio propio para limpiar y aliviar la cabeza.

**CÉPHALATOMIE**, f. *sefalatomí*. Anat. Cefalatomía, anatomía ó diseccion de las partes de la cabeza.

**CÉPHALATOMIQUE**, adj. *sefalatomíc*. Anat. Cefalatómico, que tiene relacion con la cefalatomía.

**CÉPHALE**, f. *sefál*. Zool. Céfala, mariposa diurna, del género de los sátiros. || Céfala, especie de pescado.

**CÉPHALÉE**, f. *sefalé*. Med. Cefálea, mal de cabeza mas violento y pertinaz que la cefalalgia.

**CÉPHALÉIE**, f. *sefaléy*. Zool. Cefaleya, género de insectos himenópteros.

**CÉPHALÉMYIE**, f. *sefalemí*. Zool. Cefalemia, género de insectos dípteros.

**CÉPHALÉODES**, m. pl. *sefaleód*. Zool. Cefaleodos, clase de moluscos.

**CÉPHALEURE**, m. *sefaleur*. Bot. Cefaleuro, género de hongos.

**CÉPHALIE**, f. *sefalí*. Zool. Cefalia, género de insectos dípteros.

**CÉPHALIN**, m. *sefalén*. Especie de marmota que llevan las señoras.

**CÉPHALINE**, f. *sefalín*. Anat. Cefalina, base ó raíz de la lengua. || Bot. Cefalina. V. SARCOCÉPHALE.

**CÉPHALIQUE**, adj. *sefalíc*. Med. Cefálico, que pertenece á la cabeza.

**CÉPHALITE**, f. *sefalít*. Med. Cefalitis, inflamacion de las membranas del cerebro. V. ENCÉPHALITE.

**CÉPHALOBARE**, m. *sefalobár*. Zool. Cefalóbaro, género de insectos.

**CÉPHALOBRANCHES**, m. pl. *sefalobránche*. Zool. Cefalobranquios, familia de moluscos.

**CÉPHALOCÈRE**, m. *sefalosér*. Zool. Cefalócero, género de insectos.

**CÉPHALOCLE**, m. *sefalócl*. Zool. Cefaloclo, género de crustáceos.

**CÉPHALOCTE**, m. *sefalóct*. Zool. Cefalocto, género de insectos.

**CÉPHALODÈLE**, f. *sefalodél*. Zool. Cefalódelo, género de animales microscópicos.

**CÉPHALODENDRON**, m. *sefalodandrón*. Zool. Cefalodéndron, género de insectos.

**CÉPHALODÈRE**, m. *sefalodér*. Hist. nat. Cefalódero, reunion del cuello y de la cabeza.

**CÉPHALODIENS**, m. pl. *sefalodién*. Bot. Cefalodianos, familia de líquenes.

**CÉPHALODONTE**, m. *sefalodónt*. Zool. Cefalodonte, género de insectos.

**CÉPHALOGÉNÈSE**, f. *sefalogenés*. Anat. Cefalogenesis, término con que se explica el desarrollo de la cabeza en los animales, y durante la vida en el hombre.

**CÉPHALOÏDE**, adj. *sefaloíd*. Bot. Cefaloídeo, que tiene una figura esférica; calificacion que se da á unas plantas, cuyo vértice tiene la forma de una cabeza. || *Céphaloïdes*, m. pl. Cefaloidos, órden de líquenes.

**CÉPHALOLIE**, f. *sefalolí*. Zool. Cefalolia, género de insectos coleópteros.

**CÉPHALOMATOME**, m. *sefalomatóm*. Med. Cefalomatomo, tumor sanguíneo del cráneo en los niños recien nacidos.

**CÉPHALOMÈLE**, m. *sefalomél*. Zool. Cefalómelo, monstruo que tiene un miembro inserto en la cabeza.

**CÉPHALOMÉLIE**, f. *sefalomelí*. Zool. Cefalomelia, insectos de un miembro accesorio en la cabeza.

**CÉPHALOMÉLIQUE**, adj. *sefalomelíc*. Zool. Cefalomélico, que ofrece los caractéres de la cefalomelia.

**CÉPHALOMÈTRE**, m. *sefalométr*. Cir. Cefalómetro, instrumento para graduar y medir la cabeza del feto, durante los trabajos del parto.

**CÉPHALOMÉTRIE**, f. *sefalometrí*. Cir. Cefalometría, accion de medir la cabeza del feto durante el parto.

**CÉPHALOMÉTRIQUE**, adj. [illegible] *tríc*. Cir. [illegible], que tiene relacion con el cefalómetro ó la cefalometría.

**CÉPHALONOMANCIE**, f. [illegible] Cefalonomancia, adivinacion que se practicaba con la cabeza de un asno [illegible] hoguera.

**CÉPHALONOMANCIEN**, [illegible] m. [illegible] *falonomansién*, [illegible]. [illegible] practica la cefalonomancia. || adj. [illegible] mántico, concerniente á la cefalonomancia.

**CÉPHALONOSE**, f. [illegible] falonosis, enfermedad ó [illegible].

**CÉPHALOPAGE**, m. [illegible] falópago, monstruo doble cuyas [illegible] tán unidas por la parte superior.

**CÉPHALOPAGIE**, f. [illegible] Cefalopagia, reunion de dos [illegible] parte superior de la cabeza.

**CÉPHALOPAGIQUE**, m. [illegible] Zool. Cefalopágico, que ofrece los [illegible] de la cefalopagia.

**CÉPHALOPAPPE**, m. [illegible] Cefalópapo, género de plantas.

**CÉPHALOPHARYNGIEN**, adj. [illegible] *rengién*. Anat. Cefalofaríngeo, [illegible] á un músculo constrictor superior de la faringe, que se inserta superiormente en la parte inferior de la apófisis basilar.

**CÉPHALOPHE**, m. [illegible]. Zool. Cefálofo, sub-género de antílopes.

**CÉPHALOPHIDE**, m. [illegible] Zool. Cefalófido, género de insectos.

**CÉPHALOPHOLE**, m. [illegible] Cefalófolo, género de peces.

**CÉPHALOPHRAGME**, m. [illegible] Hist. nat. Cefalofragma, [illegible] divide interiormente la cabeza de [illegible] en dos partes, una anterior y otra [illegible].

**CÉPHALOPHYME**, m. [illegible] Cefalófimo, tumor en la cabeza.

**CÉPHALOPODES**, m. pl. [illegible] Cefalópodos, familia de moluscos.

**CÉPHALOPONIE**, f. [illegible] Cefaloponia, dolor de cabeza.

**CÉPHALOPTÈRE**, m. [illegible] Cefalóptero, ave del Brasil. || [illegible], género de peces.

**CÉPHALOPYOSE**, f. [illegible] Cefalopiosis, absceso en la cabeza.

**CÉPHALOSCOPIE**, f. [illegible] Cefaloscopia, inspeccion del cerebro [illegible] cráneo, para conocer el estado de las facultades intelectuales.

**CÉPHALOSCOPIQUE**, adj. [illegible] Med. Cefaloscópico: dícese de [illegible] destinados al estudio de la cefaloscopia. || f. Cefaloscópica, arte de juzgar á los hombres por la inspeccion del cráneo.

**CÉPHALOSOMES**, m. pl. [illegible] Zool. Cefalósomos, género de pescados.

**CÉPHALOSPHÈRE**, m. [illegible] Cefalósfero, género de insectos.

**CÉPHALOSPORIE**, f. [illegible] Cefalosporia, género de hongos.

**CÉPHALOSTÈNE**, m. [illegible] Cefalósteno, género de insectos.

**CÉPHALOSTIGME**, f. [illegible] Cefalostigma, género de plantas.

**CÉPHALOTAXE**, m. [illegible] Cefalotaxo, género de plantas del Japon.

**CÉPHALOTE**, adj. [illegible] Cefaloto, que tiene una cabeza gruesa. || [illegible] m. Cefaloto, género de murciélagos.

**CÉPHALOTRICHIE**, m. [illegible] Zool. Cefalotriquio, género de insectos.

**CÉPHALOTRICHIENS**, m. pl. [illegible] *chién*. Bot. Cefalotriquianos, [illegible] gos.

**CÉPHALOTRICHION**, m. [illegible] Bot. Cefalotriquion, género de hongos.

**CÉPHALOTTE**, f. [illegible]. [illegible] género de mamíferos carnívoros. || [illegible] falota, planta vivaz de la familia de las [illegible] sáceas. || Zool. Cefalota, familia de pescados.

**CÉPHALOXE**, f. [illegible]. [illegible] género de musgos.

**CÉPHALOXIE**, f. [illegible] Cefaloxia, direccion viciosa de la cabeza, [illegible] ándose hácia uno de los [illegible]

[illegible], f. Bot. V. J[illegible].
[illegible] Gefo, rey de Etiopía [illegible].
[illegible] Astr. Cefeo, constelacion [illegible] de treinta y cuatro [illegible].
[illegible], m. sefalid. Bot. Cefalido, [illegible] de la América.
[illegible], f. pl. sefalidé. Bot. Cefa[illegible] plantas.
[illegible], f. sefomomí. Zool. Cefo[illegible] insectos dípteros.
[illegible] Zool. Cefeo, especie [illegible], género de aves nada[illegible].
[illegible] Bot. Capillon, [illegible] hongos.
[illegible] Miner. Cepita, especie [illegible] de conchas concéntricas, [illegible].
[illegible] Zool. Cepola, género [illegible], género de conchas.
[illegible], m. seporíd. Zool. Cepórido, [illegible].
[illegible] Zool. Cefuso, ave [illegible].
[illegible] Zool. Cepuro, género [illegible] tetrámeros.
[illegible] Cepé, especie de peso [illegible].
[illegible], adj. seroné. Ceróneo, que [illegible] al aspecto de la cera.
[illegible] ó CÉRACHATES, f. sera[illegible] Ceracate ó ceracates, especie de [illegible].
[illegible], f. seracolín. Zool. Cera[illegible].
[illegible], f. seradpalma. Bot. [illegible] de palma, resina que produce [illegible] de las Cordilleras, y que da una [illegible] cera pura.
[illegible] Bot. Cerago, género de [illegible].
[illegible] Quím. Ceraina, ma[illegible] aceites volátiles.
[illegible], m. seraitís. Bot. Ceraitis, [illegible] de la planta fenogreco.
[illegible], m. serambís. Zool. Ce[illegible] escarabajo.
[illegible], m. seramianiém. [illegible], alga marina. || Zool. [illegible] género de insectos.
[illegible], f. seramí. Especie de planta.
[illegible], adj. seramíc. Art. Cerámi[illegible] se da al arte de fabricar toda [illegible], loza y porcelana.
[illegible], f. seramít. Miner. Ceramita, [illegible] color de teja. || Zool. Ce[illegible].
[illegible], adj. seramogra[illegible] que se da á las [illegible].
[illegible], m. seramnóps. Bot. Cera[illegible] de la familia de las algas.
[illegible], f. seramolíta. Miner. [illegible] de cerolina.
[illegible], m. seraníl. Farm. Ceranil[illegible] medicamentosos.
[illegible], adj. seranoíd. Bot. Cera[illegible] dispuestos en forma [illegible].
[illegible], m. serant. Bot. Ceranto, [illegible].
[illegible], f. serandr. Zool. Ceran[illegible].
[illegible], f. serapti. Zool. Ceracto, [illegible] dípteros.
[illegible] Zool. Cerapo, género [illegible] de los isópodos.
[illegible], m. serapir. Zool. Cerap[illegible] coleópteros.
[illegible], f. serasin. Quím. Cerasina, [illegible] de la goma de cerezo.
[illegible] Bot. Cerasiola, [illegible] de una cereza.
[illegible] Entom. Cera[illegible] llamado así porque [illegible].
[illegible] Miner. Cerasita, [illegible] pentáedra.

CÉRASME, m. serásm. Med. Cerasmo: los Griegos designaban con esta voz la mezcla de agua fria y caliente.

CÉRASPHORE, adj. serasfór. Zool. Ceráforo, que lleva un cuerno.

CÉRASPIDES, m. pl. seraspíd. Zool. Cerásipidos, género de insectos.

CÉRASTE, m. serást. Zool. Cerasta ó cerastes, culebra de un codo de largo, con cuernos en la cabeza, por lo cual se llama tambien cornuta.

CÉRASTIDE, f. serastíd. Zool. Cerastida, género de mariposas.

CÉRASTIN, E, adj. serastén. Zool. Cerastino, que se parece á la cerasta.

CÉRASTITE, f. Bot. V. MÉCONOPSE.

CÉRASTOSTÈMES, m. pl. serastostém. Bot. Cerastóstemos, género de plantas.

CÉRASTOSTOME, m. serastostóm. Bot. Cerastóstomo, género de hongos.

CÉRASUS, m. serásus. Bot. Ceraso, género de plantas de la familia de las rosáceas.

CÉRAT, m. será. Farm. Cerato, ungüento blando y correoso. || Cerote de zapatero.

CÉRATANDRE, f. seratándr. Bot. Ceratandra, género de plantas.

CÉRATANTHÈRE, f. Bot. V. GLOBBE.

CÉRATINE, f. seratín. Zool. Ceratina, género de insectos himenópteros.

CÉRATIOLE, f. serasiól. Bot. Ceraciola, arbusto de la Carolina.

CÉRATION, f. serasión. Quím. Ceracion, preparacion de una materia metálica para la fusion.

CÉRATIOSICYE, f. seratiosisí. Bot. Ceratiosicia, género de plantas de la familia de las pasifloráceas.

CÉRATITE, f. seratít. Bot. Ceratita, amapola silvestre. || Ceratita, género de insectos. || Miner. Ceratita, especie de piedra fósil. || Zool. Ceratita, especie de moluscos.

CÉRATOCARPE, f. seratocárp. Bot. Ceratocarpa, planta pequeña de la Turquía de Europa.

CÉRATOCÈLE, f. seratosél. Cir. Ceratocele, tumor en el ojo.

CÉRATOCÉPHALE, m. seratosefál. Bot. Ceratocéfalo, género de plantas.

CÉRATOCORAUX, m. pl. seratocoró. Zool. Ceratocoraxos, familia de zoófitos.

CÉRATODACTYLE, f. seratodactíl. Bot. Ceratodáctilo, género de helechos.

CÉRATODE, m. seratód. Zool. Cerátodo, género de moluscos ampularios.

CÉRATODON, m. seratodón. Bot. Ceratodon, género de musgos.

CÉRATOGLOSSE, adj. y s. m. serato glós. Anat. Ceratogloso, calificacion que se da á un músculo que va del hueso hioides á la base de la lengua.

CÉRATOGONON, m. seratogonón. Bot. Ceratogonon, género de plantas.

CÉRATOGONYSE, m. V. CRYPTOSTOME.

CÉRATOÏDE, adj. seratoíd. Anat. Ceratoides, entre los médicos griegos membrana del ojo que nosotros llamamos *córnea transparente*.

CÉRATOLITHE. f. seratolít. Zool. Ceratolita, cuerpo fosilé petrificado.

CÉRATOLOBE, m. seratolób. Ceratólobo, palmera indígena de Java.

CÉRATONÈME, m. seratoném. Bot. Ceratonemo, género de plantas criptógamas.

CÉRATONYSE, m seratonís. Zool. Ceratoniso, género de coleópteros pentámeros.

CÉRATOPÉTALE, adj. seratopetál. Bot. Ceratopétalo, plantas cuyos pétalos tienen la forma de cuernos.

CÉRATOPHORE, m. seratofór. Zool. Ceratóforo, género de reptiles saurianos. || Bot. Ceratóforo, género de hongos.

CÉRATOPHRIDE, m. seratofríd. Zool. Ceratófrido, género de reptiles.

CÉRATOPHTHALME, adj. seratoftálm. Zool. Ceratoftalmo, que tiene los ojos en la extremidad de una especie de cuernos.

CÉRATOPHYE, f. seratofí. Zool. Ceratofia, género de insectos dípteros.

CÉRATOPHYTES, m. pl. seratofít. Zool. [illegible]e, familia de pólipos corticales.

CÉRATOPTÈRE, m. seratoptér. Zool. Ceratóptero, ó el gran cartilaginoso de las Antillas, pescado.

CÉRATOPTÉRIS, f. seratoptéris. Bot. Ceratópteris, género de helechos muy notables por su vegetacion anua ó bienua.

CÉRATOSANTHE, m. seratosánt. Bot. Ceratosanto, género de plantas cucurbitáceas.

CÉRATOSPERME, adj. seratospérm. Bot. Ceratospermo, que tiene los frutos prolongados en forma de cuernos. || m. Ceratospermo, planta criptógama de la familia de las algas.

CÉRATOSTACHYE, f. seratostachí. Bot. Ceratostaquia, género de plantas.

CÉRATOTOME, m. seratotóm. Cir. Ceratótomo, especie de escalpelo usado para hacer incision en la córnea transparente en la operacion de la catarata.

CÉRATOTOMIE, f. seratotomí. Cir. Ceratotomia, incision de la córnea transparente.

CÉRATOTOMIQUE, adj. seratotomíc. Ceratotómico, relativo á la ceratotomía.

CÉRATUPIDE, adj. seratupíd. Zool. Ceratúpido, que anda con los cuernos.

CÉRATURGE, m. seratúrg. Zool. Ceraturgo, género de insectos dípteros.

CÉRAUNIA, f. serónia. Miner. Ceraunia, pirita ó sulfuro de hierro radiado.

CÉRAUNIE, f. seroní. Miner. Ceraunia, especie de piedra azulada. V. CÉRAUNIA, de cuya voz es sinónimo.

CÉRAUNIEN, NE, adj. seronién, én. Tonante, que truena. = *Jupiter céraunien*, Júpiter tonante, Júpiter fulminante.

CÉRAUNITE, f. seronít. Miner. Ceraunita, nombre que daban los antiguos á unas piedras que creian haber caido del cielo con el rayo.

CÉRAUNOSCOPE, m. seronoscóp. Hist. ant. Ceraunóscopo, sacerdote encargado de observar el rayo.

CÉRAUNOSCOPIE, f. seronoscopí. Hist. Ceraunoscopia, arte de augurar por los fenómenos del rayo.

CÉRAUNOSCOPIQUE, adj. seronoscopíc. Ceraunoscópico, que tiene relacion con la ceraunoscopia.

CÉRAURE, m. serór. Zool. Cerauro, género de crustáceos.

CERBÈRE, m. serbér. Mit. Cerbero, perro con tres cabezas que guardaba la puerta de los infiernos y el palacio de Pluton. || met. Cancerbero ó cerbero, portero brutal, guarda intratable. || Astr. Cerbero, constelacion boreal. || Bot. Cerbero, género de plantas de las Indias. || Zool. Cerbero, especie de reptil.

CERCAIRE, f. serquér. Zool. Cercaria, género de animalillos infusorios.

CERCASPIDE, m. sercaspíd. Zool. Cercáspide, género de reptiles ofidianos.

CERCE, f. sérs. Arq. Cimbra, arco de madera para construir una bóveda.

CERCEAU, m. sersó. Art. Cerco, arco, aro de cuba. || Especie de red para coger pajaritos. || Aro, círculo de madera que hacen rodar los niños. || Fis. Arcos, círculos concéntricos que se forman en el agua cuando cae algun cuerpo.

CERCELLE ó SARCELLE, f. sersél sarsél. Zool. Cercela, ave acuática.

CERCIBIS, m. sersíbis. Zool. Cercibis género de aves.

CERCIDOCÈRE, adj. sersidosér. Zool Cercidócero, que tiene las antenas terminadas en forma de martillo.

CERCIO, m. sérsio. Zool. Esturniuo, ave de Indias que tiene las plumas matizadas de diversos colores.

CERCLAGE, m. serclágs. Art. Accion de poner los arcos á un tonel, cuba, pipa, etc

CERCLE, m. sércl. Geom. Círculo, cerco || Aro de una cuba. || Sociedad numerosa de personas, tertulia. || Corro ó corrillo de gentes ó de cosas formando rueda ó círculo. || met. Círculo, esfera, extension, límites; y así decimos *agrandir le cercle de ses idées* || met. *Chercher la quadrature du cercle* intentar una cosa imposible.

[illegible]

CERISE, f. [illegible] Cereza, guinda, fruto del cerezo y del guindo.

CERISETTE, f. [illegible] Bot. Ciruela pequeña y encarnada.

CERISIER, m. [illegible] Bot. Cerezo, árbol cuyo fruto son las cerezas.

CERITE, f. [illegible] Miner. Cerita, mineral que se encuentra en Suecia. || Zool. Cerita, género de concha univalva.

CÉRITIER, m. [illegible] Zool. Ceritero, molusco que habita en las ceritas.

CERNE, m. [illegible] Cerco, especie de círculo que se traza en la tierra. || Círculo supersticioso de los mágicos. || Cerco amoratado que se forma al rededor de una llaga. || Cerco amoratado de los ojos, que denota fatiga. || Mont. Cerco, vuelta que forman los cazadores para cercar la caza.

CERNEAU, m. [illegible] Nuez de la cáscara verde, conteniendo todo el interior.

CERNEMENT, m. [illegible] La accion de desmeollar, de cercar.

CERNER, a. [illegible] Desmeollar, cascar para sacar, por ejemplo, á una nuez ó á una almendra lo que está dentro. || Cerner l'écorce d'un arbre, cortar un árbol, es decir, hacerle un círculo de cortezas. || Cerner une place, cercar una plaza, para privarla de comunicacion.

CERNOIR, m. [illegible] Agr. Podadera, especie de cuchillo corvo ó hocejo para podar.

CÉROGRAPHE, m. y f. [illegible] Hist.

[illegible]

[illegible], m. *sercomanáge*. Deber de marcar los límites de una [illegible] por la justicia.

[illegible], m. *sercomanmán*. [illegible], de marcar los [illegible].

[illegible], a. *sercomene*. Deslindar [illegible] de una heredad.

[illegible], m. *sercomaneur*. Agrimensor [illegible] aprobado para [illegible].

[illegible] Variedad de encina, cuya [illegible] en una cáscara [illegible].

[illegible], adj. *sertén*, *én*. Cierto, seguro, [illegible]. || Cierto, determinado. || Cierto, se emplea por alguno, [illegible] y de [illegible]: *ne pas* [illegible], no creer [illegible]. || Cierto, se usa [illegible] el nombre de alguno: [illegible], este hombre [illegible]. || Cierto, un quidam.

[illegible], adv. *sertemán*. Ciertamente, indudablemente.

[illegible], m. *sertél*. Zool. Cértelo, género [illegible].

[illegible], m. *serié*. Bot. Variedad de [illegible] pera de San Miguel.

[illegible], adv. *sert*. Cierto, por cierto, [illegible].

[illegible], m. *sertifiad*. Certificado, [illegible] significa [illegible]: *certificat* [illegible].

[illegible], m. *sertificateur*. Certificador, el que certifica.

[illegible], f. *sertificasión*. Certificacion.

[illegible], a. *sertifié*. Certificar, asegurar que una cosa es verdadera. [illegible], responder de una [illegible].

[illegible], f. *sertitúd*. Certitud, certeza, conocimiento cierto.

[illegible], f. *serusén*. Bot. Ceruana, género [illegible].

[illegible], m. *serúcho*. Zool. Ceruco, género [illegible].

[illegible], adj. *serulecerfál*. [illegible], que tiene la cabeza [illegible].

[illegible], m. *serulén*. Cerulina, índigo [illegible].

[illegible], adj. *serulipéd*. Zool. Cerulípedo, que tiene los pies azules.

[illegible], adj. *serulipén*. Zool. [illegible], que tiene las alas azules.

[illegible], m. *serumén*. Med. Cerúmen, [illegible].

[illegible], adj. *serumineu*, [illegible], que forma cerúmen ó tiene [illegible] propiedades de la cera.

[illegible], f. *serús*. Quím. Ceruza, carbonato [illegible]. || Blancura artificial [illegible] las mujeres.

[illegible], m. *serusié*. El que trabaja en [illegible].

[illegible], f. *serusión*. Tiempo en que [illegible] y se debe cesar.

[illegible], f. *servestiné*. Bot. Cer[illegible].

[illegible], f. *serusalía*. Bot. Cer[illegible].

[illegible], m. *servó*. Cerebro, masa [illegible] que ocupa la cavidad del [illegible], seso, por talento y [illegible], juicio, entendimiento [illegible], el hombre de [illegible].

[illegible] ó [illegible], [illegible]. Zool. [illegible] de [illegible] de poli[illegible].

[illegible], m. *servlá*. Salchicha compuesta [illegible] y sazonada con especias [illegible].

[illegible], m. *servlé*. Cerebelo, la parte [illegible].

[illegible], f. *servél*. Anat. Cerebelo, [illegible]. || met. Seso, [illegible]

**CERVICAL, E**, adj. *servicál*. Anat. Cervical, que pertenece á la cervis ó al cuello.

**CERVICORNE**, adj. *servicórn*. Zool. Cervicórneo, que tiene cuernos parecidos á los del ciervo.

**CERVICULÉ, ÉE**, adj. *serviculé*. Anat. Cervicular, que pertenece á la cervis.

**CERVIER**, adj. m. *servié*. Cerval ó cervario. || *Loup cervier*, lobo cerval.

**CERVINS**, m. pl. *servén*. Zool. Cervinos, familia de mamíferos.

**CERVOISE**, f. *servuás*. Especie de cerveza de los antiguos.

**CERVOISIER**, m. *servuasié*. Cervecero, que vende ó hace cerveza.

**CÉRYLE**, m. *seríl*. Zool. Cerilo, género de martin-pescador, ave.

**CES**, adj. demostr. pl. *se*. Estos, esos, aquellos; estas, esas, aquellas. V. CE.

**CÉSALIE**, f. *sesalí*. Bot. Cesalia, género de plantas corimbíferas.

**CÉSALPINIE**, f. *sesalpiní*. Bot. Cesalpinia, género de plantas leguminosas.

**CÉSALPINIÉES**, f. pl. *sesalpinié*. Bot. Cesalpíneas, familia de plantas.

**CÉSAR**, m. *sesár*. César, título de los emperadores romanos. || Calificacion que dan los oradores á los monarcas que tienen el título de emperador. || met. Valeroso, intrépido, magnánimo; corresponde á lo que llamamos un Cid.

**CÉSARÉE**, f. *sesaré*. Bot. Cesárea, género dudoso de plantas de la familia de las geraniáceas, yerba del Brasil austral.

**CÉSARÉON**, m. *sesareón*. Casareon, nombre dado á unos templos que se construyeron en honor del César.

**CÉSARIEN, NE**, adj. *sesarién*, *én*. Cesáreo ó cesariano, que pertenece al César.

**CÉSARIENNE**, adj. f. *sesarién*. Cir. Cesariana ó cesárea, epíteto que se da á una operacion en la cual se abre la matriz por medio de un instrumento cortante, para extraer la criatura contenida en la cavidad de la entraña.

**CÉSATIE**, f. *sesasí*. Bot. Cesacia, género de plantas de la familia de las umbelíferas.

**CÉSICOLLE**, adj. *sesicól*. Zool. Cesícolo, que tiene el coselete surcado.

**CÉSIE**, f. *sesí*. Zool. Cesia, género de mariposas.

**CÉSIOMORE**, m. *sesiomór*. Zool. Cesiómoro, género de pescados.

**CESSANT, E**, adj. *sesán*. Cesante. Solo se usa en estas y otras semejantes frases: *toute affaire cessante*, ante todas cosas; *tous empêchements cessants*, no habiendo embarazo; *ce cas cessant*, fuera de este caso.

**CESSATION**, f. *sesasión*. Cesacion, interrupcion de una cosa.

**CESSE**, f. *sés*. No tiene equivalente simple; solo se usa en esta locucion: *sans cesse*, continuamente, siempre, sin cesar. = Tambien se dice *n'avoir point de cesse*, no descansar, no cesar. *Il n'a ni repos ni cesse*. Estas dos locuciones son del estilo familiar.

**CESSER**, n. *sesé*. Cesar, descontinuar, suspender, interrumpir, como *cesser de travailler*, *de chanter*, *de pleurer*. Se dice: *la fièvre a cessé ó est cessée*. || Algunas veces es activo; y así se dice: *cessez vos cris*, *vos plaintes*; *cessez votre travail*.

**CESSIBLE**, adj. *sesíbl*. Cesible, que se puede ceder ó dar.

**CESSION**, f. *sesión*. Cesion, la accion de ceder ó dar alguna cosa; renuncia á favor de otra persona.

**CESSIONNAIRE**, m. *sesionér*. Cesionario, persona en cuyo favor se hace la cesion de alguna cosa.

**CESTE**, m. *sést*. Cesto, especie de manopla guarnecida de hierro ó plomo, de que usaban los púgiles antiguos en sus combates.

**CESTIFÈRE**, m. *sestifér*. Cestíforo, combatientes armados del cesto ó manopla.

**CESTOÏDES**, m. pl. *sestoíd*. Cestoides, familia de gusanos intestinales.

**CESTRE**, m. Bot. V. BÉTOINE.

**CESTRIFORME**, adj. *sestrifórm*. Cestriforme, que tiene la forma de un dardo.

**CESTRIN**, m. *sestrén*. Cestrino, madera odorífera de que se hacen rosarios.

**CESTRAU**, m. Bot. V. CESTREAU.

**CESTREON**, m. *sestreón*. Parjá de Chile, arbusto.

**CÉSULIE**, f. *sesulí*. Bot. Cesulia, yerba viva de los pantanos de Coromandel.

**CÉSURE**, f. *sesúr*. Poes. Cesura, descanso que se hace al fin de cada hemistiquio de verso. = Cesura, en la poesía latina y en la griega, la sílaba que queda al fin de la diccion, despues de la formacion de algun pié.

**CET**, adj. demostr. m. Este, ese, aquel. V. CE.

**CÉTACÉ, ÉE**, adj. *setasé*. Zool. Cetáceo, que es del género ballena. || m. Pescado grande de mar, como ballena, cachalote, etc.

**CÉTACÉEN, NE**, adj. *setaseén*, *én*. Zool. Cetáceo, que tiene relacion con los cetáceos.

**CÉTACÉS**, m. pl. *setasé*. Zool. Cetáceos, familia de animales mamíferos que viven en el mar, que comprende las ballenas, etc.

**CÉTÉRAC**, m. *seterác*. Bot. Ceterague ó doradilla, planta.

**CÉTHOSIE**, f. *setosí*. Zool. Cetosia, género de insectos lepidópteros.

**CÉTOGRAPHE**, m. *setográf*. Cetógrafo, que se ocupa de la descripcion de la ballena.

**CÉTOGRAPHIE**, f. *setografí*. Cetografía, descripcion de la ballena.

**CÉTOGRAPHIQUE**, adj. *setografíc*. Cetográfico, que tiene relacion con la cetografía.

**CÉTOINE**, m. *setuán*. Zool. Cetonio, género de insectos coleópteros.

**CÉTOLOGIE**, f. *setologí*. Cetología, tratado de los cetáceos, como ballenas, etc.

**CÉTOLOGIQUE**, adj. *setologíc*. Cetológico, que pertenece á la cetología.

**CÉTONIENS**, m. pl. *setonién*. Cetonianos, familia de insectos lamelicórneos.

**CÉTOPHAGE**, m. *setofága*. Zool. Cetófago, género de aves.

**CÉTRARIE**, f. *setrarí*. Bot. Cetraria, género de líquenes.

**CÈTRE**, f. *sétr*. Cetra, escudo de cuero de que usaron antiguamente los Españoles en lugar de adarga y broquel.

**CETTE**, adj. demostr. f. *sét*. Esta, esa, aquella. V. CE.

**CEUTHOCÈRE** ó **CEUTOCÈRE**, m. *seutosér*. Zool. Ceutócero, género de insectos.

**CEUTHOSPORE**, f. *seutospór*. Bot. Ceutósporo, género de plantas.

**CEUX**, pronom. demostr. m. pl. *seu*. Estos, esos, aquellos. V. CELUI.

**CÉVADILLE**, f. *sevadíll*. Bot. y Med. Cevadilla, simiente menuda del Senegal, que se usa para matar los piojos, y molida es un fuerte estornutatorio. La planta que la produce se llama vedegambre blanco ó yerba del ballestero.

**CÉVADIQUE**, adj. *sevadíc*. Cevádico: se dice del ácido descubierto en la cevadilla.

**CÉVALCHICHILLE**, f. *sevalchichíll*. Bot. Especie de cepa silvestre de Méjico.

**CÉVALLIE**, f. *sevallí*. Bot. Cevalia, género de plantas de Méjico.

**CEYLANITE**, m. *selanít*. Miner. Celanita, pleonasto, especie de granate negro octaedro, piedra volcánica.

**CHA**, m. *chá*. Cha, tela de seda que usan en la China.

**CHABASIE**, f. *chabasí*. Miner. Chabasia, producto volcánico.

**CHABEC**, m. *chabéc*. Mar. Jabeque, buque mercante del Mediterráneo con velas de cruz y latinas.

**CHABIN**, m. *chabén*. Especie de cabra.

**CHABLAGE**, m. *chabláge*. El trabajo del piloto práctico en las entradas de los rios navegables y puertos. || La operacion de levantar algun peso.

**CHABLE**, m. *chábl*. Cable, maroma, cuerda gruesa que se pone en la garrucha para levantar algun peso. V. CABLE.

**CHABLEAU**, m. *chabló*. Mar. Calabrote, cable delgado.

**CHABLER**, a. *chablé*. Agr. Varear. *Chabler les noyers*, varear los nogales. || Mar. Enganchar un aparejo. || Atar un balon á un cable para levantarlo.

**CHABLEUR**, m. *chableur*. Piloto práctico en las entradas y salidas de un rio navegable.

CHABLIS, m. chablí. Desgajados, derribados: dícese de los árboles que se hallan en los montes derribados por los vientos ó por el peso de la nieve.

CHABNAM, m. chabnám. Chabnam, especie de muselina de la India muy fina y delgada.

CHABOT, m. chabó. Zool. [illegible], gobio, pescado de agua dulce. ‖ pl. Albañ. Cuerdas de andamios.

CHABOTTE, f. chabót. Art. Cepo, pedazo de madera en que se fija la bigornia.

[illegible], f. [illegible]. Raza de carneros de América sin cuernos, y que tienen lana hasta la pezuña.

CHABRAQUE, f. chabrác. Chabrá ó chabrana, caparazon, piel de carnero que se pone encima de las sillas de la caballería ligera.

CHABRÉE, f. chabré. Chabrea, género de plantas compuestas.

CHABRILLOU, m. chabrillú. Cabrillo, especie de queso de cabra que se hace en la Auvernia.

CHACAL, m. chacál. Zool. Chacal, especie de zorra del Asia y del África.

CHACAMEL, m. chacamél. Zool. Chacamel, águila de Méjico.

CHACART, m. chacár. Chacar, tela de algodon de las Indias.

CHACAYE, f. chacáye. Bot. Chacaye, arbusto del Perú.

CHACOLI, m. chacolí. Chacolí, vino que se hace en Vizcaya.

CHACONNE, f. chacón. Mús. Chacona, cierto baile de Indias, y tambien el cantar y la música con que se baila.

CHACRIL, m. chacríl. Bot. Chacril, árbol de América que tiene algunas propiedades de la quinina.

CHACUN, E, pronom. indefinido. chacún, ún. Cada uno, cada una, cada cual.

CHADEC, m. chadéc. Bot. Cadeca, especie de naranja gruesa de la Barbada.

CHAFAUDEUR, m. chafodeur. Pescador del banco de Terranova, encargado de descabezar el bacalao.

CHAFÉE, f. chafé. Fécula ó salvado que queda en los cazos, despues de haber sacado la flor del trigo por medio del agua para hacer el almidon.

CHAFER, m. chafér. Especie de fortificacion exterior.

CHAFERCONNÉE, f. chaferconé. Chafercona ó chaferconea, tela de las Indias.

CHAFOUIN, E, adj. chafuén, ín. Canijo, persona flaca, desmirriada y de triste semblante. ‖ [illegible], figurilla despreciable.

CHAFOURER, a. chafuré. Desfigurar, garrapatear, echar garrapatos.

CHAFOUREUR, m. chafureur. El que garrapatea, el que echa garrapatos.

CHAGRIN, m. chagrén. Enfado, disgusto, desazon, pena. ‖ Especie de cuero granado y áspero llamado zapa. ‖ Zool. Zapa, especie de gato marino. ‖ met. *Avoir une peau de chagrin*, tener el cútis áspero. ‖ [illegible], tela ligera de seda.

CHAGRIN, E, adj. chagrén, ín. Triste, desazonado, de mal humor, melancólico.

CHAGRINANT, E, adj. chagrinán. Enfadoso, molesto, desagradable.

CHAGRINEMENT, adv. chagrinemán. Fastidiosamente, con fastidio.

CHAGRINER, a. chagriné. Desazonar, molestar, enfadar, amohinar. ‖ Dar á un cuero la apariencia de piel de zapa. ‖ *Se chagriner*, r. Desazonarse, enfadarse, amohinarse.

CHAHUT, f. chaú. Zool. Buho, ave nocturna. ‖ Nombre de un baile indecente y grosero, prohibido en todo sitio público.

CHAIE, f. ché. Mar. Buque mercante holandes. ‖ Zool. Nombre de una ave.

CHAÎNE, f. chen. Cadena, serie de eslabones unidos entre sí. Esta palabra tiene las mismas acepciones que en español. ‖ Cadena, atadura, ligadura. ‖ Cadena, consecuencia de sucesos. ‖ En las fábricas de lana, urdimbre de una tela. ‖ *Chaîne d'or*, cabestrillo. ‖ *Chaîne avec son carcan*, [illegible], cadena con su argolla. ‖ *Chaîne de montagnes*, sierra, ó cordillera de montañas. ‖ pl. met. Esclavitud, prision.

[illegible]AU, m. chenó. Bot. Especie de [illegible] al de plomo ó madera.

CHAÎNÉE, f. chené. Medida de cadena.

CHAÎNER, a. chené. Medir con cadena.

CHAÎNETIER, m. chentié. El que hace cadenas.

CHAÎNETTE, f. chenét. Cadenita, cadenilla, cadeneta. ‖ [illegible], en el [illegible]. ‖ Art. Cadeneta que se forma á la cabeza y pié de un libro cuando se cose, y donde remata la costura. ‖ Guarn. Cadenilla [illegible] que se pone por adorno en las guarniciones. ‖ Impr. [illegible], hueco en donde se sostiene el carro ó platina de la prensa.

CHAÎNON, m. chenón. Eslabon, anillo de cadena.

CHAIR, f. chér. Carne. Tiene las mismas significaciones que en castellano, con la diferencia de que la carne preparada para ser comida se llama *viande*, [illegible] en la carnicería. El total de buenas carnes para comer se llama *bonne chair*. Así, *j'ai mangé de la viande*, he comido carne; *j'ai fait bonne chair*, he tenido buena comida. ‖ *Chair morte*, carne muerta, la gangrenada ó podrida. ‖ *Chair boucanée*, [illegible]. ‖ Art. *Chair*, entre curtidores es carnaza, la parte interior de la piel; y la exterior se llama *fleur*. ‖ Carne, la concupiscencia. *Le péché de la chair*, pecado carnal ó de concupiscencia. ‖ Carne, el cútis, hablando de personas. *Être entre cuir et chair*, [illegible].

CHAIRE, f. chér. Púlpito, en las iglesias; y cátedra, hablando de universidades y escuelas. ‖ Silla ó sede apostólica, la cátedra de san Pedro. ‖ *La chaire du Saint-Esprit*, la cátedra del Espíritu Santo, y no la silla ni la sede. ‖ *Chaire*, la misma predicacion; así se dice: *avoir du talent pour la chaire*, tener talento para el púlpito, para predicar. ‖ *L'éloquence de la chaire*, la elocuencia del púlpito ó sagrada.

CHAISE, f. chés. Silla, asiento con respaldo para una persona. ‖ Hist. *Chaise curule*, silla curul, la de marfil en que se sentaban los principales magistrados romanos. ‖ *Chaise à porteur*, silla de manos. ‖ *Chaise roulante*, silla volante y carretoncillo de niño. ‖ *Chaise percée*, sillico para necesidades naturales. ‖ *Chaise de poste*, silla de posta. ‖ *Une suite de chaises*, una sillería ó un juego de sillas.

CHAISIER, m. chesié. Sillero, el operario que construye sillas.

CHAISIÈRE, f. chesiér. Sillera, la que alquila sillas en la iglesia. Se dice mejor *loueuse de chaises*.

CHAITOSE, f. chetós. Med. [illegible], engrosamiento y dureza de los cabellos.

CHAKANDOUR, m. chacandúr. Com. Chacandar, especie de tejido de seda de las Indias.

CHAKO, m. chacó. Mil. Chacó ó morrion, prenda militar que se lleva en la cabeza, de figura, por lo comun, cilíndrica y con visera.

CHALA, f. chála. Bot. Chala, planta de Chile, buena contra el dolor de muelas.

CHALAND, E, m. y f. chalán. Parroquiano, el que suele ir á comprar siempre á la misma tienda; á veces significa simplemente comprador. ‖ adj. m. *Pain chaland*, pan bajo. ‖ *Bâteau chaland*, barco chato de descarga, chalana.

CHALARE, m. calár. Zool. Calaro, género de insectos dípteros.

CHALASIE, m. calasí. Med. Calasia, relajacion de las fibras de la córnea transparente. ‖ Calasia, piedra preciosa, dura como el diamante y que se parece mucho á un globulo de granizo.

CHALASTIQUE, adj. calastíc. Med. Calástico, laxante, propio para relajar las fibras.

CHALAZES, f. pl. caláz. Yemas de huevo.

CHALAZÉ, ÉE, adj. calazé. Cir. Tuberculoso.

CHALCAS, m. cálcas. Bot. Calcas, arbusto de la China. V. MURRAGE.

CHALCÉ, m. calsé. Zool. [illegible], género de peces de la familia de los salmonoides.

CHALCÉDOINE, f. calsedóan. Calcedonia, especie de ágata cuarzosa.

CHALCIDE, m. calsíd. Zool. Cálcido, género de lagartos verdes.

[illegible]

[illegible], f. [illegible]. Nave india.

[illegible], m. pl. [illegible]. Zool. [illegible] familia de [illegible] que tienen [illegible].

[illegible], m. [illegible]. Zool. Chalula, [illegible] del Perú.

[illegible], m. [illegible]. Pesc. Red grande [illegible].

[illegible], f. [illegible]. Mar. Lancha, [illegible].

[illegible], m. [illegible]. Marinero [illegible].

[illegible], m. [illegible]. Cañutillo [illegible] para [illegible] algun licor. || [illegible] de metal. || Pesc. Zampoña, [illegible], caramillo. || Quím. [illegible] de metal que remata en una [illegible], por donde se sopla [illegible] una vela para dirigirla sobre [illegible] que se quiere calentar.

[illegible], a. [illegible]. Beber por un [illegible].

[illegible], m. [illegible]. El tubo ó cañon [illegible] pipa de fumar.

[illegible], m. [illegible]. Red para pescar, de [illegible].

[illegible], a. [illegible]. Arrastrar la [illegible] rada, bahía, etc.

[illegible], m. [illegible]. Com. Chalí, tela de [illegible].

[illegible], adj. [illegible]. [illegible] ó [illegible], que tiene la [illegible].

[illegible], f. [illegible]. Llamada, toque [illegible] caja ó clarín, señal que se [illegible] campo á otro para parlamentar.

[illegible], n. [illegible]. Disputar, [illegible] con acrimonia. || Se [illegible], reñir recíprocamente dos per[illegible].

[illegible], m. fam. [illegible]. Cipi[illegible], riña con golpes dados y re[illegible].

[illegible], m. [illegible]. Bot. Camaira, [illegible].

[illegible], m. [illegible]. Hist. Camau, [illegible].

[illegible], m. [illegible]. Hist. rel. [illegible], sistema religioso de los cama[illegible].

[illegible], f. [illegible]. Camáros, género [illegible].

[illegible], m. [illegible]. Camarero, [illegible] iglesia de *Lyon*.

[illegible], adj. [illegible]. Recargado [illegible] ó con mal gusto [illegible] de adornos; como si dijera [illegible] de galones, encajes, etc.

[illegible], a. [illegible]. Recamar, [illegible] vestido con flecos, encajes, [illegible] || met. Se toma en sentido [illegible] *chamarrer un sermon*, un [illegible], emperifollar un [illegible] de metáforas. || *Se chamarrer* [illegible] de una manera ridícula.

[illegible], f. [illegible]. Guarnicion [illegible] vestido. Solo se usa hablando [illegible] de poco gusto.

[illegible], m. [illegible]. Derecho [illegible] vasallos á sus señores feudales [illegible]. || Derecho [illegible] primer portero de la contaduría [illegible] empleo.

[illegible], m. [illegible]. Chambelan [illegible] al servicio inmediato [illegible] ó gentil hombre de [illegible] se llama camarero, [illegible] hombre de cámara. || *Chambellan* [illegible] *du roi*, gentil hombre or[illegible]. || *Grand chambellan*, camarero [illegible] de corps.

[illegible], f. [illegible]. Cama[illegible] gentil hombre de cámara.

[illegible], m. [illegible]. Derecho [illegible] al señor feudal en el [illegible] vasallo.

[illegible], m. [illegible]. Camarero.

[illegible], m. [illegible]. Miner. [illegible] para hacer los vasos de [illegible].

[illegible], m. [illegible]. Jambas [illegible] de las chimeneas fran[illegible].

[illegible], f. [illegible]. Cuarto, aposento, [illegible] sentido como si[illegible]que: *Chambre à coucher*, cuarto de dormir. *Chambre à feu*, cuarto de chimenea. *Chambre garnie*, cuarto que se alquila con muebles. || *Chambre de parade*, sala de estrado. || *Chambre du conseil*, sala del consejo. *Chambre criminelle*, sala del crímen. || *Chambre* es cámara en estos ejemplos: *chambre du roi*, *de la reine*, *du pape*, *etc.* *Chambre apostolique*, cámara apostólica. *Chambre impériale*, cámara imperial. *Chambre des pairs*, *des députés*, *du parlement*, cámara de los pares, etc. *Chambre d'un vaisseau*, cámara ó camarote de un navío. *Chambre d'un fusil*, recámara. *Chambre d'une pièce de canon*, magaña, defecto en el alma del cañon. || *Valet de chambre*, ayuda de cámara. *Femme de chambre*, doncella ó camarera; en el cuarto de una reina, camarista. || *Robe de chambre*, bata para hombre, peinador para señora. || *Pot de chambre*, y mas comunmente *vase de nuit*, servicio, bacin, orinal. || *Antichambre*, antecámara, sala de recibimiento, hablando de príncipes, etc.; antesala, en casas particulares. || *Chambre de commerce*, junta de comercio. || *Chambre des comptes*, contaduría mayor.

**CHAMBRÉ, ÉE**, adj. *chanbré*. Magañado: se dice de las piezas de cañon que tienen defectos en el alma.

**CHAMBRÉE**, f. *chanbré*. Nombre colectivo de los soldados que duermen en una misma cuadra ó sala de su cuartel. = Se dice tambien, por extension, de todos los que viven ó duermen en una misma pieza. || Tambien se toma algunas veces por entrada, concurso á un teatro. || Los diferentes pozos de una cantera de pizarra.

**CHAMBRELAN**, m. *chanbrlán*. Oficial que trabaja en su cuarto á escondidas, porque no es maestro aprobado.

**CHAMBRER**, n. *chanbré*. Arrancharse, vivir en un mismo cuarto ó alojamiento, como la tropa. || a. Encerrar á alguno en un cuarto por engaño ó mala intencion.

**CHAMBRERIE**, f. *chanbrrí*. Camarería, empleo ú oficio de camarero en las abadías.

**CHAMBRETTE**, f. *chanbrét*. Aposentillo, cuartito, camarin, camarilla. || met. Chiribitil, tabuco. || Agr. Variedad de pera poco estimada.

**CHAMBRIER**, m. *chanbrié*. Camarero, dignidad en algunas abadías claustrales y cabildos. || *Grand chambrier*, camarero mayor de palacio.

**CHAMBRIÈRE**, f. *chanbriér*. Doncella, moza de una casa particular, ó mas bien de curas y hombres que viven solos. || Látigo de picador de caballos. || Cinta con que se ata la rueca al cuerpo para sostenerla cuando se hila.

**CHAMBRILLON**, m. *chanbrillón*. Criadita muy jóven, ó criada de poco salario.

**CHAME ó CAME**, f. *cám*. Came, nombre genérico de algunas conchas bivalvas.

**CHAMEAU**, m. *chamó*. Zool. Camello, animal cuadrúpedo y de carga, andador é infatigable, de los desiertos del África y del Asia. || Zool. *Chameau marin*, camello marino, especie de pescado.

**CHAMÉDORÉE**, f. *camedore*. Bot. Camedorea, género de plantas americanas.

**CHAMÉDORIDE**, f. *camedoríd*. Bot. Camedórida, género de plantas.

**CHAMÉLAUCIÈES**, f pl. *camelorié*. Bot. Camelocias, género de plantas.

**CHAMELIER**, m. *chamlié*. Camellero, el que cuida de los camellos, ó el que trajina con ellos.

**CHAMÉLIN**, m. *camelén*. Bot. Camelino, especie pequeña de lino.

**CHAMÉLINION**, m. *camelinión*. Bot. Camelinion, género de plantas liliáceas.

**CHAMELLE**, f. *chamél*. Zool. Camella, la hembra del camello ó el camello hembra.

**CHAMÉLON**, m. *chamelón*. Zool. Camello pequeño, el hijo de la camella.

**CHAMÉMÈLE**, m. *camemél*. Bot. Camemelo, género de plantas panáceas.

**CHAMÉMESPILE**, m. *camemespíl*. Cameméspilo, especie de níspero enano.

**CHAMÉROPE**, m. *cameróp*. Bot. Camerope, género de palmeras.

**CHAMÉRÈS**, m. *camrés*. Zool. Camerro, género de aves hormigueras.

**CHAMILLARDE**, f. *chamillárd*. Persecucion contra los protestantes.

**CHAMIRE**, f. *chamír*. Bot. Camira, género de plantas del cabo de Buena Esperanza.

**CHAMITIS**, m. *chamitis*. Bot. Camitis, género de plantas umbelíferas.

**CHAMOIS**, m. *chamuá*. Zool. Rupicabra, gamuza, especie de cabra montés. || Gamuza, la piel de este animal preparada como el ante. || *Couleur chamois*, color agamuzado, amarillo muy claro.

**CHAMOISER**, a. *chamuasé*. Art. Agamuzar, curtir las pieles del modo que se curten las de la rupicabra.

**CHAMOISERIE**, f. *chamuaserí*. Gamucería, paraje en que se curten y preparan las pieles de gamuza. || Gamucería, comercio del gamucero.

**CHAMOISEUR**, m. *chamuaseur*. Gamucero, curtidor que prepara no solamente las pieles de gamuza, sino tambien otras pieles, como las de carnero, vaca, etc.

**CHAMOISITE**, f. *chamuasít*. Miner. Gamusita, mineral ferruginoso.

**CHAMOUNIER, ÈRE**, m. y f. *chamuniér*, *ér*. Chamunio, habitante del valle de Chamuni en Saboya.

**CHAMP**, m. *chán*. Campo, extension de tierra labrantía no cercada. || pl. *Champs*, todo terreno fuera de poblado, ya sea de labor ó de pasto, matorral, erial, arboleda, etc. Es lo que se llama campo en sentido colectivo. || *Champ*, alcance de un anteojo de larga vista; fondo de una tela labrada, ó de un escudo de armas. || met. *Donner du champ à la pensée*, dar campo á la imaginacion. || *Champ de bataille*, campo de batalla. || *Champ à garance*, rubial. || *Champ clos*, palenque, campo cerrado para lidiar en desafíos, justas y torneos. || *A travers champs*, fuera de camino. || *Sur-le-champ*, sobre la marcha, inmediatamente. || *A tout bout de champ*, á cada instante, sin saber porqué ni para qué. || *Courir les champs*, estar loco, haber perdido la chabeta, echar por esos cerros. || *Être fou à courir les champs*, estar loco rematado. || *Avoir la clef des champs*, tener entera libertad para ir á donde se quiere. || *Battre aux champs*, tocar marcha á un general que llega. || *Gagner les champs*, poner piés en polvorosa, tomar soleta escaparse. || *De champ*, loc. adv. De plano ó paralelamente al horizonte. Es usada esta locucion entre los carpinteros para expresar lo contrario á derecho ó vertical. *Mettre, poser de champ des briques*, *des pierres*, *des solives*, *etc.*, poner de canto los ladrillos, las piedras, ó de cabeza ó punta las vigas, etc.

**CHAMPADA**, m. *chanpáda*. Bot. Campada, árbol grande y frondoso de Malaca.

**CHAMPAGNE ó PLAINE**, f. *chanpañ*, *plén*. Blas. Campo, el espacio de abajo del escudo ó la tercera parte de él.

**CHAMPAGNE**, m. *chanpañ*. Vino de Champaña: al modo que decimos Jerez, Málaga, en vez de vino de, etc.

**CHAMPAN**, m. *chanpán*. Mar. Champan, barco de comercio chino de tres palos.

**CHAMPART**, m. *chanpár*. Feud. Cierta cantidad de gavillas de mieses que en algunas partes pagaban los enfiteutas á los señores propietarios.

**CHAMPARTER**, n. *chanparté*. Cobrar ó recoger las gavillas de mieses que le correspondian al señor por su derecho de enfitéusis.

**CHAMPARTERESSE**, f. *chanparterés*. La granja ó paraje donde se recogian las mieses del señor por derecho de enfitéusis.

**CHAMPARTEUR**, m. *chanparteur*. El labrador ó comisionado que cuidaba de recoger las gavillas de miés pertenecientes al señor feudal.

**CHAMPARTIR**, a. V. CHAMPARTER.

**CHAMPAYER**, a. *chanpeyé*. Feud. Echar á pastar en los campos.

**CHAMPÉ**, adj. *chanpé*. Blas. Campado: es cuando solo se denota la calidad del campo del escudo.

**CHAMPÉAGE**, m. *chanpeáge*. Derecho que tienen algunos pueblos de llevar sus ganados á pacer á las tierras baldías.

**CHAMPEAUX**, m. pl. *champó*. Prados, praderas.

**CHAMPELEUSE**, f. *champleus*. Zool. Nombre vulgar en Francia de las orugas grandes.

**CHAMPENOIS**, E, adj. y s. *chanpnuá*. Champañés, de Champaña.

**CHAMPER**, n. *chanpé*. Salin. Echar leña en el fuego.

**CHAMPESTRE**, m. *chanpéstr*. Campestré, especie de tonelete con el que hacian los soldados romanos sus ejercicios.

**CHAMPÊTRE**, adj. *chanpétr*. Campestre, campesino, que pertenece á los campos. || Campestre, que está alejado de poblado. || Rústico, agreste.

**CHAMPEUR**, m. *chanpeur*. Trabajador en las salinas que cuida de alimentar el fuego.

**CHAMPI**, m. ant. *chanpí*. Bastardo, degenerado, mestizo. || Papel para hacer encerados de ventana.

**CHAMPIGNON**, m. *chanpiñón*. Bot. Hongo, planta esponjosa que se halla principalmente en los bosques. || Seta, hongo comestible. || Seta, el pábilo que se forma en una vela. || met. *Il croit comme un champignon*, crece como un espárrago.

**CHAMPIGNONNIÈRE**, f. *chanpiñonièr*. Agr. Cama de tierra y estiércol en un paraje abrigado para tener hongos ó setas todo el año. Esta cama de tierra se llama técnicamente *tabla de mantillo*.

**CHAMPIN**, m. *chanpén*. Bot. Campino, árbol de flor olorosa.

**CHAMPION**, m. *chanpión*. Campeon, el que combatia en campo cerrado, por sí ó por otro, mediante cierta recompensa. || Campeon, caballero noble que se presentaba á sostener los derechos de una dama oprimida ó de un huérfano sin defensa. || Campeon, combatiente; pero se usa mas comunmente en lenguaje burlesco ó irónicamente, hablando de un cobarde, v. gr.: *c'est un vaillant champion*, bravo soldado es fulano.

**CHAMP-LEVER**, a. *chanlevé*. Abuecar con el buril.

**CHAMPLURE**, f. *chanplür*. Desarticulacion y caida de los frutos, hojas y ramas por las heladas, escarchas, ó por falta de vigor en la vegetacion. = Las mismas escarchas que hacen el daño.

**CHAMPONIER**, m. *chanponié*. Equit. Caballo que tiene las ranillas largas, afiladas y llenas.

**CHAMPSODACTILE**, m. *chanpsodactil*. Zool. Campsodáctilo, género de reptiles.

**CHAM-TI**, m. *chantí*. Mit. Canti, dios de los Chinos, que gobierna el mundo.

**CHANANÉEN**, NE, adj. y s. *cananeén*, *én*. Cananeo, de la tierra de Canaan.

**CHANCE**, f. *cháns*. Especie de juego de dados. || Aventura, suceso feliz ó desgraciado. || Probabilidad. || Suerte. || *N'avoir pas de chance*, no ser feliz. || *Bonne chance*, buena suerte.

**CHANCEAU** ó **CHANCEL**, m. *chansó*, *chansél*. Arq. Cancel, los barrotes de una verja. = Lugar cerrado con verjas.

**CHANCELLADE**, f. *chanselad*. Congregacion de canónigos regulares.

**CHANCELAGUE**, f. *chanselágue*. Bot. Canchalagua, planta del Perú.

**CHANCELANT**, E, adj. *chanslán*. Vacilante, lo que está mal seguro, poco firme. || met. Vacilante, dudoso, indeciso.

**CHANCELER**, n. *chanslé*. Bambolear, vacilar, tambalear, inclinarse una persona ó cosa hácia una parte y otra como si fuese caer. || met. Vacilar, titubear.

**CHANCELIER**, m. *chanslié*. Canciller, jefe supremo de la justicia. || El que en las universidades de España confiere los grados se dice cancelario, y en algunas maestrescuela en Castilla. || Canciller ó canceller, cierta dignidad en algunos cabildos. || En las escalas del Levante, el secretario del consulado que guarda el sello. || Canciller, el empleado que custodia en Francia los sellos. || En Roma se llamaba así una especie de archiveros, notarios ó hujieres.

**CHANCELIÈRE**, f. *chanselièr*. Folgo, bolsa de piel para poner los piés en invierno.

**CHANCELLEMENT**, m. *chanselmán*. Vacilacion, movimiento de lo que se inclina ya á un lado, ya á otro.

**CHANCELLERIE**, f. *chanselrí*. Cancillería, despacho donde se sellan ciertos actos con el sello del Estado; despacho del canciller. || Nombre que se da á varias oficinas, como: *chancellerie de Rome*, cancillería de Roma, etc.

**CHANCEUX**, EUSE, adj. pop. *chanseu*, *eus*. Dichoso, afortunado, el que generalmente tiene dicha. || Irónicamente, que es la locucion mas comun, en Paris *chanceux* es un hombre poco feliz en sus proyectos y esperanzas, desafortunado. || Dudoso, lo que ofrece un resultado incierto.

**CHANCIR**, n. *chansír*. Florecerse, enmohecerse, cubrirse de moho algunas cosas.

**CHANCISSURE**, f. *chansisür*. Enmohecimiento.

**CHANCRE**, m. *cháner*. Llaga, nombre que se da á varias úlceras que corroen, especialmente á las venéreas. || Vet. Cáncer, enfermedad que ataca al ganado vacuno. || Agr. Cáncer, enfermedad que roe los árboles y los despoja de su corteza. || Sarro, la porquería que se pega á los dientes. || met. *Manger comme un chancre*, hartarse como un lobo, comer excesivamente.

**CHANCREUX**, EUSE, adj. *chancreu*, *eus*. Canceroso, lo que participa de la naturaleza del cáncer; el que está atacado de cáncer.

**CHANDELETTE**, f. ant. *chandlèt*. Velita, una vela pequeña.

**CHANDELEUR**, f. *chandleur*. Candelaria, fiesta que celebra la Iglesia en honor de la Purificacion de Nuestra Señora.

**CHANDELIER**, m. *chandlié*. Candelero, utensilio que sirve para poner en él la vela. || Velero, el que fabrica velas. || met. *Etre placé sur le chandelier*, tener valimiento, figurar, ocupar un alto destino.

**CHANDELIÈRE**, f. *chandlièr*. Com. Velera, mercadera de velas. La mujer del fabricante de velas.

**CHANDELLE**, f. *chandél*. Candela, vela de sebo. Las de cera se llaman *bougies*, bujías. || *Chandelle de noix*, velas fabricadas con las bocas de nueces, despues de sacado el aceite. || *Economies de bouts de chandelles*, ahorros inútiles, insignificantes. || met. *Se brûler*, *venir se brûler à la chandelle*, meterse de hocicos en la miel, caer en la red. || *Le jeu ne vaut pas la chandelle*, la cosa no merece la pena. || *Il s'en va comme une chandelle*, se deshace como la espuma. || Art. Virotillo, pieza de madera ó de hierro colocada verticalmente para servir de puntal.

**CHANDELLERIE**, f. *chandelrí*. Com. Velería, sitio donde se hacen y se venden las velas; comercio de velas.

**CHANÉ**, f. *chane*. Art. Mediacaña del telar que sirve para tejer la seda. || Cauce, canalito que conduce el agua á la rueda de un molino de papel.

**CHANLETTE**, f. *chanlèt*. Art. Canaleja, pequeño canal que conduce el agua de pilon en pilon.

**CHANFREIN**, m. *chanfrén*. Frente ó faz del caballo. || Testera, la armadura de la frente del caballo. || Art. Chaflan, superficie que queda en la piedra ó en la madera en lugar de una arista cortada.

**CHANFREINDRE**, a. *chanfréndr*. Agujerear formando agujero cónico.

**CHANFREINER**, a. *chanfrené*. Cortar de soslayo. || Aparejar un caballo con su testera.

**CHANGE**, m. *chánge*. Cambio, permuta, trueque de una cosa por otra. || Cambio, banco de giro, plaza, bolsa ó casa de contratacion. || Cambio, el interes que lleva el cambista ó banquero. || Cambio, giro de dinero de una parte á otra. Así se dice: *lettre de change*, letra de cambio. || *Courtier de change*, corredor de bolsa. || met. *Prendre le change*, engañarse, quedar burlado, chasqueado.

**CHANGEANT**, E, adj. *chanján*. Mudable, variable, hablando de cosas; inconstante, veleidoso, hablando de personas. || *Couleur changeante*, color tornasolado, cambiante.

**CHANGEMENT**, m. *changemán*. Mudanza, cambio, variacion, alteracion, mutacion, cambio: como mudanza de vida, de tiempo, de gustos, etc. [illegible] lidad. || Mutacion de [illegible] riacion, cambio en la [illegible] rios.

**CHANGEOTTER**, n. *chang*[illegible] chear, hacer cambalaches [illegible] cosejas.

**CHANGER**, a. *changé*. Cambiar, [illegible] permutar. || Mudar, [illegible] biar, dar ó tomar dinero á cambio. [illegible] cambiar una cosa á alguno. || [illegible] mudar, convertir, transformar [illegible] otra. || *Se changer*, r. Mudar de [illegible] camisa, etc. || Estar desmejorado, [illegible] desfigurado por enfermedad ó [illegible] en este caso se dice: [illegible]

**CHANGEUR**, m. [illegible] cambista, girador de letras, el [illegible] oficio tomar el dinero en una [illegible] en otra, girando letras por [illegible]

**CHANGOSIN**, m. [illegible] gala.

**CHANLATTE**, f. *chanlát*. [illegible] dera que se coloca [illegible] del alero de un tejado, [illegible] las tejas de los extremos.

**CHANNE** ó **CHAN**, m. [illegible] Cano, especie de pescado de mar.

**CHANOINE**, m. [illegible] que posee una canongía en [illegible] colegiata. || *Chanoine régulier*, [illegible] glar, el que vive en comunidad [illegible] tituto aprobado por la Santa Sede.

**CHANOINESSE**, f. [illegible] sa, mujer principal que goza [illegible] benda sin votos perpetuos [illegible] nonesa, religiosa agustina.

**CHANOINIE**, f. [illegible] nonicato. *Canonicat* es mas usado.

**CHANON**, m. *chanón*. Zool. [illegible] pecie de concha bivalva del [illegible]

**CHANOS**, m. *chanós*. Zool. [illegible] pecie de pescado.

**CHANSON**, f. *chansón*. Cancion, [illegible] copla. || Importunidad. || met. [illegible] ra, cuento, dicho frívolo y [illegible] *autre chanson*, ese es otro [illegible] de otro costal.

**CHANSONNER**, a. *chansoné*. [illegible] cer coplas ó cantares contra alguno.

**CHANSONNETTE**, f. [illegible] cioncilla, cantarcito, letrilla, [illegible]

**CHANSONNIER**, ÈRE, m. [illegible] *nié*, *èr*. Cancionista, coplero, [illegible] que hace ó canta las canciones [illegible] familiar, jacarero. || Cancionero, [illegible] de canciones.

**CHANT**, m. *chán*. Canto, el [illegible] do de cantar. || Canto, [illegible] || Canto, cualesquiera de las [illegible] que se divide un poema épico. [illegible] *gorien ou plain-chant*, canto [illegible] canto llano. || met. *Chant de* [illegible] jo falso, adulador, engañoso.

**CHANTABLE**, adj. [illegible] table, que puede cantarse.

**CHANTANT**, E, adj. *chantán*. [illegible] lo que se puede fácilmente cantar.

**CHANTEAU**, m. *chantó*. [illegible] zo de pan, queso, etc. || pl. [illegible] gambes, los pedazos de [illegible] se unen al ancho de las [illegible] gan redondas. || Jurisp. [illegible] dazo de heredad.

**CHANTEGNOLE**, f. Arq. [illegible] panda sostenida sobre los [illegible] de egiones.

**CHANTELAGE**, m. [illegible] recho que se pagaba al señor [illegible] vino vendido por mayor.

**CHANTEPLEURE**, f. [illegible] timplora, sifon ó tubo de [illegible] les para extraer agua ó licores. [illegible] ra, vasija de cobre, estaño ó [illegible] friar el agua. || Tajea ó [illegible] ducto abierto en una pared [illegible] V. BARBACANE.

**CHANTER**, n. *chanté*. Cantar, [illegible] formar con la voz sonidos [illegible] lebrar en verso acciones [illegible] á *chanter*, maestro de canto. [illegible] *qui la fortune chante*, [illegible] alaba. || *Faire chanter*, [illegible] sabe. || *Chanter à livre ouvert*, [illegible] repente la cabeza [illegible] *linodie*, cantar la palinodia, [illegible]

cardenales, capelo. || Mar. *Chapeau de maître*, sombrero del patron, lo que se le abona por tonelada. || *Coup de chapeau*, gorretada, cortesía que se hace quitándose el sombrero. || *Mettre chapeau bas*, quitarse el sombrero, descubrirse delante de alguno. || Sombrero, gorro de señora de formas muy variadas. || Pesc. Medio-mundo, red para pescar camarones. || *Chapeau d'évêque*, Bot. Sombrero de obispo, nombre vulgar de una planta vivaz de las montañas.

**CHAPE-CHUTE**, f. chapchút. Fortuna inesperada. V. AUBAINE, primera acepcion.

**CHAPECHUTER**, n. chapchuté. Hacer un ruido lijero.

**CHAPELAIN**, m. chaplén. Capellan, beneficiado titular de una capilla. || Capellan, sacerdote que recibe emolumentos por celebrar en una capilla particular ó en una comunidad. || Capellan, en palacio el sacerdote que dice la misa al rey, á la reina, etc. Este capellan se llama tambien *aumônier*.

**CHAPELER**, a. chaplé. Raspar la corteza quemada ó dura del pan, rallar el pan.

**CHAPELET**, m. chaplé. Rosario para rezar. || Med. Corona de Vénus, granos que salen al rededor de la frente, y se miran como un sintoma del mal venéreo. || Círculo de espuma que se forma en el aguardiente al verterlo cuando es de buena calidad. || Rosario, cierta máquina hidráulica. || met. *Défiler son chapelet*, dar quejas, decir lo que se tiene entre pecho y espalda; y tambien, contar alguna cosa minuciosamente y con todos sus pelos y señales.

**CHAPELIER, ÈRE**, m. y f. chaplié, ér. Sombrerero, el que hace ó vende sombreros.

**CHAPELIÉRIE**, f. chaplieri. Bot. Capelaria, género de plantas.

**CHAPELINE**, f. chaplín. Mil. ant. Capelina, casco, celada, armadura de cabeza de los antiguos del tiempo de la caballería.

**CHAPELLE**, f. chapél. Capilla, edificio pequeño consagrado á Dios. || Capilla, edificio pequeño dentro de una iglesia que tiene su altar y advocacion particular. || Oratorio, paraje en que se celebra el oficio divino en una casa grande, en un hospicio ó colegio. || Capilla, todos los músicos que cantan en la capilla del rey. || Recado, todas las alhajas y ornamentos necesarios para la celebracion del oficio divino. || *Chapelle ardente*, capilla ardiente, el túmulo con luces para celebrar exequias de algun personaje.

**CHAPELLENIE**, f. chapelní. Capellanía, beneficio y dignidad de un capellan.

**CHAPELLERIE**, f. chapelrí. Sombrerería, arte de hacer sombreros. || Sombrerería, casa ó taller donde se fabrican sombreros. || Sombrerería, comercio del sombrerero.

**CHAPELURE**, f. chaplür. Raspadura, lo que se quita del pan al rasparlo.

**CHAPERON**, m. chaprón. Caperuza, prenda de abrigo para la cabeza. || Caperuzon, capirote, hablando en sentido irónico. || Especie de bonete de doctor y de licenciado. || Collar que se pone sobre la capa de coro. || Capillo, capirote con que se les cubre la cabeza á las aves cazadoras. || Albardete, caballete de una pared. || met. Rodrigon, persona cuya compañía pone á cubierto la conducta de una jóven, y aun tambien de una mujer casada. || Impr. Pliegos añadidos á una tirada para reemplazar maculaturas.

**CHAPERONNER**, a. chaproné. Albardillar, cubrir con teja ó ladrillo el lomo ó caballete de tapias, paredes, etc. || Cetr. Encapillar, cubrir con capillo ó capirote la cabeza de las aves de rapiña.

**CHAPERONNIER**, m. chapronié. Cetr. Albardillador, el que pone el capirote á los halcones y azores. || El pájaro mismo se llama tambien *chaperonnier*.

**CHAPETONNADE**, f. chapetonád. Med. Capetonada ó chapetonada, vómito acompañado de delirio que ataca á los Europeos en los climas cálidos.

**CHAPIER**, m. chapié. Capero, el prebendado ó clérigo que lleva la capa pluvial en los oficios divinos. || El armario en donde se guardan las capas de coro.

**CHAPIN**, m. chapén. Chapin, calzado español, de mujer.

**CHAPITEAU**, m. chapitó. Arq. Capitel, la parte superior de la columna que sienta sobre el fuste. = Capitel, adorno de arquitectura que corona ciertas obras. || Quim. Capitel, parte superior de un alambique en la que se condensan los vapores que suben de la cucúrbita. || El filete de la cabezada de un libro. || *Chapiteau de guenouille*, rocadero. || *Chapiteau de chaise*, sombrero de púlpito.

**CHAPITRE**, m. chapítr. Cabildo, el cuerpo de canónigos de una catedral ó colegiata. || Cabildo, junta ó reunion de los canónigos de una catedral ó colegiata. || Cabildo, sala capitular para celebrar los canónigos sus juntas. || Capítulo, reunion de prelados de una órden religiosa; y el lugar en que se celebra la reunion. || Capítulo, division de materias en un libro. || met. Capítulo, asunto de que se trata ó habla. || met. y fam. *Avoir voix au chapitre* ó *en chapitre*, tener vara alta, tener influencia ó prestigio en alguna parte. || *N'avoir pas voix au chapitre* ó *en chapitre*, no tocar pito.

**CHAPITRER**, a. chapitré. Corregir en pleno cabildo á un canónigo, racionero, etc. Entre religiosos se dice dar capítulo. || met. y fam. Echar una peluca, dar una carda, reprender con acrimonia, con aspereza.

**CHAPMANNIE**, f. capmaní. Bot. Capmania, género de plantas papilionáceas.

**CHAPON**, m. chapón. Capon, gallo castrado. || Capon, hombre castrado: se usa en sentido irónico. || met. y fam. *Qui chapon donne, chapon lui vient*, un favor se paga con otro.

**CHAPONNEAU**, m. chaponó. Caponcillo, gallo recien capado.

**CHAPONNER**, a. chaponé. Capar, castrar un gallo jóven.

**CHAPONNIÈRE**, f. chaponiér. Utensilio de cocina para cocer un capon. || Sombrerera, planta.

**CHAPOTER**, a. chapoté. Desbastar, trabajar la madera con la azuela.

**CHAPPE**, f. chap. Empuñadura de un molde. || Ribete, especie de orillo que se ponia al rededor de las redes.

**CHAPPIN**, m. chapén. Chapin, calzado español que encierra el zapato; especie de chanclo de mujer.

**CHAPTALIE**, f. chaptalí. Bot. Chaptalia, género de plantas.

**CHA-PUAN**, m. chapuán. Bot. Capuana, especie de planta aromática de la China.

**CHAPUIS**, m. ant. chapuí. Carpintero. || Cobertizo, tinglado para tener madera.

**CHAPUISER**, n. chapuisé. Carpintear, trabajar como un carpintero.

**CHAPUT**, m. chapú. Tajo de pizarrero.

**CHAQUE**, adj. distributivo é ind. que solo tiene singular, chác. Cada. Se dice de las personas y de las cosas para singularizarlas, y va siempre seguido del sustantivo: *chaque personne, chaque jour, chaque page*.

**CHAQUEUE**, f. chaqueu. Bot. Cola de caballo.

**CHAR**, m. chár. Carro: generalmente se entiende carro triunfal. || Se dice tambien para indicar ciertos carruajes, como *char-à-bancs*, diabla, especie de carro con bancos. || *Char funèbre*, carro fúnebre: se dice en estilo elevado, hablando del entierro de un gran personaje. || Carro, nombre que se da á todo carruaje notable por su elegancia ó su riqueza.

**CHARA**, f. chára. Astr. Chara, constelacion, situada bajo la cola de la Osa mayor. || Bot. Chara, planta criptógama, es decir, de sexo oculto.

**CHARACHER**, m. charaché. Especie de verbena de Egipto.

**CHARACIAS**, m. charácias. Bot. Caracia, especie de planta euforbia leñosa.

**CHARACIN**, m. charasén. Zool. Caracino, género de pescado.

**CHARADE**, f. charád. Charada, especie de enigma, cuyo secreto está en una palabra cuyas sílabas, llamadas *mi primera, mi segunda*, tienen una significacion y forman un *todo*, que se trata de adivinar. *Courbure*, por ejemplo, ofrece *cour*, corte, y *bure*, sayal, y significa en total curvatura. *Chien*, perro, y *dent*, diente, componen *chiendent*, grama. || Acertijo, enigma.

**CHARADISTE**, m. y f. charadíst. Charadista, el ó la que gusta de componer ó adivinar charadas.

**CHARADRIADÉS**, m. pl. *charadriadé*. Zool. Caradriados, familia de aves.

**CHARADRIOS**, m. *charadriós*. Pájaro de cetrería.

**CHARAGNE**, f. *charañ*. Bot. Caraña, género de plantas acuáticas.

**CHARAMAIS**, m. *charamé*. Bot. Caramais, árbol de las Indias, cuya raíz lechosa es un purgante muy activo.

**CHARAME**, m. *charám*. Zool. Caramo, género de coleópteros.

**CHARANÇON**, m. *charansón*. Zool. Gorgojo, género de coleópteros que roe los trigos en los graneros.

**CHARANÇONNÉ, ÉE**, adj. *charansoné*. Agorgojado, calificacion de un grano atacado por el gorgojo.

**CHARAXE**, m. *charács*. Zool. Caraxo, género de lepidópteros diurnos.

**CHARBON**, m. *charbón*. Carbon, madera preparada anteriormente por cierto grado de combustion, para servir de combustible tal como se necesita. || Carbunco ó carbunclo, tumor maligno. || Tizon, enfermedad de los trigos. || *Charbon de terre*, carbon de tierra, mineral inflamable: el nombre propio es *houille*. || *Charbon de saule*, carboncillo de sauce propio para dibujar. || met. y fam. *Etre sur les charbons*, estar en brasas, estar impaciente.

**CHARBONNAGE**, m. *charbonáge*. Hullera, mina de hulla ó de carbon de tierra.

**CHARBONAILLE**, f. *charbonáll*. Cisco, mezcla de tierra, arcilla y carbon.

**CHARBONNÉE**, f. *charboné*. Carbonada, chuleta de vaca ó de cerdo asada en parrillas.

**CHARBONNER**, a. *charboné*. Tiznar, manchar con carbon. || Dibujar con carbon.

**CHARBONNERIE**, f. *charbonrí*. Carbonería, depósito, almacen de carbon.

**CHARBONNEUX, EUSE**, adj. *charboneu, eus*. Med. Carbuncoso ó carbuncloso, que participa de la naturaleza del carbunco ó carbunclo.

**CHARBONNIER, ÈRE**, m. y f. *charbonié, ér*. Carbonero, el que hace, vende ó acarrea carbon. || Carbonera, paraje en que se encierra carbon.

**CHARBONNIÈRE**, f. *charboniér*. Carbonera, sitio en que se hace carbon en el monte. || Carbonera, la mujer que vende carbon. || Carbonera, horno para separar el azufre de la hulla.

**CHARBOUILLÉ, ÉE**, adj. *charbullé*. Añublado, atizonado por la niebla, hablando de las mieses.

**CHARBOUILLER**, a. *charbullé*. Agr. Añublar, atizonar: solo se usa hablando del efecto que causa la niebla en los trigos.

**CHARBOUILLON**, m. *charbullón*. Vet. Carbullon, fluxion catarral, ó inflamacion ulcerosa de la membrana pituitaria en los animales.

**CHARBUCLE**, f. *charbúcl*. Niebla que atizona ó daña las mieses.

**CHARCANES**, m. *charcán*. Carcanes, tela de seda ó de algodon que se fabrica en Indias.

**CHARCUTER**, a. *charcuté*. Cortar, hacer trozos ó tajadas la carne. || fam. Trinchar mal en la mesa; ó cortar mal ú operar con poca destreza como cirujano.

**CHARCUTERIE**, f. *charcutrí*. Salchichería, choricería, tienda y comercio de choriscos, salchichas, y en general de todos los productos preparados del cerdo.

**CHARCUTIER, ÈRE**, m. y f. *charcutié, ér*. Salchichero, choricero, comerciante en productos preparados del cerdo, como morcillas, salchichas, jamon, etc.

**CHARDINIE**, f. *chardiní*. Bot. Cardinia, género de plantas compuestas.

**CHARDON**, m. *chardon*. Bot. Cardo, planta espinosa de huerta. || Puas de hierro reunidas en forma de cardo, y puestas sobre cercas de jardin para impedir la escalada. || *Chardon á bonnetier*, cardencha para cardar paños. || *Chardon bénit*, cardo santo. || *Chardon de Notre-Dame*, silido, ó cardo lechero. || *Chardon étoilé* ó *chausse-trape*, cardo estrellado, trepa-caballos. || *Chardon roland*, cardo corredor. || *Croisée de chardons*, palmar entre pelaires, la cruz hecha con cardenchas para cardar los paños.

**CHARDONNER**, a. *chardoné*. Cardar, sacar al paño el pelo con la cardencha.

**CHARDONNERET**, m. *chardonré*. Zool. Jilguero, nombre vulgar de un pájaro.

**CHARDONNERETTE**, f. *chardonerét*. Guisado hecho con cardo.

**CHARDONNET**, m. *chardone*. Cardo silvestre, el que da la cardencha.

**CHARDONNETTE**, f. *chardonét*. Especie de alcachofa silvestre.

**CHARDONNIÈRE**, f. *chardoniér*. Cardizal, tierra cubierta de cardos.

**CHARDONNIN**, m. *chardonén*. Quím. Cardonino, sustancia amarga que se extrae de una especie de cardo.

**CHARÉE**, f. *charé*. Zool. Carea, género de lepidópteros nocturnos.

**CHARGE**, f. *chárge*. Carga, el peso que puede sostener una persona, una acémila, un carro, etc. || Carga de un arma de fuego. || Ataque de tropas al enemigo. || Peso de una cosa sobre otra. || met. Gravámen ejercido ó sufrido. || Cargo, empleo. || Obligaciones que impone un oficio. || Capítulo de acusacion en una causa. || Pint. Exageracion de retrato, en sentido propio y figurado. || Carga, impuesto ó contribucion. || *A la charge de*, á condicion de que. || *A la charge d'autant*, con la condicion de hacer otro tanto. || *Etre á la charge de quelqu'un*, vivir á expensas de otro; y tambien, ser un gasto de cuentra de otro. || *Femme de charge*, ama de llaves. || *Etre en charge*, ejercer un cargo. || *Etre hors de charge*, cesar en el desempeño de un cargo.

**CHARGÉ, ÉE**, adj. *chargé*. Cargado. || Cargado, lleno, cubierto de. || m. *Chargé d'affaires*, encargado de negocios, ya sea de un Estado, ya de un particular.

**CHARGEANT, E**, adj. *charján*. Pesado, que tiene mucho peso. || met. Importuno, enojoso, molesto.

**CHARGEMENT**, m. *chargemán*. Carga ó cargamento, géneros que componen la carga de un navío. || Carga, accion de cargar un navío.

**CHARGEOIR**, m. *charjuár*. Mil. Cargador, instrumento antiguo de artillería para cargar los cañones.

**CHARGER**, a. *chargé*. Cargar, poner una carga sobre un animal ó transporte. || Cargar una mina, un arma de fuego, etc. || Atacar al enemigo. || Agravar la acusacion de un delincuente. || met. Cargar un censo, una pension, etc. || Lit. Aglomerar incidentes en una obra. || Cargar de injurias, etc. || Encargar de hacer una cosa, como: *je l'ai chargé d'y aller*, le he encargado que fuese; *je vous charge de le lui dire*, encargo á Vd. se lo diga. || *Se charger*, r. Cargarse, ponerse un fardo sobre los hombros, sobre la cabeza, etc. || Encargarse: *je m'en charge*, me encargo de ello. *Il s'en est chargé*, se ha encargado de ello.

**CHARGEUR**, m. *chargeur*. Cargador, el que carga ó ayuda á cargar mercaderías ó otros efectos. || Cargador, corredor que proporciona á los ordinarios efectos con que cargar sus carruajes. || Com. Cargador, el que carga un navío de su cuenta. || Artill. Cargador, el que carga una pieza de artillería. || Se usa tambien como adjetivo.

**CHARGEURE**, f. *charjór*. Blas. Cargadura, piezas que cargan ó estriban sobre otras en el escudo.

**CHARIANTHE**, m. *cariánt*. Bot. Carianto, género de plantas melastomáceas.

**CHARIBARDON**, f. *charibardón*. Com. Tela que sirve de cubierta á los barcos de carga.

**CHARIBE**, m. *caríb*. Zool. Caribe, género de conchas del Mediterráneo

**CHARICLÉE**, f. *cariclé*. Zool. Caríclea, género de lepidópteros nocturnos.

**CHARIENTISME**, m. *cariantism*. Lit. Carientismo, ironía agradable y gustosa.

**CHARINOTE**, m. Zool. *carinót*. Carinoto, género de coleópteros.

**CHARIOT**, ó **CHARRIOT** segun otros, m. *charió*. Carromato, carro entalamado, carruaje de cuatro ruedas muy lijeras en los terrenos montañosos y grandes y muy sólidas en las llanuras. || Agr. Carreton, especie de carro manuable usado en las labores rurales.

**CHARISTIAIRE**, m. *caristiér*. Caristiario, entre los emperadores griegos el que disfrutaba las rentas de un monasterio, de un hospital ó de un beneficio, [illegible] de dar cuentas.

**CHARISTIES**, f. pl. *caristí*. [illegible] tre los Griegos, fiestas celebradas en [illegible] milias para [illegible]

**CHARITABLE**, adj. *charitábl*. [illegible] vo, que tiene caridad con el prójimo [illegible] que hace muchas limosnas.

**CHARITABLEMENT**, adv. *charitabl*[illegible] *mán*. Caritativamente.

**CHARITATIF**, adj. m. *caritatif*. [illegible] can. Caritativo, socorro exigido por [illegible]

**CHARITÉ**, f. *charité*. Teol. Caridad, [illegible] de las virtudes teologales, que consiste [illegible] amar al prójimo como á sí mismo. || [illegible] na. *Faire la charité*, dar limosna. [illegible] *la charité*, recibir limosna.

**CHARIVARI**, m. *charivarí*. Cencerrada, ruido tumultuoso de cencerros, [illegible] otros objetos de la misma especie que [illegible] hace para burlarse de los viudos ó viudas [illegible] se casan, y tambien á un funcionario [illegible] que el pueblo reprueba. || [illegible] en un festin ó ruido de muchas personas que hablan todos á la vez. || [illegible] música mal afinada y desconcertada.

**CHARIVARIER**, a. *charivarié*. [illegible] rear, dar una cencerrada á alguno.

**CHARIVARIQUE**, adj. *charivaric*. [illegible] cerril, que pertenece á la cencerrada.

**CHARIVARIQUEMENT**, adv. [illegible] *ricmán*. Cencerrilmente, con [illegible]

**CHARIVARISER**, a. *charivarisé*. [illegible] cerrear, dar una cencerrada.

**CHARIVARISEUR**, EUSE, ó [illegible] **RISTE**, m. y f. *charivariseur*, [illegible] *varist*. Cencerreador, el que da [illegible] rada.

**CHARLATAN**, m. *charlatán*. [illegible] saltimbánquis, curandero, vendedor [illegible] gas, cuyas virtudes curativas alaba [illegible] mas extrañas hipérboles, [illegible] plazas y mercados. || met. Todo el que [illegible] gera su talento ó sus invenciones [illegible] ñar, embaucador, embelecador, [illegible] latan, hablador fanfarron, que [illegible] ner respeto haciéndose el valiente.

**CHARLATANER**, a. *charlatané*. [illegible] car, embelecar, embair.

**CHARLATANERIE**, f. *charlatanrí*. [illegible] latanería, profesion del saltimbánquis, [illegible] bladuría, exageracion de alabanza [illegible] de sus cosas con el objeto de [illegible]

**CHARLATANESQUE**, adj. *charlatanésc*. Charlatanesco, que pertenece á [illegible]

**CHARLATANISME**, m. *charlatanism*. Charlatanismo, el oficio y carácter de [illegible] timbánquis, curandero, etc.

**CHARLIENS**, m. pl. V. [illegible]

**CHARLOTTE**, f. *charlót*. [illegible] manzanas, á la que se añaden [illegible] pan tostados y fritos.

**CHARMANT, E**, adj. *charmán*. [illegible] sador, encantador, que hechiza con [illegible] cia ó con su mérito.

**CHARME**, m. *chárm*. Sortilegio, [illegible] cio. || Atractivo que seduce. || En plural [illegible] *mes*, atractivos, gracias, encantos, [illegible] || *Charme*, ojaranzo, árbol. || La [illegible] *charme* ofrece locuciones particulares [illegible] *fait le charme de ma vie*, mi vida es [illegible] un encanto. = *Il fait le charme de la société*, es la delicia de la sociedad. = [illegible] *me est rompu*, es decir, para el que [illegible] amar, se acabó el encanto. || [illegible] juego y cesa de perder, *le charme est rompu*, se acabó el encanto, etc.

**CHARMÉ, ÉE**, adj. *charmé*. [illegible] del mérito de una persona.

**CHARMER**, a. *charmé*. Encantar, [illegible] leficio. || Hechizar con su mérito ó [illegible] gracias: ser infinitamente agradable [illegible] tar la voluntad, causando admiracion. [illegible] *charmé*, es estar sumamente [illegible] *Je suis charmé d'apprendre....* [illegible] mente complacido con saber....

**CHARMEUR, EUSE**, m. y f. *charm*[illegible] *eus*. Encantador, hechicero que [illegible] con palabras y movimientos, [illegible] efecto sobrenatural. En el femenino [illegible] *meuse*, es una especie de [illegible]

**CHARMILLE**, f. *charmíll*. [illegible] [illegible]*zos*, en general formando [illegible]

**CHARMOIE**, f. V. [illegible]

**CHARNAIGRE**, m. *charnégr*. [illegible] brel, perro mestizo de podenco y galgo. [illegible]

[illegible]

**CHARROI**, m. charrué. Acarreo, conduccion en carro ó carreta. || Salario del carretero. || Barco para la pesca del bacalao.

**CHARROIRESSE**, f. charruarés. Hechicera, maga.

**CHARRON**, m. charrón. Carretero, el que hace carros ó carretas y el que hace los juegos de los coches.

**CHARRONNAGE**, m. charronáge. Carretería, arte de hacer carros.

**CHARROYER**, a. charruayé. Acarrear, carretear, llevar en carro ó carreta.

**CHARROYEUR**, m. charruayeur. Acarreador, el que acarrea ó carretea.

**CHARRUAGE**, m. charruage For. Laboría, tierra labrantía. || Derecho que los señores hacian pagar á sus vasallos, segun el número de arados que poseian.

**CHARRUE**, f. charrú. Agr. Arado, instrumento para labrar la tierra. || met. *Mettre la charrue devant les bœufs*, tomar el rábano por las hojas, empezar por donde se debia acabar. || *Cheval de charrue*, hombre estúpido. || *Tirer la charrue*, trabajar mucho. || Tómase algunas veces por la extension del terreno que puede labrar una yunta: *cette ferme est de trois, de quatre charrues*, esta hacienda es de tres, de cuatro yuntas.

**CHARTAGNE**, f. chartáñ. Atrincheramiento escondido en los bosques.

**CHARTE**, f. chárt. Carta, título, privilegios antiguos y papeles relativos á la historia, al derecho público, etc., ó pertenecientes á una villa, á una ciudad || *Charte* ó *charte constitutionnelle*, carta ó constitucion francesa desde 1814, y tambien la de 1830.

**CHARTE-PARTIE**, f. chartpartí. Hist. Acto que se entregaba separándole de un registro matriz, ó que se hacia dos pedazos para dar uno á cada contratante. || Mar. Contrato de fletamento entre el cargador y el dueño del buque, ó alquiler de la embarcacion: tambien se llama *acte d'affrètement* y *nolissement*.

**CHARTERGE**, m. cartérge Zool. Carterjo, género de insectos.

**CHARTIL**, m. chartíl. Carro largo para acarrear las mieses y transportar el heno. || Cobertizo, tinglado para encerrar los carros y carretas.

**CHARTISTE**, m. chartíst. Cartista, partidario de una carta cualquiera.

**CHARTOGRAPHE**, m. cartográf. Cartógrafo, que escribe sobre las constituciones políticas, ó forma una coleccion de constituciones políticas.

**CHARTOGRAPHIE**, f. cartografí. Cartografía, tratado de constituciones políticas.

**CHARTOGRAPHIQUE**, adj. cartografíc. Cartográfico, que pertenece á la cartografía.

**CHARTOLOGIE**, f. cartologí. Cartología, tratado sobre las instituciones políticas.

**CHARTOLOGIQUE**, adj. cartologíc. Cartologico, que pertenece á la cartología.

**CHARTOPHYLAX**, m. cartofiláks. Hist. Cartofilax, archivero eclesiástico en el imperio de Constantinopla.

**CHARTRE**, f. chartr. For. ant. Carcelería, arresto. || Cierta enfermedad de los niños. || Flaqueza, falta de carne. *Tomber en chartre*, encanijarse. || Antiguamente era lo mismo que *charte*; pero cuando significa constitucion, nunca se dice *chartre*.

**CHARTREUSE**, f. chartrteus. Cartuja, nombre que se da á los monasterios de cartujos. || Religiosa de esta órden.

**CHARTREUX**, m. chartreu. Cartujo, religioso de la cartuja.

**CHARTRIER**, m. chartrié. Archivo ó pieza donde se conservan los títulos y privilegios de una casa ó comunidad.

**CHARTULAIRE**, m. cartulér. Cartulario, libro becerro, la coleccion de títulos y privilegios de una comunidad ó abadía.

**CHAS**, m. chá. El ojo de la aguja. || Engrudo de almidon.

**CHASALIE**, f. chasalí. Bot. Casalia, género de plantas rubiáceas.

**CHASCOLYTRE**, m. chascolitr. Bot. Cascolitro, género de plantas gramíneas

**CHASEMENT**, m. casmán. Casa, habitacion.

**CHASIER**, m. chasié. Caja, molde de hacer quesos.

**CHASMARHYNQUE**, m. casmorr̄ Zool. Casmarinco, genero de pájaros.

**CHASMATOPHITE**, m. casmatofít. Bot. Casmatófito, plantas didinámeas, cuya flor irregular representa una especie de boca.

**CHASMATOPTÈRE**, m. casmatoptér Zool Casmatóptero, género de insectos coleópteros pentámeros.

**CHASMODIE**, m. casmodí. Zool. Casmódia, genero de insectos.

**CHAS-ODHA** ó **KHAS-ODHA**, m chsóda, casóda. Cas-oda, habitacion interi del serrallo.

**CHAS-ODHA-BACHI**, m. chasodabachí. Cas-oda-baqui, camarero mayor, jefe de los oficiales de la habitacion interior donde duerme el sultan.

**CHASSABLE**, adj. chasábl. Cazable, que se puede cazar.

**CHASSAGNE**, m. chasáñ. Casaña, especie de vino de Borgoña.

**CHASSARI** ó **KHASSÉRI**, m. casarí, caséri. Casari, uno de los principales oficiales del sultan. || f. Casari, favorita del sultan.

**CHÂSSE**, f. chás. Caja, urna para reliquias ó un cuerpo santo. || Caja, alba donde entra el fiel de la balanza ó romana. || Caja donde los anteojeros ponen los vidrios de los anteojos.

**CHASSE**, f. chás. Caza, la accion de cazar. || Caza, lo que se coge ó mata en ella. || Caza, cacería, el cuadro en que se representa una caza || Chaza, en el juego de pelota. || Astilla, en los telares. || Caja del telar para apretar la trama. || Entre encuadernadores, holgura para que corra el carton al tiempo de cortarlo. || *Chasse à l'oiseau* ó *au vol*, cetrería. *Chasse au cerf*, *au sanglier*, montería. || *Chasse aux toiles*, caza con red. || *Garde-chasse*, guardabosque. || *Cor de chasse*, bocina, etc. || *Feu de chasse*, fuego extremado que se obtiene abriendo los registros de un horno. || *Donner la chasse*, perseguir. || *Habit de chasse*, vestido de monte *Couteau de chasse*, cuchillo de monte.

**CHASSÉ**, m. chasé. Chasé, paso de danza que se ejecuta yendo de derecha á izquierda, ó de izquierda á derecha.

**CHASSE-AVANT**, m. chasaván. Capataz, sobrestante, el que conduce y vigila los obreros de talleres ó fábricas.

**CHASSE-BOSSES**, m. chasbós. Nombre comun de la lisimaquia, planta.

**CHASSE-CHIENS**, m. chaschién. Perrero ó azotaperros, el que echa los perros fuera de una iglesia, y en particular de las catedrales.

**CHASSE-COQUINS**, m. chascoquén. Celador que en las catedrales y otras iglesias cuida de echar los mendigos ó los perros del templo.

**CHASSE-COUSIN**, m. chascusén. Aguachirle: dícese del vino malo ó flojo.

**CHASSE-ENNUI**, m. chasannuí. Quitapenas ó quita-pesares: se dice de una cosa que alegra, que divierte.

**CHASSE-FIENTE**, m. chasfiant. Buitre de Africa.

**CHASSE-FLEURÉE**, f. chasfleuré. Art. Espumadera de tintoreros.

**CHASSE-GOUPILLE**, m. chasgupill. Art. Útil de armero, especie de destornillador.

**CHASSELAS**, m. chaslá. Uva albilla, la mas delicada para comer.

**CHASSE-MARÉE**, m. chasmaré. Playero ó arriero de pescado fresco, que lo lleva en diligencia del mar á los pueblos. = Carruaje en que se lleva el pescado fresco. || Mar. Quechemarín, barco mercante de poco porte con velas altorcio.

**CHASSE-MOUCHES**, m. chasmúche. Espanta-moscas, mosquero hecho de tiras de papel para alejar las moscas.

**CHASSE-MULET**, m. chasmulé. Mozo de molino: solo se usa en las cercanías de París.

**CHASSE-NOIX**, m. chasnuá. Art. Desarmador, especie de llave que usan los arcabuceros para desmontar las armas de fuego.

**CHASSE-PARTIE**, f chaspartí. Convenio que hacen los aventureros para repartir lo que [illegible] de sus aventuras.

**CHASSE-POIGNÉE**, f. ó **CHASSE-POMMEAU**, m. chaspoñé, chaspomó. Art. Instrumento de espadero que sirve para meter y asegurar el puño de una arma blanca.

**CHASSE-POINTES**, f. chaspuánt. Tenaza ó tenacillas para quitar clavos.

**CHASSE-PUNAISES**, m. chaspunés. Bot. Gata-chinches, planta de la Siberia.

**CHASSER**, a. chasé. Echar á una persona fuera de una casa ó otro sitio. || *Chasser les mouches*, espantar las moscas. || *Chasser les mauvaises pensées*, desechar los malos pensamientos. || Hablando de ganados, llevar por delante un rebaño. || Clavar. *Chasser un clou*, clavar un clavo. || met. *Un clou chasse l'autre*, un clavo saca otro. || Cazar, perseguir la caza, acosar los animales. || Mar. Dar caza: *chasser au vent*, dar caza á barlovento; *chasser sous le vent*, dar caza á sotavento; *chasser vent arrière*, dar caza á popa; *chasser la terre*, dirigirse á reconocer la tierra con fuerza de vela. = n. *Chasser sur ses ancres*, garrar, arrastrar las anclas por el fondo á impulso del viento. || Impr. Interlinear, regletear, poner interlíneas, poner regletas. || Dan. Ejecutar el paso de baile que se llama *chassé*. || Art. Batir, extender el oro ó plata á golpes de martillo. || met. *Chasser sur les terres de quelqu'un*, meter la hoz en miés ajena; y tambien, hacerse rival de alguno.

**CHASSERANDERIE**, f. chasrandrí. Caseranderia, derecho que pagaban los molineros al señor feudal para cazar en su señorío.

**CHASSERESSE**, f. chasrés. Cazadora: solo se dice en poesía, hablando de Diana y sus ninfas; fuera de este caso *chasseuse*.

**CHASSE-RIVET**, m. chasrivé. Cald. Embutidor hueco, instrumento de calderero para remachar los clavos.

**CHASSERON**, m. chasrón. Cajon, molde del queso.

**CHASSE-RONDELLE** ó **CHASSE-ROUE**, m. chasrondél, chasrú. Carp. Martillo de herraje, instrumento con que los carreteros quitan y ponen las llantas de las ruedas.

**CHASSEUR**, **EUSE**, m. y f. chaseur, eus. Cazador, cazadora, la persona que caza ó que es aficionada á cazar. || Mil. Cazador, soldado de una compañía lijera de preferencia de cada batallon.

**CHASSEUSES**, f. pl. chaseus. Zool. Cazadoras: se dice de las arañas que no tejen telas para coger su presa, y que la pillan á la carrera ó acechándola.

**CHASSE-VOLANTE**, f. chasvolánt. Pretendida persecucion de los demonios contra las almas separadas de los cuerpos.

**CHASSIE**, f. chasí. Legaña, humor que destilan los ojos.

**CHASSIEUX**, **EUSE**, adj. chasieu, eus. Legañoso, que tiene legañas.

**CHÂSSIS**, m. chasí. Cuadro de vidriera. || Bastidor ó marco que encajona y sujeta una cosa, como: *châssis de verre*, marco de vidriera; *châssis de toile*, encerado; *châssis dormant*, bastidor inmóbil. || Impr. Rama, bastidor de hierro con una division, llamada crucero, para contener las formas que se están tirando. || Agr. Estufa, aposento de cristales para resguardar las plantas del frio. || Mús. Secreto, cajon de los órganos para recibir el aire de los fuelles.

**CHASSOIR**, m. chasuár. Apretador, instrumento de cuberos para apretar los aros.

**CHASSOIRE**, f. chasuár. Varilla de halconero.

**CHASTE**, adj. chást. Casto, el que vive con castidad, privándose de placeres y de amor ilícito. || Puro, ajeno de todo lo que puede ofender la modestia, el pudor. || Se aplica tambien á las cosas incorpóreas, y se dice *une âme chaste*, *des oreilles chastes*, *le chastes amours*, etc.

**CHASTEMENT**, adv. chastmán. Castamente, con castidad.

**CHASTENÉE**, f. chastné. Bot. Casténea, género de plantas.

**CHASTETÉ**, f. chastté. Castidad, la virtud que refrena los deleites carnales.

**CHASUBLE**, f. chasúbl. Casulla, vestidura sacerdotal para decir misa.

**CHASUBLIER**, m. chasublié. Casullero, sastre de casullas y otras vestiduras sacerdotales.

**CHAT**, m. chá. Zool. Gato, cuadrúpedo doméstico de la raza felina, compuesta de animales carniceros, desde el leon hasta el gato montés (*chat sauvage*), del cual desciende inmediatamente, por decirlo así, el gato familiar. || Mar. Pescador, especie de garfio. || Artill. Gato, instrumento para reconocer el alma de los cañones. || *Grand chat*, gatazo. || *Chat sauvage*, gato montés. || *Chat marin*, gato marino, nombre comun de la foca. || Con la palabra *chat* se forman en francés locuciones triviales, pero que se deben saber. = met. *À bon chat, bon rat*, donde las dan las toman. = *S'aimer comme chiens et chats*, estar ó vivir como perros y gatos. = *Emporter le chat*, irse sin decir oste ni moste. = *Il ne faut pas réveiller le chat qui dort*, no hay que buscar cinco piés al gato. = *Chat échaudé craint l'eau froide*, gato escaldado del agua fria huye, etc. || *Œil de chat*, ojo de gato, especie de agata. || *Herbe au chat*, yerba gatera, nevadera ó nevada. || *Musique de chats*, música ratonera.

**CHAT-DE-MER**, m. chademér. Tollo, pez. || Gato marino, anfibio. || *Chat léopardé*, gato romano.

**CHÂTAIGNE**, f. chatéñ. Castaña, fruta del castaño. || *Châtaigne d'eau*, tribulo acuático, planta. || *Châtaigne de terre*, chufa, especie de criadilla de tierra muy pequeña. = *Châtaigne sèche*, castaña pilonga. || *Œufs de châtaigne*, equinos ó adornos en la arquitectura. || Vet. Castaña, callo, excrecencia que tienen los caballos en las piernas.

**CHÂTAIGNERAIE**, f. chateñré. Castañar ó castañal, antiguamente castañedo, sitio poblado de castaños.

**CHÂTAIGNIER**, m. chateñié. Castaño, árbol que produce las castañas.

**CHÂTAIN**, adj. m. chatén. Castaño, de color de castaña. Se dice de los cabellos.

**CHAT-BRÛLÉ**, m. chabrulé. Agr. Variedad de peras que se cogen en octubre y noviembre.

**CHAT-CERVIER**, m. chaservié. Zool. Gato cerval, animal montaraz del Canadá.

**CHÂTEAU**, m. cható. Castillo, fortaleza cercada de muros, torreones ó baluartes. || Habitacion ó residencia de un rey ó de un grande en el campo. || Palacio. || *Château d'eau*, arca de agua, cuya forma presenta piedras circulares con intervalos, y que disminuyen de diámetro de la base á la cumbre de la columna, cayendo de una en otra el agua como cascada; por lo cual se llama *château d'eau*. || Esta palabra *château* no tiene equivalente en español, y por eso se dice: *faire des châteaux en Espagne*, formar proyectos vanos; porque, en efecto, no hay ni se usan *des châteaux* en España.

**CHATÉE** ó **CHATTÉE**, f. chaté. Cria de una gata, número de gatitos que pare una gata.

**CHÂTEL** ó **CASTEL**, m. chatél, castél. Antiguamente se decia por *château*. V. este.

**CHÂTELAIN**, **E**, m. y f. chatlén, én. Castellano, alcaide, gobernador de un castillo: en este sentido es voz anticuada en ambas lenguas.

**CHÂTELÉ**, **ÉE**, adj. chatlé. Encastillado: en la heráldica es la pieza cargada de castillos ó torreones.

**CHÂTELET**, m. chatlé. Antiguamente castillejo. || Antiguo tribunal de Paris.

**CHÂTELLENIE**, f. chatelní. Castellanía, territorio dependiente de un castillo con jurisdiccion. || Castellanía, cierto tribunal que presidia el castellano ó alcaide del castillo.

**CHATEPELEUSE**, f. chatpleus. Zool. Gorgojo, insecto que roe ciertas simientes.

**CHAT-HUANÉ**, **ÉE**, adj. chauané. Zool. Nombre que se da á los halcones y azores que tienen penacho, como el bubo.

**CHAT-HUANT**, m. chauán. Zool. Alucon, bubo, autillo, especie de mochuelo ó ave nocturna. = Lechuza, ave nocturna.

**CHÂTIABLE**, adj. chatiábl. Punible, que merece castigo.

**CHÂTIER**, a. chatié. Castigar, corregir defectos, errores, faltas. Cuando es castigar delitos por justicia, se dice *punir*. || Equit. *Châtier un cheval*, darle con el látigo, con las espuelas. || met. [illegible] lirio, retocarlo, [illegible]

**CHATIÈRE**, f. chatiér. [illegible] en las puertas ó paredes para [illegible] los gatos. || Gatera, albañal. [illegible]

**CHÂTIEUR**, m. chatieur. [illegible] que castiga.

**CHÂTIMENT**, m. chatimán. [illegible] faltas, errores. || Punicion, castigo de delito por via de justicia.

**CHAT-MARIN**, m. [illegible] Mielga, pescado de mar.

**CHATON**, m. chatón. Zool. [illegible] to, gato pequeño. || [illegible] preciosa en un anillo ó [illegible] flor sin fruto ó solo una [illegible]

**CHATONNEMENT**, m. [illegible] gusto, engorro, accion de [illegible] garrar.

**CHATONNER**, a. chatoné. [illegible] tiguamente se decia por [illegible]

**CHATOUILLEMENT**, m. [illegible] Cosquillas, la accion de [illegible] met. Complacencia, [illegible]

**CHATOUILLER**, a. [illegible] quillas. || met. Halagar, [illegible] oidos, la vanidad, las [illegible] mumente, dar por el gusto [illegible] las espuelas al caballo.

**CHATOUILLEUX**, **EUSE**, adj. [illegible] eus. Cosquilloso, el que [illegible] met. Quisquilloso, el que [illegible] || Quisquilloso, cosquilloso, [illegible] sas, significa crítico, [illegible] *Affaire chatouilleuse*, [illegible]

**CHATOYANT**, **E**, adj. [illegible] biante, lo que varía de [illegible] gun la luz que le da. || [illegible]

**CHATOYER**, n. [illegible] color una cosa segun la luz [illegible] visos.

**CHAT-PARD**, m. chapár. [illegible] do, fiera cuya piel está [illegible] chas redondas, negras.

**CHÂTRER**, a. chatré. [illegible] met. Cercenar lo superfluo [illegible] libros, expurgarlos. || *Châtrer* [illegible] castrar las colmenas. || *Châtrer* [illegible] chapodar.

**CHÂTREUR**, **EUSE**, m. y f. [illegible] eus. Capador, el que tiene el [illegible]

**CHÂTRURE**, f. chatrúr. Vet. [illegible] accion y efecto de castrar.

**CHATTE**, f. chát. Zool. [illegible] del gato. || Mar. Pescador, [illegible] que sirve para izar la uña [illegible]

**CHATTEMENT**, adv. [illegible] mente. || met. De una [illegible]

**CHATTÉE**, f. V. CHATÉE.

**CHATTEMITE**, f. [illegible] gazmoño, el que afecta [illegible] para mejor engañar.

**CHATTER**, v. impers. [illegible]

**CHATTERIE**, f. chatrí. [illegible] de poco valor ó entidad.

**CHATY**, m. chatí. Cati, [illegible] cabra, fabricada en Angora.

**CHAUBOULURE**, f. [illegible] vejiga que se forma en una [illegible]

**CHAUCHE-BRANCHE**, m. [illegible] Zool. Nombre comun de la [illegible]

**CHAUCE-POULE**, m. [illegible] comun del milano.

**CHAUD**, **E**, adj. chó, chód. [illegible] caluroso, ardiente. || *Pleurer* [illegible] *mes*, llorar á lágrima viva. || [illegible] *pieds chauds*, estar bien, [illegible] || Hablando de las hembras [illegible] significa caliente, salida, [illegible] ra, se dice tambien [illegible] rionda; y si marrana, [illegible] lorado, vivo, furioso, activo, [illegible] *chaud*, un amigo activo, [illegible] *chaude*, ataque furioso. *Une* [illegible] una pasion fogosa. *Avoir la* [illegible] tener la cabeza caliente, [illegible] lorado, vivo; encendido [illegible] blando de noticias, gracias, [illegible] reciente, fresco. *Une* [illegible] una noticia fresca. || [illegible] mado.

**CHAUD**, m. chó. Calor. [illegible] ahogarse de calor. || met. [illegible] *froid ni chaud*, eso no le da ni [illegible]

**CHAUFOURNIER**, m. *choforníé*. Calero, el que trabaja en el horno de cal.

**CHAULAGE**, m. *choláge*. Agr. Encaladura, preparacion que se da al trigo por medio de la cal ántes de sembrarle.

**CHAULER**, a. *cholé*. Agr. Encalar, preparar el trigo con cal ántes de sembrarle.

**CHAULIER**, m. *cholié*. Calero, fabricante de cal.

**CHAULIODE**, m. *colióde*. Zool. Cauliodo, género de pescados. || Cauliodo, género de aves. || Cauliodo, género de insectos.

**CHAULIOGNATHE**, m. *coliońát*. Zool. Cauliognato, género de insectos coleópteros pentámeros.

**CHAUMAGE**, m. *chomáge*. Agr. Corta del rastrojo.

**CHAUMARD**, m. *chomár*. Mar. Pié de guindaste, V. BITTE.

**CHAUME**, m. *chóm*. Rastrojo, lo que queda de la miés en el campo despues de segada. || La paja entera del trigo, centeno ó cebado. || Bálago, la paja larga con que se cubren las casas pobres en las aldeas; y las mismas casas.

**CHAUMER**, a. *chomé*. Agr. Cortar el rastrojo ó arrancarlo.

**CHAUMET**, m. *chomé*. Zool. Pajarillo muy delicado que posa en la punta de las plantas en el campo.

**CHAUMIÈRE**, f. *chomiér*. Choza, casa pajiza, cabaña, rancheria.

**CHAUMINE**, f. *chomín*. Casilla, chozuela, cabañuela.

**CHAUNE**, m. *chón*. Zool. Cauno, ave zancuda del Brasil y del Paraguay.

**CHAUNONOTE**, m. *chononót*. Zool. Caunonoto, género de aves.

**CHAUS**, m. *chaûs*. Zool. Cáus, nombre de una especie de mamífero.

**CHAUSSAGE**, m. *choságe*. Peasgo, derecho que pagaban los viajantes. || Calzado, ó el gasto de zapatos.

**CHAUSSANT, E**, adj. *chosán*. Lo que se calza bien ó es de buen calzar: dícese de las medias.

**CHAUSSE**, f. *chós*. Manga ó calza de lienzo, estameña ó otra tela en figura cónica para colar licores.

**CHAUSSÉAGE**, m. *choseáge*. Peasgo, etc. V. CHAUSSAGE en su primera acepcion.

**CHAUSSÉE**, f. *chosé*. Calzada, arrecife que se levanta en los terrenos pantanosos. || Malecon de tierra para contener las aguas de un rio ó laguna. || *Rez-de-chaussée*, piso bajo de una casa.

**CHAUSSE-PIEDS**, m. *chospié*. Calzador, tira de pellejo ó asta para entrar y ajustar bien el zapato.

**CHAUSSER**, a. *chosé*. Calzar ó calzarse, ponerse los zapatos, botas, botines, espuelas, etc. || Calzar, poner los zapatos, etc., á alguno. || Calzar, hacer zapatos, botas, etc., para alguno. || Agr. *Chausser un arbre, une plante*, arropar ó cobombrar un árbol ó una planta. || met. *Chausser le cothurne*, calzar el coturno: dícese de los poetas trágicos y del estilo pomposo. || fam. *Chausser une opinion*, aferrarse en una opinion. || *Se chausser d'une chose*, encasquetarse en una cosa, metérsela en la testa. || *Chausser ses lunettes*, calzarse las antiparras, mirar con cuidado. || n. Calzar: se entiende solo de los zapatos, y así se dice calzar bien ó mal, andar bien ó mal calzado, calzar tantos puntos.

**CHAUSSES**, f. pl. *chós*. Calzones, bragas. || *Tirer ses chausses*, descalzarse; y en sentido met. tomar las de villadiego, huir de un parajo, retirarse. = *Cette femme porte les chausses*, y mejor *porte la culotte*, esta mujer lleva los calzones; es decir, que manda ó tiene mas autoridad que su marido.

**CHAUSSETIER**, m. *chostié*. Mediero, fabricante y mercader de medias.

**CHAUSSE-TRAPE**, f. *chostráp*. Rampojo, abrojo de hierro con cuatro puntas, que se echa en los caminos para que se clave la caballería de los enemigos. || Bot. Género de plantas llamadas trepa-caballos ó cardo estrellado || Mont. Trampa para coger animales.

**CHAUSSETTE**, f. *choset*. Calcetín, media que solo cubre la mitad de la pierna.

**CHAUSSON**, m. *chosón*. Escarpin que se pone debajo de las calcetas, ó encima de las medias. || Babucha, especie de zapato que tiene la suela de fieltro. || Zapatilla ó chapin, zapato ligero. || Pastelillo relleno de manzanas.

**CHAUSSURE**, f. *chosúr*. Calzado, todo lo que sirve para calzar los piés. || prov. *Trouver chaussure à son pied*, hallar la horma de su zapato; es decir, hallar alguno lo que le conviene: ó en sentido contrario, hablar con quien sepa responderle ó volverle la pelota.

**CHAU-TU**, m. *chotú*. Bot. Cautú, especie de naranja de la China.

**CHAUVE**, adj. *chóv*. Calvo, el que ha perdido el pelo. || Bot. Calva, calificacion de una simiente desprovista de pelo. || Zool. Calificacion de un pescado cubierto de piezas huesosas. || Zool. Calvo, epíteto que se da á un pájaro que tiene la cabeza desprovista de plumas. || Canter. Calva, vena blanca en una cantera de pizarra.

**CHAUVE-SOURIS**, f. *chovsurí*. Zool. Murciélago, mamífero volador que se parece á un raton en la forma y tamaño de su cuerpo.

**CHAUVETÉ**, f. *chovté*. Calvez, calvicie, falta de pelo en la cabeza.

**CHAUVIR**, n. *chovír*. Aguzar las orejas: solo se dice hablando de caballos y otros animales de oreja larga. || Encalvecer, volverse calvo.

**CHAUX**, f. *chó*. Miner. Cal, protóxido de calcio, tierra alcalina de mucho uso en las construcciones. || Cal, piedra calcinada al fuego. || *Four à chaux*, calera.

**CHAVANCELLE**, m. *chavansél*. Bot. Cavancelo, nombre vulgar del boleto de Sologña, especie de hongo comestible.

**CHAVARIA**, m. *chavária*. Zool. Chavaria, ave de la América meridional, que defiende las aves caseras de las aves de rapiña.

**CHAVIREMENT**, m. *chavirmán*. Zozobra, acto de zozobrar ó estado de un navío que zozobra.

**CHAVIRER**, n. *chaviré*. Mar. Zozobrar, volcarse el buque. || a. Trastornar una cosa, ponerla de arriba abajo.

**CHAVONIS**, m. *chavoní*. Cavonis, tela de algodon de las Indias.

**CHAYA ó CHAYAVER**, m. *cháya, chayavé*. Bot. Caya, planta cuya raíz se usa para teñir.

**CHAZINZARIEN**, m. *chasensarién*. Sect. rel. Cacinzariano, miembro de una secta esparcida en América en el siglo VIII, que solo prestaba adoracion á la cruz.

**CHÉ**, m. *ché*. Mús. Queo, instrumento músico de los Chinos que tiene 25 cuerdas.

**CHEAUS**, m. *chó*. Mont. Nombre que dan en algunas provincias de Francia á los cachorros de la loba y de la zorra.

**CHEBEC**, m. *chebéc*. Mar. Jabeque, buque mercante del Mediterráneo.

**CHEBET**, m. *chebé* Quebeto, nombre comun del aneto.

**CHÉDA**, m. *chéda*. Cheda, moneda de estaño en Ásia.

**CHEF**, m. *chéf*. Caudillo, jefe de una nacion, de un ejército. || met. Jefe, primero, principal, cabeza de una casa ó comunidad. || Capítulo de un libro, artículo de un escrito. || Cargo, punto. || *Chef d'accusation*, capítulo de una acusacion, proceso, etc. || Blas. Jefe, la parte superior del escudo. || Cir. Cabo, cada una de las tiras que se hacen de un vendaje hendido. || Cabeza del hombre. || *Mettre à chef*, llevar á cabo, concluir alguna cosa, darle fin. || *Il a du bien de son chef*, tiene caudal ó bienes por sí, ó de su parte, ó por su casa. || *Il a fait ó dit cela de son chef*, lo hizo ó lo dijo de su cabeza, de su propia autoridad || *Ajouter quelque chose de son chef*, poner algo de su casa, de su cabeza. || *Chef de famille*, cabeza de casa, padre de familia. || Mar. Jefe. = *Chef de file*, navío cabeza de columna ó línea. = *Chef de gamelle*, cabo de rancho. = *Chef de pièce* cabo de cañon. || pl. Mar. Rodas, los maderos gruesos y curvos que forman el remate de la proa del navío.

**CHEF-D'ŒUVRE**, m. *chedeuvre*. Obra ó pieza maestra: obra grande, excelente, superior, de primer órden en cualquiera arte ó ciencia. || met. *Chef-d'œuvre*, obra prima ó pieza de exámen, que se trabaja para la maestría en los oficios mecánicos. || Hablando con ironía y tomando la palabra *chef-d'œuvre* absolutamente, quiere decir buen disparate, gran to

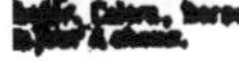

**CHEVECIER**, m. V. CHEVECIER.

**CHEFFERIE**, f. *chefri*. Mil. Voz que en el cuerpo de ingenieros equivale á mayoría ó funciones del encargado del detall.

**CHEF-LIEU**, m. *cheflieu*. Cabeza de un partido, de un distrito, lugar principal.

**CHÉGROS**, m. *chegró*. Hilo de pez.

**CHEIK** ó **CHEICK**, m. *chéc*. Jeque ó chique, jefe de una tribu entre los Árabes.

**CHÉKEN**, m. *chequén*. Bot. Chequeo, especie de mirto de Chile.

**CHÉILA**, m. *queila*. Zool. Queila, especie de pescado del órden de los torácicos.

**CHÉILANTHES**, f. pl. *queilánt*. Bot. Queilantas, género de helechos.

**CHÉILANTHITES**, m. pl. *queilantít*. Bot Queilantitos, helechos fósiles.

**CHÉILINE**, m. *queilín*. Zool. Queilino, género de pescados labroides.

**CHÉILION**, m. *queilión* Zool. Queilion, género de pescados labroides.

**CHÉILODACTYLE**, m. *queilodactíl*. Zool Queilodáctilo, pescado de la Nueva Zelandia.

**CHÉILODIPTÈRE**, m. *queilodiptér*. Zool. Queilodíptero, género de pescados de los mares de la América y del Japon.

**CHÉILONYCHE**, m. *queilonique*. Zool. Queilónico, género de insectos.

**CHÉILOPHYME**, m. *queilofím*. Med. Queilofimo, tumor en los labios.

**CHÉILORRHAGIE**, f. *queilorragí*. Med. Queilorragia, hemorragia en los labios.

**CHÉILOSE**, f. *queilós* Bot. Queilosa, género de plantas euforbiáceas.

**CHÉILOSIE**, f. *queilosí*. Zool. Queilosia, género de insectos dípteros.

**CHÉILOTOME**, m. *queilotóm*. Zool. Queilótomo, género de insectos.

**CHÉIMATOBIE**, f. *queimatobí*. Zool. Queimatobia, género de insectos.

**CHÉIMATOPHILE**, m. *queimatofíl*. Zool. Queimatófilo, género de insectos.

**CHÉIMONÉE**, f. *queimoné*. Zool. Queimonea, género de aves.

**CHÉIMONOPHILE**, m. *queimonofíl*. Zool. Queimonófilo, género de insectos.

**CHÉIRACANTHE**, m *queiracant*. Zool. Queiracanto, género de lombrices intestinales nematoideas.

**CHÉIRANTHE**, f. *queiránt*. Bot. Queiranto, flor que se parece al alelí.

**CHÉIRANTHÉES**, f. pl. *queiranté*. Queirántcas. tribu de plantas crucíferas.

**CHÉIRANTHÈRE**, f. *queirantér*. Bot. Queirantera, género de plantas.

**CHÉIRANTHOÏDE**, adj *queirantoíd*. Bot. Queirantoideo, que se parece al alelí.=*Chéiranthoïdes*, f. pl Queirantoideas. division de plantas de la familia de las crucíferas.

**CHÉIRAPSIE**, f. *queirapsí*. Med. Queirapsia, accion de rascarse en algunas enfermedades.

**CHEIRIE**, f. *queirí*. Bot. Queiria, nombre de una especie de alelí.

**CHÉIRISME**, m. *queirism*. Med. Queirismo, accion de tocar con cuidado.

**CHÉIRODES**. m pl. *queiród*. Zool. Queirodos, genero de insectos.

**CHÉIROGALE**, m. *queirogalé*. Zool. Queirogalo, género de mamíferos.

**CHÉIROMYENS**, m. pl. *queiromién*. Zool. Queiromianos, familia de mamíferos.

**CHÉIROMIZE**, f. *queiromís*. Zool. Queiromiza, género de insectos dípteros.

**CHÉIROPLATYS**, m. *queiroplatís*. Zool. Queiroplatus, género de insectos.

**CHÉIROPTÈRES**, m. pl. *queiroptér*. Zool. Queirópteros, familia de mamíferos.

**CHÉIROSTÉMONE**, m. *queirostemón*. Bot Queirostémono, genero de plantas.

**CHÉIROSTYLE**. f. *queirostíl*. Bot. Queiróstilis, genero de plantas orquídeas.

**CHÉ-KAO**, m checao. Miner. Cecao, especie de yeso ó espejuelo que entra en la fabricacion de la porcelana de la China.

**CHÉLAIRE**, m. *chelér*. Zool. Quelario, género de insectos lepidópteros.

**CHÉLEPTÉRICE** m. *chelepterís*. Zool. Quelepteriso sub-género delepidópteros.

**CHÉLIDOINE**, f. *quelidoán*. Bot. Celedonia, género de plantas. || Miner. Quelidonia, piedrecita de naturaleza silícea, que pertenece á las ágatas. || Zool. Quelidonia, golondrina de mar.

**CHÉLIDONIEN, ENNE**, adj. *quelidonién, én*. Zool. Quelidoniano, que se parece á la golondrina. || *Chélidoniens*, m. pl. Quelidonianos, familia de pájaros del órden de los gorriones.

**CHÉLIDONIES**, f. pl. *quelidoní*. Quelidonias, fiestas que se celebraban en Ródas cuando volvia la primavera.

**CHÉLIDONINE**, f. *quelidonín*. Bot. Celedonina, sustancia cáustica de la celedonia, que sirve para destruir las verrugas.

**CHÉLIDONS**, m. pl. *quelidón*. Zool. Quelidones, familia de pájaros.

**CHÉLIFÈRES**, m. pl. *quelifér*. Zool. Quelíferos, género de arácnidos.

**CHÉLIFORME**, adj. *queliform*. Zool. Queliforme, que tiene la forma de unos alicates.

**CHÉLIGASTRE**, m. *queligástr*. Zool. Queligastro, género de insectos dípteros.

**CHÉLIGNATHE**, adj. *quelignat* Zool. Quelignato, que tiene las mandíbulas en forma de alicates.

**CHÉLINGUE**, f. *chelénguellar*. Chelinga, barco de pasaje de la costa de Coromandel.

**CHÉLINOTE**, f. *quelinót* Zool. Quelinota, género de moluscos haliotídeos.

**CHÉLINOTTE**, f. *chelinót*. Miner. Quelinota, piedra de golondrina.

**CHÉLIPALPE**, adj. *quelipálp*. Zool. Quelipalpo, que tiene los palpos en forma de alicates.

**CHELLEN**, m. *chelén*. Tela de algodon de las Indias.

**CHELLES**, f. pl. *chél*. Celas, tela de algodon de las Indias.

**CHELMON**, m. *chelmón*. Zool. Quelmon, género de pescados, muy notables por la excesiva prolongacion de su hocico.

**CHÉLOBASIDE**, f. *quelobasíd*. Zool. Quelobásida, género de insectos.

**CHÉLOCHIRE**, f. *quelochír*. Zool. Quequira, género de insectos.

**CHÉLODÈRE**, m. *quelodér*. Zool. Quelodero, género de insectos.

**CHÉLODINE**, f. *quelodín*. Zool. Quelodina, género de reptiles quelonios. || Quelodina, género de tortugas terrestres.

**CHÉLODONTE**, adj. *chelodónt*. Zool. Quelodonto, que tiene dientes en forma de alicates || *Chélodontes*, m. pl. Quelodontos, familia de arácnidos.

**CHÉLONANTHÈRE**, f. *quelonantér*. Bot. Quelonántera, genero de plantas orquídeas.

**CHÉLONARIE**, m. *quelonarí*. Zool. Quelonario, genero de insectos coleópteros.

**CHÉLONARION**, m. *quelonarion*. Zool. Quelonario, género de insectos.

**CHÉLONE**, f. *quelón*. Bot. Quelona, género de plantas escrofulariáceas.

**CHÉLONÉE**, f. *queloné*. Zool. Quelonea, género de tortuga de mar.

**CHÉLONIE**, f. *queloní*. Zool. Quelonia, género de insectos lepidópteros.

**CHÉLONIENS**, m. pl *quelonién*. Zool. Quelonianos, grupo de reptiles, que comprende las tortugas de tierra y las de agua dulce ó salada.

**CHÉLONIENS FOSSILES**, m. pl. V. TORTUES FOSSILES.

**CHÉLONITE**, f. *quelonít*. Miner. Quelonita, piedra figurada que representa una tortuga sin cabeza. || *Chélonites*, f. pl. Zool. Quelonitas, nombre que se da á las tortugas de agua dulce. || Quelonitas, grupo de insectos.

**CHÉLONODÈME**, m. *quelonodém*. Zool. Quelonodemo, genero de insectos.

**CHÉLONOGRAPHE**, m. *quelonográf*. Quelonógrafo, el que se dedica al estudio de las tortugas.

**CHÉLONOGRAPHIE**, f. *quelonografí*. Quelonografía, descripcion ó tratado sobre las tortugas.

**CHÉLONOPHAGE**, adj *quelonofág*e Quelonófago, pueblo ó animal que se alimenta de tortugas.

**CHÉLOPODE**, adj. *quelopód*. Zool. Quelópodo, que tiene garras. [illegible] m. pl Quelópodos, órden de mamíferos.

**CHÉLOSTOME**, m. [illegible] Zool. Quelóstomo, género de insectos.

**CHÉLURE**, f. *quelúr*. Zool. [illegible] nero de insectos lepidópteros.

**CHÉLYDE**, f. *quelíd*. Zool. [illegible] nero de reptiles.

**CHÉLYDIEN, NE**, adj. [illegible] Quelidiano, parecido á una quelida. || *Chélydines*, f. pl. Quelidinas, familia de [illegible]

**CHÉLYDRE**, f. [illegible] nombre de una serpiente acuática [illegible] tortuga.

**CHÉLYDROPHORE**, m. [illegible] Quelidroforo, género de insectos.

**CHÉLYE**, f. *quelí*. Zool. Especie de [illegible] tuga terrestre.

**CHEMAGE**, m. *chemáge*. [illegible] cho que se pagaba á los [illegible] para pasar con carretas por [illegible] y caminos.

**CHEMBALIS**, m. *chembalí*. [illegible] pecie de cuero que viene de [illegible]

**CHEMENEL**, m. ant. [illegible] neo, justa.

**CHEMBELLER**, n. [illegible] pelear ó combatir en las justas [illegible]

**CHÉMER (SE)**, r. *chemé*. [illegible] enflaquecerse, hablando de los [illegible]

**CHÉMERINE**, f. *chemerín*. Zool. [illegible] rina, género de insectos.

**CHEMIN**, m. *chemén*. Camino, [illegible] de un lugar á otro. || *Chemin* [illegible] camino trillado. || *Chemin de traverse* [illegible] sendero mas corto que el camino [illegible] || *Chemin royal* ó *grand chemin* [illegible] real, carretera. || met. Camino, [illegible] cil y seguro para la consecucion [illegible] || *Chemin de velours*, camino [illegible] fácil y agradable para alcanzar [illegible] guna cosa. || *Couper chemin* á [illegible] *chose*, parar, atajar, cortar [illegible] como pleito, enfermedad, etc. || [illegible] *chemin*, progresar, adelantar, [illegible] || *Aller son droit chemin*, [illegible] ted, con buena fe. || *Barrer le* [illegible] *quelqu'un*, cortar, estorbar la [illegible] guno. || *Gagner du chemin*, [illegible] lantar camino. || *Suivre le chemin* [illegible] seguir el camino carretero, [illegible] comun de obrar. || *Prendre le chemin* [illegible] *cole*, ir por lo mas léjos. || [illegible] *min*, volver atras, desandar [illegible] *Faire voir bien du chemin* á [illegible] meter á alguno en un berenjenal. || [illegible] *aller par quatre chemins*, no [illegible] deos. || *Chemin faisant*, loc. adv. [illegible] al mismo tiempo.

**CHEMINÉE**, f *cheminé*. Chimenea [illegible] para calentarse ó para guisar. || [illegible] *quelque chose sous la cheminée* [illegible] guna cosa á escondidas, á [illegible] *leau de cheminée*, campana de [illegible]

**CHEMINEL**, m. *cheminél*. Bot. [illegible] especie de pera

**CHEMINER**, n. *cheminé*. Caminar [illegible] por un camino, ir andando. || met. [illegible] perando, mejorando de fortuna. || [illegible] *affaire chemine*, este asunto sigue [illegible] = *Ce vers chemine*, este verso [illegible] tiene fluidez.

**CHEMINEUX, EUSE**, adj. [illegible] Andariu, andariego, que camina [illegible]

**CHEMISE**, f. *chemís*. Camisa [illegible] eclesiásticos. || Cubierta de papel [illegible] ra y cubre otros papeles. || [illegible] *feu*, camisa embreada ó de fuego. || [illegible] *de maille*, cota de malla. || [illegible] y yeso ó tierra blanca que se [illegible] red. || met. *Nous ne savons point* [illegible] *quer la peau de la chemise*, no [illegible] distinguir la realidad de la [illegible] *N'avoir pas de chemise*, no [illegible] que caerse muerto, carecer de [illegible] *Mettre quelqu'un en chemise*, [illegible] no sin camisa, en pelota, en [illegible] *chemise d'un bastion* ó *d'un* [illegible] vestimiento de un baluarte ó de [illegible] fortificacion, ya sea de ladrillo ó de [illegible]

**CHEMISETTE**, f. *chemisét*. [illegible]

**CHEMISIER, ERE** m. y f. *chemisié* [illegible] que.

de soea aterciopelado. || met. *Méchante chenille*, mala pécora, mal bicho : se dice de una persona que se complace en hacer mal.

**CHENILLETTE**, f chenillét. Bot. Escorpioide, género de plantas leguminosas

**CHÉNISQUE**, f. chenisc. Zool. Quenisca, ave del género bernecho.

**CHENNION**, m. chenión. Zool. Quenion, género de insectos coleópteros dímeros.

**CHÉNOCOLYMBES**, m pl. chenocolénb. Zool. Quenocolumbos, familia de aves.

**CHÉNOLÉE**, f. chenolé. Bot. Quenolea, género de plantas agregado á la seda.

**CHÉNOPIDE**, m. chenopíd. Zool. Quenópido, género de aves.

**CHÉNOPLEURE**, f. chenopleur. Bot. Cenopleura, género de plantas.

**CHÉNOPODE**, m. chenopód. Bot. Quenópodo, cañigio, género de plantas.

**CHÉNOPODÉ, ÉE**, adj. chenopodé. Bot. Quenopódeo, que se parece á un quenópodo. || *Chénopodées*, f. pl. Quenopódeas, género de plantas cuya hoja tiene la forma de la pata de un ganso.

**CHÉNOSIRIS**, m. chenosíris. Nombre de la hiedra entre los Egipcios.

**CHÉNOSTOME**, f. chenostóm. Bot. Quenostoma, género de plantas.

**CHÉNOSURE**, m. chenosúr. Zool. Quenóeuro, género de reptiles saurianos.

**CHÉNOTRIQUE**, adj. chenotríc. Bot. Quenótrico, que tiene velluda la garganta de su corola.

**CHENU, E**, adj. chenú. Joc. y poét. Cano, lo que está blanco por causa de la vejez. || met. *Montagnes chenues*, montañas blancas, que están cubiertas de nieve.

**CHÉPORE**, m. chepór. Zool. Quéporo, género de insectos coleópteros pentámeros.

**CHEPTEL**, m. chetél. Jurisp. Arrendamiento de ganados á medias, entre el arrendador y el arrendatario.

**CHÈQUE**, m. chéc. Bohemo, natural de Bohemia. || *Chèque d'une chambrée*, ranchero.

**CHER, ÈRE**, adj. chér. Caro, amado, querido. || Caro, lo subido de precio. || adv. Caro, á un precio alto y subido = *Vendre bien cher sa vie*, vender caro su vida, morir matando.

**CHERAMBOHIR**, m. cheranboír. Bot. Queramboir, arbusto de las Indias.

**CHERAMÈLE**, f. cheramél. Bot. Caramela, fruta del caramelero.

**CHERAMELIER**, m. cheramlié. Bot. Caramelero, género de plantas.

**CHERBALI ó CHERBASSI**, m. cherbali, cherbasí. Seda de superior calidad que viene de Persia.

**CHERCHE**, f. chérche. Arq. Cercha, arco carpanel ó apainelado.

**CHERCHE-FICHE**, m. cherchfiche. Art. Cortafrío, herramienta que sirve para sacar una bisagra que se encuentra en una puerta ó ventana.

**CHERCHE-POINTE**, m. Art. V. CHERCHE-FICHE.

**CHERCHER**, a. cherché. Buscar, inquirir ó procurar hallar alguna cosa. || *Chercher son pain*, mendigar. || *Chercher des détours*, buscar rodeos. || *Chercher querelle, noise*, buscar camorra. || *Chercher quelqu'un par mer et par terre*, buscar á alguno de ceca en meca. || *Chercher à*, seguido de infinitivo, esforzarse en, procurar. *Je chercherai à vous plaire*, procuraré agradaros. || Mar. Buscar la sonda, un puerto, abrigo para fondear la tierra || *Envoyer chercher, aller chercher, venir chercher*, enviar por, ir por, etc. : v gr. *J'enverrai chercher mon chapeau*, enviaré por mi sombrero. *Je viendrai le chercher*, vendré por él.

**CHERCHEUR, EUSE**, m. y f. chercheur, eus. Buscador, el que busca. Solo se usa en sentido burlesco, como : *chercheur de trésors*, buscador de tesoros ; *chercheur d'aventures*, caballero andante.

**CHERCONNÉE**, f. cherconé. Com. Cherconea, tela de Indias, de seda y algodon.

**CHÈRE**, f. chér. Comida, manjar : y tambien buena comida, buen plato, buena mesa ; pero suele añadirse el adjetivo *bonne*. En sentido contrario se dirá *mauvaise, maigre, pauvre, petite chère, etc.*, mala, mesquina. || *Il n'est chère que d'appétit*, á buena hambre no hay pan duro. || *Chère entière*, comida completa, gran banquete seguido de diversiones. || *Chère de commissaire*, comida en que se sirve carne y pescado. || *Tant pour la chère*, á tanto el cubierto. || *Faire chère lie*, comer bien y divertirse. || *Faire grande chère et bon feu*, echar la casa por la ventana : hacer un gasto crecido. || Tambien significa agasajo, acogida, recibimiento ; pero solo se usa en estas frases : *Il ne sait quelle chère lui faire*, no sabe cómo recibirle ó agasajarle *Il faisait bonne chère à tout le monde*, á todos recibia bien.

**CHÈREMENT**, adv. cheremán. Cariñosamente, amorosamente. || Caro, á precio muy subido, á mucho coste.

**CHÉRI, E**, adj. cherí. Querido, amado, estimado.

**CHÉRIC**, m. cheríc. Zool. Especie de curruca de Madagascar.

**CHÉRIDION**, m. cheridión. Zool. Queridion, género de insectos coleópteros.

**CHÉRIF**, m. cherif. Jerife, nombre que se da á cierto dignatario de los Moros.

**CHÉRIFAT**, m. cherifá. Jerifato, dignidad del jerife y el pais gobernado por él.

**CHÉRIR**, a. cherír. Querer, amar con ternura y predileccion.

**CHÉRISSABLE**, adj. cherisábl Estimable, digno de ser querido, que merece serlo.

**CHERLERIE**, f. cherlrí Bot. Cherleria, género de plantas cariofíleas.

**CHERLESKER**, m. cherlesqué. Cherlesquer, teniente general de los ejércitos otomanos.

**CHERLITE**, m. cherlít. Zool. Querlito, género de aves del órden de los silvanos.

**CHERMES**, m. chérmes. Zool. Chermes, género de insectos hemípteros.

**CHERNITE**, m. chernít. Miner. Chernito, mármol que se parece al marfil.

**CHÉROCAMPE**, m. cherocánp. Zool. Querocampo, género de lepidópteros.

**CHÉROGRYLLE**, m. cherogrill. Zool. Querogrillo, especie de erizo.

**CHÉROMORPHE**, m. cheromórf. Zool. Queromorfo, género de insectos.

**CHÉROMYCÈS**, m. queromíses. Bot. Queromiceso, género de plantas.

**CHÉROPE**, m. cheróp. Zool. Queropo, género de mamíferos de la Nueva Holanda.

**CHÉROPHYLLÉ, ÉE**, adj. cherofilé. Bot. Querofileo, que se parece á un querofilon.

**CHÉROPHYLLON**, m. cherofilón. Bot. Querofilon, planta herbácea.

**CHÉROPOTAME**, m. cheropotám. Zool. Queropótamo, género de mamíferos.

**CHERQUEMOLLE**, f. cherquemól. Com. Cherquemola, tela de seda fabricada en las Indias.

**CHERRE**, m. chérr Zool. Cherro, género de insectos de la Nueva Holanda.

**CHERSE**, f. chérs. Zool. Querso, género de reptiles quelóneos.

**CHERSÉE**, f. chersé. Zool. Querseo, especie de reptiles del género víbora.

**CHERSINE**, f. chersín. Zool. Quersina, género de reptiles de Madagascar.

**CHERSITE**, adj. chersít. Zool. Quersito, que vive en la tierra. || *Chersites*, m. pl. Quersitos, familia de reptiles quelóneos.

**CHERSOCHÉLONE**, adj. chersochelón. Zool. Quersoquelóneo, terrestre, que vive en la tierra. || *Chersochélones*, m pl. Zool. Quersoquelóneos, familia de reptiles.

**CHERSOHYDROCHÉLONES**, m. pl. chersoidrochelon. Zool. Quersohidroquelóneos, familia de reptiles que comprende las tortugas de agua dulce.

**CHERSOPHOLIDOPHIDE**, adj. chersofolidofid Zool Quersofolidofideo, cuyo cuerpo está cubierto de escamas.

**CHERSOTIDE**, f. chersotíd. Quersótide, género de insectos.

**CHERSYDRE**, m. quersídr. Zool. Quersidro, género de serpientes anfibios, que viven alternativamente en la tierra y en el mar.

**CHERTÉ**, f cherté. Carestía, precio subido de las mercancías.

**CHÉRUBIN**, m. *cherubén*. Querubín, espíritu angélico. || met. Querubin, jóven hermoso, sonrosado. || Pint. Cabeza de niño con dos alas.

**CHÉRUBIQUE**, adj. *cherubic*. Querúbeo, querúbico, relativo á los querubines.

**CHERVI** ó **CHERVIS**, m. *chervi*. Bot. Chirivía, raiz hortense muy buena para comer. || *Chervis sauvage*, cacalia ó chirivía silvestre.

**CHÉSIADE**, m. *chesiád*. Zool. Quesiado, género de mariposas.

**CHÉSIE**, f. *chesí*. Zool. Quesia, género de insectos lepidópteros.

**CHESLEN**, m. *cheslén*. Bot. Queslen, planta de Chile, buena en las oftalmías.

**CHESNÉIE**, f. *chesnéye*. Bot. Quesneya, género de plantas papilionáceas.

**CHESTER**, m. *chestér*. Chester, queso muy estimado, que se hace en el condado de este nombre.

**CHÉTACANTHE**, f. *chetacánt*. Bot. Quetacanto, género de plantas acantáceas, indígenas del Cabo.

**CHÉTACLÈNE**, f. *chetaclén*. Bot. Quetaclena, género de plantas mutisiáceas.

**CHÉTANTHE**, m. *chetánt*. Bot. Quetanto, género de plantas de Chile.

**CHÉTANTHÈRE**, f. *chetantér*. Bot. Quetántera, género de plantas de flores compuestas mutisiáceas.

**CHÉTARE**, f. *chetár*. Bot. Quetara, género de plantas gramíneas.

**CHÉTARINÉ**, **ÉE**, adj. *chetariné*. Bot. Quetaríneo, que se parece á una quetara. || *Chétarinées*, f. pl. Bot. Quetaríneas, tribu de plantas gramíneas.

**CHÉTARTHRIE**, m. *chetartrí*. Zool. Quetartrio, género de insectos coleópteros.

**CHÉTÉPHORE**, f. *chetefór*. Bot. Quetéfora, especie de musgo.

**CHÉTIF**, **IVE**, adj. *chetíf*, *ív*. Mezquino, ruin, miserable, despreciable.

**CHÉTION**, m. *chetión*. Bot. Quetion, género de plantas gramíneas.

**CHÉTIVEMENT**, adv. *chetivmán*. Mezquinamente, vilmente, ruinmente.

**CHÉTIVETÉ**, f. *chetivté*. Mezquindad, cualidad de lo que es ruin y mezquino.

**CHÉTOBLEMME**, m. *chetoblém*. Zool. Quetoblemo, género de urracas.

**CHÉTOCALYCE**, f. *chetocalís*. Bot. Quetocaliza, género de plantas papilionáceas.

**CHÉTOCÉPHALE**, adj. *chetosefál*. Quetocéfalo, cuya cabeza es velluda.

**CHÉTOCÈRE**, adj. *chetosér*. Zool. Quetócero, que tiene cuernos en forma de clin. || *Chétocères*, m. pl. Zool. Quetóceros, género de insectos.

**CHÉTOCHILE**, m. *chetochíl*. Quetócilo, arbusto del Brasil. || Zool. Quetócilo, género de insectos lepidópteros nocturnos.

**CHÉTOCNÈME**, m. *chetocném*. Zool. Quetocnemo, género de insectos.

**CHÉTODIPTÈRE**, m. *chetodiptér*. Zool. Quetodíptero, pescado de los mares de América.

**CHÉTODON**, m. *chetodón*. Zool. Quetodon, género de pescados.

**CHÉTODONTE**, adj. *chetodónt*. Zool. Quetodonto, que tiene los dientes finos como cerdas ó como sedas.

**CHÉTOGASTRÉE**, f. *chetogastré*. Bot. Quetogástrea, género de plantas melastomáceas.

**CHÉTOGLÈNE**, m. *chetoglén*. Zool. Quetogleno, género de insectillos.

**CHÉTOLÉPIDE**, f. *chetolepíd*. Bot. Quetolépida, género de plantas melastomáceas.

**CHÉTOLIER**, m. *chetolié*. Arrendatario, aparcero que toma ganados á medias con el arrendador.

**CHÉTOMION**, m. *chetomión*. Bot. Quetomion, género de hongos.

**CHÉTOMONADE**, f. *chetomonád*. Zool. Quetomonada, género de insectillos.

**CHÉTONOTE**, m. *chetonót*. Zool. Quetonoto, género de insectillos.

**CHÉTOPAPPE**, f. *chetopáp*. Bot. Quetopapa, género de plantas compuestas.

**CHÉTOPHORE**, f. *chetofór*. Bot. Quetófora, género de algas. || Zool. Quetófora, género de insectos.

**CHÉTOPHORÉ**, **ÉE**, adj. *chetoforé*. Bot. Quetofóreo, que tiene filamentos ramosos. || *Chétophorées*, f. pl. Quetofóreas, tribu de plantas zoospérmeas.

**CHÉTOPHOROÏDÉ**, **ÉE**, adj. *chetoforoidé*. Bot. Quetoforoídeo, que tiene filamentos parecidos á los de la seda.

**CHÉTOPE**, m. *chetópe*. Bot. Quetopo, género de plantas merulinas.

**CHÉTOPTÈRE**, m. *chetoptér*. Zool. Quetóptero, género de insectos anélidos.

**CHÉTOSPORE**, f. *chetospór*. Quetóspora, género de plantas ciperáceas de la Nueva Holanda.

**CHÉTOSTOME**, f. *chetostóm*. Bot. Quetóstoma, género de plantas del Brasil.

**CHÉTOTYPHLE**, m. *chetotifl*. Zool. Quetótiflo, género de insectillos.

**CHÉTRON**, m. *chetrón*. Art. Secreto, especie de gaveta en forma de cajon que se pone en el interior de un cofre.

**CHÉTURE**, m. *chetúr*. Bot. Queturo, género de plantas gramíneas.

**CHÉTUSIE**, f. *chetusí*. Zool. Quetusia, género de aves.

**CHEUQUE**, m. *cheuc*. Zool. Tuyá, especie de avestruz de Chile.

**CHEVAGE**, m. *chevâge*. Tributo que se exigia en Francia á los extranjeros y bastardos que querian establecerse en este reino.

**CHEVAL**, m. *chevál*. Caballo, animal cuadrúpedo, propio para el tiro y paseo. || *Cheval alezan*, caballo alazan; *châtain*, castaño; *bai brun*, bayo oscuro, y castaño; *bai clair*, bayo; *bai doré*, bayo dorado; *bouleté*, goteado; *brûlé*, alazan tostado; *coureur* ó *coursier*, corredor; *de bât*, de carga; *de bois*, de palo, potro para castigo; *de carrosse*, de coche; *de frise*, de frisa, cilindro con unas puas clavadas en el para impedir el paso á la caballería enemiga; *de trait*, de tiro; *dressé*, adestrado ó maestro; *enharnaché*, enjaezado; *gris*, tordillo; *hongre*, capon; *ombrageux*, asombradizo, espantadizo; *pommelé*, rodado; *qui a la bouche délicate*, boquimuelle; *qui bronche*, trupezon; *qui rue*, coceador; *rétif*, rebelon, repropio; *roan* ó *tête de maure*, roano; *roux*, alazan tostado; *soupe de lait*, rubican; *vigoureux*, brioso; *zain*, zaino. || *Bon homme de cheval*, buen jinete, que maneja bien un caballo. || *Bel homme de cheval*, buen jinete, que tiene gracia á caballo. || *Fiente de cheval*, cagajon. || *Fer du cheval*, herradura. || *C'est son cheval de bataille*, es su mayor argumento, su mayor apoyo. || *Couper un cheval*, castrar un caballo. || *Enfourcher un cheval*, cabalgar, montar caballero, ó á horcadillas. || *Rompre un cheval*, debastar, trabajar un caballo en el picadero. || *Parer le pied d'un cheval*, despalmar el casco de un caballo. || *Piquer un cheval*, dar de espuelas, apretar las espuelas á un caballo, picarle. || *Pousser un cheval*, apretar, picar, meter piernas á un caballo. || fam. *Parler à cheval à quelqu'un*, hablar á alguno con imperio ó con autoridad. || *Cheval fondu*, paso, juego de chiquillos, que consiste en ponerse uno inclinado y saltar los demas por encima de él. || *Langue de cheval*, laurel alejandrino. || *Petit cheval*, caballo menor, una de las constelaciones setentrionales. || *C'est un franc cheval*, es un valiente rocin, hablando de un hombre grosero. || *Chevaux*, pl. Caballos, y tambien soldados de á caballo como en castellano. || met. *Selle à tous chevaux*, horma de todos piés, vestido de municion. || *Aux chevaux maigres va la mouche*, al perro flaco todas son pulgas. || *Fermer l'écurie quand les chevaux n'y sont plus*, despues del burro muerto, cebada al rabo. || *Il n'y a si bon cheval qui ne bronche*, el mejor escribano echa un borron, no hay hombre que sea perfecto. || *Après bon vin, bon cheval*, despues de beber todos son valientes. || *De cheval*, caballuno, caballar.

**CHEVALEMENT**, m. *chevalmán*. Arq. Apeo, armazon de madera para sostener las partes superiores de un edificio.

**CHEVALER**, a. *chevalé*. Arq. Apear un edificio, de nuevo, [illegible] || n. Pasear, [illegible] dar muchos [illegible] da. || Portear, [illegible] portunar á alguno.

**CHEVALERESQUE**, adj. [illegible] balleresco, caballeroso, [illegible] roso.

**CHEVALERESQUEMENT**, adv. *chevaleresquemán*. Caballerescamente [illegible] caballeresco. || [illegible] ballero.

**CHEVALERESSE**, adj. [illegible] jer de un caballero. [illegible] adjetivo: v. gr. [illegible]

**CHEVALERIE**, f. [illegible] instituto propio de los [illegible] profesion de las armas. || [illegible] llería. || El grado ó dignidad [illegible] || *Chevalerie errante*, [illegible] Caballerosidad, porte, [illegible] rasgo de generosidad, etc.

**CHEVALET**, m. *chevalé*. [illegible] instrumento de tortura. || [illegible] pedazo de madera en que [illegible] pano. || Mar. Caballete [illegible] deloría. || Mús. Puentecillo [illegible] dera delgado que sostiene [illegible] des de un violin, viola, etc. [illegible] dazo de madera [illegible] piés de lo mismo. || Caballete [illegible] tidor. || Caballete, [illegible] obra para contener [illegible] || *Cheval de bois*, tijera, los dos palos [illegible] que se aseguran la [illegible]

**CHEVALIER**, m. *chevalié*. [illegible] grado de honor en la milicia [illegible] que es recibido en [illegible] del juego de ajedrez [illegible] se usa mas *cavalier*. || Fort. [illegible] *chevalier*, caballerete, [illegible] *lier errant*, caballero andante [illegible] Quijote de la Mancha. || *Chevalier d'industrie*, petardista, trampista. || [illegible] *guet*, comandante de la ronda [illegible] de Paris, cuyo oficio [illegible] Ave acuática. || Bot. [illegible]

**CHEVALIÈRE**, f. [illegible] anillo ancho con [illegible] mado *bague à la chevalière*. [illegible] dadora, nombre de varias [illegible] ras de la órden de [illegible]

**CHEVALINE**, adj. [illegible] solo se usa en *bête chevaline* [illegible] mal caballar. || *Chevaline* [illegible] comercio ó tráfico de caballos [illegible]

**CHEVALIS**, m. *chevalí*. [illegible] puestas en un vado para [illegible] de una parte á otra.

**CHEVALOGIFÈRE**, m. [illegible] balorífero, máquina en [illegible] para ejercitarse en la [illegible] de resortes.

**CHEVANCE**, f. *chevánç*. [illegible] da, los bienes que uno tiene [illegible]

**CHEVAUCHABLE**, adj. [illegible] sitable á caballo: se dice de [illegible]

**CHEVAUCHANT**, **E**, adj. [illegible] Cabalgado: se dice de las [illegible] unas con otras. || Arrollado, [illegible] acanalado, hablando de [illegible]

**CHEVAUCHÉE**, f. [illegible] balgada, la visita que [illegible] justicia hacian recorriendo [illegible] lo tocante á los caminos, [illegible] balgada, correría hecha [illegible] Jornada, el terreno que [illegible] carga puede recorrer en un [illegible]

**CHEVAUCHEMENT**, m. [illegible] Cruzamiento, cierta disposicion [illegible] mentos huesosos de una fractura [illegible]

**CHEVAUCHER**, n. [illegible] á caballo, andar montado. || [illegible] llar, torcer algunas palabras [illegible] composicion tipográfica. || [illegible] pizarras cuando se cubre [illegible] do. || Cir. Cruzarse los fragmentos [illegible] de una fractura.

**CHEVAUCHEUR**, m. [illegible] gador, el que viaja á caballo [illegible]

**CHEVAUCHONS** (À), loc. adv. [illegible] A horcajadas, con una pierna [illegible] otra á otro.

**CHEVAU-LÉGERS**, m. pl. [illegible] Nombre que se daba á ciertas [illegible]

[illegible]

clavijilla, clavija pequeña. || Art. Clavija, pedazo de hierro ó madera plano ó agujereado donde se asegura el cordel para coser los libros.

**CHEVILLOIR**, m. *chevilluár*. Devanadera, instrumento guarnecido de clavijas que se usa para devanar la seda.

**CHEVILLON**, m. *chevillón*. Palo torneado en el respaldo de una silla.

**CHEVILLURE**, f. *chevillúr*. Mogotes, las astas del ciervo ó cada una de sus ramas.

**CHÈVRE**, f. *chévr*. Zool. Cabra, la hembra del macho cabrío. || *Barbe de chèvre*, barbas de chivo, pelos que se dejan crecer debajo de la barba. || Mec. Cabria, máquina para levantar objetos muy pesados. || Astr. Cabra, nombre de una estrella situada al lado de la constelacion del Boyero ó Bootes. || *Chèvre sauvage*, rupicabra, gamuza, cabra montés. || Bot. *Barbe de chèvre*, ruda cabruna, planta. || met. *Prendre la chèvre*, amostazarse, picarse, enfurruñarse. || *Sauver la chèvre et le chou*, remediar dos inconvenientes encontrados.

**CHEVREAU**, m. *chevró*. Cabrito, choto, cabritillo, el hijo de la cabra. || Art. Cabra, piel de cabra ó cabrito preparada. || Astr. Cabrillas, nombre de tres estrellas pequeñas de la constelacion del Boyero.

**CHÈVREFEUILLE**, m. *chevrefeuil*. Bot. Madreselva, arbusto sarmentoso.

**CHÈVRE-PIEDS**, adj. m. *chevrepié*. Capripedo, que tiene los piés de cabra: se usa hablando de los sátiros. || Morillo del hogar.

**CHEVRETTE**, f. *chevrét*. Zool. Cervicabra ó gamuza, bicerra. = Especie de cangrejo. || Art. Morillo, banquillo de hierro que los plomeros ponen en el horno para tener en alto la leña.

**CHEVREUIL**, m. *chevreuil*. Zool. Corso, especie de venado parecido á la cabra.

**CHEVREUSE**, f. *chevreus*. Bot. Chevresa, variedad del melocoton, árbol.

**CHEVRIER**, **ÈRE**, m. y f. *chevrié*, *ér*. Cabrero, el ó la que lleva cabras a pacer.

**CHEVRILLARD**, m. *chevrillár*. Zool. Corcillo, corcito, gamuzo, corso nuevo.

**CHEVRON**, m. *chevrón*. Arq. Cabrio, cabriol ó cabrial, viga donde cargan los pares del tejado de una casa. = *Chevron de coupe*, solera en que estriban las péndolas. || Blas. Chevron, figura ó pieza en forma de triángulo ó cabrio, que está en el escudo. || Mil. El galon que llevan en el brazo los militares segun sus años de servicio.

**CHEVRONNAGE**, m. *chevronáge*. Arq. Cabriolaje, accion de poner cabrioles. || Conjunto de cabrios. || Obra hecha con cabrios.

**CHEVRONNÉ**, **ÉE**, adj. *chevroné*. Blas. Chevronado, cargado el escudo de roquetes.

**CHEVRONNER**, a. *chevroné*. Agr. Hacer ó colocar cabrios.

**CHEVROTAGE**, m. *chevrotáge*. Derecho señorial que se pagaba al señor feudal por la manutencion de las cabras.

**CHEVROTAIN**, m. *chevrotén*. Zool. Cervitillo, cuadrúpedo de la India del tamaño de la liebre, semejante á un ciervo, aunque sin astas ni palazon.

**CHEVROTANT**, **E**, adj. *chevrotán*. Cantor que canta con voz temblona; el que habla con voz temblorosa.

**CHEVROTEMENT**, m. *chevrotmán*. Mús. Canticio temblon. = Cadencia formada temblando.

**CHEVROTER**, n. *chevroté*. Parir la cabra. || Andar brincando, dar brincos ó saltos. || Mús. Cantar á saltos ó con voz temblona. || fam. Perder los estribos, perder la paciencia.

**CHEVROTIN**, m. *chevrotén*. Art. Cabritilla, piel de cabrito curtida y adobada.

**CHEVROTINE**, f. *chevrotín*. Postas, municion gruesa de plomo para la caza de gamos y venados. || Bot. Chevrotina, planta de la familia de los hongos.

**CHÉYLÈTE**, m. *cheilét*. Zool. Queileto, nombre científico del insecto arador.

**CHÉYLOGLOTTE**, f. *cheilogiót*. Bot. Queilogiota, género de plantas orquídeas.

**CHEZ**, prep. *ché*. En casa de: *je vais chez un tel*, voy á casa de fulano. = Casa se usa tambien hablando del pais natal ó del paraje en que se tiene la residencia: *je pars demain pour chez moi*, mañana me pongo en camino para ir á mi casa. || En, entre: *il y avait telle coutume chez les Grecs*, tal era la costumbre que habia entre los Griegos. = *C'est chez lui une habitude*, en él es una costumbre. || Esta preposicion unida á un pronombre personal forma un nombre sustantivo: v. g. *avoir un chez soi*, tener casa propia.

**CHEZANANCE**, f. *chesanáns*. Farm. Chezanance, ungüento con el que se frotaba lijeramente el ano y producia muchas evacuaciones.

**CHÉZÉ**, f. *chesé*. Feud. Medida de tierra concedida al hijo mayor por mejora.

**CHIAMÈLE**, m. *chiamél*. Zool. Quiamelo, género de reptiles saurianos.

**CHIANTOTOTL**, m. *chiantototl*. Zool. Quiantotota, pájaro de Méjico.

**CHIAOUX**, m. *chiaú*. Hist. Chaus, alguacil ó hujier entre los Turcos.

**CHIAPANAIS**, **E**, adj. y s. *chiapané*. Chispanés, natural ó habitante de Chiapa.

**CHIARVATAR**, m. *chiarvatár*. Hist. Chiarvatar, especie de recaudador en Persia.

**CHIASME**, m. *quiásm*. Quiasmo, concurso ó punto de contacto de dos cosas ó partes que forman cruz.

**CHIASSE**, f. *chiás*. Escoria, hez de los metales: la del hierro se llama cagafierro. || Escoria, cosa vil, de ninguna estimacion. || Hablando de moscas ó gusanos, cagada.

**CHIASTOLITHE**, f. *chiastolit*. Miner. Quiastolita, especie de andalusita ó piedra de Santiago.

**CHIAZOSPERME**, m. *quiasospérm*. Bot. Quiazospermo, género de plantas.

**CHIBIE**, m. *chibí*. Zool. Chibio, género de aves.

**CHIBOU**, m. *chibú*. Bot. Quibú, árbol grande de las Antillas que produce en abundancia una resina del mismo nombre.

**CHIBOUQUE**, f. *chibúc*. Chibuco, pipa de tubo largo que se usa en Oriente.

**CHIC**, m. *chíc*. Verderon, ave. En Provenza se da el mismo nombre á muchos pajarillos. || Habilidad en el ejercicio de una profesion.

**CHICA**, m. *chicá*. Chicá, especie de bebida muy fuerte de los pueblos americanos. || Chica, especie de baile de negros.

**CHICALI**, m. *chicali*. Zool. Chicali, pájaro muy bonito del istmo de Canadá.

**CHICANE**, f. *chicán*. Embrollo, enredo en un pleito ó causa, caramillo. || Cavilacion, ardid, trampa legal, sutileza || Efugios, objeciones sofísticas y quisquillas escolásticas; y entre jugadores, las triquiñuelas y altercaciones para enredar las jugadas. || *Gens de chicane*, la gente de curia, como alguaciles, porteros, escribanos, etc.

**CHICANER**, a. y n. *chicané*. Embrollar, enredar, armar pleitos, enredos. || Sutilizar, buscar argucias y sutilezas para salir de un negocio. || Disputar, reprender, criticar sin razon por cosas de poca monta. || met. Buscar quisquillas, incomodar, dar que hacer, que sentir.

**CHICANERIE**, f. *chicanri*. Enredo, embrollo, trapacería.

**CHICANEUR**, **EUSE**, m. y f. *chicaneur*, *eus*. Embrollon, trapacero, enredador.

**CHICANIER**, **ÈRE**, m. y f. *chicanié*, *ér*. Quisquilloso, caviloso, promotor de disputas y porfias.

**CHICARD**, **E**, adj. *chicár*, *ard*. Voz popular para calificar una cosa de hermosa, de buena apariencia ó presencia.

**CHICARDER**, n. *chicardé*. Pavonearse, echarla de buen mozo.

**CHICHE**, adj. *chiche*. Parco, avaro, ahorrativo. || Mezquino, cicatero, roñoso, escaso. || *Pois chiches*, garbanzos.

**CHICHE-FACE**, m. *chichefás*. Hombre macilento, seco, enjuto, cara de pocos amigos.

**CHICHEMENT**, m. *chichemán*. Avaramente, parcamente, escasamente, con avaricia, con cicatería.

**CHICHETÉ**, f. *chicheté*. Avaricia, cicatería, nimiedad, roñería.

**CHICKRASSI**, m. *chicrasí*. Bot. Chicrasi, árbol de la India.

**CHICON**, m. *chicón*. Chicon, lechuga romana, planta leguminosa.

**CHICORACÉ**, **ÉE**, adj. *chicorasé*. Bot. Chicoráceo, lo que tiene algo de la propiedad y naturaleza de la achicoria. || *Chicora* ráes, f. pl. Bot. Chicoráceas, familia de plantas lechosas y de flores compuestas.

**CHICORÉE**, f. *chicoré*. Bot. Escarola, planta hortense. || *Chicorée sauvage*, achicoria, diente de leon, planta silvestre. || *Chicorée blanche*, endibia, planta hortense.

**CHICOT**, m. *chicó*. Tocon, pedazo de un tronco de árbol roto por el viento ó cortado, que sobresale en la tierra. || Astilla ó zoquete, pedazo de madera. || Raigon, pedacito de muela que queda en las encías. || Chicote, género de plantas leguminosas.

**CHICOTER**, n. *chicoté*. Porfiar sobre cosas de poco momento ó insignificantes.

**CHICOTIN**, m. *chicotén*. Acíbar, zumo del aloé. || Zumo amargo que se extrae de la coloquíntida, y lo emplean las mujeres para destetar á los niños. || met. Acíbar, lo que es muy penoso, duro, difícil de sobrellevar.

**CHIE-EN-LIT**, m. *chianlí*. Máscara fea y sucia, carántula.

**CHIEN, NE**, m. y f. *chién, én*. Zool. Perro, animal doméstico. || *Petit chien*, perrillo, perrito, cachorro, cachorrillo. = *Chien couchant*, perdiguero, podenco, perro de muestra. = *Troupe de chiens couchants*, jauría, cuadrilla de podencos. || met. Se llama *chien couchant* el hipócrita adulador; y *faire le chien couchant*, hacer la gata ensogada. || *Chien courant*, sabueso. = *Chien de haut nez*, ventor, especie de sabueso. = *Chien de manchon*, perro de falda ó faldero. = *Chienne chaude*, perra cachonda ó salida. || *Chien de fusil*, gatillo, serpentin de fusil. || Se llama *chien* y *chienne* á todo lo que es malo, ruin, indigno, [illegible] hablando de personas como de cosas; y así decimos: *Quel chien de musicien!* qué músico tan perro, tan malo! *Quelle chienne de comédie!* qué indigna comedia! *Quelle chienne de vie!* qué vida tan perra, tan arrastrada! || Astr. *Grand chien*, *Petit chien*, los Perros de caza, nombre de dos constelaciones. || Esta voz entra en muchos refranes, tales como estos: *Bon chien chasse de race*, de casta le viene al galgo el ser rabilargo. = *Entre chien et loup*, á boca de noche, entre dos luces. = *Saint Roch et son chien*, la masa y la mona. = *Qui aime Bertrand aime son chien*, quien quiere á Beltran quiere á su can. = met. y fam. *Rompre les chiens*, cortar ó interrumpir una conversacion, cortar el hilo. = *Leurs chiens ne chassent pas ensemble*, ellos no hacen buenas migas, su ángel y el del otro están de espaldas.

**CHIENAGE**, m. *chienáge*. Feud. Derecho que tenia un señor de obligar á sus vasallos á alimentar cierto número de perros de caza.

**CHIENDENT**, m. *chiendan*. Grama, planta gramínea.

**CHIEN DES BOIS**, m. *chiendebuá*. Zool. Perro de los bosques, cuadrúpedo de la Guyana.

**CHIEN DU MEXIQUE**, m. *chiendumecsic*. Zool. Perro de Méjico, animal doméstico parecido á un perrito faldero.

**CHIEN-MARON**, m. *chienmarón*. Zool. Perro-maron, cuadrúpedo de las Indias orientales.

**CHIENNÉE**, f. *chiené*. Camada, todos los cachorros que pare de una vez la perra.

**CHIENNER**, n. *chiené*. Parir la perra.

**CHIENNINE**, adj. f. *chienín*. Perruno, que toca ó pertenece al perro.

**CHIER**, n. *chié*. Cagar, ciscarse, hacer de cuerpo. Este verbo es vulgar. || met. *Cet homme a chié dans mes bottes*, este hombre me ha engañado.

**CHIEUR, EUSE**, m. y f. *chieur, eus*. Cagon, cagona.

**CHIFFE**, f. *chif*. Tiritaña, tela muy endeble, de poco cuerpo.

**CHIFFLER**, n. *chiflé*. Chiflar, soplar, beber abundantemente.

**CHIFFON**, m. *chifón*. Arambel, andrajo, trapajo, trapo viejo: dícese generalmente de cualquier cosa de poco valor. || Zorruela, putuela, jóven de mala conducta. || *Chiffonne*, adj. f. Jard. Inútil, hablando de las ramas que deben cortarse.

**CHIFFONNADE**, f. *chifonád*. Ropa vieja, especie de guiso.

**CHIFFONNAGE**, m. *chifonáge*. Accion de arrugar.

**CHIFFONNER**, a. *chifoné*. Arrugar, chafar, ajar, rozar, deslucir ó estrujar alguna cosa manoseándola. || Restregar ó [illegible] incivilmente la cara de una persona. || met. *Cela le chiffonne*, esto le incomoda, le fastidia.

**CHIFFONNERIE**, f. *chifonrí*. Zozobra, inquietud.

**CHIFFONNIER, ÈRE**, m. y f. *chifonié, ér*. Trapero, andrajero, recogedor de trapos viejos. || Ropavejero. || Maulero. || met. Trapacero, embustero, chismoso. || Se llama tambien *chiffonnier* ó *chiffonnière* la almohadilla de madera que usan las mujeres para guardar los útiles de costura y pedacitos de tela.

**CHIFFRE**, m. *chifr*. Cifra, número, guarismo. || Cifra, el carácter arbitrario y convenido con que se escriben dos personas en secreto. || Cifra, enlace de dos ó mas letras iniciales para expresar un nombre.

**CHIFFRER**, a. *chifré*. Numerar, poner números á alguna cosa, señalar con números. || n. Contar, sumar partidas. || Cifrar ó escribir en cifra. || Mús. Cifrar, escribir música por números.

**CHIFFREUR, EUSE**, m. y f. *chifreur, eus*. Contador, el que es diestro en la aritmética.

**CHIGNOLLE**, m. *chiñól*. Art. Apa, devanodera de mano.

**CHIGNON**, m. *chiñón*. Cerviguillo, pestorejo, la parte posterior de un cuello gordo. || Tozuelo. || Penca ó moño de pelo que llevan las mujeres, ya propia, ya postiza. || Tijera del arado. || Abrazadera.

**CHIGOMIER**, m. *chigomié*. Bot. Quigémero, género de plantas de América.

**CHILCANAUTHLI**, m. *chilcanótli*. Cerceta, ave acuática de Méjico.

**CHILCOTE**, f. *chilcót*. Bot. Chicota, especie de pimienta de Guinea.

**CHILDRÉNITE**, m. *childrenít*. Min. Childrenita, sustancia cristalizada.

**CHILIADE**, f. *quiliád*. Millar, composicion de mil cosas de un mismo género. = *Chiliade d'années*, mil años. Se usa poco.

**CHILIANTHE**, adj. *chiliánt*. Bot. Quilianto, calificacion que se da á una planta que está cubierta de un sinnúmero de flores.

**CHILIARCHIE**, f. *quiliarchí*. Hist. ant. Quiliarquía, mando del quiliarca.

**CHILIARQUE**, m. *quiliárc*. Hist. ant. Quiliarca, oficial que mandaba un cuerpo de mil hombres.

**CHILIASTES**, m. pl. *quiliást*. Quiliastos, sectarios del siglo XII, que sostenian que despues del juicio final los predestinados permanecerian mil años sobre la tierra gozando de toda clase de delicias.

**CHILIEN, NE**, adj. y s. *chilién, én*. Chileño ó chileno, de Chile.

**CHILIOMBE**, f. *quiliómb*. Hist. ant. Quiliomba, sacrificio de mil bueyes ó de mil víctimas.

**CHILIOTRIQUE**, m. *quiliotríc*. Bot. Quiliótrico, arbusto del estrecho de Magallánes.

**CHILLAS**, m. *chilás*. Quilas, tela de algodon de Bengala y otras partes de las Indias.

**CHILOCARPE**, f. *quilocárp*. Bot. Quilocarpa, género de plantas apocináceas.

**CHILOCHLOÉ**, m. *quilocloé*. Bot. Quilocloe, género de plantas gramíneas.

**CHILODIE**, f. Bot. *quilodí*. Quilodia, arbolito de la Nueva Holanda.

**CHILOGLOTTIDE**, f. *quiloglotíd*. Bot. Quiloglótida, género de plantas.

**CHILOGNATHE**, adj. *quilognát*. Zool. Quilognato, que tiene un gran número de mandíbulas. || *Chilognathes*, pl. Quilognatos, familia de crustáceos.

**CHILOME**, m. *quilóm*. Hist. nat. Quilomo, extremidad labial de la nariz de los mamíferos.

**CHILON**, m. *quilón*. Tumefaccion ó inflamacion de los labios.

**CHILONYCTÉRIDE**, m. *quiloniclteríd*. Zool. Quilonictérido, género de mamíferos.

**CHILOPLASTIQUE**, f. *quiloplastíc*. Cir. Quiloplástica, arte de curar los labios.

**CHILOPODES**, m. pl. *quilopód*. Zool. Quilópodos, familia de crustáceos, conocidos con el nombre de mil piés.

**CHILOSCYPHE**, f. *quilosíf*. Bot. Quilocifa, género de plantas hepáticas.

**CHILPELAGUA**, m. [illegible]. Bot. Chilpelagua, una de las cuatro [illegible] la pimienta de Guinea.

**CHIME**, m. *chím*. Zool. Quime, [illegible] pájaro de la China.

**CHIMAPHILE**, f. *chimafíl*. Bot. [illegible] fila, planta de la América del Norte.

**CHIMAROMBE**, f. [illegible] marica, género de plantas [illegible]

**CHIN-CHIN-CHONG**, m. [illegible] Bot. Chin-chin-congo, árbol de la China.

**CHIMÈRE**, f. *chimér*. Mit. [illegible] monstruo fabuloso, fué muerto por [illegible] fonte segun la mitología. || Quimera, [illegible] imaginacion vana.

**CHIMÉRIQUE**, adj. *chimeríc*. [illegible] co, fabuloso, fingido ó imaginado, [illegible] damento.

**CHIMÉRIQUEMENT**, adv. [illegible] Quiméricamente, de un modo [illegible] fantástico, imaginario.

**CHIMÉRISER**, a. *chimerisé*. [illegible] zar, fingir cosas imposibles.

**CHIMIÂTRE**, m. *chimiátr*. [illegible] médico que explica y trata las [illegible] segun la química. || adj. [illegible] dado á los malos médicos químicos.

**CHIMIATRIE**, f. *chimiatrí*. [illegible] arte de curar las enfermedades [illegible] dios químicos.

**CHIMIATRIQUE**, adj. [illegible] miátrico, relativo á la [illegible]

**CHIMIE**, f. *chimí*. Química, [illegible] medio de la cual se analizan y [illegible] los cuerpos mixtos, á fin de averiguar [illegible] cion íntima de unos con otros y [illegible] tos que los constituyen.

**CHIMIFICATION**, f. [illegible] mificacion, principio que transmite á [illegible] tancia una consistencia química.

**CHIMIQUE**, adj. *chimíc*. Químico, [illegible] pertenece á la química.

**CHIMIQUEMENT**, adv. [illegible] micamente, de un modo químico, [illegible] reglas de la química.

**CHIMISME**, m. *chimísm*. [illegible] junto de todo lo que se explica [illegible] reglas de la química.

**CHIMISTE**, m. *chimíst*. Químico, [illegible] profesa la química.

**CHIMOMÉTRIE**, f. *chimometrí*. [illegible] metría, cálculo de los elementos [illegible] que componen los cuerpos

**CHIMONANTHE**, f. [illegible] Quimonanta, género de plantas.

**CHIMPANZÉ**, m. [illegible] [illegible] panzo, especie de mono.

**CHINA**, f. *chína*. Bot. China, [illegible] zarzaparrilla que se cria en la China.

**CHINCAPIN**, m. [illegible] Bot. [illegible] capino, especie de aya grande [illegible] || Chincapino, castaño enano de la [illegible]

**CHINCHE**, m. [illegible] Zool. [illegible] nombre de una especie de [illegible] ña de Chile que exhala muy mal olor. [illegible]

**CHINCHILLA**, m. [illegible] Zool. [illegible] chilla, cuadrúpedo del Perú, [illegible] dilla, cuya piel es muy estimada.

**CHINCHILLIDES**, m. pl. [illegible] Zool. Chinchillidos, pequeña familia de [illegible] dores americanos.

**CHINCOU**, m. *chencú*. Zool. Quincú, nombre de una especie del género [illegible]

**CHINE**, f. *chín*. China, imperio de [illegible] || Bot. China, serpentina, especie de [illegible] dura colorada y con manchas negras.

**CHINER**, a. *chiné*. Adamascar [illegible] dando diferentes colores á los [illegible] trama.

**CHINFRENEAU**, m. [illegible] ron, chirlada ó chirlo dado en la [illegible] espada, vara, etc.

**CHINOÏDINE**, f. *chinoidín*. [illegible] Quinoidina, nuevo alcaloide que [illegible] quinquina, y es una mezcla de [illegible]

**CHINOIS, E**, adj. y s. *chinuá*. Chino, de la China. || Chinesco, segun el estilo [illegible] de los Chinos. || Bot. Especie de [illegible] verde que se conserva en su licor [illegible] tuoso.

**CHINORRHODON ó CYNORRHODON**, m. *chinorridon, sinorrodón*. Bot. Agavanzo, escaramujo, rosal perruno, arbusto.

[illegible], a. fam. y vulg. chonguó. [illegible] en la ta[illegible]

[illegible], m. chicnoudí. fam. Quio[illegible] de miel y de nieve.

[illegible] y s. chiot. Chioca, de la isla [illegible]

[illegible], f. chiûrm. Chusma, con[illegible] y forzados de galeras. || [illegible] gente soez.

[illegible], m. [illegible] Curtido á la da[illegible]

[illegible], a. chiped. Art. Curtir á la dane[illegible] significa robar. Chi[illegible] una pluma.

[illegible], m. y f. chipeur, eus. [illegible] || Entre mucha[illegible]

[illegible] Nombre que se da á una [illegible]

[illegible], f. chipolâta. Chipolata, [illegible]

[illegible], m. chipolén. Art. Pintura al [illegible] y [illegible]

[illegible], a. chipoté. Gazmiar, comer [illegible] poco á poco. || Hacer una [illegible] y no de seguida. || [illegible] sobre lo que se compra; [illegible] el precio sin decidirse.

[illegible], m. y f. chipotié, ér. [illegible] mucho ántes de [illegible]

[illegible], f. chic. Nigua, insecto suma[illegible] á una pulga que [illegible] y carne, principal[illegible] y cuyo picor molesta mu[illegible] que mascan los ma[illegible] una cosa, poca y mala. || [illegible] pequeña. || Bolita ó pie[illegible] los niños.

[illegible], f. chiquenáud. Papirote, [illegible] golpe que se da soltando [illegible]

[illegible], a. chiquenodé. Dar pa[illegible]

[illegible], a. chiqué. Mascar tabaco. || [illegible] || Pintar bien. || Se chi[illegible] de platos.

[illegible], m. chiqué. Migaja, parte pe[illegible] || Se usa como adverbio y [illegible] á pizquitas, á sorbitos, [illegible] de pagar, beber ó [illegible] chiquet á chiquet, pagar [illegible]

[illegible], a. chiqué. Cardar, preparar [illegible] por medio de la carda. [illegible] en un pastel para ador[illegible], pintar imitando los [illegible]

[illegible], m. chiqueur. Mascador de [illegible]

[illegible], m. chiquí. Bot. Chiqui, palmera [illegible]

[illegible], f. quirágr. Med. Quiragra, [illegible] que ataca á las manos. || [illegible]

[illegible], adj. quiragric. Med. [illegible] pertenece á la quiragra.

[illegible], f. [illegible] Bot. Quirayita, [illegible] que usan los salvajes [illegible] y febrífuga.

[illegible], m. [illegible] Zool. Chiri[illegible] del Paraguay.

[illegible], f. [illegible] Especie de [illegible] que usaban anti[illegible]

[illegible] Bot. Quiripo, pal[illegible] del Orinoco.

[illegible] Bot. Quirita, género [illegible] Quirita, piedra figurada [illegible]

[illegible], m. quirodactr. Zool. [illegible] de pescados.

[illegible], adj. quirografér. [illegible] se dice del que es acreedor [illegible]

[illegible], m. quirográf. Quiró[illegible] con la firma [illegible] de un príncipe ó de un [illegible], el que expresa sus [illegible] de signos.

[illegible], f. quirografí. Quiro[illegible] los pensamientos [illegible]

[illegible], adj. quirografic. [illegible] que pertenece á la quirografía.

**CHIROGRAPHIQUEMENT**, adv. *quirografiquemán*. Quirográficamente.

**CHIROLOGIE**, f. *quirologí*. Quirologia, arte de manifestar sus pensamientos por medio de signos hechos con los dedos.

**CHIROLOGIQUE**, adj. *quirologic*. Quirológico, que pertenece á la quirologia.

**CHIROMANCIE**, f. *quiromansí*. Quiromancia, adivinacion por las rayas de las manos.

**CHIROMANCIEN, NE**, m. y f. *quiromansién, én*. Quiromántico, el que usa de la quiromancia. || adj. Quiromántico, que pertenece á la quiromancia.

**CHIRON**, m. *chirón*. Mit. Quiron, centauro, hijo de Céres y Neptuno.

**CHIRONE**, f. *chirón*. Bot. Quirona, género de plantas exóticas.

**CHIRONECTE**, m. *quironéct*. Zool. Quironecto, género de insectos. == Quironecto, género de pescados.

**CHIRONIE**, f. *chironí*. Zool. Quironia, género de moluscos. || Bot. Quironia, género de plantas gencianáceas.

**CHIRONIEN, NE**, adj. *quironién, én*. Cir. Quironio: se decia de una úlcera maligna é inveterada con bordes duros y callosos y de difícil curacion.

**CHIRONION**, m. *chironión*. Zool. Quironion, genero de serpientes.

**CHIRONOMIE**, f. *quironomí*. Hist. Quironomia, movimiento con el cuerpo, especialmente con las manos, con el que, sin el recurso de la palabra, los cómicos antiguos designaban á los espectadores los seres pensadores, dioses ó hombres. || Quironomia, uno de los ejercicios de la gimnástica. || Quironomia, signo que se usaba para advertir á los niños que tomasen una postura de cuerpo conveniente.

**CHIRONOMIQUE**, adj. *quironomic*. Quironómico, que pertenece á la quironomia.

**CHIRONOMISTE**, m. *quironomist*. Quironomista, el que enseñaba la quironomia.

**CHIRONOMONTES**, m. pl. *chironomónt*. Hist. Quironomontes, escuderos trinchantes de los Griegos y de los Romanos que cortaban las viandas al son de los instrumentos.

**CHIROPLASTE**, m. *quiropiást*. Art. Quiroplasto, instrumento que sirve para allanar las dificultades del fortopiano.

**CHIROPODE**, adj. *quiropód*. Zool. Quirópodo, que tiene el pié dividido en muchos dedos.

**CHIROPOTE**, adj. *quiropót*. Zool. Quirópoto, que tiene la costumbre de beber en el hueco de la mano.

**CHIROTEUTHE**, m. *chiroteut*. Zool. Quiroteuto, género de moluscos.

**CHIROTONIE**, f. *quirotoní*. Teol. Quirotonía, imposicion de las manos que se practica al conferir órdenes sagradas.

**CHIROTRIBIE**, f. *chirotribí*. Quirotribia, friccion que se da con las manos.

**CHIROUTE**, f. *chirút*. Nombre que dan los marineros franceses al cigarro puro.

**CHIRURGICAL, E**, adj. *chirurgicál*. Quirúrgico, que pertenece á la cirugía.

**CHIRURGIE**, f. *chirurgí*. Cirugía, ciencia que hace parte de la medicina y enseña á hacer varias operaciones con la mano en el cuerpo del hombre para curar heridas, llagas, fracturas, etc.

**CHIRURGIEN**, m *chirurgién*. Cirujano, el que ejerce la cirugia. || *Premier chirurgien du roi*, primer cirujano de cámara.

**CHIRURGIENNE**, f. *chirurgién*. Curandera, la mujer que ejerce la cirugía.

**CHIRURGIQUE**, adj. *chirurgic*. Quirúrgico. V. CHIRURGICAL.

**CHIRUSE**, m. *chirús*. Zool. Quiruso, género de pescados gobioides.

**CHISE**, f. *chís*. Bot. Quisa, pimienta de Méjico.

**CHISECCO**, m. *chiséco*. Bot. Quiseco, especie de árbol de Méjico.

**CHISMOBRANCHE**, adj. *chismobránche* Zool. Quismobranquio, que tiene las branquias en una cavidad que se comunica por medio de una hendidura. || *Chismobranches*, m. pl. Quismobranquios, órden de moluscos.

**CHISTE**, m. *quist*. Cista, vaina ó cápsula membranosa, en la que por lo comun se halla encerrada la materia que produce los tumores. V. KYSTE

**CHITE**, f. *chít*. Chite, especie de tela de las Indias orientales.

**CHITSERPIN**, m. *chitserpén*. Bot. Quiterpino, una de las cuatro especies de pimienta de Guinea.

**CHITOME**, m. *chitóm*. Papas, ó jefe de la religion entre los negros.

**CHITONISQUE**, f. *chitonísc*. Chitonisca, especie de túnica de los Griegos.

**CHITSE**, m. *chits*. Chitso, árbol de la China muy estimado por la belleza de su fruto.

**CHIURE**, f. *chiúr*. Cagada, el excremento de la mosca.

**CHIVEF**, m. *chivéf*. Quivefo, árbol de las Indias cuyo fruto es tan grande como un melon, y tiene un gusto exquisito.

**CHLAMYDE**, f. *clamid*. Clámide, especie de capa de los Griegos y de los Romanos.

**CHLAMYDIE**, f. *clamidí*. Bot. Clamidia, género de plantas asfodéleas.

**CHLAMYDOPHORE**, m. *clamidofór*. Bot. Clamidóforo, género de plantas.

**CHLAMYDULE**, f. *clamidúl*. Clamídula, pequeña clámide flotante.

**CHLANIDION** ó **CHLANIS**, m. *clanidión, clánis*. Clanidion, especie de capa que usaban las mujeres griegas.

**CHLÉPIDOLE**, m. *clepidól*. Bot. Clepidolo, género de plantas marinas.

**CHLÉDRISTOME**, m. *cledristóm*. Zool. Cledristomo, género de moluscos.

**CHLÉNACÉES**, f. pl. *clenasé*. Bot. Clenáceas, familia de plantas dicotiledóneas.

**CHLÈNE**, f. *clén*. Clena, especie de vestido que los Griegos y los Romanos llevaban encima de la túnica.

**CHLIDANTHE**, f. *clidánt*. Bot. Clidanta, género de plantas amarilídeas.

**CHLOANTE**, m. *cloánt*. Bot. Cloanto, género de plantas verbenáceas.

**CHLOASME**, m. *cloásm*. Med. Cloasmo, estado de la piel cuando se llena de manchas verdosas.

**CHLOÉIES** ó **CHLOÉIENNES**, f. pl. *cloeí, cloeién*. Cloeas, fiestas que celebraban los Atenienses en honor de Céres, sacrificando un carnero padre.

**CHLORA**, f. *clóra*. Bot. Clora, género de plantas gencianáceas.

**CHLORACÉTIQUE**, adj. *clorasetic*. Quim. Cloracético, que se compone de cloro y de ácido acético.

**CHLORACIDE**, m. *clorasid*. Quim. Clorácido, ácido en que el cloro es la base.

**CHLORANTHE**, m. *cloránt*. Bot. Cloranto, género de plantas rubiáceas || adj. Cloranto, que tiene flores verdes.

**CHLORATE**, m. *clorát*. Quim. Clorato, nombre que se da á las sales neutras que resultan de la combinacion del ácido clórico con una base.

**CHLORE**, m. *clór*. Cloro, nombre dado al ácido muriático oxígeno. || f. Bot. Clora, género de plantas de la familia de las gencianáceas

**CHLORÉ, ÉE**, adj. *cloré*. Quim. Clorado, que contiene cloro. || Hist. nat. Clorado, se dice de los cuerpos que tienen manchas amarillentas ó verdosas.

**CHLORÉE**, f. *cloré*. Bot. Clórea, género de plantas orquídeas.

**CHLORÈME**, f. *clorem*. Zool. Clorema, género de anélidos quetópodos.

**CHLOREUX, EUSE**, adj. *clorea, eus*. Cloroso, que tiene relacion con el cloro.

**CHLORICTÈRE**, adj. *cloriclér*. Hist. nat. Cloríctero, que tiene un color amarillo oscuro.

**CHLORIDE**, f. *clorid*. Zool. Clórida, género de aves. || Bot. Clórida, género de plantas gramíneas. || m. Quim. Clórido, combinaciones del cloro con cuerpos ménos electro-negativos.

**CHLORIDÉES**, f. *cloridé*. Bot. Cloridea, tribu de plantas gramíneas.

**CHLORIDES**, m. pl. *clorid*. Miner. Clóridos, familia de minerales.

**CHLORIODATE**, m. *cloriodát*. Quim. Cloriodato, sal producida por la combinacion del ácido clórico con una base.

**CHLORIQUE**, adj. *cloric*. Clórico, que contiene cloro.

CHLORIS, f. cloris. Mit. Clóris, hija de Niobe y de Anfion. || Bot. Clóris, género de plantas gramíneas. || Zool. Clóris, nombre de un pájaro que se parece al verderon.

CHLORISTIQUE, adj. cloristic. Clorístico, que tiene relacion con el cloro.

CHLORITE, f. clorit. Miner. Clorita, silicato aluminoso hidratado || m. Clorito, género de sales.

CHLORITÉ, ÉE, adj. clorité. Quím. Clotado, que contiene clorito.

CHLORITEUX, EUSE, adj. cloriteu, eus. Miner. Cloroso, que contiene clorita.

CHLORITIQUE, adj. cloritic. Miner. Clorítico, que está mezclado con clorita.

CHLORITSPATH, m. clorispát. Miner. Clorispato, sustancia que parece ser un silicato de alúmina y de óxido de hierro.

CHLOROCARPE, adj. clorocárp. Bot. Clorocarpo, que tiene los frutos amarillos ó verdosos.

CHLOROGASTRE, adj. clorogástr. Zool. Clorogastro, que tiene el vientre amarillento ó verdoso.

CHLOROMÈTRE, m. clorométr. Quím. Clorómetro, cierto instrumento que determina la cantidad de cloro que está combinado con el agua ó con una base.

CHLOROMÉTRIE, f. clorometrí. Arte de servirse del clorómetro.

CHLOROMÉTRIQUE, adj. clorometric. Clorométrico, relativo al clorómetro.

CHLOROMYRON, m. cloromirón. Bot. Cloromiro, árbol grande del Perú.

CHLORO-NITREUX, EUSE, adj. cloronitreu, eus. Quím. Cloronitroso, que contiene cloro y ácido nítrico.

CHLOROPALE, m. cloropál. Miner. Clorópalo, sustancia silícea, de color verde claro, que se encuentra con el ópalo.

CHLOROPHANE, f. clorofán. Miner. Clorofana, sustancia mineral que se hace fosforescente por el calor, esparciendo una hermosa luz verde.

CHLOROPHORÉES, f. pl. cloroferé. Bot. Clorofóreas, tribu de plantas urticeas.

CHLORO-PHOSPHOREUX, EUSE, adj. clorofosforeu, eus. Quím. Clorofosforoso, que contiene cloro y fósforo.

CHLORO-PHOSPHURE, m. clorofosfúr. Quím. Cloro-fósfuro, compuesto de fósforo y cloro con otro cuerpo cualquiera.

CHLOROPHYLLE, adj. clorofil. Bot. Clorófilo, calificacion de las plantas que tienen sus hojas verdes ó amarillas. || f. Clorófila, sustancia considerada como un principio inmediato de los vegetales y como la causa de su color verde.

CHLOROPHYTE, f. clorofit. Bot. Clorofita, género de plantas liliáceas.

CHLOROPODE, adj. cloropód. Zool. Clorópodo, que tiene los piés verdosos.

CHLOROPTÈRE, adj. cloroptér. Hist. nat. Clorópiero, que tiene las alas, las aletas ó los élitros verdes.

CHLOROPYGE, adj. cloropíge. Zool. Cloropígo, que tiene la rabadilla verdosa.

CHLORORHYNQUE, adj. clororinc. Zool. Clororinco, que tiene el pico amarillo. V. FLAVIROSTRE, mas usado.

CHLOROSE, f. clorós. Bot. Clorosa, género de plantas orquídeas. || Med. Clorosis, especie de opilacion, enfermedad especialmente de las doncellas, caracterizada por una languidez general y un color pálido ó verdoso.

CHLOROSOCRACÉ, ÉE, adj. clorosocrasé. Zool. Clorosocráceo, que tiene un color verdoso y matizado de rojo.

CHLORO-SULFURE, m. clorosulfúr. Quím. Cloro-sulfuro, nombre dado á la combinacion de un cloruro con un sulfuro.

CHLORO-SULFURIQUE, adj. clorosulfuric. Quím. Cloro-sulfúrico, que pertenece al cloro y al azufre.

CHLOROTIQUE, adj. clorotic. Med. Clorótico, que está afectado de la clorosis, que tiene relacion con la clorosis.

CHLOROXYCARBONIQUE, adj. clorocsicarbonic. Cloroxicarbónico, que está compuesto de cloro, de óxido y de carbono.

CHLOROXYLE, m. clorocsil. Bot. Clorózilo, género de plantas ó arbustos.

CHLOROXYLE DUPADA, m. clorocsildupáda. Bot. Clorózilo dupada, árbol de la India, cuya madera es verde y deja fluir una resina que usan los Brahmas en lugar de incienso.

CHLOROXYSULFURE, m. clorocsisulfúr. Quím. Cloroxisulfuro, compuesto de cloro, de óxido y de sulfuro.

CHLORURE, m. clorúr. Quím. Cloruro, combinacion del cloro puro con una base.

CHLORURÉ, ÉE, adj. clorure. Quím. Clorurado, que contiene cloro.

CHNYZA, f. cníza. Hist. ant. Coeniza, planta á que se atribuia la virtud de conservar á las mujeres en el espíritu de castidad que de ellas exigia la religion durante la celebracion de los misterios de Céres.

CHOANORRHAGIE, f. coanorragí. Med. Coanorragia, derrame de sangre por las narices.

CHOANORRHAGIQUE, adj. coanorragíc Med. Coanorrágico, que tiene relacion con la coanorragia.

CHOASPIDE, m. coaspíd. Bot. Coáspide, género de algas.

CHOASPITE, f. coaspít. Miner. Coáspita, especie de piedra preciosa.

CHOB, m. cób. Zool. Cob, nombre específico de un pescado muy sabroso.

CHOC, m. chóc. Choque, encuentro violento de un cuerpo con otro. || Choque, encuentro de dos cuerpos de tropa que se cargan. || met. Choque, conflicto, oposicion. = Golpe, desgracia, contratiempo, reves de fortuna.

CHOCAILLER, a. chocallé. Brindar, echar brindis, chocar los vasos unos con otros. || n. Embriagarse al pié de la cuba.

CHOCAILLON, f. chocallón. Borrachona, mujer que se da al vino.

CHOCARD, m. chocár. Zool. Cuervo negro de los Alpes.

CHOCHI, m. chochí. Zool. Chochi, nombre que se ha dado á una ave del Paraguay á causa de su grito.

CHOCHE-PIERRE, f. chochepiér. Picogordo, ave.

CHOCHOPITKI, m. chocopitkí. Zool. Chochopitki, ave de Méjico.

CHOCOLAT, m. chocolá. Chocolate, pasta compuesta de cacao, azúcar, canela y otros aromas. || *Tablette de chocolat*, ladrillo de chocolate. || *Couleur chocolat*, color de chocolate.

CHOCOLATIER, ÈRE, m. y f. chocolatié, ér. Chocolatero, molendero, el que tiene por oficio labrar ó fabricar chocolate, y el que lo vende.

CHOCOLATIÈRE, f. chocolatiér. Chocolatera, especie de cafetera, por lo comun cilíndrica, en que se prepara el chocolate que se quiere tomar sorbido.

CHOÉPHORE, adj. coefór. Coéforo, que tiene las ofrendas destinadas á los muertos.

CHŒUR, m. queur. Coro, reunion de personas que cantan juntas. || Los trozos de música ó pasajes que se cantan en coro. || Arq. Coro, aquella parte de la iglesia donde se canta el oficio divino. || Teol. Coro, órden ó jerarquía de los espíritus celestes. || Coro en todas las demas acepciones del español. || *Enfants de chœur*, infantes ó niños de coro, monacillos. || *En chœur*, loc adv. En coro, todos juntos, á una.

CHOGRAMME, m. cográm. Cerradura mecánica de combinacion.

CHOI-DUC, m. chuadúc. Bot. Coi-duco, arbusto de la Cochinchina.

CHOIR, n. chuár. Caer, venir abajo por su propio peso, hundirse. Solo se usa en presente de infinitivo y en el participio pasivo chu, mas en verso que en prosa, y principalmente en el estilo familiar y jocoso.

CHOISIR, a. chuasir. Escoger, elegir en el sentido de echar mano de lo mejor, de buscar, tomar ó preferir una persona ó cosa.

CHOISISSABLE, adj. chuasisábl. Elegible, que puede ó debe ser elegido.

CHOISYA, m. chuásia. Bot. Coisia, género de plantas de Méjico.

CHOIX, m. chuá. Escogimiento, eleccion, la accion de escoger entre dos ó mas personas ó cosas; el resultado de esta accion. || Eleccion, la cosa escogida ó elegida y la facultad de escoger. || Lo mejor, lo mas perfecto de una cosa.

CHOLAGOGUE, adj. cologógue. Colagogo: se dice de los [illegible] obran principalmente [illegible]

CHOLATE, m. colát. [illegible] nero de sales.

CHOLÉCYSTE, f. colecíst. [illegible] vesícula biliar.

CHOLÉCYSTITE, f. [illegible] lecistitis, inflamacion de la [illegible]

CHOLÉDOGRAPHIE, f. [illegible] Med. Coledografía, [illegible] tiene relacion con la bilis.

CHOLÉDOGRAPHIQUE, adj. [illegible] fic. Coledográfico, que [illegible] coledografía.

CHOLÉDOQUE, adj. [illegible] doco: se dice del canal [illegible] desde el hígado al [illegible]

CHOLÉLITHE, f. colelít. [illegible] cálculo biliario.

CHOLÉLOGIE, f. colelogí. [illegible] tado sobre la bilis.

CHOLÉLOGIQUE, adj. [illegible] lógico, que tiene relacion con la [illegible]

CHOLÉPYRE, f. colepír. [illegible] biliosa.

CHOLÉRA ó CHOLÉRA-MORBUS, [illegible] coleramórbus. Med. Cólera-[illegible] medad que consiste en un [illegible] nuo, al principio de los alimentos, [illegible] de materias verdes y negras, [illegible] con hipo y deyecciones [illegible] sa naturaleza, acompañadas [illegible] lores de tripas y de [illegible] pequeño y concentrado, [illegible] sas y frio de las extremidades.

CHOLÉRINE, f. colerín. [illegible] nombre de la diarrea [illegible] ricion del cólera asiático en [illegible]

CHOLÉRIQUE, adj. coleríc. [illegible] rico, que tiene una constitucion [illegible] Que está atacado del cólera-morbo.

CHOLERRHAGIE, f. colerragí. [illegible] lerragia, flujo de bilis.

CHOLERRHAGIQUE, adj. [illegible] Med. Colerrágico, relativo á la [illegible]

CHOLESTÉRATE, m. [illegible] Colesterato, combinacion del [illegible] rico con las bases salificables.

CHOLESTÉRINE, f. [illegible] rina, sustancia crasa particular, [illegible] en los cálculos biliarios.

CHOLESTÉRIQUE, adj. [illegible] Colestérico, calificacion de un [illegible] cido por la accion del ácido [illegible] colesterina.

CHOLIBA, m. colibá. Zool. [illegible] cie de ave nocturna del Paraguay.

CHOLIHÉMIE, f. coliemí. [illegible] mia, mezcla de la bilis con la [illegible]

CHOLIQUE, adj. colíc. Quím. [illegible] lificacion de un ácido particular [illegible] en la bilis.

CHOLOSE, m. colós. [illegible] distorsion de un miembro [illegible] movimiento.

CHÔMABLE, adj. chomábl. [illegible] lificacion que se da á los dias [illegible]

CHÔMAGE, m. chomáge. [illegible] huelga, de descanso. = Cesacion [illegible]

CHOMÉLIE, f. chomelí. [illegible] género de plantas rubiáceas.

CHÔMER, a. chomé. [illegible] ó los dias de fiesta, no trabajar [illegible] riados. || n. Hacer fiesta, [illegible] rado por falta de trabajo ó por [illegible] Vacar.

CHOMET, m. chomé. Zool. [illegible] delicado, que se halla en la [illegible]

CHONCAR ó CHUNGAR, m. [illegible] chongár. Zool. Choncar, ave de [illegible] pecie de alcaravea.

CHONDRACHNE, f. condrácn. [illegible] dracna, género de plantas.

CHONDRE, m. cóndr. Bot. Condro, [illegible] ro de plantas floríderas.

CHONDRILLE, f. condríll. Bot. [illegible] lla, ajonjera, planta achicorácea.

CHONDROCARPE, adj. condrocárp. [illegible] Condrocarpo, que tiene frutos [illegible]

CHONDRODITE, f. condrodít. [illegible] Condrodita, maclurita, brucita de los [illegible] ricanos, sustancia mineral.

[illegible]

**CHORÉGRAPHIE**, f. *coregrafí*. Coregrafía, arte de anotar sobre el papel los pasos del baile por medio de signos.

**CHORÉGRAPHIQUE**, adj. *coregrafic*. Coregráfico, concerniente á la coregrafía.

**CHORÉMANIE**, f. Med. V. CHORÉE.

**CHORÉVÊQUE**, m. *corevéc*. Hist. ecl. Coroepíscopo ó corepíscopo, nombre de ciertos prelados que antiguamente ejercian las funciones episcopales en las aldeas.

**CHORI**, m. *chóri*. Bot. Chori, árbol del Malabar cuya corteza, hojas, raiz y fruto se consideran en la India como un medicamento específico de la epilepsia, frenesí y otras enfermedades del cerebro.

**CHORIAMBE**, m. *coriánb*. Coriambo, nombre de un pié de verso griego y latino.

**CHORIAMBIQUE**, adj. *coriambíc*. Coriámbico, epíteto que se da á una composicion hecha en verso coriambo.

**CHORION**, m. *corión*. Anat. Corion, membrana exterior de las dos que envuelven el feto. || Hist. ant. Corion, entre los Griegos nombre de la música que se cantaba en honor de la madre de los dioses y que fué inventada, segun dicen, por Olimpo frigio.

**CHORISTE**, m. y f. *coríst*. Mús. Corista, el que canta en los coros de una ópera ó en los de una iglesia.=En término de iglesia es tambien el que da las entonaciones.

**CHORLITO**, m. *corlito*. Zool. Corlito, ave zancuda del Paraguay.

**CHOROBATE**, m. *corobát*. Corobato, especie de nivel de agua de los antiguos.

**CHOROCITHARISTE**, m. *corocitaríst*. Mús. Corocitarista, entre los Griegos el músico que tocaba la lira en los coros.

**CHORODIDASCALE**, m. *corodidascál*. Mús. Corodidáscalo, director de orquesta entre los Griegos.

**CHOROGRAPHE**, m. *corográf*. Corógrafo, autor de corografía, de cartas corográficas.

**CHOROGRAPHIE**, f. *corografí*. Corografía, ciencia que tiene por objeto describir una provincia, reino ó comarca.

**CHOROGRAPHIQUE**, adj. *corografic*. Corográfico, que se refiere á la corografía.

**CHOROÏ**, m. *coroí*. Zool. Coroy, papagayo de Chile.

**CHOROÏDE**, f. *coroíd*. Anat. Una de las membranas interiores del ojo, colocada entre la esclerótica y la retina: se llama *membrane choroïde*.

**CHOROÏDIEN, NE**, adj. *coroidién, én*. Anat. Coroídeo, epíteto que se da á varios órganos, como *toile choroïdienne*, *veines choroïdiennes*, *etc*.

**CHOROLOGIE**, f. *corologí*. Corología, discurso sobre la descripcion de un país.

**CHOROLOGIQUE**, adj. *corologic*. Corológico, que se refiere á la corología.

**CHOROPTÈNE**, adj. *coroptén*. Zool. Coróptero, que vive en los campos.

**CHORORO**, m. *cordro*. Zool. Cororo, pájaro de la América meridional.

**CHOROZÈNE**, m. *corosén*. Bot. Coroseno, especie de planta leguminosa.

**CHORTONOMIE**, f. *cortonomí*. Bot. Cortonomía, arte de hacer herbarios.

**CHORTONOMIQUE**, adj. *cortonomic*. Bot. Cortonómico, que concierne á la cortonomía.

**CHORUS**, m. *córus*. Mús. Coro, canto de varias voces reunidas. Se usa solo en esta expresion: *faire chorus*, repetir en coro lo que una persona canta; ó, cantar muchos á un tiempo en la mesa, y de ordinario con el vaso en la mano. || met. fam. *Faire chorus*, responder amen, asentir á una opinion.

**CHOSE**, f. *chós*. Cosa, todo lo que es ó existe, todo ser físico ó metafísico. || *Quelque chose*, algo, alguna cosa. = *Quelque chose de bon*, algo bueno. = *Quelque chose de vrai*, algo cierto ó verdadero. || *Marcher sur quelque chose*, pisar ó poner los piés sobre alguna cosa. || *Chose* se usa como opuesto á *personne*; y tambien como opuesto á *nom* y *mot*, y en este caso significa hecho, objeto, realidad. || *Vous est-il arrivé quelque chose de fâcheux?* le ha sucedido á Vd. algo desagradable?

**CHOSETTE**, f. *chosét*. Cosita, cosilla, cosa pequeña. Es fam. y burlesco.

**CHOU**, m. *chú*. Bot. Col, berza, cierta hortaliza. || *Chou sauvage*, col silvestre; *chou cabus*, repollo; *chou-marin*, soldanela; *chou pommé*, col de pella; *chou rouge*, lombarda; *chou vert*, bretones; *chou-fleur*, coliflor; *chou palmiste*, sagú ó palma de palmitos; *chou-de-chien*, cinocrambo, planta purgante; *chou blanc*, cinca; *chou-navet*, col cuya raiz es una especie de nabo. || *Petit chou*, especie de pastelería muy sabrosa. || *Chou*: esta voz entra en muchas frases y refranes: v. gr. *aller tout au travers des choux*, echar por esos trigos, proceder desatentadamente, con precipitacion. || *Cela ne vaut pas un trognon de chou*, esto no vale un cabo de pepino, un bledo. || *C'est chou pour chou*, es mortes de mortes, ó lo mismo es una cosa que otra. || *Faire des choux et des raves d'une chose*, ser dueño de hacer y deshacer. || *Il s'y entend comme à ramer des choux*, tanto entiende de esto como de capar ratones. || met. y fam. *On l'a envoyé planter ses choux*, le han enviado á acardar cebollinos, le han despedido, le han quitado su empleo. || *Faire chou blanc*, hacer tablas, no lograr una cosa. || *Ménager la chèvre et le chou*, contemporizar con dos partidos, dos enemigos, etc. || *Mon chou*, *mon petit chou*, querido, queridito, voz amistosa y tierna usada principalmente hablando á un niño.

**CHOUAN**, m. *chuán*. Zool. Chuan, nombre vulgar en Francia del buho. || Nombre de los insurgentes de la Vendée y de la Bretaña. Despues de la revolucion hecha en Francia en 1830, se dió el nombre de chuanes á los insurgentes legitimistas.

**CHOUANNER**, a. *chuané*. Hacer la guerra á la manera de los chuanes.

**CHOUCARI**, m. *chucári*. Zool. Chucari, género de aves, especie de cuervo.

**CHOUCAS**, m. *chucá*. Zool. Chova, nombre vulgar de una especie de grajo.

**CHOUCHEMENT**, m. *chuchemán*. Graznido, grito del buho ó del cuervo.

**CHOUCROUTE**, f. *chucrút*. Berza ácida, alimento muy saludable y muy usado en el Norte, especialmente en Alemania y Suiza.

**CHOUER**, a. ant. *chué*. Eludir, engañar.

**CHOUETTE**, f. *chuét*. Zool. Mochuelo, género de aves nocturnas y rapaces. || Mohino, aquel contra quien van los demas en el juego de los cientos. || *Être la chouette d'une société*, ser el hazmerreir de una tertulia ó concurrencia. || *Larron comme une chouette*, mas ladron que una urraca.

**CHOUK**, m. *chúc*. Bot. Chul, especie de espárrago de hojas duras y agudas.

**CHOUPILLE**, m. *chupíll*. Mont. Especie de perro bueno para la caza de tiro.

**CHOUQUET**, m. *chuqué*. Mar. Tope, lo mas alto de los masteleros, donde se ponen las grimpolas. = Tamborete, meseta redonda en la cabeza de los palos y de los masteleros. || Tajo en que el verdugo corta la cabeza á un reo.

**CHOUWER**, m. *chuvér*. Zool. Couver, pescado de las islas Molucas.

**CHOYER**, a. *chuayé*. Conservar, cuidar una cosa con mucho cuidado, mirar por ella. || Economizar, ahorrar. || *Se choyer*, r. Cuidarse á sí mismo, hablando de la salud; y con mas propiedad apoltronarse.

**CHRÉMATISTIQUE**, f. *crematistic*. Crematística, ciencia de las riquezas, arte de adquirir bienes ó conservarlos. || adj. Crematístico, relativo á la crematística.

**CHRÉMATOLOGIE**, f. *crematologí*. Crematología, economía política. || Crematología, tratado sobre las riquezas.

**CHRÉMATOLOGIQUE**, adj. *crematologic*. Crematológico, que tiene relacion con la crematología.

**CHRÉMATONOMIE**, f. *crematonomí*. Crematonomía, tratado sobre el empleo de las riquezas.

**CHRÉMATONOMIQUE**, adj. *crematonomic*. Crematonómico, que tiene relacion con la crematonomía.

**CHRÉMATOPÉE**, f. *crematopé*. Crematopea, parte de la economía política elemental que trata de la formacion de las riquezas.

**CHRÊME**, m. *crém*. Rel. Crisma, óleo consagrado para la administracion de algunos sacramentos, y para algunas otras cere-

sacion de la iglesia. || met. y fam. *Faire renier chrême et baptême*, hacer renegar de Dios y de sus santos, hacer descrismar; esto es, acabar con la paciencia. || *Être de bon chrême*, ser muy crédulo.

**CHRÉMEAU**, m. *cremó*. Capillo de cristianar, con que se cubre á los niños despues que han sido bautizados.

**CHRESTOMATHIE**, f. *crestomatí*. Crestomatía, coleccion de trozos sacados de varios autores para la instruccion.

**CHRÉTIEN, NE**, adj. *cretién, én*. Cristiano. || *Le roi très-chrétien*, el rey cristianísimo, renombre del rey de Francia.

**CHRÉTIENNEMENT**, adv. *cretiennmán*. Cristianamente, de un modo cristiano.

**CHRÉTIENNISER**, a. *cretienné*. Acristianar, bautizar, hacer cristiano por medio del bautismo.

**CHRÉTIENTÉ**, f. *cretienté*. Cristiandad, todos los paises habitados por los cristianos. || Cristiandad, conjunto general de todos los cristianos.

**CHRIE**, f. *crí*. Ret. Cria, narracion corta, concisa; pero fuerte, viva y oratoria.

**CHRISMAL**, m. *crismál*. Crismal, crismera, vasija en que los monjes antiguos llevaban consigo el óleo santo para dar la uncion á los enfermos.

**CHRISMATION**, f. *crismasión*. Crismacion, accion de administrar la confirmacion. || Crismacion, ceremonia por la que el ministro de la iglesia aplica el santo crisma.

**CHRIST**, m. *crist*. Cristo, el hijo de Dios hecho hombre, el Mesías, el Salvador del mundo. || Art. Cristo, imágen de Nuestro Señor crucificado.

**CHRISTANNIE**, f. *cristaní*. Bot. Cristania, genero de plantas bixáceas.

**CHRISTE-MARINE**, f. *cristmarín*. Bot. Cresta marina, salicor, ó salicornia herbácea.

**CHRISTIANE**, f. *cristián*. Bot. Cristiana, género de plantas tiliáceas.

**CHRISTIANISER**, a. *cristianisé*. Cristianar, hacer cristiano. || Cristianizar, conformar con el rito cristiano. || fam. Bautizar. || *Christianiser un auteur païen*, atribuirle sentimientos cristianos. Se usa poco. || *Se christianiser*, r. Hacerse cristiano.

**CHRISTIANISME**, m. *cristianísm*. Cristianismo, la ley y religion cristiana. || El gremio de los cristianos.

**CHRISTIANOCATÉGORE**, m. y f. *cristianocategór*. Sect. rel. Cristiano-categoro, nombre que se da á ciertos herejes.

**CHRISTICOLE**, adj. y s. *cristicól*. Cristícola, adorador de Cristo.

**CHRISTODIN, E**, m. y f. *cristodén, ín*. Sect. rel Cristodino, nombre que se daba á los calvinistas; es como decir nuevo cristiano, pobre cristiano. Ya no se usa.

**CHRISTOLOGIE**, f. *cristologí*. Cristología, tratado de Cristo.

**CHRISTOLYTE**, adj. y s. *cristolít*. Cristolito, nombre de unos herejes que separaban la divinidad de Jesucristo de su humanidad.

**CHRISTOMAQUE**, adj. y s. *cristomác*. Rel. Cristómaco, en general nombre de los herejes que han incurrido en errores sobre la naturaleza de Jesucristo.

**CHROAGÉNÉSIE**, f. *croagenesí*. Quím. Croagenesia, parte de la química que trata de la produccion de los diferentes colores.

**CHROÏCOLYTE**, m. *croicolít*. Miner. Croicolito, especie de metales.

**CHROMADOTE**, m. *cromadót*. Cromadoto, instrumento inventado por Hofman, que hace mas fácil la observacion de los fenómenos de la inflexion de la luz.

**CHROMAMÈTRE**, m. *cromamétr*. Mús. Cromámetro, instrumento que facilita el acordar un piano.

**CHROMATE**, m. *cromát*. Miner. Cromato, combinacion del ácido crómico con las bases salificables.

**CHROMATÉ, ÉE**, adj. *cromaté*. Cromatado, que se ha convertido en cromato.

**CHROMATIQUE**, adj. *cromatíc*. Mús. Cromático, calificacion de una escala música, que procede por semitonos consecutivos.

**CHROMATIQUEMENT**, adv. *cromaticmán*. Mús. Cromáticamente, por semitonos.

**CHROMATOPSEUDOPSIE**, f. *cromatopseudopsí*. Med. Cromatopseudopsia, enfermedad en que el cuerpo se ve con colores diferentes de los que tiene.

**CHROME**, m. *cróm*. Miner. Cromo, metal muy duro y quebradizo, de un blanco gris y difícil de fundir.

**CHROMIDES**, m. pl. *cromíd*. Miner. Cromidos, familia de minerales.

**CHROMIFÈRE**, adj. *cromifér*. Miner. Cromífero, epíteto de los cuerpos que contienen accidentalmente cromo.

**CHROMIQUE**, adj. *cromíc*. Quím. Crómico, que pertenece al cromo.

**CHROMIS**, m. *crómis*. Zool. Cromis, nombre de un pescado.

**CHROMO-DURO-PHANE**, m. *cromodurofán*. Cromodurófano, especie de barniz para dar color al piso de las habitaciones.

**CHROMO-LITHOGRAPHIE**, f. *cromolitografí*. Cromolitografía, impresion litográfica de color.

**CHROMURGIE**, f. *cromurgí*. Cromurgia, parte de la química que trata de las materias colorantes y de su aplicacion.

**CHROMURGIQUE**, adj. *cromurgíc*. Cromúrgico, que tiene relacion con la cromurgia.

**CHRONHYOMÈTRE**, m. *croniométr*. Croniómetro, instrumento que sirve para medir el tiempo que dura la lluvia y la época en que principia.

**CHRONHYOMÉTRIE**, f. *croniometrí*. Fís. Croniometría, medida de la duracion de la lluvia.

**CHRONHYOMÉTRIQUE**, adj. *croniometríc*. Fís. Croniométrico, que tiene relacion con la croniometría.

**CHRONICITÉ**, f. *cronisité*. Med. Cronicidad, estado de lo que es crónico.

**CHRONIES**, f. pl. *croní*. Cronias, fiestas de los Atenienses en honor de Saturno.

**CHRONIQUE**, f. *croníc*. Crónica, historia en que se observa el órden de los tiempos. || met. *Chronique scandaleuse*, cuentos ó noticias infamatorias, murmuraciones, etc. || adj. Med. Crónico, se dice de las enfermedades. = *Maladie chronique*, enfermedad crónica, la que dura mucho tiempo, por oposicion á *maladie aiguë*.

**CHRONIQUEMENT**, adv. *cronicmán*. Crónicamente, de un modo crónico.

**CHRONIQUEUR, EUSE**, adj. *croniqueur, eus*. Cronista, que escribe crónicas

**CHRONOGRAMME**, m. *cronográm*. Cronograma, inscripcion cuyas letras iniciales denotan la fecha del suceso que en ella se refiere.

**CHRONOGRAMMATIQUE**, adj. *cronogramatíc*. Fil. Cronogramático, que encierra ó forma un cronograma.

**CHRONOGRAPHE**, m. y f. *cronográf*. Cronógrafo, cronista, historiador.

**CHRONOGRAPHIE**, f. *cronografí*. Cronografía, descripcion de los tiempos, señalamiento circunstanciado de una época.

**CHRONOLOGIE**, f. *cronologí*. Cronología, ciencia del cómputo de los tiempos.

**CHRONOLOGIQUE**, adj. *cronologíc*. Cronológico, que tiene relacion con la cronología.

**CHRONOLOGIQUEMENT**, adv. *cronologicmán*. Cronológicamente, de un modo cronológico.

**CHRONOLOGISTE**, m. y f. *cronologíst*. Cronologista, que sabe la cronología, que escribe sobre la cronología.

**CHRONOLOGUE**, m. y f. V. CHRONOLOGISTE.

**CHRONOMÉRISTE**, m. *cronomeríst*. Mús. Cronomerista, cuadro que contiene todas las descomposiciones posibles de la medida.

**CHRONOMÈTRE**, m. *cronométr*. Cronómetro, nombre genérico de los instrumentos que miden el tiempo. || Cronómetro, especie de reloj que marca las subdivisiones de un segundo, y sirve en el mar para medir las longitudes.

**CHRONOMÉTRIE**, f. *cronometrí*. Fís. Cronometría, ciencia de la medida del tiempo.

**CHRONOMÉTRIQUE**, adj. *cronometríc*. Fís. Cronométrico, que tiene relacion con la cronometría.

**CHRONOSCOPE**, m. V. CHRONOMÈTRE.

**CHRONOSCOPIE**, f. [illegible] Cronoscopía, arte de [illegible]

**CHRONOSCOPIQUE**, adj. [illegible] Fís. Cronoscópico, que tiene relacion [illegible] cronoscopía.

**CHRYOLITE**, f. *criolít*. Miner. [illegible] sustancia mineral en [illegible]

**CHRYSALIDE**, f. *crisalíd*. [illegible] da, la oruga y otros insectos [illegible] ántes de transformarse en [illegible] Crisálida, ninfa.

**CHRYSALIDER**, n. *crisalidé*. [illegible] marse en crisálida.

**CHRYSALITHE**, f. *crisalít*. [illegible] salita, piedra brillante, dura [illegible] de color de oro y de hierro, [illegible] del cuerno de Amon.

**CHRYSAMMONITE**, f. *crisamonít*. [illegible] Crisamonita, cuernos de Amon que [illegible] cubiertos de un color dorado.

**CHRYSANTHE**, adj. *crisánt*. [illegible] santo, que tiene las flores [illegible]

**CHRYSANTHELLE**, f. [illegible] Crisantela, género de plantas [illegible]

**CHRYSANTHÈME**, m. [illegible] Crisantemo, especie de [illegible]

**CHRYSAORE**, m. *crisaór*. Zool. [illegible] ro, género de pólipos. || Crisaoro, [illegible] conchas fósiles.

**CHRYSASPIDES**, m. pl. *crisaspíd*. [illegible] ant. Crisáspidos, soldados [illegible] dos guarnecidos de oro.

**CHRYSÉIS**, f. *criséis*. Mit. [illegible] de Crises, sacerdote de Apolo.

**CHRYSÉLECTRE**, m. *criselectr*. [illegible] Criseletro, piedra amarilla [illegible] muy parecida al ámbar.

**CHRYSIDE**, m. *crisíd*. Miner. [illegible] clase de cuerpos simples, cuyo tipo [illegible]

**CHRYSIPHIALE**, f. *crisifiál*. [illegible] fiala, género de plantas de la [illegible] amarilídeas narcíseas, fundado [illegible] bulbosas de la América tropical.

**CHRYSIS**, f. *crisis*. Zool. Crisis, [illegible] de insectos conocido con el nombre [illegible] dorada.

**CHRYSITE**, f. *crisít*. Miner. [illegible] nombre dado á la piedra de toque [illegible] vir para ensayar el oro.

**CHRYNOBATE**, f. *crisobát*. [illegible] bata, vegetacion de oro artificial [illegible] por el fuego.

**CHRYSOCALQUE**, m. *crisocálc*. [illegible] Crisocalco, aleacion de cobre y de [illegible] mas ó ménos apariencia de oro.

**CHRYSOCARPE**, adj. *crisocárp*. [illegible] Crisocarpo, que tiene los frutos de [illegible] rillo dorado.

**CHRYSOCÈRE**, adj. *crisosér*. [illegible] que tiene los cuernos dorados. || [illegible] f. pl. Crisóceras, bueyes escogidos [illegible] sacrificios de los antiguos porque [illegible] cuernos dorados.

**CHRYSOCOLLE**, m. *crisocól*. [illegible] Crisócolo, especie de bórax, [illegible] que los antiguos empleaban para [illegible] oro y demas metales.

**CHRYSOCOME**, m. *crisocóm*. [illegible] sócomo, planta de flor pajiza de las [illegible] feras.

**CHRYSOGÈNE**, adj. *crisogén*. [illegible] sógeno, que tiene los carrillos [illegible]

**CHRYSOGLOSSE**, f *crisoglós*. [illegible] soglosa, género de plantas [illegible] Java

**CHRYSOGONIDIE**, m. *crisogonidí*. [illegible] Crisogonidio, que tiene un color [illegible]

**CHRYSOGRAPHE**, adj. y s. *crisográf*. [illegible] ant Crisógrafo, escritor en letras [illegible]

**CHRYSOGRAPHIE**, f. *crisografí*. [illegible] grafía, arte de escribir con letras [illegible]

**CHRYSOGRAPHIQUE**, adj. [illegible] Crisográfico, relativo á la crisografía.

**CHRYSOLAMPE**, m. *crisolámp*. [illegible] Crisolampo, género de aves. || [illegible] lampo, especie de piedra preciosa.

**CHRYSOLÉPIDE**, adj. *crisolepíd*. [illegible] Crisolépido, que tiene escamas [illegible] Hay una familia de peces así llamados.

**CHRYSOLITHE**, f. *crisolít*. Miner. [illegible] solita, piedra preciosa de color de oro [illegible]

**CHRYSOLITHIQUE**, adj. *crisolitíc*. [illegible] Crisolítico, relativo á la crisolita.

**CHRYSOLOPHE**, adj. *crisolóf*. Crisólofo, de cabellera dorada.

[illegible]

**CHYLIFICATION**, f. *chilificasión*. Med. Quilificacion, formacion del quilo por medio de la digestion.

**CHYLIFIER**, n. *chilifié*. Quilificar, hacer, elaborar el quilo, reducir á quilo. || *Se chylifier*, r. Quilificarse, convertirse en quilo.

**CHYLOLOGIE**, f. *chilologí*. Quilologia, tratado sobre el quilo.

**CHYLOLOGIQUE**, adj. *chilologíc*. Quilológico, que tiene relacion con la quilologia.

**CHYLOPOÏÈSE**, f. *chilopoiés*. Med. Quilopoiesis, formacion del quilo.

**CHYLOSE**, f. *chilós*. Med. Quilosis, formacion del quilo. V. CHYLIFICATION.

**CHYME**, m. *chím*. Med. Quimo, especie de pulpa grisácea y homogénea formada por los alimentos despues de la digestion, y es lo que constituye el quilo.

**CHYMEUX, EUSE**, adj. *chimeu, eus*. Quimoso, que pertenece al quimo.

**CHYMIFÈRE**, adj. *chimifér*. Med. Quimífero, que contiene quimo.

**CHYMIFICATION**, f. *chimifionsión*. Med. Quimificacion, formacion del quimo.

**CHYMIFIER**, a. *chimifié*. Quimificar, convertir en quimo. || *Se chymifier*. r. Quimificarse, convertirse en quimo.

**CHYMOSE**, f. *chimós*. Med. Quimosis, inflamacion de los párpados.

**CHYPRIOT, E**, adj. y s. *chiprió, ót*. Chiprense, de la isla de Chipre.

**CHYTRE**, f. *quitr*. Chitre, especie de marmita de los antiguos.

**CHYTROPODE**, m. *quitropód*. Chitrópodo, especie de marmita grande con piés de los antiguos.

**CI**, adv. *si*. Aquí. Es contraccion de *ici*. Nunca se escribe ni dice solo. || Se le halla frecuentemente pospuesto á un sustantivo que está precedido de *ce, cet, cette, ces*: v. g. *cet homme-ci, cette femme-là, dans ce moment-ci, etc.* || Precede tambien á otros adverbios y pronombres, como se ve por los ejemplos siguientes: *ci-après*, á continuacion, en seguida, mas abajo; *ci-devant*, arriba, ántes, en otro tiempo; *ci-dessus*, arriba, mas arriba; *ci-dessous*, abajo, mas abajo; *ci-contre*, enfrente, al lado; *ci-joint*, adjunto, junto á esto. *Celui-ci, celle-ci, ceux-ci, etc.*, este, esta, estos. || *Par-ci, par-là*, por aquí, por allí, de un lado á otro, en diversos parajes. || *Ci-gît*, aquí yace: se lee en los epitafios de los cementerios, por *ici repose, est enterré*.

**CIACALE**, m. Zool. V. CHACAL.

**CI-APRÈS**, loc. adv. V. CI.

**CIBAIRE**, adj. *sibér*. Nutritorio, relativo á la alimentacion ó nutricion.

**CIBATION**, f. *sibasión*. Quim. Alimentacion, operacion química por la que se da á una sustancia mas consistencia y solidez.

**CIBAUDIÈRE**, f. *sibodiér*. Red para pescar tortugas.

**CIBLE**, f. *sibl*. Mil. Blanco, señal fija y determinada, á la que los soldados dirigen sus tiros con objeto de poder tirar con mas acierto.

**CIBOA**, m. *sibóa*. Bot. Ciboa, especie de palmera de Africa.

**CIBOIRE**, m. *sibuár*. Copon, vaso en el que se guarda el Santísimo Sacramento en el sagrario.

**CIBOULE**, f. *sibúle*. Bot. Cebolleta.

**CIBOULETTE**, f. *sibulét*. Bot. Cebollino.

**CICADA**, f. *sicáda*. Zool. Cicada, nombre latino de la cigarra.

**CICATRICE**, f. *sicatris*. Cicatriz, la que queda en el cútis despues de la curacion de una herida, úlcera, etc. || met. Cicatriz, impresion que queda en el ánimo por algun sentimiento pasado.

**CICATRICULE**, f. *sicatricúl*. Cicatricilla, pequeña cicatriz. || Galladura, la mancha blanca que tiene la membrana que envuelve la yema del huevo.

**CICATRISABLE**, adj. *sicatrisábl*. Cicatrizable, que se puede cicatrizar.

**CICATRISANT, E**, adj. *sicatrisán*. Cicatrizante, que tiene la virtud de cicatrizar.

**CICATRISATIF, IVE**, adj. y s. *sicatrisatíf, ív*. Es lo mismo que *cicatrisant*.

**CICATRISATION**, f. *sicatrisasión*. Cicatrizacion, accion de cicatrizar.

**CICATRISÉ, ÉE**, adj. *sicatrisé*. Cicatrizado. || met. Se dice en el sentido de roto, desgarrado.

**CICATRISER**, a. *sicatrisé*. Cicatrizar, determinar la formacion de una cicatriz. || *Se cicatriser*, r. Cicatrizarse, ser cicatrizado.

**CICCUS**, m. *siccus*. Zool. Cico, género de insectos hemípteros. || Cico, especie de ganso silvestre.

**CICER**, m. *sisér*. Cicer, nombre latino del garbanzo. V. POIS-CHICHE.

**CICÉRO**, m. *siseró*. Impr. Cícero ó lectura, uno de los grados de letra en uso en la imprenta.

**CICÉROLE**, f. *siseról*. Bot. Galgana, guisante pequeño ó chicharro.

**CICÉRONE**, m. *siserón*. Cicerone, hombre que tiene por oficio enseñar las curiosidades de una ciudad.

**CICLAMEN ó CYCLAMEN**, m. *siclamén*. Ciclamino ó panporcino, planta.

**CICLAMOR**, m. *siclamór*. Orla, adorno en el borde de cualquier cosa.

**CICOGNAT ó CICONEAU**, m. *sicoñá, siconó*. Zool. Cigoñino, pollo de la cigüeña.

**CICONIEN, NE**, adj. *siconién, én*. Ciconiano, que se parece á la cigüeña.

**CI-CONTRE**, loc. adv. V. CI.

**CICURATION**, f. *sicurasión*. Cicuracion, accion de domesticar los animales.

**CICUTA**, f. *sicúta*. Bot. Cicuta. V. CIGUË.

**CICUTAIRE**, f. *sicutér*. Bot. Cicutaria, apio montano, angélica montana, planta venenosa.

**CICUTÉ, ÉE**, adj. *sicuté*. Farm. Cicutado, que tiene cicuta.

**CID**, m. *sid*. Cid, voz tomada del árabe *seid*, que significa señor.

**CIDARIFORME**, adj. *sidarifórm*. Bot. Cidariforme, que tiene la forma de un gorro.

**CI-DESSOUS**, loc. adv. V. CI.

**CI-DESSUS**, loc. adv. V. CI.

**CI-DEVANT**, loc. adv. *sideván*. V. CI. || Antiguamente, antiguo ó *ex* en frases parecidas á estas: *un tel demeurant ci-devant à*, fulano, residente antiguamente en. *Ci-devant gouverneur*, antiguo gobernador ó exgobernador.

**CIDRE**, m. *sidr*. Sidra, bebida que se hace con el jugo de las manzanas.

**CIDREUX**, m. *sidreu*. Cidro, variedad de pera.

**CIDRIQUE**, adj. *sidríc*. Cídrico, que pertenece á la sidra.

**CIEL**, m. *siél*. Cielo: tiene las mismas acepciones que en castellano. En sentido místico significa la patria de los bienaventurados. || Cielo, clima, país: *un beau ciel*, un hermoso clima. || Astr. Cielo, influencia de los astros. || Art. Cielo, parte de un cuadro, de una decoracion que representa la region etérea. || met. Cielo, se toma muchas veces por el mismo Dios, por la voluntad divina: *grâce au ciel*, gracias á Dios. || Cielo, atmósfera: *ciel serein*, cielo claro. || *Coup du ciel*, caso imprevisto. || *Balai du ciel*, cierzo ó viento del Norte. || *Tomber du ciel*, venírsele á uno las cosas rodando, sin esperarlas. || fam. *Remuer ciel et terre*, no dejar piedra por mover, emplear todos los medios imaginables para conseguir alguna cosa. = *Elever un homme jusqu'au ciel*, ponerle sobre las nubes, en los cuernos de la luna. = *Être dans le troisième ciel*, estar gozando de Dios: dícese de una persona muy arrebatada en la oracion. || Aunque *cieux* es el plural de *ciel*, cuando se habla de cielos en términos de pintura, ó de cielos de cama, se dice *ciels*: *ciels de lit*, *ciels de tableau*.

**CIERGE**, m. *siérge*. Cirio, vela de cera para el servicio de la iglesia. || *Cierge pascal*, cirio pascual, el que se enciende en la Pascua florida. || Bot. Cirio, cardon, especie de planta. || Cirio, ónix, concha marina.

**CIERGIER**, m. *siergié*. Cerero, el que vende ó hace cirios ó velas de cera.

**CIGALE**, f. *sigál*. Zool. Cigarra, género de insectos con alas. || *Lieu plein de cigales*, cigarral.

**CIGARE**, m. *sigár*. Cigarro, chicote, el tabaco que viene hecho rollitos de la isla de Cuba.

**CIGARETTE**, f. *sigarét*. Cigarro que se hace con tabaco picado y que se envuelve en un pedazo de papel.

**CIGOGNE**, f. *sigóñ*. Zool. Cigüeña, género de aves zancudas.

CIGOGNEAU, m. *sigoñó.* V. CIGOGNAT.

CIGUË, f. *sigú.* Bot. Cicuta ó ceñiguela, planta umbelífera venenosa, de olor nauseabundo y sabor amargo. || *Petite ciguë*, apio de perro, perejil bastardo.

CIL, m. *sil.* Pestaña, pelo que cubre los párpados y sirve de defensa á los ojos. || Zool. Pestañas, pelos que guarnecen los bordes de los párpados de ciertos animales vertebrados.

CILIAIRE, adj. *silièr.* Pestañoso, que tiene pestañas. || Zool. Pestañoso: se dice tambien de ciertos animales. || Ciliar: en la medicina y anatomía se dice de cierta parte del ojo que sirve á contener el humor cristalino, y de las que se refieren al globo del ojo.

CILIATIFOLIÉ, ÉE, adj. *siliatifolié.* Bot. Ciliatifoliado, que tiene las hojas pestañosas.

CILIATOPÉTALE, adj. *siliatopetál.* Bot. Ciliatopétalo, de pétalos pestañosos.

CILICE, m. *silís.* Cilicio, faja de cerdas ó de cadenilla de hierro con puntas, que se ciñe al cuerpo para mortificacion. || Mil. Manta de cerdas con que se cubria la parte de muralla que se queria defender.

CILICIENS, m. pl. *siliciéñ.* Cilicianos, habitantes de la Cilicia.

CILICORNE, adj. *silicórn.* Zool. Cilicornio, que tiene las antenas felposas.

CILIÉ, ÉE, adj. *silié.* Bot. Pestañoso, que está cubierto de pelos.

CILIFÈRE, adj. *silifér.* Bot. Cilífero, que tiene pestañas.

CILIFORME, adj. *silifórm.* Ciliforme, que tiene la figura de una pestaña.

CILIGÈRE, adj. *siligér.* Cilígero, que tiene pestañas.

CILIOLÉ, ÉE, adj. *silioló.* Bot. Ciliolado, que está cubierto de pestañas pequeñas.

CILIPÈDE, adj. *silipéd.* Zool. Cilípedo, que tiene pelos en las patas.

CILLEMENT, m. *sillmán.* Pestañeo, contraccion de los párpados.

CILLER, a. *sillé.* Pestañear, menear á menudo los párpados. || n. Hablando de caballos, echar cerdas ó pelos blancos en el párpado superior del ojo. || Cetr. Cegar las aves, cosiendo las pestañas. || met. *Personne n'ose ciller*, nadie se atreve á chistar, á pestañear, á moverse.

CILLOSE, f. *sillós.* Cilosis, pestañeo ó temblor continuo de los párpados.

CIMAISE, f. *simés.* Arq. Cimacio, especie de moldura que corona el capitel de la columna.

CIMBRES, m. pl. *sénbr.* Cimbrios, pueblos antiguos del Quersoneso címbrico.

CIMBRIQUE, adj. *senbric.* Címbrico, que pertenece á los Cimbrios.

CIMBALAIRE, f. *senbalér.* Bot. Cimbalaria, planta.

CIME, f. *sim.* Cima, cúspide, punta: dícese de las montañas, árboles, etc.

CIMENT, m. *simán.* Cimento, argamasa ó mezcla muy fuerte para pegar y tapar.

CIMENTER, a. *simanté.* Pegar, unir con cimento ó argamasa. || met. Asegurar, estrechar, solidar.

CIMENTIER, m. *simantié.* Operario que hace la mezcla ó argamasa llamada cimento.

CIMETERRE, m. *simtér.* Cimitarra, sable corvo á manera de alfanje.

CIMETIÈRE, m. *simtiér.* Cementerio, lugar sagrado en que se entierran los cadáveres de los fieles. || met. Cementerio, lugar donde muere mucha gente.

CIMEUX, EUSE, adj. *simeu, eus.* Bot. Cimoso, en punta: dícese de algunas plantas.

CIMIER, m. *simié.* Cimera, parte superior del morrion que se solia adornar con plumas y otras cosas. || Cadera, solomo de vaca.

CIMIFUGE, adj. *simifúg.* Cimífugo, que caza las chinches.

CIMOLÉ, ÉE, adj. *simolé.* Cimolio. *Terre cimolée*, tierra cimolia, nombre de una tierra arcillosa gris de la isla de Cimolis cerca de Creta.

CIMOLITHE, f. *simolit.* Miner. Cimolia, arcilla que viene de la isla de Cimolis. || La arenilla ó sedimento que queda en el mollejon de una piedra de afilar.

CINABRE, m. *sinábr.* Miner. Cinabrio, sulfuro rojo de mercurio, bermellon en bruto.

CINCENELLE, f. *sensnél.* Sirga, cuerda que sirve para tirar un barco.

CINCHONINE, f. *sanconín.* Quím. Quinconina, álcali vegetal que existe en la corteza de casi todas las quinas.

CINCHONIQUE, adj. *sanconíc.* Quinconico, que pertenece á la quinconina.

CINCIA (LOI), adj. *sénsia.* Ley Cincia, decretada el año de Roma 549, que prohibia á los jueces percibir derechos ó recibir regalos.

CINCLÈSE, f. *sencléz.* Med. Cinclesis, movimiento precipitado del pecho.

CINCLOSOME, f. *sanclosóm.* Zool. Cinclosoma, género de mirlos.

CINCTIPÈDE, adj. *sanctipéd.* Zool. Cintípedo, que tiene las patas rodeadas de un anillo coloreado.

CINÉDOLOGIQUE, adj. *sinedologic.* Cinedológico, obsceno. Solo se usa en literatura: *vers cinédologiques*, versos obscenos.

CINÉFACTION, f. *sinefacsión.* Cinefaccion, la accion de reducir á cenizas.

CINÉFIER, a. *sinefié.* Cinefiar, reducir á cenizas.

CINÉMATIQUE, f. *sinematíc.* Cinemática, ciencia que estudia los movimientos en sí mismos.

CINÉRAIRE, adj. *sinerer.* Cinerario. *Urne cinéraire*, urna cineraria, hablando de la que contiene las cenizas de un cuerpo quemado despues de muerto.

CINÉRATION, f. *sineracion.* Incineracion, accion de reducir á cenizas.

CINÉRÉIFRONT, adj. m. *sinereifrón.* Cinereifronte, que tiene frente de color ceniciento.

CINÉRIFORME, adj. *sinerifórm.* Cineriforme, que tiene el aspecto y consistencia de la ceniza.

CINÉRITES, f. pl. *sinerít.* Geol. Cineritas, cenizas volcánicas rojas ó grises.

CINGLAGE, m. *senglág.* Mar. La accion de moverse un buque desde que es impelido del viento. || Singladura, el camino que hace el navío en 24 horas. || El alquiler de la tripulacion.

CINGLER, a. *senglé.* Cimbrar á alguno, doblarle ó cruzarle de un varazo ó latigazo. || Cortar, azotar, hablando de lluvia, nevisca muy fria, etc.: *la pluie cingle le visage*, la lluvia corta la cara. || Art. Forjar el hierro. || n. Mar. Navegar, moverse un buque progresivamente desde que siente el impulso del viento; y así se dice: *cingler vers tel port.*

CINGULIFÈRE, adj. *sengulifér.* Zool. Cingulífero: dícese de unas conchas señaladas con rayas coloradas que imitan una faja.

CINIPS ó CINIPHE, m. *sinips, sinif.* Zool. Cínife, especie de mosquito cuya picadura es muy dolorosa.

CINNA, f. *sinna.* Bot. Cina, planta gramínea del Canadá.

CINNAMODENDRON, m. *sinamodandron.* Bot. Cinamodendron, pequeño árbol del Brasil.

CINNAMOME, m. *sinamóm.* Cinamomo, arbusto aromático, que se cree produce la canela.

CINNAMOMÉES, f. pl. *sinamomé.* Bot. Cinamomeas, plantas laurineas.

CINQ, adj. *sinq.* Cinco. || m. Cinco, en el juego de cartas y dados la carta ó dado que presenta cinco puntos. || Se usa muchas veces por *cinquième*, quinto: *tome cinq*, tomo cinco ó tomo quinto. || Es siempre invariable.

CINQ-CENTS, m. pl. *sensán.* Quinientos, el consejo que con el de los Ancianos formaba el cuerpo legislativo bajo la Constitucion del año III.

CINQUAIN, m. *senquén.* Órden de batalla para disponer cinco batallones.

CINQUANTAINE, f. *sencantén.* Cincuentena, número de cincuenta ó cincuenta poco mas ó menos.

CINQUANTE, adj. num. *sencánt.* Cincuenta.

CINQUANTENIER, m. *sencantnié.* Cincuentanero, capitan que mandaba cincuenta hombres.

CINQUANTIÈME, [illegible] Cincuentésimo, [illegible] cincuentavo [illegible] cincuentena parte [illegible]

CINQUIÈME, adj. [illegible] Quinto. || m. *Le cinquième*, [illegible] quinta parte de un todo.

CINQUIÈMEMENT, [illegible] En quinto lugar.

CINTRAGE, m. [illegible] de atortorar. || Todas las [illegible] alguna cosa.

CINTRE, m. *séntr.* Arq. [illegible] || mat. *Le cintre* [illegible] el cielo. || Cimbra de [illegible] armazon de madera para [illegible] ella los arcos ó bóvedas.

CINTRER, a. *sentré.* [illegible] cimbra, construir en [illegible] Atortorar, sujetar las [illegible] por medio de trincas [illegible] cuando se teme que se [illegible]

CIONITE, f. [illegible] macion ó tumefaccion [illegible] nilla, y aun su prolongacion [illegible]

CIOUTA ó CIOUTAT [illegible] del Canadá, y la uva [illegible] semejante á la cicuta.

CIPOLIN, m. *sipolén.* [illegible] pecie de mármol [illegible]

CIPON, m. *sipón.* [illegible] elevado de la Guayana.

CIPOURIER, f. [illegible] del Brasil.

CIPPE, m. *sip.* Arq. [illegible] media columna sin [illegible] mento de madera que [illegible] enclavan y sirve para [illegible] no se fuguen.

CIPURE, m. *sipúr.* Bot. [illegible] dado en honor al [illegible]

CIRAGE, m. *sirág.* [illegible] para ennegrecer el calzado [illegible] los una especie de barniz [illegible] lle. || Accion de encerar [illegible] darle adereso ó lustre. || [illegible] lienzo, botas, etc., y la [illegible] les pone. || Aposento [illegible]

CIRCASSIEN, ENNE, adj. y s. [illegible] Circasiano, de Circasia. || [illegible] Com. Circasiana, sarga de [illegible] cruzada.

CIRCÉ, f. *sirsé.* Mit. Circe, [illegible] hija del Sol y de la ninfa [illegible]

CIRCÉE, f. *sirsé.* Bot. [illegible] Tambien se llama hierba [illegible]

CIRCENSES, adj. m. pl. [illegible] censes, palabra bajo la cual [illegible] todos los juegos del circo.

CIRCINÉ, ÉE, ó CIRCINAL, [illegible] *siné, sirsinál.* Bot. Arrollado [illegible] círculo, en rollo: se dice [illegible] árboles y plantas.

CIRCIUS, m. *sirsius.* [illegible] petuoso de la Galia Narbonense [illegible]

CIRCOMPOLAIRE, [illegible] Astr. Circumpolar, que [illegible] rrestres.

CIRCONCIRE, a. *sirconsír.* [illegible] cortar el prepucio; y en [illegible] ral cercenar, cortar al [illegible]

CIRCONCIS, E, adj. [illegible] dado. || m. Circunciso, el [illegible] cuncidado: tómase [illegible] vez por judío ó mahometano [illegible]

CIRCONCISEUR, m. [illegible] cuncidador, el que circuncida.

CIRCONCISION, f. [illegible] Circuncision, la accion y [illegible] cidar. || Circuncision, [illegible] 1°. de enero en honor de la [illegible] á Jesucristo.

CIRCONCIRABLE, adj. [illegible] cuncidible, que se debe [illegible]

CIRCONDER, a. ant. [illegible] dar, estar ó poner al rededor.

CIRCONDUIRE, a. [illegible] dear, dar buen giro á una [illegible]

CIRCONFÉRENCE, f. [illegible] Geom. Circunferencia, [illegible] contorno.

CIRCONFLEXE, adj. [illegible] Circunflejo, epíteto de un [illegible] de á inversion, como [illegible] á una jambe circunflexa, [illegible]

[illegible], E, adj. *sirconjasán*. [illegible] que se [illegible] al rededor.

[illegible], f. *sircoulocusión*. [illegible], perífrasis. || Circunlo-[illegible]

[illegible], f. *sirconscripsión*. [illegible], accion de circunscribir. || [illegible] á ciertos límites la circunfe-[illegible]. || Circunscripcion, es-[illegible] que circunda á otro mas pe-[illegible]

[illegible], a. *sirconscrir*. Circuns-[illegible], reducir á ciertos lími-[illegible]. || Circunscribir, dis-[illegible] que contenga otra dentro [illegible]

[illegible], E, adj. *sirconscrí*. Cir-[illegible], contraido.

[illegible], E, adj. *sirconspéc, éct*. [illegible], prudente, mirado, [illegible] y en palabras.

[illegible], f. *sirconspecsión*. [illegible], miramiento, prudencia, [illegible]

[illegible], f. *sirconstáns*. Cir-[illegible] que acompaña á [illegible], ó un suceso.

[illegible], LE, adj. *sircons-*[illegible]

[illegible], a. *sirconstansié*. [illegible] detallar las circunstancias [illegible] á una cosa, referir algo con [illegible]

[illegible], f. *sirconvalasion* [illegible]

[illegible], a. *sirconvenír*. Entram-[illegible], engañar á alguno con artificio.

[illegible], f. *sirconvensión*. En-[illegible] Trampa, enredo, embrollo.

[illegible], E, adj. *sirconvuasén*, [illegible] que está al rededor. || Ve-[illegible]

[illegible], E, adj. *sirconvolán*. [illegible] que vuela al rededor.

[illegible], f. *sirconvolusión*. [illegible] sucesion de varias vueltas [illegible] de un centro comun.

[illegible], a. *sircuir*. Circuir, andar al [illegible]

[illegible], m. *sircuí*. Circúito, recinto, [illegible], circunferencia. || Rodeo para [illegible]. || met. Preámbulo, circun-[illegible]. || Ret. Rodeo en un dis-[illegible] la atencion.

[illegible], f. *sircuisión*. Circuicion, [illegible] al rededor de una cosa.

[illegible], adj. *sirculér*. Geom. Cir-[illegible] relativo al círculo, lo que es ro-[illegible] de círculo. || Vertiginoso : [illegible] circular del agua ó del [illegible] Circular, que pasa de mano en [illegible], escrito destinado á pasar [illegible] para dar conocimiento de [illegible] carta de aviso, instruccion es-[illegible], etc. || Cir. *Circu-*[illegible]; simples vueltas de venda [illegible] sobre otras ó invertirlas.

[illegible], adv. *sirculermán*. [illegible], de un modo circular. || En [illegible]

[illegible], E, adj. *sirculán*. Circu-[illegible] de circulacion.

[illegible], m. *sirculateur*. Med. [illegible] de la circulacion de la [illegible], saltimbanquis, titi-[illegible]

[illegible], f. *sirculasión*. Circula-[illegible] circular. || Quím. Destilacion [illegible] veces.

[illegible], adj. *sirculatuár*. Med. [illegible] ó relativo á la [illegible] la sangre. || Circulatorio, que [illegible]

[illegible], a. *sirculé*. Circular, mo-[illegible] || Circular la sangre, [illegible], ir de una parte á otra. [illegible] Circular, pasar de mano en [illegible] una noticia, extenderse, di-[illegible] Quím. Destilar repetidas ve-[illegible]

[illegible], E, adj. *sirconman-*[illegible], que rodea, que [illegible] al rededor.

[illegible], loc. adv. lat. *sircom-*[illegible], por ahí por ahí, poco [illegible]

**CIRCUMNAVIGATEUR**, m. *sircomnavigateur*. Circunnavegante, el que da la vuelta al mundo

**CIRCUMNAVIGATION**, f. *sircomnavigasión*. Circunnavegacion, viaje al rededor del mundo.

**CIRCUS**, m. *sircus*. Esparavan, ave de rapiña que vuela en círculo y con velocidad.

**CIRE**, f. *sir*. Cera, la materia que labran las abejas. || Cera, bujía que arde. || Cera, el conjunto de las luces de una iglesia. || met. El sello de la cancillería. || *Cire d'Espagne* ó *cire à cacheter*, lacre. || Cerilla ó cera de los oidos. || *Arbre à cire*, céreo ó árbol de la cera, planta de América. || prov. *Cela vient comme de cire*, esto viene de molde, de perlas. || *Cet habit lui vient comme de cire*, este vestido le viene pintiparado, de molde.

**CIRÉ, ÉE**, adj. *siré*. Encerado. || *Toile cirée*, encerado.

**CIRER**, a. *siré*. Encerar, dar con cera al hilo, al lienzo, á las botas, zapatos, etc.

**CIRIER**, m. *sirié*. Cerero, el fabricante de velas de cera. || Bot. Cerero, nombre genérico de muchos arbustos, y tambien de hongos que tienen el color de la cera.

**CIROËNE**, m. *siroén*. Farm. Ceroeno, bizma, especie de emplasto que se aplica á las contusiones.

**CIROGRAPHE**, m. *sirográf*. Cirógafo, papel escrito en gruesos caractéres y cortado en dos partes para volverse á reunir : servia para las transacciones, cuando se queria comprobar la legalidad del contrato.

**CIRON**, m. *sirón*. Zool. Arador, insecto menudísimo. || El grano ó ampollita que deja este insecto.

**CIRQUE**, m. *sirc*. Circo : entre los Romanos era el lugar destinado para alguna funcion pública. || Entre nosotros es una especie de teatro cubierto para los ejercicios de caballos.

**CIRRE**, m. *sirr* Bot. Zorcillo, filamentos que tienen algunas plantas para agarrarse á los cuerpos vecinos.

**CIRRÉE**, f. *sirré* Bot. Provisto de zorcillos, hablando de plantas. || Copetudo, provisto de un copete; y así se dice : *faucon cirré*.

**CIRRHITE** ó **CIRRITE**, m *sirrít*. Zool. Cirrito, género de pescados de los mares de la India.

**CIRRHOCÉPHALE**, adj. *sirrosefál*. Zool. Cirrocéfalo, que tiene la parte superior de la cabeza de un color gris ceniciento.

**CIRRHOCHLORE**, adj. *sirroclór*. Zool. Cirrocloro, que tiene el plumaje verde y gris.

**CIRSAKAS**, m. *sirsácas*. Cirsácas, tela de las Indias de algodon y seda.

**CIRSE**, m. *sirs*. Bot. Cirso, ó cardo hemorroidal.

**CIRSOCÈLE**, f. *sirsosél*. Med. Cirsocele, tumor varicoso, dilatacion varicosa de las venas espermáticas.

**CIRSOMPHALE**, m. *sirsonfál*. Med. Cirsonfalo, tumor formado en el ombligo por la dilatacion de ciertos vasos venosos.

**CIRSOPHTHALMIE**, f. *sirsoftalmí*. Med. Cirsoftalmía, oftalmía varicosa.

**CIRSOPHTHALMIQUE**, adj. *sirsoftalmíc*. Med. Cirsoftálmico, que tiene relacion con la cirsoftalmía.

**CIRSOTOMIE**, f. *sirsotomí*. Cir. Cirsotomía, extirpacion de las várices.

**CIRSOTOMIQUE**, adj. *sirsotomíc*. Cir. Cirsotómico, relativo á la cirsotomía.

**CIRURE**, f. *sirúr*. Encerado, lo que está empapado en cera.

**CISAILLES**, f. pl. *sisáll*. Art. Cizallas, tijeras para cortar los metales. || Cizalla, cortadura, fragmento de cualquier metal. = Las cortaduras de oro y plata, que tambien se llaman escobilla.

**CISAILLER**, a. *sisallé*. Art. Cizallar : en las casas de moneda es cortar con unas tijeras los metales en piezas pequeñas.

**CISALPIN, E**, adj. *sisalpén, ín*. Cisalpino, que es de la parte de acá de los Alpes.

**CISEAU**, m. *sisó*. Cincel, para cincelar. || Escoplo, instrumento cortante de carpintero. || *Ciseaux*, pl. Tijeras. Úsase en singular algunas veces como en español. *Mettre le ciseau dans une étoffe*, echar la tijera á una tela. *Trois coups de ciseau*, tres tijeretazos Poes. *Le ciseau de la Parque*, la tijera de la Parca

**CISELER**, a. *sislé*. Cincelar, labrar ao cincel. || *Velours ciselé*, terciopelo labrado.

**CISELET**, m. *sislé*. Cincelito, cincel pequeño que usan los grabadores, plateros, etc.

**CISELEUR**, m. *sisleur*. Art. Cincelador, operario que cincela.

**CISELURE**, f. *sislúr*. Cinceladura, accion y efecto de cincelar.

**CISMONTAIN, E**, adj. y s. *sismontén, én*. Cismontano, que está de la parte acá del monte : dícese por oposicion á ultramontano, tomando los Alpes por punto de division.

**CISOIR**, m. *sisuár*. Cortador, instrumento que sirve para grabar los troqueles para la moneda.

**CISOIRES**, f. pl. *sisuár*. Tijerones ó tijeras grandes que se usan en varios oficios.

**CISPADAN, E**, adj. *sispadán, án*. Cispadano, que habita mas acá del Po.

**CISRHÉNAN, E**, adj. *sisrenán, án*. Cisreniano, que habita de este lado del Rhin.

**CISSA**, m. *sisa*. Zool. Cisa, nombre de un pájaro de la India.

**CISSAROBRYON**, m. *sisarobrión*. Bot. Cisarobrio, arbusto americano.

**CISSÉIS**, f. *siséis*. Mit. Ciseis, nodriza de Baco.

**CISSITE**, m. *sisít*. Zool. Cisito, insecto coleóptero. || f. Cisites, piedra blanca que representa las hojas de la hiedra.

**CISTE**, m. *sist*. Bot. Cisto, género de plantas. Es el nombre técnico de la jara comun.

**CISTERCIEN, NE**, adj. y s. *sistersién, én*. Hist. rel. Cisterciense, que pertenece á la órden del Cister ó de San Bernardo.

**CISTIFLORE**, adj. *sistiflór*. Bot. Cistifloro, que tiene flores análogas á las del cisto.

**CISTOPHORE**, f. *sistofór*. Cistófora, moneda del Asia menor. || Medalla antigua, en la que se veian representados canastillos. || *Cistophores*, f. pl. Hist. ant. Cistóforas, nombre de las jóvenes que llevaban la canastilla mística para celebrar los misterios de Cibéles, Céres y Baco.

**CISTRE**, m. *sistr*. Mús. Sistro, instrumento músico, especie de laud.

**CITABLE**, adj. *sitábl*. Citable, que se puede citar, ó que merece ser citado.

**CITADELLE**, f. *sitadél*. Fort. Ciudadela, fortaleza que domina á una ciudad para defenderla ó atacarla segun convenga.

**CITADIN, E**, adj. *sitadén, ín*. Ciudadano, vecino, habitante de una ciudad. Se usa esta voz en Italia para expresar con ella la gente que no pertenece á la nobleza.

**CITADINAGE**, m. ant. *sitadináge* Ciudadanía, derecho de ciudadano ó vecindad. No se usa.

**CITADINE**, f. *sitadín*. Citadina, nombre de un carruaje público de Paris.

**CITATEUR, TRICE**, m. y f. *sitateur, trís*. Citador, el que cita ó es amigo de hacer citas. || Citador, libro cuyo contenido abunda en citas.

**CITATION**, f. *sitasión*. Jurisp. Citacion, notificacion jurídica, emplazamiento. || Citacion, cita de algun texto, autoridad, ley, etc.

**CITATOIRE**, adj. *sitatuár*. Citatorio, que cita, que hace comparecer.

**CITÉ**, f. *sité*. Ciudad. Solo se usa en estilo poético ó oratorio ; fuera de estos casos se dice *ville*. || El centro de una ciudad, donde suele estar la catedral, el palacio ó la antigua poblacion. || *Droit de cité*, derecho de ciudadanía ó de ciudadano.

**CITER**, a. *sité*. Jurisp. Citar, emplazar, hacer comparecer ante un juez ó tribunal. || Citar, alegar algun texto, autor, etc. || Citar, nombrar una persona ó cosa al referir un hecho ó noticia.

**CITÉRIEUR, E**, adj. *siterieur*. Citerior, que está de esta parte, de este lado. Se dice de un pais con respecto á una cordillera, á un rio, etc.

**CITERNE**, f. *sitérn*. Arq. Cisterna, aljibe.

**CITERNEAU**, m. dim. de CITERNE. *siternó*. Cisternilla, cavidad ó depósito donde se depuran las aguas y se filtran ántes de entrar en la cisterna.

**CITHARE**, f. *sitár*. Mús. Cítara, instrumento músico que usaban los antiguos.

**CITHARÈDE**, m. *sitaréd*. Mús. Tocador de cítara, ó el que la toca cantando.

**CITHARISTE**, m. *sitarist*. Mús. Citarista, tocador de cítara.

**CITOLE**, f. *sitól*. Mús. Citola, nombre de un instrumento músico. Algunos creen que es lo mismo que cítara.

**CITOLER**, a. *sitolé*. Tocar la citola, ó la cítara.

**CITOYEN, NE**, m. y f. *situayén, én*. Ciudadano, habitante de una ciudad. || Ciudadano, patriota, amante de su patria. || Polit. Ciudadano, individuo de una nacion libre y que está en el goce de los derechos de tal, en oposicion á vasallo ó súbdito de un rey absoluto. || *Citoyen* se ha usado por algunos en lugar de *concitoyen*. || Cuando *citoyen* significa ciudadano en el sentido de patriota, suele venir acompañado de uno de los adjetivos *libre, bon, mauvais, zélé, etc.*

**CITRAGON**, m. V. MÉLISSE.

**CITRATE**, m. *sitrát*. Quím. Citrato, combinacion del ácido cítrico con una base.

**CITRE**, m. *sitr*. Bot. Citro, planta de África.

**CITRICOLE**, adj. *sitricól*. Zool. Citrícola, que vive ó se cria en los limoneros.

**CITRIN**, m. *sitren*. Zool. Citrino, especie de curruca, ave.

**CITRIN, E**, adj. *sitrén, in*. Citrino, de color amarillo ó de limon.

**CITRINE**, f. *sitrin*. Farm. Citrina, aceite esencial del limon.

**CITRON**, m. *sitrón*. Bot. Limon, fruto del limonero. || A veces se usa elípticamente como adjetivo para significar que es de color de limon, en cuyo caso es invariable, como *taffetas citron*, tafetan limon ó de color de limon. || *Citrons confits*, limoncillos en dulce.

**CITRONADE**, f. V. LIMONADE, que está mas en uso.

**CITRONNAT**, m. *sitroná*. Acitron, dulce hecho con las cáscaras del limon.

**CITRONNELLE**, f. *sitronél*. Cidronela, bebida hecha con aguardiente y limon. || Toronjil, planta

**CITRONNER**, a. *sitroné*. Enlimonar, impregnar de jugo de limon alguna cosa.

**CITRONNIER**, m. *sitronié*. Bot. Limonero, el árbol que da los limones.

**CITRONYLE** ó **CITRYLE**, f. *sitronil, sitríl*. Quím. Citronilo ó citrilo, radical de la esencia de limon.

**CITROSME**, m. *sitrósm*. Bot. Citrosmo, género de plantas de las monimíceas, que comprende veinticinco especies de la América tropical.

**CITROUILLE**, f. *sitrúll*. Bot. Calabaza, calabacera, planta de que hay muchas especies. V. COURGE. || Calabaza, fruto de la calabacera. || fam. y vulg. Una mujer muy gorda se llama *citrouille*, que en español corresponde á morcon. || *Conserve de citrouille*, calabacete.

**CITULE**, f. *sitúl*. Zool. Cítulo, pescado que se encuentra en el mar de Egipto.

**CIVADE**, f. *siváid*. Nombre de la avena en las provincias meridionales de Francia.

**CIVADIER**, m. *sivadié*. Agr. Medida antigua agraria, equivalente á dos áreas y media.

**CIVADIÈRE**, f. *sivadiér*. Mar. Cebadera, verga que cruza en el bauprés y la vela que se enverga en ella.

**CIVE**, f. Bot. V. CIVETTE.

**CIVELLE**, f. *sivél*. Nombre que dan en varios puntos de Francia á unas anguilas pequeñas.

**CIVERAGE**, m. *siverágo*. Feud. Tributo anual que se pagaba en avena al señor feudal, para indemnizarle de los pastos del ganado en su territorio.

**CIVES**, f. pl. *siv*. Art. Vidrios ó cristales redondos que se ponian antiguamente en las ventanas.

**CIVET**, m. *sivé*. Guiso de liebre.

**CIVETTE**, f. *sivét*. Gato de algalia, género de mamíferos de África. || Algalia, humor untuoso y muy odorífero que suministra el gato del mismo nombre. || Bot. Cebullin, planta.

**CIVIÈRE**, f. *siviér*. Parihuela, angarilla. Mar. Arrerranca ó arritranco.

**CIVIL, E**, adj. *sivil*. Civil, perteneciente ó relativo á la ciudad ó á sus habitantes. || Cortés, afable, fino. || *Liste civile*, presupuesto de la casa real. || *Registres de l'état civil*, padrones ó estados en que se sientan los nacimientos, defunciones, casamientos, etc. || Se llama civil lo contrario á criminal en términos forenses.

**CIVILEMENT**, adv. *sivilmán*. Civilmente, de un modo cortés, con finura, con cortesía, con atencion. || Civilmente, en forma civil, en materia civil.

**CIVILISABLE**, adj. *sivilisábl*. Civilizable, que puede ser civilizado.

**CIVILISATEUR, TRICE**, adj. y s. *sivilisateur, tris*. Civilizador, que civiliza.

**CIVILISATION**, f. *sivilisasión*. Civilizacion, accion de civilizar. || Estado del que está civilizado.

**CIVILISÉ, EE**, adj. *sivilisé*. Civilizado. || Sociable, culto.

**CIVILISER**, a. *sivilisé*. Civilizar, dulcificar, pulir las costumbres de los pueblos, hacer á estos sociables. || Jurisp. ant. Pasar á lo civil una causa ó un asunto que se seguia por lo criminal. || *Se civiliser*, r. Civilizarse, hacerse sociable. || met. Adquirir modales finos, perder resabios, etc.

**CIVILITÉ**, f. *sivilité*. Cortesía, urbanidad, buen trato, buen modo. || Ceremonias, cumplimientos. || *Faire des civilités* ó *ses civilités à quelqu'un*, dar recados, saludar, hacer un cumplido á alguno. || met. y prov. *Il n'a pas lu la Civilité puérile et honnête*, no ha leido la cartilla de la buena crianza: se dice de un hombre que falta á los principios de educacion. *La Civilité puérile et honnête* es el título de un libro que equivale al que en España se llama cartilla ó libro de buena crianza.

**CIVIQUE**, adj. *sivic*. Cívico, que concierne al ciudadano. || *Couronne civique*, corona cívica: entre los Romanos era la corona que se daba al soldado que habia salvado la vida á un ciudadano en una batalla. || *Dégradation civique*, pérdida de los derechos de ciudadano. || *Garde civique*, guarda civil. || *Serment civique*, juramento de fidelidad.

**CIVISME**, m. *sivism*. Civismo, reunion de todas las cualidades que caracterizan al buen ciudadano. V. PATRIOTISME.

**CLABAUD**, m. *clabó*. Perro pachon de grandes orejas. || met. Charlador, chirlon, hablando de una persona.

**CLABAUDAGE**, m. *clabodáge*. Alarido, el continuo ladrido de los perros, especialmente en la caza. || Vocería, gritería.

**CLABAUDEMENT**, m. *clabodmán*. Baraunda, vocería, gritería, algazara.

**CLABAUDER**, n. *clabodé*. Ladrear, ladrar sin cesar y sin objeto || met. fam. Baladrear, chirlar, meter ruido á voces.

**CLABAUDERIE**, f. fam. *clabodrí*. Vocinglería, batahola, alboroto.

**CLABAUDEUR, EUSE**, m. y f. *clabodeur, eus*. Ladrador, hablando de perros. || met. Chirlador, vocinglero, alborotador.

**CLADOBOTHRYON**, m. *cladobotrión*. Bot. Cladobotrion, género de hongos.

**CLADOPODE**, adj. *cladopód*. Zool. Cladópodo, que tiene las patas divididas. || *Cladopodes*, m. pl. Cladópodos, órden de moluscos.

**CLADORHIZE**, adj. *cladoris*. Zool. Cladorizo, epíteto que se da á las plantas cuyas raíces son muy ramosas.

**CLADOSTYLE**, f. *cladostil*. Bot. Cladostila, planta anual de América.

**CLADROSTE**, m. *cladróst*. Bot. Cladrosto, árbol grande y hermoso de la América boreal.

**CLAIE**, f. *clé*. Zarzo, tejido compuesto de varas ó mimbres. || Sombr. Cañizo. || Chinchero, el tejido de mimbres para recoger las chinches á la cabeza de la cama. || *Claie de cannes*, encañizado, cañizo. || *Traîner sur la claie*, llevar arrastrado un reo al suplicio. || *Claie pour pêcher*, cañal de pesca. || m. ant. Gemido, queja, ruego.

**CLAIR, E**, adj. *clér*. Claro, lo que tiene claridad ó luz, lo que es transparente, terso, limpio, de color no muy subido. || Claro, no espeso, hablando de líquidos. || Claro, ralo, no tupido, hablando de tejidos. || Claro, sonoro, perceptible, hablando de la voz. || Claro, sereno, hablando del tiempo. || Claro, inteligible, fácil de comprender ó de entender. || Evidente, manifiesto. || m. Claridad, luz. = pl. Pint. Porcion de luz que baña el cuadro ó la figura. = *Il fait clair*, clarea, viene el dia, amanece. = *Il fait clair de lune*, hace luna clara. = *Marcher au clair de la lune*, caminar á la luz ó con la claridad de la luna. || adv. Claro ó [illegible] *Voir clair*, ver [illegible] *clair*, oir bien. = met. *Voir clair* [illegible] *affaire*, penetrar el asunto. = *Il* [illegible] *fort clair*, entiende con claridad, tiene [illegible]cha inteligencia. = *Parler clair et* [illegible] *haut et clair*, hablar franca y [illegible] clara y llanamente. || *À clair*, loc. adv. [illegible] dejar nada turbio. = *Tirer du vin à* [illegible] *ou clair*, sacar el vino claro, sin [illegible]verlo. En sentido metafórico se dice [illegible]pre *au clair*. = *Tirer un fait au* [illegible] aclarar un hecho. = *S'il ne tire pas* [illegible] *cela au clair, il court risque de* [illegible] todo esto en claro, se expone á...

**CLAIRÇAGE**, m. *clerságe*. [illegible] del azúcar de remolacha.

**CLAIRE**, f. *clér*. Art. Cendrada [illegible] huesos calcinados con que se forma [illegible] para acendrar los metales.

**CLAIRÉE**, f. *cleré*. Jarabe de [illegible] rificado.

**CLAIREMENT**, adv. *clermán*. [illegible]te, con claridad. || met. Claramente, [illegible]mente.

**CLAIRE-SOUDURE**, f. *clersudúr*. [illegible] Soldadura, union de plomo y estaño.

**CLAIRET**, m. *clerć*. Clarete, [illegible]tante claro. || Clarete, hoja de [illegible] plateros es la piedra [illegible] lor.

**CLAIRET, TE**, adj. *clerć, ét*. Clarete, [illegible] lor de vino claro. || *Eau clairette* [illegible] bebida compuesta de aguardiente [illegible] y azúcar.

**CLAIRETTE**, f. *clerét*. Bot. [illegible] riedad de uva. = Clarita, [illegible] que sirve para las ensaladas. || [illegible] de gusano de seda.

**CLAIRE-VOIE**, f. *clervoá*. [illegible] tragaluz. || Claraboya, distancia [illegible] tre los hierros, palos ó estacas [illegible] cado ó de una verja. || Ventana [illegible] losía. || Cancel, en un jardin. || Art. [illegible] claro que queda en los tejidos [illegible] de mimbres ó otra cosa. || Agr. [illegible] *claire-voie*, sembrar ralo ó á [illegible] grano de otro.

**CLAIRIER**, m. *clerié*. Lavadero [illegible] de moho.

**CLAIRIÈRE**, f. *clerier*. Claro, [illegible] el sitio que está sin árboles en un [illegible] que ó floresta. || Claro, en las telas [illegible] donde el tejido está algo claro y [illegible]

**CLAIR-OBSCUR**, m. *clerobscúr*. [illegible] Claro oscuro, distribucion de las [illegible] sombras de un cuadro.

**CLAIRON**, m. *clerón*. Clarin, [illegible] trompeta, cuyo sonido es claro y [illegible]

**CLAIRONE**, m. *clerón*. Zool. [illegible] tribu de la seccion de los [illegible] leópteros pentámeros, cuyo tipo es el [illegible] clarin.

**CLAIR-SEMÉ, ÉE**, adj. *clersemé*. [illegible] se dice del sembrado claro en que se [illegible] caseado la simiente. || met. De [illegible] cuando, de trecho en trecho, [illegible] *L'argent est clair-semé chez lui*, el [illegible] anda escaso en su casa.

**CLAIRURE**, f. *clerúr*. Claro, [illegible] los paños y demas telas que no [illegible] apretados.

**CLAIRVOIR**, m. *clervuár*. Arq. [illegible] calado en los órganos y [illegible] para aclarar ó modular los sonidos.

**CLAIRVOYANCE**, f *clervuayáns*. [illegible] picacia, discernimiento, penetracion, [illegible]cidad.

**CLAIRVOYANT, E**, adj. *clervuayán*. [illegible] Perspicaz, despierto, avisado, [illegible]

**CLAM**, m. *clán*. Queja judicial [illegible] emplazamiento.

**CLAMABLE**, adj. *clamábl*. Feu. [illegible]ble, que está sujeto á retracto, [illegible] sea convencional.

**CLAMART**, m. *clamár*. Nombre de un cementerio de Paris.

**CLAME**, f. *clám*. Especie de capa [illegible] usaban los peregrinos

**CLAMER**, a. inus. *clamé*. Llamar, [illegible]mar: conserva sus compuestos [illegible] *réclamer, etc.*

**CLAMÉSI**, m. *clamesí*. Acero en [illegible] pequeños que se saca del Limosin.

**CLAMEUR**, f. *clameur*. Clamor, [illegible] voz pronunciada con vigor y [illegible] || Cl[illegible]

**CLAQUEMURER**, a. *clacmeré*. Emparedar, encerrar á alguno, meterle entre cuatro paredes. || *Se claquemurer*, r. Encerrarse, meterse en casa.

**CLAQUE-OREILLE**, f. fam. *clacordíl*. Sombrero gacho de alas caidas; tambien se dice del que lo lleva.

**CLAQUER**, n. *claqué*. Crujir, restallar, hacer ruido algun cuerpo al resquebrajarse. || Chasquear, hacer ruido el látigo. || Castañetear, dentellar, dar diente con diente; lo que se llama *claquer des dents*. || Aplaudir, dar palmadas. || Cascar, abofetear, dar de cachetes ó manotadas. || met. *Faire claquer son fouet*, hacerse de pencas, darse importancia.

**CLAQUES**, f. pl. *cldq*. Chancios ó chapines de las mujeres, para meter los piés calzados en tiempo de lodos.

**CLAQUET** ó **CLIQUET**, m. *claqué*, *cliqué*. Art. Taravilla ó cítola de molino. || fam. Parlanchin, el que habla mucho: se dice de las mujeres muy parladoras, que su lengua anda *comme un claquet de moulin*.

**CLAQUETER**, n. *clacté*. Verbo con que se expresa el grito de la cigüeña.

**CLAQUETTE**, f. *claquét*. Tarjetero, especie de cartera en que conservan las señoras sus tarjetas. || Matraca, instrumento formado con un trozo de madera, cuyo mango móvil hiere dicha madera cuando se agita.

**CLAQUEUR, EUSE**, m. y f. *claqueur*, *eus*. Palmoteador, el que aplaude con las manos.

**CLAREQUET**, m. *clarqué*. Art. Gelatina ó conserva transparente de cualquier fruta.

**CLARETTE**, f. *clarét*. Com. Clarete, vino blanco espumoso.

**CLARICORDE**, m. *claricórd*. Mús. Clavicordio ó manucordio, antiguo instrumento de cuerdas y teclas.

**CLARIFICATION**, f. *clarificasión*. Clarificacion, accion de clarificar.

**CLARIFIER**, a. *clarifié*. Clarificar, aclarar y volver claro lo que está turbio. || *Se clarifier*, r. Clarificarse, hablando de un líquido.

**CLARINE**, f. *clarín*. Esquila, esquilon, cencerro, campanilla que se cuelga al cuello de los animales.

**CLARINÉ, ÉE**, adj. *clariné*. Blas. Clarinado: se dice de los animales representados con esquilas ó cencerros.

**CLARINETTE**, f. *clarinét*. Mús. Clarinete, instrumento de aire. || El músico que lo toca.

**CLARINETTISTE**, m. *clarinetist*. Mús. Clarinetista, el músico que toca el clarinete.

**CLARIPENNE**, adj. *claripén*. Zool. Claripeno: dícese de las aves que tienen las alas claras.

**CLARISSE**, f. *clarisé*. Bot. Clarisia, género de plantas del Perú.

**CLARISSES**, f. pl. *clarís*. Relig. Clarisas, monjas de Santa Clara.

**CLARTÉ**, f. *clarté*. Claridad, luz, brillo, resplandor. || Claridad, el modo de expresarse sin confusion ni oscuridad.

**CLASSE**, f. *clás*. Clase, órden en que están distribuidas las personas ó cosas. || met. Clase, rango, categoría. || Clase, aula, la sala de un establecimiento de enseñanza en que se reunen los estudiantes para oir al profesor; y la reunion de los estudiantes que concurren. || *Basses classes*, aulas de enseñanza preparatoria. = *Hautes classes*, aulas de enseñanza superior. = *Faire ses classes*, seguir los estudios. || Mar. pl. Matrículas. Tiene las demas acepciones del castellano.

**CLASSEMENT**, m. *clasmán*. Clasificacion, accion de ordenar por clases. || Estado de lo que está ordenado.

**CLASSER**, a. *clasé*. Clasificar, distribuir, ordenar por clases las cosas siguiendo cierto órden. || Juzgar, apreciar el mérito de alguno. || Mar. Matricular.

**CLASSEUR**, m. *claseur*. Cartera con varios compartimientos.

**CLASSICISME**, m. *clasisism*. Lit. Clasicismo, sistema de crítica y de literatura de los clásicos.

**CLASSICON**, m. *clasicón*. Ant. rom. Clasicon, instrumento de viento usado por los Romanos.

**CLASSICO-ROMANTIQUE**, adj. *clasicoromantic*. Clásico-romántico, que pertenece al clasicismo y al romanticismo

**CLASSIFICATEUR**, m. *clasificateur*. Clasificador, el que clasifica.

**CLASSIFICATION**, f. *clasificasión*. Clasificacion, accion de clasificar, de ordenar por clases. || Distribucion de varios objetos por clases.

**CLASSIFIER**, a. *clasifié*. Clasificar, ordenar por clases.

**CLASSIQUE**, adj. *clasic*. Clásico: se dice de los autores que se toman por modelos en una lengua cualquiera, y de los que hacen autoridad en la materia que tratan. || En las artes de imitacion se dice de lo que recuerda la manera antigua. || Se dice tambien de lo que está conforme con las reglas del arte. || Dícese asimismo, por oposicion á romántico, de los escritores que siguen las reglas establecidas por los autores antiguos, por los autores clásicos. || *Terre classique*, *sol classique*: entiéndese de la Italia, la Grecia, paises célebres en los tiempos antiguos por su literatura y bellas artes. Por extension se llama *terre classique des beaux arts*, *terre classique de la liberté*, el país que se ha distinguido en estas cosas. || *Classique*, m. Clásico, el libro que ha llegado á ser modelo en una lengua cualquiera, y el mismo autor de un libro de esta naturaleza.

**CLASTIQUE**, adj. *clastic*. Clástico, frágil, quebradizo. Es poco usado, como no sea en geología y mineralogía.

**CLATIR**, n. *clatir*. Hipar, resollar los perros cuando siguen la caza.

**CLAUDE**, m. *clód*. Imbécil, estúpido, buen Juan, Juan de buen alma.

**CLAUDIA**, f. *clódia*. Jurisp. Claudia, nombre de una ley romana. || Claudia, nombre de una vestal.

**CLAUDICANT, E**, adj. *clodicán*. Claudicante, que claudica, que cojea. || Claudicante, que obra defectuosamente.

**CLAUDICATION**, f. *clodicasión*. Claudicacion, cojera.

**CLAUDINE**, f. *clodín*. Claudia, nombre propio de mujer.

**CLAUSE**, f. *clós*. Jurisp. Cláusula, disposicion, circunstancia ó condicion particular que forma parte de un tratado, bando, órden. = Cláusula en los testamentos, contratos, etc.

**CLAUSOIR**, m. *closuár*. Arq. Clave, la última piedra que cierra un muro, arco ó bóveda.

**CLAUSTRAL, E**, adj. *clostrál*. Claustral, lo perteneciente al claustro, y al retiro ó vida monástica.

**CLAVAIRE**, f. *clavér*. Bot. Seta clavaria, género de hongos. || m. ant. Llavero, guarda de los títulos de la contaduría general. || Capitan de llaves de una ciudad.

**CLAVATULE**, f. *clavatúl*. Zool. Clavátula, género de conchas marinas.

**CLAVATULÉ, ÉE**, adj. *clavatulé*. Bot. Clavitúleo, que tiene la forma de un clavo.

**CLAVEAU**, m. *clavó*. Morriña, enfermedad epidémica entre el ganado lanar. || *Claveaux*, m. pl. Claves, las piedras que cierran un arco ó bóveda.

**CLAVECIN**, m. *clavesín*. Clave ó clavicordio.

**CLAVECINISTE**, m. y f. *clavesinist*. Músico que toca el clave.

**CLAVEL**, m. *clavél*. Sosa de calidad inferior.

**CLAVELÉ, ÉE**, adj. *clavlé*. Dícese del ganado ó res lanar que padece la enfermedad de la morriña llamada *claveau*.

**CLAVELÉE**, f. *clavlé*. Morriña, enfermedad del ganado lanar.

**CLAVETTE**, f. *clavét*. Clavillo, cla que sujeta una clavija. || Chaveta, chapeta.

**CLAVICULE**, m. *clavicúl*. Anat. Clavícula, uno de los dos huesos que en el cuerpo humano salen de los hombros. || Llave pequeña.

**CLAVIER**, m. *clavié*. Llavero, el anillo de plata ó otro metal que sirve para llevar las llaves. || Teclado de órgano, clave ó pianoforte. || Llavero, el encargado de guardar las llaves. || Llavero, dignidad de ciertas órdenes de caballería.

**CLAVIFORME**, adj. *clavifórm*. Claviforme, que tiene la forma de un clavo.

**CLAYER**, m. *cleyé*. Zarzo grande y claro. = Harnero. || Llave grande.

CLAYETTE, f. cleyèt. Encella, canastilla de mimbres que sirve para hacer quesos y requesones.

CLAYON, m. cleyón. Zarzo de cañas, juncos ó mimbres. || Coladera.

CLAYONNAGE, m. cleyonáge. Zarzos gruesos hechos de varas y estacas para contener las tierras de una explanada.

CLÉ, f. V. CLEF.

CLÉCHÉ, ÉE, adj. cleché. Blas. Horadado: todo pleno, como real, anillo, etc., que deja ver el campo del escudo.

CLÉDONISMANCIE, f. cledonismansí. Cledonismancia, adivinacion que se sacaba de ciertas palabras.

CLEF, f. clé. Llave para abrir y cerrar puertas, ventanas, arcas, etc. || Llave de escopeta, pistola, etc. || Clave, madero de la viga de un lagar, y de una prensa, para exprimir y poner el peso á una cosa. || Templador del clave, piano forte y salterio. || Trabal, clave gruesa para unir dos vigas. || Arq. Llave, la piedra que cierra una bóveda ó arco. || Mús. El signo que se pone al principio de la pauta para saber por qué tono se ha de cantar ó tocar. || Clave, nota ó explicacion que se pone en los libros para la inteligencia de ciertos pasajes enigmáticos; y lo que sirve de tipo para escribir por medio de cifras ó descifrar un escrito de esta especie. || *Etre sous clef*, estar debajo de llave. || *Fermer à clef*, cerrar con llave. || *Prendre la clef des champs*, coger las de villadiego. || *Donner la clef des champs*, dar soltura ó libertad á alguna presa, ponerle en la calle. || *Mettre la clef sous la porte*, mudarse de casa furtivamente y sin pagar. || Mar. Cuña. *Clef de hauban*, contrete, puntal de manga; *clef de bar*, contrete de la banda; *clef de mât*, *de hune ou de perroquet*, cuña de los masteleros de gavia ó de juanete.

CLÉIDOMANCIE, f. cleidomansí. Cleidomancia, adivinacion por medio de llaves.

CLÉISAGRE, f. cleságr. Med. Clisagra, gota de la clavícula.

CLÉMATÉRIENS, m. pl. clematiér. Clematerios, nombre que los antiguos daban á unas vasijas sin asas.

CLÉMATIS, m. clematis. Bot. Vincapervinca, yerba doncella, planta.

CLÉMATITE, f. clematít. Bot. Clemátida, género de plantas. Su nombre vulgar es muermera ó yerba de pordioseros.

CLÉMENCE, f. clemáns. Clemencia, virtud que inclina á un superior al perdon. || n. p. Clemencia.

CLÉMENT, E, adj. clemán. Clemente, inclinado á la clemencia, al perdon. || m. n. p. Clemente.

CLÉMENTINE, f. clemantín. Clementina, nombre de unos gorros de seda negra que usaban antiguamente los hombres y que usan todavía algunos eclesiásticos. || *Clémentines*, f. pl. Unos libros del derecho canónico.

CLÉOPÂTRE, f. cleopátr. Hist. Cleopatra, heroina célebre en los fastos egipcios.

CLEPSYDRE, f. clepsídr. Hist. ant. Reloj de agua, de mercurio ó de arena.

CLÉRAGRE, f. clerágr. Clavo, enfermedad que padecen las aves de altanería, como halcones, azores, etc.

CLERC, m. clér. Clérigo, el que se consagra al estado eclesiástico desde que recibe la primera tonsura. || *Clerc d'avocat*, *de notaire*, *d'avoué*, *etc.*, pasante de abogado, de escribano, etc., escribiente, amanuense. || *Maître clerc*, oficial de una escribanía, procuraduría, etc. || fam. *Il n'est pas un grand clerc*, no es un gran mastre; es decir, no tiene muchos alcances. || *Faire un pas de clerc*, cometer un garrapaton, caer en una necedad, en un yerro. || *Clerc de chapelle*, capellan de altar en la capilla real.

CLERGÉ, m. clergé. Clero, el cuerpo en masa de los eclesiásticos. || Clerecía, el conjunto de personas eclesiásticas que componen una comunidad, cabildo ó parroquia.

CLERGEAT, CLERGEON Ó CLERGEOT, m. clerjá, clerjón. Clerigallo, clero pequeño. Es mas bien término de desprecio.

CLERGESSE, f. clergés. Mujer sabia, [illegible] solemos llamar doctora, bachillera. || Mujer encargada de administrar los negocios de alguna comunidad.

CLERGIE, f. ant. clergí. V. CLERGÉ. || Ciencia, saber, instruccion, luces, conocimientos. || Suponia gran copia de literatura en la época que el sustantivo clérigo era sinónimo de letrado.

CLÉRICAL, E, adj. clericál. Clerical, lo que pertenece á los clérigos ó á los eclesiásticos.

CLÉRICALEMENT, adv. clericalmán. Clericalmente, de una manera clerical.

CLÉRICAT, m. clericá. Hist. ecl. Clericato, oficio de clérigo de la cámara apostólica.

CLÉRICATURE, f. clericatúr. Clericatura, estado, condicion del clero, de los eclesiásticos. || Tambien se dice *cléricature* hablando de los pasantes de escribano, etc. V. CLERC, 2ª. acepcion.

CLÉROMANCIE, f. cleromansí. Cleromancia, adivinacion por la suerte, es decir, con dados ó huesecillos.

CLÉROMANCIEN, NE, m. y f. cleromansién, én. Cleromántico, el que ejerce la cleromancia.

CLÉRONOMIE, f. cleronomí. Hist. ant. Cleronomía, particion de los bienes por la suerte.

CLÉTHRITE, f. cletrít. Miner. Cletrita, especie de petrificacion.

CLÉVELANDITE, f. clevelandít. Miner. Clevelandita, sustancia mineral.

CLIBANE, m. clibán. Quím. Clibano, hornillo portátil de hierro, cobre ó barro.

CLIC-CLAC, interj. cliccláe. Clic-clac, mimologismo con que se imita el chasquido del látigo ó el ruido que hace un cuerpo sonoro al quebrarse.

CLICHAGE, m. clicháge. Art. Clisaje, el arte ó la accion de clisar.

CLICHÉ, m. cliché. Art. Cliché, la plancha obtenida por medio del clisaje.

CLICHEMENT, m. clichemán. Jejeo, entorpecimiento vicioso del órgano bucal en la pronunciacion de la *j* y de la *g*.

CLICHER, a. cliché. Art. Clisar, formar una plancha sólida, hincando un texto ordinario en una masa de plomo fundido. || Jejear, pronunciar con dificultad las letras *j* y *g*.

CLICHEUR, EUSE, m. y f. clicheur, eus. Clisador, el que clisa.

CLIDÉMIE, f. clidemí. Bot. Clidemia, género de plantas.

CLIDIE, f. clidí. Zool. Clidia, género de insectos lepidópteros.

CLIENT, E, m. y f. clián. Cliente, litigante respecto del abogado que le defiende. || Cliente, el que suele frecuentar un establecimiento público. || Parroquiano, el que acostumbra comprar en una misma parte.

CLIENTELLE, f. cliantél. Clientela, amparo que dispensa un príncipe ó gran señor á los que se acogen á él. || Clientela, todos los clientes de un abogado, tomados colectivamente. || Parroquia, el conjunto de relaciones de un comerciante, ó de los que concurren á su casa para comprar.

CLIFOIRE, f. clifuár. Aguacola, jeringa hecha con un palo de saúco.

CLIGNEMENT, m. cliñemán. Guiño, guiñada, guiñadura.

CLIGNE-MUSETTE, f. cliñemusét. Escondite, juego de muchachos.

CLIGNER, a. cliñé. Guiñar. || *Cligner de l'œil*, guiñar el ojo á alguno, hacerle seña.

CLIGNOTANT, E, adj. cliñotán. Guiñador, el que tiene la costumbre de guiñar.

CLIGNOTEMENT, m. cliñotmán. Pestañeo, el movimiento rápido y pasajero de los párpados.

CLIGNOTER, n. cliñoté. Pestañear, mover los párpados, abriéndolos y cerrándolos con frecuencia.

CLIMAT, m. climá. Clima, espacio de tierra entre dos paralelos. || Clima, país, region, comarca, atendiendo á su temperatura. || Clima, estado de la atmósfera en un país.

CLIMATÉRIQUE, adj. climateríc. Climatérico, perteneciente al clima. || Med. Climatérico: se dice de ciertas épocas de la vida en que sobrevienen grandes cambios en

[illegible]

[illegible] *clic*. Galería, bajo, ó lienzo de [illegible] de grabados [illegible] que se [illegible] dibujos, estañar ó in[illegible] juegos de cartas, la reu[illegible] figuras de un mismo [illegible] diferente color.

[illegible], m. *cliqué*. Art. Alzaprima, [illegible] para impedir que una rueda [illegible], se mueve en el [illegible], la pieza que está en [illegible].

[illegible], n. *cliqué*. Hacer un ruido [illegible]. || Hacer triquitraque, [illegible] semejante al de la taravilla.

[illegible], m. *cliqué*. Chis chas, paloteo, [illegible] de las armas cuando chocan [illegible].

[illegible], f. *cliqué*. Instrumento he[illegible], ó de dos pedazos de ma[illegible], que se pone entre los de[illegible] chocar uno contra otro [illegible]. || pl. *Cliquettes* [illegible] de San Lázaro.

[illegible], m. *cliquetmán*. Rui[illegible].

[illegible], m. *cliqueur*. Quimerista, [illegible].

[illegible], m. *clinomètr*. Cir. Cli[illegible] para medir el grado [illegible] la pérdida.

[illegible], f. *clinometrí*. Cir. Cli[illegible] para medir la inclinacion [illegible].

[illegible], adj. *clinometric*. [illegible] pertenece al clinóme[illegible].

[illegible], m. *clinocodap*. Zool. [illegible] de lepidópteros.

[illegible], m. *clisifóni*. Zool. Clisi[illegible] univalvas.

[illegible]. Zarzo hecho de caña, [illegible]. || Encella.

[illegible], a. *clisé*. Art. Guarnecer con [illegible], cubrir con juncos.

[illegible], m. *clissón*. Com. Clisson, tela [illegible] en Bretaña.

[illegible]. Empavonar una co[illegible] en una valija.

[illegible], f. *clitelari*. Zool. Clite[illegible] dípteros.

[illegible]. Zool. Clitonio, gé[illegible].

[illegible], f. *clitri*. Zool. Citrie, sub[illegible] pentámeros.

[illegible]. Bot. Anémona velluda, [illegible] hermosa.

[illegible], adj. *clitoridién, én*. [illegible], que tiene relacion con el [illegible].

[illegible], m. *clitoris*. Anat. Clítoris, [illegible] entre la comisura su[illegible] y la abertura de la uretra.

[illegible], m. *clitorism*. Med. Clito[illegible] en el clítoris. [illegible] de un clítoris [illegible].

[illegible] *clivabl*. Partible, lo [illegible] ser hendido, roto.

[illegible], m. *clivage*. Miner. Especie de [illegible], que presenta el [illegible] palabra se desig[illegible] que se observan [illegible], acaso [illegible].

[illegible]. Hender, partir con [illegible].

[illegible]. Bot. Clivia, género de [illegible].

[illegible]. Zool. Clivina, género [illegible].

[illegible] *cloacal*. Cloacal, que [illegible] ó tiene relacion con [illegible].

[illegible] *cloant*. Zool. Cloanto, [illegible].

[illegible]. Cloaca, albañal, [illegible], lugar, cloaca destinado [illegible], la basura. || Zool. [illegible] ciertos animales.

[illegible] Art. Campana, instru[illegible]. || Campana de vidrio, para [illegible]. || Quím. Campa[illegible] que sirve para [illegible], etc. || Fís. Cam-

pana, vaso cilíndrico que sirve de recipiente en varios experimentos. || Mar. *Cloche à plongeur*, campana de buzo. || Cir. Ampolla ó vejiga subcutánea. || *Coup de cloche*, campanada, campanillazo, badajada. || met. *Qui n'entend qu'une cloche n'entend qu'un son*, ántes de juzgar se debe oir á las dos partes. || *Fondre la cloche*, sacar los piés de las alforjas, salir de la inaccion para llevar á cabo una obra ó un asunto, echar el resto, tomar la última resolucion.

**CLOCHEMAN**, m. *clochemán*. Manso, nombre que dan los pastores al carnero que hace de primer guia del rebaño. || En las recuas, el macho ó jumento que lleva la zumba, y en el ganado vacuno los cabestros.

**CLOCHEMENT**, m. *clochemán*. Cojera, la accion de cojear.

**CLOCHE-PIED**, m. *clochepié* Com. Torzal de seda mas grueso que el ordinario. || *A cloche pied*, adv. Sobre un solo pié, á la coscojita, á coz-coj, á la pata coja.

**CLOCHER**, m. *cloché*. Arq. Campanario, torre de las campanas. || met. Socampana, hablando de la iglesia, curato ó parroquia, y su distrito. || n. Cojear, andar cojeando. || met. Claudicar, tener algo defectuoso, no estar una cosa ajustada, cabal, completa. || a. Jard. Cubrir las plantas con una campana ó vaso de vidrio. || Dícese de un hombre que nunca viajó : *Il n'a jamais perdu de vue le clocher de son village*. || met. *Tirer du clocher*, echar el resto, hacer el último esfuerzo para conseguir una cosa. || *Il faut placer le clocher au milieu de la paroisse*, lo que todos necesitan debe estar al alcance de todos.

**CLOCHER-CHINOIS**, m. *clochechinuá*. Zool. Campanario chino, pequeño marisco.

**CLOCHETEUR**, m. *clochteur*. Campanero. Se decia del que tocaba la campanilla de un modo triste y pausado delante de un cortejo fúnebre.

**CLOCHETIER**, m. *clochetié*. Fundidor de campanas.

**CLOCHETON**, m. *clochetón*. Cimbalillo, esquilon, campana pequeña.

**CLOCHETTE**, f. *clochét*. Campanilla, campaneta. || Arq. Campanilla, adornitos de forma cónica. || Bot. Campanilla, nombre vulgar de varias plantas.

**CLOCU**, m. *clocú*. Ave ó pájaro nacido el último de una empolladura.

**CLOISON**, f. *cluasón*. Arq. Tabique, pared delgada de madera ó mampostería. || Separacion, hecha de tablas, en los cuartos ó habitaciones de una casa. || Anat. Tabique, membrana que separa entre sí dos cavidades. || Bot. Tabique, membrana que divide el interior de los frutos. || Hidr. Separacion de cobre, plomo, estaño, etc., para la distribucion de las aguas.

**CLOISONNAGE**, m. *cluasonáge*. Arq. Tabiquería, fábrica de tabiques.

**CLOISONNER**, a. *cluasoné*. Arq. Separar por medio de un tabique. || *Se cloisonner*, r. Rodearse, cercarse con un tabique.

**CLOÎTRE**, m. *cluátr*. Arq. Claustro, parte de un monasterio en forma de galería; y tambien, claustro de una iglesia catedral. || Claustro, mansion religiosa.

**CLOÎTRER**, a. *cluatré*. Enclaustrar, encerrar en un claustro, obligar á entrar en un monasterio, poner en reclusion.

**CLOÎTRIER, ÈRE**, m. y f. *cluatrié, ér*. Religioso ó religiosa que vive en un monasterio.

**CLOMÈNE**, f. *clomén*. Bot. Clomena, género de plantas.

**CLOMÉNOCOME**, m. *clomenocóm*. Bot. Clomenócomo, género de plantas.

**CLONIOCÈRE**, m. *cloniosér*. Zool. Cloniocero, género de coleópteros.

**CLONIQUE**, adj. *clonic*. Med. Clónico : se dice de los movimientos convulsivos y espasmódicos.

**CLONISME**, m. *clonism*. Med. Clonismo, especie de enfermedad convulsiva.

**CLONISSE**, f. *clonis*. Zool. Clonisa, especie de concha bivalva.

**CLOPER**, n. *clopé*. Cojear, andar cojeando.

**CLOPEUX**, m. *clopeu*. Art. Palamento para refinar el azúcar.

**CLOPIN-CLOPANT**, loc. adv. *clopenclopán*. Pianpian, cojeando, un pié tras de otro.

**CLOPINER**, n. *clopiné*. Caminar con pena, andar cojeando, renquear.

**CLOPORTE**, m. *clopórt*. Zool. Cucaracha, corredera, insecto con muchas patas.

**CLOPORTIDE**, adj. m. *cloportíd*. Zool. Clopórtido, parecido á una corredera.

**CLOQUE**, f. *clóq*. Agr. Especie de enfermedad que ataca las hojas de los árboles, y muy particularmente las del albérchigo, durazno ó melocoton.

**CLOQUÉ, ÉE**, adj. *cloqué*. Agr. Lo que está atacado por la enfermedad llamada *cloque*.

**CLOQUETIER**, m. *cloctié*. Art. Trozo de madera que el medidor de ladrillos sujeta al arco de alambre que corta la tierra.

**CLORE**, a. *clór*. Cerrar lo que estaba abierto. || Cercar, rodear con un vallado, muro ó foso un jardin, un parque, una ciudad. || met. Cerrar, terminar, concluir un tratado, un inventario, una cuenta. || met. *Clore la bouche à quelqu'un*, tapar la boca á alguno, no dejarle hablar. || *Clore l'œil*, cerrar el ojo, dormir. || Algunas veces es neutro : v. gr. *cette porte ne clôt pas bien*, esta puerta no cierra bien, no ajusta bien.

**CLORHYNCHE**, m. *clorénche*. Zool. Clorinco, género de pájaros.

**CLOS, E**, part. pas. de CLORE. *cló*. Se usa tambien como adjetivo. *A huis clos*, á puertas cerradas, sin que el público lo presencie. || *Pâque close*, el domingo de Cuasimodo. || *Ville close*, ciudad murada. || *Aux yeux clos*, y mejor *les yeux fermés*, á ojos cerrados.

**CLOS**, m. *cló*. Cercado, espacio de terreno cultivado y circuido de murallas, de vallados, de fosos, etc.

**CLOSEAU**, m. dim. de CLOS. *closó*. Huertecito de labrador, cercado de setos.

**CLOSERIE**, f. *closrí*. Tejido de mimbres.

**CLOSETTE**, f. ant. *closét*. Retrete, gabinete pequeño que servia de oratorio.

**CLOSIER**, m. *closié*. Labrador, propietario de un campo sin ganado con que cultivarlo.

**CLOSOIR**, m. *closuár*. Espaldas, cada una de las tablas de que se compone el molde para hacer vallados ó paredes de tierra. || Útil ó instrumento de que se sirven los cesteros.

**CLOSSEMENT**, m. *closmán*. Cacareo, cloqueo, canto de la gallina. || Cloquera, el clo clo de una gallina clueca.

**CLOSSER**, n. *closé*. Cloquear la gallina cuando está clueca. || Cacarear.

**CLOSTÈRE**, f. *clostér*. Zool. Clostero, género de lepidópteros. || Clostero, género de coleópteros tetrámeros.

**CLOSTÉROMÈRE**, m. *closteromér*. Zool. Género de coleópteros tetrámeros.

**CLOSTÉROPE**, m. *closteróp*. Zool. Closteropo, género de coleópteros tetrámeros.

**CLOSTRE**, m. *clóstr*. Arq. Teja que forma un medio cilindro cóncavo, semejante ó parecido al balaustre, y sirve para adorno de las galerías. || Bot. Celdilla de la figura de un huso.

**CLOSTROCÈRE**, m. *clostrosér*. Zool. Clostrócero, género de coleópteros.

**CLOTHO**, f. *clóto*. Mit. Cloto, la mas jóven de las tres Parcas, que hilaba en su rueca el destino de los hombres.

**CLOTHILDE**, f. *clotild*. Zool. Clotilde, género de coleópteros.

**CLÔTURE**, f. *clotúr*. Cercado ó coto. || Cerca, circúito, recinto de murallas, vallados, etc. || Clausura de religiosos y religiosas. || Fin, término de una sesion, de una legislatura. || Art. Última representacion ó última funcion, hablando de espectáculos. || Fenecimiento, remate en asunto de cuentas.

**CLÔTURER**, a. *cloturé*. Cerrar, concluir, terminar, arreglar. || Cancelar una cuenta. || Cerrar un inventario. || En estilo parlamentario se dice : *clôturer les débats*, terminar los debates.

**CLÔTURIER**, m. *cloturié*. Batidor de mimbres, el que hace los cestos de mimbre batido. || *Clôturier*, cierto empleado que trabajaba con los loteros los dias de cerrarse su

CLOU, m. clú. Clavo, pedacito de hierro ú otro metal destinado á varios usos. || *Clou à crochet*, escarpia, arcayata. || *Clou de couleur*, tachuela dorada. || *Clou à vis*, tornillo. || *Petit clou*, tachuela. || Cir. Llámase clavo en cirugía el divieso, especie de tumor. || *Clou de girofle*, clavo de especia. || Vet. *Clou de rue*, enfermedad del pié en las caballos, producida por la introduccion de un clavo ó de algun otro cuerpo extraño en el casco. || met. *Il ne manque pas un clou à cette maison*, nada falta á esta casa, tiene todo lo necesario. || *Compter les clous de la porte*, impacientarse esperando largo tiempo á una puerta. || met. *Un clou chasse l'autre*, las cosas nuevas hacen olvidar las antiguas. || Bot. Clavo, especie de hongo. = Clavo, boton comprimido cuya flor no se ha desarrollado. || Vet. Clavo, tumor que aparece bajo los tegumentos del ganado lanar. || Mar. *Clous*, clavos. = *Clous à pompe*, tachuelas de bomba. = *Clous à maugère*, estoperoles. = *Clous à tête piquée*, clavos de ala de mosca. = *Clous à vis*, clavos de tinglar.

CLOUAGE, m. cluáge. Clavazon, conjunto de clavos necesarios para una obra. || Clavamiento, la accion de clavar.

CLOUCOURDE, f. clucúrd. Bot. Clucurda, linaria arvense, planta.

CLOUÉ, ÉE, adj. clué. Clavado, atado, pegado: por ejemplo, al bufete, á la pluma, al trabajo. || Detenido en algun paraje.

CLOUEMENT, m. clumán. Enclavacion, el acto de enclavar.

CLOUER, a. clué. Clavar, sujetar, atar con clavos cualquier objeto.

CLOUÈRE, f. cluér. Yunque pequeño.

CLOUET, m. clué. Art. Punjante, cochilla de hierro que usan los toneleros.

CLOUTER, a. cluté. Art. Clavetear. Se usa cuando se habla de tachuelitas de plata ú oro para adornar un objeto de lujo. || *Se clouter*, r. Clavetearse.

CLOUTÈRE, f. clutér. Art. Clavera ó yunque pequeño.

CLOUTERIE, f. clutrí. Tienda de hierro, comercio ó fábrica de clavos.

CLOUTIER, ÈRE, m. y f. clutié, ér. Chapucero, fabricante de clavos. || adj. *Marchand cloutier*, el que tiene tienda de clavazon.

CLOUTIÈRE, f. clutiér. Caja con separaciones, en la cual se clasifican los clavos de diferentes gruesos. || Clavería, molde para hacer las cabezas de los clavos.

CLOUVIÈRE, f. V. CLOUTIÈRE.

CLOYÈRE, f. cluayér. Especie de canasto para echar las ostras. *Une cloyère d'huîtres*, un canasto de ostras.

CLUB, m. clób. Polít. Club, sociedad secreta para tratar sobre negocios públicos.

CLUBIONE, f. clubión. Zool. Clubiona, género de arácnidos.

CLUBISTE, m. y f. clubist. Clubista, que pertenece á un club.

CLUDIFORME, adj. cludifórm. Claviforme, que tiene la forma de un clavo.

CLUNCH, m. clónch. Miner. Especie de quiste arcilloso.

CLUNÉSIE, f. clunesí. Med. Clunesia, flemon en el ano.

CLUNISTE, m. y adj. clunist. Hist. ecl. Clunista, religioso de la órden de Cluny.

CLUSER, a. clusé. Mont. Azuzar los perros para que hagan saltar la caza.

CLUSIER, m. clusié. Bot. Clusiero, árbol gutifero.

CLUTE, f. clút. Miner. Ulla de calidad inferior.

CLUTELLE, f. clutél. Bot. Clutela, planta de Africa.

CLUTHALITE, m. clutalit. Miner. Clutalito, sustancia mineralógica.

CLUTIE, f. clusí. Bot. Clucia, género de plantas euforbiáceas.

CLUZELLE, f. clusél. Bot. Clucela, género de plantas.

CLYMÈNE, f. climén. Zool. Climena, especie de anélidos. || Bot. Climena, planta.

CLYMÉNIE, f. climení. Zool. Climenia, pájaro.

CLYPE, m. clip. Hist. Clipo, escudo redondo que estaba generalmente en uso en tiempo de la república romana.

CLYPÉACÉ, ÉE, adj. clipeasé. Zool. Clipeáceo, escudado, que tiene la forma de un escudo.

CLYPÉAIRE, f. clipeér. Bot. Clipearia, árbol de las Indias.

CLYPÉASTRE, m. clipeástr. Zool. Clipeastro, género de coleópteros.

CLYPÉATE, m. Zool. V. SOUCHET.

CLYPÉOLE, f. clipeól. Bot. Clipéola, planta.

CLYSOIR, m. clisuár. Art. Especie de lavativa, jeringa muy cómoda.

CLYSOPOMPE, m. clisopómp. Art. Clisobomba, especie de bomba con un caño continuo destinado á reemplazar la lavativa ordinaria.

CLYSSE, f. clis. Quím. Cliso, licor espiritoso formado del antimonio.

CLYSTÈRE, m. clistér. Art. Clister, lavativa, licor que se introduce en los intestinos.

CLYSTÉRISATION, f. clisterisasión. Med. Inyeccion, la accion de echar una lavativa.

CLYSTÉRISER, a. clisterisé. Med. Jeringar, echar una lavativa. || *Se clystériser*, r. Jeringarse, echarse una lavativa.

CLYTE, m. clit. Zool. Clito, género de coleópteros tetrámeros.

CLYTHRAIRES, m. pl. clitér. Zool. Clitarios, sub-tribu de insectos coleópteros.

CLYTHO, f. clito. Zool. Clito, género de dípteros.

CLYTHRE, f. clitr. Zool. Clitro, género de coleópteros tetrámeros.

CLYTIE, f. clisí. Mit. Clicia, hija del Océano y de Tétis. || Zool. Clicia, género de dípteros.

CNÉMACANTHE, m. cnemacánt. Zool. Nemacanto, género de coleópteros.

CNÉMALOBE, m. cnemalób. Zool. Nemalobo, género de coleópteros.

CNESME, m. cnésm. Med. Prurito, comezon, picazon.

CNESMONE, f. cnesmón. Bot. Nesmona, género de plantas.

CNESTIDE, m. cnestíd. Bot. Nestida, género de la familia de las connaráceas.

CNÉTHOCAMPE, m. cnetocánp. Zool. Netocampo, género de lepidópteros.

CNICÉLÉE, f. cnisié. Quím. Extracto de aceite de la simiente del alazor.

CNIDÉLÉE, f. cnidelé. Quím. Nidélea, extracto de aceite.

CNIDIEN, NE, adj. y s. cnidién, én. Cnidio, cnidiano, que es de la ciudad de Cnido.

CNIDION, m. cnidión. Bot. Nidion, género de la familia de las umbelíferas.

CNIQUE, m. cníc. Bot. Nico, género de plantas.

CNIQUIER, m. cniquié. Bot. Guilandiosa, planta de América.

CNODALION, m. cnodalión. Zool. Nodalion, género de coleópteros.

CO, m. có. Bot. Co, yerba de la China.

COAC, m. coác. Término burlesco que significa en frances, esto es hecho: *c'en est fait*.

COACCUSÉ, ÉE, m. y f. coacusé. Jurisp. Coacusado, complicado en un negocio criminal con otro ú otros varios.

COACQUÉREUR, EUSE, adj. y s. *coacquereur*, eus. Coadquiridor, el que adquiere en compañía de otra persona.

COACQUISITION, f. coacquisisión. Coadquisicion, lo que se adquiere en comun.

COACTEUR, m. coacteur. Coactor, antiguamente recibidor de impuestos. || Dependiente de una aduana.

COACTIF, IVE, adj. coactif, ív. Jurisp. Coactivo, que tiene la facultad de coartar.

COACTION, f. coacsión. Jurisp. Coaccion, restriccion.

COACTIVITÉ, f. coactivité. Jurisp. Coactividad, fuerza apremiante, obligatoria.

COADAPTER, a. coadapté. Coadaptar, crear, inventar voces en una lengua. || Adaptarse una cosa á otra.

COADJUTEUR, m. coadjuteur. Coadjutor, el que está unido á un prelado para ayudarle en sus funciones.

COADJUTORERIE, f. coadjutorrí. Coadjutoría, cargo ó dignidad del coadjutor.

COADJUTRICE, f. [illegible] ra, religiosa [illegible] riora, para [illegible]

COAGULANT, [illegible] lose, coagulante [illegible] tiene la virtud de [illegible] que coagula [illegible]

COAGULATION, f. [illegible] Coagulacion.

COAGULER, a. [illegible] jar.

COAGULUM, m. [illegible] gulo, masa [illegible] gulacion de [illegible] resulta de la [illegible]

COAILLE, f. [illegible] Art. [illegible] la lana mas inferior de [illegible]

COAILLER, a. [illegible] perros con la cola [illegible]

COALESCENCE, f. [illegible] lescencia, union de las partes [illegible]

COALISATION, f. [illegible] Coalicion. V. COALITION.

COALISER, a. [illegible] comprometer en una [illegible] ser, r. Coaligarse, unirse [illegible] defender una causa ó [illegible] mayor.

COALITION, f. [illegible] cion, union de dos ó mas [illegible] para derrocar á otra.

COALITIONNER [illegible] ligarse, formarse [illegible]

COALTERNE, adj. [illegible] terno, que alterna con otro [illegible]

COAPTATION, f. [illegible] tacion, la accion de [illegible]

COARCTER, a. [illegible] tar, impedir, restringir.

COASSEMENT, m. [illegible] las ranas, sapos y otros [illegible]

COASSER, a. [illegible] sapo y otros batracianos.

COASSOCIÉ, ÉE, adj. [illegible] Coasociado, consocio.

COATI, m. coatí. Zool. [illegible] mamíferos.

COBALES, m. pl. cobál. [illegible] genios malignos del [illegible]

COBALT, m. cobált. [illegible] metal blanco.

COBALTIQUE, adj. [illegible] báltico, que tiene [illegible]

COBAMBE, f. [illegible] género de plantas.

COBÉACÉ, ÉE, adj. [illegible] ceo, que se parece á la [illegible]

COBÉE, f. cobé. Bot. [illegible] plantas.

COBEL, f. cobél. Zool. [illegible] de culebra.

COBIT, m. cobí. Cobit, ó [illegible] de longitud que se usa en las [illegible]

COBRE, m. cóbr. Cobre, [illegible] Indias de 0,30 centímetros.

COBTER, a. cobté. En [illegible] per à petits coups, dar [illegible] cosa.

COBURGIE, f. coburgí. [illegible] género de plantas.

COCA, m. cóca. Bot. [illegible] plantas.

COCAGNE, f. [illegible] pública en la que se [illegible] vino entre el pueblo. || [illegible] palo derecho untado de [illegible] nidad un premio para el [illegible] carle. || *Pays de cocagne*, [illegible] dante y barato, como [illegible] piripao. || Past. Especie de [illegible]

COCAGTE, f. [illegible] piedra de las Indias, que [illegible] duce un ruido análogo al [illegible]

COCARDE, f. cocárd. [illegible] distintivo que llevan los [illegible] brero. || Polít. Escarapela, [illegible] partido. || met. *Prendre la* [illegible] plaza de soldado. || Lazo, [illegible] llevan las mujeres al lado [illegible] met. y polít. Color [illegible] tido.

COCARDEAU, m. [illegible] dad del clavo especia.

COCARDERIE, f. [illegible] abno, disparate, despropósito.

[illegible] podia, Burlon, [illegible],
[illegible]
[illegible] m. coquitr. Medio-capon, ga-
[illegible]
[illegible] Cocatrice, ba-
[illegible]
[illegible] f. [illegible] Zool. Cocoídeo,
[illegible]
[illegible] adj. cocsifér. Bot. Coccífero,
[illegible]
[illegible], m. cocsimórf. Zool.
[illegible] de coleópteros.
[illegible] f. [illegible] Coccina, materia
[illegible] y demas insectos de
[illegible]
[illegible] f. cocsinél. Zool. Coccine-
[illegible], colorado, con
[illegible]: es conocido en la
[illegible] con el nombre de sanan-
[illegible] San Anton.
[illegible] Bot. Coccixo, planta
[illegible]
[illegible], m. cocobalsamón.
[illegible] del legitimo balsamero

[illegible], m. cocobér. Zool. Cocóbo-

[illegible], f. cococarpl. Bot. Coco-
[illegible] de plantas.
[illegible], f. cocosipoli. Bot. Co-
[illegible] de plantas.
[illegible], f. cocodé. Bot. Cocódea, gé-
[illegible]
[illegible], m. cocodér. Zool. Cocode-
[illegible]
[illegible], m. cocolit. Miner. Coco-
[illegible] pétrea.
[illegible], f. cocolób. Bot. Cocóloba,
[illegible]
[illegible], m. pl. cocón. Granos de la

[illegible], m. cocofágo. Zool. Cocó-
[illegible] de los calcidios.
[illegible], m. cocofór. Bot. Cocófo-
[illegible]
[illegible], f. cocsulori. Bot. Cocula-
[illegible]
[illegible], adj. cocsigién, en.
[illegible] que pertenece al cóxis.
[illegible] Anat. Cóxis, espe-
[illegible], cuya base se articula con
[illegible] || Zool. Cóxis, género de

[illegible] Carr. Feston, carruaje
[illegible] para el trasporte de
[illegible], barco cubierto ó
[illegible] por los rios
[illegible] || met. y fam. Donner
[illegible], comprometerse en al-
[illegible] Faire la mouche du co-
[illegible], muy solícito, que-
[illegible] || Coche, f. Cochina,
[illegible] || met. y fam. Vaca, fra-
[illegible] á una mujer muy
[illegible], el hueco que hay ó
[illegible] cuerpo sólido para en-
[illegible] significa la mues-
[illegible] se hace en la tarja para
[illegible] la gente pobre. ||
[illegible] coche, tirase como un
[illegible] || Choir en coche, caer
[illegible] || Retourner en co-
[illegible] || Art. Media ca-
[illegible]
[illegible] coché. Med. V. Pun-
[illegible] ó dibujo que in-
[illegible]
[illegible] m. cochalé Zool. Polli-

[illegible] m. [illegible] Especie de

[illegible], m. cochenillágo Tint.
[illegible] cochinilla para teñir de

[illegible], f. [illegible] Zool. Cochi-
[illegible], muy apreciado
[illegible] Cochinilla, tinte que
[illegible]
[illegible] Tint. Teñir
[illegible] cochenillor, r. Teñirse

[illegible], m. [illegible] Nopal,
[illegible] en que se cria la co-
[illegible]

**COCHENILLINE**, f. cochenillín. Quím. Cochinilla, sinónimo de carmina.

**COCHER**, m coché. Cochero, el que dirige un coche ú otro carruaje para el trasporte de personas. || *Il n'y a si bon cocher qui ne verse*, al mejor galgo se le escapa una liebre. || Ástr. Cochero, constelacion boreal compuesta de sesenta y seis estrellas. || n. Gallear, cubrir el gallo á la gallina. || Art. Hacer una media caña en una tabla.

**COCHÈRE**, adj. f. cochér. Cochera, epíteto que se da á una puerta por donde entran ó pueden entrar coches; como *porte cochère*, puerta cochera.

**COCHET**, m. coché. Pollastro, gallito, pollo que ya empieza á cantar.

**COCHEVIS**, f. cochevi. Zool. Cochevis, especie de alondra copetuda.

**COCHINCHINOIS**, E, adj. y s. cochenchinuá. Cochinchino, de la Cochinchina.

**COCHLÉAIRE**, adj. coclelr. Bot. Coclerio, que está contorneado en espiral.

**COCHLÉARIA**, m. coclearía. Bot. Coclearia, planta antiescorbútica.

**COCHLÉARIÉ**, **ÉE**, adj. coclearié. Bot. Coclearío, que procede de la coclearia.

**COCHLÉIFORME**, adj. cocleifórm. Bot. Cocleiforme, que está abarquillado.

**COCHLOSPERME**, m. coclospérm. Bot. Coclospermo, género de arbustos.

**COCHOIR**, m. cochuár. Mar. Arador, ó piña de cordelería.

**COCHOIS**, m. cochuá. Escuadrador, instrumento de boj de los cereros.

**COCHON**, m. cochón. Zool. Guarro, gorrino, puerco, marrano, cerdo. || *Petit cochon*, lechoncillo. || *Cochon gras*, marrano gordo. || *Etre gras comme un cochon, sale comme un cochon*, estar gordo como un cerdo, ser muy puerco. || *Mener une vie de cochon*, llevar una vida de cerdo, vivir encenagado en la molicie. || *Il faut mourir, petit cochon, il n'y a plus d'orge*, el que mas no puede, morir se deja, es preciso cejar. || *Il semble que nous ayons gardé les cochons ensemble*, ¿ en qué cama hemos dormido juntos? dícese para hacer conocer á otro que gasta la familiaridad que no debe. || *C'est un cochon, un gros cochon*, es un cerdo, un marrano. || *Cochon*, nombre que se da á un insecto que se cria en las lentejas. || met. Hombre sucio y desaseado. || Art. Cantidad de escorias que ciegan los hornillos de una fragua. || *Cochon d'Inde*, conejo de India. || *Cochon de lait*, tocinillo de leche, lechoncito. || Metal. Liga, ó partes heterogéneas, la mezcla impura del metal y escoria.

**COCHONNAILLE**, f. cochondíl. Mondongo, ciertas partes del cerdo.

**COCHONNÉE**, f. cochoné. Lechigada, el número de lechoncillos que nacen de un parto.

**COCHONNER**, n. cochoné. Parir la puerca ó lechona. || met. fam. Chapucear, desempeñar un trabajo de un modo sucio y grosero.

**COCHONNERIE**, f. cochonrí. Cochinería, porquería, suciedad, desaseo. || Cochinada, cosa asquerosa, sin valor. || Porquería, accion ó palabra contraria á las buenas costumbres.

**COCHONNET**, m. cochoné. Especie de dado en forma de bola con doce caras, señaladas desde el uno al doce. || Lechoncillo, el que mama todavía. || Bolin, bolita que se echa en el juego de bochas.

**COCHYLE**, f. cochil. Zool. Coquilla, género de mariposas lepidópteras.

**COCKET**, m. coqué. Nombre de un sello que se emplea en las aduanas inglesas.

**COCO**, m. cocó. Bot. Coco, fruta del cocotero.

**COCOCHATL**, m. cocochátl. Zool. Cocochal, pájaro de America.

**COCODASTE**, m. cocodást. Zool. Cocodasto, que explica el cacareo de las gallinas.

**COCODET**, m. cocodé. Cocoleto, término que sirve á las negras para amedrentar á los niños, equivalente á coco.

**COCOI**, m. cocuá. Zool. Especie de garza real.

**COCON**, m. cocón. Capullo del gusano de seda.

**COCONILLE**, f. coconíl. Art. Seda que producen los gusanos de seda despues de cocidos.

**COCONNER**, n. coconé. Encapullar, hilar su capullo el gusano de seda.

**COCONNIÈRE**, f. coconiér. Criadero de gusanos de seda

**COCORLI**, m. cocorlí. Especie de codorniz.

**COCOTIER**, m. cocotié. Bot. Coco ó cocotero, árbol.

**COCOTTE**, f. cocót. Utensilio de cocina especie de olla. || Pajarita de papel que hacen los niños para jugar. || Med. Especie de oftalmía.

**COCRÉANCIER**, m. cocreansié. Coacreedor, el que es acreedor en compañía de otro

**COCRÈTE**, m. cocrét. Bot. Cocreto, género de plantas.

**COCTION**, f. cocsión. Coccion, efecto del calor sostenido sobre sustancias animales ó vegetales. || Coccion, nombre usado como sinónimo de digestion.

**COCU**, m. cocú. Cornudo, cabron, el marido que consiente el adulterio de su mujer.

**COCUAGE**, m. cocuáge. Los cuernos, el chasco, la desdicha de ser cornudo. En estilo burlesco se llama cornamenta.

**COCUALIQUE**, adj. cocualíc. Descendiente del cornudo.

**COCUFIER**, a. fam. cocufié. Encornudar, hacer á uno cornudo.

**COCYTE**, m. cosít. Cocito, uno de los cinco rios fabulosos del Infierno.

**COCYTIE**, f. cosisí. Zool. Cocicia, género de lepidópteros

**CODE**, m. cód. Código, compilacion de leyes y pragmáticas. || Por antonomasia se entiende el del emperador Justiniano. || Se llama tambien código la recopilacion de las ordenanzas, cédulas y reales órdenes en Francia. || Reglamento relativo á ciertas materias. || Cuerpo de leyes que encierra un sistema completo de legislacion. || Recopilacion de preceptos sobre cualquiera materia. || *Code forestier*, código de montes y bosques.

**CODÉBITEUR**, **TRICE**, m. y f. codebiteur, tris. Codeudor, el que contrae deudas en compañía de otro ú otros.

**CODÉCIMATEUR**, m. codesimateur. Codezmero, el partícipe en los diezmos.

**CODÉINE**, f. codein. Bot. Codaina, cápsula de adormidera ó de amapola. || Quím. Codaina, principio descubierto en el opio.

**CODÉIQUE**, adj. codeic. Quím. Codéico, ácido hidroclórico.

**CODEMANDEUR**, m. codmandeur. Codemandante, el que entabla una demanda en compañía de otro.

**CODÉPUTÉ**, m. codepuié. Codiputado, el que es diputado con otro.

**CODESELLE**, f. codsél. Med. Carbon postilencial.

**CODÉTENTEUR**, **TRICE**, m. y f. codetenteur, tris. Codetentor, la persona que retiene con otra ú otras una cosa que no le pertenece.

**CODÉTENU**, m. codetnú. Detenido, preso en compañía de otros.

**CODEX**, m. V. CODE.

**CODICILLAIRE**, adj. codisilér. Codicilar, lo contenido ó incluido en un codicilo. *Clause codicillaire*, cláusula codicilar.

**CODICILLANT**, m. codisilan. Codicilante, el que hace un codicilo, lo que se refiere á él.

**CODICILLE**, m. codisíl. Codicilo, escrito por el cual se añade ó quita algo en un testamento.

**CODIE**, f. codí. Med. Cabeza de adormidera. || Bot. Codia, planta.

**CODIFICATEUR**, m. codificateur. Autor de un código.

**CODIFICATION**, f. codificasión. Codificacion, la accion de reunir en un código las leyes sueltas.

**CODIFIER**, a. codifié. Formar un código reuniendo las leyes.

**CODILLE**, m. codíl. Codillo, voz del juego del hombre.

**CODIOPSIS**, m. codiópsis. Zool. Codiopsis, género de cidáridos.

**CODIRECTEUR**, **TRICE**, m. y f. codirecteur, tris. Codirector, el que dirige con otro.

**CODOCÈRE**, m. codosér. Zool. Codócero, género de coleópteros pentámeros.

**COINT**, E, adj. cu n. Agradable, hermoso, prudente, hábil.

**COINTER**, n. cuanté. Adornar, ataviar, componer, aliñar.

**COINTÉRESSÉ**, ÉE, m. y f. coanteresé. Cointeresado, el que tiene con otro un interes comun en un negocio.

**COINTISE**, f. cuantís. inus. Gentileza, prudencia, adorno. Tambien se decia cointerie.

**COÏON**, m. coión. Expresion trivial en frances que corresponde á collon.

**COÏONNADE**, f. coionád. Hablando libremente, collonada.

**COÏONNER**, a. coioné. Acollonar, tratar á alguno con desprecio. || n. Decir chanzas malas, indecentes.

**COÏONNERIE**, f. coionrí. Collonería, cobardía, bajeza de alma. || Broma insultante, majadería.

**COISSER**, a. V. TEILLER.

**COÏT**, m. coít. Cóito, cópula de macho y hembra, uso del matrimonio.

**COÏTION**, f. coisión. Coicion, reunion de muchos individuos para una misma empresa.

**COJUSTICIER**, m. cojusticié. Jurisp. Conjusticiero, el que tiene derecho de justicia con otro señor.

**COKE**, m. cóc. Miner. Coke ó cok, carbon celuloso y metaloido que proviene de la carbonizacion de la ulla.

**COL**, m. cól. Cuello, parte del cuerpo: es anticuado en este sentido, pues ahora se dice cou. || *Col de chemise*, cuello de camisa. || Anat. *Col de la matrice*, cuello de la matriz. || La garganta de una sierra, la cresta de una montaña. || Por extension se llama cuello la parte mas delgada que rodea un cuerpo cualquiera, y así se dice: el cuello de una botella.

**COLACHON**, m. colachón. Mús. Colachon, instrumento muy comun en Italia.

**COLACRÊTE**, m. colacrét. Colacreto, cierto magistrado.

**COLADE**, f. colád. Colada. V. ACCOLADE.

**COLAGE**, m. colága. Feud. Derecho que pagaban al señor feudal los dueños de juntas.

**COLAPHE**, m. coláf. Zool. Colafo, género de coleópteros tetrámeros.

**COLAPHISER**, a. colafisé. Abofetear á uno, confirmar.

**COLARIN**, m. colarén. Arq. Colarino, el anillo que termina la columna y recibe el capitel en los órdenes toscano y dórico.

**COLAS**, m. colá. Zool. Nombre vulgar del cuervo. || met. Estúpido, ignorante. *C'est un colas*, es un estúpido.

**COLATURE**, f. colatúr. Farm. Coladura, filtracion de un líquido.

**COLBACH, COLBACK** ó **KOLBAK**, m. colbác. Mil. Gorra de pelo con manga que llevaban los cazadores de la guardia consular de Napoleon.

**COLCHIDIEN**, NE, adj. y s. colchidién, én. Colquidiano, de la Cólquide.

**COLÉE**, f. colé. Bot. Colea, género de la familia de las gesneriáceas.

**COLÉGATAIRE**, m. colegatér. Jurisp. Colegatario, el que lega en union de otro.

**COLÉOPTÈRE**, m. coleoptér. Zool. Coleóptero, nombre dado á los insectos que tienen cuatro alas de las cuales las dos superiores están en forman de estuche.

**COLÉOPTÉRÉ, ÉE**, adj. coleopteré. Zool. Coleopterado ó coleoptereo, que tiene analogía ó se parece al coleóptero.

**COLÉOPTÉROLOGIE**, f. coleopterologí. Coleopterología, tratado acerca de los coleópteros.

**COLÉOPTÉROLOGUE**, m. coleopterológue. Coleopterólogo, naturalista que se ocupa del estudio de los coleópteros.

**COLÈRE**, f. colér. Cólera, ira, iracundia, enojo, coraje. || *Être en colère*, estar encolerizado ó airado. || *Se mettre en colère*, encolerizarse. || met. *La colère de Dieu*, la ira divina. || *La colère de la mer, des flots, etc.*, el furor del mar, de las olas. || adj. Colérico, iracundo, que está sujeto á encolerizarse.

**COLÈREMENT**, adv. colermán. Coléricamente, con cólera.

**COLERET**, m. colré. Pesc. Manga, nombre de cierta red que manejan dos, y entran con ella mar adentro hasta que pierden la tierra.

**COLÉRIQUE**, adj. coleríc. Colérico, iracundo, propenso á la cólera. *Colérique* se dice de una persona que es excitada á la cólera por su temperamento y humor, y colère del que se entrega habitualmente á ella.

**COLÉRIQUEMENT**, adv. colericmán. Coléricamente, de un modo colérico.

**COLÉRISER**, a. colerisé. Encolerizar, enojar, irritar, excitar en alguno la cólera.

**COLÉRITE**, m. colerít. Colérito, licor preparado con la parte corrosiva de los metales, y que sirve para ver si el oro tiene ó no liga.

**COLÈTES**, f. pl. colét. Coletas, género de lienzo que viene de Holanda.

**COLIA**, m. cólia. Colia ó colias, pescado muy parecido al aleche.

**COLIART**, m. coliár. Coliar, pescado de mar parecido á la raya.

**COLIBRI**, m. colibrí. Colibrí, pajarito de Indias muy hermoso por sus matices. || met. El hombre frívolo.

**COLICAILLE**, f. colicaíll. Dolorcito pasajero de vientre.

**COLICITANT**, E, adj. y s. colicitán. Colicitante, el coheredero ó propietario junto con otros, en nombre de los cuales se hace una venta por licitacion.

**COLIFICHET**, m. colifiché. Baratija, bujería, objeto insignificante y de ningun valor. || Pelendengue, adorno ridículo de las mujeres. || Lit. Ringorrango, adorno superfluo en el escrito. || Garambaina, los rasgos y adornos de estilo reprobados por el buen gusto. || Chuchería, cosa de poca importancia, juguete.

**COLIN**, m. colén. Zool. Colin, cacolin, ave de Méjico, especie media entre perdiz y codorniz.

**COLIN-MAILLARD**, m. colenmallár. Gallina ciega, juego de muchachos.

**COLIN-TAMPON**, m. colentanpón. Voz que se usa en ciertas frases en señal de desprecio, como: *je m'en soucie comme de colin-tampon*, no me importa un pito.

**COLIOU**, m. coliú. Zool. Colió, pájaro de América que tiene dos plumas largas en la cola.

**COLIQUE**, adj. colíc. Anat. Cólico, perteneciente al colon.

**COLIQUE**, f. colíc. Med. Cólico, enfermedad que afecta al tubo intestinal.

**COLIQUEUX, EUSE**, adj. coliqueu, eus. Med. Epíteto que se da al que está sujeto al cólico ó á lo que le produce.

**COLIR**, m. colír. Colir, magistrado chino, censor universal, con derecho de hacer visitas domiciliares.

**COLIS**, m. colí. Com. Cabo, cajon ó fardo de mercaderías.

**COLISÉE**, m. colisé. Hist. rom. Coliseo, anfiteatro de Roma. || Por extension se da el mismo nombre á los teatros.

**COLITE**, f. colít. Med. Colitis, inflamacion del intestino colon.

**COLITIGANT**, E, adj. colitigán. Colitigante, el que litiga con otro.

**COLLA**, m. cola. Meteor. Viento extraordinario de sudoeste, que sopla en las costas de Filipinas.

**COLLABESCENCE**, f. neol. colabesáns. Debilidad, desfallecimiento.

**COLLABESCENT**, E, adj. neol. colabesán. Que cae de desfallecimiento ó debilidad.

**COLLABORATEUR, TRICE**, m. y f. colaborateur, tris. Colaborador, el que trabaja con otro, ayudándolo en sus funciones. || Se emplea con mas generalidad refiriéndose á obras literarias.

**COLLABORATION**, f. colaborasión. Colaboracion, accion de trabajar en comun en una obra literaria.

**COLLABORER**, n. colaboré. Colaborar, trabajar con uno ó mas personas en una obra literaria.

**COLLAGE**, m. colága. Encoladura, la accion de encolar. || Encolamiento, la accion de encolar el papel pintado en los aposentos. || Coladura, operacion que se hace en el vino y otros licores para conservar su limpi-

[illegible]. || Art. Encolado, última operacion que se hace con el papel, impregnándolo de cola.

**COLLANT, E**, adj. *colan.* Encolante, que tiene la propiedad de encolar.

**[illegible]**, f. *coldatria.* Mit. Colatria, diosa de las montañas.

**COLLATAIRE**, m. *colatér.* Beneficiado, la persona á quien han conferido un beneficio.

**COLLATÉRAL, E**, adj. *colaterál.* Colateral, el pariente que no lo es por línea recta. || met. Accesorio, que no es esencial para el objeto que se trata. || Anat. Colateral, que está al lado: *artères collatérales*, arterias colaterales.

**COLLATÉRALEMENT**, adv. *colateralmán.* Colateralmente, en línea colateral.

**COLLATEUR**, m. *colateur.* Colador, el que tiene derecho de conferir un beneficio eclesiástico.

**COLLATIF, IVE**, adj. *colatif, iv.* Colativo, que se puede conferir.

**COLLATINE**, f. *colatín.* Mit. Colatina, diosa de las colinas.

**COLLATION**, f. *colasión.* Colacion de beneficios eclesiásticos. || Colacion, cotejo de una escritura con otra. || Colacion, la refaccion que se toma de noche en los dias de ayuno. || Art. Comprobacion, accion de colacionar un ejemplar, una prueba. || Merienda, refrigerio que se toma por la tarde, agasajo que se sirve en una tertulia ó en los bailes.

**COLLATIONNAGE**, m. *colasionáge* Confrontacion, accion de confrontar documentos unos con otros.

**COLLATIONNER**, a. *colasioné.* Confrontar, cotejar una copia con el original. || Impr. Comprobar, ver si se han hecho las correcciones indicadas en una prueba. || Hacer colacion, merendar.

**COLLE**, f. *cól.* Cola de retal para pintar y encolar el papel. || Engrudo para pegar. || *Colle*, en general, es una materia glutinosa para unir dos cosas de modo que se separen con dificultad; y la hay de varias clases, como *colle de pâte*, *colle à bouche*, *colle de poisson*, *colle de peaux*, *colle forte*, etc. || Engrudo que se hace con harina ó almidon. || vulg. Bola, embuste.

**COLLECTAIRE**, m. *colectér.* Colectario, libro que comprendia todas las oraciones llamadas colectas.

**COLLECTE**, f. *coléct.* Colecta, repartimiento de alguna contribucion ó tributo. || Colecta, cuesta, limosna que se pide para objetos piadosos. || Colecta, oracion de la misa que precede á la epístola.

**COLLECTEUR**, m. *colecteur.* Colector, el encargado de recoger una cuesta. || Recaudador, el que percibe un impuesto para dar cuenta de él.

**COLLECTIF, IVE**, adj. *colectif, iv.* Gram. Colectivo: se aplica á algunos nombres que, siendo en sí singulares, significan pluralidad, como pueblo, colegio, etc.

**COLLECTION**, f. *colección.* Coleccion, conjunto de cosas de una misma especie, como medallas, antigüedades, etc. || Coleccion, compilacion de varias obras ó de trozos recogidos, de cánones, de concilios.

**COLLECTIVEMENT**, adv. *colectivemán.* Colectivamente, de un modo colectivo.

**COLLÉGAT**, m. *colegá.* Compañero ó colega del legado.

**COLLÉGE**, m. *coléga.* Colegio, sociedad de personas notables, investidas de igual dignidad. || *Le collége des cardinaux*, el sacro colegio. || *Le collége des avocats*, el colegio de los abogados. || *Collége électoral*, reunion de electores. || *Collége*, colegio, establecimiento de enseñanza pública. = La reunion de los alumnos internos del establecimiento; en este sentido se dice: *tout le collége est à la promenade.* || De una cosa dicha ó escrita pedantescamente ó que huele á la clase, se dice: *cela sent le collége.*

**COLLÉGIAL, E**, adj. *colegiál.* Colegial, perteneciente al establecimiento. || *Eglise collégiale*, colegiata, iglesia servida por un cabildo de canónigos sin silla episcopal. Por desprecio se dice de lo que huele al estilo de aula ó clase, como: *poète collégial*, *harangue collégiale.*

**COLLÉGIALEMENT**, adv. *colegialmán.* Colegialmente, á estilo, á manera de colegio.

**[illegible]**, m. *colegiá.* Antiguamente era lo mismo que *boursier*, esto es, estudiante que disfruta plaza en un colegio.

**COLLÉGIEN**, m. *colegién.* Colegial, el que estudia en un colegio ó seminario.

**COLLÈGUE**, m. *colégue.* Colega, el compañero de otro, su igual en dignidad y oficio ó funciones. || Colega, sinónimo comparativo de asociado, cofrade.

**COLLER**, a. *colé.* Encolar, pegar una cosa con otra. || Por extension, aplícase á las cosas fuertemente unidas entre sí. || En sentido figurado, por aplicar, suele decirse pegar: v. g. pegar la boca, los labios á, ó contra alguna cosa. || Clarificar, hablando de vinos, licores, etc. V. CLARIFIER. || *Coller une bille*, pegar ó arrimar la bola del contrario á la banda, hablando del juego de billar. || *Coller*, n. Pegar, se aplica á los vestidos perfectamente hechos, que dibujan con exactitud las formas del cuerpo. || *Se coller*, r. Pegarse, unirse, hablando de cosas. || met. Pegarse, arrimarse á una cosa. = *Se coller contre le mur*, coserse con la pared.

**COLLERETTE**, f. *colrét.* Pañoleta, especie de pañuelo que las mujeres suelen traer en el cuello. = Gorguera, gargantilla. || Bot. Cerco, collar, nombre que se da á una especie de eminencia circular que rodea á la mayor parte de las plantas umbelíferas. || Entre pescadores es una red comun, cuando con ella se forma un círculo en un rio ó en la mar para cercar la pesca.

**COLLET**, m. *colé.* Cuello, pedazo de tela ó paño, que forma parte de un vestido al rededor del cuello. || Esclavina, pedazo de tela ó paño que forma parte de una capa de hombre, ó de un vestido de mujer. || Alzacuello, especie de corbatin bajo que usan los clérigos. || Golilla, adorno que se usaba antiguamente al rededor del cuello, y que hoy solo usan varios ministros de justicia. || Mont. Lazo para coger liebres, conejos, etc. || *Prendre au collet*, agarrar por los cabezones, coger á uno por el cuello de la ropa. || *Armé jusqu'au collet*, armado de piés á cabeza. || fam. *Prêter le collet à quelqu'un*, admitir un desafío. || Pescuezo, hablando de las reses muertas destinadas para el alimento. || fam. *Gens à petit collet*, clérigos. || *Du temps des collets montés*, en tiempo de Mari-castaña, en tiempo del rey que rabió. || *Un collet monté*, un pedante, que afecta gravedad, antigüedad. || Art. Se da el nombre de cuello en varias ciencias y artes á la parte mas delgada de un cuerpo. || Valona, adorno que se llevaba antiguamente al cuello. || *Collet de charrue*, dental de arado. || *Collet de buffle*, coleto, sea de ante ó de otra piel.

**COLLETER**, a. *colté.* Coger á alguno por el cuello. || Agr. Atar los vástagos ó retoños de la vid por abajo con el rodrigon. || n. Tender lazos para cazar liebres, conejos, pájaros, etc. || *S'amuser à colleter*, divertirse en armar redes. || *Se colleter*, r. Agarrarse por el cuello, batirse, maltratarse. *Ils se sont colletés au milieu de la rue*, se agarraron en medio de la calle. || met. Disputar porfiadamente, con obstinacion, con terquedad, con calor.

**COLLETEUR**, m. *colteur.* Cazador que se vale de lazos para sorprender la caza mayor. || Pendenciero, quimerista.

**COLLETIER**, m. *coltié.* Coletero, el que hace y vende coletos.

**COLLETIN**, m. *coltén.* Coletin, jubon sin mangas. || *Colletin de pèlerin*, esclavina de peregrino ó romero.

**COLLÉTIQUE**, adj. *coletic.* Farm. Pegajoso, glutinoso, aglutinante.

**COLLEUR, EUSE**, m. y f. *coleur, eus.* Pegador, el que pega el papel pintado en las paredes de los aposentos. || El encargado de almidonar las manufacturas. || Cartelero, el que fija por las esquinas cartelones de anuncios. || Embustero, el narrador de embustes.

**COLLICULEUX, EUSE**, adj. *coliculeu, eus.* Coliculoso, lo que presenta una multitud de copas reunidas en una superficie pequeña.

**COLLIER**, m. *colié.* Collar, hilera ó cadena de perlas, de piedras preciosas, etc., que adorna el cuello de las mujeres. || Cadena de oro que ostentan los caballeros de algunas órdenes. || Círculo de metal ó cobre

que rodea [illegible] lla, como [illegible] cuello. [illegible] guarnecido [illegible] acerados, [illegible] de presa. [illegible] tiro. [illegible] animales, [illegible] un buen [illegible] bestias, ó [illegible]

**COLLIGER** [illegible] sirve de [illegible]

**COLLIMATION** [illegible] atadura, trabazon, [illegible] la accion de [illegible]

**COLLINE** [illegible] lar, [illegible]

**COLLINE**, f. [illegible] ro. || *Gagner la* [illegible] salvarse, huir. || [illegible] el Parnaso.

**COLLIQUATIF** [illegible] Cir. Colicuativo, [illegible] suelto en licor.

**COLLIQUATION**, [illegible] cuacion, [illegible] sas y glutinosas [illegible]

**COLLISION**, f. [illegible] choque, [illegible] tropiezo. || met. [illegible] partidos, de las [illegible]

**COLLOCATION**, [illegible] Colocacion, accion de [illegible] en el órden que [illegible] rango en que está [illegible] Suma que un acreedor [illegible] tiene derecho de [illegible] *collion d'argent*, [illegible] dinero en un banco ó [illegible] dice tambien y [illegible] *d'argent.*

**COLLOCUTEURS**, [illegible] Colocutores, [illegible] hablar.

**COLLOCUTION**, [illegible] cion, conversacion de [illegible]

**COLLOPHORE**, m. [illegible] bol brasileño, lleno de [illegible]

**COLLOQUE**, m. [illegible] rencia entre dos ó [illegible] bandos opuestos. = [illegible] conferencia que se [illegible] entre católicos y protestantes [illegible] pl. Coloquios, títulos [illegible] forma de diálogos; [illegible] Luis Vives y otros, [illegible]

**COLLOQUER**, a. [illegible] plaza á alguno, [illegible] troducirle en un [illegible] un *soufflet*, dar ó [illegible] Colocar á los acreedores [illegible] den con que deben [illegible]

**COLLUDER**, n. [illegible] nirse, entenderse [illegible] las partes litigantes [illegible]

**COLLUSION**, f. [illegible] sion, convenio [illegible] que pleitean, para [illegible] un tercero. || Connivencia [illegible] inteligencia secreta [illegible] jar plantado á un tercero [illegible]

**COLLUSOIRE**, [illegible] Colusorio, lo que se h[illegible]

**COLLUSOIREMENT** [illegible] Colusoriamente, de [illegible]

**COLLUTOIRE**, m. [illegible] Colutorio, gárgara, el [illegible] para gargarizar.

**COLLYRE**, m. [illegible] medio para las oftalmías [illegible]

**COLLYRION**, m. [illegible] rion, especie de [illegible]

**COLLYRITE**, f. [illegible] alúmina hidratada, [illegible]

**COLMA**, m. [illegible] la Guyana.

**COLMATAGE**, m. [illegible]

**COLMATER**, a. [illegible] nar, llenar de tierra [illegible]

**COLOBOME**, m. [illegible] mutilacion.

**COLOBOMÉ**, ÉE, [illegible] Colobomeado, que ha [illegible]

**COLOBOTE**, m. [illegible] género de la familia [illegible]

vador que da al propietario la mitad de los productos de la hacienda.

**COLONAGE**, m. *colonáge*. Jurisp. Arrendamiento de un colono.

**COLONEL**, m. *colonél*. Mil. Coronel, jefe que manda un regimiento.

**COLONEL, LE**, adj. *colonél*. Que pertenece al coronel ó depende de él. Solo se usa como femenino y hablando de la compañía que se llamaba coronela.

**COLONELLE**, f. *colonél*. Coronela, compañía llamada antiguamente así por ser la primera de un regimiento y no tener mas capitan que el coronel. || Coronela, la esposa del coronel.

**COLONIAL, E**, adj. *coloniál*. Colonial, que pertenece á las colonias.

**COLONIE**, f. *coloní*. Colonia, el número de personas ó familias que se trasladan á un país con el objeto de poblarlo. || Colonia, el paraje mismo en que se establecen.

**COLONISABLE**, adj. *colonisábl*. Colonizable, que puede erigirse en colonia.

**COLONISATEUR, TRICE**, adj. *colonisateur, tris*. Colonizador, que coloniza.

**COLONISATION**, f. *colonisasión*. Colonizacion, la accion de colonizar.

**COLONISER**, a. *colonisé*. Colonizar, fundar una ó mas colonias.

**COLONNADE**, f. *colonád*. Arq. Columnata, reunion de columnas que sirven de ornamento á un edificio. || *Colonnade polystyle*, columnata compuesta de muchas columnas de diferentes estilos. || *Colonnade de verdure*, columnata ó serie de árboles.

**COLONNAISON**, f. *colonesón*. Arq. Columnacion, órden de columnas.

**COLONNATION**, f. *colonasión*. Arq. Columnacion, disposicion, proporcion de las columnas.

**COLONNE**, f. *colón*. Arq. Columna, pilar circular de mármol, piedra, madera, etc. || Por extension, columna, sosten de cualquier cosa. || Sustentáculo, apoyo, amparo, hablando de personas. || Anat. *Colonne vertébrale*, columna vertebral, el conjunto de vértebras que componen el espinazo. || Obelisco, monumento aislado, erigido en honor de un hombre célebre. || Columna, cuerpo de tropa. || Columna, porcion de una página impresa ó manuscrita, dividida en dos ó mas columnas. || Mil. Columna, disposicion de tropas cuya extension es mucho mayor en profundidad que en anchura. || Columna, cualquiera de las divisiones verticales de un estado. || met. Columna, cantidad de flúido de figura cilíndrica que pesa sobre los cuerpos encima de los cuales se eleva. || *Colonnes d'un lit*, pilares de una cama.

**COLONNETTE**, f. *colonét*. Columnita, pequeña columna.

**COLORANT, E**, adj. *colorán*. Colorante, colorador, que da color.

**COLORATION**, f. *colorasión*. Coloracion, accion por la cual ciertos cuerpos adquieren algun color.

**COLOREMENT**, m. *colormán*. Coloracion, modo de sombrear en un dibujo.

**COLORER**, n. *coloré*. Colorear, dar color, teñir. || met. Cohonestar, dar cierta apariencia á alguna cosa mala. || *Se colorer*, r. Colorearse, tomar color alguna cosa.

**COLORÉTIQUE**, adj. *coloretic*. Arq. Colorético: dícese de una columna adornada de flores y follaje.

**COLORIAGE**, m. V. ENLUMINURE.

**COLORIDES**, f. pl. *colorid*. Colóridas, familia de compuestos ternarios orgánicos que comprende los principios colorantes.

**COLORIER**, a. *colorié*. Iluminar, aplicar color á una estampa.

**COLORIFIQUE**, adj. *colorific*. Colorífico, que produce colores.

**COLORIGÈNE**, adj. *colorigén*. Colorígeno, que produce un color.

**COLORIGRADE**, m. *colorigrád*. Colorigrado, instrumento para determinar el grado de coloracion en los cuerpos.

**COLORIS**, m. *colorí*. Colorido, efecto que resulta del empleo y de la combinacion de los colores en un cuadro. || Colorido, color de la tez ó de otras cosas. || Colorido, se dice hablando de la imaginacion, del estilo: *style sans coloris*, estilo sin colorido.

**COLORISATION**, f. *colorisasión*. Colorizacion, aparicion de un color cualquiera en una sustancia. || Colorizacion, el acto de colorear.

**COLORISTE**, m. y f. *colorist*. Colorista, pintor que entiende bien el colorido. || Iluminador, el que ilumina estampas.

**COLOSSAL, E**, adj. *colosál*. Colosal, de mayores dimensiones que las regulares. || met. Colosal, potente, poderoso.

**COLOSSALEMENT**, adv. *colosalmán*. Colosalmente, de un modo colosal.

**COLOSSE**, m. *colós*. Coloso, estatua de un tamaño extraordinario. || met. Coloso, hombre de elevada estatura.

**COLOSTRATION**, f. *colostrasión*. Med. Colostracion, enfermedad de niños recien nacidos, que tienen á veces despues de haber mamado la primera leche ó calostro.

**COLOSTRE ó COLOSTRUM**, m. *colóstr, colostróm*. Med. Calostro, la primera leche que se ordeña de la hembra despues de parida. || Tambien se llama calostro la enfermedad de los niños que proviene de la primera leche.

**COLPOCÈLE**, m. *colposél*. Med. Colpocele, hernias que se forman en la vagina.

**COLPOSE**, m. *colpos*. Med. Colposis, inflamacion de la vagina.

**COLPOSTEGNOSE**, f. *colpostegnós*. Med. Colpostegnosis, obliteracion de la vagina.

**COLPORTAGE**, m. *colportáge*. El oficio y ejercicio del buhonero, y del que pregona y vende por las calles papeles públicos.

**COLPORTER**, a. *colporté*. Traer á cuestas ó al hombro, ó pendiente del cuello, cajon, canasta ó talego de mercaderías, libros y papeles públicos para venderlos por las calles de los pueblos. || *Colporter de fausses nouvelles*, esparcir ó hacer correr noticias falsas.

**COLPORTEUR, EUSE**, m. y f. *colporteur, eus*. Buhonero, el que lleva y vende por las calles y lugares mercaderías en cajon, canasta ó talego. || Dícese mas particularmente del que anda pregonando por las calles bandos, edictos y papeles públicos, como gacetas, relaciones, etc.; y tambien del chalan de libros, que anda vendiéndolos por las casas.

**COLTI ó COLTIS**, m. *colti*. Mar. Deques de proa: son las mangueras que están al extremo de la proa, y que bajan hasta la plataforma. || Retrete en un edificio.

**COLUMBAIRE**, m. *colonbér*. Mausoleo para encerrar las cenizas de algunas familias ilustres.

**COLUMELLE**, f. *columél*. La espiral que forman ciertas conchas de la parte superior á la inferior. || Bot. Columela, órgano que en los musgos sale del centro del pedúnculo.

**COLURE**, m. *colúr*. Astr. Coluro, uno de los dos círculos máximos de la esfera, que pasan por los equinoccios y solsticios.

**COLUTÉA**, m. *coluteá*. Zumbon, chocarrero, que gasta chanzas.

**COLYBES**, m. pl. *colib*. Colibas, cierta pasta de legumbres y semillas que sirven de ofrenda en la iglesia griega.

**COLYDION**, m. *colidion*. Zool. Colidios, género de insectos.

**COLYMBÈTE**, m. *colenbét*. Zool. Colimbeto, género de insectos.

**COLYMBIDE**, adj. *colenbíd*. Colimbido, que participa del colimbo.

**COLYMBUS**, m. *colénbus*. Zool. Colimbo ó somormujo, especie de ave acuátil.

**COLZA**, m. *colsa*. Agr. Colza, especie de col, de cuya simiente se saca aceite.

**COMA**, f. *cóma*. Med. Coma, modorra, soñolencia, cierta enfermedad.

**COMALE**, f. *comál*. Art. Paleta que sirve para tostar el maíz.

**COMARCHIE**, f. *comarchí*. Hist. ant. Empleo del que mandaba en una aldea.

**COMARET**, m. *comaré*. Bot. Comareto, género de plantas.

**COMAROÏDE**, f. *comaroíd*. Bot. Comaroides, potentila de hojas ternadas.

**COMAROPSIS**, m. *comarópsis*. Bot. Comaropsis, género de plantas.

**COMARQUE**, m. *comárc*. Nombre que se daba á un antiguo gobernador de aldea.

**COMASIE**, f. *comasí*. Mit. Comasia, una de las tres Gracias.

COMBASSEOU, m. [illegible]. Combassou, moneda de la India de muy poco valor.

COMATEUSE, f. comateus. Med. Comatosa, especie de calentura nerviosa cerebral.

COMATEUX, EUSE, adj. comateu, eus. Med. Comatoso, perteneciente al coma.

COMATULE, f. comatúl. Zool. Comátula, especie de equinodermos.

CO-MAY, m. comé. Bot. Comay, planta de la China.

COMBA-SOU, m. conbasú. Zool. Combasú, especie de gorrion del Senegal.

COMBAT, m. conbá. Combate, pelea, riña, lucha. || *Combat de coqs*, riña de gallos. || *Combats de taureaux*, corridas de toros. || met. y poét. *Les combats de l'amour*, los placeres del amor. || Lucha, cualquiera de los juegos públicos de los antiguos. || Contienda, disputa. || met. Agitacion, lucha interior del ánimo. || Embate, la oposicion, la contrariedad de ciertas cosas. || Certámen, se dice respecto de las contiendas literarias.

COMBATTABLE, adj. conbatábl. Combatible, susceptible de combatir ó de ser combatido.

COMBATTANT, m. conbatán. Combatiente, el que combate ó está dispuesto á combatir en campaña. || Combatidor ó lidiador, hablando de los que riñen á puñadas ó con armas.

COMBATTRE, a. conbátr. Combatir, atacar al enemigo, ó defenderse de su ataque. || met. Med. Combatir, oponer á una enfermedad los remedios oportunos. || Combatir, resistir, oponerse á alguna persona ó cosa; tambien se dice hablando de pasiones. || n. Combatir, reñir, luchar, pelear, hacer la guerra. || *Se combattre*, r. Combatirse, luchar dos cosas entre sí.

COMBE, f. ant. cónb. Gruta. || Valle.

COMBIEN, adv. conbién. Cuánto, cuánta, cuántos, cuántas. Este adverbio rige en frances la preposicion *de*. *Combien y avait-il de personnes?* cuántas personas habia? *Combien de fois*, cuántas veces? *En combien de temps l'avez-vous fait*, en cuánto tiempo lo ha hecho Vd.? || Acompañado de un adjetivo ó de un adverbio, se traduce cuán. *Combien est faux ce que vous avancez!* cuán falso es lo que Vd. asienta! *Combien il était intrépide!* cuán intrépido era! Si le acompaña un verbo, se traduce cuánto: *combien vaut le blé?* á cuánto vale ó cuánto cuesta el trigo?

COMBINABLE, adj. conbinábl. Combinable, que puede combinarse.

COMBINAISON, f. conbinesón. Combinacion, la accion y efecto de combinar. || [illegible] *Combinaison*, medida política que, unida con otras varias, tiene por objeto favorecer ó neutralizar los efectos de otra. || [illegible] *Combinaison*, arte de calcularlo todo para obtener un resultado. || Medida con la cual se prepara el éxito de alguna cosa. || [illegible] *Combinaison*, union íntima entre las [illegible] de dos ó varios cuerpos.

COMBINATEUR, TRICE, adj. y s. conbinateur, tris. Combinador, el que combina.

COMBINATOIRE, adj. conbinatuar. [illegible], que se refiere á las combinaciones.

[illegible], m. [illegible]. Quím. Combinado, [illegible] materias combinadas entre [illegible].

COMBINER, a. conbiné. Combinar, [illegible] cosas en cierto órden. || [illegible], calcular, tomar disposiciones y medidas para obtener cierto resultado. || [illegible], unir muchas de diferente [illegible]. || [illegible] *combiner*, r. Combinarse, [illegible] entre sí. || [illegible] armónicamente, [illegible].

[illegible], m. [illegible]. Zool. Combir, [illegible].

[illegible], m. conbl. [illegible], lo que [illegible] linea de gra[illegible] van [illegible] heredes. || Arq. Ale[illegible] de madera destinado [illegible] de un edi[illegible] || met. [illegible] || Cumbre lo

colmo, el último término de ciertas cosas. || *De fond en comble*, plenamente, enteramente, de arriba abajo, completamente. || *Pour comble*, para remate. *Pour comble de*, para colmo de. *Pour comble de malheur*, para colmo de desgracia ó para mayor desgracia.

COMBLE, adj. cónbl. Colmado, que está lleno hasta por encima de los bordes. || Lleno: se dice hablando de un teatro. *La salle est comble*, el teatro está lleno, hay gran entrada. || met. *La mesure est comble*, se ha llenado la medida, hablando del exceso ó número de pecados, delitos, etc.

COMBLEAU, m. conbló. Tiro, cuerda muy fuerte para levantar cañones.

COMBLEMENT, m. conblemán. Accion de colmar, de llenar y cegar con tierra, etc.

COMBLER, a. conblé. Colmar, llenar una medida, un vaso hasta que sobresalga. || Llenar, cegar, terraplenar, ocupar un vacío con algo, llenar de tierra un foso, una trinchera. || met. Colmar, llenar, cargar de favores, de bienes, de regalos, etc. || Cumplir, satisfacer. *Mes souhaits furent comblés*, mis deseos se cumplieron. || *Combler la mesure*, llenar la medida, cometer alguna nueva falta, despues de la cual ya no hay que esperar perdon. || *Se combler*, r. Colmarse, llenarse, cegarse algun pozo ó hoyo.

COMBLÈTE, f. conblét. Zool. Nombre que se da á la hendidura del pié del ciervo.

COMBOLOU, m. conbolú. Comboiú, rosario de los Mahometanos.

COMBOPHORE, m. conbofór. Zool. Combóforo, género de insectos.

COMBOURGEOISIE, f. conburjuasí. Convecindad, tratado por el cual dos ó mas poblaciones hacian comun el derecho de vecindad para la mutua defensa de sus intereses.

COMBOURGEOIS, m. conburjuá. Porcionista, el que tiene parte con otro en los aparejos de un navío.

COMBRET, m. conbré. Bot. Gombreto, género de arbustos trepadores.

COMBRÉTACÉ, ÉE, adj. conbretasé. Bot. Combretáceo, que participa del combreto. || *Combrétacées*, f. pl. Combretáceas, familia de plantas.

COMBRIÈRE, f. conbriér. Pesc. Jábega, red grande para pescar. || Almadraba, red grande para pescar atunes.

COMBUGER, a. conbugé. Llenar de agua las cubas ántes de emplearlas, para que se hinche la madera y cierren.

COMBURANT, E, ó COMBURENT, adj. conburán. Quím. Comburente, que da lugar al combinarse con otro cuerpo al fenómeno de la combustion. || Comburente, que quema.

COMBUSTIF, m. conbustíf. Combustible, susceptible de arder.

COMBUSTIBLE, adj. conbustíbl. Quím. Combustible, que da lugar á la produccion del fuego. || Combustible, que es susceptible de arder. || m. Combustible, cualquier sustancia de las que se queman para los usos comunes. || Quím. Combustible, todo cuerpo susceptible de combinarse con el oxígeno.

COMBUSTION, f. conbustión. Quím. Combustion, combinacion de dos cuerpos con desprendimiento de calórico y luz. || Combustion, accion de arder. || Conflagracion, incendio completo de algun edificio. || met. Conflagracion, desórden, tumulto, revuelta en un pueblo, reino, etc.

COME, m. cóm. Mar. Cómitre de los presidarios de los arsenales. V. COMITE.

COMÉDIATEUR, TRICE, m. y f. comediateur, tris. Comediador, el que media en union con una ó mas personas.

COMÉDIE, f. comedí. Comedia, obra dramática. || *La haute comédie*, la comedia de buen tono. || met. Comedia, farsa, simulacion, hipocresía, ficcion. || *Comédie*, comedia, el lugar mismo donde se representa. || *Le secret de la comédie*, el secreto á voces. || *Comédie-ballet*, especie de melodrama ó pieza en que se mezcla el baile y la música. || Comedia, se da este nombre indistintamente á toda composicion teatral, sea tragedia, comedia, drama, sainete, etc. || met. *C'est une comédie, une vraie comédie*, es una verdadera comedia, una aventura divertidísima, por cualquier acontecimiento chocante. || *Donner la comédie au public* lle-

[illegible]
ne el [illegible].

COMÉDIEN, [illegible], m. [illegible] cómico, actor. || [illegible] el que con [illegible] tos, opiniones que no [illegible] *médiens*, [illegible] *comédiens de* [illegible] micos de la legua.

COMÉDIENNE, f. [illegible] actriz.

COMESTIBLE, [illegible] el que come [illegible]

COMESTIBLE, [illegible] ble, que sirve para [illegible] m. Comestible, [illegible] mento del hombre.

COMESTION, f. [illegible] mada esta voz [illegible]

COMÉTAIRE, adj. [illegible] tario, que se refiere [illegible]

COMÈTE, f. [illegible] leste luminoso. || [illegible] naipes. || Art. Cometa, [illegible] cabeza son iguales [illegible] meta, estrella de [illegible] gue además por [illegible] Cometa (cinta de). [illegible] Cometa, género de [illegible] || Bot. Cometa, género [illegible] diandricas.

COMÉTÉ, ÉE, adj. [illegible] metado, radiado, [illegible]

COMÉTITE, f. [illegible] pólipo fósil del género [illegible]

COMÉTOGRAPHE, [illegible] metógrafo, el que [illegible]

COMÉTOGRAPHIE, [illegible] metografía, descripcion [illegible]

COMÉTOGRAPHIQUE, [illegible] *fic*. Cometográfico, [illegible] metografía.

COMÉTOLOGIE, f. [illegible] metología, tratado de [illegible]

COMÉTOLOGIQUE, [illegible] Cometológico, pertene[illegible] gía.

COMICALITÉ, f. [illegible] de lo que es cómico.

COMICE, m. comís. [illegible] en que se celebraban [illegible] blo romano para la [illegible] do, ó para tratar de los [illegible] blica. || *Comices*, m. pl. [illegible] canas, antiguos comi[illegible] rias, centurias, tribus.

COMICIAL, E, adj. [illegible] que pertenece al comicio [illegible]

COMIFÈRE, adj. [illegible] que solo produce [illegible]

COMINGE, f. comén[illegible] tillería de extraordinario [illegible]

COMIQUE, adj. [illegible] que tiene relacion [illegible] teatro ó con los actores [illegible] lesco, gracioso. *C'est* [illegible] toso.

COMIQUEMENT, adv. [illegible] camente, de un modo [illegible]

COMIRE, m. comír. [illegible] titiritero ambulante, [illegible]

COMITAT, m. comi[illegible] to. || Séquito, tren de [illegible] graviato, nombre que [illegible] civiles y administrativas [illegible] sus antiguos anales.

COMITATIVE, f. [illegible] dignidad del conde en [illegible]

COMITE, m. comít. [illegible] nado, oficial autorizado [illegible] trabajar á la chusma de [illegible]

COMITÉ, m. comité. [illegible] personas encargadas [illegible] exámen ó de la discusion [illegible] || Inspector de cualquier [illegible] *cret*, comité secreto, [illegible] va á puerta cerrada. || [illegible] ciedad íntima y poco [illegible]

COMITIUM, m. comi[illegible] te del foro en que se [illegible] asambleas.

COMISOPHYTE, m. [illegible] misófito, género de plan[illegible]

*mémoration de quelqu'un*, hacer memoria de una persona, hacer mencion de ella.

**COMMÉMORER**, a. *comemoré*. Conmemorar, recordar una cosa.

**COMMENÇANT, E**, m. y f. *comensán*. Principiante, que empieza á ocuparse de los primeros rudimentos de una ciencia ó arte.

**COMMENCEMENT**, m. *comensmán*. Principio, origen. || fam. *Il y a commencement à tout*, todas las cosas tienen un principio.

**COMMENCER**, a. *comansé*. Empezar, dar principio, comenzar. || *Commencer quelqu'un*, dar las primeras lecciones de una ciencia ó de un arte á alguno. || *Cette nourrice a commencé cet enfant*, esta nodriza ha hecho las entrañas á este niño. || imper. *Il commençait à faire jour*, amanecia, rayaba el dia.

**COMMENDATAIRE**, adj. *comendatér*. Comendatario, eclesiástico secular que goza en encomienda algun beneficio regular.

**COMMENDATAIRE**, m. *comandatér*. Comendador, caballero que tiene encomienda.

**COMMENDATRICE**, f. *comandatrís*. Comendadora, superiora de los conventos de las órdenes militares.

**COMMENDE**, f. *cománd*. Encomienda, dignidad dotada de renta en varias órdenes militares. || Cabo ó cuerda que sirve para asegurar una red ó un palo en una situacion fija. || Anteojera que llevan las caballerías de tiro en los pilares de la brida.

**COMMENDER**, a. *comandé*. Comendar, conceder un beneficio ó encomienda.

**COMMENSAL, E**, m. y f. *comansál*. Comensal, el que come á la mesa con otro. = *Être commensal de la maison du roi*, comer en palacio.

**COMMENSALITÉ**, f. *comansalité*. Comensalidad, derecho de ser comensal en la casa real de Francia.

**COMMENSURABILITÉ**, f. *comansurabilité*. Mat. Conmensurabilidad, relacion de dos números ó cantidades que tienen una misma medida.

**COMMENSURABLE**, adj. *comansurábl*. Mat. Conmensurable, que es igual en medida, razon ó proporcion.

**COMMENSURATION**, f. *comansurasión*. Mat. Conmensuracion, la accion de medir.

**COMMENT**, adv. *comán*. Como? de qué manera? || Exclamacion de sorpresa: *comment! vous voilà!* ¡cómo, Vd. por aquí! || Tambien se usa sin interrogacion ni exclamacion: *sans savoir pourquoi ni comment*, sin saber cómo ni cómo no. || A veces se pone por *comme*: v. gr. *j'ignore comment il fait*, no sé cómo lo hace. || Tambien significa *pourquoi*: v. gr. *Comment osez-vous usurper ce droit de vie et de mort?* (Pascal.) || *Comment* se usa tambien como sustantivo; y así se dice *savoir le pourquoi et comment d'une chose*.

**COMMENTAIRE**, m. *comantér*. Comentario, comento. || Comentario, observaciones críticas sobre el texto. || met. Comentario, interpretacion maliciosa de las acciones ó dichos de otro.

**COMMENTARISTE**, m. *comantarist*. Alcaide ó carcelero en la milicia romana.

**COMMENTATEUR**, m. *comantateur*. Comentador, docto, sabio, escritor que comenta un libro antiguo ú oscuro.

**COMMENTATRICE**, f. *comantatrís*. Comentadora. V. COMMENTATEUR.

**COMMENTER**, a. *comanté*. Comentar, hacer comentarios. || met. Comentar, interpretar, tomar en mala parte, torcer, viciar un dicho, una palabra.

**COMMER**, a. fam. *comé*. Cotejar, hacer parangones ó paralelos.

**COMMÉRAGE**, m. *comerdge*. Comadrería, chinchorreo, chismografía, habladuría, conducta de comadres.

**COMMERÇABLE**, adj. *comersábl*. Comerciable, que puede negociarse.

**COMMERÇANT, E**, s. y adj. *comersán*. Comerciante, el que comercia por mayor.

**COMMERCE**, m. *comérs*. Comercio, tráfico, cambio de dinero y de géneros. || met. Comercio, trato, comunicacion y correspondencia de las personas. || Intriga amorosa, cambio de ideas, objeto de especulacion. || *Il est d'un agréable commerce*, tiene un trato muy agradable. || *Avoir commerce avec une femme*, tener trato ó amistad ilícita con una mujer.

**COMMERCER**, n. *comersé*. Comerciar, ocuparse en operaciones comerciales. || Comerciar, tener comercio.

**COMMERCIAL, E**, adj. *comersiál*. Comercial, que se refiere al comercio.

**COMMERCIALEMENT**, adv. *comersialmán*. Comercialmente, de un modo comercial.

**COMMÈRE**, f. *comér*. Comadre, la mujer que saca un niño de pila, madrina en el bautismo. || Comadre, nombre de amistad y confianza entre las mujeres vecinas. || fam. Mujer curiosa, parlanchina, ávida de saber cuanto pasa, y charlar á troche y moche. = Por ext. se dice de un hombre que anda entre las mujeres y tiene los defectos expresados, el cual se llama mariquita, periquito; y se dice: *c'est une vraie commère, c'est la commère du quartier*. || *Une bonne commère*, una mujer sagaz, astuta, que nada desperdicia. || prov. y met. *Tout se fait, tout va par compère et par commère*, todo se hace por favor, por recomendacion.

**COMMÉRER**, n. fam. *comeré*. Comadrear, frecuentar comadres.

**COMMÉRARIE**, f. V. COMMÉRAGE.

**COMMERSONIE**, f. *comersoní*. Bot. Comersonia, género de arbustos.

**COMMETTAGE**, m. *cometáge*. Mar. Arte de corchar. V. COMMETTRE.

**COMMETTANT**, m. *cometán*. Comitente, el que confía á otro el cuidado de sus intereses.

**COMMETTEUR, EUSE**, m. y f. *cometeur, eus*. Mar. Corchador, el que corcha.

**COMMETTRE**, a. *cométr*. Cometer, incurrir en faltas, crímenes, desmanes, excesos, pecados. || Exponer, aventurar, comprometer, arriesgar. || Emplear, destinar, comisionar, elegir, diputar á alguno para el desempeño de un cargo. *Commettre un rapporteur*, nombrar un relator en algun asunto de justicia. || Confiar, cometer, entregar un negocio al cuidado de alguno. || *Commettre deux personnes l'une avec l'autre*, poner á dos sugetos en el caso de desavenirse ó malquistarse. || *Commettre un câble*, colchar un cable. || *Se commettre*, r. Cometerse, consumarse, acaecer, sobrevenir, ocurrir, tener lugar, etc. || Exponerse, comprometerse, aventurarse, arriesgarse. || Confiarse, entregarse.

**COMMIE**, f. *comí*. Bot. Comia, género de plantas euforbiáceas.

**COMMIGRATION**, f. V. TRANSMIGRATION.

**COMMINATION**, f. *cominasión*. Jurisp. Conminacion, amenaza, prohibicion, inhibicion. || Conminacion, apercibimiento hecho por un juez ó superior. || Ret. Figura por medio de la cual se intenta amenazar á los oyentes con la pintura de los males de que pudieran ser víctimas.

**COMMINATOIRE**, adj. *cominatuár*. Jurisp. Conminatorio, que incluye amenaza de alguna pena.

**COMMINER**, a. *cominé*. Conminar, lanzar, fulminar una censura conminatoria, notificar un mandamiento conminatorio.

**COMMINGTONITE**, f. *comengtonít*. Miner. Coumingtonita, especie de mineral.

**COMMINUTIF, IVE**, adj. *cominutíf, ív*. Med. Conminutivo, que está hecho pedazos.

**COMMINUTION**, f. *cominusión*. Med. Conminucion, rotura de los huesos.

**COMMIPHORE**, m. *comifór*. Bot. Comíforo, árbol de Madagascar.

**COMMIS**, m. *comí*. Empleado de Hacienda. || Dependiente, mancebo de una casa de comercio. || *Commis ambulant*, comisionista, el que desempeña comisiones mercantiles, viajando á espensas de su principal. || *Commis marchand*, el encargado exclusivamente del despacho de un almacen ó de una tienda. || *Commis greffier*, el suplente del escribano cartulario en jefe de los tribunales.

**COMMISE**, f. *comís*. Comiso, confiscacion de un feudo en beneficio del señor, por falta de cumplimiento en los deberes del súbdito. || Comiso, pena de perdimiento de la cosa en que incurre el que comercia en géneros prohibidos. || Comiso, los mismos bienes comisados en pena de la contravencion.

COMMISÉRATION, f. comiserasión. Conmiseracion, compasion, sentimiento de piedad.

COMMISSAIRE, m. comisér. Comisionado, enviado extraordinario para examinar un negocio, ejecutar alguna órden, ó para otro encargo especial. || Subdelegado, juez de comision. || Segun Nuñez Taboada, cónsul en las plazas y puertos de comercio. || Comisario: los hay de guerra, de marina, de artillería, etc. || Hay en Francia *commissaire-priseur*, tasador, funcionario público encargado de apreciar los muebles y alhajas para las ventas en pública subasta. *Commissaire de police*, funcionario público encargado de conservar el buen órden y policía en las poblaciones. *Juge-commissaire*, juez delegado por el tribunal á que pertenece para activar algunos procedimientos. *Commissaire de la cour*, comisario del parlamento, ó de otro consejo, tribunal ó corporacion superior. *Commissaire du roi*, oficial que representa al rey en los consejos de guerra. *Commissaire des pauvres*, recaudador de la cuota establecida en algunas parroquias para los pobres. || Tambien se llama *commissaire* al administrador de bienes secuestrados. Esta palabra es genérica ó general y sirve para otros muchos casos.

COMMISSARIAT, m. comisariá. Comisaría, el empleo y calidad de comisario, el tiempo de su duracion, y tambien la oficina del comisario. || Consulado en plaza extranjera de comercio, segun Nuñez Taboada.

COMMISSION, f. comisión. Comision, encargo que una ó mas personas dan á otra. || Mensaje, recado con que se envia un criado ó dependiente. || Órden y facultad que alguna persona da por escrito á otra, revistiéndola de la autoridad necesaria. || Comision, empleo, cargo cuyas funciones se desempeñan interinamente. || Comision, reunion de personas encargadas de preparar un trabajo, examinar y dilucidar una cuestion, un negocio, etc. || Comision, profesion, ejercicio del que compra ó vende por cuenta de otro. || Salario, emolumento, gaje, estipendio que percibe el comisionista. || Teol. *Péché de commission*, el que consiste en hacer lo que está prohibido, por oposicion á *péché d'omission*, que consiste en no hacer lo que está mandado. || Mar. Patente de corso, que autoriza á los corsarios para apresar buques enemigos. = *Mettre en commission*, armar, tratándose de buques de guerra.

COMMISSIONNAIRE, m. comisionér. Comisionista, persona que tiene alguna comision. || Com. Factor, dependiente de una casa de comercio. || *Commissionnaire de roulage*, el encargado de conducir las mercancías por tierra ó en carros. || *Commissionnaire chargeur*, el encargado de transportar las mercancías por agua. || Comisionista, mandadero, mozo de esquina, mozo de cordel.

COMMISSIONNER, a. comisioné. Comisionar, dar comision, facultad á una persona para entender en algun negocio, etc.

COMMISSOIRE, adj. comisuár. Jurisp. Comisorio, obligatorio, que aplaza para un tiempo dado. || Se dice tambien de las cláusulas que, no ejecutándose, hacen nulo el contrato, como el pacto comisorio que se pone en el contrato de venta.

COMMISSURE, f. comisúr. Comisura, la union de varias partes del cuerpo unas con otras.

COMMITTIMUS, m. committimus. Jurisp. ant. [illegible] de los despachos en que el rey concedia favor ó privilegio á sus leales servidores [illegible], comensales, etc.

COMMITTITUR, m. committitur. Jurisp. Término de la órden y mandamiento del tribunal para pasar los autos á un relator. Significa lo cometo, se encarga, etc.

COMMIXTION, f. commicstión. Fil. Conmixtion, accion por la cual se confunden y mezclan dos cosas en un mismo sujeto.

COMMODAT, m. comodá. Jurisp. Comodato, contrato de préstamo y restitucion á plazo señalado.

COMMODATAIRE, m. y f. comodatér. [illegible] ó la que ha recibido el [illegible] en comodato.

COMMODE, adj. comód. Cómodo, conveniente, proporcionado, sencillo, de uso fácil, hablando de las cosas. || De buena sociedad, de trato dulce y fino, de excelente y flexible carácter, de gusto apacible, hablando de las personas. || *Vie commode*, vida cómoda, dulce, descansada, blanda, tranquila, agradable. || *Moment commode*, momento crítico, oportuno, cuya circunstancia facilita cualquier designio. || *N'être pas commode*, ser severo, exigente, altanero, regañon. || Indulgente, benigno, que disimula las faltas. *Mari commode, père commode, mère commode*, marido, padre, madre indulgentes. || *Maître commode, fort commode*, amo bonachon, que cuida de sus criados, que no los recarga de trabajo, etc. || Cómodo, en sentido moral, relajado, desnudo de rigidez, remiso, flojo, etc. || *Dévotion commode, morale commode*, devocion tibia, moral elástica. || fam. irón. *C'est commode*, nada mas cómodo, hablando de lo que se hace contra los usos establecidos, contra las reglas ordinarias. || f. Cómoda, guardaropa casi cuadrado, de madera fina, con tres ó cuatro cajones del mismo largo y ancho. || Mar. Chata ó plancha que sirve para recorrer los costados de los buques.

COMMODÉMENT, adv. comodemán. Cómodamente, con comodidad, con holgura.

COMMODITÉ, f. comodité. Comodidad, bienestar, conveniencia, copia de las cosas necesarias para vivir con descanso. || Comodidad, interes, provecho, utilidad, conveniencia. || Comodidad, sazon, oportunidad de tiempo y lugar. || prov. *On n'a pas toutes ses commodités en ce monde*, nadie es completamente feliz acá en la tierra. || *Commodités*, f. pl. Secreta, comun, letrina, lugar comun, retrete.

COMMONITOIRE, m. comonituár. Conmonitorio, mandato de comparecencia dirigido por un arzobispo á un obispo sufragáneo nuevamente elegido en su metrópoli, para que venga á hacerse consagrar. || Jurisp. ant. Citacion, emplazamiento personal expedido por los tribunales seculares á los eclesiásticos.

COMMOTION, f. comosión. Conmocion, sacudida violenta. || met. Conmocion agitacion, alteracion política, cambio repentino en el gobierno. || Conmocion, tumulto, trastorno, irritacion de los ánimos por algun acontecimiento ó noticia mala que circula entre el pueblo. || Med. Conmocion, estremecimiento general ó local del sistema nervioso.

COMMOTIQUE, adj. f. comotic. Med. Conmótico: dícese del arte ó del afeite con que se procura ocultar los defectos de la cara, dándole la apariencia de una hermosura ficticia.

COMMUABILITÉ, f. comuabilité. Conmutabilidad, cualidad de lo que puede ser conmutado.

COMMUABLE, adj. comuábl. Conmutable, que puede ser conmutado. || Permutable.

COMMUER, a. comué. Conmutar, permutar, cambiar una cosa por otra.

COMMUN, E, adj. comeun, ún. Comun, lo que pertenece á todos. || Comun, ordinario, natural, frecuente, lo que se practica comunmente. || Comun, lo que es de poco valor. || Comun, de escasa nota, de corto mérito, nada notable en su género. || *Maison commune*, la casa de ayuntamiento. || *Vivre à frais communs*, mantenerse á escote. || *La vie commune*, la vida que hacen los regulares en comunidad. || *La voix commune*, la opinion general. || *D'une commune voix*, por unanimidad. || *D'un commun accord*, unánimemente, de comun acuerdo. || *Commun*, m. Comun, sociedad de personas que unen sus intereses con una especie de liga ó en un fondo comun. || *Vivre sur le commun*, vivir á costa ajena, á costa del país. || Comun, el comun, el mayor número, el pueblo en general. = *Le commun des hommes, des philosophes*, el comun de los hombres ó el mayor número de los hombres, etc. || *Le commun des apôtres, des martyrs*, el oficio general de los apóstoles, de los mártires.

COMMUNAL, E, adj. comunál. Comunal, cosa comun á varios. || Concejal, lo que

**COMPLÈTEMENT**, adv. *complètmán*. Completamente, de una manera completa. *Homme complètement fou*, loco rematado.

**COMPLÈTEMENT**, m. *complètmán*. Complemento, complementacion, accion de completar ó de acabar una cosa.

**COMPLÉTER**, a. *completé*. Completar, concluir, hacer cumplida y perfecta alguna cosa. || met. Completar, poner el colmo á una cosa. || Perfeccionar, acabar enteramente una cosa.

**COMPLÉTIF, IVE**, adj. *complétif, iv*. Gram. Completivo, que sirve de complemento.

**COMPLEXE**, adj. *compléks*. Complexo, que abraza muchas cosas. || Mat. *Nombre complexe*, número complexo, el compuesto de unidades y fracciones de la unidad. || Miner. *Cristal complexe*, cristal complexo, cristal cuya estructura es complicada.

**COMPLEXION**, f. *complecsión*. Complexion, temperamento ordinario y comun del cuerpo humano. || Inclinacion, genio. || Fig. Aglomeracion, reunion de varias cosas. || Ret. Complexion, repeticion en la que se acaba con las mismas palabras.

**COMPLEXIONNÉ, ÉE**, adj. *complecsioné*. Med. Complexionado, que tiene buena ó mala complexion.

**COMPLEXIONNER**, a. *complecsioné*. Complexionar, formar el temperamento.

**COMPLEXITÉ**, f. *complecsité*. Complexidad, calidad de lo que es complexo.

**COMPLEXUS**, m. *complécsus*. Med. Complexo, lo que es complicado.

**COMPLICATION**, f. *complicasión*. Complicacion, concurrencia y encuentro de cosas diversas.

**COMPLICE**, adj. y s. *complís*. Cómplice, compañero en el delito. || met. Participante, el que tiene ó se le atribuye parte en alguna cosa.

**COMPLICITÉ**, f. *complisité*. Complicidad, participacion en el crímen cometido por otro. || met. Colaboracion, participacion en los trabajos ejecutados por alguno.

**COMPLIÉ**, adj. *complié*. Zool. Replegado, que está plegado sobre sí mismo.

**COMPLIES**, f. pl. *complí*. Completas, parte del oficio divino que se canta ó reza despues de vísperas.

**COMPLIMENT**, m. *complimán*. Cumplimiento, cumplido, palabras obsequiosas y afectuosas que se dicen segun las personas y circunstancias. || Enhorabuena, felicitacion. || Pura ceremonia para quedar bien. || *Je vous en fais mon compliment*, doy á Vd. la enhorabuena. || *Compliment de condoléance*, pésame. || Se dice familiarmente *trêve de compliments*, fuera cumplimientos, sin ceremonias. || *Compliment bien tourné*, cumplido muy fino. || *Sans compliment*, sin cumplimiento, con franqueza. || *Faire compliment à quelqu'un*, cumplimentar á alguno. || *Offrir quelque chose par compliment*, ofrecer algo por puro cumplimiento, por ceremonia ó urbanidad. || pl. Expresiones, memorias, afectos; y en este sentido decimos: *mes compliments à monsieur*.

**COMPLIMENTAIRE**, m. *complimantér*. Cumplimentario, apoderado, aquel á quien se da poder general para desempeñar las [illegible] funciones que el amo.

mposicion. Compo-
mponer, reunion de
un todo. || Composi-
r música ó una obra
posicion ó obra com-
trabajo que hace un
lo dado por el maes-
nencia, arreglo en-
terminar sus desavo-
ion.|| Arq. Composi-
planos y adornos de
mposicion, union de
-en-ciel.|| Art. Com-
unir los caractéres
lineas, páginas, etc.
modo con que dis-
ato de un cuadro. ||
position, hombre fá-
e de bonne composi-
n facilidad.
ial. Agr. Abono com-
tancias que se amon-
mentar. || Cómputo,
los tiempos.
posté. Agr. Abonar,

, compositeur. Art.
to de los cajistas pa-
s. || Varita de made-
s la urdimbre de un
aria.
, compoteteur. Com-
mesas.
mpotacion. Bromas,
nonas reunidas para

. Compota, conser-
mibar.|| Guiso, com-

mpotié. Compotera,
n las compotas.
. Compé, corte so-
China y de Pekin.
m. comprenseur.
aventurado, que po-
nocimiento intuitivo

TÉ, f. comprensi-
l, aptitud para ser

, adj. compreansibl.
le, que puede ser

VE, adj. comprean-
se tiene la facultad

, f. compreansion.
de comprender. ||
nto perfecto de una
facultad de abrazar
objeto con todos sus
mprension, totali-
ndidos en un nom-
omprension, tropo
el nombre de sinéc-

, f. compreansivi-
cultad de compren-

comprándr. Com-
rar en sí, incluir. ||
en una enumera-
nder, penetrar, con-
rendre quelqu'un,
as explicaciones que
guaje. || Comprendre
comprendre, r. Com-
mutuamente, cono-
rsé una cosa en otra.
prés. Cir. Compresa,
destinado á sostener
damente sobre las

adj. m. compreseur.
prime.
, f. compresibilité.
idad que tienen los
menor volúmen por
eriores.
j. compresibl. Com-
que puede ser com-

, adj. compresif, ive.
ara comprimir.

**COMPRESSION**, f. compresión. Compresion, accion y efecto de comprimir. || Fís. Compresion, accion de oprimir un cuerpo para que ocupe menor espacio. || Mil. Estrechamiento de columnas, de filas, etc.

**COMPRIMABLE**, adj. comprimáble Comprimible, que puede ser comprimido.

**COMPRIMANT, E**, adj. comprimán. Compresor, comprimente, que tiene la facultad de comprimir.

**COMPRIMER**, a. comprimé. Comprimir, apretar, estrechar. || met. Comprimir, oprimir, sujetar, reprimir. || Se comprimer, r. Comprimirse, reprimirse, sujetarse.

**COMPRIMEUR**, m. comprimeur. Compresor, el que comprime.

**COMPRIS, E**, part. pas. de **COMPRENDRE**. conprí. Es invariable en estas frases: y compris, incluso en ello ó comprendido en ello. Il gagne vingt mille francs par an, non compris les rentes de son domaine, gana veinte mil francos anuales, sin contar las rentas de su patrimonio.

**COMPROMETTRE**, a. conprométr. Comprometer, poner de comun acuerdo en manos de un tercero la determinacion de una diferencia, pleito, etc. || a. Comprometer, exponer á alguno, ponerle en peligro. || Se compromettre, r. Comprometerse por alguna persona ó cosa. || Entregarse en manos de otro.

**COMPROMIS**, m. conpromí. Compromiso, convenio entre partes de poner su litigio en manos de un árbitro. || Compromiso, exposicion, dificultad, embarazo en que se encuentra alguno.

**COMPROMISSAIRE**, m. conpromisér. Compromisario, el que se elige como árbitro para terminar un asunto ó desavenencia.

**COMPROMISSIONNAIRE**, adj. conpromisionér. Compromisionario, por compromiso.

**COMPROTECTEUR, TRICE**, adj. y s. conprotecteur, tris. Comprotector, el que protege juntamente con otro.

**COMPROVINCIAL, E**, adj. conprovensiál. Comprovincial, de la misma provincia.

**COMPTABILIAIRE**, adj. contabiliér. Contabiliario, análogo á la contabilidad.

**COMPTABILITÉ**, f. contabilité. Contabilidad, aptitud de las cosas para poder reducirlas á cuentas. || Contabilidad, teneduría de libros en una casa de comercio ó en una administracion cualquiera. || Contabilidad, arte de llevar cuentas.

**COMPTABLE**, adj. contábl. Contable, que ha de dar cuenta ó responder de algun cargo. || met. Responsable, deudor.

**COMPTAGE**, m. contáge. Cuenta, acto ó efecto de contar.

**COMPTANT**, adj. m. contán. Contante, al contado: dícese siempre del dinero. || Payer argent comptant, pagar al contado. || met. fam. Prendre pour argent comptant, creer con ligereza y sin exámen lo que se oye. || Avoir de l'esprit argent comptant, tener las respuestas en el bolsillo. || Argent comptant porte médecine, los duelos con pan son buenos.

**COMPTE**, m. cónt. Cuenta, cómputo, cálculo ú operacion aritmética. Tiene las mismas acepciones que en español. || Compte rond, cuenta redonda. || met. fam. Compte borgne, cuenta oscura. || Faire compte de, estimar, hacer caso. || Faire bon compte de, dar barato, malbaratar. || Être de bon compte, ser franco, ingenuo, sin rebozo. || Donner à compte, dar á cuenta. || Comptes faits, libro, tabla de cuentas || Tenir compte de, tomar en consideracion. || Rendre compte, dar cuenta. || Travailler à bon compte, trabajar barato. || Ce n'est pas là mon compte, eso no me tiene cuenta.

**COMPTE-FILS**, m. contfíl. Art. Cuentahilos, instrumento que sirve para contar los hilos que entran, sea en trama ó en canillas, en un cuadro de grandor determinado. || Placa circular en acero ó cobre cuya circunferencia tiene varias muescas de diferentes grandores.

**COMPTE-PAS**, m. contpá. Cuenta pasos, instrumento que sirve para indicar aproximadamente la longitud de un camino, por el número de pasos que se dan para recorrerlo. || Tambien se le llama compteur

**COMPTER**, a. conté. Contar, numerar, calcular, investigar, averiguar, determinar todas las partes que entran en un todo. || Contar, poner en el número de. || n. Hacer cuentas, ejecutar operaciones aritméticas. || Compter de mémoire, contar de memoria. || A compter de, á contar desde, partiendo de, etc. || Compter les jours, les heures, les moments, hallarse en una impaciencia extrema, encontrar el tiempo demasiado largo. || Dans tant de jours à compter de, dentro tantos dias contaderos desde. || Se refuser à compter, no negar al pagar. || Mús. Llevar el compas y guardar silencio segun marquen las pausas. || Compter pour rien, tener en nada. || Compter sur quelqu'un, contar con alguno, contar con su proteccion, con su ayuda, etc. || Se compter, r. Contarse, meterse en cuenta.

**COMPTEREAU**, m. contré. Cuentecilla, cálculo de poca importancia.

**COMPTE-RENDU**, m. contrandú. Polít. Manifiesto, memoria que se da al público por los ministerios.

**COMPTEUR, EUSE**, m. y f. conteur, eus. Contador, el que cuenta ó lleva cuentas.

**COMPTEUR**, m. conteur. Art. Contador, instrumento destinado á advertir el número de revoluciones ó excursiones de vaiven que hace una máquina en un tiempo determinado. || Instrumento que evalúa las fracciones de segundos en las observaciones astronómicas.

**COMPTOIR**, m. contuár. Mostrador, ó contador en que se cuenta el dinero y se extienden las mercaderías. || La pieza de la casa de un comerciante en que trabajan los dependientes. || Factoría, hablando de establecimientos mercantiles en las costas de Asia y África. || Oficial general de comercio de una nacion en país extranjero.

**COMPTOSIE**, f. contosí. Contosia, género de insectos dípteros.

**COMPULSER**, a. conpulsé. Compulsar, tomar comunicacion de un registro en justicia. || Compulsar, examinar datos, papeles.

**COMPULSEUR**, m. conpulseur. Compulsor, el que examina ó compulsa.

**COMPULSION**, f. conpulsión. Compulsion, impulso, violencia. || V. **CONTRAINTE**.

**COMPULSOIRE**, m. conpulsuár. Jurisp. Compulsorio, accion de compulsar ó precisar á un empleado público á poner de manifiesto sus registros ó minutas.

**COMPURGATEUR**, m. ant. conpurgateur. Testigo en favor del acusado.

**COMPUT**, m. conpút. Cron. Cómputo, cuenta, cálculo. || V. **COMPUTATION**.

**COMPUTATION**, f. conputasión. Cron. Computacion, cómputo del tiempo para arreglar el calendario eclesiástico.

**COMPUTISTE**, m. conputíst. Cron. Computista, el que hace cómputos ó trabaja en los calendarios. || Computista, nombre que se da en Roma al encargado de percibir ciertas rentas correspondientes á la cámara apostólica.

**COMTADIN, E**, adj. y s. contadén, ín. Que pertenece al condado Venesino. || Habitante de un condado.

**COMTAL, E**, adj. contál. Condal, que pertenece á un conde ó condesa.

**COMTAT**, m. contá. Condado, se entiende solo del Venesino, territorio de la Provenza.

**COMTE**, m. cónt. Conde, título de honor y de dignidad.

**COMTÉ**, m. conté. Condado, territorio sujeto á la jurisdiccion de un conde, y la dignidad de conde.

**COMTE-PAIR**, m. contpér. Conde-par, título dado á ciertos obispos en Francia.

**COMTESSE**, f. contés. Condesa, mujer de un conde, ó la que ha heredado algun condado.

**COMTOIS, E**, adj. contuá, áz. Condés, que es natural ó habitante del Franco Condado, que pertenece á él.

**COMUS**, m. cómus. Mit. Como, dios de la alegría, de las danzas nocturnas y de la buena mesa, y favorito de la juventud libertina.

**CONAMBAIA**, f. conanbáya. Bot. Conambaya, especie de helecho del Brasil.

**CONASSIÈRE**, f. conasiér. Mar. Hembra del timon.

**CONCASSATION**, f. *concasasión*. Quebrantamiento, trituracion, accion de quebrantar, majar ó triturar.

**CONCASSER**, a. *concasé*. Farm. Quebrantar, majar, triturar.

**CONCATÉNATION**, f. *concatenasión*. Encadenamiento, ligacion de las cosas. || Ret. Encadenamiento de las palabras, figura que consiste en repetir en cualquier período algunas palabras del primero.

**CONCAUSSA**, m. *concósa*. Med. Concausa, nombre usado para designar una enfermedad que obra de concierto con otra.

**CONCAVATION**, f. *concavasión*. Med. Concavacion, joroba en el pecho.

**CONCAVE**, adj. *concáv*. Cóncavo, hueco en la superficie, lo contrario á convexo.

**CONCAVITÉ**, f. *concavité*. Concavidad, lo interior de un cuerpo redondo y hueco.

**CONCAVO-CONCAVE**, adj. *concavoconcáv*. Opt. Cóncavo-cóncavo ó bicóncavo, que es cóncavo por sus dos lados ó caras.

**CONCAVO-CONVEXE**, adj. *concavoconvéx*. Cóncavo-convexo, que es cóncavo por un lado y convexo por el otro.

**CONCEAU**, m. *consó*. Agr. Morcajo. V. MÉTEIL.

**CONCÉDER**, a. *consedé*. Conceder, hablando de derechos, gracias, privilegios, etc. V. ACCORDER y OCTROYER para otros casos. || fam. Conceder, ceder acerca de una proposicion.

**CONCEDO**, *consédo*. Concedo, voz latina, usada en ambas lenguas en lugar de *je vous l'accorde*, os lo concedo, convengo en ello.

**CONCÉLÉBRER**, a. *conselebré*. Liturg. Concelebrar, celebrar dos ó mas á un mismo tiempo. Solo se usa hablando del obispo, que al conferir el sacerdocio celebra con los nuevos presbíteros.

**CONCÈLEMENT**, adv. ant. *conselmán*. Ocultamente, á escondidas.

**CONCENTRABLE**, adj. *consantrábl*. Concentrable, que puede concentrarse ó ser concentrado

**CONCENTRALISATION**, f. *consantralisasión*. Polit. Concentralizacion, centralizacion ó reunion en un mismo punto de los negocios ó intereses de un pais.

**CONCENTRATEUR**, m. *consantrateur*. Fís. Reconcentrador, aparato para reconcentrar líquidos. || Se usa tambien como adj.

**CONCENTRATION**, f. *consantrasión*. Concentracion, accion y efecto de concentrar. || La accion y el efecto de reconcentrarse el frio, el calor, los rayos de luz, etc., en un punto ó centro. || Reconcentracion, reunion de muchas cosas en una ó en un punto. || Med. *Concentration du pouls*, concentracion ó reconcentracion del pulso, estado de un pulso poco sensible.

**CONCENTRER**, a. *consantré*. Fís. Reconcentrar, reunir en un punto céntrico los rayos luminosos, el calor, etc. || Quím. Reconcentrar, despojar un líquido, una disolucion ó una sal de las partes de agua que las debilitan, y reducirlas á menor volúmen. || Mil. *Concentrer les forces*, reconcentrar, concentrar las fuerzas, reunirlas en un mismo punto. || Polit. Reconcentrar, reunir toda la autoridad. || met. Reconcentrar, reunir ó fijar todos sus afectos, y particularmente la atencion, en un mismo objeto. || *Se concentrer*, r. Reconcentrarse, en todas las acepciones ya expresadas. || Reconcentrarse, encerrarse en sí mismo, pensar profundamente en sí. || *se concentrer* ó *être concentré en soi-même*, se dice de un hombre triste y melancólico ó meditabundo.

**CONCENTRIQUE**, adj. *consantríc*. Geom. Astr. Concéntrico, que tiene un mismo centro.

**CONCENTRIQUEMENT**, adv. *consantricman*. Concéntricamente, de una manera concéntrica.

**CONCEPT**, m. ant. *consept*. Fil. Concepto, idea que concibe ó forma el entendimiento, simple intuicion del espíritu. Antiguamente esta voz era sinónima de *conception*.

**CONCEPTEUR, TRICE**, adj. *consepteur, tris*. Conceptor, que concibe ideas, conceptos, designios, planes, etc.

**CONCEPTIBILITÉ**, f. *conseptibilité*. Conceptibilidad, facultad de concebir.

**CONCEPTIBLE**, adj. *conseptibl*. Conceptible, concebible, que puede concebirse.

**CONCEPTIF, IVE**, adj. *conseptif, iv*. Conceptivo, propio para formar conceptos. Llámase *faculté conceptive* la facultad por la que formamos conceptos de las cosas.

**CONCEPTION**, f. *consepsión*. Concepcion, el acto de concebir ó de quedar embarazada una mujer. || Liturg. Concepcion, fiesta que se celebra en honor del dia en que fué concebida la Vírgen. || Med. Concepcion, union de los materiales suministrados por los sexos en el acto generativo para la procreacion de un nuevo ser. || Concepcion, el mismo feto concebido. || met. Concepcion, operacion del entendimiento que se da cuenta de las ideas, de su mutuo enlace, afinidad, relaciones de analogía, diferencia y oposicion. || Concepcion, efecto, consecuencia, resultado de la operacion del entendimiento. || Fil. Concepcion, la simple aprehension de un objeto hecha por la inteligencia, y que no implica ni verdad ni error. || Art. Concepcion, engendro, maravilla artística, invencion bellísima, creacion original, gigantesca, rara, atrevida, etc. || fam. irón. Aborto, especie loca, engendro ridículo.

**CONCEPTIONNAIRE**, m. y f. *consepsionér*. Concepcionario, concepcionista, el que defiende la inmaculada concepcion de la Vírgen María.

**CONCEPTISTE**, m. *conseptíst*. Lit. Conceptista, nombre dado á los poetas españoles apasionados de Góngora ó gongorinos.

**CONCEPTUALISME**, m. *conseptualism*. Fil. Conceptualismo, doctrina inventada por Abelardo á principios del siglo doce. Era una especie de conciliacion entre el nominalismo y la realidad, entre lo aparente y lo positivo.

**CONCEPTUALISTE**, adj. *conseptualist*. Conceptualista, perteneciente al conceptualismo. || m. Conceptualista, partidario del conceptualismo. || Filósofo escéptico de la antigüedad, que solo admitia la concepcion.

**CONCEPTUS**, m. *conséptus*. Med. Concepcion, primeros rudimentos del feto de la matriz, despues del acto de la generacion.

**CONCERNANT**, part. pres. de CONCERNER. *consernán*. Se usa como una especie de preposicion, en el sentido de *touchant*, *relativement à*, por lo tocante á, con referencia á.

**CONCERNER**, a. *consernė*. Concernir, tocar, atañer, pertenecer, mirar, corresponder á una cosa ó persona. Solo se usa en tercera persona, y nunca como pasivo ni pronominal.

**CONCERT**, m. *consér*. Concierto, asamblea, reunion filarmónica de músicos que ejecutan piezas de música vocal é instrumental. || Concierto, el conjunto, el sonido en masa de las voces y de los instrumentos. || Concierto, armonía, fluidez, bella disposicion, simetría literaria de un discurso, de una arenga, etc. || *Concert spirituel*, concierto espiritual, en que solo se oyen sinfonías, salmodias y cánticos religiosos. || Concierto, el estrépito, el fragor de muchas cosas juntas, v. gr. de los vientos desencadenados, de los truenos espantosos, de las olas encrespadas, etc. || Poes. *Le concert*, *les concerts des oiseaux*, el concierto, los conciertos de las aves, el canto, gorjeo, trino de los pajarillos. || *Concert de louanges*, concierto de aplausos, alabanzas prodigadas á un tiempo por muchas personas. || met. Concierto, acuerdo, conformidad, union de muchas personas que tienden á un fin comun. || *Concerts*, m. pl. Conciertos, los versos, los cantos de un poeta. || *De concert*, loc. adv. De concierto, de conformidad, de acuerdo, de inteligencia, etc., con alguno. Se aplica tambien á las cosas inanimadas: v. gr. *dans cette tempête, la mer et les vents étaient, ce me semble, de concert pour causer le naufrage*. || *Être de concert* es sinónimo de *être d'accord*, con la diferencia que aquel se usa mas bien en poesía y en estilo elevado, y este en lenguaje comun.

**CONCERTANT, E**, adj. *consertán*. Mús. Concertante, que forma parte de un concierto. || *Symphonie concertante*, sinfonía concertante, la [illegible] dos, tres, [illegible] ritos que se tocan [illegible] con acompañamiento [illegible] *certant*, duo concertante [illegible] dos instrumentos [illegible] lódicas que el otro [illegible] casos concertantes [illegible] cuartetos, quintetos [illegible] ópera, que llaman los [illegible] *certanti*.

**CONCERTANT, E**, [illegible] Concertante, la persona [illegible] su parte en un concierto.

**CONCERTANTE**, f. [illegible] Concertante, sinfonía, [illegible] puesta expresamente para [illegible] mentos de la misma [illegible] lines, dos flautas, tres [illegible]

**CONCERTÉ, ÉE**, adj. [illegible] por comun acuerdo de [illegible] || *Personnes concertées*, [illegible] que marchan de acuerdo. [illegible] afectado, compuesto, [illegible] de personas; y tambien [illegible] cursos ó razonamientos. [illegible] adjetivo *concerté* va precedido [illegible] *très*, etc.

**CONCERTER**, a. [illegible] petir, ensayar entre [illegible] música para ejecutarla [illegible] dia. || Concertar, acordar, [illegible] dos ó mas sugetos para [illegible] de un plan, de un designio. [illegible] || Concertar, cavilar, [illegible] tomar bien sus medidas [illegible] hablando de una sola persona [illegible] reglar, componer, [illegible] n. Concertar, ejecutar su [illegible] cierto. || *Se concerter*, r. C[illegible] venirse, entenderse dos [illegible] para la ejecucion de alguna [illegible] sa, pacto, etc.

**CONCERTO**, m. [illegible] to, sinfonía con obligado [illegible] Es voz italiana.

**CONCESSION**, f. [illegible] el acto y efecto de conceder [illegible] derecho, privilegio. || *Conc*[illegible] cesion de tierras hecha [illegible] pobladores de una nueva [illegible] desmontarlas, cultivarlas [illegible] Concesion, permiso, licencia [illegible] cedido en ciertos casos [illegible] los bosques concejiles. || [illegible] para explotar una mina, [illegible] traer agua de un estanque [illegible] depósito de ella, de un [illegible] quier uso. || Concesion, la [illegible] cedida. || Blas. *Armes de c*[illegible] concedidas por los príncipes [illegible] suyas propias, para añadir [illegible] sas del blason de las personas [illegible] For. Concesion, deferencia [illegible] en un litigio ó debate; y [illegible] *concessions* á son adversario [illegible] abandono voluntario de [illegible] cho, para la buena [illegible] nes privadas. || *Concessions* [illegible] cesiones, transacciones, [illegible] partidos de opiniones [illegible] cesion, figura de que se [illegible] rentando conceder alguna [illegible] sario, para sacar ventaja [illegible]

**CONCESSIONNAIRE**, [illegible] *nér*. Concesionario, la [illegible] hace una concesion.

**CONCETTI**, m. pl. [illegible] dezas, sutilezas, concep[illegible] brillantes, delicados, [illegible] mas afectacion y falsa [illegible] lidad y solidez. Es voz [illegible] *concetto*, formada del [illegible]

**CONCEVABLE**, adj. [illegible] ble, comprensible, inteligible [illegible] entender, comprender.

**CONCEVEMENT**, m. [illegible] cebimiento. V. CONCEPTION [illegible] proyecto, cálculo, plan, [illegible] curso.

**CONCEVOIR**, a. [illegible] cerse la mujer embarazada [illegible] dar en cinta; y solo [illegible] los animales. || met. Conce[illegible] pensamiento, una invencion [illegible]

casa, de un palacio, de un castillo, de una prision, etc. || Por ext. Conserje, portero. || *Concierge du palais du roi*, alcaide de palacio.

**CONCIERGERIE**, f. *consiergerí*. Conserjería, empleo, cargo, comision, deber de guardar un castillo, un alcázar, una cárcel, etc. || Residencia y morada de un conserje. || Prision particular en que los parlamentos hacian recoger sus encausados, y que se llama así todavía en algunos distritos.

**CONCILE**, m. *consíl*. Concilio, reunion legítimamente convocada de obispos de la Iglesia católica para decidir sobre cuestiones de doctrina y de disciplina. Hay varias especies de concilios, á saber: *concile œcuménique* ó *général*, *concile national*, *concile provincial*, *concile diocésain*; bastando indicarlos, sin necesidad de definiciones ni de traducir literalmente. || Tambien se llama concilio el local en que se celebran sus sesiones. || *Conciles*, m. pl. Concilios, decretos y cánones votados en un concilio.

**CONCILIABLE**, adj. *consiliábl*. Conciliable, concordable, que puede conciliarse, arreglarse, transigirse, componerse, etc.

**CONCILIABULE**, m. *consiliabúl*. Conciliábulo, reunion de prelados cismáticos, heréticos, disidentes ó ilegítimamente convocados. || Conciliábulo, reunion, club, logia, junta secreta de personas que tienen ó se les suponen malos designios, como planes de conspiracion, etc. || Hist. rom. Conciliábulo, sitio en que los pretores, propretores y procónsules celebraban sus sesiones para administrar justicia.

**CONCILIANT, E**, adj. *consilián*. Conciliante, propio, dispuesto, conveniente, útil para conciliar los ánimos, las gentes de intereses opuestos.

**CONCILIATEUR, TRICE**, m. y f. *consiliateur, tris*. Conciliador, la persona que concilia. || Jurisp. *Conciliateur des antinomies*, conciliador de las antinomias, jurisconsulto que ha trabajado en concordar, hermanar ó conciliar las leyes que parecen contrarias por medio de comentarios é interpretaciones.

**CONCILIATION**, f. *consiliasión*. Conciliacion, accion y efecto de conciliar las voluntades, ó de calmar los ánimos, los pareceres. || Conciliacion, acomodamiento, composicion. || Conciliacion, el acto de comparecer delante de un juez de paz para componerse las partes ántes de comenzar un proceso.=*Appeler, citer en conciliation*, citar á una persona á un juicio verbal, á un juicio de conciliacion. || Conciliacion, interpretacion conciliadora de los textos que parecen contrarios en las obras de un autor.

**CONCILIATOIRE**, adj. *consiliatuár*. Hist. Conciliatorio, cuyo objeto es conciliar.

**CONCILIER**, a. *consilié*. Conciliar, avenir, acomodar, componer y ajustar los ánimos de los que estaban opuestos entre sí. || Conciliar, reunir cosas contrarias é incompatibles por su naturaleza. || Conciliar, atraer, granjear, acarrear, ganar la gracia, el favor, etc., de alguno. En esta acepcion se usa como recíproco ordinariamente. || *Se concilier*, r. Conciliarse, ponerse de acuerdo, avenirse. || Conciliarse, atraerse, granjearse los ánimos, las simpatías, etc., de las personas.

**CONCILION**, m. *consilión*. Bot. Concilion, planta lechosa, especie de campánula.

**CONCIS, E**, adj. *consí*. Conciso, breve, lacónico, sucinto.

**CONCISION**, f. *consisión*. Concision, brevedad, laconismo.

**CONCITOYEN, NE**, m. y f. *consituayén, én*. Conciudadano, ciudadano, súbdito, individuo del mismo estado, ciudad, villa, etc., que otro.

**CONCITOYENNETÉ**, f. *consituayenté*. Conciudadanía, relacion, afinidad entre los ciudadanos de un mismo país, de una misma poblacion.

**CONCLAMATION**, f. *conclamasión*. Conclamacion, grito, estrépito simultáneo de muchas personas. || ant. Conclamacion, clamor, rumor, etc. || *Conclamations*, f. pl. Mil. ant. Aclamaciones del ejército cuando distinguia y condecoraba á uno de sus jefes con el título de *imperator*.

**CONCLAMITATION**, f. *conclamitasión*. Conclamitacion, cúmulo, conjunto de clamores, de voces tumultuosas.

**CONCLAVE**, m. *conclàv*. Conclave, edificio en que se juntan los cardenales á la defuncion del sumo pontífice para elegir otro. || La misma reunion de los cardenales para este objeto. || prov. *Qui entre pape au conclave, en sort cardinal*, el que mas seguro está de ser elegido papa, suele quedar chasqueado. || Tambien se ha dicho *le conclave d'un tel pape*, para significar el conclave en que ese papa ha sido elegido. || Conclave, asamblea, congreso, reunion, junta de los caballeros de la órden de Malta para la eleccion del gran maestre.

**CONCLAVISTE**, m. *conclavist*. Conclavista, familiar que entra en el conclave para asistir á un cardenal.

**CONCLUANT, E**, adj. *concluán*. Concluyente, que concluye ó convence.

**CONCLUDE**, f. *conclúd*. Cetr. Concluda, comida compuesta de azúcar, canela y otros ingredientes, que se da á los halcones para animarlos á la caza de las garzas reales.

**CONCLURE**, a. *conclúr*. Concluir, terminar, finalizar, acabar, dar fin. || *Conclure un mariage*, arreglar un casamiento, prefijar las condiciones, etc. || Concluir, inferir, deducir alguna verdad de otras que se admiten ó presuponen. || Concluir, probar, aclarar, convencer á otro con la razon, de modo que no tenga que responder ni que replicar. || *Cet argument conclut, conclut bien*, es un argumento concluyente, la consecuencia sale estricta y necesariamente de las proposiciones precedentes. || Jurisp. n. Concluir, proponer, establecer el objeto de la demanda, despues de aducido el hecho y las razones. || Concluir, juzgar, fallar, decretar, resolver definitivamente en un litigio, en un negocio cualquiera. || *Se conclure*, r. Concluirse, acabarse, terminarse, deducirse, inferirse, resolverse, etc.

**CONCLUSIF, IVE**, adj. *conclusif, iv*. Conclusivo, definitivo, que concluye, termina ó finaliza, ó sirve para terminar y concluir. || En términos de gramática, *car*, *or*, *donc*, *ainsi*, son conjunciones conclusivas, que sirven para sacar una consecuencia ó induccion de lo que se ha dicho.

**CONCLUSION**, f. *conclusión*. Conclusion, acto y efecto de concluir. || Arreglo, ajuste de un asunto, tratado, negocio, etc. || Ret. Conclusion, epílogo, recapitulacion, resúmen de un discurso. || Conclusion, deduccion, consecuencia que se saca de alguna proposicion, argumento, etc. || Dictámen, parecer. || Lóg. Conclusion, la última proposicion de un silogismo. || Proposicion que se defiende en las escuelas. || Se usa algunas veces adverbialmente en el lenguaje familiar por finalmente, por último, en suma, en una palabra: v. gr. *conclusion, je n'en ferai rien*, por último, nada haré de eso.

**CONCLUSUM**, m. *conclúsom*. Polít. Conclusum, decreto de la dieta germánica, del consejo áulico ó cualquiera asamblea de este género.

**CONCOCTEUR, TRICE**, adj. *concocteur, tris*. Med. Digestivo, diluyente, que contribuye á la digestion, que la activa ó la apresura.

**CONCOCTION**, f. *concocsión*. Med. Coccion, la digestion de los alimentos. Dícese con mas propiedad *coction*.

**CONCOMBRE**, m. *concónbr*. Bot. Cohombro, género de plantas.=Cohombro, el fruto de la planta de este nombre. || Farm. Cohombro, especie de pomada contra erupciones. || Zool. Cohombro, especie de serpiente. || Cohombro, especie de molusco.

**CONCOMBRE D'ÂNE**, m. *concombrdán*. Bot. Cohombro de asno, género de plantas.

**CONCOMBRE DE MER**, m. *concombrdemér*. Zool. Cohombro marítimo, nombre comun de muchos equinodermos.

**CONCOMITANCE**, f. *concomitáns*. Concomitancia, union, concordancia, concurrencia de una cosa con otra. || Teol. *Par concomitance*, por concomitancia, de una manera inseparable.

**CONCOMITANT, E**, adj. *concomitan*. Concomitante, que acompaña. || Med. *Symptômes concomitants*, *signes concomitants*, distancia, ciertas circunstancias, las que acompañan y caracterizan una enfermedad.

CONCORDANCE, f. concordáns. Concordancia, acuerdo, correspondencia ó conformidad de una cosa con otra. ‖ Gram. Concordancia, conformidad ó correspondencia de las palabras segun las reglas de la gramática de cada lengua. ‖ Mús. Concordancia, justa proporcion que guardan entre sí las voces que cantan juntas. ‖ Concordance de la Bible, índice alfabético de todas las palabras de la Biblia.

CONCORDANT, E, adj. concordán. Concordante, que concuerda con otra cosa. ‖ Héritage concordant, matrimonio que vive en buena armonía. ‖ m. Mús. Barítono, voz media entre tenor y bajo.

CONCORDATAIRE, adj. concordatér. Concordancial, que establece la concordancia, que hace concordar.

CONCORDAT, m. concordá. Concordato, acuerdo entre el papa y un soberano, concerniente á asuntos religiosos. ‖ Convenio por que arreglaban los diferencias y los derechos respectivos entre los clérigos y los abades. ‖ Concordia, transaccion, ajuste entre las partes que litigan una misma cosa. ‖ Com. Concordato, rehabilitacion, acuerdo entre los acreedores de un comerciante en quiebra, por el que, abandonando sus derechos anteriores, le declaran hábil para ejercer de nuevo su comercio.

CONCORDATAIRE-CONCORDATISTE, adj. concordatér, concordatist. Concordatario ó concordatista: se dice de los eclesiásticos que han aprobado los concordatos.

CONCORDE, f. concórd. Concordia, union de ánimos y voluntades, buena correspondencia entre las personas. Établir la concorde, afirmar la paz. ‖ Mit. Concordia, divinidad alegórica.

CONCORDER, n. concordé. Concordar, vivir en buena inteligencia, en buena armonía. ‖ Concorder, ir de concierto, de común acuerdo en un negocio. ‖ Concorder, convenir una cosa con otra.

CONCORDIAL, m. concordiál. Mit. Concordial, sacerdote del templo de la Concordia.

CONCOURANT, E, adj. concuran. Concurrente, que concurre.

CONCOURANCE, f. concuráns. Art. Ocw. [illegible] que sirve para teñir ó pintar de amarillo.

CONCOURIR, n. concurir. Concurrir, cooperar, producir un mismo efecto dos causas distintas. ‖ Tout a concouru à sa fortune, todo ha concurrido á hacer su suerte. ‖ Contribuir. ‖ Concurrir, juntarse en un mismo lugar ó tiempo varias personas, sucesos ó cosas. ‖ Concurrir, asistir á uno, ayudarle. ‖ Contribuir á la produccion de un efecto en union de otras varias causas. ‖ Optar á un concurso de premios, presentarse como opositor para una plaza.

CONCOURS, m. concúr. Concurso, accion simultánea de dos ó mas personas ó cosas que se reunen para producir un efecto ó para un mismo fin. ‖ Concurso, reunion de dos ó mas personas ó cosas en un mismo paraje. ‖ Concours de circonstances, reunion de circunstancias. ‖ Oposicion, concurrencia de muchas personas en la pretension de un empleo que debe concederse al mas digno. ‖ Jurisp. Concours de privilége entre créanciers, concurso de acreedores, derecho que muchas personas pretenden tener en un mismo objeto.

CONCRÉER, a. concreé. Concrear, hacer crear, componer dos cosas á un mismo tiempo. ‖ Se concréer, r. Concrearse, hacerse ó crearse á un mismo tiempo.

CONCRÉFIER, a. concrefié. Concretar, hacer concretar una cosa.

CONCRESCIBLE, adj. concresibl. Concrescible, que puede llegar á ser concreta.

CONCRET, ÈTE, adj. concré, ét. Concreto, considerado en sí mismo, con exclusion de cuanto pueda ser extraño ó accesorio. ‖ Gram. Concreto, verbo que encierra en sí el verbo être, ser ó estar, como aimer, que equivale á être aimant. ‖ Arit. Concreto, que [illegible] de los números. ‖ Quím. [illegible], espeso. ‖ m. Lóg. Concreto, cualidad considerada en un sujeto determinado.

CONCRÉTATION, f. concretasión. Fís. Concrecion, condensacion, coagulacion. V. Concrétion.

CONCRÉTION, f. concresión. Fís. Concrecion, condensacion, coagulacion, agregado de muchas partículas que se juntan formando una masa. ‖ Bot. Concrecion, depósito de materias [illegible]. ‖ Mist. Concrecion, sustancia sólida, casi siempre irregular, cuyas partes se han reunido con mas ó menos lentitud. ‖ Med. Concrecion, adhesion de las partes que naturalmente deben estar separadas.

CONCRÉTIONNAIRE, adj. concresionér. Concrecionario, nombre dado á la estructura de las rocas dispuestas en masas.

CONCRÉTIONNÉ, ÉE, adj. concresioné. Miner. Concrecionado, que tiene el carácter de una concrecion.

CONCUBIN, m. concubén. Concubino, el que vive con una concubina. Es poco usado.

CONCUBINAGE, m. concubinage. Concubinato, amancebamiento.

CONCUBINAIRE, m. concubinér. Concubinario, amancebado.

CONCUBINAT, m. V. Concubinage.

CONCUBINE, f. concubín. Jurisp. Concubina, mujer que vive con un hombre como si fuera su marido. ‖ Agr. Concubina, especie de lechuga.

CONCULCABLE, a. ant. concuncabl. Conculcar, pisotear, hollar, conculcar á un hombre.

CONCULQUER, a. ant. conculqué. Conculcar, hollar con los piés alguna cosa. ‖ Echar por tierra. ‖ Atropellar.

CONCUPISCENCE, f. concupisáns. Concupiscencia, apetito desordenado de placeres deshonestos. ‖ Concupiscencia, apetito desordenado y contrario á la razon. ‖ Mit. Concupiscencia, figura alegórica.

CONCUPISCENT, E, adj. concupisán. Concupiscente, lleno de concupiscencia.

CONCUPISCIBLE, adj. ant. concupisibl. Concupiscible: se aplica al apetito sensitivo.

CONCURATEUR, m. concuratéur. V. Curateur.

CONCURÉ, m. concuré. Teniente-cura, sacerdote que desempeña una parroquia en union de otro.

CONCURREMMENT, adv. concuramán. Concurrentemente, en concurrencia. ‖ Juntamente, unidamente.

CONCURRENCE, f. concuráns. Competencia, oposicion, pretension de dos ó mas personas á una misma cosa. ‖ Concurrencia, accion simultánea de dos ó mas personas ó cosas que concurren á un mismo punto ó lugar. ‖ Jurisp. Igualdad de derecho, de privilegio entre muchas personas sobre una misma cosa. ‖ Completo: il vous obligé de lui donner de l'argent jusqu'à la concurrence de mille francs, deberá darle dinero hasta el completo de mil francos.

CONCURRENT, E, adj. y s. concurán. Concurrente, opositor, competidor.

CONCUSSION, f. concusión. Concusion, exaccion violenta, estafa [illegible]. ‖ Concusion, exaccion arbitraria de un magistrado ó juez que cobra derechos injustos ó se deja sobornar.

CONCUSSIONNAIRE, m. concusionér. Concusionario, el juez ó magistrado que exige derechos indebidos, ó con rigor ó por cohecho. Se usa tambien como adjetivo, diciendo juge concussionnaire.

CONDALIE, f. condalí. Bot. Condalia, género de plantas.

CONDAMINÉE, f. condaminé. Bot. Condaminea, género de plantas.

CONDAMNABLE, adj. condanábl. Condenable, que es digno de ser condenado.

CONDAMNATION, f. condanasión. Jurisp. Condenacion, condena, accion y efecto de condenar. ‖ Passer condamnation, conformarse con una demanda formulada. ‖ Met. Passer condamnation, confesar que no se tiene razon. ‖ Reprobacion, vituperacion. ‖ Condamnation: por antonomasia se entiende la eterna. ‖ Condamnations, pl. Condenas, las penas á que uno ha sido condenado.

CONDAMNATOIRE, adj. condanatuár. Jurisp. Condenatorio, que condena: [illegible]

otro de la medida. || met. Conducir, aconsejar, ilustrar, iluminar, proporcionar indicios sobre un asunto cualquiera. || *Conduire une femme à l'autel*, conducir una mujer al altar, casarse con ella. || Inspirar una accion buena ó mala, impulsar un designio, una empresa ó una intriga. || *Se conduire*, r. Conducirse, comportarse, saberse gobernar. *Cet homme ne voit pas à se conduire*, este hombre no ve, no puede andar.

**CONDUISEUR**, m. *conduiseur*. Empleado encargado por la administracion de bosques para llevar un estado de la leña que se vende. || Art. Trabajador que dirige la caja en un pizarral.

**CONDUISOIR**, m. *conduisuár*. Art. El agujero por donde pasa la cuerda al torcerse en las cordelerías.

**CONDUIT**, m. *condui*. Conducto, tubo, canal ó cañon por el cual pasa un líquido ó flúido, como el agua, el aire, etc. || Mar. Guia, guarda-cabo ó bertello, que sirve para guiar cualquier cabo de labor.

**CONDUITE**, f. *conduit*. Conduccion, accion de conducir, llevar ó guiar. || Direccion, cargo directivo de una obra ó negocio. || Gobierno, mando, cuidado. || Inspeccion, educacion, encargo de vigilar y corregir las costumbres de alguno ó de educarle. || Conducta, comportamiento, porte, proceder bueno ó malo de una persona. || Cañería, serie de tubos ó acueductos que conducen las aguas de un lugar á otro. || Mar. Dietas.

**CONDUPLICABLE**, adj. *conduplicábl*. Bot. Conduplicable, que puede ser conduplicado.

**CONDUPLICATIF, IVE**, ó **CONDUPLIQUÉ, ÉE**, adj. *conduplicatif, iv*, *conduliqué*. Bot. Conduplicativo ó conduplicado, epíteto que se da á los cotiledones doblemente plegados.

**CONDUPLICATION**, f. *conduplicasión*. Ret. Conduplicacion, figura retórica que consiste en repetir una palabra al principio ó al fin de una frase.

**CONDURRITE**, m. *condurrít*. Miner. Condurrita, sustancia mineral.

**CONDYLE**, m. *condíl*. Anat. Cóndilo, el nudo ó nudillos de las articulaciones de los huesos, de los dedos y de la tibia.

**CONDYLIEN, NE**, adj. *condilién, én*. Anat. Condiliano, que pertenece al cóndilo.

**CONDYLOCARPE**, m. *condilocárp*. Bot. Condilocarpo, género de plantas.

**CONDYLOÏDE**, adj. *condiloíd*. Anat. Condiloide ó condiloides, de la forma de un cóndilo.

**CONDYLOÏDIEN, NE**, adj. *condiloidién, én*. Anat. Condiloideo, que se aproxima ó que está contiguo al cóndilo ó tiene su forma.

**CONDYLOME**, m. *condilóm*. Med. Condiloma, cierta excrecencia.

**CONDYLOPE**, adj. *condilóp*. Zool. Condilope, que está provisto de patas articuladas.

**CONDYLOPHORE**, adj. *condilofór*. Hist. nat. Condilóforo, que tiene nudos á manera de cóndilos.

**CONDYLURE**, m. *condilúr*. Zool. Condiluro, género de animales de América. || Condiluro, género de crustáceos.

**CÔNE**, m. *cón*. Mat. Cono, pirámide circular terminada en punta. || Zool. Cono, género de conchas univalvas. || Bot. Piña, flor ó fruto de figura cónica.

**CONÉ, ÉE**, adj. *coné*. Zool. Cóneo, conado, que se parece á un cono. || *Conées*, f. pl. Cóneas, familia de conchas univalvas.

**CÔNE D'OR**, m. *condór*. Bot. Cono de oro, especie de agárico.

**CONÉINE**, f. *conein*. Quím. Coneina, sustancia alcaloide que se halla en la cicuta.

**CONÉLICE**, m. *conelis*. Zool. Conelice, género de conchas conoideas.

**CONELLE**, f. *conél*. Zool. Conela, especie de moluscos de forma un poco cónica.

**CONÉMON** ó **CONOMON**, m. *conemón*, *conomón*. Bot. Conemon ó cónomo, especie de cohombro ó pepino del Japon.

**CONESSI**, m. *conesí*. Bot. Conesi, especie de corteza.

**CONFABULATEUR**, m. *confabulateur*. Confabulador, narrador, contador de fábulas, paradojas y cuentos.

**CONFABULATION**, f. *confabulasión*. Confabulacion, coloquio, plática entre dos ó muchos. Es voz antigua y poco usada.

**CONFABULER**, a. *confabulé*. Confabular, platicar, conversar familiarmente. No se usa.

**CONFARRÉATION**, f. *confarreasión*. Hist. Confarreacion, una de las ceremonias mas solemnes para casarse entre los antiguos Romanos.

**CONFECTER**, a. ant. V. **ACHEVER** y **CONFECTIONNER**.

**CONFECTEUR**, m. *confecteur*. Hist. Confector, gladiador que combatia contra las fieras.

**CONFECTION**, f. *confeksión*. Confeccion, accion de acabar, concluir ó dar la última mano á una cosa. || Hechura, corte, manera, disposicion buena ó mala de un vestido, y el trabajo que cuesta el *confeccionarle*. || Taller, oficina, local en que se trabaja de sastre. || For. Confeccion, la accion de inventariar y su resultado. || Farm. Confeccion, composicion, preparacion farmacéutica de varias sustancias. || met. Confeccion, elaboracion, fabricacion de cualquiera cosa.

**CONFECTIONNAIRE**, m. y f. V. **CONFECTIONNEUR**.

**CONFECTIONNER**, a. *confeksioné*. Confeccionar, fabricar, terminar, acabar, concluir, perfeccionar una obra de cualquier género. || Cortar, disponer, coser y dar completo un vestido, un traje, y tambien el calzado.

**CONFECTIONNEUR, EUSE**, m. y f. *confeksioneur, eus*. Confeccionador, el que confecciona.

**CONFÉDÉRATEUR, TRICE**, adj. *confederateur, tris*. neol. Confederador, que confedera.

**CONFÉDÉRATIF, IVE**, adj. *confederatif, iv*. Confederativo, concerniente á la confederacion.

**CONFÉDÉRATION**, f. *confederasión*. Confederacion, liga, union entre varias personas, príncipes ó repúblicas.

**CONFÉDÉRÉ, ÉE**, adj. *confederé*. Confederado, aliado. Es tambien sustantivo.

**CONFÉDÉRER (SE)**, r. *confederé*. Confederarse, aliarse, unirse, formar liga ofensiva contra todo lo que pueda sobrevenir.

**CONFÉRENCE**, f. *conferáns*. Conferencia, la accion de conferir. || Cotejo, comparacion, confrontacion de dos ó mas cosas. || Conferencia, reunion de diplomáticos para discutir un asunto, y el asunto en cuestion. || Conferencia, asamblea en que se trata de materias eclesiásticas. || Discurso en forma de disertacion. || Conferencia, instruccion religiosa, las mas veces dogmática, alternada entre dos. || Conferencia, leccion que llevan los estudiantes cada dia. || Conferencia, conclusion, tésis científica sostenida privadamente por un estudiante con amigos que le arguyen, para ser luego ventilada y dilucidada en público.

**CONFÉRENCIER**, m. *conferansié*. Presidente de conferencias, que fija las cuestiones ventilables ó discutibles. || Conferentorio, que constituye parte de una conferencia.

**CONFÉRER**, a. *conferé*. Conferenciar, hablar juntos dos ó mas sugetos acerca de un negocio. || Cotejar, comparar, confrontar dos cosas para ver en qué concuerdan ó en que difieren. || Impr. Comprobar, averiguar verídicamente una correccion dudosa ó de que se tenia duda. || Conferir, conceder, dar, cometer cargos, empleos, honores, dignidades, gracias, privilegios. || Teol. Conferir los sacramentos, ordenar, bautizar, etc. || Proveer, ocupar, llenar una vacante, colocar, dar la colacion de un beneficio eclesiástico. || n. Conferenciar, discurrir, reflexionar, profundizar concienzudamente, disertar sobre puntos de doctrina, moral, ciencia, religion, etc.

**CONFÉREUR**, m. *confereur*. Impr. Corrector, comprobador, confrontador, palabra propuesta para designar el encargado de confrontar las pruebas corregidas con el manuscrito original.

**CONFERTIFLORE**, adj. *confertiflór*.

Bot. Confertifloro, que tiene las flores apretadas.

**CONFERTIFOLIÉ, ÉE**, adj. *confertifolié*. Bot. Confertifoliado, que tiene las hojas estrechadas.

**CONFÈS**, m. ant. V. CONFESSEUR.

**CONFÈS, ESSE**, adj. ant. V. CONFESSÉ.

**CONFESSE**, f. *confés*. Rel. cat. Confesion, declaracion de los pecados al confesor. Esta voz nunca lleva artículo, y va precedida de las preposiciones *á* ó *de*. *Aller à confesse; revenir de confesse; il va à confesse à tel prêtre.*

**CONFESSER**, a. *confesé*. Confesar, manifestar, aseverar uno lo que sabe ó siente. || Confesar, declarar obligado por la fuerza de la razon. || Confesar, declarar, decir los pecados. || Confesar, oir el confesor al penitente. || *Se confesser*, r. Confesarse, manifestar al sacerdote sus culpas para ser absuelto.

**CONFESSEUR**, m. *confeseur*. Confesor, en la primitiva Iglesia el que habia confesado constantemente la fe de Jesucristo. || Confesor, sacerdote que tiene poder de oir en confesion y absolver. || Confesor, director espiritual de alguna persona.

**CONFESSION**, f. *confesión*. Confesion, declaracion que se hace de alguna cosa. || Confesion, el acto de confesarse. || *Confession de foi*, profesion de fe. || *Billet de confession*, cédula de confesion. || Confesion, oracion que reza el sacerdote al principio de la misa. || Confesion, profesion monacal. || Confesion, figura de retórica.

**CONFESSIONNAL**, m. *confesionál*. Confesonario, lugar destinado para oir las confesiones sacramentales. || Poltrona grande para uso de los enfermos.

**CONFESSIONNISTE**, m. y f. *confesionist*. Confesionista, luterano de la confesion de Augsburgo.

**CONFIANCE**, f. *confiáns*. Confianza, esperanza que se tiene en Dios ó en los Santos. || Confianza, certidumbre que se tiene en la aptitud de alguno, en su buena disposicion para ciertas cosas. || Confianza, seguridad y esperanza firme. || Confianza, presuncion y vana opinion de sí mismo. || Confianza, ánimo en los casos y riesgos. || Confianza, seguridad que se tiene de la probidad, celo, amistad de alguno. || Confianza, libertad y llaneza en el trato.

**CONFIANT, E**, adj. *confián*. Confiado, propenso á confiar, á declarar sus secretos. || Confiado, atrevido, osado. || Confiado, presuntuoso, presumido, satisfecho de sí mismo.

**CONFIDEMMENT**, adv. *confidamán*. Confiadamente, con confianza.

**CONFIDENCE**, f. *confidáns*. Confidencia, comunicacion de un secreto, confianza, secreta familiaridad con alguno. || Reservacion, pacto ó convenio por el cual se cede un beneficio eclesiástico á alguno, con la condicion de que deje á otro sus rentas ó productos. || loc. adv. *En confidence*, confidencialmente, secretamente.

**CONFIDENT, E**, m. y f. *confidán*. Confidente, la persona con quien alguno comunica sus mas secretos pensamientos. || Confidente ó partiquino, actor del último órden en los teatros.

**CONFIDENTIAIRE**, m. *confidansiér*. Confidenciario, el que tiene un beneficio eclesiástico con la reserva de dejar sus productos á otro.

**CONFIDENTIEL, LE**, adj. *confidansiél*. Confidencial, que se dice ó hace en confianza.

**CONFIDENTISSIME**, m. *confidantisim*. Confidentísimo, confidente íntimo.

**CONFIER**, a. *confié*. Confiar un secreto, un negocio á alguno. || Confiar, esperar con firmeza y seguridad. || Confiar, declarar, descubrir, explicar. || *Se confier*, r. Confiarse, descansar en alguno, esperar en una cosa, revelar algun secreto.

**CONFIGURATION**, f. *configurasión*. Configuracion, forma exterior de un cuerpo.

**CONFIGURER**, a. *configuré*. Configurar, dar cierta figura á alguna cosa.

**CONFINAGE**, m. ant. *confinágé*. Confin, término, límite, comarca.

**CONFINEMENT**, m. ant. *confinmán*. Confinamiento, destierro á un punto determinado.

**CONFINER**, n. *confiné*. Confinar, lindar, estar contiguo ó inmediato á otro algun pueblo, provincia ó reino. || a. Confinar, desterrar á un punto determinado. || Demarcar, señalar los límites de una posesion. || *Se confiner*, r. Encerrarse en algun parage, retirarse á una soledad.

**CONFINITÉ**, f. *confinité*. Confinidad, situacion de dos paises que se tocan.

**CONFINS**, m. pl. *confén*. Confines, límites, términos, lindes, las extremidades de un pais, de un territorio, de una comarca. || met. *Confins de la terre*, confines del orbe de la tierra, los lugares de la tierra mas remotos del sitio en que uno se encuentra.

**CONFIRE**, a. *confír*. Confitar, cubrir con un baño de azúcar las frutas ó semillas. || Encurtir, poner en adobo aceitunas, alcaparras, pimientos, etc. || Art. Adobar, curtir las pieles, sumergiéndolas en agua preparada al efecto.

**CONFIRMATIF, IVE**, adj. *confirmatif, iv*. Confirmativo, confirmatorio, que confirma.

**CONFIRMATION**, f. *confirmasión*. Confirmacion, el acto de confirmar, de ratificar. || Aprobacion, acto por el cual un tribunal superior aprueba una causa seguida por el inferior. || Confirmacion, acto de aprobar la sentencia. || Confirmacion, prueba de una noticia dudosa. || Ret. Confirmacion, prueba de la proposicion. || Teol. Confirmacion, uno de los siete sacramentos de la Iglesia.

**CONFIRMER**, a. *confirmé*. Confirmar, asegurar, dar á alguna persona ó cosa mayor firmeza y seguridad. || Confirmar, aprobar, sancionar, revalidar lo que ya está aprobado. || Confirmar, comprobar, corroborar la verdad, certeza ó probabilidad de una cosa. || Confirmar, dar peso y autoridad á una cosa, uniendo un voto al de los demas. || Teol. Confirmar, conferir el sacramento de la confirmacion. || met. *Confirmer quelqu'un*, confirmar á alguno, darle un bofeton. || *Se confirmer*, r. Confirmarse, afirmarse, persistir en una opinion ó resolucion. || Corroborarse, confirmarse, hacerse cierta una cosa.

**CONFISCABLE**, adj. *confiscábl*. Confiscable, que se puede confiscar.

**CONFISCANT, E**, adj. *confiscán*. Confiscante, confiscador, el que confisca.

**CONFISCATION**, f. *confiscasión*. Confiscacion, accion y efecto de confiscar. || Confiscacion, los bienes confiscados. || Captura de comiso, detencion de géneros de contrabando.

**CONFISERIE**, f. *confiserí*. Art. Confitería, arte del confitero, almacen del mismo y lugar donde trabaja.

**CONFISEUR, EUSE**, m. y f. *confiseur, eus*. Confitero, el que hace y vende los productos de confitería.

**CONFISQUER**, a. *confisqué*. Confiscar, privar de sus bienes á algun reo y aplicarlos al fisco. || *Se confisquer*, r. Confiscarse, estar una cosa confiscada.

**CONFIT**, m. *confí*. Art. Zumaque, aguas preparadas en que se ponen las pieles á curtir.

**CONFITEOR**, m. *confiteór*. Acto de confesion, oracion católica. || met. *On lui fera dire son confiteor*, le harán cantar la palinodia, confesar el hecho.

**CONFITURE**, f. *confitúr*. Confitura, dulces, preparaciones de frutas en almíbar.

**CONFITURERIE**, f. *confiturrí*. Arte de hacer dulces de frutas, y lugar donde se hacen ó se conservan.

**CONFITURIER, ÈRE**, m. y f. *confiturié, ér*. Confitero, el que vende dulces y confituras.

**CONFLAGRATION**, f. *conflagrasión*. Conflagracion, incendio general. || Conflagracion, agitacion grande en los ánimos.

**CONFLE**, m. *cónfl*. Com. Nombre que se da a los cabos ó fardos muy pesados de pimienta.

**CONFLIT**, m. *conflí*. Conflicto, choque, lo mas recio de un combate, lucha ó pelea. || Conflicto, combate, angustia del ánimo. || Jurisp. *Conflit de juridiction*, recurso de competencia, cuestion entre dos tribunales.

**CONFLUENT**, m. *confluán*. Confluencia, concurrencia ó union de dos rios.

**CONFLUENT, E**, adj. *confluán*. Med. Confluente. Dícese de las viruelas cuando son muy abundantes.

**CONFLUER**, n. *confluí*. [illegible] juntarse dos ó mas rios [illegible]

**CONFONDRE**, a. *confóndr*. [illegible] mezclar de modo que [illegible] ren. || Confundir, equivocar [illegible] denar. || Confundir, convencer [illegible] en la disputa. || Confundir [illegible] desconcertarle. || Confundir [illegible] Confundir, desconocer [illegible] causar grande asombro ó [illegible] ternar. || *Se confondre*, r. Confundirse [illegible] clarse una cosa entre otras [illegible] cosas. || met. Confundirse [illegible] se, avergonzarse. || Confundirse [illegible] una cosa con otra. || met. *Se confondre en cérémonies, en excuses, etc.* [illegible] monias, deshacerse en excusas.

**CONFORMALISTE**, m. V. [illegible]

**CONFORMATION**, f. *conformasión*. [illegible] formacion, forma ó configuracion [illegible] cosa.

**CONFORME**, adj. *confórm*. [illegible] de igual forma, semejante. || Conforme [illegible] te, adecuado.

**CONFORMÉ, ÉE**, adj. *conformé*. [illegible] puesto, bien ó mal formado.

**CONFORMÉMENT**, adv. *conformemán*. Conforme á, con arreglo á, en [illegible] dad á.

**CONFORMER**, a. *conformé*. [illegible] dar forma. || Conformar, [illegible] || *Se conformer*, r. Conformarse [illegible] se, someterse. || Acomodarse á.

**CONFORMITÉ**, f. *conformité*. [illegible] dad, relacion entre las cosas, [illegible] tos que se parecen. || Conformidad [illegible] sion, adhesion íntima y total [illegible] na á otra. || Conformidad, [illegible] mejanza perfecta de una operacion [illegible] con su objeto.

**CONFORT**, m. *confór*. Confortacion [illegible] da, consuelo, socorro en una aflicción [illegible]

**CONFORTABLE**, adj. *confortábl*. [illegible] fortante, estomacal. [illegible] útil, agradable, recreativo, [illegible] á otras cosas.

**CONFORTANCE**, f. ant. *confortáns*. [illegible] fortacion, consuelo, ayuda, auxilio.

**CONFORTANT, E**, adj. *confortán*. [illegible] fortante, fortificante, tónico, [illegible] remedios.

**CONFORTATIF, IVE**, adj. y s. *confortatif, iv*. Confortativo, confortante, [illegible] que tiene la propiedad de confortar.

**CONFORTATION**, f. *confortasión*. [illegible] fortacion, accion de confortar.

**CONFORTEMENT**, m. ant. [illegible] Confortacion, consuelo, alivio.

**CONFORTER**, a. *conforté*. [illegible] fortificar, corroborar. || met. [illegible] mar, consolar á alguno. || *Se conforter* [illegible] Confortarse, refocilarse con [illegible] tos.

**CONFRATERNEL, LE**, adj. [illegible] Confraternal, que concierne á [illegible] hermanos.

**CONFRATERNITÉ**, f. [illegible] Confraternidad, relacion que [illegible] los individuos de una misma [illegible] mismo cuerpo. || Confraternidad [illegible] de cofrade.

**CONFRÈRE**, m. *confrér*. [illegible] mano, cada uno de los que [illegible] cofradía, hermandad ó [illegible] tambien de los que ejercen [illegible] fesion.

**CONFRÉRIE**, f. *confrerí*. [illegible] mandad, asociacion piadosa. || [illegible] *enrôlé dans la grande confrérie* [illegible] do en la cofradía de San [illegible] sado.

**CONFRICATION**, f. *confricasión*. [illegible] fricacion, frotacion por medio [illegible]

**CONFRONTATION**, f. [illegible] Confrontacion, careo de [illegible] criminales. || met. Confrontacion [illegible] cion que se hace entre dos [illegible] nando si están conformes.

**CONFRONTER**, a. *confronté*. [illegible] tar, poner en careo á los [illegible] gos. || met. Confrontar, [illegible] á un mismo tiempo, para ver si [illegible] formes. || Lindar, confinar.

**CONFUS, E**, adj. *confú*. Confuso, [illegible]

Congeminacion, coengendramiento, formacion doble y simultánea de un engendro.

**CONGÉNÈRE**, adj. *congenér*. Congenérico, del mismo género que otro || Anat. *Muscles congénères*, músculos que concurren á un mismo movimiento.

**CONGÉNIAL, CONGÉNITAL, E**, adj. *congeniál, congenitál*. Congenial, congénito, congenital, innato á la persona, que data de la generacion. || *Aptitude congénitale*, talento, disposicion, lógica natural.

**CONGÉRIE**, f. *congerí*. Congerie, cúmulo, monton de algunas cosas. || *Congérie*, tropel, gentío, concurso, multitud de personas reunidas sin órden. || Zool. Congeria, género de conchas.

**CONGESTIF, IVE**, adj. *congestif, ív*. Congestivo, que está recogido, aglomerado, hacinado, amontonado.

**CONGESTION**, f. *congestión*. Congestion, acumulacion, reunion de humores en alguna parte del cuerpo.

**CONGIAIRE**, m. *congiér*. Congiario, don que los emperadores romanos distribuian en algunas ocasiones al pueblo. || Com. Congiario, vaso, tazon que alcanza la medida de un congio. || Numism. Congiario, medalla que representa un congiario. || Don, regalo, presente designado sobre las medallas romanas. || Arq. Congiario, figura que representaba la liberalidad.

**CONGIAL, E**, adj. *congiál*. Congial, que contiene un congio.

**CONGLACIATION**, f. *conglasiasión*. Fis. Conglaciacion, congelacion, accion de convertirse en hielo, de helarse, de arrecirse.

**CONGLOBATION**, f. *conglobasión*. Ret. Conglobacion, aduccion de muchas pruebas para demostrar una misma proposicion. || Gram. Conglobacion, reunion de términos que se suceden en una misma frase.

**CONGLOBÉ, ÉE**, adj. *conglobé*. Anat. Conglomerado: se aplica al grupo de muchas glándulas confundidas en una. || Zool. Conglobado, animalillo de figura redonda.

**CONGLOMÉRAT**, m. *conglomerá*. Geol. Conglomerado, conglomeramiento, conjunto, grupo de diversas sustancias minerales.

**CONGLOMÉRATION**, f. *conglomerasión*. Miner. Conglomeracion, accion de reunir sustancias diferentes, y el estado de ellas.

**CONGLOMÉRER**, a. *conglomeré*. Conglomerar, amontonar, hacinar, juntar. || *Se conglomérer*, r. Conglomerarse, amontonarse, juntarse, mancomunarse, formar causa comun.

**CONGLUATIF, IVE**, adj. *congluatif, ív*. Pegajoso, que tiene propiedades de aglutinar. V. CONGLUTINANT.

**CONGLUTINANT, E**, adj. *conglutinán*. Conglutinante, adherente, cicatrizante. || s. m. Med. Conglutinante, remedio que cicatriza.

**CONGLUTINATIF, IVE**, adj. *conglutinatif, ív*. Conglutinativo, que sirve para encolar muchas cosas juntas.

**CONGLUTINATION**, f. *conglutinasión*. Conglutinacion, acto y efecto de conglutinarse. || Med. Conglutinacion, el acto de unirse, encolarse dos ó muchas cosas unas con otras, y el medio por que se ligan, estrechan ó compactan.

**CONGLUTINER**, a. *conglutiné*. Conglutinar, unir, ligar, pegar una cosa con otra. || Conglutinar, solidar, asegurar, aferrar, ir uniendo, arraigando cimientos con argamasa ó otra materia pegajosa. || *Se conglutiner*, r. Conglutinarse, engrosarse, solidificarse.

**CONGNETTE**, f. *conñét*. Especie de uva negra, abundante y varia.

**CONGO**, m. *cóngo*. Bot. Congo, género de té cultivado y recogido en Africa.

**CONGOLAN, E**, adj. *congolan*. Congoleño, congo, natural ó habitante del Congo.

**CONGRATULANT, E**, adj. *congratulán*. Congratulante, felicitante, embajador de enhorabuenas || Congratulante, placentero, lisonjero, agradable.

**CONGRATULATION**, f. *congratulasion*. Congratulacion, accion y efecto de congratular.

**CONGRATULER**, a. *congratulé*. Congratular, felicitar á alguno por un suceso feliz. || *Se congratuler*, r. Congratularse, darse parabienes mutua ó recíprocamente.

**CONGRE**, m. *cóngr*. Zool. Congrio, pescado de mar.

**CONGRÉAGE**, m. *congreáge*. Mar. Entrañadura, accion de entrañar.

**CONGRÉER**, a. *congreé*. Mar. Embutir ó entrañar, colocar un cabo delgado como meollar ó vaivén en los huecos de los cordones de otro mas grueso.

**CONGRÉGANDINE**, f. *congregandín*. Hist. ecles. Congregandina, religiosa de la congregacion de Nuestra Señora.

**CONGRÉGANISME**, m. *congreganísm*. Congreganismo, espíritu de la congregacion. || Polít. Congreganismo, sistema de gobierno favorable á la congregacion.

**CONGRÉGANISTE**, m. y f. *congreganíst*. Congregante, miembro de una congregacion.

**CONGRÉGATION**, f. *congregasión*. Congregacion, compañía, asociacion, sociedad, de personas para algun fin, especialmente religioso. || Congregacion, cofradía. || Congregacion, asamblea de cardenales y prelados destinados á examinar ciertos asuntos. || *La congrégation des fidèles*, el conjunto de los que pertenecen á la Iglesia católica.

**CONGRÉGATIONNAIRE**, m. y f. *congregasionér*. Congregacionario, miembro de una congregacion.

**CONGRÉGÉ, ÉE**, adj. *congregé*. Bot. Congregado, que está reunido en masas. || *Congrégées*, f. pl. Congregadas, plantas sinantéreas.

**CONGRÈS**, m. *congré*. Congreso, asamblea de ministros de diferentes potencias para ventilar cuestiones de alta política. || Congreso, asamblea legislativa de algunas repúblicas y monarquías regidas por gobiernos representativos. || *Congrès scientifique*, congreso científico, reunion libre y espontánea de sabios.

**CONGRESSION**, f. *congresión*. Congresion, congreso, ayuntamiento de macho y hembra.

**CONGRÉURE**, f. V. CONGRÉAGE.

**CONGRIER**, m. *congrié*. Pesc. Congrero, la porcion de un rio rodeada de estacas para encerrar al pescado.

**CONGRU, E**, adj. *congrú*. Congruo, conveniente, oportuno. || met. y fam. *Portion congrue*, sueldo escaso, renta mezquina, nada considerable. = Tambien se llamaba así la congrua de los párrocos. || *Réponse congrue*, respuesta precisa.

**CONGRUAIRE**, adj. *congruér*. Hist. ecles. Cura ó vicario perpetuo, con cierta parte de congrua.

**CONGRUENCE**, f. ant. *congruáns*. Geom. Congruencia, conveniencia, oportunidad. || Arit. Congruencia, afinidad, relacion que existe entre dos nombres desiguales.

**CONGRUENT, E**, adj. ant. *congruán*. Mod. Congruente, conveniente, oportuno.

**CONGRUISME**, m. *congruism*. Teol. Congruismo, influencia indirecta que Dios ejerce segun sus altas y soberanas miras sobre la voluntad del hombre sin violentar ó forzar su libre albedrío.

**CONGRUISTE**, m. *congruíst*. Teol. Congruista, partidario de la gracia congruente.

**CONGRUITÉ**, f. *congruité*. Congruidad, conveniencia, oportunidad. || Teol. Congruencia, suficiencia de la divina gracia que obra sin destruir la libertad del hombre.

**CONGRÛMENT**, adv. *congrumán*. Congruentemente, competentemente, de una manera oportuna.

**CONIANGION**, m. *coniangión*. Bot. Coniangio, género de líquenes.

**CONIANTHE**, m. *coniánt*. Bot. Conianto, género de árboles jungermaneos.

**CONIATE**, m. *coniát*. Zool. Coniata, género de coleópteros tetrámeros.

**CONICINE**, f. *conisín*. Quim. Conicina, álcali que radica en la cicuta.

**CONICIQUE**, adj. *conisic*. Quim. Conícico: dícese de un ácido que se halla en la cicuta, y del resultado de sus combinaciones con la conicina.

**CONICO-INCURVIROSTRE**, adj. *conicoencurvirós tr*. Cónico-incurvirostro, que tiene un pico cónico y retorcido.

[illegible], adj. [illegible]. Zool. Cónico-[illegible], que tiene el pico cónico [illegible].

[illegible], adj. [illegible]. Zool. Cónico-[illegible], que tiene el pico cónico y [illegible].

[illegible], adj. [illegible]. Zool. Cónico-[illegible], que tiene el pico cónico y delgado.

CONIDIE, m. conidí. Bot. Conidio, corpúsculo [illegible] que nace en ciertos líquenes.

[illegible], m. [illegible]. Zool. [illegible], [illegible] que habita en las conchas.

CONIFÈRE, adj. conifér. Bot. Conífero, que tiene el fruto en forma de cono.

CONIFLORE, adj. coniflór. Bot. Conifloro, que tiene flores en forma de cono.

CONIFORME, adj. coniform. Zool. Coniforme, que tiene una forma cónica.

[illegible], adj. [illegible]. Bot. [illegible], que nace ó vive en las piñas. || [illegible], que engendra polvo ó está cargado de él.

[illegible], m. [illegible]. Zool. [illegible], género de crustáceos.

[illegible], f. [illegible]. Zool. [illegible], género de conchas univalvas.

[illegible], m. ant. ó burl. [illegible]. Conejo. V. LAPIN. || Mar. Corredor con pasamano en los bordes de las galeras.

[illegible], n. ant. [illegible]. Cobardear, tener miedo, [illegible]. || Cobardear, ocultarse, esconderse, acurrucarse, agazaparse como los conejos. || ant. Cobardear, [illegible], recurrir á subterfugios.

[illegible], f. ant. [illegible]. Conejera, [illegible], vivar ó madriguera de conejos. || Conejera, [illegible], [illegible] de conejos, [illegible]. || met. Conejera, [illegible].

[illegible], m. [illegible]. Zool. [illegible], género de roedores.

[illegible], m. ant. [illegible]. Conejo. V. LAPIN. || met. [illegible].

CONIOCARPE, m. [illegible]. Bot. Coniocarpo, género de plantas [illegible].

CONIOCARPÉ, ÉE, adj. coniocarpé. Coniocárpeo, que se parece á un coniocarpo.

[illegible], m. [illegible]. Bot. [illegible], género de plantas [illegible].

[illegible], adj. [illegible]. Bot. [illegible], [illegible] en forma de polvo.

[illegible], m. [illegible]. Bot. [illegible], [illegible] de coniocarpo.

[illegible], adj. [illegible]. [illegible], que es pulverulento, que tiene forma de polvo.

[illegible], m. [illegible]. Bot. [illegible], género de hongos.

[illegible], m. [illegible]. Bot. [illegible], género de plantas umbelíferas.

[illegible], ÉE, adj. [illegible]. Bot. [illegible], parecido á un [illegible].

[illegible], m. [illegible]. Bot. [illegible], género de hongos.

[illegible], m. [illegible]. Bot. [illegible], género de plantas [illegible].

[illegible], m. [illegible]. Bot. [illegible], la cotilla de la [illegible].

[illegible], m. [illegible]. Zool. [illegible], género de coleópteros [illegible].

[illegible], m. [illegible]. Bot. [illegible], género de plantas [illegible].

CONIQUE, adj. coníc. Geom. Cónico, de forma cónica, en figura de cono, ó que pertenece á él. || Coniques, f. pl. Geom. ant. Cónicas, nombre dado por los antiguos matemáticos á las secciones cónicas.

CONIROSTRE, adj. conirostr. Zool. Conirostro, de pico cónico. || Conirostres, m. pl. Conirostros, familia de gorriones ó pájaros. || Conirostros, género de pájaros [illegible].

CONISE, f. coniz. Bot. Coniza, planta bienal. || Conise des prés, coniza silvestre, especie de planta.

[illegible], ÉE, adj. [illegible]. Bot. [illegible], que tiene granos pulverulentos.

[illegible], m. [illegible]. Bot. [illegible]. V. [illegible].

[illegible], m. ant. [illegible]. [illegible], cierta pieza del circo gimnástico.

[illegible] Miner. Conito, cierta

[illegible] || [illegible], pl. Bot. [illegible], plantas [illegible].

[illegible], m. [illegible]. Bot. [illegible], [illegible] del género [illegible].

CONIVALVE, adj. coniválv. Zool. Conivalvo, que tiene una concha cónica. || Conivalves, m. pl. Conivalvos, familia de moluscos.

CONJECTURATEUR, m. conjecturatéur. Conjeturador, el que conjetura.

CONJECTURAL, E, adj. conjectural. Conjetural, que está fundado en conjeturas.

CONJECTURALEMENT, adv. conjecturalmán. Conjeturalmente, por conjeturas.

CONJECTURE, f. conjectúr. Conjetura, presunción, juicio, opinión que se funda sobre algunas apariencias.

CONJECTURER, a. conjecturé. Conjeturar, calcular, inferir, juzgar por conjeturas.

CONJECTUREUR, m. conjectureur. Conjeturador. V. CONJECTURATEUR.

CONJOINDRE, a. conjoíndr. Conjuntar, reunir, ligar, enlazar una cosa con otra. || Se conjoindre, r. Conjuntarse, enlazarse, unirse.

CONJOINT, m. conjoén. Jurisp. Conjunto, consorte, cónyuge, persona unida á otra por vínculo matrimonial. || Mús. Grado conjunto, notas que se siguen una á otra, como ut, re.

CONJOINTEMENT, adv. conjointemán. Conjuntamente, de consuno, de acuerdo, junto ó juntamente uno con otro ó otros.

CONJONCTIF, IVE, adj. conjonctif, iv. Conjuntivo, que junta y une.

CONJONCTION, f. conjonksión. [illegible], [illegible], unión del hombre [illegible]. || Gram. Conjuncion, parte de la [illegible]. || Astr. Conjuncion de los planetas [illegible] de dos astros cuando uno [illegible], vistos desde la tierra, tienen la misma longitud. || Conjuncion de la luna, encuentro de este astro con el sol en un mismo punto del zodíaco. || Ret. Conjuncion, repeticion de una misma conjuncion que liga todos los miembros de un período.

CONJONCTIONNELLEMENT, adv. conjoncsionelmán. Con ó por conjuncion.

CONJONCTIVE, f. conjonctív. Anat. Conjuntiva, membrana que une el globo del ojo á los párpados.

CONJONCTIVEMENT, adv. conjonctivmán. Conjuntivamente, de un modo conjuntivo.

CONJONCTIVITÉ, f. conjonctivité. Med. Conjuntivitis, inflamacion de la conjuntiva.

CONJONCTORIDE, m. conjonctoríde. Bot. Conjunctoria, epícrado permanente que cubre la altura de la urna en la [illegible].

CONJONCTURE, f. conjonctúr. Coyuntura, ocasion, oportunidad.

CONJOUIR (SE), r. conjuír. Regocijarse, alegrarse, congratularse con alguno por un suceso agradable.

CONJOUISSANCE, f. conjuisáns. Congratulacion, placeme.

CONJOUISSEMENT, m. ant. conjuismán. Congratulacion, felicitacion mutua de dos ó mas personas.

CONJOUYER (SE), r. conjuyé. Felicitarse, alegrarse, congratularse con alguno.

CONJUGABLE, adj. conjugábl. Gram. Conjugable, que puede conjugarse.

CONJUGAISON, f. conjugesón. Gram. Conjugacion, manera de conjugar los verbos. || Anat. Conjuncion. Conjugaison des nerfs, conjuncion de ciertas partes de los nervios.

CONJUGAL, E, adj. conjugal. Conyugal, que pertenece á la union de dos esposos.

CONJUGALEMENT, adv. conjugalmán. Conyugalmente, matrimonialmente, en unión conyugal.

CONJUGATIF, IVE, adj. conjugatif, iv. Gram. Conjugativo, relativo á la conjugacion.

CONJUGUER, a. conjugué. Gram. Conjugar, variar las diferentes terminaciones de un verbo segun sus modos.

CONJUNGO, m. conjongo. Conyungo, fórmula del casamiento, y á veces el matrimonio mismo. || Dipl. Conyungo, escrito sin [illegible] ni espacio.

CONJURATEUR, m. conjuratéur. Conjurador, que forma y guia una conjuracion. || Conjurador, mágico ó hechicero que hace conjuros.

estar juntas. V. Co-
, Zool. Coniña, mo-
LAPIN.
met. Consejear,
subterfugios, efugios.
m. conilleur. met.
de subterfugios.
m. conilliér. Cone-
en los conejos. || Ma-
|| met. Subterfugio,
. Bot. Conina, an-
plantas.
vedns. Connivencia,
da y disimulo de un
castigar.
convedn. Bot. Con-
da á las partes de
e ó aproximarse. ||
e válvulas plegadas
nal intestinal.
f. Connivir, tolerar,
na falta que debiera
. pl. conochét. Zool.
lia de la division de
. conospérm. Bot.
de arbolillo.
, adj. conotatif, iv.
sirve para indicar
mismo tiempo que la
conotasión. Gram.
nfuso que tiene una
significado.
j. conubiál. Connu-
matrimonio.
, Bot. Conobia, gé-
minea.
onocárp. Bot. Cono-
tas cónicos.
. conosefál. Zool.
rostáceos. || Conocé-
pteros tetrámeros. ||
de la familia de las
conclín. Bot. Cono-
milia de las sinanté-
odér. Zool. Conóde-
os pentámeros.
. conodiasión. Zool
poliperos.
ls. Conedis, nombre
na moneda que vale
ferencia.
conoñdí. Zool. Cono-
teros pentámeros.
conoidál. Zool. Co-
conoide.
oíd. Geom. Conoide
recida á la del cono.
oide, ligamento que
sinodes á la clavícu-
, dientes caninos ||
e una forma cónica.
, cuerpo ó sólido se-
siol. Conoide, glán-
nomitr. Bot. Conomi-
mén. Bot. Conomon,
conomórf. Bot. Co-
antas.
onopálp. Zool. Cono-
pteros.
p. Conops, que tiene
parias conops.
, f. conofarengí. Bot.
e plantas.
conofólia. Bot. Cono-
s membranáceas.
adj. conoftalm. Zool.
el ojo cónico. || Anat.
a parte del ojo.
onopíd. Zool. Conó-
f. Zool. Conopia, gé-

**CONOPLÈE**, f. *conoplé*. Bot. Conóplea, género de setas.

**CONOPOPHAGE**, m. *conopofáge*. Zool. Conopófago, género de pájaros.

**CONOPS**, m. *conóps*. Zool. Conopeo, género de insectos dípteros.

**CONOPSAIRE**, adj. *conopsér*. Zool. Conopsario, que se parece á un conopeo.

**CONOPSIDES**, m. pl. *conopsíd*. Zool. Conopsidos, familia de dípteros.

**CONORHAMPHE**, adj. *conoránf*. Zool. Conoranfo, que tiene el pico cónico.

**CONORHINE**, m. *conorín*. Zool. Conorino, género de coleópteros tetrámeros.

**CONOSPERME**, m. *conospérm*. Bot. Conospermo, género de plantas.

**CONOSTÈGE**, f. *conostége*. Bot. Conostega, género de plantas.

**CONOSTÉPHION**, m. *conostefión*. Bot. Conostefion, género de plantas.

**CONOSTOME**, m. *conostóm*. Bot. Conóstomo, género de musgos.

**CONOSTYLE**, m. *conostil*. Bot. Conostilo, género de plantas.

**CONOTÈLE**, m. *conotél*. Zool. Conotelo, género de coleópteros.

**CONOTEUTHE**, m. *conoteut*. Zool. Conoteto, género de conchas fósiles.

**CONOTHAMNE**, m. *conotámn*. Bot. Conotamno, género de plantas.

**CONOTRACHÈLE**, m. *conotrachél*. Zool. Conotracelo, género de coleópteros.

**CONOTEQUI**, m. *conotequí*. Zool. Conotequi, género de pájaros de Méjico.

**CONOVULE**, m. *conovúl*. Zool. Conóvulo, género de conchas.

**CONQUASSANT**, **E**, adj. *concasán*. Med. Destruyente, que arruina, que aniquila.

**CONQUASSATION**, f. *concasasión*. Destruccion, ruina, aniquilamiento. || Reduccion de una cosa á trozos menudos.

**CONQUE**, f. *cónc*. Zool. Concha, caracol marino. || *Conques*, pl. Conchas, familia del órden de los conchíferos dimiarios lamelípedos. || Anat. Concha, cavidad de la oreja. || Bot. Concha marina, planta. || Familia de hongos, caracterizada por su forma de oreja.

**CONQUEFORMES**, m. pl. *concfórm*. Zool. Conquiformes, género de moluscos.

**CONQUÉRANT**, **E**, m. y f. *conquerán*. Conquistador, que conquista. || Conquistador, triunfador, vencedor. || *Conquérante*, f. Conquistadora, la mujer que por sus atractivos sabe captarse la voluntad de los que la tratan. || Es tambien adjetivo, pues se dice un *roi conquérant*, *des nations conquérantes*.

**CONQUÉRILLE**, m. *conquerill*. Bot. Conquerilla, especie de corteza extraña.

**CONQUÉRIR**, a. *conquerír*. Conquistar, subyugar, someter por las armas una ciudad, una provincia, un reino. || met. Conquistar, ganar la estimacion de sus semejantes, captar los corazones.

**CONQUÊT**, m. *conque*. Jurisp. Bienes gananciales, adquisicion hecha durante la comunidad entre el marido y la mujer. || Lo que se adquiere por industria ó trabajo. || Bienes adquiridos en comunidad por varias personas.

**CONQUÊTE**, f. *conquét*. Conquista, accion de conquistar y la cosa conquistada.

**CONQUÊTER**, a. ant. *conqueté*. Conquistar. V. CONQUÉRIR.

**CONQUETTE**, f. *conquét*. Jard. Nombre que se da á varias especies de claveles.

**CONQUISITEUR**, m. ant. *conquisiteur*. Conquisidor, oficial encargado de buscar á los que intentaban sustraerse al servicio militar.

**CONRADIE**, f. *conradí*. Bot. Conradia, género de plantas.

**CONSACRANT**, adj. y s. *consacrán*. Consagrante, que tiene mision de consagrar un obispo.

**CONSACRER**, a. *consacré*. Consagrar, dedicar, ofrecer á Dios por culto ó voto. || Consagrar, convertir las sustancias de pan y vino en el cuerpo y sangre de nuestro Redentor. || Consagrar, hacer sagrado. || Por extension, consagrar, erigir un monumento para eternizar la memoria de alguna persona ó suceso. || met. Dedicar, destinar una expresion ó palabra para una determinada significacion. || *Se consacrer*, r. Consagrarse, dedicarse enteramente á una cosa.

**CONSANGUIN**, **INE**, adj. *consanguén*, *ín*. Consanguíneo, que tiene parentesco de consanguinidad.

**CONSANGUINITÉ**, f. *consanguinité*. Der. can. Consanguinidad, union por parentesco natural de varias personas descendientes de un mismo tronco.

**CONSCIENCE**, f. *consiáns*. Conciencia, ciencia ó conocimiento interior del bien que debemos hacer y del mal que debemos evitar. || *Avoir de la conscience*, tener la conciencia estrecha, ser escrupuloso. || *Mariage de conscience*, matrimonio secreto. || Conciencia, juicio que formamos sobre la moralidad de nuestras acciones. || Conocimiento que se tiene de una verdad por un sentimiento interior.

**CONSCIENCIEUSEMENT**, adv. *consiansieusmán*. Concienzudamente, con mucha conciencia. || Concienzudamente, con tino, con mucho tacto.

**CONSCIENCIEUX**, **EUSE**, adj. *consiansieu*, *eus*. Concienzudo, de conciencia estrecha. || Concienzudo, de ciencia, de mucho saber, de conocimientos muy vastos. || *Consciencieux*, m. pl. Sect. rel. Concienzudos, sectarios que no reconocian otra regla ni otra ley que la voz de la conciencia.

**CONSCIENT**, **E**, adj. *consián*. Consabidor, confidente, cómplice, secuaz. || Fil. Consciente, que tiene conciencia ó conocimiento íntimo de un hecho ó de una cosa.

**CONSCRIPTEUR**, m. *conscripteur*. Hist. Conscriptor, doctor encargado en las asambleas teológicas de verificar los votos despues de hechas las deliberaciones.

**CONSCRIPTIBLE**, adj. m. *conscriptible*. Sorteable, que puede ó debe entrar en quinta. Tambien se usa como sustantivo.

**CONSCRIPTIF**, **IVE**, adj. *conscriptíf*, *ív*. Lo que tiene relacion ó analogía con la quinta.

**CONSCRIPTION**, f. *conscripsión*. Quinta, alistamiento de jóvenes para el servicio militar. V. RECRUTEMENT.

**CONSCRIPTIONNAIRE**, m. *conscripsionér*. El que está sujeto á la quinta.

**CONSCRIT**, adj. m. *conscrí*. Conscrito, hablando de los senadores de Roma. || m. Quinto, jóven á quien le ha cabido la suerte de soldado. || Recluta, que no está instruido en el arte militar.

**CONSÉCRATEUR**, m. *consecrateur*. Consagrador. V. CONSACRANT.

**CONSÉCRATION**, f. *consecrasión*. Consagracion, el acto de consagrar una persona ó una cosa al servicio de Dios.

**CONSECTION**, f. *consecsión*. Despedazamiento, la accion de despedazar.

**CONSÉCUTIF**, **IVE**, adj. *consecutíf*, *ív*. Consecutivo, que sigue á otra cosa inmediatamente.

**CONSÉCUTION**, f. *consecusión*. Consecucion, espacio de veinte y nueve dias y medio, que trascurren entre dos conjunciones de la luna con el sol.

**CONSÉCUTIVEMENT**, adv. *consecutivmán*. Consecutivamente, inmediatamente, despues.

**CONSEIGLE**, m. *conségl*. Comuña, mezcla de trigo y centeno para hacer un semillero.

**CONSEIGNEUR**, m. *conseñeur*. Conseñor, el que tenia derecho de señorío en union con otro.

**CONSEIL**, m. *conséil*. Consejo, advertencia, dictámen ó parecer que se da á otro ó se toma de él, sobre cualquier asunto. || Determinacion, resolucion, partido. || Consejo, junta superior de ministros ó individuos notables de Estado. || Consejo, consistorio, cabildo, ayuntamiento. || Consejo, reunion, asamblea de varios miembros de un mismo ramo. || Consejo académico, miembros de una academia. || fam. *La nuit porte conseil*, los negocios arduos para mañana. || *A parti pris, point de conseil*, a. hombre resuelto no atiende á razones. || *Homme de bon conseil*, hombre prudente. || *Conseils*, consejos, juicios de Dios. || Mar. *Chambre de conseil*, cámara alta en los navíos de línea.

**CONSEILLABLE**, adj. *conseillable*. Aconsejable, que puede y debe ser aconsejado.

**CONSEILLEMENT**, m. ant. *conseilmán.* Aconsejamiento. V. CONSEIL.

**CONSEILLER**, m. *conseillé.* Consejero, el que da consejos. || Consejero, ministro de un consejo ó tribunal supremo. || Consiliario de algun establecimiento académico ó piadoso. || Zool. Petirojo, ave.

**CONSEILLER**, a. *conseillé.* Aconsejar, dar consejos. || *Se conseiller*, r. Aconsejarse, reflexionar, discurrir, aconsejarse consigo mismo.

**CONSEILLÈRE**, f. *conseillér.* Consejera, mujer de un consejero.

**CONSEILLEUR**, m. ant. *conseilleur*, Aconsejador, el que da consejos.

**CONSENS**, m. *consáns.* Der. can. Consentimiento, concierto, allanamiento, asenso dado por la curia romana sobre la renuncia de un beneficio.

**CONSENSUEL, LE**, adj. *consansuél.* Jurisp. Consensual: se dice de un contrato formado por el solo consentimiento.

**CONSENTANT, E**, adj. *consantán.* Consentidor, que consiente en que se haga algo.

**CONSENTEMENT**, m. *consantmán.* Consentimiento, aprobacion de una cosa.

**CONSENTIR**, n. *consantír.* Consentir, dar su consentimiento, convenir con el dictámen ó parecer de otro, acordar. || Mar. Rendir, tratándose de piezas de arboladura: *consentir le grand mât de hune*, rendir el masteloro de gavia.

**CONSÉQUEMMENT**, adv. *consecamán.* Consecuentemente, de una manera consecuente.

**CONSÉQUENCE**, f. *consecáns.* Consecuencia, proposicion que se infiere de otra ó de otras. || Consecuencia, importancia de una persona ó de una cosa. || Consecuencia, resultado ó trascendencia de un hecho, de una accion. || adv. *En conséquence*, en consecuencia, por consiguiente. || Astr. Movimiento de un planeta que parece dirigirse de occidente á oriente.

**CONSÉQUENT, E**, adj. *consecán.* Consecuente, que obra consecuentemente. || m. Lóg. Consiguiente, la segunda proposicion del entimema. || Mat. Consiguiente, el segundo término de una razon ó relacion.

**CONSÉQUENTE**, f. *consecánt.* Mús. Consecuente, la segunda parte de una fuga.

**CONSERVATEUR, TRICE**, m. y f. *conservateur, tris.* Conservador, que conserva. || Conservador, el que se opone á toda innovacion. || Conservador, el que establece la inamovilidad de las cosas humanas. || Conservador, título que se da al funcionario público encargado de la custodia ó vigilancia de un establecimiento, depósito ó archivo.

**CONSERVATIFS**, m. pl. *conservatif.* Polít. Conservadores, nombre que llevan los del partido tory en Inglaterra.

**CONSERVATION**, f. *conservasión.* Conservacion, la accion y efecto de conservar.

**CONSERVATOIRE**, adj. *conservatuar.* Conservatorio, escuela gratúita donde se enseña la música y la declamacion. || Conservatorio de artes, establecimiento público dedicado á la conservacion de modelos, máquinas, instrumentos y demas productos industriales. || Conservatorio, casa destinada á recoger las niñas huérfanas para preservarlas de la relajacion. || f. Jurisp. Tribunal del conservador, de los derechos de algun cuerpo ó de cualquier universidad.

**CONSERVE**, f. *conserv.* Art. Conserva, especie de confitura. || Mil. Conserva, pieza de fortificacion, contra-guardia. || Mar. Conserva, se aplica á buques que navegan unidos. || pl. Conservas, anteojos ó gafas cuyos cristales no abultan los objetos y se usan para conservar la vista.

**CONSERVER**, a. *conservé.* Conservar, guardar con esmero una cosa. || met. Conservar, sostener sin mancilla su honor, su inocencia, su reputacion, su vida, etc. || *Se conserver*, r. Conservarse, no deteriorarse, mantenerse en buen estado. || met. Conducirse, conservarse en circunstancias delicadas sin malquistarse con nadie.

**CONSIDENCE**, f. ant. *considáns.* Considencia, asiento de una cosa puesta sobre otra.

**CONSIDÉRABLE**, adj. *considerábl.* Considerable, digno de consideracion, importante.

**CONSIDÉRABLEMENT**, adv. *considerablemán.* Considerablemente, notablemente, de un modo considerable.

**CONSIDÉRANT**, m. *consideran.* Considerando, preámbulo que precede á una disposicion, órden, etc. || adj. Considerado, circunspecto, mirado en sus acciones y palabras.

**CONSIDÉRATIF, IVE**, adj. ant. *considerátif, iv.* Atento, circunspecto, prudente.

**CONSIDÉRATION**, f. *considerasión.* Consideracion, atencion, prudencia, discrecion, miramiento con que se procede en el exámen de una cosa ó en las acciones. || Reflexion, detenimiento, circunspeccion, meditacion en el modo de proceder. || Razon, motivo. || Consideracion, estimacion, aprecio, valor, importancia que se da á una persona ó cosa.

**CONSIDÉRÉMENT**, adv. *consideremán.* Consideradamente, con consideracion.

**CONSIDÉRER**, a. *consideré.* Considerar, mirar con atencion. || Observar, meditar, reflexionar atentamente alguna cosa, hacerse cargo de ella, pesar, apreciar las consecuencias. || Considerar, tomar en consideracion. || *Considérer que*, considerar, hacerse cargo de que: *considérez que*, considere Vd. que, hágase Vd. cargo de que. || Distinguir, apreciar. || *Se considérer*, r. Considerarse, creerse, mirarse, conceptuarse.

**CONSIGE**, f. ant. *consíge.* Fianza ó depósito de dinero que dejaban los Franceses en las oficinas reales. || Libro en que los administradores de carruajes en Lyon sentaban los fardos que se les encargaban para su trasporte.

**CONSIGNATAIRE**, m. *consiñatér.* Consignatario, depositario de una cosa consignada. || Com. Consignatario, negociante ó comisionado á quien se consigna un buque para su cargamento ó alijo.

**CONSIGNATEUR**, m. *consiñateur.* Com. Consignador, que hace consignacion de mercaderías en una casa de comision.

**CONSIGNATION**, f. *consiñasión.* Consignacion, depósito público de dinero ú otra cosa. || *Droits de consignation*, derechos de consignacion que se pagan sobre los géneros que no han podido venderse.

**CONSIGNE**, f. *consiñ.* Mil. Consigna, órden, que se da á un soldado al entrar de centinela. || Arresto, castigo militar. || Consigna, cartelon en que están impresas las órdenes que deben observarse como consigna. || Lista de utensilios. || Gancho de hierro que sirve en los cuerpos de guardia para atizar el fuego. || m. Portero que en las plazas fuertes está encargado de llevar un registro exacto de las personas extranjeras que entran en la ciudad.

**CONSIGNE**, adj. ant. *consiñ.* Álg. Consigno: se decia de la cantidad que tiene los mismos signos.

**CONSIGNÉ**, m. *consiñé.* Mil. Soldado á quien se le ha infligido la pena por haber faltado á la consigna.

**CONSIGNER**, a. *consiñé.* Consignar, depositar judicialmente alguna cosa y principalmente alguna cantidad. || Com. Consignar, enviar las mercaderías á manos de algun corresponsal. || Consignar, entregar mercaderías por via de depósito. || met. Consignar, establecer, sentar, poner en un escrito. || *Je l'ai consigné à ma porte*, le he prohibido la entrada en mi casa. || n. Dar la consigna, comunicar la órden al centinela.

**CONSIMILITUDE**, f. *consimilitúd.* Consimilitud, igualdad con alguna cosa. || Conveniencia mutua.

**CONSIRE**, m. *consír.* Consuelda, planta.

**CONSISTENCE**, f. *consistáns.* Consistencia, estado de ciertas cosas flúidas cuando se hacen espesas. || Consistencia, grado de union ó aproximacion de las moléculas de un cuerpo. || Fís. Consistencia, resistencia. || met. Solidez, firmeza, permanencia. || Consistencia, estabilidad, existencia, duracion. || *Age, état de consistance*, tiempo, estado de consistencia, época en que los animales, las plantas, etc., han adquirido todo su desarrollo y no crecen ni declinan. || For. Consistencia, aquello en que consiste ó de que se compone una sucesion ó un dominio y sus dependencias.

**CONSISTANT, E**, adj. [illegible] Consistente, que tiene [illegible] dez. || Consistente, que [illegible] Consistentes, entre los [illegible] penitente que asistía á la [illegible] santos misterios sin poder [illegible]

**CONSISTER**, n. [illegible] tar, componerse una cosa de [illegible] Consistir, tener su esencia [illegible] en una cosa. || Consistir, [illegible] estar fundada una cosa en otra.

**CONSISTOIRE**, m. [illegible] torio, consejo que celebra el [illegible] tencia de los cardenales de la [illegible] Consistorio, local, edificio [illegible] por lo regular esta asamblea. || [illegible] junta de los ministros y de los [illegible] la religion protestante. || [illegible] gunas ciudades y villas [illegible] paña, el ayuntamiento ó [illegible] regimiento. || met. Consistorio, [illegible] toda asamblea ó consejo en [illegible] cómico ó burlesco.

**CONSISTORIAL, E**, adj. [illegible] Consistorial, que pertenece al [illegible] Consistorial, calificacion que [illegible] nidad que concede el papa y su [illegible] en su consistorio.

**CONSISTORIALEMENT**, adv. [illegible] *rialmán.* Consistorialmente, [illegible] mulas del consistorio. || [illegible] en consistorio.

**CONSISTORIALITÉ**, f. [illegible] Consistorialidad, cualidad de lo [illegible] sistorial. || Consistorialidad, [illegible] vada en los despachos del [illegible]

**CONSISTORIER**, a. [illegible] decidir en consistorio.

**CONSIVA**, f. *consiva.* [illegible] brenombre de Ops, diosa [illegible] los bienes de la tierra.

**CONSIVIES**, f. *consiví.* [illegible] fiestas de los antiguos Romanos [illegible] de Consiva.

**CONSOLABLE**, adj. [illegible] ble, que puede ser consolado.

**CONSOLANT, E**, adj. [illegible] lante, que consuela.

**CONSOLAT**, m. *consolá.* [illegible] se cobraba en Gap sobre las [illegible] sacaban al mercado.

**CONSOLATEUR, TRICE**, m. y f. [illegible] *solateur, tris.* Consolador, el que [illegible]

**CONSOLATIF, IVE**, adj. [illegible] fam. Consolativo, consolatorio, que [illegible]

**CONSOLATION**, f. [illegible] lacion, consuelo dado á la afliccion [illegible] || Consuelo, gozo, alegría. || La persona [illegible] que causa el consuelo. || [illegible] miento, palabras que se emplean [illegible] solar á otro. || Consolacion, en algunos [illegible] gos de cartas el tanto que paga á los [illegible] jugadores el que entra solo y pierde.

**CONSOLATOIRE**, adj. [illegible] solatorio, consolante, que tiende á [illegible]

**CONSOLE**, f. *consol.* Arq. [illegible] pisa, parte saliente y laboreada [illegible] para sostener una cornisa, un [illegible] || Consola, especie de mueble en [illegible] repisa con que se adornan las [illegible]

**CONSOLEMENT**, m. V. [illegible]

**CONSOLER**, a. *consolé.* [illegible] suavizar, disminuir la afliccion [illegible] una persona. || *Se consoler*, r. [illegible] tener ménos afliccion.

**CONSOLEUR**, m. V. CONSOLATEUR.

**CONSOLIDABLE**, adj. [illegible] solidable, que puede, que debe ser [illegible] dado.

**CONSOLIDANT**, adj. m. [illegible] solidante: dícese del medicamento [illegible] ve para cicatrizar las partes [illegible] una herida. Se usa tambien como [illegible]

**CONSOLIDATIF, IVE**, adj. [illegible] *iv.* Consolidativo, que consolida, [illegible]

**CONSOLIDATION**, f. [illegible] Consolidacion, accion por la cual se [illegible] lida una cosa. || Consolidacion, el [illegible] de esta accion. || Consolidacion, [illegible] consolidar una deuda pública. || [illegible] solidacion, acto y efecto de [illegible] usufructo con la propiedad. || Med. [illegible] dacion, accion por la cual se [illegible] herida.

**CONSOLIDÉ**, m. *consolidé.* [illegible]

[illegible] solacion y consolidado. [illegible] los propietarios, fondos [illegible] Inglaterra.

[illegible], m. consolidamán. [illegible] accion de consolidar y consolidado.

[illegible] a. consolidé. Consolidar, [illegible] una cosa. || met. Asegurar, [illegible] unir mas y mas. || [illegible] una renta para [illegible] una deuda pública. || [illegible] una liga ó hoja. [illegible] r. Consolidarse, ser consolidado. [illegible] Consolidarse, reunirse el [illegible].

[illegible], TRICE, m. y f. consumador, perfeccionador. [illegible] En este sentido [illegible] : Jésus-Christ est [illegible] de notre foi. [illegible], el que compra mercancías [illegible], y no para volverlas á [illegible].

[illegible], f. consommasión. Consumacion, fin, perfeccion de [illegible] de consumar. || Gasto, [illegible] de las cosas que se destruyen [illegible], venta, despacho de [illegible] La consommation des siècles, [illegible] de los siglos, el fin del mundo. [illegible] du mariage, la [illegible] del matrimonio, union carnal [illegible].

[illegible], m. consomé. Consumado, [illegible] de ternera, pollo y otras [illegible].

[illegible], a. consomé. Consumar, [illegible]. || Consumar, cumplir, [illegible] cosa. || Consommer le mariage, [illegible] el matrimonio, unirse carnalmente [illegible] con su mujer despues [illegible]. || Consumir, gastar, des[illegible] uso. || Consumir, gastar [illegible] otros géneros.

[illegible], IVE, adj. consomptif, iv. [illegible], que tiene virtud de consumir [illegible] como sustantivo.

[illegible], f. consompsión. Con[illegible], accion y efecto de consumir. || [illegible], extenuacion, en[illegible].

[illegible], f. consonáns. Consonancia [illegible] dos sonidos oidos simultá[illegible] union es agradable al [illegible], uniformidad, se[illegible] en la terminacion de las [illegible]. Consonancia, correspon[illegible] con otras.

[illegible], E, adj. consonán. Conso[illegible] consonancias. || Conso[illegible]. Consonante, letra que se [illegible] de las vocales. || Mús. [illegible] grande que parti[illegible] del clavicordio y del [illegible].

[illegible], f. consón. Gram. Conso[illegible] que no tiene soni[illegible] unida á una vocal.

[illegible], n. consoné. Consonar, [illegible]. || Consonar, formar [illegible] con un instrumen[illegible].

[illegible], m. consórsio. Consorcio. V.

[illegible], m. pl. consór. Jurisp. Con[illegible] un interes comun en [illegible], los que están unidos [illegible]. || ant. Consortes, los [illegible] de oro.

[illegible], f. consud. Bot. Consuelda, [illegible].

[illegible], f. conspirásion. Tenden[illegible].

[illegible], E, adj. conspirán. Mec. [illegible] bajo la misma direc[illegible] á producir el mismo [illegible].

[illegible], TRICE, m. y f. cons[illegible], el que conspira.

[illegible], f. conspirasion. Cons[illegible] secretamente con[illegible] gobierno. || Accion de [illegible].

[illegible], n. conspiré. Conspirar, [illegible] buena ó mala. || met. Concurrir varias cosas á un mismo fin. || a. Conspirar, meditar, proyectar alguna cosa contraria á los intereses de alguno.

**CONSPUER**, a. *conspué*. Escupir una cosa, mirarla con asco. || met. y fam. Menospreciar, tener en ménos, tratar á una persona con manifiesto desprecio.

**CONSTABLE**, m. *constábl*. Constable, especie de agente ó comisario de policía en Inglaterra. || Condestable, antiguo empleado de artillería.

**CONSTAMMENT**, adv. *constamán*. Constantemente, con constancia. || Constantemente, con notoria certeza, cierta é indudablemente.

**CONSTANCE**, f. *constáns*. Constancia, firmeza del ánimo en las buenas resoluciones. || Perseverancia, aun en las cosas indiferentes ó malas.

**CONSTANT, E**, adj. *constán*. Constante, que tiene constancia. || Constante, permanente, invariable. || Constante, que ama siempre hasta la muerte. || *Constant*, prep. Se decia antiguamente por *pendant* : *constant le mariage*, durante el matrimonio.

**CONSTANTE**, f. *constánt*. Geom. Constante, cantidad que permanece inalterable, miéntras otras crecen y menguan.

**CONSTANTINIEN, NE**, adj. *constantinién, én*. Constantiniano, que pertenece á Constantino el Grande.

**CONSTANTINOPOLITAIN, E**, adj. y s. *constantinopolitén, én*. Constantinopolitano, de Constantinopla.

**CONSTATATION**, f. *constatasión*. Comprobacion, atestiguacion, averiguacion de un hecho, la accion de comprobar.

**CONSTATER**, a. *constaté*. Comprobar, averiguar, afirmar, asegurar, establecer la verdad de un suceso con pruebas ciertas, fijas, irrecusables. || Atestiguar, consignar, probar ó hacer constar un hecho en acto público y solemne. || Legalizar, autorizar, validar documentos, datos, escritos, papeles que dan fe de alguna cosa.

**CONSTELLATION**, f. *constelasión*. Astr. Constelacion, grupo, conjunto de estrellas. || met. *Être né sous une heureuse, sous une malheureuse constellation*, haber nacido con buena ó mala estrella, ser habitualmente venturoso ó desgraciado.

**CONSTELLÉ, ÉE**, adj. *constelé*. Astrol. Formado bajo los supuestos auspicios de una constelacion. || Estrellado, en forma de estrella.

**CONSTER**, n. *consté*. Constar, ser cierto y manifiesto, seguro, evidente.

**CONSTERNATION**, f. *consternasión*. Consternacion, conturbacion grande y abatimiento del ánimo, especie de terror pánico que le acongoja. || Patol. Consternacion, estupor, entorpecimiento de los miembros.

**CONSTERNER**, a. *consterné*. Consternar, asustar, espantar, conturbar mucho y abatir el ánimo de alguno. || *Se consterner*, r. Consternarse, horrorizarse, quedarse atónito de pasmo, ser consternado.

**CONSTIPANT, E**, adj. *constipán*. Med. Restringente, restriñidor, que restriñe.

**CONSTIPATION**, f. *constipasión*. Med. Constipacion, estreñimiento, obstruccion de vientre.

**CONSTIPER**, a. *constipé*. Constreñir, obstruir, estreñir, restringir, cerrar el vientre. Dícese de algunas frutas, viandas, bebidas, etc., que tienen esta propiedad restringente. || *Se constiper*, r. Cerrarse, obstruirse el vientre, tenerlo estreñido. || met. Embotarse, enervarse, debilitarse, hablando de las facultades intelectuales.

**CONSTITUANT, E**, adj. *constituán*. Quím. Constituyente, ingrediente, molécula que constituye, que entra en la elaboracion química de algunas sustancias, experimentos, operaciones, etc. || Jurisp. Constituyente, la persona que constituye procurador, que da poderes. || Polit. Constituyente, el partidario de una constitucion, el autor de ella. || Constituyente, calificacion que se da á una asamblea convocada para votar una constitucion o reformarla.

**CONSTITUANT**, m. *constitudo*. Constituyente, el que constituye, establece una renta ó confiere una procuracion. || Miembro de una asamblea constituyente.

**CONSTITUER**, a. *constitué*. Constituir, componer un todo de partes diferentes. Se dice igualmente de la parte que forma la esencia de una cosa. || Constituir, establecer, cifrar, hacer consistir una cosa en otra. || Constituir, establecer, poner. || *Constituer prisonnier*, poner en la cárcel. || met. Constituir, establecer principios, dar reglas, hacer reglamentos, hablando de cosas morales ó políticas. || *Se constituer*, r. Constituirse, declararse juez, testigo, criado, etc. || Constituirse, presentarse, trasladarse á un paraje, establecerse, ponerse, someterse. || Ser constituido.

**CONSTITUT**, m. ant. *constitú*. Jurisp. Constituto, acto por el que se reconoce poseer naturalmente, sin ningun género de derecho, una cosa que pertenece á otro.

**CONSTITUTIF, IVE**, adj. *constitutiff, iv*. Constitutivo, que constituye alguna cosa en el ser de tal. || Jurisp. Constitutivo, que constituye un derecho.

**CONSTITUTION**, f. *constitusión*. Constitucion, composicion, conformacion, estado, modo de hallarse habitualmente. || Órden, acuerdo, organizacion de las partes de un todo. || Mil. Constitucion, forma fundamental de la milicia de una nacion, ordenanza, estatuto. || Constitucion, temperamento ó complexion del cuerpo humano. || Constitucion, establecimiento, creacion de una renta ó pension. || Constitucion, decision ó mandato solemne del sumo pontífice. || *Constitution du globe*, constitucion del globo, la figura de la tierra. || met. Constitucion de un Estado, las leyes que han sancionado los cuerpos legislativos, la forma de un gobierno. || Constitucion, organizacion del clero frances en 1790. || Acto ó cláusula de un acto que establece cuanto los novios llevan en dote. || pl. *Constitutions apostoliques*, constituciones apostólicas, compilacion de reglamentos atribuidos á los apóstoles.

**CONSTITUTIONNAIRE**, m. *constitusionér*. Constitucionario, nombre con que se designa en Roma á los encargados de publicar las constituciones. || adj. Constitucionario, que depende de una constitucion.

**CONSTITUTIONNALISER**, a. *constitusionalisé*. Constitucionalizar, dar, establecer una constitucion. || *Se constitutionnaliser*, r. Constitucionalizarse, someterse, hacerse súbdito de una constitucion.

**CONSTITUTIONNALISME**, m. *constitusionalism*. Constitucionalismo, opinion, doctrina de los que están adheridos á una constitucion.

**CONSTITUTIONNALITÉ**, f. *constitusionalité*. Constitucionalidad, cualidad de lo que es constitucional.

**CONSTITUTIONNEL, LE**, adj. *constitusionél*. Constitucional, perteneciente á la constitucion, conforme á los principios de la constitucion del Estado. || Constitucional, partidario de la constitucion. || Med. Constitucional, epíteto que se da á las enfermedades que proceden de la constitucion del individuo. || *Constitutionnel* se usa tambien como sustantivo, significando el que es partidario de una constitucion : v. gr. *tous les vrais constitutionnels pensent ainsi*.

**CONSTITUTIONNELLEMENT**, adv. *constitusionelmán*. Constitucionalmente, de una manera constitucional.

**CONSTRICTEUR**, adj. m. *constricteur*. Anat. Constrictor, epíteto que se da á varios músculos que cierran algunas cavidades ó aberturas. || Zool. Constrictor, calificacion que se da á una especie de serpiente boa.

**CONSTRICTIF, IVE**, adj. *constrictiff, iv*. Med. Constrictivo, que cierra ó constriñe.

**CONSTRICTION**, f. *constricsión*. Med. Constreñimiento, constriccion.

**CONSTRINGENT, E**, adj. *constrenján*. Fís. Constringente, que estrecha, comprime ó constriñe las partes de un cuerpo.

**CONSTRUCTEUR**, m. *constructeur*. Constructor, el que construye, que conoce el arte de construir. || adj. Constructor, ingeniero que construye.

**CONSTRUCTION**, f. *construcsión*. Construccion, accion de construir. || Arreglo, disposicion de las partes de un edificio ó embarcacion. || met. Composicion de un poema : se dice hablando de su invencion ó de su mérito. || Gram. Construccion, arreglo, coordinacion de las palabras conforme á las reglas de la lengua.

**CONSTRUIRE**, a. *construír*. Construir, edificar, hacer un edificio, un buque, etc. || Construir, fabricar || Geom. Trazar. V. *Tracer, dessiner*. || met. *Construire un poëme*, hacer, componer, arreglar un poema. || Gram. Construir, arreglar, coordinar las partes de la oracion con arreglo á los preceptos gramaticales de cada idioma.

**CONSTUPRATEUR**, m. *constuprateur*. Estrupador ó estuprador, el que estupra.

**CONSTUPRATION**, f. *constuprasión*. Estrupo ó estupro, violacion de una doncella.

**CONSTUPRER**, a. *constupré*. Estrupar ó estuprar, violar á una doncella.

**CONSUBSTANTIALITÉ**, f. *consubstansialité*. Teol. Consustancialidad, unidad ó identidad de sustancia.

**CONSUBSTANTIATEUR, TRICE**, m y f. *consubstansiateur, tris*. Teol. Consustanciador, el que cree en la sustanciacion del Hijo de Dios con el Padre. || Los católicos tambien dan este nombre á los luteranos.

**CONSUBSTANTIEL, LE**, adj. *consubstansiél*. Teol. Consustancial, que es de la misma sustancia. Se dice hablando de las personas de la Santísima Trinidad para expresar que todas tres no tienen mas que una misma sustancia.

**CONSUBSTANTIELLEMENT**, adv. *consubstansielmán*. Teol. Consustancialmente, de una manera consustancial.

**CONSUBSTANTIATION**, f. *consubstansiasión*. Teol. Consustanciacion, modo de entender de los luteranos respecto á la presencia real y verdadera de Jesucristo en la Eucaristía. || Consustanciacion, union íntima entre las personas de la Trinidad, por no haber mas que una sustancia.

**CONSUÉTUDE**, f. ant. *consuetúd*. Costumbre, trato, comercio, familiaridad que se tiene con alguna persona.

**CONSUÉTUDINAIRE**, m. y f. *consuetudinér*. Teol. Consuetudinario, que tiene costumbre de hacer una cosa.

**CONSUL**, m. *consúl*. Hist. Cónsul, uno de los magistrados de la república romana. || *Consul perpétuel*, cónsul perpetuo: con este título se designaba antiguamente á los emperadores de Oriente. || Cónsul, título que tomaron los reyes moros de España. || Cónsul, delegado ó agente establecido por el gobierno en un puerto extranjero para ejercer cierta jurisdiccion sobre los negociantes y marinos de la nacion que representa, y defender sus derechos é intereses en caso de necesidad. || Cónsul, nombre antiguo de los concejales de Paris. || Cónsul, juez que entiende en asuntos de comercio.

**CONSULAIRE**, adj. *consulér*. Consular, que pertenecia á los cónsules. || m. Consular, el que habia sido cónsul en Roma. || Consular, nombre dado á los subtenientes imperiales que administraban las provincias bajo la autoridad del vicario diocesano.

**CONSULAIREMENT**, adv. *consulermán*. Consularmente, como los cónsules.

**CONSULARITÉ**, f. *consularité*. Dignidad de cónsul honorario.

**CONSULAT**, m. *consulá*. Consulado, dignidad de cónsul. || Consulado, por extension se llamaba así al tiempo que duraba el empleo de cónsul. || Consulado, encargo del cónsul en un puerto extranjero. || La casa donde vive el cónsul y donde tiene sus oficinas. || Consulado, nombre que se da á los tribunales de comercio en algunos paises.

**CONSULTANT**, adj. m. *consultán*. Consultor, que aconseja ó da su parecer. || Jurisp. Consultor, epíteto que se da al abogado que en los asuntos contenciosos da solamente su parecer por escrito. || Med. Consultor, el médico que solo aconseja á los enfermos lo que les conviene, sin asistirlos en el curso de la enfermedad.

**CONSULTAT**, m. *consultá*. Consultor, consejero, comisario del papa. || Consulta, consulta, dictámen, razon de todo lo acordado que los tribunales envian al rey cada semana, consultando su soberana resolucion, voluntad y parecer.

**CONSULTATIF, IVE**, adj. *consultatif, iv*. Consultativo, que es consultado; instituido para dar su dictámen.

**CONSULTATION**, f. *consultasión*. Consultacion, consulta, exámen de una cuestion de hecho y de derecho, y acuerdo ó parecer dado sobre lo que resulta de ella. || *Consultations de charité*, consultas gratúitas, que admite de balde el colegio de los abogados un dia cada semana, nombrando algunos miembros al efecto. || Consultacion, noticia, opinion, dictámen que se pide sobre cualquiera cosa. || Med. Consultacion, consulta, junta, reunion de médicos para tratar del peligroso estado de un enfermo. || Consultacion, escrito, memoria consultiva y el juicio que recae sobre ella, dado tambien por escrito. || met. Consultacion, deliberacion, reflexion, premeditacion, consideracion detenida que ocupa nuestra mente en casos arduos.

**CONSULTE ó CONSULTA**, f. *consúlt, consúlta*. Consejo, asamblea, junta administrativa, senado, en Italia y en algunos cantones suizos. || *Consulte sacrée*, sacra consulta, especie de consejo permanente encargado de la administracion interior y de la justicia en Roma.

**CONSULTER**, a. *consulté*. Consultar, pedir consejo, instrucciones á alguno. || met. y fam. *Consulter son chevet*, consultarlo con la almohada, dejar una determinacion para el dia siguiente. || Consultar, sondear, investigar, examinar diversas cosas conducentes al esclarecimiento de una duda. || *Consulter les yeux de quelqu'un*, leer en los ojos de alguno. || *Consulter les intérêts de quelqu'un*, procurar lo que le sea mas ventajoso. || met. *Consulter le miroir*, mirarse al espejo. || Consultar, meditar, reflexionar, tomar consejo de la conciencia propia, del deber, del honor, etc. || Consultar, conferir, cuestionar, proponer dos ó mas personas los medios mas acertados para dar cima á un negocio. || Consultar, recibir, admitir, dar consultas. || *Se consulter*, r. Consultarse, preguntarse, examinarse, informarse de sí mismo, ántes de resolverse ó decidirse; ser consultado, interrogado, examinado por alguno.

**CONSULTEUR, TRICE**, m. y f. *consulteur, tris*. Consultor, la persona que da su dictámen. || Consultor, doctor en teología comisionado por el papa para emitir su juicio ú opinion sobre puntos de doctrina y disciplina. || Consultor, entre los frailes el que llevaba sus consultas al general de la órden. || *Consulteur du saint office*, consultor del santo oficio, nombre dado antiguamente á los jurisconsultos de Venecia, consultados por la república en casos críticos y extremos. || f. Consultora, título ó epíteto usado en alguna congregacion de mujeres. Las consultoras estaban encargadas de ayudar á la superiora. || met. y fam. Consultora, mujer que da consejos.

**CONSUMABLE**, adj. *consumáble*. Consumible, que puede ser consumido.

**CONSUMANT, E**, adj. *consumán*. Consumidor, devorador, abrasador, que consume.

**CONSUMER**, a. *consumé*. Consumir, destruir, anonadar, aniquilar, devorar, agostar, reducir á la nada. || Consumir, emplear, absorber, gastar, disipar un patrimonio, etc. || Consumir, matar lentamente, acabar con la salud. || Consumir, dedicar, destinar, consagrar, sacrificar el tiempo, las distracciones, etc. || *Se consumer*, r. Consumirse, ajarse, deteriorarse, destruir su hermosura, etc. || Consumirse, dedicarse á una empresa difícil, imposible. || *Cet homme se consume*, este hombre se acaba, se aniquila, ya sea hablando de trabajos ímprobos del cuerpo, ya de dolencias crónicas del alma.

**CONTABESCENCE**, f. *contabesans*. Med. Contabescencia, consuncion, marasmo.

**CONTABESCENT, E**, adj. y s. *contabesán*. Contabescente, atacado de consuncion.

**CONTACK**, m. *contac*. Liturg. Contacio, libro grande de iglesia, misal.

**CONTACT**, m. *contáct*. Contacto, el acto de tocarse dos cuerpos. || Fisiol. Contacto, la impresion general causada por el tocamiento de los cuerpos. || Med. Contacto, aproximacion de dos individuos. || met. Contacto, afinidad, relacion, [illegible] que las cosas ó personas [illegible] que. || met. *Contacts*, pl. [illegible] paralelipípedos de [illegible] dos barras magnéticas [illegible] mas tiempo su virtud.

**CONTADIN**, m. *contadin*. [illegible] sano, paleto, lugareño.

**CONTAGIER**, a. [illegible] comunicar una enfermedad por [illegible]

**CONTAGIEUX, EUSE**, adj. [illegible] eus. Contagioso, que se comunica [illegible] gioso, se dice del vicio, de [illegible] todas las cosas [illegible] que se comunican por el ejemplo [illegible]

**CONTAGION**, f. [illegible] peste, infeccion, epidemia, [illegible] Contagio, grupo, [illegible] naciones que se exhalan de los [illegible] vegetales putrefactos y [illegible] dades perniciosas, por la [illegible] miasmas morbíficos. || Contagio, [illegible] el daño y corrupcion que causa de [illegible] doctrina ó un mal ejemplo. || [illegible] achaque, accidente de la humana vida.

**CONTAGIONNAIRE ó CONTAGIONISTE**, m. *contagionér, contagionist*. Contagionario y contagionista, el que sostiene que una enfermedad es contagiosa, miéntras otros no la consideran [illegible] El partidario de esta opinion. || [illegible] adjetivo, pues se dice un [illegible] naire.

**CONTAGIUM**, m. *contágiom*. [illegible] Contagio, principio determinante de las enfermedades contagiosas.

**CONTAILLE**, adj. f. *contáll*. [illegible] cadarzo, seda de ínfima calidad.

**CONTAMINATION**, f. [illegible] Contaminacion, mancha, [illegible]

**CONTAMINER**, a. *contaminé*. [illegible] nar, manchar, ensuciar: se usa [illegible] munmente hablando de cosas [illegible] *contaminer*, r. Contaminarse, [illegible] ensuciarse.

**CONTE**, m. *cónt*. Cuento, [illegible] una aventura verdadera ó fabulosa. || [illegible] historias entretenidas, verdaderas ó [illegible] que se dicen para divertir, burlar, [illegible] rar. || Cuentos, conversaciones [illegible] verosimilitud, con que una persona [illegible] á otra ó la entretiene.

**CONTEMNEMENT**, m. ant. [illegible] Desprecio, aversion.

**CONTEMNER**, a. ant. *contemné*. Despreciar, mirar con desprecio.

**CONTEMNEUR**, m. V. [illegible]

**CONTEMPLANT, E**, adj. [illegible] Contemplante, que contempla.

**CONTEMPLATEUR, TRICE**, m. y f. *contanplateur, tris*. Contemplador, el que contempla.

**CONTEMPLATIF, IVE**, adj. [illegible] *tif, iv*. Contemplativo, que contempla. || Contemplativo, lo que tiene relacion con la vida contemplativa. || Med. *Idées contemplatives*, ideas contemplativas, nombre que se da á las ideas dominantes de algunos melancólicos. || m. y f. Contemplativo, el que se dedica á la vida de oracion y meditacion. || Med. Contemplativo, especie de [illegible]

**CONTEMPLATION**, f. [illegible] Contemplacion, accion de contemplar. || Med. Contemplacion, nombre que se le daba á la catalepsia. || Teol. Contemplacion, [illegible] pacion intensa del alma en el pensamiento de Dios, etc.

**CONTEMPLER**, a. *contanplé*. Contemplar, considerar atentamente con la vista. || Contemplar, fijar todo su pensamiento en un objeto. || Contemplar, pensar, considerar profundamente, mirar con mucha atencion. || *Se contempler*, r. Contemplarse, considerarse á sí mismo.

**CONTEMPORAIN, E**, adj. [illegible] Contemporáneo, de nuestra época.

**CONTEMPORANÉITÉ**, f. *contemporaneité*. Contemporaneidad, existencia de dos ó mas personas en una misma época.

**CONTEMPTEUR**, m. *contémpteur*. Despreciador, el que desprecia.

**CONTEMPTIBLE**, adj. *contemptíbl*. Despreciable, vil, bajo.

**CONTENANCE**, f. *contenáns*. Cabida, [illegible]

[illegible]. || Contenente, planta, [illegible] cuerpo. || Aspecto, gesto, || [illegible], severidad, presencia

[illegible], E, adj. contenán. Conti[illegible], que encierra en sí. || [illegible], lo que contiene

[illegible], E, m. y f. contendán. [illegible], competidor, que disputa con

[illegible], n. contándr. Contender, [illegible], disputar, rivalizar.

[illegible], a. contenir. Contener, in[illegible] un cierto espacio ó exten[illegible], encerrar dentro de [illegible]. || Contener, retener, man[illegible]. || Contener, repri[illegible]. || Se contenir, r. Contenerse, [illegible]. || Contenerse, en[illegible], estar contenido.

[illegible], E, adj. contán. Contento, [illegible], satisfecho. || Être content [illegible], estar satisfecho de alguno, [illegible] su conducta.

[illegible], m. contentemán. Con[illegible], gusto, satisfaccion. || For. [illegible] de pago ó certificacion de [illegible] el acreedor ó el arrendador [illegible].

[illegible], a. contentér. Contentar, [illegible] gusto á alguno. || Contentar, apa[illegible] á alguno. || Contentar, agradar [illegible] satisfaccion. || Se contenter, [illegible], satisfacerse, estar satisfecho [illegible].

[illegible], adv. contan[illegible]. Contenciosamente, con disputa.

[illegible], EUSE, adj. contansieu, [illegible], que está en debate. || For. [illegible] sustanciacion del juicio que se [illegible] juez sobre derechos ó cosas [illegible] varias partes contrarias. [illegible] que se aficionado á disputar. [illegible], porfiador. || Contentieux, m. [illegible] nombre colectivo de los nego[illegible] administrativos ; y en este [illegible] dice bureau du contentieux. || [illegible], lo que está unido al interes de [illegible].

[illegible], adj. m. contentif. Cir. Con[illegible] sirve para contener hablando [illegible].

[illegible], f. contensión. Conten[illegible], disputa, contienda. || Conten[illegible] vehemencia en la discusion. || [illegible] aplicacion vigorosa y tenaz en [illegible] ó árduas que exigen una [illegible] de espíritu. || Cir. Con[illegible] de medios que se emplean [illegible] una fractura ó una luxacion [illegible].

[illegible], m. contantér. For. ant. [illegible] que pertenecia á los es[illegible] de las chancillerias.

[illegible], m. contenú. Contenido, lo que [illegible] ó comprendido en alguna [illegible], sujeto, asunto de que se [illegible].

[illegible], a. contér. Contar, narrar, refe[illegible] verdadera ó fabulosa. || fam. [illegible] fleurettes, galantear á una [illegible] requiebros. || En conter de [illegible] gordas, mentir.

[illegible], f. [illegible]. Aboiorio grueso

[illegible], f. contestabilité. [illegible], calidad de lo que [illegible].

[illegible], adj. contestábl. Con[illegible] ser contestado.

[illegible], adv. contestabl[illegible], de una manera [illegible].

[illegible], E, adj. y s. contestán. [illegible], el que pleitea.

[illegible], f. contestasión. Con[illegible] debate sobre alguna cosa.

[illegible], adj. contestl. Contestacion,

[illegible], a. contesté. Contestar, liti[illegible] disputar una cosa, negarse á [illegible] derecho. || Contestar, negar [illegible] principio, de una mali[illegible] un hecho, etc.

CONTEUR, EUSE, m. y f. conteur, eus. Contador, el que relata cuentos y noticias.

CONTEXTE, m. contécst. Contexto, el texto de un acto público, escritura ó otro escrito.

CONTEXTURE, f. contecstúr. Contextura, arreglo, compaginacion, disposicion y union respectiva de las partes que juntas componen un todo. || met. Contextura, la union, el tejido de las partes de un discurso, la disposicion artística de un texto.

CONTHUY, m. contuí. Com. Nombre que se da á una tela que se fabrica en Constantinopla.

CONTIE, f. contí. Bot. Contia, especie de aceituna.

CONTIENNEMENT, m. ant. contienmán. Capacidad, contenencia.

CONTIGU, Ë, adj. contigú. Contiguo, que toca inmediatamente. || Inmediato, junto, vecino. || Geom. pl. Contiguos, se dice de los ángulos que tienen un lado comun.

CONTIGUÏTÉ, f. contigüité. Contigüidad, estado de dos cosas que se tocan.

CONTINENCE, f. continéns. Continencia, abstinencia de los placeres del amor. || Capacidad, cavidad, extension de una vasija.

CONTINENT, E, adj. continán. Continente, que se abstiene de los placeres del amor. || Med. Continente, se llama á la causa cuya accion persiste durante toda la enfermedad. || m. Geog. Continente, espacio de tierra firme que rodea el mar por todos lados. || Continente, una de las cinco divisiones de la tierra.

CONTINENTAL, E, adj. continantál. Continental, que pertenece á los paises del continente.

CONTINGENCE, f. contanjáns. Fil. Contingencia, posibilidad de que suceda ó no una cosa.

CONTINGENT, E, adj. contanján. Contingente, casual, que puede ó no suceder. || m. Contingente, la parte que cada uno paga ó pone cuando son muchos los que contribuyen para un mismo fin. || Contingente, la parte de metálico que cada uno debe recibir en una herencia, destino, distribucion, etc. || Contingente, suministro en hombres ó dinero que hace cada provincia, conforme al órden de contribucion.

CONTINU, E, adj. continú. Continuo, que dura, obra ó se hace sin interrupcion. || Se aplica tambien á la extension de un cuerpo no dividido. || Fièvre continue, calentura lenta.

CONTINUATEUR, m. continuateur. Continuador, el que continúa lo empezado por otro.

CONTINUATION, f. continuasión. Continuacion, accion y efecto de continuar.

CONTINUE (À LA), [illegible] fam. alacontinú. Con el tiempo, á la larga, con la continuacion.

CONTINUEL, LE, adj. continuél. Continuo, que dura sin interrupcion ni descanso.

CONTINUELLEMENT, adv. continuelman. Continuamente, sin interrupcion.

CONTINUER, a. continué. Continuar, proseguir una obra empezada. || Prolongar, continuar una galería, una línea, etc. || n. Durar, permanecer, no cesar. || Perseverar en una costumbre, en una determinacion. || Se continuer, r. Continuarse, prolongarse una cosa.

CONTINUITÉ, f. continuité. Continuidad, union natural que tienen entre sí las partes del continuo. || Duracion continua. || Bot. Continuidad, adherencia de dos partes. || Lit. Continuidad, encadenamiento de todas las partes de un discurso ó de un poema. || Med. Solution de continuité, solucion de continuidad, division de las partes que ántes estaban reunidas.

CONTINÛMENT, adv. continumán. Continuamente, sin interrupcion.

CONTONDANT, E, adj. contondán. Cir. Contundente, se dice del instrumento con que se hace la contusion. || Contundente, dícese del golpe ó herida que no saca sangre.

CONTONDRE, a. contóndr. Contundir, magullar, golpear, producir contusiones.

CONTORNIATE, adj. f. contorniat. Contorneada, se dice de ciertas medallas de cobre cuyo canto parece labrado á torno.

CONTORSILE, adj. contorsíl. Bot. Contorsila, epíteto que se da á la hoja cuyo peson se tuerce.

CONTORSION, f. contorsion. Contorsion, accion y efecto de contorcerse. || Contorsion, gesticulacion afectada y ridícula que algunas personas hacen cuando hablan con vehemencia. || Posicion de una cosa que está atravesada. || met. Donner contorsion á la vérité, dar tormento á la verdad, mentir. || Pint. Contorsion, actitud exagerada en las facciones, movimiento impropio en los miembros.

CONTORTÉ, ÉE, adj. contorté. Bot. Ensortijado, que está totalmente retorcido.

CONTOUR, m. contúr. Contorno, término exterior de un cuerpo, circuito, ámbito de una columna, globo, etc. || Art. Contorno, perfil exterior. || Mil. Contorno, el rededor, límite extremo, circunferencia de una poblacion, etc. || Contours, pl. Contornos, los pliegues ó vueltas de un ropaje.

CONTOURNABLE, adj. conturnábl. met. Flexible, que puede doblegarse, enrollarse á voluntad.

CONTOURNÉES, f. pl. contourné. Zool. Contorneadas, género de conchas.

CONTOURNEMENT, m. conturnmán. Art. Contorneamiento, accion de contornear.

CONTOURNER, a. conturné. Art. Contornear, redondear, dar á una figura los contornos que debe tener. || Contornear, redondear. || Volver, torcer una cosa, inclinarla de modo que no esté derecha. || met. fam. Penetrar las intenciones de alguno, leer su intencion, adivinar un secreto. || Se contourner, r. Contornearse, torcerse un árbol, una pierna, la cintura, etc.

CONTRACTABLE, adj. contractábl. Contraible, que puede ó debe ser contraido.

CONTRACTANT, E, adj. contractán. Contratante, que contrata. || Contrayente, el que contrae matrimonio, amistad, etc. || Se usa tambien como sustantivo.

CONTRACTATION, f. contractasión. Contratacion, tribunal que tiene sus sesiones en Cádiz, para los asuntos y el comercio de las Indias orientales.

CONTRACTE, adj. y s. contráct. Contracto. Se dice de las declinaciones y de los verbos en que dos vocales se reducen á una.

CONTRACTER, a. contracté. Contratar, hacer contratos || Contraer, adquirir, tomar, hablando del estado y de las cualidades accidentales de ciertas cosas. || met. Contraer, adquirir, coger enfermedades por contagio ó de cualquier otro modo. || Contraer matrimonio, amistad, deudas. || Contraer, estrechar, disminuir el volúmen de una cosa. || Gram. Contraer, formar contraccion. || Se contracter, r. Contratarse, ser contratado. || Contraerse, adquirirse. || Encogerse, estrecharse.

CONTRACTEUR, m. contracteur. Especie de morillo en que descansa el asador.

CONTRACTIF, IVE, adj. contractif, iv. Med. Contractivo, que determina una contraccion.

CONTRACTILE, adj. contractil. Med. Contráctil, que es susceptible de contraccion, ó que tiene la propiedad de volver á encogerse cuando se estira.

CONTRACTILITÉ, f. contractilité. Contractilidad, facultad de ser contráctil.

CONTRACTION, f. contracsión. Fís. Contraccion, encogimiento de los cuerpos elásticos cuando son heridos por otros. || Med. Contraccion, la accion de retirarse y encogerse los nervios ó músculos especialmente en el cuerpo del viviente. || Gram. Contraccion, reunion de dos sílabas en una.

CONTRACTUEL, LE, adj. contractuél. Jurisp. Que está estipulado por un contrato que se deriva de un contrato.

CONTRACTUELLEMENT, adv. contractuelman. Por contrato.

CONTRACTURE, f. contractúr. Arq. Estrechura, disminucion del diámetro en la parte superior de una columna.

CONTRACTURER, a. contracturé. Arq. Estrechar las columnas por su parte superior, disminuyendo el diámetro.

CONTRADICTEUR, m. contradicteur. Contradictor, el que se opone á lo que otro hace ó dice. || Jurisp. El abogado de la parte contraria.

**CONTRADICTION**, f. *contradiccion*. Contradiccion, accion de contradecir. || Contradiccion, oposicion á la opinion ó al razonamiento de alguno. || Contradiccion, el efecto de contradecirse una persona en sus dichos ó opiniones. || Contradiccion, la que resulta de dos proposiciones ó aserciones incompatibles ó contrarias entre sí. || Contradiccion, oposicion, contrariedad. || *Esprit de contradiction*, espíritu de contradiccion, disposicion á contradecir sin cesar. || Contradiccion, obstáculo, impedimento. || Contradiccion, oposicion, incompatibilidad entre dos ó mas cosas. || *Impliquer contradiction*, implicar ó envolver contradiccion, comprender ó expresar ideas que se excluyan unas á otras.

**CONTRADICTOIRE**, adj. *contradictuár*. Contradictorio, que tiene contradiccion con otra cosa, que expresa cosas enteramente opuestas. || *For.* Contradictorio, acto de procedimiento hecho despues de oidas las partes ó en presencia de ellas.

**CONTRADICTOIREMENT**, adv. *contradictuarmán*. Contradictoriamente, de una manera contradictoria, con contradiccion.

**CONTRAIGNABLE**, adj. *contreñábl*. For. Apremiable, ejecutable, que puede ser obligado por alguna via de derecho á dar, á hacer alguna cosa.

**CONTRAIGNANT**, E, adj. *contreñán*. Embarazoso, molesto, que sujeta.

**CONTRAINDRE**, a. *contréndr*. Constreñir, precisar, forzar, obligar á alguno por violencia á hacer alguna cosa contra su gusto. || For. Obligar, apremiar, compeler por justicia á dar ó hacer alguna cosa. || Sujetar, detener, causar sujecion ó embarazo á alguna persona, impedirle hacer lo que desea. || Constreñir, estrechar, apretar, oprimir un vestido ó el calzado, por ser estrecho. || *Se contraindre*, r. Sujetarse, reprimirse, contenerse.

**CONTRAINTE**, f. *contrént*. Violencia, fuerza que se hace contra alguno para obligarle á hacer alguna cosa contra su voluntad. || Violencia, estado de aquel á quien se obliga por fuerza. || Encogimiento, sujecion, embarazo causado por el respeto ó la consideracion. || Apretura, sujecion, opresion causada por la estrechez de los vestidos, del calzado, etc. || For. Constreñimiento, apremio y compulsion que se hace por via judicial para obligar á uno á hacer alguna cosa. || *Contrainte par corps*, derecho de hacer prender á una persona, á un deudor, y la accion misma de prender en virtud de este derecho.

**CONTRAIRE**, adj. *contrér*. Contrario, opuesto. || Enemigo. || Contrario, dañoso. || Mar. Contrario, se aplica al viento, á la marea, etc. || m. Contrario, opuesto, adverso || For. Contrario, el que sigue pleito ó pretension con otro. || *Au contraire*, loc. adv. Al contrario, al reves, por el contrario.

**CONTRAIREMENT**, adv. *contrermán*. Contrariamente, en oposicion con alguna cosa.

**CONTRALTO**, m. *contrálto*. Mús. Contralto, voz media entre el tiple y tenor.

**CONTRAPONTISTE**, m. *contrapontíst*. Mús. Contrapuntista, compositor que conoce las reglas del contrapunto.

**CONTRARIANT**, E, adj. *contrarián*. Contrariador, contradictor, opositor.

**CONTRARIER**, a. *contrarié*. Contrariar, repugnar, contradecir. || Contrariar, poner obstáculos, oponerse al proyecto ó á los designios de otro. || *Se contrarier*, r. Contrariarse, contradecirse, estar en contradiccion consigo mismo. || Contrariarse, contradecirse mutuamente. || Oponerse una cosa á otra.

**CONTRARIÉTÉ**, f. *contrarieté*. Contrariedad, oposicion que tiene una cosa con otra. || Contrariedad, contratiempo, obstáculo imprevisto. || For. Contrariedad, alegacion de hechos contrarios, para cuya prueba se señala cierto término á cada una de las partes.

**CONTRASTANT**, E, adj. *contrastán*. Miner. Contrastante, calificacion que se da á cierto cristal.

**CONTRASTE**, m. *contrást*. Contraste, oposicion chocante y completa que presentan dos objetos que, á pesar de su total desemejanza tienen sin embargo alguna relacion. || Pint. Contraste, diferencia y oposicion que el artista establece, sea por el carácter ó aptitud de las figuras, sea por los colores, etc. || met. Contraste, oposicion de ideas, de genios, de sentimientos. *Contraste de passions*, combate de pasiones, pasiones opuestas, genios encontrados || Contraste, oposicion de ideas, de pasiones, de situaciones, de caractéres á que recurre un escritor para producir efecto.

**CONTRASTER**, n. *contrasté*. Contrastar, estar en oposicion, en contraste. || Contrastar, ir contra alguno, oponerse á él, contradecirle. || a. Pint. Hacer contrastar un adorno con otro. || Hacer contrastar, ó variar los personajes el poeta dramático.

**CONTRA-STIMULUS**, m. *contrastimulus*. Med. Contra-estímulo, estado contrario al de estimulacion, de excitacion.

**CONTRAT**, m. *contrá*. Contrato, ajuste, pacto, convenio, sea verbal ó por escrito, ante notario ó particularmente. || Polit. *Contrat social*, contrato social, convencion expresa ó tácita con relacion á la cual se arreglan los derechos y los deberes respectivos de un pueblo y de su gobierno. || Contrato, todo convenio hecho entre dos ó mas personas.

**CONTRATENORE**, m. *contratenór*. Mús. Contratenor, contralto.

**CONTRAVENTEUR**, m. *contraventeur*. Contraventor, infractor, transgresor.

**CONTRAVENTION**, f. *contravansión*. Contravencion, infraccion, transgresion, quebrantamiento de lo mandado.

**CONTRAYERVA**, m. *contrayérva*. Bot. Contrayerba, género de plantas de América.

**CONTRE**, prep. *contr*. Contra, voz que denota oposicion en sentido propio y metafórico. || *Tenir contre*, resistir, hacer frente. || Contra, á pesar de, no obstante, sin reparo en. *Il a fait cela contre mon sentiment*, ha hecho eso á pesar mio. || Junto, al lado de. *Sa maison est contre la mienne*, su casa está al lado de la mia. || *Ci-contre*, loc. adv. al lado, enfrente, hablando de páginas ó columnas de un escrito. || *Tout contre*, junto á. || *Par contre*, por el contrario, en compensacion. || *Le pour et le contre*, el pro y el contra, lo favorable y lo contrario. || met. *Elever autel contre autel*, levantar altar contra altar, mover un cisma en una iglesia. || met. y fam. *Aller contre vent et marée*, ir contra viento y marea: proseguir obstinadamente su empeño á pesar de todas las dificultades. || m. Contra, razon, hecho ó circunstancia desfavorable en algun asunto; así se dice *le pour et le contre, un contre*.

**CONTRE-ALLÉE**, f. *contralé*. Contracalle, calle lateral y paralela á otra principal.

**CONTRE-AMIRAL**, m. *contramirál*. Mar. Contraalmirante, jefe de escuadra, el que tiene el 3er. grado de oficial general en la marina militar. || Contraalmirante, el buque mandado por un contraalmirante.

**CONTRE-APPEL**, m. *contrapél*. Mil. Contraireta, segunda lista, medio de averiguar si se ha pasado la lista con regularidad. || Esgr. Contraireta, movimiento opuesto á la llamada del contrario.

**CONTRE-APPROCHE**, f. *contrapróche* Fort. Contraaproche, trinchera para descubrir y deshacer los trabajos de los sitiadores.

**CONTRE-ARC**, m. *contrarc*. Mar. Contraarco, parte de la quilla de un navío situada bajo los piés de la arboladura.

**CONTRE-ATTAQUE**, f. *contratác*. Mil. Contraataque, trabajos que hacen los sitiados en oposicion á las trincheras ó líneas de ataque del sitiador.

**CONTRE-AUGMENT**, m. *controgmán*. Jurisp. ant. Mejora nupcial y de sobrevida, que consistia en poder el marido retener una parte de la dote de la mujer precedente.

**CONTRE-AVEU**, m. *contraveu*. For. Negativa, oposicion del demandado que sostenia le pertenecian los bienes revindicados.

**CONTRE-BALANCER**, a. *contrbalansé*. Contrabalancear, contrapesar, hacer contrapeso. || met. Contrapesar, compensar unas cosas con otras. || *Se contre-balancer*, r. Contrabalancearse, equilibrarse, contrapesarse recíprocamente tanto en lo físico como en lo moral.

**CONTREBANDE**, f. *contrbánd*. Contrabando, comercio de géneros prohibidos por las leyes de cada Estado, y los géneros y mercaderías prohibidas.

**CONTRE-BANDE**, f. [illegible] Contrabanda, banda dividida de [illegible] de diferentes metales, uno de los cuales debe ser de metal y otro de color.

**CONTRE-BANDÉ**, ÉE, adj. [illegible] Blas. Contrabandado, [illegible] cada cuyas bandas están opuestas [illegible] á las otras.

**CONTREBANDIER**, IÈRE, m. y f. *contrebandié, èr*. Contrabandista, el que se dedica á hacer el contrabando.

**CONTRE-BARRÉ**, ÉE, adj. [illegible] Blas. Contrabarrado, calificacion [illegible] á un escudo en el que las figuras [illegible] tas las unas á las otras.

**CONTRE-BAS (EN)**, loc. adv. [illegible] *bá*. Arq. Voz usada en arquitectura [illegible] presar la direccion de alto abajo.

**CONTRE-BASSE**, f. [illegible] Contrabajo, instrumento de [illegible] jo, especie de voz de hombre, que es [illegible] ordinaria de todas.

**CONTRE-BASSISTE**, m. [illegible] Mús. Contrabajista, el que toca el [illegible]

**CONTRE-BASSON**, m. [illegible] Contrabajon, instrumento [illegible] Contrabajon, músico que toca [illegible] mente.

**CONTRE-BATTERIE**, f. [illegible] Contrabatería, batería que se [illegible] sicion de otra del enemigo. || [illegible] batería destinada á la proteccion de [illegible] tería de brecha. || met. [illegible] ga puesta en juego para deshacer [illegible] trigas de los que nos son contrarios.

**CONTRE-BATTRE**, a. [illegible] Contrabatir, tirar contra las baterías [illegible] trabatir, dirigir una contrabatería.

**CONTRE-BIAIS (À)**, loc. adv. [illegible] Contra sesgo, al traves.

**CONTRE-BITTES**, f. pl. [illegible] Contrabitas, curvas que [illegible]

**CONTRE-BOUQUE**, m. Pesc. V. [illegible]

**CONTRE-BOUTANT**, m. [illegible] Arq. Puntal, madero que sirve para [illegible] talar.

**CONTRE-BOUTER**, a. [illegible] Apuntalar, sostener una pared con otra ó con puntales.

**CONTRE-BRASSER**, a. [illegible] Contrabracear ó bracear en contra, [illegible] el aparejo de modo que unas velas [illegible] orientadas de una vuelta y otras de [illegible]

**CONTRE-BRETÈCHE** ó **CONTRE-[illegible]TESSE**, f. *contrbretéche*. [illegible] Almenas de diferente esmalte en una [illegible] banda.

**CONTRE-BRETÈCHÉ**, ÉE, adj. [illegible] *brteché*. Calificacion de un escudo, de una pieza en que se encuentran [illegible] verso esmalte.

**CONTRE-BRODÉ**, m. [illegible] Rocalla, cuentas de vidrio [illegible] rosarios.

**CONTRE-CALQUER**, a. [illegible] Contracalcar, estampar un dibujo al [illegible] para obtener un dibujo en la misma posicion que el dibujo original.

**CONTRE-CANIVEAU**, m. [illegible] Contraadoquin, losa colocada al lado de un adoquin y en la misma línea.

**CONTRE-CANON**, m. [illegible] can. Contracánon, cánon supuesto.

**CONTRE-CARÈNE**, f. [illegible] Pieza opuesta á la carena de una [illegible] contraquilla.

**CONTRE-CARRE**, f. [illegible] Oposicion, resistencia.

**CONTRE-CARRER**, a. [illegible] Contrarestar, oponerse directamente á alguno, á sus opiniones, á sus designios.

**CONTRE-CHANGEMENT**, m. [illegible] changemán. Equit. Contracambio, [illegible] del jinete que describe una [illegible] pleta, en cuyo ángulo cambia al [illegible] lado.

**CONTRE-CHANT**, m. [illegible] Mús. Contrapunto. V. CONTRE-POINT.

**CONTRE-CHARGE**, f. [illegible] Contrapeso, el peso que se pone á la parte contraria de otro peso para que quede en equilibrio.

[illegible]-CHARME, m. contrchárm. [illegible], hechizo contrario [illegible] el efecto de otro en-[illegible].

[illegible]-CHÂSSIS, m. contrchasí. Con-[illegible], segunda vidriera para mayor [illegible].

[illegible]-CHEVRON, m. contrchevrón. [illegible], roquete opuesto á otro [illegible].

[illegible]-CHEVRONNÉ, ÉE, adj. contr-[illegible]. Blas. Contracabriado, que tiene [illegible], hablando de un escudo.

[illegible]-CIVADIÈRE ó FAUSSE-CIVA-[illegible], f. [illegible]. Mar. [illegible], verga que se cruzaba [illegible] del botalon del foque, y [illegible] se larga su vela.

[illegible]-CLAVETTE, f. contrclavét. [illegible], especie de claveta con [illegible] que se coloca en el agujero que [illegible] la claveta ordinaria.

[illegible]-CLÉ, f. contrclé. Arq. Con-[illegible], sillar colocado inmediatamente al [illegible] la clave de una bóveda, ya á su de-[illegible] ya á su izquierda.

[illegible]-CŒUR, m. contrqueur. Muro [illegible] el frente y fondo del hogar de una [illegible]. || Plancha de hierro que se po-[illegible] fondo de la chimenea para evitar un [illegible]. || Á contre-cœur, loc. adv. A des-[illegible], con repugnancia, de mala gana.

[illegible]-COMPONÉ, ÉE, adj. contr-[illegible]. Blas. Contracomponado: se dice [illegible] cuyos componentes están dispues-[illegible] de las fajas del escudo.

[illegible]-COUP, m. contrcú. Rechazo, [illegible]. || Med. Repercusion, dolor que cor-[illegible] á otra parte del cuerpo opuesta á [illegible] recibido el golpe. || Contusion, des-[illegible], fractura hecha en la parte opues-[illegible] del golpe. || met. Resulta, consecuen-[illegible] que sobreviene de lo que ha su-[illegible] á otro. || Reves, golpe de fortuna, su-[illegible]. || Par contre-coup, expr. [illegible], de resultas, por conse-[illegible].

[illegible]-COURANT, m. contrcurán. [illegible], corriente que va en direc-[illegible] opuesta á otra corriente situada á su [illegible].

[illegible]-COURROUCER (SE), r. contr-[illegible] contra una persona ya [illegible].

[illegible]-DANSE, f. contrdánse. Agr. Ore-[illegible] del arado.

[illegible]-DANSE, f. contrdáns. Contra-[illegible], especie de baile entre varias parejas.

[illegible]-DATER, a. contrdaté. Contra-[illegible] á una carta otra fecha distinta [illegible] se le habia puesto al principio.

[illegible]-DÉCLARATION, f. contrde-[illegible]. Contradeclaracion, declaracion [illegible] á otra precedente.

[illegible]-DÉGAGEMENT, m. contrde-[illegible]. Esgr. Accion de tirar la espada al [illegible] que el contrario libra la suya.

[illegible]-DÉGAGER, a. contrdegagé. [illegible] la espada al mismo tiempo que [illegible].

[illegible]-DIGUE, f. contrdígue. Contradi-[illegible] dique para impedir las inun-[illegible].

[illegible]-DIRE, a. contrdír. Contradecir, [illegible] de lo que otro afirma, no [illegible] de por cierto. || Contradecir, [illegible] oposicion con alguno ó alguna cosa. [illegible], contrariar, desaprobar. || De-[illegible] cosas opuestas las unas á las [illegible]. For. Contestar, impugnar.

[illegible]-DISANT, E, adj. contrdisán. [illegible], el que contradice.

[illegible]-DIT, m. contrdí. Réplica, argu-[illegible] á lo que se responde. || [illegible], pl. For. Contradichos, alegacio-[illegible] á las de la parte contraria. || [illegible], loc. adv. Ciertamente, se-[illegible], sin dificultad.

[illegible], f. contré. Comarca, region, [illegible] de terreno que forma [illegible] distinto. || De contrée [illegible], de unas regiones en otras, de [illegible] en otros, de unos paises en otros. || Comarca, sitio que se designa á cada vecino para que pasten allí sus ganados.

CONTRE-ÉCAILLE, f. contrecáll. Contraescama, reves ó parte inferior de las escamas.

CONTRE-ÉCART, m. contrecár. Blas. Contracuartel, parte de un escudo contracuartelado.

CONTRE-ÉCARTELER, a. contrecartlé. Blas. Contracuartelar, dividir cada uno de los cuarteles de un escudo ya acuartelado en cuatro cuarteles. || Se contre-écarteler, Contracuartelarse, dividirse en diez y seis partes el escudo.

CONTRE-ÉCARTELLEMENT, m. contrecartelmán. Blas. Contracuartelamiento, accion de contracuartelar.

CONTRE-ÉCHANGE, m. contrechánge Trueque, cambio, permuta

CONTRE-ÉDIT, m. contredí. Contraedicto, segundo edicto dado para anular los efectos de un edicto precedente.

CONTRE-ÉMAIL, m. contremáll. Art. Contraesmalte, esmalte colocado sobre la parte cóncava de un cuadrante.

CONTRE-ÉMAILLER, a. contremallé. Contraesmaltar, labrar con esmalte de varios colores la parte cóncava de un cuadrante despues de haber esmaltado la parte convexa, donde deben estar marcadas las horas.

CONTRE-ENQUÊTE, f. contranquét. For. Contraprueba, prueba ó informacion opuesta á la de la parte contraria.

CONTRE-ÉPAULETTE, f. contrepolét. Mil. Capona, especie de charretera sin fleco.

CONTRE-ÉPREUVE, f. contrepreuv. Art. Contraprueba, calco que se saca de una estampa recien tirada ó de un dibujo de lápiz. || Contraprueba, segunda prueba para conocer los votos en una asamblea. || met. Contraprueba, obra que es simplemente una imitacion de otra. || Contraprueba, medio de verificar si una operacion se ha hecho ó no con exactitud.

CONTRE-ÉPREUVER, a. contrepreuvé. Contrapobar, sacar una contraprueba.

CONTRE-ESPALIER, m. contrespalié. Jard. Contraespaldera, espaldera que está en frente de otra.

CONTRE-ÉTAMBOT ó CONTRE-ÉTAMBORD, m. contretanbó, contretanbór. Mar. Contracodaste. V. ÉTAMBOT.

CONTRE-EXTENSION, f. contrecstansión. Cir. Contraextension, accion de mantener fija é inmóbil una porte fracturada cuando se efectúa la reduccion.

CONTRE-FACE, f. contrfás. Mil. Contrafrente, especie de semibaluarte destinado á defender, no la punta de un baluarte, sino una sola ó cada una de sus caras.

CONTREFAÇON, f. contrfasón. Falsificacion, accion de falsificar ó contrahacer, y la misma cosa falsificada.

CONTREFACTEUR, m. contrfacteur. Falsificador, el que falsifica, contrahace ó adultera.

CONTREFACTION, f. contrfacsión. Contrahacimiento, imitacion ó falsificacion de las monedas ó efectos públicos. || Falsificacion, imitacion criminal de la letra ó rúbrica de alguno.

CONTREFAIRE, a. contrfer. Contrahacer, hacer una cosa tan parecida á otra que con dificultad se distingan. || Imitar, remedar. || Disfrazar, enmascarar. || Desfigurar, mudar la voz, el semblante. *Les convulsions lui ont contrefait tout le visage*, las convulsiones le han desfigurado completamente la fisonomía. || Desfigurar, fisiar, afear. || Contrahacer, falsificar, falsear un libro, un género, una moneda, etc. || *Se contrefaire*, r. Disfrazarse, ocultar su genio. || Falsificarse, ser falsificado.

CONTREFAISEUR, m. contrfeseur. Remedador, el que remeda ó imita á las personas ó á los animales.

CONTRE-FAITURE, f. V. DÉGUISEMENT.

CONTRE-FANONS, m. pl. contrfanón. Mar. Contrabrazas, sobrebolinas, cabos que pasan por los motones que están como una braza adentro del penol.

CONTRE-FASCE, f. contrfás. Blas. Contrafaja, faja dividida en dos semifajas, cada una de un esmalte diferente.

CONTRE-FASCÉ, ÉE, adj. contrfasé. Blas. Contrafajado: se dice de un escudo en el que las fajas están opuestas unas á las otras.

CONTRE-FENÊTRE, f. contrfenétr. Arq. Contraventana, puerta-ventana de madera para mayor resguardo de las ventanas y vidrieras.

CONTRE-FENTE, f. contrfánt. Cir. Contrafisura, hendidura ó raja opuesta á aquella en que se ha recibido el golpe.

CONTRE-FEU, m. contrfeu. Contrafuego, operacion por cuyo medio se limitan los progresos del incendio.

CONTRE-FICHE, f. contrfiche. Puntal, pieza de madera, colocada oblicuamente junto á otra ó delante de la cara de un madero, pared, etc., para sostenerlo. || Cadena de la grua ó de otra máquina semejante.

CONTRE-FINESSE, f. contrfinés. Contratreta, ardid para desbaratar alguna treta.

CONTRE-FISSURE, f. Cir. V. CONTRE-FENTE.

CONTRE-FLAMBANT, E, adj. contrflanbán. Blas. Contraflamante: se dice de piezas opuestas, ondeadas y agudas en forma de llamas.

CONTRE-FLEURÉ, ÉE, adj. contrfleuré. Bot. Contrafloreado, de flores alternas y opuestas.

CONTRE-FLEURI, IE, ó CONTRE-FLEURONNÉ, ÉE, adj. contrfleurí, contrfleuroné. Blas. Contraflorocnado: se dice de un escudo cuyos florones alternan en el color con el metal.

CONTRE-FORCES, f. pl. contrfórs. Contrafuerzas, fuerzas opuestas.

CONTRE-FORGER, a. contrforgé. Art. Contraforjar, enderezar una pieza de hierro, golpeándola alternativamente, ya en el lleno, ya en el canto.

CONTRE-FORT, m. contrfór. Arq. Contrafuerte, estribo, machon para fortificar alguna pared. || Contrafuerte, cadena de montañas que se desprende de otra principal. || Zap. Contrafuerte, pedazo de cuero con que se fortalece el calzado por la parte del talon. || Mar. Llave ó ligazon de las aletas con el codaste.

CONTRE-FOSSÉ, m. contrfosé. Mil. Contrafoso, antefoso de una fortaleza.

CONTRE-FOULEMENT, m. contrfulmán. Movimiento que hace el agua cuando sube por un tubo.

CONTRE-FRACTURE, f. contrfactúr Contrafractura, fractura que resulta de un contragolpe.

CONTRE-FRASAGE, m. contrfrasage Heñidura, accion de heñir.

CONTRE-FRASE, f. contrfrás. Art. La última mano que se da á la masa del pan.

CONTRE-FRASER, a. contrfrasé. Art. Heñir, dar la última mano á la masa del pan, sobarla con los puños.

CONTRE-FRUIT, m. contrfruí. Arq. Contraescarpa, declive de la parte de muralla que está dentro del foso.

CONTRE-FUGUE, f. contrfúgue Mús. Contrafuga, fuga cuya marcha es contraria á la de otra que se ha puesto anteriormente.

CONTRE-GAGE, m. contrgáge. Prenda, lo que entrega un deudor á su acreedor como seguridad de su crédito.

CONTRE-GAGER, a. contrgagé. Tomar prendas ó seguridades ántes de comprometerse con alguno y concederle lo que pide.

CONTRE-GARDE, f. contrgárd. Fort. Contraguardia, fortificacion que rodea otra obra. || m. Ensayador mayor en las casas de moneda.

CONTRE-GARDÉ, ÉE, adj. contrgardé. Fort. Cubierto ó rodeado de contraguardias.

CONTRE-GARDER, a. contrgardé. Contraguardar con cuidado. || *Se contre-garder*, r. Estar sobre aviso.

CONTRE-GOUVERNEMENT, m. contrguvernmán. Polit. Contragobierno, influencia oculta de una faccion organizada para paralizar la accion del gobierno legal.

CONTRE-HACHER, a. contrraché. Dibuj. Sombrear con plumadas diagonales encima de otras paralelas para oscurecer ó cubrir mas ciertas partes.

CONTRE-HACHURE, f. contrachúr. [illegible] de rayas que se cruzan con otras hechas anteriormente. || Contre-hachures, pl. Plumadas diagonales.

CONTRE-HARMONIQUE, adj. contrar-monic. Mús. Contraarmónico, que es opuesto á las reglas naturales de la armonía.

CONTRE-HÂTIER, m. contratié. Morillo grande de cocina ó mas bien asnillo para poner uno ó mas asadores.

CONTRE-HAUT (EN), loc. adv. ancontró. Arq. Hácia arriba, de bajo á alto.

CONTRE-HERMINE, f. contrermín. Blas. Contraarmiño, color contrario al armiño; esto es, campo negro con moscas blancas.

CONTRE-HERMINÉ, ÉE, adj. contrerminé. Blas. Contraarmiñado: se dice de un escudo que tiene el campo de contraarmiño.

CONTRE-HEURTOIR, m. contreurtuár. Art. Clavo donde sacude el llamador de una puerta.

CONTRE-HILOIRE, f. contriluár. Mar. [illegible], hilada de tablones que se colocan en las cubiertas paralelas é inmediata á las escotas.

CONTRE-INDICATION, f. contrendicasión. Med. Contraindicacion, circunstancia que impide hacer lo que parece que exige la naturaleza de una enfermedad.

CONTRE-INDIQUANT, m. contrendicán. Med. Contraindicante, síntoma que destruye la indicacion del remedio que parecia conveniente.

CONTRE-INDIQUER, a. contrendiqué. Med. Contraindicar, disuadir la utilidad de un remedio que por otra parte parece conveniente.

CONTRE-ISSANT, E, adj. contrisán. Blas. [illegible]: dícese de los animales [illegible] de espaldas y cuya cabeza y pies salen de una pieza del escudo.

CONTRE-JAN, m. contrján. [illegible], llamado falso en algunos juegos.

CONTRE-JAUGER, a. contrjogé. Art. [illegible]

[illegible]

chê. Blas. Contrapuntado: dícese del escudo cuyas puntas van opuestas unas á otras.

CONTREMAND, m. contrmán. Jurisp. Escusa presentada para diferir ó retardar una comparecencia.

CONTREMANDEMENT, m. V. CONTRE-ORDRE.

CONTREMANDER, a. contrmandé. Contramandar, mandar la ejecucion de una cosa contraria á lo mandado anteriormente. || Contramandar, dar ó enviar contraórden. || Desaviar un convite, una junta. || Revocar una manda, un legado.

CONTRE-MANŒUVRE, f. contramanéuvr. Mil. Contramaniobra, cambio repentino de disposicion en un terreno un dia de accion.

CONTRE-MARC, m. contrmárc. Art. Marca, señal que hacen los carpinteros en cada pieza concluida para reconocerla.

CONTRE-MARCHE, f. contrmárche Mil. Contramarcha, marcha de un ejército en sentido opuesto al que parecia querer llevar ántes, á fin de engañar al enemigo. || Mar. Contramarcha, el movimiento sucesivo de todos los navíos de una línea, que por tanto maniobra en un mismo punto.

CONTRE-MARCHER, n. contrmarché. Contramarchar, retroceder, desandar el camino que se habia andado.

CONTRE-MARÉE, f. contrmaré. Mar. Revesa que hace la marea en los canales y pasos estrechos.

CONTRE-MARQUE, f. contrmárc. Com. Contramarca, segunda marca estampada sobre un fardo de mercaderías, etc. || Contraseña, billete que se entrega á los que salen del teatro durante la representacion, para que puedan volver á entrar. || Contramarca, marca con que se resella.

CONTRE-MARQUER, a. contrmarqué. Contramarcar, poner segunda marca. || Se contre-marquer, r. Contramarcarse, ser contramarcado.

CONTRE-MARQUEUR, EUSE, m. y f. contrmarqueur, eus. [illegible], el que reparte las contraseñas en un teatro.

CONTRE-MINE, f. contrmín. Mil. Contramina, mina que se hace en oposicion de las de los contrarios para inutilizarlas.

CONTRE-MINER, a. contrminé. Contraminar, hacer minas para encontrar las de los enemigos é inutilizarlas. || met. Penetrar, averiguar lo que otro quiere hacer para que no consiga su intento.

[illegible]

CONTRE-ORDRE, m. contrórdr. Contraórden, órden con que se revoca otra. || Contraórden, órden contraria á la que se habia dado y recibido primero.

CONTRE-OUVERTURE, f. contruvertúr. Cir. Contraabertura, nueva incision.

CONTRE-PAL, m. contrpál. Blas. Contrapalo, palo dividido en dos, diferentes ambos.

CONTRE-PALÉ, ÉE, adj. contrpalé. Blas. Contrapalado: dícese de un escudo que tiene los palos opuestos unos á otros.

CONTRE-PAN, m. contrpan. Jurisp. ant. Contrafianza, nueva hipoteca sobre las tierras de una hacienda, estipulada para mayor seguridad de un derecho ó de un censo debido sobre otra tierra.

CONTRE-PANER, a. contrpané. Jurisp. ant. Contraempeñar, contraafianzar, asegurar por medio de fianzas, hipotecar tierras en garantía de derechos que deben pagar otras.

CONTRE-PANNETON, m. contrpanetón. Art. Contrapaleton, plancha férrea agujereada, que sirve para recibir los paletones ó dientes de una falleba.

CONTRE-PARTIE, f. contrpartí. Mús. Contraparte, concordancia armoniosa de voces contrapuestas. || Contre-partie d'un compte, contraregistro de una cuenta, libro de comercio en que el contador asienta las partidas que el cajero recibe, y el tenedor de libros apunta en el suyo. || Art. Contraparte, la parte libre, exenta de dibujo en las obras embutidas ó taraceadas, de diferentes colores, á estilo de vistoso y elegante mosaico. || met. Contraparte, opinion, sistema, sentimiento, modo de pensar opuesto al de la generalidad. || Soutenir toujours la contre-partie, llevar constantemente la contraria. || Faire la contre-partie d'un ouvrage, [illegible]

[illegible]

[illegible] ‖ met. y fam. Contrapié, lo [illegible] de lo que se debe hacer ó enten[illegible] *[illegible] la contre-pied de ce qu'on* [illegible], ha hecho todo lo contrario de lo [illegible]. *Prendre le contre-pied de ce* [illegible] *faire*, [illegible] al reves.

[illegible], m. *contrpilastre* [illegible], pilastra unida al muro.

[illegible], a. *contrpipé*. Contra[illegible], engañar á alguno con apa[illegible].

[illegible], f. *contrplánche* Art. [illegible], segunda lámina, grabada [illegible] dibujo que la primera.

[illegible], f. *contrplatin*. Mil. [illegible].

[illegible], m. *contrplég*. Jurisp. [illegible], certificador ó dador de la [illegible] de una caucion.

[illegible], a. *contrpleg*. Jurisp. [illegible], es decir, dar al que fia. ‖ *Se* [illegible], r. Contrafianzas, servirse mu[illegible].

[illegible], m. *contrpuá*. Art. [illegible], el peso que se pone á la parte [illegible] de otro peso, para que permanez[illegible] equilibrio. ‖ Contrapeso, balancin, [illegible] que usan los volatines para man[illegible] equilibrio sobre la cuerda. ‖ Con[illegible], peso grande que sirve en algunas [illegible] para diferentes usos. ‖ [illegible], fuerza de las afecciones, [illegible] buenas ó malas, y general[illegible] lo que se considera suficiente para [illegible].

[illegible], m. *contrpuál*. Contra[illegible] de á pelo. ‖ met. Contra[illegible] de una opinion vulgarmente [illegible]. ‖ *A contre-poil*, loc. adv. A con[illegible] ó [illegible], al reves, al contrario. ‖ [illegible] *une affaire à contre-*[illegible] un negocio al reves. ‖ *Pren-*[illegible] *à contre-poil*, herir la sus[illegible] de alguno.

[illegible], m. *contrpuasón*. [illegible], punzon para remachar [illegible] no puede entrar el marti[illegible], herramienta propia para [illegible]. ‖ Contrapunzon, instrumen[illegible] con que se hace el punzon.

[illegible], a. *contrpuan*-[illegible], bincar, introducir el [illegible] en el trozo de acero destina[illegible] el contrapunzon.

[illegible], m. *contrpuén*. Mús. [illegible], arte de componer música para [illegible] voces. ‖ Contrapunto, composicion [illegible] hecha segun las reglas del contra[illegible]. ‖ *Contre-point simple*, contrapunto [illegible] de música en que todas las [illegible] nota por nota. ‖ [illegible] *figuré* ó *fleuri*, contrapunto [illegible] ó florido, aquel cuyas diferentes [illegible] se expresan con tonos y [illegible] distintos. ‖ Mar. Refuerzo de paño, [illegible] grueso que la relin[illegible] forman los paños en todas [illegible]. ‖ *A contre-point*, loc. adv. Con[illegible], de una manera opuesta.

[illegible], f. *contrpuént*. Mil. [illegible], parte cortante del canto de la [illegible]. ‖ *Apprendre la contre-*[illegible] ó aprender la contrapun[illegible] del manejo del sable. [illegible]

[illegible], a. *contrpuasé*. Pe[illegible] ó tabicar á porpuesto. ‖ Artil. [illegible], oponer una batería paralela [illegible] otra. ‖ Blas. Contrapasar, poner [illegible] en las armas de un escu[illegible]. Contrapasar, contradecir, con[illegible]. ‖ *Se contre-pointer*, r. Contrapun[illegible] ó picarse uno con otro.

[illegible], m. *contrpuantié*. [illegible], pespuntador, colchero.

[illegible], m. *contrpoisonist*. [illegible], que conoce, que sabe [illegible].

[illegible], m. *contrpuasón*. [illegible], alexifármaco, antídoto, [illegible], preservativo con[illegible] un veneno. ‖ met. [illegible] de la vida doméstica es el mejor [illegible].

el aliciente de la vida doméstica es el mejor preservativo contra las malas costumbres.

**CONTRE-PORTE**, f. *contrport*. Mil. Contrapuerta, portico, segunda puerta de una plaza fuerte.

**CONTRE-PORTER**, a ant. *contrporté*. Contrallevar, llevar á cuestas, vender por las casas géneros de comercio conduciéndolos encima ó consigo mismo. ‖ V. COLPORTER.

**CONTRE-PORTEUR**, m. ant. *contrporteur*. Contraportador, surrador de cueros, mercader de correjel que lleva el género á casa de los zapateros y guarnicioneros. V. COLPORTEUR.

**CONTRE-POSER**, a. *contrposé*. Com. Contraponer, colocar inexactamente un artículo en un libro de comercio, anteponer ó posponer una partida en el libro de caja. ‖ Blas. Contraponer, colocar las armas, los timbres, las figuras del escudo en un sentido diferente, ó que las diferencie unas de otras.

**CONTRE-POSEUR**, m. *contrposeur*. Alb. Contraponedor, sentador, el oficial cantero que sienta los sillares.

**CONTRE-POSITION**, f. *contrposisión*. Com. Contraposicion, accion de contraponer. ‖ Blas. Contraposicion, colocacion diferente de las figuras del escudo. ‖ Com. Contraposicion, la partida antepuesta ó pospuesta en el libro de caja.

**CONTRE-POTENCE**, f. *contrpotáns*. Reloj. Cubo, pilarcito que sirve para sostener el eje de la rueda de encuentro.

**CONTRE-POTENCÉ, ÉE**, adj. *contrpotansé*. Blas. Contrapotenzado, que tiene potenzas encontradas.

**CONTRE-POUCE**, m. *contrpús*. Contrapalanca, especie de alzaprima doble para levantar un peso.

**CONTRE-PREUVE**, f. *contrpreuv*. Art. Contraprueba, calco, dibujo que se saca de una estampa recien tirada.

**CONTRE-PREUVER**, a. *contrpreuvé*. Art. Contraprobar, sacar una contraprueba de un dibujo, de una figura, de una estampa recien tirada.

**CONTRE-PROFILER**, a. *contrprofilé*. Contraperfilar, entallar perfil con perfil.

**CONTRE-PROJET**, m. *contrprojé*. Contraproyecto, designio, plan, proyecto que se forma para contrarestar otro.

**CONTRE-PROJETER**, a. *contrprojeté*. Contraproyectar, formar un contraproyecto.

**CONTRE-PROMESSE**, f. *contrpromés*. Jurisp. Contrapromesa, declaracion de una persona á favor de otra que le hizo una promesa.

**CONTRE-PROPOS**, m. *contrpropó*. Contrapropósito, contraproposicion. ‖ Contrapropósito, resolucion, determinacion contraria á otra.

**CONTRE-PROPOSITION**, f. *contrproposisión*. Contraproposicion, proposicion opuesta á otra.

**CONTRE-PUITS**, m. *contrpuí*. Art. mil. Contrapozo, hornillo practicado á alguna distancia encima de la bóveda de las galerías de contraminas.

**CONTRE-QUILLE**, f. *contrquill*. Mar. Contraquilla, quilla interior.

**CONTRE-QUEUE D'ARONDE**, f. ant. *contrqueudarond*. Mil. Contracola de golondrina, obra exterior de fortificacion mas ancha del lado de la plaza que del campo.

**CONTRER**, n. *contré*. En ciertos juegos anunciar que uno lleva la partida contra el primero que invitó á una jugada.

**CONTRE-RAMPANT, E**, adj. *contrranpan*. Blas. Contrarampante, actitud ó postura de dos animales rampantes ó rapantes, mirándose uno á otro.

**CONTRE-REGARDER**, a. *contrregardé*. Contramirar, mirar por el lado opuesto.

**CONTRE-RETABLE**, m. *contrretábl*. Arq. Contraretablo, contro del altar.

**CONTRE-RÉVOLUTION**, f. *contrrevolusión*. Polit. Contrarevolucion, revolucion contraria á otra, segunda revolucion opuesta á la primera.

**CONTRE-RÉVOLUTIONNAIRE**, adj. *contrrevolusionér*. Polit. Contrarevolucionario, partidario de una contrarevolucion.

**CONTRE-RÉVOLUTIONNAIREMENT**, adv. *contrrevolusionermán*. Contrarevolucionariamente, de un modo contrarevolucionario.

**CONTRE-RÉVOLUTIONNER**, a. *contrrevolusioné* Polit. Contrarevolucionar, hacer una contrarevolucion.

**CONTRE-RIPOSTE**, f. *contrripóst* Esgr. Contrasacudida, movimiento que se hace con la espada para oponerse á una sacudida del contrario.

**CONTRE-RODE**, f. *contrród*. Mar. Contraroda.

**CONTRE-RÔLE**, m. V. CONTRÔLE.

**CONTRE-ROLLER**, a. V. CONTRÔLER.

**CONTRE-RONDE**, f. *contrrónd*. Mil. Contraronda, segunda ronda para asegurarse mas de la vigilancia de los puestos.

**CONTRE-RUSE**, f. *contrrús*. Contrastacia, una astucia contra otra.

**CONTRE-SABORD**, m. *contrsabór*. Mar. Postigo que sirve para cerrar las portañolas.

**CONTRE-SAISON**, f. *contresón* Jard. Contrasazon, defecto de lo que nace fuera de tiempo.

**CONTRE-SALUT**, m. *contrsalú*. Mar. Contestacion que hace el buque que recibe un saludo, contrasalva.

**CONTRE-SANGLON**, m. *contrsanglón*. Art. Contrafuerte, correa asegurada al arzon de la silla para apretar la cincha.

**CONTRESCARPE**, f. *contrescárp*. Fort. Contraescarpa, declive de la parte de la muralla que está dentro del foso. ‖ Contraescarpa, el camino cubierto y el glácis ó explanada.

**CONTRESCARPER**, a. *contrescarpé*. Mil. Contraescarpar, pertrechar, guarnecer con una contraescarpa.

**CONTRE-SCEL**, m. *contrsél*. Contrasello, sello menor puesto al lado del mayor ó destinado á otros usos en las chancillerías.

**CONTRE-SCELLER**, a. *contrselé*. Contrasellar, poner el contrasello.

**CONTRE-SEING**, m. *contrsén*. Refrendata, firma del que por autoridad pública suscribe despues del superior. ‖ Francatura.

**CONTRE-SENS**, m. *contrsáns*. Sentido contrario, opuesto, inverso que se da á una palabra ó proposicion. ‖ *Prendre le contre-sens des affaires*, tomar las cosas al contrario, al reves. ‖ *Traduction pleine de contre-sens*, traduccion equivocada ó adulterada. ‖ *A contre-sens*, loc. adv. De un modo opuesto al sentido verdadero.

**CONTRE-SIGNATAIRE**, adj. *contrsiñatér*. Polit. Contrasignatario, epíteto que se da al que rubrica un acto ya rubricado.

**CONTRE-SIGNER**, a. *contrsiñé*. Refrendar un despacho ó una órden.

**CONTRE-SIGNEUR**, m. *contrsiñeur*. Refrendador, que refrenda un despacho, una órden.

**CONTRE-SOL**, m. *contrsól*. Agr. Contrasol, especie de vaso destinado al cultivo de ciertas plantas que no pueden estar expuestas al sol.

**CONTRE-SOMMATION**, f. *contrsomasión*. Contrarequerimiento, recurso de un fiador contra otro que tambien era fiador de un tercero.

**CONTRE-SOMMER**, a. *contrsomé*. Contrarequerir, llamar un fiador á otro fiador para estar ambos á las resultas de la fianza.

**CONTRE-SOMMIER**, m. *contrsomié*. Contrabanco, piel con que el pergaminero cubre el banco sobre que raspa las pieles.

**CONTRE-SORTIE**, f. *contrsorti*. Contrasalida, oposicion tenaz de los sitiadores á una salida de los sitiados.

**CONTRE-STIMULANT**, adj. *contrstimulán*. Med. Contraestimulante: dícese de los remedios que disminuyen la accion vital deprimiendo el estímulo.

**CONTRE-STIMULATION**, f. *contrstimulasión*. Contraestimulacion, exceso de una de las dos fuerzas activas que constituyen la salud.

**CONTRE-STIMULISME**, m. *contrstimulism*. Med. Contraestimulismo, sistema en que se tratan las enfermedades por los medios juzgados á propósito para disminuir la accion vital.

**CONTRE-STIMULISTE**, m. *contrstimu-*

*liet*. Med. Contraestimulista, partidario del contraestimulismo.

**CONTRE-TAILLE**, f. *contrtáll*. Art. Contrarayas que cruzan las primeras de un grabado para darle mayor fuerza.

**CONTRE-TAILLER**, a. *contrtallé*. Contrarayar, cubrir con contrarayas.

**CONTRE-TEMPS**, m. *contrtán*. Contratiempo, infortunio, calamidad, trabajo. || Esgr. Contratiempo, movimiento de los dos contrarios cuando se tiran una estocada á un mismo tiempo. || *A contre-temps*, loc. adv. Fuera de tiempo.

**CONTRE-TENANT**, m. *contrtenán*. Hist. Adversario, en los torneos.

**CONTRE-TENIR**, a. *contrtenir*. Sostener por detras en la parte en que se clava algun clavo.

**CONTRE-TERRASSE**, f. *contrterás*. Terrado que está apoyado en ó contra otro.

**CONTRE-TÊTE**, f. *contrtét*. Oposicion, usado antiguamente en solo este sentido.

**CONTRE-TIRER**, a. *contrtiré*. Contraprobar, sacar una contraprueba de una lámina. || Calcar, copiar un dibujo por medio de un papel barnizado.

**CONTRE-TRANCHÉE**, f. *contrtranché*. Mil. Contratrinchera, trinchera contra los sitiadores.

**CONTRE-TRAVERSIN**, m. *contrtraversén*. Mar. Contracodaste, pieza añadida al codaste.

**CONTRE-VAIR**, m. *contrver*. Blas. Contraveros, oposicion del metal al metal, y del color al color.

**CONTRE-VAIRÉ, ÉE**, adj. *contrveré*. Blas Contraverado, lleno de veros opuestos unos á otros.

**CONTREVAL (À)**, loc. adv. *acontrevál*. Cuesta abajo, descendiendo.

**CONTREVALLATION**, f. *contrevalasión*. Mil. Contravalacion, accion y efecto de contravallar. Líneas tiradas para defenderse de las salidas de una ciudad.

**CONTREVALLER**, n. *contrevalé*. Mil. Contravallar, construir por el frente del ejército que sitia una plaza una línea fortificada.

**CONTREVENANT, E**, m. y f. *contrevenán* Contraventor, el que contraviene.

**CONTREVENIR**, n. *contrevenir*. Contravenir, obrar en contra de lo que está mandado.

**CONTREVENT**, m. *contreván*. Contraventana, hoja de ventana que se abre hácia fuera y sirve para guarecer del viento y de la lluvia. || Contraviento, maderos oblicuos apoyados contra los edificios y ciertas obras, para sostenerlos y hacerlos mas resistentes.

**CONTREVENTER**, a. *contreventé*. Poner contravientos, sostener ciertas partes de los edificios con maderos para que resistan á la accion de los vientos.

**CONTRE-VERGE**, f. *contrevérge*. Art. Instrumento del telar de tejidos de seda que sirve para preparar las vergas.

**CONTRE-VÉRITÉ**, f. *contreverité*. Antífrasis, lo que se dice para que se entienda lo contrario de lo que significan las palabras.

**CONTRE-VIRER**, a. *contreviré*. Contravirar, girar en sentido contrario.

**CONTRE-VISITE**, f. *contrevisit*. Contravisita, segunda visita hecha de órden superior, cuando la primera ha sido considerada nula. || Contravisita, segunda visita á que se manda someter á un recluta ó soldado enfermo. || Revista, nuevo registro de mercancías en las aduanas.

**CONTRE-VOLTE**, f. *contrevólt*. Mil. Contravuelta, maniobra por la que la caballería, despues de haber dado una vuelta, restablece su frente en cabeza.

**CONTRE-VOLTER**, n. *contrevolté*. Mil. Contravolver, dar una contravuelta.

**CONTREVUE**, f. *contrevú*. Punto de vista opuesto á otro. || met. Cuento, conseja, fábula, parto de la imaginacion.

**CONTRIBUABLE**, m. y f. *contribuabl*. Contribuyente, pechero, el que debe contribuir ó pagar los impuestos.

**CONTRIBUER**, n. *contribué*. Contribuir, coo[illegible] de algun modo á la ejecu[illegible] || Contribuir, tener parte [illegible] || Contribuir, pagar su parte en algun gasto ó carga comun. || Contribuir, pagar las contribuciones.

**CONTRIBUTAIRE**, adj. *contributér*. Contributario, contribuyente, el que paga la parte que le corresponde de un impuesto.

**CONTRIBUTEUR**, m. ant. *contributeur*. Contribuidor, contribuyente, el que contribuye.

**CONTRIBUTIF, IVE**, adj. *contributif, iv*. Contributivo, relativo á la contribucion.

**CONTRIBUTION**, f. *contribusión*. Contribucion, imposicion, impuesto, carga pública. || met. Contribucion, concurrencia forzada de muchas cosas, como artes, ciencias, etc., á un mismo fin. *Toutes les sciences ont été mises à contribution pour rehausser les jouissances du goût*. (Brill.-Savar.)

**CONTRIBUTOIRE**, adj. *contributuár*. Contributorio, que se refiere á la contribucion.

**CONTRIBUTOIREMENT**, adj. *contributuarmán*. Adm. Contributoriamente, de un modo contributivo.

**CONTRIRE (SE)**, r. ant. *contrír*. Arrepentirse, aparecer y estar realmente contrito.

**CONTRISTER**, a. *contristé*. Contristar, entristecer, afligir, apesadumbrar.

**CONTRIT, E**, adj. *contrí*. Teol Contrito, que tiene contricion. || Contrito, triste, mortificado, afligido.

**CONTRITION**, f. *contrision*. Teol. Contricion, dolor, pesar de haber ofendido á Dios. || Farm. Trituracion.

**CONTRÔLAGE**, m. *controláge*. Adm. Registro, la accion de registrar.

**CONTRÔLE**, m. *contról*. Com. Registro, libro de cuenta y razon en que se asientan y copian los despachos, libranzas, etc. || Registro, la oficina en que se registra, y el derecho que en ella se paga. || Mil. Lista, nómina. || Registro, marca, sello. || met. Registro, revista crítica, censura artística ó científica de las obras de artes ó ciencias.

**CONTRÔLEMENT**, m. *controlmán*. Adm. Intervencion, accion de ejercer un registro.

**CONTRÔLER**, a. *controlé*. Adm. Registrar, inspeccionar, visar, inscribir en el libro de registro lo inspeccionado. || Marcar, acuñar, sellar piezas de oro ó plata labrada, para hacer constar que han pagado los derechos, y que tienen la ley de la moneda. || Comprobar las cuentas con los recados de justificacion. || met. Notar, censurar, criticar las acciones de otros. || met. Registrar, repasar obras, censurar.

**CONTRÔLEUR**, m. *controleur*. Registrador, inspector, contralor. || *Contrôleur de la maison du roi*, especie de mayordomo de la real casa, gentil-hombre de boca. || *Contrôleur d'hôpital*, contralor, encargado de las provisiones y efectos de un hospital. || *Contrôleur de spectacles*, acomodador de teatros, el comisionado para recoger los billetes ó contraseñas. || Legisl. *Contrôleur des contributions*, inspector de las contribuciones, director de los trabajos preparatorios para la recaudacion de los impuestos. || met. y fam. *Contrôleur*, censor, murmurador, satirizador injusto de las acciones de otro. || Contralor, interventor.

**CONTROUVER**, a. *contruvé*. Calumniar, inventar, forjar, armar caramillo con chismes, embustes y habladurías contra alguno.

**CONTROVERSABLE**, adj. *controversábl*. Controvertible, que se puede controvertir.

**CONTROVERSE**, f. *controvérs*. Controversia, debate, disputa, cuestion entre dos ó mas personas. Se aplica con especialidad á las disputas en materia de religion.

**CONTROVERSER**, a. *controversé*. Controvertir, discutir, debatir, disputar, altercar.

**CONTROVERSISTE**, m. *controversist*. Controversista, el que escribe ó trata sobre puntos de controversia.

**CONTUBERNALE**, m. y f. *contubernál*. Contubernal, el que vive con otro en un mismo alojamiento. || Contubernal, nombre dado en Roma á un matrimonio de esclavos. || *Contubernales*, f. pl. Mit. Contubernales, divinidades gentílicas adoradas en un mismo templo. || *Contubernales*, m. pl. Contubernales, decanos de soldados romanos que cohabitaban bajo la [illegible] de una misma tienda. || Contubernales, [illegible] jóvenes, quienes [illegible] destinados á los [illegible] públicos civiles y militares.

**CONTUBERNIUM**, m. [illegible] Contubernio, tienda de campaña que [illegible] dies soldados con su jefe || Contubernio, casamiento de esclavos ó [illegible] como una simple cohabitacion. || [illegible] nio, habitacion con otra persona [illegible] regularmente por consideracion [illegible].

**CONTUMACE**, f. *contumás*. Jurisp. Contumacia, rebeldía. || Contumace, adj. [illegible] Contumaz, el que no quiere comparecer [illegible] juicio.

**CONTUMACER**, a. [illegible]. Jurisp. Acusar la rebeldía, instruir sumario de inobediencia á un reo contumaz.

**CONTUMACIAL, E**, adj. [illegible] Contumacial, que se hace por contumacia.

**CONTUMAX** ó **CONTUMACE**, adj. [illegible] *contumáx*, *contumás*. Jurisp. Contumaz, rebelde, desobediente, el que no quiere comparecer en juicio. || Der. can. Contumaz, obstinado, reincidente en la desobediencia [illegible] el menosprecio de las leyes de la Iglesia.

**CONTUMÉLIE**, f. ant. *contumelí*. Contumelia, afrenta, oprobio, injuria ó [illegible] palabra dicha á alguna persona en su cara.

**CONTUMÉLIEUSEMENT**, adv. ant. *contumelieusmán*. Contumeliosamente, con contumelia.

**CONTUMÉLIEUX, EUSE**, adj. ant. *contumelieu*, *eus*. Contumelioso, injurioso, ofensivo.

**CONTUNDANT**, adj. *contondán*. [illegible] Contundente, que hiere sin cortar.

**CONTUS, E**, adj. lat. *contú*, *ús*. Contuso, golpeado, magullado, el que ha recibido un golpe.

**CONTUSIF, IVE**, adj. *contusif*, *iv*. [illegible] Contusivo, que produce una contusion.

**CONTUSION**, f. *contusión*. Contusion, daño exterior que recibe alguna parte del cuerpo por algun golpe que no causa herida.

**CONTUSIONNER**, a. *contusioné*. [illegible] Contusionar, causar contusiones.

**CONTUTEUR**, m. V. COTUTEUR.

**CONULAIRE**, m. *conulér*. Zool. Conulario, género de moluscos.

**CONULÉE**, m. *conulé*. Bot. Conúlea, género de la familia de las [illegible].

**CONURE**, m. *conúr*. Zool. Conuro, género del órden de los himenópteros. || Conuro, género de coleópteros pentámeros.

**CONUS-FUSORIUS**, m. *conus-fusórius*. Quím. Conofusorio, especie de crisol.

**CONVAINCANT, E**, adj. *convencán*. Convincente, que convence.

**CONVAINCRE**, a. *convéncr*. Convencer, precisar á otro con razones á que mude de dictámen. || Convencer, probar á otro una cosa de manera que no la pueda negar. || Convencer, hacer patente la culpabilidad de alguno por medio de pruebas evidentes. || *Se convaincre*, r. Convencerse, cerciorarse de una cosa, persuadirse enteramente de algo.

**CONVAINCU, E**, adj. *convencú*. Convencido. || Jurisp. Convicto, habiéndose de [illegible] reo.

**CONVALESCENCE**, f. *convalesáns*. Med. Convalecencia, estado de alivio en que se halla el que ha padecido una enfermedad hasta que recobra enteramente la salud. || Convalecencia, tiempo que transcurre desde el fin de la enfermedad hasta el total restablecimiento. || Se ha llamado á la melancolía *la convalescence de la douleur*. || Mil. [illegible] que se da en los hospitales á los soldados que han estado enfermos con exencion temporal de servicio.

**CONVALESCENT, E**, adj. y s. [illegible] *sán*. Med. Convaleciente, el que convalece.

**CONVALLAIRE**, f. *convalér*. Bot. Convalaria, género de plantas de Europa.

**CONVALLARIÉES**, f. pl. [illegible] Bot. Convalariadas, tribu de plantas.

**CONVALLARINE**, f. *convalarín*. Bot. Convalarina, género de infusorios.

**CONVALLARITES**, f. pl. [illegible] Bot. Convalarites, género de vegetales.

[illegible], m. [illegible]. Porta-[illegible]. || Min. Convector, [illegible] á los trasportes de las mic-[illegible]

[illegible], adj. convenábl. Conve-[illegible], provechoso. || Con-[illegible]. || Decente, proporcionado.

[illegible], adv. convenabl-[illegible], de un modo, de [illegible], adecuado, útil.

[illegible], f. convenáns. Convenien-[illegible] conformidad entre dos co-[illegible]. || Utilidad, provecho. || Ajuste, [illegible]. || *Mariage de conve-*[illegible] de conveniencia, por es-[illegible], por el dote, rango, etc. || Con-[illegible], bienestar, decoro, [illegible]. || *Convenances*, pl. [illegible], relaciones so-[illegible]

[illegible], n. ant. convenané. Con-[illegible], quedar de acuerdo en [illegible], apalabrar, dar palabra [illegible]

[illegible], m. convenansié. Con-[illegible] de sus conveniencias.

[illegible], adj. convenán. Conve-[illegible], correspondiente, adecua-[illegible]

[illegible], m. V. COVENANT.

[illegible], n. convenír. Concertar, acor-[illegible], ser propio ó conve-[illegible] para una cosa. || Conceder, [illegible]. || Convenir, ser del mismo sentir [illegible], v. impers. Conviene, [illegible], importa. || met. Gus-[illegible]. || Repairse, segun Rabelais. || [illegible], r. Convenirse dos personas, [illegible], tener un mismo gusto, estado [illegible]

[illegible], m. convén. Jurisp. ant. De-[illegible] en país de fianzas ó [illegible] para trasferir de una persona [illegible] de alguna finca. || Asam-[illegible] en la que se hacian [illegible] llamados conventos. || ant. [illegible], salvaguardia.

[illegible], m. convanticál. Con-[illegible] clandestina.

[illegible], f. convansión. Conven-[illegible], concierto entre dos ó [illegible]. *Il est de difficile con-*[illegible], brusco, esquivo. || [illegible], contrato matrimonial. || [illegible], moneda que solo [illegible] estados, provincias ó [illegible] particular. || Polit. [illegible] nacional formada para [illegible], cambiarla ó [illegible] especialmente de la que [illegible] francesa á fines del si-[illegible]

[illegible], LE, adj. y s. con-[illegible], lo pactado y con-[illegible], miembro par-[illegible] en tiempo de la re-[illegible] del siglo pasado.

[illegible], adv. con-[illegible], por con-[illegible]

[illegible], f. convantualité. [illegible], estado de una casa religio-[illegible] personas viven bajo una [illegible]

[illegible], LE, adj. convantuél. [illegible] á un convento. || [illegible] que tiene su re-[illegible] en un convento.

[illegible], adv. convan-[illegible], en comunidad.

[illegible], adj. convergé. Convencio-[illegible]

[illegible], f. converjáns. Geom. [illegible] de las lineas y de los [illegible] punto.

[illegible], adj. converján. Geom. [illegible] que se da á dos rectas [illegible] punto.

[illegible], n. converjé. Converger, [illegible] rectas cuya direccion [illegible] punto.

[illegible], adj. convér. Converso, [illegible] de frailes ó monjas. || [illegible] que se ce-[illegible] de San Juan. || Geom.

*Proposition converse*, proposicion inversa, que despues de haber sido deducida de otra como conclusion, sirve á su vez de principio á esta. || Bot. Nombre con que se designa vulgarmente el aliso.

**CONVERSABLE**, adj. *conversábl*. Conversable, tratable, sociable, comunicable.

**CONVERSATION**, f. *conversasión*. Conversacion, plática, discurso familiar entre dos ó mas personas.

**CONVERSEAU**, m. *converső*. Art. Guardaharina, tornera, pieza de un molino.

**CONVERSER**, n. *conversé*. Conversar, hablar familiarmente unas personas con otras. || met. Conversar con los libros, contemplar, aplicarse á la lectura, estudiar, meditar. || Mil. Conversar, cambiar de frente sobre uno de los costados, ejecutar una conversion á derecha ó izquierda.

**CONVERSIBLE**, adj. *conversíbl*. Convertible, que se puede convertir.

**CONVERSE**, f. *convérs*. Conversa, se dice de una proposicion que está en sentido opuesto respecto á otra.

**CONVERSION**, f. *conversión*. Conversion, mutacion, trasmutacion, trasformacion de una cosa en otra. || Quim. Conversion, trasmutacion de los metales. || Álg. *Conversion des équations*, conversion de las ecuaciones, operacion por la que una cantidad desconocida, estando en forma de fraccion, se reduce á un mismo denominador. || Mil. Conversion, mutacion del frente. || Conversion, reduccion de la moneda de un valor á otro. || Conversion, abjuracion, cambio de creencia que hace un hereje cuando abraza la religion cristiana. || Conversion, accion de aumentar ó disminuir el total de las rentas. || Jurisp. Conversion, cambio de un acto, obligacion ó decreto en otro de diferente especie. || Liter. Conversion, especie de repeticion que termina del mismo modo varios miembros consecutivos de una frase. || Lóg. Cambio de una proposicion en su inversa. || Med. *Conversion des maladies*, cambio, trasformacion, degeneracion de una enfermedad en otra. || *Conversion de rente sur saisie immobiliaire*, cambio de una renta sobre embargo de bienes inmuebles por una adjudicacion en subasta judicial. || Ret. Conversion, figura de palabras que se comete cuando dos ó mas cláusulas terminan en una misma voz.

**CONVERSIONISTE**, m. *conversionist*. Polit. Conversionista, partidario de la conversion de las rentas.

**CONVERSO**, m. *convérso*. Mar. Crujía del navío donde los marineros se juntan á conversacion.

**CONVERTI, E**, adj. *converti*. Convertido, vuelto, mudado, trasmutado. || Converso, nombre que se da á la persona que abraza la religion cristiana.

**CONVERTIBILITÉ**, f. *convertibilité*. Convertibilidad, propiedad de las cosas que pueden cambiarse en otras.

**CONVERTIBLE**, adj. *convertíbl*. Convertible, que puede convertirse. || Lóg. Convertible, se dice hablando de una proposicion que puede ser la conversa de otra.

**CONVERTIE**, f. *converti*. Arrepentida, religiosa de una comunidad que lleva este nombre.

**CONVERTIR**, a. *convertir*. Convertir, cambiar, mudar, volver una cosa en otra. || Convertir, hacer mudar de creencias, de costumbres, de malo en bueno. || fam. *Convertir quelqu'un*, convertir á alguno, hacerle cambiar de resolucion, de ideas. || Rel. Convertir, hacer que un pecador se purifique por la penitencia, que un hereje abjure sus errores, que un pagano abrace la religion católica. || En lógica se usa en el sentido que se explica en CONVERTIBLE.

**CONVERTISSABLE**, adj. *convertisábl*. Convertible, hablando de personas que pueden convertirse, reducirse á la fe católica.

**CONVERTISSEMENT**, m. *convertisman*. Conversion, cambio, hablando de negocios ó de fabricacion de moneda.

**CONVERTISSEUR**, m. *convertiseur*. Convertidor, misionero que tiene buen éxito en la conversion de las almas. || met. Convertidor, se dice tambien hablando de cosas: v. gr. *en religion comme en politique, le sabre est un mauvais convertisseur*

**CONVERTOR**, m. *convertór*. Conversor, nuevo motor que cambia en movimiento de rotacion el movimiento de dos lineas paralelas, y cuyo uso es aplicable á diferentes máquinas.

**CONVEXE**, adj. *convecs*. Convexo, curvo y redondeado al exterior; lo opuesto á cóncavo. || Bot. Convexo, lo que tiene una forma curva, realzada sin ángulo. || Zool. Convexo, concha ó caracol del algareto convexo. || Geom. Convexa, se llama así á la línea que se aproxima mas ó ménos á la circular. || Miner. Convexo, se dice de todo cristal que presenta la forma primitiva y cuya superficie es ovalada.

**CONVEXIROSTRE**, adj. *convecsirróstr*. Zool. Convexirostro, pájaro que tiene el pico convexo.

**CONVEXITÉ**, f. *convecsité*. Convexidad, redondez, curvatura exterior de un cuerpo convexo. || Arq. Montea.

**CONVEXO-CONCAVE**, adj. *convecsoconcáv*. Convexocóncavo, epíteto que se da á lo que es convexo de un lado y cóncavo del otro.

**CONVEXO-CONVEXE**, adj. *convecsoconvécs*. Convexo de ambos lados.

**CONVEXULE**, adj. *convecsúl*. Convéxulo, epíteto dado á lo que es convexo ligeramente.

**CONVICTION**, f. *convicsión*. Conviccion, convencimiento, persuasion.

**CONVICTIONNEL, LE**, adj. *convicsionél*. Conviccional, que tiene analogía con la conviccion. || Conviccional, que produce conviccion.

**CONVICTIONNELLEMENT**, adv. *convicsionelmán*. Convincentemente, con conviccion.

**CONVIÉ, ÉE**, m. y f. *convié*. Convidado, el que está invitado á un festin, ó á cualquier otro acto. || Es tambien adjetivo.

**CONVIER**, a. *convié*. Convidar, rogar una persona á otra que la acompañe á comer, á una funcion, etc. || met. Convidar, excitar, instar, comprometer á que se haga una cosa. || *Se convier*, r. Convidarse, brindarse, ofrecerse voluntariamente.

**CONVIS**, m. *conví*. Convite, comida, festin. V. REPAS.

**CONVIVANT, E**, adj. *conviván*. Conviviente, cualquiera de aquellos con quienes comunmente se vive.

**CONVIVE**, m. y f. *convív*. Convidado, el que se encuentra en una comida con otras personas. Hay una diferencia notable entre los dos sustantivos *convive* y *convié*, porque el primero supone presente en una comida á la persona convidada; miéntras el segundo puede rehusar la invitacion. Ademas no puede haber *convive* sin una comida, y puede uno ser convidado (*convié*) á una ceremonia, á una fiesta donde no debe comer.

**CONVIVIABLE**, adj. *conviviábl*. Lo que pertenece á los convites ó festines. *Poésie conviviable*, poesía de convite.

**CONVIVIAL, E**, adj. *convivial*. Que tiene analogía con los convites ó festines.

**CONVIVIALITÉ**, f. *convivialité*. Sociabilidad, gusto, predileccion decidida por las reuniones festivas en los convites.

**CONVIVIAT**, m. *conviviá*. Cualidad, dignidad, categoría del convidado.

**CONVIVIUM MILITARE**, m. *conviviommilitáre*. Hist. Convite militar que tenian los soldados romanos, inspeccionado por sus generales en persona.

**CONVOCABLE**, adj. y s. *convocábl*. Convocable, que puede convocarse.

**CONVOCATION**, f. *convocasión*. Convocacion, accion de convocar. || Convocatoria, carta, despacho con que se convoca.

**CONVOI**, m. *convuá*. Entierro, cortejo, aparato fúnebre. || Convoy, séquito, acompañamiento, reunion de personas que acompañan un cadáver á la sepultura. || Maq. Convoy, hilera de coches que marchan en los caminos de hierro. || Mil. Convoy, cantidad de víveres, municiones ó efectos que se trasportan en una misma conduccion. || Mar. Convoy de naves que marchan escoltadas por otras de guerra.

**CONVOIEMENT**, m. *convuamán*. Mar. Escolta.

CONVOITABLE, adj. convuatábl. Codiciable, que puede ser codiciado.

CONVOITER, a. convuató. Codiciar, desear con ansia ó pasion una cosa. || *Convoiter des yeux*, mirar con la vista, desear ardientemente una cosa mirándola con avidez. || fr. prov. *Qui tout convoite tout perd*, el que todo lo quiere todo lo pierde.

CONVOITEUR, s. y adj. m. convuateur. Codicioso, el que codicia ó desea una cosa.

CONVOITEUX, EUSE, adj. convuateu, eus. Codicioso. V. CONVOITEUR.

CONVOITISE, f. convuatís. Codicia, ansia, concupiscencia, apetito desordenado por apropiarse lo que pertenece á otro. || fam. *Jeter un oeil de convoitise sur quelque chose*, comerse una cosa con la vista, con los ojos.

CONVOL, m. convól. Jurisp. Segundas nupcias, accion de contraer matrimonio por segunda vez.

CONVOLER, n. convolé. Volverse á casar, casarse de segundas ó terceras nupcias. Se dice: *convoler en secondes noces*, etc.; y tambien, aunque rara vez, *convoler à un second mariage*.

CONVOLUTÉ, ÉE, adj. convoluté. Enrollado, envuelto en forma cilíndrica sobre sí ó sobre otro cuerpo.

CONVOLUTIF, IVE, adj. convolutíf, ív. Bot. Convolutivo, epíteto que se da á las hojas que están arrolladas en forma de corneta.

CONVOLVULACÉ, ÉE, adj. convolvulasé. Bot. Convolvuláceo, que se asemeja á un convólvulo. || *Convolvulacées*, f. pl. Convolvuláceas, familia de plantas.

CONVOLVULICOLE, adj. convolvulicól. Zool. Convolvulícola, epíteto dado al insecto que vive sobre el albohol.

CONVOLVULOÏDE, adj. convolvuloíd. Bot. Convolvuloide, que se parece al albohol. || *Convolvuloïdes*, m. pl. Convolvuloides, género de plantas.

CONVOLVULUS, m. convolvulus. Bot. Convólvulo, nombre latino y científico del albohol.

CONVOQUER, a. convoqué. Convocar, llamar, citar, hacer reunir una junta, un concilio, las cámaras, etc. || *Se convoquer*, r. Convocarse, llamarse, citarse, etc.

CONVOYER, a. convuayé. Convoyar, escoltar, acompañar, resguardar, custodiar un convoy. || Mar. Convoyar, dirigir, defender y proteger á varios buques mercantes reunidos.

CONVULSÉ, ÉE, adj. convulsé. Med. Convulso, que padece ó es atacado de convulsiones.

CONVULSER (SE), r. convulsé. Med. Agitarse convulsivamente, estar atacado de convulsiones.

CONVULSIBILITÉ, f. convulsibilité. Med. Convulsibilidad, disposicion á padecer convulsiones. || Convulsibilidad, aptitud ó predisposicion de un músculo á entrar en convulsion.

CONVULSIBLE, adj. convulsíbl. Med. Convulsible, que está dispuesto á padecer convulsiones, ó que anuncia la convulsion.

CONVULSIF, IVE, adj. convulsíf, ív. Med. Convulsivo, que acompaña, produce ó indica la convulsion.

CONVULSION, f. convulsión. Med. Convulsion, contraccion violenta é involuntaria de los músculos. || met. Convulsion: se dice de los movimientos violentos que excitan las pasiones. || Polít. met. *Convulsions politiques*, convulsiones políticas, turbulencias, revoluciones que se agitan en los Estados.

CONVULSIONNAIRE, adj. y s. convulsionér. Convulsionario, que padece convulsiones. || Hist. Convulsionario, fanático del último siglo á quien la exaltacion religiosa causaba convulsiones.

CONVULSIONNER, a. convulsioné. Med. Convulsionar, dar convulsiones. || *Se convulsionner*, r. Convulsionarse, sufrir, padecer convulsiones.

CONVULSIONNISTE, s. y adj. convulsion[illegible] Convulsionista, partidario de [illegible]

[illegible]MENT adv. convulsivamente. Convulsivamente, de una manera convulsiva.

CONYZE, f. conís. Bot. Coniza, género de plantas. || Miner. Coniza, nombre dado á una especie de cristal.

CONYZÉ, ÉE, adj. conisé. Bot. Conizoso, que se parece á una coniza. || *Conyzées*, f. pl. Conizeas, seccion de plantas.

CONYZOÏDE, adj. conisoíd. Bot. Conizoide, que tiene semejanza con una coniza.

COOBLIGATEUR, m. coobligateur. El que está con otros puesto á la cabeza de un partido: equivale á corifeo, caudillo.

COOBLIGATION, f. coobligasión. Coobligacion, obligacion mutua ó que se extiende á varias personas.

COOBLIGÉ, ÉE, adj. y s. cooblijé. Coobligado, que está obligado con uno ó mas compañeros en un contrato ó fianza.

COOKIE, f. coquí. Bot. Coquia, género de plantas de la familia de las auranciáceas.

COOPÉRATEUR, TRICE, m. y f. cooperateur, tris. Cooperador, persona que coopera. || *Coopérateur de la grâce*, el que responde ó ayuda por su parte á los movimientos de la gracia celeste.

COOPÉRATIF, IVE, adj. cooperatíf, ív. Polít. Cooperativo, que reune las fuerzas de todos los interesados.

COOPÉRATION, f. cooperasión. Cooperacion, accion de cooperar. || Cooperacion, accion de dos ó mas agentes que producen un efecto distinto. || Teol. *Coopération de la grâce*, cooperacion de la gracia, efecto que produce en nosotros la gracia para encaminarnos al bien.

COOPÉRER, n. cooperé. Cooperar, obrar juntamente con otros para un mismo fin.

COOPÉRIE, f. cooperí. Bot. Cooperia, género de plantas.

COOPERTORIUM, m. coopertórium. Liturg. Coopertorio, velo de seda con que se cubrian en otro tiempo los dones sagrados.

COOPTATION, f. cooptasión. Cooptacion, asociacion, agregacion.

COOPTER, a. coopté. Cooptar, admitir á alguno en una corporacion dispensándole de las condiciones necesarias para entrar en ella.

COORDINATION, f. coordinasión. Coordinacion, disposicion de varias cosas segun una ley que dándoles cierto orden establece sus relaciones y dependencias mutuas. || Coordinacion, estado de cosas coordinadas.

COORDONNABLE, adj. coordonábl. Coordinable, que puede ser coordinado.

COORDONNÉES, f. pl. coordoné. Geom. Coordinadas, abscisas ordenadas de una curva, consideradas relativamente unas á otras.

COORDONNER, a. coordoné. Coordinar, poner, colocar las cosas segun las relaciones que tienen entre sí. || Coordinar, disponer ciertas cosas convenientemente para un fin particular.

COORDONOGRAPHE, m. coordonograf. Pint. Coordonógrafo, instrumento á propósito para dibujar en perspectiva.

COPAHINE, f. copaín. Quím. Copaina, principio extraido del copaiba.

COPAHU, m. copaú. Quím. Copaiba, bálsamo medicinal.

COPAÏER, m. copaié. Bot. Copaifero, género de la familia de las papilionáceas.

COPAIN, m. copén. Partícipe, participante, colega íntimo, compañero y amigo que divide con otro placeres y tristezas, triunfos y derrotas, bienes y males.

COPAL, m. copál. Goma copal.

COPALINE, f. copalín. Quím. Copalina, sustancia incolora, dura, compacta, insoluble en el agua y en el alcohol, que forma una masa gelatinosa con el éter.

COPALLIN, E, adj. copalén, ín. Bot. Copalino, que produce el copal, ó tiene relacion con él.

COPALME (BAUME), m. copálm. Quím. Copalmo, nombre dado á una materia de consistencia medio líquida que tambien se llama copalina, y que tiende á cristalizarse.

COPALXOCOTLI, m. copalxocotli. Copalxocotle ó jabonero, arbolillo de Nueva España, cuyo fruto pone el agua lechosa y sirve para lavar la ropa.

COPARTAGE, m. co[illegible] parte, distribucion [illegible] los varios parcioneros.

COPARTAGEANT, E, a[illegible] Jurisp. Copartícipe, que parti[illegible] uno ó mas.

COPARTAGER, a. co[illegible] repartir, dividir, dis[illegible] les ó proporcionales. || S[illegible] Copartirse, distribuirse [illegible] varias personas.

COPEAU, m. copó. Ast[illegible] que los carpinteros hacen [illegible] garlopa ó la azuela. || Hacer[illegible] tiras que sirven para [illegible] ras de madera planas y del[illegible] palanca dispuestas así para[illegible] nes. y fam. *Il fait plus de* [illegible] besogne, trabaja mucho sin [illegible] destruye que hace.

COPEC, m. copéc. Cop[illegible] que vale dos cuartos con [illegible]

COPÉLATE, m. copelát[illegible] género de coleópteros [illegible]

COPÉPODES, m. pl. co[illegible] pópodos, órden de crus[illegible]

COPERMUTANT, m. co[illegible] Der. can. Copermutante, [illegible] cada uno de los que do[illegible] beneficio.

COPERMUTATION, f. [illegible] Hist. ecles. Copermuta[illegible] permutar.

COPERMUTER, a. coper[illegible] Copermutar, permutar [illegible] otro.

COPERNIC, m. copernic[illegible] co, instrumento de astronomí[illegible] muestra en la luna.

COPERNICIE, f. coper[illegible] nicia, género de plantas.

COPERNICIEN, IENNE, [illegible] en. Copernicano: se aplica [illegible] pérnico y á los astrónomos [illegible] m. y f. Copernicano, partid[illegible] de Copérnico.

COPHOSE, f. cofós. C[illegible] completa, estado de una [illegible] perdido el oido completa[illegible] Cofosa, género de coleóp[illegible]

COPHTE, adj. y s. cóft. C[illegible]

COPIATE, m. copiát. [illegible] nombre que se daba antigua[illegible] terraderos que abrian las [illegible] rar los muertos. || adj. m. P[illegible] sacerdotes que profesaban [illegible]

COPIDOPTÈRE, adj. [illegible] Copidóptero, que tiene las [illegible] sable. || *Copidoptères*, m. pl. [illegible] órden de pájaros [illegible]

COPIE, f. copí. Copia de [illegible] una obra. || Imitacion que [illegible] lo de la muestra que le da el [illegible] Copia, original que sirve [illegible] componer lo que debe de [illegible] Copia, imitacion exacta de [illegible] met. *C'est un original sans* [illegible] original, hablando del que [illegible] culo queriendo singularizars[illegible] *gurée*, fac-símile de un escr[illegible] imita la letra, el papel, y to[illegible] accidentes estampados en él[illegible]

COPIER, a. copié. Copiar [illegible] escrito ó documento publica[illegible] imitar con exactitud un cuad[illegible] ó cualquiera otra obra. || Re[illegible] en sus maneras, en sus accio[illegible]

COPIÈRE, m. copiér. [illegible] tillo de las viajeras. V. P[illegible]

COPIEUSEMENT, adv. co[illegible] piosamente, con abundancia.

COPIEUX, EUSE, adj. c[illegible] pioso, abundante, hablando [illegible] o de una evacuacion. || Cop[illegible] dor, remedador, que remeda [illegible] con el fin de ridiculizarlo.

COPISQUE, m. copísc. [illegible] pecie de incienso de Isfahan[illegible]

COPISTE, m. y f. copíst. C[illegible] te, que copia. || Copista, [illegible] carece de disposicion para in[illegible] hace otra cosa sino imitar.

COPORISTIQUE, adj. [illegible] Coporístico, epíteto que se d[illegible]

[illegible] ‖ m. Copostatico, tópico para la curacion de los callos.

[illegible], m. copos. Med. Copos, disposi[illegible] la mayor parte de [illegible] ocasionan con ménos [illegible] ordinario.

[illegible], m. copé. Com. Copé, lienzo muy [illegible] la China.

[illegible] ó [illegible], m. cóppe. Cope, nom[illegible] que usaban los Dorianos y [illegible], de la que los Latinos hicieron [illegible]

[illegible], m. copragóge. Farm. Co[illegible] purgante bastante be[illegible]

[illegible], f. cópr. Bot. Copra, nombre [illegible] del coco, cuando está [illegible] y extraer el aceite.

[illegible], m. coprée. Zool. Copreo, [illegible] pentámeros.

[illegible], m. copreneur. Jurisp. [illegible] que toma á medias una finca ó [illegible] en compañía de otro.

[illegible], adj. coprid. Zool. Coprido, [illegible] de estiércol.

[illegible], adj. copriometi. Med. Co[illegible], palabra griega con que Hipócrates [illegible] el vómito de excrementos por la [illegible]

[illegible], m. coprimórf. Zool. [illegible], género de coleópteros.

[illegible], m. copréu. Bot. Coprino, gé[illegible]

[illegible], f. coprín. Zool. Coprina, gé[illegible] de la familia de los napeá[illegible] Coprina, division establecida en [illegible]

[illegible], adj. coprivor. Zool. Copri[illegible] que vive en el excremento de [illegible]

[illegible], m. coprobát. Zool. Copro[illegible] de coleópteros pentámeros.

[illegible], f. coprobí. Zool. Coprobia, [illegible] pentámeros.

[illegible], f. coprocrasí. Med. Co[illegible], sinónimo de diarrea.

[illegible], m. coprolít. Coprolito, [illegible] de los animales fósiles.

[illegible], m. pl. copromórge. [illegible], grupo de insectos de la [illegible]

[illegible], adj. coprofáge. Zool. Co[illegible] dado á los insectos que vi[illegible] y en los excrementos.

[illegible], m. pl. Zool. Coprófagos, sec[illegible]

[illegible], adj. coprofíl. Zool. Co[illegible] dado á los insectos que cre[illegible] estiércol.

[illegible], m. y f. copropriétaire, [illegible] que posee á medias con [illegible]

[illegible], f. copropriété. Jurisp. [illegible], propiedad de diferentes par[illegible]

[illegible], f. coprorréd. Copror[illegible], diarrea.

[illegible], f. coprosclerós. Med. [illegible], endurecimiento de las mate[illegible]

[illegible], f. coprós. Bot. Coprosa, [illegible] del ababol ó amapola.

[illegible], m. coprósm. Bot. Copros[illegible] de plantas.

[illegible], f. coprostasí. Med. Co[illegible] de excrementos.

[illegible] ó [illegible], m. y f. cópt, cóft. [illegible] de los cristianos originarios [illegible] adj. Copto, lo que pertenece á [illegible] s. m. Copto, idioma antiguo de [illegible]

[illegible], n. copté. Repicar, badajear, [illegible] con la lengüeta ó badajo de [illegible] de poco en poco.

[illegible], m. coptid. Bot. Cóptido, gé[illegible] de la familia de las ranun[illegible]

[illegible], f. coptí. Zool. Coptia, género [illegible] pentámeros.

[illegible], adj. coptic. Cóptico, que [illegible] á los Coptos.

[illegible], m. coptocefál. Zool. [illegible], género de coleópteros tetrámeros.

**COPTOGRAPHE**, m. y f. *coptograf*. Coptógrafo, el que se dedica á la coptografía.

**COPTOGRAPHIE**, f. *coptografí*. Art. Coptografía, nombre dado al arte de recortar pedazos de carta ó carton, de modo que la sombra de estos recortes, reflejada en la pared, represente varias figuras semejantes á las de las sombras chinescas.

**COPTOGRAPHIQUE**, adj. *coptografic*. Art. Coptográfico, que concierne á la coptografía.

**COPTOGRAPHIQUEMENT**, adv. *coptograficmán*. Art. Coptográficamente, de una manera coptográfica.

**COPTOLOGIE**, f. *coptologí*. Art. Coptología, tratado sobre el arte de recortar una carta.

**COPTOLOGIQUE**, adj. *coptologic*. Art. Coptológico, que tiene relacion con la coptología.

**COPTOLOGIQUEMENT**, adv. *coptologicmán*. Art. Coptológicamente, de una manera coptológica.

**COPTOLOGUE**, m. y f. *coptológue*. Art. Coptólogo, el que se dedica á la coptología.

**COPTOMIE**, f. *coptomí*. Zool. Coptomia, género de coleópteros pentámeros.

**COPTON**, m. *coptón*. Farm. Copton, preparacion de sustancias vegetales dispuestas en forma de torta, que los antiguos suministraban interiormente, y que tambien aplicaban sobre la region epigástrica.

**COPTURE**, m. *coptúr*. Zool. Copturo, género de coleópteros tetrámeros.

**COPULATIF, IVE**, adj. *copulatif, iv*. Copulativo, lo que ata, une y liga una cosa con otra. ‖ Gram. Copulativo, epíteto que se da á las conjunciones que sirven para ligar las palabras, los miembros de las frases, etc.

**COPULATION**, f. *copulasión*. Copulacion, cópula, acto, ayuntamiento carnal.

**COPULE**, f. *copúl*. Lóg. Cópula, palabra que sirve para enlazar el sujeto de una proposicion con el atributo. ‖ Jurisp. Cópula, union carnal del hombre y la mujer.

**COPULER**, n. *copulé*. Cohabitar, tener cóito, juntarse carnalmente. ‖ ant. Anastomosar.

**COQ**, m. *cóc*. Zool. Gallo, el macho de la gallina. ‖ Se llama tambien *coq* al macho de la perdiz y de varias otras aves, que corresponden á un órden diferente de las gallináceas. ‖ fam. *Vous êtes rouge comme un coq*, se dice de una persona que tiene el color extremadamente encarnado. ‖ met. *Vous êtes le coq du village*, Vd. es el gallito del pueblo. ‖ Poét. *Au chant du coq*, al cantar el gallo, al romper el dia. ‖ fam. *La poule ne doit point chanter devant le coq*, donde hay barbas, faldas callan. ‖ *Être comme un coq en pâte*, estar como perita en tabaque, tener todas sus comodidades. ‖ *Mauvaise maison où le coq se tait et la poule chante*, donde el marido sea la mujer, buen gobierno no puede haber. ‖ Bot. *Coq des jardins*, nombre vulgar que se da á la tanasia y á la balsamita. ‖ Zool. Gallo, nombre vulgar de los terebrátulos. ‖ Med. *Coq*. Abreviatura usada en las fórmulas para expresar *coquatur*, cuézase. ‖ Gallo, se llama así al trabajador que pone á calentar el alquitran. ‖ Cocinero de equipaje.

**COQ-À-L'ÂNE**, m. *cocalán*. Despropósito, badajada, patochada, composicion poética en que se pasa repentinamente de un asunto á otro sin órden alguno. ‖ met. Discurso sin consecuencia, que no tiene relacion con el asunto que se trata.

**COQ-D'INDE**, m. *codénd*. Zool. V. DINDON. ‖ met. Pavo, soso, tonto, ganso, negado, imbécil, papanatas.

**COQ-SOURIS**, f. *cocsurí*. Mar. Boneta de pujámen de la gavia de las balandras.

**COQUALLIN**, m. *cocalén*. Zool. Coquallin, nombre de una especie de ardilla.

**COQUARD**, m. *cocár*. Zool. Cocardo, nombre vulgar del mestizo del faisan y de la gallina. ‖ Viejo verde, viejo arriscado, dicharachero, que presume de galan. ‖ Hablando con mimo á los niños, *coquard* se dice para designar un huevo pasado por agua. ‖ fam. Bruto, salvaje, animal, pollino.

**COQUARDEAU**, m. *cocardó*. Tonto, necio, majadero.

**COQUART**, m. pop. *cocár*. Bobo, tonto, hablador.

**COQUÂTRE**, m. *cocátr*. Gallo ciclan, medio capon, al que dejaron uno de los testículos.

**COQUE**, f. *cóc*. Cascaron, cáscara de huevo. ‖ *Œufs à la coque*, huevos duros pasados por agua. ‖ met. *Ne faire que sortir de la coque*, acabar de salir del cascaron, ser muy jóven todavía. ‖ met. y fam. *Je n'en donnerais pas une coque de noix*, no daria un comino, un bledo: se dice para manifestar el poco valor físico ó moral de una cosa. ‖ Bot. *Coque du Levant*, cáscara de Levante, fruto de un árbol de las Indias. ‖ Cáscara, túnica de varios frutos y semillas. ‖ Zool. Cáscara, nombre vulgar de una especie del género bucardo. ‖ Capullo, cápsula donde se encierra el gusano de seda y otras larvas de insectos hilanderos. ‖ met. *Coque de cheveux*, peinado en forma de capullo. ‖ Mar. Casco del buque, coca, vuelta que toman los cabos cuando están muy corchados.

**COQUECIGRUE**, f. *cocsigrú*. Zool. Coquecigrulla, pájaro acuático. ‖ met. *À la venue des coquecigrues*, la semana que no traiga viérnes, es decir, nunca. ‖ *Conter des coquecigrues*, contar [illegible] de viejas. ‖ Pampiina, pamplingada, cosa de poca entidad.

**COQUEFREDOUILLE**, m. *cocfredúll*. Petate, peal, zamborotudo, chanflon, ramplon, fatuo, tonto.

**COQUELICOT**, m. *coclicó*. Bot. Ababol, amapola, especie de adormidera.

**COQUELINER**, n. *cocliné*. Cacarear, gallear, cantar el gallo. ‖ met. Mocear, echar ó decir piropos, requebrar á las muchachas.

**COQUELINEUX**, m. *coclineu*. Mocero, amigo de muchachas.

**COQUELUCHE**, f. ant. *coclúche*. Capuchon ó caperuza que llevaban las mujeres. ‖ met. *Être la coqueluche de la cour, de la ville, de la famille, des femmes, etc.*, estar muy en boga, ser muy estimado en la corte, en la ciudad, de su familia, de las mujeres, etc. ‖ met. Romadizo fuerte. ‖ Med. Coqueluche ó pertusis, enfermedad que ataca principalmente á los niños.

**COQUELUCHER**, n. ant. *cocluché*. Coqueluchar, toser seco, tener la coqueluche. ‖ *Se coquelucher*, r. Encaperuzarse, encapucharse.

**COQUELUCHON**, m. *cocluchón*. Capuchon, capucha, caperuza, caperuzon. ‖ Zool. *Coqueluchon de moine*, capuchon de fraile, nombre vulgar de una especie de pájaros.

**COQUELUCHONNÉ, ÉE**, adj. *coclucho-né*. Arlequinado, vestido de capricho raro, chocante, que excita la risa.

**COQUEMAR**, m. *cocmár*. Escalfador, vasija de barro ó cobre que sirve para calentar agua.

**COQUEMELLE**, m. *cocmél*. Bot. Coquemelo, especie de agarico.

**COQUEMOLLIER**, m. *cocmolié*. Bot. Coquemolero, planta.

**COQUEPLUMET**, m. *cocplumé*. Curro, majo, jaqueton.

**COQUEREAU**, m. *cocró*. Embarcacion pequeña.

**COQUERELLES**, f. pl. *cocrél*. Blas. Avellanas verdes con el capullo que se ponen en los escudos en número de tres.

**COQUERET**, m. *cocré*. Bot. Coquerete, género de plantas de flor monopétala.

**COQUERICO**, m. *cocricó*. Qui-qui-ri-qui, monosílabos con que se imita el canto del gallo.

**COQUERIQUER**, n. *cocriqué*. Cacarear, hablando del gallo.

**COQUERON**, f. *cocrón*. Mar. Entarimado del pañol de la pólvora en los buques de guerra. Tilla de los botes.

**COQUES**, f. pl. *cóc*. Cerraj. Muelle de caracol en la cerradura.

**COQUET, TE**, adj. *coqué, ét*. Presumido, galancete; y hablando de mujer, coqueta, afectada, que trata de agradar, presumida, casquivana. ‖ Cuco, bonito, lindo, hablando de cosas.

**COQUETER**, n. *cocté*. Coquetear, usar de coquetería, requebrar, lisonjear. ‖ Gallar, hablando de la union del gallo con la gallina. Mar. Singlar la espadilla.

**COQUETIER**, m. *coctié*. Recobero, comerciante en huevos y aves. || Huevera, especie de copa donde se coloca el huevo cocido para comerlo.

**COQUETISME**, m. *coquetísm*. Coquetismo, el arte de la coquetería.

**COQUETTE**, f. *coquét*. Bot. Lechuga de [illegible]. || Zool. [illegible] de especie muy [illegible]. || Cierto pescado semejante á la [illegible]. || Bot. Caja de herborizacion.

**COQUETTERIE**, f. *coquetrí*. Coquetería, deseo de inspirar amor sin experimentarlo. || Afectacion en el vestir y hablar, con el fin de agradar y parecer bien.

**COQUILLADE**, f. *coquillád*. Zool. Coquillada, nombre vulgar de una especie del género blenio y de la cogujada.

**COQUILLAGE**, m. *coquilláge*. Zool. Concha, concha que encierra un animal, y el mismo caracol ó concha, ya estén aislados ó en monton.

**COQUILLART**, m. *coquillár*. Miner. [illegible], cantera de piedras de talla en que se encuentran algunas conchas.

**COQUILLE**, f. *coquill*. Hist. nat. Concha de los animales testáceos, como los mejillones, las almejas, los caracoles, etc. || Cáscara, la de los huevos de los pájaros y reptiles. || Miner. *Coquilles fossiles*, conchas fósiles, las que se encuentran en el seno de la tierra mineralizadas, petrificadas ó metalizadas. || met. *Ne faire que sortir de la coquille*, acabar de salir de la cáscara del huevo, ser muy jóven, no tener experiencia. || *Rentrer dans sa coquille*, meterse en la concha. || fam. *Portez vos coquilles ailleurs*, á otro perro con ese hueso, quien no te conozca que te compre: sirve para decir que no se deja uno engañar. || *Il ne donne pas ses coquilles*, es largo como pelo de huevo: es tacaño, poco generoso. || *Vendre bien ses coquilles ó faire valoir ses coquilles*, vender bien sus agujetas: se aplica al hombre astuto. || Bot. Cáscara, la parte exterior sólida y quebradiza de las nueces, avellanas, piñones, etc. || Zool. *Coquille de Saint-Jacques*, conchas de Santiago, las que llevaban los peregrinos en la esclavina. || *Coquille à boulet*, molde que sirve para fundir la bala de cañon. || Cazoleta de una espada. || Impr. Errata donde se emplea una letra por otra en la composicion. || Cazoleta en que está metida la espiga del picaporte. || Instrumento en que se mete el diamante para soldarlo. || Panad. Ampollas que se levantan en la corteza del pan cuando está olivado. || Hoja de metal con la que los botoneros tapan el molde de madera de un boton. || Anat. *Coquilles du nez*, conchas nasales.

**COQUILLER (SE)**, r. *coquillé*. Panad. Ampollarse, levantarse ampollas en el pan ó en la masa cuando se oliva.

**COQUILLER, ÈRE**, adj. *coquillé, ér*. Miner. Conchífero, epíteto que se da á una piedra ó terreno donde se encuentran conchas.

**COQUILLET**, m. *coquillé*. Bot. Sombrerete, especie de hongos.

**COQUILLEUX, EUSE**, adj. *coquilleu, eus*. Miner. Conchoso, que está lleno de conchas.

**COQUILLIER**, m. *coquillié*. Coleccion de conchas, el sitio ó armario donde están recogidas las conchas.

**COQUILLIER, ÈRE**, adj. *coquillié, ér*. Miner. Conchillar, que contiene conchas fósiles.

**COQUILLON**, m. *coquillón*. Concha pequeña que servia de moneda. || Quim. Concha, plata que se pega en forma de concha al extremo de una espátula cuando se la saca de la copela.

**COQUIMBITE**, f. *coquenbit*. Miner. Coquimbita, nombre de una especie de sulfato.

**COQUIN, E**, m. y f. *coquén, én*. Pícaro, ruin, doloso, falto de honra y vergüenza. || Infame, cobarde, vil, sin corazon. || Pícaro, se usa tambien hablando cariñosamente con un niño, ó con una persona con quien se está incomodado, pero no con un sentido tan lato. || *Coquine*, se dice de una mujer de mala vida. || Med. *Ver coquin*, lombriz solitaria. || *Métier coquin, vie coquine*, vida [illegible] á la cual uno se acostum-

**COQUINAILLE**, f. *coquinaill*. Canalla, pillería, tropa, reunion de pícaros, de mendigos, gavillada.

**COQUINANT**, adj. m. *coquinán*. Mendigante, mendigo.

**COQUINER**, n. *coquiné*. Bigardear, bribonear, mangonear.

**COQUINERIE**, f. *coquinrí*. Pillada, gatada, bribonada, bastardía.

**COQUINET**, m. *coquiné*. Pillastruelo, pilluelo, pillo pequeño.

**COQUINISME**, m. *coquinísm*. Pillería, arte y carácter de la pillada.

**COR**, m. *cor*. Ojo de gallo, especie de callo. || Mús. Trompeta, bocina, instrumento de aire. || *Cor anglais*, cuerno ingles, instrumento de aire y con lengüeta, que [illegible] á la quinta del obué. || Mont. Cuerno de caza, especie de bocina. || Mar. *Cor de mer*, bocina, especie de concha en forma de caracol.

**COR ó CORER**, m. *cor, coerér*. Com. Cor, medida de capacidad de los Judíos que valia tres hectolitros.

**CORA**, m. *córa*. Zool. Cora, especie del género colibrí.

**CORACE**, m. *corás*. Hist. Coraco, iniciado en los misterios de Mitra para ser un segundo ministro de su culto.

**CORACES**, m. pl. *corás*. Zool. Coraces, nombre dado á la familia de los cuervos, que corresponde á la familia de las corvideas.

**CORACIEN, NE**, adj. *coracién, én*. Coraciano, parecido al cuervo ó de su naturaleza.

**CORACIQUE**, adj. *corasic*. Mit. Corácico, que tiene relacion con los misterios de Mitra. || *Coraciques*, m. pl. Corácicos, misterios de Mitra y los sacerdotes de su culto.

**CORACITE**, f. *corasit*. Miner. Coracita, piedra figurada del color del cuervo.

**CORACO-ACROMIAL, E**, adj. *coracoacromiál*. Anat. Coraco-acromial, que pertenece á las apófisis acromion y coracoides.

**CORACO-BRACHIAL**, adj. y s. m. *coracobraquiál*. Anat. Coraco-braquial, se dice del músculo del brazo que se asienta en la punta de la apófisis coracoide y se prolonga desde el hombro hasta el brazo.

**CORACO-CLAVICULAIRE**, adj. *coracoclaviculér*. Anat. Coraco-clavicular, que pertenece á la apófisis coracoides y á la clavícula.

**CORACO-CUBITAL**, adj. y s. m. *coracocubitál*. Anat. Coraco-cubital, se dice de un músculo que se prolonga desde el hombro al antebrazo.

**CORACO-HUMÉRAL**, adj. y s. m. *coracoumerál*. Anat. Coraco-humeral, se dice de un músculo que se prolonga desde el hombro hasta el brazo.

**CORACO-HYOÏDIEN, NE**, adj. *coracoioidién, én*. Anat. Coraco-hioideo, que pertenece á la apófisis coracoides y al hueso hioides. || m. Coracohioideo, músculo que se extiende desde el hombro al hueso hioides.

**CORACOÏDE**, f. *coracoíd*. Anat. Coracoides, apófisis del omóplato que se parece al pico de un cuervo.

**CORACOÏDIEN, NE**, adj. *coracoidién, én*. Anat. Caracoideo, que pertenece á la apófisis coracoides.

**CORACO-RADIAL**, adj. m. *coracoradiál*. Anat. Coraco-radial, epíteto que se da á un músculo que se extiende desde el hombro al antebrazo. || m. Coraco-radial, músculo que pertenece á la apófisis coracoides y al radio.

**CORAIL**, m. *coráll*. Coral, pólipo marino. || *Corail de jardin*, chile, pimiento colorado.

**CORAILLÉ, ÉE**, adj. *corallé*. Acoralado, que tiene coral.

**CORAILLER**, n. *coralle*. Graznar el cuervo. V. CROASSER.

**CORAILLEUR**, m. *coralleur*. Coralero, el que va á la pesca del coral.

**CORAÏQUE ó CHORAÏQUE**, adj. m. *coraíc*. Coraico, nombre de un verso griego y latino.

**CORALIÈRE y CORALINE**, f. *coraliér, coralín*. Mar. Barco que sirve para la pesca del coral.

**CORALIOÏDE**, adj. *coralioíd*. Hist. nat. Coralioide, que es de la naturaleza del coral, que pertenece al coral.

**CORALINE**, f. *coralín*. Coralina, pólipo marino.

**CORALLACHATES**, m. pl. *coralacát*. Coraliágatos, nombre de las ágatas color de coral, sembradas de puntos dorados.

**CORALLAIRE**, adj. *coralér*. Zool. Coralario, que participa de la naturaleza del coral. || Bot. Corálario, que tiene la forma y el color del coral.

**CORALLE**, m. *corál*. Zool. [illegible], género de serpientes escindido del género boa.

**CORALLIFÈRE**, adj. *coralifér*. Zool. Coralífero, que tiene corales.

**CORALLIFORME**, adj. *coraliform*. Coraliforme, que tiene la forma del coral.

**CORALLIGÈNE**, adj. *coraligén*. Bot. Coralígeno, que produce corales. || [illegible] Coralígenos, calificacion de los [illegible] compuestos de madréporas, vulgarmente llamados corales [illegible].

**CORALLIN, E**, adj. *coralén, ín*. Coralino, rojo como el coral.

**CORALLINE**, f. *coralín*. Bot. Coralina, género de algas. || Zool. Coralina, producciones marinas.

**CORALLINÉ, ÉE**, adj. *coraliné*. Bot. Coralíneo, que tiene semejanza con el coral. || *Corallinées*, f. pl. Coralíneas, tribu de plantas.

**CORALLINITES**, m. pl. *coralinít*. Zool. Coralinitos, nombre vulgar de los pólipos fósiles con ramas pequeñas.

**CORALLINOÏDES**, f. pl. *coralinoíd*. Bot. Coralinoides, nombre que se da á varias especies de plantas.

**CORALLOGRAPHE**, m. y f. *coralográf*. Coralógrafo, el que escribe sobre el coral, que hace la descripcion del coral.

**CORALLOGRAPHIE**, f. *coralografí*. Coralografía, descripcion del coral.

**CORALLOGRAPHIQUE**, adj. *coralografíc*. Coralográfico, que tiene relacion con la coralografía.

**CORALLOGRAPHIQUEMENT**, adv. *coralografícmán*. Coralográficamente, de una manera coralográfica.

**CORALLITES**, m. pl. *coralít*. Zool. Coralitos, nombre vulgar de los [illegible] fósiles con ramas muy gruesas.

**CORALLOÏDE**, adj. *coraloíd*. Coraloide, parecido al coral.

**CORALLOPÈTRE**, m. *coralopétr*. Zool. Coralópetro, nombre dado indistintamente á todos los corales petrificados.

**CORALLOPHYLLE**, m. *coralofíl*. Bot. Coralófilo, género de plantas.

**CORALLOPSE**, f. *coralóps*. Bot. Coralopsis, género de plantas.

**CORALLORHIZE**, f. *coraloríz*. Bot. Coraloriza, género de plantas orquídeas.

**CORAN**, m. *corán*. Hist. Coran, Alcoran, libro que los Musulmanes reverencian como la compilacion de las leyes divinas, [illegible]gadas por su profeta Mahoma.

**CORAYA**, m. *corája*. Coraya, ave de la Guyana, especie de [illegible].

**CORB**, m. *córb*. Zool. Corbo, género de pescados.

**CORBAN**, m. *corbán*. Corban, ofrenda que dan los Judíos á una persona que se hace á Dios ó á su templo. || Corban, [illegible] donde se guardaban las ofrendas de plata y oro que se hacian al Señor. || Corban, ceremonia que hacian cada año los Mahometanos al pié del monte Arafat cerca de la Meca.

**CORBEAU**, m. *corbó*. Zool. Cuervo, género de aves plenirostras. || met. [illegible], sepulturero, el que entierra á los apestados. || Cuervo, nombre injurioso que se da á los sacerdotes, porque van vestidos de negro. || Astr. Cuervo, una de las constelaciones del hemisferio meridional. || Arq. [illegible], parte de la cornisa en el órden corintio y compuesto. || Mar. [illegible], garfio.

**CORBEILLE**, f. *corbéll*. Cesta, tejido de mimbres que sirve para guardar ó llevar ropa, frutos, etc. || Canastillo, especie de cestito adornado en que se envia un regalo. || Canastillo, espacio de tierra en un jardin, verjel, etc., dispuesto en forma de canastillo y lleno de flores. || Llámanse tambien *corbeille* en Francia á los adornos y alhajas que [illegible] en un canastillo á su futura [illegible]. Corbeilles défensives, cestones [illegible], cestos llenos de tierra que se [illegible] en la fortificacion momentánea en lu[illegible]. || À pleine corbeille, loc. adv. [illegible], con profusion.

**[illegible]**, f. corbeillé. Cesto, el con[illegible].

**[illegible]**, m. corbicorée. Zool. Cor[illegible], género de aves.

**[illegible]**, m. corbicól. Zool. Corví[illegible], género de conchas.

**[illegible]**, m. corbiculé. Zool. Corvi[illegible], nombre dado á la familia de los insec[illegible] termina en una especie de ca[illegible].

**[illegible]**, ÉE, adj. corbiculé. Hist. nat. [illegible], que tiene la forma de un [illegible].

**[illegible] Ó [illegible]**, m. corbi[illegible]. Zool. Chorlito, ave acuática. V. COURLIS.

**[illegible]**, m. corbillár. Góndo[illegible], [illegible] de muchos asientos para [illegible]. || Carruaje para llevar á los [illegible] al lugar de su sepultura.

**[illegible]**, m. corbillé. El pollo del [illegible].

**[illegible]**, m. corbillón. Canastillo, [illegible] redondo de boca angosta, chistera, [illegible] de pescadores. || Mar. Gamella ó pla[illegible] de madera, que sirve para re[illegible] á la gente.

**[illegible]**, m. corbilló. Zool. El po[illegible] del cuervo.

**[illegible]**, m. corbeu. Zool. Cuervo.

**[illegible]**, m. corbinage. Nombre que [illegible] á varios derechos feudales eclesiás[illegible].

**[illegible]**, f. corbin. Zool. Corbina, es[illegible] de cuervo. V. CORNEILLE.

**[illegible]**, m. corbiván. Zool. Corbival, [illegible] de una especie de ave.

**[illegible]**, m. corbié. Bot. Vulneraria [illegible].

**[illegible]**, interj. corbieu. Pardiez, ju[illegible] y disfrazado por corps de [illegible].

**[illegible]**, m. corbondié. Mús. Cor[illegible], instrumento de música antiguo.

**[illegible]**, f. corbúl. Zool. Córbula, gé[illegible] de conchas marinas bivalvas.

**[illegible]**, ÉE, adj. corbulé. Zool. Cor[illegible], que se parece á una córbula. || Cor[illegible], m. pl. Corbúlicos, género de mo[illegible].

**[illegible]**, corslé. m. Hist. nat. Cose[illegible] ó [illegible], el pecho de todo insecto.

**[illegible]**, f. corcór. Corcora, género de [illegible].

**[illegible]**, m. cordáge Mar. Jarcia, apa[illegible] y cabos de un buque. || Mil. Cordaje, [illegible] en trenes de la arti[illegible]. || Art. Cordaje, conjunto de cuerdas [illegible] los albañiles y otros artistas para [illegible] pesos con ayuda de las máquinas.

**[illegible]**, a. cordagé. Tejer ó hacer [illegible].

**[illegible]**, m. cordasón. Com. Tela [illegible], especie de tela muy basta.

**[illegible]**, m. cordé. Com. Especie de [illegible] de lino, arpillera de la clase mas [illegible].

**[illegible]**, f. córd. Cuerda, soga, conjunto [illegible] de hilo ó hebras de cáñamo, ca[illegible] ó otra materia. || Corde de boyau, [illegible]. || Por extension corde se [illegible] por la horca: cela mérite la corde, [illegible] la horca. || File sa corde, se [illegible]. || Mil. Corde à four[illegible] de red hecha de cuerda, que [illegible] para trasportar el forraje. || [illegible] corde d'étranglement, cuerda con que [illegible] en sitio á los que habian sido [illegible] á sufrir el tormento de cuerda. || [illegible], cable grueso en que hacen [illegible] los volatineros. || met. y fam. [illegible] de la corde, bailar en la maroma, [illegible] en un asunto muy difícil. || [illegible] la grosse corde, tocar el punto mas [illegible] de un asunto. || Il ne faut point [illegible] de corde dans la maison d'un pen[illegible] en casa de un ahorcado no hay que [illegible] la soga. || Cir. Cuerda, [illegible] de [illegible] por una [illegible], [illegible]acion, etc. || Geom. Cuerda, línea recta tirada en lo interior de una curva y terminada en dos puntos de ella. || Impr. Corde de rouleau, vaca, cuerda ó correa que hace mover el carro de la prensa. || Soulier de corde, alpargata. || Corde de bois, cárcel, cierta medida de leña. || met. Avoir plusieurs cordes à son arc, tener muchos medios para conseguir una cosa. || Ne touchons pas cette corde, no toquemos esta tecla, este punto. || Un homme de sac et de corde, un bribon, un malvado. || prov. Trainer ó filer sa corde, llevar una vida de bribon que conduce á la horca. || Mar. Aller à mâts et à cordes, correr á palo seco: se dice de un buque que navega sin vela alguna, impelido por la fuerza del viento. || Mús. Cuerda de un instrumento, ya sea de tripa de carnero retorcida, ó de metal delgado. || Zool. Cuerda, uno de los nombres vulgares de la lamprea, pez.

**CORDÉ, ÉE**, adj. cordé. Blas. Cordado. || Encordado, siendo instrumento músico. || Bot. Cordiforme, de hojas, pétalos de figura de corazon.

**CORDEAU**, m. cordó. Cordel, cuerda delgada. || Cuerda, cordelillo que usan para trazar líneas rectas los ingenieros, albañiles y jardineros. || Orillo de algunos tejidos.

**CORDÉE**, f. cordé. Continuacion, continuidad.

**CORDELAT**, m. cordlá. Com. Especie de tela de lana, que se fabrica en algunas fábricas de Francia.

**CORDELER**, a. cordlé. Torcer ó retorcer en forma de cuerda. || Se cordeler, r. Retorcerse, hacerse una cuerda.

**CORDELETTE**, f. cordlét. Cuerdecilla, cordelillo. || Arq. Cordon, cordoncillo, adorno de arquitectura. || Zool. Cordoncillo, elevacion larga y estrecha que pasa todo el largo de una concha entre las estrías y mediascañas.

**CORDELIER**, m. cordlié. Fraile franciscano ó del órden de los menores: llamábanse así por llevar una cintura de cuerda atada con tres nudos. || Aller ó voyager sur la mule des cordeliers, ir ó caminar en el caballo de san Francisco, es decir, á pié.

**CORDELIÈRE**, f. cordliér. Religiosa de San Francisco, del mismo órden que los menores. || Arq. Cordon, adorno cortado en forma de cuerda sobre las varillas. || Blas. Cordon, cuerda con muchos nudos que las viudas y huérfanas ponen al rededor de sus escudos en forma de cordon. || Impr. Cordoncillo, orla de viñetas fundidas con que los impresores forman un cuadro para rodear con él una plana. || Cordon, tomase por el de los frailes franciscanos. || Bot. Lirio franciscano, planta.

**CORDELLE**, f. cordél. Cuerdecilla, soguilla. || Mar. Sirga, cuerda de remolque. || met. y fam. Attirer quelqu'un à sa cordelle, traer á alguno á su pandilla, á su bando. Être de sa cordelle, ser de su pandilla.

**CORDER**, a. cordé. Hacer cuerda ó soga. || Corder du tabac, enrollar tabaco. || Liar con cuerdas, encordelar. || Corder du bois, medir leña para venderla. || Se corder, r. Encallecerse, acorcharse: dícese de los rábanos y otras raíces, cuando se ponen duras ó correosas.

**CORDERIE**, f. cordrí. Cordería, cordelería, cabestrería, el sitio donde se hacen y la tienda donde se venden todos géneros de cuerdas de cáñamo. || Mar. Cordelería, obrador donde se fabrica toda especie de jarcia en los arsenales.

**CORDIAL, E**, adj. cordiál. Farm. Cordial, que tiene virtud para fortalecer el corazon. || met. Cordial: se dice del afecto, de la amistad sincera, que nace del corazon, afectuoso. || m. Cordial, bebida confortativa, que se da á los enfermos.

**CORDIALEMENT**, adv. cordialmán. Cordialmente, de una manera cordial.

**CORDIALITÉ**, f. cordialité. Cordialidad, cordial afecto, sincera y estrecha amistad.

**CORDIE**, f. cordí. Cordia, género considerable de plantas.

**CORDIÉES Ó CORDIACÉES**, f. pl. cordié, cordiasé. Bot. Cordiáceas, tribu de plantas.

**CORDIER, ÈRE**, m. y f. cordié, ér. Cordelero, soguero, el que hace cordeles.

**CORDIÈRE**, f. cordiér. Bot. Cordiera, género de plantas rubiáceas.

**CORDIÉRÉES**, f. pl. cordieré. Bot. Cordiéreas, tribu de plantas rubiáceas.

**CORDIÉRITES**, m. pl. cordierít. Bot. Cordieritos, género de hongos.

**CORDIFOLIÉ, ÉE**, adj. cordifolié. Bot. Cordifoliado, epíteto que se aplica á los vegetales que tienen las hojas en forma de corazon.

**CORDIFORME**, adj. cordifórm. Bot. Cordiforme, que tiene la forma de un corazon

**CORDIGÈRE**, adj. Zool. y Bot. V. CORDIFORME.

**CORDILLAS**, m. cordillá. Cordellate, paño burdo.

**CORDILLE**, m. cordíll. Zool. Cordilla, atuncillo, el que acaba de salir del huevo.

**CORDILLÈRE**, f. cordillér. Cordillera, gran cadena de montañas.

**CORDIMANE**, adj. cordimán. Zool. Cordímano, que tiene las patas en forma de corazon. || Cordimanes, m. pl. Cordimanos, especie de insectos.

**CORDINÈME**, f. cordiném. Med. Cordinemia, dolor de cabeza que se manifiesta por una sensacion de pesadez.

**CORDIOPSE**, f. cordióps. Bot. Cordiopsa, género de plantas.

**CORDISTES**, m. pl. cordíst. Zool. Cordistas, género de insectos coleópteros.

**CORDOLIE**, f. cordolí. Med. Cardolia, dolor del corazon ó en el corazon.

**CORDON**, m. cordón. Cordel, reunion de hilos de cáñamo torcido de diferentes gruesos y hechuras. || Cordon de seda, hilo ó algodon, para atar ó colgar alguna cosa. || Cordon, el que llevan los religiosos y algunos hermanos por devocion. || Cordon, como insignia de alguna órden de caballería. || Mil. Cordon de troupes, cordon de tropas, puestos guarnecidos de tropa y bastante inmediatos para comunicarse entre ellos. || Metal. Cordoncillo, gráfila, hablando de monedas. || Cordon de chapeau, cintilla de sombrero. || Tenir les cordons de la bourse, echar un nudo á la bolsa. || Anat. Cordon, en anatomía se da este nombre á diferentes partes que tienen alguna semejanza con una pequeña cuerda. || Arq. Cordon, moldura circular y convexa. || Tirer le cordon, abrir la puerta. || Cordon bleu, el gran cordon que llevaban los caballeros de la órden del Santo Espíritu; se dice tambien de los caballeros mismos. Cordon bleu, en sentido metafórico es una persona de mucho mérito; en Francia se da este nombre á una cocinera muy hábil en el arte de guisar. || Mar. Cordon, el que se forma de filástica.

**CORDONNER**, a. cordoné. Acordonar, hacer, formar cordon, retorcer una cosa en forma de cordon.

**CORDONNERIE**, f. cordonrí. Cordonería, taller del cordonero, comercio de cordones. || Zapatería, taller del zapatero, lugar donde se hacen y venden zapatos y botas.

**CORDONNET**, m. cordoné. Cordoncillo, trencilla para ensartar, bordar ó coser alguna cosa. || Mil. Cordonnet de colback, cordon que sirve de adorno á las gorras de los tambores mayores. || Art. Cordon, ribete formado en las piezas de metal. || Vivo que se echa á las orillas ó costuras de un vestido.

**CORDONNIER, ÈRE**, m. y f. cordonié, ér. Art. Zapatero, el que tiene por oficio hacer toda clase de calzado. || met. Les cordonniers sont les plus mal chaussés, en casa del herrero cuchillo de palo. || m. Zool. Zapatero, nombre vulgar de la gaviota morena. || Zapatero, especie de pájaros acuáticos.

**CORDON NOIR**, m. cordonnuar. Zool. Cordon negro, especie de pájaros.

**CORDOUAN, E**, adj. y s. corduán, an. Cordobes, de Córdoba. || m. Com. Cordoban, cuero preparado en Córdoba. Piel del macho cabrío ó cabra curtida.

**CORDOUANIER**, m. corduanié. Zurrador de cordobanes.

**CORDULÉCÈRE**, m. cordulesér. Zool. Cordulicero, género de insectos.

**CORDULÉGASTRE**, m. cordulegástr. Zool. Cordulogastro, género de insectos

**CORDULIE**, f. *cordulí*. Zool. Cordulia, género de insectos.

**CORDYLE**, m. *cordíl*. Bot. Cordilo, género de plantas. || Zool. Cordilo, género de dípteros.

**CORDYLÉE**, f. *cordilé*. Farm. Cordilea, encremento de la salamanquesa de Levante.

**CORDYLINE**, f. *cordilín*. Bot. Cordilina, género de plantas.

**CORDYLOGYNE**, f. *cordilogín*. Bot. Cordilogina, género de plantas.

**CORDYLOÏDE**, adj. *cordiloid*. Zool. Cordiloide, que se parece á un cordilo. || *Cordyloïdes*, m. pl. Zool. Cordiloides, familia de reptiles saurianos.

**CORDYLOMÈRE**, m. *cordilomér*. Zool. Cordilómero, género de insectos coleópteros.

**CORDYLURITES**, f. pl. *cordilurit*. Zool. Cordiluritas, grupo de insectos dípteros.

**CORE**, m. *cór*. Coro, idioma mejicano de los habitantes de la Nueva Galicia.

**CORÈBE**, m. *coréb*. Zool. Corebo, género de insectos coleópteros pentámeros.

**CORÉGENCE**, f. *corejáns*. Hist. Coregencia, dignidad del que es regente con otro.

**CORÉGENT**, m. *corejdn*. Coregente, el que ejerce con otro el empleo de regente.

**CORÉGONE**, m. *coregón*. Zool. Corégono, género de peces.

**CORÉIDE**, adj. *coreid*. Zool. Coreido, que se parece á un córeo.

**CORÉLIGIONNAIRE**, m. y f. *corligionér*. Correligionario, el que profesa la misma religion que otro y los mismos principios políticos.

**CORÉMATE**, m. *coremát*. Farm. Coremato, remedio que sirve para limpiar la piel.

**CORÈME**, f. *corém*. Bot. Corema, género de plantas.

**CORÉONCION**, m. *coreonsión*. Cir. Coreoncion, instrumento para la operacion de la catarata.

**CORÉOPSIDE**, f. *coreopsíd*. Bot. Coreópsida, género de plantas.

**CORÉOPSIDÉ, ÉE**, adj. *coreopsidé*. Bot. Coreopsídeo, que se parece á una coreópsida. || *Coréopsidées*, f. pl. Coreopsídeas, seccion de plantas.

**CORÉRIE**, f. *corerí*. Corería, nombre que se daba antiguamente en la Gran Cartuja á la casa ocupada por los convertidos.

**CORESSE**, f. *corés*. Pesc. Nombre que se da en Calais al sitio donde se salan los arenques.

**CORÉTHROGYNE**, f. *coretrogín*. Bot. Coretrogina, género de plantas.

**CORÉTHROSTYLE**, f. *coretrostil*. Bot. Coretrostila, género de plantas.

**CORFIOTE**, m. y f. *corfiót*. Corfuano, habitante de Corfú.

**CORGE ó COURGE**, f. *córge*, *cúrge*. Bala ó tercio de veinte piezas de tejido de algodon procedente de las Indias.

**CORGNOULE**, f. *corñul*. Bot. Especie de agalla que produce el ciruelo.

**CORI**, m. *corí*. Cori, animal de América. || Bot. Cori, planta de la familia de los euforbios.

**CORIACE**, adj. *coriás*. Coriáceo, correoso, duro como el cuero. || met. Avaro, tacaño, rehacio, el que suelta con dificultad alguna cosa. || Bot. Tenaz, flexible y mas ó menos espeso, como el cuero. || Zool. Coriáceo, epíteto que se da á los piés de las aves que tienen la piel dura y recia; aplícase tambien á una especie de pez.

**CORIACÉ, ÉE**, adj. *coriasé*. Coriáceo, duro ó semejante al cuero.

**CORIACÉS**, m. pl. *coriás*. Zool. Coriáceos, tribu de insectos. || Coriáceos, familia de pólipos.

**CORIAIRE**, adj. *coriér*. Curtidero, que puede servir para curtir.

**CORIAMBE ó CHORIAMBE**, m. *coriámb*. Coriambo, nombre de un pié de verso griego y latino.

**CORIANDRE**, f. *coriándr*. Bot. Coriandra, género de plantas.

**[illegible]**, adj. *coriandrié*. Bot. [illegible] parece á un coriandro. || *Coriandriées*, f. pl. Coriandrias, tribu de plantas umbelíferas.

**CORIARINE**, f. *coriarín*. Quim. Coriarina, alcaloide encontrado en la coriarina mirtifolia.

**CORIDE**, f. *coríd*. Bot. Córida, género de plantas.

**CORINDE**, f. *coránd*. Bot. Corinda, género de plantas.

**CORINDON**, m. *corendón*. Miner. Corindon, especie de mineral.

**CORINDONIQUE**, adj. *corendonic*. Miner. Corindónico, perteneciente al corindon. || *Corindoniques*, f. pl. *corendonic*. Miner. Corindónicas, género de rocas.

**CORINE**, f. *corín*. Corina, especie de rupicabra del Senegal, pero mucho menor que la de África.

**CORINTHIAQUE**, adj. *corentiác*. Corintíaco, perteneciente á la isla de Corinto.

**CORINTHIE**, f. *corentí*. Bot. Corintia, especie de tulipan.

**CORINTHIEN, NE**, m. y f. *corentién*, *én*. Corintio, habitante de la isla de Corinto. || Arq. Corintio, el cuarto órden de arquitectura.

**CORIOCELLE**, f. *coriosél*. Zool. Coriócela, género de conchas.

**CORIOCLAVE**, adj. *corioclár*. Art. Coriolavo, se dice de un calzado cuya suela está claveteada en lugar de cosida.

**CORION**, m. *corión*. Zool. Corion, se llama así la parte córnea ó coriácea del hemelitro.

**CORIOPE**, m. *corióp*. Bot. Coriopo, género de plantas.

**CORIOPHORE**, adj. *coriofór*. Bot. Corioforo, que huele mucho á chinches.

**CORIOTRAGE-MOTODENDRE**, m. *coriotragemotodddndr*. Bot. Nombre vulgar de un árbol de hojas de encina del cabo de Buena Esperanza.

**CORIS**, m. *córis*. Zool. Coris, especie de concha. || Bot. Coris, género de plantas.

**CORISE**, m. *coris*. Coriso, género de insectos hemípteros.

**CORISIE**, adj. f. *corisí*. Zool. Corisco, que se refiere al género corio.

**CORISPERME**, m. *corispérm*. Bot. Corisperno, género de plantas.

**CORISPERMÉES**, f. pl. *corispermé*. Bot. Corispérmeas, género de plantas.

**CORIXE**, m. *coríes*. Zool. Corizo, género de insectos.

**CORIXITES**, m. pl. *coricsít*. Zool. Corixitos, grupo de insectos hemípteros.

**CORIZE**, m. *coris*. Zool. Corizo, género de insectos hemípteros.

**CORLI, CORLIS**, m. *corlí*. Zool. Curlis, nombre vulgar del grande curlis.

**CORLIEU**, m. *corlieu*. Especie de becada.

**CORME ó SORBE**, f. *córm*, *sórb*. Corma ó sorba, fruta.

**CORMÉ**, m. *cormé*. Especie de chacolí, bebida preparada de cormas.

**CORMIER**, m. *cormié*. Bot. Cormal, variedad doméstica del sorbal.

**CORMINER**, m. *corminé*. Serbal, especie de árbol.

**CORMONÈME**, m. *cormoném*. Bot. Cormonemo, género de plantas.

**CORMOPHYTES**, m. pl. *cormofít*. Bot. Cormófitos, division grande del reino vegetal.

**CORMORAN**, m. *cormorán*. Zool. Cormoran ó cuervo marino, género de aves palmípedas. || Apodo injurioso.

**CORMOVEIDAM**, m. *cormoveidám*. Cormoveidan, ritual de los bramas, libros sagrados que usan estos sacerdotes.

**CORMYPHORE**, m. *cormifór*. Zool. Cormiforo, género de coleópteros pentámeros.

**CORNABOUX**, m. *cornabú*. Cuerno de que los antiguos militares usaban en la guerra en lugar de cornetas ó clarines.

**CORNAC**, m. *cornác*. Domador del elefante. || Conductor de toda especie de fieras. || met. fam. Preceptor de niños tontos ó estúpidos. || Panegirista, apologista, encomiador de oficio.

**CORNACHINE**, f. *cornachín*. Farm. Cornaquina, polvos purgantes.

**CORNACHINIE**, f. *cornachiní*. Bot. Cornacinia, género de plantas.

**CORNAGE**, m. *cornáge*. [illegible] enfermedad de los [illegible] respirar con dificultad y [illegible] recho que cobraban [illegible] feudales por cada res [illegible] picaba en la labor de sus [illegible]

**CORNAILLE**, f. *cornáll*. [illegible] da en algunas partes de [illegible] duras del cuerno empleadas [illegible] engordar los animales.

**CORNAILLER**, n. *cornallé*. [illegible] una espiga dentro de su [illegible]

**CORNAL**, m. *cornál*. Zool. [illegible] de Guinea.

**CORNALINE**, f. *cornalín*. [illegible] na, piedra fina, especie de [illegible] para grabar sellos y otros [illegible]

**CORNARD**, m. *cornár*. [illegible] marido cuya mujer le ha [illegible] dad conyugal. || Art. [illegible] para abrir los hornos de vidrio.

**CORNARD, E**, adj. *cornár* [illegible] teto que se da al animal que [illegible] fago.

**CORNARDISE**, f. fam. *cornar*[illegible] nada, accion infame que [illegible] contra su honra. || Estado [illegible] consiente y autoriza la [illegible] jer.

**CORNARET**, m. *cornaré*. [illegible] nombre vulgar de la martinia [illegible]

**CORNBRASH**, m. *cornbrás*. [illegible] bras, especie de calcáreo.

**CORNE**, f. *córn*. Cuerno, [illegible] dura que crece en la cabeza [illegible] males y les sirve de defensa. [illegible] *nes*, ganado de asta: se dice [illegible] vacas y cabras. || *Corne*, pico, [illegible] ta, la parte angular y [illegible] sentan algunos objetos: *chap*[illegible] *cornes*, sombrero de tres picos. [illegible] no, varal largo y delgado que [illegible] dir al cabo de la estera. || [illegible] cuerno, ala: se dice de [illegible] construcciones arquitectónicas, [illegible] *de vache*, *corne de bélier*, *la* [illegible] *de l'autel*. || Bot. *Corne de* [illegible] de ciervo, estrella de mar, [illegible] no, nombre de varias [illegible] chas. || Com. *Corne de cerf*, [illegible] el cuerno de este animal [illegible] en las artes. || *Corne*, calzador [illegible] para hacer entrar el zapato [illegible] trecho. || Fort. *Ouvrages à corne* [illegible] teriores en tenaza, llamadas [illegible] Cubilete, vaso que sirve para [illegible] dados. || Mús. Cuerno, corneta [illegible] instrumento que usan los [illegible] *Corne d'abondance*, cuerno de [illegible] ó la cornucopia. || Vet. Casco del [illegible] lo, asno, etc. || *Corne d'Ammon* [illegible] Amon, concha fósil en espiral [illegible] semejante al cuerno del carnero [illegible] piradero, eminencia que sobre[illegible] piso de un hornillo. || *Faire une* [illegible] *livre*, doblar la esquina de una [illegible] *Donner un coup de corne*, [illegible] banderilla, clavar un par de [illegible] decir á otro alguna palabra [illegible] rica. || *Baisser les cornes*, [illegible] humillarse. || *Attaquer le taureau* [illegible] *cornes*, emprender un asunto [illegible] mas difícil. || *Montrer les cornes* [illegible] los dientes, las uñas; ponerse [illegible] defensa. || *Il porte les cornes* [illegible] cuernos: se dice hablando [illegible] cuya mujer le es infiel. || *Il* [illegible] *montrer les cornes*, ya [illegible] cabeza: se dice de un hombre [illegible] medrar despues de haber [illegible] gracia. || Mar. *Corne d'artimon* [illegible] grejo, verga que se coloca [illegible] popa del palo de mesana en [illegible] tres palos, y del mayor en los [illegible] || *Corne d'amorce*, cañon, [illegible] quilla que se llenaba de pólvora [illegible] la artillería, ántes de introducir [illegible] los estopines y de la pólvora [illegible] *On prend les hommes par les* [illegible] *bêtes par les cornes*, al buey [illegible] hombre por la palabra. || m. [illegible] toca, bonete, gorra, especie [illegible] usaba el dux de Venecia.

**CORNÉE**, f. *corné*. Anat. C[illegible] gunda túnica del ojo. || Art. C[illegible]

[illegible] ria combustible vertida en un [illegible] materias inflamables. || Córnea, [illegible] del jaspe.

[illegible], f. pl. corné. Bot. Córneas, [illegible] de las caprifoliáceas.

[illegible], f. cornêll. Zool. Corneja, [illegible] || *Corneille* [illegible] mitad negra, mitad parduzca. [illegible] nombre comun de una espe-[illegible] || met. fam. *Bayer aux* [illegible] en las musarañas, papar [illegible] la *corneille d'Esope ó c'est* [illegible] de la fábula, es la corneja de la [illegible] de un autor plagiario que [illegible] de diferentes retazos extra-[illegible]

[illegible], f. corneit. Med. Corneitis, [illegible] de la córnea trasparente.

[illegible], adj. corneliên, én. [illegible], que pertenece á los [illegible] || Corneliano, estilo, ale-[illegible] de los del gusto del gran *Cor*-[illegible]

[illegible], m. cornemén. Med. Zum-[illegible] al de un cuerno ó bo-[illegible] los oidos. Se dice mas co-[illegible], tañido, retintin. || Art. [illegible] por el cañon de una máqui-[illegible] de viento, cuya válvula ó len-[illegible] abierta.

[illegible], f. cornemús. Mús. Corna-[illegible] largo de metal con una res-[illegible] en el medio. || Zampoña, [illegible] músico.

[illegible], m. cornemusear. Gai-[illegible] la gaita.

[illegible], f. cornedl. Bot. Correhuela, [illegible] de la rotama de los tintore-[illegible]

[illegible], v. corné. Bocinar, tocar una [illegible] cuerno, un instrumento seme-[illegible] á un sordo valiéndose de [illegible] y fam. *Corner aux oreilles* [illegible] zumbar á los oidos de alguno, [illegible] de una cosa con el [illegible] de ella. || *Les oreilles* [illegible], me zumban los oidos. = *Les* [illegible], los oidos os mienten, [illegible] que nadie toca, que en [illegible]. || a. Publicar, divul-[illegible] noticias nuevas, inoportunas [illegible] *Corner un feuillet*, hacer un [illegible] pliegue en una página, doblarla [illegible] de algun pasaje. || *Corner les* [illegible] ó llamar los perros con las [illegible] || *Corner l'eau*, tocar a la-[illegible], ceremonia que se estilaba [illegible] entre los señores de la anti-[illegible] *Se corner*, r. Tomar la forma, [illegible] de un cuerno.

[illegible], f. cornerôt. Zool. Corne-[illegible] los nombres del buho.

[illegible], m. dim. de CORNE. corné. Cor-[illegible], trompetilla, cuernito ó [illegible], etc. || *Cornet acous*-[illegible] acústica, instrumento [illegible] en forma de embudo, que [illegible] de los sordos, para no des-[illegible]. || Caracol de mar [illegible]. || Corneta, el músico que [illegible] de este nombre. || Blas. [illegible] heráldico, que com-[illegible] conocidos en la ciencia [illegible] mutilada, la armi-[illegible]. || Bot. Cornetilla, planta [illegible]. || Cir. Cornetilla, vaso [illegible] con que se aplican. [illegible], especie de va-[illegible] ó cuero en que se agi-[illegible] de cubiletes sobre el ta-[illegible] *Cornet à pistons*, corneta de [illegible] músico. || Corneta, cu-[illegible] de papel envuelto en forma [illegible] || Mar. Cortinaje de palos do [illegible] de hierro que lo sujeta al [illegible]

[illegible], a. cornetê. Cir. Aplicar ven-[illegible]

[illegible], m. cornetié. Art. Peinero, [illegible] el que fabrica pei-[illegible]

[illegible], f. cornét. Cofia de noche, [illegible] de las mujeres. || *Il porte* [illegible] de marisquilla, es mujerie-[illegible], su mujer lo avasalla

completamente. || Mil. ant. Corneta, se decia ántes por el portaestandarte, y el mismo estandarte en la caballería; y tambien se tomaba por una compañía de caballos. || *Cornette*, mujer cuyo marido viola la fe conyugal. || Art. Trabazon férrea, barra doblada de hierro, que asegura y protege el ángulo saliente y esquinado de un muro. || Bot. Uno de los nombres del trigo de vaca ó melámpiro. || Com. Especie de hierro en barras. || Hist. Banda que llevaban al cuello los consejeros del parlamento antiguamente. || Especie de capucha, é insignia antigua de los doctores, abogados, cónsules, regidores, etc. || Mitra, bonete puntiagudo que condecoraba la frente del dux de Venecia. || Zool. Cresta prominente y descollante sobre la caperuza de una ave de rapiña. || Mar. Corneta, bandera algo mas larga que las de señales y que termina en dos puntas iguales. || Corneta, pabellon del jefe de escuadra.

**CORNÉULE**, f. cornéul. Zool. Cornéula, nombre dado á cada una de las facetas pequeñas del ojo compuesto de los insectos.

**CORNEUR**, m. corneur. Mil. Corneta, el que la toca. || fam. Repetidor de una misma cosa, fastidioso, importuno, cargante. || adj. Vet. *Cheval corneur*, caballo atacado del buélfago.

**CORNICEN**, m. córnisen. Hist. rom. Córnice, especie de trompeta de asta de buey, usada por los Romanos.

**CORNICHE**, f. corniche. Arq. Cornisa, pieza arquitectónica. || Cornisa, todo género de adorno palimentado, descollante á manera de relieve, sobre las puertas, armarios, chimeneas, cuadros, tocadores, espejos, etc., de una estancia amueblada. || Mar. Galon del yugo principal.

**CORNICHON**, m. cornichón. Piton, cuernecillo, coto, asta naciente de un animal cornudo. || Bot. Cohombro pequeño, pepinillo en vinagre. || met. y fam. *C'est un cornichon*, es un bolonio, un bolo, hablando de un hombre tonto y ridículo.

**CORNICULAIRE**, m. corniculér. Hist. rom. Cornicularío, funcionario público que servia de ayudante y lugarteniente al tribuno militar. || Cornicularío, hujier, oficial subalterno de la categoría de los escribanos cartularios.

**CORNICULE**, f. cornicúl. Farm. Cornícula, especie de ventosa. || *Cornicules*, f. pl. Zool. Cornículas, nombre dado á las antenas ó cuernecillos de los insectos.

**CORNIDE**, m. cornid. Bot. Cornido, árbol del Perú.

**CORNIDIE**, f. cornidí. Bot. Cornidia, género de la familia de las saxifragáceas.

**CORNIER**, adj. m. cornié. Angular, esquinado, que está á un extremo, punta, esquina de cualquiera cosa. || *Pieds corniers*, puntales, árboles escogidos para prefijar los límites de la corta de maderas en grandes bosques. || m. Mar. Aleta, cuando se trata de indicar la direccion de cualquier objeto que se ve por este punto. *Le cap est par le cornier de tribord*, el cabo demora por la aleta de estribor. || Bot. Nombre vulgar del cerezo silvestre.

**CORNIÈRE**, f. cornièr. Canal, canalon, conducto de hoja de lata ó de plomo, situado en el ángulo convergente de los tejados. || Cantonera, abrazadera, triángulo de metal ó de madera puesto en los ángulos de un cofre, mesa, etc. || Figura que adorna, embellece y realza los ángulos del cielo de una bóveda. || Blas. Asa de la caldera que se nota en varios escudos. || Impr. *Cornières*, pl. Cantoneras, las cuatro abrazaderas de metal ó de madera que se ponen en la platina; llámanse tambien *cantonnières*. || Mar. Aleta, pieza exterior del peto de popa.

**CORNIFLE**, f. cornifl. Bot. Cornifla, género de plantas.

**CORNIFORME**, adj. cornifórm. Hist. nat. Corniforme, que tiene la forma de un cuerno.

**CORNIGÈRE**, adj. cornigér. Zool. Cornígero, que tiene cuernos en la cabeza. || Bot. Cornígero, que tiene tubérculos semejantes á los cuernos. || Cornígero, espinoso, erizado de gruesas espinas.

**CORNILLAS**, m. cornillá. El polluelo de la corneja. Se dice tambien *corneillard*.

**CORNILLE**, m. cornill. Bot. Cornillo, género de plantas cariofíleas.

**CORNILLON**, m. cornillón. Zool. Cornejon, nombre vulgar del chova, especie de grajo.

**CORNINE**, f. cornín. Quím. Cornina, principio alcalino de la cornilera florida.

**CORNIOLE**, f. corniól. Bot. Corniola uno de los nombres del abrojo.

**CORNIOLLE**, f. corniól. Zool. Corniola, nombre vulgar de la becada.

**CORNION**, m. cornión. Pesc. Cornion, parte de la nasa ó cesta de mimbres para pescar, que se ajusta á la extremidad de los palos.

**CORNIPÈTE**, adj. V. CORNUPÈTE.

**CORNISTE**, m. cornist. Mus. Cornista ó cornetista, corneta, cornetero, que toca la corneta. || Cornista ó cornetista, profesor de corneta ó que enseña á tocarla. Es tambien adjetivo, y se usa poco en ambas acepciones.

**CORNOUILLE**, f. cornúll. Bot. Cornizola, especie de cereza silvestre.

**CORNOUILLER**, m. cornullé. Bot. Cornizo, cornejo, especie de cerezo silvestre.

**CORNU, E**, adj. corné. Cornudo, que tiene cuernos. || met. Se dice *raisonnements cornus*, *raisons cornues*, argumentos, razones ambiguas, que hacen á dos haces. || Bot. Cornudo, calificacion de las plantas cuyo estilo ó anteras están en forma de cuerno. || met. Cornudo, que tiene muchos ángulos, muchas puntas.

**CORNUAU**, m. cornuó. Zool. Especie de pescado de mar.

**CORNUCOPIE**, f. cornucopí. Bot. Cornucopia, género de plantas gramíneas.

**CORNUCOPIOÏDE**, adj. cornucopioid. Hist. nat. Cornucopioide, que se parece en la forma al cuerno de la abundancia.

**CORNUD**, m. y **CORNUDE**, f. cornúd. Art. Cubo de madera para uso del jabonero.

**CORNUDET**, m. dim. de CORNUDE. cornudé. Pequeño cubo de madera.

**CORNUE**, f. cornú. Quím. Retorta, vasija de vidrio, tierra ó metal para destilar, disolver ó descomponer los cuerpos.

**CORNUE-DIGITALE**, f. cornudigitál. Zool. Cornua-digital, concha del género estrombo.

**CORNUET**, m. cornué. Caracolillo, especie de pasta que tiene la forma de dos cuernecillos, y es muy usada en la Champaña.

**CORNULACE**, f. cornulás. Bot. Cornulaca, género de plantas quenopodiáceas.

**CORNUPÈDE**, adj. cornupéd. Zool. Cornúpedo, que tiene cuernos en los piés.

**CORNUPÈTE**, adj. cornupét. Cornúpeto, que pega con los cuernos.

**CORNUTIE**, f. cornutí. Bot. Cornucia, género de plantas verbenáceas.

**CORO**, m. córo. Coro, derecho que se cobraba antiguamente en España sobre el oro y plata.

**COROCORE**, m. corocór. Zool. Coróroro, pescado del Brasil.

**COROKIE**, f. coroquí. Bot. Coroquia, arbusto de la Nueva Holanda.

**COROLAIRE**, m. corolér. Corolario, los datos y razones que, por superabundancia, se traen á colacion para fortalecer una prueba, etc. | Bot. Corolario, nombre dado á los zarcillos que nacen de la prolongacion de los pétalos. || Mat. Corolario, proposicion que se deduce de lo demostrado anteriormente.

**COROLLE**, f. coról. Bot. Corola, parte principal de la flor que cubre los órganos de la generacion.

**COROLLÉ, ÉE**, adj. corolé. Bot. Corolado, calificacion de las plantas que tienen corola.

**COROLLIFÈRE**, adj. corolifér. Bot. Corolífero, que sirve de base á los pétalos.

**COROLLIFORME**, adj. corolifórm. Bot. Coroliforme, que tiene la forma de una corola.

**COROLLIN, INE**, adj. corolén, ín. Bot. Corolino, calificacion de los pelos situados sobre los pétalos.

**COROLLIPARE**, adj. corolipár. Bot. Corolíparo, calificacion de una flor cuyos órganos tienen todos la forma de una corola.

**COROLLAIQUE**, adj. *corolic*. Bot. Corólico, que pertenece á la corola.

**COROLLISTE**, adj. *corolist*. Corolista, epíteto dado á los botánicos que han sacado de la corola los caractéres distintivos de las clases en el establecimiento de los métodos.

**COROLLITIQUE**, adj. *corolitic*. Arq. Corolítico: se dice de una columna adornada con una guirnalda de flores y follaje rodeada en espiral al fuste de la columna.

**COROLLULE**, f. *corolúl*. Bot. Corolilla, corola pequeña.

**CORONAIRE**, adj. *coronér*. Anat. Coronario, calificacion de dos arterias que salen de la aorta y llevan la sangre al corazon. || Bot. Coronario, que tiene los tubérculos dispuestos en forma de corona. || *Coronaires*, f. pl. Coronarias, tribu de plantas amóneas.

**CORONAL**, E, adj. *coronál*. Anat. Coronal, que tiene relacion con una corona. || *L'os coronal*, hueso coronal, hueso que forma la parte anterior del cráneo ó la frente, por lo que tambien se llama frontal. Es voz usada asimismo en botánica. || Se usa tambien como sustantivo. *Le coronal*, el hueso coronal.

**CORONARIÉES**, f. pl. *coronarié*. Bot. Coronariadas, clase de plantas.

**CORONAT**, m. *coroná*. Coronado, moneda de vellon usada en Francia en tiempo de Leon X. || Coronado ó coronado, moneda antigua de España.

**CORONE**, f. *corón*. Zool. Corona, género de coleópteros heterómeros.

**CORONET**, m. *coroné*. Coronilla, corona pequeña que es la insignia de los pares de Inglaterra.

**CORONIDE**, f. *coronid*. Zool. Coronida, género de conchas. || Coronida, género de insectos lepidópteros crepusculares.

**CORONIFORME**, adj. *coroniform*. Coroniforme, que tiene la forma de una corona.

**CORONILLE**, f. *coronill*. Bot. Coronilla, género de plantas papilionáceas.

**CORONILLÉ**, ÉE, adj. *coronillé*. Bot. Coronillado, que se parece á la coronilla.

**CORONIS**, f. *corónis*. Mit. Coronis, hija de Coroneo, rey de la Fócide.

**CORONOÏDE**, adj. *coronoíd*. Anat. Coronoides, dícese de dos apófisis.

**CORONOÏDIEN**, NE, adj. *coronoidién*, *én*. Anat. Coronoídeo, que tiene relacion con la apófisis coronoides.

**CORONOPE**, m. *coronóp*. Bot. Coronopo, género de plantas cruciferas.

**CORONOPIFEUILLE**, f. *coronopifeull*. Bot. Coronopifolia, especie de planta.

**COROPHIE**, m. *corofí*. Zool. Coroño, género de conchas del órden de los anfípodos.

**COROURE**, m. *corúr*. Coruro, moneda imaginaria usada en muchas regiones del Oriente para calcular grandes sumas.

**COROZAÏMITE**, adj. y s. *corosaimít*. Corozaimita, de la ciudad de Corosain.

**CORPORAL**, m. *corporál*. Rel. cat. Corporal, lienzo que el sacerdote extiende sobre el ara para colocar en él la hostia y el cáliz. Por ser dos los lienzos, en español comunmente se dice corporales, *corporaux*.

**CORPORALIER**, m. *corporalié*. Rel. cat. Bolsa de los corporales, bolsa en que se llevan estos cuando se va á dar el viático á algun enfermo.

**CORPORALITÉ**, f. *corporalité*. Corporalidad, estado de lo que es cuerpo.

**CORPORATIF**, IVE, adj. *corporatif*, *ív*. Corporativo, que tiende á formar un cuerpo.

**CORPORATION**, f. *corporasión*. Corporacion, cuerpo, comunidad, sociedad.

**CORPORÉITÉ**, f. *corporeité*. Corporeidad, cualidad de lo que es corpóreo.

**CORPOREL**, LE, adj. *corporél*. Corporal, que concierne ó pertenece al cuerpo. || Corpóreo, lo que tiene un cuerpo material.

**CORPORELLEMENT**, adv. *corporelmán*. Corporalmente, de una manera corporal. || Corporalmente, con el cuerpo.

**CORPORIFICATION**, f. *corporificasión*. Quím. Corporificacion, accion de condensar los vapores en un cuerpo sólido.

**CORPORIFIER**, a. *corporifié*. Corporificar, suponer, dar cuerpo á lo que no lo tiene. || Quím. Corporificar, poner, fijar, reunir en un cuerpo las partes esparcidas de una sustancia. || *Se corporifier*, r. Corporificarse, formarse un cuerpo, hacerse un cuerpo con algun compuesto.

**CORPORISATION**, f. V. CORPORIFICATION.

**CORPORISER**, a. V. CORPORIFIER.

**CORPOZOAIRE**, adj. *corposoér*. Corpozoario, que tiene los órganos de la nutricion animal.

**CORPS**, m. *cór*. Fis. Cuerpo, sustancia extensa, impenetrable, divisible y figurada. || Cuerpo, sustancia material organizada. || Cuerpo, agregado de personas que forman un pueblo, república ó comunidad. || Cuerpo muerto, cadáver. || Mil. Cuerpo, un cierto número de soldados con sus respectivos jefes. || Geom. Cuerpo, cantidad extensa en todas las tres dimensiones de ancho, largo y profundo. || Arq. Cuerpo, el agregado de partes que componen una obra de arquitectura hasta la cornisa. || Cuerpo, grueso de los tejidos de lana, seda, etc. || Grandor, tamaño. || Cuerpo, la parte del cuerpo humano que está entre el cuello y las caderas. || Cuerpo, ciertas partes del cuerpo humano, cuya forma y sustancia son muy distintas. || Cuerpo, la parte principal de ciertos objetos. || met. Cuerpo, coleccion, recopilacion, reunion de muchas piezas, de uno ó diversos autores. || Calig. *Le corps d'une lettre*, el rasgo principal de que está formada una letra. || Der. *Corps héréditaire*, cuerpo hereditario, la masa de los bienes que componen una succesion, una herencia. || *Corps de délit*, cuerpo de delito, lo que prueba la existencia del delito. || Mús. *Corps de voix*, cuerpo de voz, número de grados, de fuerza y extension que puede abrazar una voz. || Impr. *Le corps d'une lettre*, cuerpo de una letra, la dimension de la pieza en la que está abierto el ojo de la letra, y se mide por los puntos tipográficos del lado del cran. || met. Cuerpo, sociedad, union de personas que viven bajo las mismas leyes. || *Corps de jupe*, corpiño ó corsé de una mujer. || *Corps de metier*, gremio de artesanos. || *Corps de baleine*, cotilla de mujer, especie de corsé. || *Corps de logis*, cuerpo ó casco de la casa, la casa entera. || Jurisp. *Prise de corps*, captura, aprehension de una persona. || Mar. *Corps*, casco del buque. || *Corps-morts*, cuerpos muertos, boyas grandes que se colocan en los puertos. || *A corps perdu*, loc. adv. A cuerpo descubierto, sin resguardo. || *Prendre du corps*, tomar cuerpo, aumentarse, tomar incremento. || *Répondre corps pour corps*, responder ó afianzar con la persona. || *Corps à corps*, loc. adv. Cuerpo á cuerpo: se dice de los que riñen uno con otro sin compañía y con armas iguales.

**CORPULENCE**, f. *corpulans*. Corpulencia, grandeza y magnitud de algun cuerpo natural ó artificial.

**CORPULENT**, E, adj. *corpulán*. Corpulento, que tiene mucho cuerpo.

**CORPUSCULAIRE**, adj. *corpusculér*. Corpuscular, que tiene relacion con los cuerpecillos, con los átomos. || Corpuscular, partidario del sistema atómico ó de los cuerpecillos.

**CORPUSCULE**, m. *corpuscúl*. Fis. Corpúsculo, átomo, cuerpo muy pequeño.

**CORPUSCULISTE**, m. *corpusculíst*. Corpusculista, filósofo que sigue el sistema corpuscular.

**CORRADOUX** ó **COURADOUX**, m. *corradú*, *curadú*. Mar. Entrepuentes ó corredera, espacio entre los dos puentes de un navío.

**CORRECT**, E, adj. *corréct*. Correcto, exacto y conforme á las reglas.

**CORRECTEMENT**, adv. *correctmán*. Correctamente, sin faltas, segun las reglas.

**CORRECTEUR**, m. *correcteur*. Corrector, el que corrige, que reprende. || Corrector, el que castigaba antiguamente á los discípulos en los colegios. || Impr. Corrector, el que corrige las pruebas en una imprenta. || Corrector, superior de un convento de mínimos. || Hist. rom. Corrector, cierto magistrado de Roma. || *Correctrice*, f. Correctriz, nombre que se daba á la superiora de un convento de religiosas mínimas.

**CORRECTIF**, IVE, adj. *correctif*, [illegible] Correctivo, que [illegible] || *Correctif*, m. Farm. [illegible] [illegible] que tiene la virtud de [illegible] tancia que se añade á una composicion [illegible] céutica para moderar ó corregir [illegible] de los principios ingredientes. || [illegible] Correctivo, frase ó palabra que se [illegible] modificar ó templar la [illegible] de una proposicion. || Mar. [illegible] en una accion á la [illegible]

**CORRECTION**, f. *correcsión*. [illegible] accion de corregir. || Correccion, [illegible] que se hace en alguna obra [illegible] lectual, para [illegible] || Correccion, pureza de lenguaje. || Correccion, cualidad de todo lo que es [illegible] Correccion, reforma, [illegible] || [illegible] correction des épreuves, la [illegible] de corregir las pruebas, de marcar las [illegible] tidas por el cajista á fin de que [illegible] de. || Correccion, [illegible] || [illegible], castigo, pena. || Correccion, [illegible] dad de reprender, de [illegible] || [illegible] reccion que se hace á la [illegible] que se navega, al punto de [illegible]

**CORRECTIONNALITÉ**, f. [illegible] *lité*. Correccionalidad, [illegible] gocio correccional.

**CORRECTIONNEL**, LE, adj. [illegible] Correccional, que conduce á la [illegible]

**CORRECTIONNELLEMENT**, adv. [illegible] *sionelmán*. Correccionalmente, de una manera correccional.

**CORRECTIVEMENT**, adv. [illegible] Correctivamente, de un modo correctivo.

**CORRECTOIRE**, m. *correctoár*. [illegible] torio, libro que san Francisco de Paula ha hecho para sus religiosos.

**CORRÉE**, f. *corré*. Bot. [illegible] de plantas diósmeas.

**CORRÉLATIF**, IVE, adj. *correlatif*, [illegible] Correlativo, que tiene correlacion.

**CORRÉLATION**, f. *correlasión*. Correlacion, relacion recíproca que tienen entre sí dos ó mas cosas.

**CORRESPONDANCE**, f. *correspondáns*. Correspondencia, relacion que tienen los comerciantes unos con otros sobre los [illegible] de su comercio. || Correspondencia, relacion que tiene una cosa con otra. || Correspondencia, comunicacion por escrito entre dos ó mas personas. || Correspondencia, [illegible] cíproco de una persona con otra. || Correspondencia, las cartas ó comunicaciones [illegible] mas que constituyen la tercera [illegible] || met. Correspondencia, comunicacion entre diversos parajes ó lugares. || Pint. Correspondencia, proporcion exacta y tal cual la exige la naturaleza entre las diversas partes de una figura.

**CORRESPONDANT**, E, adj. *correspondán*. Correspondiente, proporcionado, conveniente, oportuno.

**CORRESPONDANT**, m. *correspondán*. Corresponsal, el que tiene correspondencia ó trato con otro. || Corresponsal, banquero, negociante que está en correspondencia con otro banquero ú otro comerciante para asuntos de comercio.

**CORRESPONDRE**, n. *correspondr*. Corresponder, convenir, pertenecer. || Corresponder, comunicar dos ó mas objetos entre sí. || Corresponder, retribuir con igualdad el beneficio recibido. || Corresponder, tener proporcion una cosa con otra. || *Se correspondre*, r. Corresponderse, comunicarse, relacionarse, ser correspondido.

**CORRETIER**, m. *corretié*. [illegible] zadores.

**CORRHÉCÈRE**, m. *correcér*. [illegible] género de coleópteros tetrámeros.

**CORRIDOR**, m. *corridór*. Corredor, galería estrecha y larga de algunos edificios. || Corredor, pasadizo, punto medio de comunicacion entre varias piezas. || Mil. [illegible] Corredor, camino cubierto.

**CORRIGÉ**, m. *corrigé*. Correccion, repaso crítico que pasa un profesor á los temas de sus discípulos, y tambien el acento que les da para glosarlo.

**CORRIGEANT**, E, adj. *corriján*. Corrector, que corrige.

**CORRIGER**, a. *corrijé*. Corregir, [illegible]

**CORROSIVETÉ**, f. *corrosivité*. Corrosividad, propiedad de los corrosivos.

**CORROYAGE**, m. *corruayáge*. Art. Zurramiento, sobamiento, última preparacion que el curtidor da á los cueros.

**CORROYER**, a. *corruayé*. Zurrar, adobar, sobar, trabajar las pieles, curtirlas. || Amasar, preparar, compactar una tierra arcillosa y gredosa. || Batir ó machacar el hierro caliente. || Impr. Sobar, frotar los cascos ó cueros de las balas contra el suelo para que se suavicen. || Alb. *Corroyer du mortier*, fabricar argamasa. || Carp. *Corroyer du bois*, cepillar madera, limpiarla despojándola de su grosera superficie.

**CORROYÈRE**, f. *corruayér*. Bot. Corroyera, especie de zumaque.

**CORROYEUR**, m. *corruayeur*. Art. Curtidor, zurrador.

**CORRUDE**, f. *corrúd*. Corruda ó espárrago silvestre.

**CORRUGATEUR**, adj. m. *corugateur*. Anat. Corrugador, nombre dado al músculo superciliar. || *Corrugateur*, m. Corrugador, músculo de la frente que arruga la piel ó cútis de la nariz, cuando se fruncen las cejas.

**CORRUGATION**, f. *corugasión*. Anat. Corrugacion, frunciamiento, crispatura, contraccion, fenómeno que resulta ordinariamente de la aplicacion de los medicamentos estípticos sobre la piel, que se pone desigual, rugosa, crispada y contraida.

**CORRUPTÈLE**, f. *corruptél*. Corruptela, corrupcion, veneno, peste, ponzoña, hablando figuradamente de los vicios y pasiones.

**CORRUPTEUR, TRICE**, m. y f. *corrupteur, tris*. Corruptor, que corrompe las costumbres, etc. || Corruptor, sobornador, comprador de personas que venden su opinion y conciencia, prostituyéndolas miserablemente al interes mezquino.

**CORRUPTIBILITÉ**, f. *corruptibilité*. Corruptibilidad, cualidad de todo lo corruptible.

**CORRUPTIBLE**, adj. *corruptibl*. Corruptible, sujeto á corrupcion, que puede corromperse. || met. Corruptible, sobornable, vendible, susceptible de la mayor vileza.

**CORRUPTION**, f. *corrupsión*. Quím. Corrupcion, desorganizacion, descomposicion, disolucion completa de una sustancia. || Corrupcion, desórden, desarreglo, perversidad, depravacion escandalosa de las costumbres públicas y privadas. || Corrupcion, vicio ó abuso introducido en las cosas. || Corrupcion, estado del hombre despues del pecado original. || Corrupcion, soborno, medio infame de seducir. || Corrupcion, innovacion, alteracion rara y de mal gusto en el lenguaje, estilo, etc.

**CORS**, m. pl. *cór*. Mont. y Blas. Cuernos, astas, garcetas, las puntas que salen de la cuerna del ciervo.

**CORSAC**, m. *corsác*. Zool. Corsaco, cuadrúpedo originario de Tartaria y algo semejante á los zorros europeos.

**CORSAGE**, m. *corság*. Talle, cintura, cuerpo, lo entallado de una persona desde las espaldas hasta las caderas. || Corsé, corpiño, jubon, parte del vestido de las mujeres. || Zool. Estampa, vista, forma, figura, bella ó no, del caballo, del ciervo y otros animales.

**CORSAIRE**, m. *corsér*. Corsario, jefe, comandante de un buque armado en curso. || Corsario, embarcacion ó nave armada en curso á expensas de un particular ó particulares con autorizacion de su gobierno. || Por ext. Corsario, pirata, ladron de mar. || met. y fam. Corsario, pirata, hebreo, tirano, judío, usurero. || met. Corsario berberisco, pirata, todo hombre duro, inicuo, depravado, implacable, feroz como un beduino ó un salvaje. || prov. *A corsaire corsaire et demi*, á pícaro, pícaro y medio. *Corsaires contre corsaires ne font pas leurs affaires*, dos pobres á una puerta no se pueden ver. || Zool. Corsario, uno de los nombres vulgares del gavilan por sus rapiñas, destrozos y piraterías.

**CORSE**, adj. y s. *córs*. Corso, corses, corcegues, de la isla de Córcega.

**CORSÉ, ÉE**, adj. *corsé*. Confortante, abundante, delicado: se dice hablando de comidas.

**CORSESQUE**, f. *corsésc*. MR. Nombre de una arma antigua que tenia cierta analogía con la partesana.

**CORSELET**, m. *corselé*. Peto, parte de la coraza de los antiguos que cubria el pecho, el estómago y el vientre. || Coraleto, cuerpo de coraza ligera. || Zool. Corselete, peto, parte anterior y ovalada de los moluscos de concha bivalva. || Corselete ó caparazon, parte del cuerpo de los insectos.

**CORSERON**, m. *corserón*. Pesc. Corcho ó pedacito de esta materia que ponen los pescadores en el sedal.

**CORSES**, m. pl. *córs*. Corsos, milicia antigua de los papas.

**CORSET**, m. *corsé*. Corsé, corpiño, justillo, parte de la ropa de mujer que envuelve y oprime exactamente el talle. || La ballena que sirve para sostener el talle. || Cir. Corsé, vendaje que abraza la mayor parte del tronco. = Especie de vendaje que servia para mantener reducidas las fracturas de la clavícula.

**CORSETIER, ÈRE**, adj. y s. *corsetié, ér*. Fabricante de corsés, y el que los vende.

**CORSINIE**, f. *corsiní*. Bot. Corsinia, género de plantas de la tribu de las riccieas.

**CORSOÏDE**, f. *corsoíd*. Miner. Corsoida, piedra figurada que representa una cabeza cabelluda.

**CORSOMYZE**, f. *corsomís*. Zool. Corsomiza, género de insectos dípteros.

**CORT**, m. *cór*. Nombre que se daba antiguamente á la cortina de una fortaleza.

**CORTALE**, m. *cortál*. Zool. Cortalo, género de conchas cefalópodas.

**CORTÈGE**, m. *cortég*. Comitiva, séquito, acompañamiento, reunion de personas que acompañan á alguno por ceremonia; por extension es toda reunion de personas que siguen á otro por un motivo cualquiera.

**CORTÉGER**, a. *cortegé*. Ir en comitiva, escoltar, acompañar.

**CORTÈS**, f. pl. *córtes*. Córtes, los congresos nacionales legislativos de España y Portugal.

**CORTÉSIE**, f. *cortesí*. Bot. Cortesía, género de plantas cordiáceas.

**CORTICAL, E**, adj. *corticál*. Bot. Cortical, concerniente, perteneciente á la corteza. || Anat. *Substance corticale*, sustancia cortical, la parte exterior del cerebro y de los riñones.

**CORTICARIE**, m. *corticarí*. Zool. Corticario, género de coleópteros.

**CORTICATÉ, ÉE**, adj. *corticaté*. Bot. Corticáceo, epíteto dado al grano de las gramíneas, cuando está cubierto de su cascarilla superior.

**CORTICAUX**, m. pl. *corticó*. Zool. Corticales, familia de pólipos.

**CORTICICOLE**, adj. *cortisicól*. Zool. Corticícola, que vive en las cortezas. || *Corticicoles*, m. pl. Corticícolas, familia de coleópteros. || Corticícolas, tribu del órden de gorriones.

**CORTICIFÈRE**, adj. *cortisifér*. Zool. Corticífero, epíteto que se da á ciertos insectos que tienen un eje córneo ó calcáreo.

**CORTICIFORME**, adj. *cortisifórm*. Bot. Corticiforme, que tiene la forma de la corteza.

**CORTICINE**, f. *cortisín*. Quím. Corticina, nombre de la apotema ó extracto oxidado del curtiente.

**CORTIE**, f. *cortí*. Bot. Corcia, género de la familia de las apiáceas.

**CORTINAIRE**, m. *cortinér*. Sumiller de cortina, en la corte de Constantinopla.

**CORTINE**, f. *cortín*. Cortina, franja que rodea el sombrerete de varias setas ú hongos. || Cortina, especie de vaso de forma redonda consagrado antiguamente á los dioses.

**CORTIQUEUX, EUSE**, adj. *cortiqueu, eus*. Bot. Corticoso, epíteto con que se distingue á ciertos frutos carnosos ó pulposos interiormente, como el limon, etc.

**CORTUSE**, f. *cortús*. Bot. Cortusa, aurícula, género de plantas primuláceas.

**CORU**, m. *corú*. Bot. Coru, árbol de la India.

**CORUSCANT, E**, adj. *coruscán*. Chispante, brillante, sobresaliente, relumbrante.

CORUSCATION, f. coruscasión. Fís. Resplandor, fulgor, esplendor, brillantez.

CORVAL, m. corvál. Hist. Soldado mercenario.

CORVÉABLE, adj. corveábl. Epíteto dado á ciertos trabajos que en tiempo del feudalismo tenian obligacion de hacer los vasallos de un señor.

CORVÉE, f. corvé. Feud. Jornada ó jornadas de trabajo gratúito que los vasallos dedicaban á su señor. || met. Carga, trabajo, accion que tanto en lo físico como en lo moral se hace á disgusto y sin provecho. || Mil. Fatiga, el trabajo que hacen los soldados por turno.

CORVÉIEUR, m. corveieur. Peon, jornalero que trabaja en las obras de concejo por mandato de la autoridad y sin retribucion alguna, por haberle tocado su turno.

CORVETTE, f. corvét. Mar. Corbeta, buque de guerra de tres palos.

CORVIDÉ, ÉE, adj. corvidé. Zool. Corvídeo, que se parece al cuervo. || Corvidés, m. pl. Corvídeos, grupo compuesto de los seis sub-géneros del cuervo.

CORVIN, m. corven. Zool. Corvino, tribu de la familia de los corvídeos.

CORVOYEUR, m. corvuayeur. Feud. El que está sujeto á trabajar en provecho del señor sin retribucion alguna.

CORYBANTE, m. coribánt. Coribanto, sacerdote de Cibéles.

CORYBANTIASME, m. coribantiásm. Baile de los coribantos. || Med. Coribantiasmo, frenesí que atormenta al enfermo y le obliga á ejecutar infinitas contorsiones, creyendo ver fantasmas.

CORYBANTIER, n. coribantié. Dormir con los ojos abiertos como los coribantos, imitar sus danzas, sus cánticos, etc.

CORYBANTION, m. coribantión. Especie de mitra que llevaban los coribantos.

CORYBANTIQUE, adj. coribantic. Coribántico, que tiene relacion con los coribantos. || Coribantiques, f. pl. Coribánticas, fiestas ó misterios de Cibéles, que celebraban los coribantos.

CORYCÉES, m. pl. corisé. Coriceos, ladrones célebres que habitaban antiguamente una montaña de Jonia.

CORYCIE, f. corisí. Zool. Coricia, género de lepidópteros.

CORYCION, m. corisión. Bot. Coricion, género de plantas.

CORYCOBOLIE, f. coricobolí. Hist. Coricobolia, especie de juego de pelota que usaban los antiguos.

CORYDALE, m. coridál. Zool. Corídalo, género de insectos. || Bot. Corídalo, planta fumariácea.

CORYDALINE, f. coridalín. Quím. Coridalina, alcaloide descubierto en la raiz del coridalo.

CORYDALIQUE, adj. coridalic. Quím. Coridálico, epíteto dado á las sales de base coridalina.

CORYDIE, m. coridí. Zool. Coridio, género de insectos.

CORYDON, m. coridón Zool. Coridon, division de pájaros. || Coridon, nombre de pastor.

CORYDORE, m. coridór. Zool. Coridoro, género de pescados.

CORYLOPHE, m. corilóf. Zool. Corilofo, género de insectos coleópteros.

CORYLOPSE, m. corilóps. Bot. Corilopso, género de plantas.

CORYMBE, m. corénb. Bot. Corimbo, ramillete, reunion de flores y frutos. || Hist. ant. Tupé de cabellos.

CORYMBEUX, EUSE, adj. corenbeu, eus. Bot. Corimbosa, epíteto que se da á las flores dispuestas en corimbo:

CORYMBIFÈRE, adj. corenbifér. Bot. Corimbífero, que produce, que lleva corimbos. || Corymbifères, f. pl. Bot. V. RADIÉES.

CORYMBIFLORE, adj. corenbiflór. Bot. Corimbifloro, que tiene flores dispuestas en c[illegible]

[illegible]ORME, adj. corenbifórm. [illegible]me, que tiene la forma de

CORYMBIOLE, f. corenbiól. Bot. Corimbiola, género de plantas.

CORYMBION, m. corenbión. Bot. Corimbion, género de plantas.

CORYMBITES, m. pl. corenbít. Zool. Corimbitos, género de insectos coleópteros.

CORYMBORCHIDE, m. corenborchid. Bot. Corimborchido, género de plantas.

CORYMBULEUX, EUSE, adj. corenbuleu, eus. Bot. Corimbuloso, que produce corimbos.

CORYNÉLIE, f. corinelí. Bot. Corinelia, género de plantas.

CORYNÉON, m. corineón. Bot. Corineon, género de plantas.

CORYNÉPHORE, m. corinefór. Bot. Corinéforo, género de plantas.

CORYNOCARPE, m. corinocárp. Bot. Corinocarpo, género de plantas.

CORYNOPALPE, m. corinopálp. Zool. Corinopalpo, género de insectos.

CORYNOPE, m. corinóp. Zool. Corinopo, género de insectos.

CORYNOPHILE, m. corinófil Bot. Corinofilo, género de plantas.

CORYNOSTYLE, m. corinostíl. Bot. Corinóstilo, género de plantas.

CORYPHE, m. corif. Bot. Corifo, género de plantas palmáceas.

CORYPHÉE, m. corifé. Corifeo, jefe ó director de los coros en las tragedias antiguas. || Corifeo, el que dirige los coros de canto en la ópera. || met. Corifeo, el que en un arte, secta, profesion ó academia sobresale á los demas. || Director de un complot, de una conspiracion. || Zool. Corifeo, nombre de una especie de pájaros.

CORYPHÈNE, m. corifén. Zool. Corifeno, género de pescados escomberoides.

CORYPHÉNIDE, adj. corifenid. Zool. Coriféuido, que tiene semejanza con el corifeno. || Coriphénides, m. pl. Coriféuidos, género de pescados.

CORYPHÉNOÏDE, m. corifenoid. Zool. Corifenoide, género de pescados.

CORYPHINÉ, ÉE, adj. corifiné. Bot. Corifíneo, que se parece á un corifo. || Coriphinées, f. pl. Corifíneas, cuarta tribu de las palmeras.

CORYPHION, m. corifion. Zool. Corifion, género de coleópteros pentámeros.

CORYPHOCÈRE, m. corifosér. Zool. Corifócero, género de coleópteros pentámeros.

CORYSANTHES, m. pl. corisánt. Bot. Corisantos, género de plantas.

CORYSSOPE, m. corisóp. Zool. Corisopo, género de coleópteros tetrámeros.

CORYSSOPS, m. corisóps. Zool. Corisopso, género de coleópteros tetrámeros.

CORYSTE, m. corist. Zool. Coristo, género del órden de los decápodos braquiuros.

CORYSTION, m. coristión. Zool. Coristion, género de pescados.

CORYTHACANTHE, f. coritacant. Bot. Coritacanto, planta del Brasil.

CORYTHANTHES, m. pl. coritánt. Bot. Coritantos, género de plantas.

CORYTHE, m. corit. Zool. Corito, género de pájaros.

CORYTHOLOBION, m. coritolobión. Bot. Coritolobion, árbol del Brasil.

CORYTHOPHANE, m. coritofán. Zool. Coritófano, género de saurianos.

CORYZA, m. corisa. Med. Coriza, romadizo, afeccion catarral, inflamacion de la membrana mucosa de los canales nasales que generalmente se llama resfriado.

COS, m. cós. Nombre que se da al casado que ignorantemente mantiene como suyos los hijos que su mujer tiene con otro.

COSAQUE, m. y f. cosác. Cosaco, poblacion rusa en la parte nómada. || met. Cosaco, hombre ruin, rudo y atroz. Traiter à la cosaque, tratar con dureza, sin piedad. || fam. Il me prend pour un cosaque, cree que soy tonto, grosero, intratable. || f. Cosaca, danza en que se imita á los Cosacos en su modo de bailar. || Je veux te faire danser une cosaque, voy á darte una somanta, una tunda, una zurra. || Cosaques, m. pl. Cosacos, especie de milicia establecida en [illegible] y Rusia.

COSAQUERIE, f. cosacrí. [illegible] incursion brusca que tiene por [illegible] pillaje. || met. [illegible], perrería que se hace á otro por el gusto de hacerle [illegible].

COSCINIE, m. cosiní. [illegible] género de coleópteros pentámeros.

COSCINION, m. [illegible] nion, género de plantas.

COSCINODISQUE, m. [illegible] Coscinodisco, género de plantas.

COSCINOMANCIE, f. [illegible] Coscinomancia, especie de [illegible] se hacia por medio de una criba [illegible]

COSCINOMANCIEN, NE, m. y f. [illegible] mancién, én. Coscinomántico, el [illegible] la coscinomancia. || adj. [illegible] tiene analogía ó relacion con la coscinomancia.

COSCINOPORE, m. [illegible] Coscinóporo, género de pólipos.

COSCOROBE, m. coscoróh. [illegible] robo, gran especie de oca ó [illegible]

COSCOSSONS ó COUSCOUSSOU, [illegible] coscosón, cuscusú. Ant. [illegible] ó bazofia hecha de harina en [illegible] yerbas y carne picadas semejante al [illegible] xuz de los Africanos.

COSÉCANTE, f. cosecánt. Geom. Cosecante, secante de un ángulo que [illegible] complemento de otro.

COSEIGNEUR, m. coseñeur. [illegible] señor con otro de algun feudo ó tierra.

COSEIGNEURIE, f. coseñeurí. [illegible] minio ó señorío poseído en comun [illegible] rios señores.

COSINUS, m. cosinus. Geom. Coseno, seno derecho de un arco.

COSMARION, m. cosmarión. Bot. [illegible] marion, género de plantas.

COSMÉLIE, f. cosmelí. Bot. Cosmélia, género de plantas.

COSMES, m. pl. cósm. Hist. ant. [illegible] trados establecidos en Creta para [illegible] balancear la autoridad de los reyes.

COSMET, m. cosmé. Quím. [illegible] nombre que algunos alquimistas [illegible] timonio.

COSMÈTE, m. cosmét. Cosmeta, [illegible] trado en Aténas que velaba sobre la conducta de los jóvenes. || Cosmeta, [illegible] en Roma estaba encargado de vestir [illegible] ñor. || Zool. Cosmeto, género de insectos.

COSMÉTIQUE, adj. cosmetic. Cosmético, epíteto que se da á cierta preparacion que sirve para conservar la belleza y [illegible] cura de la piel, el negro de los cabellos, etc. || m. Cosmético, la misma preparacion que se hace con igual objeto. || f. Cosmética, parte de la higiene que enseña á [illegible] de los cosméticos.

COSMÉTOLOGIE, f. cosmetologí. Cosmetología, parte de la higiene que tiene por objeto la limpieza y pulcritud en el [illegible] y en todo el cuerpo.

COSMIE, f. cosmí. Zool. Cosmia, género de lepidópteros nocturnos.

COSMINE, m. cosmín. Zool. [illegible] género de dípteros.

COSMIQUE, adj. cosmíc. Astr. Cósmico, epíteto con que se designa el [illegible] ocaso de un astro, simultáneamente [illegible] sol.

COSMIQUEMENT, adv. [illegible] Astr. Cósmicamente, de una manera cósmica.

COSMOCRATE, m. cosmocrát. Cosmócrata, el que aspira á la monarquía universal.

COSMOCRATIE, f. cosmocrasí. Cosmocracia, monarquía universal; [illegible] monarquía universal.

COSMOCRATIQUE, adj. [illegible] Cosmocrático, que tiene [illegible] mocracia.

COSMOCRATIQUEMENT, adv. [illegible] craticmán. Cosmocráticamente, de [illegible] manera cosmocrática.

COSMOGÉNIE, f. cosmogení. [illegible] nia, formacion del universo.

COSMOGÉNIQUE, adj. cosmogenic. Cosmogénico, que tiene relacion con la cosmogenia.

…ENT, adv. cosmogo-
…mente, de una mane-

…cosmogoní. Cosmogo-
…fabricó el universo.
…, adj. cosmogonic. Cos-
…relacion ó analogía con

…ENT, adv. cosmogo-
…mente, de una manera

…, m. y f. cosmogróf.
…e la cosmografía ó se

… f. cosmografí. Cos-
…del mundo.
…, adj. cosmografic.
…relacion con la cos-
…cosmographique, mapa-
…del mundo sobre el pa-

…ENT, adv. cosmo-
…mente, de un modo

…, cosmolób. Cosmola-
…del astrolabio, que
…astros y representar
…
… cosmologí. Cosmolo-
…
…, adj. cosmologic. Cos-
…conexion con la cosmo-
…, se dice de todas las
…al primero de los
…establece en su
…de partida: las cien-
… ó zoológicas.
…ENT, adv. cosmolo-
…mente, de una manera

…, m. y f. cosmologist.
…OLOGUE.
…, m. y f. cosmologue. Cos-
… ó trata de la cosmo-

… f. cosmometrí. Cosmo-
…trata de la medicion del

… f. cosmonomí. Cosmo-
… armonía de las
…verso.
…, adj. cosmonomic.
…tiene relacion ó analo-
…
…ENT, adv. cosmono-
…mente, de una ma-

… cosmonót. Zool. Cos-
…coleópteros heteróme-

…, m. V. COSMOPOLI-

…, s. y adj. V. Cosmo-

…, m. y f. cosmopolit.
…del mundo, que no
… determinada || met.
…, que recorre
…establecerse en ninguna

…, m. cosmopolitism.
…, costumbres, de-
… || Gusto, predileccion
… || met. Cosmopo-
…cosmopolitismo literario,
…literatura de todas las
…
…, cosmoráma. Cosmo-
… Representacion
… de la diversidad de
… con adherentes,
… la representacion.
… Bot. Cosmea,
… Cosmea, brebaje que
… de yeguas.
…, m. y f. cosmosóf. Cos-
… el universo.
… f. cosmosofí. Cosmoso-
…, instituido bajo los
…
…, adj. cosmosofic. Cos-
… á la cosmosofía.
…hombre de una medida



de la India que corresponde á tres leguas y media poco mas ó ménos.

**COSSARD**, m. *cosár*. Zool. Cosardo, uno de los nombres vulgares del águila.

**COSSART**, m. V. COSSART-BRUN.

**COSSART-BRUN**, m. *cosarbreun*. Com. Cosar, especie de tela de algodon, fabricada en la India.

**COSSAS**, m. *cosás*. Com. Muselina de la India.

**COSSE**, f. *cós*. Bot. Vaina, vainilla, túnica de algunas legumbres, como las habas, las lentejas, etc. || *Pois sans cosse*, guisantes, habichuelas y otras legumbres verdes, cuya cáscara ó pellejo está aun tierno y puede comerse. || Fruto de algunos arbustos, como el de la retama. || Zool. Cosa, nombre de una raza de cabra de las Indias. || Art. Primera capa que se pone en una pizarrería. || *Parchemin en cosse*, pergamino crudo, sin adobar; piel de carnero que sale de la tenería sin mas preparacion que la de arrancarle la lana. || Mar. Guarda-cabo, anillo de plancha de hierro con una concavidad por la parte exterior donde se asegura el cabo. || m. Zool. Cose silicua, especie de lepidópteros nocturnos.

**COSSER**, n. *cosé*. Topar, dar topetadas: se dice del retozar, hablando de los carneros, cabras, etc.

**COSSIGNIE**, f. *cosiñí*. Bot. Cosignia, género de plantas.

**COSSIQUE**, adj. *cosíc*. Álg. Cósico, expresion antigua que designaba la raiz de una ecuacion de segundo grado.

**COSSON**, m. *cosón*. Zool. Coson, gorgojo, nombre vulgar dado á las larvas de los bruches que viven en las semillas harinosas alimenticias, como los guisantes, habas, lentejas, etc. || Agr. Boton de cepa, sarmiento nuevo que brota la cepa despues de podada una viña. || *Maître cosson*, sarmiento guia, el que fructifica. || *Contre-cosson*, el que se desarrolla cuando el primero ha muerto, y que no fructifica en el caso contrario. || Med. Ulceracion de la nariz. || *Cossons*, pl. Mariposas sin trompetilla.

**COSSONE**, m. *cosón*. Zool. Cosono, género de coleópteros tetrámeros.

**COSSONIDE**, adj. *cosoníd*. Zool. Cosonido, se dice del insecto que se parece á un coson ó gorgojo. || *Cossonides*, m. pl. Cosonidos, division formada en la familia de los curculionites.

**COSSU, E**, adj. *cosú*. Bot. Cosuso, gorgojoso, silicuoso, que tiene gran cantidad de gorgojos ó silicuas. || met. y fam. *C'est un homme cossu*, está bien forrado, por decir que un hombre tiene bastantes medios para gozar de comodidades. || *En conter de cossues*, decir cosas impertinentes, groseras, inverosímiles.

**COSSYPHE**, m. *cosíf*. Zool. Cosifo, género de coleópteros heterómeros.

**COSSYPHÈNES**, m. pl. *cosifén*. Zool. Cosifenos, género de insectos.

**COSSYPHEURS**, m. pl. *cosifeur*. Zool. Cosiforos, familia de insectos.

**COSSYPHIN, E**, adj. *cosifén, ín*. Zool. Cosifino, que se parece á un cosifo. || *Cossyphins*, m. pl. Cosifinos, familia de insectos coleópteros.

**COSTAIRE**, f. *costér*. Bot. Costaria, género de plantas.

**COSTAL, E**, adj. *costál*. Anat. Costal, epíteto que se da á lo que pertenece á un costado ó á las costillas. || Zool. *Nervure costale*, nervosidad costal, la primera y principal nervosidad que forma el borde anterior en la ala de los insectos.

**COSTALGIE**, f. *costalgí*. Med. Costalgia ó nevralgia, dolor que se fija en la region costal.

**COSTALGIQUE**, adj. *costalgíc*. Med. Costálgico, que tiene relacion con la costalgia.

**COSTALGIQUEMENT**, adv. *costalgicmán*. Costálgicamente, de una manera costálgica.

**COSTE**, m. *cóst*. Bot. Costo, género de plantas zingiberáceas.

**COSTÉ, ÉE**, adj. *costé*. Hist. nat. Encostillado ó costillado, que esta provisto de costillas, hablando de los animales.

**COSTIÈRE**, f. *costiér*. Art. Costera, piedra angular que se pone en cada uno de los costados de un horno de fundicion. || Costera de un tablon. V. CÔTIÈRE.

**COSTIFÈRE**, adj. *costifér*. Costífero, que tiene ó lleva costillas.

**COSTIPÈDE**, adj. *costipéd*. Zool. Costípedo, epíteto que se da al pájaro cuyas piernas están colocadas de modo que tienen el cuerpo en perfecto equilibrio.

**COSTIROSTRE**, adj. *costiróstr*. Zool. Costirostro, epíteto dado al pájaro que tiene rodeado el pico ó una parte de la cabeza.

**COSTO-ABDOMINAL**, adj. m. *costoabdominál*. Anat. Costo-abdominal, que pertenece á las costillas y al abdómen.

**COSTO-CLAVICULAIRE**, adj. *costoclaviculér*. Anat. Costo-clavicular, lo que pertenece á las costillas y á la clavícula.

**COSTO-CORACOÏDIEN**, adj. m. *costocoracoidién*. Anat. Costo-coracoídeo, que tiene relacion con la apófisis coracoides y con las costillas.

**COSTO-EX-OCCIPITAL**, adj. m. *costoexoccipitál*. Anat. Costo-ex-occipital, que tiene relacion ó corresponde á uno de los músculos de la cabeza de la salamandra.

**COSTO-HYOÏDE**, adj. m. *costoioíd*. Anat. Costo-hioídeo, epíteto con que se distingue un músculo que tiene relacion con las costillas y el omoplato.

**COSTO-MARSUPIAL**, adj. m. *costomarsupiál*. Anat. Costo-marsupial, se dice hablando de uno de los músculos del abdómen de la salamandra.

**COSTO-PUBIEN**, adj. m. *costopubién*. Anat. Costo-pubiano, epíteto de un músculo del costado derecho del bajo vientre.

**COSTO-SCAPULAIRE**, adj. *costoscapulér*. Anat. Costo-escapular, que corresponde al omoplato ó escápula y á las costillas.

**COSTO-STERNAL, E**, adj. *costosternál*. Anat. Costo-esternal, epíteto con que se designa la articulacion del esternon con la extremidad anterior de las siete costillas superiores.

**COSTO-SUS-SCAPULAIRE**, adj. *costosuscapulér*. Anat. Costo-supra-escapular, se dice de uno de los músculos de la salamandra.

**COSTO-THORACIQUE**, adj. *costotorasíc*. Anat. Costo-torácico, que pertenece á las costillas y al pecho ó tórax.

**COSTO-TRACHÉLIEN**, adj. m. *costotraquelién*. Anat. Costo-traqueliano ó costotraquelino, que es relativo á las costillas y á las apófisis transversales de las vértebras del cuello.

**COSTO-TRANSVERSAIRE**, adj. *costotransversér*. Anat. Costo-transversal, que se halla en relacion con las costillas y con las apófisis transversas de las vértebras.

**COSTO-VERTÉBRAL, E**, adj. *costovertebrál*. Anat. Costovertebral, que corresponde á las vértebras y á las costillas.

**COSTO-XYPHOÏDIEN, NE**, adj. *costoxifoidién, én*. Anat. Costoxifoideo, se dice de un ligamento que une el cartílago de la séptima costilla á la apófisis xifoides.

**COSTULE**, f. dim. de CÔTE. *costúl*. Anat. Costilleja, costillita pequeña. || Zool. Estría, acanaladura de aumento que se ve en la superficie de ciertas conchas.

**COSTUME**, m. *costúm*. Costumbre, uso, hábito, estilo, usanza, preocupacion de un país y de una época. V. COUTUME. || Traje, manera de vestirse segun el carácter de cada uno.

**COSTUMER**, a. *costumé*. Vestir, revestir segun la costumbre. || *Se costumer*, r. Vestirse, ponerse un traje conveniente á la categoría, al uso, á las circunstancias.

**COSTUMIER, ÈRE**, m. y f. *costumié, ér*. Sastre ó alquilador de trajes, el que los hace, los vende ó los alquila. || Guardaropa de un teatro.

**COSTUMÈTRE**, m. *costumétr*. Sastr. Patron elástico, nuevamente inventado para trazar con economía y precision toda clase de vestidos, sea cual fuere su dimension y proporciones.

**COSTUS**, m. *cóstus*. Bot. Custo, raiz que viene de la India oriental.

**COTANGENTE**, f. *cotanjánt*. Geom. Co-

[illegible], la tangente del complemento de un arco ó de un ángulo.

**COTARDIE**, f. *cotardí*. Cota, jubon que llevaban los antiguos.

**COTE**, f. *cót*. Anotacion, señal, nota, marca numeral ó alfabética que se pone en un sumario ó documento para clasificarlo por su órden. || Registro bajo el que se clasifica varios papeles relativos á un asunto. || Comerc. Indicacion del total, cambio, etc., de los efectos públicos. || Cuota, escote, parte que se debe pagar en un gasto, tasa, imposicion comun. || Jurisp. *Cote mal taillée*, corte, composicion amistosa sobre un cuento para evitar pleitos.

**CÔTE**, f. *cót*. Anat. Costilla: dícese de la del cuerpo animal y de las de un navío. || met. Orígen, descendencia de una persona. || Morcon ó gruesa tripa del cerdo en que se embuten los desperdicios de los demas embutidos. || Costillas de una cesta, los mimbres que sirven de pié para el tejido de ella. || Geog. Cuesta, terreno pendiente de una colina ó de una montaña. || fam. *On lui compterait les côtes*, pudieran contársele las costillas. || *Serrer les côtes à quelqu'un*, obligarle, estrecharle á que haga una cosa. || met. *Côte de melon*, tajada, raja de melon. || Arq. *Côte élevée*, relieve del triglifo de una columna, de una bóveda ó media naranja, etc. || Mil. *Garde-côtes*, guardacostas. V. GARDE. || Bot. *Côte d'une feuille*, nervosidad de la hoja, formada por la prolongacion del pecíolo. || *Tabac sans côtes*, tabaco sin vena, que no tiene palos, que le han quitado los nervios de la hoja. || *Mettre quelqu'un à la côte*, fatigar á alguno, perseguirlo, reducirlo al último extremo. || *Mesurer les côtes à quelqu'un*, ajustarle el coleto, sacudirle el polvo, menearle el bulto, etc. || loc. adv. *Côte à côte*, al lado uno de otro. *Marcher côte à côte*, andar al lado uno de otro. || Mar. Costa, la orilla del mar y toda la tierra contigua. || *Faire côte*, naufragar sobre la tierra. || *Être à la côte*, varar ó embestir en la costa.

**CÔTÉ**, m. *coté*. Lado, costado, parte. || Banda, partido. || Márgen, hablando de notas en un escrito. || met. Se dice *porter l'épée au côté*, seguir la milicia ó la carrera de las armas. || *Se tenir les côtés de rire*, no poderse tener, reventar de risa. || *Être sur le côté*, estar caido, en peligro, con poco crédito, en quiebra. || *Mettre une bouteille sur le côté*, desocupar ó despachar una botella. || met. *Mettre de côté*, reservar ó poner aparte; y tambien, echar á un lado, arrinconar, despreciar, poner en olvido. || *De mon côté*, por mi parte. || *Regarder de côté*, mirar de medio lado, con desprecio. || *Le côté faible*, el flaco de una persona; y hablando de cosas, lo defectuoso, lo imperfecto de ellas. || *A côté*, loc. prepos. Al lado de, junto á, cerca de. || *De côté*, loc. adv. De lado, de costado.

**COTEAU**, m. *cotó*. Ribazo, costanera, cuesta, collado, ladera de montaña.

**CÔTELÉ, ÉE**, adj. *cotlé*. Encostillado, que esta cubierto de costillas.

**CÔTELETTE**, f. *cotlét*. Art. Chuleta, costilla de ciertos animales, como de carnero, de ternera, de cerdo, etc. *Côtelette panée*, chuleta en empanada. *Côtelette à la jardinière*, costilla cocida ó asada y mezclada con legumbres. *Côtelette au naturel*, chuletas asadas. || Der. feud. *Côtelettes de porc*, presente, derecho que bajo este título hacian pagar á sus vasallos los señores bretones.

**COTELINE**, f. *cotlín*. Com. Cotelina, tela hecha de hilo y algodon.

**COTEPALIS**, m. *cotpalí*. Com. Piel de cabra, tela.

**COTER**, a. *coté*. Acotar, anotar, marcar, numerar, foliar alguna cosa.

**COTERAS** ó **COTERAUX**, m. pl. *cotrá*, *cotró*. Pesc. Pieza de cuerdas de mas de treinta varas de largo, que sirven para reunir dos redes que están flotantes entre dos aguas á igual distancia.

**COTERELLE**, f. *cotrél*. Art. Cada uno de los dos travesaños del bastidor de gran tapicería que sirven para sostener los dos rodillos sobre que se extienden los hilos de la cadena.

**COTERIE**, f. *cotrí*. Corro, corrillo, junta casera, reunion de personas que viven familiarmente. || met. Pandilla, asociacion de platicones que se proponen ensalzar ó desacreditar á una persona ó una cosa. || met. y fam. Camarada, compinche, compañero de obrador. || Jurisp. ant. Sociedad de lugareños que vivian juntos para tomar en arriendo algunas fincas de un señor.

**COTEVET**, m. *cotve*. Zool. Cotaveto, nombre vulgar de la corbina.

**COTHON**, m. *cotón*. Antig. Coton, nombre de un vaso que usaban los Griegos.

**COTHURNE**, m. *cotúrn*. Coturno, calzado que usaban los actores antiguos en la representacion de la tragedia. || met. *Chausser le cothurne*, calzar el coturno: se dice hablando del que se dedica á representar ó componer tragedias.

**COTHURNIE**, f. *coturní*. Zool. Coturnia, género de infusorios.

**COTICE**, f. *cotís*. Blas. Cotiza, banda estrecha, una de las partes de la banda regular.

**COTICÉ, ÉE**, adj. *cotisé*. Blas. Cotizado, escudo lleno de cotizas de diferentes colores.

**COTIER, ÈRE**, adj. *cotié*, *ér*. Jurisp. Cotero. Se decia de una finca ó heredad que no estaba vinculada. || *Cotier*, m. Mar. Práctico de costa, el que dirige la navegacion por el conocimiento que tiene de ella. || *Cotiers*, m. pl. Coteros, lugareños que se cotizaban antiguamente para arrendar una finca de su señor. || *Cotière*, f. Hort. Costanera, tabla de jardin que viene pendiente desde la cerca ó pared. || Art. Costera, cada una de las partes de un molde para fundir el plomo. || Tabla que sostiene el grano en una fábrica de cerveza.

**COTIÈREMENT**, adv. *cotiermán*. Costeramente, pecheramente, de una manera pechera, por oposicion á noblemente.

**COTIGNAC**, m. *cotiñác*. Art. Codonate, carne de membrillo ó conserva en dulce. || Farm. Conserva preparada con el zumo del membrillo, vino blanco y azúcar que se usa como estomacal astringente. || Conf. Mostillo, dulce que se hace con el mosto. || iron. *Cotignac de Bacchus*, conserva de Baco: se da este nombre al queso por ser un aliciente para beber.

**COTIGNACENQUE**, f. *cotiñasenc*. Bot. Cotiñacenca, variedad de higos.

**COTIGNELLE**, f. *cotiñél*. Art. Infusion espirituosa de membrillos.

**COTILLON**, m. *cotillón*. Guardapiés, refajo, zagalejo que usan las mujeres del pueblo. || met. *Il aime le cotillon*, le gustan las de aparejo redondo, refajonas. || *L'influence du cotillon*, la influencia de las faldas para obtener un empleo por la mediacion de una querida.

**COTIN**, m. *cotén*. Bot. Cotin, nombre vulgar del fustel.

**COTINE**, f. *cotín*. Bot. Cotina, nombre de una especie del género zumaque.

**COTINGA**, m. *coténga*. Zool. Cotinga, género de pájaros del órden de los gorriones dentirostros.

**COTIQUE BLANC**, m. *coticblan*. Zool. Cotiooblanco, nombre vulgar del cipreo anulado, especie del género porcelana.

**COTIR**, a. *cotir*. Machucar, magullar, macar: se dice hablando de la fruta. || n. Estallar, saltar, hablando del chisporroteo que produce la sal en el fuego ó la paja cuando arde.

**COTISATION**, f. *cotisasión*. Jurisp. Cotizacion, imposicion hecha sobre alguno de la cuota, parte ó escote mutuo que le corresponde en una deuda, carga, impuesto ú obligacion pecuniaria comun á muchos. || Por ext. Cotizacion, reparticion á tanto por cabeza, de una cantidad destinada á sufragar los gastos de una partida de campo, de un festin espléndido, de una limosna, etc.

**COTISER**, a. *cotisé*. Cotizar, señalar, aprobar, tasar, imponer cada uno la suma que le toca de una cantidad destinada á gastos públicos ó comunes. || *Se cotiser*, r. Cotizarse, suscribirse, entrar voluntariamente ó escote en algun gasto.

**COTISSES**, f. pl. *cotís*. Art. Cotizas, muescas, puntos en que se prenden los hilos del tejido de la lustrina, tela de seda.

**COTISSURE**, [illegible] magulladura, [illegible] de las frutas [illegible] ó piedra.

**COTON**, m. *cotón*. [illegible] de pelusa [illegible] || Com. Algodon [illegible] tejido que se [illegible] godonero. || Bot. Vello [illegible] cubrir algunas frutas [illegible] bozo, primera [illegible] bozo. || met. *Élever en coton* [illegible] criar un niño en la [illegible] Com. Borra, pelusa, [illegible] algodon que [illegible] met. *Cet homme jette un coton* [illegible] bien va [illegible] dícese de uno que se [illegible] tréa. *Il jette un vilain coton* [illegible] echa una [illegible] gusta, se hace. || [illegible] pl. Algodones ó [illegible]

**COTONÉASTRE**, m. [illegible] Cotoneastro, género de [illegible]

**COTONINE** ó **COTONNINE** [illegible] Coton, cotonía, tela de [illegible]

**COTONNADE**, f. [illegible] de, tela de algodon ó lino [illegible] lonada, tejido de lino y [illegible] que se forman telas [illegible] nadas, telas de algodon [illegible]

**COTONNÉ, ÉE**, adj. [illegible] que tiene algodon, que está [illegible] to de algodon. || Lanudo, [illegible] crespo, amortiguado, [illegible]

**COTONNER**, a. *cotoné*. [illegible] batir, cubrir, rellenar de [illegible] vello, bozo, pelo, pelusa [illegible] frutas, etc., borra las telas. || [illegible] *le moule du pourpoint* [illegible] algodon el molde de la [illegible] cuerpo: lo cual equivale á [illegible] mago, atracar [illegible] *tonner*, r. Cubrirse de vello, [illegible] borra, etc. || Pasarse, [illegible] hortalizas. || Cubrirse de vello, [illegible] Echar borra ó pelusa las telas. || [illegible] las frutas.

**COTONNERIE**, f. *cotonrí*. [illegible] cultivo, elaboracion del algodon [illegible] nal, campo en que crece [illegible] fican los algodoneros.

**COTONNEUX, EUSE**, adj. [illegible] Bot. Algodonoso, borroso, [illegible] posa borra ó pelusa. || [illegible] blando de hortalizas. || [illegible] podrido, hablando de frutas [illegible] ponjoso, tierno, de carne [illegible] melones, las sandías, etc.

**COTONNIER**, m. *cotonié*. [illegible] nero, algodonal, arbusto que [illegible] algodon.

**COTONNIER, ÈRE**, adj. [illegible] Algodonero, fabricante, [illegible] dor del algodon. || Algodonero, [illegible] comercia, especula en algodon.

**COTONNIÈRE**, f. *cotonièr*. [illegible] nera, nombre vulgar de algunas [illegible] llosas y filaterías [illegible] nidas al género elicrisa. || [illegible]

**COTONNINE**, f. [illegible] tela tosca y recia que sirve para [illegible] Miner. *Albâtre cotonnine* [illegible] nina, alabastro elaborado, [illegible] preciosa, especie de ágata [illegible]

**CÔTOYER**, a. *cotoayé*. [illegible] de costa á costa, al [illegible] toda la orilla del mar, de un [illegible] quear, faldear una altura, [illegible] montaña. || *Côtoyer une forêt* [illegible] bosque. *Côtoyer une montagne* [illegible] montaña. || Rodear, cercar, [illegible] volver por sus flancos un [illegible] Recorrer, ir costeando, [illegible] no siendo por las extremidades [illegible] bosque, selva. Bordear, [illegible] sin familiaridad. || Hablando de [illegible] ir ó ponerse al lado el uno del [illegible] Costear, navegar á lo largo de la [illegible]

**COTRE**, m. *cótr*. Mar. [illegible] ra con gavia ó sin ella.

**COTRET**, m. *cotré*. Econ. dom. [illegible] atado de palos, varas y leña [illegible] resiste una sola persona. || Art. [illegible] so, trozo útil de madera que [illegible]

**COTYLISQUE**, m. *cotilisc*. Bot. Cotilisco, género de plantas cruciferas.

**COTYLOÏDE**, f. *cotiloid*. Anat. Cotiloides, cotiloidea, cavidad del hueso iliaco que se articula con la cabeza del fémur.

**COU**, m. *cú*. Anat. Cuello, pescuezo, parte del cuerpo. ‖ *Mettre à quelqu'un la bride sur le cou*, soltar las riendas sobre el cuello de alguno, dejarle á su entera libertad, á su capricho. ‖ *Se jeter au cou de tout le monde*, ser amigo de todos, contraer amistades fácilmente. ‖ *Rompre, casser le cou à quelqu'un*, desesperanzar á alguno, quitarle toda ilusion favorable. ‖ *Rompre le cou à une affaire*, barajar un negocio, trastearlo. ‖ *Se rompre le cou*, arruinarse por imbécil. ‖ fam. iron. *Prendre ses jambes à son cou*, correr á lo gamo por huir ó servir á otro. ‖ prov. *Avoir son cou chargé de quelque chose*, estar cargado de piés á cabeza, llevar una carga excesiva. ‖ *Cou de chemise*. V. COL. ‖ Bot. Cuello, prolongamiento, protuberancia angosta y larga, que frecuentemente presenta el fruto de las plantas compuestas sobre la parte que ocupa sobre el grano. ‖ Art. Cuello, la parte larga y estrecha por donde se llena y vacía una botella, una garrafa, etc. ‖ Cuello, la parte mas delgada de algunas cosas, como huesos, dientes, etc.

**COUA**, m. *cuá*. Zool. Cua, género del órden de los cigodáctilos.

**COUACHE**, m. *cuáche* Zool. Cuacha, nombre vulgar de la motolita, especie de avecilla.

**COUAGGE**, m. *cuágs*. Zool. Cuaga, especie del género caballo, algo menor que la cebra.

**COUAILLE**, f. *cuáll*. Agr. Cuaja, cuajadura: dícese, en Bretaña, de la extremidad de un estanque que permanece seco durante la estacion de los fuegos caniculares.

**COUALE**, m. *cuál*. Zool. Cualo, nombre comun del grajo con la cabeza mitad blanca y mitad negra.

**COUANE**, m. *cuán*. Bot. Cuano, fruto de un coco de Cayena.

**COUAQUE**, f. *cuác*. Bot. Cuaca, nombre vulgar de la yuca.

**COUARD, E**, adj. *cuár*. Cobarde, medroso, mandria, tímido, pusilánime, gallina. ‖ Blas. Cobarde, colero: se dice de un leon que esconde la cola entre las piernas, haciendo poco honor al escudo, ó mucho al que lo lleva, segun la significacion del emblema. ‖ prov. *A horions et escarmouche le couard se cache et se couche*, si á trompazos acaba la fiesta, el cobarde se oculta y se acuesta; en diciendo que hay tumbos y gresca, al gallina ninguno lo pesca.

**COUARDEMENT**, adv. *cuardmán*. Cobardemente, de una manera cobarde.

**COUARDER**, n. *cuardé*. Cobardear, flaquear, acobardarse, intimidarse, temer.

**COUARDERIE** ó **COUARDIE**, f. ant. V. COUARDISE.

**COUARDISE**, f. *cuardís*. Cobardía, timidez, flaqueza, miedo, pusilanimidad.

**COUAS**, m. *cuá*. Zool. Cuas, uno de los nombres vulgares de la corneja. V. COUA.

**COU-BLANC**, m. *cublán*. Zool. Cuelloblanco, nombre vulgar de una ave.

**COUBLANDIE**, f. *cublandí*. Bot. Cublandia, arbusto de la Guyana.

**COUCAL**, m. *cucál*. Zool. Cucal, género del órden de los cigodáctilos.

**COUCHAGE**, m. *cuchága*. Dormitorio, sitio donde se duerme. ‖ Accion de dormir. ‖ Agr. Plantacion, accion de poner los granos en los planteles ó criaderos.

**COUCHANT, E**, adj. *cuchán*. Que se acuesta. ‖ Cetr. *Chien couchant*, perro de muestra, el que se agacha replegándose sobre el vientre para saltar velos sobre las perdices, codornices, etc. ‖ prov. y met. *Faire le chien couchant auprès de quelqu'un*, bailarle el gusto á alguno, adularlo. ‖ Astr. *Soleil couchant*, sol poniente.

**COUCHANT**, m. *cuchan*. Geog. Poniente, la parte occidental de la tierra, en que el sol y los astros parece que se acuestan, al desaparecer de nuestra vista. ‖ met. y poét. *Etre, toucher à son couchant*, rayar, frisar en el ocaso, en el otoño, en el invierno de la vida: dícese de una persona que envejece. Dícese tambien de aquellas cosas que van perdiendo su lustre, su fama, su época de estar en boga.

**COUCHE**, f. *cúch*. Cama, lecho, el tablado ó el terreno, la paja ó el conjunto de colchones, jergon, sábanas, etc., sobre que se acuestan los ricos y los pobres. ‖ Hist. Lecho, especie de tapiz ó estera en que se reclinan y tienden los Orientales y otras naciones para comer. ‖ Matrimonio ó nupcias. ‖ Parto de una mujer. ‖ met. *Cette femme a souillé la couche nuptiale*, esa mujer ha manchado el lecho conyugal, ha deshonrado á su marido. ‖ *Déshonorer la couche de quelqu'un*, abusar de la mujer de alguno, manchar ó deshonrar su lecho. ‖ *Les fruits de la couche*, los frutos del lecho conyugal, los hijos de un matrimonio. ‖ met. y poét. *Sortir le soleil de sa couche*, salir el sol por el oriente, dejar su lecho de rosas, asomar en pos del alba por las puertas de levante. ‖ *Couches*, f. pl. Dias de cama que guarda una parida. ‖ *Premières couches*, primer parto. ‖ *Fausse couche*, malparto, aborto. ‖ met. *Projet avorté*, proyecto abortado, conspiracion descubierta, plan fallido, etc. ‖ Pañal ó pañales con que se envuelve á las criaturas. ‖ En los juegos de envite, la parada ó cantidad que se pone sobre una carta. ‖ En la pintura, baño, mano, capa de color, etc. ‖ En la jardinería, tabla de mantillo en que se forman los semilleros. ‖ En historia natural, *couches de pierre, d'argile, etc.*, los bancales, las capas, hojas ó vetas horizontales. ‖ Hablando de las divisiones artificiales con que están puestas unas cosas sobre otras, capa y tongada. ‖ *Couches de nerfs optiques*, tálamos ópticos.

**COUCHÉE**, f. *cuché*. Posada, sitio en que se pasa la noche en un viaje. ‖ Posada, el precio que importa la cena y el alojamiento.

**COUCHE-POINT**, m. *cuchepuán*. Art. Vira, tira de badana que se pone á los lados de un zapato ó bota.

**COUCHER**, m. *cuché*. Accion de echarse ó acostarse. ‖ Dormitorio, cuarto y cama para dormir con referencia á su comodidad y buena ó mala disposicion. ‖ Cuando *coucher* lleva el adjetivo *bon* ó *mauvais*, se aplica materialmente á la cama entera, esto es, con sábanas, colchones, etc. ‖ El tiempo ú hora de acostarse alguna persona. ‖ Art. *Le coucher du soleil, des astres*, la puesta del sol, de los astros. ‖ a. Acostar, extender á uno á lo largo en una cama, en el suelo, etc. ‖ Hablando de criados respecto de sus amos, es desnudarlos, ayudarles á desnudarse. ‖ Tender ó extender á lo largo sobre el suelo. ‖ *Coucher quelqu'un par terre, sur le carreau*, tender á uno en tierra muerto ó herido. ‖ *Coucher par écrit*, extender ó sentar por escrito. ‖ *Coucher* ó *être couché sur l'état, sur le rôle*, inscribir ó estar inscrito en la lista, en el rol ó nómina. ‖ met. *Coucher en joue*, apuntar, hacer la puntería para disparar sobre alguna persona ó cosa. = met. y fam. *Coucher en joue*, espiar, observar alguna persona ó cosa sobre la que se tiene algun designio. ‖ Torcer, encorvar, echar por tierra. ‖ Inclinar, poner inclinado. ‖ Pint. *Coucher une couleur*, pintar de un color, dar una mano de él á una cosa, extender un color sobre una cosa. ‖ Mar. Rendir, inclinarse un buque sobre uno de sus costados; tumbar, cuando se inclina en una varada ó cuando se ejecuta por medio de pesos ó aparejos dispuestos al intento para recorrer los fondos. ‖ n. Estar extendido para descansar. ‖ Dormir, pasar la noche en algun punto. ‖ fam. *Coucher à la belle étoile, coucher à l'enseigne de la lune*, dormir á campo raso. ‖ *Coucher avec une femme*, dormir con una mujer tener comercio con ella. ‖ Ajustar, sentar bien. *Ce mouchoir couche bien*, este pañuelo sienta bien, se ciñe. ‖ *Se coucher*, r. Acostarse, irse á la cama, irse á dormir. ‖ Tenderse, echarse á la larga encima de alguna cosa. ‖ Descansar, cesar de trabajar por imposibilidad. ‖ met. Ponerse, desaparecer el sol y los astros debajo del horizonte.

**COUCHERIE**, f. *cucherí*. Amancebamiento, comercio, trato con una mujer

**COUCHETTE**, f. *cuchét*. Camilla, catre para dormir, cama pequeña y sin cortinas.

**COUCHEUR, EUSE**, m. y f. *cucheur, eus.* Compañero ó compañera de cama, persona que duerme con otra. = Se dice *être bon ó mauvais coucheur, commode ó incommode coucheur*, ser de buen ó mal dormir, de buena ó mala yacija.

**COUCHIS**, m. *cuchí.* Art. Granizo, pedrusco, lecho ó capa de arena y tierra que se coloca sobre los tablones de un puente de tablas para allanar el piso.

**COUCHOIR**, m. *cuchuár.* Art. Pajuela, tirita de papel con que el encuadernador recoge el oro del pomazon para sentarlo en el canto de los libros.

**COUCI-COUCI**, adv. *cusicusí.* Así así, por ahí por ahí, tal cual.

**COUCOU**, m. *cucu.* Zool. Cuco, cuclillo, ave nocturna.‖Cuco, juguete de niños.‖Bot. Cuco, nombre de muchas plantas de varias especies. ‖ Zool. Cuco, nombre vulgar de algunas especies de pescados. ‖ Bot. Especie de fresa que produce mucha flor y poco fruto.

**COUCOUAT**, m. *cucuá.* Zool. Cuquillo, el polluelo del cuco.

**COUCOUE**, m. *cucú.* Zool. Cacuo, género de aves.

**COUCOUER y COUCOULER**, n. *cucué, cuculé.* Imitar la voz del cuco.

**COUCOUMELLE**, f. *cucumél.* Bot. Cucumela, nombre vulgar de la naranja blanca y de la amanita envainada.

**COU-COUPÉ**, m. *cucupé.* Zool. Cuello corto, ave originaria del Senegal.

**COUCOURDE**, f. *cucurd.* Bot. Calabaza silvestre desecada y limpia en el interior.

**COUCOURELLE**, f. *cucurél.* Bot. Cucurela, variedad de higo.

**COUCOURZELLE**, f. *cucursél.* Bot. Cucurcela, variedad del género calabaza.

**COUCOUVIE**, m. *cucuví.* Bot. Cucubio, árbol grande de América.

**COUDE**, m. *cúd.* Anat. Codo, parte exterior del brazo en el punto en que se dobla.‖ Codo, parte de la manga que cubre el codo. ‖ Codo, ángulo que forma en algun punto una pared, calle, rio, camino, etc. ‖ met. *Hausser le coude*, empinar el codo, beber mucho. ‖ Agr. Codo, parte de la cepa de donde sale la rama que produce el racimo.

**COUDÉE**, f. *cudé.* Codo, medida tomada en la extension que hay desde el codo hasta la mitad del dedo del corazon. ‖ met. *Avoir les coudées franches*, estar á sus anchas, con toda libertad.

**COUDE-PIED**, m. *cudpié.* Anat. Tarso, raiz ó empeine del pié.

**COUDER**, a. *cudé.* Acodar, doblar en forma de codo. ‖ *Se couder*, r. Acodarse, doblarse en forma de codo.

**COUDERLE**, f. *cudérl.* Bot. Coderla, especie de hongo que crece en el Languedoc.

**COUDOIEMENT**, m. *cuduaman.* Acodamiento, accion de acodar á los otros.

**COUDOU ó COUDOUS**, m. *cudú.* Zool. Cudo, antílope con cuernos grandes y lisos, originario de África.

**COUDOYER**, a. *cuduayé.* Codear, dar á alguno con el codo, darle codazos.

**COUDRAIE**, f. *cudré.* Avellanar, lugar plantado de avellanos.

**COUDRAN**, m. *cudran.* Mar. Brea, cierta clase de pez para embrear las cuerdas.

**COUDRANNER**, a. *cudrané.* Mar. Embrear, dar brea á los cables y cuerdas.

**COUDRANNEUR**, m. *cudraneur.* Mar. Embreador, el que embrea las cuerdas y cables.

**COUDRE**, m. Bot. V. **COUDRIER**.

**COUDRE**, a. *cúdre.* Coser, reunir dos ó mas cosas juntándolas con hilo, seda, algodon, etc. ‖ met. Zurcir, hilvanar, arreglar, hacer de pronto una cosa ó escrito. ‖ Cir. *Coudre une plaie*, coser una herida, reunir los labios de la abertura por medio de hilo que se pasa con una aguja. ‖ n. Coser, ocuparse en este trabajo.

**COUDRÉE**, f. *cudré.* Agr. Cortida, tierra reseca.

**COUDREMENT**, m. *cudreman.* Art. Curtido, operacion que se hace con las pieles cuando están en el noque con la casca.

**COUDRER**, a. *cudré.* Art. Curtir, accion de tener las pieles en el noque con la casca ó zumaque, para que se adoben ó curtan.

**COUDRETTE**, f. *cudrét.* Avellaneda, avellanar pequeño.

**COUDRIER**, m. *cudrié.* Bot. Avellano, género de plantas amentáceas.

**COUÉ, ÉE**, adj. *cué.* Rabi-largo: se dice de los animales que no tienen cortada la cola y principalmente de los perros.

**COUENNE**, f. *cuén.* Corteza, nombre con que se designa en el lenguaje usual la dérmis ó piel de ciertos animales. ‖ Med. Corteza, nombre impropio de una especie de textura cutánea anormal.

**COUENNEUX, EUSE**, adj. *cuaneu, eus.* Lardáceo, de color, forma y consistencia de la corteza del tocino. ‖ Med. Se aplica este calificativo á la sangre cubierta de una capa inflamatoria.

**COUÉPI**, m. *cuepí.* Bot. Coepi, árbol de la Guyana.

**COUET**, m. *cué.* Mar. Amura, cuerda que hay en cada paño de la mayor ó trinquete, anguilas.

**COUETTE**, f. *cuét.* Colcedra, colchon de pluma. ‖ Zool. V. **MOUETTE**.

**COUFFE**, f. *cuf.* Banasta, especie de cesto de mimbres ó esparto usado en Provenza para las legumbres.

**COUFFIN**, m. *cufén.* Especie de cesto tejido con hojas de palmera enana.

**COUFIQUE**, adj. *cufíc.* Cúfico, calificacion de los caractéres que usaban los Arabes ántes del siglo IV de la hegira.

**COUFLE**, f. *cúfl.* Cesto en que se trae el sen de Levante.

**COUGOUAR**, m. *cuguár.* Zool. Cuguardo, cuadrúpedo carnívoro de América.

**COUKEEL**, m. *cuqueíl.* Cuquil, especie de cuclillo negro de Bengala.

**COUHAGE ó FÈVE PUANTE**, f. *cuage. fevpuant.* Haba hedionda ó de la India; sirve para la hidropesía.

**COUHIEH**, m. *cuié.* Zool. Cubié, género de aves sacado del género milano.

**COUI**, m. y f. *cuí.* Zool. Coui, nombre vulgar de la tortuga radiada.

**COUIER**, m. *cuié.* Amarra que sujeta un barco á la playa.

**COUILLARD**, m. *cuillár.* Mar. Briolin de las mayores ó briol doble de los juanetes, que sirve para cargar el pujámen de estas velas.

**COUILLON**, m. *cuillón.* Mar. Muño, pelota de estopa que se mete dentro de las velas y se sujeta con una barbeta para aferrarlas, formando la camiseta. ‖ Nuez del ancla, proyeccion cuadrada que tiene esta á los dos lados de la caña para sujetar el cepo.

**COUIY**, m. *cuií.* Zool. Cuyi, nombre de una especie de mamífero.

**COU-JAUNE**, m. *cujón.* Zool. Cuello-amarillo, nombre vulgar del género alondra.

**COULACISSI**, m. *culasisí.* Zool. Coulacisi, division de aves del género papagayo.

**COULADEN**, m. *culadén.* Mar. Acollador, cabo para mantener tiesos y firmes los obenques, brandales y estays.

**COULAGE**, m. *culáge.* Avería, pérdida, merma, disminucion de peso, calidad y cantidad que padece una mercancía durante su trasporte de una parte á otra, ó su estancia en los almacenes. ‖ Coladura, accion de colar.

**COULAMMENT**, adv. *culaman.* Corrientemente, con dulzura, con soltura, con fluidez, hablando del lenguaje.

**COULANT, E**, adj. *culán.* Corriente, flúido, lo que corre suavemente y sin embarazo. ‖ *Nœud coulant*, nudo corredizo, que se aprieta y afloja sin desatarse. ‖ Corriente, flúido, fácil, que no cuesta trabajo. ‖ *Vin coulant*, vino suave, que no se siente en el paladar. ‖ *Être coulant en affaires*, ser de fácil avenencia. ‖ *Coulant*, m. Pasador, diamante ó piedra preciosa que llevan las mujeres al cuello.

**COULARD**, m. *culár.* Bot. Culardo, variedad de cerezo.

**COULAVAN**, m. *culaván.* Zool. Culivan, ave de Indias de la especie de la oropéndola, aunque mayor que la de Europa.

**COULE**, f. *cúl.* Cogulla, una de las piezas del hábito monástico de los benedictinos y bernardos.

**COULÉ**, m. *culé.* Mús. Ligado, union de dos puntos sosteniendo el valor de ellos y nombrando solo el primero. ‖ [illegible] *Ligado*, paso de baile muy [illegible] do metal fundido y [illegible]

**COULÉE**, f. *culé.* [illegible] ‖ Fis. Colada, [illegible] drio en estado de [illegible] salidas de agua de [illegible] por las líneas de [illegible] media carrera [illegible]

**COULEMELLE**, f. *culmél.* [illegible] nombre vulgar del [illegible]

**COULEMELLE** [illegible], f. [illegible] lumele [illegible], nombre vulgar [illegible] de broquel.

**COULEMENT**, m. *culmán.* [illegible] movimiento de los líquidos que [illegible] curso.

**COULER**, a. *culé.* Colar, pasar [illegible] á traves de un lienzo. ‖ Colar, [illegible] sinuar con maña, con destreza. [illegible] echar metal fundido en moldes, [illegible] fam. *Faire couler le sang*, [illegible] sangre, hablando de guerras [illegible] etc. ‖ met. *Couler une* [illegible] tar á fondo una cuestion [illegible] circunstancia. ‖ *Couler* [illegible] pasar dias felices. ‖ *Couler à* [illegible] fondo, á pique, hablando de [illegible] ‖ n. Correr, manar, fluir, [illegible] dos. ‖ met. Correr, pasar, [illegible] met. Irse introduciendo, ir [illegible] trar las opiniones, modas, etc. ‖ [illegible] derretirse con mucha velocidad [illegible] bacha. ‖ Derretirse la cera, [illegible] el aire.‖Salirse, verterse el grano [illegible] de un costal por alguna rotura. [illegible] *coulé*, corrió sangre, ha [illegible] Circular, correr por todas partes [illegible] rirse, resbalarse. ‖ Deslizarse, [illegible] do á fin de no ser visto. ‖ [illegible] un *fait*, pasar sobre un hecho, [illegible] alto, hablar de él ligeramente. ‖ [illegible] *couler à fond*, irse á pique, [illegible] mergirse un navío. ‖ Rezumarse, [illegible] salirse un tonel lleno.‖*Se couler*, r. [illegible] introducirse, deslizarse [illegible] ruido. ‖ Fluir, salirse, [illegible]

**COULERESSE**, f. *culrés.* Art. [illegible] usan en las fábricas de refinacion [illegible]

**COULE-SANG**, m. *culsán.* [illegible] ra de la Martinica.

**COULETAGE**, m. *culitáge.* [illegible] recho impuesto antiguamente en [illegible] provincias sobre las mercaderías [illegible]

**COULETTE**, f. *culét.* Pesc. [illegible] do en la Garona.

**COULEUR**, f. *culeur.* Color, [illegible] cuerpos que reciben la luz. ‖ [illegible] *de couleur*, los mulatos. ‖ Color, [illegible] de telas, todo lo que no es negro [illegible] blanco. ‖ Color, hermosura de la [illegible] alteracion repentina que se [illegible] semblante á consecuencia de [illegible] una emocion violenta. ‖ met. [illegible] *couleur*, mudar de color, [illegible] tido á otro. ‖ *Couleur changeante*, [illegible] cambiante, visos que hacen [illegible] = *De couleur changeante*, [illegible] visos. ‖ Color, lo encendido ó [illegible] se pone el rostro por alguna [illegible] accidental. ‖ Color, pretexto, [illegible] pa. *Il m'a trompé sous couleur* [illegible] me ha engañado so capa ó con [illegible] de amistad. ‖ Color, razon [illegible] para paliar ó disminuir el [illegible] sa. ‖ Blas. Color, esmaltes [illegible] colorean el escudo ó las piezas [illegible] cargado. ‖ Palo, en los naipes. ‖ [illegible] *leur pâle*, opilacion, [illegible] manifiesta principalmente en [illegible] Color, droga usada para dar á [illegible] color artificial. ‖ Mar. [illegible] ó bandera nacional. ‖ *Couleurs*, [illegible] con que se viste á los pajes, [illegible] dos, etc. ‖ fam. *Porter les couleurs* [illegible] *dame*, llevar en el vestido colores [illegible] á los que son de agrado de una [illegible]

**COULEUVRE**, f. *culeuvr.* [illegible] género de reptiles [illegible] ‖ met. [illegible] pesar, pena.

**COULEUVREAU**, m. *culeuvró.* [illegible] lebrillo, el hijo de la culebra.

**COULEUVRÉE ó BRYONE**, f. *culeuvré* [illegible] *brión.* Anborca, nueza blanca, [illegible] planta.

[illegible], adj. *culeuvrín*, *in.* [illegible] á una culebra.

[illegible], f. *culevrín*. Mil. Culebrina [illegible] mas larga que los [illegible].

[illegible], COULEUVRINIER, [illegible]. Mil. Artillero al [illegible] culebrina.

[illegible] Zool. [illegible] ave del género ortos.

[illegible] Zool. Coulicou, [illegible] las silvanas.

[illegible], f. [illegible]. Sitio por donde el [illegible].

[illegible]. Zool. Culino, nombre [illegible].

[illegible], m. [illegible]. Agr. Accion [illegible] una hacha encendida [illegible] de los árboles frutales, para [illegible] y las liquenes.

[illegible]. Jugo de carne, obtenido [illegible] una coccion muy extremada, [illegible] despues por un tamiz. || [illegible] ó sitio echado, encalle-[illegible].

[illegible], f. [illegible]. Corredera, ranura [illegible] hace correr á todos la-[illegible] un madero ó puerta de [illegible], nombre que se da al [illegible] por la corredera ó ra-[illegible] bastidores de tela movibles [illegible] de los lados de un [illegible] escenario que ocupan los [illegible] con el nombre de entre-[illegible]. Restrillo colocado á la [illegible] ó torre. || Jareta, al-[illegible] en un vestido por me-[illegible] una cinta ó cordon para [illegible]. || Impr. *Coulisse* [illegible] de galera.

[illegible], m. [illegible]. Art. Corredera [illegible]. Corredera, especie de len-[illegible] saliente para colocar [illegible].

[illegible], m. [illegible]. Carp. Sierra [illegible].

[illegible], f. V. COULASSEUR.

[illegible], m. [illegible]. Colador, coladera, [illegible] la leche, vasija agu-[illegible] que se hace pasar el jugo de [illegible] que se quiere separar. || [illegible] que se coloca bajo la [illegible] cuando se saca vino. || Pa-[illegible] haber para salir de un [illegible].

[illegible], f. [illegible]. Colador, coladera.

[illegible], f. [illegible]. Arq. Madero [illegible] grande colocado en una [illegible] un tirante.

[illegible], f. [illegible]. Culpa, pecado en el [illegible] ó mea culpa, la mancha [illegible] *battre, dire sa coulpe*, [illegible].

[illegible], f. [illegible]. Bot. Culteria, gé-[illegible].

[illegible]. Coladera, la accion [illegible]. || La sequedad y caida [illegible] las viñas. || [illegible] sirve para guarnecer [illegible] de pescar.

[illegible]. Quim. Cuma-[illegible].

[illegible], m. [illegible]. Bot. Camarú, [illegible] de la diadelfia octandria.

[illegible]. Bot. Cumo, género de [illegible].

[illegible], m. [illegible]. Bot. Cumono, es-[illegible].

[illegible]. Bot. Cunda, raíz del [illegible] lugar de incienso.

[illegible], m. [illegible]. Bot. Cumoro, ár-[illegible] de la Guyana.

[illegible], m. [illegible]. Bot. Cumeo, es-[illegible].

[illegible], impresion que hace [illegible], dividiéndo-[illegible], desgracia que [illegible], accion que cau-[illegible] cuando se les [illegible], accion rápida y mo-[illegible] cualquier géne-[illegible] en todas las [illegible] ó violencia, y que [illegible] con una sola [illegible] *d'autorité*, alcaldada, abuso de autoridad. || *Coup de balai*, escobazo. || *Coup de balle*, balazo. || *Coup de bâton*, palo, garrotazo. || *Coup de baïonnette*, bayonetazo. || *Coup de bec*, picotazo. || *Coup de brique*, ladrillazo. || *Coup de ciseaux*, tijeretazo, tijeretada. || *Coup de canon*, cañonazo. || *Coup de cloche*, campanada. || *Coup de corne*, cornada. || *Coup de coude*, codada. || *Coup de couteau*, navajazo. || *Coup de dent*, dentellada. || *Coup de filet*, redada. || *Coup de flèche*, flechazo. || *Coup de foudre*, rayo, centella. || *Coup de feu*, tiro. || *Coup de fusil*, tiro, escopetazo. || *Coup de gaule*, varazo. || *Coup de griffe*, garfada. || *Coup de hache*, hachazo. || *Coup de hallebarde*, alabardazo. || *Coup de lance*, lanzada y bote de lanza. || *Coup de lancette*, lancetada, lancetazo. || *Coup de marteau*, martillazo, martillada. || *Coup de mer*, marejada. || *Coup de mousquet*, mosquetazo. || *Coup d'œil*, ojeada. || met. *Coup d'œil*, perspicacia, penetracion, facilidad de tomar idea á primera vista de las proporciones, carácter y cualidades de los objetos. || *Coup de pantoufle*, zapatazo. || *Coup d'épée*, estocada. || *Coup de peigne*, peinada. || *Coup d'éperon*, espolazo. || *Coup d'ongle*, uñada, arañazo. || *Coup de pied*, puntapié, patada; ó coz, siendo de animal. || *Coup de pinceau*, pincelada. || *Coup de pique*, picazo. || *Coup de pistolet*, pistoletazo. || *Coup de plume*, plumada. || *Coup de poêle*, sartenazo. || *Coup de poignard*, puñalada. || *Coup de poing*, puñada, puñetazo. || *Coup de sabre*, sablazo. || *Coup de sifflet*, silbo, silbido. || *Coup de tête*, cabezada, testarada. || *Coup de tison*, tizonazo. || *Coup de plat d'épée*, cintarazo. || *Coup de tranchant d'épée*, cuchillada. || *Coup de tonnerre*, trueno, rayo. || *Coup de tuile*, tejazo. || *Coup de vent*, ráfaga de viento. || *Coup de chapeau*, sombrerazo, gorretada, cortesía hecha quitándose la gorra. || En el sentido metafórico y moral entra tambien esta voz en muchas expresiones, como se verá por los ejemplos siguientes. || *Coup de bonheur*, fortuna, buen lance. || *Coup de théâtre*, lance, mutacion de teatro en la composicion de una pieza cómica ó trágica. || *Coup à jouer*, jugada. || *Coup de hasard*, accidente imprevisto; y en el juego de truco ó billar, es bambarria, chiripa. || *Coup d'essai*, ensayo. || *Coup de maître*, primor, cosa perfecta. || *Coup de langue*, mordiscon, sátira. || *Coup de tête*, calaverada, desatino, temeridad. || *Coup de désespoir*, arrojo desesperado. || *Méchant coup*, accion fea. || *Coup du ciel*, caso imprevisto, milagroso. || *Coup de soleil*, insolacion, impresion violenta que causan en la cabeza de un individuo los rayos de un sol ardiente. || *Coup décisif*, golpe decisivo, accion, hecho que decide de la existencia de una cosa, de su buen éxito. || *Donner un coup de main à quelqu'un*, ayudar á alguno, echarle una mano. || *Manquer son coup*, errar el golpe, el lance. || *Porter coup*, tener consecuencia una cosa. || *Tirer à coup perdu*, tirar á la ventura, á ciegas. || *Faire d'une pierre deux coups*, coger dos liebres de un tiro, hacer de una via dos mandados. || *Être sous le coup de*, estar en peligro de. || *Fusil à deux coups*, escopeta de dos cañones. || Mil. Tiro, carga de un arma de fuego. || Impr. *Coup de barreaux*, tiro, el apriete de la prensa para imprimir. || Med. *Coup de sang*, golpe de sangre, derramamiento que se opera en el cerebro por la rotura súbita de algunos vasos sanguíneos. || Fís. *Coup foudroyant*, golpe fulminante, conmocion violenta que se siente cuando se hace la experiencia de la botella de Leidon. || Polít. *Coup d'État*, golpe de Estado, medida extraordinaria, casi siempre violenta, á que recurre un gobierno. || *Tout à coup*, loc. adv. Repentinamente, de golpe, de repente. || *Tout d'un coup*, loc. adv. De una vez, á un tiempo. || *A coup sûr*, loc. adv. Seguramente, sobre seguro, á cosa hecha. || *Coup sur coup*, loc. adv. Uno tras otro, de seguida, sin interrupcion. || *Après coup*, loc. adv. Fuera de tiempo, demasiado tarde. || *A tous coups*, loc. adv. A cada paso, á cada instante. || *Pour le coup*, *à ce coup*, loc. adv. Por esta vez, por ahora. || *Encore un coup*, loc. adv. Mas aun, todavía mas, otra vez. || Mar. *Coup de vent*, temporal, viento duro que dura mas ó ménos tiempo. = *Coup de gouvernail*, metida pronta y viva del timon. = *Coup d'aviron*, palada de remo. = *Coup de mer*, golpe de mar, ola que choca contra el buque y revienta sobre él. = *Coup de canon de diane*, *de retraite*, *de partance*, *etc.*, cañonazo de diana, de retreta, pieza de leva, etc.

**COUPABLE**, adj. *cupábl*. Culpable, que ha cometido una culpa ó un crimen, hablando de personas. || m. Culpable, reo, delincuente.

**COUPANG**, m. *cupán*. Cupang, moneda de oro y plata que se fabrica y tiene curso en el Japon.

**COUPANT**, E, adj. *cupán*. Cortante, que es á propósito para cortar. || m. neol. Corte, el filo de una cosa que corta; y así se dice *le coupant d'un sabre*. || Mont. El borde de la pezuña del jabalí.

**COUPE**, f. *cúp*. Corte, la accion de cortar. || Cala, corte que se da á algunas frutas para probar si son buenas. || Corte, paraje por donde se ha cortado una cosa. || Arq. Seccion, representacion de un edificio, navío, etc. || Corte, modo de trabajar las piedras que entran en la construccion de un edificio. || Corta, accion de cortar los árboles que aun están en pié. || Corte, en el juego de cartas, accion de dividir la baraja en dos partes despues de barajarlas. || Mar. Corte, se entiende del de las velas, de la jarcia y maniobra en el obrador de recorrida. || Corte, buena ó mala forma que el sastre, el zapatero, la modista, etc., dan á las diversas piezas que cortan. Hablando de un sastre ó zapatero, se dice: *il a bonne* ó *mauvaise coupe*, tiene buena ó mala tijera. || Si se habla de melones, se dice: *vendre à la coupe*, vender á cata. || Copa, especie de vaso para beber ó sea el cortadillo. || met. *Boire dans la coupe de l'impie*, tener trato con el impío. || *Boire dans la coupe jusqu'à la lie*, apurar el cáliz hasta las heces. || *Coupe de fontaine*, taza, especie de pila de mármol, piedra ó metal basada sobre un pilar para recibir el agua de un saltador. || Rel. Cáliz en que se consagra, y la comunion bajo la sustancia del vino. || *Coupe du gland*, cascabillo, dedal de la bellota.

**COUPÉ**, m. *cupé*. Cupé, cierto paso del baile. || Blas. Cupé, una de las cuatro partes del escudo. || Mús. Cupé, palabra que escrita sobre una nota expresa que se la debe herir abandonándola al momento sin reparar en el valor de su duracion. || Art. Cupé, especie de carruaje, y la especie de berlina que hay sobre la delantera de una diligencia. || adj. Cortado, separado, dividido. || Castrado, capado. || *Pays coupé*, terreno cortado, terreno atravesado por ríos, canales, fosos, etc. || *Lait coupé*, leche cortada, aguada. || *Style coupé*, estilo cortado, lacónico, conciso.

**COUPEAU**, m. *cupó*. Geol. Copete, cabeza, cima de una montaña.

**COUPE-BOURGEONS**, m. *cupburjón*. Coco, coquillo, nombre que se da á varios insectos.

**COUPE-BOURSES**, m. *cupbúrs*. Cortabolsas, rateros del tiempo de Enrique IV.

**COUPE-CERCLE**, m. *cupsércl*. Art. Instrumento hecho en forma de compas.

**COUPE-CORS**, m. *cupcór*. Cortacallos, instrumento para cortar los callos.

**COUPE-CUL (À)**, loc. adv. *acupcú*. Sin desquite: dícese de la última mano que se hace en un juego.

**COUPE-FOIN**, m. *cupfuén* Agr. Especie de hoz que sirve para cortar la yerba.

**COUPE-GORGE**, m. *cupgórge*. Garganta de una montaña, lugar en que hay peligro de ser robado ó asesinado. || Madriguera, lugar apartado donde se reunen los ladrones. || met. Se aplica tambien á la casa ó meson en que llevan precios exorbitantes.

**COUPE-JARRET**, m. *cupjarré*. Matón, valenton, asesino de profesion.

**COUPE-LANDE**, m. V. ETRÈPE.

**COUPELLATION**, f. *cupelasión*. Quím. Copelacion, accion de poner un metal en la copela.

**COUPELLE**, f. *cupél*. Quím. Copela, vasija pequeña en forma de copa hecha con cenizas lavadas ó huesos calcinados, usada para separar el oro y la plata de los demas uso

ules || *Or, argent de coupelle*, oro, plata de copela, el de mas quilates. || *Mettre ó passer à la coupelle*, copelar el oro y la plata, acendrarlo. || met. Acrisolar, apurar, examinar una cosa.

**COUPELLER**, a. *cupelé*. Quim. Copelar, pasar en la copela el oro, la plata, etc.

**COUPE-PAILLE**, m. *cuppáll*. Agr. Instrumento usado para desmenuzar la paja.

**COUPE-PÂTE**, m. *cuppát*. Cuchillo que usan los pasteleros para cortar la masa.

**COUPER**, a. *cupé*. Cortar, separar, dividir con instrumento cortante. || Tallar, cortar, labrar. || Cortar, demoler, abrir paso por en medio de. || Cortar, abrir raja en la carne viva con instrumento cortante. || Cortar, cruzar, atravesar por entre. || Fallar, en el juego de cartas. || Cortar, cruzar, pasar por en medio de, hablando de caminos, rios, canales, etc. || fam. *Couper la bourse á quelqu'un*, robar á alguno con maña, ó sacar dinero á quien no tiene gana de darlo. || Mil. *Couper les ennemis*, cortar al enemigo, interponerse entre dos partes de un ejército ó entre el ejército y la plaza que defendia. || Quim. Cortar, añadir á un líquido otro ménos activo que debilite las propiedades del primero. || *Couper le chemin á quelqu'un*, detener á alguno, salirle al encuentro, atajarle el paso. || *Couper court*, acortar, abreviar. || *Couper l'herbe sous les pieds*, ganar á alguno por la mano, adelantarse á él. || n. Cortar, alzar la baraja en el juego de naipes. || *Couper en pièces, en morceaux*, hacer tajadas, pedazos. || Hacer un paso de cupé en el baile. || Cir. *Couper dans le vif*, cortar en lo vivo, hablando de los cirujanos cuando hacen alguna operacion; y en sentido figurado, cortar en lo vivo, romper de repente con todas las relaciones perjudiciales, ó tomar medidas enérgicas. || *Couper un cheval*, castrar, capar un caballo. || *Se couper*, r. Cortarse, herirse, matarse mutuamente. || Cortarse, cruzarse. || Contradecirse, variar un reo en sus declaraciones. || Rozarse una bestia caballar que se hiere las manos andando.

**COUPE-RACINE**, m. *cuprasín*. Cortaraíces, instrumento usado para dividir las raíces que sirven de alimento á los ganados.

**COUPERET**, m. *cuprét*. Machete, calabozo, cuchilla para partir carne. || Cortador, instrumento que usan los esmaltadores para cortar esmalte. || Hacheta de zapador.

**COUPEROSE**, f. *cuprós*. Quim. Caparrosa, vitriolo formado por la union del ácido sulfúrico con el hierro, el cobre y el zinc. || Med. Barros, pústula pequeña mas ó ménos dura rodeada de una auréola rosada que se presenta comunmente en el semblante. ||

**COUPEROSÉ, ÉE**, adj. *cuprosé*. Barroso, que tiene el semblante lleno de pústulas y muy colorado.

**COUPET**, m. *cupé*. Zool. Cupeto, especie de concha univalva del género cono.

**COUPE-TÊTE**, m. *cuptét*. Paso, juego de niños que consiste en saltar unos por encima de otro que está inclinado.

**COUPEUR, EUSE**, m. y f. *cupeor, eus*. Cortador, el que corta. || Agr. Vendimiador, el que corta la uva en la vendimia. || Sastre que corta las piezas en un taller.

**COUPEUR-D'EAU**, m. *cupeurdó*. Zool. Nombre vulgar del pico-tijera.

**COUPIS**, m. pl. *cupí*. Tela de algodon de cuadritos, que viene de la India oriental.

**COUPLAGE**, m. *cupláge*. Com. Nombre que se da en Francia á cada una de las diez y seis partes de una carretada de leña.

**COUPLE**, f. *cúple* Pareja, par: se dice de dos personas ó de dos cosas de la misma especie que se unen accidentalmente. || Mont. Trailla ó correa con que se aparean los perros de caza. || m. Pareja, dos personas que están unidas por casamiento ó por amor. || Par de bueyes, de caballos que están destinados al tiro. || Mar. Cuaderna ó miembro de un buque. = *Maître couple*, cuaderna maestra. = *Couple de levée*, cuaderna de armar. = *Couple de remplissage*, cuaderna intermedia. = *Couple de voyé*, cuaderna revirada. = *Couple acculée*, cuaderna levantada. [illegible] *coltise*, cuaderna del fronton de [illegible] plural *couples d'un vaisseau*, [illegible] navio.

**COUPLER**, a. *cuple*. Mont. Aparear, emparejar, atraillar de dos en dos los perros de caza. || Alojar de dos en dos á los oficiales de un regimiento. || *Coupler du linge*, aparear la ropa, emparejar ó apuntar la ropa por pares.

**COUPLET**, m. *cuplé*. Copla, cantar, estancia, estrofa. || *Couplets carrés*, coplas de ocho versos de los cuales cada uno tiene ocho sílabas. || Art. Escopeta cuyo cañon es de dos piezas. || Impr. *Couplets de presse*, las dos charnelas de hierro que sujetan la galera al cofre de la prensa. || Cerraj. Charnela doble.

**COUPLETER**, a. *cuplté*. Coplear, componer coplas ó canciones picantes contra alguno.

**COUPLETEUR**, m. *cuplteur*. Coplero, coplista, el que compone coplas.

**COUPLIÈRE**, f. *cuplier*. Com. Framojo que se hace de ocho vencejos de mimbres anudados por una de sus extremidades, del que se sirven los aperadores en la construccion de los carros.

**COUPOIR**, m. *cupuár*. Art. Macho, instrumento de que se sirven los monederos para cortar y formar la moneda. || Rascador, herramienta que usan los fabricantes de velas. || Cortafrio, instrumento que sirve para cortar laton, hierro, etc.

**COUPOLE**, f. *cupól*. Arq. Cópula, media naranja de un edificio por su parte interior.

**COUPON**, m. *cupón*. Com. Retal, pedazo, retazo de una pieza de tela. || *Coupon d'intérêts*, cupon, parte de un vale ó crédito con interes que se arranca de la accion principal para cobrar la parte que le cabe á su vencimiento. || *Coupon d'action*, cupon de accion, cada una de las partes de una accion dividida entre dos ó mas personas.

**COUPOUI**, m. *cupuí*. Bot. Cupuy, género de plantas.

**COUPURE**, f. *cupúr*. Cortadura, el efecto ó señal de un instrumento cortante. || El corte, la parte por donde una cosa está cortada. || Hendidura, rosca, canal que forma la piel de una criatura muy gorda, etc. || met. Corte, supresion que se hace en una composicion literaria. || Agr. Surco, canal, cortadura que hacen los hortelanos para facilitar el riego de los bancales. || Mil. Cortadura, foso, zanja que se practica para defenderse del enemigo. || Geog. Grieta, abertura que se observa entre dos rocas, entre dos montañas, etc.

**COUQUE**, f. *cúc*. Past. Hornazo, torta bocha con leche, huevos y limon.

**COUR**, f. *cúr*. Patio, corral de una casa. *Cour d'honneur*, patio principal, gran patio de un castillo ó palacio. || *Cour de collége*, patio de un colegio, cercado en que se divierten los alumnos. || *Basse-cour*, corral en que se crian las gallinas y demas animales domésticos. || Corte, lugar en que reside el rey y su séquito. || Consejo, cámara, tribunal regio; y hablando de Roma, es curia. || Corte, gobierno ó gabinete del príncipe con respecto á la política exterior. || Mit. Corte, acompañamiento que sigue á varias divinidades de la fábula. || fam. *Tenir cour plénière*, tener gran reunion en su casa, recibir mas visitas á la vez que de ordinario. || *Faire la cour*, hacer la corte, agasajar, obsequiar á una persona. || fam. *C'est la cour du roi Pétaud*, es la casa de Astrearena, en que todos mandan ménos el amo. || *Avoir bouche á cour ó en cour*, tener mesa franca en palacio, derecho que conceden los reyes á algunos de sus súbditos. || *Les gens de la cour*, cortesanos, palaciegos que viven ó están empleados en palacio, que siguen ó imitan las maneras, las costumbres de la corte. || *Savoir sa cour*, saber los estilos de la corte, ó tener el aire cortesano. || *Femme de cour*, cortesana, mujer diestra y ladina en intrigas amorosas. || *Abbé de cour*, sacerdote que vive desarregladamente, que suele tambien designarse con el epíteto de banderillero. || *Evêque de cour*, obispo de corte, el obispo que abandona su diócesis por seguir la corte y pretender en ella proteccion ó prestigio. || *Ami de cour*, amigo de corte, amigo en la apariencia. || *Peste de cour*, cortesano impertinente, chismoso é intrigante, hombre entremetido, calumniador, embustero y murmurador. || *Revers de cour*, [illegible] corte, hombre [illegible]. *Mouche de cour*, [illegible] || fam. *Etre effronté* [illegible] ser descarado, atrevido [illegible] *Bénite de cour*, [illegible] mesa. || *Faire un doigt de cour* [illegible] mostrarse oficioso con alguno. || [illegible] *cour de quelqu'un*, hacer la [illegible] gupo. || *Faire la cour* [illegible] qu'un, adular á alguno con [illegible] otro. || *Cour d'assises*, tribunal [illegible] interviene en las sentencias y [illegible] primera instancia en las causas [illegible] que le han sido deferidas. || [illegible] *cour et de procès*, absolver de la [illegible] || *Mettre hors de cour*, sobreseer [illegible] || *Cour martiale*, tribunal que juzga [illegible] el código militar.

**COURABLE**, adj. *curábl*. Mont. [illegible] te, lijera, hablando de la res que [illegible] nos piés para correr.

**COURADOUX**, m. *curadú*. Mar. [illegible] lla, crujía de debajo de la cubierta [illegible] costados de una galera.

**COURAGE**, m. *curáge*. Valor, [illegible] aliento, brio, esfuerzo. || Intrepidez, [illegible] cia, atrevimiento. || *Travailler de* [illegible] *rage*, trabajar de gana, con [illegible] || *Servir quelqu'un ó faire* [illegible] *de bon courage*, servir á alguno [illegible] una cosa con ardor, con eficacia. [illegible] *n'y a plus que courage*, un paso [illegible] ánimo: se dice cuando se va á [illegible] faena. || met. y fam. *Prendre son* [illegible] *deux mains*, cerrar los ojos y [illegible] Coraje, pasion, se sentido [illegible] *Courage d'esprit*, resolucion [illegible] mutable en los diversos accidentes [illegible] vida. || fam. Celo, ánimo, decision [illegible] se emprende una cosa. || Bot. [illegible] nombres de la borraja.

**COURAGE**, interj. *curáge*. ¡Animo! [illegible] para animar. || *Courage, mes amis!* [illegible] amigos! *Allons, courage! ça*, [illegible]

**COURAGEUSEMENT**, adv. [illegible] *mán*. Animosamente, con ánimo, [illegible]

**COURAGEUX, EUSE**, adj. [illegible] *eus*. Animoso, valiente, intrépido.

**COURAI**, m. *curé*. Mar. [illegible] en el fondo de las embarcaciones [illegible] para preservarlas de la broma.

**COURAILLER**, n. *curallé*. [illegible] correr con frecuencia, estar [illegible] sco. || met. y fam. Correteaer, [illegible] var una vida poco arreglada.

**COURALIN**, m. *curalén*. Mar. [illegible] queña.

**COURALTAI**, m. *curaltai*. Hist. [illegible] tai, asamblea de las hordas [illegible]

**COURAMMENT**, adv. *curamán*. [illegible] temente, con facilidad y presteza.

**COURANT, E**, adj. *curán*. [illegible] corredor, que tiene la propiedad de [illegible] || *Chien courant*, galgo corredor [illegible] para correr las liebres. *Eau courante* [illegible] corriente. *Ecriture courante*, [illegible] cursiva, corriente. *Intérêts courants* [illegible] reses corrientes, que no han [illegible] via. || Com. *Compte courant*, [illegible] riente. || m. Corriente, se dice por [illegible] mes que corre. *Le six du courant* [illegible] del corriente. || *Le courant de* [illegible] riente del agua, el hilo ó canal [illegible] correr un arroyo. *Courant d'eau*, [illegible] arroyo de agua viva. || Fis. Corriente [illegible] de un fluido cuando está en movimiento [illegible] una direccion cualquiera. || *Mettre une [illegible] au courant du répertoire*, [illegible] posicion dramática al nivel de las [illegible] representan actualmente. || *Le* [illegible] *marché*, el precio corriente del [illegible] *Mettre quelqu'un au courant d'une* [illegible] poner á uno al corriente en una [illegible] mario del estado de un negocio, [illegible] cimiento de él. || *Le courant du* [illegible] costumbre, la moda, la marcha [illegible] de la sociedad. || Carp. *Courant de* [illegible] el larguero de un techo ó [illegible] rado del uno al otro extremo. || [illegible] maniobra ó de aparejo, la parte [illegible] se aplica la fuerza para halar de [illegible] cabo. || Corriente del mar, de [illegible] *Tout courant*, adv. Corriendo, [illegible] se, velozmente.

[illegible], f. *curgial.* Danza, especie [illegible] bailaba en otro tiempo. || [illegible] compas se bailaba una [illegible] que llevaba el mismo [illegible], carácter de letra cur[illegible], diversa; y así se dice: [illegible] || Art. Muda, rueda su[illegible]. || Mar. Caballeria de

[illegible], f. *curantill.* Pesc. Red [illegible] á la corriente del agua en [illegible].

[illegible], m. *curantón.* Art. Cohete [illegible] atraviesa por encima de [illegible] encender un árbol de pól-

[illegible], m. *curaqué.* Bot. Cura[illegible] vulgar de la coljalva.

[illegible], m. *curatari.* Bot. Cura[illegible] plantas.

[illegible] *curó.* Pesc. Palangrerillo, [illegible] para ir á pescar.

[illegible] m. *curbá.* Curvaj, penca, [illegible] con que los verdugos [illegible] sobre las puertas ó en las [illegible] de los delincuentes. || Tam[illegible] suplicio.

[illegible], m. *curbágs.* Encorvamien[illegible] encorvar.

[illegible], m. pl. *curbán.* Mar. Cur[illegible] sirven para las costillas de

[illegible], adj. *curbán.* Arqueable, [illegible], doblarse, encorvarse.

[illegible], m. *curbaril.* Bot. Itaiba, [illegible] del género himeneo.

[illegible], f. *curbarín.* Farm. Car[illegible] goma que produce el árbol

[illegible], f. *curbasión.* Curvilla, [illegible].

[illegible], m. *curbatón.* Mar. Cur[illegible]. || pl. Curvatones, [illegible] de pié derecho que están [illegible] superior cerca del palo mayor

[illegible], adj. *curbatú.* Aguado, [illegible] de un caballo. || Tambien [illegible] una persona está muy can[illegible], *elle est courbatue.* || [illegible] de la figura corva.

[illegible], f. *curbatúr.* Vet. En[illegible], enfermedad que ataca [illegible] cansancio, hablan[illegible] Encalmadura, hablando [illegible] Borborigmo, el ruido que [illegible] de algunos caballos cuan[illegible].

[illegible], a. *curbaturé.* Med. [illegible], hablando de los [illegible] una persona á efectos de [illegible] ó extraordinario. || [illegible], encalmar un caballo, || *Se courbaturer*, r. Cansar[illegible], entorpecerse [illegible] los miembros.

[illegible] *curb.* Curva, línea cuyos [illegible] en diferentes direc[illegible] Curva, la línea que forma [illegible], estaca con que en al[illegible] la vid en las viñas. [illegible], pasamano de una [illegible]. || Art. Esparavan, cor[illegible] que padecen las caballe[illegible] de que se forman los [illegible] *d'une pendule d'équation*, [illegible] que se enrosca dos [illegible] || Mar. Curva, pieza de [illegible] forman un ángulo mas [illegible] sirve para sujetar dos [illegible]. = *Courbe de capu*[illegible]. = *Courbe d'étam*[illegible] || adj. Curvo, torcido, pa[illegible] un arco.

[illegible], m. *curbmán.* Encorva[illegible] encorvar.

[illegible], adv. *curbmán.* Corva[illegible] curva.

[illegible], a. *curbé.* Encorvar, acom[illegible] curva alguna cosa. || [illegible], bajar la cabeza. || n. [illegible] ceder conforme á la vo[illegible] || Mar. Dar figura curva á los [illegible] se forman los cucharros y [illegible] medio del *vag*, del agua

sirviendo. || *Se courber*, r. Encorvarse, doblarse, inclinarse, someterse, bajarse á impulso de otra voluntad. || met. Rendirse al peso de una cosa.

**COURBES**, f. pl. *curb.* Mar. Curvas, piezas que sirven para unir las varengas ó costillas de una embarcacion. = *Courbes d'encasse*, curvas de yugos. = *Courbes d'étambord*, curvas de contracodastes.

**COURBET**, m. *curbé.* Art. Podadera, marcola, honcejo, herramienta para cortar las ramas de los árboles. || Fuste, pieza de madera en forma de arco que llevan las sillas de montar y los bastos de las caballerías.

**COURBETTE**, f. *curbét.* Equit. Corveta, movimiento que hace el caballo levantando á un tiempo las dos manos y dejándolas caer del mismo modo con la mayor rapidez. || met. y fam. *Faire des courbettes devant quelqu'un*, hacer mojigangas y bajezas para servir ó obsequiar á alguno. || *Faire aller un homme à courbettes*, mandar á un hombre á zapatazos, tener un gran predominio sobre él.

**COURBETTER**, n. *curbeté.* Equit. Cortear, hacer corvetas.

**COURBINE**, f. *curbín.* Zool. Corbina, género de pescado.

**COURBOTTE**, f. *curbót.* Art. Balancin ó palo que sostiene la cadena del fuelle de una fragua.

**COURBOUILLONNÉ, ÉE**, adj. *curbullonné.* Art. Epíteto que se da á lo que está cocido con vino ó vinagre.

**COURBU**, m. *curbú.* Bot. Variedad de uva.

**COURBURE**, f. *curbúr.* Corvadura, cimbreo, inflexion, forma ó estado de una cosa que está encorvada. || Agr. Curvatura, inclinacion que se da á las ramas de un árbol. || Arq. Curvatura, forma de una línea arqueada, de una bóveda, etc. || Med. Curvatura, cambio de la direccion de una parte, y que es el efecto de una enfermedad, de una fractura ó de una luxacion. || *Courbures*, f. pl. Art. Tenazas corvas que sirven para tener al fuego las planchas de hierro barnizado.

**COURCAILLER**, n. *curcallé.* Reclamar, cantar la codorniz.

**COURCAILLET**, m. *curcallé.* Canto de la codorniz. || Reclamo, silbatillo que imita el canto de esta ave.

**COURCE**, m. *cúrs.* Agr. Pulgar, yema que el podador deja en la cepa de una viña.

**COURCELLE**, f. *cursél.* Patiecillo, dim. de patio.

**COURCER (SE)**, r. *cursé.* Enfadarse, incomodarse. V. COURROUCER.

**COURCET**, m. *cursé.* Art. Segur, hacha, podadera que sirve para cortar los árboles.

**COURCHOT**, m. *curchó.* Gusano de seda enfermo.

**COURCIVE** ó **COURSIVE**, f. *cursív.* Mar. Media puente que se echa en ciertos barcos de proa á popa.

**COURÇON**, m. *cursón.* Mil. Estaca clavada debajo del agua. || Art. Leña ó madera que no tiene la longitud prescrita. || Zoncho, faja de hierro que sirve para fajar los moldes de los cañones.

**COURCOUSSOU**, m. *curcusú.* Zool. Corcusido, género de insectos. || Curcusu, especie de sémola que hacen los Moros con trigo de Berbería.

**COUREAU**, m. *curó.* Mar. Lancha de cargar, barco pequeño que sirve para cargar y descargar los navíos.

**COURÉE**, f. *curé.* Mar. Betun, composicion de sebo, azufre y resina con que se da á los barcos cuando están para salir á un viaje largo.

**COURÉOTIS**, m. ant. *cureótis.* Cureotis, tercer dia de las apaturias, consagrado por los Atenienses á la matrícula de los ciudadanos.

**COURESSE**, f. *curés.* Zool. Curesa, reptil, especie de culebra.

**COUREUR**, m. *cureur.* Corredor, que es lijero, veloz para correr. || met. Corredor, veloz, que pasa con presteza, hablando del tiempo, de la vida, etc. || Corredor, que está dispuesto, que es propio para correr. || Andariego, amigo de correr tierras. || Corredor, volante que corre delante de un coche. || Correcalles, que para muy poco en su casa. || *Coureur de nuit*, trasnochador. || fam. Correnton, inconstante en amor, que gusta de gastar el tiempo con muchas mujeres. || *Coureur de filles*, correnton, muchachero. || Corredor, picaco, criado que lleva á pié los mensajes que se le encargan. || Caballo corredor. || Mont. Acosador, el que persigue la caza hasta rendirla. || Miner. *Coureur de jour*, vena descubierta en las minas de carbon de tierra. || *Coureurs*, pl. Mil. Batidores, exploradores. || Merodeador, soldado que se aparta del cuerpo en que marcha á reconocer en los caseríos y campo inmediato lo que puede recoger. || *Coureurs de bois*, habitantes del Canadá que trafican en pelotería con los salvajes. || Zool. Corredores, familia de crustáceos. || Corredores, grupo de insectos ortópteros. || Corredores, órden de pájaros. || *Coureuse*, f. Cantonera, andorra, ramera de calles y portales. || Corredora, dícese de la yegua que es veloz en su carrera, que tiene buenos piés.

**COUREUR, EUSE**, adj. *cureur, eus.* Corredor, que es propio para correr. || *Chevaux coureurs*, caballos de relevo que sirven para correr la caza. || Zool. *Araignées coureuses*, arañas vagamundas que jamas hilan tela alguna. || *Pieds coureurs*, piés corredores, que no pueden servir mas que á la progresion, como en los cárabos. || *Vellie coureuse*, velia corredora, insecto hemíptero que corre con gran velocidad.

**COURFEU**, m. V. COUVRE-FEU.

**COURGE**, m. *cúrge.* Bot. Curga, género de plantas cucurbitáceas cucúrbitas. || Curga, calabaza silvestre y fruto de esta planta. || Arq. Modillon de piedra ó hierro que sostiene la campana de una chimenea sin jambas. || Bala de veinte piezas de algodon.

**COURICACA**, m. *curicáca.* Zool. Curicaca, género de aves zancudas.

**COURILS**, m. pl. *curíl.* Mit. Corilos, espíritus ó hechiceros enanos, ya maliciosos, ya serviciales.

**COURIMARI**, m. *curimarí.* Bot. Curimari, género de plantas.

**COURINGIE**, f. *curengí.* Bot. Coringia, género de plantas crucíferas.

**COURIR**, n. *curír.* Correr, ir con ligereza, con velocidad, con impetuosidad. Se usa hablando de personas y de cosas. || Correr, combatir en una justa á otro ejercicio semejante. || Correr, ir con mucha prisa. || met. *Courir à sa perte, à sa ruine*, correr á su perdicion, á su ruina, tener una mala conducta. || *Courir sur le marché de quelqu'un*, pujar sobre el precio ofrecido por otro. || Correr tras alguna cosa, buscar alguna cosa con empeño. || *Courir après quelqu'un*, correr tras de alguno, perseguirle. || fam. *Courir après son argent*, correr tras su dinero, continuar jugando para recobrar lo que se ha perdido. || met. Correr, leer, hablar, pronunciar, escribir con demasiada precipitacion. || Correr, ir de aquí para allí sin objeto útil, por ociosidad. || Correr, dar muchos pasos para llegar á obtener alguna cosa. || Mar. Navegar, dirigirse, etc. || *Courir la bouline*, dar una carrera de baquetas. || Correr, extenderse en cierta direccion. || Correr, fluir, manar. || Correr, pasar, seguir, tener curso, hablando del tiempo, etc. || Correr, devengar derechos, alquileres, etc. || Correr, circular, propagarse, comunicarse. || met. Correr, estar en boga. || *Faire courir la voix*, hacer correr la voz, pedir el parecer de los que componen una asamblea. || a. *Courir la poste*, correr la posta, ir en posta. || Correr, perseguir, acosar, seguir alguno á la carrera con ánimo de cogerlo. || met. *Courir le même lièvre*, correr una misma liebre, estar en concurrencia para obtener una misma cosa. || met. Correr, estar opuesto á. || Correr, recorrer, pasar por tal ó cual parte. || *Courir le pays, le monde*, correr el país, el mundo, viajar. || met. *Courir une charge*, andar tras de un empleo, solicitarle.

**COURIS**, m. *curí.* Conchas pequeñas que sirven de moneda á los indígenas de Guinea.

**COURLAN** ó **COURLIRI**, m. *curlán, curlirí.* Zool. Courlan, género de grullas.

**COURLIRI**, m. *curlirí*. Zool. Curlicurlo, género de aves zancudas longirostres.

**COURLIS** ó **COURLIEU**, m. *curlí*, *curlieu*. Zool. Chorlito, género de aves acuáticas.

**COURMI**, m. *curmí*. Curmi, especie de cerveza hecha con cebada fermentada.

**COUROI**, m. *curuá*. Mar. Betun, compuesto de alquitran, sebo y azufre para dar los buques y preservarlos de la carcoma.

**COUROIR**, m. *curuá*. Mar. Corredor ó callejon.

**COUROL**, m. *curól*. Zool. Curol, género de pájaros de África.

**COURONNADE**, f. *curonád*. Mil. Ataque en que una tropa rodea el punto de que se quiere apoderar.

**COURONNE**, f. *curón*. Corona, ornamento de cabeza hecho con ramas, flores, etc. ‖ Corona de soberano, de santo, de eclesiástico. ‖ Corona, premio obtenido en un concurso académico. ‖ met. Corona, gloria que adquieren los mártires al morir por la fe. ‖ Corona, beatitud, gloria que da Dios á sus santos. ‖ Blas. Corona, adorno que se representa en los escudos para expresar la dignidad de las personas. ‖ met. Corona, poder ó autoridad real. ‖ Corona, monarquía, estado gobernado por un rey, por un emperador. ‖ Corona, el mismo soberano. ‖ Corona, tonsura clerical y de figura redonda que se hace á los eclesiásticos en la cabeza. ‖ Corona, ciertas cosas que tienen una forma circular. ‖ Anat. *Couronne d'une dent*, corona de un diente, parte del diente que está fuera de la encía. ‖ Arq. Corona, parte de la cornisa que está debajo del cimacio y de la bola. ‖ Fort. Corona, obra exterior que se compone de un baluarte entre dos cortinas y dos medios baluartes. ‖ Bot. Corona, parte que cubre la cima de muchas simientes. ‖ *Couronne d'arbre*, cima, copa de un árbol. ‖ *Couronne impériale*, fritilaria ó corona imperial, planta. ‖ Zool. Corona, género de conchas. ‖ Plat. Corona, la parte mas eminente de un diamante rosa, dividido en dos partes. ‖ Liturg. Corona, especie de rosario que solo tiene una decena. ‖ Corona, moño, penacho de plumas que adorna la cabeza de algunos pájaros. ‖ Med. *Couronne de Vénus*, corona de Vénus, pústulas que salen en la frente y sienes y se achacan á las enfermedades venéreas. ‖ Corona, especie de meteoro que aparece en forma de círculo luminoso al rededor del sol y de la luna.

**COURONNEMENT**, m. *curonmán*. Coronacion, accion de coronar. ‖ Coronacion, ceremonia en la que se corona solemnemente á un soberano. ‖ Coronacion, cuadro, estampa que representa esta ceremonia. ‖ Anat. Corona, entrada exterior de la matriz. ‖ Arq. Coronamiento, toda obra ó adorno que termina un edificio ó alguna de sus partes. ‖ met. Corona, fin ó conclusion de una obra.

**COURONNER**, a. *curoné*. Coronar, ceñir las sienes, la frente, la cabeza de alguno con una corona. ‖ Coronar á un soberano, á un papa, á un vencedor, á un poeta, etc. ‖ Blas. Coronar un escudo de armas. ‖ Coronar, proclamar, constituir, declarar, titular rey á un príncipe, á un guerrero ilustre, á un ciudadano virtuoso, etc. ‖ met. Coronar, honrar, premiar, recompensar los servicios prestados por alguno. ‖ Por. ext. Coronar, sobreponerse, estar en la superficie, en la cumbre mas alta de una cosa. ‖ Mil. Coronar, apoderarse de las alturas que dominan fuertes ó plazas fortificadas, establecer parapetos, etc. ‖ met. Coronar, perfeccionar, terminar, dar cima á una accion, á una obra. ‖ Coronar, rodear, circunvalar, cercar cualquiera cosa. ‖ *Couronner un arbre*, coronar un árbol, podarlo simétricamente en forma de corona rústica. ‖ *Se couronner*, r. Coronarse, adornarse, embellecerse, pulirse, engalanarse, etc. ‖ Hablando de árboles, se dice: *cet arbre se couronne*, este árbol se marchita, este árbol caduca, languidece, envejece, se agosta; y tambien, se acopa.

**COURONNURE**, f. *curonúr*. Mont. Corona, cornamenta, el conjunto en forma de corona, de siete ú ocho cuernecillos que guarnecen la cabeza del ciervo.

**COUROU** ó **KOUROU**, m. *curú*. Mit. Kurou, uno de los príncipes ó semidioses de la dinastía lunar celeste entre los indios.

**COUROUCOU**, m. *curucú*. Zool. Curucu, trogon, género de aves.

**COUROUCOUCOU**, m. *curucucú*. Zool. Curucuco, especie de cuco del Brasil. ‖ met. El que suspira frecuente é inútilmente, ó sin conseguir nada, pegado á las faldas de las mujeres.

**COUROUMOU**, m. *curumú*. Zool. Coromo, especie de buitre.

**COUROUPITE**, f. *curupít*. Bot. Curupita, género de plantas.

**COURPATE**, m. *curpát*. Zool. Corpato, nombre vulgar que se da á un pescado del Mediterráneo.

**COURRE**, a. *curr*. Correr, perseguir. Solo se usa en el infinitivo y en los casos siguientes. = Mont. *Laisser courre les chiens*, dejar correr los perros, soltarlos de la trailla para que persigan la bestia. = *Courre un cheval*, correr un caballo, ponerlo al gran galope el jinete que lo monta. = *Courre le cerf, le daim, etc.*, perseguir, correr ciervos, gamos, etc. ‖ n. *Chasse à courre*, caza con perros, caza con galgos. = *Donner à courre à quelqu'un*, obligar á correr á alguno, ponerle en la necesidad de andar mucho y sin descanso. = Hablando de corsarios, tambien se dice *courre sus*, ir contra, perseguir las naves enemigas. ‖ m. Mont. Apostadero, el paraje en que los cazadores colocan sus perros cuando van á caza de jabalíes, lobos, venados. = *C'est un beau courre*, es un hermoso sitio para cazar.

**COURRETTE**, f. *currét*. Zool. Curreta, especie de culebra de la Martinica.

**COURRIER**, m. *currié*. Correo, el encargado de conducir la correspondencia pública. ‖ *Courrier de cabinet*, correo de gabinete, posta enviada por el gobierno con pliegos. ‖ *Courrier ordinaire*, correo ordinario, correo pagado por la administracion respectiva para conducir las cartas y demas correspondencia. ‖ *Courrier extraordinaire*, correo extraordinario, posta, comisionado por el gobierno, ó por particulares para anunciar un suceso singular, etc. ‖ Por ext. Correo, el coche, carro, carrito, etc., en que se conduce la correspondencia. ‖ fam. iron. Correo, porta-recados, lleva-noticias, chismero. ‖ Zool. Portador, nombre de un ave acuática. ‖ Pesc. Portador, uno de los piquetes de cierta red de pescar. ‖ Correo, dícese tambien de las cartas que se reciben y que se despachan.

**COURRIÈRE**, f. *curriér*. Corredora: no se usa sino en sentido figurado hablando de la luna, de la fama, de la aurora, etc.

**COURROI**, m. *curuá*. Rodillo de estirar, rodillo en que los tintoreros extienden las telas despues de teñidas. ‖ Preparacion que hace el fundidor en la arena ántes de recibir la materia.

**COURROIE**, f. *curruá*. Correa, tira de cuero que sirve para atar cualquier cosa. ‖ met. *Serrer la courroie à quelqu'un*, acortar la correa á alguno, disminuirle los recursos de cualquier especie. = *Allonger la courroie*, estirar la materia, sacar un provecho regular de un recurso pequeño. Tambien se dice por alargar la mecha, tomarse uno mas facultades de las que le corresponden. ‖ fam. *Faire du cuir d'autrui large courroie*, cortar ancho del paño ajeno, ser liberal con los bienes de otro. ‖ Coyunda, correa que sirve para uncir los bueyes.

**COURROUCER**, a. *currusé*. Enojar, enfadar, irritar, excitar la ira de una persona. Se dice tambien de ciertos animales, como el leon, el tigre, etc. ‖ Agitar una cosa con violencia. ‖ *Se courroucer*, r. Enojarse, enfadarse, irritarse contra alguno. ‖ met. Enfurecerse, embravecerse, hablando del mar.

**COURROUCEUX, EUSE**, adj. *curruseu*, *eus*. Enfadado, enojado, irritado, etc. Con mas propiedad se dice *courroucé*.

**COURROUCOU**, m. *currucú*. Currucú, ave de América.

**COURROUX**, m. *currú*. Ira, iracundia, cólera, enfado que se toma contra alguno. ‖ Furor, ferocidad de algunos animales, como el leon, el tigre, el elefante, etc. ‖ met. Bravura, agitacion del mar, de los vientos, etc. ‖ fam. *Courroux est vain sans forte main*, la cólera de la hormiga no es de temer.

**COURROYER**, a. *curruayé*. Encorrear, uncir, poner la correa á alguna cosa.

**COURROYEUR**, m. [illegible] trabajador de su clase, ó [illegible] sobre un rodillo la tela que [illegible]

**COURS**, m. *cúr*. Curso, [illegible] de un rio ó líquido cualquiera, y la [illegible] sion ó espacio que recorre. [illegible] estanque ó alberca. ‖ Astr. Curso, [illegible] vimiento real ó aparente de los [illegible] Rumbo, derrota que lleva una nave. [illegible] cierta extension para pasear. [illegible] largo de una cosa. ‖ met. [illegible] cion y propension á la [illegible] *cours du sang*, la circulacion de la [illegible] ‖ *Cours de ventre*, soltura de vientre. [illegible] rera, curso, duracion de la vida. [illegible] duracion, sucesion de un [illegible] *Cours d'assises*, fila de piedras [illegible] principio al trabajo de una pared. [illegible] el tiempo fijado para los estudios [illegible] ‖ Jurisp. Coleccion, recopilacion de [illegible] cánones, etc. ‖ Curso, boga, crédito [illegible] cion que tiene una cosa. ‖ Precio [illegible] en mercado. ‖ met. *Ce mot a cours parmi le peuple*, esta palabra es [illegible] entre el pueblo. ‖ Art. Curso, [illegible] de la lanzadera en los telares de [illegible]

**COURSE**, f. *cúrs*. Carrera, corrida, movimiento del que corre. ‖ Viaje por tierra, por mar, á pié ó á caballo. ‖ Correría, [illegible] sion, cabalgada, entrada en [illegible] enemigo. ‖ met. Carrera de la vida. ‖ [illegible] de caballos, corrida de toros, etc. [illegible] rera, curso, movimiento de los astros. [illegible] so, corriente de las aguas de un rio, [illegible] torrente. ‖ Mar. Corso, campaña que [illegible] por el mar para perseguir á los piratas y embarcaciones enemigas. ‖ Carrera, [illegible] to, travesía que hace un carruaje de [illegible] ler de un punto á otro para transportar alguna persona. ‖ met. Marcha, progreso que hace una persona en cualquier [illegible] ‖ Carrera, órden progresivo que sigue [illegible] pecto á su estado ó empleo. ‖ *Courses*, pl. Viajes, excursiones. = Salidas, idas y venidas que se hacen durante el dia. = Comisiones, diligencias.

**COURSÉTIE**, f. *cursetí*. Bot. Cursetia, género de plantas.

**COURSIER**, m. *cursié*. Corcel, caballo grande, bello, leal, valiente, soberbio, ligero. Úsase en el estilo poético, [illegible] elevado. ‖ Por ext. Corcel, cualquier caballo comun, especialmente de los que se destinan á la carrera. ‖ Hidr. Canal, [illegible] paso que se facilita al agua entre dos [illegible] estacas. ‖ Mar. Crujía, el paso de popa á proa de una galera, por entre los [illegible] los forzados. ‖ Cañon montado en la proa ó popa de una lancha cañonera.

**COURSIER, ÈRE**, adj. *cursié*, *ér*. Corredor, propio, apto para la carrera.

**COURSION** ó **COURSON**, m. [illegible] *cursón*. Bot. Esferrocino, [illegible] do, que sale del tronco y no de las [illegible] principales. ‖ Verdugalillo, [illegible] de roncha que se levanta en las [illegible] gunos árboles. ‖ Especie de [illegible] raznilla, abridor de varias clases.

**COURSIVE**, f. *cursív*. Mar. [illegible] sadizo que se deja entre los [illegible]

**COURSOIRE**, f. *cursuár*. Agr. [illegible] corral de un cortijo de una granja.

**COURT, E**, adj. *cúr*. Corto, de poca extension, de escasa longitud. ‖ Corto, [illegible] pequeño, de cuerpo reducido [illegible] la talla. ‖ Corto, breve, pasajero, [illegible] rio, de corta duracion. ‖ Corto, [illegible] cances, escaso de luces, de talento, [illegible] dios, etc. ‖ Corto, ruboroso, [illegible] avergüenza. ‖ prov. *A vaillant homme courte épée*, mas vale maña que [illegible] met. Corto, insignificante, de poco [illegible] Corto, diminuto, insuficiente. ‖ *Vue courte*, vista corta, que solo distingue los [illegible] poca distancia. *Vues courtes*, [illegible] da. ‖ met. Corto, limitado, de reducida comprension. ‖ *Il veut la faire courte et bonne*, quiere hacerla corta y buena, [illegible] se apresura á vivir: dícese de un [illegible] que arruina en vicios [illegible] y fortuna. ‖ Corto, parco, sucinto, lacónico, hablando de abogados, oradores, [illegible] res, etc. ‖ prov. *Courte prière pénètre les cieux*, la oracion corta mueve á Dios. Se usa tambien como sustantivo. [illegible]

[illegible]

Colchero, que hace colchas ó las vende.|| Camero, el que hace las sobrecamas.

**COURTE-QUEUE**, f. *curtqueu*. Zool. Colacorta, especie de tortuga casi rabona. || Agr. Guinda, variedad de cereza.

**COURTER**, n. *curté*. Corretear, hacer de corredor, practicar diligencias de corretaje. || a. Procurar la venta de las mercancías.

**COURTI**, m. *curtí*. Blas. Cabeza de moro con un collar de plata al rededor del cuello.

**COURTIER**, m. *curtié*. Com. Corredor, agente comisionista de toda especie de negociaciones mercantiles. || *Courtier de chevaux*, corredor, chalan, tratante en caballos. || *Courtier de vin*, catavinos, el que los prueba ántes de comprarlos, con el objeto de ver si están picados ó apuntados; llámase tambien *courtier gourmet*. || irón. *Courtier, courtière de mariages*, corredor de bodas, casamentero. || *Courtier marron*, corredor clandestino, que no tiene título para ejercer. || Polít. *Courtier électoral*, agente electoral, comisionado para comprar votos en elecciones. || Segun sus diferentes atribuciones se le califica: de cambio, de lonja, de oreja, de bolsa, etc.

**COURTIÈRE**, f. *curtiér*. Art. Cajon, espacio en que gira la rueda de un molino de agua.

**COURTIGE**, f. *curtige*. Com. Merma, defecto, sisa, falta en las telas para llegar al ancho que deben tener.

**COURTIL**, m. ant. *curtil*. Agr. Huerto, cercado, plantel con bardas ó tapias, sitio destinado para sembrar cáñamo.

**COURTILIÈRE**, f. *curtiliér*. Zool. Cigarra, chicharra, género de insectos. || Zarandija, brillotalpa, insecto subterráneo y muy voraz, que roe las raíces de los melones, lechugas, etc.

**COURTINE**, f. *curtín*. Cortina, tela suspendida ó colgada para cubrir, tapar, rodear cualquiera cosa: solo se dice de las de un altar ó camarín. Antiguamente reemplazaba la voz *rideau*, que se usa ahora. || Mil. Cortina, lienzo de muralla que media entre baluarte y baluarte. || Pesc. Cortina, especie de cercado pequeño para uso de los pescadores. || *Courtines*, pl. Blas. Cortinas, parte de real pabellon en forma de manto.

**COURTISAN**, m. *curtisán*. Cortesano, palaciego, áulico, favorito, señor de corte. || Cortesano, obsequiante, lisonjero, adulador, que hace la corte á una persona. || Cortesano, sagaz, intrigante.

**COURTISANE**, f. *curtisán*. Cortesana, mujer de costumbres desarregladas, pero distinguida por la elegancia de sus modales, si bien pone precio á sus favores. || Cortesana, libertina, mujer libre, desenvuelta, pero célebre en los pueblos de la antigüedad, especialmente entre los Griegos y los Romanos. || Cortesana, toda mujer de mala vida, si bien algo superior á la clase comun de las prostitutas ó meretrices. || Cortesana, señora de corte sumamente fina, elegante, de habilidad singular para el manejo de la intriga.

**COURTISANERIE**, f. *curtisanri*. Cortesanía, galantería, arte de cortejar. || met. Bajeza, servilismo, adulacion rastrera.

**COURTISANESQUE**, adj. neol. *curtisanésc*. Cortesanesco, que se refiere al cortesano.

**COURTISER**, a. *curtisé*. Cortejar, obsequiar, lisonjear, galantear, hacer la corte á una persona con objeto de tenerla propicia. || fam. Cortejar, galantear á alguna mujer.

**COURT-JOINTÉ, ÉE**, adj. *curjuenté*. Art. Caballo, jamento, mula, macho, etc., que tienen las rauilias cortas. || Cetr. Pájaro, ave de patas pequeñas.

**COURTS-JOURS (À)**, loc. adv. *acurjúr*. Com. Á cortos cambios. Es lo mismo que á *courte échéance*: dícese en el comercio.

**COURTMAILLE**, f. *curmáil*. Agr. Cortamalla, el conjunto de los sarmientos de una vid sumamente espesos y agrupados.

**COURT-MANCHER**, a. fam. *curmanché*. Ensartar, atravesar con un asador de madera la espaldilla de un animal muerto para unirlo fijamente á lo restante del cuerpo.

**COURT-MONTÉ, ÉE**, adj. *curmonté*. Derrengado: se dice de un caballo caido del cuarto trasero, bajo de lomos, de riñones.

**COURTOIS, E**, adj. *curtuá*. Cortés, galan, atento, fino, político, urbano, de modales escogidos.

**COURTOISEMENT**, adv. *curtuasmán*. Cortesmente, de una manera cortés.

**COURTOISIE**, f. fam. *curtuasí* Cortesía, cortesanía, urbanidad, política, finura, etc. || *Où la valeur, la courtoisie*, no quita lo cortés á lo valiente.

**COURTON**, m. *curtón*. Art. Cada una de las cuatro especies de hilaza que se saca del cáñamo.

**COURT-PENDU**, m. *curpandú*. Agr. Clase de manzana.

**COURT-VÊTU, E**, adj. *curvetú*. Corto de ropa, ó de ropa corta, que tiene vestidos cortos, que viste escasa, angosta y reducidamente, que va vestido á la lijera, corto de paso, etc.

**COUS**, m. *cú*. Art. Asperon, piedra de amolar. || Zool. Especie de pescado del género siluro.

**COUSAPIER**, m. *cusapié*. Bot. Especie de higuera originaria de la Guyana.

**COUSCOU**, m. *cuscú*. Com. Alcuzcuz, pasta de harina muy parecida al maíz.

**COUSEUSE**, f. *cuseus*. Costurera, cosedora, mujer que cose, con especialidad los libros para ponerlos á la rústica el encuadernador, en cuya acepcion se usa comunmente.

**COUSIN, E**, m. y f. *cusén, in*. Primo, prima = *Cousin germain*, primo hermano. *Cousin issu de germain*, primo segundo. *Cousin paternel*, primo de parte de padre. || *Cousin maternel*, primo de parte de madre. || En sentido figurado *cousin germain* se dice de aquellas cosas que tienen alguna conexion y afinidad entre sí: v. gr. *le rhumatisme est le cousin germain de la goutte*. || *Chasse-cousin*, aguachirle, vino malo y flojo. || met. y fam. irón. Primo, el que se pega á otro con el objeto de comer á la sopa boba, á costa del paciente, que tambien adquiere el sobrenombre de primo. || Polít. Primo, afiliado en la sociedad de los carbonarios. || prov. *Si telle chose m'arrivait, le roi ne serait pas mon cousin*, si tal me sucede, ni el rey como yo; si logro lo que deseo, váyase el rey á paseo, que no es, con cetro y corona, mas feliz que mi persona. || Primo, amigo íntimo, estrechamente unido. || m. Zool. Mosquito, cínife, género de insectos: se entiende el de trompetilla, pues los demas se llaman *moucherons*. || met. *Être mangé des cousins*, no poder sacudirse de encima los primos ó petardistas.

**COUSINAGE**, m. fam. *cusinág*. Primazgo, el parentesco de primos. || Reunion de todos los parientes ó de toda la parentela para celebrar una fiesta. || met. Primazgo, relacion, analogía, afinidad, semejanza material del hombre con los irracionales.

**COUSINER**, a. *cusiné*. Primear, dar el tratamiento de primo. || n. Primear, pegarse á alguno á título de parentesco ó amistad, oler donde se guisa para colarse con algun pretexto. || *Ils ne cousinent pas ensemble*, no parten un piñon, no congenian.

**COUSINETTE**, f. *cusinét*. Bot. Especie de camuesa.

**COUSINIE**, f. *cusiní*. Bot. Cusinia, género de plantas.

**COUSINIÈRE** ó **COUSINERIE**, f. *cusiniér, cusinrí*. Parentela numerosa y á cargo de uno.

**COUSINIÈRE**, f. *cusiniér*. Mosquitera, mosquitero, especie de colgadura de cama para defenderse de los mosquitos.

**COUSOIR**, m. *cusuar*. Telar, instrumento usado por los encuadernadores. || Máquina, instrumento usado por los guanteros para coser los guantes.

**COUSSAPIER**, m. *cusapié*. Bot. Cusapiero, género de higueras de la Guyana.

**COUSSAPOË**, m. *cusapoé*. Bot. Cusapio, género de plantas.

**COUSSARÉE**, f. *cusaré*. Cusarea, género de plantas.

**COUSSE-COUCHE** ó **COUCHE-COUCHE**, f. *cuscúche, cuchcúche* Bot. Raíz alimenticia y de buen comer, originaria de las Antillas. || Simiente escogida y acendrada del maíz.

**COUSSIER**, m. ant. V. TAILLEUR.

**COUSSIN**, m. *cusín*. Cojin, almohadon grande relleno de pluma, borra, cerda, etc. || Mil. Pieza de la cureña de un cañon. || Fís. Cojinete, almohadilla de la máquina eléctrica. || Mar. Almohada, pieza de madera blanca redondeada, que se coloca en las encapilladuras y otros parajes para resguardar la jarcia. || Todo lo que tiene figura de un cojin, aunque sea instrumento de cualquier arte.

**COUSSINEMENT**, m. neol. *cusinmán*. Accion de poner cojines.

**COUSSINER**, a. neol. *cusiné*. Guarnecer de cojines el pavimento de una habitacion. || *Se coussiner*, r. Servirse de cojinetes para parecer mejor hecho ó disimular los defectos del cuerpo.

**COUSSINET**, m. *cusiné*. Cojinete, cojinito, cojin pequeño, almohadilla. || Rodete, especie de rosca, de trapo, badana rellena, etc., que se pone sobre la cabeza para conducir algun peso. || El asiento relleno y redondo de una silla poltrona. || Arq. Cojinete, parte lateral de un chapitel del órden jónico. || Todo lo que tiene la forma de un cojinillo ó de una almohadilla. || Bot. *Coussinet des marais*, cañabeja, ó arándano agrio, planta.

**COUSSINETTE**, f. *cusinét*. Agr. Camuesa, especie de manzana sabrosa y exquisita.

**COUSSON**, m. *cuson*. Viento cálido y húmedo que quema los sarmientos recien floridos.

**COUSTILIER**, m. *custilié*. Mil. ant. Escudero de á caballo, armado de un estoque, que llevaban los antiguos caballeros.

**COUSTILLE**, f. *custíll*. Mil. ant. Estoque, arma ofensiva del siglo XV.

**COUSTON**, m. *custón*. Cada uno de los filamentos ó hebras cortas restantes desde que se despoja y limpia el cáñamo de la cañamiza.

**COUSTUMIER, ÈRE**, adj. ant. *custumié, ér*. Acostumbrado, del uso ordinario.

**COUSTUMIÈREMENT**, adv. *custumiérmán*. Ordinariamente, por lo comun.

**COUSU, E**, adj. y part. pas. de *coudre*. *cusú*. || met. *Paroles mal cousues*, palabras sin concierto, mal tejidas. || *Bouche cousue*, boca callada, pico cerrado; y tambien, silencio! Se dice para encargar que se guarde un secreto. || Dícese tambien: *avoir la bouche cousue*, no desplegar los labios. || *Être cousu avec quelqu'un*, estar cosido á otro, no separarse jamas de él. || Jin. *Cousu à la selle*, cosido á la silla, buen jinete, perfectamente montado. || *Cousu d'argent et d'or*, forrado de plata y oro, riquísimo. || *Cousu de blessures*, cubierto de heridas, cosido á puñaladas. || *Cousu de vérole*, hoyoso ó picado de viruelas, lleno de costurones.

**COÛT**, m. *cú*. Jurisp. Costa, coste, gasto, precio de un expediente, gastos de un pleito, etc. || prov. *Le coût fait perdre le goût*, el gasto quita el gusto, excelente cosa si no supiera á cobre.

**COUTAL**, m. ant. *cutál*. Sable ó bayoneta que se ajustaba á las carabinas.

**COÛTANT**, adj. *cután*. Solo se usa en esta locucion: *au prix coûtant*. *Donner une chose au prix coûtant*, dar algo por lo que ha costado.

**COUTARDE**, f. *cutárd*. Bot. Cutarda, género de plantas de Cayena. || Especie de pasta ó pastel compuesto de huevos, leche, miel y harina.

**COUTARÉE**, f. *cutaré*. Bot. Cutárea, género de plantas rubiáceas.

**COUTEAU**, m. *cutó*. Cuchillo, instrumento cortante. || prov. *Aller en Flandre sans couteau*, ir á la guerra sin armas, emprender una cosa ardua sin medios. || prov. y met. *Couteau pendant*, cuchillo inseparable: dícese en Francia de un hombre pronto á defender á otro. || met. *Avoir le pain et le couteau*, tener el padre alcalde en algun negocio. || *Couteau à rogner*, lengüeta de que usan los encuadernadores. *Couteau à parer*, chifla, instrumento de los mismos para adelgazar las pieles. || *Couteau de chasse*, cuchillo de monte. || Poes. Puñal. || Todo género de instrumentos mecánicos en forma de cuchillo, navaja, espadin corto, etc. || prov. y met. *C'est un couteau à deux tranchants*, *de tripière*, es una espada de dos filos, una segur de hacha, habla bien ó mal: dícese de un sujeto excesivamente mordaz. || Zool. *Manche de couteau*, mango de navaja, especie de marisco. || Hist. ant. *Couteau sacré*, cuchillo sagrado, la segur que usaban los druidas y otros sacerdotes de la antigüedad en sus sangrientos sacrificios. || *Couteau pliant*, navaja de muelle. || *Être sous le couteau*, correr riesgo de perder la vida. || *A couteaux tirés*, en guerra abierta, con odio recíproco. || Mar. Chanflan ó cuchillo triangular en que termina la parte exterior del codaste. || *Couteaux*, pl. Cetr. Tijeras, las seis primeras plumas del ala de las aves de altanería y rapiña.

**COUTEL**, m. *cutél*. Agr. Podon, podadera, instrumento fuerte á manera de cuchillo para cortar las cañas, juncos, etc.

**COUTELAS**, m. *cutlá*. Cuchilla, machete, alfanje, especie de espada. || Zool. Espadarte, ó pez espada, género de pescados del órden de los cetáceos.

**COUTELÉ, ÉE**, adj. *cutlé*. Cuarteado, dícese entre los zurradores de un cuero ó piel hendida y echada á perder por una cuchillada.

**COUTELIER, ÈRE**, m. y f. *cutlié, ér*. Art. Cuchillero, fabricante y vendedor de todo género de obras de cuchillería. || Zool. Cuchillero, género de marisco univalvo.

**COUTELIÈRE**, f. *cutliér*. Navajero, estuche para meter navajas de afeitar, caja para toda clase de cuchillos.

**COUTELINE**, f. *cutlín*. Com. Cutelina, tela basta de algodon indiano.

**COUTELLERIE**, f. *cutelrí*. Cuchillería, arte, profesion, oficio del cuchillero, taller y oficina en que trabaja.

**COUTELURE**, f. *cutlúr*. Cortadura.

**COÛTER**, n. *cuté*. Costar, valer tanto ó cuanto alguna cosa. || met. Costar, causar muchas fatigas, trabajos, penalidades, etc., algun objeto. || Costar, ocasionar gastos. || met. y fam. *Cela ne lui coûte guère*, eso le cuesta poco, eso nada le importa. || met. a. Costar, acarrear alguna pérdida, daño, etc. || Costar, repugnar, hacérsele á uno difícil algun paso. || fam. *Coûte que coûte*, cueste lo que cueste, á todo gasto.

**COÛTEUX, EUSE**, adj. *cuteu, eus*. Costoso, dispendioso, que cuesta mucho.

**COUTIER**, m. *cutié*. Tejedor de cutíes y terlices, telas para colchones, fundas. || *Coutières*, f. pl. Mar. Obenques, cabos gruesos que encapillan en la cabeza del palo ó mástil sobre los baos.

**COUTIL**, m. *cutí*. Cutí, terliz, especie de tela de cáñamo ó lino muy tupida.

**COUTILLADE**, f. *cutilládd*. Cuchillada, estocada dada con el estoque.

**COUTILLE**, m. *cutíll*. Mil. ant. Estoque, arma ofensiva, delgada, estrecha y larga.

**COUTILLER**, m. ant. *cutillé*. Escudero antiguo de caballería, armado de estoque. a. ant. Estoquear, pegar estocadas. || Acuchillar, dar cuchilladas.

**COUTILLIER**, m. *cutillié*. Soldado que usaba del estoque.

**COUTISSÉES**, f. pl. *cutisé*. Art. Banzos, los listones del bastidor de bordar.

**COUTON**, m. *cutón*. Bot. Cuton, árbol del Canadá.

**COUTOUBÉE**, f. *cutubé*. Bot. Cutubea, género de plantas.

**COUTRAU**, m. *cutró*. Agr. Especie de pera.

**COUTRE**, m. *cútr*. Reja del arado. || Poes. El arado mismo. || Art. Hacha, instrumento férreo, usado por los leñadores. || Cuchilla de los toneleros para cortar las duelas, y de los fabriqueros de carbon. || ant. Hist. ecl. Sacristan, encargado de tocar las campanas y guardar las llaves de la iglesia.

**COUTRERIE**, f. ant. *cutrrí*. Hist. ecl. Sacristanía, oficio, funciones del sacristan.

**COUTUME**, f. *cutúm*. Costumbre, habitud, hábito contraido de hacer una cosa. || Práctica constante, que constituye una especie de obligacion ó empeño. || prov. *Une fois n'est pas coutume*, una golondrina no hace verano. || Uso, usanza, estilo de ciertos paises. || Jurisp. Consuetud, derecho consuetudinario. || Derecho que pagan las mercaderías en su tránsito ó entrada en ciertas ciudades. || prov. *Coutume est une autre nature*, la costumbre es una segunda naturaleza. || *De coutume*, loc. adv. [illegible] bre, de ordinario.

**COUTUMERIE**, f. [illegible]. [illegible] cion de los impuestos ó derechos [illegible] vos.

**COUTUMIER, ÈRE**, adj. [illegible] Rutinario, que no sale de su [illegible] || Acostumbrado, ordinario, de [illegible]

**COUTUMIER**, m. [illegible]. [illegible] nario, el libro ó código de las [illegible] fueros y privilegios [illegible] dad, de una provincia, de un [illegible] beyo, de baja alcurnia, de [illegible]

**COUTUMIÈREMENT**, adv. ant. [illegible] *miermán*. Jurisp. [illegible] rutinariamente, por los trámites de [illegible] || Habitualmente, ordinariamente.

**COUTURE**, f. *cutúr*. Costura, la [illegible] de dos cosas que se han cosido. || Costura, arte de coser. || Costura, toda [illegible] de aguja, y la accion de coser. || [illegible] local mismo en que se cose. || [illegible] las planchas plúmbeas ó láminas de [illegible] sin soldadura por medio de [illegible] en sus bordes y puntos de [illegible] || [illegible] ron, cicatriz, [illegible] que queda de una llaga. || En algunos conventos, [illegible] donde se hacen los hábitos. || [illegible] amistad, intimidad sin dobleces, [illegible] || Mar. Costura, hueco que queda [illegible] cantos de los tablones colocados [illegible] mente. || La union de las tiras de [illegible] ó paños con que se forman las velas. || [illegible] y pop. *Rabattre les coutures*, [illegible] turas, abatir el orgullo.

**COUTURER**, a. *cuturé*. [illegible] brir, plagar de costurones.

**COUTURERIE**, f. *cuturerí*. [illegible] sastrería, obrador de costureras, de [illegible]

**COUTURIER**, m. *cuturié*. [illegible] tal ó remendon. || Anat. Sartorio, [illegible] un músculo. También se dice [illegible] *turier*.

**COUTURIÈRE**, f. *cuturiér*. Costurera, oficiala de modista, de sastre, de [illegible]

**COUVAGE**, m. V. COUVAISON.

**COUVAIN**, m. *cuván*. [illegible] dor depositado por las abejas, [illegible] ches y otros varios insectos. || Alvéolo de un panal en que depositan las abejas [illegible] nillos ó larva.

**COUVAISON**, f. *cuvesón*. Incubacion, tiempo, estacion oportuna en que [illegible] sus huevos las aves domésticas ó [illegible]

**COUVÉE**, f. *cuvé*. Empolladura, [illegible] dura de huevos que empollan de una vez las aves. || Pollada, camada, porcion de [illegible] recien salidos del cascaron. || [illegible] jaritos. || met. y fam. Camada, [illegible], grupo, tanda de gentes de una [illegible] traza, calaña. || Camada de ladrones.

**COUVEIN**, m. *cuván*. Especie de [illegible] te. || V. COUVAIN.

**COUVENT**, m. *cuván*. Convento, [illegible] tro, mansion religiosa. || Convento, [illegible] dad, el cuerpo de religiosos que viven [illegible] tos. || fam. irón. Convento, colegio, [illegible] lillo, etc., de mujeres perdidas.

**COUVER**, a. *cuvé*. Empollar, [illegible] huevos para que procreen. || met. [illegible] encubrir, abrigar, esconder, [illegible] mente arraigada una aficion. || met. y fam. *Il faut laisser couver cela*, es preciso dejar que madure el negocio, [illegible] za. || *Le feu couve sous la cendre*, [illegible] ceniza fuego queda. || n. [illegible] clueca la gallina, empollar los [illegible] || Ocultarse, encubrirse desde luego [illegible] un mal designio, una conspiracion, etc. || *Se couver*, r. Prepararse sordamente [illegible] levantamiento, un rompimiento, etc. || [illegible] llarse, desenvolverse una cosa luego [illegible] oculta.

**COUVERCLE**, m. *cuvércl*. [illegible] tapa, tapadera de cualquier cosa.

**COUVERSEAU**, m. *cuversó*. Art. [illegible] reglamento para medir superficies [illegible] y convexas.

**COUVERT**, m. *cuvér*. Cubierto, el servicio de mesa. || Cubierto, el convidado [illegible] || Cubierto, estuche que encierra cuchara, tenedor y cuchillo. || Cubierto, [illegible], retrete, asilo, alojamiento, etc. || Cubierto, lugar plantado de árboles [illegible], que dan sombra. || Cubierta de un [illegible], [illegible]

[illegible] sobre de carne, etc. || Tejado ó techo de un edificio. || [illegible] de couvert, poner la mesa para cubiertos [illegible] dix couverts, se con[illegible] de mesa. || Fort. Parapeto, glácis que sirve de defensa á las rondas volantes [illegible] fortificado. || Puerta de una [illegible], cuando está amparada por un [illegible]. Castillo, torre, torrecilla con [illegible]. || *À couvert*, loc. adv. A [illegible] de cualquier peligro, al abrigo de la [illegible], etc. En seguridad, á buen re[illegible] riesgo de ningun género. || fam. [illegible] *à couvert*, le han puesto á [illegible], lo metieron en chirona, por de[illegible] la buena pueso. || Com. *Être à couvert*, [illegible], afianzado. || *Être à cou[illegible]*, estar al amparo de, pro[illegible] por un rio, etc.

**[illegible]**, adj. *cuvér*. Cubierto, ta[illegible]; *homme toujours couvert*, [illegible] que no se quita el sombrero, que [illegible] siempre. || Oscuro, hablando [illegible] y colores. || Defendido, resguar[illegible] en términos de guerra. || [illegible] *Se tenir clos et couvert*, andar [illegible] de tejado, vivir oculto, sin es[illegible], huyendo de un riesgo inminen[illegible], como el de buscar á uno para [illegible] || *Il se tient clos et couvert*, es [illegible], no se le saca una palabra del [illegible]. *À plats couverts*, con dobles, [illegible]. || met. *Faire une [illegible] à plats couverts*, confiar un se[illegible], una parte de él. || met. *Mots couverts*, palabras capciosas, de doble sen[illegible]. || *Pays couvert*, país de bosques. || Cu[illegible], cargado, henchido, tapiza[illegible], segun las diferentes aplicaciones. || [illegible] *couvert*, tiempo nebuloso. || Di[illegible], reservado.

**[illegible]**, f. *cuvért*. Art. Baño, bar[illegible]. Esmalte, en la porcelana. || [illegible] especie de capa ó esclavina de [illegible] principalmente por la tropa. || [illegible] *couverte*, casa con parapeto, esto es, á favor de un seto ó cercado.

**[illegible]**, adv. *cuvertmán*. Se[illegible], encubiertamente.

**[illegible]**, f. *cuvertúr*. Cobertura, [illegible] de cualquier género que cubre la [illegible] de una cosa. || Cobertor, manta, [illegible] para cubrir un lecho. || met. y fam. [illegible] *couverture à soi*, tirar de la manta [illegible], querer mas de lo justo. || met. [illegible] *homme sur la couverture*, man[illegible], darle vaya, cargarlo con bro[illegible] y zumbas. || Cubierta, carpeta, [illegible], etc., para libros, legajos, cua[illegible]. || Cubierta, todo lo que sirve para [illegible]. Pretexto, disculpa, razon que [illegible] para borrar una falta. || Com. Ga[illegible] para la seguridad de un pago. [illegible] *couvertures*, tengo excelen[illegible] á que agarrarme. || Tejado de una [illegible], que se pone sobre la car[illegible] ó acémila.

**[illegible]**, m. *cuverturié*. Man[illegible], fabricante de mantas, que las vende.

**[illegible]**, m. *cuvé*. Vasija de barro ó de [illegible] de braserillo para calentarse [illegible].

**[illegible]**, f. *cuveus*. Empolladora, [illegible], excelente para sacar [illegible]. || adj. *Poule couveuse*, gallina [illegible].

**[illegible]**, adj. m. *cuví*. Huero, huevo que [illegible] no se produce pollo.

**[illegible]**, m. *cuvuár*. Art. Empollador, [illegible] empollar los huevos.

**[illegible]**, m. *cuvrbasiné*. [illegible], pieza que cubre la cazoleta [illegible].

**[illegible]**, m. *cuvrchacó*. Funda [illegible].

**[illegible]**, m. *cuvrchéf*. Bonete, [illegible], etc. || Cofia de tela que usan [illegible], especie de velo. || Ven[illegible] que se pone en la cabeza. || Todo [illegible] y burlesco que se le pone á [illegible].

**[illegible]**, m. *cuvrculás*. Mil. [illegible] de las gorras, chacós, etc.

**[illegible]**, m. *cuvrfé*. Mil. Toque [illegible] de retirarse dirigida á la [illegible] derivativa de silencio.

con iguales atribuciones en los claustros. || Hist. feud. Derecho puramente honorífico, que gozaban los antiguos señores y prelados, de hacer tocar á quedar ó á recogerse todo el mundo, bien entrada la noche. || Cobertera, tapadera, utensilio de cocina.

**COUVRE-GIBERNE**, m. *cuvrgibérn*. Mil. Funda, cubierta de canana, de cartuchera.

**COUVRE-PIEDS**, m. *cuvrpié*. Cubre-piés, manta corta, cobertor pequeño, que solo cubre media cama hácia los piés.

**COUVRE-PLAT**, m. fam. *cuvrplá*. Cubre-plato, tapadera, plato vuelto que se coloca sobre otro.

**COUVRE-PLATINE**, m. ant. *cuvrplatín*. Mil. Cubre-llave, pieza de cuero que se acomodaba sobre la llave del fusil.

**COUVREUR**, m. *cuvreur*. Art. Pizarrero, plomero, trastejador, cubretechos. || adj. *Maître couvreur*, maestro pizarrero, plomero.

**COUVREUSE**, f. *cuvreus*. Pizarrera, plomera, etc. || La mujer que en Francia entomiza las latas y listones con paja para sentarlos en los tejados. || Oficiala de sillero, que tuerce y teje la paja en los asientos de las sillas. || La mujer del pizarrero.

**COUVRIR**, a. *cuvrír*. Cubrir, tapar, ocultar, poner una cosa sobre otra para conservarla, adornarla, esconderla á la vista, etc. || *Couvrir un momon*, aceptar una partida de juego, por reto ó invitacion premiosa. || fam. *Couvrir la joue à quelqu'un*, dar de bofetones á alguno. || Cubrir, vestir, abrigar, arropar. || Cubrir, guarnecer, llenar, henchir. || Cubrir, invadir. || Cubrir, disimular, encubrir, reservar. || Cubrir, excusar, disculpar. || Cubrir, defender, amparar, proteger, cobijar. || Cubrir, garantir, afianzar, comprometerse por alguno. || Cubrir, indemnizar, satisfacer, pagar, compensar gastos invertidos en alguna empresa. || Cubrir, dominar, exceder, sobreponerse á un ruido, etc., con otro mayor. || Mil. Cubrir, defender, poner al abrigo de riesgo, ataque, etc. || Cubrir, alinearse, ir entrando en la uniformidad á igual distancia de codos. || *Couvrir sa marche*, desorientar al enemigo, hacer que no conozca la direccion de una columna por medio de ardides estratégicos. || Cubrir, techar una casa, hacerle tejado. || Cubrir el macho á la hembra. || *Se couvrir*, r. Cubrirse, vestirse, etc. || Cubrirse, ocultarse, taparse. || Llenarse de adornos. || Cerrarse, oscurecerse. *L'horizon se couvre*, se carga, se anubla el horizonte. || Cubrirse, coronarse de gloria ó de infamia, de honor ó de oprobio. || Cubrirse, excusarse. || Esgr. Cubrirse, ponerse en guardia, teniendo la punta del arma enemiga ó contraria fuera de la línea del cuerpo. || Mar. Cubrir, se dice cuando el agua cubre las piedras, bajos, etc. || *Couvrir un vaisseau qui combat*, colocarse entre un buque que se bate y los enemigos.

**COUXIO**, m. *cucsió*. Zool. Cousio, tití, monito del Orinoco.

**COUZERANITE**, f. *cuseranít*. Miner. Cuceranita, sustancia mineral.

**COVELLITE**, f. *covelít*. Miner. Covelita, bisulfuro metálico.

**COVENANT**, m. *covenán*. Liga de los Escoceses para conservar su religion tal como era en 1580.

**COVENANTAIRE**, m. y f. *covenantér*. Covenantario, cada firmante del covenan. || Presbiteriano (secta inglesa).

**COVENDEUR, EUSE**, m. y f. *covandeur, eus*. Covendedor, la persona que vende en union con otra un objeto poseido en comun.

**COVERSE**, m. *covérs*. Geom. Converso, figura geométrica.

**COVET**, m. *covó*. Zool. Coveto, especie de concha univalva del género bocina.

**COVIVEUR**, m. *coviveur*. Comensal, que come y bebe habitualmente en compañía de las mismas personas, compañero, convecino.

**COWALLAM**, m. *cualám*. Bot. Covalam, árbol corpulento de la isla de Ceylan.

**COWANIE**, f. *cuaní*. Bot. Covania, género de plantas de la familia de las rosáceas.

**COW-POX**, m. *cupócs*. Patol. Cowpox, erupcion pustulosa en la ubre de las vacas.

**COXAL, E**, adj. *cocsál*. Anat. Coxal, perteneciente al coxis.

**COXALGIE**, f. *cocsalgí*. Patol. Coxalgia, dolor de la region lumbal.

**COXARTHROCACE**, f. *cocsartrocás*. Cir. Coxartrocace, cáries de la articulacion.

**COXÈLE**, m. *cocsél*. Zool. Coxelo, género de insectos coleópteros heterómeros.

**COXIE**, f. *cocsí*. Bot. Coxia, género de plantas primuláceas.

**COXO-FÉMORAL, E**, adj. *cocsofemorál*. Anat. Coxo-femoral, que pertenece al hueso coxis y al fémur.

**COY**, m. *cuá*. Zool. Coy, liebre de Chile.

**COYAU**, m. *cuayó*. Carp. Talon, pedazo de madera que sale por la parte inferior de un cabriol y bajo el vuelo de una cornisa, para formar la delantera del albañal de un tejado.

**COYEMBOUC**, m. *cuayanbúc*. Bot. Coliambuco, calabaza vacía de que se sirven los negros para llevar sus provisiones.

**COYER**, m. *cuayé*. Carp. Travesaña, pieza de madera que encaja horizontalmente en el tabique de un edificio para sostener la fábrica con toda solidez y fuerza. || Asperon, utensilio propio para afilar guadañas, hoces y otros instrumentos.

**COYOLCOS**, m. *cuayólcos*. Zool. Coyolcos, especie de codorniz mejicana.

**COYPOU** ó **COYPU**, m. *cuapú*, *cuapú*. Coipo, raton muy grueso de América.

**COZQUAUTLI**, m. *coscoatlí*. Zool. Coscautli, buitre de Méjico.

**COZTOTOTL**, m. *costototl*. Zool. Costototlo, especie de jilguero mejicano.

**CRABE**, m. *crab*. Zool. Cangrejo, langosta, tortuga, género de crustáceos. || Med. Escoriacion de las callosidades de la palma de las manos ó de las plantas de los piés.

**CRABIER**, m. *crabié*. Zool. Cangrejera, ave de América que se sustenta con cangrejos. || Cangrejera, agujero sobre la arena de la orilla del mar en que fija su residencia el cangrejo.

**CRABITE**, m. *crabít*. Zool. Crabita, cangrejo petrificado.

**CRABOTAGE**, m. *crabotáge*. Principio de la abertura de un pizarral.

**CRAC**, m. *crác*. Chas, cras, trum, tris; estallido, crujido que da la madera ó otro cuerpo sólido y seco, cuando se abre ó raja. || *Faire cric-crac*, crujir, castañetear. || met. y fam. Zas! interj. que se usa para denotar la subitaneidad inesperada de una cosa.

**CRACHAT**, m. *crachá*. Esputo, salivazo, gargajo, escupidura viscosa. || fam. Cruz, placa, medalla, ú otro distintivo honorífico pegado á la casaca, levita, etc. || *Se noyer dans un crachat*, ahogarse en poca agua, tropezar contra una chinita.

**CRACHEMENT**, m. V. EXPECTORATION.

**CRACHER**, a. *craché*. Salivar, escupir, gargajear, expectorar. || Escupir, insultar, despreciar, estampar un sello de oprobio en el rostro de alguno. || *Cracher des injures*, vomitar injurias, injuriar atrozmente. || prov. y met. *Ce qu'il crache en l'air lui retombe sur le nez*, el que escupe al cielo, á la cara le cae. || met. *Cracher contre le ciel*, blasfemar contra Dios.

**CRACHEUR, EUSE**, m. y f. *cracheur, eus*. Salivador, escupidor, gargajiento, flemoso, etc.

**CRACHOIR**, m. *crachuár*. Escupidera, vasija de metal, porcelana ó loza, que usan los enfermos para escupir. || Especie de cajon medio lleno de arena, ceniza, salvado con igual objeto.

**CRACHOTEMENT**, m. *crachotmán*. Expectoracion frecuente de materias mucosas. || Rumor confuso producido por las toses de mucha gente reunida.

**CRACHOTER**, n. *crachoté*. Salivar poco y á menudo, escupir con frecuencia.

**CRACIDÉ**, m. *crasidé*. Zool. Cracido, individuo del género crax.

**CRACIDÉ, ÉE**, adj. *crasidé*. Zool. Cracideo, semejante, parecido al género crax.

**CRACQUE**, f. *crác*. Bot. Craca, planta de la familia de las leguminosas.

**CRA-CRA**, m. *cracrá*. Zool. Cracrá, nombre dado á muchas aves de diversas especies, principalmente en las regiones tropicales. || Cracrá, fruto del madroño.

**CRADE**, f. ant. *crád*. Crada, máquina que servia en el escenario de los teatros antiguos para el aparato fantástico de nubes, celajes, ascensiones, glorias, etc.

**CRADÉPHORIES**, f. pl. *cradefori*. Cradeforias, fiestas antiguas en que las víctimas eran golpeadas con ramos de higuera.

**CRADIAS**, m. *crádias*. Cradias, aire musical que se tocaba en las cradeforias.

**CRÆSUS**, m. *créus*. Zool. Creso, género de insectos del órden de los himenópteros.

**CRAFFE**, f. *cráf*. Art. Cuerpo extraño de tierra, arena ó peña viva, que interrumpe la explotacion de un pizarral.

**CRAG**, m. *crág*. Geol. Crago, calcáreo margoso, conchudo ferruginoso de la mejor calidad del terreno supercretáceo.

**CRAHATE**, m. *crcát*. Zool Crahato, especie de pescado.

**CRAI**, m. *cré*. Arenilla muy fina que cubre las llanuras de la Costa de Oro en Francia.

**CRAIE**, f. *cré*. Miner. Creta, piedra caliza blanca que cuando está finamente pulverizada se llama tiza.

**CRAILLER**, n. ant. *craillé*. Graznar, cantar el cuervo, la corneja. No se usa.

**CRAINDRE**, a. *créndr*. Temer, sospechar ó recelar alguna cosa, tener miedo. || Reverenciar, respetar, acatar á Dios ó alguna persona. || Desconfiar, desesperar, sospechar algun engaño, mal éxito en lo que uno se propone.

**CRAINTE**, f. *crént*. Temor, miedo, sensacion penosa que se experimenta á la aproximacion del peligro ó por efecto de la amenaza. || *De crainte de*, ántes de un infinitivo sin negacion, puede traducirse por no. *De crainte de se tromper*, por no equivocarse ó por miedo de equivocarse. || *Crainte de Dieu*, temor de Dios. || *Crainte de la mort*, miedo de la muerte. || *De crainte que*, de miedo que, temiendo que. || *De crainte de*, por temor ó miedo de.

**CRAINTIF, IVE**, adj. *crentif, iv*. Medroso, temeroso, cobarde. || met. Tímido, previsor, precavido.

**CRAINTIVEMENT**, adv. *crentivmán*. Tímidamente, con temor.

**CRAITONITE** ó **CRICHTONITE**, f. *cretonit, crictonit*. Miner. Crictonita, sustancia mineral.

**CRAMA**, m. *cráma*. Quím. Crama, mezcla, miscelánea en general.

**CRAMADIS**, f. *cramadí*. Vet. Nombre de una enfermedad que ataca al ganado lanar en las montañas de la Auvernia.

**CRAMAILLIER**, m. *cramaillié*. Reloj. Registro de reloj.

**CRAMANI**, m. *cramaní*. Cramani, primer magistrado en las Indias.

**CRAMBE**, m. *cránb*. Bot. Colza, col de cuya semilla se extrae un aceite.

**CRAMBE** ó **CRAMBÉ**, m. *cránb, cranbé*. Zool. Crambo, género de mariposas.

**CRAMÉRIE**, m. *cramerí*. Zool. Cramerio, género de insectos dípteros.

**CRAMINER**, a. *craminé*. Art. Batir, adobar las pieles preparadas ántes de curtirlas, estirarlas sobre un caballete de curtidor.

**CRAMOISI**, m. *cramuasí*. Art. Carmesí, color purpúreo que produce la cochinilla; y tambien el mismo insecto. || met. fam. *Sot en cramoisi*, tonto que se cae á pedazos. || *Etre laid en cramoisi*, ser feo como el chucho ó el coco, como una noche oscura. || adj. Carmesí, que está teñido de este color. || met. fam. *Devenir tout cramoisi*, ponerse encarnado como una púrpura, colorado de vergüenza, de soberbia, etc.

**CRAMOISIE**, f. *cramuasí*. Bot. Carmesía, anémona velluda.

**CRAMOISIÈRE**, f. *cramuasiér*. Hort. Pera de diferente especie que la comun.

**CRAMPE**, f. *cranp*. Med. Calambre, especie de espasmo ó encogimiento de nervios. || Anilla, pedazo de correa que sujeta el cañon de la pistolera. || Mar. Grapa ó grampa, grampon y cibica.

**CRAMPILLER (SE)**, r. *cranpillé*. Enmarañarse, enredarse, acaballarse el hilo en una madeja.

**CRAMPON**, m. *cranpón*. Art. Grapon, grapa grande de hierro con la cual se asegura una viga. || Mil. *Crampon d'assaut*, garfio [illegible] que usa en los asaltos. || Blas. Garfio que se representa en los escudos. || Art. Ramplon de herradura, redobladura que se le hace en uno ó en ambos callos cuando un caballo pisa muy pando. || Garfio, garabato, gancho, laña de hierro ó metal, grapa, grapon que usan los carpinteros y otros artesanos. || Grapa, el pedazo de hierro donde entra el pestillo de una ventana. || pl. Impr. Cambrones, medios círculos de cobre que están fijados en el marco de la prensa.

**CRAMPONNÉ, ÉE**, adj. *cranponé*. Montado, aborguillado. || met. y fam. *Il a l'âme cramponnée dans le corps*, hablando de una persona que vive mucho. || Blas. Acaballado, epíteto que se da á las piezas de un escudo cuyas extremidades están encorvadas.

**CRAMPONNER**, a. *cranponé*. Lañar, trabar, unir ó afianzar con lañas alguna cosa. || *Se cramponner*, r. Asirse, agarrarse fuertemente, encaramarse sobre alguna cosa. || met. Pegarse á alguno, serle importuno, demasiado pesado en el trato.

**CRAMPONNET**, m. dim. de CRAMPON. *cranponé*. Garabatillo. || Armella, sortija que mantiene el cerrojo.

**CRAN**, m. *crán*. Art. Muesca, mortajá que se hace en un cuerpo duro para unirlo con otro, ó servir de marca. || Vet. Tolanos ó pliegues que el caballo tiene en el cielo de la boca. || Impr. Cran, muesca que tiene la letra para servir de guia al cajista, y no ponerla en el componedor en sentido contrario. || met. *Baisser d'un cran*, bajar un punto, hablando de las cosas que se alteran en su valor ó calidad. Tambien se dice en sentido fam. *monter d'un cran*, subir un punto.

**CRAN** ó **CRON**, m. *crán*, *crón*. Miner. Especie de greda ó materia calcárea.

**CRANAGE**, m. *cranáge*. Art. Endentadura, accion de endentar una rueda, ó de hacer muescas en una cosa.

**CRANCELIN** ó **CRANCERLIN**, m. *cranselén*, *cranserlén*. Blas. Crancelin ó crancerlin, porcion de corona puesta en banda á traves de un escudo.

**CRANDANG**, m. *crandán*. Bot. Nombre que se da al limon en la isla de Java.

**CRÂNE**, m. *crán*. Anat. Cráneo, el casco de la cabeza en cuya cavidad están contenidos el cerebro, el cerebelo y las membranas que envuelven estos órganos. || Calavera: se dice de un jóven ó mozo de mala cabeza, travieso, alborotador y quimerista. || met. Cabeza: se dice algunas veces por el ingenio, por el talento é inteligencia de una persona: *son crâne peut embrasser plus d'une affaire à la fois*, su cabeza tiene una gran capacidad, puede ocuparse de mas de un negocio á la vez.

**CRÂNEMENT**, adv. muy fam. *cranmán*. Arrogantemente, de una manera altiva, arrogante.

**CRANEQUIN**, m. *cranquén*. Mil. Hierro para tender la ballesta. || Cranoquin, especie de casco de la edad media.

**CRANEQUINIER**, m. *cranquinié*. Mil. ant. Ballestero, soldado armado de ballestas, tanto á pié como á caballo.

**CRANER**, a. *crané*. Art. Endentar una rueda, hacer una muesca al pié de cada diente.

**CRÂNERIE**, f. *cranrí*. Calaverada, accion temeraria, ridícula ó perjudicial.

**CRANGES**, adj. y m. pl. *cráng*. Hist. nat. Cranges, nombre de una familia de insectos.

**CRANGON**, m. *crangón*. Zool. Crangon, género de crustáceos.

**CRANIE**, f. *craní*. Zool. Crania, especie de conchas del género bivalvo, que se encuentra en las Filipinas.

**CRÂNIEN, NE**, adj. *cranién, én*. Anat. Craniano, que tiene analogía ó relacion con el cráneo ó que pertenece al cráneo.

**CRÂNIO-CÉPHALIQUE**, adj. *craniosefalíc*. Anat. Cráneo-cefálico, que pertenece á la cabeza y al cráneo.

**CRÂNIO-FACIAL, E**, adj. *craniofasiál*. Anat. Cráneo-facial, que pertenece al cráneo y á la cara.

**CRÂNIOGRAPHIE**, f. *craniografí*. Craneografía, descripcion del cráneo.

**CRÂNIOGRAPHE**, m. *craniográf*. Craneógrafo, el que describe el cráneo.

**CRÂNIOGRAPHIQUE**, adj. [illegible] *fic*. Craneográfico, que tiene relacion ó analogía con la craneografía.

**CRÂNIOÏDE**, adj. [illegible]. Hist. nat. Cranoide ó craneoideo, que se parece al cráneo.

**CRÂNIOLOGIE**, f. [illegible]. Craneologia ó craneomancia, [illegible] de las buenas ó malas [illegible] por las protuberancias del cráneo, [illegible] tambien de sus facultades morales.

**CRÂNIOLOGIQUE**, adj. [illegible]. Craneológico, que tiene relacion con la craneología.

**CRÂNIOLOGUE** ó **CRÂNIOLOGISTE**, m. *craniológue*, *craniologíst*. Craneólogo, craneólogo, partidario de la craneología, que la estudia, conoce ó escribe sobre ella.

**CRÂNIOMANCIE**, f. [illegible]. Craneomancia, arte de adivinar por la inspeccion del cráneo.

**CRÂNIOMANCIEN, NE**, adj. *cranio-mansién, én*. Craneomántico, que adivina ó conoce las disposiciones morales de un individuo por la inspeccion de su cráneo.

**CRÂNIOMÈTRE**, m. [illegible]. Craneómetro, instrumento inventado para medir el cráneo y deducir su capacidad. || Craneómetra, el que está versado en la craneometría.

**CRÂNIOMÉTRIE**, f. [illegible]. Craneometría, arte de usar ciertas determinaciones matemáticas, para reducir las diversas graduaciones de la capacidad del cráneo á un pequeño número de formas simples.

**CRÂNIOMÉTRIQUE**, adj. [illegible]. Anat. Craneométrico, que tiene relacion ó analogía con la craneometría.

**CRANION**, m. *cranión*. Bot. [illegible], especie de criadilla de tierra, cuya superficie es lisa.

**CRÂNIOSCOPE**, m. [illegible]. Cranióscopo, el que se ocupa de craneoscopia.

**CRÂNIOSCOPIE**, f. [illegible]. Craniosccopia, arte de juzgar de las disposiciones morales por la forma del cráneo y su inspeccion. V. CRANIOLOGIE.

**CRÂNIOSCOPIQUE**, adj. [illegible]. Didáct. Craneoscópico, que se refiere ó tiene relacion ó analogía con la craneoscopia.

**CRÂNIQUE**, adj. *cranic*. Anat. Craneo, que tiene analogía ó relacion con el cráneo.

**CRANOIR**, m. *cranuár*. Art. Lima que sirve á los cerrajeros para [illegible] muescas á alguna pieza.

**CRÂNOLOGIE**, f. V. CRANIOLOGIE.

**CRÂNOLOGIQUE**, m. V. CRANIOLOGIQUE.

**CRANQUILLIER**, m. *cranquillié*. [illegible] Cranquillier, nombre de la [illegible] vestre.

**CRANSON**, m. *cransón*. Bot. [illegible], nombre de la coclearia.

**CRANTÈRE**, m. *crantér*. Anat. [illegible], nombre de los últimos dientes [illegible] mados vulgarmente muelas del juicio.

**CRAOUILLE** ó **CRAOUILLÈRE**, f. *crauíl*, *craulliér*. Zool. Nombre de la [illegible] reborda, ave.

**CRAPA**, m. *crápa*. Zool. [illegible], pescado de las costas de Sicilia y del Adriático.

**CRAPAUD**, m. *crapó*. Zool. Sapo, [illegible] zo, género de reptiles anfibios y [illegible] met. y fam. *Etre chargé d'argent comme un crapaud de plumes*, tener [illegible] la rana pelo. || met. *Avaler un crapaud*, [illegible] se el alma á los piés, perder [illegible] *Il est laid comme un crapaud*, es [illegible] un escuerzo. || Vet. Rigo, tumor que se forma debajo del talon del caballo. || [illegible] Ajuste ó cureña del mortero, de forma [illegible] tada y sin ruedas. || Bolsa que los antiguos ponian á sus coletas.

**CRAPAUDAILLE**, f. *crapodáll*. [illegible] milla, especie de gasa muy clara.

**CRAPAUDE**, f. *crapód*. Zool. Nombre inventado por Voltaire para designar la hembra del sapo.

**CRAPAUDIÈRE**, f. *crapodiér*. [illegible], sitio donde se hallan muchos sapos. || [illegible] fam. Zahurda, pocilga, lugar [illegible] puerco.

[illegible], m. crapodin. Art. Pie[illegible] que sirve para [illegible]

[illegible], m. crapodin. Min. Cra-[illegible], piedra precio-[illegible] se creia estar en la ca-[illegible] pero que es el diente ó [illegible] grañidor. || Vet. [illegible], enfermedad que pade-[illegible] en el pasaron ; quebraza, [illegible] á consecuencia de los [illegible] en la corona del casco. || [illegible] donde estriba el qui-[illegible] || [illegible], la pieza de hier-[illegible] de las máquinas. || [illegible] rueda la barra pos-[illegible] de telescopios. || Impr. Can-[illegible] sobre los que está [illegible] || Pigeons á la crapau-[illegible] abiertos y asados, dejándo-[illegible] y las alas extendidas.

[illegible], m. dim. de CRAPAUD. crep-[illegible]

[illegible], f. crapón. Art. Lima bastar-[illegible] relojeros.

[illegible], m. y f. crapusda, [illegible] nombre que se da á una persona [illegible]

[illegible], f. crap. Art. Unto, sebo con [illegible] el eje de una rueda de molino.

[illegible], f. crapúl. Crápula, encena-[illegible], relajacion habitual en el modo de [illegible] de costumbres, libertinaje [illegible]. Por extension se dice en sen-[illegible] de una persona : c'est [illegible], es la hez, la escoria de la so-[illegible]

[illegible], n. crapulé. Encenagarse, [illegible] á desórdenes bajos é inmundos.

[illegible], adv. crapuleus-[illegible], desordenadamente, [illegible], baja y soez.

[illegible], adj. crapuleu, eus. [illegible], licencioso, relajado. Es tambien [illegible]

[illegible], f. triv. y pop. crác. Bola, en [illegible], embuste, etc. || Mi-[illegible] de cristales que se encuentran en las cavidades de las rocas.

[illegible], adj. f. cracló. Se dice de la loza que está [illegible] por algunas grie-[illegible]

[illegible], m. craclén. Hojaldre, [illegible] que cruje entre los dientes.

[illegible], m. craclé. Zool. Sardina, [illegible], que aun está fresco. || [illegible], m. pl. Nombre que dan los [illegible] á los crustáceos que acaban de [illegible] el pellejo, del que se sirven como [illegible]

[illegible], f. craclotiér. Aren-[illegible], mujer que prepara los [illegible]

[illegible], m. cracmán. Crujido [illegible] || Trique-traque, ruido que ha-[illegible] al chocar con otros, al [illegible], etc.

[illegible], n. craqué. Crujir, estallar, [illegible], conforme á lo que se aplica.

[illegible], f. pop. cracrí. Embuste, [illegible]

[illegible], m. craqué. Bot. Craqueto, [illegible] ligero, planta marina.

[illegible], m. craquetmán. Cas-[illegible], ruido de los dientes [illegible] contra otros por frio ó tem-[illegible], ruido que hace la cigüeña.

[illegible], n. craqueté. Castañetear, [illegible] dice tambien para expre-[illegible] algunas aves, como la cigüe-[illegible]

[illegible], f. craquét. Plancha para [illegible]

[illegible], m. craquél. Castañeteo.

[illegible], m. y f. fam. cra-[illegible], faramallero, que se [illegible] de hacer lo que no hace.

[illegible], f. cras, sineréz. [illegible], figura por la cual se con-[illegible] en una. || Med. Crasis, [illegible]

[illegible], f. crasiografí. Cra-[illegible], que describe los diversos [illegible] y todas las circunstancias de [illegible]

**CRASSIOLOGIE**, f. crasiologí. Crasiología, parte de la higiene que trata de la salud y de los temperamentos.

**CRASSIORISTIQUE**, f. crasioristic. Crasiorística, parte de la crasiología que enseña á conocer los signos de los diversos temperamentos, y el valor relativo de estos signos.

**CRASPÉDON**, m. craspedón. Med. Craspedon, enfermedad del epiglótis, que cuelga entónces como una membrana larga y delgada. || Bot. Craspedon, especie de líquen.

**CRASSANE**, f. crasán. Crasana, pera de invierno muy sabrosa.

**CRASSE**, f. crás. Grasa ó mugre de la piel y de los vestidos. || Avaricia extremada, sórdida. || *Crasse de la tête*, caspa de la cabeza. || *Crasse des dents*, toba, sarro. || *Crasse des métaux* ó *scorie*, escoria de los metales. || met. *La crasse du collége*, la rusticidad y la poca política de los que han vivido en colegios. || *Etre né dans la crasse*, haber nacido en la miseria. || *Vivre dans la crasse*, vivir miserablemente.

**CRASSE**, adj. crás. Graso, gordo, pingüe. || Mugriento, viscoso. || Sórdido, avaro. || met. y fam. *Ignorance crasse*, ignorancia crasa, ignorancia indisculpable.

**CRASSÉ, ÉE**, adj. crasé. Engrasado.

**CRASSEMENT**, m. crasmán. Mil. Engrasamiento, accion de engrasar. || Engrasamiento, estado de una pieza de artillería llena de grasa.

**CRASSER**, a. crasé. Mil. Engrasar, llenar de grasa, como algunas clases de pólvoras llenan de grasa el interior de las armas.

**CRASSEUX, EUSE**, adj. craseu, eus. Grasiento, mugriento. || m. Roñoso, sórdido, avariento.

**CRASSICAUDE**, adj. m. crasicód. Zool. Crasicaude, epíteto aplicado como nombre específico á muchos mamíferos cuya cola está muy poblada.

**CRASSICAULE**, adj. crasicól. Bot. Crasicaule, epíteto con que se designan las plantas cuyo tallo es grueso y carnoso.

**CRASSICEPS**, adj. m. crasiséps. Zool. Crasícepo, que tiene la cabeza gruesa.

**CRASSICOLE**, adj. crasicól. Zool. Crasícolo, que tiene el cuello muy grueso.

**CRASSIFOLIÉ, ÉE**, adj. crasifolié. Bot. Crasifoliado, que tiene hojas muy gruesas.

**CRASSILINGUE**, adj. crasilíngue Zool. Crasilingüe, que tiene la lengua muy espesa.

**CRASSILOBÉ, ÉE**, adj. crasilobé. Zool. Crasilobulado, que tiene los lóbulos muy voluminosos.

**CRASSINERVÉ, ÉE**, adj. crasinervé. Bot. Crasinerviado, calificacion de las plantas cuyas hojas tienen unos pesones muy gruesos.

**CRASSIPENNE**, adj. crásipén. Zool. Crasipenne, que tiene las alas muy gruesas.

**CRASSIPÉTALE**, adj. crasipetál. Bot. Crasipétalo, que tiene los pétalos muy gruesos.

**CRASSIROSTRE**, adj. crasiróstr. Zool. Crasirostro, que tiene el pico muy grueso.

**CRASSOCÉPHALE**, m. crasosefál. Bot. Crasocéfalo, planta de las Indias.

**CRATÉE**, m. craté. Mit. Crateo, hijo de Minos y de Pasífae.

**CRATÉIS**, f. cratéis. Mit. Crateis, diosa de los hechiceros y encantadores, madre de la famosa Scila.

**CRATÈRE**, m. cratér. Crátera, copa grande que ponian los Romanos en la mesa, de la cual iban tomando los convidados para llenar cada uno la suya. || Geol. Cráter, boca ignívoma de un volcan.

**CRATÉRELLE**, f. craterél. Bot. Craterela, género de hongos.

**CRATÉRIFORME**, adj. crateriform. Bot. Crateriforme, que tiene la forma de copa ó crátera.

**CRATÉRITES**, m. craterit. Miner. Craterites, especie de piedra preciosa.

**CRATÉROÏDÉ, ÉE**, adj. crateroidé. Bot. Crateroideo, que tiene la forma de una copa.

**CRATICULAIRE**, adj. craticulér. Cuadricular, calificacion de las divisiones ó cuadritos que se trazan en un dibujo ó cuadro para reducirlo.

**CRATICULATION**, f. craticulasión. Cuadriculacion, que consiste en cuadricular un dibujo para hacerlo mas pequeño.

**CRATICULE**, f. craticúl. Quím. Cuadrícula, nombre dado á la reja que está encima del cenicero en los hornos químicos.

**CRATICULER**, a. craticulé. Pint. Cuadricular, reducir un cuadro por medio de cuadrados.

**CRATIRITE**, f. cratirít. Bot. Cratirita, higuera silvestre que crece en Grecia.

**CRATOS**, m. crátos. Mit. Crátos, hijo de Pálas y de la laguna Estigia.

**CRATYLIS**, f. cratilí. Bot. Cratilia, género de plantas de la América tropical.

**CRAVACHE**, f. cravàche. Látigo de una sola pieza que usan los que montan á caballo.

**CRAVAN**, m. craván. Zool. Cravan, ave acuátil del tamaño de un ánade.

**CRAVATE**, m. cravát. Croato, caballo muy fuerte y vigoroso de Croacia. || Mil. Croato, nombre que se daba ántes de la revolucion á algunos soldados de caballería lijera y á los soldados de aquellos regimientos. || f. Corbata, sea de muselina, seda, batista, etc.

**CRAVATER**, a. cravaté. Poner la corbata á alguno. || *Se cravater*, r. Ponerse la corbata. || *Etre cravaté*, tener la corbata puesta ; andar tieso y elegante.

**CRAVE** ó **CORACIAS**, m. cráv, corásias. Zool. Cuervo ó coracias, pájaro negro parecido al cuervo.

**CRAVÈTE**, f. cravét. Zool. Craveto, ave negra del Piamonte.

**CRAVUPPE**, m. cravúp. Zool. Cravupo, género de cuervos ó abubillas.

**CRAX**, m. crács. Zool. Crax, nombre científico del género hoco.

**CRAYER**, m. creyé. Mar. Buque mercante de tres palos machos, del comercio del mar Báltico. || Ceniza vitrificada.

**CRAYEUX, EUSE**, adj. creyeu, eus. Gredoso, que contiene greda.

**CRAYON**, m. creyón. Lápiz, y lapicero para dibujar, escribir ó apuntar. || Retrato, ó diseño hecho con lápiz. || Bosquejo, primer trazado de un diseño.

**CRAYONNER**, a. creyoné. Lapizar, trazar con lápiz, dibujar, delinear. || Bosquejar, hacer el primer borron. || met. Bosquejar, hacer una lijera descripcion de alguna cosa.

**CRAYONNEUR, EUSE**, m. y f. creyoneur, eus. Diseñador, el ó la que diseña con lápiz.

**CRAYONNEUX, EUSE**, adj. creyoneu, eus. Que participa de la naturaleza del lápiz.

**CRAZIE**, f. crasí. Cracia, moneda de cambio de Toscana.

**CRÉABLE**, adj. creábl. Creable, que puede ser creado.

**CRÉADIER**, m. creadié. Especie de red barredera.

**CRÉANCE**, f. creáns. Crédito, deuda activa, suma debida. Título que hace á una persona, acreedora de otra. || Crédito, letra abierta, carta que un banquero da á un viajero para que le sirva de letra de cambio en país extranjero. || Dipl. *Lettre de créance* ó *lettre en créance*, credencial ó carta credencial, despacho que acredita á un embajador en una potencia extranjera. || Crédito, ó confianza de que goza una persona. || Creencia, fe religiosa.

**CRÉANCER**, a. creansé. Asegurar, garantir alguna persona ó cosa. || Caucionar, prometer, otorgar caucion.

**CRÉANCIER, ÈRE**, m. y f. creansié, ér. Acreedor, la persona á quien se debe dinero ó cosa que puede ser valuada por dinero.

**CRÉANTATION**, f. creantasión. Otorgamiento de una escritura ante escribano.

**CRÉAT**, m. creá. Segundo picador, el que ayuda al picador en una academia de equitacion.

**CRÉATEUR**, m. createur. Creador, el que crea, el que saca de la nada. || El Criador, Dios. || met. Inventor, el que ha inventado una cosa de cualquier género que sea

**CRÉATEUR, TRICE**, adj. *createur, tris.* Criador, que saca de la nada.

**CRÉATINE**, f. *creatín.* Quím. Creatina, sustancia peculiar sacada del extracto acuoso de la carne muscular.

**CRÉATION**, f. *creasión.* Creacion, accion por la cual Dios ha sacado á todos los seres de la nada. || Creacion, obra del arte, produccion del entendimiento. || La creacion, el universo, el conjunto de seres creados. || Creacion, accion de fundar alguna institucion, de constituir una cosa.

**CRÉATURE**, f. *creatúr.* Criatura, todo ser espiritual ó material animado ó inanimado. || met. Criatura, persona que debe su fortuna ó elevacion á otra. || Criatura, nombre que se da á una mujer de malas costumbres. || Criatura, dícese de los niños.

**CRÉBÉBÉ**, m. *crebéb.* Bot. Crebebo, árbol de Java, cuyo fruto es de la forma de la pimienta larga.

**CRÉCELLE**, f. *cresél.* Carraca, molinete de madera que produce un sonido sordo y malsonante, que se usa el juéves y viérnes de la Semana santa en lugar de campana.

**CRÉCERELLE**, f. *creserél.* Zool. Cernícalo, especie de ave de rapiña diurna. || Alfaneque, especie de halcon. || Castillejo de niños.

**CRÈCHE**, f. *créche.* Pesebre, el comedero de las ovejas y demas animales domésticos en un establo. || Arq. Antecspolon de un puente.

**CRÉCHET**, m. *crechó.* Motilito, especie de ave.

**CRÉCISE**, f. *cresís.* Art. Instrumento de nueva invencion empleado en la construccion de las piedras falsas y de los hornillos.

**CRÉCY**, f. *creví.* Bot. Creci, especie de zanahoria muy estimada, llamada así del nombre del paraje en que crece mas en abundancia.

**CRÉDENCE**, f. *credáns.* Credencia, el aparador sobre el cual se coloca todo lo necesario para decir misa. || ant. Credencia, sitio para colocar provisiones de boca.

**CRÉDENCIER**, m. *credansié.* Credenciero ó despensero, el que en una casa grande cuidaba de la guarda y distribucion de las provisiones de boca.

**CRÉDIBILITÉ**, f. *credibilité.* Credibilidad, cualidad que tiene una cosa para ser creida.

**CRÉDIT**, m. *credí.* Com. Crédito, buena fama, reputacion de solvencia. || Crédito, emprèstito mutuo en dinero ó en géneros. || *Acheter à crédit*, comprar al fiado. || *Lettre de crédit*, carta de crédito. || met. Consideracion, valimiento de que goza una persona. || *Prêter son crédit*, salir fiador de alguno, obligarse con su firma á responder por otro de una cantidad. || *Faire crédit*, *donner à crédit*, fiar, dar fiado: dícese hablando de cualquiera mercadería.

**CRÉDITER**, a. *credité.* Acreditar, anotar en el libro diario y en el libro mayor lo que se debe á alguno ó lo que se ha recibido de él.

**CRÉDITEUR**, m. *crediteur.* Acreedor, el que tiene deudas que repetir contra alguno.

**CRÉDO**, m. *crédo.* Credo, el símbolo de los apóstoles.

**CRÉDULE**, adj. *credúl.* Crédulo, que cree muy fácilmente. Se usa tambien como sustantivo.

**CRÉDULEMENT**, adv. *credulmán.* Crédulamente, con mucha credulidad.

**CRÉDULITÉ**, f. *credulité.* Credulidad, demasiada facilidad en creer.

**CRÉER**, a. *creé.* Criar, producir algo de nada. || Crear, establecer, organizar alguna cosa que pide algunos esfuerzos. || Producir, suscitar. || Crear, inventar. || *Se créer*, r. Crearse, suscitarse, procurarse algo ó alguna cosa.

**CRÉMAILLÈRE**, f. *cremaliér.* Llares, cadena de hierro pendiente en el cañon de la chimenea y perpendicular á la lumbre con un garabato donde se pone la caldera. || Cremallera, regla dentada. || Registro de reloj. || Mar. Machiembreado.

**CRÉMAILLON**, m. *cremallón.* Llares pequeños que se añaden á los grandes.

**CRÉMANT**, adj. m. *cremán.* Calificacion de una especie de vino de Champaña muy estimado.

**CRÉMASTER**, s. m. y adj. *cremastér.* Anat. Cremáster, musculito que acompaña el cordon espermático.

**CRÉMASTRE**, m. *cremástr.* Bot. Cremastro, género de plantas orquídeas.

**CRÉMATION**, f. *cremasión.* Cremacion, accion de quemar los cuerpos de los difuntos.

**CRÈME**, f. *crém.* Crema, nata de la leche. || Farm. Crema, varias preparaciones emulsivas pectorales que contienen mas consistencia que el loc ordinario. || Crema, manjar delicado que se hace ordinariamente con leche y huevos, á lo que se añade café ó chocolate. || met. La flor, lo mas exquisito de una cosa. || *Crème de tartre*, crémor tártaro. || *Crème fouettée*, fárrago.

**CRÉMENT**, m. *cremán.* Gram. Cremento, incremento, el aumento de sílabas del nominativo en los demas casos de la declinacion.

**CRÉMER**, n. *cremé.* Hacer nata la leche.

**CRÉMER**, m. *cremé.* Med. Especie de plica polonesa, enfermedad del cabello.

**CRÈMERIE**, f. *cremerí.* Lechería, establecimiento en que se vende crema, leche, queso y huevos.

**CRÉMEUX, EUSE**, adj. *cremeu, eus.* Cremoso, calificacion de una sustancia que contiene crema.

**CRÉMIER, ÈRE**, m. y f. *cremié, ér.* Lechero, el ó la que vende nata y demas productos de leche.

**CRÉMILLÈRE**, f. *cremiliér.* Guarda de cerraja.

**CRÉMITIQUE**, adj. *cremitíc.* Cremítico, que suspende ó quita el hambre.

**CREMNOBATE**, m. *cremnobát.* Cremnóbata, volatinero, bailarin de cuerda.

**CREMNOMÈTRE**, m. *cremnométr.* Cremnómetro, instrumento propio para pesar los residuos de los filtros, y en general para evaluar la cantidad de un precipitado.

**CREMNOMÉTRIE**, f. *cremnometrí.* Fís. Cremnometría, arte de evaluar la cantidad de un precipitado.

**CREMNOMÉTRIQUE**, adj. *cremnometríc.* Fís. Cremnométrico, que tiene relacion con el cremnómetro ó con la cremnometría.

**CREMNONCOSE**, f. *cremnoncós.* Cir. Cremnoncosis, tumor en los grandes labios de la vulva.

**CRÉMONE**, f. *cremón.* Pañoleta rizada que cubre el pecho de la mujer.

**CRÉNATE**, m. *crenát.* Quím. Crenato, sal producida de la combinacion del ácido crénico con una base.

**CRÉNEAU ó CORNO**, m. *crenó, cornó.* Mar. Conducto de plomo ó madera que da paso á la inmundicia en los jardines y buques.

**CRÉNEAU**, m. *crenó.* Almena de un castillo. || Fort. Tronera, abertura que se hace en las baterías para disparar la artillería.

**CRÉNÉE**, f. *crené.* Mit. Crenea, náyade ó ninfa de las fuentes. || *Crénée*, Bot. Crenea, género de plantas litráceas.

**CRENEL**, m. *crenél.* Zool. Crenel, ave del lago de Ginebra.

**CRÉNELAGE**, m. *crenláge.* Cordoncillo que se hace en una moneda.

**CRÉNELÉ, ÉE**, adj. *crenlé.* Almenado, dentado, recortado. || Blas. Almenado, que tiene almenas.

**CRÉNELER**, a. *crenlé.* Fort. Almenar, guarnecer ó coronar de almenas un castillo. || Dentar una sierra ú otra cosa, recortar.

**CRÉNELURE**, f. *crenlúr.* Art. Almenaje, el conjunto de almenas. || Dientes, muescas. || Recorte en forma de dientes ó de almenas.

**CRÉNER**, a. *crené.* Impr. Hacer el cran á una letra.

**CRÉNEUR**, m. *creneur.* Art. El que hace los cranes á la letra de imprenta.

**CRÉNÉUS**, m. *crenéus.* Mit. Creneo, nombre del centauro que mató Drias en las bodas de Pirritho.

**CRÉNEAU**, m. *crenó.* [illegible] cas de cristales.

**CRÉNICOLLE**, adj. *crenicól.* Zool. [illegible] nícola, que tiene el cuello á [illegible] tada sobre los dos bordes laterales.

**CRÉNIFÈRE**, adj. *crenifér.* [illegible] Crenífero, epíteto de lo que [illegible]

**CRÉNON**, m. *crenón.* Art. [illegible] division de una tirada de [illegible]

**CRÉNULÉ, ÉE**, adj. *crenulé.* [illegible] Almenado, que tiene almenas ó [illegible]

**CRÉNURES**, f. pl. *crenúr.* [illegible] jas, muescas hechas en las barras de la rama para recibir los clavos de las [illegible]

**CRÉOBORE**, m. *creobór.* [illegible] nívoro, el que devora las carnes [illegible] cion etimológica del nombre del [illegible] ó perro infernal.

**CRÉOGRAPHIE**, f. *creografí.* [illegible] Creografía, descripcion de las carnes ó partes blandas del cuerpo.

**CRÉOLE**, m. y f. *creól.* Criollo, nombre que se da al europeo de origen que nace en las colonias. En América se [illegible] criollo el hijo de europeo y americana, ó vice versa, y en esta acepcion se debe entender. || Zool. Criollo, nombre [illegible] de una especie de concha del género de la vénus.

**CRÉOLISER**, n. *creolisé.* Criollizar, acostumbrarse á la negligencia, á la [illegible] á la flojedad que se atribuye [illegible] á las señoras europeas de las dos Indias.

**CRÉOPHAGE**, adj. *creofáge.* Zool. Creófago, que se mantiene de carne. || Mit. Epíteto del Cancerbero.

**CRÉOPHAGIE**, f. *creofagí.* Zool. Creofagia, accion de nutrirse de carne.

**CRÉOPHILE**, adj. *creofíl.* Zool. Creófilo, epíteto que se da al animal que gusta de comer carne.

**CRÉOSOTE**, f. *creosót.* Quím. Creosota, líquido de color blanco y transparente, de una consistencia análoga á la del aceite de almendras y que da un olor semejante al de la carne ahumada.

**CRÉOSOTÉ, ÉE**, adj. *creosoté.* Quím. Creosotizado, que contiene creosota.

**CRÉPAGE**, m. *crepáge.* Art. Aderezo que se da al crespon.

**CRÊPE**, f. *crép.* Fruta de sarten, [illegible] un poco mas desleida que la de los [illegible] los y que se frie en la sarten. || m. Crespon, especie de gasa. || Cendal, tela de seda ó lino muy delgada y transparente. || Art. Crespon, especie de peinado dispuesto en forma de crespon. || Gasa, signo de luto que llevan los militares en el brazo ó en el puño de la espada, etc., y los paisanos en el sombrero.

**CRÊPÉ**, m. *crepé.* Art. Rizo, rizado, conjunto de rizos.

**CRÊPER**, a. *crepé.* Art. Encrespar, rizar, erizar los cabellos, una tela, etc. || *Se créper*, r. Erizarse, rizarse el cabello, [illegible] racolarse una cosa.

**CRÉPI**, m. *crepí.* Arq. Blanqueo, operacion que consiste en lavar las paredes de una casa con agua de cal ó de yeso.

**CRÉPI, E**, adj. *crepí.* Blanqueado, estropajeado. || *Un cuir crépi*, una piel con grano, como los tafiletes y [illegible]

**CRÉPIDE**, f. *crepíd.* Crépida, calzado, especie de sandalias de los filósofos en Grecia y en Roma. || Crépida, género de plantas semiflosculosas, de flores compuestas.

**CRÉPIDULE**, f. *crepidúl.* Crepídula, familia de moluscos acéfalos.

**CRÉPIN (SAINT)**, m. *sencrepén.* No se dice sino vulgarmente y met., como: *perdre son saint Crépin*, perder el poco bien que se poseia; *porter tout son saint Crépin*, llevar todo su ajuar; *avoir saint Crépin*, tener dinero contante. || met. y fam. [illegible] en que los zapateros llevan sus herramientas cuando van de viaje. || *Offre de saint Crépin*, promesa de zapatero, voto que no se cumple.

**CRÉPINE**, f. *crepín.* Art. Cendal, [illegible] especie de franja calada que hacen los pasamaneros. || Redaño, nombre vulgar del [illegible] en el me-[illegible].

[illegible], f. *crepind*. Art. Especie [illegible] que está cubierto de [illegible].

[illegible], f. *crepinier*. Bot. Cres-[illegible] nombres del espino.

[illegible], m. pl. *crepén*. Art. Los avios [illegible] del tapicero.

[illegible], a. *crepir*. Art. Blanquear, dar [illegible] las paredes de una casa con [illegible] blanco; y en algunas [illegible] revocar, enlucir, tender, es-[illegible] pared. ‖ *Crépir le cuir*, sacar [illegible] con la pomela, lo cual [illegible] *passer à la pommelle*. ‖ [illegible], estirar la crin los cordeleros [illegible] torcida.

[illegible], f. *crepisúr*. Revocadura, [illegible] una pared.

[illegible], m. *crepitácl*. Bot. Crepi-[illegible] llamado vulgarmente romaí ó [illegible], que se abre con estrépito.

[illegible], E, adj. *crepitán*. Med. [illegible], lo que causa crepitacion.

[illegible], f. *crepitasión*. Crepita-[illegible], ruido que hacen los [illegible] al arder. ‖ Cir. Crepitacion, [illegible] que hacen con el rozamiento los frag-[illegible] de un hueso fracturado.

[illegible], n. *crepité*. Crepitar, chis-[illegible] combustible al arder. ‖ Med. [illegible], se dice hablando de la respiracion [illegible] que se experimenta en el primer [illegible].

[illegible], f. *crepodáil*. Com. Cres-[illegible], gasa muy fina.

[illegible], m. *crepón*. Com. Crespon, tela [illegible] algo mas tupida que el [illegible]. ‖ Art. Crespon, paño ó [illegible], que venden los perfumistas [illegible] encarnado sobre el rostro.

[illegible], m. *crépe*. Crepo, juego de dados [illegible].

[illegible], E, adj. *crepé*. Crespo, rizado: [illegible].

[illegible], adj. *crepusculér*. [illegible], que pertenece al crepús-[illegible] *Cercle crépusculaire*, círculo de la [illegible] horizonte, y distante [illegible].

[illegible], m. *crepuscúl*. Crepús-[illegible] gradual del dia á la noche y [illegible].

[illegible], E, adj. V. CRÉPUSCU-[illegible].

[illegible], m. *crequié*. Bot. Crocal, es-[illegible], planta silvestre. ‖ Blas. [illegible] pequeño de siete ramas en [illegible], que se pone en los es-[illegible].

[illegible], m. *crés*. Mit. Creso, hijo de Júpi-[illegible]. Primer rey de la isla de Creta.

[illegible], f. *cré*. Com. Crea, tela fina que [illegible].

[illegible], f. *cresán*. Bot. Cresana, es-[illegible]. V. CRASSANE.

[illegible], adv. *creshéndo*. Mús. Cres-[illegible] de música tomado del italia-[illegible], que significa aumen-[illegible] los sones de la voz ó de [illegible]. ‖ Se usa alguna vez como [illegible].

[illegible], m. *cresé*. Art. Sarga gruesa [illegible] que tiene dos caras.

[illegible], adj. m. *crésius*. Mit. Cresio, [illegible] de Baco.

[illegible], m. *cresmó*. Crismal, capu-[illegible] en la cabeza de los niños [illegible] el bautismo.

[illegible], m. *cresén*. Luna rajada. Tam-[illegible].

[illegible], m. *cresfóns*. Mit. Cres-[illegible], hijo de Aristómaco.

[illegible], m. *cresál*. Agr. Nombre que [illegible] de Francia á las tierras [illegible] para nutrir la [illegible].

[illegible], f. *cresrél*. Zool. Crece-[illegible].

[illegible], m. [illegible] Bot. Berro, planta acuática, antiescorbútica, que hace una ensalada de gusto casi general.

CRESSONNIÈRE, f. *cresonièr*. Bot. Berrizal, lugar donde crecen los berros.

CRESTOS, m. *créstos*. Bot. Crestos, panizo, flores del maiz.

CRÉSUS, m. *crésus*. Creso, quinto y último rey de Lidia. ‖ fam. Creso, se dice de un hombre excesivamente rico.

CRÉTACÉ, ÉE, adj. *cretasé*. Geol. y Bot. Cretáceo, gredoso, epíteto que se da á un terreno que abunda en greda, arcilla, etc., y á las plantas que crecen en el mismo terreno.

CRÊTE, f. *crêt*. Zool. Cresta, excrecencia carnosa que tienen los gallos y gallinas en la cabeza. ‖ met. *Lever la crête*, levantar la cabeza, hacerse respetar. *Baisser la crête*, bajar la cerviz, humillarse, abatirse. *Rabaisser la crête à quelqu'un*, bajar el orgullo de alguno, mortificarle. ‖ Bot. *Crête de coq*, gallo-cresta, planta. ‖ *Crête de morue*, aleta de merluza. ‖ Moño de plumas ó penacho que tienen algunos pájaros en la cabeza. ‖ Arq. Caballete de un tejado, de una pared, etc. ‖ Cresta, pináculo, cúspide, cima de una montaña, de una sierra, de una roca.

CRÊTÉ, adj. *creté*. Encrestado, crestado, que tiene cresta.

CRÊTELER, n. *cretlé*. Cacarear, cantar las gallinas.

CRÊTELLE, f. *cretél*. Bot. Cretela ó cinosora, planta llamada vulgarmente cola de perro.

CRÊTE-MARINE, f. *cretmarín*. Bot. Cresta marina, ó perejil de mar.

CRÉTIN, m. *cretén*. El que tiene papera, que está sujeto á lamparones. ‖ Se da tambien este nombre al que es igualmente incapaz de hacer bien y mal, por la estrechez de su entendimiento. Así se dice: *c'est un crétin*, es absolutamente nulo. La etimología de esta palabra es *chrétien*, segun algunos autores, nombre con que se designaban los habitantes vecinos del San Bernardo, especie de imbéciles, que no ven nunca al sol, sujetos á la papera por el pernicioso jugo de sus vegetales, y *cristianos* por excelencia.

CRÉTINAGE, m. *cretinage*. Idiotismo, simplicidad, nulidad completa. No se dice.

CRÉTINE, f. *cretin*. Geol. Aluvion, aumento de tierras que sucede comunmente en las avenidas ó crecientes de rios.

CRÉTINISER, a. *cretinisé*. Atontar, entontecer, volver tonto, estúpido.

CRÉTINISME, m. *cretinism*. Med. Cretinismo, enfermedad endémica que padecen los habitantes de algunas montañas. ‖ *Crétinisme* es el verdadero estado del *crétin*, y la expresion usual que lo designa.

CRÉTIQUE, adj. y s. m. *cretic*. Crético, pié de verso de una sílaba breve y dos largas.

CRÉTISER, n. *cretisé*. Segun Rollin es sinónimo de mentir y de engañar.

CRÉTOIS, m. *cretuá*. Hist. Nombre dado á los jacobinos, terroristas, montañeses, anti-girondinos, miembros de la Convencion en tiempo de la revolucion francesa.

CRÉTOIS, E, adj. y s. *cretuá*. Creta, cretense, de la isla de Creta.

CRETONNE, f. *cretón*. Com. Cretona, cierta tela blanca que se fabrica en Normandía, inventada por un tal Creton.

CRETONNIER, m. *cretonié*. Com. Sebero, comerciante en sebo.

CRETONS, m. pl. *cretón*. Chicharrones, residuos de la grasa del puerco despues de haber sacado la manteca. ‖ Borras, residuos que quedan despues de haber derretido el sebo.

CRÉUS, m. *creús*. Mit. Creo, nombre de uno de los Titanes.

CREUSAGE, m. *creuságe*. Excavacion que se hace en los bosques con la carcavera ó gubia. ‖ Suerte de grabado.

CREUSEMENT, m. *creusmán*. Excavacion, accion de excavar.

CREUSER, a. *creusé*. Cavar, excavar la tierra, abrir un pozo, un foso, un cimiento, etc. ‖ met. Profundizar, sondear, penetrar en un asunto. ‖ *Creuser son tombeau*, matarse, abrir uno mismo su sepultura. ‖ Art. Cincelar, abrir profundas hendiduras con el cincel. ‖ Arq. Vaciar, formar en hueco una obra. ‖ *Se creuser*, r. Abrirse su sepultura. Hendirse un árbol, abrirse una habitacion ciertos animales. ‖ met. y fam. *Se creuser l'esprit*, devanarse los sesos, romperse la cabeza por profundizar una cosa.

CREUSET, m. *creusé*. Art. Crisol, vaso de tierra ó de metal que se usa en los laboratorios químicos para fundir y purificar diversas materias. ‖ met. *Passer au creuset* ó *par le creuset*, acrisolar, examinar con severidad. Alambicar, sacar la quinta esencia de una cosa.

CREUSISTE, m. *creusist*. Art. Crisolista, fabricante de crisoles.

CREUSOIR, m. *creusuá*. Art. Especie de formon que usan los fabricantes de instrumentos músicos para construirlos.

CREUSON, m. *creusón*. Creuson, moneda de Milan, que vale poco mas de veinte reales vellon.

CREUSURE, f. *creusúr*. Art. Profundidad, excavacion, hondura cuyo fondo está á piso llano. ‖ Reloj. Palabra que sirve para designar las cavidades.

CREUX, EUSE, adj. *creu*, *eus*. Hueco, cóncavo, profundo, hondo, vacío. ‖ met. Vano, fútil, quimérico, sin sustancia. *Cerveau creux*, cabeza vacía; *esprit creux*, imaginacion sin alcance; *pensées creuses*, sueños con los ojos abiertos. ‖ fam. *Avoir le ventre creux*, tener hambre. ‖ *Idée creuse*, devaneo de cabeza. ‖ m. Cavidad, hueco que suele haber en la tierra y otros cuerpos. ‖ *Le creux de la main*, el hueco de la mano; *le creux de l'estomac*, el hueco del estómago, el epigastro, la cavidad exterior que hay entre el estómago y el pecho.

CREVAILLE, f. fam. *crevál*l. Tragantona, comilona á reventar.

CREVALE, m. *creval*. Zool. Crévalo, especie de pescado.

CREVASSE, f. *crevás*. Grieta, abertura larga y angosta de la tierra y de los peñascos. ‖ Bot. Grieta, hendidura que se ve en la corteza de los árboles, como el olmo, el castaño, etc. ‖ Vet. Grieta, enfermedad de caballos en las junturas de los piés cerca del casco. ‖ Úlceras en las manos y en los piés.

CREVASSÉ, ÉE, adj. *crevasé*. Resquebrajado, hendido, abierto.

CREVASSER, a. *crevasé*. Resquebrajar, hendir, hacer grietas. ‖ *Se crevasser*, r. Resquebrajarse, hendirse.

CREVÉ, ÉE, adj. *crevé* Reventado, quebrado. ‖ Se usa tambien como sustantivo, y significa gloton, comilon, tragon. Es término de desprecio, y en este sentido se dice: *c'est un gros crevé*, *une grosse crevée*. ‖ fam. *Manger*, *rire comme un crevé*, comer, reir como un descosido, con exceso.

CRÈVE-CŒUR, m. fam. *crevqueur*. Despecho, sentimiento de haber perdido una buena ocasion; pena verdadera del corazon que lo sobrecoge por un acontecimiento.

CREVER, a. *crevé*. Romper, abrir, hacer reventar una cosa. ‖ fam. Atracar, comer y beber hasta hartarse. ‖ m. y fam. *Crever les yeux*, sacar los ojos: dícese de una cosa que se tiene delante y que no se ve. ‖ *Crever le cœur*, quebrar el corazon, causar una gran compasion. ‖ *Crever*, n. Reventar, abrirse una cosa por el impulso de otra interior. ‖ fam. Morir, hablando de los animales. ‖ met. y fam. *Crever de chaud*, ahogarse de calor, estar rendido de calor. ‖ *Crever de rire*, reventar de risa. ‖ *Crever de soif*, rabiar de sed. ‖ *Crever de dépit*, reventar de despecho. ‖ *Crever d'embonpoint*, *crever de graisse*, reventar de gordo. Todas estas frases son excesivamente vulgares, y están proscritas del buen lenguaje.

CREVETTE, f. *crevét*. Zool. Creveta, langostino de mar, especie de cangrejo.

CRÈVE-VESSIE, m. *crevesí*. Fís. Rompe-vejiga, cilindro de vidrio abierto por los dos extremos, uno de los cuales lleva una vejiga que se rompe al hacerse el vacío en el cilindro.

CREVICHE, f. *creviche*. Zool. Crevica, nombre vulgar, y que nadie dice, de la creveta.

**CRI**, m. *cri*. Grito, clamor, voz, segun el motivo. || Pregon, ó publicacion de bando. || Pregoneo de los ciegos, buhoneros, y de las revendedoras en las calles. || *Chasser à cor et à cri*, cazar con estrépito y aparato. || met. y fam. *Demander quelqu'un à cor et à cri*, llamar á una persona con ansia. || *Cri* ó *cris d'armes*, mote ó divisa en la cimera del escudo. || *Cri de guerre*, apellido á la pelea, usado antiguamente al entrar en batalla, como *Santiago y cierra España*, entre los Españoles; *Mont-Joie, Saint-Denys*, entre los Franceses. || *Cri de joie*, grito de alegría. || *Cri de certains oiseaux*, chirrido. || *Des cris perçants*, voces agudas y penetrantes, alaridos, ayes, lamentos. || *A grands cris*, con grandes voces, á grito herido.

**CRIAGE**, m. *criáge*. Pregonamiento, accion de pregonar.

**CRIAILLER**, n. fam. *crialié*. Alborotar, reñir, regañar, hacer mucho ruido por poca cosa, dar voces.

**CRIAILLERIE**, f. fam. *crialirí*. Gritería, alboroto, voces, gresca.

**CRIAILLEUR, EUSE**, m. y f. fam. *crialleur*, eus. Alborotador, gritador, el que riñe dando voces.

**CRIANT, E**, adj. *crián*. Irritante, injusto, tiránico, que da motivo irresistible de quejas amargas.

**CRIARD, E**, adj. *criár*. Vocinglero, gritador, regañador. || met. y fam. *Dettes criardes*, deudas de la tienda donde se toma al fiado la provision ó despensa de una casa. || *Oiseaux criards*, pájaros chillones, chilladores.

**CRIARDE**, f. *criárd*. Com. Criarda, especie de lienzo con mucho aderezo.

**CRIBLE**, m. *cribl*. Criba, harnero. || *Etre percé comme un crible*, estar agujereado como una criba, es decir, no retener nada.

**CRIBLÉ, ÉE**, adj. *criblé*. Cribado, acribillado. || met. *Etre criblé de coups, de blessures*, estar acribillado de golpes, de heridas.

**CRIBLER**, a. *criblé*. Cribar, limpiar con la criba el trigo ú otro grano.

**CRIBLEUR, EUSE**, m. y f. *cribleur*, eus. Cribador, aechador, zarandero.

**CRIBLEUX, EUSE**, adj. *criblen*, eus. Hist. nat. Criboso, que tiene agujeros como una criba.

**CRIBLIER**, m. *criblié*. Art. Cribero, el que hace ó vende cribas.

**CRIBLURE**, f. *criblúr*. Aechaduras, granzas, desechos que quedan del trigo, cebada y demas semillas cuando se criban y limpian.

**CRIBRATION** ó **CRIBELLATION**, f. *cribrasión, cribelasión*. Quím. Cribracion, accion de pasar por un tamiz ó cedazo alguna cosa para separar lo sutil de lo grosero.

**CRIBRIFORME**, adj. *cribrifórm*. Zool. Cribriforme, que tiene la forma de una lámina agujereada como una criba. || Anat. Cribriforme, nombre del hueso etmoides.

**CRIC**, m. *crí*. Gato, máquina para levantar pesos.

**CRIC-CRAC**, m. *cricrác*. Cric-crac, crujido ó estallido producido por fractura de un objeto mas ó ménos resistente.

**CRIC-CROC**, m. *cricróc*. Cric-croc, onomatopeya, que expresa el ruido que hacen los vasos cuando chocan al beber unos á la salud de los otros.

**CRIC-FOUCOU**, m. *crifucú*. Art. Instrumento de dentista usado para colocar los dientes mal puestos.

**CRIK**, m. *cric*. Zool. Crik, papagayo de América; se diferencia de la amazona en que no tiene el ala roja.

**CRICOÏDE**, adj. *cricoíd*. Cricoide, calificacion del cartílago anular de la laringe que ocupa la parte interior de este órgano.

**CRICOSTOME**, adj. *cricostóm*. Zool. Cricóstomo, que tiene la boca ó la abertura redonda.

**CRI-CRI**, m. *cricrí*. Zool. Grillo, género de insectos, llamado así por la única voz que forma.

**CRIÉ, ÉE**, adj. *crié*. Gritado, publicado, proclamado.

**CRIÉE**, f. *crié*. Pregon, venta pública hecha á puja al que ofrece mas y es el último pujante.

**CRIER**, a. *crié*. Gritar, dar gritos, hablar en tono alto, hablar y contestar con energía. || Levantar mucho la voz hablando. || Clamar, quejarse á gritos. || Gritar, clamar, llamar en su ayuda. || Com. Pregonar, vocear, gritar por las calles para avisar que se vende alguna cosa. || Pregonar, publicar la venta de algun inmueble, llamar á la puja. || Reprender, condenar públicamente. || *Crier après quelqu'un*, ir tras de alguno, llamarle. || *Crier vengeance*, clamar venganza. || Chillar, rechinar las puertas, las ruedas de un carro, etc. || Chirriar los pájaros.

**CRIERIE**, f. *crirí*. Gritería, vocería, ruido de voces.

**CRIEUR, EUSE**, m. y f. *crieur*, eus. Vocinglero, gritador, que tiene el mal gusto de hablar muy alto. || *Crieur public*, pregonero.

**CRIME**, m. *crim*. Crímen, toda violacion ó transgresion grave de la ley moral ó religiosa; accion culpable contra los intereses de la sociedad. || *Crime de lèse-majesté*, crímen de lesa majestad. || *Crime de lèse-nation*, crímen de lesa nacion. || Rel. Crímen, pecado mortal. || Jurisp. Crímen, infraccion que las leyes castigan con pena aflictiva ó infamante. || met. *C'est un crime que d'avoir négligé une si belle occasion*, es un crímen haber perdido tan buena ocasion. ||

**CRIMINALISANT, E**, adj. *criminalisán*. Acriminante, que encierra criminalidad, que hace criminal.

**CRIMINALISER**, a. *criminalisé*. Criminalizar, trasladar, pasar un asunto de un tribunal civil á un tribunal criminal. || Cambiar un proceso de civil en criminal.

**CRIMINALISME**, m. *criminalism*. Criminalismo, sistema de criminalidad, aspecto que presenta un asunto criminal.

**CRIMINALISTE**, m. *criminalist*. Criminalista, autor que escribe sobre materias criminales. || Criminalista, hombre muy versado en la jurisprudencia criminal.

**CRIMINALITÉ**, f. *criminalité*. Criminalidad, calidad, circunstancia que denota criminosa una accion.

**CRIMINATIF, IVE**, adj. *criminatif, iv*. Criminativo, que pertenece al crímen.

**CRIMINATION**, f. ant. *criminasión*. Acriminacion, acusacion.

**CRIMINEL, LE**, adj. *criminél*. Criminal, que se ha hecho culpable por algun crímen. || Criminal, concerniente al crímen. || Pecaminoso, hablando de deseos, pensamientos. || Legis. Punible, digno de castigo, hablando de acciones, faltas, etc. || *Criminel*, m. y f. Reo, el que ha cometido algun crímen. || *Criminel d'Etat*, reo de Estado.

**CRIMINELLEMENT**, adv. *criminelmán*. Criminalmente, hablando de acusacion. || Pecaminosamente, en materia de deseos y pensamientos contra la castidad.

**CRIMINEUX, EUSE**, adj. *criminen*, eus. Criminoso.

**CRIMNON**, m. *crimnón*. Crimno, harina gruesa de espelta y de trigo.

**CRIN**, m. *crén*. Crin ó clin, pelo largo del pescuezo y cola de las bestias caballares. || met. *Prendre au crin, se prendre aux crins*, asir ó asirse de las clines, de las greñas, de los pelos, en una pendencia.

**CRINAL, E**, adj. *crinal*. Hist. nat. Crinal, grueso como una crin.

**CRINANTHÈME**, m. *crinantém*. Crinantemo, especie de planta bulbosa que tiene relacion con el género de los lirios.

**CRIN-CRIN**, m. *crencrén*. Chirrion: se dice de un mal violin y del que lo toca.

**CRINIE**, m. *criní*. Zool. Crinio, batraciano raniforme de la Nueva Holanda.

**CRINIER**, m. *crinié*. Artesano que prepara la crin, para que se pueda emplear en varias obras.

**CRINIÈRE**, f. *crinièr*. Melena del leon. || Crin ó clin, el conjunto de crines ó clines del cuello del caballo. || met. *Grande, vilaine crinière*, melenas, greñas: se dice de las personas que van mal peinadas.

**CRINIFÈRE**, adj. *crinifér*. Zool. Crinífero, epíteto que se da á los animales que tienen melena.

**CRINIFORME**, adj. *criniform*. Hist. nat. Criniforme, que tiene la forma de una crin.

**CRINISATE**, m. *crinisát*. Mit. Crinisato, [illegible] del [illegible], [illegible] un manantial.

**CRINITAIRE**, adj. *crinitér*. [illegible] Crinitarse, que tiene [illegible]

**CRINOÏDE**, adj. *crinoíd*. [illegible] que se parece á una crin [illegible]

**CRINOLINE**, f. *crinolín*. [illegible] na, tejido de crin, que sirve para [illegible] corbatines, gorras, etc.

**CRINOMYRE**, m. *crinomír*. [illegible] medicamento compuesto de [illegible] nas plantas aromáticas, [illegible] llamaban tambien [illegible]

**CRINON**, m. *crinón*. Zool. [illegible] gusanillo delgado como [illegible] cria entre cuero y carne.

**CRIOBOLE**, m. *crioból*. [illegible] bre que daban los antiguos al [illegible] piatorio de un carnero.

**CRIOCÉPHALE**, adj. *criosefál*. [illegible] Criocéfalo, que tiene la cabeza de [illegible] nero.

**CRIOGÈNE**, adj. m. *criogén*. [illegible] geno, epíteto que los Griegos [illegible] gunos trociscos que sirven para [illegible] úlceras.

**CRIOPE**, m. *crióp*. Zool. Criope, [illegible] de moluscos.

**CRIOPHAGE**, m. y f. *criofág*. [illegible] fago, nombre que daban los antiguos [illegible] divinidades á las cuales se inmolaba [illegible] cido número de carneros.

**CRIPTOLOGIE**, f. V. CRYPTOLOGIE.

**CRIQUE**, f. *cric*. Mar. Caleta, pequeña ensenada de la costa; anconcillo pequeño, para barcos menores solamente.

**CRIQUET**, m. *criqué*. Zool. Especie de langosta. || Caballejo, jaquilla, [illegible] de hortelano.

**CRISE**, f. *crís*. Crísis, esfuerzo de la naturaleza en una enfermedad grave, [illegible] resulta, en general, la muerte ó la [illegible] del enfermo. || met. Punto ó estado [illegible] de un negocio.

**CRISIAQUE**, m. y f. *crisiác*. [illegible] siaco, el que se halla en un estado de crisis magnética. || Sectario, visionario.

**CRISIE**, f. *crisí*. Mit. Crísia, hija de [illegible] tis y del Océano.

**CRISITE**, f. *crisít*. Bot. Crisita, [illegible] de planta del Cabo.

**CRISPATIF, IVE**, adj. *crispatif, iv*. Bot. Crispativo, que está irregularmente [illegible] blado y como rizado.

**CRISPATION**, f. *crispasión*. [illegible] encogimiento del pergamino ó [illegible] cuando se arrima al fuego, ó por demasiado calor. || Anat. Crispatura, [illegible] ó encogimiento de nervios.

**CRISPÉ, ÉE**, adj. *crispé*. Arrugado, encogido, hablando de pieles.

**CRISPER**, a. *crispé*. Arrugar, encoger. || Causar crispatura. || met. Impacientar, [illegible] mentar. || *Se crisper*, r. arrugarse, encogerse, hablando de pieles.

**CRISPIFOLIÉ, ÉE**, adj. *crispifolié*. Crispifoliado, dícese de las plantas cuyas hojas se arrugan por efecto del calor ó de la desecacion.

**CRISPIN**, m. *crispén*. Crispin, capita que usan las mujeres y los niños.

**CRISS**, m. *crís*. Cris, especie de puñal que usan los isleños de la Polinesia.

**CRISSEMENT**, m. *crismán*. Rechinamiento, accion de rechinar los dientes.

**CRISSER**, n. *crisé*. Rechinar los dientes, causar con ellos un sonido desagradable, apretándolos unos contra otros.

**CRISSUM**, m. *crisóm*. Zool. Criso, extremidad de la parte inferior del cuerpo, desde el muslo hasta la cola, que está cubierta por las plumas anales.

**CRISTACÉ**, m. *cristasé*. Zool. Cristaceo, moluscos del órden de los cefalópodos.

**CRISTAIRE**, f. *cristér*. Bot. Cristaria, género de plantas del Perú.

**CRISTAL**, m. *cristál*. Miner. Cristal, piedra transparente y dura, vidrio. || Las sustancias minerales ó salinas, etc., que toman por sí mismas, al solidificarse, una forma constante y determinada. || met. Los poetas califican de *cristal* y de *cristalino* las aguas de las fuentes, de los rios y arroyos.

**CRISTALLERIE**, f. *cristalerí*. Cristalería

[illegible] como de cristal, sitio [illegible] y á [illegible] donde [illegible]

[illegible], m. *cristaledé*. Art. Crista[illegible] el cristal.

[illegible], f. *cristalitér*. Miner. [illegible]

[illegible], adj. *cristalifér*. Mi[illegible], que tiene el interior guar[illegible]

[illegible], NE, adj. *cristalén, én*. Cris[illegible] Cristalino, parecido [illegible] y anat. Cristalino, que es cla[illegible] como el cristal. || Med. Se [illegible] una enfermedad de [illegible], que forma una especie [illegible] de humor transparente.

[illegible], m. *cristalén*. Anat. Cris[illegible] de los tres humores transparen[illegible], que tiene la forma de una len[illegible], los cielos transparen[illegible] en que el astrónomo Pto[illegible] estar la tierra envuelta.

[illegible], f. *cristalín*. Quim. Cris[illegible] oleaginosa, descu[illegible] empireumático del in[illegible], flictena, pústula si[illegible] de un humor transparente y [illegible] en el ano y en el [illegible]

[illegible], f. *cristalisabi[illegible]*. Cristalizabilidad, propiedad de [illegible] de afectar la forma cristalina.

[illegible], adj. *cristalisábl*. [illegible], que es susceptible de [illegible]

[illegible], E, adj. *cristalisán*. [illegible], que es propio para [illegible]

[illegible], f. *cristalisasión*. [illegible], la accion de cristalizar, [illegible] cristalizada. || Quim. Cris[illegible], operacion por la que las partes [illegible] se aproximan unas á otras, [illegible] de unas propias atracciones, para [illegible] poliédricos regulares ó geo[illegible]

[illegible], a. *cristalisé*. Cristali[illegible] á manera de cristal. || n. Cris[illegible] de los cuerpos que toman la [illegible] cristal, natural ó artificialmente.

[illegible], m. *cristalisadr*. Quim. [illegible], vasija en la que se pone un li[illegible] se cristalice.

[illegible], adj. *cristalo*[illegible]. Cristalo-atómico, que explica [illegible] del cristal por una reunion de [illegible]

[illegible], adj. *cris*[illegible]. Cristalo-eléctrico, califica[illegible] fenómenos eléctricos que el calor [illegible] en algunos cristales.

[illegible], f. *cristalogeni*. Cris[illegible] que trata de la formacion [illegible]

[illegible], m. *cristalográf*. [illegible], el que sabe la cristalografía.

[illegible], f. *cristalografí*. [illegible], ciencia que con palabras y [illegible] á describir las formas geomé[illegible] que se presentan los minera[illegible]

[illegible], adj. *crista*[illegible], que tiene relacion [illegible]

[illegible], adj. *cristaloid*. Crista[illegible] la apariencia de un cristal. [illegible], membrana delgada y [illegible] el cristalino sin [illegible] y se llama túnica cristaloide.

[illegible], f. *cristalologi*. Cris[illegible] de los cristales.

[illegible], adj. *cristalolo*[illegible], que tiene relacion con la [illegible]

[illegible], f. *cristaloman*[illegible], adivinacion que se hace [illegible] bien liso.

[illegible], f. *cristalometri*. [illegible], conocimiento de las propio[illegible] de los cristales.

[illegible], adj. *cristalo*-*metric*. Cristalométrico, que tiene relacion con la cristalometría.

**CRISTALLONOMIE**, f. *cristalonomí*. Cristalonomía, conocimiento de donde dependen las diversas propiedades geométricas de los cristales.

**CRISTALLONOMIQUE**, adj. *cristalonomic*. Cristalonómico, que tiene relacion con la cristalonomía.

**CRISTALLOTECHNIE**, f. *cristalotecní*. Cristalotecnia, arte de obtener cristales completos con las diversas modificaciones de que cada uno de ellos es susceptible.

**CRISTALLOTECHNIQUE**, adj. *cristalotecnic*. Cristalotécnico, que tiene relacion con la cristalotecnia.

**CRISTALLOTOMIE**, f. *cristalotomí*. Miner. Cristalotomía, division de los cristales.

**CRISTALLOTOMIQUE**, adj. *cristalotomic*. Miner. Cristalotómico, que tiene relacion con la cristalotomía.

**CRISTARIE**, f. *cristarí*. Bot. Cristaria, género de plantas de la familia de las malváceas.

**CRISTATELLE**, f. *cristatél*. Cristatela, especie de pólipos de agua dulce.

**CRISTAUX DE VERDET**, m. pl. *cristodverdé*. Cardenillo cristalizable.

**CRISTÉ, ÉE**, adj. *cristé*. Hist. nat. Cristeo, que está guarnecido de apéndices en forma de crestas.

**CRISTEL**, m. *cristél*. Zool. Cristelo, nombre vulgar del cernícalo en Borgoña.

**CRISTELLAIRE**, f. *cristelér*. Zool. Cristelaria, género de moluscos.

**CRISTE-MARINE**, f. *cristmarín*. Bot. Crista-marina, planta.

**CRITAME**, m. *critám*. Bot. Critamo, género de plantas del Asia.

**CRITERIUM**, m. *critériom*. Criterio, señal por la cual se reconoce la verdad y otros secretos intelectuales.

**CRITHE**, m. *crit*. Orzuelo, granito que nace en los párpados.

**CRITHAGRE**, m. *critágr*. Zool. Critagro, especie de gorrion.

**CRITHME**, m. *critm*. Bot. Critmo, planta.

**CRITHOMANCIE**, f. *critomansí*. Critomancia, adivinacion que se practicaba por la inspeccion de las tortas de cebada que se ofrecian á los dioses, ó de la harina que se derramaba encima de la víctima.

**CRITHOMANCIEN, NE**, adj. *critomansién, én*. Critomancio, que ejerce la critomancia.

**CRITICISME**, m. *critisism*. Fil. Criticismo, sistema filosófico hecho para fijar los límites de nuestra facultad de conocer.

**CRITICISTE**, adj. y s. *critisist*. Criticista, que pertenece al criticismo.

**CRITIQUABLE**, adj. *criticábl*. Criticable, censurable, que puede ser justamente criticado ó censurado.

**CRITIQUE**, adj. *critic*. Med. Crítico, que anuncia una crisis, que pertenece á la crisis. || *Jour critique*, dia crítico, dia de crísis en algunas enfermedades. || met. Crítico, se dice por peligroso. || Crítico, que pertenece á la crítica.

**CRITIQUE**, f. *critic*. Crítica, juicio fundado en las reglas del arte y del buen gusto. || m. Crítico, el que juzga segun las reglas de la crítica.

**CRITIQUER**, a. *critiqué*. Criticar, hacer crítica y juicio de un escrito ó de un autor. || Criticar, censurar, vituperar las acciones de otro.

**CRITIQUEUR**, m. *critiqueur*. Criticador, el que critica ó censura; criticon, criticastro.

**CRITONIE**, f. *critoní*. Bot. Critonia, género de plantas.

**CRITMARIN**, m. *critmarén*. Bot. Hinojo marino, planta.

**CROASSEMENT**, m. *croasmán*. Zool. Graznido de los cuervos y otras aves.

**CROASSER**, n. *croasé*. Graznar, se dice hablando del cuervo. Tambien se dice crascitar ó crocitar. || met. Graznar, cantar mal.

**CROATE**, adj. *croát*. Croato, de Croacia.

**CROC**, m. *cró*. Garabato, garfio, instrumento de hierro cuya punta vuelve hácia arriba en semicírculo. || met. Pillo, estafador. || met. *Mettre* ó *pendre la robe au croc*, colgar los hábitos, esto es, mudar de carrera. || *Pendre son épée au croc*, *mettre les armes au croc*, colgar ó arrimar las armas, mudar de oficio, de estado. || *Mettre un procès au croc*, dejar indeciso unos autos, parada la causa. || Mar. Gancho que siempre toma el nombre del aparejo á que pertenece. || Zool. Garfio, dícese de los colmillos de algunos animales. || fam. Dícese de los bigotes retorcidos que se parecen á un garfio. || *Croc*, adv. Croc, ruido que las cosas secas y duras hacen cuando se trituran.

**CROCALITHE**, m. *crocalít*. Miner. Crocalito, especie de mineral.

**CROCALLIDE**, m. *crocalíd*. Zool. Crocalido, género de insectos.

**CROC-DE-CHIEN**, m. *crocdchién*. Bot. Garfio de perro, planta sarmentosa, originaria de Santo Domingo.

**CROCÉIVENTRE**, adj. *croseivántr*. Zool. Croceigastro, que tiene el vientre de color de azafran.

**CROC-EN-JAMBE**, m. *crocanjánb*. Zancadilla, treta entre dos que luchan para derribar al suelo el uno al otro. || met. Zancadilla, ardid con que se derriba ó intenta derribar á alguno de su empleo, ó frustrarle sus intentos.

**CROCHE**, adj. *cróche*. Corvo, torcido, zambo. || *Avoir les jambes croches*, ser patizambo. || f. Mús. Corchea, nota musical con una especie de cola que termina en un corchete ó garabatillo. || *Double croche*, *triple croche*, *quadruple croche*, semicorchea, fusa, semifusa, segun el número de garabatos y signos musicales. || *Croches*, f. pl. Tenazas, instrumento asidor de que se valen los herreros para colocar sobre el yunque un hierro candente, interin lo golpean.

**CROCHER**, a. *croché*. Igualar las mallas de medias, guante de punto, etc. || Grabar signos musicales en forma de ganchetes, colas, rabillos, garabatos, etc. || Mar. Enganchar los ganchos de los aparejos en donde conviene.

**CROCHET**, m. *croché*. Art. Corchete, instrumento de metal torcido ó corvo en la punta y destinado para agarrar varias cosas, ya para tenerlas suspendidas, ya para quitarlas de algun lugar. || Gancho, palo que termina en un hierro corvo, usado por los traperos en la rebusca de harapos, papeles, pingos, etc. || Corchete, gancho, etc., todo lo que tiene la forma de tal en los instrumentos de las diferentes artes mecánicas. || Ganzúa, llave maestra para abrir una cerradura. || Romanilla para pesar. || Presa, diente, colmillo de algunos animales. || Rizo, cada uno de los rizos pequeños y ensortijados, que las mujeres pegan con goma sobre la frente. || pl. *Crochets*, ciertos instrumentos compuestos de una tabla y cuatro palos, que llevan en Paris los mozos de cordel para cargar los fardos. || met. y fam. *Avoir quelqu'un sur ses crochets*, mantener á alguno. == *Etre sur les crochets de quelqu'un*, vivir á expensas de otro.

**CROCHETABLE**, adj. *crochetábl*. Forzable, que puede ser abierto con ganzúas ó llaves falsas.

**CROCHETAGE**, m. *crochetáge*. Forzadura, la accion de abrir con ganzúas una cerradura. || Agr. Renda, segunda labor de las viñas, hecha con una azada que tiene dos ó tres dientes.

**CROCHETER**, a. *crocheté*. Forzar, abrir con ganzúas una puerta, un armario, un baul, etc. || met. Registrar, huronear, revolver. || *Se crocheter*, r. Trabar peleas cuerpo á cuerpo, brazo á brazo.

**CROCHETEUR**, m. *crocheteur*. Mozo de cordel, ganapan, bastage. || met. Grosero, indecente, desvergonzado.

**CROCHETIER**, m. *crochetié*. Art. Ganchero, el que hace ganchos. || Corchetero, el que hace corchetes.

**CROCHETON**, m. *crochetón*. Nombre de las puntas encorvadas de los ganchos que usan los mozos de esquina.

**CROCHETORAL, E**, adj. *crochetorál*. Propio de los esportilleros ó mozos de cordel, perteneciente á ellos. || met. Zafio, grosero, impolítico.

**CROCHET**, m. *crochet*. Art. Plancha, herramienta en cuyos orificios se introducen las puntas de las cardas para doblarlas en forma de ángulo.

**CROCHU, E**, adj. *croché*. Ganchudo, encorvado, engarabitado, garfio, que está en forma de gancho. || met. *Avoir les mains crochues*, tener los cinco muy listos, ser muy propenso al robo. || Anat. *Os crochu ó unciforme*, hueso ganchoso ó unciforme.

**CROCIDION**, m. *crosidión*. Bot. Crocidio, género de plantas sinantéreas.

**CROCIDISME**, m. *crosidism*. Med. Crocidismo, movimiento convulsivo por el cual los enfermos arrancan la lana de las mantas, recogen pajitas, cazan moscas, etc.

**CROCIDURE**, m. *crosidür*. Zool. Crociduro, género de mamíferos.

**CROCINON ó CROCINION**, m. *crosinón*, *prosinión*. Farm. Crocinon, especie de ungüento preparado con azafran.

**CROCIPÈDE**, adj. *crosiped*. Zool. Crocípedo, que tiene las patas de color de azafran.

**CROCISE**, f. *crosís*. Zool. Crocisa, género de insectos.

**CROCODILE**, m. *crocodil*. Zool. Cocodrilo, gran lagarto anfibio que vive por lo comun en las aguas de Egipto. || met. Cocodrilo, horrible, espantoso, taimado, pérfido. = *Larmes de crocodile*, lágrimas de cocodrilo, llanto hipócrita, con objeto de engañar. || Ret. Cocodrilo, especie de argumentacion capciosa y sofística.

**CROCODILÉEN, NE**, adj. *crocodileén*, *én*. Zool. Cocodríleo, que se parece al cocodrilo. || *Crocodiléens*, m. pl. Cocodríleos, familia de reptiles, cuyo tipo es el género cocodrilo.

**CROCODILIENS**, m. pl. *crocodilién*. Zool. Cocodrilianos, nombre de la familia de reptiles que comprende á los cocodrilos.

**CROCODILIN, E**, adj. *crocodilén*, *in*. Zool. Cocodrilino, que participa de la naturaleza del cocodrilo.

**CROCODILION**, m. *crocodilión*. Bot. Cocodrilion, género de plantas de flores compuestas.

**CROCODILOÏDE**, adj. *crocodiloid*. Zool. Cocodriloide, que se parece á un cocodrilo. || *Crocodiloïdes*, m. pl. Cocodriloides, familia de reptiles, cuyo tipo es el género cocodrilo.

**CROCODILURE**, m. *crocodilür*. Zool. Cocodriluro, género de reptiles.

**CROCONATE**, m. *croconát*. Quím. Croconato, género de sales producidas por la combinacion del ácido cocodrinítico con las bases salificables.

**CROCONIQUE**, adj. *croconíc*. Quím. Crocónico, ácido amarillo que tiene la propiedad de formar sales de un amarillo rojizo.

**CROCOTTE**, f. *crocót*. Zool. Crocota, especie de hiena. || Nombre que se da al animal mestizo de lobo y perro.

**CROCUS**, m. *crocús*. Bot. Azafran, género de plantas de la familia de las irídeas.

**CRODONION**, m. *crodonión*. Miner. Crodonion, especie de magnesia cuprífera.

**CROIE**, f. *crué*. Cetr. Croa, especie de correncia ó gravela en las aves de rapiña.

**CROILER**, n. *crualé*. Cetr. Vaciarse, tener correncia un ave de rapiña, que es signo de estar saludable.

**CROIRE**, a. *cruár*. Creer, estar persuadido de la verdad de un hecho, tener una cosa por verdadera ó cierta. || Creer, dar fe y ascenso á las personas, á las noticias. || Creer, seguir el consejo de alguno. || Creer, pensar, imaginar. || *Croire quelqu'un*, dar crédito á lo que dice alguno. || *Croire tout comme article de foi*, ser demasiado crédulo. || n. Creer, tener fe, recibir con sumision todo lo que la Iglesia enseña; y así decimos sin régimen: *cet impie ne croit pas: à la première prédication des apôtres, les Juifs crurent.* || *Croire à quelqu'un*, significa creer en la existencia de alguno; y en este sentido se dice: *croire aux sorciers, croire aux revenants.* || *Se croire*, r. Tener presuncion y tal vez la conciencia de su propio mérito. Imaginarse uno que es, mirarse como; y así se dice: *se croire habile homme ou soi.*

**[illegible]ADE**, f. *croasad*. Cruzada, liga, empresa de guerra hecha por los cristianos para librar los Santos Lugares del yugo de los infieles. || met. Cruzada, manifestacion de un partido en favor de su causa. || Astr. Cruzada, constelacion austral compuesta de cuatro estrellas colocadas en forma de cruz.

**CROISAT**, m. *cruazá*. Cruzado, moneda de plata de Génova, que vale á pesetas y media.

**CROISÉ**, m. *cruasé*. Cruzado, miembro de una cruzada, el que habia tomado la cruz para combatir á los infieles. || Blas. Cruzado, epíteto que se da al globo imperial y á los estandartes que tienen una cruz.

**CROISÉ, ÉE**, adj. *cruasé*. Cruzado, atravesado. || met. *Se tenir, avoir les bras croisés*, estar con los brazos cruzados, no hacer nada.

**CROISEAU**, m. *cruazó*. Zool. Nombre de una variedad de palomas.

**CROISÉE**, f. *cruasé*. Ventana, el hueco, la abertura por donde entran en un aposento el aire y la luz. || Encrucijada, sitio donde se cruzan dos caminos. || Art. Crucero, cruz pequeña de madera que sostiene las cardas en las fábricas de mantas. || *Croisée de chardons*, palmar entre palaires, cruz de cardenches para cardar paños. || Reloj. Cruz, los rayos que mantienen el centro de una rueda en los relojes. || Los tres palos de una cruz en cuyas extremidades ponen adornos los plateros. || Estacas, varitas cruzadas en lo alto de una colmena. || Cruz, los cuatro palos de una devanadera. || Mar. Cruzámen, nombre que se da á la longitud de las vergas y anchura correspondiente de las velas cuadradas.

**CROISELLE**, f. *cruasél*. Com. Nombre de una especie de papel.

**CROISEMENT**, m. *cruasmán*. Cruzamiento, accion de dos cuerpos que se cruzan. || Cruzamiento, mezcla de castas para mejorar una raza. || Esgr. *Croisement du fer*, cruzamiento de los floretes, de las espadas.

**CROISER**, a. *cruasé*. Cruzar, poner cualquier cosa en forma de cruz. || Cruzar, atravesar un camino, los mares, los aires, etc. || met. *Croiser quelqu'un dans ses projets*, desbaratar á alguno sus designios. || Cruzar, rayar, reprobar un escrito. || *Croiser les races*, cruzar las razas, mezclar animales de razas diferentes para el mejoramiento de las especies productoras. || *Croiser*, n. Mar. Cruzar, recorrer un espacio determinado con distintos objetos. || *Se croiser*, r. Cruzarse, tomar la cruz de caballero de una órden, empeñarse en una cruzada. || Cruzarse, encontrarse, cortarse, pasar cerca, hablando de dos personas, de dos líneas, dos cartas, etc. || Cruzarse, atravesarse dos calles, dos carreteras, etc. || Cruzarse, oponerse, interponerse un obice, un obstáculo, presentarse una dificultad que impide llevar á cabo un proyecto, una obra, etc.

**CROISERIE**, f. *cruasrí*. Art. Obras de tallos de mimbre cruzados unos sobre otros. || Cruzada, antiguamente.

**CROISETTE**, f. *cruasét*. Blas. Crucecita, cruz pequeña. || Esgr. Florete de maestro de esgrima. || Bot. Crucecita, planta comun en los campos.

**CROISEUR**, m. *cruaseur*. Zool. Especie de golondrina marítima. || Guardacostas, buque que cruza por una costa para su resguardo.

**CROISIÈRE**, f. *cruasier*. Mar. Corso y crucero, campaña mas ó ménos larga que se ejecuta en paraje determinado, para amparar buques amigos, hostilizar á los enemigos, etc.

**CROISIERS**, m. pl. *cruasié*. Hist. ecl. Canónigos regulares de una órden que ya no existe.

**CROISILLE**, f. *cruasill*. Art. Crucilla, pieza pequeña de madera colocada sobre el torno de los hilanderos.

**CROISILLON**, m. *cruasillón*. Art. Travesaño ó palo que atraviesa una ventana dividiéndola en dos partes. || Crucero, los palos de una ventana que se cruzan perpendicularmente, y los que sirven de mortaja para asegurar los cristales de una vidriera.

**CROISOIRE**, f. *cruasuar*. Art. Crucera, instrumento que sirve á los panaderos para [illegible] la masa y [illegible] bizcochos de mar.

**CROISSANCE**, f. *cruasáns*. [illegible] Crecencia, crecida, [illegible] altura ó estatura, que se [illegible] edad, en las personas, [illegible] boles, plantas, etc.

**CROISSANT**, m. *cruasán*. [illegible] una de las fases de la luna. || [illegible] na., las armas del imperio [illegible] *le croissant*, la media luna, [illegible] el imperio turco. || [illegible] que tiene la forma del creciente [illegible] || Arq. Especie de garfios que se [illegible] lados en las chimeneas [illegible] tener el badil y las tenazas. || [illegible] de hierro ó cobre que se ponen [illegible] extremos laterales de las ventanas [illegible] jetar las cortinas. || [illegible] haces en la tapa de algunos [illegible] Vet. Aguadero, enfermedad [illegible] caballos. || Hist. *Ordre du croissant* [illegible] de la media luna, órden de caballería [illegible] dado en el siglo XV. || Mar. [illegible] la caña del timon.

**CROISSANT, E**, adj. *cruasán*. [illegible] que crece, que se aumenta ó [illegible]

**CROISSIR**, n. ant. *cruasir*. [illegible] per, chocar, hacer ruido.

**CROISURE**, f. *cruasür*. Cost. [illegible] el tejido menudo y [illegible] Blas. Centro de un escudo [illegible] cuarteles. || Filol. Accion de [illegible] sos. || Mar. V. CROISÉE.

**CROÎT**, m. *crué*. Agr. Crianza, [illegible] fecundidad, multiplicacion [illegible] crias del ganado, de una [illegible] || Jurisp. *Croît de cens*, [illegible]

**CROÎTRE**, n. *cruátr*. Crecer, [illegible] llarse, adquirir aumento de [illegible] corporales. || Crecer, multiplicarse, [illegible] derse, propagarse. || Crecer, [illegible] brar los frutos de la tierra para [illegible] del hombre. || Crecer, nacer, [illegible] cer, difundirse, cundir una [illegible] *de la guerre croît tous les jours* [illegible] de la guerra cunde de dia en dia. || [illegible] se usa como v. activo en [illegible] met. y prov. || *Ne fait que croître* [illegible] *lir*, expresion irónica, casi [illegible] indicar que una cosa va de [illegible] met. *Mauvaise herbe croît* [illegible] mala yerba crece mucho.

**CROIX**, f. *cruá*. Cruz, patíbulo [illegible] chores entre los Romanos, formado [illegible] leños desiguales, de los cuales el [illegible] estaba perpendicularmente [illegible] medio al último tercio del [illegible] instrumento de suplicio, [illegible] muerte de Jesucristo, es el [illegible] los cristianos, desde la [illegible] cro. || Se llama *croix*, cruz, [illegible] ne su figura. || Cruz que [illegible] lados, en señal de jerarquía [illegible] En el Blason, se llama *croix* la [illegible] corta horizontalmente el [illegible] las doce piezas honorables del [illegible] do. || *Croix*, nombre de la [illegible] Cisne. || Mont. *Croix de cerf*, cruz [illegible] especie de huesecillo [illegible] cuentra en el corazon de este animal. || [illegible] Insignia que honra el pecho de [illegible] de órdenes militares. || Bot. *Croix de* [illegible] *veo de Saint-Jacques*, cruz de [illegible] Santiago, hermosa especie de [illegible] *Croix de chevalier de Jérusalem* [illegible] *le*, cruz de caballero de Jerusalen [illegible] ta, planta de mucho adorno. || [illegible] *la croix*, la señal de la cruz, [illegible] dos los cristianos ántes de todas [illegible] su vida. || *Croix de par Dieu*, [illegible] *sus*, alfabeto y silabario de las [illegible] cuela. || *Croix grecque*, cruz griega [illegible] tro brazos iguales. || Bot. *Croix de* [illegible] *dré*, cruz de San Andres, nombre [illegible] valentinia. || Mar. Cruz de los [illegible] llaman en direccion contraria á [illegible] respectivos escobenes. Posicion de [illegible] gas en direccion perpendicular á [illegible] = *Mettre les perroquets en croix* [illegible] las vergas del juanete.

**CROLÉE**, f. *crolé*. Hoyada, [illegible] barranca.

**CROLER**, n. *crolé*. Tullirse las [illegible]

[illegible] m. [illegible]. Art. Registro [illegible]
[illegible]
[illegible] Veta de tierra ó de [illegible]
[illegible]
[illegible] Yerbazal, yerbas [illegible] del agua y en [illegible] el [illegible].
[illegible] Mar. [illegible] colocada so- [illegible] la carga y descarga.
[illegible], m. [illegible]. Ins- [illegible] la cantidad de lluvia [illegible]

[illegible], f. pl. [illegible], [illegible] que se celebra- [illegible] á los que despues [illegible].
[illegible], f. cronografí. Astr. [illegible] del planeta Sa- [illegible]

[illegible], adj. cronografic. [illegible] á la cronografía.
[illegible], f. [illegible]. Miner. [illegible] de color negro que se [illegible].
[illegible] Zool. Croo, especie de [illegible].
[illegible] Bot. Crosonia, gé- [illegible]

[illegible] Bot. Crepioto, fra- [illegible], que sirve para es- [illegible].
[illegible] Nombre que se [illegible] de Luis XIV con sus [illegible] hecha de pron- [illegible] ó diseño de pintura.
[illegible] Mendruguero, [illegible] Bribon, tunante, [illegible], nombre con [illegible] designaba á la gente [illegible] Bigardo, bom- [illegible] apoyo en el mundo.
[illegible] f. pl. crocánt. Art. Pi- [illegible] almendras, piñones [illegible]

[illegible], f. crocobíll. Zool. [illegible] de cola larga, ave.
[illegible] (À LA), loc. adv. a la- [illegible], cocido con agua y [illegible] la [illegible] crudo: dícese [illegible] se cree muy supe- [illegible]

[illegible], m. [illegible] crociardón. [illegible], zampatortas, [illegible]

[illegible], m. crocombúche. [illegible] de rosquillas, capirotes, [illegible] frutas de pastelería.
[illegible], m. crocmór. Secta [illegible] por la administracion de [illegible] y transportar los cadá- [illegible] los muertos.
[illegible] ó CROQUE-NOIX, [illegible] Zool. Casca-piño- [illegible], ave.
[illegible], m. [illegible]. Mús. Roca- [illegible], músico inepto, que no [illegible].
[illegible] Crujir, cascar, co- [illegible] N'en croquer [illegible] una cosa á me- [illegible] á croquer, es linda de [illegible]: se dice de una jóven [illegible], como igualmente de [illegible], elle est laide á [illegible]

[illegible] Mús. V. CROQUE-NOTE.
[illegible] Rosquilla ó torta [illegible] y recocida que cruje [illegible].
[illegible] Art. Croqueta, [illegible] de arroz, de ha- [illegible] de Flándes, frita [illegible].
[illegible], m. y f. croqueur, [illegible], devorador, etc., [illegible] ó devora una cosa.

[illegible] f. croquiñól. Capirote [illegible] en la cabeza [illegible] del medio dis- [illegible] Art. Fruta de paste- [illegible].
[illegible], m. croquiñolé. Capi- [illegible].

**CROQUIS**, m. *croquí*. Pint. Cróquis, borrador, primera idea que se apunta en un papel sin sujecion á reglas.

**CROSSANDRE**, f. *crosándr*. Bot. Crosandra, género de plantas.

**CROSSE**, f. *crós*. Cayado, báculo pastoral que llevan los obispos.‖Cayado, el palo corvo que llevan los pastores.‖Culata de un fusil, de una escopeta y de toda arma de fuego. ‖ Anat. Cayado, corvadura de la aorta. ‖ Asa de aguamanil.

**CROSSER**, a. *crosé*. Jugar los niños con un cayado ó cachero. ‖ Aporrear á alguno. ‖ met. Reñir, reprender con severidad. ‖ met. y fam. Despreciar á alguno, sopetearle, tratarle á baqueta, sin atencion ni respeto. ‖ *Se crosser*, r. Batirse, maltratarse recíprocamente.

**CROSSETTE**, f. dim. de CROSSE. *crosét*. Agr. Estaca de vid, de higuera, etc., tallo que se deja en una cepa ó en un árbol al podarlos. ‖ Arq. Nombre de la parte de la clave de una bóveda que se prolonga mas allá de su juntura.

**CROSSEUR, EUSE**, *crosseur, eus*. Jugador de vilorta, el ó la que se place á viriotear las piedras con su palo ó cayado. ‖ met. Burlon, murmurador.

**CROSSILLON**, m. dim. de CROSSE. *crosillón*. Cayado, extremidad encorvada del báculo episcopal ó abacial.

**CROSSOLÉPIDE**, f. *crosolepíd*. Bot. Crosolépida, género de plantas.

**CROSSOPÉTALE**, adj. *crosopetál*. Bot. Crosopétalo, epíteto dado á las plantas que tienen los pétalos en forma de franja.

**CROSSOPHORE**, m. *crosofór*. Zool. Crosóforo, género de gusanos.

**CROSSOPTÉRYXE**, f. *crosopterícs*. Bot. Crosopterixa, género de plantas.

**CROSSOSTÉPHION**, m. *crosostefión*. Bot. Crosostefion, género de plantas.

**CROSSOSTYLIDE**, f. *crosostilíd*. Bot. Crosostilida, género de plantas.

**CROTALAIRE**, f. *crotalér*. Bot. Crotalaria, género considerable de plantas.

**CROTALE**, m. *crotál*. Zool. Crótalo, género de ofidianos, conocidos generalmente con el nombre de serpientes de campanilla.

**CROTALIDÉ, ÉE**, adj. *crotalidé*. Zool. Crotalideo, epíteto dado al reptil que tiene la forma del crótalo.

**CROTALOÏDE**, adj. *crotaloíd*. Zool. Crotaloide, que se parece á un crótalo.

**CROTALOPHORE**, m. *crotalofór*. Zool. Crotalóforo, reptil que es como un crótalo.

**CROTALURE**, adj. *crotalúr*. Zool. Crotaluro, epíteto que se da á los reptiles que tienen la cola en forma de cascabel.

**CROTAPHAL, E**, adj. *crotafál*. Anat. Crotafal, epíteto dado por algunos anatómicos á los huesos temporales.

**CROTAPHE**, m. *crotáf*. Med. Crotafe, cefalalgia temporal, que tiene su asiento en las regiones temporales.

**CROTAPHIQUE**, adj. *crotafíc*. Anat. Crotáfico, que pertenece á la sien.

**CROTAPHITE**, adj. y s. *crotafít*. Anat. Crotáfites, músculo situado en la region temporo-térigo-maxilar, llamado tambien temporal.

**CROTON**, m. *crotón*. Bot. Croton, género de arbustos de la América tropical.

**CROTONATE**, m. *crotonát*. Quim. Crotonato, género de sales que produce la combinacion del ácido crotónico con las bases salificables.

**CROTONÉ, ÉE**, adj. *crotoné*. Bot. Crotóneo, que tiene analogía con el croton.

**CROTONIATE**, adj. y s. *crotoniát*. Croton, de la ciudad de Crotona.

**CROTONINE**, f. *crotonín*. Quim. Crotonina, alcaloide que se ha descubierto en la semilla del croton tiglio.

**CROTONIQUE**, adj. *crotoníc*. Quim. Crotónico, se dice de las sales que tienen por base la crotonina.

**CROTONOPSIDE**, f. *crotonopsíd*. Bot. Crotonópsido, género de plantas herbáceas de la América setentrional.

**CROTOPHAGE**, m. *crotofáge*. Zool. Crotófago, ave que se mantiene ordinariamente del fruto del coton.

**CROTTE**, f. *crót*. Barro, fango, lodo que se forma en las calles y en los caminos á causa de la lluvia y del trajin de la gente. Por extension se llama *crotte* al excremento de ciertos animales, como la oveja, la cabra, el conejo, etc.

**CROTTÉ, ÉE**, adj. *croté*. Embarrado, enlodado.

**CROTTER**, a. *croté*. Embarrar, enlodar, llenar de cascarrias el vestido.‖*Se crotter*, r. Enlodarse, embarrarse, llenarse de cascarrias.

**CROTTEUX, EUSE**, adj. *croteu, eus*. Cascarrioso, que está lleno de cascarrias.

**CROTTIFIER (SE)**, r. *crotifié*. Enlodarse ó llenarse de cascarrias, segun Scarron. V. CROTTER.

**CROTTIN**, m. *crotén*. Estiércol, excremento de los caballos, de las ovejas y de varios animales semejantes.

**CROTTONS**, m. pl. *crotón*. Terrones de azúcar que quedan en la criba por su demasiado volúmen.

**CROTU, E**, adj. *crotú*. Hoyoso, marcado de las viruelas.

**CROU**, m. *crú*. Geol. Terreno arcilloso y arenoso á la vez, que es propio solamente para cultivar árboles.

**CROUANIE**, f. *cruaní*. Bot. Cruania, género de plantas.

**CROULANT, E**, adj. *crulán*. Ruinoso, que amenaza ruina, hablando de un edificio.

**CROULEMENT**, m. *crulmán*. Hundimiento de la tierra, de un edificio. ‖ Estremecimiento, sacudimiento de un edificio.

**CROULER**, n. *crulé*. Desplomarse, hundirse, estremecerse, arruinarse un edificio, venirse abajo un edificio, una pared, etc.‖ *Se crouler*, r. Sucumbir en las empresas : *cet homme se croule*.‖met. Perder el prestigio, la estimacion, la admiracion pública. ‖ a. Mar. Arrojar al mar: *crouler un vaisseau*.‖ Mont. *Crouler la queue*, bajar la cola un animal cuando se aterroriza ó está espantado.

**CROULIER, ÈRE**, adj. *crulié, ér*. Vacilante, instable, trémulo, hablando del terreno movedizo.

**CROUP**, m. *crúp*. Med. Croup ó crowp, nombre de orígen escocés, con que se designa una variedad de angina laringea y traqueal.

**CROUPADE**, f. *crupád*. Equit. Grupada, salto que da el caballo mas alto que la corbeta, suspendiendo el cuerpo en el aire á igual distancia, sin dejar ver las herraduras.

**CROUP-AIGU**, m. *crupegú*. Angina, inflamacion de las glándulas de la garganta.

**CROUPAL, E**, adj. *crupál*. Med. Crupal, se dice de lo que pertenece al croup.

**CROUPE**, f. *crúp*. Anat. Grupa, las ancas de las caballerías, desde los riñones hasta el muslo de la cola. ‖ Arq. Bóveda de un coro de iglesia. ‖ Cima de una sierra. ‖ prov. *Demeurer en croupe*, quedar á la cola, á mitad del camino. ‖ Mil. *Gagner la croupe du cheval de son ennemi*, dar alcance al enemigo, tocar la grupa de su caballo. ‖ *Cheval qui porte en croupe*, caballo que sufre ancas. ‖ *Aller en croupe*, ir en ancas.

**CROUPÉ, ÉE**, adj. *crupé*. Equit. Grupado, hablando del caballo ó yegua, etc., que es redondo de ancas.

**CROUPETONS (À)**, loc. adv. *acruptón*. En cuclillas.

**CROUPI, E**, adj. *crupí*. Estancado, encharcado, corrupto, corrompido.

**CROUPIADER**, n. *crupiadé*. Mar. Anclar por la popa, echar las amarras atras para que el buque no bornee.

**CROUPIAT**, m. dim. de CROUPIÈRE, V. este en su acepcion.

**CROUPIER**, m. *crupié*. Miron : se dice del que está observando á los jugadores y examinando las jugadas que hacen. Tambien se entiende por el que es compañero del que lleva los dados ó cartas en el juego, como del que tiene un interes á medias en cualquier empresa.

**CROUPIÈRE**, f. *crupiér*. Grupera ó gurupera, nombre de la almohadilla que se pone separadamente detras del borren trasero en las sillas de montar sobre los riñones del caballo. ‖ met. y fam. *Tailler des croupières à quelqu'un*, suscitar á alguno grandes dificultades, colocarle en una posicion embarazosa. || *Tailler des croupières à l'ennemi*, cortar las grupas al enemigo, perseguirle muy de cerca, acuchillarlo en la fuga. || m. Mar. Codera ó rejera, calabrote que se hace firme al ancla ó á otro objeto fijo cualquiera, que sirve para atravesar el buque, saliéndose por una porta de popa. || Rizo de rabiza de [illegible].

**CROUPION**, m. fam. *crupión*. Rabadilla, cola, extremidad inferior del espinazo. Cola de las aves, la parte en que tienen las plumas de la cola.

**CROUPIR**, n. *crupír*. Pudrirse, encharcarse, hablando de las aguas. || met. Vivir en la inaccion, apoltronarse en una vergonzosa ociosidad.

**CROUPISSANT**, E, adj. *crupisán*. Podrido, corrompido, encharcado. || met. Encenagado, metido en la holgazanería.

**CROUPISSEMENT**, m. *crupisemán*. Med. Estancacion, especie de edema, producido por la acumulacion de líquidos en cualquier parte del cuerpo humano.

**CROUPON**, m. *crupón*. Lomo de pellejo de buey ó de vaca curtido, que no tiene las partes que corresponden á la falda y á la cabeza.

**CROUSILLE**, f. *crusill*. Especie de cercado de redes que ponen los pescadores en los estanques.

**CROUSTADE**, f. *crustád*. Art. Especie de empanada cuya costra está muy cocida.

**CROUSTILLANT**, E, adj. *crustillán*. Cascarroso: se dice de alimentos que crujen al mascarlos, sobre todo del pan duro ó muy cocido.

**CROUSTILLE**, f. dim. de CROUTE. *crustill*. Cortecilla, cortecita de pan.

**CROUSTILLER**, n. *crustillé*. Cascarrear, roznar, ronchar las cortezas de pan para beber, estando á la mesa despues de comer.

**CROUSTILLEUSEMENT**, adv. *crustilleusmán*. Jocosamente, divertidamente, de una manera alegre, festiva.

**CROUSTILLEUX, EUSE**, adj. *crustilleu, eus*. Jocoso, divertido, chistoso, festivo. Solo se usa en sentido figurado.

**CROÛTE**, f. *crút*. Corteza, la parte exterior del pan. || Empanada, pastel de carne ó de otra materia cualquiera. || Corteza, todo lo que forma la parte exterior de una cosa. || Med. Costra. || *Croûtes de lait*, usagre, costras que salen á los niños de pecho. || met. y fam. *Vieille croûte*, hombre rancio que conserva sus antiguas costumbres. || Art. *Cuir en croûte*, cuero en costra, que no está sobado todavía.

**CROÛTE À CHARBON**, f. *crutacharbón*. Bot. Planta que nace en los lugares donde se ha hecho carbon.

**CROÛTER**, a. *cruté*. Encortezar, encostrar, cubrir de corteza una cosa.

**CROÛTEUX, EUSE**, adj. *cruteu, eus*. Bot. Cortezudo, que cria corteza.

**CROÛTIER**, m. *crutié*. Mamarrachista: se dice del mal pintor. || Chalan de mamarrachos, de malas pinturas.

**CROÛTON**, m. aument. de CROUTE. *crutón*. Cortezon, pedazo de corteza de pan. || pl. Art. Cortecitas de pan frito, que se ponen para guarnecer un plato de legumbres. || met. Anticuario, partidario acérrimo de las cosas antiguas.

**CROWE**, f. *cróv*. Bot. Crova, género de plantas rutáceas.

**CROWÉE**, f. *crove*. Bot. Croves, género de plantas diósmeas.

**CROWN-GLAS**, m. *crunglás*. Fís. Crunglas, especie de cristal de excelente calidad que se pone en los antiguos acromáticos.

**CROYABLE**, adj. *cruayábl*. Creible, que puede ó debe ser creido.

**CROYANCE**, f. *cruayáns*. Creencia, el crédito que se da á una cosa, ó la fe que se tiene en ella. || Opinion, dictámen, modo de pensar. || Fe, creencia que se apoya en la autoridad de alguno.

**CROYANT**, E, m. y f. *cruayán*. Creyente, fiel, la persona que da entera fe y crédito á lo que su religion enseña. || *Croyant* adj. Creyente, creedor, que tiene su creencia en alguno ó en alguna cosa.

**CROZOPHORE**, m. *crosofór*. Bot. Crozóforo, género de plantas.

**CRU**, m. *crú*. Terruño, tierra, terreno que suministra productos agrícolas y sobre todo vino. || *Voilà du vin de mon crû*, hé aquí un vino de mi cosecha. || *Vin du crû*, vino de propietario, de cosechero. || met. y por ext. Imaginacion, invencion, cosecha de locos, etc. *Cette histoire est de votre crû*, esa historia la habeis inventado.

**CRU**, E, adj. *crú*. Crudo, que no está cocido ni asado. || *Cuir cru*, cuero crudo, cuero todavía no preparado. || Quím. *Métal cru*, metal crudo, tal como salió de la mina. || *Eau crue*, agua cruda, que no deslíe el jabon, ni cuece bien las legumbres. || met. y por comp. Crudo, difícil de digerir ó de difícil digestion. || Crudo, duro, incómodo, agrio, desapacible, desagradable. || Crudo, no pulido, escrito en borrador, pensamiento que se explaya como se ocurre, sin correctivo. || loc. adv. *A cru*, en cueros, á raíz de la carne. || Equit. *Monter à cru*, montar en pelo.

**CRUAUTÉ**, f. *cruoté*. Crueldad, insensibilidad de corazon, inclinacion á derramar sangre, propension á hacer sufrir. Tambien se aplica á los animales. || met. *La cruauté du sort, du destin, de la fortune*, la crueldad de la suerte, el rigor del destino, la estrella implacable, etc. || met. Crueldad, desden, esquivez, desprecio.

**CRUCHADE**, f. fam. *cruchád*. Papilla, gacha de maíz.

**CRUCHE**, f. *crúch*. Cántaro, cántara, vasija de barro destinada á contener líquidos. || prov. y met. *Tant va la cruche à l'eau, qu'à la fin elle se brise*, tanto va el cántaro á la fuente, que al fin se quiebra.

**CRUCHÉE**, f. *cruché*. Cantarada, medida de agua, vino, aceite ó lo que sea, de la cabida de un cántaro.

**CRUCHERIE**, f. *cruchrí*. Borricada, disparaton, desatino de marca mayor, simpleza, sandez.

**CRUCHETTE**, f. dim. de CRUCHE. *cruchét*. Cantarillo, cantarilla, cántaro pequeño. Lo mismo significa el dim. *cruchon*.

**CRUCIADE**, f. *crusiad*. Hist. ecl. Cruzada, bula concedida por el papa á los reyes de España y Portugal, para exigir y recaudar contribuciones pecuniarias del clero de ambos paises, á fin de subvenir á los gastos de la guerra contra infieles.

**CRUCIAL**, E, adj. *crusiál*. Cir. Crucial, en forma de cruz. || *Incision cruciale*, incision en cruz, practicada con el bisturí en graves operaciones quirúrgicas.

**CRUCIANELLE**, f. *crusianél*. Bot. Crucianela, género de plantas rubiáceas.

**CRUCIFÈRE**, adj. *crusifér*. Bot. Crucífero, que tiene una corola con pétalos dispuestos en forma de cruz. || *Crucifères*, f. pl. Bot. Crucíferas, familia de plantas dicotiledóneas.

**CRUCIFIÉ**, m. *crusifié*. El Crucificado, Nuestro Señor Jesucristo.

**CRUCIFIEMENT**, m. *crusifimán*. Crucifixion, accion de crucificar, el suplicio de la cruz. || Pint. Estampa ó lienzo que representa al vivo el acto de crucificar al Salvador los sayones hebreos. || met. Mortificacion, maceracion, sufrimiento de la carne y amargura dolorosa del alma.

**CRUCIFIER**, a. *crusifié*. Crucificar, clavar á uno en cruz por los cuatro extremos. || met. Mortificar, castigar la carne, las pasiones mundanas. || met. *Il se ferait crucifier pour ses amis*, daria la vida por sus amigos.

**CRUCIFIX**, m. *crusifí*. Crucifijo, figura ó representacion de Jesucristo crucificado.

**CRUCIFIXION**, f. V. CRUCIFIEMENT.

**CRUCIFORME**, adj. *crusiform*. Cruciforme, que tiene la forma de una cruz. || *Cruciformes*, m. pl. Bot. Cruciformes, familia de plantas.

**CRUCIGÈRE**, adj. *crusigér*. Bot. y Zool. Crucígero, que tiene una cruz.

**CRUCIROSTRE**, adj. *crusiróstr*. Zool. Crucirostro, ave cuyas mandíbulas están cruzadas una sobre otra.

**CRUDITÉ**, f. *crudité*. [illegible] cualidad de las cosas [illegible] das. || met. Crudeza, [illegible] las palabras. || Crudeza [illegible] nes. || Med. Falta de [illegible] res. || *Crudités*, pl. Crudezas [illegible]

**CRUDIVORE**, adj. [illegible] nutre de alimentos crudos.

**CRUDUVIE**, f. *crudví*. Bot. [illegible] de plantas.

**CRUE**, f. *crú*. Creciente, [illegible] nida, hablando de las aguas [illegible] Crecimiento, desarrollo [illegible] nas jóvenes, de los árboles [illegible]

**CRUEL**, LE, adj. *cruél*. [illegible] no, sanguinario, que se [illegible] otros. || Por exag. Cruel [illegible] despótico en el mundo [illegible] fiero, ingrato, pérfido. || [illegible] pour n'être pas cruelle [illegible] lista de la [illegible] est. Cruel, todo lo que [illegible] se, difícil, insoportable, [illegible] modado, etc.

**CRUELLISER**, a. y n. [illegible] cer, hacerse [illegible] modo uno cruel á otros.

**CRUELLEMENT**, adv. [illegible] mente, de una manera cruel.

**CRUENTATION**, f. [illegible] Cruentacion, especie de [illegible] que acude á la superficie de [illegible] Cruentamiento, [illegible] de ensangrentar. || [illegible] bierta de sangre.

**CRUMENAIRE**, f. [illegible] menaria, género de plantas.

**CRUMÉNIFÈRE**, adj. [illegible] nal. Crumenífero, que tiene [illegible] guarnecido de ella.

**CRUMÉNOPHTHALME**, adj. [illegible] tálm. Zool. Crumenoftalmo; [illegible] insectos cuyos ojos están [illegible] bolsa ó membrana esférica.

**CRÛMENT**, adv. *crumán*. [illegible] secamente, con acritud, sin [illegible]

**CRUMINION**, m. [illegible] minio, género de plantas.

**CRUMOMYIE**, f. [illegible] momia, género de insectos.

**CRUOR**, m. *criór*. Cruor, [illegible] empleada como sinónimo de [illegible] cialmente en poesía y en [illegible]

**CRUORIQUE**, adj. [illegible] rico, que se refiere á la sangre.

**CRUPELLAIRES**, m. pl. [illegible] Crupelarios, soldados galos [illegible] dos armas; gladiadores [illegible] de una armadura férrea.

**CRUPERIE**, f. [illegible] sirve para azotar los [illegible] autores.

**CRUPHODÈRE**, adj. [illegible] fódero, que tiene el [illegible] bierto de plumas.

**CRUPINE**, f. *crupín*. Bot. [illegible] nero de plantas.

**CRUPSNIE**, f. [illegible] género de plantas.

**CRURAL**, E, adj. *crurál*. [illegible] que pertenece á la pierna. || [illegible] que va desde el arco crural [illegible] abductor.

**CRUSCANTISME**, m. [illegible] cantismo, modo de [illegible] pantemente el idioma italiano [illegible] los principios de la Academia [illegible]

**CRUSÉE**, f. *cruzé*. Bot. [illegible] de plantas.

**CRUSTACÉ**, ÉE, adj. [illegible] Crustáceo, conchado, [illegible] conchas, de costras [illegible] se usa como sustantivo.

**CRUSTACÉEN**, NE, adj. [illegible] én. Zool. Crustaceano, que [illegible] crustáceos.

**CRUSTACÉOLOGIE**, f. [illegible] Crustaceologia, historia [illegible] males crustáceos.

**CRUSTACÉOLOGUE**, m. [illegible] lógue Crustaceólogo, que [illegible] la crustaceología.

**RYPTOBRANCHIE**, f. *criptobranchí*. l. Criptobranquia, sub-clase de molus-

**RYPTOCALVINISTE**, m. *criptocalvi-*. Sect. rel. Criptocalvinista, calvinista razado: epíteto dado por los luteranos y osotes puros á los discípulos de Melanc- y otros reformadores.

**RYPTOCALICE**, m. *criptocalís*. Bot. ptocális, género de plantas.

**RYPTOCARPE**, adj. *criptocárp*. Bot. ptocarpo, de frutos escondidos.

**RYPTOCARYE**, f. *criptocarí*. Bot. Crip- aria, género de plantas.

**CRYPTOCÉPHALE**, adj. *criptosefál*. ol. Criptocéfalo, que tiene oculta la cabe- hablando de insectos.

**RYPTOCÈRE**, adj. *criptosér*. Zool. Crip- ero, dícese de los insectos que tienen las enas ocultas.

**CRYPTOCORYNE**, f. *criptocorín*. Bot. iptocorina, género de plantas aróideas.

**CRYPTOCOTYLÉDONE** ó **CRYPTOCO-TYLÉDONÉ, ÉE**, adj. *criptocotiledón*, *crip- cotiledoné*. Bot. Criptocotiledóneo, dícese las plantas cuyos cotiledones están ocul- , poco aparentes ó desconocidos.

**CRYPTODÈRE**, adj. *criptodér*. Zool. iptódero, que tiene el cuello oculto.

**CRYPTODIBRANCHE**, adj. *criptodi-* *dóche*. Zool. Criptodibranquio, se dice de moluscos que respiran por dos branquias ultas.

**CRYPTODIDYME**, m. *criptodidím*. Zool. iptodídimo, nombre dado á los monstruos bles por inclusion ó endocimianos.

**CRYPTOGAME**, adj. *criptogám*. Bot. iptógamo, se dice de las plantas cuyos edios de reproduccion están ocultos ó poco nocidos.

**CRYPTOGAMIE**, f. *criptogamí*. Bot. riptogamia, tratado del sistema sexual de s plantas cuyo aparato de fecundacion es lto ó invisible.

**CRYPTOGAMIQUE**, adj. *criptogamíc*. ot. Criptogámico, que pertenece á la crip- gamia.

**CRYPTOGAMISER**, n. *criptogamisé*. riptogamizar, buscar plantas criptógamas.

**CRYPTOGAMISTE**, m. y f. *criptoga-* *míst*. Criptogamista, que se ocupa de crip- gamia.

**CRYPTOGAMOLOGIE**, f. *criptogamo-* *logí*. Criptogamologia, historia de las plan- s criptógamas.

**CRYPTOGAMOLOGIQUE**, adj. *cripto-* *gamologíc*. Criptogamologico, que conciern- e á la criptogamologia.

**CRYPTOGASTRE**, adj. *criptogástr*. Zool. riptogastro, se dice de los insectos que tie- en el abdómen oculto.

**CRYPTOGÈNE**, adj. *criptogén*. Criptó- eno, se dice de los insectos que nacen y iven dentro de otro cuerpo animado.

**CRYPTOGRAMME**, f. *criptográm*. Bot. riptógrama, género de helechos.

**CRYPTOGRAPHE**, m. y f. *criptograf*. riptógrafo, que se dedica á la criptografía.

**CRYPTOGRAPHIE**, f. *criptografí*. Crip- ografía, escritura secreta que consiste en epresentar las letras del alfabeto por cier- os signos de convencion.

**CRYPTOGRAPHIQUE**, adj. *criptogra-* *fíc*. Criptográfico, que se refiere á la cripto- grafía.

**CRYPTOGRAPHIQUEMENT**, adv. *crip-* *tograficmán*. Criptográficamente, de una manera criptográfica.

**CRYPTOHYPNE**, m. *criptoipn*. Zool. Criptoífino, género de insectos.

**CRYPTOLÉPIDE**, f. *criptolepíd*. Bot. Criptolépida, género de plantas.

**CRYPTOLITHE**, m. *criptolít*. Zool. Crip- tólito, género de crustáceos.

**CRYPTOLOGIQUE**, adj. *criptologíc*. Didact. Criptológico, dícese de uno de los cuatro puntos de vista bajo los cuales se con- sideran todas las ciencias.

**CRYPTOMÉRIE**, f. *criptomerí*. Bot. Criptomeria, género de árboles coníferos, cuyo tipo es el cipres del Japon.

**CRYPTOMÉTALLIN**, adj. *criptometa-* *lén*. Quím. Criptometalino, que contiene me- tal escondido, sin aparentarlo.

**CRYPTONEURE**, adj. *criptoneur*. Zool. Criptoneuro, que carece de nervios aparen- tes.

**CRYPTONYDE**, m. *criptoníd*. Zool. Crip- tonido, ave de las islas de la Sonda.

**CRYPTONYME**, m. *criptoním*. Criptó- nimo, autor que oculta ó disfraza su verda- dero nombre.

**CRYPTOPE**, m. *criptóp*. Bot. Criptope género de plantas.

**CRYPTOPHAGE**, m. *criptofáge*. Zool. Criptófago, género de insectos.

**CRYPTOPHASE**, m. *criptofás*. Zool. Criptófaso, género de insectos.

**CRYPTOPHRAGMION**, m. *criptofrag-* *mión*. Bot. Criptofragmio, género de plan- tas.

**CRYPTOPHTHALME**, m. *criptoftálm*. Zool. Criptoftalmio, nombre de una especie de crustáceo de los mares de Sicilia.

**CRYPTOPLEURE**, f. *criptopleur*. Bot. Criptopleura, género de plantas.

**CRYPTOPODES**, m. pl. *criptopód*. Zool. Criptópodos, tribu de animales crustáceos.

**CRYPTOPORTIQUE**, m. *criptoportíc*. Arq. Criptopórtico, lugar subterráneo y abo- vedado. || Arco que sostiene una obra anti- gua. || Decoracion arquitectónica de una gruta.

**CRYPTOPROCTE**, m. *criptoproct*. Zool. Criptoprocto, especie de mamífero carnívo ro, muy parecido á los gatos.

**CRYPTOPYIQUE**, adj. *criptopiíc*. Pato. Criptópyico, epíteto dado á ciertas enferme dades producidas por un acceso oculto.

**CRYPTORHINIENS**, m. pl. *criptori-* *nién*. Zool. Criptorinios, nombre dado á una familia de aves nadadoras.

**CRYPTORHYNCHE**, m. *criptorénche* Zool. Criptorinco, género de insectos.

**CRYPTORHYNCHIDES**, m. pl. *cripto-* *renchíd*. Zool. Criptorinquidos, insectos.

**CRYPTORISTIQUE**, adj. Filol. *cripto-* *ristíc*. Criptorístico, dícese filológicamente de uno de los cuatro puntos de vista bajo los que se consideran todas las ciencias.

**CRYPTOSPORION**, m. *criptosporión* Bot. Criptosporio, género de hongos.

**CRYPTOSTOME**, m. *criptostom*. Zool. Criptóstomo, género de insectos.

**CRYPTOSTYLIDE**, m. *criptostilíd*. Bot. Criptostilido, género de plantas.

**CRYPTOTÉNIE**, f. *criptoteni*. Bot. Crip- totenia, género de plantas.

**CRYPTOTHÈCE**, f. *criptotés*. Bot. Crip- totecia, género de plantas.

**CRYPTURGE**, m. *criptúrge*. Zool. Crip- turgo, género de insectos.

**CRYSTAL** y sus derivados. V. **CRISTAL**.

**C-SOL-UT**, m. ant. *sesolút*. Mús. Ce-sol- fa-ut, voz musical, por la cual se designa el tono de *ut* ó la clave de *ut*.

**CTEISION**, m. *kteisión*. Bot. Teisio, hele- cho, planta que no se diferencia del ligodio.

**CTÈNE**, f. *ktén*. Zool. Tena, género de insectos arácnidos.

**CTÉNÈME**, m. *ktenóm*. Zool. Tenemo, género de la familia de los anfitritos.

**CTÉNICÈRE**, m. *ktenisér*. Zool. Tenice ro, género de insectos.

**CTÉNIDIE**, f. *ktenidí*. Zool. Tenidia, gé nero de insectos.

**CTÉNION**, m. *ktenión*. Bot. Tenio, gé nero de plantas bromáceas.

**CTÉNIOPE**, m. *ktenióp*. Zool. Teniope, género de insectos.

**CTÉNIPE**, m. *ktenip*. Zool. Tenipo, gé- nero de insectos.

**CTÉNISTES**, m. pl. *ktenist*. Zool. Tenis- tos, género de insectos coleópteros.

**CTÉNITE**, m. *ktenit*. Zool. Tenito, con- cha del género peine.

**CTÉNIZE**, f. *ktenis*. Zool. Teniza, raza de insectos arácnidos.

**CTÉNODACTYLE**, m. *ktenodactil*. Zool. Tenodáctilo, género de insectos.

**CTÉNODIE**, f. *ktenodí*. Bot. Tenodia, género de plantas cococárpeas.

**CTÉNODON**, m. *ktenodón*. Zool. Tenodo, género de reptiles.

**CTÉNOGYNE**, m. *ktenogín*. Zool. Tenogino, género de insectos.

**CTÉNOME**, m. *ktenóm*. Zool. Tenomio, género de mamíferos roedores.

**CTÉNONYCHE**, m. *ktenonícha*. Zool. Tenoniquio, género de insectos.

**CTÉNOPHORE**, m. *ktenofór*. Zool. Tenóforo, género de insectos dípteros.

**CTÉNOSCÉLIDE**, m. *ktenoselid*. Zool. Tenoscélido, género de insectos.

**CTÉNOSTOME**, m. *ktenostóm*. Zool. Tenóstomo, género de insectos.

**CTIMÈNE**, m. *ktimén*. Zool. Timeno, género de insectos.

**CUBA**, f. *cúba*. Mit. Cuba, diosa que protegía el sueño de los niños. || Cuba, medida usada en África para los líquidos.

**CUBAGE**, m. ó **CUBATURE**, f. *cubáge*, *cubatúr*. Mat. Cubaje ó cubicacion, la accion de cubicar ó elevar á la tercera potencia.

**CUBAS**, m. *cubá*. fam. Juego en que cada uno procura con ahinco deshacerse de sus cartas. Escríbese tambien *culbas*.

**CUBATION**, f. *cubasión*. Mat. Cubacion ó cubicacion, accion de cubicar.

**CUBATURE**, f. *cubatúr*. Geom. Cubatura ó cubicatura, método que sirve para medir el volúmen de los cuerpos.

**CUBE**, m. *cúb*. Geom. Cubo, poliedro compuesto de seis cuadrados iguales. Tambien se llama hexaedro regular. || Arit. Cubo, resultado de un factor que se multiplica por sí mismo tres veces. || adj. Cúbico, se dice de lo que pertenece al cubo.

**CUBÈBE**, m. *cubéb*. Bot. Cubeba, especie de peral de las grandes Indias. || Cubeba, fruto del mismo árbol.

**CUBÈS**, f. *cubé*. Bot. Cubes, uno de los nombres de la taquigalia.

**CUBER**, a. *cubé*. Arit. Cubar ó cubicar, multiplicar una cantidad por sí misma, y luego otra vez por sí misma; evaluar el número de unidades cúbicas que encierra un volúmen determinado.

**CUBICODON**, m. *cubicodón*. Zool. Cubicodon, género de reptiles.

**CUBICULAIRE**, m. *cubiculér*. Hist. Cubiculario, camarero de los emperadores romanos.

**CUBIQUE**, adj. *cubic*. Cúbico, que pertenece al cubo.

**CUBITAL**, m. *cubitál*. Cubital, especie de banqueta cuadrada que sirve para apoyarse. || adj. Anat. Cubital, que pertenece á la region del cúbito ó codo.

**CUBITO-CARPIEN**, adj. m. *cubitocarpién*. Anat. Cúbito-carpiano, que pertenece al hueso cúbito y al carpo.

**CUBITO-CUTANÉ, ÉE**, adj. *cubitocutané*. Anat. Cúbito-cutáneo, epíteto del nervio cutáneo interno.

**CUBITO-DIGITAL, E**, adj. *cubitodigitál*. Anat. Cúbito-digital, denominacion del nervio cubital.

**CUBITO-MÉTACARPIEN, NE**, adj. *cubitometacarpién, én*. Cúbito-metacarpiano, que pertenece al cúbito y al metacarpo.

**CUBITO-PALMAIRE**, adj. *cubitopalmér*. Anat. Cúbito-palmar, la porcion de arteria cubital que se extiende desde la muñeca hasta su terminacion.

**CUBITO-PHALANGETTIEN**, adj. y s. m. *cubitofalangetién*. Anat. Cúbito-falangiano, dícese de uno de los músculos de los dedos de la mano.

**CUBITUS**, m. *cúbitus*. Anat. Cúbito, nombre del hueso mayor de los dos que forman el antebrazo.

**CUBLA**, f. *cúbla*. Zool. Cubla, especie de pega reborda, ave carnívora.

**CUBO-CUBE**, m. *cubocúb*. Mat. Cubocubo, decimasexta potencia de un número.

**CUBO-CUBIQUE**, adj. *cubocubíc*. Mat. Cubo-cúbico, que es relativo al cubo. *Racine cubo-cubique*, raiz cubo-cúbica, décimasexta raíz.

**CUBO-DODÉCAÈDRE**, m. *cubododecaédr*. Miner. Cubo-dodecaedro, cristal que tiene la forma del cubo y la del dodecaedro.

**CUBO-ICOSAÈDRE**, m. *cuboicosaédr*. Miner. Cubo-icosaedro, cristal que participa de la forma del cubo y de la del icosaedro.

**CUBOÏDE**, adj. *cuboíd*. Mat. Cuboide, que se aproxima al cubo.

**CUBO-PRISMATIQUE**, adj. *cuboprismatíc*. Miner. Cubo-prismático, que participa del cubo y del prisma.

**CUBO-TÉTRAÈDRE**, m. *cubotetraédr*. Miner. Cubo-tetraedro, que participa del cubo y del tetraedro.

**CUCERON**, m. *cusrón*. Zool. Cucero, coco, gorgojo, insecto que devora las legumbres.

**CUCHIVANO**, m. *cuchiváno*. Cuchivano, caverna de donde salen llamaradas de mas de doscientas varas de altura, durante los terremotos, en la provincia de Venezuela.

**CUÇON**, m. *cusón*. Zool. Cuzon, uno de los nombres del gusano ó gorgojo que roe el trigo en las trojes.

**CUCUBALE**, m. *cucubál*. Bot. Cucúbalo, género de plantas.

**CUCUJE**, m. *cucúje* Zool. Cucujo, género de insectos coleópteros.

**CUCUJITES**, m. pl. *cucujít*. Zool. Cucújitos, tribu de insectos coleópteros.

**CUCULE** ó **CUCULLE**, f. *cucúl*. Cogulla, hábito de ceremonia de los religiosos de algunas órdenes monásticas. || Capa antigua de camino con capuchon.

**CUCULIDE**, adj. *cuculíd*. Zool. Cucúlido, se dice de las aves que se parecen al cuco.

**CUCULINE**, adj. f. *cuculín*. Zool. Cuculino ó cuculíneo, que tiene la costumbre del cuco, hablando de las aves y de los insectos.

**CUCULINÉES**, f. pl. *cuculiné*. Zool. Cuculíneas, sub-familia de aves establecida en la familia de los cucos.

**CUCULLAIRE**, adj. m. *cuculér*. Anat. Cucular, nombre dado al músculo trapecio. V. TRAPÈZE.

**CUCULLÉE**, f. *cuculé*. Zool. Cucúles, género de conchas univalvas.

**CUCULLIFÈRE**, adj. *cuculifér*. Bot. Cuculífero, que tiene apéndices en forma de corneta.

**CUCULLIFOLIÉ, ÉE**, adj. *cuculifolié*. Bot. Cuculifoliado, que tiene las hojas en forma de capuchon.

**CUCULIFORME**, adj. *cuculifórm*. Bot. Cuculiforme, que está enrollado en forma de corneta ó cogulla.

**CUCUMELLE**, f. *cucumél*. Cucumela, especie de vasija antigua de cocina, que tenia la forma de un cohombro.

**CUCUMÉRACÉ, ÉE**, adj. *cucumerasé*. Bot. Cucumeráceo, que se parece al cohombro.

**CUCUMÉRINÉ, ÉE**, adj. Bot. V. CUCUMÉRACÉ.

**CUCUMÉROÏDE**, adj. *cucumeroíd*. Bot. Cucumeroide, que se parece á un cohombro.

**CUCUMIFORME**, adj. *cucumifórm* Bot. Cucumiforme, que tiene la forma de un cohombro.

**CUCURBIFÈRE**, adj. *cucurbifér*. Bot. Cucurbífero, que produce un fruto parecido á la calabaza.

**CUCURBITACÉ, ÉE**, adj. *cucurbitasé*. Bot. Cucurbitáceo, que se parece á una cucúrbita ó calabaza. || *Cucurbitacées*, f. pl. Cucurbitáceas, familia de plantas.

**CUCURBITAIN**, m. *cucurbitén*. Bot. Cucurbitano, de semillas parecidas á la pepita de la calabaza. || Zool. Cucurbitano, especie de solitaria, lombriz.

**CUCURBITE**, f. *cucurbít*. Quim. Cucúrbita, parte inferior del alambique que recibe las sustancias destilatorias, generalmente llamada caldera ó cocedor. || Bot. Cucúrbita, nombre científico del género curgo ó calabaza.

**CUCURBITÉ, ÉE**, adj. *cucurbité*. Cucurbíteo, que se parece á la calabaza.

**CUCURBITULE**, f. dim. de CUCURBITE. *cucurbitúl*. Quim. Cucurbítola ó cucurbitilla, cucúrbita pequeña.

**CUCURI**, m. *cucurí*. Zool. Cucuri, especie de perro marino, pescado.

**CUEILLAGE**, m. [illegible] Agr. Recoleccion, accion de [illegible]

**CUEILLAISON**, f. [illegible] cion, cosecha de los [illegible] gerios.

**CUEILLARIE**, f. [illegible] laria, género de plantas [illegible]

**CUEILLE**, f. [illegible] = Aduja de cabo. [illegible] aire forma en el vidrio [illegible]

**CUEILLÉE**, f. [illegible] Art. [illegible] mino de los fabricantes de [illegible] para designar un manojo de [illegible] rezados por la máquina.

**CUEILLEMENT**, m. [illegible] leccion, cosecha de los frutos.

**CUEILLETTE**, f. [illegible] mento de un bosque [illegible] pertenencias. || Agr. Recoleccion [illegible] tos que producen ciertos árboles [illegible] olivo, el manzano, el almendro [illegible] lecta ó contribucion voluntaria [illegible] ge, consagrada á algun fin piadoso [illegible] timo sentido es el mas usual.

**CUEILLEUR, EUSE**, m. y f. [illegible] eus. Recolector, cogedor de frutos [illegible] ses, etc., ganando jornal. [illegible] aplica por desprecio á una [illegible] josa, harapo[illegible], mal vestida. || [illegible] dor, el que toma ó saca el vidrio [illegible] quido. || Pieza del torno que [illegible] dores de oro.

**CUEILLIE**, f. [illegible] Cogida, [illegible] de yeso que se extiende en la [illegible] regla para servir de señal.

**CUEILLIR**, a. *queillír*. Coger, [illegible] un fruto de su rama. || Coger [illegible] un ramillete. || met. *Cueillir des* [illegible] coger palmas, obtener victorias. [illegible] ger, tomar el cristal líquido. || Mar. [illegible] coger la jarcia circularmente.

**CUEILLISSAGE**, m. [illegible] Toma, nombre que se da á la [illegible] coger la seda sobre las [illegible]

**CUEILLOIR**, m. [illegible] Cesto [illegible] vano donde se echan los frutos [illegible] gen. || Horquilla ó tijerilla, [illegible] que sirve para alcanzar los frutos [illegible] muy altos.

**CUENÇA**, f. *cuénsa*. Com. Cuenca, [illegible] de lana.

**CUIDANCE**, f. ant. *cuidáns*. [illegible] presuncion, creencia.

**CUIDER**, m. *cuidé*. Cuévano, [illegible] de mimbres para recoger frutos.

**CUIL**, m. *cuil*. Zool. [illegible] Malabar.

**CUILLER** ó **CUILLÈRE**, f. [illegible] chara, utensilio de mesa que [illegible] comer. || Mar. Alegra, terraja [illegible] que se barrenan los cuños de los [illegible] *Cuiller à canon*, cuchara de [illegible] *Cuiller de cure oreille*, cuchara [illegible] || *Cuiller à potage*, cucharon. || [illegible] *cuiller*, cucharetazo. || Mil. [illegible] *lets rouges*, cuchara de [illegible] to de hierro forjado en forma de [illegible] sirve para sacar del hornillo [illegible] introducirla en el alma del [illegible] ra, instrumento de cirugía que [illegible] ma de cuchara; y se llama [illegible] instrumento que sirve para [illegible] en los partos laboriosos. || [illegible] vulgar del ave llamada [illegible] dillo, piedra hueca por donde [illegible] de una bajada de canalon y [illegible]

**CUILLERÉE**, f. *cuilré*. [illegible] contiene una cuchara.

**CUILLERISTE**, m. [illegible] charista, cucharero, el que [illegible] ó cucharas.

**CUILLERON**, m. *cuillerón*. [illegible] chara, la parte que se mete [illegible] comer. || Bot. Cucharon, se dice [illegible] de una flor que tiene la forma de [illegible] ra. || Mil. Muelle que aprieta [illegible] fusil en el baquetero.

**CUILLIER**, m. *cuillié*. [illegible] cuchara, ave acuática.

**CUIR**, m. *cuír*. Cuero, [illegible] gumento extendido sobre la [illegible] animales. || *Cuir chevelu*, piel [illegible] piel del cráneo en donde están [illegible] cabellos. || Cuero, piel de [illegible] que ya está adobada para [illegible]

[illegible] || *Cuir bouilli*, cuero cocido y [illegible] hacer [illegible] *Cuir de Rusia* [illegible] *Cuir vert*, cru, [illegible] que no ha recibido aun nin- [illegible] *Cuir corroyé*, [illegible] *Cuir de laine*, paño [illegible] y muy fuerte. || fam. [illegible] pintero de portal, [illegible] || fam. Pronunciacion de [illegible] á la vocal inicial [illegible]. Se diria *il fait des* [illegible] por ejemplo, *vous avons eu* [illegible]

[illegible], f. *cuirás*. Mil. Coraza, ar- [illegible] || met. *Le défaut de la* [illegible], la parte débil de una [illegible]

[illegible], a. *cuirasé*. Armar, reves- [illegible] Fortificar, suministrar- [illegible] de rechazar los ata- [illegible] en una discusion.

[illegible], m. *cuirasié*. Mil. Coraco- [illegible] caballería que toma su nom- [illegible]

[illegible], m. *cuiratié*. Art. Curtidor, [illegible] la preparacion de los cueros.

[illegible], a. *cuir*. Cocer, preparar los ali- [illegible] del calor del fuego. || Co- [illegible] con fuego ó por medio [illegible] para hacerlas útiles, [illegible], barro, etc. || Cocer, di- [illegible] el estómago los alimentos. || [illegible] por la accion del [illegible] líquidos, hervir. || Es- [illegible] dolor agudo y penetrante [illegible] quemadura. || met. Dar [illegible] : *il vous en cuira*, [illegible] Vd. || Cocerse, abrasar- [illegible] extraordinario, excesivo.

[illegible], a. *cuiré*. Encerar, cubrir con [illegible]

[illegible], m. [illegible] Art. Quema, car- [illegible] del fuego sobre la made- [illegible]

[illegible], E, adj. [illegible] Picante, abra- [illegible] Agudo, acerbo, amargo, agrio, [illegible]

[illegible], m. *cuiseur*. Art. Hornero, el [illegible] del fuego de un horno de [illegible] de barro. Entre los fabri- [illegible] se llama artillero.

[illegible], f. *cuisín*. Cocina, pieza donde [illegible] y adoban los alimentos. || Coci- [illegible] los manjares. || Cocina, [illegible] de cocina. || Cocina, [illegible] en la prepa- [illegible] || *Faire la cuisine*, ha- [illegible] de comer, guisar.

[illegible], f. *cuisinpoel*. Utensi- [illegible] usado para calen- [illegible] y cocer los man- [illegible]

[illegible], a. *cuisiné*. Cocinar, guisar, [illegible]

[illegible], m. y f. *cuisinié*, *er*. [illegible] hace la cocina, que dis- [illegible] que sabe cocinar.

[illegible], f. *cuisinuár*. Asador, uten- [illegible] en forma de un semici- [illegible]

[illegible], m. *cuisár*. Mil. ant. Escar- [illegible] parte de la arma- [illegible]

[illegible], m. *cuisár*. Pierna de palo [illegible] compuesta.

[illegible] Muslo, parte del miem- [illegible] y la mujer, y pos- [illegible] situada entre la [illegible] || Pierna, muslo de los [illegible] para comer. || [illegible] de anca. || [illegible] de para larga y [illegible]

[illegible], f. [illegible] Mil. Porta-caja, [illegible] de un tam- [illegible] [illegible]

[illegible] Coccion, cocimien- [illegible] de esta [illegible], cantidad de [illegible] || Coccion, el traba- [illegible] á uno la comi-

da. || [illegible] escozor, dolor agudo en alguna parte del cuerpo.

**CUISSOT**, m. *cuisó*. Pernil, pierna ó cuarto trasero de algun animal, como el venado, el jabalí y otros animales monteses que se cazan.

**CUISTRE**, m. *cuistr*. Fámulo, criado de colegio. || met. Pedante, grosero.

**CUIT**, **E**, adj. *cuí*. Cocido. || fam. *Avoir son pain cuit*, tener el pan asegurado.

**CUITE**, f. *cuít*. Cocedura, cochura, accion de cocer porcelana, losa, tejas, ladrillos, cal, etc. || Hornada, conjunto de objetos que se cuecen de una vez. || Coccion, concentracion de un líquido, decoccion que está en su punto.

**CUITLAUZINIE**, f. *cuitlosiní*. Cuitlaucinia, género de plantas.

**CUIVRE**, m. *cuívr*. Miner. Cobre, cuerpo simple, metálico, sólido, brillante, de color rojo, muy maleable, mas duro y elástico que la plata y mas fusible que el oro.

**CUIVRÉ**, **ÉE**, adj. *cuivré*. Encobrado, cobrizo, que tiene el color de cobre. || Bronceado, dorado con oro falso.

**CUIVRER**, a. *cuivré*. Encobrar, cubrir de cobre en hojas. || Dorar con oro falso.

**CUIVRETTE**, f. *cuivrét*. Mús. Tudel, lengüeta de laton que se pone á algunos instrumentos de aire.

**CUIVREUX**, **EUSE**, adj. *cuivreu*, *eus*. Cobrizo, que tiene relacion con el cobre, que está compuesto de cobre. || Quím. Cúprico.

**CUIVRICO-ALUMINIQUE**, adj. *cuivricoaluminíc*. Quím. Cúprico-alumínico, se dice de una sal de cobre combinada con otra de alúmina.

**CUIVRICO-AMMONIQUE**, adj. *cuivricoamoníc*. Quím. Cúprico-amónico, se dice de la combinacion de una sal de cobre con otra de amoniaco.

**CUIVRICO-COBALTIQUE**, adj. *cuivricocobaltíc*. Quím. Cúprico-cobáltico, calificacion de una sal de cobre combinada con otra de cobalto.

**CUIVRICO-POTASSIQUE**, adj. *cuivricopotasíc*. Quím. Cúprico-potásico, calificacion de una sal de cobre combinada con otra de potasa.

**CUIVRICO-SODIQUE**, adj. *cuivricosodíc*. Quím. Cúprico-sódico, calificacion de una sal de cobre combinada con otra de sosa.

**CUIVRIQUE**, adj. *cuivríc*. Cobrizo, que tiene relacion con el cobre.

**CUIVROT**, m. *cuivró*. Reloj. Garrucha de tornillos, que usan los relojeros.

**CUJA**, f. *cúja*. Zool. Cuja, mamífero carnívoro de Chile parecido al huron.

**CUJELIER**, m. *cujelié*. Zool. Cujeliar, nombre vulgar de la alondra de los bosques.

**CUL**, m. *cú*. Culo, trasero, asentaderas. || fam. Trascorral, traspontin. || Culo, la parte póstera de algunos animales. || Culo, el ano, el orificio por donde salen los excrementos. || Culo, la parte inferior, el fondo de una cosa. || Impr. *Cul de lampe*, culo de lámpara, adorno que termina en punta y sirve para llenar el blanco de una página en que acaba un capítulo, libro, etc. || Arq. Culo de lámpara, adornos de un artesonado ó de una bóveda. || Fort. Palomilla, especie de repisa cónica volcada que sostiene una torrecilla ó garita. || *Avoir le cul sur la selle*, tener el trasero sobre la silla, estar siempre á caballo. || met. y fam. *Montrer le cul*, enseñar el culo, tener una ropa muy vieja y muy destrozada; se dice tambien de un hombre que manifiesta debilidad, cuando se esperaba mucho de su valor ó firmeza. || *Faire le cul de poule*, poner hocico, hacer un gesto encogiendo los labios. || *Prendre son cul pour ses chausses*, tomar el rábano por las hojas, esto es, equivocarse groseramente.

**CULAGE**, m. *culáge*. Derecho que tenian los señores de dormir con las novias de sus vasallos la primera noche de boda. || Impuesto que se pagaba para rescatar esta carga.

**CULART**, m. *culár*. Art. Cogote, parte de algunos martillos de fragua opuesta á la boca, y es la que recibe los golpes.

**CULASSE**, f. *culás*. Culata, parte trasera de un arma de fuego, principalmente de una pieza de artillería. || Culata, parte inferior de un brillante. || Culata, parte del tronco de los árboles de donde parten las raíces.

**CULASSEMENT**, m. *culasmán*. Encufetamiento, accion de enculatar y poner la culata á un arma de fuego.

**CULATE**, f. *culát*. Mil. Culata, parte de un cañon que está detras de su chimenea y termina en un gran boton de metal.

**CULAVE**, f. *culáv*. Art. Crisol, mortero, vasija de tierra ó palastro, usada para recocer el vidrio.

**CUL-BLANC**, m. *cublán*. Zool. Andarríos ó aguzanieve, ave.

**CULBUTABLE**, adj. *culbutábl*. Derrocable, arruinable, derribable, que puede ó está expuesto á ser derribado.

**CULBUTANT**, **E**, adj. *culbután*. Derrocante, que derroca, que es á propósito para derrocar.

**CULBUTE**, f. *culbút*. Voltereta ó voltereta, salto de campana que da una persona. || Caída peligrosa. || Cir. Vuelta, movimiento que hace el feto en la matriz, por el cual la cabeza se dirige hácia el orificio de este órgano. || Tumbo, vuelco, caída, así en lo físico como en lo moral.

**CULBUTER**, a. *culbuté*. Voltear, volcar, derribar á alguno por tierra poniéndolo de arriba abajo. || met. Derribar, arruinar, perder á alguno. || n. Caer, tumbar, volcar de cabeza. || met. Arruinarse, perderse. || *Se culbuter*, r. Volcarse, tumbarse, derribarse los unos á los otros.

**CULBUTIS**, m. *culbutí*. Batiburrillo, confusion, monton de cosas trastornadas y confundidas.

**CULCASIE** ó **COLOCASIE**, f. *culcasí*, *colocasí*. Bot. Culcasia ó colocasia, género de plantas.

**CULCITE**, f. *culsít*. Bot. Culcita, género de helechos. || *Culcites*, m. pl. Mil. ant. Jergones de yerba que se usaban en los ejércitos antiguos.

**CULCITION**, m. *culsisión*. Bot. Culcision, género de plantas.

**CUL-DE-BOUTEILLE**, m. *cudbuteil*. Culo de botella, el fondo.

**CUL-DE-FOUR**, m. *cudfúr*. Arq. Medio punto, bóveda esférica sobrealzada, de medio punto ó rebajada.

**CUL-DE-JATTE**, m. fam. *cudját*. Persona estropeada, que no puede hacer uso de sus piernas, y para andar se arrastra con el trasero en una especie de artesa.

**CUL-DE-SAC**, m. *cudsác*. Callejon sin salida. Voltaire ha remplazado *cul-de-sac* por *impasse*, que es la palabra usual. || met. Empleo que no tiene ascenso.

**CUL-DE-VERRE**, m. *cudvér*. Vet. Especie de nube verdosa que se ve en el fondo del ojo de algunos caballos, y que indica que tienen mala la vista.

**CULÉE**, f. *culé*. Arq. Estribo, pilar ó machon sobre que se apoya una obra de cantería.

**CULER**, n. *culé*. Mar. Se dice de un buque que se queda detras de otro, porque anda ménos. || Ir impeliendo los botes hácia atras con los remos.

**CULERON**, m. *culrón*. Guarn. Baticola, parte redonda de la grupera del caballo, que retiene la silla en las bajadas.

**CULÉUS**, m. *cúleus*. Culeo, suplicio reservado á los parricidas, y que consistia en meter al culpable en un saco de cuero con un mono, un gallo y una serpiente y arrojarle al mar.

**CULEX**, m. Zool. V. COUSIN.

**CULHAMIE**, f. *culamí*. Bot. Culamia, género de plantas esterculíceas.

**CULICIDE**, adj. *culisid*. Zool. Culícido, parecido al cínife. || *Culicides*, m. pl. Culícidos, familia de insectos.

**CULICIFORME**, adj. *culisifórm*. Zool. Culiciforme, que tiene la forma de un cínife.

**CULICIVORE**, adj. *culisivór*. Zool. Culicívoro, que se alimenta de cínifes, de moscardones.

**CULICOÏDE**, adj. *culicoid*. Zool. Culicoide, parecido al cínife.

**CULIER**, adj. y s. m. *culié*. Anat. Cular, perteneciente al culo. || *Boyau culier*, tripa del cagalar, intestino que termina en el ano, llamado tambien intestino recto.

**CULIÈRE**, f. *culiér*. Guarn. Cincha de

cuero usada para impedir que la silla del caballo se vaya adelante.

**CULILABAM**, m. *culilabán*. Bot. Culilaban, especie de laurel de la India, cuya cáscara es muy aromática.

**CULINAIRE**, adj. *culinér*. Culinario, que tiene relacion con la cocina.

**CULINA-MARIANA**, f. *culinamariána*. Bot. Culina-mariana, planta febrífuga de América.

**CULIT-API**, m. *culitapí*. Bot. Culitapio, género de plantas.

**CUL-JAUNE**, m. *cujón*. Zool. Culo-amarillo, nombre vulgar de muchas especies de [illegible].

**CULMIFÈRE**, adj. *culmifér*. Risífero, que trae ó produce risa.

**CULMIGÈNE**, adj. *culmigén*. Bot. Risígeno, que crece sobre la riza ó rastrojo.

**CULMINANCE**, f. *culminéns*. Cúlmen, cima, la mayor elevacion, el punto mas elevado.

**CULMINANT**, E, adj. *culminán*. Culminante: se dice del punto mas elevado, mas alto. || Astr. Culminante: dícese del punto del cielo en el que un astro se encuentra en su mayor altura.

**CULMINATION**, f. *culminasión*. Astr. Culminacion, momento del paso de un astro por el meridiano, que es el punto mas elevado del cielo.

**CULMINER**, n. impers. *culminé*. Astr. Culminar, pasar por el punto mas elevado del horizonte.

**CULOT**, m. *culó*. Garripato, el último de los pollos nacidos de una misma nidada. || Redrojo, el último de los hijos de un matrimonio. || Novato, novicio, el último admitido en una sociedad ó compañía. || El oro ó plata fundida en un crisol, y tambien el residuo que queda entre la escoria. || Residuo espeso y negruzco que se forma y deposita en el hogar de una pipa cuando se usa mucho tiempo.

**CULOTTE**, f. *culót*. Calzon, parte del vestido del hombre que cubre desde la cintura hasta las rodillas. || *Culotte de bœuf, de pigeon*, cuarto trasero de buey, de pichon. || *Première culotte*, mozuelo, todo jóven que quiere hacerse el importante. || Bot. Mitad inferior de la anémona. || Cantonera, pieza de metal que está debajo de la base de los fusiles y pistolas para resguardarlas. || Tubo de dos ramas ó brazos destinado á reunir las aguas en un conducto principal.

**CULOTTER**, a. *culoté*. Poner calzones, hacer calzones. || Encalzonar la pipa, ennegrecerla con el humo. || n. Hacer calzones. || *Se culotter*, r. Ponerse los calzones.

**CULOTTEUR**, m. *culoteur*. Encalzonador, el que encalzona la pipa.

**CULOTTIER, ÈRE**, m. y f. *culotié, ér*. Sastre ó costurera que hace calzones ó pantalones.

**CULOTTIN**, m. *culotén*. Calzon muy ajustado. || Calforras, braguillas: se dice del niño que lleva calzones por primera vez.

**CULPABILITÉ**, f. *culpabilité*. Culpabilidad, estado del que es culpable ó reputado por tal. Solo se dice hablando de personas. || *Non culpabilité*, inculpabilidad, no culpabilidad, estado del que no es culpable.

**CULTE**, m. *cúlt*. Culto, adoracion que se tributa á Dios en los actos religiosos. || Culto, conjunto de las ceremonias religiosas. || *Culte extérieur*, culto externo, el que se manifiesta con acciones exteriores. || *Culte intérieur*, culto interno, culto, respeto, adoracion que no se manifiesta, y reside en el fondo del corazon. || Culto, religion, doctrina. || Culto, admiracion, respeto, hablando de personas y cosas. || Culto, estudio apasionado de alguna cosa.

**CULTELLAIRE**, adj. *cultelér*. Hist. nat. Cultelario, que tiene la forma de un cuchillo.

**CULTELLATION**, f. *cultelasión*. Geom. Cultilacion, medida de un terreno proyectado horizontalmente, por medio del instrumento universal.

**CULTISME**, m. *cultism*. Cultismo, nombre dado á un modo de escribir muy afectado, que se nota en muchos escritores españoles.

**CULTIVABLE**, adj. *cultivábl*. Cultivable, susceptible de cultura.

**CULTIVATEUR**, m. *cultivateur*. Cultivador, el que cultiva la tierra ó dirige el cultivo como hacendado que tiene labranza propia. || Arado pequeño muy lijero, destinado á suplir la azada.

**CULTIVATION**, f. *cultivasión*. Cultivacion, cultivo, accion de cultivar. || Cultivo, trabajo necesario para que la tierra produzca.

**CULTIVER**, a. *cultivé*. Cultivar, hacer los trabajos necesarios para que sea la tierra mas fértil y para mejorar sus productos. || Cultivar, dedicarse á alguna cosa con empeño, procurar perfeccionarse en ella. || Cultivar, fomentar, estrechar las relaciones, los vínculos que unen á las personas entre sí. *Cultiver ses amis, ses connaissances*, cultivar la amistad de las personas conocidas, frecuentando su sociedad.

**CULTORISTE**, m. *cultorist*. Lit. Gongorino, nombre dado á los poetas españoles que seguian la escuela de Góngora, llamados tambien los cultos.

**CULTRIFOLIÉ, ÉE**, adj. *cultrifolié*. Bot. Cultrifoliado, que tiene las hojas en forma de cuchillo.

**CULTRIFORME**, adj. *cultrifórm*. Cultriforme, que tiene la forma de un chuchillo, que es delgado como hoja de cuchillo.

**CULTRIROSTRE**, adj. *cultrirόstr*. Zool. Cultrirostro, que tiene el pico en forma de cuchillo. || *Cultrirostres*, m. pl. Cultrirostros, familia de gorriones y de aves zancudas.

**CULTURE**, f. *cultúr*. Agr. Cultivo, conjunto de los trabajos que tienen por objeto la labranza de la tierra y el mejoramiento de sus productos. || *Culture des animaux*, cultivo de los animales, industria del que cria animales útiles. || met. Cultivo, aplicacion, esmero en perfeccionar las ciencias, las artes, y en desarrollar las facultades intelectuales. || Cultura, elegancia en el estilo.

**CULVERTAGE**, m. *culvertáge*. Servidumbre ignominiosa.

**CUMBIPISIN**, m. *conbipisén*. Farm. Cumbipisin, goma resinosa de las Indias parecida á la mirra.

**CUME**, f. *cúm*. Zool. Cuma, género de moluscos. || Cuma, género de crustáceos.

**CUMÉEN, NE**, adj. y s. *cumeén, én*. Cumeo, de la ciudad de Cúmas.

**CUMIN**, m. *cumén*. Comino, género de plantas umbelíferas. = *Cumin sauvage*, comino silvestre. = *Cumin des prés*, alcaravea.

**CUMINÉES**, f. pl. *cuminé*. Bot. Cumíneas, tribu de plantas.

**CUMINGIE**, f. *cumengí*. Zool. Cumingia, género de conchas bivalvas.

**CUMINIE**, f. *cuminí*. Bot. Cuminia, género de plantas lamiáceas.

**CUMINOÏDE**, adj. *cuminoid*. Cuminoide, parecido al comino.

**CUMITES**, f. pl. *cumít*. Zool. Cumitos, grupo pequeño de crustáceos.

**CUMMINGIE**, f. *cumengí*. Bot. Cumingia, género de plantas liliáceas.

**CUMUL**, m. *cumúl*. Acumulacion, accion de acumular, de reunir muchas cosas. || Acumulacion, reunion de muchos cargos, empleos ú honores en una misma persona.

**CUMULARD**, m. *cumulár*. Polit. y fam. Voz despreciativa, aplicada en Francia á los que reunen en sí varios cargos, eludiendo la ley que lo prohibe.

**CUMULATIF, IVE**, adj. *cumulatif, iv*. Jurisp. Acumulativo, que se hace por acumulacion.

**CUMULATION**, f. *cumulasión*. Acumulacion, accion de acumular. || Cúmulo, reunion, amontonamiento.

**CUMULATIVEMENT**, adv. *cumulativemán*. Acumulativamente, por acumulacion.

**CUMULER**, a. *cumulé*. Acumular, reunir, juntar, poner juntas varias cosas. || Adm. Acumular, reunir varios cargos ú honores.

**CUNCÉES**, f. pl. *cunsé*. Bot. Cunceas, género de plantas rubiáceas.

**CUNCTATEUR**, m. *queunctateur*. Temporizador, entretenedor, el que gana tiempo dilatándolo.

**CUNCTATION**, f. *queunctasión*. Temporizacion, dilacion, situacion, estado del que temporiza, del que dilata.

**CUNCTER**, n. *queuncté*. Temporizar, dilatar, dar largas para aprovecharse del tiempo.

**CUNÉAIRE**, adj. *cunuér*. Cuñal, que tiene la forma de una cuña.

**CUNÉEN, NE**, adj. *cuneén, én*. Cuneal, que tiene relacion con los huesos cuneiformes.

**CUNÉICEPS**, adj. *cuneicéps*. Cuneíceps, que tiene la cabeza en forma de cuña.

**CUNÉIFORME**, adj. [illegible] Cuneiforme, que tiene la forma de [illegible]

**CUNÉIFOLIÉ, ÉE**, adj. [illegible] Cuneifoliado, que tiene hojas en [illegible] cuña.

**CUNÉIROSTRE**, adj. [illegible] Cuneirostro, que tiene el pico en [illegible] cuña. || *Cunéirostres*, m. pl. [illegible] familia de gorriones, que tiene el pico [illegible] forma de cuña.

**CUNETTE**, f. *cunét*. Fort. [illegible] que se abre en medio de los fosos.

**CUNÉUS**, m. *cúneus*. Zool. [illegible] de conchas bivalvas.

**CUNICULAIRE**, adj. [illegible] Cunicular, que tiene alguna [illegible] el conejo. || *Cuniculaires*, m. [illegible] res, familia de mamíferos [illegible]

**CUNINA**, f. *cunína*. Mit. [illegible] tutelar de los niños que [illegible]

**CUNNINGHAMIE**, f. [illegible] Cuningamia, género de plantas de [illegible]

**CUPAÏBA**, m. *cupaíba*. Bot. [illegible] árbol que produce el bálsamo del [illegible] nombre.

**CUPHÉE**, f. *cufé*. Bot. Cufea, [illegible] plantas litráceas.

**CUPIDE**, adj. *cupíd*. Ávido, [illegible] avaricioso, codicioso.

**CUPIDIQUE**, adj. *cupidíc*. [illegible] enamorado, amoroso. || Cupídico, [illegible] tenece á Cupido, dios del amor.

**CUPIDITÉ**, f. *cupidité*. Avidez, [illegible] deseo ardiente é inmoderado, [illegible] seer y gozar, hablando de los [illegible] nes terrestres. || Avaricia, sed [illegible] dinero, de riquezas. || Teol. [illegible] apetito carnal inmoderado.

**CUPIDON**, m. *cupidón*. Mit. [illegible] de los nombres del amor, hijo de [illegible] de Vénus. || met. Cupido, niño [illegible] agraciado. || met. Cupido, [illegible] cree hermoso, que se hace el [illegible]

**CUPIDONÉ, ÉE**, adj. [illegible] mado, hecho un Cupido, un Adonis.

**CUPRATE**, m. *cuprát*. Quím. [illegible] combinacion de deutóxido de cobre [illegible] gunos óxidos metálicos electro-positivos.

**CUPRESSIFOLIÉ, ÉE**, adj. [illegible] Bot. Cupresifoliado, cuyas hojas son [illegible] parecidas á las del cipres.

**CUPRESSIFORME**, adj. [illegible] Cupresiforme, que tiene la forma de [illegible] rama de cipres.

**CUPRESSINÉES**, f. pl. [illegible] Cupresineas, tribu de plantas [illegible] tipo es el género cipres.

**CUPRESSITE**, m. [illegible] sito, nombre dado á varios vegetales [illegible] parecidos al cipres.

**CUPRESSUS**, m. *cuprésus*. [illegible] V. CYPRÈS.

**CUPRIDES**, m. pl. *cupríd*. [illegible] pridos, familia de minerales.

**CUPRIFÈRE**, adj. *cuprifér*. [illegible] prífero, que contiene [illegible]

**CUPRIFICATION**, f. [illegible] Quím. Cuprificacion, conversion [illegible] po en cobre.

**CUPRIPENNE**, adj. [illegible] pripeno, que tiene las alas ó las [illegible] color de cobre

**CUPRIQUE**, adj. *cupríc*. [illegible] cobre, que tiene semejanza con [illegible]

**CUPRIROSTRE**, adj. [illegible] Cuprirostro, que tiene el pico ó [illegible] color de cobre, hablando de [illegible]

**CUPRO-SULFINATE**, m. [illegible] *nát*. Quím. Cupro-[illegible] de cobre y de ácido [illegible]

**CUPROXIDE**, m. *cuproxíd*. [illegible] próxido, óxido de cobre con el [illegible]

**CUPULAIRE**, adj. *cupulér*. [illegible] tiene la forma de una cúpula ó [illegible]

[illegible], f. cupúl. Bot. Cúpula, especie [illegible] que rodea las flores.

[illegible], adj. cupulé. Bot. Cupúleo, [illegible].

[illegible], adj. cupulifér. Bot. Cu[illegible].

[illegible], adj. cupuliform. Bot. [illegible], que tiene la forma de una cú[illegible].

[illegible], f. curabilité. Med. Cura[illegible] de una enfermedad que es [illegible].

[illegible], adj. curábl. Curable, que [illegible].

[illegible], m. curasó. Curaso, licor [illegible], y que se hace con [illegible] de naranja de la isla de Cura[illegible].

[illegible], f. curáj. Agr. Surco de desa[illegible], los caballones.

[illegible], m. curaj[illegible], monda, la [illegible]. || El efecto ó resul[illegible] limpiar; los gastos que ocasiona.

[illegible], m. curagua. Bot. Caragua, [illegible] de Chile.

[illegible], m. curadór. Curador, [illegible].

[illegible] ó CURAGNE, m. curaña, [illegible], género de plantas.

[illegible], curár. Bot. Curare, terrible [illegible], en el que los indios de la [illegible] mojan las puntas de sus [illegible].

[illegible], f. curarín. Quím. Curarina, [illegible] se considera como el principio [illegible].

[illegible], f. curatél. Curatela, cura[illegible] curador.

[illegible], TRICE, m. y f. curateur, [illegible], persona encargada legal[illegible] administrar los bienes de otro, y [illegible] de cuidar de la persona.

[illegible], IVE, curatif, iv. Med. Curati[illegible] á la cura de una enfer[illegible] que puede emplearse con [illegible].

[illegible], f. curasión. Med. Curacion, [illegible] del médico para curar una [illegible].

[illegible], f. V. CURATEUR.

[illegible], Bot. Curcaso, gé[illegible].

[illegible], m. curculigo. Bot. Curcu[illegible].

[illegible], m. curculio. Zool. Curculio, [illegible] del gorgojo.

[illegible], adj. curculionid. Zool. [illegible] parecido al gorgojo.

[illegible], adj. curculioni[illegible]. Curculioniforme, que tiene la [illegible].

[illegible], m. pl. curculionit. [illegible], familia de insectos.

[illegible], m. curcuma. Bot. Curcuma, [illegible] de Indias.

[illegible], f. pl. curcumaci. Bot. [illegible], familia de plantas.

[illegible], f. curcumín. Quím. Cur[illegible].

[illegible], f. cúr. Med. Cura, conjunto de re[illegible] que prodiga el médico á [illegible], curacion de una enfer[illegible], remedio que dan los [illegible] de rapiña para purgar[illegible] de un peso, etc. || Anti[illegible] que significa hoy souci, [illegible] en español, reemplazada [illegible] Curato, beneficio eclesiás[illegible] cargo de almas, cargo que tiene [illegible] y de administrar los [illegible]. || Curato, pres[illegible].

[illegible], sacerdote [illegible]. || Variedad [illegible].

[illegible], m. curadién. Mondadien[illegible] pequeño para mon[illegible].

[illegible], cerilla que se da [illegible] de grasa despues [illegible].

[illegible], CURE-LANGUE, m. curidague, gratidague Mondalenguas, instrumento, ordinariamente de marfil, para quitar la capa mucosa que cubre la lengua.

CUREMA, m. cúrema. Zool. Curema, pescado del Brasil parecido á la trucha.

CUREMENT, m. curmán. Limpieza, accion de limpiar, resultado de esta accion.

CURE-MÔLE, m. curmól. Mar. Ponton de limpia.

CURE-OREILLE, m. curorill. Mondaoídos, especie de cucharilla para extraer del conducto auditivo el cerúmen amontonado.

CURE-PIED, m. curpié. Art. Cepillo de limpiar los cascos de los caballos.

CURER, a. curé. Mondar, limpiar pozos, puertos, letrinas. || Agr. Mondar, quitar las ramas muertas, los espigones que nacen en mala parte y perjudican al incremento de los árboles. || Cetr. Curar, purgar á los halcones, dar la curalle á un ave de rapiña.

CURET, m. curé. Art. Piel de búfalo ú otro animal sobre la que se frotan las piedras sanguinarias con potea de estaño, cuando se dora alguna pieza.

CURETTE, f. curét. Mil. Palo de badana, instrumento que usan los soldados para limpiar las armas. || Cir. Especie de cucharilla de mango largo para sacar la piedra de la vejiga. || Art. Peine, instrumento para limpiar las cardas.

CUREU, m. cureu. Zool. Cureu, especie de mirlo de Chile.

CUREUR, m. cureur. Limpiador, mondador, el que limpia. || Cureur de puits, pocero.

CURIAL, E, adj. curiál. Hist. Parroquial, que pertenece á una parroquia. || ant. Decíase de lo que tenia relacion con el tribunal llamado Cour de justice.

CURIALE, m. curiál. Hist. Curial, miembro de la antigua curia romana.

CURIALISTE, m. curialist. Cortesano, hombre de corte.

CURICACA, m. curicáca. Zool. Curicaca, uno de los nombres del tántalo chillon de América.

CURIE, f. curí. Hist. Curia, subdivision del pueblo romano, décima parte de una tribu. || Curia, local particular en que se reunian las curias. || Curia, conjunto de las diversas administraciones que constituyen el gobierno papal.

CURIEUSEMENT, adv. curieusmán. Curiosamente, con curiosidad. || Cuidadosamente, exactamente, con cuidado.

CURIEUX, EUSE, adj. curieu, eus. Curioso, que tiene mucha gana de saber, de ver cosas extrañas, interesantes. || Curioso, indiscreto, que quiere saber secretos ajenos. || Curioso, que reune ó busca objetos raros. || Curioso, raro, extraño, propio para picar la curiosidad. || Curioso, notable, sorprendente. || m. y f. Curioso, el que tiene curiosidad. || Curioso, el que trata de inquirir secretos de otros. || Curioso, el que busca con cuidado cosas extrañas ó curiosas. || Curioso, lo extraño, lo notable de un asunto.

CURIMATE, m. curimát. Zool. Curimato, género de peces salmoneídes.

CURINUS, m. curinus. Dios de los Sabinos, cuyo culto fué introducido en Roma por Tacio.

CURION, m. curión. Hist. Curion, sacerdote instituido por Rómulo para cuidar de las fiestas y de los sacrificios particulares de cada curia.

CURIONIES, f. pl. curioní. Curionias, sacrificios que hacian anualmente las curias.

CURIOSITÉ, f. curiosité. Curiosidad, deseo de saber, de conocer. || Curiosidad, deseo imprudente, indiscreto, de saber los asuntos y secretos de otro. || Curiosidad, deseo de buscar, de poseer objetos curiosos y extraños. || Curiosidad, cosa rara y digna de verse. Solo se usa en plural, en este sentido.

CURMI, m. curmí. Bebida fermentada hecha con cebada, usada aun en algunos paises del Norte.

CUROIR ó CURON, m. curuár, curón. Agr. Arrejada, instrumento de hierro ó de palo con que se limpia el arado.

CUROTROPHE, m. curotróf. Mit. Curotrofo, sobrenombre de Apolo, que cuida de la juventud.

CURRICLE, m. curriclCurricle, especie de carruaje usado en Inglaterra.

CURRUCA, m. currúca. Zool. Curruca, nombre científico del género alondra.

CURSEUR, m. curseur. Mar. Corredera. || Curseurs apostoliques, correos apostólicos, oficiales del papa cuyas funciones consisten en advertir á los cardenales, príncipes, embajadores y demas notables, para que asistan á los consistorios, á las grandes ceremonias, etc.

CURSIF, IVE, adj. cursif, iv. Cursivo, calificacion del carácter de letra trazado con rapidez. En la imprenta se llama bastardo. || Se usa tambien como sustantivo.

CURSIVEMENT, adv. cursivmán. Cursivamente, de cursiva.

CURSORIPÈDE, adj. cursoripéd. Zool. Cursorípedo, que tiene los piés á propósito para correr.

CURTATION, f. curtasión. Astr. ant. Curtacion, diferencia entre la distancia real de un planeta al sol, y esta distancia reducida al plano de la eclíptica. La palabra latina curtatio es mas usual. (Taboada.)

CURTICÔNE, m. curticón. Geom. Curticono, cono truncado por un plano paralelo á su base.

CURTIPÈDE, adj. curtipéd. Bot. Curtípede, que tiene el pie ó el rabillo corto, hablando de hojas y frutos.

CURTIROSTRE, m. curtiróstr. Zool. Curtirostro, que tiene el pico corto.

CURTISIE, f. curtisí. Bot. Curtisia, género de plantas.

CURTOCÈRE, m. curtosér. Zool. Curtócero, género de insectos.

CURTOGYNE, f. curtogín. Bot. Curtogina, género de plantas del Cabo.

CURTONÈVRE, m. curtonévr. Zool. Curtonevro, género de insectos.

CURTONOTE, m. curtonót. Zool. Curtonoto, género de insectos.

CURTOPOGON, m. curtopogón. Bot. Curtopogon, género de plantas gramíneas.

CURTOSCÈLE, m. curtosél. Zool. Curtoscelo, género de insectos.

CURULE, adj. curúl. Curule, calificacion de una silla de marfil que podian usar ciertos magistrados romanos.

CURURE, f. curúr. Agr. Cieno, tarquin, basura extraida de un monton de agua estancada.

CURVATEUR, adj. m. curvateur. Encorvador, que encorva. || Anat. Encorvador, dícese de uno de los músculos del coxis. Se usa como sustantivo.

CURVATIF, IVE, adj. curvatif, iv. Bot. Curvativo, que está ligeramente encorvado ó arrollado por los bordes.

CURVICAUDE, adj. curvicód. Zool. Curvicaudo, que tiene la cola arrollada.

CURVICOLLE, adj. curvicól. Zool. Curvicolo, que tiene el cuello encorvado.

CURVIDENTÉ, ÉE, adj. curvidanté. Zool. Curvidentado, que tiene dientes encorvados.

CURVIGRAPHE, m. curvigráf. Mat. Curvígrafo, instrumento de matemáticas para trazar curvas de diferentes especies.

CURVIGRAPHIE, f. curvigrafí. Curvigrafía, arte de trazar curvas con el curvígrafo.

CURVIGRAPHIQUE, adj. curvigrafíc. Curvigráfico, que tiene relacion con la curvigrafía.

CURVILIGNE, adj. curvilíñ. Geom. Curvilíneo, formado por líneas curvas.

CURVILOGIE, f. curvilogí. Curvilogía, tratado de las líneas curvas.

CURVILOGIQUE, adj. curvilogíc. Curvilógico, que tiene relacion con la curvilogía.

CURVINERVÉ, ÉE, adj. curvinervé. Bot. Curvipenonado, que tiene los pezones prolongados en línea curva.

CURVIPÈDE, adj. curvipéd. Zool. Curvípede, que tiene las piernas encorvadas.

CURVISÈTE, adj. curvisét. Bot. Curviseto, que tiene los pedúnculos encorvados.

CUSCUTE, f. cuscút. Bot. Cuscuta, género de plantas convolvuláceas.

CUSCUTÉES, f. pl. *cuscuté*. Bot. Cuscúteas, familia de plantas.

CUSPARIE, f. *cusparí*. Bot. Cusparia, género de plantas de América.

CUSPARIÉ, ÉE, adj. *cuspariè*. Bot. Cuspariedo, parecido á la cusparia.

CUSPIDE, f. *cuspid*. Bot. Cúspide, punta acerada, prolongada y dura.

CUSPIDÉ, ÉE, adj. *cuspidé*. Hist. nat. Cuspídeo, que termina en una punta aguda y dura.

CUSPIDIFÈRE, adj. *cuspidifér*. Hist. nat. Cuspidífero, que tiene puntas.

CUSPIDIFOLIÉ, ÉE, adj. *cuspidifolié*. Bot. Cuspidifoliado, que tiene hojas cuspídeas.

CUSPIDIFORME, adj. *cuspidifórm*. Hist. nat. Cuspidiforme, que tiene la forma de una punta.

CUSSONÉ, ÉE, adj. *cusoné*. Roido del gorgojo.

CUSSONIE, f. *cusoní*. Bot. Cusonia, género de plantas araliáceas.

CUSTODE, f. *custód*. Custodia, sagrario, el pabellon en forma de cimborrio en donde se guardan las hostias consagradas. || Art. Cuero que cubre las pistoleras para impedir que se mojen las pistolas. || m. Guardian, custodio, nombre dado á los superiores de algunas comunidades religiosas. || Guardian, nombre de una dignidad eclesiástica. || Guardian, presidente de la academia de los Arcades en Roma.

CUSTODIAL, E, adj. *custodiál*. Custodial, lo perteneciente á una custodia.

CUSTODIE, f. *custodí*. Custodia, subdivision de una provincia de monjes mendicantes, bajo la direccion de un guardian.

CUSTODI-NOS, m. *custodinós*. Confidenciario, que tiene un beneficio ó empleo para restituirlo á otro, ó el que presta el nombre para el beneficio del que solo tiene el título.

CUTAMBULE, adj. *cutanbúl*. Zool. Cutámbulo, calificacion de los insectos que andan por el cútis ó entre el cútis. || Cutámbulo, calificacion de ciertos dolores escorbúticos ambulantes.

CUTANÉ, ÉE, adj. *cutané*. Anat. Cutáneo, que pertenece á la piel ó al cútis. || *Tissus cutanés*, tejidos cutáneos.

CUTICOLE, adj. *cuticól*. Zool. Cutícola, que vive sobre la piel.

CUTICULE, f. *cuticúl*. Bot. Cutícula, membrana que cubre los retoños nuevos y las hojas de las plantas.

CUTICULEUX, EUSE, adj. *cuticuleu, eus*. Hist. nat. Cuticuloso, que tiene la forma de una membrana pequeña.

CUTIGÉRALE, f. *cutigerál*. Bisel de la muralla.

CUTITE, f. *cutít*. Med. Cutitis, flegmasia eruptiva ó inflamacion del cútis.

CUTTER, m. *cutiér*, ó *cótr* segun otros. Mar. Nombre de un buque inglés de un solo palo, balandra. Se escribe con frecuencia *cotre*.

CUTZUPITE, m. V. DONATISTE.

CUVAGE, m. *cuvág*. Bodega, paraje en que se ponen las tinas. || Accion de fermentar el vino.

CUVE, f. *cúv*. Cuba, vasija de mayor ó menor tamaño de madera, tierra ó metal. || Tina, vasija de un tamaño bastante notable y de un solo fondo, por lo regular de madera, destinada á recibir la vendimia, á pisarla y hacerla fermentar.

CUVEAU, m. *cuvó*. Cubo, cubeto, cubeta.

CUVÉE, f. *cuvé*. Tina, cantidad de vino contenida en una tina ó cuba.

CUVELAGE, m. *cuvlág*. Art. Apeo, operacion por la que se reviste de tablas ó vigas el interior del poso de una mina.

CUVELER, a. *cuvlé*. Art. Entibar, revestir de tablones ó vigas las paredes de un poso de mina para impedir que se hunda ó desplome.

CUVER, n. *cuvé*. Cocer el mosto en la cuba ó tina, fermentar el vino en ella. || Mezclar varias especies de vinos, para dar á esta bebida un gusto mas general || a. *Cuver son vin*, desollar la zorra, dormir la mona: dormir la borrachera. || met. y fam. *Laisser cuver son vin á quelqu'un*, dejar pasar la cólera de alguno. || *Se cuver*, r. Hacerse el vino, fermentar, cocer.

CUVERIE, f. *cuvrí*. Bodega, lugar en que están las cubas del vino.

CUVETTE, f. *cuvét*. Cubeta, jofaina, palangana para lavarse la cara y otros usos domésticos. || Fort. Cuneta, especie de zanja que se hace en medio del foso de una plaza. || Art. Canalon que recibe las aguas de un tejado. || Represa, balsa que recibe el agua de un manantial para distribuirla á diferentes puntos. || Cir. Cubeta, pieza ovalada que está en la extremidad superior de un pesario. || Guardapolvo de un reloj. || Art. *Fer á cuvette*, fiador de la calderilla, entre plomeros.

CUVIER, m. *cuvié*. Colador, especie de tina grande para colar la ropa ó hacer la lejía.

CUVIÈRE, f. *cuviér*. Bot. Cuviera, género de plantas.

CUY, m. *cuí*. Zool. Cuy, cuadrúpedo de América intermediario entre la liebre y el cochinillo de Indias.

CYAME, m. *siám*. Zool. Ciamo, género de crustáceos lemodípodos.

CYAMÉ, ÉE, adj. *siamé*. Zool. Ciámeo, que se parece á un ciamo.

CYAMIEN, NE, adj. *siamién, én*. Zool. Cimiaco ó ciamio, parecido á un ciamo.

CYAMOPSE, f. *siamóps*. Bot. Ciamopsa, género de plantas papilionáceas.

CYANANTHE, f. *siananí*. Bot. Cíananto, género de plantas.

CYANATE, m. *siandt*. Quím. Cianato, sal producida por la combinacion del ácido ciánico con una base.

CYANÉE, f. *siané*. Zool. Ciánea, género de medusas. || Bot. Ciánea, género de plantas lobeliáceas. || *Cyanées*, f. pl. Geog. mit. Cíáneas, especie de promontorio de piedras, escollos situados á la entrada del Ponto Euxino, que los poetas han pintado como dotados de movimiento para detener ó estrellar los buques.

CYANÉICOLLE, adj. *sianeicól*. Zool. Cianeícolo, que tiene azul el cuello, hablando de aves, y el coselete del mismo color, hablando de insectos.

CYANEUX, adj. m. *sianeu*. Quím. Cianoso, se dice de uno de los ácidos del cianógeno.

CYANIBASE, f. *sianibás*. Quím. Cianibase, combinacion del cianógeno que sirve de base en otras composiciones.

CYANICTÈRE, adj. *sianictér*. Hist. nat. Cianictero, se dice de lo que es azul y amarillo.

CYANIDE, f. *sianíd*. Quím. Cianido, combinacion del cianógeno con un cuerpo simple.

CYANIROSTRE, adj. *sianiróstr*. Zool. Cianirostro, que tiene el pico azul.

CYANISME, m. *sianism*. Fís. Cianismo, intensidad progresiva del azul celeste, que se mide por medio del cianómetro.

CYANITE, m. *sianít*. Quím. Cianito, sal producida por la combinacion del ácido cianoso con una base. || Cianita ó sáparo, piedra de color azul, muy refractaria.

CYANOCARPE, adj. *sianocarp*. Bot. Cianocarpo, se dice de las plantas cuyos frutos son de color azul.

CYANOCÉPHALE, adj. *sianosefál*. Zool. Cianocéfalo, que tiene la cabeza azul.

CYANODERMIE, f. *sianodermí*. Cianodermia, amoratadura de la piel.

CYANODERMIQUE, adj. *sianodermíc*. Med. Cianodérmico, que tiene analogía con la cianodermia.

CYANOFERRE, m. *sianoférr* Quím. Cianoferro, combinacion del hierro y del cianógeno.

CYANOFERRIDE, m. *sianoferríd* Quím. Cianofórrido, compuesto de cianoferro con potasio.

CYANOFERRURE, m. *sianoferrúr* Quím. Cianoferruro, combinacion que resulta de la accion del ácido hidro-ferrociánico sobre los óxidos.

CYANOGASTRE, adj. *sianogástr*. Zool. Cianogastro, que tiene el vientre azul.

CYANOGÈNE, m. *sianogén*. Quím. Cianógeno, combinacion gaseosa de dos partes de carbono y una de ázoe.

CYANOGYNE, adj. *sianogín*. Bot. Cianogino, que tiene el pistilo azul.

CYANOÏDE, adj. *sianoíd*. Bot. Cianóide, que se parece al ciano ó aciano.

CYANOLEUQUE, adj. [illegible]. Hist. nat. Cianoleuco, que es azul y blanco.

CYANOMÈLE, adj. [illegible]. Hist. nat. Cianómelo, que es azul y negro.

CYANOMÈTRE, m. *sianométr*. Fís. Cianómetro, instrumento que sirve para determinar los grados de intensidad del azul de la bóveda celeste.

CYANOPATHIE, f. *sianopatí*. Med. Cianopatía, enfermedad [illegible] toda la superficie del cuerpo se [illegible] de azul.

CYANOPATHIQUE, adj. [illegible]. Med. Cianopático, relativo á la [illegible].

CYANOPHANE, f. *sianofán*. [illegible] Cianófana, sustancia azul y transparente.

CYANOPHLYCTE, adj. [illegible]. Hist. nat. Cianoflicto, que tiene pintas azules.

CYANOPHTHALME, adj. [illegible]. Zool. Cianoftalmo, que tiene los ojos azules.

CYANOPOTASSIQUE, adj. [illegible] *sic*. Quím. Cianopotásico, que está compuesto de cianógeno y de potasa.

CYANOPTÈRE, adj. [illegible]. Zool. Cianóptero, que tiene las alas azules.

CYANOPYRRHE, adj. [illegible]. Hist. nat. Cianopirro, que es azul y encarnado.

CYANOSE, m. *sianós*. Miner. [illegible] nombre dado al cobre sulfatado. || Med. Cianosis. V. CYANOPATHIE.

CYANOSULFURE, m. [illegible] Quím. Cianosulfuro, mezcla de azufre, de cianógeno, de potasa y de hierro.

CYANOTE, adj. *sianót*. Zool. Cianoto, que tiene las orejas azules.

CYANOURE, adj. *sianúr*. Zool. Cianuro, que tiene la cola azul.

CYANOURINE, f. dim. de [illegible] *nurín*. Quím. Cianurina, [illegible] que algunas veces tiñe la orina de azul.

CYANURATE, m. *sianurát*. Quím. Cianurato, sal producida por la combinacion del ácido cianúrico con una base.

CYANURE, m. *sianúr*. Quím. Cianuro, combinacion de cianógeno con un cuerpo simple, excepto el oxígeno.

CYANURÉ, ÉE, adj. *sianuré*. Quím. Cianurado, convertido al estado de cianuro.

CYAR, m. ant. *siár*. Anat. Ciar, [illegible] dado al conducto auricular.

CYATHE, m. *siát*. Metr. Ciato, [illegible] que usaban los antiguos para medir los líquidos y los sólidos. || Bot. Ciato, [illegible] helechos arborescentes, de tallos [illegible].

CYATHÉACÉ, ÉE, adj. *siateacé*. Bot. Ciateáceo, que se parece á un ciato.

CYATHIFORME, adj. [illegible]. Bot. Ciatiforme, que tiene la forma de un cubilete, ó de un cono volcado.

CYATHINE, f. *siatín*. Zool. Ciatina, género de pólipos actiniformes.

CYATHOCLINE, f. *siatoclín*. Bot. Ciatoclina, género de plantas.

CYATHOCOME, m. [illegible]. Bot. Ciatócomo, género de plantas [illegible].

CYATHODION, m. [illegible]. Bot. Ciatodio, género de plantas de Cuba.

CYATHOGLOTTE, f. [illegible]. Bot. Ciatoglota, género de plantas.

CYATHOÏDE, adj. [illegible]. Bot. Ciatóide, que tiene la forma de una taza.

CYATHOPHORE, adj. [illegible]. Bot. Ciatóforo, que tiene hoyos ó [illegible] en forma de copa.

CYBÈLE, f. *sibél*. Mit. Cibeles, [illegible] del Cielo y de Vesta.

CYBIANTHE, m. *sibiánt*. Bot. Cibianto, género de plantas del Brasil.

CYBION, m. Zool. V. [illegible].

CYBISTIQUE, f. *sibistic*. [illegible] Cibística, arte de hacer [illegible] de dar saltos peligrosos.

CYCAS, m. *sicás*. Bot. Cicas, [illegible] palmeras ó de coníferas.

CYCLADES, f. ant. *sicldd*. [illegible] Cicládes, especie de traje [illegible] franja de púrpura, que llevaban [illegible].

CYCLAME ó CYCLAMEN, m. [illegible] *siclamén*. Bot. Ciclamen, género de [illegible]. Algunos la llaman pamporcino ó pan [illegible].

CYCLAMOR, m. *siclamór*. [illegible]

mar, cola, borde, fimbria, fleto, cenefa, [illegible], ribete, adorno de un blason. || Limbo, borde, orilla de un vestido.

CYCLANTHE, m. siclánt. Bot. Ciclanto, género de plantas [illegible] ó pandanáceas.

CYCLANTHÈRE, f. siclantér. Bot. Ciclantera, género de plantas cucurbitáceas.

CYCLANTHÉRÉ, ÉE, adj. siclanteré. Bot. [illegible], parecido á la ciclantera. || Cyclanthérées, f. pl. Ciclantéreas, familia de plantas.

CYCLE, m. sícl. Ciclo, sucesion regulada de ciertos números que siguen sin interrupcion en el mismo órden. || Astr. Ciclo, periodo de tiempo formado por cierto número de revoluciones del sol y de la luna, [illegible] para establecer una concordancia entre los años lunares y solares. || *Cycle lunaire*, ciclo lunar, periodo de diez y nueve años [illegible], al cabo de los cuales las lunas [illegible] á las mismas épocas. El último ciclo lunar ha empezado el primero de [illegible] de 1843. || *Cycle solaire*, ciclo solar, periodo de veinte y ocho años, al fin de los cuales [illegible] el año por los mismos dias. [illegible] concluido el ciclo solar, las letras [illegible] con que se determinan los dias de la semana, proceden en el mismo órden [illegible]. || *Cycle des générations*, [illegible] generaciones, modo de contar el [illegible] las generaciones, admitiendo por [illegible] que tres generaciones forman un [illegible]. || *Cycle des indictions*, ciclo de las indicciones, periodo de quince años. El primero de estos ciclos empezó tres años ántes [illegible]. || *Cycle décemnoval*, ciclo decemnoval, periodo de diez y nueve años como el ciclo lunar, con la diferencia de tres años que este se adelanta á aquel.

[illegible], m. sicleál. Anat. Cicleal, hueso [illegible] dispuesto en forma de anillo, y [illegible].

[illegible], m. siclemid. Zool. Ciclemide, género de moluscos.

[illegible], f. siclidí. Zool. Ciclidia, género de insectos coleópteros pentámeros.

[illegible], adj. siclic. Cíclico, que se refiere al ciclo. || *Cycliques*, m. pl. Cíclicos, nombre que se da á una serie de poetas anteriores á Homero, así como á los poemas [illegible] describen una época mas ó [illegible]. || m. pl. Zool. Cíclicos, familia de insectos.

[illegible], m. siclism. Bot. Trocisco, [illegible] aperitiva, alterante, purgante [illegible]. || Cir. Trocisco, especie [illegible] de forma esférica.

[illegible], m. siclisc. Bot. Trocisco, [illegible]. || Zool. Ciclisco, género de [illegible].

[illegible], adj. siclocárp. Bot. Ciclocarpo, epíteto dado á las plantas que producen frutos orbiculares.

[illegible], adj. siclosél. Zool. Ciclocele, [illegible] canal intestinal dispuesto en [illegible].

[illegible], m. siclosefál. Zool. Ciclocéfalo, género de monstruos unitarios, [illegible] á la familia de los ciclocéfalos.

[illegible], f. siclosefalí. Anat. [illegible], monstruosidad producida por [illegible] de los dos ojos.

[illegible], NE, adj. siclosefa[illegible]. Anat. Ciclocefálico, epíteto dado á [illegible] los dos ojos confundidos en uno [illegible].

[illegible], adj. siclosefalic. [illegible], que presenta los caracteres [illegible].

[illegible], m. siclochíl. Zool. Ciclo[illegible], género de insectos de la Nueva Holanda.

[illegible], m. siclocotíl. Zool. Ci[illegible], género de insectos.

[illegible], m. sicladactíl. Zool. [illegible], género de pólipos ascidios.

[illegible], m. siclód. Zool. Ciclode, género de [illegible], originarios de la [illegible].

[illegible], f. siclodiatomí. Mil. [illegible], efecto de las direcciones ó [illegible].

[illegible], m. siclográps. Zool. [illegible], género de moluscos decápodos.

CYCLOGYNE, m. siclogín. Bot. Ciclogínia, género de plantas papilionáceas.

CYCLOÏDAL, E, adj. sicloidál. Geom. Cicloidal, que se parece á una cicloide.

CYCLOÏDE, f. sicloíd. Geom. Cicloide, curva engendrada por un punto fijo de la circunferencia de un círculo que gira sobre una recta.

CYCLOLÉPIDE, f. siclolepíd. Bot. Ciclolépida, género de plantas.

CYCLOLITHE, m. siclolít. Zool. Ciclolito, género de pólipos fósiles.

CYCLOLOBÉ, ÉE, adj. siclolobé. Bot. Ciclolóbeo, que está dividido en lóbulos orbiculares.

CYCLOME, m. siclóm. Zool. Ciclomo, género de insectos del Cabo.

CYCLOMÉTOPES, m. pl. siclometóp. Zool. Ciclométopos, familia de crustáceos decápodos.

CYCLOMÈTRE, m. siclométr. Geom. Ciclómetro, instrumento que sirve para medir círculos y ciclos.

CYCLOMÉTRIE, f. siclometrí. Geom. Ciclometría, arte de medir círculos y ciclos.

CYCLOMÉTRIQUE, adj. siclometríc. Geom. Ciclométrico, que es relativo á la ciclometría.

CYCLOMÉTRIQUEMENT, adv. siclometricmán. Geom. Ciclométricamente, de una manera ciclométrica.

CYCLOMORPHE, adj. siclomórf. Zool. Ciclomorfo, epíteto dado á los moluscos que tienen la forma de un disco.

CYCLOMYCE, f. siclomís. Bot. Ciclómica, género de hongos de Madagascar.

CYCLOPE, m. siclóp. Mit. Cíclope, nombre dado á una raza de gigantes hijos del Cielo y de la Tierra, que no tenian mas que un ojo en medio de la frente. || met. Cerrajero, forjador. || Tuerto. || Cíclope, Concha monócula, que vive en aguas estancadas. || Cíclope, feto monstruoso que solo tiene un ojo.

CYCLOPÉEN, NE, adj. siclopeén, én. Hist. ant. Ciclópeo, que tiene relacion con los Cíclopes ó Pelasgos, como el mas antiguo pueblo de la Grecia. || met. Ciclópeo, gigantesco.

CYCLOPELTE, m. siclopélt. Zool. Ciclopelto, género de insectos.

CYCLOPÈPLE, m. siclopépl. Zool. Ciclopeplo, género de insectos.

CYCLOPÉRIAL, m. sicloperiál. Anat. Cicloperial, una de las piezas que componen las vértebras en sus rudimentos.

CYCLOPHORE, adj. siclofór. Zool. Ciclóforo, que tiene muchos círculos colorados.

CYCLOPHYLLE, adj. siclofíl. Bot. Cicló filo, que tiene hojas orbiculares.

CYCLOPIE, f. siclopí. Bot. Ciclopia, género de plantas papilionáceas. || Anat. Ciclopia, monstruosidad que consiste en la fusion de ambos ojos en uno solo.

CYCLOPION, m. siclopión. Anat. Ciclopion, nombre que se ha dado á la córnea opaca, llamada vulgarmente *blanco del ojo*.

CYCLOPSINE, f. siclopsín. Zool. Ciclopsina, género de crustáceos.

CYCLOPTÈRE, m. sicloptér. Zool. Ciclóptero, género de pescados.

CYCLOPTÉRISE, f. siclopterís. Bot. Ciclopterisa, género de helechos fósiles.

CYCLORHAMPHE, m. siclorámf. Zool. Cicloranfo, género de ranas.

CYCLOSE, f. siclós. Bot. Ciclosa, circulacion parcial que tiene lugar en algunas plantas.

CYCLOSIE, f. siclosí. Bot. Ciclosia, género de plantas de Méjico.

CYCLOSOME, m. siclosóm. Zool. Ciclósomo, género de insectos.

CYCLOSTÈME, m. siclostém. Bot. Ciclostemo, género de plantas.

CYCLOTOME, m. siclotóm. Cir. Ciclótomo, instrumento que se emplea en la operacion de la catarata para verificar la seccion de la córnea.

CYCLOTOMIQUE, adj. siclotomíc. Cir. Ciclotómico, que es relativo al ciclótomo.

CYCNOGÉTON, m. sicnogetón. Bot. Cicnogeton, género de plantas nayádeas.

CYCNOÏDE, adj. sicnoíd. Zool. Cicnoide, que se parece al cisne.

CYCNORHIN, m. sicnorén. Zool. Cicnorino, género de insectos del Brasil.

CYDIANÈRE, m. sidianér. Zool. Cidianero, género de insectos coleópteros.

CYDIMON, m. sidimón. Zool. Cidimon, género de insectos.

CYDIPPE, m. sidíp. Zool. Cidipo, género de insectos acalefos.

CYDNE, m. sídn. Zool. Cidno, género de insectos hemípteros.

CYDONIE, f. sidoní. Zool. Cidonia, género de alciones lobulares.

CYDONITE, f. sidonít. Farm. Cidonita, preparacion de membrillos aromatizados.

CYÈME, f. siém. Med. Ciema, concepcion, feto.

CYÉSOLOGIE, f. siesologí. Med. Ciesología, tratado de los fenómenos de la preñez.

CYÉSOLOGIQUE, adj. siesologíc. Ciesológico, que tiene relacion con la ciesología.

CYGALE ó CIGALE, f. sigál. Mar. Arganeo, argolla de las ancias en que se entalinga el cable.

CYGNE, m. siñ. Zool. Cisne, grande ave acuática de la familia de los palmípedes y del género de los patos. || met. *Chant du cygne*, canto del cisne, último canto de un poeta. || Astr. Cisne, constelacion boreal que comprende ochenta estrellas.

CYGNINÉ, ÉE, adj. siñiné. Zool. Cisneo, que se parece al cisne.

CYLASE, m. silás. Zool. Cilaso, género de insectos coleópteros curculionitos.

CYLICHNE, f. silícn. Farm. Cilicna, caja para poner píldoras.

CYLIDRE, m. silídr. Zool. Cilidro, género de insectos coleópteros.

CYLIDRIE, f. silidrí. Zool. Cilidria, género de insectos dípteros.

CYLINDRANTHÉRÉ, ÉE, adj. silindranteré. Bot. Cilindrantéreo, que tiene las anteras reunidas en un cilindro.

CYLINDRE, m. siléndr. Geom. Cilindro, sólido formado por la revolucion de un paralelógramo rectángulo al rededor de uno de sus lados. || Agr. Rodillo, cilindro de piedra muy pesado que usan los labradores para allanar la tierra.

CYLINDRER, a. silendré. Dar la forma de un cilindro.

CYLINDRICITÉ, f. silendricité. Cilindricidad, cualidad, forma de lo que es cilíndrico.

CYLINDRICORNE, adj. silendricórn. Zool. Cilindricórneo, que tiene los cuernos ó las antenas cilíndricas.

CYLINDRIFORME, adj. silendrifórm. Zool. Cilindriforme, que tiene la forma de un cilindro.

CYLINDRIMÈTRE, m. silendrimétr. Art. Cilindrímetro, instrumento que usan los relojeros para fabricar los ejes.

CYLINDRIMÉTRIE, f. silendrimetrí. Art. Cilindrimetría, arte de fabricar cilindros.

CYLINDRIMÉTRIQUE, adj. silendrimetríc. Art. Cilindrimétrico, que tiene relacion con el cilindrímetro.

CYLINDRIQUE, adj. silendríc. Art. Cilíndrico, que tiene la forma de un cilindro.

CYLINDRIQUEMENT, adv. silendricmán. Cilíndricamente, de una manera cilíndrica.

CYLINDRITE, m. silendrít. Zool. Cilindrito, nombre que se ha dado á las olivas y á los conos fósiles.

CYLINDROBASIOSTÉMONE, adj. silendrobasiostemón. Bot. Cilindrobasiostémono, que tiene los estambres unidos por la base.

CYLINDROCARPE, adj. silendrocárp. Bot. Cilindrocarpo, que tiene frutos cilíndricos.

CYLINDROCÈRE, m. silendrosér. Zool. Cilindrócero, género de insectos.

CYLINDROCLINE, f. silendroclín. Bot. Cilindroclina, género de plantas.

CYLINDROÏDE, adj. silendroíd. Cilindroide, que tiene la forma de un cilindro. || [illegible] droide, sólido cuya forma se parece á la de un cilindro, pero cuyas bases opuestas y paralelas son elípticas.

**CYLINDROPHIDE**, m. *silendrofíd*. Zool. Cilindrófido, género de serpientes.

**CYLINDRORHIN**, m. *silendrorén*. Zool. Cilindrorino, género de insectos.

**CYLINDROSOME**, adj. *silendrosóm*. Zool. Cilindrósomo, que tiene el cuerpo cilíndrico.

**CYLINDROSORE**, f. *silendrosór*. Bot. Cilindrosora, género de plantas.

**CYLINDROSPORION**, m. *silendrosporión*. Bot. Cilindrosporio, género de hongos pequeños aplastados sobre el epidérmis de las hojas vivientes.

**CYLISTE**, m. *silíst*. Bot. Cilisto, género de plantas papilionáceas.

**CYLLE**, m. *síl*. Zool. Cilo, género de insectos lepidópteros diurnos.

**CYLLÈNE**, m. *silén*. Zool. Cileno, género de insectos de la América meridional.

**CYLLÉNIE**, f. *silení*. Zool. Cilenia, género de insectos dípteros.

**CYLLOPODE**, adj. *silopód*. Med. Cilópodo, que es cojo, que tiene las piernas cortas. || Mit. Cilópodo, sobrenombre de Vulcano.

**CYLLOSE ó CYLLOSIS**, f. *silós, silósis*. Med. Cilosis, claudicacion por vicio de conformacion ó por mutilacion.

**CYLLOSOME**, m. *silosóm*. Zool. Cilósomo, género de monstruos unitarios.

**CYLLOSOMIE**, f. *cilosomí*. Anat. Cilosomia, eventracion con imperfeccion de uno de los miembros abdominales.

**CYLLOSOMIQUE**, adj. *silosomíc*. Anat. Cilosómico, que ofrece los caractéres de la cilosomia.

**CYMAISE**, f. *simés*. Arq. Cimacio, moldura última de la columna en forma de S.

**CYMARIE**, f. *simarí*. Bot. Cimaria, género de plantas labiadas.

**CYMATION**, f. *simasión*. Bot. Cimacion, fructificacion de los líquenes.

**CYMATODE**, adj. *simatód*. Med. Cimatodo, dícese del pulso que es variable.

**CYMATODÈRE**, m. *simatodér*. Zool. Cimatódere, género de insectos.

**CYMATOPHORE**, m. *simatofór*. Zool. Cimatóforo, género de insectos.

**CYMATOTHE**, m. *simatót*. Zool. Cimatoto, género de insectos coleópteros.

**CYMBALAIRE**, f. *senbalér*. Bot. Cimbalaria, planta pequeña de flores personadas.

**CYMBALE**, f. *senbál*. Mús. Platillo, instrumento de metal que sirve en las músicas, especialmente militares.

**CYMBALIER**, m. *senbalié*. Mús. Platillero, el que toca los platillos.

**CYMBALISTE**, m. Mús. V. CYMBALIER.

**CYMBALOÏDE**, adj. *senbaloid*. Hist. nat. Cimbaloido, que tiene la forma de una barquilla.

**CYMBÉCARPE**, adj. *senbecárp*. Bot. Cimbecarpo, que produce frutos cuya forma es la de una barquilla.

**CYMBIFOLIÉ, ÉE**, adj. *senbifolié*. Bot. Cimbifoliado, que tiene hojas huecas á manera de una barquilla.

**CYMBIFORME**, adj. *senbifórm*. Bot. Cimbiforme, que tiene la forma de una barquilla.

**CYMBOCARPE**, f. *senbocárp*. Bot. Cimbocarpa, género de plantas.

**CYME**, f. *sím*. Bot. Cima, tallo, boton, el brote de las plantas.

**CYMINDODÉE**, f. *simendodé*. Zool. Cimindódeas, género de insectos.

**CYMINOSME**, f. *siminósm*. Bot. Ciminosma, género de plantas rutáceas.

**CYMODÉME**, m. *simodém*. Bot. Cimodemo, género de plantas nayádeas. || Zool. Cimodemo, género de conchas decápodas nadadoras.

**CYMOPHANE**, f. *simofán*. Miner. Cimofana, especie mineral compuesta de alúmina y de glucinia vidriosa, y llamada por los lapidarios crisolita oriental.

**CYMOPOLIE**, f. *simopolí*. Bot. Cimopolia, género de plantas de las Antillas. || Zool. Cimopolia, género de insectos decápodos.

**CYMOPTÈRE**, m. *simoptér*. Bot. Cimóptero, género de plantas umbelíferas.

**[illegible]**, m. *[illegible]*. Zool. Cina[illegible]ro, género de políperos irídeos.

**CYNÆDE**, m. *sinéd*. Zool. Cinedo, género de pescados.

**CYNAILURE**, m. *sinelúr*. Zool. Cineluro, género de mamíferos.

**CYNANCHE**, m. *sinánche*. Bot. Cinanco, género de plantas asclepiádeas.

**CYNANCHIE**, f. *sinanchí*. Med. Cinanquia, especie de angina, en la que la lengua tumefacta es impelida fuera de la boca.

**CYNANCHIQUE**, adj. *sinanchíc*. Med. Cinánquico, que se usa contra la esquinancia.

**CYNANTHÉMIS**, f. *sinantémís*. Bot. Cinantémis, nombre científico de la manzanilla hedionda.

**CYNANTHROPIE**, f. *sinantropí*. Med. Cinantropía, delirio melancólico que hace creer al enfermo que es perro.

**CYNANTHROPIQUE**, adj. *sinantropíc*. Med. Cinantrópico, que tiene relacion con la cinantropía.

**CYNAPION**, m. *sinapión*. Bot. Cinapio, género de plantas umbelíferas.

**CYNÉGÉTIQUE**, adj. *sinegetíc*. Cinegético, concerniente á la caza.

**CYNÉGÉTIS**, m. *sinegétis*. Zool. Cinegétis, género de insectos.

**CYNÉGIRE**, m. *sinegír*. Hombre que ha llegado al mas alto grado de virtud militar, por alusion al valeroso ateniense Cinegiro.

**CYNIQUE**, adj. *siníc*. Hist. ant. Cínico, epíteto dado á unos filósofos de la antigüedad, porque, segun unos, tenian su escuela en Aténas en un sitio llamado Cinosargo, *el perro blanco*, ó segun otros, á causa del atrevimiento de sus discursos y de la analogía de sus costumbres con el principal defecto del perro. || Hablando de cosas, *cynique* corresponde á obsceno, impúdico. || Med. *Spasme cynique*, espasmo cínico en el cual los músculos de la nariz y de los labios experimentan una contraccion convulsiva, separándose los labios de tal modo, que se ven todos los dientes.

**CYNISME**, m. *siním*. Cinismo, doctrina de los filósofos cínicos. || met. Cinismo, impudencia, obscenidad.

**CYNOCARDAMON**, m. *sinocardamón*. Bot. Cinocardamon, género de plantas.

**CYNOCÉPHALE**, adj. *sinosefál*. Zool. Cinocéfalo, que tiene la cabeza de un perro. || *Cynocéphale*, m. Cinocéfalo, género de primatos de la numerosa tribu de los monos del antiguo continente, que tienen la cabeza como la de un perro.

**CYNOCRAMBE**, m. *sinocránb*. Bot. Cinocrambo, nombre comun de la anserina.

**CYNODECTE**, adj. *sinodéct*. Med. Cinodecto, que ha sido mordido por un perro.

**CYNODINE**, f. *sinodín*. Quím. Cinodina, sustancia cristalina nuevamente descubierta en la grama.

**CYNODON**, m. *sinodón*. Bot. Cinodon, género de plantas gramíneas.

**CYNODONTE**, f. *sinodónt*. Bot. Cinodonte, género de musgos.

**CYNODONTÉES**, f. pl. *sinodonté*. Bot. Cinodónteas, familia de plantas.

**CYNOGALE**, m. *sinogál*. Zool. Cinógalo, mamífero acuático y carnívoro de la familia de los viverros, que viven en Borneo y en Malaca.

**CYNOGLOSSE ó LANGUE-DE-CHIEN**, *sinoglós, languedchién*. Cinoglosa ó lengua de perro, llamada tambien reniebla, género de plantas.

**CYNOGRAPHE**, m. *sinográf*. Cinógrafo, que se ocupa de la historia del perro.

**CYNOGRAPHIE**, f. *sinografí*. Cinografía, historia del perro.

**CYNOGRAPHIQUE**, adj. *sinografíc*. Cinográfico, que pertenece á la cinografía.

**CYNOHYÈNE**, f. *sinoién*. Zool. Cinoiena, género de mamíferos.

**CYNOME**, m. *sinóm*. Zool. Cinomo, género de mamíferos rumiantes americanos.

**CYNOMOLGE**, m. *sinomólge*. Zool. Cinomolgo, nombre de una especie de mamíferos del género macaco.

**CYNOMORPHES**, m. pl. *sinomórf*. Zool. Cinomorfos, familia de mamíferos anfibios.

**CYNONTODE**, f. *sinontód*. Bot. Cinontodo, género de musgos.

**CYNOPE**, m. *sinóp*. Zool. Cinope, género de mamíferos [illegible].

**CYNOPHALLOPHORE**, adj. *sinofalofór*. Bot. Cinofalóforo, que produce frutos muy parecidos á la cola de un perro.

**CYNOPHILE**, adj. *sinofíl*. Cinófilo, que ama los perros.

**CYNOPITHÈQUE**, m. *sinopitéc*. Zool. Cinopiteco, género de monos.

**CYNOPLE**, m. *sinópl*. Bot. Cinople, género de plantas gramíneas.

**CYNOPOLE**, f. *sinopól*. Bot. Cinopola, género de plantas [illegible].

**CYNOPTÈRE**, m. *sinoptér*. Zool. Cinóptero, género de mamíferos.

**CYNOREXIE**, f. *sinorexí*. Med. Cinorexia, apetito insaciable, hambre canina.

**CYNORHODE, CYNORRHODON**, m. *sinoród, sinorodón*. Farm. Cinorrodon, conserva cuya base es la rosa de perro ó silvestre. || Agavanzo ó escaramujo, [illegible].

**CYNORRHIZE**, f. *sinor*[illegible]. [illegible]zo, género de plantas umbelíferas.

**CYNOSIENS**, m. pl. *sinosién*. Zool. Cinosianos, familia de mamíferos [illegible].

**CYNOSURE**, adj. *sinosúr*. Bot. Cinosuro, que tiene un rabo parecido al del perro. || f. Bot. Cinosura, género de plantas gramíneas. || Astr. Cinosura, estrella muy resplandeciente en la constelacion de la [illegible].

**CYNTHIE**, f. *sentí*. Mit. Cintia, sobrenombre de Diana, que nació sobre el monte Cintus. || f. Zool. Cintia, género de insectos lepidópteros diurnos.

**CYNURE**, f. *sinúr*. Bot. Cinura, género de plantas compuestas.

**CYPELLE**, f. *sipél*. Bot. Cipela, género de plantas irídeas, indígenas de [illegible].

**CYPÉRUS**, m. *siperús*. Bot. Ciperus, nombre científico de la juncia.

**CYPHALE**, m. *sifál*. Cífalo, género de insectos coleópteros.

**CYPHE**, m. *síf*. Zool. Cifo, género de insectos coleópteros tetrámeros.

**CYPHODÈRE**, m. *sifodér*. Zool. Cifodeiro, género de insectos.

**CYPHON**, m. *sifón*. Zool. Cifon, género de insectos coleópteros.

**CYPHONISME**, m. *sifonism*. Cifonismo, género de suplicio que consistia en untar con miel el cuerpo del paciente, y exponerlo al sol ardiente, con las manos atadas á la espalda, á fin de que las moscas le picasen.

**CYPHOSE**, f. *sifós*. Med. Cifosis, [illegible]dad, curvatura preternatural de la espina dorsal.

**CYPHOTE**, m. *sifót*. Zool. Cifoto, género de insectos hemípteros del Brasil.

**CYPRÈS**, m. *sipré*. Bot. Ciprés, árbol conífero, siempre verde, alto, derecho, [illegible]táceo y de madera incorruptible. || *Changer les lauriers en cyprès*, cambiar los laureles en cipreses, volver la victoria en duelo. || *Changer les myrtes en cyprès*, cambiar los mirtos en cipreses, hacer suceder las lágrimas al placer.

**CYPRIAQUE**, adj. *sipriác*. [illegible], que tiene relacion con Chipre, ó con Vénus, diosa de Chipre.

**CYPRIDE**, f. *siprid*. Zool. Cipridia, género de conchas crustáceas.

**CYPRIDELLE**, f. *sipridél*. Zool. Cipridela, género de conchas [illegible].

**CYPRIEN**, adj. m. *siprién*. Lit. ant. Cipriano, epíteto que se daba á un pié de verso de cinco sílabas, una breve, una larga, dos breves y una larga.

**CYPRIEN, NE**, adj. y s. *siprién, én*. Cipriano, de la isla de Chipre.

**CYPRIN**, m. *siprén*. Zool. Ciprino, género de pescados de agua dulce.

**CYPRINE**, f. *siprín*. Zool. Ciprina, género de conchas bivalvas.

**CYPRINODON**, m. *siprinodón*. Zool. Ciprinodo, género de pescados.

**CYPRINOÏDE**, adj. *siprinoíd*. Zool. Ciprinoide, que se parece á un ciprino.

**CYPRIS**, f. *siprís*. Mit. Cipris, sobrenombre de Vénus, de la isla de Chipre que le era consagrada.

[illegible], f. sipsel. Bot. Cipsela, especie [illegible] que hace cuerpo con el cáliz, y [illegible]. || m. Zool. Cipselo, [illegible] del vencejo.

[illegible], f. sipseld. Cipselea, género [illegible] de Santo Domingo.

[illegible], adj. sipselid. Zool. Cipsé[illegible] parece al cipselo.

[illegible], m. sipsacorie. Zool. Cip[illegible] género de insectos hemípteros.

[illegible], adj. sirenaic. Cirenaico, [illegible] de Cirene. || m. Secl. rel. Cire[illegible] de una secta de cristianos [illegible].

[illegible], f. sirén. Zool. Cirena, género [illegible] de aguas dulces.

[illegible], adj. sirenoid. Zool. Cire[illegible] parece á una cirena. || f. Cire[illegible] de conchas.

[illegible], f. sirést. Zool. Cireste, gé[illegible] lepidópteros diurnos.

[illegible], f. pl. sirilid. Bot. Cirileas, [illegible].

[illegible] ó CYRILLIQUE, adj. m. si[illegible]. Cirileano ó cirílico, que per[illegible] al alfabeto cyrillien ó cyrilli[illegible] cirileano ó cirílico, alfabeto [illegible], segun dicen, por san [illegible] el primero que tradujo la [illegible] y la Biblia á la lengua de los [illegible].

[illegible], m. sirográf. Cirógrafo, [illegible] de cirografía. || Cirógrafo, fir[illegible], caractéres colocados [illegible], para ser cortado [illegible], y poder ser reconocido [illegible] las dos partes.

[illegible], f. sirografí. Cirografía, [illegible] de la autoridad.

[illegible], f. siropedí. Ciropedia, obra [illegible] que contiene la historia de la [illegible] Ciro.

[illegible], adj. siropedic. Ciropé[illegible] á la ciropedia.

[illegible], m. sirtándr. Bot. Cirtan[illegible] de plantas gesneriáceas.

[illegible], m. sirtánt. Bot. Cirtanto, [illegible] plantas amarilídeas.

[illegible], adj. sirtantifórm. [illegible], parecido á un cirtanto.

[illegible], m. sirt. Bot. Cirto, género de [illegible]. || Zool. Cirto, género de [illegible].

[illegible], m. sirtocárp. Bot. Cir[illegible] de plantas anacardiáceas.

[illegible] ó CYRTOCHILON, m. [illegible]. Bot. Cirtoquilo ó cir[illegible] género de plantas orquídeas.

[illegible], m. sirtodactil. Zool. [illegible] género de reptiles saurianos.

[illegible], m. sirtodér. Zool. Cirto[illegible] de insectos.

[illegible], f. sirtogín. Bot. Cirtogi[illegible] plantas crasuláceas.

[illegible], m. sirtolépis. Bot. Cirto[illegible] de plantas compuestas.

[illegible], f. sirtonem. Bot. Cirto[illegible] de plantas cucurbitáceas.

[illegible], f. sirtopér. Bot. Cirtópera, [illegible] plantas orquídeas.

[illegible], m. sirtopodiéo. Bot. [illegible] género de plantas orquídeas.

[illegible], f. sirtorrenc. Bot. [illegible] género de ranunculáceas de la [illegible].

[illegible], f. sirtosí. Bot. Cirtosia, gé[illegible] orquídeas.

[illegible], m. sirtosóm. Zool. Cirtó[illegible] de insectos del Brasil.

[illegible], m. sirtostil. Bot. Cirtos[illegible] de plantas orquídeas.

[illegible], f. sirtotróp. Bot. Cirtó[illegible] de plantas papilionáceas.

[illegible], m. sistitis. Med. Cistitis, in[illegible].

[illegible], f. sistalgí. Med. Cistalgia, [illegible].

[illegible], adj. sistalgic. Med. [illegible] relacion con la cistalgia.

[illegible], m. sistanatrofí. [illegible], inanicion ó trastorno de

**CYSTANTHE**, m. sistánt. Bot. Cistanto, género de plantas epacrídeas.

**CYSTE**, f. sist. Anat. Cista, nombre que se ha dado á las vejigas, y por extension á los órganos que tienen la forma de un bolsillo.

**CYSTENCÉPHALE**, adj. sistansefál. Hist. nat. Cistencéfalo, cuya cabeza es vesiculosa.

**CYSTHÉOLITHE**, f. sisteolit. Med. Cisteolita, piedrecita de la vejiga.

**CYSTHÉPATIQUE**, adj. sistepatic. Anat. Que pertenece al hígado y á la vejiga biliar. || *Conduit cysthépatique*, conducto cistepático, el que lleva la bilis desde el hígado hasta la vejiga de la hiel.

**CYSTICERQUE**, m. sistisérc. Zool. Cisticerco, género de gusanos intestinales.

**CYSTIDICOLE**, adj. sistidicól. Zool. Cistidícola, que habita en la vejiga biliar.

**CYSTIDITOME** ó **CYSTIDOTOME**, m. sistiditóm, sistidotóm. Cir. Cistidótomo, instrumento pequeño que sirve para abrir la cápsula del cristalino en la operacion de la catarata por extraccion.

**CYSTIGNATHE**, m. sistiñát. Zool. Cistignato, género de reptiles batracianos.

**CYSTINE**, f. sistin. Quim. Cistina, sustancia animal particular.

**CYSTIPHLOGIE**, f. sistiflogí. Med. Cistiflogia, inflamacion de la vejiga. V. CYSTITE.

**CYSTIQUE**, adj. sistic. Anat. Cístico, que pertenece á la vejiga biliar. || Med. *Cystiques*, m. pl. Císticos, remedios con que se combaten las enfermedades de la vejiga.

**CYSTIRRHAGIE**, f. sistirragí. Med. Cistirragia, derrame de sangre que resulta de la ruptura del cuello de la vejiga.

**CYSTIRRHAGIQUE**, adj. sistirragic. Med. Cistirrágico, que concierne á la cistirragia.

**CYSTIRRHÉE**, f. Med. V. CYSTIRRHAGIE.

**CYSTIRRHÉIQUE**, adj. V. CYSTIRRHAGIQUE.

**CYSTITE**, f. sistit. Med. Cistitis, inflamacion aguda ó crónica de una ó mas membranas de la vejiga urinaria.

**CYSTITOME**, m. V. CYSTIDITOME.

**CYSTOBUBONOCÈLE**, f. sistobubonosél. Med. Cistobubonócele, hernia de la vejiga que atraviesa el anillo inguinal.

**CYSTOCARPE**, m. sistocárp. Bot. Cistocarpo, fructificacion conceptacular de los ceramíeos.

**CYSTOCÈLE**, f. sistosél. Med. Cistócele, hernia de la vejiga.

**CYSTODYNIE**, f. sistodiní. Med. Cistodinia, dolor reumático fijo en la vejiga.

**CYSTO-ENTÉROCÈLE**, f. sistoanterosél. Med. Cisto-enterócele, hernia de la vejiga con dislocacion de una porcion de intestino.

**CYSTO-ÉPIPLOCÈLE**, f. sistoepiplosél. Med. Cisto-epiplócele, hernia de la vejiga con dislocacion de una porcion del epiploon.

**CYSTOÏDE**, adj. sistoid. Hist. nat. Cistoideo, que se parece á una vejiga.

**CYSTOLITHIQUE**, adj. sistolitic. Med. Cistolítico, que concierne á los cálculos de la vejiga.

**CYSTOMÉROCÈLE**, f. sistomerosél. Med. Cistomerócele, hernia de la vejiga por el arco crural.

**CYSTOPHLEGMATIQUE**, adj. sistoflegmatic. Med. Cistoflegmático, que participa del mucus vejigal.

**CYSTOPHLEXIE**, f. sistoflecsí. Med. Cistoflexia, inflamacion de la vejiga.

**CYSTOPHLEXIQUE**, adj. sistoflecsic. Med. Cistofléxico, que concierne á la cistoflexia.

**CYSTOPHLOGIE**, f. sistoflogí. Med. Cistoflogia ó cristoflogosis, flogosis que afecta la vejiga.

**CYSTOPHLOGIQUE**, adj. sistoflogic. Med. Cistoflógico, que concierne á la cistoflogia.

**CYSTOPLÉGIE** ó **CYSTOPLEXIE**, f. sistoplegí, sistoplecsí. Med. Cistoplexia, parálisis de la vejiga.

**CYSTOPLÉGIQUE**, adj. sistoplegic. Med. Cistoplégico, epíteto de las enfermedades causadas por la parálisis de la vejiga.

**CYSTOPTOSE**, f. sistoptós. Med. Cistoptosia, relajacion de la membrana mucosa de la vejiga.

**CYSTOPYIQUE**, adj. sistopiic. Med. Cistópyico, se dice de lo que tiene relacion con la supuracion de la vejiga.

**CYSTORRHAGIE**, f. V. CYSTIRRHAGIE.

**CYSTORRHAPHIE**, f. sistorrafí. Cir. Cistorrafia, sutura practicada en los labios de una llaga de la vejiga.

**CYSTORRHAPHIQUE**, adj. sistorrafic. Cir. Cistorráfico, que tiene relacion con la cistorrafia.

**CYSTOSCOPE**, m. sistoscóp. Med. Cistóscopo, instrumento propio para explorar el interior de la vejiga.

**CYSTOSCOPIE**, f. sistoscopí. Med. Cistoscopia, exploracion del interior de la vejiga.

**CYSTOSCOPIQUE**, adj. sistoscopic. Med. Cistoscópico, que se refiere á la cistoscopia ó tiene analogía con ella.

**CYSTOSOMATOTOMIE**, f. sistosomatotomí. Cir. Cistosomatotomía, incision del cuerpo de la vejiga.

**CYSTOSOMATOTOMIQUE**, adj. sistosomatotomic. Cir. Cistosomatotómico, que tiene analogía con la cistosomatotomía.

**CYSTOSPASTIQUE**, adj. sistospastic. Med. Cistospástico, que depende del espasmo de la vejiga.

**CYSTOSTÉNOCHORIE**, f. sistostenocorí. Med. Cistostenocoria, engrosamiento de la túnica de la vejiga.

**CYSTOTHROMBOÏDE**, adj. sistotromboid. Med. Cistotromboido, que tiene analogía con la presencia de coágulos de sangre en la vejiga.

**CYSTOTOME**, m. sistotóm. Cir. Cistotomo, nombre genérico de diversos instrumentos que sirven para operar en la vejiga.

**CYSTOTOMIE**, f. sistotomí. Cir. Cistotomía, operacion que consiste en hacer una incision en la vejiga.

**CYSTOTRACHÉLOTOMIE**, f. sistotraquelotomí. Cir. Cistotraquelotomía, incision del cuello de la vejiga.

**CYSTOTRACHÉLOTOMIQUE**, adj. sistotraquelotomic. Cir. Cistotraquelotómico, que tiene analogía con la cistotraquelotomía.

**CYTHÉRÉE**, adj. y s. siteré. Mit. Citérea, sobrenombre dado á Vénus por haber sido trasladada á Citera en una concha marina al momento de haber nacido.

**CYTHÉRÉEN**, adj. m. sitereén. Mit. Citéreo, sobrenombre del Amor, adorado en Citera.

**CYTHÉRÉIQUE**, adj. sitereic. Mit. Citéreo, que concierne á Citera ó á Vénus.

**CYTHÉRÉIS**, f. sitereís. Mit. Citeres, sobrenombre de Vénus. V. CYTHÉRÉE.

**CYTISE**, m. sitís. Bot. Citiso, género de plantas papilionáceas.

**CYTISÈNE**, f. sitisén. Quim. Citisena, principio activo incristalizable y amargo, hallado en la semilla del citiso de los Alpes.

**CYTISPORE**, m. sitispór. Bot. Citíspore género de hongos epífitos, que se encuentran en los sauces, álamos, tilos, etc.

**CYTISPORÉ, ÉE**, adj. sitisporé. Bot. Citispóreo, que se parece á un citisporo.

**CYTINE** ó **CYTINELLE**, f. sitín, sitinél. Citino, género de plantas herbáceas parásitas.

**CYTINÉ, ÉE**, adj. sitiné. Bot. Citineo, que se parece á una citina.

**CZACAN**, m. gsacán. Mús. Czacan, especie de flauta en forma de baston, que estuvo en boga en Alemania en 1806.

**CZAR**, m. gsár. Czar, título que toma el emperador de Rusia, y que se hace derivar de *César*.

**CZARIEN, NE**, adj. gsarién, én. Czarino, que concierne al czar.

**CZARINE**, f. gsarín. Czarina, nombre de la mujer del czar, emperatriz de Rusia.

**CZAROWITZ**, m. gsarouits ó gsarovits. Czarowitz, hijo del czar ó heredero presunto de la corona en Rusia.

**CZIGITHAL**, m. gsigitál. Zool. Czigital, nombre de una especie de mamífero del género caballo.

# D.

**D**, m. D, cuarta letra del alfabeto en ambas lenguas y tercera de las consonantes. Es una de las dentales, porque se pronuncia con un movimiento de la lengua hácia los dientes. La *d* final se pronuncia *t* cuando la palabra que sigue comienza con vocal ó *h* muda, como *grand-homme*, *de fond en comble*: lo mismo sucede en las palabras *pied-à-terre*, *de pied-en-cap*; pero no suena la *d* en *pied-à-pied*, *pied étroit*, *pied élégant*. Tambien se pronuncia como *t* al fin de los verbos seguidos de los pronombres *il*, *elle*, *on*; como, *apprend-il? entend-elle? répond-on?* donde se pronuncia *aprantil*, *antantél*, *repontón*. La *d* final suena en *sud*, y en las voces extranjeras y algunos nombres propios, como *Conrad*, *Alfred*, *etc.*, pero no en la voz *Madrid*.

**D'**, elision de la preposicion *de*, de: *d'ici*, de aquí; *d'abord*, desde luego.

**DA**, interj. *dá*. Se añade á las palabras *oui* y *nenni* para darles mas fuerza: *oui-da*, sí tal, en efecto, ciertamente; *nenni-da*, no tal, no por cierto. Es familiar y no se usa sino en algunos departamentos de Francia.

**DAALDER**, m. *daaldér*. Daalder, moneda de plata de Holanda que vale 30 *stuvers* (sobre 12 rs. 12 ms.).

**DABAÏBA**, f. *dabáiba*. Mit. Dabaiba, divinidad adorada como madre de los dioses por los pueblos idólatras del Panamá.

**DABBAT**, m. *dabbá*. Mit. Dabá, la bestia del Apocalípsis entre los Musulmanes.

**DABIS**, m. *dábis*. Mit. Dabis, ídolo monstruoso de bronce, al cual presentan los Japoneses cada año una jóven vírgen por esposa.

**DABLÉE**, f. *dablé*. Agr. Nombre que se da en Oriente á las cosechas de varios granos sembrados en lugar de las viñas cuyas vides se han arrancado.

**DABOIÉ**, f. *dabuaé*. Zool. Daboyé, nombre de una especie del género víbora.

**D'ABONDANT**, loc. adv. V. ABONDANT.

**D'ABORD**, loc. adv. *dabór*. Desde luego, desde el momento, inmediatamente. || Tambien significa á veces primeramente, en primer lugar. || *D'abord que*, conjuncion usada antiguamente, que significaba así que, luego que, al instante que.

**D'ABOUIS**, m. *dabuí*. Com. Dabuis, tejido de algodon de las Indias.

**DA-CAPO**, y por abreviatura **D. C.**, loc. adv. *dacápo*. Mús. Da capo, locucion sacada del italiano que significa en música volver al principio del trozo que se está ejecutando.

**D'ACCORD**, loc. adv. V. ACCORD.

**DACE**, adj. y s. *dás*. Dacio, habitante de la Dacia; perteneciente á la Dacia.

**DACIQUE**, adj. *dasic*. Dácico, perteneciente, concerniente á la Dacia. || Dácico, sobrenombre dado á Domiciano y Trajano.

**DACNE**, m. *dacn*. Zool. Dacno, género de insectos coleópteros exóticos.

**DACNIS**, m. *dácnis*. Zool. Dacnis, nombre científico de un género de aves.

**DACRYCYSTALGIE**, f. *dacrisistalgí*. Med. Dacricistalgia, dolor que se siente en el saco lagrimal.

**DACRYCYSTALGIQUE**, adj. *dacrisistalgic*. Dacricistálgico, concerniente á la dacricistalgia.

**DACRYDION**, m. *dacridión*. Bot. Dacridion, género de plantas coníferas de las Indias orientales y de la Nueva Celandia.

**DACRYMYCE**, m. *dacrimis*. Bot. Dacrimicio, género de pequeños hongos.

**DACRYNOME**, m. *dacrinóm*. Med. Dacrinoma, lagrimeo ocasionado por la oclusion de los puntos lagrimales.

**DACRYOADÉNALGIE**, f. *dacrioadenalgí*. Med. Dacrioadenalgia, dolor que se experimenta en la glándula lagrimal.

**DACRYOADÉNALGIQUE**, adj. *dacrioadenalgic*. Med. Dacrioadenálgico, concerniente á la dacrioadenalgia.

**DACRYOADÉNITE**, f. *dacrioadenít*. Med. Dacrioadenitis, inflamacion de la glándula lagrimal.

**DACRYOBLENNORRHÉE**, f. *dacrioblenorré* Med. Dacrioblenorrea, derrame de lágrimas mezcladas con mocosidades.

**DACRYOBLENNORRHÉIQUE**, adj. *dacrioblenorreic* Med. Dacrioblenorréico, concerniente á la dacrioblenorrea.

**DACRYOCYSTE**, m. *dacriosist*. Med. Dacriocistis, saco lagrimal.

**DACRYOCYSTITE**, f. *dacriosistít*. Med. Dacriocistitis, inflamacion del saco lagrimal.

**DACRYODE**, adj. *dacriód*. Med. Dacriodes, úlcera que arroja un pus sanioso y fétido.

**DACRYOHÉMORRHYSE**, f. *dacrioemorrís*. Med. Dacriohemorrisis, derrame de lágrimas mezcladas con sangre.

**DACRYOÏDE**, adj. *dacrioid*. Bot. Dacrioideo, que se parece á una lágrima.

**DACRYOLITHE**, f. *dacriolít*. Med. Dacriolita, cálculo lagrimal.

**DACRYON**, m. *dacrión*. Med. Dacrion, excrecion linfática de los ojos.

**DACRYOPÉ, ÉE**, adj. *dacriopé*. Med. Dacriópeo, calificacion dada á toda sustancia que activa la secrecion del flúido lagrimal.

**DACRYOPIE**, f. *dacriopí*. Med. Dacriopia, sustancia que activa la secrecion del flúido lagrimal.

**DACRYOPYORRHÉE**, f. *dacriopiorré* Med. Dacriopiorrea, derrame de lágrimas purulentas.

**DACRYOPYORRHÉIQUE**, adj. *dacriopiorreic* Med. Dacriopiorréico, concerniente á la dacriopiorrea.

**DACRYORRHÉE**, f. *dacriorré* Med. Lagrimeo, flujo de lágrimas.

**DACRYORRHÉIQUE**, adj. *dacriorréic* Med. Dacrioréico, que se refiere á la dacriorrea.

**DACRYOSTASE**, f. *dacriostás*. Med. Dacriostasis, cesacion de las funciones de los puntos lagrimales.

**DACTYLE**, m. *dactíl*. Lit. Dáctilo, en la poesía griega y latina es un pié compuesto de una sílaba larga y dos breves. || *Dactyles*, m. pl. Mit. Dáctilos, nombre de unos sacerdotes encargados de atizar el fuego sagrado en honor del Sol, y que ejecutaban al rededor del fuego la danza pírrica. || Dáctilo, medida lineal entre los antiguos Griegos, equivalente á unas ocho líneas ó un dedo. || Dáctilo, especie de danza que ejecutaban los atletas. || Bot. Dáctilo, género de plantas.

**DACTYLÉ, ÉE**, adj. *dactilé*. Dactíleo, que tiene forma de dedo, que tiene dedos. *Dactylés*, m. pl. Zool. Dactíleos, familia de peces.

**DACTYLÈTHRE**, f. *dactilétr*. Hist. Dactíletro, instrumento de que se servian en los tormentos para aplastar los dedos del paciente. || Zool. Dactíletro, género de reptiles.

**DACTYLICAPNOS**, m. *dactilicápnos*. Bot. Dactilicapnos, género de plantas.

**DACTYLIDE**, f. *dactilíd* Bot. Dactílida, género de plantas gramíneas.

**DACTYLIFÈRE**, adj. *dactilifér*. Zool. Dactilífero, que tiene dedos.

**DACTYLIN, E**, adj. *dactilén*, *ín*. Zool. Dactilino, que tiene uno ó [illegible] dedos [illegible] bles por su forma, posicion ó [illegible]; y tambien, lo que tiene forma de [illegible].

**DACTYLIOGLYPHE**, m. [illegible] Dactilioglifo, operario que graba [illegible] ó piedras preciosas.

**DACTYLIOGLYPHIE**, f. [illegible] Dactilioglifía, arte de grabar en [illegible] ó piedras preciosas.

**DACTYLIOGLYPHIQUE**, adj. [illegible] *glific*. Dactilioglífico, concerniente á la dactilioglifía.

**DACTYLIOGRAPHE**, m. [illegible] Dactiliógrafo, el que describe [illegible] las piedras preciosas grabadas, y [illegible] que enseña á descifrarlas.

**DACTYLIOGRAPHIE**, f. [illegible] Dactiliografía, descripcion de una [illegible] de anillos ó de piedras preciosas [illegible].

**DACTYLIOGRAPHIQUE**, adj. [illegible] *grafic*. Dactiliográfico, concerniente á la dactiliografía.

**DACTYLIOLOGIE**, f. [illegible] Dactiliologia, parte de la arqueología [illegible] el estudio de los anillos y de las [illegible] grabadas, así como su esplicacion.

**DACTYLIOLOGIQUE**, adj. [illegible] *gic*. Dactiliológico, concerniente á la [illegible] liologia.

**DACTYLIOLOGUE**, m. [illegible] Dactiliólogo, el que trabaja, escribe ó [illegible] en la dactiliologia.

**DACTYLIOMANCIE**, f. [illegible] Dactiliomancia, adivinacion por [illegible] anillos en los cuales estaban grabados [illegible] los caractéres mágicos.

**DACTYLIOMANCIEN, NE**, adj. y s. [illegible] *tiliomansién*, *én*. Dactiliomántico, [illegible] practica la dactiliomancia.

**DACTYLION**, m. *dactilión*. [illegible] lion, instrumento de resorte, [illegible] en 1836, á fin de dar á los dedos [illegible] agilidad para obtener una brillante [illegible] cion en el piano. || Bot. Dactilion, [illegible] hongos. || Med. Dactilion, adherencia [illegible] genial ó accidental de los dedos [illegible].

**DACTYLIOTHÈQUE**, f. [illegible] Dactilioteca, cajita en que se guardan [illegible] anillos preciosos y las piedras grabadas; [illegible] tambien el gabinete en que se conservan. || m. Dactilioteco, el que cuida de [illegible] leccion de piedras grabadas.

**DACTYLIQUE**, adj. *dactilic*. [illegible] que contiene dáctilos, que se refiere [illegible].

**DACTYLITE**, m. *dactilít*. [illegible] lito, antiguo nombre genérico de [illegible] nos equinos y mariscos fósiles.

**DACTYLOBE**, adj. *dactilób*. [illegible] tilobo, que tiene en los dedos una [illegible] festoneada. || *Dactylobes*, m. pl. [illegible] familia de aves zancudas.

**DACTYLODOCME**, f. [illegible] tilodocmo, medida de longitud [illegible] los Griegos que equivalía á [illegible] tros.

**DACTYLOGNATHE**, adj. [illegible] Zool. Dactilognato, que tiene las [illegible] las prolongadas en forma de [illegible].

**DACTYLOGRAPHE**, m. [illegible] Dactilógrafo, instrumento de [illegible] tado en 1818 y destinado á trasmitir [illegible] tacto los signos de la palabra. || [illegible] el que practica la dactilografía.

**DACTYLOGRAPHIE**, f. [illegible] Dactilografía, arte de conversar por [illegible] de signos hechos con los dedos.

**DACTYLOGRAPHIQUE**, adj. [illegible] *grafic*. Dactilográfico, que [illegible] dactilografía.

**DACTYLOÏDE**, adj. *dactiloíd*. [illegible] tilóideo, que tiene el aspecto de un [illegible].

**DACTYLOLALIE**, f. *dactilolalí*. [illegible]

herir con la daga. || Volar, correr mucho en la casa. || Engendrar el ciervo.

**DAGUERRÉOTYPAGE**, m. *daguerreotipáge*. Daguerreotipado, la accion de daguerreotipar.

**DAGUERRÉOTYPE**, m. *daguerreotip*. Daguerreotipo, procedimiento por medio del cual quedan fijadas con maravillosa exactitud, por la influencia de la luz, las imágenes de los objetos que se desean. Daguerre fué su inventor. || Daguerreotipo, el instrumento que sirve para reproducir los dibujos ó imágenes que se han mencionado.

**DAGUERRÉOTYPER**, a. *daguerreotipé*. Daguerreotipar, obtener un dibujo por medio del daguerreotipo.

**DAGUERRÉOTYPIE**, f. *daguerreotipí*. Daguerreotipia, arte de daguerreotipar. || Taller donde se confeccionan daguerreotipos.

**DAGUERRIEN, NE**, adj. *daguerrién, én*. Daguérreo, ejecutado segun el procedimiento de Daguerre.

**DAGUET**, m. *dagué*. Cervato, cervatillo de dos años cuyas astas despuntan ya.

**DAGUETTE**, f. *daguét*. Dagaecita, daga de muy corta dimension.

**DAHLER**, m. *dalér*. Daler, moneda de plata ó de cobre de Suecia y Holanda.

**DAHLIA**, m. *dália*. Bot. Dalia, planta de Méjico y del Perú, importada á Europa en 1789, que es un bello adorno de los jardines.

**DAHLINE**, f. *dalin*. Quim. Dalina, sustancia blanca semejante al almidon, descubierta en los tubérculos de las dalias.

**DAI**, m. *dé*. Título honorífico usado en el Brasil.

**DAID**, m. *dé*. Zool. Daido, especie de ave que dicen existe en Méjico, y será fabulosa.

**DAÏDES**, f. pl. *daíd*. Mit. Daidas, fiestas que se celebraban en Aténas.

**DAIGNÉE**, f. *deñé*. Nombre que se da á las vetas de carbon de tierra de 1 metro y 20 centímetros de espesor.

**DAIGNER**, n. *deñé*. Dignarse, tener á bien, servirse hacer alguna cosa en favor de alguno. Este verbo va siempre seguido de infinitivo : *daignez écouter*, dignaos escuchar.

**DAIL**, m. *dáil*. Zool. Nombre vulgar del folado en las costas de Francia.

**D'AILLEURS**, loc. adv. *dailleur*. Ademas, ademas de eso, por otra parte, por último, en fin.

**DAIM**, m. *dén*. Zool. Gamo, mamífero rumiante y del género ciervo. || met. *Puer comme un daim*, oler á cuerno quemado, exhalar un olor muy desagradable.

**DAINE**, f. *dén*. Zool. Gama, la hembra del gamo.

**DAINEZ-NO-RAÏ**, m. *denenorái*. Mit. Nombre que dan al sol los Japoneses.

**DAINTIERS**, m. pl. *dentié*. Criadillas ó testículos del ciervo.

**DAIRE**, m. *dér*. Zool. Dairo, género de crustáceos isópodos.

**DAÏRI** ó **DAÏRO**, m. *dáiri*, *dáiro*. Dairi, uno de los dos soberanos del Japon que ejerce el poder espiritual.

**DAÏRITE**, m. *dairít*. Dairito, sacerdote de Proserpina en Aténas.

**DAIS**, m. *dé*. Dosel, obra de madera, mármol ó colgaduras, que se pone á cierta elevacion sobre un altar, una silla, un púlpito, etc. || Pabellon, cortinaje dispuesto al rededor de una cama. || Palio, especie de dosel grande debajo del cual se lleva el Santísimo Sacramento. || *Dais de chaire*, sombrero de púlpito. || met. *Etre sous le dais*, estar en auge, en el seno de la grandeza. || met. y poet. Dosel, cenador, bosquecillo en los jardines. *Un dais de fleurs*, un dosel de flores. || *Le vaste dais du ciel*, el vasto dosel del cielo, la bóveda celeste. || Bot. Dosel, género de plantas de Asia y Africa.

**DAKCHINA**, m. *dacchína*. Hist. Dacchina, regalo que se hace á los bramanes en los sacrificios solemnes.

**DAKMMÉ**, f. *dacmé*. Dacmé, capilla sepulcral en que los Tártaros depositan los cuerpos de sus príncipes.

**DAKKIN**, m. *daquén*. Dakin, nombre que los negros de Loango dan á sus hechiceros.

**DAKON**, m. *dacón*. Dakon, especie de piedrecita azul con que las mujeres de Guinea adornan sus cabellos.

**DALAÏSTE**, adj. y s. *dalaíst*. Rel. Dalaísta, miembro de una secta disidente fundada en Escocia en el siglo XVIII.

**DALBERGIE**, f. *dalbergí*. Bot. Dalbergia, género de plantas papilionáceas.

**DALBUD**, m. *dalbúd*. Mit. Dalbud, divinidad japonesa.

**DALEAU**, m. *daló*. Art. Orificio practicado en una cubeta de índigo para el desagüe.

**DALÉE**, f. *dalé*. Bot. Dalia, género de plantas papilionáceas.

**DALÈME**, f. *dalém*. Art. Especie de estufa con varios cañones ó tubos de hierro para impedir que el humo se esparza por los aposentos.

**DALETH**, m. *dalét*. Daleth, nombre de la primera letra del alfabeto hebreo.

**DALHOUSIE**, f. *dalusí*. Bot. Dalusia, género de plantas.

**DALIBARDE**, f. *dalibárd*. Bot. Dalibarda, género de plantas rosáceas.

**DALINÈRE**, f. *dalinér*. Nombre que se da á cierta tela de Bretaña.

**DALLAGE**, m. *dalág*. Enlosado, accion de cubrir con losas.

**DALLE**, f. *dál*. Tajada de pescado cortada trasversalmente. || Losa, piedra calcárea delgada, usada para cubrir terrados, aceras, peristilos, etc. || Canaleja, reguero de metal que en los tejados sirve para recoger las aguas. || Mar. Dala, caño de madera que conduce fuera del buque el agua que sacan las bombas.

**DALLER**, a. *dalé*. Enlosar, cubrir y empedrar con losas.

**DALMATE**, adj. y s. *dalmát*. Dálmata, de la Dalmacia.

**DALMATIQUE**, adj. *dalmatíc*. Dalmático, que se refiere á los Dálmatas. || f. Dalmática, especie de túnica blanca y bordada de púrpura que usan los Dálmatas. Hoy dia es la túnica que usan los subdiáconos, diáconos y obispos cuando desempeñan las funciones en el altar.

**DALOÏDE**, adj. *daloíd*. Miner. Dalóideo, que se parece á un tizon apagado. || f. Daloida, nombre de una variedad de hulla.

**DALOPHIS**, m. *dalófis*. Zool. Dalófis, género de peces.

**DALOT**, m. *daló*. Mar. Imbornal, agujero abierto en el costado á la haz de las cubiertas para dar salida al agua.

**DALTONIE**, f. *daltoní*. Bot. Daltonia, género de musgos.

**DAM**, m. *dan*. Teol. Daño, la privacion de la vista de Dios durante toda la eternidad : se dice ordinariamente la *peine du dam*. Se usa en estas frases adverbiales : *à son dam*, *à leur dam*, *à votre dam*, como quien dice : en contra de él ó de ellos será, etc., él lo padecerá, etc.

**DAMAGE**, m. *damág*. Apisonado, apisonamiento, accion de apisonar la tierra con el pison.

**DAMAISINE** ó **DAMASSINE**, f. *damesín*, *damasín*. Damasquina, especie de ciruela de Damasco.

**DAMARAS**, m. *damarás*. Com. Damaras, especie de tafetas de las Indias.

**DAMAS**, m. *damá*. Damasco, tejido de seda que se exportaba de Damasco; se da por extension el mismo nombre á los tejidos de lana, de algodon, hilo, etc, que imitan los dibujos de los de seda. || Clase de lienzo labrado que tejen en Normandía. || Damasco, hoja de sable dura y cortante que se fabrica por lo regular en Damasco. || *Acier de Damas*, acero de Damasco, acero superfino de un temple particular. || *Prunes de Damas*, endrinas, ciruelas de Damasco.

**DAMASCÈNE**, adj. y s. *damasén*. Damasceno, de Damasco.

**DAMASONE**, f. *damasón*. Bot. Damasona, género de plantas.

**DAMASQUETTE**, f. *damasquét*. Com. Damasqueta, especie de tejido con flores de oro, de plata ó de seda por el estilo de los verdaderos tejidos de Damasco.

**DAMASQUIN**, m. *damasquén*. Damasguino, especie de peso de las escalas de Levante.

**DAMASQUINAGE**, m. *damasquinâge*. Taraceaje, la accion de taracear.

**DAMASQUINER**, a. *damasquiné*. Taracear, ataujiar, embutir, incrustar filoncitos de oro ó de plata en el acero. *Damasquiner d'or*, ataujiar con oro.

**DAMASQUINERIE**, f. *damasquinerí*. Ataujiado, el arte de ataujiar, de incrustar un metal en otro.

**DAMASQUINEUR**, m. *damasquineur*. Ataujiador, el que trabaja en el ataujiado, el que incrusta y embute un metal en otro.

**DAMASQUINURE**, f. *damasquinúr*. Ataujia, resultado de la accion de ataujiar, de embutir un metal en otro.

**DAMASSADE**, f. *damasád*. Com. Adamascada, tejido adamascado de seda é hilo.

**DAMASSÉ, ÉE**, adj. *damasé*. Adamascado; y alemanisco, siendo ropa blanca de mesa. || m. Adamascado, alemanisco, hablando de lienzo labrado. || *Un service damassé*, un juego de mantelería alemanisca.

**DAMASSER**, a. *damasé*. Adamascar, fabricar tejido con adornos semejantes á los del damasco.

**DAMASSERIE**, f. *damasrí*. Adamasquería, lugar donde se fabrican telas adamascadas.

**DAMASSEUR, EUSE**, m. y f. *damaseur, eus*. Adamascador, el fabricante de damascos.

**DAMASSIN**, m. *damasín*. Com. Alemanisco, tejido parecido al damasco, pero ménos fuerte, consistente y tupido.

**DAMASSURE**, f. *damasúr*. Adamascado, el trabajo de los tejidos llamados damascos, los dibujos que se forman en ellos al tejerlos.

**DAME**, f. *dám*. Señora, la que posee un señorío y tiene mando y autoridad sobre vasallos. || *Dame à carreau*, nombre que se daba á la señora que tenia derecho á que se le diese un almohadon en las iglesias. || Dama, título que se da á todas las de la servidumbre de la casa real. || *Dame d'honneur*, camarera mayor de la reina. || *Dame d'atours*, dama del tocador de la reina, que corresponde á azafata. || Señora, simple título honorífico que se da á las mujeres de distincion. || fam. *Faire la grande dame*, hacerse la señorona. || Señora, título que se da á las mujeres que pertenecen á ciertas congregaciones religiosas; como, *les dames de charité*, señoras de la caridad. || Dama, aquella á quien se habia consagrado un caballero, dedicándola sus hazañas. || Dama, la mujer á quien se ama. || Tia, se usa en sentido burlesco: *dame Thérèse*, tia Teresa. || *Notre-Dame*, Nuestra Señora, título que se da á la Virgen. || En la baraja francesa *dame* equivale á nuestro caballo. || Dama, reina, segunda pieza del juego de ajedrez. || Dama, pequeño disco de madera ó de marfil que se usa para varios juegos; en el llamado de damas recibe el nombre de peon cuando está solo y no ha llegado á las últimas casillas del adversario. || Pison, instrumento de madera que usan los empedradores. || Zool. Nombre vulgar del colimbo y de otras aves. = *Belle-dame* ó *bonne dame*, nombre vulgar de una especie de mariposa. || Bot. Dama, armuelle, salgada, planta de jardin. || *Dames*, pl. Diques de un canal, ó lengua de tierra cubierta de céspedes. || interj. Diantre, cáspita, caramba, canario; expresion que sirve para dar mas fuerza á lo que se dice: *dame, que voulez-vous!* caramba, qué quiere Vd.! = Tambien sirve para manifestar la sorpresa. *Dame, je ne savais pas!* diantre, no lo sabia! *Dame, vous m'en direz tant que*, cáspita! tanto me dirá Vd., que....

**DAME-DAME**, f. *damdám*. Nombre que se da á una especie de queso.

**DAME-DAMÉE**, f. inus. *damdamé*. Señora de calidad y con título. || En el juego de damas se llama así el peon ó pieza coronada de dama.

**DAME-D'ONZE-HEURES**, f. *damdonseur*. Bot. Ornitogalia, planta liliácea de flores blancas que se abre á las once del dia.

**DAME-JEANNE**, f. *damján*. Dama-juana, castaña, barral, gran botella de vidrio.

**DAMELOPRE**, m. *damlópr*. Mar. Buque holandés de fondo plano.

**DAMELOT**, m. *damló*. Bot. Nombre que se da á una variedad de manzanas.

**DAMER**, a. *dame*. Coronar un peon con otro para hacerlo dama. || Conceder el título de señora. || Art. Apisonar la tierra. || met. *Damer le pion à quelqu'un*, dar á uno quince y falta: tener mas superioridad que otro.

**DAMERET**, m. *damrè*. Mequetrefe, pisaverde, petimetre, galancete.

**DAMERETTE**, f. *damrét*. Zool. Nombre de una especie de mariposa.

**DAMETTE**, f. *damét*. Zool. Aguzanieve, especie de ave.

**DAMIANISTE**, adj. y s. *damianíst*. Damianista, nombre de unos herejes que no admitian en Dios mas que una naturaleza sin distincion de personas.

**DAMICORNE**, adj. *damicórn*. Zool. Gamicórneo, que tiene la figura de astas de gamo: se dice de los órganos de algunos insectos.

**DAMIER**, m. *damié*. Tablero para jugar á las damas y al ajedrez. || Zool. Nombre vulgar de varias mariposas. || Tablero, pájaro. || Bot. Nombre de una especie de planta liliácea.

**DAMIS**, m. *dámis*. Zool. Damis, género de insectos lepidópteros diurnos.

**DAMITE**, f. Com. V. DEMITTE.

**DAMMARA**, m. *dammára*. Bot. Dammara, género de plantas abietáceas.

**DAMMARINE**, f. *dammarín*. Quim. Danmarina, sub-resina extraida de la resina del danmara.

**DAMMARITE**, f. *dammarít*. Bot. Danmarita, género de plantas fósiles.

**DAMNABLE**, adj. *danábl*. Condenable, que merece la condenacion eterna, réprobo. || met. Pernicioso, detestable.

**DAMNABLEMENT**, adv. *danablmán*. De un modo condenable, indigno, infame, abominable.

**DAMNACANTHE**, m. *damnacánt*. Bot. Damnacanto, género de arbustos originario de la India.

**DAMNATION**, f. *danasión*. Condenacion, el castigo de los pecadores que van al infierno, estado del condenado. || Condenacion, maldicion, especie de juramento que revela una cólera extremada.

**DAMNÉ, ÉE**, adj. *dané*. Condenado en el infierno. || met. Maldito, malvado, hombre de malas intenciones. || *Ame damnée*, hombre servil, que sirve á sus amos ó superiores de un modo bajo y rastrero.

**DAMNER**, a. *dané*. Condenar, castigar con las penas eternas del infierno. || Condenar, juzgar digno á alguno de las penas del infierno. || Condenar, causar la condenacion de alguno, como: *sa conduite l'a damné*. || met. *Faire damner*, volver á uno loco, descrismarlo, volverle el juicio. || *Se damner*, r. Condenarse, ponerse uno por sus pecados en estado de ser condenado.

**DAMO**, m. *dámo*. Zool. Zumaya, ave nocturna, especie de buho.

**DAMOGRAPHIE**, f. *damografí*. Gamografía, tratado sobre el gamo.

**DAMOISEAU** ó **DAMOISEL**, m. *damuasó, damuasél*. Doncel, nombre que se daba á los hijos de los nobles, y tambien á ciertos pajes nobles de algunos señores. El título de doncel dado á los jóvenes nobles corresponde al de señorito de la casa, porque aun no tiene estado. || fam. Pisaverde, mequetrefe, petimetro.

**DAMOISELAGE**, m. *damuaselâge* Celibato, hablando del de mujer.

**DAMOISELLE**, f. *damuasél*. Doncella, señorita, título que se daba á las jóvenes nobles en los actos públicos, contratos. || Bot. Nombre que dan en Francia á una variedad de manzana del departamento del Orne.

**DAMPIÈRE**, f. *danpiér*. Bot. Dampiera, género de plantas.

**DAMYSUS**, m. *damisus*. Mit. Damiso, el mas ágil de los gigantes.

**DAN** ó **DEN**, m. *dán, dén*. Mit. Dan, nombre de una divinidad de los Germanos.

**DANACE**, f. *danás*. Mit. Danaza, la moneda que Caron exigia á todas las sombras que recibia en su barca.

**DANAÏDE**, f. *danaíd*. Bot. [illegible] de belecho de la América [illegible].

**DANAÏDES**, f. [illegible] la rubiácea. || Zool. [illegible] *Danaïdes*, pl. Mit. [illegible] hijas de Dánao, que por [illegible] dan á sus maridos, [illegible] Tártaro á llenar [illegible] tonel sin fondo. || met. [illegible] *Danaïdes*, ese es [illegible] dice de una cosa [illegible]

**DANAIS**, m. [illegible] de Abisinia no [illegible]

**DANCHÉ, ÉE**, adj. [illegible] do, epíteto de las piezas de [illegible] yas extremidades están [illegible]

**DANDIN, E**, m. y f. [illegible] bo, tonto, bobo, [illegible] siempre meneando el cuerpo.

**DANDINEMENT**, m. [illegible] bamboleo, el movimiento del que [illegible] cuerpo meciéndolo.

**DANDINER**, a. *dandiné*. [illegible] po, mecerlo de un lado para otro. || *Se dandiner*, r. Columpiarse, [illegible] nearse inclinando el cuerpo [illegible]

**DANDRELIN**, m. *dandrelén*. [illegible] se da á una especie de [illegible] Francia para trasportar la [illegible]

**DANDY**, m. *dandí*. Palabra [illegible] significa petimetre.

**DANDYSME**, m. *dandísm*. [illegible] porte y modales de los petimetres.

**DANÉE**, f. *dané*. Bot. [illegible] belechos.

**DANGER**, m. *danjé*. [illegible] exposicion, contingencia de que [illegible] suceda algo. || Inconveniente, [illegible] *pouvez entrer sans danger*, [illegible] niente en que entre Vd. || [illegible] Bajos, piedras, peligros, [illegible]

**DANGEREUSEMENT**, adv. [illegible] mán. Peligrosamente, de un [illegible] do. || Desgraciadamente, [illegible]

**DANGEREUX, EUSE**, [illegible] eus. Peligroso, que pone en [illegible] de traer daño, hablando de las [illegible] nicioso, funesto, hablando de [illegible] les. || Peligroso, turbulento, [illegible] blando de personas. || *Il est dang*[illegible] es de temer que: se usa [illegible]

**DANOIS, E**, adj. y s. *danuá*. [illegible] namarques, de Dinamarca.

**DANOISE**, f. *danuás*. Mil. [illegible] bre de una hacha de armas [illegible] que usaban los Daneses.

**DANO-SAXON, NE**, adj. [illegible] ón. Dano-sajon, epíteto que [illegible] pecie de caractéres escritos, [illegible] bien con el nombre de anglosajones.

**DANRÉE**, f. *danré*. Nombre [illegible] gua medida agraria de la [illegible]

**DANS**, prep. *dán*. En: *il est dans la chambre*, está en el cuarto; *entrer dans un lieu*, entrar en un sitio. [illegible] usa en sentido figurado, como [illegible] *une chose dans la tête*, [illegible] una cosa en la cabeza. || Entre: [illegible] *les plaisirs*, vivir entre placeres [illegible] *dans la diplomatie*, *être dans* [illegible] equivale á ser diplomático, [illegible] ra de las armas. || Dentro [illegible] á, al cabo de: *dans huit jours*, [illegible] ocho dias. || Con: *il a fait cela dans* [illegible] *de s'établir*, ha hecho eso con [illegible] tablecerse. || Segun: *dans l'opinion commune*, segun la opinion comun. [illegible] *temps que*, miéntras, durante [illegible] *temps que vous ferez cela*, miéntras [illegible] ga eso. || No deben emplearse [illegible] te *en* y *dans*; el primero se [illegible] palabras tomadas en sentido [illegible] como: *être en campagne*, estar [illegible] ña; *aller en carrosse*, ir en [illegible] *dans* se toma en sentido determinado, como: *être dans la campagne*, [illegible] campo; *il est dans le carrosse de* [illegible] va en el coche de su hermano.

**DANSABLE**, adj. *dansábl*. [illegible] es susceptible de bailarse: v. gr. [illegible] *sable*.

**DANSAILLERIE**, f. *dansaillrí*. [illegible] candil, reunion de personas de mal tono.

[illegible], adj. [illegible]. Dansante, que [illegible] la cualidad de danzar. || Bailable, epíteto que se da á la música cuyo ritmo es propio para excitar al baile.

[illegible], f. dáns. Danza, baile, movimiento cadencioso del cuerpo, sujeto á [illegible] || met. Avoir l'air à la danse, [illegible] para alguna cosa. = Avoir le [illegible], gozar buen humor. = [illegible] en danse, tomar parte en alguna in[illegible] la danse, dirigir un nego[illegible] tambourin en [illegible] como pedrada en ojo de bo[illegible] Danza, accion de bailar. || Baile, [illegible] personas que bailan. || Bai[illegible] || met. Felpa, soba, [illegible]: donner une belle danse, dar [illegible].

[illegible] Bailar, danzar. || Dan[illegible] corde, danzar en la maroma; y en [illegible] estar entre la espada y la [illegible] peligrosa. || met. Ne [illegible] danser, no saber qué [illegible] danse de joie, el corazon [illegible] = Faire danser quelqu'un, [illegible] á alguno. = Vin à faire danser [illegible], vino muy nuevo, muy áspero. [illegible] á quelqu'un un branle de [illegible] á uno con la puerta en los hoci[illegible] verbo es activo algunas veces: [illegible], bailar un minuete. || Salle [illegible] ó escuela de danza.

[illegible], m. y f. danseur, eus. [illegible], bailarin, que baila. Sig[illegible] la persona que se [illegible] del baile y lo adopta co[illegible] Célèbre danseuse, famosa bai[illegible] de corde, danzante de ma[illegible], volatinero. || Mont. Chien dan[illegible], perdido, que gira va[illegible] la pista del animal fugitivo.

[illegible], adj. dansomán. Dansóma[illegible], que tiene pasion, manía [illegible]

[illegible], f. dansomaní. Bailoma[illegible] pasion, manía, furor por [illegible]

[illegible], adj. dansomusi[illegible] bailarinmusicó[illegible] movimiento que baila al son [illegible] se agitan las teclas.

[illegible], n. dansoté. Bailotear, dan[illegible] con flojedad y po[illegible]

[illegible], n. [illegible]. Bailar mal, [illegible]

[illegible] Zool. Danta, animal [illegible] del África.

[illegible], adj. dantésc. Dantesco, [illegible], que recuerda el [illegible] Dante.

[illegible], f. dantoní. Bot. Dantonia, [illegible] gramíneas.

[illegible], m. dantonism Polit. [illegible] republicana profe[illegible] y sus amigos desde 1793.

[illegible], adj. y s. dantoníst. Dan[illegible] partido político que [illegible]

[illegible], adj. y s. danubién, én. [illegible] pertenece al Danubio.

[illegible] Especie de bigornia [illegible]

[illegible], adj. y s. daur. Daurio, del [illegible]

[illegible], f. daurít. Miner. Daurita, [illegible] de la turmalina violada [illegible]

[illegible] Miner. Sustancia [illegible] la América meridional.

[illegible], adj. Bot. dafnasé. Daf[illegible] parece al dafne. || Daphnacées, [illegible] familia de plantas.

[illegible] Zool. Dafne, órden [illegible] Dafne, género de plantas [illegible]

[illegible], adj. dafneén, én. Daf[illegible] de Apolo y Diana.

[illegible], m. dafneleón. Dafne[illegible] extraído de las bayas [illegible] por los antiguos Griegos.

[illegible], m. dafneodérm. [illegible], especie de moluscos.

[illegible], m. dafneför. Mit. gr. Dafnéforo, el que llevaba en las dafneforias una rama de olivo.

**DAPHNÉPHORIES**, f. pl. *dafneferí*. Dafneforias, fiestas que los Tebanos celebraban cada nueve años en honor de Apolo.

**DAPHNÉPHORIQUE**, adj. *dafneforic*. Dafnefórico, concerniente á las dafneforias.

**DAPHNIDIE**, f. *dafnidí*. Bot. Dafnidia, género de plantas de las Indias orientales.

**DAPHNIE**, f. *dafní*. Zool. Dafnia, género de crustáceos dafnídeos. || Dafnia, especie de piedra preciosa, hoy desconocida.

**DAPHNINE**, f. *dafnín*. Quím. Dafnina, sustancia alcalina, descubierta en la corteza de muchas dafnes.

**DAPHNIPHYLLE**, m. *dafnifíl*. Bot. Dafnifila, género de plantas de Java.

**DAPHNIS**, m. *dáfnis*. Mit. Dafnis, jóven pastor siciliano.

**DAPHNITE**, f. *dafnít*. Bot. Dafnita, nombre antiguo de una planta, denominada hoy *laurier casse*. || Dafnita, piedra figurada, que imita primorosamente la hoja del laurel.

**DAPHNOMANCIE**, f. *dafnomansí*. Dafnomancia, modo de adivinar de los antiguos por medio del laurel.

**DAPHNOMANCIEN, NE**, adj. *dafnomansién, én*. Dafnománlico, la persona que se dedica ó ejerce la dafnomancia.

**DAPHNOT**, m. *dafnó*. Bot. Acebuche, árbol.

**DAPIFER**, m. *dapifér*. Dapífero, título de uno de los grandes dignatarios del imperio romano, que servia en persona al emperador cuando comia.

**DAPIFÉRAT**, m. *dapiferá*. Dapiferato, la dignidad, el empleo, las funciones del dapífero.

**DAPLIDICE**, f. *daplidís*. Zool. Daplidica, especie de mariposa.

**D'APRÈS**, loc. adv. y prep. V. APRÈS.

**DAPSILOPHYTE**, adj. *dapsilofít*. Bot. Dapsilófito, epíteto dado á las plantas provistas de estambres ó filamentos numerosos.

**DARAISE**, f. *darés*. Desaguadero, conducto, canal por donde se da salida á las aguas de un estanque, de una acequia, etc.

**DARD**, m. *dar*. Dardo, palo armado de un hierro agudo, que se arroja con la mano. || met. Dardo, saeta, flecha, pulla, rasgo maligno, sarcasmo punzante y mordaz. || Astr. Dardo, nombre que se da á una constelacion boreal. || Bot. Dardo, nombre que se da al pezoncito pequeño que algunas flores tienen en el cáliz. || Dardo, extremidad de la cola de los escorpiones, como tambien la pieza principal del aguijon de los insectos himenópteros. || *Dard barbelé*, oreja de perro, especie de planta.

**DARDAIRE**, m. ant. *dardér*. Dardario, nombre dado en tiempos antiguos á los soldados armados de un dardo, y tambien á los ballesteros.

**DARDANAIRE**, m. *dardanér*. Monopolista, agiotista, agavillador, monopolizador, el que almacena granos para hacerlos subir de precio.

**DARDANIDE**, m. y f. *dardaníde*. Dardanida, descendiente de Dárdano; teucro, troyano.

**DARDANIEN, NE**, adj. y s. *dardanién, én*. Dardanio, de la Dardania, despues Tróade.

**DARDANUS**, m. *dárdanus*. Mit. Dárdano, hijo de Júpiter y de Electra, reina de Elide.

**DARDÉ, ÉE**, adj. *dardé*. Tirado, lanzado, asestado. || Herido, pasado con el dardo. || Flechado.

**DARDEL, LE**, adj. *dardél*. Mil. ant. Arrojadizo á manera de dardo: decíase de las armas antiguas en forma de saetas, flechas, etc.

**DARDER**, a. *dardé*. Flechar, blandir, tirar, lanzar, arrojar el dardo. || Herir, atravesar, etc., con el dardo. || met. Vibrar, radiar, resplandecer cayendo perpendicularmente los rayos del sol. || Dirigir, asestar un epigrama, un sarcasmo, una burla cruel contra alguno. || Echar, fijar, clavar una mirada penetrante. || Penetrar, taladrar, traspasar un dolor vivísimo los miembros del cuerpo humano.

**DARDEUR**, m. *dardeur*. Flechero, saetero, arquero, el que arroja dardos ó flechas.

**DARDIÈRE**, f. *dardiér*. Especie de trampa.

**DARDILLE**, f. dim de DARD, *dardíll*. Dardillo, saeta, flecha, dardo pequeño. || Jard. Palillo ó pezon del clavel.

**DARDILLER**, a. inus. *dardillé*. Saetear ó asaetear, aguijonear, flechar. || n. Bot. Brotar las flores sus estambres.

**DARDILLON**, m. *dardillón*. Dardo ó lengüeta pequeña del anzuelo.

**DARIABADIS**, m. *dariabádis*. Dariabadis, especie de tejido que viene de las Indias.

**DARIANGE**, m. *dariánge*. Bot. Dariango, árbol resinoso de las islas Filipinas.

**DARIDAS**, m. *daridás*. Daridas, tafetan que viene de las Indias, hecho de yerbas.

**DARIN**, m. *darén*. Darino, especie de lienzo casero que se fabrica en Champaña.

**DARIOLE**, f. *dariól*. Coc. Quesadilla, gloria, especie de flan ó pastel de crema.

**DARIOLETTE**, f. *dariolét*. Confidente de su misma dama.

**DARIQUE**, f. *daríc*. Dárica ó dárico, moneda de oro acuñada en Asia por órden de Darío, primer rey de Persia.

**DARIUS**, m. *darius*. Darío, nombre de tres reyes de Persia.

**DARIVETTE ó DARIVOTTE**, f. *darivét*, *darivót*. Madero que sirve de base en las balsas de madera flotante.

**DARLINGTONIE**, f. *darlingtoní*. Bot. Darlingtonia, género de plantas.

**DARMAS**, m. *darmás*. Bot. Darmas, especie de hongos ó setas comestibles.

**DARNAMAS**, m. *darnamás*. Darnamas, tela procedente de Esmirna.

**DARNE**, f. *darn*. Tarazon, rueda, pedazo de salmon, anguila, congrio, etc.

**DARON**, m. *darón*. Antiguamente significaba viejo, astuto, sátrapa; y tambien amo de casa. Es palabra del dialecto de los malhechores, llamado vulgarmente caló.

**DARSE ó DARCE**, f. *dárs*. Mar. Dársena, en el Mediterráneo.

**DARSIS**, f. inus. *dársis*. Despellejamiento, desuello, la accion de desollar.

**DART**, m. *dar*. Especie de papel de estraza de color gris.

**DARTOS**, m. *dártos*. Anat. Dártos, membrana contráctil, fibrosa y rojiza que cubre los dos testículos.

**DARTRE**, f. *dártr*. Empeine, sarpullido, ubrera, alborre, culebrilla, nombres dados vulgarmente á una enfermedad cutánea.

**DARTREUX, EUSE**, adj. y s. *dartreu, eus*. Empeinoso, herpético, que es de naturaleza del empeine ó de los herpes.

**DARTRIER**, m. *dartrié*. Dartrial, nombre de varias plantas, cuya semilla sirve para hacer una pomada anti-herpética.

**DARTUS**, m. *dártus*. Bot. Dartio, género de plantas solanáceas.

**DARVINIE**, f. *darviní*. Bot. Darvinia, género de plantas mirtáceas.

**DASCYLLE**, m. *dasill*. Zool. Dáscilo, género de pescados.

**DASMOPHON**, m. *dasmofón*. Bot. Zarron de pastor.

**DASYANTHE**, adj. *dasiánt*. Bot. Dasianto, epíteto dado á las plantas cuyas flores están guarnecidas de vello.

**DASYCARPE**, adj. *dasicárp*. Zool. Dasicarpo, que tiene algunas partes velludas. || Bot. Dasicarpo, que produce el fruto cubierto de vello.

**DASYCAULE**, adj. *dasicól*. Bot. Dasicaulo, que tiene el tallo erizado de vello.

**DASYCÉPHALE**, adj. *dasisefál*. Zool Dasicéfalo, que tiene la cabeza velluda.

**DASYGASTRE**, adj. *dasigástr*. Zool. Dasigastro, insecto que tiene el vientre velludo. || *Dasygastres*, m. pl. Dasigastros, familia de insectos.

**DASYGLOTTE**, adj. *dasiglót*. Bot. Dasigloto, calificacion de las plantas cuyas hojas ó frutos son velludos.

**DASYME**, m. *dasím*. Med. Dasimo, especie de empeine ó herpe que sale en los párpados.

**DASYMÈTRE**, m. *dasimétr*. Fís. Dasímetro, instrumento propio para medir las variaciones de la densidad del aire atmosférico.

**DASYMÉTRIE**, f. *dasimetrí*. Fís. Dasimetría, arte de medir las variaciones atmosféricas de la densidad del aire.

**DASYMÉTRIQUE**, adj. *dasimetric*. Dasimétrico, que tiene analogía ó conexion con la dasimetría.

**DASYOPSIS**, m. *dasiópsis*. Bot. Dasiopsis, género de plantas acuáticas.

**DASYORNIS**, m. *dasiórnis*. Zool. Dasiornis, ave, especie de curruca.

**DASYPELTIDE**, m. *dasipeltid*. Zool. Dasipéltido, género de serpientes.

**DASYPHYLLE**, adj. *dasifil*. Bot. Dasifilo, que tiene las hojas vellosas.

**DASYPLEURE**, adj. *dasipleur*. Zool. Dasipleuro, que tiene los flancos ó los lados vellosos.

**DASYPODE**, m. *dasipód*. Zool. Dasipodo, nombre antiguo del conejo moteado y del tatú. || f. Dasipoda, género de insectos himenópteros melíferos.

**DASYPTILE**, m. *dasiptil*. Zool. Dasiptilo, ave del género papagayo.

**DASYSTACHIÉ, ÉE**, adj. *dasistachié*. Bot. Dasistaquiado, que tienen las flores dispuestas en forma de espigas velludas.

**DASYSTÉMONE**, adj. *dasistemón*. Bot. Dasistémono, que tiene los estambres velludos.

**DASYSTYLE**, adj. *dasistil*. Bot. Dasistilo, que tiene el estilo velludo.

**DATAIRE**, m. *datér*. Datario, presidente de la dataría. Prelado encargado por el papa para recibir las peticiones sobre beneficios.

**DATE**, f. *dát*. Data, fecha, notacion, indicacion de la época y lugar en que se hizo un acto ó un escrito cualquiera, ó se verificó un acontecimiento.

**DATÉ, ÉE**, adj. *daté*. Datado, fechado, fecho, dado.

**DATER**, a. *daté*. Datar, fechar, poner la data ó la fecha en algun escrito. || n. Datar, principiar á contar desde cierta época. || Datar, hacer época.

**DATERIE**, f. *datrí*. Dataría, oficio ó cargo del datario. || Oficina del datario.

**DATHIATUM**, m. *datiátom*. Com. Datiatum, especie de incienso de inferior calidad.

**DATIF**, m. *datif*. Dativo, caso tercero de la declinacion del nombre.

**DATIF, IVE**, adj. *datif, iv*. Dativo, dado, conferido judicialmente.

**DATION**, f. *dasión*. Jurisp. Dacion, accion de dar no gratúitamente, sino como pago de deuda.

**DATISCA**, f. *datísca*. Bot. Datisca, género de plantas del centro del Asia.

**DATISCINE**, f. *datisín*. Quím. Datiscina, sustancia particular que se extrae de la datisca ó canabina.

**DATISME**, m. *datísm*. Datismo, imitacion necia del lenguaje de Dátis. Modo de hablar fastidioso con muchos sinónimos para expresar una misma cosa.

**DATTE**, f. *dát*. Bot. Dátil, fruto de la palmera. || Zool. Dátil, nombre dado á una concha bivalva.

**DATTIER**, m. *datié*. Datilera, género de palmeras ó palmas, árbol que da los dátiles. || *Dattier d'Inde*, tamarindo, planta.

**DATURA**, m. *datúra*. Bot. Datura, género de plantas solanáceas.

**DATURINE**, f. *daturín*. Quím. Daturina, sustancia alcalina descubierta en el grano del datura.

**DATURIQUE**, adj. *daturic*. Quím. Datúrico, calificacion de un ácido que se extrae del datura.

**DAUBE**, f. *dób*. Adobo, cierto condimento para sazonar y conservar la carne. || Adobo, carne sazonada en esta salsa.

**DAUBÉ, ÉE**, adj. *dobé*. Adobado, puesto en adobo.

**DAUBER**, a. *dobé*. Adobar, poner en adobo, hacer un adobo. || met. Adobar, dar cachetes, mojicones ó puñadas, andar á pescozones con alguno. || n. Burlar, fisgar, escarnecer á uno. || *Se dauber*, r. Adobarse, ser adobado, ser puesto en adobo. || Batirse á puñadas. || Burlarse, escarnecerse.

**DAUBEUR**, m. *dobeur*. Fisgon, chuzon, que injuria ó escarnece á otro.

**DAUBIÈRE**, f. *dobiér*. Utensilio de cocina en que se cuece un adobo.

**DAUCINÉ, ÉE**, adj. *dosiné*. Bot. Daucíneo, parecido al dauco ó zanahoria. || *Daucinées*, f. pl. Daucíneas, familia de plantas umbelíferas.

**DAUCIPÈDE**, adj. *dosipéd*. Zool. Daucípedo, que tiene un pié terminado en huso como la zanahoria.

**DAUCUS**, m. *dócus*. Bot. Dauco, nombre científico de la zanahoria.

**DAULIES**, f. pl. *dolí*. Daulias, fiestas celebradas en Argos en honor de Júpiter.

**DAUMA**, m. *dóma*. Dauma, mirlo de las Grandes Indias.

**DAUNIEN**, adj. y s. *donién*. Dauniano, de la Daunia (region marítima de Italia).

**DAUPHIN**, m. *dofín*. Delfin, nombre que tomaban los hijos primogénitos de los reyes de Francia. || Delfin, género de mamíferos cetáceos, pescado grande de mar. || Delfin, constelacion celeste setentrional. || *Dauphins*, m. pl. Mar. Corvas bandas, las que sujetan lateralmente el tajamar al branque y á la proa.

**DAUPHINE**, f. *dofín*. Delfina, título de la mujer del hijo mayor del rey de Francia hasta 1830.

**DAUPHINULE**, f. *dofinúl*. Zool. Delfínula, género de conchas marinas.

**DAURADE**, f. *dorád*. Zool. Dorada ó dorado, género de peces comun en el Mediterráneo.

**DAURAT**, m. *dorá*. Zool. Dorato, uno de los nombres de la carpa dorada de la China.

**D'AUTANT**, loc. adv. *dotán*. V. AUTANT. || *D'autant plus*, tanto mas. *D'autant moins*, tanto ménos. *D'autant mieux*, tanto mejor. *D'autant que*, por cuanto.

**DAVANTAGE**, adv. *davantáge*. Mas, de mas, por mas tiempo. *Je ne m'étendrai pas davantage sur ce sujet*, no me extenderé mas sobre este punto. *Ne vous faites pas attendre davantage*, no se haga Vd. esperar mas tiempo. || *Pas davantage*, loc. adv. Basta, no mas. || Este adverbio no puede ser seguido de *que* ni de *de*, ni puede modificar un adjetivo; y así no debe decirse *davantage que*, *davantage de*: *il a davantage d'esprit*, sino *plus d'esprit*; ni *il a davantage que vous*, sino *plus que vous*.

**DAVÉRIDION**, m. *daveridión*. Aceite de aspid.

**DAVIDIQUE**, adj. *davidíc*. Davidico: se dice de las composiciones sagradas cuyo estilo es solemne é inspirado como el de los salmos de David.

**DAVIÉ Ó DAVIER**, m. *davié*. Gatillo, instrumento que usan los cirujanos ó dentistas para arrancar los dientes ó muelas. || Art. Apretador, instrumento de los cuberos para hacer entrar los aros.

**DAVILLA**, m. *dávila*. Bot. Dávila, género de plantas del Brasil.

**DAVYE**, f. *daví*. Bot. Davia, género de plantas de la América tropical.

**DAWSONIE**, f. *dosoní*. Zool. Dawsonia, género muy curioso y estraño de musgos politríqueos de la Nueva Holanda.

**DE**, prep. *d*. De. Tiene mucho uso en ambas lenguas: en general significa *de*, otras veces se traduce por *con*, y á veces no se traduce, como se verá en los varios ejemplos que siguen. *De* se usa ántes de un infinitivo regido de los verbos *prier*, *ordonner*, *dire*, *etc*. *Je vous prie d'y aller*, ruego á Vd. que vaya allá. *Il nous ordonna de partir*, nos mandó marchar ó mandó que marchásemos. = *Il est bon de dire toujours la vérité*, es bueno decir siempre la verdad. = *Je vous charge de m'écrire*, encargo á Vd. que me escriba. = *L'homme doit plutôt mourir que d'obéir à un tyran*, el hombre debe morir ántes que obedecer á un tirano. = *Est-ce à moi de prendre votre place?* ¿Me toca á mí ocupar vuestro puesto? || *Peu de temps*, poco tiempo. *Beaucoup d'eau*, mucha agua. *Assez d'injustices*, bastantes injusticias, etc. || *Il suffit de*, basta con. *Etre content de*, estar contento con. *Il nous regarde d'un œil de tendresse*, nos mira con ojos de ternura. || *De* se usa en ambos idiomas para expresar el paraje de donde se sale. *Je viens de*, vengo de. *Je sortis de*, salí de, etc. || *De nouveaux gouffres s'ouvrent sous vos pas*, nuevos abismos se abren bajo vuestros piés. *Des femmes qui criaient*, unas mujeres que gritaban. || *De* se usa en ambos idiomas en varias locuciones, como ¡ qué *diable d'homme!* ¡ qué diablo de [illegible] *chien d'enfant!* ¡ qué perro de [illegible] *De* se usa [illegible] del verbo *choisir* en las [illegible] á esta: *il n'y a rien à choisir* [illegible] *lui*, no hay que elegir entre [illegible] la explicacion de los [illegible] preposicion debe [illegible]

**DÉ**, m. *dé*. Dado, pieza [illegible] lados que se usa en el juego [illegible] dos y en otros varios. || Dado, [illegible] go de dominó. || Dedal para [illegible] *le dé*, tener el dado, ser mano. || [illegible] *dé*, tirar suavemente el dado; [illegible] met., disimular, disfrazar, [illegible] presion fuerte para que no se [illegible] que la oye. || met. y fam. *C'est* [illegible] *ó de dé*, es un albur: [illegible] depende de la casualidad. || met. y [illegible] *nir le dé*, llevar ó tener la [illegible] dueño de la conversacion. || [illegible] *heureux*, tener buena suerte [illegible] y en sentido figurado, salir [illegible] una empresa. || *Dé* [illegible]

**DÉALBATION**, f. *dealbasión*. [illegible] cion, blanqueo, accion de [illegible] con especialidad de la operacion [illegible] que consiste en blanquear [illegible] cias por la accion del fuego.

**DÉAMBULATION**, f. [illegible] Deambulacion, accion de pasearse.

**DÉAMBULATOIRE**, adj. [illegible] Deambulatorio, incierto, vacilante [illegible] lato, indeciso.

**DÉAMBULER**, n. *deambulé*. [illegible] pasear, ir de un lado á otro.

**DÉAURATION**, f. *deorasión*. [illegible] doradura, doramiento, arte ó accion de [illegible] rar.

**DÉBÂCHAGE**, m. *debachage*. [illegible] dura, desentoldamiento, [illegible] de desentoldar.

**DÉBÂCHÉ, ÉE**, adj. *debaché*. [illegible] dado.

**DÉBÂCHER**, a. *debaché*. [illegible] quitar la toldadura ó el toldo [illegible]

**DÉBÂCLAGE**, m. *debaclage*. [illegible] miento simultáneo de varios [illegible] tán amarrados en puertos, [illegible]

**DÉBÂCLE**, f. *debácl*. Deshielo y [illegible] miento de las nieves, rompimiento [illegible] riamente repentino, del hielo de [illegible] met. Revolucion súbita, cambio [illegible] en los sistemas políticos. || [illegible] sion de una epidemia. || [illegible] *reuse débâcle!* ¡dichoso desp[illegible] la persona ó personas que se [illegible] cuya presencia fastidia.

**DÉBÂCLÉ, ÉE**, adj. *debaclé*. [illegible] razado, deshecho, deshelado.

**DÉBÂCLEMENT**, m. *debaclemán*. [illegible] lamiento ó deshielo de un río, [illegible] del deshielo, el resultado de él. [illegible] un puerto, y el resultado de [illegible] Cambio, trastorno, mudanza [illegible] prevista en los asuntos políticos [illegible] gocios privados.

**DÉBÂCLER**, a. *debaclé*. [illegible] taba cerrado, obstruido, v. gr. [illegible] una ventana; lo que en [illegible] llama desatrancar. || n. Romperse [illegible] se los hielos de un río. || met. [illegible] alterarse, trastornarse los [illegible] cas ó privadas. || fam. Desemb[illegible] tarse, volver la espalda uno ó [illegible] nos de enfadosa conversacion y [illegible]

**DÉBÂCLEUR**, m. *debacleur*. [illegible] da en los puertos de mar del [illegible] de los navíos para acomodarlos y [illegible] les el sitio.

**DÉBADINER**, n. *debadiné*. [illegible] los puntos que se habian [illegible] nos juegos de naipes.

**DÉBAGOULER**, a. *debagulé*. [illegible] arrojar. Es término bajo ó [illegible] Desembuchar, desconcertar, [illegible] decir cuanto viene á la boca. || [illegible] tartacear, farfullar, articular [illegible] bras.

**DÉBAGOULEUR, EUSE**, m. y f. *debagouleur, eus*. Vomitador, que vomita, [illegible]

[illegible]

*barbouilleur*, eus. Limpiador, la persona que limpia. Es inusitado en la actualidad.

**DÉBARBOUILLOIR**, m. fam. *debarbuluár*. Toalla, paño de manos, servilleta para limpiarse.

**DÉBARCADÈRE**, m. *debarcadér*. Mar. Desembarcadero. || Hablando de caminos de hierro, lugar en que carga y descarga el convoy.

**DÉBARCADOUR**, m. ant. Mar. *debarcadúr*. Desembarcadero, el lugar destinado para desembarcar.

**DÉBARDAGE**, m. *debardáge*. Descarga de un barco de leña.

**DÉBARDER**, a. *debardé*. Descargar, aligerar. || Descargar un barco de leña, y toda especie de mercaderías.

**DÉBARDEUR**, m. *debardeur*. Descargador de leña de los barcos que la conducen.

**DÉBARONISER**, a. *debaronisé*. Feud. Desbaronizar, quitar la cualidad ó el título de baron. || Por extension, degradar.

**DÉBARQUEMENT**, m. *debarcmán*. Mar. Desembarco, la accion de desembarcar.

**DÉBARQUER**, a. y n. *debarqué*. Mar. Desembarcar, poner en tierra gente, efectos, etc. || m. Desembarque, esto es, el instante ó tiempo en que se verifica.

**DÉBARRAS**, m. *debarrá*. Desembarazo, despejo, cesacion de lo que causaba embarazo. || fam. Desahogo, respiro, placer que causa la ausencia de una persona cuya vista nos importunaba.

**DÉBARRASSEMENT**, m. *debarrasmán*. Desembarazamiento, accion de desembarazar; resultado de esta accion.

**DÉBARRASSER**, a. *debarrasé*. Desembarazar, despejar, desobstruir caminos, calles, plazas. || Desembarazar, descargar, exonerar, librar de un peso. || met. Desembarazar, desprender, librar de todo impedimento moral. || Desembarazar, despejar, desnudar una cuestion, un punto histórico. || *Se débarrasser*, r. Quedar desembarazado de todo lo que obstruia, hablando de caminos, calles, plazas, etc. || Desembarazarse, descartarse, librarse de cualquiera obstáculo físico ó moral, hablando de personas ó de cosas. || Desembarazarse, descargarse, exonerarse á sí mismo de un peso material.

**DÉBARRÉ, ÉE**, adj. *debarré*. Desatrancado.

**DÉBARRER**, a. *debarré*. Desatrancar, quitar las barras, barrones, trancas de una ventana, puerta, etc.

**DÉBARRICADER**, a. *debarricadé*. Desembarricar, quitar las barricadas, destruirlas.

**DÉBAT**, m. *debá*. Debate, disputa, altercado. || loc. fam. *Entre eux le débat*, *à eux le débat*, entre ellos ande el fuego, á ellos toca decidir, allá se las campaneen, compónganse como puedan. || *Débats*, pl. debates, sesiones deliberativas de una asamblea ó corporacion.

**DÉBATAILLER**, a. *debatallé*. Presentar batalla, combatir. || Disputar, discutir, altercar. Este verbo ya no se usa, y se dice con preferencia *batailler*.

**DÉBÂTÉ, ÉE**, adj. *debaté*. Desaparejado, desalbardado. || met. *Il est content comme un âne débâté*, está en su pereza manando contento, como sin albarda se huelga el jumento. Se dice de un hombre indolente.

**DÉBATELAGE**, m. *debatelage*. Descarga de una lancha.

**DÉBATELER**, a. *debatlé*. Desembarcar de una lancha, poner en tierra las mercancías.

**DÉBÂTER**, a. *debaté*. Desbastar, desaparejar, desalbardar una caballería.

**DÉBATEMENT**, m. ant. V. DÉBAT.

**DÉBATEUR, EUSE**, m. y f. ant. *debateur*, eus. Debatiente, disputante, contendor, contendiente, el que discute, el que contesta.

**DÉBÂTIMENT**, m. *debatimán*. Derribamiento, derribo de un edificio, de una obra sólida y compacta.

**DÉBÂTIR**, a. *debatír*. Derribar, echar por tierra, derrocar, derruir, demoler lo construido.

**DÉBATTABLE**, adj. *debatábl*. Debatible, cuestionable, discutible, controvertible.

**DÉBATTRE**, a. *debátr*. Debatir, discutir, altercar, controvertir, contestar sobre asuntos deliberativos. || Poner en duda la exactitud de una cuenta, de un finiquito. || *Se débattre*, r. Ser debatido, ser cuestionado. || Sostener con tesón contrarios pareceres. || met. Resistirse, agitarse, forcejear, bregar, oponerse con todas sus fuerzas á un ataque físico ó moral. || Bregar, forcejear para desasirse ó soltarse de alguna prision, lazo, red ó otro embarazo. Dícese tambien de los animales.

**DÉBAUCHE**, f. *debóche*. Desarreglo, intemperancia, destemplanza, exceso en la comida y bebida. || Algunas veces *débauche* se toma en buena parte por huelga ó francachela entre amigos, como una comida, una merienda, etc. || Desarreglo de costumbres, libertinaje continuo, hábito de vicios feos, vida desordenada.

**DÉBAUCHÉ, ÉE**, m. y f. *deboché*. Libertino, perdido, licencioso, disoluto, relajado, etc.

**DÉBAUCHEMENT**, m. V. DÉBAUCHE, DÉSORDRE.

**DÉBAUCHER**, a. *deboché*. Desarreglar, pervertir, relajar, desordenar, estragar las costumbres. || Despedir, separar del trabajo á uno ó mas obreros. || Excederse de cuando en cuando ligeramente, recrearse, comer ó beber mas de lo regular. || Corromper mujeres; sobornar, seducir la fidelidad de alguno, comprarle, ganarle, desviarle de su deber. || *Se débaucher*, r. Desarreglarse, ser despedido, excederse, ser seducido, etc, porque se usa en todas las acepciones del activo.

**DÉBAUCHEUR, EUSE**, m. y f. *debocheur*, eus. Seductor, corruptor, pervertidor, que excita al libertinaje.

**DÉBELLATOIRE**, adj. ant. *debelatuár*. V. VICTORIEUX, TRIOMPHANT, hablando de las cosas, no de las personas.

**DÉBELLER**, a. *debelé*. Debelar, combatir victoriosamente.

**DEBENTUR**, m. *debéntur*. Recibo, certificacion que los oficiales ó funcionarios de los tribunales supremos daban al rey cuando se les satisfacian sus gajes ó honorarios. Llamosé así por empezar con las palabras *debentur mihi*, etc.

**DÉBET**, m. *débet*. Debe, palabra latina que indica el resto por satisfacer, ó que debe pagarse de una cuenta á medio saldar. || Jurisp. *Acte enregistré en débet*, acta, escritura registrada al fiado, sin pago inmediato de los derechos de sello y registro.

**DÉBIFFER**, a. *debifé*. Debilitar, desfigurar, ajar, marchitar, secar, enmagrecer, hablando del rostro, etc. || Descomponer, debilitar, estragar, echar á perder el estómago.

**DÉBILE**, adj. *debil*. Débil, flaco, flojo, falto ó escaso de fuerzas; lánguido. || met. *Mémoire débile*, memoria frágil, olvidadisa. || Dícese tambien de las plantas, de los árboles, de algunas cosas, etc.

**DÉBILEMENT**, adv. *debilmán*. Débilmente, de una manera débil. Es inusitado.

**DÉBILITANT, E**, adj. y s. m. *debilitán*. Debilitante, que debilita, que atenúa.

**DÉBILITATION**, f. *debilitasión*. Debilitacion, accion de debilitar. || Med. Debilitacion, medio de que se sirve el médico para reducir el excesivo vigor de las partes vitales del enfermo á un grado conveniente.

**DÉBILITÉ**, f. *debilité*. Debilidad, languidez, flojedad, falta de vigor, de robustez. || Decaimiento físico, y tambien moral ó del alma.

**DÉBILITER**, a. *debilité*. Debilitar, enflaquecer, disminuir las fuerzas del cuerpo, quitar el vigor. || Debilitar la salud, las fuerzas. || met. Debilitar el espíritu, el corazon las facultades morales

**DÉBILLARDEMENT**, m. *debillardmán*. Desbastamiento, desbaste, accion de desbastar las maderas, y el resultado de esta operacion.

**DÉBILLARDER**, a. *debillardé*. Desbastar, cepillar un madero para labrarlo.

**DÉBILLER**, a. *debillé*. Desenganchar los caballos que tiran la sirga de un barco.

**DÉBINE**, f. fam. y pop. *debín*. Ocurrencia, desgracia, miseria, infortunio repentino. || *Tomber dans la débine*, caer en la desdicha, en la miseria.

**DÉBINER**, a. *debiné*. Binar, hacer la segunda labor en las viñas. || pop. Denigrar, tildar, motejar, desacreditar. ||Caer en la miseria por un accidente cubitáneo. ||*Se débiner*, r. Ser cavada segunda vez la viña. ||Desgraciarse, desgarrarse mutuamente la reputacion.

**DÉBIT**, m. *debí*. Despacho, venta, salida, consumo de géneros mercantiles. || Tienda, despacho, local donde se vende alguna mercancía. ||Autorizacion, comision de vender un particular ciertas mercancías que monopoliza el gobierno. *Obtenir un débit de tabac*, conseguir un estanquillo, despachar tabaco por su cuenta ó la del gobierno. ||Com. Cuenta escrita en la página izquierda del libro mayor de una casa de comercio, cuya página se encabeza con la palabra Debe; así como la derecha con la palabra Haber. Llámase tambien *débit* la misma página izquierda del libro mayor. || met. Manera de hablar, de recitar, arengar: v. gr. *débit aisé, noble, diligent; débit lent, lourd, fatigant, monotone, etc*. En el primer caso es expedicion, desembarazo, facilidad en hablar ó arengar; y en el segundo lo contrario, segun los adjetivos que acompañen ó califiquen. || Mús. Recitado sumamente rápido, precipitado y casi silábico, que se parece á la palabra de una conversacion. Dícese de la manera mala ó buena de cantar los recitados en las óperas. || *Débit d'une fontaine, d'une conduite d'eau*, producto líquido de una fuente, de un acueducto, la cantidad de agua que proporcionan en un tiempo dado.

**DÉBITAGE**, m. *debitáge* Despacho, venta, salida de géneros. Accion de vender, con especialidad maderas para diversos usos ó con diversas formas.

**DÉBITANT**, **E**, m. y f. *debitán*. Vendedor, la persona que vende, que despacha al por menor cualquier género ó mercadería.

**DÉBITÉ**, **ÉE**, adj. *debité*. Despachado, vendido.

**DÉBITER**, a. *debité*. Vender, despachar géneros ó mercancías, especialmente al por menor. || Serrar, cortar las maderas de diferentes modos. ||Com. Inscribir, anotar el nombre de alguno en la página izquierda del libro mayor como deudor. || Declamar, perorar, arengar, recitar, discurrir bien ó mal. || Esparcir, difundir, divulgar, publicar noticias, mentiras ó verdades, etc. || *Débiter des injures*, injuriar, insultar á su sabor.

**DÉBITEUR**, **TRICE**, s. y adj. *debiteur, tris*. Deudor, el que debe á alguno.

**DÉBITEUR**, **EUSE**, m. y f. *debiteur, eus*. Novelero, cuentero, esparcidor, divulgador de noticias, paparruchas, fruslerías, bolas, etc. Se usa casi siempre en el sentido irónico y depresivo. *Vous n'êtes qu'un débiteur de mensonges*, Vd. no es mas que un portador de mentiras, un correo de chismes.

**DÉBITIS**, m. *débitis*. Jurisp. ant. Débitis, fórmula encabezatoria del acto de ejecucion ó apremio judicial contra algun deudor.

**DÉBITTER**, a. ant. V. **DÉBITER**, en la segunda acepcion.

**DÉBITUMINISATION**, f. *debituminisasión*. Quím. Desbituminizacion, accion de extraer el betun que contiene una sustancia.

**DÉBITUMINISER**, a. *debituminisé*. Quím. Desbituminizar, extraer el betun de una sustancia ó materia orgánica.

**DÉBLAI**, m. *deblé*. Escombro, monton de materiales procedentes de un derribo. || Escombramiento, la accion de quitar, desacar la tierra de un terreno para ponerle liso y llano ó á nivel, para hacer un foso ó cimientos; el resultado de esta accion. || met. Desembarazo, exoneramiento, la accion de librarse de una persona ó de una cosa importuna.

**DÉBLAIEMENT**, m. V. **DÉBLAI**.

**DÉBLANCHI**, m. *deblanchí*. Extraccion ú operacion reducida á extraer y agotar todo el azul que puede dar de sí un cubo de añil.

**DÉBLANCHIR**, a. *deblanchir*. Descascarillar, quitar la costra que se forma en la superficie de los metales en plena fusion. || Deshojar, separar las hojas de estaño de las planchas plúmbeas.

**DÉBLATÉRATION**, f. *deblaterasión*. Declamacion, murmuracion violenta contra alguna persona; accion de desacreditar una cosa.

**DÉBLATÉRER**, n. *deblateré*. Declamar, desacreditar, denigrar, hablando mal y de una manera violenta contra alguno.

**DÉBLAYER**, a. *debleyé*. Escombrar, limpiar, desembarazar un local de cosas agrupadas confusamente y en completo desórden. ||met. *Déblayer le terrain*, despejar el terreno, zanjar las dificultades que puedan ocurrir en alguna empresa.

**DÉBLEURE**, f. *debleur*. Trigo sin segar. || Recoleccion de la cosecha de trigo.

**DÉBLOCAGE**, m. *deblocáge* Desbloqueo, levantamiento del bloqueo de una poblacion. || Impr. Enderezamiento, colocacion exacta de las letras inversamente traspuestas.

**DÉBLOCUS**, m. V. la primera acepcion de **DÉBLOCAGE**.

**DÉBLOQUEMENT**, m. V. **DÉBLOCAGE**.

**DÉBLOQUER**, a. *debloqué*. Desbloquear, levantar forzosamente el bloqueo de una plaza. || Impr. Quitar de una composicion tipográfica las letras vueltas ó inversamente traspuestas, enderezar las letras ó renglones trastornados.

**DÉBLOUIR**, a. ant. *debluir*. Despegar, abrir los ojos. || met. Desengañar. || *Se déblouir*, r. Abrirse, despegarse los ojos uno mismo. || met. Desengañarse. Ni uno ni otro se usan ya.

**DÉBOIRADOUR**, m. *debuaradúr*. Instrumento de madera usado en los departamentos meridionales de Francia para pelar las castañas que han de formarse pilongas.

**DÉBOIRE**, m. *debuár*. Dejo, resabio, mal gusto que deja en la boca un licor. ||met. Disgusto, pesar, sinsabor, pena, sentimiento, dolor, mortificacion.

**DÉBOISEMENT**, m. *debuasmán*. Desmonte, accion y efecto de desmontar terrenos, bosques, etc.

**DÉBOISER**, a. *debuasé*. Desmontar, destruir los bosques que cubren el suelo.

**DÉBOIT**, m. ant. *debuá*. Disgusto.

**DÉBOÎTÉ**, **ÉE**, adj. *debuaté*. Dislocado, desencajado, descoyuntado, desconcertado.

**DÉBOÎTEMENT**, m. *debuatmán*. Desencajamiento, dislocamiento, dislocacion, luxacion de un hueso.

**DÉBOÎTER**, a. *debuaté*. Dislocar, desencajar, descoyuntar, desconcertar un hueso. || Arq. Desunir, tomar pieza por pieza las diferentes partes que constituyen un todo. || Hidr. Dividir dos tubos de los cuales el uno entra en el otro.

**DÉBONDER**, a. *debondé*. Destapar, soltar la compuerta de un canal, acequia, etc. || n. Escaparse, salir impetuosa y abundantemente un líquido. || met. Esparcirse, soltarse á borbotones, hablando de las lágrimas y sentimientos largo tiempo comprimidos en el corazon. || Evacuar, limpiarse perfectamente por medio de un purgante despues de largas obstrucciones de vientre.

**DÉBONDONNEMENT**, m. *debondonmán*. Destaponamiento, accion de destaponar ó quitar el tapon de un tonel.

**DÉBONDONNER**, a. *debondoné*. Destaponar, quitar el tapon á una cuba para rellenarla.

**DÉBONNAIRE**, adj. *debonér*. Dulce, benigno, bienhechor, afable, flexible, manejable hasta la debilidad, de una bondad inagotable. || fam. *Mari débonnaire*, marido indulgente, complaciente, condescendiente.

**DÉBONNAIREMENT**, adv. *debonermán*. Buenamente, dulcemente, benignamente.

**DÉBONNAIRETÉ**, f. *debonerté*. Benignidad, mansedumbre, bondad excesiva.

**DÉBONNETER**, a. *deboneté*. Romper con la uña el papel que cubre el cebo de un cohete ó volador.

**DÉBOQUETER**, a. *deboclé*. Desentablar, quitar las tablas que rodean las estacas fijas en la tierra.

**DÉBORD**, m. *debór*. Desborde, derramamiento de los humores biliosos. || [illegible] lla ó borde de una moneda.

**DÉBORDÉ**, **ÉE**, adj. *debordé*. [illegible] do. || met. Disoluto, [illegible]

**DÉBORDÉMENT**, adv. [illegible] bordadamente, [illegible] con exceso.

**DÉBORDEMENT**, m. *debordmán*. [illegible] bordamiento, avenida, [illegible] río cuyas aguas salen de madre. [illegible] extravasacion, evacuacion [illegible] dante de alguna humor ó de [illegible] Profusion, prodigalidad [illegible] gunas cosas, como alabanzas [illegible] escritos. || Disolucion, corrupcion [illegible] no, perversidad de costumbres [illegible]

**DÉBORDER**, a. *debordé*. [illegible] tar el borde, la orilla de [illegible] desgaloncar, quitar el galon á [illegible] la guarnicion á un vestido, etc. [illegible] reosía siempre á sus [illegible] des. || Exceder, sobresalir, [illegible] cosa larga á otra mas corta [illegible] adelantarse, derrocar las [illegible] unos á otros. || Irse de [illegible] lla del respeto, de los [illegible] Mar. Desatracar, separar un [illegible] dos buques que están abordados [illegible] tar ó largar la escota de [illegible] n. Desbordarse, [illegible] madre un rio, etc. || Rebosar [illegible] cima del borde las aguas de [illegible] de una acequia, etc. || [illegible] marse los humores del cuerpo [illegible] te la bilis. || met. Atropellar [illegible] mites de la moderacion, [illegible] lo justo, etc. || *Se déborder*, r. [illegible] viciarse, corromperse, [illegible]

**DÉBORDOIR**, m. [illegible] instrumento con que los [illegible] plomo en los tejados. || [illegible] to de los ópticos con que [illegible] y vidrios de los anteojos. || [illegible] mento con que los cuberos [illegible]

**DÉBOSSELER**, a. *deboslé*. [illegible] quitar abolladuras.

**DÉBOSSER**, a. *debosé*. Mar. [illegible] cabo de alguna cuerda de la [illegible]

**DÉBOTTÉ**, m. *deboté*. [illegible] la accion, el momento de [illegible]

**DÉBOTTER**, a. *deboté*. Quitar [illegible] otro. || *Se débotter*, r. Quitarse [illegible] á sí mismo.

**DÉBOTTER**, m. V. **DÉBOTTÉ**.

**DÉBOUCHÉ**, m. *debuché*. [illegible] ducto, boca de un desfiladero, [illegible] etc. || Com. Salida, via que [illegible] los géneros, frutos ó otra cosa [illegible] diente, medio de salir de una [illegible]

**DÉBOUCHEMENT**, m. *debuchmán* [illegible] dero, V. **DÉBOUCHÉ**.

**DÉBOUCHER**, a. *debuché*. [illegible] taponar una botella. || Abrir, [illegible] atascar un conducto, quitar [illegible] desobstruir una puerta, [illegible] Med. Hacer cesar el estreñimiento [illegible] la evacuacion ó su curso [illegible] pejar, ilustrar el entendimiento [illegible] bocar, desfilar, pasar un [illegible] embocar un rio, un canal, etc. [illegible] *cher*, r. Destaparse una botella [illegible] un conducto, un canal, etc.

**DÉBOUCHOIR**, m. *debuchuár*. [illegible] instrumento para sacar una [illegible] que ha quedado rota dentro de [illegible]

**DÉBOUCLER**, a. *debuclé*. [illegible] desatacar, desatar una cosa [illegible] con hebillas, presillas ó [illegible] rizar, deshacer los rizos del [illegible] peluca. || Quitar el candado á [illegible]

**DÉBOUILLI**, m. *debullí*. [illegible] un tinte, operacion que consiste [illegible] cer en un agua preparada las [illegible] teñido para ver si el color está [illegible]

**DÉBOUILLIR**, a. *debullir*. [illegible] un tinte para ver si está [illegible] ciendo cocer en la caldera [illegible]

**DÉBOUILLISSAGE**, m. V. [illegible]

**DÉBOUQUEMENT**, m. [illegible] emboque de un navío, ó su [illegible] nal, estrecho, etc.

**DÉBOUQUER**, a. *debuqué*. [illegible] salir de un canal, estrecho, etc.

[illegible], m. *deburbáge*. Desentar-[illegible] que consiste en separar [illegible] que lo cubre.

[illegible], ÉE, adj. *deburbé*. Desen-[illegible], limpio de cieno.

[illegible], a. *deburbé*. Desentarqui-[illegible] una maja, un canal. || [illegible], sacarle del atolla-[illegible] el vino ú otros licores. || [illegible] á uno, sacarlo del atollade-[illegible] de una dificultad. || *Dé*-[illegible], desfangar el pescado, [illegible] agua para hacerle perder el [illegible].

[illegible], a. inus. *deburdí*. Con-[illegible].

[illegible], a. *deburjuasé*. Des-[illegible] á uno, quitarle los [illegible]. || *Se débourgeoiser*, r. Li-[illegible], civilizarse.

[illegible], a. *déburré* Desatacar, qui-[illegible] una arma de fuego. || met. Co-[illegible], enseñar, civilizar [illegible] y sin trato. || Amaes-[illegible] á enseñarle segun [illegible]. || *Débourrer une pipe*, [illegible] una pipa. || *Se débourrer*, r. [illegible], civilizarse, dejar [illegible] ó rústicos.

[illegible], m. *debúr*. Desembolso, di-[illegible].

[illegible], m. poco us. *deburs*-[illegible], accion de desembolsar.

[illegible], a. *deburse*. Desembolsar, [illegible] de su bolsillo y antici-[illegible] pago. || Desembolsar, an-[illegible] para alguna cosa ó prés-[illegible] *de l'esprit*, *de belles* [illegible] talento, emplear expre-[illegible] imaginacion.

[illegible], ant. *debé*. Puja, aumento [illegible] de una cosa que se vende á [illegible].

[illegible], *debú*. En pié ó derecho, [illegible]. Dícese de las personas, [illegible] cosas. || *Etre debout*, [illegible] levantado de la cama. [illegible] Arriba! Arriba! A pié! ex-[illegible] para despertar á uno. [illegible] *debout*, dejar á uno en [illegible] una silla. || met. *Etre de*-[illegible] pié, resistir á los obstácu-[illegible], caer de piés. || Mar. [illegible] *au vent*, estar aproa-[illegible]. *Courir debout á terre*, nave-[illegible] de tierra. || *Mettre du bois* [illegible] un madero, ponerle de pié [illegible] *debout*, poner [illegible]. || *Marchandises qui pas*-[illegible] que pasan por alto sin [illegible]. || *Contes à dormir debout*, [illegible], promesas vanas.

[illegible], f. ó DÉBOUTEMENT, [illegible]. Jurisp. ant. Dese-[illegible].

[illegible], *debuté*. Jurisp. Acto por [illegible] una demanda ó oposi-[illegible].

[illegible], a. *debuté*. Jurisp. Denegar, [illegible] demanda. || Derribar de [illegible].

[illegible], ÉE, adj. *debutoné*. Des-[illegible]. || *Manger à ventre* [illegible] hasta reventar.

[illegible], a. *debutoné*. Desaboto-[illegible] de los ojales. || Esgr. [illegible] ó quitar el boton á un [illegible], r. Desabotonarse, [illegible] y fam. Desabrocharse, [illegible] su pecho á alguno, ha-[illegible], con desahogo, sin re-[illegible].

[illegible], a. *debraillé*. Despechu-[illegible] la pechuga, sacar los pe-[illegible].

[illegible], m. *debraságe*. Accion de [illegible] las brasas de un hogar, de [illegible].

[illegible], a. *debrasé*. Barrer las ce-[illegible] hogar.

[illegible], a. *debreladé*. En el [illegible], reducir una partida [illegible]. [illegible] al contrario algu-nos puntos. || met. y fam. Cambiar de for-tuna, mejorar de posicion, habiendo sido ántes mala. || Conseguir al cabo de algun tiempo lo que alguno se habia propuesto.

**DÉBRIDÉE**, f. *debridé*. Nombre que se da á la retribucion que se paga en una po-sada por el tiempo que está atada una caba-llería al pesebre para comer un pienso; en España se dice pagar el atadero, el cuerno, la estaca, etc.

**DÉBRIDEMENT**, m. *debridemán*. Desem-bridamiento, accion de quitar la brida á un caballo. || Cir. Desbridamiento, accion de cortar un tejido membranoso ó aponeuró-tico que comprime las partes subyacentes, como el prepucio ó el anillo inguinal.

**DÉBRIDER**, a. *debridé*. Desembridar, quitar la brida á una caballería. || Engullir, zampar. || Chapucear, farfullar, trabajar mal. || Despabilar, en el sentido de leer ó rezar aprisa y tragándose las palabras. || Cir. Des-bridar, cortar ciertas partes que comprimen la llaga, abrirla para sondearla. || Art. Des-atar el cable de una piedra cuando ha llega-do á la altura donde ha de colocarse. || met. y fam. *Sans débrider*, de prisa y corriendo, sin descanso, sin tomar aliento, sin tragar saliva, de un tiron.

**DÉBRIDEUR**, m. *debrideur*. Nombre del trabajador que desata el cable de una piedra que se ha subido á torno hasta la al-tura en que debe colocarse.

**DÉBRIGANDINER**, a. *debrigandiné*. Qui-tar la coraza, dejarla, despojarse de ella. Se usa principalmente como recíproco.

**DÉBRILLANTER**, a. *debrillanté*. Des-brillantar, quitar el brillo á una cosa.

**DÉBRIS**, m. *debrí*. Resto, ruinas de un edificio. || fam. Restos, despojos de una po-lla, de un pastel, etc. || Trozos de un buque que ha naufragado. || met. Reliquias, restos de un ejército, de un imperio, etc. || Resto ó residuo de un caudal. || Restos ó vestigios de una belleza, de ciertos atractivos. || Bot. Retoño de una planta.

**DÉBROCHAGE**, m. *debrocháge*. Art. Des-monta, accion de desmontar una devanadera, un rastrillo, un huso, etc.

**DÉBROCHER**, a. *debroché*. Art. Desmon-tar, quitar la aguja ó punzon á una devana-dera, las puas á un rastrillo, el eje á un huso de las manufacturas de lana, el contrapeso á una urdidera de terciopelo, el macho á una llave, el centro ó fiel del blanco á un carco-lero de pasamanero, etc. || Desmontar, quitar las tapas á un libro.

**DÉBROUILLABLE**, adj. *debrulláble*. Des-enredable, que puede desenredarse, acla-rarse, hablando de negocios.

**DÉBROUILLEMENT**, m. *debrullmán*. Desembrollo, desenredo, accion de desen-redar lo que está enmarañado. || met. Des-enredo, accion de aclarar un negocio.

**DÉBROUILLER**, a. *debrullé*. Desenre-dar, desembrollar, desenmarañar, desmara-ñar hilo, seda, etc. || Desenredar, orde-nar las cosas que estaban en confusion, como papeles, etc. || met. Poner en limpio, arreglar un escrito. || Desenredar, aclarar un asunto. || Aclarar lo oscuro, descubrir lo oculto.

**DÉBROUILLEUR, EUSE**, m. y f. *de-brulleur, eus*. Desenredador, que desenreda ó ayuda á desenredar. || Coordinador, el que pone en órden lo que estaba enredado.

**DÉBRÛLER**, a. *debrulé*. Quím. Desoxige-nar, extraer el oxígeno que ha absorbido un cuerpo al quemarse ó volverlo al estado de combustible.

**DÉBRUTALISÉ, ÉE**, adj. *debrutalisé*. Domesticado, civilizado.

**DÉBRUTALISER**, a. *debrutalisé*. Do-mesticar, civilizar, amansar á alguno. Es poco usado.

**DÉBRUTIR**, a. *debrutír*. Art. Desbastar, empezar á pulir ó afinar los cristales.

**DÉBRUTISSEMENT**, m. *debrutismán*. Art. Dulcimiento, desbastamiento, accion de dulcir ó desbastar un cristal.

**DÉBÛCHÉ**, m. *debuché*. Mont. Momento en que la fiera deja el bosque y entra en el llano. Tambien se designa con este nombre la sonata que se toca con las cornetas al tiempo que el animal sale del bosque ó monte.

**DÉBÛCHER**, n. *debuché*. Mont. Desem-boscarse, salir del bosque las fieras para entrar en la llanura. || Tambien se emplea como activo: v. gr. *débûcher le cerf*, *l'ani-mal*, desemboscar al ciervo, al animal, ha-cerlos salir del bosque.

**DÉBUSCABLE**, adj. *debuscábl*. Desem-boscable, que puede desemboscarse ó sacarse del bosque.

**DÉBUSQUÉ, ÉE**, adj. *debusqué*. Desalo-jado, arrojado de un puesto. || met. y fam. Desbancado, apeado de un empleo.

**DÉBUSQUEMENT**, m. *debuscmán*. Des-emboscadura, desemboscamiento, accion de desemboscar, de desalojar al enemigo de un punto ventajoso donde estaba emboscado. || Accion de apear á alguno de su empleo.

**DÉBUSQUER**, a. *debusqué*. Mont. Des-emboscar, obligar á la fiera ó á cualquiera otra caza á salir del bosque. || Desalojar á una tropa de una emboscada. || fam. Apear á uno de su empleo, desbancarle, hacerle saltar de un puesto ó situacion favorable.

**DÉBUT**, m. *debú*. Salida, primera jugada, primera mano, primera tirada, segun el jue-go de que se trate. || Primer paso ó principio en una empresa ó negocio, etc. || Preludio ó estreno de una profesion. || Entrada ó in-tróito de un sermon, de un informe, de una comedia. || Estreno, primera salida, hablando de la primera vez que sale á las tablas un actor ó actriz.

**DÉBUTANT, E**, m. y f. *debután*. Debu-tante, el que se estrena ó sale por primera vez á las tablas.

**DÉBUTER**, a. *debuté*. Desembochar, en el juego de bochas; quitar la bola de junto al boliillo en el juego de trucos. || n. Salir, hacer la primera jugada, jugar de mano. || Empezar ó dar principio, hablando de un discurso, sermon, informe, de una conver-sacion. || Dar el primer paso en una empre-sa, en una carrera, profesion, etc. || Es-trenarse, salir un actor ó actriz al público en un teatro por la primera vez.

**DEÇÀ**, loc. prep. *desá*. De este lado, de esta parte, de la parte de acá, del lado mas próximo al que habla. || *Etre en deçà d'une chose*, no poder obtener una cosa á pesar de sus esfuerzos. || *Deçà et delà*, de un lado y del otro, con un movimiento regular ó cons-tante; y en este sentido se dice: *la navette du tisserand va deçà et delà*. Tambien sig-nifica, en otro sentido, de un lado y del otro, acá y allá, sin objeto, á la aventura. En este caso tiene la misma significacion que *çà et là*. || fam. *Jambe deçà, jambe delà*, pata acá, pata allá, á caballo, á horcajadas.

**DÉCACANTHE**, adj. *decacánt*. Bot. De-cacanto, que tiene diez espinas. || Zool. De-cacanto, que tiene diez espinas en la aleta dorsal, hablando de peces.

**DÉCACÈRE**, adj. *decasér*. Zool. Decácero, se dice de los moluscos que tienen diez cuer-nos ó tentáculos. || *Décacères*, m. pl. Decá-ceros, familia de moluscos.

**DÉCACHÆTE**, m. *decachét*. Bot. Deca-queto, género de plantas.

**DÉCACHER**, a. *decaché*. Descubrir, ma-nifestar lo que está oculto.

**DÉCACHETABLE**, adj. *decacheitábl*. Que puede abrirse, hablando de un pliego, carta, paquete ú otra cosa sellada.

**DÉCACHÈTEMENT**, m. *decachetmán*. Accion de abrir una carta, un pliego, un paquete sellado.

**DÉCACHETER**, a. *decacheté*. Abrir una carta, romper el sello, la oblea ó el lacre con que está cerrada. || *Se décacheter*, r. Abrirse ó despegarse la oblea de una carta cerrada.

**DÉCACHORDE**, m. *decacórd*. Decacor-de ó decacordio, instrumento de música que usaban los antiguos.

**DÉCADACTYLE**, adj. *decadactíl*. Zool. Decadáctilo, que tiene diez dedos. || Deca-dáctilo, se dice del pescado que tiene diez espinas en cada aleta pectoral.

**DÉCADAIRE**, adj. *decadér*. Decadario, que se refiere á las décadas del calendario republicano. || *Histoire décadaire*, historia decadaria, escrita en diez libros.

**DÉCADARQUE**, m. ant. *decadárc.* Decadarca, nombre de diez magistrados griegos establecidos por Lisandro. || Decadarca, oficial de tropa que solo tenia diez soldados bajo sus órdenes.

**DÉCADE**, f. *decád.* Década, nombre dado á cada una de las tres partes del mes en el calendario republicano de Francia. || Antig. gr. Década, escuadra de diez hombres. || Tercera parte del mes de los Atenienses. || Década, obra que consta de diez tomos.

**DÉCADENASSER**, a. *decadenasé.* Desencerrojar, levantar la cerradura á una puerta, á un armario, etc. || Arrancar un candado de una maleta.

**DÉCADENCE**, f. *decadáns.* Decadencia, declinacion, principio de ruina, diminucion de grandeza, de prestigio, de ascendiente, etc.

**DÉCADENCER**, n. inus. *decadansé.* Decaer, estar en decadencia.

**DÉCADENT**, E, adj. *decadán.* Decadente, que está en decadencia.

**DÉCADI**, m. *décadi.* Nombre del décimo dia de la década en Francia, segun el calendario republicano.

**DÉCADIER**, n. *decadiad.* Se decia en Francia en tiempo de la república por celebrar el décimo dia de cada década. || *Se décadier*, r. Engalanarse, vestirse de dia de fiesta.

**DÉCAÈDRE**, adj. y s. *decaèdre.* Decaedro, sólido que se compone de diez fases ó lados.

**DÉCAFIDE**, adj. *decafíd.* Bot. Decáfido, hendido en diez partes: dícese del cáliz ó de la corola.

**DÉCAGONE**, adj. *decagón.* Geom. Decágono, que presenta diez ángulos y diez lados. || Fort. Decágono, obra que se compone de diez baluartes ó bastiones.

**DÉCAGRAMME**, m. *decagrám.* Decágramo, peso de diez gramos, que equivale á 200 granos y medio de la libra castellana.

**DÉCAGYNE**, adj. *decagín.* Decágino, epíteto de la planta cuyo órgano hembra es doble.

**DÉCAISSER**, a. *decasé.* Desencajonar, sacar lo que está metido en un cajon.

**DÉCALAGE**, m. *decaláge.* Desencuñe, accion de desencuñar ó quitar las cuñas y chabetas que sujetan una máquina ó un mueble.

**DÉCALENGÉ**, ÉE, adj. *decalangé.* Jurisp. ant. Descargado, libre, que no está embargado, que no está preso.

**DÉCALÉPIS**, m. *decalépis.* Decalepis, género de plantas de las Indias.

**DÉCALER**, a. *decalé.* Desencajar, desacuñar, desclavar un mueble, una máquina.

**DÉCALITRE**, m. *decalitr.* Decalitro, medida de capacidad que vale diez litros.

**DÉCALOBÉ**, ÉE, adj. *decalobé.* Bot. Decálobo, que presenta diez divisiones redondeadas.

**DÉCALOGUE**, m. *decalógue.* Decálogo, los diez mandamientos de la ley de Dios.

**DÉCALOTTER**, a. *decaloté.* Desencasquetar, quitar el casquete, la gorra, la capucha. || Desmochar, quitar lo de encima.

**DÉCALQUE**, m. *decálc.* Decalco, accion de calcar ó trazar el calco sobre un dibujo.

**DÉCALQUER**, a. *decalqué.* Calcar, sacar una contra-prueba ó calco de un dibujo.

**DÉCAMÉRIDE**, f. *decamerid.* Decamérido, division de decimales.

**DÉCAMÉRIDER**, a. *decameridé.* Decameridar, dividir por decimales.

**DÉCAMÉRON**, m. *decamerón.* Decameron, obra en que se refieren los sucesos ó conversaciones de diez dias.

**DÉCAMÈTRE**, m. *decamétr.* Decámetro, medida que contiene diez metros de longitud.

**DÉCAMÉTRIQUE**, adj. *decametríc.* Decamétrico, que se refiere al decámetro.

**DÉCAMPEMENT**, m. *decanpemán.* Levantamiento de un campo, la accion de levantar las tropas el campo. || *Batteries de décampement*, toque que equivale al de generala, con el que se da la señal de levantar el campo.

**DÉCAMPER**, n. *decampé.* Decampar, levantar el campo las tropas. || fam. Poner piés en polvorosa, tomar las de villadiego, tomar viento fresco.

**DÉCAMYRON**, m. *decamerón.* Decameron, emplasto compuesto de diez especies de ingredientes.

**DÉCAN**, m. ant. *decán.* Decano, jefe de diez soldados en la milicia romana, y de diez religiosos en los monasterios. || Decano, el que tenia derecho de inspeccion sobre diez iglesias. || Decano, dean, el individuo mas antiguo de una corporacion, comunidad, junta, etc. || Decano, el que con autorizacion competente tiene el encargo de presidir los cabildos en las catedrales.

**DÉCANAL**, E, adj. *decanál.* Decanal, que pertenece al decano ó dean.

**DÉCANAT**, m. *decané.* Decanato, dignidad del dean. || Tiempo que dura esta dignidad.

**DÉCANDRE**, adj. *decándre.* Bot. Decandro, epíteto de las flores que tienen diez estambres, y por extension de las plantas que las producen.

**DÉCANDRIE**, f. *decandrí.* Decandria, décima clase del sistema de Linneo, que incluye todos los vegetales de flores hermafroditas que tienen diez estambres.

**DÉCANÈME**, m. *decanéme.* Bot. Decanemo, género de plantas de Madagascar.

**DÉCANISER**, n. *decanisé.* Ocupar el puesto del decano, ejercer sus funciones.

**DÉCANONISER**, a. *decanonisé.* Descanonizar, borrar á un santo de la lista ó catálogo de los canonizados.

**DÉCANTATION**, f. *decantasión.* Quím. Decantacion, accion de decantar.

**DÉCANTER**, a. *decanté.* Quím. Decantar, echar ó trasvasar con cuidado un líquido de una vasija á otra.

**DÉCANTHÈRE**, adj. *decantér.* Bot. Decántero, que tiene diez anteras.

**DÉCAPAGE**, m. *decapáge.* Accion de quitar el cardenillo al cobre, ó de extraer el óxido de los metales que están tomados.

**DÉCAPARTI**, E, adj. *decaparti.* Bot. Decapartido, que está dividido en diez partes, inclusa la base.

**DÉCAPELAGE**, m. *decapiláge.* Mar. La accion de desencapillar.

**DÉCAPELER**, a. *decaplé.* Mar. Desencapillar. = Desmantelar un bajel.

**DÉCAPER**, a. *decapé.* Quitar el cardenillo al cobre, desoxidarlo. Por extension, se dice de todos los metales que están sucios ó tomados. || n. Mar. Salir de entre puntas, franquearse.

**DÉCAPÉTALE**, adj. *decapetál.* Bot. Decapétalo, que tiene diez pétalos.

**DÉCAPEUR**, m. *decapeur.* Nombre con que se designa al que limpia los metales ó les quita el óxido.

**DÉCAPHYLLE**, adj. *decafíl.* Bot. Decáfilo, que tiene diez estambres.

**DÉCAPITATION**, f. *decapitasion.* Decapitacion, accion de decapitar á alguno, de cortarle la cabeza

**DÉCAPITER**, a. *decapite.* Decapitar, cortar la cabeza.

**DÉCAPODE**, adj. *decapód.* Zool. Decápodo: se dice de los crustáceos que tienen diez piés ó cinco pares de patas ambulatorias. || m. Decápodo, antigua medida lineal de los Griegos.

**DÉCAPTÉRYGIEN**, adj. y s. *decapterigién.* Zool. Decapterigio, calificacion de los pescados que tienen diez aletas.

**DÉCAPTIVER**, a. *decaptivé.* Redimir, rescatar, sacar de la cautividad.

**DÉCAPUCHONNER**, a. *decapuchoné.* Descapuchar, quitar, sacar el capucho.

**DÉCARACTÉRISER**, a. *decaracterisé.* Descaracterizar á alguno ó alguna cosa. || *Se décaractériser*, r. Descaracterizarse, perder su carácter, hablando de personas ó cosas. Este verbo es un neologismo poco usado.

**DÉCARBONATER**, a. *decarbonaté.* Quím. Decarbonatar, quitar á un óxido metálico el ácido carbónico.

**DÉCARBURATION**, f. *decarburasión.* Quím. Decarburacion, destruccion del estado de carburacion de una sustancia.

**DÉCARBURER**, a. [illegible] Quitar el carbono que está [illegible] cuerpo con otros elementos.

**DÉCARDINALISER**, a. [illegible] Descardinalizar, borrar de [illegible] cardenales.

**DÉCARQUE**, m. *decárc.* [illegible] mandante de una escuadra de [illegible] entre los antiguos Griegos.

**DÉCARRELAGE**, m. [illegible] desladrillamiento, accion de [illegible]

**DÉCARRELÉ**, ÉE, adj. [illegible] desladrillado, desembaldosado, [illegible]

**DÉCARRELER**, a. [illegible] llar, quitar, arrancar los ladrillos [illegible]

**DÉCASCHISTE**, f. [illegible] casquisista, género de plantas [illegible]

**DÉCASER**, a. *decasé.* [illegible] salir á alguno de su casa. || [illegible] var de una posicion adquirida. || [illegible] de damas y ajedrez se dice [illegible] jar.

**DÉCASPERME**, adj. [illegible] casperme, que encierra diez [illegible]

**DÉCASTER**, a. *decasté.* [illegible] cluir de una casta.

**DÉCASTÈRE**, m. *decastér.* [illegible] medida para la leña, que [illegible] estereos, ó 333 1/3 piés [illegible]

**DÉCASTYLE**, adj. [illegible] tilo, epíteto que se daba á [illegible] tenia diez columnas en el [illegible]

**DÉCASYLLABE**, adj. V. [illegible] QUE.

**DÉCASYLLABIQUE**, adj. [illegible] Decasilábico, epíteto que se da [illegible] sos que están compuestos de [illegible]

**DÉCATIR**, a. *decatír.* [illegible] quitar el prensado á los paños [illegible] tejido de lana.

**DÉCATISSAGE**, m. [illegible] trado, accion de quitar el prensado [illegible] á los paños ó tejidos de lana.

**DÉCATISSEUR**, EUSE, m. [illegible] sear, osa. El que quita el [illegible] paños.

**DÉCAVER**, a. *decavé.* [illegible] una cavidad. || Deshacer, [illegible] fondo al jugador.

**DÉCÉDER**, n. *decedé.* [illegible] fenecer, morir de muerte natural. [illegible]

**DÉCEINDRE**, a. *decéndr.* [illegible] tarle á uno el cíngulo, el cinturon [illegible]

**DÉCÈLEMENT**, m. [illegible] miento, manifestacion, [illegible] que estaba oculto ó secreto.

**DÉCELER**, a. *deslé.* [illegible] tar, declarar lo que estaba [illegible]

**DÉCEMBRE**, m. *desánbr.* [illegible] timo mes del año.

**DÉCEMDENTÉ**, ÉE, adj. [illegible] Decemdentado, que termina con [illegible]

**DÉCEMJUGIS**, adj. ant. [illegible] teto que se da á un carro tirado [illegible] ballos.

**DÉCEMLOCULAIRE**, adj. [illegible] Bot. Decemlocular, que está [illegible] celdillas, hablando de un [illegible] fruto.

**DÉCEMMACULÉ**, ÉE, adj. [illegible] Decemmaculado, que está [illegible] manchas.

**DÉCEMMENT**, adv. [illegible] mente, con decencia, con [illegible]

**DÉCEMPÈDE**, m. [illegible] regla de diez piés de largo, [illegible] Griegos como medida. || adj. [illegible] que tiene diez patas.

**DÉCEMPONCTUÉ**, ÉE, adj. [illegible] tué. Decempunteado, que está [illegible] diez puntos.

**DÉCEMVIR**, m. [illegible] cada uno de los diez magistrados [illegible] que tuvieron el encargo de [illegible] yes de las Doce Tablas.

**DÉCEMVIRAL**, E, adj. [illegible] cenviral, que pertenece á [illegible]

**DÉCEMVIRAT**, m. [illegible] rato, empleo y dignidad de [illegible] en la república romana. || [illegible] ba este empleo.

**DÉCHALEMENT**, m. *dechalmán*. Mar. Retirada ó descenso de la marea que deja en seco la playa, los bajos, etc.

**DÉCHALER**, n. *dechalé*. Mar. Retirarse ó descender mucho la mares. || Estar al descubierto la carena de un buque.

**DÉCHANT ó DISCANT**, m. *dechán, discán*. Acompañamiento de canto llano sobre un tema dado; especie de contrapunto improvisado por los cantores.

**DÉCHANTER**, n. fam. *dechanté*. Llamarse andana, desistir, renunciar á sus pretensiones, opinion, etc. || Cantar mal, tener mala voz. || Cantar en acompañamiento ó contrapunto.

**DÉCHANTEUR**, m. *dechanteur*. Acompañante, cantor que ejecuta en contrapunto una segunda parte.

**DÉCHAPERONNER**, a. *dechaproné*. Mont. Descapirotar, quitar el capirote á las aves de altanería.

**DÉCHARGE**, f. *dechárge*. Descarga, acto de quitar ó aliviar la carga á las caballerías, carros, etc. || Descarga, desaguadero, desagüe de un canal ó estanque. || Descargo, data, descuento de alguna deuda ó partida, etc. || Descargo, todo lo que sirve para destruir un cargo, como pruebas, deposicion de testigos, etc. || Descargo de una acusacion, de la conciencia. || Descargo, exoneracion de alguna obligacion. || Descarga, alivio, socorro. || Arq. Descarga, alijeramiento que dan los arquitectos á una pared cuando temen que su excesivo peso la arruine. || Descarga, cuarto oscuro donde se guarda la leña para quemar. || Mil. Descarga, acto de disparar la tropa las armas de fuego. || Impr. Descarga, hoja de papel que se apoya sobre una forma tipográfica para secar los caractéres. || *Papier de décharge*, el papel estoposo que sirve para descargar y enjugar las formas. || met. *Décharge de coups de bâton*, paliza, zurra de palos.

**DÉCHARGEMENT**, m. *dechargemán*. Descarga, accion y efecto de descargar. Se dice principalmente hablando de navios. || Descarga, accion de disparar una arma de fuego.

**DÉCHARGEOIR**, m. *decharjuár*. Desaguadero, sitio ó canal por donde sale el agua de un estanque, fuente, etc. || Enjulio, el cilindro en que el tejedor va envolviendo la tela.

**DÉCHARGER**, a. *dechargé*. Descargar, quitar la carga de un navío, barco ó carruaje. || Descargar, alijerar, aliviar el peso. || Aliviar, disminuir los gravámenes, las cargas, las obligaciones. || Descargar, declarar libre, desquitado de una deuda ú otra obligacion. || Descargar, disparar una arma de fuego; y tambien descargarla con el sacatrapos. || *Décharger le ventre*, descargar, evacuar el vientre. || Descargar, absolver de una acusacion. || *Décharger un coup*, descargar un golpe, dar un golpe violento. || *Décharger sa bile, sa colère sur quelqu'un*, descargar, desfogar su bílis, su cólera sobre alguno. || *Se décharger*, r. Descargarse, desembarazarse de una carga. || Descargarse, desteñirse, perder su color, su lustre, hablando de una tela. || Descargarse, desaguar un rio en alguna parte. || *Se décharger sur quelqu'un d'une chose*, descansar en alguno sobre una cosa, fiarse en él. || *Se décharger d'une faute sur quelqu'un*, echar á otro la culpa de una falta cometida. || *Se décharger d'un secret*, confiar un secreto á alguno. || Mar. *Décharger*, cambiar, orientar las velas de un palo de la amura contraria. || *Décharge devant!* descarga ó cambia á proa!

**DÉCHARGEUR**, m. *dechargeur*. Descargador de mercaderías en un puerto.

**DÉCHARMER**, a. *decharmé*. Desencantar, deshechizar, deshacer el sortilegio. || met. Desencantar, desilusionar, quitar la ilusion. || *Se décharmer*, r. Desencantarse, desilusionarse, perder la ilusion.

**DÉCHARNÉ, ÉE**, adj. *decharné*. Descarnado, flaco, seco. || *Style décharné*, estilo árido, seco.

**DÉCHARNEMENT**, m. *decharnmán*. Descarnamiento, estado de lo que está descarnado.

**DÉCHARNER**, a. *decharné*. Descarnar, quitar la carne ó las carnes. || Descarnar, enflaquecer, hacer desaparecer la gordura. || met. Descarnar, despojar, quitar los adornos de un discurso.

**DÉCHARPIR**, a. *decharpír*. Rasgar, hacer trizas, separar con fuerza. || Apartar, separar, interponerse entre personas que riñen.

**DÉCHASSÉ**, m. *dechasé*. Dan. Balancé á la izquierda, paso de baile.

**DÉCHASSER**, a. *dechasé*. Despachar, echar. || Desenclavijar, sacar á fuerza una cosa, como cerrojo, clavija, etc. || Dan. Hacer balancé á la izquierda.

**DÉCHAUMAGE**, m. *dechomáge*. Desrastrojeo, accion de quitar el rastrojo de una tierra.

**DÉCHAUMER**, a. *dechomé*. Desrastrojar, quitar el rastrojo de una tierra. || Desbrozar, desmontar.

**DÉCHAUSSAGE**, m. V. DÉCHAUSSEMENT.

**DÉCHAUSSÉ, ÉE**, adj. *dechosé*. Descalzo. || Descarnado, hablando del diente no cubierto por la encía. || m. Descalzo, nombre que daban en el siglo IV á varios herejes.

**DÉCHAUSSEMENT**, m. *dechosmán*. Agr. Excava que se da á los árboles y á las viñas al rededor de la vid. || Cir. Descarnadura, accion de descarnar los dientes ántes de sacarlos. || Arq. Excavacion, accion de descubrir los cimientos de una casa separando la tierra.

**DÉCHAUSSER**, a. *dechosé*. Descalzar, quitar el calzado á alguno. || *Déchausser des arbres*, excavar los árboles, quitar la tierra que está al rededor del pié. || *Déchausser les dents*, descarnar los dientes. || *Se déchausser*, r. Descalzarse, quitarse el calzado. || Descarnarse, hablando de los dientes.

**DÉCHAUSSIÈRE**, f. *dechosiér*. Guarida de lobo, lugar escarbado por el lobo.

**DÉCHAUSSOIR**, m. *dechosuár*. Cir. Escarbador, instrumento en forma de hoja de acero con que descarna el dentista las encías.

**DÉCHAUX**, adj. pl. *dechó*. Descalzos, hablando de frailes. Tambien es singular; y así se dice *carme déchaux*, carmelita descalzo. Es sinónimo de DÉCHAUSSÉ.

**DÉCHÉANCE**, f. *decheáns*. Caducidad, prescripcion de un derecho.

**DÉCHET**, m. *deché*. Menoscabo, merma, mengua, diminucion, pérdida en la cantidad, cualidad y valor de una cosa. || met. Descrédito, pérdida, diminucion moral.

**DÉCHEVELER**, a. *dechevlé*. Descabellar, quitar los cabellos. || Descabellar, despeluznar ó despeluzar, desgreñar.

**DÉCHEVÊTRER**, a. *dechevetré*. Descabestrar, quitar el cabestro á una caballería. || *Déchevêtrer quelqu'un*, soltar á alguno, ponerle en libertad.

**DÉCHEVILLER**, a. *dechevillé*. Desclavijar, quitar las clavijas con que se unen dos piezas de madera.

**DÉCHIFFRABLE**, adj. *dechifrábl*. Descifrable, que puede ser descifrado.

**DÉCHIFFREMENT**, m. *dechifrmán*. Desciframiento, accion de descifrar, de leer lo que está en cifra ó una escritura difícil.

**DÉCHIFFRER**, a *dechifré*. Descifrar, explicar una cifra, una cosa que está en cifra. || Descifrar, adivinar el sentido de un escrito, puesto en caractéres distintos de los ordinarios. || Descifrar, leer una escritura mal hecha, casi ilegible. || Descifrar, leer una pieza de música con facilidad.

**DÉCHIFFREUR, EUSE**, m. y f. *dechifreur, eus*. Descifrador, el que descifra. || Descifrador, el que lee corrientemente la música. || Descifrador, el que lee con facilidad lo que está mal escrito ó es difícil leerlo.

**DÉCHIQUETER**, a. *dechicté*. Recortar, picar, cortar en pedacitos pequeños. || Sajar ó hacer sajaduras en la piel ó la carne. || Acuchillar un vestido. || met. *Déchiqueter un ouvrage littéraire*, desmenuzar una obra literaria, criticarla en todas sus partes.

**DÉCHIQUETEUR, EUSE**, m. y f. *dechicteur, eus*. Cortador, picador, el que recorta ó pica una cosa.

**DÉCHIQUETURE**, f. *dechictúr*. Cortadura.

ga, [illegible], [illegible] hecha en una tela ó vestido por adorno.

**DÉCHIRAGE**, m. *dechirága*. Desgarradura, bajo ó mediano viaje de barcos hechos pedazos. || Accion de destrozar ó deshacer un barco ó navío viejo.

**DÉCHIRANT**, E, adj. *dechirán*. Desgarrador, que aflige, que parte ó despedaza el corazon. Aflictivo.

**DÉCHIRÉ**, ÉE, adj. *dechiré*. Desgarrado, despedazado. || fam. Desgastada, echada á perder, hablando de una mujer que ha perdido su hermosura. || *Cette femme n'est pas trop déchirée*, esa mujer no está muy echada á perder, se conserva aun bastante linda.

**DÉCHIREMENT**, m. *dechirmán*. Desgarramiento, desgarradura, accion de desgarrar. || Cir. Dislaceracion, solucion de continuidad de una ó muchas partes. || met. *Déchirement de cœur*, dolor, pena, amargura. || *Déch...ement d'entrailles*, dolor fuerte de tripas, cólico violento. || met. *Déchirements*, m. pl. Conmociones civiles, guerras intestinas.

**DÉCHIRER**, a. *dechiré*. Desgarrar, despedazar, hacer pedazos, hacer trizas. || met. Desgarrar, agitar, conmover, hablando de los trastornos y guerras intestinas. || Desgarrar, partir el corazon, conmoverlo dolorosamente. || Desgarrar el honor, la honra, etc., criticar, ó, como se dice, quitar el pellejo. || met. *Déchirer les oreilles*, desgarrar los oidos, afectar desagradablemente los oidos con sonidos agudos y discordantes. || Mil. *Déchirer la cartouche*, morder el cartucho. || *Se déchirer*, r. Desgarrarse, ser desgarrado. || Quitarse el pellejo, murmurar, criticarse mutuamente unos á otros.

**DÉCHIREUR**, EUSE, m. y f. *dechireur, eus*. Desgarrador, el que desgarra.

**DÉCHIRURE**, f. *dechirúr*. Rasgon, desgarron, desgarradura.

**DÉCHOIR**, n. *dechuár*. Decaer, descaecer, menguar, ir á ménos, bajar, caer, pasar á peor estado. || Decaer, debilitarse, perder la fuerza ó vigor, hablando de cosas ó personas.

**DÉCHOUER**, a. *dechué*. Mar. Desencallar una nave barrada ó encallada, sacarla á flote.

**DÉCHRISTIANISER**, a. *decristianisé*. Descristianizar, hacer cesar de ser cristiano, quitar el título, la cualidad de cristiano. || *Se déchristianiser*, r. Descristianizarse, ser descristianizado. || Descristianizarse, renunciar al cristianismo.

**DÉCI**, *dési*. Metrol. Deci, partícula que en el nuevo sistema de medidas designa una unidad diez veces mas pequeña que la unidad generatriz.

**DÉCIARE**, m. *desiár*. Deciárea, décima parte del área, nueva medida de superficie que vale 10 metros cuadrados, ú 11 piés y 3 pulgadas y media de Castilla.

**DÉCIATINE**, f. *desiatin*. Deciatina, medida de superficie usada en Rusia.

**DÉCIDÉ**, ÉE, adj. *desidé*. Decidido, resuelto, que tiene un carácter firme. *Homme décidé*, hombre resuelto, firme, constante, invariable en sus principios ó resoluciones.

**DÉCIDÉMENT**, adv. *desidemán*. Resueltamente, declaradamente, indudablemente.

**DÉCIDER**, a. *decidé*. Decidir, determinar, declarar, juzgar, resolver una dificultad. || Decidir, disponer de, mandar como jefe. || Decidir, hacer cesar la irresolucion de alguno. || Acabar, poner fin ó término á una cosa: v. gr. *une bataille décide souvent une guerre*.

**DÉCIDEUR**, m. *desideur*. Decididor, el que decide, el que corta las cuestiones.

**DÉCIDU**, E, adj. *desidú*. Bot. Decedente, que se desprende y cae algun tiempo despues de su desarrollo.

**DÉCIDUODÉCIMAL**, E, adj. *desiduodesimal*. Miner. Deciduodecimal, cristal de diez caras terminado por una coronilla de doce caras.

**DÉCIGRAMME**, m. *desigrám*. Decigramo, medida de peso que equivale á la décima parte de un gramo ó dos granos.

**DÉCILITRE**, m. [illegible] [illegible]litro, medida de capacidad que es la décima parte del litro.

**DÉCILLER**, a. *desillé*. Abrir las pestañas de los ojos. || met. Desengañar.

**DÉCIMABLE**, adj. *desimábl*. Decimal, que está sujeto al diezmo.

**DÉCIMAIRE**, adj. V. DÉCIMAL.

**DÉCIMAL**, E, adj. *desimál*. Decimal, que procede de diez en diez ó por diezmo. || f. Decimal, fraccion cuyo denominador es alguna de las potencias de diez.

**DÉCIMATEUR**, m. *desimateur*. Diezmero, el que tenia derecho de imponer y cobrar los diezmos.

**DÉCIMATION**, f. *desimación*. Diezmo, accion de diezmar.

**DÉCIME**, m. *desím*. Décimo, moneda nueva, que es la décima parte del franco. || Diezmo, contribucion sobre los bienes eclesiásticos que se pagaba en ciertos casos. || *Décimes*, pl. Décimas que pagaban anualmente al rey los beneficiados.

**DÉCIMER**, a. *desimé*. Diezmar, escoger uno por cada diez en una masa para hacerle morir ó darle otra pena. || Diezmar, hacer morir un gran número de personas entre un número mucho mayor.

**DÉCIMÈTRE**, m. *desimétr*. Decímetro, medida de longitud, la décima parte del metro.

**DÉCIMÉTRIQUE**, adj. *desimetric*. Decimétrico, que tiene relacion con el decímetro.

**DÉCIMO**, adv. *désimo*. Voz latina que significa en décimo lugar.

**DÉCINTREMENT**, m. *desentrmán*. Descimbramiento, accion de descimbrar, resultado de esta accion.

**DÉCINTRER**, a. *desentré*. Arq. Descimbrar, quitar las cimbras que se habian colocado para construir un arco, una bóveda.

**DÉCINTROIR**, m. *desentruár*. Alcotana, herramienta en forma de martillo con dos cortes, el uno en forma de azuela y el otro de hacha, usado para demoler edificios.

**DÉCIOCTONAL**, adj. m. *desioctonál*. Miner. Decioctonal, calificacion de un cristal que tiene diez y ocho caras.

**DÉCIPER**, a. ant. *desipé*. Engañar, embaucar.

**DÉCIRCONCIRE**, a. *desirconsir*. Descircuncidar, hacer renunciar á la circuncision, y principalmente hacer renunciar al judaismo, que la consagra y conserva.

**DÉCIRER**, a. *desiré*. Desencerar, quitar la cera á alguna cosa.

**DÉCISIF**, IVE, adj. *desisif, iv*. Decisivo, que decide ó resuelve. || A veces se toma en mala parte, hablando de personas, y significa que decide audazmente.

**DÉCISION**, f. *desisión*. Decision, accion de decidir. || Resolucion, determinacion, juicio, sentencia.

**DÉCISIONNAIRE**, m. *desisionér*. Decisionario, el que decide rápidamente y con seguridad.

**DÉCISIVEMENT**, adv. *desisivmán*. Decisivamente, de una manera decisiva.

**DÉCISOIRE**, adj. *desisuár*. Jurisp. Decisorio, que debe terminar toda contestacion, toda disputa.

**DÉCISTÈRE**, m. *desistér*. Desisterio, medida de solidez, décima parte del esterio que equivale á 4,625 piés cúbicos.

**DÉCIVILISABLE**, adj. *desivilisábl*. Descivilizable, susceptible de descivilizarse.

**DÉCIVILISANT**, E, adj. *desivilisán*. Descivilizante, que descivilizа.

**DÉCIVILISATEUR**, TRICE, adj. y s. *desivilisateur, tris*. Descivilizador, que descivilizа, que ataca la civilizacion ó es enemigo de ella.

**DÉCIVILISATION**, f. *desivilisasión*. Descivilizacion, accion de descivilizar.

**DÉCIVILISER**, a. *desivilisé*. Descivilizar, destruir la civilizacion.

**DÉCIZELER**, a. *desislé*. Apilar los maderos que han estado algun tiempo debajo del agua.

**DÉCLAMATEUR**, m. *declamateur*. Declamador, el que declama.

**DÉCLAMATION**, f. *declamasión*. [illegible] macion y arte de declamar. [illegible] trozo de discurso [illegible] clamado. || Declamacion, [illegible] mâcos pomposos, figuras [illegible] exageracion en las alabanzas, [illegible] || Declamacion, invectiva [illegible]

**DÉCLAMATOIRE**, adj. [illegible] Declamatorio, relativo á la [illegible] Declamatorio, que solo contiene [illegible] ciones.

**DÉCLAMER**, a. *declamé*. Declamar, pronunciar en alta voz, en tono [illegible] los gestos convenientes. || [illegible] surar, hablar con violencia [illegible] persona ó cosa. || Declamar, [illegible] lo acostumbra.

**DÉCLARABLE**, adj. *declarábl*. [illegible] ble, que puede ó debe ser [illegible]

**DÉCLARATEUR**, TRICE, [illegible] *rateur, tris*. Declarador, el ó la que [illegible]

**DÉCLARATIF**, IVE, adj. [illegible] *iv*. Declarativo, declaratorio. [illegible]

**DÉCLARATION**, f. *decl*[illegible] racion, accion de declarar. [illegible] testimonio, relacion dada [illegible] pleado de policía ó ante un [illegible] cion de testigos, de reos, [illegible] claracion, explicacion ó interpretacion [illegible] oscuro ó dudoso, de una ley, [illegible] || Declaracion de guerra. || [illegible] meracion, relacion detallada. || [illegible] manifestacion de amor hecha [illegible] amada.

**DÉCLARATOIRE**, adj. *declaratuár*. [illegible] claratorio, por lo cual se declara [illegible] mente.

**DÉCLARÉ**, ÉE, adj. *declaré*. [illegible] publicado, manifestado.

**DÉCLARER**, a. *declaré*. Declarar, [illegible] festar, dar á conocer. || [illegible] ciar, decretar por acto público [illegible] dad pública. || Denunciar. || [illegible] r. Declararse, explicarse. || [illegible] nifestarse, descubrirse, darse á [illegible] Declararse, pronunciarse, [illegible] por ó contra alguno ó alguna [illegible]

**DÉCLASSEMENT**, m. *declasmán*. [illegible] clasificacion, desordenamiento, [illegible]

**DÉCLASSER**, a. *declasé*. [illegible] desordenar lo clasificado. || [illegible] matrícula á un marinero.

**DÉCLAVER**, a. *declavé*. [illegible] ve, sustituir una por otra.

**DÉCLENCHER**, a. *declanché*. [illegible] alzar el picaporte de una puerta [illegible]

**DÉCLIC**, m. *declíc*. Martinete [illegible] ra clavar estacas. || Punta de [illegible] muelle de una arma de fuego. || [illegible] de un reloj.

**DÉCLIMATER**, a. *declimaté*. [illegible] tar, mudar un animal ó una planta [illegible] || *Déclimater quelqu'un*, [illegible] guno las maneras y costumbres [illegible] ha vivido. || *Déclimater une loi*, [illegible] ley de un país á otro.

**DÉCLIN**, m. *declén*. Declinacion, [illegible] de lo que declina hácia su fin, [illegible] ga al término de su carrera. || [illegible] que pierde de su brillantez, [illegible] como *déclin de la beauté*. || [illegible] miento. || *Déclin de la lune*, [illegible] la luna. || *Déclin du jour*, la [illegible] de. || *Déclin de l'âge*, la vejez. [illegible] *force, de vigueur*, [illegible] fuerzas, de vigor. || *Déclin d*[illegible] cape ó punto de la llave de un [illegible]

**DÉCLINABILITÉ**, f. *declinabilité*. Declinabilidad, cualidad de una [illegible] es declinable.

**DÉCLINABLE**, adj. *declinábl*. [illegible] clinable, que puede ser declinado.

**DÉCLINAISON**, f. *declinesón*. [illegible] cion, variacion de los casos de [illegible] || Astr. Declinacion, alejamiento [illegible] de la equinoccial hácia alguno [illegible] || Declinacion, la diferencia que [illegible] ficio ó pared para estar de [illegible] al poniente.

**DÉCLINANT**, E, adj. *declinán*. [illegible] Declinante, epíteto que se da á [illegible] red que tiene declinacion.

, ant. *deklinesión*. De-
clinar. || Pendiente,

adj. *declinatuár*. Ju-
e sirve para declinar
torio, peticion en
o. || Declinatorio, ins-
ve la declinacion de

*clinè*. Declinar, decaer,
. || Decaer, debilitarse.
*dad* decae. || Decaer,
ño, su hermosura,
o del poder, de la au-
s. || Declinar, alejarse
de la brújula. || a. De-
casos el nombre ó pro-
declinacion, recusarla.
*decliqué*. Art. Hacer
. Clavar estacas en el

. *declicté*. Reloj. Le-
ar el trinquete de la

r ant. *decliqueur*. Ha-

*vite*. Declive, pendien-
, que forma un plano

*slied*. Declinar, incli-
ente.
*clivitè*. Declividad ó
n terreno que está en

. *declustré*. Exclaus-
nastro.
*idr*. Descercar, derri-
a ó el seto de alguna
da.
*uclué*. Desclavar, qui-
ijon ú otra cosa.
, f. *decoagulasión*.
de hacer cesar la coa-
; estado de lo que es-

*decoagulé*. Descoagu-
ado de coagulacion de

adj. *decoché*. Dispara-
.
n. *decochemán* Dispa-
rar una flecha, saeta

*ché*. Disparar, tirar,
ta ó dardo. || Desem-
do el halcon remonta-
sobre la presa. || met.
cterios, injurias, etc.
m. *decoconáge* Desca-
mbramiento del capullo
á pegado, y la accion
llo.
. *decoconé*. Descapu-
pullo del gusano de
gado.
. *decocté*. Decoctado,
ncia curativa que se
star líquido. || m. De-
una decoccion.
*ocsión*. Farm. Decoc-
cion.
andática que consiste
jado, yerbas, raices,
partes que son solu-
n. — El producto ó re-
cion.
. *degueur*. Disgusto,

*decoañuár*. Impr. Esta-
e sirve para acuñar y
mente las formas.
*coañé*. Despeinar, des-
do ó peinado. || Des-
llarle el lacre que cu-
masion, bebería.
. *decolasión*. Degolla-
ley. Esta palabra de-
el suplicio infligido á

*decolé*. Desencola-
do.
. *decolmán*. Desen-

coladura, accion y efecto de desencolar. || Cir. Despegadura, estado de un órgano separado de las partes á las que debe naturalmente adherirse.

**DÉCOLLER**, a. *decolé*. Desencolar, despegar una cosa que está pegada. || Degollar, cortar la cabeza. || En el juego de billar: *décoller une bille*, despegar una bola, apartarla de las tablas.

**DÉCOLLETER**, a. *decolté*. Descubrir, enseñar el pecho, la garganta. || Usado como n. se dice de un vestido cuyo cuello no cubre bastante ó no es bastante alto: v. gr. *cet habit décollète trop*. || *Se décolleter*, r. Andar muy escotada, hablando de mujeres.

**DÉCOLLEUR**, m. *decoleur*. Pesc. Marinero que corta las cabezas á los abadejos para salarlos.

**DÉCOLORATION**, f. *decolorasión*. Quím. Decoloracion, accion de quitar á un cuerpo su color natural. || Med. Decoloracion, pérdida ó debilidad del color natural del cuerpo humano.

**DÉCOLORÉ, ÉE**, adj. *decoloré*. Descolorado, descolorido, sin color.

**DÉCOLORER**, a. *decoloré*. Descolorar, quitar, comer el color á una cosa.

**DÉCOLORIMÈTRE**, m. *decolorimétr*. Quím. Decolorímetro, instrumento que sirve para medir la intensidad de la facultad descolorante de algunas sustancias.

**DÉCOLORIS**, m. *decolori*. Descoloracion, pérdida del color ó del colorido.

**DÉCOMBREMENTS**, m. pl. *deconbremán*. Es sinónimo de DÉCOMBRES.

**DÉCOMBRER**, a. *deconbré*. Descombrar, quitar los escombros, limpiar, desembarazar un terreno, un canal, una calle, etc.

**DÉCOMBRES**, m. pl. *decónbr*. Escombros, desecho, broza, ripia y cascote que queda de alguna obra de albañilería arruinada.

**DÉCOMBUSTION**, f. *deconbustión*. Quím. Descombustion, operacion que consiste en destruir la oxidacion de un cuerpo.

**DÉCOMMANDER**, a. *deco[illegible]*. Desmandar, revocar una órden ó man[illegible]

**DÉCOMPLÉTER**, a. *deconpleté*. Desco[illegible]pletar, hacer incompleta una cosa.

**DÉCOMPLIQUER**, a *deconpliqué*. Descomplicar, quitar la complicacion, las dificultades y obstáculos, simplificar.

**DÉCOMPOSABLE**, adj. *deconposábl*. Descomponible, que puede ser descompuesto.

**DÉCOMPOSANT, E**, adj. *deconposán*. Que descompone, que trae la descomposicion.

**DÉCOMPOSER**, a. *deconposé*. Quím. Descomponer, reducir un cuerpo á sus principios, separar las partes de que está compuesto. || met. Deshacer una idea. || Descomponer el cuerpo por ciertos movimientos, no guardar compostura.

**DÉCOMPOSITION**, f. *deconposisión*. Descomposicion, accion de descomponer un cuerpo mixto, análisis de una cosa. || Descomposicion, alteracion, mudanza, cambio, desfiguramiento de las facciones del rostro. || Descomposicion, revolucion mórbida de los humores. || Descomposicion, todo lo que de algun modo se altera, se agita, cambia, muda, etc.

**DÉCOMPÔTER**, a. *deconpoté*. Agr. Cambiar el abono de una tierra de labor, ó el órden de cultivo que era costumbre darle anualmente.

**DÉCOMPTE**, m. *decónt*. Descuento, rebaja, desfalco, deduccion que se hace de una cuenta.

**DÉCOMPTER**, a. *deconté*. Descontar, hacer el descuento de una suma anticipada; rebajar, disminuir, desfalcar. || n. Renunciar á la opinion ventajosa, al concepto que se tenia de una persona ó de una cosa. || fam. Ver morir sus ilusiones, extinguir sus esperanzas; y en este sentido se dice: *en ce monde, l'homme sage est celui qui a le moins à decompter*.

**DÉCONCERT**, m. *deconser*. Desconcierto, falta de concierto, de union, de armonía, de metodo; mala concordancia ó corres-

cia, desunion, divergencia. Es voz poco usada.

**DÉCONCERTEMENT**, m. *deconsertemán*. Desconcertamiento, desconcierto, estado de lo desconcertado.

**DÉCONCERTER**, a. *deconserté*. Desconcertar, desarmonizar, descomponer, perturbar un concierto músico. || Desconcertar, turbar, cortar, confundir, aturdir, aturrullar, acobardar, trastornar á alguno. || met. Desconcertar, destruir, frustrar, desbaratar las medidas, los planes, proyectos.

**DÉCONCLURE**, a. *deconclúr*. Desconcluir, no concluir, no llevar á término una negociacion, un convenio.

**DÉCONFÈS, ESSE**, adj. y s. *deconfé*. Inconfeso, impenitente, que muere sin confesion.

**DÉCONFIANCER**, a. *deconfiansé*. Desconfianzar, quitar ó hacer retirar la confianza que se tenia en alguno. || *Se déconfiancer*, r. Perder la confianza, no tener ya confianza. Es poco usado.

**DÉCONFIRE**, a. ant. *deconfír*. Derrotar, batir, deshacer completamente, destrozar un ejército. || met. y fam. Aturugar, aturrullar, dejar á alguno parado, sin saber qué responder. || *Déconfire quelqu'un*, desconcertar á alguno, dejarle confuso, parado, reducirle al silencio.

**DÉCONFITURE**, f. *deconfitúr*. Derrota, destruccion completa de un ejército. || fam. Gran consumo de volatería, pasteles, etc., en un banquete espléndido y costoso. || Fig. Quiebra, bancarota de un negociante. || Jurisp. Insolvencia, imposibilidad notoria de pagar.

**DÉCONFORT**, m. ant. *deconfór*. Desconhorte, abatimiento, desaliento, decaimiento del ánimo. V. DÉCOURAGEMENT.

**DÉCONFORTER**, a. *deconforté*. Desconfortar, desalentar, desanimar, desconsolar, descorazonar, abatir.

**DÉCONSACRER**, a. *deconsacré*. Desconsagrar, degradar, privar de su sagrado carácter á un sacerdote. || Desconsagrar, quitar la consagracion, la cualidad de sagrado á un templo para destinarlo á profanos usos. || Desconsagrar, secularizar, dispensar los votos religiosos á una persona.

**DÉCONSEILLER**, a. *deconselié*. Desaconsejar, disuadir. || met. *La prudence ne doit pas déconseiller le courage*, la prudencia no debe oponerse al valor.

**DÉCONSIDÉRATION**, f. *deconsiderasión*. Desconsideracion, inconsideracion, desestimacion, falta de aprecio, de consideracion. *Tomber en déconsidération*, caer en descrédito.

**DÉCONSIDÉRER**, a. *deconsideré*. Desconsiderar, desestimar, dejar de estimar, quitar la consideracion, contribuir á la pérdida de la reputacion, de la buena fama, del aprecio público ó privado.

**DÉCONSTITUTIONNALISME**, m. *deconstitusionalism*. Polít. Desconstitucionalismo, sistema dirigido á echar abajo la constitucion.

**DÉCONSTITUTIONNALISER**, a. *deconstitusionalisé*. Polít. Desconstitucionalizar, destruir, minar la constitucion, atacar el sistema constitucional. || *Se déconstitutionnaliser*, r. Desconstitucionalizarse, ser desconstitucionalizado. || Abandonar la constitucion, las opiniones constitucionales.

**DÉCONSTRUCTION**, f. *deconstruksión*. Desconstruccion, accion de desconstruir, de desunir y descomponer las partes de un todo. || Gram. Descomposicion analítica, ó análisis de las palabras de una frase.

**DÉCONSTRUIRE**, a. *deconstruír*. Desconstruir, descomponer, dividir, segregar las partes de un todo construido ó edificado. || Gram. Hacer el análisis detallado de las palabras de una frase.

**DÉCONTENANCE**, f. *decontnáns*. Desconcierto, turbacion, falta de despejo, de serenidad, de presencia de ánimo.

**DÉCONTENANCÉ, ÉE**, adj. *decontnansé*. Aturdido, confuso, aturrullado. || *Être tout décontenancé*, estar desnudejado.

**DÉCONTENANCEMENT**, m. *decontnans-*

tanp. Aturrullamiento, empacho, estado de una persona que se aturde, que se corta, etc.

**DÉCONTENANCER**, a. *decontenansé*. Aturdir, inmutar, confundir, turbar, acobardar, acorralar, hacer que uno pierda la serenidad, la presencia de espíritu. || *Se décontenancer*, r. Atardirse, aturrullarse, perder la serenidad.

**DÉCONVENABLE**, adj. *deconvenábl*. Desconveniente, inconducente.

**DÉCONVENANCE**, f. *deconvenáns*. Desconvenencia, inconvenencia, cosa que no conviene, que no es conveniente.

**DÉCONVENUE**, f. fam. *deconvenú*. Chasco, petardo, desgracia, triste suceso, fracaso. || fam. Percance.

**DÉCONVERTIR**, a. *deconvertír*. Desconvertir, hacer que el converso degenere en relapso. || *Se déconvertir*, r. Desconvertirse, reincidir en la incredulidad.

**DÉCOR**, m. *decór*. Accion de decorar, lo que sirve para adornar, hablando de teatros. Usado en plural, *les décors*, significa el conjunto de las decoraciones. || Adorno, ornato.

**DÉCORABLE**, adj. *decorábl*. Decorable, adornable, que puede ó debe ser decorado.

**DÉCORATEUR**, m. *decorateur*. Decorador, maquinista, tramoyista, pintor de decoraciones para fiestas, para un teatro, una casa. || Director, inventor, colocador de adornos. || Altarero, que se dedica á la composicion de altares.

**DÉCORATIF, IVE**, adj. *decoratif, iv*. Decorativo, que sirve para decorar.

**DÉCORATION**, f. *decorasión*. Decoracion, adorno, ornamento, ornato. || Decoracion, cada una de las piezas pintadas, telones, etc., que concurren á la representacion escénica ó teatral. || Condecoracion, insignia, distintivo honorífico, señal de dignidad, de autoridad, de honor. || met. *Etre la principal décoration de la cour*, ser el principal ornamento de la corte, es decir, lo mas escogido, elegante; y tambien la delicia, la joya, la perla.

**DÉCORDER**, a. *decordé*. Destorcer, deshacer una cuerda, una soga, destejer un tejido.

**DÉCORDONNAGE**, m. *decordonáge*. Descordonamiento, accion de descordonar ó despegar la costra que se forma en los mazos de los molinos de pólvora.

**DÉCORDONNER**, a. *decordoné*. Descordonar, descostrar, hacer á martillazos el cordon costroso que se agarra á los mazos de batan de los molinos de pólvora.

**DÉCORÉ, ÉE**, adj. *decoré*. Decorado, adornado. || Condecorado, distinguido. || Úsase tambien como sustantivo: v. gr. *un décoré, les décorés de juillet*.

**DÉCORER**, a. *decoré*. Decorar, ornar, adornar, hermosear, embellecer, componer, etc., alguna cosa. || met. Condecorar, honrar, conferir distinciones ó cruces.

**DÉCORNER**, a. *decorné*. Desdoblar, quitar los picos, las dobleces hechas en las páginas de los libros.

**DÉCORPORATION**, f. *decorporasión*. Desencorporacion, disolucion de una corporacion.

**DÉCORTICANT, E**, adj. *decorticán*. Hist. nat. Descortezante, que tiene la propiedad de descortezar ó quitar la corteza. Facultativamente hablando, se usa mas decorticante.

**DÉCORTICATION**, f. *decorticasión*. Descortezamiento, descortizacion, accion de descortezar los árboles.

**DÉCORTIQUER**, a. *decortiqué*. Descortezar, quitar la corteza de los árboles, la primera capa de las frutas, de las sustancias vegetales.

**DÉCORUM**, m. *decórum*. Decoro, decencia, buen parecer, exterior de virtud. Es familiar, y no se usa mas que en estas y las semejantes frases: *garder le décorum; server le décorum; oublier le décorum*.

**DÉCOUCHER**, n. *decuché*. Dormir fuera de casa. || *Bon mari ne découche point d'avec sa femme*, el buen marido con su mujer se acuesta. || a. Quitar á uno su cama, obligarle á cederla, echarle políticamente á la calle ó á un rincon.

**DÉCOUDRE**, a. *decúdr*. Descoser, deshacer telas, paños, forros, etc. || Descoser, desgarrar, mal herir, rasgar el vientre ú otra parte á alguno. || n. Se usa con la partícula *en*, pero solo figurada, familiar y proverbialmente, hablando en la acepcion de irse de palabras, venir á las manos. En este sentido se dice: *en découdre*, venir á las manos; lo cual significa tambien, en estilo popular, huir á todo correr, á carrera tendida. || *Se découdre*, r. Descoserse, rompersé, deshacerse por sí mismas las costuras. || met. Descomponerse, estar de mal aspecto los negocios. || Entibiarse, amortiguarse las amistades.

**DÉCOUENNAGE**, m. *decuenág*. Descortezamiento, accion de quitar las cortezas á un cerdo; el resultado, el producto, el efecto de esta accion.

**DÉCOUENNER**, a. *decuené*. Descortezar, quitar las cortezas á un puerco.

**DÉCOULANT, E**, adj. *deculán*. Destilante, manante, que brota, que mana, que fluye. Solo se usa en esta frase: *la terre de promission était une terre découlante de lait et de miel*, la tierra de promision manaba leche y miel.

**DÉCOULEMENT**, m. *deculmán*. Destilamiento, destilacion, fluxion de los humores. || Chorrillo, goteo del agua ó de otro líquido.

**DÉCOULER**, n. *deculé*. Destilar, manar, fluir, correr, gotear, caer, derramarse paulatinamente de arriba abajo los humores, las aguas. || met. *Dieu fait découler ses grâces sur nous*, Dios derrama, prodiga sus dones sobre nosotros. || Derivarse, dimanar, proceder. || Deducirse, colegirse, inferirse, seguirse, ser la consecuencia, hablando en términos de lógica: *une conclusion découle des prémisses*.

**DÉCOUPAGE**, m. *decupáge*. Cortadura, corte, recortadura, recorte, accion de cortar. || Trinchamiento, trinchadura, accion de trinchar una ave condimentada, etc. || Picadura, picamiento, avería de las telas, paños, etc., que se apolillan.

**DÉCOUPÉ, ÉE**, adj. *decupé*. Cortado, trinchado, picado, recortado, dividido, partido, cercenado, segun sus diferentes aplicaciones. || Blas. V. PAPELONNÉ. || met. Proporcionado, cuyas formas se destacan simétricamente con elegancia y gallardía. || m. Cercado, jardin dividido en muchos cuadros de flores, óvalos, triángulos, etc., de vegetales escogidos.

**DÉCOUPER**, a. *decupé*. Trinchar todo género de aves y viandas aderezadas. || Picar, cortar artísticamente en partes pequeñas, en menudas porciones, todo género de telas y paños. || Recortar dibujos de manera que lo recortado trace ó represente una figura, una labor, un calado, etc.

**DÉCOUPEUR, EUSE**, m. y f. *decupeur, eus*. Recortador, el que se ocupa en recortar ó picar papel. || Trinchador, el que trincha.

**DÉCOUPLÉ, ÉE**, adj. *decuplé*. Desapareado. || *Jeune homme bien découplé*, jóven airoso, gallardo, suelto, bien formado. || m. Mont. Destrailla, suelta, accion de destraillar los perros.

**DÉCOUPLER**, a. *decuplé*. Mont. Destraillar, desatar, soltar los perros de la trailla. || met. y fam. Azuzar, indisponer, comisionar algunos hombres para maltratar, perseguir ó acosar á alguno; y en este sentido se dice: *découpler les huissiers après quelqu'un*.

**DÉCOUPOIR**, m. *decupuár*. Cortador, tijera, maquinilla que sirve para recortar ó cortar las piezas que deben acuñarse.

**DÉCOUPURE**, f. *decupúr*. Recortadura, recorte, accion de recortar ó picar papel, tela, carton, etc., y la misma cosa recortada, cortada ó picada.

**DÉCOURAGEABLE**, adj. *decurajábl*. Desalentable, susceptible de desaliento, que se deja desalentar ó desanimar fácilmente.

**DÉCOURAGEANT, E**, adj. *decurajan*. Desalentador, desanimador, que hace decaer el espíritu.

**DÉCOURAGEMENT**, m. *decurag* Desaliento, descorazonamiento, abatimiento, postracion del alma.

**DÉCOURAGER**, a. [illegible]. Desalentar, abatir, desanimar, [illegible]. || Desilusionar, quitar la gana, [illegible] á uno de una aficion, de un empeño.

**DÉCOURBER**, a. [illegible]. [illegible], enderezar una curva, rectificarla.

**DÉCOURONNER**, a. [illegible]. Descoronar, arrebatar, arrojar la corona [illegible] emperador ó príncipe soberano. || [illegible] guarnecer, desamparar, retirar las tropas de un punto fortificado.

**DÉCOURS**, m. *decúr*. [illegible], decadencia, diminucion, [illegible]. || [illegible] cremento de una enfermedad. || [illegible] guante de la luna.

**DÉCOUSU, E**, adj. *decusú*. [illegible] || met. Truncado, [illegible]. Dícese del estilo: *style décousu*, [illegible] *décousu*. || *Affaire décousue*, [illegible] baratado. || Desordenado, [illegible], hablando de las personas. || m. [illegible] de trabazon, de consecuencia, [illegible] dad en una obra literaria.

**DÉCOUSURE**, f. *decusúr*. [illegible], descosimiento, descosido. || [illegible] radura, desgarramiento, [illegible] da larga y profunda que el jabalí [illegible] perros.

**DÉCOUVERT, E**, adj. *decuvér*. Descubierto. || m. Descubierto, lo [illegible] pagar de lo que se debe [illegible] comunmente déficit. || *A découvert*, [illegible] Mil. Al descubierto, sin amparo, [illegible] que guarezca y preserve del [illegible]. Al descubierto, á campo raso, [illegible] claras, descubiertamente, [illegible] sin rebozo, sin disfraz. || Com. *Etre à découvert*, estar en descubierto, no tener [illegible] ni garantías de sus créditos. || *A deniers découverts*, en dinero contante, en [illegible] sonante.

**DÉCOUVERTE**, f. *decuvért*. [illegible], descubrimiento, la accion de [illegible] || Invencion útil ó difícil de [illegible] ciencias ó en las artes. || [illegible] racion que se practica [illegible] po de guerra para saber la posicion del enemigo, su número, etc.

**DÉCOUVREUR**, m. *decuvreur*. Descubridor, el que hace un descubrimiento, especialmente tratándose de viajes.

**DÉCOUVRIR**, a. *decuvrír*. [illegible], destapar, quitar lo que cubre [illegible] hablando de personas y de cosas. || [illegible] cubrir, revelar, franquear, [illegible] otro sus planes, designios, y [illegible] ejecutarlos. || Descubrir, [illegible] al descubierto lo que se [illegible] por un cuerpo intermedio. || [illegible] contrar, dar con una persona [illegible] be. || Descubrir, hallar una [illegible] conocida, que estaba oculta. || [illegible] llegar á conocer, á sondear [illegible] conspiracion, etc. || Descubrir, [illegible] bir, distinguir, discernir. || [illegible] correr el velo, hacer público [illegible] creto. || prov. *Découvrir un autel pour couvrir un autre*, desnudar [illegible] vestir á otro, destapar un [illegible] par otro. || *Découvrir son jeu*, [illegible] ver sus naipes, jugar de manera [illegible] vinen á uno el juego que tiene. || [illegible] *vrir*, r. Descubrirse, quitarse el [illegible] la gorra, etc. || Despejarse, [illegible] cielo. || Esgr. Descubrirse, [illegible] sin defensa y expuesto á los [illegible] trario. || Descubrirse, darse á [illegible].

**DÉCRAMPILLER**, a. [illegible] enredar ó separar la seda despues [illegible] sido teñida.

**DÉCRAMPONNER**, a. [illegible] Desborquillar, quitar los [illegible] caballar, desleñar, quitar los [illegible] zan alguna cosa. || Hacer que uno [illegible] objeto á que se habia asido.

**DÉCRASSER**, a. *decrasé*. [illegible], quitar la grasa, la mugre [illegible] limpiar. || met. Afinar, cepillar, [illegible] pulir, quitar la corteza á una persona [illegible] tosca, hacerle adquirir los [illegible] modales del buen tono. || Dulcificar [illegible] el carácter, el espíritu. || *Décrasser du linge*, lavar la ropa blanca, ó [illegible] mas sucio con la primera agua. || *Se décras*-

de publicar un bando ó edicto, con el mismo fin. || met. Descrédito, pérdida del crédito, de la reputacion de una persona; desaprecio de una cosa. || Accion de quitar el crédito, de desacreditar á alguno.

**DÉCRIER**, a. *decrié*. Prohibir, vedar por bandos ó edictos públicos. || met. Difamar, desacreditar, deshonrar, quitar el honor, la reputacion, la estimacion á una persona; desacreditar una obra, una accion cualquiera. || *Se décrier*, r. Desacreditarse, perder alguno de su reputacion, de su honor.

**DÉCRIRE**, a. *decrír*. Describir, representar, pintar con palabras á una persona, un monumento ó edificio, un país, una batalla, una tempestad. || Dar una idea general de alguna cosa. ||Geom. Describir, trazar una línea ó líneas.

**DÉCRIVANT, E**, adj. *decriván*. Geom. Descriptor, cuyo movimiento traza ó describe una línea curva.

**DÉCROCHEMENT**, m. *decrochemán* Desenganche, descolgadura, accion de desenganchar, de descolgar.

**DÉCROCHER**, a. *decroché*. Descolgar, desaferrar, desenganchar una cosa.

**DÉCROCHOIR**, m. *decrochuár*. Horquilla, instrumento que sirve para descolgar una cosa.

**DÉCROIRE**, a. *decruár*. Descreer, dejar de creer una cosa. Se usa solo en esta acepcion: *je ne le crois, ni ne le décrois*, ni lo creo ni dejo de creerlo. || m. Com. Retribucion que recibe un comisionado por indemnizacion de su trabajo.

**DÉCROISEMENT**, m. *decruasmán*. Descruzamiento, accion de deshacer la cruzada ó lo que estaba cruzado.

**DÉCROISER**, a. *decruasé*. Descruzar, deshacer una cruz, poner, arreglar en otra forma lo que está cruzado.

**DÉCROISSANCE**, f. *decruasáns*. Decrecimiento, diminucion, mengua de alguna cosa.

**DÉCROISSANT, E**, adj. *decruasán*. Decreciente, menguante, que mengua ó disminuye.

**DÉCROISSEMENT**, m. *decruasmán*. Decrecimiento, diminucion, mengua, merma, bajada de una cosa.

**DÉCROÎTRE**, n. *decruátr*. Disminuir ó ir á ménos una enfermedad, un volúmen ú otra cosa. || Menguar, acortarse los dias, la vista, la calentura, etc. || Bajar, decrecer, menguar las aguas de un rio. || met. Decaer del prestigio, del amor, de la gracia de una persona.

**DÉCROTTAGE**, m. *decrotáge* Desembarro, desenlodamiento, accion de quitar el barro ó lodo á una capa, al calzado, etc.

**DÉCROTTER**, a. *decroté*. Desembarrar, desenlodar, estregar la ropa para quitarle el lodo. || Limpiar el calzado. || met. Sacar á uno de su ignorancia, despojarle de su rusticidad. || fam. Comer con afan, devorar la carne, comerse hasta los huesos.

**DÉCROTTEUR, EUSE**, m. y f. *decroteur, eus*. Limpiabotas, el que hace el oficio de limpiar el calzado.

**DÉCROTTOIR**, m. *decrotuár*. Planchuela de hierro puesta de canto, ó cajon guarnecido de cepillos, que se pone á la entrada de las casas para frotar el calzado en tiempo de lodos, ántes de entrar en los aposentos.

**DÉCROTTOIRE**, f. *decrotuár*. Cepillo fuerte, con que se quita el lodo al calzado.

**DÉCROÛTER**, a. *decruté*. Descortezar, limpiar sus cuernos los venados estregándolos contra los árboles.

**DÉCRUAGE**, m. *decruáge*. Descrudecimiento, accion de desencrudecer el hilo ó seda, lavándolos con agua de lejía.

**DÉCRUE**, f. *decrú*. Decreciente, baja de la crecida de un rio.

**DÉCRUER**, a. *decrué*. Art. Descrudecer el hilo ó la seda, lavándolos con lejía para prepararlos á recibir el tinte.

**DÉCRÛMENT**, m. V. DÉCRUAGE.

**DÉCRUSAGE**, m. V. DÉCRUSEMENT.

**DÉCRUSEMENT**, m. *decruesmán*. Descrudecimiento, preparacion que se da á la seda, metiéndola en agua caliente ántes de teñirla.

**DÉCRUSER**, a. *decrusé*. Art. Descrudecer, cocer el capullo para devanar la seda cruda con mas facilidad. || Limpiar ciertos tejidos de las materias extrañas que puedan alterarlos.

**DÉÇU, E**, adj. *desú*. Embaucado, alucinado, engañado.

**DÉCUBITUS**, m. *decúbitus*. Decúbito, expresion latina que sirve para designar la posicion de una persona que está acostada.

**DÉCUIRE**, a. *decuír*. Art. Dar punto, volver á su punto, echando agua á un jarabe ó almíbar que se ha pasado por haber cocido demasiado. || *Se décuire*, r. Recocerse un jarabe ó almíbar, cocer demasiado, no tomar su punto.

**DÉCUIT**, m. inus. *decuí*. Producto de la decoccion.

**DÉCULASSEMENT**, m. *deculasmán*. Desculatamiento, accion de quitar la culata ó desarmar un arma de fuego.

**DÉCULASSER**, a. *deculasé*. Desculatar, quitar la culata, desmontar un arma de fuego.

**DÉCUMAIRE**, m. *decumér*. Bot. Decumaria, género de plantas de América.

**DÉCUMAN, E**, adj. y a. *decumán, án*. Hist. ant. Decumano, grande, décuplo. || *Bouclier décuman*, grande escudo que usaban los Albaneses. || *Porte décumane*, puerta decumana, una de las cuatro puertas principales del campo romano. || m. Decumano, diezmero, perceptor de los diezmos.

**DÉCUMATE**, adj. *decumát*. Decumata ó decumato, sujeto á pagar el diezmo.

**DÉCUPELLATION**, f. ant. Quim. V. DÉCANTATION.

**DÉCUPELLER**, a. ant. V. DÉCANTER.

**DÉCUPLE**, m. *decúpl*. Décuplo, diez veces otro tanto.

**DÉCUPLER**, a. *decuplé*. Decuplicar, multiplicar por diez un número ó cantidad.

**DÉCURIE**, f. *decurí*. Decuria, escuadra romana de diez soldados á las órdenes de un oficial llamado decurion. || Decuria, division del pueblo romano que formaba tambien la décima parte de una centuria.

**DÉCURION**, m. *decurión*. Antig. rom. Decurion, jefe de una decuria civil ó militar. || Decurion, consejero municipal de colonias romanas.

**DÉCURIONAL, E**, adj. *decurionál*. Decurional, relativo al decurionato.

**DÉCURIONAT**, m. *decurioná*. Decurionato, dignidad, funciones del decurion.

**DÉCURTATION**, f. *decurtasión*. Agr. Enfermedad de los árboles, que hace morir la parte superior ó copa de ellos.

**DÉCUSSATION**, f. *decusasión*. Decusacion, disposicion de varios cuerpos en forma de X. || Opt. Decusacion, punto por donde varios radios ó líneas se cruzan.

**DÉCUSSÉ, ÉE**, adj. *decusé*. Bot. Decusado, que está dispuesto en forma de cruz.

**DÉCUSSIS**, m. *decúsis*. Decusis, moneda romana cuyo valor primitivo fué de diez ases; despues tuvo el de doce, y últimamente diez y seis ases. Su cuño era una X.

**DÉCUSSOIRE**, m. *decusuár*. Cir. Depresorio ó meningofílax, instrumento que servia despues de haber hecho la operacion del trépano para deprimir la dura-madre, y facilitar la salida del pus esparcido entre esta membrana y el cráneo.

**DÉCUVAGE**, m. V. DÉCUVAISON.

**DÉCUVAISON**, f. *decuesón*. Trasiega, accion de trasvasar el mosto de una cuba á otra.

**DÉCUVER**, a. *decuvé*. Trasegar, trasvasar, sacar el vino de una cuba y echarlo en otra vasija.

**DÉDAIGNABLE**, adj. *dedeñábl*. Desdeñable, que es digno de desden, que debe ser desdeñado.

**DÉDAIGNER**, a. *dedeñé*. Desdeñar, despreciar, manifestar desden por una cosa. || Descuidar, menospreciar. || n. Desdeñarse, tener á ménos el hacer alguna cosa. Usado como n., toma la prep. *de*, por medio de la cual rige al infinitivo que sigue: *dédaigner* *de parler, dédaigner de se venger.* || *Se dédaigner*, r. Desdeñarse ó ser desdeñado. Es familiar y poco usado en esta acepcion.

**DÉDAIGNEUR**, m. Anat. V. DÉDAIGNEUX.

**DÉDAIGNEUSEMENT**, adv. *dedeñeusmán*. Desdeñosamente, de una manera desdeñosa.

**DÉDAIGNEUX, EUSE**, adj. *dedeñeu, eus.* Desdeñoso, que manifiesta desden. || Cir. Desdeñoso, indignatorio, nombre dado antiguamente al abductor del globo del ojo.

**DÉDAIN**, m. *dedén*. Desden, menosprecio, desdeño.

**DÉDALE**, m. *dedál*. Hist. Dédalo, escultor, arquitecto y mecánico antiguo de la Grecia. || met. Dédalo, laberinto, grande embarazo de donde es difícil ó casi imposible salir.

**DÉDALIES**, f. pl. *dedalí*. Dedalias, fiestas que se celebraban en Grecia en honor de Dédalo.

**DÉDALION**, m. *dedalión*. Mit. Dedalion, hijo de Lucifer.

**DÉDALIQUE**, adj. *dedalíc*. Dedálico, ingenioso.

**DÉDALLER**, a. *dedalé*. Desembaldosar, desempizarrar.

**DÉDAMER**, n. *dedamé*. Descoronar, quitar el peon que se pone encima de otro en el juego de damas; obligar á una dama en el juego á cambiar de posicion; quitar la dama de la calle del medio para dar lugar al contrario á que entre dama.

**DÉDAMNER**, a. *dedané*. Sacar del infierno un alma condenada. || met. Sacar á uno de penas, librarle de un gran tormento.

**DEDANS**, adv. de lugar. *dedán*. Dentro, en el interior. || met. *Ne pas savoir si l'on est dehors ou dedans*, no saber uno si está dentro ó fuera: ignorar el estado de sus negocios.= *Étre dedans*, estar en chirona, á la sombra, en la casa de poco trigo: estar preso.= *Mettre quelqu'un dedans*, hacer caer á alguno en la trampa: engañarle.= *Donner dedans*, dar en la percha, caer en el lazo: dejarse engañar. || loc. prep. *Au dedans de son cœur*, en su interior; y familiarmente, en sus adentros, allá para consigo. || *Esprit en dedans*, corazon tímido, que no se atreve á insinuarse. Tomado en mala parte es socarron, taimado, y algunas veces hipócrita. || m. Interior, lo de dentro. || Interior, corazon de una fruta, tripa de un melon. || met. Interior del alma. || Corredor descubierto al extremo de un juego de pelota.

**DÉDÉIFIER**, a. *dedeifié*. Dedeificar, desendiosar, hacer descender de la categoría de los dioses.

**DÉDICACE**, f. *dedicás*. Dedicacion, consagracion de una iglesia, de un templo, de una capilla. || Fiesta anual que se celebra en memoria de una consagracion. || Dedicatoria de una obra en obsequio de la persona á quien se dirige.

**DÉDICACER**, n. *dedicasé*. Dediquear: hablando en tono de chiste, se dice por dedicar una obra á alguno.

**DÉDICATEUR, TRICE**, m. y f. *dedicateur, tris*. Dedicador. Se usa poco y siempre irónicamente, hablando de un autor que adula á la persona á quien dedica su obra con algun interes.

**DÉDICATOIRE**, adj. *dedicatuár*. Dedicatorio, que contiene una dedicatoria. Solo se usa en esta locucion: *épître dédicatoire*.

**DÉDICTE**, f. ant. *dedict*. Retractacion, accion de retractarse ó desdecirse de una palabra. V. DÉDIT.

**DÉDIER**, a. *dedié*. Dedicar, consagrar una cosa al culto divino, ponerla bajo la proteccion ó invocacion de un santo. || Dedicar una obra ó un libro á alguno. || met. Dedicar, consagrar una persona al culto divino, ofrecérsela como una propiedad santa.

**DÉDIRE**, a. *dedír*. Desdecir, desmentir, desaprobar, revocar lo que otro ha dicho de uno ó hecho por uno. || *Se dédire*, r. Desdecirse, retractarse, desaprobar uno lo que ha dicho ó hecho anteriormente. || met. *S'en dédire*, arrepentirse de haber emprendido un negocio. *Ne pouvoir plus s'en dédire*, no poder ya retractarse, volver atras.

**DÉDIT**, m. *dedí*. Retractacion, revocacion de una palabra dada, accion de desdecirse; resultado de esta accion. || *Avoir son dit et son dédit*, tener su libre albedrío, espontaneidad en sus resoluciones. No tener palabra, ser inconstante, voluble, poco consecuente en negocios. || Recula, pena estipulada en una compra ú otro contrato contra el que quisiere apartarse de él, y el acto ó escritura en que se hace esta estipulacion.

**DÉDITION**, f. ant. *dedisión*. Voz sacada del latin equivalente á voces á *reddition*.

**DÉDIVINISER**, a. V. DÉDÉIFIER.

**DÉDJEAL ó DEDJIAL**, m. *dedjál*, *dedjíal*. Nombre que los Mahometanos dan al Antecristo.

**DÉDOLATION**, f. *dedolasión*. Cir. Apoqueparnismo ó dedolacion, accion de un instrumento que obra oblicuamente.

**DÉDOLER**, a. *dedolé*. Cir. Dedolar, cortar oblicua y superficialmente con un instrumento quirúrgico.

**DÉDOMMAGEMENT**, m. *dedomagemán*. Indemnizacion, resarcimiento, reparacion de un daño, compensacion.

**DÉDOMMAGER**, a. *dedomagé*. Indemnizar, resarcir, reparar un daño, compensar un mal, una pérdida.

**DÉDORER**, a. *dedoré*. Desdorar, quitar el dorado de un cuadro, de una alhaja. || *Se dédorer*, r. Desdorarse, perder el dorado una cosa.

**DÉDORMI, E**, adj. *dedormí*. Templado, hablando del agua ó líquido que se templa al fuego.

**DÉDORMIR**, a. inus. *dedormír*. Templar un líquido al fuego. Dícese *faire dédormir de l'eau*, templar agua, quitarle la crudeza arrimándola á la lumbre.

**DÉDORTOIR**, m. *dedortuár*. Palo de tralla, mango de látigo, garrote para separar las ramas al atravesar un bosque, horquilla para sostener las ramas de un árbol.

**DÉDORURE**, f. *dedorúr*. Desdoracion, accion de quitar el dorado á una cosa.

**DÉDOSSEMENT**, m. *dedosmán*. Art. Desencorvamiento, accion de desencorvar una viga ó pieza de madera por medio de la sierra.

**DÉDOSSER**, a. *dedosé*. Art. Desencorvar, enderezar una viga ó pieza de madera serrándola á cordon. || Dividir en muchas porciones una mazorca ó conjunto de raíces.

**DÉDOTALISATION**, f. *dedotalisasión*. Desdotalizacion, accion de desdotalizar.

**DÉDOTALISER**, a. *dedotalisé*. Desdotalizar, quitar á una finca ó propiedad el carácter de dotable.

**DÉDOUBLAGE**, m. *dedubláge*. Desaforramiento, la accion de desaforrar.

**DÉDOUBLER**, a. *dedublé*. Desdoblar, desaforrar, quitar el forro á una cosa. || Mil. Disminuir, desdoblar, hacer que una tropa disminuya su fondo aumentando su frente. || Aumentar el número disminuyendo el volúmen, dividir en dos un cuerpo divisible. || Mar. Desaforrar, levantar el forro de cobre ó de madera de los fondos.

**DÉDUCTIF, IVE**, adj. *deductíf, ív*. Fil. Deductivo, que tiene analogía con la deduccion, por oposicion á induccion.

**DÉDUCTION**, f. *deducsión*. Deduccion, sustraccion, descuento, rebaja de una cantidad. || met. Exposicion, relacion, narracion detallada de una cosa. || Lóg. Deduccion, consecuencia, accion de deducir ó inferir una cosa de otra. || Mús. Escala diatónica.

**DÉDUIRE**, a. *deduír*. Deducir, sustraer, descontar, rebajar una cantidad de otra. || Deducir, inferir, sacar una consecuencia de un principio ó razon. || Contar, exponer, narrar, referir una cosa detalladamente. || met. *Il faut en déduire*, es preciso rebajarle alguna cosa, disminuirle algo: se usa hablando de uno que exagera demasiado, ó cuyas pretensiones ó esperanzas son exageradas. || *Se déduire*, r. Deducirse, descontarse, etc., con todas las demas acepciones del activo.

**DÉDUISABLE**, adj. ant. *deduisábl*. Conveniente, agradable.

**DÉDUIT**, m. [illegible] fam. Deporte, [illegible] traccion, placer, [illegible] *déduit*, recrearse [illegible] jer, gozarla. *L'amoureux déduit* [illegible] carnal. || Mont. Caceria, [illegible] designa el conjunto de hombres, [illegible] perros, pájaros, etc.

**DÉDURCIR**, a. *dedursír*. [illegible] ablandar, enternecer, hacer [illegible] za de una sustancia.

**DÉESSE**, f. *deés*. Mit. Diosa, [illegible] fabulosa del sexo femenino. [illegible] dice de una mujer que es muy [illegible] madamente hermosa.

**DÉFÂCHER**, a. *defaché*. [illegible] cigüar, desenojar, sosegar, [illegible] su ira. || *Se défâcher*, r. [illegible] guarse, aplacarse, etc.

**DE FAÇON QUE**, loc. conj. [illegible] á de modo que, de manera [illegible]

**DÉFAILLANCE**, f. *defallâns*. [illegible] cimiento, flaqueza, desmayo [illegible] met. Disminucion, amortiguamiento [illegible] dad de una cosa. || Jurisp. [illegible] macia en el cumplimiento de una [illegible] condicion de un contrato.

**DÉFAILLANT, E**, adj. [illegible] lleciente, que desfallece. || Jurisp. [illegible] maz, rebelde, el condenado [illegible] no haber comparecido ante la justicia.

**DÉFAILLEMENT**, m. inus. [illegible] Contumacia, rebeldía.

**DÉFAILLIR**, n. *defallír*. [illegible] falto. || Acabar, concluir, fenecer [illegible] raza ó familia. || Desfallecer, [illegible] der el sentido. || met. Desfallecer, [illegible] marse, faltar el ánimo.

**DÉFAIRE**, a. *defér*. Deshacer, [illegible] desbaratar lo que se ha hecho. || [illegible] derrotar, desbaratar un ejército. || [illegible] un nudo, un lazo. || Librar á uno, [illegible] le de un enemigo, de un importuno, [illegible] vicio, etc. || Descomponer, [illegible] rar la fisonomía. || *Se défaire*, r. [illegible] se, desembarazarse de una [illegible] perjudicial ó incómoda. || [illegible] *faire d'un domestique*. || [illegible] transferir á otro un derecho [illegible] *meuble*. || Desacostumbrarse: *se* [illegible] *mauvaises habitude*, ó un vicio [illegible] rir: *se défaire d'un ennemi*. || [illegible] se, descoserse un vestido, un [illegible] *bil se défait, se défaçonne*. || [illegible] calidad, volverse, malearse [illegible] *se défait*.

**DÉFAIT, E**, adj. *defé*. [illegible] do, extenuado, enflaquecido, [illegible] lento. || Vencido, derrotado.

**DÉFAITE**, f. *defét*. Mil. Derrota [illegible] de un ejército. || Escapatoria, [illegible] cusa, efugio. || Com. Salida, [illegible] género. || met. *Fille d'une* [illegible] soltera, jóven, y sobre todo [illegible] *faite d'une fille*, la ruina, la [illegible] una jóven: indica que se ha [illegible] virtud.

**DÉFAIX**, m. *defé*. Vedado, [illegible] rial donde estaba prohibido [illegible] zar, pescar, etc.

**DÉFALCATION**, f. ant. [illegible] falco, accion de desfalcar [illegible]

**DÉFALQUER**, a. *defalqué*. [illegible] guadañar, podar: no tiene [illegible] tido propio. || met. Desfalcar, [illegible] bajar, sustraer una cantidad, [illegible]

**DÉFAMER**, a. ant. *defamé*. [illegible] quitar la honra, la reputacion.

**DÉFAMIE**, f. ant. *defamí*. [illegible] honra.

**DÉFANATISABLE**, adj. [illegible] Desfanatizable, que puede [illegible] en quien puede destruirse el [illegible]

**DÉFANATISANT, E**, adj. [illegible] Desfanatizante, que quita el [illegible] fanatiza.

**DÉFANATISER**, a. *defanatisé*. [illegible] tizar, despreocupar, hacer [illegible] tismo.

**DÉFANATISME**, m. *defanatísm*. [illegible] natismo, destruccion del fanatismo.

[illegible], a. ant. *defavuché*. De[illegible], [illegible], [illegible].

[illegible], a. ant. *defosé*. Art. V. [illegible]. || *Se d[illegible]*, r. Descartarse, [illegible] en el juego de la carta ménos [illegible], [illegible] se puede servir ó cargar.

[illegible], m. *defó*. Defecto, imperfeccion, [illegible], deformidad física ó moral. || Falta, de[illegible], [illegible], ausencia de virtud, de ca[illegible], de memoria, de constancia, etc. || Im[illegible], defecto, falta de que adolece [illegible] ó su autor. || Jurisp. Contumacia, [illegible], no comparecencia en juicio siendo [illegible]. || Falta, lugar donde concluye ó fal[illegible] una cosa que debe guarnecer, cubrir ó [illegible]. || Anat. Extremidad de las [illegible], el lugar en que se terminan estos [illegible]. || *Le défaut de la cuirasse*, el inter[illegible] que hay entre la coraza y las demas [illegible] de la armadura. = met. *Le défaut de la cuirasse*, la parte flaca, el costado débil [illegible]. || Mont. *Etre en défaut*, ha[illegible] un perro, haber perdido la vía de [illegible] que se caza. || met. *Etre en défaut*, en[illegible], faltar, cometer un error. || *A défaut de*, ó *au défaut de*, loc. prep. En defecto de, ó falta de, en lugar de.

[illegible], m. *defó*. Multa que debia pagar al señor feudal el vasallo que rehusaba pagar el censo.

[illegible], f. *defaveur*. Disfavor, des[illegible], [illegible] de la gracia, del favor de alguna persona. || Disfavor, estado de lo que [illegible].

[illegible]FAVORABLE, adj. *defavorábl*. Desfa[illegible], contrario, que no es favorable, que no está en favor.

[illegible], adv. *defavorablemán*. [illegible], de una manera [illegible].

[illegible], a. *defavorisé*. Desfavo[illegible], privar de favor, privar de la gracia, [illegible]. || *Se défavoriser*, r. Desfavo[illegible], perder la gracia, el favor, el vali[illegible].

[illegible], f. *defecasión*. Med. Defe[illegible], excrecion de las materias fecales. || [illegible], separacion de un sedi[illegible] un líquido cualquiera.

[illegible], f. *defectibilité*. De[illegible], cualidad de lo que es defectuoso.

[illegible], adj. *defectíbl*. Defectuoso, [illegible], imperfecto, incompleto.

[illegible], adv. *defectiblemán*. [illegible], imperfectamente, de una manera [illegible], incompleta.

[illegible], IVE, adj. *defectif, ív*. Gram. Defectivo, hablando de un verbo que no tie[illegible] todos los tiempos y modos.

[illegible], f. *defecsión*. Defeccion, [illegible] de un partido. || Desobediencia, [illegible], sublevacion, hablando de un [illegible], provincia, etc. || Astr. Eclipse.

[illegible], n. *defecsioné*. Deser[illegible], abandonar su partido, hacer traicion, [illegible] de una defeccion.

[illegible], f. *defectivité*. Defectivi[illegible], cualidad de un verbo defectivo.

[illegible], adv. *defectueusemán*. [illegible], de una manera de[illegible], incompleta.

[illegible], EUSE, adj. *defectueu, euz*. [illegible], que está falto de ciertas [illegible], condiciones ó requisitos.

[illegible], f. *defectuosité*. Defec[illegible], falta, vicio, imperfeccion de una cosa.

[illegible], f. *defedasión*. Ensucia[illegible], accion de [illegible] ó echar á perder [illegible].

[illegible], adj. *defandábl*. Defendi[illegible], que puede ser defendido ó defenderse.

[illegible], [illegible], m. y f. *defan[illegible]*. [illegible], el que es llamado en [illegible] para defenderse de una acusacion.

[illegible], a. *defándr*. Defender, pro[illegible] á una persona ó cosa atacada. || [illegible], impedir el choque de unas [illegible] contra otras. || Mil. Defender, [illegible] al enemigo para que no pue[illegible]. || Defender, sostener [illegible] opinion, abogar por ella. || [illegible], [illegible], proteger. || Vedar, prohibir. || Defender, patrocinar el abogado al reo, abogar por él. || *Se défendre*, r. Defenderse, rechazar la fuerza con la fuerza. || Guardarse, precaverse, evitar el hacer alguna cosa. || Excusarse, disculparse, negar alguna cosa que se nos acumula. || Resistirse á dar su palabra, su consentimiento.

**DÉFENDS** ó **DÉFENS**, m. *defán*. Bosque cuya entrada está prohibida á los ganados, y la corta prohibida al propietario. || Tiempo durante el cual está prohibido entrar en las tierras.

**DÉFENDUBE**, f. *defandúd*. Vedados, terrenos cuyos pastos son prohibidos, aunque estén situados entre otros que no lo están.

**DÉFENSABILITÉ**, f. *defansabilité*. Defensabilidad, cualidad de lo que es defensible.

**DÉFENSE**, f. *defáns*. Defensa, accion de defender ó defenderse. || Defensa, proteccion, apoyo, amparo. || Defensa, escrito ó discurso hecho en vindicacion de alguno ó de sí mismo ante algun tribunal. || Mil. Defensa, accion de defender una plaza, un sitio. || Prohibicion, interdiccion, veda. || Mar. Defensa, trozos de cable ó de madera que se colocan perpendicularmente á los costados para impedir el choque de los muelles ó de otros buques. || *Défenses*, f. pl. Fortificaciones, todo lo que sirve para cubrir y resguardar las obras y soldados que defienden una plaza. || *Défenses*, defensas, respuesta de la parte contraria en un pleito. || *Défenses du sanglier*, navajas ó colmillos del jabalí.

**DÉFENSEUR**, m. *defanseur*. Defensor, el que defiende, que ampara, que sostiene. || Defensor, el que se encarga de defender una causa, un pleito delante de un tribunal.

**DÉFENSIBLE**, adj. *defansíbl*. Defensible, que se puede defender, que puede ser defendido.

**DÉFENSIF, IVE**, adj. *defansíf, ív*. Defensivo, que sirve para defender, reparar ó resguardar. || m. Defensivo, defensa, reparo, preservativo, resguardo. || Cir. Defensivo, cabezal de lienzo, que atado con una venda se pone en la parte lisiada.

**DÉFENSIVE**, f. *defansív*. Defensiva, situacion, estado del que solo trata de defenderse, estado de defensa. || *Etre sur la défensive*, *se tenir sur la défensive*, estar a la defensiva.

**DÉFENSIVEMENT**, adv. *defansivmán*. Defensivamente, sobre la defensiva, en estado de defensa.

**DÉFÉQUER**, a. *defequé*. Defecar, depurar, limpiar, quitar las heces á algun licor.

**DÉFÉRANT, E**, adj. *deferán*. Deferente, condescendiente, el que defiere, el que tiene deferencia, que cede, que condesciende.

**DÉFÉRENCE**, f. *deferáns*. Deferencia, adhesion al dictámen ó proceder ajeno, condescendencia á la voluntad ó parecer de otro. || Respeto, consideracion que se tiene con alguna persona.

**DÉFÉRENT**, m. *deferán*. Astr. Deferente, círculo imaginario que usaban los astrónomos antiguos para explicar la excentricidad, el perigeo y el apogeo de los planetas. || Anat. Deferente, calificacion que se aplica en anatomía á un conducto ó canal secretorio del sémen.

**DÉFÉRER**, a. *deferé*. Conferir, dar, conceder, dispensar honores, dignidades, etc. || n. Deferir, condescender por miramiento. || Deferir, conformarse, adherirse al parecer de alguno. || Delatar, denunciar, acusar ante la justicia.

**DÉFERGER**, a. *defergé*. Remunerar, compensar. || Socorrer.

**DÉFERLER**, a. *deferlé*. Mar. Desaferrar, largar las velas despasando los tomadores y dejándolas sobre su maniobra. || n. Reventar, tratándose de olas ó de golpes de mar.

**DÉFERMER**, a. *defermé*. Desencerrar, poner en libertad.

**DÉFERREMENT**, m. *deferremán*. Desherramiento, accion de desherrar, resultado de esta accion.

**DÉFERRER**, a. *deferré*. Desherrar, quitar los hierros ó prisiones á alguno. || Desherrar, quitar las herraduras de los pies de un caballo. || met. Atajar, dejar sin habla, tapar la boca á alguno, dejándole sin saber qué decir. || *Se déferrer*, r. Desherrarse, ser desherrado. || met. y fam. Desconcertarse, aturrullarse, turbarse, confundirse, quedar parado, cortado.

**DÉFERTILISANT, E**, adj. *defertilisán*. Desfertilizante, que desfertiliza.

**DÉFERTILISATION**, f. *defertilisasión*. Desfertilizacion, accion de desfertilizar.

**DEFERTILISER**, a. *defertilisé*. Desfertilizar, quitar la fertilidad, hacerla perder.

**DÉFET**, m. *defé*. Incompleto, nombre de los pliegos superfluos y desparejados de una obra con los que no se puede formar coleccion completa, y se conservan para reemplazar los pliegos que se manchen. Usase tambien en plural: *conserver le défet, les défets*.

**DÉFEUILLAISON**, f. *defeuillesón*. Deshojamiento, caida de las hojas de los árboles.

**DÉFEUILLER**, a. *defeuillé*. Deshojar un árbol ó una planta, quitarle las hojas.

**DEFFAIS**, m. pl. *defé*. Pesqueras de la propiedad de un señor feudal.

**DEFFIANCE**, f. *defiáns*. Hist. Desafío, provocacion, reto, en el lenguaje feudal. || Pillaje, rapiña, tala.

**DEFFOSSÉ**, m. *defosé*. Mil. ant. Trinchera rodeada de foso.

**DEFFOULER**, a. ant. *defulé*. Pisotear, hollar con los piés.

**DEFFUBLER**, a. *defublé*. Descubrir, despojar, despejar.

**DÉFI**, m. *defí*. Reto, desafío, provocacion, cartel de desafío.

**DÉFIANCE**, f. *defiáns*. Desconfianza, sospecha, recelo, temor de ser engañado. || Desconfianza, falta de confianza en sus fuerzas, en su talento, capacidad, etc.

**DÉFIANT, E**, adj. *defián*. Desconfiado, que tiene desconfianza, que teme, que es sospechoso.

**DÉFIBRINÉ, ÉE**, adj. *defibriné*. Med. Desfibrineo, falto de fibrina.

**DÉFICIENT, E**, adj. *defisián*. Arit. Deficiente, defectuoso por falta. || m. Deficiente, número cuyas partes alícuotas reunidas hacen una suma menor que el mismo número.

**DÉFICIT**, m. *défisit*. Déficit, alcance, descubierto, lo que falta para el completo de una cuenta. || Déficit, pérdida total ó parcial de los capitales comprometidos en una empresa.

**DÉFIEMENT**, m. *defimán*. Provocacion, reto, desafío, declaracion de guerra.

**DÉFIER**, a. *defié*. Desafiar, retar, provocar á duelo. || Desafiar, arrostrar, no temer. || Desafiar á jugar, á correr. || Desafiar, apostar ó poner algo á que no es cierta ó verdadera tal cosa. || n. Mar. Amparar, evitar los golpes que dan las embarcaciones unas contra otras en el muelle, precaver con el timon los movimientos de orzada ó arribada. || *Se défier*, r. Desafiarse, retarse, provocarse á duelo. || Desconfiar, tener desconfianza, estar en guardia ó sobre aviso. || Desconfiar, no creer, no tener fe en alguna cosa.

**DÉFIGUREMENT**, m. *defigurmán*. Desfiguramiento, accion de desfigurar, estado de lo que está desfigurado.

**DÉFIGURÉMENT**, adv. *defiguremán*. Desfiguradamente, de una manera desfigurada, disforme.

**DÉFIGURER**, a. *defiguré*. Desfigurar, desemejar, afear la hermosura del semblante. || Desfigurar, oscurecer é impedir que se perciban las formas y figuras de las cosas. || Desfigurar, alterar enteramente un libro ó una obra. || Desfigurar, alterar, cambiar en mal.

**DÉFILAGE**, m. *defiláge*. Deshilamiento, accion de deshilar, de quitar el hilo, los hilos.

**DÉFILÉ**, m. *defilé*. Desfiladero, angostura, paso ó camino estrecho entre montañas. || met. y fam. Desfiladero, angostura, estrechez, posicion muy apurada. || Desfilada, accion de desfilar, de hacer desfilar.

**DÉFILÉ, ÉE**, adj. *defilé*. Desenhebrado, desensartado, deshilado.

**DÉFILEMENT**, m. *defilmán*. Desenfilamiento, desfile, accion de desfilar. || For.

Desenfilamiento, desenfile, método para preservar una obra de fortificacion de las enfiladas.

**DÉFILER**, a. *defilé*. Desenhebrar, desensartar, quitar el hilo que se habia pasado en alguna otra cosa. || met. *Défiler son chapelet*, decir inconsideradamente y sin detenerse todo lo que se sabe de alguna materia ó lo que se piensa de alguno. || *Défiler un ouvrage*, librar una obra fortificada de los fuegos de enfilada. || *Se défiler*, r. Desenhebrarse, desensartarse, deshilarse los tejidos, deshilacharse los lienzos.

**DÉFILER**, n. *defilé*. Desfilar, ir en fila uno tras de otro: dícese de la tropa cuando pasa con poco frente por sitio estrecho. || Desfilar, pasar las tropas por delante de un jefe superior que pasa revista. || met. *Défiler la parade*, desfilar, morir. || m. Desfile, accion de desfilar las tropas: v. gr. *pendant le défiler*.

**DÉFINI**, m. *defini*. Definido: dícese hablando de las cosas definidas, en oposicion al indefinido.

**DÉFINIR**, a. *definír*. Definir, decidir, determinar, resolver alguna cosa dudosa. || Definir, dar á conocer el sentido de una palabra con otras que no sean sinónimas. || Definir, explicar clara y metódicamente la esencia de una cosa. || Definir, arreglar, establecer.

**DÉFINISSABLE**, adj. *definisabl*. Definible, susceptible de definicion, que puede ó debe definirse.

**DÉFINISSEUR**, m. *definiseur*. Definidor, el que define, que da mucha importancia á las definiciones.

**DÉFINITEUR**, m. *definiteur*. Definidor, nombre dado en algunas órdenes religiosas al que ayuda al general ó al provincial en la administracion de la órden.

**DÉFINITIF, IVE**, adj. *definitif, iv*. Definitivo, que define, que termina, que decide una cosa. || *En définitif, en définitive*, loc. adv. Definitivamente, por fin, en último resultado. || Jurisp. *En définitive*, en definitiva, por sentencia definitiva.

**DÉFINITION**, f. *definisión*. Definicion, accion de definir, explicacion de la esencia y naturaleza de las cosas.

**DÉFINITIVEMENT**, adv. *definitivmán*. Definitivamente, de una manera definitiva.

**DÉFINITOIRE**, m. *definituár*. Hist. rel. Definitorio, sitio en que se reunen los principales miembros de un capítulo en algunas órdenes religiosas.

**DÉFLAGRATEUR**, m. *deflagrateur*. Fis. Deflagrador, aparato electro-magnético, de grande energía, y con cuyo medio se producen sorprendentes efectos de combustion.

**DÉFLAGRATION**, f. *deflagrasión*. Quim. Deflagracion, accion de quemar una cosa con llama.

**DÉFLÉCHIR**, n. *deflechir*. Torcer, encorvarse, mudar de direccion. || Refractarse, mudarse de direccion los rayos luminosos.

**DÉFLEGMATION**, f. *deflegmasión*. Quim. Desflemacion, accion de desflemar, de quitar á los líquidos espirituosos la parte acuosa ó flemosa que contienen.

**DÉFLEGMER**, a. *deflegmé*. Quim. Desflemar, quitar la parte flemática ó acuosa de un cuerpo.

**DÉFLEURAISON**, f. *defleurasón*. Desfloracion, caida de las flores y la época en que se verifica.

**DÉFLEURIR**, a. *defleurír*. Desflorecer, quitar, hacer caer la flor de los árboles y plantas. || Quitar la flor, el encarnado de ciertos frutos. || n. Desflorecerse, perder la flor. || *Se défleurir*, r. Desflorecerse, caerse la flor.

**DÉFLEXION**, f. *deflecsión*. Deflexion, cambio de direccion de los rayos luminosos.

**DÉFLORATEUR**, m. *defloraleur*. Desflorador, el que desflora, que quita á una jóven su virginidad. || Desflorador, el primero en gozar de un objeto, el que le quita su novedad, su frescura.

**DÉFLORATION**, f. *deflorasión*. Desfloracion, accion de desflorar, de quitar á una jóven la flor de la virginidad.

**DÉFLOREMENT**, m. *deflormán*. Desfloramiento, accion de desflorar, resultado de esta accion. || *Droit de déflorement*, derecho de muciada ó de pernada, derecho que tenia el señor feudal de desflorar á las jóvenes recien casadas.

**DÉFLORER**, a. *defloré*. Desflorar, quitar la flor de la virginidad. || Desflorar, tratar por encima un asunto.

**DÉFLUER**, n. *deflué*. Astr. Alejarse mas y mas un planeta de otro mas tardo, despues de su conjuncion.

**DÉFLUXION**, f. V. FLUXION.

**DÉFOLIATION**, f. *defoliasión*. Bot. Desfoliacion, caida de las hojas de las plantas leñosas. || Desfoliacion, época en que se verifica este fenómeno.

**DÉFONÇAGE**, m. *defonságe*. Agr. Cavacion, accion de cavar un terreno.

**DÉFONCEMENT**, m. *defonsmán*. Agr. Cava, la accion de cavar y el resultado de esta accion. || Desfondo, la accion de quitar el suelo ó fondo á una cuba.

**DÉFONCER**, a. *defonsé*. Desfondar, quitar el fondo á una cuba. || *Défoncer un terrain*, cavar un terreno, ahondarlo. || *Se défoncer*, r. Abrirse, falsear el fondo. || Desfondarse una cuba, quitársele el suelo.

**DÉFORMATEUR, TRICE**, adj. y s. *deformateur, tris*. Deformador, que deforma, desfigura, corrompe, altera ó afea alguna cosa.

**DÉFORMATION**, f. *deformasión*. Deformacion, accion de deformar, desfigurar, corromper ó alterar. || Med. Deformidad, alteracion de la forma natural de alguna parte del cuerpo.

**DÉFORMER**, a. *deformé*. Deformar, corromper, alterar, afear, desfigurar, hacer perder la forma natural á una cosa. || met. Corromper, pervertir el corazon humano, hacer que pierda su virtud, su bondad, sus buenas inclinaciones.

**DÉFORTIFIER**, a. *defortifié*. Desfortificar, demoler, destruir, arrasar una fortificacion.

**DÉFORTUNE**, f. *defortún*. Desgracia, desdicha, infortunio.

**DÉFOUETTER**, a. *defuelé*. Art. Desencordelar, quitar la cuerda y las reglas á un libro despues de oreada la cubierta.

**DÉFOUIR**, a. ant. inus. *defuir*. Desenterrar, sacar una cosa que está enterrada.

**DÉFOULER**, a. *defulé*. Oprimir, hollar.

**DÉFOURNEMENT**, m. *defurnemán*. Deshornamiento, accion de sacar del horno.

**DÉFOURNER**, a. *defurné*. Deshornar, sacar del horno una cosa.

**DÉFOURRER**, a. *defurré* Desforrar, quitar el forro á una cosa. || fam. Despojar, desnudar.

**DÉFRAI**, m. fam. *defré*. Pago de los gastos de una casa ó de los que se abonan á alguno. || Accion de pagar estos gastos.

**DÉFRANCISER**, a. *defransisé*. Desafrancesar, hacer perder las costumbres, las opiniones francesas; desnaturalizar la lengua francesa, adulterar este idioma. || *Se défranciser*, r. Desafrancesarse, perder el gusto, las maneras, las costumbres de los Franceses.

**DÉFRAUDATION**, f. inus. *defrodasión*. Defraudacion, defraude, accion de engañar, de defraudar alguno. Resultado de esta accion.

**DÉFRAUDER**, a. ant. ó inus. *defrodé*. Defraudar, despojar, usurpar, frustrar, engañar.

**DÉFRAYER**, a. *defreyé*. Costear, pagar el gasto que otro ha hecho ó que debe hacer. || fam. *Défrayer la compagnie*, hacer el gasto en una tertulia ó visita, esto es, divertir ó hacer reir á los concurrentes, y á veces ser la risa de ellos; ser el hazmereir de la sociedad.

**DÉFRAYEUR, EUSE**, m. y f. fam. inus. *defreyeur, eus*. Costeador, que hace el coste ó paga por otro.

**DÉFRICHAGE**, m. *defrichage* Desmonte, desmontadura, accion de desmontar una tierra inculta.

**DÉFRICHEMENT**, m. V. [illegible]

**DÉFRICHER**, [illegible] desmontar, quitar [illegible] met. Aclarar, [illegible] cuestion, una [illegible] *cher l'esprit de quelqu'un*, [illegible] miento de alguno la primera [illegible] primeras nociones.

**DÉFRICHEUR**, m. [illegible] dor, desmontador, [illegible] cultiva un campo [illegible]

**DÉFRIPÉ, ÉE**, adj. [illegible] || met. y fam. Chasqueado, burlado. [illegible]

**DÉFRISEMENT**, m. [illegible] zamiento, accion de desrizar [illegible] una peluca, etc.

**DÉFRISER**, a. [illegible] deshacer los rizos á [illegible] || fam. Chasquear, [illegible]

**DÉFRONCEMENT**, m. [illegible] arrugamiento, accion de [illegible] está arrugado. || met. y fam. [illegible] poner el ceño, desarrugar [illegible] despejar la frente.

**DÉFRONCER**, a. [illegible] deshacer los pliegues ó las arrugas de [illegible] pa. || met. y fam. Desarrugar [illegible] el ceño, levantar el entrecejo. || [illegible] *cer*, r. Desarrugarse una cosa.

**DÉFROQUE**, f. *defróc*. [illegible] jos, efectos que deja un fraile [illegible] bien del espolio de los eclesiásticos [illegible] Muebles ó efectos de poco valor [illegible] redan sin previo testamento. [illegible] ropa usada que cedes los amos [illegible]

**DÉFROQUER**, a. *defroqué*. [illegible] desenfrailar, hacer dejar la vida [illegible] un religioso para que vuelva [illegible] Expoliar, despojar á uno de sus [illegible] tarle su pequeño ajuar. || *Se dé*[illegible] Exclaustrarse, desenfrailarse, [illegible] hábitos.

**DÉFRUCTU**, m. ant. *defructú*. [illegible] menudos que hace de pan, [illegible] que presta su casa y mesa para [illegible] comida á escote.

**DÉFRUIT**, m. V. [illegible]

**DÉFRUITER**, a. *defruité*. [illegible] quitar, coger el fruto á un árbol. [illegible]

**DÉFRUTUM**, m. *defrútom*. [illegible] to reducido á la consistencia de [illegible]

**DEFTERDAR-EFFENDI**, m. [illegible] *efendí*. Defterdar-efendi, [illegible] funcionario público en Persia y [illegible] que equivale á ministro de [illegible]

**DEFTER-DARIE**, f. [illegible] daría, morada del ministro de [illegible] Turquía y Persia.

**DEFTER-EMINI**, m. [illegible] ter-emini, título del archivero [illegible] Turquía.

**DÉFUBLER**, a. *defublé*. [illegible] alguno. || Descubrir, despojar, [illegible] razar.

**DÉFUNER**, a. *defuné*. Mar. [illegible] descncapillar, quitar la jarcia á un palo. [illegible]

**DÉFUNT, E**, adj. *defén*. Difunto, [illegible] fallecido, que ha muerto. [illegible] mente como sustantivo: *le défunt, la défunte*.

**DÉGAGEMENT**, m. *degagemán*. [illegible] peño, redencion ó rescate de la [illegible] prenda, pagando la cantidad en [illegible] empeñada. || Desempeño, [illegible] Evaporacion de los gases [illegible] perjudiciales. || Med. Accion [illegible] que consiste en desembarazar, [illegible] despejar la cabeza, el estómago, [illegible] cho, etc., y el resultado de esta [illegible] Desprendimiento, la accion de [illegible] se. || Salida ó pasadizo secreto, [illegible] sada para salir de un aposento y [illegible] él secretamente. || *Escalier de dégagement*, escalera excusada.

**DÉGAGER**, a. *degagé*. Desempeñar, redimir lo que está en poder de otro [illegible] da, pagando la cantidad en que está [illegible] peñado. || Librar, desenvolver, [illegible] sacar, retirar á uno de un peligro, [illegible] compromiso, de un aprieto. || [illegible] tar un obstáculo que impide la [illegible] circulacion, la salida. || [illegible]

[illegible] una cola de otro. || Re- [illegible] la punta del baril. || [illegible] || *Dégager la tête*, [illegible] la cabeza. || *Dégager la* [illegible] el pecho. || *Dé-* [illegible] á un soldado, obte- [illegible] *un appartement*, [illegible] comunicaciones se- [illegible] || *Dégager la taille*, [illegible] vestido, quedar pe- [illegible] y en este sentido se dice : [illegible] *la taille*. || met. *Dé-* [illegible], desempeñar, cumplir su [illegible] retirarla cuando no se [illegible] condiciones que se habian [illegible] *quelqu'un de sa parole*, [illegible] su palabra, no exigir el [illegible] ella. || met. *Dégager son* [illegible], desprenderse [illegible] || Mat. *Dégager l'in-* [illegible] la incógnita : hacer salir [illegible] algebraicos la cantidad [illegible] para resolver un problema. [illegible] *le fer*, librar la espada, po- [illegible] que domine á la del [illegible], aclarar cualquier [illegible], etc. || Libertar á [illegible] que sirve cuando se [illegible] || *Se dégager*, r. [illegible], desembarazarse, [illegible] || Abrirse paso, desasir- [illegible] sus enemigos. || Salir [illegible] || Despejarse, descar- [illegible] del cuerpo, como la ca- [illegible], etc.

[illegible] *dégaine*. Mala gracia, mal [illegible] de una persona en el [illegible] y en sus movimientos. || *Belle* [illegible] *dégaine!* buena gracia, qué [illegible] que se tiene siempre en [illegible], desgarbo.

[illegible], a. *deguené*. Desenvainar [illegible], tirar de la espada, del [illegible] *point comme il dé-* [illegible] que pico, es mas largo [illegible] || De un avaro se [illegible] á *dégaîner*, no le gusta [illegible], ántes dará el [illegible] m. Desenvaino, accion [illegible] y el momento en que se des- [illegible] *jusqu'au dégaîner*, ser [illegible] no se ve el acero.

[illegible], m. *deganeur*. Espada- [illegible].

[illegible], a. *deguelé*. Art. Limpiar las [illegible], quitarles cuanto es [illegible].

[illegible] Jurisp. ant. Oficial de [illegible] establecido en cada par- [illegible].

[illegible], f. *deganrí*. Oficio, cargo [illegible] de este cargo.

[illegible], a. *deganté*. Quitar los guan- [illegible] la mano. || *Se déganter*, r. [illegible].

[illegible], a. *degarnír*. Desguarnecer, [illegible], los adornos de un ves- [illegible], etc. || Mar. Desguarnir, [illegible] los palos, vergas, [illegible] una habitacion, [illegible] *un lit*, quitar la col- [illegible] || *Dégarnir une chambre*, [illegible] || Mil. Desguarnecer [illegible] la tropa que la guar- [illegible], provisiones, artille- [illegible] bélicos de un [illegible], r. Aligerarse de ropa, [illegible] y fam. Desproveerse, des- [illegible] || Desguarnecerse la [illegible] || Desnudarse los ár- [illegible].

[illegible], a. *degascone*. Desgas- [illegible] el acento gascon, las [illegible] de los Gascones. || met. [illegible] á alguno el aire fanfar- [illegible] de exagerar y mentir.

[illegible]. Estrago, ruina, des- [illegible], devastacion causada [illegible] || Consumo desorde- [illegible] desperdicio de viandas ó [illegible] de tropas, *faire du* [illegible], destruir, etc.

[illegible] *degasté*. Arruinar, des- truir, devastar; despilfarrar, desperdiciar, malgastar, prodigar. V. GÂTER.

**DÉGÂTEUR, EUSE**, m. y f. *degateur, eus*. Destructor, devastador, el que ocasiona ruina, destruccion, despilfarro, etc.

**DÉGAUCHIR**, a. *degochír*. Allanar, igualar, enderezar una superficie, quitarle las desigualdades. || met. Desbastar, cepillar, limar, civilizar á uno, quitarle el pelo de la dehesa. || Cepillar, desbastar madera. || Mar. Preparar la pieza de madera para adaptarla á su correspondiente plantilla.

**DÉGAUCHISSAGE** ó **DÉGAUCHISSEMENT**, m. *degochisdge.degochismán*. Allanamiento, enderezamiento, igualacion, accion de quitar las desigualdades á una cosa, como madera, piedra, etc.

**DÉGAZER**, a. *degasé*. Desgasificar, extraer el gas que puede hallarse en un liquido. || *Se dégazer*, r. Desgasificarse, perder el gas un liquido.

**DÉGEL**, m. *degél*. Deshielo, accion de deshelarse la nieve, derretirse el hielo.

**DÉGELÉE**, f. *degelé* Térm. de esc. Nubarrada, descarga, lluvia de mojicones, puñetazos, coces, patadas ó sopapos.

**DÉGELER**, a. *degelé*. Deshelar, derretir el hielo. || *Se dégeler*, r. Deshelarse la nieve ó el hielo. || met. y fam. *Se dégeler*, desenmudecer, tomar parte en la conversacion. || Tambien es n. é imp. *La rivière dégèle; il dégèle.*

**DÉGÊNER**, a. *degené*. Desatar, soltar á una persona que está sujeta. || met. Ensanchar el ánimo, el pecho, diciendo lo que se siente. || *Se dégêner*, r. Desatarse, salir de la sujecion. || met. No incomodarse en el modo de proceder, salir de la mortificacion de no poder obrar con libertad. || Explayarse, desahogarse, respirar con franqueza.

**DÉGÉNÉRALISABLE**, adj. inus. *degeneralisábl*. Desgeneralizable.

**DÉGÉNÉRALISANT, E**, adj. ant. *degeneralisán*. Desgeneralizador, que destruye la generalidad.

**DÉGÉNÉRALISATION**, f. *degeneralisasión*. Desgeneralizacion, accion de desgeneralizar.

**DÉGÉNÉRALISER**, a. *degeneralisé*. Desgeneralizar, destruir la generalidad. || *Se dégénéraliser*, r. Desgeneralizarse, perder de la generalidad.

**DÉGÉNÉRANT, E**, adj. *degenerán*. Degenerante, que puede degenerar.

**DÉGÉNÉRATEUR, TRICE**, adj. *degenerateur, tris*. Degenerador, que produce la degeneracion.

**DÉGÉNÉRATION**, f. *degenerasión*. Degeneracion, accion de degenerar. || Hist. nat. Cambio, degradacion que se encuentra en un ser ó en una sustancia. || Med. Alteracion del tejido de un órgano que se trasforma en materia mórbida.

**DÉGÉNÉRER**, n. *degeneré*. Degenerar, cambiar de naturaleza, decaer, desdecir, declinar. || Perder de su mérito, pasar de un estado á otro peor. || met. Degenerar, relajarse en la virtud, en las costumbres de sus antepasados. || Med. Degenerar, declinar una enfermedad. || *Dégénérer dans l'esprit de quelqu'un*, decaer de la estimacion, del concepto de una persona. || Pint. Degenerar, desfigurarse alguna cosa pasando á parecer otra.

**DÉGÉNÉRESCENCE**, f. *degeneresáns*. Propension á degenerar.

**DÉGÉNÉRESCENT, E**, adj. *degeneresán*. Degenerante, que sufre ó recibe degeneracion.

**DÉGINGANDÉ, ÉE**, adj. *degengandé*. Desgarmillado, desmadejado, que no tiene animacion, gracia, etc. : dícese de las personas. || met. Desconcertado, que no tiene trabazon ni encadenamiento.

**DÉGINGANDEMENT**, m. *degengandmán*. Desmadejamiento, estado, aspecto de una persona desgarmillada, descoyuntada.

**DÉGINGANDER (SE)**, r. *degengandé*. Desmadejarse, desgarmillarse, descoyuntarse una persona. Es familiar.

**DÉGLACER**, a. *deglasé*. Deshelar, deshacer el hielo. || *Se déglacer*, r. Deshelarse, reducirse á agua lo que está helado. || met. *Se déglacer le cœur*, derretirse el corazon, ablandarse, enternecerse.

**DÉGLAIVER**, n. ant. *deglevé*. Desenvainar, tirar de la espada.

**DÉGLAVIER**, a. *deglavié*. Degollar con la cuchilla de la guillotina ó con una espada.

**DÉGLUER**, a. *deglué*. Desenligar, quitar la liga. || met. *Dégluer les yeux*, quitar, despegar las lagañas de los ojos. || *Se dégluer*, r. Hablando de un pájaro, desenligarse, despegarse de la liga.

**DÉGLUTIR**, a. *deglutir*. Deglutir, tragar, devorar.

**DÉGLUTITEUR**, adj. y s. m. *deglutiteur*. Anat. Deglutidor, nombre dado por algunos anatómicos á uno de los músculos de la faringe.

**DÉGLUTITION**, f. *deglutisión*. Deglucion, accion de deglutir.

**DÉGOBILLER**, a. vulg. y bajo. *degobillé*. Vomitar, arrojar por la boca violentamente lo que estaba en el estómago.

**DÉGOBILLIS**, m. vulg. y bajo. *degobillí*. Vómito, la materia que se ha vomitado.

**DÉGOISEMENT**, m. ant. *deguasmán*. Gorjeo, chirrío, canto de las aves. || fam. Habladuría, charlatanismo, accion de hablar sin consideracion ni reparo lo que á uno le ocurre.

**DÉGOISER**, a. *deguasé*. Gorjear, chirriar, cantar los pájaros. || fam. Despotricar, desembuchar, hablar sin precaucion ni reparo.

**DÉGOMMAGE**, m. *degomáge*. Art. Desengomamiento, accion de desengomar, extraer la goma de una tela.

**DÉGOMMER**, a. *degomé*. Art. Desengomar, quitar la goma de una tela. || fam. Destituir, apear, quitar á uno su empleo.

**DÉGON**, m. *degón*. Zool. Degon, molusco, variedad del género cerito.

**DÉGONDER**, a. *degondé*. Desgoznar, quitar los goznes. || *Se dégonder*, r. Desgoznarse, salirse de los goznes. || met. Estar fuera de sí, salirse uno de sus casillas.

**DÉGONFLEMENT**, m. *degonflemán* Deshinchamiento, accion y efecto de deshinchar ó deshincharse.

**DÉGONFLER**, a. *degonflé*. Deshinchar, quitar la hinchazon. || met. *Dégonfler le cœur*, desahogar, abrir paso á los sentimientos que oprimen el corazon. || *Se dégonfler*, r. Deshincharse, deshacerse la hinchazon.

**DÉGOR**, m. *degór*. Art. Tubo descargante, canalillo conductor por donde se hace pasar el líquido destilado.

**DÉGORGEMENT**, m. *degorgemán*. Derrame, inundacion, rebosadura. || Derramamiento, expansion de los humores, con especialidad de la bílis. || Limpia de los conductos, pozos, cañerías atascadas. || Art. Accion y efecto de despojar ciertas cosas de las materias superfluas.

**DÉGORGEOIR**, m. *degorjuár*. Abismo, sitio profundo en que se derraman ó precipitan las aguas y materias líquidas. || Mil. Aguja, instrumento para limpiar el fogon del cañon. || Art. Especie de cincel, instrumento que usan los cerrajeros. || Útil ó máquina que sirve para torcer lana, lavar y pulir las telas.

**DÉGORGER**, a. *degorgé*. Desatascar, limpiar lo que está atascado, obstruido. || Art. Despojar, limpiar artísticamente las cosas elaborables de sus materias superfluas. || *Dégorger le poisson*, sacar la pesca de un estanque y meterla en agua de rio. || *Dégorger un cheval*, pasear un caballo para que se le disipe alguna hinchazon. || *Se dégorger*, r. Desaguarse los rios, derramarse un conducto, un canal, etc.

**DÉGOSILLER**, a. ant. *degosillé*. Degollar, cortar el pescuezo.

**DÉGOTER**, a. fam. *degoté*. Suplantar, apear á uno de su empleo. || Aventajar á alguno.

**DÉGOURDIR**, a. *degurdír*. Desencoger, desentorpecer algun miembro. || *Faire dégourdir de l'eau*, quebrantar el agua, quitarle la crudeza y frio arrimándola á la lumbre. || met. Avivar, adiestrar á una persona, hacerla fina, hábil, sagaz. || *Se dégourdir*, r. met. Avivarse, despabilarse, [illegible], etc.

**DÉGOURDISSEMENT**, m. *degurdisman*. Desencogimiento, desentumecimiento de algun miembro encogido.

**DÉGOÛT**, m. *degú*. Desgana, inapetencia, hastío, falta de gana de comer. || met. Disgusto, tedio, incomodidad física y moral que nos causa una persona, una cosa. || *Dégoûts*, pl. Disgustos, pesares, sinsabores.

**DÉGOÛTANT, E**, adj. *degután*. Disgustante, fastidioso, desagradable, repugnante, asqueroso, que inspira asco. || met. Desagradable, repugnante.=Fastidioso, enfadoso. || *Un dégoûtant*, un pelma, un pelmazo.

**DÉGOÛTER**, a. *degutá*. Disgustar, causar disgusto y desabrimiento al paladar. || met. Disgustar, fastidiar, causar aversion. || *Se dégoûter*, r. Disgustarse, fastidiarse de las cosas, de las personas, de sí mismo. || Desganarse, perder las ganas de comer.

**DÉGOUTTANT, E**, adj. *degután*. Húmedo, embebido, impregnado de humedad.

**DÉGOUTTEMENT**, m. *degutmán*. Goteo, chorreo, goteamiento, chorreamiento, destilacion. || Gotera de una casa ó habitacion.

**DÉGOUTTER**, n. *degutá*. Gotear, chorrear, destilar. || met. Se usa como activo en la acepcion de ostentar alguna mala cualidad: *ils dégouttent l'orgueil*, respiran orgullo, ostentan presuncion. || prov. y met. *À la cour, auprès des grands, s'il n'y pleut il y dégoutte*, mas vale corte que aldea, porque al fin algo chorrea.

**DÉGOUTTEUX, EUSE**, adj. ant. *deguteu*, *eus*. Chorreoso, mojado, que gotea.

**DÉGRADANCE**, f. ant. V. DÉGRADATION.

**DÉGRADANT, E**, adj. *degradán*. Degradante, humillante, oprobioso.

**DÉGRADATION**, f. *degradasión*. Degradacion, accion de degradar. || met. Envilecimiento, oprobio, pérdida de la reputacion. || Deterioro, perjuicio en alguna cosa. || Deterioracion considerable, menoscabo de cuantía que sufren los intereses de una casa. || Tala, asolamiento de los bosques, campos, etc. || Pint. Degradacion, declinacion ó moderacion de tinta que en la pintura se observa. || Geol. *Dégradation des continents*, deterioracion de los continentes, accion atmosférica destructiva muy lentamente, pero continua, á que están sujetas las rocas que constituyen la superficie del globo.

**DÉGRADEMENT**, m. ant. *degradmán*. V. DÉGRADATION. Mil. Degradamiento, pérdida de un grado.

**DÉGRADER**, a. *degradé*. Degradar, deponer de las dignidades, honores, empleos y privilegios. || met. Degradar, infamar, desacreditar, deshonrar. || Deteriorar, menoscabar, desolar los campos, los bosques, etc. || Pint. Degradar, debilitar la luz, las sombras, el colorido de un cuadro. || *Se dégrader*, r. Degradarse, decaer de su dignidad, de su reputacion, etc. || Envilecerse con miserables, cobardes y bajas condescendencias. || Deteriorarse, desmoronarse los edificios con el trascurso del tiempo.

**DÉGRAFER**, a. *degrafé*. Desabrochar, soltar, desatar lo que estaba atado ó cogido con presillas, corchetes, etc. || *Se dégrafer*, r. Desabrocharse, ser desabrochado.

**DÉGRAISSAGE**, m. *degreságe* Desengrasamiento, accion y efecto de desengrasar.

**DÉGRAISSEMENT**, m. V. DÉGRAISSAGE.

**DÉGRAISSER**, a. *degresé*. Desengrasar, quitar la grasa, el sebo, la pringue, la sustancia crasa que se pega á alguna cosa. || Quitar la grasa ó las manchas de la ropa. || Desengrasar el pelo. || Enflaquecer, desainar. || *Dégraisser le vin*, purificar el vino. || *Dégraisser les terres*, desustanciar las tierras, quitarles sus cualidades fecundantes. || Empobrecer, arruinar. || *Se dégraisser*, r. Desengrasarse. Tiene todas las acepciones del activo.

**DÉGRAISSEUR, EUSE**, m. y f. *degreseur*, *eus*. Quitamanchas, que ejerce la profesion de desengrasar. || Art. Desengrasador, especie de molino, máquina, instrumento con que se retuerce la lana ya impregnada de jabon para exprimir sus jugos crasos ó mugrientos. || met. Explotador, empobrecedor, estrujador del bolsillo ajeno en beneficio propio.

**DÉGRAISSIS**, m. *degresí*. Desgrase, lo que se saca de las lanas por la operacion del desengrasamiento.

**DÉGRAISSOIR**, m. *degresuár*. Desmugrador. || V. DÉGRAISSEUR en su segunda acepcion.

**DÉGRAMER**, a. *degramé*. Desgramar, arrancar, quitar la grama.

**DÉGRAPPINER**, a. *degrapiné*. Mar. Desaferrar, separar dos buques aferrados con los cloques. || Sacar un buque de debajo del hielo con los cloques. || *Se dégrappiner*, r. Desaferrarse, ser desaferrado.

**DÉGRAPPOIR**, m. V. ÉGRAPPOIR.

**DÉGRAS**, m. *degrá*. Art. Mezcla de aceite de pescado y ácido nítrico que sirve para adobar las pieles

**DÉGRAVANCE**, f. *degravâns*. Daño, perjuicio, deterioro, etc.

**DÉGRAVELER**, a. *degravlé*. Art. Desembarazar un conducto, canal, cañería, etc.

**DÉGRAVOIEMENNT** ó **DÉGRAVOIMENT**, m. *degravuamán*. Socava, desgaste, descarnamiento hecho por las aguas que lamen el pié de un muro, roca, etc.

**DÉGRAVOYER**, a. *degravuayé*. Desgastar, socavar, descarnar, demoler por la base una cosa. || Ing. Desenarenar, extraer la arena aumentando la fuerza de accion del agua y dirigiéndola sobre el punto en que se quiere operar.

**DEGRÉ**, m. *degré*. Peldaño, escalon de una escalera, y la escalera misma compuesta de muchos pasos ó escalones. || Grada, cada uno de los peldaños que se suben para entrar en los grandes edificios, y tambien las de un trono, altar, etc. || met. Subida ó bajada en las relaciones sociales. || Grado, proporcion comparativa en empleos, dignidades, títulos, honores, etc. || Grado, diferencia relativa de cualidades, pasiones, sentimientos, etc. || Astr. Grado, cada una de las 360 partes de un círculo. || Grado, punto extremo á que llega la intension, calidad ó naturaleza de una cosa. || Grado, relacion de parentesco, de amistad, etc. || Med. Grado, cantidad de cualidad con relacion á los medicamentos. || Grado, nombre dado á cada una de las divisiones de las escalas de los barómetros, termómetros, areómetros, etc. || Grado, título que se confiere en las universidades. || *Degré de juridiction*, grado de apelacion, de instancia. || *Enfiler le degré*, coger la escalera ó la puerta, irse precipitadamente. || *Par degrés*, loc. adv. Por grados, gradual, progresiva, insensiblemente. || *De degré en degré*, de grado en grado, sucesivamente.

**DÉGRÉER**, n. ant. *degreé*. V. DÉSAGRÉER. || a. Mar. Desaparejar, quitar el aparejo á un buque. || Desmantelar, destrozar el aparejo de un buque enemigo con el fuego de la artillería.

**DÉGRÉVANCE**, f. ant. V. DÉGRÈVEMENT.

**DÉGRÈVEMENT**, m. *degrevmán*. Desgravámen, descargo de un gravámen.

**DÉGREVER**, a. *degrevé*. Desagravar, rebajar, disminuir un impuesto, una contribucion. || *Se dégrever*, r. Desagravarse, ser desagravado, descargado.

**DÉGRINGOLADE**, f. *degrengolád*. Voltereta, accion de bajar súbita y precipitadamente.

**DÉGRINGOLANDO**, adv. *degrengoldndo*. Bajando. || met. y fam. Malísimamente, pésimamente, de mal en peor.

**DÉGRINGOLER**, a. *degrengolé*. Bajar, descender brincando. || Rodar, precipitarse.

**DÉGRISEMENT**, m. *degrisman*. Desembriagamiento, paso del estado de embriaguez, de exaltacion á la plenitud de la razon, á una situacion tranquila.

**DÉGRISER**, a. *degrisé*. Desembriagar, desemborrachar. || Desembriagar, hacer cesar el asombro, quitar la ilusion. || Desimpresionar, desilusionar. || *Se dégriser*, r. Desembriagarse, salir de la embriaguez. || Desembriagarse, desilusionarse.

**DÉGROSSAGE**, m. *degroságe* Art. Adelgazamiento de una barra de metal.

**DÉGROSSER**, a. *degrosé*. Adelgazar una barra de metal.

**[illegible]**, m. *[illegible]*. [illegible] primer esbozo de la obra que se propone hacer un artista. || [illegible].

**DÉGROSSIR**, a. *[illegible]*. Art. [illegible] un madero, un canto, para [illegible]. || met. Desbastar una [illegible] tarla á fondo. || met. *Dégrossir quelqu'un*, pulir á alguno, instruirle en los [illegible] ras del buen tono. || *Se dégrossir*, r. [illegible] tarse. Tiene todas las acepciones del activo.

**DÉGROSSISSAGE**, m. *[illegible]* basto, accion de desbastar.

**DÉGROSSISSEMENT**, m. *[illegible]*. Desbastamiento, accion de [illegible], estado de lo desbastado.

**DÉGROSSISSEUR**, m. *[illegible]*. Art. Especie de cilindro para [illegible] de barras grandes.

**DÉGU**, m. *degú*. Degú, nombre de un mamífero de Chile.

**DÉGUÉLIE**, f. *deguelí*. [illegible], género de plantas de la Guyana.

**DÉGUENILLER**, a. *deguenillé*. [illegible] par, hacer guiñapos, desgarrar los vestidos. || met. y pop. Maltratar de palabras. || *Déguenillier quelqu'un*, arruinar á alguno.

**DÉGUERPIR**, a. ant. *deguerpír*. [illegible] tarse, afufarse, irse de un lugar por miedo, etc. || Jurisp. Dejar, abandonar la posesion de una herencia.

**DÉGUERPISSANCE**, f. V. DÉGUERPISSEMENT.

**DÉGUERPISSEMENT**, m. *[illegible]*. Abandono, accion de abandonar, [illegible] una cosa mal de su grado y por fuerza. || [illegible] Despojo, dejacion, abandono de la posesion de un inmueble.

**DÉGUERPISSEUR**, m. *[illegible]*. [illegible] que abandona la posesion de un inmueble.

**DÉGUEULER**, n. *degueulé*. Vomitar, provocar á consecuencia de alguna [illegible] comida ó bebida.

**DÉGUEULEUX**, m. *[illegible]*. [illegible] Tragon: dícese de los mascarones que [illegible] nan las fuentes y parecen vomitar las aguas en una taza.

**DÉGUEULIS**, m. *degueulí*. Vomitado, lo que se arroja al tiempo de provocar.

**DÉGUIGNONNER**, a. *[illegible]*. [illegible] rar la suerte, hacer cesar la mala fortuna.

**DÉGUISEMENT**, m. *[illegible]*. [illegible] mascarilla. || Accion de [illegible] ó desenmascararse. || [illegible] do de una persona enmascarada. || [illegible] falsa apariencia. || met. Máscara, [illegible], artificio para ocultar la verdad.

**DÉGUISER**, a. *deguisé*. Disfrazar, enmascarar á una persona de modo que sea difícil el conocerla. || Disfrazar, ocultar la realidad de una cosa. || Disfrazar, alterar la verdad con [illegible] de engañar, de sorprender. || *Se déguiser*, r. Disfrazarse, enmascararse. || Disfrazarse, ocultarse.

**DÉGUSTATEUR, TRICE**, m. y f. *degustateur*, *trís*. Catador, el que por oficio prueba los licores gustándolos. || adj. [illegible] dor, que sirve para la degustacion.

**DÉGUSTATION**, f. *[illegible]*. [illegible] tacion, accion de gustar. || [illegible] presion producida en el órgano del gusto.

**DÉGUSTER**, a. *degusté*. Gustar, [illegible] probar una cosa para conocer su calidad.

**DÉHAASIE**, f. *[illegible]*. [illegible], género de plantas lenoráceas de la India.

**DÉHAIT**, m. ant. *dé*. Enfermedad, tristeza, pena, etc. || Cetr. Tristeza, enfermedad que acomete á las aves de rapiña.

**DÉHAITÉ, ÉE**, adj. *[illegible]*. Triste, [illegible] do, pesaroso. || *Oiseau dehaitié*, ave de rapiña triste, enferma.

**DÉHÂLER**, a. *dealé*. Descurtir, quitar del semblante lo curtido, lo tostado por el sol.

**DÉHANCHER (SE)**, r. *deanché*. [illegible] derarse, derrengarse, romperse las caderas. || met. y fam. Afectar [illegible] y [illegible] bajos para hacer alguna cosa.

**DÉHARDER**, a. *deardé*. Mont. [illegible] llar, soltar los perros en una cacería.

**DÉHARNACHEMENT**, m. *[illegible]* mán. Desenjaezamiento, accion de quitar los arreos á un caballo.

[illegible], a. *deernaché.* Desen- [illegible] de su caballo. || *Se* [illegible], r. [illegible], ser desen- [illegible]. [illegible], quitarse [illegible] que estorba.

[illegible], f. *deerdés.* Deshereda- [illegible] de desheredar.

[illegible], a. poco us. *decché.* Sacudir,

[illegible], a. ant. *deonté.* Deshonrar, [illegible], el honor.

[illegible], f. *deonteré.* Desvergüenza, [illegible].

[illegible] adv. *deór.* Fuera de, al exte- [illegible] un *dehors*, poner á uno [illegible]. || Com. *Mettre dehors* [illegible] un billete en circulacion. || [illegible] afuera, fuera. || *Au de-* [illegible], por afuera, afuera, en el [illegible] *dehors*, de fuera, de afuera [illegible]. || met. *Être en dehors de la* [illegible] fuera de la cuestion, sepa- [illegible] de que se trata. || Mar. Fue- [illegible], etc., en alta mar. [illegible] *voiles dehors*, tener todo el [illegible]. || m. El exterior de alguna [illegible] de afuera. || *Dehors*, pl. Ex- [illegible] apariencias. || Afueras de una [illegible] obras exteriores, hablando [illegible] fuerte ó fortificacion. || *Sauver* [illegible] guardar compostura ó modes- [illegible] modo.

[illegible], f. *deortasión.* Dehor- [illegible] por el cual se disuade de [illegible] cosa.

[illegible], adj. *deortatuár.* De- [illegible] exhorta á no hacer, que di- [illegible].

[illegible], a. ant. *deoué.* Desflorar, es- [illegible]. || n. Quitarse, dejar las [illegible]. || met. Morir.

[illegible] Bot. nombre que dan los Per- [illegible].

[illegible] adj. *deisíd.* Teol. Deicida: se [illegible] judíos que hicieron morir á [illegible] Jesucristo. || met. Deicida: [illegible] teología moral á los cristianos [illegible] culpables de pecados mortales [illegible] sacramento eucarístico. || m. [illegible] se dice de la muerte dada á [illegible].

[illegible] adj. y s. *deicól.* Deicola, ado- [illegible]: dícese de los que adoran al [illegible].

[illegible], f. *deidamí.* Mit. Deidamia, [illegible] y madre de Pirro. || Bot. [illegible] de plantas.

[illegible], f. *deifikasión.* Deifica- [illegible] de deificar.

[illegible], a. *deifié.* Deificar, divinizar, [illegible] número de los dioses. || met. [illegible] excesivamente á alguna per- [illegible]. Deificar, rendir culto. || [illegible], ponerse á la altura [illegible] pasar por un dios.

[illegible] adj. *deifíc.* Deífico, que per- [illegible].

[illegible], m. *deilefíl.* Deilefilo, gé- [illegible] crepusculares.

[illegible] m. *délias.* Delias, género de [illegible].

[illegible], f. *deimbelí.* Deimbelia, [illegible] de la Guiana.

[illegible] m. *deísm.* Deismo, error de los [illegible] á Dios como au- [illegible] la revelacion.

[illegible] y f. *deíst.* Deista, partidario [illegible].

[illegible] f. *deité.* Deidad, ser divino, [illegible]. || Divinidad del paganismo.

[illegible], adj. *deivéril.* Deiviril, que [illegible] á la vez.

[illegible]. Ya, desde ahora, desde [illegible], de antemano: [illegible] *déjà dit ce que j'en pense*.

[illegible], f. *dejecsión.* Med. Deyec- [illegible] de las materias [illegible], nombre colectivo de [illegible] que son arrojadas á la [illegible] tierra por los volcanes.

[illegible] Comprimirse, [illegible], alabearse, combarse, henderse la madera cuando se ha empleado demasiado verde. || Anat. Encorvarse, desviarse de la direccion natural.

**DÉJEUNÉ**, m. V. DÉJEUNER como sust.

**DÉJEUNER**, n. *dejeuné.* Almorzar, desayunarse. || *Déjeuner d'une affaire*, almorzar un negocio: emprenderle con ardor desde muy temprano, tomarlo á pechos desde por la mañana. || m. Desayuno, almuerzo. || *Déjeuner à la fourchette*, almuerzo fuerte, almuerzo de tenedor. || *Déjeuner-dîner*, almuerzo-comida, desayuno abundante casi á la hora de comer. || Almuerzo, juego de plato y taza con su tapadera. || Almuerzo, servicio, juego de café y té.

**DÉJOINDRE**, a. *dejuándr.* Desunir, separar, hacer que lo que estaba unido deje de estarlo. || *Se déjoindre*, r. Desunirse, despegarse, hablando de obras de carpintería ó albañilería.

**DÉJOUER**, a. *dejué.* Descubrir, delatar, hacer que aborte un plan. || *Déjouer quelqu'un*, fastidiar á alguno, oponerse á alguno en sus intentos. || n. Jugar mal, no estar en su juego, distraerse de sus naipes. || Mar. Cargar bandera, gallardete.

**DÉJUC**, m. *dejúc.* El tiempo de levantarse las gallinas, y el de levantarse de la cama los viejos. Es anticuado.

**DÉJUCHER**, a. *dejuché.* Echar las gallinas del gallinero; y n. salirse ellas cuando les parece. || fam. Apear, arrojar á uno de un puesto eminente, conseguir que se le destituya.

**DÉJUGER**, a. *dejugé.* Desjuzgar, anular, revocar un juicio. || Resolver, fallar lo contrario de lo que se había resuelto. || *Se déjuger*, r. Anularse un juicio. || Retractarse, desdecirse, tomar un parecer opuesto.

**DELÀ**, prep. *dlá.* De allá, de allí, mas allá, mas léjos, del otro lado. En estas acepciones va precedido de *au*, *de*, *par*: v. gr. *au delà des mers.* = met. *Au delà de ses espérances*; en este caso significa, mucho mas. || loc. adv. *Au delà et par delà*, mucho mas, todavía ó aun mas: v. gr. *donner tout ce qu'on doit et au delà.* || *En delà*, mas allá lateralmente, mas léjos y al mismo tiempo un poco de lado. || *Deçà et delà*, loc. adv. De aquí para allá, de una lado para otro, por donde quiera, por todas partes. || fam. *Être à cheval jambe deçà, jambe delà*, estar montado á horcajadas, ahorcajarse á caballo.

**DÉLABREMENT**, m. *delabremán.* Descalabro, contratiempo, infortunio, daño, pérdida, destrozo, estado de ruina.

**DÉLABRER**, a. *delabré.* Destrozar, hacer trozos. || met. Arruinar, malgastar su caudal, su salud, sus fuerzas, etc. || Descalabrar, derrotar un ejército. || *Se délabrer*, r. Destruirse, sufrir descalabros, deteriorarse, arruinarse.

**DÉLACER**, a. *delasé.* Desatar, soltar, aflojar lazadas, cintas, broches que ajustaban alguna parte del cuerpo. || *Se délacer*, r. Desabrocharse, aflojarse.

**DÉLAI**, m. *delé.* Dilacion, demora, retardo. || For. Moratoria, término, plazo que se pide ó se concede. || *Délai de repentir*, plazo, término de un indulto concedido á los desertores.

**DÉLAISSEMENT**, m. *delesmán.* Abandono, accion de abandonar y el resultado de esta accion. || For. Cesion, dejacion de bienes. || Abandono, desamparo, privacion de todo auxilio. || Estado de una persona desamparada.

**DÉLAISSER**, a. *delesé.* Abandonar, desamparar, dejar á uno sin auxilios. || Jurisp. Dejar, ceder, renunciar una cosa á favor de otro. || Abandonar, dejar empezada una obra. || *Se délaisser*, r. Abandonarse, no socorrerse, no favorecerse mutuamente.

**DÉLAITAGE** ó **DÉLAITEMENT**, m. *deletáge.delelmán.* Desuero, accion de exprimir la manteca para sacar el suero.

**DÉLAITER**, a. *deleté.* Exprimir, estrujar bien la manteca para quitarle el suero.

**DÉLARDEMENT**, m. *delardemán.* Arq. Disminucion gradual y progresiva de los peldaños de una escalera de caracol.

**DÉLARDER**, a. *delardé.* Chaflanar, alisar los ángulos de un madero. || Arq. Ahuecar, picar la superficie de una piedra para adelgazarla trabajándola á pico. || Desmechar, separar las mechas, longitas de tocino de las aves, ó carne asada. || Quitar á los perniles de cerdo la parte mas grasa y lardosa desensebarlos.

**DÉLASSEMENT**, m. *delasmán.* Descanso, reposo, suspension del trabajo. || Descanso, recreo, desahogo del cuerpo y tambien del ánimo.

**DÉLASSER**, a. *delasé.* Dar descanso, aliviar el cuerpo y el ánimo de un trabajo seguido. || *Se délasser*, r. Descansar, aliviarse, recrearse, distraerse. Tambien se usa figuradamente hablando de las cosas.

**DÉLATEUR, TRICE**, m. y f. *delateur, tris.* Delator, soplon, la persona que acusa en secreto.

**DÉLATION**, f. *delasión.* Delacion, acusacion, revelacion secreta.

**DÉLATTER**, a. *delaté.* Deslatar, quitar las latas de un techo, tejado, etc.

**DÉLAVAGE**, m. *delavágе* Deslavadura, accion y efecto de deslavar.

**DÉLAVER**, a. *delavé.* Deslavar, deslavazar, debilitar un color haciéndole perder su fuerza. || Agr. *Délaver le foin*, deslavar el heno, exponerlo á las lluvias y al rocío.

**DÉLAYAGE**, m. *deleyáge.* Art. Desleimiento, accion de desleir, de destemplar en un líquido.

**DÉLAYANT, E**, adj. y s. *deleyán.* Med. Diluyente ó diluente, medicamento que aumenta la fluidez de los humores del cuerpo.

**DÉLAYEMENT**, m. *deleimán.* Desleidura, dilucion.

**DÉLAYER**, a. *deleyé.* Desleir, disolver una cosa en algun líquido. || Med. Diluir los humores. || met. Dilucidar, esclarecer, explicar circunstanciadamente un asunto, un pensamiento.

**DÉLAYURE**, f. *deleyúr.* Desleidura, operacion que practican los panaderos mezclando la harina y la levadura al desleirlas en el agua.

**DÉLÉASTRE**, m. *deleástr.* Deleastro, género de insectos.

**DÉLÉBILE**, adj. *delebíl.* Delebie, que puede borrarse con facilidad. || met. Delebie, falto de carácter, sin firmeza ni energía.

**DÉLECTABLE**, adj. *delectábl.* Deleitable, que excita el gusto, el placer del paladar. || Delectable, aquello en que se siente delectacion. || met. Deleitable, se dice de los placeres del alma.

**DÉLECTABILITÉ**, f. ant. *delectabilité.* Alegría, placer, regocijo.

**DÉLECTATION**, f. *delectasión.* Delectacion, deleite, complacencia deliberada.

**DÉLECTER**, a. *delecté.* Deleitar, agradar, dar mucho gusto ó placer. || Delectar, causar delectacion. || *Se délecter*, r. Deleitarse, complacerse. || fam. Regodearse, regostarse.

**DÉLÉGATAIRE**, m. y f. *delegatér.* Delegatario, el que ha recibido una delegacion.

**DÉLÉGANT**, m. *delegán.* Delegante, que delega, que hace una delegacion.

**DÉLÉGATION**, f. *delegasión.* Delegacion, accion de delegar.

**DÉLÉGATOIRE**, adj. *delegatuár.* Delegatorio, que contiene una delegacion.

**DÉLÉGUÉ**, m. *delegué.* Delegado, el que ha recibido una delegacion.

**DÉLÉGUER**, a. *delegué.* Delegar, conferir una delegacion. || Señalar ó consignar fondos para el pago de una deuda. || *Se déléguer*, r. Delegarse, ser delegado, estar revestido de los poderes necesarios para hacer alguna cosa.

**DÉLÈNE**, f. *delén.* Delena, género de arañas marítimas.

**DELESSÉRIE**, f. *deleserí.* Delesseria, género de plantas florideas.

**DÉLESTAGE**, m. *delestáge* Mar. Deslastre, la accion de deslastrar un navío.

**DÉLESTER**, a. *delesté.* Mar. Deslastrar, quitar el lastre á un navío.

**DÉLESTEUR**, m. *delesteur.* Mar. Deslastrador, el que quita el lastre.

**DÉLÉTÈRE**, adj. *deletér.* Med. Deletéseo, pernicioso, nocivo, perjudicial á la salud ó á la vida.

**DÉLEURRER**, a. *deleurré* Desengañar.

**DELLIS**, m. *deli*. Delhi, soldado del ejército turco, individuo de la caballería lijera.

**DÉLIAGE**, m. *deliáge* Derecho ó especie de alcabala que se pagaba á los señores feudales.

**DÉLIAISON**, f. *delieson*. Mar. Juego que adquieren las piezas que forman la ligadura de un buque. || Arq. Despiezo, destrabazon de los sillares.

**DÉLIAQUE**, adj. y s. *deliác*. Deliaco, habitante de Délos.

**DÉLIBATION**, f. *delibasión*. Jurisp. Detalle, pormenor, relacion, cuenta circunstanciada. || Disminucion, desmembramiento, division, parte. || Desmembramiento, accion de desmembrar, de hacer particiones.

**DÉLIBÉRANT, E**, adj. *deliberán*. Deliberante, que delibera. || *Délibérants*, m. pl. Votantes, los que tienen voto deliberativo.

**DÉLIBÉRATIF, IVE**, adj. *deliberatif, iv*. Deliberativo, perteneciente á la deliberacion. || Ret. Deliberativo, se dice de la elocuencia que tiene por objeto persuadir ó convencer sobre algun punto.

**DÉLIBÉRATION**, f. *deliberasión*. Deliberacion, accion y efecto de deliberar. || Exámen, consulta que antecede á una resolucion.

**DÉLIBÉRATOIRE**, adj. *deliberatuár*. Deliberatorio, que contiene una deliberacion.

**DÉLIBÉRÉ**, m. *deliberé*. Jurisp. Especie de deliberacion judicial que procede á un fallo.

**DÉLIBÉRÉMENT**, adv. *deliberemán*. Deliberadamente, con deliberacion, decididamente, resueltamente.

**DÉLIBÉRER**, n. *deliberé*. Deliberar, discutir, resolver, tomar una deliberacion. || a. Equit. Acostumbrar á un caballo á ciertos aires.

**DÉLICAT, E**, adj. *delicá*. Delicado, exquisito, agradable al paladar. || Delicado, minucioso, bien concluido. || Delicado, inteligente, que juzga con prolijidad de lo que concierne á los sentidos. || met. Delicado, puro, inocente, tierno. || Delicado, peligroso, arduo, hablando de un asunto. || Delicado, sutil, ingenioso. || Delicado, fino. || Delicado, enfermizo, quebrantado. || Delicado, frágil, que puede marchitarse, romperse, descomponerse. || Delicado, muy escrupuloso sobre lo que concierne á la moral. || Delicado, difícil, embarazoso. || Delicado, descontentadizo, nimio. || *Avoir le sommeil délicat*, tener el sueño lijero, despertarse al menor ruido.

**DÉLICATEMENT**, adv. *delicatmán*. Delicadamente, con delicadeza.

**DÉLICATER**, a. *delicaté*. Mimar, contemplar, criar con demasiada delicadeza y mimo. || *Se délicater*, r. Regalarse, cuidarse mucho una persona.

**DÉLICATESSE**, f. *delicatés*. Delicadeza, cualidad de lo delicado, tanto en las cosas como en las personas. || Delicadeza, regalo en el trato ó en la mesa. || Delicadeza, finura en el trabajo, inteligencia en su ejecucion. || Delicadeza, finura, suavidad en la piel. || Delicadeza, debilidad, flaqueza. || Delicadeza, sensibilidad, tacto exquisito. || Pureza, inocencia, candor en las acciones. || met. Delicadeza, susceptibilidad, facilidad extrema en ofenderse. || Delicadeza, miramiento, circunspeccion, prudencia. || Delicadeza, molicie, educacion viciosa de una persona. || Voluptuosidad, afeminacion en las costumbres, en las comodidades. || pl. *Les délicatesses de la langue*, las finuras ó primores de la lengua.

**DÉLICATISSIME**, adj. *delicatisim*. Delicadísimo, muy delicado.

**DÉLICATIVEMENT**, adv. ant. *delicativemán*. Delicadamente. V. DÉLICATEMENT.

**DÉLICE**, m. *delís*. Delicia, deleite, regocijo, gusto, regalo. || *Délices*, f. pl. Delicias, recreacion especial.

**DÉLICIEUSEMENT**, adv. *delisieusman*. Deliciosamente, delicadamente, regaladamente.

**DÉLICIEUX, EUSE**, adj. *delisieu, eus*. Delicioso, agradable, que causa deleite á los sentidos.

**DÉLICOTER**, a. *delicoté*. Desencabestrar, desatar el ramal á una caballería. || Desencabestrar, desenredar una caballería que se ha enredado con el cabestro. || *Se délicoter*, r. Descabestrarse, desasirse del cabestro una caballería.

**DÉLIE**, f. *delí*. Zool. Delia, género de dípteros.

**DÉLIÉ, ÉE**, adj. *delié*. Desleido, desatado, suelto. || met. Sutil, agudo, hábil. || Absuelto, exento de una obligacion, de un voto, de una promesa. || *Vers délié*, verso suelto, que no rima. || m. Perfil, la parte mas delgada de una letra. || *Déliées*, f. pl. Mont. Cagarrutas de ciervo.

**DÉLIEMENT**, m. *delimán*. Desliamiento, deslíe, accion y efecto de desliar.

**DÉLIEN, NE**, adj. *delién, én*. Mit. Delio ó deliano, sobrenombre de Apolo y de Diana, por ser naturales de Délos. || *Déliennes*, f. pl. Delias, fiestas de Apolo.

**DÉLIER**, a. *delié*. Desliar, derretir, desatar. || Desliar, desenvolver un paquete. || met. Soltar, desatar, cortar los vínculos que ligan á una persona, física ó moralmente hablando. || Absolver á un penitente de sus pecados. || Absolver á uno de una obligacion, eximirle del cumplimiento de una palabra. || Desliarse, desatarse.

**DÉLIGATION**, f. *deligasión*. Cir. Deligacion, arte de hacer y aplicar vendas.

**DÉLIGATOIRE**, adj. *deligatuár*. Cir. Deligatorio, que pertenece á la deligacion.

**DÉLIME**, f. *delím*. Bot. Delima, género de plantas dileniáceas.

**DÉLIMITATEUR**, m. *delimitateur*. Limitador, que establece ó pone límites en un terreno. || met. Limitador, que establece límites, que dicta leyes sobre una frontera, sobre un pueblo, etc.

**DÉLIMITATION**, f. *delimitasión*. Limitacion, amojonamiento, accion y efecto de poner límites á una cosa.

**DÉLIMITER**, a. *delimité*. Limitar, amojonar, establecer límites. || Separar, limitar, amojonar un terreno.

**DÉLINÉATEUR**, m. *delineateur*. Delineante, el que delinea una cosa.

**DÉLINÉATION**, f. *delineasión*. Delineacion, delineamiento, accion de delinear. || Geom. Delineamiento, accion de tirar líneas.

**DÉLINÉER**, a. *delineé*. Delinear, trazar los contornos de un objeto.

**DÉLINQUANT, E**, m. y f. *delencán*. Jurisp. Delincuente, transgresor.

**DÉLINQUER**, n. inus. *delenqué*. Delinquir, quebrantar un precepto.

**DÉLIQUESCENCE**, f. *delicuesáns*. Quím. Delicuescencia, licuacion de una sal por la humedad natural del aire.

**DÉLIQUESCENT, E**, adj. *delicuesán*. Delicuescente, que está sujeto á la delicuescencia.

**DÉLIRANT, E**, adj. *delirán*. Delirante, que delira. || met. Delirante, extravagante, desordenado, que forma cálculos ó proyectos irrealizables. || fam. *C'est délirant*, es cosa para hacer morir de risa, para trastornar los sentidos, hablando de lo que es ridículo excesivamente.

**DÉLIRE**, m. *delír*. Delirio, desvarío, extravío de la razon. || met. Delirio, extravagancia, frenesí, exaltacion de las pasiones. || Poes. Delirio, entusiasmo, inspiracion.

**DÉLIREMENT**, m. ant. *delirmán*. Delirio, la accion de delirar, y el efecto de esta accion.

**DÉLIRER**, n. *deliré*. Delirar, desvariar por alguna enfermedad. || met. Delirar, padecer una turbacion extrema en el entendimiento.

**DÉLISÉE**, f. *delisé*. Bot. Delisea, género de algas de la Australia.

**DÉLISSÉE**, f. *delisé*. Bot. Delisea, género de plantas.

**DÉLISSER**, a. *delisé*. Desalisar, desatusar, descomponer el pelo que está atusado. || Escoger el papel pliego por pliego ó el trapo en las fábricas de papel.

**DÉLISSEUR, EUSE**, [illegible] eus. Apartador, el que escoge [illegible] fábricas.

**DÉLIT**, m. *delí*. Delito, [illegible] quebrantamiento de alguna ley [illegible] tralecho, posicion de una piedra [illegible] modo diferente que el que tenia [illegible] tera.

**DÉLITAGE**, m. *delitáge* [illegible] biar de cama, de mudar á los [illegible] seda de las hojas secas á las [illegible]

**DÉLITEMENT**, m. V. [illegible]

**DÉLITER**, a. *delité*. Arq. [illegible] dra á contralecho, en sentido [illegible] que tenia en la cantera. || [illegible] piedra á contra veta. || [illegible] ner á los gusanos de seda hojas [illegible] lugar de las ya secas.

**DÉLITESCENCE**, f. *delitesáns* [illegible] litescencia, desaparicion súbita de un tumor. || Quím. Delitescencia, [illegible] cuya virtud un cuerpo [illegible] su agua de cristalizacion.

**DÉLIVRANCE**, f. *delivráns*. [illegible] accion de rescatar. || Estado de la [illegible] cosa rescatada. || Preservacion, [illegible] de un mal, de un peligro. || [illegible] salvacion del mundo por la muerte de Nuestro Señor Jesucristo. || Patol. [illegible] la placenta y demas [illegible] despues del parto ó aborto. || A[illegible] to, parto feliz de una mujer. || [illegible] cion de dar alguna cosa en [illegible] Restauracion de un pueblo ó país [illegible] oprimido.

**DÉLIVRE**, m. *delívr*. Cir. [illegible] dinas, placenta.

**DÉLIVRER**, a. *delivré*. [illegible] en libertad. || Libertar, desembarazar [illegible] guno ó de alguna cosa que nos [illegible] brar, destruir, hacer desaparecer [illegible] perficie de la tierra. || Med. Sacar [illegible] rios del feto despues de la salida [illegible] Entregar, poner en propias manos. || [illegible] desembarazar de una enfermedad [illegible] peste. || Destruir, hacer desaparecer [illegible] incomoda á la vista, lo que no [illegible] ver á ver. || fam. Solfear, dar [illegible] ó puñetazos. || Mar. Abrir registros [illegible] conocer el estado de las piezas que [illegible] bajo de los forros.

**DÉLIVREUR**, m. V. [illegible]

**DÉLOGEMENT**, m. *delogemán*. [illegible] miento, accion de desalojar. || [illegible] to, marcha de las tropas [illegible] ciudad. || Mil. Desalojamiento, [illegible] alojar, de obligar al enemigo [illegible] posicion.

**DÉLOGER**, a. *delogé*. Desalojar, [illegible] dejar una habitacion á alguno, [illegible] alojamiento. || Mil. Desalojar, [illegible] un puesto, de una posicion. || [illegible] jar, echar á uno de un sitio [illegible] se habia colocado. || n. Desalojar, [illegible] una habitacion, de un alojamiento. || [illegible] Desalojar, dejar un campamento [illegible] ximidad del enemigo. || met. [illegible] *trompette*, salir sin ruido, á [illegible] cretamente.

**DÉLOI**, m. ant. *deloá*. [illegible] ley.

**DÉLONGER**, a. *delongé*. [illegible] piolar, quitar la pihuela á las [illegible]

**DÉLOSTOME**, m. *delostóm*. [illegible] tomo, género de plantas bignoniáceas.

**DÉLOT**, m. *deló*. Mar. [illegible] llo cóncavo de hierro para que [illegible] y corten dos cabos que se cruzan.

**DÉLOTIQUE**, adj. *delotic*. [illegible] lificacion de cierto cristal.

**DÉLOVER**, a. *delové*. Mar. [illegible] cable arrollado en circulo.

**DÉLOYAL, E**, adj. *deloayál*. [illegible] infiel, pérfido, fementido.

**DÉLOYALA**, m. *deloayála*. [illegible] yala, género de coleópteros [illegible]

**DÉLOYALEMENT**, adv. [illegible] Deslealmente, con deslealtad, [illegible]

**DÉLOYAUTÉ**, f. *deloyoté*. Deslealtad, infidelidad, perfidia.

**DELPHAX**, m. *delfáx*. Zool. [illegible] género de insectos hemípteros.

mañana. || *De demain en huit jours*, de mañana en ocho dias. || fam. *Aujourd'hui pour demain*, de hoy á mañana, de un dia á otro. || *Après demain*, pasado mañana. || m. Mañana, el dia de mañana. *Avant que demain soit passé*, ántes que trascurra el dia de mañana.

**DÉMANCHÉ**, m. V. DÉMANCHEMENT.

**DÉMANCHEMENT**, m. *demanchemán* Art. Desmangue, accion de quitar el mango á una herramienta. || Mús. El acto de tocar en cuarta mano el violin.

**DÉMANCHER**, a. *demanché*. Desmangar, quitar el mango á alguna herramienta. || met. Dislocar, sacar algun hueso de su lugar, desquiciar alguna cosa. || n. Mar. Salir del canal de la Mancha. || Mús. Tocar en cuarta mano el violin. || *Se démancher*, r. Salirse el mango de una herramienta. || met. fam. Desunirse una sociedad, un partido, una compañía. || Torcerse un negocio, frustrarse. || pop. Afanarse, tomarse demasiado trabajo por conseguir una cosa de poca importancia.

**DEMANDE**, f. *demánd*. Peticion, demanda, súplica. || Acto de pedir ó pretender una cosa, instancia en que se hace la peticion. || Pregunta, interrogacion que se dirige á una persona. || Mús. Tema de una composicion musical. || Jurisp. Demanda, accion que se intenta ante los tribunales, en reclamacion de algo. || Pedido, encargo que el comprador hace al vendedor. || Fil. mat. Verdad, proposicion evidente, hecho que se propone al adversario, instándole á reconocerlo. || fam. *A folle demande point de réponse*, á pregunta necia oidos de mercader. || *A la demande*, como se pide. || Mar. *A la demande*, pedir, arriar de un cable, cabo, etc., lo que es necesario, segun el esfuerzo que hace.

**DEMANDER**, a. *demandé*. Pedir, demandar, solicitar. || Desear, apetecer una cosa. || Jurisp. Presentar un pedimento, demandar judicialmente. || Exigir, ser imprescindible cualidad, etc. || Exigir, tener necesidad, cuando se habla de la tierra. *Les champs demandent de l'eau*, los campos tienen necesidad de agua. || Interrogar. || Pedir en matrimonio. || Anunciar, hacer saber públicamente que uno necesita una persona ó alguna cosa. || Preguntar, ir á buscar á una persona. || Desear, pedir un confesor. || Pedir, desear el perdon de sus pecados. || *Demander la charité*, pedir limosna, excitar la caridad. || *Ne demander pas mieux*, estar á pedir de boca. || *Ne demander que plaie et bosse*, gustar de contusiones y heridas, ser amigo de trómpis.

**DEMANDEUR, EUSE**, m. y f. *demandeur, eus*. Pedigüeño, el que pide con importunidad. || Demandador, litigante, el que entabla demanda. En esta acepcion el femenino es *demanderesse*.

**DÉMANDIBULER**, a. V. DÉMANTIBULER.

**DÉMANGEAISON**, f. *demangesón*. Comezon, picazon, sensacion penosa que se experimenta entre cuero y carne. || met. Prurito, flujo, gana de hacer alguna cosa.

**DÉMANGER**, n. *demangé*. Picar á uno el cuerpo ó alguna parte de él, esperimentarse comezon, picazon. || ant. Vomitar. || met. *Tout son corps lui démange*, le pica el cuerpo, le hierve la sangre, arde por romperse el alma con cualquiera. || *Le dos lui démange*, le pican las costillas, tiene gana de que se las midan. || *Gratter quelqu'un où il lui démange*, dar por el gusto á uno, regalarle el oido. || met. fam. *Les pieds lui démangent*, los pies le bullen, tiene ganas de largarse. || *Les mains ó les doigts lui démangent*, desea camorra, se está deshaciendo por reñir.

**DÉMANGERIE**, f. ant. *demangerí* Vomitona.

**DÉMANTÈLEMENT**, m. *demantelmán*. Desmantelamiento accion de desmantelar una muralla.

**DÉMANTELER**, a. *demantlé*. Desmantelar, demoler, arrasar las murallas de una plaza.

**DÉMANTIBULER**, a. *demantibulé*. Desquijarar, romper, arrancar una quijada. || met. Desmontar, descomponer, desbaratar una máquina, un mueble.

**DÉMARCATION**, f. *demarcasión*. Demarcacion, accion de demarcar. || met. Demarcacion, línea que separa los derechos de dos cuerpos, de dos potencias.

**DÉMARCHE**, f. *demárche* Paso, manera de andar de una persona. || met. Modo de conducirse, manera de proceder. || Arreglar, medir sus pasos. || Art. Defecto en el tundido de los paños. || *Faire des démarches*, dar pasos, hacer diligencias.

**DÉMARCHER**, n. inus. *demarché*. Empezar á andar un niño de pecho.

**DÉMARCHIE**, f. *demarchí*. Demarquía, nombre que los Atenienses daban á sus distritos territoriales.

**DÉMARGER**, a. *demargé*. Desmarginar, quitar el márgen. || Art. Destapar los respiraderos de un horno de vidrio.

**DÉMARIAGE**, m. inus. *demariáge*. Descasamiento, divorcio.

**DÉMARIEMENT**, m. inus. *demarimán*. Descasamiento, accion de disolver un matrimonio.

**DÉMARIER**, a. *demarié*. Descasar, divorciar. || *Se démarier*, r. Descasarse, divorciarse.

**DÉMARQUER**, a. *demarqué*. Desmarcar, quitar, borrar una marca. || n. Cerrar un caballo, no poder conocer su edad. || *Se démarquer*, r. Desmarcarse, deshacerse la marca. || Cerrarse la dentadura del caballo.

**DÉMARQUISER**, a. *demarquisé*. Desmarquesar, quitar el título de marques. || *Se démarquiser*, r. Desenmarquesarse, ceder el título de marques, ó perderlo.

**DÉMARRAGE**, m. *demarráge* Mar. Desamarre, accion de desamarrar.

**DÉMARRER**, a. *demarré* Mar. Desamarrar, soltar lo amarrado. || met. Mover de un lugar á otro una cosa pesada. || n. Mar. Desaferrar, zarpar, darse al viento un buque. || met. Largarse, ausentarse, cambiar de domicilio. *Ne démarrer*, aguantar, resistir, no desamarrar, persistir en un sitio, no dejar el campo.

**DÉMASQUER**, a. *demasqué*. Desenmascarar, arrancar la máscara. || Destapar, descubrir lo que estaba cubierto ú oculto. || met. Desenmascarar, levantar el velo, disipar las apariencias. || Mil. Quitar de delante lo que protege alguna cosa. *Démasquer une batterie*, descubrir una batería, dejarla despejada. || *Se démasquer*, r. Desenmascararse, descubrirse. || met. Desenmascararse, hacerse conocer.

**DÉMASTIQUER**, a. *demastiqué*. Despegar, arrancar una cosa que está pegada con almáciga.

**DÉMÂTAGE**, m. *demataáge*. Mar. Desarbolo, la accion de quitar la arboladura á un buque.

**DÉMÂTEMENT**, m. *dematmán*. Mar. Desarbolamiento.

**DÉMÂTER**, a. *dematé*. Mar. Desarbolar, echar abajo la arboladura del buque enemigo.

**DÉMATÉRIALISER**, a. *dematerialisé*. Quím. Desmaterializar, separar las materias groseras de una esencia, reducir á espíritu. || Fil. Desmaterializar, separar, hacer distincion entre el espíritu y la materia. || met. Desmaterializar, civilizar, ennoblecer las inclinaciones de un individuo, de un pueblo.

**DÉMÊLAGE**, m. *demeláge*. Desenredo, accion de desenredar y su resultado.

**DÉMÊLÉ**, m. *demelé*. Altercado, diferencia, disputa, debate, querella.

**DÉMÊLEMENT**, m. *demelmán*. V. DÉMÊLAGE. || met. Desembrollo, desenlace de un asunto.

**DÉMÊLER**, a. *demelé*. Desmezclar, segregar, separar lo mezclado, desenredar lo enredado. || met. Distinguir, discernir, reconocer lo confundido con otras cosas. || Desembrollar, poner en claro un negocio, etc. || Disputar, cuestionar, altercar con alguno. || Art. Esclarecer, poner lustrosas las telas desengrasadas. || *Il n'est pas aisé à démêler*, es muy difícil de entender: dícese del genio de alguno. || met. *Démêler une fusée*, desenredar una intriga. || Mont. *Démêler la voie*, dar con la pista del ciervo acosado, en en bruslo. || *Se démêler*, r. Ser desenredado, etc. || met. Desembarazarse, salir airosamente de un compromiso.

**DÉMÊLEUR, EUSE**, m. y f. *demeleur, eus.* Desenredador, la persona que efectúa el desenredo. || Ladrillero, tejero, que trabaja en ladrillos ó tejas.

**DÉMÊLOIR**, m. *demeluár*. Desenredador, máquina ó instrumento para desenredar. || Escarpidor, peine.

**DÉMEMBRATION**, f. *demanbrasión*. Desmembracion.

**DÉMEMBREMENT**, m. *demanbrmán*. Desmembramiento, accion de desmembrar ó desmembrarse.

**DÉMEMBRER**, a. *demanbré*. Desmembrar, separar, segregar, desunir los miembros de un cuerpo.

**DÉMÉNAGEMENT**, m. *demenagemán*. Mudanza de casa, cambio de habitacion, accion de mudarse, traslacion de muebles, etc.

**DÉMÉNAGER**, a. *demenagé*. Alzar ó levantar la casa, mudar los trastos, trasladar los muebles á otra parte. || met. y fam. Salir, tomar el portante. || Desalojar el mundo, morir. || *Sa raison, sa tête déménage*, su razon flaquea, se ha bebido el juicio, chochea.

**DÉMENCE**, f. *demáns*. Demencia, locura, enajenamiento de la razon. || Demencia, manía, aberracion mental.

**DÉMENER (SE)**, r. fam. *demné*. Menearse, moverse, agitarse, pernear, trabajar para conseguir alguna cosa.

**DÉMENTER (SE)**, r. ant. *demanté*. Adementarse, enloquecer, volverse loco.

**DÉMENTI**, m. *demantí*. Mentís, repulsa negativa, accion de desmentir á uno. *Donner un démenti à quelqu'un*, dar un mentís á alguno, decirle que miente. || met. Desaire, agravio, repulsa que sufre el que no consigue lo que pretendia.

**DÉMENTIR**, a. *demantír*. Desmentir, decir á alguno que miente, rechazar, convencer el dicho de otro de falso. || Desmentir, negar la exactitud de un hecho, de un escrito, etc. || Contradecir, contrariar, llevar la contraria á todo el mundo. || No confirmar los cálculos, las conjeturas anunciadas. || Desmentir, desdecir, portarse de una manera indigna. || *Se démentir*, r. Desmentirse, contradecirse, desdecirse, faltar á su palabra. || Ir á ménos, echarse á perder lentamente las cosas.

**DÉMERGER**, a. ant. *demergé*. Sumergir, precipitar, sumir.

**DÉMÉRITE**, m. *demerít*. Demérito, desmerecimiento, defecto de cualquier clase.

**DÉMÉRITER**, n. *demerité*. Desmerecer, perder el mérito.

**DÉMESURE**, f. ant. V. EXCÈS.

**DÉMESURÉ, ÉE**, adj. *demsuré*. Desmesurado, fuera de la medida ordinaria. || met. Excesivo, sin límite, descomedido.

**DÉMESURÉMENT**, adv. *demsuremán*. Desmesuradamente, desmedidamente, sin medida ó fuera de medida, excesivamente, descomunalmente.

**DÉMÉTRIUM**, m. *demétriom*. Quím. Demetrio, nombre dado al cerio.

**DÉMETTRE**, a. *demétr*. Desconcertar, dislocar un hueso de la cavidad á que estaba adherido. || met. Destituir, privar, apear á uno de un cargo, etc. || Jurisp. Denegar una demanda. || *Se démettre*, r. Dislocarse. || Deshacerse de un cargo, de un destino. = *Se démettre de l'empire*, abdicar el imperio. *Se démettre en faveur de*, abdicar en favor de. || Desentenderse de algo.

**DÉMEUBLEMENT**, m. *demeublmán*. Desmueblacion ó desalhajamiento de una casa ó habitacion.

**DÉMEUBLER**, a. *demeublé*. Desamueblar, dejar las habitaciones sin muebles, con sus paredes desnudas. || *Se démeubler*, r. Desamueblarse, ser desamueblado.

**DEMEURANCE**, f. ant. V. DEMEURE.

**DEMEURANT, E**, adj. *dmeurán*. Residente, que reside, que habita en un punto dado. || m. y f. Morador, que mora, que permanece en un sitio, que se establece en él. || *Au demeurant*, loc. adv. En resúmen, en resumidas cuentas, en suma, sea como fuere.

**DEMEURE**, f. *dmeur*. Morada, vivienda, habitacion, residencia, lugar en que se permanece, reside ó mora. || Mansion, estancia, tiempo de permanencia en cualquier parajo. || Caverna, gruta, guarida de animales. || *A demeure*, loc. adv. Fijamente, de una manera estable. || Jurisp. Moratoria, plazo, término pedido ó concedido, para lo que haya lugar en justicia. = Retardo, demora, dilacion perjudicial en ciertos casos. || *La demeure sacrée*, la iglesia, el templo, el ara, los altares, el cielo. || *Sombre demeure*, mansion sombría, morada de los muertos. || Agr. *Labourer à demeure*, desterronar, dar la última mano de labor á una tierra ántes de sembrarla.

**DEMEURER**, n. *dmeuré*. Morar, residir, permanecer de asiento en un paraje dado. || Demorarse, tardar mucho, ser remiso en la vuelta. || met. Estar de paso en un sitio, ocuparlo momentáneamente. || Emplear mas ó ménos tiempo en un negocio. || Subsistir, quedar. *La parole vole et les écrits demeurent*, la palabra vuela y el escrito queda. || Cortarse en una arenga, informe, sermon. || Quedar, por permanecer. || Contenerse, moderarse, reportarse. || Sobrar, restar. || Persistir en un intento. || Pararse, detenesre. || *Demeurer sur la place*, perecer en su sitio, morir sobre el campo en que se combate.

**DEMI, E**, adj. *dmí*. Medio, media, mitad de una cosa: *un pied et demi*, pié y medio. || *Une heure et demie*, hora y media. *Une demi-heure*, cosa de media hora. Nótese la diferencia que resulta en la concordancia de *demie* cuando el adjetivo sigue al sustantivo. || Medio, semi, casi. *Un demi-dieu*, un semidios. *Demi-teinte*, media tinta; *demi-jour*, media luz, etc. || *Demi*, adv. Por mitad, casi: *demi-mort*, medio muerto; *demi-fou*, medio loco. || *A demi*, loc. adv. Por mitad, en parte, imperfectamente, no enteramente. || *Entendre à demi-mot*, entender con media palabra.

**DEMI-AIR**, m. *dmiér*. Equit. Medio galope, uno de los movimientos del caballo.

**DEMI-AMAZONE**, m. *dmiamasón*. Semiamazona, especie de papagayo de la Guyana.

**DEMI-BAIN**, m. *dmibén*. Semibaño ó medio baño, aquel en que el cuerpo se moja únicamente hasta el ombligo.

**DEMI-BARBARE**, adj. *dmibarbár*. Semibárbaro.

**DEMI-BASTION**, f. *dmibastión*. Fort. Semibastion, medio bastion, obra fortificada compuesta solamente de un flanco y de un frente.

**DEMI-BÂTON**, m. *dmibatón*. Mús. Signo que marca el compas de dos por cuatro.

**DEMI-BATTOIR**, m. *dmibatuár*. Media pala, especie de paleta con que se juega á la pelota.

**DEMI-BOSSE**, f. *dmibós*. Art. Medio relievo, género de escultura.

**DEMI-BOTTE**, f. *dmibót*. Esgr. Mediobote, uno de los quites ó botes de la esgrima.

**DEMI-BOURSE**, f. V. BOURSE.

**DEMI-CADRATIN**, m. *dmicadratén*. Impr. Media linea ó medio cuadratin.

**DEMI-CANON**, m. *dmicanón*. Artill. Mediocañon, pieza de artillería del siglo XVII.

**DEMI-CASE**, f. *dmicás*. Mediacasa, especie de ángulo en el juego de chaquete.

**DEMI-CASTOR**, m. *dmicastór*. Mediocastor, sombrero compuesto mitad de piel de castor y mitad de otra piel. || met. Medio pelo: dícese hablando de la mujer cuya conducta no es cosa mayor.

**DEMI-CEINT**, m. V. DEMI-COLONNE.

**DEMI-CERCLE**, m. *dmisércl*. Geom. Semicírculo, mitad de un círculo, espacio terminado por una media circunferencia y un diámetro. || Grafómetro, instrumento de agrimensura.

**DEMI-CHEMISE**, f. *dmichemís*. Mediacamisa, especie de blusa.

**DEMI-CIRCONFÉRENCE**, f. *dmisirconferáns*. Geom. Media circunferencia, mitad de la circunferencia de un círculo.

**DEMI-CIRCULAIRE**, adj. *dmisirculér*. Semicircular, que tiene la forma de un semicírculo.

**DEMI-COLONNE**, f. *dmicolón*. Arq. Media-columna, columna de medio relieve, que tiene solamente una mitad visible.

**DEMI-CONCAMÉRATION**, f. [illegible] *meración*. Arq. [illegible], semicurvatura de una bóveda.

**DEMI-COULEUVRINE**, f. [illegible]. Artill. Mediaculebrina, pieza de [illegible], que hace mucho tiempo [illegible].

**DEMI-COUPÉ**, m. [illegible] ó semicupé especie de [illegible].

**DEMI-COURONNE**, f. [illegible] corona, moneda de plata inglesa.

**DEMI-CROCHE**, f. [illegible] chea, nota musical que vale [illegible] corchea.

**DEMI-CUIRASSE**, f. [illegible] coraza, armadura compuesta [illegible] del peto y sin espaldar.

**DEMI-CYLINDRIQUE**, adj. [illegible] *dríc*. Semicilíndrico, que tiene [illegible] casi cilíndrica.

**DEMI-DÉESSE**, f. *dmidés*. [illegible].

**DEMI-DEUIL**, m. *dmideuil*. [illegible] mitad del tiempo que se acostumbra [illegible] luto. || Alivio de luto, traje que se [illegible] pues de concluirse la primera [illegible] luto.

**DEMI-DIAMÈTRE**, m. [illegible]. Geom. Semidiámetro, el radio de un círculo.

**DEMI-DISQUE**, m. *dmidísc*. [illegible] nombre de un pescado.

**DEMI-DOUZAINE**, f. [illegible] docena.

**DEMIE**, f. *dmí*. Media hora [illegible] menor cosa, nada.

**DÉMIELLER**, a. *demielé*. Art. [illegible] apurar toda la miel que puede [illegible] cera.

**DEMI-ESPADON**, m. [illegible] espadon, espada de hoja llana y [illegible].

**DEMI-FEMME**, f. fam. *dmifám*. [illegible] mujer, marica, hombre afeminado.

**DEMI-FLORIN**, m. [illegible] alemana de plata, equivalente á [illegible] rs. vn.

**DEMI-FORTUNE**, f. *dmifortún*. Media fortuna, especie de carruaje.

**DEMI-FRÈRE**, m. *dmifrér*. Medio hermano, hermano uterino ó consanguíneo.

**DEMI-GLACE**, f. *dmiglás*. [illegible] bete.

**DEMI-GUINÉE**, f. *dmiguiné*. [illegible] nea, moneda de oro inglesa, de [illegible] unos 47 1/2 rs. vn.

**DEMI-HOLLANDE**, f. [illegible] holanda, lienzo blanco y fino.

**DEMI-LOUIS**, m. [illegible] moneda de oro maltesa, [illegible] 45 rs. vn.

**DEMI-LUNE**, f. *dmilún*. Media luna.

**DEMI-MARQUE-NOIR**, m. [illegible] *nuar*. m. Especie de carruca [illegible].

**DEMI-MESURE**, f. [illegible] dida, la mitad de cualquiera medida. [illegible] Medida insuficiente, determinacion [illegible] gia tomada en alguna circunstancia.

**DEMI-MISSÉIR**, m. [illegible] turca de oro, equivalente á [illegible] rs. vn.

**DEMI-PAIE**, f. *dmipé*. Media paga, [illegible] dio sueldo.

**DEMI-PARTI**, m. *dmipartí*. [illegible] dio, resolucion insuficiente.

**DEMI-PAUME**, f. [illegible] raqueta lijera.

**DEMI-PENSIONNAIRE**, m. y f. [illegible] *sionér*. Semipensionista, medio [illegible].

**DEMI-PIQUE**, f. *dmipíc*. [illegible] arma antigua del género de las [illegible] tas, usada en el siglo XVII.

**DEMI-QUART**, m. *dmicár*. [illegible] to, la octava parte de una hora.

**DEMI-QUEUE**, f. *dmiqueu*. [illegible] tonel de la cabida de [illegible] Paris.

**DEMI-ROND**, m. *dmirón*. [illegible] || Art. Cuchilla usada por los [illegible] rasgar las pieles.

**DEMI-ROSINE**, m. *dmirosín*. [illegible] sin, moneda toscana de oro, [illegible] unos 41 rs. vn.

**DEMI-RYDER**, m. *dmiridér*. [illegible] moneda holandesa de oro, [illegible] 57 rs. vn.

[illegible], m. [illegible]. Semi-[illegible].
[illegible]. Medio es-[illegible] del reino lombardo-[illegible] á unos 16 rs. vn.
[illegible], m. [illegible]. Caliba-[illegible].
[illegible], m. [illegible]. Medio [illegible].
[illegible], m. [illegible]. Me-[illegible] inglesa de plata, equi-[illegible] vn.
[illegible], f. [illegible]. Media her-[illegible] ó consanguínea.
[illegible], m. [illegible]. Me-[illegible] inglesa de oro, equi-[illegible] rs. vn.
[illegible], f. [illegible]. Dimision, [illegible], de rehusar un empleo ó [illegible].
[illegible], adj. *demisionér*. [illegible] dimite, deja ó rehusa un [illegible].
[illegible], f. [illegible]. Media tinta, [illegible].
[illegible], m. [illegible]. Mús. Medio [illegible] una nota que ocupa la mi-[illegible] del compas.
[illegible], m. [illegible]. Medio tér-[illegible] tiempo ordinario que están [illegible]. || Medio término, [illegible] espacio de tiempo de [illegible] propietarios ó inquilinos. [illegible] las casas se pagan y obligan [illegible]. V. esta.
[illegible]. Mús. Medio to-[illegible] de un tono.
[illegible], m. [illegible]. Mil. Media [illegible] por el que el soldado [illegible] retaguardia.
[illegible]. Desmitrar, pri-[illegible] mitra, de sus títulos. [illegible] Desmitrarse, dimitir las [illegible].
[illegible], m. *demitriqué*. Expo-[illegible] á la pelota.
[illegible], m. y f. *demivarlóp*. [illegible] de carpintero.
[illegible], m. [illegible]. Blas. Semi-[illegible] en los escudos de una [illegible]. Medio vuelo, accion [illegible] un corto trecho.
[illegible], f. [illegible]. Equit. Semi-[illegible] movimientos que se en-[illegible].
[illegible], adj. y s. *democrat*. De-[illegible] de la democracia.
[illegible], f. *democrasí*. Democra-[illegible].
[illegible], adj. *democratic*. De-[illegible] á la democracia.
[illegible], adv. *democra-*[illegible], en forma de-[illegible].
[illegible], a. *democratisé*. De-[illegible], conducir á [illegible] propagar [illegible].
[illegible]. Démodo, género [illegible].
[illegible], m. [illegible]. Demodo-[illegible] griego.
[illegible], m. *demogeróut*. De-[illegible] en la antigua Grecia.
[illegible], m. *demogorgón*. Mit. [illegible] del Caos, cria-[illegible] la tierra y del mar.
[illegible], f. [illegible]. Señorita, [illegible] de una familia decente. [illegible] *demoiselle*, ser solte-[illegible] de padres nobles. || [illegible] de una señora [illegible]. Botella de piedra [illegible] que sirve para calen-[illegible], instrumento de em-[illegible] para extender el [illegible] medida. || Art. [illegible] usan los fundidores [illegible] de banquillo para [illegible] piezas. || Art. Caba-[illegible] sostener las piezas [illegible] en el redondeamiento [illegible], especie de in-[illegible] de Numidia.

**DEMOISILLON**, f. dim. de **DEMOISELLE**. *demuasillón*. Señorita, jóven soltera de muy corta edad.

**DÉMOISIR**, a. *demuasir*. Desenmohecer, quitar el moho.

**DÉMOLIR**, a. *demolir*. Demoler, deshacer un edificio, una fortificacion. || met. Demoler, trastornar las instituciones sociales establecidas.

**DÉMOLISSEUR**, m. *demoliseur*. El que derriba. || met. Destructor, trastornador de las instituciones sociales.

**DÉMOLITION**, f. *demolisión*. Demolicion, derribo. || *Démolitions*, pl. Demoliciones, ruinas. || Mar. Desbarate, la accion de desbaratar un buque.

**DÉMON**, m. *demón*. Demonio, diablo. || Segun los antiguos, genio invisible que presidia á los actos de los hombres: eran dos, uno bueno que les aconsejaba y velaba sobre ellos, y otro malo que aplicaba las penas impuestas por los dioses. || Teol. Demonio, diablo, Lucifer, jefe de los malos ángeles que fueron arrojados del cielo. Satanás, espíritu infernal. || fam. *C'est un démon, un vrai démon, un démon incarné*, es un demonio, un verdadero demonio, un demonio encarnado: se dice de una persona revoltosa, turbulenta, de malas intenciones. || *Petit démon*, diablillo: se dice de un niño cuyo carácter es inquieto, jugueton, revoltoso. || *Faire le démon*, diablear, hacer travesuras. || *Avoir de l'esprit comme un démon*, tener un talento endemoniado, ser entendido.

**DÉMONARCHISER**, a. *demonarchisé*. Destruir la monarquía, arrancarla de una nacion.

**DÉMONCELER**, a. inus. *demonslé*. Desamontonar, deshacer un monton.

**DÉMONERIE**, f. *demonerí*. Creencia supersticiosa en el demonio.

**DÉMONÉTISATION**, f. *demonetisasión*. Accion de alterar el valor y el estado de una moneda ó papel.

**DÉMONÉTISER**, a. *demonetisé*. Quitar á un papel moneda su valor legal. || met. Rebajar, despreciar á los hombres.

**DÉMONIAQUE**, adj. y s. *demoniac*. Teol. Demoníaco, endemoniado. || met. y fam. Endemoniado, de carácter colérico, vehemente.

**DÉMONISME**, m. *demonism*. Teol. Demonismo, creencia en los demonios.

**DÉMONISTE**, adj. y s. *demonist*. Teol. Demonista, que cree en los demonios.

**DÉMONOCRATIE**, f. *demonocrasí*. Teol. Demonocracia, influencia de los demonios.

**DÉMONOGRAPHE**, m. *demonográf*. Teol. Demonógrafo.

**DÉMONOGRAPHIE**, f. *demonografí*. Teol. Demonografía, tratado sobre la naturaleza é influencia de los demonios.

**DÉMONOGRAPHIQUE**, adj. *demonografic*. Teol. Demonográfico, que concierne á la demonografía.

**DÉMONOLÂTRIE**, f. *demonolatrí*. Teol. Demonolatría, culto de los demonios.

**DÉMONOLÂTRIQUE**, adj. *demonolatric*. Teol. Demonolátrico, que tiene relacion con la demonolatría.

**DÉMONOLOGIE**, f. *demonologí*. Teol. Demonología, tratado sobre los demonios.

**DÉMONOLOGIQUE**, adj. *demonologíc*. Teol. Demonológico, que tiene relacion con la demonología.

**DÉMONOLOGUE**, adj. y s. *demonológue* Teol. Demonólogo, que se ocupa de la demonología.

**DÉMONOMANCIE**, f. *demonomansí*. Demonomancia, arte de adivinar por la inspiracion de un demonio interior.

**DÉMONOMANCIEN, NE**, adj. *demonomansièn, èn*. Demonomántico, que tiene analogía con la demonomancia.

**DÉMONOMANE**, adj. *demonomán*. Demonómano, atacado de la demonomanía, ó que se cree poseido del demonio.

**DÉMONOMANIAQUE**, m. y f. *demonomaníac* Demonomaniático, que tiene la manía de creerse poseido ó inspirado del demonio.

**DÉMONOMANIE**, f. *demonomaní*. Demonomanía, locura melancólica en que uno se cree poseido del demonio.

**DÉMONSTRABILITÉ**, f. *demonstrabilité*. Demostrabilidad, cualidad de lo que es demostrable.

**DÉMONSTRABLE**, adj. *demonstrábl* Demostrable, que se puede demostrar.

**DÉMONSTRATEUR**, m. *demonstrateur*. Demostrador, el que demuestra.

**DÉMONSTRATIF, IVE**, adj. *demonstratif, iv*. Demostrativo, que demuestra; que convence y persuade. || Ret. Demostrativo, se dice de uno de los tres géneros de elocuencia. || Gram. Demostrativo, se dice de una clase de pronombres. || fam. Demostrativo, se dice de una persona que se expresa gesticulando.

**DÉMONSTRATION**, f. *demonstrasión*. Demostracion, accion de demostrar ó hacer evidente una cosa. || Prueba convincente. || Demostracion, muestra, señal de agrado. || *Démonstrations*, pl. Demostraciones, señales, testimonios por los que se expresan las intenciones, las disposiciones, los sentimientos, etc. || Demostracion, modo de explicar patentizando los pormenores de una ciencia. || Mil. Demostracion, movimiento equívoco, estratagema militar para engañar al enemigo.

**DÉMONSTRATIVEMENT**, adv. *demonstrativmán*. Demostrativamente, de una manera demostrativa.

**DÉMONTAGE**, m. *demontáge*. Desmonte, accion de desmontar las partes de que se compone una máquina ó un objeto.

**DÉMONTER**, a. *demonté*. Desmontar, apear, quitar á uno el caballo, dejarle á pié. || Derribar el caballo al jinete. || Artill. Desmontar, apear de la cureña una pieza, separar cualquiera otra cosa perteneciente al tren. || Mil. Desmontar, separar el cañon de la caja, y este de la llave de un fusil. || Desmontar, desarmar una máquina. || met. Desconcertar, aturdir á una persona. || met. fam. *La machine commence à se démonter*, la máquina empieza á descomponerse: se dice hablando de una persona cuya salud empieza á alterarse. || met. y por exag. *Bâiller à se démonter la mâchoire*, bostezar extraordinariamente. || *Se démonter*, r. Desmontarse un jinete, desbaratarse, romperse una máquina ó cosa compuesta de varias piezas. || met. Turbarse, aturdirse, confundirse una persona. || *Se démonter le visage*, gesticular, cambiar la expresion del rostro segun la intencion con que se dicen las palabras. || Agitarse, hacer fuertes contorsiones en el acceso de la ira.

**DÉMONTOIR**, m. *demontuár*. Impr. Desarmador, tabla en que se ponen los rodillos para desarmarlos.

**DÉMONTRABLE**, adj. *demontrábl*. Demostrable, lo que puede demostrarse.

**DÉMONTRER**, a. *demontré*. Demostrar, hacer palpable, probar la evidencia de una cosa. || Demostrar, hacer ver las pruebas de una cosa. || Demostrar, explicar de un modo evidente los pormenores de una cosa.

**DÉMORALISATEUR, TRICE**, adj. y s. *demoralisateur, tris*. Desmoralizador, que desmoraliza.

**DÉMORALISATION**, f. *demoralisasión*. Desmoralizacion, accion de desmoralizar; estado de lo que se halla desmoralizado.

**DÉMORALISER**, a. *demoralisé*. Desmoralizar, corromper las costumbres. || Desmoralizar, destruir las fuerzas morales del alma, aniquilar la voluntad.

**DÉMORALISEUR**, m. V. **DÉMORALISATEUR**.

**DÉMORDRE**, n. *demórdr*. Soltar, dejar la presa. Aplícase á perros ó lobos. || met. Desaferrarse, desistir de una opinion, etc.

**DÉMOSTHÉNIQUE**, adj *demostenic*. Demosténico: se dice del género de estilo, de elocuencia, que pertenece á Demóstenes.

**DÉMOTIQUE**, adj. *demotic*. Demótico, que pertenece al pueblo.

**DÉMOUCHETER**, a. *demuchetè*. Esgr. Desbotonar, quitar el boton al florete.

**DÉMOULAGE**, m. *demuláge*. Art. Desmoldamiento, accion de desmoldar.

**DÉMOULER**, a. *demulé*. Art. Desmoldar, sacar del molde una cosa.

**DÉMOUVOIR**, a. *demuvuár*, For. Presver, apartar á alguno de una demanda, obligarle á desistir.

**DÉMULCENT, E,** adj. y s. *demulsán.* Med. Demulcente, que templa: aplícase á los emolientes que corrigen la acritud existente en los humores.

**DÉMULSIF, IVE,** adj. *demulsif, iv.* Med. Demulsivo. V. DÉMULCENT.

**DÉMUNIR,** a. *demunír.* Desguarnecer, quitar las municiones, la defensa. || *Se démunir,* r. Desguarnecerse, desproveerse de una cosa necesaria.

**DÉMURER,** a. *demuré.* Destapiar, abrir una puerta ó ventana que se habia cerrado con una tapia. || Derribar un tabique.

**DÉMUSELER,** a. *demusle.* Desbozalar, quitar el bozal.

**DÉNAIRE,** adj. *denér.* Denario, que pertenece al número diez.

**DÉNANTIR,** a. *denantír.* Desproveer á alguno de un resguardo. || Desafianzar, quitar una fianza de manos de alguno. || *Se dénantir,* r. Renunciar á las fianzas tomadas para la seguridad de algun pago.

**DÉNARIUS,** m. *denárius.* Denario, medida de peso de la antigua Roma.

**DÉNARO,** m. *denáro.* Denaro, moneda imaginaria de Italia.

**DÉNATIONALISER,** a. *denasionalisé.* Desnacionalizar, hacer perder el carácter nacional. || Desnacionalizar, borrar del número de las naciones. || *Se dénationaliser,* r. Desnacionalizarse, perder el carácter nacional.

**DÉNATTER,** a. *denaté.* Destrenzar, deshacer una trenza. || Desesterar, desalfombrar un cuarto, una sala, etc.

**DÉNATURALISATION,** f. *denaturalisasión.* Desnaturalizacion, accion y efecto de desnaturalizar.

**DÉNATURALISER,** a. *denaturalisé.* Desnaturalizar, privar á alguno del derecho de naturaleza y patria, extrañarle de ella.

**DÉNATURER,** a. *denaturé.* Desnaturalizar, alterar la naturaleza de alguna cosa. || *Dénaturer un fait,* desfigurar un hecho, presentarlo de un modo contrario á la verdad. || met. Desnaturalizar, quitar los sentimientos naturales. || *Dénaturer les mots,* mudar la acepcion de las voces. || *Se dénaturer,* r. Desnaturalizarse, perder los sentimientos que inspira la naturaleza. || Desnaturalizarse, perder sus caractéres, sus propiedades.

**DENDRAGATE,** f. *dandragát.* Dendrágata, arborizacion de una ágata.

**DENDRELLE,** f. *dandrél.* Bot. Dendrela, género de plantas criptógamas.

**DENDRITINE,** f. *dandritín.* Zool. Dendritina, género de conchas foraminíferas.

**DENDROGRAPHE,** m. *dandrográf.* Dendrógrafo, el que escribe algun tratado sobre los árboles.

**DENDROGRAPHIE,** f. *dandrografí.* Dendrografía, tratado sobre los árboles.

**DENDROGRAPHIQUE,** adj. *dandrografíc.* Dendrográfico, que pertenece á la dendrografía.

**DENDROÏTE,** f. *dandroít.* Piedra en figura de árbol.

**DENDROLITHAIRE,** m. *dandrolitér.* Zool. Dendrolitario, coralina de forma arborescente.

**DENDROLITHE,** f. *dandrolít.* Hist. nat. Dendrolita, árbol, arbusto petrificado.

**DENDROMÈTRE,** m. *dandrométr.* Dendrómetro, instrumento para medir la cantidad de madera que tiene un árbol.

**DENDROMÉTRIQUE,** adj. *dandrometríc.* Dendrométrico, que tiene relacion con el dendrómetro.

**DENDROPHORIES,** m. pl. *dandroforí.* Dendroforias, fiestas en honor de Cibéles, de Baco y de Silvano, en las que se llevaban árboles y principalmente pinos.

**DÉNÉGATEUR,** m. *denegateur.* Denegador, que deniega, que no concede.

**DÉNÉGATION,** f. *denegasión.* Denegacion en justicia, exclusion, repulsa de lo que se pide ó solicita.

**DÉNÉGATOIRE,** adj. *denegatuár.* Denegatorio, que deniega.

**DÉNÉKIE,** f. *denequí.* Bot. Denequia, planta del cabo de Buena Esperanza.

**DÉNÉRAL,** m. *denerál.* Pieza redonda de metal que sirve de modelo en las casas de moneda para tomar el tamaño y peso.

**DENGA,** m. *dénga.* Denga, voz tártara que significa caña.

**DÉNI,** m. *dení.* Denegacion de una cosa justamente debida.

**DÉNIAISÉ, ÉE,** m. y f. *deniesé.* Desasnado, avispado, ladino.

**DÉNIAISEMENT,** m. *deniesmán.* Avispamiento, accion de avispar, de avivar á un necio.

**DÉNIAISER,** a. *deniesé.* Avispar, desasnar, hacer á uno mas astuto. || fam. Robar, clavar, engañar con sutileza.

**DÉNIAISEUR,** m. *deniseur.* Burlon de tontos, el que los avispa con sus bromas.

**DÉNICHEMENT,** m. *denichemán* Desnichamiento, accion de desnichar. || Desanidamiento, accion de desanidar.

**DÉNICHER,** a. *deniché.* Desnichar, quitar del nicho. || Quitar ó sacar los pájaros del nido. || fam. Desanidar, descubrir la habitacion de alguno con dificultad. || Desanidar, echar á uno por fuerza de su puesto, aventarle. || fam. Desanidar, abandonar la casa paterna. || Desanidar, evadirse, escaparse. || loc. prov. y fam. *Les oiseaux ont déniché ó sont dénichés,* el pájaro voló: la persona á quien buscamos ha puesto tierra por medio, se ha evadido de dar la cara.

**DÉNICHEUR,** m. *denicheur.* Desnichador, desanidador, que desnicha ó desanida.

**DÉNIEMENT,** m. *denimán.* Denegacion, repulsa, desaprobacion.

**DENIER,** m. *dnié.* Denario, moneda de plata usada antiguamente en Roma. || Dinero, moneda antigua francesa de cobre acuñada en tiempo de Felipe I. || met. Dinero, la parte de una suma ó cantidad cualquiera. || Dinero, una de las doce partes en que se considera dividida la plata para graduar su ley. || Interes del dinero, parte del capital que debe darse en renta. || *Denier à Dieu,* arra, señal en dinero que se da ó se toma para dar por hecho un negocio. Tambien era un impuesto que se pagaba en Francia para los pobres. || *Deniers,* pl. Dinero en general. = Caudales, rentas públicas. || *Francs deniers,* cantidad libre de descuento. || *Faire bons les deniers,* garantizar una suma. || *Tirer un grand denier,* sacar mucho provecho.

**DÉNIER,** a. *denié.* Negar, no conceder lo que se pide ó solicita. || Negar lo que la equidad y la justicia exigen. || Negar un hecho, un delito, una deuda.

**DÉNIGRANT, E,** adj. *denigrán.* Denigrante, que denigra.

**DÉNIGREMENT,** m. *denigremán.* Denigramiento, denigracion, mancha, borron en la fama. || Denigracion, infamacion, accion de denigrar ó infamar á alguno.

**DÉNIGRER,** a. *denigré.* Denigrar, infamar, desacreditar.

**DÉNIGREUR,** m. *denigreur.* Denigrador, el que denigra, que infama.

**DÉNOIRCIR,** a. *denuarsír.* Desennegrecer, aclarar el color de la piel, quitar el color negro á un objeto, ó la suciedad que ennegrece la ropa.

**DÉNOMBREMENT,** m. *denonbremán.* Enumeracion, empadronamiento. || met. Enumeracion, reseña de una persona. || *Dénombrement de terres,* catastro, padron.

**DÉNOMBRER,** a. *denonbré.* Enumerar, empadronar.

**DÉNOMINATEUR,** m. *denominateur.* Arit. Denominador, número que en los quebrados expresa las partes en que se divide un entero.

**DÉNOMINATIF, IVE,** adj. *denominatif, iv.* Gram. Denominativo, que denomina.

**DÉNOMINATION,** f. *denominasión.* Denominacion, título, renombre con que se distinguen las personas ó cosas.

**DÉNOMMER,** a. *denomé.* Nombrar, expresar el nombre de una cosa, dar ó poner nombre.

**DÉNONCEMENT,** m. ant. V. DÉNONCIATION.

**DÉNONCER,** a. *denonsé.* Denunciar, promulgar, publicar solemnemente alguna cosa. || Dar aviso, hacer saber. || Denunciar, delatar, acusar á alguno en juicio.

**DÉNONCIATEUR, TRICE,** m. y f. *denonsiateur, tris.* Denunciador, que denuncia. || met. Denunciador, acusador.

**DÉNONCIATIF, IVE,** adj. *denonsiatif, iv.* Denunciativo, que denuncia ó [illegible] una denuncia.

**DÉNONCIATION,** f. *denonsiasión.* Denunciacion, accion de [illegible] alguna cosa solemnemente. || Jurisp. Delacion, denuncia, acusacion en juicio.

**DÉNOTATION,** f. *denotasión.* Denotacion, designacion de una cosa por ciertas señales, etc.

**DÉNOTER,** a. *denoté.* Denotar, indicar, anunciar, significar.

**DÉNOUABLE,** adj. met. *denuábl.* Desanudable, que puede desanudarse.

**DÉNOUEMENT,** m. V. DÉNOÛMENT.

**DÉNOUER,** a. *denué.* Desanudar, desatar un nudo. || Soltar, dar [illegible] á los miembros. || met. Romper, [illegible] dir un casamiento. || Abandonar, [illegible] ble una cosa. || Desenredar, aclarar [illegible] triga, un negocio. || Desatar, dar [illegible] lance, enredo ó trama. || [illegible] redar una composicion literaria, un [illegible] mento, etc. || *Dénouer la langue,* [illegible] á hablar á un niño. || Provocar, hacer hablar al que se obstina en callar. || Se usa tambien como recíproco en casi todas las acepciones del activo.

**DÉNOÛMENT,** m. *denumán.* Desenlace, solucion, fin de una intriga, de un drama.

**DENRÉE,** f. *danré.* Género, [illegible] ya significacion se extiende á [illegible] mercial y sirve para la [illegible] tenimiento de personas y animales. [illegible] ordinario en plural. || fam. *Vendre bien sa denrée,* vender bien su género, y [illegible] mente, darse importancia. || *C'est [illegible] denrée,* es comida cara para [illegible].

**DENRERER,** n. ant. *danreré.* [illegible] neros, comestibles; negociar, traficar.

**DENSE,** adj. *dáns.* Denso, craso, [illegible] compacto. Es lo opuesto á raro.

**DENSITÉ,** f. *dansité.* Densidad, [illegible] tud, espesura, cualidad de lo que es denso.

**DENT,** f. *dán.* Diente, hueso [illegible] la quijada que sirve para cortar [illegible] tos, para morder, etc. || Mella, [illegible] corte de un instrumento cortante. [illegible] riza, tirria contra alguno. || Diente, [illegible] de las asperezas triangulares de [illegible] || Diente, cada una de las [illegible] hay en la circunferencia de una [illegible] máquina para trasmitir el movimiento. || Diente, cada una de las puntas [illegible] tes de algunos objetos. || *Dents [illegible] noïdes, laniaires,* [illegible] colmillos. || *Dents molaires,* [illegible] *lites ó fausses molaires,* [illegible] dos primeras de cada lado. *Grosses ó [illegible] molaires,* muelas verdaderas, [illegible] mas de cada lado. || *Fausses dents,* [illegible] postizos. || *Arrache-dents,* [illegible] *Dent de sagesse,* muela del juicio. [illegible] *chien,* grama, yerba de [illegible] *lion,* diente de leon, planta. || [illegible] colmillo, nombre de un [illegible] pulimentar. || *Dents de devant,* [illegible] propiamente, ó los incisivos. || [illegible] los primeros dientes de los [illegible] *ler des grosses dents,* hablar [illegible] fieros. || *Mordre à belles dents,* [illegible] fuerza. || *Manger de toutes ses [illegible]* con ganas. || *Déchirer quelqu'un [illegible] dents,* poner á uno de vuelta [illegible] murar de él. || *Montrer les dents [illegible]* enseñar los dientes á alguno; [illegible] sas, hacerle ver que no se [illegible] *desserrer les dents,* no [illegible] no hablar palabra. || *Faire desserrer [illegible]* hacer romper el silencio, [illegible] *Avoir bonnes dents,* tener buen [illegible] de buen diente. || *Donner un coup [illegible] quelqu'un,* dar una dentellada á [illegible] murmurar de él. || *Il n'y en a pas [illegible] creuse,* no hay para un diente; [illegible] ponderar la gana ó hambre. || [illegible] *longues,* tener hambre. || *Donner [illegible]* á *ceux qui n'ont point de dents,* [illegible] roer al que no tiene dientes, dar [illegible]

[illegible] || *Avoir une dent contre* [illegible] enemistad contra alguno. [illegible] *de dent à quelqu'un*, [illegible] á alguno: murmurar de [illegible] *des dents*, comer sin [illegible] *pas un coup de dent*, [illegible] no me importa un pe- [illegible] *des dents*, reir de mala [illegible] *aux dents*, echar el [illegible] una cosa con calor. || [illegible], estar cansado, abatido. [illegible] *avec les dents*, eco- [illegible] del estómago.

[illegible] adj. *dantér*. Med. Dentario, [illegible] con los dientes. [illegible], género de plantas.

[illegible] adj. *dantál*. Dental, dícese [illegible] se pronuncian tocando la [illegible]. || Zool. f. Dentaria ó [illegible].

[illegible], f. Bot. V. PISSENLIT.

[illegible], f. Art. *dandié*. Espe- [illegible] y largo como de media [illegible]

[illegible] adj. *danté*. Máq. Dentado, [illegible] ó está guarnecido de pun- [illegible]. || Zool. m. Denton,

[illegible] *danté*. Mont. Dentellada, [illegible] el perro en la fiera. || [illegible] que tira el jabalí con los [illegible] de cornada.

[illegible] *dantlié*. Dentellada, mor- [illegible] de talpa.

[illegible] *dantlé*. Art. Endentar, [illegible] dientes á alguna cosa, á la [illegible].

[illegible] *dantlé*. Art. Dentelote, [illegible] se tallan los adornos de [illegible]

[illegible] *dantíl*. Blonda, encaje de [illegible] de seda, oro, plata, [illegible] ó viñeta que se pone para [illegible] de los capítulos ó los [illegible]. || Art. Reborde de [illegible] preciosa. || Oria ó di- [illegible] las tapas ó en todas [illegible]. || Bot. Dentela, género [illegible]

[illegible], f. *dantelièr*. Encajera, [illegible] encaje, punta, ran- [illegible]

[illegible], f. *dantlèr*. Arq. Dente- [illegible] sirve de adorno en las [illegible], todo aquello que [illegible], dientes ó festones en [illegible]

[illegible] *dantèe*. Zool. Dentex, gé- [illegible]

[illegible] f. *dantícul*. Bot. Dentico- [illegible]

[illegible] f. *danticúl*. Dientecillo, [illegible]. || Dentadurita, denta- [illegible] dientes pequeñitos. || Arq. [illegible] que se pone en las [illegible] y cornisa.

[illegible], adj. Dentado, que [illegible] muy pequeños.

[illegible] *danté*. Art. Cuchilla con [illegible] en la fábrica. || Cir. [illegible] dientes artificiales ó [illegible] en la boca por medio [illegible]

[illegible] adj. *dantifórm*. Denti- [illegible] forma de un diente.

[illegible] adj. y s. *dantifrís*. Den- [illegible] á un remedio pro- [illegible] dientes.

[illegible] adj. *dantiróstr*. Zool. [illegible] el pico escotado en la [illegible]. || *Dentirostres*, m. [illegible] de gorriones.

[illegible]. Dentista, el que [illegible] dentadura, de sacar [illegible] artificiales.

[illegible]. Dentición, la [illegible] los primeros dientes en [illegible]

[illegible], f. *dantolabiál*. Den- [illegible] los gramáticos [illegible] que se pro- [illegible] labios, como [illegible]

[illegible]. Dentadura, órden [illegible] colocados los [illegible]

dientes en el arco alveolar. || Máq. Endentadura, engranaje, nombre del conjunto de dientes que se hace á una rueda.

**DÉNUDATION**, f. *denudasión*. Cir. Denudacion, estado de un hueso descarnado, accion de descarnar.

**DÉNUDER**, a. *denudé*. Cir. Denudar, operar la denudacion.

**DÉNUEMENT**, m. V. DÉNÛMENT.

**DÉNUER**, a. *denué*. Desnudar, despojar alguna cosa de lo que la cubre ó adorna.

**DÉNÛMENT**, m. *denumán*. Desnudez, miseria, privacion de las cosas necesarias ó que se consideran como tales.

**DÉO**, f. *déo*. Mit. Sobrenombre de las dos diosas Céres y Proserpina.

**DÉONTOLOGIE**, f. *deontologí*. Didáct. Deontologia, tratado de los deberes.

**DÉONTOLOGIQUE**, adj. *deontologíc*. Deontológico, que se refiere á la deontologia.

**DÉPAISSANCE**, f. *depesáns*. Pastura, pasto, apacentamiento, accion de pacer. || Lugar en donde las bestias pacen.

**DÉPALISSAGE**, m. *depaliságe*. Agr. Desespaldacion, accion de desespaldar ó soltar las ramas de un árbol que se han trincado contra la pared á un espaldar hecho en forma de celosía.

**DÉPALISSER**, a. *depalisé*. Agr. Desespaldar, soltar las ramas de un árbol que se habian trincado ó sujetado contra la pared á un espaldar hecho de listones de madera á modo de celosía.

**DÉPANSER**, a. *depansé*. Cir. Desvendar, levantar el vendaje.

**DÉPAQUETER**, a. *depacté*. Desempaquetar, desenvolver lo que estaba en paquetes. || Desempapelar, desliar.

**DÉPARAGEMENT**, m. ant. *deparagemán*. Jurisp. Desemparejamiento, matrimonio desigual en que se encuentra disparidad entre las personas ó entre los bienes.

**DÉPARAGER**, a. *deparagé*. Desemparejar, casar á una mujer con un hombre de diferente condicion. || *Se déparager*, r. Malquistarse, desunirse, ponerse en rivalidad.

**DÉPARALYSER**, a. *deparalisé*. Desparalizar, dar ó volver la accion á los miembros que se habian paralizado.

**DÉPAREIL** ó **DISPAREIL**, **LE**, adj. *deparéll*, *disparéll*. Desigual, que no es semejante.

**DÉPAREILLER**, a. *deparellé*. Desemparejar, desaparear, desigualar lo que estaba igual y parejo.

**DÉPARER**, a. *deparé*. Descomponer, desordenar, desbaratar. || met. Ajar, deslucir, manchar una reunion, hablando de una persona cuyos modales ó categoria no son admisibles. || Descomponer, echar á perder una obra de literatura, etc.

**DÉPARIER**, a. *deparié*. Desaparear, separar una de dos cosas que hacian par. || Separar ó quitar el macho á la hembra, hablando de animales.

**DÉPARLER**, n. *deparlé*. Dejar, cesar de hablar, guardar silencio. || fam. *Ne pas déparler*, no cerrar el pico, no dejar meter baza, no cesar de hablar.

**DÉPARQUER**, a. *deparqué*. Soltar el ganado, echarlo fuera del redil. || *Se déparquer*, r. Soltarse, marcharse el ganado del redil.

**DÉPART**, m. *depár*. Partida, accion de partir, de emprender un viaje. *Être sur son départ*, estar á punto, en el momento de marchar. || Quím. Separacion, refinadura, accion de separar los metales que están mezclados. || met. Separacion, clasificacion de personas.

**DÉPARTAGER**, a. *departagé*. Jurisp. Desempatar, desigualar el número de votos ó pareceres.

**DÉPARTANCE**, f. ant. V. DISTRIBUTION.

**DÉPARTEMENT**, m. *departmán*. Departamento, ramo, negociado, incumbencia de algunos cargos ó comisiones que se reparten entre varios. || Distrito ó territorio de la jurisdiccion de un juez. || Departamento: diócesi de los distritos en que está dividido el cuerpo y plana mayor de la marina. || Despacho, oficina, el ramo de que cuida cada secretaría de estado ó ministerio. || fam. *Cela n'est pas dans son département*, eso no está en sus atribuciones, no es de su incumbencia.

**DÉPARTEMENTAL**, **E**, adj. *departemantál*. Departamental, perteneciente á un departamento.

**DÉPARTEUR**, m. *departeur*. Refinador que refina metales.

**DÉPARTIE**, f. ant. inus. *departí*. Separacion, partida.

**DÉPARTIR**, a. *departir*. Partir, compartir, repartir dinero ó bienes. || Distribuir, conceder favores. || Jurisp. Distribuir, hacer partes los documentos de un proceso, distribuir las causas ó expedientes entre los jueces que deben entender en ellas. || Mont. *Départir les quêtes*, distribuir el terreno, asignar á cada montero su parte para el ojeo. || *Se départir*, r. Dividirse, separarse de otro en una opinion ó demanda. || Apartarse de su deber, extraviarse. || Desistir de una idea ó de un asunto.

**DÉPASSER**, a. *depasé*. Despasar, retirar un cordon, una cinta, que se habia pasado ó corrido por un ojal, jareta, etc. || Pasar, adelantar, ir mas allá del término que uno se habia propuesto. || Pasar, dejar atras á alguno. || met. Traspasar, no observar las reglas del respeto, de la buena crianza. || Traspasar, extralimitar las órdenes, la autoridad de que uno se halla revestido. || Ser mas largo, mas alto, etc. || Rebasar la línea, estar fuera de alineacion. || Exceder, hacer mas de lo que permiten las fuerzas. || Sobrepujar, ser superior en talento, en habilidad, en conocimientos.

**DÉPASSIONNER**, a. *depasioné*. Desapasionar, quitar, desarraigar alguna pasion. || *Se dépassionner*, r. Desapasionarse, perder, olvidarse de una pasion.

**DÉPATERNISER**, a. *depaternisé*. Despaternizar, quitar la paternidad.

**DÉPÂTISSER**, a. *depatisé*. Art. Desempastelar, distribuir los caractéres de imprenta mezclados ó empastelados.

**DÉPAVAGE**, m. *depaváge*. Desempedramiento, accion de desempedrar.

**DÉPAVER**, a. *depavé*. Desempedrar, quitar, desbaratar las piedras que forman algun empedrado.

**DÉPAYSEMENT**, m. *depeismán*. Extrañamiento, accion de extrañar y el resultado de esta accion. || met. Cambio de hábitos, de ocupaciones, de ideas.

**DÉPAYSER**, a. *depeisé*. Extrañar, desterrar, expulsar á uno de un lugar. || Extraviar, desorientar, hacer que alguno no sepa dónde está. || Desorientar, confundir á alguno.

**DÉPEÇAGE**, m. *depeságe*. Art. Despedazamiento, accion de romper, de dividir en pedazos.

**DÉPÈCEMENT**, m. *depesmán*. Despedazamiento, accion de despedazar. V. DÉPEÇAGE. || Desmembramiento, accion de desmembrarse, hablando de un cuerpo político.

**DÉPECER**, a. *depsé*. Despedazar, destrozar, hacer trozos ó pedazos alguna cosa. || Desmembrar, separar unas partes de otras. || Abrir las pieles, afinarlas, adelgazarlas. || Destazar, descuartizar una res muerta. || Hacer tajadas ó trinchas. || Deshacer un navío viejo, un vestido, etc.

**DÉPECEUR**, m. *depseur*. Despedazador, que despedaza. || Art. *Dépeceur de bateaux*, leñero, el que compra los barcos viejos para deshacerlos y vender luego la madera.

**DÉPÊCHE**, f. *depéche*. Despacho, pliego ó carta de oficio concerniente á los negocios públicos. || *Dépêche télégraphique*, parte telegráfico.

**DÉPÊCHER**, a. *depeché*. Despachar, enviar con diligencia, con premura. || Despachar, despedir con el resultado de alguna cosa al que aguarda. || met. Despachar, enviar á uno al otro mundo, matarle. || Despachar, abreviar, concluir una cosa. || fam. *Travailler à dépêche compagnon*, trabajar á destajo, trabajar apresurada y negligentemente. || *Se dépêcher*, r. Despacharse, darse prisa en hacer alguna cosa

**DÉPÊCHEUR**, m. *depecheur*. Despachador, el que despacha mucho y brevemente.

**DÉPEÇOIR**, m. *depesudr*. Art. Jifero, cuchilla de cortador.

**DÉPÉDANTISER**, a. *depedantisé*. Despedantizar, quitar el pedantismo.

**DÉPEINDRE**, a. *depéndr*. Pintar, representar con el pincel. Es anticuado en esta acepcion. || met. Pintar, describir, representar con palabras.

**DÉPENAILLÉ, ÉE**, adj. *depnallé*. Trapajoso, andrajoso, desharapado.

**DÉPENAILLEMENT**, m. *depnalimán*. Andrajosidad, estado de una persona ó cosa andrajosa.

**DÉPENDAMMENT**, adv. *depandamán*. Dependientemente, con dependencia.

**DÉPENDANCE**, f. *depandáns*. Dependencia, sujecion, subordinacion. || Dependencia, relacion, afinidad. || *Dépendances*, pl. Jurisp. Dependencias, los accesorios de una cosa principal, de todo lo que forma parte de una heredad, casa, etc. || Dependencias, todo lo que pertenece ó está unido á un asunto sin constituirle especialmente.

**DÉPENDANT, E**, adj. *depandán*. Dependiente, que depende de otro.

**DÉPENDEUR**, m. *depandeur*. Descolgador, el que descuelgar, desenganchador.

**DÉPENDRE**, n. *depándr*. Depender, estar sujeto á alguna persona ó cosa, bajo la dependencia de alguno, bajo el dominio. || Depender, pertenecer, estar anejo ó ser del dominio, hablando de tierras. || met. Depender, tener necesidad de. || Depender, estar sometido á la accion, á la influencia de alguno. || Provenir, proceder. || Depender, derivarse, seguirse. || impers. Pender de, consistir en: *il dépend de lui que vous obteniez cette grâce*. || a. Descolgar, quitar una cosa colgada. || ant. Gastar.

**DÉPENS**, m. pl. *depán*. Costas, toda especie de gastos, de desembolsos. || *Aux dépens de*, loc. adv. A expensas de, á costa de. || met. *Rire aux dépens d'autrui*, reir á costa de otro, burlarse de él. || *Devenir sage à ses dépens*, escarmentar en cabeza propia, hacerse cuerdo por alguna leccion de la esperiencia. || For. *Dépens*, costas, gastos originados en el seguimiento de un pleito.

**DÉPENSE**, f. *depáns*. Gasto, el empleo que se hace del dinero. || Gasto, la cuenta de lo que consume una casa, ó de lo que se expende en una obra, etc. || met. y fam. Gasto, empleo de una cosa que tiene valor cuando ha sido inútil ó poco á propósito. || Despensa, empleo y habitacion del despensero de una casa real, palacio ó comunidad. || Despensa, lugar de una casa en que se guardan las provisiones. || *Faire la dépense*, hacer el gasto, estar encargado del por menor del gasto de una casa. || Nota, cuenta detallada de lo gastado ó que debe gastarse. || Mar. Despensa, sitio donde se hace la distribucion de los víveres para cada comida.

**DÉPENSER**, a. *depansé*. Gastar, emplear el dinero en alguna cosa. || n. Gastar, emplear mucho dinero. || met. Gastar, emplear, consumir el tiempo ú otra cosa inmaterial.

**DÉPENSIER, ÈRE**, adj. *depansié, ér*. Gastador, derrochador, que gasta mucho. || m. y f. Despensero de un convento, colegio ó navío.

**DÉPERDITION**, f. *deperdisión*. Pérdida, diminucion, lo que se pierde ó consume de una cosa.

**DÉPÉRIR**, n. *deperir*. Deteriorarse, destruirse, echarse á perder una cosa.

**DÉPÉRISSEMENT**, m. *deperismán*. Deterioro, menoscabo, pérdida de una cosa. || Med. Languidez, agotamiento de las fuerzas vitales.

**DÉPERSÉCUTER**, a. *depersecuté*. No perseguir, dejar de perseguir, acabar la persecucion. || *Se dépersécuter*, r. Sustraerse, librarse de la persecucion.

**DÉPERSUADER**, a. *depersuadé*. Disuadir, desengañar. || Úsase como recíproco.

**DÉPÊTRER**, a. *depetré*. Desenredar, desembarazar los piés de lo que los enredaba. || met. Desatollar, desatascar, sacar de un atolladero. || Desembarazar, librar á alguno de alguna cosa. || *Se dépêtrer*, r. Desenredarse, desembarazarse, desatollarse. || met. Desembarazarse, librarse de.

**DÉPÉTRIFIER**, a. *depetrifié*. Despetrificar, hacer que una persona deje de estar estupefacta. || *Se dépétrifier*, r. Despetrificarse, salir de estupefaccion.

**DÉPEUPLEMENT**, m. *depeuplmán*. Despoblamiento, accion de despoblar un país.

**DÉPEUPLER**, a. *depeuplé*. Despoblar, dejar sin habitantes un país.

**DÉPHLEGMATION**, f. Quím. V. DÉFLEGMATION.

**DÉPHLEGMER**, a. V. DÉFLEGMER.

**DÉPHLOGISTIQUER**, a. *deflogistiqué*. Quím. Deflogisticar, quitar el flogístico, el principio inflamable.

**DÉPICAGE**, m. V. DÉPIQUAGE.

**DÉPIÉ**, m. ant. *depié*. Desmembramiento, desmembracion de un feudo.

**DÉPIÉÇAGE**, m. *depieságe*. Despedazamiento, accion y efecto de despedazar.

**DÉPIÈCEMENT**, m. V. DÉPIÉÇAGE.

**DÉPIÉCER**, a. *depiesé*. Despedazar, dividir en pedazos. || Desmembrar un feudo.

**DÉPIGAGE**, m. *depigáge*. Trilladura, accion de trillar las mieses.

**DÉPIGATOIRE**, adj. *depigatuár*. Calificacion del trillo y de la era donde se trilla.

**DÉPILAGE**, m. *depiláge*. Peladura, operacion de pelar, de quitar el vello, etc.

**DÉPILANT**, adj. V. DÉPILATIF y DÉPILATOIRE.

**DÉPILATIF, IVE**, adj. *depilatif, iv*. Depilativo, que hace caer el pelo, el cabello.

**DÉPILATION**, f. *depilasión*. Depilacion, peladura, accion de pelar, de hacer caer el pelo. || Alopecia, caida ó pérdida del pelo.

**DÉPILATOIRE**, adj. *depilatuár*. Depilatorio. V. DÉPILATIF. || m. Depilatorio, atanquía, ungüento para hacer caer el pelo, para quitar el vello.

**DÉPILER**, a. *depilé*. Pelar, quitar el pelo, el bozo, etc., hacerlo caer en todo ó en parte. || *Se dépiler*, r. Pelarse, soltar el pelo, hablando de un animal.

**DÉPINGLAGE**, m. *depengláge*. Accion de quitar los alfileres.

**DÉPINGLER**, a. *depenglé*. Desalfilerar, quitar los alfileres de una tela prendida.

**DÉPIQUAGE**, m. *depicáge*. Desgranamiento, accion de extraer el grano.

**DÉPIQUER**, a. *depiqué*. Desgranar, sacar el grano de alguna cosa. || Despicar, quitar las picaduras á una tela. || Despicar, desenfadar, quitar el enfado á cualquiera. || *Se dépiquer*, r. Desgranarse, ser desgranado, hablando del grano. || Despicarse, desenfadarse.

**DÉPIQUEUR, EUSE**, m. y f. *depiqueur, eus*. Desgranador, obrero que conduce la operacion del desgranamiento.

**DÉPISTER**, a. *depisté*. Descubrir, rastrear, sacar por la pista. || met. Dar con la pista de alguno, descubrir dónde se halla. || Indagar, inquirir, sacar en limpio lo que se pretende ó desea saber, espiando los pasos de una persona.

**DÉPIT**, m. *depí*. Despecho, desesperacion, impaciencia extrema. || Despecho, enfado, indignacion que nos causa alguna persona ó cosa. || *En dépit de*, loc. prep. A despecho, á pesar de alguno, contra su gusto y voluntad.

**DÉPITER**, a. *depité*. Despechar, causar despecho, incomodar. || *Se dépiter*, r. Despecharse, exasperarse, enojarse. || fam. *Se dépiter contre son ventre*, despecharse contra su vientre, privarse de comer por mal humor. || Rehusar por despecho lo que se desea y que nos conviene.

**DÉPITEUSEMENT**, adv. *depiteusmán*. Despechadamente, con despecho, con indignacion.

**DÉPITEUX, EUSE**, adj. ant. *depiteu, eus*. Enojadizo, que con facilidad se enoja.

**DÉPLACÉ, ÉE**, adj. *deplasé*. Fuera de lugar, que no está en el puesto que le corresponde. || Cambiado, trasladado de un puesto á otro, de uno á otro punto. || met. Impropio, nada conveniente, nada á propósito para el caso.

**DÉPLACEMENT**, m. *deplasmán*. Mutacion, mudanza de una persona ó cosa, quitándolas ó cambiándolas de su puesto. || Destitucion de un empleado.

**DÉPLACER**, a. *deplasé*. Mudar, trasladar á una persona ó cosa de un lugar á otro. || Destituir, privar, despojar á uno de algun empleo, ministerio, dignidad, etc. || *Déplacer la question*, cambiar de cuestion, darle otro giro.

**DÉPLAIRE**, n. *deplér*. Desagradar, disgustar, incomodar. || Desagradar, enfadar. || *Déplaire à Dieu*, ofender á Dios, desagradarle por la culpa. || *Soit dit sans vous déplaire*, en paz sea dicho, sin que Vd. se [illegible] ó agravie. || loc. adv. *Ne vous déplaise, ne vous en déplaise*, mal que os pese, á pesar vuestro. || *Se déplaire*, r. [illegible], fastidiarse, aburrirse, hallarse mal. || Es tambien impers., y se dice *il déplait de, il déplait que*.

**DÉPLAISAMMENT**, adv. *deplesamán*. Desagradablemente, de una manera desagradable.

**DÉPLAISANCE**, f. *deplesáns*. Displicencia, repugnancia, desagrado, falta de gusto.

**DÉPLAISANT, E**, adj. *deplesán*. Displicente, desagradable, que disgusta, que es propio para disgustar.

**DÉPLAISIR**, m. *deplesir*. Desagrado, disgusto, sinsabor, displicencia, pena, sentimiento, afliccion.

**DÉPLANCHER**, a. *deplanché*. [illegible], quitar el techo, las tablas, etc., de que se compone un cobertizo, el cielo de un aposento, etc.

**DE PLANO**, adv. *depláno*. Jurisp. En el acto, sin demora alguna.

**DÉPLANTAGE**, m. *deplantáge*. Agr. Trasplantacion, accion y efecto de trasplantar.

**DÉPLANTATION**, f. *deplantasión*. Agr. Trasplantacion, accion de trasplantar.

**DÉPLANTER**, a. *deplanté*. Agr. Trasplantar, mudar las plantas, matas, etc., de una tierra á otra.

**DÉPLANTEUR**, m. *deplanteur*. Agr. Trasplantador, obrero que se ocupa en trasplantar ó arrancar árboles.

**DÉPLANTOIR**, m. *deplantuár*. Agr. Desplantador, instrumento para arrancar las raíces y plantas.

**DÉPLÂTRAGE**, m. *deplatráge*. Art. Desenyesadura, accion de desenyesar.

**DÉPLÂTRER**, a. *deplatré*. Art. Desenyesar, quitar el yeso de donde lo haya. || met. Desenmascarar, descubrir: v. gr. *déplâtrer l'hypocrisie*.

**DÉPLÉGIER**, a. ant. *deplegié*. For. Descaucionar, descargar de una caucion.

**DÉPLÉTIF, IVE**, adj. *depletif, iv*. Med. Depletivo, que tiene la cualidad de disminuir el espesor de los líquidos del cuerpo.

**DÉPLÉTION**, f. *deplesión*. [illegible], accion y efecto de disminuir los líquidos del cuerpo.

**DÉPLEURER**, n. *depleuré*. Dejar de llorar, no llorar mas.

**DÉPLIER**, a. *deplié*. Desplegar, [illegible], extender y desdoblar lo que está [illegible] ó plegado. || Desenfardar, [illegible] géneros de comercio. || met. Desplegar, [illegible] grandeza, opulencia, etc. || met. *Déplier son cœur*, franquear, manifestar el corazon.

**DÉPLISSAGE**, m. *depliságe*. Art. Desplegamiento, accion de desplegar.

**DÉPLISSER**, a. *deplisé*. Desplegar, descoser, deshacer, soltar los pliegues.

**DÉPLOIEMENT**, m. *deploamán*. Despliegue, accion y efecto de desplegar. || Mil. Despliegue, maniobra militar para desplegarse ó extenderse un cuerpo de tropas. || *Grand déploiement de forces*, gran despliegue, gran aparato de fuerzas militares.

**DÉPLOMBAGE**, m. *deplombáge*. Desplomadura, accion de desemplomar.

**DÉPLOMBER**, a. *deplombé*. Com. Desemplomar, quitar los plomos que pone la aduana sobre los bultos.

**DÉPLORABLE**, adj. *deplorábl*. [illegible]

[illegible] de ser llorado, digno de lástima, [illegible], lamentable.

[illegible], adv. *deplorabl-*[illegible], lastimosa, misera-[illegible]. En este sentido se di-[illegible] *déplorablement, chanter* [illegible].

[illegible], f. inus. *deplorasión.* [illegible], efusion de lágrimas.

[illegible], a. *deploré.* Deplorar, llorar, [illegible] las desgracias, compadecerse [illegible] de alguno.

[illegible], a. *depluayé.* Desplegar, ex-[illegible] estaba encogido ó plegado. || [illegible] desenvolver todos sus recursos. [illegible] en alguna cosa. || Des-[illegible], poner de manifiesto, hacer [illegible] físicas y morales. || met. y [illegible], tomar las de vi-[illegible] pies en polvorosa. || Mil. [illegible], desplegar un ejército, [illegible] línea de batalla al frente del [illegible].

[illegible], a. *deplumé.* Desplumar, [illegible] plumas á un ave. || met. y fam. [illegible] con arte ó engaño á [illegible] tiene. || *Se déplumer*, r. Des-[illegible], perder las plumas, mu-[illegible] las aves.

[illegible], a. *depoché.* Aflojar, alijerar, [illegible] los bolsillos.

[illegible], m. *depuentiége.* Despun-[illegible] de despuntar.

[illegible], a. *depuenté.* Com. Des-[illegible] los puntos que sujetan los [illegible] pieza de tela.

[illegible], f. *depolarizasión.* [illegible], accion y efecto de des-[illegible].

[illegible], a. *depolarizé.* Fís. Des-[illegible] hacer cesar el estado de polariza-[illegible].

[illegible], m. *depolí.* Despulimiento, des-[illegible] de lustre.

[illegible], a. *depolír.* Despulir, deslus-[illegible] el lustre. || *Se dépolir*, r. Despu-[illegible].

[illegible], m. *depolisége.* Deslus-[illegible] de deslustrar.

[illegible], m. V. DÉPOLISSAGE.

[illegible], adj. m. *deponán.* Gram. [illegible] de los verbos latinos que [illegible] pasiva y significacion ac-[illegible] masculino: v. gr. un [illegible].

[illegible], adj. *deponíbl.* Deponible, [illegible].

[illegible], f. *depopularisa-*[illegible], pérdida del pres-[illegible].

[illegible], a. *depopularisé.* Des-[illegible], hacer perder la popula-[illegible] del pueblo.

[illegible], TRICE, adj. *depopu-*[illegible] : se dice del que [illegible], destruye cuanto [illegible] m., destructor.

[illegible], f. *depopulasión.* Des-[illegible] de un país despoblado, [illegible] que lo poblaba.

[illegible], a. ant. V. DÉPEUPLER.

[illegible], m. ant. *depór.* V. DÉPORTE-[illegible] de un juez á co-[illegible]. || Derecho de vacante, [illegible] || Derecho á la percepcion [illegible] de un feudo. || De-[illegible]. || loc. adv. *Sans* [illegible], al instante, acto con-[illegible].

[illegible], f. *deportasión.* Depor-[illegible] de un reo, [illegible] accion de deportar.

[illegible], m. *deportmán.* Com-[illegible] de portarse, con-[illegible].

[illegible] *deporté.* Deportar, des-[illegible] á otro determi-[illegible] r. ant. Desistir de [illegible]. || ant. Di-[illegible].

[illegible], adj. *depozán.* Deponente, declarante, testigo que depone ó hace una deposicion y afirma en juicio, en justicia. Es tambien sustantivo: *le déposant, la déposante.*

**DÉPOSE**, f. *depós.* Art. Separacion, segregacion de un objeto del lugar que ocupaba en alguna obra de albañilería ó mampostería.

**DÉPOSER**, a. *deposé.* Deponer, descargar un peso que se llevaba encima. || Colocar, depositar un objeto en alguna parte por un tiempo determinado. || Depositar, colocar en su morada. || Quitarse el vestido, desnudarse. || Deponer, renunciar, dejar un cargo ó dignidad. || Deponer, olvidar, prescindir completamente de todo reparo. || *Déposer le masque*, deponer la máscara, hablar francamente. || Deponer, destituir, quitar á alguno su empleo. || Depositar, poner en depósito alguna cosa. || Afianzar, dar por garantía, depositar una cantidad para responder de su gestion. || Separar, arrancar, quitar una cosa de donde estaba. || Deponer, formar poso, sedimento, hablando de líquidos. || Art. Desmontar, descomponer una máquina. || n. Deponer, declarar, servir de testigo. || Deponer, decir todo lo que se sabe acerca de un hecho.

**DÉPOSITAIRE**, m. y f. *depositér.* Depositario, la persona á quien se ha confiado un depósito. || m. met. Depositario de la autoridad, del secreto, etc.

**DÉPOSITEUR**, m. *depositeur.* Depositor, el que es depositario de una cantidad de mercaderías.

**DÉPOSITION**, f. *deposisión.* Deposicion, destitucion, privacion de un cargo, empleo, dignidad, etc. || Deposicion, atestiguacion en juicio.

**DÉPOSITOIRE**, m. *depositudr.* Sitio fúnebre en que se depositan los cadáveres ántes de enterrarlos.

**DÉPOSSÉDER**, a. *deposedé.* Desposeer, quitar á uno la posesion de alguna cosa que poseia. || Desposeer, destituir de un cargo, dignidad, etc. || Desaposesionar, quitar á uno la posesion ó dominio de alguna finca. || met. Deshonrar, desacreditar, desposeer á uno de su fama. || *Se déposséder*, r. Desprenderse, desnudarse de cualquiera investidura, dimitirla, ser desposeido.

**DÉPOSSESSION**, f. *deposesión.* For. Desposesion, accion de desposeer, estado de una persona desposeida.

**DÉPOSTER**, a. *deposté.* Mil. Desalojar, echar al enemigo de un puesto ó apostadero.

**DÉPOSTÉRISER**, a. *deposterisé.* Privar de posteridad.

**DÉPÔT**, m. *depó.* Depósito, accion y efecto de guardar una cosa, de ponerla á buen recaudo. || Depósito, accion de depositar algo en manos de una persona. || Depósito, la cosa depositada. || Depósito, estipulacion mediante la cual se confia lo que se quiere. || Depósito, puesto en que se conserva alguna cosa. || Depósito, cantidad considerable de géneros mercantiles. || Pósito, almacen público de granos. || Med. Depósito, acumulacion de humores. || Poso, secrecion de la orina. || Mil. Depósito, lugar donde se instruyen los reclutas, y la misma reunion de reclutas.

**DÉPOTEMENT**, m. *depotmán.* Accion y efecto de trasplantar una planta, etc., de un tiesto á otro. || Accion de mudar los vinos y licores de unas botellas á otras.

**DÉPOTER**, a. *depoté.* Agr. Sacar las plantas de los tiestos para plantarlas en otra parte. || Pasar los vinos de unas botellas á otras.

**DÉPOUDRER**, a. *depudré.* Desempolvar, cepillar, sacar el polvo.

**DÉPOUILLE**, f. *depúll.* Despojo, el pellejo, la cubierta epidérmica que sueltan algunos animales, sacada ya del cuerpo. En la culebra y serpiente se llama la camisa, y en algunos insectos la tela. || Poét. Despojo, restos mortales de una persona fenecida. || Despojo, mortaja. || met. Despojo, propiedad de otro que le ha sido arrebatada y con la cual se ha enriquecido el usurpador. || Plagio, usurpacion literaria hecha por un autor á otro. || Mil. Despojo, botin, saco, presa que se coge al enemigo. || Esquilmo, cosecha de los frutos.

**DÉPOUILLEMENT**, m. *depullmán.* Despojamiento, despojo, accion y efecto de despojar. || met. Desprendimiento, renunciacion, privacion voluntaria que hace alguno de su voluntad, de sus gustos, de sus bienes, etc. || Exámen, análisis, extracto, resúmen de unas cuentas, de unos autos, de un inventario, etc. || Escrutinio, recuento de votos.

**DÉPOUILLER**, a. *depullé.* Desollar, quitar la piel á un animal. || Despojar, desnudar, quitarle á uno el vestido ó la ropa. || met. Privar, desnudar á alguno, quitarle lo que le pertenece. || Rasgar, cortar á uno, ó por accidente ó mediante operacion quirúrgica, alguna carne de su mismo cuerpo. || Plagiar, robar conceptos, propiedades literarias. || Despojar, desguarnecer, desmantelar, descubrir lo que defendia. || Esquilmar, recoger la cosecha de frutos. || Deponer, deshacerse de, abandonar, hablando de cosas morales. || Examinar, extractar, hacer el análisis, el resúmen de cuentas, inventarios, etc. || Teol. *Dépouiller le vieil homme*, desnudarse del hombre antiguo para vestirse del nuevo: deshacerse de sus inclinaciones. || fam. Renunciar á sus antiguas costumbres. || *Se dépouiller*, r. Despojarse de su piel, mudar camisa las serpientes, tela los insectos, etc. || met. Despojarse, desnudarse, dejar la vanidad, las pompas, los vicios. || Despojarse, perder la tierra sus frutos, su verdura. || Despojarse, privarse de lo suyo en beneficio de otro. || Renunciar á, hablando de cosas morales. || *Il ne faut pas se dépouiller avant de se coucher*, el que en vida se despoja, nada de gusto le coja. || *Dépouiller un inventaire*, extractar un inventario.

**DÉPOURVOIR**, a. *depurvuár.* Desproveer, privar de provisiones, desabastecer, quitar los bastimentos.

**DEPPÉE**, f. *depé.* Bot. Depea, género de plantas.

**DÉPRAVATEUR, TRICE**, adj. *depravateur, tris.* Depravador, corruptor, que corrompe. Es tambien sustantivo.

**DÉPRAVATION**, f. *depravasión.* Med. Depravacion, accion de alterar, de corromper la sangre, los humores. || Estado de lo corrompido, estragamiento del gusto, del apetito, etc. || met. Depravacion, corrupcion, desarreglo de las costumbres, hábitos, etc.

**DÉPRAVER**, a. *depravé.* Med. Depravar, corromper, estragar las funciones de la máquina corpórea. || met. Depravar, corromper, viciar, adulterar. || *Se dépraver*, r. Corromperse, acedarse el estómago, no digerir bien los alimentos. || met. Depravarse, viciarse, pervertirse.

**DÉPRÉCATIF, IVE**, adj. *deprecatif, iv.* Teol. Deprecativo, suplicatorio, que se hace en súplica.

**DÉPRÉCATION**, f. *deprecasión.* Deprecacion, ruego, súplica, peticion. || Ret. Deprecacion, figura retórica por la cual se expresa el deseo del bien ó del mal de alguno.

**DÉPRÉCIATEUR, TRICE**, adj. *depresiateur, tris.* Despreciador, desestimador, que minora, que rebaja el mérito. || m. y f. Despreciador, que desprecia, que desestima.

**DÉPRÉCIATION**, f. *depresiasión.* Desestimacion, accion de desestimar, descrédito.

**DÉPRÉCIER**, a. *depresié.* Despreciar, menospreciar, rebajar el mérito de una persona, el valor de una cosa. || *Se déprécier*, r. Rebajarse á sí mismo, no darse la importancia segun su mérito.

**DÉPRÉDATEUR, TRICE**, m. y f. *depredateur, tris.* Depredador, usurpador, ladron del público. || Depredador, usurpador, el que tolera los robos.

**DÉPRÉDATIF, IVE**, adj. *depredatif, iv.* Depredativo, que tiene carácter de depredacion.

**DÉPRÉDATION**, f. *depredasión.* Depredacion, saqueo, robo, monopolio: se dice de los que se aprovechan de los bienes del público, de un pupilo, de una herencia, etc.

**DÉPRÉDER**, a. poco us. *depredé.* Depredar, saquear, monopolizar.

**DÉPRENDRE**, a. *deprándr.* Separar, despartir, desagarrar, hablando de cosas animados que luchan. || Desprender, desapartar, desasir, segun la cosa de que se habla. || *Se déprendre*, r. Desprenderse, desempeñarse, desligarse, etc. || met. Desprenderse de una persona á la que se está ligado.

**DÉPRÉOCCUPER**, a. *depreocupé*. Despreocupar, sacar á uno de alguna preocupacion. || *Se dépréoccuper*, r. Despreocuparse, desprenderse de cualquiera preocupacion.

**DÉPRÉPUCÉ**, adj. m. *deprepusé*. Circuncidado, sin prepucio. Judío.

**DÉPRESSAIRE**, m. *depresér*. Depresaria, género de insectos.

**DÉPRESSER**, a. *depresé*. Desprensar, sacar de la prensa. || Deslustrar, debilitar el lustre dado por la prensa.

**DÉPRESSION**, f. *depresión*. Depresion, reduccion de un cuerpo por medio de la presion. || Med. Depresion, debilitacion, atenuacion de fuerzas. || Cir. Depresion, fractura del cráneo. || Mat. Depresion, exceso del horizonte racional sobre el horizonte visual. || met. Depresion, abatimiento, humillacion.

**DÉPRESSOIR**, m. *depresuár*. Cir Depresorio, instrumento quirúrgico.

**DÉPRÊTRISER**, a. *depretrisé*. Degradar, despojar del carácter sacerdotal. || *Se déprêtriser*, r. Renunciar al sacerdocio.

**DÉPRÉVENIR**, a. *deprevenír*. Desprevenir, desvanecer una prevencion.

**DÉPRI**, m. *deprí*. Rebaja, precio menor que se pedia á un señor feudal del laudemio y derechos de venta, etc. || Declaracion que se hace, aviso que se da para ir á vender el vino de la cosecha á otra parte, con pretexto de reintegrar los derechos establecidos.

**DÉPRIER**, a. *deprié*. Desavisar, desconvidar, retirar la invitacion de convite. || Revocar una súplica hecha. || Suplicar una rebaja sobre los derechos señoriales.

**DÉPRIMAGE**, m. *deprimáge*. Agr. Deprimacion, accion de deprimar ó despuntar las yerbas de las praderas.

**DÉPRIMER**, a. *deprimé*. Deprimir, aplastar, comprimir. || met. Deprimir, abatir, humillar. || *Se déprimer*, r. Deprimirse, rebajarse, envilecerse.

**DÉPRINCIPISER**, a. *deprensipisé*. Desprincipizar, quitar la cualidad, despojar del título de príncipe. Se dice en el estilo burlesco.

**DÉPRIS**, m. *deprí*. Desprecio, menosprecio, sentimiento que nos mueve á tener en ménos á una persona ó cosa.

**DÉPRISABLE**, adj. *deprisábl*. Despreciable, que es poco digno de aprecio. || Despreciable, que debe ser apreciado con inferioridad á su valor.

**DÉPRISANT, E**, adj. *deprisán*. Despreciador, menospreciador, se dice del que desprecia.

**DÉPRISEMENT**, m. *deprismán*. Despreciamiento, desaprecio, desestimacion, poco aprecio.

**DÉPRISER**, a. *deprisé*. Despreciar, desestimar y tener en poco.

**DÉPRISONNER**, a. *deprisoné*. Desaprisionar, quitar las prisiones á alguno ó sacarle de la prision.

**DÉPROHIBER**, a. *deproibé*. Desprohibir, anular, levantar una prohibicion.

**DÉPROMETTRE**, a. *deprométr*. Retirar una promesa, una oferta. || *Se dépromettre*, r. Desdecirse, retractarse de una promesa.

**DÉPROPRIEMENT**, m. *depropriman*. Desapropiamiento, testamento de los antiguos caballeros de Malta.

**DÉPROUVER**, a. *depruvé*. Refutar, destruir desvanecer completamente una prueba.

**DÉPROVINCIALISER**, a. *deprovensializé*. Desprovincializar, quitar, hacer perder las maneras de provincia.

**DÉPUCELAGE**, m. *depusláge*. Desfloro, desfloramiento, accion y efecto de desflorar una doncella. Es palabra muy grosera.

**DÉPUCELER**, a. *depuslé*. Desflorar, quitar la virginidad á una mujer.

**DÉPUCELEUR**, m. *depusleur*. Desflorador, el que quita la virginidad.

**DÉPUCELLEMENT**, m. V. Défloration.

**DEPUIS**, prep. *depuí*. Desde. || *Depuis la création du monde*, desde el principio del mundo, desde su creacion. || *Depuis le levant jusqu'au couchant*, desde levante hasta poniente. || adv. Despues. || *Cela s'est passé depuis*, esto pasó. || *Depuis peu*, poco há. || *Depuis quand?* de cuándo acá? || *Depuis que*, loc. conj. Desde que.

**DÉPURATIF, IVE**, adj. y s. *depuratif, ív*. Med. Depurativo, epíteto de los medicamentos propios para depurar.

**DÉPURATION**, f. *depurasión*. Depuracion, accion y efecto de depurar. || Med. Depuracion, evacuacion purificadora de la economía animal. || fam. Depuracion, separacion espontánea de las partículas sólidas que oscurecen un líquido.

**DÉPURATOIRE**, adj. *depuratuár*. Depuratorio, que sirve para depurar. || Med. Depuratorio, epíteto de ciertas enfermedades que se creen útiles para purificar la masa de los humores.

**DÉPURER**, a. *depuré*. Med. Depurar, purificar la sangre, los humores. || Depurar, apurar, refinar los metales. || Clarificar los licores.

**DÉPURGATOIRE**, adj. *depurgatuár*. Depurgatorio, que sirve para purgar.

**DÉPUTATION**, f. *deputasión*. Diputacion, el envío y comision de diputados. || Congreso, cuerpo, asamblea de diputados. || Diputacion, las funciones, el encargo de diputado; el tiempo de su duracion.

**DÉPUTÉ**, m. *deputé*. Diputado, enviado de un cuerpo constituido, de un príncipe, de un república, etc. || Polít. Diputado, representante de una nacion.

**DÉPUTER**, a. *deputé*. Diputar, comisionar, enviar una corporacion, pueblo, etc., un individuo ó muchos con comision.

**DÉQUALIFICATION**, f. *decalificasión*. Descalificacion, accion de descalificar, pérdida de una calificacion.

**DÉQUALIFIER**, a. *decalifié*. Descalificar, quitar la calidad.

**DÉRACANTHE**, m. *deracánt*. Deracanto, género de insectos.

**DÉRACINABLE**, adj. *derasinábl*. Desarraigable, que puede ser desarraigado. || met. *Un vice déracinable*, un vicio no inveterado, que puede vencerse.

**DÉRACINEMENT**, m. *derasinmán*. Desarraigamiento, desarraigo, accion de desarraigar. || *Le déracinement d'une dent*, la extraccion de un diente. || met. Destruccion, accion de destruir, de extirpar abusos, errores, etc.

**DÉRACINER**, a. *derasiné*. Desarraigar, arrancar de raiz algun árbol ó planta. || Cortar al rededor, extraer, extirpar. || met. Desarraigar, exterminar, hablando de vicios, costumbres, errores, etc.

**DÉRADELPHIE**, f. *deradelfí*. Terat. Deradelfia, reunion monstruosa de dos cuerpos pegados por el cuello y la cabeza.

**DÉRADELPHIEN, NE**, adj. *deradelfién, én*. Deradelfiano, se dice de los monstruos que tienen dos cuerpos y una sola cabeza.

**DÉRADER**, n. *deradé*. Mar. Dejar una rada, largarse de un fondeadero obligado por la fuerza del viento ó de las corrientes.

**DÉRAILLEMENT**, m. *deralimán*. Descarrilamiento, accion y efecto de descarrilar ó descarrilarse.

**DÉRAILLER**, n. *deralié*. Descarrilar, descarrilarse, salirse del ferro-carril.

**DÉRAISON**, f. *derezón*. Sinrazon, falta de razon, desatino, despropósito.

**DÉRAISONNABLE**, adj. *derezonábl*. Desrazonable, irrazonable, irracional, que no es conforme á la razon.

**DÉRAISONNABLEMENT**, adv. *derezonablmán*. Desrazonablemente, de una manera contraria á la razon.

**DÉRAISONNEMENT**, m. *derezonmán*. Desrazonamiento, sinrazon, accion y efecto de disparatar ó desatinar, etc.

**DÉRAISONNER**, a. *derezoné*. Desrazonar, disparatar, hablar fuera de razon, fuera de propósito, etc. || Discurrir ó raciocinar con mala lógica, sin enlace ni método.

**DÉRALINGUER**, a. [illegible] Mar. Regir una vela á lo largo de la [illegible] || Desrelingar ó descoser la relinga.

**DÉRAMAGE**, m. [illegible] Art. Desramaje, accion de [illegible] de los gusanos de seda.

**DÉRAMER**, a. *deramé*. [illegible] desprender los capullos de los gusanos de seda de los ramos ó ramas á que están adheridos.

**DÉRANGEMENT**, m. [illegible] Desórden, falta de órden, desconcierto, confusion, turbulencia, etc. || Desórden, [illegible] sion, trastorno del órden natural, [illegible] posicion. || Desarreglo, alteracion de las funciones orgánicas. || Desórden, ruina, pérdida de la fortuna. || Desórden, [illegible] timetódica de vida. || met. Cambio, [illegible] cion de las funciones intelectuales.

**DÉRANGER**, a. *derangé*. [illegible] componer, poner en desórden. || [illegible] perturbar el mecanismo de ciertas [illegible] Turbar el órden, relativamente á las personas, obligándoles á perder su puesto. || [illegible] ordenar, alterar las funciones [illegible] Desordenar, alterar las funciones [illegible] tuales. || Distraer, interrumpir, [illegible] uno de sus quehaceres. || [illegible] dar, poner de mal humor. || Pervertir, [illegible] á perder, malvar. || Arruinar, [illegible] órden, devastar. || Desordenar, [illegible] zar, enmarañar los negocios. || [illegible] rochar su fortuna. || Trastornar, [illegible] bles, papeles, etc. || Desordenar, [illegible] vertir el órden natural del tiempo. || *Se déranger*, r. Desarreglarse, tener [illegible] ta poco arreglada. Tiene otras [illegible]

**DÉRATÉ, ÉE**, adj. *deraté*. [illegible] || fam. Avispado, despabilado, [illegible]

**DÉRATER**, a. *deraté*. Quitar el bazo á un animal.

**DÉRAYER**, a. *derayé*. Agr. [illegible] ner en hueco. || Trazar, delinear, [illegible] último surco de un campo.

**DÉRAYURE**, f. *derayúr*. Agr. [illegible] co que se practica en una tierra [illegible] co final divisorio de dos campos [illegible]

**DERCÉTO** ó **DERCÉTIS**, f. [illegible] *sétis*. Mit. Derceto ó Dercétis, [illegible]

**DERCIS**, f. *dérsis*. Dercis, [illegible] á la constelacion de los Peces.

**DERCYLE**, m. *dersíl*. Dercilo, género de insectos.

**DÉRÉCÉPHALIDES**, adj. y s. m. pl. *deresefalíd*. Derecefálidos, grupo de insectos longicórneos.

**DERECHEF**, adv. *derechéf*. De nuevo, otra vez, repetidamente.

**DÉRÉGLEMENT**, m. [illegible] reglo, falta de regla, desórden. || [illegible] postura, desconcierto, estado de lo que se encuentra fuera de las reglas del [illegible] Desarreglo, desconcierto de las [illegible] mentales.

**DÉRÉGLÉMENT**, adv. [illegible] arregladamente, con desarreglo.

**DÉRÉGLER**, a. *dereglé*. [illegible] descomponer, poner fuera de las [illegible] arte. || Desarreglar, trastornar, [illegible] sacar de regla. || *Se dérégler*, r. [illegible] glarse, salir de regla, desordenarse. || [illegible] Conducirse mal, llevar una conducta [illegible] reglada.

**DÉRÉLOME**, m. *derelóm*. Zool. [illegible] lomo, género de insectos.

**DÉRENCÉPHALE**, m. *derensefál*. [illegible] nat. Derencéfalo, cierto género de monstruos.

**DÉRENCÉPHALIE**, f. *derensefalí*. [illegible] nat. Derencefalia, calidad de los [illegible] falos que tienen el cerebro [illegible] vértebras del cuello.

**DÉRENCÉPHALIEN, NE**, adj. [illegible] *falién, én*. Derencefaliano, [illegible] derencéfalo.

**DÉRENCÉPHALIQUE**, adj. [illegible] Derencefálico, que presenta el carácter de la derencefalia.

**DÉRIBANDS**, m. pl. [illegible] ribandas, telas blancas de algodon procedentes de las Indias orientales.

**DÉRIDER**, a. *deridé*. Desarrugar, [illegible] quitar las arrugas. || Desarrugar, [illegible]

[illegible] el ceño. || Se dérider, r. [illegible] ponerse cariálegre, [illegible].

[illegible], m. derizeur. Burlon, mofa-[illegible] de todo se burla.

[illegible], f. derisión. Irrision, mofa, [illegible].

[illegible], adj. derisuár. Irrisorio, in-[illegible], hablando de cosas ó [illegible].

[illegible], E, adj. derivàn. Proceden-[illegible], que se deriva, que dimana [illegible].

[illegible], IVE, adj. y s. derivatif, iv. [illegible] que hace derivar ó es capaz de [illegible] derivacion. Dícese de los reme-[illegible] á otra parte una fluxion ó [illegible], como los sinapismos, los [illegible], etc. || Gram. V. DÉRIVÉ.

[illegible], f. derivasión. Derivacion, [illegible] é separar alguna parte del [illegible] orígen y principio. || Hidr. De-[illegible], giro, vuelta que se hace [illegible] de un rio, canal, etc. || [illegible], orígen que una palabra [illegible]. || Med. Derivacion, accion ó [illegible] atraer la sangre ó otro cualquier [illegible] una parte, con el objeto de [illegible]. || Mar. Declinacion, aba-[illegible].

[illegible], f. derív. Mar. Abatimiento, [illegible] el rumbo del buque por la [illegible] de las velas. || Caída á sotavento.

[illegible], m. derivé. Gram. Derivado, [illegible] su orígen de otra, que se de-[illegible].

[illegible], n. derivé. Mar. Derivar, abatir-[illegible] rumbo. || Irse á la rouza ó caer [illegible]. Derivarse, dimanar, traer [illegible] || a. Derivar, apartar, desviar una [illegible]. || Med. Derivar, operar la deri-[illegible]. || Art. Dériver une roue, desencajar [illegible] ó hacerla salir de su eje. [illegible], limar un clavo.

[illegible], m. derivoár. Art. Especie [illegible] usan los relojeros.

[illegible], m. derivó. Mar. Bichero, [illegible] y desatracar.

[illegible]. Art. Derla, tierra para [illegible].

[illegible], f. dermatití. Med. Derma-[illegible] del dérmis.

[illegible], m. dermatocárp. [illegible], género de hongos.

[illegible], ÉE, adj. dermato-[illegible], parecido á un der-[illegible]. || [illegible], f. pl. Derma-[illegible] de hongos angiocarpos.

[illegible], f. dermatocót. Anat. [illegible] dermatoesqueleto.

[illegible], m. dermatoíd. Zool. Der-[illegible] de insectos.

[illegible], f. dermatodí. Bot. Der-[illegible] de liquenes.

[illegible], adj. y m. pl. der-[illegible]. Dermatogastros, tribu de [illegible].

[illegible], f. dermatologí. Anat. [illegible] sobre la piel.

[illegible], f. dermato-[illegible], tratado [illegible] de la piel.

[illegible], adj. dermatofíd. Der-[illegible], que tiene escamas sobre la [illegible] de reptiles. || Dermatophides, [illegible], seccion de reptiles ofi-[illegible].

[illegible], adj. dermatopnónt. [illegible], que respira por la [illegible].

[illegible], f. dermatosé. Med. Der-[illegible] de todas las en-[illegible] de la piel.

[illegible], m. dermatosc-[illegible], esqueleto cu-[illegible].

[illegible], adj. der-[illegible]. Dermatoesquelético, que [illegible].

[illegible], E, adj. der-[illegible]. Dermatovertebral, que [illegible] dermatovértebra.

[illegible], f. dermatover-tèbr. Anat. Dermatovértebra, vértebra del dermatoesqueleto.

**DERME**, m. dérm. Anat. Dérmis, cútis ó corion, parte fundamental de la piel.

**DERMÉE**, f. dermé. Bot. Dermea, género de hongos.

**DERMÉEN, NE**, adj. dermeén, én. Dermeano, que se parece á una dermea.

**DERMESTE**, m. dermést. Zool. Dermesto, género de insectos.

**DERMESTIDE**, adj. dermestíd. Derméstido, que se parece á un dermesto.

**DERMESTIN, E**, y **DERMESTITE**, adj. V. DERMESTIDE.

**DERMIPÈDE**, m. dermipéd. Zool. Dermípedo, ave. V. DERMATOPODE.

**DERMITE**, f. dermít. Med. Dermita, inflamacion de la piel.

**DERMOBLASTE**, m. dermobläst. Bot. Dermoblasto, nombre dado á ciertos embriones vegetales.

**DERMOBRANCHE**, adj. dermobránche. Zool. Dermobranco ó dermobranquio, epíteto de ciertos moluscos.

**DERMODONTE**, adj. dermodónt. Zool. Dermodonte, calificacion de ciertos pescados.

**DERMOGRAPHE**, m. dermograf. Med. Dermógrafo, el que escribe ó hace una descripcion de la piel.

**DERMOGRAPHIE**, f. dermografí. Anat. Dermografía, descripcion anatómica de la piel.

**DERMOGRAPHIQUE**, adj. dermografíc. Med. Dermográfico que tiene relacion con la demografía.

**DERMOÏDE**, adj. dermoíd. Anat. Dermoides, que tiene analogía con el dérmis.

**DERMOLOGIE**, f. dermologí. Med. Dermología, tratado sobre la piel.

**DERMOLOGIQUE**, adj. dermologíc. Med. Dermológico, el que tiene relacion con la dermología.

**DERMOLOGISTE** ó **DERMOLOGUE**, m. dermologíst, dermológ. Med. Dermologista, dermólogo, el que trata, que se ocupa de la dermología.

**DERMOLYSIE**, f. dermolisí. Med. Dermolisia, insensibilidad de la piel.

**DERMOSPORION**, m. dermosporión. Bot. Dermosporion, género de hongos.

**DERMOTOMIE**, f. dermotomí. Anat. Dermotomía, diseccion de la piel.

**DERMOTOMIQUE**, adj. dermotomíc. Anat. Dermotómico, que tiene analogía con la diseccion de la piel.

**DERNIER, ÈRE**, s. y adj. dernié, ér. El último, el postrero. Esta palabra se toma en muchos sentidos, propio y metafórico, en buena y en mala parte, como se verá por algunos ejemplos. || *Le dernier de sa famille*, el último de la familia, el último que vive de la familia; met. y tomado en mala parte, el peor de condicion, el mas vil é indigno. || Tómase tambien en buena parte: *Brutus et Cassius furent les derniers des Romains*, es decir que fueron los últimos que merecieron el nombre de Romanos, que combatieron por la libertad de la república romana. || Último, postrero que habla, juega, etc., despues que los demas. || met. y fam. *Il ne veut jamais avoir le dernier*, la suya ha de ser la última, siempre quiere quedar encima. || met. *Mettre la dernière main à quelque chose*, dar la última mano á una cosa, acabarla. || *En dernier lieu*, últimamente, en fin, finalmente, por último. || *En dernière analyse*, en fin, por conclusion. || *Derniers devoirs*, últimos deberes, postrer homenaje, exequias que se hacen á un difunto. || *Au dernier mot*, lo último, sin rebaja, ni un cuarto ménos: dícese cuando se vende alguna cosa.

**DERNIÈREMENT**, adv. dernierman. Últimamente, recientemente, hace poco tiempo.

**DÉRO**, m. déro. Zool. Dero, género de gusanos.

**DÉROBÉ, ÉE**, adj. derobé. Hurtado, robado, ocultado. || *Escalier dérobé*, escalera excusada ó secreta. || *Porte dérobée*, puerta excusada. || *A la dérobée*, loc. adv. Á hurtadillas, á escondidas.

**DÉROBEMENT**, m. derobmán. Arq. Escuadría, órden de construir. || *Voûte faite par dérobement*, bóveda hecha ó cortada á escuadra.

**DÉROBER**, a. derobé. Robar, hurtar, quitar, tomar furtivamente. || Ratear, siendo cosa de poco valor. || Quitar, librar á uno de algun peligro, de alguna persecucion, etc. || met. Robar un pensamiento, una invencion á otro. || Sustraer, quitar un criminal á la muerte. || met. y fam. Ocultar, disfrazar los medios de que uno se vale para alcanzar un fin. || Ocultar, esconder, impedir que se vea una cosa. || Ganar, obtener por medios ilícitos. || met. Defraudar, quitar, arrebatar á alguno su gloria, su mérito. || fam. *Est bien larron qui larron dérobe*, buen ladron es el que roba á otro; es ahorcar al verdugo: ser mas diestro, mas sagaz. || Mont. *Dérober la voie*, beber los vientos, hablando del perro que caza sobre la pista sin dar latidos. || Cetr. *Dérober les sonnettes*, robar el cascabel: se dice de un pájaro que se va ántes de darle suelta. || *Se dérober*, r. Desaparecerse, ocultarse, quitarse del medio. || Salvarse, librarse de los golpes á que se estaba expuesto. || Ocultarse, esconderse á la vista un objeto cualquiera. || met. Escaparse, estar oculto á la penetracion. || Equit. Escaparse, zafarse el caballo por un movimiento rápido é irregular que descompone al jinete. || met. *Ses genoux se dérobent sous lui*, sus piernas vacilan, le tiemblan, no pueden sostener el cuerpo.

**DÉROBEUR, EUSE**, m. y f. inus. derobeur, eus. Ladron, el que roba.

**DÉROCHER**, a. derochí. Art. Limpiar el oro ú otros metales. || Cetr. Derrocar, obligar un ave de rapiña á precipitarse. || *Se dérocher*, r. Despeñarse, derrocarse ó desenrocarse, precipitarse la caza.

**DÉRODYME**, m. derodím. Hist. nat. Derodimo, género de monstruos que tienen dos cabezas y dos cuellos.

**DÉRODYMIE**, f. derodimí. Hist. nat. Derodimia, duplicidad de la cabeza y del cuello.

**DÉRODYMIEN, NE**, adj. derodimién, én. Derodimio, epíteto de los monstruos que tienen dos cabezas y dos cuellos.

**DÉRODYMIQUE**, adj. derodimíc. Derodímico, que ofrece los caractéres de la derodimia.

**DÉROGATION**, f. derogasión. Derogacion, accion de derogar, abolicion de una ley.

**DÉROGATOIRE**, adj. derogatuár. Derogatorio, que deroga.

**DÉROGEANCE**, f. derojáns. Derogamiento, accion por la que se pierden los fueros de nobleza.

**DÉROGEANT, E**, adj. derojánt. Derogante, que deroga.

**DÉROGER**, n. derogé. Derogar, abrogar, anular alguna cosa establecida como ley ó costumbre. || met. Derogar, degenerar, hacer alguna cosa indigna de su estado. || Condescender, bajarse á dar algun paso.

**DÉROIDIR**, a. deroidír. Suavizar, aflojar, quitar la tiesura á una cosa. || Apaciguar, dulcificar el mal humor. || *Se deroidir*, r. Suavizarse, ablandarse, hablando de las cosas y de las personas.

**DÉROMPOIR**, m. deronpuár. Art. Batidor, instrumento usado en las fábricas de papel.

**DÉROMPRE**, a. ant. derónpr. Atormentar, descoyuntar, quebrantar á un hombre en el tormento. || Agr. Romper, labrar un prado por la primera vez. || Cetr. Despedazar, precipitar la presa un ave de rapiña. || Art. Batir, cortar el trapo en las fábricas de papel. || *Se dérompre*, r. Tiene como pasivo todas las acepciones del activo.

**DÉROPELTIDE**, f. deropeltíd. Zool. Deropéltido, género de insectos.

**DÉROQUER**, a. V. DÉROCHER.

**DÉROUGIR**, a. derugír. Descolorar, quitar, hacer desaparecer el color rojo. || *Se dérougir*, r. Desenrojecerse, perder el color rojo.

**DÉROUILLEMENT**, m. derulimán. Art. Desenmohecimiento, accion de quitar el moho.

**DÉROUILLER**, a. derulié. Desenmohces, quitar el moho. || met. Desenmohecer, pulir, civilizar á una persona. || *Se dérouiller*, r. Desenmohecerse, quitarse el moho. || met. Pulirse, limarse el entendimiento, civilizarse una persona.

**DÉROULEMENT**, m. *derulmán*. Desarrollamiento, desarrollo, accion de desarrollar y efecto de esta accion.

**DÉROULER**, a. *derulé*. Desenrollar, desarrollar, extender lo que estaba enrollado. || met. Desarrollar, describir los sucesos de una época. || *Dérouler sa vie*, contar, describir la historia de su vida. || Geom. *Dérouler une courbe*, desarrollar una curva, formarla por la disposicion de los radios de otra. || Impr. *Dérouler une presse*, aflojar la prensa, dejar que el tornillo gire hácia atras ayudado de la manivela. || Úsase como recíproco en sentido propio y metafórico; y en este último diríamos: *au sommet de la colline, un tableau riche et varié se déroule devant nous*.

**DÉROUTANT**, E, adj. *derután*. Desconcertador, lo que desorienta ó puede desconcertar.

**DÉROUTE**, f. *derút*. Derrota, dispersion de una tropa, de un ejército. || met. y fam. Derrota, desórden de los negocios de alguno, quiebra. || met. *Mettre un homme en déroute*, desbancar á uno, suplantarle en una empresa, vencerle en una disputa, etc.

**DÉROUTER**, a. *deruté*. Descaminar, extraviar, apartar á alguno del camino que debe seguir. || met. Descaminar, desconcertar, frustrar los planes que alguno tenia formados. || met. Desconcertar, deslumbrar, confundir. || Descaminar, desconcertar, hacer que uno pierda el hilo de la conversacion. || *Se dérouter*, r. Descaminarse, perderse en el camino. || met. Desconcertarse.

**DERRAMBE**, m. *derrám*. Hist. Juramento que se hacia en justicia obligándose á probar con testigos la verdad de lo que se habia dicho.

**DERRHIATIS**, adj. f. *derriátis*. Mit. Derriatis, sobrenombre de Diana.

**DERRIDIE**, f. *derridí*. Zool. Derridia, familia de gusanos acéfalos.

**DERRIÈRE**, prep. *derriér*. Despues, detras. *Être derrière quelqu'un*, estar despues ó detras de alguno. || met. Detras de, en un órden inferior, ménos aventajado. || m. Trasero, culo. || La trasera, la parte de atras, el lado opuesto á la delantera. || met. y fam. *Porte de derrière*, evasiva, efugio, escapatoria. || *Montrer le derrière*, volver la espalda al enemigo, huir en un combate. || Mil. *Les derrières*, la reserva, la retaguardia.

**DÉRUSIEN**, NE, adj. y s. *derusién*, *én*. Derusiana, una de las diez tribus de los Persas. || Miembro de esta tribu.

**DERVICHE**, m. *dervíche*. Hist. rel. Dervis, cierto religioso musulman é indio.

**DERVIS**, m. V. DERVICHE.

**DES**, art. pl. *dé*. De los, de las, artículo formado por contraccion de la preposicion *de* y el artículo *les*.

**DÈS**, prep. *dé*. Desde, despues de. || *Dès que*, loc. conj. Luego que, desde el punto que.

**DÉSABRITER**, a. *desabrité*. Desabrigar, privar de abrigo. || *Se désabriter*, r. Desabrigarse, ser desabrigado.

**DÉSABUSABLE**, adj. *desabusábl*. Desengañable, que puede ser desengañado.

**DÉSABUSEMENT**, m. *desabusmán*. Desengaño.

**DÉSABUSER**, a. *desabusé*. Desengañar, hacer conocer el engaño, advertir el error, hablar sin rebozo. || *Se désabuser*, r. Desilusionarse, desengañarse, ser desengañado.

**DÉSACCOINTANCE**, f. *desacuentáns*. Enemistad, pérdida de la amistad, de la íntima comunicacion.

**DÉSACCOINTER**, a. *desacuenté*. Enemistar, romper la amistad.

**DÉSACCOMPAGNER**, a. *desaconpañé*. Desacompañar, dejar de acompañar.

**DÉSACCORD**, m. *desacór*. Mús. Desacorde, falta de sonidos concertados, falta de acordes en los instrumentos ó en la voz. || Desacuerdo, disentimiento, diferencia de pareceres, de opiniones, etc.

**DÉSACCORDER**, a. *desacordé*. Mús. Desacordar, destemplar, destruir el acorde de los instrumentos, de las voces. || Desacordar, desavenir, destruir la union de pareceres, de sentimientos. || *Se désaccorder*, r. Desacordarse, desafinarse. || met. Desavenirse, disentir.

**DÉSACCOUPLEMENT**, m. *desacuplemán*. Descóito, cesacion del cóito.

**DÉSACCOUPLER**, a. *desacuplé*. Desaparear, desayuntar dos bueyes. || Desacoplar, desajustar, separar dos cosas iguales.

**DÉSACCOUTRER**, a. *desacutré*. Desengalanar, quitar los adornos de los vestidos. || *Se désaccoutrer*, r. Desengalanarse, despojarse de sus adornos.

**DÉSACCOUTUMANCE**, f. *desacutumáns*. Descostumbre, desuso, desuetud, pérdida de un hábito, de una costumbre.

**DÉSACCOUTUMER**, a. *desacutumé*. Desacostumbrar, hacer perder una costumbre. || *Se désaccoutumer*, r. Desacostumbrarse, perder la costumbre. || *Se désaccoutumer de quelqu'un*, dejar de tratarse con alguno.

**DÉSACCUMULER**, a. *desacumulé*. Desacumular, deshacer una acumulacion.

**DÉSACCUSER**, a. *desacusé*. Desacusar, retirar una acusacion, volverse atras de ella.

**DÉSACHALANDAGE**, m. *desachalandáge*. Com. Pérdida de los parroquianos, de los consumidores, etc.

**DÉSACHALANDER**, a. *desachalandé*. Desaparroquiar, desacreditar una tienda, alejar los parroquianos.

**DÉSACIDIFICATION**, f. *desasidificasión*. Quím. Desacidificacion, accion de desacidificar.

**DÉSACIDIFIER**, a. *desasidifié*. Quím. Desacidificar, destruir el estado de acidez.

**DÉSACIÉRATION**, f. *desasierasión*. Art. Desaceracion, accion de desacerar.

**DÉSACIÉRER**, a. *desasieré*. Art. Desacerar, destruir el estado de aceracion. || *Se désaciérer*, r. Desacerarse, perder el estado de aceracion.

**DÉSADORER**, a. *desadoré*. Desadorar, dejar de adorar, negar la adoracion. || Desamar, perder el amor.

**DÉSAFFAIRÉ**, ÉE, adj. *desaferé*. Desocupado, que nada tiene que hacer.

**DÉSAFFAMER**, a. *desafamé*. Deshambrear, hacer cesar el hambre.

**DÉSAFFECTION**, f. *desafecsión*. Desafeccion, desafecto, falta de afecto.

**DÉSAFFECTIONNEMENT**, m. V. DÉSAFFECTION.

**DÉSAFFECTIONNER**, a. *desafecsioné*. Desafectar, desimpresionar de un afecto. || Dejar de tener cariño.

**DÉSAFFLEUREMENT**, m. *desafleurmán*. Desnivel, falta de nivel.

**DÉSAFFLEURER**, a. *desafleuré*. Desnivelar, desigualar.

**DÉSAFFOURCHER**, a. *desafurché*. Mar. Zarpar, desaferrar.

**DÉSAFFRANCHIR**, a. *desafranchir*. Revocar una franquicia.

**DÉSAFFUBLER**, a. *desafublé*. Desabrochar, quitar el broche. || Desembozar, desnudar, quitar los vestidos.

**DÉSAGENCEMENT**, m. *desajansmán*. Descomposicion, descompostura, accion de descomponer.

**DÉSAGENCER**, a. *desajansé*. Descomponer, desarreglar lo que está compuesto, arreglado.

**DÉSAGRAFER**, a. *desagrafé*. Desabrochar, desprender lo que está cogido con corchetes. V. DÉGRAFER.

**DÉSAGRÉABLE**, adj. *desagreábl*. Desagradable, que desagrada ó disgusta.

**DÉSAGRÉABLEMENT**, adv. *desagreablemán*. Desagradablemente, de una manera ingrata, sin gusto, con desagrado.

**DÉSAGRÉER**, n. *desagreé*. Desagradar, disgustar, fastidiar, causar desagrado.

**DÉSAGRÉGATION**, f. *desagregasión*. Desagregacion, accion y efecto de separar, de apartar una cosa de otra á que estaba agregada.

**DÉSAGRÉGER**, a. [illegible] gar, separar, destruir un agregado.

**DÉSAGRÉMENT**, m. [illegible] gusto, fastidio, [illegible] algunas cosas. || ant. [illegible] to, hablando del rostro de [illegible].

**DÉSAGUERRIR**, a. [illegible] aguerrir, desacostumbrar, hacer perder el hábito de la guerra.

**DÉSAIGNER**, a. V. [illegible].

**DÉSAIGRIR**, a. [illegible] agriar, quitar lo agrio. || met. [illegible] templar, suavizar el humor, el [illegible] costumbres.

**DÉSAIGUILLETER**, a. [illegible] atacar, soltar las agujetas que [illegible].

**DÉSAIMER**, a. *desemé*. [illegible] de amar. || *Se désaimer*, r. [illegible] jar de quererse mútuamente.

**DÉSAIRER**, a. *deseré*. Cetr. [illegible] soltar las aves quitándolas de la [illegible] para conducirlas al campo.

**DÉSAISE**, f. poco us. [illegible] incomodidad, malestar.

**DÉSAISONNER**, a. V. [illegible].

**DÉSAJUSTEMENT**, m. [illegible] Descomposicion, accion y efecto de [illegible] poner.

**DÉSAJUSTER**, a. [illegible] desigualar, desconcertar lo que [illegible] tado.

**DÉSALIGNEMENT**, m. [illegible] Desalineamiento, accion de [illegible] tado de la cosa ó persona [illegible] Estado, situacion de una tropa [illegible] no están bien alineadas.

**DÉSALIGNER**, a. *desaliñé*. [illegible] desnivelar, deshacer un [illegible] alineacion.

**DÉSALITER**, a. ant. [illegible] mar, hacer salir de la cama á un [illegible] *Se désaliter*, r. Desencamarse, [illegible] guardar cama un enfermo.

**DÉSALLAITEMENT**, m. [illegible] Destetamiento, destete, accion y [illegible] destetar.

**DÉSALLAITER**, a. [illegible] dejar de amamantar, de dar el [illegible] que maman.

**DÉSALLIER**, a. *desalié*. [illegible] nir, deshacer una alianza. || *Se* [illegible] Casarse inconvenientemente, de [illegible] nera nada conforme á la edad, [illegible] opiniones, fortuna, etc.

**DÉSALTÉRANT**, E, adj. [illegible] frigerante, lo que refrigera.

**DÉSALTÉRER**, a. [illegible] apagar la sed. || Refrigerar, [illegible] *désaltérer*, r. Apagar la sed, [illegible] la sed.

**DÉSAMARRER**, a. [illegible] amarrar.

**DÉSAMASSER**, a. [illegible] tonar, desaglomerar, [illegible] acumulado. || met. Disipar, [illegible] gastar su fortuna.

**DÉSAMITIÉ**, f. inus. [illegible] tad, falta de amistad.

**DÉSAMOUR**, m. *desamúr*. [illegible] afecto, mala correspondencia.

**DÉSANCHER**, a. [illegible] lengüetar, quitar la lengüeta á un [illegible] mento de aire.

**DÉSANCRER**, n. *desancré*. Mar. [illegible] clar, levar anclas.

**DÉSANDAINER**, a. [illegible] coger, recopilar el heno [illegible] para colocarlo en pilas.

**DÉSANIMER**, a. [illegible] inanimar, quitar la vida.

**DÉSAPPAREILLER**, a. [illegible] aparear, descabalar, quitar una [illegible] que debian estar juntas.

**DÉSAPPARIER**, a. *desaparié*. [illegible] rear, descasar, desunir las [illegible] tolas.

**DÉSAPPAUVRIR**, a. [illegible] empobrecer, sacar de pobreza, de [illegible].

**DÉSAPPAUVRISSEMENT**, m. [illegible] crismán. Desempobrecimiento, accion de desempobrecer.

[illegible], a. *desapetité*. Desganar el apetito.

[illegible], f. *desaplicasión*. [illegible] falta de aplicacion.

[illegible], a. *desapliqué*. Desaplicar [illegible] aplicacion á otro. || *Se dé*[illegible] r. Desaplicarse, perder la apli[illegible].

[illegible], m. *desapuent*[illegible]. || Contrariedad que se [illegible] por alguna cosa.

[illegible], a. *désapuanté*. Contrariar á una persona. || ant. Suspender de la paga á un militar.

[illegible], a. *desaprandr*. Desaprender lo aprendido.

[illegible], TRICE, adj. *de*[illegible], *tris*. Desaprobador, que desaprueba. || s. Desaprobador, el que desa[illegible].

[illegible], f. *desaprobasión*. [illegible], accion y efecto de desa[illegible].

[illegible], f. *desapropria*[illegible], accion por la cual se [illegible] la propiedad de una cosa; desa[illegible], abandono del dominio de [illegible] propio.

[illegible], a. *desapropriè*. Des[illegible], hacer perder á alguno la propie[illegible] cosa. || *Se désapproprier*, r. Des[illegible], desposeerse de lo propio, re[illegible] á una propiedad.

[illegible], m. V. DÉSAP[illegible].

[illegible], a. *desapruvé*. Desa[illegible], no asentir.

[illegible], a. *desarboré*. Mar. Des[illegible].

[illegible], a. *desarsoné*. Desarzo[illegible] el jinete. || met. y fam. [illegible], desarmar á otro en [illegible], etc.

[illegible], a. *desarjanté*. Quitar [illegible] cosa plateada. || met. Desadi[illegible] el dinero á alguno.

[illegible], m. *desarmemán*. Des[illegible] y efecto de desarmar. || Licen[illegible], accion de licenciar, de dar sus [illegible] los soldados cumplidos. || Esgr. [illegible] el acto de desarmar á su contra[illegible]. Desarme, operacion de desapa[illegible] buque.

[illegible], a. *desarmé*. Desarmar, qui[illegible] armas. || Desarmar, despojar por [illegible] las armas. || Desarmar, licenciar, [illegible] ejército. || *Désarmer un fusil*, [illegible] un fusil, un arma por medio [illegible], para limpiarla ó reconocer[illegible]. || Esgr. Desarmar, hacer saltar la [illegible] contrario por medio de un golpe. [illegible], desenojar, suavizar el genio, [illegible] la cólera, el enojo. || Despojar, pri[illegible] cualidades á alguno. || Equit. *Dés*[illegible], sujetar un caballo. || Mar. [illegible] buques ó escuadras. *Désarmer* [illegible], descargar un cañon. *Désarmer* [illegible], desarmar ó meter los remos.

[illegible], a. V. DÉRANGER.

[illegible], m. *desarrimáge*. Mar. [illegible] el enjunque, de sacar [illegible] para limpiar la bodega.

[illegible], a. *desarrimé*. Mar. Des[illegible], sacar todo el lastre para [illegible].

[illegible], a. *desarrogé*. Desorde[illegible].

[illegible], m. *desarrué*. Desórden, con[illegible].

[illegible], a. *desarrondir*. Desre[illegible] lo redondo.

[illegible], f. *desarticula*[illegible], amputacion de [illegible] por la misma articulacion. || [illegible], accion de desarticular.

[illegible], a. *desarticulé*. Cir. [illegible] un miembro por su ar[illegible]. Desarticular, separar unos [illegible] de un esqueleto.

[illegible], m. *desasone*[illegible], accion de desazonar.

**DÉSASSAISONNER**, a. *desasesoné*. Desazonar, quitar su sazon á un manjar.

**DÉSASSEMBLAGE**, m. *desasanblágе*. Art. Desensambladura, accion de desensamblar ó desensamblarse.

**DÉSASSEMBLER**, a. *desasanblé*. Desensamblar, separar lo que estaba unido por ensambladura, hablando de piezas de carpintería.

**DÉSASSIÉGEMENT**, m. *desasiegemán*. La accion de levantar el sitio de una plaza.

**DÉSASSIÉGER**, a. *desasiegé*. Desitiar, levantar el sitio de una plaza.

**DÉSASSIMILATEUR, TRICE**, adj. *desasimilateur*, *tris*. Desasimilador, que produce un efecto contrario á la asimilacion.

**DÉSASSIMILATION**, f. *desasimilasión*. Desasimilacion, destruccion de las relaciones de las partes que forma un cuerpo animado.

**DÉSASSIMILER**, a. *desasimilé*. Desasimilar, destruir la semejanza de las partes que forman un cuerpo animado.

**DÉSASSOCIATION**, f. *desasosiasión*. Desasociacion, accion de deshacer una sociedad.

**DÉSASSOCIER**, a. *desasosié*. Desasociar, deshacer una sociedad.|| *Se désassocier*, r. Desasociarse, deshacerse una sociedad.

**DÉSASSORTIMENT**, m. *desasortimán*. Descabalamiento, la accion de descabalar.

**DÉSASSORTIR**, a. *desasortir*. Descabalar, descompletar, desconcertar una cosa.

**DÉSASSOTER**, a. *desasoté*. Desinfatuar, quitar la fatuidad.

**DÉSASSOURDIR**, a. *desasurdir*. Desensordecer, quitar la sordera.

**DÉSASSURER**, a. *desasuré*. Desasegurar, quitar la certeza. || Desasegurar, retirar las garantías, dejar en descubierto.

**DÉSASTRE**, m. *desástr*. Desastre, desgracia, suceso infeliz y lamentable.

**DÉSASTREUSEMENT**, adv. *desastreusemán*. Desastradamente, desgraciadamente, con desastre.

**DÉSASTREUX, EUSE**, adj. *desastreu*, *eus*. Desastroso, azaroso, que causa desgracias.

**DÉSATOURNER**, a. *desaturné*. Desadornar, privar de adornos.

**DÉSATTESTATION**, f. *desatestasión*. Desatestiguacion, accion de desatestiguar.

**DÉSATTESTER**, a. inus. *desatesté*. Jurisp. Desatestar, dejar de atestiguar.

**DÉSATTRISTER**, a. *desatristé*. Desentristecer, quitar la tristeza.|| *Se désattrister*, r. Desentristecerse, dejar de estar triste.

**DÉSAUGMENTER**, a. *desogmanté*. Desaumentar, disminuir. V. DIMINUER.

**DÉSAUMUSSER**, a. *desomusé*. Quitar, deponer la esclavina que llevan algunos eclesiásticos, en particular los canónigos. || Exonerar á un canónigo.

**DÉSAUTORISATION**, f. inus. *desotorisasión*. Desautorizacion, accion de revocar una autorizacion.

**DÉSAUTORISER**, a. inus. *desotorisé*. Desautorizar, revocar la autorizacion que se habia concedido.

**DÉSAVANCEMENT**, m. ant. *desavansemán*. Retroceso, accion de retroceder.

**DÉSAVANCER**, n. ant. *desavansé*. Retroceder, recular.

**DÉSAVANTAGE**, m. *desavantáge*. Inferioridad, diferencia que se encuentra en una persona ó cosa respecto á otra. || Desventaja, falsa posicion. || Pérdida, daño, perjuicio que acarrea una accion, una palabra, un objeto cualquiera. || *Voir quelqu'un à son désavantage*, ver á uno en una coyuntura desfavorable, que le priva de sus ventajas.

**DÉSAVANTAGER**, a. *desavantagé*. Perjudicar, desmejorar, hacer perder las ventajas que favorecian á una persona ó cosa. || *Désavantager des marchandises*, escoger lo mejor de un género. || Jurisp. Desmejorar, perjudicar á un heredero con beneficio de los otros.

**DÉSAVANTAGEUSEMENT**, adv. *desavantageusemán*. Desventajosamente, de una manera desventajosa.

**DÉSAVANTAGEUX, EUSE**, adj. *desavantajeu*, *eus*. Desventajoso, perjudicial, nada favorable.

**DÉSAVENANT, E**, adj. inus. *desavenán*. Desagradable, fastidioso.

**DÉSAVEU**, m. *desaveu*. Denegacion, accion, acto por el cual se niega lo que otro ha hecho ó dicho en nuestro nombre. || Jurisp. Denegacion, accion por la que un vasallo rehusaba reconocer á su señor. || Retractacion, desaprobacion de sus errores, de sus doctrinas, etc. || *Désaveu de paternité*, denegacion de paternidad, acto por el que un padre desconoce ó no quiere reconocer á su hijo.

**DÉSAVEUGLEMENT**, m. *desaveuglemán*. Desengañamiento, desengaño.

**DÉSAVEUGLER**, a. *desaveuglé*. Desegar, desengañar, alumbrar, sacar á uno de su error. || Hacer ver el error, el engaño.

**DÉSAVOUABLE**, adj. *desavuábl*. Denegable, que puede ó debe ser denegado.

**DÉSAVOUER**, a. *desavué*. Desaprobar, denegar, negar haber dicho ó hecho una cosa. || Desconocer, no reconocer por suyo un hijo, un pariente, un amigo, etc. || Desmentir, contradecir lo que otro ha dicho. || *Désavouer son cœur*, desmentir á su corazon.

**DESCELLER**, a. *deselé*. Desellar, despegar un sello. || Arrancar lo que está asegurado con yeso, plomo, etc.

**DESCENDANCE**, f. *desandáns*. Descendencia, generaciones, serie de filiaciones que proceden de un mismo padre.

**DESCENDANT, E**, adj. *desandán*. Descendiente, que baja. || Descendiente, que se dirige ó inclina hácia la tierra. || *Ligne descendante*, línea descendiente, posteridad de alguno. || m. y f. Descendiente, el ó la que desciende de una persona ó familia. Se usa con preferencia el plural masculino *descendants*, descendientes de un padre, su posteridad.

**DESCENDEMENT**, m. *desandemán*. Descendencia, sucesion de padre á hijo.

**DESCENDERIE**, f. *desandrí*. Art. Bajada, galería que se abre en una mina.

**DESCENDRE**, a. *desándr*. Descender, bajar una cosa de un lugar á otro mas bajo. || n. Descender, bajar la escalera, una cuesta, etc. || Bajar á, entrar en un país enemigo, invadirlo. || Descender, ser originario de una persona, familia ó raza. || Proceder, hablando de las cosas morales y espirituales. || *Descendre aux plus minutieux détails*, extenderse, descender hasta los pormenores mas minuciosos. || *Descendre de cheval*, desmontar, apearse, echar pié á tierra. || *Descendre la garde*, salir de guardia. || *Descendre à terre*, desembarcar, saltar en tierra. || *Descendre au cercueil*, descender al sepulcro.

**DESCENSION**, f. *desansión*. Descension, término que solo se usa en las acepciones siguientes: *descension droite d'un astre*, descension recta de un astro; *descension oblique*, descension oblicua. || Artill. Descension, declinacion de la curva que describe un proyectil, despues que ha pasado el punto mas alto de ella.

**DESCENSIONNEL, LE**, adj. *desansionél*. Descensional, que afecta el movimiento de alto abajo. || Astr. *Différence descensionnelle*, diferencia descensional, la que existe entre la descension recta y la descension oblicua de una estrella.

**DESCENTE**, f. *desánt*. Descenso, descendimiento, el acto de descender objetos de mucho peso. || Bajada, pendiente, declivio de una montaña. || Vista, acto de jurisdiccion mandado por un juez, ó ejecutado por él mismo. || Desembarco de enemigos ó de tropas en país enemigo. || Conducto ó canalon de desagüe. || Cir. Descenso, hernia, quebradura de los intestinos por la ruptura del peritóneo. || Descendimiento de la cruz, desprendimiento del Salvador de este instrumento de su muerte. || *A la descente de voiture*, *de cheval*, *du bateau*, al bajar del coche, al apearse, al desembarcar, etc.

**DESCHAMPSIE**, f. *dechanpsí*. Bot. Descampsia, género de plantas.

**DESCRIPTEUR**, m. inus. *descripteur*. Descritor, el que describe.

**DESCRIPTIF, IVE**, adj. *descriptif*, *iv*. Descriptivo, que describe.

**DESCRIPTION**, f. *descripsion.* Descripsion, exposicion, pintura ó representacion de una cosa con sus atributos y cualidades. || Descripcion, inventario detallado de efectos, libros, papeles, etc.

**DÉSEMBALLAGE**, m. *desanbaláge.* Desembalaje, accion de desembalar.

**DÉSEMBALLER**, a. *desanbalé.* Desembalar, desenfardar, deshacer los fardos.

**DÉSEMBARGO**, m. *desanbárgo.* Desembargo, acto de levantar el embargo. Es voz sacada del castellano.

**DÉSEMBARQUEMENT**, m. *desanbarcmán.* Desembarcacion, desembarque, accion de sacar á tierra lo que hay á bordo.

**DÉSEMBARQUER**, a. *desanbarqué.* Desembarcar, sacar de las naves y poner en tierra lo que está embarcado.

**DÉSEMBELLIR**, a. *desanbelír.* Desembellecer, perder de su hermosura, de su brillo.

**DÉSEMBELLISSEMENT**, m. *desanbelismán.* Desembellecimiento, accion de desembellecer.

**DÉSEMBOÎTER**, a. V. DÉBOITER.

**DÉSEMBOURBER**, a. *desanburbé.* Desencenagar, desatascar, desatollar á alguno ó alguna cosa del cieno.

**DÉSEMBOURRER**, a. *desanburré.* Desemborrar, quitar la borra.

**DÉSEMBRAYER**, a. *desanbreyé.* Interceptar la comunicacion entre dos piezas de máquinas, de las cuales una transmite á la otra la impulsion del motor.

**DÉSEMMANCHER**, a. *desanmanché.* Art. Desenmangar, quitar el mango á algun instrumento.

**DÉSEMMUSELER**, a. *desanmuselé.* Desbozalar, quitar el bozal á las caballerías y demas animales.

**DÉSEMPAREMENT**, m. *desanparmán.* Desamparo, accion y efecto de desamparar.

**DÉSEMPARER**, n. *desanparé.* Desamparar, dejar, abandonar, salirse de un puesto ó sitio. || Mar. Desmantelar, destrozar una parte del casco ó aparejo de un buque enemigo.

**DÉSEMPÊCHER**, a. *desanpeché.* ant. Desembarazar.

**DÉSEMPENNER**, a. ant. *desanpené.* Quitar las plumas á una flecha ó saeta.

**DÉSEMPESER**, a. *desanpesé.* Desalmidonar, quitar el almidon á la ropa blanca.

**DÉSEMPLIR**, a. *desanplír.* Desocupar, vaciar un tonel, un cofre, una casa.

**DÉSEMPLOTOIR**, m. *desanplotuár.* Cetr. Garabato con que se saca á las aves cazadoras la carne que no pueden digerir.

**DÉSEMPOINTER**, a. *desanpuenté.* Art. Desapuntar, cortar las puntadas de una tela para doblarla.

**DÉSEMPOISONNER**, a. *desanpuasoné.* Med. Desenvenenar, destruir el efecto de un veneno. || Anular, neutralizar las cualidades venenosas de una sustancia.

**DÉSEMPOISSONNER**, a. *desanpuasoné.* Desencastar, destruir el pescado de un estanque ó de un rio.

**DÉSEMPRISONNEMENT**, m. *desanprisonmán.* Desencarcelamiento, accion de desencarcelar.

**DÉSEMPRISONNER**, a. *desanprisoné.* Desencarcelar, sacar de la cárcel, dar libertad al que estaba preso.

**DÉSENAMOURER**, a. *desannamuré.* Curar á uno de su amor, desenamorar, desimpresionar de una pasion amorosa.

**DÉSENCHAINER**, a. *desanchené.* V. DÉCHAINER. Desencadenar, quitar la cadena al que está con ella amarrado. || *Se désenchaîner* r., Desencadenarse, romper sus cadenas. || met. Desenfrenarse.

**DÉSENCHANTEMENT**, m. *desanchantmán.* Desencanto. || Desencantamiento, acto de desencantar ó sacar del encanto ó del embeleso.

**DÉSENCHANTER**, a. *desanchanté.* Desencantar, deshacer el encanto. || met. Desencantar, curar á alguno de una pasion ó manía. || *Se désenchanter*, r. Desencantarse, curarse de una pasion.

**DÉSENCHANTEUR, ERESSE**, adj. *desanchanteur, trés.* Desencantador, que desencanta.

**DÉSENCHÂSSER**, a. *desanchasé.* Desengastar, sacar una reliquia de su caja ó alguna piedra preciosa de su engaste.

**DÉSENCHÉRIR**, a. *desancherír.* Desencarecer, bajar de precio y estimacion algun género vendible.

**DÉSENCLOUAGE**, m. *desancluáge.* Desclavamiento, accion de desclavar. || Vet. Desclavamiento, accion de sacar un clavo del casco de un caballo.

**DÉSENCLOUER**, a. *desanclué.* Desenclavar, desclavar, arrancar, quitar el clavo del casco de un caballo, ó del fogon de un cañon.

**DÉSENCOMBREMENT**, m. *desanconbrmán.* Desembarazo, accion de desembarazar.

**DÉSENCOMBRER**, a. *desanconbré.* Desembarazar, quitar los impedimentos, los estorbos. || met. y fam. Desembarazar, quitar un obstáculo.

**DÉSENDORMIR**, a. *desandormír.* Desadormecer, despertar á alguno. || met. Desadormecer, quitar á alguno el aire apático, desentorpecer.

**DÉSENFILER**, a. *desanfilé.* Desenhebrar, desensartar, deshacer la sarta.

**DÉSENFLAMMER**, a. *desanflamé.* Desinflamar, apagar la llama que consume un objeto.

**DÉSENFLEMENT**, m. V. DÉSENFLURE.

**DÉSENFLER**, a. *desanflé.* Deshinchar, quitar la hinchazon.

**DÉSENFLURE**, f. *desanflúr.* Deshinchazon, cesacion ó disminucion de hinchazon.

**DÉSENFUMER**, a. *desanfumé.* Desahumar, quitar el humo.

**DÉSENGAGEMENT**, m. *desangagemán.* Mil. Desenganchamiento, accion de desenganchar, desempeño.

**DÉSENGAGER**, a. *desangagé.* Mil. Desenganchar, desempeñar, hacer salir á un soldado del servicio militar.

**DÉSENGER**, a. *desangé.* Desencastar, desarraigar, descastar bichos ó animales dañinos. || *Désenger un lit de punaises*, extirpar las chinches de una cama.

**DÉSENGRENER**, a. *desangrené.* Desencajar, sacar de su lugar alguna cosa, desunirla del encaje ó trabazon que tenía con otra.

**DÉSENHEURER**, a. *desanneuré.* Destruir la dicha de alguno.

**DÉSENIVRER**, a. *desannivré.* Desembriagar, desemborrachar, quitar la borrachera.

**DÉSENLACEMENT**, m. *desanlasmán.* Desenlace, accion y efecto de desenlazar.

**DÉSENLACER**, a. *desanlasé.* Desenlazar, desatar los lazos.

**DÉSENLAIDIR**, a. *desanledír.* Hacer desaparecer, atenuar la fealdad.

**DÉSENNUI**, m. *desannuí.* Desenfado, accion de desenfadarse; cesacion del enfado, del fastidio, de la desazon, etc.

**DÉSENNUYER**, a. *desannuyé.* Desenfadar, desenojar, quitar el enfado, el fastidio, alegrar, divertir. || *Se désennuyer*, r. Desenfadarse, alejar el enfado, el fastidio, alegrarse, divertirse, distraerse.

**DÉSENORGUEILLIR**, a. *desannorguellír.* Desensoberbecer, quitar la soberbia á alguno. || *Se désenorgueillir*, r. Desensoberbecerse, deponer la soberbia.

**DÉSANRAYER**, a. *desanreyé.* Soltar la rueda de un carruaje, despues de bajada una cuesta.

**DÉSENRHUMER**, a. *desanrumé.* Curar ó quitar el constipado ó resfriado.

**DÉSENRÔLEMENT**, m. *desanrolmán.* Mil. Licencia, accion de licenciar, de despedir.

**DÉSENRÔLER**, a. *desanrolé.* Licenciar, dar á un soldado su licencia.

**DÉSENROUER**, a. *desanrué.* Desarromadizar, quitar la ronquera.

**DÉSENSEIGNEMENT**, m. *desanseñmán.* Desenseñanza, accion de hacer olvidar á alguno lo que sabe, enseñándole lo contrario.

**DÉSENSEIGNER**, a. [illegible]. [illegible] señar, enseñando lo contrario de lo que se habia aprendido anteriormente.

**DÉSENSEVELIR**, a. [illegible]. Desamortajar, quitar la mortaja á un difunto.

**DÉSENSEVELISSEMENT**, m. [illegible] velismán. Desamortajamiento, accion de desamortajar.

**DÉSENSORCELLEMENT**, m. [illegible] selmán. Deshechizo, [illegible] quitar los hechizos.

**DÉSENSORCELER**, a. [illegible]. Deshechizar, quitar el hechizo ó maleficio. || *Se désensorceler*, r. Deshechizarse [illegible] hechizo.

**DÉSENTERRER**, a. V. [illegible].

**DÉSENTÊTEMENT**, m. [illegible]. Desencaprichamiento, accion de desencaprichar ó desencapricharse.

**DÉSENTÊTER**, a. [illegible]. Desencaprichar, disuadir á alguno de un error, de una manía.

**DÉSENTORTILLER**, a. [illegible]. Desenredar lo que estaba [illegible]. || met. Desenredar, aclarar un negocio, [illegible] intriga.

**DÉSENTRAVER**, a. *desantravé.* [illegible] bar, desmaniar, quitar las maniotas á [illegible] ballo. || met. Destrabar, allanar dificultades, quitar obstáculos.

**DÉSENVENIMER**, a. [illegible]. Desenvenenar, sacar el veneno.

**DÉSENVERGUER**, a. [illegible]. Desenvergar, desatar las velas que están envergadas.

**DÉSÉPERONNER**, a. [illegible]. [illegible] polear, quitar las espuelas. || [illegible] *un chevalier*, descespolear un caballero, degradarle, quitándole las espuelas.

**DÉSÉQUIPER**, a. [illegible]. [illegible] lar, despedir la tripulacion de un [illegible] desarmarlo.

**DÉSERGOTER**, a. [illegible]. [illegible] der el espolon de un caballo para [illegible].

**DÉSERT, E**, adj. *desér.* [illegible] parado, inhabitado, despoblado. || [illegible] mal cuidado, hablando de campos. || [illegible] do, falto de: *une chambre déserte* [illegible] *bles.* || m. Desierto, yermo, sitio [illegible] solitario. || fam. *Prêcher dans le désert* [illegible] dicar en desierto: no tener oyentes, [illegible] car á quien no entiende.

**DÉSERTABLE**, adj. [illegible]. [illegible] nable, que se debe abandonar.

**DÉSERTATION**, f. V. [illegible].

**DÉSERTER**, a. [illegible]. [illegible] dejar el pais en que uno está [illegible] de él. || Desertar, abandonar el [illegible] banderas. || fam. Desertar, [illegible] concurrencias que se solian frecuentar.

**DÉSERTEUR**, m. [illegible]. [illegible] soldado que desampara su [illegible] abandona el servicio militar sin [illegible] met. Desertor, el que abandona [illegible] una religion.

**DÉSERTICOLE**, adj. [illegible]. [illegible] cola, que habita los sitios desiertos, [illegible].

**DÉSERTION**, f. *desersión.* [illegible] acto de desertar, abandono del servicio [illegible] tar sin licencia. || met. Desercion, [illegible] de un partido, de una opinion ó [illegible] *Désertion d'appel*, abandono que [illegible] parte apelante de la apelacion que [illegible] terpuesta.

**DÉSESPÉRADE (À LA)**, loc. adv. [illegible] *esperád.* Á la desesperada, como un desesperado.

**DÉSESPÉRANT, E**, adj. [illegible] esperante, que desespera, que [illegible] gran pesar, una grande afliccion. || [illegible] rante, que desespera ó hace perder la esperanza.

**DÉSESPÉRATION**, f. V. [illegible].

**DÉSESPÉRÉ, ÉE**, adj. [illegible]. [illegible] perado. || Desesperado, que está [illegible] do. || Desesperado, que está furioso. [illegible] *ladie désespérée*, enfermedad incurable. || *Etre dans un état désespéré*, haber [illegible] á la última extremidad, hablando de un enfermo.

**DÉSESPÉRÉMENT**, adv. [illegible]. Desesperadamente, furiosamente.

[illegible], a. *desesperé*. Des[illegible], [illegible], quitar ó hacer perder la esperanza. || [illegible], hacer perder la paciencia. || n. [illegible], perder la esperanza ó las [illegible]. || *Se désespérer*, r. Desesperarse, [illegible], afligirse con exceso, [illegible].

[illegible], m. *desesquár*. Pérdida total de la esperanza, [illegible] que causa la [illegible]. || Teol. Desesperacion, [illegible] por el cual el hombre desespera de [illegible] y de la misericordia de Dios. || [illegible], estado violento del ánimo, [illegible] un hombre sin remedio para sus males.

[illegible], a. *desestimé*. Desestimar, [illegible].

[illegible], a. *desestupé*. Desestopar, quitar la estopa, destopar.

[illegible], a. *desaturdír*. Desaturdir, quitar el aturdimiento.

[illegible], a. *desestriné*. Sacar los pies de los estribos. || met. Impacientar, hacer perder los estribos.

[illegible], a. *desecscomunié*. [illegible] de la excomunion, reintegrar al [illegible] en la comunion de los fieles.

[illegible], a. *desabilité*. Deshabilitar, hacer inhábil ó incapaz á una persona para alguna cosa.

[illegible], m. *desabillé*. Paños menores. *Être en déshabillé*, estar sin vestir, en paños menores, en ropa de casa, de trapillo.

[illegible], a. *desabillé*. Desnudar, quitar el vestido ó la ropa á alguno. || *Se déshabiller*, r. Desnudarse, quitarse el vestido ó la ropa.

[illegible], a. *desabité*. Deshabitar, dejar de habitar una casa, un pais.

[illegible], a. *desabitué*. Deshabituar, hacer perder el hábito ó la costumbre.

[illegible], a. V. DÉHALER.

[illegible], a. *desanté*. Cesar de frecuentar ó visitar alguna persona ó concurrir [illegible].

[illegible], f. *desarmoní*. Desarmonía, [illegible].

[illegible] ó DÉSHARMONISER, a. [illegible], *desarmonisé*. Desarmonizar, [illegible] la discordia, turbar la armonía.

[illegible], m. *desarnechemán*. [illegible], accion de desenjaezar, [illegible] de lo que está desenjaezado.

[illegible], a. *desarnaché*. Desenjaezar, quitar los jaeces al caballo.

[illegible], f. *desernáns*. Desherencia, derecho que el Estado tiene de recoger [illegible] de personas sin herederos, [illegible].

[illegible], f. *deseritáns*. Desheredacion, [illegible] de la herencia.

[illegible], a. *deserité*. Desheredar, [illegible] de la herencia un padre á su hijo.

[illegible], a. *desauré*. Mudar las botas [illegible] para trabajar como para [illegible]. || *Se déshourer*, r. Salirse de las horas [illegible].

[illegible], a. *desiverné*. Mil. Deshibernar, hacer salir de los cuarteles de invierno.

[illegible], adj. *desonét*. Deshonesto, [illegible], [illegible], indecente: dícese de las [illegible] las personas.

[illegible], adv. *desonetmán*. [illegible], de un modo deshonesto.

[illegible], f. *desonetté*. Deshonestidad, [illegible], torpeza.

[illegible], m. *desoneur*. Deshonor, [illegible], pérdida del honor, de la honra.

[illegible], adj. V. DÉSHONO[illegible].

[illegible], adv. *desonora*[illegible]. [illegible], de un modo deshonroso.

[illegible], E, adj. *desonorán*. [illegible], deshonroso, poco decente.

[illegible], a. *desonoré*. Deshonrar, quitar la honra, el honor ó crédito. || [illegible], [illegible], hablando de cosas. || *Déshonorer une estatua, un libre, etc.*, mutilar una estatua, un libro. || *Se déshonorer*, r. Deshonrarse, perder la honra.

**DÉSHUILER**, a. *desuilé*. Desaceitar, quitar el aceite á los tejidos y otras obras de lana.

**DÉSHUMANISER**, a. *desumanisé*. Encruelecer, hacer perder los sentimientos de humanidad. || *Se déshumaniser*, r. Encruelecerse, hacerse inhumano.

**DÉSHUMILIER**, a. *desumilié*. Deshumillar, hacer cesar la humillacion.

**DÉSHYDROGÉNATION** ó **DÉSHYDROGÉNISATION**, f. *desidrogenasión*, *desidrogenisasión*. Quím. Deshidrogenacion, accion de quitar el hidrógeno que entra en la composicion de una sustancia.

**DÉSHYDROGÉNER**, a. *desidrogené*. Quím. Deshidrogenar, quitar el hidrógeno á una composicion.

**DÉSHYPOTHÉQUER**, a. *desipotequé*. Deshipotecar, levantar una ó mas hipotecas.

**DÉSIDÉRATIF, IVE**, adj. *desideratif*, *iv*. Desiderativo, que expresa el deseo.

**DÉSIGNATIF, IVE**, adj. *desiñatif*, *iv*. Designativo, que designa, que especifica.

**DÉSIGNATION**, f. *desiñasión*. Designacion, indicacion de una persona ó cosa por sus señales personales y característicos.

**DÉSIGNER**, a. *desiñé*. Designar, destinar alguna persona ó cosa para algun determinado fin. || Designar, indicar, dar las señas de una cosa ó persona. || Designar, señalar, denotar, dar á conocer.

**DÉSILLUSIONNER**, a. *desilusioné*. Desilusionar, quitar ilusiones.

**DÉSIMBRINGUER**, a. *desembrengué*. For. ant. Desglosar una hipoteca.

**DÉSIMMORTALISER**, a. *desimortalisé*. Desinmortalizar, privar de la inmortalidad al que creia tener derecho á ella.

**DÉSINCAMÉRATION**, f. *desencamerasión*. Der. can. Desmembracion, acto en virtud del cual se desmembra de la cámara apostólica una tierra que le pertenecia.

**DÉSINCAMÉRER**, a. *desencameré*. Der. can. Desmembrar, enajenar las tierras unidas, ó pertenecientes á la cámara apostólica.

**DÉSINCONVÉNIENTER**, a. *desenconvenienté*. Desembarazar, quitar dificultades, inconvenientes.

**DÉSINCORPORATION**, f. *desencorporasión*. Desagregacion, accion de desincorporar. || Mil. Desincorporacion, disyuncion de tropas.

**DÉSINCORPORER**, a. *desencorporé*. Desagregar, separar una cosa de otra.

**DÉSINCULPATION**, f. V. DISCULPATION.

**DÉSINCULPER**, a. V. DISCULPER.

**DÉSINENCE**, f. *desináns*. Desinencia, terminacion de una palabra.

**DÉSINFATUATION**, f. *desenfatuasión*. Despreocupacion, accion de despreocupar.

**DÉSINFATUER**, a. *desenfatué*. Despreocupar, desimpresionar, desengañar á una persona infatuada.

**DÉSINFECTANT, E**, adj. *desenfectán*. Desinfectante, que tiene la virtud de desinficionar.

**DÉSINFECTER**, a. *desenfecté*. Desinficionar, purgar algun paraje del aire infecto, desapestar.

**DÉSINFECTEUR**, adj. y s. m. *desenfecteur*. Desinfector, nombre que se da á lo que sirve para desinficionar.

**DÉSINFECTION**, f. *desenfecsión*. Desinfeccion, expurgo de un paraje inficionado ó apestado.

**DÉSINFLUENCER**, a. *desenfluansé*. Privar de la influencia.

**DÉSINQUIÉTER**, a. *desenquieté*. Aquietar, tranquilizar.

**DÉSINTÉRESSEMENT**, m. *desenteresemán*. Desinteres, desprendimiento, desapego de todo interes.

**DÉSINTÉRESSER**, a. *desenteresé*. Abonar, resarcir, indemnizar, dar una compensacion por lo que se pierde por otra parte.

**DÉSINVERTIR**, a. *desenvertir*. Mil. Desinvertir, volver á formar tropas en su órden primitivo, despues de haberlas invertido por la media vuelta.

**DÉSINVESTIR**, a. *desenvestir*. Desinvestir, dejar de cercar una plaza.

**DÉSINVESTISSEMENT**, m. *desenvestismán*. Levantamiento de un bloqueo.

**DÉSINVITER**, a. *desenvité*. Desconvidar, contramandar un convite.

**DÉSINVOLTE**, adj. *desenvolt*. Desenvuelto, libre y desembarazado.

**DÉSINVOLTURE**, f. *desenvoltúr*. Desenvoltura, desembarazo, despejo.

**DÉSIR** ó **DESIR**, m. *desír*, *deír*. Deseo, anhelo de poseer, de gozar.

**DÉSIRABLE**, adj. *desirábl*. Deseable, que es digno de ser deseado.

**DÉSIRER**, a. *desiré*. Desear, anhelar, apetecer alguna cosa.

**DÉSIREUX, EUSE**, adj. *desireu*, *eus*. Deseoso, que desea.

**DÉSISTEMENT**, m. *desistmán*. Desistimiento, accion y efecto de desistir.

**DÉSISTER**, n. *desisté*. Desistir, apartarse de un intento, de una empresa ó de una demanda. Ordinariamente se usa como recíproco ó reflexivo: *se désister d'une prétention, d'une poursuite*.

**DÈS-LORS**, loc. adv. *delór*. Desde entónces.

**DESMAN**, m. *desmán*. Zool. Desman ó raton almizclado de Moscovia, cuadrúpedo pequeño.

**DESMARESTIE**, f. *demaresti*. Bot. Desmarestia, género de plantas hidrofíceas.

**DESMASTODOS**, m. *desmastodón*. Bot. Desmastodon, género de plantas.

**DESMASTODONTOÏDÉES**, f. pl. *desmastodontoidé*. Bot. Desmastodontoídeas, grupo de musgos.

**DESMIDIE**, f. *desmidí*. Bot. Desmidia, género de plantas.

**DESMIDIÉES**, f. pl. *desmidié*. Bot. Desmidias, tribu de algas microscópicas de un verde hermoso.

**DESMIPHORE**, m. *desmifór*. Zool. Desmíforo, género de insectos.

**DESMODION**, m. *desmodión*. Bot. Desmodion, género de plantas.

**DESMOGOMPHES**, m. pl. *desmogónf*. Zool. Desmogonfos, familia de animalillos infusorios.

**DESMOGRAPHE**, m. *desmográf*. Anat. Desmógrafo, autor de una desmografía.

**DESMOGRAPHIE**, f. *desmografí*. Anat. Desmografía, descripcion de los ligamentos.

**DESMOGRAPHIQUE**, adj. *desmografic*. Anat. Desmográfico, que tiene relacion con la desmografía.

**DESMOLOGIE**, f. *desmologí*. Anat. Desmologia, tratado anatómico de los ligamentos.

**DESMOLOGIQUE**, adj. *desmologic*. Anat. Desmológico, que tiene relacion con la desmologia.

**DESMONOTE**, m. *desmonót*. Zool. Desmonoto, género de insectos.

**DESMONQUE**, m. *desmónc*. Bot. Desmonco, género de palmeras.

**DESMOPHLOGIE**, f. *desmoflogí*. Med. Desmoflogia, tumefaccion inflamatoria de los ligamentos.

**DESMOPHLOGIQUE**, adj. *desmoflogic*. Med. Desmoflógico, que tiene relacion con la desmoflogia.

**DESMOTOMIE**, f. *desmotomí*. Anat. Desmotomia, diseccion de los ligamentos.

**DESMOTOMIQUE**, adj. *desmotomic*. Anat. Desmotómico, que tiene relacion con la desmotomía.

**DESMOZONE**, m. *desmosón*. Zool. Desmozono, mariposa diurna de América.

**DÉSOBÉIR**, n. *desobeír*. Desobedecer, no hacer lo que manda el superior.

**DÉSOBÉISSANCE**, f. *desobeisáns*. Desobediencia, inobediencia, accion y efecto de desobedecer.

**DÉSOBÉISSANT, E**, adj. *desobeisán*. Desobediente, inobediente, que tiene la costumbre de desobedecer.

**DÉSOBLIGEAMMENT**, adv. *desoblijamán*. Con sequedad ó desatencion, de un modo grosero, seco, desatento.

**DÉSOBLIGEANCE**, f. *desobliján*. Poca atencion, falta de miramiento. Propension á desagradar, á ser chocante.

**DÉSOBLIGEANT, E**, adj. *desoblijdn*. Nada cortés, poco atento, propenso á desagradar, á chocar. || *Désobligeante*, f. Especie de calesin estrecho y poco cómodo.

**DÉSOBLIGER**, a. *desobligé*. Disgustar por desatencion ó por poco miramiento.

**DÉSOBSTRUANT, E**, adj. y s. *desobstruán*. Desobstruyente, que disipa las obstrucciones.

**DÉSOBSTRUCTIF, IVE**, adj. *desobstructif, iv*. Desobstructivo, que cura obstrucciones.

**DÉSOBSTRUCTION**, f. *desobstruczión*. Desobstruccion, accion de desobstruir.

**DÉSOBSTRUER**, a. *desobstrué*. Med. Desobstruir, quitar obstrucciones.

**DÉSOCCUPATION**, f. *desocupasión*. Desocupacion, estado de una persona desocupada, ociosa.

**DÉSOCCUPER (SE)**, r. *desocupé*. Desocuparse, desprenderse de algun negocio ó cuidado.

**DÉSOCTROYER**, a. *desoctruayé*. Revocar un don, un permiso, una licencia.

**DÉSŒUVREMENT**, m. *deseuvrmán*. Ociosidad, desocupacion.

**DÉSOLANT, E**, adj. *desolán*. Doloroso, que desconsuela, que aflige, que contrista. || Funesto, pernicioso. || Insoportable, importuno, molesto, hablando de personas.

**DÉSOLATEUR, TRICE**, adj. y s. *desolateur, tris*. Desolador, destruidor, asolador. || Desconsolador.

**DÉSOLATIF, IVE**, adj. *desolatif, iv*. Doloroso, triste.

**DÉSOLATION**, f. *desolasión*. Desolacion, angustia, gran desconsuelo. || Asolacion, ruina, destruccion, estrago.

**DÉSOLER**, a. *desolé*. Desolar, asolar, destruir, arruinar. || Desconsolar, afligir, contristar. || Fastidiar, incomodar. || *Se désoler*, r. Entristecerse, desconsolarse extremadamente.

**DÉSOPILANT, E**, adj. *desopilán*. Desopilante, propio para curar las opilaciones, las obstrucciones. || met. Festivo, que hace reir, que regocija.

**DÉSOPILATIF, IVE**, adj. *desopilatif, iv*. Desopilativo, que cura la opilacion.

**DÉSOPILATION**, f. *desopilasión*. Desopilacion, accion y efecto de desopilar.

**DÉSOPILER**, a. *desopilé*. Med. Desopilar, quitar la opilacion. || fam. *Désopiler la rate*, hacer reir mucho. || *Se désopiler la rate*, reir mucho.

**DÉSORDONNÉMENT**, adv. *desordonemán*. Desordenadamente, desarregladamente.

**DÉSORDONNER**, a. *desordoné*. Desordenar, poner en desórden.

**DÉSORDRE**, m. *desórdr*. Desórden, falta de órden, desconcierto, confusion, segun la aplicacion y el objeto á que se aplican. || Desórden, turbacion, extravío de la razon. || Desarreglo en la conducta, inmoralidad.

**DÉSORGANISATEUR, TRICE**, adj. *desorganisateur, trís*. Desorganizador, que desorganiza. || Tambien es sustantivo.

**DÉSORGANISATION**, f. *desorganisasión*. Desorganizacion, la accion y el efecto de desorganizar. || met. Desorganizacion, dislocacion de los elementos que constituyen una cosa moral.

**DÉSORGANISER**, a. *desorganisé*. Desorganizar, destruir la organizacion, producir desórden. || met. Desorganizar un cuerpo político.

**DÉSORIENTER**, a. *desorianté*. Desorientar, hacer perder el tino del Oriente ó Levante. || met. Desorientar, confundir, turbar á uno, de modo que no sepa dónde está, ni qué contestar.

**DÉSORMAIS**, adv. *desormé*. En adelante, de aquí adelante, en lo sucesivo.

**DÉSORNER**, a. *desorné*. Desadornar, quitar los adornos.

**DÉSOSSÉ, ÉE**, adj. *desosé*. Desosado, quitados los huesos, hablando de carnes. || sin espinas, ó quitada la espina, hablando de pescado.

**DÉSOSSEMENT**, m. *desosmán*. Desosamiento, la operacion de desosar.

**DÉSOSSER**, a. *desosé*. Deshuesar, quitar los huesos á la carne ó las espinas al pescado.

**DÉSOUCI**, m. *desusí*. Desahogo, cesacion de inquietud, de cuidado inquietante.

**DÉSOUCIER (SE)**, r. V. DESSOUCIER.

**DÉSOURDIR**, a. *desurdír*. Desurdir, deshacer una tela, destejerla.

**DÉSOXYDANT, E**, adj. *desocsidán*. Desoxidante, que tiene la propiedad de quitar el óxido que contiene un cuerpo.

**DÉSOXYDATION**, f. V. DÉSOXYGÉNATION.

**DÉSOXYDER**, a. V. DÉSOXYGÉNER.

**DÉSOXYGÉNANT, E**, adj. *desocsigenán*. Desoxigenante, que tiene la propiedad de desoxigenar.

**DÉSOXYGÉNATION**, f. *desocsigenasión*. Quím. Desoxigenacion, operacion de privar una sustancia de su oxígeno.

**DÉSOXYGÉNER**, a. *desocsigené*. Quím. Desoxigenar, privar un cuerpo de oxígeno.

**DESPECT**, m. *despé*. Falta de respeto.

**DESPECTUEUX, EUSE**, adj. *despectueu, eus*. Poco respetuoso, que no tiene respeto.

**DESPERMATISER**, a. *despermatisé*. Despermatizar, destruir el esperma.

**DESPONSATION**, f. *desponsasión*. Desposorio. V. FIANÇAILLES.

**DESPOSYNE**, m. *desposín*. Filol. Desposino, que pertenece al maestro. Este nombre se ha dado á los parientes de Jesucristo.

**DESPOTAT**, m. *despotá*. Podestado, país gobernado por un déspota ó podestá.

**DESPOTE**, m. *despót*. Déspota, título de los príncipes de Servia y Valaquia. || Déspota, soberano cuyo poder es absoluto y que no conoce mas ley que su voluntad. || Déspota, el que tiraniza á los que le rodean, ó que dependen de él.

**DESPOTICITÉ**, f. *despotisité*. Despotismo, sumision al despotismo.

**DESPOTIQUE**, adj. *despotic*. Despótico, arbitrario.

**DESPOTIQUEMENT**, adv. *despoticmán*. Despóticamente, arbitrariamente.

**DESPOTISER**, a. *despotisé*. Gobernar despóticamente.

**DESPOTISME**, m. *despotism*. Despotismo, poder arbitrario, ilimitado, que no tiene mas regla que la voluntad del déspota.

**DESPRETZIE**, f. *despretsí*. Bot. Despretsia, género de plantas gramíneas.

**DESPUMATION**, f. *despumasión*. Despumacion, accion y efecto de despumar.

**DESPUMER**, a. *despumé*. Quím. Despumar, quitar la espuma, clarificar, purificar.

**DESQUAMATION**, f. *descuamasión*. Desescamacion, escamadura, accion de quitar las escamas al pescado. || Med. Exfoliacion de las escamas del epidérmis.

**DESQUAMMER**, a. *descuamé*. Desescamar, quitar las escamas, desprender las partes endurecidas que constituyen costras escamosas. Este verbo se usa solamente como pronominal.

**DESROYER**, a. ant. é inus. *desruayé*. Cambiar el uso de una tierra, destinarla á otra cosa que á terreno de labor y sembradura.

**DESSABLÉ, ÉE**, adj. *desablé*. Desarenado, desenarenado.

**DESSABLER**, a. *desablé*. Desarenar, desenarenar.

**DESSACRER**, a. V. DÉCONSACRER.

**DESSAIGNER**, a. *deseñé*. Desangrar, quitar la sangre á las pieles recien desolladas.

**DESSAISINE**, f. ant. *desesín*. Desposesion, formalidad usada antiguamente para la enajenacion de una propiedad.

**DESSAISIR**, a. *desesír*. Soltar, abandonar, dejar ir lo que se tiene. || Quitar á otro lo que tiene ó posee. || *Se dessaisir*, r. Desasirse, deshacerse de una cosa adquirida. || met. *Se dessaisir du pouvoir, de l'autorité*, abdicar el poder, la autoridad.

**DESSAISISSEMENT**, m. *desesismán*. Desasimiento, desapropio, accion y efecto de desapropiarse lo que se posee.

**DESSAISONNEMENT**, m. *desesonmán*. Agr. Accion de invertir el [illegible] borge de la tierra.

**DESSAISONNER**, a. ant. [illegible] Cambiar, invertir el órden de [illegible] la tierra. || Cambiar la época de [illegible]

**DESSALAISON**, f. [illegible] accion de desalar.

**DESSALÉ, ÉE**, adj. [illegible] fam. *Homme dessalé*, [illegible] diestro.

**DESSALEMENT**, m. V. [illegible]

**DESSALER**, a. [illegible] salumbre ó disminuirla.

**DESSANGLER**, a. [illegible] quitar, aflojar las cinchas.

**DESSAQUER**, a. [illegible] vaciar un saco.

**DESSÉCHANT, E**, adj. [illegible] cante, que deseca; que tiene [illegible] de desecar ó de secar.

**DESSÈCHEMENT**, m. [illegible] fluxion, sequedad de un [illegible] Desagüe, accion y efecto de [illegible] tano, una laguna, etc. || met. [illegible] sibilidad del alma.

**DESSÉCHER**, a. [illegible] gar, secar. || Extenuar, secar, [illegible] met. Empedernir, endurecer el [illegible] Debilitar el espíritu, la imaginacion, etc.

**DESSEIN**, m. *desén*. [illegible] proyecto. || *A dessein*, loc. adv. [illegible] cion, de intento, adrede, de [illegible] samente. || *Faire une chose à* [illegible] *sein*, hacer una cosa con [illegible]

**DESSELLER**, a. *deselé*. [illegible] tar la silla á un caballo.

**DESSEMELER**, a. [illegible] tar las suelas.

**DESSEMESTREMENT**, m. [illegible] *mán*. Desemestre, interrupcion [illegible] mestre.

**DESSERRE**, f. *desér*. Accion [illegible] que está sujeto, atado, apretado. || [illegible] *à la desserre*, ser mezquino, [illegible] alto grado.

**DESSERRER**, a. *deserré*. [illegible] atar, aflojar lo que estaba sujeto [illegible] || met. *Ne pas desserrer les dents*, [illegible] despegar los labios.

**DESSERROIR**, m. [illegible] dor, instrumento propio para [illegible]

**DESSERT**, m. *desér*. Postres, [illegible] dulces que se sirven al fin de [illegible] *Au dessert*, á los postres. || [illegible] lujo se llama *fruit*, y en [illegible]

**DESSERTE**, f. *desért*. Sobras [illegible] dan de una comida al levantarse [illegible] || El servicio y desempeño de un [illegible] curado ó de una capilla. || Accion [illegible] el cubierto, y de servir un [illegible]

**DESSERTIR**, a. *desertír*. [illegible] levantar el engaste de una piedra [illegible]

**DESSERVANT**, m. *deservan*. [illegible] nomo que sirve interinamente un [illegible] Servidor, el que sirve un beneficio [illegible] llanía.

**DESSERVICE**, m. ant. *deservís*. [illegible] vicio, malos oficios hechos por [illegible] á otra. || Empleo del que sirve una [illegible] nia.

**DESSERVIR**, a. *deservír*. [illegible] tar el servicio de mesa y los [illegible] comida. || Servir mal, hacer [illegible] otro. || Servir una capellanía, un [illegible] otro beneficio en lugar del [illegible]

**DESSERVITORERIE**, f. [illegible] Beneficio, prebenda que pide [illegible] el lugar ó iglesia donde está.

**DESSICCATEUR**, m. V. [illegible]

**DESSICCATIF, IVE**, adj. [illegible] Desecativo, que deseca, como un [illegible] ungüento, etc.

**DESSICCATION**, f. *desicasión*. [illegible] cion, accion y efecto de desecar.

**DESSILLÉ, ÉE**, adj. *desillé*. [illegible] hablando de los ojos. || met. [illegible] advertido.

**DESSILLER**, a. *desillé*. Abrir [illegible] met. Desengañar, advertir el error [illegible] cinacion.

**DESSIN**, m. *desén*. Dibujo, arte de [illegible] jar. || Dibujo, la accion de dibujar y [illegible] dibujada. || Dibujo, representacion de [illegible] tos naturales ó artificiales. || Mús. Invencion [illegible] de las partes que componen [illegible]

[illegible], m. *desinateur*. Diseñador. [illegible]

[illegible], a. *desiné*. Dibujar, diseñar. || [illegible] un plan literario ó musical, [illegible] las diferentes partes de [illegible]. || *Se dessiner*, r. Diseñarse [illegible]. || Diseñarse las formas [illegible] con el desarrollo de la edad.

[illegible], m. V. DESSAISONNEMENT.

[illegible], a. *desolé*. V. DESSAISONNER. [illegible] una caballería.

[illegible], f. *desolür*. Vet. Despa[illegible], accion de adelgazar el casco de [illegible]. || Agr. Accion de cambiar la plu[illegible] un terreno.

[illegible], a. *desuché*. Descepar [illegible].

[illegible], m. *desusí*. Sosiego, tranquilidad.

[illegible], a. *desudé*. Desoldar, quitar [illegible]. || *Se dessouder*, r. Desoldarse, [illegible].

[illegible], f. *dessudür*. Desoldadura, [illegible].

[illegible], a. *desuflé*. Desinflar, [illegible].

[illegible], m. *desufrage*. Desazufrar, accion de desazufrar.

[illegible], a. *desufré*. Desazufrar, [illegible] excesivo del carbon mineral.

[illegible], a. *desuillé*. Limpiar, qui[illegible]. || *Se dessouiller*, r. Lim[illegible], Lavarse de un oprobio.

[illegible], adj. *desulé*. Desembor[illegible].

[illegible], a. *desulé*. Desemborra[illegible] la embriaguez. || *Se dessoûler*, [illegible].

[illegible], adv. *desú*. Debajo. || *Ci-dessous*, adv. Aquí abajo. || *En dessous*, [illegible] la parte de abajo. || *De dessous*, [illegible]. || *Là-dessous*, allí debajo. || *Par-dessous* [illegible]. || *Au-dessous*, mas abajo, [illegible]. || *Son âge n'était pas au-dessous de* [illegible], su edad no bajaba de 30 [illegible] *dessous*, en completo [illegible]. || met. *Être en dessous*, [illegible] y taciturno. || *Être au-dessous* [illegible] inferior á alguno. || *Être au-dessous de sa place*, ser incapaz de desem[illegible]. || m. Lo bajo, lo de abajo, [illegible] de una cosa. || met. Des[illegible] que tiene uno en un [illegible]. || Revés, reves de una tela.

[illegible] (SE), r. *desuvenír*. Olvi[illegible] de una cosa ó persona.

[illegible], m. *desuenidge*. Lavado, [illegible] consiste en quitar la suarda á [illegible].

[illegible], a. *desuenté*. Lavar, quitar [illegible].

[illegible] (SE), r. *desujetir*. Liber[illegible] libre, independiente.

[illegible], adv. *desú*. Encima, sobre. || *Au-dessus*, adv. Encima. || *Ci-dessus*, aquí [illegible] arriba. || *De dessus*, de enci[illegible], encima. || *Là-dessus*, allí [illegible] á esto. || *Par-dessus* [illegible]. || *Au-dessus de*, loc. prep. [illegible]. || *Être au-dessus des faiblesses*, [illegible] las debilidades. || *Être au-dessus* [illegible], tener mas capacidad de [illegible] desempeñar un destino. || [illegible] *de ses affaires*, tener una [illegible]. || *Par-dessus*, loc. prep. De en[illegible], encima, á mas de esto. || [illegible], lo de arriba abajo, [illegible] revés. || m. La parte supe[illegible]. || met. Superioridad, ven[illegible]. || *Le dessus d'une lettre*, sobrescrito de una carta, [illegible] ó la *suscription*. [illegible] *Prendre le dessus*, re[illegible] de un enfermo. [illegible], adquirir supe[illegible]. || *Avoir le dessus*, vencer. [illegible] Destino, suerte, ha[illegible] de acontecimien[illegible]. || Poes. Destino, [illegible]. Destino, divinidad cie[illegible] y de la Noche, á quien [illegible] estaban sumisos.

**DESTINATAIRE**, m. y f. *destinatér*. Destinatario, aquel á quien se destina una cosa.

**DESTINATEUR, TRICE**, m. y f. *destinateur, tris*. Destinador, el que destina una cosa á otra persona.

**DESTINATION**, f. *destinasión*. Destinacion, destino, empleo de una persona ó de una cosa para un objeto determinado. || Destino, sitio ó punto donde debe hallarse una persona.

**DESTINATOIRE**, adj. *destinatuár*. Destinatorio, que asigna el empleo, el uso de una cosa.

**DESTINÉE**, f. *destiné*. Destino, suerte, fortuna. || Sino, destino, estrella. || Poes. Destino, vida, existencia.

**DESTINER**, a. *destiné*. Destinar, fijar, determinar el destino de alguno ó de alguna cosa. || *Se destiner*, r. Destinarse, proyectar, fijar su destino.

**DESTITUABLE**, adj. *destituábl*. Destituible, que puede ser depuesto ó privado de un empleo amovible.

**DESTITUER**, a. *destitué*. Privar, apear de algun empleo ó cargo.

**DESTITUTION**, f. *destitusión*. Destitucion, accion de privar á alguno de un empleo ó cargo.

**DESTOURBER**, a. V. TROUBLER.

**DESTOURBIER**, m. ant. *desturbié*. Estorbo, obstáculo.

**DESTRIER**, m. ant. *destrié*. Destrero: decíase del caballo de mano que se llevaba para la batalla, torneo ú otra funcion pública.

**DESTRUCTEUR, TRICE**, s. y adj. *destructeur, tris*. Destructor, asolador.

**DESTRUCTIBILITÉ**, f. *destructibilité*. Destructibilidad, cualidad de lo que puede destruir.

**DESTRUCTIBLE**, adj. *destructibl*. Destructible, que puede ser destruido.

**DESTRUCTIF, IVE**, adj. *destructif, iv*. Destructivo, que destruye.

**DESTRUCTION**, f. *destrucsión*. Destruccion, total ruina, asolamiento.

**DESTRUCTIVITÉ**, f. *destructivité*. Destructividad, inclinacion á destruir.

**DÉSUDATION**, f. *desudasión*. Med. Desudacion, sudor excesivo, copioso, sintomático.

**DÉSUÉTUDE**, f. *desuetúd*. Desuetud, estado de anonadamiento por el no uso, hablando de las leyes, reglamentos, costumbres. || *Tomber en désuétude*, caer en desuso.

**DÉSULFURATION**, f. *desulfurasión*. Desulfuracion, accion de desulfurar, y resultado de esta accion. V. DESSOUFRAGE.

**DÉSULFURER**, a. *desulfuré*. Quim. Desulfurar, destruir el estado de sulfuracion de un cuerpo.

**DÉSULTEUR, TRICE**, adj. y s. ant. *desulteur, tris*. Desultor, saltarin que conduciendo dos caballos salta del uno al otro.

**DÉSULTURATION**, f. *desulturasión*. Arte de saltar ó pasar de un caballo á otro.

**DÉSUNION**, f. *desunión*. Desunion, disgregacion, separacion de las partes que componen un todo ó de las cosas que estaban unidas. || met. Desunion, discordia, desavenencia.

**DÉSUNIR**, a. *desunir*. Desunir, desagregar, separar una cosa de otra. || met. Desunir, desavenir, poner en discordia. || *Se désunir*, r. Desunirse, separarse. || met. Desunirse, desavenirse.

**DÉSUSITER**, a. *desusité*. Desusar, hacer perder el uso, hacer caer en desuetud.

**DÉTACHÉ, ÉE**, adj. *detaché*. Desatado, desprendido, desclavado. || Destacado. || met. Desasido, despegado, desaficionado. || m. Mús. Indica, como sustantivo, notas sueltas, es decir, sin ligados ni apoyaturas.

**DÉTACHE-CHAÎNE**, m. *detachechén*. Troncha-cadenas, fuego ó petardo para romperlas.

**DÉTACHEMENT**, m. *detachemán*. Mil. Destacamento, porcion de tropa separada del cuerpo principal. || met. Desasimiento, desapego, despego, desinteres, desafición.

**DÉTACHER**, a. *detaché*. Desatar, despegar, desprender, desasir, descolgar. || Separar, desmembrar, desunir una cosa de otra. || Destacar tropa ó partida de soldados. || Limpiar, sacar las manchas de un vestido, tela, etc. || met. Apartar, disuadir de alguna opinion ó pasion, quitar á uno la aficion á alguna cosa. || Mús. *Détacher des notes*, ejecutar sueltamente, sin ligados ni apoyaturas. || *Se détacher*, r. Desatarse, despegarse, desprenderse, desasirse, descolgarse. || met. Desaficionarse. || Sobresalir sobre un fondo, v. gr. las figuras en un cuadro.

**DÉTACHEUR, EUSE**, m. y f. *detacheur, eus*. Quita-manchas. V. DÉGRAISSEUR.

**DÉTACHOIR**, m. *detachuár*. Cortador, instrumento para cortar las formas ó discos que han de ser acuñados en la fábrica de moneda.

**DÉTAIL**, m. *detáil*. Pormenor, relacion ó descripcion circunstanciada, individual ó menuda. || *Homme de détail*, el que entra en el pormenor, en todas las particularidades de las cosas. || *Faire le détail d'un siége, d'un combat*, referir, contar con todas sus circunstancias un sitio, una batalla. || *En détail*, loc. adv. Por menor. || *Vendre* ó *acheter en détail*, vender ó comprar por menor. || Mar. Detalla, la policía y el órden de los buques de guerra, que generalmente está á cargo del segundo comandante.

**DÉTAILLANT, E**, adj. y s. *detallán*. Vendedor, mercader, comerciante al por menor.

**DÉTAILLER**, a. *detallé*. Desmenuzar, dividir en muchas partes. || Detallar, referir, contar noticias, narrar, describir con todos sus pormenores, extensa y minuciosamente algun suceso.

**DÉTAILLERIE**, f. *detallrí*. Nombre del derecho impuesto antiguamente sobre mercaderías vendidas al por menor.

**DÉTAILLEUR, EUSE**, m. y f. V. DÉTAILLANT.

**DÉTAILLISTE**, m. inus. *detallist*. Detallista, que gusta de pormenores en una obra, y que sobresale en el arte de caracterizarla circunstanciadamente.

**DÉTALAGE**, m. *detaláge*. La accion de recoger los géneros puestos en venta.

**DÉTALER**, a. *detalé*. Quitar, recoger, guardar, almacenar las mercaderías ó géneros que se habian sacado á la venta. || fam. Escaparse con prontitud y á pesar suyo. || Correr con gracia y lijereza un elegante caballo.

**DÉTALINGUER**, a. *detalengué*. Mar. Destalingar, desamarrar el ancla, quitar el cable.

**DÉTAPER**, a. *detapé*. Mar. Destapar la boca de un cañon para tirar.

**DÉTAR** ó **DÉTARION**, m. *detár*, *detarión*. Bot. Detario, género de plantas.

**DÉTARIÉ, ÉE**, adj. *detarié*. Detariado, que se parece á un detario.

**DÉTASSER**, a. *detasé*. Deshacer un monton de cualquiera cosa.

**DÉTEINDRE**, a. *deténdr*. Desteñir, quitar, hacer perder el tinte á una tela. || *Se déteindre*, r. Desteñirse, perder el color las telas.

**DÉTALAGE**, m. *detaláge*. Desuncimiento, accion de desuncir bueyes. || Desenganche, accion de desenganchar un tiro de carruaje.

**DÉTELER**, a. *detlé*. Desatar, desuncir bueyes, desenganchar caballos. || met. Renunciar á placeres y vanidades.

**DÉTENDAGE**, m. *detandáge*. Impr. Descolgadura, accion de descolgar los pliegos que se han puesto á secar en el tendedero de las imprentas.

**DÉTENDOIR**, m. *detanduár*. Art. Aflojador, instrumento usado por los tejedores.

**DÉTENDRE**, a. *detándre*. Aflojar, soltar lo que estaba tirante. || Descolgar, quitar las colgaduras de los aposentos, los cortinajes de las salas, camas, etc. || met. Calmar por grados un resentimiento, una irritacion colérica. || *Se détendre*, r. Aflojarse. || met. Aquietarse, salir poco á poco de un estado de irritacion ó de cólera.

**DÉTENDU, E**, adj. *detandú*. Descolgado, sin colgadura. || Suelto, flojo, soltado, aflojado.

[illegible] ses dévotions, cumplir con los preceptos de la Iglesia, confesar y comulgar, oir á Dios, etc. || pl. Dévotions, devociones, actos de piedad, prácticas pias, católicas [illegible] Être á la dévotion de quelqu'un, estar á la disposicion de alguno, ser de su parte, á su favor.

[illegible], m. dévotism. Devotismo, [illegible] fanático y supersticioso de [illegible] bien entendida.

[illegible], ÉE, adj. dévoué. Entregado cuerpo y alma al servicio, á la voluntad, [illegible] de otro, aunque sea sacrificándose. || Entregado, consagrado.

[illegible] ó DÉVOÛMENT, m. devoûmán. Abnegacion, rendimiento de la voluntad en obsequio de otro. || Decision, ardor [illegible] á la ejecucion de una cosa que [illegible].

[illegible], a. dévoué. Sacrificar, ofrecer [illegible] cuanto se quiera en servicio de [illegible] persona. || Se dévouer, r. Sacrificarse, [illegible] al servicio de alguno, darse enteramente al ejercicio de una cosa.

[illegible], a. ant. é inus. dévoulouár. [illegible], desamar, dejar de querer.

[illegible], ÉE, adj. dévoayé. Desviado, [illegible], extraviado. || Se usa como sustantivo. Un dévoyé, un arrepentido, un pe[illegible].

[illegible], a. dévoayé. Descaminar, extraviar, apartar de la via. || Desviar de la [illegible]. || Descomponer, alterar el vientre [illegible] á dar cursos. || Med. Desviar los [illegible] de su direccion natural. || n. Tener [illegible] || Mar. Colocar una cuaderna con inclinacion de su plano de la linea perpendicular. || Se dévoyer, r. Desviarse, extraviarse [illegible] y fam. Alejarse, apartarse de la [illegible].

[illegible], f. deueye. Bot. Deveya, género [illegible] de la América del Norte.

[illegible], f. deesí. Zool. Dexia, género de [illegible].

[illegible], adj. decsiér. Decsiario, que [illegible] á una dexia.

[illegible], f. decsiocardí. Med. De[illegible], trasposicion del corazon cuando [illegible] al lado ó costado derecho del pecho.

[illegible], f. decsterité. Destreza, ha[illegible] para servirse de la mano derecha. || [illegible], habilidad, lijereza de manos. || [illegible], habilidad, sagacidad, ingenio [illegible] para dirigir los negocios.

[illegible], m. ant. V. DEXTROCHÈRE.

[illegible], adj. décstr. Diestro, derecho, [illegible] siniestro ó izquierdo. || f. Diestra [illegible] derecha, correlativa de izquierda. [illegible] significacion de poder, hablando [illegible].

[illegible], adv. decstremán. Diestramente, con destreza.

[illegible], m. decstribór. Mar. Estribor [illegible] banda derecha de una embarcacion.

[illegible], m. ant. decstrochér. [illegible] de armas ó mano armada de [illegible] y una espada, que hace parte de [illegible] de algunos escudos.

[illegible], adj. decstrovolu[illegible], que gira de izquierda [illegible].

[illegible], m. Dey, título que tomaba el [illegible] en Argel.

[illegible], f. deyeucsí. Bot. Deyeuxia, [illegible] plantas gramíneas.

[illegible] Dia! [illegible], de que se sirven [illegible] para hacer ir el tiro hácia la [illegible] y fam. N'entendre ni á dia [illegible], no entender ni so ni arre. || [illegible] á dia et l'autre á huhau, el uno [illegible] y el otro á la derecha.

[illegible], m. diabacanu. Diabacano, [illegible] contra las enfermedades del hígado.

[illegible], m. diabás. Zool. Diábaso, gé[illegible].

[illegible], m. diabetrárius. [illegible], género de insectos.

[illegible], m. diabotr. Diabatro, es[illegible], cángia ó chinela de mu[illegible].

[illegible], m. diabét. Diábeto, máquina [illegible] de cristal, llamado tambien [illegible]. || Med. Diábetes estranguria, enfermedad que consiste esencialmente en una abundante secrecion y evacuacion frecuente de la orina.

DIABÉTIQUE, adj. diabetic. Med. Diabético, que tiene relacion con la estranguria. || m. Diabético, el que sufre la enfermedad llama diábetes.

DIABLE, m. diábl. Diablo, Lucifer. || met. Diablo, demonio, se dice de una persona de mala intencion, maligna, traviesa. || Bon diable, un infeliz, un hombre de carácter benigno, condescendiente. || Pauvre diable, pobre diablo, desgraciado, que se encuentra en la miseria. || Grand diable d'homme, hombre mal encarado y de grande estatura. || En lenguaje popular se usa proverbialmente en: faire le diable á quatre, gritar, hacer ruido, estar furioso. La misma locucion equivale á, tomarse gran trabajo por conseguir su propósito. || Faire le diable contre quelqu'un, revolver á Roma con Santiago: apurar todos los medios posibles por ocasionarle perjuicio. || Avoir le diable au corps, ser de la piel del diablo, estar furioso. || C'est le diable, es el diablo, hablando de una cosa casi imposible de conseguir. || Le diable n'est pas si noir qu'on le fait, no es tan fiero el leon como la gente le pinta. || Quand il dort, le diable le berce, el diablo es su ayo: se dice de una persona que nunca idea una cosa buena. || Femme qui a la beauté du diable, mujer cuya belleza consiste únicamente en su juventud. || Quand le diable fut vieux il se fit ermite, despues de viejo el diablo se hizo fraile. || Quand le diable dit ses patenôtres il veut te tromper, cuenta con el lobo cuando se viste de piel de oveja. || Être comme le valet du diable, ser oficioso como un duende. || Le diable est aux vaches, el diablo está en Cantillana. || Manger le diable et ses cornes, comer un buey con las astas: se dice de un gran comilon ó de un malgastador. || Crever l'œil du diable, conseguir sus deseos á pesar de los envidiosos. || Ne craindre ni Dieu ni diable, no temer ni deber: ser muy atrevido. || Tirer le diable par la queue, adquirir con mucho trabajo lo necesario para la subsistencia. || Le diable n'est pas toujours à la porte, el desgraciado no lo ha de ser siempre. || Brûler une chandelle au diable, adular á un poder injusto por obtener su favor. || Quand le diable y serait, aunque el demonio quiera: se dice de un asunto que parece dificilísimo, imposible. || Le diable n'y verrait goutte, es un embrollo que el mismo demonio no pudiera deshacer. || Envoyer quelqu'un au diable, enviar enhoramala, despedir con mil demonios. || Allez au diable, va-t'en au diable, qu'il aille au diable, vaya Vd., véte, que se vaya con los demonios. || Être au diable, estar muy léjos. || Se donner au diable, desesperarse; ó matarse, tomarse un gran trabajo. || C'est là le diable, ese es el busilis. || Au diable si je comprends rien de tout cela, no entiendo nada de eso. || Ce diable d'homme, el demonio del hombre!... Où diable? ¿dónde demonios? Que diable? ¿qué demonio? etc. En esta acepcion se usa en varios casos y locuciones como en español. || A la diable, loc. adv. A la diabla, muy mal, etc. || Fis. Diables cartésiens, diablos cartesianos, especie de zambullidores de cristal, que puestos en una vasija de agua, se sumergen, boyan despues, y hacen otros mil movimientos diferentes. || Art. Diabla, especie de carreta que sirve para trasportar piedras y fardos de peso excesivo. || Especie de rastrillo que sirve para escarmenar la lana, el algodon, la cerda, etc. || Juguete que usan los niños, semejante á los zumbadores. || Avocat du diable, abogado del diablo, denominacion que se da en Roma al abogado encargado de rebatir los méritos de un candidato propuesto para ser canonizado. || Mar. Especie de avantren que consiste en un juego de dos ejes rodados, usado para acarrear en los puertos y arsenales las grandes piezas de artillería, de madera, etc.

DIABLE DE MER, m. diabledmér. Zool. Cornudo, nombre vulgar de la balderaya, especie de pescado.

DIABLEMENT, adv. diablmán. Diabólicamente, con exceso, con profusion, fuera del órden natural.

DIABLERIE, f. diablrí. Diablería, influencia secreta del diablo, sortilegio, maleficio. || fam. Diablería, intriga, maquinacion secreta.

DIABLESSE, f. diablés. Mujer diabólica, mujer endemoniada, traviesa, revoltosa, intolerable. Tambien se toma en buena parte, y equivale á infeliz, desdichada, buena mujer, etc.

DIABLETEAU, m. V. DIABLOTEAU.

DIABLICULER, a. ant. diabliculé. Calumniar, levantar falsos testimonios.

DIABLOTEAU, m. diablotó. V. DIABLOTIN. Zool. Nombre del estercorario pomarino, ave.

DIABLOTIN, m. diablotén. Diablillo, diminutivo de diablo. || met. Diablillo, criatura revoltosa, incorregible. || Diabolin, pastillas de chocolate y otras de Nápoles muy excitantes. || Diabolin, uno de los nombres del petrel, ave. || Mar. Vela de estay de sobremesana.

DIABOLIQUE, adj. diabolic. Diabólico, que procede del diablo. || met. Diabólico, pernicioso, perjudicial. || Diabólico, impracticable, difícil.

DIABOLIQUEMENT, adv. diabolicmán. Diabólicamente, de una manera endiablada.

DIABOTANUM, m. diabotánom. Farm. Diabotanum, emplasto resolutivo de lupias, compuesto de jubarda y otras yerbas.

DIABROSE, f. diabrós. Med. Diabrosis, anabrosis, corrosion de los huesos por un humor acre.

DIABROTIQUE, adj. diabrotic. Med. Diabrótico, que corroe ó produce la corrosion.

DIACADMIE, f. diacadmí. Diacadmia, emplasto cuya parte principal es la cadmia.

DIACANTHE, m. diacánt. Hist. nat. Diacanto, pescado de mar que tiene dos espinas.

DIACARCINON, m. diacarsinón. Farm. Diacárcino, antídoto de cangrejo contra la rabia.

DIACARPE, m. diacárp. Bot. Diacarpo, género de helechos de tallo herbáceo.

DIACARTHAME, m. diacartam. Farm. Diacártamo, electuario purgante, compuesto de semilla de cártamo.

DIACASSE, m. diacás. Farm. Diácasia, electuario purgante laxante, cuya base principal es la casia.

DIACATHOLICON, m. diacatolicon. Farm. Diacatolicon, electuario purgante universal.

DIACAUSIE, f. diacosí. Med. Diacausia, calor excesivo, calentamiento.

DIACAUSTIQUE, adj. y s. f. diacostic. Geom. Diacáustico, epíteto calificativo de una curva cáustica por refraccion, para distinguirla de la curva por reflexion.

DIACENTROS, m. diasentros. Diacéntros, el diámetro mas corto de la órbita de un planeta.

DIACHALASIS, m. diacálasis. Anat. Diacálasis, solucion de continuidad en las suturas del cráneo, separacion de sus huesos.

DIACHALCITÉOS, m. diacalsitéos. Farm. Diacalciteos, emplasto detersivo y astringente para cicatrizar llagas.

DIACHÉE, f. diaqué. Bot. Diaquea, género de hongos.

DIACHÉIRISME, m. diaqueirism. Med. Diaqueirismo: se da este nombre á toda operacion que se ejecuta con las manos, sin ayuda de instrumentos.

DIACHISME, m. diachism. Mús. Intervalo de un semitono.

DIACHORÈME, m. ó DIACHORÈSE, f. diacorém, diacorés. Med. Diacoresis, deyeccion, deposicion de vientre.

DIACHORÉTIQUE, adj. diacoretic. Farm. Diacorético, propio para hacer evacuar.

DIACHORISE, f. diacoris. Med. Diacorísis, disyuncion de partes duras ó blandas.

DIACHYLON ó DIACHYLUM, m. diachilon, diachilom. Farm. Diaquilon, emplasto emoliente resolutivo.

DIACHYSE, f. diachís. Med. Diaquisis, voz griega que significa fusion, liquefaccion disolucion.

DIACHYTIQUE, adj. diachitic. Diaquítico difusivo, disolvente.

**DIACO**, m. *diáco*. Diaco, clérigo conventual de la órden de Malta.

**DIACODE**, m. *diacód*. Farm. Diácodo, jarabe compuesto con las cápsulas de adormidera.

**DIACOMMATIQUE**, adj. *diacomatic*. Mús. Diacomático, epíteto dado á una transicion armónica por medio de la cual una nota sube ó baja de un colon perfecto. || El mismo género de música en que se emplean estas transiciones.

**DIACONAL, E**, *diaconál*. adj. Diaconal, que pertenece al diácono.

**DIACONAT**, m. *diaconá*. Diaconado, la segunda de las órdenes sagradas.

**DIACONESSE**, f. *diacones*. Hist. rel. Diaconisa, nombre dado en la primitiva Iglesia á las viudas y solteras destinadas á ciertos ministerios eclesiásticos.

**DIACONIE**, f. *diaconí*. Diaconía, capilla, beneficio de diácono. || Hospicio de pobres y enfermos. || Oficio de diácono en dichos hospicios.

**DIACONIQUE**, m. *diaconic*. Diacónico, antiguamente sacristía. || Diacónica, parte del tribunal pontifical en donde se colocan los diáconos á la derecha del papa. || adj. Que tiene relacion con la diacónica.

**DIACONISER**, a. *diaconisé*. Diaconizar, ordenar de diácono.

**DIACOPE**, f. *diacóp*. Diacope, uno de los nombres de la hipérbaton gramatical.

**DIACOPE ó DIACOPÉE**, f. *diacóp*, *diacopé*. Cir. Diacope ó diacopea, fractura del cráneo con un instrumento cortante. || Incision de soslayo, fractura de un hueso.

**DIACOPRÉGIE**, f. *diacoprégi*. Farm. Diacopregia, antigua preparacion medicinal, hecha con excremento de cabra.

**DIACORUM**, m. *diacórom*. Farm. Diacorum, electuario cuya base es el acoro.

**DIACOUSTIQUE**, f. *diacustic*. Fís. Diacústica, parte de la acústica cuyo objeto es la refraccion de los sonidos.

**DIACRANIEN, NE**, adj. *diacranién*, *én*. Diacraniano, unido al cráneo. Se dice de la quijada inferior.

**DIACRE**, m. *diácr*. Diácono, ministro cuya funcion principal es servir en el altar al sacerdote ú obispo.

**DIACROCION**, m. *diacrosión*. Farm. Diacrocion, colirio preparado con azafran.

**DIACYDONION**, m. *diasidonión*. Farm. Diacidonion, conserva de membrillo.

**DIACYMINON**, m. *diasiminón*. Diaciminon, emplasto de comino, propio para expulsar ventosidades del estómago.

**DIADACTYLOBATRACIEN, NE**, adj. *diadactilobatrasién*, *én*. Zool. Diadactilobatraciano, que tiene los dedos separados como la rana.

**DIADAPHNIDON**, m. *diadafnidón*. Farm. Diadafnidon, emplasto compuesto con las bayas del laurel.

**DIADELPHE**, adj. *diadélf*. Bot. Diadelfo, se dice de los estambres soldados entre sí por sus hebrillas.

**DIADELPHIE**, f. *diadelfí*. Bot. Diadelfia, clase de vegetales con dos estambres reunidos.

**DIADELPHIQUE**, adj. *diadelfic*. Bot. Diadélfico, cuyos estambres son diadelfos.

**DIADÈME**, m. *diadém*. Diadema que ceñia las sienes de los reyes. || Diadema, corona de los reyes. || Diadema, adorno de diamantes y pedrerías exclusivo antiguamente de las emperadoras, reinas y princesas. || Blas. Círculo de oro formando corona real.

**DIADÉMÉ, ÉE**, adj. *diademé*. Diademado. || Blas. *Aigle diadémé*, águila diademada, cuya cabeza está adornada con una corona de oro.

**DIADÉMER**, a. *diademé*. Diademar, coronar, ceñir la frente con una diadema.

**DIADÉNION**, m. Bot. *diadenión*. Diadenion, género de plantas.

**DIADEXIE**, f. *diadecsí*. Med. Diadexia, trasformacion de un principio morbífico en otro distinto.

**DIADOCHE**, f. *diadóche*. Med. Diadoca, cambio de una enfermedad en otra ménos grave.

**DIADOSE**, f. *diadós*. Diadósis, distribucion de la materia nutritiva en la economía animal. || Med. Diadósis, cesacion de una enfermedad.

**DIAGNOSE**, f. *diagnós*. Med. Diagnósis, conocimiento de las cosas en su estado del momento.

**DIAGNOSTIC**, m. *diagnostic*. Med. Diagnóstico, signo, síntoma de una enfermedad.

**DIAGNOSTIQUE**, adj. *diagnostic*. Med. Diagnóstico, concerniente á los síntomas de una enfermedad.

**DIAGNOSTIQUER**, a. *diagnostiqué*. Med. Juzgar de una enfermedad por los síntomas que presenta.

**DIAGOMÈTRE**, m. *diagométr*. Fís. Diagómetro, especie de electróscopo para medir las mas pequeñas cantidades de electricidad.

**DIAGOMÉTRIE**, f. *diagometrí*. Fís. Diagometría, arte de comparar, por medio del diagómetro, la conductibilidad eléctrica de diversas sustancias.

**DIAGOMÉTRIQUE**, adj. *diagometric*. Fís. Diagométrico, que tiene relacion con la diagometría.

**DIAGONAL, E**, adj. *diagonál*. Diagonal, que va de un ángulo á otro, en un cuadrado ó en un paralelógramo.

**DIAGONALEMENT**, adv. *diagonalmán*. Diagonalmente, de una manera diagonal.

**DIAGRAMME**, m. *diagrám*. Geom. Diagrama, figura ó construccion de líneas que sirve para demostrar una proposicion. || Mús. ant. Tabla de la extension de los tonos; escala, teclado. || Zool. Género de peces.

**DIAGRAMMISME**, m. *diagramism*. Diagramismo, especie de juego de damas griego.

**DIAGRAPHE**, m. *diagráf*. Diágrafo, instrumento para seguir los contornos de un objeto, y transmitir al papel su representacion, sin conocimiento del dibujo ni de la perspectiva.

**DIAGRAPHIE**, f. *diagrafí*. Diagrafía, arte de dibujar con el diágrafo.

**DIAGRAPHIQUE**, adj. *diagrafic*. Diagráfico, que pertenece al diágrafo.

**DIAGRAPHITE**, f. *diagrafit*. Miner. Diagrafita, especie de roca esquistosa con la que se hacen lápices para dibujar.

**DIAGRÈDE**, m. *diagréd*. Diagridio, escamonea preparada con membrillo y con azufre, y, segun algunos, con zumo de limon.

**DIAIRE**, adj. *diér*. Diario, efímero, que solo dura un dia.

**DIAIRÉOS**, m. *diereos*. Diareos, antídoto en cuya composicion entraba el íris.

**DIALACCA**, m. *dialáca*. Dialaca, preparacion farmacéutica cuya base era formada por la laca.

**DIALECTE**, m. *dialéct*. Dialecto, idioma de una provincia ó de una ciudad, que generalmente es una corrupcion de la lengua nacional.

**DIALECTICIEN**, m. *dialectisién*. Dialéctico, el que sabe, practica ó enseña la dialéctica.

**DIALECTIQUE**, adj. *dialectic*. Dialéctico, perteneciente á un dialecto. || f. Dialéctica, arte de raciocinar y demostrar la verdad. || Ciencia en la que se funda este arte; lógica.

**DIALECTIQUEMENT**, adv. *dialecticmán*. Dialécticamente, lógicamente, como verdadero dialéctico.

**DIALEGMATIQUE**, adj. *dialegmatic*. Dialegmático, nombre de las ciencias que enseñan á expresar y transmitir ideas, pensamientos, pasiones.

**DIALÉIPYRE**, f. *dialeipír*. Med. Dialeipira, fiebre intermitente.

**DIALEPSE**, f. *dialéps*. Cir. Dialepsia, intervalo dejado entre las circunvoluciones de ciertos vendados.

**DIALI ó DIALION**, m. *dialí*, *dialión*. Bot. Diali, género de plantas.

**DIALIBANON**, m. *dialibanón*. Farm. Dialíbano, nombre de los medicamentos cuya base es el incienso.

**DIALLÈLE**, m. *dialél*. Dialelo, argumento que los escépticos y pirronianos oponian á los dogmáticos; círculo vicioso de razones.

**DIALOÈS**, m. *dialoés*. Farm. Diáloes, nombre de los medicamentos en cuya composicion entra el aloé ó acíbar como ingrediente principal.

**DIALOGIQUE**, adj. *dialogic*. Dialógico ó dialogal, que está en forma de diálogo.

**DIALOGIQUEMENT**, adv. *dialogicmán*. Dialógicamente, en forma de diálogo.

**DIALOGISER**, a. ant. *dialogisé*. Dialogar, dialogizar, conversar [illegible] logo.

**DIALOGISME**, m. *dialogism*. Dialogismo, arte del diálogo, empleo de sus formas. || Disputa [illegible] mado de preguntas y respuestas.

**DIALOGISTE**, m. y f. poco us. *dialogist*. Dialoguista, dialogista, el que escribe en forma de diálogo.

**DIALOGUE**, m. *dialóg*. Diálogo, conferencia escrita ó verbal entre dos ó mas personas. || Canto, composicion musical [illegible] partes que se corresponden entre dos ó mas personas; melodrama.

**DIALOGUER**, n. *dialogué*. Dialogar, conversar, conferenciar familiarmente [illegible] ó mas personas. || Dialogar, hacer hablar [illegible] diálogo á los personajes de una [illegible] teatro. || Componer musicalmente [illegible] voces ó instrumentos, cuyas partes [illegible] y se corresponden.

**DIALOGUEUR**, m. *dialogueur*. [illegible] dor verboso. || Dialoguista, autor que escribe ó compone en forma de diálogo.

**DIALTHÉON**, m. *dialteón*. Farm. [illegible] teon, ungüento que tiene por base la raíz de malvabisco.

**DIALYPÉTALÉ, ÉE**, adj. *dialipetalé*, *ée*. Dialipetáleo, que tiene los pétalos [illegible] tes en la corola polipétala. || *Dialypétalées*, f. pl. Dialipetáleas, clase de plantas cuyos pétalos son diferentes.

**DIALYSE**, f. *dialís*. Diálisis, signo [illegible] fial puesto sobre dos vocales, para [illegible] las en dos sílabas. || Med. Diálisis, [illegible] languidez, impotencia de mover los miembros.

**DIAMANT**, m. *diamán*. Miner. Diamante, la mas brillante, pura, [illegible] dura de cuantas piedras preciosas [illegible] cen. || *Faux diamant*, [illegible] das que se le parece. || [illegible] tirador de oro. || *Cliver le diamant*, [illegible] el diamante en dos, siguiendo el [illegible] piedra. || Mar. Cruz del ancla á [illegible] se reunen los brazos.

**DIAMANTAIRE**, m. *diamantér*. Diamantista, ó lapidario que trabaja los diamantes.

**DIAMANTER**, a. *diamanté*. [illegible] tar, abrillantar. || Endiamantar, [illegible] diamantes.

**DIAMARGARITON**, m. *diamargariton*. Farm. Diamargariton, antídoto cuya base formaban las perlas.

**DIAMASÈME**, m. ó **DIAMASÉME**, f. *diamasém*, *diamasén*. Farm. [illegible] masticacion, accion de mascar.

**DIAMASTIGOSE**, f. *diamastigós*. [illegible] Diamastigosa, flagelacion religiosa [illegible] ños en Esparta.

**DIAMÈRE**, m. *diamér*. Zool. Diamero, género de insectos.

**DIAMÉTRALEMENT**, adv. *diametralmán*. Diametralmente, de una manera diametral, opuesta, contraria. || De un extremo del diámetro al otro extremo.

**DIAMÈTRE**, m. *diamétr*. Geom. Diámetro, línea que corta la superficie del [illegible] en dos partes iguales, pasando por el centro y terminando por uno y otro extremo en la circunferencia.

**DIAMORON**, m. *diamorón*. [illegible] jarabe compuesto de miel y zumo de [illegible]

**DIAMOTOSE**, f. *diamotós*. Cir. [illegible] tosis, aplicacion de hilas en la [illegible] una úlcera.

**DIAMPHORE**, f. *dianfór*. Bot. [illegible] género de hongos del Brasil.

**DIAMORPHE**, f. *diamórf*. Bot. Diamorfo, género de plantas.

**DIANDRE**, adj. *diándr*. Bot. Diandro, que contiene dos estambres.

**DIANE**, f. *dián*. Mit. Diana, hija de Júpiter y de Latona. || Mil. Diana, [illegible] indica, tanto en campaña como en [illegible] el momento de levantarse la tropa. || [illegible] Mariposa diurna de seis patas.

**DIANELLE**, f. *dianél*. Bot. Dianela, género de plantas esparragíneas.

**[illegible]**, adj. *dianém*. Bot. Dianemo, que termina en dos filamentos.

**[illegible]**, ÉE, adj. *diangié*. Bot. Diangio, que tiene doble fructificacion.

**[illegible]**, f. *dianitrí*. Farm. Dianitro, preparacion nitrosa ó compuesta en parte de nitro.

**[illegible]**, adj. *diánto*. Bot. Dianto, que tiene dos flores. V. **BIFLORE**. || m. Dianto, nombre científico del clavel.

**[illegible]**, ÉE, adj. *dianté*. Diantáceo, que se parece á un clavel.

**[illegible]**, adj. *dianiér*. Bot. Diantero, que tiene dos anteras.

**[illegible]**, f. *diantosel*. Zool. Diantosela, género de insectos.

**[illegible]**, m. *dianión*. Farm. Dianio, especie de polvos antidóticos.

**[illegible]**, m. *diupir*. Diantre, dianche, [illegible]. Es una expresion imprecativa, [illegible] admirativa, etc.

**[illegible]**, m. *dianúcom*. Farm. Dia[illegible], jalea de nueces verdes y de miel [illegible].

**[illegible]**, m. *diapálm*. Farm. Diapalma, ungüento compuesto con hojas de pal[illegible], bueno para fluxiones y para [illegible] de quemaduras.

**[illegible]**, m. *diapasm*. Farm. Diapasma, perfume de polvos aromáticos; y por extension, toda pomada odorífica.

**[illegible]**, m. *diapasón*. Diapason, extension de sonidos entre la nota mas grave y la mas aguda de una voz humana ó de un instrumento músico. || Instrumento de acero de dos brazos, cuya vibracion, producida por el menor choque ó roce, da el tono [illegible] á la voz, etc. || Cam[illegible] fundidor de campanas.

**[illegible]**, f. *diapedés*. Med. Diapedésis, hemorragia cutánea, trasudacion ó [illegible] de sangre que se traspora.

**[illegible]**, f. *diapensí*. Bot. Diapensia, género de plantas ericáceas.

**[illegible]**, f. *diapént*. Mús. Diapente, [illegible] por los Griegos á la quinta, [illegible] medicales.

**[illegible]**, n. *diapanté*. Mús. Diapentar, proceder musicalmente por quintas.

**[illegible]**, f. *diaperí*. Bot. Diaperia, género de plantas de la América boreal.

**[illegible]**, adj. *diafan*. Fís. Diáfano, [illegible], que deja pasar la luz. || met. Diáfano, [illegible], luminoso, lucífero, etc., [illegible]. || *Pour des yeux clairvoyants*, [illegible] est diaphane, para ojos perspicaces [illegible] la mentira diáfana.

**[illegible]**, f. *diafaneité*. Diafanidad, [illegible], cualidad de todo lo que [illegible].

**[illegible]**, a. *diafané*. Diafanar, hacer [illegible] un cuerpo sólido, flúido, [illegible].

**[illegible]**, adj. *diafanipén*. Diafanipeno, que tiene las alas diáfanas, trasparentes.

**[illegible]**, adj. *diafanogén*. Diafanógeno, que produce trasparencia.

**[illegible]**, m. *diafanométr*. [illegible], instrumento que sirve para [illegible] las variaciones de la diafanidad [illegible].

**[illegible]**, f. *diafanometrí*. [illegible], arte de medir la diafa[illegible] atmósfera.

**[illegible]**, adj. *diafano*[illegible]. Fís. Diafanométrico, lo relativo al [illegible] y á la diafanometría.

**[illegible]**, m. *diafanorama*. [illegible], cuadro que, iluminado de [illegible], representa al natural una ciu[illegible] de perspectiva.

**[illegible]**, f. *diafisí*. Med. Diafi[illegible].

**[illegible] Ó [illegible]**, m. *diafe*[illegible]. Farm. Diafenicon, electuario [illegible], compuesto principalmente de [illegible].

**[illegible]**, f. *diafoní*. Mús. ant. Diafonía, [illegible] por el choque de dos [illegible].

**[illegible]**, m. *diafér*. Bot. Diáfora, género de plantas [illegible].

**[illegible]**, f. *diaforés*. Med. Diaforesis, estado medio entre la transpiracion y el sudor; especie de evacuacion cutánea, algo mas abundante que la regular.

**DIAPHORÉTIQUE**, adj. *diaforetic*. Med. Diaforético, remedio que favorece la transpiracion cutánea. || *Fièvre diaphorétique*, calentura diaforética continua, acompañada tambien de un sudor continuo.

**DIAPHOSE**, f. *diafós*. Med. Diafosis, evacuacion por los poros.

**DIAPHRAGMATIQUE**, adj. *diafragmatic*. Anat. Diafragmático, que pertenece al diafragma.

**DIAPHRAGMATOCÈLE**, f. *diafragmatosél*. Med. Diafragmatocele, hernia del diafragma.

**DIAPHRAGME**, m. *diafrágm*. Anat. Diafragma, músculo delgado, muy ancho, situado oblicuamente entre el pecho y el vientre, separándolos. || Diafragma, vasija de sustancia porosa que separa los dos líquidos de una pila galvánica constante. || Diafragma, todo lo que separa dos cavidades á modo de tabique.

**DIAPHRAGMITE**, f. *diafragmit*. Med. Diafragmitis, inflamacion del diafragma.

**DIAPHTHORE**, f. *diaftór*. Med. Diáftora, corrupcion del feto en el útero y de los alimentos en el estomago.

**DIAPHYLACTIQUE**, adj. V. **PROPHYLACTIQUE**.

**DIAPHYSE**, f. *diafis*. Anat. Diáfisis, intersticio, intervalo, division, todo lo que separa en dos partes.

**DIAPHYSISTÉ, ÉE**, adj. *diafisisté*. Bot. Diafisistado, que está tabicado.

**DIAPNOÏQUE** ó **DIAPNOTIQUE**, adj. *diapnoic, diapnotic*. Med. Diapnoico ó diapnotico, que excita la transpiracion.

**DIAPNOTIQUE**, f. *diapnotic*. Med. Diapnótica, transpiracion insensible.

**DIAPORÈME**, m. *diaporém*. Diaporema, ansiedad.

**DIAPRÉE**, f. *diapré*. Bot. Diaprea, ciruela violada.

**DIAPRER**, a. *diapré*. Matizar, variar de colores las telas, la loza, etc.

**DIAPRIE**, f. *diaprí*. Zool. Diapria, género de gusanos.

**DIAPROSOME**, m. *diaprosóm*. Zool. Diaprósomo, género de gusanos del Brasil.

**DIAPRUN**, m. *diapreun*. Farm. Diapruno, electuario de ciruela desleida en jugo de membrillo.

**DIAPRURE**, f. *diaprür*. Variedad de colores, estado ó cualidad de lo matizado.

**DIAPTERNE**, m. *diaptérn*. Farm. Diapterno, medicamento preparado con queso y sustancias animales.

**DIAPTOSE**, f. *diaptós*. Mús. Diaptosis, perielesis, interposicion de notas, principalmente en el canto llano.

**DIAPYÈME** ó **DIAPYÈSE**, f. *diapiém, diapiés*. Med. Diapiema ó diapesis, supuracion.

**DIAPYÉTIQUE**, adj. *diapietic*. Med. Diapiético, madurativo, supurativo.

**DIARRHÉE**, f. *diarré* Med. Diarrea, flujo de vientre.

**DIARRHÉIQUE**, adj. *diarreic* Med. Diarréico, perteneciente á la diarrea.

**DIARRHÈNE**, f. *diarrén*. Bot. Diarrena, género de plantas.

**DIARRHODON**, m. *diarrodón* Farm. Diarrodon, electuario compuesto principalmente de rosas encarnadas.

**DIARTHRODIAL, E**, adj. *diartrodial*. Anat. Diartrodial, que tiene relacion con la diartrosis.

**DIARTHROSE**, f. *diartrós*. Anat. Diartrosis, articulacion móvil de los huesos en sus cavidades. || Articulacion aflojada de un hueso.

**DIASAPONIUM**, m. *diasapóniom*. Farm. Diasaponio, ungüento formado principalmente de jabon.

**DIASCIE**, f. *diasí*. Bot. Diascia, género de plantas.

**DIASCORDIUM**, m. *diascórdiom*. Farm. Diascordium, electuario cuya base son las hojas del diascordio.

**DIASÉBESTE**, m. *diasebést*. Farm. Diasebesto, electuario compuesto de la sebesta, especie de ciruela.

**DIASÈME**, f. *diasem*. Zool. Diasema, género de gusanos.

**DIASÉNÉ**, m. *diasené*. Farm. Diaseno, polvo purgante de sen.

**DIASIE**, f. *diasí*. Bot. Diasia, género de plantas.

**DIASOSTIQUE**, f. *diasostic*. Med. Diasóstica, parte de la medicina preservativa. || adj. Diasóstico, que conserva la salud.

**DIASPERMATON**, m. *diaspermatón*. Farm. Diaspermaton, cataplasma compuesta de simientes, y en particular de granos de bingo.

**DIASPHAGE**, f. *diasfág*. Med. Diasfagia, abertura de una llaga. || Intervalo entre dos ramos de una vena.

**DIASPHENDONÈSE**, f. *diasfendonés*. Hist. Diasfandonesia, clase de suplicio que consistia en doblar por fuerza dos árboles, en cada uno de los cuales se ataba un pié del paciente, para que al soltarlos fuese despedazado

**DIASPHYXIE**, f. *diasficsí*. Med. Diasfixia, pulsacion de las arterias.

**DIASPIDE**, f. *diaspid*. Zool. Diáspido, género de insectos.

**DIASPORE**, m. *diaspór*. Miner. Diásporo, mineral en hojas curvilíneas, cuya base es la alúmina, y que crepita en el fuego.

**DIASPOROMÈTRE**, m. *diasporométr*. Fís. Diasporómetro, instrumento para fijar la proporcion de la aberracion de refrangibilidad de la luz.

**DIASPOROMÉTRIE**, f. *diasporometrí*. Diasporometría, arte de emplear el diasporómetro.

**DIASPOROMÉTRIQUE**, adj. *diasporometric*. Diasporometrico, lo que tiene relacion con el diasporómetro y la diasporometría.

**DIASPRE** ó **DIASPRO**, m. *diaspr, diáspro*. Diaspre ó diaspro, uno de los nombres del jaspe de Sicilia.

**DIASTASE**, f. *diastás*. Cir. Diástasis, dislocacion, espibio de los huesos.

**DIASTATOMÈNE**, m *diastatomén*. Zool. Diastatomeno, genero de insectos de la China.

**DIASTATOPS**, m. *diastatops*. Zool. Diastatopso, género de insectos del Brasil.

**DIASTÈME**, m. *diastém*. Mús. ant. Diastema, intervalo simple.

**DIASTICTE**, m *diastict*. Zool. Diasticto, género de insectos longicórneos.

**DIASTOCÈRE**, m. *diastosér*. Zool. Diastócero, género de insectos longicórneos del Senegal.

**DIASTOLE**, f. *diastól*. Anat. Diástole, movimiento de dilatacion del corazon y de las arterias.

**DIASTOLIQUE**, adj. *diastolic*. Anat. Diastólico, que tiene relacion con la diástole.

**DIASTRÈME**, m. *diastrém*. Diastremo, dislocacion, torcedura de algun miembro.

**DIASTROPHIE**, f. *diastrofí*. Cir. Diastrofia, torcimiento de los huesos, músculos, tendones y nervios.

**DIASTROPHIS**, m *diastrófis*. Bot. Diastrofiso, genero de plantas.

**DIASTROPORE**, m. *diastropór*. Zool. Diastroporo, genero de pólipos.

**DIASTYLE**, m. *diastil*. Arq. Diastilo, órden de arquitectura en el cual el intercolumnio es de tres diametros ó seis módulos.

**DIASYRME**, m. *diasirm*. Lit. Diasirmo, figura de retórica, ironía desdeñosa, marcando desprecio.

**DIATARTARON**, m. *diatartarón*. Farm. Diatartaron, polvo purgante cuyo base es el tártaro.

**DIATESSARON**, m. *diatesarón*. Farm. Diatesaron, electuario compuesto, en su origen de cuatro medicamentos simples, á los cuales se añadió el extracto de nebrina. Mús. ant. Intervalo de cuarta.

**DIATESSARONER**, n *diatesaroné*. Mús ant. Diatesaronar, proceder por cuartas.

**DIATHERMANE**, adj. *diaterman*. Fís Diatermano, que deja pasar libremente el calor.

**DIATHÈSE**, f. *diatés*. Med Diátesis, estado de la economía animal en que se contraen ciertas enfermedades.

**DIATOME**, m. *diatóm*. Bot. Diatoma género de algas de aguas dulces y saladas.

**DIATOMÉ, ÉE**, adj. *diatomé*. Bot. Diatomado, diatómeo, diatomáceo, que se parece á un diátomo.

**DIATONIQUE**, adj. y s. *diatonic*. Mús. Diatónico, que procede por los grados seguidos sin intervalo, en la escala natural.

**DIATONIQUEMENT**, adv. *diatonicmán*. Diatónicamente, segun el órden diatónico.

**DIATRAGACANTHE**, m. *diatragacánt*. Farm. Diatragacanto, electuario de goma adraganta.

**DIATRIBE**, f. *diatrib*. Diatriba, crítica violenta. || Discurso ó escrito injurioso ó violento.

**DIATRIBER**, a. *diatribé*. Escribir diatribas, prorumpir en diatribas.

**DIATRITAIRES**, m. pl. *diatritér*. Diatritarios, médicos que pretenden curar todas las enfermedades con una dieta de tres dias.

**DIATRITE**, f. *diatrit*. Diatrita, dieta de tres dias.

**DIATYPOSE**, f. *diatipós*. Lit. Diatiposis, figura de retórica, mas conocida con el nombre de hipotiposis, que quiere decir descripcion.

**DIAUGIE**, f. *diogí*. Zool. Diaugia, género de insectos del Brasil.

**DIAULE**, m. *diól*. Hist. Diaula, espacio de dos estadios de 400 metros de longitud. || Carrera doble, en los juegos de la antigua Grecia. || f. Diaula, flauta doble de dos cuerpos.

**DIAULÉION**, m. *dioleión*. Mús. Dioleon, aria tocada por la flauta diola.

**DIAULODROMES**, m. pl. *diolodróm*. Hist. Diolodromos, corredores de circo que corrian dos estadios sin parar.

**DIAVOLINI**, m. pl. *diavolini*. Diabolines, confites excitantes de Nápoles.

**DIAZEUXIE**, f. *diaseucsí*. Bot. Diazeuxia, género de plantas.

**DIAZEUXIÉ, ÉE**, adj. *diaseucsié*. Diazeuxiáceo, parecido á la diazeuxia.

**DIAZEUXIS**, f. *diaseucsis*. Mús. ant. Diazeuxis, tono que separaba dos tetracordios desunidos, intervalo de la cuarta á la quinta.

**DIAZOME**, m. *diasóm*. Antig. gr. Diazomo, meseta de escalera, descanso semicircular. || Anat. Sinónimo de diafragma.

**DIAZOSTER**, m. *diasoster*. Anat. Diazoster, la duodécima vértebra del espinazo.

**DIBAPHE**, adj. *dibáf*. Dibafo, teñido dos veces.

**DIBAPTISTES**, adj. y s. pl. *dibatist*. Hist. rel. Dibaptistas, sectarios que eran dos veces bautizados.

**DIBOLIE**, f. *dibolí*. Zool. Dibolia, género de insectos.

**DIBOTHRIDE**, adj. *dibotríd*. Dibótrido, que tiene dos hoyuelos.

**DIBRAQUE**, m. *dibrác*. Dibraquio, pié de un verso griego y latino, compuesto de dos sílabas breves.

**DICACITÉ**, f. *dicasité*. Chanza mala, chocante, mordaz, inclinacion á chocar.

**DICALE**, m. *dical*. Zool. Dicalo, insecto.

**DICALYX**, m. *dicalics*. Bot. Dicaliso, género de plantas.

**DICARPE**, adj. *dicárp*. Bot. Dicarpo, que produce dos tallos.

**DICASTÈRE**, m. *dicastér*. Dicastero, division territorial en algunos paises.

**DICASTÉRIES**, f. pl. ant. *dicasterí*. Dicasterias, tribunales de justicia en Atenas.

**DICASTÉRIQUE**, adj. *dicasteríc*. Dicastérico, de dos castas.

**DICÈLE**, m. *disél*. Zool. Dicelo, género de insectos.

**DICÉLIES**, f. pl. ant. *diselí*. Dicelias, escenas libres de la comedia antigua.

**DICÉLISTES**, m. pl. ant. *diselist*. Dicelistas, farsantes que representaban en las dicelias.

**DICELLE**, f. *disél*. Bot. Dicela, género de plantas. || Zool. Dicela, género de insectos.

**DICÉLYPHE**, adj. *diselíf*. Zool. Dicelifo, que tiene una doble cubierta ó doble concha.

**DICÉPHALE**, adj. *disefál*. Zool. Dicéfalo, que tiene dos cabezas.

**DICÉRANDRE**, m. *diserándr*. Bot. Dicerandra, género de plantas.

**DICÉRAS**, m. *diserás*. Bot. Diceras, género de plantas de la Cochinchina.

**DICÉRATE**, adj. *diserát*. Zool. Dicerato, que tiene dos cuernos. || *Dicérates*, m. pl. Diceratos, género de moluscos sin cabeza, acéfalos.

**DICÉRATELLE**, f. *diseratél*. Zool. Diceratela, género de insectos.

**DICÈRE**, adj. *disér*. Zool. Dicere, que tiene dos cuernos ó dos antenas.

**DICERME**, m. *disérm*. Bot. Dicermo, género de plantas de la India.

**DICÉROBATE**, m. *diserobát*. Zool. Dicerobato, especie de pescado.

**DICÉROCARYON**, m. *diserocarión*. Bot. Dicerocarion, género de plantas del África tropical.

**DICERQUE**, m. *disérc*. Zool. Dicerco, género de insectos.

**DICHÆE**, f. *diqué*. Bot. Diquea, género de plantas de la América tropical.

**DICHÆNE**, m. *diquén*. Bot. Diqueno, género de hongos.

**DICHÆTANTHÈRE**, m. *diquetantér*. Bot. Diquetántero, género de plantas de Madagascar.

**DICHÆTE**, f. *diquét*. Bot. Diqueta, género de plantas compuestas.

**DICHASTÈRES**, f. pl. *dicastér*. Dicásteros, los dientes incisivos.

**DICHÉLACHNÉ**, m. *diquelacné*. Bot. Diqueláceneo, género de plantas.

**DICHÉLONIX**, m. *diquelonics*. Zool. Diquelonio, género de insectos.

**DICHÉLOPS**, m. *diquelóps*. Zool. Diquelopso, género de insectos hemípteros.

**DICHÉLYME**, f. *diquelím*. Bot. Diquelima, género de musgos.

**DICHÉLYPSOPODE**, adj. *diquelipsopód*. Zool. Diquelipsópodo, que tiene las patas largas y fuertes. || *Dichélypsopodes*, m. pl. Zool. Diquelipsópodos, familia de aves paralinópteras.

**DICHILE**, adj. *diquíl*. Díquilo, que tiene dos uñas ó dos pezuñas. || m. Bot. Díquilo, género de plantas.

**DICHLORIE**, f. *diclorí*. Bot. Dicloria, género de algas del Océano atlántico.

**DICHLOSTOME**, m. *diclostom*. Diclóstomo, género de animal-planta ó animal-flor, es decir, animal que produce una especie de flor que participa del vegetal por la forma.

**DICHOCRINE**, f. *dicocrin*. Dicocrino, género de animal-planta ó animal-flor.

**DICHOCRINISTE**, adj. *dicocrinist*. Dicocrinisto, que se parece á un dicocrino.

**DICHOGAME**, adj. *dicogam*. Dicogamo, que pertenece á la dicogamia.

**DICHOGAMIE**, f. *dicogamí*. Dicogamia, el modo de fecundar los vegetales de un solo sexo.

**DICHOGAMIQUE**, adj. *dicogamic*. Dicogámico, que tiene el carácter de la dicogamia.

**DICHOMME**, m. *dicóm*. Zool. Dicomo, género de insectos.

**DICHONDRE**, m. *dicóndr*. Bot. Género de plantas de América.

**DICHONDRÉ, ÉE**, adj. *dicondré*. Dicóndreo, parecido á un dicondro.

**DICHOPÉTALE**, adj. *dicopetál*. Bot. Dicopétalo, que tiene los pétalos bífidos.

**DICHORDE ó DICORDE**, m. *dicord*. Mús. Dicordio, instrumento antiguo de dos cuerdas.

**DICHORÉE**, m. *dicoré*. Poes. Dicoreo, pié de poesía griega ó latina, compuesto de dos troqueos; un troqueo tiene una sílaba larga y otra breve.

**DICHORISANDRE**, f. *dicorisándr*. Bot. Dicorisandra, género de plantas.

**DICHOSÈME**, m. *dicosem*. Bot. Dicosemo, género de plantas de la Nueva Holanda.

**DICHOSPORION**, m. *dicosporion*. Bot. Dicosporio, especie de hongos.

**DICHOTOMAL, E**, adj. *dicotomál*. Bot. Dicotomal, que nace del ángulo formado por dos ramas.

**DICHOTOME**, adj. *dicotóm*. Dicótomo, formando horquilla. Dícese de la luna cuando no se ve mas que la mitad. || Bot. Dicótomo, ahorquillado.

**DICHOTOMIE**, f. *dicotomí*. Astr. Dicotomía, estado de la luna cuando el sol ilumina solo la mitad de su disco. || Bot. Dicotomía, ángulo formado por ramas dicótomas.

**DICHOTOMIQUE**, adj. *dicotomic*. Dicotómico, que se divide y subdivide de dos en dos.

**DICHROA**, m. *dicróa*. Bot. Dicroa, género de plantas de la China.

**DICHROANTHE**, adj. *dicroant*. Bot. Dicroanto, que tiene las flores de dos colores.

**DICHROCÉPHALE**, f. *dicrocefál*. Bot. Dicrocéfalo, género de plantas del África austral.

**DICHROCÈRE**, m. *dicrosér*. Zool. Dicrócero, gusano de mar.

**DICHROÉ, ÉE**, adj. *dicroé*. Fís. [illegible] ó bicolor, que es de dos colores.

**DICHROÏSME**, m. *dicroism*. Dicroismo, propiedad de ciertos minerales [illegible] que presentan diferentes colores [illegible] se miran.

**DICHROÏTE**, adj. *dicroít*. Dicroíto, sinónimo de *dichroe*. V. este.

**DICHROME**, m. *dicróm*. Bot. Dicromo, planta rinantáceas.

**DICHROMÈNE**, f. *dicromén*. Bot. [illegible]meno, género de plantas.

**DICHRONE**, adj. *dicrón*. Bot. [illegible], que tiene dos épocas ó dos estaciones, hablando de la vegetacion activa y de la [illegible]lizada de las plantas.

**DICHROURE**, adj. *dicrúr*. Zool. Dicruro, que tiene la cola de dos colores.

**DICLADOCÈRE**, m. *dicladosér*. Zool. Dicladócero, género de insectos.

**DICLAPODE**, adj. *diclapód*. Zool. [illegible]podo, que tiene las patas hendidas en dos partes, formando uñas.

**DICLIDANTHÈRE**, f. [illegible]. Bot. Diclidántero, género de plantas.

**DICLINE**, adj. *diclín*. Bot. [illegible] cese de las flores cuyos órganos [illegible] están en la misma flor.

**DICLINIE**, f. *diclini*. [illegible] colectivo bajo el cual [illegible] das las plantas diclinas.

**DICLINISME**, m. *diclinism*. Bot. [illegible]nismo, separacion de dos sexos.

**DICLIPTÈRE**, f. *dicliptér*. Bot. [illegible]ro, género de plantas del Asia y América.

**DICLIS**, m. *diclis*. Bot. Diclido, género de plantas del Cabo y de Madagascar.

**DICNÉMON**, m. *dicnemon*. Bot. Dicnemon, género de musgos.

**DICOLORE**, adj. V. BICOLORE.

**DICOME**, m. *dicóm*. Bot. Dicomo, género de plantas del Cabo y de la [illegible].

**DICONANGIE**, m. *diconangí*. Bot. Diconangia, árbol de América.

**DICONQUE**, adj. *dicónc*. Zool. [illegible], que se compone de dos conchas ó [illegible]las.

**DICOQUE**, adj. *dicóc*. Bot. [illegible], que está formado de dos valvas.

**DICORYPHE**, m. *dicorif*. Bot. [illegible], género de plantas de Madagascar.

**DICOTYLE**, adj. *dicotil*. Segun [illegible] autores, es sinónimo de *dicotiledon* y [illegible] *tyledoné*.

**DICOTYLÉDON ó DICOTYLÉDON-ÉE**, adj. *dicotiledón, dicotiledoné*. [illegible] cotiledon ó dicotiledóneo, que tiene [illegible] bulos.

**DICRANANTHÈRE**, f. *dicranantér*. [illegible] Dicranántero, género de plantas [illegible].

**DICRANE**, m. *dicrán*. Bot. [illegible], género de musgos.

**DICRANÉ, ÉE**, adj. *dicrané*. [illegible], que se parece á un dicrano.

**DICRANIE**, f. *dicraní*. Zool. [illegible], género de insectos del Brasil.

**DICRANOBRANCHE**, adj. [illegible]*branch*. Zool. Dicranobranquio, [illegible] branquias, es decir, las [illegible] das.

**DICRANOCÈRE**, adj. [illegible] nócero, que tiene las antenas [illegible].

**DICRANODÈRE**, m. [illegible] Dicranodero, género de [illegible].

**DICRANOPHORE**, m. [illegible] Dicranoforo, género de [illegible] Brasil.

**DICRANOPS**, m. *dicranóps*. [illegible] nopso, género de insectos.

**DICRÉPIDE**, f. *dicrepíd*. Zool. [illegible] da, género de insectos de Cuba.

**DICROCÈRE**, adj. Zool. V. [illegible]

[illegible], f. *dicroml.* Zool. Dicromia, [illegible] insectos dípteros.

[illegible], m. *dicronicho.* Zool. Di[illegible], género de insectos del Senegal.

[illegible], adj. *dicrot.* Med. Dicroto: di[illegible] [illegible], que da dos veces [illegible] su encuentro.

[illegible] ó [illegible], m. *dicrúr*, *drón*. [illegible] Dicruro ó drongo, género de aves.

[illegible], f. *dicripl.* Bot. Dicripta, [illegible] plantas de América.

[illegible] ó [illegible], m. *dictám*, [illegible] Bot. Díctamo, fresnillo, planta [illegible] sudorífica, febrífuga de Creta, [illegible] cuyas hojas facilitan las [illegible] la mujer. El díctamo produce acei[illegible] aromático. || *Faux dictame*, es[illegible] que se parece algo al dic[illegible] Creta.

[illegible], m. *dictamén.* Dictámen, [illegible], sentimiento interno. Solo se [illegible] conciencia.

[illegible], ÉE, adj. *dictamné.* Dictá[illegible] se parece al díctamo.

[illegible], m. *dictateur.* Dictador, [illegible] supremo de la república romana. [illegible] dícese de todo magistrado [illegible] temporal ó perpetuamente de la [illegible] y absoluta. || met. Dicta[illegible] habla de una manera arrogante [illegible]. || Dictador, dícese del que dicta [illegible].

[illegible], f. ant. ó inus. *dictasión.* [illegible], acción de dictar.

[illegible], m. V. DICTATURE.

[illegible], E, adj. *dictatoriál.* Di[illegible] que pertenece á la dictadura ó tiene [illegible]. || Dictatorial, que es abso[illegible] sin límites. || met. Ar[illegible], déspota.

[illegible], f. *dictatúr.* Dictadura, la [illegible] del dictador. || Época y [illegible] poder dictatorial. || met. Dicta[illegible] dominio sobre las cosas ó su[illegible]. || Reunion de secretarios de [illegible] los varios príncipes y Estados, [illegible] imperio de Alemania.

[illegible], ÉE, adj. *dicté.* Dictado. || met. [illegible], inspirado. || *Dictée*, f. [illegible] lo que se dicta al escribiente ó [illegible]. || *Écrire sous la dictée de quel*[illegible] bajo el dictado de otro.

[illegible], f. *dictionidí.* Zool. Dictoni[illegible] de insectos dípteros.

[illegible], a. *dicté.* Dictar, decir palabra [illegible] ó frase por frase, lo que otro [illegible]. || met. Sugerir. || Prescribir, [illegible]

[illegible], f. *dicsión.* Locucion, estilo, [illegible]. || Diccion, conjunto [illegible] que forman una voz.

[illegible], m. *dicsionér.* Diccio[illegible] alfabética de las voces de [illegible] de una ciencia ó arte, acompa[illegible] de su respectiva significacion. || fam. [illegible] *vivant*, un sugeto muy [illegible]

[illegible], a. *dicsionarisé.* Dic[illegible] en órden alfabético.

[illegible], m. *dicsionarist.* [illegible], el que compone un dicciona[illegible]

[illegible], m. *dicsión.* Dicho, refran, sen[illegible], dicho satírico.

[illegible], m. *dictom.* Jurisp. Fallo, pro[illegible] de la sentencia de un juez.

[illegible], f. *dictilión.* Bot. Dictilo[illegible] de algas marinas.

[illegible], f. pl. *dictín.* Zool. Dictinas, [illegible] arácnidos pequeños.

[illegible], adj. f. *dictiné.* Mit. Dicti[illegible] de Diana cazadora.

[illegible], f. pl. *dictinal.* Dictinias, [illegible] de Diana Dictinea.

[illegible], adj. *dictiocarp.* Dictio[illegible] frutos reticulados.

[illegible] *dictioid.* Hist. nat. Dictio[illegible] á una red.

[illegible], adj. *dictioid.* Anat. Dictioi[illegible], reticulado.

[illegible], m. *dictiolóm.* Bot. Dic[illegible] plantas del Brasil.

[illegible], m. *dictionén.* Bot. Dic[illegible] de hongos.

DICTYOPHORE, m. *dictiofór.* Zool. Dictióforo, género de insectos.

DICTIORHIZE, adj. *dictioris.* Dictiorizo, que tiene las raíces retiformes.

DICTYURE, f. *dictiúr.* Bot. Dictiuro, género de plantas florídeas.

DICYCLE, m. *disicl.* Zool. Diciclo, género de insectos himenópteros.

DICYPELLIUM, m. *disipelión.* Bot. Dicipelion, género de plantas lauráceas.

DICYRTE, m. *disirt.* Zool. Dicirto, género de insectos coleópteros del Brasil.

DIDACTIQUE, adj. *didactic.* Didáctico, didascálico, que es propio para la enseñanza. || f. Didáctica, arte de enseñar.

DIDACTIQUEMENT, adv. *didacticman.* Didácticamente, conforme á las reglas de la didáctica.

DIDACTYLE, adj. *didactil.* Zool. Didáctilo, que solo tiene dos dedos.

DIDASCALIE, f. *didascalí.* Didascalia, arte de enseñar. || Conjunto de preceptos, reglas, instrucciones y apotegmas.

DIDASCALIQUE, adj. *didascalic.* Didascálico, concerniente á la doctrina, á la enseñanza.

DIDEAU, m. *didó.* Red para barrear los rios.

DIDELPHE, adj. *didélf.* Zool. Didelfo, se dice de todos los animales de bolsa ó saco abdominal.

DIDELPHIDE ó DIDELPHIEN, NE, adj. V. DIDELPHE.

DIDELPHOÏDE, adj. *didelfoid.* Didelfoides, parecido al didelfo.

DIDELTE, m. *didélt.* Bot. Didelto, género de plantas.

DIDÉMAIRE, m. *didemér.* Juglar, charlatan, titiritero.

DIDEMNE, m. *didémn.* Bot. Dideno, género de plantas.

DIDEMNIEN, NE, adj. *didemnién, én.* Dideniano, que se parece al dideno.

DIDERME, m. *didérm.* Bot. Didermo, género de hongos.

DIDESME, m. *didésm.* Bot. Didesma, género de plantas de África y América.

DIDISQUE, m. *didisc.* Bot. Didisco, género de plantas.

DIDON, f. *didón.* Dido, hija de Belo, rey de Tiro, hermana de Pigmaleon, y fundadora de Cartago.

DIDRACHME, m. *didrácm.* Didracma, moneda que usaban los Griegos, equivalente á dos dracmas.

DIDRAGME, m. V. DIDRACHME.

DIDUCTEUR, adj. y s. m. *diducteur.* Anat. Diductor, que produce el movimiento llamado diduccion.

DIDUCTION, f. *diducsión.* Diduccion, movimiento alternativo de un lado á otro.

DIDYMALGIE, f. *didimalgí.* Med. Didimalgia, dolor que reside en los testículos.

DIDYMALGIQUE, adj. *didimalgic.* Didimálgico, que pertenece á la didimalgia.

DIDYMANTHE, m. *didimant.* Bot. Didimanto, genero de plantas de la Nueva Holanda.

DIDYMÈLE, m. *didimél.* Bot. Didimelo, género de plantas.

DIDYMIE, f. *didimí.* Zool. Didimia, género de insectos himenópteros.

DIDYMION, m. *didimion.* Bot. Didimio, género de hongos.

DIDYMOCARPE, m. *didimocárp.* Bot. Didimocarpo, género de plantas gesneriáceas.

DIDYMOCARPÉ, ÉE, adj. *didimocarpé.* Bot. Didimocárpeo, epíteto dado á los arbustos ó plantas que producen el dídimo.

DIDYMOCHITON, m. *didimoquitón.* Bot. Didimociton, género de plantas.

DIDYMOCLÈNE, f. *didimoclén.* Bot. Didimocleno, género de plantas.

DIDYMOPHISE, f. *didimofis.* Bot. Didimofisa, genero de plantas cruciferas.

DIDYMOPRION, m. *didimoprión.* Bot. Didimoprion, género de plantas.

DIDYNAME, adj. *didinam.* Didinamo, epíteto que se da á las flores de cuatro estambres, dos pares desiguales.

DIECBOLIQUE, adj. *diecbolic.* Med. Diecbolico, que es á propósito para procurar el aborto.

DIÉCULE, m. *diecúl.* El alba, el crepúsculo matinal.

DIÉDEAU, m. *diedó.* Especie de barrera para detener lo que baja por los rios.

DIÈDRE ó DIHÉDRE, adj. *diédr.* Geom. Diedro, epíteto dado á un ángulo formado por el encuentro de dos superficies.

DIÉRÈSE, f. *dierés.* Diéresis, distincion de cosas diferentes que forman un todo. || Diéresis, division de un diptongo en dos sílabas: signo ortográfico en esta forma (¨). || Cir. Diéresis, separacion de las partes unidas contra el órden natural.

DIÉRÉSILE, m. *dieresil.* Bot. Diéresil, fruto simple que al madurarse se divide en varias cápsulas.

DIÉRÉSILIEN, adj. m. *dieresilién.* Dieresiliano, que tiene los caractéres de un diéresil.

DIÉRÉTIQUE, adj. *dieretic.* Cir. Dierético, dícese de un remedio corrosivo.

DIERVILLE, f. *diervil* Bot. Diervilla, madreselva. || Arcadia de [illegible] amarillas, parecida á la jeringuilla.

DIÈSE, m. *diés* Mús. Sostenido, signo músical que sirve para elevar medio tono la nota que le sigue. || *Dièse accidentel*, sostenido accidental, el que se coloca en el curso del canto, sin que altere mas que la nota siguiente. || *Double dièse*, sostenido doble, signo que aumenta la nota un tono entero.

DIÉSER, a. *diesé.* Anotar con sostenidos.

DIÉSIE, f. *diesí.* Zool. Diesia, género de insectos de Rusia.

DIESINGIE, f. *diesengí.* Bot. Diesingia, género de plantas del Brasil.

DIÉTARQUE, m. *dietárc.* Dietarca, prepósito, encargado entre los antiguos Romanos del comedor de los emperadores.

DIÈTE, f. *diét.* Dieta, régimen de vida, empleo metódico de las cosas esenciales para vivir, y con especialidad de los alimentos. || Abstinencia total de alimentos. || Dieta, asamblea nacional de ciertos paises, especialmente la de los Estados alemanes, de Suiza, Dinamarca, Suecia, etc.

DIÉTÉRIDE, f. *dieterid.* Dietérida, nombre que los Griegos antiguos daban á un ciclo de dos años.

DIÉTÈTES, m. pl. *dietét.* Dietetas, árbitros entre los Atenienses.

DIÉTÉTIQUE, adj. *dietetic.* Dietético, concerniente á la dieta. || f. Dietética, tratado del régimen de vida de los enfermos y de los alimentos.

DIÉTÉTIQUEMENT, adv. *dieteticmán.* Dietéticamente, segun las reglas de la dietética.

DIÉTÉTISTES, m. pl. *dietetist.* Dietistas, médicos que solo emplean medios dietéticos.

DIÉTINE, f. *dietín.* Dietina, dieta particular en Alemania, en Colonia, etc.

DIÉTOPSIS, m. *dietópsis.* Zool. Dietopsis, género de insectos de Cayena y del Brasil.

DIEU, m. *dieu.* Dios, el Ser Supremo, eterno, omnipotente, que ha creado y gobierna cuanto existe, bueno, excelente y misericordioso. || *Le bon Dieu*, la Hostia consagrada. || *Porter le bon Dieu*, llevar el Viático. || *Le lever-Dieu*, el alzar á Dios. || *La Fête-Dieu*, Corpus Cristi, el dia de Corpus. || *Être devant Dieu*, estar con Dios, estar muerto. || *Tout va comme il plaît à Dieu*, todo va como Dios quiere. || *L'homme propose et Dieu dispose*, el hombre propone y Dios dispone. || *Ce que femme veut, Dieu le veut*, deseo de mujer todo lo llega á vencer. || *S'il plaît à Dieu*, si Dios quiere. || *Dieu le veuille! Plaise à Dieu! Plût à Dieu!* ¡ojalá! ¡Dios lo quiera! ¡plugiera á Dios! || *Dieu m'en garde*, *Dieu m'en préserve*, *Dieu ne plaise*, Dios me libre, Dios me guarde de eso. || *Sur Dieu*, *devant Dieu*, *Dieu m'est témoin*, *Dieu m'en est témoin*, *Dieu le sait*, fórmulas de juramentos equivalentes á, delante de Dios, Dios me es testigo. || *Aux petits des oiseaux Dieu donne leur pâture*, Dios para todos. || *Au nom de Dieu*, en nombre de Dios. || *Pour l'amour de Dieu*, por amor de Dios. || *Comme pour l'amour de Dieu*, como de limosna. || *Dieu merci* gracias á Dios. || *Dieu vous le rende*, Dios se lo pague á Vd. || *Dieu vous bénisse*, Dios bendiga á Vd. || *Dieu! ô Dieu! mon Dieu! bon Dieu! juste Dieu! grand Dieu!* Dios! ó Dios! Dios mio! buen Dios! justo Dios! gran Dios! || met. Se llama *dieu* á una persona que es el objeto de un vivo entusiasmo. || Se emplea sobre todo en esta locucion: *faire son dieu* ó *se faire un dieu*, por hacerse un ídolo. || *Dieux*, m. pl. Dioses, divinidades adoradas por los paganos. || *Jurer les grands dieux*, hacer grandes protestas para afirmar.

DIEUDONNÉ, m. *dieudoné*. Deusdedit ó Deodato, sobrenombre que se da á algunos príncipes cuyo nacimiento se pretende ser un beneficio del cielo.

DIEUTELET, m. fam. *dieutlé*. Diosecillo, pequeño dios.

DIÈVE, f. *diév*. Miner. Dieva, depósitos arcillosos que se hallan en terrenos de hulla.

DIEXODE, m. *diexód*. Med. Diéxodo, evacuacion, secrecion albina.

DIFFAMANT, E, adj. *difamán*. Difamante, que difama.

DIFFAMATEUR, TRICE, m. y f. *difamateur, tris*. Difamador, difamadora.

DIFFAMATION, f. *difamasión*. Difamacion, accion de quitar la reputacion, de difamar, de desacreditar. || *Plainte en diffamation*, queja de difamacion.

DIFFAMATOIRE, adj. *difamatuár*. Difamatorio, que lleva el carácter de difamacion, que quita la buena opinion.

DIFFAMÉ, ÉE, adj. *difamé*. Difamado. || Blas. *Animal diffamé*, animal sin cola.

DIFFAMEMENT, m. *difamman*. Difamacion. V. DIFFAMATION.

DIFFAMER, a. *difamé*. Difamar, denigrar, deshonrar. Tambien se dice de las cosas en un sentido análogo. || *Se diffamer*, r. Difamarse, deshonrarse recíprocamente.

DIFFAMEUR, m. V. DIFFAMATEUR.

DIFFARRÉATION, f. *difarreasión*. Divorcio por difarreacion entre los antiguos Romanos.

DIFFÉRÉ, ÉE, adj. *diferé*. Diferido, que está aplazado para mas adelante. || *Ce qui est différé n'est pas perdu*, no hay plazo que no se cumpla, ni deuda que no se pague.

DIFFÉREMMENT, adv. *diferamán*. Diferentemente, de una manera diferente.

DIFFÉRENCE, f. *diferans*. Diferencia, lo que distingue una cosa de otra. || Diferencia, el excedente de una cantidad ó de una magnitud sobre otra. || Lóg. Diferencia, cualidad esencial que distingue las especies de un mismo género. || *Faire la différence*, *faire la différence de*, *sentir la différence*, diferenciar, distinguir, apreciar, conocer la diferencia. || Mat. *Calcul des différences finies*, cálculo de diferencias finitas.

DIFFÉRENCIER, a. *diferansié*. Distinguir, diferenciar. V. DIFFÉRENTIER.

DIFFÉRENCIOMÈTRE, m. *diferansiometr*. Mar. Diferenciómetro, instrumento para conocer la diferencia de calados en la mar.

DIFFÉRENCIOMÉTRIQUE, adj. *diferansiometric*. Diferenciométrico, que tiene relacion con el diferenciómetro.

DIFFÉREND, m. *diferán*. Altercado, disputa, desavenencia mas ó ménos seria. || *Porter un différend devant quelqu'un*, nombrar á una tercera persona árbitra en la solucion de un altercado.

DIFFÉRENT, E, adj. *diferán*. Diferente, que se diferencia ó es diverso. || fam. *Cela est différent*, *bien différent*, eso es muy diferente, es todo lo contrario. *Choses différentes comme le jour et la nuit*, cosas diferentes como lo blanco y lo negro.

DIFFÉRENTIEL, LE, adj. *diferansiél*. Mat. Diferencial, que procede por diferencias. || *Calcul différentiel*, cálculo diferencial, cálculo basado en la consideracion de los incrementos infinitamente pequeños que alcanzan á ciertas magnitudes variables. || *Quantité différentielle*, cantidad diferencial, la que contiene entre sus términos la diferencial de una variable. || f. Diferencial incremento infinitamente pequeño de una cantidad variable.

DIFFÉRENTIER, a. *diferansié*. Mat. Diferenciar, proceder por diferencias. || *Différentier une quantité variable*, determinar la diferencial de una cantidad variable.

DIFFÉRER, n. *diferé*. Diferir, desemejar, ser diferente, no parecido. || Diferir, no ser del mismo dictámen, tener diferente opinion. || *Différer du noir au blanc*, ser enteramente distinto. || a. Diferir, retardar, aplazar.

DIFFICILE, adj. *difisil*. Difícil, que presenta dificultades. || Mal contentadizo. || *Homme difficile à vivre*, hombre de mal genio, con quien no se puede vivir. *Naturel difficile*, natural adusto, poco indulgente. || Delicado, en la eleccion de personas ó cosas. || *Temps difficiles*, tiempos de guerra, de hambre, peste, etc. || m. *Le difficile, le plus difficile*, lo difícil, de mala ejecucion. || fam. *Faire le difficile, la difficile*, mostrarse melindroso, difícil de contentar.

DIFFICILEMENT, adv. *difisilmán*. Difícilmente, con dificultad.

DIFFICULTÉ, f. *dificulté*. Dificultad, lo que hace una cosa difícil. || Lijera disputa entre personas amigas. || Obstáculo, impedimento. || Objecion. || Oscuridad, duda. || *Cela peut souffrir, peut éprouver quelque difficulté, de grandes difficultés*, eso puede presentar dificultades. || *Faire une difficulté*, objetar, alegar dificultades. || *Une proposition qui ne souffre point de difficulté*, una proposicion incontestable. || *Faire difficulté, des difficultés*, *former une difficulté, des difficultés sur quelque chose*, presentar dificultades, alegar razones contra una cosa. || *Le nœud, le point de la difficulté, d'une difficulté*, el punto de la dificultad. || *Sans difficulté*, loc. adv. Sin dificultad, ciertamente, indudablemente, sin disputa. || *Se prêter sans difficulté à ce qu'on demande*, prestarse gustoso á hacer lo que se exige.

DIFFICULTISTE, m. *dificultist*. Dificultista, el que busca dificultades para vencerlas.

DIFFICULTUEUSEMENT, adv. *dificultueusman*. Dificultosamente, de un modo dificultoso.

DIFFICULTUEUX, EUSE, adj. *dificultueu, eus*. Dificultoso, que en todo presenta dificultades ó las crea.

DIFFIDATION, f. *difidasión*. Hist. Difidacion, nombre dado á una especie de guerra que los señores feudales de Alemania se hacian entre sí por agravios personales.

DIFFLATION, f. Med. V. TRANSPIRATION.

DIFFLORIGÈRE, adj. *diflorigér*. Bot. Diflorígero, que produce dos flores.

DIFFLUENCE, f. *difluans*. Difluencia, estado ó cualidad de lo que es difluyente.

DIFFLUENT, E, adj. *difluan*. Difluente, que se difunde en todas direcciones. || Astr. *Étoiles diffluentes*, estrellas que se confunden entre sí.

DIFFLUER, n. *diflué*. Difluir, esparcirse por todos lados.

DIFFORMATION, f. *diformasión*. V. DIFFORMITÉ. || Disformacion, accion de disformar, de hacer disforme.

DIFFORME, adj. *difórm*. Disforme, deforme, que carece de forma regular, ó no tiene formas naturales. || Disforme, feo, horrible.

DIFFORMER, a. *diformé*. Disformar, quitar la forma, alterarla.

DIFFORMITÉ, f. *diformité*. Deformidad, disformidad, vicio de conformacion natural ó accidental. Se dice tambien de las cosas. || met. *La difformité du vice, les difformités sociales*, la deformidad ó fealdad del vicio, los defectos morales.

DIFFRACTER, a. *difracté*. Difractar, operar la difraccion.

DIFFRACTIF, IVE, adj. *difractif, iv*. Difractivo, que produce el fenómeno de la difraccion.

DIFFRACTION, f. *difracsión*. Fís. Difraccion, separacion de la línea recta que experimentan los rayos luminosos en sus inflexiones.

DIFFRINGENT, E, adj. *difrinján*. Difringente, sometido á la difraccion.

DIFFUGE, m. *difúj*. Diffugio, efugio, subterfugio.

DIFFUS, E, adj. *difú*. Fig. Difuso, que está falto de cohesion, de adherencia. || Que es demasiado abundante en palabras, prolijo. || met. Difuso, vago, indeciso.

DIFFUSÉMENT, adv. *difusemán*. Difusamente, prolijamente.

DIFFUSIBLE, adj. y n. *difusibl*. Med. Difusible, se dice de los medicamentos volátiles, que obran con rapidez en la economía animal.

DIFFUSION, f. *difusión*. Difusion, accion de derramarse. || met. *Diffusion des lumières*, propagacion de las luces, de los conocimientos. || *Diffusion du style*, difusion en el estilo, prolijidad en los discursos. || *Diffusion des idées*, difusion en las ideas, falta de coordinacion en ellas.

DIGAME, adj. *digam*. Hist. nat. Dígamo, que participa de los dos sexos.

DIGAMMA, m. *digamá*. Digamma, signo de aspiracion que los Eolios anteponian delante de las voces que empezaban por vocal, ó entre dos vocales en medio de diccion.

DIGASTRIQUE, a y adj. *digastric*. Digástrico, dícese de los músculos que presentan dos carnosidades semejantes á dos vientres.

DIGÈNE, adj. *digén*. Hist. nat. Dígeno, que participa de los dos sexos.

DIGÉNÉE, f. *digené*. Bot. Digénea, género de plantas floridas.

DIGÉNÈSE, f. *digenés*. Hist. nat. Digénesis, generacion que se efectúa por el concurso ó union de los dos sexos.

DIGÉRANT, E, adj. *digerán*. Digerente, que tiene la propiedad de digerir.

DIGÉRER, a. *digeré*. Digerir, hacer la digestion de los alimentos. || met. Digerir, estudiar á fondo. || Digerir, aguantar, sufrir con resignacion. || fam. *Cela est dur à digérer*, eso es malo de digerir, es duro, inaguantable. || n. Quím. Cocer, [illegible] fuego lento.

DIGESTE, m. *digést*. Digesto, código hecho por órden de Justiniano. Fué traducido al griego con el nombre de Pandectas, que todavía se le da. || Digesto, libro ó recopilacion distribuida en buen órden.

DIGESTÉ, m. *digesté*. Farm. Cocido, producto de la operacion farmacéutica llamada digestion.

DIGESTEUR, TRICE, adj. *digesteur, tris*. Digestor, que tiene relacion con la digestion. || m. Digestor ó digeridor, vasija de cobre para cocer con prontitud la carne y hacer gelatinas de huesos.

DIGESTIBILITÉ, f. *digestibilité*. Digestibilidad, mayor ó menor facilidad con que se descomponen los alimentos en el aparato digestivo.

DIGESTIBLE, adj. *digestibl*. Digestible, que puede digerirse, que es de fácil digestion.

DIGESTIF, IVE, adj. *digestif, iv*. Digestivo, que facilita la digestion. || m. Digestivo, ungüento que se usa para favorecer la supuracion de las llagas.

DIGESTION, f. *digestión*. Digestion, funcion animal, accion de [illegible] los alimentos en el estómago. || met. Digestion, accion de apropiarse algunas cosas por medio de la meditacion y el análisis. || Disposicion á supurar, hablando de abscesos. || *Entreprise de dure digestion*, empresa de difícil ejecucion.

DIGESTIONNAIRE, adj. *digestionér*. Digestionario, que tiene relacion con la digestion.

DIGITAL, E, adj. *digitál*. Anat. Digital, que pertenece á los dedos, que tiene relacion con los dedos. || Digital, que tiene la forma de un dedo. || f. Bot. Digital, género de plantas. || *Petite digitale*, graciola ó graciadei, planta oficinal. || *Digitale pourprée*, digital purpúrea, [illegible] la tisis pulmonaria.

DIGITALÉ, ÉE, adj. *digitalé*. Bot. Digitáleo, parecido á un digital.

DIGITALINE, f. *digitalín*. Quím. Digitalina, principio acre y alcalino que se extrae de la digital purpúrea.

**[illegible]**, adj. *digitalíc.* Quím. Digitálico, epíteto que se da á las sales cuya base es la digitalina.

**[illegible]**, f. *digitasión.* Anat. Digitacion, manera con que dos músculos se empalman uno en otro, y su prolongacion en manera de dedos.

**[illegible]**, ÉE, adj. *digité.* Hist. nat. Digitado, recortado en forma de dedos.

**[illegible]**, f. *digití.* Med. Digicia, dislocacion ó torcedura de un dedo.

**[illegible]**, ÉE, adj. *digitifolié.* Bot. Digitifoliado, que tiene las hojas digitadas.

**[illegible]**, adj. *digitifórm.* Hist. nat. Digitiforme, que tiene la forma de un dedo.

**[illegible]**, adj. *digitigrád.* Zool. Digitígrado, que anda sobre la punta de los dedos. || *Digitigrades*, m. pl. Digitígrados, familia ó grupo de mamíferos que andan sobre el extremo de los dedos.

**[illegible]**, ÉE, adj. *digitinervé.* Bot. Digitinervio, que tiene pezones digitados, hablando de las hojas.

**[illegible]**, m. *digitúl.* Anat. Digitulo, dedo pequeño ó dedo meñique, con aplicacion á los de las manos y piés.

**[illegible]**, f. ant. V. DUEL.

**[illegible]**, m. *diglobisér.* Zool. Diglobícero, género de insectos.

**[illegible]** ó **[illegible]**, m. *digló-tis*, *diglotid.* Bot. Diglotis ó diglótida, género de plantas del Brasil.

**[illegible]**, f. *diglif* Arq. Diglifo, cartela armada en su frente con grabados ó cavidades parecidas á las del triglifo.

**[illegible]**, m. *diglifis.* Bot. Diglifo, género de plantas de Java.

**[illegible]**, f. *dignasión.* Dignacion, bondad, benevolencia, condescendencia.

**[illegible]**, adj. *diñ.* Digno, que tiene dignidad, elevacion, nobleza. || Digno, benemérito, acreedor á, que merece. || Digno, honrado, capaz, probo, estimable, apreciable. || Digno, laudable, propio de. || Digno, condigno, proporcionado, conforme, correspondiente.

**[illegible]**, adv. *diñmán.* Dignamente, con dignidad, con nobleza. || Dignamente, convenientemente, segun es debido. || Dignamente, proporcionadamente, correspondientemente, con arreglo á, segun los méritos.

**[illegible]**, a. *diñifié.* Dignificar, constituir alguna cosa digna, conceder una dignidad.

**[illegible]**, m. *diñitér.* Dignatario, el que está revestido de una dignidad. || Dignidad, el eclesiástico que goza de una dignidad en alguna catedral ó cabildo.

**[illegible]**, f. *diñité.* Dignidad, nobleza, elevacion en los modales, en las ideas, en los sentimientos, etc. || Dignidad, excelencia, importancia. || Dignidad, cargo ó empleo eminente, honorífico y de autoridad. || Dignidad, beneficio eclesiástico al que está aneja una prerogativa, jurisdiccion, un cargo, etc. || Astrol. Dignidad, situacion de un planeta en el punto en que tiene mayor influencia.

**[illegible]**, m. *digón.* Mar. Especie de dardo ó harpon para cierta clase de pesca. || Asta de la [illegible], arbolada en el árbol de una [illegible].

**[illegible]**, adj. *digón.* Hist. nat. Digono, que tiene dos ángulos.

**[illegible]**, m. *digráf.* Zool. Digrafo, género de insectos.

**[illegible]**, a. *digresé.* Digresionar, hacer digresiones.

**[illegible]**, m. *digreseur.* Digresor, el que hace digresiones.

**[illegible]**, IVE, adj. *digresif*, *iv.* Digresivo, que sale del objeto de que se trata.

**[illegible]**, f. *digresión.* Digresion, todo lo que se aparta del objeto principal de un discurso; cambio de este objeto. || *Faire une longue digression*, *une courte digression*, *une [illegible] digression*, hacer una larga, una corta digresion, ó una [illegible] digresion, etc.

**[illegible]**, adv. *digresivmán.* Digresivamente, por digresion.

**DIGUE**, f. *digue* Dique, malecon, obra destinada á contener las aguas. || met. Dique, freno, obstáculo, barrera, impedimento.

**DIGUEMENT**, m. *diguemán.* Accion de poner diques.

**DIGUER**, a. *digué.* Construir, levantar un dique. || Equit. *Diguer un cheval*, picar un caballo, espolearlo.

**DIGUIAL**, m. *diguiál.* Pesc. Red grande, terminada en una nasa, que tienden los pescadores al pié de los diques.

**DIGYNE**, adj. *digín.* Bot. Digino, calificacion de las plantas que tienen dobles los órganos del sexo femenino, ó que tienen dos pistilos, ó dos estilos ó dos estígmatas sesiles.

**DIGYNIE**, f. *digini.* Bot. Diginia, segundo órden de las tres primeras clases de vegetales. || Diginia, especie de monstruo de dobles órganos femeninos.

**DIHALON**, m. *dialón.* Farm. Dialon, emplasto compuesto de dos sales.

**DIHÉLIE**, f. *dieli.* Dihelia, la ordenada de la elipse cuando pasa por el foco del sol.

**DIHEPTAPODE**, adj. *dieptapód.* Zool. Diheptápodo, que tiene catorce piés.

**DIHEXAÈDRE**, adj. *diegsaédr.* Dihexaedro, que forma un prisma hexaedro, con vértices triedros.

**DIÏAMBE**, m. *diiánb.* Lit. Diyambo, pié de los versos griegos ó latinos compuesto de dos yambos.

**DIÏAMBIQUE**, adj. *diianbíc.* Lit. Diyámbico, que pertenece al diyambo.

**DIIPOLIES**, f. pl. *diipolí.* Diipolias, fiestas en honor de Júpiter Polius, protector de las ciudades.

**DIJONNAIS**, E, adj. y s. *dijoné.* Dijones, de la ciudad de Dijon.

**DILACÉRATION**, f. *dilaserasión.* Cir. Dilaceracion, despedazamiento, desgarradura, separacion violenta de las carnes; accion de despedazar ó dilacerar.

**DILACÉRER**, a. *dilaseré.* Dilacerar, desgarrar, despedazar, hacer pedazos.

**DILANIATEUR, TRICE**, m. y f. *dilaniateur*, *tris.* Agente que despedaza, como una mina ó como la pólvora.

**DILAPIDATEUR, TRICE**, adj. y s. *dilapidateur*, *tris.* Dilapidador, que malversa y desperdicia lo suyo. || Que roba y prodiga caudales del público ó ajenos.

**DILAPIDATION**, f. *dilapidasión.* Dilapidacion, gastos locos y desordenados. || Robo de caudales públicos.

**DILAPIDER**, a. *dilapidé.* Dilapidar, desperdiciar, gastar locamente y con desórden. || Dilapidar, robar, malversar los caudales de un Estado.

**DILATABILITÉ**, f. *dilatabilité.* Fis. Dilatabilidad, propiedad de lo que es susceptible de dilatacion.

**DILATABLE**, adj. *dilatábl.* Fis. Dilatable, que es susceptible de dilatacion, de extension.

**DILATANT**, E, adj. *dilatán.* Fis. Dilatante, que dilata, que produce la dilatabilidad. || m. Dilatante, cuerpo propio para dilatar una llaga.

**DILATATEUR, TRICE**, adj. *dilatateur*, *tris.* Dilatador, que sirve para producir la dilatacion. || m. Cir. Dilatador, instrumento ó cuerpo usado en cirugía.

**DILATATION**, f. *dilatasión.* Cir. Dilatacion, extension, diástolis, accion de ensanchar una llaga || Astr. Aumento aparente del diámetro de un planeta, causado por su misma luz. || Dilatacion, extension de todo lo que se extiende ó se ensancha naturalmente ó por arte.

**DILATATOIRE**, adj. y s. m. Cir. V. DILATANT y DILATATEUR.

**DILATER**, a. *dilaté.* Dilatar, aumentar, extender, ensanchar. || met. Dilatar, ensanchar. || *Dilater le cœur*, ensanchar el corazon, desahogarlo dándole satisfaccion.

**DILATION**, f. *dilasión.* Dilacion, retardo.

**DILATOIRE**, adj. *dilatuár.* For. Dilatorio, que prolonga, que tiende á retardar.

**DILATOIREMENT**, adv. *dilatuarman.* For. Dilatoriamente, con dilacion, con las dilaciones necesarias.

**DILATRIDÉ**, ÉE, adj. *dilatridé.* Bot. Dilatrideo, que se parece á la dilatris.

**DILATRIS**, f. *dilátris.* Dilatris, género de plantas del Cabo.

**DILAYER**, a. *dileyé.* Dilatar, diferir, retardar. || Dilatar, temporizar, ganar tiempo.

**DILECTION**, f. *dilecsión.* Dileccion, amor, afecto tierno.

**DILEMMATIQUE**, adj. *dilematíc.* Lóg. Dilemático, que es de la naturaleza del dilema.

**DILEMME**, m. *dilém.* Lóg. Dilema, argumento disyuntivo del que resultan dos proposiciones contradictorias, las cuales presentan una conclusion igualmente incontestable.

**DILÉPIDE**, adj. *dilepíd.* Hist. nat. Dilépido, que tiene dos escamas.

**DILEPTE**, m. *dilépt.* Zool. Dilepto, género de zoófitos infusorios.

**DILETTANTE**, m. y f. *dilettánte.* Mús. Dilettante, apasionado por la música, y principalmente por la italiana.

**DILETTANTISME**, m. *dilettantism.* Dilettantismo, amor apasionado por la música, y principalmente por la italiana.

**DILIGEMMENT**, adv. *dilijamán.* Diligentemente, con prontitud. || Diligentemente, con exactitud, con atencion.

**DILIGENCE**, f. *dilijáns.* Diligencia, prontitud en la ejecucion. || Diligencia, esmero, exactitud. || Diligencia, carruaje público mas veloz que otros. || pl. For. Diligencias, actuaciones judiciales, procedimientos.

**DILIGENT**, E, adj. *diliján.* Diligente, cuidadoso, exacto. || Diligente, activo, laborioso. || Diligente, pronto, expedito, veloz. || m. Máquina para devanar el oro en hebras.

**DILIGENTE**, f. *dilijánt.* Diligente, especie de carruaje, ómnibus. || Hort. Diligente, variedad de tulipan de la primavera, el primero que florece.

**DILIGENTER**, a. *dilijanté.* Apresurar, hacer obrar con celeridad, con diligencia. || Activar, apresurar.

**DILIVAIRE**, f. *dilivér.* Bot. Dolivaria género de plantas.

**DILLÉNIACÉ**, ÉE, adj. *dileniasé.* Bot. Dileniáceo, parecido á una dilenia.

**DILLÉNIE**, f. *dileni.* Bot. Dilenia, género de plantas.

**DILLWINELLE**, f. *dilvinél.* Bot. Dilvinela, género de plantas.

**DILLWYNIE**, f. *dilviní.* Bot. Dilvinia, género de plantas.

**DILOBE**, m. *dilób.* Zool. Dilóbulo, género de gusanos.

**DILOBÉ**, ÉE, adj. *dilobé.* Zool. Dilobulado, que tiene dos lóbulos.

**DILOBURE**, f. *dilobúr.* Dilobura, género de insectos del Brasil.

**DILOGIE**, f. *dilogí.* Lóg. Dilogia, ambigüedad, proposicion que encierra dos sentidos. || Dilogia, drama de dos acciones ó dos piezas en una.

**DILOPHE**, adj. *dilóf.* Hist. nat. Dilofo, que tiene cresta doble. || m Dilofo, género de insectos dípteros.

**DILUCIDATION**, f. *dilusidasión.* Dilucidacion, exposicion de un hecho que se quiere aclarar.

**DILUCIDE**, adj. *dilusíd.* Dilúcido, claro, manifiesto.

**DILUCIDER**, a. *dilusidé.* Dilucidar, explicar, desenvolver una proposicion, un hecho que se quiere aclarar.

**DILUCIDITÉ**, f. *dilusidité.* Dilucidacion, aclaracion.

**DILUCULE**, m. *dilucúl.* El alba, el amanecer.

**DILUER**, a. *dilué.* Quím. Diluir, extender en agua un licor, una disolucion. || *Se diluer*, r. Diluirse, refrescarse con tisana.

**DILUTION**, f. *dilusión.* Dilusion, accion de diluir, de extender en agua una disolucion, un licor.

**DILUVIAL**, E, adj. V. DILUVIEN.

**DILUVIÉ**, ÉE, adj. *diluvié.* Diluviado sumergido por el diluvio.

**DILUVIEN**, NE, adj. *diluvién*, *én.* Diluviano, que tiene relacion con el diluvio.

**DILUVIER**, n. *diluvié.* Diluviar, llover en abundancia. || a. Inundar.

**DILUVION**, m. *diluvión.* Diluvion, nombre inglés de terrenos inundados por el mar primitivamente, y descubiertos despues.

**DIMA**, m. *díma*. Zool. Dima, género de insectos.

**DIMACHÈRE**, m. *dimachér*. Dimaquero, gladiador que combatia con dos espadas ó con dos puñales.

**DIMANCHE**, m. *dimánche*. Domingo, el primer dia de la semana, consagrado al reposo y al servicio de Dios. || Mar. Aparejo de sombes.

**DIMANCHIER, ÈRE**, m. y f. fam. *dimanchié, ér*. Dominguero, el ó la que santifica los domingos.

**DIMAQUES**, m. pl. *dimác*. Mil. Dimacos, soldados que combatian á caballo y á pié, segun el caso.

**DÎME**, f. *dim*. Diezmo, la décima parte de las cosechas que se pagaba á la Iglesia. || m. Décimo, moneda de plata de los Estados Unidos, cuyo valor es la décima parte de un duro.

**DÎMÉE**, f. *dimé*. Diezmada, derecho de levantar ó cobrar el diezmo.

**DIMENSION**, f. *dimansión*. Dimension, medida. || Dimension, extension de los cuerpos en todos sentidos de largo, ancho y espeso. || Mat. Dimension, grado de una potencia algebráica. || Dimension, relacion que tiene un objeto natural.

**DÎMER**, a. *dimé*. Decimar, sujetar al diezmo. || n. Tener derecho al diezmo, cobrarlo, recogerlo.

**DIMÉRASPIS**, m. *dimeráspis*. Zool. Dimeraspis, género de insectos.

**DIMÈRE**, adj. *dimér*. Zool. Dímero, que está compuesto de dos segmentos ó articulaciones. || *Dimères*, m. pl. Dímeros, seccion de insectos coleópteros.

**DIMÉRÈDE**, adj. *dimeréd*. Zool. Dimeredo, que tiene miembros dobles.

**DÎMERIE**, f. *dimrí*. Decimería ó dezmería, extension del territorio en que se cobraba el diezmo.

**DIMÉRIE**, f. *dimerí*. Bot. Dimeria, género de plantas.

**DIMÉROSOMATE**, adj. *dimerosomát*. Zool. Dimerosómato, que tiene el cuerpo dividido en dos partes.

**DIMÉROSTEMME**, f. *dimerostém*. Bot. Dimerostema, género de plantas compuestas.

**DIMÉTOPIE**, f. *dimetopí*. Bot. Dimetopia, género de plantas.

**DIMÈTRE**, adj. *dimétr*. Poes. Dimetro, que consta de dos medidas.

**DÎMEUR**, m. *dimeur*. Diezmero, el encargado de cobrar el diezmo.

**DIMIDIÉ, ÉE**, adj. *dimidié*. Hist. nat. Mediado, que se ha reducido á la mitad, ó se ha desarrollado solo por mitad.

**DÎMIER**, m. V. DIMEUR.

**DIMINUER**, a. *diminué*. Disminuir, aminorar, reducir á ménos, en cualquier sentido que sea. || n. fig. Adelgazarse, enflaquecer, las personas; encogerse, una tela ú otro género; evaporarse, un espirituoso, etc.

**DIMINUTIF, IVE**, adj. y s. *diminutif, ív*. Gram. Diminutivo, que debilita ó suaviza la fuerza de una palabra, la cual es la misma, ménos el sonido. || Diminutivo, objeto que es en pequeño lo que es otro en grande.

**DIMINUTION**, f. *diminusión*. Diminucion, aminoramiento, decremento de una cosa. || Diminucion, rebaja de un precio.

**DIMISSOIRE**, m. *dimisuár*. Dimisorias, cartas por las que un obispo confiere sus poderes á otro para que ordene por él.

**DIMISSORIAL, E**, adj. *dimisorial*. Dimisorio, que contiene dimisorias.

**DIMORPHANDRE**, m. *dimorfándr*. Bot. Dimorfandro, género de plantas.

**DIMORPHE**, adj. *dimórf*. Hist. nat. Dimorfo, que es susceptible de presentarse bajo dos formas diferentes.

**DIMORPHINE**, f. *dimorfín*. Zool. Dimorfina, género de moluscos.

**DIMORPHISME**, m. *dimorfísm*. Hist. nat. Dimorfismo, fenómeno que caracteriza las sustancias dimorfas.

**DIMYAIRE**, adj. *dimiér*. Zool. Dimiario, que tiene dos músculos.

**DINADE**, f. *dinád*. Cantidad de viña que puede trabajar un hombre desde la mañana hasta la hora de comer.

**DINANDERIE**, f. *dinandrí*. Espetera, utensilio de cocina, de cobre ó azófar, de fábrica de Dinant. || Latonería, tienda donde se venden objetos de laton ó de azófar.

**DINANDIER**, m. *dinandié*. Latonero, que fabrica ó vende utensilios de cobre amarillo, etc.

**DINANDOIS, E**, adj. y s. *dinanduá*. Dinandes, de la ciudad de Dinant en Bretaña.

**DINANTOIS, E**, adj. y s. *dinantuá*. Dinantes, de Dinant en Bélgica.

**DINAR**, m. *dinár*. Dinar, moneda de Persia del valor de un escudo ó ducado de oro.

**DÎNATOIRE**, adj. *dinatuár*. Que es concerniente á la comida ó á la hora de comer. || *Déjeuner dinatoire*, almuerzo que puede tener lugar de comida.

**DINDE**, f. *dénd*. Pava, la hembra del pavo. Llámase tambien *poule-d'Inde*.

**DINDON**, m. *dendón*. Pavo, ave doméstica, originaria de la América septentrional. || *C'est un dindon*, es un tonto, un bestia.

**DINDONNADE**, f. *dendonád*. Vet. Enfermedad que padecen los pavos muy parecida á las viruelas.

**DINDONNEAU**, m. *dendonó*. Zool. Pavipollo, pavito.

**DINDONNIER, ÈRE**, m. y f. *dendonié, ér*. Pavero, el que cuida de los pavos. || fig. *Une dindonnière*, una pavera: se dice de una señorita de aldea.

**DÎNÉ**, m. V. DINER.

**DÎNÉE**, f. *diné*. Comida y gasto que se hace viajando. || Lugar ó posada en donde se hace medio dia.

**DINÉMAGONE**, m. *dinemagón*. Bot. Dinemágono, género de plantas.

**DINÉMANDRE**, m. *dinemándre*. Bot. Dinemandro, género de plantas.

**DINÈME**, adj. *diném*. Bot. Dineme, que está guarnecido de dos filamentos. || m. Dinemo, género de plantas.

**DÎNER**, n. *diné*. Comer, tomar el alimento acostumbrado á la hora del medio dia. || m. Comida, el acto de comer al medio dia, y tambien lo que está compuesto para comer.

**DINÈRE**, f. *dinér*. Zool. Dinera, género de insectos dípteros.

**DINÈTE**, m. *dinét*. Zool. Dineto, género de insectos.

**DÎNETTE**, f. *dinét*. Comidita, comida que los niños hacen por diversion.

**DÎNEUR, EUSE**, m. y f. *dineur, eus*. Comedor, el que es de una comida. || Comedor, el que come mucho. || El que vive esencialmente de una comida.

**DINEURE**, m. *dineur*. Zool. Dinuro, género de insectos.

**DINGA**, f. *dénga*. Mar. Dinga, barco que navega en la costa de Malabar.

**DINIQUE**, adj. *diníc*. Med. Dínico, que sirve para combatir el vértigo.

**DINOBRYENS**, m. pl. *dinobrién*. Zool. Dinobrienses, familia de zoófitos infusorios.

**DINOBRYN, E**, adj. V. DINOBRYENS.

**DINOBRYON**, m. Zool. *dinobrion*. Dinobrion, género de zoófitos infusorios.

**DINORNIS**, m. *dinornís*. Zool. Dinornis, género de aves brevipennes muy parecidas al avestruz.

**DINOSAURIEN**, m. *dinosorién*. Zool. Dinosauriano, órden de reptiles fósiles gigantescos, descubiertos en la Gran Bretaña.

**DINOTHÉRION**, m. *dinoterión*. Zool. Dinoterio, nombre genérico de un enorme mamífero fósil.

**DINTIERS**, m. pl. *dentié*. Riñones de ciervo.

**DINTRIR**, n. *dentrír*. Gritar, susurrar entre los dientes como el raton.

**DIOCÉSAIN, E**, adj. *diosesén*. Diocesano, que pertenece á una diócesis, hablando de personas ó de cosas. || m. y f. Diocesano, la persona que es de una diócesis.

**DIOCÈSE**, m. *diosés*. Diócesis, distrito, extension de la jurisdiccion de un obispo.

**DIOCHUS**, m. *diócus*. Zool. Dioco, género de insectos de la Colombia.

**DIOCLÉE**, f. *dioclé*. Bot. Dióclea, género de plantas de la América tropical.

**DIOCTRIE**, f. *dioctrí*. Zool. Dioctria, género de insectos dípteros.

**DIODESME**, m. *diodésm*. Zool. Diodesmo, género de insectos coleópteros.

**DIODIE**, f. *diodí*. Bot. Diodia, género de plantas.

**DIODON**, m. *diodón*. Zool. Diodo, género de halcones. || *Diodons*, m. pl. Diodones, erizos de mar, pescados de cuerpo [illegible] y erizado de espinas.

**DIODONCÉPHALE**, adj. y s. *diodoncefál*. Diodoncéfalo, monstruo que tiene [illegible] hilera de dientes.

**DIODONTE**, m. *diodónt*. Zool. Diodonte, género de insectos del Cabo.

**DIODYRHYNQUE**, m. *diodirénc*. Zool. Diodirinco, género de insectos [illegible].

**DIOECÈTE**, m. *dieset*. Intendente [illegible], entre los antiguos Griegos.

**DIOÏQUE**, adj. *dioíc*. Bot. Dioico, [illegible] de las plantas cuyos sexos están [illegible] individuos diferentes.

**DIOMÉDÉE**, f. *diomedé*. Bot. Diomedea, género de plantas de flores compuestas.

**DIOMÉIES**, f. pl. *dioméy*. Mit. [illegible], fiestas que celebraban en Aténas en [illegible] de Júpiter Dioméo.

**DIOMORE**, m. *diomór*. Zool. [illegible], género de insectos himenópteros.

**DIOMPHALE**, m. *dionfál*. Diónfalo, género de animales-plantas ó animales [illegible].

**DIONCOSE**, f. *dioncós*. Med. Dioncosis, especie de tumefaccion producida por la fusion de los humores.

**DIONÉE**, adj. f. *dioné*. Mit. Dionea, sobrenombre de Vénus, hija de Dione. || f. Bot. Dionea, papamoscas, especie de [illegible] hojas, cuyos lóbulos se acercan [illegible] al tocarlos.

**DIONYSIADES**, f. pl. *dionisiád*. [illegible] ant. Dionisiadas, nombre de las [illegible] de Baco en Esparta.

**DIONYSIAQUE**, adj. *dionisiác*. Dionisiaco, que tiene relacion con Baco. || *Dionysiaques*, f. pl. Dionisiacas, fiestas que celebraban los Griegos en honor de Baco.

**DIONYSISQUES**, f. pl. *dionisísc*. [illegible] Dionisiscas, nombre de las eminencias [illegible] sus situadas junto á las sienes.

**DIONYSIUS**, adj. *dionísius*. Mit. Dionisio, sobrenombre de Baco, dios de [illegible].

**DIONYX**, m. *dioníx*. Zool. Dionix, género de insectos del Brasil.

**DIOPATRE**, f. *diopátr*. Zool. Diopatra, género de gusanos.

**DIOPETE**, adj. *diopét*. Diópeto, [illegible] del cielo. Se decia de las estatuas de algunos dioses.

**DIOPHTALME**, m. V. [illegible].

**DIOPS**, adj. *díops*. Zool. Diopso, que tiene los ojos dobles.

**DIOPSIDE**, m. *diopsíd*. Diópsido, mineral del Piamonte, de color verde [illegible].

**DIOPSIS**, f. *diopsís*. Zool. Diopsis, género de insectos dípteros.

**DIOPTASE**, f. *dioptás*. Miner. Dioptasa, especie de esmeralda.

**DIOPTRE**, m. Cir. V. DILATATEUR.

**DIOPTRIQUE**, f. *dioptríc*. Dióptrica, tratado de la refraccion de la luz. || [illegible] de las propiedades de los vidrios [illegible] convexos. || adj. Dióptrico, concerniente á la dióptrica. || Nombre de los instrumentos [illegible] ticos, cuyos vidrios aumentan ó disminuyen los objetos.

**DIOPTRISME**, m. *dioptrísm*. Cir. Dioptrismo, dilatacion, aplicacion de un instrumento dilatador.

**DIORAMA**, m. *diorama*. Diorama, especie de cuadro alumbrado por una luz cambiante, simulando las diferentes [illegible] claridad del dia, el cual expone los objetos al natural.

**DIORAMIQUE**, adj. *dioramíc*. Dioramico, que pertenece al diorama.

**DIORINE**, f. *diorín*. Zool. Diorina, género de insectos del Brasil.

**DIORITE**, m. *diorít*. Miner. Diorita, roca de formacion ígnea.

**DIORITIQUE**, adj. *dioritíc*. Diorítico, que contiene diorita.

**DIORRHÉSE** ó **DIORRHOSE**, f. *diorrés*, *diorrós*. Med. Diorresis, flujo excesivo de serosidad ó de orina. || Cambio de los humores en aguas.

[illegible], f. *diorteós*. Cir. Diortosis, [illegible] de un miembro fracturado ó dislo-[illegible]

[illegible], adj. *diortotic*. Cir. [illegible], que sirve para enderezar.

[illegible], m. *dioricodér*. Zool. [illegible], género de insectos.

[illegible], m. *diorimér*. Zool. Diori-[illegible] de insectos del Brasil.

[illegible], f. pl. *dioscoré*. Bot. Dios-[illegible], pequeña de plantas.

[illegible] ó DIOSCORIDIEN, m. [illegible], *dioscoridién*. Dioscoridiano, [illegible], antiguo patriarca de [illegible]

[illegible], m. pl. *dioscúr*. Dioscuros, [illegible] Cástor y Pólux. || Constelacion de [illegible]

[illegible], f. pl. *dioscuri*. Hist. ant. [illegible] y fiestas que los Griegos celebra-[illegible] de los Dioscuros.

[illegible], m. *diósm*. Bot. Diosma, género [illegible] del Cabo.

[illegible], m. pl. *diospolit*. Diospo-[illegible] de los reyes de Diospolis en [illegible]

[illegible], f. *diotoné*. Bot. Diotónea, [illegible] plantas del Perú.

[illegible] m. *dip*. Dipo, especie de conchas.

[illegible], f. pl. *dipertenté*. Di-[illegible], tribu numerosa de plantas dico-[illegible]

[illegible], adj. *dipetál*. Bot. Dipétalo, [illegible] dos pétalos.

[illegible], f. *difáe*. Bot. Difaca, géne-[illegible] papilionáceas.

[illegible], m. *difolde*. Zool. Difó-[illegible] de insectos.

[illegible], m. *difiló*. Zool. Difilebo, gé-[illegible] himenópteros.

[illegible], m. *difrige*. Difrigio, escr-[illegible] fundido. || Piritas calcinadas.

[illegible], f. ant. *difter*. Diftera, piel [illegible], preparada para escribir en [illegible] de cuero de los esclavos grie-[illegible] Diftera, género de insectos.

[illegible], f. *diftóngue* Diptongo, [illegible] dos vocales, que siempre se pro-[illegible] en un solo tiempo, y forman una [illegible]

[illegible], f. *difusefál*. Zool. Di-[illegible], género de insectos de la Nueva [illegible]

[illegible] ó [illegible], adj. *difil*, *difilt*. [illegible], que tiene dos naturalezas, [illegible]

[illegible], adj. *difil*. Bot. Difilo, que [illegible] de dos hojas ó de dos piezas.

[illegible], f. *difild*. Bot. Difilea, gé-[illegible] plantas del norte de América.

[illegible], f. *difilid*. Zool. Difilida, [illegible] de insectos.

[illegible], f. *difise*. Bot. Difisa, género [illegible] papilionáceas.

[illegible], m. *difisión*. Bot. Difiscio, [illegible]

[illegible], m. *dipláer*. Bot. Diplacro, [illegible] plantas gramíneas.

[illegible], m. *dipldndr*. Diplandro, [illegible], ramoso, que crece en [illegible]

[illegible], f. *diplantidién*. Di-[illegible], anteojo de larga vista con dos [illegible], en el cual un objeto produce dos [illegible]

[illegible], m. *dipláe*. Bot. Diplaco, gé-[illegible]

[illegible], m. *diplasidom*. Med. [illegible] duplicacion de una membrana.

[illegible], f. *diplasí*. Bot. Diplasia, gé-[illegible] plantas de la Guyana.

[illegible], m. *diplasie*. Zool. Diplasis, [illegible] de insectos.

[illegible], m. *diplanide*. Bot. Dipla-[illegible] género de plantas.

[illegible], f. *diplosténir*. Bot. Di-[illegible], género de plantas de la India.

[illegible], f. *diplocefali*. Diplo-[illegible] monstruosidad que presenta dos ca-[illegible] en un mismo cuerpo.

[illegible], m. *diploquitos*. Bot. Di-[illegible], género de plantas de la América [illegible]

**DIPLOCOPE**, m. *diplocóp*. Cir. Diplocopo, cuchillo para la seccion de la córnea trasparente.

**DIPLODE**, m. *diplód*. Zool. Díplodo, género de insectos del Brasil.

**DIPLODERME**, m. *diplodérm*. Bot. Diplodermo, género de hongos de la Europa austral.

**DIPLODON**, m. *diplodón*. Bot. Diplodon, género de plantas del Brasil.

**DIPLOÉ**, m. *diploé*. Diploe, sustancia esponjosa, situada entre las dos tablas del cráneo.

**DIPLOGASTRIE**, f. *diplogastrí*. Diplogastria, monstruosidad caracterizada por dos troncos en una misma pélvis.

**DIPLOGÈNE**, m. *diplogén*. Bot. Diplógeno, género de plantas.

**DIPLOGÉNÈSE**, f. *diplogenés*. Anat. Diplogénesis, monstruosidad caracterizada por la reunion de dos ó mas gérmenes.

**DIPLOGNATHE**, m. *diplonát*. Zool. Diplognato, género de insectos.

**DIPLOÏQUE**, adj. *diploic*. Anat. Diplóico, que tiene relacion con el díploe.

**DIPLOLÈNE**, m. *diplolén*. Bot. Diploleno, género de plantas de la Nueva Holanda.

**DIPLOLÉNÉES**, f. pl. *diploloné*. Bot. Diploléneas, familia de plantas.

**DIPLOMATE**, m. *diplomát*. Diplomático, el que entiende ó maneja los negocios de la diplomacia. || met. El que se da mucha importancia.

**DIPLOMATIE**, f. *diplomasí*. Diplomacia, ciencia de las relaciones y de los intereses existentes entre dos potencias, entre los diferentes reinos, etc. || Diplomacia, el conjunto de personas ocupadas en las embajadas || ant. Arte de conocer los diplomas.

**DIPLOMATIQUE**, adj. *diplomatic*. Diplomático, que pertenece á la diplomacia. || met. *Air diplomatique*, aire misterioso. || *Langage diplomatique*, lenguaje equívoco. || f. Diplomática, ciencia que trata del derecho de gentes, y que contiene la historia de todos los tratados celebrados entre las diversas potencias.

**DIPLOMATIQUEMENT**, adv. *diplomaticmán*. Diplomáticamente, segun las reglas diplomáticas. || met. Diplomáticamente, con astucia.

**DIPLOMATISTE**, m. *diplomatist*. Diplomático, el que está versado en el estudio de la diplomacia.

**DIPLOME**, m. *diplóm*. Diploma, despacho de la autoridad soberana. || Diploma, acta ó título dado por un cuerpo, una facultad ó una sociedad literaria.

**DIPLOMÉRISE**, f. *diplomeris*. Bot. Diplomerisa, género de plantas de la India.

**DIPLONOME**, adj. *diplonóm*. Hist. nat. Diplónomo, que obedece al mismo tiempo á dos leyes.

**DIPLOPAPPE**, m. *diplopáp*. Bot. Diplopapo, género de plantas del Cabo.

**DIPLOPELTE**, m. *diplopélt*. Bot. Diplopelto, género de plantas de la Nueva Holanda.

**DIPLOPÉRISTOMATÉ, ÉE**, adj. V. DIPLOPÉRISTOMÉ.

**DIPLOPIE**, f. *diplopí*. Diplopia, turbacion de la vista por la cual se ven los objetos dobles.

**DIPLOPOGON**, m. *diplopogón*. Bot. Diplopogon, género de plantas gramíneas.

**DIPLOPTÈRE**, adj. *diplopiér*. Hist. nat. Diplóptero, que tiene las alas dobles.

**DIPLOPTÉRYX**, f. *diplopterrics*. Bot. Diplotérixa, género de plantas de la Guyana.

**DIPLORHIN**, m. *diplorén*. Zool. Diplorino, género de insectos de Java.

**DIPLORHOMBOÉDRE**, adj. V. DIPLOÉDRE.

**DIPLOSANTHÉRÉES**, f. pl. *diplosanteré*. Bot. Diplosantéreas, clase de plantas.

**DIPLOSPORE**, m. *diplospór*. Bot. Diplosporo, arbusto de la China.

**DIPLOSTÈGE**, m. *diplostége* Bot. Diplóstego, arbusto del Brasil.

**DIPLOSTEMME**, f. *diplostém*. Bot. Diplostema, género de plantas compuestas.

**DIPLOSTÉPHIE**, f. *diplostefí*. Bot. Diplostefia, género de plantas de América.

**DIPLOSTOME**, m. *diplostóm*. Zool. Diplostomo, género de gusanos.

**DIPLOTAXIDE**, f. *diplotaxid*. Bot. Diplotáxida, género de plantas || *Diplotaxides*, pl. Zool. Diplotáxidos, familia de insectos, cuyo tipo es el género diplotaxis.

**DIPLOTÈME**, m. *diplotém*. Bot. Diplótemo, género de plantas del Brasil.

**DIPLOTHRIX**, m. *diplotrics*. Bot. Diplotrizo, género de arbustos de Méjico.

**DIPLOTRICHIE**, f. *diplotrichí*. Bot. Diplotriquia, género de plantas del Adriático.

**DIPLOTROPIS**, m. *diplotropís*. Bot. Diplótropis, género de plantas papilionáceas del Brasil.

**DIPLOZOON**, m. *diplozoón*. Zool. Diplozoon, especie de gusanos.

**DIPNEUMONES** ó **DIPNEUMONÉES**, f. pl. *dipneumón*, *dipneumoné*. Zool. Dipneumonas, grupo de aracnidos que tienen dos sacos pulmonares.

**DIPODE**, adj. *dipód*. Hist. nat. Dípodo, que tiene dos miembros.

**DIPODIE**, f. *dipodí*. Dipodia, en la poesía antigua manera de medir el verso, tomando dos piés cada vez.

**DIPODION**, m. *dipodión*. Bot. Dipodio, género de plantas de la Nueva Holanda.

**DIPODOMYS**, m. *dipodómis*. Zool. Dipodomis, género de mamíferos rumiantes de Méjico.

**DIPOÏDES**, m. pl. *dipoid*. Zool. Dipoidos, familia de mamíferos rumiantes.

**DIPOSIS**, f. *diposís*. Bot. Diposis, género de plantas apiáceas de Buenos Aires.

**DIPROPE**, m. *dipróp*. Zool. Dipropo, género de insectos del Brasil

**DIPROSOPE**, m. *diprosóp*. Zool. Diprósopo, pescado que tiene los dos ojos de un mismo lado.

**DIPSACÉES**, f. pl. *dipsasé*. Bot. Dipsáceas, familia de plantas herbáceas.

**DIPSAS**, m. *dipsás* Zool. Especie de culebra negruzca, muy venenosa, cuya picadura causa una sed mortal.

**DIPSECTEUR**, m. *dipsecteur*. Dipsector, instrumento que sirve para medir en el mar la depresion del horizonte.

**DIPSÉTIQUE**, adj. *dipsetic*. Dipsético, que provoca la sed.

**DIPSOMANIE**, f. *dipsomaní*. Med. Dipsomania, delirio con sed.

**DIPTÉRACANTHE**, m. *dipteracánt*. Bot. Dipteracanto, género de plantas de la India.

**DIPTÉRACÉ, ÉE**, adj. Bot. V. DIPTÉROCARPÉ.

**DIPTÈRE**, adj. *diptér*. Arq. Díptero, calificacion de un edificio que tiene dos filas de columnas de cada lado y ocho en cada frente. || Zool. Díptero, calificacion de los insectos que tienen dos alas.

**DIPTÉROCARPE**, m. *dipterocárp*. Bot. Dipterocarpo, árbol grande resinoso del Asia tropical.

**DIPTÉROCARPÉ, ÉE**, adj. *dipterocarpé*. Dipterocárpeo, que se parece al dipterocarpo.

**DIPTÉROCOME**, f. *dipterocóm*. Bot. Dipterocoma, género de plantas de la Persia.

**DIPTÉROLOGIE**, f. *dipterologí*. Zool. Dipterologia, tratado de los insectos dípteros.

**DIPTÉROLOGIQUE**, adj. *dipterologic*. Zool. Dipterológico, que tiene relacion con la dipterologia.

**DIPTÉROLOGUE**, m. *dipterológue* Dipterólogo, naturalista que se dedica especialmente al estudio de los insectos dípteros.

**DIPTÉRYGIE**, f. *dipterigí*. Bot. Dipterigia, género de plantas de la Arabia.

**DIPTÉRYGIENS**, adj. y s. m. pl. *dipterigién*. Zool. Dipterigios ó dipterigianos, familia de pescados que no tienen mas que dos aletas.

**DIPTÉRYX**, m. *dipterics*. Bot. Dipterix, género de plantas papilionáceas de la América tropical.

**DIPTYQUES**, m. pl. *diptic*. Hist. rom. Dípticos, catálogo de los magistrados y de los muertos. || En la primitiva Iglesia, tabletas donde se escribian los nombres de los obispos. || Pint. Dípticos, tablitas cuya superficie interior está igualmente pintada ó esculpida.

**DIPYRE**, m. *dipir*. Miner. Dipiro, lenticulita de Mauleon, mineral fusible, blanquizco y fosforescente al fuego.

**DIPYRÈNE**, m. *dipirén*. Bot. Dipireno, género de plantas verbenáceas de Chile.

**DIPYRRHIQUE**, adj. *dipírrik*. Lit. ant. Dipírrico, pie de verso compuesto de cuatro breves.

**DIRAPHIE**, f. *dirafí*. Zool. Dirafia, género de insectos hemípteros saltadores.

**DIRCA**, m. *dirca*. Bot. Dirca, madera de plomo ó de cuero, arbusto de la América del Norte.

**DIRCÉE**, f. *dirsé*. Zool. Dircea, género de insectos de Alemania.

**DIRE**, a. *dir*. Decir, pronunciar, hablar, expresar por la palabra. ‖ Hablar por gestos, por acciones, por miradas. ‖ Decir su modo de pensar, su parecer, un secreto. ‖ Recitar lecciones, rezar, cantar, contar, celebrar hazañas. ‖ Poét. *Je dirai les hauts faits*, cantaré los altos hechos. ‖ Juzgar de un sugeto y de su conducta. ‖ fam. Reprender, vituperar, criticar: *on ne trouve rien à dire à ses actions*, y aun mejor, *à redire à ses actions*, nada hay de reprensible en sus acciones ó en su conducta. ‖ Decir, producir efecto: *cela ne dit rien*, eso nada significa. ‖ Advertir, avisar, instruir, prescribir. ‖ *Trouver à dire*, hallar que falta algo. ‖ Proponer, ofrecer un precio. ‖ Ordenar, mandar: *je vous dis de vous taire*, le mando á Vd. que calle. ‖ *Dire des douceurs, des fleurettes*, decir requiebros. ‖ *A vrai dire*, *à dire vrai*, en verdad, á decir verdad. ‖ *Se dire*, r. Pretenderse, creer ser: *il se dit grand d'Espagne*, pretende pasar por grande de España. ‖ *A ouïr bien dire*, por mas que se diga. *Vous avez beau dire*, por mas que Vd. diga. ‖ *Cela va sans dire*, eso es inútil decirlo. ‖ m. Parecer, opinion. *Au dire de*, segun la opinion de. ‖ Dicho, declaracion de un testigo, etc.

**DIRECT**, E, adj. *dirért*. Directo, recto, sin rodeos. ‖ Directo, que obra inmediatamente, sin intermediario. ‖ Feud. f. Directa, extension de dominio directo sobre una tierra.

**DIRECTEMENT**, adv. *directmán*. Directamente, en linea recta. ‖ Directamente, sin intermediario. ‖ met. *Directement opposé*, directamente ó diametralmente opuesto. ‖ *Lignes directement opposées*, lineas diametralmente opuestas, las que forman parte de una misma linea.

**DIRECTEUR**, TRICE, m. y f. *directeur, tris*. Director, el ó la que dirige una administracion, una empresa ó una sociedad. ‖ Autor, hablando de una compañía de actores. ‖ *Directeur de conscience*, el confesor.

**DIRECTIF**, IVE, adj. *directif, iv*. Directivo, que dirige ó puede dirigir.

**DIRECTION**, f. *direcsión*. Direccion, línea en la cual se mueve un objeto. ‖ Direccion, tendencia de un cuerpo á trasladarse á un punto determinado. ‖ Direccion, gobierno, administracion. ‖ Direccion, empleo, título de director y la oficina de este. ‖ *Dans les affaires comme en voyage, il y a des directions qui éloignent du but qu'elles semblent rapprocher*, en negocios como en viaje, hay direcciones que nos alejan del objeto que nos representan cercano. ‖ Mec. *Ligne de direction*, linea de direccion, linea que pasa por el centro de la tierra y por el centro de gravedad de un cuerpo. ‖ Fis. *Direction de l'aimant*, direccion del iman al Norte.

**DIRECTOIRE**, m. *directuar*. Directorio, consejo encargado de una direccion pública. ‖ Añalejo, librito que señala el órden del oficio divino para cada dia. ‖ Directorio, institucion creada por la Convencion francesa, y que estuvo encargada del poder ejecutivo hasta el establecimiento del Consulado.

**DIRECTOR**, m. *director*. Cir. Director, sonda acanalada para dirigir el bisturí en las operaciones quirúrgicas.

**DIRECTORAT**, m. *directorá*. Directorado, funciones del director y tiempo que duran.

**DIRECTORIAL**, E, adj. *directorial*. Directorial, lo perteneciente al directorio, á su autoridad y poder.

**DIREPTION**, f. *direpsión*. Saqueo. ‖ Dilaceracion despedazamiento.

**DIRES**, f. pl. *dir*. Mit. Diras, Euménides ó furias infernales.

**DIRIA**, f. *diria*. Bot. Diria, especie de vegetal de cuya corteza se pueden hacer cuerdas.

**DIRIBITEUR**, m. *diribiteur*. Diribitor, esclavo que entre los Romanos ponia con cierto órden los platos en la mesa. Tambien daban este nombre al que distribuia las tablillas para recoger los votos en las asambleas.

**DIRIGAUG**, m. *dirigó*. Zool. Dirigaugo, ave de la Nueva Gáles meridional, llamada tambien trepador.

**DIRIGEANT**, E, adj. *diriján*. El que ó la que dirige; úsase solo en esta acepcion: *ministre dirigeant*, ministro encargado del gobierno en ausencias del jefe del Estado.

**DIRIGER**, a. *dirijé*. Dirigir, guiar, conducir, gobernar. ‖ Enderezar los pasos, la vista, el ánimo hácia alguna parte. ‖ *Se diriger*, r. Dirigirse á un sitio.

**DIRIMANT**, adj. m. *dirimán*. Dirimente, que destruye, rompe ó anula: aplícase al impedimento que anula el matrimonio.

**DIRK**, m. *dirc*. Especie de puñal de los montañeses escoceses.

**DIROTE**, m. *dirót*. Zool. Dirote, género de insectos.

**DIRRADIATION**, f. *dirradiasión*. Fis. Dirradiacion, expansion de la luz que emana de un cuerpo.

**DISABLE**, adj. *disábl*. Decible, que se puede decir. ‖ Decible, ponderable.

**DISABILITÉ**, f. ant. *disabilité*. Impotencia, falta de habilidad.

**DISAGRÉER**, a. *disagreé*. Desechar, rehusar. *Disagréer un présent*, no admitir un regalo.

**DISANDRE**, f. *disándr*. Bot. Disandra, género de plantas de Levante.

**DISANT**, E, adj. *disán*. Decidor, elocuente. ‖ *Le disant*, m. El orador, el poeta, el que habla. ‖ *Bien-disant*, decidor, elocuente. ‖ *Soi-disant*, expresion que se aplica al que presume ser lo que no es: *jeune homme soi-disant poète*, jóven presumido, que las echa de poeta.

**DISARRÈNE**, m. *disarrén*. Bot. Disarreno, género de plantas de la Nueva Holanda.

**DISBROUER**, a. *disbrué*. Art. Desbruar, lavar la seda teñida.

**DISBROUARE**, f. *disbruár*. Art. Deslavadera, agua en que se lava la seda teñida.

**DISCALE**, f. *discál*. Com. Merma de peso en un género.

**DISCALER**, n. *discalé*. Com. Mermar el peso de una mercancía. ‖ *Cette soie a discalé de deux onces*, esta seda ha mermado dos onzas.

**DISCÉDER**, a. *discedé*. met. Discedir, discordar, separarse de la opinion de alguno.

**DISCÉLIER**, m. *discelié*. Bot. Discelio, género de musgos.

**DISCEPTATEUR**, TRICE, m. y f. *disceptateur*, ant. Disceptador, disputador, el que argumenta, disputa, pleitea.

**DISCEPTATION**, f. *disceptasión*. Disputa, controversia, discusion.

**DISCEPTER**, a. inus. *discepté*. Disputar, controvertir, discutir, contestar, litigar.

**DISCERNEMENT**, m. *disernmán*. Discernimiento, distincion entre dos cosas. ‖ Jurisp. Discernimiento, facultad de raciocinar, de apreciar.

**DISCERNER**, a. *disserné*. Discernir, distinguir, conocer la diferencia que hay en las cosas. ‖ Descubrir, ver distintamente.

**DISCESSION**, f. *discesión*. Hist. Discesion, modo de votar el senado romano, agrupándose al lado del proponente cuyo parecer se adoptaba. ‖ met. Altercado, disputa. Separacion de intereses y opiniones.

**DISCHIDION**, m. *disquidión*. Bot. Disquidio, género de plantas parecidas á las violetas.

**DISCHIRIE**, m. *disquirí*. Zool. Disquirio, género de insectos coleópteros.

**DISCICOLE**, adj. *discicól*. Bot. Discícola, especie de hongo.

**DISCICOLLE**, adj. *discicól*. Hist. nat. Discícolo, que tiene el cuello y el tórax en forma de disco.

**DISCIFÈRE**, adj. *disifér*. Bot. Discífero, que lleva un disco.

**DISCIFLORE**, adj. *disiflor*. Bot. [illegible] flore, que tiene las flores [illegible] disco.

**DISCIFORME**, adj. [illegible] me, en forma de disco.

**DISCIGÈRE**, adj. [illegible] ro, que tiene el [illegible]

**DISCIPLE**, m. [illegible] aprende alguna [illegible] maestro. ‖ pl. [illegible] doctrina de un [illegible]

**DISCIPLINABLE**, adj. [illegible] ciplinable, que se [illegible] y enseñanza.

[illegible]

**DISCIPLINE**, f. [illegible] enseñanza, instruccion. [illegible] que rigen un cuerpo [illegible]

[illegible]

**DISCONVENANCE**, f. [illegible] conveniencia, desproporcion [illegible] de una cosa con otra.

**DISCONVENIR**, n. [illegible] venir, desconvenir, no estar conforme [illegible]

**DISCOPHORE**, adj. [illegible] Discóforo, que tiene un disco.

**DISCOPODE**, m. [illegible] poro, género de pólipos.

poder absoluto que el legislador ha dejado, para ciertos casos, á un juez, á una autoridad superior.

**DISCRÉTOIRE**, m. *discretuár*. Discretorio, sala donde se juntan los discretos de una comunidad.

**DISCRIMEN**, m. *discrimen*. Cir. Discrimen, venda de la sangria de la vena frontal.

**DISCULPATION**, f. *disculpasión*. Disculpa, excusa, justificacion. || Disculpacion, la accion de disculpar.

**DISCULPER**, a. *disculpé*. Disculpar, excusar, justificar. || *Se disculper*, r. Disculparse, excusarse, justificarse.

**DISCURSIF**, **IVE**, adj. *discursif*, *ív*. Lóg. Discursivo, que saca una proposicion de otra por el raciocinio.

**DISCUSSIF**, **IVE**, adj. *discusif*, *ív*. Med. Diaforético. Resolutivo.

**DISCUSSION**, f. *discusión*. Discusion, accion de discutir, exámen de algun punto dificultoso. || Discusion, contestacion, debate. || *Dans toute discussion*, *c'est le plus sage qui cède*, en toda discusion es el mas prudente quien cede.

**DISCUTER**, a. *discuté*. Discutir, ventilar, examinar atenta y diligentemente algun asunto. || Discutir, emitir opiniones contrarias, sostenidas de una y otra parte. || *Discuter les biens d'un débiteur*, buscar los bienes de un deudor y hacerlos vender por la justicia.

**DISCUTEUR**, **EUSE**, adj. *discuteur*, *eus*. Discutidor, aficionado á discutir. Se usa sustantivamente en sentido irónico. *Un discuteur*, un disputador.

**DISDIAPASON**, m. *disdiapasón*. Mús. Disdiapason, octava doble.

**DISÈME**, f. *disém*. Bot. Disema, género de plantas pasifloríceas.

**DISERT**, **E**, adj. *disér*. Diserto, que tiene facundia, fácil y elegante en el lenguaje. Particularmente se usa en singular: *la vanité est diserte et féconde*, *en parlant d'elle*.

**DISERTEMENT**, adv. *disertmán*. Con facundia, con elegancia y facilidad.

**DISESÉE**, f. *disesé*. poco us. Disesia, dureza de oido.

**DISETTE**, f. *disét*. Penuria, escasez, carestía de víveres, privacion de las cosas necesarias. || Pobreza. || met. Pobreza de la lengua. *Il faut s'approvisionner par l'étude*, *quand on est jeune*, *pour éviter la disette de l'esprit et l'ennui dévorant dans la vieillesse.*

**DISETTEUX**, **EUSE**, adj. *disetteu*, *eus*. Necesitado, pobre, falto de las cosas necesarias.

**DISEUR**, **EUSE**, m. y f. *diseur*, *eus*. Decidor. || Locuaz. || *Diseur de bons mots*, el que dice oportunidades. || *Diseur*, el que gusta de reñir. || *Diseur éternel*, hablador eterno. || fam. *Beau diseur*, hablador que afecta el hablar bien.

**DISGRÂCE**, f. *disgrás*. Desgracia, caida, perdida de favor. || Desgracia, fatalidad.

**DISGRACIANT**, **E**, adj. *disgrasian*. Desgraciado, que causa ó trae la desgracia.

**DISGRACIÉ**, **ÉE**, adj. *disgrasié*. Desgraciado, que ha perdido el valimiento de que gozaba. || Contrahecho ó que tiene una imperfeccion de naturaleza.

**DISGRACIER**, a. *disgrasié*. Desgraciar, privar á alguno de su favor, valimiento ó privanza.

**DISGRACIEUSEMENT**, adv. *disgrasieusman*. Desagradablemente, de una manera poco graciosa.

**DISGRACIEUX**, **EUSE**, adj. *disgrasieu*, *eus*. Desagradable, desgraciado.

**DISGRÉGATION**, f. *disgregasión*. Destruccion del estado de agregacion. || Ópt. Dispersion de los rayos de la luz, accion de cansar la vista por excesivo brillo de luz y sus efectos. *La neige cause la disgrégation de la vue*, la nieve ocasiona la disgregacion de la vista.

**DISGRÉGER**, a. *disgregé*. Disgregar, dividir, separar. || Reducir un cuerpo á partículas, machacarlo, molerlo. || Ópt. Dispersar, hablando de los rayos de la luz; causar la vista por exceso de claridad.

**DISHARMONIE**, f. *disarmoní*. Discordancia de opiniones, disentimiento. || Discordancia de voces ó instrumentos. || Desarmonía.

**DISIDOLIQUE**, adj. *disidolic*. Fis. Disidólico, que da ó produce dos imágenes.

**DISJOINDRE**, a. *disjuéndr*. Separar cosas que están juntas, en lo material como en lo inmaterial. || *Se disjoindre*, r. Separarse, desunirse: *les idées de la justice*, *de l'ordre et de la toute-puissance ne peuvent se disjoindre.*

**DISJOINT**, **E**, adj. *disjuén*. Desunido, separado. || Mús. *Degré conjoint*, es decir, inmediato en la escala diatónica; al paso que *le degré disjoint* deja tras sí un intervalo de una, dos, tres, hasta siete notas, segun es tercia, cuarta, quinta, etc.

**DISJONCTIF**, **IVE**, adj. *disjonctif*, *ív*. Disyuntivo. Es esencialmente un término de gramática, una partícula que expresa alternativa ó negativa: *vous ou moi*, Vd. ó yo; *ni vous ni moi*, ni Vd. ni yo.

**DISJONCTION**, f. *disjoncsión*. Disyuncion, separacion. || For. Desglose, separacion de dos causas ó procesos unidos por una sentencia anterior.

**DISLOCATION**, f. *dislocasión*. Cir. Dislocacion. V. LUXATION. || Fis. Separacion de las diversas partes de una máquina. || met. Desmembramiento, hablando de un Estado, de un reino.

**DISLOQUER**, a. *disloqué*. Dislocar, desencajar los huesos || Por extension, se dice dislocar, hablando de una máquina cuyas partes salen de su lugar. || Desarmar, hablando igualmente de máquinas. || met. fam. *Disloquer la cervelle*, turbar el entendimiento. = *Disloquer une armée*, licenciar, dispersar un ejército, etc. || *Se disloquer*, r. Dislocarse, desarmarse. *Cette machine se disloque et se remonte à volonté*, esta máquina se desarma y se arma á voluntad.

**DISPARADE**, f. *disparad*. Desaparicion, ausencia pronta y repentina.

**DISPARAGUE**, m. *disparágue* Bot. Disparago, género de plantas compuestas del Cabo.

**DISPARAISSANT**, **E**, adj. *disparesán*. Despareciente, lo que desaparece, se desvanece ó no se ve mas. || met. Transitorio, fugaz.

**DISPARAÎTRE**, n. *disparétr*. Desaparecer ó desaparecerse, ocultarse, quitarse de la vista, hablando de cosas. || Desaparecer, evadirse las personas. || Cesar de existir, morir: *il a* ó *il est disparu*, ha cesado de existir, ya no existe.

**DISPARATE**, f. *disparát*. Extravío de raciocinio, falta de consecuencia y de correlacion en las palabras y en las acciones. *Disparate*, es lo opuesto á armonía, en lo que respecta al juicio y al entendimiento || Disimilitud de cosas que juntas chocan á la vista. || adj. Dícese de las cosas que no tienen conexion: v. gr. *ornements disparates*.

**DISPAREIL**, **LE**, adj. *disparéil*. Desemejante, que no hace pareja.

**DISPARITÉ**, f. *disparité*. Disparidad. Falta de armonía entre cosas comparables.

**DISPARITION**, f. *disparisión*. Desaparecimiento, ocultacion súbita de la vista. || Desaparicion, accion de un astro que desaparece del horizonte.

**DISPARUTION**, f. *disparusión*. Desaparicion, desaparecimiento, la accion de desaparecer. Aunque usado, es ménos correcto que *disparition*.

**DISPASTE**, f. *dispást*. Dispasto, máquina con dos poleas.

**DISPATRIER**, a. ant. *dispatrié*. Expatriar, desterrar.

**DISPENDIEUSEMENT**, adv. *dispandieusman*. Dispendiosamente, costosamente, con mucho gasto.

**DISPENDIEUX**, **EUSE**, adj. *dispandieu*, *eus*. Dispendioso, costoso, de gasto considerable.

**DISPENSAIRE**, m. *dispansér*. Med. Tratado de la preparacion de los remedios; farmacopea. || Lugar en donde se preparan y se distribuyen gratúitamente.

**DISPENSATEUR**, **TRICE**, m. y f. *dispansateur*, *tris*. Dispensador de gracias, favores y mercedes. Se da este nombre con particularidad á Dios, á los soberanos, príncipos y siniestros. || *C'est comme dispensatrice de l'éloge ou du blâme que l'opinion est si puissante*, el poder irresistible de la opinion consiste en que es la dispensadora tanto de elogios como de vituperio.

**DISPENSATIF, IVE**, adj. *dispensatif, iv.* Dispensativo, que dispensa ó puede hacerlo.

**DISPENSATION**, f. *dispensasión.* Dispensacion, distribucion prudente y justa de recompensas, gracias ó honores. || Farm. Preparacion de drogas que han de formar una receta farmacéutica.

**DISPENSE**, f. *dispáns.* Dispensa, excepcion de una regla ó ley general. || Licencia, permiso, dicese comunmente respecto á los privilegios concedidos por el papa y los obispos.

**DISPENSER**, a. *dispensé.* Dispensar, eximir, exceptuar de una regla, obligacion ó ley. || Dispensar, dar ó distribuir. || *Se dispenser*, r. Dispensarse de hacer una cosa: *tel philosophe aime les Tartares pour être dispensé d'aimer ses voisins*, hay filósofo que es amigo de los Tártaros para dispensarse de serlo de su prógimo. *On blâme les malheureux pour éviter de les secourir*, á los desgraciados se les echa en cara su desgracia para dispensarse de socorrerlos.

**DISPEPSIE**, f. *dispepsí.* Dispepsia, indigestion.

**DISPERIS**, m. *disprí.* Bot. Disperiso, género de plantas orquídeas del Cabo.

**DISPERMATIQUE**, adj. *dispermatic.* Bot. Dispermático, que tiene solo dos granos de semilla.

**DISPERME**, adj. *dispérm.* Bot. Disperma, que contiene dos semillas.

**DISPERSER**, a. *dispersé.* Dispersar, esparcir, desparramar. || Dispersar, hablando de personas, separarlas, mandarlas á distintos parajes. || Dispersar, deshacer, hacer huir, ahuyentar. || *Se disperser*, r. Dispersarse.

**DISPERSION**, f. *dispersión.* Dispersion, accion de dispersar ó dispersarse, y el estado de las personas ó cosas dispersas. || met Expansion, separacion que experimentan los rayos luminosos. || pl. *Parties dispersées*, restos.

**DISPHORIE**, f. ant. *disforí.* Disforia, ansiedad.

**DISPONDÉE**, m. *dispondé.* Poes. Espondeo doble, ó pié compuesto de dos espondeos ó de cuatro sílabas.

**DISPONIBILITÉ**, f. *disponibilité.* Disponibilidad, estado, cualidad, efecto de lo que es disponible. || Adm. Cesantía, estado de los funcionarios sin destino momentáneamente. || Mil. Calidad de jefes militares que accidental y momentaneamente se hallan sin mando.

**DISPONIBLE**, adj. *disponibl.* Disponible, de que se puede disponer. || Jurisp. Disponible, se dice de la porcion de bienes de que puede el hombre disponer por donacion *inter vivos* ó por testamento.

**DISPORE**, m. *dispor.* Bot. Disporo, género de plantas melantáceas.

**DISPOS**, adj. m. *dispó.* Dispuesto, ágil, lijero de cuerpo: solo se dice de los hombres. || El que está bien ó mal dispuesto, hablando de la salud. *Etre plus ou moins dispos*, sentirse mas ó ménos bien dispuesto.

**DISPOSANT, E**, adj. y s. *disposan.* Disponente, el que hace por testamento las disposiciones relativas á la division de sus bienes.

**DISPOSER**, a. *disposé.* Disponer, colocar las cosas en órden || Disponer, preparar alguna cosa. || Disponer de lo que nos pertenece. || Disponer, persuadir á una persona á que haga. || Preparar á la muerte || Jurisp. Disponer, dar, vender, enajenar || prov. *L'homme propose et Dieu dispose*, el hombre propone y Dios dispone. || *Disposer en maître*, mandar como déspota || *Se disposer*, r. Disponerse, prepararse para hacer alguna cosa.

**DISPOSITIF, IVE**, adj. *dispositif, iv.* Dispositivo, que dispone, que prepara. || Med. *Remède dispositif*, medicamento preparatorio. || For. m. Dispositivo, la parte de una sentencia que contiene lo que manda el juez.

**DISPOSITION**, f. *disposisión.* Disposicion, accion y efecto de disponer. || Disposicion, situacion. || Disposicion, facultad, derecho de disponer de. || Dícese hablando de las personas. *Il est entièrement à la disposition d'un tel*, está completamente entregado á fulano. *Il est toujours dangereux de mettre son bonheur à la disposition d'un autre*, siempre es arriesgado el poner su dicha á la disposicion de otro. || Tendencia, preparacion á alguna cosa mas ó ménos próxima. || Disposicion, estado de la salud. *Etre en bonne ou mauvaise disposition*, estar en buena ó mala disposicion. || Disposicion, aptitud para alguna cosa. || Disposicion, inclinacion, voluntad. || Jurisp. Disposicion, accion de disponer de. || Disposicion de un acto, lo que se ordena por una ley. || Fil. *Disposition prochaine*, estado próximo de una cosa para recibir nueva forma; y en sentido opuesto, *disposition éloignée*, disposicion remota.

**DISPROPORTION**, f. *disproporsión.* Desproporcion, falta de proporcion, desigualdad. *Ce qui caractérise la démence, c'est la disproportion entre les vues et les moyens* (Bonaparte), lo que caracteriza la demencia es la desproporcion entre sus miras y sus medios de llevarlas.

**DISPROPORTIONNER**, a. *disproporsioné.* Desproporcionar. Solo se usa en el participio pasado.

**DISPROPORTIONNÉMENT**, adv. *disproporsionemán.* Desproporcionadamente.

**DISPUTABLE**, adj. *disputábl.* Disputable, que puede disputarse.

**DISPUTAILLER**, n. fam. *disputaillé.* Disputar continuamente sobre miserias.

**DISPUTAILLERIE**, f. fam. *disputaillrí.* Discusion desagradable.

**DISPUTAILLEUR, EUSE**, m. y f. fam. *disputailleur*, eus. Disputador, el que continuamente disputa sobre miserias.

**DISPUTANT, E**, adj. y s. *dispután.* Disputante, que acostumbra disputar.

**DISPUTATEUR, TRICE**, adj. *disputateur, tris.* Disputador, el que discute y examina.

**DISPUTATION**, f. *disputasión.* Disputa, argumentacion vehemente de la tribuna y del foro.

**DISPUTE**, f. *dispút.* Disputa, controversia, debate. || Disputa, contienda, riña, quimera. *Grande dispute, longue dispute, vive dispute*, grande, largo, acalorado debate. *Dispute animée, opiniâtre, fatigante, bruyante, assourdissante*, disputa animada, terca, cansada, tumultuosa, ensordeciente.

**DISPUTER**, n. *disputé.* Disputar, controvertir, defender, sostener una opinion ó conclusion. || Disputar una cosa, defenderla para poseerla ó para no ser desposeido de ella. || *La raison et la vérité s'enfuient, quand elles entendent disputer*, la razon y la verdad huyen, cuando oyen disputar. || *On n'éclaircit rien en disputant*, nada se aclara disputando. || Disputar, ejercitarse los estudiantes contendiendo || Disputar, rivalizar. || Mar. Regatear, maniobrar para ganar el barlovento ó la distancia á cualquier otro buque.

**DISPUTEUR, EUSE**, adj. *disputeur*, eus. Disputador, amigo de disputar y de contradecir.

**DISQUE**, m. *disc.* Disco, especie de plato de metal convexo con que los atletas hacian prueba de fuerza y de destreza, arrojándolo á cual mas lejos || Disco, todo cuerpo cilíndrico, de base circular muy ancha con relacion á su altura. || Disco, cuerpo aparente de un astro. *Le disque du soleil, le disque de la lune*, el disco del sol, de la luna. || Bot. Disco, centro de una flor radiada. || Plancha, chapa de cualquier metal.

**DISQUISITION**, f. *disquisisión.* Exámen, indagacion de la verdad en filosofía y matemáticas

**DISRUPTION**, f. *disrupsión.* Ruptura, fractura.

**DISSECTEUR**, m. *dissecteur.* Disector, disecador, el que diseca. || Disector, el que diseca plantas || Cir. Disecador, todo instrumento para disecar.

**DISSECTION**, f. *disecsión.* Diseccion, disecacion, separacion metódica de las partes de un cuerpo; sus efectos [illegible] dion del alma, del pensamiento [illegible] *L'analyse est une dissection* [illegible] *n'opère qu'en détruisant*, el [illegible] diseccion moral que [illegible] Diseccion, arte de disecar [illegible] disecado y su estado.

**DISSEMBLABLE**, adj. [illegible] semejante, diferente.

**DISSEMBLABLEMENT**, adv. [illegible] *blemán.* Diferentemente, con [illegible]

**DISSEMBLANCE**, f. [illegible] janza, diferencia.

**DISSÉMINATION**, f. [illegible] Sembrado natural que [illegible] de los granos, [illegible] nat. Diseminacion, [illegible]

**DISSÉMINER**, a. [illegible] esparcir aquí y allí. || [illegible] *Changer souvent de place* [illegible] *sa vie*, cambiar á menudo [illegible] sembrar la vida.

**DISSENSION**, f. [illegible] division, discordia.

**DISSENTIMENT**, m. [illegible] sicion, parecer distinto [illegible]

**DISSENTIR**, n. [illegible] consentir, oponerse.

**DISSÉPALE**, adj. [illegible] que está provisto de dos [illegible]

**DISSÉQUANT, E**, adj. [illegible] Disecante, se dice de un [illegible] mórbido.

**DISSÉQUER**, a. [illegible] la anatomía de un cuerpo [illegible] una planta ó de una flor. [illegible] obra, un escrito.

**DISSÉQUEUR**, m. [illegible] disecador, el que diseca.

**DISSERTATEUR, TRICE** [illegible] *sertateur, tris.* Disertador [illegible] largamente, á menudo [illegible] *nuyeux*, disertador enojoso [illegible]

**DISSERTATIF, IVE**, adj. [illegible] Disertativo, que tiene relacion [illegible] tacion.

**DISSERTATION**, f. [illegible] tacion, exámen de palabra [illegible] una cuestion; aclaraciones [illegible] obra misma que las contiene [illegible]

**DISSERTER**, n. *disserté.* [illegible] una disertacion, discurrir. || [illegible] *disserte est un homme* [illegible] que diserta merece que [illegible]

**DISSERTEUR, EUSE**, adj. [illegible] SERTATEUR.

**DISSIDENCE**, f. [illegible] diferencia grave de opinion [illegible] materia de creencia.

**DISSIDENT, E**, adj. [illegible] sectario que desecha la religion [illegible] no conformista.

**DISSIGNE**, m. *disiñ.* Álg. [illegible] riacion de signo. Es también [illegible]

**DISSIMILAIRE**, adj. [illegible] mejante, que no es de la [illegible] del mismo género ni de la [illegible]

**DISSIMILITUDE**, f. [illegible] militud, desemejanza, [illegible] || Disimilitud, figura de [illegible] car la diferencia entre dos [illegible]

**DISSIMULATEUR, TRICE** [illegible] *simulateur, tris.* Disimulador [illegible] la. || *Dissimulateur profond* [illegible] impenetrable.

**DISSIMULATION**, f. [illegible] simulo, arte de ocultar [illegible] sus sentimientos, [illegible] proyectos, etc. || Disimulacion [illegible] mular.

**DISSIMULER**, a. [illegible] ocultar lo que se siente, [illegible] ó se desea. || Fingir que [illegible] se oye. || Aparentar olvido [illegible] un insulto recibido. || *L'art* [illegible] *est le grand art des rois* [illegible] el arte de disimular es [illegible] || *Se dissimuler*, r. Disimularse [illegible] sus propios yerros.

**DISSIPATEUR, TRICE**, [illegible] *pateur, tris.* Disipador, [illegible] disipa, pródigo. || *Souvent le* [illegible] *voit réduit à chercher* [illegible]

**DITAXION**, m. *ditacsión*. Bot. Ditaxio, fruto capsular que contiene dos series de receptáculos.

**DITELET**, m. *ditlé*. Folleto, opúsculo.

**DITÉTRAÈDRE**, adj. *ditetraédr*. Miner. Ditetraedro, que está en forma de prisma tetraedro.

**DITHÉISME**, m. *diteism*. Fil. Diteismo, maniqueismo, sistema que admite dos dioses, uno como principio del bien, y el otro como principio del mal.

**DITHÉISTE**, adj. *diteist*. Fil. Diteista, maniqueo, partidario del diteismo. || Perteneciente á dicho sistema.

**DITHYRAMBE**, m. *ditirámb*. Poes. Ditirambo, poesía lírica en honor de Baco, modo frigio; oda en estancias libres.

**DITHYRAMBIQUE**, adj. *ditirambic*. Ditirámbico, que pertenece al ditirambo. || Ditirámbico, que compone ditirambos.

**DITHYRE**, adj. V. CONCHIFÈRE.

**DITIOLE**, f. *disiól*. Bot. Diciola, género de hongos himenomicetos.

**DITO** ó **DITTO**, *dito*. Voz del comercio que significa idem.

**DITOME**, m. *ditóm*. Zool. Ditomo, género de insectos de la América meridional.

**DITOMITE**, adj. *ditomit*. Zool. Ditómito, que se parece al ditomo.

**DITOMOPTÈRE**, m. *ditomoptér*. Zool. Ditomóptero, género de insectos hemípteros.

**DITON**, m. *ditón*. Mús. Ditono, intervalo compuesto de dos tonos.

**DITRÉMATES**, m. pl. *ditremát*. Zool. Ditremates, division de insectos de la clase de los equinodermos.

**DITRÈMES**, m. pl. *ditrém*. Zool. Ditremos, familia de animales anélidos.

**DITRIDACTYLE**, adj. *ditridactil*. Zool. Ditridáctilo, que tiene dos ó tres dedos delante y ninguno detras.

**DITRIGLYPHE**, m. *ditriglif*. Arq. Ditriglifo, espacio entre dos triglifos.

**DITROCHÉE**, m. *ditroché*. Poes. Ditroqueo, pié de verso griego ó latino de dos troqueos. Llámase tambien dicoreo.

**DITRUPE**, m. *ditrúp*. Zool. Ditrupo, género de animales anélidos.

**DITYLE**, m. *ditil*. Zool. Ditilo, género de insectos coleópteros.

**DIURÈSE**, f. *diurés*. Med. Diuresis, evacuacion extraordinaria de la orina.

**DIURÉTIQUE**, adj. y s. *diuretic*. Diurético, aperitivo, que hace orinar.

**DIURNAIRE**, m. ant. *diurnér*. Hist. Diurnario; en Oriente, oficial que escribia cada dia las acciones del príncipe.

**DIURNAL**, m. *diurnál*. Diurnal ó diurno, libro perteneciente al rezo eclesiástico.

**DIURNE**, adj. *diúrn*. Diurno, que se refiere al dia natural de 24 horas. Círculo diurno, planta diurna, flor diurna. || Diurno, efímero, que dura un solo dia.

**DIVAGATION**, f. *divagasión*. Divagacion, accion de salir de la cuestion; lo que se dice ó se escribe en este sentido. En general, se usa en plural. *Se perdre dans les divagations*, perder el hilo del discurso, apartándose de la cuestion.

**DIVAGATEUR**, **TRICE**, adj. *divagateur*, *tris*. Divagador, la persona que divaga. || Se usa como sustantivo.

**DIVAGUER**, n. *divagué*. Divagar, apartarse de su objeto, salir de la cuestion de que se trata.

**DIVAN**, m. *diván*. Divan, consejo del gran señor, etc. || Tribunal de justicia turco. || Sofá, especie de confidente. || Primer secretario de un príncipe indio. || Coleccion de poesías orientales.

**DIVARICATION**, f. *divaricasión*. Med. Divaricacion, accion y efecto de extender, ensanchar, abrir una llaga. || Por extension, y anglomanía, se llama así la accion de extender, ensanchar y esparcir una multitud de cosas.

**DIVARIQUÉ**, **ÉE**, adj. *divariqué*. Divaricado, abierto, extendido, ensanchado.

**DIVARIQUER**, a. *divariqué*. Med. Divaricar, separar, abrir, ensanchar una llaga.

**DIVE**, adj. *dív*. Divina, diosa. || m. Númen, entre los Persas y Turcos. || Guarda de tesoros ocultos.

**DIVELLENT**, **E**, adj. *divelán*. Quím. Dividente muy activo, que separa y atrae á sí con afinidad irresistible.

**DIVERGENCE**, f. *diverjáns*. Divergencia, estado de las líneas que se apartan unas de otras en diversas direcciones, saliendo ellas de un mismo punto; lo mismo se dice de los rayos de luz, de los tallos de plantas, etc. || met. Diversidad de opiniones.

**DIVERGENT**, **E**, adj. *diverján*. Divergente, que se va separando progresivamente: *lignes divergentes*, *rayons divergents*, líneas divergentes, rayos divergentes, que se apartan unos de otros. || *Systèmes divergents*, *opinions divergentes*, sistemas contrarios, opiniones opuestas ó diversas, etc.

**DIVERGENTIFLORE**, adj. *diverjantiflór*. Bot. Divergentifloro, que tiene flores divergentes.

**DIVERGER**, n. *diverjé*. Divergir, separarse, esparcirse, seguir direcciones distintas, saliendo de un punto comun. || met. Opinar de diverso modo.

**DIVERGINERVÉ**, **ÉE**, adj. *diverginervé*. Bot. Diverginérveo, que tiene los pezones divergentes.

**DIVERGIVEINÉ**, **ÉE**, adj. *divergiveiné*. Bot. Divergivenado, divergivéneo, que tiene las venas divergentes de la base á la cima.

**DIVERS**, **E**, adj. *divér*. Diverso, diferente de naturaleza, de cualidades diferentes. || Poét. Voluble, inconstante, variable. || pl. Diversos, muchos, varios.

**DIVERSEMENT**, adv. *diversmán*. Diversamente, de una manera distinta, de diversos modos.

**DIVERSICOLORE**, adj. *diversicolór*. Bot. Diversicoloro, de diversos colores, que tiene colores varios ó variados.

**DIVERSIF**, **IVE**, adj. *diversif*, *iv*. Diversivo, que marca la diversidad ó la opera.

**DIVERSIFIABLE**, adj. *diversifiábl*. Diversificable, variable, que se puede variar.

**DIVERSIFIER**, a. *diversifié*. Diversificar, variar con gusto y de muchas maneras las distracciones, las ocupaciones, las lecturas, el estilo, la conversacion, etc. || *Se diversifier*, r. Diferenciarse, distinguirse, variando con feliz tino su modo de presentarse, de hablar, de escribir, etc.

**DIVERSIFLORE**, adj. *diversiflór*. Bot. Diversifloro, que se compone de flores diversas.

**DIVERSIFOLIÉ**, **ÉE**, adj. *diversifolié*. Bot. Diversifoliado, que tiene las hojas desemejantes.

**DIVERSIFORME**, adj. *diversifórm*. Hist. nat. Diversiforme, de forma inconstante, variable.

**DIVERSIFRONDÉ**, **ÉE**, adj. *diversifrondé*. Bot. De varia frondosidad.

**DIVERSION**, f. *diversión*. Diversion, accion de desviar y su efecto: *faire diversion à une douleur*, dar tregua á un sufrimiento, dirigiendo la imaginacion á otro objeto. || Mil. y Polít. Accion de dar un ataque ó de poner la cuestion en un punto lejano. *Diversion puissante*, *heureuse*, *utile*, *etc.*, diversion eficaz, feliz, útil, etc., con el objeto de dividir las fuerzas del enemigo en guerra, y la atencion del adversario en política. || Diversion, esparcimiento, distraccion.

**DIVERSISPORÉ**, **ÉE**, adj. *diversisporé*. Bot. Diversispóreo, que contiene esporidias diversas.

**DIVERSITÉ**, f. *diversité*. Diversidad, variedad de formas, cualidades ó propiedades.

**DIVERSOIRE**, m. ant. *diversuár*. Diversorio, posada, meson.

**DIVERTIR**, a. *divertir*. Divertir, apartar de un propósito ó designio. || Divertir, alegrar, recrear. || Mil. Divertir, entretener, burlar al enemigo. || Emplear dinero en usos diferentes de los de su destino. || *Se divertir*, r. Divertirse, recrearse, holgarse. *Les gens qui se divertissent trop s'ennuient*, demasiada diversion causa fastidio.

**DIVERTISSANT**, **E**, adj. *divertisán*. Divertido, que alegra.

**DIVERTISSEMENT**, m. *divertismán*. Divertimiento, diversion, recreo. || Malversacion de fondos. || Mús. Divertimiento, capri-

cho, trozo musical [illegible] tertulia particular. || [illegible] efectos pertenecientes á [illegible]

**DIVERTISSEUR**, [illegible] *tisseur*, *eus*. Divertidor, [illegible] vierte.

**DIVES**, m. pl. *dív*. [illegible] daban los Persas á los [illegible] los elementos [illegible]

**DIVIDENDE**, m. [illegible] dendo, la cantidad que se [illegible] Com. Repartimiento [illegible] reciben los individuos [illegible] ducidos los intereses [illegible] nes. || Fer. Cinta que cae [illegible] en la subasta de una [illegible]

**DIVIN**, **E**, adj. [illegible] procede de Dios ó es [illegible] lo, sublime, grandioso. || [illegible] algunas varones célebres. [illegible]

**DIVINATEUR**, **TRICE**, [illegible] *tris*. Adivinador, vaticinador, [illegible] que adivina y predice.

**DIVINATION**, f. [illegible] cion, accion y arte de adivinar [illegible]

**DIVINATOIRE**, adj. [illegible] natorio, divinatorio, que perte[illegible] rería.

**DIVINEMENT**, adv. [illegible] mente, por virtud divina, [illegible] met. Divinamente, [illegible] fectamente.

**DIVINISER**, a. *diviniz*[illegible] conocer por divino, rendir [illegible] á la divinidad. || met. [illegible] la memoria de los grandes [illegible] zar, exaltar hasta las [illegible] persona ó de una cosa.

**DIVINITÉ**, f. *divinité*. [illegible] cia, naturaleza de Dios. || [illegible] paganismo. || Diosa, [illegible] blando de una mujer [illegible] nidad, todo objeto de [illegible] ciega.

**DIVIS**, m. *diví*. Fer. [illegible] *divis*, es decir, herencia [illegible] entre sus hijos.

**DIVISE**, f. *divís*. Blas. [illegible] que no tiene mas que la [illegible]

**DIVISÉMENT**, adv. *divis*[illegible] damente. || ant. V. [illegible]

**DIVISER**, a. *divisé*. [illegible] partes. || Dividir, fundar [illegible] tre personas ó cosas. || Arit. [illegible] ro por otro. || met. [illegible] cordia. || *Se diviser*, r. [illegible] nas ó cosas.

**DIVISEUR**, m. *diviseur*. [illegible] divide. || Arit. Divisor, [illegible] divide otro.

**DIVISIBILITÉ**, f. [illegible] lidad, cualidad de lo que [illegible]

**DIVISIBLE**, adj. [illegible] puede dividirse. || Arit. Número [illegible] ne á otro exactamente [illegible] veces.

**DIVISIBLEMENT**, adv. [illegible] visiblemente, de una manera [illegible]

**DIVISIF**, **IVE**, adj. [illegible] vo, que divide. || Cir. [illegible] dado para mantener la [illegible]

**DIVISION**, f. *división*. [illegible] cion, distribucion de un [illegible] una cantidad, un discurso, [illegible] sion, fraccion de un cuerpo [illegible] Arit. Cuarta regla de [illegible] Guion, línea que se [illegible] glon cuando una palabra [illegible] bien en las voces compuestas [illegible] cion de las partes de [illegible] ner un discurso. || met. [illegible] dia. *Mettre la division* [illegible] *etc.*, desunir los [illegible] etc. || *Être en division*, [illegible] las personas. || Sembrar, [illegible] *la division*, sembrar, [illegible] cordia. || Mar. Fraccion [illegible] de mas de dos naves, y [illegible]

**DIVISIONNAIRE**, adj. [illegible] Divisional ó divisionario, [illegible] division. || m. General de [illegible]

**DIVORCE**, m. *divors*. [illegible] cion del matrimonio y [illegible] separados. || Disension, [illegible] personas amigas. || ant. [illegible]

sueño, y que se les dice para que se dejen acostar. *Allons faire dodo.*

**DODONÉ ó DODONÉACÉ, ÉE**, adj. V. DODONIÉ.

**DODONÉE**, f. *dodoné*. Bot. Dodónea, planta de la familia de los balsameros.

**DODONÉEN, NE**, adj. y s. *dodoneén, én.* Dodóneo, nombre antiguo de los habitantes del Epiro. || Dodóneo, sobrenombre de Júpiter, que tenia un oráculo célebre en la ciudad de Dodona.

**DODONIDES**, adj. y s. f. pl. *dodonid.* Viejas que pronunciaban los oráculos en Dodona. || Nodrizas de Baco.

**DODONIÉ, ÉE**, adj. *dodonié.* Bot. Dodonio, parecido á una dodónea.

**DODRANTAL, E**, adj *dodrantál.* Metrol. Dodrantal, que tiene nueve pulgadas de longitud como medida lineal, y nueve onzas como peso.

**DODU, E**, adj. *dodú.* Grueso, rollizo, bien cebado: *femme dodue*, mujer rolliza; *pigeon dodu*, pichon bien cebado.

**DOFF**, m. *dóf.* Mús. Dof, pandereta turca.

**DOGAT**, m. *dogá.* Dignidad de dux, y duracion de su gobierno.

**DOGE**, m. doge. Dux, jefe de la república de Venecia, y tambien el de Génova.

**DOGLING**, m. *doglén.* Zool. Doglio, especie de ballena, cuya grasa fétida es sumamente penetrante.

**DOGMATIQUE**, adj. *dogmatic.* Dogmático, que pertenece al dogma de la religion. || En estilo ordinario, escolástico. || En sentido ridículo, fantástico. || f. Dogmática, ciencia que nos instruye en el dogma. || m. pl. Dogmáticos, secta de médicos antiguos que fundaban el arte de curar en la lógica y la experiencia.

**DOGMATIQUEMENT**, adv. *dogmaticmán.* Dogmáticamente. || met. Dogmáticamente, en tono decisivo y sentencioso.

**DOGMATISER**, n. *dogmatisé.* Dogmatizar, enseñar una doctrina falsa y peligrosa. || Hablar en lenguaje dogmático, en estilo sentencioso. || met. Doctorear, hablar magistralmente.

**DOGMATISEUR**, m. *dogmatiseur.* Dogmatizador el que dogmatiza.

**DOGMATISME**, m. *dogmatism.* Fil. Dogmatismo, filosofía dogmática, lo opuesto á escepticismo.

**DOGMATISTE**, adj. y s. *dogmatist.* Dogmatista, que establece dogmas. || Cualidad del médico que se funda en teorías.

**DOGME**, m. *dógm.* Dogma, punto de doctrina. || Principio recibido en religion y filosofía. | Constitucion de una religion. || Dogma, conjunto de todos los dogmas.

**DOGRE ó DOGRE-BOT**, m. *dógr, dogrbó.* Mar. Dogre ó drogue, barco holandes para la pesca de la sardina arenque.

**DOGUE**, m. *dogue* Dogo, perro alano, llamado de presa, que tiene la cabeza ancha, el hocico corto y los labios pendientes. || Mar. *Dogue d'amure*, pustelero, pieza para amurar la vela mayor.

**DOGUER (SE)**, r. *dogué* Topar, reñir á topetazos los carneros.

**DOGUIN, E**, m. y f. *doguén, ín.* Doguillo, doguito, raza de perritos que son una especie de miniatura de los alanos.

**DOIGT**, m. *dua.* Dedo, parte larga y móvil de la mano ó del pié: *petit doigt, long doigt, gros doigt*, dedo chiquito, largo, grueso. || *Doigt court, doigt menu, doigt effilé*, dedo corto, muy delgado, delicado. || Dedo, como medida de espesor: *épaisseur d'un pouce, d'un doigt, d'un travers de doigt*, una pulgada, un dedo, la anchura del dedo de espesor. || *Etre à deux doigts de sa ruine*, estar á dos dedos del precipicio. || Astr. Digito, duodécima parte del diámetro de un astro. || *Le doigt de Dieu*, la accion, los decretos de la Providencia. || met. fam. *Donner sur les doigts*, castigar. || *Savoir sur le bout du doigt*, saber perfectamente, tener en la uña. || *S'en mordre les doigts*, arrepentirse de una cosa. || *Montrer quelqu'un au doigt*, apuntar á uno con el dedo: burlarse de él públicamente.

**DOIGTÉ ó DOIGTER**, m. *duaté.* Mús. Efecto del movimiento de los dedos, tocando un instrumento.

**DOIGTER**, n. *duaté.* Mús. Mover los dedos con método, gracia y expresion al tocar un instrumento.

**DOIGTIER**, m. *duatié.* Dedil, dedal de cuero, paño, lienzo, etc., con que se cubre el dedo al hacer una labor muy recia, ó para resguardar alguna herida. || Bot. Digital purpúrea, especie de planta.

**DOIT-ET-AVOIR**, m. *duateavuár.* Com. Cargo y data, debe y haber, conjunto de deudas pasivas y activas, inscritas en el libro mayor de un comerciante.

**DOITE**, f. *duát.* Art. Grueso de las madejas, ó mas bien de la hilaza de que se componen: *ces écheveaux ne sont pas d'une même doite*, estas madejas no son de la misma hilaza.

**DOITÉE**, f. *duaté.* Grueso, hebra de hilo que se da á las hilanderas para que hagan el hilado del mismo grueso.

**DOL**, m. *dól.* Dolo, fraude, mala fe. || Bombo, tambor muy grande, usado en las músicas militares.

**DOLABELLE**, f. *dolabél.* Zool. Dolabela, género de moluscos rastreros, que se arrastran. || Dolabela, especie de instrumento aratorio.

**DOLABRE**, m. *dolábr.* Dolabro, cuchillo de los antiguos sacrificadores.

**DOLABRIFORME**, adj. *dolabrifórm.* Hist. nat. Dolabriforme, que tiene la forma de un dolabro.

**DOLAGE**, m. *doláge.* Accion de asolar, de trabajar la madera con la azuela.

**DOLÉANCE**, f. *doleans.* Queja, clamor, lástima. Es familiar y se usa en plural.

**DOLEAU**, m. *doló.* Art. Martillo, herramienta que usan los pizarreros para cortar, agujerear y clavar la pizarra.

**DOLEMMENT**, adv. *dolamán.* Lastimosamente, en tono lastimero.

**DOLENT, E**, adj. *dolan.* Doliente, triste, afligido, que se lamenta.

**DOLENTER (SE)**, r. *dolanté.* Lamentarse con debilidad ó con fingimiento.

**DOLER**, a. *dolé.* Doler, asolar, pulir una tabla con cepillo ó azuela. || Adelgazar las pieles para guantes.

**DOLÈRE**, m. *dolér.* Zool. Dólero, género de insectos himenópteros.

**DOLÉRITE**, f. *dolerit.* Geol. Dolerita, roca primitiva, formada de una especie de pasta feldespática no cristalizada, y que presenta hojas ó granos de clorito.

**DOLÉRITIQUE**, adj. *doleritic.* Miner. Dolerítico, que contiene dolerita.

**DOLET**, m. *dolé.* Quim. Doleto, sulfato de hierro calcinado ó rojo, y de peróxido de hierro.

**DOLIC**, m. *dolic.* Bot. Dolico, género de plantas faseoláceas.

**DOLICAON**, m. *dolicaón.* Zool. Dolicaon, género de coleópteros pentámeros de la Europa meridional.

**DOLICHOCÈRE**, adj. *dolicosér.* Zool. Dolicocero, que tiene antenas largas.

**DOLICHODE**, m. *dolicod.* Zool. Dolicodo, género de insectos dípteros del Brasil.

**DOLICHODROME**, m. *dolicodrom.* Hist. Dolicodromo, lugar en que se daban carreras muy largas. || Dolicodromo, corredor que corria en un tiempo dado el espacio de doce estadios, seis de ida y seis de vuelta.

**DOLICHOGYNE**, f. *dolicogin.* Bot. Dolicogina, género de plantas sinantéreas de la América austral.

**DOLICHOLASION**, f. *dolicolasión.* Bot. Dolicolasion, género de plantas del Perú.

**DOLICHOLITHE**, m. *dolicolit.* Dolicolito, vértebra fósil de pescado.

**DOLICHOPE**, m. *dolicop.* Zool. Dolicopo, género de insectos dípteros.

**DOLICHOPÈZE**, m. *dolicopés.* Zool. Dolicopezo, género de insectos dípteros.

**DOLICHOPODE**, adj. *dolicopode.* Zool. Dolicopodo, que tiene los piés y las piernas largas.

**DOLICHOTE**, m. *dolicót.* Zool. Dolicoto, género de mamíferos, inmediato á los aguties.

**DOLICHOTOME**, m. [illegible] Dolicótomo, género de [illegible] de las Antillas.

**DOLIMAN**, m. [illegible] turco, sotana con mangas [illegible] paño, en donde se [illegible]

**DOLIOCARPE**, m. [illegible] liocarpo, género de [illegible]

**DOLIOLE**, f. *dolió.* [illegible] culacion cilíndrica de [illegible]

**DOLIOLOÏDE**, adj. [illegible] Dolioloido, que tiene la [illegible] liola.

**DOLIQUE**, m. *dolic.* Hist. [illegible] tancia de doce ó de veinte y [illegible] || Zool. Dólico, género de [illegible] támeros. || Bot. Dólico, [illegible]

**DOLLAR**, m. *dolár.* Dollar, [illegible] plata de los Estados Unidos, que [illegible] 20 rs. y 20 mrs.

**DOLLEQUIN**, m. *dolequén.* [illegible] de dos filos.

**DOLLINÈRE**, f. *dolinér.* [illegible] género de plantas papilionáceas.

**DOLMAN**, m. *dolman.* [illegible] del vestido de los antiguos [illegible] del uniforme de húsares [illegible] vamente, adoptada en Francia [illegible] suelto sobre el hombro izquierdo.

**DOLMEN**, m. *dolmén.* [illegible] ó roca aislada que indica una [illegible] dica ó céltica.

**DOLMEN**, m. *dolmén.* [illegible] de carruaje que se abre por [illegible] rior en dos hojas.

**DOLOIRE**, f. *doluár.* [illegible] to de carpintero. || Doladera, [illegible] tonelero. || Paleta, instrumento [illegible] que sirve para amasar la [illegible] Blas. Dola, hecha sin [illegible] dage en doloire, vendaje [illegible] tas se cubren solo en las dos [illegible] de su anchura.

**DOLOMÈDE**, m. [illegible] do, género de arañas.

**DOLOMIE**, f. *dolomí.* [illegible] especie de mármol primitivo, [illegible] co granuloso.

**DOLOMISATION**, f. [illegible] misacion, teoría de la formacion [illegible] dolomíticas.

**DOLOMITIQUE**, adj. [illegible] mítico, que contiene dolomía.

**DOLOPHRAGME**, m. [illegible] Dolofragma, género de plantas [illegible]

**DOLOSER**, n. ant. [illegible]

**DOM ó DON**, m. *dón.* [illegible] honor usado en España y [illegible] que se pone ántes del nombre [illegible] || Título claustral, y [illegible] los sacerdotes.

**DOMAINE**, m. *domén.* [illegible] posesion en tierras. || [illegible] bienes que la componen. || [illegible] || Bienes nacionales. || [illegible] || Propiedad de una cosa. || [illegible] cia que se sabe perfectamente [illegible] *dans le domaine public*, [illegible] blico: se dice de una obra [illegible] sado un término legal [illegible] traducida, reproducida [illegible] tor ó del propietario.

**DOMANIAL, E**, adj. [illegible] nial, patrimonial, dominical [illegible] al dominio.

**DOMANIALISER**, a. [illegible] minializar, agregar al dominio [illegible] en el dominio.

**DOMANIALITÉ**, f. [illegible] nialidad, posesion, propiedad [illegible] dominios.

**DOMANIER**, m. [illegible] la administracion de dominios [illegible]

**DÔME**, m. *dóm.* Cúpula, [illegible] bóveda semiesférica en forma [illegible] cada. || Catedral, [illegible] rosa de escala.

**DOMENGER**, m. [illegible] flor en jurisprudencia [illegible] no de costumbre.

**DOMERIE**, f. *domrí.* [illegible] de algunas abadías que [illegible] hospicios. || Título del [illegible]

[illegible]CATION, f. *domesticasión*. [illegible], accion de domesticar anim[illegible]

[illegible], m. *domestisism*. De[illegible], estado del hombre que prefiere [illegible] de otro á hacerse independiente.

[illegible], f. *domesticité*. Dome[illegible], estado de servidumbre, condicion [illegible]. || La servidumbre, el conjunto de [illegible] una casa. || Estado de servidum[illegible] animales, por oposicion al estado [illegible].

[illegible], adj. *domestic*. Domésti[illegible] de la casa, que pertenece á la fa[illegible] de personas. || Domesticado, [illegible] de animales. || Doméstico, interior, [illegible], perteneciente de casas. || m. y f. Cria[illegible] que sirve en una casa. || Servi[illegible] conjunto de los criados de una fa[illegible].

[illegible]EMENT, adv. *domestic*[illegible], al modo de un cria[illegible], íntimamente, fami[illegible].

[illegible], a. *domestiqué*. Domes[illegible]. || Domesticar, familiarizar, [illegible] casa familiar. || *Se domestiquer*, [illegible], amansarse, familiarizarse.

[illegible], m. *domicolér*. Hist. [illegible], título de uno de los empleados [illegible] de Alemania.

[illegible], f. *domicil*. Zool. Domicé[illegible] de papagayo.

[illegible], m. *domicil*. Domicilio, ha[illegible]. || La habitacion misma. || [illegible] adv. A domicilio, en la ha[illegible] la persona á quien se lleva un [illegible], etc.

[illegible], adj. *domiciliér*. Domi[illegible] perteneciente al domicilio. || *Visite* [illegible], visita de la habitacion de una [illegible] papeles, etc., mandada por [illegible] indagacion.

[illegible], ÉE, adj. *domicilié*. Domi[illegible], hablando de aves ó pe[illegible] siempre en un mismo sitio.

[illegible] (SE), r. *domicilié*. Domi[illegible] su residencia.

[illegible]ATION, f. *domificasión*. Do[illegible] accion de domificar, de dividir [illegible] doce partes por medio de seis cír[illegible] para levantar un horóscopo.

[illegible], a. *domifié*. Astrol. Domifi[illegible] el cielo en doce partes para or[illegible].

[illegible], f. *dominans*. inus. Culmi[illegible], accion del ser dominante.

[illegible]ANT, E, adj. *dominán*. Dominan[illegible], que ejerce dominacion. || [illegible], superior á to[illegible] de su naturaleza. || *Astre do*[illegible], astro dominante, el que domina [illegible], segun los astrólogos. || f. [illegible], la quinta de la nota tónica [illegible].

[illegible], TRICE, m. y f. *domina*[illegible], el que ejerce una au[illegible]. adj. Dominante: *caractère* [illegible], genio dominante, or[illegible].

[illegible], f. *dominasión*. Dominio, [illegible] sobre personas, sobre el [illegible] los animales. || *Dominations*, [illegible], ángeles del primer ór[illegible] jerarquía celeste.

[illegible], f. *dómin*. Miner. Domina, es[illegible] porfídica.

[illegible], a. *dominé*. Dominar, mante[illegible], ejercer un poder abso[illegible], moderar, sujetar. || Domi[illegible] punto mas elevado de un si[illegible], su sentido propio y figu[illegible] entre personas, color entre [illegible] entre batiburas, etc. || Seño[illegible].

[illegible], adj. y s. m. *dominicquén*. [illegible], religioso de la órden [illegible] de predicadores.

[illegible], adj. y s. f. *dominiquén*. [illegible] que lleva el mismo há[illegible] misma órden de dominicos.

[illegible], E, adj. *dominicál*. Domi[illegible] á la dominica. || *Oraison* [illegible], el padre nuestro. || *Lettre do-minicale*, letra dominical. || m. Dominical, velo con que se cubrian las mujeres la cabeza al acercarse á la Eucaristía. || f. Dominical, sermon de los domingos que no pertenecen al Adviento ni a la Cuaresma.

**DOMINO**, m. *dominó*. Dominó, muceta negra de canónigo en invierno. || Traje de máscara que cubre de los piés á la cabeza, y disfraza completamente. || Dominó, juego renovado de los Hebreos, Griegos y Chinos. || Conjunto de los dados planos que sirven para este juego. || Zool. Especie de pájaros negros, brancos y blancos. || Especie de papel jaspeado.

**DOMINOTIER, ÈRE**, m. y f. *dominotié, ér*. Fabricante ó mercader de papel jaspeado y de estampas ordinarias.

**DOMINOTERIE**, f. *dominotrí*. Comercio de papeles jaspeados.

**DOMITE**, f. *domít*. Miner. Domita, variedad de traquita, roca de origen ígneo de que está esencialmente formada la montaña du *Puy-de-Dôme*.

**DOMMAGE**, m. *domáge*. Daño, perjuicio, pérdida, estrago ocasionado por un enemigo, por animales maléficos y destruidores, por intemperies, por crecidas subidas de aguas, etc. || met. Disgusto, pena que ocasiona un contratiempo, una buena ocasion perdida, etc. *Quel dommage!* ¡qué lástima! interjeccion que se articula en estos últimos casos. || *Dommages-intérêts*, daños y perjuicios á que se condena un litigante que ha causado perjuicio á la parte contraria. || *C'est dommage! grand dommage!* es lástima, mucha lástima, muy sensible.

**DOMMAGEABLE**, adj. *domajábl*. Dañoso, perjudicial, que causa daño, perjuicio.

**DOMMAGEABLEMENT**, adv. *domajablemen*. Dañosamente, perjudicialmente, ocasionando daños y perjuicios.

**DOMMAGER**, a. *domagé*. Dañar, perjudicar. V. ENDOMMAGER.

**DOMPTABLE**, adj. *dontábl*. Domable, que puede ser domado ó domesticado; susceptible de correccion, de sumision, de docilidad.

**DOMPTAIRE**, m. *dontér*. Buey manso para enseñar á los demas.

**DOMPTER**, a. *donté*. Sojuzgar, reducir á la obediencia, rendir. || Domar, amansar, domesticar los animales. || met. *Dompter les passions*, dominar las pasiones, no dejarse arrastrar de ellas. || Superar un obstáculo físico.

**DOMPTEUR**, m. *donteur*. Domador, el que doma, que amansa, que domestica. || *Dompteur des nations*, conquistador invencible ó irresistible. Se usa en estilo poético.

**DOMPTE-VENIN**, m. *dontvenén*. Bot. Irundinaria, vence-tósigo, planta antidética, segun se creia antiguamente.

**DON**, m. *dón*. Don, presente, dádiva, regalo. || Gracia, favor. || Prenda natural, como aptitud, talento, habilidad: *don d'écrire, don de plaire, don de se faire aimer*, don de escribir, de agradar, de hacerse querer. *Le don d'écrire est le premier des talents*, el don de escribir es el principal talento, el don mas precioso. || met. *Dons de Dieu, du ciel, de la nature, etc.*, beneficios que se han recibido de Dios, del cielo, de la naturaleza. || *Dons du Saint-Esprit*, dones del Espíritu Santo.

**DONACE**, f. *donás*. Zool. Donaca, género de conchas bivalvas.

**DONACIE**, f. *donasí*. Zool. Donacia, género de insectos coleópteros.

**DONACODE**, m. *donacód*. Bot. Donácodo, género de plantas.

**DONAT**, m. *doná*. Donado ó donato, lego en la órden de Malta.

**DONATAIRE**, m. y f. *donatér*. Donatario, aquel ó aquella á quien se hace una donacion.

**DONATERIE**, f. *donatrí*. Hist. rel. Órden religiosa de donados de San Juan de Jerusalen.

**DONATEUR, TRICE**, m. y f. *donateur, tris*. Donador ó donante, el que hace una donacion.

**DONATIE**, f. *donasí*. Bot. Donacia, género de plantas saxífragas.

**DONATIF**, m. *donatíf*. Hist. rom. Donativo, don hecho á las tropas en campaña.

**DONATION**, f. *donasión*. Donacion, donativo hecho por acto público. || Donacion, accion de ceder gratúitamente. || Donacion, acto por el cual consta una donacion.

**DONATISME**, m. *donatism*. Donatismo, herejía de Donato.

**DONATISTE**, f. *donatíst*. Donatista, sectario de Donato, que sostenia por sola verdadera iglesia la de su partido.

**DONAX**, m. *donacs*. Bot. Donax, uno de los numerosos géneros de gramíneas.

**DONC**, conj. *donc*. Por consiguiente, luego, pues, entónces. Part. que concluye, como el *ergo* del latin.

**DONDAINE**, f. *dondén*. Mil. Catapulta, máquina antigua de guerra para arrojar piedras muy grandes.

**DONDISIE**, f. *dondisí*. Bot. Dondisia, género de plantas rubiáceas del Brasil.

**DONDON**, f. fam. *dondón*. Mujer ó muchacha soltera gorda, fresca, de buenas carnes.

**DONDOS**, m. *dóndos*. Dondos, especie de albinos de África.

**DONGRIS**, m. *dongrí*. Dongris, tela de algodon de Indias.

**DONILLAGE**, m. *donillage*. Mala fabricacion de telas de lana.

**DONILLEUX, EUSE**, adj. *donilleu, eus*. Desigual, mal tejido por la desigualdad de la trama.

**DONJON**, m. *donjón*. Torrecilla, la parte mas alta y mas fuerte de un castillo antiguo. || Pabellon en lo alto de una casa grande y principal. || Actualmente es calificativo de dueños de una fortaleza de poca defensa.

**DONJONNÉ, ÉE**, adj. *donjoné*. Blas. Torreado, flanqueado de torres.

**DONNANT, E**, adj. *donán*. Dadivoso, que gusta de dar. Se usa con la negativa. || fam. *Donnant en donnant*, dadivoso para recibir.

**DONNE**, f. *dón*. Distribucion, accion de dar cartas en el juego de naipes.

**DONNÉE**, f. *doné*. Cálculo, probabilidad. || Mat. Dato, cantidad conocida que sirve de base para hallar la desconocida. || Accion de dar y lo que se da de una vez. || Distribucion entre pobres. || pl. Datos, antecedentes, noticias.

**DONNER**, a. *doné*. Dar, hacer un don, un presente, un regalo. || Entregar, poner entre las manos una carta, un paquete, etc. || Traer, presentar de beber, etc. || Causar, ocasionar pena, disgusto. || Dar materia á la murmuracion, motivo para formar malos juicios. || Dar licencia. || Conceder gracias, favores, gracia, indulto á un condenado. || *Donner en mariage sa fille à*..., casar á su hija con..., *Lui donner en dot*..., darle de dote... || Atribuir esta ó la otra cualidad á una persona. || Creer, suponer que tiene tal edad: *on lui donnerait 30 ans*, aparenta tener 30 años. || Producir con abundancia, hablando de árboles frutales. || *Donner jour*, dar lugar á, ocasionar. || *Donner au public*, *publier un ouvrage, un pamphlet, etc.*, publicar, dar al público una obra, un folleto, etc. || *Donner au théâtre, sur un théâtre un drame, une tragédie*, representar en un teatro un drama, una tragedia. || *Donner un mérite*, atribuir un mérito. || *Donner sur*, caer sobre: *sa fenêtre donne sur son jardin*, su ventana cae sobre su jardin. || *Donner dans une embuscade, dans un piége*, caer en una emboscada, en un lazo, en una trampa. || *Donner contre un écueil*, estrellarse contra un escollo. || *Donner au milieu d'une flotte*, caer en medio de una flota. || *Donner contre un carré d'infanterie*, cargar un cuadro de infantería. || *Faites donner tel escadron*, mande Vd. á tal escuadron cargar. || *Donner dans la dévotion, dans la débauche*, hacerse devoto, entregarse á una vida desordenada. || *Donner dedans*, dejarse engañar. || *Donner du cor*, tocar la trompa. || *Donner les mains à un arrangement* prestarse á una composicion, ayudar á ella. || Cir. *Donner*, supurar, hablando de una llaga. || *Se donner*, r. entregarse: *se donner à l'étude*, aplicarse, entregarse al estudio. || *Se donner au diable*, encomendarse al diablo, en grandes dificultades. || *Être donné* ser dado. *Il n'est pas donné à la faiblesse*.

sueño, y que se les dice para que se dejen acostar. *Allons faire dodo.*

**DODONÉ** ó **DUDONÉACÉ, ÉE**, adj. V. DODONIÉ.

**DODONÉE**, f. *dodoné.* Bot. Dodónea, planta de la familia de los balsameros.

**DODONÉEN, NE**, adj. y s. *dodoneén, én.* Dodóneo, nombre antiguo de los habitantes del Epiro. || Dodóneo, sobrenombre de Júpiter, que tenia un oráculo célebre en la ciudad de Dodona.

**DODONIDES**, adj. y s. f. pl. *dodonid.* Viejas que pronunciaban los oráculos en Dodona. || Nodrizas de Baco.

**DODONIÉ, ÉE**, adj. *dodonié.* Bot. Dodonio, parecido á una dodónea.

**DODRANTAL, E**, adj *dodrantál.* Metrol. Dodrantal, que tiene nueve pulgadas de longitud como medida lineal, y nueve onzas como peso.

**DODU, E**, adj. *dodú.* Grueso, rollizo, bien cebado: *femme dodue*, mujer rolliza; *pigeon dodu*, pichon bien cebado.

**DOFF**, m. *dóf.* Mús. Dof, pandereta turca.

**DOGAT**, m. *dogá.* Dignidad de dux, y duracion de su gobierno.

**DOGE**, m. *dóge.* Dux, jefe de la república de Venecia, y tambien el de Génova.

**DOGLING**, m. *doglén.* Zool. Doglin, especie de ballena, cuya grasa fétida es sumamente penetrante.

**DOGMATIQUE**, adj. *dogmatic.* Dogmático, que pertenece al dogma de la religion. || En estilo ordinario, escolástico. || En sentido ridículo, fantastico. || f. Dogmática, ciencia que nos instruye en el dogma. || m. pl. Dogmáticos, secta de médicos antiguos que fundaban el arte de curar en la lógica y la experiencia.

**DOGMATIQUEMENT**, adv. *dogmaticmán.* Dogmáticamente. || met. Dogmáticamente, en tono decisivo y sentencioso.

**DOGMATISER**, n. *dogmatisé.* Dogmatizar, enseñar una doctrina falsa y peligrosa. || Hablar en lenguaje dogmático, en estilo sentencioso. || met. Doctorear, hablar magistralmente.

**DOGMATISEUR**, m. *dogmatiseur.* Dogmatizador el que dogmatiza.

**DOGMATISME**, m. *dogmatism.* Fil. Dogmatismo, filosofía dogmática, lo opuesto á escepticismo.

**DOGMATISTE**, adj. y s. *dogmatist.* Dogmatista, que establece dogmas. || Cualidad del médico que se funda en teorías.

**DOGME**, m. *dógm.* Dogma, punto de doctrina. || Principio recibido en religion y filosofía. | Constitucion de una religion. || Dogma, conjunto de todos los dogmas.

**DOGRE** ó **DOGRE-BOT**, m. *dógr, dogrbó.* Mar. Dogre ó drogue, barco holandes para la pesca de la sardina arenque.

**DOGUE**, m. *dogue* Dogo, perro alano, llamado de presa, que tiene la cabeza ancha, el hocico corto y los labios pendientes. || Mar. *Dogue d'amure*, posiciero, pieza para amurar la vela mayor.

**DOGUER (SE)**, r. *dogué* Topar, reñir á topetazos los carneros.

**DOGUIN, E**, m. y f. *doguén, ín.* Doguillo, doguito, raza de perritos que son una especie de miniatura de los alanos.

**DOIGT**, m. *dua.* Dedo, parte larga y móvil de la mano ó del pié: *petit doigt, long doigt, gros doigt*, dedo chiquito, largo, grueso. || *Doigt court, doigt menu, doigt effilé*, dedo corto, muy delgado, delicado. || Dedo, como medida de espesor: *épaisseur d'un pouce, d'un doigt, d'un travers de doigt*, una pulgada, un dedo, la anchura del dedo de espesor. || *Être à deux doigts de sa ruine*, estar á dos dedos del precipicio. || Astr. Dígito, duodécima parte del diámetro de un astro. || *Le doigt de Dieu*, la accion, los decretos de la Providencia. || met. fam. *Donner sur les doigts*, castigar. || *Savoir sur le bout du doigt*, saber perfectamente, tener en la uña. || *S'en mordre les doigts*, arrepentirse de una cosa. || *Montrer quelqu'un au doigt*, apuntar á uno con el dedo: burlarse de él públicamente.

**DOIGTÉ** ó **DOIGTER**, m. *duaté.* Mús. Efecto del movimiento de los dedos, tocando un instrumento.

**DOIGTER**, n. *duaté.* Mús. Mover los dedos con método, gracia y expresion al tocar un instrumento.

**DOIGTIER**, m. *duatié.* Dedil, dedal de cuero, paño, lienzo, etc., con que se cubre el dedo al hacer una labor muy recia, ó para resguardar alguna herida. || Bot. Digital purpúrea, especie de planta.

**DOIT-ET-AVOIR**, m. *duateavuár.* Com. Cargo y data, debe y haber, conjunto de deudas pasivas y activas, inscritas en el libro mayor de un comerciante.

**DOITE**, f. *duát.* Art. Grueso de las madejas, ó mas bien de la hilaza de que se componen: *ces écheveaux ne sont pas d'une même doite*, estas madejas no son de la misma hilaza.

**DOITÉE**, f. *duaté.* Grueso, hebra de hilo que se da á las hilanderas para que hagan el hilado del mismo grueso.

**DOL**, m. *dól.* Dolo, fraude, mala fe. || Bombo, tambor muy grande, usado en las músicas militares.

**DOLABELLE**, f. *dolabél.* Zool. Dolabela, género de moluscos rastreros, que se arrastran. || Dolabela, especie de instrumento aratorio.

**DOLABRE**, m. *dolábr.* Dolabro, cuchillo de los antiguos sacrificadores.

**DOLABRIFORME**, adj. *dolabrifórm.* Hist. nat. Dolabriforme, que tiene la forma de un dolabro.

**DOLAGE**, m. *dolága.* Accion de azolar, de trabajar la madera con la azuela.

**DOLÉANCE**, f. *doleáns.* Queja, clamor, lástima. Es familiar y se usa en plural.

**DOLEAU**, m. *doló.* Art. Martillo, herramienta que usan los pizarreros para cortar, agujerear y clavar la pizarra.

**DOLEMMENT**, adv. *dolamán.* Lastimosamente, en tono lastimero.

**DOLENT, E**, adj. *dolan.* Doliente, triste, afligido, que se lamenta.

**DOLENTER (SE)**, r. *dolanté.* Lamentarse con debilidad ó con fingimiento.

**DOLER**, a. *dolé.* Dolar, azolar, pulir una tabla con cepillo ó azuela. || Adelgazar las pieles para guantes.

**DOLÈRE**, m. *dolér.* Zool. Dólero, género de insectos himenópteros.

**DOLÉRITE**, f. *dolerít.* Geol. Dolerita, roca primitiva, formada de una especie de pasta feldespática no cristalizada, y que presenta hojas ó granos de clorito.

**DOLÉRITIQUE**, adj. *doleritic.* Miner. Dolerítico, que contiene dolerita.

**DOLET**, m. *dolé.* Quim. Doleto, sulfato de hierro calcinado ó rojo, y de peróxido de hierro.

**DOLIC**, m. *dolic.* Bot. Dolico, género de plantas fasceoláceas.

**DOLICAON**, m. *dolicaón.* Zool. Dolicaon, género de coleópteros pentámeros de la Europa meridional.

**DOLICHOCÈRE**, adj. *dolicosér.* Zool. Dolicocero, que tiene antenas largas.

**DOLICHODE**, m. *dolicód.* Zool. Dolicodo, género de insectos dípteros del Brasil.

**DOLICHODROME**, m. *dolicodróm.* Hist. Dolicodromo, lugar en que se daban carreras muy largas. || Dolicodromo, corredor que corria en un tiempo dado el espacio de doce estadios, seis de ida y seis de vuelta.

**DOLICHOGYNE**, f. *dolicogín.* Bot. Dolicogina, género de plantas sinantéreas de la América austral.

**DOLICHOLASION**, f. *dolicolasión.* Bot. Dolicolasion, género de plantas del Perú.

**DOLICHOLITHE**, m. *dolicolít.* Dolicolito, vértebra fósil de pescado.

**DOLICHOPE**, m. *dolicóp.* Zool. Dolicopo, género de insectos dípteros.

**DOLICHOPÈZE**, m. *dolicopéz.* Zool. Dolicopezo, género de insectos dípteros.

**DOLICHOPODE**, adj. *dolicopode.* Zool. Dolicopodo, que tiene los pies y las piernas largas.

**DOLICHOTE**, m. *dolicót.* Zool. Dolicoto, género de mamíferos, inmediato á los agutís.

**DOLICHOTOME**, [illegible] Dolicótomo, [illegible] de las Antillas.

**DOLIMAN**, m. [illegible] turco, sotana [illegible] puño, en donde se [illegible]

**DOLIOCARPE**, m. [illegible] liocarpo, género de [illegible]

**DOLIOLE**, f. *doliól.* [illegible] culacios cilíndricos de [illegible]

**DOLIOLOÏDE**, adj. [illegible] Dolioloido, que tiene la forma [illegible] liola.

**DOLIQUE**, m. *dolíc.* Hist. [illegible] tancia de doce ó de veinte y [illegible] || Zool. Dólico, género de [illegible] támeros. || Bot. Dólico, planta [illegible]

**DOLLAR**, m. *dolár.* Dollar, [illegible] plata de los Estados Unidos, que [illegible] 20 rs. y 20 mrs.

**DOLLEQUIN**, m. *dolquén.* [illegible] de dos filos.

**DOLLINÈRE**, f. *dolinér.* Bot. [illegible] género de plantas papilionáceas.

**DOLMAN**, m. *dolman.* Dolman [illegible] del vestido de los soldados turcos. [illegible] del uniforme de húsares [illegible] vamente, adoptado en Francia, [illegible] suelto sobre el hombro izquierdo.

**DOLMEN**, m. *dolmén.* [illegible] ó roca aislada que indica una [illegible] dica ó céltica.

**DOLMIN**, m. *dolmén.* [illegible] de carruaje que se abre por la parte [illegible] rior en dos hojas.

**DOLOIRE**, f. *doluár.* Azuela, [illegible] to de carpintero. || Doladera, [illegible] tonelero. || Paleta, instrumento [illegible] que sirve para amasar la cal [illegible] llas. Dola, hecha sin [illegible] *dage en doloire*, vendaje [illegible] tas se cubren solo en las dos terceras partes de su anchura.

**DOLOMÈDE**, m. *dolomed.* Zool. [illegible] do, género de arañas.

**DOLOMIE**, f. *dolomí.* Miner. [illegible] especie de mármol primitivo, [illegible] co granoso.

**DOLOMISATION**, f. [illegible] misacion, teoría de la formacion de [illegible] dolomíticas.

**DOLOMITIQUE**, adj. [illegible] mítico, que contiene dolomía.

**DOLOPHRAGME**, m. [illegible] Dolofragma, género de plantas [illegible]

**DOLOSER**, n. ant. *dolosé.* [illegible]

**DOM** ó **DON**, m. *dón.* Don, [illegible] honor usado en España y en [illegible] que se pone ántes del nombre de [illegible] || Título claustral, y con el [illegible] los sacerdotes.

**DOMAINE**, m. *domén.* Dominio, [illegible] poseidos en tierras. || Herencia, [illegible] bienes que la componen. || [illegible] || Bienes nacionales. || Propiedad [illegible] || Propiedad de una cosa. || met. [illegible] cia que se sabe perfectamente. || [illegible] *dans le domaine public*, [illegible] blico: se dice de una obra literaria, [illegible] sado un término legal puede ser [illegible] traducida, reproducida sin permiso [illegible] tor ó del propietario.

**DOMANIAL, E**, adj. *domanial.* [illegible] nial, patrimonial, dominical, que [illegible] al dominio.

**DOMANIALISER**, a. [illegible] minializar, agregar al dominio, hacer [illegible] en el dominio.

**DOMANIALITÉ**, f. [illegible] nialidad, posesion, propiedad de [illegible] dominios.

**DOMANIER**, m. *domanié.* [illegible] la administracion de dominios.

**DÔME**, m. *dóm.* Cúpula, media naranja, bóveda semiesférica en forma de [illegible] cada. || Catedral, antiguamente. || [illegible] roza de escala.

**DOMENGER**, m. *domangé.* [illegible] ñor en jurisprudencia antigua, como [illegible] no de costumbre.

**DOMERIE**, f. *domerí.* Hospedería, [illegible] de algunas abadías que eran una especie de hospicios. || Título del abad.

[illegible] parte. || f. Mús. Dozava, intervalo [illegible], es decir, de doce [illegible], contando los dos extre- [illegible] centro de la quinta.

[illegible], adv. *dusiemmán*. En [illegible].

[illegible], m. *dusí*. Bitoque de un tonel.

[illegible], adj. *docsastic*. Docsásti- [illegible] que se da en filosofía á una rason [illegible].

[illegible], m. *docsocóc*. Zool. Doxo- [illegible] de insectos infusorios.

[illegible], f. *docsologí*. Doxologia, [illegible] celebrar la grandeza y la ma- [illegible] Dios.

[illegible], m. *dueyén*. Decano: en algunas [illegible] es el graduado mas antiguo en [illegible]. || Dean, el que preside los ca- [illegible] catedrales. || Decano, el mas an- [illegible] comunidad, cuerpo, junta, etc.

[illegible], f. *dueyén*. Decana, título de [illegible] algunas abadías de monjas.

[illegible], m. *dueyené*. Deanato, dig- [illegible] dean en una iglesia ó en un cabil- [illegible], la casa del dean. || Deanato, [illegible] diócesis que está bajo la ins- [illegible] dean. || Jard. Decana, cierta espe- [illegible] que se coge en el otoño.

[illegible], f. *dueyenté*. Decanato, [illegible] decano.

[illegible], f. *drab*. Bot. Draba, género de [illegible].

[illegible], f. pl. *dracenacé*. Bot. [illegible], familia de plantas.

[illegible], m. *dracén*. Bot. Drago, ár- [illegible] la resina llamada sangre de [illegible] nombre del dragon.

[illegible], f. *dráche*. Nombre del aceite [illegible] no está purificado.

[illegible] ó [illegible], f. *drácm*. Drac- [illegible] peso de una onza. || Dracma, [illegible] de plata entre los Griegos.

[illegible], f. *dracín*. Quím. Dracina, [illegible] en la resina llamada san- [illegible].

[illegible], adj. *dracic*. Quím. Drácico, [illegible] por base.

[illegible], y f. *dráco*. Zool. Draco, [illegible] de la especie mas comun del [illegible].

[illegible], m. *dracocefál*. Zool. [illegible], género de plantas labiáceas.

[illegible], m. *draconér*. Antig. [illegible], soldado que llevaba una in- [illegible] de dragon.

[illegible] ó DRACUNCULE, m. [illegible] Dracúnculo, gusanito que [illegible] y carne.

[illegible], f. pl. *dracunculé*. Bot. [illegible] aroídeas.

[illegible] ó DRACONCULE, [illegible], *draconculé*. Bot. [illegible] estragon.

[illegible], ÉN, adj. *draconién*, *én*. [illegible] pertenece á Dracon, legis- [illegible] || met. Draconiano: se dice [illegible] y sangrientas. || Draco- [illegible] parece á un dragon. || *Draco-* [illegible] Zool. Draconianos, familia de [illegible].

[illegible], adj. *draconigén*. Dra- [illegible] la cabeza de un dragon.

[illegible], m. *draconit*. Zool. Draco- [illegible] fósiles.

[illegible], adj. V. DRACONTIQUE.

[illegible], adj. *draconocefál*. [illegible], que tiene la cabeza de [illegible].

[illegible] ó DRACONTIUM, f. *dra-* [illegible] Bot. Draconto ó draconcia, [illegible] aroídeas.

[illegible], adj. *dracontié*. Bot. [illegible] se parece á una draconcia.

[illegible], adj. *dracontic*. Astr. [illegible] pertenece al nodo de la lu- [illegible], mes dracóntico, es- [illegible] que emplea la luna par- [illegible] nuevamente, llamado ca- [illegible], en volver al mismo punto.

[illegible], m. *dracofil*. Bot. Dra- [illegible] de plantas apocináceas.

[illegible] ó DRACONTOPSIDE, f. *dra-* *cópsis*, *dracontópsis*. Bot. Dracopsis ó dra- contopsis, género de plantas compuestas.

**DRACOSAURE**, m. *dracosór*. Zool. Dra- cosauro, género de reptiles marinos fósiles.

**DRAGAGE**, m. *dragáge*. Limpia de un rio, puerto, estanque, etc.

**DRAGAN**, m. *dragán*. Cabo de la popa de una galera.

**DRAGÉE**, f. *dragé*. Drajea ó grajea, al- mendras bañadas con azúcar, confites. || Mostacilla, perdigones de plomo. || Mezcla de diferentes granos para los caballos. || *Dra- gées de Tivoli*, grajeas de Tivoli, glóbulos calcáreos que se parecen á drajeas. || *Dragée de cheval*, nombre vulgar del trigo sarra- ceno.

**DRAGEOIR**, m. *drajuár*. Cajita para guardar confites. || Muesca ó encaje donde entra el vidrio de un reloj. || Tapa de un barrilito.

**DRAGEON**, m. *drajón*. Hijuelo ó renue- vo que echan los árboles al pié.

**DRAGEONNER**, n. *drajoné*. Arrojar, echar hijuelos los árboles.

**DRAGIER**, m. *dragié*. Caja para poner grajeas.

**DRAGON**, m. *dragón*. Mit. Dragon, ani- mal fantástico que tiene las garras del leon, las alas del águila y la cola de la serpiente. || Zool. Dragon, reptil inofensivo de la familia de los saurianos. || Mil. Dragon, soldado de á caballo y de á pié. || Sifon, manga de agua que se levanta del mar. || Bot. Dragon, cierto árbol medicinal. || Cir. Dragon, nube que se forma en la niña del ojo. || Astr. Dragon, constelacion del hemisferio boreal. || Blas. Dragon, reptil con dos piés y cola larga, sin alas. || Mar. Ojo de buey, nube pequeña que produce en la zona tórrida una racha muy fuerte. Tambien se llama en frances *haut pendu*.

**DRAGON DE MER**, m. *dragondmér*. Dragon de mar, nombre comun de la viva.

**DRAGONIER**, m. *dragonié*. Bot. Dra- gonero, género de plantas esparragíneas.

**DRAGONNADES**, f. pl. *dragonád*. Dra- gonadas, persecuciones contra los protes- tantes en Francia, bajo Luis XIV, por me- dio de dragones.

**DRAGONNAIRE**, m. V. DRACONAIRE.

**DRAGONNE**, f. *dragón*. Cordon en el puño de una espada para adorno y seguri- dad. || Toque de caja particular á los dra- gones. || *A la dragonne*, loc. adv. Militar- mente, sin cumplimiento.

**DRAGONNÉ, ÉE**, adj. *dragoné*. Blas. Dragonado: dícese del animal representado en un escudo con cola de dragon.

**DRAGONNEAU**, m. V. DRACONCULE.

**DRAGONNER**, n. *dragoné*. Mil. Drago- near, conducirse como un dragon.

**DRAGUE**, f. *drág*. Pala para limpiar los pozos y diques. || Art. Pincel de vidriero para señalar el vidrio. || Trasgos, heces de la cer- veza. || Instrumento para pescar ostras. || Mar. Varadero ó carenote, liston que se clava en los buques para mantenerlos derechos cuan- do varan. || Braguero para sujetar la coz del cañon. || V. DRAGUEUR.

**DRAGUER**, a. *dragué*. Limpiar un pozo, dique ó rio. || Mar. Rastrear, arrastrar por el fondo del mar la barredera. || Ejecutar igual operacion con un cabo proporcionado para encontrar las ancias perdidas.

**DRAGUEUR**, m. *dragueur*. Draga, barco que lleva una máquina para sacar arena de un rio. || El que saca arena de un rio.

**DRAINE**, f. *drén*. Zool. Drana, uno de los nombres del tordo.

**DRAISIENNE ó DRAISINE**, f. *dresién*, *dresín*. Coche pequeño de tres ruedas, dos detras y una delante.

**DRAKÉE**, f. *draqué*. Bot. Draquea, gé- nero de plantas de la Nueva Holanda.

**DRAMATIQUE**, adj. *dramatic*. Dramá- tico, que pertenece al drama. || Dramático, que compone ó representa dramas. || met. Dramático, que interesa, que conmueve al espectador. || m. Dramático, el género, la forma dramática. || Dramático, lo que excita emocion en una pieza de teatro. || f. Dramá- tica, arte que enseña la composicion de pie- zas de teatro.

**DRAMATIQUEMENT**, adv. *dramatic- mán*. Dramáticamente, de un modo dramá- tico.

**DRAMATISER**, a. *dramatisé*. Dramati- zar, hacer dramático. || Dramatizar, obrar de una manera teatral, dar demasiada impor- tancia á una cosa. || n. Dramatizar, hacer dramas.

**DRAMATISTE**, m. *dramatist*. Drama- tista, el que compone dramas.

**DRAMATURGE**, m. y f. *dramatúrge*. Dra- maturgo, autor de dramas.

**DRAMATURGIE**, f. *dramaturgí*. Dra- maturgia, ciencia de la composicion de pie- zas de teatro.

**DRAMATURGIQUE**, adj. *dramaturgic*. Dramatúrgico, que pertenece á la drama- turgia.

**DRAMATURGIQUEMENT**, adv. *drama- turgicmán*. Dramatúrgicamente.

**DRAMATURGISTE**, m. *dramaturgist*. Dramaturgista, partidario del drama.

**DRAME**, m. *drám*. Drama, accion tea- tral, en verso ó en prosa, de un género mixto entre la tragedia y la comedia. || met. Drama, serie, complicacion de sucesos las- timosos.

**DRAMOMANE**, m. y f. *dramomán*. Dra- mómano, el que tiene la manía de hacer dramas.

**DRAMOMANIE**, f. *dramomaní*. Dramo- manía, manía de hacer dramas.

**DRANET**, m. *drané*. Pesc. Jábega, red grande para pescar.

**DRAP**, m. *drá*. Paño, tejido de lana para vestidos. || Sábana, pieza de lienzo de cama; generalmente se añade *de lit*: *drap de lit*, sábana. || A veces se toma por mortaja, suda- rio, añadiendo *mortuaire*: *drap mor- tuaire*, mortaja. || met. y prov. *Tailler en plein drap*, tener barro á mano, es decir, mucha materia, mucho dinero, muchos me- dios. || *Mettre quelqu'un en de beaux draps blancs*, murmurar mucho de alguno, des- cubrir todos sus defectos. || *Etre dans de beaux draps*, estar en un mal negocio ó en apuro, ó en un descubierto comprometiente. *Nous sommes dans de beaux draps*, esta- mos bien aviados, mal estamos.

**DRAPADES**, f. pl. *drapád*. Tejidos de seda de las fábricas de Soulcer, en Lan- guedoc.

**DRAPANT**, m. *drapán*. Fabricante de paños. || Tabla para colgar los pliegos en las fábricas de papel. || adj. *Drapier drapant*, fabricante de paños, por oposicion á *mar- chand drapier*, mercader de paños.

**DRAPARNALDIE**, f. *draparnaldí*. Bot. Draparnaldia, género de plantas conferví- ceas.

**DRAPÉ, ÉE**, adj. *drapé*. Envuelto en paño, embozado. || Entapizado, dispuesto á modo de colgadura. || Tejido á manera de paño ó afieltrado. || met. Criticado, zaherido. || *Drapé à l'antique*, vestido á la antigua.

**DRAPEAU**, m. *drapó*. Trapo, trapajo. || Bandera de un regimiento de infantería. || La misma bandera arbolada en lo alto de un edificio, como insignia real ó nacional. || *Etre sous les drapeaux*, estar incorporado á su regimiento, estar bajo las banderas. || met. y fam. *Se ranger sous les drapeaux de quelqu'un*, militar bajo la bandera de al- guno, ser de su partido. || m. pl. inus. Paña- litos de una criatura.

**DRAPELET**, m. *draplé*. Banderita.

**DRAPELIER, ÈRE**, m. y f. V. CHIF- FONNIER.

**DRAPER**, a. *drapé*. Enlutar, cubrir de luto la puerta de la casa de un muerto que está de cuerpo presente, los carruajes del luto, el altar ó los altares, etc. || Trapear, vestir ó dar los paños correspondientes á las figuras, en pintura y escultura. || met. Cor- tar un sayo, murmurar, censurar. || Poner colgaduras, entapizar. || *Se draper*, r. Em- bozarse, envolverse la mayor parte del cuerpo. || Darse importancia.

**DRAPERIE**, f. *drapri*. Fábrica de pa- ños. || Ropaje, representacion al natural de vestiduras en los personajes ó en las figuras de un cuadro, en estatuas, etc. || Colgadura, adorno de tapicería.

**DRAPÈTE**, m. *drapét*. Bot. Drapeto, género de plantas dafnáceas.

**DRAPÉTISE**, m. *drapetis*. Zool. Drapetiso, género de dípteros.

**DRAPIER, ÈRE**, m. y f. *drapié, ér*. Pañero, mercader de paños. Tambien es el fabricante. || m. Zool. Drapero, nombre vulgar del martin pescador. || *Drapière*, f. Art. Alfiler gordo y corto que usan los pañeros.

**DRAPIÉZIE**, f. *drapiesí*. Bot. Drapiezia, género de plantas melantáceas.

**DRASSE**, m. *drás*. Zool. Draso, género de aracneidos.

**DRASTÈRE**, m. *drastér*. Zool. Drastero, género de insectos coleópteros.

**DRASTIQUE**, adj. *drastic*. Med. Drástico, dícese del medicamento que obra ó purga con prontitud y violencia.

**DRATANTHÈRE**, m. *dratantér*. Bot. Dratántero, género de plantas de la Senegambia.

**DRAULÉE**, f. *drolé*. Alboroque, adehala, robiaguantes, gratificacion dada al que procura un buen negocio por uno de los interesados en él.

**DRAWBACK**, m. *drobác*. Draubac, premio concedido á una repetida exportacion de géneros nacionales.

**DRAYAGE**, m. *drayáge*. Raspadura ó descarne de las pieles.

**DRAYER**, a. *drayé* Art. Raspar, quitar á las pieles la carnaza con la luneta.

**DRAYOIRE**, f. *drayuár*. Art. Luneta, instrumento redondo y cortante para raspar las pieles.

**DRAYURE**, f. *drayúr*. Raspa, la broza que saca la luneta de los zurradores, cuando se raspan las pieles.

**DRÈCHE**, f. *dréch*. Hez de la cebada molida para hacer cerveza. || Los granos mismos de la cebada ya germinados.

**DRÈGE**, f. *drége*. Pesc. Red de pescar usada en las costas del Océano. || Ripa, peine para desgranar el lino.

**DRÉGÉE**, f. *dregé*. Bot. Dregea, género de plantas asclepiadáceas.

**DRÉGER**, a. *dregé*. Ripar, desgranar el lino, separar la linaza de la planta ántes de emposarla.

**DRELIGNE**, f. *dreliñ*. Zool. Dreliña, pescado de mar.

**DRELIN**, m. *drelen*. Din, dilin, ó dilin dilin, voz forjada para remedar el sonido de la campanilla.

**DRÉMOTHÉRION**, m. *dremoterión*. Zool. Dremoterio, género de mamíferos fósiles.

**DRENNE**, m. *drén*. Zool. Dreno, nombre comun de una especie de mirlo.

**DRENSER** ó **DRENNITER**, n. *drensé*, *drensité*. Gritar, remedar la voz del cisne.

**DRÉPANE**, m. *drepán*. Zool. Drépano, género de insectos coleópteros.

**DRÉPANIDIE**, f. *drepanidí*. Zool. Drepanidia, género de insectos coleópteros.

**DRÉPANIS**, m. *drepanís*. Zool. Drepaniso, nombre científico de la golondrina de costa.

**DRÉPANOCARPE**, f. *drepanocárp*. Bot. Drepanocarpa, género de plantas de la América tropical.

**DRÉPANOCÈRE**, m. *drepanosér*. Zool. Drepanócero, género de insectos coleópteros.

**DRÉPANOPHORE**, adj. m. Antig. *drepanofór*. Drepanóforo, que está armado de una guadaña.

**DRÉPANOPHYLLE**, m. *drepanofil*. Bot. Drepanofilo, hermoso musgo que crece al pié de los árboles.

**DRÉPANOPTÉRYX**, n. *drepanopterics*. Zool. Drepanópterix, género de insectos neurópteros.

**DRÉPANOSTOME**, m. *drepanostóm*. Drepanostomo, género de gasterópodos pulmonarios.

**DRESSE**, f. *drés*. Art. Alza, pedazo de cuero que se pone entre las dos suelas de un zapato para enderezarlo.

**DRESSÉ, ÉE**, adj. *dresé*. Enderezado. || Erigido, levantado. || Preparado, montado, dispuesto. || Trazado, redactado, extendido, hablando de escritos. || Formado, instruido, educado para tal ó cual cosa, avezado, amaestrado.

**DRESSER**, a. *dresé*. Enderezar, poner derecho. || Erigir, levantar estatuas, trofeos. || Adiestrar, enseñar, amaestrar: dícese de ciertos animales, y en algunos casos de mozuelos aun no enseñados á servir ó á trabajar. || Aderezar, guisar tal ó cual plato. || Rectificar, poner recto, allanar, alisar. || *Dresser une batterie*, establecer una batería. || *Dresser une tente, un lit*, armar una tienda de compaña, una cama. || *Dresser un buffet*, cubrir un aparador con platos de postres, vinos, frutas, etc. || *Dresser un acte*, extender un acto. || *Dresser un plan*, levantar un plano. || *Dresser un piège*, tender un lazo. *Dresser une embûche*, armar una trampa || *Dresser une terrasse*, allanar las calles de un terrado. || *Dresser du linge*, planchar ropa blanca. || *Dresser un cheval*, educar un caballo. || met. *Faire dresser les cheveux*, hacer erizar los cabellos de horror ó de terror. || *Se dresser*, r. Ponerse en pié. || *Se dresser*, erizarse, hablando de los cabellos || *Etre dressé*, estar enseñado, acostumbrado, etc.

**DRESSEUR**, m. *dreseur*. El que abre las pieles para guantes. || Canutillo de hierro hueco para enderezar las puas de las cardas.

**DRESSOIR**, m. *dresuar*. Aparador sobre el cual se ponen los vinos, las frutas, la vajilla y demas necesario para servir una comida. || Enderezador, nombre de varios instrumentos usados en las artes.

**DRIADE**, f. *driád*. Dria, especie de planta.

**DRILE**, m. *dril*. Zool. Drilo, género de insectos coleópteros pentámeros.

**DRILL**, m. *drill*. Zool. Dril, mono grande de África. || Dril, instrumento que sirve de arado y de sementero.

**DRILLARD, DRILLE, DROUILLE**, m. Agr. V. CHÊNE.

**DRILLE**, m. ant. *drill*. Soldado viejo, veterano. || Viejo libertino. || fam. *Bon drille*, buen perillan. || *Pauvre drille*, pobre peal. || *Vieux drille*, matrero, soldado maulon. || *C'est un vieux drille*, es gato viejo, lebraston. || f. Trapo viejo para hacer papel. || Taladro ó barreno pequeño.

**DRILLER**, n. ant. *drillé*. Volver el hopo, correr velozmente. || Recoger trapos viejos. || Vagabundear.

**DRILLEUR**, m. V. DRILLIER.

**DRILLEUX, EUSE**, adj. *drilleu, eus*. Andrajoso, cubierto de andrajos.

**DRILLIER, ÈRE**, m. y f. *drillié, ér*. Trapero, el que recoge trapos y comercia con ellos.

**DRILOSIPHON**, m. *drilosifón*. Drilosifon, alga zoospérmea que crece en los musgos cerca de Trieste.

**DRIMOSTOME**, m. *drimostóm*. Zool. Drimóstomo, género de insectos coleópteros pentameros.

**DRIMYE**, f. *drimí*. Drimia, género de plantas liliáceas.

**DRIMYPHAGE**, adj. *drimifáge*. Med. Drimífago, que come muchas especias.

**DRIMYPHAGIE**, f. *drimifagí*. Med. Drimifagia, uso habitual de especias.

**DRIMYS**, m. *drimis*. Bot. Drimis, género de plantas magnoliáceas.

**DRIMYSPERME**, m. *drimispérm*. Bot. Drimispermo, género de plantas dafnáceas.

**DRINGUE**, f. *dréngue*. Zool. Dringa, uno de los nombres vulgares de la curruca, ave.

**DRISSE**, f. *drís*. Mar. Driza, cabo que sirve para izar las vergas, velas y banderas.

**DRIVONETTE**, f. *drivonét*. Especie de red para pescar.

**DROC**, m. *dróc*. Nombre vulgar de la yerba zizaña.

**DROGMAN**, m. *drogmán*. Dragoman, intérprete de un embajador europeo en el Levante.

**DROGMANAT**, m. *drogmaná*. Dragomanería, funciones, calidad del dragoman.

**DROGUE**, f. *drógue*. Droga, ingredientes para componer medicinas y medicamentos. || Ingredientes para tinturas y otras composiciones de artes y oficios. || met. y fam. Droga, cosa muy mala, despreciable.

**DROGUÉ, ÉE**, adj. *drogué*. Medicinado, medicado, jaropeado, hablando de las personas; adulterado, falsificado, con relacion á las cosas.

**DROGUEMAN**, m. V. [illegible].

**DROGUER**, a. *drogué*. [illegible], medicar, hacer abuso de [illegible] ó tomados. || Adulterar la calidad [illegible]cia. || *Se droguer*, r. [illegible].

**DROGUERIE**, f. *drogrí*. [illegible], surtido de drogas, y el comercio [illegible]. || Droguería, conjunto de cosas [illegible]. || Pesca y preparacion del [illegible].

**DROGUET**, m. *drogué*. [illegible], especie de tela de lana. [illegible] tejido lijero de seda.

**DROGUETTE**, f. [illegible]. Bot. [illegible], género de plantas urticeas.

**DROGUETTIER**, m. [illegible], el fabricante de droguete.

**DROGUEUR**, m. *drogueur*. V. DROGUISTE. || Jaropeador, [illegible] que da muchas recetas.

**DROGUIER**, m. *droguié*. [illegible] ó armario de drogas naturales. || [illegible] ó cajita portátil con medicamentos [illegible].

**DROGUISTE**, m. *droguist*. Droguero, el que vende ó comercia en drogas.

**DROIT, E**, adj. *druá*. Derecho, [illegible] sentido de igual, seguido, no torcido. || Derecho, que está de pié, perpendicular. || Diestro, á mano derecha; lo contrario de izquierdo, siniestro. || Recto, juicioso. || *Jugement droit*, juicio recto. || Astr. [illegible], esfera recta, en la cual el ecuador es perpendicular al horizonte. || *Angle droit*, ángulo recto. || Mar. Adrizado, [illegible] que no se incline ni á babor ni á estribor. || *A droite, à main droite*, [illegible] A la derecha, á mano derecha. || [illegible] Derecho, derechamente, en derechura. || [illegible] Derecho, sin tergiversacion, [illegible]. || Derecho, accion que se tiene á una persona ó cosa. || Derecho, autoridad. || [illegible], conjunto de leyes, legislacion, || [illegible] que las enseña. || Derecho, [illegible] sobre mercaderías. || Derecho, [illegible] tarifa en las oficinas, por [illegible], sellos, etc. Son iguales en ambos [illegible] todas estas acepciones [illegible]. || *Droit canon*, derecho canónico, [illegible] ó cánones de la iglesia. || *Droit* [illegible], derecho consuetudinario, el que [illegible] las costumbres locales. || *Droit* [illegible], privilegio de horca y cuchillo. || *Droit de copie*, derecho de copia, propiedad [illegible] adquiere en una obra literaria, [illegible] ó manuscrita. || *Droit de régale*, [illegible] patronato, derecho de regalía que [illegible] los reyes de Francia para proveer los [illegible] vacantes. || *A bon droit*, loc. adv. Con justicia, con razon. || *A qui de droit*, [illegible] *de droit*, á quien compete, [illegible] responda. || met. y prov. [illegible] *le roi perd ses droits*, [illegible] rey le hace libre.

**DROITE**, f. *druát*. Derecha. || [illegible] *droite à quelqu'un*, dar la derecha á una persona. || *A droite*, loc. adv. A la derecha, del lado derecho, á mano derecha. || [illegible] *et à gauche*, á derecha é izquierda, [illegible] partes.

**DROITEMENT**, adv. [illegible]. [illegible]mente, en derechura, con [illegible].

**DROITIER, ÈRE**, adj. [illegible]. El que no sabe ó no puede servirse [illegible] de la mano derecha; opuesto á [illegible].

**DROITURE**, f. *druatúr*. Derechura, rectitud del espíritu, del corazon, [illegible] intencion. || *En droiture*, loc. adv. [illegible] chura, directamente, sin [illegible].

**DROLATIQUE**, adj. [illegible]. [illegible], divertido, malicioso, que [illegible].

**DROLATIQUEMENT**, adv. [illegible]mán. De un modo chistoso, [illegible].

**DRÔLE**, adj. *dról*. Chusco, [illegible], picarillo. || m. Insolente, bribon, [illegible]. || *Un petit drôle*, un pillito [illegible] y [illegible].

**DRÔLEMENT**, adv. [illegible]. [illegible]mente, con gracia, con [illegible].

**DRÔLERIE**, f. *drolrí*. [illegible], [illegible]tería, pillada. || met. [illegible].

**DRÔLESSE**, f. *drolés*. [illegible], [illegible] desollada.

**DROMADAIRE**, m. [illegible]. [illegible] Dromedario, especie de camello con una [illegible] jiba en el lomo. || Dromedario, [illegible] una especie de mariposa. || Dromedario, nombre de un pescado de los [illegible].

es, m. pl. *dromaleo-*
familia de aves.
. Mar. Rec sion de todas
dera que componen la
m. Zool. Dromeo, género
brevirostros.
ml. Zool. Dromia, géne-
decápodos anomuros. ||
seccion.
adj. *dromidio, da.* Dro-
e á una dromia.
*dromic.* Zool. Drómico,
coleópteros pentámeros.
, m. *dromornis.* Dro-
nérico de las aves doi-
andar y correr.
ngo. Zool. Drongo, gé-
nirostros.
nd. Palmetazo sobre la
oseccion del Languedoc.
tal. Zool. Dronte, ave
airus y de pavo.
s. *dropsism.* Med. Dro-
psismo, enfermedad que

. *dropáco.* Drópax, un-
pez y aceite con que se

m. *drosomètr.* Fis. Dro-
o de física para medir la
cae cada día.
f. *drosometrí.* Fis. Dro-
edir, de calcular la can-

ue, adj. *drosometric.*
que concierne al drosó-
tría.
. *drosofil.* Zool. Drosó-
tos dípteros muscidos.
. f. *drosofil.* Bot. Drosó-
ae droseráceas.
Mar. Guardin, el cabo
ueve la caña del timon.
s mayores. || Aparejo
mesaderio.
rosé. Mar. Arrastrar las
as en direccion contra-

*draseur.* Cardador, pe-
a el lustre á los paños.
ROSSART.
nombre vulgar de varias
gas con un forraje nocı-

pl. *dreil.* Feud. Reguli-
en el caso de una toma
das. || Estrenas, gratifi-

. *drailé.* Especie de red
a para coger pececillos.
. f. *draillet.* Especie de
escombro ó sarga.
sén. Druisa, mochila de
es.
. *drainaur.* Calderero
ño.
. *drausage.* Accion de dar
cardaria.
n. Carda, peine de car-

rosé. Cardar con carda
tercera vez la lana.
. f. *drusét.* Carda para
mera vez.
. *druseur.* Cardador de
tercera preparacion.
rá. Volandero, pluma-
pajaritos que ya pueden
a. Espeso, tupido, po-
ama, de yerba, de plan-
n. Suelto, vivo, diverti-
ntimo de niños.
n gran abundancia, en
gado, junto, al propio
mble dru, llueve á cán-
| *Les balles tombaient*
as balas. || *Semer le blé*
muy espeso el trigo.
rélo, ave.
Sien de guisantes muy

. *drüri.* Don de la amis-
teria. || La amistad mis-
sesia. || Cierto derecho

**DRUIDE,** m. *druid.* Druida, sacerdote de los antiguos Galos. || met. y fam. *Vieux druide,* perro viejo, gran sátrapa, viejo marrajo. || f. Druida, género de insectos himenópteros.

**DRUIDER ó DRUIDISER,** n. *druidé, druidisé.* Druidizar, hablar como un druida, como hombre inteligente.

**DRUIDESSE,** f. *druidés.* Druidisa, profetisa, especie de sibila, mujer de un druida.

**DRUIDIQUE,** adj. *druidic.* Druidico, perteneciente á los druidas.

**DRUIDISME,** m. *druidism.* Druidismo, el culto, la religion druídica, la doctrina de los druidas.

**DRUPACÉ, ÉE,** adj. *drupasé.* Drupáceo, que se parece á un drupo

**DRUPAIRE,** f. *drupér.* Bot. Druparia, género de hongos.

**DRUPE,** m. *drúp.* Drupo, género de fruto carnoso con hueso en el centro.

**DRUPÉOLE,** m. *drupeól.* Bot. Drupeolo, drupillo, drupo pequeño.

**DRUPÉOLÉ, ÉE,** adj. *drupeolé.* Bot. Drupeolado, que se parece á un drupeolo.

**DRUPIFÈRE,** adj. *drupifér.* Bot. Drupífero, que lleva drupos.

**DRUSE,** f. *drús.* Bot. Drusa, género de plantas umbelíferas || Miner. Drusa, incrustacion formada en la superficie de un mineral. ||adj. y s. m. Druso, nombre de un pueblo del monte Líbano.

**DRUSIFORME,** adj. *drusifórm.* Miner. Drusiforme, que tiene la forma de una drusa.

**DRUSILLAIRE,** adj. *drusillér.* Miner. Drusilario, que imita la forma de las masas concrecionadas ó concretadas.

**DRUSILLE,** m. *drusíll.* Zool. Drusilo, género de insectos lepidópteros.

**DRUSION,** m. *drusión.* Espectro, sombra fantástica.

**DRUSIQUE,** adj. *drusic.* Drúsico, que tiene la forma de una drusa.

**DRUZELLE,** f. *druzél.* Bot. Drucella, variedad de albérchigo.

**DRYADANTHE,** f. *driadánt.* Bot. Driadante, género de plantas rosáceas.

**DRYADE,** f. *driád.* Mit. Driada, ninfa de los bosques. || Bot. Driada, género de plantas rosáceas.

**DRYADÉ, ÉE,** adj. *driadé.* Driádeo, que se parece á una driada.

**DRYANDRE,** m. *driándre.* Bot. Driandro, género de plantas proteáceas.

**DRYINE,** f. *driín.* Zool. Driina, género de culebras. || Driina, género de insectos himenópteros.

**DRYIOPHIS,** m. *driiófis.* Zool. Driofis, especie de culebra de árboles.

**DRYITE,** f. *driít.* Driita, madera de encina petrificada.

**DRYLLE,** m. *dríll.* Bot. Drile, especie de encina.

**DRYMAIRE,** f. *drimér.* Bot. Drimaria, género de plantas cariofíleas.

**DRYMÉIE,** f. *drimeí.* Zool. Drimeya, género de insectos dípteros.

**DRYMODE,** f. *drimód.* Bot. Drimoda, género de plantas orquidáceas.

**DRYMONIE,** f. *drimoní.* Bot. Drimonia, género de plantas gesneráceas.

**DRYMOPHILE,** m. *drimofíl.* Zool. Drimófilo, género de gorriones dentirostros.

**DRYOCTÈNE,** m. *driootén.* Zool. Drióoteno, género de insectos coleópteros del Brasil.

**DRYOMYZE,** f. *driomís.* Zool. Driomiza, género de insectos dípteros.

**DRYOPHILE,** m. *driofíl.* Zool. Driófilo, género de insectos coleópteros.

**DRYOPHITES,** m. pl. *driofít.* Driófitos, ranas que al parecer caen con la lluvia.

**DRYOPHTHORE,** m. *drioftor.* Zool. Drióftoro, género de insectos coleópteros.

**DRYOPHYLAX,** m. *driofilacs.* Zool. Driofilax, género de reptiles ofidianos.

**DRYOPSE,** m. *driops.* Zool. Driopso, género de insectos coleópteros.

**DRYOPTÉRIDE,** m. *driopterid.* Bot. Driopiérido, género de helechos.

**DRYPETE,** m. *dripét.* Bot. Dripeta, género de plantas euforbiáceas.

**DRYPIDÉ, ÉE,** adj. *dripidé.* Drípideo, que se parece á una dripis. || Drypidées, f. pl. Drípideas, tribu de plantas.

**DRYPIS,** f. *drípis.* Bot. Dripis, género de plantas cariofíleas.

**DRYPTE,** f. *dript.* Zool. Dripta, género de insectos coleópteros pentámeros.

**DRYPTOCÉPHALE,** m. *driptosefál.* Zool. Driptocéfalo, género de insectos hemípteros.

**DRYPTODON,** m. *driptodón.* Bot. Driptodon, género de musgos acrocarpos.

**DRYPTOPÉTALE,** m. *driptopetál.* Bot. Driptopétalo, género de plantas quizoforáceas.

**DRYUDELLE,** f. *driudél.* Zool. Driudela, género de insectos himenópteros.

**DRYXO,** m. *dricso.* Zool. Drixo, género de insectos dípteros de Sumatra.

**DSEREN,** m. *dserén.* Zool. Seren, especie de mamíferos antílopes.

**DU,** art. comp. que representa *de le.* dú. Del. *La lumière du soleil,* la luz del sol. *La bonté du père,* la bondad del padre. || *Du* es tambien artículo partitivo ó preposicion: *donnez-moi du pain, du vin, du lait, etc.,* déme Vd. pan, vino, leche, etc. Como preposicion: *du vivant de mon ami,* en vida de mi amigo. || Se usa igualmente pospuesto á una preposicion: v. gr. *avec du lait,* con leche; *avec du vin,* con vino; *avec du sucre,* con azúcar.

**DÛ, E,** adj. y part. pas. de DEVOIR. dú. Debido. *Rendre à chacun ce qui lui est dû,* dar á cada cual lo suyo, lo que se le debe. || adj. *Une somme due,* una cantidad que se debe, etc. || m. Lo debido, lo que es debido: *je ne demande que mon dû,* solo pido lo que se me debe ó me toca.

**DUALISME,** m. *dualism.* Fil. Dualismo, todo sistema filosófico que admite dos principios. Se dice en general de todo sistema que admite dos órdenes de cosas opuestos. *L'homme ne peut s'expliquer que par une sorte de dualisme,* no se puede definir al hombre sino es por una especie de dualismo.

**DUALISTE,** adj. *dualíst.* Fil. Dualista, que admite el dualismo; que tiene el carácter del dualismo. || m. Sect. rel. Dualista, partidario del dualismo.

**DUALISTIQUE,** adj. *dualistic.* Dualístico, que pertenece al dualismo.

**DUALITÉ,** f. *dualité.* Fil. Dualidad, carácter de lo que es doble ó reune dos sustancias diversas. || Gram. Carácter, propiedad, uso del dual.

**DUAN,** m. *duán.* Doan, poema de los antiguos bardo-celtas, interrumpido por una multitud de episodios y apóstrofes. Son célebres los de Ossian.

**DUB,** m. *dúb.* Zool. Dub, especie de lagarto de África.

**DUBEAUTIE,** f. *dubosí.* Bot. Dubocia, género de plantas compuestas.

**DUBERRIE,** f. *duberrí.* Zool. Duberria, serpiente monstruosa de las Antillas.

**DUBITATEUR,** m. *dubitateur.* Dudador, la persona que tiene el hábito de dudar. Es tambien adjetivo.

**DUBITATIF, IVE,** adj. *dubitatíf, iv.* Dubitativo, que expresa ó sirve para expresar duda.

**DUBITATION,** f. *dubitasión.* Ret. Dubitacion, figura de retórica, por la cual un orador finge dudar para atenuar el efecto de objeciones previstas.

**DUBITATIVEMENT,** adv. *dubitativmán.* Dubitativamente, de una manera dubitativa, que manifiesta duda.

**DUBOISIE,** f. *duboasí.* Bot. Dubosia, género de plantas de la Nueva Holanda.

**DUC,** m. *dúc.* Duque, señor que posee un ducado, título de dignidad. || Zool. Bubo, ave nocturna.

**DUCAL, E,** adj. *ducal.* Ducal, que pertenece á los duques; como *palais ducal,* palacio ducal; *couronne ducale,* corona ducal, etc. || *Ducales,* f. pl. Ducales, cartas-órdenes del antiguo senado de Venecia.

**DUCAT,** m. *duca.* Ducado, moneda imaginaria, pero existente de hecho todavía en algunos paises.

**DUCATON,** m. *ducatón.* Ducado, especie de moneda de plata. Vale en Holanda 26 rs. ó 28 españoles. En Venecia, 20 rs. escasos.

**DUC-CONTE ó CONTE-DUC**, m. *ducónt, contdúc*. Conde-duque, grande de España, que posee á la vez un ducado y un condado. || *Duc-duc*, m. Duque-duque ó duc-duque, título particular de los grandes de España de la casa de Silva.

**DUCÉNAIRE ó DUCENTAIRE**, m. *dusenér, dusantér*. Ducenario ó ducentenario, de doscientos, que vale doscientos. || Antiguamente, jefe de doscientos hombres.

**DUCHÉ**, m. *duché*. Ducado, el estado sobre que recae el título de duque.

**DUCHESCHIE**, f. *duchecquí*. Bot. Duquequia, género de plantas liliáceas.

**DUCHÉ-MARQUISAT**, m. *duchémarquisá*. Ducado-marquesado, señorío de un duque marques.

**DUCHÉ-PAIRIE**, m. *duchéperí*. Ducado-pariato, dominio sobre el que está fundada la dignidad de duque-par.

**DUCHESSE**, f. *duchés*. Duquesa, la mujer del duque, y la heredera que posee por derecho propio un ducado.

**DUC-MARQUIS**, m *ducmarquí*. Duque-marques ó marques-duque, título del que reune en su persona la cualidad de duque á la de marques.

**DUCROIRE**, m. *ducruár*. Com. Derechos, tanto por ciento, etc., concedido á un comisionista responsable. || Tambien se da igual nombre al comerciante que da la comision.

**DUCTILE**, adj. *ductil*. Dúctil, elástico, que se extiende bajo el martillo, sin romperse. Se aplica á los metales || met. *Caractère ductile, cœur ductile*, carácter blando, corazon que recibe fácilmente impresiones.

**DUCTILIMÈTRE**, m. *ductilimétr*. Ductilímetro, instrumento para valuar la ductilidad de los metales.

**DUCTILITÉ**, f. *ductilité*. Ductilidad, cualidad de lo que es dúctil.

**DUCTIROSTRE**, adj. *ductiróstr*. Zool. Ductirostro, de pico prolongado.

**DUCTO-CONCHIEN**, adj. y s. m. *ducto-conchién*. Anat. Ducto-concho ó ducto-conquio, uno de los músculos del oido externo.

**DUCULE**, m. *ducúl*. Zool. Dúculo, especie del género paloma.

**DUDAÏM**, m. *dudaim*. Bot. Dudaimo, familia de plantas cucurbitáceas.

**DUÈGNE**, f. *duéñ*. Dueña, especie de aya de las señoritas jóvenes. || Ama de gobierno. || Mujer que se ocupa en el oficio de tercera. || *Duègnes d'honneur*, damas de honor, señoras que acompañan á la reina y están á su servicio en el regio alcázar de España.

**DUÉITAM**, m. V. DUALISME.

**DUEL**, m. *duél*. Duelo, desafío, reto, combate de hombre á hombre con armas iguales, escogidas por el desafiado. || Dual, nombre que en las declinaciones y conjugaciones de la lengua griega y otras sirve para designar dos personas ó dos cosas.

**DUELLISTE**, m. *duelist*. Duelista, el culpable de un duelo. || El espadachin provocador que tiene por hábito el reto en la boca. *Le duelliste oublie que les lois défendent de se faire justice soi-même*, el duelista olvida que las leyes prohiben que nadie se haga justicia á sí mismo.

**DUFOURÉE**, f. *dufuré*. Bot. Dufúrea, género de líquenes exóticos.

**DUFRESNIE**, f. *dufrení*. Bot. Dufresnia, género de plantas valerianas.

**DUGONG**, m. *dugon*. Zool. Dugongo, género de animales mamíferos cetáceos.

**DUGUÉTIE**, f. *duguesí*. Bot. Duguecia, género de plantas anonáceas.

**DUHALDÉE**, f. *dualdé*. Bot. Dualdea, género de plantas compuestas.

**DUIRE**, n. ant. é inus. *duír*. Acomodar, convenir, agradar. || a. ant. V. DRESSER.

**DUISANT**, E, adj. ant. é inus. *duisan*. Conveniente, agradable, que acomoda ó viene bien.

**DUISIBLE**, adj. *duisíbl*. Conveniente.

**DUIT**, m. *duí*. Pesquera, calzada de guijarros y estacas á lo ancho de un rio para poder pescar.

**DULBEND**, m. *dulbán*. Com. Dulbendo, muselina de Constantinopla.

**DULCAMARINE**, f. *dulcamarín*. Quim. alcamarina, sustancia particular de la dulcamara. V. DOUCE-AMÈRE.

**DULCIFÈRE**, adj. *dulsifér*. Dulcífero, que tiene dulzura, que la produce.

**DULCIFICATION**, f. *dulsificasión*. Quim. Dulcificacion, accion y efecto de dulcificar sustancias saladas, amargas, acres, etc.

**DULCIFIÉ**, ÉE, adj. *dulsifié*. Dulcificado, endulzado, dulzurado.

**DULCIFIER**, a *dulsifié*. Dulcificar, endulzar lo que era amargo, salobre, acre, etc. || Dulcificar, templar la acritud de los ácidos por medio de sustancias dulzurantes. || *Se dulcifier*, r. Dulcificarse, ponerse dulce.

**DULCINÉE**, f. *dulsiné*. Dulcinea, dama de don Quijote. || Dulcinea, querida, cortejo.

**DULE**, m. *dúl*. Zool. Dulo, género de aves.

**DULICHION**, m. *dulichión*. Bot. Duliquio, género de plantas ciperáceas.

**DULIE**, f. *dulí*. Dulía, el culto que tributa la Iglesia á los ángeles y santos.

**DULONGIE**, f. *dulongí*. Bot. Dulongia, género de plantas celastríneas.

**DUMASIE**, f. *dumasí*. Bot. Dumasia, género de plantas papilionáceas.

**DÛMENT**, adv. *dumán*. Convenientemente. || Debidamente, conforme a la razon, á las formas y al deber.

**DUMÉRILIE**, f. *dumerilí*. Zool. Dumerilia, género de insectos coleópteros.

**DUMÉTEUX**, EUSE, adj. ant. *dumeteu*, eus. Breñoso, cubierto de breñas.

**DUMONTIE**, f. *dumonsí*. Bot. Dumoncia, género de plantas florídeas.

**DUMORTIÈRE**, f. *dumortiér*. Bot. Dumortiera, género de plantas marcantíleas.

**DUNALIE**, m. *dunalí*. Bot. Dunalio, género de plantas solanáceas.

**DUNANTIE**, f. *dunansí*. Bot. Dunancia, género de plantas compuestas, herbáceas.

**DUNBARIE**, f. *donbarí*. Bot. Dumbaria, género de plantas papilionáceas.

**DUNE**, f. *dún*. Duna, colinas de arena que se forman en muchos arenales á orillas del mar.

**DUNETTE**, f. *dunét*. Mar. Toldilla, chopeta situada á popa de un buque.

**DUNKERQUOIS**, E, adj. y s. *donquercuá*, uas. Dunquerques, dunquerquino, dunquerqueño, de la ciudad de Dunquerque.

**DUO**, m. *dúo*. Duo, dueto, trozo, pieza musical para dos voces ó para dos instrumentos. || met. y fam. irón. *Duo d'injures, de compliments*, duo de injurias, de cumplimientos, etc., entre dos personas que se insultan ó se lisonjean recíprocamente.

**DUODÉCIMAL**, E, adj. *duodesimál*. Duodecimal, que se cuenta ó divide por doce.

**DUODÉNAL**, E, adj. *duodenál*. Anat. Duodenal, perteneciente al duodeno.

**DUODÉNITE**, f. *duodenít*. Med. Duodenita, inflamacion del duodeno.

**DUODÉNUM**, m. *duodénom*. Anat. Duodeno, la primera porcion de los intestinos delgados.

**DUODI**, m. *duódi*. Dia segundo de la década en el calendario republicano frances.

**DUODRAME**, m. *duodrám*. Lit. Duodrama, composicion dramática para dos actores.

**DUO-STERNAL**, m. *duosternál*. Anat. Duoesternal, segunda pieza del esternon, hueso que forma la tabla del pecho.

**DUPE**, f. *dúp*. Todo el que se ve engañado, sea por casualidad, buena fe ó tontería. *L'esprit est toujours la dupe du cœur*, siempre el entendimiento se deja engañar por el corazon. || *Être sa propre dupe*, engañarse á sí mismo haciéndose ilusion.

**DUPER**, a. *dupé*. Engañar, chasquear. || *Se duper*, r. Engañarse, alucinarse.

**DUPERIE**, f. *duprí*. Engaño, chasco. || Majadería, imbecilidad del que se deja engañar. || Astucia, latrocinio del que engaña.

**DUPERREYE**, m. *duperréye*. Bot. Duperreyo, género de plantas convolvuláceas.

**DUPEUR**, EUSE, m. y f. *dupeur*, eus. Engañador, fullero, trampista. || fam. *Dupeur d'oreilles*, alucinador de oidos, escritor, orador cuyo pomposo estilo impide se note lo falso ó lo malo de lo que dice.

**DUPLICATA**, m. *duplicáta*. Duplicado de cualquier documento.

**DUPLICATEUR**, m. *duplicateur*. Fis. Duplicador, instrumento para [illegible] tidades tenuísimas de electricidad.

**DUPLICATIF**, IVE, adj. *duplicatif*, [illegible] Duplicativo, que duplica.

**DUPLICATILE**, adj. *duplicatíl*. Duplicatilo, calificativo de unos [illegible] bles de plegarse de un lado á otro por [illegible]

**DUPLICATION**, f. *duplicasión*. Duplicacion, accion de doblar, de multiplicar por dos, y su resultado.

**DUPLICATURE**, f. *duplicatúr*. [illegible] Duplicadura, dobladura, pliegue, [illegible] una cosa sobre sí misma.

**DUPLICIDENTÉ**, ÉE, adj. Zool. *duplisidanté*. Duplicidentado, [illegible] tiene dientes dobles ó dos filas de dientes paralelas.

**DUPLICIPENNE**, adj. *duplisipén*. [illegible] Duplicípeno, que tiene las alas [illegible] lo ancho figurando pliegues. || [illegible] *nes*, m. pl. Duplicípenos, familia de insectos del órden de los himenópteros.

**DUPLICITÉ**, f. *duplisité*. [illegible] efecto de formar dos ó ser doblado [illegible] única por su naturaleza. [illegible] en el corazon, en las palabras, [illegible] tos, obras, etc.

**DUPLIPENNES**, m. pl. *duplipén*. [illegible] Duplípenos, familia de insectos [illegible] ros.

**DUPLIQUE**, f. ant. *duplíc*. For. Contrarespuesta, réplica á la respuesta. Se usa en plural.

**DUPLIQUER**, n. ant. *dupliqué*. Duplicar, contraresponder, volver una réplica por otra.

**DUPLOCÔNE**, adj. *duplocón*. [illegible] que tiene la figura de dos conos [illegible] tos.

**DUPONTIE**, f. *dupontí*. Bot. [illegible] género de plantas gramíneas.

**DUPUISIE**, f. *dupuisí*. Bot. [illegible] género de plantas anacardiáceas.

**DUQUEL**, art. cont. en lugar de *de lequel*. *duquél*. Del cual. V. LEQUEL.

**DUR**, E, adj. *dúr*. Duro, [illegible] difícil de penetrar, opuesto á tierno, [illegible] do, á flexible. || Difícil de soportar [illegible] *ments durs*, malos, insoportables [illegible] tos. || *Cœur dur*, corazon cruel. || [illegible] *dur*, hombre inhumano, insensible. || [illegible] *dur*, tiempo muy frio. || *Temps durs*, [illegible] calamitosos. || *Cervelle dure*, [illegible] ble, difícil de persuadir. || *Style dur*, [illegible] inculto, nada grato. || *Voix dure*, [illegible] ra, desagradable. || *Pinceau dur*, [illegible] sado, sin gracia ni delicadeza en el [illegible] do, en los claros, en las sombras. [illegible] *Oreille dure*, oido un poco sordo, [illegible] oye bien. || *Tête dure*, cabeza sin [illegible] ni entendimiento. || *Il est plus dur d'appréhender la mort que de la souffrir*, [illegible] congojoso el temor de la muerte [illegible] (*La Bruyère.*)

**DURABLE**, adj. *durábl*. Durable, duradero, estable.

**DURABILITÉ**, f. *durabilité*. [illegible] dad, duracion, cualidad de lo durable.

**DURABLEMENT**, adv. *durablemán*. Durablemente, de una manera sólida.

**DURACINE**, f. *durasín*. Duracina, especie de durazno, fruta.

**DURANT**, prep. *durán*. Durante, mientras dura una cosa. *Durant la guerre*, durante la guerra. || *Sa vie durant*, durante su vida.

**DURANTE**, f. *durdnt*. Bot. Duranta, género de arbolillos verbenáceos de la América tropical.

**DUR-BEC**, m. *durbéc*. Picoduro, [illegible] del tamaño de la alondra con el pico [illegible] y el plumaje vistoso.

**DURCIR**, a *dursír*. Endurecer, [illegible] ro lo que es ó está blando. || n. Endurecerse, ponerse dura alguna cosa. || *Se durcir*, r. Endurecerse.

**DURCISSEMENT**, m. *dursismán*. Endurecimiento, estado de la cosa endurecida.

**DURÉE**, f. *duré*. Duracion, [illegible] tiempo que dura una cosa.

**DUREMENT**, adv. *durmán*. Duramente, con dureza. || met. Con [illegible] aspereza y sequedad. || Con inflexibilidad, rigidamente.

**DURE-MÈRE**, f. *durmér* Dura-madre,

[illegible] que envuelve el cerebro, [illegible].

[illegible], n. *duré*. Durar, subsistir, permanecer largo tiempo. ‖ Del que [illegible] le hace encontrar el [illegible] se dice y le tiempo lui dure.

[illegible], adj. dim. de [illegible]. *duré*. Du[illegible] duro; dícese familiarmente de la [illegible] está tierno.

[illegible], f. *durié*. Dureza, firmeza, solidez de los cuerpos duros. ‖ Cir. Dureza, [illegible] ‖ Pint. Dureza, [illegible] los contrastes de sombras, tin[illegible] ‖ [illegible] Dureza, insensibilidad. ‖ [illegible] de estilo, de tono, de so[illegible] *d'oreille*, torpeza de oído. ‖ [illegible] f. pl. Sequedades, palabras duras, [illegible].

[illegible], m. *durgand*. Zool. Durgan[illegible] de insectos hemípteros.

[illegible], f. *durié*. Bot. Durica, género [illegible].

[illegible], m. *durillón*. Callo, callosidad en los pies, manos, etc.

[illegible], n. *durilloné*. Encallecerse, ponerse callosa, dura [illegible] del cuerpo. ‖ Tambien se usa como [illegible].

[illegible], m. *durión*. Bot. Durio, género [illegible].

[illegible], f. *durión*. Bot. Duriona, fruta [illegible].

[illegible], m. *duris*. Zool. Duriso, espe[illegible].

[illegible], adj. inus. *durisím*. Durísi[illegible] duro.

[illegible], adj. *duriuscúl*. Durillo, [illegible] duro. En medicina se dice del pul[illegible].

[illegible], adj. *duriedoir*. Durivien[illegible] el vientre duro.

[illegible], f. *durud*. Bot. Duroya, género [illegible].

[illegible], f. *durtoé*. Bot. Durtoya, yerba [illegible] de la India.

[illegible], adj. *durvillé*. Bot. Dur[illegible] de plantas fucáceas.

[illegible], m. *duri*. Com. Durí, tela de al[illegible] de las Indias orientales.

[illegible], m. pl. *dusién*. Dusianos, nom[illegible] los antiguos Galos á los de[illegible].

[illegible] ó [illegible], m. *dusodil*, [illegible] Dusodilo ó disodilo, tierra [illegible].

[illegible], m. *duomvir*. Duúnviro, juez [illegible] antigua Roma. Eran dos.

[illegible], m. *duomviré*. Duunvira[illegible] ejercicio de los duúnviros. ‖ [illegible] cargo.

[illegible], m. *duvali*. Bot. Duvalio, gé[illegible].

[illegible], m. *duvaé*. Bot. Duvoa, género [illegible].

[illegible], m. *duvoseli*. Bot. Duvau[illegible] de plantas herbáceas. ‖ Zool. [illegible], género de insectos dípteros.

[illegible], m. *duvé*. Plumon, plumion, la [illegible], suave y fina de las aves. ‖ [illegible] que sale á los jóvenes cuando [illegible] la pubertad. En poético es este [illegible] Plumon, lecho de pluma. ‖ Vello, [illegible] que cubre la superfi[illegible].

[illegible], adj. *duveté*. Velloso, que [illegible].

[illegible], adj. *duvieu*, eus. [illegible] que tiene mucho vello. ‖ Suave al [illegible].

[illegible], f. *didd*. Diada, poesía compues[illegible].

[illegible], f. *diarchí*. Diarquía, go[illegible] de dos reyes.

[illegible], adj. *diarchic*. Diárqui[illegible] á la diarquía.

[illegible], m. *diárc*. Diarco, rey que [illegible].

[illegible], m. *dicirdón*. Zool. Dicir[illegible] de insectos tisanuros.

[illegible], f. *diquí*. Bot. Diquia, género [illegible].

[illegible], m. *diclí*. Zool. Dicelo, género [illegible].

[illegible], m. *dictili*. Zool. Dictilo, géne[illegible] de insectos dípteros.

**DYKE**, m. *dic*. Dique, veta mineral, en forma de muralla.

**DYMUSIE**, m. *dimusí*. Zool. Dimusio, género de insectos coleópteros.

**DYNAME ó DYNAMODE**, m. *dinám*, *dinamód*. Dinamo ó dinámodo, expresion de la potencia y del movimiento de una máquina.

**DYNAMÈNE**, m. *dinamén*. Bot. Dinameno, género de pólipos.

**DYNAMIQUE**, f. *dinamic*. Fil. Dinámica, ciencia de las fuerzas que mueven los cuerpos. ‖ Ciencia del movimiento que los cuerpos se imprimen unos á otros. ‖ adj. Dinámico, perteneciente á la dinámica.

**DYNAMISME**, m. *dinamism*. Fil. Dinamismo, sistema segun el cual la materia es el producto de dos fuerzas opuestas, una que contrae y otra expansiva.

**DYNAMISTE**, m. *dinamist*. Dinamista, filósofo partidario del dinamismo.

**DYNAMOGÉNÉSIE**, f. *dinamogenesí*. Med. Dinamogenesia, régimen de vida propio para enrobustecer una constitucion débil.

**DYNAMOLOGIE**, f. *dinamologí*. Didáct. Dinamologia, tratado sobre las fuerzas consideradas en abstracto.

**DYNAMOLOGIQUE**, adj. *dinamologíc*. Dinamológico, que se refiere á la dinamologia.

**DYNAMOMÈTRE**, m. *dinamomètr*. Dinamómetro, máquina para comparar las fuerzas del hombre y las del caballo de tiro; y para medir la potencia de motores, tales como el vapor.

**DYNAMOMÉTRIE**, f. *dinamometrí*. Dinamometría, medida de las fuerzas; conocimiento del dinamómetro.

**DYNAMOMÉTRIQUE**, adj. *dinamometríc*. Dinamométrico, que se refiere al dinamómetro ó á la dinamometría.

**DYNASTE**, m. *dinást*. Dinasta, principillo dependiente de mayor potentado, y cuyo poder era muy precario. ‖ Estados poco importantes, de limitado territorio. ‖ Todo príncipe soberano en un estado de Alemania, en la edad media. ‖ Zool. V. SCARABÉE.

**DYNASTIDE**, adj. *dinastid*. Dinástido, que se parece á un dinasto ó escarabajo. ‖ *Dynastides*, m. pl. Zool. Dinástidos, familia de insectos coleópteros.

**DYNASTIE**, f. *dinastí*. Dinastía, serie de príncipes, reyes, emperadores de una misma sangre, estirpe ó familia.

**DYNASTIQUE**, adj. *dinastíc*. Dinástico, lo concerniente á una dinastía.

**DYNOMÈNE**, f. *dinomén*. Zool. Dinómeno, género de crustáceos decápodos.

**DYOSTYLE**, m. *diostil*. Arq. Dióstilo, fachada compuesta de columnas apareadas.

**DYPHORIE**, f. *diforí*. Ansiedad.

**DYPSIS**, f. *dipsís*. Bot. Dipsis, género de plantas palmáceas.

**DYRODÈRE**, m. *dirodér*. Zool. Dirodero, género de insectos hemípteros.

**DYSANOGOGIE**, f. *disanogogí*. Disanogogia, dificultad en la expectoracion.

**DYSARTHRITE**, f. *disartrít*. Disartritis, gota irregular.

**DYSARTHROSE**, f. *disartrós*. Disartrosis, mala conformacion de una articulacion.

**DYSCATABROSE**, f. *discatabros*. Discatabrosis, dificultad para tragar los alimentos crasos ó sustanciosos.

**DYSCATAPOSE**, f. *discataposs*. Discataposia, dificultad para tragar los líquidos ó caldos.

**DYSCHIRIE**, f. *disquirí*. Zool. Disquiria, género de insectos coleópteros.

**DYSCHOLIE**, f. *discolí*. Discolia, alteracion de la bilis.

**DYSCHORISTE**, m. *discorist*. Bot. Discoristo, género de plantas de las Indias.

**DYSCHROÏE**, f. *discroí*. Discroia, alteracion del color de la piel.

**DYSCHROMATIQUE**, adj. *discromatic*. Discromático, de mal color; que altera el color.

**DYSCHROME**, m. *discróm*. Zool. Discromo, género de insectos coleópteros.

**DYSCHYLIE**, f. *disquilí*. Disquilia, alteracion del quilo.

**DYSCHYMIE**, f. *disquimí*. Disquimia, corrupcion y alteracion de los humores.

**DYSCINÉSIE**, f. *disinesí*. Discinesia, dificultad en moverse.

**DYSCOÏLIE**, f. *discoilí*. Discoilia, dificultad para defecar.

**DYSCOLE**, adj. *discól*. Díscolo, disidente, que se aparta ó desvía de las opiniones generalmente recibidas; avieso, indócil, difícil de sujetar.

**DYSCRASIE**, f. *discrasí*. Med. Discrasia, mal temperamento.

**DYSCRASIQUE**, adj. *discrasíc*. Discrásico, con síntomas de discrasia.

**DYSDACRYE**, f. *disdacrí*. Disdacria, dificultad en llorar, alteracion en las lágrimas.

**DYSECCRISE**, f. *disecrís*. Disecrisis, excrecion ó secrecion difícil.

**DYSECÉE**, f. *disesé*. Disécea, debilidad ó pérdida del oido.

**DYSÉPULOTIQUE**, adj. *disepulotic*. Disepulótico, de difícil cicatrizacion.

**DYSESTHÉSIE**, f. *disestesí*. Disestesia, privacion de sensaciones; pérdida gradual de las facultades de recibirlas.

**DYSESTHÉTHÉRIE**, f. *disestetérí*. Disestetería, lesion de los sentidos externos.

**DYSGALIE**, f. *disgalí*. Disgalia, corrupcion de la leche.

**DYSGÉNÉSIE**, f. *disgenesí*. Disgenesia, funcion penosa de los órganos genitales.

**DYSGEUSIE**, f. *disgeusí*. Disgeusia, estragamiento del gusto.

**DYSHAPHIE**, f. *disafí*. Disafia, alteracion del tacto.

**DYSHÉMIE**, f. *disemí*. Disemia, alteracion de la sangre.

**DYSHÉRODIEN**, NE, adj. *diserodian*, *én*. Zool. Disherogárceo, que se parece mas ó ménos á una garza real.

**DYSHERPYLE**, adj. *diserpíl*. Zool. Disérpilo, que se arrastra con dificultad. ‖ *Dysherpyles*, m. pl. Zool. Disérpilos, familia de reptiles que se arrastran lenta y difícilmente.

**DYSIDE**, m. *disid*. Zool. Disido, género de insectos coleópteros del Brasil.

**DYSLALIE**, f. *dislalí*. Dislalia, dificultad en hablar, balbuceo, tartamudeo.

**DYSLOCHIE**, f. *dislochí*. Med. Disloquia, supresion de las parias.

**DYSMÉNIE**, f. *dismení*. Dismenia, menstruacion dificultosa.

**DYSMÉNORRHÉE**, f. *dismenorré*. Dismenorrea, flujo menstrual penoso, acompañado de dolores.

**DYSMÉNORRHIQUE**, adj. *dismenorric*. Dismenorráico, que pertenece á la dismenorrea.

**DYSMNÉSIE**, f. *dismnesí*. Dismnesia, pérdida de la memoria, desmemoramiento producido por enfermedad.

**DYSODE**, f. *disód*. Bot. Disoda. V. SERINE. ‖ Miner. Cal carbonatada fétida.

**DYSODIE**, f. *disodí*. Disodia, hediondez, exhalaciones de materias fétidas del cuerpo.

**DYSODONTIASE**, f. *disodontiás*. Disodontiasis, denticion difícil.

**DYSOPE**, m. *disop*. Zool. Disopo, género de animales mamíferos insectívoros.

**DYSOPHYLLE**, m. *disofil*. Bot. Disofilo, género de plantas labiadas.

**DYSOPIE**, f. *disopí*. Disopia, debilidad de la vista.

**DYSOREXIE**, f. *disorecsí*. Disorexia, inapetencia, pérdida del apetito.

**DYSOSMIE**, f. *disosmí*. Disosmia, debilidad de olfato.

**DYSOSTOSE**, f. *disostós*. Disostosis, enfermedad ó mala colocacion de los huesos.

**DYSOXYLON**, m. *disocsilon*. Bot. Disoxilo, género de plantas meliáceas.

**DYSPATHIE**, f. *dispatí*. Antipatía.

**DYSPEPSIE**, f. *dispepsí*. Dispepsia, digestion penosa, difícil.

**DYSPEPTIQUE**, adj. *dispeptic*. Dispéptico, que se refiere á la dispepsia.

**DYSPERMASIE**, f. V. DYSPERMATISME.

**DYSPERMATIQUE**, adj. *dispermatic*. Dispermático, impotente.

**DYSPERMATISME**, m. *dispermatism*. Dispermatismo, emision lenta, escasa ó nula del licor seminal.

**DYSPERMIE**, f. *dispermí*. Dispermia, alteracion del esperma.

**DYSPHAGIE**, f. *disfagí*. Disfagia, dificultad de tragar, inflamacion del esófago.

**DYSPHANIE**, f. *disfaní*. Bot. Disfania, género de plantas quenopódeas.

**DYSPHONIE**, f. *disfoní*. Disfonía, debilidad estremada de la voz.

**DYSPHORIE**, f. *disforí*. Disforia, estado de sufrimiento.

**DYSPIONIE**, f. *dispioní*. Dispionia, depravacion del tejido celular.

**DYSPNÉE**, f. *dispné*. Dispnea, dificultad de respirar, respiracion penosa.

**DYSPNÉIQUE**, adj. *dispneic*. Dispnéico, que se refiere á la dispnea.

**DYSPROPHÉRON**, m. *disproferón*. Lit. Dispróforo, vicio del estilo que consiste en aglomerar palabras largas y de áspera pronunciacion.

**DYSSENTERIE**, f. *disantrí*. Disentería, especie de flujo de sangre ó cámaras de sangre con dolores en las entrañas.

**DYSSENTÉRIQUE**, adj. *disanteric*. Disentérico, concerniente á la disentería.

**DYSSIALIE**, f. *disialí*. Disialia, alteracion de la saliva.

**DYSSODIE**, f. *disodí*. Bot. Disodia, género de plantas compuestas.

**DYSSODIÉ, ÉE**, adj. *disodié*. Disodiáceo, que se parece á una disodia.

**DYSSORÉXIE**, f. *disorexí*. Inapetencia.

**DYSSYMÉTRIE**, f. *disimetrí*. Disimetría, falta de simetría.

**DYSSYMÉTRIQUE**, adj. *disimetric*. Disimétrico, sin simetría.

**DYSSYNUSIE**, f. *disinusí*. Disinusia, ineptitud generativa.

**DYSTHANASIE**, f. *distanasí*. Distanasia, muerte lenta y dolorosa.

**DYSTHÉLASIE**, f. *distelasí*. Distelasia, ineptitud de la mujer para dar de mamar por mala leche.

**DYSTHÉSIE**, f. *distesí*. Distesía, impaciencia de los enfermos.

**DYSTHYMIE**, f. *distimí*. Distimia, languidez, abatimiento de los enfermos.

**DYSTICHIASE**, f. *distiquiás*. Distiquiasis, disposicion viciosa ó irregular de los párpados.

**DYSTOCIE ó DISTOKIE**, f. *distosí*, *distoquí*. Distocia ó distoquia, partos [illegible] dolorosos, contra la [illegible].

**DYSTOCOLOGIE**, f. [illegible]. [illegible]cologia, tratado sobre los partos [illegible] y expuestos.

**DYSTOCOLOGIQUE**, adj. [illegible]. Distocológico, concerniente á la [illegible]logía.

**DYSTONIE**, f. *distoní*. [illegible] cios de un tejido de cualquiera [illegible] cuerpo.

**DYSURIE**, f. *disurí*. [illegible] orinar; dolor al orinar.

**DYSURIQUE**, adj. *disuric*. [illegible] atacado de disuria. Se [illegible] un *dysurique*, un disúrico.

**DYTIQUE**, adj. *ditic*. Zool. [illegible] se zambulle ó sumerge. || m. [illegible] de insectos coleópteros.

**DZIGGETAI ó DSIGGITAI**, m. [illegible] *dsigití*. Cigetai ó cigitai, [illegible] del cabo de Buena Esperanza. [illegible] inglés es daw.

**DZOUNGARE**, adj. y s. [illegible]. [illegible]garo, de la Dzungaria, país del Asia [illegible].

# E.

**E**, m. E, quinta letra del alfabeto y segunda de las vocales. Hay tres especies de *e*; lo que las distingue es el modo de pronunciarlas en un tiempo mas ó ménos corto, ó abriendo mas ó ménos la boca. Estas tres especies de *e* son la *e* cerrada, la *e* abierta y la *e* muda; todas tres se hallan en la voz *ménagère*, en donde la última es nula para la pronunciacion. Para la buena inteligencia de este punto debe consultarse la gramática. || La E mayúscula sirve, como otras, para varias abreviaturas.

**ÉACÉES**, f. pl. *easé*. Eáceas, fiestas que se celebraban en Egina en honor de Baco.

**ÉACIDE**, adj. y s. *easíd*. Eácido, nombre dado á los descendientes de Baco.

**ÉALE**, m. *eál*. Zool. Ealo, animal cuadrúpedo de Etiopía, del cual habla Plinio, pero que nadie dice haber visto.

**ÉANTIDE**, m. y f. *eantíd*. Eántido, descendiente de Ayax. || adj. y s. f. Eántida, sobrenombre de Minerva.

**ÉAQUE**, m. *eác*. Mit. Eaco, hijo de Júpiter y de Egina.

**ÉARIN**, m. *earén*. Zool. Earino, género de insectos himenópteros.

**ÉARINE**, f. *earín*. Bot. Earina, género de plantas orquídeas.

**ÉATONIE**, f. *eatoní*. Bot. Eatonia, género de plantas gramíneas.

**EAU**, f. *ó*. Agua, uno de los cuatro elementos; cuerpo compuesto de oxígeno y de hidrógeno, líquido, trasparente, que se evapora al fuego, se endurece cuando hiela, elástico, aunque de muy difícil compresion. *Eau claire*, agua clara. *Eau pure*, agua pura. *Eau limpide*, *froide*, *chaude*, agua cristalina, fria, caliente. || *Boire de l'eau*, beber agua. || *Être au pain et à l'eau*, estar condenado á pan y agua. || *Eau de pluie*, agua de lluvia. *Eau de mer*, *de rivière*, agua de mar, de rio. *Eau de source*, agua de manantial. *Eau de fontaine*, agua de fuente. *Eau de corps*, sudor, humor. *Eau des fruits*, jugo de las frutas. *Eau des perles*, agua brillo de piedras preciosas. || *Jets d'eau*, chorros de agua. *Chute d'eau*, cascada. || *Eaux infusées*, pl. Licores artificiales. *Eaux minérales*, aguas minerales. || *Aller aux eaux*, *aller prendre les eaux*, ir á baños, á tomar las aguas, etc. || met. fam. *Eau bénite de cour*, promesas palaciegas. || *Gare l'eau*, agua va. || *S'en aller en eau de boudin*, reducirse á nada una esperanza, llevarse chasco. || *Eaux basses*, falta de dinero en una caja. || *Battre l'eau*, perder tiempo, molestarse en balde. || *Faire venir l'eau à la bouche*, engolosinar, inspirar deseos, dar esperanzas. || *Revenir sur l'eau*, reponerse en estado de buena fortuna. || *Nager entre deux eaux*, querer estar bien con dos partidos contrarios, no tomar cartas por ninguno de ellos. || *Affaire à vau-l'eau*, estar perdido un negocio. || *Nager en grande eau*, estar en la abundancia. || *Mettre de l'eau dans son vin*, moderar sus pretensiones, moderarse. || *Fondre en eau*, llorar, prorumpir en llanto. || *Interdire le feu et l'eau*, significaba desterrar. || *Demander la terre et l'eau*, pedir asilo, hospitalidad en tierra extraña. || Mar. *Faire eau*, se dice de un buque en que entra el agua. *Faire de l'eau*, aprovisionarse de agua. || *Eau dentifrice*, licor para limpiar los dientes. || *Eau blanche*, agua con salvado. || *Eau claire*, mal éxito en un asunto. || *Ne faire*, *ne trouver que de l'eau claire*, trabajo inútil, tiempo perdido. || *Eau claire*, en sentido propio, mal resultado de una destilacion; en el figurado, ideas, palabras sin sentido. || *Eau-de-vie*, aguardiente. || *Eau de la reine de Hongrie*, esencia de romero, destilada con espíritu de vino. || *Eau forte*, ácido nítrico, y grabado obtenido por este ácido. || *Eau grasse*, agua de que está embebida la sal. || *Eau mère*, licor que queda de la refinadura del salpetre, de la sal. || *Eau régale*, ácido nítrico mezclado con ácido hidroclórico. || *Eau lustrale*, agua lustral, en la que se apagaba un tizon bendito. || pl. *Eaux et forêts*, jurisdiccion de la caza y de la pesca, es decir, de bosques y rios. *Eaux folles*, humedad de la tierra, que se seca pronto al sol. *Eaux acidulées*, aguas mezcladas con ácido carbónico. *Eaux plates*, aguas que alimentan los estanques. || *Être tout en eau*, estar empapado de sudor. || *Faire revenir l'eau au moulin*, arrimar el ascua á su sardina. || *Être comme le feu et l'eau*, estar como perros y gatos. || *Se ressembler comme deux gouttes d'eau*, parecerse como un huevo á otro.

**EAUBURON**, m. *oberón*. Bot. Nombre de varios hongos.

**ÉBAHIR (S')**, r. *sebaír*. Aturdirse, embobarse, sorprenderse, embelesarse.

**ÉBAHISSEMENT**, m. *ebaismán*. Aturdimiento, embelesamiento.

**ÉBALAÇON**, m. *ebalasón*. Equit. Cosquilleo, cierto movimiento á manera de coz en los caballos.

**ÉBALIE**, f. *ebalí*. Zool. [illegible] de crustáceos decápodos.

**ÉBANNOY**, m. *ebanuá*. Alegría [illegible].

**ÉBANNOYER (S')**, r. [illegible] grarse, regocijarse.

**ÉBARBAGE**, m. *ebarbáge*. [illegible] miento, accion de cortar las [illegible] lar ó recortar el papel.

**ÉBARBÉ, ÉE**, adj. *ebarbé*. [illegible] desbarbado, hablando del papel. || [illegible] dado, chapotado.

**ÉBARBER**, a. *ebarbé*. [illegible] ó quitar de alguna cosa las [illegible] que por semejanza se llaman [illegible] Desbarbar, cortar las raíces [illegible] Grab. Rascar, quitar la [illegible] buril en una lámina. || Art. [illegible] lar una moneda ó otra cosa [illegible] Recortar las partes superfluas [illegible] Cortar, recortar el papel. || [illegible] chapotar, quitar todas las partes [illegible] ó excedentes de una cosa.

**ÉBARBOIR**, m. *ebarbuár*. Art. [illegible] bador, raedor, instrumento [illegible] artes.

**ÉBARBURE**, f. *ebarbúr*. Art. [illegible] que deja el buril en una lámina [illegible] graba.

**ÉBARDOIR**, m. *ebarduár*. [illegible] dor, herramienta para alisar las [illegible].

**ÉBAROUIR**, n. *ebaruír*. [illegible] las estopas y abrirse las costuras [illegible] cion del sol ó de la sequedad.

**ÉBAT**, m. *ebá*. Mont. [illegible] se hace dar á los perros de [illegible] satiempo, diversion.

**ÉBATTEMENT**, m. *ebatmán*. V. [illegible] Balanceo, disposicion de las [illegible] carruaje.

**ÉBATTRE (S')**, r. *sebátr*. [illegible] holgarse, refocilarse.

**ÉBAUCHAGE**, m. *ebocháge*. [illegible] jamiento, accion de bosquejar [illegible] quejamiento, accion de dar [illegible] con las manos.

**ÉBAUCHE**, f. *ebóch*. Pint. y [illegible] quejo, cualquiera obra [illegible] concluirse. || met. Bosquejo, [illegible] tual que no está concluida. || [illegible] cipio, primera [illegible] que se da [illegible] cualquiera.

**ÉBAUCHER**, a. *eboché*. Bosquejar [illegible] ner ó trabajar cualquiera obra [illegible] pero sin concluirla. || met. Bosquejar [illegible]

dar, cortar las ramas viejas á un árbol. ‖ Art. Descabezar, romper la cabeza á un clavo, descular una aguja.

**ÉBOUFFER**, a. *ebufé*. Desinflar los carrillos, soltar la carcajada ‖ n. Estallar, saltar una mina. ‖ Salpicar agua ó lodo. ‖ *S'ébouffer*, r. Echarse á reir súbitamente despues de haber contenido la risa por algun tiempo. ‖ Reventarse de risa.

**ÉBOUILLANTER**, a. *ebuillanté*. Escaldar, meter una cosa en agua hirviendo. ‖ Art. Escaldar, meter los capullos de la seda en agua hirviendo. ‖ *S'ébouillanter*, r. Escaldarse, echarse encima agua hirviendo.

**ÉBOUILLIR**, n. *ebuillir*. Recocer, disminuir el volúmen de un líquido á fuerza de cocer. ‖ *S'ébouillir*, Consumirse, embeberse un líquido, mermar hirviendo.

**ÉBOULEMENT**, m. *ebulmán*. Desplomamiento, hundimiento de un terreno, de un edificio.

**ÉBOULER**, n. *ebulé*. Hundirse, desmoronarse, venir abajo un lienzo de pared, un edificio, etc. ‖ *S'ébouler*, r. Hundirse, desplomarse una tierra, etc.

**ÉBOULEUX, EUSE**, adj. *ebuleu, eus*. Movedizo, propenso á hundirse, que amenaza ruina.

**ÉBOULIS**, m. *ebuli*. Monton de escombros ó materias desplomadas.

**ÉBOUQUEUR, EUSE**, m. y f. *ebuqueur, eus*. Art. Desmotador, el que quita los nudos ó motas al paño.

**ÉBOURGEONNAGE**, m. *eburjonáge*. Despampanadura, desyemadura, accion de quitar á un vegetal las yemas, botones ó ramas superfluas.

**ÉBOURGEONNEMENT**, m. V. ÉBOURGEONNAGE.

**ÉBOURGEONNER**, a. *eburjoné*. Agr. Despampanar, quitar á un vegetal las yemas ó botones inútiles.

**ÉBOURGEONNEUR**, m. *eburjoneur*. Zool. Desyemador, ave.

**ÉBOURGEONNOIR**, m. *eburjonuár*. Art. Especie de podadera.

**ÉBOURIFFANT, E**, adj. *eburifán*. Sorprendente, espantoso.

**ÉBOURIFFÉ, ÉE**, adj. *eburifé*. Despeluzado, desgreñado, desmelenado.

**ÉBOURIFFER**, a. *eburifé*. Sorprender, asustar, turbar el ánimo.

**ÉBOURRER**, a. *eburré*. Art. Desborrar, quitar la borra á las pieles.

**ÉBOUSINER**, a. *ebusiné*. Escalpar, quitar á los sillares la primera capa, limpiarlos.

**ÉBOUTURER**, a. *eboturé*. Agr. Deshijuelar, arrancar los hijuelos que se crian al pié de diferentes vegetales.

**ÉBRACTÉ, ÉE**, adj. *ebracté*. Bot. Ebrácteo, se dice de una planta que no tiene brácteas.

**ÉBRACTÉOLÉ, ÉE**, adj. *ebracteolé*. Bot. Ebracteolado, calificacion de una planta que no tiene bractéolas.

**ÉBRACTÉTÉ, ÉE**, adj. Bot. V. ÉBRACTÉ.

**ÉBRAISOIR**, m. *ebresuár*. Art. HorAilla en los hornos de cal. ‖ Badil, badila para quitar la brasa de un fogon ó brasero. ‖ Pala para sacar la brasa del horno.

**ÉBRANCHEMENT**, m. *ebranchemán*. Agr. Escamonda, tala, accion y efecto de cortar el todo ó parte de las ramas á un árbol.

**ÉBRANCHER**, a. *ebranché*. Agr. Talar, despojar un árbol de una parte ó de todas sus ramas. ‖ Roer, comer las ramas, las hojas ó verdura de los árboles.

**ÉBRANCHOIR**, m. *ebranchuár*. Agr. Podadera, herramienta para escamondar ó talar los árboles.

**ÉBRANLEMENT**, m. *ebranlmán*. Conmocion, sacudimiento, estremecimiento. ‖ met. Alteracion, vacilacion, quebrantamiento.

**ÉBRANLER**, a. *ebranlé*. Conmover, imprimir una sacudida violenta á alguna cosa. ‖ Excitar, exaltar la imaginacion. ‖ Disminuir, conmover, inmutar el ánimo. ‖ Debilitar, hacer vacilar, disminuir la constancia. ‖ Inmutar, conmover la imaginacion. ‖ *S'ébranler*, r. Conmoverse, menearse, sacudirse una persona ó una cosa. ‖ Mil. Conmoverse, ponerse en movimiento las tropas, sin órden ni combinacion.

**ÉBRASEMENT**, m. *ebrasmán*. Arq. Alfeizamiento, accion y efecto de alfeizar.

**ÉBRASER**, a. *ebrasé*. Arq. Alfeizar, ensanchar el alfeiza de una puerta ó ventana.

**ÉBRÉCHER**, a. *ebreché*. Mellar, hacer una mella. ‖ Desportillar, descantillar. ‖ met. Disminuir, aminorar su caudal, sus bienes, etc. ‖ *S'ébrécher*, r. Mellarse, hacerse una mella. ‖ *S'ébrécher une dent*, mellarse un diente, romperse una parte de él.

**ÉBRENER**, a. *ebrné*. Limpiar. ‖ *Ébrener un enfant*, limpiarlo, cambiarle la envoltura, ponérsela limpia.

**ÉBRENEUR, EUSE**, m. y f. *ebreneur, eus*. El que ó la que limpia á un niño cuando está sucio.

**ÉBRIATION**, f. ant. *ebriasión*. Borrachera ó borrachina.

**ÉBRIÉTÉ**, f. *ebrieté*. Ebriecasum, palabra latina con la que Paracelso designa el trastorno de la razon; especie de embriaguez.

**ÉBRILLADE**, f. *ebrilIád*. Equit. Sofrenazo, tiron de brida ó cabezon para detener á un caballo.

**ÉBRIOSITÉ**, f. *ebriosité*. Embriaguez, vicio de embriagarse.

**ÉBROÏCIEN, NE**, adj. y s. *ebroisién, én*. Evrense, de la ciudad de Evreux.

**ÉBROSSER**, a. V. ÉBROUSSER.

**ÉBROUAGE**, m. *ebruáge*. Art. Desbrozadura, operacion que consiste en tener las lanas metidas en agua de salvado.

**ÉBROUDAGE**, m. *ebrudáge*. Art. Estiracion, accion de estirar ó hacer pasar el alambre por la hilera.

**ÉBROUDEUR**, m. *ebrudeur*. Art. Epíteto con que se designa al artesano que se ocupa de estirar ó hacer pasar el alambre por la hilera.

**ÉBROUDIN**, m. *ebrudén*. Alambre estirado ó afinado.

**ÉBROUDIR**, a. *ebrudir*. Estirar el alambre hasta reducirlo á lo mas delgado posible.

**ÉBROUEMENT**, m. *ebruman*. Vet. Resoplido, respiracion fuerte y convulsiva que padecen ciertas caballerías. ‖ Irritacion de la membrana mucosa de las fosas nasales. ‖ Resoplido, bufido que da el caballo cuando recela ó se espanta. ‖ Especie de estornudo de los animales domésticos.

**ÉBROUER**, a. *ebrué*. Art. Desbrozar, desmugrar una pieza de tela. ‖ n. Vet. Bronquear, resoplar un caballo ó cualquier otro animal.

**ÉBROUSSER**, a. *ebrusé*. Agr. Deshojar, quitar la hoja á un árbol.

**ÉBRUITATION**, f. *ebruitasión*. Propalacion, accion de hacer pública una cosa.

**ÉBRUITER**, a. *ebruité*. Propalar, divulgar, hacer pública una cosa. ‖ *S'ébruiter*, r. Propalarse, publicarse un asunto cualquiera, hacerse público.

**ÉBRUN**, m. *ebreun*. Agr. Tizon, enfermedad que ataca al trigo.

**ÉBUARD**, m. *ebuár*. Caña, pedazo de madera que sirve para rajar la leña.

**ÉBUCHETER**, a. *ebucheté*. Recoger pedacitos de madera para quemar.

**ÉBUDES**, m. pl. *ebúd*. Eriales, tierras incultas.

**ÉBULLITION**, f. *ebulisión*. Ebullicion, movimiento ó estado de un líquido que hierve. ‖ Med. Ebullicion, sarpullido que sale en el cútis. ‖ Quím. Efervescencia, desprendimiento de burbujas de aire que resultan de la combinacion de diversas sustancias.

**ÉBURNÉ, ÉE**, adj. *eburné*. Ebúrneo, que tiene la consistencia ó apariencia del marfil.

**ÉBURNIFICATION**, f. *eburnificasión*. Med. Eburnificacion, transformacion ebúrnea que sufren los cartílagos.

**ÉBURNIFIÉ, ÉE**, adj. *eburnifié*. Med. Eburnificado, que se ha transformado en marfil, hablando de los cartílagos.

**ÉBURNIN, E**, adj. *eburnén, ín*. Ebúrneo, que está hecho de marfil

**ÉCACHEMENT**, m. *ecachemán*. Art. Abo-

[illegible], aplastamiento, accion de aplastar una cosa.

ÉCACHER, a. ecaché. Machacar, aplastar, estrujar una cosa. ‖ Art. Comprimir, aplastar. ‖ Art. Aplanar, extender la cera por todas partes.

ÉCACHEUR, m. ecacheur. Art. Aplanador, el que comprime, aplasta. ‖ Batidor de oro, batihoja.

ÉCAFER, a. ecafé. Art. Hender, abrir el mimbre para hacer canastillas.

ÉCAFIGNON, m. ecafiñón. Olor repugnante.

ÉCAFLOTE, f. ecaflót. Hollejo, pellejo que dejan las legumbres en el tamiz cuando se cuela el puré.

ÉCAGNE, f. ecañ. Especie de cadejo pequeño de seda.

ÉCAILLAGE, m. ecalláge. Escamadura, accion de quitar las escamas. ‖ Art. Descostradura, accion de arrancar la costra que forma la sal en las salinas. ‖ Desconchadura, accion de quitar las conchas á las ostras ó cualquier otro crustáceo. ‖ Desconcharamiento, accion de formarse grietas en el vidriado cuando se cuecen.

ÉCAILLE, f. ecáll. Escama, hojuela dura con que está cubierta la piel de algunos pescados y reptiles. ‖ Concha de tortuga, ostra, etc. ‖ Escama, especie de peluza que se observa sobre las alas de los lepidópteros. ‖ Bot. Escama, planchuelas pequeñas que cubren ciertas partes de las plantas. ‖ Med. Caspa, porcion pequeña que se desprende de la piel en ciertas circunstancias, con particularidad en las afecciones cutáneas ó epidérmicas. ‖ met. Concha, velo que cubre la vista, que oculta la verdad. ‖ Art. Olivadura en la corteza del pan. ‖ Escama, costrilla que forma el hierro cuando se caldea. ‖ Guijarro que sirve para moler los colores. ‖ Arq. Escama, adorno que imita las escamas de pescado. ‖ Pint. Escama, cuarteaduras que se abren en los cuadros viejos. ‖ met. y fam. *Les écailles lui sont tombées des yeux*, se ha limpiado las legañas, ha abierto los ojos. ‖ *Écaille de Bergame*, escama de Bérgamo, especie de tapicería que se fabricaba en dicha ciudad. ‖ *Écailles*, f. pl. Costra, hojas que por la sequedad se despegan de algunos cuerpos.

ÉCAILLEMENT, m. ecallemán. Escamadura, accion y efecto de escamar. ‖ Art. Chapetas ó desechos que venden los caldereros.

ÉCAILLER, a. ecallé. Escamar, quitar las escamas á los peces. ‖ Desbullar, sacar la ostra de la concha. ‖ Escamar, formar escamas en el dibujo, cincelamiento, etc. ‖ *S'écailler*, r. Escamarse, desconcharse un cuadro, una pared, etc. ‖ met. Escamarse, quitar el embozo, soltar la máscara, presentarse á rostro descubierto.

ÉCAILLER, ÈRE, m. y f. ecallé, ér. Desbullador, el que saca las ostras de su concha ó las vende.

ÉCAILLETTE, f. ecallét. Escamilla, conchuela, diminutivo de concha ó escama.

ÉCAILLEUX, EUSE, adj. ecalleu, eus. Escamoso, que forma escamas. ‖ Escamoso, que está revestido de hojas ó capas en figura de escamas. ‖ Anat. Escamoso, epíteto dado á la porcion superior del hueso temporal y á la clatura témporo-parietal, por su semejanza con una escama de pescado.

ÉCAILLON, m. ecallón. Vet. Nombre antiguo de los dientes caninos del caballo. ‖ Art. Operario principal de una pizarrería.

ÉCAILLURE, f. ecallúr. Art. Hojilla, película que se levanta de la superficie del plomo.

ÉCALE, f. ecál. Cáscara de nuez. ‖ Cascaron de huevo. ‖ Vaina de las habas, guisantes, etc. ‖ Art. Porcion de seda cuyos hilos están pegados con goma.

ÉCALER, a. ecalé. Descascarar, quitar la cáscara. ‖ *S'écaler*, r. Descascararse, abrirse la cáscara á las nueces, avellanas, etc.

ÉCALOT, f. ecaló. Especie de nuez que no tiene cáscara.

ÉCALURE, f. ecalúr. Película dura de ciertos frutos.

ÉCANG, m. ecán. Espadilla, herramienta con que se espada el lino, cáñamo y demas sustancias filamentosas.

ÉCANGAGE, m. ecangáge. Art. Espadadura, accion y efecto de espadar el lino, cáñamo, etc.

ÉCANGUER, a. ecangué. Art. Espadar, sacudir con la espadilla el tamo que tiene el lino, el cáñamo, etc.

ÉCANGUEUR, EUSE, m. y f. ecangueur, eus. Art. Espadillador, que se ocupa en espadar.

ÉCAQUEUR, m. ecaqueur. Pesc. Embanastador, el que embanasta los arenques.

ÉCARBOUILLER, a. fam. ecarbullé. Machacar, machucar, despachurrar. ‖ met. Trastornar, embrollar. ‖ met. fam. y pop. Machacar, cascar á uno la cabeza.

ÉCARDONNEUR, m. ecardoneur. Zool. Pintacilgo, especie de jilguero.

ÉCARLATE, f. ecarlát. Escarlata, el color subido y fino del carmesí. ‖ Art. Escarlata, la tela que tiene este color. ‖ met. y fam. *Yeux bordés d'écarlate*, ojos ribeteados de encarnado. ‖ adj. Escarlata, dícese del paño ó tela que tiene este color.

ÉCARLATIN, m. ecarlatén. Escarlatina, tela de lana de color encarnado ó carmesí. ‖ Especie de sidra de Normandía.

ÉCARLATINE, f. ecarlatin. Med. Escarlatina, enfermedad parecida al sarampion.

ÉCARQUILLEMENT, m. fam. ecarquillemán. Esparrancadura, accion de abrir demasiado las piernas. ‖ fam. Desencajamiento, accion de abrir demasiado los ojos.

ÉCARQUILLER, a. fam. ecarquillé. Esparrancar, abrir demasiado las piernas. ‖ Desencajar, abrir demasiado los ojos.

ÉCARRIR, a. V. ÉQUARRIR y los compuestos *équarrissage*, *équarrissement*, etc.

ÉCARRURE, f. ant. ecarrúr. Sastr. Entalladura, los encuentros y el talle de un frac, levita, etc.

ÉCART, m. ecár. Equit. Huida, accion de separarse el caballo cuando se espanta. ‖ Quite, movimiento para evitar un golpe. ‖ Vet. Alcance, herida que se hace el caballo en los talones. ‖ Blas. Nombre de cada uno de los cuarteles de un escudo. ‖ Med. Especie de distension de ciertos músculos y ligamentos. ‖ Art. Ripio, cascote para revestir ciertas obras de albañilería. ‖ met. Digresion, accion de separarse del asunto de que se trata. ‖ Extravío, descarrío, desbarro en la conducta. ‖ Descarte en el juego de naipes. ‖ Mar. Ayuste, junta, escarpe. ‖ *A l'écart*, loc. adv. Aparte, separadamente, en un lugar apartado. ‖ *Tenir quelqu'un à l'écart*, privar á alguno de un privilegio, de una ventaja que disfrutan los demas.

ÉCARTABLE, adj. ecartáble. Descartable, que puede ó debe descartarse. ‖ Cetr. Remontante, se dice del ave que está acostumbrada á subir muy alto de un vuelo.

ÉCARTÉ, m. ecarté. Ecarté, cierto juego de naipes.

ÉCARTELÉ, ÉE, adj. ecartelé. Descuartizado. ‖ Blas. Acuartelado, dividido en cuarteles.

ÉCARTÈLEMENT ó ÉCARTELLEMENT, m. ecartelmán. Descuartizamiento, la accion de descuartizar. ‖ Blas. Acuartelamiento, division en cuarteles.

ÉCARTELER, a. ecartlé. Descuartizar, dividir en cuatro cuartos un reo tirado de cuatro caballos. ‖ Blas. Acuartelar, dividir en cuarteles un escudo. ‖ *S'écarteler*, r. Descuartizarse, ser dividido en cuartos.

ÉCARTELURE, f. ecartlúr. Blas. Cuarteladura, division del escudo en cuarteles.

ÉCARTEMENT, m. ecartmán. Separacion, accion de separar y estado de una cosa separada. ‖ Med. Separacion, dislocacion de los huesos ó diástasis.

ÉCARTER, a. ecarté. Separar, descarriar del camino recto. ‖ Separar, alejar, tener distante. ‖ Separar, quitar de delante lo que incomoda. ‖ Separar, abrir las piernas. ‖ met. Separar, dispersar la multitud. ‖ Evitar, precaver la desgracia. ‖ Separar, rechazar alguna cosa. ‖ Eludir, desentenderse de un compromiso. ‖ Descartar en el juego de naipes. ‖ Separar, desparramar. ‖ *S'écarter*, r. Desviarse, separarse. ‖ [illegible] [illegible], salirse del [illegible].

ÉCARTILLEMENT, m. [illegible], a. V. ÉCARQUILLEMENT, ÉCARQUILLER.

ÉCARTOIR, m. ecartoár. Art. V. [illegible], propio término.

ÉCARVER, a. ecarvé. Mar. [illegible], empalmar, juntar dos piezas de madera [illegible] un escarpe.

ÉCATIR, a. ecatír. Art. Prensar [illegible] el paño para que tenga lustre.

ÉCATISSAGE, m. ecatiságe. Art. Prensadura, accion de prensar el paño.

ÉCATISSEUR, m. ecatiseur. Art. Prensador, prensista.

ÉCATOIR, m. ecatoár. Art. [illegible] que usan los cuchilleros.

ÉCAUDE, adj. ecód. Lit. ant. [illegible] de los versos faltos de una ó [illegible] silabas al fin.

ÉCAUDÉ, ÉE, adj. ecódé. Zool. [illegible], que no tiene cola, ó la [illegible] tiene muy corta. ‖ *Écaudés*, m. pl. [illegible], familia de reptiles batracios.

ÉCAVAGE, m. ant. [illegible] de [illegible] [illegible].

ÉCAVEÇADE, f. ecavesád. [illegible], golpe que se da con el freno [illegible].

ECBALIE, f. ecbalí. Bot. [illegible] de plantas cucurbitáceas.

ECBASE, f. ecbás. Ret. [illegible] griego de la figura llamada [illegible] gresion.

ECBOLIQUE, adj. y s. ecbolic. [illegible] bólico, que facilita en la [illegible] salida de la criatura, y [illegible] aborto.

ECBYRSOME, m. ecbirsóm. [illegible] soma, salida de una articulacion [illegible] hueso.

ECCANTHIS, m. ecantís. Med. [illegible] excrecencia de carne en el ojo.

ECCATHARTIQUE, adj. [illegible] Ecatártico, que disuelve: se dice de los remedios diaforéticos y [illegible].

ECCE-HOMO, m. ecceómo. [illegible] estatua ó cuadro que representa [illegible] lo azotado. ‖ met. y fam. [illegible] de un hombre flaco y [illegible].

ECCHYMOSE, f. equimós. [illegible] mosis, cierta mancha del cútis.

ECCLÉSIAL, E, adj. ant. [illegible] ECCLÉSIASTIQUE.

ECCLÉSIARQUE, m. eclesiárc. [illegible] ca, mayordomo de fábrica de una [illegible].

ECCLÉSIASTE, m. eclesiást. [illegible] co, uno de los libros [illegible] guo Testamento. ‖ Eclesiástico, [illegible] mó Lutero cuando [illegible] tra el episcopado.

ECCLÉSIASTIQUE, adj. [illegible] Eclesiástico, que pertenece á la [illegible] m. Eclesiástico, clérigo.

ECCLÉSIASTIQUEMENT, adv. [illegible] siasticmán. Eclesiásticamente.

ECCLÉSIE, f. eclesí. Hist. ant. [illegible] asamblea general de ciertos [illegible] gos.

ECCLINUSE, f. eclinús. Bot. [illegible] género de plantas.

ECCOPÉE, f. ecopé. Cir. [illegible] cion del cráneo por medio de un [illegible] lo cortante.

ECCOPEUR, m. ecopeur. Cir. [illegible] dor, instrumento para [illegible] cios.

ECCOPROTIQUE, adj. [illegible] Ecoprótico, laxante, [illegible] purgantes.

ECCORTHATIQUE, adj. [illegible] Ecortático, que [illegible], que tiene [illegible] piedad de hacer evacuar los [illegible] tidos en el cuerpo.

ECCRÉMOCARPE, f. [illegible] Ecremocarpia, género de [illegible].

ECCRÉMOCARPÉ, ÉE, adj. [illegible] pé. Bot. Ecremocarpeo, que tiene [illegible] con la ecremocarpia.

ECCRINOLOGIE, f. [illegible] Ecrinologia, tratado sobre las [illegible].

ECCRINOLOGIQUE, adj. [illegible] Med. Ecrinológico, que tiene [illegible] la ecrinologia.

[illegible], adj. *ecdemík*. Med. Ecdé[illegible] de la enfermedad que no es [illegible] país en que se desarrolla. Es lo [illegible].

[illegible], f. *ecdóir*. Med. Ecdora, exco[illegible] general, pero mas particular[illegible] canal de la uretra.

[illegible], f. *ecdiesatár*. Bot. [illegible], género de plantas apocíneas.

[illegible], a. *esepé*. Agr. Desepar, ar[illegible] cepas.

[illegible], a. *ecervelé*. Desesar, hacer [illegible] sesos. || *S'écerveler*, r. Hacerse [illegible] de los sesos.

[illegible], m. *echafó*. Patíbulo, ca[illegible]. Andamio, artificio hecho de ta[illegible] [illegible]dores. || Tablado para un especta[illegible]. || Mar. Plancha de viento, an[illegible] volante para recorrer, pin[illegible]

[illegible], m. *echafodáge*. Anda[illegible] de armar ó construir anda[illegible] preparativos que se ha[illegible] obra pequeña. || met. Ostenta[illegible], superabundancia de erudi[illegible] un sistema frivolo ó [illegible]

[illegible], a. *echafodé*. Andamiar, [illegible]. || met. Levantar, hacer [illegible] para poca cosa. || a. [illegible] de una super[illegible] sobre un tema ridícu[illegible]. || Jurisp. ant. Exponer á un [illegible] la vergüenza. || *S'échafauder*, r. [illegible] en la talanquera, su[illegible]

[illegible], a. V. ÉCHALASSER.

[illegible], m. *echalá*. Agr. Horquilla, [illegible] especie de estaca que se pone á [illegible] y fam. Espetado, espátula: se [illegible] persona muy alta y seca. || Se [illegible] como un *échalas*, estar dere[illegible] un huso, mas tieso que un ajo, ha[illegible] persona que afecta estar muy [illegible]

[illegible], ÉCHALASSEMENT, [illegible] *echalasmán*. Agr. Rodriga[illegible] de rodrigar las vides.

[illegible], a. *echalasé*. Agr. Rodri[illegible] rodrigar las viñas.

[illegible], m. *echalí*. Escala para pasar [illegible] de un seto.

[illegible], m. *echalié*. Seto, vallado [illegible] espinos, zarzas ó ramaje. V. [illegible]

[illegible], f. *echalót*. Bot. Chalota, [illegible]. || Lengüeta de órgano.

[illegible], m. *echanpé*. Pesc. Sedal [illegible] anzuelo para pescar. || Mar. [illegible] en que se amarra el [illegible]

[illegible] ó ÉCHAMPIER, a. *echanpír*, [illegible] una figura.

[illegible], a. *echancré*. Escotar, sea[illegible]. || Art. Sacar los cartones de [illegible] las puntas de la [illegible] en el cajo, para que pueda [illegible]

[illegible], f. *echancrúr*. Escotadu[illegible]. || Mar. Alunamiento, curvi[illegible] los pujámenes de algunas [illegible]

[illegible], f. *echandél*. Lata, tabla [illegible]

[illegible], m. *echánge*. Cambio, permu[illegible] por otra. || Canje, entrega re[illegible] prisioneros en la guerra. || *En* [illegible], adv. En cambio, en trueque, [illegible]

[illegible], adj. *echanjábl*. Cam[illegible] puede ser cambiado. || Can[illegible]

[illegible], a. *echangé*. Cambiar, hacer [illegible] una cosa por otra. || Canjear, [illegible] prisioneros enemigos por [illegible] de dos ejércitos be[illegible]. || *S'échanger*, r. Cambiarse, ser [illegible]

[illegible], m. *echangist*. Cambista, [illegible]

[illegible], m. *echansón*. Escanciador, [illegible] que tenia por oficio escanciar la copa y dar de beber á un rey ó príncipe. || *Grand échanson*, copero mayor.

ÉCHANSONNER, a. *echansoné*. Probar el vino como lo hacen los coperos.

ÉCHANSONNERIE, f. *echansonrí*. Cava, oficina donde se ponen las bebidas en los palacios reales.

ÉCHANTIGNOLLE, f. *echantiñól*. Art. Puente, pieza de madera en que descansan las tablas de un andamio.

ÉCHANTILLER, a. V. ÉCHANTILLONNER.

ÉCHANTILLON, m. *echantillón*. Muestra, retazo de una tela para hacer conocer la pieza. || met. Muestra de las obras intelectuales. || Marco, patron ó modelo para comprobar la medida y peso de una cosa que está sujeta á ley, uso ú ordenanza. || Reloj. Herramienta que sirve para igualar los dientes de las ruedas catalinas. || Carp. Dimension de cualquier pieza de madera tomada como muestra. || Mar. Grueso ó espesor del costado.

ÉCHANTILLONNER, a. *echantilloné*. Cotejar, comprobar, marcar los pesos y medidas con el marco ó patron. || Poner muestras ó disponer por muestras. || Com. Cortar muestras de una pieza de tela. || met. Desmembrar, dividir en partículas cualquiera cosa. || *S'échantillonner*, r. Cotejarse, comprobarse, marcarse.

ÉCHANVRER, a. *echanvré*. Majar, machacar el cáñamo ó el lino.

ÉCHANVROIR, m. *echanvruár*. Mazo, instrumento con que se machaca el cáñamo para quitarle la cañamiza.

ÉCHAPPADE, f. *echapád*. Grab. Escapada, escape del buril, y el daño que hace.

ÉCHAPPATOIRE, f. *echapatuár*. Escapatoria, excusa, efugio, evasiva.

ÉCHAPPE, m. *echáp*. Cetr. Vuelo á cielo abierto, accion de echar á volar varias aves, y lanzar tras ellas un ave de altanería para adiestrarla.

ÉCHAPPÉ, m. *echapé*. Caballo extranjero, el que proviene de caballo y yegua de diferente casta. || *Un échappé des Petites-Maisons*, un loco, un orate.

ÉCHAPPÉE, f. *echapé*. Travesura, muchachada, accion imprudente. || Pint. *Échappée de lumière*, rayo de luz que pasa entre dos cuerpos para alumbrar otros objetos. || fam. *Faire quelque chose par échappées*, hacer una cosa á ratos perdidos ó á hurtadillas. || Mar. Delgados, raceles ó salidas de agua.

ÉCHAPPEMENT, m. *echapmán*. Reloj. Escape, mecanismo de reloj. || Escape, accion de escapar y escaparse.

ÉCHAPPER, n. *echapé*. Escapar, evadirse, esquivarse, salir de algun aprieto ó peligro, de la prision, de alguna enfermedad, etc. || Escapar, ocultarse, sustraerse á, preservarse de. || *Échapper au danger*, huir del peligro. || *Échapper à la potence*, librarse de la horca. || *Échapper au naufrage, à une bataille*, escapar, salir libre de un naufragio, de una batalla. || *Échapper à la fureur, à la poursuite des ennemis*, escapar ó librarse del furor, de la persecucion de los enemigos. || *Échapper à la vue*, escaparse á la vista, no ser perceptible un objeto. || *Il lui est échappé un mot*, se le escapó, se le soltó una palabra. || *Ce que je voulais dire m'a échappé*, lo que queria decir se me ha pasado ó se me ha ido. || *Cela lui est échappé de la main*, se le cayó de las manos. || *Cela lui est échappé de la mémoire*, se le fué de la memoria. || Escapar, disiparse, perderse. || a. Equit. *Échapper un cheval*, abandonar la rienda á un caballo, ponerlo á todo escape. || *S'échapper*, r. Escaparse, sustraerse, librarse. || Escaparse, apagarse la vida, la existencia. || Descoserse, hablando de una tela. || *Il s'échappe en discours un peu libres*, se le escapan ó sueltan proposiciones algo libres.

ÉCHARBOT, m. *echarbó*. Bot. Escarboto, castaña de agua, planta.

ÉCHARDE, f. *echárd*. Rancajo, espina, punta ó astilla que se clava en la carne.

ÉCHARDONNAGE, m. *echardonáge*. Agr. Escarda, accion de escardar los prados y sembrados.

ÉCHARDONNER, a. *echardoné*. Escardar un campo, un jardin, un sembrado.

ÉCHARDONNET, m. V. ÉCHARDONNOIR.

ÉCHARDONNOIR, m. *echardonuár*. Escardillo, instrumento para escardar la tierra.

ÉCHARNEMENT, m. *echarnmán*. Descarnadura, accion de descarnar.

ÉCHARNER, a. *echarné*. Descarnar, apelambrar, dar de pala á las pieles para quitarles la carnaza.

ÉCHARNOIR, m. *echarnuár*. Pala, instrumento para descarnar las pieles.

ÉCHARNURE, f. *echarnúr*. Carnaza, grasa ó carne que se quita de los cueros.

ÉCHARPE, f. *echárp*. Banda de color, terciada desde el hombro derecho, que llevaba en otro tiempo la gente de guerra y de partido, para distinguirse, como hoy con la escarapela. || Cabestrillo para sostener un brazo ó una mano lastimada. || Rebocillo, especie de manteleta que llevaban las mujeres para salir de trapillo. || Maromas, cuerdas para subir piedras. || Escuadra que se echa en los ángulos de un bastidor para asegurarlo. || *Changer d'écharpe*, cambiar de bandera, de partido. || *Avoir l'esprit en écharpe*, tener el entendimiento embrollado, y ser poco aplicado. || Mar. *Écharpes*, pl. Brazaletes de proa.

ÉCHARPEMENT, m. *echarpmán*. Marcha diagonal de una tropa.

ÉCHARPER, a. *echarpé*. Acuchillar, hacer una herida grande con un sable ó un cuchillo. || met. Acuchillar, destrozar. || n. Mil. Escarpar, andar, marchar diagonalmente.

ÉCHARPILLER, a. *echarpillé*. Robar, saquear.

ÉCHARPILLERIE, f. ant. *echarpillrí*. Pillaje, latrocinio.

ÉCHARS, adj. *echár*. Roñoso, ruin, mezquino. || Falto de peso, hablando de moneda. || Mar. Flojo, inconstante, hablando de los vientos. || m. Metrol. Falta, escasez de peso en una moneda.

ÉCHARSEMENT, adv. *echarsmán*. Roñosamente, mezquinamente, de una manera ruin.

ÉCHARSER, a. *echarsé*. Cercenar, disminuir el peso de una moneda. || n. Mar. Mudar, variar, aflojar, hablando del viento.

ÉCHARSETÉ, f. *echarsté*. Falta de ley en una moneda. || Avaricia, roñería.

ÉCHARSETER, a. V. ÉCHARSER.

ÉCHASSE, f. *echás*. Zanco, dos palos altos y dispuestos con una horquilla en que se afirma y ata el pié. || fam. *Être monté sur des échasses*, estar montado sobre zancos. Se dice para criticar á la persona que tiene las piernas largas. || Arq. Escantillon, regla que usan los aparejadores de cantería. || pl. Alb. Zancas, las que usan los albañiles para formar los andamios. || Zool. Zancuda, género de aves.

ÉCHASSERI, m. *echasrí*. Bot. Especie de pera.

ÉCHAUBOULÉ, ÉE, adj. *echobulé*. Barroso, granujado, granujiento: dícese de la cara ó cútis cubierto de granos ó pupitas.

ÉCHAUBOULURE, f. *echobulúr*. Barro, granito rojo que sale á la cara.

ÉCHAUDAGE, m. *echodáge*. Blanqueo, accion de blanquear.

ÉCHAUDÉ, m. *echodé*. Torta hecha de harina, miel, sal y huevo, muy esponjosa. || Jard. Acirate de forma triangular.

ÉCHAUDEMENT, m. *echodmán*. Requemadura, estado del trigo y simientes que están escaldadas.

ÉCHAUDER, a. *echodé*. Escaldar, meter una cosa en agua hirviendo ó echarle agua hirviendo encima. || *S'échauder*, r. Escaldarse en un líquido caliente, hirviendo. || met. y fam. Salir escamado, escarmentado en algun negocio.

ÉCHAUDEUR, EUSE, m. y f. *echodeur*, *eus*. Escaldador, el que escalda.

ÉCHAUDI ó ÉCHAUDIS, m. *echodí*. Mar. Argolla de hierro triangular que sirve para diferentes objetos.

ÉCHAUDOIR, m. *echoduár*. Peladero,

paraje donde se escaldan las aves ó los cerdos para pelarlos. || Escaldadura, vasija para escaldar.

ÉCHAUDURE, f. echodür. Escaldadura, efecto producido en la piel por el agua hirviendo.

ÉCHAUFFAISON, f. echofesón. Med. Escalentamiento, enfermedad que se manifiesta por una erupcion en la piel.

ÉCHAUFFANT, E, adj. echofán. Enardeciente, que calienta, acalora y enardece. Se dice de los alimentos, bebidas, etc.

ÉCHAUFFÉ, m. echofé. Olor causado por un calor excesivo ó por la fermentacion. || Cela sent l'échauffé, eso huele á encerrado, ó escaldado.

ÉCHAUFFEMENT, m. echofmán. Calentamiento, accion de calentar. || Med. Acaloramiento, enardecimiento de la sangre.

ÉCHAUFFER, a. echofé. Calentar, dar calor. || met. Acalorar, enardecer, impacientar. || Calentar, inflamar, excitar. || Échauffer les oreilles à quelqu'un, calentar las orejas á alguno, irritarle por discursos ó palabras ofensivas. || n. Calentarse, entrar en fermentacion. || S'échauffer, r. Calentarse, tomar calor. || met. Calentarse, excitarse, animarse. || Calentarse, acalorarse, encolerizarse.

ÉCHAUFFOURÉE, f. echofuré. Cascabelada, barrabasada. || Encuentro, refriega repentina entre dos tropas.

ÉCHAUFFURE, f. echofür. Fuego, rescoldo ó rescaldo de calor que sale en el cútis.

ÉCHAUGUETTE, f. echogué t. Atalaya, garita, vigía.

ÉCHAULER, a. echolé. Rociar con agua de cal el trigo ántes de sembrarlo. V. CHAULER.

ÉCHAUME, m. echóm. Mar. Tolete.

ÉCHAUX ó ÉCHEAUX, m. pl. echó. Foso donde van á parar las aguas de un bosque ó prado.

ÈCHE, f. éch. Cebo, materia para atraer los peces.

ÉCHÉABLE, adj. echeábl. Pagadero: se dice billet échéable, lettre de change échéable, pagaré, letra de cambio pagadero, ra, etc.

ÉCHÉANCE, f. echeáns. Vencimiento, fin del plazo, término de una promesa.

ÉCHÉANDIE, f. echeandí. Bot. Equeandia, género de plantas de Méjico.

ÉCHEC, m. echéc. Jaque, voz del juego de ajedrez. || met. Golpe, desgracia, descalabro. || Tenir une armée, une place en échec, tener estrechado, apretado un ejército, una plaza. || Échecs, m. pl. Ajedrez, juego. || Las piezas para jugar al ajedrez. || Échec et mat, jaque y mate. || Faire échec au roi, jaquear al rey.

ÉCHÉE, f. eché. Madeja de cualquiera hilaza.

ÉCHELER, a. echelé. Escalar, aplicar una escala. || Colocar por escala ó en escalafon. || Mil. Escalonar. || n. Escalar, subir gradualmente en categoría, en posicion, en fortuna, etc. || met. Gradear, disponer las cosas con tal órden que las unas nazcan de las otras, que estén enlazadas entre sí. || S'écheler, r. Escalarse.

ÉCHELETTE, f. echelét. Escalerilla, escalera portátil. || Zool. Escalerilla, nombre vulgar del trepador de pared.

ÉCHELEUR, m. echeleur. Mil. Escalador, soldado que escala alguna muralla.

ÉCHELIER, m. echelié. Escalera de un solo palo, con estaquillas á trechos para poner los piés. || Escalon de ingenio de azúcar.

ÉCHELLE, f. echél. Escalera de mano. || Escala para medir una plaza. || Escala para medir los planos y mapas. || Échelles du Levant, escalas de Levante, puertos de comercio en el Mediterráneo. || met. L'échelle sociale, la escala social, conjunto de las diversas condiciones sociales. || Mús. Escala, recta ordenanza de los sonidos. || Échelle campanaire, terraja, pitipié de campana. || Mar. Escala, escaleras de madera para la comunicacion interior.

ÉCHELON, m. echelón. Escalon, peldaño, travesaño de escalera portátil. || Mil. Escalon, fila de tropas. || met. Escalon, el medio por el cual se asciende en dignidad, ó con que alguno adelanta sus pretensiones ó conveniencias. || D'échelon en échelon, loc. adv. De escalon en escalon, pasando por todos los grados intermedios. || Par échelons, por escalafon, de grado en grado.

ÉCHELONNER, a. echeloné. Mil. Escalonar, formar en escalon. || S'échelonner, r. Escalonarse, formarse en escalones.

ÉCHENAL, ÉCHENEAU, ÉCHENET, m. echenal, echenó, echené. Canalon, canal de madera para verter el agua.

ÉCHENILLAGE, m. echenilláge. Agr. Descoquimiento, accion de descocar.

ÉCHENILLER, a. echenillé. Agr. Descocar, limpiar los árboles de la oruga.

ÉCHENILLEUR, m. echenilleur. Agr. Descocador, el que descoca ó destruye la oruga.

ÉCHENILLOIR, m. echenilluár. Agr. Instrumento para descocar los árboles.

ÉCHENO ó ÉCHENEAU, m. echenó. Echeno, caño ó pila de fundicion donde cae el metal sobrante del molde.

ÉCHÉNOÏDES, m. pl. echenoíd. Zool. Echenoides, familia de pescados.

ÉCHERPILLER, a. echerpillé. Robar, estafar.

ÉCHETTE, f. echét. Casualidad, acontecimiento inesperado.

ÉCHEVEAU, m. echevó. Madeja de hilo, seda, etc. || Petit écheveau, cadejo.

ÉCHEVELER, a. echevelé. Desmelenar, desgreñar, desordenar el cabello. || S'écheveler, r. Desmelenarse, poner los cabellos en desórden.

ÉCHEVERIA, f. echeveriá. Bot. Echeveria, género de plantas de Méjico.

ÉCHEVETTE, f. echevét. Com. Cadejo, madeja pequeña de hilo ó seda.

ÉCHEVINAGE, m. echevináge. Regiduría, cargo, empleo de regidor, sus funciones y el tiempo de su duracion.

ÉCHEVINAL, adj. echevinál. Concejil, concerniente á los regidores.

ÉCHIDE, m. echíd. Zool. Equido, género de serpientes.

ÉCHIDNA, f. echídna. Astr. Equidna, nombre que se da algunas veces á la constelacion de la Hidra.

ÉCHIDNITE, f. echidnít. Miner. Equidnita, especie de piedra ágata.

ÉCHIE, m. echí. Zool. Equio, familia de reptiles.

ÉCHIF, IVE, adj. Mont. Gloton, voraz.

ÉCHIFFRE, m. echífr. Arq. Alma de una escalera.

ÉCHIGNOLE, f. echiñól. Huso, instrumento de cordonero.

ÉCHILLON, m. Mar. echillón. Manga ó tromba marina.

ÉCHIMIS ó ÉCHIMYS, m. echimís. Zool. Equimis, género de mamíferos rumiantes.

ÉCHIMOSE, f. V. ECCHYMOSE.

ÉCHINACANTHE, m. echinacánt. Bot. Equinacanto, género de plantas.

ÉCHINE, f. echín. Lomo, solomo, el solomillo de cerdo. || m. Bot. Equino, árbol de la Cochinchina.

ÉCHINÉE, f. echiné. Solomillo, parte carnosa y un hueso que está contiguo al lomo.

ÉCHINER, a. echiné. Deslomar, romper por el espinazo. || Descostillar, romper las costillas, hablando de golpes ó palos. || met. y fam. Matar, quitar la crisma. || S'échiner, r. fam. Cansarse, reventarse de fatiga, excederse en el trabajo.

ÉCHINOMYS, m. equinómis. Zool. Equinómis, género de roedores.

ÉCHINON, m. equinón. Caja cilíndrica en la que se echa la cuajada para hacer el queso.

ÉCHINOPHTHALMIE, f. equinoftalmí. Med. Equinoftalmía, inflamacion de la parte vellosa de los párpados.

ÉCHINOPHTHALMIQUE, adj. equinoftalmic. Med. Equinoftálmico, que tiene relacion con la equinoftalmía.

ÉCHINOT, m. echinó. Zool. Equinoto, género de insectos.

[illegible]

[illegible], hablando de colores. || [illegible] *une affaire, une question*, [illegible], poner en claro un negocio, una [illegible]. || *Éclaircir quelqu'un de quelque* [illegible], informar á uno de alguna [illegible]. *S'éclaircir*, r. Aclararse, ponerse [illegible] se dice del tiempo, [illegible], se despeja ó se serena el [illegible], informarse.

[illegible]MENT, m. *eclersismán*. [illegible], explicacion de una cosa oscura. [illegible], noticia, conocimiento de [illegible]. || Entresaca, hablando de [illegible] árboles.

[illegible], m. *eclersiseur*. Aclarador, el que aclara.

[illegible], f. *eclér*. Bot. Celedonia [illegible], planta.

[illegible], a. *ecleré*. Alumbrar, iluminar [illegible]. || Alumbrar, sacar una luz [illegible] ó hacer que vea una persona. [illegible], instruir. || Advertir, [illegible]. || Observar, espiar, vigilar. || Mil. [illegible] *sa marche*, explorar su marcha, [illegible] los sitios por donde se quiere [illegible]. || Dar claridad, relumbrar, brillar. [illegible], hacer relámpagos. || *S'éclai*[illegible], adquirir conocimientos.

[illegible], m. *ecleveur*. Mil. Explorador, [illegible] que va á la descubierta.

[illegible], f. *eclampsí*. Med. Eclampsia, [illegible] de enfermedad convulsiva.

[illegible], f. *ecládche*. Pierna de carnero.

[illegible], a. *eclanché*. Deshacer los [illegible] de una tela.

[illegible], m. *eclancheur*. El que [illegible] los pliegues de las telas en las fábricas.

[illegible], m. *eclá*. Astilla, pedazo que [illegible] alguna madera que se rompe con [illegible]. || Casco, trozo que salta con [illegible] de cualquier cuerpo duro que se [illegible] ó revienta. || Brillo, esplendor, resplandor. || met. Estrépito, rumor, ruido, escándalo. || Esplendor, lucimiento, lustre. || [illegible], boato, ruido, estrépito, [illegible], suntuosidad. || *Éclat de* [illegible] *grenade*, casco de bomba, de [illegible]. || *Éclat de tonnerre*, resplandor, [illegible], relámpago. || *Éclat de voix*, [illegible] de voz. || *Éclat de rire*, carcajada.

[illegible]TANT, E, adj. *eclatán*. Brillante, [illegible]. || Estrepitoso, ruidoso. || [illegible], deslumbrante, magnífico. || [illegible], hablando de cosas.

[illegible]MENT, m. *eclatmán*. Estallido, [illegible] estallar.

[illegible], n. *eclaté*. Estallar, reventar, [illegible], saltar en astillas ó pedazos. || Resonar, [illegible] ruido. || met. Divulgarse, [illegible], hacerse público. || met. Reventar [illegible] de cólera, de rabia. || Op[illegible], manifestarse con ruido, de un mo[illegible]. || Causar escándalo. || Brillar, [illegible]. || Descollar, sobresalir. || *Écla*[illegible] *rire*, reir á carcajadas || *Éclater en* [illegible], *en invectives*, prorumpir en inju[illegible], invectivas, etc. || a. Plat. Levantar [illegible] que habia en una pieza de oro.

[illegible], m. *eclectís*. Ecléctico, [illegible] del eclecticismo. || adj. Ecléctico, [illegible] al eclecticismo. || Filol. Eclé[illegible] al eclecticismo.

[illegible]MENT, adv. *eclecticmán*. [illegible], de una manera ecléctica.

[illegible], n. *eclectisé*. Eclectizar, [illegible].

[illegible], m. *eclectism*. Eclectis[illegible], método de muchos [illegible] y teólogos, que consistia [illegible] parecia mejor de todos [illegible].

[illegible] *eclí*. Astilla de madera.

[illegible], f. *eclíps*. Eclipse de sol, de [illegible]. || met. Desaparecimiento, [illegible]. || fam. Desaparicion, ausencia de [illegible].

[illegible]MENT, m. *eclipsmán*. Eclipsamiento, [illegible], supresion.

[illegible], a. *eclipsé*. Eclipsar, ocultar, [illegible] de un astro. || Eclipsar, oscurecer, hacer desaparecer. || met. Eclipsar, sobrepujar, oscurecer, hablando del mérito, de la gloria. || *S'éclipser*, r. Eclipsarse, ser eclipsado. || met. Eclipsarse, ausentarse una persona. || Eclipsarse, ser sobrepujado, perder de su gloria, de su reputacion. || met. Hablando de cosas morales, eclipsarse, extinguirse. || Desaparecerse, ausentarse una persona. || fam. Hacerse noche, rehundirse, perderse una cosa.

**ÉCLIPTIQUE**, f. *ecliptíc*. Ecliptica, línea que divide el zodiaco en dos partes iguales. || adj. Ecliptico, perteneciente á los eclipses ó á la ecliptica.

**ÉCLISE**, f. *eclís*. Mús. Eclisa, alteracion de un tono en el género enarmónico.

**ÉCLISSE**, f. *eclís*. Cir. Tableta para entablillar los miembros rotos ó desconcertados. || Encella, canastillo para formar los quesos y requesones. || Mús. Aro, costado del cuerpo de un violin, guitarra, etc.

**ÉCLISSER**, a. *eclisé*. Cir. Entabletar, entablillar un miembro fracturado.

**ÉCLISSETTE**, f. dim. V. ÉCLISSE.

**ÉCLOPPER**, a. *eclopé*. Lisiar, poner cojo á alguno.

**ÉCLORE**, n. *eclór*. Salir del huevo ó cascaron el pollo: dícese del nacer de todos los volátiles, insectos, etc. || Abrirse, desarrollarse las flores, salir del capullo. || Abrir, despuntar el dia, la aurora. || met. Salir á luz, producirse, manifestarse.

**ÉCLOSION**, f. *eclosión*. Nacimiento, accion y efecto de nacer, de lucir, de desarrollarse, etc.

**ÉCLUSE**, f. *eclús*. Esclusa, fábrica de piedra ó madera para tener las aguas ó para darles elevacion, presa, parada, azud.

**ÉCLUSEAU**, m. *eclusó*. Bot. Especie de hongo.

**ÉCLUSÉE**, f. *eclusé*. La represa de agua que se suelta desde que se abre hasta que se cierra la esclusa. || La cantidad de agua que se saca de un canal superior en comunicacion con otros, para lo que sea necesario. || Com. Media carga de madera que puede pasar por las esclusas.

**ÉCLUSER**, a. *eclusé*. Esclusar, cerrar por medio de esclusas. || Art. Hacer, poner esclusas en un canal. || Hacer pasar un barco ó barca por una esclusa.

**ÉCLUSIER, ÈRE**, adj. *eclusié, ér*. Esclusero, que pertenece á la esclusa. || m. Esclusero, encargado de una esclusa, que cuida de ella.

**ÉCLYSE**, f. Mús. ant. V. ÉCLISE.

**ECMÈLE**, adj. *ecmél*. Mús. ant. Antimelódico, opuesto á la melodía.

**ECNÉPHIAS**, m. *ecnéfias*. Ecnefias, viento violento, especie de huracan.

**ÉCOBUE**, f. *ecobú*. Azada rocera, especie de azada mas larga que la comun para limpiar ó escardar los terrenos de las plantas crecidas ó inútiles.

**ÉCOBUER**, a. *ecobué*. Desterronar, descortezar, limpiar de malezas las tierras incultas.

**ÉCOCHELAGE**, m. *ecocheláge*. Reunion de la avena esparcida en montones para formar gavillas.

**ÉCOCHELER**, a. *ecochelé*. Agr. Apilar, recoger la avena en pilas.

**ÉCOFRAI** ó **ÉCOFROI**, m. *ecofré, ecofroá*. Tablero, tabla gruesa que usan algunos artesanos para cortar y disponer su obra.

**ÉCOINÇON** ó **ÉCOINSON**, *ecuensón*. Arq. Mocheta, la piedra puesta en los ángulos que forman las jambas y dintel de una puerta ó ventana. || Rinconera, especie de mesa que se coloca en un angulo.

**ÉCOLAGE**, m. *ecoláge*. Escolaje, retribucion que pagan los escolares.

**ÉCOLÂTRE**, m. *ecolátr*. Maestrescuela, dignidad de algunas iglesias. || Profesor de filosofía y bellas letras en las catedrales para enseñar gratuitamente.

**ÉCOLÂTRIE**, f. *ecolatrí*. Maestrescolía, cargo, empleo de maestrescuela.

**ÉCOLE**, f. *ecol*. Escuela, establecimiento público en donde se enseñan una ó varias ciencias, una ó varias artes. || Escuela, estudio de instruccion elemental reducida á los primeros rudimentos. || Escuela, el conjunto de educandos, discípulos ó alumnos, profesores y fámulos de un establecimiento de enseñanza. || Escuela, estudio especial de una ciencia. || Escuela, secta ó doctrina de algun filósofo ó doctor célebre. || Escuela de maestros célebres en literatura y en bellas artes; y en este sentido se dice *l'école de Shakspeare, l'école de Raphaël*. || Escuela, experiencia, práctica de los hombres, de las cosas, de las ideas. || Escuela, sistema político. || *Renvoyer quelqu'un à l'école*, enviar á una persona á la escuela: reprocharle su ignorancia. || *Faire l'école buissonnière*, hacer novillos un estudiante, esto es, faltar á la escuela, yéndose al campo en busca de nidos, etc., sin permiso de su maestro. || *Faire une grande école*, hacer un solemne disparate. || *Pas d'école*, bisoñada, yerro, falta. || *Faire une école*, contar mas ó ménos pantos de los que se han hecho en el juego de chaquete.

**ÉCOLIER, ÈRE**, m. y f. *ecolié, ér*. Discípulo, alumno. || Aprendiz de un oficio. || Escolar, estudiante, asistente á una cátedra. || adj. *Ton écolier*, tono escolástico, monótono. || *Tour d'écolier*, tunantada, pillada. || *Prendre le chemin des écoliers*, buscar rodeos, tomar el camino mas largo.

**ÉCOLLAGE**, m. *ecoláge*. Art. Palearniento, paleteo dado á las pieles para quitarles la carnasa.

**ÉCOLLETTE**, f. *ecolét*. Estrechura, estrechez, diminucion de la circunferencia de un vaso, de una vasija.

**ÉCOLLETTER**, a. *ecoleté*. Art. Batir, labrar con martillo sobre el yunque ó la bigornia una pieza de metal.

**ÉCONDUIRE**, a. *econduír*. Exportar, conducir fuera alguna cosa. || Despedir con atencion, negando á uno lo que pide. || Desembarazarse de un importuno cortesmente.

**ÉCONDUISEMENT**, m. *econduismán*. Conduccion, alejamiento.

**ÉCONDUISEUR**, m. *econduiseur*. Conductor, el que conduce.

**ÉCONOMAT**, m. *economá*. Economato, cargo, empleo, destino de ecónomo. || Economato, local que ocupan las oficinas del ecónomo. || Economato, administracion de bienes de curatos vacantes, abadías, etc.

**ÉCONOME**, m. y f. *económ*. Ecónomo, administrador, propietario interino de haciendas, casas, etc. || Director de un hospital, de un establecimiento público. || Ecónomo, administrador de beneficios eclesiásticos vacantes. || ant. Defensor, protector, abogado. || adj. Económico, arreglado: dícese de la persona que administra y gobierna bien su casa, bienes, etc.

**ÉCONOMIE**, f. *economí*. Economía, administracion recta y prudente de los bienes. || met. Economía, el buen órden y justa distribucion de las partes que componen un todo. || *Économie morale*, ciencia que abraza conjuntamente todos los intereses morales y materiales de la civilizacion. || *Économie politique*, economía política, ciencia que trata de los grandes intereses de la sociedad. || Economía, ahorro, cantidad reservada que se pone á un lado.

**ÉCONOMIQUE**, adj. *economíc*. Económico, concerniente á la economía. || Económico, que arregla y pone órden en los gastos, ahorrativo. || f. Económica, parte de la filosofía moral que trata del gobierno de una familia.

**ÉCONOMIQUEMENT**, adv. *economicmán*. Económicamente, de una manera económica, con economía.

**ÉCONOMISER**, a. *economisé*. Economizar, manejar con economía los bienes ó rentas. || Economizar, ahorrar, tener un fondito aparte, etc.

**ÉCONOMISTE**, m. *economíst*. Economista, escritor sobre materias de economía política, instruido en esta ciencia.

**ÉCOPE**, f. *ecóp*. Art. Achicador, instrumento de madera, especie de pala hueca con que se arroja fuera el agua introducida en alguna cavidad.

**ÉCOPERCHE**, f. *ecopérche*. Art. Torno

para levantar piedras. || Varal para formar tablados.

ÉCORCE, f. *ecórs*. Corteza, cubierta, piel exterior de los vegetales. || Farm. Corteza, especie de medicamento. || met. Corteza, superficie, apariencia exterior. || Com. *Ecorce d'arbre*, corteza de árbol, mahon, género de tela. || *Écorce de liège*, corcho, la corteza del alcornoque. || met. *Quand on a pressé l'orange, on jette l'écorce*, exprimidos los jugos de la naranja, con desprecio se tira la cáscara. Se aplica al desden con que se suele mirar á una persona despues que se le ha sacado todo el jugo.

ÉCORCEMENT, m. *ecorsmán*. Descortezamiento, accion y efecto de descortezar.

ÉCORCER, a. *ecorsé*. Descortezar, quitar la corteza. || *S'écorcer*, r. Descortezarse, ser descortezado.

ÉCORCHANT, E, adj. *ecorchán*. Discordante, desagradable, que hiere el oido.

ÉCORCHÉ, m. *ecorché*. Pint. Figura desollada, pintada ó esculpida sin la piel exterior, para representar al vivo sus músculos.

ÉCORCHÉE, f. *ecorché*. Zool. Nube, concha marina.

ÉCORCHELER, a. V. ÉCOCHELER.

ÉCORCHER, a. *ecorché*. Desollar, despellejar, arrancar la piel á un animal. || Despellejar, hacer un desollon, una desolladura en algun miembro del cuerpo humano. || Matar, hacer la silla ó el aparejo una matadura en el cuerpo de la caballería. || Rozar, raer un árbol, una pared el roce ó ludimiento de un cuerpo duro. || met. Desollar, exigir mas de lo que se debe por impuestos, salarios ú otros pagos. || met. *Ecorcher une langue*, estropear un idioma, chapurrearlo, hablarlo mal. || *Ecorcher les oreilles*, desgarrar los oidos, causar en ellos una impresion desagradable. || prov. y vulg. *Ecorcher le renard*, desollar la zorra, vomitar la borrachera. || *Jamais beau parler n'écorcha la langue*, por hablar como es debido nunca hubo nada perdido. || loc. adv. *A écorche-cul*, arrastrándose sobre el trasero; y met., por fuerza, de mala gana.

ÉCORCHERIE, f. *ecorcherí*. Rastro, matadero, local donde se desuellan las reses. || met. Desolladero, posada, almacen, etc., en que llevan exorbitantes precios. || Desollamiento, accion de hacer pagar muy caro. || Concusion, exaccion arbitraria, robo.

ÉCORCHEUR, m. *ecorcheur*. Desollador, que desuella reses. || met. Desollador, desuella-bolsas, que hace pagar á precios muy crecidos.

ÉCORCHURE, f. *ecorchúr*. Desolladura, desollon hecho en alguna parte de la piel.

ÉCORCIER, m. *ecorsié*. Almacen de cortezas para uso del curtidor.

ÉCORE, f. *ecór*. Repecho, el declive de una cuesta. || Mar. Estay, cabo grueso que va de la gavia mayor al trinquete.

ÉCORER, a. *ecoré*. Mar. Echar los estays contra la regala ó borda. V. ACCORER.

ÉCORNER, a. *ecorné*. Descornar, desmochar, quitar los cuernos á las reses. || Descantillar, desesquinar, cortar las puntas de cualquier cuerpo esquinado. || met. y fam. Capar, mutilar, disminuir privilegios, autoridad, poder, haciendas, etc. || *Ecorner la foi conjugale*, hacer traicion á la fidelidad conyugal. || Mil. *Ecorner un convoi*, sorprender uno de los extremos de un convoy. || *S'écorner*, r. Descornarse, romperse los cuernos.

ÉCORNIFLER, a. *ecornifié*. Comer de pegote, buscar el medio de comer á expensas de otro. || Convidarse á sí mismo, meterse de gorra, de mogollon.

ÉCORNIFLERIE, f. *ecornifleri*. Petardo, accion de meterse alguno en donde no le han convidado.

ÉCORNIFLEUR, EUSE, m. y f. *ecornifleur, eus*. Gorron, gorrista, petardista, etc., que se cuela á comer donde no le esperaban. || met. Plagiario.

ÉCORNURE, f. *ecornúr*. Arq. Astillon, el pedazo de piedra que salta de un sillar al tiempo de colocarlo.

ÉCOSSAIS, E, adj. *ecosé*. Escoces, de Escocia. || *Ecossais*, m. Escoces, filósofo de la escuela escocesa. || Com. *Ecossaise*, f. Escocesa, especie de tela.

ÉCOSSER, a. *ecosé*. Desvainar, desgranar, quitar la cubierta á las habas, guisantes, etc. || *S'écosser*, r. Desvainarse, desgranarse, ser desvainado.

ÉCOSSEUR, EUSE, m. y f. *ecoseur, eus*. Desvainador, desgranador, la persona que se ocupa en desvainar.

ÉCOT, m. *ecó*. Escote, tanto por cabeza, cuota correspondiente á cada uno del gasto hecho entre todos. || La concurrencia, compañía, reunion de personas que comen juntas á escote. || Tocon, parte del tronco de un árbol que queda á raiz de la tierra, despues de cortado. || met. y fam. *Payer, fournir son écot*, pagar bien su escote, divertir á los convidados durante la comida.

ÉCÔTAGE, m. *ecotáge*. Deshojadura, accion de deshojar el tabaco. || Art. Pulidura, pulimento, accion de pulir.

ÉCÔTER, a. *ecoté*. Deshojar, quitar la hoja al tabaco. || Art. Trabajar, pulir el alambre. || *S'écôter*, r. Deshojarse, ser deshojado.

ÉCOTER, n. *ecoté*. Se ha usado por, pagar su escote, su parte.

ÉCÔTEUR, m. *ecoteur*. Deshojador, obrero que deshoja el tabaco. || Pulidor, bruñidor de alambre, instrumento para quitarle la cascarilla. || Desmochador de árboles.

ÉCOUANE, f. *ecuán*. Art. Lima musa, por otro nombre raedor, de que se usa en las fábricas de moneda.

ÉCOUANER, a. *ecuané*. Limar con la lima musa las monedas para reducirlas al debido peso.

ÉCOUANETTE, f. dim. de ÉCOUANE. V. este.

ÉCOUCHE, f. *ecúche*. Art. Espadilla, instrumento para espadar cáñamo ó lino.

ÉCOUCHER, a. *ecuché*. Art. Espadillar, espadar el lino ó cáñamo.

ÉCOUENNE ó ÉCOUÈNE, f. V. ÉCOUANE.

ÉCOUER, a. *ecué*. Descolar, cortar la cola á los animales; desrabar, si es ganado lanar.

ÉCOUET, m. *ecué*. Mar. Amura de la mayor y del trinquete.

ÉCOUFLE, f. *ecúfl*. Zool. Milano, ave de rapiña.

ÉCOULEMENT, m. *eculmán*. Derramamiento, derrame, accion de correr las aguas de uno á otro punto, etc. || Med. Evacuacion, flujo, desagüe de un humor líquido. || met. Emanacion, destello de la luz, de la gracia, etc.

ÉCOULER, n. *eculé*. Correr, pasar de un lugar á otro el agua ú otro líquido, pasar el agua por algun canal ó conducto. || Correr, salir de una iglesia, de una plaza pública ó teatro la gente reunida en considerable número. Este verbo se conjuga con el auxiliar *être*, y muy á menudo se emplea con *faire*: v. gr. *faire écouler les eaux, la foule*. || a. Despachar, dar pronta salida á los géneros ó mercancías. || Art. *Ecouler le cuir*, escurrir la piel, hacer salir toda el agua de que está impregnada. || *S'écouler*, r. Derramarse, esparcirse las cosas líquidas de los receptáculos que las contienen. || met. Hundirse, escurrirse, huir sin ser visto ni oido. || met. Trascurrirse, pasarse el tiempo. || Despacharse, venderse, ser vendido, despachado.

ÉCOUPE ó ÉCOUPÉE, f. *ecúp, ecupé*. Agr. Especie de azada ó pala ancha de hierro. || Mar. Lampazo.

ÉCOURGÉE, f. V. ESCOURGÉE.

ÉCOURONNER, a. *ecuroné*. Descoronar, quitar la corona, la coronilla ó cima.

ÉCOURTER, a. *ecurté*. Cortar muy corto, á raiz, á cercen una cosa, rapar. || Descolar, desorejar á un animal. || Capar, castrar, dejar raso á un hombre. || met. Capar, suprimir párrafos necesarios de un discurso, de un proceso, etc.

ÉCOUSSAGE, m. *ecuságe*. Mancha negra en la porcelana.

ÉCOUSSE, f. Art. V. ÉCOUCHE.

ÉCOUTANT, E, adj. y s. *ecután*. Oyente, el que oye, que escucha. Se dice de la persona que tiene el hábito de ponerse á escuchar. || Se usa tambien como sustantivo. || *Avocat écoutant*, abogado sin pleitos

ÉCOUTE, f. *ecút*. Escucha, [illegible] tana desde donde [illegible] el que oye. Se usa [illegible] || met. *Être aux écoutes*, [illegible] en espectacion, á la [illegible] || *Sœur écoute*, la monja [illegible] oir lo que habla otra [illegible] Escota, cuerda que sirve [illegible] las. || *Écoute-s'il-pleut*, m. [illegible] anda sino por medio de las [illegible] promesa ilusoria, esperanza [illegible] sas que tal vez no se realicen [illegible] fam. *C'est un écoute-s'il-pleut*, [illegible] cha si llueve, un papavientos, un [illegible] duendes.

ÉCOUTER, a. *ecuté*. Escuchar, [illegible] oido para oir. || Escuchar, dar [illegible] Escuchar, dar oidos, mostrarse [illegible] una idea, á una persona, etc. [illegible] ceder á los impulsos del corazon [illegible] del honor, etc. || Obedecer, [illegible] sejos de personas que ejercen [illegible] bre nosotros. || Escuchar, [illegible] mente. || Oir con gusto á alguno [illegible] en sus propuestas. || *Écouter* [illegible] tener gran cuidado con su [illegible] carlo de su paso. || *S'écouter*, r. [illegible] á sí mismo, hablar, recitar con [illegible] tadas. || *S'écouter trop*, [illegible] tener sobrado cuidado de su salud. [illegible]

ÉCOUTEUR, EUSE, m. y f. [illegible] Auditor, escuchador. || *A bel* [illegible] *écouteur*, á palabras necias [illegible] adj. m. Equit. Espantadizo, [illegible] espanta.

ÉCOUTILLE, f. *ecutill*. [illegible] abertura para comunicar [illegible] buque.

ÉCOUTILLON, m. *ecutillón*. [illegible] tillon, escotilla pequeña.

ÉCOUTOIR, m. *ecutuár*. Trompetilla [illegible] cornetilla acústica.

ÉCOUVETTE, f. ant. *ecuvét*. [illegible] V. VERGETTE.

ÉCOUVILLON, m. *ecuvillón*. [illegible] hon, deshollinador para [illegible] del panadero. || Artill. Escobillon, [illegible] mento que usan los artilleros.

ÉCOUVILLONNER, a. *ecuvillon*[illegible] bar, barrer el horno con el [illegible] Escobillonear, pasar el escobillon [illegible] ñon. || *S'écouvillonner*, r. [illegible] escobado.

ECPHYSE, f. *ecfís*. Med. [illegible] cion de aire detenido en la [illegible]

ECPHYSÈSE, f. *ecfisés*. Med. [illegible] expiracion, expulsion pronta del [illegible] de los pulmones.

ECPLÉRÔME, m. *ecpleróm*. [illegible] romo, almohadilla para los [illegible]

ECPLEXIE, m. *ecplecsí*. Med. [illegible] delirio ocasionado por un [illegible]

ECPTÔME, m. *ecptóm*. Cir. [illegible] danza preternatural de los [illegible] dos.

ECPYÈME, m. *ecpiém*. Med. [illegible] absceso, supuracion.

ECPYÉTIQUE, adj. *ecpietic*. [illegible] piético, supurativo.

ÉCRAI, m. *ecré*. Agr. Medio [illegible] tad del surco abierto por el [illegible]

ÉCRAIGNE, f. *ecréñ*. Velada [illegible] de aldea; lugar donde se reune [illegible]

ÉCRAN, m. *ecrán*. Pantalla [illegible] de chimenea. || *Écran à pied*, [illegible] chimenea, especie de biombo, [illegible] que se coloca delante del hogar [illegible] se sienta demasiado al fuego. || [illegible] de visera con que los [illegible] frente para preservar los ojos [illegible] del fuego.

ÉCRANCHER, a. *ecranché*. [illegible] quitar los dobleces del paño, [illegible] ÉCLANCHER. || *S'écrancher*, r. [illegible] ser alisado.

ÉCRASAGE, m. *ecraságe*. Aplastamiento, accion y efecto de aplastar. [illegible]

ÉCRASANT, E, adj. *ecrasán*. [illegible] dor, propio para aplastar. || met. [illegible] to cargante, que fastidia. [illegible]

ÉCRASEMENT, m. V. ÉCRASAGE. [illegible]

ÉCRASER, a. *ecrasé*. Aplastar, [illegible] despachurrar. || Destruir, [illegible]

[illegible] desenganar, arruinar, quitar todo [illegible] recursos. || Sacrificar, encargar [illegible] á los superiores. || Tener, reportar [illegible] ventaja, salir triunfante del deba- [illegible]. [illegible], fatigar, hastiar, eno- [illegible]. Hacer ó dejar una cosa chata ó [illegible] darle la elevacion corres- [illegible]. || Desacreditar, hacer perder la [illegible], la opinion. || Art. Golpear [illegible] artefacto.

[illegible], m. ecraseur. Aplastador, [illegible].

[illegible], m. ecrà. Especie de queso [illegible].

[illegible], m. ecremáge. Desnatamien- [illegible] de desnatar. || Art. Accion [illegible] las escorias del vidrio fundido.

[illegible], a. ecremé. Desnatar, quitar [illegible] la leche. || Desescoriar, extraer las [illegible] vidrio fundido. || met. Desflorar, [illegible] la primera flor, lo mas exquisito.

[illegible], f. ecremiér. Zool. Especie [illegible].

[illegible], f. ecremuár. Art. Reco- [illegible] de asta ó hoja de lata con que [illegible] recogen los ingredientes des- [illegible]. || Utensilio que usan los [illegible] para limpiar de escorias el vi- [illegible].

[illegible], m. ecrenáge. Impr. Escan- [illegible] la accion de sacar el brillo á la le- [illegible].

[illegible], a. ecrené. Impr. Escantear, [illegible] fundidores de letra, valiéndose de [illegible] el tamiento, el hombrillo ó chaflan [illegible] para que quede exento el ojo.

[illegible], m. ecreneur. Impr. Escan- [illegible].

[illegible], m. ecrenuár. Impr. Cepillo [illegible] sirven los fundidores de letra para [illegible], esto es, hacerle el chaflan ó [illegible] que tiene por debajo del ojo para [illegible] quede exento.

[illegible], a. ecreté. Mil. Batir, derribar [illegible] un muro, etc., para facilitar la en- [illegible], quitar á un gallo la cres- [illegible], cortar las puntas del maíz [illegible] del ganado.

[illegible], f. ecrevís. Zool. Cangrejo, [illegible]. || met. fam. Aller á [illegible] des écrevisses, recular como [illegible], perder terreno en vez de ade- [illegible]. Cáncer, cuarto signo del zo- [illegible].

[illegible], f. ecrésis. Cir. Ecrexis, [illegible].

[illegible], a. ecrié. Art. Asperonar, lim- [illegible] con el asperon. || S'écrier, r. [illegible] la voz, exhalar un grito [illegible], quejarse, gemir.

[illegible], m. ecrieur. Asperonador, [illegible] con el asperon.

[illegible], f. ecrill. Pesc. Palizada con [illegible] que no se vaya la pesca de los [illegible].

[illegible], m. ecrén. Cofrecito, cajita para [illegible].

[illegible], m. ant. ecrinié. Cofrero, fa- [illegible].

[illegible], a. ecrír. Escribir, formar ca- [illegible] el pensamiento. || Es- [illegible], estas obras. || met. Es- [illegible] profundamente una cosa, una [illegible], alucir sus descargos [illegible]. || S'écrire, r. Escribirse, [illegible] mutuamente. || Escribirse, [illegible] su nombre por escrito [illegible]. || Ser escrito, expre- [illegible], etc.

[illegible], m. ecri. Escrito, manuscrito, [illegible], papel, etc., que está [illegible]. || fad. adv. Par écrit, por [illegible] lo que se dice ó alega.

[illegible], f. ecrit. Convencion, convenio, [illegible].

[illegible], m. ecritó. Rótulo, cartelon [illegible] alguna cosa en letras ma- [illegible] un aviso al público.

[illegible], f. ecritudr. Escribanía, [illegible] el cuaderno de escribir contenido [illegible] portátil.

[illegible], f. ecritúr.

comunicar las ideas y palabras por escrito. || Carácter, el estilo bueno ó malo de letra. || Jurisp. Escrito, defensa exhibida en un pleito. || Escritura, se entiende por antonomasia la Biblia. || *Écritures*, pl. Com. Las letras, libros, registros de un negociante. || *Concilier les écritures*, hermanar intereses contrarios al parecer. || Mar. Los diarios, registros, pasaportes, conocimientos, pólizas, etc., que se hallan en un buque.

**ÉCRITURER**, a. *ecrituré*. Escriturar, sacar copias, hacer escrituras.

**ÉCRITURIER**, m. *ecriturié*. Copiata, el que hace copias.

**ÉCRIVAILLER**, a. *ecrivaillé*. Escribir mucho y mal, borronear.

**ÉCRIVAILLERIE**, f. *ecrivaliri*. Literatomanía, manía de publicar muchos y malos escritos.

**ÉCRIVAILLEUR, EUSE**, m. y f. *ecrivalleur*, eus. Escritorcillo, escritorzuelo, el que tiene prurito de escribir mucho y todo malo.

**ÉCRIVAIN**, m. *ecriván*. Escribiente, amanuense, copiante. || Escritor, autor que compone obras. || *Écrivain public*, memorialista, el que escribe para el público cartas, solicitudes, etc. || Jurisp. *Expert-écrivain*, pendolista curial juramentado que escribe cerca de un tribunal. || *Maître écrivain*, maestro de primeras letras.

**ÉCRIVANT, E**, adj. *ecriván*. Que tiene la manía de escribir, furioso por escribir mucho y pésimo. || Que tiene la costumbre de escribir.

**ÉCRIVASSIER, ÈRE**, m. y f. *ecrivasié*, *ér*. Autorcillo, escritor ignorantuelo.

**ÉCRIVE**, f. *ecrív*. Art. Astil de la tuerca del tornillo, en la prensa de paños.

**ÉCRIVEUR, EUSE**, m. y f. *ecriveur*, eus. Pendolista, amanuense, etc.

**ÉCRIVEUX, EUSE**, adj. *ecriveu*, eus. Aficionado á escribir.

**ÉCROTAGE**, m. *ecrotáge*. Desterronamiento, accion y efecto de levantar la primera capa de tierra en los obradores de las salinas. || La misma tierra levantada.

**ÉCROU**, m. *ecrú*. Art. Tuerca de un tornillo, matriz de una rosca. || Registro, asiento de los presos de una cárcel.

**ÉCROUE**, f. *ecrú*. Lista ó estado del gasto ordinario de la casa real. || Declaracion de vasallaje, pleito homenaje rendido á un señor feudal. || Registro, libro de entradas de una prision.

**ÉCROUELLÉ, ÉE**, adj. *ecruelé*. Lamparoso, lleno, plagado de lamparones. || m. y f. Lamparoso, el que va lleno de manchas, de lamparones.

**ÉCROUELLES**, f. pl. *ecruél*. Med. Lamparones, enfermedad escrofulosa, ó sea tumores fríos.

**ÉCROUELLEUX, EUSE**, adj. *ecruelеu*, eus. Escrofuloso, que tiene lamparones; que pertenece ó se refiere á ellos.

**ÉCROUER**, a. *ecrué*. Registrar, sentar en el libro de entradas de las cárceles á los presos recien llegados.

**ÉCROUIR**, a. *ecruír*. Martillar, machacar un metal en frio para darle temple.

**ÉCROUISSAGE**, m. *ecruiságe*. Martilleo, accion de martillar.

**ÉCROUISSEMENT**, m. *ecruismán*. Art. Temple, resultado de la accion de batir los metales y martillarlos en frio.

**ÉCROULEMENT**, m. *ecrulmán*. Desplomamiento, hundimiento total ó en parte de casas, obras, etc. met. || Estrellamiento, ruina.

**ÉCROULER (S')**, r. *secrulé*. Desplomarse, caer al suelo, venirse abajo una obra, un edificio, etc. || met. Anonadarse, estrellarse, perecer.

**ÉCROÛTAGE**, m. *ecrutáge*. Descortezamiento, accion de descortezar.

**ÉCROÛTER**, a. *ecruté*. Descortezar, quitar la corteza del pan. || Cir. Escarizar una llaga para que encarne bien. || Agr. Rozar, cavar la superficie de una tierra inculta para quemarla luego.

**ÉCRU, E**, adj. *ecrù*. Art. Crudo, que no ha sido lavado, blanqueado, etc., hablando de lienzos y de todo género de telas. || *Fer* hierro crudo, lleno de escorias.

**ÉCRUES**, f. pl. *ecrù*. Bosques nuevamente crecidos en tierras labrantías.

**ECRYSIE**, f. *ecrisí*. Med. Ecrisis, chorreo del sémen generativo que no constituye feto.

**ECSARCOME**, m. *ecsarcóm*. Med. Ecsarcoma, excrecencia carnosa, especie de parótida.

**ECTASE**, f. *ectás*. Med. Ectasia, distension nerviosa de la piel. || Tension mórbida del iris.

**ECTHÉLYNSIE**, f. *ectelensí*. Cir. Ectelensia, aflojamiento de un vendaje. || Flacidez de la carne, de la piel.

**ECTHÈSE**, f. *ectés*. Ectesis, profesion de fe publicada por el emperador Heraclio en favor del monotelismo.

**ECTHÉSIEN**, m. *ectesién*. Ectesiano, sectario de Heraclio.

**ECTHLIPSE**, f. *ectlips*. Poet. Ectlipsis, supresion de una *m* final en los versos latinos.

**ECTHYME**, m. *ectím*. Med. Ectimo, pústula, postilla, tubérculo fugaz.

**ECTHYMOSE**, f. *ectimós*. Med. Ectimosis, hervor de sangre.

**ECTOME**, f. *ectóm*. Cir. Ectoma, excision, amputacion.

**ECTOSPERME**, m. *ectospérm*. Ectospermo, género de algas de agua dulce.

**ECTRODACTYLE**, f. *ectrodactil*. Med. Ectrodáctila, falta de uno ó muchos dedos.

**ECTROMÈLE**, m. *ectromél*. Ectrómelo, monstruo falto de uno ó muchos miembros.

**ECTROMÉLIE**, f. *ectromelí*. Ectromelia, monstruosidad por falta de miembros abortados.

**ECTROSE**, f. *ectrós*. Cir. Ectrosis, parto. || Aborto.

**ECTROSIE**, f. *ectrosí*. Bot. Ectrosia, género de plantas.

**ECTROTIQUE**, adj. y s. *ectrotic*. Med. Ectrótico, medicamento que hace abortar.

**ECTYLOTIQUE**, adj. *ectilotic*. Ectilótico, quita-callos, que los resuelve.

**ECTYPE**, f. *ectip*. Ectipo, vaciado de una moneda ó medalla antigua. Cópia vaciada de una inscripcion ú otro monumento.

**ECTYPIQUE**, adj. *ectipic*. Ectípico, muy parecido á la marca de un sello, semejante al original de donde se ha sacado.

**ÉCU**, m. *ecú*. Escudo, adarga, especie de arma defensiva de los antiguos. || Escudo, pieza antigua de moneda. || Blas. Escudo, pieza de armas. || met. y fam. *Avoir des écus*, tener muchas pesetas. || Por exag. *Remuer les écus à la pelle*, apalear las onzas de oro, ser millonario. || Astr. *Écu de Sobieski*, constelacion celeste colocada por Hevelio en el hemisferio austral.

**ÉCUAGE**, m. *ecuáge*. Jurisp. Escudaje, antiguo derecho feudal.

**ÉCUBIER**, m. *ecubié*. Mar. Escoben, cualquiera de los agujeros por donde salen los cables en la proa para amarrar el buque.

**ÉCUEIL**, m. *equeull*. Mar. Escollo, peñasco debajo del agua. || met. Escollo, tropiezo, obstáculo.

**ÉCUELLE**, f. *ecuél*. Escudilla, taza que se usa generalmente para tomar caldo, sopas, etc. || *Écuelle de bois*, hortera, especie de cazuela, de madera. || Bot. *Écuelle d'eau*, sombrerillo de agua, planta. || *Il n'y a dans cette maison ni pot au feu, ni écuelles lavées*, no hay en esta casa lumbre ni fogon, taza ni puchero, agua ni carbon.

**ÉCUELLÉE**, f. *ecuelé*. Escudilla, taza llena en el sentido de lo que contiene ó de lo que cabe en ella.

**ÉCUIAGE**, m. ant. *ecuiáge*. Escudería, estado, condicion de escudero.

**ÉCUISSAGE**, m. *ecuiságe*. Rajadura, accion de rajar un árbol.

**ÉCUISSER**, a. *ecuisé*. Rajar, romper un árbol derribándole al suelo.

**ÉCULAN**, m. *eculán*. Art. Escudillon caso grande usado por los cereros.

**ÉCULER**, a. *eculé*. Descalcañar, destalonar, torcer el talon del calzado.

**ÉCUMAGE**, m. *ecumáge*. Art. Espumaje, accion de espumar.

**ÉCUMANT, E**, adj. *ecumán*. Espumante, espumoso, que arroja espuma. || met. Colérico, frenéticamente irritado.

**ÉCUME**, f. *ecúm*. Espuma que forma el hervor ó agitacion de un líquido. || Escoria de los metales en fusion. || Espumarajo, babo de algunos animales, cuando están fatigados ó encolerizados || Espuma, sudor blanco del caballo. || Miner. *Ecume de terre*, espuma térrea, sustancia mineralógica. || Min. *Ecume de mer*, espuma de mar, tierra magnesiana, excelente para hacer pipas.

**ÉCUMER**, n. *ecumé*. Espumear, arrojar espuma, hablando de cuerpos líquidos. || Echar espumarajos, babear de cólera, de rabia. || a. Espumar, quitar la espuma á una cosa que hierve. || met. Purificar, limpiar, desembarazar. || Quitar, llevarse lo mejor, la flor y nata de una cosa. || met. *Ecumer les mers, les côtes*, piratear, corsear. || met. y fam. *Ecumer les marmites*, vivir como un parásito, comer la sopa boba.

**ÉCUMERESSE**, f. *ecumrés*. Art. Espumadera, instrumento usado por los refinadores de azúcar.

**ÉCUMETTE**, f. *ecumét*. Art. Espumaderita, espumadera pequeña.

**ÉCUMEUR**, m. *ecumeur*. Espumador, el que espuma. || met. *Ecumeur de marmites*, busca-ollas, parásito, pegote. || ant. *Ecumeur de mer*, pirata, ladron de mar.

**ÉCUMEUX, EUSE**, adj. *ecumeu, eus*. Espumoso, que produce espuma. || Espumoso, cubierto de espuma.

**ÉCUMOIRE**, f. *ecumuár*. Espumadera, utensilio de cocina. || Art. Especie de cuchara para quitar la escoria de los metales fundidos.

**ÉCURAGE**, m. *ecurága*. Fregadura, accion y efecto de fregar.

**ÉCUREAU**, m. *ecuró*. El obrero que limpia las cardas.

**ÉCUREMENT**, m. *ecurmán*. Agr. Surco que atraviesa un campo sembrado y facilita el conveniente riego.

**ÉCURER**, a. *ecuré*. Fregar, quitar la suciedad á cosas de vajilla y utensilios de cocina. || Limpiar los pozos de agua potable.

**ÉCURETTE**, f. *ecurét*. Art. Raspador de guitarrero.

**ÉCUREUIL**, m. *ecureull*. Zool. Ardilla, género de cuadrúpedos.

**ÉCUREUR**, m. *ecureur*. Pocero, el que limpia los pozos de agua.

**ÉCUREUSE**, f. *ecureus*. Fregatriz, fregona, la mujer que friega el vidriado, suelos y demas.

**ÉCURIE**, f. *ecurí*. Caballeriza, cuadra, lugar destinado para tener las caballerías. || Caballeriza, tren, equipaje, conjunto de criados, lacayos, caballos, coches y demas boato de una casa rica. || Mar. *Ecuries flottantes*, barcos preparados para trasportar caballos. || loc. prov. *Fermer l'écurie quand les chevaux sont dehors*, al asno muerto la cebada al rabo: tomar precauciones despues que el daño está hecho.

**ÉCUSSON**, m. *ecusón*. Blas. Escudo de armas. || Agr. Escudete, uno de los modos de engertar. || Mar. Escudo de armas esculpido en el coronamiento.

**ÉCUSSONNABLE**, adj. *ecusonábl*. Agr. Ingerible, engertable, que puede ser engertado.

**ÉCUSSONNER**, a. *ecusoné*. Agr. Ingerir, engertar á escudete.

**ÉCUSSONNOIR**, m. *ecusonuár*. Engertador, instrumento con el que se hace la operacion de engertar á escudete.

**ÉCUYAGE**, m. *ecuyága*. Escuderaje, accion de servir de escudero y el mismo servicio.

**ÉCUYER**, m. *ecuyé*. Escudero, nombre dado en el siglo último á los simples hidalgos y á los recien ennoblecidos. || Escudero, caballerizo, el que tiene á su cargo el gobierno de la caballeriza y sus dependientes. || Equit. Picador, el que dirige bien un caballo de escuela, que es inteligente en el arte de equitacion. || Escudero, el que está al servicio de un grande ó una gran señora. || Escudero, usado [illegible] que acompaña á otro mas viejo. || *Ecuyer tranchant*, bujier de vianda, oficial del palacio que trincha en la mesa de un príncipe, de un soberano. || *Grand écuyer*, caballerizo mayor.

**ÉCUYÈRE**, f. *ecuyér*. Jineta, señora que monta bien á caballo, que hace públicamente ejercicios de equitacion. || *Bottes à l'écuyère*, botas á la jineta, botas grandes de montar.

**EDDA**, f. *édda*. Eda, coleccion mitológica de los Escandinavos.

**ÉDELSPATH**, m. *edelspát*. Miner. Edelspato, variedad de feldespato.

**ÉDEN**, m. *edén*. Eden, paraíso terrestre. || met. Lugar, morada deliciosa, llena de encantos y de placeres.

**ÉDÉNIEN, NE**, adj. *edenién, én*. Edeniano, que pertenece á la edad de oro.

**ÉDENTER**, a. *edanté*. Desdentar, arrancar los dientes. || Desdentar, mellar, romper los dientes á alguna herramienta.

**ÉDERE**, f. *edér*. Bot. Edera, planta.

**ÉDESSE**, f. *edés*. Zool. Edesa, género de insectos de la América meridional.

**ÉDESSENUM**, m. *edesénom*. Farm. Edesenon, especie de colirio.

**ÉDICTALE, E**, adj. *edictál*. Edictal, que pertenece á los edictos.

**ÉDIFIANT, E**, adj. *edifián*. Edificante, que edifica, que conduce á la virtud, que da buen ejemplo.

**ÉDIFICATEUR**, m. *edificateur*. Edificador, el que construye ó manda hacer un edificio.

**ÉDIFICATION**, f. *edificasión*. Edificacion, accion de edificar, de construir un edificio. || met. Edificacion, impresion, efecto que causan los buenos ejemplos.

**ÉDIFICE**, m. *edifís*. Arq. Edificio, fábrica considerada bajo el aspecto del conjunto de sus construcciones. || met. Edificio, toda obra del ingenio algo notable por sus combinaciones.

**ÉDIFIER**, a. *edifié*. Arq. Edificar, construir, levantar un edificio. || Edificar, mover, inclinar á la piedad. || met. y fam. Edificar, satisfacer con su proceder, dar una buena opinion de sí.

**ÉDILE**, m. *edil*. Edil, magistrado romano que cuidaba de la policía de la ciudad.

**ÉDILICIEN, NE**, adj. *edilisién, én*. Edílico, correspondiente á los ediles.

**ÉDILITÉ**, f. *edilité*. Edilidad, cargo, dignidad de los ediles y tiempo de su duracion.

**ÉDINGTONITE**, f. *edengtonít*. Miner. Edintonita, sustancia mineral.

**ÉDINITE**, f. *edinít*. Miner. Edinita, especie de mineral hallado en Escocia.

**ÉDIT**, m. *edí*. Edicto, órden, decreto ó resolucion de un soberano.

**ÉDITER**, a. *edité*. Publicar, dar á luz alguna obra literaria. || ant. Publicar, promulgar alguna ley, decreto ó ordenanza.

**ÉDITEUR**, m. *editeur*. Editor, literato que revisa y publica las obras de otro. || Editor, el que saca á luz alguna obra ajena y cuida de su impresion. || *Editeur responsable*, editor responsable, el que en la prensa periódica responde de todo lo que se imprime en su periódico; y met., testaferro, aquel á cuya responsabilidad se cargan cosas que no ha hecho, no pudiendo por lo mismo responder á ellas.

**ÉDITION**, f. *edisión*. Edicion, impresion de una obra y su publicacion. || Edicion, impresion. || Edicion, todo el número de ejemplares impresos de una sola vez.

**ÉDOSSER**, a. *edosé*. Descortezar, raspar, quitar la superficie, hablando del suelo. || Art. Secar, quitar el agua de las pieles por el lado de la carne.

**ÉDOUARDE**, f. *eduárd*. Bot. Eduarda, género de plantas leguminosas.

**ÉDREDON**, m. *edrdon*. Plumazon de varias aves del Norte. || Emplumado, especie de cubre-piés compuesto de un gran saco lleno de plumazon. || met. Cama blanda, cómoda.

**ÉDUCABLE**, adj. *educabl*. Educable, que puede ser educado.

**ÉDUCATEUR**, adj. y s. *educateur*. Educador, que pertenece á la educacion. || Educador, que da educacion.

**ÉDUCATION**, f. *educasión*. [illegible], crianza, enseñanza que se da á los niños y jóvenes. || Educacion, accion y [illegible] arrollar las facultades físicas, [illegible] y morales de un niño ó de un [illegible] cacion, hábitos, costumbres [illegible] los niños y los jóvenes. || Educacion, [illegible] que rige la enseñanza de los [illegible] pueblo ó nacion. || Educacion, [illegible] y práctica de los usos de la sociedad [illegible] lacion á los modales, etc. || Educacion, [illegible] señanza, cuidado empleado en [illegible] los animales para que sean útiles [illegible]

**ÉDULCORATION**, f. *edulcorasión*. [illegible] Edulcoracion, operacion química [illegible] Edulcoracion, adicion de cierta [illegible] azúcar, miel ó jarabe en una [illegible]

**ÉDULCORER**, a. *edulcoré*. [illegible] corar, despojar las sustancias [illegible] de las partes ácidas, etc. || [illegible] rar, dulcificar alguna medicina [illegible]

**ÉDULE**, adj. *edúl*. Édulo, [illegible] tible de ser comido, que puede [illegible] alimento.

**ÉDUQUER**, a. *eduqué*. Educar, [illegible] cacion.

**EDWARSITE**, f. *eduarsít*. Miner. [illegible] varsita, especie de mineral.

**ÉFAUFILER**, a. *efofilé*. [illegible] car de un tejido algunos hilos para [illegible] su cualidad ó para hacer hilas.

**EFFAÇABLE**, adj. *efasábl*. [illegible] borrable, que puede borrarse.

**EFFACEMENT**, m. *efasmán*. [illegible] cion, accion de lavar la mancha [illegible]

**EFFACER**, a. *efasé*. Borrar, [illegible] aparecer, hablando de la imágen [illegible] ter, de las facciones, de las [illegible] na cosa. || met. Borrar, des[illegible] aparecer. || met. Borrar, [illegible] met. Borrar de la memoria, [illegible] gar á perdonar. || met. [illegible] jar á otro en virtud, talento, [illegible] *le corps*, huir, esconder el [illegible] *Effacer les couleurs*, templar las [illegible] Danz. Plantarse, enderezarse, [illegible] sentar mas el costado al [illegible] está acodado.

**EFFAÇURE**, f. *efasur*. Borradura, [illegible] está borrado.

**EFFANAGE**, m. *efanága*. [illegible] de desvahar.

**EFFANER**, a. *efané*. Agr. [illegible] tar las hojas marchitas ó secas [illegible]

**EFFANEUR, EUSE**, m. y f. [illegible] eus. Desvahador, el que [illegible]

**EFFANURES**, f. pl. *efanur*. [illegible] ras, restos que se han [illegible] los trigos y demas plantas.

**EFFAREMENT**, m. *efarmán*. [illegible] to, pavor.

**EFFARER**, a. *efaré*. Asustar, [illegible] causar á uno un temor que [illegible] la turbacion del semblante. [illegible] á uno de quicio. || *S'effarer*, r. [illegible] despavorirse.

**EFFAROUCHANT, E**, adj. [illegible] Espantoso, que espanta.

**EFFAROUCHER**, a. *efaruché*. [illegible] tar, espantar, hacer huir, [illegible] ble, exasperar, alejar de sí. || [illegible] r. Espantarse, asustarse.

**EFFARVATTE**, f. *efarvát*. [illegible] vata, especie de alondra.

**EFFAUCHETTER**, a. *efochté*. [illegible] trillar, amontonar la avena con [illegible]

**EFFECTIF, IVE**, adj. *efectif*. [illegible] vo, que es real y positivo. [illegible] dadero. || m. Efectivo, cifra [illegible] el número de tropas de una [illegible] mil. Efectivo, líquido de los [illegible]

**EFFECTION**, f. *efecsión*. [illegible] truccion geométrica de los [illegible] las ecuaciones.

**EFFECTIVEMENT**, adv. [illegible] Efectivamente, en efecto.

**EFFECTRICE**, adj. *efectris*. [illegible] ciente, que produce un efecto [illegible] *effectrice*, y mejor cause [illegible]

**EFFECTUATION**, f. *efectuasión*. [illegible] tuacion, accion de efectuar.

**EFFILOCHEUR**, m. *efilocheur*. Art. Desfilochador, instrumento para deshilachar.

**EFFILOQUER**, a. *efiloqué*. Deshacer un tejido de seda para hacer borlas.

**EFFILOQUES**, f. pl. *efilóc*. Flecos de seda en rama, superfluidades de ella.

**EFFILOQUEUR**, m. *efiloqueur*. Desfilochador, cilindro para sacar la borra de los tejidos de seda.

**EFFILURE**, f. *efilúr*. Hila, hilacha, cada uno de los hilos separados de un tejido.

**EFFIOLER**, a. *efiolé*. Agr. Despuntar las mieses. || Desvahar, mondar, quitar las hojas secas ó marchitas.

**EFFLAGITATION**, f. *eflagitasión*. Súplica, plegaria, viva instancia.

**EFFLANQUER**, a. *eflanqué*. Destruir, extenuar, sumir de ijares á una caballería, por fatiga ó escaso comer. || met. Postrar, rendir, extenuar, hablando de personas.

**EFFLEURAGE**, m. *efleurágz*. Art. Desfloro, desuello, accion y efecto de desflorar ó desollar las pieles.

**EFFLEURER**, a. *efleuré*. Agr. Desflorar, deshojar las flores. || Raspar, rozar, raer, tocar de refilon alguna cosa. || Art. Desflorar, desollar, quitar la flor ó cútis á las pieles. || Tocar, tratar someramente, por encima, de una manera superficial un asunto, una ciencia, cualquier materia.

**EFFLEURIR**, n. *efleurír*. Quim. Esflorecer, caer en eflorescencia.

**EFFLEUROIR**, m. *efleuruár*. Art. Enjugador, piel de cordero que usa el pergaminero para enjugar el blanco esparcido sobre el pergamino.

**EFFLEURURE**, f. *efleurúr*. Art. Recortadura, desperdicios del desfloro de la piel.

**EFFLOREMENT**, m. V. EFFLEURAGE.

**EFFLORER**, a. ant. V. EFFLEURER.

**EFFLORESCENCE**, f. *efloresáns*. Eflorescencia, florescencia, el acto primitivo ó inaugural de la florescencia. || Eflorescencia, nombre dado á las partículas salinas, en forma de moho, que salen á la superficie de algun cuerpo mineral.

**EFFLORESCENT, E**, adj. *efloresán*. Eflorescente, que empieza á florecer. || Eflorescente, que se reviste de una sustancia pulverulenta.

**EFFLOTER**, a. *efloté*. Mar. Separar uno ó varios buques de una flota ó armada.

**EFFLUENCE**, f. *efluáns*. Fis. Efluencia, emanacion de los corpúsculos en los cuerpos eléctricos.

**EFFLUENT, E**, adj. *efluán*. Efluente, fluente, hablando de las emanaciones de ciertos cuerpos.

**EFFLUVE**, m. *eflúv*. Efluvio, emanacion, evaporacion de las partes insensibles de un cuerpo.

**EFFLUX**, m. *eflúcs*. Cir. Expulsion del feto en el primero ó séptimo dia de enfermar la madre.

**EFFLUXION**, f. *eflucsión*. Cir. Aborto, expulsion prematura del feto.

**EFFODIENT, E**, adj. *efodián*. Ahuecante, socavante, que ahueca, socava. || *Effodients*, m. pl. Ahuecantes, órden de animales mamíferos.

**EFFONDREMENT**, m. *efondremán*. Agr. Ahondamiento, accion de socavar las tierras, especialmente al rededor de los árboles.

**EFFONDRER**, a. *efondré*. Agr. Cavar, socavar, ahondar, remover la tierra. || Desfondar, romper, quitar el fondo á un objeto. || Acabar, destruir, echar á perder á fuerza de peso. || Destripar, sacar las tripas, abrir las aves y los pescados.

**EFFONDREUR, EUSE**, adj. y s. *efondreur, eus*. Agr. Cavador, que cava la tierra.

**EFFONDRILLES**, f. pl. *efondrill*. Zurrapas, el poso ó suelo que tiene algun líquido. || Tumbo de olla, lo que resta del puchero despues de sacada la carne.

**EFFORCER (S')**, r. *seforsé*. Esforzarse, hacer esfuerzos. || Cansarse, fatigarse.

**EFFORT**, m. *efór*. Esfuerzo, contraccion muscular para producir una fuerza ó resistencia. || Esfuerzo, conato extraordinario del cuerpo, del ánimo, de la inteligencia, etc. || Fuerza, tendencia viva de una causa á producir un efecto. || Esfuerzo, empleo, accion y resultado de adherirse todas las facultades morales al logro de un intento. || Esfuerzo, movimiento simultáneo de todas las facultades físicas. || Med. Incomodidad que resulta de la tension excesiva de los músculos.

**EFFOUAGE**, m. *efuágz*. Vecinal, impuesto que pagaba antiguamente cada hogar ó familia.

**EFFRACTION**, f. *efracsión*. Fractura rotura que hace un ladron para hurtar.

**EFFRACTURE**, f. *efractúr*. Cir. Fractura, rompimiento de un hueso.

**EFFRAIE**, f. *efré*. Zool. Zumaya, especie de mochuelo.

**EFFRAYANT, E**, adj. *efreyán*. Horroroso, espantoso, pavoroso.

**EFFRAYER**, a. *efreyé*. Asustar, espantar, causar horror, espanto, miedo. || Asustar, aterrar con amenazas. || Espantar, ojear los pájaros. || *S'effrayer*, r. Asustarse, amedrentarse. || Espantarse un caballo ó cualquier otro animal.

**EFFRÉNÉ, ÉE**, adj. *efrené*. Desenfrenado, desbridado, sin freno, hablando de los caballos. Solo se usa en el blason. || met. Desenfrenado, relajado, disoluto.

**EFFRÉNÉMENT**, adv. inus. *efrenemán*. Desenfrenadamente, sin freno.

**EFFRÈNEMENT**, m. *efrenmán*. Desenfreno, disolucion, abandono de todo principio moral.

**EFFRITEMENT**, m. *efritmán*. Agr. Esterilizacion, accion de esterilizar un campo, una tierra. || Esterilizacion, estado de una tierra esterilizada.

**EFFRITER**, a. *efrité*. Agr. Esterilizar, desustanciar la tierra por el exceso de cultura, etc.

**EFFROI**, m. *efruá*. Susto, miedo, terror, espanto. || La misma causa del espanto.

**EFFRONTÉ, ÉE**, adj. *efronté*. Desvergonzado, descarado, que no tiene vergüenza. || f. Especie de peinado de mujer.

**EFFRONTÉMENT**, adv. *efrontemán*. Descaradamente, de una manera desvergonzada.

**EFFRONTERIE**, f. *efrontrí*. Desvergüenza, descaro, atrevimiento, audacia, falta de educacion.

**EFFROYABLE**, adj. *efruayábl*. Espantoso, horrible, que causa horror, espanto. || Prodigioso, sorprendente, que causa admiracion.

**EFFROYABLEMENT**, adv. inus. *efruayablmán*. Horriblemente, de un modo horroroso. || fam. Prodigiosamente, de una manera prodigiosa, extraña.

**EFFRUITER**, a. *efruité*. Desfrutar, quitar el fruto á un árbol. || Agr. Deslavazar, quitar el jugo á la tierra, impedir la fructificacion.

**EFFUMER**, a. inus. *efumé*. Pint. Esfumar con lápiz un dibujo. || Bosquejar un cuadro, pintarle á la ligera.

**EFFUSION**, f. *efusión*. Efusion, accion de derramar el líquido que contiene un vaso. || Efusion, derramamiento de los líquidos que constituyen la organizacion de la economía animal. || Efusion, difusion, la accion con que se extiende una cosa: *l'effusion de la lumière*. Dícese tambien de las cosas morales: *l'effusion de la grâce divine*. || met. *Effusion du cœur*, efusion del corazon, viva y sincera demostracion de confianza y de amistad. || *Effusion de l'âme*, efusion del alma, fervor con que se dirige á Dios una plegaria. || Efusion, purificacion de la piedra filosofal.

**EFFOURCEAU**, m. *efursó*. Especie de carretilla ó máquina para cargar cosas de mucho peso.

**ÉGA**, f. *éga*. Mit. Ega, hija del Sol y nodriza de Júpiter. || m. Zool. Ego, género de insectos de Cayena.

**ÉGAIEMENT**, m. *egaimán*. Regocijo alborozo.

**ÉGAL, E**, adj. *egál*. Igual, parecido, semejante, sea en naturaleza, calidad ó cantidad. || Igual, uniforme, hablando del estilo, de la conducta, etc. || Igual, indiferente; y en este sentido se dice: *cela m'est égal*. || Igual, que está liso, bien nivelado. || met. Igual, inmutable, que siempre es el mismo: *caractère égal*. || *A l'égal de*, loc. prep. Como, tanto como, tan bien como, lo mismo que. || m. y f. Igual, parejo, de la misma calidad, rango ó naturaleza.

**ÉGALEMENT**, adv. *egalmán*. Igualmente, de una manera igual. ‖ Igualmente, otro tanto, del mismo modo. ‖ m. Igualacion, accion de igualar ó emparejar. ‖ Jurisp. Igualacion, distribucion de bienes por partes iguales entre herederos.

**ÉGALER**, a. *egalé*. Igualar, hacer igual, hablando de personas. ‖ Igualar, no hacer diferencia ni distincion de una cosa con otra. ‖ Imitar, representar con perfeccion una obra. ‖ Igualar, llegar á la misma altura, al mismo punto, etc. ‖ Igualar, poner en parangon entre dos personas ó dos cosas. ‖ Igualar, allanar, poner plano. ‖ *S'égaler*, r. Igualarse, hacerse igual. ‖ Igualarse, ponerse en parangon, compararse con otro.

**ÉGALEUR, EUSE**, adj. *egaleur*, eus. Igualador, que iguala, que nivela.

**ÉGALIR**, a. *egalir*. Art. Igualar, nivelar, hacer igual. Se usa principalmente entre los relojeros. *Égalir une roue*, igualar los dientes de una rueda y los espacios que median entre ellos.

**ÉGALISATION**, f. *egalisasión*. Igualacion, accion de igualar.

**ÉGALISER**, a. *egalisé*. Igualar, hacer una cosa igual con otra. ‖ Igualar, nivelar, aplanar. ‖ *S'égaliser*, r. Igualarse, hacerse igual.

**ÉGALISOIR**, m. *egalisoár*. Criba por la que se pasa la pólvora de cañon para hacerla igual.

**ÉGALISSAGE**, m. *egaliságe*. Igualacion, accion de igualar.

**ÉGALITÉ**, f. *egalité*. Igualdad, semejanza, relacion entre dos personas ó cosas iguales. ‖ Igualdad, uniformidad. ‖ Igualdad, simplicidad recíproca en las maneras, modales, etc. ‖ Igualdad, estado de lo que se halla igual, liso, llano. ‖ *Égalité naturelle*, igualdad natural, la que existe entre todos los hombres por la constitucion de la naturaleza. ‖ *Avec égalité*, loc. adv. Con igualdad, en partes iguales.

**ÉGARD**, m. *egár*. Atencion reflexiva y moderada sobre el modo de conducirse con relacion al estado de los demas. ‖ Consideracion, respeto, deferencia. ‖ *En égard à*, loc. prep. En atencion á, teniendo presente que. ‖ *A l'égard de*, loc. prep. Con respecto á, acerca de, por lo tocante, por lo que concierne á. Relativamente á, en comparacion, en proporcion de. ‖ m. Veedor, celador nombrado por un gremio para inspeccionar los talleres y obras.

**ÉGARDÉ, ÉE**, adj. *egardé*. Visado, reconocido y sellado por los veedores.

**ÉGARDISE**, f. *egardís*. Veeduría, el tiempo que duraba su encargo á los veedores. ‖ Veeduría, el gremio que formaban los veedores.

**ÉGARÉ, ÉE**, adj. *egaré*. Extraviado, descaminado. Dícese en el sentido recto. ‖ met. Mal aconsejado, engañado, alucinado. ‖ m. y f. Extraviado, perdido, el que ha perdido su direccion.

**ÉGAREMENT**, m. *egarmán*. Extravío, la accion y efecto de perder el camino. ‖ met. Error, desórden. ‖ Delirio, locura, desbarro, devaneo.

**ÉGARER**, a. *egaré*. Perder, extraviar, sacar del buen camino. ‖ met. Inducir á error, alejar de los principios, de las reglas. ‖ met. Confundir, desordenar. ‖ met. Descarriar, extraviar, meter en el error, engañar, alucinar, aconsejar mal. ‖ *Égarer ses pas*, perderse. ‖ Equit. *Égarer la bouche d'un cheval*, extraviar la boca de un caballo, hacerle duro de boca. ‖ *S'égarer*, r. Extraviarse, apartarse de su camino. ‖ Extraviarse, andar descaminado, perdido, andar á la ventura. ‖ met. Alejarse del objeto de que se trata para hablar de otra cosa. ‖ Devanear, desbarrar. ‖ Alterarse, turbarse, delirar, perder la razon.

**ÉGARROTTÉ, ÉE**, adj. *egarroté*. Equit. Herido en el jarrete, hablando de caballerías.

**ÉGAUDIR**, a. *egodir*. Alegrar, regocijar, divertir. ‖ *S'égaudir*, r. Regocijarse, divertirse.

**ÉGAYER**, a. *egueyé*. Distraer, divertir, alegrar. ‖ met. Amenizar, hacer mas agradable cualquiera cosa. ‖ *Égayer un appartement*, dar luz, alegría á un aposento, hacerlo mas agradable, darle anchura. ‖ *Égayer son deuil*, aliviar el luto, vestir ropa mas alegre. ‖ *Égayer un arbre*, podar un árbol, quitarle las ramas superfluas. ‖ Esparcir el ánimo. ‖ *S'égayer*, r. Alegrarse, ponerse alegre. ‖ Salirse de tono, decir algun chiste en la conversacion. ‖ Zambullirse en el agua de repente. ‖ *S'égayer aux dépens de quelqu'un*, divertirse á costa de alguno. ‖ *S'égayer de*, hacer alarde.

**ÉGÉNIE**, f. *egení*. Zool. Egenia, género de insectos arácnidos.

**ÉGÉON**, m. *egeón*. Mit. Egeon, gigante, hijo de Celo ó Ponto y de la Tierra. ‖ m. Zool. Egeon, género de macruros.

**ÉGÉONE**, f. *egeón*. Zool. Egeona, concha fósil de la Transilvania.

**ÉGÉRAN**, m. *egerán*. Miner. Egeran, especie de hidocrasia.

**ÉGIALITE**, f. *egialit*. Bot. Egialita, arbusto de Nueva Holanda.

**ÉGIDE**, adj. y s. *egid*. Egido, descendiente de Egeo. ‖ Egida, monstruo nacido en Frigia, segun la fábula. ‖ f. met. Egida, proteccion, escudo, defensa. ‖ met. Protector ó protectora de un desvalido ó perseguido.

**ÉGILOPE**, f. *egilóp*. Bot. Egílope, género de plantas gramíneas.

**ÉGILOPS**, m. *egilóps*. Egílope, ojo de cabra. ‖ Cir. Egílope, enfermedad de la membrana interna del ojo. ‖ Egílope, úlcera que resulta del anquílope.

**ÉGLANDER**, a. *eglandé*. Vet. Desglandular, extirpar las glándulas á una caballería.

**ÉGLANDULEUX, EUSE**, adj. *eglanduleu*, eus. Desglandulado, sin glándulas.

**ÉGLANTIER**, m. *eglantié*. Bot. Agabanzo, rosal silvestre, género de plantas.

**ÉGLANTINE**, f. *eglantín*. Bot. Agabanzo, flor del arbusto de este nombre.

**ÉGLISE**, f. *eglís*. Iglesia, entre los Griegos y Romanos toda asamblea pública y el lugar donde se reunia. ‖ Iglesia, la reunion de todos los fieles por la profesion de una misma fe, gobernados por los pastores legítimos. ‖ *Église militante*, iglesia militante, asamblea de los fieles que están sobre la tierra. *Église triomphante*, iglesia triunfante, la asamblea de los fieles que están en la gloria. *Église souffrante*, iglesia sufriente, la reunion de fieles en el purgatorio. ‖ Iglesia, reunion de fieles de cada diócesis, provincia, etc. ‖ Iglesia, conjunto moral de los prelados y demas sacerdotes en lo concerniente á la religion. ‖ Iglesia, el lugar ó edificio en que se reunen los fieles por el culto. ‖ *Cour d'église*, curia eclesiástica, la jurisdiccion del obispo ó arzobispo. ‖ met. *C'est un pilier d'église*, es un pilar de la iglesia, un roe altares: se dice de una persona excesivamente devota. ‖ *Près de l'église et loin de Dieu*, cerca de la iglesia y léjos de Dios: se dice del que vive cerca de la iglesia y no cumple con sus deberes de cristiano. ‖ *Être gueux comme un rat d'église*, ser pobre como un raton de iglesia, ser muy miserable.

**ÉGLOGAIRE**, m. y f. *eglogaér*. Eglogaista, el que hace extractos de los autores que lee.

**ÉGLOGISTE**, adj. y s. *eglogist*. Eglogista, el que compone églogas.

**ÉGLOGUE**, f. *eglógue*. Égloga, poema pastoral, diálogo entre pastores.

**ÉGOBOLE**, m. *egoból*. Egóbolo, uno de los sacrificios de los Griegos.

**ÉGOBUER**, a. *egobué*. Rozar y quemar las tierras.

**ÉGOGER**, a. *egogé*. Recortar. Entre zurradores, quitar la cola y las orejas de una piel ántes de la pelambre.

**ÉGOINE**, f. *eguán*. Art. Serrucho, sierra de mano.

**ÉGOÏSER**, a. *egoisé*. Hablar mucho de sí y de sus cosas, ser egoista.

**ÉGOÏSME**, m. *egoísm*. Egoismo, inmoderado amor al interes propio, sin atender al de los demas.

**ÉGOÏSTE**, adj. y s. *egoíst*. Egoista, el que tiene el vicio ó la calidad del egoismo. ‖ Egoista, que manifiesta egoismo, hablando de las cosas. ‖ Egoista, que egoísea por egoismo.

**ÉGOÏSTIQUE**, adj. *egoistíc*. Egoístico, que pertenece al egoismo.

**ÉGOÏSTIQUEMENT**, adv. *egoisticmán*. Egoisticamente, de una manera egoista.

**ÉGOLOGIE**, f. *egologí*. Egología, fam. dictada por el egoismo.

**ÉGOLOGIQUE**, adj. *egologíc*. Egológico, que deriva de la egología.

**ÉGOMISME**, m. *egomísm*. Egomismo, pirronismo [illegible] que consistia en dudarse el ser de los existente.

**ÉGORGEOIR**, m. *egorjoár*. Degolladero, el lugar donde se degüella.

**ÉGORGER**, a. *egorjé*. Degollar, cortar á [illegible] personas, la cabeza. ‖ Asesinar, pasar á cuchillo, á degüello. ‖ met. y fam. Arruinar, perjudicar considerablemente á alguno.

**ÉGORGETER**, a. *egorjeté*. Degollar [illegible] gente con cuchillos pequeños.

**ÉGORGEUR, EUSE**, m. y f. *egorjeur*, eus. Asesino, la persona que degüella.

**ÉGOSILLER**, a. *egosillé*. [illegible] tar, asesinar. ‖ *S'égosiller*, r. [illegible] hacerse mal en la garganta [illegible] Se dice tambien de un pájaro que [illegible] cho y muy alto.

**ÉGOTISME**, m. *egotísm*. [illegible] rito de hablar de sí mismo [illegible] dose una importancia [illegible] nombre yo.

**ÉGOTISTE**, adj. y s. *egotíst*. [illegible] que tiene la manía ridícula de [illegible] pre de sí. ‖ Egotista, que pertenece [illegible] tismo.

**ÉGOUGEOIR**, m. *egugoár*. [illegible] tura por la que se destila [illegible]

**ÉGOUT**, m. *egú*. Albañal, [illegible] co. ‖ Canalon, alero de los [illegible] bien, la caida de las aguas [illegible] Licor destilado y salido de [illegible] ‖ Mesa, plancha para escurrir [illegible] los espejos. ‖ met. y fam. Lugar [illegible] Lupanar, burdel.

**ÉGOUTIER**, m. *egutié*. [illegible] encargado de la conservacion y [illegible] los albañales públicos.

**ÉGOUTTAGE**, m. *egutáge*. [illegible] accion y efecto de destilar.

**ÉGOUTTEMENT**, m. *eguttmán*. [illegible] TAGE ‖ Agr. Desagüe, la accion [illegible]

**ÉGOUTTER**, a. *egutté*. [illegible] caer gota á gota. ‖ [illegible] humedad. ‖ Agr. [illegible] salida á las aguas. ‖ [illegible] escoger un espejo. ‖ [illegible] secar las velas mojadas de [illegible] goutter, r. Destilarse, [illegible] soltar el agua una cosa [illegible] *le linge s'égoutte*, *le fromage* [illegible]

**ÉGOUTTOIR**, m. *egutoár*. [illegible] V. ÉGLISER. ‖ Art. Colador [illegible] silio para escurrir ó enjugar [illegible] dor, cubeta para enjugar [illegible] jugador, artesa del fabricante de [illegible] corridero en las salinas, el [illegible] donde se conservan las aguas de [illegible] ‖ Escurridero, plancha [illegible] caba del fabricante de [illegible]

**ÉGOUTTURE**, f. *egutúr*. [illegible] las últimas gotas del líquido [illegible]

**ÉGRAFIGNER**, a. [illegible] tear, hacer muy mala letra. [illegible] con las uñas.

**ÉGRAINAGE**, m. [illegible] operacion para separar el [illegible] gas. ‖ Maj. equivalente en [illegible] cias á la trilla.

**ÉGRAINÉ**, adj. m. [illegible] rifado, calificativo de los [illegible] sicanos dejar su pareja.

**ÉGRAISSER**, a. *egresé*. [illegible] grasar, esprimir el grasa [illegible] Art. Desgrasar, quitar los [illegible] los de una pieza pintada [illegible] doraria. ‖ *S'égraisser*, r. [illegible] librar el gusto de las [illegible] ensagrarse unas gruesas de [illegible]

[illegible], m. *egrenadr*. Trillo, instrumento que sirve para desgranar. || Rallo, [illegible] para sacar el grano en lugar [illegible].

[illegible], m. *egrenage*. Agr. Accion de descobajar la uva.

[illegible], a. *egrené*. Agr. Descobajar, [illegible] á la uva.

[illegible], m. *egrenadr*. Agr. Desgranador, instrumento para desgranar la [illegible].

[illegible], a. *egratiñé*. Arañar, rasgar [illegible] el cútis con las uñas, alfiler [illegible]. || Acuchillar un vestido para [illegible]. Herir, atravesar, desgarrar, [illegible] de amor. || Pint. Cierto modo de [illegible]. || *S'égratigner*, r. Arañarse, [illegible] ligeramente la piel.

[illegible], adj. y s. *egratiñeur*. [illegible], que araña.

[illegible], m. *egratiñadr*. Art. [illegible], instrumento de los pasamaneros.

[illegible], f. *egratiñür*. Arañazo [illegible]. || Arañazo, señal que [illegible] la piel arañada. || *Ne pouvoir souffrir* [illegible] *égratignure*, no poder sufrir [illegible], ser muy delicado, poco sufrido.

[illegible], m. *egré*. Pesc. Egro, red empleada [illegible] la pesca llamada jagada.

[illegible], a. *egravillonné*. Agr. [illegible] de las raices de plantas [illegible] mejor. || Descepar, arrancar [illegible] los arbolitos y plantas para [illegible].

[illegible], m. *egregié*. Egregiato, dignidad [illegible].

[illegible], f. *egrén*. Art. Herraje, aplicaciones férreas á ciertas piezas [illegible] que se separen.

[illegible], adj. f. fam. *egrené*. Com. No [illegible], hablando de telas.

[illegible], m. V. [illegible].

[illegible], f. *egrenadr*. Jaula pequeña, [illegible] pollitos que se levantan.

[illegible], adj. y s. *egrillár*. Vivo, [illegible]. || Despejado, que ma[illegible].

[illegible], m. *egrillador*. Cañal, estacada [illegible] en los rios ó estanques [illegible] el agua y no la pesca.

[illegible], m. *egrisage*. Art. Bruñido, [illegible] de labrar los diamantes.

[illegible], f. *egrisé*. Polvos [illegible] para pulimentar otros [illegible] finas.

[illegible], a. *egrisé*. Labrar, bruñir los [illegible] unos con otros. || Bru[illegible] de un vidrio.

[illegible], m. *egrisoir*. Art. Caja donde [illegible] polvos del diamante.

[illegible], adj. *egrotán*. Enfermizo, [illegible] achacoso.

[illegible], m. *egrujadr*. Almirez, [illegible] á polvo el azúcar, sal [illegible], instrumento para [illegible]. || Máquina con que se [illegible]. || Artill. Utensilio que [illegible] la pólvora.

[illegible], a. *egrujé*. Pulverizar, reducir [illegible]. || [illegible], quebrantar en el [illegible].

[illegible], f. *egrujür*. Polvillo, partes [illegible] separadas por medio [illegible].

[illegible], m. *egueulemán*. Des[illegible] las bocas de las piezas [illegible] de la bala.

[illegible], a. *egueulé*. Desbocar, romper [illegible]. || Artill. Desbocar, [illegible] una pieza de artillería. || [illegible], romperse la boca [illegible]. || met. y fam. *Il s'é*[illegible] *de parler*, se desbo[illegible] de tanto gritar, [illegible].

[illegible], m. *egipsiác*. Farm. Egip[illegible].

[illegible], adj. y s. *egipsién*, *en*. [illegible], de Egipto.

ÉH! *é*. ¡Ah! ¡ay! ¡hola! interjeccion de admiracion, de sorpresa.

ÉHEM, m. *éém*. Mar. Canoa entre los negros de la costa de África.

ÉHERBER, a. *eerbé*. Agr. Sarchar, escardar un sembrado.

ÉHONTÉ, ÉE, adj. *eonté*. Desvergonzado, que ha perdido la vergüenza.

ÉHOUPPER, a. *eupé*. Podar, quitar á un árbol las ramas. || Descimar, desmochar un árbol, quitarle la copa. || Cortar, separar el tallo del trébol de su espiga.

EHRÉTIE, f. *ereti*. Bot. Eretia, género de plantas asperifoliáceas.

EHRHARTE, f. *erárt*. Bot. Erarta, género de plantas gramíneas.

EIDER, m. *edér*. Zool. Eder, especie de pato.

EIDOPSARE, m. *edopsár*. Zool. Edópsaro, género de colorrinco.

EILÉME, m. *elém*. Med. Elema, dolor que se siente en un punto del canal intestinal.

EISEN-GLIMMER, m. *esenglimér*. Miner. Esenglimero, especie de mineral.

EJACULATEUR, TRICE, adj. *ejaculateur*, *tris*. Eyaculador, que sirve ó contribuye á la eyaculacion.

ÉJACULATION, f. *ejaculasión*. Eyaculacion, la accion de lanzar, tirar, arrojar. || Eyaculacion, salida pronta y con fuerza de varias secreciones del cuerpo, como el esperma, la leche, etc. || Eyaculacion, salida pronta del agua que arrojan las ascidias, cuando las cogen los pescadores. || Veneno que arrojan ciertas orugas, y el que lanza el sapo cuando está encolerizado. || Eyaculacion, presteza con que el camaleon lanza su lengua sobre los insectos para devorarlos. || Eyaculacion, detonaciones frecuentes de los insectos fulminantes. || Jaculatoria, plegaria fervorosa que nace del corazon.

EJACULATOIRE, adj. *ejaculatuár*. Eyaculatorio.

ÉJAMBER, a. *ejanbé*. Art. Desvenar, quitar al tabaco la vena.

ÉJARRER, a. *ejarré*. Art. Ejarrar, separar el pelo cerdoso de las pieles ántes de fieltrar.

ÉJECTION, f. *ejecsión*. Eyeccion, evacuacion, expulsion.

ÉJOUIR, a. *ejuír*. Regocijar. || *S'éjouir*, r. Regocijarse, ponerse alegre.

ÉJOUISSANCE, f. *ejuisáns*. Regocijo, alegría.

ÉLABORATION, f. *elaborasión*. Fis. y Med. Elaboracion, accion por la cual una cosa llega á su perfeccion: *l'élaboration du chyle; élaboration digestive*.

ÉLABORER, a. *elaboré*. Med. Elaborar, preparar un producto por un trabajo largo: *l'estomac élabore les aliments*. || Elaborar, trabajar con primor y perfeccion. || Elaborar: se dice de los trabajos de la inteligencia. || Úsase como recíproco en sentido propio y met. En medicina se dice *le sang s'élabore*, para expresar las sucesivas alteraciones que padece ántes de llegar á su perfeccion.

ÉLACHIE, f. *elaquí*. Bot. Elaquia, género de plantas.

ÉLAGABALE, m. *elagabál*. Elagábalo, dios adorado en Emeso, y trasportado á Roma por el emperador Eliogábalo.

ÉLAGAGE, m. *elagáge*. Agr. Limpia, monda de los árboles.

ÉLAGUER, a. *elagué*. Agr. Limpiar, entresacar, quitar las ramas inútiles de los árboles. || met. Limpiar, entresacar, quitar de entre muchas cosas las que parecen inútiles.

ÉLAGUEUR, EUSE, adj. y s. *elagueur*, *eos*. Agr. Limpiador, que monda ó entresaca las ramas viciosas de los árboles. || m. Podon, especie de podadera que sirve para remondar los árboles.

ÉLAÏOMÈTRE, m. *elaiométr*. Fis. Elaiómetro, instrumento para conocer la densidad de los aceites.

ÉLAÏOMÉTRIQUE, adj. *elaiometric*. Fis. Elaiométrico, que tiene relacion con el elaiómetro.

ÉLAISER, a. *elesé*. Golpear, alisar, amartillar los tejuelos de la moneda en los yunques.

ÉLAMBICATION, f. *elanbicasión*. Quim. Elambicacion, análisis de las aguas minerales para conocer sus propiedades medicinales.

ÉLAN, m. *elán*. Zool. Alce, danta, gran especie de ciervo de la talla de un caballo, que tiene las cuernas muy pesadas. || Esfuerzo, arrojo, arranque impetuoso, abalanzamiento á una cosa. || met. Fervor, calor, entusiasmo. || Vehemencia, rasgo, vuelo de imaginacion.

ÉLANCEMENT, m. *elansmán*. Lanzamiento, envion, estiron, empujon. || Latido, punzada de un tumor, de un dolor. || met. Ímpetu, arrebato, impulso del afecto, movimiento afectuoso y súbito del alma. || Jaculatoria, oracion, plegaria breve y fervorosa. || Mar. Lanzamiento, la inclinacion que tiene el codaste y la roda hácia fuera de las perpendiculares levantadas en los extremos de la quilla.

ÉLANCER, a. poco us. *elansé*. Lanzar, tirar con impetuosidad. || n. Latir, dar punzadas un tumor, un dolor. || *S'élancer*, r. Lanzarse, abalanzarse con ímpetu hácia adelante: dícese de una persona ó de un animal que da una embestida, salto ó brinco impetuoso. || met. Animarse, excitarse, tomar ánimo.

ÉLANGUEUR, m. *elangueur*. Pesc. Elanguero, instrumento en que se ensartan por la cabeza los bacalaos que acaban de pescarse.

ÉLAPHIDION, m. *elafidión*. Zool. Elafidio, género de insectos.

ÉLAPHOCÈRE, m. *elafosér*. Zool. Elafócero, género de insectos.

ÉLAPHOGRAPHE, m. y f. *elafográf*. Elafógrafo, autor que trata sobre los ciervos.

ÉLAPHOGRAPHIQUE, adj. *elafografíc*. Elafográfico, que concierne á la elafografía.

ÉLAPHRE, m. *eláfr*. Zool. Elafro, género de insectos.

ÉLAPHRIE, f. *elafri*. Bot. Elafria, género de plantas.

ÉLARGIR, a. *elargír*. Ensanchar, dar ensanche, mayor extension á una cosa. || met. Ensanchar, dar mayor ensanche, engrandecer, aumentar. || Dar libertad, soltar á un preso ó prisionero. || *Élargir son cheval*, ensanchar su caballo, hacerle abrazar mayor espacio en el manejo. || *S'élargir*, r. Ensancharse, tomar mayor extension á lo ancho. || Extenderse, engrandecerse.

ÉLARGISSEMENT, m. *elargismán*. Ensanche, la accion de ensanchar y el resultado de esta accion. || Jurisp. Libertad, soltura que se concede á un preso ó prisionero.

ÉLARGISSURE, f. *elargisür*. Ensanche, lo que se añade á una cosa para hacerla mas ancha.

ÉLASME, m. *eldsm*. Zool. Elasmo, género de insectos calcidianos.

ÉLASMIE, f. *elasmí*. Elasmia, placa transversal que tienen las ballenas en la boca, en lugar de dientes.

ÉLASTICITÉ, f. *elastisité*. Elasticidad, calidad de lo elástico. || met. Elasticidad, facultad de resistencia del alma, por la cual rechaza las impresiones penosas y vuelve á la energía que habia perdido. || Bot. Desunion repentina de las partes de ciertos frutos.

ÉLASTIFICATION, f. *elastificasión*. Art. Elastificacion, operacion que consiste en hacer una cosa elástica.

ÉLASTIQUE, adj. *elastíc*. Elástico, que recobra su forma despues de la presion, golpe, empuje ó estiramiento.

ÉLATCHE, f. *eláiche*. Elatga, tela de seda y de algodon de las Indias.

ÉLATÉ, m. *elaté*. Bot. Elato, género de palmeras.

ÉLATÉRIUM, m. *elatériom*. Quim. Elaterio, extracto de cohombros silvestres.

ÉLATÉROMÈTRE, m. *elaterométr*. Art. Elaterómetro, instrumento en las máquinas de vapor y condensacion para conocer la elasticidad con que el aire rarefacto en el recipiente, ó el vapor en el cilindro de la máquina, obra contra la presion del aire exterior.

ÉLATÉROMÉTRIQUE, adj. *elaterometric*. Art. Elaterométrico, que tiene relacion con el elaterómetro.

ENCOLLAGE, m. encollage. Art. Capa ó gotas de cola muy caliente para pulir el dorado de un objeto que se dora. ‖ Accion de poner esta cola de preparacion.

ENCOLLER, a. encolé. Art. Encolar, echar de cola ó de goma. ‖ Soldar como en los frisos. ‖ Pasar con cola los ovillos en las fábricas de paños.

ENCOLURE, f. encolúr. poco us. Soldadura, costura.

ENCOLPISME, m. encolpísm. Med. Encolpismo, inyeccion en la vagina.

ENCOLURE, f. encolúr. Parte del cuerpo del caballo desde la cabeza hasta las espaldas. ‖ Parte inferior del cuello, inmediato al pecho, en el hombre. ‖ met. Apariencia de un hombre en su parte exterior. Se toma en mal sentido. ‖ Mar. Altura del centro de cada varenga sobre el aferío de la quilla.

ENCOMBOMA ó ENCOMBOMATE, m. encombóma, encombomát. Antig. Encomboma, vestido blanco de una jóven. ‖ Capa que llevaban los esclavos.

ENCOMBRANCE, f. encombráns. Mar. Estorbo, efectos de poco peso, pero que ocupan mucho lugar por su excesivo volúmen. ‖ Embarazo, desgracia.

ENCOMBRE, m. ant. encómbr. Estorbo, embarazo, bulto que estorba. ‖ fam. Arriver sans encombre, llegar sin obstáculo, sin dificultad. ‖ pl. Ruinas amontonadas, escombros.

ENCOMBRÉ, ÉE, adj. encombré. Obstruido con estorbos. ‖ Bref de mariage encombré, demanda de una mujer que pide el rebatimiento de sus bienes, comprometidos por su marido. ‖ Mariage encombré, matrimonio estorbado, porque el marido ha comprometido la dote de su mujer.

ENCOMBREMENT, m. encombremán. Accion de estorbar y sus efectos. ‖ met. Embarazo. ‖ Mar. Empacho, la accion y efecto de empachar. V. ENCOMBRER.

ENCOMBRER, a. encombré. Estorbar, interceptar un paso con estorbos. ‖ Llenar, ocupar un sitio de objetos sin utilidad. ‖ Mar. Empachar, cargar un buque de efectos mal colocados. ‖ S'encombrer, r. met. Embarazarse, sobrecargarse.

ENCOMBREUX, EUSE, adj. ant. encombreux, eus. Incómodo, enojoso.

ENCOMBRIER, m. ant. encombrié. Detrimento, daño ó perjuicio.

ENCOMÉDIENNER (S'), r. ancomedienné. Meterse comediante, abrazar la profesion de actor de teatro.

ENCOMIASTE, m. ant. é inus. encomiást. Panegirista de una persona por lo comun severa, es decir, el que hace un resúmen lisonjero y pomposo de sus cualidades, virtudes y acciones.

ENCOMIOGRAPHE, m. ancomiográf. Panegirista, encomiógrafo.

ENCOMIOLOGIQUE, adj. encomiologíc. Encomiológico, que tiene relacion con la panegírica. ‖ Mètre encomiologique, metro encomiológico, que se usa en los panegíricos.

ENCONTRE, f. ant. é inus. ancóntr. Aventura. ‖ A l'encontre de, loc. prep. Contra, en contra, en oposicion: aller à l'encontre de quelque chose, oponerse, ser contrario á una cosa. ‖ Je ne vais pas à l'encontre, no digo lo contrario.

ENCOPE, m. encopé. Med. Encope, amputacion de un dedo, etc.

ENCOQUER, a. encoqué. Mar. Pasar una verga ó botalon por dentro de gaza, zuncho, etc.

ENCOQUURE, f. encocúr. Mar. Accion de pasar una verga ó botalon por dentro de gaza, zuncho, etc.

ENCORBELLEMENT, m. encorbelmán. Arq. Salida de una cornisa volada, es decir, sin apoyo sólido. ‖ Cartela, especie de repisa. ‖ Parte saledisa de un muro ó pared de fábrica.

ENCORE, adv. de tiemp. ancór. Todavía, hasta ahora, aun. Este adverbio se refiere á tiempo presente, pasado y futuro. Il régnait encore, aun reinaba. Il est encore, aun vive. Il durera encore, todavía durará. ‖ Encore? Todavía? ‖ Pas encore, todavía no. ‖ Tambien significa de nuevo y otra vez: répétez encore cela, hágalo Vd. otra vez, vuelva Vd. á hacerlo. ‖ conj. Encore que, bien que. ‖ A lo ménos: encore s'il s'en était excusé, si á lo ménos se hubiese disculpado de ello. ‖ Ademas, demas de esto, tambien; expresa el aumento ó recargo de un trabajo, de una comision, de un dolor, de un perjuicio, etc. Outre son malheur, on le chargea encore d'injures, ademas de su desgracia, se le llenó tambien de injurias. ‖ Sirve tambien: non seulement il est instruit, mais encore il est très-modeste, no solo es instruido, sino tambien muy modesto.

ENCORNAIL, m. ancornáil. Mar. Cajera de palos y vergas con su correspondiente roldana.

ENCORNÉ, ÉE, adj. ancorné. Encornado. ‖ Vet. Entrepalmado. ‖ Javart encorné, enfermedad en la palma del casco de un caballo. ‖ fam. Cornudo.

ENCORNER, a. ancorné. Art. Encornar, guarnecer los extremos de un arco con puntas de cuerno.

ENCORNETTER, a. ancornetté. Encucurrachar, meter alguna cosa dentro de un cucurucho. ‖ S'encornetter, r. Ponerse una mujer su tocado llamado cornette, especie de cofia con puntas ó cuernos.

ENCOTYLE, f. ancotíl. Encotila, especie de juego antiguo.

ENCOUARDIR, a. ant. ancuardír. Acobardar. ‖ S'encouardir, r. Acobardarse.

ENCOULOIR, m. ancouloír. Art. Pieza de madera hendida por donde pasa una tela á medida que se teje.

ENCOULPER, a. ancoulpé. Inculpar.

ENCOURAGEANT, E, adj. ancurajáu. Que anima, que da ánimo.

ENCOURAGÉ, ÉE, adj. ancuragé. Animado. ‖ Excitado, fomentado.

ENCOURAGEMENT, m. ancuragemán. Fomento, animacion, como elogios, premio, recompensa, etc. Donner des encouragements, dar fomento. ‖ Société d'encouragement, sociedad de fomento.

ENCOURAGER, a. ancuragé. Animar, alentar, incitar, dar ánimos y valor. ‖ L'espoir seul du pardon encourage le crime, la esperanza del perdon incita al crimen. ‖ met. Fomentar, favorecer. ‖ S'encourager, r. Animarse uno á otro, unos á otros.

ENCOURIR, a. ancurír. Incurrir, caer en la desgracia de un protector, en la pena de un delito, etc. ‖ Atraerse el desprecio, el odio, etc.

ENCOURTINER, a. ant. ancurtiné. Encortinar, cubrir con cortinas. ‖ met. Rodear, ceñir.

ENCOURU, E, adj. ancurú. Incurrido. Peine encourue, pena en que se ha incurrido.

ENCRAGE, f. ancráge. Impr. Entintadura, accion de cargar de tinta los rodillos. ‖ Mar. Fondeadero, paraje en donde se puede anclar con seguridad.

ENCRASSÉ, ÉE, adj. ancrasé. Engrasado, mugriento.

ENCRASSER, a. ancrasé. Engrasar, llenar de grasa, de mugre la ropa ó cualquier otra cosa. ‖ S'encrasser, r. Engrasarse, mancharse con cosa grasienta. ‖ met. y fam. Hacer un casamiento deshonroso. ‖ Entorpecerse el entendimiento.

ENCRATITES, m. pl. ancratít. Sectarios que guardaban una abstinencia exagerada.

ENCRE, f. áncr. Tinta para escribir. ‖ Licor, pasta de color para escribir, imprimir, etc. ‖ Encre luisante, tinta brillante. ‖ Bonne encre, buena tinta. Ecrire de bonne encre, escribir seriamente, con severidad, con resentimiento, terminantemente. ‖ Encre de sympathie, tinta sin color, que le toma acercándola al fuego. ‖ met. y fam. Les sots n'aiment pas l'encre, los necios ó ignorantes no gustan de escribir.

ENCRESSÉ, ÉE, adj. ancresé. Se dice del hierro que se forja despues de afinado.

ENCRESSÉE, f. ancresé. Estado del hierro afinado y forjado despues.

ENCRÊPER (S'), r. sancrepé. Enlutarse, vestirse de luto. ‖ Ponerse un crespon negro en el brazo ó en el sombrero.

ENCRER, a. ancré. Impr. Impregnar de tinta los rodillos de los impresores. ‖ n. Tomar la tinta, impregnarse las letras al pasar el rodillo cargado encima.

ENCRIER, m. [illegible] un especie de [illegible] lugar. Tintero [illegible] la la tinta para [illegible]

ENCRINITE, [illegible] nold. Zool. Encrinita [illegible] polipero [illegible]

ENCROISER, [illegible]

ENCROUÉ, [illegible] Encruzado [illegible] tiene enredado [illegible]

ENCROUPEMENT, m. [illegible] crecimiento, aumento y [illegible]

ENCROUER, a. [illegible] ar. cruzar los hilos de [illegible]

ENCROÛTE, m. [illegible] vigas para encrespar las [illegible]

ENCROUÉ, ÉE, adj. [illegible] do, atravesado; se dice [illegible] enredado con otro al derribarlo.

ENCROÛTANT, E, adj. [illegible] forma costra.

ENCROÛTER, a. [illegible] cubrir una cosa de costra [illegible] de materia derretida y [illegible] ter. r. Cubrirse de costra [illegible] entorpecimiento y del [illegible] croûté, [illegible] croûté, [illegible]

ENCUIRASSER (S'), r. [illegible] encostrarse, ponerse la [illegible] criar costra la piel y la [illegible]

ENCUVER, a. [illegible] poner á uno en colocacion [illegible] lerle en casa de [illegible]

ENCULASSER, a. [illegible] poner la culata al cañon de [illegible]

ENCUVAGE, m. [illegible] to, accion de encubar [illegible] de poner las telas á [illegible]

ENCUVEMENT, m. [illegible] miento, accion de encubar [illegible]

ENCUVER, a. [illegible] meter en una cuba, [illegible] car.

ENCYANTHE, m. [illegible] género de plantas [illegible]

ENCYCLIE, f. ancíclí. [illegible] concéntricos que se [illegible] cuando con un hilo se [illegible]

ENCYCLIQUE, adj. [illegible] circular. ‖ Lettre encyclique [illegible] de una dignidad ó [illegible] generalmente del papa.

ENCYCLOGRAPHE, m. [illegible] Enciclógrafo, autor de [illegible]

ENCYCLOGRAPHIE, f. [illegible] Enciclografía, tratado [illegible] y conocimientos humanos.

ENCYCLOPÉDIE, f. [illegible] clopedia, ciencia universal [illegible] to de todas las ciencias [illegible] cuestiones, ó obra en la [illegible] das ellas. ‖ met. Encyclopédie [illegible] bre de una vasta instruccion [illegible] así, de una instruccion [illegible]

ENCYCLOPÉDIQUE, adj. [illegible] Enciclopédico, que [illegible] cias. ‖ Enciclopédico, que [illegible] ciclopedia. Esprit, érudition [illegible] que, saber enciclopédico [illegible] clopédico.

ENCYCLOPÉDISTE, m. [illegible] Enciclopedista, autor que [illegible] ciclopedia. ‖ met. Filósofo [illegible]

ENCYCLOPÉDIE, f. [illegible] clopedia, accion de [illegible]

ENCYPROTYPE, adj. [illegible] Encipriotipo, grabado en [illegible]

ENCYRTE, m. ancírt. [illegible] nero de insectos himenópteros.

ENDACRYE, f. andacrí. [illegible] género de lepidópteros [illegible]

ENDANCHÉ, ÉE, adj. [illegible] Endentado: se dice del [illegible] tallado en forma de [illegible]

ENDAUBAGE, m. [illegible] la, modo de poner [illegible] dentes, especias que [illegible]

ENDAUBER, a. andaubé. [illegible]

ENDÉ, m. andé. Zool. [illegible] coleópteros tetrámeros.

cáustica, especie de barniz de colores preparados con cera. || Preparacion de cera para avivar el color del mármol. || Especie de encerado en el tablado de una habitacion. Se usa tambien como adjetivo.

ENCAVEMENT, m. ancavmán. Embodegamiento, accion y efecto de embodegar.

ENCAVER, a. ancavé. Embodegar, meter el vino en la bodega.

ENCAVEUR, m. ancaveur. Embodegador, el que se ocupa en embodegar.

ENCAVURE, f. ancavür. Cir. Encavura, mal de ojos causado por una úlcera profunda en la córnea.

ENCEINDRE, a. anséndr. Cercar, circuir, rodear de murallas.

ENCEINT, E, adj. ansén. Amurallado, cercado de murallas. || Femme enceinte, mujer en cinta, embarazada, preñada.

ENCEINTE, f. ansént. Cerco, muralla que rodea una poblacion, etc. || Fort. Recinto formado por la muralla y demas fortificaciones de una plaza. || El espacio comprendido en un cerco de muros ó paredes, con tal que sea de alguna consideracion. || Mont. Cercado, lugar que se rodea de redes y hombres para estrechar la caza.

ENCEINTURER, a. ant. anseinturé. Poner embarazada á una mujer, ser autor de su embarazo.

ENCÉLIALGIE, f. anselialgí. Med. Encelialgia, dolor en los intestinos.

ENCÉLIALGIQUE, adj. anselialgic. Med. Encelialgico, que tiene relacion con la encelialgia.

ENCÉLIE, f. anselí. Bot. Encelia, género de plantas sinantéreas.

ENCÉLITE, f. anselit. Med. Encelitis, inflamacion de los intestinos.

ENCELLULEMENT, m. anselulmán. Enceldamiento, accion de enceldar y estado de una persona metida en una celda.

ENCELLULER, a. anselulé. Enceldar, encerrar en una celda.

ENCENS, m. ansán. Bot. Incienso, goma aromática que se quema en las iglesias. Se dice tambien del humo que se levanta de ella. || Donner de l'encens, adular, alabar. || Aimer l'encens, gustar de lisonjas. || met. Incienso, homenaje, adulacion, alabanza que se tributa á una persona.

ENCENSEMENT, m. ansansmán. Incensacion, incensamiento, accion y efecto de incensar.

ENCENSER, a. ansansé. Incensar, agitar el incensario y dar direccion al humo del incienso. || met. Incensar, honrar, rendir homenaje á una persona. || Adular, lisonjear con sinceridad ó sin ella defectos como buenas cualidades. || S'encenser, r. Darse recíprocamente alabanzas.

ENCENSEUR, m. inus. ansanseur. Incensador, que inciensa ó lleva el incensario. V. THURIFÉRAIRE. || met. Incensador, adulador eterno, cansado.

ENCENSIER, m. ansansié. Bot. Pulicaria, coniza, segurela, atedagua, especie de romero oficinal.

ENCENSOIR, m. ansansuár. Incensario, especie de copa de metal suspendida por unas cadenillas. || met. y poét. Sacerdocio, pontificado, dignidad eclesiástica. || Toucher l'encensoir, tomar el incensario, iniciarse en las funciones eclesiásticas. || Mettre la main à l'encensoir, atentar contra la jurisdiccion eclesiástica. || met. Donner de l'encensoir, un coup d'encensoir, adular, incensar, dar excesivas alabanzas en cara de la persona alabada. || Astr. Incensario, constelacion pequeña del hemisferio austral.

ENCÉPER, a. ansepé. Poner en el cepo á un reo. || met. Incomodar, estorbar á alguno. || S'encéper, r. Enredarse, meterse en algun embrollo.

ENCÉPHALALGIE, f. ansefalalgí. Med. Encefalalgia, dolor en el cerebro ó dolor de cabeza.

ENCÉPHALALGIQUE, adj. ansefalalgic. Med. Encefalálgico, que se refiere á la encefalalgia.

ENCÉPHALARTOS, m. ansefalártos. Bot. Encefalartos, género de plantas cicádeas.

ENCÉPHALE, m. ansefál. Anat. Encéfalo, nombre con que se designa la cabeza en general. || Conjunto de las partes orgánicas que constituyen el cráneo, el cerebro.

ENCÉPHALELCOSE, f. ansefalelcós. Med. Encefalelcosis, ulceracion del encéfalo.

ENCÉPHALIE, f. ansefalí. Med. Encefalia, enfermedad del encéfalo ó la cabeza.

ENCÉPHALIQUE, adj. ansefalic. Med. Encefálico, que es relativo al encéfalo; que pertenece á la cabeza.

ENCÉPHALITE, f. ansefalit. Med. Encefalitis, inflamacion del encéfalo ó de la sustancia del cerebro.

ENCÉPHALITIQUE, adj. ansefalitic. Med. Encefalítico, que es relativo á la encefalitis.

ENCÉPHALITHE, f. ansefalit. Miner. Encefalita, nombre de una piedra figurada que imita el cerebro del hombre.

ENCÉPHALOCÈLE, f. ansefalosel. Cir. Encefalocele, hernia del cerebro.

ENCÉPHALOCÉLIQUE, adj. ansefalosélic. Cir. Encefalocélico, que tiene analogía con el encefalocele.

ENCÉPHALODIALYSE, f. ansefalodialís. Med. Encefalodiálisis, ablandamiento, enternecimiento, disolucion del cerebro.

ENCÉPHALODIALYTIQUE, adj. ansefalodialitic. Med. Encefalodialítico, que concierne á la encefalodiálisis.

ENCÉPHALOÏDE, adj. ansefaloid. Encefaloide, que tiene la apariencia del encéfalo. || m. Encefaloides, materia cerebriforme de la cual se forman la mayor parte de los tumores llamados vulgarmente escirrosos ó cancerosos.

ENCÉPHALOLITHE, m. ansefalolit. Med. Encefalolito, concrecion cerebral.

ENCÉPHALOLITHIASE, f. ansefalolitiás. Med. Encefalolitiasis, formacion de concreciones en el cerebro.

ENCÉPHALOLITHIQUE, adj. ansefalolitic. Med. Encefalolítico, que tiene conexion ó analogía con las concreciones cerebrales.

ENCÉPHALOLOGIE, f. ansefalologí. Didáct. Encefalologia, tratado sobre el encéfalo.

ENCÉPHALOMALACOSE, f. ansefalomalacós. Med. Encefalomalacosis, enternecimiento, ablandamiento del cerebro.

ENCÉPHALOPATHIE, f. ansefalopatí. Med. Encefalopatía, enfermedad del cerebro.

ENCÉPHALOPATHIQUE, adj. ansefalopatic. Med. Encefalopático, que tiene relacion con la encefalopatía.

ENCÉPHALOPHTHARSIE, f. ansefaloftarsí. Med. Encefaloftarsia, lesion orgánica del cerebro.

ENCÉPHALOPHTHARTIQUE, adj. ansefaloftartic. Med. Encefaloftártico, que concierne á la encefaloftarsia.

ENCÉPHALOPHYME, m. ansefalofim. Med. Encefalófimo, tumor que se desarrolla en el cerebro.

ENCÉPHALORRHAGIE, f. ansefalorragí. Med. Encefalorragia, hemorragia cerebral.

ENCÉPHALORRHAGIQUE, adj ansefalorragic. Med. Encefalorragico, que tiene analogía con la encefalorragia.

ENCÉPHALOSCOPIE, f. ansefaloscopí. Anat. Encefaloscopia, exámen, estudio de la estructura del cerebro.

ENCÉPHALOSISME, m. ansefalosism. Med. Encefalosismo, conmocion cerebral.

ENCÉPHALOSISMIQUE, adj. ansefalosismic. Med. Encefalosismico, que concierne al encefalosismo.

ENCÉPHALOTHLIPSE, f. ansefalotlips. Med. Encefalotlipsis, opresion, aplastamiento, contusion del cerebro.

ENCÉPHALOTHLIPTIQUE, adj. ansefalotliptic. Med. Encefalotlíptico, que tiene analogía con la encefalotlipsis.

ENCÉPHALOTOMIE, f. ansefalotomí. Anat. Encefalotomía, diseccion del encéfalo ó cerebro.

ENCÉPHALOTOMIQUE, adj. ansefalo-tomic. Anat. [illegible] nexion con la [illegible]

[illegible] Zool. Encefalóptero, [illegible] dotado de cartílago [illegible]

[illegible] quemillir. [illegible]

ENCHAÎNEMENT, m. [illegible] denamiento, accion de [illegible] cadenamiento, [illegible] tienen entre sí dos ó mas [illegible] ma calidad ó clase.

ENCHAÎNER, a. [illegible] sujetar con cadenas [illegible] yugar por la fuerza, [illegible] sistencia. || [illegible] valor, la cólera ó [illegible] Encadenar, [illegible] niones, los intereses [illegible] nirlos en provecho [illegible] cautivar los [illegible] belleza, por las [illegible] enlazar, establecer una [illegible] dos ó mas cosas. || [illegible] narse, ligarse, [illegible]

ENCHAÎNURE, f. [illegible] denadura, [illegible] nexion, relacion que [illegible] partes de una obra [illegible]

ENCHALAGE, m. [illegible] miento, accion de [illegible] servir en una galera.

ENCHALER, a. [illegible] amontonar la madera [illegible] vicio de una galera.

ENCHALEUR, m. [illegible] dor, el que apila la [illegible]

ENCHANTÉ, ÉE, adj. [illegible] do: se usa para expresar la [illegible] uno experimenta en [illegible] de vous voir, Monsieur [illegible] enchanté de vous voir, [illegible] tisfaccion en ver á Vd.

ENCHANTELAGE, m. [illegible] Encombamiento, accion de [illegible] ó toneles sobre combas ó [illegible] miento, accion de apilar la [illegible]

ENCHANTELER, a. [illegible] combar, poner las barricas [illegible] sobre maderos ó tablones [illegible] en el almacen.

ENCHANTEMENT, m. [illegible] cantamiento, encanto, [illegible] Grande, maravilloso [illegible] del corazon. || Estado del [illegible] encantado. || loc. adv. [illegible] tement, como por encanto [illegible] sorprendente.

ENCHANTER, a. [illegible] embelesar, seducir, [illegible] hechizar, embrujar por [illegible] Hechizar, dando gusto [illegible] con palabras artificiosas.

ENCHANTERESSE, f. [illegible] rio, brujería, maleficio [illegible] efecto de una operacion [illegible] cion, arte de encantar.

ENCHANTEUR, [illegible] chanteur, rés. Encantador [illegible] ro, que encanta. || [illegible] halagüeño, que causa [illegible] deleite. || met. [illegible] fascina los sentidos con [illegible] ficios. || Tocando en [illegible] cautiva, que atrae, [illegible] sentido se usa como [illegible]

ENCHAPELER, a. [illegible] rar ó poner sobre la [illegible] guarnecido de flores.

ENCHAPER, a. [illegible] ter un barril de vino [illegible]

ENCHAPERONNER, a. [illegible] capirotar, cubrir la [illegible] || Cetr. Encapirotar [illegible] con el capirote. || [illegible] capirotarse, taparse la [illegible] rote.

ENCHAPURE, f. [illegible] padura, pedazo de piel [illegible] la hebilla para [illegible]

ENCHARACTIQUE, adj. [illegible] Cir. Encaráctico, que tiene [illegible] logía con la encaraxis.

ENCHARAXIE, f. [illegible] caraxis, escarificacion.

[illegible], a. ant. y pop. *anchergé*. [illegible] con instancia. || *S'en*[illegible] encargarse, tomar á su cargo.

[illegible], a. *ancharné*. Art. [illegible] bisagras á un mueble.

[illegible], a. *anchorné*. Agr. [illegible] la viña con rodrigones.

[illegible], a. V. EMPRISONNER.

[illegible], a. *anchasé*. Engastar, em[illegible], ajustar una cosa sobre ma[illegible], oro, plata, etc. || met. Inter[illegible] de literatura en una obra de [illegible] una sátira, un cuen[illegible].

[illegible], f. *anchasúr*. Engaste, [illegible] de engastar ó embutir. || [illegible], insercion de un pensa[illegible] de una obra.

[illegible], m. *anchaton*[illegible] ó engarzamiento, accion [illegible].

[illegible], a. *anchatoné*. Art. En[illegible] una piedra preciosa en [illegible] de metal.

[illegible], a. ant. *anchomé*. Em[illegible] un techo con bálago ó ras[illegible].

[illegible], ÉE, adj. *anchosé*. Apor[illegible], se dice de un escudo [illegible].

[illegible], m. *anchosndge*. Art. [illegible] de quitar las pieles en una [illegible] de cal, para que suelten el [illegible].

[illegible] ó [illegible], [illegible]. Art. Pelambrar ó [illegible] las pieles en una especie [illegible] para que suelten el pelo con [illegible].

[illegible], m. *anchosnudr*. Art. [illegible] que usan los curti[illegible] las pieles de la pelam[illegible].

[illegible], a. *anchosé*. Agr. Apor[illegible] plantas ó legumbres con [illegible].

[illegible], m. *anchosnnudr*. [illegible], especie de tina en que los [illegible] el agua de cal para pelam[illegible].

[illegible], m. *anché*. Art. Tina llena de [illegible] que sirve para pelambrar las [illegible].

[illegible], f. *ancharés*. Anat. En[illegible] para hacer con fa[illegible] quirúrgica.

[illegible], f. *anquelíd*. Zool. Enqué[illegible] de infusorios que tienen la [illegible] pequeñas.

[illegible], adj. *anqueliold*. Zool. [illegible] del pescado que se pa[illegible].

[illegible], m. *anquelíop*. Zool. En[illegible] de pescados.

[illegible], adj. *anqueliodm*. En[illegible] de los pescados cuyo [illegible] y cilíndrico.

[illegible], m. *ancheosé*. Art. Canalon, [illegible] que conduce el agua en [illegible] el tendedero.

[illegible], V. ant. *anchedr*. Jurisp. ant.

[illegible], f. *anchér*. Puja, mayor pos[illegible] que está en venta ó [illegible]. *Mettre aux enchères les* [illegible], *les honneurs*, poner á [illegible] los empleos, las dignidades, [illegible] *une enchère*, cubrir [illegible] una cantidad mayor de [illegible] la puja. || *Enchère en* [illegible] por mejora, [illegible] pública. || met. y [illegible] *enchère*, pagar su loca [illegible] en temeridad.

[illegible], a. *ancherír*. Pujar lo que se [illegible] el objeto puesto [illegible], alzar, aumentar [illegible] género. || Encarecer el [illegible]. || *Enchérir sur* [illegible], dar más latitud á una [illegible].

[illegible], m. *ancherisemán*. [illegible], subida del precio.

ENCHÉRISSEUR, EUSE, m. y f. *ancheriseur, eus*. Postor, el que hace puja ó sube el precio á una cosa puesta á la subasta.

ENCHEVALEMENT, m. *anchevalmán*. Art. Recalzamiento, estado de una casa cuando se hacen reparos en el interior.

ENCHEVAUCHER, a. *anchevoché*. Art. Encaballar, poner una pieza sobre otra, como están las tejas en los tejados.

ENCHEVAUCHURE, f. *anchevochúr* Art. Encaballadura, disposicion de las piezas que están cubriéndose sucesivamente en forma de escalones, como las tejas en los tejados.

ENCHEVÊTREMENT, m. *anchevetrmán*. Encabestramiento, accion de encabestrar un animal. || met. Confusion, enredo en las ideas.

ENCHEVÊTRER, a. *anchevetré* Encabestrar, echar un cordel al cuello de una caballería, á las astas de un buey, etc. || met. Encabestrar, enredar, confundir, embrollar. || *S'enchevêtrer*, r. Encabestrarse un animal, enredarse las patas con el ramal. || met. Confundirse, enredarse en las ideas. || met. y fam. Atascarse, embrollarse en un negocio, en un razonamiento.

ENCHEVÊTRURE, f. *anchevetrúr*. Arq. Trabazon, reunion de las vigas en el hogar de la chimenea. || Vet. Encabestradura, rozadura que se hace una caballería con el ramal.

ENCHEVILLER, a. *anchevillé*. Enclavijar, asegurar con clavijas.

ENCHIDIÉE, f. *anchidié*. Bot. Enquidia, arbolillo cuyas hojas se aplican sobre las heridas de arma punzante.

ENCHIFRÈNEMENT, m. *anchifrenmán*. Romadizo, resfriado que ataca á la cabeza.

ENCHIFRENER, a. *anchifrené*. Med. Resfriar, causar un resfriado ó romadizo en el cerebro. || *S'enchifrener*, r. Resfriarse, tomar un resfriado.

ENCHIRIDION, m. *anquiridión*. Enquiridion, manual que contiene varios preceptos, máximas y sentencias instructivas.

ENCHYLÈNE, m. *anquilén*. Bot. Enquileno, género de plantas quenopodáceas.

ENCHYME, m. inus. *anquim*. Med. Enquimo, replecion, accion de llenar.

ENCHYMOME, m. *anquimóm*. Med. Enquimoma, distribucion, circulacion, extravasacion natural de la sangre en el tejido celular.

ENCHYMOSE, f. *anquimós*. Med. Enquimosis, efusion súbita de la sangre en los vasos cutáneos.

ENCIREMENT, m. *ansirmán*. Enceramiento, accion de encerar.

ENCIRER, a. *ansiré*. Encerar. *Cirer* es mejor, y se usa especialmente en el sentido de encerar el tillado de los aposentos y el calzado.

ENCISER, a. *ansisé*. Enciar, hacer cisuras ó incisiones con el filo de un instrumento cortante. || met. Zaherir, insultar con palabras indirectamente mordaces.

ENCITEMENT, m. *ansitmán*. Incitamiento, accion de inducir á obrar bien ó mal, provocacion, excitacion.

ENCITER, a. *ansité*. Incitar, provocar, inducir, persuadir, provocar á hacer el bien ó el mal.

ENCLABOIS ó ENCLABRIS, m. Antig. *anclabuá, anclabrí*. Mesa que servia de altar, y sobre la que se ponian las entrañas de una víctima de sacrificio.

ENCLASSEMENT, m. *anclasmán*. Clasificacion, accion de clasificar. Se dice mejor *classement*.

ENCLASSER, a. *anclasé*. Clasificar, poner por clases. Mejor *classer*.

ENCLAVE, f. *ancláv*. Cosa enclavada || Jurisdiccion, territorio ó porcion de tierra separada de un dominio y comprendida en otro. || Límite de una tierra, de un país. || *Enclaves*, f. pl. Huecos en las paredes de una esclusa para facilitar la abertura de las compuertas.

ENCLAVÉ, ÉE, adj. *anclavé*. Enclavado, mezclado en diferente jurisdiccion. || Blas. Cuarteado, dividido en cuadros metidos uno en otro.

ENCLAVEMENT, m. *anclavmán*. Empotramiento, enclave de una cosa dentro de otra. || Inmobilidad del feto en el estrecho de la matriz.

ENCLAVER, a. *anclavé*. Empotrar, cercar, encerrar una tierra en otra, una cosa en otra.

ENCLAVURE, f. ant. V. CLAVURE.

ENCLIN, E, adj. *anclén*. Mal inclinado, propenso al vicio. No se usa en el femenino.

ENCLIQUETAGE, m. *anclicitágs*. Reloj. Accion de la rueda catalina y del caracol cuando se encajan; aparejo chiquito empleado para forzar una rueda á no girar mas que en un sentido, es decir, á no retrogradar.

ENCLIQUETER, a. *anclicité*. Se dice en relojería del caracol que se prende en los dientes de la rueda catalina; impedir un resorte que una rueda retrograde.

ENCLITIQUE, f. *anclitíc*. Gram. Enclítica, union de dos palabras griegas en una sola. || Partícula que, junta con la palabra precedente, parece apoyarse sobre ella.

ENCLITISME, m. V. ENCLITIQUE.

ENCLOÎTRER, a. *anclaatré*. Enclaustrar, meter en un claustro. || *S'encloîtrer*, r. Enclaustrarse, meterse en un claustro, en un monasterio.

ENCLORE, a. *anclór*. Cercar de tapias, paredes ó vallados un campo, una heredad, etc. || Enclavar un arrabal en una villa ó ciudad.

ENCLOS, m. *ancló*. Espacio contenido en un recinto ó dentro de un cercado de cualquiera especie, ya sea tierra, jardin, etc. || *Vaste, grand enclos*, vasto cercado. || *Enclos, e*, adj. Cercado, cerrado por un muro.

ENCLO-SAURIEN, m. *ancloserién*. Zool. Enclo-saeriano, clase de grandes reptiles fósiles.

ENCLOTIR, n. *anclotír*. Mont. Se dice de cualquier pieza de caza que se mete en tierra. Úsase de ordinario con el verbo *faire*: *faire enclotir*. || *S'enclotir*, r. Meterse las zorras, los conejos, etc., bajo de tierra.

ENCLOTURE, f. *anclotúr*. Art. Canefa de un bordado.

ENCLOUAGE, m. *ancluágs*. Mil. Accion de enclavar un cañon.

ENCLOUER, a. *anclué*. Mil. Enclavar un cañon metiéndole un clavo en el oido. || Enclavar un caballo arrimándole un clavo al herrario. || *S'enclouer*, r. Enclavarse, clavarse.

ENCLOUURE, f. *ancluúr*. Vet. Enclavadura, herida en el casco de una caballería. || met. y fam. *Enclouure dangereuse*, obstáculo, nudo de una dificultad.

ENCLUME, f. *anclúm*. Art. Bigornia, yunque sobre el cual cae el martillo para batir el hierro y otros metales: *frapper, forger sur l'enclume*, golpear, forjar sobre el yunque. || Anat. Huesecito del oido ó yunque. || Art. Instrumento de retejador para cortar la pizarra. || met. *Remettre un ouvrage sur l'enclume*, dar nueva y mejor forma á una obra literaria. || *Être entre l'enclume et le marteau*, estar entre la espada y la pared.

ENCLUMEAU, m. *anclumó*. Art. Bigorneta, yunque pequeño.

ENCLUMETTE, f. *anclumét*. Art. Útil ó instrumento de cedacero y celeminero para hacer medidas y utensilios de madera. || Bigornia pequeña portátil, clavada en un leño.

ENCOCHE, f. *ancóche* Art. Banco de zuequero donde se sujeta el zueco. || *Encoche*, y mejor *coche*, hendidura que hacen los panaderos en una tarja para marcar el pan fiado. || Cerraj. Muesca. || adj. Mar. V. COCHE.

ENCOCHEMENT, m. *ancochmán*. Empulgadura, accion de empulgar.

ENCOCHER, a. *ancoché*. Empulgar la cuerda de un arco para tirar una flecha. || Entre los cesteros, plantar ó poner clavijas. || *S'encocher*, r. Empulgarse.

ENCOCHURE, f. *ancochúr*. Mar. Penol donde se amarra un cabo.

ENCOFFRER, a. *ancofré*. Encerrar, meter en un cofre por avaricia ó bribonería. || met. *Encoffrer*, poner en la cárcel. || *S'encoffrer*, r. Encerrarse.

ENCOGNER, a. *ancoñé*. Mar. Pasar un anillo al tope de una entena.

ENCOIGNURE ó ENCOGNURE, f. *ancoñúr*. Rincon, esquinazo, rincon de un cuarto, de una sala, etc., ángulo de dos paredes. || El mueble cualquiera que se adapta en este ángulo.

[illegible] (S'), r. [illegible]. Endo-[illegible], vestirse como en domingo.
[illegible], m. V. Hendécagone.
[illegible], adj. V. Hendécagyne.
[illegible] y [illegible]. V. [illegible] y Hendécandrie.
[illegible], adj. V. Hendéca-[illegible].

[illegible], f. [illegible], Med. Endemia, [illegible] en una comarca.
[illegible], adj. [illegible]. Endémico, [illegible] de una nacion.
[illegible], ÉE, adj. [illegible]. Dentado. [illegible], compuesto de triángulos [illegible]. || Guarnecido de [illegible].

[illegible], f. [illegible]. Art. Endentamien-[illegible] de dos piezas de madera.
[illegible], m. [illegible]. En-[illegible], accion de dentar y el efecto de [illegible].
[illegible], a. [illegible]. Dentar, hacer [illegible] una rueda. || Mar. Endentar piezas [illegible].
[illegible], f. [illegible]. Dentadura, [illegible] de un buque y el del [illegible], cortado en zig-zag. || [illegible]. || Escrito en dos columnas [illegible] de los dientes.
[illegible], a. [illegible]. Endeudar, oca-[illegible]. || S'[illegible], r. Contraer deu-[illegible], empeñarse.
[illegible], ÉE, adj. [illegible]. Colérico, [illegible]. Se usa como sust.
[illegible], a. [illegible]. Exasperarse ex-[illegible], mostrar sumo despecho.
[illegible], ÉE, adj. [illegible]. Endia-[illegible]. || Endiablado, pésimo, [illegible] como sustantivo.
[illegible], a. [illegible]. Endiablarse, [illegible] el diablo. || fam. Faire endia-[illegible], hacer endiablar á alguno, [illegible] todo poniendo obstáculo [illegible].
[illegible], m. [illegible]. Bot. En-[illegible] de plantas lauráceas.
[illegible], m. [illegible]. Accion de po-[illegible].
[illegible], m. [illegible]. Accion [illegible] un dique.
[illegible], a. ant. [illegible]. Construir [illegible].
[illegible], a. [illegible]. Endo-[illegible] del domingo ó de [illegible]. || S'[illegible], r. Endomin-[illegible] de dia de fiesta.
[illegible], f. [illegible]. Bot. Endivia, especie [illegible].
[illegible], m. [illegible]. Anat. En-[illegible] que cubre el interior [illegible].
[illegible], f. [illegible]. Med. En-[illegible] de la membrana lla-[illegible].
[illegible], m. [illegible]. Bot. Endo-[illegible] pericarpo de ciertas fru-[illegible].
[illegible], ÉE, adj. [illegible]. Bot. [illegible] á un endocarpo.
[illegible], m. [illegible]. Zool. [illegible] de insectos coleópteros.
[illegible], f. [illegible]. Bot. Endo-[illegible] plantas.
[illegible], a. [illegible]. Adoc-[illegible] ciencia ó doctrina. || [illegible] necesarias en un nego-[illegible] que se debe hacer ó decir [illegible].
[illegible], m. [illegible]. Anat. Endó-[illegible].
[illegible], f. [illegible]. Anat. Endo-[illegible].
[illegible], adj. [illegible], en. [illegible] que contiene dentro de [illegible] desarrollado.
[illegible], adj. [illegible]. Anat. [illegible] relacion con la endo-[illegible].
[illegible], f. [illegible]. Med. [illegible] de la membrana [illegible].
[illegible], f. [illegible]. Fil. En-[illegible].

**ENDOGASTRITE**, f. *andogastrít* Med. Endogastritis, irritacion de la membrana mucosa del estómago.

**ENDOGONE**, m. *andogón*. Bot. Endógono, género de hongos.

**ENDOLORI**, E, adj. *andolorí*. Dolorido, que se resiente de dolor : *membre endolori*.

**ENDOLORIR**, a. *andolorír*. Causar dolor, lastimar.

**ENDOMIE**, f. *andomí*. Zool. Endomia, género de coleópteros heterómeros.

**ENDOMMAGÉ**, ÉE, adj *andomagé*. Maltratado, perjudicado, echado á perder.

**ENDOMMAGEMENT**, m. *andomagemán*. Daño, deterioro, perjuicio.

**ENDOMMAGER**, a. *andomagé*. Deteriorar una cosa, hacerle perder de su mérito y valor. || *S'endommager*, r. Echarse á perder, deteriorarse una cosa.

**ENDOMYCHE**, m. *andomíche*. Zool. Endómico, género de insectos coleópteros.

**ENDONARTÉRITE**, f. *andonarterít*. Med. Endonarteritis, inflamacion de la membrana interna de las arterias.

**ENDONENTÉRITE**, f. *andonanterít*. Med. Endonanteritis, inflamacion de la membrana interna de los intestinos.

**ENDOPÉRICARDITE**, f. *andopericardít*. Med. Endopericarditis, inflamacion simultánea del endocardio y del pericardio.

**ENDOPHLÉBITE**, f. *andoflebít*. Med. Endoflebitis, inflamacion de la membrana interna de las venas.

**ENDOPHLOÉE**, f. *andofloé*. Zool. Endófloa, género de insectos coleópteros.

**ENDOPLÈVRE**, f. *andopléver*. Bot. Endopleura, película interior del grano.

**ENDOPOGONE**, m. *andopogón*. Bot. Endopógono, género de plantas acantáceas.

**ENDORMANT**, E, adj. *andormán*. Que provoca á dormir, que da sueño á fuerza de fastidiar.

**ENDORMEUR**, EUSE, m. y f. fam. *andormeur, eus*. Lisonjero, adulador que con palabras calma inquietudes é impaciencias. || pl. *Les endormeurs de 1793*, los mitigadores de la irritacion revolucionaria francesa, en 1793.

**ENDORMI**, E, adj. *andormí*. Dormido, adormecido. || met. Dormido, entorpecido, pesado. || *Membre endormi*, miembro adormecido. || *Esprit endormi*, entendimiento poco despierto. || *Homme endormi*, hombre poco activo, que es lento en sus movimientos, perezoso, etc.

**ENDORMIR**, a. *andormír*. Hacer dormir, adormecer á un niño. || met. y fam. Entretener para engañar, para ganar tiempo, para retardar una determinacion. || Causar fastidio, como un libro, una mala comedia : *ce livre, cette comédie endorment*, este libro, esta comedia dan sueño. || *S'endormir*, r. met. Dormirse, descuidar un negocio, no tener vigilancia, dormirse en los deleites.

**ENDORMISSEMENT**, m. V. Assoupissement.

**ENDOSIPHIE**, f. *andosifí*. Zool. Endosifia, órden de gusanos anélidos.

**ENDOSPORÉ**, ÉE, adj. *andosporé*. Bot. Endospóreo, que tiene las simientes ó esporos situados en su interior.

**ENDOSSE**, f. fam. *andós*. Todo el peso, toda la carga de un negocio arduo y molesto.

**ENDOSSEMENT** ó **ENDOS**, m. *andosmán*, *andó*. Endoso ó endorso de una letra de cambio ó de un vale. || Accion de tomar á cuestas.

**ENDOSSER**, a. *andosé*. Echar sobre los hombros, tomar á cuestas. || Vestir ó ponerse un hábito, una coraza, etc. || Endosar, poner su firma al dorso de una letra ó de un vale. || Echar sobre otro una carga pesada, como un mal negocio, etc. || Encuad. Formar la redondez del lomo de un libro.

**ENDOSSEUR**, EUSE, m. y f. *andoseur, eus*. Endosante ó endosador, el que endosa una letra ó un vale.

**ENDOTRICHE**, f. *andotríche* Bot. Endótrica, género de plantas gencianáceas.

**ENDOTRICHÉ**, ÉE, adj. *andotriché*. Bot. Endotriqueo, que tiene vello en el interior.

**ENDOTROPE**, m. *andotrop*. Bot. Endótropo, génerc de plantas de la Nueva Holanda.

**ENDOUAIRER**, a. *anduerré*. For. Asegurar una viudedad.

**ENDOUZAINER**, a. *anduzené*. Endocenar, contar por docenas.

**ENDRESSIE**, f. *andresí*. Zool. Endresia, género de plantas umbelíferas.

**ENDRIAQUE**, m. *andriác*. Endriago, monstruo que devoraba las vírgenes.

**ENDROIT**, m. *andruá*. Paraje, lugar, sitio. || Pasaje de un discurso ú obra de la imaginacion. || *L'endroit d'une étoffe*, el buen lado de una tela. || Parte, punto, lado. || met. y fam. *Endroit sensible*, punto principal. || *Endroit faible*, el flaco, el costado vulnerable. || *Endroit*, país natal : *mon endroit*, mi tierra, mi país natal. || Jurisp. ant. *A mon endroit*, loc. adv. Para conmigo ; *á son endroit*, para con él.

**ENDUIRE**, a. *anduír*. Dar una capa, una mano de yeso, etc. || *S'enduire*, r. Impregnarse, tomar el barniz.

**ENDUISSON**, f. inus. *anduisón*. Accion de dar un baño, una capa de yeso, cal, etc.

**ENDUIT**, m. *anduí*. Baño, capa, mano de una materia desleida y pegajosa : *un léger enduit de chaux*, una capa lijera de cal, etc. || Barniz, todo aquello con que se barniza una cosa.

**ENDURANT**, E, adj. *andurán*. Sufrido, paciente. || *Peu endurant*, poco sufrido.

**ENDURCI**, adj. y s. *andursí*. Empedernido. || *Cœur endurci*, corazon de roca, que ha perdido la sensibilidad. || *Homme endurci*, hombre curtido por los trabajos ; y en sentido met., hombre sin ninguna sensibilidad.

**ENDURCIR**, a. *andursír*. Endurecer, poner duro. || Endurecer, hacer fuerte. || met. Endurecer, empedernir, hacer insensible. || *S'endurcir*, r. Endurecerse. || *S'endurcir au froid*, acostumbrarse al frio. || *S'endurcir au travail*, hacerse trabajador incansable. || *S'endurcir au crime*, endurecerse en el crimen.

**ENDURCISSEMENT**, m. *andursismán*. Endurecimiento, accion de endurecerse y estado de lo que se pone duro. || met. Endurecimiento, empedernimiento en el vicio. || *Endurcissement du cœur, de la conscience*, dureza del corazon, empedernimiento de la conciencia.

**ENDURER**, a. *anduré*. Sufrir, aguantar, llevar con paciencia, con ánimo fuerte, trabajos, malos tratamientos, etc. || Permitir : *il ne peut endurer que cela soit ainsi*.

**ENDUSTOME**, m. *andustóm*. Zool. Endustomo, género de coleópteros taxicórneos.

**ENÉDREYTE**, m. *enedreít*. Zool. Enedreito, género de insectos coleópteros.

**ÉNÉIDE**, f. *eneíd*. Eneida, poema de Virgilio.

**ÉNÉILÈME**, m. *eneilém*. Bot. Eneilemo, membrana interna del grano.

**ÉNELER**, a. *enlé*. Agr. Destizonar, desanieblar el trigo.

**ÉNÉLÉUM**, m. *eneléom*. Farm. Eneleum, mezcla de vino y aceite rosado.

**ÉNÉMION**, m. *enemión*. Bot. Enemion, género de plantas ranunculáceas.

**ÉNÉMITIQUE**, adj. *enemitíc*. Farm. Enemítico, epíteto de los medicamentos que se administran por inyeccion ó lavativa.

**ÉNÉOPTÈRE**, f. *eneoptér*. Zool. Eneóptero, género de insectos ortópteros.

**ÉNÉORÈME**, m. *eneorém*. Med. Eneorema, sustancia que nada sobre los orines.

**ÉNERGIE**, f. *energí*. Energía, fuerza y eficacia de un discurso, de palabras, etc. || met. Brio, espíritu, hablando y obrando : *homme plein d'énergie*, hombre de arranque. || *Parler, défendre avec énergie*, hablar, defender con vigor.

**ÉNERGIQUE**, adj. *energíc*. Enérgico, que tiene energía. || *Homme énergique*, hombre de brios y de arranque.

**ÉNERGIQUEMENT**, adj. *energicmán*. Enérgicamente, con energía, con brio, con arranque.

**ÉNERGUMÈNE**, m. y f. *energumén*. Energúmeno, poseido del diablo. || Entusiasta desmesuradamente. || Excesivamente colérico.

**ÉNERTHÉNÈME**, f. *enertenémo*. Bot. Enertenemo, género de hongos gastrómiceos.

**ENERVANT, E,** adj. *enervàn.* Enervante, que debilita.

**ÉNERVATION,** f. *enervasión.* Enervacion, desaliento del enfermo. || Anat. ant. Tendones del músculo del vientre inferior. || Suplicio ejecutado cortando los nervios del paciente. || Vet. Enervacion, seccion de dos tendones en la cabeza de un caballo.

**ÉNERVÉ,** adj. *enérv.* Bot. Enervado, que no tiene pezones ó nervios.

**ÉNERVER,** a. *enervé.* Enervar, debilitar, quitar las fuerzas, el ánimo. || met. Debilitar el estilo. || Cortar los nervios. || *S'énerver,* r. Enervarse, debilitarse.

**ÉNÉTIQUE,** adj. *enetic.* Enético, que mata. Dícese por alusion á *émétique.*

**ÉNÉYER,** a. inus. *eneyé.* Art. Desanudar, quitar los nudos á la madera.

**ENFAGOTER,** a. ant. *anfagoté.* Alistar, poner en lista. || Cargar á uno de un vestido mal puesto ó incómodo. || *S'enfagoter,* r. Cargarse de un vestido mal puesto ó incómodo; vestirse sin gusto, ridículamente.

**ENFAÎTEAU,** m. *anfetó.* Cobija, teja que se pone en la cima de una casa. || Oreja de gato.

**ENFAÎTEMENT,** m. *anfetman.* Plancha de plomo para techos de edificios.

**ENFAÎTER,** a. *anfeté.* Entejar, cubrir el techo de una casa con teja.

**ENFANCE,** f. *anfáns.* Niñez, infancia, edad del hombre hasta doce años. || met. Infancia, principio de un arte, ciencia, etc.; la cuna. || Se dice tambien de una edad muy avanzada: *être, tomber en enfance,* chochear, volverse niño. || Puerilidad, cosa de niños. || Primera edad, nacimiento de un pueblo, de una república.

**ENFANÇON,** m. *anfansón.* Infantillo, niño pequeño. Es muy antiguo y usado solo en lenguaje familiar.

**ENFANT,** m. y f. *anfán.* Niño ó niña. || Hijo ó hija, cualquiera que sea su edad, con relacion á sus padres, y *petits enfants* con respecto á los abuelos, bisabuelos, etc., sean niños ó niñas. || *Petit enfant, joli enfant, bel enfant,* niño, bonito niño, hermoso niño. || *Enfant gâté,* niño mimado. || *Enfant de...* natural de un país. || *Enfant* se dice de una persona de carácter débil ó sin carácter: *cet homme est un enfant,* este hombre es un inocente. || *Enfant de la balle,* el hijo que sigue la profesion de su padre. || pl. *Enfants perdus,* los soldados que empiezan un ataque. || *Enfants de langue,* jóvenes de lenguas, que aprenden lenguas orientales. || *Faire l'enfant,* divertirse en puerilidades. || *Un bon enfant,* un hombre de excelente carácter. || *Enfant trouvé,* expósito.

**ENFANTEAU** y **ENFANTELET,** diminutivos de **ENFANT.**

**ENFANTEMENT,** m. *anfantmán.* Alumbramiento, parto, accion de dar á luz.

**ENFANTER,** a. *anfanté.* Parir, dar á luz un niño. || met. Producir obras de ingenio.

**ENFANTILLAGE,** m. *anfantilláge.* Puerilidad, niñeda, bagatela.

**ENFANTILLER,** n. ant. *anfantillé.* Hacer niñadas, tonterías.

**ENFANTIN, E,** adj. *anfantén, ín.* Infantil, perteneciente á la niñez, á la infancia.

**ENFARINER,** a. *anfariné.* Enharinar, polvorizar con harina, cubrir de harina. || met. y fam. *S'enfariner d'une science,* tomar una lijera tintura de una ciencia.

**ENFÉER,** a. ant. *anfeé.* Encantar, hechizar.

**ENFER,** m. *anfér.* Infierno, lugar ó destino de los condenados para su suplicio. || met. Los demonios. || *C'est un enfer,* es un infierno, es decir, un ruido, un desórden insoportable. || Quim. Vasija para calcinar el mercurio. || pl. *Les enfers,* el limbo ó los limbos, donde los justos esperaban el santo advenimiento. || met. Suplicio interno. || Impr. Cajetin de perdido ó de letras malas.

**ENFERMER,** a. *anfermé.* Encerrar, poner á una persona bajo de llave, sea cárcel, calabozo, etc. || Guardar una cosa bajo de llave. || Cercar de un muro, pared, etc. || met. Contener, encerrar: *ce livre enferme beaucoup de vérités,* este libro encierra, contiene muchas verdades. || *S'enfermer,* r. Retirarse, encerrarse, no recibir visitas.

**ENFERRER,** a. *anferré.* Atravesar, traspasar de una estocada. || *S'enferrer,* r. Arrojarse sobre una espada, herirse, atravesarse á sí mismo. || met. y fam. Clavarse, contradecirse, perjudicarse con sus propias palabras.

**ENFERRURE,** f. *anferrúr.* Enferramiento, accion de cubrir de hierro.

**ENFEU,** m. ant. *anfeu.* Sepultura de familia.

**ENFEUILLER,** a. *anfeuillé.* Guarnecer de hojas. || *S'enfeuiller,* r. Cubrirse de hojas.

**ENFICELER,** a. *anficelé.* Atar con bramante.

**ENFIELLER,** a. *anfielé.* Acibarar, llenar de hiel, untar con hiel. || met. Acibarar, agriar, hacer amargo.

**ENFIÉRIR,** n. ant. *anfierir.* Ensoberbecerse, ponerse orgulloso.

**ENFIÉVRÉ, ÉE,** adj. *anfievré.* Calenturiento. || met. Poseido de una pasion.

**ENFIÉVRER,** a. ant. é inus. *anfievré.* Dar, ocasionar calentura. || met. Tomar una pasion y tambien darla.

**ENFILADE,** f. *anfiládd.* Enfilada, crujía, una larga continuacion de cuartos en una casa. || met. Una larga tirada de rasonamientos, palabras, epítetos, etc. || Mil. Trincheras expuestas á los tiros del cañon enemigo, y la accion de estos mismos tiros; tiro directo de cañon. || Mar. Descarga que se recibe por la proa ó por la popa.

**ENFILÉ, ÉE,** adj. *anfilé.* Enfilado, enhebrado. || Blas. Enfilado, se dice de las cosas huecas que parecen estar ensartadas.

**ENFILER,** a. *anfilé.* Enhebrar, enhilar, ensartar. Enhebrar agujas, ensartar perlas. || met. Ensartar disparates, desatinos. || Engañar, empeñar á uno en una partida desigual. || *Enfiler des perles,* divertirse con bagatelas, en bagatelas. || *Enfiler un chemin,* empeñarse en un camino. || *Enfiler un discours, une conversation ennuyeuse,* entablar un discurso, una conversacion fastidiosa. || *Enfiler un ouvrage de fortification,* enfilar una fortificacion con el tiro directo del cañon, cogiendo de flanco á sus defensores. || Mar. Enfilar, cañonear á un buque enemigo por la popa ó por la proa. || *S'enfiler,* r. Echarse uno mismo sobre la espada de su enemigo, traspasarse con ella.

**ENFILEUR,** m. *anfileur.* Enhebrador, el que enhebra. || El que adapta las cabezas de alfileres.

**ENFIN,** adv. *anfén.* En fin, por último, finalmente.

**ENFLAMBER,** a. V. **ENFLAMMER.**

**ENFLAMMÉ, ÉE,** adj. *anflamé.* Inflamado, encendido. || met. Vivo, ardiente, inflamado, irritado.

**ENFLAMMER,** a. *anflamé.* Inflamar, encender. || met. Inflamar, encender el ánimo, las pasiones. || *S'enflammer,* r. Enardecerse, acalorarse. || Med. Inflamarse, tomar los caractéres de la inflamacion.

**ENFLÉ, ÉE,** adj. *anflé.* Inflado, hinchado, entumecido. || met. Engreido, envanecido. || *Style enflé, ampoulé,* estilo hinchado, pomposo.

**ENFLE-BŒUF,** m. *anfleuf.* Zool. Hinchabuey, nombre vulgar del carabe dorado.

**ENFLÉCHURES,** f. pl. *anflechúr.* Mar. Flechadura, escalones de cuerda para subir á la gavia; flechastes.

**ENFLEMENT,** m. *anflemán.* Hinchazon.

**ENFLER,** a. *anflé.* Inflar, hinchar, entumecer. || met. Hinchar, engreir, envanecer. || *Enfler d'orgueil,* llenar de orgullo. || *S'enfler,* r. Hincharse. || met. Llenarse de vanidad y presuncion.

**ENFLEURER,** n. V. **IMPLANTER.**

**ENFLURE,** f. *anflúr.* Med. Hinchazon, tumor, aumento extraordinario en una parte ó en la totalidad del cuerpo. || Los cuernos primeros de la cabra montés. || Vanidad. || met. *Enflure du cœur,* orgullo, vanidad. || *Enflure du style,* hinchazon en el estilo, palabras puramente altisonantes. || *L'enflure de l'orgueil ôte la sensibilité,* la hinchazon del orgullo quita la sensibilidad.

**ENFOLIE,** f. *anfolí.* Agr. Acodo de los nuevos plantíos de la viña.

**ENFOLIER,** a. *anfolié.* Desprender del crisol las hojas de un metal.

**ENFONÇAGE,** m. [illegible] de poner los suelos ó fondos á [illegible], y el efecto de esta accion.

**ENFONCÉ, ÉE,** adj. [illegible] sumido, roto. || [illegible] *enfoncé dans* [illegible] fundamente [illegible]. || [illegible] un sitio retirado, solitario.

**ENFONCEMENT,** m. [illegible] hondo, lo retirado, lo [illegible] de una calle, sala ó [illegible] da, hoyada, hondura. || [illegible] los pliegues.

**ENFONCER,** a. *anfonsé.* [illegible] cer que una cosa penetre [illegible] poner un clavo, hacerle [illegible] *Enfoncer un pieu,* [illegible] tierra. || *Enfoncer son* [illegible] sombrero. || *Enfoncer une* [illegible] forzar una puerta. || met. [illegible] *taillon,* desordenar, [illegible] *Enfoncer,* poner una cosa [illegible] *Enfoncer* hundirse, irse al [illegible] en algun lugar. || r. *S'enfoncer* [illegible] hundirse en el agua. || *S'enfoncer* [illegible] *bois,* internarse en un bosque. [illegible] *foncer dans l'étude,* darse [illegible] estudio. || *S'enfoncer dans le* [illegible] al vicio.

**ENFONCEUR,** m. [illegible] farron, valenton de bravatas. || [illegible] *de portes ouvertes,* [illegible] de una cosa fácil, como si [illegible]

**ENFONÇOIR,** m. [illegible] so para baluar las pieles. || [illegible] instrumento que sirve para [illegible]

**ENFONÇURE,** m. [illegible] hueco. || Med. Hundimiento [illegible] ducido por un choque violento [illegible] tonel. || Tarima ó tablado de [illegible]

**ENFONDREMENT,** m. ant. [illegible] Destruccion, ruina.

**ENFONDRER,** a. V. [illegible]

**ENFORCER,** a. ant. é inus. [illegible] zar, obligar, violar.

**ENFORCEUR,** m. [illegible] violador.

**ENFORCIR,** a. *anforsír.* [illegible] roborar, dar fuerza, vigor. || [illegible] mas solidez á una cosa. || n. [illegible] mar fuerza, vigor. || [illegible]

**ENFORESTER,** a. [illegible] árboles un terreno. || *S'enforester* [illegible] se en un bosque, perderse en [illegible]

**ENFORGER,** a. inus. [illegible] nar, encadenar, cargar de [illegible]

**ENFORMER,** a. *anformé.* [illegible] dias, zapatos y sombreros, [illegible] horma.

**ENFOUIR,** a. *anfuír.* [illegible] der debajo de tierra. || met. [illegible] *talent,* ocultar su talento, [illegible] Enterrar, esconder dinero ó [illegible] ler. || *S'enfouir,* r. Enterrarse. [illegible] *fouit lui-même avec son* [illegible] entierra á sí mismo con su [illegible]

**ENFOUISSEMENT,** m. [illegible] cion de esconder una cosa bajo [illegible]

**ENFOUISSEUR,** m. [illegible] dedor de cosas bajo de tierra. [illegible]

**ENFOURCHEMENT,** m. [illegible] Cierta clase de ingerto. || Arq. [illegible] primera hilada de sillería en [illegible] *Greffer en fente par enfourchement* [illegible] tar de pua por enveonadura. [illegible]

**ENFOURCHER,** a. [illegible] montar á horcajadas. || a. Mar. [illegible] be de gato.

**ENFOURCHURE,** f. [illegible] jadura, entrepiernas, [illegible] Horquilla que forma la [illegible] lazon en la cabeza de un ciervo. [illegible]

**ENFOURER,** a. ant. Art. V. [illegible]

**ENFOURNAGE,** m. [illegible] miento, accion de enhornar. [illegible]

**ENFOURNÉE,** f. Art. V. [illegible]

**ENFOURNER,** a. [illegible] meter en el horno. || a. met. y fam. [illegible] bien ó mal un negocio.

**ENFOURNEUR,** m. [illegible] el que cuece el pan.

**ENFRANGER,** a. *anfrangé.* [illegible] jas, adornar con [illegible]

**ENFREINDRE,** a. [illegible] infringir una ley, una órden, no [illegible]

[illegible], a. *enfrené*. Enfrenar, poner [illegible] un caballo.

[illegible]QUER, a. *enfroqué*. Encapillar, hacer fraile á alguno. || *S'enfro*-[illegible]

[illegible] (s'), r. *anfuír*. Huirse, escaparse, salirse hablando de líquidos. [illegible] Desaparecerse, desvanecerse, [illegible] vista.

[illegible], a. *enfumé*. Ahumar, [illegible] de humo. || met. Llenar de [illegible]. Es poco usado. || *S'enfumer*, r. [illegible] al humo ó por el humo.

[illegible], a. *enfutaillé*. Entonelar, [illegible].

[illegible], E, adj. *angajáu*. Que tiene [illegible] || Persuasivo, que convida y per[illegible] [illegible], f. pl. Antiguo adorno [illegible] que consistía en un lazo de [illegible] ó sobre el pecho. || Vueltas, [illegible] de las camisas.

[illegible], m. *angagemán* Empeño, [illegible] y el efecto de empeñar. || Alista[illegible] un soldado. || Promesa, obligacion [illegible] se contrae de hacer un cosa. || [illegible] cual se contrae una amistad ín[illegible] Accion de guerra empeñada. || [illegible] engagements, cumplir su palabra [illegible] engagement, cumplir una [illegible]. || *Tenir á ses engagements*, [illegible] palabra ó en cumplir la obliga[illegible]

[illegible], a. *angagé*. Empeñar, hipotecar, [illegible], etc. || *Engager á*, [illegible] á hacer una cosa. || *En*-[illegible], su [illegible], ofrecer, dar su [illegible], amar. || *Engager sa foi*, [illegible] juramento ó palabra de honor [illegible] attaque, empezar una [illegible]. || Convidar á tal ó cual co[sa] [illegible] *engage á la promenade*, [illegible] convida á pasearse. || *S'en*-[illegible], obligarse. || Sentar pla[illegible] *dans un bois*, internarse [illegible] de un bosque. || *S'engager dans* [illegible], comprometerse en un negocio.

[illegible], m. *angagiél*. Jurisp. ant. [illegible] como prenda y goza [illegible]

[illegible], E, adj. *anguenán*. Bot. [illegible] la hoja cuya base rodea al tallo.

[illegible], a. *angainé*. Envainar, meter [illegible]. || Bot. Envainar, abrazar, cer[illegible] la base de la hoja.

[illegible], m. *angalláge*. Accion de [illegible] y el efecto de esta accion.

[illegible], a. *angallé*. Teñir tela con [illegible]

[illegible], a. ant. é inus. *angamé*. Ins[illegible]

[illegible], a. inus. *angamé*. Engañar, [illegible]

[illegible], loc. adv. *angarán*. Mar. [illegible] dar á entender el modo de [illegible] una proposicion.

[illegible], m. V. VENTRILOQUE.

[illegible], m. V. ENGASTRI-[illegible]

[illegible], m. *angastrimism*. [illegible] del engastrimita.

[illegible], adj. y s. *angastrimit*. [illegible]

[illegible], m. *angastrimánt*. [illegible] hombre que predice lo futuro [illegible] la voz del vientre.

[illegible], a. *angavé*. Cebar los palomos [illegible] dar de comer al paja[illegible]

[illegible], f. *angéne*. Raza, casta, [illegible], Estirpe, alcurnia, [illegible], etc. *Mechante engeance*, [illegible] perversa.

[illegible], a. *anjené*. Deshacerse de [illegible] que otro se lo lleve; [illegible] *Quel diable vous a en*-[illegible]? quién ha regalado [illegible] ese hombre, ese pelma? [illegible] á Vd. con él? etc. || [illegible], arreglar, componer pro[illegible]

[illegible], a. ant. *angeolé*. Engañar, [illegible], r. Engañarse á sí [illegible]

[illegible], m. y f. V. ENGELBERGE.

[illegible], f. *angelerit*. Bot. [illegible], género de plantas gualandáceas.

**ENGELURE**, f. *angelúr*. Med. Sabañon, inflamacion ocasionada por el frio, generalmente en los dedos de las manos y de los piés.

**ENGENCEMENT**, m. V. AGENCEMENT.

**ENGENCER**, a. V. AGENCER.

**ENGENDRANT**, m. *anjandrán*. Engendrante, generador, el que engendra ó genera.

**ENGENDRER**, a. *anjandré*. Engendrar, crear: se dice del padre con respecto á su hijo. || Engendrar, producir, causar enfermedades, disputas, enemistades. || Ser causa ó origen de; como el movimiento imaginado de un punto produce, engendra una linea. || *Engendrer*, tomar yerno ó por yerno. || Mat. Engendrar, describir, formar, producir. || prov. *La familiarité engendre le mépris*, la familiaridad es causa de menosprecio. || *S'engendrer*, r. Engendrarse: *les procès s'engendrent dans les familles*, los pleitos se engendran en las familias.

**ENGEÔLEMENT**, m. V. ENJÔLEMENT.

**ENGEÔLER**, a. V. ENJÔLER.

**ENGEÔLEUR, EUSE**, m. y f. V. ENJÔLEUR.

**ENGER**, a. ant. é inus. *angé*. Cargar, embarazar, molestar. V. ENGEANCER.

**ENGERBAGE**, m. *angerbáge*. Agr. Agavillamiento, accion y efecto de agavillar las mieses.

**ENGERBER**, a. *angerbé*. Agr. Agavillar, garbar, hacer gavillas. || Artill. Almacenar barriles de pólvora.

**ENGERMER**, a. V. ENSEMENCER.

**ENGIN**, m. *angén*. Ingenio. Se llamaba así antiguamente cualquiera máquina de guerra, y aun tambien la buena maña para hacer una cosa. || Mat. En general, se llama *engin* todo instrumento ó utensilio complicado. || Tabla guarnecida de clavos para enderezar el alambre. || met. y fam. ant. Astucia, industria, agudeza, arte de armar una trampa, de tender un lazo. || m. pl. Lazos, redes para cazar ó pescar.

**ENGINIER**, m. ant. *anginié*. Ingeniero, constructor de máquinas.

**ENGIS**, m. *angí*. Zool. Engis, género de insectos coleópteros.

**ENGISSOME**, m. Cir. V. EMBARRURE.

**ENGLAINÉ, ÉE**, adj. Mil. V. BARBELÉ.

**ENGLANTÉ, ÉE**, adj. *anglanté*. Blas. Englandado con bellotas de esmalte diferente.

**ENGLOBER**, a. *anglobé*. Conglobar, reunir muchas cosas en una. || Com. Comprender, recopilar todas las cuentas en una sola general. || *S'englober*, r. Estar conglobado, comprendido.

**ENGLOUTIR**, a. *angluttr*. Engullir, tragar. || Absorber, hacer desaparecer: *la mer engloutit le navire*, el mar se tragó el buque. || *Un gouffre engloutit la ville*, la ciudad se hundió y desapareció en los abismos.

**ENGLOUTISSEMENT**, m. *anglutismán*. Engullimiento, accion y efecto de engullir.

**ENGLOUTISSEUR**, m. *anglutiseur*. Engullidor, devorador, tragon.

**ENGLUANTER**, a. *angluanté*. Enligar, untar con una materia viscosa como la liga.

**ENGLUEMENT**, m. *anglumán*. Enligamiento, untura, accion y efecto de enligar.

**ENGLUER**, a. *anglué*. Enviscar, untar con liga varetas ó ramitas para coger pájaros. V. ENGLUANTER.

**ENGLUMENT**, m. V. ENGLUEMENT.

**ENGLYPHIQUE**, adj. inus. *anglific*. Englífico, concerniente al grabado.

**ENGOMMER**, a. *angomé*. Engomar, untar ó dar con goma. V. GOMMER.

**ENGONCEMENT**, m. *angonsmán*. Embarazo, opresion de una persona á quien le oprime el vestido.

**ENGONCER**, a. *angonsé*. Embarazar, atar, apretar un vestido demasiado ajustado ó estrecho.

**ENGORDE**, m. *angórd*. Bot. Engorde, planta brasileña, propia para el sustento de las caballerías.

**ENGORGÉ, ÉE**, adj. *angorgé*. Atascado, tapado, obstruido. || *Avoir un membre engorgé*, tener un miembro cargado de humores. || Mar. Atorada: se dice de una bomba cuyo movimiento está entorpecido.

**ENGORGEMENT**, m. *angorg-mán*. Atascamiento, obstruimiento de un conducto. || Med. Infarto, replecion, obstruccion de los humores.

**ENGORGER**, a. *angorgé*. Atascar, obstruir, tapar un conducto el agua, la broza, las inmundicias. || Med. Infartar, obstruir, hablando de humores. || *S'engorger*, r. Atascarse, cegarse, etc., los conductos. || Med. Infartarse, llenarse los vasos de humores

**ENGOUÉ, ÉE**, adj. *angué*. Atragantado. || met. Maniático, infatuado, preocupado por alguna cosa ó persona.

**ENGOUEMENT**, m. *angumán*. Atragantamiento, impedimento ocasionado por una cosa que atraganta. || met. Manía, preocupacion súbita y pasajera por una persona, y aun tambien por una cosa, sea una ciencia, un arte, un estudio, etc. || Med. Estancamiento de materias.

**ENGOUER**, a. *angué*. Atragantar, obstruir el paso del esófago. || *S'engouer*, r. met. Encapricharse por una persona ó por una cosa; apasionarse, entusiasmarse: *les amants s'engouent l'un de l'autre*, los amantes se apasionan, se encaprichan uno por otro.

**ENGOUFFRANT, E**, adj. *angufrán*. Devorador, voraz, que traga y hace desaparecer en sus entrañas, en su abismo.

**ENGOUFFRER**, a. *angufré*. Tragar, abismar, sepultar, hundir, sumir. || met. Hacer desaparecer como en un abismo. Puede decirse, por ejemplo, de un gloton que devora la comida, etc. || *S'engouffrer*, r. Entrarse, colarse, penetrar con violencia los vientos, las aguas, etc. || Perderse, desaparecer, hundirse, abismarse.

**ENGOULANT, E**, adj. *angulán*. Blas. Zampante, animal en actitud de tragar.

**ENGOULEMENT**, m. inus. *angulmán*. Accion de tragar. || La boca de un rio, de una torrentera, de un hoyo.

**ENGOULER**, a. pop. *angulé*. Tragar, engullir de un golpe.

**ENGOULEUR**, m. *anguleur*. Zampon, tragon, gloton.

**ENGOULEVENT**, m. *angulván*. Zool. Chotacabra, sapo volador que mama sutilmente la leche de las cabras.

**ENGOURDI, E**, adj. *angurdí*. Entorpecido, adormecido, pasmado. || Torpe, embotado, sin movimiento, sin sentimiento. || met. *Esprit engourdi*, entendimiento boto; *cœur engourdi*, corazon insensible; *âme engourdie*, alma fria, apática. || Se dice tambien de un hombre gordo y pesado.

**ENGOURDIR**, a. *angurdír*. Entorpecer, adormecer un miembro del cuerpo. || Entorpecer, embotar el entendimiento, la imaginacion. || *S'engourdir*, r. Entorpecerse, adormecerse los miembros. || met. Embotarse el entendimiento.

**ENGOURDISSEMENT**, m. *angurdismán*. Entorpecimiento, adormecimiento de un miembro. || met. Estupor, indolencia, embotamiento de los sentidos, del alma, etc.

**ENGRAIN**, m. *angrén*. Bot. Espelta, especie de trigo.

**ENGRAINEMENT**, m. *angrenmán*. Agr. Engranamiento, accion y efecto de engranar.

**ENGRAINER**, a. *angrené*. Engranar, poner grano en la tolva del molino. || Dar pienso á los caballos. || *Cheval engrainé* caballo esmeradamente nutrido.

**ENGRAIS**, m. *angré*. Pasto abundante y nutritivo de animales domésticos. || Cebado [illegible] de gallinas y aves caseras. || Abono de tierras con estiércol, y el estiércol mismo: *bon engrais, mauvais engrais*, bueno, mal abono.

**ENGRAISSAGE**, m. *angreságe*. Ceba, accion de engordar los animales.

**ENGRAISSÉ, ÉE**, adj. *angresé*. Cebado, engordado. || Sucio, grasiento.

**ENGRAISSEMENT**, m. *angresmán*. Agr. Estercoladura, abono, accion y efecto de estercolar las tierras. || Carp. Se dice de una espiga que entra por fuerza en la mortaja. *Assembler par engraissement*, unir dos piezas de madera por fuerza.

**ENGRAISSER**, a. *angresé*. Engordar, cebar animales. || Abonar, estercolar las tierras. || Ensuciar, manchar con grasa. || n. Engordar, echar carnes. || *S'engraisser*, r. Engordar, echar carnes. || Mancharse, ponerse grasienta la ropa, una tela, etc. || Espesarse, hablando de vino y licores: *le vin s'engraisse*, el vino se pone espeso. || met. Enriquecerse. *S'engraisser de la misère publique*, enriquecerse empobreciendo al pueblo, á la nacion, etc.

**ENGRANGEMENT**, m. *angrangemán*. Entrojamiento, accion y efecto de entrojar.

**ENGRANGER**, a. *angrangé*. Entrojar, encamarar, meter los granos en el granero. || *S'engranger*, r. Entrojarse.

**ENGRAULIS**, m. *angrólis*. Especie de anchoa, pescado del género clúpeo.

**ENGRAVÉE**, f. *angravé*. Vet. Enfermedad de la pezuña de los bueyes.

**ENGRAVEMENT**, m. *angravemán*. Mar. Encalladura de un barco.

**ENGRAVER**, a. *angravé*. V. AGGRAVER. || Mar. Salar la pipería en el lastre de la bodega. || n. Encallar en la arena. || *S'engraver*, r. Encallar, encallarse.

**ENGRÉGER**, a. ant. *angregé*. Irritar, agitar, agravar, aumentar.

**ENGRÊLÉ, ÉE**, adj. *angrelé*. Puntillado, || Blas. Dentellado, orlado.

**ENGRÊLER**, a. *angrelé*. Art. Puntillar, hacer la puntilla en los encajes y blondas.

**ENGRÊLURE**, f. *angrelúr*. Art. Puntilladura, puntilla de un encaje. || Blas. Fajita puntillada en el escudo.

**ENGRENAGE**, m. *angrenáge*. Arq. El encaje de una rueda en otra por la pantería. || Mar. La accion de estivar barricas en los claros de las andanas de vasijería.

**ENGRENER**, a. *angrené*. Art. Encajar, entrar unos en otros los dientes de las ruedas. || a. met. y fam. Empezar, dar principio á una empresa. || Empezar á moler, echar el trigo ó el grano en la tolva del molino. || Beneficiar un caballo flaco ó que ha estado enfermo. || *S'engrener*, r. Entrar los dientes de una rueda en los de otra.

**ENGRENURE**, f. *angrenúr*. Anat. Se dice del encaje de un hueso en la cavidad de otro; y en relojería, de los dientes de dos ruedas que entran una en otra.

**ENGRI ó ENGROI**, m. *angri*, *angrué*. Engri, especie de leopardo.

**ENGROIS**, m. *angrué*. Canter. Cuñita, cuña pequeña.

**ENGROSSER**, a. *angrosé*. Poner en cinta á una mujer, hacerle una barriga.

**ENGROSSEUR**, m. *angroseur*. El que pone en cinta á una mujer.

**ENGROSSIR**, a. *angrosir*. Engruesar, engrosar. || n. Engruesarse, engordarse.

**ENGRUMELER (S')**, r. *sangrumelé*. Agrumarse, cortarse la sangre; arrequesonarse, cuajarse la leche.

**ENGUENILLÉ, ÉE**, adj. *angnillé*. Haraposo, andrajoso, cubierto de harapos, de andrajos.

**ENGUENILLER**, a. *anguenillé*. Cubrir de harapos ó andrajos. || *S'enguenillier*, r. Cubrirse de harapos, ir vestido de andrajos.

**ENGUICHÉ, ÉE**, adj. *anguiché*. Blas. Enguichado. Se dice de la trompa ó trompeta cuya boquilla es de diferente esmalte.

**ENGUICHURE**, f. *anguichúr*. Blas. Boquilla de la trompa ó corneta de caza; cordon de la corneta de caza.

**ENGYSCOPE**, m. *angiscóp*. Fís. Engiscopio, especie de microscopio.

**ENGYSTOME**, m. *angistóm*. Engistomo, género de reptiles.

**ENHACHER**, a. ant. *anaché*. Cortar, dividir tierras ó terreno de modo que la extremidad de las fracciones entre en las vecinas.

**ENHAILLONNER**, a. V. ENGUENILLER.

**ENHAÏR (S')**, r. *sanaír*. Aborrecerse, odiarse.

**ENHARDIR**, a. *anardir*. Alentar, animar, dar ánimo y valor. || *S'enhardir*, r. Cobrar espíritu, ánimo y valor.

**ENHARMONIE**, f. *annarmoní*. Mús. Enarmonía, uso, práctica, aplicacion del género enarmónico.

**ENHARMONIQUE**, adj. *annarmonic*. Mús. Enarmónico, perteneciente á la enarmonía.

**ENHARMONIQUE**, m. *annarmonic*. Mús. Enarmonico, género de música que procede por cuartas par

**ENHARNACHEMENT**, m. *anarnachemán*. Enjaezamiento, accion y efecto de enjaezar.

**ENHARNACHER**, a. *anarnaché*. Enjaezar un caballo. || fam. irón. Engalanar, vestir estrambóticamente. || *S'enharnacher*, r. Vestirse de un modo sumamente ridículo.

**ENHATIR**, a. ant. *anatir*. Lancear, herir con lanza.

**ENHAYEUR**, m. *aneyeur*. Ladrillero, el que pone los ladrillos formando calles.

**ENHAZÉ, ÉE**, adj. ant. *anasé*. Abrumado de negocios.

**ENHERBER**, a. inus. *annerbé*. Enyerbar, poner en yerba un terreno. || Dar yerba, forraje, verde. || Envenenar, aludiendo al jugo de plantas venenosas.

**ENHEUDER**, a. inus. *aneudé*. Trabar, sujetar los animales por medio de trabas ó ligaduras.

**ENHOLIER**, a. V. ENHUILER.

**ENHORTER**, a. ant. *anorté*. Exhortar.

**ENHUCHÉ, ÉE**, adj. *anuché*. Mar. Abuchado, que sale demasiado del agua ó que está demasiado alto sobre el agua, hablando de un buque.

**ENHUI ó ENHUY**, adv. ant. *annuí*. Hoy dia, en el dia, hoy en dia.

**ENHUILEMENT**, m. ant. *annuilmán*. Extremauncion.

**ENHUILER**, a. ant, *annuilé*. Olear, dar la extremauncion.

**ENHYDRE**, m. *annidr*. Bot. Enidro, género de plantas acuáticas. || Zool. Serpiente del género de los reptiles acuáticos. || Miner. adj. Anhidro, se dice de un pedaso de cristal lleno de agua.

**ÉNICE**, m. *enis*. Zool. Enice, género de insectos dípteros.

**ÉNICOCÉPHALE**, m. *enicosefál*. Enicocéfalo, género de insectos hemípteros.

**ÉNICOCÈRE**, m. *enicosér*. Zool. Enicócero, género de insectos coleópteros.

**ÉNICODES**, m. *enicód*. Zool. Enicodes, género de coleópteros.

**ÉNICOGNATE**, m. *enicoñát*. Zool. Enicognato, especie de loro.

**ÉNICORETTE**, f. *enicorét*. Zool. Especie de ganso.

**ÉNICURE**, m. *enicúr*. Zool. Enicuro, género de gorriones dentirostros.

**ÉNIGMATIQUE**, adj. *enigmatic*. Enigmático, oscuro, misterioso, difícil de entender.

**ÉNIGMATIQUEMENT**, adv. *enigmaticman*. Enigmáticamente, de una manera enigmática, misteriosa.

**ÉNIGMAGTISER**, n. *enigmatisé*. Enigmatizar, hablar enigmáticamente; proponer enigmas.

**ÉNIGME**, f. *enígm*. Enigma, exposicion en términos metafóricos. || Enigma, acertijo, adivinanza. || Enigma, cualquier discurso ambiguo, oscuro, etc.

**ÉNITHARES**, m. pl. *enitár*. Zool. Enitaros, género de insectos hemípteros.

**ENIVRANT, E**, adj. *annivrán*. Embriagador, emborrachador, que embriaga.

**ENIVRÉ, ÉE**, adj. *annivré*. Embriagado, borracho.

**ENIVREMENT**, m. *annivremán*. Embriaguez, borrachera, estado de una persona embriagada. || met. Ceguedad, obcecacion ocasionada por una pasion exaltada.

**ENIVRER**, a. *annivré*. Embriagar, emborrachar. || *S'enivrer*, r. Embriagarse: *s'enivrer de louanges*, embriagarse de adulacion. || *Les louanges, même les louanges immériiées, enivrent*, las alabanzas, aunque no sean merecidas, embriagan. || met. *S'enivrer de délices*, llenarse de gozo. || *S'enivrer de sang*, saciarse de sangre.

**ÉNIXE**, adj. *enícs*. Hecho con esfuerzo, con energía.

**ÉNIXEMENT**, adv. *enícsmán*. Ardientemente, con mucho ardor ó fervor.

**ENJABLER**, a. *anjablé*. Art. Enjablar, poner el suelo á las cubas, haciéndole entrar en el jable ó ranura de las duelas.

**ENJALER**, a. *anjalé*. Mar. Encepar, poner el cepo al ancla.

**ENJALOUSER**, a. *anjalusé*. Dar celos, volver celoso á alg[illegible] || *S'enjalouser*, r. ant. é inus. [illegible]

**ENJAMBAGE**, m. [illegible] dura.

**ENJAMBÉE**, f. [illegible] da al andar. || [illegible] dos piés, andando ó al [illegible] echar un pié delante de otro [illegible] *faire une grande enjambée*, [illegible] muy largo, abriendo mucho las [illegible] || *Aller par enjambées*, ir á [illegible] damente largos.

**ENJAMBEMENT**, m. [illegible] Paso de un verso á otro para [illegible] sentido. || Sentido [illegible] un verso y el principio del [illegible]

**ENJAMBER**, a. *anjambé*. [illegible] || Pasar por encima, [illegible] royos, zanjas, etc. || [illegible] de una viga que [illegible] *poutre enjambe trop*, [illegible] demasiado. || Usurpar [illegible] una heredad vecina. || [illegible] *vers à un autre*, pasar de un [illegible] para acabar el sentido del [illegible] completo.

**ENJARRETÉ, ÉE**, adj. [illegible] Enjarretado, atado por los piés.

**ENJAULER**, a. *anjolé*. Mar. [illegible] ancla.

**ENJAVELER**, a. *anjavelé*. Agr. [illegible] hacer gavillas de mieses.

**ENJEU**, m. *anjeu*. Pesta de [illegible] al empezar el juego. || *Mettre* [illegible] poner. || met. *Retirer son* [illegible] pérdida de una empresa [illegible]

**ENJOINDRE**, a. *anjuéndr*. [illegible] denar expresamente que se [illegible] *enjoindre à quelqu'un de se* [illegible] con autoridad á uno que [illegible]

**ENJOINTÉ, ÉE**, adj. [illegible] Corto de piernas, hablando de [illegible]

**ENJÔLER**, a. *anjolé*. [illegible] ñar con caricias, con [illegible] *quelqu'un par de belles paroles* [illegible] uno con palabras lisonjeras.

**ENJÔLEUR**, [illegible], m. y f. [illegible] eus. Engañador, lisonjero [illegible] engañar.

**ENJOLIVEMENT**, m. [illegible] no lindo que hermosea. [illegible] mente de un cuarto, gabinete [illegible]

**ENJOLIVER**, a. [illegible] con un adorno un vestido, un [illegible] binete. || *S'enjoliver*, r. [illegible] na ventajosamente, ponerse [illegible] se mérito personal.

**ENJOLIVEUR**, [illegible], m. y [illegible] veur, eus. Adornista, que [illegible] sea el interior de las [illegible] nista, el que vende cosas de [illegible] valor.

**ENJOLIVURE**, f. [illegible] queños de poco valor.

**ENJONCHER**, a. [illegible] montones, extender, [illegible]

**ENJOUÉ, ÉE**, adj. *anjué*. [illegible] festivo, persona que [illegible] una obra escrita en estilo [illegible]

**ENJOUEMENT**, m. [illegible] buen humor, genio festivo [illegible] y habitual. || *Avoir de l'enjouement* [illegible] un genio amable, que [illegible]

**ENJOUER**, a. *anjué*. [illegible] divertir, poner contento á [illegible]

**ENLACEMENT**, m. [illegible] miento, enlace, accion y [illegible]

**ENLACER**, a. *anlasé*. [illegible] juntar una cosa con otra. [illegible] tar, etc. || *Enlacer des* [illegible] peles en una misma [illegible] sorprender, embarazar á [illegible]

**ENLAÇURE ó ENLAS**[illegible] Enlazadura. || Carp. [illegible] Accion de enlazar dos [illegible]

**ENLAIDIR**, a. *anledir*. [illegible] á alguno. || *S'enlaidir*, r. [illegible] rarse, ponerse feo.

**ENLAIDISSEMENT**, m. [illegible] Fealdad, accion y efecto de [illegible]

**ENLARME**, m. *anlárm*. [illegible] añadida á la red de caza. || [illegible] de alheña que los [illegible] viveros

idad.
**NUITER (S')**, r. V. ANUITER.
**NUYANT, E**, adj. *annuyan*. Fastidio-
mportuno, molesto, enojoso, pesado,
produce tedio.
**NUYER**, a. *annuyé*. Fastidiar, abur-
cansar, molestar. || *S'ennuyer*, r. Fasti-
se. || *Je m'ennuie d'être ici*, me fastidio
star aquí. || *Vous vous ennuyez d'at-
re*, Vd. se cansa de esperar. || *Le repos
nuie*, la inaccion me aburre. || *Il m'en-*
, me molesta, me cansa.
**NUYEUSEMENT**, adv. *annuyeusmán*.
osamente, fastidiosamente.
**NUYEUX, EUSE**, adj. y s. *annuyeu*,
Fastidioso, cansado, pesado por natu-
a, genio, carácter, etc.
**NYCCHIE**, f. *enniquí*. Zool. Eniquia,
ro de insectos coleópteros nocturnos.
**ODE**, m. *enód*. Zool. Enodo, género de
ctos coleópteros.
**ODÉ, ÉE, ó ÉNOUÉ, ÉE**, adj. *eno-
nué*. Bot. Enodado, liso, sin nudos : se
de los troncos y de las ramas de árboles.
**NOISELER**, a. *enuaslé*. Cetr. Adies-
enseñar las aves de altanería á cazar.
**OMPHALE**, f. *enonfál*. Med. Enónfo-
lureza en el ombligo.
**ONCÉ, ÉE**, adj. *enonsé*. Enunciado,
esado, mencionado. || m. Exposicion,
enido de un escrito.
**ONCER**, a. *enonsé*. Enunciar, expre-
exponer ideas, pensamientos, dictame-
*Il n'oserait énoncer ce qu'il pense*, ya
ardará de decir lo que piensa. || *S'énon-
r*. Explicarse, expresarse, producirse,
ar bien ó mal.
**ONCIATIF, IVE**, adj. *enonsiatif, ie*.
nciativo, expositivo, propio para enun-
|| m. V. PRÉDICAT.
**ONCIATION**, f. *enonsiasión*. Expre-
, explicacion, produccion de un pensa-
to. || Modo ó manera de exponer y refe-
e palabra ó por escrito.
**OPLIE**, f. *enoplí*. Zool. Enoplia, gé-
de insectos coleópteros.
**OPLOCÈRE**, m. *enoplosér*. Zool. Eno-
ero, género de insectos coleópteros.
**OPLODÈRE**, m. *enoplodér*. Zool. Eno-
ero, género de insectos coleópteros.
**OPLOPS**, m. *enoplops*. Zool. Enoplop-
género de insectos hemípteros.
**ORGUEILLI, E**, adj. *annorgueullí*.
rgullecido, ensoberbecido, envanecido.
**ORGUEILLIR**, a. *annorgueullír*. Enor-
ecer, orgullecer, dar orgullo á una per-
, ocasionar que se ponga orgullosa. ||
*orgueillir*, r. Enorgullecerse, ensober-
rse, envanecerse.
**NORME**, adj. *enórm*. Enorme, desco-
al, desaforado, hablando de estatura. ||
rme, atroz, hablando de crímenes ó de-
. || met. *C'est énorme, c'est une faute
me*, es un yerro imperdonable.
**ORMÉMENT**, adv. *enormemán*. Enor-
ente, desaforadamente, en demasía.
**ORMITÉ**, f. *enormité*. Enormidad,
asía, exceso. || met. Gravedad, atrocidad
na mala accion.
**ORMON**, m. *enormón*. Med. Enormon,

mas que no están segun las reglas
dagacion, averiguacion de la etim
verdadera acepcion de una palabr
**ENQUÉRANT, E**, adj. *anque*
terrogativo, que manifiesta duda
rogar.
**ENQUÊTE**, f. *anquét*. For. Info
prueba judicial. || Sumaria, en los
criminales.
**ENQUÊTER (S')**, r. *sanqueté*. I
se judicialmente, inquirir.
**ENQUÊTEUR**, adj. m. *anquete*
Juez comisionado para hacer pesqu
**ENQUIS, E**, adj. *anquí*. Pre
interrogado. Solo se usa judicialm
en estilo jocoso y anticuado, se dic
dado.
**ENRACINEMENT**, m. *anrasinm*
raigamiento, accion y efecto de ar
**ENRACINER**, a. *anrasiné*.
echar raices las plantas. || met. Ar
inveterarse los abusos, los vicio
*raciner*, r. Arraigarse.
**ENRAGÉ, ÉE**, adj. *anragé*. Rab
padece de la rabia. || met. Furioso,
violento, arrebatado. || Se dice figu
miliarmente : *mal enragé*, dolo
*homme enragé*, hombre violento. ||
*de la vache enragée*, vivir con m
trabajos. || Se usa como sustantivo
*ragé*, un rabioso, un colérico.
**ENRAGEANT, E**, adj. *anrajan*.
rabiar, que hace irritar, que causa
sar, mucho sentimiento.
**ENRAGER**, n. *anragé*. Rabiar,
bioso, tener mal de rabia. || met. y
biar, experimentar una grande có
cho despecho. || Padecer un dolor
Rabiar de sed, de hambre, de un
dad muy urgente : *il enrage des
faim, de dépit, de jouer, de parl*
de dolor de muelas, de hambre, d
cho ; rabia por jugar, por hablar, etc
*on veut tuer son chien, on dit qu'
ragé*, con un buen pretexto se ha
se quiere.
**ENRAIEMENT**, m. *anremán*.
efecto de enrayar las ruedas de un
**ENRAYER**, a. *anreyé*. Enrayar
las ruedas de un carruaje, para q
ren al bajar una cuesta. || Hacer c
surco ó besana arando. || met. y fam
nerse, pararse, no continuar ciert
de vida.
**ENRAYOIR**, m. *anreyuár*. Art.
dor, máquina para enrayar.
**ENRAYURE**, f. *anreyúr*. Tira
atar las ruedas de un carruaje. ||
sana, primer surco que traza el ar
**ENRÉGIMENTER**, a. *anregime*
Enregimentar, formar en regimient
pañías sueltas, á nuevas levas.
**ENREGISTRABLE**, adj. *anr*
Registrable, que puede ó debe s
trado.
**ENREGISTREMENT**, m. *anrg*
Registro, empadronamiento, e
miento.
**ENREGISTRER**, a. *anrgistré*. R
empadronar.
**ENREGISTREUR**, m. *anrgistr*
gistrador, el que registra, que apu

**ENRÊNER**, a. *anrené.* Equit. Atar las riendas de los caballos.

**ENRHUMER**, a. *anrumé.* Acatarrar, resfriar, constipar. || *S'enrhumer*, r. Acatarrarse, resfriarse.

**ENRICHIR**, a. *anrichír.* Enriquecer, hacer rico. || met. Adornar, realzar, hermosear muebles, vestidos, etc., con alguna cosa preciosa. || met. Enriquecer una lengua, hacerla mas abundante, añadiéndola expresiones, palabras, locuciones nuevas. || *S'enrichir*, r. Enriquecerse, ponerse rico.

**ENRICHISSEMENT**, m. *anrichismán.* Enriquecimiento, aumento de riqueza. || Ornamento, adorno que aumenta el valor y mérito de una cosa.

**ENRILE**, f. *anríl.* Bot. Enrila, género de plantas trepadoras.

**ENROCHEMENT**, m. *anrochemán.* Cimientos de roca en terreno móvil; consolidacion del muelle de un puerto.

**ENROCHER**, a. *anroché.* Echar cimientos de roca en un terreno movedizo.

**ENRÔLEMENT**, m. *anrolmán.* Alistamiento, asiento de plaza, accion y efecto de alistar soldados, y de matricular marineros.

**ENRÔLER**, a. *anrolé.* Mil. Alistar soldados que sientan plaza; matricular marineros nuevos. || *S'enrôler*, r. Sentar plaza un soldado; matricularse un marinero.

**ENRÔLEUR**, m. *anroleur.* Mil. Reclutador, enganchador.

**ENRONCÉ, ÉE**, adj. *anronsé.* Lleno de abrojos y de espinas. || met. Lleno de cuidados y zozobras.

**ENROUEMENT**, m. *anrumán.* Ronquera, incomodidad en la garganta.

**ENROUER**, a. *anrué.* Enronquecer, poner ronco. || *S'enrouer*, r. Enronquecerse, ponerse ronco, perder la claridad de la voz.

**ENROUILLER**, a. *anrullé.* Enmohecer, tomar de orin. || *S'enrouiller*, r. Enmohecerse, criar orin, cubrirse de orin.

**ENROUILLURE**, f. V. ROUILLE.

**ENROULEMENT**, m. *anrulmán.* Arq. Roleo, forma espiral. || Agr. Caracol, contorno de forma espiral.

**ENROULER**, a. *anrulé.* Enrollar una cosa dentro de otra. || *S'enrouler*, r. Enrollarse.

**ENRUBANNÉ, ÉE**, adj. *anrubané.* Encintado, lleno de cintas, de cruces ó medallas.

**ENRUBANNER**, a. *anrubané.* Encintar, engalanar, adornar con cintas. || *S'enrubanner*, r. Ponerse cintas, adornarse con cintas, cruces, medallas, etc.

**ENRUE**, f. *anrú.* Agr. Emelga grande para señalar los tramos de tierra que se han de sembrar.

**ENSABLEMENT**, m. *ansablmán.* Banco, islote de arena amontonada por las aguas ó por los vientos. || En desiertos arenosos, se llama mégano, algaida.

**ENSABLER**, a. *ansablé.* Hacer encallar un barco en la arena. || *S'ensabler*, r. Encallarse, varar un barco en la arena.

**ENSABOTER**, a. *ansaboté.* Calzar con zuecos. || Calzar una rueda para que no se mueva. || *S'ensaboter*, r. Calzarse con zuecos.

**ENSACHEMENT**, m. *ansachemán.* Accion de meter en sacos.

**ENSACHER**, a. *ansaché.* Ensacar, poner en un saco.

**ENSACHEUR**, m. *ansacheur.* Ensacador, el que pone en un saco.

**ENSADE**, m. *ansád.* Ensada, higuera de la Baja Etiopia, cuya corteza se teje.

**ENSAFRANER**, a. *ansafrané.* Azafranar, teñir con azafran.

**ENSAISINEMENT**, m. *anseesinemán.* Jurisp. ant. Posesion, acto de dar y tomar posesion.

**ENSAISINER**, a. *anseesiné.* Posesionar, poner en posesion. Se decia de un señor que reconocia por su enfiteuta á un terrateniente.

**ENSANGLANTER**, a. *ansanglanté.* Ensangrentar, manchar ó llenar de sangre. || met. Se dice de una escena teatral, del reinado de un tirano sanguinario. || *S'ensanglanter*, r. Ensangrentarse.

**ENSEIGNANT, E**, adj. *anseñán.* Que enseña. *L'église enseignante*, la reunion de los principales pastores de la Iglesia.

**ENSEIGNE**, f. *anséñ.* Muestra que se pone sobre las puertas de las tiendas. || Bandera. || Seña que se da ó toma para buscar alguna cosa. || m. Mil. Abanderado, oficial que lleva la bandera. || Mar. Alférez de navío. || *Gaule d'enseigne*, asta de bandera. || *Marcher sous les enseignes de quelqu'un*, seguir el partido de alguno. || *A bonne enseigne*, por buen conducto, con mucho fundamento. || *A telles enseignes que...* la prueba de esto es que.

**ENSEIGNEMENT**, m. *anseñemán.* Enseñanza, instruccion que se da de alguna ciencia ó arte. || Enseñanza, leccion, doctrina, hablando en sentido moral. || Enseñanza, accion, arte de enseñar. || m. pl. Documentos, pruebas, títulos.

**ENSEIGNER**, a. *anseñé.* Enseñar, dar lecciones de algun arte ó ciencia. || Enseñar, doctrinar, hablando de cosas morales. || Enseñar, mostrar un camino, una calle.

**ENSEIGNEUR**, m. *anseñeur.* Instructor, el que enseña.

**ENSELLÉ, ÉE**, adj. *anselé.* Equit. Ensillado. || *Cheval ensellé*, se dice del caballo bundido del lomo ó sillar. || Mar. Arrufado, se dice de un navío bundido del medio.

**ENSELLER**, a. *anselé.* Ensillar, poner la silla al caballo.

**ENSEMBLE**, m. *ansánbl.* Conjunto de las partes de un todo. || Union, armonía. || || *L'ensemble de l'univers*, armonía del universo. || adv. *Ensemble*, simultáneamente, uno con otro, una con otra, juntos, á la vez, etc. || *Tout ensemble*, todo, todo junto.

**ENSEMENCÉ, ÉE**, adj. *ansmansé.* Sembrado. || *Terre ensemencée*, sementera, sembrado.

**ENSEMENCEMENT**, m. *ansmansmán.* Siembra, accion de sembrar.

**ENSEMENCER**, a *ansmansé.* Sembrar una tierra, echando en los surcos ya preparados los granos que sirven de simientes.

**ENSÉPULTURER**, a. *ansepulturé.* Sepultar, enterrar el cuerpo de un difunto.

**ENSERRER**, a. ant. *anseré.* Encerrar, guardar bajo llave. Solo se usa en poesía. || Poner en estufa las plantas delicadas.

**ENSEVELI, E**, adj. *ansvlí.* Amortajado. || met. Sepultado en el olvido, en un profundo sueño. || met. Sumergido en una pena, afliccion.

**ENSEVELIR**, a. *ansvlír.* Amortajar, envolver al difunto en la mortaja. || Engullir, tragar. || met. Sepultar un secreto en el olvido ó en un eterno silencio. || Envolver: *les ténèbres ensevelissaient la terre*, la tierra estaba envuelta en las tinieblas. || Confundir, perder, ocultar. || *S'ensevelir*, r. Sepultarse. || *S'ensevelir dans la méditation*, entregarse á la meditacion. || *S'ensevelir dans l'étude*, entregarse enteramente al estudio, etc. || *S'ensevelir sous les ruines d'une ville*, enterrarse bajo las ruinas de una plaza, morir defendiéndola. || *Etre enseveli, s'ensevelir dans le sommeil*, estar sepultado en el sueño, dormir profundamente.

**ENSEVELISSEMENT**, m. *anselismán.* Amortajamiento, el acto de amortajar un difunto. || Enterramiento.

**ENSEVELISSEUR, EUSE**, m. y f. *anseliseur, eus.* Amortajador. || Enterrador.

**ENSIFÈRE**, adj. *ansifér.* Bot. Ensífero, que tiene los ramos en forma de una espada.

**ENSIFOLIÉ, ÉE**, adj. *ansifolié.* Bot. Ensifoliado, que tiene hojas en forma de una espada.

**ENSIFORME**, adj. *ansifórm.* Anat. Ensiforme, que tiene la forma de una espada. *cartilage ensiforme.* || Dícese tambien de algunas plantas y de conchas por tener forma de espada ó sable.

**ENSILAGE**, m. *ansiláge.* Agr. Ensilaje, ocultacion del trigo en el silo.

**ENSIMAGE**, m. *ansimáge.* Art. Untura, mano que se da á los paños con aceite antes de tundirlos.

**ENSIMER**, a. *ansimé.* Art. Untar con aceite los paños para facilitar el tundido.

**ENSINE**, f. *ansín.* Zool. Ensina, género de insectos dípteros.

**ENSIPENNE**, adj. *ansipén.* Zool. Ensipeno, que tiene las alas encorvadas á manera de sable.

**ENSIROSTRE**, adj. *ansiróstr.* [illegible] que tiene el pico en forma de sable.

**ENSLÉNIE**, f. *anslení.* Bot. [illegible], género de plantas.

**ENSORCELER**, a. *ansorselé.* [illegible], embrujar, dar hechizos. || met. [illegible] flamar de amor, inspirar una [illegible]

**ENSORCELEUR, EUSE**, m. y f. *ansorseleur, eus.* Hechicero, el que hechiza [illegible] bruja.

**ENSORCELLEMENT**, m. [illegible] Hechizo, maleficio, brujería. || [illegible]zo, embeleso amoroso.

**ENSOUFRER**, a. [illegible] mar con azufre.

**ENSOUFROIR**, m. [illegible] dor, el lugar donde se azufran [illegible] sedas.

**ENSOUPLE**, f. *ansúpl.* Art. [illegible] plegador, cilindro en que el [illegible] volviendo la tela.

**ENSOYER**, a. [illegible] ner el zapatero la seda ó cerda [illegible]

**ENSUBLE, ENSOUPLE**, f. V. [illegible]

**ENSUITE**, adv. [illegible] guida, luego.

**ENSUIVRE (S')**, r. [illegible] guirse, originarse.

**ENSURIR**, n. V. [illegible]

**ENTABLEMENT**, m. [illegible] Entablamento, cornisamento de [illegible]

**ENTABLER**, a. *antablé.* Art. [illegible] llar, unir dos pedazos de [illegible] mar el mango de un cuchillo [illegible] Equit. Entablarse: se dice del [illegible] se alcanza, es decir, cuyo [illegible] adelanta demasiado y [illegible] piés con las manos.

**ENTACAGE**, m. [illegible] de varitas adaptadas al plegador [illegible] ner el terciopelo.

**ENTACHER**, a. *antaché.* [illegible] minar, inficionar.

**ENTAILLE**, f. *antáll.* [illegible] dura, entalladura. || Cir. Corte, [illegible]

**ENTAILLER**, a. *antallé.* [illegible] bajar, hacer una muesca.

**ENTAILLOIR**, m. [illegible] llador, herramienta que [illegible] mentistas y carpinteros.

**ENTAILLURE**, f. V. [illegible]

**ENTALINGUER**, a. [illegible] Estalingar, hacer firme el [illegible] en el arganeo del ancla. [illegible] *étalinguer.*

**ENTALINGURE** ó **ÉTALINGURE** [illegible] *antalengür, étalengür.* Mar. [illegible] con que se hacen firmes los [illegible] ganeos de las anclas.

**ENTALE**, m. *antál.* Zool. [illegible] de conchas fósiles.

**ENTALENTER**, a. [illegible] char, inspirar vivos deseos de [illegible] cosa.

**ENTAME**, f. *antám.* [illegible] Incision, cortadura.

**ENTAMER**, a. *antamé.* [illegible] tar. || *Entamer un pain*, empezar [illegible] *Entamer un sac d'argent*, [illegible] de un saco de dinero. || *Entamer* [illegible] *de drap*, empezar á cortar [illegible] paño. || met. *Entamer une* [illegible] un negocio. || *Entamer les* [illegible] brir los designios. || Mil. [illegible] romper un cuadro enemigo.

**ENTAMURE**, f. *antamúr.* [illegible] cala, prueba, cata. || Incision [illegible] pequeña.

**EN TANT QUE**, conj. [illegible] cuanto, en calidad de. || [illegible] *Dieu, ne peut souffrir* [illegible] como Dios ó en cuanto Dios [illegible] frir mal alguno. V. TANT.

**ENTAPHIE**, f. [illegible] vision de insectos coleópteros.

**ENTASSEMENT**, m. [illegible] tonamiento, monton de [illegible]

**ENTASSER**, a. *antasé.* [illegible] bros, yerba, paja, etc. || met. [illegible] acumular cosas, unas sobre otras [illegible] citaciones, etc. || *S'entasser*, r. [illegible]

**ENTASSEUR**, m. [illegible] dor de dinero.

[illegible] f. [illegible] Agr. Ingerto, el ramo de [illegible] se ingiere en otro. || Ingerto, el [illegible] frutal que se ha ingerido. || [illegible] piel de ave rellena de paja, que [illegible].

[illegible], adj. [illegible] Ingertado. || Blas. [illegible] de dos partes del escudo [illegible] por encajaduras redondas. || [illegible] Cagarrutas de los vena- [illegible] y que no se pue- [illegible] sin romperlas.

[illegible], m. [illegible] Zool. Entedon, [illegible] himenópteros.

[illegible], f. *antelechi.* Fil. Entele- [illegible], perfeccion de un ente.

[illegible], m. [illegible] Zool. Enteno, género [illegible].

[illegible], f. [illegible] Entela, especie de [illegible].

[illegible], m. *antendn.* Ingertacion, [illegible] de ingertar los árboles.

[illegible], m. *antendmán.* En- [illegible], facultad del alma de concebir, [illegible]. || Inteligencia, capa- [illegible].

[illegible], m. *antendeur.* Entende- [illegible] y concibe bien alguna [illegible] *bon entendeur, peu de paroles,* [illegible] pocas palabras bastan.

[illegible], a. *antándre.* Oir, percibir [illegible]. || Oir, escuchar con atencion. || [illegible] comprender lo que se oye. || En- [illegible], pretender. || *J'entends que* [illegible] que así se haga. || En- [illegible] conocimiento de algun oficio, [illegible]. || *Entendre ses intérêts,* cono- [illegible], saber manejarse, condu- [illegible] || *Ne rien entendre à,* no entender [illegible] muy inhábil para. || fam. *En-* [illegible], oir á uno, dejarle hablar. [illegible] *la messe, le sermon,* oir misa, [illegible] || *Il n'est pire sourd que celui* [illegible], no hay peor sordo [illegible] no quiere oir. || *Entendre raille-* [illegible] aguantar burlas. || *Entendre* [illegible] en lo que es justo y razo- [illegible] *s'entendre,* r. Estar de inteligencia, [illegible] con una persona, abo- [illegible]. || *Je m'entends bien,* yo sé lo [illegible]. || *Donner à entendre,* dar [illegible]. || *S'entendre en musique, en* [illegible] la música, la pintura.

[illegible], E, adj. *antendú.* Entendido, [illegible], comprendido. || Entendi- [illegible]. || Entendido, bien ó mal [illegible]. || *Bien entendu* [illegible] el bien entendido que. || sust. [illegible], hacer el sabio, darse im- [illegible].

[illegible], a. *antenebré.* Entene- [illegible], llenar de tinieblas. || met. [illegible] *les peuples, le genre humain,* [illegible], el género humano á [illegible].

[illegible], f. *antánt.* Interpretacion del [illegible]. || Inteligencia, cono- [illegible]. || Armonía, buena [illegible] partes. || Inteligencia, cor- [illegible] personas.

[illegible] Agr. Ingertar, introdu- [illegible] verde de un árbol en el [illegible] de otro. || *Enter un écusson,* [illegible]. || Mar. Empalmar, unir [illegible] por sus extremos.

[illegible], f. *anteradén.* Anat. En- [illegible] de los intestinos.

[illegible], f. *anterade-* [illegible], descrip- [illegible] de los intestinos.

[illegible], f. *anteradenolo-* [illegible], tratado de las [illegible].

[illegible], adj. *anterade-* [illegible], que perte- [illegible].

[illegible], f. *anteralgí.* Med. Ente- [illegible] de los intestinos.

[illegible], adj. *anteralgic.* Med. [illegible] que tiene relacion con la ente- [illegible].

[illegible], f. *anteran-* [illegible] Enterangienfraxia (?), obs- [illegible] intestinal.

**ENTÉRARCTIE**, f. *anterarcsí.* Med. Enterarcia, encogimiento del intestino.

**ENTÈRE**, m. *antér.* Med. Nombre griego de la membrana mucosa.

**ENTÉRÉCHÈME**, m. *anterechém.* Med. Enterequemo, zumbido en los intestinos.

**ENTÉRECTASIE**, f. *anterectasí.* Med. Enterectasia, dilatacion del intestino.

**ENTÉRÉLÉSIE**, f. *anterelesí.* Med. Enterelesia, dolor ocasionado por la estrechez de los intestinos.

**ENTÉRÉTIQUE**, adj. *anteretic.* Med. Enterítico, que pertenece á la enteritis.

**ENTÉREXIMÈNE**, m. *anterecsém.* Med. Enterezema, derrame de sangre en el interior de un órgano.

**ENTÉRHELCOSE**, f. *anterelcós.* Med. Enterelcosis, ulceracion de los intestinos.

**ENTÉRHÉMIE**, f. *anteremí.* Med. Enteremia, congestion sanguínea del intestino.

**ENTÉRINEMENT**, m. *anterinmán.* For. Aprobacion, confirmacion de una gracia. || Verificacion.

**ENTÉRINER**, a. *anteriné.* For. Ratificar, conceder, aprobar.

**ENTÉRIQUE**, adj. *anteric.* Entérico, que pertenece á los intestinos.

**ENTÉRITE**, f. *anterit.* Med. Enteritis, inflamacion de los intestinos.

**ENTÉROCÈLE**, f. *anterosél.* Med. Enterocele, hernia abdominal.

**ENTÉROCÉLIQUE**, adj. *anteroselic.* Enterocélico, que pertenece al enterocele.

**ENTÉRO-CYSTOCÈLE**, f. *anterosisto-sél.* Med. Entero-cistocele, hernia formada por la vejiga y por una porcion del canal intestinal.

**ENTÉRODIALYSE**, f. *anterodialís.* Med. Enterodiálisis, separacion completa con respecto al intestino.

**ENTÉRO-ÉPIPLOCÈLE**, f. *anteroepiplosél.* Med. Entero-epiplocele, hernia formada á la vez por el intestino y por el omento.

**ENTÉRO-ÉPIPLOMPHALE**, f. *antero-epiplonfál.* Med. Enteroepiplonfalia, hernia umbilical en la que se encuentra una porcion de intestinos y de omento.

**ENTÉRO-GASTROCÈLE**, f. *anterogastrosél.* Med. Enterogastrocele, hernia ventral y abdominal.

**ENTÉROGRAPHE**, m. *anterográf.* Enterógrafo, autor que describe los intestinos.

**ENTÉROGRAPHIE**, f. *anterografí.* Anat. Enterografía, descripcion de los intestinos.

**ENTÉROGRAPHIQUE**, adj. *anterografic.* Enterográfico, que pertenece á la enterografía.

**ENTÉRO-HÉPATITE**, f. *anteroepatít.* Med. Entero-hepatitis, inflamacion simultánea del intestino y del hígado.

**ENTÉRO-HYDROCÈLE**, f. *anteroidrosél.* Med. Entero-hidrocele, hernia intestinal complicada de hidrocele.

**ENTÉRO-HYDROMPHALE**, f. *antero-idronfál.* Med. Entero-hidronfale, hernia umbilical cuyo saco encierra á la vez una porcion de intestino y cierta cantidad de serosidad.

**ENTÉRO-ISCHIOCÈLE**, f. *anteroisquiosél.* Med. Entero-isquiocele, hernia isquiática formada por el intestino.

**ENTÉROLITHE**, m. *anterolít.* Med. Enterolito, cálculo intestinal.

**ENTÉROLITHIASIE**, f. *anterolitiasí.* Med. Enterolitiasis, formacion de piedras ó cálculos en el tubo intestinal.

**ENTÉROLOGIE**, f. *anterologí.* Anat. Enterologia, tratado sobre los intestinos.

**ENTÉROLOGIQUE**, adj. *anterologic.* Anat. Enterológico, que pertenece á la enterologia.

**ENTÉRO-MÉROCÈLE**, f. *anteromerosél.* Med. Entero-merocele, especie de hernia crural formada por el intestino.

**ENTÉROMPHALE**, f. *anteronfál.* Med. Enterónfala, hernia umbilical cuyo saco no comprende mas que el intestino.

**ENTÉROMYASIE**, f. *anteromiasí.* Med. Enteromiasis, afeccion producida y mantenida por insectos.

**ENTÉROPATHIE**, f. *anteropatí.* Med. Enteropatía, enfermedad de los intestinos.

**ENTÉROPATHIQUE**, adj. *anteropatic.* Med. Enteropático, que pertenece á la enteropatía.

**ENTÉROPHLOGIE**, f. *anteroflogí.* Med. Enteroflogia, inflamacion de los intestinos.

**ENTÉROPHLOGIQUE**, adj. *anteroflogic.* Med. Enteroflógico, que pertenece á la enteroflogia.

**ENTÉROPYRIE**, f. *anteropirí.* Med. Enteropiria, fiebre mesentérica.

**ENTÉROPYRIQUE**, adj. *anteropiric.* Med. Enteropírico, que tiene relacion con la enteropiria.

**ENTÉRORRHAGIE**, f. *anterorragí.* Med. Enterorragia, derrame de sangre por los intestinos.

**ENTÉRORRHAGIQUE**, adj. *anterorragic.* Med. Enterorrágico, que tiene relacion con la enterorragia.

**ENTÉRO-SARCOCÈLE**, f. *anterosarcosél.* Med. Entero-sarcocele, hernia intestinal complicada de excrecencia carnosa.

**ENTÉRO-SCHÉOCÈLE**, f. *anteroesqueosél.* Med. Entero-esqueocele, hernia escrotal formada por el intestino.

**ENTÉROSE**, f. *anteróz.* Med. Enterosis, enfermedad de los intestinos.

**ENTÉROTOME**, m. *anterotóm.* Cir. Enterótomo, instrumento quirúrgico.

**ENTÉROTOMIE**, f. *anterotomí.* Anat. Enterotomía, diseccion de los intestinos.

**ENTÉROTOMIQUE**, adj. *anterotomic.* Cir. Enterotómico, que pertenece á la enterotomia.

**ENTERREMENT**, m. *anterrmán.* Entierro, accion y efecto de enterrar los cadáveres. || Acompañamiento y asistencia que va con el cadáver.

**ENTERRER**, a. *anterré.* Enterrar, poner debajo de tierra. || Dar sepultura á algun cadáver. || met. Guardar, tener oculto un secreto. || met. y fam. *Enterrer quelqu'un,* sobrevivir y ver la muerte de alguno. || *S'enterrer,* r. Enterrarse, ser enterrado. || *S'enterrer sous les ruines d'une place,* enterrarse bajo las ruinas de una plaza, morir combatiendo primero que rendirse. || *S'enterrer tout vif,* enterrarse en vida, retirarse del mundo, cortar todo comercio con él.

**ENTES**, f. pl. *ant.* [illegible] piel de aves llena de paja que sirve de señuelo.

**ENTÊTÉ, ÉE**, adj. *anteté.* Encalabrinado, encaprichado, preocupado. || Aferrado, testarudo, porfiado.

**ENTÊTEMENT**, m. *antetmán.* Encaprichamiento, aferramiento. || met. Encaprichamiento, preocupacion en favor de alguna persona ó cosa. || Obstinacion, pertinacia, terquedad.

**ENTÊTER**, a. *anteté.* Encalabrinar, privar, volcar la cabeza un tufo, un vapor. || met. Encalabrinar, infatuar, encaprichar en favor de alguna persona ó cosa. || *S'entêter,* r. Obstinarse, encaprícharse, etc.

**ENTHÉOMANIE**, f. *anteomaní.* Med. Enteomanía, locura religiosa.

**ENTHOUSIASME**, m. *antusiásm.* Entusiasmo, furor, espíritu ó inspiracion divina, hablando de profetas y poetas. || Entusiasmo, arrebato de la imaginacion ó pasion en favor de una persona ó cosa.

**ENTHOUSIASMER**, a. *antusiasmé.* Entusiasmar, infundir entusiasmo. || *S'enthousiasmer,* r. Entusiasmarse, arrebatarse de gozo, de admiracion, de afecto por alguna cosa.

**ENTHOUSIASTE**, adj. y s. *antusiást.* Entusiasta, acérrimo, apasionado, ciego admirador de alguno ó de alguna cosa. || [illegible], visionario, fanático.

**ENTHYMÉMATIQUE**, adj. *antimematic.* Fil. Entimemático, que es de la naturaleza del entimema.

**ENTHYMÈME**, m. *antimém.* Fil. Entimema, argumento compuesto de dos proposiciones, el antecedente y el consecuente.

**ENTICHER**, a. *antiché.* Macar, picar las frutas. || met. y fam. Inficionar, hacer adoptar una doctrina peligrosa, una opinion errónea. || Herir de algun vicio, pasion, [illegible]

**ENTIER, IÈRE**, adj. *antié, ièr*. Entero, cabal, sin falta alguna. || Entero, inflexible, tenaz. || Vet. *Cheval entier*, caballo entero, que no ha sufrido la castracion. || Arit. *Nombre entier*, número entero, el que contiene cierto número de veces, y sin fraccion, la cantidad tomada por unidad principal. || m. Entero, todo, unidad matemática. || Entereza, integridad, perfeccion, complemento. || *La chose est en son entier*, la cosa está en su primer estado. || *En entier*, loc. adv. Por entero, íntegramente, en todas sus partes.

**ENTIÈREMENT**, adv. *antiermán*. Enteramente, del todo.

**ENTITÉ**, f. *antité*. Entidad, lo que constituye la esencia de una cosa. || Med. *Entité morbide*, entidad morbida, principio desconocido de las afecciones llamadas esenciales.

**ENTOILAGE**, m. *antualáge*. Com. Cinta de encaje, aquella en que se pega un encaje.

**ENTOILER**, a. *antualé*. Entelar, unir, pegar el encaje á un pañuelo, á una corbata, etc. || *Entoiler une estampe*, pegar una estampa en un lienzo.

**ENTOIR**, m. *antuár*. Agr. Abridor, instrumento que sirve para ingertar.

**ENTOISAGE**, m. *antuaságe*. Accion de medir con la toesa.

**ENTOISER**, a. *antuasé*. Disponer materiales en un monton ó pila de forma cuadrada para medirle con toesa.

**ENTOMOGÈNE**, adj. *antomogén*. Entomógeno, que vive sobre los insectos muertos.

**ENTOMOGRAPHE**, m. *antomográf*. Entomógrafo, naturalista que escribe la historia de los insectos.

**ENTOMOGRAPHIE**, f. *antomografí*. Entomografía, historia de los insectos.

**ENTOMOGRAPHIQUE**, adj. *antomografíc*. Entomográfico, que tiene relacion con la entomografía.

**ENTOMOÏDE**, adj. *antomoid*. Entomoide, que se parece á un insecto.

**ENTOMOLOGIE**, f. *antomologí*. Entomología, ramo de la zoología que trata de la historia de los insectos.

**ENTOMOLOGIQUE**, adj. *antomologíc*. Entomológico, que pertenece á la entomología.

**ENTOMOLOGISTE**, m. *antomologíst*. Entomólogo, el que se dedica al estudio de los insectos.

**ENTOMOPHAGE**, adj. *antomofáge*. Zool. Entomófago, que se alimenta de insectos. || *Entomophages*, m. pl. Entomófagos, familia de insectos coleópteros.

**ENTOMOPHILE**, adj. y s. m. *antomofil*. Entomófilo, que hace coleccion de insectos.

**ENTOMOPHORE**, adj. *antomofór*. Entomóforo, que contiene insectos.

**ENTOMORHIZE**, adj. *antomoríz*. Entomorizo, que nace ó toma raiz sobre insectos.

**ENTOMOSTRACÉS**, m. pl. *antomostrasé*. Entomostráceos, division de crustáceos acuáticos que viven en las aguas dulces.

**ENTOMOTILLE**, adj. *antomotill*. Entomotilo, que hiere ó mata los insectos.

**ENTOMOZOAIRES**, m. pl. *antomosoér*. Entomozoarios, clase de animales articulados, con vértebras ó sin ellas.

**ENTONNAGE**, m. *antonáge*. Entoneladura, accion de entonelar.

**ENTONNEMENT**, m. *antonmán*. Entonelamiento, accion de entonelar un líquido.

**ENTONNER**, a. *antoné*. Entonelar, echar un líquido en un tonel. || met. y fam. *Bien entonner*, cavasear, empinar bien, beber mucho. || Mús. Entonar, empezar á cantar, y tambien dar el tono á las demas voces. || *Entonner les louanges de quelqu'un*, entonar las alabanzas de alguno, hacer altamente su elogio. || *S'entonner*, r. Colarse, embocarse el viento por un boquete ó paso angosto.

**ENTONNOIR**, m. *antonuár*. Embudo, instrumento para trasvasar licores. || Mil. Embudo, útil para introducir la pólvora en el fogon de los cañones. || Embudo, especie de cráter producido por la explosion de una mina. || Embudo, parte superior de un horno de cal.

**ENTOPHTHALMIE**, f. *antoftalmí*. Med. Entoftalmía, inflamacion de las partes internas del ojo.

**ENTOPHTHALMORRHAGIE**, f. *antoftalmorragí*. Med. Entoftalmorragia, hemorragia en el exterior del ojo.

**ENTORSE**, f. *antórs*. Esguince, dilatacion repentina y violenta de los tendones y ligamentos de una articulacion. || *Se faire une entorse au pied*, torcerse, ladearse un pié. || met. *Donner une entorse à un passage*, alterar un pasaje, darle diverso sentido del natural. || Art. Residuo de la cera derretida.

**ENTORTILLAGE**, m. *antortilláge*. Enredo, engaño, mentira. || Subterfugio, discurso lleno de equívocos con la intencion de engañar, de perjudicar.

**ENTORTILLÉ, ÉE**, adj. *antortillé*. Envuelto, arrollado. || Enredado, enroscado. || Encrespado, hablando del cabello. || met. *Pensée entortillée, style entortillé*, concepto, estilo enredado, oscuro, confuso.

**ENTORTILLEMENT**, m. *antortillmán*. Enroscadura, enredamiento. || met. Enredo, embolismo, confusion en las ideas, en las frases.

**ENTORTILLER**, a. *antortillé*. Envolver, rollar en un papel ó otra cosa. || Enroscar, liar al rededor ó dando vueltas. || met. Enredar, confundir los conceptos, las expresiones. || pop. Incomodar, fastidiar. || fam. *Entortiller quelqu'un*, enredar á alguno, seducirle, engañarle.

**ENTOSTERNAL, E**, adj. y s. *antosternál*. Entosternal, una de las piezas del esternon.

**ENTOUR**, m. *antúr*. Circúito, inmediacion. || met. *Les entours de quelqu'un*, los que rodean á uno, los amigos, parientes, etc., de alguno, su sociedad íntima. || *À l'entour*, loc. adv. V. ALENTOUR.

**ENTOURAGE**, m. *anturáge*. Cerco, lo que rodea. || Cerco, cerquillo, el adorno que rodea á una joya. || met. y fam. El conjunto de amigos ó personas con quienes uno se acompaña de contínuo.

**ENTOURER**, a. *anturé*. Cercar, rodear de murallas una ciudad ó villa. || Rodear, cercar á alguno con gente, guardas, etc. || Abrazar todo al rededor, dar vuelta al rededor una cosa á otra. || *Entourer de soins*, prodigar cuidados.

**ENTOURNER**, a. ant. V. ENTOURER.

**ENTOURNURE**, f. *anturnúr*. Art. Sisa, escotadura de las mangas de un vestido junto al hombro.

**ENTOZOAIRE**, adj. *antosoér*. Zool. Entozoario, que vive en el cuerpo de otros animales. || *Entozoaires*, m. pl. Entozoarios, clase de animales que comprende las lombrices intestinales.

**ENTOZOÉ, ÉE**, adj. *antosoé*. Zool. Entozoeo, que vive en el cuerpo de los animales, hablando de gusanos ó lombrices intestinales.

**ENTOZOOGÉNÈSE**, f. *antosoogenés*. Zool. Entozoogenesia, produccion de las lombrices intestinales.

**ENTOZOOGÉNÉTIQUE**, adj. *antosoogenetíc*. Entozoogenético, que pertenece á la entozoogenesia.

**ENTOZOOLOGIE**, f. *antosoologí*. Entozoología, historia de las lombrices intestinales.

**ENTOZOOLOGIQUE**, adj. *antosoologíc*. Entozoológico, que pertenece á la entozoología.

**ENTOZOOLOGISTE**, m. *antosoologíst*. Entozoologista, el que se dedica al estudio de la entozoología.

**ENTR'ACCOLER (S')**, r. *santracolé*. Unirse, ligarse por algun negocio, sostenerse mutuamente en alguna empresa.

**ENTR'ACCORDER (S')**, r. *santracordé*. Convenirse, ponerse de acuerdo entre sí, vivir en perfecta armonía y buen acuerdo.

**ENTR'ACCUSER (S')**, r. *santracusé*. Acusarse recíprocamente.

**ENTR'ACTE**, m. *antráct*. Entreacto, intervalo de una jornada á otra en el teatro. || Sainete. || Intermedio, baile ó divertimiento que se representa en los teatros entre dos actos de una pieza ó drama.

**ENTR'ADMIRER (S')**, r. *santradmiré*. Admirarse recíprocamente.

**ENTR'AIDER (S')**, r. *santredé*. Ayudarse entre sí mutuamente el uno al otro, ó los unos á los otros.

**ENTRAILLES**, f. pl. [illegible] trañas, [illegible] del cuerpo. || met. [illegible] sensibilidad. || [illegible] entrailles, [illegible] trañas, [illegible] || *Avoir des entrailles* [illegible] tierno para [illegible] desgraciados. || *Cet acteur a* [illegible] ese actor tiene [illegible] pel con fuego, [illegible] el interior ó centro de [illegible]

**ENTR'AIMER (S')**, r. [illegible] quererse el uno al otro.

**ENTRAIN**, m. [illegible] comunicativa.

**ENTRAÎNABLE**, adj. [illegible] trable, que puede ser [illegible] deja arrastrar.

**ENTRAÎNANT, E**, adj. [illegible] yente, que atrae y [illegible]

**ENTRAÎNEMENT**, m. [illegible] rastramiento, [illegible] to de arrastrar.

**ENTRAÎNER**, a. [illegible] varse tras sí alguna cosa [illegible] lencia. || met. Acarrear, [illegible] nes, males, consecuencias [illegible]

**ENTRAÎNEUR**, m. [illegible] arrastra ó prepara los caballos [illegible]

**ENTRAIT**, m. *antré*. [illegible] lera, viga de una pared [illegible]

**ENTRANT, E**, adj. [illegible] atractivo, intrigante. || m. y f. [illegible] que entra. || *Les entrants* [illegible] los entrantes y salientes, [illegible] entran en un lugar y los que [illegible]

**ENTR'APPELER (S')**, r. [illegible] marse entre sí el uno al otro [illegible] los otros.

**ENTRAVER**, a. *antravé*. [illegible] trabas á una caballería. || met. [illegible] torbar la marcha de un [illegible]

**ENTRAVERSER (S')**, r. [illegible] Mar. Atravesarse, [illegible] enemigo.

**ENTR'AVERTIR (S')**, r. [illegible] Avisarse mutuamente.

**ENTRAVES**, f. pl. [illegible] bas, especie de grillos [illegible] caballerías. || met. Trabas, [illegible] zos, estorbos.

**ENTRAVERTISSEMENT**, [illegible] vertisemán. Decretivo [illegible]

**ENTRAVON**, m. [illegible] de cuero que se pone en [illegible] ballo cuando le limpian [illegible]

**ENTRE**, prep. *antr*. [illegible] cion sirve para denotar [illegible] en medio de dos ó mas [illegible] Se dice del espacio [illegible] midades que se designan [illegible] *France et l'Amérique*. [illegible] mismo uso en frances [illegible] aunque en este último [illegible] siempre del mismo modo, [illegible] ejemplos siguientes. *Le* [illegible] *mains*, volverle á sus [illegible] *d'entre les Romains*, el [illegible] manos. || *Entre chien et loup* [illegible] ces, á la entrada de la noche [illegible]

**ENTRE-BÂILLER**, a. [illegible] abrir, dejar á medio abrir.

**ENTRE-BÂILLEMENT**, f. [illegible] tado de una puerta entreabierta [illegible]

**ENTRE-BAISER (S')**, r. [illegible] sarse mutuamente el uno al otro [illegible]

**ENTRE-BANDES**, f. pl. [illegible] Entretiras, las orillas de [illegible]

**ENTRE-BAS**, m. [illegible] desigual de los hilos de la [illegible]

**ENTRE-BÂT**, m. [illegible] lleno de la abertura de una [illegible]

**ENTRE-BATTRE (S')**, r. [illegible] tirse uno con otro.

**ENTRE-BIENFAIRE (S')**, [illegible] *fér*. Hacerse bien mutuamente [illegible]

**ENTRE-BROUILLER (S')**, [illegible] *llé*. Malquistarse, desavenirse [illegible]

**ENTRE-CHAMAILLER (S')**, [illegible] *mallé*. Andar á gritos y [illegible] otros.

[illegible], m. *antrchá*. Cabriola, [illegible] que [illegible] los que danzan cruzando [illegible] los piés en el aire.

[illegible] (S'), r. *santrcher-ché*. [illegible] mutuamente.

[illegible], m. *antrchoc-mán*. [illegible], choques de muchos com-[illegible].

[illegible] (S'), r. *santrchoqué*. [illegible], topar con otro. || met. Contrapun-[illegible], chocar una persona con otra, estar [illegible].

[illegible], a. *antrclór*. Cerrar á [illegible] una puerta, ventana, etc.

[illegible], m. *antrco-[illegible]*. Intercolumnio, espacio que hay en-[illegible] dos columnas.

[illegible], m. pl. V. ENTRE-COLONNEMENT.

[illegible] (S'), r. *santrco-[illegible]*. Comunicarse uno á otro un hecho, [illegible], una órden, etc.

[illegible] (S'), r. *santrco-nétr*. Conocerse mutuamente.

[illegible], m. *antrcót*. Entrecosti-[illegible], [illegible] de carne sacado de entre dos cos-[illegible] de vaca ó de ternera.

[illegible], f. *antrcúp*. Arq. Entre-[illegible], espacio comprendido entre dos bóve-[illegible] sobrepuestas.

[illegible], m. *antrcupmán*. [illegible] de las cosas que se entrecortan ó [illegible].

[illegible], a. *antrcupé*. Entre-[illegible] en diversos sitios, interrum-[illegible]. || *S'entrecouper*, r. Entrecortarse, in-[illegible]. || Vet. Rozarse. Se dice de las [illegible]; pero se dice mas comunmente [illegible].

[illegible], m. *antrcúr*. Agr. Reci-[illegible] de pastos entre los habitantes de [illegible].

[illegible] (S'), r. *santrecrir*. Es-[illegible] al uno al otro.

[illegible], m. *antrcruas-mán*. [illegible], estado de una co-[illegible].

[illegible] (S'), r. *santrcruasé*. [illegible], cruzarse uno con otro.

[illegible] (S'), r. *santrdechiré*. [illegible], despedazarse mutuamente.

[illegible] (S'), r. *santrdecla-ré*. [illegible] una resolucion el uno al otro.

[illegible] (S'), r. *santrdefér*. [illegible], deshacerse entre sí.

[illegible] (S'), r. *santrderobé*. [illegible] alguna cosa el uno al otro. V. DÉ-[illegible].

[illegible] (S'), r. *santrde-[illegible]* [illegible] entre sí.

[illegible], m. *antrdós*. Intermedio, [illegible] entre dos cosas. || Mar. *Entre-[illegible]*, espacio que media [illegible] por la parte anterior. || adv. [illegible].

[illegible], f. *antrdousión*. [illegible] de colocar las tablitas que se [illegible] para enlosarlos.

[illegible] (S'), r. *santrdeudr*. [illegible] alguna cosa el uno al otro.

[illegible] (S'), r. *santrdevoré*. [illegible] mutuamente. || met. Arruinarse [illegible] á los otros.

[illegible] (S'), r. *santrdéir*. Decir el [illegible].

[illegible] (S'), r. *santrdoné*. [illegible] ó el uno al otro alguna [illegible].

[illegible], f. *antré*. Entrada, espacio por [illegible]. || Entrada, recibimiento de [illegible], etc. || Entrada, in-[illegible] en una academia ú otra co-[illegible] en algun tribunal, junta, [illegible], derechos que pagan los géne-[illegible] de fuera. || Entrada, la accion [illegible] en alguna parte. || Entrada, prin-[illegible]. || Entrada, el privile-[illegible] de entrar sin pagar en un tea-[illegible]. || Entrada, [illegible] de noche. || Entrada, [illegible] una cosa. || Entrada, in-[illegible] libro, de una oracion, etc. || [illegible] de un sepu-[illegible], etc. || Entrada, primer plato que se sirve en la mesa. || *Entrée de ballet*, baile de un intermedio. || *Entrée de chœur*, entrada de coro, decoracion colocada entre el coro de una iglesia y lo demas de la nave. || Astr. Entrada, se dice del momento en que el sol ó la luna empieza á recorrer uno de los signos del zodiaco. || Mús. Entrada, momento en que cada instrumento empieza á hacerse oir. || *D'entrée*, loc. adv. Desde el principio.

**ENTR'EMBARRASSER (S')**, r. *santranbarrasé*. Estorbarse mutuamente.

**ENTR'EMBRASSER (S')**, r. *santranbrasé*. Abrazarse entre sí.

**ENTR'EMPÊCHER (S')**, r. *santranpeché*. Impedirse, dañarse mutuamente.

**ENTRE-FÂCHER (S')**, r. *santrfaché*. Enojarse mutuamente.

**ENTREFAITES**, f. pl. *antrfét*. Úsase solo en estas frases adverbiales: *dans ces entrefaites*, *sur ces entrefaites*, entretanto, miéntras tanto, ínterin, entremedias.

**ENTREFIN, INE**, adj. *antrfén*, *ín*. Com. Entrefino, que no es ni fino ni basto.

**ENTRE-FOUETTER (S')**, r. *santrfueté*. Azotarse mutuamente ó entre sí.

**ENTRE-FRAPPER (S')**, r. *santrfrapé*. Herirse uno á otro.

**ENTREGENT**, m. *antrján*. Agibílibus, manejo para saber vivir y salir de los negocios; industria, destreza.

**ENTREGENTER (S')**, r. *santrjanté*. Conducirse con astucia, introducirse con maña y habilidad en el mundo.

**ENTREGLOSER (S')**, r. *santrglosé*. Comentarse, censurarse mutuamente.

**ENTR'ÉGORGER (S')**, r. *santregorgé*. Degollarse, matarse el uno al otro, los unos á los otros.

**ENTRE-GRONDER (S')**, r. *santrgrondé*. Reñir, regañar uno con otro.

**ENTRE-HAÏR (S')**, r. *santraír*. Aborrecerse, odiarse mutuamente.

**ENTRE-HARCELER (S')**, r. *santrarslé*. Cansarse mutuamente.

**ENTRE-HEURTER (S')**, r. *santreurté*. Chocarse, toparse, encontrarse mutuamente.

**ENTRE-HIVERNAGE**, m. *antrivernáge*. Agr. Labor que se da en invierno á la tierra despues del deshielo.

**ENTRE-HIVERNER**, a. *antriverné*. Agr. Barbechar, arar las tierras en el invierno, disponiéndolas para la siembra.

**ENTREILLISÉ, ÉE**, adj. *antrellisé*. Enrejado hecho en forma de reja.

**ENTRELACEMENT**, m. *antrlasmán*. Entretejido, enlazamiento de una cosa con otra.

**ENTRELACER**, a. *antrlasé*. Entrelazar, entretejer una cosa con otra. || *S'entrelacer*, r. Entrelazarse, ser entrelazado.

**ENTRE-LACS**, m. *antrla*. Arq. Artesonado, la labor y enlace de unos casetones con otros. || Trazos, rasgos de pluma que se unen y enlazan unos entre otros. || Art. Cordoncillo, torzal que sirve para atar cortinas ó cualquier adorno. || Entrelizos en tejidos.

**ENTRELARDEMENT**, m. *antrlardmán*. Mechado, enlardadura, accion y efecto de enlardar.

**ENTRELARDER**, a. *antrlardé*. Enlardar, mechar con tocino alguna carne ó ave. || Entremeter clavo, canela ú otro ingrediente en alguna vianda. || met. y fam. Embutir, ingerir un escrito ó discurso de versos, dichos, pasajes, etc.

**ENTRELARGE**, adj. *antrlárge*. Entreancho, que no es ni ancho ni estrecho.

**ENTRELASSE**, f. *antrlás*. Mezcla, enlazamiento.

**ENTRELASSURE**, f. *antrlasúr*. Enlazamiento, complicacion de figuras.

**ENTRE-LIGNE**, m. *antrliñ*. Zool. Entrelínea, mariposa pequeña del género polilla.

**ENTRE-LIGNES**, m. *antrliñ*. Entrerenglones, espacio que queda entre renglon y renglon, de línea á línea. || Entrerenglonadura, lo escrito entre renglon y renglon. || Impr. V. INTERLIGNE.

**ENTRE-LIRE**, a. *antrlir*. Leer uno despues de otro. || Leer á medias, sin perfeccion, precipitadamente.

**ENTRE-LOUER (S')**, r. *santrlué*. Alabarse mutuamente.

**ENTRE-LUIRE**, n. *antrluír*. Entrelucir, dejarse ver una cosa al traves de otra, lucir poco.

**ENTRE-MANGER (S')**, r. *santrmangé*. Comerse el uno al otro: dícese de algunos animales.

**ENTRE-MANGERIE**, f. *antrmangerí*. Disputa, discusion viva.

**ENTREMÊLER**, a. *antrmelé*. Entremezclar, interpolar unas cosas con otras. || *S'entremêler*, r. Entremezclarse, entremeterse.

**ENTRE-MESURER (S')**, r. *santrmesuré*. Medirse mutuamente.

**ENTREMETS**, m. *antrmé*. Entremes, intermedio, platos que se sirven en una mesa entre el asado y los postres.

**ENTREMETTEUR, EUSE**, m. y f. *antrmeteur*, *eus*. Mediador, medianero, tercero. || *Entremetteuse*, f. Tercera, intercesora en el sentido de alcahueta. || Casamentera.

**ENTREMETTRE (S')**, r. *santrmétr*. Entremeterse, meterse en algun asunto. || Terciar, mediar, empeñarse, hacer buenos oficios por alguno ó alguna cosa.

**ENTREMISE**, f. *antrmís*. Mediacion, interposicion, empeño, buenos oficios de una persona por otra. || Mar. Entremiche, barrotes intermedios que sirven para sostener las cubiertas.

**ENTRE-MODILLON**, m. *antrmodillón*. Arq. Entremodillon, espacio que hay entre dos modillones ó canecillos.

**ENTRE-MOQUER (S')**, r. *santrmoqué*. Burlarse uno de otro.

**ENTRE-MORDRE (S')**, r. *santrmórdr*. Morderse entre sí, ó el uno al otro.

**ENTRE-NERFS**, m. pl. *antrnér*. Art. Entrenervios, la distancia que hay entre cordel y cordel en los lomos de los libros. || Los cordeles del telar de coser libros.

**ENTRE-NUIRE (S')**, r. *santrnuír*. Dañarse, hacerse daño, perjudicarse el uno al otro.

**ENTRE-PARDONNER (S')**, r. *santrpardoné*. Perdonarse mutuamente.

**ENTRE-PARLER (S')**, r. *santrparlé*. Hablarse el uno al otro, cuchichear.

**ENTREPAS**, m. *antrpá*. Instrumento de tortura que usaban antiguamente, parecido al potro. || Equit. Portante, paso de andadura en las caballerías.

**ENTRE-PERCER (S')**, r. *santrpersé*. Pasarse, horadarse el uno al otro.

**ENTRE-PERSÉCUTER (S')**, r. *santrpersecuté*. Perseguirse mutuamente los unos á los otros.

**ENTRE-PICOTER (S')**, r. *santrpicoté*. Insultarse, decirse palabras picantes.

**ENTRE-PIED**, m. *antrpié*. Parte de una piedra de molino que entra concéntricamente en la ranura.

**ENTRE-PILASTRE**, m. *antrpiládstr*. Arq. Intercolumnio, espacio que hay entre dos pilastras.

**ENTRE-PILLER (S')**, r. *santrpillé*. Saquearse, despojarse mutuamente.

**ENTRE-POINTILLÉ, ÉE**, adj. *antrpuentillé*. Canalado, se dice entre grabadores de las tallas que tienen canal ó media corredera.

**ENTRE-PONT**, m. *antrpón*. Mar. Entrepuente, espacio que media entre dos cubiertas. || Generalmente se entiende por la batería baja de los navíos de línea.

**ENTREPOSER**, a. *antrposé*. Almacenar, poner los géneros en el depósito.

**ENTREPOSEUR**, m. *antrposeur*. Almacenista, el que guarda un depósito de mercancías almacenadas. || Tercenista, el oficial encargado de distribuir el tabaco á los estancos.

**ENTREPOSITAIRE**, adj. *antrpositér*. Depositario, que tiene depósito de mercancías. Es tambien sustantivo.

**ENTREPÔT**, m. *antrpó*. Almacen, depósito, lugar destinado á guardar mercancías. || Factoría. || Estanco ó lugar donde se vende tabaco ó sal por cuenta del gobierno. || Mar. Puerto de depósito ó libre.

**ENTRE-POUSSER (S')**, r. *santrpusé*. Empujarse mutuamente.

**ENTREPRENANT, E**, adj. *antrprnán*. Emprendedor, osado, intrépido. || Temerario. || Algunas veces es sustantivo.

**ENTREPRENDRE**, a. *antrprándr.* Emprender, tomar á su cargo ó á su cuenta alguna cosa, empezar á ejecutarla, entrar en una empresa. || Emprender, determinarse á hacer alguna cosa. || met. y fam. *Entreprendre quelqu'un*, perseguir á alguno, atormentarle. || *Entreprendre sur*, usurpar la propiedad, la autoridad de alguno.

**ENTREPRENEUR, EUSE**, m. y f. *antrpreneur, eus.* Empresario, asentista, el que emprende una obra por cierto precio. || *Entrepreneuse*, f. La costurera ó ropera que tiene alguna obra por su cuenta.

**ENTRE-PRÊTER (S')**, r. *santrpreté.* Prestarse mutuamente alguna cosa.

**ENTREPRIS, E**, adj. *antrprí.* Emprendido. || Usurpado. || Baldado, tullido. || met. Encogido, corto, turbado.

**ENTREPRISE**, f. *antrprís.* Empresa, empeño, la entrada en un negocio arduo. || met. Atentado, acto de usurpacion, violencia. || met. Empresa, grande establecimiento de utilidad pública. || met. Proyecto.

**ENTRE-PRODUIRE (S')**, r. *santrproduír.* Producirse mutuamente.

**ENTRE-QUERELLER (S')**, r. *santrquerelé.* Disputar entre sí, tratarse mal de palabra, reñir.

**ENTRER**, n. *antré.* Entrar, pasar de fuera adentro, penetrar. || met. Insinuarse, nacer. || *Entrer dans les soupçons*, entrar en sospechas. || *Entrer dans les passions*, expresar bien las pasiones, representarlas con verdad. || *Entrer en campagne*, salir á campaña. || *Entrer dans une affaire*, tomar parte en un negocio. || *Entrer en religion*, *entrer au couvent*, hacerse religioso. || *Entrer en condition*, *entrer au service de quelqu'un*, hacerse criado de alguno. || *Entrer en danse*, tomar parte en la danza || *Entrer en chaleur*, *en amour*, se usa hablando de las hembras de algunos animales, cuando están en celos, en brama, etc. || impers. *Il entra peu d'argent dans le trésor public*, entró poco dinero en el erario. || *Il entre là-dedans plus d'orgueil qu'on ne pense*, se encuentra allí mas orgullo de lo que se piensa.

**ENTRE-SABOTER (S')**, r. *santrraboté.* Contradecirse mutuamente, ofenderse.

**ENTRE-REGARDER (S')**, r. *santrregardé.* Mirarse mutuamente.

**ENTRE-RÈGNE**, m. V. INTERRÈGNE.

**ENTRE-REGRETTER (S')**, r. *santrrgreté.* Llorarse, echarse ménos mutuamente.

**ENTRE-RÉPONDRE (S')**, r. *santrrepóndr.* Responderse el uno al otro, corresponderse.

**ENTRE-SABORDS**, m. pl. *antrsabór.* Mar. Entreportas, los tablones entre las portas de un navío.

**ENTRE-SALUER (S')**, r. *santrsalué.* Saludarse recíprocamente.

**ENTRE-SECOURIR (S')**, r. *santrsecurír.* Socorrerse mutuamente el uno al otro.

**ENTRESEMER**, a. *antrsemé.* Entremezclar, sembrar, variar.

**ENTRE-SOL**, m. *antrsól.* Entresuelo, habitacion construida entre el cuarto bajo y el principal de una casa.

**ENTRE-SOURCILS**, m. *antrsursí.* Entrecejo, el espacio entre las dos cejas.

**ENTRE-SOUTENIR (S')**, r. *santrsutnír.* Sostenerse mutuamente.

**ENTRE-SOUVENIR (S')**, r. *santrsuvnír.* Acordarse á medias.

**ENTRE-SUIVRE (S')**, r. *santrsuívr.* Ir ó venir una cosa tras la otra.

**ENTRE-SURPRENDRE (S')**, r. *santrsurprándr.* Sorprenderse mutuamente el uno al otro.

**ENTRE-TAILLE**, f. *antrtáll.* Entretalla, entretalladura. || Campanela en el baile.

**ENTRE-TAILLER (S')**, r. *santrtallé.* Rozarse, herirse los tobillos andando. Dícese comunmente de los caballos.

**ENTRE-TAILLURE**, f. *antrtallúr.* Alcance, rozadura que se hacen las caballerías por alcanzarse del pié á la mano.

**ENTRE-TALONNER (S')**, r. *santrtaloné.* Alcanzarse, ir á los alcances.

**ENTRE-TEMPS**, m. *antrtán.* Intermedio, intervalo, el tiempo que media entre dos acciones.

**ENTRETÈNEMENT**, m. *antrtenmán.* Entretenimiento, gasto, manutencion de un ejército, de un hospital, etc. || Alimentos, asistencias que se conceden á alguno. || Reparacion, conservacion de alguna cosa.

**ENTRETENEUR**, m. *antrtneur.* Mantenedor de una concubina, el que paga su manutencion.

**ENTRETENIR**, a. *antrtnír.* Mantener, sostener el peso de alguna cosa ó su union con otras. || Mantener en pié, conservar. || met. Hacer subsistir, hacer durar. || *Entretenir quelqu'un de belles promesses*, engañar á alguno con promesas halagüeñas. || Mantener, pagar la manutencion á alguno. || Hablar á uno de alguna cosa, darle conversacion. || Mantener correspondencias, amistades. || *S'entretenir*, r. Mantenerse, sostenerse recíprocamente. || Conservarse. || Sostenerse, subvenir á sus necesidades. || Entretenerse, conversar.

**ENTRETENU, E**, adj. *antrtnú.* Sostenido. || *Femme entretenue*, mujer que por precio de sus favores vive á expensas de un hombre. || Blas. Tenido, ó pendiente una cosa de otra.

**ENTRETIEN**, m. *antrtién.* Conservacion, gasto para mantener y conservar en buen estado una obra. || Manutencion, gasto de una persona, de una casa, etc. || Plática, conversacion de una persona con otra. || *Entretiens spirituels*, conferencias, pláticas espirituales.

**ENTRE-TOILE**, f. *antrtuál.* Guarnicion, sea de galon, encajes ó franjas sobre las costuras de un vestido.

**ENTRE-TOISE**, f. *antrtuás.* Cabestrillo de sierra. || Virotillo que se pone entre dos maderos para mantenerlos. || Encajonamiento sobre el que reposa el conjunto de la locomotiva en los caminos de hierro. || Mar. Teleron de cureña, travesaño de cabria, etc.

**ENTRE-TOUCHER (S')**, r. *santrtuché.* Tocarse mutuamente, tocarse lijeramente.

**ENTRE-TUER (S')**, r. *santrtué.* Matarse entre sí.

**ENTRE-VENDRE (S')**, r. *santrvándr.* Venderse el uno al otro alguna cosa. || neol. *S'entre-vendre*, engañarse mutuamente, hacerse traicion.

**ENTRE-VISITER (S')**, r. *santrvisité.* Visitarse mutuamente.

**ENTRE-VOIE**, f. *antrvuá.* Intervia, cada uno de los espacios que existe entre dos vias de un camino de hierro. || Capa ó superficie arenosa con que se cubre la calzada de los caminos de hierro.

**ENTREVOIR**, a. *antrvuár.* Vislumbrar, entrever, ver de paso una cosa. || met. Prever confusamente lo que puede suceder, penetrar por indicios ó antecedentes. || *S'entrevoir*, r. Avistarse, abocarse dos ó mas personas para conferenciar.

**ENTRE-VOUS**, m. *antrvú.* Arq. Hueco, vacío, intervalo entre dos maderos ó pares.

**ENTRE-VOÛTER**, a. *antrvuté.* Rellenar de yeso los intervalos que se dejan entre las vigas.

**ENTREVUE**, f. *antrvú.* Entrevista, concurrencia de dos ó tres sugetos citados para conferenciar.

**ENTR'EXCITER (S')**, r. *santrecsité.* Excitarse mutuamente.

**ENTR'EXHORTER (S')**, r. *santrecsorté.* Exhortarse mutuamente.

**ENTR'IMMOLER (S')**, r. *santrimolé.* Sacrificarse mutuamente.

**ENTR'INJURIER (S')**, r. *santrenjurié.* Injuriarse mutuamente.

**ENTRIPAILLÉ, ÉE**, adj. *antripallé.* Tripon, tripudo, que tiene mucha tripa.

**ENTR'OBLIGER (S')**, r. *santroblijé.* Obligarse mutuamente el uno al otro.

**ENTR'OUBLIER (S')**, r. *santrublié.* Olvidarse mutuamente.

**ENTR'OUÏR**, a. *antruír.* Oir á medias, entreoir, oir sin claridad.

**ENTR'OUVRIR**, a. *antruvrír.* Entreabrir, no abrir del todo. || *S'entr'ouvrir*, r. Entreabrirse, ser entreabierto. || Abrirse, rajarse, hundirse una pared, un techo, etc.

**ENTRURE**, f. *antrúr.* Agr. Surco mas ó ménos profundo que hace el arado cuando se labra la tierra.

**ENTURE**, f. *antúr.* [illegible] racion de ingerir ó engertar. || [illegible] ó parte por donde se [illegible] Reparacion que hace el [illegible] caja de un fusil. || Art. [illegible] hace á un hilo [illegible] pl. Escalones [illegible]

**ENTYLIE**, f. *antilí.* Ent. [illegible] nero de insectos [illegible]

**ÉNUCLÉATION**, f. [illegible] Enucleacion, acto de [illegible] los quistes y ganglios [illegible] cleacion, operacion por la que [illegible] almendra del hueso de un fruto [illegible] cleacion, solucion de una dificultad.

**ÉNUCLÉER**, a. *enucleé.* [illegible] car el núcleo. || Cir. Descubrir un [illegible] una operacion.

**ÉNULON**, m. *enulón.* Anat. [illegible] parte interna de la encía.

**ÉNUMÉRATEUR, TRICE**, [illegible] *merateur, tris.* Enumerador, el que [illegible] una enumeracion.

**ÉNUMÉRATIF, IVE**, adj. [illegible] *iv.* Enumerativo, concerniente á la [illegible] racion.

**ÉNUMÉRATION**, f. [illegible] meracion, cómputo, cuenta [illegible] cosas. || Ret. Enumeracion, [illegible] de los puntos de un discurso.

**ÉNUMÉRER**, a. *enumeré.* [illegible] hacer enumeracion de las cosas.

**ÉNURÉSIE**, f. *enurezí.* Med. [illegible] flujo involuntario de orina sin [illegible] tacion en la vejiga.

**ENVAHIR**, a. *anvaír.* Invadir, [illegible] por fuerza, usurpar.

**ENVAHISSANT, E**, adj. [illegible] vasor, que invade.

**ENVAHISSEMENT**, m. [illegible] vasion, accion de invadir.

**ENVAHISSEUR, EUSE**, m. [illegible] seur, eus. Invasor, el que [illegible] vade.

**ENVALER**, a. *anvalé.* Pesc. [illegible] abierta la red barredera.

**ENVASER**, a. *anvasé.* [illegible] vasos. || Encenagar, embarrar. [illegible] r. Embarrarse, llenarse de [illegible]

**ENVÉLIOTAGE**, m. [illegible] llamiento del heno.

**ENVÉLIOTER**, a. [illegible] el heno, hacer montones de [illegible] do segado.

**ENVELOPPANT, E**, adj. [illegible] volvente, que tiene la propiedad [illegible]

**ENVELOPPE**, f. [illegible] brescrito. || Anat. Envoltura, la [illegible] protege ciertos órganos. || [illegible] terraplen y contraguardia. || [illegible] ó concho del maíz. || Caja en [illegible] de campanas. || met. Apariencia, [illegible] terior. || *Parler sans enveloppe* [illegible] disfraz. || *Enveloppes*, pl. [illegible] de las crisálidas de los lepidópteros.

**ENVELOPPÉ, ÉE**, adj. [illegible] vuelto, cubierto. || met. [illegible] *Discours*, *raisonnements* [illegible] presiones, razones oscuras, [illegible]

**ENVELOPPEMENT**, m. [illegible] volvimiento, accion de envolver [illegible]

**ENVELOPPER**, a. [illegible] brir, arrebujar. || Mil. *Envelopper* [illegible] cercar al enemigo. || met. [illegible] *S'envelopper*, r. Envolverse, [illegible]

**ENVELOPPEUR**, m. [illegible] rañador, enredador.

**ENVENIMER**, a. [illegible] llenar de veneno una cosa. || met. [illegible] irritar. || Acriminar, interpretar [illegible] mente las acciones, las palabras [illegible]

**ENVENIMEUR**, m. [illegible] nador, el que envenena. || [illegible] minador, perturbador.

**ENVERGER**, a. [illegible] jer con mimbres.

**ENVERGEURE**, f. [illegible] dura, accion de envergar.

**ENVERGUER**, a. [illegible] vergar, asegurar las velas [illegible] dio de los envergues.

**ENVERGURE**, f. [illegible] men, longitud de las vergas [illegible] nol. || Grall, anchura de las velas [illegible]

[illegible] en su lado superior. || Zool. [illegible]

[illegible], a. *anvermilloné*. [illegible], dar el color de vermellon.

[illegible], a. *anverré*. Art. Envasar, [illegible] vaso [illegible] cierta cantidad de [illegible] para quitar las manchas y el [illegible].

[illegible], m. *anvér*. El envez, el reves. || *À l'envers*, loc. adv. Al envez, [illegible] en sentido contrario. *Mettre les* [illegible], ponerse las medias al reves. || [illegible] à l'envers, tener la cabeza [illegible] la cabeza á componer. || prep. [illegible] con. *Charitable envers le prochain*, [illegible] con su prójimo. *La miséricorde* [illegible] *envers les hommes*, la misericordia de Dios para con los hombres. [illegible] *envers son roi*, traidor á su rey.

[illegible], a. *anverd*. Art. Estirar los [illegible] para lustrarlos.

[illegible], a. *anvervir*. Art. Cardar un [illegible] cardas usadas.

[illegible] (À L'), *alanvi*. loc. adv. Á porfía, [illegible], á cuál mas, á cuál mejor.

[illegible], adj. *anviábl*. Envidiable, [illegible] envidiado.

[illegible], m. *anvidáge*. Hilado, accion [illegible] ovillado.

[illegible], a. *anvidé*. Hilar, dar vueltas [illegible].

[illegible], f. *anví*. Envidia, celos que tene- [illegible] prosperidad ó felicidad ajena. || [illegible], ansia de alguna cosa. || En- [illegible], se dice generalmente de las [illegible]. Respigon, padrastro que [illegible] y el nacimiento de las uñas. [illegible] con que nacen los niños, [illegible] antojo de la madre. || *Faire envie*, [illegible], causar envidia.

[illegible], E, adj. ant. *anvieilli*. En- [illegible], arraigado.

[illegible], a. *anvié*. Envidiar, tener envi- [illegible], desear, ambicionar.

[illegible], EUSE, adj. *anvieu*, *euse*. En- [illegible] tiene envidia.

[illegible], f. *anvilán*. Bot. Envilana, [illegible] de Madagascar.

[illegible], ÉE, adj. *anviné*. Avinado, que [illegible] de vino.

[illegible], adv. *anviron*. Cerca de, cosa [illegible], casi, poco mas ó ménos, por [illegible] diferencia. || *Environs*, m. pl. [illegible] de una plaza, de una [illegible].

[illegible], E, adj. *anvironán*. [illegible], que está en las cercanías [illegible].

[illegible], a. *anvironé*. Cercar, ro- [illegible].

[illegible], m. *anvisagemán* Mi- [illegible] de mirar, de considerar [illegible].

[illegible], a. *anvisagé*. Encarar, mi- [illegible]. Considerar, reflexionar [illegible].

[illegible], a. *anvitaillé*. Abastecer, [illegible].

[illegible], m. *anvuá*. Envío, remesa de co- [illegible] de comercio.

[illegible] (S'), r. *sanvasé*. Bebiarse ó [illegible] de una cerveza.

[illegible], ÉE, adj. *anvoasiné*. Ave- [illegible] vecinos. Dícese *être* [illegible], tener buenos ó malos [illegible] vecindad.

[illegible], a. *anvoasiné*. Avecindar, [illegible].

[illegible] (S'), r. *sanvolé*. Volar, esca- [illegible]. || met. Volar, huir, pasar [illegible]. *Le temps s'envole*, el tiempo [illegible].

[illegible], m. *anvutemán*. Hechi- [illegible] por la que se hechiza [illegible].

[illegible], a. *anvuté*. Hechizar, que- [illegible] de cera y pronunciando [illegible] cabalísticas, con el fin de [illegible] la persona que representa di- [illegible].

[illegible], m. y f. *anvuayé*. Enviado, [illegible] de parte de otro. || Enviado, [illegible] por un soberano ó por una [illegible] extranjera.

[illegible], a. *anvuayé*. Enviar, mandar á alguno á una parte. || Remitir una cosa de una parte á otra. || Despedir, arrojar: en este sentido solo se dice de las cosas. *Les vapeurs que la mer nous envoie*, los vapores que nos dirige el mar. || met. Enviar, despedir. || Mar. Orzar todo para poner el aparejo por delante. || Hacer fuego por descargas á tiros sueltos.

**ENVOYEUR**, m. *anvuayeur*. Comisionado, encargado de una casa de comercio, que expide géneros, mercancías. || Adm. Girador, el que gira fondos á sus corresponsales por conducto del correo.

**ENVULTER**, a. *anvulté*. Sacar en cera el busto de una persona para hacer sortilegios.

**ENYPHALISME**, m. V. MAGNÉTISME.

**ENYPNIOTISME**, m. *enipniotism*. Enipniotismo, sueño magnético.

**ÉOLE**, m. *eól*. Mit. Éolo, hijo de Júpiter y rey de los vientos.

**ÉOLIEN**, **NE**, adj. y s. *eolién*, *én*. Eoliano ó eólico, de la Eolia. || *Dialecte eolien*, dialecto eoliano, uno de los cinco de la lengua griega.

**ÉOLI-HARPE**, m. *eolihárp*. Mús. Especie de instrumento músico de cuerdas.

**ÉOLIQUE**, adj. V. ÉOLIEN.

**ÉOLO-DORIQUE**, adj. *eolodoric*. Eolodórico, que participa del dialecto eólico y del dialecto dórico.

**ÉOLYPILE**, m. *eolipíl*. Fís. Eolípilo, bola de metal hueca, que remata en un pico muy estrecho de boca.

**ÉPACTAL**, **E**, adj. *epactál*. Epactal, que pertenece á la epacta.

**ÉPACTE**, f. *epáct*. Epacta, aumento de once dias que el año solar tiene mas que el lunar.

**ÉPAGNEUL**, m. *epañeul*. Perrito fino faldero, pero no de lanas.

**ÉPAILLEMENT**, m. *epallemán*. Art. Acrisolacion, accion de quitar la broza del oro mal fundido.

**ÉPAILLER**, a. *epallé*. Art. Acrisolar, quitar la broza del oro mal fundido.

**ÉPAIS**, **SE**, adj. *epé*. Espeso, denso, condensado. || Sucio, grasiento. || Espeso, apretado. || Grueso, macizo.

**ÉPAIS**, m. V. ÉPAISSEUR.

**ÉPAISSEUR**, f. *epeseur*. Espesor, grueso de un cuerpo sólido. || Espesor, espesura de un bosque. || met. Espesor, densidad. *Épaisseur de l'air*, la densidad del aire. || Crasitud, crasicie.

**ÉPAISSIR**, a. *epesir*. Espesar, condensar. || *S'épaissir*, r. Espesarse, condensarse, ponerse densa una cosa. || met. y fam. Embastecerse, embrutecerse.

**ÉPAISSISSEMENT**, m. *epesismán*. Espesura, condensacion ó trabazon de cosas líquidas ó flúidas. || Desaseo, inmundicia y suciedad. || Solidez, firmeza.

**ÉPALEMENT**, m. V. ESPAL.

**ÉPALER**, a. V. ESPALER.

**ÉPAMPREMENT**, m. *epanpremán*. Despampanadura, accion de despampanar.

**ÉPAMPRER**, a. *epanpré*. Agr. Despampanar, quitar los pámpanos y hojas inútiles á las viñas.

**ÉPANCHEMENT**, m. *epanchemán*. Med. Derramamiento, desparramamiento de algun líquido, de la bilis, etc. || met. Efusion del corazon, confianza, ternura.

**ÉPANCHER**, a. *epanché*. Derramar, verter poco á poco algun líquido. || met. Explayar, abrir, desahogar su pecho á alguno. || *S'épancher*, r. Esparcirse. || met. Descubrirse con confianza, desahogarse, explayarse, abrir su pecho á alguno.

**ÉPANCHOIR**, m. *epanchuár*. Desaguadero, agujero para verter algun líquido.

**ÉPANDRE**, a. *epándr*. Desparramar, sembrar alguna cosa. || met. Esparcir, repartir.

**ÉPANNELER**, a. *epanlé*. Art. Lijar, desgastar el mármol.

**ÉPANNELLEMENT**, m. *epanelmán*. Lijadura, la accion de lijar el mármol y el resultado de esta accion.

**ÉPANORTHOSE**, f. *epanortós*. Epanortosis, figura de retórica, especie de retractacion.

**ÉPANOUIR**, a. *epanuir*. Abrir, descoger, empezar á abrirse las flores: *le soleil fait épanouir les fleurs*. || met. Ensanchar, dilatar el corazon, el ánimo. || *S'épanouir*, r. Desplegarse, descogerse, abrirse las flores. || met. y fam. *S'épanouir la rate*, alegrarse, estar de buen humor.

**ÉPANOUISSEMENT**, m. *epanuismán*. Abertura, descogimiento, expansion de las flores. || met. Difusion del ánimo, del corazon.

**ÉPARER (S')**, r. *separé*. Cocear, disparar coces un caballo.

**ÉPARGNANT**, **E**, adj. *eparñán*. Ahorrativo, económico, que ahorra.

**ÉPARGNE**, f. *epárñ*. Parsimonia, economía, moderacion en los gastos. || Ahorro, lo que se ha ahorrado ó economizado.

**ÉPARGNER**, a. *eparñé*. Ahorrar, excusar algo del gasto, gastar con economía. || Economizar, conservar las cosas no gastándolas con profusion. || Ahorrar, evitar penas, trabajos, etc. || Perdonar, dejar libre á alguno de castigo, de persecucion, de la muerte. || *N'épargner personne*, no perdonar á nadie, acusar, censurar á todo el mundo. || *S'épargner*, r. Privarse de alguna cosa. || Cuidarse mucho, no hacer excesos. || Emplearse en una cosa con flojedad, no fatigarse.

**ÉPARPILLEMENT**, m. *eparpillmán*. Desparrame, accion de desparramar.

**ÉPARPILLER**, a. *eparpillé*. Desparramar, esparcir, echar por el suelo alguna cosa, extendiéndola por muchas partes. || met. *Éparpiller son argent*, desparramar su dinero, malgastar. || *S'éparpiller*, r. Esparcirse, extenderse.

**ÉPARQUE**, m. *epárc*. V. HYPARQUE.

**ÉPARS**, **E**, adj. *epár*. Esparcido, disperso, sembrado. || met. Esparcido, que no tiene lugar fijo. || m. Mar. Fucilazos, relámpagos pequeños.

**ÉPART**, m. *epár*. Estaca de carro. || Agr. Costillas en el arado. || Bot. Esparto, especie de junco de España usado para la cestería.

**ÉPARVIN** ó **ÉPERVIN**, m. *eparvén*, *epervén*. Vet. Esparavan, tumor que se desarrolla en el corvejon de las caballerías.

**ÉPATER**, a. *epaté*. Romper ó quebrar el pié: dícese de un vaso, copa ó otra vasija.

**ÉPAUFRURE**, f. *epofrúr*. Astillon, pedazo que salta de una piedra labrada.

**ÉPAULARD**, m. *epolár*. Zool. Marsopa nombre comun del delfin.

**ÉPAULE**, f. *epól*. Espalda, la parte posterior del cuerpo humano desde los hombros hasta la cintura. Úsase generalmente en plural; se dice tambien de los animales, aunque no tan comunmente. || *Avoir la tête enfoncée dans les épaules*, ser cargado de espaldas. || met. *Regarder, traiter quelqu'un par-dessus les épaules*, mirar á uno por encima del hombro: tratarle con desprecio. || fam. *Porter quelqu'un sur les épaules*, tener á uno entre dientes. || *Prêter l'épaule*, ayudar á uno en alguna cosa. || *Plier les épaules* someterse, humillarse. || *Faire hausser les épaules*, dar compasion, causar lástima una cosa por su ridiculez. || Art. *Épaule de mouton*, hacha, azuela, instrumento de carpintería. || Mar. Mura ó cachete de proa.

**ÉPAULÉ**, **ÉE**, adj. *epolé*. Despaldillado || met. *C'est une bête épaulée que cet homme là*, es un bestia, un hombre sin talento *Arbre épaulé*, árbol sin ramas, mocho. met. y fam. *Être bien épaulé*, tener aldabas, esto es, tener protectores. || *Épaulée*, f. Espaldarazo. || Fuerza ó empujon con el hombro. || met. y fam. *Faire une chose par épaulées*, hacer una cosa con descuido.

**ÉPAULEMENT**, m. *epolmán*. Fort. Espaldon, valla artificial para resistir y detener el impulso de un tiro ó rechazo. || Art. Espaldon, espacio relleno que existe entre dos muescas, ó entre una muesca y la extremidad de un madero.

**ÉPAULER**, a. *epolé*. Despaldillar, desconcertar el hombro ó la espaldilla. || met. Favorecer, ayudar, asistir, patrocinar á alguno. || Mil. Apoyar una arma de fuego en el hombro. || Art. Disminuir una espiga hasta igualarla con la muesca. || *S'épauler*, r. Despaldillarse. || met. Ayudarse, favorecerse.

**ÉPAULETTIER**, m. fam. epoletié. Oficial [illegible] y que no tiene de tal mas que las charreteras.

**ÉPAULETTE**, f. epolét. Hombrera de un vestido ó camisa. || *Les épaulettes d'une chemise*, los hombrillos de una camisa. || Mil. Charretera, distintivo militar.

**ÉPAULIÈRE**, f. epolièr. Especie de tirante que sostiene los pantalones de un niño. || Espaldar, parte de una armadura.

**ÉPAULIES**, f. pl. epolí. Tornaboda, el siguiente dia de las bodas entre los antiguos Griegos.

**ÉPAURE**, f. epór. Mar. Viga que sirve para levantar el arrufo de un buque.

**ÉPAVE**, adj. epáv. Jurisp. Solo se dice de las cosas perdidas y sin dueño conocido. || m. pl. Las producciones naturales que arroja el mar á la orilla ó se crian en ella.

**ÉPAVÉ, ÉE**, adj. epavé. Advenedizo, extranjero, forastero.

**ÉPEAUTRE**, m. epótr. Espelta, especie de trigo que se cultiva en Francia.

**ÉPÉCHER**, a. epeché. Sal. Recoger, sacar el agua salada en las salinas para mezclarla con la de las arcas á fin de darles mayor fuerza.

**ÉPÉE**, f. epé. Espada, arma blanca ofensiva y defensiva. || Art. Espada, instrumento que usan los diamantistas. || Espada, parte del caballete con que se mantienen levantadas las telas, de modo que el operario trabaja con mas comodidad. || *Bonne épée*, valenton. || *Coup d'épée*, estocada, cuchillada. || *Se faire blanc de son épée*, vender juncia: alabarse sin fundamento. || *Mettre la main à l'épée*, echar mano á la espada. || *Passer au fil de l'épée*, pasar á cuchillo. || Vet. *Épée romaine*, espada, especie de remolino de pelo que tienen algunos caballos en la crin. || Zool. *Épée de mer*, pez espada, cetáceo.

**ÉPEICHE**, f. epéche. Zool. Pico, especie de ave.

**ÉPEIGNÉ, ÉE**, adj. epeñé. Art. Se dice de una duela de tonel que se rompe en el jable.

**ÉPÉIRE**, f. epeír. Zool. Epeira, género de arañas.

**ÉPELER**, a. eplé. Deletrear, pronunciar cada letra de por sí.

**ÉPELLATION**, f. epelasión. Deletreo, accion y efecto de deletrear.

**ÉPENTHÈSE**, f. epantés. Gram. Epéntesis, insercion de una letra en medio de una palabra, como *relligio* por *religio*.

**ÉPÉOLE**, m. epeól. Zool. Epeolo, género de insectos.

**ÉPERDRE**, a. epérdr. Estar loco por alguna pasion. Solo se usa hoy en el participio pasado. *Il est éperdu de sa beauté*, está locamente enamorado de su hermosura.

**ÉPERDU, E**, adj. eperdú. Perdido, desatinado, loco por alguna pasion.

**ÉPERDUMENT**, adv. eperdumán. Perdidamente, locamente, desatinadamente.

**ÉPERON**, m. eprón. Espuela, pieza de hierro con unas rodajitas de puntas á manera de estrellas para picar á las caballerías y avivarlas. || Espolon, tajamar de galera. || met. Estímulo, incitativo. || Espolon de los gallos y demas aves. || Art. Espolon, obra de cantería que remata en ángulo agudo para cortar la corriente de las aguas. || Espolon, obra de fortificacion. || Arrugas ó rayos del ojo cuando se empieza á envejecer, pié de gallo. || Espuela, antigua órden militar. || Mar. Espolon, tajamar, parte de la proa. || met. y fam. *N'avoir ni bouche ni éperon*, ser estúpido, tonto, insensible. || *Coup d'éperon*, espolazo. || *Regimber contre l'éperon*, tirar coces contra el aguijon.

**ÉPERONNELLE**, f. epronél. Bot. Espuela de caballero, planta.

**ÉPERONNER**, a. eproné. Espolear, calzar las espuelas. || met. Excitar, estimular.

**ÉPERONNERIE**, f. epronrí. Comercio ó fábrica de guarniciones y jaeces de caballos.

**ÉPERONNIER**, m. epronié. Frenero, artífice que trabaja en frenos, espuelas y demas arreos de yerro para montar.

**ÉPERVIER**, m. epervié. Zool. Gavilan, ave de rapiña. || Cir. Gavilan, especie de vendaje. || Pesc. Esparavel, especie de red para pescar.

**ÉPERVIN**, m. V. ÉPARVIN.

**[illegible]**, a. fam. [illegible]. [illegible] el camino público. || Apoderarse del terreno de otro.

**ÉPHÈBE**, m. efèb. Efebo, jóven que ha llegado á la edad de la pubertad. || Bot. Efebe, género de plantas. || Zool. Efebo, género de insectos de América.

**ÉPHECTE**, adj. eféct. Fil. Efecto: se dice de una cosa sobre la cual se suspende el juicio.

**ÉPHECTIQUE**, adj. efectic. Efectico, que suspende el juicio. Úsase como sustantivo.

**ÉPHÈDRE**, m. efédr. Efedro, atleta que quedaba impar ó sin contrario. || Bot. Efedro, género de coníferas, planta. || Zool. Efedro, género de himenópteros.

**ÉPHÉLCE**, f. efélc. Med. Coágulo de sangre arrojado por la tos.

**ÉPHÉLIDE**, f. efelid. Med. Efélide, mancha cutánea producida por cualquier afeccion.

**ÉPHÉMÈRE**, adj. efemér. Efímero, cosa pasajera, que dura muy poco tiempo. || Zool. m. Efímero, género de insectos.

**ÉPHÉMÉRIDES**, f. pl. efemeríd. Efemérides, tablas astronómicas que determinan para cada dia el lugar de cada planeta en el zodiaco. || Efemérides, libros que refieren los acontecimientos de cada dia.

**ÉPHÉMÉRINES**, f. pl. efemerín. Zool. Efemerinas, familia de insectos.

**ÉPHÉMÉROPYRE**, f. efemeropír. Med. Efemeropiro, fiebre cotidiana.

**ÉPHÉSIAQUE**, adj. efesiác. Efesiaco, que pertenece á la ciudad de Efeso.

**ÉPHÉSIEN, NE**, adj. efesién, én. Efesiano, de la ciudad de Efeso.

**ÉPHÉSIES**, f. pl. efesí. Efesias, fiestas que se celebraban en honor de Diana.

**ÉPHIALTE**, m. efiált. Med. Efialtes, opresion nocturna, pesadilla.

**ÉPHIDROSE**, f. efidrós. Med. Efidrosis, sudor general. || Sudor crítico, incompleto.

**ÉPHIMÈRE**, m. efimér. Zool. Efímero, género de insectos.

**ÉPHOD**, m. efód. Efod, especie de alba ó túnica que usaban los sacerdotes hebreos.

**ÉPHODE**, f. efód. Gram. Uno de los nombres de la figura que los gramáticos llaman insinuacion.

**ÉPI**, m. epí. Espiga, parte superior de la caña ó tallo de las plantas gramíneas. || Mechon, remolino, porcion de cabellos que nacen en direccion opuesta á los demas. || Arq. Espiga, reunion de los cabrios ó vigas que forman un techado piramidal. || Obra de carpintería que se hace en algunas operaciones hidráulicas. || Cir. Espiga, especie de vendaje. || Astr. *Épi de la Vierge*, espiga de la Vírgen, estrella de primera magnitud que se observa en la constelacion de Virgo. || *Monter en épi*, espigar, ir espigando ó echar espiga.

**ÉPIATION**, f. epiasión. Bot. Espigacion, formacion de la espiga de una planta gramínea.

**ÉPICALLE**, m. epicál. Zool. Epícalo, género de insectos.

**ÉPICAMPTE**, m. epicánpt. Zool. Epicanto, género de insectos de Java.

**ÉPICAULE**, adj. epicól. Bot. Epícolo, que crece sobre el tallo de las plantas. || Zool. Epícolo, género de coleópteros del Brasil.

**ÉPICE**, f. epís. Especia: dícese de la pimienta, clavo, canela, etc. || *Pain d'épice*, especie de mostachon muy cargado de especias. || met. y fam. *Une fine épice*, fino como la pimienta: se dice hablando de una persona de genio vivo, suspicaz. || met. *C'est chère épice*, es cara comida para estudiantes: dícese de una mercadería mas cara de lo que debería ser. || *Dans les petits sacs sont les bonnes épices*, mas vale onza que libra, la pimienta es chica y pica: dícese de una persona que es pequeña de cuerpo, pero de mucho talento. || met. *Auteur qui n'épargne pas les épices*, escritor picante, mordaz, incisivo. || *Épices*, pl. Especias, nombre con que se designaba antiguamente á la drajea y otras confituras. || met. Especias, dulces que se [illegible] á los jueces [illegible] formacion de ciertos [illegible] [illegible] sus [illegible]

**ÉPICÉ, ÉE**, adj. episé. [illegible] Picante, [illegible] y tambien caro, [illegible]

**ÉPICÉA** [illegible] ó [illegible] [illegible] Antig. gr. [illegible] dos [illegible] que se [illegible] del [illegible]

**ÉPICÈNE**, adj. episén. [illegible] dícese del nombre [illegible]

**ÉPICER**, a. episé. [illegible] pecias, [illegible] con especias. [illegible] *Il épice trop*, es caro [illegible] [illegible] se [illegible] hablando del juez que [illegible] derechos de un proceso.

**ÉPICÉRASTIQUE**, adj. [illegible] Med. Epicerástico, propio para [illegible] disminuir la acrimonia de los [illegible]

**ÉPICERIE**, f. episrí. [illegible] que comunmente [illegible] cería, [illegible] tienda en que se [illegible] drogas ó especias. || [illegible] ó cuerpo de drogueros.

**ÉPICHÉRÈME**, m. [illegible] querema, especie de [illegible] proposicion va acompañada de [illegible]

**ÉPICHÉRÉMATIQUE**, adj. [illegible] tic. Lóg. Epiqueremático, que [illegible] el epiquerema ó se sirve de [illegible]

**ÉPICIER, IÈRE**, m. y f. [illegible] dero de comestibles ó de [illegible] rinos, lonjista. || *Épicier-droguiste* [illegible] guero, droguista. || met. y fam. [illegible] coger *ce livre à l'épicier*, este [illegible] no para envolver especias; es [illegible] obra que no tiene mérito ni se [illegible]

**ÉPICLIDIES**, f. pl. epiclidí. [illegible] fiestas atenienses en honor de [illegible]

**ÉPICOME**, f. epicom. Anat. [illegible] monstruosidad de la cabeza [illegible] una cabeza sobre otra.

**ÉPICOMIEN, NE**, adj. [illegible] Anat. Epicomiano, que tiene [illegible] una sobre la otra.

**ÉPICOMIQUE**, adj. epicomíc. [illegible] cómico, que presenta ó tiene el [illegible] la epicomia.

**ÉPICOPTÈRE**, m. epicoptér. [illegible] cóptero, género de insectos.

**ÉPICRÂNE**, m. epicrán. Anat. [illegible] neo, membrana que cubre la [illegible] cráneo.

**ÉPICRÂNIEN, NE**, adj. [illegible] Epicránico, que tiene relacion [illegible] cráneo.

**ÉPICRASE**, f. epicrás. [illegible] modo de curar por grados, [illegible] mitigando los humores vicio[illegible]

**ÉPICRATE**, m. epicrát. Zool. [illegible] género de reptiles.

**ÉPICRISE**, f. epicrís. [illegible] juicio que se forma sobre el [illegible] fermedad.

**ÉPICURÉISME**, m. epicureísm. [illegible] curismo ó epicureismo, doctrina [illegible]

**ÉPICURÉISTE**, adj. [illegible] reista: se dice de las doctrinas [illegible] y de las personas que siguen [illegible]

**ÉPICURIEN, NE**, adj. [illegible] Epicúreo, que pertenece á [illegible] losofía. || m. Epicúreo, sectario [illegible] || m. y f. Epicúreo, sensual, [illegible] deleites, sin pensar mas que [illegible]

**ÉPICURISME**, m. [illegible] mo, doctrina de Epicuro. [illegible] dice mejor *épicuréisme*, [illegible] de vivir y de pensar de [illegible] gadas á los placeres. || met. [illegible] perio de la razon, la vida [illegible]

**ÉPIDÉMIE**, f. epidemí. [illegible] fermedad contagiosa. || met. [illegible] jovialidad que es una verdadera [illegible] y tambien toda pasion que se [illegible] exceso.

**ÉPIDÉMIQUE**, adj. epidemíc. [illegible] co, que produce la epidemia, [illegible] cion con ella. || met. Epidémico, [illegible] lificativo de ciertas pasiones que [illegible] demasiado [illegible], adv. *epidemic*... [illegible], de una manera epi-

[illegible], m. *epidérm*. Anat. Epidérmis ó piel delicada que está debajo [illegible] principal. || met. Corteza, su-

[illegible], adj. *epidermé*. Hist. [illegible], que está cubierto de una [illegible].

[illegible], adj. *epidermic*. Anat. [illegible], que tiene relacion con la epi-

[illegible], f. *epidés*. Cir. Epidesis, apli- [illegible] una venda ó ligadura.

[illegible], m. *epidésm*. Cir. Epidesmis, [illegible] á sujetar un aparato.

[illegible], adj. *epidéctic*. Ret. ant. [illegible], se decia del género de elocuencia [illegible] tambien género demostrativo.

[illegible], m. *epididim*. Anat. Epi- [illegible] cuerpo pequeño y oblongo, echado á [illegible] á lo largo del borde superior [illegible] ó de cada testículo.

[illegible], m. *epidót*. Miner. Epidotis, [illegible] mineral.

[illegible], m. V. Espion.

[illegible], adj. *epié*. Espigado. || Agr. Espi- [illegible] tiene espiga. || Bot. Espigado, que [illegible] de espiga. || *Chien épié*, perro [illegible] un remolino ó contrapelo en la [illegible]. *Queue de chien épié*, se dice [illegible] cuyos pelos de la cola tienen una [illegible] semejante á las de las aristas de [illegible].

[illegible], m. *epiemán*. Espiacion, ac- [illegible] á observar á alguno.

[illegible], n. *epié*. Espigar, salir las espi- [illegible] Espiar, observar, acechar, atisbar. [illegible] *moment d'agir*, espiar el mo- [illegible] obrar, aguardar la ocasion oportu- [illegible]. *Épier le relevé*, esperar, acechar [illegible] en que la fiera sale de su guarida [illegible].

[illegible], m. V. Épierrement.

[illegible], m. *epierremán* Desem- [illegible], accion de desempedrar.

[illegible], a. *epierré*. Desempedrar, [illegible] un empedrado. || Desempedrar, [illegible], limpiar un campo, un jardin de [illegible] que lo cubren.

[illegible], m. *epiéu*. Venablo, chuzo, arma [illegible] en la caza de montería.

[illegible], [illegible], m. y f. *epieur*, eus. Es- [illegible], el que acecha, que observa.

[illegible], f. *epigastralgí*. Med. [illegible], dolor del epigastro.

[illegible], adj. *epigastral-* [illegible] Epigastrálgico, que tiene relacion [illegible] epigastralgia.

[illegible], m. *epigástr*. Anat. Epi- [illegible] parte de la region superior del ab- [illegible].

[illegible], adj. *epigastric*. Anat. [illegible], que tiene relacion con el epi- [illegible].

[illegible], f. *epigastrocél*. Cir. [illegible], especie de hernia.

[illegible], [illegible], adj. *epigé*. Epigeo, que crece [illegible] ó se eleva sobre su superfi- [illegible]. Epigeo, género de plantas de [illegible].

[illegible], a. *epigeoné*. Arq. Abue- [illegible] con tiento el yeso del cuezo, [illegible] trabado y no muy blando.

[illegible], f. *epiglót*. Anat. Epiglotis, [illegible] movible, elástica, situa- [illegible] la base de la lengua.

[illegible], adj. *epiglotic*. Anat. [illegible] relacion con la epiglotis.

[illegible], f. *epiglotít*. Med. Epi- [illegible] de la epiglotis.

[illegible], m. *epignát* Anat. Epigna- [illegible] ó adhesion de una so- [illegible] sobre la mandíbula.

[illegible], [illegible], adj. *epignatién*, én. [illegible], que presenta la mons- [illegible] tener una cabeza adherida á la [illegible].

[illegible], adj. *epigastric*. Anat.

Epignático, que ofrece los caractéres de la epignatia.

ÉPIGONÉION, m. *epigoneión*. Mús. Epigoneyon, instrumento de música con cuarenta cuerdas que usaban los Griegos.

ÉPIGONES, m. pl. *epigón*. Epigones, nombre dado á los hijos de los siete jefes muertos delante de Tébas.

ÉPIGRAMMATIQUE, adj. *epigramatic*. Epigramático, que pertenece, que tiene relacion con el epigrama.

ÉPIGRAMMATIQUEMENT, adv. *epigramaticmán*. Epigramáticamente, de una manera epigramática.

ÉPIGRAMMATISER, n. *epigramatisé*. Epigramatizar, hacer epigramas.

ÉPIGRAMMATISTE, m. poco us. *epigramatist*. Epigramatista, que hace ó compone epigramas.

ÉPIGRAMME, f. *epigrám*. Epigrama, género de composicion poética, breve y aguda en su remate.

ÉPIGRAPHE, f. *epigráf*. Epígrafe, inscripcion ó título de alguna obra.

ÉPIGRAPHIE, f. *epigrafí*. Epigrafía, ciencia que tiene por objeto el estudio y conocimiento de las inscripciones.

ÉPIGRAPHIQUE, adj. *epigrafic*. Epigráfico, que es análogo, concerniente al epígrafe.

ÉPILAMPE, m. *epilánp*. Zool. Epilampo, género de insectos coleópteros.

ÉPILAMPRE, m. *epilánpr*. Zool. Epilampro, género de insectos ortópteros.

ÉPILANCE, f. *epiláns*. Cetr. Epilancia, especie de epilepsia que ataca á las aves.

ÉPILASE, m. *epilás*. Zool. Epilaso, género de insectos coleópteros heterómeros meláseomos.

ÉPILATOIRE, adj. *epilatuár*. Epilatorio, que sirve para hacer caer el pelo. || m. Epilatorio, sustancia que sirve para hacer caer el pelo.

ÉPILÉPIDE, f. *epilepíd*. Bot. Epilépida, género de plantas.

ÉPILEPSIE, f. *epilepsí*. Med. Epilepsia, enfermedad llamada en español gota coral. En Francia ha recibido tambien los nombres de *mal caduc, haut mal, maladie lunatique*, y vulgarmente se llama *mal de Saint-Jean*.

ÉPILEPSIFORME, adj. *epilepsifórm*. Med. Epilepsiforme, que tiene el carácter de la epilepsia.

ÉPILEPTIQUE, adj. *epileptic*. Epiléptico, que pertenece ó tiene relacion con la epilepsia.

ÉPILER, a. *epilé*. Epilar, arrancar, hacer caer el pelo ó el vello por medio de un tópico. || Descanar, arrancar las canas. || Art. Descanelar, quitar los canelones que forma el estaño en las piezas fundidas. || *S'épiler*, r. Repelarse, arrancarse el pelo.

ÉPILEUR, EUSE, m. y f. *epileur*, eus. Repelador, el que arranca el pelo ó hace profesion de repelar.

ÉPILISSE, m. *epilís*. Zool. Epiliso, género de insectos.

ÉPILITHE, f. *epilít*. Bot. Epilita, género de plantas de Java.

ÉPILLET, m. *epillé*. Espigueta ó epillete, reunion de flores cuyo conjunto forma espiga.

ÉPILOBE, m. *epilób*. Bot. Epilobo, género de plantas herbáceas.

ÉPILOBIANÉ, ÉPILOBIÉ ó ÉPILOBIEN, adj. V. Épilobiacé.

ÉPILOGAGE, m. *epilogág*. Epilogacion, accion de epilogar, de razonar en forma de epílogo.

ÉPILOGUE, m. *epilógue*. Epílogo, conclusion de la oracion ó razonamiento en que sucinta y compendiosamente se recapitula lo que se ha dicho.

ÉPILOGUER, n. *epilogué*. Censurar, criticar. || a. fam. Censurar, criticar las acciones, la conducta de alguno.

ÉPILOGUEUR, EUSE, m. y f. *epilogueur*, eus. Censurador, glosador, murmurador.

ÉPILOIR, m. *epiluár*. Tientas ó pinzas para quitar el vello.

ÉPILOPHE, m. *epilóf*. Zool. Epilofo, género de insectos.

ÉPILURE, f. *epilúr*. Art. Descanceladura, desperdicios de estaño que quedan en forma de canelon en las piezas que se funden de dicho metal.

ÉPIMAQUE, m. *epimác*. Zool. Epimaco, género de gorriones.

ÉPIMÈCE, m. *epiméc*. Zool. Epimeco, género de insectos.

ÉPIMÉDIUM, m. *epimédiom*. Bot. Epimedio, planta de los Alpes.

ÉPIMÉTRIQUE, adj. *epimetric*. Lit. Epimétrico, epíteto del verso que no puede cantarse.

ÉPIMONE, f. *epimón*. Ret. ant. Epímone, repeticion inmediata de una palabra para dar mas rapidez al discurso.

ÉPINAGE, m. *epinág*. Art. Colada, desagüe, operacion que consiste en quitar el agua á la masa del jabon ántes de cocerlo.

ÉPINAIE, f. *epiné*. Agr. Espinal, lugar que está cubierto de espinos ó arbustos espinosos.

ÉPINARD, m. *epinár*. Espinaca, género de plantas que se cultiva en los huertos. Se llama vulgarmente *épinard des juifs*, á la coreta silicosa; *épinard du Malabar*, espinaca de Malabar, á la basela; *épinard des murailles*, á la parietaria; *épinard sauvage*, espinaca silvestre, á la anzirena sagitada; y *épinard fraise*, á la blita capítea ó bledomora. || met. *Frange, gland, épaulette à graine d'épinards*, franja, borla, charretera ó grano de cebada: es expresion de bordadores.

ÉPINCELER, a. V. Épinceter.

ÉPINCER, a. *epensé*. Agr. Suprimir, separar entre dos savias los pimpollos que brotan en la primera al pié de los árboles. || Art. Despinzar, desmotar el paño ó otra cualquiera tela. || Picar, cortar las primeras desigualdades de una piedra de sillería.

ÉPINCETAGE, m. *epensetág*. Art. Despinzamiento, accion de desmotar.

ÉPINCETER, a. *epensté*. Aguzar, afilar las garras y el pico del ave de altanería. || Art. Despinzar, desmotar el paño despues de estar desengrasado.

ÉPINCETTE, f. *epensét*. Art. Pinzas pequeñas.

ÉPINCEUR, EUSE. V. Épinceteur.

ÉPINÇOIR, m. *epensuár*. Art. Pico de cantero. || Lengüeta, especie de martillo que sirve á los empedradores para colocar la piedra.

ÉPINE, f. *epín*. Espino, arbusto. || Espina, pincho, punta que tienen las cambroneras, zarzas, espinos, etc. || met. Espina, pesar interior y oculto. || *Épine du dos*, espinazo. *Épine du nez*, caballete de la nariz. || met. *Marcher sur des épines*, andar sobre espinas, hallarse en una posicion delicada, difícil. || met. y fam. *Être sur des épines*, estar en brasas: estar impaciente, desazonado. || *C'est un vrai fagot d'épines*, es un erizo: se dice de un hombre esquivo, enfadoso, susceptible. || *Il n'y a pas de roses sans épines*, no hay rosa sin espinas, no hay atajo sin trabajo, ni placer sin disgusto. || *C'est une épine au pied*, es una espina en el pié: se dice de un motivo que causa disgusto, inquietud. || *Tirer à quelqu'un l'épine du pied*, sacar á uno la espina: sacarle del peligro. || *Avoir une épine hors du pied*, estar fuera de peligro, quedar tranquilo. || *Épines*, pl. met. Dificultades, obstáculos, contrariedad que es aneja á alguna cosa. || Bot. *Épine blanche*, níspero, oxiacanto. || *Épine du Christ*, especie de arbusto cerval. || *Épine fleurie*, ciruelo espinoso. || *Épine marante*, arguesero, planta. || *Épine noire*, ciruelo silvestre. || *Épine royale*, especie de oxiacanto. || *Épine d'été*, especie de pera temprana. || *Épine d'hiver*, especie de pera de donguindo. || Art. *Épines*, puntas que quedan en el cobre ó que lo erizan despues de la licuacion.

ÉPINETTE, f. *epinét*. Mús. Espineta, clavicordio pequeño de una sola cuerda en cada órden.

ÉPINEUX, EUSE, adj. *épineu*, eus. Espinoso, que tiene espinas. || met. Espinoso, delicado, lleno de dificultades, de obstáculos, de contrariedades. || Puntilloso, quisquilloso, hablando de personas.

**ÉPINE-VINETTE**, f. *epinevinét*. Bot. Berberis, agracejo, arbusto indígena.

**ÉPINGARE**, m. *epengár*. Artill. Espingarda, arma de fuego.

**ÉPINGLE**, f. *epéngle*. Alfiler, pedacito por lo comun de alambre, de cobre y á veces de plata ó oro, de hechura de una aguja, con la diferencia de tener en lugar del ojo una cabecilla. || met. *Tuer quelqu'un à coups d'épingle*, hacer morir lentamente, mortificar. ||fam. *Etre tiré à quatre épingles*, estar de veinte y cinco alfileres: estar muy acicalado, muy compuesto. || met. y fam. *Tirer son épingle du jeu*, salvar la polla, llamarse andana: zafarse diestramente de un compromiso. || prov. y fam. *Mettre une épingle au bout de sa manche*, atarse el dedo: tomar alguna precaucion para no olvidar lo que interesa. || *Epingles*, pl. Alfileres, propina que se suele dar á las criadas. || Alfileres, asignacion á una señora para sus gastos extraordinarios. || Alfileres, gratificacion, especie de agasajo que hace el comprador á la mujer del que ha hecho una venta.

**ÉPINGLETTE**, f. dim. de ÉPINGLE. *epenglét*. Alfilerillo, alfilerito, alfiler pequeño. || Mil. Punzon, instrumento para romper el cartucho ántes de introducir la pajuela en el oido del cañon.

**ÉPINGLER**, a. *epenglé*. Mil. Pinchar, meter el punzon por el oido del cañon para agujerear el cartucho. || Mil. Escarbar el oido de un fusil. || Alfilerar, prender con alfileres alguna cosa.

**ÉPINGLIER, ÈRE**, m. y f. *epenglié, ér*. Alfilerero, el que hace ó vende alfileres. || Art. Aguja que sujeta la canilla de un torno de hilar.

**ÉPINIERS**, m. pl. *epinié*. Maleza, cambronal, espinar.

**ÉPINOCHE**, m. *epinócheCom*. Espinocha, café de primera calidad.

**ÉPINOCHER**, a. *epinoché*. Mascujar, mascullar, comer sin apetito; denguear, hacer melindres. || met. Desmenuzar, pararse en bagatelas.

**ÉPIPÉTALE**, adj. *epipetál*. Bot. Epipétalo, que nace en la corola ó en los pétalos.

**ÉPIPÉTALÉ, ÉE**, adj. *epipetalé*. Bot. Epipetáleo: se dice de una planta cuyos estambres nacen en los pétalos.

**ÉPIPÉTALIE**, f. *epipetalí*. Bot. Epipetalia, estado de una planta cuyos estambres se insertan sobre la corola.

**ÉPIPHI** ó **ÉPIPHI**, m. *epif, epifí*. Epif, undécimo mes del año solar de los Egipcios.

**ÉPIPHANIE**, f. *epifaní*. Epifanía, fiesta de la manifestacion de Jesucristo á los Gentiles y de la adoracion de los reyes magos. Tambien se llama dia de los Reyes.

**ÉPIPHONÈME**, m. *epifoném*. Ret. Epifonema, exclamacion sentenciosa por la cual se termina un discurso interesante.

**ÉPIPHORE**, m. *epifór*. Med. Epíforo, especie de destilacion ó flujo lacrimoso que se desliza por las mejillas en lugar de pasar regularmente por los puntos lacrimales.

**ÉPIPHYLLANTHE**, adj. *epifilidnt*. Bot. Epifilanto, se dice de las plantas cuyas flores nacen sobre las hojas.

**ÉPIPHYLLE**, adj. *epifill*. Bot. Epífilo, que crece ó se inserta sobre las hojas de las plantas. || m. Epífilo, género de plantas cactáceas.

**ÉPIPHYSAIRE**, adj. *epifisér*. Epifisario, que tiene el carácter de la epífisis.

**ÉPIPHYSE**, f. *epifís*. Anat. Epífisis, eminencia cartilaginosa unida al cuerpo de un hueso.

**ÉPIPLÉROSE**, f. *epipleróz*. Med. Epiplerosis, obesidad, gordura excesiva.

**ÉPIPLOCÈLE**, f. *epiplosél*. Med. Epiplocele, hernia del epíploon que se presenta en la ingle ó en el escroto.

**ÉPIPLOÏQUE**, adj. *epiploic*. Epiploico, que pertenece al epíploon.

**ÉPIPLOON**, m. *epiploón*. Anat. Epíploon, prolongacion ó repliegue del peritoneo fluctuante, sumamente fina, con mucha gordura en su espesor y que sirve como de almohadilla á las vísceras del vientre.

**ÉPIPOLASE**, f. *epipoláz*. Med. Epipolasa, fluctuacion de los líquidos.

**ÉPIQUE**, adj. *epíc*. Épico, perteneciente á la poesía ó epopeya heróica. || Épico, que tiene relacion con el estilo épico.

**ÉPIROTE**, adj. y s. *epirót*. Epirota, de la ciudad de Epiro.

**ÉPISCHÈSE**, f. *episquéz*. Med. Episquesis, retardo de una evacuacion natural, como la sangre, la orina, etc.

**ÉPISCOPAL, E**, adj. *episcopál*. Episcopal, que pertenece al obispo, que tiene relacion con el episcopado.

**ÉPISCOPALEMENT**, adj. *episcopalmán*. Episcopalmente, de una manera episcopal.

**ÉPISCOPALITÉ**, f. *episcopalité*. Episcopalidad, rentas que eran anejas al episcopado.

**ÉPISCOPAT**, m. *episcopá*. Episcopado, dignidad y órden episcopal. || Episcopado, clase que forman los obispos en la religion católica. || Episcopado, tiempo que un obispo ejerce su ministerio.

**ÉPISCOPISER**, n. *episcopisé*. Aspirar á un obispado, tener infulas de obispo.

**ÉPISCYRE**, m. *episír*. Episciro, especie de juego de pelota á la larga que usaban los Griegos.

**ÉPISODE**, m. *episód*. Episodio, digresion en un poema, drama ó discurso. || met. Episodio, hecho, incidente aislado en apariencia, pero que se liga con mas ó ménos fuerza á un gran suceso político. || Más. Episodio, idea accesoria que se introduce en una fuga. || Pint. Episodio, accion secundaria que se añade al asunto principal de un cuadro.

**ÉPISODIER**, a. inus. *episodié*. Episodiar, extender una fábula mezclando en ella algunos episodios.

**ÉPISODIQUE**, adj. *episodic*. Episódico, que pertenece al episodio. || *Comédie épisodique*, comedia episódica, que carece del enlace ó dependencia necesaria entre sus escenas.

**ÉPISSER**, a. *episé*. Mar. Ayustar, unir dos cabos, entretejiendo los cordones.

**ÉPISSIÈRE**, f. *episiér*. Mosquera, red que se pone á los caballos para defenderlos de las moscas.

**ÉPISSOIR**, m. *episuár*. Pesc. Especie de punzon de los embanastadores de pescado, para entreabrir los mimbres y hacer pasar el hilo con que cosen las cubiertas de las banastas. || Mar. Pasador, herramienta para hacer las costuras de la jarcia.

**ÉPISSURE**, f. *episúr*. Mar. Costura ó ayuste de los chicotes de dos cabos.

**ÉPISTAMINAL, E**, adj. *epistaminál*. Bot. Epistaminal, que se desarrolla en los estambres.

**ÉPISTASE**, f. *epistás*. Med. Epistasis, materia que nada en la superficie de la orina.

**ÉPISTAXIS**, f. *epistácsis*. Med. Epistaxis, hemorragia ó flujo de sangre que procede de la membrana pituitaria, ó que sale de la nariz.

**ÉPISTER**, a. *epislé*. Machacar, reducir á pasta una sustancia dentro de un almirez ó mortero.

**ÉPISTERNAL, E**, adj. *episternál*. Anat. Episternal, que pertenece al esternon.

**ÉPISTOLAIRE**, adj. *epistolér*. Epistolar, que pertenece á la epístola ó carta, á la manera de escribir cartas. || *Epistolaires*, m. pl. Autores de cuyas epístolas se ha hecho una coleccion.

**ÉPISTOLE**, f. ant. *epistól*. Se decia antiguamente por epístola, carta.

**ÉPISTOLIAPHORE**, m. *epistoliafór*. Epistoliáforo, mensajero que conduce despachos ó cartas misivas.

**ÉPISTOLIER, ÈRE**, m. y f. *epistolié, ér*. Epistolario, que escribe ó compone gran número de cartas ó epístolas. || Epistolero, eclesiástico cuya funcion es cantar la epístola. || Epistolario, [illegible] epístolas que se cantan en la [illegible].

**ÉPISTOLISER**, n. inus. [illegible] tolizar, componer epístolas [illegible].

**ÉPISTOLOGRAPHE**, m. inus. [illegible] *graf*. Epistológrafo, autor [illegible].

**ÉPISTOLOGRAPHIE**, f. [illegible] Entre los antiguos, [illegible] ciencia de la composicion de las [illegible].

**ÉPISTYLE**, f. *epistil*. Arq. ant. V. ARCHITRAVE. || m. Bot. Epistilo, [illegible] tas euforbiáceas.

**ÉPISTYLIS**, m. *epistilís*. Zool. [illegible] género de infusorios.

**ÉPISUS**, m. *episus*. Zool. [illegible] de insectos curculiónidos [illegible].

**ÉPISYNALÈPHE**, f. [illegible] lefa. V. SYNÉRÈSE.

**ÉPIT**, m. *epí*. Art. [illegible] pala de horno.

**ÉPITAPHE**, f. *epitáf*. [illegible] cion que se pone en la lápida ó [illegible] sepulcro. || *Menteur comme une* [illegible] embustero como un [illegible] en ponderar. || met. *Il fera* [illegible] *genre humain*, escribirá y [illegible] ño del género humano: vivirá [illegible].

**ÉPITAPHISTE**, m. inus. [illegible] tafista, que compone epitafios.

**ÉPITASE**, f. *epitás*. [illegible] poema dramático que sigue á la [illegible] desarrollando la accion de él. [illegible] llama nudo de la intriga. || [illegible] principio de un acceso ó de un [illegible].

**ÉPITAXE**, f. *epitácse*. Mil. [illegible] den antiguo de formacion [illegible] responde al que la táctica [illegible] gunda línea.

**ÉPITE**, f. *epít*. Mar. [illegible] madera que se mete en [illegible] nave y luego se calafatean.

**ÉPITÈLE**, m. *epitél*. Zool. [illegible] nero de insectos coleópteros.

**ÉPITHALAME**, m. *epitalám*. [illegible] mio, canto ó himno hecho en [illegible] alguna boda.

**ÉPITHÉLIUM**, m. y f. [illegible] lium, palabra latina que [illegible] tómicos para designar la [illegible] que cubre las membranas [illegible].

**ÉPITHÈME**, m. *epitém*. Farm. [illegible] cosa líquida que se aplica [illegible] para mitigar el dolor.

**ÉPITHÈTE**, f. *epitét*. Lit. [illegible] tivo que se añade al [illegible] sion de alguna calidad que se le [illegible] Sobrenombre ó apodo [illegible] alguna persona.

**ÉPITHÉTIQUE**, adj. [illegible] que está lleno, recargado de [illegible].

**ÉPITHÉTOMANIE**, f. [illegible] tetomanía, manía de [illegible].

**ÉPITHYMÉE**, f. [illegible] [illegible] noro de plantas de la India.

**ÉPITHYME**, m. *epitím*. [illegible] jojo de lino. V. CUSCUTE.

**ÉPITIE**, m. *epití*. Mar. [illegible] de balas entre cañon y [illegible].

**ÉPITOIR**, m. *epituár*. [illegible] que se cubren las cabezas de [illegible] para acuñarlas. || Punzon de [illegible] trumento para hender las [illegible] una cuña para que apriete.

**ÉPITOMATEUR**, m. [illegible] tomador, que compone un [illegible] ó compendio.

**ÉPITOME**, m. *epitóme*. [illegible] men, compendio de alguna [illegible] recoge lo mas principal y [illegible] cia de ella.

**ÉPITOMER**, a. inus. [illegible] compendiar, recapitular [illegible] do, historia, etc.

**ÉPÎTRE**, f. *epítr*. Epístola, [illegible] que dirigian los antiguos á [illegible] nos. || Epístola, carta que los [illegible] gian de tiempo en tiempo á las [illegible] Iglesia primitiva. || Epístola, [illegible] misa que precede al Evangelio. [illegible] composicion poética en forma de [illegible] discurso. || fam. *Etre familier comme* [illegible]

. *Chien épointé*,
me rotos los hue-
caderas.
*epuentmán*. Art.
una herramienta
o la punta, ó que

. Despuntar, qui-
lo, etc. || Encuad.

*epuentilldge*. Art.
esmotar los paños

*tillé*. Art. Despin-
ntes de tundirlos.
*stór*. Vet. Desca-
que padecen los

candiles, últimos
un venado.
*omíd*. Epomida,
Epomida, especie
uncionarios eclo-
como signo de su
, parte superior

*fál*. Farm. Epon-
aplicaba sobre el

. Agr. Descuelle,
ace mas largos á
viña.
onja, produccion
edad de absorber
a comprimiéndo-
forma la herra-
idor de firme que
esa sobre que se
do. || met. *Passer*
*de peint ou d'é-*
crito ó pintado. ||
*action, sur une*
oria, olvidar una
met. y fam. *Pres-*
: sacar cuanto es
país, etc. || *Boire*
como un cuero:
ov. y met. *Vou-*
*es éponges*, que-
concha: empren-
amor frio que se
las caballerías.
Lavar, enjugar
rar alguna pasta
en yema de hue-
arse, lavarse una

*é*. Esponjero, pe-
ine para designar
a.
ed superior ó in-
inas.
*l*. Mar. Puntal de
escolilio.
*tillé*. Mar. Apun-
puntales destina-

opeya, poema en
mas ilustre de un
glas que para su
tica.

hojas del tabaco enmohecido del que no lo está.

**ÉPOULARDER**, a. *epulardé*. Art. Desmarear, escoger el tabaco, entresacar las hojas averiadas de las que están en buen estado.

**ÉPOULIN** ó **ESPOLIN**, m. *epulén*, *espolén*. Canilla para devanar la trama. || Espolin, lanzadera pequeña para espolinar gasas.

**ÉPOULLE**, **ÉPOULLEUR**, **ÉPOULLIN**, V. ESPOLE, ESPOLEUR, ESPOLIN.

**ÉPOUMONER**, a. *epumoné*. Despulmonar, hacer echar los bofes, dar lugar á que uno se fatigue demasiado. || *S'époumoner*, r. Despulmonarse, desgañitarse, gritar con fuerza excesiva.

**ÉPOUSAILLES**, f. pl. *epusáll*. Desposorios, esponsales. V. FIANÇAILLES.

**ÉPOUSE**, f. *epús*. Esposa, cónyuge. V. ÉPOUX.

**ÉPOUSÉE**, f. *epusé*. Desposada, la que acaba de contraer matrimonio. || fam. *Marcher comme une épousée*, andar con gravedad, con un talante de reserva. || *Être parée comme une épousée de village*, estar adornada como una novia de pueblo: dícese para ridiculizar la afectacion de los adornos.

**ÉPOUSER**, a. *epusé*. Casarse, tomar en matrimonio á una mujer: *épouser sa cousine*. || *S'épouser*, r. Desposarse, contraer esponsales un hombre y una mujer, casarse con consentimiento recíproco.

**ÉPOUSEUR**, m. fam. *epuseur*. Novio, el que busca novia, que quiere ó pretende casarse. || *C'est l'épouseur du genre humain*, es el amante de todas las muchachas y el marido de ninguna.

**ÉPOUSSÉ**, **ÉE**, adj. *epusé*. Agr. Se dice de la tierra que está muy nutrida de principios vegetativos.

**ÉPOUSSEMENT**, m. *epusmán*. Agr. Estado de una tierra que está demasiado cargada de principios vegetativos.

**ÉPOUSSETAGE**, m. *epusitáge*. Sacudida, sacudimiento, accion de quitar el polvo á alguna cosa. || Art. Refinadura, última mano que se da á la pólvora.

**ÉPOUSSETER**, a. *epusté*. Desempolvar, quitar el polvo á la ropa, muebles, etc. || met. y fam. *Épousseter quelqu'un*, sacudir el polvo, dar una felpa á alguno. || Art. Refinar, dar la última mano á la pólvora.

**ÉPOUSSETTE**, f. inus. *epusét*. Bruza, especie de cepillo que sirve para limpiar la ropa. || Mandil, pedazo de bayeta ó paño con que se acaba de limpiar el caballo.

**ÉPOUSSETOIR**, m. *epusteuár*. Art. Pincel pequeño que usan los diamantistas.

**ÉPOUTI**, m. *eputí*. Art. Mota, borra, desecho que se encuentra en los paños y otros tejidos de lana.

**ÉPOUTIER**, a. V. ÉPINCETER.

**ÉPOUTIEUR**, **EUSE**, m. y f. V. ÉPINCETEUR.

**ÉPOUTISSAGE**, m. Art. V. ÉPINCETAGE.

**ÉPOUVANTABLE**, adj. *epuvantábl*. Espantoso, horroroso. || Excesivo, espantoso, horrendo: se dice por exageracion hablando de las cosas y de las personas, pero siempre se toma en mala parte.

**ÉPOUVANTABLEMENT**, adv. *epuvan-*

ÉRIDÈLE, f. eridél. Erídela, especie de pizarra estrecha y larga que tiene dos lados labrados y dos en bruto.

ÉRIGÉNIE, f. erigení. Bot. Erigenia, género de plantas.

ÉRIGER, a. erigé. Erigir, fundar, instituir, levantar.|| Ériger une terre en duché, erigir en ducado una propiedad ó tierra, agregar, unir á ella un título de duque. || Ériger en, erigir en, convertir, mudar. || S'ériger, r. Erigirse, constituirse.||Erigirse, atribuirse una cualidad.||S'ériger en maître, mandar como amo.

ÉRIGONE, f. erigón. Astr. Erigona, nombre de la constelacion de la Vírgen.

ÉRIGONIEN, NE, adj. erigonién, én. Astr. Erigonio: se dice de la constelacion de la canícula inmediata á la de Erigona.

ÉRIMANTE, f. erimánt. Bot. Erimanta, tulipan rojo de hoja mortecina y amarilla.

ÉRIMATALIE, f. erimatalí. Bot. Erimatalia, planta de la India.

ÉRIMOÏDES, m. pl. erimoíd. Med. Erimoides, sedimento ó depósito que se forma en la orina.

ÉRINACE, m. erinás. Bot. Erinaco, arbusto de España.

ÉRINACÉ, ÉE, adj. erinasé. Zool. Erináceo, que se parece al erizo. || Érinacées, f. pl. Bot. Erináceas, género de algas marinas.

ÉRINE, f. erín. Bot. Erina, género de plantas escrofulariadas.

ÉRINÉON, m. erineón. Bot. Erineon, género de hongos.

ÉRIOCARPE, adj. eriocárp. Bot. Eriocarpo, que tiene los frutos vellosos.

ÉRIOCAULE, adj. eriocól. Bot. Eriocaule, que tiene el tallo velloso. || m. Eriocaulo, género de plantas eriocáuleas.

ÉRIOCAULÉ, ÉE, adj. eriocolé. Bot. Eriocáuleo, que se parece al eriocaulo. || Ériocaulées, f. pl. Eriocáuleas, familia de plantas.

ÉRIOCOME, m. eriocóm. Bot. Eriócomo, planta gramínea de las orillas del Misouri.

ÉRIODE, m. eriód. Zool. Eriodo, especie de mono del Nuevo Mundo.

ÉRIODINE, f. eriodín. Bot. Eriodina, género de plantas del Cabo.

ÉRIODON, m. eriodón. Zool. Eriodon, género de arañas.

ÉRIOMÈTRE, m. eriométr. Fis. Eriómetro, instrumento para medir el grueso de las fibras mas delgadas.

ÉRIOPÉTALE, adj. eriopetál. Bot. Eriopétalo, que tiene los pétalos velludos.

ÉRIOPHYLLE, adj. eriofíl. Bot. Erióūlo, que tiene las hojas vellosas.

ÉRIOPILE, adj. eriopíl. Bot. Eriópilo, que tiene los frutos velludos.

ÉRIOPODE, adj. eriopód. Zool Eriópodo, que tiene las patas ó pedículos velludos.

ÉRIOSPERME, adj. eriospérm. Bot. Eriospermo, que tiene los granos velludos.

ÉRIOSTÈME, m. eriostém. Bot. Eriostemo, árbol de la Nueva Holanda.

ÉRIOSTYLE, adj. eriostíl. Bot. Erióstilo, que tiene el estilo velludo.

ÉRIOTHRIX, m. eriotrícs. Zool. Eriotrixo, género de insectos dípteros. || Bot. Eriotrixo, arbusto de la isla de Borbon.

ÉRIOX, m. eriócs. Zool. Eriozo, pez del género salmon. || Eriozo, género de crustáceos.

ÉRISSON, m. erisón. Mar. Arpeo ó rizon de cuatro patas.

ÉRISTIE, f. eristí. Bot. Eristia, especie de tulipan.

ÉRIX, m. erícs. Zool. Erice, serpiente, género de reptiles homatósomos.

ÉRIVAN, m. eriván. Erivan, capitan de la Armenia persiana.

ERMAILLY, m. ermallí. Quesero de Suiza.

ERMIN, m. ermén. Derecho de entrada y salida en las escalas de Levante.

ERMINE, f. ermín. Zool. Ermina, especie del género marta.

ERMINETTE, f. erminét. Carp. Azuela, instrumento para aplanar la madera.

ERMITAGE, m. ermitáge. Eremitorio, ermita, cueva ó casilla del eremita ó ermitaño. || Retiro, retrete solitario.

ERMITE, m. ermít. Ermitaño, eremita, el que vive en la ermita y cuida de su limpieza y aseo.||El que vive en soledad, el que profesa vida solitaria. || prov. y met. Quand le diable est vieux, il se fait ermite, despues de puta maldita, hábito de santa Rita.

ÉRODENTIE, f. erodansí. Med. Erodencia, remedio de la clase de los cáusticos.

ÉRODER, a. erodé. Desgarrar, roer, carcomer, destruir las carnes.

ÉRODIE, m. erodí. Zool. Erodio, género de insectos.

ÉRODIER, m. erodié. Bot. Erodiero, género de plantas geráneas.

ÉRODONE, f. erodón. Zool. Erodona, género de conchas bivalvas.

ÉRODORE, m. erodór. Zool. Eroduro, género de insectos himenópteros.

ÉROLIE, f. erolí. Zool. Erolia, ave indígena del Africa.

ÉROSION, f. erosión. Med. Erosion, corrosion, destruccion parcial, mas ó ménos lenta, de la máquina animal, determinada por una causa violenta ó mecánica.

ÉROTÉMATIQUE, adj. erotematíc. Fil. Erotemático, interrogativo, que se compone de preguntas y respuestas.

ÉROTICOMANIE, f. V. ÉROTOMANIE.

ÉROTIQUE, adj. erotíc. Erótico, amatorio ó perteneciente al amor.

ÉROTIQUEMENT, adv. eroticmán. Eróticamente, de una manera erótica.

ÉROTISME, m. erotísm. Erotismo, pasion fuerte de amor.

ÉROTOMANE, adj. erotomán Med. Erotómano, tocado de erotomanía.

ÉROTOMANIAQUE, adj. erotomaniác. Med. Erotomaníaco. V. ÉROTOMANE.

ÉROTOMANIE, f. erotomaní. Erotomanía, especie de enajenacion mental producida por una pasion erótica.

ÉROTYLE, m. erotíl. Zool. Erótilo, género de insectos coleópteros tilófagos.

ERPÉTOGRAPHE, m. erpetograf. Zool. Erpetógrafo, el que se ocupa de la historia de los reptiles.

ERPÉTOGRAPHIE, f. erpetografí. Zool. Erpetografía, tratado de los reptiles.

ERPÉTOGRAPHIQUE, adj. erpetografíc. Zool. Erpetográfico, concerniente á la erpetografía.

ERPÉTOLOGIE, f. erpetologí. Zool. Erpetología, ciencia que trata del conocimiento y estudio de los reptiles.

ERPÉTOLOGIQUE, adj. erpetologíc. Zool. Erpetológico, concerniente á la erpetología.

ERPÉTOLOGISTE, m. erpetologíst. Zool. Erpetologista, naturalista entregado con especialidad al estudio de la erpetología.

ERPÉTON, m. erpetón. Zool. Erpeton, género de serpientes.

ERRANT, E, adj. errán. Errante, que anda vagando de una parte á otra.||Errante, viajero sin objeto determinado, sin rumbo fijo. || Vago, inconstante, inconsecuente, variable.||m. El que anda errado en materia de religion.

ERRATA, m. errátа. Fe de erratas, tabla de las erratas de un libro.||Correccion, libro que contiene las equivocaciones de otro libro.

ERRATIQUE, adj. erratíc. Med. Errático, irregular, desarreglado.|| Zool. Errante, que no tiene habitacion fija, hablando de los animales terrestres.

ERRE, f. érr. Paso, andadura, modo de andar.|| pl. Pisadas, huellas.|| met. Marcher sur les erres, suivre les erres de quelqu'un, seguir las pisadas de alguno, imitar su conducta.

ERREMENTS, m. pl. ermán. Procedimientos, marcha y actos que ocurren en la prosecucion de un expediente. || met. Instrucciones, documentos que se dan á otro para que siga y defienda un asunto con arreglo á ellos.

ERRÉNER, n. errené. Derrengar, deslomar.

ERRER, n. erré. Errar, andar vagando de una parte á otra. || [illegible] vocarse.|| met. [illegible] to en cuestion, [illegible] riedad de especies [illegible]

ERREUR, f. erreur. [illegible] juicio falso. || Error, [illegible] Error, engaño, [illegible] ces, desórdenes, vicios, [illegible] manidad.

[illegible], m. [illegible] abatimiento, languidez [illegible] debilidad opresiva de los ojos.

ERRONÉ, ÉE, adj. [illegible] que contiene error ó errores [illegible] sentir de los fieles, á las [illegible] iglesia.

ERRONÉMENT, adv. [illegible] neamente, de una manera errónea.

ERS, f. érs. Bot. Alverja, [illegible] verdadero, órobo, planta [illegible] una semilla semejante á la de la [illegible]

ERSE, f. érs. Erso, [illegible] idioma irlandes y escoces. || [illegible] madeja formada de filásticas [illegible] llo de cabo, que sirven para [illegible]

ERSEAU, m. ersó. Mar. [illegible] ño, como el que sirve para [illegible] al tolete.

ÉRUBESCENCE, f. erubesáns. [illegible] cencia, accion de enrojecer, [illegible] que comienza á ponerse [illegible] Erubescencia, accion de ponerse [illegible] do, hablando de las personas.

ÉRUBESCENT, E, adj. [illegible] bescente, que enrojece ó se pone [illegible] || met. Erubescente, que se [illegible] por efecto de la vergüenza, [illegible] personas.

ÉRUCAGE, m. erucáge. Bot. [illegible] nero de plantas crucíferas.

ÉRUCAIRE, adj. eruquér. [illegible] rio, que se parece á una [illegible] Erucaria, género de plantas [illegible]

ÉRUCIFORME, adj. [illegible] Eruciforme, que tiene la [illegible] oruga.

ÉRUCIR, a. erusír. [illegible] una rama, hablando del [illegible]

ÉRUCTATION, f. [illegible] Eructacion, eructo, regüeldo.

ÉRUCTER, a. y n. eructé. [illegible] goldar. || met. Arrojar [illegible] por la boca.

ÉRUDIR, a. erudír. [illegible] sacar de la ignorancia á una [illegible]

ÉRUDIT, E, m. y f. erudí. [illegible] instruido, el que posee [illegible] fundos y variados.||fam. Ce [illegible] dit, es un sabiondo, un [illegible] está muy pagado de su saber [illegible]

ÉRUDITION, f. erudisión. [illegible] instruccion en varias ciencias, [illegible] materias.

ÉRUGINEUX, EUSE, adj. [illegible] Herrumbroso, roñoso, [illegible] del robin, que tiene color [illegible] bin.|| Med. Bile érugineuse, [illegible] materias verdosas que se [illegible] quiera de las vias [illegible]

ÉRUPTIF, IVE, adj. [illegible] Eruptivo, que está acompañado [illegible]

ÉRUPTION, f. erupsión. [illegible] da de algun humor [illegible] nos ó manchas. || [illegible] la salida de la lava por la [illegible] materias inflamables.

ÉRUSCATEUR, m. [illegible] rom. Eruscador, mendigo, [illegible]

ERVUM, m. érvom. Bot. [illegible] perjudicial á los herbazales.

ÉRYCIBE, f. erisíb. Bot. [illegible] lillo de la costa de Coromandel.

ÉRYCINE, f. erisín. Zool. [illegible] nero de insectos. || Ericina, [illegible] luscos.

ÉRYMANTHIDE, f. [illegible] Erimántida, constelacion de [illegible]

ÉRYNGE ó ÉRYNGIUM, m. [illegible] gión. Eringe, cardo corredor, [illegible] zada de pinchos.

ÉRYON, m. erión. Zool. [illegible] de crustáceos.

**ÉRYSIME** ó **ÉRYSIMON**, m. *erisím*, *erisimón*. Bot. Erisimo, género de plantas crucíferas.

**ÉRYSIPÉLATEUX, EUSE**, adj. *erisipelateu*, *eus*. Erisipelatoso, que tiene calidad de erisipela, ó relativo á ella. ‖ Que padece ó está afectado de erisipela.

**ÉRYSIPÈLE**, m. *erisipél*. Med. Erisipela, especie de inflamacion de la sangre. ‖ Vet. Erisipela, enfermedad que ataca á los cuadrúpedos, en particular al ganado lanar.

**ÉRYSIPHE**, f. *erisíf*. Bot. Erisifo, género de hongos.

**ÉRYTHÉMATIQUE**, adj. *eritematic*. Med. Eritemático, que tiene el carácter del eritema.

**ÉRYTHÈME**, m. *eritém*. Med. Eritema, especie de inflamacion de la piel.

**ÉRYTHRÉ, ÉE**, adj. *eritré*. Encarnado. ‖ m. Zool. Eritreo, género de arácnidos. ‖ f. Bot. Eritrea, género de plantas.

**ÉRYTHRÊME**, m. V. **ÉRYTHÈME**.

**ÉRYTHRIN, E**, adj. *eritrén*. Eritrino, que es encarnado en el todo ó en parte. ‖ m. Zool. Eritrino, género de pescados.

**ÉRYTHRINE**, f. *eritrin*. Bot. Eritrina, género de plantas de las Indias. ‖ Quím. Eritrina, sustancia que tiñe de encarnado.

**ÉRYTHROCARPE**, adj. *eritrocárp*. Bot. Eritrocarpo, que produce el fruto de color encarnado.

**ÉRYTHROCÉPHALE**, adj. *eritrosefál*. Zool. Eritrocéfalo, que tiene la cabeza encarnada.

**ÉRYTHROCNÈME**, adj. *eritrocném*. Zool. Eritrocnemo, que tiene las piernas encarnadas.

**ÉRYTHRODACTYLE**, adj. *eritrodactil*. Zool. Eritrodáctilo, que tiene los dedos encarnados.

**ÉRYTHROGASTRE**, adj. *eritrogástr*. Zool. Eritrogastro, que tiene el vientre encarnado.

**ÉRYTHROÏDE**, adj. *eritroid*. Eritroido, que tiene un color rojizo.

**ÉRYTHROLEUQUE**, adj. *eritroleuc*. Hist. nat. Eritroleuco, que es rojo y blanco.

**ÉRYTHROME**, m. *eritróm*. Bot. Eritromo, planta liliácea de Europa.

**ÉRYTHROMÈLE**, adj. *eritromél*. Eritromelo, que está señalado de encarnado y negro.

**ÉRYTHROPHTHALME**, adj. *eritroftálm*. Zool. Eritroftalmo, que tiene los ojos encarnados.

**ÉRYTHROPHYLLE**, adj. *eritrofil*. Bot. Eritrofilo, que tiene las hojas encarnadas.

**ÉRYTHRORHYNQUE**, adj. *eritroréne*. Zool. Eritrorinco, que tiene el pico encarnado, hablando de aves.

**ÉRYTHROSOME**, adj. *eritrosóm*. Zool. Eritrosomo, de cuerpo encarnado.

**ÉRYTHROSPERME**, adj. *eritrospérm*. Bot. Eritrospermo, que produce las semillas encarnadas. ‖ m. Eritrospermo, género de plantas gramíneas, cuya semilla es encarnada.

**ÉRYTHROTHORAX**, adj. *eritrotórax*. Zool. Eritrotórax, que tiene el pecho ó el cuello encarnado.

**ÈS**, prep. *és*. Palabra formada por contraccion de la preposicion *en* y del artículo plural *les*; solo se usa en algunos casos, como en *maître ès-arts*, maestro en artes; *bachelier*, *licencié*, *docteur ès-lettres*, [illegible], bachiller, doctor en letras, etc., y en otros casos semejantes. Tambien se usa en *St. Pierre ès-liens*.

**ESAPHE**, m. *esáf*. Cir. Esafo, exploracion del útero por medio del dedo introducido en la vagina.

**ESBROUFEU**, m. y f. *esbruf*. Moquetrefe, [illegible], pisaverde, epítetos con que el vulgo designa á la persona que se da un aire de importancia excesiva.

**ESBROUFFER**, a. fam. *esbrufé*. Engañar por medio de acciones exageradas ó con palabras. ‖ Burlarse, hacer exageraciones sobre las faltas de alguno. ‖ *S'esbrouffer*, r. Asustarse, arredrarse por poca cosa.

**ESBROUFFIER, ERE**, m. y f. *esbrufié*, *er*. [illegible]. [illegible], el que hace truhanerías.

**ESCA**, m. *éaca*. Yesca, preparacion que se hace con setas para encender lumbre.

**ESCABEAU**, m. *escabó*. Escabel, tarima pequeña que se pone delante de la silla para que descansen los piés del que se sienta en ella.

**ESCABÊCHER**, a. *escabeché*. Escabechar, adobar, echar en escabeche.

**ESCABELLE**, f. *escabél*. V. **ESCABEAU**. ‖ prov. *Remuer les escabelles*, trastear, andar con los trastos á vueltas: cambiar de habitacion. ‖ *Remuer ses escabelles*, mudar de estado, de fortuna, de condicion. ‖ met. y fam. *On lui a bien dérangé les escabelles*, se le han cambiado los bártulos, todo se le ha tronado: se le han frustrado los planes.

**ESCABELON** ó **ESCABLON**, m. *escablón*. Arq. Basamento, especie de pedestal.

**ESCACHE**, f. *escáche*. Equit. Bocado del caballo que tiene la figura de cuello de pichon.

**ESCADRE**, f. *escádr*. Escuadra, parte de una armada naval.

**ESCADRILLE**, f. *escadrill*. Mar. Escuadrilla, escuadra pequeña, reunion de buques de guerra de poco porte.

**ESCADRON**, m. *escadrón*. Escuadron, una de las partes en que se divide un regimiento de caballería. ‖ met. Escuadron, reunion de gente amontonada, sin que tenga el carácter militar. ‖ Reunion de muchas personas que defienden un mismo partido. ‖ Escuadron, nublado, bandada de insectos.

**ESCADRONNER**, n. *escadroné*. Mil. Escuadronear, maniobrar por escuadrones. ‖ Escuadronear, formar escuadrones. ‖ met. y fam. Partir peras: vivir en buena inteligencia.

**ESCAFE**, f. ant. *escáf*. Puntillon, puntapié, puntillazo.

**ESCAFER**, a. *escafé*. Arrimar un puntapié, dar un puntapié en el culo.

**ESCAFFIGNON** ó **ESCAFIGNON**, m. ant. *escafiñón*. Olor que exhala el sudor de los piés.

**ESCAJOLLE**, f. *escajól*. Bot. Especie de alpiste, género de plantas.

**ESCALADE**, f. *escalád*. Escalada, accion de escalar un muro ó pared. ‖ Mil. Escalada, asalto de una plaza por medio de escalas. ‖ Sorpresa, accion de caer una tropa de improviso sobre el campo enemigo.

**ESCALADER**, a. *escaladé*. Escalar, entrar en alguna plaza ú otro lugar valiéndose de escalas. ‖ Escalar, franquear un muro por medio de escalas. ‖ Sorprender, ganar un punto por sorpresa. ‖ met. Formar escalones, amontonar unos objetos sobre otros, como para subir al cielo. ‖ met. *Escalader les superlatifs*, ir á caza de superlativos: prodigar toda especie de exageracion.

**ESCALADON** ó **ESCALADOU**, m. *escaladón*, *escaladú*. Art. Especie de devanadera que se usa en las fábricas de seda.

**ESCALE**, f. *escál*. Escala, escalera de mano. ‖ Mar. Escala, expresion de que hacen uso los marinos del Mediterráneo para designar las detenciones ó entradas en los diversos puertos.

**ESCALEBETTE**, f. *escalbét*. Art. Reunion de dos piezas de madera paralelas que se ponen oblicuamente sobre la delantera y la trasera de los carruajes.

**ESCALEMBERG**, m. *escalanbér*. Escalamberg, especie de algodon de las montañas de Esmirna.

**ESCALER**, n. *escalé*. Término usado en Levante para designar la arribada á algun puerto para hacer escala en él.

**ESCALETTE**, f. *escalét*. Art. Escalerilla, paralelipípedo de madera bien escuadrado que sirve para imitar los dibujos en la sedería. ‖ Especie de peine para tejer cintas.

**ESCALIER**, m. *escalié*. Escalera, sucesion progresiva de escalones para subir á una habitacion y bajar de ella. ‖ *Escalier dérobé*, escalera secreta, que está oculta á la vista.

**ESCALIN**, m. *escalén*. Esquelino, moneda de los Países Bajos.

**ESCALLONIE**, f. *escaloní*. Bot. Escalonia, género de plantas de América.

**ESCAMETTE**, f. *escamét*. Com. Escameta, tejido de algodon de Levante.

**ESCAMOTAGE**, m. *escamotáge*. Ocultacion, accion y efecto de ocultar ó esconder alguna cosa.

**ESCAMOTE**, f. *escamót*. Bolita de corcho para hacer juegos de manos.

**ESCAMOTER**, a. *escamoté*. Escamotar, entre los jugadores de manos hacer que desaparezcan á ojos vistas las cosas que manejan. ‖ Limpiar, birlar algun objeto. ‖ Sopiar, hurtar con ligereza, sin ser visto. ‖ met. Birlar, suplantar por medios ilícitos á alguno en sus pretensiones. ‖ Mil. *Escamoter l'arme*, suprimir, ahorrar ciertos movimientos en el manejo del arma. ‖ Art. Ocultar, esconder los cabos que quedan en el bordado.

**ESCAMOTEUR, EUSE**, m. y f. *escamoteur*, *eus*. Escamoteador, el que hace juegos de manos. ‖ fam. Tramposo, que no juega con legalidad. ‖ Camodador, cofrade del dos, caballero de industria, petardista.

**ESCAMPATIVE**, f. *escampatív*. Escapatoria, excursion secreta, evasion furtiva.

**ESCAMPER**, n. pop. *escampé*. Escampar, escapar, eludir la persecucion de la justicia, etc. ‖ Desacampar, levantar el campo, abandonar el puesto.

**ESCAMPETTE**, f. met. *escampét*. Escampo, fuga, huida. ‖ *Il a pris de la poudre d'escampette*, ha tomado viento fresco, ha tomado las de villadiego.

**ESCANDOLE**, f. *escandól*. Cámara del cómitre de una galera.

**ESCAP**, m. *escáp*. Cetr. Suelta, accion de dejar volar al halcon detras del ave que debe reconocer como su presa.

**ESCAPADE**, f. *escapád*. Escapada, escapatoria, accion ó efecto de evadirse y escaparse. ‖ Equit. Escapada, accion repentina que hace el animal cuando se espanta ó rehusa obedecer á la brida.

**ESCAPE**, f. *escáp*. Arq. Limóscapo, caña de una columna ó parte mas próxima de su base.

**ESCAPER**, a. *escapé*. Cetr. Soltar, dar largas al halcon despues que se ha dado libertad al ave que debe servirle de presa.

**ESCARBALLE**, f. *escarbál*. Com. Colmillo del elefante, cuando no pesa mas que veinte libras ó ménos.

**ESCARBILLARD, E**, adj. fam. *escarbillár*. Chusco, desparpajado. ‖ Tuno, gato.

**ESCARBILLES**, f. pl. *escarbill*. Art. Porcion de hulla que resta mezclada con la ceniza despues de una combustion completa.

**ESCARBITE**, f. *escarbít*. Mar. Balde, cubo en que los calafates ponen á remojar sus herramientas.

**ESCARBOT**, m. *escarbó*. Zool. Escarabajo, insecto coleóptero. ‖ Abejorro.

**ESCARBOTE**, adj. f. *escarbót*. Escarabeo, que participa de la naturaleza del escarabajo.

**ESCARBOUCLE**, f. *escarbúcl*. Miner. Carbunclo, piedra preciosa parecida al rubí. ‖ Blas. Escarbucla, pieza que abraza el campo del escudo y que se forma de ocho rayos terminados cada uno por un boton. ‖ Zool. Especie de ave-mosca.

**ESCARBOUILLER**, a. V. **ÉCRASER**.

**ESCARCELLE**, f. *escarsél*. Escarcela, especie de bolsillo ó faltriquera que llevaban las mujeres; especie de bolsa grande hecha á la antigua. Solo se usa de esta voz en el lenguaje jocoso, como: *il a rempli*, *il a vidé son escarcelle*; *mettre la main á l'escarcelle*.

**ESCARCELETTE**, f. *escarslét*. Escarceleta, bolsillo ó faltriquera pequeña que llevan las mujeres.

**ESCARGOT**, m. *escargó*. Zool. Caracol, especie de gusano. ‖ Art. *Escalier en escargot*, escalera de caracol, que termina en espiral. ‖ *Il est fait comme un escargot*, es feo como la noche.

**ESCARGOTIÈRE**, f. *escargotiér*. Caracola, sitio donde se crian los caracoles.

**ESCARGOULE**, f. *escargul*. Bot. Seta, nombre vulgar que se da á algunas especies comestibles de hongos.

**ESCARLINGUE**, f. *escarléngue*. Mar. Contraquilla, carlinga.

**ESCARMOUCHE**, f. *escarmúche*. Escaramuza, accion de poca importancia entre destacamentos ó partidas de tropas enemigas.

**ESCARMOUCHER**, n. *escarmuché*. Escaramuzar, combatir escaramuzando. ‖ met. Disputar, discutir á voces, hablando de colegiales.

**ESCARMOUCHEUR**, m. *escarmuchcur*. Escaramuzador, el que pelea en escaramuzas. || Escaramuzador, tirador, cazador, soldado destinado al servicio de guerrillas.

**ESCARNER**, a. *escarné*. Art. Descarnar, adelgazar el cuero, adelgazarle.

**ESCAROLE**, f. *escaról*. Bot. Escarola, especie de hortaliza, planta comestible.

**ESCARPE**, f. *escárp*. Escarpa, declivio áspero de cualquier terreno. || Fort. Plano inclinado de la muralla ó terraplen de una obra de fortificacion. || Art. Herramienta, instrumento de afinadería. || m. Ladron: se aplica al que roba á todo riesgo, sin cometer á la vista del asesinato.

**ESCARPEMENT**, m. *escarpmán*. Escarpe, escarpadura, el corte inclinado de un terreno, muro, etc.

**ESCARPER**, a. poco us. *escarpé*. Escarpar, cortar verticalmente, hablándose de una montaña, de una roca ó de un terreno cualquiera. Se usa mas *couper à pic*.

**ESCARPIN**, m. *escarpén*. Escarpin, especie de zapato de una suela y de una costura. || Zapatilla, calzado fino propio de baile. || Legis. ant. Zapato estrecho para dar tormento. || Art. Zapatos que se usan para adobar las pieles. || met. y fam. *Jouer de l'escarpin*, escaparse, darse á las piernas.

**ESCARPINE**, f. *escarpín*. Mil. Carronada, especie de cañon.

**ESCARPINER**, n. inus. *escarpiné*. Correr con velocidad. || *Le poids de son argent ne l'empêche point d'escarpiner*, el peso del dinero no le estorba para correr.

**ESCARPOLETTE**, f. *escarpolét*. Columpio, cualquier cosa suspendida para mecer ó mecerse. || met. *Avoir la tête à l'escarpolette*, tener los cascos á la jineta.

**ESCARRE**, f. ant. *escárr*. Cir. Escara, tolilla, costra que se forma del humor que arrojan las llagas cuando se van secando y cerrando. || met. Estrago, ruina causada por bala ó bomba.

**ESCART**, m. *escár*. Brecha, abertura causada por la violencia, con ruina. V. BRÈCHE. || Com. Cierta piel procedente de Alejandría.

**ESCARTABLE**, adj. *escartábl*. Cetr. Se dice del halcon que se aparta de la direccion correspondiente por remontarse demasiado.

**ESCAUTON**, m. *escotón*. Especie de sémola ó puches claros de harina de maíz ó de mijo.

**ESCAVE**, f. *escáv*. Pesc. Especie de red para pescar.

**ESCAVEÇADE**, f. *escavesád*. Equit. Sofrenada, sacudida de freno ó de cabezon para hacer obedecer á un caballo.

**ESCAVISSON**, m. *escavisón*. Canela silvestre.

**ESCAYOLLE**, f. *escayól*. Escayola, especie de estuco.

**ESCHARE**, f. *escár*. Cir. Escara, pústula negra. V. ESCARRE.

**ESCHARIFICATION**, f. *escarificasión*. Cir. Escarificacion, sajadura ó saja en la carne. || Escarificacion, la accion de escarificar.

**ESCHARIFIER**, a. *escarifié*. Cir. Escarificar, formar escara. || *S'escharifier*, r. Escarificarse, convertirse en escara.

**ESCHAROTIQUE**, m. *escarotic*. Escarótico, remedio cáustico que quema las carnes.

**ESCHILLON**, m. *echillon*. Tifon, trompa marina, meteoro muy peligroso en los mares de Levante.

**ESCHOMÉLIE**, f. *escomelí*. Anat. Escomelia, monstruosidad caracterizada por la deformidad de algun miembro. || Zool. Escomelia, cierta clase de monstruos.

**ESCIENT**, m. ant. *esién*. Conciencia, en el sentido de conocimiento interior. Solo se usa como adverbio precedido de la preposicion *à*: *à mon escient*, *à ton escient*, *à son escient*, á sabiendas; *à bon escient*, de veras, con seriedad.

**ESCLAIR**, m. *esclér*. Cetr. Especie de halcon de elegante forma.

**ESCLAME**, adj. *esclam*. Mont. Lijero, se dice de un animal cuyo cuerpo es fino y delgado; y se hace uso de esta voz, especialmente con referencia á la caza mayor. *Les cerfs sont bruns, longs et esclames*, los ciervos son oscuros, largos y lijeros. || Cetr. Largo y lijero, se usa con aplicacion á las aves de rapiña empleadas antiguamente en la caza. || Equit. *Cheval esclame*, caballo estrecho, se dice de un caballo fatigado que tiene hundidos los ijares.

**ESCLANDRE**, m. *esclándr*. Desgracia, accidente ruidoso, que causa escándalo. || *Faire esclandre*, reconvenir á alguno públicamente. || *Causer de l'esclandre*, dar un escándalo, promover una disputa.

**ESCLAVAGE**, m. *esclavága*. Esclavitud, el estado y condicion del esclavo. || met. Esclavitud, servidumbre: se dice de la dependencia y sujecion á que rinden las pasiones, los intereses, el honor, etc. || Estado de una persona dominada por alguna pasion. || Art. Collar de diamantes semicircular, que baja hasta el pecho. || *L'esclavage de la rime*, la fuerza del consonante.

**ESCLAVE**, m. y f. *esclàv*. Esclavo, el hombre ó mujer que está bajo el dominio de otro, y carece de libertad. || met. Esclavo, el que por adulacion se somete al capricho ó voluntad de otro. || met. Esclavo, sujeto á alguna coaccion moral, á algun deber, etc. || *Etre esclave de sa parole*, ser esclavo de su palabra.

**ESCLAVER**, a. inus. *esclavé*. Esclavizar, hacer esclavo, subyugar, sujetar á uno á su voluntad.

**ESCLAVON**, **NE**, adj. y s. *esclavón*, *ón*. Esclavon, de Esclavonia. || m. Esclavon, idioma de Esclavonia.

**ESCLIPOT**, m. *esclipó*. Pesc. Barril, especie de pipa donde se coloca el bacalao despues de recortado y preparado.

**ESCOBARD**, m. *escobár*. Hombre falso, astuto, hipócrita.

**ESCOBARDERIE**, f. fam. *escobardrí*. Escobardería, mentira formada con artificio y maña, subterfugio, evasiva.

**ESCOBÉDIE**, f. *escobedí*. Bot. Escobedia, planta del Perú.

**ESCOCHER**, a. *escoché*. Panad. Amasar, batir la masa con las manos.

**ESCOFFIER**, a. fam. *escofié*. Matar.

**ESCOFFION**, m. *escofión*. Cofia ó escofia, especie de red, antiguo tocado que usaban las mujeres del pueblo.

**ESCOGRIFFE**, m. *escogríf*. Hombre desvergonzado, atrevido, que saca y quita el dinero con arte y disimulo. || Jayan, hombre de mucha talla y corpulencia y malas trazas.

**ESCOMPERS**, m. *escompér*. Zool. Puerco marino.

**ESCOMPTE**, m. *escónt*. Descuento, rebaja del tanto convenido en una suma.

**ESCOMPTER**, a. *esconté*. Descontar, rebajar lo convenido sobre una suma. || Descontar, negociar un crédito, pagar un efecto negociable ántes de su vencimiento. || met. Disipar, malgastar los bienes, la salud, el tiempo.

**ESCOMPTEUR**, m. *escontéur*. Com. Banquero que negocia especialmente en el descuento de efectos de crédito.

**ESCONCERIE**, f. *esconsrí*. For. Ocultacion de alguna pieza importante de un proceso, especialmente relativa á las pruebas.

**ESCOPE**, f. *escóp*. Mar. Vertedor, cuchara, pieza de madera con que se achica el agua de los botes. || Bañadera, pieza de madera para echar agua y lavar los costados.

**ESCOPERCHE**, f. *escopérche*. Grua, máquina para levantar pesos.

**ESCOPETTE**, f. *escopét*. Mil. Escopeta, arma de fuego con cañon y llave de muelle. || met. Escopeta: se toma á veces por escopetero ó el que la lleva, como se dice lanza en lugar de lancero.

**ESCOPETTERIE**, f. *escopetrí*. Salva, descarga de muchas escopetas á la vez.

**ESCOPETTIER**, m. *escopetié*. Escopetero, soldado armado con escopeta.

**ESCORTE**, f. *escórt*. Escolta, destacamento de soldados ó de gente armada. || met. *Faire escorte*, *servir d'escorte*, servir de escolta, acompañar.

**ESCORTER**, a. *escorté*. Escoltar, resguardar, convoyar, conducir alguna persona ó cosa para que camine sin riesgo.

**ESCOT**, m. *escó*. Com. Escocesa, especie de tela. || Art. Cantera, el trozo de piedra que deja en la tierra cada sillar ó cada pizarra que se corta. || Mar. Escota, el ángulo inferior de la vela latina que es triangular.

**ESCOUADE**, f. *escuád*. Escuadra, seccion, fraccion de una compañía de [illegible] ballería ó infantería [illegible] cabo. || *Escouade* [illegible] de soldados de varias [illegible]

**ESCOURGEON**, f. [illegible] una de las especies [illegible] egipcia.

**ESCOURSE**, f. *escurs*. [illegible] mienta de que usan los [illegible] escultores, etc.

**ESCOUPE**, f. *escúp*. [illegible] se usa en las hormas del calz.

**ESCOURGÉE**, f. *escurgé*. [illegible] látigo, azotillo formado de [illegible] para castigar, para dar [illegible] para sacudir el polvo á las [illegible] rias. || *Fouetter avec des* [illegible] castigar con las correas. [illegible] *bonne escourgée*, [illegible] una tunda sin igual.

**ESCOURGEON**, m. [illegible] cel, cebada temprana que [illegible] verde á los caballos.

**ESCOURGER**, a. *escurgé*. [illegible] dir con las disciplinas [illegible]

**ESCOURSSON**, m. [illegible] madera, instrumento para [illegible] del cáñamo de la parte [illegible]

**ESCOUSSE**, f. fam. poco us. [illegible] rera: dícese de la distancia [illegible] corre para dar un salto [illegible] mas violencia. || met. *Ne prenez* [illegible] *loin votre escousse pour* [illegible] tomeis tanta carrera para [illegible] es, no deis tanto vuelo á [illegible] cion para aumentar [illegible]

**ESCRAVANTER**, a. [illegible] tar, despachurrar.

**ESCRÉPER**, a. *escrepé*. Art. [illegible] der al aire la seda azul al [illegible] re que se orea.

**ESCRIME**, f. *escrím*. [illegible] jugar y manejar la espada. [illegible] *d'escrime*, hallarse rendido y [illegible] sin saber qué responder.

**ESCRIMER**, n. *escrimé*. [illegible] la espada segun el arte de la [illegible] Esgrimir, disputar dos ó mas [illegible] algun punto de ciencias ó [illegible] do alusion á las armas de [illegible] de la polémica. || vulg. *Bien* [illegible] ó *s'escrimer bien de la* [illegible] bien la quijada, tener buen [illegible] mucho. || *S'escrimer*, r. [illegible] jarse de tal ó cual modo en la [illegible] *crimer à quelque chose*, [illegible] guna cosa que requiera [illegible] *s'escrime à faire des vers*, [illegible] cer versos.

**ESCRIMEUR**, m. [illegible] dor, florelista, el que [illegible] esgrima.

**ESCROC**, m. *escró*. Estafador, [illegible] el que se apodera del bien [illegible] cios y sin violencia. || fam. [illegible] *avare*, *galant escroc*, [illegible] gancho. || met. Intrigante, el [illegible] con maña apoderarse de una [illegible] no merece. || *Un escroc de* [illegible] farsante, un usurpador de [illegible]

**ESCROQUER**, a. *escroqué*. [illegible] car algo de alguna persona [illegible] engaño, petardear. || prov. [illegible] *ner*, pegarse á una mesa, [illegible] *Il escroque partout où il* [illegible] *peut*, engaña y estafa por [illegible] que halla á mano.

**ESCROQUERIE**, f. *escrocrí*. [illegible] accion y efecto de estafar [illegible]

**ESCROQUEUR**, **EUSE**, m. [illegible] *queur*, *eus*. Estafador, [illegible]

**ESCUISSER**, a. [illegible] con el hacha: se dice de la [illegible] co astillas para alimentar el [illegible]

**ESCULAPE**, m. *esculáp*. [illegible] dios de la medicina. || *L'art d'*[illegible] medicina. || met. y fam. *Un* [illegible] lapio: se dice para indicar [illegible] Esculapio, nombre de una [illegible]

**ESCULAPIES**, f. pl. [illegible] pias, fiestas celebradas en [illegible] Esculapio.

**ESCULATE**, m. *esculát*. Quím. [illegible] sal producida por la [illegible] escúlico con una base.

[illegible] m. [illegible] Bot. Escolo, especie [illegible].

[illegible], adj. [illegible]. Suculento, jugoso, bueno para comerse, [illegible].

[illegible], f. [illegible]. Juguosidad, su-[illegible].

[illegible], f. [illegible]. Quím. Esculina, [illegible].

[illegible], n. [illegible]. Escupir, arrojar [illegible] de los labios.

[illegible], a. [illegible]. Art. Retorcer [illegible] veces en contrarios sen-[illegible] para escurrirla.

[illegible], a. [illegible]. Embebrar la [illegible].

[illegible], m. [illegible]. V. JARDIN. || [illegible] de camas planas [illegible] especialmente los fun-[illegible] de la fundicion los rieles. [illegible]. Término antiguo de mú-[illegible] el tono de *mi*.

[illegible], a. [illegible]. Art. Cuadrar, la-[illegible], picar á martillo la cara ó [illegible] de los sillares.

[illegible], m. [illegible]. Pesc. Sedal de pes-[illegible] se ata á un extremo de la [illegible] á su corcho flotante.

[illegible], f. [illegible] Mod. Escocho, especie [illegible].

[illegible], adj. [illegible]. Escóceo, [illegible] al sotio ó se le parece.

[illegible], adj. [illegible]. Esópico, que [illegible].

[illegible]. Zool. Esox, nombre [illegible].

[illegible], m. [illegible]. Espacio, capacidad [illegible] ó lugar. || Intervalo de [illegible] *de l'espace*, dejar lugar. || [illegible] espace, estrecharse. || Espacio, [illegible] que abraza el universo. || Geom. [illegible] que circuye á una figura, [illegible] rectas ó curvas. || Mil. [illegible] regularizados entre las [illegible] una formacion en columna y [illegible] las filas entre sí. || Mús. Es-[illegible] que queda en blanco entre [illegible] pentágrama. || f. Impr. Espa-[illegible] con que se divide una [illegible].

[illegible]MENT, m. [illegible]. Espacio, [illegible] se establece entre un cuerpo y [illegible] establecido entre dos co-[illegible], etc. || Impr. Accion de espa-[illegible] entre las palabras.

[illegible], a. [illegible]. Espaciar, estable-[illegible] entre dos cuerpos sólidos ú [illegible]. || Impr. Espaciar, poner es-[illegible] las palabras que deben quedar [illegible] la composicion.

[illegible], f. [illegible]. Art. Espadilla, her-[illegible] espadillar el lino.

[illegible], a. [illegible]. Art. Espadillar, [illegible] la espadilla.

[illegible], m. [illegible]. Art. Espadilla-[illegible] el lino, cáñamo, etc.

[illegible], f. [illegible]. Art. Espadola, [illegible] batir la hilaza ántes de pe-[illegible].

[illegible], m. [illegible]. Espadon, mon-[illegible] grande. || Esgr. Espadon, sa-[illegible] que usan los principiantes. || [illegible], pescado cuya mandíbula [illegible] armada de un hueso en forma [illegible] cuya razon el vulgo le da el [illegible] espada.

[illegible], a. [illegible]. Esgr. Es-[illegible], pelear con un mon-[illegible].

[illegible], m. [illegible]. Esgr. [illegible].

[illegible], m. [illegible]. Pesc. Especie de [illegible] para sacar el pescado muer-[illegible] del fondo del agua.

[illegible], m. [illegible]. Agr. Especie [illegible].

[illegible], E, adj. y s. *españól*. Es-[illegible].

[illegible]LETTE, f. *españolét*. Com. [illegible]. || Art. Falleba, barra de [illegible] para cerrar las vidrieras [illegible]. || [illegible] de juego. *Faire es-*[illegible] en el juego del revesino [illegible] tres ases y la qui-[illegible] y la quínola ó el reptemonte [illegible].

**ESPAGNOLISER**, a. *españolisé*. Españolizar, hacer á alguno español; inculcar el aire, las costumbres, los modales españoles. || Españolizar, adaptar al idioma español las voces extranjeras. || *S'espagnoliser*, r. Españolizarse, tomar el aire, el tono, las maneras españolas.

**ESPALE**, f. *espál*. Mar. Escandalar, cámara donde está la brújula en la galera.

**ESPALEMENT**, m. *espalmán*. Palabra que usan los aforadores de líquidos para designar la comparacion de las medidas nuevas con las antiguas.

**ESPALET**, m. *espalé*. Art. Parte en que descansa el gatillo de una llave de escopeta cuando se descerraja.

**ESPALIER**, a. *espalié*. Agr. Espaldar, extender las ramas de un árbol frutal sobre una espaldera ó especie de celosía fija ó apoyada en la pared. || m. Espaldera, hablando de jardines y huertas. || Mar. Espalder, el remero que sirve en la popa de la galera y gobierna á los demas.

**ESPALME**, m. *espálm*. Art. Espalma, especie de argamasa que se echa sobre la piedra.

**ESPALMER**, a. *espalmé*. Mar. Despalmar una embarcacion.

**ESPALOUCO**, m. *espalúco*. Zool. Espaluco, mono de Siam.

**ESPAR**, m. *espár*. Espar, especie de uva.

**ESPARCETTE**, f. *esparsét*. Agr. Esparceta, nombre vulgar del pipirigallo ó esparcilla.

**ESPARDILLE**, f. *espardíll*. Esparceña, alpargata, especie de calzado de cáñamo.

**ESPARER**, a. *esparé*. Art. Espartear, frotar las pieles con esparto.

**ESPARGADE**, f. *espargád*. Entresaca de árboles para cortarlos.

**ESPARGOUTTE**, f. *espargút*. Bot. Esparguta, lirio pequeño de los valles. || Magarza, matricaria, planta.

**ESPATARD**, m. *espatár*. Art. Martinete, yunque y martillo para batir el hierro en las fábricas. || Cilindro para cortar á lo largo las barras de hierro.

**ESPATULE**, f. *espatúl*. Bot. Espátula, nombre vulgar del íris fétido, planta acuática purgante. || Espátula, giride, lirio de monte. || Art. Espátula. V. SPATULE.

**ESPÈCE**, f. *espés*. Especie, figura, configuracion de un ser natural que se conserva y reproduce sin alteracion ni cambio. || Especie, division de los entes, que se hace despues del género. || irón. y fam. *Voilà un philosophe de nouvelle espèce*, hé ahí un filósofo de nuevo cuño, que afecta ó profesa ideas originales, extraordinarias. || *Espèces*, pl. Com. Nombre sobrentendido con que se designa la moneda de oro ó plata. *Payer en espèces sonnantes*, pagar en moneda sonante y contante. || Relig. Especies, apariencias de pan y vino despues de la transustanciacion. || Farm. Especie: se dice de la mezcla de polvos que forman la base de los electuarios.

**ESPÉLÉTIE**, f. *espeletí*. Bot. Espelecia, género de plantas de América.

**ESPÉRABLE**, adj. *esperábl*. Esperable, que puede esperarse como posible ó realizable.

**ESPÉRANCE**, f. *esperáns*. Esperanza, confianza de lograr un bien. || Virtud teologal, esperanza del paraíso. || *Espérance informe*, esperanza informe, que no está acompañada de la caridad. *Espérance formée*, esperanza formada, que va acompañada de la caridad.

**ESPÈRE**, f. *espér*. Bot. Espera, arbusto. || ant. Esperanza. V. ESPÉRANCE. || loc. adv. *A l'espère*, á la gracia de Dios.

**ESPÉRER**, a. *esperé*. Esperar, tener esperanza. || n. Esperar, tener confianza ó confiar en alguno.

**ESPÉRIE**, f. *esperí*. Bot. Esperia, género de algas marinas.

**ESPÉRONADE**, f. *esperonád*. Mar. Embarcacion de remos de la isla de Malta.

**ESPIÈGLE**, adj. y s. fam. *espiégle*. Fino, sutil, gracioso, travieso, burlon.

**ESPIÈGLERIE**, f. fam. *espieglerí*. Travesurilla, picardía, travesura de muchacho.

**ESPINÇOIR**, m. *espensuár*. Art. Martillo de empedrador.

**ESPINET**, m. *espiné*. Hilo blanco de Lila en Flándes.

**ESPINGARD**, m. *espengár*. Mil. Espingarda, pieza antigua de artillería, algo mayor que el falconete.

**ESPINGELLE**, f. *espengél*. Encaro, especie de trabuco.

**ESPINGOLE**, f. *espengól*. Mar. Esmeril, especie de trabuco.

**ESPION, NE**, m. y f. *espión, ón*. Espía, escucha, acechador.

**ESPIONNAGE**, m. *espionáge*. Espionaje, accion y oficio de espiar. || Espionaje, oficio, empleo, profesion del espía; cargo del espion ó espía.

**ESPIONNER**, a. *espioné*. Espiar, acechar, escudriñar las acciones ajenas, con todo el disimulo posible, para delatarlas; ejercer el oficio de espía. || n. Servir de espía. || *S'espionner*, r. Espiarse el uno al otro.

**ESPLANADE**, f. *esplanád*. Explanada, especie de atrio, plaza ó espacioso recinto al frente de un edificio notable. || Fort. Explanada, declive que se continúa desde el camino cubierto hácia la campaña. || Explanada, el parapeto, corredor ó camino cubierto donde se colocan los sitiadores para estorbar á los trabajadores enemigos. || Explanada, plataforma de una batería de cañones.

**ESPOIR**, m. *espuár*. Esperanza, confianza que uno tiene de alcanzar algun bien ausente.

**ESPOLE**, f. *espól*. Art. Hilo de la trama de un tejido.

**ESPOLEUR**, m. *espoleur*. Art. Espolinador, obrero que prepara los espolines ó lanzaderas en las fábricas de tejidos.

**ESPOLIN**, m. *espolén*. Art. Espolin, lanzadera pequeña para espolinar las telas.

**ESPONTON**, m. *espontón*. Esponton, arma que usaron los oficiales de infantería en el siglo XVIII.

**ESPOULETTE**, f. *espulét*. Artill. Espoleta, cañoncito de madera por donde se ceba y pega fuego á la bomba y granada.

**ESPOULIN**, m. V. ESPOLIN.

**ESPOULINANDE**, f. V. ESPOLEUR.

**ESPRESSIVE**, adj. m. *espresive*. Mús. Expresivo, palabra italiana para caracterizar el movimiento de un trozo de música. || adv. Expresivamente, con expresion.

**ESPRINGALE**, f. *esprengál*. Traboquete máquina antigua de guerra para arrojar piedras.

**ESPRIT**, m. *esprí*. Espíritu, sustancia incorpórea é inmaterial. || Espíritu, inspiracion, gracia, don divino. || Espíritu, alma, ánimo. || Talento, ingenio, agudeza, penetracion. || Espíritu, sentido, significacion propia é íntima de un texto, de una obra, de una expresion. || Espíritu, carácter de las opiniones, del gusto de una época, etc. || Carácter, índole, condicion, genio de cada uno. || Espíritu, pensamiento, facultad de pensar, uso ó empleo de ella. || Extracto, quinta esencia de una cosa. || Espíritu, tendencia particular, hábito bueno ó malo. || pl. Ánimos, personas, sugetos, individuos reunidos en gran número, especialmente en revueltas políticas, que es urgentísimo calmar. || *Le Saint-Esprit*, el Espíritu Santo. || pop. y fam. *Esprit follet*, espíritu foleto, duende familiar. || *Jeu d'esprit*, juego de discurso y habilidad, como el de ajedrez. || *Ouverture d'esprit*, despejo, claridad de entendimiento. || *Petit esprit*, hombre menguado, de cortos alcances. || *Tourner l'esprit*, volver el juicio á alguno. || *Rendre l'esprit*, dar el último suspiro, el postrer aliento. || *Brillant d'esprit*, sutileza de imaginacion. || *Bel esprit*, hombre cuyo entendimiento está adornado de conocimientos agradables. || *Beaux esprits*, las personas de buen tono. || *Faire de l'esprit*, hacerse el cultilocuente, pero sin maña. || *S'emparer de l'esprit de quelqu'un*, inspirar á alguno mucha confianza. || *Être bien dans l'esprit de quelqu'un*, merecer el aprecio, la confianza de alguno. || *Avoir l'esprit de son état, de son âge*, estar bien penetrado de lo que conviene segun la situacion en que uno está y la edad que tiene. || *Présence d'esprit*, presencia de ánimo. || *Perdre l'esprit*, perder la razon. || *Perdre les esprits*, desmaguese. || Reprendre ses esprits, reponerse, recobrarse. || Esprit fugitif, espíritu fugitivo, el azogue. || Quim. Esprit de Mindérérus, acetato de amoniaco.

**ESPRITÉ, ÉE**, adj. *espritié.* Animado, animoso, ardoroso, vigoroso.

**ESPRITER**, a. *espritié.* Animar, dar ó comunicar espíritu.

**ESQUAMÉ, ÉE**, adj. *escamé.* Escamado, privado de escamas.

**ESQUIAVINE**, f. *esquiavín.* Anguarina, especie de gaban ó paletó rústico que gastan los aldeanos. || Equit. Tropa, castigo que se da al caballo en el potro.

**ESQUICHER**, n. *esquiché.* Esquivar, evitar el golpe. || Excusarse de dar su parecer. || *S'esquicher*, r. Excusarse, retraerse.

**ESQUIF**, m. *esquif.* Mar. Esquife, barco pequeño. || Poét. *Le noir esquif*, la barca de Caron.

**ESQUILLE**, f. *esquill.* Cir. Esquirla, astilla de un hueso roto.

**ESQUILLEUX, EUSE**, adj. *esquilleu, eus.* Miner. Esquirloso, cubierto de esquirlas ó de escamas.

**ESQUIMAN**, m. *esquimán.* Mar. Contramaestre de una embarcacion.

**ESQUINANCIE**, f. V. ANGINE.

**ESQUINE**, f. *esquín.* Equit. Ensilladura, el lomo del caballo. || Madera de la China.

**ESQUIPOT**, m. *esquipó.* Cepillo, hucha que tenian los mancebos de barbero en la tienda.

**ESQUISSE**, f. *esquís.* Esquicio, trazo, borron, diseño ó modelo de una obra de pintura ó escultura. || Plan, bosquejo de cualquier obra material ó intelectual. V. ÉBAUCHE.

**ESQUISSER**, a. *esquisé.* Esquiciar, trazar, tirar las primeras líneas de un paisaje, de una figura, etc. || Trazar, delinear, sacar el plan ó borrador de una obra de imaginacion. || *S'esquisser*, r. Esquiciarse, delinearse, trazarse un cuadro, un dibujo, un plano, etc. || met. Trazarse, sacarse en borrador una obra de imaginacion.

**ESQUIVE**, f. *esquív.* Art. Rodaja, nombre que dan en las manufacturas de lanas á la tortera que detiene las últimas masas de hilo en el huso.

**ESQUIVER**, a. *esquivé.* Esquivar, evitar un golpe, un choque ó encuentro. || met. Esquivar, evitar la ocasion de hacer lo que es desagradable ó inoportuno. || *S'esquiver*, r. Esquivarse, retirarse de un lugar ó reunion sin ser visto ni oido.

**ESSADE**, f. *esád.* Agr. Especie de azada ó azadon que usan los labradores.

**ESSAI**, m. *esé.* Ensayo, prueba, experimento que se hace de alguna cosa. || Probadura, ensayo, intentona que hace una persona sobre las cualidades de otra. || *Coup d'essai*, muestra, prueba, la primera accion, la primera obra por la que se demuestra la capacidad de una persona. || Ensayo, tentativa de un autor sobre alguna materia nueva para él. || Ensayo, operacion analítica que se ejecuta por menor para determinar en qué proporcion uno ó dos cuerpos preciosos ó útiles se hallan contenidos en una masa inorgánica. || Ensaye, hablando del oro, plata y otros metales.

**ESSAIM**, m. *esén.* Enjambre, copia de abejas con su reina que se juntan y salen de una colmena. || met. Enjambre, muchedumbre de personas ó cosas juntas.

**ESSAIMAGE**, m. *esemáge.* Enjambrazon, accion y efecto de enjambrar.

**ESSAIMEMENT**, m. *esemmán.* Division de las colmenas de abejas que se hace en ciertas épocas para multiplicarlas.

**ESSAIMER**, n. *esemé.* Enjambrar, jabardear, sacar una nueva colonia de abejas de un enjambre.

**ESSALER**, a. *esalé.* Sal. Revestir la estufa de una capa de agua salada viscosa.

**ESSAN**, m. *esán.* Zool. Esan, concha bivalva del Senegal.

**ESSANDOLES**, f. pl. *esandól.* Esandolas, planchitas para cubrir las casas.

**ESSANGE**, f. *esánge.* Empapadura, accion de empapar la ropa ántes de colarla.

**ESSANGER**, a. *esangé.* Empapar la ropa blanca ántes de colarla.

**ESSARDER**, a. *esardé.* Mar. Lampacear, secar las cubiertas con el lampazo.

**ESSART**, m. *esár.* Roza, tierra nuevamente rozada para sembrar.

**ESSARTAGE**, m. *esartáge.* Rozamiento, accion y efecto de rozar.

**ESSARTEMENT**, m. V. ESSARTAGE.

**ESSARTER**, a. *esarté.* Agr. Rozar, desmontar la tierra de matorrales para la labor.

**ESSAVER**, a. *esavé.* Desaguar, sacar el agua de un sitio, secarlo.

**ESSAYER**, a. *eseyé.* Ensayar, probar, hacer prueba de una cosa ántes de servirse de ella. || *Essayer l'or*, poner el oro á prueba. || *Essayer un habit*, probar un vestido. || met. *Essayer ses forces*, probar sus fuerzas. || Probar, intentar. || *S'essayer*, r. Ensayarse. *S'essayer à la course*, ensayarse á correr. || met. *S'essayer à l'éloquence*, ensayarse á ser elocuente. || n. Procurar, hacer esfuerzos. || *Essayez de ce valet, de ce remède*, pruebe Vd. este criado, esta medicina.

**ESSAYERIE**, f. *eseyrí.* Contraste, lugar en que se hacen los ensayos de metales.

**ESSAYEUR**, m. *eseyeur.* Ensayador, cierto oficial de las casas de moneda que pone á prueba el oro y la plata.

**ESSE**, f. *és.* Art. Pezonera, pieza, clavija de hierro en forma de una S, que generalmente sirve para sujetar una rueda de carro al eje. || Gancho para enganchar las piedras cuando se construye un edificio.

**ESSEAU**, m. *esó.* Art. Tabla de ripia para cubrir los techos. || Hachuela corva y de la figura de una azuela.

**ESSÉDAIRES**, m. pl. *esedér.* Antig. Gladiadores que peleaban montados en carros.

**ESSÈDE**, f. *eséd.* Antig. Eseda, carro de guerra que usaban los Bretones y los Galos.

**ESSEIGLAGE**, m. *esegláge.* Arranque del centeno que nace en un campo de trigo.

**ESSEIGLER**, a. *eseglé.* Agr. Arrancar el centeno que crece entre el trigo.

**ESSELIER**, m. V. AISSELIER.

**ESSÉMINER**, a. *eseminé.* Sembrar, distribuir, esparcir simientes.

**ESSEMER**, n. *esmé.* Pesc. Limpiar las redes.

**ESSENCE**, f. *esáns.* Esencia, naturaleza de una cosa, su principio esencial. || Esencia, aceite aromático muy sutil, que se extrae de las plantas por la destilacion. || *Essence d'Orient*, color de las perlas falsas, sacada del pececito llamado breca.

**ESSENCÉ, ÉE**, adj. *esansé.* Perfumado, que está lleno de esencias.

**ESSENCIER**, a. *esansié.* Perfumar, sahumar con esencias.

**ESSENCIFIER**, a. *esansifié.* Trasformar en esencia.

**ESSÉNIENS**, m. pl. *esenién.* Esenienses ó esenios, filósofos judíos.

**ESSENTIEL, LE**, adj. *esansiél.* Esencial, que pertenece á la esencia. || Esencial, necesario, indispensable. || Quím. Esencial, calificacion de las sales que se extraen de los vegetales. || Esencial, importante. || *Essentiel*, m. Lo principal, el punto, el hecho mas importante.

**ESSENTIELLEMENT**, adv. *esansielmán.* Esencialmente, por esencia.

**ESSÉRA** ó **SORA**, m. *eséra, sóra.* Med. Esero, postilla que sale en el cútis.

**ESSETTE**, f. *esét.* Azuela de carpintero.

**ESSEULÉ, ÉE**, adj. *eseulé.* Abandonado, desamparado, solitario.

**ESSIEU**, m. *esieu.* Eje de carro, coche, etc. || Mar. *Essieu de l'ancre*, cepo del ancla.

**ESSIMER**, a. *esimé.* Cetr. Macerar, quitar la gordura al azor para que vuele ligero. || met. Debilitar.

**ESSONIER**, m. *esonié.* Blas. Orla doble en un escudo de armas.

**ESSOR**, m. *esór.* Vuelo, remonte que toman las aves de rapiña cuando suben muy alto. || met. Vuelo, elevacion del ingenio, de la imaginacion al empezar, libertad de espíritu, pensando y discurriendo.

**ESSORANT, E**, adj. *esoran.* Blas. Azorado: se dice del ave que tiene las alas entreabiertas y mira al sol.

**ESSORÉ, ÉE**, adj. *esoré.* Blas. Azorado: se dice del ave que está representada en el acto de tomar vuelo.

**ESSORER**, a. *esoré.* Orear, enjugar, secar la ropa mojada ó húmeda, poniéndola al aire. || *S'essorer*, r. Orearse, enjugarse. || Mont. *Essorer un faucon*, enjugar un halcon, secarlo al sol ó al fuego.

**ESSORILLER**, a. *esorillé.* Desorejar, cortar las orejas de un perro. || met. y fam. Cortar el pelo muy corto.

**ESSORILLES**, m. pl. *esorill.* Esorilleos, familia de mamíferos del órden de los roedores.

**ESSOUCHEMENT**, m. *esuchemán.* Descepamiento, accion y efecto de descepar.

**ESSOUCHER**, a. *esuché.* Agr. Descepar, arrancar de raiz los árboles ó plantas.

**ESSOUFFLEMENT**, m. *esuflemán.* Sofocacion, ahogo de la respiracion.

**ESSOUFFLER**, a. *esuflé.* Sofocar, quitar el aliento, cortar la respiracion. || *S'essouffler*, r. Perder el aliento corriendo ó trabajando excesivamente.

**ESSOURISSER**, a. *esurisé.* Equit. Arrancar cierta ternilla de la nariz á las caballerías, para que respiren con facilidad.

**ESSUCQUER**, a. *esuqué.* Estrujar la uva para extraer el mosto.

**ESSUI**, m. *esuí.* Enjugador, tendedero, sitio donde se tiende ropa para secarla.

**ESSUIE-MAINS**, m. *esuimén.* Toalla, paño de manos.

**ESSUYER**, a. *esuyé.* Enjugar, secar la humedad, el sudor, etc. || met. Experimentar, sufrir desgracias, pérdidas. || *Essuyer un ouragan, une tempête*, experimentar, aguantar un huracan, una tempestad, etc. || *Essuyer des reproches*, recibir reconvenciones. || *Essuyer des affronts*, padecer afrentas, etc. || *Essuyer les larmes de sa mère*, consolar á su madre, mitigar su pena, su afliccion. || *S'essuyer*, r. Enjugarse, secarse.

**EST**, m. *ést.* Este, Oriente, Levante, uno de los cuatro puntos cardinales de la rosa de los vientos.

**ESTACADE**, f. *estacad.* Estacada, palizada, dique de piquetes sujetos con cadenas para cerrar un puerto. || Palizada en el agua para desviar su curso ó impedir la entrada en ella. || Estacada, empalizada para defender un recinto fortificado, etc.

**ESTACHES**, f. pl. *estache.* Estacas, vigas que se meten en el agua para sostener el puente.

**ESTADOU**, m. *estadú.* Sierrecilla de dos hojas para hacer los dientes á los peines.

**ESTAFE**, m. *estaf.* Estafa, derecho de los guardas de una casa de juego.

**ESTAFETTE**, f. *estafét.* Estafeta, correo particular de un lugar á otro. || Estafeta, correo de una posta á otra.

**ESTAFIER**, m. *estafié.* Estafero, mozo de espuela con capa y librea en Italia. || [illegible] lacayo de mucha talla. || Alcahuete, rufian, sosten de rameras.

**ESTAFILADE**, f. *estafilád.* Tajo, cuchillada recibida en la cara. || met. Rasgon [illegible] jadura en una capa ú otro vestido largo.

**ESTAFILADER**, a. *estafiladé.* Dar una cuchillada, hacer una herida de tajo en el rostro.

**ESTAIN**, m. *estén.* Mar. Aletas, las dos piezas laterales que forman el popa de popa.

**ESTAME**, f. *estám.* Estambre, hebra de lana torcida. || *Bas d'estame*, medias de estambre.

**ESTAMET**, m. ó **ESTAMETTE**, f. *estamé, estamét.* Estameñete, tela de lana mas angosta que la estameña.

**ESTAMINET**, m. *estaminé.* Fumadero, paraje en donde se reunen gentes para fumar y beber. || La reunion misma de las personas.

**ESTAMINOIR**, m. *estaminoar.* Estañadora, cajoncito en que los vidrieros guardan el estaño y pez para limpiar el soldador.

**ESTAMINOIS**, m. *estaminoá.* Chilla, tabla larga y delgada que usan los vidrieros para fundir la soldadura.

**ESTAMPE**, f. *estanp.* Estampa, imágen impresa con una lámina grabada. || *Belle estampe*, bella, hermosa lámina. || pl. [illegible] sitios para robar, estampar; [illegible]

**ESTAMPER**, a. *estampé.* Estampar, grabar, imprimir una lámina. || Plantar el borde ó ala del sombrero. || *Estamper* [illegible]

[illegible] un negro, mercurio. || Entre [illegible] los agujeros de una herra- [illegible], punzar.

[illegible], m. estanpeur. Estampa- [illegible] que estampa. || Estampador, maja- [illegible] para estampar.

[illegible], f. estanpili. Estampilla, [illegible] de metal en que están grabadas de [illegible] letras del nombre de alguno y la [illegible] Marca impresa en géneros, en [illegible] || El instrumento con que se es- [illegible] el estampado y su oficina.

[illegible], a. estanpilié. Firmar [illegible] poner la estampilla.

[illegible], m. estanguér. Alicates de [illegible] de órganos para doblar ó plegar [illegible] de las lengüetas.

[illegible], m. están. En pié. Arbre en es- [illegible] en pié. || Madera de tronco recto [illegible]

[illegible], adj. m. están. Mar. Estanco: se [illegible] buque que no hace agua.

[illegible], f. estáne. Mar. Vigotas, rol- [illegible] madera que afirman los obenques [illegible] de guarnicion.

[illegible], f. pl. estánguе. Tenazas de [illegible] || Tenazas de herrero.

[illegible], m. estaqué. Nudo, atadura [illegible] de una red.

[illegible], f. pl. estás. Art. Largueros, [illegible] para fijar los pilares de [illegible] de tejer telas de seda.

[illegible], m. estateur. Jurisp. ant. El [illegible] judicialmente hace cesion de los [illegible] á sus acreedores.

[illegible], m. estavillón. Guante de [illegible] cosido todavía.

[illegible], adj. estiér. Domesticado. [illegible], ciervo manso, domesticado.

[illegible], n. esté. Comparecer, presentarse [illegible] ante el juez. || Ester à droit, [illegible] en justicia, defender su propia [illegible]

[illegible], ESTÈRLE ó ESTERRE, f. estér. [illegible], nombre que se da en las colo- [illegible]

[illegible], f. estér. Estera, especie de tela [illegible] de pleitas de esparto.

[illegible], m. esterlé. Zool. Esterlete, [illegible]

[illegible], m. esterlén. Esterlino, peso [illegible] y medio; es la vigésima parte [illegible]

[illegible], m. estrió. Pesc. Especie de [illegible]

[illegible], f. estesí. Fil. Estesia, sensi- [illegible] humana.

[illegible], adj. esté. Fil. Esteto, suscep- [illegible], de comunicar sensacio- [illegible]

[illegible], m. estetér. Fil. Estetero, [illegible] de todas las impresiones, órgano [illegible] de la sensibilidad.

[illegible], f. estetic. Estética, cien- [illegible] || Teoría de las artes, [illegible] en la naturaleza y el buen gusto. || [illegible] de las bellezas contenidas en [illegible] de ingenio. || Ciencia del senti- [illegible] es decir, de la facultad de sentir. [illegible], que pertenece á la estética. [illegible], espíritu, vigor estético.

[illegible], adj. estiomén. Med. Es- [illegible], corrosivo, corroyente. || m. Estió- [illegible] de S. Anton, gangrena total de [illegible]

[illegible], adj. estioméné. Med. [illegible], infestado ó plagado de estió- [illegible]

[illegible], a. estiomené. Med. Es- [illegible] cortar un miembro dañado del [illegible] S. Anton.

[illegible], m. estié. Pesc. Conducto de co- [illegible] entre un lago y un rio, entre un [illegible] y la mar.

[illegible], f. estié. Telar de paños de [illegible]

[illegible], adj. estimábl. Estimable, [illegible]

[illegible], m. estimateur. Estima- [illegible], perito que pone precio justo á [illegible] || Justo apreciador de las cosas y [illegible] mérito de las personas.

[illegible], IVE, adj. estimatif, iv. Estimativo: se dice de juicios verbales en que se nombran peritos de tasacion.

**ESTIMATION**, f. *estimasión.* Estimacion, tasacion, precio que se pone ó se atribuye á una cosa.

**ESTIMATIVE**, f. *estimativ.* Fil. Estimativa, facultad característica del alma para formar un justo juicio de las cosas.

**ESTIME**, f. *estim.* Estima, opinion, aprecio que se hace de una persona ó cosa. || Mar. Estima, la cuenta que se lleva de lo que anda un buque cada dia, asentándola en el diario.

**ESTIMER**, a. *estimé.* Estimar, apreciar, poner precio á una cosa. || Estimar, tener estimacion por una persona. || Juzgar, pensar. *On estimait cette place imprenable*, se tenia por inexpugnable á esa plaza. || *S'estimer*, r. Estimarse, apreciarse, hacer caso de sí propio, ser estimado. || Estimarse, creerse uno á sí mismo dichoso, desgraciado, etc., reputarse esto ó lo otro.

**ESTIOMÉNER**, a. ant. V. RONGER y DESSÉCHER.

**ESTIRE**, f. *estír.* Art. Estira, instrumento de zurrador.

**ESTIVAL, E**, adj. *estivál.* Estival, perteneciente al estío.

**ESTIVANDIER**, m. *estivandié.* Agr. Segador ayudante.

**ESTIVATION**, f. *estivasión.* Bot. Estivacion, estado de la corola ántes que se abra ó se desarrolle en la flor.

**ESTIVE**, f. *estiv.* Mar. Estiva, contrapeso de una galera. || Carga fuertemente comprimida.

**ESTIVER**, n. *estivé.* Estivar, veranear, pasar el verano en un sitio campestre. || Mar. Estivar, prensar fuertemente un objeto de cargamento.

**ESTOC**, m. *estóc.* Mil. ant. Estoque, espada larga y angosta. || Punta de espada. || Tronco de árbol. || Estirpe, linaje. || met. y fam. Agudeza, imaginacion. || Palo con un regaton puntiagudo, chuzo. || *Faire une coupe de bois à blanc estoc*, hacer la corta de un bosque sin dejar resalvos, y cortar un árbol por el pié. || *Être réduit à blanc estoc*, estar arruinado. || *Parler d'estoc et de taille*, charlar á troche y moche, sin ton ni son.

**ESTOCADE**, f. *estocád.* Estocada, herida hecha de punta. || met. Emprésito hecho á un mal pagador. || Espada antigua.

**ESTOCADER**, n. *estocadé.* Estoquear, dar estocadas. || met. y fam. Disputar acaloradamente, darse de las astas. || a. Zaherir, insultar.

**ESTOCADEUR**, m. *estocadeur.* Estoqueador, esgrimidor. || met. irón Petardista, pedigüeño, estafador.

**ESTOIRE**, m. *estuár.* Pesc. Especie de red de trasmallo.

**ESTOMAC**, m. *estomá.* Estómago, órgano principal de la digestion. || *Bon, mauvais estomac*, bueno, mal estómago; *estomac débile, fatigué, ruiné*, estómago débil, cansado, echado á perder. || *Estomac* en los animales se llama buche.

**ESTOMAQUER (S')**, r. *sestomaqué.* Estomagarse, escandalizarse, ofenderse de una palabra ó accion.

**ESTOMIR**, a. ant. *estomír.* Alborotar, turbar.

**ESTOMPE**, f. *estónp.* Esfumino, rollito de papel que termina en punta, y sirve para esfumar los dibujos. || El dibujo mismo esfuminado.

**ESTOMPER**, a. *estonpé.* Pint. Esfumar, esfuminar los dibujos.

**ESTOQUIAU**, m. *estoquió.* Art. Chapeta de hierro en que se asegura el muelle de una cerradura.

**ESTOU**, m. V. ÉTOU.

**ESTOUFFADE**, f. *estufád.* Estofado, manera de cocer la caza volátil en una cazuela bien tapada.

**ESTOUPIN**, m. *estupén.* Artill. Taco de estopa para atacar el cañon.

**ESTOUR**, m. *estúr.* Mil. ant. Escaramuza, ataque parcial, combate de pocos.

**ESTRAC**, adj. *estrác.* Equit. Galta: dícese del caballo de poco cuerpo, estrecho de ijares.

**ESTRADE**, f. *estrád.* Estrada, camino, pero solo en estas frases: *battre l'estrade*, ir á la descubierta; *batteurs d'estrade*, batidores del campo, caballería. || Tablado elevado á donde se sube por algunas gradas.

**ESTRADIOT, E**, adj. *estradió.* Nombre de una especie de tropas ligeras que habia antiguamente en Francia.

**ESTRAGALE**, f. *estragál.* Art. Estrágalo, instrumento de tornero.

**ESTRAGON**, m. *estragón.* Estragon, yerba odorífera, trienual, hortaliza, muy acre, aperitiva, incisiva y digestiva.

**ESTRAIN**, m. *estrén.* Art. Trama de hilo ó de seda.

**ESTRAMAÇON**, m. ant. *estramasón.* Mil. Terciado, espada ancha, usada antiguamente. || Corte de la espada. || *Coup d'estramaçon*, cuchillada, tajo.

**ESTRAMAÇONNER**, a. *estramasoné.* Acuchillar, herir de tajo.

**ESTRANGEL**, adj. m. *estrangél.* Filol. Estrangel: se dice de los caractéres primitivos del idioma sirio ó siriaco.

**ESTRAPADE**, f. *estrapád.* Estrapada, suplicio que consistia en izar al paciente y dejarle caer de golpe sobre sus propios miembros atados, sin tocar á tierra. || Especie de horca que servia para este tormento. || El lugar mismo de la ejecucion. || Salto del caballo que se levanta ó empina, dando inmediatamente despues un corcovo trasero. || met. *Donner l'estrapade*, dar tormento á la imaginacion, al pensamiento.

**ESTRAPADER**, a. *estrapadé.* Dar la estrapada, dar el trato de cuerda á los reos.

**ESTRAPASSER**, a. *estrapasé.* Equit. Cansar, apurar, forzar un caballo en el picadero.

**ESTRAPER**, a. *estrapé.* Rastrojar, segar, cortar el rastrojo.

**ESTRAPOIRE**, f. *estrapuár.* Rastrojador, hoz con que se siega el rastrojo.

**ESTRAPONTIN**, m. *estrapontén.* Hamaca, especie de cama. || Bigote ó banquillo de cupé. || Pescante, bigotera.

**ESTRASSE** ó **STRASSE**, f. *estrás, strás.* Hilaza, cardazo, borra de seda.

**ESTRIVER**, n. ant. V. QUERELLER.

**ESTROFFE**, f. *estróf.* Equit. Ronzal, cuerda con que se ata un caballo á otro para que siga á su paso.

**ESTROGIE**, f. *estrogí.* Mar. Luchadero, parte del remo que apoya sobre la galera.

**ESTROPE**, f. *estróp.* Mar. Estrovo para obenques y brandales. || *Estrope d'un cordage*, ojo de amura.

**ESTROPIAT**, m. *estropiá.* Mendigo de profesion, estropeado ó que finge estarlo.

**ESTROPIER**, a. *estropié.* Estropear, lisiar, inutilizar un miembro con una herida ó operacion quirúrgica mal hecha. || met. Obrar ó hablar mal. || Alterar una figura de retórica. || Desfigurar una palabra, una idea. || *S'estropier*, r. Estropearse, privándose del uso de un miembro.

**ESTURGEON**, m. *esturjón.* Zool. Esturion, sollo, pescado grande de mar.

**ÉSULE**, f. *esúl.* Bot. Esula, peplo, nombre de muchas especies de plantas herbáceas.

**ET**, conj. y part. copul. *é.* Y. Se usa para enlazar dos ideas ú dos proposiciones.

**ÊTA**, m. *éta.* Eta (en griego η), séptima letra del alfabeto griego.

**ÉTABLAGE**, m. *etablág.* Atadero, estaca, derecho que se paga en los mesones por cada caballería. || Feud. Derecho que se pagaba al señor de un lugar, por la licencia de poner géneros de comercio á la venta pública.

**ÉTABLE**, f. *etábl.* Establo, cuadra de ganado. Si es de bueyes, se llama boyeriza; y si de cerdos, pocilga.

**ÉTABLER**, a. *etablé.* Meter el ganado en el establo.

**ÉTABLERIES**, f. pl. *etablrí.* Establos, cuadras seguidas, unas despues de otras.

**ÉTABLI**, m. *etablí.* Banco, taller, especialmente la tabla ó mesa en donde se sienta el sastre para coser.

**ÉTABLIR**, a. *etablír.* Establecer, fijar, consolidar, asentar un hecho ó derecho. || *Établir sa demeure*, establecerse, tomar casa. || *Établir un poste*, poner un cuerpo de guardia. || met. *Établir sa fortune, ses prétentions*, asegurar su bienestar, fundar sus pretensiones. || *Établir un fils*, dar un estado, una profesion á un hijo. ‖ *Etablir une loi*, probar, deducir por una ley citada. ‖ *Etablir une question*, asentar una proposicion. ‖ *S'établir*, r. Establecerse, fijarse.

**ÉTABLISSEMENT**, m. *etablismán*. Establecimiento, accion y efecto de establecer. ‖ Establecimiento, fundacion, creacion, formacion, instalacion, etc. ‖ Establecimiento, colocacion, acomodo, empleo, destino. ‖ Establecimiento, fábrica. ‖ Establecimiento, sitio público en que se vende cualquier género de comercio. ‖ Asiento, domicilio, residencia, estado. ‖ Mar. *Etablissement du port*, establecimiento de puerto, la hora de pleamar en dias de luna nueva y plenilunio.

**ÉTABLURE**, f. *etablür*. Mar. Branque, el remate de la quilla del navío que va á formar la curva de la proa.

**ÉTABOU**, m. V. ESTABOU.

**ÉTAGE**, m. *etáge*. Alto, piso de una casa: *premier étage*, primer piso; *second étage*, segundo piso, etc. ‖ met. Estado, clase, rango ó posicion social.

**ÉTAGER**, a. *etagé*. Cortar los cabellos de escalerilla. ‖ *S'étager*, r. Colocarse ó ser colocado por ó en gradas.

**ÉTAGÈRE**, f. *etagér*. Aparador formado por tablitas superpuestas una á otra.

**ÉTAGNE**, f. *etáñ*. Zool. Rebeza, la hembra del rebeso, animal mamífero.

**ÉTAGUE**, f. *etágue*. Mar. Iza, accion de izar las vergas de gavia en lo alto de los masteleros.

**ÉTAI**, m. *ete*. Mar. Estay, cabo que va de la gavia mayor al trinquete, y de este al bauprés.

**ÉTAIE**, f. *eté*. Puntal, madero con que se apunta una pared. ‖ Tentemozo, rodrigon. ‖ met. Apoyo, amparo, proteccion. ‖ Blas. Cabrio, roquete de la mitad del ancho regular.

**ÉTAIEMENT**, m. *etemán*. Techo interior de chilla para echar el cielo raso. ‖ V. ÉTAYEMENT.

**ÉTAIM**, m. *etén*. Com. Estambre, la parte mas fina de la lana cardada.

**ÉTAIN**, m. *etén*. Miner. Estaño, metal blanco. ‖ m. pl. Mar. Contracodastes, maderos corvos puestos sobre el estambor.

**ÉTAIRION**, m. *eterión*. Bot. Etairion, frutos de los ranúnculos, de las siemprevivas ó favas crasas.

**ÉTAL**, m. *etál*. Tabla de carnicería. ‖ Tabanco, puesto público de cosas de comer para la gente proletaria.

**ÉTALAGE**, m. *etaláge*. Parada, muestra de géneros en tienda abierta; y tambien los géneros que están de venta á la vista. ‖ met. y fam. Etalaje, ostentacion, gala, principalmente en las mujeres. ‖ *Faire étalage d'érudition*, hacer parada de erudicion. ‖ *Faire étalage de ses richesses*, hacer ostentacion de sus riquezas. ‖ met. y fam. irón. Adorno, gala, perifollo ridículo.

**ÉTALAGISTE**, adj. y s. *etalagíst*. Comerciante que pone sus géneros ó muestras á la vista del público.

**ÉTALE**, adj. f. *etál*. Mar. Se dice de la inmobilidad aparente del mar entre el fin de baja marea y principio de la creciente.

**ÉTALER**, a. *etalé*. Poner de muestra géneros, frutas, ropas, etc., en tiendas ó puestos públicos. ‖ met. Ostentar, hacer ostentacion, tener vanidad de sus acciones, riquezas, envanecerse de ser docto, noble, etc. ‖ Mar. *Etaler la marée*, aguantar la marea. ‖ *S'étaler*, r. Abrirse los capullos de las flores. ‖ *S'étaler sur un sofa*, tenderse, echarse á la larga sobre un sofá.

**ÉTALEUR, EUSE**, m. y f. *etaleur*, *eus*. Mercader, revendedor. V. ÉTALAGISTE, que es mas propio y usado.

**ÉTALIER**, m. *etalié*. Tablajero, cortador, cortante, jifero.

**ÉTALINGUER**, a. *etalengué*. Mar. Entalingar un cabo, amarrarle á la cáncama de la amura.

**ÉTALON**, m. *etalón*. Caballo padre. ‖ Marco, pote, patron para arreglar los pesos y medidas. ‖ Agr. Árbol padre, pino padre.

**ÉTALONNAGE** ó **ÉTALONNEMENT**, m. *etalonáge*, *etalonmán*. Contraste, prueba, el acto de verificar la exactitud de pesos y medidas.

**ÉTALONNÉ, ÉE**, adj. *etaloné*. Marcado, pesado por el contraste.

**ÉTALONNER**, a. *etaloné*. Sellar, marcar los pesos y medidas en el contraste. ‖ Acaballar, cubrir la hembra un caballo padre.

**ÉTALONNEUR**, m. *etaloneur*. Marcador, fiel de pesos y medidas.

**ÉTAMAGE**, m. *etamáge*. Estañadura, accion y efecto de estañar.

**ÉTAMBORD**, m. V. ÉTAMBOT.

**ÉTAMBOT**, m. *etanbó*. Mar. Codaste, estambor.

**ÉTAMBRAI**, m. *etanbré*. Mar. Carlinga, madero fijado sobre la contraquilla en que entra la mecha del palo. ‖ Fogonadura, la abertura en el combés por donde entra el palo.

**ÉTAMER**, a. *etamé*. Estañar toda vasija de cobre, etc., barnizar de estaño. ‖ Azogar, dar azogue á las lunas de los espejos.

**ÉTAMEUR, EUSE**, m. y f. *etameur*, *eus*. Estañador, la persona que estaña. ‖ Azogador, la persona que azoga lunas de espejos.

**ÉTAMINE**, f. *etamín*. Com. Estameña, cierto tejido de lana. ‖ Pedazo de estameña para colar ó filtrar un líquido. ‖ Tamiz para colar. ‖ met. y fam. *Passer par l'étamine*, pasar por exámen ó exámenes bien hechos, bien apurados; pasar por grandes pruebas de males y contratiempos. ‖ Bot. Estambrilla, órgano sexual masculino de los vegetales. ‖ *Etamines*, f. pl. Estambres, hilitos ó filamentos que surgen del centro de las flores.

**ÉTAMINÉ, ÉE**, adj. *etaminé*. Estambrífero, que tiene ó lleva estambres.

**ÉTAMINEUSE**, adj. f. *etamíneus*. Bot. Estambrosa: se dice de una planta apétala que solo tiene estambres.

**ÉTAMINIER**, m. *etaminié*. Estameñero, fabricante de estameñas, de estambrillas.

**ÉTAMOIR**, m. *etamuár*. Art. Tabla de vidriero para soldar.

**ÉTAMPAGE**, m. *etanpáge*. Estampadura, accion de imprimir un dibujo en una plancha metálica.

**ÉTAMPE**, f. *etánp*. Art. Clavera, el cortafrío con que se abren los agujeros en la herradura. ‖ Punzon, instrumento usado en las fábricas de alfileres.

**ÉTAMPER**, a. *etanpé*. Clavar, agujerear.

**ÉTAMPEUR**, m. *etanpeur*. Herrador. ‖ Estampador.

**ÉTAMPOIR**, m. V. ESTAMPOIR.

**ÉTAMPURE**, f. *etanpúr*. Art. Abertura, agujero, cada uno de los que se abren en la herradura del caballo.

**ÉTAMURE**, f. *etamúr*. El estañado, el baño ó capa de estaño que se da por dentro á una vasija.

**ÉTANCHE**, adj. *eténch*. Mar. Que no hace agua, que no la resuma.

**ÉTANCHEMENT**, m. *etanchemán*. Estanco, restaño, el acto de restañar la sangre ó otro líquido.

**ÉTANCHER**, a. *etanché*. Estancar, restañar la sangre de una herida, ó el líquido que se sale por la rendija de una vasija. ‖ *Étancher la soif*, apagar la sed. ‖ Mar. Coger ó tapar el agua que se introduce por los fondos.

**ÉTANCHOIR**, m. *etanchuár*. Mar. Cuchillo para introducir la estopa al dar carena.

**ÉTANÇON**, m. *etansón*. Puntal para apuntalar una pared. ‖ met. Amparo, proteccion. ‖ Blas. Cabrio, troquete de la mitad del ancho regular.

**ÉTANÇONNER**, a. V. ÉTAYER.

**ÉTANFICHE**, f. *etanfiche*. Altura de un banco de piedra de la cantera.

**ÉTANG**, m. *etán*. Estanque, balsa ó masa de agua detenida.

**ÉTANGUES**, f. pl. *etángue*. Art. Muelles, tenazas grandes para agarrar los rieles y tejos durante la fundicion en las fábricas de moneda.

**ÉTANT (EN)**, loc. adv. *anetán*. En pié: se dice de los árboles vivos despues de la corta. *On compte* [illegible] dan [illegible]

**ÉTAPE**, f. [illegible] los soldados en marcha [illegible] lugar á otro; el sitio donde [illegible] las etapas. ‖ [illegible] Etapa, [illegible] poblaciones en donde [illegible] ros depósitos [illegible] pasar por el lugar [illegible] Art. Etapa, [illegible]

**ÉTAPIER**, m. [illegible] víveres, [illegible] en campaña.

**ÉTARQUER**, a. [illegible] vela á [illegible]

**ÉTAT**, m. *etá*. [illegible] se halla una persona [illegible] situacion, [illegible] inventario: *faire l'état de* [illegible] una lista de lo que se posee [illegible] do de vivir: [illegible] hacer un gasto [illegible] etc. ‖ *Etre en état de*, [illegible] las facultades [illegible] bierno, reino, etc. [illegible] tralogal para [illegible] major, estado mayor [illegible] vicos, hoja de servicios [illegible] tado de sitio. ‖ pl. *Etats* [illegible] plemente *les états*, los [illegible] antiguas asambleas de diputados [illegible]

**ÉTATER**, a. *etaté*. [illegible] para hacer cuenta de [illegible] res.

**ÉTAU**, m. *etó*. Art. Tornillo, [illegible] trumento que usan los [illegible] tífices para asegurar las [illegible] bruñon, etc.

**ÉTAUPINIER**, m. [illegible] matador de topos.

**ÉTAVILLON**, m. [illegible] ante ó cabritilla dispuesta para [illegible] guante.

**ÉTAYEMENT**, m. [illegible] miento, accion y efecto de [illegible]

**ÉTAYER**, a. *eteyé*. Apuntalar [illegible] resentido ó que amenaza ruina. [illegible] dar, auxiliar, patrocinar al [illegible] Defender alguno su fortuna, [illegible]

**ET CÆTERA**, loc. lat. [illegible] ra, palabra latina que significa [illegible] y otras cosas que se podrian decir.

**ÉTÉ**, m. *eté*. Estío, verano, [illegible] prendida desde el solsticio de [illegible] noccio de setiembre. ‖ *Eté* [illegible] caloroso; *été pluvieux*, [illegible] Cotorrita del Brasil.

**ÉTEIGNARDE**, f. [illegible] la mujer encargada de apagar [illegible] las salinas.

**ÉTEIGNEUR, EUSE**, m. [illegible] eus. Apagador, la persona que [illegible]

**ÉTEIGNOIR**, m. *eteñuár*. [illegible] no hueco de metal para apagar [illegible] mado vulgarmente [illegible] irón. Apaga-luces: [illegible] las luces y de los progresos [illegible]

**ÉTEINDRE**, a. *eténdr*. [illegible] la lumbre, el fuego, la sed, [illegible] ‖ met. *Eteindre une querelle*, [illegible] ciguar una quimera, [illegible] une race, destruir una raza, [illegible] r. Apagarse: *le feu s'éteint* [illegible] el fuego se apaga con agua. [illegible] nar, terminar.

**ÉTEINT, E**, adj. *etén*. Apagado, [illegible] guido. ‖ met. Marchito, [illegible]

**ÉTÈLES**, m. pl. *etél*. Carp. [illegible] laduras que salen de la madera.

**ÉTELON**, m. *etlón*. Plano de [illegible] trazado en el mismo terreno.

**ÉTEMPER**, a. ant. ó lunc. [illegible] Igualar una pieza con otra.

**ÉTENDAGE**, m. [illegible] dero, tendedero en las imprentas [illegible] gar los pliegos que salen de la prensa.

**ÉTENDARD**, m. *etandár*. [illegible] bandera de un cuerpo de caballería [illegible] darte, bandera, enseña, divisa, [illegible] rial y figuradamente hablando: [illegible] *tendard*, arbolar el estandarte, [illegible]

[illegible] *jefe* ó cabeza de partido. ‖ [illegible] de [illegible], seguir la [illegible], abrazar su causa, defen- [illegible].

[illegible], m. *etendedr.* Impr. Colgador [illegible] usado para colgar los pliegos [illegible] de prensa. ‖ Colgador, cuerdas [illegible] ropa, y el sitio mismo.

[illegible], a. *etándr.* Extender, abrir, [illegible]. ‖ Extender, dilatar, ensanchar, [illegible]. ‖ Estirar, alargar [illegible] ó arrugado. ‖ met. *Etendre* [illegible], *sa domination*, aumentar su [illegible] acrecentar sus dominios. ‖ *Etendre* [illegible] por le carreau, dejar en el sitio [illegible], muerto. ‖ *S'étendre*, r. Alargarse [illegible] *sur un sujet*, alargarse sobre [illegible] difuso. ‖ Difundirse, esparcirse [illegible], una noticia, una epidemia.

[illegible], f. *etandú.* Extension, dilatacion [illegible].

[illegible], m. pl. *eternél.* Herejes que [illegible] la eternidad del mundo despues [illegible].

[illegible], ELLE, adj. *eternél.* Eterno, [illegible] sin principio ni fin. ‖ Eterno, [illegible] de lo durable, sólido, [illegible], continuo. ‖ met. Eterno, perpetuo [illegible], interminable. ‖ m. El Ser supremo [illegible] Eterno; Dios: *adorons l'Eternel.*

[illegible], f. *eternél.* Perpetua, siempreviva [illegible]. V. IMMORTELLE. ‖ [illegible] de tela ligera.

[illegible]MENT, adv. *eternelmán.* [illegible], para siempre. ‖ met. Perpetuamente [illegible], sin cesar.

[illegible], ÉE, adj. *eternisé.* Eternizado [illegible], inmortalizado. ‖ Continuo, [illegible], etc.

[illegible], a. *eternisé.* Eternizar, perpetuar [illegible]. ‖ met. Eternizar, hacer eterno el [illegible] el recuerdo de un héroe, de un [illegible] de una época feliz ó desgraciada. ‖ [illegible], dilatar un negocio, etc. ‖ *S'éterniser*, r. Eternizarse en una visita, en un [illegible] acabar de irse ó marcharse.

[illegible]NITÉ, f. *eternité.* Eternidad, duracion [illegible] principio ni fin, sin principio ó [illegible]. ‖ met. Un tiempo muy largo. ‖ *De* [illegible], de tiempo inmemorial. ‖ *L'é*[illegible] la eternidad que sigue á la muerte.

[illegible]MENT, m. *eternumán.* Estornudo [illegible].

[illegible], n. *eternué.* Estornudar.

[illegible], EUSE, m. y f. *eternueur*, [illegible], el que estornuda mucho.

[illegible], m. V. ÉTRÉSILLON.

[illegible], f. *etesí.* Etesia, piedra para [illegible].

[illegible], adj. m. *etesién.* Etesiano, se [illegible] viento periódico del Mediterráneo.

[illegible], ÉE, adj. *etelé.* Agr. Descabezado [illegible], desmochado, hablando de [illegible].

[illegible], m. *etetmán.* Agr. Descabezamiento [illegible], accion y efecto de descabezar.

[illegible], a. *eteté.* Agr. Descabezar, desmochar [illegible]. ‖ *S'éteter*, r. Descabezarse [illegible].

[illegible], m. *eteteur.* Agr. Descabezador [illegible] podador que descabeza.

[illegible], m. *eteú.* Pelota, pelotita de pala [illegible] ó de estopa. ‖ met. Ocasion [illegible] perdida.

[illegible], m. *eteufié.* Pelotero, fabricante [illegible].

[illegible], m. *eteul.* Caña de trigo, la parte [illegible]. ‖ Rastrojo.

[illegible], m. *etér.* Éter, lo mas alto y mas [illegible]. ‖ Éter, licor espirituoso obtenido [illegible], de un ácido mezclado [illegible] de vino.

[illegible], ÉE, adj. *eteré.* Etéreo, que es [illegible] del éter. ‖ Poét. *La voûte* [illegible] celeste ó etérea, el cielo. [illegible] *éthérée*, el olimpo, etc.

[illegible], ENNE, adj. *eteredn, én.* Mit. [illegible], sobrenombre de Júpiter y [illegible].

[illegible], f. *etérí.* Zool. Eteria, género [illegible].

ÉTHÉRIFICATION, f. *eterificasión.* Quím. Eterificacion, conversion de ciertas sustancias espirituosas en éter.

ÉTHÉRIFIER, a. *eterifié.* Quím. Eterificar, convertir en éter sustancias espirituosas.

ÉTHÉRISME, m. *eterism.* Eterismo, el éter en general.

ÉTHÉRIQUE, adj. m. *eteric.* Quím. Etérico, calificativo de los ácidos producidos por la combustion de alcohol.

ÉTHÉRISATION, f. *eterisasión.* Quím. Eterizacion, conversion en éter.

ÉTHÉRISER, a. *eterisé.* Quím. Eterizar, combinar con el éter una sustancia. ‖ *S'éthériser*, r. Eterizarse.

ÉTHÉRO-SULFATE, m. Quím. V. SULFÉTHÉRATE.

ÉTHÉRO-SULFURIQUE, adj. Quím. V. SULFURIQUE.

ÉTHICOPROSCOPTE, m. *eticoproscópt.* Fil. Voz inventada para designar al que preconiza el vicio y censura la virtud.

ÉTHIMOLOGUES, s. Jurisp. ant. V. HOMOLOGUES.

ÉTHIOPIEN, NE, adj. y s. *etiopién, en.* Etíope, de la Etiopía.

ÉTHIOPIQUE, adj. *etiopic.* Etiópico, que pertenece ó se refiere á la Etiopía ó á los Etíopes.

ÉTHIQUE, adj. *etic.* Fil. Ético, que pertenece á la ética ó moral. ‖ f. Ética, parte de la filosofía que trata de la moral.

ÉTHLÉTÈRES, m. pl. *etletér.* Mit. Etléteros (lidiadores), nombre dado colectivamente á Cástor y Pólux.

ETHMOCÉPHALIE, f. *etmosefalí.* Anat. Etmocefalia, monstruosidad que consiste en tener las narices en figura de trompeta.

ETHMOCÉPHALIEN, NE, adj. *etmosefalién, én.* Anat. Etmocefalio: se dice de los monstruos cuya nariz presenta el aspecto de una trompa.

ESTHMOCÉPHALIQUE, adj. *etmosefalic.* Anat. Etmocefálico, que pertenece á la etmocefalia.

ETHMOPTÈRE, m. *etmoptér.* Zool. Etmóptero, pescado de las costas de Sicilia.

ETHNARCHIE, f. *etnarchí.* Etnarquía, provincia sujeta á un etnarca. ‖ Etnarquía, dignidad del etnarca.

ETHNARCHIQUE, adj. *etnarchic.* Etnárquico, que pertenece á un etnarca ó á una etnarquía.

ETHNARQUE, m. *etnárc.* Etnarca, el que gobernaba ó mandaba una provincia.

ETHNÉGÉTIQUE, adj. *etnegetic.* Etnegético, que pertenece al arte de gobernar las naciones.

ETHNIQUE, adj. *etnic.* Étnico, nombre dado por los autores eclesiásticos al pagano, gentil ó idólatra. ‖ Gram. *Mot ethnique*, palabra que designa el habitante de una nacion, provincia ó ciudad; y así *español*, *madrileño*, son palabras étnicas.

ETHNODICÉE, f. *etnodisé.* Fil. Etnodícea, derecho de gentes.

ETHNOGÉNIE, f. *etnogení.* Etnogenia, ciencia que trata del origen de los pueblos.

ETHNOGRAPHE, m. *etnograf.* Etnógrafo, el que posee ó se dedica á la etnografía.

ETHNOGRAPHIE, f. *etnografí.* Etnografía, arte de pintar las costumbres de las naciones.

ETHNOGRAPHIQUE, adj. *etnografic.* Etnográfico, que pertenece á la etnografía.

ETHNOLOGIE, f. *etnologí.* Etnología, ciencia de las costumbres de las naciones.

ETHNOLOGIQUE, adj. *etnologic.* Etnológico, que se refiere ó pertenece á la etnología.

ETHNOLOGISTE, m. y f. *etnologist.* Etnologista, el que describe las costumbres de una nacion cualquiera.

ETHNOPHRÔNES, m. pl. *etnofrón.* Etnofrones, sectarios que querian conciliar el cristianismo con el paganismo y mezclar sus ceremonias.

ETHNORYTIQUE, f. *etnoritic.* Etnorítica, ciencia que comprende la nomología y el arte militar. ‖ adj. Etnorítico, que depende de las naciones.

ÉTHOCRATE, m. y f. *etocrát.* Etócrata, el que cree en la etocracia.

ÉTHOCRATIE, f. *etocrasí.* Etocracia, gobierno imaginario fundado únicamente en la moral.

ÉTHOCRATIQUE, adj. *etocratic.* Etocrático, que pertenece á la etocracia.

ÉTHOCRATIQUEMENT, adv. *etocraticmán.* Etocráticamente, segun la moral.

ÉTHOGÉNIE, f. *etogení.* Etogenia, ciencia que determina el origen de las costumbres y pasiones humanas.

ÉTHOGNOSIE, f. *etognosí.* Etognosia, conocimiento del carácter, de las costumbres y pasiones del hombre.

ÉTHOGRAPHIE, f. *etografí.* Etografía, descripcion de las costumbres, pasiones y del carácter del hombre.

ÉTHOGRAPHIQUE, adj. *etografic.* Etográfico, que pertenece á la etografía.

ÉTHOLOGIE, f. *etologí.* Etología, tratado de las costumbres.

ÉTHOLOGIQUE, adj. *etologic.* Etológico, que pertenece á la etología.

ÉTHOLOGUE, m. y f. *etológ.* Etólogo, el que se dedica á la etología.

ÉTHOPÉE, f. *etopé.* Etópea, pintura de las costumbres y pasiones del hombre.

ÉTHULIE, f. *etulí.* Bot. Etulia, planta de la familia de las corimbíferas.

ÉTHULIÉ, ÉE, adj. *etulié.* Etuliáceo, que se parece á la etulia.

ÉTHUSE, f. *etús.* Bot. Etusa, género de plantas venenosas.

ÉTHUSINE, f. *etusín.* Quím. Etusina, principio venenoso extraido de la etusa.

ÉTIAGE, m. *etiáge.* Estado de un rio en la época de ménos agua.

ÉTIBEAU ó ÉTIBOIS, m. *etibó, etibuá.* Apuntador, útil que usa el fabricante de alfileres para sacarles las puntas.

ÉTIER, m. *etié.* Canal ó conducto por donde pasa el agua del mar á las lagunas de sal. ‖ Mar. Canal pequeño de comunicacion de un rio á la mar.

ÉTINCELANT, E, adj. *etenslán.* Resplandeciente, relumbrante. ‖ Flamante, flamígero. ‖ met. Centelleante, lleno de furor, de ira, de cólera, etc.

ÉTINCELÉ, adj. m. *etenslé.* Blas. Chispeado, sembrado de chispas.

ÉTINCELER, n. *etenslé.* Chispear, centellear. ‖ Relumbrar, relucir. ‖ met. Centellar, estar lleno de cólera, de ira, de furor, etc. ‖ Brillar, sobresalir una obra en rasgos de agudeza. ‖ Chisporrotear, echar chispas con ruido.

ÉTINCELETTE, f. dim. de ÉTINCELLE. *etenslét.* Chispita, chispa pequeña.

ÉTINCELLE, f. *etensél.* Chispa, centella. ‖ *Etincelles électriques*, chispas que se desprenden de un cuerpo electrizado, próximo á otro no eléctrico. ‖ met. *Etincelle de raison, d'esprit*, chispa de razon, de agudeza.

ÉTINCELLEMENT, m. *etenselmán.* Centelleo, brillo, resplandor, destello. ‖ V. SCINTILLATION.

ÉTIOLEMENT, m. *etiolmán.* Med. Caquexia, decoloracion, palidez que resulta de la privacion de luz y aire puro. ‖ Bot. Debilidad de una rama larga y delgada.

ÉTIOLER, a. *etiolé.* Ahilar, decolorar, debilitar, causar la decoloracion y demas alteraciones que experimentan las plantas que crecen en un lugar oscuro, privadas de aire y sol. ‖ *S'étioler*, r. Ahilarse, se dice de las plantas y de las ramas que se ponen endebles y enfermas, por falta de aire y sol. ‖ met. Se dice de una jóven que padece languidez y pierde el color, por permanecer encerrada sin tomar el sol ni el aire.

ÉTIOLOGIE, f. *etiologí.* Med. Etiología, tratado de las causas de las enfermedades. ‖ Aplicacion de las causas á los efectos.

ÉTIOLOGIQUE, adj. *etiologic.* Etiológico, que pertenece á la etiología.

ÉTIOLOGUE, f. *etiológ.* Etiólogo, el que se dedica á la investigacion de las causas.

ÉTIQUE, adj. *etic.* Ético, que pertenece á la calentura lenta. ‖ Ético, que tiene la [illegible], sumamente flaco. || Ético, atacado de la tisis ó de una enfermedad de consuncion. || *Devenir, mourir étique*, ponerse, morir ético.

**ÉTIQUETER**, a. *etiqué*. Rotular, poner rótulo á un libro, legajo, etc.

**ÉTIQUETTE**, f. *etiquét*. Rótulo, escrito [illegible] que se pone en la parte exterior de un libro, legajo, etc. || Etiqueta, ceremonias que se observan en las cortes y en el trato social. || Pesc. [illegible] que usan los pescadores para [illegible]. = Especie de [illegible], colocado en la punta de un palo. || [illegible], en las fábricas de alfileres.

**ÉTIRAGE**, m. *etirágeArt.* La accion de estirar un hilo metálico para alargarle y adelgazarle.

**ÉTIRE**, f. *etír*. Art. Costa de zapatero para pulir las suelas. || Estira, cuchilla de zurrador para raer las pieles.

**ÉTIRER**, a. *etiré*. Alargar, estirar, extender, enjugar. || *S'étirer*, r. Alargarse, estirarse. || Esticanse, alargar los brazos [illegible] para sacudir la pereza.

**ÉTISIE**, m. V. [illegible].

**ÉTISIE**, f. V. [illegible].

**ÉTITE**, f. *etít*. Etites ó piedra de águila.

**ÉTNETTE**, f. *etnét*. Pescota, pieza para colocar bien el crisol en el hornillo.

**ÉTOC**, m. *etóc*. Tronco ó raso bien cepa muerta. V. **ESTOC**. || *Etocs* ó *estocs*, pl. Mar. Arrecifes.

**ÉTOFFE**, f. *etóf*. Tela, tejido de lana ó seda, etc. || *Belle étoffe, mauvaise étoffe*, hermosa tela, mala tela. || La materia ó el material de una obra manufacturada. || met. y fam. Mérito, condicion, nacimiento. || Naturaleza, buenas cualidades, buen fondo, buenas disposiciones, inteligencia, capacidad. *Il y a de l'étoffe dans cet enfant*, este chico promete, tiene buenas disposiciones, etc. *Il n'y a pas d'étoffe dans cet enfant*, este muchacho no parece tener buenas disposiciones, no tiene inteligencia, etc. || Composicion de estaño y resina; acero comun ó mezcla de hierro y de acero forjados y soldados uno con otro, para hojas de sable. || La madera de un tren de carruaje. || *Etoffes*, pl. Impr. Todos los accesorios necesarios para las imprentas, como caractéres, mantillas, etc., y lo que cuestan.

**ÉTOFFÉ, ÉE**, adj. *etofé*. Vestido de buena y suficiente tela. V. **ÉTOFFER**. || met. *Un homme bien étoffé*, un hombre bien puesto, bien vestido. || *Carrosse étoffé*, carroza ricamente forrada. || *Maison étoffée*, casa ricamente amueblada. || met. *Style étoffé*, estilo pomposo, bello, altisonante, armonioso.

**ÉTOFFER**, a. *etofé*. Vestir, cubrir con buena y suficiente tela. || *Etoffer un chapeau*, poner á un sombrero todo lo necesario para que sirva útil y decentemente. || *Etoffer un fauteuil*, forrar, guarnecer una poltrona. || Dar el espesor y las cualidades convenientes.

**ÉTOILE**, f. *etuál*. Estrella. || Planeta. || met. La influencia de la suerte : *bonne étoile*, buena suerte ; *mauvaise étoile*, mala estrella, desgracia, mala suerte. || *Etoile tombante*, ó *qui file*, exhalacion. || Asterisco, señal de imprenta. || Centro en donde se cruzan muchas vias, especialmente en los bosques. || Mancha blanca en la frente de un caballo. || Fortin con ángulos salientes, en general, cuatro ó cinco. || *Etoile du matin*, estrella de la mañana, lucero del alba. || *Etoile du soir*, estrella vespertina. || Hendidura de una botella. || *Etoile flamboyante*, cometa. || *Etoile de mer*, estrella marina. || Bot. *Etoile jaune*, estrella dorada, especie de planta. || prov. *Loger, coucher à la belle étoile*, dormir en campo raso, á la luna de Valencia. || met. y fam. *Faire voir à quelqu'un des étoiles en plein midi*, hacer tragar ruedas de molino, hacer creer que la noche es dia. = Dar á uno un golpe en la cara ó en la cabeza en términos de atolondrarle.

**ÉTOILÉ, ÉE**, adj. *etualé*. Estrellado, hecho ó adornado en forma de estrella. || *Bouteille étoilée*, botella estrellada, que está rota, hendida. || m. Especie de venda cruzada, usada en las fracturas del esternon y de las clavículas. || Estrellado, nombre de varios pescados. || *Etoilée*, f. Bot. Tulipan morado y blanco.

**ÉTOILER**, a. *etualé*. Hender ó romper en forma de estrella un vaso, etc. || *S'étoiler*, r. Grietarse, henderse en forma de estrella. || Menest. Abrirse por las esquinas.

**ÉTOLE**, f. *etól*. Estola, ornamento sacerdotal de iglesia. || Estola, manto ó ropaje antiguo de mujer.

**ÉTOLIEN, NE**, adj. y s. *etolién, én*. Etoliano, de Etolia.

**ÉTOLIQUE**, adj. *etolíc*. Etólico, que es propio de Etolia.

**ÉTONNAMMENT**, adv. *etonamán*. Asombrosamente, de una manera que sorprende.

**ÉTONNANT, E**, adj. *etonán*. Asombroso, sorprendente, pasmoso. || *C'est un homme étonnant*, es un hombre extraordinario. || *Nouvelle étonnante*, noticia que sorprende. || *Fait étonnant*, hecho increible. || *Prodige étonnant*, prodigio inaudito.

**ÉTONNEMENT**, m. *etonmán*. Admiracion, extrañeza, impresion que se recibe por una cosa inesperada. || *Donner, causer de l'étonnement*, dar, ocasionar sorpresa. || *Frapper d'étonnement*, dejar aturdido de sorpresa. || Cascadura de un diamante ocasionada por un golpe mal dado.

**ÉTONNER**, a. *etoné*. Asombrar, pasmar, admirar, sorprender por alguna cosa extraordinaria. || Aturdir, atolondrar. || met. Causar estupefaccion ó una gran sorpresa por un hecho ó dicho extraño ó inopinado. || Intimidar, causar una conmocion interna. || *S'étonner*, r. Sorprenderse, admirarse en sumo grado. || *Je m'étonne de vous voir*, me sorprende el ver á Vd.

**ÉTOQUEREAUX**, m. pl. *etocró*. Pasadores, clavijas de hierro que sirven para sujetar algunas piezas de cerrajería.

**ÉTOQUERESSE**, f. *etocrés*. Carda para el paño. || *Etoqueresses*, f. pl. Toda pieza de hierro que sirve para sujetar á otras.

**ÉTOQUIAU** ó **ÉTOTEAU**, m. *etoquió, etotó*. Galillo que levanta la palanca que sirve de guarda al movimiento del reloj de campana.

**ÉTOUFFADE**, f. V. **ESTOUFFADE**.

**ÉTOUFFAGE**, m. *etufáge*. Accion de ahogar las crisálidas en los cocos ántes que los agujereen.

**ÉTOUFFANT, E**, adj. *etufán*. Sofocante, que sofoca. *Chaleur étouffante*, calor que sofoca.

**ÉTOUFFEMENT**, m. *etufmán*. Sofocacion, dificultad en respirar.

**ÉTOUFFER**, a. *etufé*. Ahogar, sofocar, quitar la respiracion. || met. Ahogar sofocando. || met. Ocultar, disimular. *Etouffer sa douleur, ses sentiments, ses passions, ses désirs*, sobreponerse al dolor, disimular sus sentimientos, ahogar sus pasiones, sus deseos. || *Etouffer une affaire, une querelle*, impedir las malas consecuencias de un negocio, apaciguar una contienda. || *Etouffer une révolte*, cortar un levantamiento. || n. Perder la respiracion, tener la respiracion embargada. || met. y fam. *Etouffer de rire*, reventar de risa, reir con exceso.

**ÉTOUFFEUR, EUSE**, m. y f. *etufeur, eus*. Sofocador, el que sofoca. || Zool. m. Boa, serpiente.

**ÉTOUFFOIR**, m. *etufuár*. Tapadera de hierro ú otro metal para cubrir la lumbre. || Mús. Apagador, pedazos de paño que sirven en el piano para suavizar los sonidos.

**ÉTOUPADE**, f. *etupad*. Cir. Lechino, rollitos de hilas para la cura de las heridas.

**ÉTOUPAGE**, m. *etupáge*. Art. Estopa de fieltro para cubrir los sombreros. || Los pedazos de fieltro que quedan de los sombreros.

**ÉTOUPE**, f. *etúp*. Estopa, borra de lino y cáñamo. || Estopa, tela que se hace de la borra de lino y cáñamo. || met. y fam. *Mettre le feu aux étoupes*, poner fuego á la estopa: excitar algun movimiento de cólera, etc.

**ÉTOUPER**, a. *etupé*. Estopar, tapar con estopas. || Dor. *Étouper des feuilles d'or ou d'argent*, chapear, apretar las hojas de oro.

**ÉTOUPERIE**, f. *etuprí*. Estopon, tela de estopas.

**ÉTOUPEUX, EUSE**, adj. *etupeu, eus*. Estoposo.

**ÉTOUPILLE**, f. [illegible] de estopa. || [illegible] en las piezas [illegible] [illegible] al cebo.

**ÉTOUPILLER**, [illegible] [illegible] teró. || Carretilla. || [illegible] estopa que tapa el fogon de [illegible] artillería.

**ÉTOUPILLER**, a. [illegible] guarnecer un á[illegible] de pólvora [illegible] y carretillas.

**ÉTOUPILLON**, m. [illegible] estopa [illegible] que se [illegible] un cañon para [illegible]

**ÉTOURDI**, m. [illegible] cho de [illegible]

**ÉTOURDEAU**, m. [illegible] una polla.

**ÉTOURDERIE**, f. [illegible] rura, inadvertencia. || [illegible] da. || Viveza, [illegible]

**ÉTOURDI, E**, adj. [illegible] atolondrado; [illegible] || [illegible] reflexion. || loc. adv. *A l'étourdie*, [illegible] sin consideracion.

**ÉTOURDIMENT**, adv. [illegible] londradamente, [illegible] racion ni reflexion.

**ÉTOURDIR**, a. [illegible] drar con voces ó ruido. || [illegible] prender. || *S'étourdir*, r. [illegible] [illegible], hacer por [illegible] presion.

**ÉTOURDISSANT, E**, adj. [illegible] Aturdidor, que aturde ó [illegible]

**ÉTOURDISSEMENT**, m. [illegible] Aturdimiento, atolondramiento [illegible] vértigo, vahido. || Turbacion [illegible] sada por una desgracia ó [illegible]

**ÉTOURNEAU**, m. [illegible] pecie de ave. || met. y fam. [illegible] sonido. || *Cheval étourneau*, [illegible] taño.

**ÉTOUTEAU**, m. [illegible] loj para levantar la palanca [illegible] movimiento de la campana.

**ÉTRAIN**, m. *etrén*. Paja [illegible] de cama á los caballos.

**ÉTRAINÉES**, f. pl. [illegible] de estopa que se fabrican en [illegible]

**ÉTRAMPAGE**, m. [illegible] *etrampáge, etrampár*. Agr. [illegible] mas ó ménos la reja del arado [illegible] bra.

**ÉTRANGE**, adj. *etránge*. [illegible]

**ÉTRANGEMENT**, adv. [illegible] trañamente, de un modo raro, [illegible]

**ÉTRANGER**, a. *etrangé*. [illegible] tar, alejar de algun [illegible] *S'étranger*, r. Ausentarse, [illegible] rarse de alguna parte.

**ÉTRANGER, ÈRE**, adj. [illegible] tranjero, que pertenece á [illegible] traño, que no tiene relacion [illegible] Extraño, que no es de la [illegible] etc. || *Etranger à un* [illegible] *faire, à une entreprise*, [illegible] ne nocion, arte ni parte [illegible] un negocio. || *A l'étranger*, [illegible] país donde no se ha nacido.

**ÉTRANGETÉ**, f. [illegible] rareza, extravagancia.

**ÉTRANGLE-CHIEN**, m. [illegible] Bot. Yerba pária, nombre de [illegible] pirula y cinanca ó uvas de [illegible]

**ÉTRANGLEMENT**, m. [illegible] trangulacion, ahogamiento, [illegible] presion, estrechez de [illegible]

**ÉTRANGLER**, a. *etranglé*. [illegible] ahogar, dar garrote, quitar [illegible] cepiando la respiracion. || [illegible] char demasiado. || met. [illegible] *faire*, terminar un asunto sin [illegible] minado. || n. Perder la [illegible] *tranyler*, r. Ahogarse, [illegible] de prisa.

**ÉTRANGLURE**, f. [illegible] pliegue hecho en una pieza de [illegible]

**ÉTRANGUILLON**, m. [illegible] quinencia, garrotillo. || Vet. [illegible]

[illegible] de la lengua del caballo. || Agr. [illegible], pereza-depero.

[illegible], f. [illegible]. [illegible], hoz peque- [illegible] los rastrojos.

[illegible], a. etrepé. Agr. Segar con el [illegible].

[illegible], f. etrác. Mar. Hilada, ancho [illegible] que forman el borde del na- [illegible].

[illegible], n. etraqué. Seguir la pista [illegible] hasta encontrarlo en la cama.

[illegible], f. etrác. Atanquia, cedarzo, [illegible] de los capullos cascados.

[illegible], f. etráv. Mar. Roda, pieza de [illegible] que termina el buque por la [illegible] se llama branque.

[illegible] verbo sust. y aux. étr. Ser, estar, [illegible]. Como auxiliar, significa [illegible] haber; como sustantivo existir. || [illegible] ser bueno; être content, être [illegible] estar contento. Être malade, estar [illegible]. Por regla general el verbo être [illegible] cuando indica existencia, y es- [illegible] supone situacion. || n. Ser de la [illegible] ó de derecho de uno: c'est à [illegible] le mal que vous avez fait, [illegible] de Vd., á Vd. le toca remediar [illegible] ha hecho. C'est à moi de ré- [illegible] mí me toca responder. C'était à [illegible], él debia callar. || Tambien [illegible] á vous: c'est votre tour, es su [illegible] Vd. le toca. C'est votre tour de [illegible] à vous à parler, á Vd. le toca, [illegible] hablar. || Significa ademas, ser, [illegible] mismo; il en est des hommes [illegible], lo mismo sucede con los [illegible] con los animales. Il en est de [illegible] de bonté entre choses, lo mismo [illegible] que con otras cosas. || Il en [illegible] así es. || Il n'en est rien, no es [illegible] así, nada de eso hay.

[illegible], m. étr. Ser, ente. || El ser, la [illegible]; l'homme est un être créé par la [illegible], el hombre es un ser creado [illegible] de Dios. || C'est Dieu qui nous [illegible], Dios es quien nos ha dado el [illegible] un être fatigant, insuppor- [illegible] es una persona, un ente fasti- [illegible] insoportable. || pl. Les êtres de la [illegible] y las entradas de las [illegible], las vueltas y revueltas que [illegible] les êtres de la maison, sé [illegible] y su salo.

[illegible], E, adj. etrecí. Estrecho, an- [illegible], que ha perdido algo de [illegible].

[illegible], a. etrecir. Estrechar, angos- [illegible] un cheval, hacer que un ca- [illegible] que se marcha ménos terreno. || [illegible] Estrecharse, angostarse.

[illegible], m. etrecismán. Es- [illegible], angostamiento, la accion de [illegible] y angostar. || Estrechez, estrecha- [illegible].

[illegible], f. etrecisúr. Angostura, [illegible] V. ÉTRÉCISSEMENT.

[illegible], m. etreñuár. Art. Cárcel, [illegible] apretar y contener las [illegible] hasta que hagan clavo.

[illegible], m. etrén. Pajaza, cama de paja [illegible].

[illegible], a. etreindr. Apretar, liar ó [illegible] || met. Apretar, estrechar entre [illegible] || prov. Qui trop embrasse mal [illegible] mucho abraza poco aprieta. || [illegible] r. Apretarse, estrecharse, en [illegible] y apretado.

[illegible], f. etreint. Apreton, abrazo, [illegible] de abrazar, de estrechar [illegible].

[illegible], f. etrén. Estreno, el primer [illegible] de una cosa, como vestido, [illegible] primera venta de cada dia, ó el [illegible] que recibe cada dia el que [illegible] la primera parte vendida de una [illegible], pl. Estrenas, aguinaldo, [illegible] que se hacen en las entra- [illegible] de año.

[illegible], a. etrené. Estrenar, usar [illegible] primera vez. || Estrenar, dar [illegible] el aguinaldo. || Estrenar, hacer [illegible] primera compra á un vendedor. || n. Estrenarse, hacer la primera venta en su dia. || S'étrenner, r. Estrenarse.

**ÉTRÉPAGE**, m. *etrepáge*. Alzada, la accion de remover la tierra con el arado para que penetre el estiércol.

**ÉTRÉPE**, f. *etrép*. Escardillo, especie de azadoncito para escardar.

**ÉTRÉPER**, a. *etrepé*. Agr. Escardar, arrancar las yerbas de un sembrado.

**ÉTRÉSILLON**, m. *etresillón*. Virotillo, especie de puntal pequeño.

**ÉTRÉSILLONNER**, a. *etresillonné*. Apuntalar, sostener con puntales.

**ÉTRESSE**, f. *etrés*. Papel de estraza, papel muy ordinario para envolver, hacer carton, etc. || Carton, hoja de carton.

**ÉTRIER**, m. *etrié*. Estribo que cuelga de la silla del caballo, y en el que se apoya el pié para montar. || *Avoir le pied à l'étrier*, estar á punto de marchar. || met. y fam. *Être ferme sur ses étriers*, estar bien sostenido, bien apoyado por sus propios medios ó por favor. Sostener con firmeza una opinion, mantenerse firme en sus resoluciones. || *Perdre les étriers*, impacientarse.

**ÉTRIÈRE**, f. *etriér*. Tirante de estribo, la correa que lo sostiene.

**ÉTRILLE**, f. *etrill*. Almohaza para estregar los caballos. || met. Desolladero, ladronera, taberna, figon donde hacen pagar muy caro lo que se come ó bebe.

**ÉTRILLER**, a. *etrillé*. Almohazar, limpiar las caballerías con la almohaza. || Zurrar, castigar á alguno. || Desollar, desplumar el bolsillo del prójimo.

**ÉTRIPER**, a. *etripé*. Destripar, quitar las tripas á las reses. || Mal cortar los árboles, mutilarlos. || *S'étriper*, r. Se dice de una maroma que se deshila y deshace.

**ÉTRIQUÉ, ÉE**, adj. *etriqué*. Recortado, estrechado, estrecho, hablando de los vestidos. || met. y fam. Mezquino, se dice de un vestido en cuya hechura se ha economizado el paño. || Sucinto, lacónico, sin suficiente desarrollo ó explicacion.

**ÉTRIQUER**, a. *etriqué*. Estrechar demasiado un vestido por falta de paño. || met. *Étriquer un ouvrage*, hacer una obra con proporciones mezquinas.

**ÉTRISTÉ, ÉE**, adj. *etristé*. Se dice de un lebrel ó galgo que tiene las patas bien hechas, bien sacadas.

**ÉTRIVE**, f. *etrív*. Mar. Cruz. V. AMARRAGE.

**ÉTRIVER**, n. *etrivé*. Luchar.

**ÉTRIVIÈRE**, f. *etriviér*. Correa que sostiene el estribo en la silla de montar. || met. pl. *Coups d'étrivières*, azotes: *donner les étrivières*, azotar con correas. || met. *Revenir d'un combat avec les étrivières*, volver batido.

**ÉTROIT, E**, adj. *etruá*. Estrecho, angosto, que tiene poca anchura. || met. *Génie étroit*, ingenio limitado. || *Union étroite*, union, amistad íntima. || *Règle d'observance étroite*, regla de estricta ó rigorosa observancia. || *À l'étroit*, loc. adv. Estrechamente, en un espacio estrecho. || *Vivre à l'étroit*, vivir sin comodidades.

**ÉTROITEMENT**, adv. *etruatmán*. Estrechamente, con estrechez || met. Estrechamente, íntimamente. || Estrechamente, con rigor.

**ÉTROITESSE**, f. *etruatés*. Estrechez, cualidad de una cosa estrecha. || met. Limitacion, pobreza, poca capacidad del entendimiento. *Le despotisme de l'opinion annonce l'étroitesse de l'esprit.*

**ÉTRON**, m. pop. *etrón*. Cagajon, materia fecal sólida.

**ÉTRONÇONNER**, a. *etronsoné*. Desmochar, descopar un árbol y dejarle solo el tronco.

**ÉTROPE**, f. *etróp*. Mar. Gaza, cabo que sostiene el moton ó cuadernal.

**ÉTROUSSE**, f. Jurisp. ant. *etrús*. Adjudicacion judicial.

**ÉTRUFFÉ, ÉE**, adj. *etrufé*. Mont. Cojo, hablando de los perros de caza.

**ÉTRUFFURE**, f. *etrufúr*. Cojera, enfermedad de los perros que se ponen cojos de correr

**ÉTRURIEN, NE**, adj. y s. *etrurién, én*. Etrurio, habitante de la Etruria.

**ÉTRUSQUES**, adj. y s. *etrúsc*. Etruscos, poblaciones muy antiguas. || *Architecture étrusque, vase étrusque*, arquitectura etrusca, vaso etrusco.

**ÉTUAILLES**, f. pl. *etuáll*. Salero, lugar en que se deposita la sal en grano en las salinas.

**ÉTUDE**, f. *etúd*. Estudio, aplicacion, deseo de saber. || Estudio, cuidado, atencion en hacer una cosa bien. || Estudio, cuarto de despacho de un letrado. || Estudio que se hace de mostrarse con carácter distinto del propio, afectacion. || Estudio, modelo de dibujo, etc. || *Homme d'étude*, hombre de carrera, literato, etc. || *Études*, pl. Estudios, conocimientos, instruccion adquirida.

**ÉTUDIANT, E**, m. y f. *etudián*. Estudiante, el que estudia ó que sigue los estudios; cursante en algun colegio ó universidad.

**ÉTUDIER**, a. *etudié*. Estudiar una ciencia. || Estudiar para aprender de memoria. || Estudiar el carácter de las personas, la naturaleza y las propiedades de las cosas. || Pint. Estudiar, dibujar por un modelo. || *S'étudier*, r. Estudiarse á sí mismo; poner conato en conseguir. || *S'étudier à plaire, à se rendre utile*, hacer estudio de agradar, de ser útil, etc.

**ÉTUDIOLE**, f. *etudiól*. Papelera, escritorio con muchos cajones.

**ÉTUI**, m. *etuí*. Estuche, vaina, funda, bolsa, caja. || Canutero, alfiletero. || *Étui à chapeau*, caja de sombrero. || *Étui à rasoirs*, estuche de navajas de afeitar. || *Étui de ciseaux*, vaina de tijeras. || *Étui de lunettes*, caja de anteojos.

**ÉTULIE**, f. *etulí*. Bot. Etulia, género de plantas compuestas.

**ÉTUVE**, f. *etúv*. Estufa, sudadero, mueble de hierro batido que contiene el combustible, leña ó carbon, para calentar. || Lugar que se calienta para dar sudor al cuerpo. || Hornillo ó horno pequeño para las pastas de pastelería. || Armario para secar ropa blanca. || Quím. Todo lo que sirve para calentar, para dar calor.

**ÉTUVÉE**, f. *etuvé*. Estofado, especie de guisado de carne, pescado, etc. || *Des mets à l'étuvée*, platos de estofado. || *Faire une étuvée*, hacer un estofado.

**ÉTUVEMENT**, m. *etuvmán*. Baño, lavatorio de una llaga.

**ÉTUVER**, a. *etuvé*. Lavar, bañar una herida ó llaga. || Art. Estufar, poner un sombrero á secar en la estufa. || Coc. Estofar, hacer un estofado.

**ÉTUVISTE**, m. *etuvíst*. Bañero, el que tiene estufas y baños públicos.

**ÉTYMOLOGIE**, f. *etimologí*. Etimología, origen y raíz de donde derivan las palabras. || Etimología, ciencia de hallar el orígen ó la raíz de estas derivaciones.

**ÉTYMOLOGIQUE**, adj. *etimologíc*. Etimológico, que concierne á las etimologías.

**ÉTYMOLOGIQUEMENT**, adv. *etimologicmán*. Etimologicamente.

**ÉTYMOLOGISER**, a. *etimologisé*. Etimologizar, dar la etimología á las voces.

**ÉTYMOLOGISTE**, m. *etimologíst*. Etimologista, el que busca el orígen de las palabras, que lo conoce.

**EUBAGES**, m. pl. *eubáge*. Druidas ó antiguos sacerdotes galos, sabios en la física, la astronomía y la adivinacion.

**EUBLÉPHARIDE**, m. *eublefaríd*. Zool. Eubleférido, género de reptiles saurianos.

**EUCALYPTE**, m. *eucalípt*. Bot. Eucalipto, género de plantas mirtóideas.

**EUCÉLION**, m. *euselión*. Bot. Eucelion, género de plantas.

**EUCÈRE**, f. *eusér*. Zool. Eucera, género de insectos himenópteros.

**EUCHARISTIE**, f. *eucaristí*. Eucaristía, el Santísimo Sacramento, en donde se encierran el cuerpo y la sangre de Jesucristo.

**EUCHARISTIQUE**, adj. *eucaristíc*. Eucarístico, que pertenece al sacramento de la Eucaristía

**EUCHLORINE**, f. *euclorín*. Quím. Euclo

riné, gas formado de cloruro, protóxido de cloro.

EUCHOLOGE, m. V. EUCOLOGE.

EUCHROÏE, f. eucroí. Med. Eucroía, color bueno que anuncia una salud robusta.

EUCHROÏQUE, adj. eucroíc. Eucromo, que tiene buen color.

EUCHYMIE, m. euquím. Bot. Euquimo, jugo nutritivo de los vegetales.

EUCLASE, f. euclás. Miner. Euclasa, esmeralda prismática del Perú, dura y desmenuzable.

EUCLÉE, f. euclé. Bot. Euclea, arbolillo del cabo de Buena Esperanza.

EUCLIDIE, f. euclidí. Zool. Euclidia, género de mariposas. || Bot. Euclidia, género de plantas que vulgarmente se llaman panes de Judas.

EUCLIDIÉ, ÉE, adj. euclidié. Bot. Euclidiado, que se parece á una euclidia. || Euclidiées, f. pl. Euclidiadas, familia de plantas crucíferas, cuyo tipo es el género euclidia.

EUCLIDIEN, NE, adj. euclidién, én. Euclidiano, que pertenece á Euclides. || m. y f. Euclidiano, partidario de Euclides.

EUCNÉMIDE, m. eucnemíd. Zool. Eucnémido, género de insectos coleópteros.

EUCOLISMES, m. pl. eucolísm. Antig. gr. Eucalismos, sacrificios en honra de los muertos que se hacian en Argos.

EUCOLOGE, m. eucológe Eucologio, libro de rezo donde está escrito el oficio correspondiente á los domingos y dias de fiesta.

EUCOMIE, f. eucomí. Bot. Eucomia, género de plantas del cabo de Buena Esperanza.

EUCRASIE, f. Med. eucrasí. Eucrasia, temperamento bueno, buena constitucion. Tambien se dice de la temperatura del clima.

EUCRYPHIE, f. eucrifí. Eucrifia, encina de Chile, cuya madera es encarnada é incorruptible, y cuyas semillas tienen dos cápsulas.

EUDÈME, m. eudém. Bot. Eudemo, género de plantas del Perú.

EUDÉMON, m. eudemón. Zool. Eudemon, especie de mariposa.

EUDÉMONIQUE, adj. eudemonic. Eudemónico, que tiene relacion con el eudemonismo. Es tambien sustantivo.

EUDÉMONISME, m. eudemonism. Eudemonismo, opinion de que el bienestar es el primer móvil de todas las acciones.

EUDESMIE, f. eudesmí. Bot. Eudesmia, arbusto de Nueva Holanda.

EUDIAPNEUSTIE, f. eudiapneustí. Eudiapneustia, respiracion desahogada y fácil.

EUDIOBIOTIQUE, f. eudiobiotíc. Eudiobiótico, arte de vivir alegremente.

EUDIOMÈTRE, m. eudiométr. Eudiómetro, instrumento para medir la cantidad de oxígeno contenido en el aire atmosférico.

EUDIOMÉTRIE, f. eudiometrí. Eudiometria, parte de la física que trata de los medios de conocer el oxígeno contenido en el aire.

EUDIOMÉTRIQUE, adj. eudiometríc. Eudiométrico, que se refiere á la eudiometría.

EUDORE, f. eudór. Zool. Eudora, especie de mariposa.

EUDROMIDE, f. eudromíd. Zool. Eudrómida, género de mariposas.

EUDYNAMIE, f. eudinamí. Med. Eudinamia, estado regular de las fuerzas vitales.

EUDYPTE, m. eudípt. Zool. Eudipto, nombre de las aves acuáticas.

EUÉMIE, f. euemí. Med. Euemia, naturaleza ó calidad buena de la sangre.

EUÉRÉTHISME, m. eueretism. Med. Eueretismo, irritacion normal de los músculos.

EUESTHÉSIE, f. euestesí. Med. Euestesia, estado normal de la sensibilidad.

EUEXIE, f. euexí. Med. Euexia, buena disposicion del cuerpo.

EUFRAISE, f. eufrés. Bot. Eufrasia, género de plantas anuales, herbáceas.

EUGÉNIACRINITE, f. eugeniacrinít. Zool. Eugeniacrinita, género de polípero.

EUGÉNIE, f. eugení. Bot. Eugenia, género de plantas mirtáceas.

EUGLOSSE, f. euglós. Zool. Euglosa, género de insectos himenópteros.

EUH! interj. V. HEU.

EUHÉMIE, f. Med. V. EUÉMIE.

EULALYTE, f. eulált. Siniente de aferméra.

EULAIRITE, f. eucuerít. Miner. Euquerita, mineral de la Suecia.

EULALIE, f. eulalí. Zool. Eulalia, género de gusanos que tienen la sangre encarnada.

EULIMÈNE, f. eulimén. Zool. Eulimena, género de crustáceos branquiópodos.

EULOGE, m. eulóg. Eulogio, palabra griega empleada para significar eleccion, testamento, oracion, bendicion, epitafio, testimonio.

EULOGIES, f. pl. eulogí. Liturg. Eulogias, mujeres benditas.

EUMAÏCE, m. eumaís. Eumaice, especie de bálsamo.

EUMÉDON, m. eumedón. Zool. Eumedon, especie de mariposa.

EUMÉNIDES, f. pl. eumeníde. Euménides, nombre que los Griegos daban á las furias infernales.

EUMÉNIDIES, f. pl. eumenidí. Eumenidias, fiestas de las Euménides.

EUMOLPE, m. eumólp. Zool. Eumolpo, género de insectos coleópteros.

EUMORPHE, m. eumórf. Zool. Eumorfo, género de insectos coleópteros.

EUNECTE, m. eunéct. Zool. Eunecto, género de serpientes.

EUNOMIE, f. eunomí. Bot. Eunomia, género de plantas crucíferas.

EUNOMOPHRONIEN, NE, m. y f. eunomofronién, én. Eunomofroniano, miembro de una secta del siglo IV.

EUNOTES, m. pl. eunót. Zool. Eunotes, familia de reptiles saurianos.

EUNUCHISME, m. eunuquism. Cir. Castracion.

EUNUQUE, m. eunúc. Eunuco, castrado, destinado al servicio de los serrallos. || Eunucos, sectarios fanáticos del siglo III, que se mutilaban ellos mismos y hacian eunucos á todos los que encontraban.

EUOMPHALE, m. euonfál. Zool. Euonfalo, género de conchas fósiles univalvas.

EUOMPHALIEN, NE, adj. euonfalién, én. Anat. Euonfalio, que tiene el ombligo bien formado.

EUOSME, m. euósm. Bot. Euosmo, arbusto exótico, especie de genciana.

EUPAREE, f. euparé. Bot. Euparea, género de plantas primuláceas.

EUPATHIE, f. eupatí. Med. Eupatía, dulzura, resignacion en los dolores.

EUPATOIRE, f. eupatuár. Bot. Eupatoria, planta de hojas vulnerarias buena para el hígado, la hidropesía y las enfermedades cutáneas. Su raíz en infusion procura abundantes evacuaciones.

EUPATORINE, f. eupatorín. Eupatorina, especie de álcali orgánico.

EUPEPSIE, f. eupepsí. Med. Eupepsia, digestion buena.

EUPÉTALE, f. eupetál. Miner. Eupétalo, piedra preciosa. || Bot. Eupetalo, especie de laurel.

EUPHÉE, f. eufé. Zool. Eufea, género de insectos oniscoides.

EUPHÉMIQUE, adj. eufemíc. Eufémico, que pertenece al eufemismo.

EUPHÉMIQUEMENT, adv. eufemicmán. Eufémicamente, de un modo eufémico.

EUPHÉMISME, m. eufemism. Eufemismo, tropo que sirve para suavizar la acrimonia y aun la obscenidad de ciertas palabras con otras mas honestas y agradables. || Arte de disfrazar ideas obscenas, tristes, repugnantes, etc.

EUPHLOGIE, f. euflogí. Med. Euflogia, inflamacion benigna.

EUPHLOGIQUE, adj. euflogíc. Euflógico, que pertenece á la euflogia.

EUPHONE, f. eufón. Zool. Eufona, ave del género de las tángaras. || Especie de instrumento músico. || adj. Eufono, que tiene una hermosa voz.

EUPHONIE, f. eufoní. Eufonía, sonido grato de una voz, de un instrumento. || Eufonía, pronunciacion clara, fácil y suave.

EUPHONIQUE, adj. eufonic. Eufónico, que pertenece á la eufonía.

**ÉVANGÉLIQUEMENT**, adv. *evangelicmán*. Evangélicamente, conforme al Evangelio.

**ÉVANGÉLISER**, a. *evangelisé*. Evangelizar, anunciar, predicar el Evangelio.

**ÉVANGÉLISME**, m. *evangelism*. Evangelismo, moral evangélica, revelada. || Sistema religioso, moral y político, contenido en el Evangelio.

**ÉVANGÉLISTAIRE**, m. *evangelistér*. Evangelisterio, libro que contiene los Evangelios.

**ÉVANGÉLISTE**, m. *evangelist*. Evangelista, cada uno de los cuatro escritores que escribieron el Evangelio. || For. Evangelista, consejero que tenia el inventario de un pleito, interin hacia relacion el relator. || Evangelista, el inspector ó testigo en un escrutinio.

**ÉVANGILE**, m. *evangil*. Evangelio, historia de la vida y doctrina de Jesucristo. || Evangelio, libros que la contienen. || Evangelio, la parte del Evangelio correspondiente á cada dia. || met. y fam. *Parole d'Evangile*, palabra de la que no se puede dudar. || De una noticia que es objeto de todas las conversaciones se dice familiarmente: *c'est l'Evangile du jour*.

**ÉVANOUIR (S')**, r. *evanuir*. Desmayarse, perder el sentido. || met. Desaparecer, irse sin ser visto. || Desvanecerse, desaparecer, eclipsarse, acabarse. *La gloire s'évanouit*, la gloria se desvanece, se eclipsa. *Le plaisir s'évanouit*, el placer se acaba.

**ÉVANOUISSEMENT**, m. *evanuismán*. Med. Vértigo, desvanecimiento, pérdida del conocimiento y de la sensibilidad. || *Tomber dans des évanouissements fréquents, continuels*, tener desmayos frecuentes, continuos. || Álg. Objeto de un cálculo que quita una de las incógnitas.

**ÉVANTILLER**, a. *evantillé*. Valuar con escrupulosidad una herencia.

**ÉVAPORABLE**, adj. *evaporábl*. Evaporable, que es susceptible de evaporarse.

**ÉVAPORATIF, IVE**, adj. *evaporatif, iv*. Evaporativo, que hace evaporar.

**ÉVAPORATION**, f. *evaporasión*. Evaporacion, exhalacion de los vapores de un cuerpo. || Evaporacion de un liquido espirituoso que se disipa. || met. y fam. Evaporacion de una cabeza jóven, lijereza.

**ÉVAPORATOIRE**, m. *evaporatuár*. Evaporatorio, aparato que sirve para favorecer la evaporacion.

**ÉVAPORÉ, ÉE**, adj. *evaporé*. Evaporado. || met. Loco, aturdido, inconsiderado. Se emplea tambien como sustantivo: *un évaporé*, un descabezado, un tronera.

**ÉVAPORER**, a. *evaporé*. Evaporar, reducir un liquido á vapor. || met. Disipar, aliviar, desahogar su pena, su cólera, etc. *Evaporer son chagrin, sa bile*, desahogar su pena, descargar la bilis. || *S'évaporer*, r. Evaporarse, resolverse en vapor.

**ÉVASÉ, ÉE**, adj. *evasé*. Ensanchado. || Ancho de boca, ó de ojo muy abierto; en forma de vaso cónico.

**ÉVASEMENT**, m. *evasmán*. Ensanche, accion y efecto de ensanchar; estado de la cosa ensanchada.

**ÉVASER**, a. *evasé*. Ensanchar, aumentar la boca de una cosa. || *Evaser un arbre*, ensanchar un árbol, darle mas circunferencia. || *Evaser la lumière d'une arme à feu*, agrandar el oido de un arma de fuego, desfogonarla. || *S'évaser*, r. Ensancharse, tomar mas circunferencia un árbol.

**ÉVASIF, IVE**, adj. *evasif, iv*. Evasivo, que sirve para eludir.

**ÉVASION**, f. *evasión*. Evasion, accion y efecto de evadirse.

**ÉVASIVEMENT**, adv. *evasivmán*. Evasivamente, de un modo evasivo.

**ÉVASURE**, f. *evasúr*. Abertura de un vaso, de un embudo.

**ÉVATÉRIE**, f. *evaterí*. Bot. Evateria, género de plantas ebenáceas.

**ÉVAX**, m. *evácz*. Bot. Evazo, género de plantas corimbíferas.

**ÈVE**, f. *év*. Eva, la primeraa mujer, nuestra primera madre.

**ÉVÊCHÉ**, m. *evechí*. Obispado, territorio asignado á un obispo para ejercer su jurisdiccion. || Silla episcopal, dignidad del obispo. || Palacio de un obispo.

**ÉVÊCHESSE**, f. *evechés*. Obispa, nombre que daban en la primitiva iglesia á las mujeres que ejercian ciertos ministerios eclesiásticos.

**ÉVECTION**, f. *evecsión*. Astr. Eveccion, la segunda desigualdad del movimiento de la luna, producida por el sol.

**ÉVÉE**, f. *evé*. Bot. Evea, fruta de la isla de O'Taiti que se parece á una manzana.

**ÉVEIL**, m. *evéil*. Aviso indirecto ó directo, especie de alerta dada á una persona sobre una cosa olvidada, descuidada ó interesante. *Donner l'éveil*, dar la alerta.

**ÉVEILLÉ, ÉE**, adj. *eveillé*. Despertado, despierto. || met. Despierto, atento, cuidadoso. || Despierto, alegre, vivo. Tambien es sustantivo en este sentido.

**ÉVEILLER**, a. *eveillé*. Despertar, quitar el sueño, excitar. || Despertar, avivar á alguno. || *S'éveiller*, r. Despertarse, dejar el sueño. || met. Despertarse, salir de su inaccion.

**ÉVEILLURE**, f. *eveillúr*. El labrado de una piedra de molino.

**ÉVÉNEMENT**, m. *evenmán*. Suceso, éxito bueno ó malo. || Acontecimiento, caso notable.

**ÉVENT**, m. *eván*. Alteracion de los alimentos y de los licores expuestos al aire. || Aire agitado, su accion. || Artill. Huelga ó viento, diferencia entre la bala y el calibre de un cañon. || Excedente de una medida. || pl. Zool. Agujeros del oido de los pescados. || Conductos para dar paso al aire en los hornillos. || met. y fam. *Tête à l'évent*, cabeza atolondradra, lijera, hombre atolondrado. || *Mettre des marchandises à l'évent*, poner géneros al aire para que se oreen. || *Donner l'évent à une pièce de vin*, hacer un agujero por arriba á una pipa ó á un tonel de vino.

**ÉVENTAGE**, m. *evantáge*. Oreo, accion de poner al aire las pieles que se han de curtir.

**ÉVENTAIL**, m. *evantáil*. Abanico, instrumento para agitar el aire y refrescarse la cara. || Abanico, especie de marco cubierto de tela ó papel y que rueda sobre un eje, para agitar el aire.

**ÉVENTAILLER**, m. *evantaillé*. Abaniquero, mercader de abanicos.

**ÉVENTAILLISTE**, m. *evantaillist*. Abaniquero, el que hace y compone los abanicos.

**ÉVENTAIRE**, m. *evantér*. Azafate de mimbres que llevan las vendedoras de frutas ó fruteras.

**ÉVENTE**, f. *evánt*. Caja de veleros con divisiones para poner las velas.

**ÉVENTÉ, ÉE**, adj. *evanté*. Ventilado, oreado, aireado. || Picado, acedo, estadizo. || met. Descubierto, divulgado. || fam. Atronado. En esta última acepcion es tambien sust., y se dice un tronera.

**ÉVENTEMENT**, m. *evantmán*. Accion de poner una cosa al aire.

**ÉVENTER**, a. *evanté*. Ventilar, orear, poner al aire alguna cosa. || Abanicar, dar aire con un abanico. || *Eventer le grain*, aventar el grano, limpiarlo, sacudiéndolo al aire. || *Eventer une mine*, descubrir, inutilizar una mina. || met. *Eventer la mine, éventer la mèche*, descubrir una trama, un secreto. || *Un dessein qu'on évente est tout près d'avorter*, un designio que se descubre muy pronto abortará. || Mar. Marear, poner en viento una vela que estaba en facha. || *S'éventer*, r. Abanicarse, ventearse, refrescarse agitando el aire. || Picarse, avinagrarse un liquido.

**ÉVENTIF, IVE**, adj. V. ÉVENTUEL.

**ÉVENTILER**, a. V. VENTILER.

**ÉVENTILER (S')**, r. *sevantillé*. Cetr. Sacudir el ave las alas, cuando vuela.

**ÉVENTOIR**, m. *evantuár*. Aventador que usan los cocineros para encender la lumbre. || Abertura para el aire de las minas. || Evacuacion de una estafa.

**ÉVENTOUSE**, f. *evantús*. Ventosa, agujero para dar aire al horno.

**ÉVENTRATION**, f. *evantrasión*. Cir. Salida accidental de las vísceras ó á consecuencia de una herida ó despues de ella.

**ÉVENTRÉ, ÉE**, adj. *evantré*. Despanzurrado, con el vientre abierto, desbarrigado.

**ÉVENTRER**, a. *evantré*. Desbarrigar, abrir el vientre á un animal. || *S'éventrer*, r. Desbarrigarse, abrirse el vientre. || met. y fam. Reventarse á fuerza de gritar; echar los bofes, hacer el último esfuerzo.

**ÉVENTUALITÉ**, f. *evantualité*. Eventualidad, carácter de lo que es eventual.

**ÉVENTUEL, LE**, adj. *evantuél*. Eventual, lo que está fundado en cosa incierta y por venir. || *Possession éventuelle*, posesion eventual.

**ÉVENTUELLEMENT**, adv. *evantuelmán*. Eventualmente, por acaecimiento, por casualidad.

**ÉVENTURE**, f. *evantúr*. Art. Raja en un cañon de fusil.

**ÉVÊQUE**, m. *evéc*. Obispo, prelado consagrado. || *Évêque in partibus infidelium* ó *in partibus*, obispo cuyo territorio está en poder de infieles. || *Pierre d'évêque*, piedra de obispo, especie de amatista. || Azulejo, pájaro de América, del género tángara. || prov. *Contester de la chappe à l'évêque*, disputar sobre una cosa á la cual no se tiene derecho.

**ÉVERDUMER**, a. *everdumé*. Deshollejar las almendras y darles un color verde.

**ÉVERGÈTE**, m. *evergét*. Evergeto, bienhechor, sobrenombre de algunos príncipes de Siria.

**ÉVERLASTING**, m. *everlásten*. Especie de tela de lana. Es palabra inglesa que significa que dura siempre, formada de *ever* siempre, y *lasting* durando.

**ÉVERNIE**, f. *everní*. Bot. Evernia, género de líquenes.

**ÉVERRER**, a. *everré*. Mont. Quitar á los perros un nervio que tienen bajo de la lengua.

**ÉVERRIATEUR**, m. *everriateur*. El heredero que entre los antiguos estaba obligado á barrer la casa del difunto, para echar de ella los espíritus malignos.

**ÉVERSIF, IVE**, adj. *eversif, iv*. Eversivo, subversivo, que destruye.

**ÉVERSION**, f. *eversión*. Eversion, destruccion, ruina de un Estado.

**ÉVERTUER (S')**, r. *severtué*. Esforzarse, animarse para hacer una cosa digna de elogio.

**ÉVEUX, EUSE**, adj. *eveu, eus*. Pantanoso, se dice de un terreno en donde se estancan las aguas.

**ÉVICTION**, f. *evicsión*. For. Eviccion, despojo jurídico de bienes.

**ÉVIDEMMENT**, adv. *evidamán*. Evidentemente, con evidencia.

**ÉVIDENCE**, f. *evidáns*. Evidencia, certeza manifiesta, cualidad de lo que es claro y evidente. || *Mettre en évidence*, exponer claramente. || *Être en évidence*, estar á la vista de cuantos pueden mirar. || *Se rendre à l'évidence*, convencerse de una cosa por prueba ó demostracion.

**ÉVIDENT, E**, adj. *evidán*. Evidente, claro, manifiesto.

**ÉVIDER**, a. *evidé*. Acanalar, hacer una estría, un vacío en una hoja de cuchillo ó en otra cosa. || *S'évider*, r. Vaciarse. || Sisar, escotar, en lenguaje de sastres. || Desalmidonar, restregar la ropa para quitarle el almidon.

**ÉVIDOIR**, m. *eviduár*. Taladro para vaciar los instrumentos por dentro.

**ÉVIDURE**, f. V. ÉCHANCRURE.

**ÉVIER**, m. *evié*. Canalon, vertedero de las aguas de una cocina.

**ÉVILASSE**, m. *evilás*. Evilaso, especie de ébano de Madagascar.

**ÉVINCER**, a. *evansé*. For. Despojar jurídicamente de una cosa poseida. || *Évincer d'un emploi*, quitar un empleado de su puesto.

**ÉVIRÉ**, adj. *eviré*. Blas. Se dice de los animales que no tienen muestra visible de sexo.

**ÉVISCÉRATION**, f. *eviserasión*. Anat. Evisceracion, extraccion de las vísceras cuando se embalsama un cadáver.

**ÉVISCÉRER**, a. *eviseré*. Eviscerar, quitar las vísceras.

**ÉVITABLE**, adj. *evitábl*. Evitable, que se puede evitar.

**ÉVITAGE**, m. *evitág*. Mar. Borneo, movimiento de rotacion de un buque fondeado.

**ÉVITÉE**, f. *evité*. Mar. Espacio que necesita un buque fondeado para dar vuelta.

**ÉVITER**, a. *evité*. Evitar un encuentro, un peligro, etc. || Ahorrar. *Évitez-moi ce désagrément*, ahórreme Vd. ese disgusto. || n. Mar. Aproar, volver su proa un buque fondeado. || *S'éviter*, r. Evitarse, huirse uno de otro. || Ahorrarse un disgusto.

**ÉVITERNE**, adj. *evitérn*. Mit. Eviterno: se daba este nombre á los doce dioses mayores. || m. Eviterno, dios ó genio que adoraban los antiguos, y que consideraban como superior á Júpiter.

**ÉVITERNITÉ**, f. *eviternité*. Eviternidad, eternidad, duracion que ha tenido principio pero que no tendrá fin.

**ÉVOCABLE**, adj. *evocábl*. Evocable, que puede ser evocado.

**ÉVOCATION**, f. *evocasión*. Evocacion, accion de evocar los espíritus, las almas de los muertos. *Évoquer l'ombre de sa mère*, evocar el alma de su madre. || *Évocation d'une cause*, llamamiento de una causa de un tribunal á otro.

**ÉVOCATOIRE**, adj. *evocatuár*. Evocatorio. *Cédule évocatoire*, cédula de llamamiento de una causa.

**ÉVODIE**, f. *evodí*. Zool. Evodia, género de insectos himenópteros.

**ÉVOLAGE**, m. *evolág*. Estanque con mucho pescado.

**ÉVOLÉ, ÉE**, adj. *evolé*. Inconsiderado.

**ÉVOLUER**, n. *evolué*. Mar. Evolucionar, maniobrar con los buques de una flota.

**ÉVOLUTIF, IVE**, adj. *evolutif, iv*. Evolutivo, que puede modificarse.

**ÉVOLUTION**, f. *evolusión*. Mil. Evolucion, movimiento que hacen las tropas para tomar una nueva posicion ó formacion. || Bot. Evolucion, desarrollo de las plantas. || Med. *Évolution organique*, desarrollo de los cuerpos orgánicos.

**ÉVOLUTIONNAIRE**, adj. *evolusionér*. Evolucionario, oficial ó jefe que manda las evoluciones.

**ÉVOLVULE**, m. *evolvúl*. Bot. Evólvulo, género de plantas convolvuláceas.

**ÉVOMPHALE**, adj. *evonfál*. Hist. nat. Evónfalo, que es del todo llano por encima y cóncavo por debajo.

**ÉVONYMOÏDE**, f. *evonimoíd*. Evonimoida, celastro trepador, llamado verdugo de los árboles, arbusto que los ahoga, creciendo en torno de ellos y oprimiéndolos.

**ÉVOPIDE**, f. *evopíd*. Bot. Evopida, planta del cabo de Buena Esperanza.

**ÉVOQUÉ, ÉE**, adj. *evoqué*. Evocado. || Avocado, invocado.

**ÉVOQUER**, a. *evoqué*. Evocar, llamar á los malos espíritus ó á los muertos. || Jurisp. Avocar, pedir un tribunal ó juez la causa que se seguia en otro juzgado.

**ÉVULSIF, IVE**, adj. *evulsif, iv*. Cir. Evulsivo, que sirve para arrancar.

**ÉVULSION**, f. *evulsión*. Evulsion, accion de extraer ó de arrancar.

**EX**, prep. *ecs*. Ex, partícula latina que, precediendo á un título, indica que la persona ha dejado de ser lo que era: *ex-député*, *ex-ministre*, *ex-consul*, que fué diputado, que fué ministro, ó diputado que fue, etc.

**EX-ABRUPTO**, loc. adv. *ecsabrúpto*. Exabrupto, expresion latina que significa repentina, inopinada y bruscamente.

**EXACERBATION**, f. *egsaserbasión*. Med. Exacerbacion, aumento de un paroxismo morbífico.

**EXACORDE**, m. *egsacórd*. Exacordo, instrumento de seis cuerdas, ó sistema musical compuesto de seis sonidos. Comunmente se escribe *hexacorde*.

**EXACT, E**, adj. *egsáct*. Exacto, puntual en hacer las cosas. || *Sciences exactes*, ciencias exactas, las matemáticas.

**EXACTEMENT**, adv. *egsactmán*. Exactamente, con exactitud, puntualidad.

**EXACTEUR**, m. *egsacteur*. Exactor, cobrador de tributos entre los antiguos. || Exactor, el que exige mas de lo que le [illegible].

**EXACTION**, f. *egsacsión*. Exaccion, cobranza excesiva, el acto de exigir y cobrar mas de lo que toca.

**EXACTITUDE**, f. *egsactitúd*. Exactitud, puntualidad en la ejecucion de [illegible].

**EXAÈDRE**, m. V. HEXAÈDRE.

**EXAIME**, adj. *egsém*. Med. [illegible] que está privado de sangre.

**EXAGÉRATEUR, TRICE**, m. y f. *egsagerateur, tris*. Exagerador, ponderador.

**EXAGÉRATIF, IVE**, adj. *egsageratif, iv*. Exagerativo, ponderativo.

**EXAGÉRATION**, f. *egsagerasión*. Exageracion, ponderacion. || Pint. y Esc. Exageracion, formas artísticas [illegible] pronunciadas de lo que permite la [illegible]. || Exageracion, figura de retórica por la cual se aumentan ó complican las cosas, en bien ó en mal.

**EXAGÉRER**, a. *egsageré*. Exagerar, ponderar, abultar una cosa. || Exagerar, [illegible] car demasiado las formas en el dibujo ó en el colorido.

**EXAGONE**, adj. y s. V. HEXAGONE.

**EXALTATION**, f. *egsaltasión*. Exaltacion, elevacion, accion de elevar, de exaltar. || met. Exaltacion, elevacion de alguna persona á mayor dignidad. || Exaltacion de la Cruz, del papa al pontificado. || met. Exaltacion en las ideas, en los sentimientos, etc. || Exaltacion, entusiasmo, fanatismo, [illegible] imaginacion. || Quim. Purificacion en el último grado. || Astr. *Exaltation d'une planète*, exaltacion de un planeta, punto en [illegible] tro tiene su mayor influencia. || [illegible] cion de una cantidad á una de [illegible].

**EXALTÉ, ÉE**, adj. *egsalté*. Exaltado, ensalzado, elevado, engrandecido. || m. Entusiasta, exaltado.

**EXALTER**, a. *egsalté*. Exaltar, ensalzar, encarecer una cosa. || Exaltar, [illegible]. || met. Encarecer, realzar el mérito de alguno. || Quim. Sublimar, purificar una sustancia. || *S'exalter*, r. Exaltarse, [illegible] se, ensalzarse.

**EXALUMINEUSE**, f. *egsaluminéus*. Exaluminosa, piedra brillante y [illegible] de Oriente.

**EXAMEN**, m. *egsamén*. Exámen, indagacion de la verdad, averiguacion de la [illegible] de una cosa. || Exámen, censura, crítica. || Exámen, prueba que se hace de la [illegible] dad de algun sugeto. || Exámen, diligencia judicial para averiguar algo.

**EXAMINATEUR, TRICE**, m. y f. *egsaminateur, tris*. Examinador, el que examina.

**EXAMINATION**, f. *egsaminasión*. Examinacion, accion de examinar, [illegible].

**EXAMINER**, a. *egsaminé*. Examinar, buscar, mirar con atencion para ver [illegible] una cosa. *Examiner un livre*, un compte, une *affaire*, examinar un libro, una cuenta, un negocio. || *Examiner une question*, [illegible] con cuidado una dificultad. || [illegible] *étudiant*, examinar á un estudiante, haciéndole preguntas. || [illegible], mirar un cuerpo en todas sus partes. || *S'examiner*, r. Estudiarse á sí mismo, [illegible] se, interrogarse sobre su conducta, [illegible] mientos, etc. || Mirarse [illegible] personas una á otra.

**EXANASTROPHE**, f. *egsanastrof*. [illegible] nastrofa, convalecencia, [illegible].

**EXANGUE**, adj. *ecsángue*. Privado de sangre, de vida. V. EXSANGUE.

**EXANIE**, f. Med. V. PROCTOPTOSE.

**EXANIMATION**, f. *egsanimasión*. Med. Exanimacion, muerte real en algunos [illegible] muerte aparente, síncope en otros.

**EXANTHÉMATEUX, EUSE**, adj. *egsantematéu, eus*. Exantemoso, que [illegible] exantema.

**EXANTHÉMATIQUE**, adj. *egsantematic*. Exantemático. V. [illegible].

**EXANTHÉMATOLOGIE**, f. *egsantematologí*. Med. Exantematología, tratado de los exantemas.

**EXANTHÈME**, m. *egsantém*. Med. Exantema, nombre genérico de toda erupcion cutánea. || Quím. Florescencia, materia polvorosa.

**EXANTLATION**, f. *egsantlasión*. Exantlacion, extraccion del aire ó del agua de algun lugar por medio de una bomba.

**EXANTHROPIE**, f. *egsantropí*. Med. Exantropía, último grado de melancolía.

**EXAPLE**, f. V. HEXAPLE.

**EXARAGME**, m. *egsarágm*. Cir. Exaragma, división, rompimiento ó rotura.

**EXARCHAT**, m. *egsarcá*. Exarcado, la dignidad de exarca y el territorio de Italia que comprendía su jurisdiccion.

**EXARME**, f. *egsárm*. Cir. Exarma, tumor prominente.

**EXARQUE**, m. *egsárc*. Exarca, gobernador en Italia enviado por los emperadores de Oriente. || Dignidad de la Iglesia despues del patriarca, ó delegado de este.

**EXARTHRÈME**, m. *egsartrém*. Exartrema, descoyuntamiento de los huesos.

**EXARTHROSE**, f. Med. y Cir. V. EXARTHRÈME.

**EXARTICULATION**, f. V. LUXATION.

**EXASPÉRATION**, f. *egsasperasión*. Exasperacion, accion y efecto de exasperar. || Med. Exasperacion, aumento de una calentura.

**EXASPÉRER**, a. *egsasperé*. Med. Exasperar, lastimar una parte dolorida. || Irritar, dar cólera. *L'injustice, l'ironie, l'insolence exaspèrent*, la injusticia, la ironía, la insolencia causan exasperacion, irritan, etc. || *S'exaspérer*, r. Exasperarse.

**EXASTYLE**, m. *egsastil*. Arq. Exastilo, pórtico que tiene seis columnas de frente. V. HEXASTYLE.

**EXAUCÉ, ÉE**, adj. *egsosé*. Oido favorablemente.

**EXAUCEMENT**, m. *egsosmán*. Accion de oir favorablemente.

**EXAUCER**, a. *egsosé*. Oir favorablemente ruegos y conceder lo que se pide. Dícese del cielo ó de Dios.

**EXCALCÉATION**, m. inus. *escalseasión*. Descalzadura, accion de descalzarse.

**EXCALÉFACTIF, IVE**, adj. *escalefactif, iv*. Escalefactivo, que calienta, que quema.

**EXCARNATION**, f. *escarnasión*. Excarnacion, accion de adelgazar los dientes de un peine para que estén mas claros.

**EXCARNER**, a. *escarné*. Quitar la madera que hay entre las puas de un peine.

**EXCAVATEUR**, m. *escavateur*. Excavador, instrumento que sirve para terraplenar los caminos de hierro.

**EXCAVATION**, f. *escavasión*. Excavacion, acto y efecto de excavar ó abrir un hoyo, zanja, etc.

**EXCAVER**, a. *escavé*. Excavar, cavar profundamente, hacer un hoyo profundo. || *S'excaver*, r. Excavarse.

**EXCÆCARIE**, f. *escecarí*. Bot. Excecaria, género de plantas euforbiáceas.

**EXCÉDANT, E**, adj. *escedán*. Excedente, sobrante, que sale de un límite, sea numérico, de peso ó de medida. || m. Excedente, sobrante ó resto, lo que queda despues de una operacion aritmética.

**EXCÉDATION**, f. *escedasión*. Excedacion, accion de exceder.

**EXCÉDER**, a. *escedé*. Exceder, salir fuera de los límites. || Exceder, sobrepujar. || fam. Molestar, importunar, cansar; y en este sentido se dirá: *cet homme m'excède par son bavardage*. || *S'excéder*, r. Hacer mas de lo que se puede, apurar sus fuerzas.

**EXCELLEMMENT**, adv. *escelamán*. Excelentemente, con perfeccion. || *Écrire, jouer excellemment*, escribir, jugar con primor.

**EXCELLENCE**, f. *escelâns*. Excelencia, calidad que hace una cosa superior á todas las de la misma especie. || Excelencia, tratamiento de respeto. || *Par excellence*, adv. Por excelencia, excelentemente.

**EXCELLENT, E**, adj. *escelán*. Excelente, óptimo, sobresaliente.

**EXCELLENTISSIME**, adj. *escelantisím*. Excelentísimo, superlativo de excelente. Es familiar. || Excelentísimo, tratamiento de ciertos títulos y dignidades. || Excelentísimo: se dice familiarmente de alguna obra hecha con primor.

**EXCELLER**, n. *esselé*. Sobresalir en mérito ó virtud, tener un grado eminente de perfeccion y de superioridad, sea en una profesion, ciencia ó arte. || Tambien se dice irónicamente: *exceller en méchanceté, en malice, en perfidies, en mensonges*, sobresalir en maldad, malicia, perfidia, embustes, etc.

**EXCENTRICITÉ**, f. *escantrisité*. Geom. Excentricidad, la distancia del centro de la elipse á uno de sus dos focos. || Excentricidad, originalidad de carácter.

**EXCENTRIQUE**, adj. *escantríc*. Geom. Excéntrico, que no tiene el mismo centro: se dice de círculos metidos unos en otros y que tienen centro diferente. || met. y fam. Hombre raro y extravagante.

**EXCEPTÉ**, prep. *esepté*. Excepto, fuera de, á excepcion de. || *Prenez tout, excepté cela*, tómelo Vd. todo, excepto eso ó aquello.

**EXCEPTER**, a. *esepté*. Exceptuar, separar de la generalidad ó de la regla comun.

**EXCEPTION**, f. *esepsión*. Excepcion, accion y efecto de exceptuar. || pl. Jurisp. *Exceptions*, medios que excepcionan de responder á una demanda. || *Fournir ses exceptions*, suministrar excepciones, es decir, motivos de excepcion. || *Accueillir, rejeter des exceptions*, admitir, desechar excepciones, etc. || *À l'exception de*, loc. prep. Á excepcion, con excepcion de, fuera de, etc.

**EXCEPTIONNEL, LE**, adj. *esepsionél*. Excepcional, que encierra, que comprende una excepcion.

**EXCÈS**, m. *esé*. Exceso, lo que pasa de los límites ordinarios. || met. Exceso, demasía, desórden. || Jurisp. Ultraje, violencia. || *À l'excès, jusqu'à l'excès*, loc. adv. Desmesuradamente.

**EXCESSIF, IVE**, adj. *esesif, iv*. Excesivo, que sale de la regla ó de la medida, del curso ordinario de la cosa, de los límites razonables. || Enorme, exorbitante.

**EXCESSIVEMENT**, adv. *esesivmán*. Excesivamente, inmoderadamente.

**EXCIPER**, a. *esipé*. Exceptuar, alegar excepciones.

**EXCIPIENT**, m. *esipián*. Farm. Excipiente, sustancia que sirve de base á los medicamentos.

**EXCISE**, f. *esís*. Sisa, impuesto en Inglaterra sobre los líquidos.

**EXCISER**, a. *esisé*. Cortar: solo se usa en cirugía.

**EXCISION**, f. *esisión*. Cir. Excision, corte de bisturí de dentro á fuera.

**EXCITABILITÉ**, f. *esitabilité*. Excitabilidad, facultad de sentir por la accion de estimulantes.

**EXCITANT, E**, adj. *esitán*. Med. Excitante, todo lo que estimula la accion de los órganos animales en sus funciones.

**EXCITATEUR, TRICE**, m. y f. *esitateur, tris*. Fis. Excitador, instrumento para excitar chispas eléctricas. || Empleo claustral, el despertador de los demas.

**EXCITATIF, IVE**, adj. *esitatif, iv*. V. EXCITANT. Se emplea algunas veces como sustantivo, cuando es un remedio: *un excitatif*.

**EXCITATION**, f. *esitasión*. Excitacion, accion y efecto de excitar.

**EXCITATOIRE**, adj. *esitatuár*. Canc. apost. Excitatorio, que excita á hacer alguna cosa: *lettres excitatoires*.

**EXCITEMENT**, m. *esitmán*. Med. Excitamiento, restablecimiento de la energía y de la accion del cerebro.

**EXCITER**, a. *esité*. Excitar, provocar, incitar. || Animar, exhortar. || *S'exciter*, r. Excitarse, animarse.

**EXCLAMATIF, IVE**, adj. *esclamatif, iv*. Exclamativo, que es propio de la exclamacion.

**EXCLAMATION**, f. *esclamasión*. Exclamacion, grito de admiracion ó de sorpresa, de alegría ó de pena, de deseo ó de indignacion. || *Point d'exclamation*, punto de exclamacion ó admiracion, etc.

**EXCLURE**, a. *esclür*. Excluir, echar fuera, desechar á una persona ó cosa. || Oponerse. || Impedir que uno obtenga un destino, un puesto, no admitir á uno en una sociedad, asamblea, etc. || *S'exclure*, r. Excluirse.

**EXCLUSIF, IVE**, adj. *esclusif, iv*. Exclusivo, que excluye. || Exclusivo, que tiende á dominar.

**EXCLUSION**, f. *esclusión*. Exclusion, accion y efecto de excluir. || Acto ó declaracion, en virtud del cual ó de la cual una persona es excluida de... || Exclusion, régimen particular que pueden adoptar los esposos, casándose sin comunidad, esto es, con separacion de bienes.

**EXCLUSIVEMENT**, adv. *esclusivmán*. Exclusivamente, exclusive.

**EXCOGITATION**, f. *escogitasión*. Excogitacion, pensamiento, reflexion.

**EXCOGITER**, a. *escogité*. Excogitar, pensar, imaginar.

**EXCOMMUNICATION**, f. *escomunicasión*. Excomunion, excomunicacion, separacion de la comunion de los fieles.

**EXCOMMUNIER**, a. *escomunié*. Excomulgar, separar de la comunion de los fieles, del uso de los sacramentos.

**EXCORIATEUR, TRICE**, adj. *escoriateur, tris*. Med. Excoriador, instrumento, remedio que excoria.

**EXCORIATION**, f. *escoriasión*. Excoriacion, herida superficial de la piel.

**EXCORIER**, a. *escorié*. Excoriar, desollar el cútis.

**EXCORTICATION**, f. *escorticasión*. Descortezamiento, accion de quitar la corteza.

**EXCRÉATION**, f. *escreasión*. Med. Excreacion, accion de escupir.

**EXCRÉMENT**, m. *escremán*. Excremento, cualquiera materia que despiden de sí los cuerpos. || Excremento, materias de olor fétido arrojadas por el acto de la defecacion. || *Excrément de la terre ó du genre humain*, persona vil y baja.

**EXCRÉMENTATION**, f. *escremantasión*. Med. Excrementacion, accion de evacuar los excrementos.

**EXCRÉMENTEUX, EUSE**, adj. *escremanteu, eus*. Excrementoso, que pertenece al excremento.

**EXCRÉMENTIEL ó EXCRÉMENTITIEL, LE**, adj. *escremansiél, escremantisiél*. Excremental, excrementicio, que es de la naturaleza de los excrementos.

**EXCRÉTER**, a. *escreté*. Excretar, expeler el excremento.

**EXCRÉTEUR**, adj. m. *escreteur*. Excretor, que echa fuera. || Anat. Se dice del canal de las excreciones.

**EXCRÉTION**, f. *escresión*. Excrecion, accion por la cual la naturaleza expele humores superfluos ó nocivos. || Los humores mismos expelidos.

**EXCRÉTOIRE**, adj. V. EXCRÉTEUR.

**EXCROISSANCE**, f. *escruasáns*. Cir. Excrecencia, superfluidad de carne ó tumor que se levanta en una parte del cuerpo.

**EXCRU, E**, adj. *escrü*. Bot. Se dice de los árboles que nacen fuera de un bosque.

**EXCRUCIER**, a. *escrusié*. Atormentar, afligir. || met. Causar grandes disgustos.

**EXCUBITEUR**, m. *escubiteur*. Excubitor, soldado que estaba de guardia en el palacio de los emperadores romanos.

**EXCURSION**, f. *escursión*. Excursion, correría en país extranjero. || met. Digresion, salida de la cuestion ó del discurso.

**EXCUSABLE**, adj. *escusábl*. Excusable, disculpable, hablando de personas; perdonable, disimulable, hablando de cosas.

**EXCUSABLEMENT**, adv. *escusablmán*. Excusablemente, de un modo excusable.

**EXCUSATEUR, TRICE**, m. y f. *escusateur, tris*. Excusador, el que excusa.

**EXCUSATION**, f. *escusasión*. Excusacion, motivo en que se funda la dimision de un cargo público, como tutela, etc.

**EXCUSE**, f. *escús*. Excusa, razon para excusar ó excusarse, para disculpar ó disculparse. || *Faire des excuses*, excusarse, reparar una ofensa. || *Demander des excuses*, exigir reparacion de una ofensa. || *Mauvaise* *excuse*, *sotte excuse*, mala excusa, excusa tonta.

**EXCUSER**, a. *ecscusé*. Excusar, alegar causas en favor de una persona y de su yerro. || Excusar, perdonar, ser indulgente. || *Excusez-moi*, dispénseme Vd., perdóneme Vd. || *S'excuser*, r. Excusarse, justificarse.

**EXCUSEUR**, m. V. EXCUSATEUR.

**EXCUSSION**, f. *ecscusión*. Med. Excusion, sacudimiento de los nervios.

**EXEAT**, m. *égseat*. Permiso que se da á un colegial para salir del colegio, ó á un enfermo para salir del hospital. || Permiso de un obispo á un sacerdote para que se ordene ó ejerza fuera de su obispado.

**EXÉCRABLE**, adj. *egsecrábl*. Execrable, que es digno de execracion, abominable. || Se dice por exageracion de lo que es muy malo: *un livre*, *un roman exécrable*.

**EXÉCRABLEMENT**, adv. *egsecrablemán*. Execrablemente, de un modo execrable.

**EXÉCRATION**, f. *egsecrasión*. Execracion, horror extremado: *être en exécration à tous*, causar horror á todo el mundo; *digne de l'exécration de tous*, merecedor de la execracion universal. || Execracion, impiedad, profanacion de cosas sagradas. || Imprecacion, blasfemia.

**EXÉCRATOIRE**, adj. *egsecratuár*. Execratorio, que contiene una execracion. || *Serment exécratoire*, juramento con blasfemia.

**EXÉCRER**, a. *egsecré*. Execrar, abominar, detestar.

**EXÉCUTABLE**, adj. *egsecutábl*. Ejecutable, que se puede ejecutar.

**EXÉCUTANT**, **E**, adj. *egsecután*. Ejecutante, que ejecuta, que puede ejecutar. Se usa solo hablando de música, y ordinariamente siempre como sustantivo, ya sea cantor, ya instrumentista, aunque algunos creen que se dice solo del que toca un instrumento: *bon*, *habile*, *excellent exécutant*.

**EXÉCUTER**, a. *egsecuté*. Ejecutar, efectuar, poner por obra. || Ejecutar, ajusticiar, quitar la vida á un reo. || Ejecutar, hacer ejecucion ó embargo de la persona ó de los bienes de alguno. || *Exécuter un morceau de musique*, tocar ó cantar un trozo de música ó una pieza de música. || *S'exécuter*, r. Ejecutarse. *S'exécuter soi-même*, ejecutarse uno á sí mismo, vender sus bienes para pagar sus deudas.

**EXÉCUTEUR**, **TRICE**, m. y f. *egsecuteur*, *tris*. Ejecutor, el que ejecuta una órden superior ó cualquier otra cosa. || *Exécuteur* ó *exécutrice testamentaire*, ejecutor testamentario, albacea. || *Exécuteur des hautes œuvres*, verdugo.

**EXÉCUTIF**, **IVE**, adj. *egsecutif*, *iv*. Ejecutivo, que pertenece á la ejecucion. || Que hace ejecutar las leyes. *Pouvoir exécutif*, poder ejecutivo.

**EXÉCUTION**, f. *egsecusión*. Ejecucion, accion de ejecutar una órden, un proyecto. || Jurisp. Embargo de bienes, muebles, etc. || *Exécution d'un criminel*, suplicio de un reo. || *Exécution militaire*, contribucion levantada por la fuerza armada; reo pasado por las armas || Ejecucion, cumplimiento de una obligacion, de un contrato, de un juicio. || Mús. Ejecucion, modo de cantar ó de tocar un instrumento.

**EXÉCUTOIRE**, adj. *egsecutuár*. Ejecutorio, que da poder de ejecutar jurídicamente. || m. Sentencia, acto, juicio que ordena ejecucion.

**EXÈDRE**, m. *egsédr*. Exedra, antiguamente asamblea de sabios ó de literatos. || Gabinete de estudio en donde habia un lecho para descansar.

**EXÉGÈSE**, f. *egsegés*. Explicacion, exposicion clara, comentario. || Construccion geométrica de ecuaciones. || Discurso entero para explicar.

**EXÉGÈTES**, m. pl. *egsegét*. Antig. Jurisconsultos, consejos de jueces. || Intérpretes en materia de religion. || Guia é intérprete de monumentos y cosas curiosas de una ciudad, el cicerone de Italia.

**EXÉGÉTIQUE**, adj. *egsegetic*. Exegético, que explica. || Método de hallar las raices de una ecuacion.

**EXELCOSE**, f. *egselcós*. Exelcosis. V. EXULCÉRATION.

**EXELCYSME**, m. *egselsism*. Cir. Exelcismo, hundimiento de los huesos.

**EXEMPLAIRE**, adj. *egsanplér*. Ejemplar, que puede servir de ejemplo. || *Châtiment exemplaire*, castigo ejemplar. || m. Ejemplar, modelo, original. || Ejemplar, se emplea como sinónimo de copia ó traslado. || Ejemplar, libro impreso, estampa, copia de un objeto de arte.

**EXEMPLAIREMENT**, adv. *egsanplermán*. Ejemplarmente, de una manera ejemplar.

**EXEMPLARITÉ**, f. *egsanplarité*. Calidad de lo que sirve de ejemplo.

**EXEMPLE**, m. *egsánpl*. Ejemplo, lo que puede servir de modelo ó ser imitado. || *Exemple à imiter*, ejemplo digno de ser imitado. || Ejemplo, hecho, aventura, dicho notable. || Ejemplo, cosa que se cita como semejante á otra que la autoriza: *alléguer un exemple*, citar un caso semejante. || Ejemplo, plana, modelo de letra para ser imitada, muestra. || *Par exemple*, loc. adv. Por ejemplo.

**EXEMPT**, **E**, adj. *egsán*. Exento, libre de obligaciones. || m. Exento, oficial civil ó militar encargado de hacer arrestos. || pl. Liturg. Eclesiásticos exentos de la jurisdiccion del ordinario.

**EXEMPTER**, a. *egsanté*. Exentar, eximir, dispensar á alguno de una carga ú obligacion.

**EXEMPTION**, f. *egsanpsión*. Exencion, gracia, privilegio que exime de la regla general.

**EXENTÉRITE**, f. *egsanterit*. Med. Exanteritis, inflamacion externa del peritoneo de los intestinos.

**EXEQUATUR**, m. *egsecuatur*. Execuatur, órden para la ejecucion de una sentencia. || Testimonio de admision de un cónsul de potencia extranjera.

**EXERCER**, a. *egsersé*. Ejercitar, enseñar con la práctica para adiestrar. || Ejercer un oficio, una profesion, etc. || *Exercer ses facultés morales et physiques*, ejercitar sus facultades físicas y morales, ponerlas en accion, hacer uso de ellas, etc. || *S'exercer*, r. Ejercitarse, aplicarse á una cosa, emplearse en ella. || fam. *Exercer la patience de quelqu'un*, abusar de la paciencia de uno, ponerla á prueba, etc.

**EXERCICE**, m. *egsersís*. Ejercicio, la accion de ejercitar ó ejercitarse. || Ejercicio, práctica, uso, manejo. || Ejercicio, accion, ocupacion, acto de ejercer en un servicio público. || *Exercice pénible*, *fatigant*, ejercicio penoso, cansado. || *Se mettre*, *entrer en exercice*, entrar en funciones, dar principio á su servicio. || *Faire l'exercice*, hacer el ejercicio los soldados. || *Exercices*, pl. Ejercicios, lo que se aprende en las academias de baile, equitacion, esgrima, etc.

**EXERCITANT**, m. *egsersitán*. Ejercitante, el que hace los ejercicios espirituales.

**EXÉRÈSE**, f. *egserés*. Cir. Exeresis, supresion, extraccion de un cuerpo extranjero, nocivo.

**EXERGUE**, m. *egsérg*. Exergo, leyenda en las medallas debajo del emblema ó figura del anverso.

**EXERRHOSE**, f. *egserrós*. Med. Exerosis, evaporacion por traspiracion insensible.

**EXERT**, **E**, adj. *egsér*. Bot. Exerto, saliente, que sale del cáliz.

**EXFOLIATIF**, **IVE**, adj. *ecsfoliatif*, *iv*. Cir. Exfoliativo, propio para hacer exfoliar la parte cariada de un hueso.

**EXFOLIATION**, f. *ecsfoliasión*. Cir. Exfoliacion, separacion de la parte cariada de un hueso bajo la forma de láminas. || Bot. Exfoliacion, caida de las hojas secas.

**EXFOLIER**, a. *ecsfolié*. Jard. Exfoliar, privar una planta de sus hojas. || Cir. Exfoliar, quitar por hojas la parte cariada de un hueso. || *S'exfolier*, r. Exfoliarse, deshojarse; separarse por hojas la parte cariada de un hueso.

**EXFUMER**, a. *ecsfumé*. Pint. Exfumar, apagar un poco las tintas.

**EXGASTRITE**, f. *ecsgastrit*. Med. Exgastritis, inflamacion externa del estómago.

**EXHALAISON**, f. *egsalesón*. Exhalacion, humo, vapor que se exhala de una sustancia. || Vapor que sale de un sólido ó de un líquido. || *Exhalaisons*, pl. Exhalaciones: se dice particularmente de los vapores que se levantan de la tierra.

**EXHALANTS**, m. pl. *egsalán*. Anat. Vasos muy finos y tenues que sirven de conductos á exhalaciones del cuerpo.

**EXHALATION**, f. *egsalasión*. Exhalacion, accion de exhalar. || Operacion para producir exhalaciones.

**EXHALATOIRE**, adj. *egsalatuár*. Exhalatorio, que pertenece á la exhalacion de las salinas.

**EXHALER**, a. *egsalé*. Exhalar, despedir olores, vapores, espíritus. || met. [illegible] gar, desfogar su cólera, su dolor. || [illegible] *ler*, r. Exhalarse, evaporarse, [illegible] || Desahogarse, deshacerse en [illegible] *mour est comme les liqueurs* [illegible] *moins il s'exhale*, *plus il acquiert* [illegible] el amor es como los licores [illegible] cuanto ménos se exhala mas fuerte [illegible]

**EXHAUSSEMENT**, m. *egsosmán*. [illegible] Elevacion que se da á un techo, á una bóveda.

**EXHAUSSER**, a. *egsosé*. Levantar, dar mas altura á una casa, á un techo, etc. || met. Elevar.

**EXHAUSTION**, f. *egsostión*. [illegible] haustion, modo de probar la igualdad de las magnitudes, demostrando que su diferencia es menor que ninguna cantidad dada.

**EXHÈDRE**, m. V. EXÈDRE.

**EXHÉRÉDATION**, f. *egseredasión*. Exheredacion, accion y efecto de exheredar.

**EXHÉRÉDER**, a. *egseredé*. Exheredar, desheredar, privar de una herencia, legítima, etc.

**EXHIBER**, a. *egsibé*. Exhibir, manifestar, presentar en juicio algun documento.

**EXHIBITION**, f. *egsibisión*. Exhibicion, manifestacion, presentacion.

**EXHILARANT**, **E**, adj. *egsilarán*. Exhilarante, que causa alegría.

**EXHORRHIZES**, m. pl. *egsorrís*. Exorrizos, vegetales cuyas raices se desarrollan en el grano.

**EXHORTATIF**, **IVE**, adj. *egsortatif*, *iv*. Exhortativo, que contiene una exhortacion.

**EXHORTATION**, f. *egsortasión*. Exhortacion, discurso con el cual se exhorta á uno que haga ó no haga alguna cosa. || Exhortacion, discurso piadoso y familiar para excitar á la devocion.

**EXHORTER**, a. *egsorté*. Exhortar, mover con palabras prudentes y persuasivas al bien, á la paz, etc. *Il est plus sage d'exhorter que de forcer à la vertu*, mas prudente es el exhortar que forzará ser virtuoso. || *S'exhorter*, r. Exhortarse, excitarse mutuamente á hacer alguna cosa.

**EXHUMATION**, f. *egsumasión*. Exhumacion, desentierro de un cadáver por autoridad de la justicia.

**EXHUMER**, a. *egsumé*. Exhumar, desenterrar con permiso de la autoridad de la justicia. || met. *Exhumer les auteurs*, dar autores muertos, criticarlos.

**EXHYDRIE**, m. *egsidrí*. Especie de trompa acompañada de un viento [illegible] tuoso.

**EXIGEANT**, **E**, adj. *egsiján*. Exigente, etiquetero, que exige respetos y [illegible] || Exigente, que tiene exigencias.

**EXIGENCE**, f. *egsijáns*. Exigencia, accion de exigir. || Exigencia, [illegible] fuerza.

**EXIGER**, a. *egsijé*. Exigir, [illegible] cosa en virtud de un derecho. || [illegible] cesitar, tener necesidad de. || [illegible] gar. || Exigir, tener exigencias, [illegible] importunidad. || *S'exiger*, r. [illegible] exigido: *cela peut s'exiger*, eso [illegible] girse; *peut être exigé*, puede ser [illegible] Imponer obligaciones, deberes, [illegible] atenciones, etc. *On exige l'exemple* [illegible] *se dispense de le donner*, exigen [illegible] los mismos que se dispensan de darlo.

**EXIGIBILITÉ**, f. *egsigibilité*. Calidad de lo que es exigible.

**EXIGIBLE**, adj. *egsigíbl*. Exigible, que puede exigirse.

**EXIGU**, **Ë**, adj. *egsigú*. Exiguo, diminuto, pequeño, insuficiente. *Repas exigu*, comida modesta; *somme exiguë*, cantidad insuficiente; *revenu exigu*, renta que no basta á su poseedor.

[illegible], f. *egsigüité*. Modicidad, par-[illegible].

[illegible], m. *egsil*. Destierro, expatriacion [illegible] de un lugar por órden del [illegible] la autoridad. || met. Desgra-[illegible] lejos de un lugar que se [illegible]. || Lugar del destierro y la [illegible].

[illegible], adj. *egsil*. Menudo, mísigno, del-[illegible].

[illegible], ÉE, adj. *egsilé*. Desterrado. || [illegible], el que se expatria ó [illegible] fuera de su patria.

[illegible], a. *egsilé*. Desterrar, obligar á [illegible] del gobierno á que deje su [illegible]. Desterrar, separar. || *S'exiler*, [illegible], desterrarse voluntariamente.

[illegible], f. *egsilité*. Pequeñez de un [illegible].

[illegible], m. *egsilión*. Art. Avisador, [illegible] de un molino.

[illegible], a. ant. *egsimé*. Quitar, arre-[illegible], defender.

[illegible], f. *egsinanisión*. Med. [illegible] debilidad ó desaliento produ-[illegible].

[illegible], E, adj. *egsistán*. Existente, [illegible] existe. *Des faits existants*, [illegible].

[illegible], f. *egsistié*. Bot. Anémona ve-[illegible].

[illegible], f. *egsistáns*. Existencia, [illegible] que existe. || Duracion de la [illegible], bienestar. || Existencia, [illegible] vivir, de nutrir, de pensar. || met. [illegible] en la sociedad.

[illegible], f. *egsistansialité*. [illegible] del ser existente.

[illegible] *egsisté*. Existir, estar exis-[illegible] se emplea en sentido de du-[illegible] *ne vivre pas vivre, mais* [illegible] no es vivir, y sí bien [illegible].

[illegible], m. V. [illegible].

[illegible], adj. *egsitiál*. Mortal, fu-[illegible].

[illegible], f. *egsitér*. Med. Toda espe-[illegible] pútridos; apostema que [illegible].

[illegible], f. *egsoacánt*. Bot. Exoa-[illegible] con hojas alternas.

[illegible], f. *egsocardit*. Med. [illegible] inflamacion externa del cora-[illegible].

[illegible], m. *egsocárp*. Bot. Exocar-[illegible] con ramas pendientes y ho-[illegible].

[illegible], adj. m. *egsocsipitál*. [illegible], se dice del hueso occipital [illegible].

[illegible], m. *egsocét*. Zool. Exoceto, pez [illegible].

[illegible], m. *egsocion*. Cir. Exocos, tubér-[illegible] fuera del ano.

[illegible], m. *egsocondíl*. Zool. Exo-[illegible].

[illegible], f. *egsocist*. Exocisto, toda [illegible] la vejiga urinaria.

[illegible], m. *egsód*. Exodo, el segundo [illegible] del Pentateuco, en donde [illegible] salida de los hebreos de [illegible] las cuatro partes de la tra-[illegible] el desenlace y la catás-[illegible] representada despues [illegible].

[illegible], m. *egsodiér*. Exodiario, [illegible] el fin de una tragedia re-[illegible].

[illegible], f. *egsofagit*. Med. [illegible] de la túnica celu-[illegible].

[illegible], ant. *egsoén*. Certificado de [illegible] comparecer en justicia.

[illegible], a. ant. *egsoené*. Excusar la [illegible] en justicia.

[illegible], m. *egsoeneur*. Excusador, [illegible].

[illegible], f. V. EXOMPHALE.

[illegible], f. *egsomedr*. Med. Exome-[illegible] de la matriz.

[illegible], f. *egsomid*. Exomida, capa [illegible] que llevaban los filóso-[illegible] y los comediantes.

[illegible], f. *egsomologí*. Exo-[illegible].

**EXOMPHALE**, f. *egsonfál*. Med. Exonfalo, hernia ó tumor del ombligo.

**EXONÉIROSE**, f. *egsoneirós*. Med. Exoneirosis, polucion nocturna.

**EXONÉRER**, a. *egsoneré*. Exonerar, descargar de un peso, de una obligacion.

**EXOPHTHALMIE**, f. *egsoftalmí*. Cir. Exoftalmia, prominencia del globo del ojo.

**EXORABLE**, adj. *egsoràbl*. Exorable, que se deja aplacar por ruegos.

**EXORBITAMMENT**, adv. *egsorbitamán*. Exorbitantemente, con exorbitancia, con exceso.

**EXORBITANT, E**, adj. *egsorbitán*. Exorbitante, excesivo.

**EXORBITISME**, m. *egsorbitism*. Cir. Exorbitismo, prominencia, salida del ojo fuera de la cavidad orbitaria.

**EXORCISER**, a. *egsorsisé*. Exorcizar, conjurar los malos espíritus. || met. y fam. Exhortar, alentar, excitar.

**EXORCISME**, m. *egsorsism*. Exorcismo, conjuro ordenado por la iglesia contra el espíritu maligno.

**EXORCISTE**, m. *egsorsist*. Exorcista, el que tiene potestad para exorcizar. || Exorcista, clérigo tonsurado que ha recibido la tercera de las órdenes menores.

**EXORDE**, m. *egsórd*. Exordio, primera parte de un discurso que sirve para preparar al auditorio. || Exordio, preámbulo, introduccion.

**EXOSPORE**, m. *egsospór*. Bot. Exósporo, género de plantas epífitas.

**EXOSTOME**, f. *egsostóm*. Bot. Exóstoma, abertura exterior del óvulo vegetal.

**EXOSTOSE**, f. *egsostós*. Med. Exostosis, tumor que se eleva de un hueso.

**EXOSTOSER (S')**, r. *segsostosé*. Med. Exostosarse, formarse en exostosis.

**EXOTÉRIQUE**, adj. *egsoteric*. Exotérico, vulgar, público y comun á todos.

**EXOTICODÉNIE**, f. *egsoticodení*. Med. Exoticodenia, antipatía por los remedios exóticos.

**EXOTICOMANIE**, f. *egsoticomaní*. Med. Exoticomanía, pasion por los remedios exóticos.

**EXOTIQUE**, adj. *egsotic*. Exótico, extranjero, advenedizo: se dice de una cosa, planta, palabra de país ó de nacion extranjera.

**EXPANSIBILITÉ**, f. *ecspansibilité*. Fís. Expansibilidad, propiedad que tiene algun cuerpo de dilatarse, de ocupar mayor espacio, especialmente un cuerpo flúido, como el fuego, el aire, etc.

**EXPANSIBLE**, adj. *ecspansibl*. Expansible, dilatable.

**EXPANSIF, IVE**, adj. *ecspansif, iv*. Expansivo, que tiene la fuerza de dilatarse. || met. *Ame expansive*, alma cándida que dice lo que siente para desahogarse, que es inclinada á manifestar sus sentimientos.

**EXPANSION**, f. *ecspansión*. Expansion, accion y efecto de extenderse. || Expansion, estado de dilatacion. || met. Expansion, inclinacion á comunicar sus sentimientos, á expresar sus afecciones. || Hist. nat. Expansion, prolongacion.

**EXPATRIATION**, f. *ecspatriasión*. Expatriacion, destierro, ausencia de su patria.

**EXPATRIER**, a. *ecspatrié*. Expatriar, obligar á alguno á dejar su patria. || *S'expatrier*, r. Expatriarse, dejar su patria.

**EXPECTANT, E**, adj. *ecspectán*. Expectante, que aguarda, que espera alguna cosa, que tiene derecho de esperar, que tiene una expectativa. || Expectante, que espera para obrar. || *Médecine expectante*, medicina expectante, que espera una crisis para obrar.

**EXPECTATIF, IVE**, adj. *ecspectatif, iv*. Expectativo, que autoriza á esperar, á aguardar: *grâce expectative*.

**EXPECTATION**, f. *ecspectasión*. Expectacion, espera de algun acontecimiento.

**EXPECTATIVE**, f. *ecspectativ*. Expectativa, esperanza fundada. *Vivre dans l'expectative*, vivir en expectativa. || Expectativa, derecho á los bienes de otro en caso de sobrevivir. || Expectativa, breve del papa con la promesa de un beneficio.

**EXPECTORANT, E**, adj. y s. *ecspectorán*. Med. Expectorante, que facilita la expectoracion.

**EXPECTORATION**, f. *ecspectorasión*. Expectoracion, accion de expectorar.

**EXPECTORER**, a. *ecspectoré*. Med. Expectorar, arrojar fuera del pecho las flemas y materias viscosas.

**EXPÉDIENT**, m. *ecspedián*. Expediente, medio para terminar un asunto, un proceso. || Expediente, conjunto de actuaciones judiciales en una causa. || adj. m. *Il est expédient d'agir ainsi*, conviene, importa, es preciso obrar así.

**EXPÉDIER**, a. *ecspedié*. Expedir, hacer mucho en poco tiempo. || Despachar, enviar. || Expedir, servir, satisfacer prontamente. || met. y fam. Despachar, hacer morir con prontitud. || Copiar literalmente un acto, un diploma, etc.

**EXPÉDITEUR**, m. *ecspediteur*. Comisionado, encargado de expedir mercancías.

**EXPÉDITIF, IVE**, adj. *ecspeditif, iv*. Expedito, pronto, diligente, que obra, que despacha con prontitud.

**EXPÉDITION**, f. *ecspedisión*. Expedicion, accion de enviar pliegos. || Expedicion, diligencia, celeridad de ejecucion. || Expedicion, envío de una mercancía á un destino indicado. || Expedicion, empresa militar, operacion de un ejército.

**EXPÉDITIONNAIRE**, m. *ecspedisionér*. Expedicionario, el encargado de hacer una expedicion, una remesa de mercancías en nombre de otro. || Empleado de una oficina encargado de sacar copias de oficio y otras administrativas. || Expedicionero, curial que solicita en la curia de Roma las bulas, el despacho de solicitudes, etc. || Á menudo es adjetivo. *Banquier expéditionnaire* ó *expéditeur*, banquero que hace venir expediciones del extranjero. || Mil. *Armée expéditionnaire*, ejército expedicionario, encargado de una campaña rápida, etc.

**EXPELLER**, a. *ecspelé*. Expeler, arrojar, echar.

**EXPÉRIENCE**, f. *ecsperiáns*. Experiencia, conocimiento de las cosas por uso ó práctica. || Experiencia, experimento, prueba, ensayo. || *Savoir, connaître, juger par expérience*, saber, conocer, juzgar por experiencia. || *Avoir de l'expérience*, tener experiencia.

**EXPÉRIMENTAL, E**, adj. *ecsperimantál*. Experimental, fundado en la experiencia.

**EXPÉRIMENTATEUR**, m. *ecsperimantateur*. Experimentador, el que experimenta.

**EXPÉRIMENTATION**, f. *ecsperimantasión*. Experimentacion, experimento, accion de experimentar.

**EXPÉRIMENTÉ, ÉE**, adj. *ecsperimanté*. Experimentado, instruido por la práctica, probado por la experiencia. || fam. Experimentado, hábil.

**EXPÉRIMENTER**, a. *ecsperimanté*. Hacer un ensayo ó prueba. || Experimentar, probar un medicamento, un remedio.

**EXPERT, E**, adj. *ecspér*. Experto, experimentado, práctico en su arte ú oficio. || m. Experto, perito, práctico, el que ha adquirido por el uso el conocimiento de su arte. || Experto, conocedor.

**EXPERTEMENT**, adv. *expertmán*. Expertamente, hábilmente, como persona experimentada.

**EXPERTISE**, f. *ecspertís*. Jurisp. Visita, informe verbal de peritos.

**EXPERTISER**, a. *ecspertisé*. Jurisp. Ejecutar una visita ó exámen como perito.

**EXPERTISME**, m. inus. V. EXPERTISE.

**EXPIATEUR, TRICE**, m. y f. *ecspiateur, tris*. Expiador, el que hace expiar.

**EXPIATION**, f. *ecspiasión*. Expiacion, satisfaccion, reparacion de las culpas y pecados. || Mit. Expiacion, ceremonias para apaciguar la cólera de los dioses.

**EXPIATOIRE**, adj. *ecspiatuár*. Expiatorio, satisfactorio, que da satisfaccion por culpas y pecados.

**EXPIER**, a. *ecspié*. Expiar, satisfacer por culpas y pecados. || Rescatar.

**EXPILATION**, f. *ecspilasión*. Expilacion, sustraccion de los bienes de una h rencia ántes que se haya declarado el heredero.

**EXPIRANT, E**, adj. *ecspirán*. Espirante, próximo á espirar, á morir.

**EXPIRATEUR**, adj. m. *ecspirateur*. Anat. Espirador, que contribuye á estrechar las paredes del pecho. Dícese de ciertos músculos.

**EXPIRATION**, f. *ecspirasión*. Espiracion, accion de espirar. || Espiracion, cumplimiento ó fin de un plazo ó término. || Espiracion, accion regular de arrojar el aire respirado ó aspirado.

**EXPIRER**, n. *ecspiré*. Espirar, morir, finar. || Espirar, cumplirse un plazo. || *Le bail est expiré*, el arriendo está terminado, se ha cumplido su plazo. || a. Espirar, respirar, volver el aire aspirado.

**EXPLANAIRE**, f. *ecsplanér*. Zool. Explanario, género de pólipos lamelíferos.

**EXPLÉTIF, IVE**, adj. *ecsplétif, iv*. Gram. Expletivo: dícese de ciertas partículas ó voces que, sin ser esenciales á la frase, dan mas fuerza al sentido de ella.

**EXPLICABLE**, adj. *ecsplicábl*. Explicable, que es susceptible de explicacion.

**EXPLICATEUR**, m. *ecsplicateur*. Explicador, el que explica ó se encarga de explicar.

**EXPLICATIF, IVE**, adj. *ecsplicatif, iv*. Explicativo, aclarativo del sentido de una cosa.

**EXPLICATION**, f. *ecsplicasión*. Explicacion, accion y efecto de explicar. || Aclaracion, esplanacion de la cosa explicada. || Interpretacion, comentario de un autor. || Explicacion, señas, aclaracion sobre el orígen y los motivos de una querella. || *Demander une explication*, pedir explicacion satisfactoria de una ofensa.

**EXPLICITE**, adj. *ecsplisit*. Explícito, claro, formal, distinto, preciso.

**EXPLICITEMENT**, adv. *ecsplisitmán*. Explícitamente, en términos claros y formales.

**EXPLIQUER**, a. *ecspliqué*. Explicar, poner en claro lo que está oscuro. || Explicar, descifrar, interpretar. || Explicar, enseñar. || *Expliquer une énigme, une caricature*, descifrar un enigma, una caricatura. || Explicar, dar á entender, hacer inteligible lo que no lo es. || *S'expliquer*, r. Decir, explicar su pensamiento. || fam. *Ils se sont expliqués*, han llegado á entenderse.

**EXPLOIT**, m. *ecsplué*. Hazaña, proeza, accion de guerra señalada y memorable. || Comision, ejecucion, embargo, citacion ante un juez. || met. irón. *Bel exploit*, accion impropia de que no hay que alabarse: *vous avez fait un bel exploit*, ha hecho Vd. una gran proeza, ha puesto Vd. una pica en Flándes.

**EXPLOITABLE**, adj. *ecspluatábl*. Que puede ser vendido, trabajado, cultivado ó beneficiado, etc. || For. Ejecutable, embargable por la justicia.

**EXPLOITANT**, adj. m. *ecspluatán*. For. Que ejecuta, comisionado para hacer ejecuciones, embargos, etc. *Un huissier exploitant*, un alguacil ejecutor.

**EXPLOITATION**, f. *ecspluatasión*. Explotacion, accion y efecto de explotar. || Beneficio, laboreo de minas. || Labor, laborío de tierras incultas. || Corta, saca de montes y bosques.

**EXPLOITER**, a. *ecspluaté*. Beneficiar, sacar provecho y producto de una tierra ó de tierras incultas trabajándolas. || Desmontar, hacer una corta ó saca de montes ó bosques. || *Exploiter une mine*, beneficiar una mina, trabajarla para sacar producto de ella. || For. Notificar, intimar ejecuciones, despachos y mandatos judiciales.

**EXPLOITEUR**, m. *ecspluateur*. Explotador, el que saca ganancias ilícitas. || El que beneficia tierras incultas, trabajándolas y fecundándolas. || Minero que beneficia una mina ó minas.

**EXPLORATEUR**, m. *ecsplorateur*. Explorador, el que explora. || Espía.

**EXPLORATION**, f. *ecsplorasion*. Exploracion, accion y efecto de explorar.

**EXPLORER**, a. *ecsploré*. Explorar, recorrer, registrar, ir á la descubierta. || Explorar ob[illegible], inquirir.

**EXPLOSION**, f. *ecsplosión*. Explosion, estampido, detonacion estrepitosa. || Explosion, la súbita dilatacion y estridoroso arranque de la pólvora inflamada ó de otras materias combustibles. || met. Explosion, desfogue, manifestacion violenta de un sentimiento, de una pasion. || Violencia, amenazas, deprecaciones. || Med. Aparicion inesperada de una violenta inflamacion.

**EXPOLIATION**, f. *ecspoliasión*. Agr. Expoliacion, accion de quitar las partes muertas de un vegetal, despojo de ellas.

**EXPOLIER**, a. *ecspolié*. Agr. Expoliar, quitar las partes muertas de un vegetal.

**EXPOLITION**, f. *ecspolisión*. Expolicion, figura retórica que consiste en producir la misma idea con diferentes expresiones.

**EXPONCE**, f. *ecspóns*. For. Cesion, abandono voluntario de una finca cargada de censos á favor de los censualistas.

**EXPONENTIEL, LE**, adj. *ecsponansiél*. Mat. Exponencial, que tiene un exponente variable ó indeterminado.

**EXPORTATION**, f. *ecsportasión*. Exportacion, accion y efecto de exportar frutos ó géneros nacionales á países extranjeros.

**EXPORTER**, a. *ecsporté*. Exportar, extraer, sacar por la via del comercio frutos ó géneros propios á países extraños.

**EXPOSANT**, m. *ecsposán*. Mat. Exponente, número que se pone para señalar las potencias numéricas. || Exponente, el que expone un hecho, motivos, etc.

**EXPOSÉ, ÉE**, adj. *ecsposé*. Expuesto, manifestado. || m. Exposicion, relato que se hace en las representaciones ó memoriales.

**EXPOSER**, a. *ecsposé*. Exponer, mostrar, poner á la vista ó de manifiesto alguna cosa. || Distribuir, expender moneda falsa. || Exponer, explicar, interpretar. || Exponer, declarar, deducir una consecuencia. || *Exposer à un danger*, exponer á un riesgo ó peligro. || *Exposer un enfant*, exponer, abandonar en la calle una criatura. || *S'exposer*, r. Exponerse. || met. *S'exposer à la calomnie*, exponerse á ser calumniado.

**EXPOSITEUR**, m. inus. *ecspositeur*. Expendedor, distribuidor de moneda falsa.

**EXPOSITION**, f. *ecsposisión*. Exposicion, accion y efecto de exponer. || Exposicion, explicacion, interpretacion. || Situacion, vista de una casa hácia tal ó cual parte. || Narracion, relacion, manifestacion. || Exposicion, pena afrentosa á que son condenados los asesinos, los ladrones. || Exposicion, disertacion preliminar, especie de prólogo de una obra literaria.

**EXPRÈS, ESSE**, adj. *ecspré*. Expreso, claro, patente. || m. Expreso, propio, correo. || adv. Expresamente, de intento. || *C'est un fait exprès*, no podia suceder mas desgraciadamente, es lo peor que podia suceder.

**EXPRESSÉMENT**, adv. *ecspresemán*. Expresamente, terminantemente, en términos expresos.

**EXPRESSIF, IVE**, adj. *ecspresif, iv*. Expresivo, enérgico, significativo.

**EXPRESSION**, f. *ecspresión*. Expresion, sentido y forma de las palabras. || Expresion, accion de expresar. || Expresion, accion y efecto de exprimir, de sacar el zumo de un fruto jugoso. || Pint. Expresion, animacion de un lienzo, de un cuadro, de un retrato, de un paisaje. || Mús. Expresion, en pequeñas composiciones musicales es la traduccion armónica ó melodiosa de las sensaciones del que toca ó canta; en las grandes composiciones, como óperas, es la interpretacion fiel del pensamiento del maestro compositor.

**EXPRIMABLE**, adj. *ecsprimábl*. Exprimible, decible, ponderable, que puede exprimirse ó ser exprimido.

**EXPRIMER**, a. *ecsprimé*. Exprimir, sacar el jugo. || Expresar, manifestar pensamientos ó ideas. || Animar, comunicar animacion á los cuadros, á ciertas producciones artísticas. || *S'exprimer*, r. Expresarse bien ó mal, propia ó impropiamente.

**EXPRIMITIF, IVE**, adj. inus. *ecsprimitif, iv*. Exprimitivo, que exprime.

**EXPROBRATION**, f. *ecsprobrasión*. Reprobacion, accion y efecto de reprobar.

**EX-PROFESSO**, loc. adv. *ecsprofeso*. Ex profeso, expresamente, con toda la extension y atencion posibles. || De intento, de propósito deliberado.

**EXPROPRIATION**, f. *ecsproprias[illegible]*. Expropiacion, desposeimiento, accion y efecto de expropiar ó desposeer.

**EXPROPRIER**, a. *ecsproprié*. Expropiar, desposeer, privar de la propiedad á [illegible]. || *S'exproprier*, r. Desapropiarse, [illegible]derse de su propiedad.

**EXPUITION**, f. *ecspuisión*. Med. [illegible] frecuente.

**EXPULSER**, a. *ecspulsé*. Expulsar, expeler, despedir. || Desposeer, despojar de una cosa.

**EXPULSIF, IVE**, adj. *ecspulsif, iv*. Med. Expulsivo, que tiene la virtud ó cualidad de expeler, hablando de un remedio.

**EXPULSION**, f. *ecspulsión*. Expulsion, accion y efecto de expeler.

**EXPULTRICE**, adj. f. *ecspultris*. Med. Expultriz, que tiene la virtud de expeler. *force expultrice*.

**EXPURGATION**, f. *ecspurgasión*. Descargo, justificacion. || Astr. Emersion, hablando de los eclipses lunares.

**EXPURGATOIRE**, adj. *ecspurgatuár*. Expurgatorio: dícese del índice ó lista de los libros prohibidos por Roma hasta que sean corregidos.

**EXPURGER**, a. *ecspurgé*. Expurgar, corregir un libro, una obra literaria ó científica.

**EXQUIMA**, m. *ecsquima*. Zool. Quima, tití, mono muy pequeño, monito.

**EXQUIS, E**, adj. *ecsqui*. Exquisito, excelente. *Du vin exquis*, vino exquisito. || met. *Goût exquis*, buen gusto, gusto delicado. || *Pensées exquises*, [illegible] llenos de delicadeza.

**EXQUISEMENT**, adv. inus. *ecsquisemán*. Exquisitamente, de una manera delicada.

**EXSANGUE**, adj. *ecsángue*. Exangüe, privado de sangre.

**EXSERT, E**, adj. inus. *ecsér*. Bot. Descubierto.

**EXSICCATION**, f. *ecsicasión*. Quím. Desecacion, accion y efecto de desecar.

**EXSPUITION**, f. V. EXPUITION.

**EXSUCCION**, f. *ecsucsión*. Chupeton, chupada, accion y efecto de chupar.

**EXSUDATION**, f. *ecsudasión*. Trasudacion, trasudor, accion y efecto de trasudar.

**EXSUDER**, n. *ecsudé*. Med. Trasudar, traspirar, salir como sudor.

**EXTANT, E**, adj. *ecstán*. For. Existente en su ser y naturaleza.

**EXTASE**, f. *ecstáse*. Éxtasis, arrobamiento del espíritu, suspension de los sentidos causada por una profunda contemplacion. || met. Admiracion extática de un objeto que causa embeleso. || *Être en extase*, gozar de un placer extremado é interior. || Med. Enfermedad que priva de movimiento y de sentimiento. || Éxtasis, sueño con los ojos abiertos.

**EXTASIER**, a. *ecstasié*. Extasiar, a[illegible]bar, enajenar, arrebatar la atencion. || *S'extasier*, r. Extasiarse, estar en éxtasis. || Estar embelesado de admiracion.

**EXTATIQUE**, adj. *ecstatic*. Extático, que participa del éxtasis. Se usa también como sustantivo.

**EXTEMPORANÉ, ÉE**, adj. *ecstemporané*. Med. Extemporáneo, que se ejecuta al momento, sin la menor demora.

**EXTENSEUR**, adj. m. y anat. *ecstenseur*. Anat. Extensor, que sirve para extender: se dice de algunos músculos.

**EXTENSIBILITÉ**, f. *ecstensibilité*. Extensibilidad, cualidad de lo extensible.

**EXTENSIBLE**, adj. *ecstensíbl*. Extensible, que puede extenderse ó ser extendido.

**EXTENSIF, IVE**, adj. *ecstensif, iv*. Extensivo, que expresa, designa ó produce extension.

**EXTENSION**, f. *ecstensión*. Extension, accion y efecto de extender. || Extension, espacio que ocupa un cuerpo. || Extension de atribuciones. || met. Aumento, acrecimiento de poder, de autoridad. || met. Extension, explicacion del sentido de las pala-

gue : extension naturelle, explicacion natural.

**EXTÉNUATION**, f. *ecstenuasión*. Med. V. ATROPHIE. Extenuacion, diminucion gradual de las fuerzas, de las carnes. || Jurisp. V. ATTÉNUATION. || Atenuacion, lo contrario de ponderacion, de exageracion, de hipérbole.

**EXTÉNUER**, a. *ecstenué*. Extenuar, enflaquecer, debilitar poco á poco, hacer perder las fuerzas, el vigor, la salud. || met. Atenuar, disminuir la gravedad de una falta, la criminalidad de un hecho. V. ATTÉNUER. || *S'exténuer*, r. Extenuarse, agotar paulatinamente su vitalidad.

**EXTÉRIEUR, EURE**, adj. *ecsterieur*. Exterior, externo, que está fuera. || m. Exterior, exterioridad. Se dice de las personas no solo hablando del cuerpo, sino tambien de la conducta, porte, etc. || Exterior, lo contrario de interior, el reverso de su medalla. || *A l'extérieur*, loc. adv. De afuera, por afuera, etc.

**EXTÉRIEUREMENT**, adv *ecsterieurmán*. Exteriormente, hácia fuera, en el exterior.

**EXTÉRIORITÉ**, f. *ecsterioritś*. Exterioridad, superficie exterior, cualidad, estado de lo externo.

**EXTERMINATEUR, TRICE**, adj. y s. *ecsterminateur, tris*. Exterminador, destructor.

**EXTERMINATIF, IVE**, adj. *ecsterminatif, iv*. Exterminativo, propio para exterminar, que extermina.

**EXTERMINATION**, f. *ecsterminasión*. Exterminio, destruccion total, accion de exterminar.

**EXTERMINER**, a. *ecsterminé*. Exterminar, aniquilar, anonadar. || met. Extinguir, extirpar, desarraigar, abolir. || *S'exterminer*, r. Exterminarse. || met. Cansarse excesivamente, en términos de perder las fuerzas.

**EXTERNAT**, m. *ecsterná*. Colegio, escuela donde los alumnos son externos.

**EXTERNE**, adj. *ecstérn*. Externo, que es de afuera ó está de la parte de afuera. || m. Externo, no pensionista, alumno que no es interno.

**EXTINCTIF, IVE**, adj. *extenctif, iv*. Extintivo, que extingue.

**EXTINCTION**, f. *ecstencsión*. Extincion, accion y efecto de extinguir, de apagar. || Extincion de una raza, de una familia, de una línea ó rama genealógica, etc. || met. Extincion, extirpacion de abusos, de vicios, de la impiedad, etc. || Extincion, amortizacion de una deuda, de un impuesto, de una renta, etc. || Remision, absolucion de un crímen, de un delito. || *Jusqu'à extinction de la chandelle*, se dice de las ventas en subasta, en las que ya no se puede pujar ó encarecer una vez consumida la vela encendida.

**EXTIRPATEUR**, m. *ecstirpateur*. Extirpador, el que extirpa. || Agr. Extirpador, instrumento aratorio para arrancar raices, cepas, etc.

**EXTIRPATION**, f. *ecstirpasión*. Extirpacion, accion y efecto de extirpar.

**EXTIRPER**, a. *ecstirpé*. Extirpar, desarraigar, entresacar, en sentido físico y moral.

**EXTISPICE**, m. *ecstispis*. Extispice, adivino que consultaba las entrañas de las víctimas. || Los presagios mismos.

**EXTISPICINE**, f. *ecstispisín*. Extispicio, inspeccion de las entrañas de las víctimas, arte del extispice.

**EXTORQUER**, a. *ecstorqué*. Arrancar, quitar, obtener por fuerza ó amenazas.

**EXTORSION**, f. *ecstorsión*. Extorsion, accion y efecto de extraer vejando. || Exaccion exorbitante de derechos. || Extraccion violenta.

**EXTRAC ó ESTRAC**, adj. *ecstrác, estrác*. Equit. Gálico : dícese del caballo de poco cuerpo y muchas ijares.

**EXTRACTEUR**, adj. m. *ecstracteur*. Extractor, que sirve para extraer, que es propio y útil para ello. || Se usa tambien como sustantivo, y significa extractador, el que extracta; y tambien, el que extrae.

**EXTRACTIF, IVE**, adj. *ecstractif, iv*. Extractivo, que tiene la virtud ó cualidad de extraer. || m. Quím. Extractivo, principio químico. || *Extractif ó extrait*, principio de los vegetales.

**EXTRACTION**, f. *ecstracsión*. Extraccion, accion de extraer. || Saca de frutos, de géneros. || Extraccion, alcurnia, cuna, estirpe. || Cir. Extraccion, accion de extraer un feto. || Quím. Accion de extraer los principios de los mixtos. || Mat. Extraccion de la raíz de una potencia exponencial.

**EXTRACTO-RÉSINE**, f. *ecstractoresín*. Quím. Extracto-resina, producto vegetal que participa de la resina y del extractivo.

**EXTRACTO-RÉSINEUX**, adj. *ecstractoresíneu*. Extracto-resinoso, que participa de la naturaleza del extractivo y de la resina.

**EXTRADITION**, f. *ecstradisión*. Extradicion, accion y efecto de obtener de una potencia extranjera la entrega de un reo refugiado en su territorio.

**EXTRADOS**, m. *ecstradó*. Arq. Extrados, la superficie exterior de una bóveda.

**EXTRADOSSÉE**, adj. f. *ecstradosé*. Extradosada : se dice de una bóveda labrada por dentro y fuera.

**EXTRAIRE**, a. *ecstrér*. Extraer, sacar jugos, sales, sustancias. || Mat. Extraer la raiz cuadrada ó cúbica de una cantidad dada. || Extraer, extractar, copiar. || *S'extraire*, r. Extraerse.

**EXTRAIT**, m. *ecstré*. Extracto, producto de la extractacion, resúmen, compendio. || Extracto, sustancia, esencia segregada de un cuerpo mixto. || Extracto, cuenta sacada de otra mas extensa. || *Extrait de baptême*, partida ó fe de bautismo. || *Extrait mortuaire*, fe de muerte.

**EXTRAJUDICIAIRE**, adj. *ecstrajudisiér*. For. Extrajudicial, que se hace fuera de juicio legal.

**EXTRAJUDICIAIREMENT**, adv. *ecstrajudisiermán*. For. Extrajudicialmente, sin forma judicial.

**EXTRAJUDICIEL, LE**, adj. V. EXTRAJUDICIAIRE.

**EXTRA-MUROS**, loc. adv. *ecstramúros*. Extramuros, fuera de los muros ó murallas de una plaza ó ciudad.

**EXTRAORDINAIRE**, adj. *ecstraordinér*. Extraordinario, fuera de lo ordinario, de lo comun, de lo acostumbrado. || Extraordinario, singular, raro, accidental. || *Langage extraordinaire*, lenguaje chocante, fuera de uso. || *Costume extraordinaire*, traje raro. || *Procédure extraordinaire*, proceso criminal. || m. Extraordinario, cosa, gasto, correo, etc., extraordinarios.

**EXTRAORDINAIREMENT**, adv. *ecstraordinermán*. Extraordinariamente, de una manera extraordinaria. || Extremadamente, de una manera extremada, ridícula, chocante, etc.

**EXTRAPASSÉ, ÉE**, adj. V. STRAPASSÉ.

**EXTRA-SÉCULAIRE**, adj. *ecstrasecul ér*. Extrasecular, que ha vivido mas de un siglo. || Extrasecular, que ha vivido fuera del siglo dado ó indicado.

**EXTRAVAGAMMENT**, adv. *ecstravagamán*. Extravagantemente, con extravagancia, de una manera extravagante, pedantesca.

**EXTRAVAGANCE**, f. *ecstravagans*. Extravagancia, manía en acciones y palabras. || Extravagancia, disparate, hecho ó dicho fuera del caso, despropósito.

**EXTRAVAGANT, E**, *ecstravagán*. Extravagante, raro, maniático, disparatado, etc. || *Extravagantes*, f. pl. Extravagantes, ciertas constituciones eclesiásticas ó canónicas establecidas por los papas.

**EXTRAVAGUER**, n. *ecstravagué*. Extravagar, desatinar, disparatar, desbarrar, hablar sin sentido ni razon.

**EXTRAVASATION ó EXTRAVASION**, *ecstravasasión, ecstravasión*. f. Extravasacion ó salida de la sangre ó de los humores de sus vasos naturales || Rebosamiento de la savia, del jugo fructífero de los vegetales.

**EXTRAVASER (S')**, r. *secstravasé*. Extravasarse la sangre, salir de los vasos naturales.

**EXTRAVERSION**, f. *ecstraversión*. Quím. Extraversion, accion y efecto de extraverter ó sacar las sales, ácidos, etc.

**EXTRÊME**, adj. *ecstrém*. Extremo, extremado, sumo, excesivo, sin medida. || m. Extremo, lo contrario, lo opuesto, como lo primero y lo último. || *À l'extrême*, loc. adv. Al extremo, fuera de sus límites. *Pousser les choses à l'extrême*, llevar las cosas al extremo.

**EXTRÊMEMENT**, adv. *ecstremmán*. Extremamente, extremadamente, excesivamente.

**EXTRÊME-ONCTION**, f. *ecstremoncsión*. Extremauncion, sacramento que se administra á los moribundos.

**EXTRÉMITÉ**, f. *ecstremitś*. Extremidad, extremo, cabo, último, fin. || Extremidad, apuro, urgencia. || met. Arranque, arrebato, impulso, acto ó movimiento de extremada violencia. || *Extrémités*, pl. Extremidades, los piés y las manos, como remates naturales del cuerpo.

**EXTRINSÈQUE**, adj. *ecstrenséc*. Extrínseco, externo, que viene de fuera : se dice de una enfermedad. || Extrínseco, que no es inherente. || *Valeur extrinsèque*, valor ficticio de una moneda.

**EXTRINSÈQUEMENT**, adv. *ecstrensecmán*. Extrínsecamente, de una manera extrínseca.

**EXTROVERSION**, f. V. EXTROPHIE.

**EXTUMESCENCE**, f. *ecstumesáns*. Med. Extumescencia, hinchazon, tumefaccion.

**EXUBÉRANCE**, f. *ecsuberáns*. Exuberancia, superabundancia, abundancia suma de vegetacion, de estilo, etc.

**EXUBÉRANT, E**, adj. *ecsuberán*. Exuberante, redundante, excesivo.

**EXUBÈRE**, adj. *ecsubér*. Exúbero, destetado, hablando de un niño; y así *enfant exubère*, niño destetado.

**EXULCÉRATIF, IVE**, adj. *ecsulseratif, iv*. Med. Exulcerativo, enconoso, que forma úlceras.

**EXULCÉRATION**, f. *ecsulserasión*. Med. Exulceracion, principio de úlcera.

**EXULCÉRER**, a. *ecsulseré*. Exulcerar, ulcerar, causar úlceras. || met. Herir, picar vivamente el amor propio.

**EXULTATION**, f. *ecsultasión*. Exultacion, alegría, regocijo extraordinario.

**EXULTER**, n. *ecsulté*. Exultar, regocijarse holgarse extraordinariamente.

**EXUTHÉNISME**, m. *ecsutenism*. Exutenismo, figura de retórica por la cual se rebaja la cosa de que se habla.

**EXUTOIRE**, m. *ecsutuár*. Med. Exutorio, úlcera artificial, practicada para extraer un humor.

**EX-VOTO**, m. *ecsvóto*. Ex-voto, voto, ofrenda presentada á Dios ó á los santos, y que se cuelga en los templos.

**EYLAÏS**, m. *elaís*. Zool. Eilais, género de insectos acáridos.

**EYPRÉPIE**, f. *eprpí*. Eiprepia, género de insectos lepidópteros nocturnos.

**EYRA**, m. *éra*. Eira, animal mamífero del Paraguay, del género félix.

**EZAN**, m. *ezán*. Ezan, oracion pública entre los Turcos.

**EZOUR-VÉDA**, m. *ezurvedá*. Ezurveda, comentario del Veda.

**EZTERI**, m. *estrí*. Ezteri, jaspe verde con manchitas sangrientas de la América del Sur.

# F.

**F**, m. Cuarta letra de las consonantes y sexta del alfabeto. Cuando la *f* es doble, no se hace sentir en la pronunciacion; y así *suffire*, *suffisance*, *suffoquer*, *etc.*, se pronuncian como si hubiese *sufire*, *sufisance*, *sufoquer*. Se pronuncia ordinariamente al fin de las palabras tanto en singular como en plural, excepto en *clef*, que ahora se escribe *clé*, *chef-d'œuvre*, *cerf*, *éteuf*, *nerf*. *Des bœufs*, *des œufs*, plural de *bœuf*, *œuf*, se pronuncian generalmente *beu*, *eu*; en los compuestos *bœuf-gras*, *œuf frais*, *œuf dur*, *œuf brouillé*, el uso mas general es no hacer sentir la *f*, y todos convienen en que nunca debe sonar en *bœuf-gras*. || Cuando *neuf* va seguido de una palabra que empieza por consonante, la *f* no se pronuncia, como en *neuf millions*, *neuf cents francs*; y si se sigue vocal, se convierte en *v*, como en *neuf ans*, *neuf enfants*, donde se pronuncia *neuván*, *neuvanfán*: en todos los demas casos suena la *f* de la palabra *neuf*; v. gr. *le neuf du mois*; *nous étions neuf en tout*; *sur trente passagers*, *neuf étaient Anglais*, *et neuf Italiens*. || Entre los modernos, la *f* tiene mucho uso para abreviaturas. En el comercio *f* sirve para designar los francos, y se escribe tambien *fr*. En la química la *f* significa *fer*. En las pastorales de los arzobispos y obispos, la *F* es abreviatura de *frères*, significando *N. T. C. F. Nos très-chers frères*. En música se usa tambien de la *f*, indicando *forte* si hay una, *fortissimo* si hay dos, *forte piano* el *f. p.*, *etc.*; y son muchas y muy diversas las aplicaciones que tiene esta letra en otras materias.

**FA**, m. *fá*. Mús. Fa, cuarto signo diatónico de la escala musical.

**FABAGELLE**, f. *fabagél*. Bot. Planta vermífuga de África.

**FABAGO**, m. *fabágo*. Fabago, planta que es un remedio eficaz contra las lombrices.

**FABALAIRE**, m. *fabalér*. Pesc. Especie de red con un arenque de metal, perfectamente imitado, para engañar á los peces.

**FABARIES**, f. pl. *fabarí*. Antig. Fabarias, calendas de junio, fiestas ó ceremonias antiguas en honor de Carna, esposa de Jano.

**FABER** ó **FORGERON**, m. *fabér*, *forgerón*. Zool. Fabro, ceo, pescado de mar.

**FABIANE**, m. *fabian*. Fabiano, arbolillo resinoso de la América meridional.

**FABLE**, f. *fábl*. Fábula, ficcion para hacer agradable una verdad crítica de las costumbres. || Invencion que sirve de argumento en un poema ó en un drama. || La historia fabulosa de los dioses del paganismo, mitología. || Fábula, cuento, invencion para engañar ó divertir. || Fábula: se dice del que hace hablar mal de su persona ó de sus costumbres, y es una especie de juguete y de irrision.

**FABLER**, a. *fablé*. Fabular, componer fábulas, cuentos.

**FABLIAU**, m. *fablió*. Romance, trova, cuento en verso muy usado antiguamente en Francia.

**FABLIER**, m. *fablié*. Fabulador, inventor de fábulas ó ficciones morales. Solo se dice de *La Fontaine*, el fabulista frances. || Cancionero, coleccion de poesías líricas, bélicas, eróticas, etc.

**FABRÉGUE**, f. *fabrégue*. Bot. Alfábega, albahaca, planta de suave perfume.

**FABRICANT**, **E**, m. y f. *fabricán*. Fabricante, el que fabrica. || Fabricante, el que mantiene ó gobierna una fábrica de telares.

**FABRICATEUR**, **TRICE**, m. y f. *fabricateur*, *tris*. Fabricador de moneda falsa, en sentido propio; y en el met., falsificador de escrituras, noticias, papel-moneda.

**FABRICATION**, f. *fabricasión*. Fabricacion, accion de fabricar en general todo lo que puede ser artísticamente fabricado.

**FABRICIE**, f. *fabrisí*. Bot. Fabricia, género de plantas mirtáceas.

**FABRICIEN**, **NE**, m. y f. *fabrisién*, *én*. Fabriquero, mayordomo de fábrica de una iglesia; mas comunmente se dice *marguillier*.

**FABRICIER**, **ÈRE**, m. y f. V. **FABRICIEN**.

**FABRIQUE**, f. *fabríc*. Fábrica, accion, arte de fabricar. || Fábrica, manufactura, artefacto, la cosa fabricada. || Fábrica, establecimiento, local en que se fabrica. || Fábrica, construccion, edificio, aspecto de un grande edificio. || Fábrica, la renta asignada á la conservacion, reparaciones y necesidades de una iglesia parroquial; y tambien la administracion de esta renta. || *Fabriques*, pl. Pint. Edificios, ruinas que se pintan en países. || fam. *Cela est de sa fabrique*, es fruta de su cosecha, es una mentira de su invencion.

**FABRIQUER**, a. *fabriqué*. Fabricar, hacer una obra manual, moneda, tela, paños, etc. || met. y fam. Forjar, inventar, falsear un testamento, una escritura, etc. || Forjar, inventar una calumnia, noticias, mentiras.

**FABULATEUR**, m. *fabulateur*. Fabulista, autor de fábulas. Tambien se entiende por el que cuenta ó recita fábulas.

**FABULATION**, f. *fabulasión*. Fabulacion, figura que consiste en caracterizar de real y verdadero lo que es ficticio é imaginario.

**FABULEUSEMENT**, adv. *fabuleusmán*. Fabulosamente, de una manera ficticia y fabulosa.

**FABULEUX**, **EUSE**, adj. *fabuleu*, *eus*. Fabuloso, que es de la naturaleza de la fábula, inventado, fingido.

**FABULISER**, f. *fabulisé*. Fabular, adornar con ficciones y cuentos un hecho histórico.

**FABULISTE**, m. *fabulist*. Fabulista, autor de fábulas.

**FABULOSITÉ**, f. *fabulosité*. Fabulosidad, cualidad de lo fabuloso.

**FAÇADE**, f. *fasád*. Fachada, frontispicio de un edificio.

**FACE**, f. *fás*. Faz, cara, parte anterior de la cabeza humana. || Frente de un edificio. || met. Aspecto, semblante de las cosas. || La cara de una moneda. || *Face de la terre*, superficie de la tierra. || *Face d'un corps*, superficie de un cuerpo. || met. *Faire face à des dettes*, satisfacer deudas. || *Face à face*, loc. adv. Cara á cara. || *En face*, en frente. || *A la face*, en presencia. || *Faire face à l'ennemi*, hacer frente al enemigo. || *Faire volte-face*, volver la espalda. || prov. y met. *Avoir deux faces*, tener dos caras, ser como el tafetan: ser falso, hipócrita. || *Couvrir la face à quelqu'un*, estampar un bofeton en la cara de alguno.

**FACÉ**, **ÉE**, adj. *fasé*. Encarado. || *Bien facé*, bien encarado; *mal facé*, mal encarado, de mala cara.

**FACÉTIE**, f. *fasesí*. Jocosidad, gracejo, bufonada.

**FACÉTIEUSEMENT**, adv. *fasesieusmán*. Jocosamente, graciosamente, chistosamente, de una manera jocosa, etc.

**FACÉTIEUX**, **EUSE**, adj. *fasesieu*, *eus*. Jocoso, chistoso, gracioso, bufon.

**FACETTE**, f. dim. de **FACE**. *fasét*. Faceta, superficie de un cuerpo cortado en planos pequeños y formando muchos ángulos.

**FACETTER**, a. *faseté*. Cortar una piedra en forma de poliedro, darle muchas faces.

**FÂCHÉ**, **ÉE**, adj. *faché*. Enfadado, sentido, disgustado. || *Être fâché que*, sentir que: *je suis fâché que vous ne m'ayez pas rencontré*.

**FÂCHER**, a. *faché*. Enfadar, disgustar, dar pesar, dar que sentir, causar disgusto. || *Se fâcher*, r. Enfadarse. || Desavenirse, reñir entre sí dos personas.

**FÂCHERIE**, f. *facherí*. Molestia, enfado, pesadumbre, disgusto, [illegible], tristeza, desavenencia.

**FÂCHEUSEMENT**, adv. *facheusmán*. De un modo sensible, á contratiempo, en mala hora, en malas circunstancias.

**FÂCHEUX**, **EUSE**, adj. *facheu*, *eus*. Enfadoso, impertinente, molesto. || Peligroso, perjudicial. || m. Importuno, hombre [illegible] modo, que ocasiona fastidio.

**FACIAL**, **E**, adj. *fasiál*. Anat. Facial, que corresponde á la faz. *Angle facial*, ángulo facial, de la faz.

**FACIÉ**, **ÉE**, adj. V. **FACÉ**.

**FACIENDAIRE**, m. *fasiandér*. Agente negociador de religiosos. || Hombre [illegible] manejar negocios.

**FACIES**, m. *fásies*. Facies, carácter diagnóstico de los animales, fisonomía.

**FACILE**, adj. *fasil*. Fácil, que se ejecuta con facilidad. || Dócil, tratable, franco. || Débil, que no tiene carácter. || Frágil, hablando de una mujer.

**FACILEMENT**, adv. *fasilmán*. Fácilmente, sin dificultad.

**FACILITÉ**, f. *fasilité*. Facilidad, desembarazo para hacer alguna cosa. || [illegible] dad, sencillez, fácil concepcion [illegible] de una obra literaria ó científica. || [illegible] condescendencia, amabilidad de carácter. || Debilidad, falta de firmeza en el carácter. || Fragilidad, hablando de una mujer. || [illegible] Plazo, moratoria para un pago. *Accorder des facilités pour un paiement*, conceder tiempo y facilidad para hacer un pago.

**FACILITER**, a. *fasilité*. Facilitar, disminuir dificultades, allanar inconvenientes.

**FAÇON**, f. *fasón*. Hechura de un vestido, de un calzado, de cualquiera objeto. || La forma que resulta de la obra. || fam. *Payer la façon*, pagar cara una locura ó [illegible]. || Invencion de composicion de un [illegible], de versos, etc. || Agr. Vuelta, [illegible], labor que se da á las tierras. || [illegible] *Façon d'agir*, modo de obrar; *façon de parler*, modo de hablar: *c'est sa façon d'agir*, *de parler*, es su modo de obrar, [illegible]. || *Gens d'une certaine façon*, [illegible] de cierto rango. || pl. Maneras, modales, [illegible]nes, proceder de una persona; [illegible] la caracteriza. || met. Dengue, [illegible], gazmoñería, afectacion ridícula [illegible] fiesta exteriormente. || pl. fam. [illegible] en sociedad, formalidad afectada. || [illegible] *façon que*, *de façon que*, loc. conj. [illegible] te que, en términos que. || [illegible] *façon*, recibir francamente, sin [illegible]. || *Faire des façons*, hacer [illegible], hacer melindres, aparentar delicadeza, [illegible]se de rogar. || *C'est une façon de* [illegible], es una especie de erudito; *c'est une façon de philosophe*, es un filosofastro, [illegible]bre que no tiene mas que la [illegible] un filósofo. || fam. *En donner de la bonne façon à quelqu'un*, zurrar la [illegible]no, darle una felpa. || met. y fam. *Je l'ai habillé de la bonne façon*, le he puesto [illegible] de pascua, le he dicho las tres [illegible] del barquero.

**FACONDE**, f. ant. *facónd*. Facundia, elocuencia, gracia en la conversacion. || [illegible] Facundia, verbosidad, flujo de palabras.

**FAÇONNER**, a. *fasoné*. Dar [illegible], una vuelta, una reja á la tierra. || Dar la forma propia y requerida á una obra manual. || Adornar, poner una cosa [illegible] estado de parecer conveniente. || Dar modales y compostura á un jóven, comunicarle usos y tono, como se [illegible] mundo, en la buena sociedad. || *Façonner la pensée*, pulir, formar el entendimiento de una persona. || *Se façonner*, r. Pulirse, tomar el tono y los modales de la buena sociedad.

**FAÇONNERIE**, f. *fasonri*. Moldura, hechura, manera de dar forma á alguna cosa.

**FAÇONNIER, ÈRE**, adj. *fasonié, ér*. Cumplimentero, ceremonioso, etiquetero. || m. y f. Nombre con que se designa en las fábricas de tejidos al trabajador que hermosea ó da la última mano á una tela.

**FAC-SIMILAIRE**, adj. *facsimilér*. Facsimilario, que ha sido hecho ó reproducido por imitacion perfecta.

**FAC-SIMILE**, m. *facsímile*. Facsímile, [illegible], copia, imitacion perfecta : se dice principalmente de una muestra de letra, de un escrito, edicion, etc.

**FACTAGE ó FACTORAGE**, m. *factáge, factoráge*. Intervencion del factor ó comisionado de una expedicion de géneros. || Corretaje, derechos que cobra el factor ó comisionista en una expedicion de géneros.

**FACTEUR**, m. *facteur*. Constructor, fabricante de órganos, pianos. || Factor, corredor, agente comisionista en tráfico y negocios mercantiles. || Cartero, distribuidor de las cartas del correo. || Arit. Factor, cantidad que por su multiplicacion da un producto. || Alg. y Arit. Factor, divisor.

**FACTICE**, adj. *factis*. Facticio, artificial, que no es natural. || *Caractère factice, style factice*, carácter fingido, estilo que no es natural. || *Mots factices*, palabras inventadas por analogía con otras.

**FACTIEUX, EUSE**, adj. y s. *facsieu, eus*. Faccioso, sedicioso, que se emplea en turbar el órden social : *esprit factieux*, genio revoltoso, que conspira contra el órden establecido. || Faccioso, alistado en una faccion ó miembro de ella.

**FACTION**, f. *facsión*. Faccion, el acto de estar de centinela. || *Entrer en faction*, entrar de centinela; *sortir de faction*, salir, ser relevado de centinela. || Faccion, partido sublevado contra un gobierno. || met. El plantón que le dan al que aguarda por una persona en la calle. || Faccion, guerra, division entre dos familias ó personas influyentes en el poder. || Faccion, bando de cuerpos diferentes que concurrian á los juegos del circo en tiempo de los Romanos.

**FACTIONNAIRE**, m. *facsionér*. Faccionario, soldado que está de centinela || Faccionario, jefe de una faccion en los juegos olímpicos en tiempo de los Romanos.

**FACTORAGE**, m. *factoráge*. Corretaje, gajes de los factores comisionistas.

**FACTORERIE**, f. *factorri*. Factoría, la casa ú oficina de los factores de compañías del comercio en los puertos de las Indias.

**FACTOTUM**, m. *factótom*. Factotum, el que en todo se mete en una casa. || El que solamente se encarga de todos los quehaceres de otro ó de su casa y los hace bien.

**FACTUM**, m. *fáctom*. Factum, memorial que contiene la exposicion de un asunto [illegible] con todos los hechos y medios.

**FACTURE**, f. *factûr*. Factura, estado de los géneros que un comerciante envia á otro, con expresion de sus precios correspondientes y otros pormenores concernientes á la cantidad del envio. || Factura, nota del importe de géneros vendidos por menor en una tienda. || *Vendre une marchandise sur le pied de facture*, vender una mercadería al precio corriente. || *Faire suivre le prix d'une facture*, exigir el reembolso inmediato del importe de la factura. || Hechura, manera con que está ejecutado un cuadro, figura y demas obras peculiares á las bellas artes. || Hechura, diámetro, dimension de los cañones de órganos. || Mús. [illegible]

**FACTURER**, a. *facturé*. Fabricar. || Escribir, hacer, poner en órden las facturas.

**FACTURIER**, m. inus. *facturié*. Fabricante. || Dependiente, que está encargado de formar las facturas en una casa de comercio. || Libro donde se trascriben las facturas.

**FACULE**, f. *facûl*. Fácula, mancha luminosa que se observa en el sol.

**FACULTATIF, IVE**, adj. *facultatif, iv*. Facultativo, que está en las facultades de alguno. || Facultativo, que otorga facultad amplia. || Facultativo, que confiere un derecho, una mejora, un beneficio. || Facultativo, que pertenece á una facultad. || Facultativo, que estudia, posee ó ejerce una facultad.

**FACULTÉ**, f. *faculté*. Facultad, potencia, virtud activa del alma, del cuerpo, del entendimiento. || *Faculté pour bien faire*, facultad, talento, facilidad para obrar bien. || *Faculté pour écrire*, talento para escribir. || Facultad, derecho, medios. || Corporacion científica : *faculté de médecine*, la facultad, el cuerpo científico de medicina; *faculté de droit*, cuerpo de doctores ó profesores de leyes, etc. || *Facultés*, pl. Medios, riquezas ó facultades; instruccion, conocimientos, saber, talento. || Med. Virtud, propiedad de un simple ó de un medicamento.

**FADAISE**, f. *fadés*. Tontería, frivolidad, bobería, simpleza, extravagancia. || Insulsez, frialdad en las acciones.

**FADASSE**, adj. *fadás*. Que inspira repugnancia y desagrada. Se dice particularmente de cierta blancura de la tez del rostro, y tambien del olor de algunas flores, etc.

**FADE**, adj. *fád*. Insípido, soso, desabrido. Tambien se aplica á los olores poco agradables. || met. Insulso, empalagoso, frio, que carece de animacion. || *Beauté fade*, hermosura sin gracia ó atractivo. || *Couleur fade*, blancura de la piel sin animacion. || met. *Louange fade*, alabanza que no lisonjea. || *Discours fade*, palabras insulsas.

**FADEUR**, f. *fadeur*. Sosería, insipidez, cualidad de lo que es insípido, sin viveza, sal ni gracia, en lo físico como en lo moral. || Alabanza excesiva y poco natural. || *Fadeurs*, pl. Palabras insulsas.

**FAFÉE**, f. *fafé*. Puñado de cualquier cosa arrojada al aire.

**FAGARA**, m. *fagára*. Pimentero aromático y confortativo de Filipinas. || El fruto mismo.

**FAGÉLIE**, f. *fagelí*. Bot. Fagelia, género de plantas leguminosas.

**FAGIANE**, m. *fagián*. Zool. Fagiano, pescado del Mediterráneo.

**FAGOT**, m. *fagó*. Fogote, haz de leña. || Cuentos, tejido de embustes. || *Fagot de sape*, lio de sapa, compuesto de mimbres. || *Fagot de hardes*, lio de ropa. *Fagot de plumes*, paquete de plumas. || *Faire des fagots*, contar cuentos increibles, decir cosas sin sustancia. || *Sentir le fagot*, tener humos de hereje. || *Etre habillé comme un fagot*, estar mal puesto, vestido sin gusto. || Mar. Piezas de un bote desmontado. || Fagot, instrumento músico que se desmonta. || met. y fam. *Fagot d'épines*, persona irritable, de mal trato, de humor displicente.

**FAGOTAGE**, m. *fagotáge*. Hacinamiento, leña propia para hacer fogotes. || Tonterías. || Obra literaria mal hecha.

**FAGOTAILLE**, f. *fagotáll*. Faginas para sostener la calzada de un estanque.

**FAGOTÉ, ÉE**, adj. *fagoté*. met. y fam. Mal pergeñado, mal vestido. || Zamborotudo, zoquetudo, mal formado de cuerpo. || fam. *Voilà un homme bien fagoté*, he ahí un hombre bien enjaezado, es decir, vestido ridículamente.

**FAGOTER**, a. *fagoté*. Hacinar, hacer fogotes. || met. y fam. Embarullar las cosas sin órden ni concierto. || Pergeñar, vestir mal ó ridículamente á una persona.

**FAGOTEUR**, m. *fagoteur*. Hacinador, rozador, apañador, el que hace lios de leña menuda. || Mal autor de novelas.

**FAGOTIER**, m. fam. *fagotié*. El que dice fruslerías.

**FAGOTIN**, m. *fagotén*. Mono vestido de arlequin. || Criado y ayuda de titiritero. || met. Hombre de malas chanzas, sin gracia.

**FAGOTINES**, f. pl. *fagotín*. Retazos de sedería que han elaborado manos diferentes.

**FAGOUE**, f. *fagú*. Lechecillas, glándulas del pecho de algunos animales.

**FAGUENAS**, m. ant. y fam. *faguená*. Cochambre, peror, olor pútrido que exhalan algunos cuerpos vivos por falta de aseo.

**FAHLERTZ**, m. *falérs*. Nombre que se da á la mina de cobre rojo que tiene mezcla de plata.

**FAIBLAGE**, m. *feblâge*. Metrol. Peso débil en las monedas. || Disminucion de valor ó cantidad de alguna cosa. || Inferioridad en la calidad de algun género de manufactura.

**FAIBLE**, adj. *fébl*. Débil, flaco, flojo, que carece de fuerza, de vigor ó de resolucion. || met. *Mémoire faible*, memoria flaca, poca memoria. || *Tête faible*, poca cabeza. || *Ame faible*, poco espíritu. || *Faible soulagement*, pequeño consuelo. || *Esprit faible*, entendimiento sin alcances. || *Branche faible*, rama flexible. || m. *Le faible*, lo defectuoso, lo ménos fuerte, la parte flaca, el defecto principal. || *Connaître le fort et le faible d'une affaire, d'une personne*, conocer lo difícil y lo fácil de un negocio, conocer el flaco de una persona. || *Le faible d'une citadelle*, la parte débil de una ciudadela. || *Le faible d'une personne*, la pasion dominante de una persona : *le jeu est son faible*, su pasion es el juego. || *Chacun a son faible*, todos tienen su flaco, es decir, su pasion. || Sentimiento de predileccion : *les parents ont un faible pour les cadets*, los padres quieren con preferencia á sus hijos menores. || met. y fam. *Avoir les reins faibles*, tener pocos medios, pocos bienes de fortuna.

**FAIBLEMENT**, adv. *feblmán*. Débilmente, con flojedad, sin firmeza.

**FAIBLESSE**, f. *feblés*. Debilidad, flaqueza, flojedad. || Debilidad, desmayo, desfallecimiento. || met. Debilidad, falta de carácter. || Pobreza, cortedad de talento. || Pobreza del alma, falta de discernimiento, de inteligencia, de memoria, de imperio sobre sí mismo. || Fragilidad, yerro de una mujer seducida. || Inclinacion irresistible.

**FAIBLET, TE**, adj. dim. de FAIBLE.

**FAIBLIR**, n. *feblír*. Perder parte de su fuerza, de su ánimo, de su ardor, de su energía, de su resistencia. || Aflojar, empezar á ceder. || Debilitarse las facultades intelectuales. || Aminorarse ó disminuirse la fuerza de un licor espirituoso ó del vino añejo.

**FAÏDE**, m. *faíd*. Derecho de vengar un homicidio, que tenian algunas razas germánicas.

**FAÏENCE**, f. *faiáns*. Loza, vidriado blanco con que se fabrican platos, fuentes, tazas y otros objetos caseros.

**FAÏENCÉ, ÉE**, adj. *faiansé*. Aporcelanado, que se parece á la loza ó porcelana.

**FAÏENCERIE**, f. *faiansrí*. Fábrica de loza ó vidriado fino. || Arte de trabajar la loza.

**FAÏENCIER, ÈRE**, adj. *faiansié, ér*. Fabricante y mercader de utensilios y ajuares de loza.

**FAILINE**, f. *felín*. Especie de tejido asargado que se hace en Borgoña.

**FAILLANCE**, f. *fallans*. Pusilanimidad, cobardía, olvido de su deber.

**FAILLE**, f. *fáll*. Falta, defecto y tambien estratagema. || Antorcha, vela gruesa de cera. || Red para pescar bacalao. || Miner. Peñasco que interrumpe la veta del mineral. || *Failles*, pl. Tela de seda nudosa, especie de velo negro de esta seda, que llevan las flamencas.

**FAILLI, E**, adj. *fallí*. Com. Fallido, quebrado, hablando de un comerciante que ha hecho quiebra. Úsase tambien como sust.

**FAILLIBILITÉ**, f. *fallibilité*. Falibilidad, posibilidad de faltar ó de errar en alguna cosa. Es poco usado.

**FAILLIBLE**, adj. *fallíbl*. Falible, que está expuesto á faltar ó á errar; susceptible de engaño ó de engañarse.

**FAILLIR**, n. *fallír*. Faltar, no cumplir con su deber, cometer un yerro. || met. Errar, engañarse, faltar á la verdad, á la equidad, á la justicia, etc. || Flaquear, flaquear, ceder. || Fallir, faltar, no cumplir una palabra dada, engañar. || Delinquir. || Estar en poco, faltar poco para que suceda algo. *Il a failli de tomber, de mourir*, por poco no se cae, por poco no se muere; ó por poco se cae, se muere. || Com. Quebrar, dar quiebra.

**FAILLITE**, f. *fallít*. Com. Quiebra, cesacion de los pagos de un comerciante por desgraciadas especulaciones, ó por desgracias que justifican en el comercio.

**FAILLOISE**, f. ant. *falluáe*. Poniente, en términos de marineros.

**FAIM**, f. *fén*. Hambre, necesidad imperiosa de comer. || met. Deseo ardiente de riquezas, de honores. || *Faim canine*, hambre canina, mucha hambre.

**FAIM-VALLE**, f. *fenval*. Vet. Enfermedad de consuncion que padecen los caballos, deseo continuo de comer.

**FAINE**, f. y **FAINEAU**, m. *fén, fenó*. Fabuco ó hayuco, el fruto de la haya.

**FAINÉANT**, E, adj. *fenean*. Holgazan, perezoso, haragan, desidioso.

**FAINÉANTER**, n. *feneanté*. Holgazanear, haraganear.

**FAINÉANTISE**, f. *feneantíe*. Holgazanería, haraganería, propension á no querer trabajar.

**FAIRE**, a. *fér*. Hacer, formar, componer, fabricar, obrar, trabajar, construir, ejecutar, producir, causar, efectuar, etc. En general este verbo expresa la accion que produce un efecto. || Hacer, crear, formar de la nada. *Dieu fit l'homme*, Dios creó al hombre. || *La nature fait*, la naturaleza obra. || Fabricar, dar una forma á una obra. *L'oiseau fait son nid*, el pájaro hace su nido. || Operar milagros, prodigios. || Producir efectos: *ce remède m'a fait du bien*, este remedio me ha producido buen efecto. || Ejecutar una obra, llenar su tarea, escribir un libro. || Simular, darse por: *faire le mort*, hacer ó simular el muerto; *faire le brave*, darse por valiente, echarla de valiente. || Construir una máquina ó todo otro objeto de construccion. || Poner una cosa en cierta condicion, hacerla de tal ó cual calidad. || Influir: *l'état fait l'homme*, los honores influyen en las costumbres del hombre. || Ser causa: *vous ferez que nous ne le reverrons plus*, Vd. será la causa de que no le volvamos á ver. || Mostrarse: *il a fait l'aimable*, se ha mostrado amable. || *Faire semblant*, fingir, aparentar: *il fait semblant d'aimer*, aparenta que quiere, finge tener cariño. || *Faire frime, faire mine*, hacer gesto: *il a fait frime de vouloir s'en aller*, ha hecho gesto de marcharse; *il a fait mine de vouloir le frapper*, ha hecho gesto de levantarle la mano. || *Faire le chaud et le froid*, ejercer ascendiente, dominar las voluntades: *il fait le chaud et le froid dans la maison*, á todos manda, de todo dispone, no se hace mas que lo que él quiere. || *Faire des armes*, tirar el florete, esgrimir. || *Faire ses Pâques*, cumplir con la Iglesia. || *Faire gras*, comer de carne. || *Faire maigre*, comer de vigilia. || *Faire d'une pierre deux coups*, matar dos pájaros de una pedrada. || *Faire le pied de grue*, esperar en una antecámara, llevarse poste. || *Faire la moue, faire la mine*, hacer el enfadado. || *Faire et dire sont deux*, del dicho al hecho hay gran trecho. || *Faire beaucoup de chemin*, andar mucho. || *Faire la barbe*, afeitar. || *Faire crédit*, fiar. || *Faire l'amour*, galantear, cortejar. || *Faire un tour de promenade*, dar un paseo, una vuelta. || *Faire faire*, mandar hacer: *faites faire cela*, mande Vd. que se haga. || *Faire*, impers. Hacer: *il fait beau ó beau temps*, hace hermoso tiempo; *il fait mauvais ó mauvais temps*, hace mal tiempo. || Ser: *il fait jour, il fait nuit*, ya es dia, ya es noche. || *Se faire*, r. Hacerse, ser hecho, construido, etc., en todas las acepciones del verbo activo. || Hacerse abogado, tomar un estado ó profesion, abrazar un partido, una religion, etc. || Hacerse pasar por. || *Se faire fort*, encarecer, insistir en. || *Se faire á*, acostumbrarse á. || Tambien es impers. usado como recíproco. *Il se fait tard*, se hace tarde. || Suceder: *il peut se faire, il pourrait se faire*, puede suceder, podria suceder. || Con interrogacion, ser. *Comment peut-il se faire ó comment se peut-il faire?* ¿Cómo puede ser?

**FAIRE**, m. *fér*. Hecho, accion de ejecutar ó de poner en práctica alguna cosa. || Ejecucion, en pintura y escultura.

**FAISABLE**, adj. *fesábl*. Factible, que puede hacerse.

**FAISAN**, m. **FAISANE** ó **FAISANDE**, f. *fesán, fesan, fesánd*. Zool. Faisan, ave del tamaño del gallo, hermosa y de carne exquisita.

**FAISANCE**, f. ant. *fesans*. For. Otorgamiento, consumacion de un acto jurídico. || *Faisances*, pl. Adehalas, regalías que el colono ó arrendador de una tierra paga al propietario ademas de la renta.

**FAISANDEAU**, m. *fesandó*. Zool. Pollo de faisan, faisan jóven, tierno.

**FAISANDER**, n. *fesandé*. Macerarse, manirse, dejar que la caza volátil, como los faisanes, reciba un lijero principio de putrefaccion.

**FAISANDERIE**, f. *fesandrí*. Lugar donde se crian y ceban faisanes.

**FAISANDIER**, **ÈRE**, m. y f. *fesandie, ér*. El que cria faisanes.

**FAISCEAU**, m. *fesó*. Haz, atado, manojo, reunion de diferentes objetos en un grupo en toda su longitud. || *Faisceau d'herbes*, haz de yerba. || *Faisceau de fleurs*, ramo, manojo de flores. || Mil. *Faisceaux d'armes*, pabellon de fusiles. || *Former les faisceaux*, formar pabellones. || *Faisceaux*, pl. Los faces ó haces, la segur rodeada de varas que como insignia de justicia llevaban los porteros delante de los cónsules, pretores y procónsules romanos.

**FAISELEUX**, m. *feslеu*. Acarreador de piedra, el operario que en los pizarrales ó canteras de pizarra se ocupa en separar y trasportar los escombros.

**FAISEUR**, **EUSE**, m. y f. *feseur, eus*. Artífice, jornalero, artesano que trabaja en cualquier ejercicio que se le presenta. || *Faiseur de bas*, tejedor de medias. || Mercenario, asalariado que trabaja por otro. || *Bon faiseur, bonne faiseuse*, buen oficial, mujer diestra, que sobresale en cualquier género de obra. || *Ces confitures sont de la bonne faiseuse*, estos dulces son obra de la diestra confitera. || Embaucador, fabricador de cuentos. || *Faiseur d'affaires*, mal entretenido, el que vive de malas artes. || *Faiseur de livres, de vers, de vaudevilles*, autor, escritor adocenado, poetastro, coplero, etc. || *Faiseur de phrases*, escritor de bambolla, el que usa de frases huecas, de periodos ampulosos sin expresar ninguna idea. || *Faiseur de contes*, forjador ó inventor de cuentos. || *Les grands diseurs ne sont pas les faiseurs*, perro ladrador no es mordedor.

**FAISSE**, f. *fés*. Art. Trenza, soguilla, tejido de mimbres ó juncos con que se afianzan los canastillos y demas obras de cestería.

**FAISSELLE**, f. *fesél*. Molde de hacer quesos, orma para darles la figura correspondiente.

**FAISSER**, a. *fesé*. Art. Guarnecer, reforzar de trecho en trecho con trenzas los canastos y demas obras de cestería.

**FAISSERIE**, f. *fesrí*. Art. Cesta codornicera ó pajarera, jaula de mimbre. || Cestería, obra de mimbre y lugar donde se hace.

**FAISSIER**, m. *fesié*. Cestero, artífice de cestería.

**FAIT**, E, adj. y part. pas. de FAIRE. *fé*. Hecho. || *Fait á*, acostumbrado á. *Un homme fait á la fatigue*, un hombre acostumbrado al trabajo. *Il est fait au chaud et au froid*, está hecho al calor y al frio. || *Fait pour*, apto, idóneo, á propósito para. *N'être pas fait pour tel emploi*, no ser á propósito para tal empleo. || *Fromage fait, vin fait, viande faite*, queso hecho, vino hecho, en sazon, carne manida. || *Un homme fait*, hombre hecho, llegado á la edad provecta, madura. || *Esprit bien fait, caractère bien fait*, genio sufrido, templado, carácter benigno, tolerante. || Compuesto, arreglado, aliñado, ataviado. || *C'est fait de moi, c'est fait de lui, etc.*, ya no hay remedio para mí, para él, etc. || *C'en est fait*, se acabó, ya no hay remedio. || m. Hecho, acto, accion. || Suceso, acontecimiento verificado. || Conducta, modo de obrar. || Dato, hecho comprobado en que todos convienen. || Dificultad, espíritu de una cuestion. *Parler pendant une heure sans dire un mot du fait*, hablar una hora sin tocar la cuestion. || Capital, hacienda, parte que á uno le corresponde de una totalidad. *Il a menagé son fait*, ha economizado sus haberes. *On a partagé cette succession, chacun a eu son fait*, se ha dividido, se han hecho las particiones de esta herencia, y cada uno ha percibido su parte. || *Les hauts, les beaux faits d'armes*, las hazañas gloriosas, altos hechos de armas. || *Au fait*, al hecho, á la cuestion. || *Si fait*, loc. adv. Sí, ciertamente, sí tal, etc. || For. Hecho, acto, caso sucedido. || *Fait avéré*, hecho probado en alguno de los procedimientos. || *Mettre, poser en fait*, dar por hecho, sentar una proposicion. || *Prendre quelqu'un sur le fait*, coger infraganti, sorprender á alguno en la perpetracion de un hecho [illegible]. || *Prendre fait et cause pour quelqu'un*, defender á alguno á capa y espada, sacar la cara por él. || *Se mettre au fait d'une affaire*, hacerse cargo de un asunto. || *Venir droit au fait*, ir al caso, á lo principal, [illegible] dejarse de rodeos. || fam. *Aller au fait*, venir au fait, apuntar bien al blanco, ir á su negocio. || *Au fait et au prendre*, en el instante oportuno de hacer ó decir. || *En venir au fait*, llegar á la ejecucion de una amenaza, de una accion premeditada. || *Être au fait de quelque chose*, estar entendido en su negocio. || *Mettre quelqu'un au fait*, instruir á uno en el ejercicio de un arte, informar á uno detalladamente de un negocio. || *Dans le fait, par le fait*, loc. adv. Realmente, efectivamente, en el fondo. || *De fait*, de hecho, por la misma fuerza y naturaleza de las cosas, efectivamente, en realidad. || *Donner son fait á quelqu'un*, tomar la revancha de alguno, usar con él de represalias. *Il voulait me railler, mais je lui ai donné son fait*, intentó burlarse de mí, pero llevó su merecido. || *Entendre bien son fait*, ser hábil, aventajado en su profesion ú oficio. || *En fait de*, en punto á, en cuanto á, en materia de, etc. || *Maître en fait d'armes*, maestro de esgrima. || *Voie de fait*, [illegible] de lo ajeno de propia autoridad, sin título legítimo. || *Voies de fait*, pl. Vias de hecho, malos tratamientos que se usan con alguno. || *Tout á fait*, loc. adv. Enteramente, completamente, del todo. || *Faits*, pl. Hechos, acciones brillantes. || fam. é irón. Hazañas, fechorías, travesuras. || *Faits et gestes*, hazañas, proezas.

**FAÎTAGE**, m. *fetáge*. Arq. Viga que sostiene el techo de un edificio. || For. *Droit de faîtage*, derecho de techumbre que se pagaba en Francia. || Plomería, plancha de plomo que se extiende sobre el techo de un edificio. || Masa de barro que se emplea en cubrir las cabañas de paja ó ramaje.

**FAITARD**, E, adj. V. PARESSEUX.

**FAITARDISE**, f. V. FAINÉANTISE, LÂCHETÉ, PARESSE.

**FAÎTE**, m. *fét*. Techumbre, remate de un edificio. || Bot. Copa, cima de un árbol. || met. Cumbre, pináculo mas alto del [illegible] de la fortuna. || Com. Lomo, lado del paño y demas telas opuesto al orillo, ó el doblez del paño cuando está doblado por mitad. || Cumbre, línea que determina en las montañas la division de las vertientes de las aguas. || Art. Viga de un edificio en la que se apoyan las cabezas de las latas que han de formar el techo. || pl. Mar. Planteles. || [illegible] de árboles.

**FAÎTERIES**, f. pl. *fetrí*. Art. Moldes de hacer ladrillos.

**FAÎTIÈRE**, f. *fetiér*. Arq. Buharda, guardilla, ventana que sobresale del tejado de una casa. || Cobija, la teja acanalada. || Mesa de tierra extendida para cortar y hacer ladrillos.

**FAIX**, m. *fé*. Peso, carga. || *Plier sous le faix*, sucumbir á la carga. || Asiento de una obra. || *Faix d'une voile*, relinga del grátil. || met. Carga, peso de los negocios, de las ocupaciones, de los años, etc.

**FA-LA**, m. *falá*. Estribillo, especie de cantar en que se combinan dichas notas.

**FALABERGUIER**, m. V. [illegible].

**FALACA**, f. *faláca*. El castigo que se da en Argel á los cautivos en las plantas de los piés con vara ó rebenque, lo que se llama bastonada.

**FALAISE**, f. *falés*. Mar. Cortada, derrumbadero, costa brava y tajada del mar, ó bera escarpada.

**FALAISER**, n. *falesé*. Mar. Estrellarse, romperse las olas del mar contra una cortada, contra una roca escarpada.

**FALANQUE**, f. V. CIVETTE.

**FALARIQUE**, f. ant. *falaríc*. Falárica, especie de dardo.

**FALBALA**, m. *falbalá*. Falbalá, adorno

ra el traje de mujeres. || met. *La modestie est le falbala de la beauté*, la modestia es el adorno de la hermosura. || *Pipe en falbala*, pipa de tubo encorvado.

**FALCADE**, f. *falcád*. Equit. Corveta, movimiento que se enseña al caballo obligándolo á ir sobre las piernas con los brazos en el aire.

**FALCAIRE**, f. ant. *falquér*. Falcario, soldado de la antigua Roma armado con falce. || Falce, espada ó sable corvo de la figura de una hoz.

**FALCIDIE ó FALCIDIENNE**, f. *falsidí, falsidién*. For. Falcidia, cuarta parte de los bienes hereditarios que el derecho comun dispone quede libre al heredero.

**FALCINELLE**, f. *falsinél*. Zool. Falcinelo, género de África de la familia de los longirostros.

**FALCIROSTRE**, adj. *falsiróstr*. Zool. Falcirostro, que tiene el pico en forma de hoz: dícese de ciertas aves.

**FALCONERIE**, f. *falconerí*. Bot. Falconeria, género de plantas.

**FALCONIEN, NE**, adj. *falconién, én*. Zool. Halconiano, que se asemeja ó pertenece al género del halcon.

**FALCULAIRE**, adj. *falculér*. Falcicular, que tiene la forma de hoz.

**FALDISTOIRE**, m. *faldistuár*. Faldistorio, asiento bajo sin respaldo de que usan los obispos en algunas funciones. || Almohadon donde el papa se arrodilla durante ciertas ceremonias.

**FALE**, f. *fál*. Antig. Marca, señal: aplícase especialmente á unas piedras cónicas ó piramidales que usaban los Celtas en los circos, para indicar las vueltas que correspondia dar á cada carro. || *Fale ó falle*, buche, estómago, hablando de animales. *Ces poules ont la fale ó la falle pleine*, esas gallinas tienen el buche lleno. || met. y fam. Estómago. *Il a besoin pour s'endormir d'avoir la falle pleine*, necesita para dormir tener la barriga llena.

**FALERNIEN, NE**, adj. *falernién, én*. Falerniano, perteneciente á Falerno.

**FALIBOURDE**, f. ant. *falibúrd*. Falordia, mentira, enredo.

**[illegible]**, m. *falió*. Zool. Baleria, pequeña concha del Senegal.

**[illegible]**, f. *faligotrí*. Simpleza, bobada, [illegible].

**FALISQUE**, adj. y s. *falísc*. Falisco ó faleriano, de Faleria. || pl. Faliscos, versos latinos de cuatro pies.

**FALKIE**, f. *falquí*. Bot. Falquia, género de plantas convolvuláceas.

**FALLACE**, f. poco us. *falás*. Falacia, engaño, fraude ó mentira. || Sofisma, argucia, paralogismo.

**FALLACIEUSEMENT**, adv. *falasieusmán*. Falazmente, dolosamente, de una manera capciosa, fraudulenta.

**FALLACIEUX, EUSE**, adj. *falasieu, eus*. Falaz, engañoso.

**FALLÉNIE**, f. *falení*. Zool. Falenia, género de insectos dípteros bracóceros.

**[illegible]**, m. *falén*. Bremo, grande masa ó cepo de espuma que el mar arroja á la playa.

**FALLOIR**, v. imp. *faluár*. Convenir, ser menester, ser indispensable. *Il fallait prendre en cette occasion un ton énergique*, era menester tomar en aquella ocasion un tono enérgico. *Il eût fallu sortir de [illegible]*, hubiera tenido que salir de mi [illegible]. || Deber. *Il faudra qu'il le fasse*, deberá hacerlo. || Faltar, hacer falta, haber necesidad de. *C'est précisément ce qu'il me fallait*, esto es justamente lo que me faltaba. || *S'en falloir*, distar, estar léjos, haber léjos. *Il s'en faut de beaucoup que leur nombre soit complet*, mucho falta para que su número esté cabal. *Il s'en faut de beaucoup que sa sagesse égale celle de son frère*, dista mucho de tener la prudencia de su hermano. || *Tant s'en faut que*, loc. adv. Tan léjos está de... que... *Tant s'en faut que le roi l'ordonne, qu'au contraire il le défend*, tan léjos está el rey de mandarlo, que por el contrario lo prohibe. || *Une personne comme il faut*, una persona decente.

**FALLOPE**, f. *falóp*. Bot. Falopa, árbol pequeño de la China.

**FALOPIE**, f. V. FALLOPE.

**FALOT**, m. *faló*. Linterna, farol, luminaria, almenara. || Luminaria, luz que se pone en las ventanas y otros parajes en señal de regocijo público. || *Falot*, adj. Risible, ridículo, extravagante. || irón. Necio, farolon, fatuo.

**FALOTEMENT**, adv. *falotmán*. Ridículamente, de una manera extravagante.

**FALOTIER**, m. *falotié*. Atizador, farolero, el que tiene á su cargo el encender y cuidar de los faroles.

**FALOURDE**, f. *falúrd*. Hacina, haz grande de leña de cuatro ó cinco gavillas ligadas entre sí. || *Falourde de harts*, hacina grande de leña, formada de doce ó mas maderos grandes, que contienen los despojos de las balsas que hacen de las maderas para trasportarla por agua.

**FALQUE**, f. *falc*. Equit. Falca, media corveta, chasa, movimiento del caballo en el cual se mantiene sobre el cuarto trasero adelantando á saltitos.

**FALQUÉ, ÉE**, adj. *falqué*. Bot. Falciforme, encorvado en forma de una hoz.

**FALQUER**, n. *falqué*. Equit. Hacer chasas un caballo.

**FALSIFIABLE**, adj. *falsifiáble*. Falsificable, que se puede falsificar. || Falible, susceptible de equivocarse y ser engañado.

**FALSIFIANT, E**, adj. ant. *falsifián*. Fil. Ambiguo, equívoco, dudoso: se aplica á los argumentos escolásticos llenos de sutilezas.

**FALSIFICATEUR, TRICE**, m. y f. *falsificateur, tris*. Falsificador, el que falsifica, contrahace ó adultera.

**FALSIFICATION**, f. *falsificasión*. Falsificacion, accion y efecto de falsificar ó contrahacer.

**FALSIFIER**, a. *falsifié*. Falsificar, contrahacer, adulterar, alterar, corromper, etc. || Equit. *Falsifier les allures d'un cheval*, desnaturalizar la marcha, el paso de un caballo.

**FALTE**, m. *fált*. Mil. Falda, fardilla ó faldeta, piezas de la armadura usada en la edad media.

**FALTRANCK**, m. *faltránck* Farm. Faltranque, composicion farmacéutica usada en Suiza.

**FALUN**, m. *faleun*. Veta ó capa de conchas fósiles que se hallan debajo de la tierra.

**FALUNAGE**, m. *falunáge*. Explotacion de vetas de conchas. || Abono, beneficio del suelo por medio de los despojos fósiles de las montañas y demas depósitos naturales.

**FALUNER**, a. *faluné*. Abonar, beneficiar las tierras con conchas rotas.

**FALUNEUR, EUSE**, m. y f. *faluneur, eus*. Minero de vetas fósiles de abono para el beneficio de las tierras. || La mujer ó hija del operario ú obrero que abona las tierras.

**FALUNIÈRE**, f. *falunièr*. Mina de conchas fósiles.

**FAME**, f. ant. *fám*. Fama, renombre, celebridad.

**FAMÉ, ÉE**, adj. *famé*. Afamado, reputado, conceptuado. Se usa con los adverbios *bien* y *mal* en el estilo familiar. *Homme bien ou mal famé*, hombre bien ó mal conceptuado.

**FAMÉLIQUE**, adj. fam. *famelic*. Famélico, hambriento.

**FAMEUX, EUSE**, adj. *fameu, eus*. Famoso, renombrado, célebre, que tiene una gran reputacion. || *Porter un nom fameux*, llevar un apellido ilustre. *Siége fameux, bataille fameuse*, asedio insigne, batalla célebre. || Famoso, se usa muchas veces en sentido denigrativo: v. gr. cuando se dice *fameuse courtisane, fameux brigand*. || fam. Admirable, excelente.

**FAMIL**, adj. *famil*. Cetr. Doméstico, familiar, manso, hablando de halcones.

**FAMILIARISER**, a. *familiarisé*. Familiarizar, acostumbrar, hacer familiar ó comun. || *Se familiariser*, r. Familiarizarse, introducirse y acomodarse al trato familiar de alguno. || Adoptar lenguaje y maneras familiares, libres. || Acostumbrarse, hacerse á alguna cosa. || Domesticarse, hacerse social y tratable. *Ce lion commence à se familiariser*, este leon empieza á domesticarse.

**FAMILIARITÉ**, f. *familiarité*. Familiaridad, llaneza y confianza con que algunas personas se tratan entre sí || Familiaridad, libertad en las maneras y lenguaje, franqueza. || *La familiarité engendre le mépris*, la familiaridad produce el menosprecio. || Hist. Familiaridad, dignidad de familiar, consejero íntimo del rey en la edad media.

**FAMILIER, ÈRE**, adj. *familié, ér*. Familiar, perteneciente á la familia. || Familiar, franco, con confianza y sin sujecion en el lenguaje, en las maneras, á imitacion del trato íntimo de las familias. || Amigo y compañero de trato. || Familiar, habitual, acostumbrado, ordinario. || Familiar, usual y fácil. *Langage familier, style familier*, lenguaje, estilo familiar, sin adornos ni cuidado. || Manso, domesticado, enseñado: dícese especialmente de los animales. || *Esprit, démon, génie familier*, demonio, genio familiar, especie de genio que se creia adicto á una casa, á una persona para guiarla y servirla. || *Familier*, m. Familiar, persona con quien se vive en familia, amigo íntimo. *C'est un des familiers du prince*, es uno de los favoritos del príncipe. || *Faire le familier*, afectar familiaridad, familiarizarse inoportunamente con uno. || *Familier*, título de una dignidad áulica de la edad media. || *Familiers*, pl. Familiares, ministros del santo oficio.

**FAMILIÈREMENT**, adv. *familiermán*. Familiarmente, con familiaridad.

**FAMILLE**, f. *famill*. Familia, gente que vive en una casa bajo el mando del señor de ella. || Sociedad compuesta de hombre y mujer y de sus hijos. || Rama de alguna casa ó linaje. || Parentela inmediata de alguno. || Familia, fraccion, seccion, grupo, etc. || Bot. Familia, voz con que los botánicos clasifican las plantas || *Avoir un air de famille*, tener aire de familia, rasgos y facciones semejantes con los demas individuos de una misma descendencia.

**FAMILLEUX, EUSE**, adj. *famillieu, eus*. Gomioso, ansioso por comer: se aplica en cetrería al halcon que siempre quiere estar comiendo.

**FAMILLISME**, m. *famillism*. Familismo, entre los sectarios de la doctrina de Fourier, amor de familia.

**FAMINE**, f. *famin*. Hambre, calamidad pública, carestía y falta extrema de comestibles en una ciudad ó provincia. || *Ville en proie à la famine*, ciudad hecha presa del hambre. *Pays ravagé par la famine*, país desolado por el hambre. || *Prendre quelqu'un par la famine*, quitar á uno todos los recursos y ponerlo en la necesidad de suscribir á cualquier condicion. || prov. *Crier famine sur un tas de blé*, quejarse de vicio: quejarse uno como si le faltase todo, cuando de todo tiene en abundancia.

**FAMIS**, f. *famí*. Hambron, pobreton, apodos con que se apostrofa al pobre que quiere hacer figura. || Com. Famis, especie de tisú, tela de seda y oro que se tejo en Esmirna.

**FA-MIT-TAY**, m. *famité*. Famitay, nombre que se da á Dios por ciertos indios.

**FAMN**, m. fam. *fán*. Metrol. Especie de medida sueca.

**FAMOSITÉ**, f. *famosité*. Nombradía, fama, celebridad.

**FANAGE**, m. *fanáge*. Henaje, desecacion del heno. || Fenaje, el salario y la tarea de los jornaleros empleados en el henaje. || Henaje, la estacion á propósito para hacer esta operacion. En este sentido es mejor *fanaison*.

**FANAISON**, f. *fanesón*. Seca del heno y yerba de forraje. || Se dice de la estacion en que se practica esta operacion, y se escribe con mas frecuencia *fenaison*.

**FANAL**, m. *fanál*. Mar. Farol y linterna. || *Fanal de signaux*, farol de señales. || *Fanal sourd*, linterna secreta. || Farol, el que lleva un navío á la popa. || met. Fanal, lumbrera, las grandes verdades y descubrimientos que sirven de guias en las ciencias y en la moral.

**FANAM**, m. *fanán*. Fanam, moneda antigua de plata de Bombay.

**FANATIQUE**, adj. y s. *fanatic*. Fanático, que defiende con tenacidad y furor opiniones erradas en materia de religion. || Fanático, hipócrita, que se cubre con una falsa máscara de exagerada abnegacion por la religion. ‖ Fanático, preocupado ó entusiasmado por alguna cosa.

**FANATISER**, a. *fanatisé*. Fanatizar, promover el fanatismo, volver á uno fanático.

**FANATISEUR**, m. *fanatiseur*. Fanatizador, el que fanatiza.

**FANATISME**, m. *fanatism*. Fanatismo, ciego y furioso celo en materia de religion.

**FANCHON**, f. dim. de **FRANÇOISE**. *fanchón*. Francisquita, Frasquita, Paquita, nombre que se da á las niñas que se llaman *Françoise* (Francisca).

**FANCHONNETTES**, f. pl. *fanchonét*. Fanchonetas, especie de pastelillos de dulce que se sirven de intermedio en las mesas.

**FANDANGO**, m. *fandóngo*. Fandango, cierto baile alegre muy antiguo y comun en España.

**FANDOFLE**, f. *fandófl*. Fandofla, arma de la edad media para lanzar piedras.

**FANDROSSE**, m. *fandrós*. Zool. Fandroso, especie de gavilan.

**FANÉGA** ó **FANEGUE**, f. *fanéga*, *fanégue*. Fanega, medida de España para los granos y las tierras.

**FANEL**, m. *fanél*. Zool. Fanela, concha del Senegal.

**FANER**, a. *fané*. Hencer, remover el heno para que se seque y sirva de alimento á las bestias. ‖ Marchitar, secar las flores y las hojas de las plantas. ‖ met. Palidecer, marchitar, hacer perder la brillantez de los colores; y mejor se dice de la hermosura. ‖ *Se faner*, r. Marchitarse, secarse, agostarse, palidecerse. ‖ m. Faner, medida de capacidad para los sólidos áridos en algunas partes de Alemania.

**FANEUR, EUSE**, m. y f. *faneur*, *eus*. Henecador, jornalero que pone la yerba ó el heno á secar en el campo despues de segado.

**FANFAN**, m. fam. *fanfán*. Chacho y chacha, voz de mimo y cariño.

**FANFARE**, f. *fanfár*. Mús. Charanga, tocata particular con instrumentos de viento metálicos, y el conjunto de músicos que la tocan. ‖ Fanfarria, sonata de caja con el cuerno en la carrera de los ciervos. ‖ met. Fanfarronada, baladronada, bocanada.

**FANFARER**, n. *fanfaré*. Tocar la trompeta. ‖ a. Pregonar al son de clarines.

**FANFARERIE**, f. *fanfarrí*. Fanfarria, vana arrogancia, jactancia.

**FANFARON, NE**, adj. *fanfarón*, *ón*. Fanfarron: se decia propiamente del paladin que se anunciaba en las justas con el sonido de la trompeta. ‖ Fanfarron, arrogante, jactancioso, que se precia y hace alarde de lo que no es. ‖ m. Fanfarron, bocon, baladron. ‖ *Faire le fanfaron*, echar bocanadas, fanfarronadas, plantas. ‖ Fanfarron, el que promete lo que no puede ó mas de lo que puede cumplir.

**FANFARONNADE**, f. *fanfaronad*. Fanfarronada, baladronada dicho ó hecho propio de fanfarron.

**FANFARONNERIE**, f. *fanfaronrí*. Fanfarronería, modo de hablar y de portarse el fanfarron.

**FANFIOLES**, f. pl. *fanfiól*. Dijes, bujerías, pequeños efectos de adorno y tocador.

**FANFRELUCHE**, f. *fanfrlúche*. Chispa, las pequeñas centellas que saltan de la combustion de las hojas en su acepcion primitiva y etimológica. ‖ fam. Miriñaque, fruslería, adorno de poca importancia. ‖ met. Frivolidad, triquiñuela en el sentido mas amplio.

**FANGA**, f. *fango*. Medida de capacidad para los líquidos de Portugal.

**FANGE**, f. *fange*. Fango, lodo glutinoso que se saca de las acequias y pozos y se forma en los caminos. ‖ Fango, sordicie y corrupcion de las almas por el pecado. ‖ met. Fango, condicion, estado de bajeza y abyeccion.

**FANGEUX, EUSE**, adj. *fangeu*, *eus*. Fangoso, que está lleno de fango.

**FANION**, m. *fanión*. Mil. Bandereta de sarga que llevaba un criado delante de los equipajes.

**FANOIR**, m. *fanuár*. Agr. Farnero, especie de harnero donde se va echando el heno, la alfalfa y yerba, conforme se siega, para llevarlas á secar en los prados húmedos.

**FANON**, m. *fanón*. Bandera, estandarte de una lanza. ‖ Blas. Destroquerio, brazalete, manilla que lleva el brazo que suele hallarse en los escudos de armas. ‖ Servilleta desplegada, puesta al brazo. ‖ ant. Manípulo, pieza de la vestidura sagrada, que en el oficio de la misa llevan pendiente del brazo izquierdo los presbíteros y diáconos. ‖ Mangote, manga que se llevaba antiguamente pendiente del puño, especialmente en Alemania. ‖ Marmella ó papada del toro. ‖ Barba, colgante carnoso que llevan pendiente en la parte inferior de la cabeza el pavo y otras aves. ‖ Ballena, las barbas córneas del cetáceo de este nombre. ‖ Carneja ó mechon de pelo, pendiente de las cuartillas del caballo. ‖ Cir. Fanones, especie de láminas para ciertas fracturas, entablillado que se pone á una pierna ó muslo roto.

**FANTAISIE**, f. *fantesí*. Fantasía, facultad que tiene el alma racional de formar las imágenes de las cosas y la imágen formada. ‖ Presuncion, gravedad afectada. ‖ Ficcion, cuento, novela ó pensamiento elevado é ingenioso. ‖ Capricho, deseo, antojo. ‖ Capricho, opinion, extravagancia: *tableau de fantaisie*, cuadro de capricho.

**FANTAISISTE**, m. *fantesist*. Hombre de fantasía, de capricho, pintor de fantasías ‖ Escritor que redacta los artículos de variedades en los periódicos.

**FANTASIA**, f. *fantasía*. Fantasía, carreras de caballos entre los Árabes.

**FANTASIER**, n. *fantasié*. Pantasear, dejar correr la fantasía ó imaginacion por varios objetos. ‖ Preciarse vanamente.

**FANTASMAGORIE**, f. *fantasmagorí*. Fantasmagoría, arte de representar fantasmas por medio de una ilusion óptica. ‖ met. Fantasmagoría, el abuso que se hace en la literatura y bellas artes de los medios imaginarios y sobrenaturales. ‖ met. Fantasmagoría, el cuadro movible y fugaz que presenta un baile ó danza.

**FANTASMAGORIQUE**, adj. *fantasmagoric*. Fantasmagórico, que toca y atañe á la fantasmagoría.

**FANTASME**, m. *fantásm*. Med. Fantasma, especie de alucinacion ó vicio de la vision por el que se perciben objetos que no tienen realidad.

**FANTASQUE**, adj. *fantásc*. Antojadizo, caprichoso, raro. ‖ Singular, caprichoso, extraordinario en las obras de ingenio y arte.

**FANTASQUEMENT**, adv. *fantascmán*. Fantásticamente, de una manera fantástica.

**FANTASQUERIE**, f. *fantascrí*. Extravagancia, singularidad, rareza.

**FANTASSIN**, m. *fantasén*. Infante, soldado de á pié.

**FANTASTIQUE**, adj. *fantastic*. Fantástico, quimérico, fingido, que consiste solo en la imaginacion. ‖ Que pertenece á la fantasía.

**FANTASTIQUEMENT**, adv. *fantastic mán*. Fantásticamente, de una manera fantástica.

**FANTASTIQUER**, n. *fantastiqué*. Fantasear, imaginar, discurrir uno segun su capricho.

**FANTINE**, f. *fantín*. Art. Arco, parte del caballete que sirve para hilar la seda, donde se reunen formando hebra los diferentes filamentos que parten de los capullos.

**FANTOCCINI**, m. pl. *fantochíni*. Marionetas, títeres, pequeñas figuras de madera ó pasta que representan piezas dramáticas.

**FANTÔME**, m. *fantóm*. Fantasma, representacion de alguna figura que se aparece ó en sueño ó por flaqueza de la imaginacion. ‖ Espectro, coco. ‖ Sombra, vana imágen ó apariencia. ‖ met. Fantasma, prospecto fantástico de felicidad, ventura y verdad creado por la imaginacion. ‖ Cir. Busto, estatua de madera en que los cirujanos ensayan la aplicacion de los vendajes y otras operaciones ‖ prov. *C'est un vrai fantôme*, es una fantasma, una ilusion: se dice de un hombre flaco y demacrado. ‖ *Fantômes*, pl. Fantasmas, imágenes, entidades producidas en el censorio por la impresion de los cuerpos exteriores.

**FANTON**, m. *fantón*. Art. Cuadradillo, barra de hierro para reforzar los cañones de las chimeneas. ‖ Tabla con denticiones para ensambladura. ‖ pl. Barras delgadas de hierro reunidas en haces.

**FANU, E**, adj. *fanú*. Agr. [illegible], yerboso, que abunda en heno y yerba ó propósito para forrajear.

**FANUM**, m. *fánom*. Fano, templo que los gentiles erigian á sus héroes despues de deificarlos.

**FAON**, m. *fán*. Cachorro, [illegible] de fiera ó animal salvaje y montaraz. ‖ Cervatillo, se aplica con especialidad á las crías del género ciervo.

**FAONNER**, n. *fané*. Parir los hembras de los animales salvajes, especialmente las del género ciervo.

**FAPIFARE**, f. *fapifár*. Mil. Antigua sonata militar de trompas.

**FAQUIN**, m. *faquén*. Esportillero, ganapán, mozo de cuerda. ‖ Gañan, [illegible], hombre despreciable, sin inteligencia. ‖ Bellaco, bribon, persona sin honor. ‖ fam. Fatuo, presumido. ‖ Maniquí, [illegible], figura de madera ó paja que servia para ejercitarse en correr cañas y romper lanzas.

**FAQUINERIE**, f. *faquinrí*. [illegible]ría, bribonada, picardía.

**FAQUINISME**, m. V. [illegible].

**FAQUIR**, m. *faquír*. Faquir ó [illegible], especie de monje entre los Turcos.

**FARAFES**, m. pl. *faráf*. Zool. [illegible], especie de lobos de África.

**FARAILLON**, m. *farallón*. Mar. Farallon, islote en forma de picacho, situado por lo comun cerca de la costa.

**FARAIS**, m. *farí*. Pesc. [illegible], hilo de cáñamo que se emplea en la construccion de las redes para la pesca del coral. ‖ Red para pescar el coral.

**FARAISON**, f. *farezón*. Art. [illegible], la primera figura que se da al vidrio con el soplete.

**FARAMIER**, m. *faramié*. Bot. [illegible], género de plantas de la Guyana.

**FARANDOLE**, f. *farandól*. [illegible], baile peculiar de los Provenzales. ‖ Mús. Farándula, el alegro que sirve de acompañamiento á la farándula.

**FARASSE**, f. *farás*. Zool. [illegible] de Madagascar.

**FARATI**, m. *farati*. Almadraba, [illegible] por donde la pesca hace su entrada en los corrales.

**FARATS**, f. *fará*. Hacinamiento, monton de muchas cosas.

**FARAUD**, m. *faró*. Farsante, [illegible]. ‖ Intérprete. ‖ Bullicioso y entremetido.

**FARCE**, f. *fars*. Relleno de diversas viandas. ‖ *Poulets à la farce*, pollos rellenos. ‖ Farsa, sainete, pieza dramática por lo regular satírica. ‖ Farsa, [illegible] cómica y burlesca de los dichos ó hechos de alguna persona. ‖ Género cómico bajo y grosero á propósito para farsas. ‖ [illegible], ridícula, divertida, chocarrera.

**FARCER**, a. *farsé*. Jugar una pieza, [illegible]quear. ‖ n. Bufonear, chulear, hacer el gracioso.

**FARCESQUE**, adj. ant. *farsésc*. [illegible], chulo.

**FARCEUR, EUSE**, m. y f. *farseur*, *eus*. Farsante, sainetero, comediante de entremeses y sainetes. ‖ Truhan, juglar, [illegible] ‖ fam. Bufon, que hace reir con sus chistes y bufonerías.

**FARCIN**, m. *farsén*. Vet. Lamparones, enfermedad que padecen las caballerías.

**FARCINEUX, EUSE**, adj. *farsineu*, *eus*. Vet. Que padece lamparones.

**FARCIR**, a. *farsír*. Rellenar, [illegible] relleno. ‖ met. Embutir, atestar de [illegible] escrito de citas, de pasajes. ‖ *Se farcir*, r. Rellenarse, ser rellenado. ‖ met. [illegible] *l'imagination de balivernes*, [illegible] imaginacion de pamplinas, de cuentos de vieja.

**FARCISSEUR**, m. *farsiseur*. Rellenador, el que rellena.

**FARCISSURE**, f. *farsisúr*. Rellenadura, accion de rellenar una cosa. ‖ met. [illegible]dura, multitud de citas de que un [illegible] embute su obra.

**FARD**, m. *fár*. Afeite, pasta blanca ó encarnada que se ponen en la cara las mujeres para imitar el color natural. ‖ [illegible] Jovialidad, buen humor. ‖ met. [illegible],

[illegible], disimulo. || Compostura, aderezo, [illegible].

**FARDAGE**, m. ant. *fardáge* V. FARDEAU. || Mar. Almohadas de estiva, lastre de haces de leña.

**FARDE**, f. *fárd*. Com. Balon de café moca.

**FARDEAU**, m. *fardó*. Carga, peso. || met. Carga, peso, todo lo que pesa sobre alguno ó que tiene alguno á su cargo. || Peso, tierras y rocas que están á punto de desplomarse por su propio peso.

**FARDELER**, a. *fardlé*. Art. Enfardar, hacer fardos.

**FARDELIER**, m. *fardlié*. Mozo de cordel. Es lo mismo que *portefaix*.

**FARDEMENT**, m. ant. *fardmán*. Enfardamiento, accion de enfardar.

**FARDER**, a. *fardé*. Afeitar, acicalar, componer con afeites la cara. || met. Componer, disfrazar, dar un buen viso á las cosas. || n. Mar. Portar, se dice de las velas cuando están bien cortadas y orientadas.

**FARDES**, f. pl. V. FARGUES.

**FARDEUR**, m. *fardeur*. Enfardelador, el que enfardela ó hace fardos.

**FARDIER**, m. *fardié*. Carro destinado á conducir fardos.

**FARDON**, m. *fardón*. Fardio, moneda de la India.

**FARÈNE**, m. *farén*. Zool. Farino, pescado de las riberas de Suecia.

**FARFADÉEN, NE**, adj. *farfadeén, en*. Duendesco, que pertenece al duende.

**FARFADET**, m. *farfadé*. Duende, espíritu foleto, diablillo casero. || Chisgarabís, hombrecillo entremetido, bullicioso y de poca importancia.

**FARFARA**, f. *farfará*. Bot. Fárfara, uña de caballo, planta.

**FARFOUILLER**, a. *farfullé*. Farfullar, revolver, embrollar las cosas. || fam. Rozar, [illegible], estrujar alguna cosa manoseándola. || n. Escudriñar, andar en alguna cosa revolviendo todo lo que se encuentra.

**FARGUES ó FARDES**, f. pl. *fárgue, fárd*. Mar. Falcas, tablones que se ponen sobre la borda para elevarla ó darle mas altura.

**FARIBOLE**, f. *fariból*. Bagatela que se cuenta, frivolidad, paparrucha, cosa de poco valor, de poca importancia.

**FARILLON**, m. *farillón*. Pesc. Especie de [illegible] para atraer ciertos pescados, durante la noche, por el resplandor de la lumbre.

**FARIN**, m. *farén*. Farin, jefe de pueblo en los Estados berberiscos.

**FARINACÉ, ÉE**, adj. *farinasé*. Harináceo, que tiene harina, que es de su naturaleza.

**FARINAL, E**, adj. *farinál*. Zool. Farinal, que vive en la harina.

**FARINE**, f. *farin*. Harina, grano molido y reducido á polvo. || *Fleur de farine*, harina de flor. || *Folle farine*, harija, la harina que se desperdicia y lleva el aire en los molinos. || met. *Reprocher la farine*, echar en cara el nacimiento, el origen. || Pint. *Donner dans la farine*, pintar con colores claros ó [illegible]. || *Gens de même farine*, gentes de una misma calaña. || Miner. *Farine fossile* ó *minérale*, harina fósil ó mineral, sustancia [illegible]. || m. Pint. Color blanco de harina.

**FARINÉ, ÉE**, adj. *fariné*. Enharinado. || *Tableau fariné*, cuadro descolorido.

**FARINELLE**, f. *farinél*. Bot. Fariuela, género de setas.

**FARINER**, a. *fariné*. Enharinar, echar ó poner en harina el pescado para freirle. || n. Producir un polvo semejante á la harina.

**FARINET**, m. *fariné*. Dado de jugar, que solo tiene puntos en uno de sus lados.

**FARINEUX, EUSE**, adj. *farineu, eus*. Enharinado, blanco, cubierto de harina. || Harinoso, que produce harina, que tiene propiedades y naturaleza de harina. || Pint. *Coloris farineux*, colorido harinoso, que tiene las tintas pálidas, y las sombras pardas. || Escult. *Figure farineuse*, figura harinosa, figura de cera que ha salido limpia del molde. || *Farineux*, m. pl. Sustancias vegetales que contienen harina.

**FARINIER, ÈRE**, m. y f. *farinié, ér*. Harinero, tratante en harina. || *Farinière*, f. Harinero, parajo en donde se guarda la harina.

**FARINO-GLUTINEUX, EUSE**, adj. *farinoglutineu, eus*. Farino-glutinoso, que contiene una harina compuesta de almidon, y de un tejido celular no glutinoso.

**FARIO**, m. *fário*. Zool. Especie de pescado del género salmon.

**FARLOUSANE**, f. *farlusán*. Zool. Alondra de la Luisiana.

**FARLOUSE**, f. *farlús*. Zool. Farlusa, especie de alondra.

**FAR-NIENTE**, m. *farniénte*. Holgazanería, el no hacer nada, una dulce ociosidad. Es voz tomada del italiano.

**FAROBE**, m. *faròb*. Bot. Farobo, árbol del Senegal.

**FAROGUIS**, m. pl. *farogui*. Farogúis, indios que viven en los bosques y que adoran al Sol.

**FAROS**, m. *faró*. Bot. Faros, variedad de manzana.

**FAROUCHE**, adj. *farúche*. Bravo, bravío, indómito, montaraz, hablando de animales. || Huraño, arisco, insociable: dícese de las personas. || Bárbaro, cruel, feroz. || Austero, severo. || met. Salvaje. || *Bête farouche*, fiera, animal feroz.

**FARRAGE**, f. *farrâge* Fárrago, bambolla, conjunto de cosas inconexas.

**FARSANE**, m. *farsan*. Farsen, caballero árabe.

**FARTEUR**, m. *farteur*. Esclavo romano encargado de cebar las aves. || Rellenador, el que hacia morcillas, salchichas.

**FAS**, m. *fás*. Fas, divinidad que miraban los Latinos como la mas antigua de todas, lo mismo que Témis ó la Justicia.

**FAS, NEFAS, PER FAS ET NEFAS**, *fás, néfas*. Locucion tomada en frances y en español del latin; y significa lo que es permitido, lo que no lo es.

**FASCE**, f. *fas*. Arq. Liston, lista, parte de un arquitrabe. || Blas. Faja, lista que corta el escudo horizontalmente.

**FASCEAUX**, m. pl. *fasó*. Pesc. Especie de plomada hecha de piedra, para calar la red.

**FASCER**, a. *fasé*. Blas. Llenar el escudo de fajas.

**FASCICULE**, m. *fasicúl*. Brazado, haz, cantidad de yerbas ó plantas que se pueden llevar debajo del brazo. || Ramillete, cantidad de flores que se pueden coger con tres dedos. || Título que se da á las diversas entregas de ciertas obras de largo plazo.

**FASCICULÉ, ÉE**, adj. *fasiculé*. Bot. Fasciculado, se dice de las partes de cualquier cuerpo que están unidas y forman haz.

**FASCIÉ, ÉE**, adj. *fasié*. Bot. Fajado, señalado con fajas.

**FASCINAGE**, m. *fasinâge*. Faginada, conjunto de faginas ó cosa hecha con ellas.

**FASCINATEUR, TRICE**, adj. *fasinateur, tris*. Fascinador, que fascina. || m. Hechicero, brujo, mágico. || met. Fascinador, que encanta, que seduce, que embelesa.

**FASCINATION**, f. *fasinasión*. Fascinacion, aojo, encantamiento, hechizo por el que se ven las cosas de distinto modo de lo que ellas son. || met. Engaño, alucinacion. || Fascinacion, influencia que los adeptos del magnetismo pretenden ejercer sobre las personas que tienden al sonambulismo.

**FASCINE**, f. *fasin*. Mil. Fagina, haz de palos y ramajes cortados para varios usos de campaña.

**FASCINER**, a. *fasiné*. Fascinar, aojar ó hacer mal de ojo. || met. Engañar, alucinar, deslumbrar por una especie de encanto que hace que no se vean las cosas como ellas son.

**FASCIOLAIRE**, f. *fasiolér*. Zool. Fasciolaria, género de concha.

**FASÉOLE**, f. *faseól*. Habichuela, judía, frísol.

**FASHION**, f. *féchion*. Moda, uso ó costumbre nuevamente introducido. || El gran mundo, el mundo elegante.

**FASHIONABLE**, adj. *fasionábl*. Elegante, esclavo de la moda. || m. y f. Elegante, jóven de buen tono.

**FASHIONABLEMENT**, adv. *fasionablmán*. Elegantemente, de una manera elegante, con elegancia.

**FASIN**, m. *fasén*. Ceniza mezclada con tierra verdusca, etc., que sirve para cubrir el hogar de la fragua.

**FASQUIER**, m. *fasquié*. Pesc. Pesca que se hace por medio de luces.

**FASSAITE**, m. *fasét*. Miner. Variedad de piróxeno.

**FASSURE**, f. *fasúr*. Art. Jornada, parte de tela fabricada que existe entre el cilindro y el peine.

**FASTE**, m. *fást*. Fasto, fausto, ostentacion, lujo, pompa. || Orgullo, vanidad. || *Fastes*, pl. Fastos, calendarios romanos en que se notaban por meses y dias las fiestas y juegos. || Registros públicos de los hechos mas memorables. || *Fastes consulaires*, fastos consulares, fastos en que estaban suscritos los nombres de los cónsules por órden cronológico. || met. *Inscrire son nom sur les fastes de la gloire*, inmortalizarse con acciones gloriosas.

**FASTIDIEUSEMENT**, adv. *fastidieusmán*. Fastidiosamente, de una manera fastidiosa.

**FASTIDIEUX, EUSE**, adj. *fastidieu, eus*. Fastidioso, enfadoso, importuno, que causa disgusto, hastío.

**FASTIGIUM**, m. *fastígiom*. Fastigio, adorno, trofeo ó estatua que los Romanos ponian al remate de los templos.

**FASTIQUE**, adj. *fastic*. Pomposo, lujoso, que presenta fausto.

**FASTIQUEMENT**, adv. *fasticmán*. Fastosamente ó fastuosamente, con fausto.

**FASTUEUSEMENT**, adv. *fastueusmán*. Fastuosamente, con fausto, con ostentacion.

**FASTUEUX, EUSE**, adj. *fastueu, eus*. Fastuoso, lleno de fausto, ostentoso. || m. y f. Fastuoso, pomposo.

**FASYER**, n. *fasié*. Mar. Flamear, se dice del movimiento que toman las velas cuando reciben el viento por la relinga. Tambien se dice *ralinguer*.

**FAT**, adj. m. y sust. *fát*. Fatuo, presumido, falto de razon ó entendimiento.

**FATAL, E**, adj. *fatál*. Fatal, perteneciente al hado. || Fatal, funesto, desastroso, desgraciado. || Fatal, que decide de alguna cosa en bien ó en mal, que trasforma en realidad cosas que hasta entónces habian sido dudosas. || Fatal, perjudicial, ruinoso. || *Livre fatal*, libro fatal, coleccion de oráculos y predicciones. || *Terme fatal*, término fatal, término que concluye y que no admite mas plazo.

**FATALEMENT**, adv. *fatalmán*. Fatalmente, con fatalidad, desdicha, infelicidad.

**FATALISER**, a. *fatalisé*. Predestinar, destinar anticipadamente.

**FATALISME**, m. *fatalism*. Fatalismo, doctrina de los que todo lo atribuyen al hado.

**FATALISTE**, adj. *fatalist*. Fatalista, que pertenece al dogma del fatalismo, que depende de él, que quiere establecerlo ó propagarlo. || m. Fatalista, el que mira como único principio y causa de todas las cosas al hado ó destino.

**FATALITÉ**, f. *fatalité*. Fatalidad, destino inevitable. || Fatalidad, desgracia, desdicha, infelicidad.

**FATHA**, m. *fáta*. Filol. Fata, uno de los tres signos que los Árabes emplean para indicar los sonidos. El fata está figurado como nuestro acento.

**FATHOM**, m. *fatón*. Toesa, medida inglesa que marca 1,8287 metros.

**FATIDIQUE**, adj. *fatidic*. Fatídico, que anuncia la muerte. || *Oiseaux fatidiques*, aves fatídicas, agoreras, de infausto canto.

**FATIGABLE**, adj. *fatigábl*. Fatigoso, que se puede fatigar.

**FATIGANT, E**, adj. *fatigán*. Fatigoso, que fatiga, que cansa. || Cansado, molesto, importuno. || *Homme fatigant*, hombre fastidioso, cargante. || met. Fatigoso, penoso, que exige atencion, cuidado.

**FATIGUE**, f. *fatigue*. Fatiga, agitacion, cansancio. || Ocupacion, trabajo extraordinario.

**FATIGUER**, a. *fatigué*. Fatigar, cansar, causar fatiga. || Cansar, importunar, fastidiar. || met. Cansar, fatigar, pedir sin cesar. || *Fatiguer un ouvrage*, trabajar una obra, retocarla con un cuidado minucioso. || Pint. *Fatiguer la couleur*, pintar, repintar, cambiar los colores hasta que pierdan su frescura. || *Fatiguer un champ, un terrain*, cansar, desustanciar una tierra haciéndola producir demasiado. || *Fatiguer une salade*, menear mucho una ensalada para que tome el aderezo. || Mar. Trabajar, resistir esfuerzos en el casco ó en la arboladura por su fuerte viento.

**FATRAS**, m. *fatrá*. Almodrote, agregado confuso de cosas inútiles y frívolas. || met. Fárrago, bojarasca, hablando de obras intelectuales.

**FATRASSER**, n. *fatrasé*. Gastar el tiempo en bagatelas.

**FATRASSERIE**, f. *fatrasrí*. Fruslería, accion de pasar el tiempo en bagatelas.

**FATRASSEUR**, m. *fatraseur*. Chisgarabís, el que se ocupa de bagatelas.

**FATROUILLER**, n. ant. *fatrullé*. Trastear, ocuparse de bagatelas.

**FATUAIRE**, m. ant. *fatuér*. Fatuista ó visionario que, imaginándose inspirado, anunciaba las cosas futuras.

**FATUISME**, m. *fatuism*. Fatuismo, genio y carácter del fatuo. Sinón. de *fatuité*.

**FATUITÉ**, f. *fatuité*. Fatuidad, tontería.

**FATUM**, m. *fatom*. Hado, destino.

**FAUBER**, m. *fobér*. Mar. Lampazo, especie de madeja de filástica que sirve para secar las cubiertas.

**FAUBERTER**, a. *foberté*. Mar. Lampacear, secar las cubiertas con el lampazo. || Afretar una galera.

**FAUBOURG**, m. *fobúr*. Arrabal, poblacion ó barrio extramuros de una ciudad. || Suburbano, suburbio.

**FAUBOURIEN, NE**, adj. y s. *foburién, én*. Arrabalero, del arrabal, que ha nacido en él. || A veces significa hombre grosero.

**FAUCARD**, m. *focár*. Instrumento compuesto de muchas hoces para cortar la yerba que nace en los canales.

**FAUCARDER**, a. *focardé*. Cortar la yerba que crece en los canales.

**FAUCET**, m. *fosé*. Mús. Falsete, voz que, siendo natural, se modera para cantar.

**FAUCHAGE**, m. *fochág*. Agr. Siega, accion de segar ó guadañar. || Podadera de cortes con mango.

**FAUCHAISON**, f. *fochesón*. Agr. Siega, segazon, la estacion ó tiempo de segar los prados.

**FAUCHARD**, m. *fochár*. Agr. Honcejo, hoz pequeña pero de mango largo.

**FAUCHE**, f. *foche*. Agr. Siega, tiempo de segar. || Producto de la siega.

**FAUCHÉE**, f. *foché*. Agr. Tajo, lo que puede cortar un guadañero en un dia, que son ochenta cuerdas. || Tajo, medida que se usa en algunos paises.

**FAUCHEL**, m. V. FAUCHET.

**FAUCHER**, a. *foché*. Agr. Guadañar, dallar, segar con guadaña la yerba de los prados. || met. Guadañar, arrasar, destruir: se aplica á los entes de razon, la muerte, el tiempo. || n. Equit. Falsear, cojear el caballo de un cierto modo. || Art. Dejar poco apretado el urdimbre en los telares.

**FAUCHÈRE**, f. *fochér*. Art. Varilla de madera que se pone á las mulas de carga para que les sirva de grupera.

**FAUCHET**, m. *foché*. Agr. Rastrillo de guadañeros y labradores. || Hoz pequeña que sirve para hacer haces.

**FAUCHEUR**, m. *focheur*. Agr. Guadañero, segador de prados. || Zool. Segador, especie de pescado.

**FAUCHON**, m. *fochón*. Mil. Antigua espada corva en forma de una hoz. || Especie de guadaña ó dalla para segar ó cortar la yerba.

**FAUCILLE**, f. *fosill*. Agr. Hoz, falce, instrumento que sirve para segar las mieses. || Bot. Hoz, género de plantas gramíneas.

**FAUCILLON**, m. *fosillon*. Hocino, hoz pequeña. || Art. Lima pequeña.

**FAUCON**, m. *focón*. Zool. Halcon, ave de rapiña. || Mil. Halcon, cañon de artillería que se usaba en el siglo XV.

**FAUCONNEAU**, m. *foconó*. Mil. Falconete, antigua pieza de artillería lijera. || Art. Falconete, travesaño de madera que ocupa el alto del ingenio para subir pesos. || Zool. Falconete, halcon de poca edad.

**FAUCONNER**, n. *foconé*. Equit. Montar á caballo por el costado derecho y con el pié derecho, como los halconeros.

**FAUCONNERIE**, f. *foconrí*. Cetrería, arte de criar y enseñar los halcones. || Cetrería, equipaje propio para la caza del halcon. || Halconera, paraje en donde se guarda y se mantiene á los halcones. || Cetrería, altanería, caza de pájaros con halcones ú otras aves de rapiña.

**FAUCONNIER**, m. *foconié*. Halconero, el que cuida de los halcones. || Equit. *Monter à cheval en fauconnier*, montar á caballo como los halconeros, por el costado derecho y con el pié derecho, porque llevan el halcon en la mano izquierda.

**FAUCONNIÈRE**, f. *foconiér*. Faque, morral en el que los halconeros guardan sus utensilios necesarios.

**FAUDAGE**, m. *fodáge*. Art. Plegado, doblado, accion de plegar ó doblar una tela. || Señales que en las fábricas ponen á los paños por tener algun doblez ó gubarro en aquella parte.

**FAUDER**, a. *fodé*. Art. Doblar, plegar una tela en todo su largo. || Señalar la pieza por tener algun defecto.

**FAUDET**, m. *fodé*. Art. Tarima en las fábricas de lana.

**FAUDEUR**, m. *fodeur*. Art. Plegador, obrero encargado de plegar.

**FAUDRE**, m. *fódr*. Bot. Fodro, árbol de Madagascar.

**FAU-ÉTAI**, m. *foeté*. Mar. Contraestay, estay que se añade al estay mayor.

**FAU-ÉTAMBORD**, m. *foetanbór*. Mar. Contraestambor, madero puesto sobre el estambor para fortalecerle.

**FAUFILER**, a. *fofilé*. Bilvanar, hacer costuras con puntadas muy largas. || met. Ayudar á alguno á penetrar con habilidad en un negocio, á insinuarse con maña en la confianza de otro. || *Se faufiler*, r. Hilvanarse, ser hilvanado. || met. Introducirse con maña y habilidad entre otros.

**FAUFILURE**, f. *fofilúr*. Hilvan, basta en las costuras. || Hilvan, accion de hilvanar.

**FAULDE**, f. ant. *fold*. Redil, aprisco, albergue de ganado. || Hogar, hoya en que se hace el carbon.

**FAULSÉE**, f. ant. *folsé*. Carga, choque, ataque.

**FAUQUETTE**, f. *foquét*. Zool. Poqueta, antiguo nombre del aguilucho.

**FAURRADE**, f. *forrád*. Cañal, pesquera que se construye en un rio.

**FAUSSAIRE**, m. y f. *fosér*. Falsario, el que falsea ó falsifica alguna cosa.

**FAUSSE-AMURE**, f. *fosamúr*. Mar. Contraamura, cabo que se da en ayuda de la amura cuando hace mucho viento.

**FAUSSE-BALANCINE**, f. *fosbalansín*. Mar. Contraamantillo.

**FAUSSE-BRAIE**, f. *fosbré*. Fort. Falsabraga, barbacana. || Arq. Plataforma.

**FAUSSE-COUCHE**, f. *foscúche*. Malparto, aborto.

**FAUSSE-ÉCOUTE**, f. *fosecút*. Mar. Contraescota.

**FAUSSE-QUILLE**, f. *fosquill*. Mar. Zapata.

**FAUSSE-SUSPONTE**, f. *fosuspónt*. Mar. Contrabosa de verga.

**FAUSSE-SAINTE-BARBE**, f. *fosentbárb*. Mar. Cámara de los oficiales en las fragatas y corbetas.

**FAUSSEMENT**, adv. *fosmán*. Falsamente, con falsedad, contra la verdad.

**FAUSSER**, a. *fosé*. Doblar, torcer un cuerpo sólido, de modo que no se pueda enderezar por sí mismo. || Echar á perder los resortes de una máquina. || Abollar, hundir. || met. *Fausser sa parole, son serment*, violar la palabra, el juramento, faltar á él. || Dar una falsa interpretacion, hacer una falsa aplicacion. || Corromper, destruir la justicia de alguna cosa. || fam. *Fausser une compagnie*, faltar á una concurrencia en que uno promete hallarse. || Mús. Desafinar, cantar desafinado. || Acusar falsamente.

**FAUSSET**, m. *fosé*. Tiple, voz de cabeza. *Avoir une voix de fausset*, tener voz de tiple. || Art. Espita, bitoque de un tonel. || Gavilan, pico de una pluma.

**FAUSSETÉ**, f. *fosté*. Falsedad, mentira, doblez, hipocresía. || Falsedad, la calidad de falso que tienen algunas cosas.

**FAUSSISSIME**, super. de FAUX. *fosisím*. Falsísimo, muy falso.

**FAUSSURE**, f. *fosúr*. Fund. Cintura, curvatura de la campana de donde empieza á ensanchar.

**FAUTE**, f. *fót*. Falta, acto reprensible, vituperable. || Accion, omision, modo de obrar que perjudica ó puede perjudicar al buen éxito de un negocio. || Falta, cierto lance de pérdidas en el juego de pelota. || Accion ó omision fuera de tiempo que se comete por ignorancia ó descuido. || Accion ú omision contraria á las reglas de un arte. || Imperfeccion que resulta en una obra. || Descuido, incuria de un negociante en sus negocios. || ant. Falta, defecto, necesidad. || *Faute de*, loc. prep. Por falta de. *Faute d'argent*, por falta de dinero. *Faute d'outils il ne travaille pas*, no trabaja por falta de herramientas ó por no tener herramientas. *Sans faute*, loc adv. Sin falta, indefectiblemente, de seguro.

**FAUTEAU**, m. *fotó*. Ariete, antigua máquina de guerra.

**FAUTEUIL**, m. *foteuil*. Sillon, butaca, silla poltrona, sitial. || Silla, plaza ó sitio que ocupa el presidente de una asamblea. || met. Presidencia, funciones de presidente. || Acad. Plaza, funcion de académico.

**FAUTEUR, TRICE**, m. y f. *foteur, tris*. Fautor, el que favorece y ayuda á una opinion, partido ó secta.

**FAUTIF, IVE**, adj. *fotif, ív*. Falible, hablando de una persona sujeta á errar, á equivocarse. || Defectuoso, equivocado, lleno de yerros.

**FAUVE**, adj. *fóv*. Leonado, de color de leon. || m. El color leonado. || *Bêtes fauves*, venados de toda especie. || m. Flavo, nombre colectivo de los animales monteses, como gamos, ciervos, etc. || Zool. Flavo, pescado del género labro.

**FAUVEAU**, m. *fovó*. Zool. Buey que tiene un color leonado.

**FAUVETTE**, f. *fovét*. Zool. Curruca, silvia, ave pequeña.

**FAUX**, f. *fó*. Dalla, guadaña, instrumento cortante que sirve para cortar la yerba en los prados.

**FAUX, FAUSSE**, adj. *fo, fós*. Falso, contrario á la verdad y á las reglas. || Falso, engañoso, fingido, simulado. || Falso, hipócrita, hablando de las personas. || Falso, opuesto, que se separa del objeto que uno no se propone. || Incierto y contrario á la verdad, hablando de los actos de los hombres. || Mús. Desafinado, que no tiene afinacion. = *Faux bourdon*, fabordon. = *Faux accord*, discordancia. || *Faux bond*, [illegible] falso ó torcido de la pelota; y en [illegible] met., falta, desliz en materia de [illegible]. *Faire faux bond*, faltar á su palabra ó á su empeño. *Faire faux bond à son honneur*, faltar á su honor: se dice hablando de una mujer. || Falso, se aplica á la [illegible] que maliciosamente se hace imitando á la legítima. || *Faux brillant*, piropo, [illegible] hablando de pensamientos sutiles y poco sólidos. || *Faux frais*, gastos [illegible]. *Faux frère*, compañero desleal, aleve, etc. || *Faux jour*, vislumbre. || *Faux pas*, tropezon, desliz. || *Faux pli*, arruga que hace un vestido. || *Faux sel*, sal de [illegible], de contrabando. || Bot. *Faux froment*, [illegible] joyo, planta que se cria entre el trigo. || *Faux coup*, golpe en vago. || *Faux titre*, [illegible] tada de un libro || *Fausse couche*, malparto. || *Fausse alarme*, alarma falsa. || *Fausse attaque*, ataque falso, fingido. || *Fausse marche*, marcha fingida. || *Fausse porte*, puerta falsa, postigo. || *Fausse dent*, diente postizo. || *Fausses manches*, mangas sobrepuestas, sobremangas. || Falso, falto de precision, de exactitud. || fam. *Avoir un faux air de quelqu'un*, parecerse un poco á alguno. || m. Falso, la falsedad de una cosa, lo contrario á lo verdadero. || Jurisp. Falsía, crimen que comete el culpable de una suposicion fraudulenta, alterando la verdad en perjuicio de otro. || *S'inscrire en faux contre une proposition*, no querer reconocer una proposicion como verdadera. || *Plaider le faux pour savoir le vrai*, decir mentira por sacar verdad. || loc. adv. Falsamente, en falso.

*A faux*, en vago, en baldé, en vano; y tambien, injustamente, sin fundamento. *Aller à faux en quelque endroit*, ir en vano á alguna parte, sin encontrar lo que se busca. *Accuser à faux*, acusar injustamente. || met. *Un argument qui porte à faux*, argumento poco concluyente.

**FAUX-BEAUX**, m. *fobó*. Mar. Baos volados en el aire.

**FAUX-BRAS**, m. *fobrá*. Mar. Contra[illegible].

**FAUX-CÔTÉ**, m. *focoté*. Mar. Banda falsa, [illegible] sobre que rinde mas el buque.

**FAUX-FOC**, m. *fofóc*. Mar. Contrafoque.

**FAUX-FUYANT**, m. *fofuyán*. Senda [illegible], de traviesa. || met. Efugio, pretexto, [illegible].

**FAUX-REIN** ó **FAUX-RANG**, m. *forén*, *forán*. Mar. Espacios que quedan entre las [illegible] que se estivan en la bodega.

**FAUX-SAUNAGE**, m. *fosonáge*. Venta de sal de contrabando.

**FAUX-SAUNIER**, m. *fosonié*. Contrabandista de sal.

**FAUX-SEMBLANT**, m. *fosanblán*. Apariencia, [illegible].

**FAUX-TILLAC**, m. *fotilläc*. Mar. Baos de una nave.

**FAUX-TITRE**, m. *fotitr*. Impr. Anteportada de un libro.

**FAVAL**, m. *favál*. Zool. Faval, concha del Senegal, caracol manchado.

**FAVELLE**, f. *favél*. Cuento de vieja.

**FAVELOTTE**, f. *favlót*. Habilla, uno de los nombres comunes de la haba.

**FAVEUR**, f. *faveur*. Favor, gracia, merced, [illegible], valimiento, crédito, estimacion, [illegible]. || Favor, recomendacion, [illegible] que se hace para agradar á alguno. || *Prendre faveur*, acreditarse. || met. *Les faveurs de la fortune*, los favores de la fortuna, las riquezas, los honores, etc. || *Faveur populaire*, favor popular, popularidad. || pl. Favores, pruebas de cariño de una mujer, su [illegible]. || fam. *Faveurs de Vénus*, favores de Vénus, consecuencias que trae [illegible] el comercio de las mujeres. || *En faveur de*, loc. adv. En favor de, á favor de; y tambien, en consideracion á alguna cosa. || *A la faveur de*, con el favor, con la ayuda, por medio de, con el auxilio de, mediante.

**FAVEUX, EUSE**, adj. *faveu, eus*. Med. Favoso, epíteto dado á una especie de tiña que forma alvéolos.

**FAVIE**, f. *faví*. Zool. Favia, género de [illegible] políperos.

**FAVIFORME**, adj. *favifórm*. Faviforme, que tiene la forma del alvéolo.

**FAVIOLE**, f. *faviól*. Bot. Habichuela, uno de los nombres comunes de la judía.

**FAVISSE**, f. *favís*. Bóveda subterránea en [illegible] encerraban los Romanos los objetos [illegible] que pertenecian á cada templo.

**FAVONETTE**, f. *favonét*. Bot. Favoneta, [illegible].

**FAVONIE**, f. *favoní*. Bot. Favonia, arbusto del cabo de Buena Esperanza.

**FAVORABLE**, adj. *favorábl*. Favorable, propicio, que favorece, que ayuda. || Favorable, que merece indulgencia.

**FAVORABLEMENT**, adv. *favorablemán*. Favorablemente, de una manera favorable.

**FAVORI, TE**, adj. *favorí*. Favorecido. || m. y f. Favorito, valido, privado, el que tiene el primer lugar en la gracia de algun soberano. || met. Favorito, predilecto, la persona ó la cosa que se quiere mas sobre las demas de su clase. || *Favoris*, m. pl. Patillas, porcion de pelo que se deja crecer desde la sien hasta la barba.

**FAVORISER**, a. *favorisé*. Favorecer, proteger, ayudar. || Aprobar, ser partidario de alguno, defenderle. || met. *La nature l'a favorisé*, le ha favorecido la naturaleza, le ha concedido ventajas físicas ó morales.

**FAVORITE**, f. *favorit*. Art. Especie de [illegible]. || Zool. Gallina sultana de Cayena.

**FAVORITISME**, m. *favoritism*. Favoritismo, [illegible], hábito que tienen los [illegible] de abandonar la direccion de los negocios á los hombres que ganan su confianza.

**FAVOSITE**, f. *favosít*. Zool. Favosita, género de zoófitos.

**FAVOUILLE**, f. *favúll*. Bot. Especie de habichuela.

**FAYARD**, m. *feyár*. Bot. Haya, árbol.

**FAYOLS**, m. pl. *feyól*. Mar. Habichuelas secas.

**FAYON**, m. *feyón*. Bot. Uno de los nombres comunes de las judías.

**FÉ**, f. *fé*. Fe, homenaje. V. FOI.

**FÉABLE**, adj. ant. *feábl*. Fiel.

**FÉAGE**, m. *feáge*. Contrato de enfeudacion. || Herencia feudal.

**FÉAL, E**, adj. ant. *feál*. Fiel, leal. V. FIDÈLE. || m. Vasallo que tiene feudo.

**FÉALTÉ** ó **FÉAUTÉ**, f. ant. *fealté*, *feoté*. Fidelidad, buena fe. V. FIDÉLITÉ.

**FÉBRICITANT, E**, adj. *febrisitán*. Med. Febricitante, calenturiento.

**FÉBRICULE**, f. *febricúl*. Med. Calentura no muy fuerte.

**FÉBRIFUGE**, adj. *febrifúge*. Med. Febrífugo, que cura la calentura. || m. Febrífugo, antifebril, remedio contra la calentura.

**FÉBRILE**, adj. *febríl*. Febril, que pertenece á la fiebre, que es de la naturaleza de la fiebre.

**FÉBRUAL**, adj. *februál*. Antig. Februal, sobrenombre de Juno. || *Les fébruales*, f. pl. Las februales, fiestas públicas que se celebraban en honor de Pluton y de los manes.

**FÉCAL, E**, adj. *fecál*. Fecal, excrementicio, que constituye un depósito. || *Matière fécale*, materia fecal, excrementos.

**FÉCER**, n. *fesé*. Criar heces, madre, poso, hablando de líquidos.

**FÈCES**, f. pl. *fés*. Quím. Heces, poso que crian los líquidos. || Med. Heces, materias fecales.

**FÉCIAL**, m. *fesiál*. Antig. rom. Fecial, sacerdotes que intervenian en las declaraciones de guerra, tratados de paz, etc.

**FÉCOND, E**, adj. *fecón*. Fecundo, fértil, abundante, que produce mucho por medio de la generacion. || Fecundo, que facilita la produccion. || Fecundo, abundante de medios, artificios, etc. || Por extension se dice de una familia que cuenta en su rama hombres grandes, y de un siglo fértil en grandes acontecimientos.

**FÉCONDANCE**, f. *fecondáns*. Fecundidad, virtud y facultad de producir.

**FÉCONDANT, E**, adj. *fecondán*. Fecundante, que tiene virtud ó poder para fecundar. || met. Fecundante: se dice del talento, de los principios en filosofía, en moral, etc.

**FÉCONDATEUR, TRICE**, adj. *fecondateur*, *tris*. Fecundador, que fecunda, que desarrolla la fecundidad.

**FÉCONDATION**, f. *fecondasión*. Fecundacion, accion de fecundar.

**FÉCONDER**, a. *fecondé*. Fecundar, fertilizar, hacer productivo. || met. Fecundar, fecundizar, hablando del talento

**FÉCONDITÉ**, f. *fecondité*. Fecundidad, virtud y facultad de producir. || Fecundidad, fertilidad, abundancia. || met. Fecundidad del talento, de la imaginacion.

**FÉCULE**, f. *fecúl*. Fécula, sustancia en forma de polvos suave y alimenticia que se extrae de los vegetales. || Med. Fécula, heces, poso, asiento que dejan los líquidos en las vasijas.

**FÉCULENCE**, f. *feculéns*. Feculencia, cualidad de lo que es feculento. || Med. Feculencia, sedimento que deja la orina.

**FÉCULENT, E**, adj. *feculan*. Feculento, que tiene fécula. || Feculento, dícese de todo líquido cargado de heces ó poso.

**FÉCULERIE**, f. *feculrí*. Fábrica en donde se hace la fécula.

**FÉCULEUX, EUSE**, adj. *feculeu*, *eus*. Feculoso, que contiene fécula.

**FÉCULISTE**, m. *feculíst*. Feculista, almidonero, el que hace ó vende fécula.

**FÉCULOÏDE**, adj. *feculoíd*. Feculoideo, que se parece á la fécula.

**FÉDÉRAL, E**, adj. *federál*. Federativo aliado, que pertenece á una confederacion.

**FÉDÉRALISER**, a. *federalisé*. Confederar, hacer una confederacion. || Confederar, hacer que se adopte el gobierno federativo. || *Se fédéraliser*, r. Confederarse, ser confederado.

**FÉDÉRALISME**, m. *federalism*. Federalismo, sistema del gobierno federativo.

**FÉDÉRALISTE**, adj. *federalíst*. Federalista, perteneciente al gobierno federativo. || m. y f. Federalista, partidario del sistema federativo.

**FÉDÉRATIF, IVE**, adj. *federatíf*, *iv*. Federativo, confederativo, que pertenece á la confederacion. || Federativo ó confederativo, se dice de un estado compuesto de muchos, unidos por una alianza general.

**FÉDÉRATION**, f. *federasión*. Federacion, confederacion, alianza de varios estados ó potencias.

**FÉDÉRÉ**, m. *federé*. Confederado, miembro de una confederacion.

**FÉDÉRER**, a. *federé*. Federar, confederar, formar una confederacion de departamentos, de provincias, etc. || *Se fédérer*, r. Federarse ó confederarse.

**FÉDÉRERZ**, m. *federér*. Quím. Antimonio en pluma.

**FÉDIE**, f. *fedí*. Bot. Fedia, género de plantas valerianáceas.

**FÉE**, f. *fé*. Hada, hadada, divinidad imaginaria que tenia el don de hacer prodigios y el conocimiento del porvenir. || Hada, mujer que encanta, que seduce por su talento, su gracia, su belleza. || Poét. y met. Hadas, nombre que se da á las musas, á las sirenas, etc.

**FÉEA**, f. *feá*. Bot. Fea, género de helechos himenofileos.

**FÉER**, a. *feé*. Encantar, hechizar, hacer cosas maravillosas.

**FÉERIE**, f. *ferí*. Hechicería, arte de encantamientos. || Designa tambien el país de las hadas.

**FÉERIQUE**, adj. *feríc*. Hechicero, que pertenece á las hadas, que parece producido por su potencia mágica.

**FÉFÉ**, m. *fefé*. Zool. Orangutan, mono grande de la China.

**FÉGARITE**, f. *fegarít*. Med. Fegaritis, gangrena de la boca.

**FEINDRE**, a. *féndr*. Fingir, disimular, aparentar. || Inventar, imaginar, forjar. || Fingir, saber fingir. || *Feindre une chose à quelqu'un*, hacer creer alguna cosa á alguno. || Fingir, dar á entender. || n. Cojear, andar cojeando, aunque muy disimuladamente. || *Se feindre*, r. Fingirse, ser fingido, imitado, contrahecho.

**FEINTE**, f. *fént*. Fingimiento, simulacion, invencion, artificio. || Ret. Fingimiento ó simulacion, figura retórica. || Esgr. Finta, falso ataque. || Impr. Fraile, la parte que queda sin imprimir en un pliego por falta de tinta.

**FEINTIER**, m. *fentié*. Pesc. Red que sirve para pescar la alosa.

**FEINTISE**, f. ant. *fentís*. Fingimiento, engaño, astucia, simulacion.

**FÉLAN**, m. *felán*. Zool. Felan, concha bivalva del Senegal.

**FÉLAT**, m. *felá*. Zool. Felato, congrio, anguila de mar.

**FÉLATIER**, m. *felatié*. Oficial que en las fábricas de vidrio recibe el soplete para trabajar.

**FELD-MARÉCHAL** ó **FELD-MARSCHALL**, m. *feldmarechál*, *feldmarchél*. Mil. Mariscal de campo, grado militar. || *Feld-maréchal-lieutenant*, teniente general.

**FELD-SPATH**, m. *feldspát*. Miner. Feldespato, tierra de la China con que se hace porcelana, especie de mineral.

**FELD-SPATHIFORME**, adj. *feldspatifórm*. Miner. Feldespatiforme, mineral que presenta la forma del feldespato.

**FELD-SPATHIQUE**, adj. *feldspatíc*. Miner. Feldespático, que contiene feldespato.

**FÊLE, FELLE** ó **FESLE**, f. *fél*, *fésl*. Soplete, cañon de hierro hueco para soplar el vidrio.

**FÊLER**, a. *felé*. Cascar, rajar cualquiera vasija de barro, vidrio, metal, etc.

**FÊLÉ, ÉE**, adj. *felé*. Cascado, rajado, hendido || met. *Avoir la tête fêlée*, tener venas de loco, cabeza de chorlito. || *Poitrine fêlée*, pecho delicado.

*affaire*, conocer ó saber el pro y el contra de un asunto, entender la materia. || *Tirer le fin d'une affaire*, alambicar un negocio, sacar todo el partido posible de una cosa. || *Fin*, adj. Fino, delicado, fabricado con esmero. || Fino, elegante, gracioso. || Fino, puro, verdadero, sin mescla ni aligacion. || Fino, superior, excelente en su clase. || Fino, delicado, exquisito, hablando de los sentidos. || Fino, sutil, ingenioso, cuyo entendimiento está bien cultivado. || Bellaco, ladino, astuto. || *Fin matois*, socarron, picaron. || *Fin contre fin ne vaut rien pour doublure*, á la zorra candilaso: un pillo no hace buenas migas con otro. || met. y fam. *Le fin mot*, la clave de la charada, el secreto de la intencion. || *C'est une fine lame*, es una buena espada, un hombre que sabe manejar dicha arma. || *Fines herbes*, yerbas finas, que se mezclan en el condimento de los guisados. || Mont. *Avoir le nez fin*, tener buena nariz, hablando del perro que tiene buenos vientos. || Equit. *Cheval fin*, caballo de buena estampa, y tambien caballo que responde á las ayudas del jinete || met. y fam. *Avoir le nez fin*, tener buena nariz, oler las cosas desde lejos: no dejarse engañar fácilmente. || met. y fam. *Plus fin que lui n'est pas bête*, con dificultad se hallará un bicho mas fino: se dice hablando de una persona muy astuta y sagaz. || Mar. Fino, buque de muchos delgados. || *Fin voilier*, buque que anda mucho y particularmente de bolina. || *Fin*, adv. Se dice por elipsis en vez de *finement*, finamente. || *Prendre une bille fin*, tomar fina una bola en el juego de billar, tocarla muy lijeramente, de lado.

**FINAGE**, m. *finage*. Extension de una jurisdiccion, de un territorio hasta los confines de otro.

**FINAL, E**, adj. *finál*. Final, que termina, que concluye una operacion, una accion cualquiera. || *Etat final*, estado final, el en que se encuentra una persona á la hora de la muerte. || *Jugement final*, el juicio final que tendrá lugar en el valle de Josafat. || Com. *Compte final*, saldo, remate de una cuenta. || Jurisp. *Jugement final*, sentencia definitiva que termina una causa. || *Finale*, f. Mús. Final, nota principal del tono en que está compuesta una pieza de música. || *Finale*, m. Mús. Final, pieza de música bastante lata que termina una sinfonía ó cualquier composicion semejante.

**FINALEMENT**, adv. *finalmán*. Finalmente, en último lugar.

**FINALISTE**, m. *finalist*. Finalista, partidario de la doctrina de las causas finales.

**FINANCE**, f. *finans*. Dinero contante, moneda destinada á los gastos ordinarios. || *Finances*, pl. Erario, tesoro público, dinero que recauda la Hacienda sobre las rentas del Estado ó imposiciones gubernamentales. *Le ministère des finances*, el ministerio de Hacienda. || *Style de finance*, estilo rentístico. || Impr. *Caractère de finance*, carácter que imita la forma de letra ordinaria.

**FINANCER**, n. *finansé*. Desembolsar, efectuar un pago || Entregar dinero en tesorería, pagar al Erario alguna contribucion.

**FINANCIEL, LE**, adj. *finansiél*. Rentístico, que concierne á la Hacienda, á las rentas del Estado.

**FINANCIER**, m. *finansié*. Hacendista, rentista, financiero, el que maneja las rentas ó intereses del Estado. || Financiero, rentista, empresario, el que participa de la administracion de las rentas, que recibe, cobra algun impuesto ó contribucion por cuenta de la Hacienda ó con autorizacion del gobierno. || Financiero, el que está dedicado á las operaciones de bolsa. || fam. *Il est riche comme un financier*, es mas rico que un ministro de Hacienda. || *Division financière*, administracion de rentas que está con el objeto de recaudar los intereses que corresponden al Erario. || Coc. *Vol-au-vent à la financière*, especie de empanada de carnes delicadas. || met. *Morale financière*, positivismo, arte de gozar con la ayuda del dinero.

**FINANCIÈREMENT**, adv. *finansiermán*. Rentísticamente, de una manera rentística.

**FINASSER**, n. *finasé*. Roñear, andar con triquiñuelas y trazas malignejas.

**FINASSERIE**, f. *finasri*. Roñeja, picardigüela que no encierra gran malicia.

**FINASSEUR, EUSE**, m. y f. *finaseur, eus*. Tio roñas, triquiñuelas, que anda con raterías de poca monta.

**FINÂTRE**, f. *finâtr*. Com. Azache, seda de mala calidad.

**FINAUD, E**, adj. *finó*. Perillan, pajarraco, astuto, sin ocasionar gran perjuicio.

**FINCELLE**, f. *fensél*. Pesc. Relinga que se pone á la cabeza de una red.

**FINEMENT**, adv. *finmán*. Finamente, con finura, de una manera delicada, fina. || Con destreza, con disimulo.

**FINESSE**, f. *fines*. Tenuidad, sutileza, finura, delicadeza. || Primor, forma agradable y perfecta de una cosa. || Sutileza, sagacidad, disimulo. || Ingenio, expediente rápido y oportuno de una persona que tiene imaginacion viva, que se expresa concisamente y con propiedad. || *Finesse d'une langue*, delicadeza, elegancia de un idioma. || Pint. *Finesse de touche*, finura de un toque, media pincelada que da expresion, que realza el mérito y la gracia de una figura, de un cuadro. || Astucia, artificio, truhanería. || fam. *Faire finesse d'une chose*, dar importancia á una cosa, guardar secreto sobre lo que debiera decirse. || *Etre au bout de ses finesses*, haber apurado toda su habilidad, todos sus recursos. || *Chercher finesse à quelque chose*, ser quisquilloso, malicioso, caviloso, creer que los demas obran con astucia, con picardía, etc. || *Entendre finesse à quelque chose*, tomar siempre el rábano por las hojas: dar á todo un sentido malicioso.

**FINET, TE**, adj. y s. *finé*. diminutivo de FIN. Picarillo, que se precia de sagaz y es un bobalicon. || *Finette*, f. Com. Tela lijera de algodon ó de lana.

**FINGARD, E**, adj. *fengár*. Retivo, que se resiste á la espuela, hablando de los caballos.

**FINI, E**, adj. *fini*. Acabado, concluido, consumado, perfecto. || prov. y met. *C'est un homme fini*, es un hombre arruinado. || *Fini*, m. Remate, conclusion, fin de una obra. || Fil. Finito, lo que tiene límites, por oposicion á lo que no los tiene.

**FINIMENT**, m. *finimán*. Perfeccion, última mano de una obra en las bellas artes.

**FINIOLER**, n. *finiolé*. Exceder, sobrepujar ridículamente.

**FINIR**, a. *finír*. Acabar, concluir, terminar alguna cosa. || Concluir, poner fin, hacer cesar una accion, un efecto, etc. || Acabar, espirar, morir, dejar de existir una persona ó una cosa. || Concluir, obtener un resultado definitivo. || *En finir*, cesar, acabar de una vez con algo.

**FINISSAGE**, m. *finiságe*. Art. Remate, conclusion, accion de dar la última mano á una obra.

**FINISSEMENT**, m. ant. *finismán*. Fin, término, conclusion, remate, terminacion, accion de rematar una obra.

**FINISSEUR**, m. *finiseur*. Oficial que arregla el movimiento de un reloj, repasa todas las piezas y lo deja corriente. || Art. Artífice que concluye y perfecciona una obra.

**FINIT**, m. *fini*. Finiquito, remate de alguna cuenta.

**FINITEUR**, adj. *finiteur*. Astr. Finidor, que corresponde al horizonte.

**FINITIF**, adj. y s. m. ant. *finitif*. Gram. V. INDICATIF.

**FINITO**, m. V. FINIT.

**FINLANDAIS, E**, adj. y s. *fenlandé*. Finlandes, de la Finlandia.

**FINNE**, f. *fin*. Veta oblicua de materias extrañas que corta en las pizarras la direccion de las hojas.

**FIN-OR**, m. *finór*. Especie de pera que tiene la figura de un peon ó trompo, con la que juegan los muchachos.

**FINOT, E**, adj. fam. *finó*. Picaronzuelo, que es un poco astuto.

**FINOTERIE**, f. *finotri*. Entrechada, jugarreta, astucia, pillada de poca importancia.

**FIOCCHI**, m. pl. *fióqui*. Fioco, borla, copete que llevaban los cardenales en los sombreros. || *Etre in fiocchi*, estar de gala, de grande uniforme.

**FIOLANT**, m. *fiolán*. Fanfarron, baladron, el que hace el jaque.

**FIOLE**, f. *fiól*. Redomita, botellita, frasco pequeño, ampolleta de vidrio que sirve para echar licores.

**FIOLER**, n. fam. *fiolé*. Echar copas y mas copas, empinar el codo, beber con exceso.

**FIOLEUR**, m. fam. *fioleur*. Bebedor, mosquito de taberna, devoto de Baco.

**FION**, m. *fión*. Gracia, hechura, remate, última mano que se da á una obra.

**FIONOUT**, m. *fionu*. Bot. Fionoto, planta de Madagascar.

**FIORITE**, f. *fiorit*. Miner. Fiorita, variedad de cuarzo.

**FIORITURES**, f. pl. *fioritúr*. Mús. Floreos ó adornos, especie de [illegible].

**FIRKIN**, m. *firquén*. Nombre de una medida inglesa que sirve para los líquidos.

**FIRMAMENT**, m. *firmamán*. Firmamento, cielo en que se suponen [illegible] las estrellas. || Firmamento, region del aire, segun la Biblia. || Poét. Firmamento, [illegible], las estrellas, los luceros. || Firmamento, adorno, aderezo de piedras [illegible] que llevan las señoras en la cabeza.

**FIRMAN**, m. *firmán*. Firman, edicto, órden dada por el sultan. || Firman, [illegible], pasaporte, permiso para traficar que se concede en Oriente á los extranjeros.

**FIRONE**, m. *firón*. Bot. Firona, [illegible], planta marina.

**FISC**, m. *fisc*. Fisco, tesoro del rey ó príncipe. || Erario, tesoro del Estado, caudales que corresponden á la nacion. || Administracion encargada de [illegible] conservar los derechos del Erario. || [illegible] menores ó comunidades que [illegible] proteccion real.

**FISCAL, E**, adj. *fiscál*. Fiscal, que pertenece al fisco. *Procureur fiscal*, procurador fiscal, funcionario público.

**FISCALEMENT**, adv. *fiscalmán*. Fiscalmente, de una manera fiscal.

**FISCALIN, E**, adj. *fiscalén*. [illegible], que pertenece al fisco ó al [illegible]. Nombre con que se designaban las personas ó las cosas pertenecientes al [illegible].

**FISCALITÉ**, f. *fiscalité*. Fiscalidad, sistema de leyes relativas al fisco.

**FISCELLE**, f. ant. *fisél*. Canastillo, [illegible], especie de esportillo.

**FISCHERIE**, f. *fischerí*. Bot. Fisqueria, arbolillo de la América meridional.

**FISCHERINE**, f. *fischerín*. Miner. Fisquerina, sustancia mineral.

**FISOLÈRE**, f. *fisolér*. Barco [illegible] veneciano sumamente lijero.

**FISSICULATION**, f. [illegible]. Fisiculacion, abertura que se hace por el escalpelo.

**FISSIPÈDE**, adj. *fisipéd*. [illegible] dícese del cuadrúpedo que tiene [illegible] divididos en muchos dedos ó garras.

**FISSIROSTRE**, adj. [illegible]. [illegible] rostro, que tiene el pico hendido. || [illegible] de aves.

**FISSULE**, f. *fisúl*. Zool. [illegible] de gusanos intestinales, [illegible].

**FISSURATION**, f. [illegible] cion, estado de lo que está [illegible] tiene fisuras. || Anat. Fisuracion, [illegible] las vísceras en lóbulos ó [illegible].

**FISSURE**, f. *fisúr*. Fisura, [illegible] longitudinal.

**FISSURELLE**, f. *fisurél*. Zool. [illegible], género de conchas univalvas.

**FISSURELLIER**, m. [illegible]. [illegible] surellier, animal de la fisurela.

**FISSURELLITE**, f. *fisurelít*. [illegible] rellita, fisurela fósil y [illegible].

**FIST-JURI**, m. [illegible]. [illegible] Japon.

**FISTULAIRE**, adj. *fistulér*. [illegible] lar, que pertenece á la fístula ó que tiene la figura de un cañoncillo.

**FISTULE**, f. *fistúl*. Fístula, [illegible] funda, ancha en lo interior y [illegible] boca. || *Fistule lacrymale*, [illegible] que se forma en el ángulo [illegible] vulgarmente se llama [illegible]. || [illegible] *corale*, fístula estercoral, [illegible] ano. || *Fistule salivaire*, [illegible] sirve á la secrecion de la saliva. || [illegible] *urinaire*, fístula urinaria, [illegible] da involuntaria de la orina. || [illegible]

[illegible], m. *ferès.* Zool. Feres, pescado [illegible] de los celáceos.

[illegible], m. *ferè.* Fereto, especie de he-[illegible] es una verdadera piedra ferru-[illegible] hervecillo, varita de hierro que [illegible] vidrio para hacer sus [illegible] canutillo de hoja de lata [illegible] cirios para poner la mecha [illegible].

[illegible] ó FERRATIER, m. *fertié,* [illegible] de adobar, herramienta del [illegible].

[illegible], m. *féretrom.* Antig. Féretro, [illegible] que llevaban los muertos al lugar [illegible].

[illegible], E, adj. *ferièl.* Ferial, feriado, [illegible] dia feriado.

[illegible] f. *feri.* Feria, todos los dias de la [illegible] desde el domingo. Este [illegible] no se llaman feria. || Feria, [illegible] dia de descanso ó en que [illegible] trabajos.

[illegible], adj. *ferié.* Feriado, se dice [illegible] hay cesacion de trabajo pres-[illegible] religion.

[illegible], E, adj. *ferén.* Ferino, feroz, que [illegible], del carácter de una fiera. || [illegible], duro, áspero. || Med. Ferina, [illegible] de ciertas enfermedades peli-[illegible] naturaleza.

[illegible], a. [illegible] *ferir.* Herir. V. BLESSER. [illegible] *férir,* á mansalva, sin hallar re-[illegible] disparar un tiro.

[illegible], m. *ferlàge* Mar. La accion de [illegible].

[illegible], a. *ferlé.* Mar. Aferrar, plegar [illegible] de cargadas encima de las [illegible], á las que se sujetan por [illegible] tomadores.

[illegible], m. *ferlé.* Colgador, instrumen-[illegible] fábricas de papel para col-[illegible] secar.

[illegible], m. *ferlén.* Com. Ferlin, tela [illegible].

[illegible], m. *fermàge.* Arriendo de una [illegible] considerable de tier-[illegible] necesarios á su explo-[illegible].

[illegible], m. ant. *fermàil.* Broche, he-[illegible].

[illegible], adj. m. *fermallié.* Cerrado [illegible]. || Blas. *Ecu fer-*[illegible] guarnecido de abrazaderas.

[illegible], E, adj. *fermán.* Que cierra, [illegible]. *A jour fermant,* al acabar el [illegible] de la tarde. *A nuit fermante,* [illegible], á boca de noche. *A portes* [illegible], al cerrar las puertas, cuando [illegible] las puertas.

[illegible], f. *fermasión.* Clausura, [illegible] accion de cerrar. V. CLÔTURE.

[illegible], adj. *férm.* Firme, duro, con-[illegible], compacto. || Fuerte, fijo, [illegible], bien asegurado, que se [illegible]. || Fuerte, duro, vigoro-[illegible], constante, invariable. [illegible], á pié firme, sin retroce-[illegible] *style ferme,* estilo vigoroso, [illegible] *Achat ó vente ferme,* com-[illegible] firme, compra ó venta de efec-[illegible] pagadero á plazo marcado, el [illegible], no se puede ménos de entre-[illegible] los efectos, cualquiera que sea [illegible] prov. *Etre ferme sur ses étriers,* [illegible] dicho, estar en sus trece. || adv. [illegible], con firmeza, de un modo fir-[illegible], de firme, con aire, enér-[illegible] || *Ferme,* f. Cortijo, quinta, con-[illegible] de una explotacion rural [illegible] || Quinta, casa, la habitacion de [illegible] dentro de las tierras que culti-[illegible], arrendamiento ó importe del [illegible], la obra de carpintería [illegible] la techumbre de una casa. || *Fer-*[illegible] modelo, establecimiento [illegible]. || interj. *Ferme,* ánimo!

[illegible], m. *fermbàra.* Boqui-[illegible] de cerradura que se pone á un [illegible].

[illegible], adv. *fermmán.* Firme-[illegible] modo firme, con vigor. || Se-[illegible], con seguridad.

[illegible], m. *fermán.* Fermento leva-dura, sustancia que excita la fermentacion en el cuerpo con que se mezcla. || met. Fermentacion, incremento de las malas pasiones.

**FERMENTABLE**, adj. *fermantábl.* Fermentable, que puede fermentar.

**FERMENTATIF, IVE**, adj. *fermantatif, iv.* Fermentativo, que está dispuesto para fermentar.

**FERMENTATEUR, EUSE**, adj. *fermantateur,* eus. V. FERMENTATIF.

**FERMENTATION**, f. *fermantasión.* Fermentacion, movimiento interno de un líquido ó de otro cuerpo por el cual se agita y descompone. || met. Fermentacion, agitacion, conmocion.

**FERMENTER**, a. *fermanté.* Fermentar, causar la fermentacion. Es anticuado en este sentido, y mejor se dice *faire fermenter.* || n. Fermentar, moverse ó agitarse por sí las partículas de un cuerpo para adquirir nuevas propiedades. || met. Fermentar, estar los ánimos en efervescencia.

**FERMENTESCIBILITÉ**, f. *fermantesibilité.* Fermentescibilidad, cualidad de lo que es fermentescible.

**FERMENTESCIBLE**, adj. *fermantesibl.* Fermentescible, dispuesto á fermentar.

**FERMER**, a. *fermé.* Cerrar, poner algun impedimento que estorbe la entrada ó la salida. || Cerrar, cercar, rodear de una cerca, tapia ó muralla. || Concluir, acabar, terminar una cosa. || *Fermer sa porte à quelqu'un,* cerrar la puerta á alguno, impedirle continuar frecuentando su casa. || met. Cerrar, cicatrizar, curar. || *Fermer une voûte,* cerrar una bóveda, sentar la piedra sobre que descansan las dos mitades. || *Fermer l'oreille,* cerrar el oido, no dar oidos á. || *Fermer les yeux à,* cerrar los ojos á, no querer ver. || *Fermer la bouche à,* cerrar ó tapar la boca á. || *Fermer boutique,* cerrar la tienda, dejar el comercio, quebrar. || *Fermer un compte,* cerrar una cuenta, saldarla. || n. Cerrarse ó estar cerrado; y en este sentido se dice: *les bureaux ferment à quatre heures.* || *Faire fermer,* mandar cerrar, dar órden de que se cierre. || Mar. Enfilar dos objetos formando línea recta con el buque. || *Se fermer,* r. Cerrarse, ser cerrado. || *Ces portes ne se ferment pas bien,* estas puertas no juntan, no cierran bien.

**FERMETÉ**, f. *fermté.* Firmeza, fortaleza, estado de lo que es firme, difícil de conmover. || Firmeza, cualidad de un cuerpo sólido, compacto. || Vigor, fuerza. || Pulso, seguridad en la mano para efectuar alguna cosa. || Constancia, energía. || Vigor, atrevimiento en la ejecucion de una obra. || Firmeza, confianza, modo de hablar firme, noble y severo, de modo que no admite réplica por su nobleza y severidad. || Entereza, tenacidad.

**FERMETTE**, f. *fermét.* Armadura pequeña de techumbre.

**FERMETURE**, f. *fermtúr.* Cerradura, lo que sirve para cerrar. || Conjunto de piezas de madera o metal, destinadas á mantener cerrada una puerta ó ventana. || Cerradura, accion de cerrar.

**FERMEUR**, adj. m. y s. *fermeur.* Anat. Músculo orbicular de los párpados.

**FERMIER, ÈRE**, m. y f. *fermié, ér.* Colono, el que dirige la explotacion de una hacienda rural. || Arrendatario, el que toma en arriendo una finca rural. || Arrendador, asentista, el que en un Estado toma algun suministro ó se ocupa de la percepcion de una renta, mediante un precio convenido.

**FERMOIR**, m. *fermuar.* Manilla, broche para cerrar un libro. || Boquilla, especie de cerradura que se pone á una bolsa ó ridículo. || Escoplo de carpintero. || Formon, escoplo grande. || Cincel, instrumento que usan los escultores y grabadores.

**FERNAMBOUC**, m. *fernanbúc.* Fernambuco, madera del Brasil, de la provincia de Fernambuco, buena para teñir.

**FERNEL**, m. *fernél.* Fernel, especie de madera de África.

**FERNÉLIE**, f. *fernelí.* Bot. Fernelia, género de plantas.

**FÉROCE**, adj. *ferós.* Feroz, fiero, que es indómito y cruel. || Feroz, brutal, cruel, sanguinario, hablando del hombre. || Feroz, epíteto de las pasiones, de los caractéres, de la expresion del rostro.

**FÉROCIFIER**, a. *ferosifié.* Ferocificar, hacer cruel, feroz.

**FÉROCITÉ**, f. *ferosité.* Ferocidad, fiereza, crueldad. || Ferocidad, cualidad del hombre cruel, de su carácter, de sus inclinaciones, etc.

**FÉRONIE**, f. *feroní.* Feronia, sobrenombre de Juno.

**FERRADE**, f. *ferrád.* Marcadura, operacion que consiste en marcar los bueyes con un hierro caliente.

**FERRAGE**, m. *ferrágeH*erraje, accion de herrar. || Accion de marcar con un sello de plomo los tejidos en las aduanas.

**FERRAILLE**, f. *ferráll* Hierro viejo.

**FERRAILLER**, n. *ferrallé.* Espadachinear, andar esgrimiendo. || Espadachinear, meter ruido con hojas de espada ó sable para imitar un combate. || met. Disputar, litigar. || Vender, comprar, buscar el hierro viejo.

**FERRAILLEUR**, m. *ferralleur.* Espadachin, acuchillador, pendenciero. || Traficante de hierro viejo.

**FERRANDINE**, f. *ferrandín.* Com. Ferrandina, sarga de estambre y seda.

**FERRANDINIER**, m. *ferrandinié.* Ferrandinero, tejedor de ferrandinas.

**FERRANT**, adj. m. *ferrán* Que hierra las caballerías. *Maréchal ferrant,* herrador.

**FERRAROIS, E**, adj. y s. *ferraruá* Ferrares, de Ferrara.

**FERRARIE**, f. *ferrarí* Bot. Ferraria, género de plantas irídeas.

**FERRAT**, m. *ferrá.* Zool. Ferrato, pescado del género de los salmones.

**FERRÉ, ÉE**, adj. *ferré.* Herrado, ferrado. || Farm. *Eau ferrée,* agua de hierro. || *Chemin ferré,* calzada, camino de suelo firme, de casquijo. || met. *Style ferré,* estilo duro. || met. y fam. *Homme ferré, ferré à glace,* hombre que tiene conocimientos sólidos en cualquier materia que sea.

**FERREMENT**, m. *ferrmán* Herramienta, instrumento de hierro. || *Ferrements,* pl. Mar. Herraje, todo lo que es fierro, alambre, cobre, etc., en un navío.

**FERRÉOLE**, m. *ferreól.* Bot. Ferreole, árbol muy grande de las Indias.

**FERRER**, a. *ferré.* Ferrar, guarnecer de hierro. || Herrar una caballería. || *Ferrer des aiguillettes,* herretear, echar herretes á los cordones ó agujetas. || *Ferrer une étoffe,* marcar ó sellar una tela. || prov. *Ferrer la mule,* sisar, meter la uña: comprar una cosa para alguno, y hacérsela pagar mas caro de lo que ha costado.

**FERRET**, m. *ferré.* Herrete, cabillo que se pone á los cordones, agujetas, etc. || Veta dura en las piedras de cantería.

**FERRETIER**, m. *ferrtié.* Porrilla, martillo de herrador para forjar las herraduras. || Traficante en hierro viejo.

**FERREUR, EUSE**, m. y f. *ferreur, eus.* Herretero, el que echa herretes á los cordones.

**FERREUX, EUSE**, adj. *ferreu, eus.* Quím. Ferroso, que tiene hierro. || *Protoxyde ferreux,* protóxido ferroso, el primer grado de oxidacion de hierro. || *Sous-sulfure ferreux* y *sulfure ferreux,* sub-sulfuro ferroso y sulfuro ferroso. El primero y tercer grado de la sulfuracion del hierro.

**FERRICALCITE**, f. *ferricalsit.* Quím. Ferricalcita, carbonato de cal que contiene una gran cantidad de hierro.

**FERRIDES**, m. pl. *ferríd* Ferridos, familia de cuerpos simples cuyo tipo es el hierro.

**FERRIÈRE**, f. *ferriér.* Herramental, saco, sombrero ó espuertilla en que el herrador lleva las herraduras y herramientas.

**FERRIFICATION**, f. *ferrificasion.* Miner. Ferrificacion, cambio en hierro.

**FERRILITHE**, m. *ferrilít.* Miner. Ferrilito, variedad de basalto.

**FERRIQUE**, adj. *ferric.* Férrico, que tiene hierro.

**FERRO-ARSÉNIFÈRE**, adj. *ferroarsenifér.* Miner. Ferro-arsenífero, que contiene hierro y arsénico.

**FERRON**, m. *ferrón*. Com. Mercader de hierro en barra y tejos.

**FERRONNERIE**, f. *ferronrí*. Herrería, fábrica, obrador en que se trabajan artefactos de hierro. || Com. Tienda de hierro en que se vende obra de este metal.

**FERRONNIER, ÈRE**, m. y f. *ferronié, ér*. Mercader ó tendero de hierro. || *Ferronnière*, f. Ferroñé, joya que las mujeres llevan colgando con una cadenita de oro en medio de la frente.

**FERRUGINEUX, EUSE**, adj. *ferrugineu, eus*. Ferruginoso, que tiene alguna de las cualidades del hierro.

**FERRUGO**, m. *ferrúgo*. Robin, herrumbre, moho que cria el hierro, orin.

**FERRUMINATION**, f. *ferruminasión*. Ferruminacion, soldadura de hierro.

**FERRURE**, f. *ferrûr*. Herraje, conjunto de piezas de hierro que entran en la construccion de un objeto. || Vet. Herraje, accion, modo de herrar. || Herraje, las cuatro herraduras que componen el de un caballo. || m. pl. Mar. Herraje del timon ó sean sus machos y hembras.

**FERTILE**, adj. *fertil*. Fértil, fecundo, productivo, que produce en abundancia. || met. Fértil, abundante, expedito en recursos. || Fértil, dilatado, amplio, extenso. *Sujet, matière fertile*, asunto, materia fértil, sobre la que hay mucho que decir.

**FERTILEMENT**, adv. *fertilmán*. Fértilmente, con fertilidad, con abundancia.

**FERTILISABLE**, adj. *fertilisábl*. Fertilizable, que es susceptible de fertilizacion.

**FERTILISANT**, adj. *fertilisán*. Fertilizante, que fertiliza, que es propio para fertilizar.

**FERTILISATION**, f. *fertilisasion*. Fertilizacion, accion de fertilizar la tierra para darle mayor valor.

**FERTILISER**, a. *fertilisé*. Fertilizar, cultivar la tierra de un modo conveniente para que sea mas productiva.

**FERTILITÉ**, f. *fertilité*. Fertilidad, cualidad de lo fértil, virtud que tiene la tierra para producir copiosos frutos. || met. Se usa esta voz en sentido figurado con aplicacion al ingenio, á la imaginacion.

**FÉRULACÉ, ÉE**, adj. *ferulasé*. Ferulâceo, que se parece á una férula.

**FÉRULE**, f. *ferúl*. Férula, palmeta, paleta de cuero ó madera, usada en ciertas aulas para castigar á los escolares. || Palmetazo, palmeta, golpe dado con este instrumento. || met. *Être sous la férule de quelqu'un*, estar bajo la autoridad ó dependencia de alguno. || *Tenir la férule*, tener la férula, estar en autoridad. || Bot. Férula, cañaheja, género de plantas.

**FERVEMMENT**, adv. *fervamán*. Fervientemente, con fervor.

**FERVENT, E**, adj. *ferván*. Ferviente, que tiene ardor, fervor.

**FERVEUR**, f. *ferveur*. Fervor, ardor, sentimiento vivo y afectuoso con que se inclina uno á los ejercicios de piedad y caridad. || *Ferveur de novice*, fervor de novicio, fervor pasajero.

**FERZE**, f. *férs*. Mar. Paño ancho de una vela.

**FESCENNIN, E**, adj. y s. *fesenén, in*. Fescenino, de Fescenia en Etruria.

**FESSE**, f. *fés*. Anat. Nalga, porcion carnosa y redonda de la parte posterior del hombre encima del muslo.

**FESSE-CAHIER**, m. *fescaié*. Cagatinta, expresion de desprecio con que se designa al que no tiene otro oficio que copiar los escritos que con este objeto le llevan.

**FESSÉE**, f. fam. *fesé*. Azotaina, zurra de azotes.

**FESSELLE**, f. *fesél*. Encella, forma para hacer quesos.

**FESSE-MATTHIEU**, m. *fesmatieu*. Avaro, usurero, que presta sobre prendas.

**FESSE-PINTE**, m. *fespént*. Tonel, cuba, bebedor insaciable.

**FESSER**, a. *fesé*. Azotar, golpear en las nalgas con la mano, con varas ó correas. || met. y fam. *Fesser le vin*, ser un pellejo: beber mucho sin que haga daño. || *Fesser le cahier*, emborronar papel: escribir con letra ancha para que haga muchos pliegos.

**FESSEUR, EUSE**, m. y f. *feseur, eus*. Azotador, el que azota.

**FESSIER, ÈRE**, adj. *fesié, er*. Anat. Glúteo, que pertenece, que tiene relacion con las nalgas. || m. Nalgatorio, tafanario, monario, lo mismo que trasero.

**FESSOIR**, m. *fesuár*. Agr. Azadon para quitar el césped de un campo, cuando se quiere rozarlo.

**FESSON**, m. *fesón*. Agr. Azadon largo usado para binar la viña.

**FESSOUR**, m. *fesúr*. Art. Pala usada en las salinas.

**FESSU, E**, adj. *fesú*. Nalgudo, culon, que tiene las nalgas muy gruesas.

**FESTAL, E**, adj. *festál*. Festal, de fiesta, que pertenece á la fiesta.

**FESTIN**, m. *festén*. Festin, banquete, comida suntuosa y solemne.

**FESTINER**, a. *festiné*. Banquetear, dar banquetes, obsequiar, tener convites, comidas. || n. Regalarse, darse buena vida.

**FESTIVAL, E**, adj. *festivál*. Festival, que tiene relacion con una fiesta de la Iglesia.

**FESTIVIEN, NE**, adj. *festivién, én*. Zool. Festivo, calificacion de ciertas mariposas diurnas.

**FESTIVITÉ**, f. *festivité*. Festividad, gran aparato de festin.

**FESTON**, m. *festón*. Feston, adorno compuesto de flores, frutas y hojas, etc., que sirve generalmente de decoracion. || Feston, recortadura ó bordados en forma de hondas que hacen las costureras, bordadoras y adornistas.

**FESTONNER**, a. *festoné*. Festonar, dibujar, bordar á feston, hacer feston. || met. y fam. Hacer eses, estar borracho.

**FESTOYER**, a. *festuayé*. Festejar, acariciar. V. FÊTOYER.

**FÊTARDISE**, f. *fetardís*. Cobardía, pereza.

**FÊTE**, f. *fét*. Fiesta, solemnidad, pompa religiosa. || Rel. Fiesta, dia consagrado á actos de religion y las ceremonias religiosas con que se santifica este dia. || *Fêtes de famille*, fiestas de familia, diversiones tenidas entre familia. || Fiestas, funciones, regocijos públicos. || Fiesta, diversion, huelga en una concurrencia ó junta. || *Fête-Dieu*, Córpus, dia del Córpus, festividad del Córpus. || *Fête d'une personne*, dia de alguno, el dia de su santo. || *Faire fête à quelqu'un*, festejar á alguno. || prov. y met. *Tant dure le vin, tant dure la fête*, miéntras dura, vida y dulzura, habrá regalo y buen trato miéntras haya dinero.

**FÊTER**, a. *fêté*. Santificar, celebrar, solemnizar una fiesta. || Festejar, celebrar el santo de alguno.

**FÉTEUR**, f. *feteur*. Hedor, hediondez, olor muy malo y penetrante.

**FÉTICHE**, m. *fetiche*. Fetiche, ídolo de los negros, que es cualquier objeto material.

**FÉTICHISME**, m. *fetichism*. Fetiquismo, culto dado á los objetos materiales, no sensibles, considerados como dioses. || Adoracion, veneracion ciega de una persona, de sus defectos, de sus caprichos.

**FÉTICHISTE**, adj. *fetichist*. Fetiquista, que está sumido en el fetiquismo.

**FÉTIDE**, adj. *fetid*. Fétido, hediondo, que arroja de sí hedor.

**FÉTIDITÉ**, f. *fetidité*. Fetidez, hediondez, cualidad de lo fétido.

**FÊTOYER**, a. *fetuayé*. Festejar, tratar bien á uno, regalarle.

**FÉTU**, m. *fetú*. Arista, pajilla ó gramiza que queda del lino ó cáñamo despues de agramarlos. || Ardite, átomo, cosa de ningun valor. *Cela ne vaut pas un fétu*, eso no vale una paja, un comino.

**FÉTUQUE**, f. *fetúc*. Bot. Fetuca, género de plantas.

**FÉTUS**, m. *fétus*. Feto, lo que la hembra concibe y tiene en su vientre.

**FEU**, m. *feu*. Fuego, uno de los cuatro elementos de los antiguos, caliente, seco y luminoso. || Fuego, calórico, el principio del calor y de la luz. || Fuego, lumbre. || Fuego, incendio, abrasamiento. || Hogar, chimenea. || Luz, brillo, resplandor de las hachas, antorchas, fanales, etc. || Fuego, disparo y tiro de las armas, escopetazo, cañonazo, etc. || Rayo, centella, meteoro brillante. || Fuego, ardor, calor excesivo. || Fuego, cauterio, remedio de fuego. || met. Fuego, brillo, resplandor de alguna cosa. || Inflamacion, calor vivo. || met. Fuego, ardor, vehemencia de los afectos, de las pasiones. || Vivacidad, chispa, viveza. || met. [illegible] alboroto, conmocion. || Fuego, [illegible] que causa calor. || *A petit feu*, á fuego lento. || *Coup de feu*, tiro, disparo. || [illegible] *feu*, camisa embreada. || *Pot à feu* [illegible] cia, frasco de pólvora, artificio de [illegible] *Pot au feu*, el puchero, la olla. [illegible] *feu*, acalorarse, irritarse. || Vet. [illegible] *feu*, labrar á fuego, emplear el [illegible] las caballerías como un medio [illegible] *Feu volage*, sarpullido. || met. *Feu de paille*, llamarada, vivacidad que pasa luego. || [illegible] *de l'huile sur le feu*, echar leña al fuego. || *N'avoir ni feu ni lieu*, no tener [illegible] gar. || *Feu électrique*, fuego eléctrico. || [illegible] *d'artifice*, fuegos artificiales. || [illegible] *feu*, cortar el fuego, evitar que se [illegible] que un incendio. || Mar. *Feu d'un* [illegible] farol que se enciende para indicar la [illegible] cion del buque. = *A bas le feu*, cese el fuego, órden de cesar el fuego. = [illegible] *feux*, apagar las luces. = *Donner le feu*, dar fuego á los fondos para destruir [illegible] *Feux*, pl. Hemadas, hogueras [illegible]

**FEU, E**, adj. *feu*. Difunto, que [illegible] to, que fué, que vivió. *Feu* [illegible] difunto padre; *feu ma mère*, [illegible] madre. *Feu la reine, la feue reine*, [illegible] difunta.

**FEUDATAIRE**, m. y f. *feudatér*. Feudatario, vasallo.

**FEUDISTE**, m. *feudist*. Feudista, hombre versado en materia de feudos.

**FEUILLAGE**, m. *feuillage*. [illegible] conjunto de hojas adheridas á las [illegible] los árboles ó desprendidas de [illegible] je, ramas de árboles cubiertas de [illegible] llaje, sombra, espesura de las hojas. [illegible] Follaje, adorno de arquitectura.

**FEUILLAISON**, f. *feuillesón*. [illegible] cion, hojecer, aparicion de las hojas de los vegetales.

**FEUILLANT**, m. *feuillán*. [illegible] ligioso observante de la regla de [illegible] nardo. || Miembro de un club en [illegible]

**FEUILLANTINE**, f. *feuillantín*. [illegible] cierto pastel de este nombre. || [illegible] religiosa ó monja de la estrecha observancia de San Bernardo.

**FEUILLARD**, m. *feuillár*. Agr. [illegible] da, haz, monton de ramas de [illegible] *Feuillards*, pl. Lambrequines, [illegible] cuelgan de los cascos de las [illegible] mas. || Madera ó ramas para [illegible] || adj. m. *Fer feuillard*, hierro en [illegible]

**FEUILLE**, f. *feuil*. Bot. Hoja, [illegible] til y delgada que arrojan los [illegible] plantas y las ramas de los árboles. [illegible] *bois de deux feuilles*, vino ó [illegible] años. || fam. *Il s'en ira avec les* [illegible] morirá al caer la hoja. || *Qui a* [illegible] *feuilles n'aille point au bois*, quien [illegible] no quiera, no vaya á la era; quien [illegible] se desmaya, á la guerra nunca vaya. || [illegible] en los metales, plancha batida y [illegible] gada que se hace de ellos; en los [illegible] cada una de las partes del papel ó [illegible] no de que se componen. || [illegible] que se levanta de los metales [illegible] batirlos; cada una de las capas [illegible] que se suele dividir la [illegible] ventanas, etc., cada una de las [illegible] se abre y se cierra. || [illegible] blancas, hoja de una espada, [illegible] llo, etc. || Hoja, película, [illegible] prendida de ciertos cuerpos. [illegible] Hoja, denominacion técnica de [illegible] nos de escultura. || Impr. *Feuille* [illegible] pliego de prensa, el primer pliego [illegible] el prensista para que le [illegible] = *Feuille de mise en train*, [illegible] tar, de arreglar el registro, etc. || [illegible] *de feuille*, pezon, cabillo de las [illegible] talo, lo que vulgarmente [illegible] las flores. || Mar. Plancha de [illegible] *Feuille bretonne*, cuaderna, [illegible] del forro de las amuradas, que [illegible] entre el trancanil y el batiporte.

**FEUILLÉ**, m. *feuillé*. Pint. Follaje, [illegible] je, la parte de un paisaje que representa los árboles.

**FEUILLÉE**, f. *feuillé*. Enramada, [illegible] cobertizo de ramas de árboles cortadas.

[illegible]-MORTE, adj. *feuilmórt.* Hoja [illegible], que es de un color tirante á hoja [illegible] color amarillento; y así se dice un [illegible], un traje *feuille-morte.* [illegible] vez como sustantivo.

[illegible], v. *feuillé* Pint. Follajear, [illegible] las hojas de los árboles. ‖ [illegible] echar hojas los vegetales. ‖ Carb. [illegible], chasquear el horno.

[illegible], f. *feuillér.* Miner. Veta, [illegible] de una mina.

[illegible], m. *feuillré.* Art. Avivador de carpintero.

[illegible], m. *feuillé.* Hoja, lámina de [illegible] por su anverso y su reverso, [illegible] en blanco. ‖ Hoja y foja en [illegible] y manuscritos. ‖ Art. Sierra de tornero [illegible]. ‖ Piel de las cardas. ‖ [illegible] desprendida de cuerpos minerales. ‖ Regleta muy delgada para [illegible]. ‖ Onda de gamba.

[illegible]AGE, m. *feuillitáge.* Hojeadura y efecto de hojear. ‖ Past. Hojaldre [illegible] de pastel.

[illegible]MENT, m. ant. *feuilletmán.* [illegible].

[illegible], a. *feuillté.* Hojear un libro, [illegible]. ‖ Estudiar, consultar los libros. [illegible], sobar y trabajar la masa dispo[illegible] en forma de hojas para cosas de [illegible]. ‖ *Se feuilleter*, r. Hojearse, divi[illegible] hojas, ser hojeado.

[illegible], m. *feuillit.* Art. Angulo, pun[illegible] de un diamante engastado.

[illegible], m. *feuillión.* Folletin, [illegible] un periódico destinada á la inser[illegible] materiales extraños á la [illegible]. ‖ Imp. Corondel, regleta para di[illegible] en columnas. ‖ Folleto, cua[illegible].

[illegible]ONISTE, m. *feuilletonist.* Fo[illegible], autor de folletines.

[illegible], f. dim. de FEUILLE. [illegible], hojita, hoja pequeña. ‖ Pipa, [illegible] 136 azumbres.

[illegible], E, adj. *feuillú.* Hojoso, fron[illegible] árboles, cubierto de hojas.

[illegible], f. *feuillür.* Art. Ranura, ca[illegible] se hace con ingleta en la madera. [illegible] ventana, batiente, encaje, enta[illegible] caja de puerta.

[illegible], m. *feurr* Paja larga de trigo.

[illegible], m. V. FOUARRAGEUR.

[illegible], m. pl. *feur.* Jurisp. Gastos, su[illegible] en el cultivo y labranza de [illegible].

[illegible], m. *feutié.* Caldeador, encar[illegible] calentar las habitaciones, proveer [illegible], etc.

[illegible]ABLE, adj. *feutrábl.* Fieltrable, [illegible] fieltrar.

[illegible]AGE, m. *feutrage.* Fieltraje, fel[illegible] preparacion del fieltro.

[illegible], m. *feutr.* Fieltro, especie de te[illegible] tejido, que se usa para sombre[illegible]. ‖ Borra, pelote des[illegible] que se rellenan las sillas de mon[illegible], baul, cama, etc., por motes [illegible] estrafalario ó malo.

[illegible]MENT, m. V. FEUTRAGE.

[illegible], a. *feutré.* Fieltrar, elaborar, [illegible] ó casco de fieltro. ‖ Fieltrar, [illegible] fieltro para los sombreros. ‖ Em[illegible] de borra ó pelote las sillas, [illegible], etc.

[illegible], m. *feutrié.* Fieltrador, fiel[illegible], oficial de sombrerero que [illegible]. ‖ Emborrador, el que em[illegible] que dispone las mezclas para [illegible].

[illegible], f. *feutriér.* Pedazo de tela [illegible] sombrerero envuelve las piezas [illegible] para fieltrarlas, golpeándolas [illegible] la forma de un som[illegible].

[illegible], f. *fév.* Bot. Haba, planta. ‖ Vet. [illegible], enfermedad que da á las ca[illegible]. ‖ Bot. *Fève de loup*, encorvada, [illegible] la hoja como la del garban[illegible] de Saint-Ignace, pepita. ‖ *Germe de* [illegible] que suele salir á los cinco [illegible]. ‖ pl. Habas, los granos pro[illegible] la planta. ‖ *Roi de la fève*, rey [illegible], la persona á quien toca ó cae la haba de un mazapan que se come en familia el dia de Reyes. ‖ *Fèves de haricot* ó *de Rome*, habichuelas, judías, alubias.

FÉVÉE, f. *fevé.* Bot. Fábago, especie de planta.

FÉVEROLE, f. *fevról.* Habichuela seca, variedad de haba.

FÈVRE, m. ant. *fèvr.* Herrero. ‖ Obrero que en las salinas cuida de las calderas. ‖ Mariscal, herrador, albéitar.

FÉVRIER, m. *fevrié.* Febrero, segundo mes del año.

FEZZAN, NE, adj. y s. *fezán.* Fezano, de Fez en Berbería.

FI, interj. fam. *fi.* Vaya! fuera! quita! mal haya! caramba! etc. Sirve para denotar desprecio, desagrado, repugnancia, desden, etc., y acostumbra decirse *fi* ó *fi donc.* ‖ m. Lepra, mal que suelen padecer los bueyes.

FIABLE, adj. inus. *fiabl.* Fiable, creible, fidedigno.

FIABLEMENT, adv. *fiablmán.* Confiadamente, con toda confianza.

FIACRE, m. *fiácr.* Fiacre, especie de coche simon, carruaje de alquiler. ‖ Por ext. se llama tambien fiacre al cochero que conduce estos carruajes de alquiler. ‖ Coche malo, indecente, asimonado.

FIAMA, f. *fiáma.* Bot. Fiama, planta venenosa de la América meridional.

FIAMETTE, f. *fiamét.* Color de llama.

FIANÇAILLES, f. pl. *fiansáll.* Esponsales, desposorios.

FIANCER, a. *fiansé.* Desposar, unir por medio de esponsales. ‖ *Se fiancer*, r. Desposarse, contraer esponsales.

FIASCO ó FIASQUE, m. *fiásco*, *fiásc.* Fiasco, medida italiana de capacidad para los líquidos. ‖ met. *Faire fiasco*, quebrar, salir perdiendo, estrellarse en una especulacion, en una empresa.

FIAT, especie de interj. *fiat.* Sea, hágase, lo consiento, etc. ‖ m. Palabra corrompida del latin *fidat.* Solo se usa en esta frase popular: *il n'y a point de fiat*, no hay que confiar, no hay que tener seguridad fundada, hablando de cosa ó persona; y en este sentido se dirá: *il n'y a point de fiat* á *charger ce messager de cette commission.*

FIATOLE, f. *fiatól.* Zool. Fiatole, pescado de mar.

FIBER, m. *fibér.* Zool. Fibero, raton del Canadá.

FIBICHE, f. *fibiche.* Bot. Fibicha, género de plantas.

FIBRAUVE, m. *fibróv.* Bot. Fibralvo, árbol de la Cochinchina.

FIBRE, f. *fibr.* Anat. Fibra, filamento ligado á las partes carnosas y membranosas del cuerpo animal. ‖ Bot. Hebra, cada uno de los hilillos que echan las raices de las plantas. ‖ met. Fibra, complexion, temple, disposicion á afectarse, etc.

FIBRÉ, ÉE, FIBREUX, EUSE, adj. *fibré*, *fibreu*, *eus.* Anat. Fibrado, fibroso, hebroso, filamentoso.

FIBRILLAIRE, m. *fibrilér.* Bot. Fibrilario, género de hongos.

FIBRILLE, f. *fibril.* Fibrita, hebrita, fibra ó hebra muy pequeña, muy sutil. ‖ Bot. Ramificacion capilar de una raiz. ‖ Hilito ó filete que se suelta del tallo de los liquenes.

FIBRILLÉ, ÉE, adj. *fibrillé.* Fibrileo, compuesto de fibritas.

FIBRILLEUX, EUSE, adj. *fibrilleu*, *eus.* Bot. Fibriloso, que resulta de la aglomeracion de muchas fibritas.

FIBRILLIFÈRE, adj. *fibrilifér.* Bot. Fibrilífero, cargado de fibrillas ó hebritas.

FIBRINE, f. *fibrín.* Quim. Fibrina, sustancia animal que constituye la fibra muscular.

FIBRINEUX, EUSE, adj. *fibrineu*, *eus.* Anat. Fibrinoso, que participa de la fibrina.

FIBROLITHE, f. *fibrolit.* Miner. Fibrolita, mineral con textura fibrosa.

FIBULAIRE, f. *fibulér.* Zool. Fibularia, género de conchillas.

FIBULATION, f. Cir. V. INFIBULATION.

FIC, m. *fic.* Med. Higo, verruga, tumor, especie de incordio.

FICAIRE, f. *fiquér.* Bot. Ficaria, género de plantas ranunculáceas.

FICÉ, ÉE, adj. *fisé.* Bot. Higuéreo, ahiguerado, que se parece á la higuera ó tiene relacion con ella.

FICELER, a. *fislé.* Atar con bramante, ligar, sujetar con guita.

FICELEUR, EUSE, m. y f. *fisleur*, *eus.* La persona que ata con bramante.

FICELIER, m. *fislié.* Devanador de hilo, de bramante.

FICELLE, f. *fisél.* Bramante, hilo gordo ó cordel muy delgado hecho de cáñamo.

FICHANT, E, adj. *fichán.* Fort. Fijante. *Feu fichant*, fuego que parte de un bastion y hiere la superficie del bastion mas próximo. ‖ met. Contrariante, opuesto, desagradable. El pueblo dice familiarmente: *c'est fichant*, es desagradable.

FICHE, f. *fiche.* Fija, bisagra, especie de gozne para puertas y ventanas. ‖ Ficha, tanto, peon, dama, segun el juego de que se trate. ‖ Clavija, piececita de madera para templar las cuerdas en la guitarra. ‖ Clavo, perno ó argolla y arpeando de pequeñas dimensiones.

FICHÉ, ÉE, adj. *fiché.* Fijo, fijado. ‖ Blas. Fijado: se dice de las piezas cuya parte inferior remata en punta.

FICHER, a. *fiché.* Fijar, clavar, hincar, introducir por la punta. ‖ Revocar con cal las paredes. ‖ *Se ficher*, r. Fijarse, meterse una cosa en la cabeza; tomar una resolucion invariable. ‖ met. *Se ficher de quelqu'un*, mofarse, burlarse de alguno.

FICHERON, m. *ficherón.* Art. Clavija de hierro agujereada por la cabeza.

FICHET, m. *fiché.* Art. Pua de las cardas. ‖ Tanto, palito redondo que en el juego de tablas reales sirve para tantear.

FICHEUR, m. *ficheur.* Albañil, el que echa el mortero en las junturas de las piedras.

FICHOIR, m. *fichuár.* Fijador, cañita con que los estamperos aseguran las estampas á las cuerdas de que las suspenden.

FICHON, m. *fichón.* Puñalito, puñal muy pequeño.

FICHTRE, interj. pop. *fichtr.* Caramba! canario! cáspita! por vida de! voto á!

FICHU, E, adj. fam. *fichú.* Estrafalario, chabacano, impertinente. ‖ Estrafalario, mal hecho, ridículo. ‖ met. Destruido, aniquilado, disuelto, etc. ‖ pop. Perdido, que no tiene vergüenza. ‖ *Fichu*, m. Pañoleta, pañuelo delgado de forma triangular con que las mujeres se abrigan el cuello.

FICHÛRE, f. *fichúr.* Pesc. Fitora, fisga, cierto harpon.

FICINIE, f. *fisiní.* Bot. Ficinia, género de plantas.

FICOÏTE, f. *ficoít.* Higo marino fósil.

FICOPHAGE, adj. y s. *ficofáge* Ficófago, papahigos, chupabreves, comedor de higos.

FICTICE, adj. *fictis.* Ficticio. V. FICTIF.

FICTIF, IVE, adj. *fictif*, *iv.* Ficticio, falso, supuesto, que existe por convencion.

FICTION, f. *ficsión.* Ficcion, simulacion, invencion fabulosa. ‖ Superchería, embuste, fingimiento. ‖ *Fiction de droit*, ficcion de derecho, ardid jurídico autorizado por la ley en favor de alguno.

FICTIONNAIRE, adj. *ficsionér.* For. Ficcionario, que está fundado sobre las ficciones de la ley.

FICTIVEMENT, adv. *fictivmán.* Ficticiamente, de una manera simulada.

FICUS, m. *ficus.* Zool. Fico, especie de crustáceo.

FIDÉICOMMIS, m. *fideicomí.* Jurisp. Fideicomiso, disposicion testamentaria por la cual el testador deja su hacienda encomendada á la buena fe de alguno.

FIDÉICOMMISSAIRE, m. *fideicomisér.* Jurisp. Fideicomisario, persona á quien se encarga algun fideicomiso. ‖ Es tambien adj.

FIDÉJUSSEUR, m. *fidejusseur.* Jurisp. Fiador, el que se obliga y responde por otro.

FIDÉJUSSION, f. *fidejusión.* Fianza, garantía, caucion, seguridad que se da ó se toma.

FIDÈLE, adj. *fidél.* Fiel, leal, cumplido, exacto, que guarda y cumple su fe. ‖ Fiel, constante, firme en sus inclinaciones, en sus principios. ‖ Integro, puro, incapaz de fraude. ‖ Callado, reservado. ‖ Fidedigno, legal, justo. ‖ *Mémoire fidèle*, memoria fiel, que no olvida nada, memorion. || m. y f. Fiel, cristiano, el que sigue y profesa su religion, que asiste á los ejercicios de su culto. || Verdadero cristiano, verdadero creyente.

**FIDÈLEMENT**, adv. *fidelmán*. Fielmente, de una manera fiel. || Verídicamente.

**FIDÉLITÉ**, f. *fidelité*. Fidelidad, fe. || Lealtad, ley. || Legalidad. || Puntualidad, exactitud. || Copia idéntica. || Retentiva, facultad de acordarse, cualidad de una memoria fiel.

**FIDICULE**, f. *fidicúl*. Astr. Fidícula, estrella de primera magnitud en la constelacion de la Lira.

**FIDIE**, f. *fidí*. Zool. Fidia, género de insectos coleópteros tetrámeros.

**FIDONIE**, f. *fidoní*. Zool. Fidonia, género de mariposas nocturnas.

**FIDUCIAIRE**, m. *fidusiér*. For. Fiduciario, aquel á cuya fe se queda encomendada alguna herencia para entregarla en manos de otro. || Fiduciario, el que por ciertos actos y contratos se abandona enteramente á la merced de un tercero.

**FIDUCIAIREMENT**, adv. *fidusiermán*. Fiduciariamente, de una manera fiduciaria.

**FIDUCIE**, f. *fidusí*. For. Fiducia, confianza, seguridad. || Venta simulada.

**FIDUCIEL, LE**, adj. *fidusiél*. Reloj. Fiducial, nombre dado al punto divisorio de un limbo que sirve de guia y regla, y de la línea que pasa por el centro de este punto.

**FIEF**, m. *fiéf*. For. Feudo, especie de contrato en parte semejante al enfitéusis. Posesion noble que depende de otro. || *Franc-fief*, feudo franco, el que se concede libre de obsequio y servicio personal. || *Fief-pairie*, feudo-pairía, feudo á que estaba adherida ó á que iba anexa la dignidad de par.

**FIEFFAL, E**, adj. *fiefál*. Feudal, perteneciente ó concerniente al feudo.

**FIEFFANT, E**, m. y f. *fiefán*. Enfeudante, la persona que enfeuda ó da en feudo.

**FIEFFATAIRE**, m. y f. *fiefatér*. Feudatario, la persona que toma un terreno en feudo con la obligacion de pagar una renta perpetua.

**FIEFFÉ, ÉE**, adj. *fiefé*. Enfeudado. || met. Rematado, perdido, incorregible, disoluto. || *Ivrogne, fripon fieffé*, borracho perdido, pícaro rematado.

**FIEFFER**, a. *fiefé*. Enfeudar, conceder ó dar en feudo. || *Se fieffer*, r. Enfeudarse, ser enfeudado, ser dado en feudo.

**FIEL**, m. *fiél*. Anat. Hiel, humor contenido en una vesícula en forma de perita, y que se encuentra adherida al gran lóbulo del hígado. || Por ext. Hiel, rabia, odio, aversion. || met. Fastidio, pesar, sinsabor, disgusto. || *N'avoir point de fiel*, no tener hiel: ser muy apacible, tiernamente impresionable y amoroso.

**FIELLEUX, EUSE**, adj. *fieleu, eus*. Amargo, acre, acibaroso como la hiel.

**FIENTE**, f. *fiánt*. Agr. Fiemo, estiércol, excremento de los animales. || *Fiente de bœuf ó de vache*, boñiga. || *Fiente de cheval, de mule, d'âne*, cagajon. || *Fiente de chien*, canina. || *Fiente de mouton, de brebis, de chèvre*, cagarruta. || *Fiente de pigeon*, palomina. || *Fiente de poule*, gallinaza. || *Fiente de dindon*, pavaza.

**FIENTÉ, ÉE**, adj. *fianté*. Fiemado, estercolado, excrementado.

**FIENTER**, n. *fianté*. Fiemar, estercolar, excrementar.

**FIENTEUX, EUSE**, adj. *fianteu, eus*. Fiemoso. V. FIENTÉ.

**FIENTERON**, m. *fiantrón*. Fematero, mozo encargado de recoger la basura, de limpiar los establos, etc.

**FIER**, a. *fié*. Fiar, confiar, entregar á la fidelidad de alguno. || *Se fier*, r. Fiarse, tener confianza en sus fuerzas, en sus amigos. || irón. *Fiez-vous à cela*, fiate en la Virgen y no corras. || prov. *Nage toujours et ne t'y fie pas*, ayúdate y dáte pena, no cuentes con bolsa ajena.

**FIER, ÈRE**, adj. *fier*. Fiero, arrogante, soberbio, vanaglorioso, ufano, ensoberbecido. || Noble, grande, sublime, admirable. || fam. Fiero, terrible, considerable. || fam. Fuerte, robusto, vigoroso. || Bell. art. Atrevido, gigantesco, expresivo. || irón. y fam. *Un fier sot, un fier imbécile*, un architonto, un ultrabárbaro: un hombre muy estúpido.

**FIER-À-BRAS**, m. *fierabrá*. pop. y fam. Fierabras, fanfarron, perdonavidas.

**FIÈREMENT**, adv. *fiermán*. Fieramente, con altanería, con arrogancia.

**FIERTÉ**, f. *fierté*. Fiereza, arrogancia, soberbia, ufanía, vanidad. || Grandeza, nobleza, valor, fortaleza de ánimo. || Valentía, expresion, animacion. || Blas. Fiereza, actitud del animal que está enseñando los dientes.

**FIÈVRE**, f. *fiévr*. Med. Fiebre, calentura. || met. Fiebre, agitacion, zozobra, falta de tranquilidad de cuerpo y de espíritu. || met. y fam. *Fièvre chaude*, fiebre devoradora, trasporte de amor, de cólera, frenesí, locura. || *Grosse fièvre*, calenturon. || prov. *Tomber de fièvre en chaud mal*, ir de mal en peor, salir de llamas y caer en brasas.

**FIÉVREUX, EUSE**, adj. y s. *fievreu, eus*. Med. Febril, febroso, que ocasiona fiebre, ó es producido por ella. || Calenturiento, que tiene calentura ó está predispuesto á ella. || Se usa tambien como sustantivo.

**FIÉVROTTE**, f. dim. de FIÈVRE. *fievról*. Med. Fiebrecita, calenturilla, fiebre ó calentura pequeña.

**FIFI**, interj. fam. V. FI!

**FIFRE**, m. *fifr*. Pífano, especie de flauta alemana. || Persona que toca el pífano.

**FIGALE**, f. *figál*. Mar. Buque menor de remo y vela de los mares de la India.

**FIGARO**, m. *figaro*. Figaro, entremetido, intrigante, chismógrafo, etc. || Zarandillo, mequetrefe, saltimbánquis, etc.

**FIGEMENT**, m. *figemán*. Cuajamiento, coagulacion, accion y efecto de cuajar.

**FIGER**, a. *figé*. Cuajar, coagular, condensar, fijar. || *Se figer*, r. Cuajarse, coagularse, congelarse.

**FIGITE**, f. *figít*. Zool. Figita, género de insectos himenópteros.

**FIGNOLER**, n. *fiñolé*. Exceder, sobrepujar, emular de una manera ridículamente impropia.

**FIGNOLEUR, EUSE**, m. y f. *fiñoleur, eus*. Elegante, petimetre, lechuguino de mal gusto.

**FIGO**, m. *figo*. Bot. Figo, planta de la familia de las tulíperas.

**FIGUE**, f. *figue* Bot. Higo, fruto de la higuera. || met. *Faire la figue*, hacer la higa, burlarse, insultar, provocar á alguno mofándose de él en sus narices. || *Moitié figue, moitié raisin*, medio sí y medio no, parte de grado y parte por fuerza.

**FIGUERIE**, f. *figrí*. Bot. Higueral, sitio plantado de higueras.

**FIGUIER**, m. *figuié*. Bot. Higuera, árbol. || *Figuier d'Inde*, higuera chumba ó de tuna. || *Figuier du Mexique*, nopal. || *Figuier sauvage*, higuera loca, cabrahigo.

**FIGULE**, m. *figúl*. Zool. Figulo, especie de insecto.

**FIGURABILITÉ**, f. *figurabilité*. Fil. Figurabilidad, propiedad inherente á todos los cuerpos de recibir una figura.

**FIGURANT, E**, m. y f. *figurán*. Figurante, bailarin de comparsa en los teatros.

**FIGURATIF, IVE**, adj. *figuratíf, iv*. Figurativo, simbólico, emblemático, representativo.

**FIGURATIVEMENT**, adv. *figurativmán*. Figurativamente, en figura, en representacion, de una manera simbólica.

**FIGURE**, f. *figúr*. Figura, apariencia, traza, planta, forma exterior de los seres animados é inanimados. || Figura, faz, rostro, cara del hombre y de la mujer. || Figura, busto, representacion mas ó ménos parecida al original del hombre y de la mujer ó del hombre solamente. || Mat. Figura, calificacion de los espacios geométricos que por todos sus lados terminan en faces, en líneas. || Figura, plan de un edificio. || Cifra, guarismo aritmético. || Astr. Figura, situacion particular de la bóveda celeste. || Mús. Figura, reunion de notas musicales. || Figura, el naipe que representa personaje. || Figura de retórica, de gramática, etc. || Figura, símbolo, emblema, alegoría. || met. *Faire une bonne figure*, figurar noblemente, distinguirse en la sociedad, hacer un gran papel. || *Faire une triste figure*, hacer una triste figura: vivir [illegible], de consideracion ni crédito. || [illegible] *Faire figure*, hacer gestos y ademanes. || [illegible] ra de proa.

**FIGURÉ, ÉE**, adj. *figuré*. [illegible], simbolizado, representado. || [illegible] *figuré*, sol figurado, representado con [illegible] tro humano.

**FIGURÉMENT**, adv. *figuremán*. [illegible]damente, de una manera figurada, [illegible]ricamente.

**FIGURER**, a. *figuré*. Figurar, [illegible], delinear, representar alguna cosa, [illegible] la figura de ella. || Pintar, retratar, [illegible]sentar, copiar los caractéres ó rasgos de [illegible] original dado. || Figurar, simbolizar, [illegible]car alegóricamente. || n. met. [illegible], hacer viso, distinguirse en el mundo. || [illegible]nizar, venir bien, guardar simetría. || [illegible]rar, trabajar en los coros y comparsas del teatro. || *Se figurer*, r. Figurarse, [illegible]narse, meterse una cosa en la cabeza.

**FIGURINE**, f. dim. de FIGURE. [illegible] Figurin, figurita, figurilla, figura [illegible] *Figurines*, pl. Escult. Figurines, [illegible]

**FIGURISME**, m. *figurism*. Art. [illegible]mo, opinion de los que consideran [illegible] los bíblicos como otras tantas figuras [illegible]ricas del Nuevo Testamento.

**FIGURISTE**, m. *figuríst*. Figurista, partidario del figurismo.

**FIL**, m. *fil*. Hilo, hebra, [illegible], corte de un instrumento. || *Le fil de* [illegible], el filo, el corte de la espada. || Hilo, [illegible], giro, curso, direccion ó corriente [illegible] algun líquido. || Hilo, serie, continuacion de una historia, de un discurso, etc. || [illegible] sustancia esponjosa de que las arañas [illegible]man sus telas. || *Fil d'archal*, alambre, [illegible] de hierro, de laton y de alambre. || [illegible] bre árabe del elefante. || met. *Suivre le fil*, seguir el hilo: continuar hablando, [illegible] || *Passer au fil de l'épée*, pasar al filo de la espada: acuchillar, pasar á cuchillo [illegible]tel. || met. *Perdre le fil*, perder el hilo, [illegible]der la especie, írsele á uno el asunto [illegible] || Blas. V. LAMBEL. || met. *Le fil de la vie*, el hilo de la vida, el curso de la [illegible] || *Fil à plomb*, plomada. || Mar. *Fil de carret*, filástica. || *Fil à voiles*, hilo de vela.

**FILAGE**, m. *filágə*. Hilaje, [illegible], [illegible]tura, modo de hilar. || Bot. Filago, género de plantas corimbíferas.

**FILAGINÉ, ÉE**, adj. *filaginé*. [illegible]neo, que se parece á un filago.

**FILAGORE**, m. *filagór*. [illegible], cuerda que usan los polvoristas para [illegible]tar los cartuchos, granadas, etc., de los fuegos artificiales.

**FILAGRAMME**, m. *filagrám*. Filigrana, figura, forma dibujada sobre el papel.

**FILAIRE**, m. y f. *filér*. Bot. [illegible] ó ladiérnago, planta. || Filaria, lombriz intestinal.

**FILAMENT**, m. *filamán*. Bot. Filamento, hebrilla, hililllo de las plantas y [illegible]. || Anat. Filamento, fibra, parte de la [illegible]ra de los músculos, de los nervios, etc. || Miner. Filon, veta de los minerales.

**FILAMENTAIRE**, adj. *filamentér*. Bot. Filamentario, producido por filamentos [illegible]dados entre sí.

**FILAMENTEUX, EUSE**, adj. *filamenteu, eus*. Bot. Filamentoso, compuesto de filamentos.

**FILANDIER, ÈRE**, adj. y s. *filandié, ér*. Hilandero, la persona que hila, que vive de hilar. || *Les trois sœurs filandières*, las tres hermanas hilanderas, las Parcas.

**FILANDRERIE**, f. *filandrrí*. Hila, la velada de las hilanderas ó hiladoras.

**FILANDRES**, f. pl. *filandr*. [illegible] lachas de la madera y de otras varias [illegible]. || Mar. Barbas, yerbas marinas que [illegible]ran á la carena ó á la quilla de los buques. || Hebras largas que se hallan en [illegible]nes al mascarlas. || Flecos, hilos [illegible] se ven por el aire en el otoño. || [illegible] *filandres*, hacer tiras, trizas ó astillas cualquier cosa.

**FILANDREUX, EUSE**, adj. *filandreu, eus*. Hebroso, estoposo, filandrioso: [illegible] [illegible] larga ó correosa.

[illegible], adj. *filán*. Hilante, que hila, [illegible] hace hebra, hablando de un [illegible].

[illegible], m. *filáo*. Bot. Filao, árbol coní[illegible].

[illegible], m. *filardó*. Zool. Lucio, [illegible]. || Bot. [illegible], arbolito de [illegible] y [illegible].

[illegible], adj. *filardeu*, *eus*. [illegible], veteado: dícese del mármol que [illegible].

[illegible], m. *filaré*. Mar. Batayola, cada uno de los [illegible] que se aseguran en los [illegible] de los costados de la nave por la [illegible] de las rodes en que se hacen [illegible].

[illegible], f. *filás*. Cerro de lino ó cáña[illegible] para hilar.

[illegible], m. y f. *filasié*, *ér*. [illegible], el que peina cerros de lino ó [illegible], ó que se ocupa de este ramo co[illegible].

[illegible], m. y f. *filateur*, *tris*. [illegible] jefe, la persona que dirige una [illegible].

[illegible], m. *filatié*. Mercader ó co[illegible] de hilos, de sedas, etc.

[illegible], f. *filatris*. Ocal, filadiz. || [illegible] de capullos de seda. || Filadiz, [illegible] cuya trama es de hilo.

[illegible], f. *filatúr*. Filatura, arte de [illegible] en hilo casi continuo y sedoso el [illegible], el algodon y la lana. || Hi[illegible], el sitio, el local, el establecimiento [illegible] la seda.

[illegible]. Fila, hilera, línea, ringlera, [illegible], de personas, etc. || Mil. Fila, [illegible] lateralmente simé[illegible] unidos figuradamente [illegible]. = *Chef de file*, jefe de fila, el [illegible] fila. = *Aller à la file*, mar[illegible] uno tras otro. = *Serre-file*, [illegible] último de una fila ó hilera. || [illegible] *Chef de file*, director, factotum, [illegible] de la conducta, del pro[illegible] personas. || Mar. Hilada.

[illegible], m. *filé*. Hilo de oro, de plata, etc.

[illegible], a. *filé*. Hilar, reducir la lana, [illegible], á hilo. || Art. Tirar los meta[illegible] reduciéndolos á hilo ó alam[illegible], hilvanar, conducir por [illegible], un negocio, etc. || Imitar [illegible] del torno, hablando del gato, que [illegible] su buen humor produce un [illegible] continuo de garganta y na[illegible] parecido al ruido del torno [illegible]. || *Filer le parfait amour*, nu[illegible] largo tiempo un amor tier[illegible]. || *Filer la carte*, enfilar un [illegible] uno por otro quedándose con el [illegible] los fulleros. || *Filer ses* [illegible] la oreja á las cartas, brujulear, [illegible] poco á poco de sus naipes, des[illegible] juego. || *Filer un son*, [illegible] extraordinariamente un [illegible] musical. || Hacer hebra, ha[illegible] que salen espesos ó cor[illegible] *du temps que Berthe filait*, [illegible] de los tiempos de Maricastaña, [illegible] épocas. || Desfilar, pa[illegible], uno tras de otro. || [illegible] = *Filer en douceur* ó *en ga*[illegible] ó tiar sobre vuelta. = *Filer à* [illegible] ó filar pasando. = *Filer en ban*[illegible]. = *Filer à la demande*, [illegible] un poco. || Bailar el cable.

[illegible], f. *filrí*. Hilería ó hiladuría, [illegible] cáñamo, lino.

[illegible], m. [illegible] *filé*. Hilillo, hili[illegible]. || Red, tejido claro y malloso [illegible] de cazar. || Frenillo, parte [illegible]. || [illegible], hebrilla de una plan[illegible], trozo de cerdo de [illegible] el mas delgado y fino [illegible]. || [illegible] Bridon, filete que [illegible]. || *Coup de filet*, re[illegible]. || *Sac de filet*, rede[illegible] de pesca. || Bor[illegible]. || Impr. Filete, raya delga[illegible] que sirve á bordo para varias [illegible] *ne tient plus qu'à un* [illegible], tiene el alma en un hilo, está [illegible]. || *Tomber dans le* [illegible], caer en la red, en el lazo, en la tram[illegible], etc.

**FILEUR, EUSE**, m. y f. *fileur*, *eus*. Hilador, hilandero, persona que hila.

**FILEUSE**, f. *fileus*. Zool. Hilanderas, género de arañas.

**FILIAL, E**, adj. *filiál*. Filial, perteneciente á los hijos, á sus afectos.

**FILIALEMENT**, adv. *filialmán*. Filialmente, de una manera filial.

**FILIALITÉ**, f. *filialité*. Filialidad, estado, cualidad de hijo.

**FILIATION**, f. *filiasión*. Filiacion, descendencia, serie de generaciones de padres á hijos en una misma familia, ó el solo grado de generacion que hay de los padres á los hijos. || met. Hilacion, encadenamiento de ideas, de palabras. || Filiacion, la dependencia de una iglesia subalterna ó sufragánea de otra principal.

**FILIÂTRE**, m. *filiátr*. Yerno.

**FILICULE**, f. *filicúl*. Bot. Filipodio, polipodio, planta capilar.

**FILIÈRE**, f. *filiér*. Hilera, pedazo de acero por el cual se tiran ó hacen pasar los metales reduciéndolos á hilo y alambre. || Art. Terraja, uno de los instrumentos de cerrajería. || Cetr. Fiador, cordelito con que se suelta al halcon, cuando empieza á volar. || Blas. Filiera, orla rebajada hasta un tercio de su ancho. || met. *Passer par la filière*, pasar malos ratos, correr las siete Partidas, sufrir las penas de San Patricio.

**FILIFÈRE**, adj. *filifér*. Filífero, que tiene hilo ó hilos. || Que tiene filamentos ó hilillos.

**FILIFOLIÉ, ÉE**, adj. *filifolié*. Bot. Filifoliado, filifóleo, filifolieo, que tiene hojas filiformes.

**FILIFORME**, adj. *filifórm*. Filiforme, que tiene la forma de un hilo.

**FILIGRANE**, m. *filigrán*. Filigrana, obra formada de hilos de oro ó plata soldados con mucha delicadeza.

**FILIGRANER**, a. *filigrané*. Afiligranar, trabajar de filigrana.

**FILIN**, m. *filén*. Mar. Veta de tres ó cuatro cordones, compuesta de filásticas reunidas. || *Filin noir*, veta alquitranada.

**FILIPENDULE**, f. *filipandúl*. Bot. Filipéndula, planta. || adj. Filipéndulo, pendiente de hilillos, suspendido ó colgado de hebrillas.

**FILLAGE**, m. *filláge*. Doncellaje, doncellez, estado de una célibe, soltera ó soltcrona.

**FILLASTRE** ó **FILLÂTRE**, m. *filldstr*, *fillatr*. Hijastro, el hijo del marido ó de la mujer de otro matrimonio.

**FILLE**, f. *fill*. Hija, niña, individuo del sexo femenino, con relacion á sus padres. || Jóven, doncella, soltera, persona del sexo femenino desde que se forma hasta que se casa. || Chica, muchacha, persona del sexo femenino que es hija de matrimonio. || *Fille puinée*, hija segunda. || *Fille de la reine*, camarista de la reina. || *Fille de joie*, ramera, puta, señorita del placer. || *Petite-fille*, nieta, hija del hijo ó de la hija. || *Arrière-petite-fille*, biznieta, hija de un nieto ó nieta, relativamente al bisabuelo ó bisabuela. || *Belle-fille*, hija primitiva ó del primer matrimonio. Nuera ó mujer del hijo, con referencia á los padres de este. || *Fille de chambre*, doncella, criada que sirve cerca de la señora y se ocupa en hacer labor. || *Filles*, pl. Monjas. || *C'est un monastère de filles*, es un convento de monjas. || *Filles d'honneur*, damas de honor que están al servicio de las reinas.

**FILLETTE**, f. fam. *fillét*. Chica, muchachuela, niña de corta edad. || prov. *Bonjour lunettes, adieu fillettes*, á Dios, hijas de Adan, que la peluca me espera: se indica con este refran que cuando uno se hace viejo, debe renunciar á los amores y galanteos.

**FILLEUL, E**, m. y f. *filleul*. Ahijado, criatura que se ha tenido en la pila bautismal, respecto al padrino y á la madrina.

**FILOCHE**, f. *filóche*. Especie de tejido de hilo ó de seda. || Fleco, especie de tejido que usan las señoras como adorno. || Cuerdas que sujetan los extremos de la red.

**FILON**, m. *filón*. Miner. Filon, veta, vena, capa de sustancias minerales.

**FILOSELLE**, f. *filosél*. Filadiz, seda que se saca del capullo roto.

**FILOTIER, ÈRE**, m. y f. *filotié*, *ér*. Orla, ribete que ponen los vidrieros en algunas puertas ó ventanas.

**FILOU**, m. *filú*. Ratero, ladronzuelo, el que roba con sutileza y habilidad. || Fullero, tramposo, el que juega con trampas ó ilegalmente.

**FILOUTAGE**, m. *filutáge*. Ratería, latrocinio, pillada que usa la gente ratera. || Fullería, sutileza con que se estafa ó roba alguna cosa.

**FILOUTER**, a. *filuté*. Robar, atrapar, pillar alguna cosa con destreza. || Estafar, enfullar, usar de ardides y sutilezas en el juego. *Filouter quelqu'un de quelque chose*, defraudar algo á una persona, engañarla en un trato ó cosa semejante.

**FILOUTERIE**, f. *filutrí*. Trampa, fraude, engaño.

**FILS**, m. *fis*. Hijo, individuo de una familia, considerado respecto á los padres. || Descendiente, vástago, originario de una genealogía. || Hijo, niño, varon, fruto natural del parto de una mujer. || *Les fils des hommes*, los hijos de los hombres, el mundo, los hombres y las mujeres considerados como un cuerpo. || *Petit-fils*, nieto. *Arrière-petit-fils*, biznieto, hijo del nieto. || *Beau-fils*, *fils d'un premier lit*, hijastro, nacido del primer matrimonio. *Beau-fils* ó *gendre*, yerno ó hijo político. || prov. *Il est bien fils de son père*, hijo de padre, no desmiente la casta: tiene las mismas formas, las mismas inclinaciones, etc. || *Fils aîné*, hijo mayor.

**FILTRAGE**, m. *filtráge*. Filtracion, la accion de hacer pasar un líquido por un filtro.

**FILTRANT, E**, adj. *filtrán*. Filtrante, que tiene la cualidad de filtrar.

**FILTRATION**, f. *filtrasión*. Filtracion, accion de filtrar ó filtrarse.

**FILTRE**, m. *filtr*. Filtro, manga ú otra cosa por donde se cuelan los licores. || Bebedizo, especie de brebaje que excita la pasion del amor y turba la razon. || Anat. Los vasos ú órganos secretorios del cuerpo animal.

**FILTRER**, a. *filtré*. Filtrar, colar, hacer pasar un líquido por el filtro. || Med. Filtrar, secretar. V. SÉCRÉTER. || *Se filtrer*, r. Filtrarse, calarse, rezumarse.

**FILTRE-CHARBON**, m. *filtrcharbon*. Filtrocarbon, especie de enrejado á manera de parrillas, que contiene una cantidad de carbon molido sobre el cual se echa el agua que quiere filtrarse.

**FILURE**, f. *filúr*. Hilaza, estado de lo que se ha hilado.

**FIMBRIAIRE**, f. *fenbriér*. Fimbria, orla, orilla, cenefa de alguna tela. || Fimbria, márgen, cortapisa, ribete de alguna cosa. || Fimbria, filete, orilla, extremidad de un pañuelo. || Zool. *Fimbriaires*, pl. Fimbriarios, familia de gusanos intestinales.

**FIMBRIÉ, ÉE**, adj. *fenbrié*. Fimbriado, orlado, guarnecido de franjas.

**FIMBRILLAIRE**, f. *fenbrilér*. Bot. Fimbrilario, arbusto de América.

**FIMPI**, m. *fenpi*. Bot. Fimpi, madera de agüia, árbol de Madagascar.

**FIN**, f. *fén*. Fin, término, conclusion, remate, último período que cierra una cosa. || Fin, muerte, conclusion de la vida. || Resultado conducido con intencion, motivo. || *Faire une chose à bonne fin*, hacer una cosa con buen fin, sin malicia. || Teol. *Les quatre fins dernières de l'homme*, las cuatro postrimerías del hombre, muerte, juicio, infierno y gloria. || Jurisp. *Fin de non procéder*, sobreseimiento. *À telle fin que de raison*, por ser justicia que pido y juro, etc. || fam. *Faire une fin*, terminar, concluir sus extravíos, sentar la cabeza. || *À la fin*, por último. || *Faire une mauvaise fin*, no parar en bien, parar en tragedia. || prov. *La fin couronne l'œuvre*, hasta el fin no se canta victoria. || *Telle vie, telle fin*, segun es la vida es la muerte. || m. Persona astuta, que entiende la aguja de marear. || fam. *Faire le fin d'une chose*, terminar un asunto, no queriendo descubrir lo que se sabe acerca de él. || *Jouer au fin*, echarla de pillo á pillo. || *Un gros fin*, se dice de la persona que quiere manifestar astucia ó inteligencia, siendo un borrico. || met. *Savoir le fort et le fin d'une*

[illegible], [illegible], dentellada que par[illegible] superficie pulimentada.

**[illegible]**, adj. *fistulé*. Fistuleado, que tiene el [illegible] hueco.

**[illegible]**, adj. *fistuleu*, eus. [illegible] que tiene la forma de fístula ó [illegible].

**[illegible]**, f. *fistulín*. Bot. Fistulina, género de hongos.

**[illegible]**, f. *fitquerín*. Miner. Fit[illegible], sustancia mineral.

**[illegible]**, m. *fitér*. Zool. Fiter, ave de [illegible].

**[illegible]**, m. *fitóre*. Pesc. Fitora, barpon, fisbero de pescador.

**[illegible]**, m. *fivalié*. Poseedor de un [illegible].

**[illegible]**, adj. *ficsatif*, *iv*. Fijativo, que fija, que determina.

**[illegible]**, f. *ficsasión*. Quím. Fijacion, operacion por la cual un cuerpo volátil se fija y se solidifica. || Fijacion, accion de determinar, de fijar un término, un plazo, un [illegible], etc. || Fijacion, detencion de un cuerpo en una posicion duradera despues de su movimiento. || met. Fijacion de las [illegible], de los términos, del lenguaje.

**[illegible]**, adj. *fics*. Fijo, que no se mueve. || *Avoir la vue fixe*, tener la mirada fija y sin [illegible] á un objeto. || *Avoir le regard fixe*, tener la vista fija, sin movimiento, sin [illegible]. || *Etre ó poste fixe dans un lieu*, [illegible] en algun lugar. || Quím. *Sel* [illegible], producto cristalino que se ob[illegible] las cenizas de los vegetales. || [illegible] *Fixe!* Firmes!!! voz de mando militar. || m. [illegible], cierto, positivo, lo que es seguro [illegible] tiempo. Así se dice : *le fixe de* [illegible] *est de trois mille francs*; *le fixe* [illegible] *que le casuel*. Es como si dijé[illegible] fijo.

**[illegible]**, adj. *ficsé*. Fijo, fijado, prefi[illegible], arreglado.

**[illegible]**, m. *ficsfruí*. Especie de [illegible] que sirve para construir paredes ó va[illegible] de tierra.

**[illegible]**, m. *ficslónge*. Instrumento que sirve para señalar justamente el largo de [illegible].

**[illegible]**, adv. *ficsmán*. Fijamente, de una manera fija.

**[illegible]**, m. *ficspuén*. Pison que usan los albañiles para la construccion de las paredes ó vallados de tierra.

**[illegible]**, a. *ficsé*. Fijar, señalar, afirmar, [illegible] la solidez y constancia de alguna cosa. || Clavar, atar, poner alguna cosa en su lugar. || Clavar, parar el curso, la mar[illegible] de un cuerpo. || Quím. So[illegible] una sustancia volátil, un cuerpo ga[illegible]. || Fijar, establecer una residencia, un [illegible]. || Arreglar, determinar un valor, [illegible], cantidad, etc. || Fijar, asen[illegible] alguna de las facultades del en[illegible], como la atencion, la imagina[illegible], etc. || *Fixer quelque chose sur le pa*[illegible] algo sobre el papel, tomar apun[illegible] de lo que debe retenerse en la me[illegible]. || *Fixer les regards de quelqu'un*, [illegible], hacer de modo que una [illegible] fije la vista sobre uno. || *Fixer les* [illegible] *sur quelqu'un*, hacer recaer las [illegible] sobre alguno. || *Se fixer*, r. Fijarse, [illegible], establecerse en alguna parte. || Pa[illegible], detenerse en su curso algun cuerpo. || [illegible], contentarse, conformarse con [illegible] una persona.

**[illegible]**, f. *ficsité*. Fijeza, firmeza, constancia, [illegible] ó estado de lo que es esta[illegible], firme, sólido, etc.

**[illegible]**, m. *fierdengár*. Medida de capacidad que usan en Suecia para las [illegible]; contiene unos 18.3113 litros.

**[illegible]**, m. *fla*. Fla, doble golpe al parche [illegible] de la mano derecha que [illegible], miéntras la de la izquierda to[illegible] con fuerza.

**[illegible]**, f. *flabelér*. Bot. Flabe[illegible], género de plantas.

**[illegible]**, f. *flabelasión*. Flabe[illegible], accion de agitar el aire para refrescar. || Flabelacion, renovacion del aire.

**[illegible]**, adj. *flabelé*. Flabelado, que se parece á un abanico ó que imita [illegible].

**FLABELLER**, a. *flabelé*. Abelear, achar, soplar.

**FLABELLICORNE**, adj. *flabelicórn*. Entom. Flabelicórneo, de antenas en forma de abanico.

**FLABELLIFORME**, adj. *flabeliform*. Hist. nat. Flabeliforme, que tiene la forma de un abanico.

**FLABELLIPÈDE**, adj. *flabelipéd*. Zool. Flabelípedo, que tiene los piés en disposicion de imitar á un abanico.

**FLAC**, interj. *flác*. Chas, chas, onomatopeya por la cual se imita el ruido que hace el agua al caer sobre la tierra, ó un golpe.

**FLACCIDITÉ**, f. *flacsidité*. Med. Flacidez, estado de una cosa que es blanda, que no ofrece resistencia á la presion. || met. Flacidez, relajacion en la moral de una persona.

**FLACHE**, f. *fláche*. Bache, barrizal, atascadero, lugar lleno de lodo en un camino. || Bache, rotura en el empedrado ó en cualquier pavimento. || Alborno, desigualdad, hundimiento en una superficie plana. || Pantano, balsa, charca de agua que se encuentra en algun bosque. || Mar. Falla, defecto que tiene la madera.

**FLACHEUX, EUSE**, adj. *flacheu*, eus. Albornado, se dice del madero que despues de labrado descubre algo de alborno. || Mar. Se dice de la pieza de madera que tiene fallas.

**FLACON**, m. *flacón*. Frasco, especie de botella de cristal ó vidrio. || Botija de barro.

**FLADERMANNIE**, f. *fladermaní*. Bot. Fladermania, género de plantas.

**FLAGELLAIRE**, adj. *flagelér*. Flagelario, que se parece á una disciplina. || f. Bot. Flagelaria, género de plantas juncáceas del Asia y de la Nueva Holanda tropical.

**FLAGELLATEUR, TRICE**, m. y f. *flagelateur*, *trís*. Flagelador, disciplinante, el que flagela.

**FLAGELLATION**, f. *flagelasión*. Flagelacion, azotamiento, disciplina, accion de azotar á una persona. || Castigo, privacion, penitencia que se aplica al espíritu. || Flagelacion, cuadro que representa la flagelacion de Jesucristo.

**FLAGELLÉE**, f. *flagelé*. Bot. Flagélea ó sanguina, variedad de lechuga.

**FLAGELLER**, a. *flagelé*. Flagelar, azotar, dar azotes, aplicar una flagelacion. || *Se flageller*, r. Flagelarse, azotarse, disciplinarse, darse azotes.

**FLAGEOLER**, n. *flajolé*. Falsear, vacilar, temblar las piernas. || Mentir, contar cuentos y mentiras, chancear. || Adular, soplar, ser músico de oreja. || Mús. Fistulear, tocar un instrumento de viento.

**FLAGEOLERIE**, f. *flajolrí*. Arte, habilidad de tocar el flajolé.

**FLAGEOLET**, m. *flajolé*. Mús. Flajolé, instrumento de música. || Flauteado, seccion de cañones en el órgano que imitan los sonos del flajolé. || Bot. Especie de habichuela.

**FLAGEOLEUR**, m. *flajoleur*. Mús. Flajolista, músico que toca el flajolé. || met. Adulador, quitamotas, hombre bajo y zalamero.

**FLAGET**, m. *flagé*. Agr. Majo, mazorcador, instrumento para sacar el grano de la espiga. V. FLÉAU.

**FLAGORNER**, a. *flagorné*. Adular, congraciarse con chismes y zalamerías.

**FLAGORNERIE**, f. *flagornrí*. Adulacion, zalamería, congratulacion.

**FLAGORNEUR, EUSE**, m. y f. *flagorneur*, eus. Adulador, zalamero, quitamotas.

**FLAGRANCE**, f. *flagráns*. Flagrancia, estado de lo que es flagrante.

**FLAGRANT, E**, adj. *flagrán*. Flagrante, que se ejecuta en el acto, que está en el calor de la accion.

**FLAINE**, f. *flén*. Com. Especie de cutí, tela gruesa como el terliz.

**FLAIR**, m. *flér*. Mont. Viento, olfato, nariz del perro de caza.

**FLAIRER**, a. *fleré*. Olfatear, ventear, oler, aspirar con fuerza para percibir los olores. || met. y fam. Ventear, oler, prever, adivinar los resultados de un asunto.

**FLAIREUR**, m. *flereur*. Husmeador, olfateador, el que vive á costa ajena. || Venteador, husmeador, el que percibe las cosas desde lejos.

**FLAMAND, E**, adj. y s. *flamán*. Flamenco, de Flándes. || m. Mar. Escarpia de cinco á seis piés de largo. || *Flamande*, f. Art. Flamenca, especie de escoplo de carpintería.

**FLAMANT**, m. V. FLAMMANT.

**FLAMBANT, E**, adj. *flanbán*. Ardiente, flagrante, flamígero, que arde formando llama. || Blas. Flameante, que está en figura de llamas.

**FLAMBART**, m. *flanbár*. Tizon, carbon que hace humo en la lumbre. || Meteoro ó fuego fatuo que se parece al fuego de San Telmo. || Botarga, mamarracho, figura de carnaval. || Mar. Embarcacion costera que sirve para pescar.

**FLAMBE**, f. *flánb*. Espada de fuego que se pinta en la mano del arcángel san Miguel. || Especie de puñal que usan los indios. || Hist. *Guerre de la petite flambe*, seccion de caballeros de industria que recorrian Paris en tiempo de Luis XIV, armados de unas tijeras con que cortaban los bolsillos. || Bot. Flamba, lirio cárdeno.

**FLAMBEAU**, m. *flanbó*. Hache, blandon, hachon, especie de antorcha. || Bujía, vela, luz que sirve para alumbrar una habitacion. || Candelabro, candelero, luminar donde se colocan las velas ó bujías. || met. Luz, lumbre, antorcha, vehículo que ayuda al genio que conduce á la ciencia, á la filosofía, etc. || *Le flambeau de la vie*, la antorcha de la vida, la guia, el sosten de la existencia. || *Le flambeau de l'hymen*, la antorcha del himeneo. || *Allumer le flambeau de la guerre*, encender la tea de la discordia, hacer estallar la guerra. || Bot. *Flambeau du Pérou*, cirio espinoso. || Zool. Pescado del género cépalo. || Art. Caldera de refinador.

**FLAMBER**, a. *flanbé*. Soflamar, chamuscar, hacer pasar por la llama alguna cosa para purificarla. || Aperdigar, hacer cocer á fuego lento alguna vianda. || Artill. *Flamber une pièce*, soflamar una pieza, limpiarla quemando dentro alguna pólvora. || *Flamber le cuir*, calentar el cuero, pasarlo por bajo del fuego para charolarlo ó cosa semejante. || *Flamber un chapeau*, tundir un sombrero, cortarle el pelo. || n. Flamear, arder, echar llamas. || a. Mar. Dar un gallardetazo, ó manifestar el jefe de una escuadra por medio de señal la conducta del capitan de algun buque.

**FLAMBERGE**, f. *flanbérge*. Flamberga, tizona, espada brillante y de buen temple. || fam. *Mettre flamberge au vent*, desenvainar, sacar la espada.

**FLAMBERGEANT**, m. *flanberján*. Zool. Flamberan, uno de los nombres del chorlito.

**FLAMBILLON**, m. *flanbillón*. Llama pequeña.

**FLAMBOYANT, E**, adj. *flanbuayán*. Flamígero, flamante, reluciente, que resplandece. || *Epée flamboyante*, espada brillante, que está bruñida ó muy limpia. || *Flamboyante*, f. Agr. Especie de tulipa.

**FLAMBOYER**, n. *flanbuayé*. Relumbrar, relucir, brillar, arrojar una claridad flamante.

**FLAMBURE**, f. *flanbúr*. Art. Manchon, sobre de una tela que no está teñida por igual.

**FLAMET**, m. *flamé*. Zool. Flamenquillo, ave acuática.

**FLAMETTE**, f. *flamét*. Zool. Flameta, especie de crustáceo.

**FLAMICHE**, f. *flamiche*. Past. Especie de pasta compuesta de queso, manteca de Flándes, huevos, etc.

**FLAMIÈRE**, adj. f. *flamiér*. Corriente cóncava, hablando de una muela de molino.

**FLAMINALE**, m. *flaminál*. Flámen que estaba relevado de su cargo, hablando de los flámines ó sacerdotes de la antigüedad.

**FLAMINE**, m. *flamín*. Flámen, sacerdote perteneciente á cierto órden religioso en tiempo de los Romanos.

**FLAMMANT**, m. *flamán*. Zool. Flamante, ave del órden de los flamencos.

**FLAMME**, f. *flám*. Llama, flama, cuerpo luminoso. || Llama, fuego, vivacidad, lo que imita á la parte sutil y luminosa de la lumbre, hablando de pedrerías, metales, etc.

Llama, flama, luz que arroja el sol. || met. Llama, fuego, inquietud, deseos devorantes que inspira una pasion. || Fuego, noble ardor que inspira la virtud. || Llama, fuego, ardor que experimentan las personas entusiastas al poseerse de una inclinacion cualquiera. || met. *Jeter feu et flamme*, echar fuego por los ojos: dejarse llevar de la cólera. || *Porter le feu et la flamme dans un pays*, llevar á un país la desolacion, la ruina, la devastacion. || *Les flammes éternelles*, las llamas eternas, las penas del infierno. || Vet. Fleme, planceta ó lanceta que sirve para sangrar las caballerías. || Bot. Variedad de clavel. = *Flamme blanche*, especie de iris. = *Flamme de Jupiter*, clemátila derecha de tallo encarnado. = *Flamme de bois*, plasma de Malabar. || Art. Mancha, defecto que saca el paño cuando no se ha mojado por igual al tiempo de desmugrarlo. || Especie de tijera que sirve para dividir la pizarra. || Mar. Gallardete nacional ó de señales.

**FLAMMÉ, ÉE**, adj. *flamé*. Flameado, en figura de llama.

**FLAMMÈCHE**, f. *flaméche*. Pavesa encendida, chispa que se desprende de una materia combustible. || met. Chispa, incentivo de una pasion devorante.

**FLAMMÉGUE**, f. *flamégue*. Pesc. Red para pescar los arenques.

**FLAMMEROLE**, f. *flamról*. Santelmo, fuego fatuo, meteoro.

**FLAMMETTE**, f. *flamét*. Metéoro, ó partículas inflamadas que aparecen en la atmósfera. || Cir. Ballestilla, especie de lanceta. = Hoja de lanceta, parte del flebotomo que por medio de un resorte se introduce en la vena que se quiere abrir. || Bot. Flameta, clemátila, especie de renunculáceas.

**FLAMMÉUM**, m. *flameom*. Flámeo, velo de color de fuego que llevaban las novias antiguamente el dia de su casamiento.

**FLAMMIGÈRE**, adj. *flamigér*. Flamígero, que lleva el fuego y la llama.

**FLAMMULE**, f. *flamúl*. Bot. Flámula, especie de plantas.

**FLAN**, m. *flán*. Forma, tejuelo, pieza de metal destinada para estampar el cuño sobre ella y hacer una moneda ó una medalla. || Flan, crema tostada, preparacion que se [hace] con leche, huevos, manteca y azúcar.

**FLANC**, m. *flán*. Ijar, vacío, el hueco del costado del animal. || Vientre, seno, entrañas, hablando del fruto que han llevado ó llevan en ellas las mujeres. || met. *Prêter le flanc*, tirar piedras á su tejado: prestarse voluntariamente á correr algun peligro, á exponerse á sufrir algun daño. || *Se battre les flancs pour quelque chose*, echar los ijares, los bofes: hacer todos los esfuerzos posibles por conseguir alguna cosa. || Flanco, costado, partes laterales de un cuerpo. || Mil. Flanco, costado derecho ó izquierdo de una tropa. *Par le flanc droit*, por el flanco derecho, voz de mando. || Fort. Flanco, parte de una rampa ó talud que reune la extremidad de la fachada de una obra á la garganta ó parte interior de ella. || Mar. Costado del buque.

**FLANCHET**, m. *flanché*. Parte del bacalao que está debajo de las aletas. || Piñonada, sobrelomo de vaca ó de ternera.

**FLANCHIS**, m. *flanchí*. Blas. Flanquis, aspa limada ó pulida.

**FLANÇOIR**, m. *flancuár*. Pieza de armadura que cubria los ijares de un caballo.

**FLANCONADE**, f. *flanconád*. Esgr. Flanconada, bote de cuarta obligada que constituye una estocada en los ijares del adversario.

**FLANDRELET**, m. *flandrlé*. Flaon, torta de huevo, leche y harina.

**FLANDRIN**, m. fam. *flandrén*. Paja larga, gambalúa, hombre cuya estatura es desmesurada y sin porporcion.

**FLANELLE**, f. *flanél*. Com. Franela, tela cruzada de lana.

**FLÂNER**, n. *flané*. Pasar el tiempo, gandulear.

**FLÂNERIE**, f. *flanrí*. Gandulería, accion de pasar el tiempo papando moscas.

**FLÂNEUR, EUSE**, m. y f. *flaneur, eus*. Callejero, corretiendas, el que ando mirando y observando los escaparates de los vendedores. || Bausan, badulaque. || Esbirro de policía.

**FLANQUANT, E**, adj. *flancán*. Fort. Flanqueante, que defiende los flancos de un fuerte, de una tropa, etc.

**FLANQUEMENT**, m. *flancmán*. Mil. Flanqueacion, la accion de flanquear. || Fort. Flanqueacion, construccion defensiva que apoya otra inmediatamente.

**FLANQUER**, a. fam. *flanqué*. Encasquetar, poner por montera, lanzar alguna cosa sobre una persona. || Dar un bofeton, una guantada, estampar los cinco dedos. || *Flanquer à la porte*, poner en la calle á alguno, despedir un criado, etc. || Arq. Flanquear, cubrir, adornar los costados, las extremidades de una fachada. || Mil. Flanquear, cubrir los flancos ó costados laterales de una formacion. || Flanquear, atacar, ofender oblicuamente al enemigo. || Fort. Flanquear, defender los costados de una batería ó de un punto fortificado. || *Se flanquer*, r. Flanquearse, ser flanqueado. || Arrojarse, meterse, encajarse, zamparse en algun peligro, hallarse en algun paso difícil ó circunstancia desagradable.

**FLANQUEUR**, m. *flanqueur*. Flanqueador, soldado que forma parte de una guerrilla ó cuerpo de tropas destinadas á observar ó proteger un flanco.

**FLAQUE**, f. *flác*. Aguazal, lagunajo, charco de agua corrompida.

**FLAQUÉE**, f. fam. *flaqué*. Rociada, cantidad de agua ó de cualquier líquido que se espurrea, que se arroja con fuerza.

**FLAQUER**, a. *flaqué*. Rociar, espurrear, arrojar con ímpetu el agua ó líquido que contiene una vasija ó que se tiene en la boca.

**FLAQUIÈRE**, f. *flaquiér*. Chapa, mascaron que se pone en las bridas de las caballerías.

**FLASQUE**, adj. *flásc*. Flojo, cobarde, collon, mandria, que no tiene ánimo ni fuerza. || Flojo, muelle, blando, que ha perdido su firmeza. || met. *Style flasque*, estilo monótono, sin variedad, sin originalidad, que carece de sal. || f. Mil. Gualdera, parte de los costados en las cureñas de artillería. || Mar. Gualdera de cureña. = Montante de la carlinga de baupres.

**FLASQUEMENT**, adv. *flascmán*. Cobardemente, con cobardía.

**FLATE**, f. *flát*. Zool. Flata, género de insectos fulgorianos hemípteros.

**FLATERIE**, f. *flatrí* Bot. Flatería, lirio del Japon.

**FLATIN**, m. *flatén*. Navaja pequeña.

**FLATIR**, a. *flatir*. Batir, dar la forma á una pieza de moneda.

**FLATITE**, adj. *flatit*. Zool. Flatita, insecto que tiene la forma de la flata.

**FLATOIR**, m. *flatuár*. Martillo que sirve para batir los metales y dar el grueso correspondiente á la moneda.

**FLÂTRER**, a. *flatré*. Marcar, echar un sello con un hierro hecho ascua.

**FLATRURE**, f. *flatrúr*. Sitio donde descansa la caza acosada.

**FLATTÉ**, m. *flaté*. Adorno, gracia que se dice dan los Franceses al canto.

**FLATTER**, a. *flaté*. Adular, lagotear, hacer carantoñas, congraciarse con alguno. || Lisonjear, contemplar, disimular, tratar á uno con demasiada dulzura. || Disimular, entretener, lisonjear á alguno con buenas esperanzas, ocultándole la verdad que pudiera disgustarle. || Acariciar, mimar, halagar, hacer caricias. || Lisonjear, deleitar, embelesar, tanto en lo físico como en lo moral. || *Se flatter*, r. Lisonjearse, estar creido, confiado en conseguir alguna cosa. || Persuadirse, estar en la creencia, en la persuasion que sucederá ó habrá tal ó cual cosa.

**FLATTERIE**, f. *flatrí*. Lisonja, adulacion, alabanza falsa ó exagerada, dictada por el interes personal, para agradar á alguno. || Caricia, agasajo, halago.

**FLATTEUR, EUSE**, adj. y s. *flateur, eus*. Lisonjero, adulador, que lisonjea, que adula. || Dulce, tierno, agradable, insinuante. || Acariciador, halagüeño.

**FLATTEUSEMENT**, adv. *flateusmán*. Lisonjeramente, con lisonja, con zalamería.

**FLATUEUX, EUSE**, adj. [illegible] Flatoso, flatulento, que causa flatos.

**FLATULENCE**, f. *flatuláns*. Flatulencia, ventosidad en el cuerpo humano.

**FLATULENT, E**, adj. *flatulán*. Flatulento, que está sujeto á las ventosidades ó que las causa.

**FLATUOSITÉ**, f. *flatuosité*. Flato, viento que se engendra ó introduce en el cuerpo.

**FLAUBER**, a. inus. *flobé*. Sacudir, dar de golpes á alguno.

**FLAVÉOLE**, f. *flaveol*. Zool. [illegible], género de curraca, ave.

**FLAVESCENT, E**, adj. *flavesán*. Flavescente, que amarillea, que se pone amarillo.

**FLÉAU**, m. *fleó*. Mayal [illegible] mano para trillar ó machacar la [illegible]. || Azote, plaga, desastre, calamidad [illegible] que Dios envía. || Azote: se dice [illegible] persona que cansa, que incomoda, [illegible]mente. || Bot. Látigo, planta [illegible]. || Balancin, cruz ó palanca del peso. || [illegible]ca ó rayo de una romana. || [illegible] de hierro para cerrar las puertas.

**FLÈCHE**, f. *fléche*. Flecha, saeta, [illegible] arrojadiza. || met. Flecha, [illegible] calumnia. || Aguja, chapitel de un [illegible] ó torre. || *Flèche de pont*, flecha [illegible], cigüeñal ó contrapeso que sirve [illegible] maniobrar un puente levadizo. || [illegible] pieza larga de madera que [illegible] delantero de un coche con el [illegible]. *La Flèche*, la Flecha, constelacion [illegible] misferio boreal. || Bot. *Flèche* [illegible] de agua, saeta acuática, planta. || [illegible] *d'un arbre*, guía. || *Flèche de lard*, [illegible]ja entera de tocino. || Fort. [illegible] V. BONNET. || *Flèche de carrosse*, [illegible] coche. || met. *Ne savoir plus de* [illegible] *faire flèche*, estar á la cuarta [illegible], no tener sobre que caerse muerto, [illegible] gran pobreza. || Geom. *La flèche* [illegible], sagita, parte del rayo perpendicular [illegible] cuerda comprendida entre [illegible]. || *Coup de flèche*, latigazo. || Mar. [illegible] instrumento astronómico antiguo. || [illegible] ó espiga de masteleró de juanete.

**FLÈCHE-EN-CUL**, f. [illegible] Mar. Escandalosa, vela que se larga desde el [illegible] á la encapilladura del mastelero de [illegible] de sobremesana.

**FLÉCHER**, n. *fléché*. [illegible], brotar en forma de flecha. Se dice [illegible] flas de azúcar. || a. Cubrir el [illegible] hembra. Se dice del carnero padre, [illegible] cubre á las ovejas.

**FLÉCHIER**, m. *flechié*. Flechero, el que hace ó vende flechas.

**FLÉCHIÈRE**, f. *flechiér*. Bot. [illegible] la de golondrina, planta.

**FLÉCHIR**, a. *flechír*. Doblar, [illegible], domeñar. || met. Aplacar, mover, [illegible]cer. || *Fléchir le genou*, hincar las rodillas, y met., doblar la rodilla, rendir homenaje, adoracion á alguno. || n. Doblarse, [illegible]varse. || met. Rendirse, bajarse, [illegible], someterse. || Ceder, dejarse vencer.

**FLÉCHISSABLE**, adj. *flechisábl*. [illegible]gable, que puede ser doblegado ó [illegible].

**FLÉCHISSEMENT**, m. *flechismán*. Doblegamiento, accion de doblegar.

**FLÉCHISSEUR**, adj. m. y s. [illegible] Anat. Flexor, que sirve para doblar [illegible] partes del cuerpo.

**FLEGMAGOGUE**, adj. [illegible] Flegmagogo, que purga la pituita, [illegible] ciertos remedios. Es tambien [illegible].

**FLEGMASIE**, f. V. PHLEGMASIE.

**FLEGMATIQUE**, adj. y s. [illegible] Flegmático, linfático, la persona [illegible] complexion que abunda en flema. V. PHLEGMATIQUE. || met. Flegmático, que es de un carácter frio, tardo, sosegado.

**FLEGME**, m. *flégm*. Med. Flema. V. PHLEGME. || met. Flema, paciencia, [illegible]go inalterable, pachorra. || Flema, [illegible] acuosa que sacan los químicos de los cuerpos por la destilacion. || *Flegmes*, pl. Flemas, linfa pegajosa que se arroja por la boca.

**FLEGMON**, m. *flegmón*. Med. Flemon, inflamacion de las encías.

**FLEGMONEUX, EUSE**, adj. *flegmoneu, eus.* Flegmóneo ó flegmonoso, de la naturaleza del flemon.

**FLEMMINGIE**, f. *flemengí.* Bot. Flemingia, género de plantas.

**FLÉOLE**, f. *fleól.* Bot. Fleola, género de plantas gramíneas.

**FLÉRETOIR ó FLESTOIR**, m. *flertuár, flestuár.* Art. Martillo que usan los cinceladores.

**FLÉTRIR**, a. *fletrír.* Marchitar, ajar, desluci, quitar la frescura, el brillo, el color de las flores, de la tez. ‖ met. Deshonrar, mancillar la reputacion. ‖ Abatir, quitar la energía, el valor. ‖ Marcar ó afrentar con el castigo de la marca ó flor de lis. ‖ *Se flétrir*, r. Marchitarse, ajarse, hablando de las flores.

**FLÉTRISSANT, E**, adj. *fletrisán.* Marchitador, que marchita.

**FLÉTRISSURE**, f. *fletrisúr.* Marchitez, ajamiento, alteracion que se verifica en la frescura, brillo, hermosura, delicadeza de la tez, de las flores, de los colores. ‖ met. Mancilla, borron, deshonra en la reputacion. ‖ La marca ó flor de lis que estampa el verdugo como castigo afrentoso.

**FLETTE**, f. *flét.* Bote con cubierta que navega en los rios.

**FLEUR**, f. *fleur.* Flor, conjunto de los órganos reproductores de las plantas. ‖ met. Flor, lo escogido, lo selecto, lo mejor, la nata de una cosa. ‖ met. Flor, infancia, juventud, tiempo en que algunas cosas están en su mayor beldad. ‖ Flor, el lustre ó frescura exterior que conserva una cosa. ‖ Flor, la parte de una piel adobada que tiene el lustre y el adereso. ‖ Flor, nivel, suelo, superficie. ‖ *Fleurs*, pl. Flores, placeres, dulzuras de la vida. ‖ Adorno, hermosura, y particularmente adornos de un discurso, etc. ‖ Elogios, alabanzas. ‖ Quím. Flor, sustancia sólida ó volátil producida por sublimacion ó por descomposicion. ‖ *La fleur du teint*, la flor de la tez, el brillo, la frescura de la tez que dan la juventud y la salud. ‖ *La fleur de la virginité*, la entereza virginal. ‖ *Fleur de farine*, flor de la harina. ‖ *Fleur de vin*, flor de vino, la nata que hace el vino en lo alto de la vasija. ‖ *A fleur de*, loc. prep. A flor de, al nivel de, á la superficie, cerca de la superficie. *A fleur d'eau*, á la lumbre del agua, al nivel del agua. ‖ *Fleurs*, pl. Med. La regla, la menstruacion, el mes en las mujeres. ‖ *Fleurs blanches*, flores blancas, purgacion, achaque de las mujeres. ‖ Art. *Fleurs artificielles*, flores artificiales, que imitan al natural. ‖ *Pot à fleurs*, maceta, tiesto.

**FLEURAGE**, m. *fleurága.* Salvado de harina de avena. V. REMOULAGE.

**FLEURAISON**, f. *fleuresón.* Florescencia, formacion de la flor en los vegetales y tambien la estacion en que estos la arrojan.

**FLEURANT, E**, adj. *fleurán.* Odorífero, que exhala un olor como las flores.

**FLEUR DE LIS**, *fleurdlís.* Blas. Flor de lis, especie de lirio que se pinta en el blason de la casa real de Francia. ‖ Flor de lis, hierro caliente para marcar afrentosamente á los ladrones sentenciados. ‖ Astr. Flor de lis, constelacion boreal.

**FLEURDELISER**, a. *fleurdlisé.* Blas. Flordelisar, cubrir ó adornar con flores de lis alguna cosa. ‖ Señalar ó marcar á un reo los espaldas con un hierro caliente que tenia la flor de lis.

**FLEURÉ, ÉE**, adj. *fleuré.* Blas. Floreado, floreteado, que está adornado con flores.

**FLEURER**, n. *fleuré.* Oler, echar, despedir olor ó fragancia como las flores.

**FLEURET**, m. *fleuré.* Hiladillo, la borra que sale de la estopa de la seda. ‖ Floreta, paso de baile. ‖ Hiladillo, especie de cinta. ‖ Esgr. Florete, especie de espada para aprender la esgrima. ‖ Com. Lana de primera suerte.

**FLEURETTE**, f. *fleurét.* Florecilla ó florecita; solo se usa en la poesía pastoral. ‖ met. Floreo, requiebro, dicho amoroso.

**FLEUREUR DE CUISINE**, m. fam. *fleurerdecuisín.* Comilon, gorrista, oledor de golosinas.

**FLEURI, E**, adj. *fleurí.* Florido, florecido, que tiene flores. ‖ met. Florido, lleno de flores, hablando de un discurso ó escrito muy esmerado y adornado. ‖ Florido, agradable. ‖ *Teint fleuri*, tez ó color de la tez fresco y lucido. ‖ Poet. *La saison fleurie*, la primavera. ‖ Bot. *Osier fleuri*, adelfilla.

**FLEURI-NOEL**, m. *fleurinoél.* Bot. Especie de planta medicinal.

**FLEURIR**, n. *fleurír.* Florecer, echar ó arrojar flor. ‖ Forecer, nacer, crecer, hablando de la barba de un jóven. ‖ Florecer, estar en auge ó valimiento, hablando de ciencias ó artes, etc. ‖ a. Florear, adornar ó guarnecer con flores. ‖ met. Florear un discurso, el estilo. ‖ *Se fleurir*, r. Florearse, adornarse con flores.

**FLEURISME**, m. fam. *fleurísm.* Florismo, pasion por las flores.

**FLEURISSANT, E**, adj. *fleurisán.* Floreciente, que está floreciendo, echando flor.

**FLEURISTE**, m. y f. *fleuríst.* Florista, el aficionado á cultivar y tener flores. ‖ Art. Florero, el artífice ó comerciante de flores artificiales ó de mano. ‖ Florista, pintor de flores.

**FLEUROMANE**, m. *fleuromán.* Florómano, el que tiene pasion por las flores.

**FLEUROMANIE**, f. *fleuromaní.* Floromanía, pasion por las flores.

**FLEURON**, m. *fleuron.* Floron, aumentativo de flor. ‖ Floron, flósculo, florecita que reunida con otras semejantes forma la flor aparente de algunos vegetales. ‖ Floron, viñeta, adorno, grabado que se pone en el principio de los libros y capítulos, y algunas veces en los contornos de las planas. ‖ Blas. Floron, adorno á manera de flor que se pone en el círculo de algunas cosas. ‖ Floron, el adorno hecho á manera de flor muy grande. ‖ met. Floron, privilegios, rentas, provincias, posesiones que componen un Estado, que dependen de una corona. ‖ *Plantes à fleurons*, plantas flosculosas.

**FLEURONNÉ, ÉE**, adj. *fleuroné.* Flosculoso, calificacion del vegetal cuyas flores se componen de florecitas parciales ó flósculos.

**FLEURONNER**, n. *fleuroné.* Florecer, estar en flor. ‖ a. Adornar con florones el círculo de una corona.

**FLEUVE**, m. *fleuv.* Rio, la corriente caudalosa de muchas aguas juntas que van á desembocar en otra ó en el mar. ‖ met. Rio, la grande abundancia de alguna cosa líquida.

**FLEXIBILITÉ**, f. *flecsibilité.* Fexibilidad, disposicion que tienen algunas cosas para doblarse fácilmente. ‖ met. Flexibilidad, disposicion del ánimo á ceder y acomodarse fácilmente á algun dictámen.

**FLEXIBLE**, adj. *flecsíbl.* Flexible, que tiene disposicion para doblarse fácilmente. ‖ Flexible, se dice de la voz cuando es suave. ‖ met. Flexible, se dice del ánimo, genio ó índole que tiene disposicion á ceder ó acomodarse fácilmente al dictámen ó resolucion de otro.

**FLEXION**, f. *flecsión.* Flexion, la accion y efecto de doblarse. ‖ Anat. Flexion, accion de los músculos flexores, movimientos que operan.

**FLEXUEUX, EUSE**, adj. *flecsueu, eus.* Flexuoso, tortuoso, que serpentea. ‖ Flexuoso, que está doblado, encorvado muchas veces en su longitud.

**FLEXUOSITÉ**, f. *flecsuosité.* Flexuosidad, estado de lo que es flexuoso.

**FLIBOT**, m. *flibó.* Mar. Urca holandesa.

**FLIBUSTE**, f. *flibúst.* Mar. Corso, contrabando, piratería, etc.

**FLIBUSTER**, n. *flibusté.* Filibustear, piratear, robar las embarcaciones. ‖ fam. Robar, hurtar, ratear.

**FLIBUSTERIE**, f. *flibustrí.* Filibustería, piratería, accion de piratear.

**FLIBUSTIER**, m. *flibustié.* Filibuster, forbante, pirata de los mares de América.

**FLIC-FLAC**, m. *flicflác.* Expresion para representar el ruido de bofetadas, azotes, etc. Tris tras, chis chas, zis zas.

**FLIMOUSE ó FRIMOUSSE**, f. fam. *flimús, frimús.* Cara redonda, rolliza, de carnes duras.

**FLIN**, m. *flén.* Esmeril, especie de polvos que sirven para limpiar el acero.

**FLIPOT**, m. *flipó.* Chapa, pieza para encubrir un defecto de la madera.

**FLOCHE**, adj. *floch.* Com. Velludo, peludo. ‖ Flojo, laxo, fofo, blanducho. ‖ *Soie floche*, seda floja, seda sin torcer.

**FLOCON**, m. *flocón.* Copo, vedija, pelotilla de lana, seda, nieve, ó de cualquiera materia lijera que revolotea á merced del viento.

**FLOCONNER**, n. *floconé.* Nevar, caer en copos pequeños.

**FLOCONNEUX, EUSE**, adj. *floconéu, eus.* Coposo, que presenta copos pequeños.

**FLOERKÉE**, f. *floerqué.* Bot. Floerquea, planta de América.

**FLOFLOTTEMENT**, m. *floflotmán.* Murmullo, accion de murmullar, ruido que hacen las aguas corrientes.

**FLOFLOTTER**, n. *floflotté.* Murmullar, correr las aguas haciendo murmullo.

**FLORAISON**, f. *floresón.* Florescencia, estado de los vegetales cuando echan flor.

**FLORAL, E**, adj. *florál.* Floral, que pertenece á los órganos de la flor. ‖ *Enveloppe florale*, cubierta floral, el cáliz y la corola. ‖ Floral, que habitualmente vive en las flores. ‖ *Florales*, f. pl. Florales, fiestas que se celebraban en Roma en honor de la diosa Flora. ‖ *Floraux*, m. pl. Florales, juegos que se celebraban en Roma en honor de la misma diosa Flora.

**FLORE**, f. *flór.* Mit. Flora, diosa que presidia á las flores. ‖ Bot. Flora, tratado y coleccion de las plantas y flores de un país.

**FLORÉAL**, m. *floreal.* Floreal, octavo mes del calendario republicano francés, que empezaba el 20 de abril.

**FLORENCE**, f. *floráns.* Com. Florencia, especie de tafetan.

**FLORENCÉ, ÉE**, adj. *floransé.* Blas. Flordelisado, que termina en flor de lis.

**FLORENTIN, E**, adj. *florantén, in.* Florentino, de Florencia. ‖ *Florentine*, f. Com. Florentina, raso labrado de Florencia.

**FLORER**, a. *floré.* Mar. Dar sebo á un navío.

**FLORÈS**, *flóres.* Flores, voz latina que solo se usa en esta frase satírica: *faire florès*, fachendear, echar barrumbadas, echar todos los registros, querer lucir.

**FLORESTINE**, f. *florestín.* Bot. Florestina, género de plantas.

**FLORETONES**, f. pl. *floretón.* Com. Floretones, lanas de España.

**FLORETTE**, f. *florét.* Floreta, especie de moneda marcada con una flor.

**FLORIDE**, adj. *floríd.* Florido. ‖ met. Elegante, ameno.

**FLORIDITÉ**, f. *floridité.* Florescencia, estado de la primavera.

**FLORIFÈRE**, adj. *florifér.* Florífero, que trae flores.

**FLORIFICATION**, f. *florificasión.* Florescencia.

**FLORIFORME**, adj. *floriform.* Florifórme, que tiene la forma de una flor.

**FLORIN**, m. *florén.* Florin, moneda de oro ó plata que saca su origen de la ciudad de Florencia.

**FLORIR**, n. Prosperar. V. FLEURIR.

**FLORISSANT, E**, adj. *florisan.* Floreciente, brillante, que está en auge, en vigor, en esplendor.

**FLORISTE**, m. *floríst.* Florista, el que conoce las plantas y flores de un país, que ha hecho una flora ó catálogo de ellas, un tratado sobre esta materia.

**FLOSSADE**, f. *flosád.* Zool. Flosada, especie de pescado.

**FLOSSOLIS**, m. *flosolí.* Bot. Flosolis, especie de planta.

**FLOT**, m. *fló.* Ola, oleada del mar. ‖ Ola, la marea, el flujo y reflujo, la pleamar y bajamar. ‖ met. Raudal, cantidad de fuego, de luz, de humo, de polvo, etc. ‖ Ola, agitacion, pensamiento tumultuoso, revoltoso. ‖ Com. Balsa, jangada, almadía de palos ó maderos que baja por un rio. ‖ *A flot*, á flote, lo que flota ó nada sobre el agua. ‖ *Remettre à flot*, poner á nado ó boyante un navío que estaba encallado. ‖ *Vaisseau qui est à flot*, navío boyante, que nada, que no toca en el fondo. ‖ pl. Rios, mares, torrentes, hablando de líquidos que corren con abundancia. ‖ *A flots*, á rios, á mares, á borbotones. ‖ met. Tropel, confusion de gentes, multitud, abundancia.

*ser la fosse*, rasgar el testamento: renunciar á una herencia. || f. Mar. Fosa, especie de alberca en los arsenales. = *Fosse aux lions*, pañol del contramaestre. = *Fosse aux câbles*, falso sollado de los cables.

**FOSSÉ**, m. *fosé*. Zanja, barranco, especie de excavacion. || Mil. Foso, zanja que se abre al pié de una plaza de guerra. || Cir. *Fossé d'Amyntas*, fosa de Amintas, especie de vendaje que se aplica á toda fractura de la nariz. || prov. y met. *Au bout du fossé la culbute*, nadar y morir á la orilla.

**FOSSERAGE**, m. *fosrége*. Agr. Binadura, cava, primera labor que se da á la viña.

**FOSSERÉE**, f. *fosré*. Viña, se toma por todo el terreno que está plantado de cepas de viña.

**FOSSET**, m. *fosé*. Tapon, especie de clavija con que se tapan los barriles ó las cubas.

**FOSSETTE**, f. *fosét*. Hoyuelo, juego de muchachos. || Hoyuelo, hoyo que tienen algunas personas en la barba y que tambien sacan en la mejilla cuando rien. || Anat. *Fossette du cœur*, boca del estómago, depresion que se encuentra en la parte anterior é inferior del pecho.

**FOSSILE**, adj. y s. *fosil*. Fósil, cualquiera sustancia que se extrae de debajo de la tierra y pertenece al reino animal. || fam. Fósil, rancio, añejo, que no está en uso.

**FOSSILISÉ, ÉE**, adj. *fosilisé*. Fosilizado, que ha pasado al estado de fósil.

**FOSSILISER (SE)**, r. *fosilisé*. Fosilizarse, petrificarse, ser fosilizado ó petrificado. || met. Fosilizarse, atontarse, quedar hecho una estatua.

**FOSSIPÈDE**, adj. *fosipéd*. Fosipedo, que tiene las patas propias para socavar la tierra.

**FOSSOIR**, m. *fosuár*. Agr. Binador, azadon, instrumento para cavar las viñas.

**FOSSOYAGE**, m. *fosuayáge*. Cava, accion de cavar la tierra con un azadon.

**FOSSOYEMENT**, m. ant. *fosuaymán*. Cava. V. FOSSOYAGE.

**FOSSOYER**, a. *fosuayé*. Cavar, abrir la tierra con un azadon.

**FOSSOYEUR**, m. *fosuayeur*. Sepulturero, enterrador.

**FOSSURE**, f. *fosúr*. Agr. Binadura, cava que se da á una viña.

**FOTTALONGE**, f. *fotalónge*. Com. Cierto tejido rayado que viene de Indias.

**FOTTE**, f. *fót*. Com. Tela de algodon de cuadros que viene de Indias.

**FOU, FOL, FOLLE**, adj. *fú*, *fól*. Loco, sin juicio, que ha perdido el uso de la razon, que tiene ideas ridículas, sin concierto. || *Un rire fou*, una risa loca, tonta, sin motivo. *Un fou rire*, una risa destemplada, descompasada, que no se puede contener. || met. Loco, ilusorio, que carece de verosimilitud. || Simple, crédulo, indiscreto. || Excesivo, prodigioso, increible. || *Fou de joie*, loco de contento, de gozo. || met. *Être fou d'une personne*, estar frenético por una persona, amarla con pasion. || met. y fam. *Payer la folle enchère de quelque chose*, pagar la temeridad, la irreflexion con que se emprendió alguna cosa. || Agr. *Folle avoine*. V. AVOINE. || Mil. *Garde folle*, guardia avanzada. || Artill. *Pièce folle*, pieza de artillería cuya alma no está derecha. || *Dame folle*, caballo de triunfo que está acompañado de dos triunfos inferiores, en el juego de naipes. || prov. *Bien fou qui s'oublie*, no es cordura abandonar sus intereses. || *Vendre à prix fou*, vender á un precio exagerado. || m. y f. Loco, demente, insensato. || Loco, el que habla sin juicio ni razon, que obra sin tino. || *Faire le fou*, loquear, hacer el gracioso, bufonear. || *Fou du roi ó fou de la reine*, juglar, bufon, especie de hazmereir de las personas reales. || Zool. Pianga, ave. || prov. y met. *Fol et avoir ne se peuvent entre avoir*, la riqueza y la locura están en guerra abierta. || *A chaque fou sa marotte*, cada loco con su tema. || *Tous les fous ne portent pas des marottes*, todos los locos no están enjaulados: muchas personas viven en la sociedad que debieran estar en una casa de locos. || m. Alfil, cierta pieza en el juego del ajedrez.

**FOUACE**, f. *fuas*. Past. Especie de torta ó galleta cocida en el rescoldo.

**FOUACIER**, m. *fuasié*. Bollero, el que vende cosas de pastelería.

**FOUAILLE**, f. *fuáll*. Mont. Cebo, despojo de la res que se arroja á los perros, particularmente en la caza del jabalí.

**FOUAILLER**, a. *fuallé*. Zurrar, castigar con un látigo. || fam. Sobar, zurrar la pavana. || pop. *Il fouaille*, recula, tiene miedo. || Mil. Batir, destruir con la artillería. || Corregir á los niños indóciles || *Se fouailler*, r. Zurrarse, azotarse, darse con un látigo.

**FOUC**, f. *fúc*. Agr. Especie de manzana buena para hacer sidra.

**FOUCAULT**, m. *fucó*. Zool. Gallineta, chocha, ave.

**FOUDI-JACA**, m. *fudijáca*. Zool. Ruiseñor de las Indias orientales.

**FOUDRE**, f. *fúdr*. Rayo, fuego del cielo. || met. Rayo, máquina de guerra. || met. Indignacion, ira, pasion violenta. || met. Impetuosidad, prontitud, ligereza, rapidez con que se hace ó sucede alguna cosa. || fam. *On le craint comme la foudre*, se le teme como á un rayo, como á una mala nube. || *Être comme frappé de la foudre*, estar como herido del rayo, estupefacto. || m. Cuba, vasija grande que puede contener mas de sesenta barricas de vino.

**FOUDRÉ, ÉE**, adj. *fudré*. Agr. Arremolinado, acosado: se dice del trigo que está sembrado muy espeso y se acuesta en remolino sobre la tierra.

**FOUDROIEMENT**, m. *fudruamán*. Ruina, abatimiento, castigo, herida de rayo.

**FOUDROYANT, E**, adj. *fudruayán*. Fulminante, que despide rayos. || Poét. y met. Fulminante, temible, que es capaz de hacer un gran estrago. || met. Fulminante, aterrador, que confunde. || Art. Especie de busada. || f. Carretilla, cohete corredor.

**FOUDROYER**, a. *fudruayé*. Fulminar, arrojar rayos. || met. Batir, arruinar, demoler con la artillería. || Abatir, confundir, aterrar.

**FOUE**, f. *fú*. Pesc. Manga pequeña que ponen los pescadores.

**FOUÉE**, f. *fué*. Fogata, caza que se hace de noche por medio del fuego. || ant. Hogar, fogon, fuego. || Haz, fajo de leña que carga y trasporta un hombre á la espalda.

**FOUENNE**, f. *fuén*. Bot. Fabuco, hayuco, fruto de la haya.

**FOUET**, m. *fué*. Art. Látigo, zurriago, instrumento que usan los mayorales para arrear las caballerías de tiro. || Látigo, zurriago pequeño y muy flexible que sirve para castigar á los caballos. || Cordoncillo, restaño del látigo. || Látigo, disciplina con que se castiga á los muchachos. || met. Látigo, azote, castigo moral que se impone á un vicio. || Azotaina, azotes que se aplican á un muchacho. || Mont. Cola, rabo de un perro. || met. y fam. *Faire claquer son fouet*, darse importancia, ponderar su mérito uno mismo. || *Donner un coup de fouet*, aguijonear, dar prisa á alguno. || Artill. *Coup de fouet*, cañonazo que se tira horizontalmente sin hacer puntería. || prov. y met. *Donner le fouet sous la custode*, reprender á alguno en secreto. || *Fouet sous la custode*, azotes que se daban á un reo dentro de la cárcel para no afrentarle. || Mar. Rabiza, bozo de rabiza ó mojel, especie de chicote.

**FOUETTÉ, ÉE**, adj. *fueté*. Azotado, zurrado. || met. y fam. *Crême fouettée*, huevos en espuma: se dice de un discurso escrito cuyo estilo es muy brillante, pero vacío de sustancia.

**FOUETTER**, a. *fueté*. Zurriagar, castigar con un látigo. || Poét. y fam. Azotar, censurar, criticar, imponer un castigo moral. || Vet. Ligar, agarrotar las bolsas á un animal para la castradura. || Tirar, apellar el yeso en la pared. || Azotar, dar el viento en la cara con violencia. || Artill. Batir, dar los tiros en un punto que no presenta obstáculo. || Mar. Abozar. || Enganchar aparejos en los obenques, estays, etc. || met. y fam. *Il n'y a pas de quoi fouetter un chat*, es cosa que no merece la pena, es una bagatela. || prov. y met. *Il y a bien d'autres chiens à fouetter*, hay otros penitentes que confesar, otros asuntos son mas interesantes, eso para despues. || *Fouetter les poulets*, beber, embaular el vino sin emborracharse. || Ar[illegible] *ter la crême*, batir los huevos con dos palillos para que espumen. || prov. y met. *Donner des verges pour se faire fouetter*, dar uno armas para que le maten. || *Se fouetter*, r. Azotarse, ser azotado.

**FOUETTEUR, EUSE**, m. y f. *fueteur*, *eus*. Azotador, amigo de dar azotes. || adj. ant. *Frère fouetteur*, hermano azotador, que enseñaba la doctrina cristiana.

**FOUEUX, EUSE**, adj. ant. *fueur*, *eus*. Inflamado, ardiente, que acaba de salir del fuego.

**FOUGASSE**, f. *fugás*. Mil. Barreno, mina.

**FOUGER**, n. *fugé*. Hozar, levantar, mover la tierra con el hocico. || Mont. Hozar, levantar el jabalí la tierra con el hocico para sacar las raices de que se sustenta.

**FOUGERAIE**, f. *fugeré*. Bot. Helechar, lugar cubierto de helechos.

**FOUGÈRE**, f. *fugér*. Bot. Helecho, género de plantas.

**FOUGEROLE**, f. *fugeról*. Bot. Helecho pequeño.

**FOUGUE**, f. *fúgue* Fuego, arrebato, ímpetu. || Ardor, fuga, impetuosidad. || *Les fougues de la jeunesse*, el fuego, el ardimiento, la intrepidez, el entusiasmo de la juventud. || Mar. Sobremesana. *Mât*, *vergue de fougue*, mastelero, verga de periquito.

**FOUGUETTE**, f. *fuguét*. Mil. [illegible], cohete de pequeña dimension.

**FOUGUEUX, EUSE**, adj. *fugueu*, *eus*. Fogoso, ardiente, impetuoso.

**FOUILLE**, f. *fúll*. Cava, excavacion, accion de revolver ó cavar la tierra. || Registro, escrutinio, escudriñamiento.

**FOUILLEMENT**, m. *fullmán*. Registro, escudriñamiento, accion de buscar ó registrar.

**FOUILLE-MERDE**, m. *fullmérd*. Zool. Escarabajo pelotero, insecto coleóptero.

**FOUILLER**, a. *fullé*. Cavar, excavar, hacer excavaciones. || n. Registrar, buscar alguna cosa revolviendo los objetos en que se cree puede hallarse oculta. || met. Averiguar, indagar. || fam. *Fouiller dans sa poche*, revolver, escudriñar en sus bolsillos una persona cuando echa de menos una cosa. || Examinar, indagar, consultar un archivo, una crónica, etc. || prov. *Fouiller dans les tombeaux*, desenterrar huesos, andar averiguando linajes. || *Se fouiller*, r. Examinarse, escudriñarse los bolsillos. || Registrarse dos personas recíprocamente.

**FOUILLIS**, m. *fullí*. Barullo, confusion, desórden, desconcierto en las cosas.

**FOUILLOUSSE**, f. *fullús*. Bolsa, saco, alforjas.

**FOUILLURE**, f. *fullúr*. Hozadera, trabajo que hacen los jabalíes. || pl. Efectos de este trabajo.

**FOUINE**, f. *fuín*. Zool. Fuina, garduña, animal dañino. || Fuina: se dice de una persona que va buscando como los hurones. || Agr. Horquilla, instrumento de hierro [illegible] dos ó tres picos que sirve para cargar las mieses. || Pesc. Fuina, harpon, especie de tridente para pescar los peces gordos.

**FOUINER**, n. *fuiné*. Huir, retirarse furtivamente, escaparse.

**FOUIR**, a. *fuír*. Cavar la tierra, abrir, hacer en ella un hoyo, un pozo.

**FOUISSEMENT**, m. *fuismán*. Cava, accion de cavar.

**FOULAGE**, m. *fuláge*. Accion de comprimir, de apretar. || Impr. Tiro, la accion de apretar para imprimir.

**FOULANT, E**, adj. *fulán*. Que aprieta, que comprime.

**FOULARD**, m. *fulár*. Com. Tejido, pintado de sedas. || Pañuelo de seda. || fam. *Faire le foulard*, robar los pañuelos en un tropel ó gentío.

**FOULE**, f. *fúl*. Gentío, tropel, apretura, muchedumbre, confusion de personas. || Vulgo, lo comun de los hombres. || Tropelía, vejacion, opresion. || Obras, estupefacto [illegible] || Art. Acto de batanar ó enfurtir paños ó sombreros. || Pesc. Especie de pesca. || Mar. Botalon con que se orientan las velas de abanico. || *En foule*, loc. adv. En monton, de tropel, á bandadas, en gran número.

**FOULÉE**, f. *fulé*. Equit. Pisia que deja el caballo cuando marcha. || [illegible] del [illegible]

[illegible] ¡fuego est! ¡vestido seo! ¡mal [illegible] de! || prov. y fam. *Mettre du [illegible] sac bottes*, llenar el saco, meter la [illegible] : reñir mucho dinero en [illegible]. || *Botte de foin*, haz de yerba. || [illegible] *une aiguille dans une botte*, [illegible] *de foin*, buscar una agu[illegible], ó un estudiante vestido de [illegible] Salamanca. || met. *Être bête à man[illegible]*, comer pan por privilegio: ser [illegible], muy estúpido, un pollino.

[illegible], f. [illegible] *fuán*. Catana, charrasca, [illegible], nombre irrisorio de una mala [illegible] || Especie de harpon en forma de [illegible] pescados mayores.

[illegible], f. *fuandl*. Horquilla ó horca, [illegible] de dos dientes para cargar [illegible].

[illegible], m. *fuanié*. Vendedor de yerba [illegible].

[illegible], f. *fuár*. Feria, concurrencia de [illegible] y vendedores á un lugar y en [illegible]. || Ferias, los juguetes ó regalos [illegible] de la feria para los que no fue[illegible]. || Cagalera, seguidillas, cagueta, [illegible] vientre. — *Avoir la foire*, andar de [illegible], de cagaleras, de seguidillas. || prov. [illegible] *pas toutes les foires de cam*[illegible], ir á la feria cree saber lo que [illegible]. || *Il a bien hanté; il a bien [illegible] foire*, es perro viejo, es liebre cor[illegible] de una persona difícil de enga[illegible] *foire n'est pas sur le pont*, no hay [illegible] nos apure, nadie corre detras [illegible]. || *Ils s'entendent comme lar[illegible] foire*, son lobos de una camada: [illegible] acuerdo, se entienden per[illegible].

[illegible], n. vulg. *fuaré*. Tener diarrea, [illegible] cagalera, de seguidillas.

[illegible], adj. y s. vulg. *fuareu*, [illegible], cagalitroso, que anda de ca[illegible]. Pálido, descolorido.

[illegible], f. *fuá*. Vez, alternativa, turno, su[illegible] de acciones, de tiempos, reiteracion [illegible]. *N'y revenez pas une autre [illegible]*, vuelva Vd. aquí otra vez. || Signi[illegible], el momento, la circunstan[illegible] *généralement cette fois*. (La Fontaine) [illegible], en cierta ocasion: *il était une [illegible]*. || Luego que, desde [illegible] que: *une fois parti, rien ne [illegible]*. *Une bonne fois, une fois pour [illegible]* que valga mil, una buena y en[illegible]. || *Regarder une affaire à deux [illegible]* bien un negocio, reflexionarlo [illegible] *la fois, tout à la fois*, loc. adv. Á la [illegible] tiempo, al mismo tiempo. || *Par fois*, [illegible] *autre*, loc. adv. Á veces, por veces, [illegible] en cuando. || *D'autres fois*, otras [illegible] *je l'aime, d'autres fois* [illegible], hay ocasiones que la amo, pero [illegible]. || m. Se usa como tal en esta [illegible] *prendre quelqu'un à fois de corps*, [illegible] *de corps*, coger á uno por la mi[illegible].

[illegible], m. *foism*. Foismo, doctrinas y [illegible] dios Fo, adorado en la China.

[illegible], f. *fuasón*. Abundancia, gran [illegible] de cosas. || *Á foison*, loc. adv. Á mon[illegible] abundancia, en gran cantidad.

[illegible], m. *fuasonmán*. Cre[illegible] de la cal ó aumento de su volúmen [illegible] apagada.

[illegible], n. *fuasoné*. Abundar en, [illegible] abundancia, sobrar, etc. || Cundir, [illegible] parecer uno voluminoso, hablando [illegible] de comer. || Abundar, multipli[illegible] en abundancia, hablando [illegible] de casa. || prov. *Cherté foisonne*, [illegible] cuesta un real, es bueno [illegible].

[illegible], f. *fuasiér*. Especie de tonel [illegible].

[illegible], adj. *fuatábl*. Fidedigno, que [illegible].

[illegible], adj. y s. *fól*. Loco. V. FOU. || Se dice [illegible] *fol* en el masculino cuando está [illegible] un sustantivo que empieza por vo[illegible]: *un fol amour, un fol espoir*.

[illegible], adj. *folátr*. Loquillo, bro[illegible], amigo de hacer locuras, de [illegible].

[illegible], adv. *folatrmán*. Ju[illegible], de una manera juguetona.

FOLÂTRER, n. *folatré*. Loquear, bromear, juguetear, estar ó andar de broma, etc. || Mocear.

FOLÂTRERIE, f. *folatreri*. Tontería, locura, accion ó palabra de broma.

FOLES, f. pl. V. FOLLE.

FOLIACÉ, ÉE, adj. *foliasé*. Bot. y Zool. Foliáceo, que es de la naturaleza de las hojas, que pertenece á las hojas, que presenta su aspecto.

FOLIAIRE, adj. *foliér*. Bot. Foliar, que pertenece á las hojas, que nace en ellas ó que las produce.

FOLIATE, m. *foliát*. Foliato, especie de perfume de los antiguos.

FOLIATION, f. *foliasión*. Foliacion, disposicion de las hojas en el boton de la planta.

FOLICHON, NE, adj. y s. fam. V. FOLATRE.

FOLICHONNER, n. fam. V. FOLATRER.

FOLIE, f. *folí*. Locura, demencia, enajenacion mental. || Locura, imprudencia, temeridad, majadería. || Locura, accion ejecutada ó palabra dicha por diversion, por broma. || met. Frenesí, amor excesivo por una persona. || Desbarro, desatino, disparate. || Extravío en la conducta. || *Faire folie de son corps*, entregarse al libertinaje. || *Faire la folie*, hacer el amor positivamente, entretenerse una con otra dos personas de distinto sexo. || *Grain de folie*, vena de loco. || *Folies espagnoles*, folías españolas, todo baile de castañuelas y jaleo, como seguidillas, fandango, bolero, etc. || *À la folie*, loc. adv. Con locura, con delirio, con exceso, con pasion.

FOLIÉ, ÉE, adj. *folié*. Foliado, que está dispuesto en hojitas. || Bot. Foliado, que tiene hojitas. || Quím. y Farm. Foliado, epíteto dado á los productos de ciertas operaciones químicas que presentan el aspecto de unas hojitas. || *Terre foliée mercurielle*, tierra foliada mercurial, acetato de mercurio. *Terre foliée de tartre*, tierra foliada de tártaro, acetato de potasa.

FOLIIFORME, adj. *foliifórm*. Bot. Foliiforme, de la figura ó en forma de hoja.

FOLIIPARE, adj. *foliipár*. Bot. Folíparo, que solo produce hojas.

FOLILET, m. *folilé*. Lomo de ciervo, pedazo de carne para comer, sacada del lomo de este animal.

FOLIO, m. *fólio*. Folio, número de una página, guarismo que se pone en cada página para conocer la numeracion de un libro. || *In-folio*. V. este en la I.

FOLIOLAIRE, adj. *foliolér*. Foliolar, que participa de la naturaleza de las hojas.

FOLIOLE, f. *foliól*. Bot. Hojuela, cada una de las hojitas colocadas á lo largo de cada lado del peciolo.

FOLIOLÉ, ÉE, adj. *folioló*. Bot. Foliolado, que tiene hojuelas.

FOLIOT, m. *folió*. Péndola. V. BALANCIER, en su primera acepcion, para relojería. || Muelle, resorte que hace dar media vuelta á la llave en una cerradura.

FOLIOTER, a. *folioté*. Foliar, numerar los folios de un libro ó escrito.

FOLIUM, m. *fóliom*. Geom. Curva de segundo órden ó línea de tercer órden, que tiene una porte parecida á una hoja.

FOLLE, adj. f. *fól*. Loca. V. FOU. || f. Pesc. Loca, red de pesca que se tiende formando bolsas ó pliegues en todas sus direcciones. || Artill. Toda pieza cuya alma no está recta. || *Folles*, pl. Miner. Las piedras que se encuentran en las minas.

FOLLÉE, f. *folé*. Manga, especie de bolsa que se hace con las redes.

FOLLE-JAUNE, f. *foljón*. Agr. Uva blanca.

FOLLEMENT, adv. *folman*. Locamente, atolondradamente, sin reflexion.

FOLLER, n. ant. V. FOLATRER.

FOLLET, TE, adj. y s. dim. fam. de FOL. *folé, ét*. Loquillo, travieso, juguetoncillo. || *Poil follet*, bozo, el primer pelo que sale claro en la barba, pelusa ó vello de las aves. || *Folet, esprit folet*, duende, trasgo. || *Follet, feu follet*, fuego fatuo, exhalacion. || met. Fuego fatuo, falso brillo, resplandor fugitivo.

FOLLETTE, f. *folét*. Especie de pañuelo que llevaban las mujeres al cuello. || Bot. Salgado, nombre vulgar del armuelle.

FOLLICULAIRE, m. *folikulér*. Foliculista, nombre que se da por desprecio á los autores de gacetas, relaciones y folletos.

FOLLICULE, m. *folikúl*. Anat. Folículo, bolsilla de una glándula simple. || f. Bot. Folícula, vainilla en que está encerrada la simiente de alguna cosa. || Cir. Folícula, tumor que contiene el pus de un absceso. || Capullo del gusano de seda.

FOLLICULEUX, EUSE, m. y f. *folikuleu, eus*. Anat. Foliculoso, que tiene relacion con los folículos.

FOLLICULITE, f. *folikulít*. Med. Foliculita, inflamacion de los folículos membranosos.

FOLLIER, m. *folié*. Pesc. Especie de barquilla para pescar.

FOMALHAULT, m. *fomaló*. Astr. Fomahant, estrella de primer órden, situada en la constelacion Acuario.

FOMENTATEUR, TRICE, m. y f. *fomentateur, tris*. Incitador, alborotador, el que promueve alborotos, induce á ellos ó los fomenta.

FOMENTATIF, IVE, adj. *fomentatif, iv*. Med. Fomentativo, que sirve para la fomentacion.

FOMENTATION, f. *fomentasión*. Med. Fomentacion, fomento, untura ó friccion que se hace para dar calor al cuerpo. || met. Fomentacion, excitacion al desórden, á los alborotos, etc.

FOMENTER, a. *fomenté*. Fomentar, excitar el calor por medio de fomentos. || met. Fomentar, sostener el desórden, la discordia, etc.

FONÇAILLES, f. pl. *fonsáll*. Tablas de cama, las que se atraviesan para sostener los colchones.

FONCÉ, ÉE, adj. *fonsé*. Subido, cargado, oscuro, hablando de colores. *Bleu foncé*, azul oscuro, azul turquí. || met. *Homme foncé*, hombre de fondo, rico, acaudalado. Hombre de fondo, instruido en una materia, profundo en una ciencia. || *Maison foncée*, casa acaudalada, rica, de crédito, etc.

FONCEAU, m. *fonsó*. Vallecillo. || Cama, cada una de las extremidades del bocado de un freno.

FONCÉE, f. *fonsé*. Art. Cueva ú hoyo en un pizarral. || Porcion de pedrusco desprendido de una vena de mármol.

FONCER, a. *fonsé*. Art. Enfondar, poner el fondo á una vasija, etc. || Enfondar, echar el suelo á un lagar. || Pint. Cargar, dar á una pintura un color subido. || Poner el suelo á una empanada, pastel, etc. || n. Suministrar fondos, sufragar los gastos de una empresa.

FONCET, adj. y s. m. *fonsé*. Barca grande de rio. Adjetiv. *Un bateau foncet*. || Art. Plancha de hierro atravesada por un agujero correspondiente al cañon de la cerradura.

FONCIER, ÈRE, adj. *fonsié, ér*. Que pertenece á tierras, á bienes raíces ó haciendas, etc. *Rente foncière*, renta sobre tierras. || Sust. *Le foncier*, es lo mismo que *impôt foncier*. *Cette ferme acquitte tant de foncier*, este cortijo paga tanto de contribucion. || Seguro, asegurado. || Hábil, persona científica que tiene conocimientos profundos en su arte, en su profesion. || *Foncière*, f. Manto de pizarra.

FONCIÈREMENT, adv. *fonsiermán*. A fondo, con reflexion, detenidamente. || De raíz, en el fondo, en su interior, en la esencia.

FONÇURE, m. *fonsudr*. Art. Cesrilla ó cayailla, herramienta usada en las fraguas para atizar.

FONCTION, f. *fonksión*. Funcion, movimiento ó accion vital. || fam. *Faire bien toutes ses fonctions*, ejecutar bien sus funciones, dormir con sosiego, comer con apetito, digerir bien la comida, etc. || Funcion, ejercicio del entendimiento, de la imaginacion, de la razon, etc. || Funcion, desempeño de un empleo, de una facultad. || Funciones, veces, el acto de suplir una cosa con otra. *Cela fait fonction de*, esto hace las funciones, las veces de..., suple á... || Mat. Funcion, las diferentes potencias de una cantidad.

**FONCTIONNAIRE**, m. y f. *foncsionér*. Funcionario, el que desempeño un destino, especialmente hablando de los empleados del Estado.

**FONCTIONNEL, LE**, adj. *foncsionél*. Fisiol. Funcional, que tiene relacion con las funciones vitales.

**FONCTIONNER**, n. *foncsioné*. Funcionar, ejercer las funciones á que se está destinado.

**FONCTIONOMIE**, f. *foncsionomí*. Med. Funcionomía, arte de conocer las funciones de los diversos órganos de la economía animal.

**FOND**, m. *fón*. Fondo, la parte inferior de alguna cosa hueca. || Fondo, el paraje mas distante de la entrada ó del punto desde donde se ve, como el fondo de un escenario, de un jardin, etc. || Fondo, la parte mas interior, mas profunda, mas recondita de una cosa. || Terreno, todo aquello sobre que se edifica ó se pone alguna cosa. || Pint. Fondo, la parte de un cuadro donde se ven los objetos en lontananza. || met. Fondo, lo esencial, lo sustancial de una cosa. || *Fond de l'œuvre*, pala, hojita de metal sobre que se engasta la piedra preciosa. || *Fond de culotte*, fondillos de los calzones. || *Fond d'une chaise*, asiento de una silla. || *Fond d'un tonneau*, suelo ó asiento de un tonel. || *Fond de cale*, bodega, la parte interior de un navío. || Mar. *Couler à fond*, echar á pique. || Mar. *Donner fond*, dar fondo, echar ancla, fondear. || met. y fam. *Faire fond sur quelqu'un*, fundarse ó confiar en, contar con alguno. || met. *Voir le fond du sac*, tener vacío el bolsillo, no tener un cuarto. Encontrar el quid de una dificultad, dar con el busilis. || *Dîner, déjeuner à fond de cuve*, comer, almorzar á sus anchas. || *C'est une mer sans fond et sans rives*, es un abismo, un mar insondable, hablando de una cosa superior á los alcances del hombre. || *Garde-fond*, guarda mayor de un soto. || *Au fond*, loc. adv. En el fondo, intrínsecamente, en sí, prescindiendo de las circunstancias que acompañan. || *A fond*, loc. adv. A fondo, minuciosamente, con reflexion. || *De fond en comble*, enteramente, de arriba abajo.

**FONDAMENTAL, E**, adj. *fondamentál*. Fundamental, que sirve de fundamento, de cimiento á una cosa.

**FONDAMENTALEMENT**, adv. *fondamentalmán*. Fundamentalmente, con buenos cimientos. || met. Fundamentalmente, con fundamento, con buenos principios.

**FONDANT, E**, adj. *fondán*. Fundente, que tiene la propiedad de derretir, de acelerar la liquefaccion de ciertos cuerpos. || Med. Que tiene la propiedad de convertir en líquido. || Hablando de frutos, *fondante musquée*, *fondante de Brest*, especie de pera como la conocida en España con el nombre de pera de agua.

**FONDATEUR, TRICE**, m. y f. *fondatөr, tris*. Fundador, el que funda.

**FONDATION**, f. *fondasión*. Fundacion, la accion de fundar. || Cimiento, la zanja que se abre para la construccion de un edificio. || Fondos, donacion, capital legado para obras de piedad ú otro uso ventajoso á la sociedad.

**FONDE**, f. *fónd*. Mar. Bajamar.

**FONDÉ, ÉE**, adj. *fondé*. Fundado, razonable, justo. || met. Fundado, basado, establecido en un principio cualquiera. || Fundado, apoyado, autorizado. *Personne fondée de pouvoir, de procuration*, persona competentemente autorizada.

**FONDEMENT**, m. *fondmán*. Fundamento, cimiento de un edificio, muro, columna, etc. || met. Cimientos, el principio de una obra, de una empresa, etc. || Fundamento, cimiento, base de una cosa. || Cimiento, base, sosten, apoyo. || Fundamento, causa, motivo, razon, antecedente. || Anat. Ano; y así se dice: *avoir mal au fondement*.

**FONDER**, a. *fondé*. Fundar, cimentar, poner los cimientos. || met. Fundar, instituir, erigir, establecer. || Fundar, considerar como principio, causa, etc. || Jurisp. *Fonder quelqu'un de procuration*, dar poder á alguno, nombrarle su procurador. || *Fonder sur*, fundar en. || *Se fonder*, r. Fundarse, ser fundado por otro, hablando de cosas. || Fundarse, apoyarse en algun principio.

**FONDERIE**, f. *fondrí*. Fundicion, arte de fundir metales. || Fundicion, el lugar donde se funde.

**FONDEUR**, m. *fondeur*. Fundidor, el operario empleado en la fundicion ó cuyo oficio es fundir, especialmente los caractéres tipográficos. || Fundidor, comerciante de hierro colado.

**FONDIQUE**, m. *fondic*. Lonja, especie de bolsa del comercio de las Indias. || Albóndiga.

**FONDIS**, m. *fondí*. Cárcava, hundimiento hecho debajo de un edificio. || Miner. *Fondis à jour*, galería con luz ó abierta, la que tiene un tragaluz.

**FONDOIR**, m. *fonduár*. Caldera ó vasija en que se derrite el sebo, y el lugar destinado á este objeto.

**FONDOUCLIS**, m. *fonduclí*. Fonduclis, moneda del Cairo.

**FONDRE**, a. *fóndr*. Fundir, derretir, hacer líquida una sustancia sólida. || Fundir, echar en el molde el metal para la construccion de cañones, campanas, etc. || Med. Fundir, reducir al estado líquido, disolver. || Destruir, hacer desaparecer. || Pint. *Fondre une couleur dans une autre* ó *avec une autre*, mezclar un color con otro inmediato, formando una tinta degradada. || met. *Fondre un ouvrage dans* ó *avec un autre*, refundir ó incluir una obra en otra. || prov. *Fondre la cloche*, echar el resto, tomar la última determinacion. || *Fondre des actions, des billets*, realizar, verificar acciones, billetes, etc. || n. Derretirse, convertirse en líquido. || met. Hundirse, venirse á tierra, desmoronarse un muro, un edificio, etc. || Caer, echarse encima, arrojarse. *Fondre sur quelqu'un*, caer sobre alguno, acometerle. || *Venir fondre chez*, venir á caer en casa de, venir á parar en casa de. || met. Hundirse, reducirse á la nada. || *Tout ce qu'il tient fond entre ses mains*, todo desaparece de sus manos, es un pródigo. || *Fondre en larmes, en pleurs*, deshacerse en lágrimas, llorar á lágrima viva. || Desfigurarse, perder carnes y fuerza. || Deshacerse. *Le ciel fond en eau, en pluie*, el cielo se deshace en agua, llueve mucho. || *Se fondre*, r. Derretirse, deshacerse, etc.

**FONDRER**, n. *fondré*. Desplomarse, venirse abajo.

**FONDRIER**, m. *fondrié*. Mar. La madera que no flota por ser mas pesada que el agua.

**FONDRIÈRE**, f. *fondriér*. Barranco, hondonada ó profundidad hecha en las tierras por el temporal. || Hoyada, terreno pantanoso. || met. Abismo.

**FONDRILLES**, f. pl. *fondrill*. Poso, heces, lo que queda en el fondo de una vasija. || fam. Zurrapas.

**FONDS**, m. *fón*. Fundo, tierra, suelo de una hacienda, de un campo. || Propiedad, posesion, terrazgo. *Biens-fonds*, bienes raices. || Fondo, caudal, capital que se reune para diversos usos. || Fondo, efectos y enseres de una tienda, de una fábrica. || met. Fondo, caudal de ciencia, de erudicion, de doctrina. || met. Fondo, hablando de las cualidades del alma y de su relacion con los efectos que producen. || *Placer son argent à fonds perdus*, imponer ó dar dinero á renta vitalicia. || *Faire fonds de* ó *sur*, confiar en. || *Être en fonds pour faire quelque chose*, hallarse en estado de hacer alguna cosa.

**FONDU, E**, adj. *fondú*. Fundido, refundido. || met. *Cette maison est fondue dans telle autre*, esta casa se ha incorporado ó amalgamado en tal otra: dícese cuando sus bienes han pasado á otra casa por matrimonio. || Derretido, deshecho, hundido. || Anonadado. || *Fondue*, f. Entrepiatos, variedad de manjar que se hace con queso y huevos batidos. || Medida usada en algunas partes de Francia para el mineral.

**FONDULE**, m. *fondúl*. Zool. Fóndulo, género de pescados.

**FONET**, m. *fonė*. Zool. Fonete, especie de moluscos del Senegal.

**FONGATE**, m. *fongát* Quim. Fongato, sal que produce la combinacion del ácido fúngico con una base salificable.

**FONGE**, m. *fónge*. [illegible] del hongo. || Bot. *Fonge* [illegible], [illegible] gos del género de las setas.

**FONGER**, n. *fongé*. Calarse, [illegible] del papel que embebe la tinta.

**FONGIBLE**, adj. *fongíbl*. [illegible] ble, que se mide ó pesa ó que se [illegible], como los granos, etc.

**FONGIFORME**, adj. *fongifórm*. [illegible] forme, que tiene la forma de un hongo.

**FONGINEUX, EUSE**, adj. [illegible] eus. Fungisoso, se dice de un [illegible] está cubierto de hongos.

**FONGIQUE**, adj. *fongíc*. Quím. [illegible] co, se dice del ácido que [illegible] los hongos.

**FONGIVORE**, adj. *fongivór*. [illegible] que se alimenta de hongos.

**FONGOÏDE**, adj. *fongoíd*. [illegible], que se parece á un hongo.

**FONGOLOGISTE**, m. [illegible] gologista, naturalista que se [illegible] cialmente del conocimiento de los [illegible].

**FONGOSITÉ**, f. [illegible]. Cir. [illegible] sidad, especie de excrecencia. || [illegible] dad, cualidad de lo que es fungoso, [illegible] joso, fofo.

**FONGUEUX, EUSE**, adj. [illegible] Bot. Fungoso, que se parece á un hongo. || Fungoso, planta. || Cir. *Chairs fongueuses*, carnes fungosas, que se levantan [illegible] de hongos en las partes [illegible]. || *Tumeurs fongueuses*, tumores fungosos, especie de hinchazones.

**FONGUS**, m. *fóngus*. Cir. Fungo, [illegible] sidad, excrecencia blanda y [illegible].

**FONSOIR**, m. *fonsuár*. Art. [illegible] herramienta que se usa en las [illegible] áncoras.

**FONTAINE**, f. *fontén*. Fuente, [illegible] tial de agua. || Fuente, artificio con que se hace salir el agua en los jardines, [illegible], etc. || Fuente, tinaja ó pila en que se [illegible] el agua para el consumo de una casa. || Fuente, especie de medida que se usa en las fábricas de cerveza. || met. Fuente, manantial: *la fontaine de la douleur*, [illegible] te, el manantial del dolor. || Art. [illegible], hueco hecho en un rincon de la [illegible] para desleir la levadura y la harina. || met. y fam. *Il ne faut pas dire, fontaine, je ne boirai pas de ton eau*, nadie diga: de esta agua no beberé. || Alquim. *Fontaine de Flamel*, fuente de Flamel, la retorta. || *Fontaine des métaux*, el mercurio. || Bot. *Fontaine de mer*, fuente de mar, anémona colorada.

**FONTAINEAU**, m. dim. de [illegible] *fontenó*. Fuentecilla.

**FONTAINIER**, m. *fontenié*. El que hace ó vende tinajas, cántaras de piedra, [illegible], cobre, etc. || Fontanero, artífice que [illegible] las aguas para las fuentes.

**FONTANÉSIE**, f. *fontanesí*. Bot. Fontanesia, arbusto de Siria.

**FONTANGE**, f. *fontánge*. Fontanje, [illegible] alto que llevaban antiguamente las [illegible] sobre la frente adornado con cintas.

**FONTE**, f. *fónt*. Fundicion, accion de fundir, de reducir á líquido un [illegible]. || *Coulé de fonte*, colada de fundicion, [illegible] racion de vaciar los hornos [illegible]. || *Culot de fonte*, prueba de fundicion, [illegible] pequeña de metal que se saca de un [illegible] ral en el fondo del crisol. || *Gâteau de* [illegible], torta de fundicion, pedazo de metal que sirve para hacer acero natural. || Impr. [illegible] cion, coleccion de letras y signos que componen un carácter completo de [illegible] cuerpo. || Metrol. Fundicion, conversion de las monedas de curso ordinario en otras de nuevo valor. || Mezcla de lanas de diferentes colores que deben entrar en un tejido. || Union, compatibilidad, armonía entre los diversos matices que componen un cuadro. || met. Descubrimiento, desmarañe, [illegible] de una intriga. || *Remettre un ouvrage à la fonte*, refundir una obra, hacerla de nuevo. || Bronce, metal compuesto y vaciado como el de los cañones y morteros, campanas, etc. || *Fontes*, pl. Pistoleras, especie de [illegible] de suela para meter las pistolas de arzon.

**FONTENERIE** ó **FONTAINERIE**, f. *fontenrí*. Fontanería, arte de encañar y conducir aguas para las fuentes.

**FONTENIER**, m. *fontinié*. Fontanero, el que cuida de la conduccion de aguas y encañados. V. FONTAINIER, mejor ortografía.

**FONTI**, m. *fónti*. Bot. Fonti, planta de Madagascar.

**FONTICULE**, m. *fonticúl*. Cir. Fontículo, úlcera que se hace en el cuerpo para dar salida á los humores viciados.

**FONTIGÈNE**, adj. *fontigén*. Bot. Fontígena, que crece en los conductos y cañerías de las fuentes.

**FONTINAL, E**, adj. *fontinál*. Fontanal, que tiene relacion con las fuentes. || Fontanal, se dice de las ninfas protectoras de las fuentes. || *Fontinale*, f. Zool. Fontanal, género de insectos.

**FONTINALIS**, m. *fontinális*. Bot. Fontinalis, persicaria, planta.

**FONTIS**, m. *fontí*. Hundimiento, tierra que se hunde formando barranco, hoyo, caverna ó sima.

**FONTS**, m. pl. *fón*. Pila, fuente bautismal. *Tenir un enfant sur les fonts*, tener un niño en la pila, hacerse su padrino ó madrina. || met. y fam. ant. *Tenir quelqu'un sur les fonts*, tener á uno entre manos: ocuparse de una persona con buen ó mal fin. || Arq. Hundimiento, abertura, abismo que se abre en la tierra, cuando la base no es sólida.

**FOOT**, m. *fút*. Pié ingles que vale 0,304,794 de metro.

**FOR**, m. ant. *fór*. Foro, tribunal de justicia. *Le for extérieur*, la jurisdiccion, la autoridad de la justicia humana. || *Le for de la conscience*, *le for intérieur*, el fuero de la conciencia, juicio que sigue únicamente las inspiraciones de la ley natural. || *Le for ecclésiastique*, el fuero eclesiástico, jurisdiccion de los obispos y otros prelados sobre los eclesiásticos que dependen de ellos y sobre ciertas materias. || *Le for de la pénitence*, el tribunal de la penitencia, la confesion sacramental.

**FORAGE**, m. *forágе*. Art. Horadamiento, accion de horadar ó abrir un agujero de cualquier forma. || Sisa, derecho que se pagaba sobre el vino. || Horadacion, abertura que se hace en la tierra para sacar la piedra.

**FORAIN, E**, adj. *foréin*. Forastero, que no es del país en que se encuentra. || Feud. *Traite foraine*, derecho de impuesto y peaje que se hacia pagar á la entrada y á la salida de géneros en el reino. || m. Mar. Vacío que queda entre las vasijas de la estiva. || f. Forána, rada poco abrigada.

**FORAINEMENT**, adv. ant. *forenmán*. Forasteramente, foráneamente, por fuera, exteriormente.

**FORBAN**, m. *forbán*. Destierro. V. BANNISSEMENT. || met. *Forban littéraire*, forbante literario, plagiario que se apropia el escrito ó los pensamientos de un autor. || Mar. Forbante ó pirata. Es voz tomada del inglés.

**FORBANNIR**, a. V. BANNIR.

**FORBANNISSEMENT**, m. V. BANNISSEMENT.

**FORBASINE**, f. *forbasín*. Bot. Forbacina, cáñamo acuático.

**FORBOIRE**, n. ant. *forbuár*. Aguarse, enfriarse un caballo.

**FORÇAGE**, m. *forságe*. Fuerte, exceso en el peso de una moneda con atencion á lo mandado en las ordenanzas.

**FORÇAT**, m. *forsá*. Presidiario, nombre de los condenados á la pena de trabajos forzados. || Forzado, galeote condenado á servir al remo en las galeras del Estado.

**FORCE**, f. *fórs*. Fuerza, toda causa de una modificacion ocurrida en la materia ó en los cuerpos. || Fuerza, virtud y eficacia natural que tienen las cosas en sí; tendencia de ciertas cosas á producir un efecto determinado; energía, intensidad de accion. || Fuerza, consistencia, poder de resistir. || Fuerza, vigor, robustez, facultad de arrastrar un peso, de obrar con mas ó ménos energía. || Fuerza, facultad de atacar ó defender con ventaja, de vencer, de rendir, de dominar. || Fuerza, poder de un pueblo, de un Estado. || Fuerza, violencia, accion de obligar á hacer una cosa. || Habilidad, talento, experiencia en un arte, etc. || met. Fuerza, poder, crédito, autoridad que se tiene en el mundo. || met. Fuerza, firmeza, serenidad, ánimo para sobrellevar las adversidades. || Fuerza, vigor, nervio del estilo, de las palabras. || *La force d'une place*, la fuerza de una plaza, sus medios de defensa. || *Maison de force*, casa de detencion, casa en que se encierra á las personas de malas costumbres. || *Tour de force*, esfuerzo. Juego de destreza, juego de fuerza, habilidad. || *Force n'est pas droit*, no está la razon en la fuerza. || *Par force*, por fuerza, por efecto de un poder superior. || *De vive force*, á viva fuerza. || *A force de*, loc. prep. Á fuerza de. || *A toute force*, á toda fuerza, por todos medios. || *A force*, loc. adv. fam. Mucho, extraordinariamente. || *La Force*, la Fuerza, una de las cárceles de Paris donde se encierra á los presuntos criminales durante la sustanciacion de la causa. || *Forces*, pl. Tijeras de tundidor. || Fuerzas, ejércitos de mar y tierra en un Estado.

**FORCÉ, ÉE**, adj. *forsé*. Forzado, violentado, obligado. || Forzado, afectado, que carece de naturalidad. || *Marche forcée*, marcha forzada, mas rápida de lo ordinario.

**FORCEMENT**, m. *forsmán*. Forzamiento, accion de forzar.

**FORCÉMENT**, adv. *forsemán*. Forzadamente, por fuerza, á viva fuerza. || Forzosamente, por una consecuencia rigorosa.

**FORCENÉ, ÉE**, adj. y s. *forsené*. Furioso, arrebatado, fuera de sí, sin razon.

**FORCÈNEMENT**, m. V. FUREUR.

**FORCENER**, a. *forsené*. Enfurecer, arrebatar, hacer perder la razon. || n. Estar furioso, fuera de sí. || *Se forcener*, r. Enfurecerse, arrebatarse, ejercer su furor.

**FORCÉNERIE**, f. ant. *forsenrí*. Locura, enajenacion mental, arrebato, furor.

**FORCEPS**, m. *fórseps*. Cir. Fórceps, instrumento quirúrgico.

**FORCER**, a. *forsé*. Forzar, superar por la la violencia, por la fuerza. || Forzar, tomar por fuerza. || Forzar, violentar, hacer violencia. || Forzar, obtener á fuerza de tiempo y trabajo. || Forzar, violar, conocer á una mujer contra su voluntad. || Forzar, apretar, conducir con violencia. *Forcer un cheval*, forzar un caballo, correrlo, cansarlo. || *Forcer de*, forzar, constreñir, obligar á. || *Forcer une clé*, torcer, violentar una llave, inutilizarla. || *Forcer une bête, un lièvre, etc.*, correr un venado, una liebre, cogerlos con perros despues de haberlos arrinconado en sus guaridas. || *Forcer nature*, forzar la naturaleza, querer hacer mas de lo que se puede. || *Forcer le pas*, forzar el paso, andar mas lijero. || Equit. *Forcer la main*, forzar la mano, dar cabezadas el caballo, como pidiendo rienda. || Mar. *Forcer de voiles*, forzar de velas, servirse de todas. || *Se forcer*, r. Forzarse, hacer alguna cosa con demasiada fuerza. || Esforzarse, violentarse.

**FORCES**, f. pl. *fórs*. Fuerzas, poder de mar y tierra de una nacion. || Art. Tijeras para tundir los paños, cortar telas, etc.

**FORCET**, m. *forsé*. Art. Restallo, cordelillo ó cinta que se pone en el extremo de un látigo para que suene.

**FORCETTES**, f. pl. *forsét*. Art. Pares, tijeras pequeñas de tundir.

**FORCHETTE**, f. *forchét*. Pesc. Harpon, horquilla de hierro con dos puas que sirve para pescar

**FORCIÈRE**, f. *forsiér*. Pesc. Estanque pequeño en que se ponen peces para que se multipliquen.

**FORCINE**, f. *forsín*. Horca, el ángulo que forma una rama con su tronco.

**FORCLORE**, a. inus. *forclór*. Impedir, excluir, prohibir. || Jurisp. Excluir, declarar á una persona privada de su derecho.

**FORCLUSION**, f. *forclusión*. Jurisp. Exclusion, privacion de un derecho.

**FORCOMMAND**, m. *forcomán*. Jurisp. Mandamiento de reintegro, expropiacion judicial.

**FORCOMMANDER**, a. *forcomandé*. Jurisp. Expropiar.

**FORCONSEILLER**, a. *forconseillé*. Mal aconsejar.

**FORCULTIVER**, a. *forcultivé*. Agr. Deslavazar, desustanciar las tierras por exceso de cultivo.

**FORENSE**, adj. *foréns*. Jurisp. Forense, que concierne al foro.

**FORER**, a. *foré*. Art. Horadar, taladrar, agujerear.

**FORERIE**, f. *forerí*. Artill. Taladro, taller para taladrar los cañones.

**FORESTIER, ÈRE**, adj. *forestié, ér*. Montaraz, que pertenece al monte y á sus habitantes. || *Agents forestiers*, agentes, empleados en el ramo de montes y plantíos. || *Garde forestier*, guarda bosque. || *Ecole forestière*, escuela de montes y plantíos. || m. Selvícola, el que habita en el monte. || Bot. Selvícola, género de aves de América. || *Forestière*, f. Bot. Forestera, género de plantas de América.

**FORET**, m. *foré*. Art. Taladro, terraja, instrumento para agujerear. || Caña, agujero que se practica en los toneles para dar salida al vino y otros licores.

**FORÊT**, f. *foré*. Bosque, selva, monte, terreno poblado de árboles. || Poét. y met. *Les hôtes des forêts*, los huéspedes de los bosques: son los animales que habitan en ellos. || *Les chantres des forêts*, los cantores de los bosques: se dice de las aves que hacen oir en ellos sus gorjeos. || met. Monte, espesura, bosque, reunion colectiva de muchas partes de un todo: *une forêt de cheveux*. || *La forêt d'un cerf*, las astas de un ciervo. || *La forêt d'un sanglier*, las cerdas de un jabalí. || Mont. *Mesurer une forêt*, medir el monte: se dice de la fiera que le atraviesa. || Monte, maderaje, maderámen, conjunto de maderos que forman la armazon de un edificio.

**FOREUR**, m. *foreur*. Art. Taladro, todo instrumento que agujerea, que horada.

**FORFAIRE**, n. *forfér*. For. Delinquir, prevaricar, cometer un crímen. || *Forfaire à son honneur*, faltar á su honor: se dice de una mujer que se deja seducir. || a. *Forfaire une amende*, incurrir en una multa.

**FORFAIT**, m. *forfé*. Perversidad, maldad, ruindad, fechoría, crímen. || Com. Destajo, ajuste que se hace sobre una obra ó trabajo por un tanto ó precio dado. || Destajo, obligacion que se contrae de hacer y llevar á cabo la cosa ajustada. *Vendre, acheter à forfait*, vender, ajustar á bulto, á precio alzado. || *Traiter à forfait*, tratar á precio alzado. || *Prendre à forfait*, tomar á todo evento, á destajo.

**FORFAITEUR**, m. ant. *forfeteur*. Inicuo, perverso, ruin, el que ha cometido algun crímen.

**FORFAITURE**, f. *forfetúr*. For. Delito, prevaricacion, corrupcion de un magistrado. || Feud. Crímen, delito al que era aneja la confiscacion de bienes en favor del señor. || *Forfaiture dans les forêts*, daño, delito que constituye la corta de un pié de alguna madera ó leña en un monte vedado.

**FORFANTE**, m. ant. *forfánt*. Farsante, hablador, hombre de gran fachada y de poco fondo.

**FORFANTERIE**, f. *forfantrí*. Farfantonería, fanfarronada, charlatanería.

**FORFEX**, m. *fórfecs*. Cir. Fórfex, especie de pinzas ó tijeras.

**FORFUYANCE**, f. *forfuyáns*. For. Tributo que pagaba un siervo á su señor para obtener el permiso de pasar á otro dominio.

**FORGAGE ó FORGAGEMENT**, m. *forgáge, forgagemán*. For. Derecho que tenia un deudor de recobrar sus bienes vendidos cuando satisfacia al comprador la cantidad que habia desembolsado por ellos.

**FORGAGER**, a. *forgagé*. Desempeñar, volver á comprar su hacienda.

**FORGAGNEMENT**, m. *forgañmán*. Confiscacion de una herencia. || Reposicion en los derechos de una herencia cuando el comprador se declara en quiebra.

**FORGAGNER**, a. *forgañé*. Confiscar una propiedad. || Volver á tomar posesion de una finca cuando el nuevo poseedor no pagaba el censo que estaba anejo á ella.

**FORGE**, f. *fórge*. Herrería, lugar donde se funde la mina de hierro. || Fragua, forja, especie de fogon donde caldean el hierro los herreros. || Forja, fragua pequeña que usan los plateros. || met. y fam. *Ouvrage encore chaud de la forge*, obra que acaba de recibir la última mano. || met. Fragua, obrador de todo género de figuras alegóricas.

**FORGEABLE**, adj. *forjábl*. Forjable, que puede forjarse.

**FORGEAGE**, m. *forjáge*. Forjadura, forjamiento, accion de forjar.

**FORGERIE**, m. *forgerí*. Herrería, fragua, industria de las fraguas ó herrerías.

**FORGER**, a. *forgé*. Forjar, fraguar, dar forma á un hierro ó metal por medio de la fragua. || met. Forjar, inventar cosas. || n. Equit. *Ce cheval forge*, este caballo se alcanza, toca con las lumbres de la herradura del pié á los cabos de la mano cuando marcha al trote. || *Se forger*, r. Forjarse, ser forjado. || Forjarse, hacerse ilusiones. *Se forger des chimères*, forjarse, nutrirse, mantenerse de ilusiones. || *Se forger des monstres pour les combattre*, combatir contra molinos de viento, ser un Quijote.

**FORGERON**, m. *forgerón*. Herrero, oficial de fragua. || prov. y met. *En forgeant on devient forgeron*, errando se aprende oficio, la práctica hace maestro. || Mit. Vulcano, herrero, maestro de los Cíclopes.

**FORGET**, m. V. FORJET.

**FORGETER**, n. V. FORJETER.

**FORGETURE**, f. *forgetúr*. Arq. Ceja, vuelo, alero, saledizo, parte que sobresale de la línea recta ó de la superficie de una pared.

**FORGEUR**, m. *forgeur*. Art. Forjador, oficial que en varios oficios de fragua trabaja los metales y les da la primera forma en el yunque. || met. y fam. Forjador, el que inventa ó forja enredos, mentiras, etc. || adj. *Cylindres forgeurs*, cilindros forjadores, que están acanalados circularmente para forjar el hierro.

**FORHU**, m. *forú*. Cetr. Llamada que se toca con el cuerno para juntar los perros. || Cebo, carnada, despojos de la res que se arroja á los perros.

**FORHUIR**, n. *foruír*. Cetr. Jalear, llamar á los perros con el cuerno.

**FORICAIRE**, m. *foriquér*. Retretero, foricario, arrendador de los lugares comunes.

**FORIÈRE**, f. *foriér*. Vallado, caballon, linde que circuye un campo.

**FORJET**, m. *forjé*. Arq. Alero, ceja, vuelo, parte salediza en un alineamiento.

**FORJETER**, a. *forjeté*. Arq. Volar, construir fuera de la alineacion de un edificio. || n. Pandear, salirse del aplomo una pared por vicio de construccion ó efecto de vetustez. || *Se forjeter*, r. Volarse, ser volada alguna parte del edificio. || Pandearse, salirse una pared del aplomo regular.

**FORJOUTER**, n. *forjuté*. Quedar vencedor en una justa, quedar solo en el campo un caballero despues de haber vencido á todos sus competidores.

**FORJUGEMENT**, m. ant. *forjugemán*. Sentencia injusta, inmerecida por la persona sentenciada.

**FORJUGER**, a. *forjugé*. Sojuzgar, dominar, mandar á una persona con violencia. || Principiar, estrenarse en algun arte ú oficio. || Hacer concurso de acreedores, abandonarles su hacienda.

**FORJUREMENT**, m. *forjuremán*. Huida, renuncia, abandono de un país.

**FORJURER**, a. *forjuré*. Renunciar, abandonar el país donde estaba establecida una persona. || *Forjurer son héritage*, vender ó enajenar sus bienes. || *Forjurer un absent*, condenar á uno en rebeldía.

**FORLÂCHURE**, f. *forlachúr*. Art. Defecto que sacan algunos tejidos.

**FORLAN, E**, adj y s. *forlán*. Friules, del Friul en Italia.

**FORLANCER**, a. *forlansé*. Mont. Aventar, levantar la res, echarla de su cueva ó madriguera.

**FORLANÇURE**, f. *forlansúr*. Art. Defecto de una tela que no está bien urdida.

**FOR-L'ÉVÊQUE**, m. *forlevéc*. Tribunal de justicia del obispado de Paris.

**FORLIGNEMENT**, m. *forliñmán*. Degeneracion, mengua, accion de disminuir el brillo, la buena reputacion.

**FORLIGNER**, n. *forliñé*. Degenerar, envilecer su estirpe una persona. || fam. *Cette fille a forligné*, esta muchacha ha perdido su honor, ha prevaricado.

**FORLONGER**, a. *forlongé*. Dilatar, prolongar, alargar un plazo, entretener largo tiempo un negocio. || n. Mont. Cambiar, mudar de querencia ó de paso una res, tomar ventaja, adelantarse el venado ú otro animal á los perros que le persiguen. || *Se forlonger*, r. Dilatarse, prolongarse, durar demasiado tiempo un asunto.

**FORMABILITÉ**, f. *formabilité*. Formabilidad, cualidad de una cosa cuya unidad ó cantidad puede formarse.

**FORMABLE**, adj. *formábl*. Formable, que puede formarse.

**FORMAIRE**, m. *formér*. Formero, el que hace las formas en las fábricas de papel.

**FORMALISER (SE)**, r. *formalisé*. Formalizarse, ofenderse, picarse.

**FORMALISTE**, adj. *formalist*. Formalista, que examina con detenida escrupulosidad las formas de alguna cosa. || Formalista, ceremonioso, etiquetero, que observa rígidamente todas las fórmulas y cumplimientos.

**FORMALITÉ**, f. *formalité*. Formalidad, manera expresa y formal de proceder en justicia. || Jurisp. Formalidad, cláusula, condicion necesaria á todo acto judicial para hacerlo valedero. || fam. Formalidad, ceremonia, urbanidad exagerada que toca en ridículo. || Formalidad, cualidad, perfeccion de un ser natural considerada metafísicamente; ser, sustancia, sustancialidad.

**FORMARIAGE**, m. *formariág*. Fur. Casamiento extralegal, contrario á la ley, á la costumbre ó al derecho señorial.

**FORMARIER**, a. *formarié*. Hacer, arreglar, obligar á casarse á dos personas de condicion diferente segun las leyes sociales ó especulativas. || *Se formarier*, r. Casarse, contraer matrimonio una persona con otra de condicion inferior.

**FORMAT**, m. *formá*. Forma, tamaño de un libro.

**FORMATEUR, TRICE**, adj. *formateur, trís*. Creador, que crea, que da el ser.

**FORMATIF, IVE**, adj. *formatif, iv*. Fil. Formativo, que sirve para formar, que forma.

**FORMATION**, f. *formasión*. Formacion, accion de formar alguna cosa. || Organizacion, institucion, accion de instituir, organizar, etc. || Mil. Formacion, el conjunto de movimientos por los cuales un cuerpo de tropa se despliega para tomar ciertas disposiciones. || Álg. *Formation de puissances*, formacion de potencias, operacion por la que se eleva á potencia una cantidad determinada.

**FORME**, f. *form*. Forma, hechura exterior de las cosas. || Molde en que se vacia y forma alguna cosa. || Regla, principio, estilo. || Modo, manera de expresar las ideas. || Modo, manera de hacer las cosas. || Método, regla de vida. || *La forme d'un gouvernement*, la forma de un gobierno, de una administracion, su constitucion, su manera particular. || Vet. Especie de tumor que padecen las caballerías en alguna de sus extremidades. || Impr. Forma, molde que se pone en la prensa para imprimir una cara. || Espacio de terreno que cubre una red de pájaros cuando se ha hecho el tiro. || Especie de rama de madera que usan los fabricantes de papel. || *Une forme de moquette*, asiento de un banco que está relleno de pelote ó cerda y cubierto de tapicería. || Diplom. *Lettres de forme*, especie de letras minúsculas. || Forma, cestillo en que se hace el queso, quesera. || Cetr. Casta, raza, ave hembra de que toma nombre una especie || Gram. *La forme d'un mot*, la forma de una palabra, composicion ó modificacion bajo cuyo aspecto se considera. || Liturg. *La forme d'un sacrement*, la forma de un sacramento, palabras que pronuncia un sacerdote para conferir la gracia y el efecto sacramental. || Jurisp. Forma, disposicion, arreglo de ciertas cláusulas, condiciones y formalidades exigidas por la ley. || Mont. *Un lièvre en forme*, una liebre encamada. || Mar. Dique de carena. || *Forme d'un soulier, d'un chapeau*, la horma de un zapato, de un sombrero. Tambien se dice *forme* [illegible], por la copa del sombrero. || Art. [illegible] de un coro, se dice de la sillería. || *Formes*, pl. *Avoir des formes*, tener buenas maneras, buenos modales, señales de buena educacion. || *Rechercher une fille dans les formes*, pretender á una jóven en forma, pedirla en casamiento. || *Se battre dans les formes*, batirse en regla, sin superchería ni trampa. || *Mourir dans les formes*, [illegible] despues de haber agotado todos los [illegible] del arte. || Formas, proporciones, [illegible], contextura del cuerpo del hombre y de los animales. || Maneras de [illegible] la sociedad.

**FORMÉE**, f. *formé*. Oficio que se celebraba por los difuntos. || *Formées*, pl. [illegible] Cagarrutas, estiércol del venado.

**FORMEL, LE**, adj. *formél*. Formal, expreso, claro, positivo. || m. Teol. *Le formel du péché*, lo formal del pecado, la malicia, la deliberacion con que se ha cometido.

**FORMELLEMENT**, adv. *formelmán*. Formalmente, de una manera formal.

**FORMENTIÈRE**, f. *formantiér*. Agr. Formentera, trigo moruno ó [illegible].

**FORMER**, a. *formé*. Formar, [illegible], dar el ser y la forma. || Formar, [illegible] de muchas cosas un solo cuerpo. || [illegible], constituir la esencia, la figura de una cosa. || Formar, producir, causar efectos [illegible]. || Formar, instituir, establecer [illegible] una sociedad, una república. || Formar, [illegible] truir, dar forma al entendimiento de [illegible]. || Formar, concebir un proyecto, [illegible] hacer votos, etc. || Amoldar, dar figura á una cosa metiéndola en un molde. || [illegible] Formar, disponer una tropa segun las reglas de táctica. || Formar, acostumbrar [illegible] mente al soldado á la vida militar. || [illegible] Formar, componer las palabras y [illegible] expresar todas las ideas que les [illegible] rias. || Formar, fabricar, moldear [illegible]. || *Former un siége*, formalizar un sitio, [illegible] una trinchera para atacar una plaza. || *Se former*, r. Formarse, ser formado.

**FORMERET**, f. *formeré*. Arq. Formero, cierta diagonal en las bóvedas.

**FORMETTE**, f. ant. *formét*. [illegible], caño, banco de canónigo.

**FORMI**, m. *formí*. Cetr. Hormiguero, enfermedad que padecen las aves de rapiña en el pico.

**FORMIATE**, m. *formiát*. Quím. Formiato, sal producida por la combinacion de ácido fórmico con una base salificable.

**FORMICATION**, f. *formicasión*. Med. Hormigueo, desazon, cierto dolor ó incomodidad que se deja sentir entre cuero y carne.

**FORMIDABLE**, adj. *formidábl*. Formidable, horrible, horroroso, espantoso, que causa pavor.

**FORMIER**, m. *formié*. Art. Hormero, fabricante de hormas.

**FORMUER**, a. *formué*. Cetr. Hacer, por medio del arte, que un ave de [illegible] de mudar á su tiempo.

**FORMULAIRE**, m. *formulér*. Formulario, escrito que contiene las fórmulas que deben observarse en cualquiera [illegible]. || Devocionario, libro de rezo. || fam. *Formulaire pharmaceutique*, recopilacion de los remedios mas usados por la medicina.

**FORMULATION**, f. *formulasión*. Formulacion, accion de formular y resultado de esta accion.

**FORMULE**, f. *formúl*. Fórmula, [illegible], forma en que debe redactarse un acta, un documento judicial. || Álg. Fórmula, [illegible] nion de términos algebráicos que [illegible] la expresion mas general de un resultado [illegible] cálculo. || Jurisp. Fórmula, timbre, [illegible] las principales que se estampaban en el papel que servia para los actos públicos. || Farm. Receta, papel en que el médico [illegible] mera las sustancias que deben componer el remedio. || *Formules de politesse*, [illegible] de expresarse de palabra ó por escrito [illegible] das en la vida social. || *Formule exécutoire*, mandamiento de ejecucion.

**FORMULER**, a. *formulé*. Med. [illegible], redactar recetas conforme á las reglas del arte. || Articular, desenvolver, [illegible].

Alg. Formular, asentar la fórmula que expresa el resultado general de un cálculo.

**FORMULISTE**, adj. y s. *formulist*. Formulista, el que sigue y observa escrupulosamente todas las fórmulas de costumbre.

**FORNAGE**, m. *fornáge*. Poya, pan que se da por cocer en el horno ajeno.

**FORNILLAGE**, m. *fornilláge*. Agr. Roza, quema, cenizada, accion de beneficiar la tierra ó la semilla.

**FORNICATEUR, TRICE**, m. y f. *fornicatéur, trís*. Fornicador, el que fornica.

**FORNICATION**, f. *fornicasión*. Fornicacion, cópula, acto carnal, pecado entre dos personas que no están casadas.

**FORNICIFÈRE**, adj. *fornisifér*. Fornicífero, abovedado, que forma ó tiene la figura de una bóveda.

**FORNISION**, m. *fornisión*. Bot. Fornicion, género de plantas.

**FORNIQUER**, n. poco us. *forniqué*. Fornicar, tener ayuntamiento ó cópula carnal fuera del matrimonio.

**FORNOUER**, a. *fornué*. Art. Anudar, hacer un nudo los tejedores.

**FORPAÎTRE**, n. *forpétr*. Mont. Forpacer: dícese de los animales que van á buscar su pasto distante de sus madrigueras.

**FORPASSER**, a. ant. *forpasé*. Traspasar, ir mas allá de los límites regulares ó ordinarios.

**FORPAYSER**, a. *forpeisé*. Expatriar, desterrar, echar á uno fuera de su país. || n. Mont. Separarse, apartarse la fiera de los sitios en que hace su residencia habitual. || *Se forpayser*, r. Expatriarse, alejarse de su país, etc.

**FORS**, prep. ant. *fór*. Fuera, ménos, excepto. V. EXCEPTÉ, HORMIS.

**FORSABLEMENT**, adv. ant. *forsablemán*. Forzosamente, por fuerza.

**FORSAGE**, m. ant. V. VIOLENCE.

**FORSAIRE**, m. ant. *forsér*. Confinado, presidiario, condenado á presidio.

**FORSCOMPTE**, m. ant. *forscónt*. Error, trabacuenta.

**FORSEN**, m. ant. *forsán*. Arrebato, furia, cólera. V. EMPORTEMENT.

**FORSENANT**, adj. m. *forsenán*. Cetr. Brioso, corredor, se dice del perro que no se aparta ni pierde la pista, y tiene la propiedad de no cansarse.

**FORSENERIE**, f. ant. *forsenrí*. Locura, furor, extravagancia.

**FORSENEEMENT**, adv. ant. *forsenmán*. Locamente.

**FORSÉSIE**, f. *forsesí*. Bot. Forsesia, género de plantas urticeas.

**FORSTÉRONIE**, f. *forsteroní*. Bot. Forsteronia, género de plantas de América.

**FORT, E**, adj. *fór*. Fuerte, robusto, vigoroso, hablando de las personas. || Grande, alto, fuerte, hablando de los animales y de las cosas cuya construccion es de extraordinaria calidad. || Grande, poderoso, cuyas condiciones morales gozan de superioridad ó excelencia. || Constante, animoso, magnánimo, que arrostra los peligros, que lleva ventaja á los seres de su especie. || Hábil, experto, profundo en los conocimientos científicos, artísticos ó materiales de que alguno hace profesion. || Fuerte, sólido, capaz de resistir un peso, que tiene fuerza y resistencia. || Difícil, costoso, que causa perjuicio ó violencia excesiva. || Acre, picante, desagradable. || Violento, impetuoso, insufrible. || Espeso, muy cargado, hablando de liquidos. || Grueso, compacto. || Considerable, violento. || Incontestable, convincente. || Fuerte, sólido, persuasivo. || Mil. Fuerte, que presenta gran resistencia al enemigo, ú ofrece medios de defensa. || Cetr. *Voler de poing fort*, lanzar con el brazo el ave de altanería para ayudarla á asaltar la presa con rapidez. || Equit. *Cheval fort en bouche*, caballo duro de boca, que resiste á la brida. || met. *Avoir l'esprit fort*, tener talento, capacidad || *C'est une tête forte*, es un gran cabeza, hablando de una persona que tiene saber y discernimiento. || *Une forte armée*, un ejército numeroso y que está bien provisto. || *Ville forte*, plaza fuerte. *Forte ville*, ciudad considerable, populosa. || *Un ordinaire fort*, una mesa abundante, una mesa generalmente servida con abundancia. || *Être fort de*, estar seguro, satisfecho, no tener recelo, acobrar de... || *Se porter fort pour quelqu'un*, salir garante, responder del consentimiento de alguno. || *Se faire fort*, obligarse á conseguir un buen resultado en un asunto. || fam. *Il est fort pour parler*, es un valiente hablador, no tiene mas que jarabe de pico. || *Ce que vous dites là est trop fort*, es necesario poner en cuarentena eso que Vd. dice. || prov. || *La jeunesse est forte à passer*, la juventud está principalmente expuesta á la tentacion. || *Prêter au denier fort*, prestar con usura, á un interes ilegal. || *À plus forte raison*, loc. adv. Con mayor motivo, tanto mejor, esto en mi favor. || *Fort*, adv. Fuerte, con fuerza, con energía, con violencia. || Muy, mucho, bonitamente, con sabiduría, con elocuencia. || *Fort bien*, muy bien; *fort heureusement*, muy dichosamente, con mucha dicha. || m. Fuerte, principio motor ó de resistencia que hace obrar á alguna cosa. || Fuerte, la parte mas sólida, mas resistente de alguna cosa. || Fuerte, acceso, último grado de intensidad, de impulso, etc. || Fuerte, punto sobre el cual está mas instruida una persona. || Fuerte, punto culminante de alguna cosa. || *Fort des halles*, mozo de cuerda empleado en los mercados públicos. || *Le fort du pied*, la parte exterior de la planta del pié. || Mont. *Le fort d'un sanglier*, el cubil, la cueva, el fuerte de un jabalí. || *Le fort d'un bois*, la espesura de un bosque. || Esgr. *Le fort de l'épée*, el fuerte de la espada, su primer tercio de hoja empezando por la guarnicion. || Equit. *Piquer dans le fort*, galopar á caballo en la espesura de un bosque. || fam. *Connaître le fort et le faible d'une affaire*, conocer á fondo un negocio. || *Du fort au faible*, bueno con malo, á tajo parejo. || Mil. Fuerte, fortaleza, lugar fortificado. || *Fort étoile*, reducto cuya capacidad interior es muy pequeña, estando defendidos los fosos por una cortadura practicada en los costados del fuerte. || Mar. Fuerte, punto de las cintas del buque en que está su mayor resistencia.

**FORTE**, adv. *fórte*. Mús. Sirve para indicar los pasajes en que debe apoyarse con fuerza sobre las notas.

**FORTELET**, m. *fortlé*. Fuertecillo, fuerte, fortificacion pequeña.

**FORTEMENT**, adv. *fortmán*. Fuertemente, de una manera fuerte. || met. Fuertemente, enérgicamente, con fuerza.

**FORTE-PIANO**, m. V. PIANO-FORTE.

**FORTERESSE**, f. *fortrés*. Mil. Fortaleza, plaza ó sitio fortificado.

**FORTIFIANT, E**, adj. *fortifián*. Fortificante, que fortifica, que aumenta las fuerzas. || met. Fortificante, que da vigor, fuerza.

**FORTIFICATEUR**, m. *fortificateur*. Fortificador, ingeniero de plazas.

**FORTIFICATION**, f. *fortificasión*. Fortificacion, arte de fortificar. || Mil. Fortificacion, sistema general de defensa de una plaza fortificada. || Fortificacion, accion de fortificar. || Fortificacion, fortaleza, baluarte. En esta acepcion se dice casi siempre en plural.

**FORTIFICATOIRE**, adj. ant *fortificatuár*. Fortificatorio, que se refiere á la fortificacion.

**FORTIFIER**, a. *fortifié*. Fortificar, fortalecer, afirmar alguna cosa. || Fortalecer, refrigerar el estómago. || Solidar, fortificar el entendimiento. || Mil. Fortificar, amurallar, atrincherar, construir fortificaciones. || Reforzar, dar solidez á una obra. || *Fortifier les teintes d'un tableau*, recargar los colores de un cuadro. || *Fortifier les ombres, les touches*, reforzar, recargar las sombras, repetir los toques de pincel. || *Se fortifier*, r. Fortificarse, volverse fuerte. || met. Mil. Fortificarse, atrincherarse. || Fortificarse, cobrar ó tomar fuerzas un enfermo. || Fortificarse en la virtud; mantenerse firme en las buenas resoluciones.

**FORTIN**, m. *fortén*. Fortin, fuerte pequeño.

**FORTIORI (À)**, loc. lat. *aforsióri*. Con mayor motivo, con mas razon. || Lóg. *Raisonner à fortiori*, razonar ó raciocinar de menor á mayor.

**FORTIS**, m. *forti*. Especie de explanada que se hace en la cima de una pendiente para evitar que las corrientes deterioren las carreteras.

**FORTISSIMO**, adv. *fortisimo*. Mús. Fortísimo, accidente que se señala con F. F. ó *ff*. en las composiciones musicales.

**FORTITRER**, n. *fortitré*. Mont. Regatear, hacer regates una fiera, huir de la parada.

**FORTRAIRE**, a. ant. V. VOLER.

**FORTRAIT, E**, adj. *fortré*. Seducido, sobornado. || Equit. *Cheval fortrait*, caballo trasijado, estrecho á causa de la mucha fatiga.

**FORTRAITURE**, f. *fortretúr*. Vet. Extenuacion, trasijamiento, efecto de la mucha fatiga ó poco alimento que se da á una caballería.

**FORTUIT, E**, adj. *fortuí*. Fortúito, impensado, que sucede por casualidad. || Jurisp. Fortúito. V. CAS.

**FORTUITEMENT**, adv. *fortuitmán*. Fortúitamente, casualmente, sin prevencion ni meditacion.

**FORTUNAT**, m. *fortuná*. Mar. Temporal, tormenta.

**FORTUNE**, f. *fortún*. Fortuna, casualidad, suerte. || Dicha; á veces se toma tambien por desgracia. || Suerte, acontecimiento, aventura, efectos producidos por esa causa. || Destino, senda por donde el hombre marcha con los ojos vendados á traves de la vida. || Favor, condicion que buscan y se atormentan por hallar casi todos los hombres. || Riqueza, bienes materiales, opulencia. || Elevacion, grados, honores, títulos. || Mit. Fortuna, divinidad ciega, inconstante y caprichosa que preside á todos los sucesos de la vida. || *Adorer la fortune*, adorar á la fortuna, adular, lisonjear. || fam. *À la fortune du pot*, á voluntad de la olla: fórmula para indicar á una persona, al convidarla á comer, que se hace sin cumplimiento. *Courir la fortune du pot*, exponerse á comer mal yendo sin estar convidado. || prov. *La fortune rit aux sots*, los que no tienen talento ni mérito son afortunados. || *Bien dort à qui la fortune chante*, bien puede uno dormir cuando la fortuna le arrulla. || Mar. *Voile de fortune*, vela que se larga sin estar envergada. || *Mât de fortune*, bandola, palo provisional que se arbola en lugar de otro que se ha perdido. || *Gouvernail de fortune*, timon provisional.

**FORTUNER**, a. ant. *fortuné*. Afortunar, enriquecer, dar fortuna.

**FORTUNEUSEMENT**, adv. *fortuneusmán*. Afortunadamente, al azar, á la ventura.

**FORTUNEUX, EUSE**, adj ant. *fortuneu, eus*. Afortunado, que está sujeto á los caprichos de la fortuna.

**FORUM**, m. *fórom*. Foro, plaza en que se celebraban las asambleas públicas en tiempo de elecciones, etc., entre los Romanos. || Foro, lugar destinado para juzgar las causas. || Foro, lugar en que se tratan y discuten los negocios públicos.

**FORURE**, f. *forúr*. Art. Taladro, barreno, horadadura practicada en alguna pieza.

**FORT-VÊTU**, m. *forvetú*. Peripuesto, el que está vestido de un modo que desdice de su clase ó categoría.

**FOSSAIRE**, m. *fosér*. Hist. ecl. Fosario, eclesiástico, especie de sepulturero.

**FOSSE**, f. *fós*. Foso, hoyo, hueco, excavacion hecha en la tierra. || Foso, hoyo, zanja, sepultura que se hace para enterrar un cadáver. || Agr. Zanja, hoyo que se abre al rededor de la cepa en las viñas. || Med. *Fosses cérébrales*, fosas cerebrales, denominacion de las nueve fosas que presenta la base del cráneo. *Fosses nasales*, fosas nasales, cavidades situadas casi en el centro de la faz. || Art. Caldera en que se funde el plomo. || Noque en que se pone el cuero en las tenerías. || Foso, cavidad donde se echa la moneda despues de acuñada. || *Fosse à chaux*, calera, lugar en que se conserva la cal despues de apagada. || *Fosses d'aisance*, letrinas ó alcantarillas para materias fecales. || *Fosses inodores*, alcantarillas que no exhalan mal olor. || met. *Être sur le bord de sa fosse*, tener un pié en la sepultura. || *Creuser sa fosse*, hacer su sepultura, darse mala vida. || *Fosse ou faule à faire le charbon*, hornera. || *Basse-fosse, cul de basse-fosse*, calabozo, mazmorra. || prov. y met. *Mettre les clés*

daño de una escalera. || Cantidad de pieles que se pisan para suavizarlas. || Mont. Huella del ciervo.

**FOULER**, a. *fulé*. Batanar, enfurtir, prensar, comprimir. || met. Pisar, hollar, mirar con desprecio. || met. Oprimir, abrumar. *Fouler le peuple*, oprimir al pueblo, abrumarle á fuerza de contribuciones. || met. *Fouler aux pieds*, hollar, menospreciar, tratar ó mirar con desprecio. || *Fouler aux pieds les lois*, infringir las leyes. || *Fouler aux pieds les richesses*, despreciar las riquezas. || Mont. Hacer una batida, recorrer un terreno con una jauría. || Potrear, rendir, fatigar una caballería. || n. Impr. Tirar, imprimir. || Com. *Fouler le vin*, echar agua en los toneles de vino. || *Fouler le raisin de la vendange*, pisar la uva.

**FOULERIE**, f. *fulrí*. Art. Batan, paraje donde se batanan los paños, etc.

**FOULEUR**, m. *fuleur*. Batanero, el que batana los paños, etc. || Lagarero, pisador de uva.

**FOULOIR**, m. *fuluár*. Art. Pila en que se batanan los tejidos de lana, y los mismos mazos. || Mil. Escobillon, atacador.

**FOULOIRE**, f. *fuluár*. Mesa de sombrerero que sirve para enfurtir los sombreros.

**FOULON**, m. *fulón*. Batanero, el que batana los paños. || *Machine à foulon*, batan, toda especie de máquina que sirve para batanar los tejidos de lana. || *Terre à foulon*, tierra de batan. || Art. Instrumento para batanar las medias.

**FOULONNIER**, m. *fulonié*. Obrero que prepara los paños para batanarlos.

**FOULURE**, f. *fulúr*. Med. Dilatacion violenta y desacostumbrada de los músculos de una articulacion. || Matadura, hablando de las caballerías. || Batanadura, accion de batanar. || pl. Huellas del ciervo.

**FOUPIR**, a. *fupír*. Sobajar, deslucir una tela manoseándola.

**FOUQUET**, m. *fuqué*. Zool. Fuquet, especie de golondrina de mar.

**FOUR**, m. *fúr*. Horno para cocer pan, ladrillos, yeso, etc. || *Aller au four*, ir al horno á cocer pan. || *Faire four*, hacer huelga. || *Four de campagne*, cocina económica, portátil. || *Four à briques*, tejar. || *Four à chaux* ó *chaufour*, calera.

**FOURBANDERIE**, f. *furbandrí*. Mezcla de diferentes lanas.

**FOURBE**, adj. *fúrb*. Trapacero, engañoso, que emplea medios odiosos para engañar. || m. Maula, embeleco, trapaza. || f. Bellaquería, hábito de engañar.

**FOURBER**, a. *furbé*. Entrampar, engañar de un modo bajo y odioso. || Estafar.

**FOURBERIE**, f. *furbrí*. Maulería, trapacería, engaño. || Disposicion para engañar. || Estafa.

**FOURBIR**, a. *furbír*. Acicalar, limpiar una cosa frotándola. || Bruñir las armas blancas, los utensilios de hierro y de cobre.

**FOURBISSAGE**, m. *furbisage*. Bruñido, accion de bruñir las armas blancas, etc.

**FOURBISSERIE**, f. *furbisrí*. Todo lo que pertenece al bruñido, al arte de bruñir.

**FOURBISSEUR**, m. *furbiseur*. Espadero, el que monta, que limpia y bruñe las espadas. || Espadero, el que vende sables ó espadas.

**FOURBISSURE**, f. *furbisúr*. Aciculadura, bruñido de una espada ú otra arma blanca. || Vet. Uno de los nombres de la aguadura.

**FOURBU, E**, adj. *furbú*. Vet. Aguado, que tiene aguadura. || met. Cansado, fatigado.

**FOURBURE**, f. *furbúr*. Vet. Cansancio excesivo de un caballo. || Aguadura, cierta fluxion que da á los caballos.

**FOURCAT**, m. *furcá*. Agr. Arado para las tierras ligeras. || Mar. Pique ú horquilla, especie de varenga.

**FOURCHE**, f. *fúrche*. Horca, horquilla para aventar, coger paja, estiércol, etc. || met. y fam. *A la fourche*, á lo zamborotudo, á lo [illegible], toscamente. || Mar. Cabria, volante que se forma con dos perchas. || *Fourche* [illegible], bruscadera, horquilla con que se aplica el fuego al fondo de los buques.

**FOURCHER**, a. *furché*. Sacar tierra con una horca. || n. Dividirse en dos ó mas ramas, como un árbol, un camino; y met., una cosa. || met. y fam. Equivocarse hablando.

**FOURCHERET**, m. *furcheré*. Zool. Bahari, especie de halcon.

**FOURCHET**, m. *furché*. Cir. Especie de divieso que sale entre los dedos de las manos. || Vet. Tumor que tienen los carneros en la parte inferior de las patas. || Agr. Horquilla, division de una rama de árbol en dos partes.

**FOURCHETÉ, ÉE**, adj. *furcheté*. Que se parece á un tenedor. || f. Todo lo que se coge de una vez con el tenedor.

**FOURCHETTE**, f. *furchét*. Tenedor, instrumento para coger la comida. || Anat. Horquilla, parte posterior de la vulva. || Vet. Ranillo, hendidura del talon del caballo. || Mús. Horquilla, parte del mecanismo del harpa que sube las cuerdas un medio punto. Cir. Horquilla, instrumento para varios usos. || Art. Horquilla, instrumento para sujetar las cizallas. || *Dejeuné à la fourchette*, almuerzo fuerte.

**FOURCHON**, m. *furchón*. Pua, diente de tenedor, etc. || Lugar del que nacen las ramas ahorquilladas de un árbol.

**FOURCHU, E**, adj. *furchú*. Ahorquillado, hendido, partido, dividido. || *Menton fourchu*, barba hendida.

**FOURCHURE**, f. *furchúr*. Horcadura, horquilladura, horcajadura.

**FOURELLE**, f. *furél*. Bieldo, horquilla de varios dientes para cargar heno.

**FOURFIÈRE** ó **FOURCHE-FIÈRE**, f. *furfiér*, *furchefiér*. Horquilla de hierro para cargar heno.

**FOURGON**, m. *furgón*. Furgon, especie de carro cubierto ó galera que se usa en el ejército para conducir víveres ó equipajes. || Hurgonillo de horno para menear la lumbre. || met. y fam. *La pelle se moque du fourgon*, quien mas faltas tiene mas pone.

**FOURGONNER**, a. *furgoné*. Hurgonear, menear la leña encendida en el horno. || Hurgar, escarafullar, menear sin maña ni economía la lumbre. || Revolver, enredar queriendo buscar ó ver alguna cosa.

**FOURIÉRISME**, m. *furierism*. Furrierismo, nuevo sistema de filosofía y de economía social expuesto por Fourier.

**FOURIÉRISTE**, adj. *furierist*. Furrierista, que pertenece al furrierismo. || m. Furrierista, partidario del furrierismo.

**FOURMI**, f. *furmí*. Zool. Hormiga, género de insectos himenópteros que viven en sociedad. || met. *Avoir des fourmis dans quelque partie du corps*, tener hormigueo, picor en alguna parte del cuerpo.

**FOURMILIER**, m. *furmilié*. Zool. Hormiguero, género de mamíferos.

**FOURMILIÈRE**, f. *furmiliér*. Hormiguero, nidal de hormigas. || met. Hormiguero, hervidero, gran copia de bullicio, de gente. || Hormiguero, se usa para despreciar un pueblo, una localidad. || Vet. Hormiguillo, enfermedad que da á las caballerías en los cascos.

**FOURMILLANT, E**, adj. *furmillán*. Formicante, que tiene habitantes numerosos. || Med. Formicante, se dice del pulso debil y desigual, y que se parece al movimiento de una hormiga.

**FOURMILLEMENT**, m. *furmillmán*. Med. Hormigueo, comezon, picazon en el cútis.

**FOURMILLER**, n. *furmillé*. Hormiguear, abundar de gente, de piojos, etc. || Med. Hormiguear, escarabajear, picar con comezon el cútis. || met. Hormiguear, abundar de faltas un libro.

**FOURNAGE**, m. *furnáge*. Hornaje, lo que se paga por la cochura del pan. || Hornaje, derecho que pagaba al señor el vasallo que tenia licencia de cocer el pan en su horno.

**FOURNAISE**, f. *furnés*. Hornaza, horno grande. Se usa en sentido figurado.

**FOURNALISTE**, m. *furnalist*. Art. Alfarero que solo hace hornillos y estufas.

**FOURNEAU**, m. *furnó*. Hornillo, horno pequeño en el que se calientan las sustancias que se someten á la accion del calórico. || Hornilla, hornito ó hoyo pequeño que hay en las cocinas para guisar las viandas. || Hornillo, cubo de una pipa de fumar.

**FOURNÉE**, f. *furné*. Hornada, cantidad de pan ú otra cosa que se puede cocer en el horno de una vez. || Hornada, cantidad de objetos fabricados que se pone á la accion del calor en los hornos. || met. y fam. Hornada, número de personas llamadas á la vez para desempeñar estas funciones.

**FOURNETTE**, f. *furnét*. Art. Hornillo para calcinar el esmalte.

**FOURNIER**, m. *furnié*. Zool. Hornero, género de gorriones.

**FOURNIER, ÈRE**, m. y f. *furnié*, *ér*. Hornero, el que tiene horno y cuece el pan.

**FOURNIL**, m. *furní*. Horno, lugar en donde se hiñe y cuece el pan.

**FOURNIMENT**, m. *furnimán*. Mil. Fornitura, correajes y cartucheras que llevan los oficiales y los soldados. || Frasco para llevar la pólvora el cazador y el soldado.

**FOURNIR**, a. *furnír*. Fornir, suministrar, abastecer. || met. Suministrar, proveer. || met. Sugerir, facilitar ideas. || Bastar, dar abasto. || Producir, exponer, establecer. || met. *Cet homme a bien fourni sa carrière*, este hombre ha sido honrado hasta el fin. || n. Subvenir, contribuir en todo ó parte.

**FOURNISSEMENT**, m. *furnismán*. Parte ó cantidad con que uno contribuye en una compañía de comercio. || Valor ó cantidad de que un co-partícipe disfruta de la cosa comun. || Provision, prevencion, abasto.

**FOURNISSEUR**, m. *furniseur*. Proveedor, el que provee.

**FOURNITURE**, f. *furnitúr*. Provision, abasto. || Provision, accion de proveer, de abastecer. || Provision, yerbas con que se aderezan las ensaladas. || Provision, manutencion del ejército. || Cama militar. || *Demi-fourniture*, media cama, la que no tiene colchon. || Mús. Provision, cierto registro en el órgano.

**FOURQUE**, f. *fúrc*. Mar. Horcal que se pone en la extremidad de la quilla.

**FOURQUET**, m. *furqué*. Pala de hierro en las fábricas de cerveza.

**FOURQUEFILE**, f. *furcfíl*. Arma en forma de horquilla.

**FOURQUETTE**, f. *furquét*. Cruz de metal guarnecida de anzuelos.

**FOURRAGE**, m. *furrágе*. Forraje, todos los vegetales que se recogen para servir de pasto á las bestias, y mas particularmente la avena, paja y heno seco. || Forraje, los productos de los prados y huertas, como los rábanos, patatas, zanahorias. || Forraje, accion de segar el forraje. || Forraje, todo lo que un ejército en estado de guerra recoge para la manutencion de los caballos.

**FOURRAGER**, n. *furragé*. Forrajear, cortar las yerbas y pastos de una sierra, consumirlas. || Forrajear, recoger el alimento de los caballos con maniobras militares. || met. y fam. *Fourrager dans tous les livres*, cumpilar, registrar libros. || a. Talar, destruir, asolar un país, un terreno. || fam. *Fourrager des papiers*, poner los papeles en desórden.

**FOURRAGÈRE**, adj. f. *furragér*. Forrajero, se dice de todas las plantas que pueden servir de forraje. || f. Forrajera, la tierra que está mas cerca de la alquería.

**FOURRAGEUR**, m. *furrageur*. Forrajeador, forrajero, soldado que va al forraje en campaña. || Forrajeador, merodeador, soldado de la pecorea.

**FOURRÉ, ÉE**, adj. *furré*. Metido, encajado, forrado, abrigado. || Solapado. || *Pays fourré*, país cubierto de montes y malezas. || *Bois fourré*, monte bravo. || Esgr. *Coup fourré*, estocada ó golpe que se da y se recibe de una parte y de otra á un mismo tiempo. || *Paix fourrée*, paz solapada, fingida. || met. y fam. *Coup fourré*, mala partida, flaco servicio, tiro oculto.

**FOURREAU**, m. *furró*. Vaina, forro que sirve para cubrir y conservar cualquier objeto. || Vet. Vaina, estuche, la piel que envuelve el miembro genital de una caballería. || Vaina, tela que cubre las espigas antes que estén maduras. || *Faux fourreau*, contravaina, bolsa de las pistolas. || met. *Tirer l'épée du fourreau*, desenvainar la espada. || prov. y met. *Coucher dans son fourreau*, dormir vestido y calzado.

FOURRÉE, f. *furré.* Barrilla, especie de sosa.

FOURRELIER, m. *furrlié* Vainero, fundero, el que hace ó vende vainas ó fundas.

FOURRER, a. *furré.* Forrar, guarnecer un vestido con pieles. || fam. Meter, encajar una cosa dentro de otras. || met. Engerir, meter cosas fuera de propósito. || met. y fam. Introducir, entremeter cosas ó personas en alguna parte. || Dar con exceso, sin reflexion. || Mar. Aforrar, cubrir los cabos que sirven para determinados usos con una tira de lona alquitranada. || *Se fourrer*, r. Forrarse, abrigarse bien por dentro. || *Se fourrer partout*, colarse, meterse por todas partes. || met. y fam. *Se fourrer dans une affaire*, embarrancarse, meterse en un negocio ó empeño.

FOURREUR, m. *furreur.* Manguitero, peletero, el que compra ó vende pieles.

FOURRIER, m. *furrié* Mil. Furriel ó furrier, cabo encargado de repartir los alojamientos, las provisiones, el prest, etc.

FOURRIÈRE, f. *furrièr* Servicio ó oficio de la casa real á cuyo cargo está el suministro de la leña. || Leñera, lugar en donde se guarda la leña. || Jurisp. *Mettre un cheval, une vache en fourrière*, embargar un caballo ó vaca hasta el pago de una deuda ó del daño que haya hecho.

FOURRURE, f. *furrúr.* Piel que cubre algunos animales, y que preparada sirve para manguitos. || Forro de pieles que se pone en un vestido. || Toga guarnecida de pieles que llevaban los doctores y bachilleres de las universidades. || Blas. Piel de armiño ó veros que se pone en el fondo del escudo. || pl. met. Piezas falsas interpoladas con otras verídicas en alguna obra. || Caña, pedazo de madera que se intercala en las piezas de carpintería. || Mar. Forro, todo lo que sirve para preservar del roce los objetos que están en continuo trabajo. || Choque ó sobresano, pedazo de madera que se embute en otra para remediar algun defecto. || *Fourrure de gouttière*, sotadurmiente.

FOURVOIEMENT, m. poco us. *furvuamán.* Descarrío, error del que pierde su camino. || met. Descarrío, extravío, desvío de la via recta ó del buen camino.

FOURVOYANT, E, adj. *furvuayán.* Que extravía, que descarría.

FOURVOYER, a. *furvuayé.* Descarriar, alejar del camino. || met. Descarriar, extraviar de la via recta. || *Se fourvoyer*, r. Descarriarse, extraviarse.

FOUSSOU, m. *fusú.* Azada de hierro larga y ancha.

FOUTEAU, m. *futó.* Bot. Haya, árbol.

FOUTELAIE, f. *futlé.* Bot. Hayal, sitio plantado de hayas.

FOUTON, m. *futón.* Zool. Especie de perdiz chocha muy pequeña.

FOYER, m. *fuayé.* Hogar, fogon, sitio donde se enciende la lumbre. || Hogar, trozo de piedra ó mármol que se pone delante de una chimenea. || Hogar, pieza del teatro donde se reunen á calentarse los cómicos. || Hogar, interior de un horno de carbon. || Fis. Foco, punto á donde convergen los rayos del sol reflejados por un espejo ó refractados por un vidrio lenticular. || Foco, sitio principal, centro. || m. pl. Hogares, lares, patria, domicilio, casa. || met. y fam. *Aimer garder son foyer*, tener una vida retirada, ser poco amigo de salir de casa.

FRAC, m. *frac.* Frac, vestidura de hombre, especie de casaca.

FRACAS, m. *fracá.* Fracaso, estrépito, ruido repentino de una cosa que se rompe con violencia. || Fracaso, todo ruido semejante al de una cosa que se rompe. || Fracaso, tumulto, tempestad de gritos y voces. || met. Hablando de personas, estruendo, ruido de fama y nombre.

FRACASSER, a. *fracasé.* Quebrantar, romper, hacer pedazos. || *Se fracasser*, r. Quebrantarse, ser quebrantado.

FRACHOIR, m. *frachuár.* Agr. Especie de mielga para descobajar las viñas.

FRACTEUR, m. *fracteur.* Quebrantador, el que quebranta, que rompe.

FRACTION, f. *fracsión.* Fraccion, accion de romper, de dividir una cosa. || Fraccion, parte. || Arit. Quebrado, número que expresa las partes de un todo. || *Termes de la fraction*, términos de la fraccion, el numerador y el denominador.

FRACTIONNAIRE, adj. *fracsionér.* Fraccionario, que contiene fracciones.

FRACTIONNEMENT, m. *fracsionmán.* Division, reduccion á fracciones ó quebrados.

FRACTIONNER, a. *fracsioné.* Fraccionar, dividir en fracciones, en pequeñas partes ó porciones una cosa ó herencia. || *Se fractionner*, r. Fraccionarse, ser fraccionado.

FRACTIPÈDE, adj. *fractipéd.* Zool. Fractípedo, que tiene las piernas como rotas.

FRACTURANT, E, adj. *fracturán.* Fracturante, que ocasiona una fractura.

FRACTURE, f. *fractúr.* Fractura, rompimiento, quebrantamiento hecho con fuerza. || Cir. Fractura, toda solucion de continuidad de los huesos producida por una causa externa.

FRACTURER, a. *fracturé.* Fracturar, romper con fuerza. || Cir. Fracturar, hacer una fractura.

FRAGILE, adj. *fragíl.* Frágil, débil, que se rompe con facilidad. || met. Perecedero, que se puede destruir con facilidad. || met. Débil, sujeto á errar, á pecar.

FRAGILITÉ, f. *fragilité.* Fragilidad, disposicion á quebrarse con facilidad. || met. Inconstancia, debilidad de las cosas humanas. || met. Fragilidad, facilidad de caer en lo malo.

FRAGMENT, m. *fragmán.* Fragmento, pedazo ó trozo de alguna cosa rota. || met. Fragmento, partes que nos quedan de un poema, de una obra, etc. || Cir. Fragmento, pequeña porcion de hueso separada de otro que ha sufrido una fractura.

FRAGMENTABLE, adj. *fragmantábl.* Frangible, que se puede reducir á fragmentos.

FRAGMENTAIRE, adj. *fragmantér.* Fragmentario, que se compone de fragmentos.

FRAGMENTÉ, ÉE, adj. *fragmanté.* Dícese de un camafeo hendido, cuyo fragmento se halla separado.

FRAGMENTEUX, EUSE, adj. *fragmanteu, eus.* Fragmentoso, que resulta de una union de fragmentos.

FRAGON, m. *fragón.* Bot. Brusco, género de plantas esparragíneas.

FRAGOSA, f. *fragósa.* Bot. Fragosa, género de plantas.

FRAGRANCE, f. *fragráns.* Fragrancia, olor suave y delicioso.

FRAGRANT, E, adj. *fragrán.* Fragrante, que despide buen olor.

FRAI, m. *fré.* Freza, desove, acto de desovar los peces. || Freza, el tiempo del desove. || Freza, las huevas de los peces, y el pescado menudo que proviene de ellas. || Metrol. Freza, alteracion ó disminucion de peso en las monedas viejas.

FRAÎCHE, f. *fréche.* Ventolina, brisa. || *Fraîche*, adj. f. de FRAIS.

FRAÎCHEMENT, adv. *frechemán.* Frescamente, con frescura. || met. y fam. Frescamente, se dice por friamente. || Frescamente, recientemente.

FRAÎCHEUR, f. *frecheur.* Frescura, frescor, el fresco que corre por las noches cuando es algo frio. || Frescura, dolor causado por un frio húmedo. || met. Frescura, hermosura, hablando de la tez, de los colores, etc. || Frescura, exterior de una persona que se conserva bien. || Mar. Ventolina.

FRAÎCHIR, n. *frechír.* Mar. Refrescar, aumentarse la fuerza del viento. || impers. *Il fraîchit*, refresca, empieza á refrescar.

FRAIE, f. V. FRAI.

FRAIRIE, f. fam. *frerí.* Francachela, banquete, merienda. || Desenvoltura, disolucion, desvergüenza.

FRAIS, AÎCHE, adj. *fré, éche* Fresco, que tiene ó da frescura. || Fresco, frio. || *Les matinées sont fraîches en automne*, las mañanas son frescas en otoño. || Fresco, que ha recobrado sus fuerzas por el reposo. || met. Fresco, descansado. *Troupes fraîches*, tropas frescas, que no están [illegible]. || met. Fresco, nuevo, reciente. || Fresco, [illegible] trario de añejo, de salado. || prov. [illegible] *Nous voilà frais*, estamos [illegible] *Coloris frais*, colorido fresco, que [illegible] su brillo. || adv. Frescamente, [illegible] || m. Fresco, ambiente que [illegible] pla el calor. || Frescura, [illegible] sitio delicioso. || *Frais*, pl. Gastos, [illegible] el gasto ocasionado por una [illegible] otra cosa. || Jurisp. Costas, los [illegible] sionados en un proceso. || [illegible] *grands frais*, causar mucho gasto. || [illegible] *grands frais*, con muchos [illegible] muchos gastos. || *Frais de bureau*, [illegible] de oficina para papel, tinta, [illegible] *Faux frais*, gastos extraordinarios [illegible] *menus frais*, gastos menores. || Mar. [illegible] cion de la fuerza del viento. || [illegible] viento flojo. || *Joli frais*, [illegible] *Bon frais*, viento fresco. || [illegible] viento frescachon ó duro.

FRAISE, f. *frés.* Bot. Fresa, [illegible] Nombre comun del entresijo de [illegible] y de carnero. || Nombre que se da á [illegible] ra de ternera. || Fort. Empalizada, [illegible] fila que se hace con estacas [illegible] || Art. Lima redonda. || Art. [illegible] que sirve para hacer agujeros.

FRAISELETTE, f. *freslét.* Bot. [illegible] pequeña fresa.

FRAISEMENT, m. *fresmán.* [illegible] lizada, estado de una fortificacion [illegible] dada con una empalizada.

FRAISER, a. *fresé.* [illegible] llos, vuelos, cintas, etc. || Fort. [illegible] un fortin con las puntas de los [illegible] fuera. || Agujerear metal ó madera [illegible] taladro.

FRAISERAT, m. *fresrá.* [illegible]

FRAISETTE, f. *fresét.* [illegible] llo pequeño rizado que [illegible] antiguamente. || Fresota, [illegible] una especie de conchas.

FRAISIER, m. *fresié.* Bot. [illegible] ro de plantas. || Fresal, terreno [illegible] fresales. || *Fraisier en arbre*, [illegible] nombre comun del madroño.

FRAISIL, m. *frezí.* [illegible] de piedra.

FRAISINE, f. *fresín.* [illegible] que tenia el asta de fresno.

FRAISSE, f. *frés.* Bot. Fresno, árbol.

FRAISSINE, f. *fresín.* Bot. [illegible] reno plantado de fresnos.

FRAISURE, f. *fresúr.* Cavidad de [illegible] zoleta de un arma de fuego portátil.

FRAMBOISE, m. *franbuás.* Bot. [illegible] buesa, fruto de tierra del género [illegible]

FRAMBOISER, a. *franbuasé.* [illegible] componer alguna cosa con frambuesa.

FRAMBOISIER, m. *franbuasié.* [illegible] Frambueso, planta que da la frambuesa.

FRANC, CHE, adj. *frán.* [illegible] espontáneo, independiente. || [illegible] genuo en su trato. || Franco, [illegible] Franco, exento de derechos, de [illegible] Libre, exento de pasiones, etc. || [illegible] tero, completo. || Franco, sincero, [illegible] puro, natural. *Franche lippée*, [illegible] nada cuesta. || adv. Francamente, [illegible] ra, con claridad. || Absolutamente, [illegible] falte nada. || adj. Mar. [illegible] dose al viento ó al tiempo. || [illegible] tablon exterior del costado. [illegible] *est franche*, la bomba llama: se [illegible] no hay mas agua que achicar. || [illegible] Franco, moneda francesa que [illegible] corta diferencia á nuestra peseta. || [illegible] nombre que se da á los antiguos [illegible] del tiempo de Clodoveo.

FRANÇAIS, E, adj. y s. *fransé.* [illegible] de Francia. || *Le français*, la [illegible] *çaise*, el idioma frances. || prov. [illegible] *çais*, hablar frances, hablar [illegible] met. y fam. *Entendre le français*, [illegible] el frances, comprender una [illegible] amenaza, etc. || *A la française*, [illegible] sa, á la manera de los Franceses.

FRANCATU, m. *francatú.* [illegible] pardo, especie de fruta.

FRANC-COMTOIS, E, [illegible] *tuá.* Habitante del Franco Condado. || adj. Perteneciente al Franco Condado ó á sus

**FRANC-ÉTABLE**, m. *franquetábl*. Mar. Abordage de dos naves que se abordan de vuelta encontrada.

**FRANC-FORTOIS**, E, adj. y s. *franfortuá*. Francfortiano, de Francfort.

**FRANCHEMENT**, adv. *franchemán*. Francamente, con exencion de cargas. || Francamente, sinceramente. || Francamente, con atrevimiento, con precision. || met. Francamente, sin reserva.

**FRANCHIPANIER**, m. *franchipanié*. Bot. Franchipana, género de plantas.

**FRANCHIR**, a. *franchír*. Saltar, salvar, pasar de un salto, pasar por encima. || Atravesar con ánimo y trabajo sierras, países ó parajes difíciles y peligrosos. || Traspasar, pasar mas allá. || met. Superar, vencer cosas árduas y dificultosas.

**FRANCHISE**, f. *franchís*. Franquicia, exencion, inmunidad. || Asilo sagrado, dícese del derecho y del lugar. || Franquicia, facultad que se acordaba á los trabajadores que no podian trabajar por su cuenta en algunos lugares. || met. Franqueza, sinceridad, ingenuidad. || Art. Franqueza, cualidad de lo que es franco, atrevido.

**FRANCIN**, m. *fransén*. Com. Pergamino muy fino.

**FRANCIQUE**, adj. *fransic*. Fránquico, que pertenece á los Francos.

**FRANCISATION**, f. *fransisasión*. Accion de afrancesar.

**FRANCISCAIN**, m. *fransisquén*. Franciscano, religioso de la órden de San Francisco.

**FRANCISCÉE**, f. *fransisé*. Bot. Francesilla, género de plantas.

**FRANCISER**, a. *fransisé*. Afrancesar, dar la terminacion francesa á una palabra tomada de otra lengua. || *Se franciser*, r. Afrancesarse, ser afrancesado. || Afrancesarse, tomar ó imitar las costumbres francesas.

**FRANCISQUE**, f. *fransisc*. Francisca, hacha de armas de los antiguos Francos.

**FRANC-MAÇON**, m. *franmasón*. Francmason, miembro de una sociedad titulada francmasonería.

**FRANC-MAÇONNERIE**, f. *franmasonrí*. Francmasonería, asociacion de personas que hacen un juramento solemne de guardar el mas profundo silencio sobre todo lo que pertenece á su instituto, y que con ayuda de algunos signos se reconocen en todas partes.

**FRANC-MARIAGE**, m. *franmariág*. Casamiento franco, casamiento entre personas de condicion noble y libre.

**FRANCO**, adv. *fránco*. Com. Franco, sin gastos.

**FRANCON**, NE, adj. y s. *francón*, *ón*. Franconiano, de la Franconia.

**FRANC-PINEAU**, m. *franpinó*. Uva excelente y deliciosa de Borgoña.

**FRANC-QUARTIER**, m. *francartié*. Blas. Cuartel franco, el primero del escudo que está á la derecha á la parte del jefe.

**FRANC-[illegible]**, m. *fraulér*. Libertad [illegible].

**FRANC-TENANCIER**, m. *franlenansié*. Terrateniente que habia redimido los derechos debidos al señor feudal.

**FRANC-TIREUR**, m. *frantireur*. Mil. Tirador franco, soldado de ciertos cuerpos libres.

**FRANGE**, f. *fránge*. Franja, galon ancho tejido de hilo, de seda, de oro, etc., para diferentes cosas.

**FRANGEON**, m. dim. de **FRANGE** *franjón*. Franjilla, franja pequeña.

**FRANGER**, ÈRE, m. y f. *frangé*, *ér*. Franjero, pasamanero, el que hace ó vende franjas. || a. Franjar ó franjear, guarnecer con franjas alguna cosa.

**FRANGIBILITÉ**, f. *frangibilité*. Frangibilidad, cualidad de lo frangible, de lo frágil.

**FRANGIBLE**, adj. *frangibl*. Frangible, frágil, capaz de romperse.

**FRANGIER**, ÈRE, m. y f. V. **FRANGER**.

**FRANGINE**, f. *frangín*. Bot. Frangina, género de musgos.

**FRANGIPANE**, f. *frangipán*. Past. Bartolillo, pastelillo, especie de pasta muy fina. || Frangipana, especie de aroma, de esencia. || Limon, especie de licor perfumado.

**FRANQUETTE**, f. *franquét*. Ingenuidad, llaneza, franqueza. || *À la bonne franquette*, á la buena de Dios, á la pata la llana, sin ceremonia.

**FRAPPAGE**, m. *frapáge*. Golpeo, accion y efecto de golpear.

**FRAPPANT**, E, adj. *frapán*. Sorprendente, que admira ó causa una viva y profunda impresion. || Semejante, parecido, perfectamente copiado del original. || Patente, evidente, palpable.

**FRAPPART**, adj. y s. *frapár*. Frailote, bigardo, el fraile licencioso, relajado.

**FRAPPE**, f. *fráp*. Marca, sello, impresion que deja el balancín en la moneda.

**FRAPPÉ**, ÉE, adj. *frapé*. Golpeado, machacado, herido. || met. Sorprendido, admirado, absorto. || Aferrado, empeñado. || *Drap bien frappé*, paño bien batanado, bien tupido. || met. *Vers bien frappé*, verso vigoroso, lleno de energía, de expresion. || *Frappé à mort*, mortalmente enfermo. || *Vin frappé*, vino refrescado entre nieve. || *Portrait bien frappé*, retrato perfecto, expresivo. || *Frappé d'anathème*, excomulgado.

**FRAPPEMENT**, m. *frapmán*. Golpe, toque, herida.

**FRAPPE-PLAQUE**, m. *frapplác*. Batidor, especie de plancha de que se sirven los plateros.

**FRAPPER**, a. *frapé*. Golpear, tocar repetidamente, dar uno ó muchos golpes sobre cosa ó persona. || met. Herir, hacer impresion en la vista, en la imaginacion, en el alma. || met. Enternecer, conmover el corazon. || Sorprender, admirar, arrebatar. || Batir, acuñar, sellar la moneda. || Mús. Llevar, sostener, echar el compas. || Mar. Amojelar, abadernar el virador al cable. || Coser un moton, salvachias, estrobos, etc. || Amarrar un cabo con otro. || fam. Tocar, llamar á la puerta. || n. *L'heure a frappé*, ha dado, ha sonado la hora. || Dar golpe ó golpes, toque ó toques. || met. Dar golpe, figurar, llamar la atencion. || *Frapper un coup*, descargar un golpe. || *Frapper son coup*, hacer la suya, salirse con la suya. || *Frapper de glace*, refrescar con hielo. || *Frapper des mains*, dar palmadas, palmotear. || *Frapper à la porte*, llamar á la puerta. || *Se frapper*, r. Golpearse, ser golpeado.

**FRAPPEUR**, EUSE, m. y f. *frapeur*, *eus*. Golpeador, persona que golpea. || fam. Cascador, amigo de zurrar la badana. || Acuñador, el que acuña.

**FRAQUE**, m. V. **FRAC**.

**FRARAGE**, m. *frarága*. Partida ó particion de bienes.

**FRARAGER**, a. *fraragé*. Partir, hacer las partes de una herencia.

**FRASAGE**, m. *fraságe*. Enharinaje, enharinamiento, accion y efecto de enharinar.

**FRASE**, f. *frás*. Art. Raedor, instrumento con que se rae ó raspa la amasadera.

**FRASER**, a. *frasé*. Enharinar la masa, irle echando capas de harina, al paso que se la soba y trabaja.

**FRASQUE**, f. fam. *frásc*. Travesura, trapisonda, calaverada.

**FRATER**, m. ant. *fratér*. Farmacópola, mancebo de botica. || Rapista, mancebo de barbero. || irón. y fam. Mal cirujano, curandero, barbero.

**FRATERNEL**, LE, adj. *fraternél*. Fraternal, propio de hermanos. || Cordial, afectuoso.

**FRATERNELLEMENT**, adv. *fraternelmán*. Fraternalmente, de una manera fraternal. || Cordialmente, amigablemente.

**FRATERNISANT**, E, adj. *fraternisán*. Fraternizante, simpático, que congenia, que simpatiza.

**FRATERNISATION**, f. *fraternisasión*. Fraternizacion, union fraternal.

**FRATERNISÉ**, ÉE, adj. *fraternisé*. Fraternizado, armonizado.

**FRATERNISER**, n. *fraternisé*. Fraternizar, congeniar, simpatizar. || Prometerse, ofrecerse mutuamente una estrecha amistad. || Transigir, ceder amistosamente en puntos de gran cuantía. || Tener hermandad, asociarse.

**FRATERNITÉ**, f. *fraternité*. Fraternidad, cualidad de hermano. || Amistad, buena armonía, inteligencia simpática.

**FRATRICIDE**, m. *fratrisíd*. Fratricidio, el horroroso crímen de matar un hermano á otro. || Fratricida, el criminal que mata á su hermano.

**FRATRICIDER**, n. *fratrisidé*. Fratricidar, cometer un fratricidio.

**FRAUDE**, f. *fród*. Fraude, engaño, dolo. || Contrabando. || *En fraude*, adv. En fraude, con engaño, fraudulentamente.

**FRAUDER**, n. *frodé*. Defraudar, engañar, faltar á alguno. || Contrabandear, defraudar la hacienda pública.

**FRAUDEUR**, EUSE, m. y f. *frodeur*, *eus*. Defraudador, engañador. || Contrabandista.

**FRAUDULEUSEMENT**, adv. *froduleusmán*. Fraudulentamente, de una manera fraudulenta.

**FRAUDULEUX**, EUSE, adj. *froduleu*, *eus*. Fraudulosо, propenso al fraude.

**FRAULER**, a. *frolé*. Estregar, frotar entre las manos los granos ó semillas, para despojarlos de las partes extrañas que han quedado adheridas.

**FRAXIL**, m. *fracsíl*. Ceniza, entre fabriqueros de carbon.

**FRAXININE**, f. *fracsinín*. Quím. Fraxinina ó fresnina, álcali extraido de la corteza del fresno.

**FRAYANT**, E, adj. inus. *freyán*. Dispendioso, oneroso, que ocasiona grandes gastos.

**FRAYER**, a. *freyé*. Abrir, facilitar, practicar una senda, un camino, etc. || Frotar, tocar lijeramente cualquier cosa. || Rasurar, hacer una rasura. || n. Desovar, juntarse los peces para la generacion ó procreacion de la especie. || Gastarse, menoscabarse la moneda con el roce. || fam. Frisar, hacer buenas migas, congeniar. *Ne point frayer ensemble*, no hacer buenas migas juntos, no congeniar.

**FRAYEUR**, f. *freyeur*. Pavor, temor, horror, susto pánico, etc.

**FRAYURE**, f. *freyúr*. Escodadura, desmoque, accion y efecto de sacudir ó restregar sus astas los ciervos.

**FRAZIN**, m. *frasén*. Cisco, especie de mezcla de tierra y carbon.

**FRÈCHE**, m. *fréche*. Pasto, tierra inculta para pastar los ganados.

**FREDAINE**, f. *fredén*. Calaverada, travesura, locura de jóvenes.

**FRÉDÉRIC**, m. *frederic*. Federico, moneda de oro prusiana. || Zool. Federico, pescado del género salmon.

**FREDON**, m. *fredón*. Mús. Gorjeo, gorgorito, trinado de sabor antiguo, especie de temblor progresivo de la voz.

**FREDONNEMENT**, m. V. **FREDON**.

**FREDONNER**, n. *fredoné*. Gorjear, gorgoritear, trinar, hacer gorgoritеos trepidantes cantando. || Tararear, tatarear, cantar entre dientes. || a. Cantar á media voz pasajes ó trozos incoherentes, por hallarse distraido el cantante.

**FREDONNEUR**, EUSE, m. y f. fam. *fredoneur*, *eus*. Cantor á media voz, tarareador. Se usa tambien como adjetivo.

**FREDURE**, f. *fredúr*. Medianía, obra artística de poco mérito, produccion literaria insignificante, galantería sin expresion.

**FRÉGATAIRE**, m. *fregatér*. Ganapan, esportillero, especie de mozo de cordel.

**FRÉGATE**, f. *fregát*. Mar. Fragata, buque de guerra.

**FRÉGATÉ**, ÉE, adj. ant. *fregaté*. Mar. Afragatado, epíteto dado á un buque de carga con formas finas.

**FRÉGATON**, m. *fregatón*. Bajel veneciano para el comercio del golfo.

**FRÉGILE**, m. *fregil*. Zool. Frégilo, género de aves córvideas.

**FREIN**, m. *frén*. Freno, bocado de las caballerías. || met. Freno, valla, dique, etc. || fam. *A vieille mule, frein doré*, á mulo cascado, arreo dorado. || met. y fam. *Ronger son frein*, tascar el freno: contenerse, con centrar su odio, su resentimiento. || *Parler sans frein*, hablar sin freno, sin miramiento ni respeto alguno.

**FREINDRE**, a. ant. V. ENFREINDRE.

**FREISLEBEN**, m. *freslibén*. Miner. Fresleben, sustancia mineral.

**FRELAMPIER**, m. *frelanpié*. Zopenco, samacuco, bestia, pedazo de bruto, etc. || Cascaciruelas, hombre sin maña ni disposicion.

**FRELATAGE**, m. *frelatáge*. Compostura, adulteracion, mezcla, alteracion en los licores.

**FRELATER**, a. *frelaté*. Adulterar, mezclar, alterar sustancias líquidas ó sólidas con alguna composicion. || met. Alterar, desfigurar los hechos, las cosas. || *Se frelater*, r. Adulterarse. || met. Corromperse, viciarse.

**FRELATERIE**, f. V. FRELATAGE.

**FRELATEUR, EUSE**, m. y f. *frelateur, eus*. Adulterador, el que adultera.

**FRÊLE**, adj. *frél*. Frágil, quebradizo, expuesto á quebrarse con la mayor facilidad. || met. Frágil, débil, tenue, etc. || Frívolo, vano, perecedero.

**FRÊLEMENT**, m. *frelmán*. Sustancia blanca, gérmen productivo de las abejas.

**FRÊLER**, a. *frelé*. V. FERLER. || n. Quemarse, abrasarse una cosa al fuego con una rapidez extraordinaria.

**FRELOCHE**, f. *frelóche*. Especie de red para coger insectos aéreos y acuáticos.

**FRELON**, m. *frelón*. Zool. Abejon, abejorro, especie de moscardon zumbante. || Zángano, abeja macho que come y no trabaja. || met. y fam. Plagiario, usurpador, zángano de colmena, autor que roba conceptos de otro, que se aprovecha y hace con las obras ajenas. || met. Crítico, censor, satirizador. || Bot. *Houx frelon*, brusco, planta.

**FRELORE**, adj. ant. *frelór*. Perdido, viciado, corrompido, echado á perder.

**FRELUCHE**, f. *freluche*. Art. Flocadura, especie de borlita ó flequecillo de seda. || met. Hilito volante, fleco que recorre el ambiente en la estacion de los calores, y anuncia mudanza de tiempo. || *Freluches*, pl. Frivolidades, vulgaridades, chocarrerías, pataratas, etc.

**FRELUQUET**, m. *freluqué*. Monuelo, chisgarabís, mocoso, hombre superficial, sin mérito positivo.

**FRÉMIR**, n. *fremír*. Temblar, estremecerse, conmoverse de horror, de miedo, de cólera. || Vibrar, tremular, agitarse ligeramente la superficie de una cosa. || Gorgoritear, bollir ampulosamente los líquidos próximos al último hervor. || met. y poét. Estremecerse, retemblar la tierra horrorizada, etc. || *La mer frémit*, muge, se encrespa el mar, comienza á agitarse procelosamente.

**FRÉMISSANT, E**, adj. *fremisán*. Temblante, que tiembla ó se estremece agitado por alguna pasion.

**FRÉMISSEMENT**, m. *fremismán*. Temblor, estremecimiento, conmocion. || Emocion, sensacion agradable, gusto, placer, deleite que estremece. || Med. Temblor, sensacion espasmódica. || Retumbo, vibracion, movimiento rápido de los cuerpos sonoros. || Temblor, cualquier estremecimiento rápido, transitorio.

**FRÉMONT**, m. *fremón*. Bot. Especie ó variedad de pera.

**FRENDER**, n. *frendé*. Rechinar, retemblar los dientes.

**FRÊNE**, m. *frén*. Bot. Fresno, género de plantas. || Fresno, madera de este árbol.

**FRÉNÉSIE**, f. *frenesí*. Med. Frenesí, locura, enajenacion mental. || Furor violento, manía desesperada.

**FRÉNÉTIQUE**, adj. y s. *frenetic*. Frenético, loco, arrebatado. || Furioso, arrebatadamente colérico y violento.

**FRÉNOLLIR**, n. ant. V. DÉFAILLIR.

**FRÉQUEMMENT**, adv. *frecamán*. Frecuentemente, con frecuencia.

**FRÉQUENCE**, f. *frecáns*. Frecuencia, asiduidad, continuidad indefinida de una cosa. || Concurrencia, multitud, gentío. || Med. *Fréquence du pouls*, frecuencia de pulso, rapidez de sus pulsaciones, de sus latidos. || Mús. Repeticion de sonidos.

**FRÉQUENT, E**, adj. *frecán*. Frecuente, asiduo, continuo.

**FRÉQUENTABLE**, adj. *frecantábl*. Frecuentable, que se puede frecuentar.

**FRÉQUENTANT, E**, adj. *frecantán*. Frecuentante, que tiene el hábito de frecuentar.

**FRÉQUENTATIF, IVE**, adj. y s. *frecantatíf, iv*. Frecuentativo, calificacion gramatical de nombre ó verbo que incluye repeticion de otro.

**FRÉQUENTATION**, f. *frecantasión*. Frecuentacion, relacion, comunicacion íntima con alguna persona.

**FRÉQUENTER**, a. *frecanté*. Frecuentar, tratar, visitar, tener frecuentes relaciones con alguno ó algunos. || Frecuentar, concurrir á un sitio, á un punto dado. || n. Personarse, entrar á menudo en casa de otro, hacerle frecuentes visitas. || prov. *Dis-moi qui tu fréquentes, je te dirai qui tu es*, dime con quién andas, y te diré quién eres. || Rozarse con, acompañarse de.

**FREQUIN**, m. *frequén*. Com. Cubeta, especie de barrilito para almíbares y licores refinados. || Bot. Variedad de manzana.

**FRÉRÂTRE**, m. ant. *frerátr*. Cuñado, hermano político. V. BEAU-FRÈRE.

**FRÈRE**, m. *frér*. Hermano, hijo del mismo padre y de la misma madre, ó de uno de los dos solamente. || *Frère germain*, hermano carnal, de un mismo padre y una misma madre que otra persona. *Frère consanguin*, hermano consanguíneo, por parte de padre. *Frère utérin*, hermano uterino, por parte de madre. || *Frère naturel, bâtard, illégitime*, hermano natural, bastardo, ilegítimo, hijo de los mismos padres ó de alguno de ellos, mas no de legítimo matrimonio. || fam. *Frère du côté gauche*, hermano bastardo. || *Beau-frère*, cuñado. || met. Hermano, amigo íntimo. || Hermano, prójimo, cristiano. || Religioso, fraile no sacerdote. || *Frère lai*, lego ó fraile lego. || *Frère convers*, hermano converso ó donado de un convento. || Hermano, nombre dado á los individuos de una órden, cofradía, etc. || *Faux frère*, amigo traidor, compañero aleve é ingrato camarada. || *Frères jumeaux*, hermanos gemelos, mellizos.

**FRÉRÉE**, f. *freré*. Zool. Fréréa, género de insectos.

**FRÉSAIE**, f. *fresé*. Zool. Zumaya, bruja, especie de ave.

**FRÉSÉNIE**, f. *fresení*. Bot. Fresenia, género de plantas.

**FRESQUE**, f. *frésc*. Pintura al fresco, la que se hace con colores terrosos, recientemente enyesados. || Pintura al fresco, todo cuadro, toda pintura hecha al fresco.

**FRESSURE**, f. *fresúr*. Asadura, hígado, bazo y corazon de ciertos animales.

**FRESTEL**, m. ant. Mús. V. FRETETEL.

**FRET**, m. *fré*. Mar. Flete, equivalente á carga ó cargamento.

**FRÈTEMENT**, m. *fretmán*. Mar. Fletamento, póliza, carta con que se fleta un navío.

**FRÉTER**, a. *freté*. Mar. Fletar, cargar por su cuenta.

**FRÉTEUR**, m. *freteur*. Mar. Fletador. V. AFFRÉTEUR.

**FRÉTILLANT, E**, adj. *fretillán*. Inquieto, bullicioso, que no puede parar.

**FRÉTILLARD, E**, adj. V. FRÉTILLANT.

**FRÉTILLE**, f. *fretill*. Paja ó cosa equivalente. || met. Bagatela, fútesa, nada.

**FRÉTILLEMENT**, m. *fretillmán*. Inquietud, agitacion, zarandeo continuo del cuerpo.

**FRÉTILLER**, n. *fretillé*. Bullir, moverse, agitarse, estar en frecuente y bullicioso movimiento. || prov. y fam. *Les pieds lui frétillent*, los piés le hormiguean, le están saltando y rabiando por andar. || *La langue lui frétille*, se muere, revienta por hablar.

**FRÉTILLET**, m. *fretillé*. Bot. Poleo, especie de planta.

**FRETIN**, m. *fretén*. Pesc. Pescado menudo: se usa hablando de pececillos. || met. Morralla, escoria, desecho de cualquier cosa. || Popalacho, vulgo, canalla.

**FRETTAGE**, m. V. FRETE.

**FRETTE**, f. *frét*. Art. Viorta, [illegible] tienen las ruedas de [illegible]. || *Frettes*, pl. Blas. Fretes, las cotizas ó barras entrelazadas que constituyen el cuerpo del escudo.

**FRETTER**, a. *freté*. Blas. Fretar, [illegible] sar, poner fretes ó cotizas en los escudos. || Art. Viloriar, echar vilortas ó [illegible] á las ruedas de coches y otros carruajes. || [illegible] Birolar, guarnecer de [illegible]. || *Se fretter*, r. Fretarse, ser fretado.

**FRÈZE**, f. *frés*. Hambre, [illegible] to extraordinario de los gusanos de seda inmediatamente despues de cambiar la piel.

**FRIABILITÉ**, f. *friabilité*. [illegible], cualidad inherente á ciertos cuerpos de reducirse á menudos fragmentos ó polvo, mediante la influencia [illegible] de un ligero roce.

**FRIABLE**, adj. *friábl*. Friable, [illegible] nuzable, fácil de ser desmenuzado ó reducido á polvo con los mismos dedos.

**FRIAND, E**, adj. *frián*. Goloso, [illegible], gastrónomo, aficionado á los bocados exquisitos. || met. Precioso, raro, de [illegible] nario mérito y valía. || Curioso, ávido de noticias, de novedades. || *Avoir le goût friand*, tener un paladar excelente, un gusto especial para los manjares escogidos. || [illegible] *friand, mets friand, etc.*, bocado [illegible] to, manjar delicioso, plato regalado. || *Vin friand*, riquísimo vino.

**FRIANDEMENT**, adv. *friandmán*. Regaladamente, regaladamente, de una manera regalada.

**FRIANDER**, n. ant. *friandé*. [illegible], golosinear, comer con melindre, [illegible] de pastas dulces, de viandas [illegible] y jugosas, etc.

**FRIANDISE**, f. *friandís*. Golosina, [illegible] to, pasion por los bocados finos y delicados. || Golosina, cotufa, cualquier [illegible] lada de comer, pero de poco alimento. || [illegible] y fam. Apetito, lujuria, [illegible], capricho voluptuoso de hombre ó [illegible]. || [illegible] y fam. *Elle a le nez tourné à la friandise*, es muy coqueta, ama el placer, es muy caliente de rabo.

**FRIBOURGEOIS, E**, adj. y s. *fribur[illegible]*. Friburges, de Friburgo.

**FRICANDEAU**, m. *fricandó*. Fricandó, ternera mechada con salsa de [illegible].

**FRICASSÉE**, f. *fricasé*. Fricasé, [illegible] frito, especie de guisado.

**FRICASSER**, a. *fricasé*. [illegible], condimentar fricasés, menestras. || [illegible] pop. Disipar, despilfarrar, malgastar.

**FRICASSEUR, EUSE**, m. y f. *fricaseur, eus*. Guisandero, aderezador de [illegible]. || Mal cocinero, persona que no [illegible].

**FRICHE**, f. *friche*. Baldío, [illegible] sin cultivo. || *En friche*, loc. adv. [illegible] vo, abandonado enteramente. || met. [illegible] *en friche*, talento ó entendimiento [illegible] que no ha sido trabajado por la [illegible] y el estudio. || *Homme en friche*, [illegible] ño, rústico.

**FRICOT**, m. pop. *fricó*. Fricó, guisado, carne aderezada. || Todo manjar [illegible] tado.

**FRICOTER**, n. pop. *fricoté*. [illegible]. || Aderezar, sazonar manjares, y principalmente cosas de carne. || met. [illegible] nopolizar, especular en agios.

**FRICOTEUR, EUSE**, m. y f. *fricoteur, eus*. El aficionado á la buena comida. || met. Agiotista, el que especula con la [illegible] pública. || met. Agiotista, [illegible] nopolizador.

**FRICTION**, f. *fricsión*. Cir. Friccion, friega, frotacion, accion y efecto de frotar. || *Frictions*, pl. Farm. Fricciones, [illegible] nes, friegas que se dan con el [illegible] ungüento farmacéutico de [illegible] pecialmente en las enfermedades [illegible].

**FRICTIONNER**, a. *fricsioné*. [illegible], restregar, dar friegas, dar unciones.

**FRIDÉRICIE**, f. *friderisí*. Bot. [illegible] cia, género de plantas.

**FRIGARD**, m. *frigár*. Zool. Arenque, especie de sardina.

**FRIGÉFIER**, a. ant. V. [illegible].

**FRIGIDITÉ**, f. *frigidité*. Frigidez, frialdad, cualidad de lo frío. || Jurisp. Impoten ca natural. || Med. Sensacion, sobrecogimiento de frio.

**FRIGORIFÈRE**, adj. *frigoriféř*. Frigorífero, que causa frescura, que conserva el fresco.

**FRIGORIFIQUE**, adj. y s. *frigorific*. Fis. Frigorífico, que produce frialdad, que ocasiona frio.

**FRIGOULE**, f. *frigúl*. Bot. Nombre vulgar frances del tomillo.

**FRILEUX, EUSE**, adj. y s. *frileu, eus*. Friolero, friolento, muy sensible al frio. || met. Entorpecido, arrecido, enfriado.

**FRILOSITÉ**, f. ant. *frilosité*. Extraordinaria sensacion de frio.

**FRIMAIRE**, m. *frimér*. Primario, tercer mes del calendario republicano frances, desde 21 de noviembre hasta 20 de diciembre.

**FRIMAS**, m. *frimá*. Escarcha, el rocío congelado por las noches. || Poét. Escarcha, [illegible], nieve, granizo, etc.

**FRIMASSER**, n. ant. *frimasé*. Escarchar, escarcharse, congelarse, cubrirse de escarcha.

**FRIME**, f. *frim*. Reconcomio, visaje, gesto con que se da á entender alguna cosa. || pop. *Faire la frime*, hacer la mamola, [illegible].

**FRIMOUSSE**, f. *frimús*. Mueca, guiño, gesto, caricatura, etc.

**FRINGADE**, m. *frengád*. Brinco, salto.

**FRINGALANDE**, f. *frengaländ*. Zool. Fringalanda, especie de alondra.

**FRINGANT, E**, adj. y s. *frengán*. Despejado, despabilado, vivaracho, etc. || pop. Lechuguino, elegante, pisaverde.

**FRINGOTER**, n. ant. *frengoté*. V. CHANTER y GAZOUILLER. || Chirriar, imitar con la voz el canto ó chirrido de las aves.

**FRINGUER**, n. ant. *frengué*. Enjuagar, [illegible], escurrir el agua con que se limpia un vaso. || fam. Triscar, bailotear, danzar, con un continuo movimiento.

**FRINGUELER ó FRINGULOTER**, n. *frengulé*, *frengulolé*. Graznar, chillar, gritar como ciertas aves.

**FRIOLET**, m. *friolé*. Bot. Especie ó variedad de pera poco estimada.

**FRIOLETTE**, f. *friolét*. Past. Especie de pasta ó pastel lijero.

**FRION**, m. *frión*. Mar. Canal estrecho para el paso de barcas.

**FRIPE**, f. ant. *frip*. V. CHIFFON. || Bodrio, nombre genérico de todo lo que se come junto ó revuelto.

**FRIPER**, a. *fripé*. Ajar, estropear, deslucir, gastar ó perder ropas ó vestidos, etc. || fam. Tragar, engullir, comer con extraordinaria voracidad. || met. y fam. Derrochar, [illegible], disipar bienes ó caudales.

**FRIPERIE**, f. *fripri*. Prendería, ropavejería, puesto de ropavejero. || Baratillo, [illegible], miscelánea, vestidos ó muebles viejos. || *Friperie littéraire*, baturrillo literario, miscelánea de vejeces, de vulgaridades.

**FRIPE-SAUCE**, m. *fripsós*. fam. Gloton, tragon. || Mal cocinero.

**FRIPIER, IÈRE**, m. y f. *fripié, ér*. Prendero, ropavejero, revendedor, etc.

**FRIPON, NE**, m. y f. *fripón, ón*. Briban, pícaro, insolente. || met. y fam. Picaruelo, bribonzuelo, raterillo. || Chusco, gracioso, chistoso. || *Maître fripon*, picaronazo, [illegible], gran bribon, etc. || *Valet fripon*, criado infiel.

**FRIPONNEAU**, m. *friponó*. Picaruelo: es el dim. de FRIPON. V. este.

**FRIPONNER**, a. *friponé*. Robar, estafar, engañar con tretas y engaños. || Estafar, despojar al prójimo, hacer fullerías ó trampas en el juego. || Merodear, faltar á su deber, no cumplir á sus obligaciones. || *Se friponner*, r. Robarse, robarse mutuamente.

**FRIPONNERIE**, f. *friponrí*. Bribonada, picardía, estafa. || Infidelidad, inconstancia, traicion de los amantes.

**FRIPONNELLE**, f. *friponél*. Coqnetuela, vanidosilla, mujer que viste con mas lujo que permiten sus facultades, para llamar la atencion de los hombres.

**FRIQUET**, m. *friqué*. Espumadera, instrumento de cocina. || Presumido, galan, [illegible]. || Zool. Gorrion de noguera.

**FRIRE**, a. *frir*. Freir, cocer, aderezar manjares en la sarten con aceite, tocino, manteca, etc. || fam. *Merlan à frire*, peluquero impregnado de pomadas. || *N'avoir plus de quoi frire*, no tener sobre qué caerse muerto. || *Se frire*, r. Freirse, ser frito.

**FRISAGE**, m. *friságe*. Art. Rizaje, rizadura, accion y efecto de rizar el pelo.

**FRISE**, f. *fris*. Arq. Friso, la parte que media entre el arquitrabe y la cornisa. || Mil. *Cheval de frise*, caballo de frisa, cilindro de madera con fuertes puas clavadas en él, para impedir el paso de la caballería enemiga. || Com. Frisa, especie de tela lanar muy tosca. || Frisa, tela muy estimada que viene de Holanda. || *Frises*, pl. Frisos, especie de decoraciones ó adornos teatrales. || Mar. Frisa, pañete.

**FRISER**, a. *frisé*. Rizar, peinar, componer el pelo en forma de rizos, sortijas, etc. || Art. Frisar, extraer, retorcer las motas de algunas telas fuertes de lana. || Rozar, herir lijeramente la superficie de una cosa. || met. y fam. *Friser la quarantaine, la cinquantaine*, rayar en los cuarenta, en los cincuenta años. || *Friser la corde*, oler la cuerda, estar á punto de ser ahorcado. || *Fer à friser*, hierro de rizar, media caña. || n. Encresparse, rizarse, ponerse los cabellos en confusos rizos. || Impr. Remosquear, parecer las letras doblemente impresas en el pliego, por defecto de la prensa ú otra causa. || Afectar, exagerar el estilo. || Mar. Frisar, cubrir con frisa los cantos de las portas, para impedir la entrada del agua.

**FRISETTE**, f. *frisét*. Com. Friseta, tela holandesa de lana y algodon.

**FRISEUR, EUSE**, m. y f. *friseur, eus*. Peluquero, peinador, el que limpia y compone el pelo.

**FRISOIR**, m. *frisuár*. Art. Cincelito, cincel pequeño para rematar y perfeccionar ciertas obras vaciadas ó acuñadas. || Frisador, instrumento para satinar los paños.

**FRISON**, m. fam. *frisón*. Rizo, tirabuzon, buclecito, cada uno de los bucles de un peinado. || Especie de tela de lana del Poitou. || Zagalejo, especie de refajo muy corto ó algo ménos largo que los ordinarios. || Mar. Cuerno para beber la tripulacion.

**FRISON, NE**, adj. y s. *frisón, ón*. Frison, de la Frisia.

**FRISOTTER**, a. *frisoté*. Rizar á menudo, ensortijar, poner en pequeños bucles el pelo con mucha frecuencia.

**FRISQUE**, adj. ant. *frisc*. Bonito, pulido, lindo, etc. || Resuelto, templado, fuerte.

**FRISQUET**, m. *frisqué*. Perrito, perro pequeñito y sumamente vivo.

**FRISQUETTE**, f. *frisquét*. Impr. Frasqueta, bastidor de hierro unido al tímpano por medio de dos visagras.

**FRISSON**, m. *frisón*. Med. Calofrio, tiritona, temblor súbito, irregular. || met. Temblor, emocion, sensacion de miedo, etc., susto momentáneamente convulsivo.

**FRISSONNANT, E**, adj. *frisonán*. Tiritante, calenturiento.

**FRISSONNEMENT**, m. *frisonmán*. Med. Estremecimiento, temblor de fiebre, calofrío. || Despeluzamiento, especie de crispatura instantánea producida por el terror.

**FRISSONNER**, n. *frisoné*. Tiritar, temblar, estremecerse. || met. Espeluzarse, ponerse los cabellos erizados, temblar de miedo.

**FRISURE**, f. *frisúr*. Peinado, rizado, compostura del pelo. || Art. Rizado, el hilillo de oro y canutillo de lo mismo que se riza y emplea en algunos bordados, adornos, etc.

**FRITEAU**, m. *frító*. Frito, el manjar ó comida frita en la sarten.

**FRITTE**, f. *frit*. Frita, coccion de diferentes y heterogéneos materiales para el vidrio.

**FRITTER**, a. *frité*. Art. Fritar, exponer, someter las materias vitrificables á una fuerte calcinacion.

**FRITTIER**, m. *fritié*. Fritero, el que frita materias vitrificables.

**FRITURE**, f. *fritúr*. Fritura, accion y modo de freir. || Fritura, frito, la cosa frita. || Manteca, unto, aceite, etc., que ha servido para freir.

**FRITURIER**, m. *friturié*. Friturero, cocinero que hace frituras ó fritos. || Vendedor de cosas fritas.

**FRIVOLE**, adj. *frivól*. Frívolo, vano, insustancial, inconsistente. || *Frivoles*, m. pl. ant. Frivolidades, bagatelas.

**FRIVOLEMENT**, adv. *frivolmán*. Frívolamente, de una manera frívola.

**FRIVOLISER**, a. *frivolisé*. Frivolizar, volver frívolo á alguno.

**FRIVOLISTE**, m. *frivolíst*. Frivolista, amigo de frivolidades.

**FRIVOLITÉ**, f. *frivolité*. Frivolidad, disposicion para todo lo frívolo. || Frivolidad, insustancialidad de una cosa.

**FROC**, m. *fróc*. Capilla de fraile, hábito, escapulario. || met. Frailía, profesion ó vida religiosa. || Camino quebrado. || Art. Jerga, tela gruesa. || *Prendre le froc*, tomar el hábito ó meterse fraile. || fam. *Vertu de froc*, potencia viril. || *Jeter le froc aux orties*, colgar los hábitos, dejar una profesion.

**FROCARD**, m. *frocár*. Frailote, frailuco: es expresion de desprecio.

**FROGE**, m. *fróge* Nombre del potro ó pollino en algunas partes.

**FROID**, m. *fruá*. Frio, sensacion que proviene de la falta de calor. || met. Frialdad, gesto indiferente, que no indica emocion alguna. || Frialdad, recibimiento indiferente. || met. y fam. *Cela ne lui fait ni froid ni chaud*, eso no le da frio ni calor, no lo altera, no le conmueve. || prov. *Souffler le froid et le chaud*, alabar y vituperar á una misma persona ó cosa. || adj. Frio, que tiene poco calor. || Frio, que comunica el frio. || met. Frio, sin vigor, sin energía. || met. Frio, indiferente, insensible. || Frio, reservado. || met. Frio, que no mueve, que no interesa. || Art. Frio, que carece de alma, de expresion. || *La froide saison*, la estacion fria, el invierno. || Jurisp. *Homme froid*, hombre frio, que por naturaleza es impotente. || *Sang-froid*, sangre fria, estado del alma cuando está serena. || *Tuer quelqu'un de sang-froid*, matar á alguno á sangre fria, con premeditacion. || *Orateur froid*, orador frio, que no conmueve al auditorio. || *Imagination froide*, imaginacion fria, desprovista de actividad, de energía. || adv. Frio, con frialdad. || fam. *Battre froid*, recibir una proposicion con frialdad, con indiferencia. || met. Con frialdad, sin pasion. || *A froid*, loc. adv. En frio. || Lit. *Composer à froid*, componer sin inspiracion.

**FROIDEMENT**, adv. *fruadmán*. Friamente, expuesto al frio. || met. Friamente, con seriedad, con reserva. || Friamente, sin emocion, con insensibilidad. || Friamente, con poco agrado. || *Lire froidement*, leer sin alma, sin calor. || *Tuer froidement*, matar á sangre fria.

**FROIDEUR**, f. *fruadeur*. Frialdad, calidad de lo que está desprovisto de calor. || Frialdad, estado causado por la diminucion del calor vital. || Med. Frialdad, impotencia, esterilidad. || met. Frialdad, estado de los objetos desprovistos de calor. || Frialdad, flema, insensibilidad. || Frialdad, recibimiento frio, seriedad. || Frialdad, falta de sensibilidad. || Frialdad, indiferencia. || Frialdad, tibieza en el amor, en la amistad.

**FROIDIR**, n. *fruadír*. Enfriarse, volverse frio.

**FROIDURE**, f. *fruadúr*. Frialdad, frio derramado en el ambiente ó en la atmósfera. || ant. Frescura. || Poét. Invierno.

**FROIDUREUX, EUSE**, adj. *fruadureu, eus*. Friolero, que tiene mucho frio.

**FROISSABLE**, adj. *fruasabl*. Marchitable, que puede marchitarse, perder la frescura. || met. Que se ofende con facilidad.

**FROISSAGE**, m. *fruaságe*. Accion de refregar, de manosear.

**FROISSEMENT**, m. *fruasmán*. Refregon, estregon de una cosa con otra. || Machucamiento, resultado de esta accion. || met. Disgusto, accion de ofender las opiniones, los sentimientos de otro. || Disgusto, sensacion penosa, insoportable, producida por las desigualdades sociales, etc. || Efecto de la lucha, del choque de intereses contrarios.

**FROISSER**, a. *fruasé*. Magullar, machucar, golpear alguna cosa maltratándola con alguna contusion. || Refregar, frotar fuertemente una cosa con otra. || Sobajar, arrugar con una manosemeo. || met. Zerir, chocar, hablando de intereses, de opiniones.

**FROISSEUR**, m. *froásœur*. Magullador, el que magulla. || Magullador, el que ofende. || Magullador, el que falta á la sumision debida á una ley, á una órden superior.

**FROISSIS**, m. *froasí*. Magulladura, accion de magullar. || Ruido que hacen dos cosas que se chocan.

**FROISSURE**, f. *froasúr*. Magulladura, accion y efecto de magullar. || Magulladura, machucadura.

**FRÔLEMENT**, m. *frolmán*. Rozamiento, roce. || Rozamiento, accion y efecto de rozar.

**FRÔLER**, a. *frolé*. Rozar, tropezar ligeramente una cosa con otra.

**FROMAGE**, m. *fromáge*. Queso. || pop. *Manger du fromage*, comer queso, estar disgustado. || Bot. *Fromage des arbres*, queso de los árboles, setas que nacen en los árboles. || Quím. Queso, pedazo de hierro lleno y redondo que se pone en el fondo del horno para preservar al crisol del aire.

**FROMAGER, ÈRE**, m. y f. *fromagé, ér*. Quesero, el que hace ó vende queso. || m. Quesera, encella con agujeros donde se pone el queso para que gotee.

**FROMAGERIE**, f. *fromagerí*. Quesera, lugar en donde se hacen quesos.

**FROMAGEUX, EUSE**, adj. *fromageu, eus*. Caseoso, que pertenece ó participa de la naturaleza del queso.

**FROMAGIER, ÈRE**, m. y f. *fromagié, ér*. Quesero, tratante en quesos.

**FROMENT**, m. *fromán*. Bot. Trigo candeal, género de plantas. || Trigo, grano de esta planta. || *Terre à froment*, tierra de pan llevar.

**FROMENTACÉES**, f. pl. *fromantasé*. Bot. Fromentáceas, plantas parecidas al trigo ó que participan de sus calidades.

**FROMENTAGE**, m. *fromantáge*. Derecho que se pagaba por las tierras sembradas de trigo.

**FROMENTAL, E**, adj. *fromantál*. Que tiene trigo. Se dice de las tierras de pan llevar. || m. Bot. Avena descollada, planta.

**FROMENTÉ**, m. *fromanté*. Agr. Especie de uva.

**FROMENTÉE**, f. *fromanté*. Puches, gachas, comida compuesta de leche, harina de trigo y azúcar ó miel. || Harina de candeal.

**FROMENTEUX, EUSE**, adj. *fromanteu, eus*. Fromenticio, abundante en trigo.

**FRONCE**, f. *fróns*. Fruncido, pliegue defectuoso que se encuentra en el papel y en las cartas de jugar. || Fruncido, arrugas que se hacen en las telas cuando se tejen. || Fruncido, arruga, pliegue.

**FRONCEMENT**, m. *fronsmán*. Fruncimiento de cualquier cosa, pero particularmente de cejas. || Fruncimiento, estado de lo que está fruncido.

**FRONCER**, a. *fronsé*. Fruncir, arrugar, contraer. *Froncer les sourcils*, fruncir las cejas, arrugarlas. || Art. Fruncir, hacer muchos pliegues.

**FRONCHE**, f. *frónche*. Agr. Especie de higuera con las hojas agujereadas.

**FRONCIS**, m. *fronsí*. Pliegue ó pliegues que se cogen en un cuello, manga de una camisa, etc.

**FRONCLE**, m. *froncl*. Med. Divieso, forúnculo, especie de tumor. V. FURONCLE.

**FRONÇURE**, f. *fronsúr*. Pliegue ó pliegues que se hacen en los vestidos. || Accion de plegar, estado de lo que está plegado.

**FRONDAISON**, f. *frondesón*. Hojarasca, hojas y ramas delgadas.

**FRONDE**, f. *frónd*. Honda, instrumento de cordel ó cuero con que se arrojan piedras. || Cir. Gala, sago, venda, pedazo de lienzo mas largo que ancho, partido por ambos extremos.

**FRONDER**, a. *frondé*. Apedrear, tirar piedras con una honda. || Tirar, arrojar una cosa con violencia. || met. Censurar, criticar, vituperar. || met. Hablar contra el gobierno, murmurar de él. || *Se fronder*, r. Apedrearse, ser apedreado. || met. Criticarse, ser criticado.

**FRONDEUR**, m. *frondeur*. Hondero, apedreador con honda. || met. Frondero, malcontento, murmurador del gobierno. || Frondero, crítico, el que desaprueba, que lo vitupera todo. || Se usa como adjetivo.

**FRONDIBALE**, f. *frondibál*. Mil. ant. Frondíbala, especie de catapulta.

**FRONDICOLE**, adj. *frondicól*. Bot. Frondícola, que vive ó crece sobre las hojas.

**FRONDICULE**, adj. *frondicúl*. Zoól. Frondículo, que tiene la forma de un árbol pequeño.

**FRONDICULÉES**, f. *frondiculé*. Zool. Frondiculées, género de políperos.

**FRONDULE**, f. *frondúl*. Fróndula, conjunto de hojas en los musgos. || Hondilla, honda pequeña.

**FRONT**, m. *frón*. Frente, parte de la cara. || met. Frente, descaro, desvergüenza, atrevimiento. *N'avoir point de front*, no tener vergüenza ni pudor. || met. Frente, fila primera ó parte de un batallon que está mirando hácia un mismo lado. || Frente, frontis, fachada de un edificio. || *De front*, loc. adv. De frente, por delante, de cara; y met., sin consideracion. || *A front découvert*, á cara descubierta. || *Front à front*, frente á frente.

**FRONTAIL**, m. V. FRONTEAU.

**FRONTAL, E**, adj. *frontál*. Frontal, que se refiere ó pertenece á la frente. || m. Med. Frontal, especie de cataplasma que se aplica en la frente. || Frontal, hueso de la frente del hombre, llamado tambien coronal. || Frontal, instrumento de que se servian en los tormentos. || Art. Frontal, puntero, instrumento que usan los guitarreros.

**FRONTÉ, ÉE**, adj. *fronté*. Frontudo, que tiene mucha frente.

**FRONTEAU**, m. *frontó*. Frontal, especie de venda que se ponian los Judíos en la frente. || Frontal, pedazo de tela que llevan las religiosas en la frente. || Frontal, correa de la brida del caballo que le pasa por la frente. || Frontal, pedazo de bayeta negro que se pone á los caballos en señal de luto. || Frontal, pequeño frontin que se pone encima de las puertas y ventanas. || Mar. Fronton, adorno de escultura que se coloca en el bao por el de la tordilla.

**FRONTEVAL**, m. *frontvál*. Bot. Tulipan jaspeado de rojo, blanco y rosa.

**FRONTIÈRE**, f. *frontiér*. Frontera, límite ó confin que separa un reino de otro. || met. Frontera, proximidad á hacer una cosa, á cometer una falta. || pl. Lanas comunes de Picardía. || adj. Fronterizo, limítrofe. *Ville frontière*, ciudad fronteriza.

**FRONTIGNAN**, m. *frontiñán*. Frontiñan, vino moscatel que se coge cerca de Frontiñan.

**FRONTIROSTRES**, m. pl. *frontiróstr*. Zool. Frontirostros, familia de insectos.

**FRONTISPICE**, m. *frontispís*. Frontispicio, la fachada principal de una obra. || Portada de un libro.

**FRONTON**, m. *frontón*. Frontis, ornato de arquitectura. || Mar. Montante, parte superior de la popa.

**FROQUÉ, ÉE**, adj. *froqué*. Encapillado, que lleva capilla ó hábito.

**FROQUEUR**, m. *froqueur*. Caminero, el que compone los caminos quebrados.

**FROSTIE**, f. *frostí*. Bot. Frostia, género de plantas rafflesiáceas.

**FROT ó FROU**, m. *fró, frú*. Camino quebrado.

**FROTTADE**, f. *frotád*. Paliza, golpes que se dan á alguno.

**FROTTAGE**, m. *frotáge*. Aljofifado, accion de fregar y limpiar los suelos de las casas. || Trabajo del que aljofifa. || Aljofifado, lejía con jabon que se da á los lienzos finos para blanquearlos.

**FROTTANT, E**, adj. *frotán*. Frotante, que sirve para frotar.

**FROTTÉE**, f. pop. *froté*. Tostada de manteca de vacas, de miel, etc. || Paliza que se da á alguno.

**FROTTEMENT**, m. *frotmán*. Rozamiento, frotacion, ludimiento. || Rozamiento, resultado de la accion de rozar. || Reloj. *Ajuster à frottement*, ajustar las piezas unas en otras [illegible]. Roce, [illegible], de intereses. || *Frottement* [illegible], modificacion de las ideas que resulta de la discusion ó del contacto con los demás hombres. || Med. Friccion, friega, [illegible].

**FROTTER**, a. *froté*. Frotar, estregar una cosa. || Frotar, dar un frote, una zurra. || Frotar, rozar. || met. y fam. [illegible], sacudir, dar una tunda, una felpa, [illegible]. Provocar, desafiar á alguno. || [illegible] pasar ligeramente una cosa con otra. || *Se frotter*, r. Frotarse, ser frotado, [illegible] arrollarse la piel contra alguna cosa. || met. y fam. *Se frotter à quelqu'un*, [illegible] con alguno: tener [illegible] con él. || met. y fam. *Qui s'y frotte*, [illegible], quien tiene malas pulgas no [illegible]. || Frotarse, untarse. || met. [illegible] do de ver, de pensar. || *Frotter*, m. [illegible] de frotar.

**FROTTEUR, EUSE**, m. y f. *froteur, eus*. Limpia-suelos, el que friega y limpia [illegible].

**FROTTOIR**, m. *frotoár*. [illegible] para dar friegas, para enjugar ó [illegible] alguna cosa. || Rodilla, estropajo, [illegible] restregar. || Fís. Cojinete con que [illegible] al girar el disco de una máquina eléctrica. || Paño, navajero en que el barbero [illegible] las barbas. || Cepillo para limpiar [illegible] de las casas. || Alisador, instrumento [illegible] los encuadernadores. || Cojinete de [illegible] lo que sirve para limpiar [illegible].

**FROTTON**, m. *frotón*. [illegible], especie de cepillo que usan los fabricantes de naipes para jabonarlos ántes de [illegible].

**FROU**, m. *frú*. Tierra [illegible], [illegible] blico que pertenecia á una comunidad, á una ciudad, á un pueblo.

**FROUEMENT**, m. *frumán*. [illegible], accion de llamar con reclamo; [illegible] de esta accion.

**FROUER**, n. *frué*. Reclamar, [illegible] aves con reclamo.

**FRUCTESCENT, E**, adj. [illegible]. Fructescente, que se cubre de frutos.

**FRUCTIDOR**, m. *fructidór*. [illegible], último mes republicano francés, [illegible] de agosto hasta el 16 de setiembre.

**FRUCTIFÈRE**, adj. *fructifér*. [illegible], que echa fruto.

**FRUCTIFICATION**, f. [illegible]. Fructificacion, conjunto de [illegible] producen y acompañan la formacion [illegible] fruto desde que aparece hasta su [illegible]. || Fructificacion, conjunto de los [illegible] echa un vegetal. || Fructificacion, [illegible] hacer producir la tierra.

**FRUCTIFIER**, n. [illegible]. [illegible] dar fruto. || Producir su fruto, [illegible] tificacion. || Fructificar, producir [illegible] dad, beneficio. || met. Fructificar, [illegible] un efecto, un resultado ventajoso.

**FRUCTIFORME**, adj. [illegible]. Fructiforme, que tiene la forma de un [illegible].

**FRUCTIGÈNE**, adj. [illegible]. [illegible] no, que nace y crece en los frutos.

**FRUCTUAIRE**, adj. [illegible]. [illegible] rio, que pertenece al fruto.

**FRUCTUEUSEMENT**, adv. [illegible] mán. Fructuosamente, con fruto.

**FRUCTUEUX, EUSE**, adj. [illegible]. Fructuoso, útil, provechoso. || [illegible] tuoso, fecundo.

**FRUCTUOSITÉ**, f. [illegible]. [illegible] tuosidad, abundancia de frutos.

**FRUGAL, E**, adj. *frugál*. [illegible], sobrio en el comer. || *Vie frugale*, [illegible] gal, modo de vivir en el que alguno [illegible] tenta con manjares comunes.

**FRUGALEMENT**, adv. [illegible]. [illegible] galmente, parcamente, sobriamente.

**FRUGALITÉ**, f. *frugalité*. [illegible], sobriedad, templanza en el comer. || [illegible] Frugalidad, cualidad de lo que es [illegible]. || Frugalidad, simplicidad de [illegible] de vida.

**FRUGIFÈRE**, adj. *frugifér*. [illegible], que da fruto.

**FRUGIVORE**, adj. *frugivór*. Zool. Frugívoro, que se alimenta de frutos y [illegible] les. || Frugívoro, se dice de una especie de raton que se alimenta con los granos [illegible] brados.

**FRUIT**, m. *fruí*. Fruto, cuerpo maduro formado por el ovario que contiene los huevecillos, semillas ó embriones de otros individuos semejantes. || Fruto, fruta de los árboles frutales que se come. || pl. Frutos, todas las producciones de la tierra que sirven de alimento al hombre. || Fruto, la criatura nacida ó por nacer; en estilo elevado, la criatura nacida. || Fruto, se usa tambien hablando de las producciones de la imaginacion. || Jurisp. Frutos, la renta que produce una hacienda. || met. Fruto, provecho, ventaja que se saca de una cosa. || Fruto, resultado de una causa buena ó mala. || *Fruit défendu*, fruto prohibido, el que comió Eva é hizo que comiese Adan. || met. y fam. *On a du penchant pour le fruit défendu*, la privacion es causa del apetito. || *Sans fruit*, sin fruto, inútilmente, sin utilidad. || *Avec fruit*, con fruto, con utilidad.

**FRUITAGE**, m. *fruitáge*. Frutas, toda clase de frutas en general.

**FRUITÉ, ÉE**, adj. *fruité*. Blas. Fruitado, dícese del árbol cuyo fruto es de diferente color.

**FRUITERIE**, f. *fruitrí*. Frutera, frutero, lugar en donde se guarda la fruta.

**FRUITIER, ÈRE**, m. y f. *fruitié, ér*. Frutero, el que vende frutas ó legumbres. || *Fruitier*, m. Frutero, lugar plantado de árboles frutales. || Frutero, paraje en donde se conserva la fruta en tiempo de invierno. || Frutero, tratado sobre las frutas.

**FRUITION**, f. *fruisión*. Fruicion, deleite, complacencia deliberada en algun objeto ó pensamiento prohibido, sin ánimo de ponerlo por obra, sino deteniéndose simplemente en ello.

**FRULLANIE**, f. *frulaní*. Bot. Frulania, género de plantas.

**FRUMENTAIRE**, m. *frumantiér*. Frumentario, comerciante de trigo.

**FRUMENTAL, E**, adj. *frumantál*. Frumental, que se parece á los trigos.

**FRUMENTATEUR**, m. *frumantateur*. Soldado romano que se enviaba fuera del campo para segar trigo.

**FRUSQUIN**, m. vulg. *frusquén*. Hacienda, todo lo que uno tiene en dinero ó muebles. *Il a mangé tout son frusquin*, *son saint frusquin*, se ha comido toda su hacienda, todo cuanto tenia.

**FRUSTRATOIRE**, m. *frustratuár*. Carraspada, vino compuesto con azúcar, nuez de especia y canela. || Agua con azúcar. || *Frustratoire*, adj. Lo mismo que *illusoire*.

**FRUSTRER**, a. *frustré*. Frustrar, defraudar, privar á alguno de lo que le tocaba ó esperaba. || *Frustrer*, dejar burlada la esperanza ó intencion de alguno. || *Se frustrer*, r. Frustrarse, privarse de alguna cosa.

**FRUSTULE**, m. *frustúl*. Bot. Frústula suelta ó agregada de las diatómeas ó bacilarias.

**FRUSTULÉ, ÉE**, adj. *frustulé*. Frustulado, que está dividido en pequeños pedazos.

**FRUSTULIE**, f. *frustulí*. Zool. Frustulia, género de infusorios.

**FRUTEX**, m. *frutécs*. Arbusto.

**FRUTICICOLE**, m. *frutisicól*. Zool. Fruticícola, género de pájaros.

**FRUTICOLE**, adj. *fruticól*. Zool. Fruticola, que vive entre los arbustos.

**FRUTILLE**, f. *frutíll*. Bot. Frutilla, fruto del fresal de Chile.

**FRUTILLIER** ó **FRUTILLIER**, m. *frutillié*, *frutillié*. Bot. Fresal de Chile.

**FRUTIQUEUX, EUSE**, adj. *frutiqueu*, *eús*. Fruticoso, que tiene la talla de un arbusto.

**FUCA**, m. *fúca*. Zool. Fica, pescado de mar.

**FUCUS**, m. *fúcus*. Bot. Fuco, ova, género de plantas marinas.

**FUE**, f. *fú*. Bot. Fue, árbol resinoso.

**FUENT**, m. *fuán*. Bot. Fuente, planta marina.

**FUÉRISTE**, m. y f. *fuerist*. Fuerista, partidario de los fueros.

**FUERO**, m. *fuéro* (voz tomada del español). Fuero, ley, estatuto particular de algun reino, provincia, etc. Dícese entre los Franceses hablando de los fueros de las provincias Vascongadas.

**FUGACE**, adj. *fugás*. Med. Fugaz, epiteto que se aplica á ciertos síntomas morbosos. || Fugaz, que dura poco.

**FUGACITÉ**, f. *fugasité*. Fugacidad, calidad de lo que dura poco.

**FUGALIES**, f. pl. *fugalí*. Fugalias, fiestas que celebraban los Romanos en celebridad de la expulsion de los reyes.

**FUGATO**, m. *fugáto*. Mús. Fugato, trozo de música escrito en el estilo de la fuga.

**FUGILE**, m. *fugíl*. Med. Fugilo, cerúmen del oido. || Fugilo, precipitado bilioso de la orina.

**FUGITIF, IVE**, adj. *fugitíf, ív*. Fugitivo, errante, que anda huido. || Fugaz, hablando de seres espirituales. || met. y poét. Pasajero, lijero, que pasa con rapidez. || Fugitivo, que huye, que se pierde fácilmente. || *Pièces fugitives*, obras sueltas, escritos volanderos, toda composicion de corto volúmen. || m. y f. Fugitivo, prófugo, desertor, vagamundo.

**FUGUE**, f. *fúgue*. Mús. Fuga, cierta composicion musical. || met. y fam. *Faire une fugue*, hacer una fuga, fugarse.

**FUGUÉ, ÉE**, adj. *fugué*. Mús. Fugado, que tiene el estilo, la forma de una fuga.

**FUIE**, f. *fuí*. Palomar casero que no tiene salida. || ant. Huida, fuga, escapatoria.

**FUIR**, n. *fuír*. Huir, escaparse con prontitud por algun motivo. || Huir, se usa tambien hablando de las cosas. || met. Diferir, eludir, andar con efugios. || Huir, apartarse. || Huir, pasar. *Le temps fuit*, el tiempo huye, pasa. || Pint. Huir, se dice de una pintura que parece se aparta de la vista del espectador. || Huir, salirse algun líquido de una vasija. || a. Huir, apartarse de alguno ó de alguna cosa, evitar por temor, por aversion, etc. *Fuir l'ennemi*, huir del enemigo. || met. Huir, evitar, apartar de sí algun daño ó peligro: *fuir le danger*, *fuir le vice*.

**FUITE**, f. *fuit*. Huida, fuga. || Huida, accion de escapar á las persecuciones de un enemigo. || *Mettre en fuite*, ahuyentar, hacer huir. || Mil. Huida, fuga, movimiento retrógrado precipitado por el que los soldados huyen del peligro del combate. || Huida, descarrío de una ave. || Fuga, accion por la que alguno se retira de una cosa peligrosa. || met. y Jurisp. Término, plazo, escapatoria, retardo artificioso empleado por una parte ó por su abogado para evitar el juicio ó la sentencia. || met. Huida, escapatoria, distincion frívola para evitar la fuerza de una objecion. || Huida, accion de pasar alguna cosa con rapidez. || pl. Distancia de un salto á otro cuando el ciervo huye; y así se dice: *suivre les fuites du cerf*.

**FULGURAL, E**, adj. *fulgurál*. Fulgural, que pertenece al rayo ó centella.

**FULGURANT, E**, adj. *fulgurán*. Fulgurante, que fulgura ó despide rayos.

**FULGURATION**, f. *fulgurasión*. Fulguracion, fulminacion, luz viva y resplandeciente que da la plata líquida, en el instante que pierde su fluidez. || met. Fulguracion, detonacion.

**FULGURISER**, a. V. FOUDROYER.

**FULGURITE**, m. V. FULMINAIRE.

**FULGUROMÈTRE**, m. *fulguromètr*. Fís. Fulgurómetro, aparato propio para conocer la existencia y medir la intensidad de la electricidad atmosférica en tiempo de tempestad.

**FULIGINEUX, EUSE**, adj. *fuligineu*, *eus*. Fuliginoso, ennegrido, oscurecido, tiznado de hollin.

**FULIGINOSITÉ**, f. *fuliginosité*. Fuliginosidad, cualidad de lo que es fuliginoso. || Carbon muy cargado de aceites empireumáticos. || Materia negruzca parecida al hollin que cubre los dientes, los labios, etc., en ciertas enfermedades.

**FULLVA**, m. *fúlva*. Requisitorio de un magistrado en el Indostan.

**FULMAR**, m. *fulmár*. Zool. Fulmar, pájaro de la especie del petrel.

**FULMINAIRE**, adj. *fulminér*. Fulminario, que participa de las propiedades del rayo. || *Pierre fulminaire*, piedra fulminaria, piedra que se creia producida por el rayo.

**FULMINAL, E**, adj. V. FULMINAIRE.

**FULMINANT, E**, adj. *fulminán*. Mil. Fulminante, que despide rayos. || Fulminante, se dice de todo compuesto que sometido al calor, á la compresion, etc., produce una detonacion. || met. y fam. Fulminante, que estalla en amenazas. || Fulminante, se dice de todo lo que denota una cólera violenta.

**FULMINATE**, m. *fulminát*. Quím. Fulminato, sal producida por el ácido fulmínico y otra base salificable.

**FULMINATION**, f. *fulminasión*. Fulminacion, detonacion producida por la descomposicion de ciertos cuerpos.

**FULMINATOIRE**, adj. *fulminatuár*. Fulminatorio ó que fulmina: es término del derecho canónico hablando de excomuniones, anatemas, monitorios, etc. *Sentence fulminatoire*, sentencia fulminatoria. || Fulminante, que lanza rayos.

**FULMINER**, n. *fulminé*. Fulminar, detonar, hacer explosion. || Fulminar, arrojar rayos y relámpagos con estrépito. || Arrebatarse, romper en improperios. || a. Publicar una bula ó rescripto de la curia romana con ciertas formalidades.

**FULMINIFÈRE**, adj. *fulminifér*. Fulminífero, que lleva el rayo.

**FULVERIN**, m. *fulverén*. Fulverino rojo, color que se da á las telas como preparacion, y precisamente á los colores oscuros.

**FULVIE**, f. *fulví*. Zool. Fulvia, especie de culebra.

**FUMADE**, f. *fumád*. Estercoladura, abono, beneficio que queda en las tierras en que pernocta el ganado vacuno.

**FUMAGE**, m. *fumáge*. Oripelaje, dorado falso. || Humaje ó ahumadura, la operacion de curar al humo la carne, etc. || Impuesto sobre las chimeneas. || Estercoladura, operacion de esparcir estiércol en las tierras.

**FUMANT, E**, adj. *fumán*. Humeante, que arroja humo. || met. y fam. *Fumant de courroux*, *de colère*, humeando de cólera ó trasportado de cólera.

**FUMARATE**, m. *fumarát*. Quím. Fumarato, sal producida por la combinacion del ácido fumárico con una base salificable.

**FUMAROLLES** ó **FUMEROLLES**, f. pl. *fumaról*, *fumról*. Humarada ó fumarada, emision subterránea de gas hidrógeno.

**FUMÉ**, m. *fumé*. Prueba de un grabado ó de un punzon, sacada al humo ó ennegreciendo la plancha á la luz.

**FUMÉE**, f. *fumé*. Humo del fuego ó de lo que se quema. || Humo, vapor que exhala todo cuerpo húmedo que se calienta ó fermenta. || met. Humo, viento, la nada ó vanidad de algunas cosas. || Art. *Noir de fumée*, humo de imprenta, negro de humo. || fras. prov. y fam. *Manger son pain à la fumée du rôt*, comer el pan al olor del asado: hallarse en la fiesta y no gozar de ella. || prov. y met. *Il n'y a point de feu sans fumée*, no hay fuego sin humo: la pasion y el dinero no pueden estar ocultos. Tambien significa que un rumor público siempre tiene algun fundamento, etc. || *La fumée cherche toujours les belles gens*, la envidia se ceba siempre en la gente honrada. || *La fumée s'attache au blanc*, el humo se pega á lo blanco: la calumnia se adhiere á la virtud y mancilla la inocencia. || *Il vend de la fumée*, *c'est un vendeur de fumée*, es un farolon, aparenta un credito que no tiene. || *Se repaître, s'enivrer de fumée*, alimentarse de humo, satisfacerse con esperanzas. En sentido figurado tiene su acepcion extensa á todo lo que es aparente, ficticio, que no tiene realidad.

**FUMELER**, a. *fumlé*. Arrancar el cáñamo macho.

**FUMER**, n. *fumé*. Humear, arrojar, echar humo de sí. || met. y fam. Encolerizarse. *La tête lui fume*, la cólera le sale por los ojos. || Hacer humo. || a. Ahumar, exponer las carnes á la accion del humo para curarlas. || Fumar, aspirar por la boca humo de tabaco. || Estercolar, abonar las tierras. || *Fumer les renards*, dar humazo á las zorras, llenarles de humo las madrigueras para obligarlas á salir fuera. || Art. *Fumer l'argent filé*, dorar el hilo de plata, darle el baño de oro. || *Se fumer*, r. met. Irritarse, encolerizarse, enfadarse, ahumarse.

**FUMERI**, m. *fumrí*. Estercolero, nombre

[illegible]

FUMIGATOIRE, adj. *fumigatoár*. Fumigatorio, que se emplea para formar una fumigacion aplicable á la curacion de ciertas enfermedades: *appareil fumigatoire*.

FUMIGER, a. *fumigé*. Fumigar, exponer un cuerpo al humo, á los vapores, á los gases, etc. || *Se fumiger*, r. Fumigarse, exponerse á la accion de una fumigacion.

FUMISTE, m. *fumíst*. Fumista, deshollinador, limpiador, compositor de chimeneas. || Fumista, artífice cuya ocupacion consiste en corregir la falta que tienen algunas chimeneas de hacer humo. || f. Fumista, la mujer de este artífice.

FUMIVORE, adj. *fumivór*. Fumívoro, que absorbe el humo. || *Fumivore*, m. Aparato cóncavo que se coloca en la parte superior de los quinqués para absorber y disipar el humo.

FUN-LAN, m. *funlán*. Bot. Funlan, planta de la China.

FUMOIRE, m. *fumuár*. Humero, local destinado á ahumar las carnes y pescados.

FUMOSITÉ, f. *fumosité*. Humosidad, vaporosidad abstracta de exhalar humo ó vapores. || Cualidad de lo que es humoso.

FUMURE, f. *fumúr*. Estercoladura, la accion de esparcir el estiércol sobre la tierra beneficiable. || Estercoladura, el mismo estiércol que sirve de abono.

FUNAIRE, f. *funér*. Bot. Funaria, género de plantas.

FUNAMBULE, m. y f. *funanbúl*. Funámbulo, bailarin de cuerda, saltimbanquis, titiritero.

FUNAMBULIE, f. *funanbulí*. Funambulia, el arte de bailar en la cuerda.

FUNDIBALE, f. ant. *fondibál*. Mil. ant. Fundíbalo, máquina de guerra para arrojar piedras.

FUNDULE, f. *fondúl*. Zool. Fundulo, género de peces.

FUNE, f. *fún*. Pesc. Tralla, cada uno de los dos rabos ó cuerdas que sirven para arrimar una red á la orilla.

FUNÈBRE, adj. *funébr*. Fúnebre, perteneciente á los funerales. || met. Fúnebre, contrario, lúgubre.

FUNÈBREMENT, adv. poco us. *funebremán*. Tristemente, de una manera fúnebre.

FUNÉRAIRE, EUSE, adj. ant. *funeréu, eus*. Fúnebre, triste.

FUNER, a. *funé*. Mar. Aparejar de jarcias un buque.

FUNÉRAILLES, f. pl. *funerálI*. Funeral, exequias, honores fúnebres. || met. Funeral, mortandad.

FUNÉRAIRE, adj. *funerér*. Funerario, que pertenece al funeral. || m. Antig. rom. Funerario, la persona destinada á cuidar del órden y disposicion de los funerales.

FUNÈRE, f. *funér*. Antig. rom. Fúnera, la parienta mas cercana de un muerto, la que, encerrada en la casa con los demas parientes, dirigia las lamentaciones de costumbre.

FUNESTE, adj. *funést*. Funesto, desgraciado, aciago, fatal.

FUNESTEMENT, adv. *funestemán*. Funestamente, de un modo desgraciado.

FUNESTER, a. *funesté*. Desgraciar, hacer funesto. || n. Ser funesto, desgraciado.

FUNIN, m. *funen*. Mar. Proveedor de jarcia.

FUNG, m. *fúng*. Zool. Pájaro que los Chinos miran como el presagio de una grande felicidad.

FUNGIBLE, adj. *fongíbl*. Jurisp. Fungible: se dice de las cosas que pueden contarse, pesarse ó medirse. || Valuable, apreciable.

FUNGUS, m. V. FONGUS.

FUNICULAIRE, adj. *funiculér*. Funicular, que se compone de cuerdas y forma cordon. || f. Bot. Funicular, género de algas marinas.

FUNICULINE, f. *funiculín*. Zool. Funiculina, género de pólipos flotantes.

FUNKIE, f. *fonquí*. Bot. Funquia, género de plantas liliáceas.

FUNON, m. *funón*. Zool. Funon, pequeña concha del Senegal.

FUR, m. *fúr*. Precio, valor de una cosa en el mercado. Úsase en las siguientes frases, *au fur et à mesure*, *à fur et à mesure*, *à fur et mesure*, equivalentes todas ellas á: al paso de, al paso que, á medida de, á proporcion que, etc.

FURACE, adj. *furás*. Furaz, inclinado al robo.

FURCRÉE ó FURCROYE, f. *furcré*, *furcruá*. Bot. Furcrelia, género de plantas.

FUR-ESPLAGE, m. *furesplágs*. Avalúo, justo precio, valuacion pericial que se hace de una cosa.

FURER, n. ant. *furé*. Encolerizarse, romper en cólera.

FURET, m. *furé*. Zool. Huron, pequeño animal para cazar conejos en la madriguera. || met. Huron, hombre que tiene habilidad para escudriñar y averiguar los secretos ajenos. || Sortija, especie de juego. || Med. Huron, remedio específico como el mercurio. || Huron ó hurones, cierta red que se pone en las bocas de las madrigueras para coger el conejo. || Especie de red para pescar.

FURETAGE, m. *furtáge*. Caza de huron, caza de conejos con huron y red.

FURETER, n. *furté*. Huronear, cazar con huron. || met. Huronear, atisbar, averiguar los secretos ajenos. || a. Huronear, escudriñar los libros de una biblioteca ó los papeles de un archivo.

FURETEUR, m. *furteur*. Cazador con huron. || met. Escudriñador, el que escudriña libros ó papeles. || Espía, el que se entremete en averiguar secretos ajenos.

FUREUR, f. *fureur*. Furor, agitacion violenta del ánimo manifestada con ademanes. || Cólera, ira exaltada. || Med. Furor, carácter que toma alguna vez el delirio como síntoma de las enfermedades. || *Fureur utérine*, furor uterino, enfermedad peculiar al sexo femenino. || Furor, trasportes rabiosos que produce en algunos animales, especialmente carnívoros, el hambre y el amor. || met. Furor: se dice de las cosas inanimadas, especialmente por los poetas; como *affronter la fureur de l'hiver*, *la fureur de la mer*, *la fureur de la guerre*. [illegible]

[illegible]

FURONCULAIRE, adj. *furonculér*. Que es de la naturaleza del furúnculo.

FURONCULEUX, EUSE, adj. *furonculeu, eus*. Med. Forunculoso, [illegible], que se asemeja á un furúnculo.

FURRELIQUE, f. *furlíc*. [illegible], especie de moneda pequeña muy antigua.

FURT, m. *fúr*. Hurto, robo. [illegible] usada por Rabelais.

FURTIF, IVE, adj. *furtíf, ív*. Furtivo, clandestino, que se hace de oculto.

FURTIVEMENT, adv. *furtivemán*. Furtivamente, á escondidas, clandestinamente.

FUSA, f. *fúsa*. Mús. Fusa, nota de música: es voz tomada del italiano.

FUSAIN, m. *fusén*. Bot. Bonetero, género de plantas celastríneas. || Bonetero, carbon de esta madera que sirve [illegible] para dibujar en lugar de lápiz. [illegible] *fusain*, bosquejo, borron de dibujo hecho con carbon de bonetero.

FUSAIRE, m. *fusér*. Zool. Fusario, gusano del género filaria.

FUSANE, f. *fusán*. Bot. Fusanio, género de plantas santaláceas.

FUSAROLLE, f. *fusaról*. Arq. Collarin de columna, astrágalo tallado en forma de collar ó de rosario al rededor del chapitel.

FUSCICOLLE, adj. *fusicól*. Zool. Fuscícolo, que tiene el cuello fosco ú oscuro: se dice de las aves.

FUSCIPÈDE, adj. *fusipéd*. Zool. Fuscípedo, que tiene las patas oscuras.

FUSCIPENNE, adj. *fusipén*. Zool. Fuscípene, que tiene las alas oscuras.

**FUSCIROSTRE**, adj. *fusirostr.* Zool. Fuscirostro, que tiene el pico oscuro.

**FUSÉ, ÉE**, adj. *fusé.* Aireada: dícese de la cal apagada sin agua.

**FUSÉEN**, m. *fuseén.* Mil. Cohetero, el que está encargado de tirar los cohetes de guerra.

**FUSEAU**, m. *fusó.* Huso, instrumento de madera para hilar. || Bolillo ó palillo para hacer encajes. || Espinas del puerco espin. || Cada uno de los dientes de una linterna. || Eje sobre que rueda la muela de los alfareros. || Palanqueta, especie de varilla de hierro que usan los tejedores de cinta. || Taladro, especie de barrena de los alfareros. || prov. *Le fuseau doit suivre le hoyau*, la mujer debe hilar cuando el hombre cava. || Mit. *Le fuseau des Parques*, el hilo de la vida, que los poetas han fingido que devanan las Parcas al rededor de un huso. || prov. y met. *Avoir des jambes, des bras de fuseau*, tener piernas ó brazos de palos de tambor, es decir muy delgados ó pequeños. || pl. Art. *Tuyaux à fuseau*, tubos en figura de huso.

**FUSÉE**, f. *fusé.* Huseda, masorca, la cantidad de hilo que se halla arrollada en el huso. || Cohete, artificio de pólvora. || Art. Tambor, pieza de la máquina de un reloj. || Mús. Adagio ó carrera por la que se unen dos notas separadas por un grande intervalo. || Mec. Pernos sobre que gira la viga de lagar y todas las prensas destinadas á los varios usos de las artes. || Blas. Especie de lisonja ó rucl. || met. *Démêler une fusée*, desenredar una huseda: deshacer una intriga. || *Fusée de bombe*, espoleta de bomba. || *Fusée d'essieu*, el pezon del eje de un carruaje que entra dentro del cubo de la rueda. || *Fusée de montre*, el cono canelado en que se entorcha la cadenilla del reloj. || *Fusée de tournebroche*, la pieza del molinillo del asador en que se rolla la cuerda. || *Fusée volante*, cohete volador. || *Fusée à étoile*, cohete de lágrimas. || Mar. Mecha del cabrestante. || Cohete de señales. || Barrilete de virador.

**FUSELÉ, ÉE**, adj. *fuslé.* Ahusado, en forma de huso.

**FUSELER**, a. *fuslé.* Ahusar, dar á un cuerpo largo la figura de huso. || *Se fuseler*, r. Ahusarse, tomar la forma ahusada.

**FUSELIER**, m. *fuslié.* Tornero, fabricante de husos.

**FUSEMENT**, m. *fusmán.* Fusion, fundicion acompañada de desprendimiento de oxígeno con lijeras detonaciones.

**FUSER**, n. *fusé.* Quím. Fundirse, se dice de las sales que puestas sobre las ascuas se funden con detonacion. || Fundirse, liquidarse extendiéndose sobre el fuego como la cera. || Fís. Extenderse, dilatarse, esparcirse. || Art. Difundirse, extenderse imperceptiblemente. *Couleurs qui fusent*, colores que se difunden, que se extienden, que se derraman. || a. Reunir por fusion. || met. *Fuser les partis*, fundir los partidos, reunirlos, coaligarlos.

**FUSEROLLE**, f. *fusról.* Art. Husillo, bandolillo, vareta de hierro que atraviesa la canilla ó espolin.

**FUSIBILITÉ**, f. *fusibilité.* Fusibilidad, calidad de lo que se puede fundir.

**FUSIBLE**, adj. *fusíbl.* Fusible, que se puede liquidar, fundir ó derretir.

**FUSIL**, m. *fusí.* Eslabon, pedazo de acero para sacar chispas del pedernal. || Yesquero, caja que contiene el eslabon, la piedra, etc. || Rastrillo ó espejuelo, planchita de acero que hace parte de la llave de las armas de fuego. || Fusil, arma de fuego. *Fusil de chasse*, escopeta. *Fusil à piston ó à percussion*, fusil de piston. || Morral, saco que se lleva á la espalda. || Chaira, pedazo de acero de que usan los carniceros, cocineros y otros artesanos para afilar los cuchillos. || prov. *Se coucher en chien de fusil*, encogerse y acurrucarse para defenderse del frio.

**FUSILE**, adj. *fusíl.* Fusible: se usa algunas veces por *fusible*.

**FUSILIEN**, m. *fusilién.* Alguacil ó otro dependiente que los recaudadores de contribuciones enviaban á las parroquias para hacer efectivo el valor de los impuestos.

**FUSILIER**, m. *fusilié.* Fusilero, soldado de infantería armado de fusil y bayoneta. Se dice especialmente del soldado de las compañías del centro.

**FUSILLADE**, f. *fusilläd.* Fusilería, descarga simultánea de muchos fusiles. || Accion parcial en que hace el principal papel el fuego de fusilería.

**FUSILLER**, a. *fusillé.* Fusilar, arcabucear, matar con disparos de fusil. || *Fusiller un couteau*, pasar un cuchillo muchas veces por un cilindro de acero llamado *fusil* para afilarlo. || *Se fusiller*, r. Fusilarse, hacerse fuego recíprocamente dos ó mas personas.

**FUSILLETTE**, f. *fusillét.* Carretilla, especie de cohete.

**FUSIOLE**, f. *fusiól.* Bot. Fusiolo, género de hongos.

**FUSION**, *fusión.* Fusion, liquidacion, licuacion de los metales. || met. Fusion, alianza, conciliacion de dos principios, sistemas ó partidos políticos.

**FUSIONNAIRE**, adj. *fusionér.* Fusionario, que intenta, promueve ó facilita la fusion de los partidos.

**FUSIONNISTE**, adj. *fusionist.* Fusionista, que es inclinado á un sistema de fusion: *politique fusionniste, ministère fusionniste*. Es tambien sustantivo.

**FUSOT**, m. *fusó.* Fusto, especie de madera pajiza y muy tierna.

**FUSTAL, E**, adj. *fustál.* Fustal, que se hace á palos. *Il lui fit une correction fustale*, le dió una correccion fustal, le amonestó con un palo.

**FUSTE**, m. *fúst.* Bot. Fustete, árbol. || f. Mar. Fusta, embarcacion lijera de remo y vela.

**FUSTÉE**, m. ant. *fusté.* Carpintero, artesano que trabajaba en madera.

**FUSTEL**, m. *fustél.* Fustete, madera de tintorería.

**FUSTER**, n. *fusté.* Escapar: se dice del pájaro que se escapa de la jaula.

**FUSTÈQUE**, m. *fustéc.* Bot. Fusteca, género de plantas urticeas.

**FUSTET**, m. *fusté.* Fustete, especie de zumaque.

**FUSTIGATION**, f. *fustigasión.* Fustigacion, apaleo, castigo de palos.

**FUSTIGER**, a. *fustigé.* Fustigar, azotar, dar azotes á un delincuente. || *Se fustiger*, r. Fustigarse, azotarse.

**FUSTIQUE**, m. *fustíc.* Fustoque, madera de un árbol de las Antillas que suministra un color amarillo sin necesidad de mordiente.

**FUSTOK**, m. V. FUSTIQUE.

**FÛT**, m. *fú.* Caja de fusil, de pistola, de arcabuz. || Caja de guerra, tambor. || Caja, armazon de madera sobre que se montan muchas herramientas propias de las artes. || *Fût d'un rabot de menuisier, fût d'une varlope*, caja ó fuste de un cepillo, de una garlope. || Asta, astil, palo de lanza, pica, alabarda, garrocha. || Arq. Cuerpo, la parte de una columna que media entre la base y el chapitel. || Pipa ó tonel donde se guarda vino. *Du vin qui sent le fût*, vino que sabe á la madera. || Arq. El armazon de latas que sostiene la giralda en la cima de los edificios. || Arco de violin, esto es, la madera. || Caja de órgano, todo él y cada tubo en particular. || Ingenio, instrumento que usan los libreros para recortar. || Armazon de telar de mediero, de balija ó maleta. || Tronco principal del cuerno del venado. || Mar. Armazon de grímpola de tope. || *Le fût d'un candelabre*, la caña de un candelabro. || *Fût de girofle*, clavo ó boton de especias. || *Fût de colonne*, caña de columna. || *Fût d'arbalète*, cureña de ballesta. || Paleta para jugar á la pelota y al volante.

**FUTAIE**, f. *futé.* Oquedal, arbolado monte hueco. || Bosque de maderas para construccion.

**FUTAILLE**, f. *futáll.* Barril, pipa, vasija de madera para poner vino y otros licores. || Madera de pipas viejas ó estas mismas para deshacerlas y emplear el material en otros usos. || met. *Vieille futaille*, mujer vieja. || Mar. Barrica, nombre genérico de toda vasijería.

**FUTAILLERIE**, f. *futallrí.* Tonelería, barrilaje: se aplica á toda la madera destinada á la construccion de barriles.

**FUTAINE**, f. *futén.* Com. Fustan, tela de hilo trenzada con algodon.

**FUTAINIER**, m. *futenié.* Fustanero, el traficante en fustan.

**FUTÉ, ÉE**, adj. fam. *futé.* Fino, astuto, sagaz, taimado. || Blas. Fustado: se dice de la lanza, dardo, hacha, cuyo astil es de diverso color que el hierro. || *Futée*, f. Pasta, especie de composicion que gastan los carpinteros para tapar las rajas de la madera.

**F-UT-FA**, m. *f-utfá.* Fe-ut-fa, antiguo nombre que se daba al tono de *fa*.

**FUTIER**, m. *futié.* Cofrero, el artesano que se ocupa en entablar los cofres.

**FUTILE**, adj. *futíl.* Fútil, frívolo, de poca consideracion y consecuencia. || Fútil, frívolo, de poco carácter.

**FUTILITÉ**, f. *futilité.* Futilidad, frivolidad, debilidad de un argumento, de una razon. || Futilidad, fruslería, bagatela, cosa de poca importancia.

**FUTUR, E**, adj. *futúr.* Futuro, lo que está por venir. || m. El porvenir, lo futuro. || Se dice de las personas en el sentido de futuros contrayentes, por *futur époux, future épouse*. || Gram. Futuro, tiempo del verbo que indica lo venidero.

**FUTURISER**, a. poco us. *futurisé.* Poner un verbo en el tiempo futuro.

**FUYABLE**, adj. *fuyábl.* Evitable, que puede evitarse, de que se puede huir, escapar.

**FUYANT, E**, adj. *fuyán.* Fugitivo, que huye. || Pint. Fugaz, se dice de los objetos que parecen huir de la vista en la lontananza de un cuadro. || m. *Le fuyant d'un corps*, el contorno de un cuerpo: se usa solo en bellas artes por límites, contornos.

**FUYARD, E**, adj. *fuyár.* Fugitivo, que huye ó corre de miedo. || m. Prófugo, el que se sustrae á los alistamientos militares. || *Rallier les fuyards*, pl. Reunir los que huyen, volverlos á la formacion.

**FUYASSER**, n. *fuyasé.* Andar por veredas escusadas. || Valerse de efugios, obrar fraudulentamente.

**FWEN**, m. *fuén.* Fven, moneda de China.

**FY ó FI**, m. *fi.* Vet. Fi, especie de lepra que ataca á los animales.

**FYADA**, m. *fiada.* Alquim. Nombre que daban antiguamente los alquimistas al mercurio.

**FYEUX, EUSE**, adj. *fieu, eus.* Vet. Leproso, se dice de los animales atacados de una especie de lepra.

# G.

**G**, m. G, séptima letra del alfabeto; quinta en el órden de las consonantes. || La *g*, delante de *a*, *o*, *u*, se pronuncia como en español; pero precediendo á *e* ó *i*, tiene el mismo sonido que la *j* entre los Gallegos y Portugueses. || Esta letra seguida de *n* tiene casi siempre el sonido de nuestra *ñ*; las excepciones se hallarán en los respectivos artículos de este diccionario, debiendo contarse entre ellas *stagnant*, *stagnation*, *agnus*, *agnation*, *inexpugnable*, *regnicole* y otros, que se pronuncian *stagnan*, *agnus*, etc. || *G* final de diccion es muda, y si tiene que unirse á la vocal inicial de la diccion siguiente suena como *k*, como en *long hiver*, que se pronuncia *lonkivér*; *sang aduste*, que se pronuncia *sankadúst*. || Es muda en *signet*, *sangsue*, *doigt*, *vingt*, *legs*, en todos los compuestos, como *doigter*, *vingtième*, y en algunos nombres propios, v. gr. *Cluny*, *Regnaud*. || *G* como guarismo designa el número 400, y con una raya encima equivale á 40,000. || Como cantidad, esta letra designa en frances un *gros*, un *gramme*. || *G* en la moneda francesa indica haber sido fabricada en Poitiers.

**GAGNAGE**, adj. *gañál*. Que está arrendado á un labrador ó rentero: *terres gagnaules*.

**GAIGNÈRE**, m. *gañér*. Rentero, arrendador que labra, cuida ó siembra una propiedad partiendo los frutos con el dueño de ella.

**GAAR**, m. *gaár*. Zool. Pescado de la isla de Tabago.

**GABAN**, m. *gabán*. Gaban, capote, especie de sobretodo.

**GABAONITE**, m. y f. *gabaonit*. Gabaonita, habitante de Gabaon.

**GABAR**, m. *gabár*. Gavilan de África.

**GABARE**, f. *gabár*. Mar. Gabarra, barco de guerra del porte de trescientas á cuatrocientas toneladas. || Barco de carga con cubierta ó sin ella. || Especie de red para pescar.

**GABARER**, n. *gabaré*. Mar. Cingar, dar impulso á un bote por medio de la espadilla.

**GABARI** ó **GABARIT**, m. *gabari*. Gálibo, plantilla ó modelo que se sigue en la construccion de un buque.

**GABARIER**, a. *gabarié*. Mar. Algalibar ó galibar, labrar una pieza de madera con arreglo al gálibo. || m. Patron de barco de carga del comercio que navega en los rios y en las radas.

**GABATHES**, m. *gabát*. Hist. Gábbates, lugar elevado de Jerusalen, en que se administraba la justicia.

**GABATINE**, f. *gabatin*. Papilla, especie de sopa que se da á los niños; pero aquí se toma por engaño, promesa ambigua. || fam. *Donner de la gabatine à quelqu'un*, dar á uno papilla, dado falso, venderle juncia: engañarle, embaucarle, hacerle tener por realizable una ilusion.

**GABEGIE**, f. fam. *gabgí*. Maula, entruchada, zipi-zape, intriga secreta.

**GABELAGE**, m. *gablage*. Acopio, tiempo que la sal está almacenada para secarse ántes de expenderla.

**GABELER**, a. *gablé*. Acopiar, encerrar y dejar secar la sal en los almacenes ántes de expenderla. || *Se gabeler*, r. ant. Burlarse, chungarse de alguno.

**GABELEUR**, m. *gableur*. Guarda, dependiente, carabinero encargado de la custodia de las salinas. || Carabinero, empleado de la Hacienda nacional. V. GABELOU.

**GABELLE**, f. *gabél*. Gabela, contribucion indirecta, derecho que se pagaba en los artículos de consumo. || Derecho que estaba impuesto sobre la sal. || *Frauder la gabelle*, ser el excusado, zafarse con maña de hacer una cosa que es de obligacion.

**GABELLUM** ó **GLABELLUM**, m. *gabélom*, *glabélom*. Entrecejo, espacio que se encuentra entre las cejas que generalmente está desguarnecido de vello.

**GABELOU**, m. *gablú*. Aduanero, guarda, carabinero. || fam. Insolente, barloe.

**GABER**, a. ant. *gabé*. Burlarse, reir, divertirse á costa de alguno. || *Se gaber*, r. Burlarse, poner en ridículo á una persona.

**GABES**, m. pl. *gáb*. Encañizadas, recinto de juncos que se hacen en los estanques y lagunas para coger dentro el pescado.

**GABIAN**, m. *gabián*. Med. Gabian, aceite negro y bituminoso que destila una roca situada cerca de Beziers. || Zool. Gabian, gaviota, ave marina.

**GABIER**, m. *gabié*. Zool. Gaviero, ave del Paraguay. || Mar. Gaviero, nombre que se da á los marineros preferentes destinados á cada palo.

**GABIEU**, m. *gabieu*. Art. Cierto instrumento del cordelero.

**GABILLAUD**, m. *gabilló*. Zool. Truchuela, especie de abadejo.

**GABINA**, m. *gabina*. Zool. Gavina, especie de gaviota, ave marina.

**GABION**, m. *gabión*. Mil. Gavion, ceston de mimbre lleno de tierra que sirve de resguardo contra las balas del enemigo.

**GABIONNADE**, f. *gabionád*. Mil. Cestonada, trinchera ó resguardo hecho con gaviones.

**GABIONNIER**, a. *gabioné*. Cestonar, atrincherar, cubrir un punto con gaviones. || *Se gabionner*, r. Atrincherarse, cubrirse con cestones ó gaviones una tropa.

**GABORD**, m. *gabór*. Mar. Tablon de aparadura, el primero del forro exterior y que se apoya sobre la quilla.

**GABRE**, m. *gábr*. Zool. Pavo, familia de aves del género de las gallináceas.

**GABURON**, m. *gaburón*. Mar. Gimelga, percha que se amarra á un mástil para fortificarlo.

**GÂCHE**, f. *gách*. Art. Albelga, armella, pieza de hierro que abraza y sujeta el pestillo de una cerradura. || Abrazadera, anillo de hierro que se fija en una pared para sostener un tubo ó cañon de lata. || Cucharon, paleta que usan los pasteleros para batir la masa. || Especie de azada que usan los albañiles para batir la mezcla.

**GÂCHER**, a. *gaché*. Arq. Amasar, desleir el yeso en el cuezo para emplearlo inmediatamente. || fam. Desleir los alimentos en la boca. || Lavar, empapar en agua corriente. || Malvender, malbaratar, vender á ménos precio. || Remar, usar del fichero ó del aviron para dirigir un barquichuelo en un rio. || Agr. *Gâcher le blé*, rastrillar, dar una labor al trigo en la primavera con el objeto de cubrir de tierra las raíces. || met. y fam. Emplastar, echar á perder una cosa.

**GÂCHETTE**, f. dim. de GACHE. *gachét*. Muelle real, pieza de acero sobre que se apoya el pié de gato y la nuez en las llaves de armas. || Art. Muelle, pieza que da movimiento al telar de medias. || Muelle, pieza que comunica la fuerza al pestillo de una cerradura.

**GÂCHEUR**, **EUSE**, m. y f. *gacheur*, *eus*. Amasador, el que amasa el yeso ó hace la mezcla. || Malbaratador, el que vende á ménos precio. || met. y fam. Emplastador, el que lo echa todo á perder por falta de habilidad ó de gusto.

**GÂCHEUX**, **EUSE**, adj. *gacheu*, *eus*. Fangoso, que está cubierto de fango.

**GÂCHIS**, m. *gachí*. Mezcla, preparacion hecha con cal, arena, agua y yeso que sirve para unir el material en la construccion de edificios. || Lodazal, fangal [illegible] Fangal, barrizal, atascadero [illegible] una persona por falta de [illegible] dencia. || Desórden, [illegible] de embrollo.

**GADELLE**, f. *gadél*. [illegible] á la grosella.

**GADELLIER**, m. *gadelié*. [illegible] ro, árbol que produce la grosella.

**GADOUARD**, m. *gaduár*. Pocero, [illegible] falero, el que limpia los [illegible] mundos.

**GADOUE**, f. *gadú*. Porquería, [illegible] dad, inmundicias que se [illegible] trinas.

**GAFFE**, f. *gáf*. Mar. Bichero, [illegible] madera que termina en una [illegible] con punta y gancho, que sirve para [illegible] y desatracar los botes. || Pesc. [illegible] pecie de harpon con [illegible] *quart de gaffe*, á tiro de bichero, á [illegible] distancia. || met. *Long et maigre comme une gaffe*, largo y grueso como un [illegible] cucion de que se sirven los [illegible]

**GAFFER**, a. *gafé*. Mar. Aferrar, [illegible] con el bichero.

**GAGATE**, f. *gagát*. Miner. [illegible] tancia terrea. || Piedra negra de la [illegible] del azabache.

**GAGE**, m. *gág*. Empeño, [illegible] peñar una alhaja, etc. || Prenda, [illegible] haja que se deja en poder de un [illegible] || Contrato, escritura, hipoteca que [illegible] sobre algunos muebles ó efectos [illegible] dan como embargados. || Prenda, [illegible] interes que se deposita en manos de [illegible] persona. || Prenda, objeto que se [illegible] entre las manos de un conjugador para [illegible] catarla por el cumplimiento de la [illegible] dada al efecto en el corro de un juego de prendas. || Arras, prenda que se da á una persona abandonándole una joya como [illegible] ba de querer cumplir la promesa [illegible] || Señal, cantidad que se deja en [illegible] plimiento en un trato convenido. || [illegible] *bataille*, *de combat*, guante ó [illegible] ñal que se arrojaba á tierra en [illegible] safio. || *Maison de prêt sur gages*, [illegible] préstamo, donde se empeña toda [illegible] ropas y alhajas. || *Casser aux gages*, [illegible] suspender á uno de su empleo, [illegible] favor. || Soldada, retribucion, salario, [illegible] do que se designa á un criado ó á [illegible] sona semejante.

**GAGER**, a. *gagé*. Apostar, hacer [illegible] apuesta, poner en depósito una [illegible] alhaja convenida entre dos ó más [illegible] que disputan. || Gratificar, dar salario [illegible] á alguno.

**GAGERIE**, f. *gagerí*. Embargo, [illegible] por el casero de los muebles y [illegible] tiene un inquilino, cuando este deja de [illegible] tisfacer los alquileres estipulados.

**GAGEUR**, **EUSE**, m. y f. [illegible] Apostador, el que apuesta. || Apostador [illegible] tiene el vicio ó la costumbre de apostar [illegible]

**GAGEURE**, f. *gajúr*. Apuesta, la [illegible] de apostar y lo que se apuesta. || [illegible] Misterio, accion, palabra, cosa [illegible] incomprensible. || *Soutenir la gageure*, [illegible] severar, persistir en una empresa [illegible] opinion.

**GAGISTE**, m. *gagist*. Asalariado, [illegible] está pagado para hacer algun servicio. [illegible]

**GAGNABLE**, adj. *gañabl*. Ganable, que puede ganarse, hablando de una partida de juego. || m. Agr. Cultivable. Dícese de los pantanos ó terrenos cenagosos [illegible] otros que llegan á beneficiarse á fuerza de cultivo y de trabajo.

**GAGNAGE**, m. *gañáge*. Rastrojo, terreno sembrado en que se permite entrar á pacer el ganado. || Mont. Rastrojar, tierra [illegible] tiene abundancia de granos donde van á pacer en manada algunas fieras.

**GAGNANT, E**, adj. *gañán*. Ganancioso ó ganador, que gana en el juego. || Ganancioso, que promete alguna ganancia.

**GAGNE-DENIER**, m. *gañdenié*. Buscavida, ganapan, persona que trabaja indistintamente en cualquier cosa para ganar su sustento.

**GAGNE-PAIN**, m. *gañpén*. Ganapan, lo que sirve á una persona para ganar su vida.

**GAGNE-PETIT**, m. *gañpti*. Amolador de cuchillos, navajas, tijeras, etc.

**GAGNER**, a. *gañé*. Ganar, adquirir, obtener una ganancia, sacar alguna ventaja, algun beneficio, etc. || Ganar, obtener, hacerse merecedor de un premio, de una amistad. || Captar, conseguir los favores de una mujer. || Coger un resfriado, una enfermedad, sufrir un perjuicio á efectos de una imprudencia. || Ganar, apoderarse, hacerse dueño de una cosa. || Ganar tiempo, aprovecharlo, ir de prisa. || Poseer, exaltar, ejercer una grande influencia, hablando de las cosas morales. || Ganar, adelantar, apresurar una accion para evitar los perjuicios que pudiera ocasionar su retardo. || met. Ganar, seducir á una persona con el fin de obtener de ella algun servicio ó favor. || Ganar, por regla general, es el opuesto á perder. || Ganar, extenderse, llegar hasta tal parte; como un fuego, una mancha, una epidemia. || Equit. *Gagner l'épaule d'un cheval*, corregir un defecto de que adolece el caballo en la espalda. || *Gagner la volonté d'un cheval*, ganar la voluntad de un caballo, domarlo, hacerlo obedecer. || *Gagner quelqu'un de la main*, ganar á uno por la mano, prevenirle. *Je voulais avoir cet emploi, mais il m'a gagné de la main.* || *Gagner au pied*, zafarse por pies, largarse, huir. || *Gagner la porte*, huir, escaparse. || prov. y met. *N'est pas marchand qui toujours gagne*, quien se pone á jugar, se expone á perder ó á ganar: la fortuna no es siempre igual. || *Gagner le devant*, ganar la delantera. || *Gagner du terrain*, ganar terreno: adelantar en sus pretensiones. || Mar. Ganar á barlovento á otro buque. || Ganar ó tomar un puerto ó fondeadero.

**GAGNEUR, EUSE**, adj. y s. poco us. *gañeur, eus*. Ganador, el que gana.

**GAI, E**, adj. *gué*. Alegre, divertido, placentero, que está siempre de buen humor. || Alegre, que inspira, que ofrece alegría. || Alegre, desenfadado, verde; que es libre, chocarrero, de un lenguaje poco mesurado. || *Avoir le vin gai*, estar alegrillo, achispadillo; ponerse de buen humor despues de haber bebido vino ó otro licor. || Blas. *Cheval gai*, caballo en pelo. || Mús. Alegre ó *allegro*, que es ménos vivo que el presto. || Pesc. *Hareng gai*, sardina que no tiene huevos, que está vacía. || m. Zool. Picaza, glandaria, ave. || Bot. Especie de artemisa del Japon.

**GAÏAC**, m. *gueác*. Bot. Guayacan, guayaco, árbol.

**GAÎMENT ó GAÎMENT**, adv. *guemán*. Alegremente, de una manera alegre. || *Aller gaîment*, andar con presteza, ir á buen paso.

**GAIETÉ ó GAÎTÉ**, f. *gueté*. Alegría, buen humor. || Alegría, jocosidad, despejo, vivacidad. || Equit. Fuego, genio que manifiesta un caballo de humos. || *De gaîté de cœur*, loc. adv. Deliberadamente, á propósito.

**GAILLARD, E**, adj. *gallar*. Gallardo, divertido, juguetón, que tiene buen humor. || Robusto, sano, buen mozo, que tiene buena presencia. || Enamorado, que goza de un temperamento fogoso y activo. || Libre, que carece de mesura y de pureza, hablando del modo de discurrir en el escrito ó en la conversacion. || Alegrillo, que está un poco poseido del vino. || Atrevido, osado, intrépido.

**GAILLARDEMENT**, adv. *gallardmán*. Alegremente, de buen humor. || Lijeramente, atrevidamente.

**GAILLARDET**, m. *gallardé*. Gallardete, banderola que se pone en los topes de los árboles.

**GAILLARDISE**, f. fam. *gallardis*. Desenvoltura, libertad.

**GAILLET**, m. *gallé*. Bot. Gallete, género de plantas rubiáceas.

**GAIN**, m. *guén*. Ganancia, provecho, interes que se saca de alguna cosa. || Victoria, ventaja que se obtiene en alguna empresa. || *Gain de cause*, causa ganada, resolucion favorable que se obtiene sobre un pleito ó en alguna disputa. || *Se retirer sur son gain*, retirarse con su ganancia.

**GAÎNE**, f. *guén*. Vaina, estuche en que se meten algunas herramientas. || Jareta, dobladillo que se deja en hueco en una ropa para pasar una cinta. || Arq. Repisa, especie de modillon que sirve para sustentar los bustos. || Anat. Vaina, parte que sirve de cubierta ó envoltura á otras partes anatómicas. || Bot. Vaina, parte de ciertas hojas que rodean el tallo en una porcion de su longitud, reemplazando el pedículo. || Mar. Vaina, dobladillo que se hace en las orillas de las velas.

**GAÎNERIE**, f. *guenrí*. Art. Estuchería, vainería, todo género de obras hechas de piel, de metal, de madera, etc., para poner herramientas, armas ó alhajas.

**GAÎNIER**, m. *guenié*. Art. Estuchista, vainero, artífice que trabaja en hacer vainas ó estuches. || Bot. Árbol del amor.

**GAISSANIE**, f. *guesaní*. Bot. Gasania, género de plantas de América.

**GAL**, m. *gal*. Palabra popular que se usa solo en la frase *avoir le gal*, tener la ventaja, conseguir la victoria.

**GALA**, m. *gála*. Gala, fiesta pública, reunion de corte. || Banquete, mesa de Estado, comida espléndida.

**GALACHIDE ó GARACHIDE**, f. *galachíd*, *garachíd*. Miner. Calachida, especie de piedra.

**GALACTOMÈTRE**, m. *galactométr*. Galactómetro, instrumento propio para medir la calidad ó bondad de la leche.

**GALACTOPHAGE**, adj. *galactofág*. Galactófago, que se alimenta de leche.

**GALACTOPHORE**, adj. *galactofór*. Galactóforo, que conduce, que lleva la leche desde la glándula mamaria hasta el pezon. || Med. Galactóforo, que tiene la propiedad de aumentar la secrecion de la leche. || m. Galactóforo, instrumento destinado á facilitar la amamantacion cuando el pezon es demasiado corto.

**GALACTOPOIÈSE**, f. *galactopuaés*. Med. Galactopoyesa, facultad que tienen las glándulas mamarias de contribuir á la elaboracion y á la secrecion de la leche.

**GALACTOPOSIE**, f. *galactoposí*. Med. Galactoposia, tratamiento, régimen lechoso.

**GALACTOPOTE**, adj. *galactopót*. Galactopote, que está sometido á la dieta lechosa ó láctea.

**GALACTOSE**, f. *galactós*. Galactosa, elaboracion ó secrecion por la cual la sangre, el quilo ó la linfa se cambia en leche por la accion vital de los pechos.

**GALAMMENT**, adv. *galamán*. Galantemente, de una manera galante. || Hábilmente, con destreza. || Elegantemente, con elegancia. || Garbosamente, con garbo.

**GALANDAGE**, m. *galandáge*. Arq. Tabique, pared que se hace poniendo los ladrillos de canto, unos sobre otros.

**GALANDE**, f. *galánd*. Bot. Variedad de almendro.

**GALANGA**, m. *galánga*. Bot. Galanga, planta de las Indias orientales. || Zool. Rana marina.

**GALANT, E**, adj. *galán*. Galante, cortés, bizarro. || Galan, gentil, garboso, gallardo, rumboso. En estas dos primeras acepciones se dice hablando de personas. Tambien se dice hablando de cosas, significando galan ó galano, rumboso, de buen gusto, agradable; y así se dice *une fête galante*, *un présent galant*. || *Homme galant*, hombre galanteador, cortejador, cortejante de damas, de mujeres. *Galant homme*, hombre honrado, social, caballeroso, amable, de buen trato. || *Femme galante*, mujer amiga de cortejos y de galanteos. || m. Galan, galanteador, cortejo, el que pretende trato ilícito con una mujer. || Querido, cortejo, el que hace vida matrimonial con una mujer. || fam. Astuto, marrullero, hombre sagaz y talmudo. || fam. *Vert-galant*, mozalvete, jóven alegre y un tanto atrevido respecto á las mujeres.

**GALANTEMENT**, adv. *galantmán*. Noblemente, de una manera noble.

**GALANTERIE**, f. *galantrí*. Galantería, gala, garbo, gentileza, gracia. || Galanteo, cortejo, amabilidad que se dispensa al bello sexo. || Fineza, expresion, regalo que se hace de alguna cosa. || Amancebamiento, amores, trato ilícito que se tiene con una mujer. || Vicio, pasion, flaqueza que constituye al hombre en continuo perseguidor de las mujeres.

**GALANTIN**, m. dim. de GALANT. *galantín*. Galancete, hombre pequeñuelo. || fam. Ridículo y enamorado.

**GALANTINE**, f. *galantín*. Bot. Narciso, campanillas, planta.

**GALANTISER**, a. *galantisé*. Galantear, festejar, complacer á las mujeres. || a. Enamorar, hacer el amor á una mujer, cortejar.

**GALARDIE**, f. *galardí*. Bot. Galardia, género de plantas.

**GALATÉE**, f. *galaté*. Mit. Galatea, una de las Nereidas.

**GALATHÉE**, f. *galaté*. Zool. Galatea, género de moluscos.

**GALAXIE**, f. *galacsí*. Med. Galaxia, via láctea. || Bot. Galaxia, género de plantas.

**GALBA**, m. *gálba*. Zool. Galba, género de insectos.

**GALBANIFÈRE**, adj. *galbanifér*. Bot. Galbanífero, que produce gálbano ó galbanum, especie de goma.

**GALBANUM**, m. *galbánom*. Bot. Gálbano, sustancia gomo-resinosa. || met y fam. inus. *Donner du galbanum à quelqu'un*, dar á uno la entrada: engañarle con falsas promesas. || Antig. Galbanum ó gálbano, especie de túnica verde ó amarilla que usaban los antiguos.

**GALBE**, m. *gálb*. Arq. Gálibo, corte gracioso que se da á alguna pieza en la arquitectura.

**GALE**, f. *gál*. Med. Sarna, especie de erupcion cutánea muy contagiosa. || Vet. Sarna, enfermedad que ataca á los animales, muy análoga á la que queda indicada. || Bot. Sarna, enfermedad caracterizada en los vegetales por ciertas arrugas ó ampollas que se levantan en la corteza, en las hojas y en el fruto. || Carp. Carcoma, agujerillos que se presentan en el cuerpo de un madero, nudos. || Desigualdades que se encuentran en las telas. || fam. *Etre méchant comme la gale*, ser mas malo que la sarna. || prov. y met. *Il n'a pas la gale aux dents*, no le duelen las muelas: se dice de una persona que tiene buen apetito, que come mucho.

**GALÉA**, m. *gálea*. Med. Especie de cefalalgia que abraza toda la cabeza.

**GALÉANTHROPIE**, f. *galeantropí*. Med. Galeantropía, manía en que una persona se cree transformada en gato.

**GALÉASSE ó GALÉACE**, f. *galeás*. Mar. Galeaza, una de las varias especies de galeras usadas antiguamente.

**GALEBANS**, m. *galbán*. Mar. Brandales, cuerdas que forman los lados de las escalas. || Burdas, cabos unidos á los brandales.

**GALÉE**, f. *galé*. Impr. Galera, galerin, tabla con tres bordes con sus muescas, donde entra la volandera, y sirve para poner la composicion y formar las planas. || Zool. Galera, género de osos pequeños.

**GALEFRETIER**, m. *galfretié*. Piojoso, pobreton.

**GALÉGA**, m. *galéga*. Bot. Galega, ruda de cabra, género de plantas.

**GALÈNE**, f. *galén*. Miner. Galena, especie de mineral.

**GALÉNIE**, f. *galení*. Bot. Galenia, género de plantas arrochas.

**GALÉNISME**, m. *galenísm*. Galenismo, máximas, doctrinas, escuela de Galeno.

**GALÉNISTE**, adj. *galenísl*. Galenista, partidario de Galeno, adicto á su escuela. Se usa tambien como sustantivo.

**GALÉOLE**, m. *galeol*. Bot. Galeola, árbol trepador.

**GALÉOPE**, m. *galeóp*. Bot. Galeopa, género de plantas labiadas.

**GALER (SE)**, r. *galé*. Rascarse la sarna, rascarse donde á uno le pica.

**GALÉRA**, m. *galéra*. Zool. Galera, animal mamífero. || Galera, especie de pez.

**GALÈRE**, f. *galér*. Galera, carro de cuatro ruedas usado en España para trasportes. || Galera, especie de crisol de alquimista. || Mar. Galera, buque de guerra usado desde la mas remota antigüedad hasta mediados del siglo último. || *Tenir galère*, tener, poseer una galera ó buque armado en corso. || prov. y met. *Vogue la galère!* ande la zambra, siga la marea, salga el sol por Antequera: venga lo que venga, suceda lo que sucediere. || *C'est une vraie galère*, esto es un presidio, un tormento: se dice de un lugar incómodo donde se padece un disgusto contínuo.

**GALERIE**, f. *galrí*. Galería, pieza que establece comunicacion entre dos edificios. || Pasillo, paso estrecho en una casa que pone en comunicacion dos ó mas habitaciones. || Galería, lugar de un edificio destinado á servir de paseo. || Galería, local consagrado á contener un número mayor ó menor de cuadros, estatuas ú otros objetos de arte. || Galería, coleccion de cuadros ú otros objetos. || Galería en el teatro, especie de balcones. || Galería, grada que se pone en los costados laterales de un juego de pelota. || Fort. Galería, corredor que conduce al interior de las minas. || Borde, ribete de un mueble. || Mar. Galería ó balcon de popa de los navíos de dos y tres puentes. || Callejon de combate ó pasadizo que se dejaba en la cubierta del sollado á lo largo de los costados. || Boca, entre fabriqueros de carbon. || Galería, tribuna en algun lugar público para asistir y ver.

**GALÉRIEN**, adj. y s. m. *galerién*. Galeote, criminal que antiguamente era destinado al servicio de las galeras. || Confinado, presidiario destinado por sentencia judicial á los trabajos públicos. || prov. *Souffrir comme un galérien, travailler comme un galérien*, sufrir como un condenado, hacer un trabajo muy penoso.

**GALÉRITE**, m. *galerit*. Zool. Galerito, género de animales mamíferos.

**GALERNE**, f. *galérn*. Mar. Galerno, viento entre el levante y el setentrion.

**GALÉRUCITE**, f. *galerusit*. Zool. Galerucita, tribu de insectos cíclicos.

**GALET**, m. *galé*. Miner. Galete ó morrillo, guijarrillo redondo que se encuentra en algunas costas. || Guijarral, lugar cubierto de guijarros. || Galete ó tejo, cierto juego que se juega sobre una mesa con tronera. || Cierta especie de vidriado.

**GALETAS**, m. *galtá*. Desvan, boardilla, habitacion construida bajo el tejado de un edificio. || Zaquizamí, lugar sucio y que respira la pobreza ó la desidia de sus inquilinos.

**GALETTE**, f. *galét*. Galleta, torta hecha de masa que se cuece en el rescoldo. || Torta, bollo, especie de bizcocho que se hace de harina, azúcar, manteca, huevos y sal. || Mar. Galleta, bizcocho ordinario.

**GALEUX, EUSE**, adj. *galeu, eus*. Sarnoso, que tiene, que padece sarna. || Sarnoso, que tiene relacion ó analogía con la sarna. || met. y fam. *Brebis galeuse*. V. BREBIS. || prov. *Qui se sent galeux se gratte*, el que se pica, ajos come, el que tiene el culo de estopa todo se le figura lumbre. || met. y fam. Leproso, piojoso, alusion que se hace comparando al hombre vil y despreciable con el hombre pobre y paciente.

**GAL-GAL-LA**, m. *galgalá*. Galgalá, nombre que dan los salvajes de América á la viruela.

**GALGATE**, f. *galgát*. Mar. Galagata, masilla usada en los mares de Oriente, y que se hace apagando cal de conchas de ostra con aceite de coco.

**GALGULE**, m. *galgúl*. Zool. Galgulo, género de insectos hemípteros.

**GALHAUBAN**, m. *galobán*. Mar. Brandal, cabos que van desde la encapilladura de los masteleros de gavia á las mesas de guarnicion respectivas. || Burda, el mismo cabo descrito con referencia á los masteleros de juanete.

**GALIA**, f. *gália*. Farm. Galia, preparacion compuesta de nuez de agallas, dátiles verdes y mirobolanos émblicos.

**GALIEN**, m. *galién*. Galeno, médico el mas afamado de la antigüedad despues de Hipócrates.

**GALIFRE**, m. ant. *galifr*. Tragaldabas, comilon desordenado.

**GALIFRER**, a. ant. *galifré*. Engullir, zampar, tragar, comer con ansia.

**GALILÉEN, NE**, adj. *galiléin, én*. Galileo, que es de Galilea. || Galileo, nombre que se daba á los primeros cristianos.

**GALIMAFRÉE**, f. *galimafré*. Picadillo, jigote, especie de guisado.

**GALIMATIAS**, m. *galimatiá*. Galimatías, jerga, confusion, oscuridad, embrollo en un discurso.

**GALINE**, f. *galin*. Zool. Galina, pescado que tambien se designa con el nombre de raya torpilla.

**GALINIE**, f. *galiní*. Bot. Galinia, arbolillo del cabo de Buena Esperanza.

**GALIONISTE**, m. *galionist*. Galionista, negociante que hace su comercio con las Indias por medio de los galeones.

**GALIOTE**, f. *galiót*. Mar. Quechemarín, especie de embarcacion holandesa.

**GALIPIER**, m. *galipié*. Bot. Galipero, arbolillo del Perú.

**GALIPOT**, m. *galipó*. Bot. Resina, galipodio, jugo que destila del pino. || Galipodio, incienso blanco. || Mar. Betun con que se cubre el fondo de algunas embarcaciones menores.

**GALLAZONE**, m. *galasón*. Agr. Especie de uva particular.

**GALLE**, f. *gál*. Bot. Agalla, excrecencia de forma varia que brota en diversas partes de los vegetales. || *Galle sèche*, arestin, especie de sarpullido o enfermedad cutánea. || *Galles*, m. pl. Gallos, sacerdotes de Cibeles que tomaron nombre de un rio de la Frigia llamado Gallas.

**GALLIAMBE**, m. *galiánb*. Galiambo, especie de versos que se cantaban en honor de Cibeles.

**GALLIAMBIQUE**, adj. *galiambic*. Galiámbico, que tiene relacion ó analogía con el galiambo.

**GALLICA**, f. *galica*. Especie de sandalia que llevaban los capuchinos.

**GALLICAN, E**, adj. *galican*. Galicano, frances, que pertenece á la Galia ó Francia.

**GALLICANISER**, a. *galicanisé*. Galicanizar, afrancesar, admitir en la iglesia galicana.

**GALLICISME**, m. *galisism*. Galicismo, expresion peculiar de la lengua francesa.

**GALLICOLE**, adj. y s. *galicól*. Zool. Galícola, tribu de la familia de los himenópteros pupívoros.

**GALLICUS-MORBUS**, m. *galicusmórbus*. Med. Gálico-morbo, sífilis, mal venéreo.

**GALLIFÈRE**, adj. *galifér*. Galífero, que produce la agalla.

**GALLIFORME**, adj. y s. *galifórm*. Galiforme, que tiene la forma de un gallo.

**GALLIGASTRE**, f. *galigastr*. Zool. Galigastro, nombre vulgar de la polla de agua.

**GALLIGÈNES**, m. pl. *galigén*. Descendientes de los Galos ó individuos de un pueblo imaginario.

**GALLINACE**, f. *galinás*. Gallinaza, especie de vidrio de volcan.

**GALLINACÉE**, f. *galinasé*. Bot. Gallinácea, especie de hongo.

**GALLINAPANE**, m. *galinapán*. Zool. Galinápano, ave de América parecida al pavo.

**GALLINASSE**, f. *galinás*. Zool. Galinaso, especie de cuervos mejicanos.

**GALLINAZE**, m. *galináz*. Zool. Galinazo, género de aves.

**GALLINIVORE**, adj. *galinivór*. Galinívoro, que devora las gallinas.

**GALLIQUE**, adj. *galíc*. Gálico, que parece ser particular de la agalla. || Agállico, dícese de un ácido que se extrae de la agalla. || Gálico, que pertenece á los Galos.

**GALLISME**, m. *galism*. Galismo, sistema del doctor Gall, que ha pretendido conocer el carácter y las facultades intelectuales del hombre por la inspeccion de las protuberancias del cráneo.

**GALLITRICHE**, m. [illegible] Galítrico, especie de salvia y de [illegible]

**GALLIZENISTE**, f. [illegible] Galicisita, nombre dado [illegible] tasio oxidado ferrífero.

**GALLOMANIE**, f. *galomaní*. [illegible] afrancesamiento, [illegible] cosas de Francia.

**GALLON**, m. *galón*. Medida [illegible] los líquidos que tiene unas [illegible] || Medida para los sólidos, [illegible] unas tres cuartillas. || Bot. [illegible] mont, especie de agalla.

**GALLOPHOBE**, adj. [illegible] que tiene miedo á los Galos.

**GALLOPHOBIE**, f. *galofobí*. [illegible] temor que podíamos [illegible]

**GALLOT**, m. *galó*. Zool. [illegible] vulgar de la tenca, pez.

**GALOCHE**, f. *galósh*. [illegible] calzado cuya suela es de [illegible] cio, especie de sobrezapato [illegible] || met. y fam. *Menton de galoche* [illegible] vieja, que es largo, puntiagudo [illegible] || Mar. Pasteca, motone [illegible] un lado. || Escotera, plana de [illegible] tida en el costado con una ó [illegible]

**GALOCHIER**, m. *galoshié*. [illegible] zuequero, el que hace [illegible] galochas.

**GALON**, m. *galón*. Galon, [illegible] como las cintas, pero cruzado. [illegible] || prov. *Quand on prend des galons, on n'en saurait trop prendre*, lo bueno [illegible] masiado, por mucho pan no [illegible] Especie de cucurucho en que [illegible] envuelven las frutas y los dulces.

**GALONNER**, a. *galoné*. Galonear, [illegible] necer con galon.

**GALONNIER**, m. *galonié*. [illegible] samanero, tejedor ó fabricante [illegible]

**GALOP**, m. *galó*. Equit. Galope, [illegible] miento rápido y continuo por [illegible] ballo se dirige hácia adelante [illegible] de par. || Galop, baile húngaro. || [illegible] *Faire quelque chose au galop*, hacer [illegible] cosa corriendo, á escape.

**GALOPADE**, f. *galopád*. Galopeo, [illegible] de galopar un caballo. || Carrera, [illegible] que se atraviesa de una corrida [illegible] especie de baile.

**GALOPE**, m. V. GALOP.

**GALOPER**, n. *galopé*. Galopar, [illegible] lope. || met. y fam. Galopar, ir [illegible] meca. || Correr, leer con [illegible] cion. || a. Correr, perseguir, ir [illegible] guno. || Correr, hacer que un [illegible] che al galope ó grande [illegible] || [illegible] vesar en poco tiempo una distancia [illegible] met. y fam. Correr, andar tras de [illegible] cosa, desearla vivamente. || *La [illegible] lope*, la calentura le atormenta, [illegible] que hacer.

**GALOPIN**, m. *galopín*. Galopin, [illegible] mozo de cocina. || Mandadero, [illegible] encarga de hacer mandados por [illegible] retribucion. || met. Galopin, [illegible] llito. || Galopin, bribon, [illegible] despreciable. || Galopin, pillo, [illegible] Es tambien adjetivo. || *A la [illegible]* adv. A la galopina, al modo de los [illegible]

**GALOPINE**, f. *galopín*. Bot. [illegible] género de plantas rubiáceas.

**GALOPODE**, adj. *galopód*. [illegible] poda, género de plantas de Méjico.

**GALOUBET**, m. *galubé*. [illegible] flauta pequeña que [illegible] antiguos.

**GALTABE**, m. *galtáb*. Zool. [illegible] pecie de lagarto.

**GALVANIE**, f. *galvaní*. Bot. [illegible] género de plantas rubiáceas.

**GALVANIQUE**, adj. *galvanic*. [illegible] co, que tiene relacion con el [illegible]

**GALVANIQUEMENT**, adv. [illegible] mán. Galvánicamente, de una [illegible] vánica.

**GALVANISER**, a. *galvanisé*. [illegible] electrizar por medio de la pila [illegible] met. Galvanizar, hacer existir una [illegible] pocos momentos. || *Galvaniser une [illegible] morte*, galvanizar una sociedad [illegible] verle su movimiento, su energía.

**GALVANISME**, m. *galvanism*. [illegible]

[illegible]propiedad de excitar movimientos [illegible]licos en los nervios y músculos.

[illegible]ANOMÈTRE, m. galvanométr. [illegible]metro, instrumento para evaluar el [illegible].

[illegible]ANOMÉTRIQUE, adj. galvano-. Galvanométrico, que pertenece al [illegible]metro.

[illegible]ANOSCOPE, m. V. GALVANO-.

[illegible]ARDINE, f. galvardín. Galvardi-[illegible]cie de vestido hecho de tela hidró-[illegible]alvardina, especie de capa ó capote [illegible]e para preservar de la lluvia.

[illegible]VAUDER, a. galvodé. Sopetear, [illegible]r á uno de palabras. || Estropear, [illegible]perder una persona todo lo que hace.

[illegible]VÈSE, m. galvés. Bot. Galvesa, gé-[illegible]plantas.

[illegible]VETTE, f. galvét. Mar. Barco menor [illegible] los piratas en la costa de Malabar.

[illegible]AÏÉ, m. gamaé. Gamaeo, madré-[illegible]il, concrecion pétrea.

[illegible]ANDE, f. gamdad. Bot. Gamanda, [illegible]de castaña.

[illegible]ANDIER, m. gamandié. Bot. Ga-[illegible], especie de castaño del Delfinado.

[illegible]ASE, m. gamás. Zool. Gamaso, gé-[illegible] insectos parásitos.

[illegible]AY, m. gamé. Variedad de uva.

[illegible]BADE, f. ganbád. Pernada, zanca-[illegible], brir se descompasado.

[illegible]BADELETTE, f. dim. de GAMBADE. [illegible]. Saltito, brinquito.

[illegible]BADER, n. ganbadé. Dar pernadas, [illegible]brincos en el aire.

[illegible]BADEUR, EUSE, m. y f. ganba-[illegible]. Saltador, el que salta ó brinca.

[illegible]BAGE ó CAMBAGE, m. ganbáge [illegible] Derecho impuesto sobre la cerveza.

[illegible]BE, f. ant. V. JAMBE.

[illegible]BE, f. gánb. Mar. Arraigadas, esca-[illegible] que pasando desde los palos [illegible]embarcacion hasta los bordes de las [illegible] proporcionan la subida y entrada en [illegible] marineros.

[illegible]BESON ó GAMBSON, m. gan-[illegible]. Especie de cota de armas [illegible] debajo de la coraza á fin de [illegible]biera daño.

[illegible]BETER, n. ant. V. GAMBADER.

[illegible]BETTE, f. ganbét. Zool. Gambeta, [illegible]de ave.

[illegible] ó GAMBILLER, a. ganbié, [illegible] Mar. Cambiar una vela latina de [illegible] bolavara, cuando se navega á un [illegible].

[illegible]BILLARD, E, m. y f. ganbillár. [illegible] expresion no se usa mas que fa-[illegible] y por burla.

[illegible]BILLER, n. fam. ganbillé. Campa-[illegible]near las piernas, menear los [illegible] hacen los muchachos.

[illegible] ó GAMBIGE, m. ganbí. Gambito, [illegible] en el ajedrez.

[illegible]LIA, f. gamélia. Gamelia, nombre [illegible] presidia en las bodas.

[illegible], f. gamelí. Gamelia, sacrificio [illegible] hacian la víspera de un ca-[illegible]. || Gamélies, pl. Gamelias, fiestas [illegible] celebraban en honor de [illegible].

[illegible]LIEN, NE, adj. gamelién, én. Mit. [illegible], que preside los casamientos.

[illegible]LLE, f. gamél. Gamella, género de [illegible] grande en que comen el rancho los [illegible]. || Mar. Gabéta, especie de tina pe-[illegible] que se sirve la comida de cada [illegible] gente. || Chef de gamelle, cabo de [illegible].

[illegible]LO, m. gamló. Gamelo, nombre [illegible] de copaiba.

[illegible], m. gamé. Variedad de uva.

[illegible], E, m. y f. gamén, ín. Galopin, [illegible], muchachuelo despreciable. [illegible], bribon, hombre sin honra ni ver-[illegible].

[illegible], n. gaminé. Hacer el galopin, [illegible], perder el tiempo en las calles ú [illegible].

[illegible], f. gaminerí. Pillada, ga-[illegible]

**GAMMA**, m. *gámma*. Gamma, tercera letra del alfabeto griego, que corresponde á nuestra *g*. || Astr. Gamma, constelacion, estrella. || Álg. Gamma, cantidad absoluta. || Zool. Gamma, especie de insectos lepidópteros.

**GAMMAN**, m. *gamán*. Gaman, fiesta anual que los negros del Senegal celebran en honor del nacimiento de Mahoma.

**GAMMARE**, m. *gamár*. Gamaro, género de arácnidos tráqueos acáridos.

**GAMMAROLOGIE**, f. *gamarologí*. Gamarología, tratado de los crustáceos.

**GAMMAROLOGIQUE**, adj. *gamarologíc*. Gamarológico, que pertenece á la gamarología.

**GAMMAROLOGUE**, m. *gamarológue*. Gamarólogo, el que se dedica al estudio de la gamarología.

**GAMMAROGRAPHE**, m. *gamarográf*. Gamarógrafo, el que describe los crustáceos.

**GAMMAROGRAPHIE**, f. *gamarografí*. Gamarografía, descripcion de los crustáceos.

**GAMMAROGRAPHIQUE**, adj. *gamarografic*. Gamarográfico, que pertenece á la gamarografía

**GAMMAUT**, m. *gamó*. Cir. Bisturí, postemero, instrumento para abrir abscesos.

**GAMME**, f. *gám*. Escala, diapason, órden de los puntos ó notas de la música. || *Gamme diatonique*, escala diatónica, la que procede por tonos y semitonos naturales. || *Gamme chromatique*, escala cromática, la que no está compuesta mas que de semitonos. || prov. y fam. *Changer de gamme*, mudar de cantar, de conducta, de lenguaje, etc. || *Mettre quelqu'un hors de gamme*, hacer perder á uno los estribos, sacarle de sus casillas. || *Chanter la gamme à quelqu'un*, decirle cuántas son cinco, ajustarle las cuentas, solfearle.

**GAMME ó GAME**, m. *gám*. Vet. Papera que sale á los carneros.

**GAMOLOGIE**, f. *gamologí*. Gamología, tratado ó discurso sobre el matrimonio y las bodas.

**GANACHE**, f. *ganáche*. Quijada inferior del caballo. || met. y satir. *Être chargé de ganache*, *avoir la ganache pesante*, *être une ganache*, ser un topo, un zoquete, un bolo: tener un entendimiento apelmazado.

**GANCHE**, f. *gánche*. Horca que usan en Turquía. || Mar. Estanterol, madero á modo de columna que en las galeras está al principio de la crujía.

**GANDASULI**, m. *gandasulí*. Bot. Gandasuli, planta odorífera de las Indias orientales.

**GANER**, n. *gané*. Amollar, jugar una carta inferior á la que va jugada, teniéndola superior con que poder cargar.

**GANFALON ó GANFANON**, m. *ganfalón*, *ganfanón*. Gonfalon, estandarte de iglesia con tres ó cuatro puntas. V. GONFALON ó GONFANON, GONFALONIER, pues así se dice. || Es tambien voz del blason.

**GANFALONIER ó GANFANONIER**, m. *ganfalonié*, *ganfanonié*. Gonfalonero, el que llevaba el gonfalon ó estandarte de una iglesia. || Gonfalonero, nombre del jefe ó cabeza de algunas pequeñas repúblicas de Italia. V. GONFALONIER.

**GANGA**, f. *ganga*. Ganga, una de las tres diosas de las aguas entre los Indus. || Zool. Ganga, género de galipáceas plumípedas, especie de perdiz.

**GANGÉTIQUE**, adj. *gangetic*. Gangético, que pertenece al Ganges.

**GANGIAR ó CANGIAR**, m. *gangiár*, *cangiár*. Gangiar ó cangiar, especie de cimitarra que llevan los bajás de Egipto.

**GANGITE**, f. *gangít*. Miner. Gangita, antiguo nombre del azabache.

**GANGLION**, m. *ganglión*. Ganglio, nuditos ó tubérculos que se encuentran en el paso de los nervios y de los vasos linfáticos.

**GANGLITE**, f. *ganglít*. Cir. Ganglitis, inflamacion de los ganglios.

**GANGRÈNE**, f. *gangrén*. Med. Gangrena, muerte de alguna parte del cuerpo. || Bot. Gangrena, enfermedad de los árboles. || met. Gangrena, contagio, pestilencia, hablando de errores, malas doctrinas y desórdenes.

**GANGRÉNER (SE)**, r. *gangrené*. Gangrenarse, padecer alguna parte del cuerpo la gangrena. || met. Gangrenarse, contagiarse, corromperse.

**GANGRÉNEUX, EUSE**, adj. *gangreneu*, *eus*. Gangrenoso, que participa de la gangrena.

**GANGRÉNOPINE**, f. *gangrenopín*. Med. Gangrenopina, erosion gangrenosa.

**GANGUE**, f. *gángue*. Obroque, la piedra ó roca que sirve de matriz á los minerales.

**GANGUY**, m. *ganguí*. Red de pescar muy cerrada de mallas, especie de barredera.

**GANIL**, m. *ganíl*. Ganilo, calizo granuloso que se encuentra en los alrededores del monte San Gotard y del Vesubio.

**GANITRES**, m. pl. *ganítr*. Bot. Ganitros, género de plantas.

**GANIVET**, m. *ganivé*. Cuchillete, instrumento de cirugía parecido á un cortaplumas.

**GANIVETIER**, m. *ganivtié*. Fabricante de cuchilletes.

**GANSE**, f. *gáns*. Presilla, alamar que suele servir de ojal para abotonar. || Mar. Vinatera, estrobo de cuadernal de aparejo.

**GANSETTE**, f. *gansét*. Presillita ó alamar pequeño.

**GANT**, m. *gán*. Guante, abrigo para la mano y de su misma forma, hecho de piel, tela ó punto. || met. *Rendre quelqu'un souple comme un gant*, poner á uno suave como un guante: amansarle, ablandarle, reducirle á la razon. || *Jeter le gant*, echar el guante: desafiar á alguno. || *Ramasser*, *relever le gant*, recoger, levantar el guante: aceptar el desafío. || *Il faut prendre des gants pour lui parler*, es preciso obrar con él con circunspeccion y ceremonia. || *Aller comme un gant*, sentar bien una cosa. || *Gants Notre-Dame*, dedalera, planta cuya flor está dividida en cinco espigas imitando los dedos de una mano.

**GANTAM ó GANTAN**, m. *gantám*, *gantán*. Gantan, peso que se usa en Bantam y en otras partes de las Indias orientales.

**GANTE**, f. *gánt*. Reborde ó borde sobrepuesto de madera en las calderas de la cerveza, para que no se salgan cuando cuecen.

**GANTELET**, m. *gantlé*. Guantelete, manopla, especie de guante de acero con que se cubria la mano del caballero armado. || Cir. Especie de vendaje que envuelve la mano y los dedos como si fuera un guante. || Pasadera, pedazo de cuero que usan los encuadernadores para encordelar los libros cuando están cosidos.

**GANTER**, a. *ganté*. Calzar, poner los guantes. || *Se ganter*, r. Enguantarse, ponerse los guantes.

**GANTERIE**, f. *gantrí*. Art. Guantería, fábrica, tienda donde se venden ó donde se hacen los guantes.

**GANTIER, ÈRE**, m. y f. *gantié*, *ér*. Guantero, el que hace ó vende guantes.

**GANTOIS, E**, adj. y s. *gantuá*. Gantés, de la ciudad de Gante.

**GANYMÈDE**, m. *ganimíd*. Mit. Ganimedes, príncipe troyano que Júpiter trasladó al Olimpo para que le sirviera de escanciador. || Astr. Ganimedo, nombre de una constelacion. || Bot. Ganimeda, género de plantas de Portugal.

**GAON**, m. *gaón*. Gaon, título de honor entre los Judíos.

**GARAGUAY**, m. *garaguí*. Zool. Garaguay, ave de rapiña de América.

**GARAMANTITE**, f. *garamantít*. Miner. Garamantita, nombre antiguo del granate.

**GARAMIT**, m. *garamí*. Zool. Garamito, pescado de los mares de Levante.

**GARANÇAGE**, m. *garanságe*. Enjebe de rubia, entre tintoreros.

**GARANCE**, f. *garáns*. Bot. Rubia, planta originaria de Oriente.

**GARANCER**, a. *garansé*. Teñir con rubia.

**GARANCIÈRE**, f. *garansiér*. Rubial, terreno sembrado de rubia.

**GARANT, E**, m. y f. *garán*. Fiador, responsable, garante. Esta última voz suele tener mas uso en sentido diplomático. || m. Seguridad, responsabilidad, caucion.

**GARANTI, E**, m. y f. *garantí*. Garantido, la persona respecto de la cual se ha obligado alguno á mantener las condiciones de un contrato. ‖ *Garantie*, f. Garantía, acto de afianzar. ‖ Responsabilidad, caucion. ‖ Saneamiento, indemnizacion. ‖ *Bureau de garantie*, oficina del contraste, en donde se ensaya y justifica legalmente el título de las materias, de las obras de oro y plata.

**GARANTIR**, a. *garantir*. Garantir, afianzar, salir fiador. ‖ Asegurar, certificar. ‖ Preservar, librar, defender de algun riesgo ó daño. ‖ Indemnizar, reparar los daños. ‖ *Se garantir*, r. Preservarse, ponerse al abrigo de. ‖ Afianzarse. ‖ Precaverse, guardarse de alguna cosa dañosa.

**GARANTISSEUR**, m. *garantiseur*. Garantizador, afianzador, el que garantiza.

**GARAS**, m. *gará*. Com. Garas, tela de algodon que se fabrica en las Indias.

**GARBELAGE**, m. *garbelage*. Derecho que pagan en Marsella los géneros destinados para Levante.

**GARBIN**, m. *garbén*. Garbino, lebeche; así se llama en el Mediterráneo y en las provincias meridionales el viento del sudoeste.

**GARBON**, m. *garbón*. Caz. Garbon, perdiz macho.

**GARBOUILLE**, m. ant. *garbúll*. Desórden, confusion, disputa.

**GARBURE**, f. *garbúr*. Sopa de pan de centeno con berzas y tocino.

**GARCE**, f. *gárs*. Zorra, pelleja, en el sentido de ramera. En algunas provincias de Francia esta palabra significa una muchacha, por oposicion á muchacho. ‖ Especie de peso que usan en la India.

**GARCETTE**, f. *garsét*. Garceta, especie de peinado de mujer. ‖ Mar. Mojel, rizo, badaza. ‖ *Garcette de bonnette*, badaza. *Garcette de ris*, rizo. *Garcette de tournevire*, mojel.

**GARCIE**, f. *garsí*. Bot. Garcia, arbusto de la América meridional.

**GARCIER**, m. *garsié*. Putañero, el que frecuenta las mujeres de mala vida.

**GARÇON**, m. *garsón*. Macho, hijo varon, muchacho, hablando de hijos en contraposicion de hembra, hija, muchacha. ‖ Mozo, mancebo. ‖ Mozo, soltero. ‖ Mozo, sirviente, criado sin librea. ‖ *Brave garçon*, buen muchacho: se dice de un jóven honrado que se conduce bien, que es aplicado al estudio, al trabajo, etc. ‖ fam. *Mener une vie de garçon*, llevar una vida de soltero: vivir con independencia. ‖ *Garçon*, aprendiz: se dice del que no ha llegado á ser todavía maestro. ‖ *Garçon de boutique*, mancebo de tienda. ‖ *Garçon tailleur*, oficial de sastre. ‖ *Garçon de cuisine*, mozo de cocina. ‖ *Garçon de café*, mozo de café. ‖ *Garçon ó valet de chambre*, ayuda de cámara. ‖ *Garçon chirurgien*, practicante.

**GARÇONNAILLE**, f. *garsonáll*. Reunion de jóvenes, de criados, de mozos ó calaveras.

**GARÇONNER**, n. *garsoné*. Mocear, llevar una vida como un jóven soltero. ‖ Mocear, ser aficionado á jóvenes solteros, buscar su trato, hablando de una mujer.

**GARÇONNERIE**, f. *garsonrí*. Mocedad, conducta libre y poco arreglada de un jóven.

**GARÇONNET**, m. *garsoné*. Mocito, mozuelo, jovencito, jovenzuelo.

**GARÇONNIÈRE**, f. *garsoniér*. Mocera, mujer aficionada ó amiga de los mozos.

**GARDABLE**, adj. *gardábl*. Guardable, que se puede guardar.

**GARDAUCHES**, f. pl. Anat. V. VÉSICULES SÉMINALES.

**GARDE**, f. *gárd*. Guardia, defensa, conservacion de alguna cosa. ‖ Guardia, proteccion. ‖ Guardia, cuidado, precaucion que se tiene para impedir que alguna cosa suceda contra nuestra intencion ó nuestra voluntad. ‖ Guardia, accion por la cual se observa lo que pasa para evitar toda sorpresa. ‖ Guardia, la tropa que está guardando algun puesto, ó que guarda, asegura y defiende á una persona, á un soberano ó príncipe. ‖ Guardia, tiempo que dura este servicio. ‖ Guardia, los mismos militares que están destinados para montar la guardia. ‖ Asistente, enfermera, la mujer que cuida de un enfermo. ‖ Guarnicion de una espada. ‖ Guarda, la carta baja del mismo palo, que se guarda para servir de jugar la mayor. ‖ Esgr. Guardia, cierta manera de tener el cuerpo, la espada ó el florete, posicion en el juego de armas blancas. ‖ *Prendre garde de*, poner cuidado en. ‖ *Prendre garde à*, tener cuidado con, reparar en, atender á. ‖ *Se donner garde*, guardarse, desconfiarse, evitar por precaucion. ‖ Esgr. *Se mettre en garde*, afirmarse. ‖ *Monter la garde*, montar la guardia, pertenecer á los que tienen el cuidado de vigilar un puesto. ‖ *Descendre la garde*, salir de guardia. ‖ *Corps-de-garde*, cuerpo de guardia. ‖ *Gardes*, pl. Guardas de una cerradura. ‖ Guardas de un libro. ‖ Guardas, estrellas ó capsidas de la Osa menor. ‖ *Relever la garde*, relevar la guardia. ‖ *Être de garde*, estar de guardia, montar la guardia. ‖ GARDE, m. Guarda, guardia, el que tiene bajo su guardia alguna persona, lugar ó cosa. ‖ Guardia, hombre armado que pertenece á la guardia de un rey ó á otro cuerpo de institucion parecida. ‖ *Garde de la bibliothèque du roi*, segundo bibliotecario de la biblioteca del rey. ‖ *Garde des antiquités du cabinet, du musée*, el anticuario, el custodio del gabinete, del museo. ‖ *Garde de l'étendard*, guarda del estandarte. ‖ *Garde du trésor royal*, tesorero mayor. ‖ *Garde des sceaux*, guardasellos. ‖ *Garde-fou*, guarda lado, pretil de un puente, calzada, repecho. ‖ *Garde-nappes*, canastillo en que se guarda la ropa de mesa. ‖ *Garde-manger*, despensa, armario donde se guardan las cosas de comer. ‖ *Garde-meuble*, trastera, desvan para poner trastos arrinconados, ó que no son del servicio diario. ‖ *Garde-robe*, f. Guarda-ropa, lugar ó pieza destinada para conservar la ropa. = Todos los vestidos y demas ajuar de una persona que contiene un guarda-ropa. = Retrete, cuarto pequeño donde se coloca el sillico. ‖ *Aller à la garde-robe*, ir al comun, exonerar el vientre. ‖ *Garde-vue*, pantalla para que no ofenda la luz á la vista. ‖ *Garde-temps*, cronómetro, reloj de longitud. ‖ Zool. *Garde-bœuf*, guarda-buey, garza real, ave. ‖ *Garde-boutique*, adorno de tienda, género que está ajado ó deslucido, que no tiene despacho. ‖ *Garde-chiourme*, cómitre, el que vigila á los condenados á galeras. ‖ *Garde-crotte*, guarda-lodo, pedazos de cuero que se colocan encima de las ruedas de los coches para librarse del lodo. ‖ Mil. *Garde-feu*, guarda-cartucho. = Guarda-fuego, barandilla de hierro en una chimenea, para que los niños no caigan en la lumbre. ‖ *Garde-forestier*, guarda-bosques. ‖ *Garde-malade*, enfermero, el que está encargado de cuidar un enfermo. ‖ *Garde-juré*, veedor de un gremio. ‖ *Garde-note*, notario, epíteto que se da á los escribanos. ‖ Esta voz se junta con muchos verbos, bajo la significacion de cuidado, vigilancia, precaucion, recelo. *Il n'a garde d'y revenir*, se guarda de, no se atreve á volver allí. ‖ *Prenez garde de tomber; prenez garde à vous; prenez garde que*, cuidado en, cuidado con, cuidado que (respectivamente). ‖ pl. *Gardes du corps*, guardias de corps. ‖ Mar. *Garde-corps*, andariber, guardamancebo, cabo provisional que se coloca en los buques para que la gente se agarre en los malos tiempos.

**GARDENIE**, f. *gardní*. Bot. Gardenia, género de plantas.

**GARDER**, a. *gardé*. Guardar, conservar, custodiar, resguardar, observar ó cumplir, cuidar ó asistir, etc. ‖ Guardar, retener para sí, no dar, no comunicar, no dejar tomar á otros. ‖ Guardar, conservar en su compañía, continuar empleando á alguno en cosas de su profesion. ‖ Guardar, reservar, apartar. ‖ Guardar, vigilar, celar, tener cuidado y vigilancia sobre alguna cosa. ‖ Guardar, asistir, estar de continuo al lado de un enfermo para cuidarlo y servirle. ‖ Guardar, defender, proteger. ‖ Guardar, preservar alguna cosa del daño que le puede sobrevenir. ‖ *Garder le lit*, guardar cama, hacer cama. ‖ *Garder la maison*, no salir de casa por el mal tiempo, por indisposicion ó por cualquier ocupacion. ‖ *Garder prison*, quedar en prision. ‖ *Garder la fièvre, garder un rhume*, guardar, conservar la calentura, un resfriado. ‖ *Garder une médecine*, aguantar una medicina, no vomitarla. ‖ *Garder un lavement*, guardar una lavativa, no echarla al [...] ‖ Guardar, [...]
Guarder, vigilar por la [...]
ó prisionero á [...]
su vida. ‖ [...]
[...] fam. [...]
guardársela á alguno; [...]
oportuna la venganza de [...]
y fam. *Garder le mulet*, [...]
llevar poste: dícese del que [...]
que está esperando á [...]
*donner à garder à* [...]
tirse á alguno, hacerle [...]
creer alguna cosa, [...]
Guardarse, ser guardado. ‖ [...]
ner cuidado de sí. ‖ [...]

**GARDEUR, EUSE**, m. y f. [...]
Guardador, el que guarda [...]
en estas frases: *gardeur de* [...]
quero, porquerizo; *gardeur de* [...]
quero, vaquerizo.

**GARDIANAT ó GARDIENNAT** [...]
*dianá*, *gardiená*. Guardianía [...]
guardian de un convento, y [...]
dura dicho cargo.

**GARDIEN, NE**, m. y f. [...]
Guardian, el que guarda y [...]
cosa; el que protege ó [...]
en la órden de San Francisco [...]
director de sus conventos. ‖ [...]
ángel de la guarda. ‖ Mar. [...]
cos, rondin, hombre de guardia [...]
tas, etc. ‖ *Gardien de la* [...]
*Gardien de la force sans* [...]
contramaestre.

**GARDIENNAGE**, m. [...]
dianato, empleo, dignidad [...]

**GARDINGUE**, m. *gardingue* [...]
pleo superior de palacio del [...]
Godos.

**GARDONIE**, f. [...]
ria, género de plantas.

**GARDOIRE**, m. ant. [...]
charca donde se guarda el [...]

**GARDON**, m. *gardón*. [...]
de mar.

**GARDOQUIE**, f. *gardokí*. [...]
género de plantas del Perú.

**GARE** (segunda persona de[...]
imperativo del verbo *garer*, [...]
se á alguno que se aparte [...]
gun daño). *gár*. Fuera de, [...]
dito, cuidado, etc. ‖ *Gare l'*[...]
*Gare le fouet*, cuidado con la [...]
*dire ó crier gare*, sin decir [...]
‖ *Gare*, *gare*, traga, traga. [...]
codo ó remanso en las orillas [...]
ra atracar y amarrar las [...]
nidas ó bateles. ‖ Embarcadero [...]
no de hierro.

**GARENNE**, f. *garén*. [...]
destinado para criar conejos [...]
to de conejos ó conejero de [...]
Sotillo.

**GARENNIER**, m. *garenié* [...]
un coto de conejos ó de un [...]
nejos.

**GARER**, a. *garé*. Amarrar [...]
barcas de un rio á un remanso [...]
tra una avenida ó helada. ‖ [...]
recerse, guardarse, retirarse [...]
riesgo. Es familiar y de poco [...]
debe ser una corrupcion de [...]
*der*, *se garder*.

**GARFUABA**, m. [...]
ne, árbol del Brazil.

**GARFULE**, m. [...]
pecie de ave de Dinamarca.

**GARGAMELLE**, f. fam. [...]
ganta, gaznate.

**GARGANTUA**, m. fam. [...]
galdabas, la persona que [...]
muy tragona.

**GARGARE**, m. *gargár*. Mit. [...]
cumbre mas elevada del [...]
Júpiter y Cibéles tenian su [...]

**GARGARISER (SE)**, r. [...]
garizarse, lavarse la garganta [...]
la boca con un gargarismo [...]

**GARGARISME**, m. [...]
rismo, licor que sirve para [...]
‖ Gargarismo, la accion de [...]

**GARGOTAGE**, m. [...]
bodegon, bazofia: se dice [...]
puerca y mal guisada.

de cama. || Impr. Imposicion, los listones que separan las planas y forman las márgenes. || *Garniture de diamants*, aderezo de diamantes. || Mar. Guarnicion, guarnimiento, aparejo, jarcia, etc., de cualquier palo ó del buque.

**GARO**, m. *gáro*. Bot. Garo, árbol que produce la madera de águila.

**GAROU**, m. *garú*. Bot. Garú, arbusto de la familia de las timéleas.

**GARGUAGE**, m. fam. *garuáge* Burdel, jaberdo, lupanar.

**GARROT**, m. *garró*. Garrote, palo de cargar con que se aprietan las cargas en las caballerías. || Cruz, parte del cuerpo de algunos animales. || Zool. Glándula, especie de ánade silvestre y de paso.

**GARROTAGE**, m. *garrotáge* Agarrotamiento, accion de agarrotar.

**GARROTE**, f. *garról* Garrote, suplicio ó pena de muerte que se ejecuta ahogando á los reos con un instrumento de hierro aplicado á la garganta.

**GARROTER**, a. *garroté* Agarrotar, apretar con garrote. || Agarrotar, atar, sujetar con fuertes ligaduras. || met. y fam. Agarrotar, atarle á alguno las manos, impedirle que falte á su deber, que se pierda, etc. || For. Sujetar, gravar á alguno, ponerle algun vínculo que le sujete ú obligue. || *Se garroter*, r. Agarrotarse, ser agarrotado.

**GARRUGA**, m. *garrúga*. Bot. Garruga, género de plantas.

**GARRULITÉ**, f. *garrulité* Garrulidad, cualidad de todo el que es muy hablador, charlador.

**GARUM**, m. *gárom*. Garo, especie de salmuera.

**GARUS**, m. *gárus*. Elixir estomacal.

**GARVANCE**, f. *garváns*. Garbanzo. V. Pois chiche.

**GARZETTE**, f. *garzét*. Zool. Garzota, garza blanca, ave.

**GARZOTTE**, f. *garzót*. Zool. Cascota, ave acuática.

**GASCON**, NE, adj. y s. *gascón*. Gascon, de la Gascuña. || fam. Fanfarron, baladron, vano.

**GASCONISER**, a. *gasconisé*. Gasconizar, dar una inflexion gascona, un giro gascon á una palabra, á una frase. || Gasconizar, afectar hablando la manera de los Gascones.

**GASCONISME**, m. *gasconism*. Gasconismo, el modo de hablar peculiar de los Gascones.

**GASCONNADE**, f. *gasconád*. Fanfarronada, vanistorio: es lo mismo que entre los Españoles andaluzada.

**GASCONNER**, n. *gasconé*. Gasconear, hablar el gascon. || met. Fanfarronear, echar fanfarronadas. || Murciar, hurtar con sutileza.

**GASPILLAGE**, m. *gaspilláge* Desperdicio, despilfarro, accion y efecto de desperdiciar, de despilfarrar.

**GASPILLER**, a. *gaspillé*. Desperdiciar, despilfarrar, malgastar el caudal, los haberes, etc.

**GASPILLEUR**, EUSE, m. y f. *gaspilleur*, *eus*. Desperdiciador, derrochador.

**GASQUET**, m. *gasqué*. Solideo encarnado que se usaba en Oriente.

**GASSENDISME**, m. *gasendism*. Gasendismo, sistema de filosofía sensualista y de cosmología atomística, fundado en el siglo XVIII por Pedro Gasendi.

**GASSENDISTE**, m. *gasendist*. Gasendista, partidario de la filosofía de Gasendi. Úsase tambien como adjetivo.

**GASTADOUR**, m. *gastadúr*. Gastador, zapador, el soldado que sirve para abrir trincheras y allanar malos pasos.

**GASTER**, m. *gastér*. Med. Empeine. || Estómago.

**GASTÉRANGIEMPHRAXIS**, m. *gasterangienfráxis*. Anat. Gasterangienfraxis, obstruccion del píloro.

**GASTÉRIE**, f. *gasterí*. Bot. Gasteria, género de plantas liliáceas.

**GASTÉRIPE**, m. *gasteríp*. Zool. Gastéripo, género de gusanos marinos.

**GASTÉRODÈLE**, adj. *gasterodél*. Zool. Gasterodelo, que tiene un estómago bien visible.

**GASTÉROMYCES**, m. pl. *gasteromís*. Bot. Gasterómices, órden de hongos que contiene los que son globulosos ó esféricos.

**GASTÉROPODES**, m. pl. *gasteropód*. Zool. Gasterópodos, órden de animales moluscos que se arrastran sobre la parte inferior del cuerpo.

**GASTÉROPTÉRYGIEN**, NE, adj. *gasteropterigién*, *én*. Ictiol. Gasteropterigio, cuyas aletas ventrales están situadas detrás de las pectorales.

**GASTÉROSPORE**, adj. *gasterospór*. Bot. Gasteróspero, que tiene sus simientes encerradas en un saco globuloso.

**GASTONNÉE**, f. *gastoné*. Bot. Gastónea, género de plantas araliáceas.

**GASTRALGIE**, f. *gastralgí*. Anat. Gastralgia, dolor nervioso del estómago.

**GASTRICISME**, m. *gastricism*. Med. Gastricismo, enfermedad del estómago.

**GASTRICOLE**, adj. *gastricól*. Zool. Gastrícola, que vive en el estómago de los animales.

**GASTRILOQUE**, m. *gastrilóc*. Gastrílocuo, ventrílocuo. V. Ventriloque.

**GASTRIQUE**, adj. *gastríc*. Med. Gástrico, que concierne al estómago.

**GASTRITE**, f. *gastrit*. Med. Gastritis, inflamacion del estómago.

**GASTROBROSIE**, f. *gastrobrosí*. Med. Gastrobrosia, perforacion del estómago.

**GASTROCÈLE**, f. *gastrosél*. Med. Gastrocele, hernia del estómago.

**GASTROCHÈNE**, m. *gastroquén*. Zool. Gastróqueno, género de moluscos conchíferos.

**GASTRODE**, m. *gastród*. Zool. Gastrodo, género de insectos coleópteros.

**GASTRODYNIE**, f. *gastrodiní*. Med. Gastrodinia, dolor reumático del estómago.

**GASTRODYNIQUE**, adj. *gastrodiníc*. Med. Gastrodínico, concerniente á la gastrodinia.

**GASTROLÂTRE**, adj. y s. *gastrolátr*. Gastrólatra, idólatra de su vientre, que hace de él su dios. Palabra usada por Rabelais.

**GASTROLÂTRIE**, f. *gastrolatrí*. Gastrolatría, amor desordenado de su vientre, pasion por la buena comida.

**GASTROLOBE**, m. *gastrolób*. Bot. Gastrolóbulo, planta de Nueva Holanda.

**GASTROLOGIE**, f. *gastrologí*. Gastrología, tratado sobre el arte de cocina y modo de aderezar los manjares mas finos y delicados.

**GASTROLOGIQUE**, adj. *gastrologíc*. Gastrológico, referente á la gastrología.

**GASTROMALACIE**, f. *gastromalasí*. Med. Gastromalacia, reblandecimiento de la membrana mucosa del estómago.

**GASTROMANCIE**, f. *gastromansí*. Gastromancia, especie de adivinacion gastrológica, hecha por ventrílocuos.

**GASTROMANE**, m. *gastromán*. Gastrómano, furioso por comer bien.

**GASTROMANIE**, f. *gastromaní*. Gastromanía, pasion, manía, furor por la comida fina y delicada, por los manjares suculentos y sabrosos.

**GASTROMÈLE**, m. *gastromél*. Anat. Gastrómelo, monstruo que tiene los miembros accesorios ingeridos ó insertos en el abdómen.

**GASTROMÉLIE**, f. *gastromelí*. Anat. Gastromelia, insercion de los miembros supernumerarios en el abdómen.

**GASTROMÉLIQUE**, adj. *gastromelíc*. Anat. Gastromélico, que se refiere á la gastromelia.

**GASTRONOME**, m. y f. *gastronóm*. Gastrónomo, el que gusta de comer regaladamente.

**GASTRONOMIE**, f. *gastronomí*. Gastronomía, ciencia ó tratado sobre el modo de comer regaladamente.

**GASTRONOMIQUE**, adj. *gastronomíc*. Gastronómico, perteneciente á la gastronomía.

**GASTRORRHAGIE**, f. *gastrorragí*. Cir. Gastrorragia, hemorragia gástrica, afluencia de sangre en la superficie de la membrana mucosa del estómago.

**GASTRORRHAGIQUE**, adj. *gastrorragic.* Med. Gastrorrágico, que pertenece á la gastorragia.

**GASTRORRHÉE**, f. *gastrorré*. Med. Gastrorrea, especie de catarro del estómago.

**GASTRORRHÉIQUE**, adj. *gastrorreic.* Med. Gastrorréico, referente á la gastrorrea.

**GASTROSE**, f. *gastrós.* Med. Gastrosis, enfermedad que radica en el estómago.

**GASTROTOMIE**, f. *gastrotomí.* Cir. Gastrotomía, abertura practicada en los membranas del abdómen para extraer el feto. ‖ Incision operada en el abdómen para sacar cualquier cuerpo extraño.

**GAT**, m. *gá.* Mar. Escala practicada por unos escalones ó gradas á orilla de una costa escarpada para llegar á donde hay un embarcadero.

**GATAN**, m. *gatán.* Zool. Gatan, especie de concha bivalva.

**GATE**, m. *gát.* Gata, antigua máquina de guerra, tambien denominada *chate.*

**GÂTÉ, ÉE**, adj. *gaté.* Maleado, picado, corrompido, perdido, echado á perder. ‖ Adulado, lisonjeado. ‖ met. *Enfant gâté de la fortune*, niño ó hijo mimado de la fortuna, de la suerte. ‖ *Femme ó fille gâtée*, mujer ó moza bubosa, que padece de bubas, enfermedad vergonzosa. ‖ *Enfant gâté*, niño consentido, contemplado, mal criado.

**GÂTEAU**, m. *gató.* Past. Pastelon, pastel, torta, hojaldre, especie de pasta. ‖ Art. Pastel de cera, trozo ceráceo dispuesto para guarnecer el interior del molde en cierta operacion de escultura. ‖ Panal de cera y miel. ‖ Med. *Gâteau fébrile*, pastel febril, nombre dado á cierta hinchazon del abdómen. ‖ *Trouver la fève au gâteau*, dar con el haba de la torta, hallar el quid de la dificultad.

**GÂTE-BOIS**, m. *gatbuá.* Mal carpintero.

**GÂTE-ENFANT**, m. *gatenfán.* El que mima y trata á los niños con excesiva condescendencia.

**GÂTE-MÉTIER**, m. *gatmetié.* El artesano que da muy barata la obra, y con esto hace mal tercio á los demas.

**GÂTE-PAPIER**, m. *gatpapié.* Embarrador de papel, mal autor.

**GÂTE-PÂTE**, m. *gatpát.* Mal pastelero.

**GÂTE-SAUCE**, m. *gatsós.* Galopin, marmiton, apodo que se da á los mozos de cocina de los hosteleros, fondistas y pasteleros.

**GÂTE-TOUT**, m. *gatú.* Hombre inútil, incapaz, inepto, falto de disposicion, etc.

**GÂTER**, a. *gaté.* Dañar, deteriorar, menoscabar, perjudicar, echar á perder. ‖ fam. Indisponer, enemistar, destruir la buena inteligencia que reina entre ciertas y relacionadas personas. ‖ Manchar, ensuciar, emporcar. ‖ Adular, lisonjear, acomodarse indebidamente á los caprichos exagerados de otro. ‖ Depravar, viciar, estragar las costumbres, el espíritu, el gusto. ‖ met. y fam. *Gâter le métier*, comprometer el oficio, desvirtuar el arte, vender á ínfimo precio. ‖ *Se gâter*, r. Deteriorarse, ser deteriorado. ‖ Picarse, podrirse. ‖ Apuntarse, agriarse, pasarse. ‖ Averiarse, hablando de géneros. ‖ met. Desacreditarse, ser desacreditado. ‖ met. y fam. *Se gâter la main*, echarse á perder la mano: habituarse á descuidar las reglas del arte, haciendo trabajos de poco mérito.

**GÂTERIE**, f. *gatrí.* Complacencia, cariñito, caricia, atencioncita, esmero cuidadoso.

**GÂTEUR, EUSE**, m. y f. *gateur, eus.* Adulador, lisonjero, complaciente.

**GATON**, m. *gatón.* Palos de varios tamaños usados en la fabricacion de cuerdas.

**GATTAIR**, m. *gatér.* Zool. Gátaro, especie de cerceta ó garceta, ave acuática.

**GATTE**, f. *gat.* Mar. Caja de agua.

**GATTILIER**, m. *gatilié.* Bot. Sauzgatillo, género de plantas.

**GATTORUGINE**, f. *gatorugín.* Zool. Gatorúgina, pescado del Mediterráneo.

**GAUCHE**, adj. *góch.* Izquierdo, opuesto al lado derecho, perteneciente al lado siniestro. ‖ Torcido, no recto, no derecho; atravesado, mal colocado, mal dispuesto, etc. ‖ met. Desmañado, desmadejado, flojo, falto de disposicion, de agilidad, de maña. ‖ f. Izquierda, siniestra, la mano izquierda, la parte izquierda y opuesta ó contraria á la derecha. ‖ *A gauche*, loc. adv. A la izquierda. ‖ *Donner à gauche*, engañarse, obrar mal, degenerar. ‖ *A droite et à gauche*, á derecha ó izquierda, por todos lados, por cualquier parte. ‖ prov. y fam. *Prendre à droite et à gauche*, tomar, recibir indistintamente de unos y de otros, de todas manos. ‖ *N'entendre ni à droite ni à gauche*, no tomar consejo de nadie, hacer la suya, no querer oir á nadie. ‖ *A droite et à gauche*, á diestro y siniestro, á tontas y locas.

**GAUCHEMENT**, adv. *gochemán.* Malamente, torpemente, de una manera tonta, sin inteligencia.

**GAUCHER, ÈRE**, adj. y s. *goché, ér.* Zurdo, la persona que contra el uso comun se sirve habitualmente de la mano izquierda en vez de la derecha.

**GAUCHERIE**, f. *gocherí.* Desmaña, incapacidad, insuficiencia, falta de maña, de disposicion natural. ‖ Torpeza, rudeza.

**GAUCHI**, m. *gochí.* Zool. Gosque, género de animal cuadrúpedo.

**GAUCHIR**, a. *gochír.* Ladearse, torcerse, alejarse de la línea recta. ‖ met. Desviar, separar, apartar el cuerpo, evitar, eludir ágilmente un golpe volviéndose á la izquierda ó á la derecha. ‖ Tergiversar, sesgar, dar un corte diferente á la cuestion capital desnaturalizándola ó alejándola de su verdadero punto de vista. ‖ met. Tener torcida intencion, no proceder con rectitud. ‖ a. Incapacitar, entorpecer, embotar la sensibilidad.

**GAUCHISSEMENT**, m. *gochismán.* Ladeamiento, torcimiento, desvío, accion y efecto de ladearse, de torcerse, etc. ‖ Hurtadura, hurto, accion y efecto de hurtar el cuerpo, de eludir un golpe que le amenaza.

**GAUCHOIR**, m. *gochuár.* Batan, martinete, máquina para batanar los paños.

**GAUCOURTE**, f. *gocúrt.* Antigua especie de ropaje corto.

**GAUDAGE**, m. *godága.* Engualdaje, inmersion de una tela en el agua de gualda para teñirla de amarillo.

**GAUDE**, f. *gód.* Bot. Gualda, especie de reseda, yerba para teñir de amarillo. ‖ *Gaudes*, pl. Puches, gachas, especie de papilla.

**GAUDÉAMUS**, m. *godeámus.* Gaudeamus, voz latina equivalente á holgorio, regodeo, comilona.

**GAUDENCE**, f. ant. *godáns.* Placer, posesion.

**GAUDER**, a. *godé.* Engualdar, teñir con la gualda.

**GAUDICHAUDIE**, f. *godíchodí.* Bot. Gaudicodia, género de plantas.

**GAUDINE**, f. *godin.* Bot. Gaudinia, género de plantas gramíneas.

**GAUDIR (SE)**, r. *godír.* Holgarse, solazarse, esparcirse, regocijarse.

**GAUDIVIS**, m. *godiví.* Com. Godeví, especie de tela de algodon.

**GAUDRIOLE**, f. *godriól.* Sal, chiste, agudeza, dicho libre, cuento verde.

**GAUDRON**, m. *godrón.* Sinuosidad. ‖ Art. Rayadura, grabado, cinceladura; especie de línea recta ó curva hecha con buril en una sortija, en un sello, etc.

**GAUDRONNER**, a. *godroné.* Tornear, remachar, labrar las cabezas de los alfileres sobre sus moldes con ayuda del torno.

**GAUDRONNOIR**, m. *godronuar.* Art. Punzon, cincelillo, punzon de medio punto.

**GAUFRAGE**, m. *gofrage.* Estampaje, impresion, accion de imprimir ó estampar diversas figuras en los paños de lana, seda, etc., aplicándoles unos hierros calientes.

**GAUFRE**, f. *gófr.* Panal de miel, pastel melífero. ‖ Barquillo, pasta delgada como la hostia. ‖ Adorno, figura estampada con hierro caliente. ‖ met. y fam. *Etre la gaufre dans une affaire*, encontrarse ó estar entre la espada y la pared, entre dos extremos imperiosos y repugnantes.

**GAUFRER**, a. *gofré.* Imprimir, estampar, grabar sobre paños de lana, de seda.

**GAUFREUR, EUSE**, m. y f. *gofreur, eus.* Estampador en telas.

**GAUFRIER**, m. *gofrié.* Barquillero, molde de hierro para fabricar barquillos.

**GAUFROIR**, m. *gofruár.* Hierro, instrumento grabado de que se sirve el obrero que imprime figuras en telas.

[illegible]de. Com. Gasa, tela de seda ó [illegible] y mill.

[illegible], adj. y s. [illegible] Ga- [illegible] de Gaza en la Palestina.

[illegible], adj. gaseifiábl. Gasifi- [illegible] de convertirse en gas.

[illegible], f. gaseificasión. Quim. [illegible] reduccion de una sustancia al [illegible]

[illegible], a. gaseifié. Gasificar, hacer [illegible] líquidas al estado flúi- [illegible] gaseoso, reducirlas á gas.

[illegible], adj. gaseifórm. Gasifor- [illegible] la forma del gas.

[illegible], f. gaseité. Gaseidad ó ga- [illegible] inherente á ciertas sus- [illegible] permanecer en estado de gas.

[illegible], f. gasél. Zool. Gacela, espe- [illegible] cuadrúpedo del género de los [illegible]

[illegible] gasé. Engasar, guarnecer, [illegible], tapar con gasa. || met. Do- [illegible], encubrir artificiosamente con [illegible] ó ingeniosas lo que pueda [illegible], de obsceno en un cuento ó [illegible] expresion ó discurso.

[illegible], m. gasetié. Gacetero, redac- [illegible] || Gacetero, vendedor ó ex- [illegible] || Periodista, redactor [illegible] periódico.

[illegible], m. dim. de GAZETTE. gasetén. [illegible], gaceta pequeña.

[illegible], f. gasét. Gaceta, nombre que [illegible] periódicos. || met. Noticiero, [illegible], buscador, la persona [illegible] y trayendo todo lo que [illegible] en las casas ajenas.

[illegible], m. y f. gaseur, eus. [illegible] que engasa. || Dorador, bar- [illegible] libros, de obscenidades.

[illegible], adj. gaseu, eus. Ga- [illegible] naturaleza del gas.

[illegible], m. y f. gasié, ér. Gase- [illegible] gasas, la persona que trata [illegible]

[illegible], adj. gasifér. Gasífero, que [illegible] sirve para hacerlo. || m. Ins- [illegible] para hacer el gas infla- [illegible] enteramente desprendido del [illegible]

[illegible], adj. V. GAZÉIFIABLE.

[illegible], f. V. GAZÉIFICATION.

[illegible], a. V. GAZÉIFIER.

[illegible], f. gasochimí. Gasoqui- [illegible] la química que trata especial- [illegible]

[illegible], adj. gasochímic. Ga- [illegible] concerniente á la gasoquimia.

[illegible], m. gasofacteur. Gaso- [illegible] en que se hace el gas.

[illegible], m. gasolitr. Gasolitro, [illegible] á la exacta averiguacion [illegible] de la cantidad de gas re- [illegible]

[illegible], m. pl. gasolit. Gasolitos, [illegible] susceptibles de gasificarse.

[illegible], m. gasométr. Quim. Ga- [illegible] para medir la canti- [illegible] en una operacion.

[illegible], f. gasometrí. Quim. Ga- [illegible], parte de la quí- [illegible] de la medida del gas.

[illegible], adj. gasométric. [illegible], concerniente á la ga- [illegible]

[illegible] gasón. Bot. Césped, yerba [illegible] la tierra, sea natural- [illegible] el cultivo. || Césped, porcion [illegible] de plantas gramíneas. || [illegible] genérico de varias especies [illegible] diferentes paises y clases.

[illegible], m. V. GAZONNEMENT.

[illegible], E, adj. Bot. V. GAZON- [illegible]

[illegible], m. gasonmán. Encés- [illegible], accion y efecto [illegible]

[illegible], a. gasoné. Encespedar, ta- [illegible], cubrir de céspedes.

[illegible], EUSE, adj. gasoneu, [illegible], á manera de césped, que [illegible] césped.

GAZOSCOPE, m. gasoscóp. Gasoscopio, instrumento para reconocer inmediatamente la presencia del gas.

GAZOUILLANT, E, adj. gasullán. Gorjeante, que gorjea.

GAZOUILLARD, E, adj. gasullár. Gorjeador, que imita el gorjeo de las aves.

GAZOUILLEMENT, m. gasullmán. Gorjeo, trino, canto de las aves. || Murmullo, rumor sonoro, ruido del límpido arroyuelo. || Gorgoriteo, lenguaje ininteligible de los niños cuando comienzan á hablar.

GAZOUILLER, n. gasullé. Gorjear, trinar, cantar los pájaros, las aves. || Murmurar, resonar, mugir suavemente los rios ó arroyuelos. || Gorjearse, gritar confusamente, hacer gorguritos, querer romper á hablar los niños de una manera ininteligible. || met. Murmurar, decir mal de alguno.

GAZOUILLIS, m. ant. V. GAZOUILLEMENT.

GEAI, m. gé. Zool. Grajo, género de aves corídeas del órden de los silvanos.

GÉANT, E, m. y f. geán. Gigante, la persona cuya estatura es descomunal ó excede mucho la regular. || met. Gigante, coloso, todo lo que se distingue por mas desmesurado y enorme en su línea. || adj. Gigante, grandísimo, colosal, notabilísimo, etc. || Mit. *Les géants*, los gigantes, monstruos y descomunales hijos del Cielo y de la Tierra, declararon ó hicieron guerra á los dioses, pretendiendo escalar el Olimpo sobre hacinados montes.

GÉANTHRACE, m. geantrás. Miner. Gigantraco, carbon fósil.

GÉANTIN, E, adj. geantén, in. Gigantesco, que participa de la naturaleza del gigante.

GÉANTISER, a. geantisé. Gigantizar, dar formas ó proporciones gigantescas ó desmesuradas á una cosa. || n. Gigantizar, aparentar, fingir una estatura colosal, echarla de gigante, de sobresaliente, etc.

GÉANTISME, m. V. GIGANTISME.

GÉATE, m. geát. Quím. Geato, sal producida por la combinacion del ácido geico con una base salificable.

GÉBIE, f. gebí. Zool. Gebia, género de crustáceos macruros.

GÉCARCIN, m. gecarsén. Zool. Gecarcino, género de crustáceos.

GECKO, m. gécco. Zool. Geko, género de reptiles saurianos.

GÉFIONE, f. gefión. Mit. Gefione, diosa virgen, la Diana de los pueblos idólatras del Septentrion ó del Norte.

GÉHENNE, f. geén. Gehenna, lago infernal, lugar de condenacion eterna segun la sagrada Escritura. || met. Dolor, pena, tormento, martirio, disgusto de la vida, infierno de este mundo.

GÉHLÉNITE, f. gelenít. Quím. Gelenita, sustancia mineral.

GÉHYDROPHILE, adj. geidrofíl. Geidrófilo, calificacion de los seres anfibios que viven á la vez sobre la tierra y el agua.

GEIGNANT, E, adj. geñán. Gimoteante, gimiente, que anda continuamente gimiendo y llorando.

GEINDRE, n. géndr. Gimotear, gemir, llorar, quejarse, quejumbrarse. || m. Lloron, quejumbron, Jeremías, cuenta-miserias, etc. || Panad. Sobrestante, primer oficial de tahona.

GÉIOLOGIE, f. geiologí. Geología, ciencia que trata de las cosas terrestres en general.

GELABLE, adj. geláb*l*. Helable, susceptible de helarse.

GÉLASME, m. gelásm. Med. Gelasmo, risa sardónica, convulsiva, dolorosa y horrible que contrae las facciones, etc.

GÉLATINE, f. gelatín. Quím. Gelatina, sustancia animal insípida, inodora, que se extrae de los huesos y tejidos fibrósos por una lenta y laboriosa coccion, cuajándola en forma de jalea.

GÉLATINEUX, EUSE, adj. gelatineu, eus. Gelatinoso, que se parece á la gelatina, que se compone de gelatina.

GÉLATINIFIABLE, adj. gelatinifiábl. Gelatinificable, susceptible de ser gelatinificado.

GÉLATINIFIER, a. gelatinifié. Gelatinificar, convertir varias sustancias en gelatina. || *Se gélatinifier*, r. Gelatinificarse, congelarse en forma de gelatina.

GÉLATINIFORME, adj. gelatiniform. Gelatiniforme, que tiene la forma de la gelatina.

GELBUM, m. ant. gélbom. Gelbo ó gelfo, sulfuro argentífero. || Gelbo, piedra filosofal de los alquimistas.

GELÉE, f. gelé. Helada, hielo, frio excesivamente rígido y cruel, cuando llega al extremo de solidificar el agua. || *Gelée blanche*, helada blanca, escarcha, rocío congelado en las mañanas frías del invierno. || Gelatina, extracto de jugos de carnes suculentas, que clarificados y cuajados constituyen una masa diáfana que sirve de comestible. || Jalea, conserva congelada y trasparente hecha del zumo de algunas frutas.

GELER, a. gelé. Helar, congelar, condensar, solidificar líquidos por la accion de un rigoroso frio. || Helar, arrecir, dejar yerto, enfriar extraordinariamente. || n. Helar, caer hielo, estar helando. || Helarse, arrecirse, pasmarse de frio. || *Se geler*, r. Helarse, condensarse, congelarse un líquido, ser solidificado.

GELEUR, m. geleur. Nevero, el que conduce hielo ó nieve helada.

GÉLIDE, adj. gelíd. Gélido, helado, congelado.

GÉLIDIE, f. gelidí. Bot. Gelidia, género de plantas gelatinificables.

GÉLIF, IVE, adj. gelíf, ív. Grietoso, atacado de grietas. || *Bois gélif*, árbol grietoso, madera veteada.

GÉLINE, f. gelín. Gelina, principio radical, gelatinoso. || Polla cebada ó de leche.

GÉLINETTE, f. gelinét. Zool. Pollita, polla pequeña, de leche. || Gelineta, nombre vulgar de la zarceta, ave acuática.

GÉLINOTTE, f. gelinót. Zool. Ortega, ave americana.

GÉLIS, adj. V. GÉLIF.

GÉLIVURE, f. gelivúr. Grieta, heladura, hendidura, cada una de las rasgaduras hechas por el hielo en los árboles. || Venteadura, raja abierta en la madera.

GÉLOSCOPIE, f. geloscopí. Geloscopia, arte de adivinar el carácter y cualidades de una persona por su manera particular de reir.

GÉLOSCOPIQUE, adj. geloscopíc. Geloscópico, concerniente á la geloscopia.

GÉMATRIE, f. gematrí. Gematría, una de las divisiones de la cabala entre los Judíos.

GÉMATRIQUE, adj. gematríc. Gemátrico, concerniente á la gematría.

GÉMEAUX, m. pl. gemó. Astr. Géminis (del latin *gemellus*, gemelo), tercer signo del zodiaco situado entre Toro y Cáncer.

GÉMELLAIRE, m. gemelér. Zool. Gemelario, género de pólipos.

GÉMELLIPARE, adj. y s. gemelipár. Gemelíparo, que pare gemelos.

GÉMINATION, f. geminasión. Geminacion, duplicidad, cualidad ó estado de lo que es doble, de lo que es par.

GÉMINÉ, ÉE, adj. geminé. Bot. Gemíneo, dispuesto por pares. || Art. Gémino, dos á dos, grupo con grupo, mediando espacio competente entre ambos. || For. Gémino, repetido, reiterado.

GÉMIR, n. gemír. Gemir, quejarse, dolerse, expresar su pena, su amargura con inarticulada y lastimera voz. || met. Gemir, sufrir, padecer en el infortunio, bajo el yugo de la tiranía, etc. || Gemir, llorar uno sus locuras, sus pecados, sus extravíos. || Poét. Gemir, suspirar, lamentarse, estremecerse, hablando de cosas inanimadas. || met. *Faire gémir la presse*, fatigar la prensa, hacerla sudar, hacer imprimir mucho: se dice de los escritores mas notables por su fecundidad y talento.

GÉMISSANT, E, adj. gemisán. Doliente, dolorido, quejoso, quejumbroso.

**GÉMISSEMENT**, m. *gemismán*. Gemido, quejido, lamento, ay, voz dolorida, suspiro lamentable.

**GÉMISSEUR**, m. *gemiseur*. Gemidor, especie de Heráclito que se lamenta y gime por los males públicos.

**GEMMATION**, f. *gemmasión*. Gemacion, yemacion, momento en que las plantas arrojan sus yemas y el acto de arrojarlas.

**GEMME**, f. *gém*. Bot. Yema, boton, renuevo, parte de los vegetales adherida al tallo generador. || Miner. Gema, la sal fósil ó mineral. || Gema, piedra preciosa, muy rica, muy estimada, como el safiro, el rubí, el topacio, la esmeralda, etc.

**GEMMER**, n. *gemmé*. Bot. Germar, yemar, cubrirse las plantas de yemas, de botones, de renuevos.

**GEMMIFÈRE**, adj. *gemmifér*. Gemífero, diamantífero, que tiene piedras preciosas y especialmente diamantes.

**GEMMIFICATION**, f. *gemmificasión*. Bot. Gemificacion, yemificacion ó germificacion, manera de desenvolverse las yemas de las plantas.

**GEMMIFORME**, adj. *gemmifórm*. Bot. Gemiforme, en forma de yema gruesa.

**GEMMIPARE**, adj. *gemmipár*. Bot. Gemíparo, que produce yemas ó botones.

**GEMMULATION**, f. *gemmulasión*. Bot. Gemulacion, desarrollo de la gémula.

**GEMMULE**, f. *gemmúl*. Bot. Gemula, yemezuela, rudimento de una nueva rama. || Primer boton de la planta. || Parte del embrion que termina el tallo. || Roseta ó lazo de musgos. || Corpúsculo reproductor de las algas.

**GÉMONIES**, f. pl. *gemoní*. Gemonias, sitio que destinaban los antiguos Romanos para ajusticiar sus reos y para exponer los cadáveres.

**GÉNAL, E**, adj. *genál*. Anat. Maxilar, correspondiente á los carrillos ó mejillas, que se refiere á estas.

**GÊNANT, E**, adj. *genán*. Incómodo, molesto, penoso, que impone sujecion, que no deja libertad.

**GENCIVAL, E**, adj. *jansivál*. Anat. Encival, encial, que pertenece ó se refiere á las encías.

**GENCIVE**, f. *jansív*. Encía, carne que cubre la quijada y guarnece la dentadura.

**GENCIVITE**, f. *jansivít*. Med. Encivitis, inflamacion de las encías.

**GENDARME**, m. *jandárm*. Gendarme. Antiguamente significaba gente de armas, hombre de armas, y con especialidad soldado de caballería armado de todas piezas || Gendarmo, soldado de caballería y de infantería que cuida de la policía en Francia. || *Gendarmes*, pl. fam. Moscas, chispas, chispazos, centellitas que arroja el fuego. || Pelos, vetas que suelen hallarse en los diamantes. || Granitos, nubecitas, granizo, especie de enfermedad ó impedimento físico de los ojos.

**GENDARMER**, a. ant. *jandarmé*. Gendarmear, bravear, insultar, ofender con bravatas, con baladronadas y fanfarronería. || *Se gendarmer*, r. Armarse contra alguno, amotinarse, enfurruñarse, escamarse, picarse de alguna palabra ó accion.

**GENDARMERIE**, f. *jandarmrí*. Gendarmería, el cuerpo de gendarmes.

**GENDRE**, m. *jándr*. Yerno, el marido de la hija de otro. || *Amitié de gendre, soleil d'hiver*, amor de yerno, sol de invierno.

**GÊNE**, f. *gén*. Tortura, tormento. En este sentido es poco usado, por estar abolida la pena á que se alude. || Estorbo, incomodidad, molestia que ocasiona un forastero en casa ajena, una persona en casa de otra. || met. Atadura, sujecion, estrechez, mortificacion, falta de libertad para hacer ó decir alguna cosa. || Inquietud, pena, esfuerzo laborioso del espíritu. || Penuria, escasez, falta de dinero.

**GÉNÉALOGIE**, f. *genealogí*. Genealogía, ciencia que trata de la exposicion científica del origen, filiacion y propagacion de las razas, estirpes ó familias. || Genealogía, serie de los ascendientes ó progenitores de cada uno.

**GÉNÉALOGIQUE**, adj. *genealogíc*. Genealógico, que pertenece ó se refiere á la genealogía.

**GÉNÉALOGIQUEMENT**, adv. *genealogicmán*. Genealógicamente, de una manera genealógica.

**GÉNÉALOGISTE**, m. *genealogíst*. Genealogista, investigador, analizador científico de ramas genealógicas, de genealogías. || Heraldo, rey de armas. || prov. *Menteur comme un généalogiste*, mendaz como un forjador de genealogías.

**GÉNÉANTHROPIE**, f. *geneantropí*. Geneantropía, tratado sobre la generacion de los hombres.

**GÊNER**, a. *gené*. Atar, sujetar, reprimir, impedir el libre uso, el espontáneo movimiento de los miembros, de las partes de la máquina animal. || met. Incomodar, molestar, estorbar, fastidiar. || Causar ó poner obstáculos para impedir el progreso de alguna cosa: *gêner le commerce*. || Empobrecer, apurar, reducir á cierta penuria ó escasez de dinero: *cette dépense le gêne un peu*. || *Se gêner*, r. Incomodarse, molestarse, contenerse, moderar una pasion, ser reprimido. || *Ne vous gênez pas*, no tenga Vd. empacho, no repare ó no tenga reparo, hable Vd., obre como guste, etc.

**GÉNÉRAL, E**, adj. *generál*. General, universal, comun, aplicable á un gran número de personas, de cosas. || General, indeterminado, vago, ambiguo. || General, que manda en muchos, que tiene un mando, un empleo muy extenso, de muchas y distinguidas atribuciones. || *Fermier général*, asentista de rentas públicas. || *Officiers généraux*, oficiales generales, de superior graduacion, desde brigadier inclusive hasta generalísimo de los ejércitos. || *Directeurs généraux*, directores generales jefes superiores de diferentes ramos de la administracion. || *Il n'y a point de règle si générale qui n'ait son exception*, no hay regla tan general que no tenga su excepcion. || m. General, lo general, el comun de las gentes, la mayoría. || General, oficial militar de superior grado. || General, jefe superior de todos los conventos de una misma órden.

**GÉNÉRALAT**, m. *generalá*. Generalato, dignidad de general en jefe de los ejércitos reunidos y el tiempo que dura. || Generalato, dignidad ó cargo de general ó superior de una órden religiosa.

**GÉNÉRALE**, f. *generál*. Generala, la esposa del general. || Generala, superiora de algunas congregaciones religiosas. || Generala, toque militar.

**GÉNÉRALEMENT**, adv. *generalmán*. Generalmente, de una manera general, en general. || Comunmente, por lo comun. || De una manera vaga, indeterminada.

**GÉNÉRALISABLE**, adj. *generalisábl*. Generalizable, susceptible de ser generalizado.

**GÉNÉRALISANT, E**, adj. *generalisán*. Generalizante, que generaliza.

**GÉNÉRALISATEUR**, adj. *generalisateur*. Generalizador, que generaliza.

**GÉNÉRALISATION**, f. *generalisasión*. Generalizacion, la accion y efecto de generalizar.

**GÉNÉRALISER**, a. *generalisé*. Generalizar, extender, difundir, propagar, hacer general, comun al mayor número una máxima, una doctrina, un sistema, etc.

**GÉNÉRALISEUR**, m. y f. V. GÉNÉRALISATEUR.

**GÉNÉRALISME**, m. *generalism*. Generalismo, dictadura militar, absorcion y amalgamamiento de todos los poderes públicos en el omnímodo poder del sable.

**GÉNÉRALISSIME**, adj. *generalisím*. Generalísimo, universalísimo, muy general. || m. Mil. Generalísimo, general de generales, supremo título militar conferido regularmente á los príncipes de la sangre y al general que manda en jefe ejércitos unidos de dos ó mas naciones.

**GÉNÉRALITÉ**, f. *generalité*. Generalidad, extension, cualidad de lo que es general, muy extenso, muy comun || pl. Generalidades, [illegible] sin relacion ni [illegible] á la cosa de que se trata.

**GÉNÉRATEUR, TRICE**, [illegible] *teur, tris*. Generador, [illegible] pertenece á la generacion [illegible] que es principio, origen [illegible] Geom. Generador, [illegible] ó describe una línea, [illegible] produce un sólido.

**GÉNÉRATIF, IVE**, [illegible] Generativo, que tiene [illegible]

**GÉNÉRATION**, f. [illegible] cion, accion y efecto de [illegible] racion, linaje, descendencia [illegible] na. || Casta, género ó especie [illegible] todos los vivientes. || [illegible] físico de los vegetales, de [illegible] || Mat. Formacion de una [illegible] perficie, de un sólido.

**GÉNÉRATIONNEL, LE**, [illegible] *nél*. Generacional, que [illegible] vacion de la especie.

**GÉNÉRER**, a. *generé*. [illegible]

**GÉNÉREUSEMENT**, [illegible] Generosamente, de una [illegible] noble. || Liberalmente. || [illegible] grande ánimo, con [illegible]

**GÉNÉREUX, EUSE**, [illegible] cus. Generoso, liberal, [illegible] so, esforzado, noble y de [illegible] Generoso, brioso, fogoso, [illegible] do de caballos.

**GÉNÉRIQUE**, adj. [illegible] que es comun á muchas [illegible]

**GÉNÉROSITÉ**, f. [illegible] dad, grandeza de alma, [illegible] ter. || Generosidad, [illegible] a la beneficencia. || [illegible] cia, prodigalidad.

**GENÈSE**, f. *genés*. [illegible] de los libros de Moisés y [illegible] Génesis, todo sistema [illegible] ant. Génesis, generacion de [illegible] ó de un sólido.

**GÉNÉSIAQUE**, adj. [illegible] co, que se refiere al Génesis.

**GÉNÉSIE**, f. V. [illegible]

**GÉNÉSIOLOGIE**, f. [illegible] siología, doctrina de la [illegible]

**GÉNÉSIOLOGIQUE**, adj. [illegible] Genesiológico, que pertenece [illegible] logía.

**GÉNÉSIQUE**, adj. [illegible] á la generacion.

**GENESTADE**, f. [illegible] dad que se atribuye á la [illegible]

**GENESTROLE**, f. [illegible] retama de tintes ó yerba [illegible]

**GENÊT**, m. *gené*. Bot. [illegible] retama, aliaga, género de [illegible] *épineux*, retama espinosa, [illegible] *de jardin*, gayomba, [illegible]

**GENET**, m. *gené*. Jaca, [illegible] tero y de mediano cuerpo. [illegible] planta.

**GENÉTAIRE**, m. [illegible] de caballería de los ejércitos [illegible] italianos.

**GENÉTER**, a. [illegible] hácia arriba las extremidades [illegible] dura de los caballos.

**GÉNÉTHLIALOGIE**, f. [illegible] netliología ó genetliaca, [illegible] persticiosa de pronosticar [illegible] ó mala fortuna por el dia y hora [illegible]

**GÉNÉTHLIALOGIQUE**, adj. [illegible] *gic*. Genetliológico ó [illegible] nece á la genetliología ó [illegible]

**GÉNÉTHLIAQUE**, m. [illegible] liaco, astrólogo que predecia [illegible] uno por medio de los [illegible] bian presidido á su nacimiento [illegible] liaco, que se ha compuesto [illegible] miento de un niño.

**GÉNÉTHLIEN**, adj. m. [illegible] netliano, sobrenombre de [illegible] *néthlien*, dia genetliano, el [illegible] del nacimiento de un niño.

**GÉNÉTHLIOGRAPHE**, m. [illegible] Genetliógrafo, autor de un [illegible] arte de hacer los horóscopos.

**GÉNITEUR**, m. *geniteur*. Genitor, padre, el que engendra, que da el ser.

**GÉNITIF**, m. *genitif*. Gram. Genitivo, segundo caso de la declinacion de los nombres en las lenguas que la tienen.

**GÉNITO-CRURAL**, **E**, adj. *genitocrurál*. Génito-crural, que corresponde á los órganos genitales y al muslo.

**GÉNITOIRES**, f. pl. ant. *genituár*. Genitales, partes que sirven para la generacion en los machos.

**GÉNITO-URINAIRE**, adj. *genitourinér*. Génito-urinario, que tiene conexion con las funciones de la generacion y la excrecion de la orina.

**GÉNITURE**, f. *genitúr*. Genitura, cria, procreacion, lo que ha sido engendrado ó fecundado en el seno de la madre. || Genitura, estado primitivo del embrion. || Genitura, el hijo respecto al padre y á la madre.

**GÉNOIS**, **E**, adj. y s. *genuá*. Genoves, de Génova.

**GÉNOPE**, f. *genóp*. Mar. Barbeta, pedazo de filástica con que se unen ó sujetan fuertemente dos cuerdas.

**GÉNOPER**, a. *genopé*. Mar. Abarbetar, unir ó sujetar con una barbeta.

**GÉNOPLASTIE** ó **GÉNOPLASTIQUE**, f. *genoplastí*, *genoplastíc*. Genoplastia ó genoplástica, arte de reparar la pérdida de sustancia que se experimenta á veces en las mejillas de resultas de úlcera ú otra enfermedad.

**GENOU**, m. *genú*. Anat. Rodilla, la parte de la pierna que la une con el muslo. || Rótula, articulacion de piezas diferentes en un sistema mecánico cuando resulta una flexion comparable con la que se verifica en la rodilla. || met. *Fléchir les genoux*, doblar la rodilla: humillarse, bajarse á otro. || *A genoux*, de rodillas, arrodillado. *Être à genoux*, estar de rodillas ó arrodillado. || *Se mettre à genoux*, arrodillarse, hincarse, ponerse de rodillas. || *Tomber, se jeter aux genoux de quelqu'un*, echarse á los piés de alguno: suplicarle, rogarle con humildad. || *A deux genoux*, muy humildemente, con suma instancia. || prov. *Avoir le mal saint genou*, padecer de la gota. || Mar. Genol, pieza de madera mas ó ménos curva, cuyo nombre varía segun la varenga á que se aplica. || Guion, la parte del remo desde el estrovo hasta la punta.

**GENOUILLER**, m. *genuillé*. Ornamento que llevan los obispos en Oriente cuando suben al altar.

**GENOUILLÈRE**, f. *genuillér*. Rodillera, parte de la armadura que cubria la rodilla de los caballeros. || Muñonera, la parte mas baja de la embrazadura en una batería de cañones. || Cohete acodado que se usa en los fuegos sobre agua. || Rodillera, parte de la bota, del calzon ó cosa semejante que cubre la rodilla.

**GENOUILLEUX**, **EUSE**, adj. *genuilleu*, *eus*. Bot. Nudoso, que tiene nudos.

**GÉNOVÉFAIN**, m. *genovefén*. Genovevano, canónigo regular de Santa Genoveva.

**GENRE**, m. *jánr*. Género, lo que es comun á diversas especies ó las comprende. || Gram. Division de los nombres segun las diferentes clases de masculinos, femeninos y neutros. || *Genre humain*, género humano, linaje humano. || Hist. nat. El conjunto de muchas especies que tienen un carácter comun. || Género, grupo de seres que tienen entre sí cierta analogía. || Género, especie considerada relativamente á otras inferiores. || Género, en su mas lata acepcion se toma por especie, manera, gusto, estilo, propiedad, etc. || Género, subdivision ó especialidad particular á un asunto. || Mús. Género, division ó disposicion del tetracordio.

**GENS**, m. pl. *jan*. Gentes, personas, sugetos, individuos. || Gente, pluralidad de personas. || Gente, conjunto de habitantes de una nacion, de un lugar. || Gente, tropa de soldados que manda un jefe. || Gente, familia de criados varones. || *Mille gens*, se dice por exageracion para dar idea de un gran número de personas. || *Bonnes gens*, buena gente, gente de bien. || *Se connaître en gens*, conocer á los cojos en el modo de andar: ser perito en el conocimiento de los hombres. || prov. *Vous vous moquez des gens*, Vd. se burla de la gente, quiere Vd. hacernos comulgar con ruedas de molino. || *Il n'y a ni bêtes ni gens*, no hay allí alma viviente: dícese de un lugar muy solitario. || *Les jeunes gens*, los jóvenes, los mozos. = *Les pauvres gens*, los pobres. = *Les vieilles gens*, los viejos. || *Gens de marque*, sugetos de jerarquía. || *Gens d'honneur*, sugetos de distincion. || *Gens d'église*, eclesiásticos. || *Gens de guerre*, militares. || *Gens de robe*, golillas, togados. || *Gens de lettres*, literatos. || Mar. Gente, los marineros de un buque.

**GENT**, f. ant. *ján*. Gente, nacion, pueblo, raza, especie del género humano, habitante del mundo.

**GENT**, **E**, adj. ant. *ján*. Gentil, galan, lindo. Se decia antiguamente por *gentil*, *gentille*.

**GENTIANE**, f. *jansián*. Bot. Genciana, género de plantas.

**GENTIANELLE**, f. *jansianél*. Bot. Gencianela, planta.

**GENTIANOÏDE**, adj. *jansianoíd*. Gencianoide, que tiene la forma de una genciana.

**GENTIL**, **LE**, adj. *jantí*, *íll*. Gentil, gallardo, gracioso, brioso, bonito, lindo, bello, galan ó galano. Se dice de las personas y de las cosas: *enfant gentil*; *femme*, *fille fort gentille*; *chapeau fort gentil*. || iron. *Vous êtes un gentil garçon*, lindo mozo ó linda alhaja sois. || iron. *Vous jouez un gentil rôle*, ¡buen papel haceis, lindamente os portais! por decir indignamente. || **GENTIL**, m. Gentil, nombre por el cual designaban los Hebreos á todos los que no eran israelitas, y particularmente los paganos adoradores de los ídolos. || Gentil, en los autores cristianos, infieles que no eran ni judíos ni cristianos. || *Apôtre des Gentils*, apóstol de los gentiles, título que tomó san Pablo.

**GENTILE**, f. *jantíl*. Especie de mármol.

**GENTILHOMME**, m. *jantillóm*. Hidalgo, hijodalgo, caballero de sangre. || Gentilhombre, título de criado en la casa real y en la de los grandes. || *Gentilhomme de parage*, gentil-hombre de alto origen, el que descendia de una familia ilustre. || *Gentilhomme de bas parage*, gentil-hombre de bajo origen, el que descendia de una familia ménos noble. || *Premier gentilhomme de la chambre du roi*, primer gentil-hombre de cámara, criado del rey de mucha distincion. || *Gentilhomme servant*, gentil-hombre de boca, el que servia á la mesa del rey. || *Gentilhomme du drap*, gentil-hombre de la bandera, título de los cuatro oficiales que acompañaban al rey por todas partes y combatian por su defensa.

**GENTILHOMMER**, n. *jantillomé*. Hacer el presumido, darse tono de caballero, de persona decente. || a. Hacer gentil-hombre.

**GENTILHOMMERIE**, f. *jantillomrí*. Caballería, hidalguía de alguno cuando se mienta por burla ó desprecio.

**GENTILHOMMIÈRE**, f. fam. *jantillomiér*. Solar ó casa de campo de un hidalgo de aldea.

**GENTILITÉ**, f. *jantilité*. Gentilidad, el conjunto y agregado de todos los gentiles. || Gentilidad, los gentiles, los idólatras antiguos.

**GENTILLÂTRE**, m. *jantilliátr*. Hidalguillo, hidalgo de gotera.

**GENTILLE-DONNE**, f. *jantilldón*. Gentil-dona, mujer noble. No se usa.

**GENTILLE-FEMME** ó **GENTILFEMME**, f. *jantillfam*, *jantilfám*. Hidalga, señora de sangre noble ó esposa de un hidalgo.

**GENTILLESSE**, f. *jantillés*. Gentileza, buen aire y disposicion, garbo y bizarría. || Gentileza, accion, chasco que gusta. || *Gentillesses*, f. pl. gentilezas, primores, habilidades, mañas de una persona despejada ó de un animal enseñado. || Primores, curiosidades de un gabinete de historia natural.

**GENTILLET**, **TE**, adj. dim. de **GENTIL**. *jantillé*, *ét*. Bonito, lindo, agraciadillo.

**GENTIMENT**, adv. *jantimán*. Lindamente, bonitamente, de una manera linda ó bonita. || Lentamente, fácilmente: una e [illegible] por burla ó burla de la [illegible] ó di-cho [illegible].

GENTLEMAN, m. gentlmen. Título que tiene en Inglaterra todo caballero.

GENTRY, f. gentri. Nombre con que se designa en Inglaterra la nobleza.

GÉNUFLECTEUR, adj. y s. genuflec-teur. Genuflector, que hinca la rodilla. || met. Adulador, rastrero, que adula.

GÉNUFLEXION, f. genuflexión. Genuflexion, acto de hincar ó doblar la rodilla [illegible] hasta el suelo en señal de [illegible]. || met. Genuflexion, acto servil.

GENUINE, adj. genuín. Genuino, puro, propio y natural.

GÉOBLASTE, adj. geoblast. Bot. Geoblasto, que germina sobre la tierra.

GÉOCENTRIQUE, adj. geocentric. Geocéntrico, que tiene relacion con el centro de la tierra. || Mouvement géocentrique, movimiento geocéntrico, movimiento aparente de un planeta observado desde la tierra.

GÉOCYCLIQUE, adj. geociclic. Geocíclico, que representa el movimiento de la tierra al rededor del sol.

GÉODE, f. geód. Geoda, piedra redonda y [illegible].

GÉODÉSIE, f. geodesí. Geodesia, parte de la geometría que tiene por objeto medir y dividir la tierra.

GÉODÉSIGRAPHE, m. geodesigráf. Geodesígrafo, instrumento que sirve para la [illegible]. V. GRAPHOMÈTRE.

GÉODÉSIMÉTRIE, f. geodesimetrí. Geodesimetría, modo de medir la tierra fácil y exacto.

GÉODÉSIQUE, adj. geodesic. Geodésico, que pertenece á la geodesia.

GÉODÉSIQUEMENT, adv. geodesicmán. Geodésicamente, por la geodesia, con arreglo á la geodesia.

GÉODIE, f. geodí. Zool. Geodia, pólipero de los mares de la Guyana.

GÉODIQUE, adj. geodic. Miner. Geódico, amoldado en forma de corteza, en una cavidad redondeada.

GÉODORE, m. geodór. Bot. Geodoro, género de plantas.

GÉOGÈNE, NE, adj. geogén, én. Bot. Geogeno, que crece sobre la tierra.

GÉOFFRÉ, ÉE, adj. geofré. Bot. Geofreado, que se parece á una geofra. || Géoffrée, f. Geofra, género de plantas papilionáceas.

GÉOGLOSSE, f. geoglós. Bot. Geogloso, familia de hongos.

GÉOGNOSIE, f. geognosí. Geognosia, ciencia que tiene por objeto la estructura, la situacion respectiva y la naturaleza de las grandes materias petrosas ó de otras sustancias minerales que componen el globo terrestre.

GÉOGNOSTE, m. geognóst. Geognosta, naturalista que se ocupa especialmente de la geognosia.

GÉOGNOSTIQUE, adj. geognostic. Geognóstico, concerniente á la geognosia.

GÉOGONIE, f. geogoní. Geogonia, historia del orígen de la tierra.

GÉOGONIMIQUE, adj. geogonimic. Bot. Geogonímico, se dice de los líquenes que nacen en la tierra.

GÉOGRAPHE, m. geográf. Geógrafo, el que profesa ó sabe la geografía.

GÉOGRAPHIER, a. geografié. Describir un pais, una region.

GÉOGRAPHIE, f. geografí. Geografía, ciencia que trata de la descripcion de la tierra. || Zool. Geografía, concha que imita una carta geográfica. || Mariposa cuya figura imita una carta geográfica.

GÉOGRAPHIQUE, adj. geografic. Geográfico, que pertenece á la geografía.

GÉOHYDROGRAPHE, m. geoidrográf. Geohidrógrafo, el que se ocupa de la geohidrografía.

GÉOHYDROGRAPHIE, adj. geoidrografí. Geohidrografía, ciencia que se ocupa de la descripcion de la tierra y de las aguas.

GÉOHYDROGRAPHIQUE, adj. geoidrografic. Geohidrográfico, que pertenece á la geohidrografía.

GEÔLAGE, m. jolage. Carcelaje, derecho de carcelería.

GEÔLE, f. jól. Prision, cárcel de presos.

GEÔLIER, IÈRE, m. y f. jolié, ér. Carcelero, alcaide de una cárcel.

GÉOLOGIE, f. geologí. Geología, parte de la historia natural que tiene por objeto el conocimiento y descripcion de la tierra, de sus capas, de sus especies, etc.

GÉOLOGIQUE, adj. geologic. Geológico, que pertenece á la geología.

GÉOLOGUE, m. geológue. Geólogo, el que se ocupa de la geología.

GÉOMANCIE, f. geomansí. Geomancia, adivinacion por puntos trazados al azar en la tierra.

GÉOMANCIEN, NE, adj. geomansién, én. Geomancio, que practica la geomancia.

GÉOMANTIQUE, adj. geomantic. Geomántico, que pertenece á la geomancia.

GÉOMÉTRALEMENT, adv. geometralmán. Geometralmente, de una manera geometral.

GÉOMÈTRE, m. geométr. Geómetra, el que sabe la geometría. || met. L'éternel géomètre, el eterno geómetra, Dios.

GÉOMÉTRIE, f. geometrí. Geometría, literalmente arte de medir la tierra, ó ciencia que tiene por objeto medir la extension ó la materia. || Geometría, obra que trata de esta ciencia.

GÉOMÉTRIQUE, adj. geometric. Geométrico, que tiene relacion con la geometría. || Geométrico, que procede geométricamente. || met. Geométrico, justo, metódico.

GÉOMÉTRIQUEMENT, adv. geometricmán. Geométricamente, con arreglo á la geometría. || met. Geométricamente, de una manera exacta.

GÉOMÉTRISER (SE), r. geometrisé. Geometrizarse, ser reducido á proposiciones geométricas.

GÉOMYZE, f. geomís. Zool. Geomiza, género de dípteros.

GÉOMYZIDES, f. pl. geomisíd. Zool. Geomízidos, familia de insectos dípteros.

GÉONOME, m. geonóm. Geónomo, sabio que se ocupa de geonomia.

GÉONOMIE, f. geonomí. Geonomia, parte de la física que trata de las leyes á que están sometidos los cambios que se observan en la superficie de la tierra.

GÉOPHAGE, adj. y s. geofáge. Geófago, que come tierra.

GÉOPHAGIE, f. geofagí. Geofagia, costumbre de comer tierra. || Med. Geofagia, apetito depravado que conduce á comer cosas desprovistas de toda cualidad nutritiva.

GÉOPHILE, adj. geofil. Geófilo, que habita la tierra, que nace sobre la tierra. || Zool. Géophiles, m. pl. Geófilos, órden de gasterópodos pulmonados.

GÉOPHONE, m. geofón. Zool. Geofono, género de conchas cerradas.

GÉOPONIQUE, adj. geoponic. Geopónico, que pertenece á la geoponia. || f. Geopónica, reunion de conocimientos relativos á los trabajos de agricultura.

GÉORAMA, m. georáma. Georama, inmenso globo terrestre en cuyo centro se colocan los que quieren abrazar la tierra trazada en sus paredes interiores.

GÉORGIEN, NE, adj. y s. georgién, én. Georgiano, de la Georgia.

GÉORGINE, f. georgín. Bot. Georgina, género de plantas.

GÉORGIQUE, adj. georgic. Geórgico, que tiene relacion con el arte de cultivar la tierra. || f. pl. Las Geórgicas, poema didáctico que enseña el arte de cultivar la tierra.

GÉOSCOPE, m. geoscóp. Geóscopo, el que practica la geoscopia.

GÉOSCOPIE, f. geoscopí. Geoscopia, adivinacion sacada de la naturaleza y de la cualidad de la tierra. || Geoscopia, observacion de lo que pasa sobre la tierra, á fin de servirse de ello para prever los acontecimientos futuros.

GÉOSOPHIE, f. geosofí. Geosofía, cono-

[illegible] del globo [illegible] de [illegible].

[illegible] ... que [illegible] ... que la [illegible].

[illegible], f. [illegible] en, parte de la [illegible] ... forma del [illegible] ... Alemania [illegible].

[illegible] de tierra.

[illegible], m. [illegible] po, género de [illegible].

[illegible] ... Georgiano [illegible].

[illegible] de las [illegible].

GÉRANIUM, f. [illegible] ... funciones de un [illegible] ... [illegible] ... rídico [illegible] ... [illegible] para [illegible].

GÉRANION, m. [illegible] ... especie de [illegible] ... ralezas del [illegible].

GÉRANIÉES, f. pl. [illegible] ... nea, familia de plantas.

GÉRANT, [illegible] ... cuestion [illegible].

GÉRANIER, m. [illegible] ... nio, género de plantas.

GÉRANT, E, m. y f. [illegible] ... ministrador [illegible] ... ó interesados. || Se [illegible] ... gérant, redactor gerente.

GÉRARDIE, [illegible] ... nombre que se da al [illegible] ... el pueblo del [illegible].

GÉRANDINE, adj. [illegible] ... Germanus: se dice de [illegible] ... dan [illegible].

GERBE, f. [illegible] ... || met. [illegible] ... diversas [illegible] ... villa [illegible] ... cometillo, conjunto de [illegible] ... de agua en forma de [illegible] ... fes, [illegible] ... para [illegible].

GERBÉE, f. gerbé. [illegible] ... mal trillada en que queda [illegible].

GERBER, a. gerbé. [illegible] ... mieses en gavillas ó [illegible] ... ner en alguna bodega [illegible] ... bre otros. || [illegible] ... forma de [illegible].

GERBERIE, f. gerberí. [illegible] ... se guardan las gavillas ó [illegible].

GERBÉRIE, f. gerberí. [illegible] ... género de plantas [illegible].

GERBIER, m. gerbié. [illegible] ... de gavillas [illegible] ... || Lugar en donde las gavillas [illegible] ... tonadas.

GERBIÈRE, f. gerbiér. [illegible] ... que sirve para transportar [illegible].

GERBIFORME, adj. [illegible] ... forme, que tiene la forma de [illegible].

GERBILLE, f. gerbíll. [illegible] ... género de guzanos [illegible].

GERBILLON, m. dim. [illegible] ... llón. Hacecico, pequeña [illegible].

GERBOISE, f. gerbuás. [illegible] ... género de roedores.

GERCE, f. gérs. Zool. [illegible] ... nombre antiguo francés de [illegible] ... roe las hojas, las telas, [illegible] ... jeritos en ellas. || Grieta. V. [illegible].

GERCEMENT, m. gersmán. [illegible] ... brajadura, accion y efecto de [illegible].

GERCER, a. gersé. [illegible] ... grietas, rajas en el cútis, [illegible] ... Se gercer, r. Henderse [illegible] ... grietas en el cútis, en la [illegible].

GERÇURE, f. gersúr. [illegible] ... hendidura hecha en el [illegible] ... del aire. || Bot. Hendedura [illegible] ... la madera ó en la corteza [illegible] ... una excesiva sequedad. || [illegible] ... raja viva que se encuentra en el [illegible].

[illegible] de las viñas que se pa[illegible] quemadura.

[illegible], f. *gerénd.* Zool. Gerenda, [illegible] del género boa.

[illegible], a. *geré.* Administrar, manejar, [illegible] los negocios de otro. || Ejercer, [illegible] cargo.

[illegible], m. *gerí.* Gerito, dardo de cerca [illegible] de largo que se usa para cazar

[illegible], m. *gérl.* Zool. Geria, pescado [illegible] camarrido.

[illegible], m. *gerídn.* Cuba que se usa en [illegible] de papel.

[illegible], E, adj. y s. *germén.* For. Se [illegible] hermano y de la hermana nacidos [illegible] mismo padre y una misma madre; [illegible] hermanos carnales. || *Frères ger*[illegible] hermanos carnales. || *Cousins ger*[illegible] primos hermanos, los hijos de dos [illegible] ó de dos hermanas. || *Cousins is*[illegible] germains, primos segundos, los hijos [illegible] primos hermanos. || Germano, habi[illegible] la Germania. || Germano, se dice [illegible] por Aleman. || *Germaine*, f. [illegible], género de plantas.

[illegible], f. *germandré.* Bot. Ger[illegible], género de plantas.

[illegible], adj. *germanic.* Germá[illegible] pertenece á la Germania. || Ger[illegible] que tomaron algunos empe[illegible], vencedores de los Ger[illegible]

[illegible], a. *germanisé.* Hacer ger[illegible]. || Germanizar una palabra, [illegible] || n. Hacer germanismos.

[illegible], m. *germanism.* Germa[illegible] de hablar propio de la lengua [illegible]

[illegible], E, adj. *germán.* Germinan[illegible] un estado de germinacion.

[illegible], m. *gérm.* Gérmen, principio, [illegible], rudimento de un ser orga[illegible] de ser engendrado. || met. [illegible] principio, orígen de alguna cosa. [illegible], gérmen falso, mola, mate[illegible] de una concepcion defectuosa. [illegible] d'un œuf, galladura de un hue[illegible] gérmen, parte del grano ó semilla [illegible] y sube el vástago de la planta.

[illegible], n. *germé.* Germinar, brotar y [illegible] la planta. || Desarrollarse, [illegible] efectos. || Prosperar.

[illegible], m. y f. *germisid.* Germici[illegible] destruye un gérmen, que impide [illegible] desarrollo. || Germicida, crímen del [illegible] la naturaleza. || Es tambien adj.

[illegible]CATION, f. *germificasión.* Ger[illegible], conversion en gérmen.

[illegible]NAL, E, adj. *germinal.* Germi[illegible] se desarrolla en el grano. || m. Ger[illegible] mes del año republicano de [illegible] 21 de marzo hasta 19 de [illegible]

[illegible]NANT, E, adj. *germinán.* Ger[illegible] se reproduce á la manera de [illegible]

[illegible]ATEUR, TRICE, adj. *germi*[illegible]. Germinador, que es propio [illegible]

[illegible]ATIF, IVE, adj. *germinatif*, [illegible], vegetativo, que puede ger[illegible]

[illegible]ATION, f. *germinasión.* Germi[illegible] desarrollo de las partes con[illegible] el gérmen de una semilla.

[illegible]PARE, adj. *germinipár.* Ger[illegible] que se reproduce por gérmenes.

[illegible], m. *germuár.* Hoyo, silo. || [illegible] en donde los cervece[illegible] la cebada.

[illegible], m. *germón.* Zool. Germon, [illegible] del Océano.

[illegible], f. V. GERMINATION.

[illegible], f. *gerocomí.* Med. Gero[illegible] de la medicina que prescribe [illegible] los viejos.

[illegible], f. *gerofl.* Zool. Geroña, gé[illegible] intestinales.

[illegible], m. *gerondif.* Gram. Gerun[illegible] verbo que lleva consigo la sig[illegible] de él, pero sin determinar el

GÉRONTOCRATIE, f. *gerontocrasí* Gerontocracia, gobierno que se compone de ancianos.

GÉRONTOCRATIQUE, adj. *gerontocratic.* Gerontocrático, que pertenece á la gerontocracia.

GÉRONTOPOGON, m. *gerontopogón.* Bot. Gerontopogon, especie de escorzonera.

GÉROPOGON, m. V. GÉRONTOPOGON.

GÉROUSIE, f. V. GÉRONTOCRATIE.

GERRIS, m. *gerís.* Zool. Gerris, género de insectos coleópteros.

GÉRUME, f. *gerúm.* Bot. Geruma, género de plantas meliáceas.

GERVILLIE, f. *gervillí.* Zool. Gervilia, especie de concha bivalva.

GERZEAU, m. *gerzó.* Agr. Zizaña, yerba que se cria entre las mieses.

GERZÉRIE, f. *gerzerí.* Bot. Gercería, uno de los nombres de la Zizaña. || Gercería, especie de planta del Japon.

GÈSE, m. *gés.* Geso, especie de dardo que usaron los Galos, los Romanos y los Griegos.

GÉSIER, m. *gesié.* Buche, molleja, tercer estómago de las aves. || Molleja, nombre vulgar de un molusco bastante raro, natural de la Nueva Holanda.

GÉSINE, f. ant. *gesín.* Parto, momento en que la mujer da á luz el feto.

GÉSIR, n. ant. *gesír.* Reposar, estar echado. || met. Yacer, descansar, estar en paz. Se decia antiguamente *gír*, y de este verbo se han conservado algunos tiempos; el presente de indicativo se usa como fórmula en los epitafios. *Ci-gît*, aquí yace ó descansa; *ci-gisent*, aquí yacen.

GESNÈRE, f. *gesnér.* Bot. Gesnera, género de plantas de las Antillas.

GESNÉRIÉES, f. pl. *gesnerié.* Bot. Gesneriáceas, familia de plantas.

GESSE, f. *gés.* Bot. Gesa, arveja, género de plantas leguminosas.

GESTATION, f. *gestasión.* Gestacion, accion de llevar ó contener dentro de sí algun otro cuerpo. || Gestacion, tiempo que está encerrado el feto en el seno de la madre desde el momento de la concepcion hasta el del alumbramiento. || Gestacion, especie de ejercicio que hacian los Romanos para obtener el restablecimiento de la salud, haciéndose conducir en un carro ó cosa semejante, de modo que el cuerpo recibiese sacudidas violentas y un movimiento contínuo. || Gestacion, lugar en que los Romanos hacian los ejercicios indicados.

GESTATOIRE, adj. *gestatuár.* Gestatorio, que es esencial para la gestacion. || *Chaise gestatoire*, silla de manos.

GESTE, m. *gést.* Gesto, movimiento que se hace con el rostro. || *Gestes*, pl. Hechos, hazañas, proezas. || iron. Hazañas, proezas, hecho público y reprensible que hace notable á alguno: *on connaît vos faits et vos gestes.*

GESTICULATEUR, TRICE, m. y f. *gesticulateur, tris.* Gesticulador, el que hace gestos, monadas ó ademanes afectados. || m. Gesticulador, esclavo que tenia el cargo de trinchar las viandas en los festines á son de música.

GESTICULATION, f. *gesticulasión.* Gesticulacion, movimiento del rostro que indica algun afecto ó pasion. || Gesticulacion, arte pantomímico de que se hace uso en la declamacion.

GESTICULER, n. *gesticulé.* Gestear, gesticular, hacer gestos, melindres, monadas.

GESTION, f. *gestión.* Administracion de algun negocio, de una tutela, de los bienes de un ausente, etc.

GÈTE, adj. y s. *gét.* Geta, habitante de Geta, pueblo scita al Norte de la Dacia.

GÉTHILLIS, m. *getil-lís.* Bot. Gétilis, género de plantas del Cabo.

GÉTONIE, f. *getoní.* Bot. Getonia, género de plantas llamada tambien calicóptera.

GÉTULE, adj. y s. *getúl.* Gétulo, habitante de la Getulia.

GÉUM, m. *géom.* Bot. Geo, sanícula montana, especie de planta.

GEUTRÉE, f. *geutré.* Agr. Cubeta que sirve de unidad para medir el mosto ó uva que se pone en la cuba donde se opera la fermentacion.

GÈZE, m. *gés.* Lima, ángulo que forman dos tejados y sirve de vertiente para las aguas.

GHA, m. *gá.* Una de las consonantes del alfabeto sanscrito.

GHÈBRE, m. *guébr.* Gebr, idólatra infiel, nombre dado por los pueblos musulmanes al que no profesa el islamismo. || Gebr, idólatra, infiel, sectario de Zoroastro, que adora á los astros y hace misterio de su creencia.

GHÉRIA, f. *guéria.* Geria, medida de longitud en Calcuta que vale 0559. de metro.

GHET, m. *guét.* Acto de divorcio entre los Judíos de la antigüedad. || Libelo ó carta de repudio que presenta un judío contra su mujer.

GHETHOSYNÈS, adj. *guetosinés.* Mit. Getosines, que inspira la alegría. Epíteto dado á Baco y á Apolo.

GHIAOUR, adj. *guiaúr.* Infiel, falso creyente entre los musulmanes.

GHILAMS, f. pl. *guilám.* Com. Gilams, telas de seda que se fabrican en la China.

GHILGUL, m. *guilgúl.* Metempsícosis, dogma en medio del cual creen hallar los Judíos la prueba de su sistema, fundándose en algunos pasajes del Eclesiastes · del libro de Job.

GHOBBAN, m. *gobán.* Zool. Goban, pescado del mar Rojo.

GHÛNGRÛS, m. *gongrús.* Especie de aros de metal guarnecidos de cascabeles que llevan las bayaderas ó bailarinas en la garganta del pié.

GIABARIEN, m. *giabarién.* Giabariano, miembro de una secta fatalista de mahometanos.

GIACOTIN, m. *giacotén.* Zool. Giacotino, especie de faisan.

GIALDER, m. *gialdér.* Gialder, cabaña cubierta de latas de modo que el aire la penetra por todos lados, y donde los pescadores del Norte cuelgan el pescado para secarlo.

GIAMBO, m. *giánbo.* Bot. Giambo, árbol de las Indias orientales.

GIAMITES, m. pl. *giamít.* Giamitos, raza ilustre de Persas.

GIARE, f. *giár.* Cabruna, la lana larga de vicuña. || Mar. Pipo, cuba á donde se lleva el agua á bordo.

GIARENTE, m. *giaránt.* Zool. Giaranto, gran serpiente boa que adoran algunos pueblos salvajes de África.

GIAROLE, f. *giaról.* Zool. Giarola, perdiz de mar, segun Bufon, que tiene los piés negros.

GIAUCHEN, m. *gioquén.* Mit. Giauquen, cota de malla, especie de talisman.

GIBAULT, m. *gibó.* Arma ofensiva que se supone ser una honda ó una maza de armas.

GIBBAIRE, f. *gibér.* Bot. Giberia, planta del cabo de Buena Esperanza.

GIBBAR, m. *gibár.* Zool. Giber, pescado del género de las ballenas.

GIBBASSE, f. *gibás.* Especie de zurron ó bolsa que se usaba antiguamente. || Bolsa en que se llevaba recogido el pelo.

GIBBE, f. *gib.* Com. Giba, concha terrestre.

GIBBEUX, EUSE, adj. *gibeu, eus.* Giboso, corcovado, que tiene corcovas ó protuberancias en la superficie.

GIBBIFÈRE, adj. *gibifér.* Zool. Gibífero, que tiene giba. || Bot. Gibífero, que está en forma de giba mas ó ménos aparente.

GIBBIFLORE, adj. *gibiflór.* Bot. Gibiflora, cuyos pétalos son gibosos.

GIBBON, m. *gibón.* Zool. Gibon, mono del género de los orangs.

GIBBOSIFOLIÉ, adj. *gibosifolié* Bot. Gibosifoliado, que tiene las hojas combadas.

GIBBOSITÉ, f. *gibosité.* Gibosidad, corcova, joroba, parte sobresaliente huesosa, anormal, de una parte del tronco. || Joroba, giba, corcova, deformidad que resulta de la separacion de la columna vertebral.

GIBECIER, m. *gibesié.* Zurronero, bolsista, el que hace bolsas y zurrones

**GIBECIÈRE**, f. *gibsièr*. Escarcela, especie de bolsa ó morral de cuero que usan los cazadores para meter los avíos de cazar. || Talego, saco, bolsa que usan los jugadores de cubiletes para echar los instrumentos con que hacen los juegos de manos.

**GIBELET**, m. *giblé*. Barrenita que sirve para abrir los toneles cuyo vino se quiere probar. || met. y fam. *Avoir un coup de gibelet*, tener vena de loco, ser un tronera.

**GIBELOT**, m. *gibló*. Mar. Espolon, la pieza situada entre las dos regalas y la tabla de toda embarcacion.

**GIBELOTTE**, f. *giblót*. Gibelota, especie de pepitoria, guisado de conejo ó de pollo.

**GIBERNE**, f. *gibèrn*. Mil. Cartuchera. || *Enfant de giberne*, hijo de tropa, que ha nacido entre la milicia. || *Giberne à la corse*, especie de canana que se abrocha á la cintura.

**GIBERNERIE**, f. *gibernerí*. Cartuchería, almacen de cartucheras.

**GIBET**, m. *gibé*. Horca, cadalso, patíbulo. La horca es un género de suplicio muy antiguo. || prov. *Le gibet n'est que pour les malheureux*, pocos millonarios suben á la horca. || *Le gibet ne perd point ses droits*, quien mal anda mal acaba, segun es la vida es la muerte.

**GIBIER**, m. *gibié*. Caza, todo género de animales que se crian en el monte. || *Gros gibier*, caza mayor, jabalí, venado y demas animales semejantes. || *Menu gibier*, caza menor, la liebre, el conejo, la perdiz, etc. || prov. *Ce n'est pas là votre gibier*, Vd. no toca pito en eso. || met. y fam. Deudor, demandado, citado, perseguido judicialmente. || met. y fam. *Gibier de galère*, racion de galera ó de presidio. = *Gibier de potence*, hombre perdido, malhechor, que le huele la garganta á cáñamo. = *Gibier de grève*, mas de verdugo. Se usan estas locuciones en lenguaje vulgar hablando de las personas que expian ó deben expiar sus crímenes en presidio ó en el patíbulo. || *Gibier à prévôt*, vago, pillo, tunante, hombre mal entretenido. || *Gibier à commissaire*, las mujeres de mala vida.

**GIBLES**, f. pl. *gibl*. Horno, ladrillos ordenados en forma de horno, de modo que el calor pueda penetrar en el interior.

**GIBOUDOT**, m. *gibudó*. Especie de uva negra que se cria en las márgenes del rio Loira.

**GIBOULÉE**, f. *gibulé*. Nubarrada, turbion, chaparron, aguacero impetuoso. || met. Erupcion súbita de cualquier género que ataca á una persona.

**GIBOYA**, m. *gibuáyo*. Zool. Giboya, serpiente de grande dimension, que no es venenosa.

**GIBOYER**, n. fam. *gibuayé*. Cazar, matar la caza, divertirse en cazar liebres, conejos, etc. || Mantenerse de caza, nutrirse con la carne de los animales que se cazan. || Perdigonear, cazar con escopeta. || Cetr. Cazar con la ayuda del halcon. || *Arquebuse à giboyer*, espingarda, escopeta muy larga para tirar de léjos. || *Épée à giboyer*, tizona, espada excesivamente larga.

**GIBOYEUR**, m. *gibuayeur*. Cazador, volatero, tirador que caza á la carrera ó al vuelo. || Tratante en caza, que compra y vende liebres, conejos, etc.

**GIBOYEUX, EUSE**, adj. *gibuayeu, eus*. Abundante en caza.

**GIBRALTAR**, m. *gibraltár*. Pastel, especie de torta.

**GICLET**, m. *giclé*. Bot. Giclete, elateria, especie de cohombro.

**GIENNOIS, E**, adj. y s. *giennuá*. Gianes, de la ciudad de Gien.

**GIETER**, m. *gitér*. Pala larga y hueca que los Holandeses usan para rociar ó mojar las telas puestas á curar sobre la yerba.

**GIETTE**, f. *gièt*. Art. Una de las piezas de la urdidera.

**GIFLE**, f. fam. *gifl*. Guantada, bofetada.

**GIFLER**, a. fam. *giflé*. Abofetear, dar bofetadas ó guantadas.

**GIFLEUR, EUSE**, m. y f. *gifleur, eus*. Abofeteador, el que da guantadas ó bofetadas.

**GIFOLE**, f. *gifól*. Bot. Gifola, género de plantas sinantéreas, que tambien se llama algodonero.

**GIGALOBE**, m. *gigalób*. Bot. Gigalobo, género de plantas.

**GIGANTÉE**, f. *gigantè*. Bot. Gigantea, género de algas marinas.

**GIGANTESQUE**, adj. *gigantésc*. Gigantesco, agigantado, que es de la naturaleza de los gigantes: *taille, figure gigantesque; arbres, animaux gigantesques; proportions gigantesques*. || met. En sentido moral, gigantesco, grande: *projets, entreprises gigantesques*.

**GIGANTISME**, m. *gigantism*. Gigantismo, estado de lo que es gigantesco.

**GIGANTOGRAPHE**, m. *gigantograf*. Gigantógrafo, el que escribe la historia de los gigantes.

**GIGANTOGRAPHIE**, f. *gigantografí*. Gigantografía, historia de los gigantes.

**GIGANTOGRAPHIQUE**, adj. *gigantografic*. Gigantográfico, que tiene conexion con la gigantografía.

**GIGANTOLOGIE**, f. *gigantologí*. Gigantología, tratado sobre los gigantes.

**GIGANTOLOGIQUE**, adj. *gigantologic*. Gigantológico, que se refiere á la gigantología.

**GIGANTOMACHIE**, f. *gigantomachí*. Gigantomaquia, combate sostenido por los gigantes contra los dioses, y las descripciones que se hacen sobre este punto de la fábula.

**GIGANTOMACHIQUE**, adj. *gigantomachic*. Gigantomáquico, que pertenece á la gigantomaquia.

**GIGARTIN, E**, adj. *gigartén, in*. Bot. Gigartino, que se parece al granillo de la uva.

**GIGARTINE**, f. *gigartín*. Bot. Gigartina, género de plantas.

**GIGOGNE (LA MÈRE)**, f. *lamergigóñ*. Nombre de un personaje ideal que se presenta á los niños como teniendo al rededor numerosa prole que sale debajo de sus faldas. || Bot. Especie de primavera, planta. || Título de un álbum, libro dedicado á los niños. || met. y fam. Coneja, mujer que tiene muchos hijos.

**GIGOT**, m. *gigó*. Pigote, pierna de carnero preparada para comerla. || *Gigots*, pl. Ancas, parte posterior del caballo y demas bestias de carga. || met. y fam. Piernas, patas, hablando por bufonada de los muslos de una persona.

**GIGOTTÉ, ÉE**, adj. *gigoté*. Equit. *Un cheval bien gigotté*, un caballo de mucho hueso, que da indicios de tener fuerza. || Mont. *Un chien bien gigotté*, un perro bien cortado, bien proporcionado en la estructura de sus miembros.

**GIGOTTER**, n. *gigoté*. Pernear, sacudir las piernas ó las patas: dícese de los animales al tiempo de morir. || Bullir, menear los piés, no estarse quieto: se dice de los niños.

**GIGUE**, f. *gigue*. met. y fam. Pierna: se usa, hablando en estilo vulgar, en plural en voz de *jambes*. *Allongez donc vos grandes gigues*; como si dijéramos: estire ó alargue Vd. sus patas. || Saltabardales, mujer alta y desgarbada. || Giga, baile muy vivo y alegre. || Mont. Pierna de corzo. || Mil. ant. Especie de culata de ciertas armas de fuego.

**GIGUEUR**, m. *gigúr*. Gigador, el que toca ó baila la giga.

**GIGUER**, n. *gigué*. Saltar, brincar, dar saltos una persona.

**GILBE**, f. *gilb*. Bot. Gilba, nombre vulgar de la retama de los tintoreros.

**GILBERTIE ó GILIBERTIE**, f. *gilbertí, gilibertí*. Bot. Gilbercia ó gilibercia, árbol del Perú.

**GILET**, m. *gilé*. Chaleco, especie de justillo sin mangas. || Elástica, almilla, especie de jubon con mangas ó sin ellas ajustado al cuerpo.

**GILETER**, a. *gileté*. Enjustillar, poner un justillo, chaleco ó almilla.

**GILETIÈRE**, f. *giletièr*. Chalequera, mujer que hace chalecos.

**GILLE**, m. *gil*. Payaso, el que en los volatines y sitios ambulantes hace el papel de gracioso. || Gilí, pazguato, tonto, hombre que parece un mentecato. || Red grande, semejante á un esparavel, que servia para pescar. || fam. *Faire gille*, hacer aire de piés y [illegible], tomar las de Villadiego, largarse: desaparecer [illegible].

**GILLER**, n. fam. *gillé*. Desaparecer, tomar viento fresco, largarse.

**GILLERIE**, f. *gilrí*. Tontería, bobada, accion de un gil.

**GILLÉNIE**, f. *gillení*. Bot. [illegible], género de plantas [illegible].

**GILLES ó GIL**, m. *gill, gil*. [illegible] pez, especie de [illegible].

**GILLETTE**, f. *gillét*. [illegible] calificar á una persona de [illegible] semejante. || *C'est une vraie* [illegible] *reine Pédauque*: es digno de [illegible] vanidosos y de baja [illegible] *de la reine Gillette*, [illegible]. || *Cuisinier de la reine Gillette*, [illegible] Puerco, puerco y gallina, mal [illegible].

**GILLÉSIE**, f. *gillesí*. Bot. [illegible], género de plantas [illegible].

**GILLIT**, m. *gillí*. Zool. Gilito, [illegible] de papamoscas de Cayena.

**GILLON**, m. *gillón*. Gilon, [illegible] vulgar del agárico.

**GILOGILE**, f. *gilogil*. Agr. [illegible] pera de invierno.

**GILVICOLLE**, adj. *gilvicól*. Zool. [illegible] colo, que tiene el cuello ó la garganta color de ceniza.

**GILVIPÈDE**, adj. *gilvipèd*. Zool. [illegible] pedo, que tiene los piés del color [illegible].

**GIMBLETTE**, f. *genblét*. [illegible] hecha de harina, azúcar, huevos, etc. en forma de anillo.

**GIMBLE VIRGOLE**, m. [illegible] raiso donde residen las divinidades [illegible] navas, para juzgar las desavenencias [illegible] ocurren entre los hombres.

**GIN**, m. *gén*. Ginebra, especie de [illegible] diente inglés.

**GINDRE**, m. *géndr*. Mancebo, [illegible] la masa del pan en las panaderías.

**GINGAS**, f. *gengá*. Cotí, [illegible] terliz, tela de hilo para hacer [illegible].

**GINGE**, f. *genge*. Bot. [illegible] semilla llamada semilla de A[illegible].

**GINGEMBRE**, m. *genjánbr*. [illegible] bre, género de plantas.

**GINGEOLE**, f. *genjól*. Bot. [illegible] faifa, uno de los nombres de la [illegible]. Mar. Bitácora, caja en que se [illegible] de marear para que vaya [illegible] ner movimiento contra los [illegible] embarcacion.

**GINGEOLIER**, m. *genjolié*. Bot. [illegible] jolero, yuyubar, azufaifo, planta.

**GINGEON**, m. *genjón*. Zool. [illegible] de los nombres del ánade.

**GINGIBRINE**, f. *genjibrín*. [illegible] en polvo.

**GINGIDIUM**, m. *genjidióm*. Bot. [illegible] naga, especie de planta.

**GINGLYME**, m. *genglím*. Anat. [illegible] mo, articulacion diartrodial ó [illegible] en dos sentidos opuestos.

**GINGOULE**, f. *gengúl*. Zool. [illegible] nombres de la alondra.

**GINGRINE**, f. *gengrín*. Mús. [illegible] corta.

**GINGROSME**, m. *gengrósm*. [illegible] grosma, especie de cántico [illegible] ejecutaba en las fiestas de A[illegible].

**GINGUER**, n. *gengué*. Cocear, [illegible] rar patadas una vaca.

**GINGUET, TE**, adj. *gengué*, [illegible] tiene poca fuerza. || Chancill[illegible] || met. y fam. *Esprit ginguet*, [illegible] no, capacidad limitada.

**GINNISTAN ó DGINNISTAN**, [illegible] *tán, dginistán*. Mit. Ginistan, [illegible] adonde fueron relegados los [illegible] bernaban el mundo antes de [illegible].

**GINOÏDÉE**, f. *ginoidé*. [illegible] planta de la Nueva Holanda.

**GINORIE**, f. *ginorí*. Bot. [illegible] de Cuba.

**GINOUS**, m. *ginú*. [illegible] principales nombres del [illegible].

**GINOUSELLE**, f. *ginusél*. [illegible] nombre vulgar del [illegible].

**GIN-SENG ó GEN-SENG**, [illegible] Ginsen, planta que crece en [illegible] Japon.

[illegible], f. gioberlit. Miner. Giocarbonato de magnesia.

[illegible], adj. y s. giór. Gioro, el que ha [illegible] padre judio y de madre prosélito [illegible].

[illegible], f. giornát. Ghiornate, me[illegible] de Italia.

[illegible], f. gip. Ropon de lienzo grosero [illegible] gadores ó gabán del campo.

[illegible], m. gipgip. Zool. Chipchip, ave [illegible].

[illegible], m. gipón. Art. Borla de franja [illegible] los curtidores y zapateros dan lustre [illegible] cueros y zapatos.

[illegible], m. y f. gipsí. Nombre con que [illegible] los gitanos que habitan en In[illegible].

[illegible], f. giráf. Girafa, cuadrúpedo [illegible] y rumiante, natural del África. || [illegible] Girafa, constelacion del hemisferio [illegible] || met. y prov. C'est une grande gi[illegible] una espingarda, una soga de lám[illegible] diciendo de una mujer muy alta y [illegible].

[illegible] ó GIRANDOLE, f. giránd, [illegible] Girándula, reunion de chorros de [illegible] formando una especie de [illegible] || Girándula, manga ó rueda de co[illegible] que se disparan á la vez, or[illegible] al final de los fuegos artificia[illegible] lo que los Franceses llaman bou[illegible].

[illegible], f. girandól. Girándula, es[illegible] con muchos candeleros que [illegible] una sola base. || Bot. Girándula, [illegible] Girándula, especie de arracada de [illegible] que usan las mujeres para [illegible].

[illegible], n. girandolé. Lucirse, [illegible] su talento, brillar en una socie[illegible].

[illegible], m. girór. Zool. Uno de los [illegible] del grajo, ave.

[illegible], f. girárd. Bot. Girarda, va[illegible] virola matronal, planta.

[illegible], m. girardél. Zool. Girar[illegible].

[illegible], m. girasól. Bot. Girasol, tor[illegible] que se va volviendo hácia don[illegible] el sol. || Miner. Girasol, piedra [illegible] especie de ópalo ó sílex.

[illegible], adj. giratuár. Giratorio, se [illegible] movimiento de rotacion y del punto [illegible] que se ejecuta el mismo movi[illegible].

[illegible] ó GIRAUMON, m. giro[illegible] Cocúrbita, calabaza silvestre, [illegible] las Indias occidentales. || Girau[illegible] nombre vulgar de la mas bella raza de [illegible] cuyo fruto es comestible.

[illegible], m. giról. Mil. ant. Pieza de arnes [illegible] las espaldas y el pecho del caba[illegible] parte superior del árbol de [illegible]. || Mar. Cabrestante.

[illegible], f. girél. Girela, pescado del [illegible] que vive en el mar Mediterrá[illegible].

[illegible], f. giri. Jeremiada ridícula, queja [illegible].

[illegible] ó GÉROFLE, m. girófle, ge[illegible], clavillo, especia que tiene la fi[illegible] clavo. || Griffes de girofle, nom[illegible] que se designan los pedúnculos to[illegible] de especia. || Clou de girofle, [illegible] son clavos de especia.

[illegible], m. giroflé. Zool. Giroflo, gé[illegible] intestinales.

[illegible], adj. f. giroflé. Solo se usa [illegible] giroflée, nombre que se da á la [illegible] girofle.

[illegible], f. giroflé. Bot. Alelí, género [illegible] crucíferas. || met. y fam. Donner [illegible] une giroflée à cinq feuilles, [illegible] con los cinco dátiles en la cara, [illegible] de dedos: darle un bofeton.

[illegible] ó mejor GÉROFLIER, m. [illegible] giroflié. Bot. Giroflo, árbol.

[illegible], f. girél. Bot. Girola, nombre [illegible] la alcachofa de Italia. || Bot. Girola, [illegible] de la raíz de chirivia.

[illegible], f. girolét. Bot. Giroleta, [illegible].

[illegible], m. girón. Regazo, falda de una mujer. || met. Le giron de l'Eglise, la comunion de los fieles, el gremio de los creyentes. || Seno, parte céntrica de un cuerpo, esencia ó sustancia de alguna cosa. || prov. Ce qui ne va pas au manche va au giron, lo que no va en costuras va en bebederos, lo que no va en lágrimas va en suspiros. || Arq. Escalon, parte superplana en que se apoya el pié al subir ó bajar por una escalera. || Blas. Giron, figura triangular parecida á un peldaño. || Tendre le giron, acceder á una peticion. || Tendre le giron à la justice, comparecer en la audiencia á consecuencia de una cita.

GIRONNER, a. gironé. Gironar, redondear, dar una forma ovalada á una pieza de platería.

GIROSELLE, f. girosél. Bot. Girosela, planta de la América.

GIROUETTE, f. giruét. Veleta, giraldilla de torres ó campanarios para señalar el viento. || met. y fam. C'est une girouette, es una veleta, una persona voluble, inconstante, inconsecuente. || Mar. Grimpola, especie de gallardetillo.

GIROUETTÉ, adj. giruetté. Blas. Que está superado por una veleta, por una giraldilla, grimpola ó cataviento.

GIROUETTERIE, f. giruetrí. Veletería, volubilidad, inconstancia.

GIROUETTISME, m. giruetism. Veleidad, inconstancia, mutabilidad, accion de variar ó mudar de opinion continuamente.

GIROUILLE, f. girúll. Nombre vulgar de la zanahoria.

GIROYER, n. ant. giruayé. Veletear, ser voluble como una veleta.

GISANT, E, adj. gisán. Yacente, que está acostado, tendido.

GISARME, f. gisárm. Mil. ant. Especie de hacha de armas.

GISÉKIE ó GISÈQUE, f. gisequí, gisék. Bot. Gisequia, planta de las Indias orientales.

GISEMENT ó GISSEMENT, m. gismán, gismán. Miner. Yacimiento, disposicion en que está un mineral en el seno de la tierra. || Mar. Arrumbamiento, situacion de las costas, direccion que siguen.

GISON, m. gisón. Mit. Gison, divinidad de los budsoistas japoneses.

GITAGE, m. gitáge Art. Cardadura, última operacion que se hace pasando la cardencha por el paño.

GITANA, f. gitána. Gitana, hembra de la familia ó raza de los gitanos.

GITANO, m. gitáno. Gitano, miembro de una tribu nómada de España y del Rosellon.

GÎT (tercera pers. del pres. de indic. del verbo neutro gésir ó gir, yacer). gí. Se usa como fórmula en los epitafios; así se dice: ci-gît, aquí yace. || met. Consiste, estriba: tout gît en cela, en esto consiste todo. || prov. C'est là que gît le lièvre, ahí está la dificultad, ahí está el busilis: en eso consiste la dificultad.

GÎTE, m. gít. Yácija, albergue, vivienda donde se recoge á dormir una persona. || Posada, lugar donde se pernocta cuando se va de viaje. || Cama, lecho donde se acuesta la liebre. || prov. Un lièvre va toujours au gîte, la liebre muere casi siempre cerca de donde tiene la cama; es decir, que despues de haber corrido una persona muchos países, siempre anhela morir en su patria. En un sentido análogo se dice tambien: cet homme ressemble au lièvre, il vient mourir au gîte, este hombre se parece á la liebre, que viene á morir donde tiene la querencia. || Il faut attendre le lièvre au gîte, cerca de la cama se encuentra la liebre, la querencia atrae al hombre. || Capa, masa de mineral relativamente á su posicion y á las sustancias que contiene. || Solera, piedra de molino que no tiene movimiento, y sobre la que gira la muela. || Plano, parte inmóbil del fuelle. || Gîtes, pl. Artill. Piezas de madera que sirven de base en la construccion de plataformas.

GÎTE, f. gít. Vigas que se ponen para la tablazon de un piso.

GÎTER, n. gité. Posar, dormir, acostarse en un lugar acostumbrado. || Se gîter, r. Acostarse, retirarse á dormir en alguna parte.

GITON, m. gitón. Gaiton, jóven en quien personificó Petronio todos los vicios de la juventud romana.

GIUNTA, f. giónta. Junta, cierto número de senadores que se reunian en Venecia al tribunal de los Diez.

GIUPON, m. giupón. Parte del vestido de las mujeres turcas.

GIVAUDANE, f. givodán. Zool. Especie de perdiz.

GIVRE, m. givr. Escarcha, rocío helado que se agarra á las ramas de los árboles. || f. Blas. Serpiente, víbora que se pinta en los escudos con la cola enroscada.

GIVRÉ, ÉE, adj. givré. Blas. Aserpentado, terminante en cabeza de serpiente.

GIVRÉE, f. givré. Capa de vidrio blanco molido. || adj. Se dice de las cosas que se cubren con una capa de dicho vidrio.

GIVREUX, EUSE, adj. givreu, eus. Rajado, resquebrajado, hablando de una piedra preciosa que tiene alguna raja.

GIVROGNE, f. givróñ. Vet. Empeine que padecen los carneros.

GLABELLE, f. glabél. Glabela, espacio que está descubierto entre las tejas.

GLABRIER, m. glabrié. Bot. Glabrio, árbol de las Indias.

GLAÇANT, E, adj. glasán. Helador, que produce el hielo, frio como la nieve: dícese en sentido propio y figurado.

GLACE, f. glás. Hielo, el agua congelada con el frio. || prov. Rompre la glace, romper el hielo, allanar las primeras dificultades que se presentan en un asunto. || Equivale á frio, monótono, sin alma, sin gusto, hablando del estilo. || Helado, composicion que se hace con el jugo de varias plantas, sustancias, licores, etc., haciéndolas congelarse. || Cristal, pieza de la misma materia que está lisa, cualquiera que sea su dimension. || Luna, cristal de espejo; y se toma tambien por el mismo espejo. || Vidrio, cristal de coche. || Baño, composicion que se hace con azúcar y clara de huevo, que sirve para dar brillo á ciertas pastas. || Art. Paño, mancha que oscurece á un diamante. || met. Insensibilidad, frialdad, estado de una persona que no siente ni padece. || met. y poét. Les glaces de l'âge, el hielo de los años, la vejez. || met. La glace de la mort, el frio de la muerte, el estertor que acomete á una persona en los últimos instantes de su vida. || Art. Ferrer à glace, herrar con clavos comunes, poner á las caballerías las herraduras de modo que puedan marchar sobre el hielo sin resbalarse. || met. Homme ferré à glace, hombre de pro, versado en una materia ó instruido profundamente en una ciencia. || Especie de jaletina que se hace con el jugo ó sustancia de alguna vianda.

GLACÉE, f. glasé. Agr. Glacea, especie de manzana.

GLACER, a. glasé. Helar, congelar las cosas líquidas. || Congelar, someter un líquido á la accion del hielo combinado con la sal. || Causar un frio excesivo, hablando del aire, de la lluvia, etc. || met. Causar una emocion fuerte y desagradable hasta el punto de interceptar la circulacion de la sangre. || Intimidar, dejar estupefacta á una persona con una repulsion inesperada. Son sérieux me glace, su gravedad me para, me corta, me deja atónito. || Hacer perder el entusiasmo, la animacion que se tenia sobre algun asunto. || Poét. Hacer perder el calor natural, el fuego que inspira la juventud ó la inexperiencia. || Bañar, cubrir con un baño brillante ó trasparente ciertos frutos, pasteles ó confituras. || Guarnecer las viandas de una especie de jaletina ó sustancia trasparente. || Cocer la carne hasta que el caldo quede en estado de cuajarse. || Pint. Retocar, recargar los colores de un cuadro. || Bernizar, dar lustre, pulimentar. || Ribetear. Glacer une doublure de taffetas sur une étoffe, ribetear una tela con el forro de tafetan, echarle un vivo. || Frotar, sobrecoser, surcir, hacer de modo que no se perciban las costuras de un vestido. || Se glacer, r. Helarse, ser helado, en todas las acepciones del verbo activo.

**GLACERIE**, f. *glasri*. Botillería, nevería, horchatería, lugar en que se hacen helados.

**GLACEUR**, m. *glaseur*. Lustrador, el que da lustre á las telas, al papel ó cosa semejante.

**GLACEUX, EUSE**, adj. *glaseu, eus*. Turbio, oscuro, que tiene paño, hablando de las piedras preciosas.

**GLACIAL, E**, adj. *glasiál*. Glacial, frígido, que es sumamente frio. || met. Glacial, frio, apático, indiferente, que carece de animacion.

**GLACIER**, m. *glasié*. Nevera, lugar destinado generalmente para conservar el hielo ó la nieve helada. || Ventisquero, lugar en que se arremolina la nieve en las cumbres de las cimas de las montañas. || Horchatero, el que fabrica ó vende helados. || Cristalero, fabricante ó vendedor de cristales, lunas de espejo y de la misma materia.

**GLACIÈRE**, f. *glasiér*. Nevera, pozo de nieve. || met. y fam. *C'est une glacière*, esto es una nevera, un puerto de mal abrigo: dícese de una habitacion excesivamente fria y en que penetra el aire por muchas partes.

**GLACIS**, m. *glasi*. Glacis, explanada, declive, declividad, cuesta, pendiente insensible que se pierde en el llano, habiendo empezado en una altura. || Pint. Glacis, union de colores que se dan á un cuadro para darles mas brillo y mas armonía. || Cabos que unen la trama en la pasamanería. || Glacis, especie de cesten en que los fabricantes de azúcar ponen á secar las formas. || Hilvan, hilo que pasan los sastres y las costureras para sujetar el forro á la tela. || Fort. *Glacis de la contrescarpe*, glacis de la contraescarpa, pendiente que sale desde la cresta del camino cubierto y va disminuyendo hasta perderse en el llano. || Arq. *Glacis d'une corniche*, glacis de una cornisa, declive que se hace para facilitar la corriente de las aguas.

**GLAÇON**, m. *glasón*. Témpano, carámbano, pedazo de hielo suelto. || met. y fam. Hombre frio como el hielo. || Arq. Reillo, ornamento de piedra que imita al carámbano ó cerrion. || *Le temps des glaçons*, el tiempo frígido, el tiempo de las escarchas.

**GLAÇOYER**, n. ant. *glasuayé*. Resbalar, dar un resbalon sobre el hielo.

**GLADIATEUR**, m. *gladiateur*. Gladiador, el que combatia en el circo, ya fuese contra otro hombre, ó ya contra una fiera solo por complacer al pueblo romano. || met. Gladiador, espadachin, maton, el que hace alarde de ser quimerista. || Zool. Gladiador, especie de delfin.

**GLADIATOIRE**, adj. *gladiatuár*. Gladiatorio, que pertenece á los gladiadores.

**GLAGER**, n. ant. *glagé*. Cubrir el suelo de flores ó de yerbas.

**GLAI ó GLAISE**, f. *glé, glés*. Parte de la bóveda de un horno de vidrio. || m. Espadañal, reunion de espadañas que forma una especie de isla en los estanques.

**GLAÏEUL**, m. *glaieul*. Bot. Gladíolo, espadaña, planta. || *Glaïeul puant*, gladíolo pudente, lirido, especie de íris, planta.

**GLAIRE**, f. *glér*. Med. Glaria, flegma, especie de humor. || Clara de huevo, cuando no está cocido. || Mont. Glaria, materia viscosa que se encuentra entre las cagarrutas de los corzos. || Zool. Babaza que arrojan ciertos pescados y moluscos.

**GLAIRER**, a. *gleré*. Dar clara los encuadernadores, frotar los libros con clara de huevo para darles lustre y aplicarles el dorado.

**GLAIREUX, EUSE**, adj. *glereu, eus*. Viscoso, pegajoso, glutinoso, que es de la naturaleza de la clara del huevo. || m. Bot. [illegible]aroso, familia de hongos.

**GLAIRINE**, f. *glerin*. Quím. Glarina, materia orgánica de diversos colores que se precipita en general de las aguas sulfurosas.

**GLAISE**, f. *glés*. Arcilla, greda, tierra de alfarero. Adjetivamente: *terre glaise*.

**GLAISER**, a. *glesé*. Engredar, arcillar, tapar, cubrir con greda ó arcilla. || *Glaiser des terres*, engredar tierras, mejorarlas echando en ellas una capa de greda cuando son arenosas ó están muy secas.

**GLAISEUX, EUSE**, adj. *gleseu, eus*. Gredoso, que participa de la naturaleza de la greda.

**GLAISIÈRE**, f. *glesiér*. Gredal, barrera, lugar de donde se extrae la greda.

**GLAIVANE**, f. *glerván*. Bot. Glaivana, planta juncicea.

**GLAIVE**, m. *glév*. Cuchilla, machete, espada, arma cortante, punzante y ofensiva. || met. Poder, soberanía, dominio sobre la muchedumbre. || Guerra, matanza, superioridad de la espada ó de la fuerza bruta. || Hist. Profesion, destino, ejercicio del gladiador. || met. Por extension y elipsis se designa con el mismo nombre á cualquiera de los guerreros antiguos que iban armados de un machete ó cuchilla. || *Glaive spirituel*, poder espiritual, jurisdiccion eclesiástica. || *Glaive de la parole*, tajo, predominio de la palabra, fuerza moral que tiene la elocuencia.

**GLAMA ó LLAMA**, m. *gláma, láma*. Zool. Llama, especie de cabra del Perú parecida al camello.

**GLAMM**, m. *glám*. Med. Legaña ó lagaña, humor sebáceo en el borde de los párpados.

**GLANAUT**, m. *glanó*. Zool. Gamote, especie de gaviota, ave.

**GLANAGE**, m. *glanáge*. Espigadura, accion de espigar.

**GLAND**, m. *glán*. Bellota, el fruto del roble, de la encina y de otros árboles. || Borla, bellota, ornamento hecho de cualquier materia, como seda, hilo de oro, algodon, etc. || Glande, balano, extremidad del pene. Tambien se entiende por el clitoris. || Especie de tenaza de madera que usan los pergamineros y los peineros. || *Gland de terre*, latiro, arveja silvestre, planta. || *Gland de mer*, bellota marina, especie de almeja.

**GLANDAGE** m. *glandáge*. Montanera, derecho de poder echar á pacer los cerdos en el monte ó lugar donde se cria la bellota.

**GLANDE**, f. *glánd*. Anat. Glándula, parte del cuerpo blanda, esponjosa ó vascular que sirve para la secrecion de los humores, la cual tiene alguna semejanza con una bellota. Hay varias especies de glándulas: *glande lacrymale, glande pituitaire, glandes synoviales, etc.* || Tumor blando que se forma en cualquier parte del cuerpo debajo de la piel, y por lo regular en los emunctorios.

**GLANDÉ, ÉE**, adj. *glandé*. Vet. Escrofulado, que tiene las glándulas inferiores inflamadas, hablando de las caballerías. || Blas. Glandado, bellotado, glandígero, cargado de bellotas. || *Glandée*, f. Bellotera, cosecha de la bellota. || *Envoyer les cochons à la glandée*, enviar los cerdos á montanera, á cebar en el monte.

**GLANDIFORME**, adj. *glandifórm*. Glandiforme, que tiene la forma de las bellotas.

**GLANDIOLE**, f. *glandiól*. Glandiola, concha ó molusco poco conocido.

**GLANDITE**, f. *glandit*. Glandita, punta de orsino fósil.

**GLANDIVORE**, adj. *glandivór*. Glandívoro, que vive de bellotas.

**GLANDULAIRE ó GLANDULEUX, EUSE**, adj. *glandulér, glanduleu, eus*. Glandular, glanduloso, que tiene la forma de las glándulas.

**GLANDULAIRE**, f. *glandulér*. Bot. Glandularia, especie de verbena.

**GLANDULATION**, f. *glandulasión*. Glandulacion, desarrollo de las glándulas.

**GLANDULIFÈRE**, adj. *glandulifér*. Bot. Glandulífero, que produce bellotas.

**GLANE**, f. *glán*. Rebusco, manojo de espigas reunido por las espigadoras, cuando los haces están hacinados. || Ristra, horca de ajos. || Hist. ecl. Recoleccion del diezmo.

**GLANÉE**, f. *glané*. Especie de ballesta, trampa ó percha que sirve para cazar los ánades y otras aves acuáticas.

**GLANEMENT**, m. *glanmán*. Espigadura, accion de espigar ó recoger espigas en un campo segado.

**GLANER**, a. y n. *glané*. Espigar, rebuscar, recoger espigas en un campo segado. || met. Rebuscar, espigar, utilizarse de alguna cosa de poco valor en un lugar donde otros han tenido ganancias notables. || Lit. Marchar por un camino trillado, tratar una materia exprimida de antemano por otros autores.

**GLANEUR, EUSE**, m. y f. *glaneur*, [illegible] Espigador, rebuscador, el que [illegible] espigar ó rebuscar [illegible] está levantada la cosecha [illegible]

**GLANIS**, f. *glanis*. Zool. [illegible] del género siluro.

**GLANURE**, f. *glanur*. [illegible] dura, fruto que se recoge [illegible] buscando en un campo [illegible] la cosecha.

**GLAPISSIQUE**, adj. m. [illegible] variedad de talco del cual [illegible] ran los Chinos.

**GLAPHYRE**, m. *glafir*. Zool. [illegible] género de insectos coleópteros.

**GLAPIR**, n. *glapir*. Chillar, [illegible] un grito agudo ó un aullido [illegible] blando de ciertos animales [illegible] del conejo. || met. Gañir, [illegible] una persona voces muy agudas [illegible] nadas.

**GLAPISSANT, E**, adj. *glapisán* [illegible] gañidor, aullador, que chilla [illegible]

**GLAPISSEMENT**, m. *glapismán* [illegible] do, aullido que dan los [illegible] llos pequeños. || met. Chillido [illegible] trante que da una persona [illegible]

**GLARÉOLE**, f. *glareól*. Zool. [illegible] género de aves zancudas.

**GLAS**, m. *glá*. Toque á [illegible] neo lúgubre y lento, ejecutado [illegible] uniforme de una campana [illegible] fin, la muerte de una persona [illegible] artillería, honor fúnebre. [illegible]

**GLASS-CHORD**, m. *glascord* [illegible] especie de piano inventado [illegible] que en lugar de cuerdas tiene [illegible] les sostenidos por clavijas [illegible] tono al golpear en ellos con [illegible] bolitas de corcho.

**GLATIR**, n. *glatir*. Gañir, [illegible] || Descalabrar. || Hablar [illegible]

**GLATISSEMENT**, m. *glatismán* [illegible] aullido del perro ó de la zorra.

**GLAUBER (SEL DE)**, [illegible] Quím. Sal de Glauber, combinacion [illegible] do nítrico con el ácido vitriólico [illegible] Glauber, químico aleman.

**GLAUBÉRITE**, f. *globerit*. Glauberita, sulfato de sosa y de cal [illegible] se presenta en la naturaleza [illegible] variedad.

**GLAUCA**, f. *glóca*. Mit. [illegible] Saturno y hermana de Pluton. [illegible] amazona célebre.

**GLAUCESCENT, E**, adj. *glo*[illegible] Glaucescente, cuyo color tira [illegible] mar: *feuille glaucescente*.

**GLAUCIA**, f. *glósia*. Mit. [illegible] Escamandra y protegida de [illegible]

**GLAUCIENNE**, f. *glosién*. [illegible] ciance, género de plantas.

**GLAUCIPPE**, f. *glosip*. [illegible] una de las Danaides ó Nereidas [illegible]

**GLAUCIQUE**, adj. m. *glo*[illegible] que es de color verde.

**GLAUCOME**, m. *glocóm*. [illegible] ma, opacidad del cristalino ó [illegible] trasparente del ojo. || Glaucosidad [illegible] dad de los ojos.

**GLAUCONIE ó GLAUCONITE**, [illegible] *ní, gloconit*. Glauconita, variedad [illegible] ó tiza.

**GLAUCONIEUX, EUSE**, adj. [illegible] eus. Glauconoso ó glauconífero [illegible] cargado de glauconita, creta [illegible]

**GLAUCONOME**, m. *glo*[illegible] Glaucónomo, género de [illegible]

**GLAUCOPE**, m. *glocóp*. [illegible] género de aves.

**GLAUCOPÉ, ÉE**, adj. [illegible] peo, que se parece á un [illegible]

**GLAUCOPHYLLE**, adj. [illegible] Glaucófilo, que tiene las hojas [illegible]

**GLAUCURE**, adj. *glocur*. [illegible] que tiene la cola glauca ó [illegible]

**GLAUQUE**, adj. *glóc*. [illegible] es de color verde-[illegible]

**GLAUX**, m. *gló*. Bot. Glauce, [illegible] chosa, planta.

**GLAVELOT ó GLAVEOT**, [illegible] de GLAIVE. *glavló, glaveó* [illegible] chete pequeño.

[illegible], m. ant. *gli.* Chillido, grito, aullidos, gorjeo. || Queja, suspiro, ay. Dolor, tormento.

[illegible], f. *gléb.* Gleba, terron, pedazo [illegible]. || Gleba, heredad, finca, posesion, terreno que tiene un propietario. || *Droit de glèbe*, derecho de gleba, que [illegible] el de patronato y administra[illegible] justicia. || Quim. Tierra que contiene mineral. || Zool. Glebo, género de [illegible].

[illegible], m. *glecom.* Bot. Glecoma, [illegible] de plantas.

[illegible], m. *gleconites.* Vino aro[illegible] con poleo.

[illegible], f. *glén.* Anat. Glena, glenoide, [illegible] externa y mediana de los huesos [illegible] encaje á otro.

[illegible], a. *glend.* Mar. Adujar, recoger [illegible] el resto de los cabos de labor cor[illegible] vueltas de retorno sobre la cubierta [illegible] de los buques.

[illegible], adj. y s. *glenoid.* Anat. [illegible], cavidad del omoplato que recibe [illegible] del húmero.

[illegible], NE, adj. *glenoidién, én.* [illegible], que pertenece á la cavi[illegible].

[illegible], f. *glét.* Quim. Litargirio, óxi[illegible].

[illegible], m. *gleirón.* Zool. Glete[illegible] nombre vulgar de la tamperda.

[illegible], m. *gleucométr.* Gleu[illegible], instrumento que sirve para cono[illegible] del mosto.

[illegible], adj. *gleucometric.* [illegible], que tiene relacion ó analo[illegible] gleucómetro.

[illegible], f. *gliadín.* Quim. Gliadina, [illegible] gluten, de goma y de mucílago.

[illegible], f. *glin.* Chistera, especie de ces[illegible] en que los pescadores [illegible] pesca.

[illegible], NE, adj. *glirién, én.* Zool. [illegible], que se parece á un liron. || *Gli[illegible]* pl. Glirianos, familia de mamí[illegible].

[illegible], m. *glirón.* Liron, especie de [illegible] mayor que los ratones comunes.

[illegible], f. *glisád.* Resbalon, movi[illegible] pié cuando se corre involunta[illegible] sin guardar el aplomo del cuerpo [illegible] terreno resbaladizo. || Cupé, paso de [illegible] se hace arrastrando la planta del [illegible]. Despatarrada, resbalon, movi[illegible] de la pica hácia atras ó hácia ade[illegible]. Resbalon, desbarro, desliz que [illegible] mujer.

[illegible], E, adj. *glisán.* Resbaloso, [illegible], escurridizo. || met. *Pas glis[illegible]* difícil, negocio delicado. || met. [illegible] *glissant*, terreno, campo resbala[illegible] falsa, dificultad de mantenerse [illegible] desgracia : *la cour est un ter[illegible] glissant.* || *Vers glissant*, verso esdrú[illegible] compuesto de sílabas breves.

[illegible], m. *glisé.* Basco, paso de baile [illegible] deslizando el pié.

[illegible], m. *glismán.* Resbalon, [illegible], accion de resbalar ó desli[illegible] cosa.

[illegible], n. *glisé.* Resbalarse, escur[illegible]. || met. y fam. Escurrirse, [illegible] : *cette place qu'il croyait tenir [illegible] entre les mains.* || met. Resbalar, [illegible] de la senda del deber. || Pasar por [illegible] en un asunto perjudicial [illegible]. || met. Hacer poca impresion, [illegible] la atencion. || a. Deslizar, insi[illegible] una idea, sin que parezca ha[illegible] intencion. || prov. *Le pied lui a [illegible]*, se le ha ido el pié, ha resbalado : se [illegible] de una persona cuando por [illegible] ó por imprudencia le ha sobreve[illegible] contratiempo. || *Se glisser*, r. Co[illegible] poco á poco y sin ruido. [illegible], introducirse en algun [illegible] en el corazon, manifestar su in[illegible] deseo con sutileza y amaño.

[illegible], EUSE, m. y f. *gliseur, eus.* [illegible], el que resbala sobre el hielo.

[illegible], f. *glisuár.* Resbaladero, [illegible] camino que hacen los muchachos [illegible] hielo para correr patinos.

**GLOBE**, m. *glób.* Globo, todo cuerpo redundo ó esférico en general. || Conjunto que forman la tierra y el agua reunidas, y se llama globo terrácueo. || Globo, bola de oro superada de una cruz, que sirve de insignia á la dignidad de algunos reyes y del emperador de Alemania. || Globo, cada uno de los astros considerados aisladamente. || Zool. Globo, pescado del género tetrodon. || Globo, especie de urcino. || *Globe terrestre*, globo terrestre, globo de bronce, de carton, etc, en el cual están pintadas las regiones de la tierra. || *Globe céleste*, globo celeste, aquel en el cual están pintadas las constelaciones con sus estrellas. || Anat. Globo, bulbo del ojo cuya forma es globulosa. || *Globe utérin*, globo uterino, tumor que forma el útero despues del parto. || Mil. *Globe de compression*, globo de compresion, proyectil de forma esférica que se arroja para destruir un fuerte, una muralla y toda obra de defensa. || *Globes*, pl. Globos, pechos, tetas, seno de una mujer.

**GLOBEUX, EUSE**, adj. *globeu, eus.* Bot. Globoso, que tiene forma de globo.

**GLOBICEPS**, adj. *globiséps.* Zool. Globíceps, que tiene la cabeza redonda.

**GLOBOSITÉ**, f. V. SPHÉRICITÉ.

**GLOBULAIRE**, f. *globulér.* Bot. Globolaria, maya, coronilla de fraile, género de plantas.

**GLOBULE**, m. *globúl.* Glóbulo, globo pequeño ó bola pequeña.

**GLOBULEUX, EUSE**, adj. *globuleu, eus.* Globuloso, compuesto de glóbulos ó cuerpecillos pequeños y redondos.

**GLOBULINE**, f. *globulin.* Quim. Globulina, vesícula ó vejigas que se pegan diferentemente. || Globulina, sustancia que por su combinacion con la albúmina forma la materia colorante de la sangre.

**GLOIRE**, f. *gluár.* Gloria, reputacion, fama y honor que resulta de las buenas acciones y grandes calidades. || Gloria, majestad, resplandor, hablando de Dios. || Bienaventuranza, mansion de los escogidos. || Gloria, lo que honra y engrandece. || Presuncion, ufanía, vanidad. || Gloria, especie de recompensa moral que la sociedad concede á las virtudes. || Mit. Gloria, divinidad alegórica que está representada en algunas medallas romanas. || Gloria, conjunto de rayos divergentes rodeados de nubes y en cuyo centro se representa ó figura ordinariamente la Santísima Trinidad. || Gloria, trono, decoracion que se presenta en el teatro rodeada de nubes y figurando el descenso ó la ascension al cielo de algun personaje. || Pint. Gloria, representacion de un claro abierto entre nubes rasgadas, que descubre un pedazo de cielo ó de resplandor divino. || Entre los polvoristas, representacion del sol por medio de cohetes en forma de rayos. || *Dire, publier quelque chose à la gloire de quelqu'un*, decir, publicar una cosa en honor de alguno, honrar su memoria. || *Vaine gloire*, vanagloria, ambicion mezquina, apariencia de grandor que corrompe el mérito de las mejores acciones. || *Faire gloire de*, preciarse, vanagloriarse de.

**GLOMÉRER**, a. *glomeré.* Aglomerar, amontonar. || Devanar haciendo ovillos.

**GLOMÉRIDE**, m. *glomerid.* Zool. Gloméride, género de miriápodos.

**GLORIA**, m. fam. *glória.* Gloria, especie de ponche caliente hecho con azúcar, café, aguardiente y cuirasao. || Mar. Gloria, nombre que dan los marineros al té que toman mezclado con aguardiente y con el azúcar de costumbre.

**GLORIER**, n. V. GLORIFIER.

**GLORIETTE**, f. *gloriét.* Agr. Glorieta, casilla de campo.

**GLORIEUSE**, f. *glorieus.* Zool. Gloriosa, nombre vulgar de la raya. || Bot. Gloriosa, hermosa planta de Malabar de la familia de las liliáceas.

**GLORIEUSEMENT**, adv. *glorieusmán.* Gloriosamente, con gloria.

**GLORIEUSET**, adj. dim. de GLORIEUX. *glorieusé.* Gloriosillo.

**GLORIEUX, EUSE**, adj. *glorieu, eus.* Glorioso, lleno de gloria, de honor, hablando de las personas. || Glorioso, digno de gloria, de honor hablando de las cosas. || Glorioso, bienaventurado : dícese de la Virgen y de los ángeles y santos. || fam. Glorioso : se dice de una persona que pasa mucho tiempo sin hacer necesidades corporales. || Glorioso, blasonador, jactancioso. En este sentido se usa á menudo como sustantivo.

**GLORIFIABLE**, adj. *glorifiábl.* Glorificable, que merece ser glorificado.

**GLORIFIANCE**, f. *glorifiáns.* Jactancia, presuncion, accion de alabarse.

**GLORIFIANT, E**, adj. *glorifián.* Glorioso, honroso, que dá honor. || Glorificante, que glorifica.

**GLORIFICATION**, f. *glorificasión.* Glorificacion, elevacion de la criatura á la gloria eterna.

**GLORIFIER**, a. *glorifié.* Glorificar, honrar á Dios. || Glorificar, dar Dios á la criatura la gloria eterna. || *Se glorifier*, r. Glorificarse, hacer vanidad, alarde de alguna cosa. || *Se glorifier dans*, gloriarse de, poner su gloria, su honor en alguna cosa. *Un père se glorifie dans ses enfants.*

**GLORIOLE**, f. *gloriól.* Gloria vana, fútil, humillo de vanidad.

**GLOSE**, f. *glós.* Glosa, explicacion ó interpretacion de un texto oscuro. || Glosa, comento literal, notas que sirven para explicar un texto. || Glosa, en mala parte, reflexiones críticas, interpretaciones añadida á una narracion.

**GLOSER**, a. *glosé.* Glosar, interpretar, comentar, hacer una glosa. || met. y fam. Glosar, criticar. || Glosar, interpretar, tomar en mala parte y con intencion siniestra.

**GLOSEUR, EUSE**, m. y f. *gloseur, eus.* Glosador, el que glosa.

**GLOSSAIRE**, m. *glosér.* Glosario, vocabulario en que se explican las voces oscuras ó exóticas de una lengua.

**GLOSSALGIE**, f. *glosalgí.* Med. Glosalgia, dolor de la lengua.

**GLOSSALGIQUE**, adj. *glosalgic.* Med. Glosálgico, que pertenece á la glosalgia.

**GLOSSANTHRAX**, m. *glosantracs.* Med. Glosántrax, carbunclo de la lengua.

**GLOSSARIPHYTE**, m. *glosarifit.* Bot. Glosarífito, género de plantas sinantéreas.

**GLOSSARRHÈNE**, m. *glosarén.* Bot. Glosareno, género de plantas del Brasil.

**GLOSSATEUR**, m. *glosateur.* Glosador, autor que glosa un libro.

**GLOSSOCARDIE**, f. *glosocardí.* Bot. Glosocardia, género de plantas.

**GLOSSOCÈLE**, m. *glososél.* Cir. Glosocele, afeccion de la lengua que consiste en salirse de la boca.

**GLOSSOCOME**, m. *glosocóm.* Cir. Glosocomo, instrumento para obtener la consolidacion en los casos de fracturas del muslo ó de la pierna. || Glosocomo, máquina compuesta de ruedas con dientes y que sirve para levantar los fardos grandes.

**GLOSSODERME**, m. *glosodérm.* Zool. Glosodermis, género de conchas.

**GLOSSOGRAPHE**, m. *glosográf.* Filol. Glosógrafo, que escribe ó ha escrito sobre las lenguas.

**GLOSSOGRAPHIE**, f. *glosografí.* Anat. Glosografía, descripcion de la lengua. || Filol. Glosografía, estudio de una lengua, de la nomenclatura de esta lengua.

**GLOSSOGRAPHIQUE**, adj. *glosografic.* Glosográfico, que pertenece á la glosografía.

**GLOSSOÏDE**, adj. *glosoid.* Glosoides, que tiene la figura de una lengua humana.

**GLOSSOLEPTE**, adj. *glosolépt.* Zool. Glosolepto, que tiene la lengua prensible.

**GLOSSOLOGIE**, f. *glosologí.* Anat. Glosologia, parte de la anatomía que trata de la lengua. || Med. Glosologia, estudio de las enfermedades de la lengua.

**GLOSSOLOGIQUE**, adj. *glosologic.* Glosológico, que pertenece á la glosologia.

**GLOSSOMANIE**, f. *glosomaní.* Glosomania, manía de charlar.

**GLOSSOMANCIE**, f. *glosomansí.* Glosomancia, arte de adivinar por la inspeccion de la lengua.

**GLOSSOME**, m. *glosóm.* Bot. Glosomo, arbusto de la Guyana.

**GLOSSOPÈTRE**, m. *glosopétr.* Minér. Glosopetra, especie de piedra preciosa.

**GLOSSOTOMIE**, f. *glosotomí*. Anat. y Cir. Glosotomía, diseccion anatómica de la lengua. || Glosotomía, amputacion de la lengua.

**GLOSSOTOMIQUE**, adj. *glosotomic*. Glosotómico, que pertenece á la glosotomía.

**GLOTTE**, f. *glót*. Anat. Glotis, orificio ó abertura superior de la laringe. || Los antiguos daban este nombre á una parte de sus flautas.

**GLOTTIDION**, m. *glotidión*. Bot. Glotidion, planta leguminosa de la Carolina.

**GLOTTITE**, f. *glotit*. Med. Glotitis, inflamacion de la glotis.

**GLOTTORANT**, E, adj. *glotorán*. Crotorante, que grita como la cigüeña.

**GLOTTORER**, n. *glotorí*. Crotorar, castañetear, gritar como la cigüeña.

**GLOUGLOU**, m. *gluglú*. Gluglú, ruido que hace cualquier líquido al salir de una botella.

**GLOUGLOUTER** ó **GLOUGLOTTER**, n. *gluglutí*, *gluglotí*. Gorgorear, cloclear el pavo.

**GLOUSSEMENT**, m. *glusmán*. Cloqueo, sonido que forma la gallina cuando está clueca.

**GLOUSSER**, n. *glusé*. Cloquear, cantar la gallina cuando está clueca.

**GLOUSSETTE**, f. *glusét*. Zool. Glosetа, gallina de agua.

**GLOUTERON**, m. *glutrón*. Bot. Pegamacera, lampazo. V. BARDANE.

**GLOUTIR**, a. V. ENGLOUTIR.

**GLOUTON**, NE, adj. *glutón*, *ón*. Gloton, que come con avidez y con exceso por costumbre. Es tambien sustantivo: un *glouton*, une *gloutonne*. || m. Gloton, especie de tejon de Laponia, cuya piel es muy estimada.

**GLOUTONNEMENT**, adv. *glutonmán*. Vorazmente, con glotonería.

**GLOUTONNERIE**, f. *glutonrí*. Glotonería, gula, vicio en el comer.

**GLOXINE**, f. *glocsín*. Bot. Gloxina, género de plantas de Méjico.

**GLU**, f. *glú*. Liga, materia viscosa que se hace con la fruta de la planta del mismo nombre, y que se pega con fuerza á los cuerpos que la tocan. Se usa generalmente para coger pajarillos.

**GLUANT**, E, adj. *gluán*. Pegajoso, viscoso, que es de la naturaleza de la liga. || met. Pegajoso, tenaz, que sigue por todas partes.

**GLUAUX**, m. pl. *gluó*. Varetas de liga para caza de pajarillos.

**GLUCKISME**, m. *gluquism*. Gluquismo, sistema musical de Gluk.

**GLUCYNE**, f. *glusín*. Glucina, tierra de que se compone en gran parte la esmeralda.

**GLUCYNIUM** ó **GLUCYUM**, m. *glusiniom*, *glúsiom*. Glucinio ó glucio, metal que se saca de la glucina.

**GLUCYQUE**, adj. m. *glusic*. Glúcico, que pertenece á la glucina.

**GLUER**, a. *glué*. Ligar, pegar, embadurnar con cosa pegajosa.

**GLUET**, m. *glué*. Glueta, planta de la isla de Borbon.

**GLUI**, m. *gluí*. Agr. Bálago, paja de centeno.

**GLUME**, f. *glúm*. Bot. Gluma, nombre que dan los botánicos á las escamas secas que cubren cada flor de las gramíneas.

**GLUTAGO**, f. *glutágo*. Bot. Glutago cuyas bayas son glutinosas.

**GLUTEN**, m. *glutén*. Glúten, voz de los naturalistas para denotar la materia pegajosa que une unos cuerpos con otros: sustancia vegetal que contiene hidrógeno, oxígeno, carbono y ázoe y se halla en la simiente de las gramíneas.

**GLUTINANT**, adj. *glutinán*. Med. Glutinoso, viscoso. Se dice de un remedio que conglutina, que se pega como la liga.

**GLUTINAIRE**, f. *glutinér*. Bot. Glutinaria, salvia de la que por los poros de su corteza sale un quilo resinoso.

**GLUTINATION**, f. *glutinasión*. Cir. Aglutinacion, accion de juntar las partes del cuerpo divididas, como en las heridas.

**GLUTINEUX**, EUSE, adj. *glutineu*, *eus*. Glutinoso, que contiene ó se asemeja al glúten.

**GLYCÉRINE**, f. *gliserín*. Quim. Glicerina, principio dulce de los aceites.

**GLYCONIEN** ó **GLYCONIQUE**, adj. m. *gliconién*, *gliconic*. Gliconio ó glicónico: se dice de un verso griego y latino compuesto de un espondeo y dos dáctilos.

**GLYCYRRHIZINE**, f. V. GLYCYRRHISITE.

**GLYCYRRHIZITE**, f. *glisirisít*. Bot. Regaliza de América.

**GLYPHE**, m. *glif*. Arq. Glifo, mediacaña que sirve de adorno.

**GLYPHIE**, f. *glifí*. Bot. Glifia, planta de Madagascar.

**GLYPHIQUE**, adj. *glific*. Glífico, que está cargado de esculturas.

**GLYPHISODON**, m. *glifisodón*. Zool. Glifisodon, género de pescados que se encuentran en las dos Indias.

**GLYPTIQUE**, f. *gliptic*. Glíptica, arte de grabar sobre las piedras preciosas.

**GLYPTOGNOSIE**, f. *gliptognosí*. Gliptognosia, conocimiento de las piedras grabadas.

**GLYPTOGRAPHE**, m. *gliptográf*. Gliptógrafo, el que se ocupa de la gliptografía.

**GLYPTOGRAPHIE**, f. *gliptografí*. Gliptografía, estudio de las piedras grabadas antiguas.

**GLYPTOGRAPHIQUE**, adj. *gliptografic*. Gliptográfico, que pertenece á la gliptografía.

**GLYPTOLOGIE**, f. *gliptologí*. Gliptología, tratado sobre las piedras grabadas antiguas.

**GLYPTOLOGIQUE**, adj. *gliptologic*. Gliptológico, que concierne á la gliptología.

**GMELIN**, m. *gmlén*. Bot. Gmelino, árbol espinoso de la India.

**GNANCU**, m. *gnancú*. Nangú ó nandú, águila de Chile.

**GNATHITE**, f. *gnatít*. Med. Gnatitis, inflamacion de la mejilla.

**GNATHOPLÉGIE**, f. *gnatoplegí*. Med. Gnatoplegia, parálisis de las mejillas.

**GNATHORRHAGIE**, f. *gnatoragí*. Med. Gnatorragia, derramamiento de sangre por las paredes internas de las mejillas.

**GNEISS**, m. *gnés*. Egnesia, roca primitiva, compuesta de cuarzo, de feldespato y de mica.

**GNET**, m. *gné*. Bot. Gne, árbol de la India y de las islas Molucas, cuyo tronco tiene muchos nudos y es muy ramoso.

**GNIDIENNE**, f. *gnidién*. Nidiana, planta originaria del África, notable por sus flores.

**GNIOLE**, f. *gniól*. Coca, agujero que hacen los chicos con la punta de un peon dando en otro. || Coca, por extension se dice por golpe. || sust. y adj. Entre el vulgo se dice por tonto, lelo, torpe, lerdo.

**GNOME**, m. *gnóm*. Gnomo, genios que los cabalistas fingen vivir dentro de la tierra. || Gnomo, aforismo, sentencia breve y doctrinal. || Zool. Gnomo, género de insectos.

**GNOMIDE**, f. *gnomíd*. Hembra del gnomo.

**GNOMIQUE**, adj. *gnomíc*. Gnómico, calificacion dada á los poemas que incluyen máximas ó sentencias.

**GNOMOLOGIE**, f. *gnomologí*. Gnomología, filosofía sentenciosa.

**GNOMOLOGIQUE**, adj. *gnomologic*. Gnomológico, sentencioso, que pertenece á la gnomología. Se usa rara vez.

**GNOMOLOGUE**, m. *gnomológue* Gnomólogo, escritor sentencioso.

**GNOMON**, m. *gnomón*. Astr. Gnómon, aparato que usan los astrónomos para conocer la altura del sol y principalmente el solsticio. || Gnómon, cuadrante solar y tambien varita de hierro con que se señalan las horas en los relojes de sol.

**GNOMONIQUE**, f. *gnomonic*. Gnomónica, ciencia que enseña el modo de hacer los relojes de sol.

**GNOSE**, f. *gnós*. Gnosis, en muchas escuelas filosóficas se daba este nombre á una ciencia superior á las creencias vulgares.

**GNOSIMAQUE**, m. *gnosimác*. Gnosimaco, nombre que se dió a los adeptos de una secta cristiana que condenaba todos los conocimientos del ingenio humano.

[illegible], m. [illegible] dismo, sistema de los gnósticos.

**GNOSTIQUE**, m. *gnostic*. [illegible] bre de unos herejes que [illegible] los primeros tiempos de la Iglesia.

**GNOU**, m. *gnú*. Zool. [illegible] rumiante de África del tamaño [illegible]

**GO (TOUT DE)**, adv. vulg. [illegible] rondon, sin decir oste ni moste [illegible] por su casa.

**GOACOUAZ**, m. *goacuás*. [illegible] árbol que da el bálsamo de tolú.

**GOAN**, m. *goán*. Goan, árbol [illegible] que da, siendo quemado, [illegible] componen la verdadera tacia.

**GOAZIL**, m. *goasíl*. Alguacil [illegible] dante de un fuerte en Persia. [illegible] la palabra árabe ouazil, de la que [illegible] paña se ha hecho alguacil.

**GOBBE**, f. *gób*. Bola de [illegible] atosigar los perros. || Vet. V. [illegible]

**GOBELET**, m. *goblé*. Cubilete [illegible] cristal, plata ú otra materia [illegible] alto que ancho, sin asas, que [illegible] servia para beber. || Cubilete, [illegible] guamente se daba este nombre [illegible] con pié, en donde se servian [illegible] vinos generosos. || Cubilete, [illegible] el palacio real la panatería y [illegible] Cubilete, utensilio en forma de [illegible] sirve para los juegos de manos. [illegible] *Joueur de gobelets*, jugador de [illegible] que busca ocasion para engañar á [illegible] nas con quienes trata. || met. [illegible] *let*, chasco, petardo, hecho por [illegible] sorprende la buena fe de alguien [illegible] podia sospechar ni prever.

**GOBELÉTERIE**, f. *gobletrí*. [illegible] fábrica y comercio de cubiletes [illegible]

**GOBELETIER**, m. *gobletié*. [illegible] obrero que trabaja en los cubiletes [illegible] letero, tratante en cubiletes.

**GOBELIN**, m. *goblén*. Espectro [illegible] || Vampiro. || Trasgo, duende, [illegible] demonios caseros. || *Gobelins*, pl. [illegible] manufactura de granos y tapices [illegible]

**GOBELOTTER**, n. *gobloté*. [illegible] echar copitas, traguitos. Solo se usa [illegible] el pueblo bajo.

**GOBE-MOUCHES**, m. [illegible] Papamoscas, catarañа, especie de [illegible] que coge y come las moscas. || Papamoscas, [illegible] aves que se alimentan de moscas y [illegible] sectos volátiles: solo se conocen [illegible] cies en Europa. || Bot. Papamoscas, [illegible] en cuyo tronco viscoso se quedan [illegible] moscas y otros insectos. || met. y [illegible] moscas, hombre que se ocupa de [illegible] || Papamoscas, hombre que cree [illegible] de noticias.

**GOBE-MOUTON**, m. [illegible] carnero, píldoras que hacen [illegible] nados.

**GOBER**, a. *gobé*. Zampar, [illegible] ber de un golpe. || met. y fam. [illegible] de lijero. || Agarrar, coger á alguien [illegible] peton.

**GOBERGE**, f. *gobérge*. Pértiga [illegible] los ebanistas para sostener las [illegible] que están pegados recientemente. [illegible] tilla, especie de merluza. || [illegible] tablitas para asegurar el jergon [illegible]

**GOBERGER (SE)**, r. fam. [illegible] godearse, estar de chacota, [illegible] guno. || Repapilarse, regalarse.

**GOBET**, m. *gobé*. Bocado que [illegible] met. y fam. *Prendre un homme* [illegible] agarrar á uno de los cabezones, [illegible] garra para llevarle preso. || [illegible] ravel.

**GOBETER**, a. *gobté*. Rellenar [illegible] los huecos entre las piedras de una [illegible]

**GOBEUR**, EUSE, adj. *gobeur*, [illegible] gon, que traga. || m. fam. Gomia, [illegible] ton, tragon, el que come ó traga [illegible] y voracidad. || Gomia, barquero [illegible] que guia y descarga las barcas [illegible] Gomia, bobalicon, que se cree [illegible] le dicen.

**GOBIE**, m. *gobí*. Zool. Gobio, [illegible] pescados.

**GOBILLARD**, m. *gobillár*. Costilla de cuba ó tablas preparadas para hacer [illegible] tas.

...LE, f. gobill. Bolita de piedra con ... los niños. || Art. Instrumento ... para hacer botones de hueso.

..., m. gobén. Corcovado. Se dice de ... lo es y solo se llama así por des... un poco. || C'est un petit gobin, ... gobin, es un chiquillicuatro, un ...: un hombrecillo entremetido.

..., m. gobléin. Coco, cancon, fan... meter miedo á los niños.

..., m. gobóya Goboya, serpiente ... que se conoce en el Brasil.

..., f. gobridl. Tiestero, pedazo ... generalmente redondo, que sirve ... principal, y sobre el que se ponen ... partes que componen una glorieta ...

..., m. goeé. Columna de cama.

..., m. gochó. Zool. Gocheto, con... Senegal.

..., m. godáge. Fuelle, pliegue de ...

..., f. fam. godáll. Borrachera, ..., estado de un hombre que se ...

..., n. fam. godallé. Echar ... cortadillos, beber en muchas veces; ... el pasaporte, como dice el vulgo. ... Agárico, especie de hongo.

..., EUSE, m. y f. godalleur, ..., que echa tragos, que le gusta ... muchas veces.

..., f. godál. Cerveza fuerte.

..., interj. goddém. Pese á tal, ...: juramento inglés, que la per... lo profiere aplica á sí misma ó á ..., sobrenombre que da el vulgo ...

..., m. fam. godón. Lazo, trampa, ... Donner dans le godan, caer ..., en el lazo, en la red.

..., m. godér. Sibarita, hombre ... á los placeres de la mesa. || Go... nombre que se da á los cisnes cuan... ...

..., m. gód. V. GADE. || f. Zool. Goda, ... y negro que vuela con mucha ... || Goda, medida extranjera que ... á un metro y cincuenta centíme...

..., f. V. GODAGE.

...LUREAU, m. satir. y fam. godlaró. ..., jóven que se hace el galante ... las señoras, y cuyo mérito con... en afectar elegancia.

..., f. V. GOODENIE.

...OT, m. godnó. Títere, muñeco, ... que juegan los titiriteros. || fam. ..., chuchumeco, apodo con que se ... mala figura y acciones inconside... un hombre chico.

...SAC, m. godansác. Baston de ... usan los Flamencos.

..., n. godé. Hacer pliegues ó fue... ...

..., m. godé. Cortadillo, vasito para ... Cazo, vasija redonda con un rabo ... sirve para sacar agua de una va... || Cangilon, arcaduz de noria, ... á la rueda de ella sirve para sacar ... Saleerilla, tacita para poner los ... Calderilla pequeña que se pone en ... para recibir el aceite que sale ... Dedal.

..., m. godiche. Se decia antigua... Claude, Claudio. || adj. vulg. Ler... ..., que no hace las cosas bien. ... sustantivo: c'est un godiche.

..., NE, adj. dim. de GODICHE. ..., dn. Bobalicon, muy torpe, muy ...

..., f. ant. godín. Ociosa, perezosa, ... á una mujer.

...ETTE, f. ant. dim. de GODINE. ... || Querida; mujer de ... || vulg. Baiser en godinette, be... ...

...EAU, m. godieó. Pastel de terne... y alcachofas, ó con menudo pi... ...

..., m. godón. Cómodo, amigo de ... de la mesa. || Se usa tambien ... de Claude, ya sea hablando de ... ó de una niña.

GODOYE, f. godué. Bot. Godoya, género de plantas de América.

GODRON, m. godrón. Rizado, atadillo, bollos, pliegues que se hacen en los jubones, camisas y tocados de mujer. || Rizador, hierro con que se hacen los bollos, pliegues, etc. En estas dos acepciones es anticuado. || Art. Filetes ó mediascañas que se hacen en las orillas de alguna vajilla. || Filetes ó mediascañas que se hacen en las obras de escultura y ebanistería.

GODRONNAGE, m. godronáge. Plegadura, accion de plegar. || Plegadura, resultado de esta accion.

GODRONNÉ, ÉE, adj. godroné. Plegado, abollonado. || Bot. Feuille godronnée, hoja abollonada cuyos bordes están plegados naturalmente.

GODRONNER, a. godroné. Plegar, alechugar, abollonar con cierto hierro la ropa blanca almidonada. || Encañonar, hacer mediascañas, piedras en mármoles, muebles, etc.

GODRONNEUR, EUSE, m. y f. godroneur, eus. Bollador, trabajador que hace bollos, hierros para alechugar.

GODRONNOIR, m. godronuár. Cincel pequeño que sirve para formar relieves.

GODURE, f. godér. Encuad. Arruga de un libro por mal batido ó por defecto del papel.

GOËLAND, m. goelán. Zool. Gaviota, ave marítima.

GOËLETTE, f. goelét. Zool. Golondrina de mar. || Mar. Goleta, barco pequeño de dos palos, usado mas generalmente en los Estados Unidos y en las Antillas.

GOËMON, m. goemón. Bot. Fuco, ova, yerba lijerísima que se cria en las rocas del mar.

GOERTAN, m. goertán. Zool. Pico verde del Senegal.

GOET ó GOUET, m. goe, gué. Hort. Uva jaen.

GOÉTHÉE, f. goeté. Bot. Goeta, género de plantas del Brasil.

GOÉTIE, f. goesí. Goecia, especie de magia en la que se invocaban los demonios para dañar á los hombres. Es lo contrario de théurgie.

GOÉTIEN, NE, m. y f. goesién, én. Goecio, el que ejerce la goecia.

GOÉTIQUE, adj. goetíc. Goético, que pertenece á la goecia.

GOFFE, adj. góf. Grosero, tosco, chabacano, basto, sin pulimento ni labor. || m. Lenguaje vulgar ó lenguaje del pueblo.

GOFFEMENT, adv. ant. gofmán. Chabacanamente, groseramente. || Miserablemente.

GOFFERIE, f. gofrí. Chabacanada, grosería, descortesía, falta de atencion.

GO-FIAKKAL ó GO-FIAKKAI, m. gofiacal, gofiaqué. Gofiacal ó gofiacai, libro sagrado de los Japoneses que contiene los 500 consejos en que consiste toda la perfeccion del budismo.

GOGAILLE, f. gogáll. Gaudeamus, francachela, comilona, fiesta, comida y bebida abundante, en donde hay regocijo.

GOGO (À), loc. adv. agógo. Con conveniencia, con abundancia, á cuerpo de rey. Vivre à gogo, vivir á lo canónigo.

GOGUELU, E, adj. vulg. goglú. Ricote, adinerado, bien medrado, orgulloso de su riqueza.

GOGUENARD, E, adj. fam. gognár. Chocarrero, que dice chocarrerías: generalmente se toma en el sentido de truhan, fullero.

GOGUENARDER, n. gognardé. Chocarrear, truhanear, decir chocarrerías, estar de broma.

GOGUENARDERIE, f. gognardrí. Chocarrería, chanza, burla pesada, bufonada, chanza grosera.

GOGUER (SE), r. ant. gogue. Regocijarse, estar de buen humor.

GOGUETTE, f. goguét. Picadillo de cerdo. || Festin sin ceremonia, con toda libertad || Taberna en donde el pueblo bebe y canta. || Goguettes, pl. Chilindrinas, chuñetas, burla ó dicho picante. Etre en goguettes, estar de buen humor, estar alegre, chispa. || Chanter goguettes à quelqu'un, llenar á alguno de injurias, decirle el nombre de las pascuas, muchas frescas.

GOIART, m. goiár. Podon, especie de podadera. || Azadon, para cavar la tierra.

GOIFFON, m. guafón. Golfon, nombre comun del gobio, pescado de rio.

GOILAND, m. V. GOELAND.

GOINFRADE, f. güenfrád. Glotonería, golosina.

GOINFRE, m. güenfr. Gastrónomo sin delicadeza, el que solo piensa en comer.

GOINFRER, n. güenfré. Glotonear, tragar, comer mucho y con ansia.

GOINFRERIE, f. güenfrrí. Glotonería, gula, accion de comer con ansia y sin delicadeza.

GOÎTRE ó GOËTRE, m. guátr, goétr. Papera, escrófulas en la garganta, tumor que se forma delante de la traquearteria y de la laringe. Tambien se llaman lamparones. || Vet. Vejiga, tumor mas ó ménos grande lleno de agua, que se aumenta ó disminuye segun el temporal. || Bot. Salidas laterales que presentan algunas partes de los vegetales.

GOÎTREUX, EUSE, adj. guatreu, eus. Bocioso, que padece ó es propenso á tener paperas ó lamparones. || Zool. Goitroso, que tiene dilatada la parte inferior del cuello ó del cuerpo. || Goitroso, se dice de una especie de paloma que infla prodigiosamente el papo cuando aspira. || m. Goitroso, nombre vulgar del pelícano.

GOÎTRIE, f. guatrí. Med. Rocio, enfermedad de la garganta.

GOIZ, m. guáz. Machete, alfanje, especie de espada ancha y corta de un solo filo.

GOLANGO, m. golángo. Golango, especie de antílope.

GOLFE, m. gólf. Golfo, brazo de mar, mas ó ménos grande, que se interna un gran trecho dentro de la tierra.

GOLFICHE, f. golfiche. Zool. Golfiche, concha que tiene el brillo del nácar.

GOLIARD, m. ant. goliár. Burlon, chancero, hombre aficionado á bromas.

GOLIATH, m. goliát. Goliat, gigante filisteo, muerto por David. || met. Hombre muy grande, por alusion al gigante del mismo nombre de quien habla la Biblia.

GOLILLE ó GOLILE, f. golíll, golil. Golilla, cierto adorno del cuello que se usaba en el traje español.

GOLIS, m. golí. Monte ó bosque cuyos árboles tienen veinte años. || El árbol mismo.

GOLTSCHUT, m. golchú. Golchut, moneda en barra de oro que viene de la China, que se considera allí como mercancía mas que como moneda corriente.

GOM, m. góm. Grano que se recoge en la Mingrelia.

GOMARE, f. gomár. Bot. Gomara, género de plantas del Perú.

GOMARIEN, NE, y GOMARISTE, adj. y s. gomarién, en, gomarist. Gomarista, especie de calvinistas de Holanda, discípulos de Gomar.

GOMBAUT, m. gonbó. Bot. Gombau, guimbombo, planta malvácea cuyo fruto se come en las Antillas.

GOMÉDA, m. goméda. Mit. Gomeda, sacrificio religioso que hacen los Indios á Cali considerado como Hécate.

GOMÈNE, f. gomén. Mar. Gúmena, cable del áncora.

GOMER, m. gomér. Lengua de la antigua tribu céltica de los Cimbros ó Camerianos.

GOMÈSE, f. goméz. Bot. Gomesa, planta del Brasil.

GOMGOM, m. gomgóm. Gongom, instrumento de música de los Hotentotes.

GOMMAGE, m. gomáge. Engomadura, accion de engomar. || Engomadura, resultado de esta accion.

GOMME, f. góm. Bot. Goma, sustancia viscosa que destilan ciertos árboles. || Gomme adragante. V. ADRAGANT. || Gomme lacque, goma laca. || Gomme hédérée, goma yedra. || Gomme karane, goma caraña. || Gomme sapin ó séraphique, goma sagapeno, serafin. || Gomme-gutte, gutagamba, tajamba.

**GONDOULI**, m. *gondulí*. Gondulí, arroz de superior calidad, que se cultiva en las grandes Indias.

**GONDOUSLETTI**, f. pl. *gondusletí*. Com. Gondusleti, hilo de algodon muy fino.

**GONDULA**, f. *gondúla*. Mit. Góndula, diosa que los Escandinavos invocaban en los combates.

**GONE ó GONELLE**, f. *gon, gonél*. Zool. Gonela ó gona, género de animalillos infusorios.

**GONÈLE, GONELLE ó GONNELLE**, f. *gonél*. Gonela, vestido de hombre ó de mujer. || Mil. Gonela, especie de cota de armas.

**GONÉNION**, m. *gonenión*. Zool. Gonenion, pescado del mar de Sicilia.

**GONFALON**, m. *gonfalón*. Gonfalon, pendon, estandarte de iglesia, insignia que usan las comunidades religiosas y las cofradías. || Gonfalon, banderola terminada en punta con que los antiguos caballeros adornaban su lanza, á la manera que hoy la usan los soldados de caballería. || Gonfalon, palio cerrado que llevan en Roma delante de las procesiones de las grandes iglesias en caso de lluvia.

**GONFALONIER ó GONFANONIER**, m. *gonfalonié, gonfanonié*. Gonfalonero, que lleva el gonfalon. || Gonfalonero, título que se dió á los jefes de algunas repúblicas modernas de Italia; despues significó oficial de policía. || *Gonfalonier de l'Eglise*, gonfalonero de la iglesia, protector que los papas establecieron en algunas ciudades de Italia durante la lucha de la Santa Sede con los emperadores.

**GONFANON**, m. V. GONFALON.

**GONFLÉ, ÉE**, adj. *gonflé*. Hinchado. || met. Hinchado, inflado, orgulloso, engreido.

**GONFLEMENT**, m. *gonflmán*. Med. Hinchazon, aumento morboso de volúmen de una parte del cuerpo. || Hinchazon, levantamiento.

**GONFLER**, a. *gonflé*. Hinchar, inflar, llenar con aire alguna cosa: *gonfler une vessie, un ballon*. || *Gonfler d'orgueil*, ensoberbecer, llenar de vanidad, envanecer. || n. Hincharse ó entumecerse alguna cosa por cualquiera causa que sea. || *Se gonfler*, r. Hincharse, ser hinchado. || Hincharse, hartarse, llenarse. || Hincharse, entumecerse, crecer. || met. Envanecerse, engreirse, ponerse hinchado ó inflado de vanidad.

**GONG**, m. *gón*. Gongo, instrumento de música que usan los Chinos y los Indios.

**GONGAMPEMBA**, m. y f. *gongampémba*. Gongampemba, nombre genérico con que designan los habitantes de Congo á sus dioses.

**GONGORE**, f. *gongór*. Bot. Góngora, género de plantas [illegible] del Perú.

**GONGORISME**, m. *gongorism*. Gongorismo, afectacion que se introdujo en la literatura española por querer imitar el estilo poético de Góngora.

**GONGORISTE**, adj. *gongorist*. Gongorista, que pertenece al gongorismo. || m. Imitador y partidario de Góngora.

**GONGRONE**, f. *gongrón*. Med. Gongrona, tumor redondeado y duro que se forma en la garganta. || Gongrona, tubérculo redondo que se forma en los troncos de los árboles.

**GONGYLODE**, adj. *gongilód*. Bot. Gongilode, que tiene la forma de una cabeza redonda.

**GONGYLOPHIDE**, m. *gongilofid*. Zool. Gongilofide, genero de serpientes.

**GONICHON**, m. *gonichón*. Com. Alcatraz que cubre el azúcar en pan.

**GONIER**, m. *gonié*. Bot. Goniero, arbusto de la China.

**GONILLE**, f. *gonill*. Golilla, especie de valona á la española.

**GONIN**, m. *gonen*. Marrajo, camastron, hombre astuto, difícil de engañar y de dañada intencion. || *C'est un maître gonin*, es un sorrastron, un gran perillan, un pícaro. Tambien se dice: *voilà un tour de maître gonin; il va leur jouer un tour de maître gonin, etc.*

**GONIOCÉPHALE**, adj. *goniosefal*. Zool. Goniocéfalo, que tiene la cabeza angulosa. || m. Goniocéfalo, género de reptiles.

**GONIODACTYLE**, m. *goniodactil*. Zool. Goniodáctilo, reptil de la especie anterior.

[illegible]

**GONOSTÉMONE**, m. [illegible] Gonostémono, género de [illegible] de Buena Esperanza.

**GONOSTOME**, m. [illegible] pistomo, pescado de [illegible]

**GONOTYE**, m. [illegible] Zool. [illegible] ro de crustáceos del Mediterráneo.

**GONOTRIQUE**, f. [illegible] trica, género de hongos.

**GONOVAS**, m. [illegible] se un poco amargo, [illegible] que los habitantes de Guinea [illegible] purificar las aguas del país, [illegible] regular mediano.

**GONSOU**, m. [illegible] cha del Senegal.

**GONYALGIE**, f. V. [illegible]

**GONYANTHE**, m. [illegible] to, planta de Java.

**GONYLEPTE**, m. [illegible] lepto, género de arañas.

**GONZALÉE**, f. [illegible] género de plantas del Perú.

**GOODENIE**, f. [illegible] género de plantas de la Nueva [illegible]

**GOODIE**, f. *goodí*. Bot. [illegible] leguminosa de la Nueva Holanda.

**GOPIA**, f. *gópia*. Mit. [illegible] manas de los Indios.

**GOR**, m. *gór*. Bot. [illegible] las márgenes del Niger. [illegible]

**GORAO**, m. *gorao*. Com. [illegible] seda que se fabrica en la India.

**GORD**, m. *gór*. Canal [illegible] construye en un rio. || [illegible] que separa las venas de [illegible]

**GORDIEN, NE**, adj. [illegible] diano, que pertenecia [illegible] Frigia. || Hist. *Nœud gordien*, [illegible] no, nudo que ataba el [illegible] carro de Gordio, antiguo [illegible] cual estaba hecho con tal [illegible] podian descubrir los cabos. [illegible] tal, obstáculo que parece [illegible] *Trancher le nœud gordien*, [illegible] gordiano, salir de una dificultad [illegible] por alguna medida pronta, [illegible]

**GORDIUS**, m. *gordius* [illegible] variedad de mariposa.

[illegible], m. gordón. Bot. Gordon, género de plantas malváceas de la América [illegible].

[illegible], f. gordoni. Bot. Gordonia, de plantas de las dos Indias.

[illegible], m. goréné. Zool. Gorende, [illegible] grande.

[illegible], m. gorí. Gorrino, lechon, co- que todavia mama. || Puerco, nom- [illegible] de un pescado que se llama así [illegible] patas. || met. y fam. Gorrino, [illegible] hombre ó muchacho sucio, poco || Art. Gorrino, primer oficial de [illegible]ría. || Mar. Escoba de rama para [illegible] los fondos del buque.

[illegible], a. gorié. Mar. Limpiar los [illegible] del buque, barrer el navío.

[illegible], m. gorfú. Zool. Gorfu, género de la familia de los mancones.

[illegible], f. górge. Garganta, parte ante- [illegible] cuello. || fam. Cuello, garganta y [illegible] una mujer. || Garganta, tragadero, [illegible] interior del cuello, por donde pa- [illegible] y bebidas desde la boca al es- [illegible] Cette huile prend à la gorge, este [illegible] agarra á la garganta. || Arq. Mol- [illegible] perfil cóncavo. || Mil. Gola, entrada [illegible] fortificacion por la parte de la plaza. [illegible], moldura ó perfil que rodea un ca- [illegible] desfiladero, garganta, paso estrecho [illegible] de una montaña, de una cordille- [illegible], la madre que naturalmente se [illegible] torrentes de agua que se precipi- [illegible] montes. || Hueco que abrazan las [illegible] el agua para recoger el pescado. || [illegible] luna ó gargantil, semicírculo [illegible] las bacías de barbero para adap- [illegible] cuello. || Gola, parte del resorte de [illegible] que en la parte interior rodea el [illegible] por donde entra la llave. || Garganta [illegible]. || Garganta de campana. || fam. Serrer la gorge, apretar el gaño- [illegible]. V. GOSIER. || prov. y met. [illegible] franc mâle, il a la gorge noire, [illegible] de pro, de pelo en pecho, de co- [illegible] Cet argument, cette pièce, etc., lui [illegible] gorge, este argumento, este docu- [illegible], echa á fondo su causa, destruye [illegible]. || Tendre la gorge, rendir [illegible] resistencia. || Tenir quelqu'un à [illegible], tener á uno cogido, á su disposi- [illegible] al estado de no poder resis- [illegible] lo que se exija de él. || Chanter [illegible] gorge, cantar con la garganta, de [illegible] saber modificar la voz sino con es- [illegible] garganta. || Avoir un nœud à la [illegible] un nudo en la garganta: sentir [illegible] la contraccion que producen las [illegible] del ánimo. || Rire sous gorge ó [illegible], reir para sus adentros. || Rire à [illegible] déployée, reir á carcajadas. || Crier à [illegible] gorge, gritar con todas sus fuerzas. || [illegible] gorge chaude de quelque chose, [illegible] una cosa, aprovecharse de ella. || [illegible] gorges chaudes, tomar pasatiem- [illegible] alguno. || Roues à gorge, ruedas [illegible] ó de llantas acanaladas. || Atta- [illegible] bastion par la gorge, atacar el [illegible] de un fuerte por la gola.

[illegible]-BLANCHE, f. gorgeblánche. Zool. [illegible] blanco, nombre que se da á algunas [illegible] esta circunstancia.

[illegible]-DE-PIGEON, adj. gorgedpijón. [illegible] pichon, color colombino, alorna- [illegible] usa tambien como sustantivo.

[illegible]-FOUILLE, f. gorgefull. Cepillo [illegible], instrumento de carpintería.

[illegible]-JAUNE, f. gorgejón. Zool. Tri- [illegible] higueras, especie de pájaro.

[illegible]-NOIRE, f. gorgenuár. Cuello ne- [illegible] semejante al ruiseñor.

[illegible]-NUE, f. gorgenú. Zool. Pecho des- [illegible] de pájaro semejante á la perdiz.

[illegible]-ROUGE, f. gorgerúg. Zool. Silvia [illegible] de pájaro.

[illegible], ÉE, adj. gorgé. Harto, lleno, [illegible], hinchado. || Vet. Ce che- [illegible] jambes gorgées, este caballo tiene [illegible] cargadas, hinchadas. || Blas. [illegible]: se dice de un leon que en un es- [illegible] tiene al cuello una corona de [illegible]. Lion gorgé, leon gorjado. || [illegible] gorgé d'or et d'argent, estar muy [illegible] de oro y plata. || Gorgé m. [illegible], especie de mariposa.

GORGÉE, f. gorgé. Buchada, bocanada, trago, sorbo, la cantidad de líquido que se puede tragar de una vez ó se puede contener en la boca.

GORGER, a. gorgé. Saciar, hartar, atestar, dar de comer con exceso. || met. Colmar, llenar de bienes, de riquezas, de despojos. || Vet. Hinchar. || n. Estar encartado (se usa en el juego del reversino bajo esta acepcion). || Se gorger, r. Hartarse, comer ó beber con exceso. || met. Saciarse, hartarse, adquirir con grande abundancia lo que se busca con avidez. || Se gorger de richesses, de butin, saciarse de riquezas, cargarse de botin. || Encartarse (el juego).

GORGÈRE, f. gorgér. Mar. Gorja, tajamar de un navío, pieza curva de madera colocada en la parte delantera, debajo del bauprés y encima de la roda.

GORGERET, m. gorgeré. Cir. Gorgerete, nombre que se da á varios instrumentos que se usan en la operacion de la talla y de la fístula del ano. || Zool. Nombre vulgar que se suele dar al mirmecófago, al papamoscas y á algunos otros animales.

GORGERETTE, f. ant. gorgerét. Gorguerita, pequeña gorguera ó paletina con que las mujeres acostumbran cubrirse el cuello y el pecho. || Mil. Gola, pieza de una armadura de acero con que se cubria el cuello en lo antiguo. || Colorin, pajarillo de un canto agradable.

GORGERIN, m. gorgerén. Mil. Gola, pieza de armadura antigua con que se defendia el cuello. || Arq. Collarin, parte del chapitel dórico colocado debajo del astrágalo de la columna. || Carlanca, collar guarnecido de puntas de hierro que se pone como arma defensiva contra los lobos á los perros de ganado.

GORGET, m. gorgé. Art. Gorgete, nombre que se da á diversos instrumentos de carpintería para hacer diferentes molduras.

GORGIASE, f. gorgiás. Gorgiasa, baile antiguo.

GORGONE, f. gorgón. Mit. Gorgona: se dice de las tres hermanas Medusa, Euríale y Estenio, que tenian el poder de petrificar al que las miraba. || Fontaines de Gorgone, fuentes de Gorgona, manantiales llamados así por Libario á causa de su virtud petrificante.

GORGONÉION, m. gorgoneión. Antig. Gorgoneion, máscara escénica que representaba la cara de Gorgona, de sus hermanas ó de las Furias.

GORGONELLE, f. gorgonél. Gorgonela, Holanda, lienzo de Holanda y de Hamburgo.

GORGOPHONE, f. gorgofón. Gorgofona, una de las Danaides. || Nombre que algunos han dado á Minerva.

GORGOU, m. gorgú. Zool. Gorgú, ave acuática.

GORIS, m. gorís. Moneda pequeña y de poco valor que corre en el Mogol y en Bengala.

GORRA, f. górra. Gorra, gorro de seda negro de tres lados usado en Venecia. || Corral, lugar cerrado en el lecho ó madre de un rio para la pesca.

GORTÉRIE, f. gorterí. Bot. Gortería, planta del cabo de Buena Esperanza.

GORTONIEN, m. gortonién. Gortoniano, miembro de una secta religiosa fundada en Boston, en 1636, por Samuel Gorton.

GORTYNIEN, m. gortinién. Mit. gr. Gortinio, sobrenombre de Esculapio.

GORTYNIES, f. pl. gortiní. Antig. gr. Gortinias, fiestas en honor de Esculapio en la isla de Creta.

GOSCHIS, m. goschí. Zool. Goschis, especie de perro pequeño y mudo de la isla de Santo Domingo.

GOSE, m. gós. Gozo, nombre que se da en Rusia al que comercia para el soberano.

GOSIER, m. gosié. Garganta, gaznate, tragadero, garguero, conducto que da paso á los alimentos. || Garganta, conducto por donde se efectúa la respiracion y se forma la voz. || met. Garganta, se toma por la misma voz. || Mús. Coup de gosier, modulacion, carrera de notas musicales, emision de algunos puntos de la escala cromática. || Garganta, tubo del órgano por donde pasa el aire desde el fuelle al portaviento. || Zool. Gosier ó grand gosier, pelícano, alcatraz, ave. || met. Avoir le gosier pavé, tener el gaznate empedrado: se dice de los que comen los alimentos muy calientes. || Avoir le gosier sec, tener propension á beber mucho. || Grand gosier, gastrónomo, tragon. || Rire à plein gosier, reir á carcajadas. || Beau gosier, hermosa garganta, bella voz. || met. Enfler le gosier, hablar con énfasis.

GOSILLER, n. gosillé. Destilar, se aplica especialmente á la operacion con respecto al aguardiente que sale mezclado con parte de flema y debilitado. || fam. Vomitar.

GOSRÉAL, m. gosreal. Zool. Gosreal, pájaro grande de África, llamado gabon por los naturales.

GOSSAMPIN, m. gosaopén. Bot. Gosampino ó bombasí, algodonero, árbol de África y América.

GOSSEYN, m. goséa. Goseino, nombre dado á los ermitaños y peregrinos indios.

GOSSYPIN, INE, adj. gosipén, ín. Bot. Algodonoso, de superficie velluda.

GOSSYPIPHORE, adj. gosipifór. Bot. Gosipíforo, que lleva ó produce algodon.

GOTH, m. gó. Godo, nombre de un pueblo del Norte que invadió la Europa en los siglos IV y V.

GOTHIQUE, adj. gotic. Gótico, que hace referencia ó pertenece á los Godos, que viene de ellos ó está hecho á imitacion suya. Architecture gothique; sculpture gothique, église bâtie dans le genre, dans le style gothique. || Langue gothique ó le gothique, la lengua gótica. || Golfe gothique, golfo gótico: se aplica este epíteto al mar Báltico. || Gótico: se dice vulgarmente de todo lo que es antiguo ó está fuera de moda, ridículo, añejo, rancio, grosero, de mal gusto. || GOTHIQUE, m. Arq. Gótico, género de arquitectura usado en la edad media: gothique ancien, gothique moderne, beau gothique. || Gótico, se dice por oposicion á civilizacion. || Le gothique ó la langue gothique, la lengua de los Godos. || Gothique, f. La escritura gótica.

GOTHOFRÈDE, f. gotofréd. Bot. Gotofreda, planta de América.

GOTHOPÈDE, f. gotopéd. Bot. Gotopédes, planta originaria de la América meridional.

GOU, m. gú. Bot. Gu, árbol cuyas hojas se usan en Sierra-Leona para el curtido.

GOUACHE, f. guáche. Aguada, pintura á la aguada, lo que se pinta con colores disueltos en agua de goma.

GOUAIS, m. gué. Agraz, uva agria, variedad de uva que no es buena para comer y no hace buen vino.

GOUALETTE, f. gualét. Zool. Becada, chocha, ave acuática.

GOUANE ó GOUANIE, f. guán, guaní. Bot. Guana, palma de las dos Indias.

GOUARÉE, f. guaré. Bot. Guarea, planta de América.

GOUARIBA ó GUARIBA, m. guaríba, guaríba. Zool. Guariba, especie de mono de América.

GOUAROUBA, m. guarúba. Zool. Guaruba, especie de loro de América con el cuello de escarlata.

GOUAZOUÈTE, m. guasuét. Zool. Gazuete, ciervo del Paraguay.

GOUAZOUPARA, m. guasupára. Guazúpara, ciervo del Paraguay mas pequeño que el gazuete, de pelo ceniciento y lustroso.

GOUAZOUPITA, m. guasupita. Guazúpita, ciervo del Paraguay.

GOUAZOUPOUCOU, m. guasupucú. Zool. Guazupucu, corzo de América.

GOUAZOUY, m. guasuí. Zool. Guazuy, otra especie de ciervo del Paraguay.

GOUDILLE, f. gudill. Mar. Espadilla, remo de popa que sirve para guiar un barco.

GOUDILLER, a. gudillé. Cinglar: se dice de la accion de hacer girar un barco de derecha á izquierda ó vice versa.

GOUDOK, m. gudóc. Gudoque, nombre del violin entre los Rusos.

GOUDRAN, m. gudran. Alquitran, brea, pez. Se ha dicho por goudron. || Mil. ant. Pequeña fagina.

**GOUDRON**, m. *gudrón*. Alquitran, brea, pez líquida, sustancia líquida y negruzca que se saca de la destilacion del pino ó haciéndolo quemar. || *Goudron minéral*, betun, asfalto: se da este nombre á muchos productos minerales, como el maltho, el petróleo, etc. || Farm. *Eau de goudron*, agua alquitranada ó agua en que se ha dejado alquitran en maceracion por algun tiempo.

**GOUDRONNAGE**, m. *gudronáge*. Mar. Embreamiento, accion de extender en la parte exterior ó cordaje de un buque cierta materia llamada brea que se compone principalmente de alquitran y sebo.

**GOUDRONNÉ, ÉE**, adj. *gudroné*. Embreado, alquitranado. || *Toile goudronnée*, encerado, hule, tela barnizada con una composicion en que entra el alquitran como principal componente.

**GOUDRONNER**, a. *gudroné*. Encerar, barnizar las telas de cualquier género ú otra cualquiera cosa con alquitran ó barniz, cuya base es la pez. || Mar. Alquitranar, embrear, extender con una brocha alquitran ó brea sobre los palos, vergas, velas, etc.

**GOUDRONNERIE**, f. *gudronrí*. Mar. Taller, laboratorio donde se prepara el alquitran ó la brea.

**GOUDRONNEUR, EUSE**, m. y f. *gudroneur, eus*. Embarnizador, embetunador.

**GOUÉ ó GOUET**, m. *güé*. Podadera, machete, cuchilla corta para cortar leña y para podar y apuntar las estacas.

**GOUET**, m. *güé*. Bot. Jaro comun, planta. V. ARUM.

**GOUFFRE**, m. *gúfr*. Sima, abismo, concavidad profunda. || Remolino, olla, círculos concéntricos de los mares y rios, causados por el contraste de corrientes opuestas. || Sumidero, simas profundas en que se precipitan algunos rios y corrientes de agua. || met. Abismo, la profundidad de los mares, algunas cavidades profundas y misteriosas en la tierra. *Les gouffres de l'onde, de l'Averne*, los abismos del mar, del Averno. || Inmensidad: se aplica algunas veces al tiempo. *Le gouffre des siècles, de l'éternité*, la inmensidad de los siglos, de la eternidad. || Abismo, todo lo que consume grandes riquezas, que ocasiona inmensas pérdidas. *Cette guerre est un gouffre, les maisons de jeu sont un gouffre*, esta guerra es un abismo, las casas de juego son un abismo sin fondo. || Abismo, el gran cúmulo de males, miserias y desgracias que caen á la vez sobre una persona, familia, pueblo, etc. *Cet événement nous a plongés dans un gouffre d'horreur*, este suceso nos ha sumergido en un abismo de horrores.

**GOUGE**, f. *gúge*. Gubia, herramienta de carpintería. || Cuchilla de zapatero. || Llana de albañil. || Taladro, barrena, aguja, punzon de hierro ó madera que se usa para abrir agujeros en madera ó hierro en varios oficios. || Tijeras de tallista, tijeras cóncavas de dos hojas que sirven para hacer molduras. || Escoplo de varios oficios, especialmente de carpintería. *Gouge carrée*, escoplo de carretero. || Buscona, pendanga, mujer de mala vida: en esta acepcion está anticuado y en desuso.

**GOUGER**, n. *gugé*. Barrenar, escoplar, trabajar con la gubia.

**GOUGETTE**, f. dim. de GOUGE. *gugét*. Gubia pequeña.

**GOUGOULANE**, f. *guguIán*. Bot. Gugulano, variedad del banano.

**GOUINE**, f. *güín*. Pelanduzca, ramera: palabra injuriosa que se aplica á las mujeres de mala vida.

**GOUJARD**, m. *gujár*. Oficial hojalatero.

**GOUJAT**, m. *gujá*. Granuja, muchacho agregado á un regimiento, pillo, vagamundo, galopo. || fam. Hombre grosero, sin educacion, de malas inclinaciones y peores hábitos, pillo, sin vergüenza. *Avoir l'air d'un goujat, être un vrai goujat*, ser sucio, grosero, estar hecho un pillo.

**GOUJON**, m. *gujón*. Zool. Gubio, pequeño pez de rio. || Art. Clavija de hierro ó de madera que sirve para mantener unidas varias piezas de madera ó de hierro en todos los artefactos, máquinas y toda clase de obras de ferretería, carpintería, carretería y albañilería, y que lleva los nombres de clavija, formon, tarugo, viga, puntal ó gatillo, segun el uso á que está destinada. || *Goujon de mer*, caballa, pescado azul de mar. || *Faire avaler le goujon à quelqu'un*, hacer caer á uno en el garlito, hacerle dar en la trampa.

**GOUJONNER**, a. *gujoné*. Enclavijar, unir, adherir una pieza de madera ó de hierro á otra por medio de una clavija.

**GOUJONNIER**, m. *gujonié*. Red de pesca de mallas muy estrechas.

**GOUJONNIÈRE**, f. *gujoniér*. Zool. Tenca, pescado de agua dulce.

**GOULDEN**, m. *guldén*. Moneda suiza equivalente á unos ocho reales.

**GOULDRAN ó GOULTRAN**, m. *guldrán, gultrán*. Trementina, sustancia líquida, espesa y clara que fluye espontáneamente del tronco de los pinos viejos.

**GOULÉE**, f. vulg. *gulé*. Bocado, la porcion de comida que cabe en la boca. || met. *Brebis qui bêle perd sa goulée*, oveja que bala pierde bocado; el que habla en la mesa, come aire. Tambien significa que el que habla mucho no puede hacer nada.

**GOULET**, m. *gulé*. Garganta estrecha: se dice del cuello de una botella ó de otro cualquier vaso de forma análoga. V. GOULOT. || Mil. Oido, abertura donde las bombas llevan la espoleta. || Golleta, especie de embudo que se pone en los corrales de pesca, en la boca por donde ha entrado el pescado para que no se salga. || Mar. Brazo de mar, canal estrecho y de poca longitud que sirve de entrada á una rada ó puerto.

**GOULETTE**, f. *gulét*. Goleta, canal y bajada de aguas. || Se usa tambien por *goulotte*. V. este.

**GOULIAFRE**, m. *guliáfr*. Gloton, el que come con avidez y sin limpieza, engullidor. Se usa tambien como adjetivo. *Enfant gouliafre*, niño gloton.

**GOULIEUR**, m. *gulieur*. Agrimensor, el perito que determina los linderos, medicion y capacidad de las tierras.

**GOULOT**, m. *guló*. Golleta, cuello estrecho de una botella, jarro, cántaro ú otra vasija de parecida forma.

**GOULOTTE**, f. *gulót*. Cacera, canal pequeño para la salida de aguas. || Canal para los juegos de aguas, abierto en piedra ó mármol con un declive suave, interrumpido de trecho en trecho por pequeños estanques, donde el agua cae formando cascada.

**GOULU, E**, adj. y s. *guló*. Gloton, tragaton, golosazo, que come con avidez. || met. Codicioso, avaro. || Voraz: se dice del buitre y otras aves carnívoras. || m. Tragon, animal salvaje de la *Laponia*, muy negro y lustroso. || *Goulu de mer*, lobo marino. || Mofeta, especie de garduña del norte de Europa. || *Goulues*, f. pl. Tenazas de cerrajero con presas cóncavas: en esta acepcion se usa en plural.

**GOULÛMENT**, adv. *gulumán*. Vorazmente, ávidamente, con ansia.

**GOUMIER**, m. *gumié*. Gumiera, concha del Senegal.

**GOUPILLE**, f. *gupíll*. Tornillo de reloj, de fusil ó de cualquier otra máquina. || Rodete, pedazo de cuero colocado bajo la cabeza de un tornillo para que se afiance mas. || Travesaño, planchuela de hierro con que se atraviesa el extremo de una clavija para que no se salga.

**GOUPILLER**, a. *gupillé*. Atornillar, armar y asegurar con tornillos las piezas de una máquina ó de un mueble. || Esconderse, huir del trabajo, hacer el holgazan. || *Se goupiller*, r. Estar atornillado, enclavijado.

**GOUPILLON**, m. *gupillón*. Hisopo para hacer aspersiones. Escobilla con que se da en Francia el agua bendita. || Brocha de cartonero y de sombrerero. Tambien se emplea en otros oficios y usos mecánicos. || Escobilla para limpiar pucheros, vasos y otras vasijas donde no puede entrar la mano. || Zorro, cola de zorra para limpiar. En esta acepcion se usa en plural.

**GOUPILLONNER**, a. *gupilloné*. Escobillar, refregar con la escobilla, limpiar con los zorros, pasar la brocha.

**GOUR**, m. *gúr*. Desgaste, agujero que hace el chorro de agua [illegible] cae. || Hueco, cavidad llena de agua en las rocas, al pié de los árboles ó en la orilla de un rio.

**GOURA**, m. *gúra*. Zool. Gura, ave gallinácea de la Nueva Guinea. || Gura, instrumento músico de los Hotentotes.

**GOURD, E**, adj. *gúr*. Arrecido, entumecido por el frio, yerto. || *Mains gourdes*, manos entumecidas, heladas. || met. y fam. *Il n'a pas les mains gourdes*, no es manco: se dice de un ratero que es lijero de manos para robar; y por extension, de todo el que es fácil para tomar.

**GOURDE**, f. *gúrd*. Piastra, peso fuerte, moneda de plata que en el dia se conoce con el nombre de duro ó peso duro. || Calabaza curada, que usaban los peregrinos y los soldados para llevar agua, vino ó aguardiente. || Mentira, en estilo bajo.

**GOURDIN**, m. vulg. *gurdén*. Rebenque, látigo corto de que se usaba en otro tiempo en las galeras para castigar á los forzados. || Peseta columnaria, cuarto de duro.

**GOURDINER**, a. *gurdiné*. Azotar, pegar, castigar con el rebenque. || *Se gourdiner*, r. Darse recíprocamente golpes con el rebenque.

**GOURDIR**, n. *gurdír*. Se ha usado en vez de *devenir gourd*. Entumirse, arrecirse, pasmarse de frio.

**GOURE**, f. *gúr*. Farm. Droga falsificada. || vulg. Embuste, engaño.

**GOUREAU**, m. *guró*. Hort. Higo [illegible], de color morado.

**GOURER**, a. *guré*. Falsificar drogas. || met. y vulg. Engañar. || *Se gourer*, r. Engañarse recíprocamente.

**GOUREUR, EUSE**, m. y f. *gureur, eus*. Falsificador, el que falsifica drogas. || El que ó la que engaña en un tráfico ó comercio de poca importancia.

**GOURGANDINE**, f. fam. *gurgandín*. Buscona, gorrona, mujer de mala vida. || [illegible], concha del género venus.

**GOURGANE**, f. *gurgán*. Gurganas, habas de laguna, especie de legumbre que se cria en lugares pantanosos y que son dulces y de buena calidad.

**GOURGOURAN**, m. *gurgurán*. Com. Gorgoran, tela de seda parecida al gro que se fabrica en la India.

**GOURLET**, m. *gurlé*. Piqueta, instrumento de albañilería.

**GOURLU**, m. *gurlú*. Especie de purificacion ó ablucion entre los musulmanes.

**GOURMADE**, f. fam. *gurmád*. Puñada, puñetazo, cachete en la barba. || *Une gourmade sur le nez*, un puñetazo en las narices.

**GOURMADER**, a. *gurmadé*. Apuñetear, dar puñadas, golpear con los puños. || *Se gourmader*, r. Apuñetearse, darse golpes con los puños.

**GOURMAND, E**, adj. *gurmán*. Gloton, que come con ansia, con exceso. || Goloso, que solicita con ansia los bocados regalados. || Hort. *Branches gourmandes*, ramas chuponas, ramas del año, que chupan el jugo de la planta y no dan fruto. || Farm. *Pilules gourmandes*, píldoras aperitivas, compuestas de almáciga, áloe, rosas y jarabe de ajenjos que se administran para excitar el apetito. || m. y f. El gloton, el goloso, el que come mucho y solicita con ansia los buenos bocados.

**GOURMANDEMENT**, adv. *gurmandmán*. Glotonamente, con ansia, con exceso.

**GOURMANDER**, a. *gurmandé*. Reprender con dureza, dar una reprimenda, echar una andanada; dar una [illegible], como decimos en estilo familiar. || Criticar, censurar. || met. Domar, someter, reprimir, contener, enfrenar. || Coc. Mechar la carne. || Devorar con glotonería. || *Gourmander nos désirs*, refrenar nuestros deseos. || *Gourmander ses passions*, reprimir sus pasiones. || Equit. *Gourmander un cheval*, refrenar duramente un caballo. || Agr. *Couper les branches gourmandes*, cortar las ramas chuponas.

**GOURMANDILLER**, a. dim. de GOURMANDER. *gurmandillé*. Dar una lijera reprension.

**GOURMANDINE**, f. *gurmandín*. Jard. Pera urraca.

**GOURMANDISE**, f. *gurmandís*. Gula, golosina, ansia en comer y beber. || Gusto, paladar, delicadeza en sabor. Se usa algunas veces para significar una exquisita sensibilidad en el órgano del gusto.

**GOURMAS**, m. *gurmás*. Canalizo, conducto de madera que se usa para desaguar un pantano ó laguna.

**GOURME**, f. *gúrm*. Vet. Muermo, romadizo, enfermedad catarral que padecen las caballerías en su primera edad. || *Fausse gourme*, falso muermo, especie de tísis tuberculosa que padecen las caballerías. || Med. Usagre, costra láctea, enfermedad infantil que se desarrolla regularmente hácia la primera dentición y consiste en una erupcion pustulosa. || met. Gravedad afectada, tiesura, rigidez, ridícula fatuidad. || *Jeter sa gourme*, echar los malos humores: se dice de los niños que padecen erupciones cutáneas. || *Il n'a pas encore achevé de jeter sa gourme*, apénas ha salido del cascaron: se dice de un jóven que al salir de la adolescencia se presenta en el gran teatro del mundo haciendo extravagancias y locuras.

**GOURMÉ, E**, adj. *gurmé*. Enfrenado, con la barbada puesta, hablando de un caballo. || *Ecolier gourmé*, estudiante enfrenado, reprimido, metido en pretina. || *Etre gourmé*, afectar aire de compostura, tiesura, importancia ridícula.

**GOURMER**, a. *gurmé*. Poner á un caballo la barbada. || Acachetear, dar puñadas, golpear á uno con los puños, dar cachetes. || Maltratar, censurar, vituperar, criticar, reprimir. || *Se gourmer*, r. Reñir á cachetes, á puñetazos. || *Des écoliers qui se gourment*, estudiantes que se dan de cachetes. || Recibir la barbada. *Ce cheval ne se gourme pas facilement*, ese caballo no se deja poner la barbada. || met. Afectar un aire grave é importante.

**GOURMET**, m. *gurmé*. Catador de vinos, perito, inteligente en sus cualidades y naturaleza. || Mojon, cada uno de los Moros que en la costa de África se ocupan en llevar los barcos á remolque de un punto á otro, tirando con cuerdas desde la tierra.

**GOURMETTE**, f. *gurmét*. Equit. Barbada, cadenita de barbada, parte del freno de una caballería. || *Donner un saut à la gourmette*, acortar la barbada. || Raton de navío. || Mortera. || met. *Rompre sa gourmette*, abandonarse á sus pasiones, romper el freno de la religion, de las leyes y de la decencia. || *Lâcher la gourmette à quelqu'un*, soltar la rienda á alguno, darle libertad.

**GOURNABLE**, f. *gurnábl*. Mar. Cabilla y cabillon, clavija de que se usa á bordo en lugar de clavos.

**GOURNABLER**, a. *gurnablé*. Mar. Sujetar las tablas de un buque con clavijas.

**GOURNAL**, m. *gurnál*. Zool. Gurnal, pescado muy delicado del mar del Sur.

**GOUROT**, m. *guró*. Gurot, especie de torta de queso.

**GOUROU**, m. *gurú*. Guru, dase este nombre en la religion bracmánica al que sirve de padre espiritual al niño regenerado. || Guru, tambien dan este nombre los Indios á los misioneros cristianos.

**GOUSLI**, m. *gúsli*. Guslí, especie de arpa horizontal de los Rusos.

**GOUSSAUT ó GOUSSANT**, m. *gusó*, *gusán*. Caballo corto de sillar. || Cetr. Halcon pesado en el vuelo. || met. Hombre pesado, lerdo y estúpido. || Se usa tambien como adjetivo.

**GOUSSE**, f. *gús*. Bot. Vaina, cáscara de habas, judías ó guisantes. || Nombre que se suele dar á una concha por la analogía que tiene con una vaina de guisantes. || pl. Arq. Gotas, adorno del chapitel jónico parecido á las vainas de las habas, que teniendo orígen en el repliegue de las volutas, cae en forma de bellota sobre el cuerpo de la columna. || *Gousse d'ail*, diente de ajo, cada uno de los dientes que componen una cabeza. || Pesc. *Gousses de plomb*, plomadas para fijar las redes.

**GOUSSET**, m. *gusé*. Sobaco, el hueco de la axila. || Sobaquina, olor que exhala el sudor del sobaco. || Cuadril, pequeño cuadrado que se pone en las mangas de las camisas hácia el sitio correspondiente al sobaco || Blas. Manto, pieza irregular adicta por dos puntas á los dos ángulos superiores de un escudo terminado por la parte inferior: dícese que era en otro tiempo señal de mancilla ó degradacion. || Bolsillo ó faltriquera de pantalones para reloj ó dinero. || Can, especie de bordes salientes en las paredes ó armarios para sostener tablitas, obra de carpintería. || *Avoir toujours le gousset garni*, tener el bolsillo siempre bien provisto: tener mucho dinero.

**GOUSSETTE**, f. *gusét*. Bot. Cáscara pequeña, vaina que contiene una sola semilla.

**GOUT**, m. *gú*. Gusto, el sentido del paladar. || Sabor, discernimiento exquisito de los sabores. || Placer, complacencia. || Gana, apetito de los manjares. || met. Gusto, por eleccion; gusto, por aficion. || Discernimiento, delicadeza en el hacer, decir, ejecutar una cosa ó en el modo con que está hecha. || Art. Gusto, manera, modo, sello que caracteriza las obras de arte. || *Prendre goût à quelque chose*, tomar aficion ó aficionarse á una cosa. || *Il ne faut pas disputer des goûts*, sobre gustos no hay disputa, ó no hay nada escrito. || *Cette sauce est de haut goût*, esta salsa está fuerte, picante ó salada. || *Faire une chose par goût*, hacer una cosa por gusto, por placer, para satisfacer una inclinacion natural. || *Bon goût*, buen gusto, gracia, elegancia. || *Goût de chant*, *goût de dessin*, *de composition*, *etc.*, gusto en el canto, en el dibujo, en la composicion: sentimiento de lo bello en las artes de imitacion.

**GOÛTER**, a. *gusté*. Gustar, ejercitar el órgano del gusto. || Saborear, comer y beber lentamente para percibir el sabor de las cosas y formar de ellas una idea clara y distinta, ó bien para gozar el placer de los sabores agradables. || Catar, probar una cosa. || Merendar, tomar un bocado, comer entre comida y comida alguna cosa lijera. || Gustar, juzgar de los sabores sin probar los manjares, tragar sin gustar. || met. Gustar, sentir que una cosa es buena, apreciar poco á poco sus buenas cualidades. || Tener placer en alguna cosa: *goûter la lecture, le jeu*, gustar de la lectura, del juego. Se dice tambien de las personas: *goûter quelqu'un*, gustar de una persona, de su conversacion, etc. || *Goûter du pouvoir*, gustar ó probar el poder, gozar de él por breve tiempo. || *Goûter*, m. Merienda, lijera refeccion que se suele tomar entre la comida y la cena.

**GOUTHIOU**, m. *gutiú*. Bot. Gutiú, arbolillo de Chile cuya madera se usa en la tintorería para dar de negro.

**GOUTTE**, f. *gut*. Gota, parte mínima de un líquido que destila. || Gota, trago, sorbo, cantidad poco considerable de un líquido. *Prendre une goutte d'eau de vie*, tomar una gota, un sorbo de aguardiente. || Gota, lo que tiene la forma de tal: *des gouttes de pluie*, gotas de lluvia. || Farm. Gota, pequeña cantidad de un medicamento líquido, cuyo peso se supone ser de un grano. || Gota ó gotas, nombre de ciertos medicamentos líquidos que no se administran sino á dósis muy pequeñas. *Gouttes d'Hoffman*, gotas de Hoffman. || Esta voz se usa despues de algunos verbos entrando en la composicion de varias frases. *Faire goutte*, formar gota ó hacer hilo: se dice del almíbar ó jarabe que tiene cierto punto. || *Ne voir goutte*, *n'entendre goutte*, no ver gota, no oir gota: frases familiares, así en francés como en español, con las que se expresa la torpeza de la vista y del oido. || Arq. Gota, pequeño adorno de forma cónica, colocado bajo la plataforma del órden dórico. || *Goutte bleue*, nombre que se da en el comercio á la concha que distinguen los naturalistas con el nombre de voluta hispidula. || Miner. *Goutte d'eau*, gota de agua, variedad de topacio blanco ó incoloro. || Bot. *Goutte de lin*, cuscuta, nombre vulgar de esta planta. || *Goutte de sang*, adónis anual, planta vivaz. || met. y prov. *C'est une goutte d'eau dans la mer*, es una gota de agua en el mar: es añadir poco á una grande abundancia. || *Les gouttes d'eau cavent la pierre*, las pequeñas cosas continuadas producen grandes efectos. || *Goutte à goutte*, loc. adv. Gota á gota; y met., poco á poco. || GOUTTE, f. Med. Gota, enfermedad que afecta las articulaciones, especialmente de los piés, con dolores agudísimos. || *Goutte aux mains*, quiragra. = *Goutte aux pieds*, podagra. = *Goutte remontée*, gota coral. = *Goutte chaude*, gota aguda, especie de gota en que los síntomas de dolor y calor hacen mas ostensible el estado inflamatorio. = *Goutte froide*, gota álgida, especie de gota muy grave acompañada de frialdad y otros síntomas que anuncian hallarse simpáticamente afectado el corazon. || *Goutte rose*, viruelas locas, rubicundez de la cara. || *Goutte sciatique*, ciática, dolor agudo en toda la region que ocupan las caderas, producido por un reumatismo mas ó ménos agudo de los tejidos de estas partes. || *Goutte sereine* ó *amaurose*, gota serena ó amaurosis, enfermedad que consiste en la pérdida mas ó ménos completa de la vista por la parálisis.

**GOUTTELETTE**, f. dim. de GOUTTE. *gutlét*. Gotita de agua ó de cualquier otro licor.

**GOUTTEUX, EUSE**, adj. *guteu*, *eus*. Gotoso, que padece gota. || Gotoso, que anuncia la gota: dícese particularmente de los síntomas y signos precursores de los ataques de gota. *Symptômes goutteux*, síntomas gotosos. || Se usa tambien sustantivamente: *un goutteux*.

**GOUTTIÈRE**, f. *gutiér*. Gotera, canal de un tejado por donde se da salida á la lluvia. || Agujero ó hendidura en un techo; y en esta acepcion se usa en plural. || Canal ó canalon; se extiende á significar lo que da salida y caida al agua del mismo modo y forma que lo hacen las goteras. || Alero, tejadillo que guarnece la imperial de los carruajes para impedir que la lluvia entre en la caja. || Anat. Canal, ranura, excavaciones esculpidas en los huesos en la forma que expresan estas voces para dar paso á tendones ó alojamiento á vasos ú otros órganos. *La gouttière bicipitale*, la gotera bicipital. *La gouttière sagittale*, el canal sagital. || Mont. Las ranuras que separan entre sí los renuevos de los venados. || Desgaje, hueco que deja á lo largo del tronco de un árbol podado una rama desgajada. || Corte, el lado de los libros opuesto al dorso, cuya figura es acanalada. || Cruz esculpida en la hoja de una espada ó sable por medio de una excavacion. || met. Achaque, dolencia que acarrea la edad y al fin causa la muerte. *A un certain âge chacun a sa gouttière*, á cierta edad cada uno tiene sus achaques. || Mar. Contratrancanil ó cosedera.

**GOUVERNAIL**, m. *guvernáil*. Mar. Timon de una nave, gobernalle. || Travesera, viga de un molino de viento. || *Barre du gouvernail*, caña del timon. || *Drosse du gouvernail*, guardines del timon. || met. *Tenir le gouvernail*, llevar el timon, llevar las riendas del gobierno, de los negocios.

**GOUVERNANCE**, f. *guvernáns*. Gobernacion, corregimiento, jurisdiccion.

**GOUVERNANTS**, m. pl. *guvernán*. Gobernantes ó gobernadores, los que gobiernan, por correlacion á los gobernados.

**GOUVERNANTE**, f. *guvernánt*. Gobernadora, la mujer del gobernador de una plaza, de una provincia. || Gobernadora de un reino, de una provincia. || Aya, se extiende esta voz á significar las mujeres encargadas de la educacion de los niños. || Ama, la mujer encargada de la direccion y gobierno de la casa de un hombre sin familia.

**GOUVERNATEUR**, m. *guvernateur*. Gobernador, voz popular y de befa que se aplica á los funcionarios de último órden.

**GOUVERNE**, f. *guvérn*. Gobierno, pauta, regla de conducta, instruccion, direccion para desempeñar cualquier cometido.

**GOUVERNEMENT**, m. *guvernmán*. Gobierno, forma y constitucion de un Estado. || El cuerpo de gobernantes, ministerio, gabinete, etc. || El empleo de gobernador de un reino, de una provincia, de una plaza fuerte; el tiempo que dura el cargo de gobernador; el modo de gobernar; la provincia ó territorio de su jurisdiccion; y por fin, la casa ó palacio donde reside el gobernador. || Gobierno, direccion de una grande administracion. || *Gouvernement de la banque* *de France*, direccion de la banca de Francia. || Direccion de los negocios de particulares, de una casa, etc.

**GOUVERNEMENTAL, E**, adj. *guvernmantál*. Gubernamental, que pertenece al gobierno. *Système gouvernemental*, sistema gubernamental. || Gubernamental, se dice de los hombres que reclaman ó apoyan un gobierno legal, fuerte y regular. *Parti gouvernemental*, partido gubernamental. || Gubernamental, se dice tambien de cualquier hombre de Estado que como ministro presenta las garantías de talento, moralidad y moderacion.

**GOUVERNEMENTALISME**, m. *guvernmantalism*. Gubernamentalismo, sistema en que todo se refiere al gobierno y á sus medios de gobernar. || Gubernamentalismo, manía de gobernar, de sujetarlo todo á reglamentos de gobierno.

**GOUVERNER**, a. *guverné*. Gobernar, ejercer la suprema autoridad. || Gobernar, se dice tambien de las cosas morales. *L'opinion gouverne le monde*. || Gobernar, tener bastante influencia sobre el espíritu de alguno para que haga lo que se le diga. *Cette femme gouverne son mari*. || met. Gobernar, dirigir, regir, dominar, disponer de. || Mar. Gobernar, guiar, dirigir un buque con el timon. || Gobernar, administrar, conducir, guiar, manejar, llevar el peso, tener á su cargo alguna cosa, asistir á los enfermos. || Criar, educar, enseñar, amaestrar. || Gram. Regir, tener por régimen, hablando de verbos, etc. || *Se gouverner*, r. Gobernarse, conducirse, portarse bien ó mal, proceder de una manera justa ó injusta.

**GOUVERNEUR**, m. *guverneur*. Gobernador, comandante de una provincia, de una plaza, de un fuerte, etc. || Director, superior de algun establecimiento ó asociacion. || Ayo, encargado de la educacion de un príncipe, de cualquier jóven. || Colmenero, el que cuida de las colmenas, hablando de este género de trabajo doméstico. || Zool. Conductor, especie de pez pequeño del tamaño de un gobio, que nunca desampara á la ballena y le sirve de guia, como brújula animada.

**GOUVION**, m. *guvión*. Clavija de hierro.

**GOYAVE**, f. *guayáv*. Bot. Guayaba, fruta del guayabo.

**GOYAVIER**, m. *guayavié*. Bot. Guayabo, árbol de la América setentrional. || Zool. Guayabero, pajarillo que se mantiene de guayabas.

**GRA**, m. *grá*. Escarbadero, parte del corral donde escarban las gallinas.

**GRABAT**, m. *graba*. Cama, lecho malo, angosto y pobrísimo. || *Être sur le grabat*, estar enfermo en cama.

**GRABATAIRE**, adj. *grabatér*. Achacoso, valetudinario, enclenque, que está continuamente enfermo. || Hist. ecl. Grabatario, nombre que se daba á los que diferian bautizarse hasta la hora de la muerte. En esta acepcion es tambien sustantivo.

**GRABEAU**, m. *grabó*. Farm. Pedacito, sobra, residuo, desperdicio de varias drogas, de diferentes combinaciones farmacéuticas. || Hist. V. SCRUTIN.

**GRABUGE**, m. fam. *grabúge*. Pendencia, pelotera, riña, quimera. V. QUERELLE. || *Il y aura du grabuge*, no faltará jaleo, tendremos fiesta.

**GRÂCE**, f. *grás*. Gracia, atractivo, expresion, garbo, donaire; encanto que tienen algunas personas en la expresion de su fisonomía que seduce á primera vista. Chiste en el decir, gracejo. || Gracia, hermosura, belleza, disposicion singular de las cosas, aliciente de que las ha dotado la naturaleza. || Perfeccion, galanura, originalidad, primor en los inventos del arte. || Gracia, favor, merced, don, concesion, beneficio, especie de regalo gratúito. || Teol. Gracia, don, socorro, ayuda, auxilio divino. || Gracia, indulto, perdon, remision de culpas, de delitos. || Gracia, predileccion, gratitud, agradecimiento. || *Grâces*, pl. Gracias, accion, voto, expresion, manifestacion, rendimiento de gratitud, de veneracion. || *Être en grâce auprès de quelqu'un*, merecer la consideracion, el especial aprecio de alguno. || Por extension se aplica tambien á la galantería: *avoir les bonnes grâces d'une dame*, obtener los favores de una dama, ser su amante favorecido. || *Lettres de grâce*, cédulas de remision, de perdon, de indulto. || *L'an de grâce*, el año de gracia, por el de la época del cristianismo, del nacimiento del Redentor. || *Manger de bonne grâce*, comer con buen apetito. || *Grâces*, pl. Mit. Gracias, nombre de tres divinidades mitológicas, denominadas Áglae, Talía y Eufrosina. || Gracias, agudezas, chistes naturales, con especialidad hablando de los niños. || *De grâce*, loc. adv. De gracia, por favor, por merced.

**GRACIABLE**, adj. *grasiabl*. Graciable, remisible, perdonable, que puede ser perdonado.

**GRACIEUSEMENT**, adv. *grasieusmán*. Graciosamente, agradablemente, con agasajo, con agrado.

**GRACIEUSER**, a. fam. *grasieusé*. Obsequiar, agasajar, recibir con demostraciones de amistad y de cariño. || n. Ostentar ó manifestar gracia, hablar con gracia. *Cette femme ne gracieuse pas*.

**GRACIEUSETÉ**, f. fam. *grasieusté*. Agasajo, regalito, obsequio; fineza ó gratificacion por algun favor recibido. || Atencion, cortesía, cumplimiento.

**GRACIEUX, EUSE**, adj. *grasieu, eus*. Gracioso, agraciado, seductor, lleno de atractivos. || Gracioso, afable, benigno, bondadoso. || For. Gracioso, gratúito, voluntario, espontáneo, no obligatorio, dado de gracia.

**GRACILITÉ**, f. *grasilité*. Gracilidad, finura, delicadeza de la voz. Es poco usado.

**GRADATION**, f. *gradasión*. Gradacion, progresion sucesiva, aumento por grados. || Arq. Gradacion, disposicion simétrica de diversas partes, colocadas gradualmente y en el órden mas propio para producir efecto. || Lit. Gradacion, método graduado que se echa de ver en la perfecta combinacion de las palabras y frases que exprimen las ideas. || Fil. Gradacion, induccion. V. SORITE. || Pint. Gradacion, sustitucion insensible de colores; aumento ó disminucion de luces, de sombras, de objetos, de tintas.

**GRADE**, m. *grád*. Grado, puesto, consideracion, distincion mas ó ménos elevada, dignidad, cargo de honor. || Mil. Grado, graduacion, cada uno de los diferentes ascensos de la carrera militar. || Grado, cada uno de los títulos necesarios para su carrera que adquieren los estudiantes en las universidades. || Grado, centésima parte del cuarto del meridiano, cuya longitud ha servido de base á la nueva division de pesos y medidas francesas.

**GRADEAU**, m. *gradó*. Zool. Pez rey, pescado del mar del Sur.

**GRADER**, a. *gradé*. Graduar, conferir un grado en el servicio militar. || Graduar, dar el grado de bachiller, de licenciado, etc., en las universidades.

**GRADIN**, m. *gradén*. Grada, tarima de un altar, banco de un jardin, asiento de un anfiteatro, grada de un atrio, etc.; especie de bancos elevados unos sobre otros en los lugares públicos ó particulares.

**GRADINE**, f. *gradin*. Gradina, cincel de escultor con puntas dentadas para trabajar en piedra.

**GRADOMÈTRE**, m. *gradométr*. Cir. Gradómetro, instrumento quirúrgico.

**GRADUATION**, f. *graduasión*. Mat. Graduacion, division en grados.

**GRADUÉ, ÉE**, adj. *gradué*. Graduado. || m. Graduado, el que ha conseguido algun grado en la universidad.

**GRADUEL, LE**, adj. *graduél*. Gradual, que va por grados. || m. Gradual, versículos que se cantan ó rezan entre la Epístola y el Evangelio.

**GRADUELLEMENT**, adv. *graduelmán*. Gradualmente, por grados.

**GRADUER**, a. *gradué*. Graduar, dividir y señalar por grados la altura ó circunferencia de alguna cosa. || Graduar, colocar, disponer gradualmente. || Graduar, conferir el grado, título de doctor, de licenciado, de bachiller segun las fórmulas universitarias.

**GRAFIGNER**, a. vulg. *grafiñé*. Arañar.

**GRAGE**, f. [illegible] dor, utensilio de cocina.

**GRAILLEMENT**, m. *grallmán*. [illegible] do, graznido, sonido [illegible] voz parecido al de la corneja.

**GRAILLER**, n. *grallé*. [illegible] gutural y desa[illegible] || [illegible] la bocina llamando á los perros [illegible]

**GRAILLON**, m. *grallión*. [illegible] bazofia, restos, sobras sucias y [illegible] de una comida. || Gusto, olor de [illegible] grasa quemada.

**GRAILLONNEUSE**, f. *gralloneus*. [illegible] vendedora de desperdicios.

**GRAIN**, m. *grén*. Grano, [illegible] ductora de otros en [illegible] chas sucesivamente continuadas [illegible] con especialidad el fruto y la [illegible] trigo, del centeno, del maíz, etc. [illegible] Grano, cada uno de los frutos de [illegible] bustos y plantas, tales como la [illegible] nada, la pimienta, etc., ó de otras [illegible] reducidas á fragmentos menudos, [illegible] no de arena, de plomo, de sal, de [illegible] met. Grano, migaja, partícula, [illegible] mo. *N'avoir pas un grain de bon* [illegible] tener pizca de conocimiento, de [illegible] rio, de sentido comun. || Grano, [illegible] de los puntos salientes que forman las superficies de algunas piedras, [illegible] tes, etc. || Grano, la cuarta parte de un quilate en las piedras preciosas. || Farm. [illegible] no, la parte 576 de una onza en las preparaciones y drogas farmacéuticas. || Art. [illegible] *de chapelet*, cuenta de rosario. [illegible] *Grain de folie*, punto ó vena de loco, de lunático. || *Catholique à gros grain*, [illegible] de ancha conciencia, sin escrúpulos, que no repara en pelillos. || *Chaque grain à sa paille*, cada mochuelo á su olivo. || [illegible] *grains*, granitos, semillas, los [illegible] de mijo, panizo y otros que suelen [illegible] por marzo. || Med. Grano, tumorcillo [illegible] loso que suele salir especialmente en el rostro. || Mar. *Grain de vent*, [illegible] ó turbionada, cambio violento y [illegible] en la atmósfera.

**GRAINAILLE**, f. *grenáll*. Agr. Granilla, semillaza, semilla mala. || Zool. Granilla, género de concha. || Miner. [illegible] metal reducido á granitos.

**GRAINE**, f. *grén*. Simiente, semilla de las plantas. || met. *Mauvaise graine*, mala casta, mala ralea, mala semilla, [illegible] de muchachos traviesos. || *Graine des Canaries*, alpiste. || *Graine de melon*, pepita de melon. || *Monter en graine*, quedar para simiente de rábanos, para tia, para vestir imágenes: frases irónicas que se aplican á las solteronas.

**GRAINELER**, a. *grenlé*. Granelar, [illegible] nelar, disponer una piel ó cosa [illegible] de manera que aparezca cubierta de granos. Se usa tambien como neutro.

**GRAINER**, a. *grené*. Art. Granear, poner en forma de granos. || Reducir á granos una cosa. || n. Agr. Granar, producir granos las yerbas, dar simiente las mismas.

**GRAINETER**, a. *grenté*. Granetear, disponer en forma de granos, adornar con menudos trabajos, con labores pequeñas á manera de granos.

**GRAINETIER**, m. *grentié*. Tratante en granos y semillas. || Oficial encargado de un alfolí de sal, con autoridad sobre el contrabando y sobre cualquiera infraccion en este ramo.

**GRAINETTE**, f. *grenét*. Bot. [illegible] fruta del licio.

**GRAINIER**, m. *grenié*. V. GRAINETIER en su primera acepcion. || Granero, [illegible] cion de granos metódicamente colocados.

**GRAINOIR**, m. *grenuár*. Graneador, especie de criba por donde pasa la pólvora hasta granearla ó convertirla en granos. || Taller donde se verifica la conversion de las materias combinadas en pólvora pura.

**GRAINURE**, f. *grenúr*. Graneadura, accion y efecto de granear.

**GRAINZARD**, m. *grenzár*. Zool. Cerceta, ave acuática.

**GRAIRIE**, f. *grerí*. Parte de un bosque ó monte poseido en comun. || Cierto derecho real en la corta de montes.

SSAGE, m. greságe. Engrasacion, de engrasar.

SSE, f. grés. Grasa, gordura, sebo, sustancia pringosa del cuerpo animal, mugre, porquería ó suarda de vestir. || met. *Emporter toute e d'une affaire*, sacar todo el jugo gocio, exprimirle bien la sustancia, ede dar de sí. || *Faire de la graisse*, . Criar sebo, dormir mucho, levany tarde.

SSER, a. gresé. Engrasar, untar , con sebo, etc. || met. Ensuciar, emporcar, llenar de porquería, . || *Graisser ses bottes*, loc. prov. se para un viaje, tomar las de vi- y tambien, prepararse para morir.

SSET, m. gresé. Rana de zarzal.

SSEUX, EUSE, adj. gresseu, eus. grasiento, de la naturaleza de la eso, mantecoso.

LINE, f. gralín. Zool. Grallina, e pájaros cantores de Australasia.

EN, m. gramén. Grama, voz lo- latin que se usa alguna vez por .

NÉ, ÉE, adj. graminé. Gramí- dice de una familia de plantas muy , á la cual pertenecen el trigo, la a cebada, el centeno, la grama, etc. DENT || Se usa comunmente como o femenino.

NICOLE, adj. graminicól. Zool. cola, que vive en los campos de ce-

NOLOGIE, f. graminologí. Gra- , tratado de la grama.

MAIRE, f. gramér. Gramática, arte r y escribir correctamente.

MAIRIEN, m. gramerién. Gramá- que ha escrito acerca de la gramá- que se dedica á un estudio especial ncia del lenguaje.

MATICAL, E, adj. gramaticál. al, perteneciente á la gramática, fundado sobre ella, deducido de cipios y conforme con sus reglas.

MATICALEMENT, adv. grama- . Gramaticalmente, segun las re- a gramática.

MATISER, a. gramatisé. Grama- cer gramatical una frase, una ora- , corregirlas y acomodarlas á los prin- las reglas gramaticales.

MATISTE, m. ant. gramatist. o, maestro de gramática. || fam. sta, hilvanador ó zurcidor de voca-

MATITE, f. gramatít. Miner. a, sustancia mineral blanca, en cristales, que frotada lijeramente una luz azulada muy viva.

MATITEUX, EUSE, adj. grama- s. Miner. Gramatitoso, que contie- e de gramatita.

MATOLOGIE, f. gramatologí. logía, tratado de la gramática.

MATOLOGIQUE, adj. gramatolo- matológico, concerniente á la gra- .

ME, m. grám. Gramo, peso equi- á veinte granos del marco de Cas-

MIQUE, f. gramíc. Bot. Gramica, rámita.

MOMÈTRE, m. gramométr. Gra- , instrumento para arreglar las le-

ADILLE, f. granadíll. Bot. Gra- pasionaria, flor de la pasion.

AIRE, adj granér. Zool. Granario, e en los granos, que arruina los gra-

ATIQUE, adj. granatíc. Miner. , que tiene granates diseminados.

D, E, adj. grán. Gran, grande, que y supera á lo comun, sea por la , sea por las cualidades físicas ó || Grande, largo. || Grande, extraor- cional. || Grande, solemne, memo- able, glorioso. || Grande, grandioso, , noble, heróico, importante, exce- uperior, poderoso, etc., segun las diferentes aplicaciones. || Mayor, mucho, segun de lo que se hable. || Grande, crecido, espigado, desarrollado, circunscribiéndose al desenvolvimiento puramente material. || Enfático, ampuloso, exagerado, pomposo, tratándose de palabras, de frases, de discursos ofensivos, hinchados y vanos. || *Le grand air*, el aire libre. || *Le grand jour*, el dia claro, la luz del sol; y metafóricamente, gran publicidad. En este último sentido se dice: *mettre au grand jour les actions de quelqu'un*. || *Grandes eaux*, crecidas de los rios. || *Grand âge*, mucha edad ó edad avanzada. || *Grand homme*, grande hombre, cuando se habla de su mérito; hombre grande ó alto, si se habla de la estatura. En este último sentido se toma siempre hablando de mujeres: *une grande femme*, *une grande fille*, una mujer, una moza alta; pero *une grande dame* significa una señora de ilustre nacimiento, poderosa, rica, etc. || *Une grande personne*, una persona hecha, ya grande, por oposicion á los niños. || Bot. *Grand soleil d'or*, el narciso. *Grand soleil des jardins*, el helianto ó tornasol, planta. || *Grand*, unido á un sustantivo de calidad, completa el título de algunas dignidades, el renombre de personajes históricos, de príncipes esclarecidos y tambien de criminales célebres. Ejemplos de los primeros: *grand écuyer*, caballerizo mayor; *grand-maître de la maison du roi*, mayordomo mayor del rey; *grand aumônier*, limosnero mayor. Tambien se dice *le grand Athanase*, *le Grand Alexandre* ó *Alexandre le Grand*, *le grand cardinal de Richelieu*, *etc.*; *le Grand Turc*, *le Grand Mogol*, *le Grand Khan*. || *Devenir grand*, crecer, formarse, desarrollarse, hacerse grande ó mayor, adquirir formas gallardas, etc. || El adjetivo *grand* sirve para formar varios nombres compuestos, tales como estos: *grand-père*, abuelo. *Grand'mère*, abuela. *Grand-oncle*, hermano del abuelo ó de la abuela. *Grand'tante*, tia, señora mayor, hermana del abuelo ó de la abuela. *Grand-bâtier*, estúpido. *Grand-baumier*, álamo negro. *Grand'chambre*, primera sala de un parlamento, de un tribunal. *Grand-chantre*, dignidad de chantre en una catedral. *Grand'croix*, gran-cruz, título de los principales cargos de varias órdenes de caballería. *Grand'garde*, gran guardia, cuerpo de caballería á la cabeza de un campamento. *Grand-livre*, libro mayor de un comerciante. *Grand-maître*, gran-maestre, título dado al jefe de la órden de Malta y de algunas otras órdenes. *Grand'messe*, Misa mayor. *Grand-œuvre*, la grande obra, la soñada piedra filosofal de los alquimistas; universal remedio y panacea de todos los males que afligen la humanidad. *Grand'rue*, calle mayor. || GRAND, m. Grande, título genérico de los miembros de la alta aristocracia, de los principales señores de un Estado. Designa especialmente, en España, los hombres de la mas ilustre y calificada nobleza española que gozan el privilegio de cubrirse delante del rey: *un grand d'Espagne*, *un grand de la première classe*. || Lo que es grande, lo sublime: *il y a du grand dans cette action*. Se dice principalmente de los pensamientos, del estilo. || *Trancher du grand*, afectar grandeza, ostentar magnificencia. || prov. *Promesse de grands n'est pas héritage*, promesa de cortesano es como viento en la mano. || *En grand*, loc. adv. De cuerpo entero, del tamaño ó grandor natural, en grande, en tamaño mayor. || *A la grande*, á lo grande, á lo señor. || met. *Penser*, *agir en grand*, pensar, obrar con grandeza, con nobleza y caballerosidad. || *Travailler en grand*, trabajar por mayor, en globo, sobre un plan vasto y extenso.

GRANDAT, m. Hist. V. GRANDESSE.

GRANDELET, TE, adj. fam. dim. de GRAND. grandlé. Grandecito, grandecillo.

GRANDEMENT, adv. grandmán. Grandemente, en gran manera, en grande. || Grandemente, caballerosamente, con grandeza y generosidad. || fam. Neciamente, groseramente, de una manera deplorable. || *Se tromper grandement*, engañarse de medio á medio.

GRANDESSE, f. grandés. Grandeza, título y calidad de grande de España.

GRANDEUR, f. grandeur. Grandor, tamaño, magnitud, volúmen de las cosas. || Grandeza, importancia, valor moral de los hechos. || Enormidad, monstruosidad del crímen, de la culpa. || Grandeza, nobleza, elevacion de carácter, de sentimientos, excelencia de las obras; sublimidad de las palabras. || *Grandeur d'âme*, grandeza de alma, heroismo, superioridad moral que consiste en sobreponerse á las humanas flaquezas y al imperio de las pasiones. || Grandeza, poder, autoridad, majestad de la potestad régia. || *Lit de grandeur*, cama de matrimonio, es decir, para dos personas.

GRANDI, E, adj. grandí. Engrandecido, crecido, formado, alto.

GRANDIFLORE, adj. grandiflór. Bot. Grandifloro, de grandes flores.

GRANDIFOLIÉ, ÉE, adj. grandifolié. Bot. Grandifoliado, de grandes hojas.

GRANDIOSE, adj grandiós. Grandioso, imponente, magnífico, muy grande, muy heróico, que sorprende, arrebata ó hiere la imaginacion, segun de lo que se hable y á lo que se aplique.

GRANDIOSITÉ, f. grandiosité. Grandiosidad, cualidad de lo grandioso.

GRANDIR, n. grandír. Crecer, subir, volverse alto, etc. || met. Progresar, adelantar, ganar terreno en alguna cosa. || *Se grandir*, r. Alzarse, ponerse sobre las puntas de los piés, elevarse, ser elevado.

GRANDIROSTRE, adj. grandiróstr. Grandirostro, de gran pico, hablando de aves.

GRANDISSIME, adj. super. de GRAND. grandisím. Grandísimo, muy grande.

GRANGE, f. grángе. Hórreo, troje, sitio donde se encierran las mieses en garba. || met. *Les batteurs sont bien près de la grange*, hay moros en la costa, huele á chamusquina, etc.: cerca está el peligro.

GRANGEAGE, m. granjáge. Arrendaje, arrendamiento especial, percibiendo por renta la mitad de los frutos.

GRANGIER ó GRANGER, m. grangié, grangé. Trojero, el que mete el trigo en el hórreo ó troje.

GRANIT, m. graní. Miner. Granito, piedra formada por la reunion de pedacitos de tres ó cuatro especies como la piedra berroqueña.

GRANITELLE, m. granitél. Miner. Granitolo, mármol que se parece al granito.

GRANITELLÉ, ÉE, adj. granitelé. Miner. Granitelado, cuyos colores imitan al granito.

GRANITER, a. granité. Art. Agranitar, imitar el color del granito.

GRANITIN, m. granitén. Granitino, roca con base de feldespato laminario y de cuarzo, que tambien se llama pegmatita.

GRANITIQUE, adj. granitíc. Miner. Granítico, que está formado de granito. || *Roches granitiques*, rocas graníticas, rocas que por su composicion se parecen bastante al granito.

GRANITO-PORPHYROÏDE, adj. granitoporfiroíd. Miner. Granito-porfiroide, que se parece al granito y al pórfiro.

GRANIVORE, adj. granivór. Zool. Granívoro, que come simientes, que se mantiene con simientes. || *Granivores*, m. pl. Granívoros, familia de aves silvanas.

GRANO, m. gráno. Grano, moneda de la isla de Malta.

GRANULAIRE, adj. granulér. Miner. Granulario, hablando de un cuerpo que está compuesto de granos distintos.

GRANULATION, f. granulasión. Quím. Granulacion, la accion de reducir á granos los metales. || Med. Granulacion, lesion orgánica que consiste en la formacion de unos pequeños tumores redondos, del tamaño y forma de un grano de mijo.

GRANULATOIRE, m. granulatuár. Art. Granulatorio, instrumento que sirve para reducir los metales á granos.

GRANULÉ, ÉE, adj. granulé. Granulado. || Med. Granulado, que pertenece á las granulaciones.

GRANULER, a. granulé. Quím. Granular, reducir á granos los metales.

**GRANULEUX, EUSE**, adj. *granuleu*, *eus*. [illegible], que está compuesto de granillos. || Med. Granuloso, que ofrece granulaciones.

**GRANULIFÈRE**, adj. *granulifér*. Granulífero, que está cargado de granulaciones.

**GRANULIFORME**, adj. *granuliform*. Granuliforme, que tiene la forma de unos granulaciones.

**GRANULOSITÉ**, f. *granulosité*. Granulosidad, calidad de lo que es granuloso. || Bot. Granulosidad, conjunto de tubérculos pequeños que imitan granitos.

**GRAPHIDE**, f. *grafid*. Bot. Gráfida, género de liquenes cuyas especies forman en las cortezas de los árboles y en las piedras cortezas delgadas como membranas.

**GRAPHIE**, f. *grafí*. Grafia, descripcion. Esta palabra entra en la composicion de otras muchas, como *géographie*, *cosmographie*, *hidrographie*, etc.

**GRAPHIQUE**, adj. *grafic*. Gráfico, se dice de las descripciones representadas mediante alguna figura. || *Opération graphique*, operacion gráfica, que consiste en demostrar un teorema con ayuda de figuras en lugar del discurso. || **GRAPHIQUE**, m. Gráfico, el dibujo de figura, de adorno ó delineacion considerado como accesorio al estudio de las ciencias exactas.

**GRAPHIQUEMENT**, adv. *graficmán*. Gráficamente, de una manera gráfica.

**GRAPHITE**, m. *grafit*. Miner. Grafito, sustancia metálica tierna, fácil de cortar con un cuchillo y muy suave al tacto.

**GRAPHITEUX, EUSE**, adj. *grafiteu*, *eus*. Grafitoso, que contiene grafito.

**GRAPHOMÈTRE**, m. *grafométr*. Mat. Grafómetro, instrumento para medir los ángulos en la agrimensura.

**GRAPHOMÉTRIQUE**, adj. *grafometric*. Grafométrico, que pertenece al grafómetro.

**GRAPPE**, f. *gráp*. Racimo de uvas, y por semejanza de otros frutos. || Racimo, el conjunto de otras cosas menudas, dispuestas con alguna semejanza. || Vet. Grapa, llaga ó úlcera que se hace á las caballerías en las corvas y les impide el movimiento. || *Grappe de Hollande*, polvos de rubia de Zelanda, buscados en el comercio. || *Grappe marine*, grapa marina, nombre comun de una especie de lombriz. || met. *Mordre à la grappe*, caer en la trampa, tragar el anzuelo; y tambien, estar en sus glorias, regodearse.

**GRAPPELER**, a. *grapelé*. Guarnecer, abastecer de racimos.

**GRAPPEUX, EUSE**, adj. *grapeu*, *eus*. Racimoso, que echa ó tiene racimos.

**GRAPPILLAGE**, m. *grapilláge*. Rebusca, la accion y efecto de rebuscar. Aplícase particularmente á las viñas.

**GRAPPILLARD**, m. *grapillár*. Escudriñador, el que escudriña ó rebusca.

**GRAPPILLER**, a. *grapillé*. Rebuscar, recoger los frutos que quedan en los campos despues de alzadas las cosechas. Dícese particularmente de las viñas. || met. y fam. Rebañar, hincar la uña, pringarse: aprovecharse en algun empleo ó comision. || Untar la mano, sobornar: en este sentido úsase tambien como verbo activo.

**GRAPPILLEUR, EUSE**, m. y f. *grapilleur*, *eus*. Rebuscador, el que rebusca. || met. y fam. Largo de uñas, el que hinca la uña ó se pringa en lo que trata ó maneja.

**GRAPPILLON**, m. *grapillón*. Gajo, parte de un racimo de uva.

**GRAPPIN**, m. *grapén*. Mar. Arpeo, instrumento de hierro que tiene cuatro garfios, y sirve para aferrarse dos embarcaciones en un abordaje. || met. y fam. *Jeter*, *mettre le grappin sur quelqu'un*, apoderarse del ánimo de alguno, tenerle cogido, dominarle.

**GRAPPINER**, a. *grapiné*. Aferrar una nave con cloques ó garfios. || Art. Limpiar el vidrio cuando está en fusion.

**GRAPPINEUR**, m. *grapineur*. Oficial que limpia el vidrio fundido.

**GRAS, SE**, adj. *grá*, *ás*. Gordo, grueso, craso, graso: dícese de personas y de cosas. || Pringoso, grasiento. || met. y fam. Pingüe, gordo, de mucha sustancia. || Obsceno, impúdico, hablando de dichos ó palabras. || Agr. *Terre grasse*, tierra pingüe, tierra compacta y compuesta de partes algo glutinosas. || Bot. *Plantes grasses*, plantas carnosas, las que tienen mucho tejido celular. || *Corps gras*, cuerpo graso: se dice de un gran número de compuestos orgánicos que son insolubles en el agua. || *Avoir la langue grasse*, tener la lengua gorda ó estropajosa, tener dificultad en pronunciar algunas consonantes. Tambien se dice *parler gras*, hablar tartajoso. || met. y fam. *Dormir la grasse matinée*, pegársele á uno las sábanas: levantarse tarde. || *Faire gras*, *manger gras*, comer de carne los dias de pescado. || *Jour gras*, dia de carne. || *Les jours gras*, los dias de carnaval, carnestolendas. || **GRAS**, m. Gordo, lo contrario á magro. || Gordo, parte grasa en un pedazo de carne. || Gordo, parte carnosa de un animal. || *Le gras de la jambe*, la pantorrilla. || *Gras-double*, cuajar ó vientre de vaca, de que se hacen callos para guisar. || Vet. *Gras-fondu*, *grasse-fondure*, torozon en las caballerías.

**GRASSEMENT**, adv. *grasmán*. No se usa mas que en estas frases: *vivre grassement*, vivir con comodidades, con conveniencias, pasarlo ricamente. || *Payer*, *récompenser grassement*, pagar, premiar largamente.

**GRASSERIE**, f. *grasrí*. Enfermedad que ataca á los gusanos de seda.

**GRASSET, TE**, adj. *grasé*. Gordete, gordillo. || *Grassette*, f. Bot. Pan de cuclillo, planta vulneraria.

**GRASSEYEMENT**, m. *graseymán*. Habla bronca, media lengua, dificultad en pronunciar ciertas consonantes.

**GRASSEYER**, n. *graseyé*. Tartajear, hablar trocando algunas consonantes en la pronunciacion por algun impedimento de la lengua.

**GRASSEYEUR, EUSE**, adj. y s. *graseyeur*, *eus*. Tartamudo, estropajoso en la pronunciacion de la *r*.

**GRASSIN**, m. *grasén*. Tropa lijera.

**GRASSOIR**, m. *grasuár*. Rociadero de lanas, sitio en que se rocian con aceite y se tienden.

**GRASSOUILLET, TE**, adj. fam. dim. de **GRASSET**. *grasullé*. Gordetillo, regordete.

**GRAT**, m. *grá*. Escarbadero, lugar donde escarban las gallinas para buscar que comer.

**GRATEAU**, m. *grató*. Art. Rascador, hierro de repasar, instrumento de dorador de mate.

**GRATELIER**, m. *gratlié*. Bot. Gratelero, árbol originario de América.

**GRATELOUPELLE**, f. *gratlupél*. Bot. Gratelupela, género de algas marinas.

**GRATERON**, m. *gratrón*. Bot. Amor de hortelano, planta vivaz y agreste.

**GRATICULER**, a. *graticulé*. Pint. Cuadricular, formar la cuadrícula sobre un cuadro ó estampa para copiarle en diferente tamaño.

**GRATIFICATION**, f. *gratificasión*. Gratificacion, galardon y recompensa de algun servicio.

**GRATIFIER**, a. *gratifié*. Gratificar, recompensar y galardonar alguna accion, trabajo ó merecimiento. || irón. Atribuir, suponer lo que no es.

**GRATIN**, m. *gratén*. El asiento ó lo pegado en el suelo de una cazuela, olla ó sarten en que se ha guisado ó frito alguna cosa.

**GRATIOLE**, f. *grasiól*. Bot. Graciola, planta medicinal que se emplea como un purgativo enérgico.

**GRATIOLINE**, f. *grasiolín*. Quím. Graciolina, principio resinoso amargo que se extrae de la graciola.

**GRATIS**, adv. *grátis*. Grátis, de gracia, de balde. || m. Grátis. Dícese: *il a obtenu le gratis de ses bulles*, no ha pagado nada por sus bulas.

**GRATITUDE**, f. *gratitúd*. Gratitud, agradecimiento.

**GRATTAGE**, m. *gratáge*. Raspadura, accion y efecto de raspar.

**GRATTE**, f. *grát*. Mar. Rasqueta, plancheta de hierro cortante por sus tres lados, que se usa para rascar los puentes y fondos de los buques.

**GRATTEAU**, m. V. **GRATEAU**.

**GRATTE-BOESSE**, f. *gratboés*. Art. [illegible], la escobilla de alambre [illegible] pia el grabado en hueco y el [illegible]

**GRATTE-BOESSER**, a. *gratboesé*. [illegible] ar, limpiar con las grata [illegible] hueco y el dorado á fuego.

**GRATTE-CUL**, m. *gratcú*. Bot. [illegible] nuje, fruto del árbol del [illegible]

**GRATTELER**, a. *gratlé*. Raspar [illegible] ligeramente alguna cosa. || Art. Gratar [illegible] piar ligeramente ántes de pasar el bruñidor.

**GRATTELEUX, EUSE**, adj. *gratleu*, *eus*. Sarnoso, que tiene sarna.

**GRATTELLE**, f. *gratél*. Med. Sarna [illegible] rosa.

**GRATTE-PAPIER**, m. fam. *gratpapié*. Cagatinta, escribiente, el que gana su vida copiando en una oficina ó para particulares.

**GRATTER**, a. *grató*. Rascar, frotar con las uñas ú otra cosa la piel. || Escarbar la tierra. || Raspar, raer un papel. || Enrasar, jear una pared. || Mar. Rascar, limpiar los fondos ó puentes de un buque con la rasqueta. || *Se gratter*, r. Rascarse.

**GRATTEUR, EUSE**, adj. y s. *grateur*, *eus*. Rascador, el que rasca.

**GRATTOIR**, m. *gratuár*. Art. Rascador ó raspador, instrumento para raspar ó [illegible] alguna cosa.

**GRATTURES**, f. pl. *gratúr*. Art. Limaduras, raspaduras, restos que quedan de limar ó raspar algunos objetos.

**GRATUIT, E**, adj. *gratuí*. Gratuito, que se hace ó da sin obligacion, por mera gracia. || *Don gratuit*, donativo gracioso. || *Supposition gratuite*, suposicion voluntaria, sin fundamento.

**GRATUITEMENT**, adv. *gratuitmán*. Gratúitamente, graciosamente, sin interes. || met. Sin fundamento, sin motivo, por antojo.

**GRAU**, m. *gró*. Canalito entre un estanque y el mar.

**GRAUSTEIN**, m. *grostén*. Miner. Graustein, piedra parda.

**GRAVATIER**, m. *gravatié*. Carretero ó borriquero, el que carga por un tanto el cascote y escombros del derribo de las casas.

**GRAVATS**, m. pl. *gravá*. Cascotes, escombros, yesones de un derribo. V. **GRAVOIS**.

**GRAVE**, adj. *gráv*. Grave, pesado, que pesa. || met. Grave, se dice del hombre que obra, habla con sabiduría y circunspeccion. || Grave, serio. || Grave, importante, de consecuencia. || Hablando del estilo, grave, noble, serio. || Mús. *Son grave*, *ton grave*, sonido grave, tono grave, el tono opuesto al alto. || Gram. *Accent grave*, acento grave, acento que va de derecha á izquierda, y que es opuesto al agudo. || **GRAVE**, m. Grave, lo que es grave: se dice por oposicion á lijero, frívolo.

**GRAVELÉE**, f. *gravlé*. Potasa, cenizas graveladas, las heces del vino quemadas y reducidas á ceniza. || Tambien se dice adjetivamente en plural: *cendres gravelées*, cenizas hechas con las heces de vino calcinado. || *Chandelle gravelée*, vela cuajada de sebo con desigualdad.

**GRAVELET**, m. *gravlé*. Zool. Gravelete, especie de ave.

**GRAVELEUX, EUSE**, adj. *gravleu*, *eus*. Arenoso, que contiene arena. || Hablando de las personas, el que padece mal de piedra. || met. y fam. Libre, licencioso, hablando de dichos y palabras.

**GRAVELLE**, f. *gravél*. Mal de piedra.

**GRAVELURE**, f. *gravlúr*. Indecencia, dicho ó palabra libre, indecente.

**GRAVEMENT**, adv. *gravmán*. Gravemente, con gravedad.

**GRAVER**, a. *gravé*. Grabar, señalar por incision en láminas de metal, madera ó piedra las diversas creaciones de las artes del dibujo. || Grabar, trazar, imprimir fuertemente. || met. Grabar, imprimir en el ánimo, en la memoria.

**GRAVEUR**, m. *graveur*. Grabador, el que tiene la profesion de grabar.

**VIER**, m. *gravié*. Arena gruesa, o de las orillas de un rio ó de una || Las piedrecitas de la orilla.

**VIMÈTRE**, m. *gravimétr*. Gravi- instrumento que sirve para medir la s específica de los líquidos y sólidos.

**VIR**, a. *gravír*. Trepar, subir á al- gar alto, áspero ó dificultoso, va- e y ayudándose de los piés y las ma- s. Trepar, subir á una muralla, á un arrecimiento.

**VITATION**, f. *gravitasión*. Gravi- , tendencia al centro de gravedad, en virtud de la cual un cuerpo aban- á sí mismo se precipita hácia la

**VITÉ**, f. *gravité*. Gravedad, peso- los cuerpos. || Gravedad, efecto de la on que los cuerpos ejercen unos so- ros. || met. Gravedad, compostura, de una persona grave. || Gravedad, ancia, hablando de las cosas. || Gra- carácter peligroso de una cosa. || gravedad, calidad de un tono bajo.

**VITER**, n. *gravité*. Gravitar, pesar r hácia un punto.

**VOIS**, m. *gravuá*. Escombros, cas- cajones y pedazos de ladrillo, etc., de rribo, de un tabique, etc.

**VURE**, f. *gravúr*. Grabado, el arte ar. || Grabado, estilo, manera de gra- Grabado, obra del grabador.

, m. *gré*. Grado, voluntad, gusto se hace una cosa. || Grado, capri- ntada. Como mas se usa es en estas ones adverbiales. *Faire une chose gré, de son bon gré, de plein gré*, ó *malgré son gré*; hacer una cosa de de buena voluntad, con toda volun- ó contra su gusto ó de mal grado. *Au gré des flots, des vents*, á discre- merced de las olas, de los vientos. || *de son désir*, á medida de su deseo, creacion. || *De gré à gré*, de buenas á amigablemente. || *Savoir bon gré* ó *le gré à quelqu'un d'une chose*, agra- no á alguno una cosa. || *Bon gré, mal* loc. adv. De grado ó por fuerza.

**BE**, m. *grèb*. Zool. Colimbo, ave de plumaje argentado.

**C, GRECQUE**, adj. *gréc*. Griego, cedido en Grecia, que es de Grecia, ne relacion con la Grecia ó con sus ses. || Griego, que está escrito en que escribe ó ha escrito en griego; se por objeto la enseñanza del grie- mplos de estas varias acepciones: *grec, femme grecque, ville grecque, es grecques, livre grec, historien rammaire grecque*. || *Eglise grecque*, griega, toda la de Oriente, por opo- la Romana ó de Occidente. || *Vent* nto griego, viento de N. E. en el rráneo. || *A la grecque*, loc. adv. A la á la manera de los Griegos. || GREC, m, habitante de la Grecia: *un Grec*, riego. || Griego, el que es de la iglesia por oposicion á los que son de la atina. || Filol. *Le grec* ó *la langue*, el griego ó la lengua griega. || fam. *vaste grec*, es buen pardal, sorzal, ritaman: dícese del sugeto muy astuto, muy versado en una materia.

**CISER**, a. *grecisé*. Grecizar, hacer ego; dar una forma griega á alguna de otra lengua.

**CISME**, m. *grecism*. Grecismo, idio- la lengua griega.

**O-LATIN, E**, adj. *grecolatín, in.* tino, lo que está escrito en griego n.

**O-ROMAIN, E**, adj. *grecoromén*, co-romano, que pertenece á los y á los Romanos.

**QUE**, f. *grék*. Arq. Greca, adorno de paralelas, paralelas entre sí. || Serru- a aserrar los lomos de los libros. || uma, nombre específico de una tor- ...

**QUER**, a. *grecqué*. Art. Serrar, los lomos de los libros ciertas hen- donde entran las cuerdas cuando

**GRÉCURE**, f. *grecúr*. Serradura, la hen- didura donde entra la cuerda de un libro cuando se cose.

**GREDIN, E**, m. y f. *gredén, in*. Vil, el hombre sin probidad ni honor. || Vago, sin oficio ni ocupacion. || Miserable, desharra- pado, descamisado. || Ruin, tacaño, mísero. || *Gredins*, m. pl. Lanillas, perritos falderos de pelo largo.

**GREDINERIE**, f. *gredinrí*. Villanía, ruin- dad. || Miseria, tacañería.

**GRÉEMENT**, m. *greman*. Mar. Aparejo, el conjunto de jarcias, cabos, velas y demas cosas necesarias á un buque para navegar.

**GRÉEN**, m. *greén*. Bot. Greeno, especie de musgo.

**GRÉER**, a. *greé*. Mar. Aparejar, colocar en su lugar correspondiente cada una de las partes que componen el aparejo de un buque.

**GREFFE**, m. *gref*. La escribanía, el ar- chivo donde se guardan los autos, escritu- ras é instrumentos públicos. || f. Agr. Inger- to, la pua tierna del árbol que sirve para in- gertar.

**GREFFER**, a. *greffé*. Ingertar un árbol, introducir una pua verde de un árbol en el tronco ó rama de otro. || *Greffer en fente*, in- gertar de hendidura; *en fente par enfour- chement*, de pua por envasamiento; *en cou- ronne*, de coronilla; *en sifflet* ó *en flûte*, de cantillo; *en écusson*, de escudete; *à la pousse*, de escudete velando; *en emporte-pièce*, de sacabocado; *de pointe*, de punta, de pua; *en œil dormant*, de escudete durmiendo. || met. Se dice de los vicios, doctrinas, erro- res, etc., por imbuir ó trasmitir á otro sus ideas. *C'est dans le cœur de la jeunesse qu'il faut greffer les vertus*.

**GREFFIER**, m. *greffié*. Escribano, el que por oficio público está autorizado para dar fe de las escrituras y demas actos que pasan ante él.

**GREFFOIR**, m. *grefuár*. Abridor, navaja de ingertar. || Ingeridor.

**GRÉGARIS**, m. *gregarís*. Zool. Gregaris, familia de aves insectívoras que viven en sociedad.

**GRÈGE**, adj. *grégé*. Seda cruda.

**GRÉGEOIS (FEU)**, adj. m. *feugrejuá*. Fuego griego. Era un misto incendiario para los usos de la guerra, cuya composicion se ignora hoy.

**GRÉGORIEN, NE**, adj. *gregorién, én*. Gregoriano, ordenado, instituido por Grego- rio XIII. Se dice *chant grégorien, calen- drier grégorien*, canto gregoriano, etc.

**GRÈGUE**, f. ant. *grégue* Gregüescos, así se llamaban los calzones en otro tiempo.

**GRÊLE**, adj. *grêl*. Cenceño, delgado, ha- blando del talle, del cuerpo. || Agudo, pene- trante, refiriéndose al tono de la voz. || f. Gra- nizo, lluvia congelada en el aire, que tam- bien se llama piedra cuando es de tamaño extraordinario. || Med. Granizo, especie de nube de materia gruesa que se forma en los ojos. || met. Granizada, rociada de ba- las ú otros proyectiles. || Chaparron, soman- ta de bofetones, de palos.

**GRÊLÉ, ÉE**, adj. *grelé*. Granizado, ape- dreado, arruinado por el granizo ó pedris- co. || met. Descalabrado, arruinado por des- pilfarros, desgracias, pérdidas. || *Visage grêlé*, cara muy picada de viruelas.

**GRÊLER**, v. impers. *grelé*. Granizar, caer granizo, y tambien caer piedra. || a. Granizar, apedrear, dañar, destruir la piedra los fru- tos y plantas.

**GRELET**, m. *grelé*. Piqueta, instrumento de albañilería.

**GRELIN**, m. *grelén*. Mar. Calabrote, cuerda para amarrar el rezon.

**GRÊLON**, m. *grelón*. Pedrisco, la piedra muy crecida que cae entre el granizo.

**GRELONNER**, a. *grelonné* Hacer cerones, despues de sacada la cera.

**GRELOT**, m. *greló*. Cascabel, sonaja re- donda de metal. || met. y fam. *Attacher le grelot*, poner el cascabel al gato: ser el pri- mero en la ejecucion de alguna cosa difícil y peligrosa. || *Trembler le grelot*, dar diente con diente, tiritar de frio. || *En grelot*, loc. adv. Bot. En cascabel, en forma de cascabel. Muchas especies de helechos tienen flores en forma de cascabel.

**GRELOTTER**, n. *grelotté*. Tiritar, temblar de frio, arrecirse.

**GRELOU**, m. *grelú*. Barquillo, instru- mento con que los cereros reducen la cera á hojas.

**GRELOUER**, a. *grelué*. Desmenuzar la cera para blanquearla.

**GRELUCHON**, m. *greluchón*. Chulito, majo, rufian, amante de alguna moza man- tenida por otros.

**GRÉMENT**, m. *gremán*. Mar. Aparejos, todo lo que sirve para aparejar un buque.

**GRÉMIAL**, m. *gremiál*. Gremial, paño cuadrado de que usan los obispos cuando están celebrando sentados.

**GRÉMIL**, m. *gremíl*. Bot. Mijo del sol, planta.

**GRENADE**, f. *grenád*. Bot. Granada, el fruto del granado. || Mil. Granada, globo de vidrio, bronce ó hierro, casi del tamaño de una granada natural, lleno de pólvora y ata- cado con un misto inflamable.

**GRENADIER**, m. *grenadié* Bot. Granado, árbol. || Mil. Granadero, el soldado que se escoge por su talla entre todos los demas, y servia ántes para arrojar granadas de mano á los enemigos. Hay una compañía llamada de preferencia, que se compone de soldados de esta clase, en cada batallon de infantería.

**GRENADIÈRE**, f. *grenadiér*. Mil. Grana- dera, la bolsa de baqueta que llevaban los granaderos, en donde guardaban las grana- das de mano.

**GRENADILLE**, f. *grenadill*. Bot. Grana- dilla, pasionaria, planta y flor. || Granadi- lla, planta de América.

**GRENADIN, E**, adj. y s. *grenadén, in*. Granadino, de Granada. || m. Granadino, ger- rion de la costa de África.

**GRENADINE**, f. *grenadín*. Granadina, seda que se emplea en la fabricacion del en- caje negro.

**GRENAGE**, m. *grenáge* Graneo, la accion de reducir á granos la pólvora. V. GRAI- NAGE.

**GRENAILLE**, f. *grenáll*. Granalla, pol- vos ó granitos de algun metal. || Mostacilla, plomo menudo para la escopeta. V. GRAI- NAILLE.

**GRENAILLER**, a. *grenallé* Granear, re- ducir los metales á granos. V. GRAINAILLER.

**GRENAISON**, f. *grenesón*. Granazon. Tó- mase por la recoleccion de frutos.

**GRENAT**, m. *grená*. Granate, especie de rubí muy parecido por su color á la grana- da. || Zool. Granate, nombre de un colibrí, pájaro de América. || Granate, cáscara de limon y lima. || Bot. Granadilla, flor.

**GRENATIQUE**, adj. *grenatic* Granático, que tiene relacion con el granate.

**GRENAUT**, m. *grenó*. Zool. Cabezudo, mújil, especie de pescado.

**GRENELER**, a. *grenlé*. Sacar el grano á alguna piel adobada, imitando la zapa. V. GRAINELER.

**GRENER**, a. *grené*. Granear, reducir á granos. || n. Granar las mieses. V. GRAINER.

**GRENETER**, a. *grenté*. Sacar el grano á las pieles.

**GRENETERIE**, f. *grenetrí*. Comercio ó trato en granos y semillas.

**GRÈNETIER**, m. *grenetié*. Oficial de un alfolí de sal que conocia en Francia en pri- mera instancia del contrabando ó otra in- fraccion en este ramo de gabela.

**GRENETIER, ÈRE**, m. y f. *grénetié, ér*. Tratante en granos y semillas ó que tiene puesto de ellos para vender. V. GRAINETIER.

**GRENETIS**, m. *grénetí*. Gráfila, la orilla que tienen las monedas en su anverso ó re- verso. V. GRAINETIS.

**GRENETTES**, f. pl. *grénett*. Granilla de Aviñon, simiente de la que se saca color amarillo.

**GRENIER**, m. *grénié*. Granero, sitio en donde se recoge y custodia el trigo y demas granos. || Desvan, guardilla de una casa || met. Granero, provincias, regiones fértiles en granos. || *Greniers d'abondance*, grane- ros de abundancia, almacenes que están

[illegible], m. *grifforeno*. Zool. [illegible], género de gusanos intestinales.

[illegible], m. *güenóm*. Zool. Güeno, [illegible] grande del Brasil, de carne muy [illegible].

[illegible], m. *güengobí*. Zool. Güe-[illegible], especie de pájaro-mosca de las In-[illegible].

[illegible], interj. *güeró*. Cetr. Guairo, grito [illegible] de cuando las perdices levantan su [illegible] para advertir al halconero que suelte [illegible].

[illegible], m. pl. *godnche*. Guanchos, [illegible] habitantes de Canarias. || Nom-[illegible] de los habitantes del campo.

[illegible], f. *guandataóo*. Bot. [illegible], planta brasileña.

[illegible], m. *gadágue*. Zool. Guango, pe-[illegible], indígena de Chile, que se pa-[illegible] campesino.

[illegible], m. *guáno*. Guano, estiércol de [illegible] que se encuentra en algunos is-[illegible] mar del Sur, y sirve para abonar [illegible].

[illegible], m. *guapérva*. Zool. Gua-[illegible], especie de pescado.

[illegible], f. *guapír*. Bot. Guapiro, ár-[illegible] Guyana.

[illegible], m. *guapóru*. Bot. Guapuru, [illegible] del Perú.

[illegible], m. *guarál*. Zool. Guaral, in-[illegible] muy parecido á la tarántula.

[illegible], m. *guaróna*. Bot. Guarana, [illegible], especie de nopal ame-[illegible].

[illegible], m. *guaróno*. Guarauno, [illegible] indios americanos de las orillas del [illegible] en Venezuela.

[illegible], m. *guárcho*. Zool. Guarcho, [illegible] del cabo de Buena Esperanza.

[illegible], f. *guardiól*. Bot. Guardio-[illegible] mejicana.

[illegible], m. *guár*. Zool. Guaro, especie [illegible]. || Ave del Brasil.

[illegible], f. *guaré*. Bot. Guarea, género [illegible] americanas.

[illegible], m. *guáso*. Guaso, lazo arroja-[illegible] caza y de guerra, usado con supe-[illegible] por los indígenas de la Amé-[illegible] Sur.

[illegible], m. *guayavié*. Bot. Guaya-[illegible] de la América setentrional. || Zool. [illegible], pájaro que se mantiene de gua-[illegible].

[illegible] Ó GUAZOUPITA, m. [illegible], *guazupita*. Zool. Guazubira ó [illegible], ciervo del Paraguay.

[illegible], f. *guazúma*. Bot. Guazuma, [illegible] de plantas. || *Guazuma à feuilles* [illegible] de ásperas hojas, olmo de las [illegible].

[illegible], m. *gubéra*. Gubera, especie [illegible] en el cual se encuentra la laca.

[illegible], m. *gudóc*. Gudoc, instru-[illegible] de tres cuerdas, parecido al [illegible] muy usado en Rusia.

[illegible], m. *gué*. Vado, esguazo, el sitio [illegible] se puede vadear un río. || met. y [illegible] *le gué*, tantear el vado, sondear [illegible] de alguno; presentir, prever la di-[illegible] de algun negocio.

[illegible], adj. *guedbl*. Vadeable, es-[illegible], que se puede pasar por el vado. || [illegible], penetrable, accesible.

[illegible], m. pl. *guébr*. Gueros ó Gue-[illegible] adoradores del fuego.

[illegible], f. *guéd*. Bot. Gueda ó glasto, [illegible]. V. PASTEL.

[illegible], a. ant. *guedé*. V. SOULER. || Engue-[illegible] con glasto ó de pastel.

[illegible], a. *gué*. Vadear, pasar un río [illegible]. || Bañar, limpiar dentro del agua [illegible] un caballo paseándole; lavar ro-[illegible] aclarándola.

[illegible], m. pl. *guélf*. Güelfos, parti-[illegible] papa ó papistas, y enemigos de [illegible] ó antipapistas, partidarios de [illegible] emperadores.

[illegible], m. *gdnb*. Bot. Guembo, fruto [illegible] uguay.

[illegible], f. *guenill*. Trapo, andrajo, [illegible], pedazo de un vestido viejo hecho jirones. || met. y fam. Bagatela, frusleria, cosa insignificante ó despreciable.

**GUENILLON**, m. *guenillón*. Trapajo, calandrajo, retazo de paño ó lienzo viejo.

**GUENIPE**, f. fam. *guenip*. Zarrapastrosa, ganforra, mujer derrotada y de mala vida.

**GUENON**, f. *guenón*. Zool. Macaca, mona, jimia ó simia, la hembra del mono. || met. y fam. Pelandusca, zorrona, mujer de mala conducta. || *Vieille guenon*, mascaron de proa, tarasca, hablando de la mujer vieja y fea.

**GUENUCHE**, f. dim. de GUENON. *guenúche*. Zool. Monita, monilla, mona pequeña. || met. y fam. *Guenuche coiffée*, mona emperejilada, carantoña, hablando de una fea muy engalanada.

**GUÉPARD**, m. *guepár*. Zool. Lobo-tigre, mamífero del Asia meridional.

**GUÊPE**, f. *guép*. Zool. Avispa, insecto parecido á la abeja. || met. Avispa, persona mordaz, punzante.

**GUÊPIAIRE**, m. *guepiér*. Zool. Avispero, género de insectos.

**GUÊPIER**, m. *guepié*. Avispero, sitio donde crian las avispas y fabrican sus panales. || Abejaruco, pájaro que persigue y se come las avispas. || Bot. Hongo de cierta especie que crece sobre los árboles podridos. || prov. y met. *Se fourrer la tête dans un guêpier*, meterse en trapisondas, buscarse disgustos y quebraderos de cabeza.

**GUÊPIÈRE**, f. *guepiér*. Avispero, nido de avispas, grupo de ellas.

**GUÊPIN**, E, m. y f. ant. *guepén*, *ín*. Astuto, mordaz, satírico, burlon.

**GUERDON**, m. ant. é inus. *guerdón*. Galardon, premio, recompensa.

**GUÈRE** ó **GUÈRES**, adv. *guér*. Poco, apénas, casi, no mucho, etc., precedido siempre de una negacion. || En casi y casi nada rige siempre el relativo que. *Cela n'a guère lieu qu'en temps de paix*, casi no sucede ó apénas sucede eso sino en tiempo de paz. || *Il n'y a guère que lui qui puisse le faire*, casi no lo puede hacer sino él. || *Il n'a guère d'argent*, tiene poco dinero. || *Ne s'en falloir guère*, faltar poco, estar á punto de, estar para, etc. *Il pouvait se noyer, il ne s'en est guère fallu*; podia ahogarse, poco faltó.

**GUÉRET**, m. *gueré*. Agr. Barbecho, campo que se deja en reposo despues de cultivado. || Poét. Campo, campiña.

**GUÉRI**, E, adj. *gueri*. Curado, sanado. || Sano, bueno, fuerte, restablecido.

**GUÉRIDON**, m. *gueridón*. Velador, mesita redonda para poner la luz. || Velonera, araña de sobremesa. || Mar. Vertedor, pala cóncava de madera para expeler el agua introducida en los barcos.

**GUÉRIR**, a. *guerír*. Curar, sanar, restablecer la salud. || met. Sanar, librar, apartar de una pasion, de un error, etc. || n. Sanar, ponerse bueno un enfermo. || *Se guérir*, r. Curarse, ser curado.

**GUÉRISON**, f. *gueriaón*. Cura, curacion, restablecimiento, recobro de la salud.

**GUÉRISSABLE**, adj. *guerisábl*. Curable, susceptible de perfecta curacion.

**GUÉRISSANT**, E, adj. *guerisán*. Curativo, que tiene la propiedad de curar.

**GUÉRISSEUR**, EUSE, m. y f. *gueriseur*, *eus*. La persona que sana, que restituye á un enfermo la salud. || Por ext. Curandero, empírico, romancista, charlatan que anda mintiendo ciencia curativa. Se usa tambien como adjetivo.

**GUÉRITE**, f. *guerít*. Mil. Garita, puesto de abrigo donde se cobija un centinela. || Mirador, azotea cubierta. || met. *Gagner la guérite*, huir, tomar las de villadiego, poner piés en polvorosa. || Mar. Cenefa.

**GUERLANDES**, f. pl. *guerlánd*. Mar. Palmejares, maderos que ciñen el buque de proa á popa.

**GUERNON**, m. ant. *guernón*. Bigote, mostacho.

**GUERRE**, f. *guérr*. Guerra, hostilidad recíproca, lucha armada entre dos ó mas Estados. || Guerra, arte de combatir; ciencia de los ardides, de las posiciones estratégicas, etc. || Guerra, milicia, profesion, carrera de las armas. || Guerra, pugna, enemistad declarada entre personas, entre opiniones, etc. || Guerra, toda especie de ataque ó combate moral. || *Gens de guerre*, gente de guerra, militares, tropa, ejército. || *Tour de guerre*, ardid bélico. || *Foudre de guerre*, rayo de la guerra, sobrenombre de muchos grandes capitanes.

**GUERRIER**, ÈRE, adj. *guerrié*, *ér*. Guerrero, bélico, marcial, que pertenece, que es propio y toca á la guerra: se dice de las personas y de las cosas. *Peuples guerriers*, *fureur guerrière*, pueblos belicosos, furor guerrero. *Avoir l'air guerrier*, *la mine guerrière*, tener el aire, el continente guerrero. || m. y f. Guerrero, el que hace la guerra. *La vaillante guerrière*, la valiente amazona. || Soldado, en el estilo elevado. *Il rassemble autour de lui ses guerriers*, reune á su alrededor á sus guerreros, á sus soldados. || irón. *Fier guerrier*, mandria, gallina.

**GUERROYER**, n. ant. *guerruayé*. Guerrear, hacer la guerra.

**GUERROYEUR**, m. ant. *guerruayeur*. Guerreador, guerrero, el que es aficionado á la guerra.

**GUET**, m. *gué*. Acecho, accion de espiar, de observar lo que pasa, lo que se hace. *Être au guet*, estar en acecho: es aplicable á los hombres y á los animales. || Ronda, patrulla, vigilancia que se ejerce de noche en una plaza de guerra, y tropa que hace este servicio. || Centinela, atalaya, escucha. || *Mot de guet*, santo y seña, palabra en que se reconocen las rondas y las guardias. || met. *Ils se sont donné le mot de guet*, ellos están de acuerdo, de inteligencia entre sí; esta frase es muy familiar. Se dice con mas frecuencia: *ils se sont donné le mot d'ordre*. || *Avoir l'œil au guet*, estar ojo alerta.

**GUÊTABLE**, adj. *guetábl*. Que puede ó debe ser acechado, espiado.

**GUET-APENS**, m. *guetapán*. Insidia, asechanza, la accion de esperar á un individuo para asesinarlo. || met. Caso pensado, alevosía, designio premeditado de hacer mal, de dañar á alguno.

**GUÊTRE**, f. *guétr*. Polaina, calza de paño ó cuero de la hechura de un botin. || met. y fam. *Tirer ses guêtres*, tomar el portante, darse á las piernas, echar á correr, huir.

**GUÊTRÉ**, ÉE, adj. *guetré*. Calzado de polainas, que lleva polainas. || *Juge guêtré*, juez de polaina, alcalde de monterilla.

**GUÊTRER**, a. *guetré*. Calzar las polainas á alguno.

**GUÊTRIER**, ÈRE, m. y f. *guetrié*, *ér*. Botinero, el que hace ó vende botines y polainas.

**GUETTE**, f. *guét*. Pié, puntal que se suele fijar al pié de los maderos, de los andamios para su mayor firmeza.

**GUETTER**, a. *gueté*. Acechar, espiar, observar con designio de sorprender y hacer mal. || Esperar por donde ha de pasar una persona para atacarla. || Mont. *Guetter la reposée*, acechar la ocasion en que el animal sale de su guarida para pastar.

**GUETTEUR**, EUSE, m. y f. *gueteur*, *eus*. Vigilante, acechador, espía. || m. Mar. Vigía.

**GUETTON**, m. dim. de GUETTE. *guetón*. Carp. Caña, pieza pequeña de madera con que se refuerzan los sosteses de los balcones. || Pieza que se pone debajo de los quicios de las puertas, etc.

**GUEULARD**, E, m. y f. *gueulár*. Vocinglero, el que habla mucho y á voces. || Mil. Espingarda, cañon algo mayor que el falconete: en el dia se suele aplicar esta voz á las pistolas de boca arrabucada. || Equit. Caballo duro de boca. Adjetivamente: *cheval gueulard*.

**GUEULE**, f. *gueul*. Boca, se dice en el sentido propio de los animales carnívoros y de los peces voraces. || met. Bocaza, se dice de las personas por burla ó desprecio. || Boca, la abertura de muchas cosas huecas. *La gueule d'un four*, *d'un canon*, la boca de un horno, de un cañon, etc. || met. *Fort en gueule*, fanfarron, boquirroto. || *Gueule fraîche*, gran comedor, hombre de buen apetito. || *Mots de gueule*, palabras sucias, obscenas. || *Donner sur la gueule à quelqu'un*, *lui paumer la gueule*, darle á uno un mojicon, un cachete, un bofeton. || *Il n'a que de la gueule*, no tiene [illegible] que boca, es un hablador. || *Avoir un homme à la gueule ferrée*, no salen mas que injurias de su boca. Tambien se aplica esta frase al que come con avidez manjares muy calientes. || *La science de la gueule*, el arte de cocina. || Bot. *Fleur en gueule*, flor enmascarada ó personada; dícese de las flores de ciertas plantas que tienen la figura de una boca cerrada. || *Gueules*, m. pl. Blas. Gules, palabra adoptada para expresar el color rojo.

**GUEULE-BÉE**, f. *gueulbé*. Caño, conducto por donde cae agua ú otro líquido, bien de un manantial, bien de una pipa ú otro receptáculo. *Tonneau à gueule-bée*, pipa ó tonel abierto por una cabeza.

**GUEULE-DE-LOUP**, f. *gueuldelú*. Bot. Boca de lobo, planta muy comun en los jardines. || Mar. Boca de lobo, ensambladura de dos piezas de madera por medio de un ángulo saliente en la una que se ajusta con el entrante de la otra.

**GUEULÉE**, f. *gueulé*. Bocado, presa, lo que puede coger un animal de una dentellada. Se dice familiarmente por *bouchée*, bocado, con relacion al hombre. || Bocanada, buchada, lo que de una vez contiene la boca. || Rociada de palabras obscenas.

**GUEULER**, n. *gueulé*. Baladrar, vocear, hablar recio. || a. Mont. Morder, hacer presa; abocar, agarrar un galgo la pieza con la boca.

**GUEULETON**, m. *gueuletón*. Banquete, comida á que asiste un gran número de personas. Es palabra vulgar que solo se usa por irrision. *Gueuleton électoral, gueuleton patriotique*, banquete electoral, etc.

**GUEULETTE**, f. *gueulét*. Boca pequeña, abertura hecha en los hornos de vidrio para poder introducir los instrumentos y maniobrar.

**GUEUSAILLE**, f. *gueusáill*. Canalla, gentualla, pobretería, jabardo de tunos, vagabundos y gente de vida airada.

**GUEUSAILLER**, n. *gueusaillé*. Andar á la tuna, galloner. || Mendigar, pedir limosna.

**GUEUSANT, E**, adj. *gueusán*. Mendicante, que pordiosea ó pide limosna.

**GUEUSARD**, m. fam. *gueusár*. Vagamundo, tuno, holgazan.

**GUEUSE**, f. *gueus*. Goa, barra de hierro colado segun sale del horno de fundicion. || Art. Picote, tela de lana que se fabrica en Flándes. || Encaje, randa de hilo blanco muy fino. || Terminacion fem. del adj. *gueux*. V. este.

**GUEUSER**, n. *gueusé*. Mendigar, pordiosear, gallonear, andar á la tuna. || a. Mendigar, pedir de limosna.

**GUEUSERIE**, f. *gueusrí*. Indigencia, miseria. || fam. Mendicidad. || met. Miseria, cosa de poco mérito y de vil precio.

**GUEUSET**, m. dim. de **GUEUSE**. *gueusé*. Pequeña barra de hierro colado procedente del horno de fundicion.

**GUEUSETTE**, f. *gueusét*. Cazuela ó cuenco donde los zapateros tienen el betun.

**GUEUX, EUSE**, adj. *gueu, eus*. Indigente, pobre, miserable, reducido á pedir limosna. || Indigente, pobre con relacion á sus necesidades ó á sus deseos. || Avaro, el que se abstiene de lo necesario, aunque con medios para procurárselo. || Vagamundo, holgazan, pordiosero de profesion. *Mener une vie de gueux*, mendigar por holgazanería. || Mendiga, buscona, se dice de las prostitutas de peor género. || Hist. *Les gueux*, pl. Calificacion dada á los caballeros flamencos confederados, en 1566, por el conde de Blairmont.

**GUHR**, m. *gúr*. Geol. Gur, agárico mineral, depósito calcáreo arrastrado por las aguas y que suele emplearse en beneficiar las tierras.

**GUI**, m. *guí*. Muérdago, visco, excrecencia que nace en algunos árboles. || Mar. Guia, especie de arbotante sobre el que se extiende la cangreja.

**GUIABARA**, m. *guiabára*. Bot. Ubero, árbol de la isla de Santo Domingo.

**GUIB**, m. *guíb*. Guiba, especie de gacela del Senegal.

**GUIBRE**, f. *guíbr*. Mar. Tajamar, nombre de todas las piezas de madera que sobresalen de la parte delantera de la roda de un buque.

**GUICHET**, m. *guiché*. Postigo, puerta pequeña abierta en una grande. || Puerta de un armario, de una despensa. || Ventanilla, pequeña comunicacion abierta en una puerta. || Puerta de calabozo. || met. *Être pris au guichet*, ser cogido en el postigo, en el acto en que uno iba á escaparse.

**GUICHETIER**, m. *guichetié*. Portero de cárcel, sirviente encargado de abrir y cerrar el postigo.

**GUIDE**, m. *guíd*. Guia, el que acompaña á alguno para mostrarle el camino que debe seguir. || Guia, práctico del pais que se exige por los jefes militares para dirigir los destacamentos y columnas. || Mil. Guias, soldados sobre los cuales giran los movimientos de las cuartas, mitades y compañías en las evoluciones militares. || Guias, compañías y escuadrones escogidos, adictos al general en jefe. || Guias, señales que se ponen en los pasajes difíciles de los rios para marcar la direccion de la corriente y asegurar la navegacion fluvial. || met. Guia, el que ó la que sirve de direccion y guia con sus consejos y advertencias. || *Payer les guides*, pagar las agujetas, derecho que se paga á los postillones de los carruajes públicos. || pl. Se usa en sentido de riendas, esto es, los rendajes que sirven para gobernar y dirigir los caballos ó mulas de un coche ó de otro carruaje cualquiera. *Conduire à grandes guides*, llevar un coche á escape.

**GUIDE-ÂNE**, m. *guidán*. Añalejo, burrillo, cartilla para el gobierno de los eclesiásticos. || Todo lo que contiene reglas para dirigir cualquier trabajo. || Falsilla, papel rayado para ponerlo debajo de otro y escribir derecho.

**GUIDEAU**, m. *guidó*. Guido, especie de red usada en Francia para pescar en las embocaduras de los rios.

**GUIDER**, a. *guidé*. Guiar, enseñar el camino. || *Guider un cheval*, guiar, conducir un caballo. || met. Dirigir, guiar, iluminar á alguno con consejos é instrucciones. || *Se guider*, r. Dirigirse, gobernarse, conducirse.

**GUIDON**, m. *guidón*. Mil. Guion, banderola que llevan los guias en cada compañía, para las alineaciones de las tropas. || Guion, el estandarte de una cofradía. || Guion, obra escrita que sirve de guia y gobierno para cualquier cosa. || Mús. Guion, señal que se coloca al fin de una escala, para marcar el lugar donde se debe poner la primera nota de la línea siguiente. || Mar. Corneta, gallardete del palo mayor. || Marca, señal que los jugadores de mala fe ponen en los naipes. || Mar. Gallardeton, señal distintiva que se pone en lo alto del palo mayor del buque en que está el jefe de division ó capitan de navío que manda una division de buques de guerra.

**GUIDONNAGE**, m. *guidonáge*. Guiamiento, la accion de guiar y de ser guiado, el ejercicio de las funciones del ó de lo que guia.

**GUIDONNER**, a. *guidoné*. Jugar de mala fe, marcar las cartas, engañar en el juego.

**GUIER**, m. *guié*. Bot. Guiaro, arbusto del Senegal.

**GUIFETTE**, f. *guifét*. Golondrina de mar.

**GUIGNADE**, f. *guiñád*. Guiño, accion de guiñar. || Mirada de soslayo.

**GUIGNARD**, m. *guiñár*. Zool. Morindelo, pájaro semejante al tordo.

**GUIGNE**, f. *guiñ*. Guinda, fruto del guindo. || *Guignes*, pl. Agallas, nombre vulgar con que los pescadores designan las branquias de los peces.

**GUIGNER**, a. *guiñé*. Guiñar, mirar al soslayo, mirar con un ojo. || met. Formar proyectos disimulados sobre alguna cosa que se desea.

**GUIGNETTE**, f. *guiñét*. Zool. Pequeña calandria ó alondra de mar.

**GUIGNIER**, m. *guiñié*. Bot. Guindo, árbol frutal.

**GUIGNOLE**, f. *guiñól*. Guindaleta, pié de donde penden las balanzas.

**GUIGNOLET**, m. *guiñolé*. Aguardiente de guindas, licor hecho por medio de la infusion de esta fruta.

**GUIGNON**, m. fam. *guiñón*. Desgracia, azar, mala suerte (en el juego).

**GUILDE**, f. *guild*. Ayuntamiento, concejo, corporacion [illegible].

[illegible] de Alemania que vale [illegible].

[illegible] de caña. || [illegible].

[illegible] para pescar el arenque.

[illegible] lluvia repentina de poca duracion.

[illegible] tacion de la cerveza [illegible].

[illegible] de sus muchas variedades.

[illegible] la cerveza que fermenta.

[illegible] angosto y largo. || [illegible] || Guillermina, moneda de oro [illegible] dos especies; una del valor [illegible] oro de España de cuatro duros, y [illegible] de á dos.

**GUILLE**, f. ant. *guill*. Astucia, falsedad, ardid, maña.

[illegible] inglés que marcha por [illegible].

[illegible] pechosa. No se usa sino en [illegible]: *courir le guilledou*, frecuentar [illegible] rajes.

**GUILLEMETS**, m. pl. [illegible] llas, comitas: se ponen dos [illegible] ma ("), y es signo que sirve [illegible] las citas en la escritura.

**GUILLEMETER**, a. [illegible] mar, marcar con virgulillas [illegible] critura para advertir que es [illegible] del texto.

**GUILLEMINÉE**, f. [illegible] lleimina, planta del Perú.

**GUILLEMOT**, m. [illegible] acuática.

**GUILLER**, a. *guillé*. [illegible] ya en uso. || n. Hervir, [illegible].

**GUILLERET, TE**, adj. [illegible] ro, alegre, vivaracho, [illegible] *guillerets*, discursos [illegible] en ambas acepciones es [illegible].

**GUILLERI**, m. *guillerí*. [illegible] du ó canto del gorrion.

**GUILLOCHAGE**, m. [illegible] á torno, la accion, la [illegible] torno.

**GUILLOCHER**, a. [illegible] torno, hacer ciertos dibujos [illegible] en alguna cosa. *Guillocher une* [illegible], *une montre*.

**GUILLOCHIS**, m. [illegible] no formado de rasgos y líneas [illegible] en diferentes direcciones. || [illegible] *parterre*, dibujos de jardin, [illegible] jados en los jardines con [illegible] con cierta simetría.

**GUILLOIRE**, f. *guilluár*. [illegible] donde se pone á fermentar la [illegible].

**GUILLOTINE**, f. [illegible] instrumento de suplicio para [illegible] za, que se usa en Francia.

**GUILLOTINÉ, ÉE**, adj. [illegible] llotinado, que sufre el suplicio [illegible] tina. || Se usa tambien como [illegible] *guillotiné, une guillotinée*.

**GUILLOTINEMENT**, m. [illegible] Guillotinamiento, la accion [illegible].

**GUILLOTINER**, a. [illegible] nar, decapitar con la guillotina.

**GUIMAUVE**, f. [illegible] vabisco, planta malvácea.

**GUIMAUX**, m. pl. [illegible] siegan dos veces al año.

**GUIMBARDE**, f. [illegible] grande de cuatro ruedas [illegible] trasportar géneros. || [illegible] rina, pequeño instrumento [illegible] forma de lira. || Guimbarda, [illegible] pillo de carpintería [illegible] Guimbarda, juego de naipes.

**GUIMPE**, f. [illegible] lienzo con que se cubren las [illegible] llo y el pecho. || Guimpa, [illegible] ra. || Zool. Guimpea, [illegible].

**GUIMPER**, a. ó **SE GUIMPER** [illegible] pé. Meterse monja. Es tambien [illegible].

**GUINDA**, m. [illegible].

los antiguos Griegos la parte de cada casa que habitaban las mujeres. || Entre los Romanos significaba esta voz los sitios donde se guardaban los muebles de los emperadores de Bizancio, y donde se trabajaba en su guardaropa. || Gineceo, en la edad media se entendia por esta voz el taller en que los señores feudales hacian trabajar á las mujeres de su servidumbre en labores de lana y seda.

**GYNÉCOCRATE**, m. *ginecocrát.* Ginecócrata, partidario de la ginecocracia.

**GYNÉCOCRATIE**, f. *ginecocrasí.* Ginecocracia, estado en que pueden gobernar las mujeres, como Inglaterra y España.

**GYNÉCOCRATIQUE**, adj. *ginecocratíc.* Ginecocrático, concerniente á la ginecocracia.

**GYNÉCOGRAPHE**, m. *ginecográf.* Ginecógrafo, el que se dedica á escribir sobre la historia de la mujer.

**GYNÉCOGRAPHIE**, f. *ginecografí.* Ginecografía, descripcion de la mujer, de sus enfermedades, etc.

**GYNÉCOMANE**, m. *ginecomán.* Ginecómano, el que padece la ginecomanía ó pasion desordenada por las mujeres.

**GYNÉCOMANIE**, f. *ginecomaní.* Ginecomanía, pasion excesiva por las mujeres.

**GYNÉCOMASTE**, m. *ginecomást.* Ginecomasta, hombre que tiene las mamas ó pechos tan desarrollados como los de una mujer.

**GYNÉCONOME**, m. *gineconóm.* Ginecónomo, magistrado de Aténas que tenia la inspeccion de la conducta de las mujeres.

**GYNÉCOPHYSIOLOGIE**, f. *ginecofisiologí.* Ginecofisiología, fisiología de la mujer.

**GYNÉCOSME**, m. *ginecósm.* Magistrado antiguo encargado de la ejecucion de las leyes suntuarias respecto á las mujeres.

**GYNÉCOTOMIE**, f. *ginecotomí.* Anat. Ginecotomía, anatomía de la mujer.

**GYNÈME**, m. *giném.* Bot. Ginemia, género de plantas de la América del Norte.

**GYNÉSION**, m. *ginesión.* Bot. Ginesion, planta de la Guyana de la familia de las gramíneas.

**GYNOCARPE**, m. *ginocárp.* Bot. Ginocarpo, clase de hongos.

**GYNOLOGIE**, f. *ginologí.* Ginología, ciencia ó tratado de la mujer.

**GYNTEL**, m. *gentél.* Zool. Gintel, pájaro que habita la Lorena.

**GYPAÈTE**, m. *gipaét.* Zool. Gipaete, género de buitres.

**GYPSE**, m. *gips.* Miner. Yeso, sulfato de cal, producto salino de la combinacion del ácido sulfúrico con la cal.

**GYPSÉ, ÉE**, adj. *gipsé.* Enyesado, blanqueado con yeso.

**GYPSER (SE)**, r. *gipsé.* Enblanquecerse, ponerse blanco con yeso.

**GYPSEUX, EUSE**, adj. *gipseu, eus.* Yesoso, de la naturaleza del yeso, parecido al yeso. || Med. *Goutte gypseuse*, gota tofácea, la que produce nudos y concreciones calcáreas en las articulaciones que ataca.

**GYRASOL**, m. *girasól.* Bot. Girasol, nombre vulgar del heliantó anuo. Como lo indica el nombre, esta planta se vuelve siempre hácia el lado del sol. Mejor se escribe *girasol.* Véase en su lugar.

**GYRATOIRE**, adj. V. GIRATOIRE.

**GYRIN**, m. *girén.* Zool. Giris, insecto carnívoro, llamado tambien *tourniquet* ó *puce aquatique*, tornillo ó pulga acuática. || Girin, guarapo, especie de rana pequeña.

**GYROCARPE**, m. *girocárp.* Girocarpo, árbol de Méjico y de la América meridional.

**GYROLE**, f. *giról.* Girolio, nombre dado al boleto comestible (especie de hongos). || Girolio, cacalia ó chirivía silvestre.

**GYROMANCIE**, f. *giromansí.* Giromancia, adivinacion que se practicaba por medio del movimiento circular.

**GYROMANCIEN, NE**, adj. *giromansién, én.* Giromántico, que practica la giromancia, que es concerniente á la giromancia.

**GYROMIE**, f. *giromí.* Bot. Giromia, género de plantas, que en la América septentrional, su patria, llevan el nombre de cohombro de las Indias.

**GYROSELLE**, f. *girosél.* Bot. Girosela, género de plantas de la familia de las primuláceas de la América setentrional.

**GYROVAGUE**, m. *girovág.* [illegible], nombre de una especie de religiosos ambulantes que no estaban adictos á ninguna casa y andaban vagando de monasterio en monasterio.

# H.

**H**, m. H, octava letra de los alfabetos frances y español. Los lexicógrafos franceses hacen esta letra del género masculino ó del género femenino, segun fuere el modo de pronunciarla; pero siendo conocido de los Españoles un solo método, á saber, el antiguo, que es el mas general, consideraremos todas las letras del género masculino sin distincion. || En principio de diccion la *h* es muda en las voces derivadas del latin escritas tambien con *h*, como *humanité, homme, heure, humeur, etc.* Es aspirada en la mayor parte de las voces que no vienen del latin, ó que viniendo del latin no tienen *h* en esta lengua, como *héros, honte, hair, etc.*, y en la mayor parte de los nombres de ciudades ó paises, como *la Hollande, la Hongrie, etc.* Los derivados de *héros* tienen la *h* muda, á pesar de tenerla este aspirada. Delante de las voces femeninas que comienzan con *h* aspirada, el adjetivo posesivo no toma jamas la forma del masculino; así se dice: *ma haine, la honte, etc.* || *Ph* tiene la pronunciacion de *f*. *Ch* tiene un sonido particular que debe oirse de viva voz; se pronuncia como *k* en muchas voces derivadas del griego y lenguas orientales, como *catéchumène, chiromancie, Achate, Chersonèse, etc.*, que se pronuncian *catekumén, kiromansí, akát, kersonés*, ó *catecumén, quiromansí, etc.*; pero se pronuncian con *ch* otras voces extranjeras, como *chérubin, architecte, Achille, etc.* || Esta letra sirve para varias abreviaturas. En química *H* designa el hidrógeno. *H* es abreviatura de *Hautesse*, alteza, título dado al sultan; y S. *H.* de *Sa Hautesse.*

**HA**, *ha.* Ha, interjeccion de sorpresa, de admiracion ó que denota otra pasion ó movimiento del alma. *Ha! vous voilà!* ha! ahí está Vd.! || Ay, interjeccion que equivale á la anterior. A veces, se usa como sustantivo: *pousser des ha! ha! continuels.* Es tambien una especie de onomatopeya que sirve de signo para expresar una carcajada ó la accion de reir, como *hé, hé, hé*, ge, ge, ge, ó *hi, hi, hi*, ja, ja, ja. || Nombre de la sexta letra del alfabeto árabe, y signo numérico que equivale á 8.

**HABE**, f. *áb.* Habe ó abe, traje árabe.

**HABEAS-CORPUS**, m. *abeascórpus.* Habeas corpus, acto célebre con fuerza de ley en Inglaterra que concede la libertad bajo fianza en ciertos delitos.

**HABIA**, m. *ábia.* Abia ó habia, nombre de una especie de aves del Paraguay.

**HABILE**, adj. *abil.* Hábil, diestro, entendido, inteligente, experto, que reune al talento natural la experiencia y la práctica. || En un sentido metafórico se usa hablando de las cosas. || Hábil, sagaz, astuto, diestro en truhanerías. || Jurisp. Hábil, apto para un asunto. || Hábil, valedero, que no tiene inconveniente alguno. || Este adjetivo se usa con varias preposiciones. *Il est habile dans son art. Habile en mathématiques.* || Jurisp. *Habile à succéder*, el que tiene derecho de suceder. || *Habile à*, significa tambien diestro: *il était habile à cacher ses entreprises.* || m. y f. Sabio, inteligente, el que tiene habilidad y sabiduría.

**HABILEMENT**, adv. *abilmán.* Hábilmente, con habilidad, diestramente.

**HABILETÉ**, f. *abilté.* Habilidad, destreza, disposicion natural. || Habilidad, maña, sutileza, atrevimiento que reune la sutileza y la astucia.

**HABILISSIME**, adj. y s. fam. super. de HABIL. *abilisím.* Habilísimo, muy hábil, de una habilidad extraordinaria.

**HABILITATION**, f. *abilitasión.* Jurisp. Habilitacion, accion de emancipar, de habilitar para hacer alguna cosa.

**HABILITÉ**, f. *abilité.* Jurisp. Aptitud, idoneidad, capacidad, resultado de la habilitacion.

**HABILITER**, a. *abilité.* Habilitar, conceder á una persona la aptitud y autorizacion necesaria para representar á hijo en cualquier caso.

**HABILLAGE**, m. *abillag.* Coc. Preparacion, de las aves y demas animales de caza, ántes de asarlos. || Desmoche de una planta. || Iluminacion de los naipes. || En un sentido análogo se dice en términos de pescador, cazador, curtidor, alfarero, cartonero y otros, hablando de toda preparacion preliminar del arte.

**HABILLEMENT**, m. *abillmán.* Vestido, ropa con que una persona se cubre el cuerpo diariamente. || Traje, forma, corte, hechura y género del vestido que se lleva. || Ornato, galas, adornos que se ingieren en el ropaje. || Mil. Vestuario, provision de uniformes ó ropas con que se viste al ejército. || *Habillement de tête*, casco, armadura que cubria la cabeza. Inusitado.

**HABILLER**, a. *abillé.* Vestir, cubrir las carnes de una persona con ropa hecha al efecto. || Vestir, suministrar los vestidos necesarios á una persona. || Vestir, engalanar, poner adornos á alguno. || Vestir, hacer vestidos para otro. || Sentar, ir bien un vestido á la persona que se lo pone. || met. Adornar, disfrazar, desfigurar alguna idea, alguna palabra. || *Habiller une faute, une mauvaise action*, revestir una falta, una mala accion, presentarla del modo mas favorable. || Coc. Preparar, disponer las aves, la caza ú otras viandas en la cocina, ántes de ponerlas al fuego. || Preparar, disponer un trabajo en cualquier arte por medio de operaciones preliminares. || met. y fam. *Habiller quelqu'un de toutes pièces*, poner á uno de ropa de pascua: ridiculizarle lo posible, hablar muy mal de él. || *S'habiller*, r. Vestirse, ponerse la ropa, cubrirse con la vestidos una persona. Tambien se entiende por el modo, el gusto y demas con que uno se viste. || met. Vestirse, adornarse, disfrazarse, cubrir uno sus defectos. || Vestirse, cortarse vestidos, deshonrarse recíprocamente dos personas.

**HABILLEUR, EUSE**, m. y f. *abilleur, eus.* Camarero que viste á los cómicos en los teatros. || Curtidor, el que curte las pieles.

**HABIT**, m. *abí.* Vestido, ropa exterior. || En un sentido particular se entiende por el frac solamente. || Hábito, hablando de religiosos. || *Habit court*, el traje negro que visten los eclesiásticos cuando no llevan sotana. || met. y fam. *Habit d'arlequin*, cajon de sastre, obra de retazos, un todo compuesto de partes inconexas, centon literario. || met. *Prendre l'habit* [illegible], mudar bandera; cerrar los ojos, dar el último suspiro, morir. || prov. y met. *L'habit ne fait pas le moine*, el hábito no hace al monje; debajo de una mala capa hay un buen bebedor; al hombre no se le puede juzgar por las apariencias.

**HABITABLE**, adj. *abitábl.* Habitable, que puede ser habitado.

**HABITACLE**, m. *abitácle.* Habitáculo, mansion; palabra que se emplea solo en algunas frases de la sagrada Escritura. || Por extension, en sentido elevado, significa tugurio, choza, casilla hecha de madera, tierra y paja, con poca curiosidad y de prisa. || Mar. Bitácora, caja donde se coloca la brújula ó aguja de marear.

**HABITANT, E**, m. y f. *abitán.* Habitante, morador de un país, de una ciudad, de un pueblo. || Vecino de un barrio, de una casa. || Poét. *Les habitants des tombeaux*, los muertos. || *Les habitants des enfers*, los condenados.

**HABITATION**, f. *abitasión.* Habitacion, domicilio, lugar en que habita constantemente una persona. || Habitacion, casa, cuarto, morada en que tiene su albergue particular un individuo. || Habitacion, hacienda, ranchería, terreno que posee un particular en las colonias de América; y tambien se entiende por un establecimiento formado por cualquier colono en un país lejano. || Jurisp. *Droit d'habitation*, derecho que tiene alguna persona de vivir en casa ajena sin pagar alquiler. || Habitacion, cohabitacion, amancebamiento.

**HABITER**, a. *abitá.* Habitar, vivir, hacer su estancia constantemente en un lugar. || Jurisp. *Habiter avec une femme*, cohabitar con una mujer, tener con ella un comercio carnal.

**HABITUAIRE**, m. y f. *abituér.* Jurisp. Individuo que tiene derecho de vivir como usufructuario en una casa que no es de su propiedad.

**HABITUATION**, f. *abituasión.* Residencia, asistencia habitual que hace un sacerdote en una iglesia para las misas y demas oficios.

**HABITUDE**, f. *abitúd.* Hábito, costumbre de hacer alguna cosa. || Hábito, inclinacion natural que conduce á hacer repetidas veces una misma cosa. || ant. Introduccion, conocimiento, trato ó amistad de una persona con otra. || prov. y met. *L'habitude est une seconde nature*, la costumbre es una segunda naturaleza, el hábito es mas fuerte que el hombre. || fam. *Avoir une habitude*, tener relaciones, amistad, trato ilícito con [illegible]. || *Habitudes*, pl. Costumbres, vicios, inclinacion natural á hacer una cosa [illegible]. || *Par habitude*, loc. adv. [illegible], por costumbre ó vicio. || *Une [illegible] d'habitude*, un hombre, una mujer [illegible] hábitos de que no puede desprenderse.

**HABITUÉ, ÉE**, adj. *abitué.* Acostumbrado. || m. Parroquiano de un café, de una [illegible], etc., abonado en un teatro. || Asistente, sacerdote que tiene las licencias necesarias para concurrir á una iglesia, celebrar y asistir en ella á los oficios divinos.

**HABITUEL, LE**, adj. *abituél.* Habitual, que es de costumbre, de rutina, que se ha [illegible]. En un sentido análogo se dice hablando de las enfermedades cuya duracion se prolonga en un estado normal. || *Grâce habituelle*, gracia habitual, dotacion constante que se conserva tal como Dios la concede á la criatura.

**HABITUELLEMENT**, adv. *abituelmán.* Habitualmente, ordinariamente.

**HABITUER**, a. *abitué.* Acostumbrar, hacer tomar una costumbre, un vicio, etc. || *S'habituer*, r. Acostumbrarse, avezarse una persona á hacer alguna cosa. || ant. Establecerse, domiciliarse en algun lugar.

**HABIT-UNI**, m. *abiuní.* Zool. Nombre de un ave de la Jamáica.

**HÂBLER**, n. *hablé.* Charlar, discurrir con exageracion, hablar con énfasis, con vanidad sobre cualquier asunto.

**HÂBLERIE**, f. *habiri.* Habladuría, discurso lleno de jactancia, de exageracion.

**HÂBLEUR, EUSE**, m. y f. *hableur, eus.* Hablador, charlatan, baladron, el que tiene discursos exagerados ó jactanciosos.

**HACHE**, f. *áche.* Hacha, segur. || *Hache à main*, destral, hacha pequeña, manuable, que puede dirigirse con una mano. || Mil. *Hache d'armes*, hacha de armas, instrumento cortante que se usaba antiguamente muy semejante al que hoy llevan los gastadores en la milicia actual. || *Hache d'ouvrage*, especie de martillo que sirve para cortar la pizarra y otras piedras. || Bot. *Hache royale*, gamon, especie de asfodelo, planta. || Blas. *Hache consulaire*, hacha consular, rodeada de vergas y pabellones, imitando á las hachas que se llevaban delante de los cónsules romanos. || *Coup de hache*, hachazo. || met. y fam. *Chose faite à coups de hache*, cosa hecha mazorralmente, sin gusto ni delicadeza, de una manera grosera. || met. *Avoir un coup de hache*, tener vena de loco, ramo de locura. || prov. y met. *Aller au bois sans hache*, ir á lanzas sin costal, ó á la siega sin hoz, ir á la guerra sin armas.

**HACHE-BÂCHÉ, ÉE**, adj. *hachebaché.* Afelpado, hablando de las telas que tienen el pelo largo.

**HACHEMENT**, m. *hachemán.* Blas. Listones, cintas que se representan ó ponen en los escudos.

**HACHE-PAILLE**, f. *hachepáll.* Instrumento mecánico que tiene por objeto cortar la paja que está destinada á servir de alimento á las caballerías.

**HACHER**, a. *haché.* Cortar con el hacha alguna cosa. Es poco usado en este sentido. || Picar, reducir una cosa á pedacitos pequeños. || Picar, hacer picadillo, hablando de alguna vianda. || met. Descuartizar, despedazar, trinchar torpe y groseramente. || Asolar, destruir las mieses una tormenta, un ejército, etc. || Cortar, entrecortar, dar al estilo una version desigual, sin trabazon ni consecuencia. || *Se faire hacher*, consentir en morir, defenderse una tropa hasta el último extremo. || met. y fam. *Se faire hacher*, dejarse hacer pedazos ántes de ceder ó de faltar á su propósito una persona. || En las fábricas de paños es tundir, quitar las desigualdades de la lana con las tijeras ó tijeras.

**HACHEREAU**, m. dim. de HACHE. *hacheró.* Hacheta, destral, azuela, segur pequeña y manual.

**HACHETTE**, f. *hachét.* Hacheta, machete. || Aciche, piqueta que usan los albañiles. || Mil. *Hachette de campement*, destral de que van provistos los soldados de caballería para las urgencias que ocurren en los campamentos.

**HACHIS**, m. *hachí.* Picadillo, jigote. || met. y fam. Baturrillo, galimatías, escrito que trata confusamente y sin consecuencia de cosas diferentes.

**HACHOIR**, m. *hachuár.* Tajo ó cuchilla para picar la carne; y tambien la tabla ó tronco de madera que sirve en las cocinas para este objeto. || Art. Tajo ó tajon en que se pica el sebo ántes de echarlo á derretir para hacer velas.

**HACHOTTE**, f. *hachót.* Hacha de carpintero y de otros oficios análogos.

**HACHURE**, f. *hachúr.* Pint. Líneas cruzadas que forman las sombras y el campo en un cuadro ó dibujo. || Líneas que se señalan en un metal ántes de dorarlo ó de platearlo. || Blas. Puntos, rasgos que designan especialmente los colores y los metales.

**HADJI**, adj. y s. *adjí.* Título que toman los musulmanes cuando han hecho la peregrinacion á la Meca; y tambien los Griegos cristianos que han visitado Jerusalen: equivale al nombre de peregrino. || Peregrinacion, accion de ir á la Meca en calidad de peregrino. || En la América del Norte se da el nombre de *hadjí* al indígena que ha habitado el viejo mundo durante algun tiempo.

**HÉMANGIOTITE**, f. *emangiotít.* Med. Hemangiotitis ó angiotitis sanguínea, enfermedad inflamatoria de los vasos sanguíneos.

**HAGADA**, f. *agadá.* Hagada, oracion que recitan los Judíos la víspera del dia en que celebran la Pascua.

**HAGARD, E**, adj. *hagár.* Feroz, huraño, hosco, rudo, que tiene algo de salvaje. || Cetr. Esquivo, que no es fácil domesticarlo, hablando del halcon.

**HAGÉNIE**, f. *agení.* Bot. Hagenia, árbol de flores encarnadas que procede de Abisinia.

**HAGIOGRAPHE**, m. *agiográf.* Agiógrafo, escritor sagrado que ha compuesto alguna obra con la asistencia del Espíritu Santo. || Agiógrafo, autor que escribe sobre la vida y hechos de los santos.

**HAGIOLOGIQUE**, adj. *agiologíc.* Hagiológico ó hagiólogo, que trata de las cosas santas.

**HAGLURE**, f. *aglúr.* Cetr. Manchas que tienen las aves de altanería en los cuchillos de las alas.

**HAHA**, m. *háhá.* Abertura practicada en un jardin para darle vistas, pero cuya parte está defendida por un foso que impide el paso por aquel sitio.

**HAÏ, E**, adj. *haí.* Aborrecido, odiado.

**HAIAS**, m. *aiás.* Bot. Hayas, raíz cultivada en América que es tuberosa como la patata y tiene la misma aplicacion.

**HAÏDOUK**, m. *aidú.* Nombre de una milicia armada que ocupa algunos distritos de la Hungría que están sobre la frontera. = Por alusion á esta tropa, que es de una corpulencia extraordinaria, se da la misma denominacion á ciertos criados muy altos que algunos señores tienen á su servicio.

**HAIE**, f. *hé.* Seto, cerca que cierra alguna huerta ó tierra, formada con arbolitos y ramas entrelazadas unas con otras. || *Haie vive*, seto vivo, formado de zarzas, pita y otras plantas vivas. || Vallado, pared hecha de tierra apisonada para cerrar alguna tierra ó propiedad. || met. Fila, doble hilera de soldados ó otras personas que forman calle. || Ringlera, fila de ladrillos que están puestos sucesivamente en órden simétrico. || Jurisp. *Haie mitoyenne*, seto de medianería que está entre dos propiedades de dueños diferentes, y por consecuencia pertenece á ambos por mitad. || *Haie morte*, contraespaldera hecha de ramas y espinos secos. || met. *Se mettre en haie*, hacer calle.

**HAÏE**, interj. *Ahy.* Arre! hau! voces de que se sirven los carreteros para animar las caballerías. || prov. y met. *Et haie au bout*, y la salsa, y algo mas, y lo que no se cuenta. Es locucion antigua.

**HAIL**, m. *áil.* Cetr. Arranque, disposicion buena ó mala que presenta el halcon al lanzarse sobre la presa.

**HAILLON**, m. *hallón.* Harapo, andrajo, jiron que se desprende de un vestido enteramente viejo. Se usa generalmente en el plural. || met. Harapo, trapo, retazo, resto de alguna cosa. || met. Andrajo, se entiende por la persona que va vestida de andrajos.

**HAILLONNÉ, ÉE**, adj. *hallоné.* Andrajoso, haraposo, cubierto de andrajos.

**HAIM**, m. *hén.* Anzuelo para la pesca.

**HAINE**, f. *hén.* Odio, enemistad, rencor. || Aborrecimiento, ojeriza que se declara á alguna cosa cuando se la considera como perjudicial ó nociva. || *Avoir en haine*, tener ojeriza, aversion. || *Prendre en haine*, tomar odio, aborrecimiento á una persona ó á alguna cosa. || *En haine de*, loc. prep. En odio de, por odio de, por odio á.

**HAINEUX, EUSE**, adj. *heneu, eus.* Rencoroso, vengativo.

[illegible]

HALBRAN, m. *halbrán*. Zool. Especie de pato ó de ánade salvaje.

HALBRENÉ, ÉE, adj. *halbrené*. Cetr. Aliquebrado, se dice del halcon que tiene roto alguno cañoncillo de las alas. || met. y fam. Desaliñado, desgreñado, estropeado, que está mal vestido ó en un estado infeliz. Es voz muy poco usada.

HALBRENER, a. *halbrené*. Cazar ánades ó patos bravíos. || a. Cetr. Aliquebrar, romper las alas á un ave de rapiña.

HALCYON, m. Zool. V. ALCYON.

HÂLE, m. *hál*. Bochorno, aire solano, calor y efecto que produce el aire y el sol marchitando, secando y curtiendo los cuerpos que están expuestos á su influencia.

HALE-À-BORD, m. *halabór*. Mar. Amarra del bote al navío.

HALE-BAS, m. *halbá*. Mar. Cargadera, nombre que se da á los cabos que sirven para cargar las velas.

HALE-BOULINE, m. *halbulín*. Mar. Halacabolinas, halacuerdas, apodos que se dan á los marineros principiantes.

HALECRET, m. *halcré*. Hist. ant. Especie de coraza que se llevaba en los siglos XV y XVI.

HALE-CROC, m. *halcró*. Especie de gancho que sirve para echar á bordo el pescado.

HALEINE, f. *alén*. Aliento, hálito, respiracion. || Aliento, resuello, fuerza particular de los pulmones cuando pueden resistir algun tiempo sin aspirar el aire. *Courte haleine*, *haleine courte*, corta respiracion, muy contenida y débil; es lo opuesto á *longue haleine*, respiracion larga. || *Haleine de vent*, soplo de viento. || met. y fam. *Courte haleine*, pobre caletre, entendimiento limitado: se dice de un autor cuya capacidad es muy corta y pobre. || *Courir à perte d'haleine*, correr hasta perder la respiracion, hasta no poder mas. En un sentido análogo se dice por hablar, escribir, hacer cualquier cosa con todo aliento. || *Perdre haleine*, perder la respiracion, no poder alentar. || *Prendre haleine*, tomar resuello, respirar. || met. *Donner haleine à quelqu'un*, conceder alguno descanso á alguna persona. || *Etre en haleine*, tener buen ánimo; trabajar, hacer alguna cosa con codicia. || *Mettre en haleine*, animar, alentar. || *Etre hors d'haleine*, estar jadeando, hipando, no poder respirar ó resollar. || *Tenir en haleine*, tener en un ejercicio contínuo; y tambien, tener á alguno suspenso. || *Entreprise de longue haleine*, empresa de larga duracion. || *Faire une chose tout d'une haleine*, hacer una cosa de una vez, de un tiron, sin parar, sin interrupcion.

HALEMENT, m. *halmán*. Nudo que se hace con un tiro á una viga ó piedra para subirla.

[illegible]

HALLAGE, m. *halága*. Derecho que pagan las mercancías que se ponen de venta en los mercados y ferias.

HALLALI, m. V. HALALI.

HALLE, f. *hál*. Mercado, plaza del mercado, sitio público destinado para vender los objetos de primera utilidad. || Taller donde se funde el vidrio. || *Langage des halles*, lenguaje de plaza que usan las verduleras y demas mujeres de los mercados ó plazuelas; y met., todo lenguaje vulgar, grosero, indecente. || Especie de tela de Bretaña.

HALLEBARDE, f. *halbárd*. Alabarda, arma ofensiva que consta de asta, con un hierro largo llamado regaton, y una moharra ó cuchilla pisana atravesada.

HALLEBARDIER, m. *halbardié*. Alabardero, soldado que lleva alabarda.

HALLEBREDA, f. ant. *albredá*. Farota, mujer alta y de mala traza.

HALLIER, m. *halié*. Guarda de una plaza ó mercado. || Tratante que se establece y vende en un mercado. || Red contramallada, que sirve para cazar un gran número de pájaros. || pl. Jaral, zarzal, maleza, matorral.

HALLITE, f. *alít*. Miner. Halitis, alúmina natural.

HALLOYSITE, m. *aluasít*. Aloisites, mineral que se presenta bajo el aspecto de una sustancia compacta, blanda, con quebraduras cerosas, de un color blanquecino.

HALLUCINATION, f. *alusinasión*. Alucinamiento, aprension, ilusion, error de los sentidos. || Med. Alucinacion, no se dice solamente de la afeccion mórbida de los nervios, sino de la ilusion que ocasiona. || met. Alucinacion, todo desvío de la imaginacion.

[illegible]

HALTE, f. *halt*. Alto, [illegible] hace la tropa en su marcha. || [illegible] que hace cualquier [illegible] viaje. || Alto, por [illegible] se toma durante la [illegible] *Halte!* alto! voz para [illegible] que va marchando. || [illegible] ahí! dícese para atajar á [illegible] habla.

HALTÈRE, m. *altér*. [illegible] piedra ó plomo que [illegible] en los ejercicios gimnásticos.

HALURGIE, f. *halurgí*. [illegible] manipulacion, [illegible] Halurgia, arte de preparar [illegible] terrestres.

HALYMÉNIE, f. *alimení*. [illegible] nia, género de plantas [illegible] de las algas.

HAMAC, m. *hamák*. [illegible] suspendida con cordeles [illegible] en América y á bordo de [illegible]

HAMACUTE, f. *amacút*. [illegible] gico del Japon.

HAMADAN, m. *amadán*. [illegible] dand, raza particular de [illegible]

HAMADE ó HAMÈDE, f. [illegible] Blas. Hamada, hamaidas: [illegible] bandas paralelas que [illegible] del escudo sin tocar á [illegible]

HAMADRYADES, f. pl. [illegible] Hamadríades ó [illegible] fabulosas de los paganos [illegible] en las florestas, y [illegible] de las cortezas de los [illegible]

HAMAMS, m. *amán*. [illegible] godon que se fabrica en la [illegible]

HAMARGON, m. *amargón*. [illegible] árbol grande de Filipinas.

HAMASA, m. *amasá*. [illegible] dado á una coleccion de [illegible] árabes.

HAMBOURG, m. *hanbúr*. [illegible] portar el salmon salado.

HAMBOURGEOIS, E, adj. [illegible] Hamburgues, de la ciudad de [illegible]

HAMBRE, m. *ánbr*. [illegible] siempre verde del Japon.

**...RGE**, m. *hanbûrge*. Zool. Ham-... nombre que se da á un pescado so-... al ciprino.

**...EAU**, m. *hamó*. Caserío, aldea, lu-... reunion de casas sin iglesia ni juris-... local.

**...EÇON**, m. *amsón*. Anzuelo, garfio ... para pescar. || met. y fam. Anzue-... cebo, aliciente, trampa para engañar ... ender. || *Mordre à l'hameçon*, caer, ... el anzuelo, clavarse: dejarse en-... | Bot. Anzuelo, garfio de una espina ...lo de una planta.

**...EDE**, f. *améd*. Hameda, tela blanca ...don, especie de muselina de Ben-...

**...E**, f. *amé*. Astil, palo, mango de ...azadon y otros instrumentos.

**...EDE**, f. V. HAMADE.

**...LTONIE**, f. *amiltoní*. Bot. Amil-...género de plantas de América.

**...PLANTE**, adj. *amiplánt*. Bot. Ha-..., cuyos tallos ó frutos tienen la ...e anzuelos y se pegan en las ropas.

**...ITE**, f. *amít*. Zool. Hamita, géne-...nchas fósiles.

**...EL**, m. Astr. V. HÉLIER.

**...PE**, f. *hámp*. Asta, palo, mango de ...rda ó pica. || Mango de un pincel. || El pecho de la res. || Bot. Bohordo ...ras que nacen de la raiz y que reem-... tronco.

**...ULAIRE**, f. *amulér*. Zool. Hamula-...ero de gusanos entozoarios que vi-...os intestinos y en el pulmon.

**...ARITE**, m. y f. *amiarít*. Hamia-...escendiente de Djorham, padre de ...árabe.

... m. *hán*. Parador público de Orien-...nde se hospedan las caravanas gra-...e ó por poco coste.

**...-PACHA**, m. *hanoypachá*. Hanan-...l paraiso en la religion de los Pe-...

**...AP**, m. *hanó*. Cacharro, tazon, ...grande para beber.

**...HE**, f. *hánche*. Cadera, parte del ...cuerpo. || Anca, parte de la region ...del pecho y del corselete que recibe ...de las patas de los insectos. || Anca, ...trasera de un caballo. || Mar. Anca, ...popa.

**...INOL**, m. *anquinól*. Bot. Han-...planta de Méjico.

**...OAN**, m. *ancoán*. Zool. Ancoan, ...jaro originario de Méjico.

**...BANE**, f. *anbán*. Bot. Hanebano, ...vulgar del beleño, planta.

**...T, HANSET**, m. *ané*, *ansé*. Mar. ...uelo con que se toman antagallas.

**...AR**, m. *hangár*. Sotechado, sopor-...tico para meter carruajes. || Tin-...a meter madera.

**...EN**, m. *angién*. Hangiano, miem-...una secta fundada en la Noruega á ...siglo XVIII.

**...ETON**, m. *anlón*. Zool. Salton, ...lóptero. || met. y fam. Chorlito, ca-...cabeza lijera.

**...UART**, m. *anudr*. Oficial encar-...transporte de la sal.

**...VRIEN, NE**, adj. y s. *hanovrién*, ...veriano, de Hanover en Inglaterra.

**...E**, f. *háns*. Hansa, liga ó federa-...las ciudades anseáticas. || *Hanse* ...s, asociacion de comerciantes de ...

**...SÉATIQUE**, adj. V. ANSÉATIQUE.

**...GRAVE**, m. *hansgráv*. Hansgrave, ...de asociacion. || Hansgrave, magis-...tular de Alemania.

**...AL**, m. *hantál*. Bot. Árbol grande ...Indias orientales.

**...ER**, a. *hanté*. Frecuentar, visitar ...á alguna persona, alguna concur-...r á juntarse á menudo con alguno, ...arle con frecuencia. || fam. *Dis-...ts hantes, je te dirai qui tu es*, ...quién andas, y te diré quién eres.

**...ISE**, f. ant. *hantís*. Trato, familia-...imidad con alguna persona. Solo ...en mal sentido.

**HANUCA**, f. *hanúca*. Hanuca, fiesta que celebran los Judíos modernos el dia 25 de diciembre.

**HAPLAIRE**, f. *haplér*. Bot. Haplaria, género de musgos.

**HAPLOTRIQUE**, m. *haplotríc*. Bot. Haplotrico, género de hongos.

**HAPLOTOMIE**, f. *haplotomí*. Cir. Haplotomía, incision simple.

**HAPPE**, f. *háp*. Art. Bujo, rodaja de hierro con que se calza el cabo de una rueda. || Tenacilla de hierro. || Prensita portátil ó de mano.

**HAPPE-FOIE**, m. *hapfuá*. Zool. Bepatárpago, ave de mar.

**HAPPE-LOPIN**, m. ant. *haplopén*. Mont. Perro voraz en comerse lo que le dan de la caza. || met. y fam. Tragon, goloso.

**HAPPE LOURDE**, f. *haplúrd*. Piedra falsa que tiene la apariencia de una piedra preciosa. || met. y fam. Farolon, sugeto que debajo de un bello exterior es un ignorante. || Caballo de parada que tiene buena presencia y malos hechos.

**HAPPEMENT**, m. *hapmán*. Accion de engullir, de tragar.

**HAPPER**, a. *hapé*. Pillar, zampar, engullir, atrapar con la boca lo que se echa, hablando de los perros. || met. y fam. Echar la mano ó la garra, agarrar á alguno.

**HAPSUS**, f. *hápsus*. Cir. Hapso, pelota ó bola de estopa que usan los cirujanos en una multitud de casos.

**HAQUEBUTIER**, m. ant. *hacbutié*. Arcabucero, soldado armado de un arcabuz.

**HAQUENÉE**, f. *hacné*. Hacanea, jaca, caballo pequeño. || *Aller sur la haquenée des cordeliers*, ir en el caballo de san Francisco: ir á pié con su palo. || met. y fam. Paja larga, mujer excesivamente alta, delgada y desairada.

**HAQUET**, m. *haqué*. Carromato largo y angosto. || Jaquita, caballo pequeño.

**HAQUETIER**, m. *hactié*. Carromatero, el que conduce un carromato.

**HARAME**, m. *arám*. Bot. Aramo, árbol grande que destila la goma tacameca.

**HARANGUE**, f. *harángue*. Arenga, discurso hecho á un concurso, á un personaje de calidad. || Arenga, declamacion vana en lo que abundan todas las figuras de retórica. || fam. Arenga, sermon, razonamiento largo, afectado y enfadoso.

**HARANGUER**, a. y n. *harangué*. Arengar, decir en público alguna arenga. || fam. Echar arengas, peroratas, párrafos, hablar larga y afectadamente.

**HARANGUEUR, EUSE**, m. y f. *harangueur, eus*. Arengador, orador que dice ó hace una arenga. || fam. y satír. Arengador, orador pesado, fastidioso, hablador. || El que reprende sin ton ni son.

**HARAS**, m. *hará*. Yeguada, casa de yeguas ó de monta. || Puesto, parada, la casa en que se tienen garañones y caballos padres para yeguas y burras.

**HARASSE**, f. *harás*. Caja, cuadrado que sirve para embalar el vidrio. || Escudo, broquel, arma defensiva que usaban los infantes en la edad media.

**HARASSEMENT**, m. *harasmán*. Cansancio, fatiga extrema. Se usa tambien en sentido figurado.

**HARASSER**, a. *harasé*. Cansar, fatigar, causar cansancio. || met. Cansar, fastidiar.

**HARASSIER**, m. *harasié*. Posteño, dueño del puesto ó parada en que se tienen garañones y caballos padres. Se usa poco.

**HARAUX**, m. *haró*. Maniobra, ardid de guerra que consiste en quitar los caballos al enemigo al tiempo de forrajear.

**HARCELER**, a. *harslé*. Hostigar, molestar, impacientar á alguno. || Inquietar, fatigar al enemigo, perseguirle, no dejarle descansar. || *Se harceler*, r. Inquietarse, provocarse mutuamente.

**HARD**, m. *hár*. Art. Pulidor, instrumento de que se sirven los guanteros para sobar y ablandar las pieles.

**HARDE**, f. *hárd*. Manada de bestias silvestres. || Trailla, cuerda con que se llevan atados cuatro ó seis perros. || *Hardes*, f. pl. Vestidos, toda clase de ropas de uso ordinario que sirven para vestirse.

**HARDEAU**, m. *hardó*. Cuerda del uso de un molino. || Bot. Viburno, planta.

**HARDER**, a. *hardé*. Atraillar los perros de caza, atarlos con una trailla. || Pasar una piel por el pulidor para ablandarla y sobarla. || *Se harder*, r. Atraillarse, enredarse en la trailla.

**HARDI, E**, adj. *hardí*. Osado, emprendedor. || Atrevido, insolente, audaz, que comete insolencias. *Hardi coquin*, picaro desvergonzado. || met. Atrevido, se emplea para calificar las producciones de la imaginacion cuando tienen nobleza y atrevimiento, y nos representan alguna superioridad que sorprende. Califica tambien las proposiciones, las tésis, las doctrinas, las ideas difíciles de sostener. *Pensée hardie*, pensamiento, idea bizarra. *Proposition hardie*, proposicion atrevida, arriesgada. *Style hardi*, estilo gallardo. || Atrevido, se emplea tambien para indicar algunas obras artísticas de arrogante construccion y forma, que tienen alguna cosa de grande, de extraordinario.

**HARDIESSE**, f. *hardiés*. Atrevimiento, resolucion, valentía, ánimo, aliento. || Atrevimiento, insolencia, descaro. || Atrevimiento, se usa tambien hablando de las cosas en los dos sentidos indicados.

**HARDILLIERS**, m. pl. *hardillié*. Fijas de hierro que sostienen una parte del telar de tapices de lisos altos.

**HARDIMENT**, adv. *hardimán*. Atrevidamente, osadamente, libremente.

**HARDOIS**, m. pl. *harduá*. Mont. Ramas de árbol en las que toca el ciervo con su testuz.

**HARE**, interj. *hár*. Mont. Jaleo, grito para animar á los perros para que carguen la caza.

**HAREM**, m. *harém*. Harem, voz tomada del árabe, y que en Oriente designa la habitacion reservada en los palacios para las mujeres y concubinas.

**HARENG**, m. *harán*. Zool. Arenque, pescado del género clúpeo.

**HARENGAISON**, f. *harangesón*. Pesca de los arenques. || Tiempo á propósito para la pesca de los arenques.

**HARENGALE**, f. *harangál*. Zool. Arengala, pescado pequeño.

**HARENGÈRE**, f. *harangér*. Arenquera, pescadera, mujer que vende arenques. || met. y fam. Desollada, desvergonzada, lo mismo que verdulera ó rabanera.

**HARER**, a. inus. *haré*. Excitar, provocar, mover disputa con alguno.

**HARETAC**, m. *aretác*. Zool. Aretaco, ave de África que tiene un moño colorado en la cabeza.

**HARGNE**, f. ant. *hárñ*. Disgusto, desazon, incomodidad.

**HARGNER (SE)**, r. *harñé*. Disgustarse, incomodarse, reñir dos personas.

**HARGNERIE**, f. *harñrí*. Disputa, contienda, riña, pendencia.

**HARGNEUX, EUSE**, adj. *harñeu, eus*. Arisco, indigesto, impaciente, regañon, de mal humor. || *Cheval hargneux*, caballo inquieto, arisco. Lo mismo se usa hablando de los demas animales.

**HARICOT**, m. *haricó*. Bot. Habichuela, judía, alubia, género de plantas leguminosas. || Habichuela, la simiente de la planta. || *Haricots verts*, judías verdes. || Coc. *Haricots de mouton*, guisado de carnero con nabos.

**HARIDELLE**, f. *haridél*. Matalon, cacamal, caballería mala y flaca, particularmente hablando de caballos. || fam. Carcamal, mujer flaca y alta.

**HARKISE**, f. *arquís*. Harquira, sulfuro de niquel.

**HARLE**, m. *árl*. Zool. Harle, pájaro acuático.

**HARMÉDONE ó HERMÉDONE**, m. *armedón*, *ermedón*. Astr. Hermedon, grupo de estrellas situado en la constelacion de la Ballena.

**HARMEL**, m. *armél*. Bot. Harmel, simiente de la planta conocida con el nombre de harmala ó alargama.

[illegible]

HARMONIEUSEMENT, adv. armonieusmán. Armoniosamente, con armonía.

HARMONIEUX, EUSE, adj. armonieu. Armonioso, sonoro, agradable al oído, que tiene armonía.

[illegible]

HARMONIQUE, adj. armonic. Armónico, que pertenece á la armonía, que produce armonía.

HARMONIQUEMENT, adv. armonicmán. Armónicamente, de una manera armoniosa, con armonía.

HARMONISER, a. armonisé. Armonizar, poner en armonía. V. HARMONIER.

HARMONISME, m. armonísm. Armonismo, armonía imitativa del estilo.

HARMONISTE, m. armonist. Armonista, músico profundo en la armonía. || Armonista, miembro de una reducida asociacion de luteranos en los Estados Unidos.

HARMONIUM, m. armoniom. Mús. Armonio, especie de órgano.

HARMONOMÈTRE, m. armonometr. Armonómetro, instrumento propio para medir las proporciones armónicas.

HARMOPHANE, adj. armofán. Miner. Armófano, se dice de un mineral que presenta caractéres ó indicios de junturas naturales idénticas, sin modificaciones externas.

HARMOTOME, m. armotóm. Miner. Armótomo, mineral blanquecino cuyos cristales se encuentran divididos en junturas.

HARNACHEMENT, m. harnachemán. Enjaezamiento, accion de enjaezar. || Jaez, el conjunto de todo lo necesario para enjaezar un caballo.

HARNACHER, a. harnaché. Equit. Enjaezar, ataviar, poner los arreos, el jaez á un caballo; ponerle las guarniciones, si es de tiro.

HARNACHEUR, m. harnacheur. Guarnicionero, fabricante de arreos, de jaeces para los caballos. || Enjaezador, el criado que enjaeza los caballos.

HARNAIS, m. harné. Los arreos, las guarniciones de un caballo. Tiene tambien las acepciones de arnois.

HARNOIS, m. harnoá. Arnes, la armadura completa de un guerrero antiguo. || met. *Blanchir sous le harnois*, encanecer en la profesion de las armas, ser veterano en la carrera militar. || En poesía se usa *harnois* en sentido de *harnais*. V. este.

[illegible]

HARPIGNER (SE), r. vulg. harpiñé. Arañarse, golpearse, reñir arañándose.

HARPIN, m. harpén. Garfio, cocle de que se sirven los barqueros.

HARPISTE, m. y f. harpist. Arpista, tañedor de arpa, profesor de este instrumento.

HARPOCRATE, m. arpocrát. Mit. Harpócrates, dios del silencio.

HARPON, m. harpón. Harpon, arpón, instrumento de hierro á manera de tridente con que se pescan las ballenas y otros pescados grandes. || Grapa, hierro con que se atan y aseguran las piezas de construccion.

HARPONNER, a. harponé. Harponar, lanzar, clavar el harpon.

HARPONNEUR, m. harponeur. Harponero, cachero, pescador encargado de lanzar el harpon.

HARPONNIER, m. harponié. Zool. Harponero, especie de garza real americana.

HART, f. hár. Vencejo, atadero para atar fagines, construido de mimbre ó otra madera flexible para liar alguna cosa. || Cuerda, lazo, soga de que se suspendia el cuerpo de un ahorcado. Esta voz se conserva en sentido met. y fam., como en estas frases: *sentir la hart*, oler á cáñamo, trascender á racimo de horca, á soga. || *A rene de hart*, pica, lanza, alabarda.

HARUNGANE, m. arungán. Bot. Harúngano, árbol de Madagascar.

HARUSPICE, m. V. ARUSPICE.

HARVIAN, m. harvián. Cuerda, especie de cable con que los pescadores atan sus redes á los arcos de un puente.

HASARD, m. hasar. Azar, acaso, casualidad, contingencia, lance impensado. || Azar, suerte, fortuna, destino, ventura, fatalidad. || Azar, riesgo, peligro, desgracia ó desdicha posible. || Lance, hablando de las cosas compradas con oportunidad y ventaja

[illegible]

[illegible]LE, f. *hotill.* Lonja de tocino [illegible]. *Donner de la hâtille à quel-*[illegible] tocino fresco á alguno : apalearlo.

[illegible]EAU, m. *hativó.* Pera temprana, [illegible] pera que madura de las primeras.

[illegible]MENT, adv. *hativmán.* Tem-[illegible] anticipacion, ántes de tiempo, [illegible]mente : se dice de las frutas y [illegible] *hâtivement venus*, [illegible].

[illegible]ETÉ, f. *hativte.* Precocidad, des-[illegible] de los vegetales ántes de la [illegible]. Es poco usado.

[illegible], m. *hobán.* Alb. Maroma, cuerda [illegible] cabo al torno ó grua, y por el [illegible] punto fijo. || *Haubans*, pl. Mar. [illegible], cada uno de los cabos gruesos [illegible] sujeta un palo desde su cabeza [illegible] de guarnicion ó coña correspon-[illegible] uno y otra banda.

[illegible]ET, m. *hobér.* Zool. Especie de [illegible].

[illegible]GEON, m. ant. *hoberjon.* Cora-[illegible] cota de malla pequeña.

[illegible]GIER, m. *hobergié.* Poseedor [illegible] de loriga anular, que tenia [illegible] de acompañar al rey á la guerra [illegible] correspondiente loriga.

[illegible]ERT, m. *hobér.* Loriga, especie de [illegible] muy fuerte, usada por los an-[illegible].

[illegible], f. *hoté.* Pesc. Especie de red.

[illegible], f. *hós.* Alza, lo que sirve para [illegible] otra cosa. || Com. Alza, subida [illegible] públicos, en el valor de los [illegible] del papel, etc. || Alza, au-[illegible] los géneros mercantiles.

[illegible]-COL, m. *hoscól.* Gola, insignia [illegible] consiste en una especie de me-[illegible] metal, suspendida del cuello de [illegible] de infantería.

[illegible]-CUL, m. *hoscú.* Almohadillo, [illegible] armadura de los antiguos cabe-[illegible] que llevaban al cuello an-[illegible] hombres y mujeres. En España [illegible] únicamente como distintivo de [illegible].

[illegible]MENT, m. *hosmán.* Alzamiento, [illegible], de encoger los hombros. || [illegible], aumento en el cambio, en las [illegible] Creciente de un rio. || Encare-[illegible] del precio comun en los [illegible] de consumo.

[illegible]-PIED, m. *hospié.* Caza. Lapo-[illegible] de acero ó ballena, que se cou-[illegible] un pié en la siciladera.

[illegible], a. *hosé.* Alzar, levantar, po-[illegible] de lo que estaba cualquier cosa. [illegible], encarecer los precios, [illegible] tributos, recargar las contribu-[illegible], etc. || Alzar, esforzar la [illegible] fuerte. || met. *Hausser le cœur*, [illegible] el corazon, infundir reso-[illegible]. || met. y fam. *Hausser le* [illegible] tono, amenazar, hablar con du-[illegible]. || n. Subir, crecer, au-[illegible], superar, ser mas alto, [illegible] las diferentes aplicaciones y ca-[illegible]. || Usase como pron. con [illegible] en sentido propio y figu-[illegible] del tiempo, significa acla-[illegible] : *le temps se hausse.*

[illegible], m. *hosié.* Alzista, el que [illegible] de los fondos en las negocia-[illegible] Bolsa.

[illegible], adj. *hó.* Alto, elevado, subi-[illegible] por profundo, hundido de ma-[illegible]. || mus. Alto, fuerte, [illegible] del metal de voz ó de la [illegible]. || Alto, excelso, eminente, el se [illegible] obras, de virtudes notables. [illegible], noble, digno, etc., de las [illegible] sus cualidades. || Alto, exorbi-[illegible] subido, carísimo, hablando del [illegible] venta de las cosas. || Alto, [illegible], emprendedor. || *Haute anti-*[illegible] antigüedad, época lejana, le-[illegible]. *La rivière est haute*, el rio va [illegible]. || *C'est un homme haut*, es un [illegible], altivo, soberbio. || *Viande* [illegible], carne ó guisado que pica o [illegible]. || *Arbre de haute futaie*, árbol [illegible]. || *Les hauts faits*, las hazañas, [illegible] heróicos. || met. *Le prendre sur*

*un haut ton, sur le haut ton, sur un ton haut*, hablar con altivez, con imperio, con un tono amenazante, etc. || HAUT, m. Alto, altura, elevacion, lo que tiene de alto una cosa. || Alto, cima, cumbre, vértice, cúspide de cualquier edificio, de una montaña, etc., lo mas alto, la parte superior de cualquier cosa; y en sentido mas metafórico aun, colmo, apogeo, último grado de la dicha, de la gloria. || *Le haut du jour*, el medio dia. || *Le haut du pavé*, la acera de la calle. || *Gagner le haut*, tomar el portante, tomar las de villadiego : huir. || met. *Tomber de son haut*, caer de su burro, quedar tamañito ó atarúido : manifestar una gran sorpresa por algun suceso en que no se creia. || *Il y a du haut et du bas* ó *des hauts et des bas dans la vie*, hay sus altos y bajos en la vida. || Hablando de un purgativo que hace vomitar, se dice *par le haut*; *par le haut et par le bas*, por arriba y por abajo. || *Le Très-Haut*, el Altísimo, Dios. || adv. Alto, altamente, de una manera alta. || *Parler haut*, hablar alto, fuerte; met., hablar gordo, con entereza, con energía. || prov. *Haut le pied*, listo el paso, marchemos, partamos, desalojemos; y tambien, ea, fuera de aquí! marchaos, desalojad, etc. || met. y fam. *Haut et clair*, lisa y llanamente, sin rodeos, de una manera franca y explícita. || *Là-haut*, loc. adv. Arriba, allá arriba. || *En haut*, arriba, hácia arriba. || *Tout au haut*, en lo mas alto. || *D'en haut*, de arriba del cielo, hablando de celestiales avisos, castigos, acontecimientos sobrenaturales, etc. || *Coup d'en haut*, caso imprevisto, milagroso.

HAUT-À-BAS, m. ant. *hotabá.* Buhonero, mercader ambulante que lleva á cuestas sus géneros, todos ellos de poca monta.

HAUT-À-HAUT, m. *hotahó.* Voz de caza, grito que da un cazador en el monte para llamar á su compañero.

HAUTAIN, E, adj. *hotén, én.* Altanero, altivo, orgulloso.

HAUTAINEMENT, adv. *hotenmán.* Altaneramente, de una manera arrogante, con altivez, con orgullo. Es poco usado.

HAUTBOIS, m. *hobuá.* Oboé, instrumento músico de viento. || Oboé, profesor, tocador de oboé.

HAUT-DE-CASSE, m. *hodcás.* Impr. Caja alta en que se colocan las mayúsculas ó versales.

HAUT-DE-CHAUSSES, m. ant. *hodchós.* Calzones. V. CULOTTE.

HAUT-DESSUS, m. *hodsú.* Mús. Alto, tiple, el tono mas agudo de la música vocal.

HAUT-FOND, m. *hofón.* Mar. Bajo fondo. V. BAS-FOND.

HAUT-JUSTICIER, m. ant. *hojustisié.* Justicia-mayor. V. HAUTE-JUSTICE. || Señor de horca y cuchillo.

HAUT-LE-CORPS, m. *holcór.* Equit. Corcovo, el salto que da el caballo encorvando el lomo.

HAUTE-CONTRE, f. *hotcóntr.* Mús. Contralto, una de las cuatro partes musicales que ocupa un medio entre el tiple y el tenor. || Contralto, la persona que desempeña esta parte de la música vocal.

HAUTE-COUR, f. *hotcúr.* Gran consejo, tribunal supremo cuya fundacion data en Francia de 1791.

HAUTE-FUTAIE, f. *hotfuté.* Oquedal, monte alto, monte donde los árboles llegan á su mayor altura.

HAUTE-JUSTICE, f. *hotjustís.* Feud. Justicia-mayor, jurisdiccion que comprendia todas las causas civiles y criminales.

HAUTE-LICE, f. *hotlís.* Lizo alto, lizos altos en las fábricas de tapicería.

HAUTE-LICEUR ó HAUTE-LICIER, m. *hotliseur, hotlisié.* Oficial del tapicero de lizos altos.

HAUTE-LUTTE (DE), loc. adv. V. LUTTE.

HAUTEMENT, adv. *hotmán.* Altamente, de una manera alta. || Fuertemente, abiertamente, con todo empeño. || Valientemente, resueltamente, libremente, de una manera clara, franca, explícita.

HAUTE-PAIE, f. *hotpé.* Alta paga, sueldo supernumerario del militar aventajado, que goza premio. || Alta paga, aventajado, militar que disfruta exceso de prest.

HAUTE-TAILLE, f. ant. *hottáll.* Mús. Barítono, voz media entre la de tenor y bajo.

HAUTESSE, f. *hotés.* Alteza, título que se da al Gran Señor en Turquía.

HAUTEUR, f. *hoteur.* Altura, dimension de un cuerpo perpendicular, como la altura de un árbol, de una casa, etc. || Elevacion de un cuerpo con relacion á la superficie de donde parte. || Alto, eminencia, cumbre, cima, punto culminante. || Caida, lo que dista de alto una cascada, una cortina. || Profundidad, hondura, fondo del mar. || Altura, elevacion de un astro. || met. Altanería, altivez, imperio, fiereza, arrogancia. || Nobleza, dignidad, firmeza, entereza, elevacion de alma. || fam. *Tomber de sa hauteur*, quedar aterrado ó avillanado por algun suceso, decaer de ánimo en la adversidad. || *Hauteurs*, pl. Ex-abruptos, salidas bruscas, groserías, insolencias. || Mar. Altura, se dice de la elevacion de una pieza de construccion tomada desde el nivel de la quilla hasta su extremo superior.

HAUTURIER, m. *hoturié.* Mar. Piloto de altura, nombre que se daba á los pilotos que tomaban la altura de los astros para dirigir sus barcos en la mar. || adj. *Navigation hauturière*, navegacion larga y en alta mar.

HÂVE, adj. *háv.* Lívido, pálido, seco, descarnado.

HAVERON, m. *havrón.* Avena silvestre, avena loca, planta.

HAVI, E, adj. *haví.* Sollamado, socarrado, quemado. || Abornado, hablando del pan.

HAVIR, a. *havir.* Sollamar, socarrar, quemar exteriormente la carne por demasiado fuego. || n. Socarrarse la carne, abornarse, tostarse el pan.

HAVRE, m. *hávr.* Mar. Abra, pequeño puerto comercial en el que encallan los barcos durante la baja de la marea.

HAVRESAC, m. *havrsác.* Mil. Mochila, morral de soldados. || Saco, talega.

HAYE, interj. *ég.* Arre!... voz de los carreteros para excitar el ganado.

HAZAN, m. *azán.* Chantre de la sinagoga. Tambien se escribe chasan.

HÉ, interj. *hé.* Hé, ola : monosílabo que se usa para llamar á una persona inferior. || Hé! ¿qué es eso? Se usa como signo de advertencia, de amonestacion. || Ay! ah! exclamacion que manifiesta el sentimiento. || Calla, ola! Se usa como expresion de sorpresa. || *Hé! hé!* signo imitativo de la risa. || *Hé bien*, ahora bien : sirve para despertar la atencion sobre lo que debe seguir inmediatamente. || *Hé! là*, vamos, vaya : monosílabo que significa el deseo de terminar una contienda, de calmar una pasion. Esta interjeccion no debe confundirse con *eh!* que solo conviene á las emociones violentas y prolongadas.

HEAUME, m. *hóm.* Yelmo, especie de casco que cubria la cabeza, la cara y el cuello de los guerreros. || Blas. Yelmo, especie de casco ó celada con visera.

HEAUMER, n. ant. *homé.* Fabricar, hacer yelmos. || a. Armar de un yelmo, encasquetar el yelmo.

HEAUMERIE, f. ant. *homrí.* Fabricacion, accion de fabricar cascos y armaduras. || Fábrica, lugar donde se hacian armaduras y cascos.

HEAUMIER, m. ant. *homié.* Fabricante, trabajador en cascos y armaduras.

HEBDOMADAIRE, adj. *ebdomadér.* Hebdomadario, semanal, que se renueva semanalmente. Se dice en particular hablando de los periódicos que se publican semanalmente; y en términos de medicina, hablando de la calentura que se repite cada ocho dias.

HEBDOMADE, f. *ebdomád.* Hebdómada, semana; es poco usado. || *Hebdomade d'années*, hebdómada de años, semana compuesta de siete años consecutivos. || Hebdómada, beneficio de un hebdomadario.

HEBDOMADIER, m. *ebdomadié.* Hebdomadario, semanero, el que está de semana para desempeñar algun cargo ú oficio.

HEBDOMADIÈRE, f. *ebdomadiér.* Hebdomadaria, religiosa que hace el oficio y preside de semana en el coro.

[illegible]

langues hébraïques, grammaire hébraïque, etc. || m. Zool. Hébraïco, especie de insecto. [illegible], especie de pescado del género [illegible].

HÉBRAÏSANT, m. ebraisán. Hebraísante, el que está versado en la lengua hebrea ó que hace un estudio particular del texto hebreo de la Escritura.

HÉBRAÏSME, m. ebraísm. Hebraísmo, modo de hablar propio y peculiar de la lengua hebrea. || met. Hebraísmo, se dice por alusion á la escritura hebrea, hablando de las cosas que están al reves de como deben estar.

HÉBREU, m. ebreu. Hebreo, la lengua hebrea. Hébreu rabbinique, hebreo rabínico, dialecto del hebreo en el que están escritos los libros de los rabinos. || Hebreo, lengua de la familia semítica, como el fenicio, el caldeo, el árabe, el siriaco, etc. || met. y fam. Ce que vous me dites est de l'hébreu pour moi, lo que Vd. me dice está para mí en griego, no entiendo una palabra.

HEC, m. ec. Tabla que se pone sobre el orujo para recibir la viga al exprimirlo en el lagar.

HÉCATE, f. ecát. Mit. Hécate, divinidad hija de Júpiter y de Latona, y hermana de Apolo. Se entiende poéticamente por la Luna. || Zool. Hécate, especie de mariposa.

HÉCATÉE, f. ecaté. Hecáteas, estatuas de Hécate que ponian los Atenienses en sus puertas. || Bot. Hecátea, género de plantas de Madagascar.

HÉCATOLITHE, f. ecatolít. Miner. Hecatolita, piedra lunar, variedad de espato.

HÉCATOMBE, f. ecatónb. Hecatombe, sacrificio de cien bueyes ó de igual número de animales de otra especie que ofrecian los antiguos á los dioses. || met. Sacrificio, humillacion.

[illegible]

HECTOLITRE, m. ectolítr. Hectolitro, medida de capacidad que contiene cien litros. Equivale, hablando de líquidos, á [illegible] cántaros y medio, y si se trata de áridos, á una fanega y [illegible] celemines.

HECTOMÈTRE, m. ectométr. Hectómetro, medida de longitud igual á cien metros, que componen [illegible] varas, 1 pié y [illegible] pulgadas.

HECTOMÉTRIQUE, adj. ectometríc. Hectométrico, que es relativo al hectómetro.

HECTOSTÈRE, m. ectostér. Hectostero, medida de cien estereos ó cien metros cúbicos.

HÉDÉRACÉ, f. ederé. Yedrea ó hedérea, goma de hiedra. Se usa tambien como adjetivo.

HÉDÉRINE, f. ederín. Hederina ó yedrina, jugo gomo-resinoso que se extrae del tronco de la hiedra.

HÉDRA, f. édra. Cir. Hedra, fractura del cráneo. || Hedra, parte de un absceso que se encuentra en su declive mayor.

HEDWIGIE, f. edvigí. Bot. Edvigia, árbol de Santo Domingo de la familia de las terebintáceas.

HÉDYPNOÏS, f. edipnoís. Bot. Edipnois, planta que tiene grande analogía con la achicoria silvestre.

HÉDYSARUM, m. edisárom. Bot. Edisaro, planta leguminosa conocida vulgarmente con el nombre de pipirigallo.

HÉEMER, m. emér. Medida de líquidos de Alemania.

HÉER, n. ant. hé. Gimotear, gimotear, llorar, suspirar, hacer pucheros.

HÉGIRE, f. egír. Hegira ó egira, era de los mahometanos que empieza en la época en que Mahoma huyó de la Meca, cuyo primer año corresponde al de 622 de Jesucristo, ó era cristiana, comenzando á contar desde 16 de julio.

HEIDUQUE, m. heiduc. Jeduque, soldado de infantería húngaro. || Jeduque, antiguamente se daba este nombre en Francia á un volante ó criado vestido á lo húngaro.

HEIMER, m. emér. Medida de líquidos en Alemania.

HEIN! interj. hén. Hé! interjeccion familiar con que se acompaña algunas veces una interrogacion ó una frase que expresa la admiracion. Voulez-vous, hein? ¿quiere Vd. hé? Hein, que dites-vous donc là? Hé! ¿qué es lo que Vd. dice?

HÉLAMYS, m. elámis. Zool. Elamis, género de insectos roedores africanos.

HÉLAS! interj. elás. Ay! ay de mí! pobre de mí! exclamacion que sirve para manifestar el dolor ó el arrepentimiento. || En el lenguaje familiar se usa esta palabra como sust. masc., y tiene por equivalente ayes, suspiros, etc. Il fit de grands hélas, dió muchos ayes.

HELCION, m. elsión. Zool. Helcion, género de conchas univalvas.

[illegible]

**...CONIEN, NE**, adj. *eliconién, én.* ...ico, que pertenece al monte Helicon. ...nio, sobrenombre de Neptuno; y ...de Júpiter como padre de las musas.

**...COPHANTE**, m. *elicofánt.* Zool. ...nto, género de conchas univalvas.

**...COSOPHIE**, f. *elicosofí.* Elicosofia, ...trazar hélices ó espirales sobre un

**...COTRÈME**, m. *elicotrém.* Anat. ...ema, orificio que permite la comuni... entre los dos conductos por la parte ...r del caracol de la oreja interna.

**...CTE**, f. *elict.* Bot. Elicto, arbusto ...rico.

**...ÉE**, f. *elié.* Heliada, plaza pública ...as en donde se reunia el tribunal de ...stes. || Heliada, tribunal de los he...

**...GMA**, m. *eligma.* Anat. La eminen... de la oreja.

**...OCARPE**, m. *eliocárp.* Bot. Elio... género de plantas americanas cuya ...tiene gran número de callosidades.

**...OCENTRIQUE**, adj. *eliosantríc.* ...eliocéntrico, se dice del lugar que ...n un planeta en la suposicion que el ...dor pudiese mirarle desde el centro ...*Force héliocentrique*, fuerza helio..., la que inclina ó impele los planetas ...sol.

**...OCOMÈTE**, f. *eliocomét.* Astr. He...ta, fenómeno que rara vez ofrece el ...ando tras de sí al ponerse una cola ...ra luminosa semejante á las que ...n los cometas.

**...ODORE**, f. *eliodór.* Hort. Eliodo...dad de tulipa.

**...OLITHE**, m. *eliolit.* Zool. Helióli...cie de fósil.

**...OMAGNÉTOMÈTRE**, m. *elioma...r.* Heliomagnetómetro, instrumento ...e á medir la declinacion de la agu...ada, y á determinar por el sol una ...l día.

**...OMÈTRE**, m. *eliométr.* Helióme...trumento que sirve para medir con ...d el diámetro aparente del sol ó el ...lanetas, y las distancias que se ob... entre estos cuerpos.

**...OMÉTRIQUE**, adj. *eliometríc.* He...co, que pertenece al heliómetro.

**...OPHTHALME**, m. *elioftálm.* Bot. ...mo, planta de la Luisiana.

**...OPOLITAIN, NE**, adj. y s. *eliopo...n.* Geog ant. Heliopolitano, de la ...Heliópolis.

**...ORNE**, m. *eliórn.* Zool. Heliurno, ...e aves sumergentes que se mantie... pescado y de aves acuáticas.

**...OS**, m. *élios.* Mit. Helios, nombre ...n los Griegos al sol.

**...OSCOPE**, m. *elioscóp.* Helioscopio, ...para observar el sol.

**...OSE**, f. *eliós.* Med. Eliosa, insola...ion de sol que causa alguna indis... de las personas.

**...OSTAT**, m. *eliostá.* Heliostato, ins...o que sirve para proyectar invaria... la imágen del sol.

**...OTIDE**, f. *eliotid.* Zool. Heliótida, ...de mariposa.

**...OTROPE**, m. *eliotróp.* Bot. Helio...heliotropio, género de plantas bor..., que se dividen en unas cincuenta ... las mas conocidas son el heliotro... Perú, notable por el suavísimo olor ...ores que le ha hecho dar el nombre ... vainilla; y el heliotropo de Euro... comprende varias especies medici... conocido con el nombre de girasol. ...amo adjetivo: *plantes héliotropes*, ...s flores, como el heliotropio, se ...siempre hácia el lado del sol, y pa...guirle en su carrera. || Miner. He..., piedra preciosa, especie de jaspe.

**...OTROPISME**, m. *eliotropism.* Bot. ...ismo, propiedad que tienen ciertas ...de presentar sus flores hácia la parte ...e encuentra el sol.

**...OS**, m. *élius.* Helio, hijo de Perseo, el cual dió nombre á la ciudad de Hélios en Laconia.

**HÉLIX**, m. *elics.* Anat. Hélix, rodete semicircular que rodea el pabellon de la oreja.

**HELLANODICES** ó **HELLANODIQUES**, m. pl. *elanodís, elanodíc.* Hist. Helanódices ó Helanódicos, jueces que se nombraban para presidir los juegos olímpicos en Grecia.

**HELLÉ**, f. *elé.* Mit. Helé, hija de Atamas y de Nefelé, la cual dió nombre al mar del Helesponto.

**HELLÉBORACÉES**, f. pl. *eleborasé.* Bot. Eleboráceas, familia de plantas cuyo tipo es el género eléboro.

**HELLÉBORE**, m. V. ELLÉBORE.

**HELLEN**, m. *el-lén.* Helen, hijo de Deucalion y de Pirra, y padre de la raza de los Helenos ó Griegos.

**HELLÉNIQUE**, adj. *elenic.* Helénico, que pertenece á la Grecia. Se usa particularmente en esta frase: *corps hellénique*, cuerpo helénico, confederacion que formaban las diferentes ciudades de la Grecia que tenian derecho de anfictionia. || m. *L'hellénique*, la helénica, la lengua griega antigua.

**HELLÉNISME**, m. *elenism.* Helenismo, modo, expresion, locucion que participa del genio de la lengua griega.

**HELLÉNISTE**, m. *elenist.* Helenista, judío de Alejandría que hablaba el lenguaje de los Setenta. || Judío que se acomodaba á los usos y costumbres de los Griegos. || Helenista, griego que abrazaba el judaismo. || Helenista, gentil, pagano, epítetos que se encuentran como sinónimos, repetidos en las Actas de los apóstoles. || Helenista, hoy se aplica solo al erudito versado en la lengua griega.

**HELLÉNISTIQUE**, adj. *elenistic.* Helenístico, que corresponde ó pertenece á los helenistas ó al dialecto que les era propio. || *Grec hellénistique*, griego helenístico ó alejandrino, y particularmente el de los Setenta.

**HELLER**, m. *helér.* Moneda de cobre cuyo valor se altera segun las diferentes comarcas de Alemania.

**HELLOTIS**, f. *elótis.* Mit. gr. Nombre que dieron los Cretenses á Europa.

**HELLUS**, m. *élus.* Zool. Helus ó helo, género de insectos. V. SAPYGE.

**HELMINTHE**, m. *elmént.* Med. Helminto, lombriz, gusano intestinal.

**HELMINTHIASE**, f. *elmentiás.* Med. Helmintiasis, enfermedad causada por las lombrices.

**HELMINTHIQUE**, adj. *elmentic.* Med. Helmíntico, vermífugo, se dice de un remedio contra las lombrices. Mejor se dice *anthelminthique*.

**HELMINTHOÏDE, ÉE**, adj. *elmentoidé.* Helmintógeo, que se parece á una lombriz.

**HELMINTHOLITHES**, m. *elmentolit.* Zool. Helmentólito, gusano fósil.

**HELMINTHOLOGIE**, f. *elmentologí.* Helmintología, parte de la zoología que trata especialmente de los gusanos.

**HELMINTHOLOGIQUE**, adj. *elmentologíc.* Helmintológico, que es relativo á la helmintología.

**HELMINTHOLOGISTE**, m. *elmentologist.* Helmintologista, naturalista que se ocupa especialmente de los gusanos ó lombrices.

**HELMINTHOPYRE**, f. *elmentopír.* Med. Helmintópira, calentura verminosa.

**HELMYTTON**, m. *elmitón.* Bot. Helmiton, género de plantas de la familia de las algas.

**HÉLOBIÉ, ÉE**, adj. *elobié.* Bot. Helobiado, que vive en los pantanos y cenagales. || *Hélobiées*, f. pl. Helobiadas, seccion de plantas acuáticas.

**HÉLODE**, adj. *elód.* Med. Helodis, fiebre reinante en los paises pantanosos.

**HÉLODÉE**, f. *elodé.* Bot. Helódea, género de plantas de América.

**HÉLODITE**, adj. *elodit.* Helódito, calificacion de un reptil que vive en el cieno ó en los pantanos.

**HÉLONIAS**, m. *elonías.* Bot. Helonias, género de plantas juncáceas.

**HÉLONOME**, adj. *elonóm.* Helónomo, calificacion de las aves zancudas que se posan generalmente cerca de los pantanos y aguazales.

**HÉLOPITHÈQUE**, adj. *elopitéc.* Helopitero, calificacion de un grupo de cuadrúmanos que pueden agarrar con la cola.

**HÉLOPODE**, m. *elopód.* Bot. Helópodo, género de liquenes, planta.

**HÉLOPYRE**, f. *elopír.* Med. Helópira, calentura de los pantanos.

**HÉLOSE**, f. *elós.* Med. Helosis, inversion de los párpados con convulsion de los músculos del ojo.

**HÉLOTIS**, m. Med. V. PLIQUE.

**HELPIDE**, f. *elpíd.* Mit. Helpida, esperanza, divinidad alegórica.

**HELVELLE**, f. *elvél.* Bot. Helvela, género de hongos que tienen la forma de un embudo.

**HELVÉTIE**, f. *elvesí.* Helvecia, hoy Suiza.

**HELVÉTIEN, NE**, adj. y s. *elvesién, én.* Helvético, de la Helvecia ó Suiza.

**HELVÉTIQUE**, adj. *elvetic.* Helvético, suizo, que pertenece á la nacion suiza. || *République helvétique*, república helvética, confederacion de los cantones suizos que data de 1798. || *Confession helvétique*, confesion helvética, exposicion de fe hecha por Zwinglio en 1530, mas conocida bajo el nombre de profesion de Basilea. || *Corps helvétique*, cuerpo helvético, confederacion de todos los estados de la Suiza.

**HELWINGIE**, f. *elvengí.* Bot. Arbolillo del Japon, cuyas hojas son comestibles.

**HELXINE**, f. *elcsiné.* Bot. Helxine, parietaria, planta.

**HEM**, interj. *hém.* Hé! monosílabo que sirve para llamar á una persona.

**HÉMACÉLINOSE**, f. *emaselinós.* Med. Hemacelinosis, enfermedad caracterizada por un gran número de manchas rojas que salen en la piel, y que vulgarmente se llama púrpura.

**HÉMACHATE**, f. *emacát.* Miner. Hemacato, especie de ágata de vetas encarnadas.

**HÉMACRYME**, adj. *emacrím.* Zool. Hemácrimo, que tiene la sangre fria. || *Hémacrymes*, m. pl. Hemácrimos, raza de animales en que se incluyen los que tienen fria la sangre.

**HÉMAGOGUE**, adj. y s. *emagóguē.* Med. Hemagogo, se dice de los remedios propios para provocar la salida de los menstruos ó flujo hemorroidal. Es sinónimo de emenagogo.

**HÉMALOPIE**, f. *emalopí.* Med. Hemalopia, derrame de sangre en el globo del ojo.

**HÉMANGIOTITE**, f. *emangiotít.* Med. Hemangiotitis, inflamacion de los vasos sanguíneos.

**HÉMAPHOBE**, adj. *emafób.* Med. Hemáfobo, que tiene horror á la sangre. || Hemáfobo, que no puede resistir con serenidad la vista de la sangre y que se desmaya á su vista. El mismo epíteto se aplica al médico que no prescribe la sangría por sistema ó temor.

**HÉMARTHRIE**, f. *emartrí.* Bot. Hemartria, género de plantas gramíneas.

**HÉMASTAGOGUE**, m. *emastagóg.* Fis. Hemastagogo, el que trata del equilibrio y de la fuerza de la sangre.

**HÉMASTATIQUE**, f. *emastatic.* Hemastática, parte de la fisiología que trata de la fuerza inherente á los vasos sanguíneos.

**HÉMATÉMÈSE**, f. *ematemés.* Med. Hematémesis, vómito de sangre.

**HÉMATHERME**, adj. *ematérm.* Zool. Hematermo, que tiene la sangre caliente. || *Hémathermes*, m. pl. Hematermos, raza de animales que comprende los que tienen la sangre caliente.

**HÉMATHROSE**, f. *ematrós.* Med. Hematrosis, derrame de sangre fuera de los vasos.

**HÉMATINE**, f. *ematín.* Quím. Ematina, materia colorante del campeche.

**HÉMATINISE**, f. *ematinís.* Bot. Hematinise, planta colorante originaria de las Indias.

**HÉMATITE**, f. *ematít.* Miner. Hemati-

[illegible] glóbulo sanguíneo ó óxido carbonado de hierro.

HÉMATITIFORME, [illegible] Hematitiforme, [illegible] cuya composicion [illegible] el óxido carbonado de hierro.

HÉMATOCÈLE, f. ematosél. Cir. Hematocele, tumor producido por un derrame de sangre mas ó ménos considerable en el tejido celular del escroto. || Hematocele, tumor que resulta de una acumulacion de sangre en la túnica vaginal.

HÉMATOCHÉSIE, f. [illegible] Med. [illegible]

HÉMATODE, adj. ematód. Med. Hematodo, que es producido por la sangre ó por el desarrollo de los vasos sanguíneos. || Hematoide, que es de la naturaleza de la sangre ó que se parece á la sangre.

HÉMATOGRAPHIE, f. ematografí. Med. Hematografía, descripcion de la sangre.

HÉMATOÏDE, adj. ematoid. Miner. Hematóides, variedad de cuarzo de color encarnado oscuro. || Cir. V. HÉMATODE.

HÉMATOLOGIE, f. ematologí. Med. Hematología, tratado sobre la sangre.

HÉMATOMANE, adj. y s. [illegible] Med. Hematómano, se dice del médico que tiene el sistema ó manía de sangrar.

HÉMATOMANIE, f. [illegible] Med. Hematomanía, manía de sangrar.

HÉMATOMPHALE, f. [illegible] Med. Hematónfalo, hernia umbilical complicada con derrame de sangre.

HÉMATOMYZIDE, adj. [illegible] Zool. [illegible], que se mantiene de sangre, hablando de insectos, como la chinche, la pulga, etc., que tambien se denominan [illegible]

HÉMATONOSE, f. [illegible] Med. [illegible], enfermedad causada por un derrame de sangre [illegible]

[illegible]

HÉMÉROLOGIE, f. [illegible] Hemerología, arte de hacer ó de componer calendarios.

HÉMÉROLOGIQUE, adj. [illegible] Hemerológico, que concierne á la hemerología ó á los hemerólogos.

HÉMÉROLOGUE, m. [illegible] Hemerólogo, autor de un calendario.

HÉMÉROPATHIE, f. [illegible] Med. Hemeropatía, enfermedad que se hace sentir durante el dia. || Hemeropatía, enfermedad que no dura mas de un dia.

HÉMÉROPATHIQUE, adj. [illegible] Hemeropático, que concierne á la hemeropatía.

HÉMÉROSCOPE, m. [illegible] Antig. [illegible] que vigilaba durante el dia.

HÉMÉROSCOPIE, f. [illegible] funciones del [illegible] que vigilaba á la entrada de una ciudad ó en alguna atalaya.

[illegible]

[illegible]

**HÉMOPIDE**, f. *emopid*. Zool. Hemópido, género de gusanos sanguirojos.

**HÉMOPROCTIE**, f. *emoprocti*. Med. Hemoproctia, derrame de sangre por el ano.

**HÉMOPTÈRE**, adj. *emoptèr*. Zool. Hemóptero, se dice de los insectos que tienen las alas de color de sangre.

**HÉMOPTOÏQUE**, adj. *emoptoic*. Med. Hemoptóico, que escupe sangre, que está afectado de hemoptisis.

**HÉMOPTYSIE**, f. *emoptisí*. Med. Hemoptisis, hemorragia de la membrana mucosa que tapiza los órganos de la respiracion, la laringe, la traquearteria y los bronquios.

**HÉMOPTYSIQUE**, adj. *emoptisic*. Med. Hemoptísico, que está afectado de hemoptisis.

**HÉMORRHACHIS**, m. *emorraquis*. Med. Hemorraquis, derrame de sangre en el canal vertebral.

**HÉMORRHAGIE**, f. *emorragí*. Med. Hemorragia, derrame de sangre fuera de los vasos sanguíneos que deben contenerla, sea ó no con fractura de sus paredes.

**HÉMORRHÉE**, f. *emorré*. Med. Hemorrea, hemorragia pasiva caracterizada por un abatimiento general, pérdida del apetito, y principalmente por unas manchas encarnadas que aparecen en el cuerpo, á las que siguen derrames parciales de sangre.

**HÉMORRHINIE**, f. *emorriní*. Med. Hemorrinia, pérdida de sangre por las narices.

**HÉMORRHOÏDAL, E**, adj. *emorroidál*. Anat. Hemorroidal, se dice de los vasos sanguíneos del ano, que es donde existe la hemorroide. || Med. Hemorroidal, se dice de los tumores que forman las hemorróides y de la sangre que sale de ellas. || *Artères hémorrhoïdales*, arterias hemorroidales, las que bajan por el intestino recto.

**HÉMORRHOÏDES**, f. pl. *emorroid*. Anat. Hemorróides, vulgarmente almorranas.

**HÉMORRHOÏS**, f. *emorrois*. Zool. Hemorroís, serpiente cuya mordedura se dice ser muy peligrosa.

**HÉMORRHOÏSSE**, f. *emorrois*. Hemorroísa, mujer que padecia un flujo de sangre y fué curada al tocar el manto de Jesucristo, segun el Evangelio.

**HÉMOSCOPIE**, f. *emoscopí*. Med. Hemoscopia, inspeccion de la sangre.

**HÉMOSTASE**, f. *emostas*. Med. Hemostasis, entorpecimiento en la circulacion de la sangre ocasionada por abundancia ó plétora. || Cir. Hemostasis, operacion que tiene por objeto suspender el derrame de sangre.

**HÉMOSTATIQUE**, adj. *emostatic*. Med. Hemostático, se dice de los remedios que detienen la hemorragia. Es tambien sustantivo.

**HÉMOTHORAX**, m. *emotoráks*. Med. Hemotórax, derrame de sangre en el pecho.

**HÉMOVORE**, adj. *emovór*. Hemóvoro, que bebe sangre.

**HÉMURÉSIE**, f. *emuresí*. Med. Hemuresia, evacuacion de sangre por la uretra.

**HENDÉCAGONE**, adj. y s. *endecagón*. Geom. Hendecágono, que tiene once ángulos y once lados: *figure hendécagone*, un hendecágono.

**HENDÉCAGYNE**, adj. *endecagín*. Bot. Hendecagino, que tiene once pistilos.

**HENDÉCANDRE**, adj. *endecandr*. Bot. Hendecandro, que tiene once estambres.

**HENDÉCAPHYLLE**, adj. *endecafil*. Bot. Hendecafilo, que tiene las hojas compuestas de once hojuelas.

**HENDÉCASYLLABE**, adj. *endecasiláb*. Poét. Endecasílabo, se dice de los versos de once sílabas.

**HENNÉBANE**, f. *enebán*. Bot. Beleño, planta.

**HÉNIOCHUS**, m. *eniócus*. Astr. Heniocus, constelacion que tambien llaman cochero.

**HENNIR**, n. *hanír*. Relinchar, dar relinchos un caballo.

**HENNISSEMENT**, m. *hanismán*. Relincho de caballo.

**HÉNOCH**, m. *enóc*. Henoc, séptimo jefe de la familia de Adan.

**HÉNOCHITE**, adj. y s. *enoquít*. Enoquita, descendiente de Enoc.

**HENRIADE**, f. *henriád*. Filol. Henriada, título de un poema épico de Voltaire.

**HENRIQUINQUISTE**, m. y f. *henriquenquíst*. Polít. Enriquenquista, partidario del titulado Enrique V, duque de Burdeos.

**HÉPAR**, m. *epár*. Quím. Hígado de azufre, calificacion dada por algunos químicos á los sulfuros alcalinos.

**HÉPATALGIE**, f. *epatalgí*. Med. Hepatalgia, dolor en el hígado.

**HÉPATE**, m. *epát*. Zool. Hepato, género de crustáceos. || Pescado de mar que tiene la figura y color del hígado.

**HÉPATICOGASTRIQUE**, adj. *epaticogastríc*. Med. Hepalicogástrico, perteneciente al hígado y al estómago.

**HÉPATIQUE**, adj. *epatíc*. Med. Hepático, perteneciente al hígado. || f. Bot. Hepática, planta y flor.

**HÉPATIRRHÉE**, f. *epatirré*. Med. Hepatirrea, flujo de la bílis procedente del hígado.

**HÉPATISATION**, f. *epatisasión*. Med. Hepatizacion, degeneracion del tejido pulmonar en una masa análoga á la sustancia del hígado.

**HÉPATISIE**, f. *epatisí*. Med. Hepatisis, marasmo ó consuncion del hígado.

**HÉPATITE**, f. *epatít*. Med. Hepatitis, inflamacion del hígado. || Miner. Hepatita, piedra preciosa de color del hígado.

**HÉPATOCÈLE**, f. *epatosél*. Med. Hepatocele, hernia del hígado.

**HÉPATOCYSTIQUE**, adj. *epatosistíc*. Med. Hepatocístico, concerniente al hígado y á la vesícula biliar.

**HÉPATO-GASTRIQUE**, adj. *epatogastríc*. Med. Hepato-gástrico, que se refiere al hígado y al estómago.

**HÉPATOGRAPHE**, m. *epatográf*. Hepatógrafo, autor de una descripcion del hígado.

**HÉPATOGRAPHIE**, f. *epatografí*. Hepatografía, descripcion del hígado. || Tratado de las enfermedades del hígado.

**HÉPATOLOGIE**, f. *epatologí*. Hepatología, tratado sobre el hígado.

**HÉPATOSCOPE**, m. *epatoscóp*. Antig. Hepatóscopo, el que adivinaba el porvenir inspeccionando el hígado de las víctimas.

**HÉPATOSCOPIE**, f. *epatoscopí*. Antig. Hepatoscopia, arte de adivinar por la inspeccion del hígado. || Esta misma inspeccion.

**HÉPATOTOME**, f. *epatotóm*. Anat. Hepatótomo, instrumento propio para la diseccion del hígado.

**HÉPATOTOMIE**, f. *epatotomí*. Anat. Hepatotomía, diseccion del hígado.

**HÉPATOTOMISTE**, m. *epatotomíst*. Anat. Hepatotomista, el que se ocupa muy particularmente de hepatotomía.

**HÉPATOXYLE**, f. *epatocsíl*. Zool. Hepatóxila, género de gusanos intestinales.

**HEPHTHÉMIMÈRE**, adj. *eftemimér*. Heftemímero, se dice de un verso latino y griego, compuesto de tres piés y una sílaba.

**HÉPITÉMÈSE**, f. *epitemés*. Med. Hepitémesis, hemorragia bucal ó bocal.

**HEPSET**, m. *epsé*. Zool. Hepseto, pescado del Mediterráneo.

**HEPTACORDE**, m. *eptacórd*. Mús. ant. Heptacorde, lira de los antiguos que constaba de siete cuerdas. || Sistema musical compuesto de siete notas.

**HEPTAÈDRE**, m. *eptaédr*. Heptaedro, figura geométrica equivalente á un sólido de siete lados ó faces.

**HEPTAGONAL, E**, adj. *eptagonál*. Heptagonal, que se refiere al heptágono.

**HEPTAGONE**, m. *eptagón*. Heptágono, figura geométrica, que consta de siete ángulos y siete lados. || Fort. Heptágono, obra compuesta de siete bastiones, de siete reductos, etc.

**HEPTAGYNIE**, f. *eptaginí*. Bot. Heptaginia, clase de plantas del sistema de *Lineo*, que comprende las compuestas de siete pistilos.

**HEPTAMÉRON**, m. *eptamerón*. Heptámeron, obra compuesta de partes distribuidas en siete jornadas ó siete dias.

**HEPTAMÈTRE**, adj. y s. *eptamétr*. Poét. Heptámetro, se dice de los versos griegos y latinos compuestos de siete piés.

**HEPTANDRE**, adj. *eptándr*. Bot. Heptandro, que tiene flores de siete estambres.

**HEPTANDRIQUE**, adj. *eptandríc*. Heptándrico, perteneciente á la heptandria.

**HEPTANGULAIRE**, adj. *eptangulér*. Geom. Heptangular, que consta de siete ángulos.

**HEPTANTHÉRÉ, ÉE**, adj. *eptanteré*. Bot. Heptantéreo, que se compone de siete antenas ó estambres.

**HEPTAPÉTALE**, adj. *eptapetál*. Bot. Heptapétalo, que tiene la corola compuesta de siete pétalos.

**HEPTAPHYLLE**, f. *eptafíl*. Bot. Heptáfila, la alquimila, planta.

**HEPTAQUE**, f. *eptác*. Bot. Heptaco, arbolillo de las costas orientales de África.

**HEPTARCHIE**, f. *eptarchí*. Heptarquía, gobierno de siete reyes. || Heptarquía, antigua confederacion histórica de siete provincias ó reinos.

**HEPTARQUE**, m. *eptárc*. Heptarca, cada uno de los que gobiernan una heptarquía.

**HEPTASÉPALE**, adj. *eptasepál*. Bot. Heptasépalo, se dice de la flor cuyo cáliz está formado de siete sépalos.

**HEPTASYLLABE**, adj *eptasiláb*. Poét. Heptasílabo, compuesto de siete sílabas. Se usa tambien como sustantivo.

**HEPTATEUQUE**, m. *eptateuc*. Heptateuco, los siete primeros libros del Viejo Testamento.

**HEPTOMAGÈNE**, m. *eptomagén*. Heptomagéneo, el séptimo hijo varon.

**HÉRACANTHE**, f. *eracánt*. Bot. Heracanto, nombre dado á la carlina ordinaria y espinosa.

**HÉRACLÉES**, f. pl. *eraclé*. Heracleas, fiestas en honor de Hércules, celebradas cada cinco años en Aténas.

**HÉRACLIDE**, m. *eraclíd*. Heraclido, descendiente de Hércules, segun los Griegos. || Astr. Una de las manchas lunares.

**HÉRALDIQUE**, adj. *eraldíc*. Heráldico, perteneciente á la heráldica ó ciencia del blason: *science héraldique*, *art héraldique*. || Que concierne al heraldo ó rey de armas.

**HÉRAUT**, m. *heró*. Heraldo, rey de armas, oficial de un estado soberano, cuyo principal destino es hacer publicaciones solemnes, llevar mensajes importantes, y desempeñar otras funciones en ceremonias públicas.

**HERBACÉ, ÉE**, adj. *erbasé*. Bot. Herbáceo, se dice de las plantas tiernas y delgadas que no son leñosas. || f. Herbácea, género de algas.

**HERBAGE**, m. *erbáge*. Herbaje, yerba, el pasto de los prados y dehesas. || Herbazal, sitio poblado de yerba. || pl. Yerbas, nombre genérico de toda especie de verduras.

**HERBE**, f. *érb*. Bot. Yerba, toda planta vivaz ó anua que no tiene tallo ó lo pierde en invierno. || Yerba, la mancha que afea una esmeralda. || Yerba, heno, forraje, etc., pasto dado á las caballerías, á los ganados. || met. *Marcher sur une bonne ou mauvaise herbe*, pisar buena ó mala yerba: estar de bueno ó mal humor. || *Manger son blé en herbe*, comerse los frutos ó las rentas adelantadas, malgastar su patrimonio. || *Couper l'herbe sous les pieds*, ganar por la mano, anticiparse á los demas en algun negocio. || *Poignée d'herbe*, manojo, porcion de yerba segada. || prov. y met. *Être une chose en herbe*, estar una cosa en ciernes. || *Docteur en herbe*, estudiante de leyes ó de medicina. || La palabra yerba entra ademas como término genérico en el nombre vulgar de un sinnúmero de plantas usuales ó muy comunes.

**HERBÉ, ÉE**, adj. *erbé*. *Cheveux herbés*, cabellos castaños, que se han vuelto rubios exponiéndolos al sol sobre la yerba.

**HERBEILLER**, n. ant. *erbeillé*. Mont. Herbajear, ir á pacer la yerba el jabalí.

[illegible], f. ant. erbéi. Debajo de uma de yerbas.

[illegible], n. erbéi. Herbajar, yerbear(?) [illegible].

[illegible], a. erbé. Pacer, [illegible], cubrir la yerba.

[illegible], f. erbri. Herbario, el parage donde se vende el pasto y forraje para los caballos. || Art. [illegible] la cera para blanquearla.

[illegible], f. erbét. Yerbecita, yerbecilla, yerba corta y fina de los prados.

[illegible], adj. erbeu, eus. Herboso, que cria yerba.

[illegible], adj. erbicól. Herbícola, que vive entre la yerba de los prados, como [illegible] exclusivamente herbívoro, indígena del Paraguay.

[illegible], m. erbié. Herbario, libro ó cartapacio donde se guardan plantas desecadas entre hojas de papel. || Herbario, libro que trata de las plantas. || ant. Herbolario, herbolario. || Herbario, primer ventrículo del buey y demas animales rumiantes.

[illegible], f. erbiér. Vendedora, vendedora de hortalizas.

[illegible], f. erbification. Herbificacion, todo lo que se refiere á los órganos conservativos de los vegetales.

[illegible], m. ant. V. PATURAGE.

[illegible], adj. erbivór. Zool. Herbívoro, que se alimenta de yerbas. || Herbívoros, m. pl. Herbívoros, familia de insectos y de mamíferos cetáceos, que se nutren casi exclusivamente de vegetales.

[illegible], m. erbón. Art. Cuchilla sin corte de que el curtidor se sirve para adobar los cueros y pellejos.

[illegible], f. erborisasión. Herborizacion, accion y efecto de herborizar. || [illegible]. Herborizacion, dibujo de una piedra herborizada.

[illegible], n. erborisé. Herborizar, andar buscando y recogiendo yerbas y plantas para la medicina y botánica.

[illegible], m. erborisor. Herborizador, el que herboriza.

[illegible], m. y f. erborist. Botánico, inteligente en plantas, en sus virtudes, calidades y propiedades. || Herbolario, el que vende yerbas y plantas medicinales.

[illegible], E, adj. erbú. Poblado, cubierto de yerba.

[illegible], f. erbúl. Bot. Hérbula, nombre de muchas especies de musgos.

[illegible], m. ercól. Zool. Hercolo, género de conchas microscópicas del Adriático, que solo comprende una especie.

[illegible], f. ercotectonic. Mil. ant. Hercotectónica, arte de fortificar las plazas, de atrincherar un campo, un puesto, etc.

[illegible], m. ercúl. Hércules, uno de los semi-dioses del paganismo. || Astr. Hércules, constelacion del hemisferio boreal. || met. Hércules, hombre fuerte y robusto. || Zool. Hércules, monstruoso escarabajo de América.

[illegible], f. ercderit. Miner. Herderita, sustancia mineral.

[illegible], m. fam. é irón. hér. Petate, peal: dícese de un hombre sin mérito, ni fortuna. || Coco, cierto juego de naipes. || Mont. Cervatillo, ciervo jóven.

HÉRÉDIE, f. eredí. Heredia, antigua medida de superficie que equivalia entre los Romanos á un cuadrado de 240 piés de lado.

HÉRÉDITAIRE, adj. ereditér. Hereditario, todo lo que se trasmite por derecho legítimo de sucesion. || met. Hereditario, de herencia, de casta, etc.; dícese de los males, de las tendencias, de las buenas ó malas costumbres que pasan de padres á hijos.

HÉRÉDITAIREMENT, adv. ereditermán. Hereditariamente, por derecho de sucesion, por herencia, por derecho hereditario.

HÉRÉDITÉ, f. eredité. Legitimidad, derecho hereditario ó de sucesion. || Herencia, el conjunto de bienes que trasmite una persona fenecida.

[illegible], adj. ereméticq. Hermético. V. [illegible].

[illegible], m. eresiárc. Heresiarca, autor y jefe de una herejía ó secta.

HÉRÉSIE, f. eresí. Herejía, doctrina contraria á la fe, error condenado por la Iglesia en materia de religion. También se usa en el sentido figurado, hablando de doctrinas ó máximas que están en oposicion con las ideas recibidas.

[illegible], f. eresiograf. Heresiografía, historia de las herejías.

[illegible], f. eresiologí. Heresiología, tratado sobre las herejías.

HÉRÉTICITÉ, f. ereticité. Hereticidad, lo herético de una proposicion ó doctrina condenada por la Iglesia. También se aplica á las personas.

HÉRÉTIQUE, adj. eretic. Herético, lo que pertenece ó se refiere á la herejía. || m. y f. Hereje, el que sostiene ó patrocina una herejía.

HÉRICIAN(?), m. erisián. Bot. Hericino, género de hongos.

[illegible], f. erisél. Hericélle(?), especie de pizarra negruzca y larga.

[illegible], f. erisól. Bot. Heriól(?) [illegible], planta americana.

HÉRIGOTÉ, adj. m. erigoté. Mont. Pintado, se dice del perro que tiene manchas ó pintas en las patas.

HÉRILLARD(?), m. erillár. Zool. Erizo de Siberia.

HÉRISSÉ, ÉE, adj. erisé. Erizado, hablando del pelo ó cabello: cheveux hérissés, poil hérissé. || Alb. Jaharrado. || Arbus, dificil, peligroso. || met. Homme hérissé, hombre áspero, de mal genio. || Mer hérissée de vaisseaux, mar cubierto de buques, hecho un bosque de navíos.

HÉRISSER, a. erisé. Erizar, levantar: se dice propiamente de los animales. Le lion hérisse sa crinière quand il est irrité. || Alb. Jaharrar, dar de yeso á una pared, cobertura de cascote y pedazos de vidrio. || r. Erizarse, levantarse los cabellos, el pelo, etc. || Se hérisser, r. Erizarse, levantar el pelo: ce sanglier est furieux, il se hérisse. || met. Cubrirse, llenarse, poblarse, coronarse de. Les champs incultes se hérissent d'épines.

HÉRISSON, m. erisón. Zool. Erizo, género de animales mamíferos, insectívoros, notables por su piel cubierta de espinas duras y punzantes. || Zool. Erizo, nombre vulgar de muchas conchas y pescados cubiertos de puntas. || Artill. Erizo de artillería para defender las brechas y trincheras. || Erizo, género de vasar ó espetera donde se cuelga la loza de uso. || Erizo, conjunto de puas de hierro que coronan una pared ó cerca. || Erizo, rueda dentada que entra en la linterna de una máquina. || met. y fam. Erizo, persona de un carácter sumamente susceptible.

HÉRISSONNÉ, ÉE, adj. erisoné. Blas. Recogido, acurrucado, hablando de los animales echados.

HÉRISSONNER, a. erisoné. V. HÉRISSER. || Se hérissonner, r. Erizarse, ponerse tiesas las plumas de ciertas aves, especialmente de las rapaces; cosa que anuncia enfermedad en ellas.

HÉRITAGE, m. eritáge. Herencia, patrimonio, sucesion. || Heredad, hacienda, tierra que se cultiva.

HÉRITER, n. erité. Heredar, suceder en el universal derecho de otro. || a. Heredar, adquirir alguna cosa por testamento. || met. Heredar, conservar los hábitos de sus mayores, de sus padres, de sus maestros.

HÉRITIER, m. eritié. Heredero, el que ha heredado ó está llamado á recoger una herencia. || Heredero, hijo, como heredero natural é inmediato. || met. Heredero, imitador de la conducta de sus antepasados.

HÉRITIÉRIE, f. eritieri. Bot. Heritieria, género de plantas malváceas.

HÉRITINANDEL, m. eritinandél. Zool. Heritinandel, serpiente peligrosísima de Madagascar.

[illegible], m. [illegible] género de plantas [illegible].

[illegible]

HERMAS(?), m. ermás. [illegible] nero de plantas [illegible].

[illegible]

Fil. V. [illegible] de Herminea(?).

[illegible]

[illegible] género de plantas [illegible] para un árbol de [illegible].

[illegible]

[illegible] Quím. [illegible] del fuego, y [illegible] lo que está [illegible].

HERMES(?), m. ermés. [illegible] de una ave que [illegible] MAGOSTAR(?).

[illegible], m. [illegible] de las Indias muy [illegible] se forma.

[illegible], m. [illegible] Bot. [illegible] la labial y [illegible].

[illegible], f. [illegible] drópedo del género de [illegible] zura. || Armiño, [illegible] del [illegible] Blas. Armiño, [illegible] símbolo de la pureza [illegible] Órden del Armiño [illegible] dada en Nápoles por [illegible] Aragon, en el año 1464.

[illegible], adj. [illegible] ñado, manchado de [illegible].

[illegible], f. [illegible] carpinteros.

[illegible], m. [illegible] nion, género de plantas [illegible].

HERMION(?), m. ermión. [illegible]

[illegible], m. y f. [illegible] nombre de una de las [illegible] que formaban los pueblos de [illegible].

[illegible], m. V. [illegible].

[illegible], m. V. [illegible].

[illegible] Ermobótano, nombre [illegible] folio y de la mercurial.

HERMODACTE, m. [illegible] Hermodacto, raíz del lirio [illegible] antiguamente como purgante [illegible] modacte, nombre que [illegible] de perro, al quinquefolio y [illegible].

HERMODACTYLE, f. [illegible] Hermodáctila, raíz [illegible] del lirio.

HERMOGÈNE, m. [illegible] nes, sectario que vivia en [illegible] del siglo III.

HERMOGÉNIEN(?), m. [illegible] mogeniano, discípulo de Hermógenes.

**HERPE,** f. *hérp.* Mil. ant. Herpe, enrejado de madera que se pone en las puertas de las plazas, cuyo efecto es igual al del rastrillo ó barrera. || Mont. Garras, hablando de perros. *Chien de bonne herpe*, perro que tiene buena garra y buena zarpa. || Especie de criba ó arnero. || ant. Lira, instrumento de música. || Med. Especie de cáncer que se extiende sobre la piel y la roe. || m. pl. Mar. Brazaletes de madera recurvos y esculpidos en la parte de estribor y babor del espolon de un barco. || *Herpes*, f. pl. Hérpes, ciertas materias que arroja el mar á sus orillas, tales como el ámbar gris, el ámbar amarillo, etc.

**HERPÈS,** m. *erpés.* Med. Herpe, úlcera cutánea. En español se usa comunmente en plural, los hérpes, las hérpes.

**HERPESTE,** m. *erpést.* Bot. Erpesta, género de graciola que tiene cuatro estambres.

**HERPÉTIQUE,** adj. *herpetic.* Med. Herpético, que tiene conexion con las ó los hérpes.

**HERPÉTOGRAPHE,** m. V. ERPÉTOGRAPHE.

**HERPÉTOLOGIE,** f. V. ERPÉTOLOGIE.

**HERPÉTON,** m. *erpetón.* Med. Herpeton, úlcera ambulante ó que cambia de posicion.

**HERPETOTHÈRE,** adj. *erpetotér.* Zool. Herpetótero, se dice del animal que se alimenta de reptiles.

**HERPOTRIQUE,** m. *erpotric.* Bot. Erpótrico, género de hongos.

**HERPYLE,** adj. *erpil.* Zool. Érpilo, nombre genérico del animal que anda arrastrando por la tierra.

**HERRÉRIE,** f. *erreri.* Bot. Herreria, planta de Chile, de la familia de las esparagóidas.

**HERSAGE,** m. *herságe.* Rastrilleo, accion de igualar la tierra.

**HERSCHÉLITE,** f. *erschelit.* Miner. Producto volcánico de Sicilia que se considera como un silicato de alúmina y de potasa.

**HERSE,** f. *hérs.* Rastro, rastrillo, grada para rastrillar la tierra. || Herse, nombre dado en las iglesias de Francia á un candelero con tres brazos dispuestos en forma triangular. || Mil. Rastrillo, especie de barrera que generalmente está colocada entre el puente levadizo y la puerta de los castillos ó plazas fuertes, para defender la entrada. *Herse d'attrape*, especie de caballo de frisa que defiende un camino ó punto interesante. || Rastra ó rastro, instrumento en forma de enrejado que usan los pescadores para secar el pescado á la orilla del mar. || Bastidor, especie de máquina hecha de cuatro listones ensamblados en forma cuadrangular, donde se extiende y deja secar el pergamino. || Mar. Vaca de las vergas de juanete.

**HERSEAUX,** m. pl. *hersó.* Mar. Garruchos, argollas para correr las velas de estay por sus nervios.

**HERSER,** a. *hersé.* Agr. Rastrillar la tierra con la mielga.

**HERSEUR, EUSE,** m. y f. *herseur, eus.* Rastrillador, el que iguala la tierra sembrada con el rastrillo.

**HERSILLON,** m. dim. de HERSE. V. este.

**HERTÉLIE,** f. *erteli.* Bot. Hertelia, género de plantas que sirve de pasto para los naranjos. || Hesperídeas, plantas que exhalan olor á la caida del sol.

ra los naranjos. || Hesperídeas, plantas que exhalan olor á la caida del sol.

**HESPÉRIDES,** m. pl. *esperid.* Zool. Espéridos, familia de insectos.

**HESPÉRIDINE,** f. *esperidin.* Quim. Esperidina, sustancia cristalina que se extrae de las naranjas agrias.

**HESPÉRIE,** f. *esperí.* Geog. ant. Hesperia, nombre primitivo de España. || Zool. Esperia, género de mariposas diurnas.

**HESPÉRIEN,** m. *esperién.* Geog. ant. Hesperio ó hesperiano, pueblo que formó la antigua España.

**HESPÉRIQUE,** adj. *esperic.* Geog. ant. Hespérico, que pertenece á la Hesperia. || *Système hespérique*, sistema hespérico, reunion ó conjunto de cadenas de montañas que se encuentran en el territorio español.

**HESPÉRIS,** f. *espéris.* Zool. Espéride, mariposa cuyas alas son horizontales. || Bot. Espérida, viola matronal, especie de alhelí.

**HESPÉRUS,** m. *espérus.* Astr. Lucero, estrella vespertina. V. HESPER, VESPER.

**HESPHORE,** m. *esfór.* Miner. Hésfora, uno de los nombres de la cal fluatada fosforescente.

**HESSOIS, E,** adj. y s. *esuá.* Hesiense, natural de Hesse ó que pertenece á Hesse, antiguo landgraviato de Alemania.

**HESTIOLÂTRIE,** f. *estiolatrí.* Didáct. Culto del hogar doméstico.

**HESTOUDEAU,** m. *estudó.* Nombre que se aplica al pollo capado ó que está en disposicion de sufrir la operacion.

**HÉSYCHASTE,** m. *esicást.* Nombre que suele darse á la persona que se dedica á la contemplacion. || Hesicasto, ermitaño griego que vivia en el desierto practicando las austeridades de la vida monástica.

**HÉSYCHIE,** f. *esiquí.* Mit. Nombre del silencio personificado.

**HÉTÉRACANTHE,** adj. *eteracánt.* Bot. Eteracanto, provisto de espinas en formas diferentes.

**HÉTÉRADELPHE,** m. *eteradélf.* Anat. Heteradelfo, monstruo doble cuyo parásito, privado de cabeza, reposa sobre la faz anterior del individuo principal.

**HÉTÉRALIE,** f. *eteralí.* Anat. Heteralia, estado de los monstruos heteralianos.

**HÉTÉRANDRE,** adj. *eterándr.* Bot. Eterandro, cuyas anteras ó estambres son de forma diferente. || f. Bot. Eterandra, género de plantas acuáticas.

**HÉTÉRANTHE,** adj. *eteránt.* Bot. Eteranto, cuyas flores no se parecen unas á otras.

**HÉTÉROBAPHIE,** f. *eterobafí.* Didáct. Heterobafia, estado de un cuerpo cuya superficie es de muchos colores.

**HÉTÉROCLITE,** adj. *eteroclít.* Gram. Heteróclito, que se separa de las reglas comunes de la gramática. || met. y fam. Heteróclito, exótico, original, extravagante, hablando de las personas y de las cosas. || Bot. Heteróclita, se dice de la planta que tiene separados los sexos. || Diplom. Heteróclita, se dice de las bulas que no están en regla sobre alguna de sus partes elementales.

**HÉTÉROCRICIEN, NE,** adj. *etérocrisién, én.* Zool. Heterocriciano, que tiene el cuerpo formado de anillos diferentes.

**HÉTÉROCRINIE**, f. *eterocrinl*. Med. Heterocrinia, secrecion anormal.

**HÉTÉRODERMES**, m. pl. *eterodérm*. Zool. Heterodermos, familia de reptiles ofidianos, en la que se incluyen los que tienen conchas sobre el lomo y escamas debajo de la cola y del vientre.

**HÉTÉRODOXE**, adj. y s. *eterodócs*. Teol. Heterodoxo, contrario á los sentimientos recibidos en la religion católica.

**HÉTÉRODOXIE**, f. *eterodoxí*. Teol. Heterodoxia, oposicion á los sentimientos ortodoxos.

**HÉTÉRODYMIE**, f. *eterodimí*. Anat. Heterodimia, monstruosidad que consiste en una cabeza implantada sobre el epigastrio de un individuo.

**HÉTÉRODYMIEN, NE**, adj. *eterodimién, én*. Anat. Heterodimiano, se dice de los monstruos por heterodimia.

**HÉTÉROGÈNE**, adj. *eterogén*. Didáct. Heterogéneo, que está compuesto de partes distintas entre sí, que es de diversa naturaleza.

**HÉTÉROGÉNÉITÉ**, f. *eterogeneité*. Heterogeneidad, cualidad de lo que es heterogéneo.

**HÉTÉROGÉNÈSE**, f. *eterogenés*. Med. Heterogénesis, anomalía que influye sobre la situacion, el color y el número de los órganos.

**HÉTÉROGÉNIE**, f. *eterogení*. Fis. Heterogenia, produccion de un ser viviente por otros seres de especies diferentes á la suya.

**HÉTÉROGONE**, adj. *eterogón*. Heterógono, que presenta ángulos diversos. || *Éponge hétérogone*, esponja heterógona, que está formada de tubos imperfectos.

**HÉTÉROGYNE**, adj. *eterogín*. Zool. Heterogino, se dice de los animales cuya especie se forma de machos, de hembras y de neutros.

**HÉTÉROÏDE**, adj. *eteroid*. Bot. Heteroideo, cuyas partes varían en la forma sobre un mismo individuo.

**HÉTÉROLYTRE**, adj. *eterolitr*. Zool. Heterólitro, se dice de los insectos cuyos élitros son diferentes.

**HÉTÉROMÈRE**, adj. *eteromér*. Zool. Heterómero, compuesto de partes ó capas diferentes. || m. Bot. Heterómero, tallo ó blastema de los líquenes que está compuesto de capas ó láminas diferentes.

**HÉTÉROMORPHE**, adj. *eteromórf*. Hist. nat. Heteromorfo, cuya forma difiere en las diversas partes de que se compone. || Quím. Heteromorfo, se dice de los cuerpos que contienen igual número de átomos de los mismos elementos, pero que colocados diversamente ofrecen diferentes propiedades químicas.

**HÉTÉRONOME**, adj. *eteronóm*. Miner. Heterónomo, se dice del cristal que presenta el signo de varias leyes de decrescencia, que no se observan en ninguna otra especie conocida.

**HÉTÉROPAGIEN, NE**, adj. *eteropagién, én*. Anat. Heteropagiano, se dice de los monstruos formados de dos cuerpos.

**HÉTÉROPÉTALE**, adj. *eteropetál*. Bot. Heteropétalo, cuyos pétalos son desiguales y desemejantes.

**HÉTÉROPHYLLE**, adj. *eterofil*. Bot. Heterófilo, cuyas hojas son desemejantes.

**HÉTÉROPLASIE**, f. *eteroplasí*. Med. Heteroplasia, formacion de sustancias que en un estado normal quedarian ocultas.

**HÉTÉROPODE**, adj. *eteropód*. Zool. Heterópodo, cuyos piés ó apéndices locomotores difieren los unos de los otros. || *Hétéropodes*, m. pl. Heterópodos, clase del reino animal en la que se colocan los animales articulados en número variable.

**HÉTÉROPSIDE**, adj. *eteropsid*. Miner. Heterópsido, que se presenta bajo un aspecto aparente, y disfraza las propiedades características de las sustancias, y en particular su brillo.

**HÉTÉROPTÈRE**, adj. *eteroptér*. Zool. Heteróptero, que tiene las alas diferentes.

**HÉTÉROPTÉRIDE**, f. *eteropterid*. Bot. Heteroptérida, género de plantas de América.

**HÉTÉROREXIE**, f. *eterorecsí*. Med. Heterorexia, depravacion del apetito.

**HÉTÉRORHYNQUE**, adj. *eterorénc*. Zool. Heterorinco, se dice de las aves cuyo pico es muy vario en su género.

**HÉTÉRORHYTHME**, adj. *eteroritm*. Med. Heteroritmo, se dice del pulso que presenta un ritmo desigual ó extraño á la edad del individuo.

**HÉTÉROSCIENS**, m. *eterosién*. Geog. Heteroscianos, nombre que se da á los habitantes de las zonas templadas, á causa de la diferente proyeccion de su sombra.

**HÉTÉROSITE**, f. *eterosit*. Miner. Heterosita, sustancia de un color gris azulado y de brillo poco transparente.

**HÉTÉROSPERME**, m. *eterospérm*. Bot. Heterospermo, género de plantas anuales de Méjico y del Perú.

**HÉTÉROSTÉMONE**, adj. *eterostemón*. Bot. Heterostémono, que tiene los estambres diferentes.

**HÉTÉROSTOME**, adj. *eterostóm*. Didáct. Heteróstomo, que tiene una abertura extraordinaria, hablando de las cosas y de los animales.

**HÉTÉROTAXIE**, f. *eterotacsí*. Anat. Heterotaxia, anomalía compleja que no se opone al ejercicio de ninguna funcion, pero que es grave respecto á la operacion anatómica.

**HÉTÉROTYPE**, m. *eterotíp*. Anat. Heterótipo, monstruo producido por la reunion de dos individuos desarrollados con desigualdad.

**HÉTÉROVALVE**, adj. *eteroválv*. Bot. Heterovalvo, que tiene valvas distintas.

**HÉTÉROZÉTÈSE**, f. *eterozetés*. Lóg. Heterocetesis, género de sofisma de doble sentido.

**HÉTÉROZITE**, f. *eterosit*. Quím. Heterocito, especie de fosfato.

**HÉTÉROZOAIRE**, adj. *eterozoér*. Zool. Heterozoario, calificacion que se da á los animales que, siendo de una misma raza, son muy distintos los unos de los otros.

**HÉTICHE**, f. *etic*. Bot. Especie de nabo ó rábano del Brasil.

**HÉTIQUE**, adj. ant. V. ÉTIQUE.

**HETMAN**, m. *etmán*. Título de dignidad entre los Cosacos.

**HÊTRE**, m. *hétr*. Bot. Haya, árbol de la familia de las amantáceas cuya corteza es liza y produce un fruto llamado hayuco, del cual se extrae una especie de aceite. || *Lieu planté de hêtres*, hayal.

**HEU!** interj. *heu*. Oh!... hé!... ola! || Ay!

**HEUCH**, m. *heuc*. Zool. Pescado del género salmon.

**HEULANDITE**, f. *eulandít*. Miner. Variedad de estilita laminaria.

**HEUR**, m. ant. *eur*. Fortuna, felicidad, hora favorable. || prov. *Il n'y a qu'heur et malheur dans ce monde*, todo en el mundo es suerte ó desgracia. Solo se usa en frases proverbiales.

**HEURE**, f. *eur*. Hora, vigésimacuarta parte del dia ó del tiempo que emplea la tierra en girar sobre su eje. || Hora, tiempo preciso y ocasion de hacer alguna cosa, ó tiempo señalado para tratar algun asunto. || Por extension, espacio de camino que se anda en una hora. || fam. *A cette heure*, ahora. || *Tout à l'heure*, ahora mismo, al instante, en seguida; hace un momento. || *De bonne heure*, temprano, con tiempo. || *De trop bonne heure*, demasiado temprano. || *Sur l'heure*, sobre la marcha, en el mismo instante. || *A la bonne heure*, enhorabuena, sea así, está bien. || *D'heure en heure*, á cada hora. || *D'une heure à l'autre*, de un momento á otro. || *A l'heure qu'il est*, en este momento, al presente, en la actualidad. || fam. *Pour l'heure*, por el momento, ahora mismo. || Liturg. *Heures canoniales*, horas canónicas, ó sean maitines, laudes, vísperas, completas y otras preces que reza la Iglesia. || *Petites heures*, horas menores: se entiende por prima, tercia, sexta y nona. ||

[illegible]

**HEXACOQUE**, adj. *ecsacóc*. Bot. Hexacoco, que se compone de seis cáscaras.

**HEXACORDE**, m. *ecsacórd*. Mús. Hexacordo, instrumento de seis cuerdas. || Hexacordo, sistema musical que se compone de seis notas.

**HEXACTE**, adj. *egsáct*. Zool. Hexacto, que tiene radios ó estrias longitudinales.

**HEXADACTYLE**, adj. *egsadactil*. Zool. Hexadáctilo, que tiene seis dedos.

**HEXAÈDRE**, m. *egsaédr*. Geom. Hexaedro, [illegible] compuesto de seis caras, particularmente el cubo.

**HEXAGONE**, adj. *egsagón*. Geom. Hexágono, que tiene seis ángulos y seis lados. || m. Hexágono, figura de seis ángulos y seis lados.

**HEXAGYNE**, adj. *egsagín*. Bot. Hexagino, [illegible] de una planta que tiene seis pistilos.

**HEXAHYDRIQUE**, adj. *egsaidríc*. Quím. [illegible], que contiene seis veces mas de [illegible] que de cualquier otro compuesto del mismo género.

**HEXAMÉRON**, m. *egsamerón*. Hexámeron, nombre de los comentarios que se han [illegible] sobre los primeros capítulos del Génesis.

**HEXAMÈTRE**, adj. y s. *egsamétr*. Hexámetro, se dice del verso griego y latino que se compone de seis piés, siendo los dos últimos [illegible] dáctilo y espondeo. || La [illegible] y la Eneida están escritas en esta [illegible] de metro.

**HEXANDRIE**, f. *egsandrí*. Bot. Hexandria, clase del sistema sexual de Lineo, que comprende las plantas cuya flor tiene seis estambres.

**HEXANDRE**, adj. *egsandr*. Bot. Hexandro, que tiene seis filamentos.

**HEXANGULAIRE**, adj. *egsangulér*. Zool. Hexangular, que tiene seis ángulos.

**HEXAPÉTALE**, adj. *egsapetál*. Bot. Hexapétalo, cuya corola tiene seis pétalos.

**HEXAPLES**, m. pl. *egsápl*. Hexaplos, [illegible] publicada por Orígenes que contiene [illegible] versiones griegas del texto hebreo de [illegible]

**HEXAPODES**, m. pl. *egsapód*. Zool. Hexápodos, clase de animales articulados que [illegible] los que tienen seis patas.

**HEXAPTÈRE**, adj. *egsaptér*. Zool. [illegible], que tiene seis alas.

**HEXASPERME**, adj. *egsaspérm*. Bot. [illegible], que contiene seis simientes.

**HEXASTÉRON**, m. *egsasterón*. Astr. [illegible], uno de los nombres de la constelacion de las Pléyadas compuesta de seis [illegible]

**HEXASTIQUE**, adj. y s. *egsastic*. Poét. [illegible], que se compone de seis versos. [illegible], cuyas hojas están dispuestas [illegible]

**HEXASTOME**, adj. *egsastóm*. Zool. [illegible], que tiene seis bocas ó seis orificios.

**HEXASYLLABE**, adj. y s. *egsasilab*. [illegible], que está compuesto de seis sílabas. || m. Verso de seis sílabas.

**HIATUS**, m. *iátus*. Gram. Hiato, encuentro desagradable de las vocales en [illegible] de las palabras.

**HIBERNIEN**, NE, adj. *ibernién*, *én*. Hi-[illegible] de Hibernia, hoy Irlanda.

**HIBISCUS**, m. *ibíscus*. Bot. Hibisco, [illegible] del malvabisco.

**HIBOU**, m. *ibú*. Zool. Buho, ave nocturna. || met. y fam. Buho, persona retirada de la sociedad, que huye el trato y [illegible] las gentes.

**HIBRIDE**, adj. V. HYBRIDE.

**HIC**, m. fam. *íc*. Hic, punto de la dificultad [illegible], en estilo jocoso. *Voilà* [illegible] *le hic*, ahí está la dificultad.

**HICESIE**, f. *icesí*. Farm. Hicesio, em-[illegible]

**HICANEELLE**, f. *icanél*. Zool. Hicanela, [illegible] venenosa de la isla de Ceilan.

**HICORY**, m. *icorí*. Bot. Hicorio, nogal de la América setentrional.

**HIDALGO**, m. *idálgo*. Hidalgo, se emplea esta palabra en Francia para designar [illegible] un noble español.

**HIDE**, f. *id*. Hida, medida de tierra usada en Inglaterra.

**HIDEUSEMENT**, adv. *hideusmán*. Horriblemente, horrorosamente, en sentido de feo ó desfigurado.

**HIDEUX**, EUSE, adj. *hidéu*, *eus*. Horroroso, feo. || Horroroso, muy desagradable á la vista.

**HIDROPLANIE**, f. *idroplaní*. Med. Hidroplania, trasporte ó metástasis de la accion sudatoria de la piel á otra cualquiera parte del cuerpo.

**HIDROTIQUE**, adj. *idrotíc*. Med. Hidrótico, sudorífero, sudorífico.

**HIDYPATHIE**, f. *idipatí*. Hidipatía, disposicion moral á encontrar placer en todas las cosas, á hallarse bien en todas partes.

**HIE**, f. *hí*. Pison para afirmar y asentar el empedrado. || Mazo para hincar estacas.

**HIÈBLE**, f. *iébl*. Bot. Yezgo, especie de sauco cuyo tronco es herbáceo.

**HIÈNE**, f. V. HYÈNE.

**HIER**, adv. *iér*. Ayer, dia antecedente, inmediato al dia en que se habla. || met. Ayer, época indeterminada, pero que hace poco tiempo que pasó; y en este sentido se dice: *nous ne nous connaissons que d'hier*.

**HIER**, a. *hié*. Apisonar ó pisonar el empedrado. || Hincar estacas.

**HIÉRACIÉES**, f. pl. *ierasié*. Bot. Hieracias, tribu de plantas chicoráceas. || Hieracias, seccion de la tribu de las lactúceas.

**HIÉRACION**, m. *ierasión*. Farm. Colirio para curar la vista.

**HIÉRACITE**, f. *ierasit*. Miner. Hieracita, piedra preciosa.

**HIÉRACIUM**, m. *ierásiom*. Bot. Hieracio, yerba del gavilan.

**HIÉRANOSE**, f. *ieranós*. Med. Hieranosis, enfermedad sagrada, agitacion convulsiva del cuerpo ó epilepsia.

**HIÉRARCHIE**, f. *hierarchí*. Jerarquía, órden y disposicion de los nueve coros de ángeles. || Jerarquía, órden y disposicion de los diferentes grados del estado eclesiástico. || Jerarquía, por extension toda clase de poderes, de autoridades subordinadas las unas á las otras.

**HIÉRARCHIQUE**, adj. *hierarchíc*. Jerárquico, que pertenece á la jerarquía.

**HIÉRARCHIQUEMENT**, adv. *hierarchicmán*. Jerárquicamente, de una manera jerárquica.

**HIÉRATIQUE**, adj. *ieratíc*. Hist. Todo lo que tenia relacion con el sacerdocio entre los Griegos.

**HIÉRÉ**, m. *ieré*. Zool. Hiera, nombre de una mariposa.

**HIÉROCÉPIE**, f. *ierocepí*. Hierocepia, madera sagrada de la isla de Chipre.

**HIÉROCHLOÉ**, f. *ierocloé*. Bot. Hierocloe, género de plantas gramíneas.

**HIÉRODRAME**, m. *ierodrám*. Hierodrama, drama cuyo asunto está sacado de la historia santa.

**HIÉROGÉNIE**, f. *ierogení*. Hierogenia, orígen de las diversas religiones. || Hierogenia, ciencia que trata de las diversas religiones.

**HIÉROGLYPHE**, m. *ierogliíf*. Jeroglífico, símbolo, carácter, figura que contiene algun sentido misterioso. || Jeroglíficos, se dice particularmente de los caractéres de este género de que se servian los antiguos Egipcios en las cosas que pertenecian á la religion, á las ciencias y á las artes.

**HIÉROGLYPHIQUE**, adj. *ieroglific*. Jeroglífico, que está formado de jeroglíficos.

**HIÉROGRAPHE**, m. *ierograf*. Conservador de las cosas sagradas en el antiguo Egipto. || Hierógrafo, el que describe las cosas sagradas.

**HIÉROGRAPHIE**, f. *ierografí*. Hierografía ó jerografía, descripcion de las diferentes religiones, de las cosas sagradas.

**HIÉROLOGIE**, f. *ierologí*. Hierología, discurso sobre las cosas santas. || Hierología, conocimiento de las distintas religiones que profesan los diferentes pueblos.

**HIÉROMANCIE**, f. *ieromansí*. Hieromancia. V. HIÉROSCOPIE.

**HIÉROMANCIEN**, NE, adj. *ieromansién*, *én*. Hieromántico, que pertenece á la hieromancia.

**HIÉROMNÉMON**, m. *ieromnemón*. Hieromnenon, piedra que usaban los antiguos en sus adivinaciones.

**HIÉRONIQUE**, adj. *ieroníc*. Hierónico, sagrado: se decia de ciertos juegos que se celebraban entre los Romanos en honor de los dioses. || m. Hierónico, el que habia sido vencedor en los juegos hierónicos.

**HIÉRONYMITES**, m. pl. *ieronímit*. Hieronimitas, jerónimos, monjes de la órden de S. Jerónimo.

**HIÉROPHANTE**, m. *ierofánt*. Hierofante ó jerofante, título del sacerdote que presidia á los misterios de Eleusis y de algunos otros templos de la Grecia, y que enseñaba las cosas sagradas á los iniciados.

**HIÉROPYRE**, f. *ieropír*. Med. Hieropiro, voz griega que significa fuego sagrado, y con la que se ha designado la erisipela.

**HIÉROSCOPIE**, f. *ieroscopí*. Hieroscopia, adivinacion fundada en la inspeccion de las víctimas y de lo que pasaba en los sacrificios.

**HIGGINSIE**, f. *iggensí*. Bot. Higginsia, género de arbustos del Perú.

**HIGHLANDER**, m. *iglandér*. Higlandes, habitante de Higlanda, montañes escoces.

**HILARANT**, E, adj. *ilarán*. Alegre, divertido, que inspira alegría.

**HILARIE**, f. *ilarí*. Bot. Hilaria, género de plantas gramíneas de Méjico.

**HILARITÉ**, f. *ilarité*. Gozo suave, tranquilo. || Gozo, alegría repentina, inesperada.

**HILE**, m. *híl*. Bot. Cabillo ó rabo de los granos ó semillas. || Zool. Hilio, punto que une las celdas animales con su contenido.

**HILLIE**, f. *ilí*. Bot. Hilia, género de plantas de América.

**HILLOT**, m. *iló*. Se usaba antiguamente por *valet*, criado.

**HILOIRE**, f. *iluár*. Mar. Cuerda, fila de tablones mas gruesos y fuertes que los restantes de una cubierta.

**HILON**, m. *hilón*. Cir. Hilon, tumor calculoso del ojo, semejante á una cabeza de clavo.

**HILOTE**, m. y f. *ilót*. Hilota, esclavo de Lacedemonia.

**HIMANTHALIE**, f. *imantalí*. Bot. Himantalia, género de algas marinas.

**HIMANTOPE**, m. *imantóp*. Zool. Himantopo, género de animalejos infusorios. || Himántopo, ave acuática que tiene los piés de color de sangre.

**HIMANTOPODE**, adj. *imantopód*. Zool. Himantópodo, que tiene las piernas muy largas.

**HIMAS**, m. *imás*. Med. Himas, nombre dado á la prolongacion y adelgazamiento de la epiglotis.

**HIMATANTHE**, m. *imatánt*. Bot. Himatanto, árbol del Brasil.

**HIMÉROS**, m. *iméros*. Mit. Himeros, el Deseo, divinidad alegórica que algunos mitógrafos han puesto despues de Vénus y el amor.

**HIMTEN**, m. *imtén*. Himten, medida de capacidad empleada en Alemania para las materias sólidas.

**HINDANS**, m. *endán*. Bot. Hindano, árbol de Filipinas.

**HINDI**, m. V. HINDOUSTANI.

**HINDOU**, E, adj. y s. *endú*. Indo, ó industano, habitante del Industan.

**HINDOUSTANI**, m. *endustaní*. Filol. Industani, lengua derivada del sanscrito, del persa y del árabe, que hablan en las principales ciudades de la India.

**HINGUET**, m. *hengué*. Mar. Linguete, barra de hierro clavada al pié del cabrestante y que sirve para contenerlo.

**HIPNALE**, m. *ipnál*. Zool. Hipnal, especie de boa parda y amarilla de América.

**HIPPA**, f. *ipa*. Zool. Hipa, especie de cangrejo.

**HIPANTHROPIE**, f. *ipantropí*. Med. Hipantropia, especie de manía en la que los enfermos se creen convertidos en caballos

[illegible]

HIPPOCASTANE, m. ipocastán. Bot. Hipocástano, nombre científico del castaño de Indias.

HIPPOCENTAURE, m. ipocentór. Mit. Hipocentauro, animal fabuloso medio hombre y medio caballo. Generalmente se llama centauro.

HIPPOCRAS, m. V. HYPOCRAS.

HIPPOCRATÉE, f. ipocraté. Bot. Hipocratea, género de plantas de las dos Indias y de África.

HIPPOCRATIQUE, adj. ipocratic. Hipocrático, que tiene relacion con Hipócrates.

HIPPOCRATISME, m. hipocratism. Medicina fundada en los principios de Hipócrates.

HIPPOCRATISTE, m. ipocratist. Hipocratista, partidario de la medicina hipocrática.

HIPPOCRÈNE, f. ipocrén. Mit. Hipócrene, fuente del monte Helicon consagrada á las musas, que el caballo Pegaso hizo brotar de una coz. || met. y poét. *Avoir bu les eaux de l'Hippocrène*, haber bebido las aguas de Hipócrene: ser buen poeta.

HIPPOCRÉPIDE, f. ipocrepid. Bot. Hipocrépida, género de plantas leguminosas de Europa.

HIPPODROME, m. ipodróm. Hipodromo, plaza ó coso para las carreras de caballos, célebre en Constantinopla. || Hipodromo, circo en donde se hacian los ejercicios, los juegos públicos en la antigüedad. || Hipodromo, espacio oblongo terminado por dos hemiciclos para las carreras de caballos.

HIPPODROMIE, f. ipodromí. Hipodromia, carrera de caballos en un hipódromo. || Hipodromía, arte de gobernar los caballos.

HIPPOGLOSSE, m. ipoglós. Bot. Hipoglosa, laurel de Alejandría.

HIPPOGRIFFE ó HIPPOGRIPHE, m. ipogrif. Mit. Hipógrifo, animal fabuloso que creian ser un caballo con alas.

HIPPOLAÏS, m. ipolais. Zool. Hipolais, nombre de muchas curracas y silvias.

HIPPOLITHE, f. ipolit. Vet. Hipólita, piedra amarilla que se encuentra en la hiel de los caballos.

HIPPOMANE, adj. ipomán. Hipómano, que tiene pasion por los caballos.

HIPPOMANCIE, f. ipomansí. Hipomancía, adivinacion por el relincho y por los movimientos de los caballos.

HIPPOMANIE, f. ipomaní. Hipomania, pasion por los caballos. || Vet. Hipomania, especie de frenesí ó rabia que ataca algunas veces á los caballos.

[illegible]

HIPPOSTÉOLOGIQUE, adj. ipostéologic. Hiposteológico, que tiene relacion con la hiposteologia.

HIPPOSTÉOLOGISTE, m. ipostéologist. Hiposteologista, el que se ocupa de hiposteologia.

HIPPOTIDE, f. ipotid. Bot. Hipótide, género de rubiáceas del Perú.

HIPPOTOMIE, f. ipotomí. Vet. Hipotomía, anatomía del caballo.

HIPPOTOMIQUE, adj. ipotomic. Hipotómico, que tiene relacion con la hipotomía.

HIPPRO, m. ipró. Bot. Hipro, [illegible] blanco.

HIPPURATE, m. ipurát. Quím. Hipurato, sal producida por el ácido hipúrico y una base salificable.

HIPPURIDE, f. ipuríd. Bot. Hipúride, género de plantas acuáticas de Europa.

HIPPURIQUE, adj. ipuric. Quím. Hipúrico, ácido que existe en la orina de los animales.

HIPPURIS, m. V. HIPPURIDE.

HIPPURUS, m. ipúrus. Zool. Hipuro, pescado del Océano.

HIRATE, m. irát. Bot. Hirato, estramonio de Madagascar.

HIRCATE, m. ircát. Quím. Hircato, sal producida por la combinacion del ácido hírcico con una base salificable.

HIRCULATION, f. irculasión. Agr. Hirculacion, enfermedad de las viñas.

HIRCULUS, m. írculus. Bot. Hírculo, especie de nardo.

HIRCUS, m. ircus. Anat. Hirco, eminencia de la oreja. || *Astr.* Hirco, estrella de primera magnitud.

HIRÉE, f. iré. Bot. Hirea, género de plantas de los climas cálidos.

HIRMOLOGE, m. irmológ. Hirmólogo, libro que contiene los himnos de los cristianos griegos.

HIRONDELLE, f. irondél. Zool. Golondrina, ave de paso que solo aparece en la primavera. || Volador, golondrina de mar, pescado parecido á la golondrina. || *Pierre d'hirondelle*, piedra de la golondrina, nombre de una piedra que se empleaba antiguamente para la enfermedad de los ojos.

HIRPINIENS, m. pl. irpinién. Geog. Hirpinianos, pueblo sármata que habita en Italia.

HIRSUTÉ, ÉE, adj. irsuté. Bot. Hirsutado, que está guarnecido de pelos largos y erosos.

HIRSUTEUX, EUSE, adj. irsuteu, eus.

...RIOGRAPHIQUE, adj. *istorio-*... Historiográfico, que pertenece al ...grafo.

...RIQUE, adj. *istorik*. Histórico, ...nece á la historia, que está tomado ...toria ó basado en ella.

...RIQUEMENT, adv. *istorikmán*. ...mente, por estilo ó en forma histó... ...históricamente, de una manera ver...

...ION, m. *istrión*. Histrion, bufon, ... Nombre con que se designaba an... ...mente á los cómicos; hoy se em... ...término de desprecio.

...ONIE, f. *istrioní*. Histrionía, es... ...histrion, profesion de cómico. No ...usa que por desigracion.

...ONIQUE, adj. *istrionik*. Histrió... ...tiene relacion con los histriones ó ...

...ONNER, n. *istrioné*. Represen... ...un papel en una comedia. Solo se ...desigracion ó por chanza.

...U, m. *itigú*. Bot. Hitigú, especie ... de Chile de hojas muy pequeñas, ...nace en los árboles y pasa en el país ...sudorífico.

...R, m. *ivér*. Invierno, una de las ...estaciones del año, que se estiende ...llegada del sol al trópico de Capri... ...su vuelta al ecuador. || met. ...la ancianidad. || *Fruit d'hiver*, fruta ...ó fruta invernisa.

...NAGE, f. *ivernáge*. Invernada, ...pasar el invierno en un país.

...NAGE, m. *ivernáge*. Mar. El tiem... ...los buques pasan en descanso du... ...mala estacion. Igualmente se dice ...puerto bien abrigado donde pueden ...las embarcaciones. || Agr. Labor ...tierras á la aproximacion del in...

...NAL, E, adj. *ivernál*. Invernal ó ...que pertenece al invierno. || Inver... ...es de invierno, que nace en in...

...NATION, f. *ivernasión*. V. Hi... ... || Invernacion, tiempo frio du...

...NEMENT, m. V. HIBERNATION.

...NER, n. *ivernó*. Invernar, tomar ... de invierno, dícese solo de las ...campaña. || Invernar, se dice de ...que pasan el invierno en lu... ...|| a. Agr. *Hiverner les* ...labrar las tierras, darles una úl... ...antes del invierno. || *S'hiverner*, ...hacerse, curtirse al frio, esto ...á los primeros frios para ...á enfriarse.

...interj. *hó*. Oh! Se usa para expresar ...admiracion, indignacion, repro... ...como tambien para llamar á ... A veces se dobla: *ho! ho!*

...XOCHITL, m. *oacacsochítl*. Bot. ...nombre de una especie de ...originaria de Méjico.

...TLI, m. *oactlí*. Zool. Oactli, espe... ...real, ave de Méjico.

...IN, m. *oazín*. Zool. Oazin, faisan ...cuya voz es una especie de au...

...R, a. ant. *hobé*. Cambiar, mudar ...

...REAU, m. *hobró*. Zool. Aguilucho, ... || met. Hidalgo pelon. || fam. ...importuno.

... m. *hóc*. Chillodron, juego de nai...

... m. *hóca*. Oca, cierto juego de ...

...O, m. *hóco*. Bot. Oco, género de ...de América meridional.

...E, f. *hóche*. Muesca, entalladura, ...

...MENT, m. *hochemán*. Cabeceo, ...que se hace con la ...

...PIED, m. *hochepié*. Cetr. El pri... ...que acomete á la garza en su ...

...POT, m. *hochepó*. Coc. Guisado ...con nabos y castañas.

**HOCHEQUEUE**, m. *hochéqueu*. Zool. Nevatilla, aguzanieve, avecilla pequeña.

**HOCHER**, a. *hoché*. Sacudir, menear, mover de un lado á otro una cosa. || fam. *Hocher la tête*, menear la cabeza en señal de desprecio ó de reprobacion. || Equit. *Hocher la bride, le mors*, menear la brida, el bocado: se dice de un caballo que cabecea mucho.

**HOCHET**, m. *hoché*. Chupador, pieza pequeña de cristal ó marfil para el uso de los niños que están con la denticion. || met. Juguetes, cosas fútiles, frívolas. || prov. *Il y a des hochets pour tout âge*, hay juguetes para todas las edades: cada edad tiene sus placeres, sus diversiones, sus ilusiones.

**HOCHICAT**, m. *ochicá*. Zool. Ochicato, tucan verde de Méjico.

**HODOMÈTRE**, m. *odométr*. Hodómetro, nombre de diferentes aparatos que sirven para medir la longitud del camino recorrido por un carruaje ó los pasos que se dan.

**HODOMÉTRIE**, f. *odometrí*. Hodometría, arte de medir las distancias recorridas.

**HOFFMANSEGGIE**, f. *ofmanseggí*. Bot. Ofmansegia, género de plantas leguminosas de América que comprende dos especies.

**HOGNER**, n. vulg. *oñé*. Rezongar, gruñir, quejarse.

**HOHAUHTOTOTL**, m. *oatotótl*. Zool. Oautototl, especie de gorrion de Méjico, cuyo canto es parecido al de la codorniz.

**HOHAUTLI**, m. *oatlí*. Bot. Oautli, nombre general de muchas especies de salgadas ó anserinas, empleadas como legumbres en Méjico.

**HOILOTL**, m. *uailótl*. Hoilotl, nombre de un palomo de Méjico.

**HOIR**, m. *uár*. For. Heredero, se dice ordinariamente de los hijos, de los herederos en línea recta, y no se emplea casi mas que en plural.

**HOIRIE**, f. *uarí*. For. Herencia, sucesion que pertenece al heredero. || Herencia, derecho que se tiene de suceder á un difunto en línea recta.

**HOIRIN**, m. *uarén*. Mar. Boya, señal flotante para saber dónde está el ancla. || Orinque, cabo fiador del ancla.

**HOLÀ**, interj. *holá*. Hola! Ea! Basta! || *Holà! taisez-vous*, ea! calle Vd. || Úsase tambien como sustantivo. *Mettre le holà, mettre les holà*, decir basta, hacer callar, poner en paz á los que altercan ó riñen. || Hola! expresa tambien el asombro, la admiracion.

**HOLACANTHE**, adj. *olacánt*. Zool. Holacanto, que tiene el cuerpo cubierto de punzas. || Holacanto, género de pescados torácicos que comprende trece especies.

**HOLBROD**, m. *olbród*. Zool. Holbrod, nombre de la paviota cenicienta.

**HOLCIMOS**, m. *olsímos*. Med. Holcimos, hígado afectado de un tumor.

**HOLCUS**, m. *ólcus*. Bot. Holcus, género de plantas gramíneas.

**HOLER**, m. *olér*. Holer, moneda de Alemania de muy poco valor.

**HOLÈTRE**, adj. *olétr*. Zool. Holetro, que tiene el abdómen confundido con el tórax.

**HOLICISME**, m. *olisísm*. Filol. Holicismo, locucion comun á todos los dialectos de una lengua ó á todas las lenguas.

**HOLLANDAIS, E**, adj. y s. *holandé*. Holandes, de Holanda en los Paises Bajos.

**HOLLANDÉ, ÉE**, adj. *holandé*. || *Batiste hollandée*, olan-batista, batista mas tupida que la comun.

**HOLLANDER**, a. *holandé*. Preparar las plumas de escribir, pasando el cañon por ceniza caliente para quitarles el craso.

**HOLLANS**, m. pl. *holán*. Com. Olan, batista de Flándes.

**HOLLECH**, m. *oléc*. Bot. Holleco.

**HOLLI**, m. *olí*. Holli, licor resinoso que corre de un árbol llamado *chilli*, que los Mejicanos mezclan con el chocolate.

**HOLOBRANCHE**, adj. *olobránche*. Zool. Holobranquio, que tiene branquias completas. || *Holobranches*, m. pl. Holobranquios, familia de pescados huesosos.

**HOLOCANTHE**, m. Zool. V. HOLACANTHE.

**HOLOCAUSTE**, m. *olocóst*. Holocausto, especie de sacrificio entre los Judíos, en el que la víctima era enteramente consumida por el fuego. || Holocausto, la víctima sacrificada así. || Holocausto, sacrificio en general. || met. *S'offrir en holocauste*, ofrecerse en holocausto, expiar una falta por el culpable.

**HOLOCHÉILE**, m. *olocheíl*. Bot. Holoquelio, género de plantas sinantéreas de Buenos Aires.

**HOLOCOTIN**, m. *olocotén*. Holocotino, moneda de oro de Egipto.

**HOLOGONIDIE**, f. *ologonidí*. Bot. Hologonidia, cuerpo reproductor de un líquen, en el momento que va á desarrollarse.

**HOLOGRAPHE**, adj. V. OLOGRAPHE.

**HOLOLÉPIDE**, f. *ololepíd*. Bot. Hololépida, género de plantas sinantéreas del Brasil.

**HOLOLÉPIDOTE**, adj. *ololepidót*. Zool. Hololepidoto, que está enteramente cubierto de escamas.

**HOLOMÈTRE**, m. *olométr*. Astr. Holómetro, instrumento de matemáticas que sirve para tomar las alturas angulares de un punto sobre el horizonte.

**HOLOMÉTRIQUE**, adj. *olometríc*. Holométrico, que pertenece al holómetro.

**HOLOPÉTALE**, adj. *olopetál*. Bot. Holopétalo, que tiene pétalos enteros.

**HOLOPHLYCTIDE**, m. *oloflictíd*. Med. Holoflictido, especie de pústula ó ampolla.

**HOLOPORE**, adj. *olopór*. Zool. Holóporo, que ofrece poros por todas partes.

**HOLOPTÈRE**, adj. *oloptér*. Zool. Holóptero, que tiene una ala ó aleta.

**HOLOSTÉON**, m. *olosteón*. Bot. Holosteon, especie de llanten cuyas hojas son tan nerviosas y tan duras que parecen huesos.

**HOLOTHURION**, m. *oloturión*. Bot. Holoturion, especie de ortiga de mar que causa un fuerte dolor cuando se la toca.

**HOLSTEINOIS, E**, adj. y s. *holstenuá*. Holstenes, de Holstein, ducado de Dinamarca.

**HOM**, interj. *hóm*. Se usa para expresar duda ó desconfianza.

**HOMALOCÉPHALE**, adj. *omalosefál*. Zool. Homalocéfalo, que tiene la cabeza chata. || Homalocéfalo, se llama así al lagarto, porque tiene los lados de la cabeza y del cuerpo guarnecidos de una membrana ancha que les hace parecer chatos.

**HOMAN**, m. *omán*. Homan, sacrificio que hacen los Indios que se preparan á ser iniciados.

**HOMARD**, m. *homár*. Zool. Cabrajo, cangrejo grande de mar.

**HOMBRE**, m. *ónbr*. Hombre ó tresillo, cierto juego de naipes. || Hombre, el entrado en este juego.

**HOMÉLIE**, f. *omelí*. Homilía, instruccion familiar y cristiana. || Homilía, leccion del breviario, sacada de los Santos Padres. || met. y por desigracion. Homilía, obra de imaginacion, discurso en que se muestra la afectacion de moralizar, y que causa enfado.

**HOMÉOMÈRE**, adj. *omeomér*. Homeómero, semejante en todas sus partes; formado de partes iguales.

**HOMÉOPATHIE**, f. V. HOMOEOPATHIE.

**HOMÉOSE**, f. *omeóse*. Ret. Homeosis, figura de retórica que asimila un objeto á otro.

**HOMÉOTÉLEUTE**, f. *omeoteleút*. Ret. Homeoteleuta, figura por la cual se terminan del mismo modo los miembros de un periodo.

**HOMÉRIQUE**, adj. *omeric*. Lit. Homérico, que se parece á Homero, al estilo ó á los héroes de Homero.

**HOMÉRISTE**, m. *omerist*. Homerista, uno de los nombres de los rapsodas. || Homerista, cómico que recitaba en los festines los mas hermosos trozos de Homero. || Homerista, partidario de Homero ó de la poesía antigua.

**HOMICIDE**, m. *omisíd*. Homicida, el que comete homicidio. || Homicidio, la muerte de un hombre hecha por otro. || Homicida,

[illegible]

... C'est un pauvre homme, es un pobre hombre, un tonto. C'est un homme pauvre, es un hombre pobre. ‖ C'est un brave homme, es un buen hombre. C'est un homme brave, es un hombre valiente.

**HOMMEAU**, m. omó. Hombrecillo, hombre pequeño, afeminado.

**HOMMÉE**, f. omé. Agr. Arenzada, cierda, lo que puede trabajar un labrador en un día.

**HOMOCENTRE**, m. omosántr. Geom. Homocentro, centro comun de muchos círculos.

**HOMOCENTRIQUE**, adj. omosantric. Geom. y Astr. Homocéntrico, lo mismo que concéntrico, tratándose de círculos que tienen un centro comun.

**HOMOCENTRIQUEMENT**, adv. omosantricmán. Homocéntricamente, sin salir del centro.

**HOMODERMES**, m. pl. omodérm. Zool. Homodermos, ofidios escamosos.

[illegible]

... tan de un modo unísono.

**HOMOTONE**, adj. omotón. Med. Homótono, se dice de un síntoma constantemente sostenido en el mismo grado de intensidad.

**HONCHETS**, m. pl. V. JONCHETS.

**HONGNETTE**, f. oñét. Art. Uña, especie de cincel puntiagudo y cuadrado.

**HONGRE**, adj. m. hongr. Capon, castrado: solo se dice del caballo.‖ ant. Húngaro.

**HONGRELINE**, f. hongrlin. Hungarina, traje antiguo tomado del húngaro.

**HONGRER**, a. hongré. Capar, castrar un caballo.

**HONGRIEUR**, m. V. HONGROYEUR.

**HONGROIS**, E, adj. y s. hongruá. Húngaro, de Hungría.

**HONGROYEUR**, m. hongruayeur. Art. Curtidor ó zurrador de pieles llamadas de Hungría.

**HONNÊTE**, adj. onét. Honesto, decente, decoroso, equitativo, virtuoso, honrado; razonable, justo, correspondiente, proporcionado. Los mas de estos adjetivos solo son

[illegible]

[illegible]cien. || Espléndidamente, magnífi[illegible]

[illegible]RAIRE, adj. onorér. Honorario, [illegible] los honores y no la propiedad de [illegible]idad ó empleo. || m. Honorario, [illegible], retribucion que se da en pago [illegible], de cuidados, de asistencia [illegible], etc. || *Honoraires*, m. pl. Honora[illegible] derechos ó emolumentos judiciales, [illegible], de los abogados, médicos, etc.

[illegible], a. onoré. Honrar, reveren[illegible]. || Honrar, hacer estimacion ó [illegible]. || Honrar, conceder honores, distin[illegible], mercedes. || Honrar, dar [illegible] gloria y esplendor, como [illegible] hombres al país en que nacie[illegible]. *S'honorer*, r. Honrarse, preciarse, [illegible] de algo bueno.

[illegible]IFIQUE, adj. onorific. Honorí[illegible] produce honor, que honra.

[illegible], m. ant. hontáge. Vergüenza, [illegible].

[illegible]TE, f. hónt. Vergüenza, rubor, bo[illegible], confusion, sentimiento penoso y [illegible] excitado por la idea de algun des[illegible] ó que se teme recibir. || Ver[illegible], pudor, modestia, virtud de las al[illegible] y puras. || fam. *Que honte ne [illegible] dommage*, que no os detenga la [illegible]. || Vergüenza, afrenta, manci[illegible] crédito público ó privado. || *Rester [illegible] honte*, quedarse avergonza[illegible]. || *A la honte de*, á despecho, á [illegible] vergüenza de, para afrenta, [illegible] de.

[illegible]TEUSEMENT, adv. hontousmán. [illegible], afrentosamente, de una [illegible].

[illegible]TEUX, EUSE, adj. hontéu, eus. [illegible], tímido, corto, encogido. || [illegible], deshonroso, feo, hablando de ac[illegible] dichos, etc. || Avergonzado, con[illegible] tiene vergüenza de haber dicho [illegible] alguna cosa. || *Pauvre honteux*, [illegible]. || m. Anat. Pudendo, cor[illegible] producido por el cuarto par [illegible].

[illegible]TAL, m. opitál. Hospital, casa de [illegible] establecida para recibir y cuidar [illegible] á los enfermos pobres. || *Vais[illegible]pital*, navío destinado para enfer[illegible] una escuadra ó armada. || *Salle [illegible]*, cuadra de hospital. || met. *Etre [illegible]*, ser un verdadero hospital, ha[illegible] la casa donde hay muchos enfer[illegible] *quelqu'un à l'hôpital*, reducir [illegible] á la última miseria.

[illegible]ISMATIQUE, f. oplismatic. Di[illegible]plismática, ciencia que comprende [illegible] relativo á las armas, á las fortifica[illegible] á los ejercicios militares.

[illegible]ITE, f. oplít. Miner. Hoplita, pie[illegible] de una costra metálica y relu[illegible] como el acero bruñido. || Zool. Ho[illegible] género de insectos. || m. Hoplita, sol[illegible] armado de todas armas.

[illegible]ITODROME, m. oplitodróm. An[illegible] que corria armado en los juegos [illegible].

[illegible]OMAQUE, m. oplomác. Hist. Ho[illegible], gladiador que combatia armado [illegible] armas.

[illegible]OPHORE, adj. m. oplofór. Hoplò[illegible] portador de armas, epíteto del dios [illegible].

[illegible]OPODES, m. pl. oplopód. Zool. [illegible], familia de mamíferos que com[illegible] los que tienen los piés armados de [illegible] de pezuñas, etc.

[illegible], m. hoquê. Hipo, movimiento [illegible] é intermitente del estómago. || [illegible] *le hoquet*, confundir, dejar á [illegible], hecho una pieza, sin poder ha[illegible] *hoquet*, estar en las últimas, [illegible] mortal, en la agonía.

[illegible], n. hocté. Hipear, tener hipo.

[illegible], m. hoctón. Cota de arque[illegible] con mangas abiertas que [illegible] de la municipalidad llevaban en [illegible] públicos. || El mismo arquero. || El [illegible].

[illegible], f. oquét. Art. Cincel ó ce[illegible] escultor marmolista.

[illegible]AIRE, adj. orér. Horario, pertene-ciente á las horas. || Horario, que se hace por horas. || Astr. *Cercles horaires*, círculos ecuatoriales que parecen trazar y describir los planetas en virtud y con relacion al movimiento diurno de la tierra.

**HORATIEN, NE**, adj. orasién, én. Lit. Horaciano, perteneciente ó concerniente á Horacio. || *Horatiens*, m. pl. Horacianos, imitadores de Horacio.

**HORDE**, f. hórd. Horda, tribu errante, porcion de familias sin domicilio fijo. || Horda, tropel, banda de forajidos, de facinerosos, de rebeldes, etc.

**HORDÉACÉES**, f. pl. ordeasé. Bot. Hordeáceas, tribu de plantas gramíneas, cuyo tipo es el género cebada.

**HORDÉINE**, f. ordeín. Salvado extraido de la harina de cebada. || Glúten hecho de cebada.

**HORIDICTIQUE**, adj. oridictic. Astr. Horidíctico, nombre de un cuarto de círculo esférico ó astronómico, en que figuran trazadas las líneas horarias.

**HORIOLE**, f. oriól. Pesc. Barquilla de pescador que se aleja muy poco de la costa, sin valer para alta mar.

**HORION**, m. ant. fam. horión. Puñetazo, puñada que se descarga sobre la cabeza ó las espaldas de otro.

**HORIPAL**, m. oripál. Pañuelo de la India. El plural es *horipaux*.

**HORIUS**, m. óriuz. Mit. Horio, sobrenombre de Baco, que preside las horas y las estaciones. || Horio, sobrenombre de Apolo.

**HORIZON**, m. orisón. Astr. y Geog. Horizonte, círculo máximo astronómico que divide la esfera en dos partes absolutamente iguales. || La extension de tierra ó de mar hasta donde alcanza nuestra vista. || met. Límite del entendimiento humano.

**HORIZONTAL, E**, adj. orisontál. Horizontal, paralelo al horizonte. || Astr. *Diamètre horizontal*, diámetro horizontal, el mayor diámetro aparente de un astro.

**HORIZONTALEMENT**, adv. orisontalmán. Horizontalmente.

**HORLOGE**, f. orlóge. Reloj, máquina que señala y da las horas || *Horloge solaire*, cuadrante solar. || *Horloge de sable*, reloj de arena, mecanismo para medir el tiempo. || *Horloge d'eau*, reloj de agua, clépsidra, máquina que señala la marcha del tiempo por el deslizamiento paulatino de cierta cantidad de agua. || Bot. *Horloge de Flore*, reloj de Flora, tabla de las horas del dia en que se abren ciertas flores. || met. y fam. *Horloge détraquée*, reloj desconcertado, cabeza destornillada, hablando de un calavera, del sugeto sin asiento ni órden en sus acciones.

**HORLOGER**, m. orlogé. Relojero, el que hace ó compone relojes.

**HORLOGERIE**, f. orlogerí. Relojería, arte ó profesion de relojero; local en que se fabrican relojes, tienda de relojero; comercio de relojes.

**HORMIN**, m. ormín. Bot. Hormino, especie de salvia.

**HORMIS**, prep. ormí. Fuera de, excepto, exceptuando tal ó cual cosa.

**HORNFELS**, m. ornféls. Miner. Hornfelso, roca del feldespato.

**HORNSCHUHIE**, f. ornschuí. Bot. Hornschuya, género de plantas brasileñas.

**HORNSTÉTIE**, f. ornstetí. Bot. Hornstecia, especie de amomo, planta monuda semejante al apio.

**HORODICTIQUE**, adj. orodictic. Fís. Horodíctico, se dice del instrumento que da la hora. Úsase como sustantivo.

**HOROGRAPHIE**, f. orografí. Art. Horografía, gnomónica, arte de hacer cuadrantes ó relojes de sol.

**HOROGRAPHIQUE**, adj. orografic. Horográfico, que pertenece á la horografía.

**HOROMÈTRE**, m. orométr. Horómetro, especie de cuadrante solar en el Indostan.

**HOROMÉTRIE**, f. orometrí. Art. Horometría, arte de medir las horas ó el tiempo.

**HOROPTÈRE**, m. oroptér. Fís. Horóptero, línea visual, rayo óptico paralelo á la línea que une los centros oculares.

**HOROSCOPE**, m. oroscóp. Astr. Horóscopo, observacion astronómica del estado del cielo al tiempo de nacer una persona. || met. y fam. Horóscopo, estrella propicia ó infausta de cada uno, buena ó mala ventura que se predice acerca de su suerte. || Mat. Horoscopio, instrumento matemático.

**HORREUR**, f. orreur. Horror, espanto, miedo, consternacion que siente el alma sobrecogida al aspecto de una cosa terrible, espantosa ó repugnante. || Horror, abominacion, execracion, odio que se siente hácia el crímen, hácia las acciones infames. || Horror, por lo que tienen de horrible ó de siniestro ciertos parajes ó determinados objetos. || met. Horror, miseria, último grado de infelicidad, de crueldad, etc. || *Etre l'horreur de quelqu'un*, ser un objeto de horror para alguno, ser un monstruo de execracion. || Atrocidad, enormidad, exceso inaudito. || fam. *Fi! l'horreur*: exclamacion que expresa la repugnancia que se siente á la vista de una persona ó de una cosa. || pl. Horrores, infamias, hechos deshonrosos, etc.

**HORRIBLE**, adj. orríbl. Horrible, horrendo, que causa horror. || Horrible, execrable, abominable, enorme, bárbaro, etc., segun de lo que se trate. || Horrible, extremo, excesivo.

**HORRIBLEMENT**, adv. orriblemán. Horriblemente. || Extremadamente, excesivamente.

**HORRIDE**, adj. orríd. Poét. Hórrido, lo mismo que horrible.

**HORRIFIQUE**, adj. orrific. Horrífico, horrendo, espantoso, que causa horror.

**HORRIPILATION**, f. orripilasión. Med. Horripilacion, temblor acompañado de frio y erizamiento de los cabellos.

**HORS**, prep. hór. Fuera, cuando pide la exclusion de tiempo ó de lugar. || Excepto, ménos, si señala exclusion de persona ó de cosas. *Hors d'ici*, fuera de aquí; *hors de la saison*, fuera de tiempo; *hors de la portée du canon*, fuera del alcance de cañon. || For. *Mettre hors de cour, hors de cour et de procès*, declarar que no puede admitirse alguna demanda ó darse providencia judicial. || Sobreseimiento. || *Mettre hors de cause*, declarar la incapacidad de una persona para entablar una demanda; no ser admitida en juicio por falta de algun requisito legal. || *Hors deux*, ménos dos, excepto dos.

**HORS-D'ŒUVRE**, m. hordeuvr. Arq. Voladizo, pieza saliente de una fachada que no hace parte del plan general de un edificio. || Lit. Episodios, digresiones en una obra literaria. || Entremeses, manjares lijeros que se sirven en la mesa como excitantes del apetito. || En plur. tambien *hors-d'œuvre*.

**HORS-ŒUVRE**, adv. horseuvr. Arq. Espacio que media desde el ángulo exterior de una pared hasta el ángulo exterior de otra.

**HORTENSE**, adj. ortáns. Bot. Hortense, se dice de la planta que se cultiva en los jardines.

**HORTENSIA**, m. ortánsia. Bot. Hortensia, arbusto del Japon que se cultiva como planta de adorno.

**HORTICULTURE**, f. orticultúr. Horticultura, arte de cultivar los jardines.

**HORTIE**, f. ortí. Bot. Hortia, planta del Brasil.

**HORTOLAGE**, m. ortoláge. Hortaliza, voz genérica que expresa el conjunto de plantas comestibles que se cultivan en una huerta.

**HOSLUNDIE**, f. oslondí. Bot. Hoslundia, género de plantas labiadas del que se conocen dos especies, la hoslundia de Guinea y la del Senegal.

**HOSNY**, m. osní. Zool. Hosny, pez, especie de esparo.

**HOSPES**, m. óspes. Mit. Hóspes, sobrenombre de Júpiter como dios tutelar de los huéspedes y de los viajeros.

**HOSPICE**, m. ospís. Hospicio, hospedería, casa en que ciertos religiosos daban hospitalidad á los peregrinos y viajeros: se decia particularmente de una casa religiosa establecida para recibir á los religiosos de la misma órden que viajaban. || Hospicio, se aplica con especialidad en el dia á los establecimientos de beneficencia donde se recibe y

[illegible]

HOSTILEMENT, adv. ostilmán. Hostilmente, como enemigo.

HOSTILITÉ, f. ostilité. Hostilidad, acto enemigo; se dice particularmente de las agresiones, correrías, devastaciones de gente de guerra en un país enemigo. ‖ Hostilidad, se dice tambien por espíritu de enemistad y disposicion de declarar la guerra.

HÔTE, ESSE, m. y f. ót, és. Huésped, el que tiene fonda, posada ú otro establecimiento donde se alojan forasteros y pasajeros; posadero, mesonero. ‖ Huésped, el que se aloja en una fonda, posada, etc. ‖ Huésped, el que vive en alguna habitacion ó pieza alquilada en casa ocupada por otro. ‖ Huésped, el que la alquila. ‖ Patron, se dice de los paisanos que están obligados á dar alojamiento á los soldados. ‖ *Table d'hôte*, mesa redonda, mesa que se sirve á una hora fija en una fonda, posada, hostería ó cualquier establecimiento público. ‖ prov. *Compter sans son hôte*, contar sin la huéspeda.

HÔTEL, m. otél. Palacio, casa suntuosa donde mora un personaje de alta jerarquía ó un rico particular dentro de Paris. ‖ *Petit hôtel*, edificio adherente á un palacio, y se amplía á significar una casa cualquiera donde viva una sola familia. ‖ Palacio, grande edificio destinado á un establecimiento público. ‖ Fonda, hospedería de lujo. ‖ *Hôtel meublé*, posada. ‖ *Hôtel-de-Ville*, casa de ayuntamiento. ‖ *Hôtel-Dieu*, hospital general en muchas ciudades de Francia. ‖ *Hôtel des Invalides, des Monnaies, etc.*, cuartel de inválidos, casa de la Moneda, etc. ‖ *Maître d'hôtel*, jefe de los criados que sirven la mesa en las casas de los grandes señores.

HÔTELAGE, m. otlage. Hostalaje, derecho que pagaban los mercaderes forasteros por las localidades en que exponian los géneros en las ferias y mercados.

HÔTELER, a. ant. otlé. Hospedar, recibir á uno en una hostería ó casa de posada.

HÔTELIER, ÈRE, m. y f. otlié, ér. [illegible]

[illegible]

HOUBLON, m. hublón. Bot. Lúpulo, hombrecillo, género de plantas urticeas cuyas hojas y tallos entran en la composicion de la cerveza.

HOUBLONNER, a. hublond. Mezclar el lúpulo en la cerveza.

HOUBLONNIÈRE, f. hublonièr. Plantío de lúpulos.

HOUE, f. hú. Azada, azadon, instrumento de agricultura para remover la tierra. ‖ Pala, batidera para amasar argamasa.

HOUER, a. hué. Cavar, remover una tierra con el azadon. ‖ Abatanar, tundir el paño.

HOUETTE, f. dim. de HOUE. huét. Escardillo, azada pequeña.

HOUGRE, m. Mar. V. HOURQUE.

HOUGUINES, f. pl. huguín. Mil. ant. Haguines, parte de la armadura que cubria los muslos, las piernas y los brazos, y comprendia las grevas, brazales y otras piezas de la armadura antigua.

HOUHOU, f. ú. fam. Chocha, gruñona, nombre burlesco que solo se usa con el adjetivo *vieille*. *Vieille houhou, vieille haha*, vieja gruñona.

HOUILLE, f. húll. Hulla, carbon de piedra, carbon fósil que se usa como combustible, y para la extraccion del gas hidrógeno. ‖ Hulla de abono, mineral muy terroso que solo se beneficia para el abono de las tierras.

HOUILLER, ÈRE, adj. hullé, ér. Carbonífero, que contiene capas ó vetas de hulla ó carbon mineral. *Terrains houillers*, terrenos carboníferos. ‖ f. Hullera, mina de hulla ó de hornaguera.

HOUILLEUX, EUSE, adj. V. HOUILLER.

HOUILLEUR, m. hulleur. Hullero, trabajador en las minas de carbon de piedra.

HOULAN, m. V. HULAN.

HOULE, f. húl. Mar. Ola, marejada, movimiento de ondulacion que conservan las aguas del mar despues de una tempestad ó que la precede. ‖ Se dice tambien de cada una de las ondas de un mar agitado. ‖ Pote, olla de hierro colado.

HOULETTE, f. hulét. Cayado de pastor. ‖ Escardillo de jardinero. ‖ Pala de fundidores de monedas, de los confiteros, botilleros para preparar los helados y sorbetes, etc. ‖ met. *Porter la houlette*, llevar el cayado, ser pastor.

HOULEUX, EUSE, adj. huleu, eus. Mar. Oleoso, se dice del mar agitado, mar de leva.

HOULIER, m. ulié. Hullero, trabajador

[illegible]

do los Cosacos.

[illegible]VARI, m. *hurvári*. Mont. Jaleo, [illegible] ó llamando á los perros en [illegible]. || Voces de aviso cuando la pieza [illegible] á los perros y les hace perder el [illegible] fam. Jaleo, vocerío, alboroto, jarana.

[illegible], m. V. HUSSARD.

[illegible], f. *húche*. Huertecillo conti[illegible] casa de un labrador.

[illegible], ÉE, adj. *hosé*. Calzado con po[illegible] || [illegible] Enlodado, mojado.

[illegible], m. pl. *hosé*. Polainas, bo[illegible] contra los lodos. || prov. y met. [illegible] ses houseaux quelque part, dejar [illegible] en alguna parte, morir.

[illegible], a. fam. *huspillé*. Zamar[illegible] á uno de un lado á otro á empu[illegible]; sacudir, maltratar. || met. In[illegible] de palabras, criticar, reprobar, [illegible] agriamente. || Se houspiller, [illegible], maltratarse recíprocamen[illegible]. || met. Maltratarse de pala[illegible] y polémicas.

[illegible], m. fam. *huspillón*. Hus[illegible] particular de algunos pueblos [illegible], en cuya virtud se da medio vaso [illegible] al que ha faltado á alguna etiqueta [illegible].

[illegible], m. *huságe*. Sacudida, lim[illegible], la accion de limpiar sacudiendo.

[illegible], f. *husé*. Acebedo, terreno [illegible] de acebos.

[illegible], m. V. HUSSARD.

[illegible], f. *hús*. Gualdrapa, mantilla, cu[illegible] cae sobre la grupa é ijares del [illegible]. || *Housse de pieds*, *housse en sou*[illegible] gualdrapa, mantilla de caballo que no [illegible] la grupa sino que llega mas abajo [illegible] del jinete. || *Housses traînantes*, [illegible] de gala ó de luto, cubiertas de [illegible] caballos que cuelgan hasta el suelo. [illegible] de pescante de coche. || Funda de [illegible]. || Sobrecama ó cubierta de cama.

[illegible], m. *husó*. Espetoa, alfiler [illegible] que alcanza á prender muchos do[illegible].

[illegible], a. *husé*. Limpiar con zorros, [illegible]. || *Se housser*, r. Limpiarse.

[illegible], m. *husé*. Cerraja de cofre. || [illegible], arbolillo.

[illegible], f. *husét*. Blas. Borceguí. || [illegible] de golpe, resorte de cofre que se [illegible] por sí mismo en dejando caer la tapa.

[illegible], f. *husiér*. Jaral, matorral.

[illegible], f. *husín*. Varilla de acebo [illegible] para gobernar un caballo y para [illegible] la ropa.

[illegible], a. *husiné*. Varear, sacudir, [illegible] un caballo con el vestugo, varear [illegible] ó golpearla con una vara. || met. y [illegible] sacudir á uno con violencia.

[illegible], m. *husuár*. Escoba de acebo [illegible] para limpiar los techos y pare[illegible] comunmente zorros de tiras de [illegible] de plumas para sacudir y limpiar el [illegible] de los muebles.

[illegible], m. V. HOUX.

[illegible], f. *é*. Caballete, potro de aserra[illegible] maderos.

[illegible], m. *hú*. Bot. Acebo, árbol siempre [illegible] cuyas hojas son brillantes y están ar[illegible] de aguijones; se propaga en los bos[illegible] se aprovecha en los sotos ó cercados. [illegible] panaché, acebo pintado cuyas ho[illegible] jaspeadas. || *Houx frêlon*, *petit* [illegible] housson, brusco. || *Houx hérisson*, [illegible].

[illegible], m. *huayó*. Almocafre, azada con [illegible] que sirve para escarbar y revolver [illegible]; escardillo, azadilla.

[illegible] interj. V. HUE.

[illegible], m. *huage*. Mont. Ojeo.

[illegible], f. *huáil*. Canalla, gentuza.

[illegible], f. *uanáca*. Bot. Huanaca, [illegible] de la América meridional.

[illegible], m. *huar*. Huarda, águila de mar.

[illegible], m. *ubér*. Zool. Huberto, nom[illegible] que se da al atelabio ó pulgon de [illegible].

[illegible], m. *hubló*. Mar. Tragaluz, po[illegible] abertura cuadrada que se hace en [illegible] de un barco para dar luz y ven[illegible] al entrepuente.

[illegible], m. *ucaré*. Ucara, especie de goma que suministra el spondias ó ciruelo de América.

**HUCHE**, f. *húche*. Artesa, artesa de amasar. || Arcon de guardar pan. || Art. *Huche d'un moulin*, harinero, recipiente donde cae la harina.

**HUCHER**, a. *huché*. Mont. Llamar á voces ó con silbidos: no está en uso mas que con respecto á la caza.

**HUCHET**, m. *huché*. Corneta de cazador ó postillon para llamar de léjos.

**HUE**, interj. *hú*. Boés, palabra que usan los carreteros para inclinar el ganado á la derecha; diciendo *dia* para hacerle inclinar á la izquierda.

**HUÉE**, f. *hué*. Mont. Grita, voces que dan los ojeadores en una batida para levantar el lobo y echarlo hácia los tiradores; se dice tambien del alboroto que se mueve cuando ha caido el jabalí. || met. Grita, rechifla que muchas personas reunidas dan á alguna persona.

**HUEIPACHTLI**, *uepáctli*. Hist. Hueipachtli, nombre del duodécimo mes de los Mejicanos, que corresponde á una parte de octubre. Su año principiaba el 26 de febrero, y tenia diez y ocho meses de á veinte dias.

**HUÉQUE**, m. *uéc*. Zool. Hueque, carnero araucano, especie de lama de la América setentrional.

**HUER**, a. *hué*. Gritar á los lobos, levantarlos á voces. || Dar grita á alguno, silbarlo, darle rechifla.

**HUERTÉE**, f. *uerté*. Bot. Huertea, género creado para colocar un árbol del Perú.

**HUETTE**, f. *uét*. Zool. *Lechuza*, ave nocturna.

**HUGUENOT**, E, m. y f. *hugnó*. Hugonote, apodo con que los católicos franceses designaban á los calvinistas. || adj. *La faction huguenote*, la faccion hugonote.

**HUGUENOTE**, f. *hugnót*. Hugonota, hornillo de tierra ó de hierro al que se adapta una marmita en la que se guisa con poco coste. || Hugonota, olla de tierra sin piés á propósito para adaptarse sobre la hornilla.

**HUGUENOTISME**, m. *hugnotism*. Hugonotismo, doctrina calvinista ó de los hugonotes.

**HUHAU**, interj. V. HUE.

**HUHUL**, m. *uúl*. Zool. H.hul, especie de mochuelo.

**HUI**, adv. *uí*. Hoy, el dia de hoy, el tiempo presente. Solo se usa en el lenguaje del foro y en la composicion de la palabra *aujourd'hui*. Se decia ántes: *d'hui en un an*, *d'hui en un mois*; ahora se dice: *d'aujourd'hui en un an*, *d'aujourd'hui en un mois*, de hoy en un año, de hoy en un mes.

**HUILAGE**, m. *uiláge*. Untura, y si es en alguna parte de nuestro cuerpo, linimento, la accion de untar con aceite.

**HUILE**, f. *uíl*. Aceite; tomado absolutamente se entiende por el de olivas. Todos los demas aceites llevan por complemento de la palabra *huile* el nombre ó adjetivo que da su significacion, como *huile de noix*, *de lin*, *d'amandes*, aceite de nueces, de linaza, de almendras. || *Huile siccative*, aceite secante que se saca de algunos vegetales, especialmente de la linaza ó simiente del lino, y tiene la propiedad de secarse al aire. || *Huile de pétrole*, aceite de petróleo que fluye espontáneamente de ciertas piedras. || *Huiles butyreuses*, aceites mantecosos, mantecas vegetales: se dice por su consistencia como las de cacao, de coco, etc. || prov. *Il tirerait de l'huile d'un mur*, sacaria aceite de una pared ó agua de las piedras: se dice de un hombre ingenioso que sabe sacar partido de todo. Se dice: *vouloir tirer de l'huile d'un mur*, pedir peras al olmo. || met. *Jeter de l'huile dans le feu*, echar aceite al fuego: excitar una pasion, irritar los espíritus mal dispuestos de antemano. || *C'est une tache d'huile*, es una mancha de aceite: se entiende de una reputacion mancillada, cuya mancha no puede borrarse ni repararse. || *De l'huile de cotret*, palos: *frotter quelqu'un d'huile de cotret*, darle una paliza. || *Les saintes huiles*, la Extremauncion, los santos óleos.

**HUILER**, a. *uilé*. Untar, dar aceite, frotar con aceite una cosa.

**HUILERIE**, f. *uilrí*. Almazara, molino de aceite.

**HUILEUX, EUSE**, adj. *uileu*, *eus*. Oleoso, aceitoso.

**HUILIER**, m. *uilié*. Vinagreras. || Aceitera, alcuza, vaso para aceite

**HUIR**, n. *uír*. Cetr. Gritar el milano, piular. || Imitar su voz.

**HUIS**, m. *uí*. For. Puerta; no se usa mas que en el lenguaje del foro, y en esta locucion y otras análogas: *à huis clos*, á puertas cerradas, audiencia en que no se admite al público.

**HUISSERIE**, f. *uisrí*. Carp. Bastidor de una puerta, ensamblaje de maderos que forman el cuadro donde se colocan las hojas.

**HUISSIER**, m. *uisié*. Ujier, portero en el palacio del rey. || Portero de estrados en los tribunales de justicia. || Ujier en las cámaras legislativas. || Pertiguero, en las catedrales. || Bedel, en las universidades. || Alguacil, funcionario encargado de hacer ejecutar las sentencias, los embargos y otras diligencias judiciales. || *Huissier audiencier*, alguacil de corte ó de juzgado. || *Huissier priseur*, *huissier visiteur*, juez tasador, juez pesquisidor.

**HUIT**, adj., numeral indeclinable. *huit*. Ocho, número par que contiene dos veces cuatro. La *t* no se pronuncia cuando la palabra *huit* va seguida de una consonante. || *D'aujourd'hui en huit*, de hoy en ocho dias. || Se usa algunas veces como número ordinal. *Page huit*; *Henri huit*, *roi d'Angleterre*; *le pape Grégoire huit*; página octava; Enrique octavo, rey de Inglaterra; el papa Gregorio octavo. || HUIT, m. El ocho, el número ocho tomado sustantivamente. *Huit et quatre font douze*, ocho y cuatro son doce. *Le huit du mois*, *le huit de la lune*, el ocho del mes, el ocho de la luna.

**HUITAIN**, m. *huitén*. Octava, composicion poética de ocho versos.

**HUITAINE**, f. *huitén*. Número colectivo que significa ocho ó cerca, y que no se usa sino con relacion á dias. *Nous avons été une huitaine à la campagne*, hemos estado ocho dias en el campo. *Une huitaine de jours*, sobre ocho dias, ocho dias sobre poco mas ó ménos. || For. *Assigné à huitaine*, *à la huitaine*, *dans la huitaine*, emplazado para de aquí á ocho dias, para dentro de ocho dias; frases jurídicas por las que se proroga ó aplaza á ocho dias una providencia, un fallo, un término ó algun procedimiento. Es el sentido en que mas uso tiene esta palabra.

**HUITIÈME**, adj. *huitiém*. Octavo, número ordinal, lo que ocupa el octavo lugar. || Octavo, la octava parte de un todo, una de las ocho partes en que puede dividirse una cantidad, una cosa. En esta acepcion se considera tambien como sustantivo masculino.

**HUITIÈMEMENT**, adv. *huitiemmán*. En octavo lugar.

**HUÎTRE**, f. *uítr*. Zool. Ostra, género de moluscos de concha irregular. Marisco muy conocido y estimado. || met. y fam. Estúpido, sandio, estólido. *C'est une huître*, es un tonto, un estúpido.

**HUÎTRIER**, m. *uitrié*. Zool. Ostrero, género de aves de rapiña que viven á expensas de las ostras.

**HULOTTE**, f. *hulót*. Zool. Autillo, especie de buho.

**HULULER**, n. *hululé*. Imitar el canto ó chirrido de las aves nocturnas.

**HUM**, interj. *heum*. Jum, signo casi inarticulado de reticencia. || Denota tambien presentimiento.

**HUMAIN**, E, adj. *umén*, *én*. Humano, lo que toca y concierne al hombre en general. *L'esprit humain*, *les passions humaines*, el espíritu humano, las pasiones humanas. || *Lettres humaines*, humanidades, el conocimiento de la gramática, retórica, poesía, historia de la antigüedad y de los autores antiguos. || Humano, se dice por oposicion á divino. || Humano, sensible, piadoso, benéfico. *Vainqueur humain*, vencedor humano. *N'avoir rien d'humain*, ser fiero, duro, implacable. || *Humains*, m. pl. Los hombres: se usa en la poesía y en el estilo elevado.

**HUMAINEMENT**, adv. *umenmán*. Humanamente, de un modo humano, como es permitido á la capacidad y poder del hombre. || Humanamente, con humanidad, con bondad.

**HUMANISER**, a. *umanisé*. Humanizar, ó humanar, hacer humano, civilizar, suavizar las costumbres de los pueblos. || fam. Humanizar, hacer mas tratable, mas propicio á uno. || *S'humaniser*, r. Humanizarse, hacerse tratable.

**HUMANISTE**, m. *umanist*. Humanista, dícese del que está versado en las letras humanas, y, aunque con ménos propiedad, del que enseña las humanidades en un colegio.

**HUMANITAIRE**, adj. y s. *umanitér*. Humanitario, que interesa á toda la humanidad.

**HUMANITÉ**, f. *umanité*. Humanidad, naturaleza humana. || Humanidad, la naturaleza humana que el Verbo encarnado tomó para la redencion y salud del género humano. || Humanidad, nombre colectivo que abraza todo el género humano, los hombres en general. || Humanidad, bondad, sensibilidad, benevolencia, sentimiento de caridad hácia todos los hombres. || *Payer son tribut à l'humanité*, pagar su tributo á la humanidad, morir; caer en alguna flaqueza humana. || *Humanités*, pl. Humanidades, letras humanas. || Humanidades, lo que se enseña ordinariamente en los colegios hasta empezar el curso de filosofía.

**HUMATE**, m. *umát*. Quím. Humato, sal producida por la combinacion del ácido húmico con una base salificable.

**HUMBLE**, adj. *eunbl*. Humilde, que tiene humildad. || Humilde, se dice á veces de las cosas personificadas. *Présenter une très-humble requête*, presentar una muy humilde súplica. || Humilde, expresion de respeto y deferencia. *Faire de très-humbles remercîments*, dar humildísimas gracias. || Respetuoso, sumiso, rendido. || Humilde, modesto, el que tiene de sí mismo una razonable desconfianza. || met. Humilde, bajo, que tiene poca elevacion, poca apariencia. *Les humbles cabanes*, las humildes cabañas. || Tambien se entiende humilde por hombre oscuro, de baja extraccion. *L'humble condition de valet*, la humilde condicion de lacayo; *humble famille*, familia oscura, plebeya. || Humilde, poco elevado de tierra, rampante. *L'humble violette*, la humilde violeta. || Humilde, se dice tambien del estilo en el sentido de sencillo. || Algunas veces se usa como sust., hablando de personas: *Dieu donne sa grâce aux humbles*.

**HUMBLEMENT**, adv. *eunblemán*. Humildemente, con humildad; con modestia y sumision. || Poét. Humildemente, con poca elevacion, sin apariencias, sin brillo. *La violette croît humblement dans le fond des vallées*.

**HUMECTANT, E**, adj. *umectán*. Humectante, que humedece y refresca. || Med. Humectante, se dice de las bebidas acuosas. || Se usa algunas veces como s. m.

**HUMECTATION**, f. *umectasión*. Humectacion, accion de humedecer.

**HUMECTER**, a. *umecté*. Humectar, humedecer una cosa. || *S'humecter*, r. Humedecerse, ser humedecido. Refrescarse.

**HUMER**, a. *umé*. Sorber cosas líquidas. || Respirar, tomar el aire. || Se usa tambien en sentido figurado. || fam. Papar moscas. || iron. *Se humer*, r. Sorberse, ser sorbido.

**HUMÉRAIRE**, adj. *umerér*. Humerario, que pertenece al húmero.

**HUMÉRAL, E**, adj. *umerál*. Anat. Humeral, que pertenece al brazo ó al hueso húmero. || m. Mil. ant. Humeral, la espalda ó parte posterior de una coraza. || Anat. Humeral, músculo que hace mover el brazo en alto.

**HUMÉRUS**, m. *úmerus*. Anat. Húmero, hueso del brazo, único que sirve de fundamento al brazo.

**HUMEUR**, f. *umeur*. Med. Humor, sustancia tenue y flúida de un cuerpo organizado. || Humor, se suele entender de los líquidos en un estado de alteracion real ó imaginaria. || met. Humor, temperamento, complexion. || Natural, genio. || Disposicion para hacer algo. *Être en humeur de*, estar de humor, estar en disposicion de hacer alguna cosa. || *Être en humeur*, estar alegre, contento. || *Avoir de l'humeur*, estar incomodado, de mal humor. || Humor, fantasía, capricho. || fam. *C'est un homme d'humeur*, es un hombre caprichoso, de un carácter desigual.

**HUMIDE**, adj. *umíd*. Húmedo, que produce humedad. || Húmedo, que está empapado, cargado de alguna sustancia ó vapor acuoso. || *Tempérament humide*, temperamento húmedo, que abunda en pituita. || m. Húmedo, una de las cuatro primeras cualidades de la filosofía de Aristóteles. || Med. *Humide radical*, húmedo radical, flúido imaginario, que por una preocupacion médica se suponia ser el principio de la vida en el cuerpo humano.

**HUMIDEMENT**, adv. *umidmán*. No se usa mas que en esta frase: *être logé humidement*, vivir en un lugar húmedo.

**HUMIDIER**, a. *umidié*. Art. Humedecer las pieles para sobarlas.

**HUMIDIFIER**, a. *umidifié*. Humedecer, producir humedad. || n. Humedecer, tener humedad.

**HUMIDIFUGE**, adj. *umidifúg*. Didáct. Humidífugo, que arroja la humedad.

**HUMIDITÉ**, f. *umidité*. Humedad, calidad de lo que es húmedo.

**HUMIFUGE**, adj. *umifúg*. Humífugo, que despide la humedad.

**HUMILIANT, E**, adj. *umilián*. Humillante, que humilla, confunde y avergüenza.

**HUMILIATION**, f. *umiliasión*. Humillacion, abatimiento, accion por la que alguno se humilla ó es humillado. || Humillacion, estado de una persona humillada ó mortificada. || Humillacion, se usa tambien hablando de las cosas.

**HUMILIER**, a. *umilié*. Humillar, confundir, abatir el orgullo de alguno, dejarlo confundido. || *S'humilier*, r. Humillarse, abajarse, envilecerse. || Humillarse, mortificarse mutuamente.

**HUMILITÉ**, f. *umilité*. Humildad, virtud cristiana. || fam. Humildad, sumision, rendimiento.

**HUMIQUE**, adj. m. *umíc*. Quím. Húmico, se dice de un ácido que se cree encontrar en el estiércol podrido, llamado mantillo.

**HUMITE**, f. *umít*. Miner. Humita, sustancia pétrea, parda, trasparente y resplandeciente.

**HUMORAL, E**, adj. *umorál*. Med. Humoral, perteneciente á los humores. || V. HUMORISTE.

**HUMORIQUE**, adj. *umoríc*. Humórico, se dice de un sonido análogo al que produce un líquido metido en una cavidad.

**HUMORISME**, m. *umorism*. Med. Humorismo, doctrina médica en la cual todas las enfermedades se refieren á un vicio de los humores.

**HUMORISTE**, adj. *umoríst*. Humorista, caprichoso, extravagante. || Humorista, médico galenista. || *Écrivain humoriste*, escritor humorista, jovial, que trata lijera y chistosamente un asunto grave.

**HUMOUR**, m. *yúmeur* (palabra inglesa). Sal, chiste, ocurrencia feliz á par que traviesa y graciosa. || Originalidad de carácter mordaz y satírico.

**HUMOURISTE**, m. *umuríst*. Escritor humorista. V. HUMORISTE.

**HUMUS**, m. *úmus*. Didáct. Humus, nombre que se da á la superficie de la tierra vegetal que envuelve el globo.

**HUNE**, f. *hún*. Mar. Cofa, gavia. *Mât de hune*, masteleros. || Brazos de una campana.

**HUNIER**, m. *hunié*. Mar. Gavia, denominacion de toda vela que se larga en el mastelero que va sobre el palo mayor. || Mastelero de los palos de un navío. || Gavia, especie de red.

**HUPPE**, f. *húp*. Zool. Abubilla, pájaro poco mayor que el mirlo, que tiene un moño de plumas en la cabeza. || Moño ó copete de plumas que tienen algunos pájaros en la cabeza.

**HUPPÉ, ÉE**, adj. *hupé*. Moñudo, se dice del pájaro que tiene moño. || met. Encopetado, de alto copete: se dice de una persona distinguida, de alta esfera, rica.

**HUPPÉS**, m. pl. *upé*. Hupes, nombre que dan á dos especies de pájaros en el Paraguay.

**HURAULITHE**, f. *urolít*. Miner. Huraulita, sustancia petrosa parecida al [illegible].

**HURE**, f. *húr*. Hura, cabeza de algunos animales cuando está cortada. || met. y fam. *Il a une vilaine hure*, tiene una cabeza despeluznada, mal peinada.

**HURHAUT**, m. *hurhó*. Arre! voz de los carruajeros para estimular al ganado.

**HURLANT, E**, adj. *hurlán*. Chillon, que posee la facultad de aullar.

**HURLEMENT**, m. *hurlemán*. Aullido, aullido del lobo y del perro. || met. Alarido, quejido fuerte del que padece algun vivo dolor.

**HURLER**, n. *hurlé*. Aullar, dar aullidos el lobo y el perro. || met. Dar alaridos, quejidos fuertes producidos por algun vivo dolor. || Cantar mal, fuera de tono. || prov. *Hurler avec les loups*, bailar al son que se toca.

**HURLEUR**, m. *urleur*. Chillon, el que da aullidos. || Mono chillon de América.

**HURLUBERLU**, m. vulg. *urlubérlu*. Bullebulle, tronera, atronado. || adv. Atropelladamente, inconsideradamente, de trompon.

**HURON**, m. *urón*. Huron, nombre de un mamífero. Es el *furet* en frances.

**HURON, NE**, m. y f. *urón*. Huron, nombre de un pueblo salvaje. Es tambien adjetivo. || met. y fam. Huron, díscolo, [illegible].

**HURTAGE**, m. *urtág*. Mar. Derecho de anclaje.

**HURTEBILLER**, a. *urtbillé*. Amurecer, se dice del acto de juntar los moruecos á las ovejas.

**HURTER**, a. V. HEURTER.

**HUSSARD**, m. *husár*. Húsar, soldado de caballería lijera.

**HUSSARDE**, f. *usárd*. Húsarda, especie de baile húngaro.

**HUTINET**, m. *utiné*. Art. Mazo pequeño de madera que usan los toneleros.

**HUTTE**, f. *hút*. Choza, barraca, habitacion rústica que se hace de paja y tierra. || Choza que se hace de ramas y que sirve para la caza.

**HUTTER**, a. *huté*. Mar. Amarrar las vergas. || *Se hutter*, r. Aburracarse, habitar en una choza ó barraca.

**HUVEITOZEUTELI**, m. [illegible]. Hist. Huveitozeutali, nombre del tercer mes del calendario mejicano que comprendia una parte del mes de abril.

**HUYAU**, m. *uyó*. Zool. Cuclillo, ave.

**HYACINTHE**, f. *iasént*. V. JACINTHE, HIACYNTHE. || Bot. Jacinto, flor. || Jacinto, piedra preciosa.

**HYACINTHIN, E**, adj. *iasentén*. Jacintino, que tiene el color del jacinto. || Jacintino, que pertenece al jacinto.

**HYACINTHINE**, f. *iasentín*. Miner. Jacintina, piedra que se parece al jacinto.

**HYADES**, f. pl. *iád*. Astr. Híadas, reunion de estrellas colocadas encima de la cabeza de Tauro.

**HYALÉON**, m. *ialeón*. Med. Humor vítreo que sale del ojo ó de la oreja.

**HYALIACÉS**, m. pl. *ialiasé*. Zool. Hialiáceos, familia de moluscos.

**HYALIN, E**, adj. *ialén*, *ín*. Hialino, que se parece al cristal, que es diáfano como el cristal. || Bot. Hialino, que tiene una apariencia diáfana como el cristal.

**HYALIPENNE**, adj. *ialipén*. Zool. Hialípeno, que tiene las alas trasparentes.

**HYALITE**, f. *ialít*. Med. Hialitis, inflamacion de la membrana hialoides.

**HYALITHE**, f. *ialít*. Miner. Hialita, variedad de cuarzo que se parece al cristal y se encuentra en la superficie de algunos productos volcánicos.

**HYALOGRAPHE**, m. *ialográf*. Hialógrafo, instrumento que sirve para el dibujo de perspectiva.

**HYALOÏDE**, adj. *ialoíd*. Med. Hialoides, se dice de uno de los humores del ojo, del humor vítreo. || Se dice tambien de la membrana sumamente fina que envuelve la córnea del ojo.

**HYALOÏDIEN, NE**, adj. *ialoidién*, [illegible]

...ano, que tiene relacion con la membrana hialoides.

...LOÏDITE, f. ialoidit. Med. Hialoiditis, inflamacion de la membrana hialoides.

...LURGIE, f. ialurgí. Hialurgia, arte de hacer vidrio ó cristal.

...RNACLE, m. V. HIBERNACLE.

...OME, f. ibóm. Med. Hiboma ó hibo-..., enfermedad de las orejas que termina ... veces en sordera.

...-CONCHU, m. ibucouchú. Hibo-..., fruto de América de donde se ... aceite que sirve de remedio contra ... cutáneos.

...IDATION, f. ibridasión. Hibrida-..., produccion de plantas ó de animales ...

...IDE, adj. ibrid. Filol. Hibrido, se ... una voz compuesta de palabras de ... lenguas. || Hibrido, que ha nacido ó pro-... de dos especies diferentes, hablando ... animales y plantas.

...IDISME, m. ibridism. Hibridismo, ... de lo que es hibrido. || Neologismo ... que consiste en formar una voz ... lenguas, como sociopiologie.

...ARIDE, f. idarid. Med. Hidárida, ... acuosa parecida al agua.

...ARTHRE, f. idártr. Med. Hidartra, ... de una ó mas articulaciones.

...TIDE, f. idatid. Zool. Hidátide, ... gusanos intestinales. || pl. Cir. Hi-..., vejiguillas trasparentes que se ha-... el hígado.

...TIDEUX, EUSE, adj. idatideu, ...tidoso, se dice de ciertas afeccio-... por las hidátides.

...TIDIQUE, adj. idatidic. Hidatídi-..., tiene relacion con las hidátides.

...TIDOCÈLE, f. idatidosél. Cir. Hi-..., tumor formado por las hidáti-...

...TOÏDE, m. idatoid. Med. Hidátodo, ... humor acuoso del ojo.

...ACHNE, f. idrácn. Zool. Hidrac-..., género de arañas acuáticas.

...ACIDE, m. idrasid. Quím. Hidrá-..., ácido que resulta de la combinacion ... cuerpo simple ó compuesto con el hi-...

...AGOGUE, adj. idragóguedad. Hi-..., nombre que se ha dado á los re-... que se creian capaces de evacuar la ... derramada en los tejidos orgáni-... las cavidades del cuerpo.

...ALCOOL, m. idralcoól. Farm. Hi-..., alcohol que no tiene 22 grados.

...ANGÉE, f. idrangé. Bot. Hidrán-..., género de plantas de la América del ...

...ARGOSE, f. idranós. Med. Hidra-..., infiltracion de las serosidades.

...ARGURE, m. idrargür. Quím. Hi-..., amalgama de mercurio con otro ...

...ARGYRE, m. idrargír. Miner. ...ro, nombre antiguo del azogue ó ...

...ARGYRIDE, adj. idrargirid. Hi-..., que se parece al mercurio.

...ARGYRIE, f. idrargirí. Med. Hi-..., erupcion cutánea causada por el mercurio.

...ARGYRURE, m. idrargirür. Hi-...ro, amalgama de mercurio con otro ...

...ATE, m. idrát. Quím. Hidrato, ... de un óxido metálico y de agua, ... hace el papel de ácido.

...AULES, m. pl. idról. Zool. Hidrau-..., familia de cetáceos que comprende los ... marsouins.

...AULICIEN, m. idrolisién. Fís. ..., ingeniero que se ocupa de hi-...

...AULICO-PNEUMATIQUE, adj. ...pneumatic. Fís. Hidráulico-neu-..., que sube el agua por medio del aire.

...AULIQUE, adj. idrolic. Hidráuli-..., perteneciente á la hidráulica. || Machine ...lique, máquina hidráulica, máquina ... para subir el agua. || f. Hidráulica, parte de la física que trata de todos los fenómenos que tienen relacion con los movimientos de los cuerpos líquidos.

**HYDRE**, f. *idr*. Mit. Hidra, serpiente fabulosa que tenia siete cabezas. Se usa tambien en sentido figurado y elevado, hablando de la política, de una faccion, de una herejía, etc. || Astr. Constelacion del hemisferio austral, que tiene una estrella notable llamada el corazon de la hidra. || Blas. Hidra, serpiente con siete cabezas. || Bot. Hidra, planta del género coralillo. || Zool. Hidra, serpiente que vive en los ríos y en los estanques grandes. || Hidra, género de pólipos microscópicos, llamados tambien pólipos de agua dulce.

**HYDRÉLÆON**, m. *idreleón*. Farm. Hidreleon, ungüento de agua y aceite batido.

**HYDRENTÉROCÈLE**, f. *idranterosél*. Cir. Hidrenterocele, hidropesía del escroto complicada con hernias.

**HYDRÉMIE**, f. *idremí*. Med. Hidremia, estado en el que la sangre tiene mas serosidad que de costumbre.

**HYDRIE**, f. *idrí*. Tina, tinaja para conservar el agua.

**HYDRO**, m. *ídro*. Hidro, palabra que viene del griego ὕδωρ y que significa agua. Entra en la formacion de un sinnúmero de palabras compuestas de que hace uso la física, la química, la medicina, cirugía, botánica, etc.

**HYDROBASCULE**, f. *idrobascúl*. Hidrobáscula, aparato para evitar que se pierda el agua al paso de los barcos por las esclusas.

**HYDROCÈLE**, f. *idrosél*. Med. Hidrocele, tumor formado por la serosidad infiltrada en el tejido celular del escroto, ó derramado en algunas cubiertas del testículo ó del cordon espermático.

**HYDROCÉPHALE**, f. *idrosefál*. Med. Hidrocéfalo, hidropesía de la cabeza.

**HYDROCHARIDE**, f. *idrocarid*. Bot. Hidrocárida, género de plantas acuáticas de Europa.

**HYDROCHIMIE**, f. *idrochimí*. Quím. Hidroquímica, parte de la química que trata especialmente del agua.

**HYDROCHIMIQUE**, adj. *idrochimic*. Hidroquímico, que tiene relacion con la hidroquímica.

**HYDROCHLORATE**, m. *idroclorát*. Quím. Hidroclorato, sal formada por la combinacion del ácido hidroclórico con una base salificable

**HYDROCHLORIQUE**, adj. m. *idrocloric*. Quím. Hidroclórico, que resulta de un ácido gaseoso, de cloro é hidrógeno, formado de partes iguales.

**HYDROCHOOS**, m. *idrocóos*. Astr. Hidrócoos, nombre de la constelacion Acuario.

**HYDROCLÉIDE**, f. *idrocleid*. Bot. Hidrocleida, planta del Brasil.

**HYDROCOTYLE**, f. *idrocotíl*. Bot. Hidrocótula, género de plantas umbelíferas.

**HYDROCYANATE**, m. *idrosianát*. Quím. Hidrocianato, sal producida por la combinacion del ácido hidrociánico con una base salificable.

**HYDRODERME**, m. *idrodérm*. Med. Hidroderma, hidropesía del tejido celular.

**HYDRODYNAMIQUE**, f. *idrodinamic*. Fisiol. Hidrodinámica, ciencia del movimiento, de la presion y del equilibrio de los flúidos. || adj. Hidrodinámico, que tiene relacion con las leyes del movimiento de los líquidos.

**HYDROFLUATE**, m. *idrofluát*. Quím. Hidrofluato, sal producida por la combinacion del ácido hidrofluórico con una base salificable.

**HYDROFUGE**, adj. *idrofúg*. Hidrófugo, que preserva de la humedad.

**HYDROGALE**, m. *idrogál*. Hidrógalo, leche cortada con agua.

**HYDROGÉ, ÉE**, adj. *idrogé*. Hidrógeo, que se compone de tierra y agua

**HYDROGÉNATION**, f. *idrogenasión*. Quím. Hidrogenacion, estado de un cuerpo impregnado de hidrógeno.

**HYDROGÈNE**, m. *idrogén*. Quím. Hidrógeno, gas, uno de los principios constitutivos del agua.

**HYDROGÉNÉ, ÉE**, adj. *idrogené*. Quím. Hidrogenado, que está combinado con el hidrógeno.

**HYDROGÉNER**, a. *idrogené*. Quím. Combinar con hidrógeno.

**HYDROGÉOLOGIE**, f. *idrogeologí*. Hidrogeologia, historia de las aguas esparcidas en la superficie del globo.

**HYDROGÉOLOGIQUE**, adj. *idrogeologic*. Hidrogeológico, que tiene relacion con la hidrogeologia.

**HYDROGÉOLOGISTE**, m. *idrogeologíst*. Hidrogeologista ó hidrogeólogo, el que describe la influencia del agua sobre la tierra.

**HYDROGÈRE**, adj. *idrogér*. Hidrógero, que encierra agua ó serosidad.

**HYDROGRAPHE**, m. *idrográf*. Hidrógrafo, el que está versado en la hidrografía.

**HYDROGRAPHIE**, f. *idrografí*. Hidrografía, conocimiento, descripcion de los mares, de las costas, etc. || Arte de navegar. || Descripcion de las aguas que se encuentran en la superficie terrestre.

**HYDROGRAPHIQUE**, adj. *idrografic*. Hidrográfico, que pertenece á la hidrografía. || *Carte hydrographique*, carta hidrográfica, carta marina.

**HYDROL**, m. *idról*. Farm. Hidrol, medicamento acuoso compuesto.

**HYDROLAT**, m. *idrolá*. Farm. Hidrolato, agua destilada.

**HYDROLATURE**, f. *idrolatür*. Farm. Hidrolatura, infusion ó decoccion de una sustancia medicamentosa.

**HYDROLIE**, f. *idrolí*. Bot. Hidrolia, género de plantas de Madagascar.

**HYDROLITHE**, f. *idrolít*. Miner. Hidrólito, sustancia mineral que encierra una cantidad grande de agua.

**HYDROLOGIE**, f. *idrologí*. Hidrologia, tratado de las aguas.

**HYDROLOGIQUE**, adj. *idrologic*. Hidrológico, que tiene relacion con la hidrologia.

**HYDROLOGUE**, m. *idrológue*. Hidrólogo, el que sabe, que enseña la hidrologia.

**HYDROLOTIE**, f. *idrolosí*. Farm. Hidrolocía, solucion, infusion ó decoccion acuosa, destinada á un uso externo.

**HYDROLYTES**, m. pl. *idrolít*. Miner. Hidrolitos, clase de minerales.

**HYDROMANCIE**, f. *idromansí*. Hidromancia, vana adivinacion por medio de las aguas.

**HYDROMANCIEN, NE**, m. y f. *idromansién, én*. Hidromántico, el que practica la hidromancia.

**HYDROMANIE**, f. *idromaní*. Med. Hidromanía, manía, delirio de echarse al agua.

**HYDROMANIQUE**, adj. *idromanic*. Hidrománico, que pertenece á la hidromanía.

**HYDROMANTIQUE**, adj. *idromantic*. Hidromántico, que concierne á la hidromancia.

**HYDROMÉCANIQUE**, adj. *idromecanic*. Hidromecánico, que pertenece al mecanismo cuyo movimiento se trasmite por la potencia del agua.

**HYDROMÉLÉON**, m. *idromeleón*. Farm. Hidromeleon, medicamento compuesto de agua de miel y de zumo de membrillo.

**HYDROMÈTRE**, m. *idromètr*. Hidrómetro, instrumento para medir la pesadez, la densidad de los flúidos.

**HYDROMÉTRIE**, f. *idrometrí*. Med. Hidrometria, hidropesía de la matriz.

**HYDROMÉTRIQUE**, adj. *idrometric*. Hidrométrico, que pertenece á la hidrometría.

**HYDROMPHALE**, f. *idronfál*. Cir. Hidronfalia, hidropesía del ombligo.

**HYDROOLAT**, m. *idroolá*. Farm. Hidroolato, agua destilada.

**HYDROOLURE**, m. *idroolür*. Farm. Hidrooluro, agua mineral.

**HYDROPÉDÈSE**, f. *idropedés*. Med. Hidropédesis, sudor muy abundante.

**HYDROPÉRICARDE**, m. *idropericárd*.

Med. Hidropericardia, hidropesía del pericardio.

**HYDROPHANE**, adj. *idrofán*. Hidrófano, que brilla en el agua.

**HYDROPHIS**, m. *idrófis*. Zool. Hidrofia, género de serpientes acuáticas.

**HYDROPHLOGOSE**, f. *idroflogós*. Med. Hidroflogosis, inflamacion seguida de derramamiento seroso.

**HYDROPHOBE**, m. y f. *idrofób*. Hidrófobo, el que tiene horror al agua, que no puede sufrir la vista de ningun líquido. ‖ Hidrófobo, el que es afectado de hidrofobia. Se usa tambien como adjetivo.

**HYDROPHOBIE**, f. *idrofobí*. Hidrofobia, temor, aversion, horror al agua. ‖ La hidrofobia es uno de los principales síntomas de la rabia; la rabia misma.

**HYDROPHOBIQUE**, adj. *idrofobic*. Hidrofóbico, que tiene relacion con la hidrofobia.

**HYDROPHOSPHATE**, m. *idrofosfát*. Miner. Hidrofosfato, fosfato combinado químicamente con agua.

**HYDROPHTHALMIE**, f. *idroftalmí*. Med. Hidroftalmía, hidropesía de los ojos.

**HYDROPHTHALMIEN**, m. *idroftalmién*. Med. Hidroftalmio, hinchazon edematosa de la conjuntiva en los hidrópicos.

**HYDROPHTHALMIQUE**, adj. *idroftalmic*. Hidroftálmico, que pertenece á la hidroftalmía.

**HYDROPHYSOCÈLE**, f. *idrofisosél*. Cir. Hidrofisocele, hernia del escroto que encierra algo de serosidad y de gas.

**HYDROPHYSOMÈTRE**, f. *idrofisométr*. Med. Hidrofisómetro, acumulacion de serosidad y de gas en la matriz.

**HYDROPHYTTITE**, m. *idrofitit*. Miner. Hidrofitita, cal muriatada que se encuentra en el yeso.

**HYDROPIQUE**, adj. *idropic*. Hidrópico, que padece hidropesía. Es tambien sustantivo.

**HYDROPISIE**, f. *idropisí*. Med. Hidropesía, nombre genérico dado á toda acumulacion mórbida de serosidad en alguna parte del cuerpo.

**HYDROPLEURIE**, f. *idropleurí*. Med. Hidropleura, hidropesía del pecho.

**HYDROPLEURITE**, f. *idropleurít*. Med. Hidropleuritis, inflamacion de la pleura complicada de hidropesía.

**HYDROPLÈVRE**, f. *idropléor*. Med. Hidropleura, hidropesía de la pleura.

**HYDROPNEUMONIE**, f. *idropneumoní*. Med. Hidropneumonía, hidropesía del pulmon.

**HYDROPOÏDES**, adj. *idropoïd*. Med. Hidropoides, se dice de las excreciones acuosas de los hidrópicos.

**HYDROPORE**, m. *idropór*. Zool. Hidróporo, género de insectos coleópteros.

**HYDROPOTINITE**, m. *idropotinit*. Farm. Hidropotinito, pocion, julepe.

**HYDROPOTITE**, m. *idropotit*. Farm. Hidropotito, tisana, bebida.

**HYDROPYRÈTE**, f. *idropirét*. Med. Hidropiretis, calentura maligna acompañada de colicuacion ó disolucion de humores.

**HYDROPYRIQUE**, adj. *idropiric*. Hidropírico, se dice del volcan que lanza agua y fuego.

**HYDRORACHIS**, f. *idroráquis*. Med. Hidroraquitis, hidropesía de la columna vertebral.

**HYDRORCHITE**, f. *idrorquit*. Med. Hidrorquitis, inflamacion del testículo con derrame de serosidad.

**HYDROSACCHARUM**, m. *idrosácarom*. Farm. Hidrosacarum, mezcla de agua y de azúcar.

**HYDROSARCOCÈLE**, f. *idrosarcosél*. Cir. Hidrosarcocele, complicacion de hidrocele y sarcocele.

**HYDROSARQUE**, f. *idrosárc*. Med. Hidrosarca, tumor que se forma de serosidad y de excrecencias carnosas.

**HYDROSCOPE**, m. *idroscóp*. Hidróscopo, el que se supone tener la facultad de sentir las emanaciones de las aguas subterráneas. ‖ Hidróscopo, especie de reloj de agua usado antiguamente.

**HYDROSCOPIE**, f. *idroscopí*. Hidroscopía, facultad de sentir y conocer las emanaciones de las aguas subterráneas.

**HYDROSCOPIEN**, **NE**, adj. *idroscopién*, *én*. Hidroscopiano, que es relativo á la hidroscopia.

**HYDROSCOPIQUE**, adj. *idroscopic*. Hidroscópico, que pertenece á la hidroscopia.

**HYDROSTATIQUE**, f. *idrostatic*. Hidrostática, ciencia de la pesantez de los líquidos, de los sólidos que sobrenadan; teoría del equilibrio de los líquidos. ‖ Se usa tambien como adjetivo. *Lampe hydrostatique*, lámpara hidrostática en la cual sube el aceite hasta la torcida á efectos del peso de una columna de agua cargada de sales.

**HYDROSULFATE**, m. *idrosulfát*. Quím. Hidrosulfato, sal que se forma de ácido sulfúrico y de cualquier otra base. ‖ Hidrosulfato, combinacion de sulfato y de agua.

**HYDROSULFURE**, m. *idrosulfúr*. Quím. Hidrosulfuro, combinacion de hidrógeno sulfurado con otro cuerpo.

**HYDROSULFURER**, a. *idrosulfuré*. Quím. Hidrosulfurar, producir hidrógeno sulfurado sobre cualquier objeto.

**HYDROSULFUREUX**, **EUSE**, adj. *idrosulfureu*, *eus*. Quím. Hidrosulfuroso, se dice de un ácido cuya existencia es problemática en razon á que debiera resultar de la combinacion del ácido hidrosulfúrico con el ácido sulfuroso en volúmenes iguales.

**HYDROSULFURIQUE**, adj. *idrosulfuric*. Quím. Hidrosulfúrico, se dice del ácido formado de azufre y de hidrógeno.

**HYDROTACHYMÈTRE**, m. *idrotaquimétr*. Hidrotaquímetro, instrumento propio para medir la velocidad del agua.

**HYDROTECHNIQUE**, f. *idrotecníc*. Hidrotécnica, parte de la mecánica que tiene por objeto la direccion y conduccion del agua.

**HYDROTHALASTIQUE**, f. *idrotalastic*. Hidrotalástica, arte de navegar debajo del agua.

**HYDROTHÉRAPIE**, f. *idroterapí*. Tratamiento acuático medical.

**HYDROTHORAX**, m. *idrotorácx*. Med. Hidrotórax, hidropesía del pecho.

**HYDROTILE**, f. *idrotil*. Miner. Hidrótila, geoda que contiene agua.

**HYDROXYDE**, m. *idrocsid*. Quím. Hidróxido, combinacion del agua y de un óxido metálico.

**HYDROXYDÉ**, **ÉE**, adj. *idrocsidé*. Quím. Hidroxidado, que está reducido al estado de óxido.

**HYDROZOMITE**, m. *idrosomit*. Farm. Especie de caldo medicinal.

**HYDRURE**, m. *idrùr*. Quím. Hidruro, compuesto de hidrógeno y de cualquier otro cuerpo simple que no sea ácido ni gaseoso y exceptuado el oxígeno.

**HYÉMAL**, **E**, adj. *iemál*. Hiemal, que pertenece al invierno. ‖ Hiemal, se dice principalmente de las plantas que crecen en invierno.

**HYÉMATION**, f. *iemasión*. Hiemacion, accion de pasar el invierno. ‖ Bot. Hiemacion, propiedad de las plantas que crecen en invierno.

**HYEMS**, f. *iéms*. Mit. Hiems, denominacion del invierno personificado.

**HYÈNE**, f. *ién*. Zool. Hiena, cuadrúpedo feroz y carnívoro del Asia y del África meridionales.

**HYÉNOÏDE**, adj. *ienoïd*. Hienoide, que se parece á una hiena.

**HYÉTOMÈTRE**, m. *ietométr*. Hietómetro, instrumento para medir la cantidad de agua que cae cada año en un sitio.

**HYÉTOMÉTRIQUE**, adj. *ietometric*. Hietométrico, que se refiere á la hietometría.

**HYGIDION**, m. *igidión*. Farm. Especie de colirio.

**HYGIÈNE**, f. *igién*. Higiene, parte de la medicina que tiene por objeto hacer conocer los medios de conservar la salud.

**HYGIÉNIQUE**, adj. *igienic*. Higiénico, que tiene conexion con la higiene. ‖ f. Farm. Higiénica, medicina preservativa.

**HYGIÉNIQUEMENT**, adv. [illegible] Higiénicamente, conforme á los [illegible] de la higiene.

**HYGIÉNISTE**, m. *igienist*. Higienista, médico que se ocupa de la higiene.

**HYGIENNE**, f. *igién*. Zool. Higieno, pescado de mar cartilaginoso.

**HYGIONOME**, m. *igionóm*. [illegible], el que conoce la higiene ó la [illegible].

**HYGIONOMIE**, f. *igionomí*. [illegible], ciencia que enseña los medios [illegible].

**HYGIONOMIQUE**, adj. [illegible] Higionómico, que se refiere á la [illegible].

**HYGROBIE**, adj. *igrobí*. Zool. [illegible], se dice del animal que vive en el agua.

**HYGROBIÉES**, f. pl. [illegible] Bot. Higrobiéceas, familia de plantas [illegible].

**HYGROCIRSOCÈLE**, f. [illegible] Cir. Higrocirsocele, tumor varicoso que está lleno de humor acuoso.

**HYGROCLIMAX**, m. [illegible] Higroclimax, especie de peso propio para pesar los líquidos.

**HYGROCOLLYRE**, m. *igrocolír*. Farm. Higrocolirio, colirio líquido.

**HYGROLOGIE**, f. *igrologí*. [illegible], tratado sobre el agua y los fluidos del cuerpo humano.

**HYGROLOGIQUE**, adj. *igrologic*. Higrológico, que pertenece á la higrología.

**HYGROLOGUE**, m. *igrológ*. [illegible], el que describe las cualidades de los fluidos del cuerpo humano.

**HYGROMANCIE**, f. *igromansí*. Higromancía, adivinacion por medio del agua ó de la humedad.

**HYGROME**, m. *igróm*. Med. Higroma, quiste acuoso.

**HYGROMÈTRE**, m. *igrométr*. Higrómetro, instrumento para conocer las diferentes disposiciones del aire en cuanto á la sequedad y humedad.

**HYGROMÉTRIE**, f. *igrometrí*. Higrometría, medida del grado de sequedad y humedad del aire.

**HYGROPHILE**, adj. *igrofil*. Bot. Higrófilo, que apetece la humedad ó los parajes húmedos. ‖ f. Higrófila, género de plantas.

**HYGROSCOPE**, m. *igroscóp*. Higroscopo, instrumento que hace conocer la existencia del vapor de agua en el aire ó en el gas.

**HYGROSCOPICITÉ**, f. [illegible] Higroscopicidad, facultad de absorber alguna humedad hasta hallarse en equilibrio con el medio ambiente.

**HYGROSCOPIE**, f. Fís. V. HYGROMÉTRIE.

**HYGROSCOPIQUE**, adj. *igroscopic*. Higroscópico, que tiene relacion con la higroscopia.

**HYGROTOLOGIE**, f. *igrotologí*. Higrotología, parte de la medicina que trata de los humores y de los líquidos del cuerpo humano.

**HYLACION**, m. *ilasión*. Bot. Hilacion, género de plantas dicotiledóneas.

**HYLLUS**, m. *ilus*. Mit. Hilo, hijo de Hércules y de Dejanira. ‖ Hilo, hijo de Hércules y de Omfala.

**HYLOGÉNIE**, f. *ilogení*. Fil. Hilogenia, principio ó formacion de la materia.

**HYLOGONE**, m. *ilogón*. Hilógono, salvaje que habita sobre los árboles.

**HYLOGYNE**, m. *ilogín*. Zool. Hilogino, género de reptiles.

**HYLONOME**, f. *ilonóm*. Hilonoma, mujer del centauro Cílaro.

**HYMEN**, m. *imén*. Himeneo, divinidad que presidia á las bodas y esponsales, hijo de Baco y de Vénus ó de Apolo y de una musa. ‖ met. Himeneo, casamiento, boda, union conyugal. ‖ Bot. Himen, capullo ó piel que envuelve el boton y se rasga al abrir las flores. ‖ Anat. Himen, tela membranosa que se suele encontrar á la entrada de la vagina en las doncellas. ‖ *Les mystères de l'hymen*, los misterios del himeneo, los placeres reservados á los esposos. ‖ *Le lit d'hymen*, el lecho nupcial. ‖ *Le fruit de l'hymen*, el fruto de himeneo, los hijos que nacen de un matrimonio.

**HYMÉNANTHÈRE**, f. *imenantér*. Bot. Himenántera, género de plantas de Australasia.

**HYMÉNÉAL, E**, adj. ant. *imeneál*. Se ha dicho por lo que concierne al matrimonio.

**HYMÉNÉE**, m. V. HYMEN.

**HYMÉNELLE**, f. *imenél*. Bot. Himenela, planta de Méjico. || Himenela, especie de hongo.

**HYMÉNÉLYTRE**, adj. *imenelitr*. Zool. Himenélitro, se dice de los insectos cuyos élitros son membranosos.

**HYMÉNOGRAPHE**, m. *imenográf*. Himenógrafo, autor que describe las membranas.

**HYMÉNOGRAPHIE**, f. *imenografí*. Himenografía, parte de la anatomía que tiene por objeto la descripcion de las membranas.

**HYMÉNOGRAPHIQUE**, adj. *imenografic*. Himenográfico, que se refiere á la himenografía.

**HYMÉNOLOGIE**, f. *imenologí*. Himenología, tratado sobre las membranas.

**HYMÉNOLOGUE** ó **HYMÉNOLOGISTE**, m. *imenológ*, *imenologíst*. Himenologista, autor de una himenología.

**HYMÉNOPAPPE**, m. *imenopáp*. Bot. Himenopapo, planta de la Carolina.

**HYMÉNOPHALLE**, m. *imenofál*. Bot. Himenófalo, género de hongos.

**HYMÉNOPHYLLE**, f. *imenofíl*. Himenófila, género de helechos que contiene mas de cuarenta especies.

**HYMÉNOPTÈRES**, m. pl. *imenoptér*. Zool. Himenópteros, órden de insectos de la clase de los que tienen cuatro alas membranosas.

**HYMÉNOPTÉROLOGIE**, f. *imenopterologí*. Zool. Himenopterología, parte de la entomología que trata de los himenópteros.

**HYMÉNOPTÉROLOGIQUE**, adj. *imenopterologic*. Himenopterológico, que tiene conexion con la himenopterología.

**HYMÉNOPTÉROLOGUE**, m. *imenopterológ*. Zool. Himenopterólogo, naturalista que se ocupa especialmente de los himenópteros.

**HYMÉNOTOME**, m *imenotóm*. Cir. Himenótomo, instrumento que sirve para cortar las membranas.

**HYMÉNOTOMIE**, f. *imenotomí*. Anat. Himenotomía, diseccion de las membranas. || Cir. Himenotomía, seccion del himen.

**HYMÉNOTOMIQUE**, adj. *imenotomic*. Anat. y Cir. Himenotómico, que se refiere á la himenotomía.

**HYMÉNOTOMISTE**, m. *imenotomíst*. Himenotomista, el que se ocupa particularmente de la diseccion de las membranas.

**HYMÉNULE**, f. *imenúl*. Bot. Himénula, género de hongos.

**HYMER**, m. *imér*. Mit. Gigante que recibió á Thor en su barca.

**HYMETTIEN**, adj. *imetién*. Sobrenombre de *Júpiter*, á causa de haber sido mantenido por las abejas del monte Himeto.

**HYMNAIRE**, m. *imnér*. Himnario, coleccion de himnos.

**HYMNE**, m. *imn*. Himno, canto en alabanza de Dios y de sus santos. Entre los antiguos, cántico en honor de los dioses y de los héroes. || Himno, composicion poética, versos compuestos en honor de una persona.

**HYMNIE**, f. *imní*. Mit. Himnia, nombre que los Arcadienses daban á Diana.

**HYMNIQUE**, adj. *imníc*. Hímnico, que tiene analogía con el himno.

**HYMNISTE**, m. *imníst*. Himnista, autor que ha compuesto himnos; el que está encargado de la composicion de algun himno.

**HYMNOGRAPHE**, m. *imnográf*. Himnógrafo, compositor de himnos.

**HYMNOGRAPHIE**, f. *imnografí*. Himnografía, género de poesía que comprende los himnos. || Himnografía, recopilacion de himnos.

**HYMNOGRAPHIQUE**, adj. *imnografic*. Himnográfico, que tiene relacion con la himnografía.

**HYMNOLOGIE**, f. *imnologí*. Himnología, disertacion sobre el género del himno. || Tratado sobre el himno. || Recitacion ó canto de los himnos.

**HYMNOLOGIQUE**, adj. *imnologic*. Himnológico, que concierne á la himnología.

**HYMNOLOGUE**, m. *imnológ*. Himnólogo, autor ó compositor de una himnología. || Himnólogo, cantor de himnos.

**HYO**, abreviacion de la palabra *hyoïde*, que entra en la composicion de muchas palabras de anatomía, como: *hyo-épiglottien*, hio-epiglótico, músculo del epiglotis; *hyo-glosse*, hio-gloso, uno de los músculos de la lengua, etc.

**HYOÏDE**, adj. *ioíd*. Anat. Hioides, se dice del hueso en forma de media luna situado á la raiz de la lengua. Es tambien sustantivo.

**HYOÏDIEN, NE**, *ioidién*, *én*. Hioideo, que corresponde al hióides.

**HYOSÉRIDE**, f. *ioseríd*. Bot. Hioséride, género de plantas chicoriáceas.

**HYOSPATHE**, m. *iospát*. Bot. Hiospato, género de palmeras.

**HYPACANTHE**, m. *ipacánt*. Zool. Hipacanto, género de pescados huesosos.

**HYPARCHIE**, f. *iparquí*. Hist. ant. Hiparquía, territorio, autoridad aneja á un hiparca.

**HYPARGYRÉ, ÉE**, adj. *ipargiré*. Bot. Hipargíreo, se dice de la planta cuyas hojas están plateadas por la parte de abajo.

**HYPARQUE**, m. *ipárc*. Hiparca ó eparca, nombre con que designaban los Griegos á los sátrapas ó gobernadores de provincia y tambien á los intendentes que estaban subordinados á los mismos.

**HYPASME**, m. *ipásm*. Bot. Hipasmo, género de hongos.

**HYPASPISTE**, m. *ipaspíst*. Soldado griego que iba armado de un escudo.

**HYPÉCOON**, m. *ipecoón*. Bot. Hipecon, pamplina, zadorija, género de plantas.

**HYPÉLATE**, f. *ipelát*. Bot. Hipélata, arbolillo de la Jamaica.

**HYPÉLYTRE**, m. *ipelítr*. Bot. Hipélitra, género de plantas ciperáceas.

**HYPÉRANTHE**, m. *iperánt*. Zool. Hiperanto, género de mariposas.

**HYPÉRANTHÈRE**, f. *iperantér*. Bot. Hiperántera, género de plantas leguminosas.

**HYPERBIBASME**, m. *iperbibásm*. Ret. Hiperbibasmo, trastorno del órden de la construccion. || Trasposicion de una letra en lugar de otra. Colocacion de un acento sobre una letra en vez de colocarse sobre otra.

**HYPERBOLE**, f. *iperból*. Hipérbole, figura retórica que consiste en aumentar ó disminuir excesivamente la verdad de las cosas, para causar mas impresion en el espíritu de los oyentes. || Hipérbole, exageracion, traslimitacion de la justa verdad que debe observarse en una narracion.

**HYPERBOLÉEN**, adj. m. *iperboleén*. Hiperbólico, epíteto dado al tono mas alto en la música de los Griegos.

**HYPERBOLIFORME**, adj. *iperboliform*. Mat. Hiperboliforme, que se acerca á la hipérbole. || *Courbe hyperboliforme*, curva hiperboliforme, cuyas ecuaciones tienen una forma análoga á la de la hipérbole ordinaria.

**HYPERBOLIQUE**, adj. *iperbolíc*. Hiperbólico, que pondera, que exagera, que aumenta, que no dice la verdad. || Geom. Hiperbólico, que tiene la figura de la hipérbole.

**HYPERBOLIQUEMENT**, adv. *iperbolicmán*. Hiperbólicamente, de un modo hiperbólico, con hipérbole. || Geom. Formando una hipérbole.

**HYPERBOLISER**, n. *iperbolisé*. Hiperbolizar, magnificar, ensalzar, hablar por hipérboles ó valiéndose de hipérboles.

**HYPERBOLISME**, m. *iperbolism*. Hiperbolismo, ensalzamiento, ponderacion, uso abusivo de la hipérbole.

**HYPERBOLOÏDE**, adj. *iperboloíd*. Hiperbolóide, que se aproxima, que tiene analogía con la hipérbole.

**HYPERBORÉ, ÉE**, adj. *iperboré*. Hiperbóreo, renombre que daban los antiguos á los paises ó pueblos setentrionales. || met. Hiperbóreo, glacial, frio, helado. || *Mer hyperborée*, mar hiperbóreo ó mar glacial ártico que está situado en el norte de Europa y de Asia.

**HYPERBORÉEN**, adj. *iperboreén*. V. HYPERBORÉ. || *Monts hyperboréens*, montes hiperbóreos, glaciales, montes de la Sarmacia. || *Vierges hyperboréennes*, vírgenes hiperbóreas, doncellas que delegaban ó comisionaban los Hiperbóreos para llevar á Délos las ofrendas. || Mit. Hiperbóreo, sobrenombre de Apolo.

**HYPERCARDIOTROPHIE**, f. *ipercardiotrofí*. Med. Hipercardiotrofia, aumento del volúmen del corazon.

**HYPERCARDIOTROPHIQUE**, adj. *ipercardiotrofic*. Hipercardiotrófico, que corresponde á la hipercardiotrofia.

**HYPERCATHARSIE** ó **HYPERCATHARSE**, f. *ipercatarsí*, *ipercatárs*. Med. Hipercatarsia, purgacion excesiva.

**HYPERCATHARTIQUE**, adj. *ipercatartic*. Med. Hipercatártico, que ocasiona una purgacion excesiva.

**HYPERCHÉMATIQUE**, adj. *iperquematic*. Hiperquemático, se dice del estilo alegre, picante, lijero, satírico.

**HYPERCHLORATE**, m. *iperclorát*. Quím. Hiperclorato, sal que produce la combinacion del ácido hiperclórico con una base.

**HYPERCINÉSIE**, f. *ipersinesí*. Med. Hipercinesia, irritabilidad nerviosa exaltada al último grado.

**HYPERDULIE**, f. *iperdulí*. Hiperdulía, culto que se rinde á María, madre de Jesucristo, como superior al que se da á los santos.

**HYPERDYNAMIE**, f. *iperdinamí*. Med. Hiperdinamia, exceso ó abundancia de fuerzas.

**HYPERÉMÉSIE**, f. *iperemesí*. Med. Hiperemesia, vómito frecuente, excesivo.

**HYPERÉMÉTIQUE**, adj. *iperemetic*. Hiperemético, que concierne á la hiperemesia.

**HYPERENTÉRITE**, f. *iperanterít*. Med. Hiperenteritis, inflamacion muy aguda de los intestinos.

**HYPERENTÉROTROPHIE**, f. *iperanterotrofí*. Med. Hiperenterotrofia, aumento de volúmen en los intestinos.

**HYPERÉPHIDROSE**, f. *iperefidrós*. Med. Hiperefidrosis, sudor excesivo.

**HYPERESTHÉNIE**, f. *iperestení*. Med. Hiperestenia, exceso de fuerzas ó de contractilidad.

**HYPERESTHÉNIQUE**, adj. *iperestenic*. Med. Hiperesténico, que corresponde á la hiperestenia.

**HYPERESTHÉSIE**, f. *iperestesí*. Med. Hiperestesia, sensibilidad excesiva.

**HYPERESTHÉTIQUE**, adj. *iperestetic*. Med. Hiperestético, que pertenece á la hiperestesia.

**HYPERGASTRONERVIE**, f. *ipergastronerví*. Med. Hipergastronervia, exceso de accion nerviosa en el estómago.

**HYPERGEUSTIE**, f. *ipergeustí*. Med. Hipergeustia, exceso de sensibilidad en el paladar.

**HYPERHÉMIE**, f. *iperemí*. Med. Hiperemia, superabundancia de sangre.

**HYPERHÉMITE**, f. *iperemít*. Med. Hiperhemitis, inflamacion aguda de la sangre.

**HYPERHIDROSE**, f. *iperidrós*. Med. Hiperidrosis, sudor demasiado abundante.

**HYPÉRIODATE**, m. *iperiodát*. Quím. Hiperiodato, sal producida por la combinacion del ácido hiperiódico con una base salificable.

**HYPÉRIODIQUE**, adj. m. *iperiodic*. Hiperiódico, calificacion de uno de los oxácidos del iodo que corresponde al oxidórico ó hiperclórico.

**HYPERMANGANATE**, m. *ipermanganát*. Quim. Hipermanganato, sal que produce la combinacion del ácido hipermangánico con una base salificable.

**HYPERMANGANIQUE**, adj. m. *ipermanganic*. Quim. Hipermangánico, calificacion que se da á uno de los ácidos de manganeso.

**HYPERNORMAL, E**, adj. *ipernormal*. Hipernormal, que traspasa la regla ordinaria

Hypérostose, f. *emperostóse*. Med, Hiperiostoma, excrecencia que se forma sobre un hueso.

**HYPEROXYDE**, m. *iperocsid.* Quim. Hiperóxido, óxido que contiene un exceso de oxígeno.

**HYPERPHLOGOSE**, f. *iperflogós.* Med. Hiperflogosis, inflamacion que se encuentra en su mas alto grado.

**HYPERSPLÉNALGIE**, f. *iperspienalgí.* Med. Hiperesplenalgia, nevralgia violenta del bazo.

**HYPERSTANNEUX**, adj. m. *iperstaneu.* Quim. Hiperstanneo, se dice de uno de los sulfuros que produce el estaño.

**HYPERSTÈNE**, m. *iperstén.* Miner. Hiperesteno, sustancia mineral.

**HYPERSULFIDE**, m. *ipersulfíd.* Quim. Hipersulfido, combinacion en que entra el azufre en cantidad excesiva.

**HYPERSULFURE**, m. *ipersulfúr.* Quim. Hipersulfuro, sulfuro al máximum de azufre.

**HYPERTIME**, adj. m. *iperlim.* Titulo honorífico del patriarca de Constantinopla.

**HYPERTONIE**, f. *iperloní.* Med. Hipertonía, exceso de tono en los tejidos vivientes.

**HYPERTONIFICATION**, f. *iperlonificasión.* Med. Hipertonificacion, tonificacion excesiva.

**HYPERTONIQUE**, adj. *iperlonic.* Med. Hipertónico, que es tónico en demasía.

**HYPERTROPHIE**, f. *ipertrofí.* Med. Hipertrofia, aumentacion ó aumento excesivo del tejido de los órganos sin degeneracion ni transformacion.

**HYPERTROPHIER (S')**, r. *siperlrofié.* Med. Hipertrofiarse, aumentar de volúmen extraordinariamente por exceso de comida.

**HYPERTROPHIQUE**, adj. *iperlrofic.* Hipertrófico, que presenta los caractéres de la hipertrofia.

**HYPERVINOSITÉ**, f. *iperrinosité.* Med. Hipervinosidad, predominacion en el organismo del sistema vinoso.

**HYPERZOODYNAMIE**, f. *iperzoodinamí.* Med. Hiperzoodinamia, aumento excesivo de la actividad vital.

**HYPHALTES**, m. pl. *ifált.* Zool. Hifaltos, familia de gorriones.

**HYPHYDRE**, m. *ifídr.* Zool. Hifidro, género de insectos coleópteros.

**HYPNAL**, m. *ipnál.* Hipnal, especie de áspid.

**HYPNOBATASE**, f. *ipnobatás.* Med. Hipnobátasis, sonambulismo.

**HYPNOBATE**, adj. y s. *ipnobát.* Med. Sonámbulo.

**HYPNOGRAPHE**, m. *ipnográf.* Hipnógrafo, autor que escribe un tratado sobre el sueño. || Hipnógrafo, el que escribe durmiendo.

**HYPNOGRAPHIE**, f. *ipnografí.* Hipnografía, tratado sobre el sueño.

**HYPNOGRAPHIQUE**, adj. *ipnografic.* Hipnográfico, relativo á la hipnografía.

**HYPNOLOGIE**, f. *ipnologí.* Med. Hipnología, tratado sobre el sueño. || Hipnología, parte de la medicina que trata del sueño y de las vigilias.

**HYPNOLOGIQUE**, adj. *ipnologic.* Hipnológico, que concierne á la hipnología.

**HYPNOLOGUE**, m. *ipnológ.* Hipnólogo, autor de un tratado sobre el sueño. || Hipnólogo, médico que se ocupa con particularidad de la hipnología.

**HYPNOPHOBIE**, f. *ipnofobí.* Hipnofobia, espanto durante el sueño.

**HYPNOPHOBIQUE**, adj. *ipnofobic.* Hipnofóbico, que pertenece á la hipnofobia.

**HYPNOPHONE**, m. *ipnofón.* Hipnofóno, el que canta ó que habla durmiendo.

**HYPNOTIQUE**, adj. *ipnotic.* Med. Hipnótico, se dice de los remedios que provocan el sueño. Mas comunmente se dice *narcotique*, narcótico ó somnífero.

**HYPO**, *ipo.* Preposicion griega que entra en la composicion de algunas palabras francesas derivadas del griego, para expresar sumision, humillacion, diminucion, etc.

**HYPOBOLE**, f. *ipobol.* Ret. Nombre de la figura llamada subyeccion ó anticipacion.

**HYPOBRANCHE**, adj. *ipobránche.* Zool. Hipobranco, se dice de los moluscos que tienen las branquias debajo del cuerpo.

**HYPOCALYPTE**, m. *ipocalipt.* Bot. Hipocalipto, arbolillo del cabo de Buena Esperanza.

**HYPOCATHARSIE**, f. *ipocatarsí.* Med. Hipocatarsia, purgacion benigna ó insuficiente.

**HYPOCATHARSIQUE**, adj. *ipocatarsic.* Med. Hipocatársico, que ocasiona una purgacion benigna.

**HYPOCAUSTE**, m. *ipocóst.* Antig. Horno subterráneo para calentar los baños y las habitaciones.

**HYPOCHÉRIDE**, f. *ipocheríd.* Bot. Hipoquérida, género de plantas.

**HYPOCHTHON**, m. *ipoctón.* Zool. Hipocton, género de reptiles batracianos.

**HYPOCISTE**, f. *iposist.* Bot. Hipocista, planta parásita del mediodía de Europa.

**HYPOCONDRE**, m. *ipocondr.* Anat. Hipocondrio, cualquiera de las dos partes laterales de la region epigástrica.

**HYPOCONDRIAL, E**, adj. *ipocondriál.* Hipocondrial, que corresponde á los hipocondrios.

**HYPOCONDRIAQUE**, adj. *ipocondriác.* Med. Hipocondriaco, que pertenece á la hipocondría. || met. Hipocondriaco, triste, caprichoso, vario, inconsecuente.

**HYPOCONDRIE**, f. *ipocondrí.* Hipocondría, enfermedad que vuelve al paciente meláncolico y extravagante, y en la cual se queja de achaques y de dolores excesivos á pesar de las apariencias de una salud bastante buena. || Hipocondría, tristeza, melancolía.

**HYPOCOPHOSE** ó **HYPOCOPHOSIE**, f. *ipocofós*, *ipocofosí.* Med. Hipocofosis, sordera, falta de oido.

**HYPOCORIASE**, f. *ipocoriás.* Vet. Hipocoriasis, especie de fluxion que ataca á los ojos de las caballerías de carga.

**HYPOCRÂNE**, f. *ipocrán.* Med. Hipocráneo, absceso situado debajo del cráneo.

**HYPOCRÂNIEN, NE**, adj. *ipocranién, én.* Anat. Hipocraniano, que está situado debajo del cráneo.

**HYPOCRISER**, n. ant. *ipocrisé.* Hacer el hipócrita || a. Cubrir, disfrazar, echar un velo hipócrita sobre una conducta equívoca.

**HYPOCRISIE**, f. *ipocrisí.* Hipocresía, apariencia contraria á lo que uno es ó á lo que siente.

**HYPOCRITE**, adj. y s. *ipocrit.* Hipócrita, el que finge ó aparenta lo que no es ó lo que no siente, gazmoño, santurron. || Hipócrita, que anuncia el detestable vicio de la hipocresía. || Hipócrita, falso, perverso, falaz, que pretende imponer á sus semejantes valiéndose de exterioridades de probidad, de virtud, etc. || Hipócrita, que quiere manifestar un carácter que no le es natural.

**HYPOCRITIQUE**, adj. *ipocritic.* Antig. Hipocrítico, que es relativo al arte teatral.

**HYPOCRITISME**, m. *ipocritism.* Hipocritismo, sistema de hipocresía.

**HYPOGASTRE**, m. *ipogástr.* Anat. Hipogastrio, parte inferior del bajo vientre.

**HYPOGASTRIQUE**, adj. *ipogastric.* Hipogástrico, que pertenece á la region del hipogastrio.

**HYPOGASTROCÈLE**, f. *ipogastrosél.* Cir. Hipogastrocele, hernia que se presenta en la region del hipogastrio.

**HYPOGASTRONERVIE**, f. *ipogastronerví.* Med. Hipogastronervia, diminucion de accion nerviosa en el estómago.

**HYPOGASTRORRHEXIE**, f. *ipogastrorecsí.* Anat. Hipogastrorexia, rasgadura en la parte inferior del bajo vientre.

**HYPOGÉ, ÉE**, adj. *ipogé.* Hist. nat. Hipógeo, que está debajo de tierra ó se desarrolla subterráneamente. || *Hypogée*, m. Subterráneo. || Hipogeo, punto que suponian debajo de tierra los astrónomos antiguos. || f. Zool. Género de moluscos.

**HYPOGÉSE**, f. *ipogés.* Bot. Hipogesis, especie de yerba que crece en los techos.

**HYPOGLOSSE**, adj. m. *ipoglós.* Hipo-

glosso, calificacion [illegible] linguales, en [illegible] del gusto. || f. [illegible] los antiguos [illegible] misma que el [illegible]

**HYPOGLOSSIDE** [illegible], f. [illegible] poglósida, inflamacion ó [illegible] bajo de la lengua.

**HYPOGLOSSIS**, f. *ipoglósis.* [illegible] glosis, parte inferior de la [illegible]

**HYPOGLOTTIS**, f. [illegible] glotis, glándula que [illegible] gua.

**HYPO-HÉMIQUE** [illegible], f. [illegible] puémica, inflamacion [illegible] sangre.

**HYPOLAMPE** [illegible], adj. [illegible] polámparo, brillante por [illegible]

**HYPOLÈNE** [illegible], f. [illegible] género de plantas.

**HYPOLÉON**, m. *ipoleón.* [illegible] leon, género de insectos [illegible]

**HYPOLÉPIDE** [illegible], f. *ipolepíd.* [illegible] pida, planta del Cabo.

**HYPOLEPSIS** [illegible], m. [illegible] lepsis, planta parásita [illegible]

**HYPOLIPATE** [illegible], m. [illegible] lipata, especie de [illegible]

**HYPOLYTRE**, m. [illegible] tro, género de plantas.

**HYPOMÉLATERA** [illegible], adj. f. [illegible] Mit. Uso de los [illegible]

**HYPOMOCHLION**, m. [illegible] pomoclio ó hipomoclion, [illegible] una palanca ó de cualquier [illegible] se compone de esta máquina.

**HYPOMUQUEUX**, [illegible], adj. [illegible] queu, eus. Anat. [illegible] cuentra debajo de la [illegible]

**HYPOPE**, m. *ipóp.* Zool. [illegible] de insectos acáridos.

**HYPOPÉDIUM**, m. [illegible] Hipopedio, especie de [illegible] pismo.

**HYPOPELTIDE** [illegible], f. [illegible] péltida, género de [illegible]

**HYPOPÉTALÉ, ÉE**, adj. [illegible] Hipopetáleo, cuyos pétalos [illegible] bajo del ovario.

**HYPOPÉTALIE**, f. [illegible] petalia, estado de una [illegible] ingiere debajo del ovario [illegible] de plantas dicotiledóneas [illegible] tambres hipoginios.

**HYPOPHACE** [illegible], f. *ipofás.* [illegible] género de hongos.

**HYPOPHASE**, f. *ipofás.* [illegible] estado del ojo cuando no se [illegible] blanco entre los párpados.

**HYPOPHORE**, f. [illegible] OBJECTION. || Cir. Hipóforo, [illegible] profunda y fistulosa.

**HYPOPHOSPHATE**, m. [illegible] Hipofosfato, sal que produce [illegible] del ácido hipofosfórico [illegible] cable.

**HYPOPHOSPHITE**, m. [illegible] Hipofosfito, sal que produce [illegible] del ácido hipofosforoso [illegible] cable.

**HYPOPHOSPHOREUX** [illegible], adj. [illegible] foreu. Quim. Hipofosforoso, [illegible] primero de los tres ácidos [illegible] fósforo cuando se une al [illegible]

**HYPOPHOSPHORIQUE** [illegible] foric. Quim. Hipofosfórico, [illegible] de los oxácidos del fósforo.

**HYPOPHTHALMIE**, f. [illegible] Hipoftalmia, inflamacion de [illegible] del ojo.

**HYPOPHTHALMIQUE** [illegible], adj. [illegible] Hipoftálmico, que concierne [illegible] mía.

**HYPOPHYLLE** [illegible], m. [illegible] lo, género de algas [illegible]

**HYPOPHYSE**, f. [illegible] porcion de sustancia [illegible] cribe el infundíbulo. || [illegible] nombres de la catarata.

**HYPOPYON**, m. *ipopión.* [illegible] porcion de pus que se [illegible] nea del ojo.

**HYPOPTÈRE**, adj. *ipoptér.* Zool. Hipóptero, que es encarnado por debajo.

**HYPOSARQUE**, m. *iposárc.* Med. Hiposarca, tumor infiltrante que ocupa una parte del abdómen.

**HYPOSPADIAS**, m. *ipospadiás.* Cir. Hipospadias, abertura del meato urinario bajo la glándula.

**HYPOSPHAGME**, m. *iposfágm.* Med. Hiposfagma, equímosis del ojo ó derrame de sangre en la conjuntiva.

**HYPOSTAMINÉ, ÉE**, adj. *ipostaminé.* Bot. Hipostamíneo, cuyos estambres se ingieren debajo del ovario.

**HYPOSTAMINIE**, f. *ipostaminí.* Bot. Hipostaminia, estado de una planta cuyos estambres son hipogíneos.|| Órden de plantas apétalas hipogíneas.

**HYPOSTAPHYLE**, f. *ipostafíl.* Med. Hipostáfila, prolongacion ó caida de la campanilla ó galillo.

**HYPOSTASE**, f. *ipostás.* Teol. Hipóstasis, supuesto ó persona. || Med. Hipóstasis, sedimento de los orines.

**HYPOSTATIQUE**, adj. *ipostatíc.* Hipostático, que participa de la hipóstasis. Solo se usa en esta frase: *union hypostatique*, union hipostática, esto es, del Verbo con la naturaleza humana.

**HYPOSTATIQUEMENT**, adv. *ipostaticmán.* Hipostáticamente, de un modo hipostático.

**HYPOSTERNAL**, adj. y s. m. *iposternál.* Hiposternal, nombre que se da á una de las piezas del esternon.

**HYPOSTHÉNIE**, f. *ipostení.* Med. Hipostenia, diminucion de fuerzas.

**HYPOSTHÉNIQUE**, adj. *ipostenic.* Hiposténico, que participa de la hipostenia.

**HYPOSTOME**, m. *ipostóm.* Zool. Hipóstomo, género de pescados huesosos de la familia de los apióforos, que tienen la boca debajo del hocico.

**HYPOSTROPHE**, m. *ipostróf.* Med. Hipóstrofe, cambio de posicion que hace un enfermo en su cama. || Hipóstrofe, recaida en una enfermedad.

**HYPOSTYLE**, adj. *ipostíl.* Arq. Hipóstilo, se dice de una habitacion cuyo techado está sostenido por columnas.

**HYPOTÉNUSE**, f. *ipotenús.* Geom. Hipotenusa, lado opuesto al ángulo recto en un triángulo rectángulo.

**HYPOTHÉÂTRALE**, f. *ipoteatrál.* Mús. Flauta griega que tocaban los antiguos en los teatros.

**HYPOTHÉCABLE**, adj. *ipotecábl.* Hipotecable, que puede hipotecarse ó ser hipotecado.

**HYPOTHÉCAIRE**, adj. *ipotequér.* Hipotecario, perteneciente á la hipoteca.|| Hipotecario, que tiene derecho á hipoteca. || *Dette hypothécaire*, deuda hipotecaria, que da hipoteca.

**HYPOTHÉCAIREMENT**, adv. *ipotequermán.* Hipotecariamente, con hipoteca.

**HYPOTHÈLE**, f. *ipotél.* Bot. Hipotela, especie de hongo.

**HYPOTHÉNAR**, m. *ipotenár.* Anat. Hipotenar, toda elevacion ó bulto que se encuentra en la palma de la mano ó en la planta del pié.

**HYPOTHÈQUE**, f. *ipotéc.* Jurisp. Hipoteca, derecho real que grava los bienes inmuebles afectos á la seguridad de una deuda. || met. Hipoteca, derecho que se asegura formalmente ó de un modo realizable, cualquiera que sea la materia.|| fam. Denominacion que vulgarmente se aplica á un mal inveterado ó contraido por la sífilis. || *Hypothèque*, f. met. y fam. Composicion hecha con aguardiente, azúcar, frutas y otros ingredientes.

**HYPOTHÉQUÉ, ÉE**, adj. *ipotequé.* Hipotecado. || met. y fam. *Être hypothéqué*, estar achacoso, harto de medicamentos, tener la salud muy deteriorada.

**HYPOTHÉQUER**, a. *ipotequé.* Hipotecar. || Dar en hipoteca, someter, sujetar algunas fincas ó bienes raices al derecho de hipoteca.

**HYPOTHÈSE**, f. *ipotés.* Hipótesis, suposicion de una cosa, sea posible ó imposible, para sacar de ella alguna consecuencia. || Hipótesis, sistema, reunion de muchas cosas que se imaginan.||Hipótesis, proposicion particular sometida á la tésis general. || Hipótesis, denominacion que se da á ciertas teorías astronómicas.

**HYPOTHÉTIQUE**, adj. *ipotetíc.* Hipotético, fundado sobre una hipótesis.

**HYPOTHÉTIQUEMENT**, adv. *ipoteticmán.* Hipotéticamente, de una manera hipotética.

**HYPOTHIDE**, m. *ipotíd.* Zool. Hipótido, género de insectos coleópteros.

**HYPOTYPOSE**, f. *ipotipós.* Ret. Hipotipósis, modo de pintar las cosas con los colores mas vivos, presentándolas á la imaginacion como si realmente se viesen.

**HYPOVANADATE**, m. *ipovanadát.* Quím. Hipovanadato, sal que resulta de la combinacion del ácido hipovanádico con una base salificable.

**HYPOVANADIQUE**, adj. m. *ipovanadíc.* Hipovanádico, se dice de uno de los ácidos del vanadio combinado con el oxígeno.

**HYPOXYLON**, m. *ipocsilón.* Bot. Hipoxilon, género de plantas.

**HYPOXYS**, f. *ipócsis.* Bot. Hipoxis, género de plantas.

**HYPOLITE**, m. *ipolít.* Zool. Hipólito, género de crustáceos.

**HYPSIEN, NE**, adj. *ipsién, én.* Hipsiano, horizontal.

**HYPSILOGLOSSE**, m. *ipsiloglós.* Anat. Hipsilogloso, músculo que pertenece al hueso hipsilóide y á la lengua.

**HYPSIRHINE**, m. *ipsirín.* Zool. Hipsirino, género de serpientes.

**HYPSIS**, m. *ipsís.* Bot. Hipsis, planta labiada.

**HYPSOMÉRIE**, f. *ipsomerí.* Mat. Hipsomeria, modo de quitar ó de hacer desaparecer los divisores en una ecuacion.

**HYPSOMÉTRIE**, f. *ipsometrí.* Hipsometría, arte de medir la altura absoluta de un lugar ó de una porcion cualquiera del suelo terrestre por nivelaciones, observaciones barométricas ó operaciones trigonométricas.

**HYPSOMÉTRIQUE**, adj. *ipsometríc.* Hipsométrico, que tiene relacion con la hipsometría.

**HYPTIE**, f. *iptí.* Zool. Hipcia, género de insectos himenópteros.

**HYRCANIEN, NE**, adj. y s. *ircanién, én.* Hircaniano, de la Hircania.

**HYRIE**, f. *irí.* Mit. Hiria, amante de Apolo y madre de Cicno; á la muerte de su hijo fué transformada en fuente.

**HYRONA**, m. *iróna.* Zool. Hirona, especie de cuadrúpedo del Brasil.

**HYSGINE**, f. *isgín.* Bot. Hisgina, la cochinilla. || Hisgina, el principio colorante de esta sustancia.

**HYSGINIQUE**, f. *isginíc.* Hisgínica, principio colorante de la cochinilla.

**HYSOPE**, f. *isóp.* Bot. Hisopo, planta perenne, aromática, incisiva, vulneraria, fortificante. || met. *Il connaît tout depuis le cèdre jusqu'à l'hysope*, lo conoce todo desde el cedro hasta el hisopo: se dice de un hombre muy instruido en las ciencias naturales.

**HYSOPIFOLIA**, f. *isopifólia.* Bot. Hisopifolia, género de plantas.

**HYSOPINE**, f. *isopín.* Quím. Hisopina, álcali que segun dicen existe en el hisopo.

**HYSOPITE**, m. *isopít.* Farm. ant. Hisópito, especie de vino diurético en el cual entraba el hisopo.

**HYSTÉRALGIE**, f. *isteralgí.* Med. Histeralgia, dolor de la matriz.

**HYSTÉRALGIQUE**, adj. *isteralgíc.* Histerálgico, que tiene el carácter de la histeralgia.

**HYSTÉRANDRIE**, f. *isterandrí.* Bot. Histerandria, clase de plantas que tienen mas de diez estambres ingeridos en un ovario ínfero.

**HYSTÉRANDRIQUE**, adj. *isterandríc.* Histerándrico, que pertenece á la histerandria.

**HYSTÉRANTHE**, adj. *isteránt.* Histeranto, cuyas flores parecen ántes de las hojas, como en el tusílago.

**HYSTÉRIE**, f. *isterí.* Med. Histérico, enfermedad crónica particular de las mujeres. || Bot. Histeria, género de plantas.

**HYSTÉRION**, m. *isterión.* Bot. Histerion, género de hongos.

**HYSTÉRIONICE**, f. *isterionís.* Bot. Histerionisa, planta de América.

**HYSTÉRIQUE**, adj. *isteríc.* Anat. Histérico, perteneciente á la enfermedad histérica.||*Remèdes hystériques*, remedios histéricos, remedios que son buenos para curar esta enfermedad. || *Pierre hystérique*, piedra histérica, piedra que aplicada en el ombligo cura, segun dicen, las enfermedades del útero.

**HYSTÉRITE**, f. *isterít.* Med. Histeritis, inflamacion de la matriz.

**HYSTÉROBUBONOCÈLE**, f. *isterobubonosél.* Med. Histerobubonocele, hernia de la matriz que sale por el anillo inguinal.

**HYSTÉROCÈLE**, f. *isterosél.* Med. Histerocele, hernia de la matriz causada por su paso por medio del peritoneo.

**HYSTÉROCYSTIQUE**, adj. *isterosistíc.* Med. Histerocístico, que pertenece á la matriz y á la vejiga.

**HYSTÉROCYSTOCÈLE**, f. *isterosistosél.* Med. Histerocistocele, hernia simultánea de la matriz y de la vejiga.

**HYSTÉROGRAPHE**, m. *isterográf.* Histerógrafo, el que se ocupa especialmente de las enfermedades histéricas.

**HYSTÉROGRAPHIE**, f. *isterografí.* Histerografía, descripcion de las enfermedades de la matriz.

**HYSTÉROGRAPHIQUE**, adj. *isterografíc.* Histerográfico, que pertenece á la histerografía.

**HYSTÉROLITHE**, f. *isterolít.* Miner. Histerolita, piedra ó petrificacion que ofrece una representacion bastante exacta de las partes naturales de la mujer.

**HYSTÉROLOXIE**, f. *isterolocsí.* Med. Histeroloxia, oblicuidad de la matriz.

**HYSTÉROMANE**, f. *isteromán.* Med. Histerómana, mujer afectada de histeromanía.|| Es tambien adj. *Femme hystéromane.*

**HYSTÉROPHYSE**, f. *isterofís.* Med. Histerofisa, dilatacion de la matriz por gases.

**HYSTÉROPTOSE**, f. *isteroptós.* Med. Histeroptosis, caida ó trastorno de la matriz.

**HYSTÉRORRHÉE**, f. *isteroré.* Med. Histerorrea, derrame que proviene de la matriz.

**HYSTÉRORRHÉIQUE** ó **HYSTÉRORRHOÏQUE**, adj. *isteroreíc, isteroroíc.* Med. Histerorréico ó histerorróico, que pertenece á la histerorrea.

**HYSTÉROSCOPE**, m. *isteroscóp.* Med. Histeróscopo, instrumento con cuya ayuda se puede extender la vista hasta la boca de la matriz.

**HYSTÉROSTOMATOMIE**, f. *isterostomatomí.* Histerostomatomía, operacion cesárea.

**HYSTÉROSTOMATOMIQUE**, adj. *isterostomatomíc.* Histerostomatómico, que pertenece á la histerostomatomía.

**HYSTÉROTOME**, m. *isterotóm.* Cir. Histerótomo, instrumento que sirve para abrir la matriz.

**HYSTÉROTOMIE**, f. *isterotomí.* Cir. Histerotomía, diseccion de la matriz.

**HYSTÉROTOMIQUE**, adj. *isterotomíc.* Histerotómico, que pertenece á la histerotomía.

**HYSTÉROTOMOTOCIE**, f. *isterotomotosí.* Cir. Histerotomotocia, arte de operar el parto por la incision de la matriz.

**HYSTÉROTOMOTOCIQUE**, adj. *isterotomotocíc.* Histerotomotócico, que pertenece á la histerotomotocia.

**HYSTRELLE**, f. *istrél.* Bot. Histrela, platillo simple.

**HYSTRICITE**, f. *istricít.* Histricita, bezoar que se encuentra en el cuerpo del puerco espin.

**HYVOURAHÉ**, m. *ivurá.* Bot. Hivurahe, especie de plantas de las Indias.

# I.

**I**, m. *i*, novena letra del alfabeto frances, y la tercera entre las vocales. || *Un grand I, un petit i*, una I grande ó mayúscula, una i pequeña ó minúscula. || La *i* tiene el sonido de *e* nasal en las sílabas *in* ó *im*, como *fin*, *impoli*; pero conserva su sonido cuando la *m* ó la *n* son dobles, como en *innombrable*, *immense*, cuya pronunciacion es *inonbrábl*, *imáns*. || No se pronuncia la *i* en *oignon*, *poignée*, *coignée*, *poignard*, *etc.*, y en algunos nombres propios, como *Montaigne*, *etc.* || La *I*, como letra numeral en la numeracion romana, vale uno, y disminuye de una unidad el valor de las cantidades á que precede. || met. *Mettre les points sur les i*, poner los puntos en la *i*; ser muy exacto, minucioso. || fam. *Droit comme un i*, mas tieso que un huso, muy derecho, hablando de una persona.

**IAC**, m. *íac*. Mar. Yata, embarcacion ligera inglesa.

**ÏAMBE**, m. *iánb*. Yambo, pié de verso latino que consta de una sílaba breve y otra larga. || Yambo, verso de seis piés compuesto sucesivamente de breves y de largas. || Yambo, sátira ó pieza de verso mordaz y satírica.

**ÏAMBIQUE**, adj. *ianbic*. Yámbico, compuesto de yambos. || m. Yámbico, verso compuesto de yambos.

**ÏAMBOGRAPHE**, m. *ianbográf*. Yambógrafo, autor de versos yambos.

**IASSE**, m. *iás*. Zool. Yaso, género de insectos hemípteros.

**ÏATRALEPTE**, m. *iatralépt*. Yatralepto, médico que cura por fricciones, fomentaciones y otros remedios exteriores.

**ÏATRALEPTIQUE**, f. *iatraleptic*. Med. Yatraléptica, método de curar por las fricciones y remedios exteriores.

**ÏATRIQUE**, adj. *iatric*. Yátrico, que pertenece á la medicina ó al arte de curar. || Sust. *L'iatrique*, la medicina.

**ÏATROCHIMIE**, f. *iatrochimí*. Med. Yatroquimia, arte de curar por remedios químicos.

**ÏATROCHIMIQUE**, adj. *iatrochímic*. Yatroquímico, que pertenece á la yatroquimia.

**ÏATROCHIMISTE**, m. y f. *iatrochimist*. Med. Yatroquimista, el que ejerce la yatroquimia.

**ÏATROLOGIE**, f. *iatrologí*. Med. Yatrología, ciencia que trata de la curacion de las enfermedades.

**ÏATROPHA**, m. *iatrófa*. Bot. Yatrofa, árbol tumaloide.

**ÏATROPHYSIQUE**, f. *iatrofisíc*. Yatrofísica, aplicacion de la física á la medicina. || Iatrofísica, secta medicinal.

**IBABIRÁBA**, m. *ibabiraba*. Bot. Ibabiraba, árbol del Brasil.

**IBALIE**, f. *ibalí*. Zool. Ibalia, género de insectos.

**IBAPURONGA**, m. *ibaperónga*. Bot. Ibaperonga, árbol del Brasil.

**IBÈRE**, m. *ibér*. Ibero, nombre poético del Ebro, uno de los principales rios de España.

**IBÉRIDE**, f. *iberíd*. Bot. Iberida, género de plantas corimbíferas.

**IBÉRIEN, NE**, adj. y s. *iberién*, *én*. Ibero, de Iberia.

**IBÉRIQUE**, adj. *iberic*. Ibérico, que pertenece á la España. || *Péninsule ibérique*, península ibérica, se dice de la península que forman la España y Portugal.

**IBÉRIS**, f. *ibéris*. Bot. Iberis, género de plantas crucíferas.

**IBÉRITE**, f. *iberít*. Iberita, uno de los nombres de la zeolita.

**IBERLINE**, f. *iberlín*. Com. Iberlina, especie de tela.

**IBIARE**, m. *ibiár*. Zool. Ibiaro, serpiente de América.

**IBIBOCA**, f. *ibibóca*. Zool. Ibiboca, especie de culebra del Brasil. || Ibiboca, serpiente de Arabia.

**IBIDEM**, *ibídem*. Es una palabra latina que se usa en las citas para indicar que la palabra, el pasaje, etc., que se cita, se encuentra en el sitio ya mencionado en la citacion precedente.

**IBIJAU**, m. *ibijó*. Zool. Ibijo, ave del Brasil.

**IBIRA**, m. *ibíra*. Bot. Ibira, árbol de la Guyana.

**IBIRACOA**, m. *ibiracóa*. Zool. Ibiracoa, serpiente del Brasil.

**IBIRAMA**, m. *ibiráma*. Zool. Ibirama, serpiente del Brasil.

**IBIRAPITANGA**, m. *ibirapitánga*. Bot. Ibirapitanga, árbol del Brasil.

**ICARIEN, NE**, adj. *icarién*, *én*. Icáreo, que pertenece á Ícaro.

**ICASTIQUE**, adj. *icastic*. Icástico, natural, sin disfraz, sin adorno.

**ICELUI ó ICELLE**, pron. demostr. *iselui*, *isél*. Este, esta, aquel, aquella. Es voz anticuada que solo se usa en lo forense.

**ICHARA-MOULI**, m. *icaramulí*. Icharamuli, raíz de las Indias orientales, que usan contra la picadura de las serpientes.

**ICHNEUMON**, m. *icneumón*. Zool. Icneumon, género de mamíferos, cuadrúpedo del tamaño de un gato; llámase tambien *rat de Pharaon* y *mangouste*. || Zool. Icneumon, género de insectos himenópteros.

**ICHNEUMON, E**, adj. *icneumón*, *ón*. Icneumono, que se parece al icneumon. || Zool. *Mouches ichneumones*, moscas icneumóneas, moscas del género icneumon, que no viven mas que de caza.

**ICHNOGRAPHE**, m. *icnográf*. Icnógrafo, ingeniero, el que ejerce la icnografía.

**ICHNOGRAPHIE**, f. *icnografí*. Arq. Icnografía, plan horizontal y geometral de un edificio.

**ICHNOGRAPHIQUE**, adj. *icnografic*. Icnográfico, que pertenece á la icnografía.

**ICHNOZOAIRE**, m. *icnosoér*. Zool. Icnozoario, bosquejo de animal, ser que no ofrece mas que los primeros rasgos de la animalidad.

**ICHOR**, m. *icór*. Med. Icor, serosidad acre que sale de las úlceras.

**ICHOREUX, EUSE**, adj. *icoreu*, *eus*. Icoroso, purulento, materioso.

**ICHOROÏDE**, adj. *icoroíd*. Icoroide, parecido al pus de las úlceras.

**ICHTHYOGRAPHE**, m. *ictiográf*. Ictiógrafo, el que describe los pescados.

**ICHTHYOGRAPHIE**, f. *ictiografí*. Ictiografía, descripcion de los pescados.

**ICHTHYOGRAFIQUE**, adj. *ictiografic*. Ictiográfico, que pertenece á la ictiografía.

**ICHTHYOLITHE**, f. *ictiolit*. Ictiolito, pez petrificado ó piedra en que están estampados algunos peces.

**ICHTHYOLITHOLOGIE**, f. *ictiolitologí*. Ictiolitología, historia de los pescados fósiles.

**ICHTHYOLOGIE**, f. *ictiologí*. Ictiología, ramo de la zoología cuyo objeto es hacer conocer los pescados. || Ictiología, obra que trata de esta ciencia.

**ICHTHYOLOGIQUE**, adj. *ictiologic*. Ictiológico, que pertenece á la ictiología.

**ICHTHYOLOGISTE**, m. *ictiologist*. Ictiologista, naturalista que se dedica especialmente al estudio de los pescados.

**ICHTHYOMANCIE**, f. *ictiomansí*. [illegible] Ictiomancia, adivinacion que se hacia examinando las entrañas de un pescado.

**ICHTHYOMANCIEN, NE**, adj. y s. *ictiomansién*, *én*. Ictiomántico, el que practica la ictiomancia.

**ICHTHYOMORPHE**, adj. *ictiomorf*. Ictiomorfo, que tiene la forma de un pescado.

**ICHTHYOMORPHIQUE**, adj. *ictiomorfic*. Diplom. Ictiomórfico, que presenta figuras de pescados. || *Lettres ichthyomorphiques*, letras ictiomórficas, letras cuyas diversas partes representan pescados.

**ICHTHYOPHAGE**, adj. *ictiofage* Ictiófago, que no come mas que pescado. || Calificacion que se da ordinariamente al pueblo ó á la nacion que viven cerca de las orillas del mar ó de los lagos. || Úsase tambien como sustantivo.

**ICHTHYOPHAGIE**, f. *ictiofagí*. Ictiofagia, costumbre de alimentarse de pescados.

**ICHTHYOPHAGIQUE**, adj. *ictiofagic*. Ictiofágico, que pertenece á la ictiofagia.

**ICHTHYOPHILE**, adj. *ictiofil*. Ictiófilo, que gusta del pescado. || Ictiófilo, que tiene el gusto, la pasion de la pesca.

**ICHTHYOSE**, f. *ictiós*. Med. Ictiosis, enfermedad cutánea.

**ICHTHYOSPONDYLE**, m. *ictiospondil*. Ictiospondilo, vértebras de pescados petrificados.

**ICHTHYQUE**, adj. *ictic*. Ictico, que tiene relacion con los pescados. || *Poison ichthyque*, veneno ictico, principio venenoso que algunos pescados han recibido.

**ICHTHYTE**, f. *ictit*. Miner. Ictita, piedra que tiene una cavidad que parece un pescado.

**ICI**, adv. *isí*. Acá, aquí, donde estoy ó donde estamos. || *Ici et là*, acá y allá. || *Ici-bas*, acá abajo, acá en la tierra. *Les choses d'ici-bas*, las cosas de este mundo, las cosas terrestres.

**ICICA**, f. *isíca*. Bot. Icica, resina que destila el icicariba.

**ICICARIBA**, m. *isicariba*. Bot. Icicariba, árbol resinoso del Brasil.

**ICIPO**, m. *isipo*. Bot. Icipo, arbusto del Brasil.

**ICMADOPHILE**, adj. *icmadofil*. Icmadófilo, que gusta de sitios húmedos.

**ICOGLAN**, m. *icoglán*. Icoglan, paje del Gran Señor.

**ICONE**, m. *icón*. Filol. Icono, palabra griega que significa retrato y que está en el título de algunas obras: *les Icones d'Herrkens*.

**ICONIQUE**, adj. *iconic*. Icónico, que es del todo conforme al modelo.

**ICONISME**, m. *iconism*. Iconismo, representacion alegórica del pensamiento.

**ICONOCLASME**, m. *iconoclásm*. Iconoclasmo, doctrina de los iconoclastas.

**ICONOCLASTE**, m. *iconoclást*. Iconoclasta, destructor de las santas imágenes, nombre de los miembros de una secta de herejes del siglo VIII, que destruian las imágenes de los santos y combatian el culto que se les tributa.

**ICONOGRAPHE**, m. *iconográf*. Iconógrafo, que describe imágenes.

**ICONOGRAPHIE**, f. *iconografí*. Iconografía, descripcion de imágenes, de cuadros, de monumentos antiguos ó modernos.

**ICONOGRAPHIQUE**, adj. *iconografic*. Iconográfico, que pertenece á la iconografía.

**ICONOLÂTRE**, m. *iconolátr*. Iconólatra, el que adora las imágenes.

...LOGIE, f. iconologí. Iconologia, ...cion de las imágenes, de los mo... antiguos, de las figuras alegóricas ... por los artistas. || Mit. Iconologia, ...se trata de la representacion de ...y de los seres alegóricos.

...LOGIQUE, adj. iconologic. Ico... que pertenece á la iconología.

...LOGISTE, m. iconologíst. Icono... el que explica las imágenes, las ...antiguas, etc.

...MANE, adj. y s. iconomán. Iconó... que tiene la manía de los cuadros ...

...MANIE, f. iconomaní. Iconoma... excesiva por las imágenes.

...MAQUE, m. iconomác. Iconóma... opuesto al culto de las santas ...

...PHILE, m. iconofíl. Adorador de ..., el que las quiere. || Conocedor ó ... en cuadros, estampas, etc.

...STROPHE, m. iconostróf. Ico... instrumento óptico que presenta ...s invertidas. Se emplea por los ...

...DRE, m. icosaédr. Geom. Ico... cuerpo regular de veinte frentes.

...GONE, adj. icosigón. Didáct. Ico... que tiene veinte ángulos.

..., m. ictér. Med. Ictericia, enfer... causa en el cuerpo una amarillez ...

...ICE, f. Med. V. ICTÈRE.

...IE, f. icterí. Zool. Icteria, género ... de los Estados Unidos.

...IN, E, adj. icterén, én. Icterino, ... un color amarillo.

...IQUE, adj. icteric. Ictérico, que ... que pertenece á la ictericia.

...OCÉPHALE, m. icterosefál. Icte... cuya cabeza es de color amarillo, ...aves.

..., m. ictid. Zool. Ictido, género ... carnívoros.

..., f. ictín. Bot. Ictina, género de ...

..., f. ictiní. Zool. Ictinia, ave de ...la Guyana.

..., idá. Mit. Ida, hija de Meliseo, á ... confió Júpiter siendo niño. || Ida, ... y mujer de Licasto, rey de ... Zool. Ida, especie de mariposa.

...IEN, NE, adj. y s. idalién, én. Ida... Idalia, hoy Chipre. || Idaliana, so... de Vénus.

..., m. idatíd. Zool. Hidátide, ... vive en las carnes.

..., E, adj. ideál. Ideal, que es pro... ó perteneciente á ella. || Ideal, ..., fantástico, que no es físico, real ..., sino que está puramente en la ... || Ideal, m. Lo que no existe mas ... idea, en la imaginacion.

...SATION, f. idealisasión. Ideali... de idealizar.

...ISER, a. idealisé. Idealizar, hacer ...

...ISME, m. idealism. Idealismo, ... los filósofos que ven en Dios las ... las cosas.

...ISTE, m. idealíst. Idealista, par... idealismo.

...ITÉ, f. idealité. Idealidad, cuali... que es ideal. || Idealidad, ..., ilusion, fantasía.

..., idé. Idea, la primera ó mas sim... del entendimiento con que ... cosa. || Idea, representacion ... deja el objeto percibido. || Idea, ... que se concibe con la fanta... alguna arte ó ciencia. || Idea, in... de hacer alguna cosa. || Idea, ... || Idea, imaginacion, fanta... idea fija, bosquejo, esquicio ...

..., NE, adj. ideén, én. Ideano, que ... monte Ida. || Ideano, sobre... de Júpiter y de Cibéles.

..., a. ideé. Idear, formar idea de ...

**IDEM**, *idem*. Idem, palabra latina que significa el mismo ó lo mismo, y se suele usar para repetir las citas de un mismo autor, y en las cuentas y listas para denotar las diferentes partidas de una misma especie.

**IDÉMISTE**, adj. y s. *idemíst*. Idemista, epíteto que se da á un hombre que no se molesta en pensar, y que siempre dice la misma cosa.

**IDENTIFICATION**, f. *identificasión*. Identificacion, accion de identificar ó identificarse.

**IDENTIFIER**, a. *identifié*. Identificar, hacer que dos ó mas cosas, que en la realidad son distintas, aparezcan como una misma. || *S'identifier*, r. Identificarse, confundir su ser, su existencia con la de otro.

**IDENTIQUE**, adj. *identíc*. Idéntico, que en la sustancia ó realidad es lo mismo que otra cosa. || Idéntico, que se halla comprendido bajo de una misma idea.

**IDENTIQUEMENT**, adv. *identicmán*. Idénticamente, de una manera idéntica.

**IDENTITÉ**, f. *identité*. Identidad, cualidad de lo que es idéntico, que hace que dos ó mas cosas sean una misma.

**IDÉOGÉNIE**, f. *ideogení*. Ideogenia, ciencia que trata del origen de las ideas.

**IDÉOGÉNIQUE**, adj. *ideogenic*. Ideogénico, que pertenece al origen de las ideas.

**IDÉOGRAPHIE**, f. *ideografí*. Ideografía, expresion directa del pensamiento por imágenes pintadas ó esculpidas.

**IDÉOGRAPHIQUE**, adj. *ideografic*. Ideográfico, que expresa, que representa una idea, la igualdad por signos gráficos.

**IDÉOLOGIE**, f. *ideologí*. Ideología, ciencia cuyo objeto es tratar de las ideas.

**IDÉOLOGIQUE**, adj. *ideologic*. Ideológico, que pertenece á la ideología.

**IDÉOLOGUE**, m. *ideológue* Ideólogo, el que se dedica al estudio de la ideología.

**IDES**, f. pl. *id*. Idus, el dia 15 de marzo, mayo, julio y octubre y el 13 de los demas meses entre los Romanos.

**IDIOLÂTRE**, m. y f. *idiolátr*. Idiólatra, el que no se ama mas que á sí mismo.

**IDIOLÂTRIE**, f. *idiolatrí*. Idiolatría, culto que uno se tributa á sí mismo. Egoismo convertido en religion.

**IDIOLÂTRIQUE**, adj. *idiolatric*. Idiolátrico, que pertenece á la idiolatría.

**IDIOMATIQUE**, adj. *idiomatic*. Idiomático, que pertenece á los idiomas.

**IDIOME**, m. *idióm*. Idioma, lengua de cualquiera nacion. || Teol. Idioma, lo que pertenece á una naturaleza, como en gramática significa lo que pertenece á una lengua.

**IDIOMOGRAPHE**, m. *idiomográf*. Idiomógrafo, el que hace conocer los idiomas de una nacion, de una provincia.

**IDIOMOGRAPHIE**, f. *idiomografí*. Idiomografía, ciencia que tiene por objeto la descripcion y la clasificacion de los idiomas de una nacion, de una provincia.

**IDIOMOGRAPHIQUE**, adj. *idiomografic*. Idiomográfico, que pertenece á la idiomografía.

**IDIONTOLOGIE**, f. *idiontologí*. Idiontología, ontología idioscópica.

**IDIOPATHIE**, f. *idiopatí*. Med. Idiopatía, enfermedad primitiva, es decir, que no depende de otra enfermedad, que tiene su carácter particular. || met. Idiopatía, propension particular á una cosa.

**IDIOPATHIQUE**, adj. *idiopatic*. Idiopático, que pertenece á la idiopatía.

**IDIOPHYTOLOGIE**, f. *idiofitologí*. Idiofitología, fitología idioscópica.

**IDIORTHOLOGIE**, f. *idiortologí*. Idiortología, ortología idiosimboloscópica.

**IDIOSCOPIQUE**, adj. *idioscopíc*. Idioscópico, que tiene por objeto las propiedades que pertenecen en particular á tales ó cuales clases de seres.

**IDIOSTHÉNIE**, f. *idiostení*. Med. Idiostenia, enfermedad por excitacion, cuyo carácter es particular y especial.

**IDIOSTHÉNIQUE**, adj. *idiostenic*. Idiosténico, que pertenece á la idiostenia.

**IDIOSYMBOLOSCOPIQUE**, adj. *idiosenboloscopic*. Idiosimboloscópico, que tiene por objeto los signos ó caractéres que pertenecen á tal ó cual nacion.

**IDIOSYNCRASE** ó **IDIOSYNCRASIE**, f. *idiosencrás*, *idiosencrasí*. Idiosincrasia, disposicion por la cual cada individuo tiene una susceptibilidad particular; temperamento particular de un individuo exclusivamente.

**IDIOSYNCRASIQUE**, adj. *idiosencrasic*. Idiosincrásico, que pertenece á la idiosincrasia.

**IDIOT**, E, adj. *idió*, *ót*. Idiota, rústico, tonto, mentecato, negado y muy ignorante. Es tambien sustantivo. || Med. Idiota, que padece de idiotismo ó de idiotía.

**IDIOTIE**, f. *idiotí*. Med. Idiotía. V. IDIOTISME.

**IDIOTIQUE**, adj. *idiotic*. Idiótico, que pertenece ó es particular á una cosa. || Med. Idiótico, que pertenece á la idiotía ó al idiotismo.

**IDIOTISME**, m. *idiotism*. Idiotismo, modismo, modo ó construccion particular de cada idioma. || Idiotismo, ignorancia, falta de letras ó instruccion. || Med. Idiotismo, especie de enfermedad ó imperfeccion del hombre, en la cual las facultades del espíritu no se han desarrollado sino de una manera imperfecta.

**IDIOTROPHE**, adj. *idiotróf*. Idiótrofo, que se mantiene de animales de su propia especie.

**IDIOTROPHIE**, f. *idiotrofí*. Idiotrofía, constitucion particular de cada individuo.

**IDIOZOOLOGIE**, f. *idiozoologí*. Idiozoología, zoología idioscópica.

**IDMON**, m. *idmón*. Idmon, uno de los argonautas, célebre adivino de Argos, que dicen ser hijo de Apolo.

**IDMONÉE**, f. *idmoné*. Zool. Idmonea, género de políperos fósiles.

**IDOCRASE**, f. *idocrás*. Miner. Idocrasa, especie de piedra preciosa.

**IDOINE**, adj. *iduán*. For. Idóneo, hábil, capaz, apto.

**IDOLÂTRE**, adj. y s. *idolátr*. Idólatra, el que adora ídolos ó alguna falsa deidad. || Idólatra, cualquiera que tributa un culto divino á criaturas. || met. Idólatra, el que ama excesiva y desordenadamente á alguna persona ó cosa.

**IDOLÂTRER**, n. *idolatré*. Idolatrar, adorar ídolos. || a. Idolatrar, amar excesiva y desordenadamente á alguna persona ó cosa. || *S'idolâtrer*, r. Idolatrarse, ser idólatra de sí mismo, adorarse. || Idolatrarse, amarse ó adorarse recíprocamente uno á otro.

**IDOLÂTRIE**, f. *idolatrí*. Idolatría, adoracion que se da á los ídolos y falsas divinidades. || met. Idolatría, amor excesivo y desordenado á alguna persona ó cosa.

**IDOLATRIQUE**, adj. *idolatric*. Idolátrico, perteneciente á la idolatría.

**IDOLE**, f. *idól*. Ídolo, figura de alguna falsa deidad á que se da adoracion. || met. Objeto excesivamente amado. || met. y fam. Estatua, cuerpo sin alma, persona de buena estampa, sin entendimiento.

**IDOLOMANE**, adj. V. IDOLATRE.

**IDOLOTHYTE**, m. *idolotít*. Idolotito, nombre que se daba á las viandas que se ofrecian á los ídolos.

**IDOMÉNÉE**, f. *idomené*. Mit. Idomenea, hija de Córes, que se desposó con Amitaon, de quien tuvo á Bias y á Melampo. || Zool. Idoménea, especie de mariposa.

**IDONÉITÉ**, f. *idoneité*. Idoneidad, aptitud, capacidad, suficiencia para alguna cosa.

**IDUMÉE**, adj. Poét. V. IDUMÉEN.

**IDUMÉEN**, NE, adj. y s. *idumeén*, *én*. Idumeo, de Idumea en la Palestina.

**IDYE**, f. *idí*. Zool. Idia, género de medusas.

**IDYLLE**, f. *idíl*. Idilio, poema pastoril, especie de égloga.

**IDYLLIQUE**, adj. *idilic*. Idílico, perteneciente al idilio.

**IÉNITE**, m. *ienít*. Miner. Iénito, sustancia mineral ferruginosa.

**IÉROSCOPIE**, f. *ieroscopí*. Yeroscopia,

oficio de arúspice, adivinacion por medio de las entrañas de las víctimas.

**IFLOGE**, m. *iflóg*. Bot. Ifloga, planta del África setentrional.

**IGAZURATE**, m. *igasurát*. Quím. Igazurato, combinacion del ácido igazúrico con una base salificable.

**IGAZURIQUE**, adj. *igasuríc*. Quím. Igazúrico, se dice de un ácido encontrado en algunos vegetales del género estricno.

**IGLITE**, m. *iglít*. Miner. Iglito, variedad de aragonita.

**IGNAME**, f. *ignám*. Bot. Batata, género de plantas.

**IGNARE**, adj. *iñár*. Ignaro, ignorante, lego, hombre sin letras, sin estudios.

**IGNATIE**, f. *ignasí*. Bot. Ignacia, árbol de las Indias orientales.

**IGNÉ, ÉE**, adj. *igné*. Ígneo, que es de la naturaleza del fuego ó tiene alguna de sus cualidades.

**IGNÉOLOGIE**, f. V. PYROLOGIE.

**IGNESCENCE**, f. *ignesáns*. Ignescencia, estado de un cuerpo ignescente.

**IGNESCENT, E**, adj. *ignesán*. Ignescente, ígneo. || Abrasante, que arde ó quema, susceptible de arder, de inflamarse.

**IGNIAIRE**, adj. *igniér*. Igniario, que sirve para hacer materia combustible, y especialmente yesca.

**IGNICOLE**, adj. y s. *ignicól*. Mit. Ignícola, que adora el fuego.

**IGNIFÈRE**, adj. *ignifér*. Ignífero, que contiene en sí ó arroja fuego.

**IGNIGÈNE**, adj. *ignigén*. Ignígeno, nacido del fuego : sobrenombre de Vulcano y de Baco.

**IGNISPICIE**, f. *ignispisí*. Ignispicia, adivinacion inspeccionando el fuego.

**IGNITION**, f. *ignisión*. Ignicion, estado de los cuerpos que arden y que presentan un color rojo. || Ignicion, aplicacion del fuego á los metales, hasta ponerlos rojos pero sin llegar á fundirlos.

**IGNIVOME**, adj. *ignivóm*. Ignívomo, que vomita fuego : dícese de los volcanes.

**IGNIVORE**, adj. *ignivór*. Ignívoro, que traga fuego : se aplica á los charlatanes que aparentan comerlo para divertir al público.

**IGNOBILITÉ**, f. *iñobilité*. Innobilidad, innobleza, cualidad de lo innoble.

**IGNOBLE**, adj. *iñóbl*. Innoble, plebeyo, de baja estraccion, que no es noble. || Innoble, ruin, villano, indigno, etc., hablando de las acciones y de cosas. || Innoble, grosero, rústico, tosco. || Ridículo, deforme, mal parecido, etc.

**IGNOBLEMENT**, adv. *iñoblmán*. Innoblemente, de una manera innoble. || Groseramente, de un modo grosero, rústico. || Indignamente, miserablemente, sin nobleza ninguna.

**IGNOMINIE**, f. *iñominí*. Ignominia, infamia, afrenta pública.

**IGNOMINIEUSEMENT**, adv. *iñominieusmán*. Ignominiosamente, con ignominia.

**IGNOMINIEUX, EUSE**, adj. *iñominieu*, *eus*. Ignominioso, que infama, que causa ignominia.

**IGNORABLE**, adj. *iñorábl*. Ignorable, susceptible de ser ignorado.

**IGNORAMMENT**, adv. *iñoramán*. Ignorantemente, con ignorancia.

**IGNORANCE**, f. *iñoráns*. Ignorancia, falta de letras, de ciencia, de conocimientos, etc. || fam. *Prétendre cause d'ignorance*, pretender ignorancia, alegarla.

**IGNORANT, E**, adj. *iñorán*. Ignorante, que no sabe ó no tiene noticia de las cosas, que ignora.

**IGNORANTIFIANT, E**, adj. *iñorantifián*. Ignorantificante, que produce ignorancia, que embrutece, que hace ignorantes.

**IGNORANTIFIER**, a. *iñorantifié*. Ignorantificar, embrutecer, hacer ignorante. || *S'ignorantifier*, r. Ignorantificarse, hacerse ignorante.

**IGNORANTIN, E**, adj. inus. *iñorantín*, *ín*. Ignorantillo, ignorantuelo. || irón. Enemigo de las luces.

**IGNORANTISME**, m. *iñorantism*. Ignorantismo, sistema de los partidarios de la ignorancia de los pueblos.

**IGNORANTISSIME**, adj. *iñorantisim*. Ignorantísimo, ignorante en grado superlativo.

**IGNORANTISTE**, adj. y s. *iñorantist*. Ignorantista, partidario del ignorantismo.

**IGNORER**, a. *iñoré*. Ignorar, no saber ó no tener noticia de las cosas. || Ignorar, desconocer por falta de uso ó costumbre, no practicar algo. || *Ignorer les hommes*, no conocer el corazon humano. || *S'ignorer*, r. Ignorarse, desconocerse, no tener una justa idea de sí mismo, de sus fuerzas, etc.

**IGUANE**, m. *iguán*. Zool. Iguana, lagarto de América de carne muy sabrosa.

**IGUANODON**, m. *iguanodón*. Zool. Iguanodo, género de reptiles saurianos fósiles.

**IGUARUCU**, m. *iguarucú*. Iguarucu, animal anfibio del Brasil, grande como un buey.

**IKIRIOU**, m. *iquirú*. Zool. Iquiriou, serpiente enorme de Gayena.

**IL**, pron. sing. m. de la 3ª. pers. *il*. Él, esta persona, esa cosa, etc. Hace *ils* en el plural, y sirve para sustituir un nombre ya expresado, cuya repeticion molestaria. || *Il*, como partícula determinante, precede á los verbos impersonales y nada significa : v. gr. *il pleut*, llueve, *il y a*, hay, etc. Tampoco se traduce en esta y otras frases semejantes : *il vaut mieux vivre que mourir*, mas vale vivir que morir. Aun en los verbos activos, el *il*, *ils*, repetidos con tanta frecuencia en frances, se traducen lo ménos posible en español. || En las frases exclamativas se pospone á los verbos, haya negacion ó no; y lo mismo casi siempre en las dicciones interrogativas. *Que fait-il?* ¿qué hace ó qué hace él? *Que font-ils?* ¿qué hacen ó qué hacen ellos?

**ÎLE**, f. *il*. Isla, cierta extension de tierra rodeada de agua. || met. Manzana, casa ó conjunto de casas aislado entre cuatro calles.

**ILÉITE**, f. *ileít*. Med. Ileitis, inflamacion del íleon.

**ILÉOGRAPHE**, m. *ileográf*. Ileógrafo, el que se ocupa de ileografía ó escribe sobre ella.

**ILÉOGRAPHIE**, f. *ileografí*. Ileografía, descripcion de los intestinos, tratado acerca de ellos.

**ILÉOGRAPHIQUE**, adj. *ileografíc*. Ileográfico, concerniente á los intestinos.

**ILÉOLOGIE**, f. V. ILÉOGRAPHIE.

**ILÉOLOGISTE, ILÉOLOGUE**, m. V. ILÉOGRAPHE.

**ILÉON**, m. *ileón*. Anat. Íleon, tercer intestino que empieza donde acaba el yeyuno, y termina en el ciego.

**ILÉOSE**, f. *ileós*. Med. Ileosis, enfermedad del intestino íleon.

**ILES**, m. pl. *il*. Anat. Ilios, huesos anchos y chatos de mas abajo del espinazo que forman las caderas.

**ILÉUS**, m. *ileús*. Med. Ileosis ó ileusis, enfermedad inflamatoria ó nerviosa, convulsion del intestino.

**ILIAC**, m. *iliác*. Zool. Iliaco, especie de pinzon americano.

**ILIADE**, f. *iliád*. Iliada, poema épico de Homero sobre la guerra de Troya.

**ILIAL, E**, adj. *iliál*. Ilial, perteneciente al hueso ilio.

**ILIAQUE**, adj. *iliác*. Anat. Iliaco, que pertenece á los ilios. || Med. *Passion iliaque*. V. ILÉUS. || f. Iliaca, enfermedad en el intestino íleon.

**ILION**, m. *ilión*. Anat. Ilion, la porcion superior del hueso dicho innominado, que en los niños está perfectamente marcado, distinguiéndose de las otras dos piezas que cada innominado forma, conocidas con los nombres de isquion y púbis.

**ILIONÉE**, m. *ilioné*. Mit. Ilioneo, capitan troyano, hijo de Fórbas.

**ILLACÉRABLE**, adj. *ilaserábl*. Ilacerable, que no puede ser lacerado.

**ILLACÉRÉ, ÉE**, adj. *ilaseré*. Ilacerado, ileso, intacto.

**ILLANKEN**, m. *ilanquén*. Zool. Illanqueno, pescado del género salmon.

**ILLATION**, f. ant. *ilasión*. Ilacion, accion de deducir ó inferir una cosa de otra.

**ILLÉGAL, E**, adj. *ilegál*. Ilegal, no legal, que es contra la ley.

**ILLÉGALEMENT**, adv. *ilegalmán*. Ilegalmente, sin legalidad, de un modo ilegal.

**ILLÉGALITÉ**, f. *ilegalité*. Ilegalidad, calidad de lo ilegal, carácter de lo que no es legal. || Ilegalidad, acto ilegal.

**ILLÉGITIME**, adj. *ilegitím*. Ilegítimo, que no es legítimo. || *Enfant illégitime*, hijo ilegítimo, hijo nacido fuera de matrimonio. || Irracional, injusto, fuera de razon, de regla, etc. || Med. *Fièvres illégitimes*, fiebres anómalas por su loca marcha.

**ILLÉGITIMEMENT**, adv. *ilegitimmán*. Ilegítimamente, de una manera ilegítima.

**ILLÉGITIMITÉ**, f. *ilegitimité*. Ilegitimidad, falta de legitimidad.

**ILLÉSÉ, ÉE**, adj. *ilesé*. Ileso, que no ha recibido lesion ó daño.

**ILLESTÉ, ÉE**, adj. *ilesté*. Mar. [illegible] de lastre.

**ILLETTRÉ, ÉE**, adj. *iletré*. Iletrado, iliterato, ignorante, no versado en ciencias y letras humanas.

**ILLIBÉRAL, E**, adj. *iliberál*. Iliberal, que no es liberal ó generoso. || Mecánico, hablando de artes. || Polít. Absolutista.

**ILLIBÉRALEMENT**, adv. *iliberalmán*. Iliberalmente, sin liberalidad.

**ILLIBÉRALISME**, m. *iliberalism*. Iliberalismo, opinion, modo de pensar opuesto al liberalismo.

**ILLIBÉRALITÉ**, f. *iliberalité*. Iliberalidad, carácter de lo que no es liberal.

**ILLICITE**, adj. *ilisít*. Ilícito, que no es lícito, prohibido por la ley, etc.

**ILLICITEMENT**, adv. *ilisitmán*. Ilícitamente, de una manera ilícita.

**ILLICO**, adv. lat. *il-lico*. Sobre la marcha, al punto. Se usaba antiguamente en la curia, y aun se usa hoy en medicina, para los remedios que han de aplicarse luego.

**ILLIMÉ, ÉE**, adj. *ilimé*. Ilimado, no limado, no pulido.

**ILLIMITABLE**, adj. *ilimitábl*. Ilimitable, que no puede ser limitado.

**ILLIMITATION**, f. *ilimitasión*. Ilimitacion, estado de una cosa que no tiene límites.

**ILLIMITÉ, ÉE**, adj. *ilimité*. Ilimitado, que no tiene límites.

**ILLIPÉ**, m. *ilipé*. Bot. Ilipo, árbol muy alto del Malabar.

**ILLIQUÉFIÉ, ÉE**, adj. *iliquefié*. Iliquidado, no liquidado, no reducido á líquido.

**ILLISIBLE**, adj. *ilisíbl*. Ilegible, que no se puede leer.

**ILLITÉRÉ, ÉE**, adj. V. ILLETTRÉ.

**ILLOGICITÉ**, f. *ilogisité*. Ilogicidad, cualidad de lo que es ilógico.

**ILLOGIQUE**, adj. *ilogíc*. Ilógico, no conforme á la lógica.

**ILLOGIQUEMENT**, adv. *ilogicmán*. Ilógicamente, de una manera ilógica ó sin lógica.

**ILLUCIDE**, adj. *ilusíd*. Ilúcido, no lúcido, que no tiene lucidez.

**ILLUMINATEUR**, m. *iluminateur*. Iluminador, el que ilumina.

**ILLUMINATIF, IVE**, adj. *iluminatíf*, *ív*. Iluminativo, que ilumina.

**ILLUMINATION**, f. *iluminasión*. Iluminacion, alumbrado, alumbramiento, resplandor producido por los cuerpos luminosos. || Accion y efecto de iluminar. || [illegible] Iluminacion, rayo de luz celeste que Dios infunde en nuestras almas y corazones.

**ILLUMINÉ, ÉE**, adj. *iluminé*. Iluminado, inspirado. || *Les illuminés*, m. pl. Los iluminados, nombre dado á ciertos herejes españoles en 1575. || Fanáticos, visionarios.

**ILLUMINER**, a. *iluminé*. Iluminar, alumbrar, dar luz ó resplandor. || Iluminar, adornar con luces. || met. Iluminar, aclarar, alumbrar, infundir Dios luz en el alma, en el entendimiento, etc. || *S'illuminer*, r. Iluminarse, ser iluminado.

**ILLUMINEUX, EUSE**, adj. [illegible]

nes. Iluminoso, no luminoso, que carece de luz, oscuro.

ILLUMINISME, m. iluminism. Iluminismo, sistema de los iluminados.

ILLUMINISTE, m. iluminist. Iluminista, partidario del iluminismo.

ILLUSION, f. ilusión. Ilusion, falsa apariencia, error de los sentidos ó de la mente que hace parecer lo que no es. || Ilusion, sueño, delirio, engendro imaginario.

ILLUSIONNER, a. ilusioné. Ilusionar, llenar de ilusiones. || S'illusionner, r. Ilusionarse, hacerse, crearse ilusiones, ser ilusionado.

ILLUSOIRE, adj. ilusuár. Ilusorio, engañoso, que induce á ilusion. || Ilusorio, vano, fallido, sin resultado, inútil, etc. || Espoir illusoire, esperanza burlada; promesses illusoires, ofertas fementidas, palabras estériles.

ILLUSOIREMENT, adv. ilusuarmán. Ilusoriamente, de una manera ilusória.

ILLUSTRATEUR, m. ilustrateur. Ilustrador, el que ilustra.

ILLUSTRATION, f. ilustrasión. Ilustracion, accion y efecto de ilustrar.

ILLUSTRE, adj. ilústr. Ilustre, esclarecido, célebre. || Insigne, grandioso.

ILLUSTRER, a. ilustré. Ilustrar, engrandecer, ennoblecer, dar luz al entendimiento, etc. || Ilustrar, hermosear, enriquecer con grabados, con viñetas, litografías, etc. || S'illustrer, r. Ilustrarse, ser ilustrado.

ILLUSTRISSIME, adj. ilustrisím. Ilustrísimo, título honorífico de algunos personajes de elevada categoría y principalmente de los prelados de la Iglesia.

ILLUTATION, f. ilutasión. Med. Enlodadura, enlodamiento, accion de enlodar una parte del cuerpo.

ILLUTER, a. iluté. Med. Enlodar, cubrir alguna parte del cuerpo de lodo de aguas minerales en ciertas enfermedades.

ILLYRIEN, NE, adj. y s. ilirién, én. Ilírico, de Iliria.

ILMU, m. ilmú. Bot. Ilmu, planta de la familia de las irídeas.

ILOIR, m. iluár. Mar. Eslora, longitud del buque sobre la principal cubierta desde el codaste á la roda.

ILOT, m. iló. Islote, especie de isla muy pequeña que se forma en los rios, etc.

ILOTE, adj. y s. ilót. Ilota, habitante de Helos en el Peloponeso. Los ilotas vencidos por los Lacedemonios y reducidos á la esclavitud, fueron indignamente tratados. || met. Ilota, calificacion de un pueblo abyecto en cambio de libertad.

ILOTISME, m. ilotism. Ilotismo, estado, condicion de ilota.

ILOTIE, f. V. ILOTISME.

ILVAÏTE, f. ilvait. Miner. Ilvaita, especie de mineral férreo.

ILYSION, m. ilisión. Zool. Ilision, género de serpientes.

IMAGE, f. imáge. Imágen, figura, representacion, semejanza y apariencia. || Imágen, representacion artística en pintura, escultura, etc. || Imágen, estampa, lámina, especialmente de santos y santas. || Imágen, semejanza admirable de un objeto á otro, como un traslado de este. || Imágen, memoria, recuerdo, impresion profunda grabada en el corazon del hombre por una pasion, por un acontecimiento, etc. || Imágen, representacion fantástica de una cosa que la mente se figura como sucediendo ya; pintura, idea, cuadro que la imaginacion traza, que el entendimiento contempla y examina.

IMAGER, a. imagé. Imaginar, imagenar, representar por imágenes, por emblemas. || Adornar, engalanar, enriquecer con imágenes admirablemente lucidas y brillantes. || S'imager, r. Imagenizarse, ser imagenado.

IMAGEUR ó IMAGIER, ÈRE, ó IMAGISTE, m. y f. imagé, imagié, ér, imagist. Estampero, la persona que vende estampas.

IMAGINER, a. ant. imagié. Florear, atestar de imágenes, recargar de metáforas, de figuras, de tropos un escrito difuso.

IMAGERIE, f. imagerí. Estampería, comercio de estampas.

IMAGINABLE, adj. imaginábl. Imaginable, que se puede imaginar.

IMAGINAIRE, adj. imaginér. Imaginario, que solo existe en la imaginacion. || Mat. Imaginario, se dice de las cantidades de los números no realizables, y en particular de las raices pares de las cantidades negativas.

IMAGINATIF, IVE, adj. imaginatif, ív. Imaginativo, que continuamente imagina ó piensa, que tiene una imaginacion muy fecunda. || Imaginative, f. Imaginativa, facultad, potencia de imaginar. Tambien se dice faculté ó puissance imaginative.

IMAGINATION, f. imaginasión. Imaginacion, facultad que tiene el alma de concebir, de ver intimamente, de representarse las cosas. || Imaginacion, aprehension, vision, idea fantástica, fantasía extravagante, etc. || Imaginacion, creencia, concepto que se tiene ó que se forma de una cosa sin bastante fundamento para ello.

IMAGINATIONISTE, m. imaginasionist. Med. Imaginacionista, el que cree en los esfuerzos de la imaginacion sobre el feto.

IMAGINATIVE, f. V. IMAGINATIF.

IMAGINER, a. imaginé. Imaginar, crear, formar concepto de alguna cosa. || Imaginar, idear, inventar medios, planes, etc. || Imaginer que, imaginar que... creer, pensar, figurarse, persuadirse. || S'imaginer, r. Imaginarse. || Figurarse, persuadirse, creer.

IMAM, m. imám. Imam, ministro ó sacerdote de la religion mahometana. || Imam, título de los antiguos poderosos califas, trasferido á los sultanes otomanos. || Título de algunos de sus doctores por su eminente saber.

IMAMAT, m. imamá. Imamato, dignidad, empleo, cargo de imam.

IMANTÉLIGME, m. imanteligm. Imanteligmo, especie de juego usado por los Griegos.

IMARET, m. imaré. Imareto, hospital turco.

IMARMÈNE, f. imarmén. Imarmena, divinidad idéntica á la titulada Destino.

IMATIDIE, f. imatidí. Zool. Imatidia, género de insectos.

IMBÉCILE ó IMBÉCILLE, adj. y s. enbesil. Imbécil, endeble, débil de espíritu. || Imbécil, sandio, estúpido, ignorante, necio, mentecato, menguado.

IMBÉCILLEMENT, adv. enbesilmán. Imbécilmente, de una manera estúpida y tonta. || Débilmente.

IMBÉCILLITÉ, f. enbesilité. Imbecilidad, flaqueza, debilidad del espíritu. || Imbecilidad, simpleza, necedad, estupidez.

IMBÉNI, E, adj. enbení. Teol. Imbendito, no bendito, que no ha sido bendecido.

IMBERBE, adj. enbérb. Imberbe, lampiño, sin pelo de barba. || met. Imberbe, muy jóven, no experimentado, etc.

IMBIBER, a. enbibé. Embeber, empapar, impregnar, hacer que un líquido penetre por algun cuerpo ó cuerpos. || met. V. IMBOIRE. || S'imbiber, r. Embeberse, empaparse.

IMBIBITION, f. enbibisión. Imbibicion, accion y efecto de embeber. || Absorcion de la humedad atmosférica.

IMBLOCATION, f. ant. enblocasión. Imblocacion, manera antigua de enterrar los cadáveres de los excomulgados.

IMBOIRE, a. enbuár. Embeber, impregnar, humedecer, mojar: imboire un corps d'un liquide. || Imbuir, infundir, persuadir. || met. Imbuir de errores, buenas doctrinas, etc. || S'imboire, r. Imbuirse, penetrarse, persuadirse.

IMBRIAQUE, adj. y s. enbriác. Peneque, beodo, calamocano, borracho, etc.

IMBRICAIRE, f. enbriquér. Bot. Imbricaria, género de criptógamas.

IMBRICÉE, adj. f. enbrisé. Acanalada, hablando de las tejas.

IMBRIQUANT, E, adj. enbricán. Imbricante, recubriente, que recubre.

IMBRIQUÉ, ÉE, adj. enbriqué. Imbricado, sobrepuesto, compuesto de partes aplicadas unas sobre otras, como las tejas de un tejado, las escamas de los peces, etc.

IMBROGLIO, m. enbróllio. Embrollo, maraña, confusion. Es una voz del italiano afrancesada por el uso.

IMBRULÉ, adj. enbrulé. No quemado, no abrasado.

IMBU, E, adj. enbú. Imbuido. || met. Imbuido, lleno, penetrado de una doctrina, de una opinion. Imbu de bons, de mauvais principes.

IMBUVABLE, adj. enbuvábl. Imbebible, que no se puede beber.

IMÉRA, f. iméra. Antig. Imera, sombrero de flores que llevaba el que se habia de iniciar en los misterios de Eleusis.

IMITABLE, adj. imitábl. Imitable, que se puede imitar, que debe imitarse ó que es digno de imitacion.

IMITATEUR, TRICE, m. y f. imitateur, trís. Imitador, la persona que imita.

IMITATIF, IVE, adj. imitatif, ív. Imitativo, que imita ó tiene la facultad de imitar.

IMITATION, f. imitasión. Imitacion, accion y efecto de imitar. || Imitacion, copia || Falsificacion de cualquier cosa. || Imitacion, produccion intelectual cuya idea, modo ó forma tiene otra por modelo. || A l'imitation, loc. adv. A imitacion, á ejemplo ó semejanza de otra cosa.

IMITER, a. imité. Imitar, copiar, reproducir alguna cosa á la vista ó con la idea de otra que se escogió por modelo. || Imitar, falsificar la hechura, la forma, la naturaleza de una cosa. || Imitar, tomar por modelo, por diseño, hablando física y moralmente. || Imitar, seguir el ejemplo de alguno.

IMMACULÉ, ÉE, adj. imaculé. Inmaculado, puro, sin mancha, sin mancilla.

IMMALLÉABLE, adj. imaleábl. Inmaleable, que carece de maleabilidad.

IMMANENT, E, adj. imanán. Inmanente, se dice de la accion que no pasa á otro sugeto. || Inmanente, que queda fijo, constante. Es palabra usada en filosofía.

IMMANGEABLE, adj. imanjábl. Incomestible, que no puede comerse.

IMMANIABLE, adj. imaniábl. Inmanejable, que no puede manejarse: dícese hablando de un niño indócil.

IMMANQUABLE, adj. imancábl. Cierto, fijo, infalible, que no puede faltar.

IMMANQUABLEMENT, adv. imancablemán. Ciertamente, infaliblemente, con certeza, sin falta.

IMMANUFACTURÉ, ÉE, adj. imanufacturé. Didáct. Inmanufacturado, que es natural y no fabricado.

IMMARCESSIBLE, adj. ant. V. INCORRUPTIBLE.

IMMARGINÉ, ÉE, adj. imarginé. Inmarginado, que no tiene ribete, ó cuyo canto ó bordes no difieren del resto del cuerpo.

IMMARIABLE, adj. imariábl. Incasable, que no puede casarse.

IMMARTYROLOGISER, a. imartirolegisé. Inscribir en el martirologio.

IMMATÉRIALISER, a. imaterialisé. Inmaterializar, hacer abstraccion de la materia; suponerlo todo inmaterial.

IMMATÉRIALISME, m. imaterialism. Inmaterialismo, opinion de los que pretenden que todo es espíritu y que el universo está poblado de seres pensadores.

IMMATÉRIALISTE, m. imaterialist. Inmaterialista, partidario del espiritualismo.

IMMATÉRIALITÉ, f. imaterialité. Inmaterialidad, calidad de lo inmaterial.

IMMATÉRIEL, LE, adj. imateriél. Inmaterial, que no tiene mezcla de materia.

IMMATÉRIELLEMENT, adv. imaterielmán. Inmaterialmente, espiritualmente.

IMMATRICULATION, f. imatriculasión. Matrícula, empadronamiento, accion de matricular ó empadronar; estado de lo que se halla matriculado.

IMMATRICULE, f. imatricúl. Matrícula, padron, registro en que se inscriben los nombres de algunos sugetos.

IMMATRICULER, a. imatriculé. Matricular, empadronar, inscribir en un libro de registro.

**IMMATURITÉ**, f. *imaturité*. Inmadurez, falta de sazon, de madurez, hablando de los frutos.

**IMMÉDIAT, E**, adj. *imedié*. Inmediato, que obra, sigue ó procede sin intermedio. ‖ Inmediato, que está contiguo ó cercano á otra cosa sin intervenir nada.

**IMMÉDIATEMENT**, adv. *imediatmán*. Inmediatamente, de una manera inmediata y no interrumpida. ‖ *Immédiatement après*, inmediatamente despues, luego despues.

**IMMÉDIATION**, f. *imediasión*. Inmediacion, cualidad de lo que está inmediato.

**IMMÉDIATITÉ**, f. *imediatité*. Inmediacion, cualidad de lo que está inmediato.

**IMMÉMORABLE**, adj. *imemorábl*. Olvidable, que no es digno de conservarse en la memoria. ‖ Inmemorial.

**IMMÉMORANT, E**, adj. *imemorán*. Trascordado, que no se acuerda ó que no conserva memoria de algo.

**IMMÉMORATIF, IVE**, adj. ant. *imemoratif, iv*. Olvidadizo, desmemoriado, que no tiene memoria.

**IMMÉMORIAL, E**, adj. *imemoriál*. Inmemorial, que es tan antiguo que no se sabe ó no hay memoria de cuándo comenzó.

**IMMÉMORIALEMENT**, adv. *imemorialmán*. Inmemorialmente, de una manera inmemorial.

**IMMENSE**, adj. *imáns*. Inmenso, infinito, que no tiene límites, que no tiene medida. ‖ met. Inmenso, infinito, ilimitado, inmensurable, que no se puede medir.

**IMMENSÉMENT**, adv. *imansemán*. Inmensamente, de una manera inmensa.

**IMMENSITÉ**, f. *imansité*. Inmensidad, infinidad, extension que no se puede medir. ‖ Inmensidad, cualidad de lo que es desmesurado, enorme, excesivo, hablando de las cosas. ‖ met. Inmensidad, ilimitacion de poder, de riqueza, de talento, etc.

**IMMENSURABLE**, adj. *imansurábl*. Inmensurable, que no puede medirse.

**IMMERGER**, a. *imergé*. Inmergir, meter alguna cosa en el agua. ‖ met. Inmergir, sumergir á alguno en errores, preocupaciones, etc. ‖ *S'immerger*, r. Inmergirse, sumergirse en el agua. ‖ met. Inmergirse, sumergirse en un océano de errores, de preocupaciones, etc.

**IMMÉRITÉ, ÉE**, adj. *imerité*. Inmerecido, que no se merece.

**IMMERSEUR**, m. *imerseur*. Inmersor, el que echaba el agua al neófito en la ceremonia del bautismo.

**IMMERSIF, IVE**, adj. *imersif, iv*. Inmersivo, que se sumerge en un líquido. ‖ *Calcination immersive*, calcinacion inmersiva, prueba que se hace metiendo el oro en agua fuerte despues de purificado por la cuartacion.

**IMMERSION**, f. *imersión*. Inmersion, accion de sumergir una cosa en algun líquido. ‖ Astr. *Immersion d'un astre*, inmersion de un astro, tiempo que tarda ó emplea en entrar en la sombra producida por un eclipse ó ocultacion. ‖ Fís. *Point d'immersion*, punto de inmersion, aquel en que se oculta un rayo luminoso, cualquiera que sea su medio.

**IMMEUBLE**, s. m. y adj. *imeubl*. Inmueble, bienes raíces, que no se pueden mover, que están fijos. Por extension legal se dice tambien de los muebles que el propietario ha trasladado á una finca ó heredad para su uso personal ó para la explotacion de la misma finca. ‖ Se dice sustantivamente: *les immeubles*, los bienes inmuebles. ‖ *Immeubles ameublis*, bienes que se reputan muebles por ficcion.

**IMMIGRANT**, adj. y s. *imigrán*. Inmigrante, advenedizo, calificacion que se da á las personas que se establecen en un país extranjero.

**IMMIGRATION**, f. *imigrasión*. Inmigracion, establecimiento de una persona en país extranjero.

**IMMIGRER**, n. *imigré*. Inmigrar, establecerse, fijar residencia en un país extraño.

**IMMINEMMENT**, adv. *iminaman*. Inminentemente, de una manera inminente, urgente.

**IMMINENCE**, f. *iminans*. Inminencia, riesgo, proximidad de algun peligro.

**IMMINENT, E**, adj. *iminán*. Inminente, que amenaza ó está para suceder prontamente.

**IMMISCER**, a. *imisé*. Inmiscuir, mezclar, entrometer, hacer que una persona tome parte en el manejo ó administracion de algun asunto. ‖ *S'immiscer*, r. Inmiscuirse, entremeterse, mezclarse en algun negocio extraño.

**IMMISCIBILITÉ**, f. *imisibilité*. Inmiscibilidad, cualidad de lo que es inmiscible.

**IMMISCIBLE**, adj. *imisibl*. Fís. Inmiscible, que no es susceptible de mezcla.

**IMMISÉRICORDIEUSEMENT**, adv. *imisericordieusmán*. Sin misericordia.

**IMMISÉRICORDIEUX, EUSE**, adj. *imisericordieu, eus*. Implacable, sin misericordia.

**IMMISSION**, f. *imisión*. Inmision, internacion, accion de introducir, de internar.

**IMMIXTION**, f. *imicstión*. Inmixtion, accion y efecto de mezclar dos ó mas sustancias. ‖ Inmixtion, accion de inmiscuirse en alguna herencia.

**IMMIXTIONNÉ, ÉE**, adj. *imicstioné*. Inmezclado, no mixturado, que no tiene mezcla.

**IMMOBILE**, adj. *imobil*. Inmóbil, que no tiene movimiento, que no se puede mover. ‖ Inmóbil ó inmobile, firme, constante, inalterable, inmutable.

**IMMOBILEMENT**, adv. *imobilmán*. Inmóbilmente, de una manera firme, segura.

**IMMOBILIAIRE**, adj. V. **IMMOBILIER**.

**IMMOBILIER, ÈRE**, adj. *imobilié, ér*. Inmobiliario, formado de bienes inmuebles. *Succession immobilière*, herencia de bienes raíces. Se usa tambien como sustantivo.

**IMMOBILIÈREMENT**, adv. *imobiliérman*. Inmobiliariamente, de una manera inmobiliaria.

**IMMOBILISATION**, f. *imobilisasión*. Inmobilizacion, accion y efecto de inmobilizar.

**IMMOBILISER**, a. *imobilisé*. Inmobilizar, hacer inmóbil. ‖ Convertir en inmuebles.

**IMMOBILITÉ**, f. *imobilité*. Inmobilidad, incapacidad ó impotencia de moverse. ‖ met. Inmobilidad, constancia, firmeza.

**IMMODÉRATION**, f. *imoderasión*. Inmoderacion, falta de moderacion.

**IMMODÉRÉ, ÉE**, adj. *imoderé*. Inmoderado, que carece de moderacion.

**IMMODÉRÉMENT**, adv. *imoderemán*. Inmoderadamente, sin moderacion.

**IMMODESTE**, adj. *imodést*. Inmodesto, que no es modesto, contrario á la modestia, al pudor.

**IMMODESTEMENT**, adv. *imodestmán*. Inmodestamente, de una manera inmodesta.

**IMMODESTIE**, f. *imodestí*. Inmodestia, falta de pudor, de recato, de vergüenza.

**IMMODIFIABLE**, adj. *imodifiábl*. Inmodificable, que no puede modificarse.

**IMMODIQUE**, adj. *imodic*. Inmódico, excesivo, desmesurado.

**IMMODULÉ, ÉE**, adj. *imodulé*. Mús. Inmodulado, que no está modulado.

**IMMOISSONNÉ, ÉE**, adj. *imuasoné*. Que no está segado.

**IMMOLATEUR**, m. *imolateur*. Inmolador, el que inmola.

**IMMOLATION**, f. *imolasión*. Inmolacion, accion de inmolar.

**IMMOLER**, a. *imolé*. Inmolar, ofrecer un sacrificio, una víctima. ‖ Inmolar, sacrificar degollando alguna víctima. ‖ fam. Inmolar, sacrificar, exponer, abandonar á uno, entregarle á la crítica, á la maledicencia. ‖ met. *Immoler quelqu'un à sa vengeance*, inmolar á alguno á su venganza, sacrificarle, perderle por satisfacer tan infame pasion. ‖ *S'immoler*, r. Inmolarse, sacrificarse, entregarse á la muerte, á una ruina ó desgracia, al deshonor, etc.

**IMMOLESTÉ, ÉE**, adj. *imolesté*. Que no ha sido molestado, incomodado.

**IMMONDE**, adj. *imónd*. Inmundo, impuro, sucio, asqueroso, que carece de pureza. En la Escritura se llama al diablo, espíritu inmundo.

**IMMONDICE**, f. *imondís*. Inmundicia, porquería, basura. En la Escritura se dice: *immondice légale*, inmundicia legal, mancilla, mancha que contraían los Judíos cuando tocaban alguna cosa inmunda.

**IMMONDICITÉ**, f. *imondicité*. Inmundicidad, cualidad de lo que es inmundo.

**IMMONAYÉ, ÉE**, adj. [illegible] Que no está hecho moneda ó reducido á moneda.

**IMMORAL, E**, adj. *imorál*. Inmoral, que carece de moralidad. ‖ Inmoral, que es contrario á la moral ó buenas costumbres.

**IMMORALEMENT**, adv. [illegible] Inmoralmente, sin moralidad.

**IMMORALITÉ**, f. [illegible] Inmoralidad, falta de moralidad. ‖ Inmoralidad, acto contrario á los principios de la moral.

**IMMORIGÉNÉ, ÉE**, adj. [illegible] Inmorigerado, que no ha sido educado.

**IMMORTALISATION**, f. [illegible] Inmortalizacion, accion de inmortalizar ó de inmortalizarse.

**IMMORTALISER**, a. [illegible] Inmortalizar, eternizar, hacer inmortal en la memoria de los hombres. ‖ met. Eternizar, estar mucho tiempo en hacer alguna cosa. ‖ *S'immortaliser*, r. Inmortalizarse, hacerse inmortal en la memoria de los hombres.

**IMMORTALITÉ**, f. [illegible] Inmortalidad, eternidad, perpetuidad, cualidad de lo que es inmortal. ‖ Inmortalidad, especie de vida perpetua en la memoria de los hombres. ‖ Blas. Inmortalidad, hoguera del fénix ó el fénix en la hoguera.

**IMMORTEL, LE**, adj. [illegible] Inmortal, que no está sujeto á la muerte. ‖ met. Inmortal, que es de muy larga duracion. ‖ Poét. y sustantivamente, *l'Immortel*, el Inmortal, el Eterno, Dios, el Todopoderoso, etc. ‖ Inmortal, el que vive siempre en la memoria de los hombres.

**IMMORTELLE**, f. [illegible] Bot. Inmortal, siempreviva, planta.

**IMMORTIFICATION**, f. [illegible] Inmortificacion, falta de mortificacion.

**IMMORTIFIÉ, ÉE**, adj. [illegible] Inmortificado, demasiado condescendiente consigo mismo, sensual.

**IMMOUCHETÉ, ÉE**, adj. [illegible] Que no está mosqueado, hablando de las rosas.

**IMMU, E**, adj. *imú*. Inmutable, tranquilo, sereno.

**IMMUABILITÉ**, f. [illegible] Inmutabilidad, cualidad de lo que es inmutable.

**IMMUABLE**, adj. *imuábl*. Inmutable, que no está sujeto á cambio ni alteracion alguna, invariable.

**IMMUABLEMENT**, adv. [illegible] Inmutablemente, de una manera inmutable, inmutable.

**IMMUNE**, m. *imún*. Antig. [illegible] nombre que se daba en Roma á cada uno de los seis primeros cofrades del gran colegio del dios Silvano.

**IMMUNITÉ**, f. *imunité*. Inmunidad, privilegio, franquicia, exencion de alguna carga, obligacion ó imposicion.

**IMMÛR, E**, adj. *imúr*. Inmaduro, que no está maduro ó en sazon.

**IMMURÉ, ÉE**, adj. *imuré*. Desmurado, abierto, que no tiene murallas.

**IMMÛRI, E**, adj. V. **IMMÛR**.

**IMMUSICAL, E**, adj. [illegible] Antimusical, que es contrario á las reglas musicales.

**IMMUTABILITÉ**, f. [illegible] Inmutabilidad, cualidad de lo que es inmutable.

**IMMUTABLE**, adj. [illegible] Inmutable, invariable, que no es mudable.

**IMMUTATION**, f. [illegible] Inmutacion, estabilidad, firmeza, cualidad de inmutable.

**IMMUTILÉ, ÉE**, adj. [illegible] Inmutilado, no mutilado, entero, con todas sus partes.

**IMPACIFIÉ, ÉE**, adj. [illegible] Impacificado, que no disfruta de paz, [illegible] vuelto.

**IMPACIFIQUE**, adj. [illegible] Inqui

*te*, que no es pacífico, turbulento, revoltoso, díscolo

**IMPAIR, E**, adj. *enpér*. Impar, que no puede dividirse en dos partes iguales. || *Années impaires*, años impares, que se explican por un número impar. || Impar, non: dícese de los números que no son pares. || Bot. *Foliole impaire*, hojuela impar, que termina el peciolo de una hoja que es non.

**IMPAIREMENT**, adv. *enpermán*. Imparmente, en número impar.

**IMPAISIBLE**, adj. *enpesibl*. Impacífico, que no es pacífico, inquieto, turbulento.

**IMPAISIBLEMENT**, adv. *enpesiblmán*. Impacíficamente, de una manera turbulenta.

**IMPALISSADÉ, ÉE**, adj. *enpalisadé*. Desprovisto, desguarnecido de palizadas.

**IMPALPABILITÉ**, f. *enpalpabilité*. Impalpabilidad, cualidad de lo impalpable.

**IMPALPABLE**, adj. *enpalpábl*. Impalpable, imperceptible al tacto.

**IMPANATEUR**, m. *enpanateur*. Impanador, partidario de la impanacion en el culto luterano.

**IMPANATION**, f. *enpanasión*. Impanacion ó empanacion, sistema herético de los luteranos que dicen hallarse el cuerpo de Jesucristo en la sustancia del pan sin que el sacramento de la Eucaristía la destruya.

**IMPANÉ, ÉE**, adj. *enpané*. Empanado, dícese en que se encuentra el cuerpo de Jesucristo, segun creen los luteranos, aun despues de la consagracion, sin que por ella se opere la transustanciacion.

**IMPARAGER**, a. ant. *enparagé*. Empatejar, casar á uno con una persona de su rango, de su condicion.

**IMPARCOURU, E**, adj. *enparcurú*. Intransitado, que no se ha transitado ó andado.

**IMPARDONNABLE**, adj. *enpardonábl*. Imperdonable, que no merece perdon.

**IMPARDONNÉ, ÉE**, adj. *enpardoné*. Imperdonado, que no ha obtenido perdon.

**IMPAREIL, LE**, adj. ant. *enpareill*. Sin par, sin segundo, incomparable, sin igual.

**IMPAREILLEMENT**, adv. *enparellmán*. Incomparablemente, de una manera desemejante.

**IMPARESSE**, f. *enparés*. Diligencia, actividad.

**IMPARESSEUX, EUSE**, adj. *enpareseu, eus*. Imperezoso, que no tiene pereza.

**IMPARFAIT, E**, adj. *enparfé*. Imperfecto, incompleto, que no es perfecto. || Mús. *Accord imparfait*, acorde imperfecto, que tiene una sexta disonante ó que carece de los tonos necesarios al género de composicion. || *Cadence imparfaite*, cadencia imperfecta, irregular. || *Consonnance imparfaite*, consonancia imperfecta, que puede alterarse sin que por lo mismo deje de ser consonancia, como la tercera y la sexta. || m. Imperfecto, lo que no está concluido, acabado, lo que es incompleto. || Gram. Imperfecto, tiempo del verbo que se llama así.

**IMPARFAITEMENT**, adv. *enparfetman*. Imperfectamente, de una manera imperfecta.

**IMPARITÉ**, f. *enparité*. Imparidad, cualidad de lo impar.

**IMPARLEMENTAIRE**, adj. *enparlmantér*. Imparlamentario, que es contrario á los usos de los parlamentos.

**IMPARLEMENTAIREMENT**, adv. *enparlmantermán*. Imparlamentariamente, de una manera imparlamentaria.

**IMPARTAGÉ, ÉE**, adj. *enpartagé*. Indiviso, que no está separado ó dividido en partes.

**IMPARTAGEABLE**, adj. *enpartajábl*. Indivisible, que no puede dividirse.

**IMPARTIAL, E**, adj. *enparsiál*. Imparcial, desapasionado, igual para todos. || m. Imparcial, miembro de la Convencion francesa que se situaba entre los dos partidos extremos ó sea en el centro.

**IMPARTIALEMENT**, adv. *enparsialmán*. Imparcialmente, de una manera imparcial, desapasionadamente.

**IMPARTIALITÉ**, f. *enparsialité*. Imparcialidad, cualidad de lo imparcial.

**IMPARTIBILITÉ**, f. *enpartibilité*. Impartibilidad, cualidad de dos feudos impartibles.

**IMPARTIBLE**, adj. *enpartibl*. Feud. Impartible, que no podia partirse, dividirse ni separarse

**IMPASSE**, f. *enpás*. Callejon sin salida; antiguamente se decia *cul-de-sac*, en lugar de *impasse*. Este nombre fué propuesto por Voltaire y ha llegado á generalizarse. || met. Atolladero, se dice hablando de un negocio, de una empresa, etc., cuya terminacion presenta dificultades.

**IMPASSIBILITÉ**, f. *enpasibilité*. Impasibilidad, cualidad de lo impasible; insensibilidad estoicismo.

**IMPASSIBLE**, adj. *enpasibl*. Impasible, que es incapaz de padecer; estóico, insensible, que es incapaz de sentir ni tener pena. || met. Impasible, firme, severo, inflexible.

**IMPASSIBLEMENT**, adv. *enpasiblmán*. Impasiblemente, firmemente, de una manera impasible, inalterable.

**IMPASSIONNÉ, ÉE**, adj. *enpasioné*. Desapasionado, indiferente, que no está apasionado.

**IMPASSIONNÉMENT**, adv. *enpasionemán*. Desapasionadamente, sin pasion.

**IMPASTATION**, f. *enpastasión*. Impastacion, argamasa, pasta hecha de sustancias molidas.

**IMPASTORAL, E**, adj. *enpastorál*. Impastoral, que no es pastoral.

**IMPATERNEL, LE**, adj. *enpaternél*. Impaternal, que no es conforme á los sentimientos paternales.

**IMPATIEMMENT**, adv. *enpasiamán*. Impacientemente, con impaciencia.

**IMPATIENCE**, f. *enpasiáns*. Impaciencia, inquietud, zozobra, falta de sufrimiento en quien padece ó espera.

**IMPATIENT, E**, adj. *enpasián*. Impaciente, inquieto

**IMPATIENTANT, E**, adj. fam. *enpasiantán*. Impacientante, que apura, que hace perder la paciencia.

**IMPATIENTER**, a. *enpasianté*. Impacientar, desesperar, hacer que se acabe la paciencia, el sufrimiento. || *S'impatienter*, r. Impacientarse, desesperarse, perder la paciencia.

**IMPATRIOTE**, m. *enpatriót*. Impatriota, el que no es patriota, que no tiene amor patrio.

**IMPATRIOTIQUE**, adj. *enpatriotic*. Impatriótico, que no es patriótico.

**IMPATRONISER (S')**, r. *senpatronisé*. Empatronarse, hacerse dueño de la casa de otro, introducirse insensiblemente en una casa hasta llegar á dominar en ella y hacerse el mandon.

**IMPAVIDE**, adj. *enpavid*. Impávido, que no tiene temor ó pavor.

**IMPAYABLE**, adj. *enpeyábl*. Impagable, que no tiene precio, que no puede pagarse por su justo valor. || met. y fam. Inapreciable, que no hay con que pagarlo, hablando de las cosas.

**IMPAYÉ, ÉE**, adj. *enpeyé*. No pagado, que está sin pagar.

**IMPECCABILITÉ**, f. *enpecabilité*. Impecabilidad, incapacidad ó imposibilidad de pecar, estado del que es impecable. || Impecabilidad, gracia especial que Dios concede á los ángeles poniéndolos fuera de pecado.

**IMPECCABLE**, adj. *enpecábl*. Impecable, incapaz de pecar.

**IMPECCANCE**, f. *enpecáns*. Impecancia, facultad de rechazar toda accion mala y aun todo mal pensamiento segun el dogma de los pelagianos.

**IMPÉCUNIEUX, EUSE**, adj. *enpecunieu, eus*. Desdinerado, pobre, sin dinero.

**IMPÉCUNIOSITÉ**, f. *enpecuniosité*. Pobreza, falta de dinero.

**IMPÉDIMENT**, m. V. EMPÊCHEMENT.

**IMPÉDITEUR**, m. inus. *enpediteur*. Impedidor, el que impide, que se opone.

**IMPEIGNÉ, ÉE**, adj. *enpeñé*. Despeinado, que no está peinado.

**IMPENDENT, E**, adj. V. MENAÇANT, IMMINENT.

**IMPÉNÉTRABILITÉ**, f. *enpenetrabilité*. Impenetrabilidad, propiedad de los cuerpos que impide que uno esté en el lugar que ocupa otro.

**IMPÉNÉTRABLE**, adj. *enpenetrábl*. Impenetrable, que no se puede penetrar. || met. Impenetrable, oscuro, misterioso, que no puede ser conocido ni profundizado.

**IMPÉNÉTRABLEMENT**, adv. poco us. *enpenetrablmán*. Impenetrablemente, de una manera impenetrable.

**IMPÉNIBLE**, adj. *enpenibl*. Descansado, que no causa grande fatiga.

**IMPÉNITENCE**, f. *enpenitáns*. Impenitencia, obstinacion en el pecado, dureza de corazon para arrepentirse de él. || *Impénitence finale*, impenitencia final, perseverancia en el pecado hasta la muerte.

**IMPÉNITENT, E**, adj. *enpenitán*. Impenitente, endurecido en el pecado, que no tiene pesar de haber ofendido á Dios.

**IMPENSANT, E**, adj. *enpensán*. Irracional, que carece de raciocinio ó de la facultad de pensar.

**IMPENSES**, f. pl. *enpáns*. Mejoras, beneficios, gastos que se hacen para conservar, para mejorar una finca ajena.

**IMPENSIONNÉ, ÉE**, adj. *enpansioné*. Impensionado, que no recibe pension.

**IMPÉRATE**, f. *enperát*. Bot. Imperata, género de plantas monocotiledóneas.

**IMPÉRATEUR**, m. V. EMPEREUR.

**IMPÉRATIF, IVE**, adj. fam. *enperatif, iv*. Imperativo, imperioso, que manda, que ordena absolutamente. || Jurisp. *Loi, disposition impérative*, ley, disposicion imperativa, la que implica una órden absoluta. || m. Gram. Imperativo, uno de los cuatro modos del verbo.

**IMPÉRATIVEMENT**, adv. *enperativmán*. Imperativamente, de una manera imperativa.

**IMPÉRATOIRE**, f. *enperatuár*. Bot. Imperatoria, género de plantas.

**IMPÉRATOR**, m. *enperátor*. Imperátor, título que se concedió primitivamente por el senado romano ó por los mismos soldados al general ó jefe de un ejército que habia conseguido una victoria y destruido diez mil enemigos. || Mit. Imperátor, sobrenombre de Júpiter.

**IMPÉRATRICE**, f. *enperatris*. Emperatriz, esposa de un emperador ó princesa que posee un imperio. || Bot. *Impératrice violette*, variedad de ciruela oblonga.

**IMPÉRATRINE**, f. *enperatrin*. Bot. Imperatrina, sustancia particular que se ha encontrado en la raiz de la imperatoria.

**IMPERCÉ, ÉE**, adj. *enpersé*. Que no está atravesado ni agujereado.

**IMPERCEPTIBILITÉ**, f. *enperseptibilité*. Imperceptibilidad, cualidad de lo imperceptible.

**IMPERCEPTIBLE**, adj. *enperseptibl*. Imperceptible, que no se puede percibir, que no puede verse ó que apénas se percibe con la vista. Tambien se dice de lo que no es sensible ó que se escapa á los demas sentidos: *odeur imperceptible*. || Se dice igualmente en sentido figurado: *des fautes imperceptibles*.

**IMPERCEPTIBLEMENT**, adv. *enperseptibleman*. Imperceptiblemente, de un modo imperceptible, insensiblemente.

**IMPERDABLE**, adj. *enperdábl*. Imperdible, que no puede perderse.

**IMPERDU, E**, adj. *enperdú*. Que no está perdido.

**IMPERFECTIBILITÉ**, f. *enperfectibilité*. Imperfectibilidad, carácter, estado del ser imperfectible.

**IMPERFECTIBLE**, adj. *enperfectibl*. Imperfectible, que es incapaz de hacerse perfecto.

**IMPERFECTIBLEMENT**, adv. *enperfectiblman*. Imperfectiblemente, de una manera imperfectible.

**IMPERFECTION**, f. *enperfecsión*. Imperfeccion, falta de perfeccion. || Imperfeccion, defecto, vicio que impide llegar á la perfeccion.

**IMPERFECTIONNABLE**, adj. *enperfecsionábl.* Imperfeccionable, que no puede perfeccionarse.

**IMPERFECTIONNÉ, ÉE**, adj. *enperfecsioné.* Imperfeccionado, que no está perfecto ó perfeccionado.

**IMPERFORATION**, f. *enperforasión.* Med. Imperforacion, vicio de conformacion ó defecto de algunos órganos que están cerrados, debiendo estar abiertos naturalmente.

**IMPERFORÉ, ÉE**, adj. *enperforé.* Imperforado, que no está abierto por vicio de conformacion.

**IMPÉRIAL, E**, adj. *enperiál.* Imperial, que pertenece al emperador ó al imperio. || Blas. *Aigle impériale*, águila imperial, que se representa con dos cabezas y las alas abiertas. || Bot. *Couronne impériale*, flor de primavera, lirio pérsico. || *Rose impériale*, especie de [illegible]. || Com. *Serge impériale*, especie de sarga de lana fina. || Agr. *Prune impériale*, ciruela imperial, que es larga, gruesa y [illegible]. || *Impériaux*, m. pl. Imperiales, nombre con que se designa á las tropas y demas súbditos del emperador de Alemania. || **IMPÉRIALE**, f. Imperial, [illegible], asientos que van colocados sobre la caja de una diligencia. || Perilla, mechon de pelos que se dejan los hombres en el labio inferior debajo del bigote. || Arq. Imperial, especie de media naranja ó dosel formando una punta bastante aguda; [illegible]. || Imperial, moneda de oro de Rusia que contiene diez rublos. || Imperial, especie de juego de naipes.

**IMPÉRIALEMENT**, adv. *enperialmán.* Imperialmente, de una manera imperial, á guisa ó á manera de emperador.

**IMPÉRIALISME**, m. *enperialism.* Imperialismo, opinion, doctrinas de los imperialistas.

**IMPÉRIALISTE**, m. *enperialist.* Imperialista, partidario del gobierno imperial.

**IMPÉRIAUX**, m. pl. V. IMPÉRIAL.

**IMPÉRIEUSEMENT**, adv. *enperieusmán.* Imperiosamente, con altanería, con orgullo.

**IMPÉRIEUX, EUSE**, adj. *enperieu, eus.* Imperioso, altanero, que manda con orgullo. || met. Imperioso, irresistible: *besoin impérieux, nécessité impérieuse.*

**IMPÉRIOSITÉ**, f. *enperiosité.* Imperiosidad, inclinacion, aficion á mandar. || Imperiosidad, cualidad de lo que es imperioso.

**IMPÉRISSABILITÉ**, f. *enperisabilité.* Imperecibilidad, cualidad de lo que es imperecedero.

**IMPÉRISSABLE**, adj. *enperisábl.* Imperecedero, que no puede perecer, que es eterno.

**IMPÉRISSABLEMENT**, adv. *enperisablemán.* Eternamente.

**IMPÉRIT, E**, adj. ant. *enperí.* Imperito, inexperto, que carece de pericia.

**IMPÉRITIE**, f. *enperisí.* Impericia, incapacidad, falta de pericia.

**IMPERMANENCE**, f. *enpermanáns.* Impermanencia, falta de permanencia.

**IMPERMANENT, E**, adj. *enpermanán.* Impermanente, que no permanece.

**IMPERMÉABILITÉ**, f. *enpermeabilité.* Fis. Impermeabilidad, cualidad de lo que es impermeable.

**IMPERMÉABLE**, adj. *enpermeábl.* Impermeable, dícese de todo cuerpo por el que los fluidos no pueden pasar.

**IMPERMÉABLEMENT**, adv. *enpermeablemán.* Impermeablemente, de una manera impermeable.

**IMPERMIS, E**, adj. *enpermí.* Que no está permitido.

**IMPERMUTABILITÉ**, f. *enpermutabilité.* Impermutabilidad, cualidad de lo que es impermutable.

**IMPERMUTABLE**, adj. *enpermutábl.* Impermutable, que no puede permutarse ó cambiarse.

**IMPERPÉTUEL, LE**, adj. *enperpetuél.* Imperpetuo, que no es perpetuo.

**IMPERPLEXE**, adj. *enperpléx.* Imperplejo, exento de perplejidad, de duda.

**IMPERPLEXITÉ**, f. *enperplexité.* Imperplejidad, carencia de duda y perplejidad.

**IMPERSÉCUTABLE**, adj. *enpersecutábl.* Que no puede, ó no debe ser perseguido.

**IMPERSÉCUTÉ, ÉE**, adj. *enpersecuté.* Imperseguido, que no ha sido perseguido.

**IMPERSÉVÉRANCE**, f. *enperseveráns.* Imperseverancia, inconstancia, falta de perseverancia.

**IMPERSÉVÉRER**, n. *enperseveré.* Imperseverar, no perseverar, dejar de perseverar.

**IMPERSISTER**, n. *enpersisté.* Impersistir, dejar de persistir.

**IMPERSONNALITÉ**, f. *enpersonalité.* Gram. Impersonalidad, cualidad de lo que es impersonal.

**IMPERSONNEL, LE**, adj. *enpersonél.* Impersonal, se aplica á los verbos que solo se usan en tercera persona de singular, como *falloir*, ser necesario, *pleuvoir*, llover, etc.

**IMPERSONNELLEMENT**, adv. *enpersonelmán.* Impersonalmente, de una manera impersonal.

**IMPERSUADÉ, ÉE**, adj. *enpersuadé.* Impersuadido, que no está persuadido.

**IMPERSUASIBLE**, adj. *enpersuasíbl.* Impersuasible, que no puede persuadirse.

**IMPERTINEMMENT**, adv. *enpertinamán.* Impertinentemente, de una manera impertinente, tonta. || Impertinentemente, con impertinencia, con descaro.

**IMPERTINENCE**, f. *enpertináns.* Impertinencia, dicho ó hecho fuera de propósito. || Impertinencia, atrevimiento, insolencia.

**IMPERTINENT, E**, adj. *enpertinán.* Impertinente, extravagante, estúpido, que no conoce cuándo enfada. || Impertinente, descarado, desvergonzado, que falta á las reglas de la urbanidad. || Impertinente, inoportuno, que carece de oportunidad.

**IMPERTURBABILITÉ**, f. *enperturbabilité.* Imperturbabilidad, estado de lo que es imperturbable.

**IMPERTURBABLE**, adj. *enperturbábl.* Imperturbable, que no puede perturbarse ó turbarse; que nunca se perturba. || Imperturbable, sereno, inalterable.

**IMPERTURBABLEMENT**, adv. *enperturbablemán.* Imperturbablemente, de una manera imperturbable.

**IMPESÉ, ÉE**, adj. *enpesé.* Impesado, que está sin pesar.

**IMPÉTIGINES**, f. pl. *enpetigín.* Med. Impetíginas, depravadas costumbres del cuerpo con afeccion cutánea.

**IMPÉTIGINEUX, EUSE**, adj. *enpetigineu, eus.* Impetiginoso, dartroso, que pertenece á las impetíginas.

**IMPÉTIGO**, m. *enpetigó.* Med. Impétigo, nombre de algunas afecciones cutáneas, como la sarna, la roña, etc.

**IMPÉTRABILITÉ**, f. *enpetrabilité.* Impetrabilidad, cualidad de lo que es impetrable.

**IMPÉTRABLE**, adj. *enpetrábl.* Impetrable, que puede impetrarse.

**IMPÉTRANT, E**, adj. y s. *enpetrán.* Impetrante, obtentor, que ha obtenido alguna gracia ó beneficio.

**IMPÉTRATION**, f. *enpetrasión.* Impetracion, accion por la cual se obtiene una gracia, un privilegio, beneficio, etc.

**IMPÉTRER**, a. *enpetré.* Impetrar, conseguir alguna gracia que se ha solicitado y pedido con ruegos.

**IMPÉTRIFIÉ, ÉE**, adj. *enpetrifié.* Impetrificado, que no ha sido ni está petrificado.

**IMPÉTUEUSEMENT**, adv. *enpetueusmán.* Impetuosamente, con impetuosidad, con ímpetu.

**IMPÉTUEUX, EUSE**, adj. *enpetueu, eus.* Impetuoso, violento, rápido, precipitado. || Violento, arrebatado, fogoso, que tiene un carácter vivo, vehemente.

**IMPÉTUOSITÉ**, f. *enpetuosité.* Impetuosidad, ímpetu, movimiento acelerado y violento, ó la misma fuerza ó violencia. || met. Impetuosidad, vehemencia, vivacidad excesiva en el carácter.

**IMPEUPLÉ, ÉE**, adj. *enpeuplé.* [illegible], que está poco poblado, casi despoblado.

**IMPHILOSOPHIE**, f. *enfilosofí.* Infilosofía, falta de filosofía, carencia de espíritu filosófico.

**IMPHILOSOPHIQUE**, adj. *enfilosofíc.* Infilosófico, que está opuesto á la filosofía.

**IMPHILOSOPHIQUEMENT**, adv. *enfilosoficmán.* Infilosóficamente, de una manera poco filosófica.

**IMPIE**, adj. *enpí.* Impío, falto de piedad, de religion, contrario á ella. Dícese de las personas y de las cosas. || Impío, irreligioso, contrario á la religion. || m. Impío, irreligioso, hablando de personas.

**IMPIEMENT**, adv. ant. *enpimán.* Impíamente, con impiedad, de un modo impío.

**IMPIÉTÉ**, f. *enpieté.* Impiedad, desprecio, aversion á las cosas religiosas. || Impiedad, falta de piedad, de respeto á los padres. || Accion, palabra impía, que ofende la religion.

**IMPITOYABLE**, adj. *enpitoyábl.* [illegible], cruel, inhumano. Dícese tambien de las cosas morales.

**IMPITOYABLEMENT**, adv. *enpitoyablemán.* Despiadadamente, cruelmente, sin piedad.

**IMPLACABILITÉ**, f. *enplacabilité.* Implacabilidad, perseverancia en el resentimiento. || Implacabilidad, cualidad de lo que no puede aplacarse.

**IMPLACABLE**, adj. *enplacábl.* Implacable, que no puede aplacarse.

**IMPLACABLEMENT**, adv. *enplacablemán.* Implacablemente, de una manera implacable.

**IMPLACÉ, ÉE**, adj. *enplasé.* Desacomodado, que no tiene colocacion.

**IMPLANTATION**, f. *enplantasión.* Implantacion, accion y efecto de implantar.

**IMPLANTER**, a. *enplanté.* Implantar, ingerir, inyectar, plantar una cosa dentro de otra.

**IMPLAUSIBLE**, adj. *enplosíbl.* Implausible, que no es plausible.

**IMPLEURÉ, ÉE**, adj. *enpleuré.* Que no ha sido llorado, ni sentida su muerte: *mort impleuré.*

**IMPLEXE**, adj. *enpléx.* Lit. Implexo, se dice del poema épico ó dramático que hace mencion de algun reves de fortuna del héroe que describe.

**IMPLIABLE**, adj. *enpliábl.* Indoblable, que no puede doblarse ni plegarse. || Inflexible, tenaz, testarudo, que no puede doblegarse: *caractère impliable.*

**IMPLIANT, E**, adj. *enplián.* Indomable, inflexible, incapaz de torcerse ó doblarse.

**IMPLICATION**, f. *enplicasión.* Implicacion, accion y efecto de envolver á una persona en una causa criminal. || Fil. Implicacion, contradiccion, oposicion de los términos entre sí.

**IMPLICITE**, adj. *enplisít.* Implícito, que está comprendido tácitamente, que se presupone aunque no se explique.

**IMPLICITEMENT**, adv. *enplisitmán.* Implícitamente, de una manera implícita.

**IMPLIQUER**, a. *enpliqué.* Implicar, envolver, enredar. || Implicar, encerrar, contener implícitamente. || *Cela implique contradiction*, eso implica ó envuelve contradiccion, es decir que afirma cosas contradictorias.

**IMPLORABLE**, adj. *enplorábl.* Implorable, que puede implorarse.

**IMPLORANT, E**, adj. *enplorán.* Implorante, suplicante, que implora favor, auxilio, gracias, etc.

**IMPLORATEUR, TRICE**, m. y f. V. IMPLORANT.

**IMPLORATION**, f. *enplorasión.* Imploracion, ruego humilde y encarecido. || Imploracion, recurso, auxilio que reclama el brazo secular á la justicia ordinaria.

**IMPLORER**, a. *enploré.* Implorar, suplicar, pedir clemencia, proteccion, gracia, etc. || *Implorer le bras séculier*, implorar el brazo secular, recurrir á la autoridad temporal para que haga ejecutar las providencias acordadas en un tribunal eclesiástico.

[illegible], [illegible], adj. y s. *enplo-* [illegible]. Implorador. V. IMPLORANT.

[illegible]ABLE, adj. ant. *enpluayábl.* In- [illegible] que no puede doblarse ni plegar- [illegible]. Inflexible, inmutable, rígido, se- [illegible]

[illegible], ÉE, adj. *enplumé* Desplu- [illegible] dice del pájaro, de una ave que no [illegible]

[illegible]VIEUX, EUSE, adj. *enplovieu,* [illegible], que no es lluvioso, hablando del [illegible]

[illegible]VIUM, m. *enpliviom.* Cisterna, [illegible] de agua llovediza.

[illegible]TIQUE, adj. *enpoetic.* Impoético, [illegible] poético.

[illegible]TIQUEMENT, adv. *enpoeticmán.* [illegible]mente, sin poesía.

[illegible], E, adj. *enpolí.* Impolítico, des- [illegible] de policía.

[illegible]ESSE, f. *enpolés.* Impolicía, falta de [illegible] disciplina.

[illegible]CÉ, ÉE, adj. *enpolisé.* Descor- [illegible] no tiene civilizacion ni urbanidad.

[illegible]EMENT, adv. *enpolimán.* Descor- [illegible], de una manera impolítica, sin [illegible]

[illegible]TESSE, f. *enpolités.* Descorte- [illegible], grosería, falta de urbani- [illegible] decencia.

[illegible]TIQUE, adj. *enpolitic.* Impolíti- [illegible]rario á la política.

[illegible]TIQUEMENT, adv. *enpolitic-* [illegible]políticamente, de una manera im- [illegible]

[illegible], E, adj. *enpolú.* Impoluto, [illegible] mancha ó sin mancilla.

[illegible]LUMENT, adv. *enpolumán.* Pura- [illegible]mente, de una manera impo- [illegible]

[illegible]CTUEL, LE, adj. *enponctuél.* [illegible], inexacto, que falta á la exacti- [illegible] puntualidad.

[illegible]RABILITÉ, f. *enponderabilité.* [illegible], cualidad de lo que es im- [illegible], como la luz, la electricidad, etc.

[illegible]RABLE, adj. *enponderábl.* [illegible], que no puede pesarse.

[illegible]RÉ, ÉE, adj. *enponderé.* Im- [illegible], que no se ha pesado ni podido [illegible]

[illegible]POLAIRE, adj. *enpopulér.* Impo- [illegible] carece de popularidad, que no [illegible] á los deseos del pueblo.

[illegible]LARITÉ, f. *enpopularité.* Im- [illegible], estado de lo impopular. || Im- [illegible], falta de afecto del pueblo.

[illegible], EUSE, adj. *enporeu, eus.* [illegible], que carece de poros.

[illegible]ITÉ, f. *enporosité.* Imporosi- [illegible] de lo que no tiene poros.

[illegible]TABLE, adj. ant. *enportábl.* In- [illegible], pesado. V. INSUPORTABLE. || [illegible], en término de administracion [illegible] los géneros que pueden impor- [illegible] entrada es permitida en una na- [illegible]

[illegible]MENT, adv. poco us. *enpor-* [illegible]mente, de una manera [illegible]

[illegible]TANCE, f. *enportáns.* Importan- [illegible], valor, entidad de una [illegible] de l'*importance*, dar impor- [illegible] una cosa como muy in- [illegible] || *Homme d'importance*, hombre [illegible], que tiene influjo, capaci- [illegible] de prestigio, etc. || Im- [illegible], pedantismo. || *D'im-* [illegible], loc. adv. fam. De buena manera, [illegible]; v. gr. *corriger d'importance.*

[illegible]TANT, E, adj. *enportán.* Impor- [illegible] importa. || Importante, califica- [illegible] de sí personaje que goza de [illegible] etc. || m. *C'est un important*, es [illegible], un hombre tonto, vani- [illegible] quiere pasar por persona de im- [illegible]

[illegible]TATEUR, m. *enportateur.* Im- [illegible] introductor, el que importa, que [illegible] en un país géneros procedentes [illegible]

IMPORTATEUR, TRICE, adj. *enportateur, tris.* Importador, que hace el comercio de importacion.

IMPORTATION, f. *enportasión,* Importacion, introduccion de géneros extranjeros.

IMPORTER, a. *enporté.* Importar, introducir géneros extranjeros. || n. impers. Importar, ser importante, ventajoso, ser de consecuencia. || *Il importe que*, importa que. || *Il importe de savoir*, conviene saber. || *Que m'importe?* ¿qué se me da á mí? || *Cela ne lui peut importer de rien*, esto no puede importarle nada. *Qu'importe la puissance ou la gloire, si elle ne rend point heureux?* ¿qué importa el poder, etc., si no hace feliz?

IMPORTUN, E, adj. *enporteun.* Importuno, molesto, enfadoso. || m. y f. Importuno, fastidioso, el que causa enfado.

IMPORTUNÉMENT, adv. *enportunemán.* Importunamente, de una manera importuna.

IMPORTUNER, a. *enportuné.* Importunar, molestar, fatigar pidiendo, etc.

IMPORTUNITÉ, f. *enportunité.* Importunidad, accion de importunar. || Importunidad, carácter, genio, maneras de una persona importuna.

IMPOSABLE, adj. *enposábl.* Pechero, que está sujeto á pagar impuestos y contribuciones.

IMPOSANT, E, adj. *enposán.* Imponente, que impone, que infunde miedo, respeto, admiracion, etc. || Imponente, formidable.

IMPOSER, a. *enposé.* Imponer, conferir un carácter sagrado. || *Imposer les mains*, imponer las manos, consagrar á una persona. || Imputar, atribuir á otro falsamente un delito, una falta. || Impr. Imponer, colocar las planas de composicion y acuñarlas en la rama. || Imponer, subyugar, obligar, dictar leyes á alguno, imponerle obligaciones. || Imponer cargas, establecer contribuciones, etc. || *Imposer un nom*, imponer, dar un nombre. || *Imposer silence*, imponer silencio, hacer callar. || *Imposer silence aux passions*, reprimir, ahogar las pasiones. || *Imposer du respect*, imponer respeto, inspirar temor. || *En imposer*, engañar, hacer creer. *Il en impose; vous en imposez à vos juges.*

IMPOSEUR, m. *enposeur.* Impr. Imponedor, el que impone. Se usa poco.

IMPOSITEUR, m. *enpositeur.* Impositor, el que reparte los impuestos.

IMPOSITION, f. *enposisión.* Imposicion, accion de imponer. || met. Imposicion, derecho, tributo que se cobra por la nacion. || Impr. Imposicion, composicion metódica de las páginas necesarias para llenar un pliego.

IMPOSSIBILITÉ, f. *enposibilité.* Imposibilidad, carácter de lo imposible.

IMPOSSIBILITER, a. *enposibilité.* Imposibilitar, quitar la posibilidad.

IMPOSSIBLE, adj. *enposibl.* Imposible, que no puede ser, que no puede hacerse. || Imposible, cosa sumamente difícil y ardua. || *On ne peut pas faire l'impossible*, no se pueden hacer imposibles.

IMPOSSIBLEMENT, adv. poco us. *enposiblemán.* Imposiblemente, con imposibilidad.

IMPOSTE, f. *enpóst.* Arq. Imposta, especie de cornisa sobre que asienta el arco ó bóveda, etc.

IMPOSTEUR, m. *enposteur.* Impostor, engañador, embustero. || Impostor, imputador, calumniador, falso acusador. || adj. Engañoso, falaz, hablando de cosas.

IMPOSTURE, f. *enpostúr.* Impostura, ficcion, engaño. || Impostura, calumnia, embuste, imputacion falsa con intencion de perjudicar á alguno. || Impostura, hipocresía, disfraz en su conducta. || Impostura, accion, discurso con el que se engaña.

IMPÔT, m. *enpó.* Impuesto, imposicion, tributo, carga pública, derecho impuesto sobre ciertas cosas para atender á los gastos del Estado.

IMPOTABLE, adj. *enpotábl.* Impotable, que no se puede beber.

IMPOTANCE, f. poco us. *enpotáns.* Impotencia, incapacidad de engendrar ó concebir.

IMPOTENT, E, adj. *enpotán.* Impotente, tullido, baldado, impedido de algun miembro.

IMPOURSUIVI, E, adj. *enpursuiví.* Que no es perseguido.

IMPOURVU, E, adj. *enpurvú.* Improvisto, que no está provisto. || *A l'impourvu*, loc. adv. V. IMPROVISTE.

IMPRATICABILITÉ, f. *enpraticabilité.* Impracticabilidad, estado de lo impracticable.

IMPRATICABLE, adj. *enpraticábl.* Impracticable, que no es hacedero, que no se puede practicar. || Intransitable, dícese de un paso ó camino que no se puede andar. || Inhabitable, cuarto ó vivienda llena de incomodidades. || Intratable, se dice de una persona con quien no se puede vivir.

IMPRATIQUÉ, ÉE, adj. *enpratiqué.* Que no es frecuentado ó concurrido: *des chemins impratiqués.*

IMPRÉCATION, f. *enprecasión.* Imprecacion, blasfemia, maldicion. || Imprecacion, figura de retórica por la que el orador ó la persona á quien hace hablar el poeta desea las mas terribles desgracias.

IMPRÉCATOIRE, adj. *enprecatuár.* Imprecatorio, que se hace con imprecacion, que tiene relacion con la imprecacion. || *Serment imprécatoire*, juramento imprecatorio.

IMPRÉCAUTION, f. *enprecosión.* Imprecaucion, falta de precaucion.

IMPRÉCAUTIONNÉ, ÉE, adj. *enprecosioné.* Desprevenido, sin precaucion.

IMPRÉCIABLE, adj. V. INAPPRÉCIABLE.

IMPRÉGNABLE, adj. *enpreñábl.* Impregnable, que es susceptible de impregnarse.

IMPRÉGNATION, f. *enpregnasión.* Hist. nat. Fecundacion. || Impregnacion, accion de llenarse un flúido de las partículas de otro que le comunican su calidad.

IMPRÉGNER, a. *enpreñé.* Impregnar, hacer penetrar en un cuerpo sólido ó flúido las partículas de una sustancia. || met. Impregnar, penetrar, llenar la imaginacion, el alma de una idea, de un sentimiento. || Hist. nat. Impregnar, fecundar. || *S'imprégner*, r. Impregnarse, etc., con las demas acepciones del activo.

IMPRÉJUDICIABLE, adj. *enprejudisiábl.* Imperjudicable, que no puede perjudicar.

IMPRÉMÉDITATION, f. *enpremeditasión.* Impremeditacion, cualidad de lo que se hace sin premeditacion.

IMPRÉMÉDITÉ, ÉE, adj. *enpremedité.* Impremeditado, que sucede por casualidad.

IMPRÉMÉDITÉMENT, adv. *enpremeditemán.* Impremeditadamente, sin premeditacion.

IMPRENABLE, adj. *enprenábl.* Inconquistable, inexpugnable, hablando de fortalezas y plazas. || Inexpugnable, se dice de una mujer virtuosa.

IMPRÉPARATION, f. *enpreparasión.* Falta de preparacion.

IMPRÉPARÉ, ÉE, adj. *enpreparé.* Que no está preparado.

IMPRESCIENCE, f. *enpresiáns.* Imprescienc ia, falta de presciencia.

IMPRESCRIPTIBILITÉ, f. *enprescriptibilité.* Jurisp. Imprescriptibilidad, cualidad de lo que es imprescriptible.

IMPRESCRIPTIBLE, adj. *enprescriptibl.* Imprescriptible, que no está sujeto á prescripcion.

IMPRESCRIT, E, adj. *enprescrí.* Jurisp. Imprescrito, que no está prescrito.

IMPRESSES, adj. f. pl. *enprés.* Didáct. Impresa, que hace impresion. || *Espèces impresses*, especies impresas, que se nos han impreso en la imaginacion.

IMPRESSIBLE, adj. *enpresibl.* Que es susceptible de recibir impresiones. Se dice mas comunmente *impressionnable.*

IMPRESSIF, IVE, adj. *enpresif, iv.* Impresivo, que hace impresion.

IMPRESSION, f. *enpresión.* Impresion, accion de un cuerpo sobre otro. || Impresion, accion de un cuerpo sobre otro por la que este toma la forma de aquel. || Impresion, estampa, calidad y forma de letra en que está impresa una obra. || Impresion, señal ó huela que un cuerpo deja en otro apretándole. ‖ Impresion, señal, huella que dejan los objetos exteriores en los órganos de los sentidos. ‖ Pint. Imprimacion, la preparacion y aparejo del lienzo con el primer baño. ‖ met. Impresion, efecto que causan las cosas en el ánimo. ‖ Impresion, accion de imprimir un libro, un grabado, etc. ‖ Á veces significa edicion.

IMPRESSIONNABILITÉ, f. enpresionabilité. Impresionabilidad, calidad de lo que es impresionable ó sensible.

IMPRESSIONNABLE, adj. enpresionábl. Impresionable, susceptible de recibir impresiones.

IMPRESSIONNER, a. enpresioné. Impresionar, hacer impresion en el ánimo de alguno, mover.

IMPRÉVISIBLE ó IMPRÉVOYABLE, adj. enprevisibl, enprevoayábl. Imprevisible, que no se es posible prever.

IMPRÉVOIR, n. enprevoár. Imprever, no prever, carecer de prevision.

IMPRÉVOYANCE, f. enprevoayáns. Imprevision, poca prevencion ó falta de ella.

IMPRÉVOYANT, E, adj. y s. enprevoayán. Imprevisor, sin prevision.

IMPRÉVU, E, adj. enprevú. Imprevisto, inesperado, impensado.

IMPRIMABLE, adj. enprimábl. Imprimible, que se puede imprimir.

IMPRIMAGE, f. enprimáge. Art. Paso del hilo de oro por la primera hilera.

IMPRIMÉ, m. enprimé. Impreso, dícese de los libros y de todo papel impreso.

IMPRIMER, a. enprimé. Imprimir, estampar, dejar señalada una cosa sobre otra apretándola. ‖ Imprimir, estampar, marcar las letras sobre el papel ó sobre otra materia por medio de una presion. ‖ Imprimir, dar á la prensa algun libro ó escrito. ‖ Pint. Imprimar, preparar ó aparejar algun lienzo para pintarle. ‖ met. Imprimir, grabar en el ánimo ó en la mente sentimientos, ideas, máximas, etc. ‖ *Imprimer en taille-douce*, estampar. ‖ met. Imprimir, comunicar, hablando de la fuerza de un movimiento.

IMPRIMERIE, f. enprimerí. Imprenta, arte de imprimir. ‖ Imprenta, edificio ó lugar en donde se imprime. ‖ Imprenta, máquina y enseres necesarios para imprimir. ‖ *Imprimerie en taille-douce*, estampería, oficina de estampador.

IMPRIMEUR, m. enprimeur. Impresor, el que ejerce el arte de la imprenta. ‖ Impresor, cajista ó prensista. ‖ *Imprimeur en taille-douce*, estampador.

IMPRIMURE, f. enprimúr. Pint. Imprimacion, preparacion ó primer baño que se da al lienzo ó tabla para pintar sobre ella.

IMPRIS, E, adj. enprí. Que no está asido, cogido.

IMPRISÉ, ÉE, adj. enprisé. No apreciado, no estimado ó valuado.

IMPRIVÉ, ÉE, adj. enprivé. Que no es privado. ‖ Que no está domesticado.

IMPROBABILITÉ, f. enprobabilité. Improbabilidad, calidad, estado de lo que es improbable.

IMPROBABLE, adj. enprobábl. Improbable, que no tiene probabilidad.

IMPROBABLEMENT, adv. enprobablemán. Improbablemente, de una manera improbable.

IMPROBANCE, f. enprobáns. Jurisp. Estado de lo que no puede ser probado: *improbance d'un fait*.

IMPROBANT, E, enprobán. Improbante, que no prueba.

IMPROBATEUR, TRICE, adj. y s. enprobateur, tris. Improbador, desaprobador, el que desaprueba.

IMPROBATION, f. enprobasión. Desaprobacion, reprobacion, accion de desaprobar.

IMPROBE, adj. enprób. Ímprobo, que no tiene probidad.

IMPROBEMENT, adv. ant. enprobmán. Improbamente, sin probidad.

IMPROBITÉ, f. enprobité. Improbidad, falta de probidad, de delicadeza, de virtud.

IMPROCLAMÉ, ÉE, adj. enproclamé. Improclamado, que no está proclamado.

IMPRODUCTIBILITÉ, f. enproductibilité. Improductibilidad, estado de lo que no puede ser producido.

IMPRODUCTIBLE, adj. enproductíbl. Improductible, que no puede producirse.

IMPRODUCTIF, IVE, adj. enproductif, iv. Improductivo, que no produce.

IMPRODUCTIVEMENT, adv. enproductivmán. Improductivamente, de una manera improductiva.

IMPRODUIT, E, adj. enproduí. Increado, que no ha sido creado.

IMPROFANÉ, ÉE, adj. enprofané. Improfanado, que no ha sido profanado.

IMPROFITABLE, adj. enprofitábl. Que no da ningun provecho.

IMPROFOND, E, adj. enprofón. Que no tiene profundidad.

IMPROGRÈS, m. enprogré. Falta de progreso, situacion estacionaria.

IMPROHIBÉ, ÉE, adj. enprohibé. Que no está prohibido.

IMPROHIBITION, f. enprohibisión. Improhibicion, no prohibicion, tolerancia.

IMPROJETÉ, ÉE, adj. enprojeté. Improyectado, que no está en proyecto.

IMPROLIFIQUE, adj. enprolific. Improlífico que no produce, que no engendra.

IMPROMIS, E, adj. enpromí. Que no fué prometido.

IMPROMPTITUDE, f. enpromtitúd. Impromtitud, falta de prontitud.

IMPROMPTU, m. enpróntu. Improvisacion, composicion poética hecha sin estudio, sin preparacion. ‖ De repente, cosa dicha ó hecha sin preparacion, sin prevencion. ‖ adj. Repentino, improvisado, que se hace de repente: *vers impromptus*.

IMPROMPTUAIRE, m. enprontuér. Improvisador, el que improvisa.

IMPROMULGUÉ, ÉE, adj. enpromulgué. Impromulgado, que no ha sido promulgado.

IMPRONONCÉ, ÉE, adj. enprononsé. Impronunciado, que no ha sido pronunciado.

IMPROPÉRATION, f. inus. enproperasión. Improperacion, oprobio, palabras desagradables, injuriosas.

IMPROPÈRE, m. enpropér. Improperio, injuria de palabra. ‖ Liturg. Improperio, versículo que se canta el Viernes santo.

IMPROPÉRER, a. enproperé. Improperar, injuriar á alguno de palabra.

IMPROPICE, adj. enpropís. Impropicio, que no es propicio.

IMPROPORTION, f. enproporsión. Desproporcion, falta de proporcion.

IMPROPORTIONNÉ, ÉE, adj. enproporsioné. Desproporcionado, que no guarda proporcion.

IMPROPORTIONNEL, LE, adj. enproporsionél. Improporcional, que es fuera de toda proporcion.

IMPROPORTIONNELLEMENT, adv. enproporsionelmán. Desproporcionadamente, con desproporcion.

IMPROPOSÉ, ÉE, adj. enpropoisé. Que no ha sido propuesto.

IMPROPRE, adj. enprópr. Impropio, que no tiene propiedad, hablando del lenguaje.

IMPROPREMENT, adv. enproprmán. Impropiamente, de una manera poco conveniente. ‖ Impropiamente, injustamente.

IMPROPRETÉ, f. enpropreté. Suciedad, asquerosidad, falta de limpieza, desaseo.

IMPROPRIÉTÉ, f. enpropriété. Impropiedad, falta de propiedad en las palabras.

IMPROSPÈRE, adj. enprospér. Impróspero, desgraciado, que no está en la prosperidad.

IMPROSPÉRITÉ, f. enprosperité. Improsperidad, falta de prosperidad.

IMPROTÉGÉ, ÉE, adj. enprotegé. Improtegido, que no tiene proteccion.

IMPROUVABLE, adj. enpruvábl. Improbable, que no puede probarse.

IMPROUVER, a. enpruvé. Desaprobar, reprobar, condenar dichos, acciones, conducta, estilo, etc.

[illegible]

IMPULSION, f. [illegible] Impulso, accion por la que [illegible] [illegible] á otro. ‖ met. [illegible] cion de excitar, de [illegible] haga una cosa.

IMPULVÉRISÉ, ÉE, adj. [illegible] Impulverizado, que no está [illegible]

IMPUNÉMENT, adv. [illegible] punemente, sin castigo, sin [illegible] ‖ Impunemente, [illegible] cia, sin esperanza de venganza [illegible] dice en este sentido.

IMPUNI, E, adj. enpuní. [illegible] castigado, que queda sin [illegible]

IMPUNITÉ, f. enpunité. [illegible] de castigo. ‖ Tolerancia [illegible]

IMPUR, E, adj. enpúr. [illegible]

[illegible] limpio. || Impuro, que tiene alguna [illegible]. || met. Impuro, torpe, deshonesto, contrario al pudor, á la honestidad. || Inmoral, obsceno. || m. y f. Impuro, persona deshonesta.

IMPUREMENT, adv. *enpurmán.* Impuramente, sin pureza, de una manera impura.

IMPURETÉ, f. *enpurté.* Impureza, estado de lo que es impuro. || Impureza, falta de limpieza, de aseo. || met. Impureza, torpeza, deshonestidad. || pl. Impurezas, cosas obscenas, deshonestas.

IMPUSTULÉ, ÉE, adj. *enpustulé.* Hist. nat. Impustulado, que no tiene pústulas.

IMPUTABILITÉ, f. *enputabilité.* Imputabilidad, cualidad de lo que es imputable.

IMPUTABLE, adj. *enputábl.* Imputable, que se puede imputar.

IMPUTATIF, IVE, adj. *enputatif, iv.* Imputativo, que imputa.

IMPUTATION, f. *enputasión.* Imputacion, atribucion de alguna falta ó culpa. || Com. Imputacion, deduccion, descuento de una cantidad sobre otra. || Teol. Imputacion, aplicacion de los méritos de Jesucristo.

IMPUTER, a. *enputé.* Imputar, atribuir á alguno una cosa digna de vituperio. || Com. Imputar, deducir, descontar una suma sobre alguna deuda.

IN, prep. lat. *in.* En. Entra en la composicion de muchas palabras, y les da generalmente un sentido de negacion, de contrariedad, de privacion ó de inferioridad, como *incapable, inhumain, infécond,* incapaz, inhumano, infecundo. Se pronuncia *in* en todas las voces tomadas del latin, como *in pace, in naturalibus, in petto, etc.; in-folio, in-quarto, etc.,* términos de librería. En las palabras compuestas conserva la misma pronunciacion delante de las vocales, como *inachevé,* pr. *inachvé;* delante de una *h* no aspirada, *inhumain,* pr. *inumén;* y delante de *n* doble, como *innocent,* pr. *inosán.* Antes de las demas consonantes *in* se pronuncia *én* con sonido nasal, como *indocile,* pr. *endosil, etc.*

INABAISSÉ, ÉE, adj. *inabesé.* Que no está inclinado hácia abajo.

INABANDONNÉ, ÉE, adj. *inabandoné.* Que no está abandonado.

INABATTU, E, adj. *inabatú.* Que no está abatido.

INABOLI, E, adj. *inabolí.* Inabolido, que no está abolido.

INABOLISSABLE, adj. *inabolisábl.* Inabolible, que no se puede abolir.

INABONDANCE, f. *inabondáns.* Inabundancia, falta de abundancia.

INABONDANT, E, adj. V. INSUFFISANT.

INABORDABLE, adj. *inabordábl.* Inaccesible, difícil de llegar ó de acercarse á él, hablando de una costa, playa, peñasco, etc. || met. Inabordable, intratable, de difícil acceso, hablando de personas.

INABORDÉ, ÉE, adj. *inabordé.* Que no ha sido abordado.

INABRITÉ, ÉE, adj. *inabrité.* Desabrigado, que no tiene abrigo.

INABROGÉ, ÉE, adj. *inabrogé.* Inabrogado, que no está abrogado.

INABSOLU, E, adj. *inabsolú.* Fil. Inabsoluto, que no es absoluto, relativo.

INABSOLUTION, f. *inabsolusión.* Inabsolucion, falta de absolucion.

INABSTINENCE, f. *inabstináns.* Inabstinencia, falta de abstinencia.

INACCEPTABLE, adj. *inaceptábl.* Inaceptable, que no se puede ó que no se debe aceptar.

INACCEPTÉ, ÉE, adj. *inaceptė.* Inaceptado, que no es aceptado.

INACCESSIBILITÉ, f. *inaccesibilité.* Inaccesibilidad, cualidad ó estado de lo que es inaccesible.

INACCESSIBLE, adj. *inacesibl.* Inaccesible, se dice de aquello á que es difícil llegar ó acercarse: *rocher inaccessible,* peñasco inaccesible. || Que no se puede tomar, obtener ó ganar: *forteresse inaccessible.* || Inaccesible, se aplica á las personas de difícil acceso. || Geom. *Hauteur inaccessible,* altura inaccesible, que no se puede medir por algun obstáculo.

INACCOMMODABLE, adj. *inacomodábl.* Inacomodable, incomponible, que no puede acomodarse: *querelle inaccommodable.*

INACCOMPAGNÉ, ÉE, adj. *inaconpañé.* Que no está acompañado, que está solo.

INACCOMPLI, E, adj. *inaconplí.* No cumplido, no concluido.

INACCORD, m. *inacór.* Geom. Desacordo, falta de concordancia.

INACCORDABLE, adj. *inacordábl.* Que no se puede conceder. || Que no puede avenirse: *ce sont deux caractères inaccordables.*

INACCORDÉ, ÉE, adj. inus. *inacordé.* Que no ha sido concedido.

INACCOSTABLE, adj. fam. *inacostábl.* Dícese de las personas de mal genio á quienes nadie se arrima.

INACCOUTUMANCE, f. *inacutumáns.* Falta de hábito ó de costumbre.

INACCOUTUMÉ, ÉE, adj. *inacutumé.* Insólito, no acostumbrado.

INACCUSABLE, adj. *inacusábl.* Inacusable, que no puede ser acusado.

INACCUSÉ, ÉE, adj. *inacusé.* Que no es acusado.

INACÉRÉ, ÉE, adj. *inaseré.* Que no está acerado, afilado.

INACHETÉ, ÉE, adj. *inachveté* Que no ha sido comprado.

INACHEVÉ, ÉE, adj. *inachevé.* Inacabado, que no está acabado.

INACQUIS, E, adj. *inaquí.* Inadquirido, no adquirido.

INACTIF, IVE, adj. *inactif, iv.* Inactivo, que no tiene actividad, indolente.

INACTION, f. *inacsión.* Inaccion, indolencia, desidia.

INACTIVEMENT, adv. *inactivmán.* Inactivamente, sin actividad.

INACTIVITÉ, f. *inactivité.* Inactividad, falta de actividad.

INADÉQUAT, E, adj. *inadecuá.* Fil. Inadecuado, que no es adecuado; incompleto.

INADHÉRENCE, f. *inaderáns.* Inadherencia, cualidad de lo inadherente.

INADHÉRENT, E, adj. *inaderán.* Inadherente, que no está adherente.

INADMIRÉ, ÉE, adj. *inadmiré.* Que no es admirado.

INADMIS, E, adj. *inadmí.* Inadmitido, que no está admitido.

INADMISSIBILITÉ, f. *inadmisibilité.* Inadmisibilidad, cualidad de lo que no puede ser admitido.

INADMISSIBLE, adj. *inadmisibl.* Inadmisible, que no puede ser admitido.

INADMISSION, f. *inadmisión.* Inadmision, accion de no admitir alguna peticion, etc.

INADVERSION, f. V. INADVERTANCE.

INADVERTAMMENT, adv. ant. *inadvertamán.* Inadvertidamente, con inadvertencia.

INADVERTANCE, f. *inadvertáns.* Inadvertencia, descuido, falta de atencion, etc. || Lit. Inadvertencia, falta de cuidado, de atencion en el estilo.

INAFFABILITÉ, f. *inafabilité.* Inafabilidad, falta de afabilidad.

INAFFABLE, adj. *inafábl.* Poco afable, que no tiene afabilidad.

INAFFABLEMENT, adv. inus. *inafablmán.* Sin afabilidad.

INAFFAIBLI, E, adj. *inafeblí.* No debilitado.

INAFFAIRÉ, ÉE, adj. *inaferé.* Desocupado, sin negocios.

INAFFECTATION, f. *inafectasión.* Inafectacion, naturalidad.

INAFFECTÉ, ÉE, adj. *inafecté.* Inafectado, que no es afectado.

INAFFECTION, f. *inafecsión.* Falta de afeccion ó de afecto.

INAFFECTUEUSEMENT, adv. *inafectueusmán.* Desafectuosamente, de una manera poco afectuosa.

INAFFECTUEUX, EUSE, adj. *inafectueu, eus.* Desafectuoso, que no es afectuoso.

INAFFERMÉ, ÉE, adj. *inafermé.* Que no está arrendado: *terre inaffermée.*

INAFFIDÉ, ÉE, adj. *inafidé.* No afiliado.

INAFFILÉ, ÉE, adj. *inafilé.* Desafilado, que no tiene filo, hablando de instrumentos cortantes.

INAFFLIGÉ, ÉE, adj. *inafligé.* Que no está afligido.

INAFFLUENCE, f. *inafluáns.* Falta de afluencia.

INAGITABLE, adj. *inagitábl.* Inagitable, que no se puede agitar.

INAGITÉ, ÉE, adj. *inagité.* Inagitado, que no está agitado.

INAIDÉ, ÉE, adj. *inedé.* Desamparado, sin ayuda.

INAIGRI, E, adj. *inegrí.* Que no se ha vuelto agrio.

INAIGUISÉ, ÉE, adj. *inegüisé.* Que no está afilado, romo.

INAIMABLE, adj. *inemábl.* Que no es amable, áspero.

INAIMER, a. y n. *inemé.* No amar. Es inusitado.

INAJOURNABLE, adj. *inajurnábl.* No aplazable, que no puede ser aplazado.

INALIÉNABILITÉ, f. *inalienabilité.* Incapacidad de enajenarse.

INALIÉNABLE, adj. *inalienábl.* Inalienable, que no puede enajenarse.

INALIÉNÉ, ÉE, adj. *inalienė.* Inalienado, no enajenado.

INALLÉGORIQUE, adj. *inalegoric.* Inalegórico, que no es alegórico.

INALLÉGUÉ, ÉE, adj. *inalegue.* Inalegado, no alegado.

INALLIABILITÉ, f. *inaliabilité.* Inaliabilidad, cualidad de lo inaliable.

INALLIABLE, adj. *inaliábl.* Inaliable, que no admite liga ó mezcla, hablando de metales. || met. *Idées inalliables,* ideas que no admiten union con otras, que no se pueden ligar á otras.

INALLIÉ, ÉE, adj. *inalié.* Inaliado, que no ha sido liado ó combinado con otra cosa.

INALLUMÉ, ÉE, adj. *inalumé.* No encendido.

INALPIN, INE, adj. *inalpén, in.* Alpino, situado en los Alpes.

INALTÉRABILITÉ, f. *inalterabilité.* Inalterabilidad, cualidad de lo que es inalterable.

INALTÉRABLE, adj. *inalterábl.* Inalterable, que no admite alteracion ó mudanza. || met. *Bonheur inaltérable,* dicha inalterable.

INALTÉRÉ, ÉE, adj. *inalteré.* Inalterado, que no ha sufrido alteracion.

INAMABILITÉ, f. *inamabilité.* Falta de amabilidad.

INAMASSÉ, ÉE, adj. *inamasé.* Que no está amontonado, esparcido, no recogido.

INAMÉLIORÉ, ÉE, adj. *inamelioré.* Inmejorado, que no ha recibido mejora.

INAMENDABLE, adj. *inamandábl.* Incorregible, que no puede tener enmienda.

INAMICAL, E, adj. *inamicál.* Inamigable, que no es amigable.

INAMICALEMENT, adv. *inamicalmán.* Inamigablemente, de una manera poco amigable.

INAMISSIBILITÉ, f. *inamisibilité.* Inamisibilidad, cualidad de lo inamisible.

INAMISSIBLE, adj. *inamisibl.* Inamisible, que no se puede perder.

INAMOUREUX, EUSE, adj. *inamureu, eus.* Que no está enamorado.

INAMOVIBILITÉ, f. *inamovibilité.* Inamovibilidad, cualidad de lo que no se puede remover.

INAMOVIBLE, adj. *inamovibl.* Inamovible, que no se puede remover.

INAMUSABLE, adj. *inamusábl.* Penetrado de tristeza, que no puede divertirse.

INAMUSANT, E, adj. *inamusán.* Que no divierte ni entretiene.

INANALYSÉ, ÉE, adj. *inanalisé.* Inanalizado, que no se ha sometido á análisis.

INANCRÉ, ÉE, adj. *inancré.* Naveg. No anclado, desanclado.

INANGULÉ, ÉE, adj. *inangulé.* Inangulado, que no tiene ángulos.

**INANITION**, f. [illegible]. [illegible], [illegible], [illegible] de las [illegible].

**INANIMÉ, ÉE**, adj. [illegible]. Inanimado, que no tiene [illegible], que no tiene vida. ‖ met. [illegible], frio, falto de expresion.

**INANIMER**, a. [illegible]. [illegible] una cosa [illegible], dar una apariencia [illegible].

**INANITÉ**, f. [illegible]. Inanidad, vacío de una cosa. ‖ met. Vanidad, inutilidad.

**INANITION**, f. [illegible]. Inanicion, desfallecimiento por falta de alimento.

**INANNONCÉ, ÉE**, adj. [illegible]. Que no está anunciado.

**INAPERÇU, E**, adj. [illegible]. Que no ha sido [illegible].

**INAPPARENT, E**, adj. [illegible]. Que no es aparente.

**INAPPAUVRI, E**, adj. [illegible]. Que no está empobrecido.

**INAPPELÉ, ÉE**, adj. [illegible]. Que no es llamado.

**INAPPERCEVANCE**, f. [illegible]. Estado del que no nota nada, del que no percibe.

**INAPPÉTENCE**, f. *inapeténs*. Inapetencia, falta de apetito.

**INAPPLAUDI, E**, adj. *inaplodí*. No aplaudido.

**INAPPLICABILITÉ**, f. *inaplicabilité*. Defecto de lo que es inaplicable.

**INAPPLICABLE**, adj. *inaplicábl*. Inaplicable, que no se puede aplicar. Solo se dice de las cosas : *loi inapplicable*.

**INAPPLICATION**, f. *inaplicasión*. Inaplicacion, desaplicacion, desidia, falta de aplicacion.

**INAPPLIQUÉ, ÉE**, adj. *inapliqué*. Inaplicado, desaplicado, desidioso, que no tiene aplicacion.

**INAPPRÉCIABLE**, adj. *inapresiábl*. Inapreciable, inestimable, que no se puede apreciar por su mucho valor ó mérito.

**INAPPRÉCIABLEMENT**, adv. *inapresiablemán*. Inapreciablemente, de una manera inapreciable.

**INAPPRÉHENSIBLE**, adj. *inapreansibl*. Inaprehensible, que no se puede aprehender, coger ó agarrar.

**INAPPRENABLE**, adj. *inaprnábl*. Inaprendible, que no se puede aprender.

**INAPPRÊTÉ, ÉE**, adj. *inapreté*. No compuesto, no condimentado.

**INAPPRIVOISABLE**, adj. *inaprivoasábl*. Indomesticable, que no se puede domesticar.

**INAPPRIVOISÉ, ÉE**, adj. *inaprivoasé*. Indomesticado, no domesticado.

**INAPPROCHÉ, ÉE**, adj. *inaproché*. Que no ha sido aproximado.

**INAPPROUVÉ, ÉE**, adj. *inapruvé*. Que no ha sido aprobado.

**INAPTE**, adj. *inápt*. Inepto, que no tiene aptitud.

**INAPTITUDE**, f. *inaptitúd*. Ineptitud, insuficiencia, falta de aptitud para alguna cosa.

**INAQUEUX, EUSE**, adj. *inaqueu*, eus. Inacuoso, no acuoso.

**INARMÉ, ÉE**, adj. *inarmé*. Desarmado, que no tiene armas.

**INARROGANT, E**, adj. *inarogán*. Que no tiene arrogancia.

**INARRONDI, E**, adj. *inarondí*. Que no está redondeado.

**INARROSÉ, ÉE**, adj. *inarosé*. Que no está regado.

**INARTICULATION**, f. *inarticulasión*. Inarticulacion, falta de articulacion.

**INARTICULÉ, ÉE**, adj. *inarticulé*. Inarticulado, no articulado, que no lo es sino imperfectamente : des sons inarticulés.

**INARTIFICIEL, LE**, adj. *inartifisiél*. Inartificial, natural, sin artificio, sin arte.

**INARTIFICIELLEMENT**, adv. *inartifisielmán*. Naturalmente, sin artificio.

**INARTIFICIEUSEMENT**, adv. *inartifisieusmán*. Naturalmente, de una manera natural, sin artificio.

**INARTIFICIEUX, EUSE**, adj. *inartifisieu*, eus. Sencillo, sin artificio.

**INARTISTEMENT**, adv. *inartistmán*. Inartísticamente, sin arte, contra las reglas del arte.

**INASSAILLI, E**, adj. *inasailí*. Que no está acometido.

**INASSERMENTÉ, ÉE**, adj. *inasermanté*. Que no ha prestado juramento.

**INASSERVI, E**, adj. *inaserví*. Que no ha sufrido esclavitud.

**INASSIDUITÉ**, f. *inasiduité*. Inasiduidad, falta de asiduidad ó asistencia.

**INASSIMILABLE**, adj. *inasimilábl*. Quim. Inasimilable, que no se puede asimilar.

**INASSISTÉ**, adj. *inasisté*. Inasistido, no asistido.

**INASSOCIABLE**, adj. *inasosiábl*. Inasociable, que no se puede asociar, conciliar.

**INASSOCIATION**, f. *inasosiasión*. Falta de asociacion, de reunion, de armonía.

**INASSORTI, E**, adj. *inasortí*. Inadecuado, que no es adecuado.

**INASSOUPI, E**, adj. *inasupí*. Que no está adormecido.

**INASSOUVI**, adj. *inasuví*. Insaciado, que no está saciado, que no está harto.

**INASSUJETTI, E**, adj. *inasujetí*. No sujeto, que no está sometido.

**INASSURÉ, ÉE**, adj. *inasuré*. Inasegurado, que no está asegurado.

**INATTAQUABLE**, adj. *inatacábl*. Inatacable, inexpugnable, hablando de una plaza, de un fuerte. ‖ met. Incontestable, hablando de derechos ó privilegios : *droit inattaquable*. ‖ *Une réputation inattaquable*, una reputacion incontrastable, incontestable.

**INATTEINT, E**, adj. *inatén*. No alcanzado, no atacado, no herido, no conseguido, segun de que se hable.

**INATTENDU, E**, adj. *inatandú*. Inesperado, que no se esperaba, que no se aguardaba.

**INATTENTE**, f. *inatánt*. Estado del que no aguarda, del que no espera.

**INATTENTIF, IVE**, adj. *inatantíf*, *ív*. Inatento, que no tiene atencion. ‖ Descuidado, que no pone atencion.

**INATTENTION**, f. *inatansión*. Inatencion, inadvertencia, falta de atencion.

**INATTÉNUÉ, ÉE**, adj. *inatenué*. Inatenuado, no atenuado.

**INATTESTÉ**, adj. *inatesté*. Inatestiguado, no atestiguado.

**INAUDACE**, f. *inodás*. Timidez, falta de audacia, de osadía.

**INAUDACIEUX, EUSE**, adj. *inodasieu*, eus. Inaudaz, que no tiene audacia.

**INAUDIBLE**, adj. *inodíbl*. Inaudible, que no se puede oir, que se oye dificilmente.

**INAUGURAL, E**, adj. *inogurál*. Inaugural, que pertenece ó se refiere á la inauguracion.

**INAUGURATION**, f. *inogurasión*. Inauguracion, acto de inaugurar. ‖ Exaltacion de un soberano al trono. ‖ Dedicacion de una iglesia, inauguracion de un monumento público.

**INAUGURER**, a. *inoguré*. Inaugurar, dedicar, consagrar, hacer la inauguracion de un monumento ‖ Inaugurar, adivinar por el vuelo, canto ó movimento de las aves.

**INAURATION**, f. *inorasión*. Accion de dorar las píldoras.

**INAURICULÉ, ÉE**, adj. *inoriculé*. Inauriculado, desprovisto de aurícula.

**INAUTORISÉ, ÉE**, adj. *inotorisé*. Inautorizado, falto de autorizacion.

**INAVOUÉ, E**, adj. [illegible] do, que no la [illegible]

**INAVOUÉ, ÉE**, adj. [illegible]

**INAVOUABLE**, adj. [illegible] sable, que no puede ser [illegible]

**INAVOUÉ, ÉE**, adj. [illegible] que no está confesado.

**INCA**, f. [illegible]. Cam. Inca, [illegible] venía en el Cuzco.

**INCENDIÉ, ÉE**, adj. [illegible] que no está [illegible]

**INCADENCE**, f. [illegible] rencia, [illegible] ‖ [illegible] incompleta ó [illegible]

**INCAGUER**, a. [illegible] Desafiar, provocar á alguno [illegible]

**INCALCINÉ, ÉE**, adj. [illegible] cinado, que no está calcinado.

**INCALCULABLE**, adj. [illegible] calculable, que no se [illegible] calculable, muy considerable [illegible] rosa.

**INCALCULABLEMENT**, [illegible] blemán. Incalculablemente, [illegible] incalculable.

**INCALCULÉ, ÉE**, adj. [illegible] culado, que no ha sido calculado.

**INCALÉ, ÉE**, adj. [illegible] caliente, que no tiene calor.

**INCALÉ, ÉE**, adj. [illegible] que no tiene calidad, que no [illegible]

**INCALOMNIABLE**, adj. [illegible] Incalumniable, que no [illegible] niado.

**INCALOMNIÉ, ÉE**, adj. [illegible] Que no ha sido calumniado.

**INCAMÉRATION**, f. [illegible] Cien. rom. Union de algunos [illegible] nues eclesiásticos.

**INCAMÉRER**, a. [illegible] porar el dominio eclesiástico [illegible] apostólica.

**INCANDESCENCE**, f. [illegible] descencia, incandescencia, [illegible] po pasado del fuego.

**INCANDESCENT, E**, adj. [illegible] Candente, incandescente [illegible] de candencia. ‖ met. Candente, [illegible] flamado, alterado, [illegible]

**INCANDEUR**, f. [illegible] candor.

**INCANDIDE**, adj. [illegible] que no tiene candidez, [illegible]

**INCANE**, adj. [illegible] Bot. [illegible] está cubierta de un vello [illegible]

**INCANONIQUE**, adj. [illegible] nónico, que no es canónico.

**INCANONISABLE**, adj. [illegible] Incanonizable, que no se puede [illegible]

**INCANTATION**, f. [illegible] to, encantamiento, [illegible]

**INCAPABLE**, adj. [illegible] que no tiene capacidad [illegible] na cosa. ‖ Incapaz, [illegible] lento, hablando [illegible] hablando de cosas, [illegible] las cualidades, las condiciones [illegible] quieren. ‖ Incapaz, que no [illegible] dades ó la edad que exige [illegible]

**INCAPACITÉ**, f. [illegible] dad, ineptitud, falta de [illegible] pacidad, estado del que [illegible] gunos derechos.

**INCARCÉRATION**, f. [illegible] Encarcelacion, la accion [illegible] Estado del que se halla [illegible]

**INCARCÉRER**, a. [illegible] lar, poner á alguno preso [illegible]

**INCARNADIN, E**, adj. y s. [illegible] Encarnadino, color encarnado [illegible]

**INCARNADINE**, f. [illegible] carnadina, especie de [illegible]

**INCARNAT, E**, adj. y s. [illegible] carnado, encarnadino, de color [illegible]

**INCARNATIF, IVE**, adj. [illegible] V. INCARNAT. ‖ Cir. [illegible] los remedios que [illegible]

**INCARNATION**, f. [illegible] nacion, acto misterioso de [illegible] carne humana el Verbo Divino [illegible] ñas virginales de María [illegible]

nombre de una órden de religiosas.
[illegible]acion, regeneracion de las carnes.
[illegible]NÉ, ÉE, adj. encarné. Encarnado. [illegible] fam. *Diable, démon incarné*, de la [illegible] demonio: se dice de una persona [illegible], perversa. || En sentido contrario, [illegible], *la prudence incarnée*, es la [illegible] prudencia encarnada: se dice de [illegible] muy virtuosa, muy prudente.
[illegible] (S'), r. *sencarné*. Encarnarse, [illegible] hombre, se dice del Verbo Divino [illegible] la naturaleza del hombre. || Cir. [illegible], salir carne nueva en las heri[illegible]
[illegible], f. *encartád*. Despropósito, [illegible] se dice á alguno en público. || pl. [illegible], locuras.
[illegible], f. *encarvil*. Bot. Incar[illegible] de plantas dicotiledóneas.
[illegible], a. ant. *encastlé*. Encasti[illegible], poner á alguno preso en un [illegible] || Fort. Fortificar una plaza, un [illegible]
[illegible], adj. *encatolic*. Incató[illegible] no es católico.
[illegible], adv. V. IMPRUDEMMENT.
[illegible], ÉE, adj. *enssié*. Que no está [illegible]
[illegible], adj. *enselébr*. Incélebre, [illegible] celebridad.
[illegible], adj. *enselebré*. Que no ha [illegible]
[illegible], f. *enselebrité*. Incelebri[illegible] de celebridad.
[illegible], m. y f. *ensandiér*. In[illegible], el que maliciosamente incendia [illegible], mieses, etc. || met. Incen[illegible], revoltoso.
[illegible], m. *ensandí*. Incendio, fuego [illegible] edificios, mieses, etc. || [illegible], hablando de facciones, tur[illegible] y discordias civiles. || Incendio, [illegible] de las pasiones.
[illegible], ÉE, adj. *ensandié*. Incendia[illegible] met. hablando de aque[illegible] ha sido quemada.
[illegible], a. *ensandié*. Incendiar, pe[illegible], quemar edificios, bosques, etc. || [illegible], excitar la guerra, sembrar [illegible]
[illegible], adj. *ensansurábl*. In[illegible], que no puede ser censurado.
[illegible], ÉE, adj. *ensansuré*. In[illegible], que no ha sido censurado.
[illegible], f. *enserasión*. Farm. In[illegible], accion de incorporar la cera con [illegible]
[illegible], EUSE, adj. *ense*[illegible], *eus*. Inceremonioso, que no [illegible] ni etiquetas.
[illegible], a. *enseré*. Farm. Incerar, [illegible] con otra sustancia.
[illegible], E, adj. *ensertén*, *én*. In[illegible] no es cierto, seguro. || Incierto, [illegible] || Incierto, instable, varia[illegible] de las personas, indeciso, [illegible] no constante. || Que no sabe, que [illegible] de. || *Être incertain de ce* [illegible], no saber, ignorar lo que suce[illegible], luz débil. || m. In[illegible] en dudoso, lo que no es cierto [illegible] *Quitter le certain pour l'incer*[illegible] lo cierto por lo dudoso.
[illegible], adv. poco us. *en*[illegible]. Inciertamente, de una manera [illegible]
[illegible], ÉE, adj. *ensertifié*. Incer[illegible] no está certificado.
[illegible], f. *ensertitúd*. Incerti[illegible] indecision, perplejidad, estado de [illegible] no resuelta, indecisa. || Incer[illegible], falta de certeza, hablando de las [illegible]
[illegible], adv. *ensesamán*. In[illegible], sin dilacion. || Incesante[illegible], sin cesar.
[illegible], E, adj. *ensesán*. Incesante, [illegible]
[illegible], f. *ensesibilité*. Incesibi[illegible] de lo que no se puede ceder.
[illegible], adj. *ensesíbl*. Incesible, [illegible] ser cedido.

**INCESTE**, m. *ensést*. Incesto, cópula ó acceso carnal entre parientes ó afines en un grado prohibido por la ley.

**INCESTUEUSEMENT**, adv. *ensestueusmán*. Incestuosamente, con ó en el incesto.

**INCESTUEUX, EUSE**, adj. *ensestueu*, *eus*. Incestuoso, culpable de incesto.

**INCHANCELANT, E**, adj. *enchanselán*. Invacilante, que no vacila.

**INCHANGÉ, ÉE**, adj. *enchangé*. Inalterado, que no ha sufrido alteracion.

**INCHANTABLE**, adj. *enchantábl*. Incantable, que no se puede cantar.

**INCHARITABLE**, adj. *encharitábl*. No caritativo, que no tiene caridad.

**INCHARITABLEMENT**, adv. *encharitablmán*. Sin caridad.

**INCHARITÉ**, f. *encharité*. Falta de caridad.

**INCHASSÉ, ÉE**, adj. *enchasé*. Que no ha sido echado.

**INCHASTE**, adj. *enchást*. Incasto, que no tiene castidad, que no es casto.

**INCHASTEMENT**, adv. *enchastmán*. Incastamente, de una manera impúdica.

**INCHÂTIÉ, ÉE**, adj. *enchatié*. Incastigado, que no ha sido castigado.

**INCHAUFFÉ, ÉE**, adj. *enchofé*. No caliente, que no está caliente.

**INCHOATIF, IVE**, adj. *encoatif*, *iv*. Incoativo, dícese de los verbos que expresan el principio de una accion, como *vieillir*, *s'endormir*, *jaunir*, *etc.* || Filol. Incoativo, inicial.

**INCHOATION**, f. *encoasión*. Incoacion, principio.

**INCHOISI, E**, adj. *enchuasí*. No escogido, que no está escogido.

**INCHRÉTIEN, NE**, adj. *encretién*, *én*. Que no es cristiano.

**INCHRÉTIENNEMENT**, adv. *encretienmán*. De una manera contraria á lo que conviene á un cristiano, ó contraria á las máximas cristianas.

**INCICATRISABLE**, adj. *ensicatrisábl*. Incicatrizable, que no puede ser cicatrizado.

**INCICATRISÉ, ÉE**, adj. *ensicatrisé*. Incicatrizado, que no está cicatrizado.

**INCIDEMMENT**, adv. *ensidamán*. Incidentemente, por incidencia.

**INCIDENCE**, f. *ensidáns*. Geom. Incidencia, caida de una línea, de un radio ó de un cuerpo sobre otro. || Incidencia, dícese de las líneas ó rayos de luz. || *Angle d'incidence*, ángulo comprendido entre un rayo incidente sobre un plano y la perpendicular tirada sobre este plano al punto de la incidencia. || Incidencia, lo que sobreviene en el discurso de algun asunto ó negocio.

**INCIDENT**, m. *ensidán*. Incidente, acontecimiento, circunstancia que sobreviene en el discurso de algun negocio. || Jurisp. Incidente, contestacion accesoria que nace interin se instruye la causa principal. || adj. Incidente, que sobreviene en el discurso de algun asunto ó negocio.

**INCIDENTAIRE**, adj. *ensidantér*. Incidentario, que introduce incidentes en los pleitos.

**INCIDENTEL, LE**, adj. *ensidantél*. Incidental, que sucede por incidente.

**INCIDENTER**, n. *ensidanté*. Introducir ó mezclar incidentes en un pleito.

**INCINÉRATION**, f. *ensinerasión*. Quím. Incineracion, accion de reducir á ceniza, y estado de la cosa reducida á ceniza.

**INCINÉRER**, a. *ensineré*. Quím. Incinerar, reducir una cosa á ceniza.

**INCIRCONCIS, E**, adj. *ensirconsí*. Incircunciso, no circuncidado. || met. En la Escritura, no mortificado: *incirconcis de cœur, de lèvres, d'oreilles*. || *Les incirconcis*, m. pl. Los incircuncisos, nombre que daban los Judíos á los que no eran de su nacion.

**INCIRCONCISION**, f. *ensirconsisión*. Incircuncision, estado del que es incircunciso. || met. Incircuncision, falta de mortificacion de corazon, de labios, de oidos, etc.

**INCIRCONSCRIT, E**, adj. *ensirconscrí*. Incircunscrito, que no está limitado ó comprendido en límites.

**INCIRCONSPECT, E**, adj. *ensirconspéc*. Incircunspecto, que no tiene circunspeccion.

**INCIRCONSPECTION**, f. *ensirconspecsión*. Incircunspeccion, falta de circunspeccion.

**INCISE**, f. *ensís*. Ret. Inciso, frasecilla que hace parte de un miembro de un período. || Mús. Inciso, cada uno de los diferentes miembros de un pensamiento.

**INCISER**, a. *ensisé*. Cir. Tajar, sajar, cortar la carne de un miembro, como hace el cirujano. || Hort. Hacer una incision, un corte en un árbol. || Med. Disolver, dividir, hablando de humores. || Art. Cortar el vidrio todavía caliente, sirviéndose de un instrumento mojado ó muy frio.

**INCISIF, IVE**, adj. *ensisíf*, *iv*. Incisivo, que es apto para abrir ó cortar. || *Dents incisives*, dientes incisivos, los anteriores, porque sirven para partir los alimentos. || Med. Incisivo, atenuante, se dice de los medicamentos que tienen la propiedad de dividir, de disolver los humores. || met. Áspero, mordaz.

**INCISION**, f. *ensisión*. Incision, cortadura ó abertura hecha con instrumento cortante. || *Incision cruciale*, incision crucial, la incision doble que se practica en cruz.

**INCISIVEMENT**, adv. *ensisivmán*. Incisivamente, de una manera incisiva, áspera, mordaz.

**INCISOIRE**, adj. V. INCISIF.

**INCISURE**, f. *ensisúr*. Anat. Incisura, nombre dado por algunos anatómicos á ciertas hendiduras estrechas de los huesos.

**INCITABILITÉ**, f. V. EXCITABILITÉ.

**INCITABLE**, adj. *ensitábl*. Med. Incitable, que es propio, á propósito para recibir la accion de un estimulante.

**INCITATEUR, TRICE**, m. y f. *ensitateur*, *tris*. Incitador, el que incita ó excita.

**INCITATIF, IVE**, adj. *ensitatíf*, *iv*. Incitativo, que es á propósito para incitar ó excitar.

**INCITANT, E**, adj. *ensitán*. Incitante, excitante, que incita ó excita.

**INCITATION**, f. *ensitasión*. Incitacion, instigacion, hostigacion, impulsion. || Med. V. EXCITATION.

**INCITEMENT**, m. V. INCITATION.

**INCITER**, a. *ensité*. Incitar, mover, estimular á alguno á hacer alguna cosa.

**INCIVIL, E**, adj. *ensivíl*. Incivil, falto de civilidad y cultura. || Descortés, desatento, impolítico, se dice de las personas y de todo lo que es contrario á la política, á la cortesía. || *Clause incivile*, cláusula hecha contra las disposiciones de las leyes civiles.

**INCIVILEMENT**, adv. *ensivilmán*. Incivilmente, descortés y rústicamente, de una manera descortés.

**INCIVILISÉ, ÉE**, adj. *ensivilisé*. Incivilizado, inculto, grosero, que no está civilizado.

**INCIVILITÉ**, f. *ensivilité*. Incivilidad, descortesía, desatencion, descomedimiento. || Incivilidad, accion, palabra, etc., contraria á la política, á la cortesía.

**INCIVIQUE**, adj. *ensivíc*. Incívico, opuesto á los intereses de la patria.

**INCIVISME**, m. *ensivísm*. Incivismo, opiniones y conducta contrarias á las de un buen ciudadano.

**INCLAIRVOYANT, E**, adj. *enclervuayán*. Imperspicaz, no despierto.

**INCLARIFIÉ, ÉE**, adj. *enclarifié*. Inclarificado, que no ha sido clarificado.

**INCLASSIQUE**, adj. *enclasíc*. Que no es clásico.

**INCLÉMENCE**, f. *enclemáns*. Inclemencia, falta de clemencia. || Inclemencia, rigor de la estacion. || Poét. Severidad, la cólera de los dioses.

**INCLÉMENT, E**, adj. *enclemán*. Inclemente, inhumano, falto de clemencia. || Inclemente, severo: *un ciel inclément*, un clima riguroso.

**INCLINAISON**, f. *enclinesón*. Geom. Inclinacion, estado de lo que está inclina-

[illegible]

INCLURE, a. [illegible]. Incluir, encerrar, introducir una cosa dentro de otra.

INCLUS, E, adj. enclú. Incluso, encerrado, contenido, adjunto. Dícese de un papel encerrado dentro de otro escrito ó carta. Vous trouverez ci-inclus copie de ma lettre, adjunta hallará Vd. copia de mi carta.

INCLUSIF, IVE, adj. enclusif, iv. Inclusivo, que incluye, contiene ó encierra alguna cosa. ‖ L'inclusion, f. La inclusion ó inclusiva, la accion de incluir en el conclave á un cardenal que llega pasado el término señalado; y en este sentido se dice : donner l'inclusion á un cardinal.

INCLUSION, f. enclusión. Inclusion, estado de una cosa incluida.

INCLUSIVEMENT, adv. enclusivemán. Inclusivamente, inclusive, con inclusion.

INCOCTION, f. encoccsión. Incoccion, falta de coccion, crudeza.

INCOERCIBILITÉ, f. encoersibilité. Fis. Incoercibilidad, la cualidad de no ser coercible, domeñable.

INCOERCIBLE, adj. encoersibl. Fis. Incoercible, que no se puede contener ni sujetar á nuestra disposicion : fluide incoercible, gaz incoercible.

INCOGNITO, adv. encógnito. Incógnito, sin ser conocido. Dícese de los personajes que viajan disfrazados ó sin ninguna distincion, y á veces bajo un nombre supuesto, para no recibir los honores debidos á su rango, ó para no ser conocidos. ‖ Mourir incognito, morir sin que nadie lo sepa. ‖ fam. Vivre incognito, vivir con disimulo.

INCOHÉRENCE, f. encoeréns. Incoherencia, falta de cohesion entre las partes elementales y constitutivas de los cuerpos. ‖ met. Incoherencia, se aplica tambien á cosas no materiales, como á las ideas, á las palabras, etc.

INCOHÉRENT, E, adj. encoerán. Incoherente, falto de cohesion, de union entre sus partes. ‖ met. Incoherente, se aplica tambien á las cosas inmateriales : des idées incohérentes, des paroles incohérentes.

INCOHÉSION, f. encoesión. Incoherencia, falta de cohesion.

INCOLAT, m. encolá. Se usa algunas veces como sinónimo de indigénat, especialmente hablando de Bohemia. V. INDIGÉNAT.

INCOLLÉ, ÉE, adj. encolé. Despegado, suelto, que no está encolado. Papier incollé, papel sin cola.

INCOLORATION, f. encolorasión. Decoloracion, incoloracion, falta de color.

INCOLORE, adj. encolór. Incoloro, que carece de color.

INCOMBUSTIBILITÉ, f. [illegible]

[illegible]

INCOMMODE, adj. encomód. Incómodo, que incomoda ó carece de comodidad ‖ Incómodo, que causa malestar, pena, fatiga, fastidio, tedio. ‖ Incómodo, importuno, pesado, fastidioso.

INCOMMODÉMENT, adv. encomodemán. Incómodamente, de una manera incómoda.

INCOMMODER, a. encomodé. Incomodar, molestar, causar incomodidad. Être fâché d'incommoder quelqu'un, sentir incomodar á alguno. Un mal de tête qui incommode, un mal de cabeza que incomoda. Des arbres qui incommodent la vue, árboles que estorban la vista. ‖ Atrasar, perjudicar á la fortuna, al caudal. ‖ Incomodar, causar una indisposicion en la salud : son dîner l'a incommodé. ‖ S'incommoder, r. Incomodarse. ‖ Estorbarse, perjudicarse mutuamente dos personas; sacrificarse con respecto á intereses, etc.

INCOMMODITÉ, f. encomodité. Incomodidad, pena, molestia que ocasiona una cosa incómoda. ‖ Incomodidad, enfermedad, achaque, desazon. ‖ Incommodités de l'âge, achaques de la edad. S'excuser sur ses incommodités, excusarse con sus achaques.

INCOMMUTABLE, adj. encomuábl. Incomutable, que no se puede mudar en otra cosa. ‖ met. Peine incommuable, pena que no se puede conmutar, alterar.

INCOMMUÉ, ÉE, adj. encomué. Inconmutado, que no es conmutado ni alternado.

INCOMMUN, E, adj. encomeun. No comun, raro, extraño, particular.

INCOMMUNÉMENT, adv. encomunemán. Extrañamente, raramente, de una manera no comun.

INCOMMUNICABILITÉ, f. encomunicabilité. Incomunicabilidad, cualidad de no ser una cosa comunicable.

INCOMMUNICATIF, IVE, adj. encomunicatif, iv. Incomunicativo, que no es comunicativo ó no tiene propension á comunicar.

INCOMMUNICABLE, adj. encomunicabl. Incomunicable, que no se puede comunicar.

INCOMMUNIQUÉ, adj. encomuniqué. Incomunicado, que no es comunicado, transmitido.

INCOMMUTABLE, adj. encomutábl. Inconmutable, que no es conmutable : se dice de las posesiones á cuyo dueño no se le puede despojar de ellas.

INCOMMUTABLEMENT, adv. encomutablemán. Inconmutablemente, de un modo inconmutable.

[illegible]

[illegible]MÉ, ÉE, adj. *encomprimé.* [illegible]primido, que no es comprimido.

[illegible]PRIS, E, adj. *encompri.* Incomprendido. ‖ Que no es debidamente apreciado, valuado, estimado en su [illegible].

[illegible]PTÉ, ÉE, adj. *encompté.* Que no [illegible].

[illegible]CÉDÉ, ÉE, adj. *enconsedé.* Negado, no concedido.

[illegible]CESSIBLE, adj. *enconsesibl.* Inconcesible, que no se puede conceder.

[illegible]CEVABLE, adj. *enconsevábl.* Inconcebible, que no se puede concebir, de [que no se] puede dar razon. ‖ Extraordinario, sorprendente.

[illegible]CEVABLEMENT, adv. *enconsevablemán.* Inconcebiblemente, de una manera [inconce]bible.

[illegible]CILIABLE, adj. *enconsiliábl.* Inconciliable, que no se puede conciliar.

[illegible]CILIABLEMENT, adv. *enconsiliablemán.* Inconciliablemente, de una manera inconciliable.

[illegible]CILIÉ, ÉE, adj. *enconsilié.* Inconciliado, no conciliado.

[illegible]CLU, E, adj. *enconclú.* Que no [ha sido] decidido, pendiente.

[illegible]CLUANT, E, adj. *enconcluán.* Inconcluyente, que no concluye, que no prueba [lo que] se desea.

[illegible]CRESSIBLE, adj. *enconcresibl.* Incompresible, que no puede volverse [illegible].

[illegible], E, adj. *enconsé.* Inconcebido, [illegible].

[illegible]DAMNABLE, adj. *encondanábl.* [Incondena]ble, que no puede ser condenado.

[illegible]DAMNÉ, ÉE, adj. *encondané.* [Incondena]do, que no ha sufrido condena.

[illegible]DITIONNÉ, ÉE, adj. *encondisioné.* [Que] no está acondicionado, hablando de [illegible], vestidos, etc.

[illegible]DITIONNEL, LE, adj. *encondisionél.* Incondicional, que no es con[dicional].

[illegible]DUIT, E, adj. *enconduí.* Que no [ha sido con]ducido.

[illegible]DUITE, f. *enconduít.* Desarreglo, [illegible], falta de conducta.

[illegible]FÉRÉ, ÉE, adj. *enconferé.* Que [no ha sido] conferido.

[illegible]FESSÉ, ÉE, adj. *enconfesé.* In[confesado], que no ha confesado.

[illegible]FIANCE, f. *enconfiáns.* Desconfianza, falta de confianza.

[illegible]FIANT, E, adj. *enconfián.* Desconfiado, que no tiene confianza.

[illegible]FINÉ, ÉE, adj. *enconfiné.* Que [no está] confinado.

[illegible]FIRMÉ, ÉE, adj. *enconfirmé.* In[confirma]do, que no ha sido confirmado.

[illegible]FORME, adj. *enconfórm.* Disconforme, que no está conforme.

[illegible]FORMITÉ, f. *enconformité.* Desconformidad, falta de conformidad.

[illegible]FUS, E, adj. *enconfú.* Inconfuso, [no] confuso.

[illegible]FUSÉMENT, adv. *enconfusemán.* [Inconfusa]mente, sin confusion.

[illegible]FUSION, f. *enconfusión.* Inconfusion, falta de confusion.

[illegible]GELABLE, adj. *encongelábl.* In[congela]ble, que no se puede congelarse.

[illegible]GELÉ, ÉE, adj. *encongelé. Fís.* [Incongela]do, que no ha pasado al estado de [illegible].

[illegible]GRU, E, adj. *encongrú.* Incongruo, [illegible], que peca contra las [reglas de] la sintáxis. ‖ Incongruo, que peca [contra la] decencia ó el decoro. ‖ met. y fam. [Se dice] de personas, que falta á los usos [illegible] recibidos en la sociedad.

[illegible]GRUITÉ, f. *encongruité.* Incongruidad, falta contra las reglas de la sintáxis. ‖ Falta contra el decoro, chabacanería, [illegible], dicho ó hecho contra la [illegible].

[illegible]GRÛMENT, adv. *encongrumán.* [Incongrua]mente, de una manera incongrua.

INCONJECTURÉ, ÉE, adj. *enconjecturé.* Que no ha sido conjeturado.

INCONJUGAL, E, adj. *enconjugál.* Inconyugal, que no es conyugal ni corresponde al matrimonio.

INCONJURABLE, adj. *enconjurábl.* Inconjurable, que no se puede conjurar, evitar ó prevenir.

INCONNAISSABLE, adj. *enconesábl.* Inconocible, que no puede ser conocido.

INCONNAISSANCE, f. *enconesáns.* Falta de conocimiento, ignorancia.

INCONNEXE, adj. *enconécs.* Inconexo, que no tiene enlace ni conexion con nada.

INCONNEXION, f. *enconecsión.* Inconexion, incoherencia, falta de conexion.

INCONNEXITÉ, f. *enconecsité.* Inconexidad, inconexion, falta de coherencia.

INCONNU, E, adj. *enconú.* Desconocido, no conocido. ‖ Desconocido, oscuro, sin reputacion. ‖ Desconocido, nuevo, extraño. ‖ Desconocido, despreciado, menospreciado, desatendido. ‖ m. Desconocido, persona que es poco ó nada conocida. ‖ *Se fier à un inconnu*, fiarse de un desconocido. ‖ Mat. *L'inconnue*, la incógnita, la cantidad que se busca por medio de la resolucion de un problema; en esta acepcion se dice tambien : *quantité inconnue*, cantidad incógnita. ‖ *Dégager l'inconnue*, despejar la incógnita.

INCONQUIS, E, adj. *enconquí.* Inconquistado, que no ha sido conquistado.

INCONSCIENCE, f. *enconsiéns.* Falta de conciencia.

INCONSCIENCIEUSEMENT, adv. *enconsiensieusemán.* Inconcienzudamente, sin conciencia.

INCONSCIENCIEUX, EUSE, adj. *enconsiensieu, eus.* Inconcienzudo, que no tiene conciencia.

INCONSEILLÉ, ÉE, adj. *enconseillé.* Inaconsejado, que no ha recibido consejo.

INCONSENTI, E, adj. *enconsantí.* Inconsentido, que no es consentido.

INCONSÉQUEMMENT, adv. *enconsecamán.* Inconsecuentemente, con inconsecuencia.

INCONSÉQUENCE, f. *enconsecáns.* Inconsecuencia, falta de consecuencia. ‖ Inconsecuencia, cosa que se dice ó hace sin reflexion. ‖ Inconsecuencia, ligereza de conducta.

INCONSÉQUENT, E, adj. *enconsecán.* Inconsecuente, inconsiguiente, que obra ó habla contra sus principios.

INCONSERVABLE, adj. *enconservábl.* Inconservable, que no se puede conservar.

INCONSIDÉRATION, f. *enconsiderasión.* Inconsideracion, falta de consideracion. ‖ Inconsideracion, irreflexion, ligereza, falta de atencion.

INCONSIDÉRÉ, ÉE, adj. *enconsideré.* Inconsiderado, que no es estimado. En esta acepcion se usa poco por ser anfibológico ó equívoco. ‖ Inconsiderado, irreflexivo, imprudente. ‖ Inconsiderado, hecho sin reflexion : *action inconsidérée.*

INCONSIDÉRÉMENT, adv. *enconsideremán.* Inconsideradamente, sin consideracion.

INCONSISTANCE, f. *enconsistáns.* Inconsistencia, falta de consistencia, de enlace, de consecuencia : *l'inconsistance des idées, des projets.*

INCONSISTANT, E, adj. *enconsistán.* Inconsistente, falto de consistencia moral, de consecuencia, de enlace.

INCONSOLABLE, adj. *enconsolábl.* Inconsolable, que no halla consuelo.

INCONSOLABLEMENT, adv. *enconsolablemán.* Inconsolablemente, sin consuelo.

INCONSOLANT, E, adj. *enconsolán.* Inconsolante, que no consuela.

INCONSOLÉ, ÉE, adj. *enconsolé.* Desconsolado, que no está consolado.

INCONSOMMÉ, ÉE, adj. *enconsomé.* Inconsumado, no consumado.

INCONSOMPTIBLE, adj. *enconsomptibl.* Inconsumible, que no se puede consumir.

INCONSTAMMENT, adv. *enconstamán.* Inconstantemente, sin constancia.

INCONSTANCE, f. *enconstáns.* Inconstancia, inconsecuencia, veleidad. ‖ Inconstancia, hablando de cosas es instabilidad movilidad, variedad, mudanza.

INCONSTANT, E, adj. *enconstán.* Inconstante, volable, inconsecuente, vario, ligero. Se dice tambien de las cosas : *saison inconstante.*

INCONSTITUTIONNALITÉ, f. *enconstitusionalité.* Inconstitucionalidad, carácter de lo que es opuesto á la constitucion de un Estado.

INCONSTITUTIONNEL, LE, adj. *enconstitusionél.* Inconstitucional, no conforme á la constitucion, contrario á la constitucion.

INCONSTITUTIONNELLEMENT, adv. *enconstitusionelmán.* Inconstitucionalmente, de una manera inconstitucional.

INCONSULTÉ, ÉE, adj. *enconsulté.* Inconsulto, que no ha sido consultado.

INCONSUMÉ, ÉE, adj. *enconsumé.* Inconsumido, que no ha sido consumido.

INCONTAMINÉ, ÉE, adj. *encontaminé.* No contaminado, inmaculado, puro, sin mancha.

INCONTENT, E, adj. *encontán.* Descontento, no contento.

INCONTESTABILITÉ, f. *encontestabilité.* Incontestabilidad, cualidad, estado de lo que es incontestable.

INCONTESTABLE, adj. *encontestábl.* Incontestable, indisputable, que no puede ser contestado.

INCONTESTABLEMENT, adv. *encontestablemán.* Incontestablemente, de una manera incontestable, cierto, indisputable.

INCONTESTÉ, ÉE, adj. *encontesté.* Incontestado, no contestado, no puesto en duda.

INCONTIGU, ÜE, adj. *encontigú.* Incontiguo, que no está contiguo á una cosa, separado.

INCONTINEMMENT, adv. *encontinamán.* Incontinentemente, impúdicamente.

INCONTINENCE, f. *encontináns.* Incontinencia, vicio opuesto á la continencia ó castidad, abuso de los placeres del amor. ‖ Med. *Incontinence d'urine*, incontinencia de orina, flujo de orina habitual é involuntario.

INCONTINENT, E, adj. *encontinán.* Incontinente, que no es continente, que no es casto, desenfrenado en los placeres del amor.

INCONTINENT, adv. *encontinán.* Incontinenti, pronto, al instante, sin dilacion.

INCONTINU, E, adj. *encontinú.* Interrumpido, no continuo.

INCONTINUEL, LE, adj. *encontinuél.* Incontinuo, no continuado ó no continuo.

INCONTINUITÉ, f. *encontinuité.* Incontinuidad, falta de continuidad.

INCONTRACTÉ, ÉE, adj. *encontracté.* Incontratado, no contratado.

INCONTRADICTION, f. *encontradicsión.* No contradiccion, falta de contradiccion. ‖ Conformidad, acuerdo en el modo de pensar.

INCONTRAINT, E, adj. *encontrén.* Que no ha sido constreñido, precisado ú obligado.

INCONTRAINTE, f. *encontrént.* Lo contrario de *contrainte*. Véase en su lugar.

INCONTRE, adv. Se ha usado por *à l'encontre*. V. ENCONTRE.

INCONTREFAIT, E, adj. *encontrefé.* No contrahecho.

INCONTRIT, E, adj. *encontrí.* Incontrito, que no está contrito, que no ha hecho acto de contricion.

INCONTRÔLABLE, adj. *encontrolábl.* No sujeto á registro ni exámen.

INCONTRÔLÉ, ÉE, adj. *encontrolé.* No registrado, sin registrar.

INCONTROVERSABLE, adj. *encontroversábl.* Incontrovertible, incuestionable.

INCONTROVERSÉ, ÉE, adj. *encontroversé.* Incontrovertido, que no ha sido controvertido.

INCONVAINCU, E, adj. *enconvencú.* Inconvicto, no convencido.

INCONVENABLE, adj. *enconvenábl.* Que no es conveniente, que no es decoroso.

INCONVENANCE, f. *enconvenáns.* Inconveniencia, cualidad de lo que es inconveniente. || Inconveniencia, accion que hiere la decencia, los estilos ó costumbres recibidos, el buen parecer.

INCONVENANT, E, adj. *enconvenán.* Inconveniente, indecente, que ofende la decencia y es contrario á las maneras adoptadas por las personas de buena educacion.

INCONVÉNIENT, m. *enconveniáin.* Inconveniente, obstáculo, dificultad que se opone á la marcha de cualquier cosa, al logro de un proyecto, etc. || Inconveniente, desventaja que presenta una cosa, y malas consecuencias que resultan de su ejecucion.

INCONVÉNIENTER, n. inus. *enconveniantė.* Dificultar, embarazarse, hallar inconvenientes en todas las cosas.

INCONVERTI, E, adj. *enconvertí.* Inconvertido, que no se ha convertido.

INCONVERTIBLE, adj. *enconvertíbl.* Inconvertible, que no es capaz de convertirse.

INCONVERTISSABLE, adj. V. INCONVERTIBLE.

INCONVICTION, f. *enconvicsión.* Inconviccion, falta de conviccion.

INCONVIÉ, ÉE, adj. *enconvié.* Que no ha sido convidado.

INCORPORALITÉ, f. *encorporalité.* Incorporalidad, incorporeidad, inmaterialidad, cualidad de ser incorpóreo.

INCORPORATION, f. *encorporasión.* Incorporacion, mezcla, reunion de una cosa con otra.

INCORPORÉITÉ, f. V. INCORPORALITÉ.

INCORPOREL, LE, adj. *encorporél.* Incorpóreo, inmaterial, espiritual. || Jurisp. *Chose incorporelle*, cosa incorpórea, que consiste en derechos, acciones y demas bienes que no se pueden tocar.

INCORPORER, a. *encorporé.* Incorporar, mezclar, unir, combinar dos ó mas sustancias para formar un solo cuerpo. || met. Incorporar, juntar, reunir: se dice de un cuerpo político, militar ó eclesiástico. || Incorporar, se dice tambien hablando de paises, tierras. || *S'incorporer*, r. Incorporarse con otros para formar un solo cuerpo.

INCORRECT, E, adj. *encorréct.* Incorrecto, falto de correccion.

INCORRECTEMENT, adv. *encorrectmán.* Incorrectamente, sin correccion.

INCORRECTION, f. *encorreccsión.* Incorreccion, falta de correccion, descuido en el estilo.

INCORRIGÉ, ÉE, adj. *encorrigé.* Incorregido, que no está corregido.

INCORRIGIBILITÉ, f. *encorrigibilité.* Incorregibilidad, cualidad ó defecto del que es incorregible.

INCORRIGIBLE, adj. *encorrigíbl.* Incorregible, que no puede corregirse ni ser corregido.

INCORRIGIBLEMENT, adv. *encorrigiblemán.* Incorregiblemente, de una manera incorregible.

INCORROMPU, E, adj. *encorrompú.* Incorrupto, no corrompido.

INCORROYÉ, ÉE, adj. *encorruayé.* No adobado, no curtido.

INCORRUPTIBILITÉ, f. *encorruptibilité.* Incorruptibilidad, cualidad de lo que es incorruptible, como los cuerpos gloriosos. || met. Incorruptibilidad, rectitud, integridad de un hombre que no se deja corromper ó sobornar.

INCORRUPTIBLE, adj. *encorruptíbl.* Incorruptible, no sujeto á la corrupcion. || met. Incorruptible, recto, íntegro, incapaz de dejarse corromper ó sobornar.

INCORRUPTION, f. *encorrupsión.* Incorrupcion, estado de las cosas que no pueden corromperse.

INCOUPABLE, adj. *encoupábl.* Inculpable, inocente, que no tiene culpa.

INCOUPÉ, ÉE, adj. *encoupé.* Que no está cortado, separado, dividido.

INCOURAGEUSEMENT, adj. *encuragueusemán.* Cobardemente, sin valor.

INCOURAGEUX, EUSE, adj. *encurageu, eus.* Cobarde, falto de valor.

INCOURANT, E, adj. *encurán.* No corriente, que no corre, que no tiene curso, que no se vende: *marchandise incourante.* || *Effet incourant*, efecto, papel no corriente, que no se recibe á descuento, que no se desconta.

INCOURBÉ, ÉE, adj. *encurbé.* No encorvado, recto, derecho.

INCOURONNÉ, ÉE, adj. *encuroné.* No coronado, que no tiene corona.

INCOUVÉ, ÉE, adj. *encuvé.* No encovado, no fecundado, no empollado: *œufs incouvés.*

INCRASSANT, E, adj. *encrasán.* Med. Incrasante, que espesa los humores.

INCRASSATION, f. *encrasasión.* Med. Incrasacion, espesamiento, condensacion de los humores.

INCRASSER, a. poco us. *encrasé.* Med. Incrasar, espesar, hacer mas denso. || *S'incrasser*, r. Incrasarse, hacerse mas denso, mas espeso.

INCRÉDIBILITÉ, f. *encredibilité.* Incredibilidad, cualidad de ser increible una cosa.

INCRÉDIBLE, adj. *encredíbl.* Increible. V. INCROYABLE.

INCRÉDULE, adj. *encredúl.* Incrédulo, difícil en creer, que no se persuade fácilmente. || Incrédulo, que no cree los misterios de la religion. Úsase como sustantivo.

INCRÉDULITÉ, f. *encredulité.* Incredulidad, repugnancia en creer lo que es creible. || Incredulidad, falta de fe religiosa.

INCRÉÉ, ÉE, adj. *encreé.* Increado, que existe por sí sin procedencia de nadie.

INCRÉMENT, m. *encremán.* Incremento, el aumento de una cantidad.

INCRÉPANT, adv. poco us. *encrepán.* Increpante, que increpa, que reprende, que vitupera.

INCRÉPER, a. poco us. *encrepé.* Increpar, reprender, vituperar.

INCRÉPI, E, adj. *encrepí.* Que no ha sido blanqueado.

INCRIBLÉ, ÉE, adj. *encriblé.* Que no ha sido cribado.

INCRIMINABLE, adj. *encriminábl.* Acriminable, que se puede imputar á crimen.

INCRIMINATION, f. *encriminasión.* For. Acriminacion, accion de acriminar; estado de una persona acriminada.

INCRIMINER, a. *encriminé.* Acriminar, imputar un crimen á alguno.

INCRIMINEL, LE, adj. *encriminél.* Inocente, sin delito, puro de crimen.

INCRIMINELLEMENT, adv. *encriminelmán.* Inocentemente, de una manera inocente.

INCRISTALLISABILITÉ, f. *encristalisabilité.* Incristalizabilidad, cualidad de algunos cuerpos que no pueden ser cristalizados.

INCRISTALLISABLE, adj. *encristalisábl.* Incristalizable, incapaz de cristalizarse.

INCRITIQUABLE, adj. *encriticábl.* Incriticable, no sujeto á la crítica, que está al abrigo de la crítica.

INCRITIQUÉ, ÉE, adj. *encritiqué.* No criticado, que no ha pasado por el crisol de la crítica.

INCROCHETABLE, adj. *encrochetábl.* Infranqueable, inallanable, que no puede ser franqueado, allanado, abierto á la fuerza: se dice de las cerrajas de las puertas.

INCROYABILITÉ, f. *encruayabilité.* Incredibilidad, cualidad de lo que es increible.

INCROYABLE, adj. *encruayábl.* Increible, que no se puede creer ó es muy difícil de creerse. || Increible, extraordinario, excesivo, singular.

INCROYABLEMENT, adv. *encruayablemán.* Increiblemente, de un modo increible.

INCROYANCE, f. *encruayáns.* Incredulidad, falta de creencia, estado del que no cree alguna cosa. || Incredulidad, falta de fe y de creencia católica.

INCRUSTABLE, adj. *encrustábl.* Incrustable, que puede ser incrustado.

INCURVABILITÉ, f. encurvabilité. Incorvabilidad, facultad de encorvarse, cualidad de lo que es encorvable.

INCURVABLE, adj. encurvabl. Encorvable, que puede encorvarse.

INCURVATION, f. encurvasión. Encorvamiento, incurvacion, inflexion, encorvadura; accion de encorvar.

INCURVE, adj. V. INCURVÉ.

INCURVÉ, ÉE, adj. encurvé. Encorvado, doblado de fuera adentro.

INCUSE, adj. f. encús. Impercuso, no herido, no alcanzado, fallado el golpe: se dice de las monedas en cuya acuñacion ha faltado el golpe por algun lado y han quedado las inscripciones en hueco en lugar de estar de relieve. *Médaille incuse*, y tambien sust. *une incuse*, medalla estampada en hueco.

INDAGATEUR, m. endagateur. Indagador, investigador.

INDAGATION, f. endagasión. Indagacion, averiguacion, investigacion.

INDANGEREUX, EUSE, adj. endangereu, eús. Que no ofrece peligro.

INDAR, m. endár. Indar, especie de azada que sirve para rozar los matorrales y escardar las tierras.

INDAYÉ, m. endayé. Zool. Indayo, especie de gavilan del Paraguay.

INDE, f. énd. Geog. India, país meridional del Asia, dividido en dos grandes penínsulas, que toman el nombre de Indias orientales. || *Indes occidentales*, Indias occidentales, denominacion que se da con frecuencia á los vastos paises de que se compone la América. || *Les Indes*, pl. Las Indias, se dice en general de las orientales y de las occidentales. || Com. *Inde ó bois d'Inde*, palo de campeche. V. CAMPÊCHE. || *Inde ó bleu d'Inde*, índigo, azul de índigo, añil.

INDÉBATTU, E, adj. endebatú. No debatido, que no ha sido sometido á ningun debate ó discusion.

INDÉBROUILLABLE, adj. endebrullábl. Que no se puede desenredar ó desembrollar.

INDÉCEMMENT, adv. endesamán. Indecentemente, de un modo indecente, contra la decencia. || Indecentemente, contra la urbanidad, contra el respeto.

INDÉCENCE, f. endesáns. Indecencia, [illegible], falta de decencia ó modestia. || Indecencia, falta de urbanidad, de [illegible].

INDÉCENT, E, adj. endesán. Indecente, [illegible], feo, torpe, que es contrario á la [illegible] y al pudor. || Indecente, que falta [illegible], al respeto.

INDÉCEVANT, E, adj. endesevan. Veri[illegible], que no es capaz de engañar.

INDÉCHARGÉ, ÉE, adj. endechargé. No [illegible], sin descargar.

INDÉCHIFFRABLE, adj. endechifrábl. [illegible], que no se puede descifrar ni [illegible]. || Indescifrable, ininteligible, muy [illegible] de leer. || Indescifrable, oscuro, in[illegible], confuso. || met. Indescifrable, in[illegible], inexplicable.

INDÉCHIFFRABLEMENT, adv. endechi[illegible]. Indescifrablemente, ininteligi[illegible].

INDÉCHIFFRÉ, ÉE, adj. endechifré. [illegible], que no ha sido descifrado.

[illegible], E, adj. endecú. No decosido, [illegible].

INDÉCIMABLE, adj. endesimábl. Inde[illegible], que no se puede diezmar.

INDÉCIMÉ, ÉE, adj. endesimé. Indiez[illegible], que no ha sido diezmado.

INDÉCIS, E, adj. endesí. Indeciso, no [illegible], no resuelto, hablando de cosas. || [illegible], irresoluto, incierto, dudoso, vaci[illegible], perplejo, aplicándose á personas.

INDÉCISIF, IVE, adj. endesisíf, ív. In[illegible], que no es decisivo.

INDÉCISION, f. endesisión. Indecision, [illegible], duda, irresolucion, estado de [illegible].

INDÉCLARÉ, ÉE, adj. endeclaré. Inde[illegible], no declarado.

INDÉCLINABILITÉ, f. endeclinabilité. Gram. Indeclinabilidad, estado de las palabras indeclinables.

INDÉCLINABLE, adj. endeclinábl. Indeclinable, que no se puede declinar.

INDÉCLINÉ, ÉE, adj. endecliné. Indeclinado, no declinado.

INDÉCOMPOSABLE, adj. endecomposábl. Indescomponible, que no se puede descomponer.

INDÉCOMPOSÉ, ÉE, adj. endecomposé. Indescompuesto, que no ha sido descompuesto.

INDÉCORÉ, ÉE, adj. endecoré. Indecorado, no decorado, no adornado.

INDÉCOURAGÉ, ÉE, adj. endecuragé. Que no está desalentado, que no ha perdido el ánimo.

INDÉCOUVERT, E, adj. endecuvér. Que no está descubierto.

INDÉCRIT, E, adj. endecrí. Indescrito, no descrito. *Ile indécrite dans les cartes*, isla no descrita en los mapas.

INDÉCROTTABLE, adj. endecrotábl. Incapaz de que se le quite el barro. || met. Cerril, bárbaro, incivilizable, que no puede desbastarse ó pulirse.

INDÉÇU, E, adj. endesú. No engañado, que no ha sufrido engaño.

INDÉDIÉ, ÉE, adj. endedié. Indedicado, no dedicado.

INDÉFECTIBILITÉ, f. endefectibilité. Dogm. Indefectibilidad, cualidad de ser indefectible: *l'indéfectibilité de l'Eglise*.

INDÉFECTIBLE, adj. endefectibl. Indefectible, que no puede faltar, dejar de ser: solo se dice de la iglesia.

INDÉFECTUEUX, EUSE, adj. endefectueu, eus. Indefectuoso, que está sin defectos.

INDÉFENDABLE, adj. endefendábl. Indefendible, que no se puede defender.

INDÉFENDU, E, adj. endefandú. Indefenso, indefendido, que no está guardado, protegido.

INDÉFENSIBLE, adj. endefansibl. Indefendible. Se ha usado por *indéfendable*.

INDÉFIÉ, ÉE, adj. endefié. No desafiado, que no ha recibido desafío.

INDÉFIGURÉ, ÉE, adj. endefiguré. Que no está desfigurado.

INDÉFINI, E, adj. endefiní. Indefinido, indeterminado, que no tiene límites fijos.

INDÉFINIMENT, adv. endefinimán. Indefinidamente: *ajourner indéfiniment la conclusion d'une affaire*. || Gram. Indefinidamente, en un sentido indefinido.

INDÉFINISSABLE, adj. endefinisábl. Indefinible, oscuro, que no se puede definir. || met. Indefinible, incomprensible, que no se puede comprender.

INDÉFINITÉ, f. poco us. endefinité. Indefinidad, cualidad de una cosa indefinida.

INDÉFRICHABLE, adj. endefrichábl. Inlaboreable, que no se puede romper ó desmontar, hablando de una tierra inculta. || *Des landes indéfrichables*, dehesas inlaborables, donde no puede entrar el arado.

INDÉFRICHÉ, ÉE, adj. endefriché. Inlaboreado, que no está desmontado, hablando de un terreno.

INDÉGELÉ, ÉE, adj. endegelé. Que no está deshelado.

INDÉGUISÉ, ÉE, adj. endeguisé. No disfrazado, que no lleva ningun disfraz.

INDÉHISCENCE, f. endeisáns. Bot. Indehiscencia, carencia de la facultad de abrirse espontáneamente.

INDÉHISCENT, E, adj. endeisán. Bot. Indehiscente, que no se abre espontáneamente: dícese mas particularmente del fruto y de las anteras.

INDÉLAISSÉ, ÉE, adj. endelesé. Que no está abandonado.

INDÉLÉBILE, adj. endelebíl. Indeleble, que no puede borrarse. || *Tache indélébile*, *encre indélébile*, mancha indeleble, tinta indeleble. || met. *Affront indélébile*, afrenta indeleble.

INDÉLÉBILITÉ, f. endelebilité. Indelebilidad, cualidad de lo que es indeleble.

INDÉLÉGABLE, adj. endelegábl. Indelegable, que no se puede delegar.

INDÉLIBÉRATION, f. endeliberasión. Indeliberacion, falta de deliberacion.

INDÉLIBÉRÉ, ÉE, adj. endeliberé. Indeliberado, no meditado, no reflexionado, no premeditado, hecho sin deliberacion.

INDÉLICAT, E, adj. endelicá. Desatento, falto de delicadeza.

INDÉLICATEMENT, adv. endelicatmán. De una manera no delicada, sin delicadeza.

INDÉLICATESSE, f. endelicatés. Falta de delicadeza. || Accion no delicada.

INDÉLIÉ, ÉE, adj. endelié. No desatado, no suelto.

INDEMANDÉ, ÉE, adj. endemandé. Que no ha sido pedido.

INDEMNE, adj. endémn. Indemne, indemnizado, sin daño, sin perjuicio. Se dice: *sortir indemne d'une affaire*, salir de un negocio sin perjuicio. *Rendre quelqu'un indemne*, indemnizar á alguno.

INDEMNÉMENT, adv. endemnemán. Indemnemente, sin daño, sin perjuicio, sin gastos.

INDEMNER, a. endemné. Indemnizar. No se usa; se ha dicho por *indemniser*.

INDEMNISATION, f. endemnisasión. Indemnizacion, accion de indemnizar.

INDEMNISER, a. endemnisé. Indemnizar, pagar á uno los daños ó pérdidas que ha sufrido. || Resarcir de cualquier manera que sea un bien perdido.

INDEMNITÉ, f. endemnité. Indemnidad, indemnizacion, resarcimiento de una pérdida ó daño. || Indemnidad, rebaja de la renta de las tierras al colono por accidentes que le privan del usufructo.

INDÉMOLI, E, adj. endemolí. Que no está demolido.

INDÉMONTRABLE, adj. endemontrábl. Indemostrable, que no se puede demostrar.

INDÉMONTRÉ, ÉE, adj. endemontré. Indemostrado, que no está demostrado.

INDÉNIABLE, adj. endeniábl. Innegable, que no se puede negar.

INDÉNONCÉ, ÉE, adj. endenonsé. Indenunciado, que no ha sido denunciado.

INDÉNOUABLE, adj. endenuábl. Indesanudable, que no se puede desanudar.

INDENTÉ, ÉE, adj. endanté. Hist. nat. y Art. Indentado, que no tiene dientes.

INDENTURE, f. V. ENDENTURE.

INDÉPENDAMMENT, adv. endepandamán. Independientemente, con independencia, sin dependencia. || *Indépendamment de*, ademas de, prescindiendo de.

INDÉPENDANCE, f. endepandáns. Independencia, estado de una persona libre de la dependencia de otra.

INDÉPENDANT, E, adj. endepandán. Independiente, libre de toda dependencia, que no depende de ninguna persona ni cosa. || Independiente, ingobernable, díscolo, que no se deja gobernar ni influir de nadie. || Independiente, ajeno, se dice de una cosa que no tiene relacion con otra.

INDÉPENON, m. endepnón. Pendon, especie de estandarte de cola larga.

INDÉPENSÉ, ÉE, adj. endepansé. No expendido, no gastado.

INDÉPLACÉ, ÉE, adj. endeplasé. Que no ha sido mudado de lugar ó trasladado.

INDÉPLORABLE, adj. endeplorábl. Indeplorable, que no se puede ó no se debe deplorar.

INDÉPLORÉ, ÉE, adj. endeploré. Indeplorado, que no ha sido deplorado.

INDÉPOUILLÉ, ÉE, adj. endepullé. Indespojado, que no ha sido despojado.

INDÉPRAVÉ, ÉE, adj. endepravé. Indepravado, que no ha sufrido depravacion.

INDÉRACINABLE, adj. enderasinábl. Indesarraigable, que no se puede desarraigar. *Habitude indéracinable*, hábito tenazmente arraigado, que no se puede desarraigar.

INDÉRACINÉ, ÉE, adj. enderasiné. Que no está desarraigado, que queda arraigado.

**INDÉROULÉ, ÉE**, adj. *endérulé*. Que no ha sido desarrollado.

**INDESCRIPTIBLE**, adj. *endescriptíbl*. Indescriptible, que no se puede describir.

**INDESCRIPTIBLEMENT**, adv. *endescriptiblemán*. Indescriptiblemente, de una manera indescriptible.

**INDÉSERT, E**, adj. *endesér*. Que no está desierto ó abandonado.

**INDÉSHONORÉ, ÉE**, adj. *endesonoré*. Que no ha sido deshonrado.

**INDÉSIGNÉ, ÉE**, adj. *endesiñé*. Indesignado, no señalado, no asignado.

**INDÉSIRABLE**, adj. *endesiráhl*. Indeseable, que no es de desear.

**INDÉSIRÉ, ÉE**, adj. *endesiré*. Indeseado, no deseado.

**INDÉSIREUX, EUSE**, adj. *endesireu*, *eus*. Inávido, no deseoso.

**INDESPOTIQUE**, adj. *endespotic*. Indespótico, no despótico.

**INDESTRUCTIBILITÉ**, f. *endestructibilité*. Indestructibilidad, cualidad de lo que es indestructible.

**INDESTRUCTIBLE**, adj. *endestructíbl*. Indestructible, que no se puede destruir.

**INDÉTERMINABLE**, adj. *endeterminábl*. Indeterminable, que no se puede determinar.

**INDÉTERMINATIF, IVE**, adj. *endeterminatif*, *iv*. Indeterminante, indeterminativo, incapaz de promover una resolucion.

**INDÉTERMINATION**, f. *endeterminasión*. Indeterminacion, falta de resolucion, irresolucion, perplejidad.

**INDÉTERMINÉ, ÉE**, adj. *endeterminé*. Indeterminado, no fijo, indefinido, hablando de cosas. || Indeterminado, irresoluto, perplejo, hablando de personas.

**INDÉTERMINÉMENT**, adv. *indeterminemán*. Indeterminadamente, de una manera vaga, indeterminada.

**INDÉTREMPÉ, ÉE**, adj. *endetranpé*. Que no está destemplado.

**INDÉTRUIT, E**, adj. *endetruí*. Indestruido, que no ha sido destruido.

**INDÉVASTÉ, ÉE**, adj. *endevasté*. Indevastado, que no ha sido devastado.

**INDEVINABLE**, adj. *endevinábl*. Inadivinable, que no se puede adivinar.

**INDEVINÉ, ÉE**, adj. *endeviné*. Inadivinado, no adivinado.

**INDÉVORÉ, ÉE**, adj. *endevoré*. Indevorado, no devorado.

**INDÉVOT, E**, adj. *endevó*. Indevoto, que está falto de devocion.

**INDÉVOTEMENT**, adv. *endevotmán*. Indevotamente, sin devocion, sin fervor.

**INDÉVOTION**, f. *endevosión*. Indevocion, falta de devocion.

**INDÉVOUÉ, ÉE**, adj. *endevué*. Inadicto, no adicto, no afecto.

**INDEX**, m. *endécs*. Índice, tabla, lista de los capítulos, artículos y materias contenidas en un libro. || Anat. Índice, el dedo situado entre el pulgar y el medio. || Mec. Índice, aguja que gira sobre un pié fijo en el centro de un círculo graduado, y señala los grados con la punta. || *Index purgatoire* ó simplemente *Index*, catálogo de los libros prohibidos en Roma. || *Congrégation de l'index*, congregacion del índice, comision permanente establecida en 1550 por Paulo IV, para examinar los libros nuevos que salian, y prohibir su lectura si ha lugar. || *Mettre une chose à l'index*, prohibir la publicacion y venta de una cosa.

**INDEXTÉRITÉ**, f. *endecsterité*. Indestreza, falta de destreza.

**INDIAPHANE**, adj. *endiafán*. Indiáfano, no diáfano, opaco, impenetrable á los rayos luminosos.

**INDICANT, E**, adj. *endicán*. Med. Indicante, se dice de un síntoma ó signo que indica, que establece una indicacion.

**INDICATEUR**, m. *endicateur*. Indicador, el que indica ó hace conocer un delincuente. En esta acepcion se usa tambien como adjetivo: *temoin indicateur*, *domestique indicateur*. || Indicador, nombre de cada una de las dos piezas móviles que sirven en los telégrafos para hacer las señales. || El dedo índice.

**INDICATIF, IVE**, adj. *endicatif*, *iv*. Indicante, indicativo, que indica ó sirve para indicar. || Indicativo, se dice de una de las especies de caractéres que se usan en la escritura china. || Mar. *Colonne indicative*, columna indicativa ó indicadora para marcar la altura de las mareas en las costas del Océano. || *Indicatif*, m. Gram. Indicativo, el primer modo de cada verbo. Tambien es adjetivo, pues se dice *le mode indicatif*, el modo indicativo.

**INDICATION**, f. *endicasión*. Indicacion, accion por la cual se indica. || Designacion, indicio. || Med. Indicacion, método curativo indicado por los síntomas. || For. Indicacion, declaracion de las materias que se ponen en litigio.

**INDICE**, m. *endis*. Indicio, cualquier accion ó señal que da á conocer lo que está oculto; signo aparente, probable existencia de una cosa. || Mar. Indicio, señal de aproximacion á tierra.

**INDICIBLE**, adj. *endisíbl*. Indecible, imponderable, que no se puede expresar.

**INDICIBLEMENT**, adv. *endisiblemán*. Indeciblemente, de una manera indecible ó que no se puede expresar.

**INDICOLITHE**, m. *endicolít*. Miner. Indecolito, turmalina azul.

**INDICTION**, f. *endicsión*. Indiccion, convocacion á dia señalado de un concilio. || *Bulle d'indiction*, bula de indiccion, de convocacion. || *Indiction romaine*, indiccion romana, período de quince años.

**INDICULE**, m. poco us. dim. de INDEX. *endicúl*. Pequeño indicio, lo que muestra ó anuncia alguna cosa.

**INDIEN, NE**, adj. y s. *endién*, *én*. Indio, de las Indias. || Índico, que pertenece á las Indias ó á sus habitantes, hablando de cosas. || m. El indio, el lenguaje de la India. || Astr. El Indio, nombre de una constelacion austral.

**INDIENNE**, f. *endién*. Com. Indiana, tela de lino ó algodon pintada que se fabrica en la India. || Indiana, tela que se fabrica en Europa, tambien de algodon, á imitacion de las verdaderas indianas.

**INDIENNEUR, EUSE**, adj. y s. *endieneur*, *eus*. Indianero, fabricante de indianas.

**INDIFÉRÉ, ÉE**, adj. *endiferé*. Indiferido, que no ha sido diferido.

**INDIFFÉREMMENT**, adv. *endiferamán*. Indiferentemente, de una manera indiferente. || Indiferentemente, indistintamente, sin distincion.

**INDIFFÉRENCE**, f. *endiferáns*. Indiferencia, falta de interes. || Indiferencia, tibieza, frialdad, insensibilidad al amor.

**INDIFFÉRENT, E**, adj. *endiferán*. Indiferente, que por sí no está determinado á una cosa mas que á otra, que por nada se mueve y á quien ninguna cosa le interesa. || Indiferente, que carece de importancia, de interes. || Indiferente, insensible, que carece de sentimientos de adhesion é interes hácia ninguna persona. || Indiferente, insensible al amor.

**INDIFFÉRENTISME**, m. *endiferantism*. Indiferentismo, sistema de los que hacen profesion de la indiferencia.

**INDIFFÉRENTISTE**, m. *endiferantíst*. Indiferentista, nombre que dan los prosélitos de todas las sectas religiosas á los que admiten indiferentemente todas las confesiones, y pretenden que en todas las religiones puede el hombre salvarse. Se les llama tambien *adiaphoristes* y *tolérants*.

**INDIGÉNAT**, m. *endigená*. Indigenato, cualidad de indígena, su estado. Solo se usa hablando de la Polonia. V. INCOLAT.

**INDIGENCE**, f. *endijáns*. Indigencia, necesidad, pobreza, falta de lo necesario. || met. Pobreza, falta de cualidades morales, pobreza de espíritu, de ideas, etc.

**INDIGÈNE**, adj. *endigén*. Indígena, originario de un país. Es tambien sustantivo.

**INDIGÉNÉITÉ**, f. V. INDIGÉNAT.

**INDIGENT, E**, adj. *endiján*. Indigente, pobre, necesitado. || met. [illegible] falto, de [illegible]

**[illegible]**, ÉE, adj. [illegible] rido, que no ha sido digerido.

**[illegible]** (s'), r. [illegible] terse, no digerirse alguna [illegible]

**[illegible]**, adj. [illegible] que es de difícil digestion. [illegible] confuso, sin órden: se dice [illegible] obras literarias y [illegible]

**INDIGESTIBLE**, adj. [illegible] gestible, indigesto, que no [illegible] rir. || met. Indigestible, [illegible]

**[illegible]**, f. [illegible] tion, mala digestion, falta [illegible] estómago.

**[illegible]**, m. [illegible] nombre que daban los [illegible] ó considerados participantes [illegible]

**[illegible]**, m. [illegible] mán. Antig. rom. [illegible] los pontífices que [illegible] blicos y secretos de los [illegible] tenecian á su culto.

**INDIGNATION**, f. [illegible] cion, ira, enojo por una [illegible] traria á la razon ó á la [illegible]

**INDIGNE**, adj. [illegible] no es digno, que no [illegible] mio, compasion, favor, [illegible] tambien de las cosas [illegible] *de pardon*. || Indigno, [illegible] procedido, [illegible] pondo al honor, al [illegible] ruin, hablando de [illegible]

**INDIGNEMENT**, adv. [illegible] dignamente, de una [illegible] mente, ruinmente.

**INDIGNER**, a. [illegible] excitar la indignacion [illegible] *gner*, r. Indignarse, [illegible] contra alguno ó alguna [illegible]

**INDIGNITÉ**, f. [illegible] cualidad odiosa por la [illegible] indigno. || Indignidad, [illegible] de alguna accion. || [illegible] lipendio, improperio [illegible] guno.

**INDIGO**, m. *endigó*. [illegible] ó polvos colorantes que [illegible] busto de las Indias.

**INDIGOCARMINE**, f. [illegible] Quím. Indigocarmina, [illegible] ce el índigo alterado.

**INDIGOTATE**, m. [illegible] digotato, sal producida [illegible] del ácido indigótico con [illegible]

**INDIGOTERIE**, f. [illegible] hacienda de índigo ó añil, [illegible] brica.

**INDIGOTIER**, m. [illegible] gotero, arbusto de [illegible] que da el índigo.

**INDIGOTINE**, f. [illegible] gotina, principio [illegible] digo.

**INDIGOTIQUE**, adj. [illegible] Indigótico, calificacion [illegible] cido por la accion del [illegible] índigo.

**INDILIGEMMENT**, adv. [illegible] Indiligentemente, de un [illegible] diligente, lentamente.

**INDILIGENCE**, f. [illegible] cia, falta de diligencia y de [illegible]

**INDILIGENT, E**, adj. [illegible] gente, que no es diligente.

**INDIQUER**, a. [illegible] entender alguna cosa con [illegible] || Indicar, hacer conocer, [illegible] señalar, dar dia ó hora para [illegible]

**INDIRE**, s. ant. [illegible] bro de cierto impuesto [illegible]

**INDIRECT, E**, adj. [illegible] que no va directamente á [illegible] *indirect*. || met. *Avis* [illegible] *question indirecte*.

**INDIRECTEMENT**, adv. [illegible] Indirectamente, de una [illegible]

**INDIRECTION**, f. [illegible] cion, falta de direccion.

o se puede disolver, así en en lo moral.

BLEMENT, adv. endisolu- lublemente, de un modo indi-

ANT, E, adj. endisolván. rente, que no tiene virtudes

, OUTE, adj. endisú, út. lto, que no está disuelto.

T, E, adj. endistinct. Indis- e distingue. || Indistinto, que clara y distintamente.

TEMENT, adv. endistinct- amente, de una manera con- tamente, sin distincion, sin la.

TIBLE, adj. endistenctibl. , que no se puede distinguir.

TION, f. endistencsión. In- ado de lo que es indistinto, stincion, falta de distincion,

UÉ, ÉE, adj. endistengué. que no es distinguido.

UIBLE, adj. V. INDISTINC-

T, E, adj. endistré. Indis- es distraido, que no experi- ion alguna.

UÉ, ÉE, adj. endistribué. que no está distribuido.

endív. Bot. Indivia, nombre achicoria.

SSANT, E, adj. endiverti- divertido ó que no divierte.

, m. endividú. Individuo, el e hace parte de su especie. || , hombre que uno no conoce quiere nombrar. || fam. é iròn. son individu, cuidar del in- r por sí.

LISATION, f. endividuali- dualizacion, accion de indivi-

LISER, a. endividualisé. In- onsiderar, presentar una cosa te, aisladamente, abstraccion pecie.

LISME, m. endividualism. ismo, sistema de aislamiento , en los trabajos, en la exis-

LISTE, adj. y s. endividua- alista, partidario del indivi-

LITÉ, f. endividualité. In- lo que constituye al individuo, e tenga una existencia distinta.

ATION, f. endividuasión. In- e decia del conjunto de las rticulares que constituyen el

E, adj. f. endividé. Teol. In- no está dividida, que no pue- . Solo se usa hablando de la nidad.

EL, LE, adj. endividuel. In- es propio del individuo ó que

ELLEMENT, adv. endividuel- ualmente, con individualidad.

ER, a. ant. endividué. Indivi- a por constituir el individuo, individual.

BLE, adj. endivinábl. Inadi- no se puede adivinar.

TÉ, f. endivinité. Teol. Indivi- e las cualidades divinas.

E, adj. endiví. Indiviso, que ido : des biens indivis. || Par adv. Por indiviso.

, ÉE, adj. endivisé. Individi- stá dividido.

MENT, adv. endivisemán. In- sin division.

BILITÉ, f. endivisibilité. In- , cualidad de lo que es indivi-

BLE, adj. endivisibl. Indivisi- puede dividirse.

BLEMENT, adv. endivisibl- mán. Indivisiblemente, de un modo indi- visible.

**INDIVISION**, f. endivisión. Indivision, estado de una cosa poseida por indiviso.

**INDIVULGUÉ, ÉE**, adj. endivulgué. In- divulgado, que no está divulgado.

**IN-DIX-HUIT**, adj. endisuit. En diez y ocho ó en dieziochavo, se dice de un libro cuyo pliego compone diez y ocho hojas. || Tambien se usa á menudo como sustantivo : un *in-dix-huit*, un libro en 18º.

**INDOCILE**, adj. endosil. Indócil, que no tiene docilidad.

**INDOCILITÉ**, f. endosilité. Indocilidad, falta de docilidad.

**INDOCTE**, adj. endóct. Indocto, igno- rante, sin letras.

**INDOCTEMENT**, adv. endoctemán. In- doctamente, con ignorancia.

**INDOIS, E**, adj. ant. V. INDIEN.

**INDOLEMMENT**, adv. endolamán. Indo- lentemente, con indolencia.

**INDOLENCE**, f. endoláns. Indolencia, in- sensibilidad moral, impasibilidad : *l'indo- lence des stoïciens*. Es poco usado en esta acepcion. || Indolencia, especie de apatía, de indiferencia para todo lo que mueve á los hombres, desidia, pereza. || Med. Indolen- cia, estado, carácter de un mal indolente.

**INDOLENT, E**, adj. endolán. Indolente, insensible, desidioso, perezoso. || Med. In- dolente, que no causa ningun dolor.

**INDOMICILIÉ, ÉE**, adj. endomisilié. Indomiciliado, que no tiene domicilio.

**INDOMPTABILITÉ**, f. endonptabilité. Indomabilidad, cualidad, carácter de lo que es indomable.

**INDOMPTABLE**, adj. endonptábl. Indo- mable, indómito, que no se puede domar ó someter á la obediencia. || met. Indomable, que no se puede reprimir, dominar.

**INDOMPTABLEMENT**, adv. endonpta- blemán. Indomablemente, de un modo indo- mable.

**INDOMPTÉ, ÉE**, adj. endonpté. Indo- mado, que no está domado. || Indómito, sal- vaje, furioso. || met. Indómito, que no puede ser reprimido, dominado.

**INDORÉ, ÉE**, adj. endoré. Indorado, que no está dorado.

**INDOTÉ, ÉE**, adj. endoté. Sin dote, que no ha recibido dote.

**INDOUBLÉ, ÉE**, adj. endublé. Que no está doblado, sencillo.

**INDOUCEUR**, f. enduseur. Falta de dul- zura, de amabilidad.

**INDOUÉ, ÉE**, adj. endué. Indotado, que no ha sido dotado.

**INDOULEUR**, f. enduleur. Falta de dolor.

**INDOULOUREUSEMENT**, adv. endu- lureusemán. Indoloresamente, sin dolor.

**INDOULOUREUX, EUSE**, adj. endulu- reu, eus. Indoloroso, que no es doloroso, que no causa dolor.

**INDOUTEUSEMENT**, adv. enduteuse- mán. Indudosamente, de un modo no du- doso.

**INDOUTEUX, EUSE**, adj. enduteu, eus. Indudable, no dudoso.

**IN-DOUZE**, adj. endúz. En dozavo, se dice del tamaño ó del libro cuyo pliego compone doce hojas. || Sust. *Un in-douze*.

**INDRESSÉ, ÉE**, adj. endresé. Inendere- zado, que no está enderezado.

**INDRI**, m. endrí. Zool. Indri, mamífero pequeño del género maki.

**INDU, E**, adj. endú. Indebido, irregu- lar, contra razon, ley ó costumbre. || *Venir à une heure indue*, venir á una hora irre- gular, á deshora.

**INDUBITABLE**, adj. endubitábl. Indu- bitable, indudable, que no se puede dudar.

**INDUBITABLEMENT**, adv. endubitabl- mán. Indubitablemente, indudablemente, ciertamente, sin duda.

**INDUCTIF, IVE**, adj. enductif, iv. In- ductivo, que pertenece á la induccion.

**INDUCTILE**, adj. enductil. Indúctil, que no es dúctil.

**INDUCTION**, f. enducsión. Induccion

instigacion, persuasion para hacer alguna cosa. || Induccion, especie de argumento. || Induccion, consecuencia que se saca por induccion. || Mat. Induccion, manera de juzgar de la verdad de una fórmula general por su aplicacion á un caso particular.

**INDÛMENT**, adv. V. INDUMENT.

**INDUIRE**, a. *enduír*. Inducir, instigar, incitar, persuadir. || Inducir, inferir, sacar una consecuencia. || *S'induire*, r. Inducirse, incitarse mutuamente á una cosa.

**INDULGEMMENT**, adv. *enduljamán*. Indulgentemente, con indulgencia.

**INDULGENCE**, f. *endulján*s. Indulgencia, facilidad en tolerar, disimular ó perdonar las faltas ajenas. || Indulgencia, remision que hace la iglesia de las penas debidas por los pecados. *Indulgences plénières*, indulgencias plenarias. *Indulgences partielles*, indulgencias parciales. *Indulgences temporelles*, indulgencias temporales.

**INDULGENT, E**, adj. *endulján*. Indulgente, que es fácil en perdonar y disimular las faltas.

**INDULGER**, n. *endulgé*. Perdonar, dispensar, usar de indulgencia, ser indulgente.

**INDULT**, m. *endúlt*. Indulto, letras apostólicas para poder nombrar á ciertos beneficios, ó tenerlos contra la disposicion del derecho comun. || Indulto, derecho particular que tenian los cancilleres de Paris, etc., sobre los beneficios vacantes. || Der. can. *Indult de compact*, indulto de compacto, privilegio que fué concedido á los cardenales por la bula de compacto, y que les permite poseer beneficios regulares ó seculares.

**INDULTAIRE**, m. *endultér*. Der. can. Indultario, el sugeto que tiene derecho á un beneficio eclesiástico en virtud de indulto ó gracia pontificia.

**INDUMENT**, m. *endumán*. Bot. Indumento, epidérmis de los vegetales.

**INDÛMENT**, adv. *endumán*. For. Indebidamente, ilegalmente, contra las formas.

**INDUPLICATIF, IVE**, adj. *enduplicatif, iv*. Bot. Induplicativo, que se dobla por dentro.

**INDURABLE**, adj. *endurábl*. Indurable, que no es de dura.

**INDURATION**, f. *endurasión*. Med. Induracion, endurecimiento, aumento de la resistencia de un tejido, sin alteracion visible en su textura.

**INDURCI, E**, adj. *endursí*. No endurecido, que no se ha puesto duro.

**INDUSTRIAL, E**, adj. *endustriál*. Industrial, que proviene de la industria.

**INDUSTRIALISER (S')**, r. *sendustrialisé*. Industrializarse, entregarse al industrialismo.

**INDUSTRIALISME**, m. *endustrialism*. Industrialismo, sistema social que consiste en considerar la industria como el principal objeto del hombre y el eje de las sociedades políticas. || Industrialismo, poder de la industria, preponderancia política de los industriales.

**INDUSTRIALISTE**, adj. *endustrialist*. Industrialista, que pertenece ó se refiere al industrialismo.

**INDUSTRIE**, f. *endustrí*. Industria, destreza, maña para hacer alguna cosa. || Industria, oficio, profesion mecánica ó mercantil que se ejerce. || *Vivre d'industrie*, vivir de la industria, campar de golondro, vivir de gorra. || *Chevalier d'industrie*, caballero de industria, estafador, petardista, que vive y campa á costa ajena.

**INDUSTRIEL, LE**, adj. *endustriél*. Industrial, que pertenece á la industria. || Industrial, que proviene de la industria.

**INDUSTRIELLEMENT**, adv. *endustrielmán*. Industrialmente, de un modo industrial.

**INDUSTRIER**, n. ant. *endustrié*. Industriar, emplear su industria.

**INDUSTRIEUSEMENT**, adv. *endustrieusmán*. Industriosamente, con industria y maña.

**INDUSTRIEUX, EUSE**, adj. *endustrieu, eus*. Industrioso, mañoso, ingenioso, diestro, que obra con industria, con maña. || Industrioso, donde la industria está desarrollada, floreciente : *pays industrieux*.

**INDUT**, m. *endú*. Liturg. Eclesiástico ó clérigo revestido para asistir al diácono ó subdiácono en las misas solemnes.

**INÉBLOUI, E**, adj. *inebluí*. No deslumbrado, que no está deslumbrado.

**INÉBRANLABILITÉ**, f. *inebranlabilité*. Inmobilidad, cualidad de lo que es inmobible : *l'inébranlabilité de l'univers*.

**INÉBRANLABLE**, adj. *inebranlábl*. Inmoble, que no se puede mover. || met. Inmoble, constante, firme en las resoluciones, invariable, inmutable.

**INÉBRANLABLEMENT**, adv. *inebranlablmán*. Constantemente, firmemente.

**INÉBRANLÉ, ÉE**, adj. *inebranlé*. Firme, constante, que no se ha podido hacer bambolear, que no se ha podido mover ó menear : *rocher inébranlé*.

**INÉCHANGEABLE**, adj. *inechanjábl*. Incambiable, que no puede ser cambiado.

**INÉCHAUFFÉ, ÉE**, adj. *inechofé*. Que no está acalorado ó enardecido, hablando del cuerpo humano.

**INÉCHU, E**, adj. *inechú*. No vencido, no espirado, no cumplido, hablando de un plazo, término, etc.

**INÉCLAIRCI, E**, adj. *inecler*sí. Que no se ha aclarado, que no está puesto en claro.

**INÉCLAIRÉ, ÉE**, adj. *inecleré*. No alumbrado, que no ha sido alumbrado.

**INÉCONOME**, adj. *inecondm*. Inecónomico, que no es económico ó no tiene economía.

**INÉCONOMIE**, f. *ineconomí*. Ineconomía, falta de economía.

**INÉCONOMIQUE**, adj. *ineconomic*. Inecónomico, que no es económico.

**INÉCONOMIQUEMENT**, adv. *ineconomicmán*. Inecónomicamente, de un modo no económico.

**INÉCOUTÉ, ÉE**, adj. *inecuté*. Desoido, que no es oido, atendido.

**INÉCRIT, E**, adj. *inecrí*. No escrito, que no está escrito.

**INÉDIE**, f. ant. *inedí*. Inedia, dieta, abstinencia de alimentos.

**INÉDIFIANT, E**, adj. *inedifián*. Inedificante, que no es edificante, que no da buen ejemplo.

**INÉDIFICATION**, f. *inedificasión*. Inedificacion, falta de edificacion.

**INÉDIFIER**, a. *inedifié*. Inedificar, no edificar, escandalizar.

**INÉDIT, E**, adj. *inedí*. Inédito, que no ha sido impreso ó publicado, aunque esté escrito.

**INÉDUCATION**, f. *ineducasión*. Ineducacion, falta de educacion.

**INEFFABILITÉ**, f. *inefabilité*. Inefabilidad, imposibilidad de ser expresada una cosa con palabras.

**INEFFABLE**, adj. *inefábl*. Inefable, que no se puede explicar con palabras. *Mystère ineffable; la grandeur, la bonté ineffable de Dieu*.

**INEFFABLEMENT**, adv. *inefablmán*. Inefablemente, de una manera inefable, sin poderse explicar.

**INEFFAÇABLE**, adj. *inefasábl*. Indeleble, que no se puede borrar ó quitar.

**INEFFAÇABLEMENT**, adj. *inefasablmán*. Indeleblemente, de un modo indeleble.

**INEFFECTIF, IVE**, adj. *inefectif, iv*. Inefectivo, sin efecto, que no ha tenido efecto.

**INEFFECTUÉ, ÉE**, adj. *inefectué*. Inefectuado, que no se ha efectuado.

**INEFFICACE**, adj. *inefícás*. Ineficaz, que no es eficaz, que no produce efecto, que no tiene virtud ó actividad para obrar.

**INEFFICACEMENT**, adv. *ineficasmán*. Ineficazmente, sin eficacia.

**INEFFICACITÉ**, f. *ineficasité*. Ineficacia, falta de eficacia y actividad.

**INEFFRAYÉ, ÉE**, adj. *inefreyé*. Que no conoció el terror ó el miedo.

**INÉGAL, E**, adj. *inegál*. [illegible] no es igual, que no [illegible] viene con otra cosa. || [illegible] toda superficie que no es llana [illegible] Desigual, dícese de una [illegible] variable ó inconstante. || [illegible] sostiene en el mismo [illegible] Med. Desigual, se dice de [illegible] arteriales, cuando [illegible]

**INÉGALEMENT**, adv. [illegible] igualmente, con desigualdad. [illegible]

**INÉGALITÉ**, f. *inegalité*. [illegible] falta de igualdad. || [illegible] constancia. || Diferencia y [illegible] de una persona ó cosa [illegible] Falta de nivel en un terreno [illegible] Med. Desigualdad, [illegible] *galité optique*, desigualdad [illegible] que no depende sino que [illegible]

**INÉLARGI, E**, adj. [illegible] chado, que no se ha [illegible] *largie*.

**INÉLÉGAMMENT**, adv. [illegible] Inelegantemente, sin elegancia.

**INÉLÉGANCE**, f. [illegible] cia, falta de elegancia.

**INÉLÉGANT, E**, adj. [illegible] gante, que no es elegante, [illegible] gracia.

**INÉLEVÉ, ÉE**, adj. [illegible] que no ha sido educado ó [illegible]

**INÉLIGIBILITÉ**, f. [illegible] gibilidad, cualidad del que [illegible]

**INÉLIGIBLE**, adj. [illegible] que no puede ser elegido.

**INÉLOQUENCE**, f. [illegible] cuencia, falta de elocuencia.

**INÉLOQUENT, E**, adj. [illegible] cuente, no elocuente, [illegible] cuencia.

**INÉLU, E**, adj. *inelú*. [illegible] ha sido elegido.

**INÉLUCTABLE**, adj. [illegible] Inevitable, fatal, que no [illegible] rificarse : *la mort inéluctable* [illegible]

**INÉLUDABLE**, adj. [illegible] ble, que no puede eludirse.

**INÉLUDÉ, ÉE**, adj. [illegible] que no es ó no ha sido eludido.

**INÉMANÉ, ÉE**, adj. [illegible] do, que no ha emanado de [illegible]

**INÉMONDÉ, ÉE**, adj. [illegible] mondado, que no está [illegible]

**INÉMOUSSÉ, ÉE**, adj. [illegible] está embotado ó [illegible]

**INEMPÊCHÉ, ÉE**, adj. [illegible] no halla obstáculo ni contrariedad [illegible]

**INEMPESÉ, ÉE**, adj. [illegible] ha sido almidonado, que no está [illegible]

**INEMPLOYÉ, ÉE**, adj. [illegible] no tiene empleo.

**INEMPOISONNÉ, ÉE**, adj. [illegible] *né*. No envenenado, que no [illegible] nado.

**INEMPREINT, E**, adj. [illegible] llado, no marcado; que no [illegible] pado, impreso. || Que no lleva [illegible] ñal.

**INEMPRISONNÉ, ÉE**, adj. [illegible] No encarcelado, que aun no [illegible] celado ó puesto en prision.

**INEMPRUNTÉ, ÉE**, adj. [illegible] Que no es prestado, propio.

**INÉNARRABLE**, adj. [illegible] narrable ó innarrable, [illegible] se puede explicar.

**INENCLIN, E**, adj. [illegible] penso, que no está inclinado ó [illegible]

**INENCLOS, E**, adj. [illegible] no cerrado, no cercado.

**INENCOMBRÉ, ÉE**, adj. [illegible] Desembarazado, que no [illegible]

**INENCOURAGÉ, ÉE**, adj. [illegible] Inalentado, que no es [illegible] do, que no es fomentado.

**INENDETTÉ, ÉE**, adj. [illegible] empeñado, que no tiene deudas [illegible]

**INENDOMMAGÉ, ÉE**, adj. [illegible] Imperjudicado, que no [illegible] no ha sido deteriorado.

[illegible], E, adj. *inandormi*. No [illegible] que no está dormido, que no está [illegible].

[illegible]ANTÉ, ÉE, adj. *inanfanté*. Que [illegible] dado á luz ó parido.

[illegible]LAMMÉ, ÉE, adj. *inanflamé*. Que [illegible].

[illegible], ÉE, adj. *inanfumé*. No [illegible].

[illegible]AGÉ, ÉE, adj. *inangagé*. Desem-[illegible] no está empeñado.

[illegible], ÉE, adj. *inanjendré*. [illegible], que no ha sido engendrado.

[illegible]ACINÉ, ÉE, adj. *inanrasiné*. [illegible], que no prendió, que no echó [illegible].

[illegible]ISTRÉ, ÉE, adj. *inanrgistré*. [illegible] registrado.

[illegible]ANTÉ, ÉE, adj. *inansan-*[illegible] no está ensangrentado.

[illegible]ENCÉ, ÉE, adj. *inansemansé*. [illegible] sembrado.

[illegible]ELÉ, ÉE, adj. *inansorsié*. [illegible], que no está hechizado.

[illegible], adj. *inantandú*. Que no ha [illegible].

[illegible], ÉE, adj. *inanteroé*. Inen-[illegible] no está enterrado.

[illegible], E, adj. *inantrpré*. No [illegible], no ensayado.

[illegible], ÉE, adj. *inanvlopé*. [illegible] envuelto.

[illegible], [illegible], adj. *inanvíeu*, eus. [illegible], que no tiene deseos. || No envi-[illegible] no tiene envidia.

[illegible], ÉE, adj. *inanvuoyé*. Que [illegible] enviado.

[illegible], E, adj. *inepanui*. Cerrado, [illegible] abierto, hablando de flores.

[illegible], ÉE, adj. *inepardé*. No [illegible] no perdonado.

[illegible], E, adj. *inepér*. No esparcido.

[illegible], ÉE, adj. *inepié*. Que no es es-[illegible].

[illegible], [illegible], adj. *inepíneu*, eus. [illegible], que no es espinoso.

[illegible], ÉE, adj. *inepruvé*. Que [illegible] experimentado, probado.

[illegible], adj. *inépt*. Inepto, incapaz, in-[illegible] cosa. || Inepto, necio, im-[illegible] majadero.

[illegible]MENT, adv. *ineptmán*. Inepta-[illegible] modo inepto. || Ineptamente, [illegible], con absurdidad ó de un [illegible].

[illegible], f. *inepsí*. Inepcia, necedad, [illegible] lo que es inepto, tonto, absurdo. [illegible], palabras absurdas, imperti-[illegible].

[illegible]ABLE, adj. *inepuisábl*. Inago-[illegible] no se puede agotar. || met. In-[illegible] de la ciencia, de la erudi-[illegible], de una materia por su [illegible].

[illegible]ABLEMENT, adv. *inepuisabl-*[illegible]tablemente, de un modo inago-[illegible].

[illegible], adj. *inepuré*. Impuro, que [illegible] ó depurado.

[illegible]LITÉ, f. V. INÉGALITÉ.

[illegible], E, adj. *inecarri*. Descua-[illegible].

[illegible]GLE, adj. *inecuiángl*. Ine-[illegible], cuyos ángulos son desiguales.

[illegible]ATÉRAL, E, adj. *inecuilate-*[illegible]. Inequilateral, que se divide en [illegible] desiguales.

[illegible]LATÈRE, adj. *inecuilatér*. Arit. [illegible], que no tiene los lados iguales.

[illegible]TABLE, adj. *inequitábl*. Ine-[illegible] que no tiene equidad.

[illegible]ABLEMENT, adv. *inequitabl-*[illegible]tablemente, de un modo ine-[illegible].

[illegible]OQUE, adj. *inequívoc*. Inequí-[illegible] de equívoco.

[illegible], adj. *inért*. Inerte, sin activi-[illegible] inerte. || met. Inerte, flojo, [illegible] actividad, sin energía.

[illegible], f. *inersí*. Inercia, inaccion, defecto de aptitud para cambiar espontáneamente de estado. || met. Inercia, resistencia pasiva, que consiste principalmente en no obedecer. || met. Inercia, indolencia, inaccion, falta de energía.

INÉRUDIT, E, adj. *inerudí*. Inerudito, sin erudicion.

INÉRUDITION, f. *inerudisión*. Inerudicion, falta de erudicion.

INERVATION, f. *inervasión*. Med. Inervacion, accion interior de los nervios.

INESPÉRÉ, ÉE, adj. *inesperé*. Inesperado, impensado, imprevisto, sucedido sin esperarse.

INESPÉRÉMENT, adv. *inesperemán*. Inesperadamente, sin esperarse, cuando ménos se esperaba.

INESSAYÉ, ÉE, adj. *inesayé*. Que no ha sido ensayado.

INESSENTIEL, LE, adj. *inesansiél*. Inesencial, que no es esencial.

INESSUYÉ, ÉE, adj. *inesuyé*. Que no ha sido enjugado.

INESTIMABLE, adj. *inestimábl*. Inestimable, inapreciable, que no se puede estimar dignamente ó como merece.

INESTIMÉ, ÉE, adj. *inestimé*. Inestimado, que no es estimado como debería serlo.

INÉTENDU, E, adj. *inetandú*. Inextenso, que carece de extension.

INÉTERNEL, LE, adj. *ineternél*. Ineterno, que no es eterno.

INÉTIQUETÉ, ÉE, adj. *inetiketé*. Que no lleva rótulo.

INÉTUDIÉ, ÉE, adj. *inetudié*. Que no ha sido estudiado.

INEUPHONIE, f. *ineufoní*. Ineufonía, falta de eufonía.

INEUPHONIQUE, adj. *ineufonic*. Ineufónico, que no es eufónico.

INÉVALUÉ, ÉE, adj. *inevalué*. Inevaluado, que no ha sido valuado, que no ha tenido valuacion.

INÉVANGÉLIQUE, adj. *inevangelic*. Inevangélico, que no es evangélico.

INÉVENTÉ, ÉE, adj. *inevanté*. Que no está venteado.

INÉVIDENCE, f. *inevidáns*. Inevidencia, cualidad, estado de lo que no es evidente.

INÉVIDENT, E, adj. *inevidán*. Inevidente, que no es evidente, oscuro.

INÉVITABILITÉ, f. *inevitabilité*. Inevitabilidad, cualidad de lo que es inevitable.

INÉVITABLE, adj. *inevitábl*. Inevitable, que no se puede evitar.

INÉVITABLEMENT, adv. *inevitablmán*. Inevitablemente, sin poderse evitar.

INÉVITÉ, ÉE, adj. *inevité*. Inevitado, que no se ha evitado.

INEXACT, E, adj. *inegzáct*. Inexacto, falto de exactitud.

INEXACTITUDE, f. *inegsactitúd*. Inexactitud, falta de exactitud, de puntualidad.

INEXAUCÉ, ÉE, adj. *inegsosé*. Que no ha sido oido, atendido.

INEXCEPTÉ, ÉE, adj. *inecsepté*. Que no ha sido exceptuado.

INEXCUSABLE, adj. *inecscusábl*. Inexcusable, que no se puede excusar.

INEXCUSABLEMENT, adv. *inecscusablmán*. Inexcusablemente, sin excusa.

INEXÉCUTABLE, adj. *inegsecutábl*. Inejecutable, que no se puede ejecutar.

INEXÉCUTABLEMENT, adv. *inegsecutablmán*. Inejecutablemente, de un modo inejecutable.

INEXÉCUTÉ, ÉE, adj. *inegsecuté*. Inejecutado, que no ha sido ejecutado.

INEXÉCUTER, a. *inegsecuté*. Inejecutar, no ejecutar una cosa, abandonarla.

INEXÉCUTION, f. *inegsecusión*. Inejecucion, falta de ejecucion.

INEXEMPT, E, adj. *inegsán*. Que no tiene exencion.

INEXERCÉ, ÉE, adj. *inegsersé*. Inejercitado, que no está ejercitado.

INEXHORTÉ, ÉE, adj. *inegsorté*. Inexhortado, que no ha sido exhortado.

INEXIGÉ, ÉE, adj. *inegsigé*. Inexigido, que no es ó no ha sido exigido.

INEXIGIBILITÉ, f. *inegsigibilité*. Inexigibilidad, cualidad de lo que no es inexigible.

INEXIGIBLE, adj. *inegsigíbl*. Inexigible, que no puede ser exigido.

INEXISTANT, E, adj. *inegsistán*. Inexistente, que no existe.

INEXISTENCE, f. *inegsistáns*. Inexistencia, falta de existencia.

INEXORABILITÉ, f. *inegsorabilité*. Inexorabilidad, defecto del hombre inexorable.

INEXORABLE, adj. *inegsorábl*. Inexorable, que no cede á ruegos ni súplicas, muy severo, implacable, inflexible.

INEXORABLEMENT, adv. *inegsorablmán*. Inexorablemente, inflexiblemente, sin contemplacion, sin oir ruegos.

INEXPÉRIENCE, f. *inecsperiáns*. Inexperiencia, falta de experiencia.

INEXPÉRIMENTÉ, ÉE, adj. *inecsperimanté*. Inexperto, sin experiencia, que está falto de experiencia. || Inexperimentado, que no se ha experimentado.

INEXPERT, E, adj. *inecspér*. Inexperto, que está falto de experiencia.

INEXPIABLE, adj. *inecspiábl*. Inexpiable, que no se puede expiar.

INEXPIÉ, ÉE, adj. *inecspié*. Inexpiado, que no ha sido expiado.

INEXPIRÉ, ÉE, adj. *inecspiré*. Que no ha espirado.

INEXPLICABILITÉ, f. *inecsplicabilité*. Inexplicabilidad, cualidad de lo que es inexplicable.

INEXPLICABLE, adj. *inecsplicábl*. Inexplicable, que no se puede explicar. || met. Inexplicable, incomprensible, raro, extraño. En este sentido se dice de personas y de cosas.

INEXPLICABLEMENT, adv. *inecsplicablmán*. De un modo inexplicable.

INEXPLICITE, adj. *inecsplisít*. Inexplícito, oscuro, difícil de comprender.

INEXPLICITEMENT, adv. *inecsplisitmán*. Inexplícitamente, de un modo que no es explícito.

INEXPLIQUÉ, ÉE, adj. *inecspliqué*. Inexplicado, que no está explicado.

INEXPLORÉ, ÉE, adj. *inecsploré*. Inexplorado, que no ha sido explorado, reconocido.

INEXPOSÉ, ÉE, adj. *inecsposé*. Inexpuesto, que no está expuesto.

INEXPRESSIBLE, adj. V. INEXPRIMABLE.

INEXPRIMABLE, adj. *inecsprimábl*. Indecible, que no se puede expresar.

INEXPUGNABLE, adj. *inecspugnábl*. Inexpugnable, inconquistable, que no se puede tomar ó conquistar á fuerza de armas. || met. Inexpugnable, que no se deja vencer ni persuadir. || Que resiste á todos los ataques, hablando de la castidad y virtud de una mujer.

INEXTENSIBILITÉ, f. *inecstansibilité*. Inextensibilidad, cualidad de lo que no puede ser extendido.

INEXTENSIBLE, adj. *inecstansíbl*. Inextensible, que no puede ser extendido.

INEXTERMINÉ, ÉE, adj. *inecsterminé*. Inexterminado, que no ha sido exterminado.

INEXTINGUIBILITÉ, f. *inecstenguibilité*. Inextinguibilidad, cualidad de lo que es inextinguible, que no se puede apagar.

INEXTINGUIBLE, adj. *inecstenguíbl*. Inextinguible, que no se puede extinguir ó apagar. || met. Que no se puede apagar, aplacar ó contener: *une soif inextinguible; un rire inextinguible.*

INEXTIRPABLE, adj. *inecstirpábl*. Inextirpable, que no se puede extirpar.

INEXTIRPÉ, ÉE, adj. *inecstirpé*. Inextirpado, que no ha sido extirpado.

INEXTRICABILITÉ, f. *inecstricabilité*. Inextricabilidad, estado de lo que es inextricable.

INEXTRICABLE, adj. *inecstricábl*. In-

[illegible], que no es fácil de [illegible], muy [illegible], [illegible] y confuso.

INEXTRICABLEMENT, adv. [illegible]. [illegible], de un modo [illegible].

INEXUVIABLE, adj. [illegible]. Ornit. Que no muda jamas de plumas.

INFAILLIBILISTE, m. [illegible]. Infalibilista, partidario de la infalibilidad del papa ó de la Iglesia.

INFAILLIBILITÉ, f. [illegible]. Infalibilidad, imposibilidad de engañar ó de engañarse, de errar y de inducir á error. || Infalibilidad, suma certeza, seguridad de una cosa.

INFAILLIBLE, adj. [illegible]. Infalible, que no puede engañar ni engañarse, que no puede errar ni inducir á error. || Infalible, muy cierto y seguro, indefectible.

INFAILLIBLEMENT, adv. [illegible]. Infaliblemente, indefectiblemente, seguramente.

INFAISABLE, adj. [illegible]. Infactible, que no se puede hacer.

INFAMABLE, adj. [illegible]. Infamable, que es susceptible de infamia, que merece la infamia.

INFAMANT, E, adj. [illegible]. Infamante, infamatorio, que infama ó causa infamia.

INFAMATION, f. *enfamasión*. Infamacion, nota de infamia.

INFÂME, adj. *enfám*. Infame, que carece de honra, crédito y estimacion. || Infame, vergonzoso, indigno. || *Lieu infâme*, lugar infame, lugar malo ó de prostitucion. || Úsase tambien como sustantivo : *c'est un infâme*.

INFAMEMENT, adv. *enfamemán*. Infamemente, con infamia.

INFAMER, a. *enfamé*. Infamar, hacer infame, deshonrar : *une telle conduite peut vous enfamer à tout jamais*.

INFAMIE, f. *enfamí*. Infamia, deshonra, oprobio, baldon, ruindad, vileza, accion indecente, obscena.

INFANT, E, m. y f. *enfán*. Infante, infanta, en España y Portugal cualquiera de los hijos legítimos del rey, nacidos despues del primogénito.

INFANTERIE, f. *enfantrí*. Mil. Infantería, tropa que sirve á pié en la milicia.

INFANTICIDE, m. *enfantisíd*. Infanticidio, muerte dada violentamente á algun niño ó infante. || met. Infanticidio, accion de reducir á la nada una obra nueva. || m. y f. Infanticida, el que mata uno ó mas niños. Se usa tambien como adjetivo : *une mère infanticide*.

INFATIGABILITÉ, f. *enfatigabilité*. Infatigabilidad, cualidad de lo que es infatigable.

INFATIGABLE, adj. *enfatigábl*. Infatigable, incansable.

INFATIGABLEMENT, adv. *enfatigablemán*. Infatigablemente, de un modo infatigable, sin cansarse.

INFATIGUÉ, ÉE, adj. *enfatigué*. Infatigado, que no experimenta fatiga.

INFATUATION, f. *enfatuasión*. Infatuacion, cierta preocupacion á favor de alguno ó de alguna cosa.

INFATUER, a. *enfatué*. Infatuar, preocupar, encaprichar ciegamente á uno por alguno ó alguna cosa. || *S'infatuer*, r. Infatuarse, preocuparse, encapricharse ciegamente por alguno ó alguna cosa.

INFAVORABLE, adj. *enfavorábl*. Desfavorable, que no es favorable.

INFAVORABLEMENT, adv. *enfavorablemán*. Desfavorablemente, de un modo no favorable.

INFAVORISÉ, ÉE, adj. *enfavorisé*. Infavorecido, que no es favorecido.

INFÉCOND, E, adj. *enfecón*. Infecundo, que no es fecundo, estéril.

INFÉCONDITÉ, f. *enfeconditié*. Infecundidad, falta de fecundidad, esterilidad.

INFECT, E, adj. *enfécl*. Infecto, inficionado, contagiado, pestilento, hediondo, fétido, pútrido, corrompido.

INFECTÉ, ÉE, adj. *enfecté*. Infectado, inficionado, corrompido.

INFECTER, a. *enfecté*. Infectar, inficionar, corromper, contagiar. || met. Inficionar, corromper á alguno con malas doctrinas ó ejemplos. || *S'infecter*, r. Infectarse, inficionarse, corromperse.

INFECTIEUX, EUSE, adj. *enfecsieu*, *eus*. Med. Infectivo, lo que inficiona ó puede inficionar. Tambien se dice *infectieuse*.

INFECTION, f. *enfecsión*. Infeccion, hedor, corrupcion. || Med. Infeccion, emanacion de una localidad por miasmas morbíficos.

INFECTIONNISTE, m. *enfecsionist*. Med. Infeccionista, médico que pone en sistema el trato de las enfermedades causadas por la infeccion.

INFÉLICITÉ, f. *enfelisité*. Infelicidad, desgracia, desdicha.

INFENDU, E, adj. *enfendú*. Que no está hendido.

INFÉODATION, f. *enfeodasión*. Infeudacion, el acto de enfeudar ó dar en feudo.

INFÉODÉ, ÉE, adj. *enfeodé*. Enfeudado. || *Dimes inféodées*, diezmos enajenados por la Iglesia y poseidos por legos.

INFÉODER, a. *enfeodé*. Enfeudar, dar en feudo algun estado, ciudad, territorio, etc. || *S'inféoder*, r. Enfeudarse, ser enfeudado. || met. Enfeudarse, hacerse dueño de las acciones de alguno.

INFÈRE, adj. *enfér*. Bot. Ínfero, que está colocado debajo de otro : *fleur infère*, *corole infère*. Se dice por oposicion á *supère*.

INFÉRER, a. *enferé*. Inferir, sacar consecuencia ó argüir una cosa de otra.

INFÉRIES, f. pl. *enferí*. Mit. Inferias, sacrificios ú ofrendas que los antiguos hacian encima de las tumbas de los muertos.

INFÉRIEUR, E, adj. *enferieur*. Inferior, que está debajo de otra cosa ó mas bajo que ella. || Inferior, que es ménos que otra cosa en su calidad ó en su cantidad; ménos bueno, ménos grande, ménos considerable. || m. Inferior, el que está debajo de otro en saber, poder, valor, puesto ó mando.

INFÉRIEUREMENT, adv. *enferieurmán*. Inferiormente, con inferioridad.

INFÉRIORITÉ, f. *enferiorité*. Inferioridad, el estado ó condicion del inferior relativamente al superior. Se dice principalmente hablando del mérito, del talento, etc.

INFERMABLE, adj. *enfermábl*. Incerrable, que no puede cerrarse.

INFERMENTÉ, ÉE, adj. *enfermanté*. Infermentado, que no ha fermentado.

INFERNAL, E, adj. *enfernál*. Infernal, que es del infierno ó que pertenece á él. || met. Infernal, que es digno del infierno, que anuncia mucha maldad. || met. *Homme, génie infernal*, hombre, genio infernal, que tiene la maldad que se atribuye á los demonios. || fam. *Bruit infernal*, ruido infernal, ruido muy grande. || *Machine infernale*, máquina infernal, la que está llena de proyectiles mortíferos preparados en secreto para hacer una violenta y repentina explosion. || Quím. *Pierre infernale*, piedra infernal, nitrato de plata despojado por la fusion de toda su agua de cristalizacion

INFERNALEMENT, adv. *enfernalmán*. Infernalmente, de un modo infernal.

INFERNALISER, a. *enfernalisé*. Infernalizar, hacer infernal; hacer digno del infierno : *les passions déréglées infernalisent l'homme*.

INFERNALITÉ, f. *enfernalité*. Infernalidad, carácter de una materia infernal.

INFERTILE, adj. *enfertil*. Infecundo, estéril, inferaz.

INFERTILISABLE, adj. *enfertilisábl*. Infertilizable, que no se puede fertilizar ó fecundar.

INFERTILITÉ, f. *enfertilité*. Infecundidad, esterilidad.

INFESABLE, adj. V. INFAISABLE.

INFESTATION, f. *enfestasión*. Infestacion, accion de infestar.

INFESTER, a. *enfesté*. Infestar, causar el enemigo daños y estragos con hostilidades y correrías. || Infestar, se dice de los animales y de las plantas dañosas.

INFESTUCATION, f. ant. *enfestucasión*. Toma de posesion de una tierra.

[illegible], f. V. [illegible] [illegible], [illegible] fallado, que no [illegible]

INFIBULÉ, adj. [illegible] ó de lo cual no se [illegible]

INFIBULATION, f. [illegible] lacion, operacion que [illegible] una hebilla ó anillo [illegible] cirugía en las partes [illegible] destinados para [illegible] antiguos lo [illegible] mente sino tambien [illegible]

INFIBULER, a. [illegible] ticar la infibulacion, [illegible] anillo ó candado.

INFICIER, a. [illegible]

INFIDÈLE, adj. [illegible] que falta á la [illegible] constante en sus [illegible] amistad. || Infiel, [illegible] la probidad. || Infiel, [illegible] á la exactitud; [illegible] las cosas : [illegible] copie infidèle. || [illegible] fiel, que se [illegible] débil, inexacto, [illegible] Infiel, el que falta á la [illegible] metida. || Infiel, [illegible] fe, que no es cristiano [illegible] Infiel negativo, el que [illegible] el Evangelio; [illegible] ha conocido y no la [illegible]

INFIDÈLEMENT, adv. [illegible] fielmente, con infidelidad, [illegible] una manera inexacta, [illegible]

INFIDÉLITÉ, f. [illegible] perfidia, deslealtad [illegible] exactitud, de verdad [illegible] personas sino tambien [illegible] pios, relaciones, [illegible] go de improbidad de [illegible] de un empleado, [illegible] de los que no profesan [illegible]

INFIGURABLE, adj. [illegible] rable, que no puede [illegible] sentarse en ella : *Dieu est* [illegible]

INFIGURÉ, ÉE, adj. [illegible] do, que no tiene forma [illegible] gurado, que no tiene [illegible]

INFILÉ, ÉE, adj. [illegible] lado.

INFILIAL, E, adj. [illegible] ne los sentimientos ó la [illegible]

INFILTRATION, f. [illegible] tracion, la filtracion [illegible] cuerpo sólido. || Med. [illegible] los líquidos por [illegible] sus vasos.

INFILTRÉ, ÉE, adj. [illegible] || Med. Infiltrado, [illegible] donde tiene lugar la [illegible] Infiltrado, el que [illegible] bífico llamado infiltracion.

INFILTRER (S'), r. [illegible] recalar, penetrar un [illegible] cuerpo sólido. || Med. [illegible] un líquido [illegible] un tejido [illegible]

INFIME, adj. [illegible] su situacion está [illegible] lo último. Se dice [illegible] ínfimo, lo mas vil y [illegible] quiera línea.

INFINITÉ, f. [illegible] dad, estado de lo que [illegible]

INFINI, E, adj. [illegible] tiene fin ni término. || [illegible] principio ni fin. || [illegible] meroso, grande y [illegible] línea. || met. Infinito, [illegible] m. Infinito, lo que [illegible] término. || *À l'infini*, [illegible] to, sin límites, [illegible]

INFINIMENT, adv. [illegible] mente, sin fin ni término [illegible] imponderablemente, [illegible] mente, se dice por [illegible] *tit, infiniment grand* [illegible] grande. Se dice [illegible] tremos en el órden [illegible]

INFINITAIRE, m. [illegible] partidario de la [illegible]

[illegible], f. *enfinité*. Infinidad, cualidad [illegible] es infinito. || Infinidad, muchedumbre [illegible]merable.

[illegible], E, adj. *enfinitesimál*. [illegible]itesimal, que pertenece á los infi[illegible] pequeños.

[illegible], f. *enfinitesím*. Mat. In[illegible], parte infinitamente pequeña de [illegible] cantidad.

[illegible], m. *enfinitif*. Gram. Infiniti[illegible] los modos del verbo que no de[illegible] determinado, ni número ni per[illegible].

[illegible], adj. *enfirmábl*. Infirma[illegible] puede infirmar, invalidar, de[illegible] *témoignage infirmable*.

[illegible], IVE, adj. *enfirmatif, iv*. [illegible], que infirma ó invalida.

[illegible], f. *enfirmasión*. Infirma[illegible] de infirmar.

[illegible], adj. *enfirm*. Enfermizo, do[illegible], enclenque. || Enfermo, dé[illegible]; que no tiene fuerza ó resolu[illegible] hacer el bien. || Enfermo, se dice [illegible] morales: *âme infirme*. || Enfer[illegible] padece enfermedades, que está [illegible].

[illegible], a. *enfirmé*. Jurisp. Infirmar, [illegible] hacer invalida, nula ó de ningun [illegible] alguna cosa. || Infirmar, inva[illegible] una prueba, un testimo[illegible].

[illegible], f. *enfirmerí*. Enfermería, [illegible] destinada para los enfermos. || [illegible] Enfermería, casa en la que mu[illegible] á la vez están enfermas.

[illegible], ÈRE, m. y f. *enfirmié, ér*. [illegible], persona destinada para asistir [illegible].

[illegible], f. *enfirmité*. Med. Enfer[illegible] que padece el cuerpo. || [illegible], suspension ó ejecucion incom[illegible] ó de muchas funciones del orga[illegible]. Enfermedad, flaqueza, hablan[illegible] fragilidad de la naturaleza humana.

[illegible], a. *enficsé*. Fijar una cosa en [illegible].

[illegible], f. *enflamabilité*. [illegible], cualidad de lo que es infla[illegible]. Inflamabilidad, propiedad [illegible] quemar, sea con llama ó sin ella.

[illegible], adj. *enflamábl*. Infla[illegible] es fácil de inflamarse ó de lo[illegible]. || *Air inflammable*, aire in[illegible] gas hidrógeno.

[illegible], f. *enflamasión*. Infla[illegible] por la cual un cuerpo se in[illegible]. || Med. Inflamacion, [illegible] que proviene del ardor ó en[illegible] de la sangre.

[illegible], adj. *enflamatuár*. [illegible], que causa inflamacion ó que [illegible] de ella.

[illegible], f. *enflasión*. Inflacion, la [illegible] causada por el aire ó ventosidad.

[illegible], E, adj. *enflechí*. Ópt. Que [illegible] por dentro.

[illegible] (S'), r. *sunflechir*. Doblarse, [illegible] se dice de los rayos luminosos.

[illegible], f. *enflecsibilité*. In[illegible], cualidad de lo que es inflexible. [illegible], constancia y firmeza de [illegible] no conmoverse ni doblarse.

[illegible], adj. *enflecsíbl*. Inflexible, [illegible] torcerse ó doblarse. || met. Infle[illegible] por su firmeza y constancia de [illegible] ni se dobla fácilmente.

[illegible], adv. *enflecsibl*-[illegible], con inflexibilidad.

[illegible], f. *enflecsión*. Inflexion, ac[illegible] ó doblarse. || Inflexion, torci[illegible] de una cosa que estaba de[illegible], hablando de la voz es la [illegible] ó depresion que se hace con ella [illegible] ó pasando de un tono á otro. || [illegible], la variacion del nombre [illegible] y números, y la del verbo por [illegible], personas y tiempos. || Ópt. Infle[illegible] de los rayos de luz cuando [illegible] un medio á otro de diferente den[illegible].

[illegible], m. *enflecsioscóp*. In[illegible], instrumento que sirve para hacer conocer los fenómenos de la inflexion de la luz.

**INFLICTIF, IVE**, adj. *enflictif, iv*. Inflictivo, se dice de la pena corporal impuesta ó que se ha de imponer.

**INFLICTION**, f. *enflicsión*. Infliccion, imposicion de pena corporal por la justicia ó la condena á tal pena.

**INFLIGER**, a. *enfligé*. Infligir, hablando de castigos y penas corporales, imponerlas, condenar á ellas.

**INFLORESCENCE**, f. *enfloresáns*. Bot. Inflorescencia, disposicion de las flores en la planta.

**INFLUENCE**, f. *enfluáns*. Influencia, cualidad que dicen pasar del cuerpo de los astros á los cuerpos sublunares. || Influencia, accion á distancia de un cuerpo en otro, como la influencia del sol en la tierra. || Influencia, accion á distancia de un órgano, de una parte cualquiera en otros, en los cuerpos vivientes. || Influencia, influjo, autoridad, crédito, valimiento, ascendiente. En esta acepcion se usa mucho.

**INFLUENCER**, a. *enfluansé*. Influir alguno en un negocio con su ascendiente.

**INFLUENT, E**, adj. *enfluán*. Influente, que tiene influencia, que obra por influencia.

**INFLUENZA**, f. *enfluénsa*. Influenza, palabra italiana usada en frances para designar un catarro ordinariamente epidémico. Es la misma enfermedad que otros han descrito con el nombre de *grippe*.

**INFLUER**, n. *enflué*. Influir, causar ciertos efectos unos cuerpos en otros, y especialmente los cuerpos celestes en los sublunares. || met. Obrar por influencia en algun negocio. || *Influer sur, influer en*, influir en ó tener influjo sobre.

**INFOCATION**, f. *enfocasión*. Infocacion, accion de poner al fuego; resultado de esta accion.

**IN-FOLIO**, m. *enfólio*. En folio, la hoja impresa ó manuscrita del libro, proceso ó cuaderno, que regularmente es de medio pliego de papel ó cuatro páginas. || Libro impreso en el tamaño en folio.

**INFONDRE**, a. *enfóndr*. Infundir, insinuar, introducir, fundir, mezclar una cosa con otra.

**INFORÇABLE**, adj. *enforsábl*. Que no se puede forzar ó tomar.

**INFORMATEUR, TRICE**, adj. y s. *enformateur, trís*. Informador, el que informa, que toma informes. || Se ha usado por *précepteur*.

**INFORMATIF, IVE**, adj. *enformatif, iv*. Informativo, que informa ó sirve para dar noticia de alguna cosa.

**INFORMATION**, f. *enformasión*. Informacion, la accion de informarse ó tomar informes. || For. Informacion, acto judicial que consigna las declaraciones de los testigos sobre un hecho perseguido criminalmente. || *Aller aux informations, prendre des informations*, andar inquiriendo, averiguando la verdad de algun hecho ó suceso.

**INFORME**, adj. *enform*. Informe, imperfecto, que no tiene la forma y perfeccion que le corresponde. || Informe, que no está revestido de las formas prescritas. || Informe, que no tiene forma determinada. || *Informes*, m. pl. Informes, familia de mamíferos multonguladas.

**INFORMER**, n. *enformé*. Jurisp. Informar, hacer una informacion. *Informer des vie et mœurs de quelqu'un*, informar de la vida y costumbres de alguno, tomar informes jurídicos sobre la conducta de alguno. || a. Informar, instruir, enterar. || Informar, dar la forma ó animar: *l'âme informe le corps*. || *S'informer*, r. Informarse, tomar informes ó noticias.

**INFORMITÉ**, f. *enformité*. Informidad, estado de lo que no tiene forma.

**INFORTIABLE**, adj. V. INFORTIFIABLE.

**INFORTIAT ó INFORCIAT**, m. *enforsiá*. Inforciado, la segunda parte del Digesto ó Pandectas de Justiniano.

**INFORTIFIABLE**, adj. *enfortifiábl*. Infortificable, que no se puede fortificar.

**INFORTIFIÉ, ÉE**, adj. *enfortifié*. Infortificado, que no está protegido por fortificaciones.

**INFORTUNE**, f. *enfortún*. Infortunio, desgracia, desventura.

**INFORTUNÉ, ÉE**, adj. y s. *enfortuné*. Desventurado, desgraciado, infortunado, que tiene contra sí la fortuna.

**INFORTUNER**, a. ant. *enfortuné*. Infortunar, afligir, hacer desgraciado.

**INFOUDROYÉ, ÉE**, adj. *enfudruayé*. Que no ha sido herido del rayo.

**INFOULÉ, ÉE**, adj. *enfulé*. Incomprimido, que no ha sido comprimido, apretado.

**INFOURNI, E**, adj. *enfurní*. Inabastecido, que no ha sido abastecido.

**INFRACTAIRE**, adj. *enfractér*. Infractario, que viola, que quebranta una ley, una órden, un tratado.

**INFRACTEUR, TRICE**, adj. y s. *enfracteur, trís*. Infractor, transgresor, el que viola ó quebranta una ley, un tratado, etc.

**INFRACTION**, f. *enfracsión*. Infraccion, transgresion, quebrantamiento de alguna ley, pacto ó tratado.

**INFRAGILE**, adj. *enfragíl*. Infrágil, que no es frágil. || met. Infrágil, que no está al abrigo de la seduccion.

**INFRANCHI, E**, adj. *enfranchí*. Que no ha sido saltado ó pasado por encima, como una barrera, una pared, etc.

**INFRANCHISSABLE**, adj. *enfranchisábl*. Infranqueable, que no se puede saltar ni pasar por encima.

**INFRANGIBLE**, adj. *enfrangíbl*. Infrangible, que no se puede quebrar.

**INFRATERNEL, LE**, adj. *enfraternél*. Infraternal, que no tiene carácter fraternal.

**INFRAYÉ, ÉE**, adj. *enfreyé*. Que no ha sido abierto, trillado, hablando de un camino ó senda.

**INFRELATÉ, ÉE**, adj. *enfrelaté*. Infalsificado, que no ha sido falsificado ó adulterado.

**INFRÉQUEMMENT**, adv. *enfrecamán*. Infrecuentemente, con poca frecuencia.

**INFRÉQUENCE**, f. *enfrecáns*. Infrecuencia, falta de frecuencia.

**INFRÉQUENT, E**, adj. *enfrecán*. Infrecuente, que no es frecuente.

**INFRÉQUENTÉ, ÉE**, adj. *enfrecanté*. Infrecuentado, que no está frecuentado ó concurrido.

**INFRIPONNABLE**, adj. *enfriponábl*. Que no se puede robar.

**INFROISSÉ, ÉE**, adj. *enfruasé*. Que no ha sido magullado, machucado.

**INFROTTÉ**, adj. *enfroté*. Inestregado, que no ha sido frotado ó estregado.

**INFRUCTUEUSEMENT**, adv. *enfructueusmán*. Infructuosamente, sin fruto, sin utilidad.

**INFRUCTUEUX, EUSE**, adj. *enfructueu, eus*. Infructífero, que no lleva ni produce fruto. || met. Infructuoso, inútil, vano.

**INFRUCTUOSITÉ**, f. *enfructuosité*. Infructuosidad, cualidad de lo infructuoso.

**INFULE**, f. *enfúl*. Infula, adorno de lana blanca á manera de venda que se ponia en la cabeza de los sacerdotes de los gentiles y sobre la de las víctimas.

**INFUS, E**, adj. *enfú*. Infuso, infundido por don especial del cielo, como sabiduría, ciencia. || fam. é irón. *Il croit avoir la science infuse*, se dice de un hombre que cree ser sabio sin haber estudiado.

**INFUSER**, a. *enfusé*. Infundir, echar algun licor en una vasija ú otra cosa. || Infundir, echar en infusion.

**INFUSIBLE**, adj. *enfusíbl*. Infundible, que no se puede fundir ó derretir.

**INFUSIBILITÉ**, f. *enfusibilité*. Infundibilidad, cualidad de lo que es infundible.

**INFUSION**, f. *enfusión*. Infusion, la accion y efecto de infundir. || Permanencia de algun simple ó medicamento en algun licor, y el licor mismo. || met. Infusion, gracia infusa en el alma.

**INFUSOIR**, m. *enfusuár*. Infusorio, instrumento que sirve para hacer entrar cualquier líquido en las venas.

**INFUSOIRE**, adj. *enfusuár*. Infusorio, que se desarrolla en las infusiones vegetales y animales. || *Infusoires*, m. pl. Infusorios, órden de gusanos.

**INGA**, f. *ènga*. Bot. Inga, género de plantas leguminosas de la América meridional.

**INGAGNABLE**, adj. *engañábl*. Inganable, que no puede ganarse.

**INGAGNÉ, ÉE**, adj. *engañé*. Inganado, no ganado.

**INGAÎTÉ**, f. *enguetè*. Falta de alegría, tristeza, melancolía, humor sombrío.

**INGAMBE**, adj. *engánb*. Vivaracho, avispado. || Lijero de piernas.

**INGARANTI, E**, adj. *engaranti*. Ingarantido, no afianzado, que no está afianzado.

**INGARANTIE**, f. *engaranti*. Ingarantía, falta de garantía.

**INGARDÉ**, adj. *engardé*. No guardado, que no está guardado, que queda sin defensa.

**INGÂTÉ**, adj. *engaté*. Inaveriado, que no está averiado; no echado á perder.

**INGELÉ, ÉE**, adj. *engelé*. No helado, que no está helado.

**INGÉNÉRABLE**, adj. *engenerábl*. Ingenerable, que no puede ser engendrado.

**INGÉNÉRATEUR, TRICE**, adj. *engenerateur, tris*. Ingenerador, que no engendra, que no reproduce.

**INGÉNÉRATIF, IVE**, adj. *engeneratif, iv*. Ingenerativo, que no tiene la facultad generatriz, que no puede engendrar.

**INGÉNÉREUX, EUSE**, adj. *engenereu, eus*. No generoso, que no tiene generosidad.

**INGENHOUSIE**, f. *enguenusí*. Bot. Ingenusia, planta de Méjico.

**INGÉNICULUS**, m. *engeniculus*. Ingeniculo, constelacion que representa la figura de un hombre arrodillado.

**INGÉNIER (S')**, r. *sengenié*. Ingeniarse, discurrir con ingenio trazas y modos para conseguir alguna cosa ó ejecutarla.

**INGÉNIEUR**, m. *engenieur*. Ingeniero, el que posee la arquitectura militar, y dirige los trabajos para el ataque y defensa de las plazas.

**INGÉNIEUSEMENT**, adv. *engenieusmán*. Ingeniosamente, con ingenio.

**INGÉNIEUX, EUSE**, adj. *engenieu, eus*. Ingenioso, que tiene ingenio ó que se hace con ingenio.

**INGÉNIOSITÉ**, f. *engeniosité*. Ingeniosidad, habilidad, destreza, sutileza.

**INGÉNU, E**, adj. *engenú*. Ingenuo, franco, sincero, sin doblez. || Der. rom. Ingenuo, que nació libre y no ha perdido su libertad.

**INGÉNUITÉ**, f. *engenuité*. Ingenuidad, sinceridad, franqueza, buena fe. || Der. rom. Ingenuidad, estado ó condicion del que ha nacido libre.

**INGÉNUMENT**, adv. *engenumán*. Ingenuamente, con ingenuidad ó sinceridad.

**INGÉOMÉTRIQUE**, adj. *engeometric*. Ingeométrico, que no es geométrico.

**INGÉRER**, a. *engeré*. Ingerir, introducir una cosa en otra. || *S'ingérer*, r. Ingerirse, ser ingerido. || Ingerirse, entremeterse, meterse, mezclarse en lo que á uno no le toca.

**INGESTA**, m. *engésta*. Med. Ingesta, sustancias sólidas ó líquidas que en el estado de salud ó de enfermedad son introducidas en el estómago por las vias alimentarias.

**INGESTION**, f. *engestión*. Med. Ingestion, absorbencia de un alimento ó de un medicamento sometido al acto digestivo.

**INGLISSANT, E**, adj. *englisan*. No resbaladizo, que no es resbaladizo.

**IN GLOBO**, loc. lat. *inglóbo*. En globo, por mayor, alzadamente. || En globo, sin dar detalles: *raconter in globo ce qu'on a vu*.

**INGLORIEUSEMENT**, adv. *englorieusmán*. Ingloriosamente, sin gloria.

**INGLORIEUX, EUSE**, adj. *englorieu, eus*. Inglorioso, que no es glorioso; sin gloria, que no ha adquirido gloria.

**INGLORIFIÉ, ÉE**, adj. *englorifié*. Inglorificado, que no está glorificado.

**INGOGNE**, f. *engoñ*. Ingoña, bebida muy agradable, cuando es reciente, que fabrican los negros de Senegambia.

**INGOÛTABLE**, adj. *engutábl*. Ingostable, que no se puede gustar.

**INGOÛTÉ, ÉE**, adj. *enguté*. Ingustado, que no ha sido gustado ó probado.

**INGOUVERNABLE**, adj. *enguvernábl*. Ingobernable, que no se puede gobernar.

**INGOUVERNÉ, ÉE**, adj. *enguverné*. Ingobernado, que no está gobernado.

**INGRACIEUSEMENT**, adv. *engrasieusmán*. Ingraciosamente, sin gracia.

**INGRACIEUX, EUSE**, adj. *engrasieu, eus*. Ingracioso, que no tiene gracia.

**INGRAISSÉ, ÉE**, adj. *engresé*. Inengrasado, que no está untado con grasa ó sebo.

**INGRAMMATICAL, E**, adj. *engramaticál*. Ingramatical, no gramatical, contrario á la gramática.

**INGRAMMATICALEMENT**, adv. *engramaticalmán*. Ingramaticalmente, de una manera ingramatical, no gramatical.

**INGRAT, E**, adj. *engrá*. Ingrato, desagradecido, que olvida ó desconoce los beneficios recibidos. || Ingrato, dícese de una tierra ó trabajo que no produce ó que da pocs utilidad.

**INGRATEMENT**, adv. *engratmán*. Ingratamente, con ingratitud.

**INGRATITUDE**, f. *engratitúd*. Ingratitud, desagradecimiento, olvido ó desprecio de los beneficios recibidos.

**INGRAVEMENT**, adv. *engravmán*. De una manera no grave, falta de gravedad.

**INGRAVISSABLE**, adj. *engravisábl*. Inaccesible, que no es accesible: se dice de los lugares por donde no se puede trepar ó subir.

**INGRÉDIENT**, m. *engrediàn*. Ingrediente, cualquier droga que entra en la composicion de alguna cosa.

**INGREFFÉ, ÉE**, adj. *engrefé*. Iningertado, que no ha sido, que no está ingertado.

**INGRÈS**, m. *engré*. Fil. Ingreso, entrada, comunicacion.

**INGRESSION**, f. *engresión*. Astr. Ingresion, entrada de un planeta, de un cuerpo celeste en un signo, en una constelacion.

**INGRILLÉ, ÉE**, adj. *engrillé*. Que no ha sido ó no está tostado.

**INGROSSATION**, f. *engrosasión*. Alquim. Ingrosacion, transformacion de los elementos groseros, como la tierra y el agua, en elementos lijeros, como el aire y el fuego.

**INGUÉABLE**, adj. *enguéabl*. Invadeable, que no se puede vadear.

**INGUÉRI, E**, adj. *engueri*. Incurado, que no está curado, que no ha podido tener cura.

**INGUÉRISSABLE**, adj. *engueriábl*. Incurable, que no se puede curar ó sanar, ó es muy difícil de curarse.

**INGUERRIER, ÈRE**, adj. *enguerrié, ér*. Inguerrero, que no es guerrero.

**INGUIDÉ, ÉE**, adj. *enguidé*. No guiado, que no está guiado, que le falta guia.

**INGUINAL, E**, adj. *enguinál*. Inguinal, que pertenece á las ingles.

**INGUINAIRE**, adj. *enguinér*. Inguinario, que pertenece á las ingles.

**INGURGITATION**, f. *engurgitasión*. Ingurgitacion, accion de introducir un líquido en la garganta.

**INGURGITER**, a. *engurgité*. Ingurgitar, engullir, tragar.

**INHABILE**, adj. *inabíl*. Inhábil, falto de habilidad, talento é instruccion. || Der. civ. Inhábil, que no puede heredar, suceder, poseer, contratar, testar.

**INHABILEMENT**, adv. *inabilmán*. Inhábilmente, de un modo inhábil.

**INHABILITÉ**, f. *inabilité*. Inhabilidad, falta de habilidad, talento ó instruccion. || Inhabilidad, incapacidad, falta de las cualidades necesarias en una persona para ciertos actos civiles.

**INHABILITER**, a. *inabilité*. Inhabilitar, declarar á uno inhábil ó incapaz de ejercer ú obtener algun empleo ú oficio.

**INHABILLÉ, ÉE**, adj. *inabillé*. Que no está vestido.

**INHABITABLE**, adj. *inabitábl*. Inhabitable, que no se puede habitar.

**INHABITATION**, f. *inabitasión*. Inhabitacion, cesacion, falta de habitacion.

**INHABITÉ, ÉE**, adj. *inabité*. Inhabitado, que no está habitado, despoblado, desierto.

**INHABITUDE**, f. *inabitúd*. Inhabitud, falta de hábito ó de costumbre.

**INHABITUÉ, ÉE**, adj. *inabitué*. Inhabituado, que no tiene el hábito, la costumbre.

**INHABITUEL, LE**, adj. *inabituél*. Inhabitual, no habitual, no acostumbrado.

**INHALANT, E**, adj. *inalán*. Fisiol. Inhalante, que aspira, que absorbe.

**INHALATION**, f. *inalasión*. Fisiol. Inhalacion, aspiracion, accion de inhalar.

**INHALER**, a. *inalé*. Aspirar, absorber, lo contrario de espirar ó despedir.

**INHARMONIE**, f. *inarmoní*. Inarmonía, falta de armonía.

**INHARMONIEUSEMENT**, adv. *inarmonieusmán*. Inarmoniosamente, sin armonía.

**INHARMONIEUX, EUSE**, adj. *inarmonieu, eus*. Inarmonioso, sin armonía.

**INHÉRENCE**, f. *inerráns*. Inherencia, union íntima de dos ó mas cosas inseparables por su naturaleza, ó que solo se pueden separar mentalmente.

**INHÉRENT, E**, adj. *inerán*. Inherente, que por su naturaleza está de tal modo unido á otra cosa, que no se puede separar.

**INHIBER**, a. *inibé*. For. Inhibir, impedir que un juez prosiga en el conocimiento de una causa.

**INHIBITION**, f. *inibisión*. Inhibicion, prohibicion á un juez del conocimiento de alguna cosa.

**INHIBITOIRE**, adj. *inibituár*. Inhibitorio, que inhibe, que prohibe.

**INHONORABLE**, adj. *inonorábl*. Inhonorable, que no es honorable, que no es digno de ser honrado.

**INHONORABLEMENT**, adv. *inonorablemán*. Inhonorablemente, de una manera no honorable, sin honor.

**INHONORÉ, ÉE**, adj. *inonoré*. Inhonorado, que no ha recibido ó está privado de los honores.

**INHONORIFIQUE**, adj. *inonorific*. Inhonorífico, que no da honor, consideracion, respeto.

**INHOSPITALIER, ÈRE**, adj. *inospitalié, ér*. Inhospitalario, falto de hospitalidad para con los extranjeros.

**INHOSPITALIÈREMENT**, adv. *inospitaliermán*. Inhospitalariamente, sin hospitalidad.

**INHOSPITALITÉ**, f. *inospitalité*. Inhospitalidad, falta de hospitalidad ó de caridad.

**INHOSTILE**, adj. *inostíl*. Inhostil, que no es hostil.

**INHUILÉ, ÉE**, adj. *inuilé*. Que no está untado de aceite.

**INHUMABLE**, adj. *inumábl*. Inhumable, que no puede ser enterrado ó sepultado.

**INHUMAIN, E**, adj. *inumén, én*. Inhumano, falto de humanidad, cruel, despiadado.

**INHUMAINEMENT**, adv. *inumenmán*. Inhumanamente, con inhumanidad.

**INHUMANISABLE**, adj. *inumanisábl*. Inhumanizable, que no puede ser humanizado.

**INHUMANISER**, a. *inumanisé*. Inhumanizar, hacer á uno inhumano.

**INHUMANITÉ**, f. *inumanité*. Inhumanidad, crueldad, barbarie, falta de humanidad.

**INHUMATION**, f. *inumasión*. Entierro, sepultura: dícese del acto de sepultar un cadáver.

**INHUMBLE**, adj. *inúnbl*. Inhumilde, que no es humilde, que no tiene humildad.

**INHUMECTABLE**, adj. *inumectábl*. Inhumectable, que no puede ser humectado ó humedecido.

**INHUMECTATION**, f. *inumectasión*. Inhumectacion, defecto, falta de humectacion, de humedad.

**INHUMECTÉ, ÉE**, adj. *inumecté*. Inhumectado, que está sin humectacion, sin humedad.

…ER, a. *inumé*. Enterrar, sepultar, …sepultura.

…DE, adj. *inumid*. Inhúmedo, que …humedad.

…DITÉ, f. *inumiditié*. Falta de …

…LLÉ, ÉE, adj. *inumilié*. Inhu…, que no está humillado.

…TE, m. *inigiet*. Inigiste, jesuita, …nece á la corporacion de los Jesui…da por Ignacio de Loyola.

…NABLE, adj. *inimaginábl*. In…e, que no es imaginable.

…INABLEMENT, adv. *inimagi-*… Inimaginablemente, de un modo …ble.

…NATION, f. *inimaginasión*. …cion, falta de imaginacion.

…INÉ, ÉE, adj. *inimaginé*. In…, que no ha sido imaginado.

…TABLE, adj. *inimitábl*. Inimita…e es imitable ó no puede ser imi…no puede imitarse.

…TABLEMENT, adv. *inimitabl-*…nitablemente, de un modo inimi…

…TÉ, ÉE, adj. *inimité*. Inimitado, …o ha sido imitado.

…IÉ, f. *inimitié*. Enemistad, odio, …antipatía.

…ORABLE, adj. *inenplorábl*. In…e, que no es implorable, que no …implorado.

…ORÉ, ÉE, adj. *inenploré*. Inim…que no ha sido implorado.

…TANT, E, adj. *inenportán*. In…, que no es importante.

…RTUNABLE, adj. *inenportunábl*. …nable, que no puede ser impor…ue no se puede importunar.

…RTUNÉ, ÉE, adj. *inenportuné*. …ado, que no está importunado.

…IMABLE, adj. *inenprimábl*. In…e, que no puede ser impreso, que …r impreso.

…IMÉ, ÉE, adj. *inenprimé*. Inim…o no está impreso.

…STRIE, f. *inendustri*. Falta, de…a de industria.

…STRIEL, LE, adj. *inendustriél*. …al, que no tiene industria.

…STRIEUX, EUSE, adj. *inendus-*… Inindustrioso, que no es indus…

…AMMABILITÉ, f. *inenflamabi-*…amabilidad, cualidad de lo que no …ble.

…AMMABLE, adj. *inenflamábl*. …le, que no es inflamable ó suscep…roducir llama.

…AMMATION, f. *inenflamasión*. …cion, falta de inflamacion.

…RMABLE, adj. *inenformábl*. In…e, que no puede ser informado.

…RMATION, f. *inenformasión*. …cion, falta de informacion.

…RMÉ, ÉE, adj. *inenformé*. Inin…no informado.

…SABLE, adj. *inenfusábl*. Ininfu…no puede ser infuso, que no pue…r infusion.

…USION, f. *inenfusion*. Ininfusion, …, falta de infusion; resultado de …infusion.

…ENIEUSEMENT, adv. *inenge-*… Iningeniosamente, sin ingenio, …de no ingenioso.

…ENIEUX, EUSE, adj. *inengenieu*, …nioso, no ingenioso, que carece …

…ÉNU, E, adj. *inengenú*. Ininge…genuo, que no tiene ingenuidad.

…ÉNUMENT, adv. *inengenumán*. …mente, sin ingenuidad.

…CTABLE, adj. *inenjectábl*. Inin…que no puede inyectarse.

…RIABLE, adj. *inenjuriábl*. Inin…que no puede ser injuriado, que …se injuriar.

**ININJURIÉ, ÉE**, adj. *ineninjurié*. Ininjuriado, no injuriado.

**ININSCRIPTION**, f. *inenscripsión*. Ininscripcion, falta de inscripcion.

**ININSCRIT, E**, adj. *inenscri*. Ininscrito, no inscrito, que está sin inscripcion.

**ININSPIRÉ, ÉE**, adj. *inenspiré*. Ininspirado, no inspirado, que no tiene inspiracion.

**ININSTRUCTIF, IVE**, adj. *inenstructif, iv*. Ininstructivo, no instructivo, que no instruye.

**ININSTRUCTION**, f. *inenstrucsión*. Ininstruccion, falta de instruccion.

**ININSTRUIT, E**, adj. *inenstruí*. Ininstruido, no instruido, que carece de instruccion. ‖ Ininstruido, ininformado, que no tiene noticias de alguna cosa. ‖ Ininstruido, no instruido, no preparado, no dispuesto para ser juzgado.

**ININTELLECTUEL, LE**, adj. *inentelectuél*. Inintelectual, no intelectual.

**ININTELLIGENCE**, f. *inentelijáns*. Inintelligencia, falta de inteligencia.

**ININTELLIGENT, E**, adj. *inenteliján*. Ininteligente, que no es inteligente.

**ININTELLIGEMMENT**, adv. *inentelijamán*. Ininteligentemente, sin inteligencia.

**ININTELLIGIBILITÉ**, f. *inenteligibilité*. Inintelligibilidad, cualidad de lo que es inintelligible.

**ININTELLIGIBLE**, adj. *inenteligibl*. Inintelligible, no inteligible, incomprensible, que no puede entenderse.

**ININTELLIGIBLEMENT**, adv. *inenteligiblemán*. Inintelligiblemente, de una manera inintelligible.

**ININTENTION**, f. *inentansión*. Inintencion, falta de intencion.

**ININTENTIONNELLEMENT**, adv. *inentansionelmán*. Inintencionalmente, inintencionadamente, sin intencion.

**ININTERPRÉTABLE**, adj. *ineninterpretábl*. Ininterpretable, que no puede interpretarse ó ser interpretado.

**ININTERPRÉTATION**, f. *ineninterpretasión*. Ininterpretacion, falta de interpretacion.

**ININTERPRÉTÉ, ÉE**, adj. *ineninterpreté*. Ininterpretado, no interpretado, que no ha recibido interpretacion.

**ININTERROMPU, E**, adj. *inenteronpú*. Ininterrumpido, no interrumpido.

**ININTERRUPTION**, f. *inenterupsión*. Ininterrupcion, no interrupcion, continuidad.

**ININVENTIF, IVE**, adj. *inenvantif, iv*. Ininventivo, que no tiene inventiva, que es incapaz de inventar.

**ININVENTION**, f. *inenvansión*. Ininventiva, falta de inventiva.

**ININVITABLE**, adj. *inenvitábl*. Ininvitable, que no es digno de ser invitado ó convidado.

**ININVITÉ, ÉE**, adj. *inenvité*. No convidado, que no es, que no ha sido convidado.

**INIODYME**, m. *iniodím*. Anat. Iniodimo, monstruo que presenta la reunion de dos individuos unidos por el occipucio.

**INIODYMIE**, f. *iniodimí*. Anat. Iniodimia, monstruosidad que presenta dos individuos unidos por el occipucio.

**INIOPE**, m. *inióp*. Anat. Iniope, monstruo que tiene un ojo imperfecto en el occipucio.

**INIOPIE**, f. *iniopí*. Anat. Iniopia, presencia anormal de un ojo en el occipucio.

**INIOPIEN, NE**, adj. *iniopién, én*. Iniopio, que presenta el fenómeno de la iniopia.

**INIQUE**, adj. *iníc*. Inicuo, malvado, injusto.

**INIQUEMENT**, adv. *inicmán*. Inicuamente, de una manera inicua.

**INIQUITÉ**, f. *iniquité*. Iniquidad, maldad, injusticia grande. ‖ Iniquidad, corrupcion de costumbres, disolucion. ‖ Iniquidad, pecado.

**INIRRITABLE**, adj. *inirritábl*. Inirritable, que no es irritable, pacífico, benigno.

**INIRRITABILITÉ**, f. *inirritabilité*. Inirritabilidad, naturaleza de lo que no es irritable.

**INIRRITATION**, f. *inirritasión*. Inirritacion, calma, apacibilidad, temperamento del que no está sujeto á irritaciones.

**INIRRITÉ, ÉE**, adj. *inirrité*. Inirritado, no irritado, que está tranquilo.

**INITIABLE**, adj. *inisiábl*. Iniciable, que puede ser iniciado, que es digno de ser iniciado.

**INITIAL, E**, adj. *inisiál*. Inicial, que empieza, que sirve de introduccion á alguna cosa. ‖ Inicial, se dice de la primera letra de una palabra, verso, capítulo, etc. ‖ Se usa tambien como sust. femenino, significando letra inicial; y así se dice une *initiale, les initiales*.

**INITIALES ó INITIAUX**, adj. y s. *inisiál, inisió*. Mit. Iniciales, fiestas en honor de Céres.

**INITIATEUR, TRICE**, adj. *inisiateur, trís*. Iniciador, que inicia, que está encargado de la iniciacion.

**INITIATIF, IVE**, adj. *inisiatif, iv*. Iniciativo, que da principio. ‖ Iniciativo, que da, que deja la iniciativa.

**INITIATION**, f. *inisiasión*. Iniciacion, accion de iniciar. ‖ Iniciacion, introduccion, rudimento, primeros conocimientos que se adquieren sobre alguna materia. ‖ Iniciacion, ceremonia con que se admitia á alguno á la participacion de ciertos misterios entre los gentiles.

**INITIATIVE**, f. *inisiativ*. Iniciativa, facultad, derecho de empezar, libertad de escoger. ‖ Iniciativa, facultad de proponer leyes sin necesidad de real poder.

**INITIER**, a. *inisié*. Iniciar, revelar un misterio, un secreto á alguna persona. ‖ Iniciar, admitir á la participacion de ciertos misterios entre los antiguos gentiles.

**INJECTER**, a. *enjecté*. Inyectar, introducir algun flúido en otro cuerpo con algun instrumento. ‖ *Injecter un sujet*, inyectar, llenar las venas ó arterias de un cadáver de un líquido para conservarle. ‖ *S'injecter*, r. Inyectarse, darse inyecciones una persona.

**INJECTEUR, TRICE**, adj. *enjecteur, trís*. Inyectador, que sirve para inyectar. ‖ m. Inyector, el que inyecta ó hace inyecciones.

**INJECTION**, f. *enjecsión*. Inyeccion, accion de inyectar; resultado de esta accion.

**INJONCTION**, f. *enjoncsión*. Mandamiento, órden expresa.

**INJOUABLE**, adj. *enjuábl*. Irrepresentable, que no puede representarse, hablando de una pieza de teatro.

**INJOYEUX, EUSE**, adj. *enjuayeu, eus*. Triste, melancólico, taciturno, que no goza alegría.

**INJUDICIAIRE**, adj. *enjudisiér*. Injudicial, que no es judicial.

**INJUDICIAIREMENT**, adv. *enjudisiérmán*. Injudicialmente, de una manera injudicial.

**INJUDICIEUX, EUSE**, adj. *enjudisieu, eus*. Indiscreto, sin juicio, sin reflexion.

**INJUGÉ, ÉE**, adj. *enjugé*. Injuzgado, que está sin juzgar.

**INJURABLE**, adj. *enjurábl*. Injurable, que no puede ser jurado, que no tiene las condiciones necesarias para serlo: *serment injurable*.

**INJURE**, f. *enjúr*. Injuria, afrenta, agravio, ultraje. ‖ Injuria, calumnia, tacha, vituperio. ‖ Injuria, desprecio, irreverencia que se manifiesta por alguna cosa. ‖ Injuria, daño, menoscabo, deterioracion que causa el tiempo ó la intemperie en algun monumento, edificio, etc. ‖ Mit. Divinidad alegórica, erigida por los Atenienses.

**INJURÉ, ÉE**, adj. *enjuré*. Injurado, que carece de la fórmula ó ceremonia del juramento.

**INJURIABLE**, adj. *enjuriábl*. Injuriable, que puede ser injuriado, que se puede injuriar.

**INJURIER**, a. *enjurié*. Injuriar, agraviar, ultrajar, ofender á alguno con obras ó palabras. ‖ Injuriar, insultar, despreciar á una persona. ‖ met. Injuriar, ultrajar la memoria de un difunto, despreciar la autoridad, la religion. ‖ *S'injurier*, r. Injuriarse, calumniarse, ultrajarse dos personas recíprocamente.

INJURIEUSEMENT, adv. enjurieusemán. Injuriosamente, de una manera injuriosa.

INJURIEUX, EUSE, adj. enjurieu, eus. Injurioso, que injuria. || met. Injurioso, calificacion que se da al destino, á la suerte, al tiempo, etc.

INJUSTE, adj. enjúst. Injusto, contrario á las leyes de la equidad, de la justicia. || m. Injusto, lo que es injusto, la injusticia.

INJUSTEMENT, adv. enjustemán. Injustamente, de una manera injusta.

INJUSTESSE, f. enjustés. Inexactitud, desacierto, falta de exactitud sobre cualquier asunto.

INJUSTICE, f. enjustís. Injusticia, falta de justicia, accion contraria á la justicia. || *Faire injustice*, ser injusto, obrar contra toda razon de equidad y justicia.

INJUSTIFIABLE, adj. enjustifiábl. Injustificable, que no puede justificarse.

INJUSTIFICATION, f. enjustificasión. Injustificacion, defecto ó falta de justificacion.

INJUSTIFIÉ, ÉE, adj. enjustifié. Injustificado, que está sin justificar.

INLET, m. inlét. Palabra inglesa y adoptada en Francia para designar un brazo de mar ó golfo pequeño.

INLISIBLE, adj. V. ILLISIBLE.

INNASALITÉ, f. innasalité. Innasalidad, cualidad de una vocal, de una sílaba que no es nasal.

INNASCIBILITÉ, f. innasibilité. Teol. Innascibilidad, cualidad de lo que no ha podido ser engendrado ni producido.

INNASCIBLE, adj. innasíbl. Teol. Innascible, que no puede ser engendrado.

IN NATURALIBUS, loc. adv. latina, fam. innaturálibus. In naturalibus, en cueros, en pelota, en completa desnudez.

INNATURELLEMENT, adv. innaturelmán. Innaturalmente, de una manera contraria á la naturaleza.

INNAVIGABILITÉ, f. innavigabilité. Innavegabilidad, estado de un paraje por donde no se puede navegar. || Mar. Innavegabilidad, degradacion de un buque que no puede hacerse al mar.

INNAVIGABLE, adj. innavigábl. Innavegable, que no se puede navegar.

INNÉ, ÉE, adj. inné. Innato, que ha nacido con el individuo, que le es natural. || Innato, que es natural, que no ha sido enseñado ni inspirado de modo alguno.

INNÉBULEUX, EUSE, adj. innebuleu, eus. Innebuloso, que no es nebuloso.

INNÉCESSAIRE, adj. innesesér. Innecesario, que no es necesario.

INNÉCESSAIREMENT, adv. innesesermán. Innecesariamente, de una manera innecesaria.

INNÉCESSITÉ, f. innesesité. Innecesidad, falta de necesidad.

INNÉGLIGÉ, ÉE, adj. innegligé. Que no se descuida ni se abandona, que se tiene presente.

INNÉGOCIABLE, adj. innegosiábl. Innegociable, que no puede negociarse.

INNÉITÉ, f. inneité. Inneidad, cualidad de lo que es innato.

INNERVATION, f. innervasión. Innervacion, en la fisiología es el conjunto de fenómenos nerviosos que resultan de la accion del cerebro, del tuétano ó médula prolongada del cerebelo y del gran simpático, á los que sirven de conductores los nervios.

INNERVÉ, ÉE, adj. innervé. Bot. Innervado, que no tiene nervaduras ó se juzga que no las tiene: *feuilles innervées*.

INNETTOYABLE, adj. innetuayábl. Inlimpiable, que no puede limpiarse.

INNETTOYÉ, ÉE, adj. innetuayé. Que no ha sido limpiado, que no está limpio.

INNOBLESSE, f. innoblés. Innobleza, falta de nobleza; lo mismo que *roture*, estado llano.

INNOCEMMENT, adv. inosamán. Inocentemente, de una manera inocente. || *Le plus innocemment du monde*, con la mayor inocencia, sin malicia alguna. || Tontamente, neciamente, con necedad.

INNOCENCE, f. inosáns. Inocencia, estado del que está inocente, que no es culpable. || Inocencia, falta de malicia, de crímen, de culpa. || Inocencia, sencillez, candidez, estado, cualidad de una persona que no conoce el mal, que es pura, incapaz de causar daño alguno. || Inocencia, exceso de simplicidad ó sencillez. || *Age d'innocence*, edad inocente, edad infantil ó la infancia.

INNOCENT, E, adj. inosán. Inocente, que está libre de culpa. || Inocente, cándido, puro, ajeno de toda malicia, libre de mala intencion. || Inocente, tonto, simple, crédulo con exceso. || Inocente, manso, que no es nocivo, que no hace mal. || INNOCENT, E, m. y f. Inocente, que no es culpable de ningun género de crímen. || Inocente, criatura que no tiene malicia. || Inocente, simple, imbécil, tonto. || Inocente, niño que no ha cumplido los siete años. || *Les saints Innocents*, los santos Inocentes, se dice de los niños que mandó degollar Heródes. || *Donner les innocents*, dar algunos latigazos en tono de broma el dia de los Inocentes. || prov. *C'est un innocent fourré de malice*, es un lobo con piel de oveja, un pícaro con capa de sencillez, un hipócrita. || *Tourte innocente*, empanada de palominos. || *Innocente*, f. Nombre con que se designaba antiguamente una especie de saco ó bata que llevaban las mujeres.

INNOCENTER, a. inosanté. Inocentar, absolver, declarar á uno inocente del crímen ó culpa que pudiera imputársele.

INNOCUITÉ, f. innocuité. Innocuidad, cualidad de una cosa que no es nociva, que no es dañosa.

INNOMBRABILITÉ, f. innonbrabilité. Innumerabilidad, cualidad de lo que es innumerable.

INNOMBRABLE, adj. innonbrábl. Innumerable, sin número, sin cuento, que no se puede numerar. || Innumerable, en muy considerable número.

INNOMBRABLEMENT, adv. innonbrablemán. Innumerablemente, de una manera innumerable.

INNOMBRÉ, ÉE, adj. innonbré. Innumerado, no numerado.

INNOMMÉ, ÉE, adj. innomé. Innominado, no denominado todavía.

INNOMINABLE, adj. innominábl. Innominable, que no se puede nombrar.

INNOMMABLE, adj. V. INNOMINABLE.

INNOTÉ, ÉE, adj. innoté. Innotado, que no ha sido notado.

INNOTOIRE, adj. innotuár. Innotorio, que no es notorio.

INNOURRI, E, adj. innurí. Innutrido, no nutrido, no alimentado.

INNOURRISSANT, E, adj. innurisán. Innutriente, no alimenticio, de poca sustancia.

INNOVATEUR, TRICE, adj. innovateur, tris. Innovador, que innova, que tiende á innovar.

INNOVATION, f. innovasión. Innovacion, accion de innovar y su efecto. || Innovacion, introduccion de alguna novedad en el gobierno, en las leyes, en los usos, en las ciencias, etc.

INNOVER, n. innové. Innovar, introducir novedades, reformar lo existente por antiguo ó defectuoso, hacer ó practicar innovaciones.

INNUBILE, adj. innubíl. Innúbil, que no ha llegado á edad núbil.

INNUISIBLE, adj. innuisíbl. Innocivo, no nocivo, no dañoso ó perjudicial.

INNUMÉRABILITÉ, f. innumerabilité. Innumerabilidad, cualidad de lo que es innumerable.

INNUMÉRABLE, adj. V. INNOMBRABLE.

INNUMÉRABLEMENT, adj. V. INNOMBRABLEMENT.

INNUMÉRÉ, adj. V. INNOMBRÉ.

INNUTRITIF, IVE, adj. innutritíf, ív. Innutritivo, no nutritivo.

INO, f. ino. Mit. Ino, diosa marina. || m. Zool. Ino, nombre de cierta mariposa diurna.

INOBÉISSANCE, f. inobeisáns. Inobediencia, desobediencia, falta de obediencia.

[illegible] obediente, [illegible]

[illegible] jendo, que [illegible]

INOBLIGÉ, ÉE, adj. [illegible] do, que no está [illegible]

INOBSCURCI, E, adj. [illegible] carecido, no [illegible]

INOBSERVABLE, adj. [illegible] observable, no [illegible] observar.

INOBSERVANCE, f. [illegible] servancia, falta de [illegible] estatutos, etc.

INOBSERVATEUR, TRICE, [illegible] servateur, tris. [illegible] dor, que no observa.

INOBSERVATION, f. [illegible] observancia, infraccion de [illegible] reglamentos, etc., falta de [illegible] lo que se debe observar [illegible]

INOBSERVER, a. [illegible] var, no observar, [illegible]

INOBSTRUCTIF, IVE, [illegible] ív. Inobstructivo, no [illegible] de naturaleza obstruyente.

INOBSTRUÉ, ÉE, adj. [illegible] obstruido, que no está [illegible]

INOBTENU, E, adj. [illegible] do, que no ha sido [illegible]

INOCARPE, adj. [illegible] po, que tiene el fruto [illegible] género de plantas.

INOCCUPATION, f. [illegible] pacion, estado de una [illegible] ocupada.

INOCCUPÉ, ÉE, adj. [illegible] do, que no tiene [illegible] cion, hablando de [illegible] que está desocupado ó [illegible] de cosas.

IN-OCTAVO, m. [illegible] En octavo, libro cuyos [illegible] ocho hojas y diez y seis [illegible] es adjetivo: un volume [illegible]

INOCTROYÉ, ÉE, adj. [illegible] otorgado, que no ha sido [illegible] dido.

INOCULATEUR, TRICE, [illegible] lateur, tris. Inoculador, el [illegible] oculacion. || adj. Inoculador, [illegible] á la inoculacion.

INOCULATION, f. [illegible] lacion, insercion de los [illegible]

INOCULER, a. inoculé. [illegible] rir, comunicar el virus á [illegible] metafóricamente hablando de [illegible] errores, de vicios, de virtudes [illegible]

INOCULISTE, m. [illegible] partidario de la inoculacion.

INODERME, m. [illegible] mo, sub-género de plantas.

INODORANT, E, adj. [illegible] rífero, inoloroso, que no [illegible]

INODORE, adj. inodór. [illegible] roso, sin olor.

INODORIFÉRANT, E, adj. [illegible] Inodorífero, que no es [illegible] co, inoloroso.

INODULE, m. inodúl. [illegible] jido fibroso, accidental, que [illegible] en las llagas supurantes, y [illegible] agente de la cicatrizacion.

INOFFENSANT, E, adj. [illegible] ofendiente, inofensivo, que no [illegible]

INOFFENSÉ, ÉE, adj. [illegible] dido, no ofendido.

INOFFENSIF, IVE, adj. [illegible] Inofensivo, incapaz de ofender.

INOFFENSIVEMENT, adv. [illegible] mán. Inofensivamente, de una [illegible] ofensiva.

INOFFERT, E, adj. inofér. [illegible] no ofrecido, no prometido.

INOFFICIEUSEMENT, adv. [illegible] mán. Inoficiosamente, de una [illegible] ciosa.

INOFFICIEUX, EUSE, adj. [illegible] eus. Jurisp. Inoficioso, [illegible] contrario al deber, á las leyes de la [illegible] leza. Casi no se usa más que [illegible] testamentos. *Testament* [illegible] que el heredero legítimo es desheredado [illegible] causa por el testador.

[illegible]ICIOSITÉ, f. *inofisiosité*. Jurisp. [illegible]dad, queja ó querella contra una [illegible]cion que se pretende hecha sin motivo.

[illegible]UX, EUSE, adj. *inuseu*, *eus*. [illegible], que no está ocioso.

[illegible]F, IVE, adj. V. INOISEUX.

[illegible]BRAGÉ, ÉE, adj. *inonbragé*. [illegible]o, insombrío, sin sombra de árboles.

[illegible]ATION, f. *inondasión*. Inundacion de aguas que, salidas de madre, [illegible] un país. || met. Inundacion, [illegible], ocupacion de un país por inmensa [illegible] de diferentes pueblos ó naciones. [illegible]ion, diluvio, plaga, epidemia, etc., [illegible] de escritos.

[illegible]ER, a. *inondé*. Inundar, anegar, [illegible], cubrir enteramente las aguas de [illegible] un terreno, un país, etc. || met. [illegible] infestar un país de gente, de [illegible], etc.

[illegible]GICULÉ, ÉE, adj. *inonguiculé*. [illegible]iado, que carece de uñas.

[illegible], adj. *inóp*. Inope, indigente, menesteroso.

[illegible]RABLE, adj. *inoperábl*. Inoperable, [illegible] no se puede operar.

[illegible]RANT, E, adj. *inoperán*. Inoperante, [illegible] no opera, que nada produce.

[illegible]NÉ, ÉE, adj. *inopiné*. Inopinado, [illegible], imprevisto.

[illegible]ÉMENT, adv. *inopinemán*. Inopinadamente, impensadamente.

[illegible]RTUNÉMENT, adv. *inoportunemán*. Inoportunamente, sin oportunidad, [illegible] tiempo y sazon.

[illegible]RTUN, E, adj. *inoportean*. Inoportuno, intempestivo, que se dice ó hace [illegible] tiempo conveniente.

[illegible]RTUNITÉ, f. *inoportunité*. Inoportunidad, cualidad de lo inoportuno, de [illegible]; ocasion que no es favorable.

[illegible], m. *inóps*. Bot. Inopso, género de [illegible]cotiledóneas.

[illegible]LENCE, f. *inopuláns*. Inopulencia, [illegible] de opulencia.

[illegible]LENT, E, adj. *inopulán*. Inopulento, [illegible] no es opulento, que carece de [illegible].

[illegible]GEUX, EUSE, adj. *inorageu*, *eus*. [illegible]oso, que no es borrascoso ó no [illegible].

[illegible]ANIQUE, adj. *inorganic*. Inorgánico, [illegible] no tiene órganos, que carece de [illegible]ales, como los minerales, etc.

[illegible]ILLEUX, EUSE, adj. *inorgueilleu*. Inorgulloso, que no tiene orgullo.

[illegible]NAIRE, adj. *inoriginér*. Inoriginario, [illegible] no es originario.

[illegible]É, ÉE, adj. *inorné*. Desadornado, [illegible] de adornos.

[illegible]LATION, f. V. ANASTOMOSE.

[illegible]IABLE, adj. *inubliábl*. Inolvidable, [illegible] no se puede olvidar.

[illegible]É, ÉE, adj. *inublié*. Inolvidado, [illegible] ha caido en el olvido.

[illegible], E, adj. *inuí*. Inaudito, nunca [illegible]dente, singular.

[illegible]ERT, E, adj. *inuvér*. Inabierto, [illegible], cerrado.

[illegible]DABLE, adj. *inocsidábl*. Inoxidable, [illegible] no se puede oxidar.

[illegible]ANO, m. *inpiáno*. Impr. Nombre [illegible] al pliego impreso que no contiene [illegible] página por cada lado.

[illegible]MPTU, m. V. IMPROMPTU.

[illegible]MPTUAIRE, m. V. IMPROMP[illegible].

[illegible]LIFIABLE, adj. *encalifiabl*. Incalificable, que no admite calificacion, que [illegible] de calificar.

[illegible]NT, INQUARTATION, f. *encár*, [illegible]ón. Quím. Encartacion, union y [illegible] tres partes de plata y una de oro, [illegible] la operacion química de aquel

**IN-QUARTO**, m. *encuárto*. En cuarto, libro cuyos pliegos se doblan en cuatro hojas y forman ocho páginas.

**INQUERESSE**, f. *encrés*. Arenquera, encerradora de arenques.

**INQUIET, E**, adj. *enquié*. Inquieto, cuidadoso, receloso, agitado, ansioso, desasosegado, etc. || Inquieto, revoltoso, turbulento. || *Sommeil inquiet*, sueño inquieto, agitado, frecuentemente interrumpido por alguna afliccion del espíritu ó por mala disposicion física.

**INQUIÉTANT, E**, adj. *enquietán*. Inquietante, inquietador, que inquieta.

**INQUIÉTATION**, f. *enquietasión*. Accion de inquietar. || Turbacion, perturbacion.

**INQUIÉTER**, a. *enquieté*. Inquietar, turbar, desasosegar, causar inquietud. || Inquietar, disputar á uno la posesion de una cosa largo tiempo mirada y poseida como suya.

**INQUIÉTUDE**, f. *enquietúd*. Inquietud, falta de quietud, desasosiego, cuidado, agitacion, impaciencia.

**INQUISITEUR**, m. *enquisiteur*. Inquisidor, ministro de la Inquisicion. || Juez eclesiástico que conoce de las causas de fe.

**INQUISITIF, IVE**, adj. *enquisitif*, *fe*. Inquisitivo, que se refiere á la Inquisicion ó á los inquisidores. || Inquisitivo, investigativo, que se refiere á la investigacion de la verdad.

**INQUISITION**, f. *enquisisión*. Inquisicion, tribunal que existió en algunos paises para castigar á los herejes. Se llamó tambien Santo Oficio. || For. Pesquisa, aunque en esta acepcion es poco usado.

**INQUISITIONNAIRE**, adj. *enquisisionér*. Inquisitorial, concerniente á la Inquisicion.

**INQUISITORIAL, E**, adj. *enquisitorial*. Inquisitorial, concerniente á la Inquisicion. || Dícese de lo que es severo.

**INQUISITORIÉ, ÉE**, adj. *enquisitorié*. Inquisitoriado, condenado por la Inquisicion.

**INROTULER**, a. *enrotulé*. Enrolar, registrar, inscribir en un rol, en un registro.

**INSABLÉ, ÉE**, adj. *ensablé*. Desarenado, sin arena.

**INSACCAGÉ, ÉE**, adj. *ensacagé*. Que no ha sido saqueado.

**INSACRÉ, ÉE**, adj. *ensacré*. Que no es sagrado, profano.

**INSAISISSABLE**, adj. *ensesisábl*. Insecuestrable, que no puede ser embargado ó secuestrado. || Insasible, inagarrable, que no se puede asir ó coger, etc.

**INSALÉ, ÉE**, adj. *ensalé*. Insalado, no impregnado de sal.

**INSALIFIABLE**, adj. *ensalifiábl*. Quím. Insalificable, no salificable, que no puede producir sales.

**INSALIVATION**, f. *ensalivasión*. Insalivacion, mezcla del alimento y la saliva en la boca durante la masticacion.

**INSALUBRE**, adj. *ensalúbr*. Insalubre, insalutífero, malsano, perjudicial á la salud.

**INSALUBREMENT**, adv. *ensalubremán*. Insalubremente, de un modo insalubre.

**INSALUBRITÉ**, f. *ensalubrité*. Insalubridad, cualidad de lo insalubre.

**INSALUTAIRE**, adj. *ensalutér*. Que no es saludable.

**INSANCTIFIÉ, ÉE**, adj. *ensanctifié*. Que no ha sido santificado.

**INSANGUINAIRE**, adj. *ensanguinér*. Que no es sanguinario, que no es codicioso de sangre.

**INSANITÉ**, f. *ensanité*. Insanidad, insensatez, manía, especie de locura.

**INSARCLÉ, ÉE**, adj. *ensarclé*. Que no ha sido escardado.

**INSATIABILITÉ**, f. *ensasiabilité*. Insaciabilidad, ansia ó avidez insaciable, sed, hambre insaciable, inextinguible. Dícese en sentido físico y moral.

**INSATIABLE**, adj. *ensasiábl*. Insaciable, que no se puede saciar.

**INSATIABLEMENT**, adv. *ensasiablemán*. Insaciablemente, de una manera insaciable.

**INSATISFACTION**, f. *ensatisfacsión*. Insatisfaccion, falta de satisfaccion.

**INSATISFAIT, E**, adj. *ensatisfé*. Insatisfecho, que no está satisfecho.

**INSATURABLE**, adj. *ensaturábl*. Insaturable, que no puede ser saturado.

**INSATURÉ, ÉE**, adj. *ensaturé*. Que no está saturado.

**INSAVEUR**, f. *ensaveur*. Insabor, falta de sabor.

**INSAVONNÉ, ÉE**, adj. *ensavoné*. Que no ha sido enjabonado.

**INSAVOUREUX, EUSE**, adj. *ensavoureu*, *eus*. Insabroso, desabrido, falto de sabor, de gusto, etc.

**INSCIEMMENT**, adv. poco us. *ensiamán*. Ignorantemente, sin saberlo, sin conocimiento de causa.

**INSCIENCE**, f. *ensiáns*. Ignorancia, nesciencia, falta de ciencia ó de saber.

**INSCOLASTIQUE**, adj. *enscolastíc*. Inescolástico, no escolástico.

**INSCRIPTIBLE**, adj. *enscriptíbl*. Geom. Inscriptible, que puede ser inscrito en un círculo, en una esfera.

**INSCRIPTION**, f. *enscripsión*. Inscripcion, letrero grabado en metal ó piedra para conservar la memoria de algun sugeto ó suceso. || Partida que una persona pone en un registro, firmándola con su nombre. || Inscripcion, figura geométrica contenida en un círculo. || *Inscription sur le grand livre de la dette publique*, ó solo *inscription sur le grand livre*, inscripcion en el gran libro de la deuda pública, inscripcion en el gran libro, título de una renta perpetua debida por el Tesoro, como la que resulta de la conversion de la deuda flotante en deuda permanente del Estado. || *Inscription de faux*, prueba por la que se hace ver en un juicio la falsedad de un instrumento.

**INSCRIRE**, a. *enscrír*. Inscribir, escribir, sentar, apuntar el nombre de alguno en registro, lista, nómina, etc. || Inscribir, grabar, poner una inscripcion en una columna, sobre monumento, etc. || Mat. Inscribir, formar una figura geométrica dentro de otra ó en el espacio de su circunferencia. || met. *Inscrire son nom au temple de la gloire*, eternizar, inmortalizar su nombre en el hermoso templo de la gloria: hacerse célebre por sus hazañas, por sus escritos, etc. || *S'inscrire*, r. Inscribirse, hacerse inscribir ó sentar en cualquier registro, en cualquier lista. || For. *S'inscrire en faux*, litigar ó alegar en falso, sostener en justicia la falsedad de una pieza aducida por la parte contraria.

**INSCRUTABILITÉ**, f. *enscrutabilité*. Inescrutabilidad, cualidad de lo inescrutable.

**INSCRUTABLE**, adj. *enscrutábl*. Inescrutable, insondable, impenetrable, que no es posible comprender.

**INSCRUTABLEMENT**, adv. *enscrutablemán*. Inescrutablemente, de una modo inaveriguable, incomprensiblemente.

**INSCULPER**, a. inus. *ensculpé*. Insculpir, esculpir, grabar.

**INSÉCABILITÉ**, f. *ensecabilité*. Insecabilidad, cualidad de lo insecable.

**INSÉCABLE**, adj. *ensecábl*. Insecable, que no se puede partir ó dividir ni cortar.

**INSÇU**, m. V. INSU.

**INSECOUABLE**, adj. *ensecuábl*. Insacudible, que no se puede sacudir, como el yugo de ciertos tiranos.

**INSECOURABLE**, adj. *ensecurábl*. Insocorrible, que no puede ser socorrido.

**INSECOURU, E**, adj. *ensecurú*. Insocorrido, no socorrido, que no ha recibido socorros.

**INSECTE**, m. *enséct*. Insecto, animal pequeño, cuyo cuerpo forma unos como anillos ó segmentos.

**INSECTIER**, m. *ensectié*. Insectero, especie de conservatorio de insectos.

**INSECTIFÈRE**, adj. *ensectifér*. Insectífero, que tiene insectos, que los produce.

**INSECTIRODE**, adj. *ensectiród*. Insec-

[illegible] que son [illegible] de los insectos que viven á expensas de otros.

INSECTIVORE, adj. [illegible] Insectívoro, que devora insectos.

INSECTOLOGIE, f. [illegible] Insectología, ciencia que trata de los insectos. Se usa mas entomología.

INSÉCURITÉ, f. [illegible] Inseguridad, falta de seguridad.

INSÉDUIT, E, adj. [illegible] Inseducido, que no ha sido seducido.

IN-SEIZE, adj. [illegible] Impr. y Libr. En diez y seis, se dice del tamaño de un libro cuyos pliegos están doblados en diez y seis hojas que forman treinta y dos páginas.||Sust. Un in-seize.

INSENSÉ, ÉE, adj. [illegible] Insensato, que no está en su sano juicio.

INSENSIBILISATION, f. [illegible] Insensibilizacion, [illegible] que se [illegible] curar las enfermedades.

INSENSÉ, ÉE, adj. [illegible] Insensato, [illegible] el buen criterio. || [illegible] no conforme á razon, contrario á ella.

INSENSIBILITÉ, f. [illegible] Insensibilidad, falta de sensibilidad.|| Insensibilidad, crueldad, endurecimiento del corazon.

INSENSIBLE, adj. [illegible] Insensible, que no siente, que carece de sensibilidad. || Insensible, falto de sentimiento, que no se conmueve, que no se afecta por nada. || Imperceptible, imperceptible, que no se percibe fácilmente.

INSENSIBLEMENT, adv. [illegible] Insensiblemente, poco á poco, de una manera poco sensible.

INSENSITIF, IVE, adj. [illegible] Insensitivo, que no es sensitivo, que no tiene la facultad de sentir.

INSÉPARABILITÉ, f. enseparabilité. Inseparabilidad, estado de lo que es inseparable.

INSÉPARABLE, adj. enseparábl. Inseparable, que no se puede separar.

INSÉPARABLEMENT, adv. enseparablemán. Inseparablemente, de una manera inseparable.

INSÉPARÉ, ÉE, adj. enseparé. Inseparado, que no está ó no ha sido separado.

INSÉRABLE, adj. enserábl. Insertable, que puede insertarse.

INSÉRÉNITÉ, f. enserenité. Inserenidad, falta de serenidad. || Estado de lo que no está sereno.

INSÉRER, a. enseré. Insertar, ingerir, incluir, introducir una cosa en otra. || S'insérer, r. Insertarse, ser insertado. || Ingerirse, meterse, introducirse en algun asunto ó negocio.

INSÉREUX, EUSE, adj. enserea, eus. Med. Inseroso, sin carácter de serosidad.

INSERMENTÉ, adj. m. ensermanté. Injuramentado, no juramentado, que no prestó juramento.

INSERTION, f. enserción. Insercion, accion y efecto de insertar. || Med. V. INOCULATION. || Anat. Insercion, adherencia de unas partes sobre otras, como los músculos sobre los tendones.

INSERVIABLE, adj. enserviábl. Inservicial, enemigo de servir, de hacer un servicio.

INSERVILE, adj. enservil. Que no es servil, bajo ó ratero.

INSESSION, f. ensesión. Med. Medio baño de vapor que se toma estando sentado.

INSÉVÉRITÉ, f. enseverité. Inseveridad, falta de severidad, de rigor.

INSEXÉ, ÉE, adj. ensecsé. Bot. Insexo, sin sexo, que no tiene sexo.

INSIDIATEUR, TRICE, adj. ensidiateur, tris. Insidioso, que arma asechanzas.

INSIDIATION, f. ensidiasión. Insidiacion, accion y modo de obrar insidiosamente; accion de armar asechanzas.

INSIDIEUSEMENT, adv. ensidieusmán. Insidiosamente, de una manera insidiosa, engañosamente.

INSIDIEUX, EUSE, adj. ensidieu, eus. Insidioso, engañoso, falso, que tiende lazos ó que procura sorprender.

INSIGNE, adj. ensiñ. Insigne, señalado, distinguido, notable en su línea. || Célebre, famoso. También se toma en mala parte, como insigne pícaro, insigne embustero, etc. || m. Insignia, señal, distintivo ó divisa honorífica.

INSIGNIFIANCE, f. ensiñifiáns. Insignificancia, cualidad de lo insignificante.

INSIGNIFIANT, E, adj. ensiñifián. Insignificante, que nada expresa, que nada significa.

INSIGNIFICATION, f. ensiñificasión. Insignificacion, ninguna significacion.

INSILLADOR, m. ensilladór. Instrumento de agricultura, especie de arado para marcar los surcos.

INSINCÈRE, adj. ensensér. No sincero, falto de sinceridad.

INSINCÉRITÉ, f. ensencerité. No sinceridad, falta de sinceridad.

INSINUANT, E, adj. ensinuán. Insinuante, que posee el talento de insinuar lo que quiere, que sabe insinuarse, introducirse. Tambien se dice de las cosas, como manières insinuantes, langage insinuant.

INSINUATIF, IVE, adj. ensinuatif, iv. Insinuativo, propio para insinuarse: paroles insinuatives.

INSINUATION, f. ensinuasión. Insinuacion, accion de insinuar ó de introducir suavemente alguna cosa; y en sentido met., accion de introducir en el ánimo.||Registro, asiento de una donacion, de un testamento en un protocolo.

INSINUER, a. ensinué. Insinuar, introducir blandamente alguna cosa en otra. Insinuer une sonde dans une plaie, introducir la tienta ó sonda en una llaga. || met. Insinuar, sugerir, inocular doctrinas, ideas, consejos, máximas, etc. || Registrar, hacer registrar una donacion, un testamento, etc. || S'insinuer, r. Insinuarse, introducirse, penetrar, material y metafóricamente hablando. || met. Insinuarse, captar, ganar el ánimo, granjearse la voluntad de alguno, conquistar la confianza.

INSIPIDE, adj. ensipíd. Insípido, soso, desaborido, sin sazon, sin sabor. || met. Insípido, insulso, monótono, sin sal, sin chiste, sin gracia.

INSIPIDEMENT, adv. ensipidmán. Insípidamente, de una manera insípida.

INSIPIDITÉ, f. ensipidité. Insipidez, desabor, falta de sabor, de sazon en la comida. || met. Insulsez, sosería, falta de sal, de chiste, de gracia.

INSIPIENCE, f. ant. V. IGNORANCE.

INSISTANCE, f. ensistáns. Insistencia, accion de insistir, tenacidad, terquedad.

INSISTER, n. ensisté. Insistir, persistir, instar porfiadamente, persistir en una demanda, en una pretension, etc.

INSITOR, m. ensitór. Mit. Insitor, dios campestre.

INSOBRE, adj. ensóbr. Insobrio, no sobrio, falto de sobriedad.

INSOBRIÉTÉ, f. ensobrieté. Insobriedad, falta de sobriedad.

INSOCIABILITÉ, f. ensosiabilité. Insociabilidad, estado de lo insociable; genio, carácter del que es insociable.

INSOCIABLE, adj. ensosiábl. Insociable, intratable, raro, incómodo, fastidioso, con quien no se puede vivir en sociedad.

INSOCIABLEMENT, adv. ensosiablmán. Insociablemente, de una manera insociable.

INSOCIAL, E, adj. ensosiál. Insocial. V. INSOCIABLE.

INSOCIALITÉ, f. V. INSOCIABILITÉ.

INSOIGNEUSEMENT, adv. ensuañeusmán. Descuidadamente, negligentemente, sin cuidado.

INSOIGNEUX, EUSE, adj. ensuañeu, eus. Descuidado, negligente, no cuidadoso.

IN-SOIXANTE-QUATRE, adj. ensuasantcátr. Impr. y Libr. En sesenta y cuatro, se dice del tamaño de un libro cuyos pliegos están doblados cada uno en 64 hojas ó 128 páginas: volume in-soixante-quatre.||Sust. un in-soixante-quatre.

INSOLATION, f. ensolasión. Insolacion, accion de la luz y del calor solar sobre la economía animal, ó sobre otra sustancia [illegible]

[illegible] el sol [illegible] Med. [illegible] á los [illegible]

[illegible] que no [illegible]

[illegible] Insolentemente, con [illegible]

INSOLENCE, f. [illegible]

[illegible] que [illegible] el [illegible] primera [illegible]

INSOLITE, adj. [illegible] no es sólito. [illegible]

INSOLUBILITÉ, f. [illegible] estado de una cosa que [illegible]

INSOLUBLE, adj. [illegible] las formas.

INSOLVABILITÉ, f. [illegible] solvencia, estado del que [illegible] sus deudas.

INSOLVABLE, adj. [illegible] vente, que no tiene con que [illegible] debe.

INSOMNIE, f. [illegible] vela, vigilia, falta de [illegible] una afeccion física ó moral.

INSONDABLE, adj. [illegible] ble, que no puede sondearse [illegible]

INSONDÉ, ÉE, adj. [illegible] que no ha sido sondeado [illegible] costa, de un puerto [illegible] en que no se ha [illegible] sido sondado ó sondeado [illegible] notrar ó saber el ánimo de [illegible]

INSONORE, adj. [illegible] no produce sonido.

INSONORITÉ, f. [illegible] dad, cualidad de lo que [illegible]

INSOPHISTIQUÉ, ÉE, [illegible] qué. Insofisticado, [illegible] sufrido alteracion ni [illegible]

INSORDIDE, adj. [illegible] que no es sórdido.

INSOUCIAMMENT, adv. [illegible] diferentemente, negligentemente [illegible] diferencia, con apatía.

INSOUCIANCE, f. [illegible] cia, indolencia, apatía [illegible] cia; estado de una persona [illegible] tica.

INSOUCIANT, E, adj. [illegible] rente, indolente, apático [illegible] no se afecta ni se [illegible] Se usa tambien como [illegible]

INSOUCIEUX, EUSE, [illegible]

INSOUDABLE, adj. [illegible] ble, que no se puede soldar.

**INSOUDÉ, ÉE**, adj. *ensudé*. Insoldado, que no está soldado.

**INSOUDOYÉ, ÉE**, adj. *ensudueyé*. Que no ha sido pagado ó no ha recibido su paga ó sueldo.

**INSOUHAITÉ, ÉE**, adj. *ensueté*. Indeseado, que no se desea, que no es objeto de ninguna deseo.

**INSOUILLÉ, ÉE**, adj. *ensullé*. Que no ha recibido mancha, que no ha sido mancillado.

**INSOULAGÉ, ÉE**, adj. *ensulagé*. Que no ha sido aliviado, que no ha recibido alivio, que no experimenta alivio.

**INSOUMETTABLE**, adj. *ensumetábl*. Indomable, indómito, que no puede ser sujetado, sometido.

**INSOUMIS, E**, adj. *ensumí*. Insumiso, que no es sumiso.

**INSOUMISSION**, f. *ensumisión*. Insumision, cualidad, estado de lo que es insumiso.

**INSOUPÇONNABLE**, adj. *ensupsonábl*. Insospechable, que no puede ser sospechado, que está libre de toda sospecha.

**INSOUPÇONNÉ, ÉE**, adj. *ensupsoné*. Insospechado, que no inspira sospechas.

**INSOUPÇONNEUX, EUSE**, adj. *ensupsoneu, eus*. Insospechoso, que no sospecha, que no es inclinado á tener sospechas.

**INSOUPLESSE**, f. *ensuplés*. Inflexibilidad, falta de flexibilidad, de agilidad.

**INSOUSCRIT, E**, adj. *ensuscri*. Insuscrito, que no está suscrito.

**INSOUTENABLE**, adj. *ensutnábl*. Insostenible, que no puede ser sostenido, defendido, justificado. || Insoportable, chocante, que no puede soportarse ó aguantarse: *vanité insoutenable, femme insoutenable*.

**INSOUTENABLEMENT**, adv. *ensutnablemán*. Insosteniblemente, de una manera insostenible.

**INSOUVENIR**, m. *ensuvenir*. Falta de memoria, de recuerdo.

**INSPACIEUX, EUSE**, adj. *enspasieu, eus*. Que no es espacioso, que tiene poco puesto, poco espacio ó poca capacidad: *bâtiment inspacieux*.

**INSPÉCIFIÉ, ÉE**, adj. *enspesifié*. Inespecificado, que no está especificado.

**INSPECTER**, a. *enspecté*. Inspeccionar, examinar con autorizacion competente.

**INSPECTEUR, TRICE**, adj. *enspecteur, trís*. Inspector, que tiene el cargo de inspeccionar, de vigilar sobre alguna cosa. || Es tambien sustantivo m. y f.; y así se dice *inspecteur vigilant, inspecteur des écoles, l'inspectrice*. || m. Inspector, jefe militar encargado de velar sobre la conservacion y buena disciplina de los cuerpos. || *Inspectrice*, f. Inspectora, la mujer del inspector; y hablando familiarmente, significa á veces curiosa, busle-cocinas, mujer que tiene el vicio de inspeccionar y examinar lo que pasa en casa ajena.

**INSPECTION**, f. *enspecsión*. Inspeccion, accion de inspeccionar, de vigilar, de examinar alguna cosa. || Inspeccion, empleo, cargo del inspector. || Inspeccion, revista de inspector, hablando de tropas.

**INSPÉCULATIF, IVE**, adj. *enspeculatif, iv*. Que no es especulativo, ó sobre lo que no se puede ó no se quiere especular.

**INSPIRANT, E**, adj. *enspirán*. Inspirante, inspirador, que inspira, que es propio para inspirar.

**INSPIRATEUR, TRICE**, adj. *enspirateur, trís*. Inspirador, que inspira.

**INSPIRATION**, f. *enspirasión*. Inspiracion, accion por la cual el aire se introduce en los pulmones. || Inspiracion, movimiento opuesto á la espiracion. || met. Inspiracion, sugestion, consejo, accion de inspirar ó sugerir ideas á una persona, de aconsejarle alguna cosa. || Inspiracion, la cosa inspirada. || Inspiracion, pensamiento, idea que produce el entendimiento y sugiere un juicio, una determinacion. || Inspiracion, pensamiento extraordinario, elevacion de la imaginacion. || Inspiracion, acto de la voluntad divina que marca al hombre el camino que debe seguir, ó lo que debe hacer en cualquier caso.

**INSPIRER**, a. *enspiré*. Inspirar, llamar el aire hácia los pulmones y recibirlo en ellos. || met. Inspirar, animar, dar vida. || Inspirar, sugerir, insinuar, hacer nacer algun pensamiento, algun designio. || fam. *Être bien inspiré*, estar bien inspirado, tener un buen pensamiento. || *S'inspirer*, r. Recibir alguna inspiracion, ser inspirado.

**INSPIRITUEL, LE**, adj. *enspirituél*. Inespiritual, que no tiene espiritualidad, que no tiene el carácter de un espíritu. || Que no es agudo ó que no tiene un entendimiento agudo.

**INSPIRITUELLEMENT**, adv. *enspirituelmán*. Inespiritualmente, de una manera que no es espiritual ó sutil.

**INSTABILITÉ**, f. *enstabilité*. Instabilidad, falta de estabilidad, inconstancia. Solo se usa en sentido figurado.

**INSTABLE**, adj. *enstábl*. Instable, que carece de estabilidad. || met. Instable, ligero, inconstante, inconsecuente.

**INSTABLEMENT**, adv. *enstablemán*. Instablemente, de una manera que no es estable.

**INSTALLATION**, f. *enstalasión*. Instalacion, accion de instalar, de posesionar en un empleo; ó simplemente, de establecer ó colocar en un lugar.

**INSTALLER**, a. *enstalé*. Instalar, poner á alguno en posesion de un empleo, cargo ó dignidad; ó simplemente, establecer, colocar á alguno en un lugar. || *S'installer*, r. Instalarse, establecerse, colocarse, ser instalado.

**INSTAMMENT**, adv. *enstamán*. Encarecidamente, con instancia, con empeño.

**INSTANCE**, f. *enstáns*. Instancia, solicitud, ruego encarecido. || Instancia, demanda, peticion, solicitud que se presenta á una autoridad ó tribunal de justicia. || Instancia, en términos escolásticos es objecion, réplica, nuevo argumento que tiene por objeto destruir una respuesta dada al anterior.

**INSTANT, E**, adj. *enstán*. Urgente, eficaz, activo. || Inminente, próximo, urgente. || m. Instante, momento sumamente corto, el mas pequeño espacio de tiempo. || *A l'instant, dans l'instant*, loc. adv. Al instante, en el momento, al punto, luego. || *En cet instant*, en este instante, en este momento.

**INSTANTANÉ, ÉE**, adj. *enstantané*. Instantáneo, momentáneo, que dura un momento, un instante.

**INSTANTANÉITÉ**, f. *enstantaneité*. Instantaneidad, cualidad de lo que es instantáneo.

**INSTANTANÉMENT**, adv. *enstantanemán*. Instantáneamente, momentáneamente, de una manera instantánea.

**INSTAR (À L')**, loc. prep. *alenstár*. A la manera, al modo de, á ejemplo, á imitacion de, como.

**INSTAURATEUR, TRICE**, m. y f. *enstorateur, trís*. Instaurador, renovador, el que restablece una cosa en su ser primitivo.

**INSTAURATION**, f. *enstorasión*. Instauracion, renovacion, restablecimiento, accion de restablecer una cosa en su primitivo estado. || Instauracion, restablecimiento de una religion, reedificacion de un templo.

**INSTAURER**, a. *enstoré*. Instaurar, reedificar, restablecer una cosa, volverla á su estado primitivo.

**INSTIGATEUR, TRICE**, m. y f. *enstigateur, trís*. Instigador, incitador, el que instiga á hacer alguna cosa. || Jurisp. ant. Denunciador, el que presentaba alguna acusacion ó denuncia.

**INSTIGATION**, f. *enstigasión*. Instigacion, sugestion, viva solicitacion para que alguno haga una cosa.

**INSTIGUER**, a. *enstigué*. Instigar, incitar, provocar ó inducir, impulsar á uno á hacer alguna cosa.

**INSTILLATION**, f. *enstilasión*. Instilacion, accion de hacer caer un liquido gota á gota.

**INSTILLER**, a. *enstilé*. Instilar, hacer caer ó echar poco á poco, gota á gota, un licor ó líquido sobre alguna cosa.

**INSTINCT**, m. *enstén*. Instinto, sentimiento, impulso, determinacion espontánea, sin que preceda reflexion. || Instinto, el sentimiento y sagacidad natural de los animales.

**INSTINCTIF, IVE**, adj. *enstenctif, iv*. Instintivo, que pertenece al instinto, que nace del instinto.

**INSTINCTIVEMENT**, adv. *enstenctivemán*. Instintivamente, por instinto.

**INSTINCTIVITÉ**, f. *enstenctivité*. Cualidad, estado del ser que tiene instinto.

**INSTINCTUEL, LE**, adj. *enstenctuél*. Que nace del instinto.

**INSTIPENDIÉ, ÉE**, adj. *enstipendié*. Inestipendiado, que no está estipendiado.

**INSTIPULÉ, ÉE**, adj. *enstipulé*. Bot. Inestipulado, que no tiene estípulas. || Inestipulado, que no ha sido estipulado.

**INSTITEUR**, m. *enstiteur*. Der. rom. Institor, factor, encargado de un comercio, de una empresa por cuenta de otro.

**INSTITOIRE**, m. *enstituár*. Der. rom. Accion indirecta que se daba contra el amo de un institor á la persona que habia hecho algun contrato con este último.

**INSTITUER**, a. *enstitué*. Instituir, fundar, erigir, establecer alguna cosa de nuevo, dar principio á una cosa. || Jurisp. *Instituer un héritier*, nombrar un heredero. || *S'instituer*, r. Instituirse uno mismo. || Instituirse, ser instituido.

**INSTITUT**, m. *enstitú*. Instituto, regla bajo la cual se gobierna un cuerpo. Y especialmente, constitucion de una órden religiosa; regla de vida de esta órden; manera de vivir bajo esta regla. = La órden misma. || Instituto, título de la primera sociedad científica y literaria de Francia establecida en Paris.

**INSTITUTES**, f. pl. *enstitút*. Institutas, ó mejor dicho, instituciones, título que daban los jurisconsultos romanos á los tratados elementales de derecho. || Hablando absolutamente, *Institutes* son las Instituciones ó la Instituta de Justiniano.

**INSTITUTEUR, TRICE**, m. y f. *enstituteur, trís*. Instituidor, institutor, fundador, el que instituye ó funda alguna cosa. || Instituidor, director encargado de la educacion de muchos niños. || En sentido mas estricto y reciente, *maître d'école*, maestro de escuela.

**INSTITUTION**, f. *enstitusión*. Institucion, fundacion, accion de instituir, de fundar, de establecer. || Institucion, la cosa instituida, fundada. || Institucion, educacion, enseñanza. || Institucion, establecimiento en donde se instruye la juventud. || *Institution d'héritier*, institucion de heredero.

**INSTITUTS**, m. pl. V. INSTITUTES.

**INSTRUCTEUR**, m. *enstructeur*. Instructor, el que instruye. || Instructor, oficial que instruye á los soldados nuevos.

**INSTRUCTIF, IVE**, adj. *enstructif, iv*. Instructivo, que instruye.

**INSTRUCTION**, f. *enstruccsión*. Instruccion, enseñanza, educacion; en la acepcion general, todo lo que puede darnos algun conocimiento de una cosa que ignoramos, todo lo que nos ilustra sobre algun objeto, sobre alguna materia. || Instruccion, conocimiento, saber, nociones adquiridas en alguna ciencia o facultad. || Instruccion, conocimiento que se da á alguno de ciertos hechos, de algunos usos que ignora. || *Instructions*, pl. Instrucciones, advertencias ó reglas que se dan á un comisionado para el manejo de un negocio, de una empresa, etc.; y particularmente, órdenes, explicaciones que un príncipe, un gobierno da á su embajador, á su enviado, á su delegado sobre el modo de conducirse en el destino que le está confiado. || Jurisp. *Instruction d'une affaire, d'un procès*, instruccion de un negocio, de un proceso, disposicion de un pleito para su vista.

**INSTRUIRE**, a. *enstruir*. Instruir, enseñar á alguno una cosa, darle lecciones. || *Instruire de*, instruir de, advertir, informar, dar conocimiento, dar noticia. || Instruir, sacar el apuntamiento de un pleito para su vista.

INSTRUISABLE, adj. *enstruisábl.* Instruible, que puede, que es capaz de instruirse, que puede recibir instruccion.

INSTRUISANT, E, adj. *enstruisán.* Que es propio para instruir. Ahora se dice *instructif*.

INSTRUMENT, m. *enstrumán.* Instrumento, máquina ó aparato que sirve en las artes y ciencias para hacer operaciones. ‖ Escritura, papel ó documento para probar un hecho, hacer valer derechos, etc. ‖ Mús. Toda máquina ó artificio hecho para producir sonidos armónicos. ‖ met. Lo que sirve de medio para hacer alguna cosa ó conseguir algun fin.

INSTRUMENTAIRE, adj. m. *enstrumantér.* Jurisp. Instrumentario. Solo se usa en esta locucion : *témoin instrumentaire*, el testigo que asiste á un notario ú oficial público en los actos para su validez.

INSTRUMENTAL, E, adj. *enstrumantál.* Instrumental, que pertenece á los instrumentos. ‖ Instrumental, que sirve de instrumento, hablando de cosas. ‖ m. Instrumental, uno de los ocho casos de la declinacion sanscrita.

INSTRUMENTATIF, IVE, adj. *enstrumantatíf*, *ív.* Que sirve para otorgar, autorizar escrituras públicas.

INSTRUMENTATION, f. *enstrumantasión.* Mús. Instrumentacion, arte de producir la música con toda clase de instrumentos. ‖ Instrumentacion, arte de disponer las partes de la armonía, de tal modo que sean repartidas como corresponde por los órganos destinados para expresarlas, sacando de estos todo el efecto posible.

INSTRUMENTER, n. *enstrumanté.* Jurisp. Hacer contratos, expedientes y otros actos públicos. ‖ a. Otorgar, autorizar escrituras ó instrumentos públicos. ‖ Componer la música instrumental, escribir para cada instrumento las partes que en la ejecucion de una obra forman la armonía.

INSTRUMENTISTE, m. *enstrumantíst.* Instrumentista, músico que se entrega á la cultura de uno ó muchos instrumentos.

INSTUDIEUX, EUSE, adj. *enstudieu*, *eus.* Que no es estudioso.

INSU, m. *ensú.* Ignorancia de algun hecho, de alguna cosa. Solo se usa en estas locuciones : *à mon insu*, *à ton insu*, *à son insu*, sin mi noticia, sin tu noticia, sin su noticia, ó sin saberlo yo, sin saberlo él, etc. *A leur insu*, sin noticia de ellos ó ellas, ó sin saberlo ellos ó ellas. *A notre insu*, etc. *A l'insu de son père*, sin noticia de su padre ó sin saberlo su padre. ‖ Algunos lexicógrafos dicen que solo deberia escribirse *insçu*.

INSUAVE, adj. *ensuáve.* Insuave, que no es suave, hablando de olores.

INSUAVITÉ, f. *ensuavité.* Insuavidad, falta de suavidad.

INSUBJUGUÉ, ÉE, adj. *ensubjugué.* Insubyugado, no subyugado.

INSUBMERGÉ, ÉE, adj. *ensubmergé.* Insumergido, no sumergido.

INSUBMERSIBLE, adj. *ensubmersíbl.* Insumergible, que no se puede sumergir.

INSUBORDINATION, f. *ensubordinasión.* Insubordinacion, falta de subordinacion.

INSUBORDONNABLE, adj. *ensubordonábl.* Insubordinable, que no se puede subordinar, que no puede sujetarse á la subordinacion.

INSUBORDONNÉ, ÉE, adj. *ensubordoné.* Insubordinado, poco sumiso, revoltoso, que falta á menudo á la subordinacion.

INSUBORNÉ, ÉE, adj. *ensuborné.* Insobornado, no sobornado, no corrompido.

INSUBSTANTIEL, LE, adj. *ensubstansiél.* Insustancial, que es de poca ó ninguna sustancia.

INSUBTIL, E, adj. *ensubtíl.* Insutil, que no es sutil.

INSUCCÈS, m. *ensuksé.* Falta de éxito ó de buen resultado.

INSUCCESSIF, IVE, adj. *ensuksesíf*, *ív.* Que no tiene lugar sucesivamente.

INSUFFISANCE, f. *ensufisáns.* Insuficiencia, falta de suficiencia, de capacidad.

INSUCCULENT, E, adj. *ensukulán.* Insuculento, no suculento, no sustancioso.

INSUCRÉ, ÉE, adj. *ensucré.* Que no está azucarado.

INSUFFISAMMENT, adv. *ensufisamán.* Insuficientemente, de un modo insuficiente.

INSUFFISANCE, f. *ensufisáns.* Insuficiencia, incapacidad de una persona para alguna cosa. ‖ Insuficiencia, corto poder ó virtud de las razones, de los medios, de los argumentos.

INSUFFISANT, E, adj. *ensufisán.* Insuficiente, que no basta, que no es suficiente.

INSUFFLATION, f. *ensuflasión.* Insuflacion, accion de soplar ó introducir en un órgano un gas, un líquido ó una sustancia en polvo.

INSUFFLER, a. *ensuflé.* Soplar ó introducir en el cuerpo un gas, un líquido ó una sustancia en polvo.

INSUIVI, E, adj. *ensuiví.* Que no es seguido : *il était seul à ce cours insuivi.*

INSULAIRE, adj. *ensulér.* Insulano, isleño, natural ó habitante de una isla. Se usa como sustantivo, en cuyo caso se dice isleño. ‖ Insulano, esclavo romano desterrado en una isla y destinado á los trabajos públicos. ‖ f. Insulana, especie de danza antigua.

INSULARITÉ, f. *ensularité.* Estado de un país compuesto de una ó muchas islas.

INSULÉ, ÉE, adj. *ensulé.* Que ofrece especies parecidas á islas.

INSULTABLE, adj. *ensultábl.* Insultable, que puede ser insultado ó atacado, expuesto á un ataque ó á ser acometido.

INSULTANT, E, adj. *ensultán.* Insultante, injurioso, ofensivo.

INSULTE, f. *ensúlt.* Insulto, denuesto, injuria, ultraje. ‖ Mil. Acometimiento, ataque, golpe de mano. ‖ *Mettre une place hors d'insulte*, fortificar una plaza de modo que no pueda tomarse de asalto.

INSULTER, a. *ensulté.* Insultar, ultrajar, maltratar de palabra. ‖ Poét. y met. Insultar, se dice tambien de las cosas. ‖ Atacar, acometer una plaza, una escuadra. ‖ Tambien se dice *insulter à*, usado como neutro, y significa tomar motivo de la desgracia, de la miseria de alguno para insultarle : *insulter au malheur*, *à la misère*, *aux misérables.*

INSULTEUR, m. neol. *ensultéur.* Insultador, el que insulta, que tiene por oficio el insultar.

INSUPÉRABLE, adj. *ensuperábl.* Insuperable, que no puede superarse.

INSUPERBE, adj. *ensupérb.* Que no tiene soberbia.

INSUPERFICIEL, E, adj. *ensuperfisiél.* Que no es superficial.

INSUPPLANTÉ, ÉE, adj. *ensuplanté.* Que no ha sido suplantado.

INSUPPLIÉ, ÉE, adj. *ensuplié.* Insuplicado, no suplicado.

INSUPPORTABLE, adj. *ensuportábl.* Insoportable, insufrible, que no puede sufrirse. ‖ Insoportable, desagradable, insufrible, hablando de personas.

INSUPPORTABLEMENT, adv. *ensuportablemán.* Insoportablemente, de una manera insoportable.

INSUPPORTÉ, ÉE, adj. *ensuporté.* No sostenido : *milice insupportée.*

INSUPPRIMÉ, ÉE, adj. *ensuprimé.* No suprimido.

INSÛRETÉ, f. *ensurté.* Inseguridad, falta de seguridad.

INSURGÉ, ÉE, adj. *ensurgé.* Rebelde, insurgente, amotinado, sublevado. ‖ Sust. en plural : *l'armée des insurgés.*

INSURGENCE, f. *ensurjáns.* Insurreccion, sublevacion de un estado, de una provincia, etc.

INSURGENTS, m. pl. *ensurján.* Insurgentes, ciertas tropas húngaras armadas para un servicio extraordinario del Estado. ‖ Insurgentes, rebeldes. En este sentido se dice *les insurgés.*

INSURGER, a. *ensurgé.* Sublevar contra el gobierno. ‖ S'insurger, r. Sublevarse, rebelarse.

estado de un todo que tiene todas sus partes. || met. Integridad, estado de una cosa pura y sin alteracion. || Integridad, entereza, incorruptibilidad. || Integridad, pureza, castidad absoluta, hablando de mujeres.

**INTEINT, E**, adj. *entén*. No teñido, que no está teñido.

**INTELLECT**, m. *entelécl*. Fil. Intelecto, facultad del alma que se llama tambien entendimiento.

**INTELLECTIBILITÉ**, f. V. INTELLIGENCE.

**INTELLECTIF, IVE**, adj. *entelectif, iv*. Intelectivo, que pertenece al intelecto. Acostumbra usarse con el femenino en estas locuciones: *faculté*, *puissance intellective*.

**INTELLECTION**, f. *entelecsión*. Fil. Inteleccion, accion por la que el entendimiento comprende ó concibe.

**INTELLECTIVE**, f. *entelectiv*. Intelectiva, potencia del alma que la hace capaz de entender.

**INTELLECTUALISER**, a. *entelectualisé*. Fil. Intelectualizar, elevar al rango de las cosas espirituales.

**INTELLECTUALITÉ**, f. *entelectualité*. Fil. Intelectualidad, cualidad de las cosas intelectuales.

**INTELLECTUEL, LE**, adj. *entelectuél*. Intelectual, que pertenece al intelecto, que está en el entendimiento. || Intelectual, mental, espiritual.

**INTELLECTUELLEMENT**, adv. *entelectuelmán*. Intelectualmente, de una manera intelectual.

**INTELLIGEMMENT**, adv. *entelijamán*. Inteligentemente, con inteligencia.

**INTELLIGENCE**, f. *entelijáns*. Inteligencia, compresion, discurso; facultad intelectiva, capacidad de entender, de concebir, de comprender. || Inteligencia, instinto, hablando de los animales. || Inteligencia, conocimiento, pericia de las cosas, comprension fácil y clara. || Inteligencia, habilidad, destreza. || Inteligencia, correspondencia, armonía, amistad recíproca, union de sentimientos. || Inteligencia, concierto, acuerdo secreto para algun designio. || Inteligencia, comunicacion entre dos personas entre sí para engañar á un tercero. || *Intelligences célestes*, inteligencias ó espíritus celestiales, los ángeles.

**INTELLIGENT, E**, adj. *enteliján*. Inteligente, que está dotado de entendimiento. || Inteligente, que tiene mucha inteligencia, mucha penetracion, sabio, perito, instruido. || Inteligente, se dice hablando de los animales. || Inteligente, que tiene habilidad, destreza. || sust. Persona inteligente; y así se dice *les intelligents*, los inteligentes.

**INTELLIGENTIEL, LE**, adj. *entelijansiél*. Fil. Que pertenece á las facultades intelectuales.

**INTELLIGIBILITÉ**, f. *enteligibilité*. Inteligibilidad, cualidad de lo que es inteligible, claro, comprensible.

**INTELLIGIBLE**, adj. *enteligibl*. Inteligible, que puede ser oido fácil y distintamente. || Inteligible, que es fácil de comprender.

**INTELLIGIBLEMENT**, adv. *enteligiblemán*. Inteligiblemente, de un modo inteligible, claro.

**INTEMPÉRAMMENT**, adv. *entanperamán*. Con intemperancia, sin moderacion, sin medida.

**INTEMPÉRANCE**, f. *entanperáns*. Intemperancia, falta de templanza, destemplanza, inmoderacion ó exceso en los apetitos sensuales, especialmente en el comer y beber.

**INTEMPÉRANT, E**, adj. *entanperán*. Intemperante, destemplado, inmoderado, desarreglado en sus pasiones, en sus deseos, en sus gustos, y especialmente en el comer y en el beber.

**INTEMPÉRÉ, ÉE**, adj. *entanperé*. Destemplado, desmedido, desarreglado en sus apetitos, etc.

**INTEMPÉRIE**, f. *entanperí*. Intemperie, destemplanza ó desigualdad del tiempo ó de los humores del cuerpo humano.

**INTEMPESTIF, IVE**, adj. *entanpestif, iv*. Intempestivo, que es fuera de tiempo y sazon.

**INTEMPESTIVEMENT**, adv. *entanpestivmán*. Intempestivamente, de una manera intempestiva.

**INTEMPESTIVITÉ**, f. *entanpestivité*. Intempestividad, cualidad de lo que es intempestivo.

**INTEMPOREL, LE**, adj. *entanporél*. Intemporal, que no tiene relacion con el tiempo.

**INTEMPORELLEMENT**, adv. *entanporelmán*. Intemporalmente, sin relacion al tiempo.

**INTENABLE**, adj. *entenábl*. Mil. Insostenible, que no se puede guardar ó defender: *place, position intenable*.

**INTENDANCE**, f. *entandáns*. Intendencia, direccion, administracion de negocios. || Intendencia, empleo de un intendente. || Intendencia, jurisdiccion de un intendente. || Intendencia, casa en donde reside el intendente y tiene sus oficinas.

**INTENDANT**, m. *entandán*. Intendente, administrador, mayordomo, director, encargado de administrar los bienes de un gran señor, de un rico particular. || *Intendants militaires*, intendentes de ejército. || *Intendant de rivière*, se dice del sollo á causa de su voracidad.

**INTENDANTE**, f. *entandánt*. Intendenta, mujer del intendente. || Intendenta, título de la superiora de algunas órdenes religiosas.

**INTENDIT**, m. ant. *entandí*. Prueba, alegacion, instrumento de un pleito.

**INTENDU, E**, adj. *entandú*. No tendido, poco tirante ó estirado.

**INTENSE**, adj. *entáns*. Intenso, que tiene intension. || Intenso, se dice algunas veces hablando de los actos, de las costumbres del alma, en el sentido de fuerte, vivo, ardiente. *Un amour intense*, un amor intenso. || Mús. *Sons intenses*, sonidos intensos, los que tienen mas fuerza, que se oyen desde mas lejos. || Med. *Maladie intense*, enfermedad intensa, la que manifiesta los síntomas con mucha fuerza.

**INTENSIBILITÉ**, f. *entansibilité*. Intension, el mayor grado de actividad y fuerza con que obra algun agente natural.

**INTENSIF, IVE**, adj. *entansif, iv*. Intensivo, que produce la intension.

**INTENSION**, f. *entansión*. Intension, fuerza, vehemencia. Se usa mas INTENSITÉ.

**INTENSITÉ**, f. *entansité*. Intension, intensidad, grado de fuerza ó de actividad de una cosa, de una cualidad, de una potencia.

**INTENSIVEMENT**, adv. *entansivmán*. Intensamente, con intension.

**INTENTABLE**, adj. *entantábl*. Intentable, que se puede intentar.

**INTENTÉ, ÉE**, adj. *entanté*. No tentado ó expuesto á la tentacion. || No ensayado.

**INTENTER**, a. *entanté*. Intentar, poner, armar un pleito, una causa. || Intentar, poner por obra alguna cosa.

**INTENTION**, f. *entansión*. Intencion, determinacion de la voluntad en órden á algun fin; motivo que nos hace obrar. || Intencion, idea con la que se hace alguna cosa. || Intencion, ánimo de hacer alguna cosa. || *A double intention*, con segunda intencion, con dos fines. || *Faire une chose à l'intention de quelqu'un*, hacer algo en consideracion á alguno, en su obsequio. || *Guérir une plaie par première intention*, curar una llaga por primera intencion: se dice cuando se cicatriza con vendaje ó un simple aglutinante.

**INTENTIONNÉ, ÉE**, adj. *entansioné*. Intencionado: úsase siempre con los adverbios *bien*, *mal*, *mieux*, bien, mal, mejor intencionado, ó de buenas, malas intenciones, etc.

**INTENTIONNEL, LE**, adj. *entansionél*. Intencional, que pertenece á la intencion.

**INTENTIONNELLEMENT**, adv. *entansionelmán*. Intencionalmente, con intencion.

**INTENTIONNER**, a. *entansioné*. Intencionar, dirigir la intencion. Es poco usado.

**INTER-ARTICULAIRE**, adj. *enterarticulér*. Anat. Interarticular, situado entre las articulaciones.

**INTER-BRANCHIAL**, adj. *enterbranquiál*. Zool. Interbranquial, que está comprendido entre las branquias.

**INTERCADENCE**, f. *entercadáns*. Med. Intercadencia, desigualdad en las pulsaciones. || met. Desigualdad, inconstancia.

**INTERCADENT, E**, adj. *entercadán*. Med. Intercadente, se dice del pulso cuando tiene desarreglado el movimiento. || met. Intercadente, desigual, inconstante.

**INTERCALAIRE**, adj. *entercalér*. Intercalar, interpuesto, añadido: se dice propiamente del dia añadido al mes de febrero en el año bisiesto: *jour intercalaire*. || *Mois intercalaire*, mes intercalar, el que se añade á todos los años lunares. Tambien se dice en medicina.

**INTERCALATEUR**, m. *entercalateur*. Intercalador, el que hace intercalaciones.

**INTERCALATION**, f. *entercalasión*. Intercalacion, accion y efecto de intercalar.

**INTERCALER**, a. *entercalé*. Intercalar, añadir ó interponer: propiamente hablando, se dice del dia que se añade al mes de febrero en los años bisiestos. || Intercalar, añadir un párrafo, una frase en un escrito.

**INTERCÉDER**, n. *enterscdé*. Interceder, rogar ó mediar por otro.

**INTERCELLULAIRE**, adj. *enterselulér*. Bot. Intercelular, que está entre las células.

**INTERCEPTATION**, f. *enterseptasión*. Interceptacion, accion de interceptar.

**INTERCEPTER**, a. *enterseplé*. Interceptar, interrumpir el curso directo de alguna cosa. || Interceptar, apoderarse de alguna cosa ántes que llegue al fin á que se destinaba.

**INTERCEPTION**, f. *entersepsión*. Intercepcion, interrupcion del curso directo de una cosa. || Intercepcion, en el lenguaje comun se dice algunas veces por interceptacion.

**INTERCESSEUR**, m. *entersesear*. Intercesor, el que intercede ó media por otro.

**INTERCESSION**, f. *entersesion*. Intercesion, accion de interceder, de mediar por otro.

**INTERCIDENCE**, f. *entersidáns*. Intercidencia, en el canto llano paso que se hace sobre la última nota de canto, despues de un gran intervalo de subir.

**INTERCIDENT, E**, adj. Med. V. INTERCADENT.

**INTERCIS, E**, adj. *entersí*. Interciso, que está cortado á pedacitos: se ha empleado hablando del suplicio de algunos mártires. || Antig. rom. *Jours intercis*, dias intercisos, mixtos, aquellos en que por la mañana era fiesta y por la tarde se podia trabajar.

**INTERCLAVICULAIRE**, adj. *enterclaviculér*. Anat. Interclavicular, que se extiende de una clavícula á otra.

**INTERCOSTAL, E**, adj. *entercostál*. Anat. Intercostal, que está situado entre las costillas.

**INTERCURRENCE**, f. *entercurráns*. Med. Intercurrencia, desigualdad.

**INTERCURRENT, E**, adj. *entercurrán*. Med. Intercurrente, que corre, que sigue su curso mezclándose con alguna cosa. || Intercurrente, desigual, hablando del pulso.

**INTERCURSION**, f. V. INCURSION.

**INTERCUTANÉ, ÉE**, adj. *entercutané*. Anat. Intercutáneo, que está entre cuero y carne.

**INTERDENTAIRE**, adj. *enterdantér*. Vet. Interdentario, que está entre los dientes.

**INTERDICTION**, f. *enterdicsión*. Interdiccion, prohibicion. || Interdiccion, suspension perpetua ó temporal de continuar el ejercicio de un destino, cargo ú oficio. || Interdiccion, inhabilitacion para el manejo ó administracion de sus bienes.

**INTERDIRE**, a. *enterdír*. Impedir, prohibir, vedar alguna cosa. || Suspender de oficio, privar á alguno del ejercicio de su empleo ó ministerio. || Quitar á alguno el manejo y administracion de sus bienes, po-

[illegible]

INTERFOLIER, a. enterfolié. Interfoliar, encuadernar un libro, manuscrito ó impreso, metiendo hojas blancas entre las manuscritas ó impresas.

INTÉRIEUR, E, adj. enterieur. Interior, interno, de la parte de adentro. || Intimo, oculto, secreto. || Interior, en lo moral se dice particularmente hablando del alma. || *L'homme intérieur*, el hombre interior, el hombre espiritual, que es opuesto al hombre carnal. || m. Interior, la parte de adentro de una cosa, en lo físico y en lo moral. || Interior, la parte ó el coche central de una diligencia. || Interior, en términos de devocion se dice de los pensamientos mas secretos, mas íntimos del alma. || *Ministère de l'intérieur*, ministerio del interior, ministerio que dirige los negocios administrativos del pais; equivale al ministerio de la gobernacion que existe en España.

INTÉRIEUREMENT, adv. enterieurmán. Interiormente, por la parte de adentro. Se dice particularmente hablando de la conciencia y del estado del alma.

INTÉRIM, m. enterim. Interin, palabra latina que ha pasado á los dos idiomas francés y español, y significa interinidad. || *Par intérim*, loc. adv. Interinamente.

INTÉRIMAIRE, adj. enterimér. Interino, que sirve por algun tiempo supliendo la falta de otra persona ó cosa.

INTÉRIMAT, m. enterimá. Interinato, estado del funcionario interino, y tiempo que dura la interinidad.

[illegible]

INTERLOCUTOIRE, adj. enterlocutuár. Jurisp. Interlocutorio, se dice del auto ó sentencia que se da ántes de la definitiva. || Se usa tambien como sustantivo.

INTERLOPE, adj. enterlóp. Mar. Que comercia en contrabando. *Vaisseau interlope*, buque contrabandista. || m. El que usurpa los privilegios de una compañía de comerciantes, haciendo sin autoridad el mismo comercio que ellos, y en el mismo lugar.

INTERLOQUER, a. enterloqué. Jurisp. Dar un auto interlocutorio. || fam. Embarazar, aturdir, sobrecoger el ánimo.

INTERLUDE, m. V. INTERMÈDE.

INTERMARIAGE, m. entermariáge. For. Casamiento entre personas de una misma familia.

INTERMAXILLAIRE, adj. entermacsilér. Anat. Intermaxilar, que está entre los huesos maxilares.

INTERMÈDE, m. entermèd. Intermedio, entremes, sainete, baile entre los actos de una pieza de teatro. || Intermedio, se usa algunas veces en sentido figurado. || Quím. Intermedio, sustancia que sirve para que otras dos se combinen.

INTERMÉDIAIRE, adj. entermediér. Intermediario, intermedio, que está entremedias ó en medio de dos extremos. || *Commerce intermédiaire*, comercio intermedio, que consiste en hacer venir por su cuenta propia mercancías extranjeras con el fin de venderlas con ventaja en otro pais. || m. Intermedio, cuerpo, espacio intermedio.

INTERMÉDIAIREMENT, adv. entermediermán. Intermediariamente, por intermedio de, en una posicion intermedia.

INTERMÉDIARITÉ, f. neol. entermediarité. Estado de lo que es intermedio.

INTERMÉDIAT, E, adj. entermediá. Intermedio, intervalo de tiempo entre dos acciones, entre dos términos. || *Lettres d'intermédiat*, órden que concedia el rey para gozar la renta de un empleo vacante hasta que se proveyese.

INTERMINABLE, adj. enterminábl. Interminable, que no tiene término ó fin, que dura mucho tiempo.

INTERMINÉ, ÉE, adj. enterminé. In-

[illegible]

[illegible]sion de la cual solamente se conocen valores particulares. || Fís. [illegible], operacion que se dirige á en[illegible] la ley constante que rige y liga una [illegible] hechos y observaciones que ofrecen [illegible] é irregularidades. || Astr. Inter[illegible], método por el cual se determinan [illegible] valores de una serie de números ó de [illegible] cuya marcha no es igual ni el pro[illegible] uniforme.

[illegible]POLER, a. enterpolé. Interpolar, [illegible] por ignorancia ó malicia una pala[illegible] frase en el texto de un manuscrito. [illegible], ligar una serie de hechos, de [illegible] cuya relacion no es explícita [illegible] una marcha igual ó un progreso [illegible]. || S'interpoler, r. Interpolarse, ser [illegible].

[illegible]PONCTUATION, f. enterponctua[illegible]. [illegible]ominacion que se da algunas ve[illegible] puntos suspensivos que tienen por [illegible] indicar alguna reticencia.

[illegible]POSER, a. enterposé. Interponer, [illegible] una cosa entre otras. || met. Inter[illegible] autorité, interponer su autoridad, [illegible], la mediacion, la autoridad de [illegible] para obtener buen éxito en un asun[illegible]. [illegible]rponer, poner por medianero, ha[illegible] ó terciar á alguno. || Négocier [illegible] interposées, negociar por ter[illegible], servirse de la mediacion de [illegible] para evacuar algun asunto. || S'inter[illegible], Interponerse, intercalarse, colo[illegible] cuerpo entre otros dos. || met. In[illegible], ponerse por medio. || Interpo[illegible], intervenir como media[illegible].

[illegible]POSITIF, IVE, adj. enterpositif, [illegible] Interpositivo, que está interpuesto [illegible] en mitad, en medio.

[illegible]POSITION, f. enterposisión. In[illegible], estado, situacion de un cuerpo [illegible] entre otros dos: dícese en as[illegible] de la luna, de la tierra, etc. || met. [illegible], intervencion, mediacion de [illegible] superior.

[illegible]PRÉTABLE, adj. enterpretábl. [illegible], que puede interpretarse.

[illegible]PRÉTATEUR, TRICE, adj. en[illegible], tris. Interpretador, que inter[illegible]. [illegible] usa tambien como sustantivo.

[illegible]PRÉTATIF, IVE, adj. enterpre[illegible]. Interpretativo, que sirve de inter[illegible].

[illegible]PRÉTATION, f. enterpretasión. [illegible], declaracion ó explicacion de [illegible] oscura ó ambigua. || Interpreta[illegible] traduccion de una lengua á otra. || In[illegible], opinion buena ó mala que se [illegible] sobre un discurso ó sobre una accion. [illegible], explicacion de los sueños, [illegible] ó presagios. || Jurisp. Inter[illegible] d'un arrêt, interpretacion de una [illegible] ó resolucion.

[illegible]PRÉTATIVEMENT, adv. enter[illegible]. Interpretativamente, de una [illegible] interpretativa.

[illegible]PRÈTE, m. y f. enterprét. Intér[illegible] que interpreta, traductor que ex[illegible] una lengua las palabras de otra. || [illegible], el que explica, que hace inteli[illegible] de un autor, de un discurso, [illegible], trujaman, el que explica á [illegible] en su lengua natal lo que se ha [illegible] por otro en otra lengua dife[illegible]. Intérprete, el que está encargado [illegible] las intenciones de alguno. [illegible], pronosticador, el que explica el [illegible] los sueños, el vuelo de las aves [illegible] del mismo género. || In[illegible], lo que da á conocer ó descubre los [illegible] y movimientos del alma: les yeux [illegible] interprètes de l'âme.

[illegible]PRÉTER, a. enterpreté. Interpre[illegible] de una lengua á otra. || Inter[illegible] explicar, aclarar lo que hay os[illegible] ambiguo en una ley, escrito, etc. || [illegible], tomar una accion, un discur[illegible] palabra en buena ó en mala parte.

[illegible]RANÉ, ÉE, adj. enterrané. Inter[illegible] que crece y vegeta en el seno de la [illegible].

[illegible]RÈGNE, m. enterreñ. Interregno, intervalo de tiempo en que un reino está sin rey. || Interregno, gobierno que ejerce un rey en una nacion extraña, cuyo legítimo soberano falta por cualquier motivo. || Interregno, espacio de tiempo que media desde una accion ó determinacion que ha formado crisis en el predominio, potestad ó influencia que ejercia alguno sobre alguna persona ó cosa hasta que su legítimo poseedor vuelve á tomar su ascendiente.

**INTERRESTRE**, adj. enterrèstr. Interrestre, que no pertenece á la tierra.

**INTERREX**, m. V. INTERROI.

**INTERROGANT**, adj. enterrogán. Gram. Interrogante. *Point interrogant*, interrogacion, signo que sirve para señalar el sentido interrogante. || Interrogante, preguntón, que tiene el vicio de interrogar, de preguntar continuamente.

**INTERROGAT**, m. enterrogá. For. Interrogatorio, serie de preguntas que un juez dirige á un acusado, á un testigo, á una parte, etc. || Interrogatorio, en el lenguaje familiar se toma por una serie de preguntas que se hacen sobre cualquier asunto.

**INTERROGATEUR, TRICE**, adj. y s. *enterrogateur, tris*. Interrogador, el que interroga. Se usa á menudo como sustantivo sinónimo de *examinateur*.

**INTERROGATIF, IVE**, adj. *enterrogatif, iv*. Gram. Interrogatorio ó interrogativo, que sirve para preguntar, que denota interrogacion.

**INTERROGATION**, f. *enterrogasión*. Interrogacion, pregunta que se dirige á cualquiera. || Ret. Interrogacion, figura de retórica que tiene la forma de un interrogante. || Gram. *Point d'interrogation*, interrogante, signo que se usa en lo escrito para señalar la interrogacion ó pregunta.

**INTERROGATOIRE**, m. *enterrogatuár*. Interrogatorio, serie de preguntas que dirige un juez sobre algun hecho ó causa que se pretende aclarar judicialmente.

**INTERROGER**, a. *enterrogé*. Interrogar, preguntar, hacer una pregunta o preguntas á alguno. || Interrogar, examinar un juez bien sea al reo ó reos, bien á los testigos de algun hecho ó causa. || *S'interroger*, r. Interrogarse, examinarse, consultarse una persona á sí misma. || Interrogarse, dirigirse preguntas recíprocamente dos personas.

**INTERROI**, m. *enterruá*. Interrey, magistrado que se encargaba de las riendas del gobierno en Roma, entre la muerte de un rey y la eleccion de su sucesor. || Interrey, título que conforme á la constitucion de Polonia tomaba el arzobispo de Gnesne, primado del reino, miéntras estaba el trono vacante.

**INTERROMPRE**, a. *enterrónpr*. Interrumpir, romper, cortar la continuidad de una cosa. || met. Interrumpir, suspender, impedir que una persona siga el discurso, la ocupacion que tenia empezada. || *Sans vous interrompre*, entre paréntesis, sin molestar á Vd. Es locucion familiar, que sirve de correctivo cuando se interrumpe al que habla. || Jurisp. *Interrompre la possession, interrompre la prescription*, interrumpir la posesion, la prescripcion, es decir, hacer que no continúe.

**INTERRUPTEUR, TRICE**, adj. *enterrupteur, tris*. Interruptor, que interrumpe. Se usa tambien como sustantivo.

**INTERRUPTION**, f. *enterrupsión*. Interrupcion, accion de interrumpir, de suspender el curso de alguna cosa, cesacion, discontinuacion. || Interrupcion, estado de lo que está interrumpido. || Ret. Interrupcion, accion de cortar el hilo de un discurso para intercalar algunas ideas extrañas ó accesorias á él. || *Interruption de prescription*, interrupcion de prescripcion, lo que impide la continuacion de la prescripcion.

**INTERSCAPULAIRE**, adj. *enterscapulér*. Anat. Interescapular, que se encuentra entre las espaldas.

**INTERSECTION**, f. *entersecsión*. Geom. Interseccion, punto en que se cortan dos ó mas planos sólidos, ó dos ó mas líneas. || Anat. *Intersections ou énervations tendineuses*, intersecciones ó enervaciones tendinosas, bandas de las fibras tendinosas que están entre las fibras carnosas de un músculo.

**INTERSTELLAIRE**, adj. *enterstelér*. Astr. Interestelar, que está situado entre las estrellas.

**INTERSTICE**, m. *entersțís*. Intersticio, el espacio de tiempo que hace observar la Iglesia entre la recepcion de dos órdenes sagrados. || Fís. Intersticio, intervalos que se encuentran entre las moléculas componentes de un cuerpo, que mas comunmente se llaman poros.

**INTERTRIGO**, f. *entertrigo*. Med. Intertrigo, inflamacion erisipelatosa que procede de la frotacion de dos partes, la una contra la otra. || Intertrigo, excoriacion de la piel por la acritud del sudor ó de la orina.

**INTERTROPICAL, E**, adj. *entertropical*. Intertropical, situado entre los dos trópicos. || Intertropical, que nace, crece ó se encuentra entre los trópicos.

**INTERVALLE**, m. *entervál*. Intervalo, espacio ó distancia que hay de un lugar á otro ó de un tiempo á otro. || Mil. Intervalo, espacio que se encuentra entre dos líneas. || Fís. y Mús. Intervalo, relacion de correspondencia que se encuentra entre el número de vibraciones que producen los tonos. || *Intervalle simple*, intervalo simple, que se limita á la extension de la octava. || *Intervalle redoublé*, intervalo redoblado, que pasa de la extension de la octava. || Anat. Intervalo, espacio que se encuentra entre los dos labios de una cresta. || *Par intervalles*, loc. adv. Por intervalos, á ratos, de vez en cuando, de tiempo en tiempo.

**INTERVENANT, E**, adj. *enterenán*. For. Interviniente, que se manifiesta parte en un pleito. || Se usa tambien como sustantivo: *l'intervenant a été condamné*.

**INTERVENIR**, n. *entervenír*. Intervenir, tomar parte en un negocio. || For. Intervenir, declararse parte en un pleito. || Intervenir, mediar, interponerse, ofrecer su mediacion, su autoridad, su influjo por alguno. || Ocurrir, sobrevenir: dícese en lo forense de los incidentes en el curso de un pleito.

**INTERVENTIF, IVE**, adj. *enterçantif, iv*. Interventivo, que pertenece á la intervencion.

**INTERVENTION**, f. *enteroansión*. For. Intervencion, accion de intervenir ó de tomar parte en una causa, pleito ó controversia. || Intervencion, mediacion, accion de interponer una persona su autoridad, su prestigio. || For. Intervencion, asistencia de algun sugeto nombrado por el juez ó otro superior para intervenir en algun negocio. || Polít. Intervencion, acto por el cual una nacion interpone su mediacion en los negocios de otra, ya sea por medio de las armas ó la fuerza, ya por negociaciones ó diplomacia. || Com. *Intervention de protêt*, intervencion de protesto, accion de una tercera persona que acepta un efecto de comercio que ha sido protestado por no pagarse en el término prescrito.

**INTERVERSION**, f. *enterversión*. Interversion, trastorno, trocamiento, descomposicion del órden ó serie de las cosas. || *Interversion de titre*, interversion, cambio de título bajo el cual uno posee alguna cosa.

**INTERVERTÉBRAL, E**, adj. *entervertebral*. Anat. Intervertebral, situado ó colocado entre las vértebras.

**INTERVERTÈBRE**, f. *entervertébr*. Anat. Intervértebra, vértebra que reside entre otras dos.

**INTERVERTIR**, a. *entervertir*. Intervertir, trastornar, trocar, perturbar el órden establecido. || Intervertir, malversar, sustraer alguna cantidad, algunos efectos ó cosa semejante.

**INTERVERTISSEMENT**, m. *entervertismán*. Interversion, trastorno, perturbacion, accion de intervertir.

**INTERVERTISSEUR**, m. *entervertiseur*. Perturbador, el que perturba el órden establecido.

**INTESTABLE**, adj. *entestábl*. Intestable, que no puede servir para testigo. || sust. El que despues de haber firmado un testamento desconoce el acto.

**INTESTAT**, adj. *entestá*. Intestato.

que muere sin testar, sin haber hecho testamento. || *Ab intestat*, loc. adv. Abintestato, sin testamento.

**INTESTIN, E**, adj. *entestén, ín*. Intestino, que es interno ó está dentro del cuerpo. || met. Intestino, epíteto con que se califica cualquier disturbio ó guerra civil que ocurre en un reino. || m. Med. Intestino, tripa que hace muchos rodeos y sirve para recibir el alimento cuando sale del estómago y para expeler el excremento.

**INTESTINAL, E**, adj. *entestinál*. Intestinal, que pertenece á los intestinos. || Med. *Pouls intestinal*, pulso intestinal, denominacion que se ha dado á una especie particular del pulso que anuncia una crisis futura en los intestinos. || *Intestinaux*, m. pl. Intestinales, animales helmínticos que viven en el interior del cuerpo de otros, los cuales tambien se designan con el nombre de entozoarios.

**INTHÉORIQUE**, adj. *enteoric*. Inteórico, que no es teórico.

**INTIGÉ, ÉE**, adj. *entigé*. Bot. Sin tallo, que no tiene tallo. V. ACAULE.

**INTIMATION**, f. *entimasión*. Intimacion, notificacion, citacion por autoridad pública ó auto judicial. || *Folle intimation*, intimacion, notificacion viciosa que se dirige á una persona extraña á la causa ó proceso.

**INTIMBRÉ, ÉE**, adj. *entenbré*. Intimbrado, que carece de timbre ó sello.

**INTIME**, adj. *entím*. Íntimo, que reside en el interior, en el fondo. || met. Íntimo, cordial, que se dice nacer del corazon, hablando de amistades, de relaciones. || Íntimo, reconcentrado, que reside en el fondo del alma, moralmente hablando.

**INTIMÉ, ÉE**, adj. *entimé*. Intimado. || sust. Jurisp. Notificado, aquel á quien se ha intimado la sentencia.

**INTIMEMENT**, adv. *entimmán*. Íntimamente, de una manera íntima, estrechamente, fuertemente. || met. Íntimamente, con intimidad, con mucho afecto. || Íntimamente, interiormente, que reside en el fondo del alma.

**INTIMER**, a. *entimé*. Intimar, declarar, notificar, hacer saber una órden, una resolucion. || For. Notificar, declarar de oficio y legalmente una providencia judicial. || Citar, demandar en justicia. || *Intimer un concile*, convocar un concilio, señalar el lugar y tiempo en que debe celebrarse.

**INTIMIDATION**, f. *entimidasión*. Intimidacion, timidez que se causa á alguno amenazándolo.

**INTIMIDATEUR, TRICE**, adj. *entimidateur, tris*. Intimidador, que atemoriza, que intimida.

**INTIMIDER**, a. *entimidé*. Intimidar, amedrentar, atemorizar, poner ó causar miedo. || *S'intimider*, r. Intimidarse, amedrentarse, cobrar miedo, acobardarse.

**INTIMITÉ**, f. *entimité*. Intimidad, cualidad de lo que es íntimo.

**INTINCTION**, f. *entencsión*. Liturg. Intincion, mezcla de una pequeña parte de la hostia consagrada con el sangüis.

**INTITRÉ, ÉE**, adj. *entitré*. Destitulado, que carece de títulos.

**INTITULATION**, f. *entitulasión*. Intitulacion, inscripcion, título y nombre que se pone á un libro.

**INTITULÉ, ÉE**, adj. *entitulé*. Intitulado. || m. *Intitulé d'inventaire*, parte de un inventario en que se estampan los nombres, profesiones y residencia de las personas en él interesadas.

**INTITULER**, a. *entitulé*. Intitular, poner título á un libro ó composicion literaria. || *S'intituler*, r. Intitularse, darse un título. Es familiar y casi siempre se toma en mala parte.

**INTOLÉRABLE**, adj. *entolerábl*. Intolerable, que no se puede tolerar.

**INTOLÉRABLEMENT**, adv. *entolerablemán*, Intolerablemente, de una manera intolerable.

**INTOLÉRANCE**, f. *entoleráns*. Intolerancia, falta de tolerancia.

**INTOLÉRANT, E**, adj. *entolerán*. Intolerante, que no tiene tolerancia. Se dice principalmente en materia de religion. || Es tambien sustantivo.

**INTOLÉRANTISME**, m. *entolerantism*. Intolerantismo; opinion, sistema de los que no sufren ni toleran otra religion que la suya.

**INTOLÉRÉ, ÉE**, adj. *entoleré*. Intolerado, que no se tolera, que no se permite.

**INTONATION**, f. *entonasión*. Mús. Entonacion, accion de entonar, de cantar sobre un tono dado. En un sentido análogo se dice hablando del canto llano. || Entonacion, acento, inflexion de voz de una persona que habla ó lee.

**INTONDU, E**, adj. *entondú*. Inesquilado, que no está esquilado ó pelado.

**INTONIQUE**, adj. *entonic*. Med. Intónico, que no es tónico.

**INTOUCHÉ, ÉE**, adj. *entuché*. Intacto, que no ha sido tocado.

**INTOURMENTÉ, ÉE**, adj. *enturmanté*. Inatormentado, que no está atormentado.

**INTOURNÉ, ÉE**, adj. *enturné*. Que no se ha cortado, hablando de la leche ú otra cosa que puede cortarse en la ebullicion.

**INTOXICATION**, f. V. EMPOISONNEMENT.

**INTOXIQUER**, a. V. EMPOISONNER.

**INTRACÉ, ÉE**, adj. *entrasé*. Intrazado, que no está ni ha sido trazado.

**INTRADILATÉ, ÉE**, adj. *entradilaté*. Interdilatado. V. INTERDILATÉ.

**INTRADOS**, m. *entradó*. Arq. Intrados, duela interna ó parte interior y cóncava de una bóveda.

**INTRADUISIBLE**, adj. *entraduisibl*. Intraducible, que no se puede traducir.

**INTRADUIT, E**, adj. *entraduí*. Intraducido, que no se ha traducido.

**INTRAFOLIÉ, ÉE**, adj. *entrafolié*. Bot. Intrafoliado, que está entre las hojas.

**INTRAITABLE**, adj. *entretábl*. Intratable, áspero, brusco, de mal genio, huraño, insocial.

**INTRAITÉ, ÉE**, adj. *entreté*. Intratado, que no ha sido tratado.

**INTRA-MUROS**, loc. adv. *entramúros*. Intra-muros, dentro del ámbito que forman los muros, ó en el recinto de una ciudad, villa, etc.

**INTRAMUSCULAIRE**, adj. *entramusculér*. Anat. Intermuscular, que está situado dentro del lugar que ocupan los músculos.

**INTRANSITIF, IVE**, adj. *entransitif, ív*. Gram. Intransitivo, calificacion que se da á los verbos neutros, cuya accion no pasa fuera del sujeto que obra.

**INTRANSMUABLE**, adj. *entransmuábl*. Intransmutable, que es insusceptible de transmutacion.

**INTRANSMUÉ, ÉE**, adj. *entransmué*. Intransmutado, que no ha sufrido transmutacion.

**INTRANSMUTABLE**, adj. *entransmutábl*. Intransmutable, que no está sujeto á cambio, á metamórfosis: se dice hablando de ciertos insectos, como la araña, el piojo, etc.

**INTRANSPARENCE**, f. *entransparans*. Intrasparencia, cualidad de lo que carece de trasparencia.

**INTRANSPLANTÉ, ÉE**, adj. *entransplanté*. Intrasplantado, que no ha sido trasplantado.

**INTRANSPORTABLE**, adj. *entransportábl*. Intrasportable, que no puede ser trasportado.

**INTRANT**, m. *entrán*. Nombre que se daba antiguamente, en la universidad de Paris, al vocal elegido por una de las cuatro naciones para nombrar rector.

**INTRA-UTÉRIN, E**, adj. *entrauterén, ín*. Med. Intrauterino, que tiene lugar, que se forma en el útero.

**INTRAVAILLÉ, ÉE**, adj. *entravaillé*. Que no ha recibido forma ni hechura.

**INTRAVERTÉBRÉ, ÉE**, adj. *entravertebré*. Zool. Intravertebrado, cuyo aparato huesoso está en el interior del cuerpo.

**INTRAVESTI, E**, adj. *entravestí*. No disfrazado, que carece de disfraz.

[illegible]

[illegible] encargado de conducir á los em[illegible] y príncipes extranjeros á la au[illegible] rey.

[illegible]DUCTIF, IVE, adj. entroductif, [illegible]troductorio, que sirve para intro[illegible]r principio en algunos autos.

[illegible]DUCTION, f. entroducsión. Intro[illegible] accion de introducir. || Introduc[illegible] de discurso preliminar que se [illegible] encabezamiento de alguna obra. [illegible]troduccion, trozo de música cuyo [illegible] es grave y compuesto de algu[illegible], acordes ó notas que sirven [illegible] preludio. || met. Introduccion, pre[illegible], preludio, rudimento que antece[illegible] conocimientos propios á una cien[illegible]duccion de un uso, de una mo[illegible] Por Introduction d'une instance, [illegible]miento de una instancia, principio [illegible].

[illegible]DUCTOIRE, adj. entroductuár. [illegible]rio, que se refiere á la introduc[illegible]

[illegible]DUIRE, a. entroduir. Introducir, [illegible] meter, hacer entrar, conducir á [illegible] un lugar. || Introducir, facilitar el [illegible]istad con alguno ó en alguna ca[illegible]ducir, entrometer, hacer figurar á [illegible]aje en un diálogo, representacion, [illegible]ducir, meter, hacer entrar una [illegible] de otra. || Introducir, meter, ha[illegible], entrar con precaucion una [illegible] vejiga ó cosa semejante. || met. [illegible] hacer conocer, poner en uso una [illegible] costumbre. || Introducir, deter[illegible] una consecuencia. || Cetr. [illegible] un oiseau au vol, amaestrar, [illegible] volar un halcon. || S'introduire, [illegible], meterse en alguna parte. || [illegible] recíprocamente.

[illegible], m. entroit. Liturg. Introito, [illegible] que dice el sacerdote en [illegible] al altar y que canta el coro [illegible] solemnes.

[illegible], f. entromisión. Fis. In[illegible], accion de introducir un cuerpo [illegible]

[illegible], f. entronisasión. Ins[illegible] un prelado en la silla episcopal. [illegible], subida al trono, accion de [illegible] el trono un soberano.

[illegible], a. entronisé. Instalar, po[illegible]bispo en posesion del episcopado. [illegible], r. Instalarse, ser un obispo [illegible] de su dignidad.

[illegible]PELVIMÈTRE, m. entropelvi[illegible]pelvimetro, instrumento desti[illegible] la extension de los estrechos [illegible].

[illegible], m. entropión. Med. Intro[illegible] que dan los párpados hácia [illegible]

[illegible]PECTIF, IVE, adj. entrospectif, [illegible]pectivo, que examina el interior.

[illegible]PECTION, f. entrospecsión. In[illegible], exámen del interior.

[illegible], ÉE, adj. entrublé. Intur[illegible], que no está turbado.

[illegible]VABLE, adj. fam. entruvábl. [illegible] que no puede hallarse.

[illegible], ÉE, adj. entrué. Inhalla[illegible] se ha encontrado.

[illegible], E, adj. entrú. Intruso, introdu[illegible], por fuerza ó sin derecho [illegible] eclesiástica. Por exten[illegible] de una persona que se ingiere [illegible] sin corresponderle legítima[illegible] usa tambien como sustantivo. || [illegible], que se introduce en cualquier [illegible] llamado. || adj. y s. m. Se lla[illegible] eclesiásticos que prestaron ju[illegible] constitucion del clero en tiem[illegible]volucion francesa.

[illegible], f. entrusión. Intrusion, ac[illegible] que uno se introduce en alguna [illegible], en algun beneficio, y [illegible] en otro cargo, sin derecho ó [illegible].

[illegible], f. entsí. Bot. Intsia, género de [illegible].

[illegible]IF, IVE, adj. entuitif, iv. Teol. [illegible] dice de la vision, del conoci[illegible], cierto que se tiene de una co[illegible] tienen la vision intuitiva de Dios. || Fil. Intuitivo, que pertenece á la intuicion.

INTUITION, f. entuisión. Teol. Intuicion, vision beatífica, facultad de ver las cosas como los ángeles ven á Dios en el cielo. || Fil. Intuicion, conocimiento claro, sencillo, directo é inmediato de las verdades que el entendimiento humano alcanza y comprende sin necesidad del razonamiento.

INTUITIVEMENT, adv. entuitivmán. Intuitivamente, de una manera intuitiva.

INTUMESCENCE, f. entumesáns. Med. Entumescencia, aumento de volúmen del cuerpo ó de alguna de sus partes. || met. Entumescencia, se dice del flujo del mar.

INTUSSUSCEPTION, f. entususepsión. Fís. Intususcepcion, introduccion en un cuerpo organizado de las materias que deben asimilarse para servirle de nutricion. || Med. Intususcepcion, introduccion innatural de un intestino dentro de otro, como sucede algunas veces en la pasion iliaca.

INTYBELLIE, f. entibelí. Bot. Intibelia, genero de plantas sinantéreas.

INULE, f. inúl. Bot. Inula, género de plantas sinantéreas.

INULINE, f. inulin. Quím. Inulina, especie de almidon que se ha descubierto en la raiz de la inula ó énula campana.

INUNIFORME, adj. inunifórm. Inuniforme, que no es uniforme.

INUNIFORMÉMENT, adv. inuniformemán. Inuniformemente, de una manera inuniforme.

INURBANITÉ, f. inurbanité. Inurbanidad, descortesía, falta de urbanidad.

INUSÉ, ÉE, adj. inusé. Que no está gastado, hablando de vestidos.

INUSITÉ, ÉE, adj. inusité. Inusitado, que no está en uso, que ha dejado de usarse. || Inusitado, extraordinario, nuevo, que causa novedad.

INUSTION, f. inustión. Med. Inustion. Se decia por quemadura interior.

INUSUEL, LE, adj. inusuél. Inusual, que no es usual.

INUTILE, adj. inutíl. Inútil, infructuoso, que no produce utilidad alguna. || Laisser quelqu'un inutile, no aprovechar las cualidades, el talento de una persona. || Se usa tambien como sustantivo.

INUTILEMENT, adv. inutilmán. Inútilmente, de una manera inútil.

INUTILISABLE, adj. inutilisábl. Inutilizable, que no puede utilizarse, de que no puede sacarse utilidad alguna.

INUTILISER, a. inutilisé. Inutilizar, dejar inútil.

INUTILITÉ, f. inutilité. Inutilidad, falta de utilidad. || Inutilidad, ociosidad, falta de empleo ó de ocasion de servir una persona. || Inutilidad, cosa inútil, superflua.

INVACILLANT, E, adj. envasilán. Invacilante, que no vacila.

INVAGINATION, f. envaginasión. Cir. Invaginacion, introduccion innatural de una porcion del intestino en la que le precede ó que le sigue.

INVAGINER (S'), r. senvaginé. Invaginarse, introducirse una parte de los intestinos en otra.

INVAINCU, E, adj. envencú. Invicto, que jamas ha sido vencido.

INVALABLE, adj. envalábl. Inválido, que no es válido ó valedero.

INVALÉTUDINAIRE, adj. envaletudinér. Invaletudinario, que no es valetudinario.

INVALEUR, f. envaleur. Invalor, falta, carencia de valor, de precio.

INVALEUREUX, EUSE, adj. envaleureu, eus. Invaleroso, cobarde, collon, sin valor, sin ánimo.

INVALIDE, adj. envalíd. Inválido, enfermo, mutilado, estropeado, impedido en sus miembros. || Inválido, inutilizado en el servicio de las armas á consecuencia de los achaques ó heridas recibidas en la guerra. || met. Inválido, invaledero, írrito, que no tiene las condiciones requeridas por la ley para producir su efecto. || m. Inválido, militar retirado del servicio activo por sus achaques ó por su vejez.

INVALIDEMENT, adv. envalidmán. Inválidamente, de una manera inválida, nula.

INVALIDER, a. envalidé. Invalidar, anular, declarar inválido, nulo ó de ningun valor.

INVALIDITÉ, f. envalidité. Invalidez, falta de validez, cualidad de lo que es nulo y de ningun valor.

INVARIABILITÉ, f. envariabilité. Invariabilidad, cualidad, estado de lo que es invariable.

INVARIABLE, adj. envariábl. Invariable, que no varía, que no se muda; constante, inmutable. || Gram. Invariable, se dice de las voces que no sufren cambio en su terminacion.

INVARIABLEMENT, adv. envariablemán. Invariablemente, de una manera invariable.

INVARIATION, f. envariasión. Invariacion, falta de variacion.

INVARIÉ, ÉE, adj. envarié. Invariado, que no es variado.

INVASIF, IVE, adj. envasif, iv. Invasivo, que pertenece á la invasion, que se parece á una invasion.

INVASION, f. envasión. Invasion, entrada repentina de un ejército en pais extranjero. || met. Invasion, extension de alguna cosa que se propaga y domina. || Med. Invasion, principio de una enfermedad, síntomas que la anuncian. || Invasion, propagacion de una enfermedad contagiosa en cualquier pais.

INVECTIF, IVE, adj. envectif, iv. Invectivo, que sirve para trasportar ó conducir alguna cosa.

INVECTIVE, f. envectiv. Invectiva, discurso acre y vehemente contra alguna persona ó cosa.

INVECTIVER, n. envectivé. Invectivar, zaherir, decir invectivas.

INVEINÉ, ÉE, adj. envené. Bot. Desvenado, que carece de venas ó nervaduras.

INVENDABLE, adj. envandábl. Invendible, que no puede venderse.

INVENDU, E, adj. envandú. Invendido, que no ha sido vendido.

INVÉNÉRABLE, adj. envenerábl. Invenerable, que no es digno de veneracion.

INVENGEABLE, adj. envanjábl. Invengable, que no puede ser vengado, que no admite venganza.

INVENGÉ, ÉE, adj. envangé. Invengado, que no ha sido vengado.

INVENTAIRE, m. envantér. Inventario, estado en que se escriben y enumeran uno por uno todos los muebles, bienes y enseres de una persona, de una sociedad, etc. || Com. Inventario, evaluacion anual al precio corriente que hace todo comerciante y fabricante de los géneros existentes en su tienda, así como de todas las máquinas, utensilios, etc., y de lo demas que posee. || Inventario, el asiento de bienes, dinero, alhajas, papeles, etc., de un difunto. || Bénéfice d'inventaire, beneficio de inventario, facultad que tiene un heredero de no responder de las deudas que gravan la herencia sino hasta donde esta alcance. || Récolement d'inventaire, acto de comprobacion de los muebles ó efectos existentes con los anotados en el inventario. || Se llama tambien inventario la almoneda ó venta judicial que se hace de los efectos inventariados. V. ENCAN. || Mar. Estado circunstanciado que se entrega á cada maestro ó condestable de un buque con expresion de todos los objetos que componen la estiva, la arboladura, etc.

INVENTER, a. envanté. Inventar, descubrir alguna cosa de nuevo con la fuerza del ingenio. || Inventar, suponer, forjar alguna cosa. || prov. y met. Il n'a pas inventé la poudre, no ha sido él el inventor de la pólvora: se dice de una persona de poco talento.

INVENTEUR, TRICE, m. y f. envanteur, trís. Inventor, el que inventa, que descubre alguna cosa nueva con la fuerza de su ingenio. || Mit. Inventor, sobrenombre de Júpiter.

INVENTIF, IVE, adj. envantif, iv. Inventivo, que tiene disposicion ó talento para inventar.

**INVENTION**, f. *envansión*. Invencion, inventiva, facultad de inventar; talento ó disposicion para inventar. || Invencion, accion de inventar. || Invencion, invento, la cosa inventada. || Pint. Invencion, parte de la composicion que consiste en la eleccion de los objetos y del modo de representarlos. || Invencion, una de las partes de la retórica. || Invencion, alguna vez es lo mismo que hallazgo: *l'invention de la sainte Croix, l'invention de saint Etienne*. || *Brevet d'invention*, privilegio de invencion, especie de credencial que expide el gobierno á los autores de algun descubrimiento industrial, concediéndoles temporalmente el monopolio de sus invenciones. || *La nécessité est la mère de l'invention*, la necesidad es madre de la invencion, mas estudia un hambriento que cien letrados. || loc. prov. *Vivre d'invention*, vivir de industria, de raterías, de artificios ó estafas.

**INVENTORIER**, a. *envantorié*. Inventariar, hacer un inventario.

**INVERNISSÉ, ÉE**, adj. *envernisé*. Que no está barnizado, que no tiene barniz.

**INVERROUILLÉ, ÉE**, adj. *enverrullé*. Descerrajado, que no tiene cerrojos.

**INVERSABLE**, adj. *enversábl*. Invaciable, que no puede vaciarse, verterse, derramarse. || Involcable, que no puede volcar, hablando de carruajes.

**INVERSE**, adj. *envérs*. Inverso, traspuesto, contrario, opuesto al órden natural ó actual de las cosas. || Gram. Inversa, se dice de una proposicion cuyos términos están en contraposicion de los de otra. || Mat. Inverso, se dice del problema ó teorema cuyos términos están por pasiva con relacion á los de otro; dos es á cuatro como cuatro es á dos. || Fis. Inverso, se dice del estado actual ó ley de variaciones en una cosa que aumenta ó disminuye á medida que otra, de la cual dependia, disminuye ó aumenta comparativamente. || sust. *Faire l'inverse*, hacer la contraria: deshacer lo hecho, ó hacerlo al reves.

**INVERSÉ, ÉE**, adj. *enversé*. No volcado, hablando de carruajes. || No derramado ó vertido, cuando se trata de los líquidos.

**INVERSEMENT**, adv. *enversmán*. Inversamente, de una manera inversa.

**INVERSION**, f. *enversión*. Inversion, trastorno, cambio del órden establecido. || Gram. Inversion, especie de construccion gramatical libre, traspositiva ó inversa, en comparacion de la analítica ó natural. || Mús. Inversion, retrogradacion, imitacion que consiste en reproducir una melodía ejecutando al reves las notas de un trozo de música || Mar. Inversion, cambio de un órden de batalla ó de rumbo, en el cual cada buque encuentra por la parte de popa al que ántes tenia por la de proa. || Mil. Inversion, formacion en batalla por los principios contrarios á los principios generales.

**INVERTÉBRÉ, ÉE**, adj. y s. *envertebré*. Zool. Invertebrado, que carece de vértebras ó de esqueleto interior.

**INVERTI, E**, adj. *enverti*. Invertido, trastornado, que está vuelto simétricamente.

**INVERTUEUX, EUSE**, adj. *envertueu, eus*. Invirtuoso, que carece de virtud.

**INVESTIGATEUR, TRICE**, m. y f. *envestigateur, tris*. Investigador, escudriñador, el que hace investigaciones ó indagaciones para averiguar alguna cosa. || Alquim. Investigador, el que busca la piedra filosofal. || Es tambien adjetivo.

**INVESTIGATION**, f. *envestigasión*. Investigacion, averiguacion, indagacion de alguna cosa.

**INVESTIR**, a. *envestir*. Investir, dar la investidura de algun feudo, señorío ó dignidad. Por extension, revestir á uno de alguna autoridad. || Mil. Cercar, sitiar, circunvalar una plaza ó fortaleza con tropas. || Por exten., cercar, rodear á una persona constantemente, impidiendo á los demas el acercarse á ella. || n. Mar. Abordar, llegar un buque á alguna parte. Se dice en las costas del Mediterráneo.

**INVESTISSEMENT**, m. *envestismán*. Cerco, acordonamiento de tropas al rededor de una plaza ó fortaleza.

**INVESTITURE**, f. *envestitür*. Investidura, acto solemne por el cual se confiere un feudo, señorío ó dignidad eclesiástica.

**INVÉTÉRER (S')**, r. *senveteré*. Inveterarse, arraigarse una enfermedad, hacerse difícil de curar. || met. Inveterarse, arraigarse, apoderarse de una persona un vicio, un resabio, una mala costumbre.

**INVÉTISON**, m. *envetisón*. Terreno libre que se encuentra al rededor de una casa ó propiedad.

**INVÊTU, E**, adj. *envetü*. Que no está vestido, que no lo está como conviene, casi desnudo.

**INVEXÉ, ÉE**, adj. *envecsé*. Invejado, que no ha sufrido vejacion.

**INVIABLE**, adj. *enviábl*. Sin via, sin camino ni vereda; que no se puede recorrer, por donde no se puede andar.

**INVICIÉ, ÉE**, adj. *envisié*. Sin vicio, sin resabio de ningun género.

**INVICTORIEUX, EUSE**, adj. *envictorieu, eus*. Invictorioso, que no ha salido victorioso, que no ha conseguido la victoria.

**INVIGILANCE**, f. *envigiláns*. Invigilancia, falta de vigilancia.

**INVIGILANT, E**, adj. *envigilán*. Invigilante, que no vigila.

**INVINATION**, f. *envinasión*. Teol. Invinacion, union de la sustancia divina de Jesucristo al vino consagrado.

**INVINCIBILITÉ**, f. *envensibilité*. Invencibilidad, cualidad de lo que es invencible.

**INVINCIBLE**, adj. *envensibl*. Invencible, que no puede ser vencido. || met. Invencible, cuyas dificultades no pueden sobrepujarse, hablando de cosas. || Mit. Invencible, sobrenombre de Júpiter. || *Ignorance invincible*, ignorancia invencible, la de las cosas que no han podido llegar al conocimiento de una persona.

**INVINCIBLEMENT**, adv. *envensiblemán*. Invenciblemente, de una manera invencible.

**IN-VINGT-QUATRE**, adj. *envencatr*. En veinticuatravo, se dice del tamaño de un libro cuyos pliegos están plegados en veinticuatro hojas. || sust. En veinticuatravo, libro que tiene este tamaño.

**INVIOLABILITÉ**, f. *envielabilité*. Inviolabilidad, cualidad de lo que es inviolable, de lo que no debe violarse.

**INVIOLABLE**, adj. *envielábl*. Inviolable, que no se debe ó no se puede violar, infringir. || Inviolable, que está al abrigo de toda violacion, de toda violencia, hablando de personas y de cosas.

**INVIOLABLEMENT**, adv. *envielablemán*. Inviolablemente, de una manera inviolable.

**INVIOLÉ, ÉE**, adj. *envielé*. Inviolado, que no ha sido violado.

**INVIOLENTÉ, ÉE**, adj. *envielanté*. Inviolentado, que no ha sufrido violencia.

**INVISIBILITÉ**, f. *envisibilité*. Invisibilidad, cualidad de lo que es invisible.

**INVISIBLE**, adj. *envisibl*. Invisible, que se escapa á la vista ó no está á su alcance. || met. Invisible, oculto, que no se deja ver, que no se presenta en público. || Invisible, oculto, recóndito, que no puede descubrirse. || *Devenir invisible*, hacerse invisible, desaparecer repentinamente, sin ser oido ni visto. || m. Invisible, nombre de cada uno de los sectarios que han sostenido que no hay Iglesia visible.

**INVISIBLEMENT**, adv. *envisiblemán*. Invisiblemente, de una manera invisible.

**INVISITÉ, ÉE**, adj. *envisité*. Invisitado, que no ha sido visitado.

**INVITATEUR, TRICE**, m. y f. *envitateur, trís*. Invitador, el que está encargado de convidar ó de repartir los billetes de convite.

**INVITATION**, f. *envitasión*. Convite, invitacion, accion de convidar, de invitar. || Llamamiento, instancia para concurrir ó hallarse en alguna funcion ó diversion.

**INVITATOIRE**, m. *envitatuár*. Invitatorio, antífona que se canta al principio de los maitines. || adj. Invitatoria, se dice de las cartas que dirigian los papas [illegible] pos suburbicarios, [illegible] Roma el dia de su consagracion, [illegible] brar allí el concilio romano.

**INVITER**, a. *envité*. Invitar, [illegible] llamar ó citar á una comida, á [illegible] á una diversion. || met. Convidar, [illegible] incitar, excitar, brindar, [illegible] alguna cosa.

**INVITRÉ, ÉE**, adj. *envitré*. [illegible] está reducido á vidrio.

**INVOCATION**, f. [illegible] cion, llamamiento que se hace [illegible] dad, á un poder [illegible] socorro ó ayuda. || Poés. [illegible] va, plegaria que dirige el poeta [illegible] á cualquier divinidad para [illegible] la obra que se propone [illegible]

**INVOCATOIRE**, adj. [illegible] catorio, que contiene una invocacion.

**INVOLONTAIRE**, adj. [illegible] luntario, que no es voluntario, [illegible] tiene parte la voluntad, que no es [illegible] tido.

**INVOLONTAIREMENT**, [illegible] *termán*. Involuntariamente, [illegible] contra la propia voluntad.

**INVOLONTÉ**, f. [illegible] falta de voluntad.

**INVOLONTIERS**, adv. [illegible] mala gana, contra voluntad, [illegible] cia.

**INVOLUTÉ, ÉE**, adj. [illegible] volutado, se dice de la hoja [illegible] ra en el boton ó capullo, [illegible] bordes hácia dentro.

**INVOLUTION**, f. [illegible] lucion, estado de lo que [illegible] encapullado. || For. Involucion, [illegible] fusion, embrollo que [illegible]

**INVOQUER**, a. [illegible] mar en su favor y auxilio [illegible] ó sobrenatural. || Invocar [illegible] Dios ó de algun santo, [illegible] su auxilio ó socorro. || [illegible] favor, apelar á una ley ó [illegible] ble.

**INVRAISEMBLABLE**, [illegible] *bládl*. Inverosímil, que carece [illegible] litud.

**INVRAISEMBLABLEMENT**, [illegible] *vresanblablemán*. Inverosímilmente, [illegible] manera inverosímil.

**INVRAISEMBLANCE**, f. [illegible] Inverosimilitud, falta de [illegible]

**INVULNÉRABILITÉ**, f. [illegible] Invulnerabilidad, estado, [illegible] es invulnerable.

**INVULNÉRABLE**, adj. [illegible] vulnerable, que no puede ser [illegible] *Etre invulnérable aux traits [illegible] sance*, no temer los tiros [illegible] murmuracion ó maledicencia.

**INVULNÉRABLEMENT**, [illegible] *rablemán*. Invulnerablemente, [illegible] nera invulnerable.

**IO**, f. *ío*. Mit. Io, hija de [illegible] gos, y sacerdotisa de Juno, [illegible] se da á una especie de [illegible]

**IOBATE**, m. *iobát*. Yobate, [illegible]

**IOBÈS**, m. *iobés*. Yóbes, [illegible] y de una de las hijas de Tespio, [illegible]

**IOCASTÈS**, m. *iocastés*. [illegible] de los hijos de Eolo, que se [illegible] de Reggio en Italia.

**IODAMÉ**, f. *iodamé*. Mit. [illegible] dre de Deucalion.

**IODAMIE**, f. *iodamí*. Mit. [illegible] cerdotisa de Minerva, que [illegible] en el templo á la vista de la [illegible] dusa.

**IODATE**, adj. *iodát*. Quím. [illegible] binacion salitrosa ó salina [illegible] mezcla del ácido iódico con [illegible]

**IODE**, m. *iód*. Quím. Iodo, [illegible] ple que es negativo en la [illegible] sus combinaciones, reducido [illegible] por de color violeta [illegible]

**IODÉ, ÉE**, adj. *iodé*. Quím. [illegible] binado con el iodo.

**IODEUX, EUSE**, adj. [illegible] so, que contiene una parte de [illegible]

**IODHYDRIQUE**, adj. m. [illegible]

Iodhídrico, se dice de un ácido compuesto de iodo y de hidrógeno.

**IODIDE**, m. *iodíd*. Iodido, combinacion del iodo con otros cuerpos ménos electro-negativos.

**IODINE**, f. V. IODE.

**IODIQUE**, adj *iodíc*. Iódico, que participa del iodo.

**IODOBORIQUE**, adj. *iodoboríc*. Quim. Iodobórico, se dice de un ácido doble que resulta de la combinacion de los ácidos iódico y bórico.

**IODOCHLORURE**, m. *iodoclorúr*. Iodocloruro, combinacion de un cloruro con un ioduro. || Con el iodo pueden hacerse otras muchas combinaciones, que no se explicarán aquí por indicarlas los mismos nombres: por ejemplo, *iodocyanure*, *iodohydrargyrate*, *iodonitrique*, *iodophosphorique*, *iodophosphore*, *iodosulfurique*, etc.

**IOLAS**, m. *iolás*. Iólas, hijo de Ificles y sobrino de Hércules.

**IONIEN**, **NE**, adj. *ionién*, *én*. Joniense ó Jónico, habitante de la Jonia; que pertenece á la Jonia ó á sus habitantes. || m. Jónico, en la antigua literatura, pié de verso compuesto que entraba en la versificacion: habia *grande jónico*, que estaba compuesto de un espondeo y un pirriquio; y *pequeño jónico*, que estaba compuesto de un pirriquio y un espondeo.

**IONIQUE**, adj. *ioníc*. Jónico, joniense, que pertenece á la Jonia ó á sus habitantes. || Arq. *Ordre ionique*, órden jónico, el tercero de los seis órdenes de arquitectura. Se usa tambien como sustantivo para significar el órden jónico.

**IOTA**, m. *ióta*. Nombre de la novena letra del alfabeto griego que corresponde á la *i*. || Hablando familiarmente, significa nada, la mas mínima cosa, ó, como se dice en español, un tilde, un ápice, una coma, etc.; y en este sentido se dice: *voilà un ouvrage parfait, il n'y manque pas un iota*, hé ahí una obra perfecta, no falta en ella ni una jota, ni un tilde, un ápice, la mas mínima cosa, nada.

**IOULER**, a. y n. *iulé*. Mús. Gargantear, cantar haciendo quiebros con la garganta.

**IOURTE**, f. *iúrt*. Cabaña, choza, albergue en que habitan los Lapones y Samoyedos.

**IOUTAY**, adj. y s. *iulé*. Tribu de salvajes que habitan las montañas mas escarpadas de la América del Norte.

**IPÉCACUANHA**, m. *ipecacuána*. Bot. Ipecacuana, bejuquillo, planta originaria del Brasil. || Ipecacuana, raiz de la planta del mismo nombre.

**IPHIADE**, f. *ifiás*. Ífias, sacerdotisa de [illegible]. || Ífias, nombre que da Ovidio á [illegible], como hija de Ífis.

**IPHIGÉNIE** ó **IPHIANASSE**, f. *ifigení*, *ifianás*. Hist. Ifigenia, hija de Clitemnestra y de Agamenon.

**IPHINOÜS**, m. *ifinoús*. Nombre de uno de los Centauros.

**IPHIS**, m. *ifís*. Ífis, hijo de Alector, rey de Argos.

**IPHISIS**, f. *ifis*. Ífiso, especie de culebra.

**IPHITUS**, m. *ifitus*. Ífito, hijo de Eurito, rey de Ocalia.

**IPHTHIME**, f. *iftím*. Iftima, hija de Ícaro, hermana de Penélope y mujer de Eumelo.

**IPHTHIME**, f. *iftím*. Iftima, madre de [illegible].

**IPO**, m. *ipo*. Veneno violento que destilan los árboles del archipiélago de las Indias.

**IPOMÉE**, m. *ipomé*. Bot. Ipomea, género de plantas.

**IPOMOPSIDE**, f. *ipomopsíd*. Bot. Ipomopsida, planta de la América del Norte.

**IPRÉAU**, m. *ipreó*. Bot. Ipreo, olmo de hoja ancha, especie de chopo ó álamo blanco originario de Ypres.

**IPS**, m. *ips*. Zool. Ipso, género de insectos coleópteros clavicórneos.

**IPSO FACTO**, *ipsofácto*. Expresion adverbial tomada del latin que significa por el mismo hecho, y equivale á decir, al punto, luego, en el momento, en el mismo instante.

**IPSOLA**, f. *ipsóla*. Ipsola, especie de lana procedente de Constantinópla.

**IR**, m. *ir*. Ir, árbol del Senegal con cuya madera los negros encienden lumbre por medio de la frotacion.

**IRA**, m. *íra*. Bot. Ira, especie de juncia.

**IRACONDE**, adj. ant. *iracónd*. Iracundo, colérico, propenso á irritarse.

**IRAÏBA**, m. *iraíba*. Bot. Iraiba, palmera del Brasil.

**IRAKIEN**, **NE**, adj. y s. *iraquién*, *én*. Iraques, de Irak en Persia y en Turquía de Asia.

**IRASCIBILITÉ**, f. *irasibilité*. Irascibilidad, disposicion, propension á encolerizarse.

**IRASCIBLE**, adj. *irasíbl*. Irascible, que se irrita, que se encoleriza fácilmente.

**IRASSE**, m. *irás*. Bot. Irasa, palmera de la América meridional.

**IRE**, f. *ír*. Ira, cólera, furia. Solo se usa en la poesía sublime y en el estilo macarrónico.

**IRÈNE**, f. *irén*. Mit. Irene, diosa de la paz, hija de Júpiter y de Témis.

**IRÉSINE**, f. *iresín*. Bot. Iresina, género de plantas dicotiledóneas.

**IRIDATION**, f. *iridasión*. Iridacion, propiedad que tienen ciertos minerales de producir á la vista un color de íris.

**IRIDECTOMIE**, f. *iridectomí*. Cir. Iridectomía, escision de una parte del íris.

**IRIDECTOMIQUE**, adj. *iridectomíc*. Cir. Iridectómico, que tiene relacion con la iridectomía.

**IRIDÉ**, **ÉE**, adj. *iridé*. Bot. Irídeo, que se parece al lirio. || *Iridée*, f. género de plantas de la familia de las algas.

**IRIDESCENT**, **E**, adj. *iridesán*. Fis. Iridescente, que refleja los colores del íris.

**IRIDINE**, f. *iridín*. Zool. Iridina, género de conchas.

**IRIDITE**, f. *iridít*. Med. Iriditis, inflamacion del íris.

**IRIDIUM**, m. *iridióm*. Quim. Iridio, cuerpo simple que pertenece á la quinta seccion de los metales.

**IRIDORCHIS**, f. *iridorquís*. Bot. Iridorquis, género de plantas orquídeas.

**IRIDOSMINE**, f. *iridosmín*. Iridosmina, nombre que dan los mineralogistas al iridio en bruto, sustancia metálica que se presenta en granos blancos, y algunas veces en pequeñas láminas hexágonas como tambien bajo la forma de un polvo negro.

**IRIEN**, **NE**, adj. *irién*, *én*. Anat. Se dice de las arterias que corresponden al íris.

**IRIS**, m. *íris*. Bot. Lirio, género de plantas monocotiledóneas. || Zool. Íris, nombre especial de una mariposa. || Anat. Íris, membrana circular, matizada, móvil, que forma la pupila del ojo y que se vé á traves de la córnea trasparente. || Íris, meteoro luminoso que presenta los colores de la luz descompuesta, y se conoce vulgarmente bajo el nombre de arco íris, *arc-en-ciel*. || En el dia se aplica este nombre metafóricamente, hablando de una mujer amada, como sinónimo de Filis, de Clóris, de una pastora, etc. || Bot. *Iris sauvage*, efémero, írido silvestre, planta. || f. Miner. *Iris* ó *pierre d'iris*, piedra de íris, cristal de roca que presenta zonas concéntricas en su interior de los colores que tiene el arco íris.

**IRISÉ**, **ÉE**, adj. *irisé*. Iriseo, epíteto que se aplica á los colores de diferentes matices que se presentan en la superficie de diversos cuerpos. || Iriseo, que presenta los colores del arco íris. || Hist. nat. Iriseo, que está cubierto de íris.

**IRISSOLE**, f. *irisól*. Bot. Irisiola, género de plantas de la Jamáica.

**IRLANDAIS**, **E**, adj. y s. *irlandé*. Irlandes, de Irlanda.

**IRONIE**, f. *ironí*. Ironía, figura retórica con que se quiere dar á entender que se siente lo contrario de lo que se dice. || *Ironie socratique*, ironía socrática: se dice por alusion al método que observó Sócrates en la instruccion de sus discípulos, fingiendo ignorar lo que quería señalarles.

**IRONIQUE**, adj. *ironíc*. Irónico, que contiene ironía.

**IRONIQUEMENT**, adv. *ironicmán*. Irónicamente, de una manera irónica, con ironía.

**IRONISER**, a. *ironisé*. Ironizar, usar politicamente un lenguaje mordaz con alguno á quien se quiere zaherir, aparentando alabarle.

**IROQUOIS**, **E**, adj. *irocué*. Iroques, que pertenece á los Iroqueses. || m. y f. Iroques, que forma parte de una nacion salvaje de la América septentrional, compuesta de cinco ó seis tribus de hasta 14,000 hombres cada una, procedentes todas de las riberas del lago Huron.

**IROUCAN**, m. *irucán*. Bot. Irucan, arbolillo de la Guyana.

**IRRACHETABLE**, adj. *irrachtábl*. Irrescatable, irredimible, que no puede redimirse ó rescatarse.

**IRRACHETÉ**, **ÉE**, adj. *irrachté*. Irredimido, irrescatado, que no se ha rescatado: *biens irrachetés*. || met. *Péchés irrachetés*.

**IRRACONTÉ**, **ÉE**, adj. *irraconté*. Irrelatado, irreferido, que no ha sido referido ó relatado.

**IRRADIATION**, f. *irradiasión*. Fis. Irradiacion, movimiento que se hace en un cuerpo organizado, partiendo del centro á la circunferencia. || Irradiacion, atmósfera luminosa que rodea á los astros. || Bot. Irradiacion, lámina utricular que se encuentra entre las capas lignosas. || Med. Irradiacion, emision de un principio excitador en los órganos del cerebro y de la médula espinal por medio de los nervios, y tan voluntario como el movimiento de los dedos. || Irradiacion, efusion de los espíritus animales en un cuerpo viviente.

**IRRADIER**, n. *irradié*. Irradiar, separarse en radios, desarrollarse de un punto cualquiera hácia las partes circunyentes.

**IRRAFINÉ**, **ÉE**, adj. *irrafiné*. Irrefinado, que no ha sido refinado.

**IRRAISONNABILITÉ**, f. *irresonabilité*. Irracionabilidad, cualidad de lo que es irracional.

**IRRAISONNABLE**, adj. *irresonábl*. Irracional, que no está dotado de razon.

**IRRAISONNABLEMENT**, adv. *irresonablmán*. Irracionalmente, de un modo irracional.

**IRRAMENABLE**, adj. *irramnábl*. Irretornable, que no puede volverse á traer al lugar de donde se habia sacado. || met. Irretraible, que no puede retraerse, que no puede reducirse ó volverse á camino, hablando de una persona que va descarriada ó desarreglada en su modo de vivir.

**IRRASÉ**, **ÉE**, adj. *irrasé*. Desafeitado, que no se ha afeitado, que tiene las barbas sin afeitar.

**IRRASSASIABLE**, adj. *irrasasiábl*. Insaciable, que no puede hartarse ó saciarse.

**IRRASSASIÉ**, **ÉE**, adj. *irrasasié*. Insaciado, que no está saciado, harto, satisfecho.

**IRRATIFIABLE**, adj. *irratifiábl*. Irratificable, que no puede ratificarse.

**IRRATIFIÉ**, **ÉE**, adj. *irratifié*. Irratificado, que no ha sido ratificado.

**IRRATIONNEL**, **LE**, adj. *irrasionél*. Irracional, que carece de racionabilidad. || Geom. y Arit. Irracional, que no tiene medida conocida ni se puede explicar con número cierto.

**IRRATIONNELLEMENT**, adv. *irrasionelmán*. Irracionalmente, de una manera irracional.

**IRRATURÉ**, **ÉE**, adj. *irraturé*. Intestado, que no tiene rayadura ni testadura alguna, hablando de los escritos.

**IRRAVAGÉ**, **ÉE**, adj. *irravagé*. Indestruido, que no ha sido destruido ó asolado, hablando de un pais.

**IRRAYÉ**, **ÉE**, adj. *irreyé*. Inrayado, inborrado, incancelado, que no ha sido rayado, borrado ni cancelado.

**IRRÉALISABLE**, adj. *irrealisábl*. Irrealizable, que no puede realizarse.

**IRRECEVABLE**, adj. *irrsvábl*. Que no es de recibo, que no puede recibirse. || Inadmisible, que no puede ser admitido: *témoignage irrecevable*.

**IRRECHERCHABLE**, adj. *irrcherchábl*.

Imbuscable, impersegulble, que no puede ser buscado ni perseguido.

**IRRECHERCHÉ, ÉE**, adj. *irrcherchĕ*. Imperseguido, que no sufre persecucion. || Imbuscado, no apetecido ó estimado : *fruit irrecherchè*.

**IRRECOMMANDABLE**, adj. *irrcomandábl*. Irrecomendable, que no puede, que no merece ser recomendado.

**IRRÉCOMPENSÉ, ÉE**, adj. *irrecompansé*. Irrecompensado, que no ha sido recompensado.

**IRRÉCONCILIABLE**, adj. *irreconsiliábl*. Irreconciliable, que no puede reconciliarse.

**IRRÉCONCILIABLEMENT**, adv. *irreconsiliablmán*. Irreconciliablemente, de una manera irreconciliable.

**IRRÉCONCILIÉ, ÉE**, adj. *irreconsilié*. Irreconciliado, que no está reconciliado.

**IRRECONNAISSANCE**, f. *irreconesáns*. Falta de reconocimiento ó agradecimiento, ingratitud.

**IRRECONNAISSANT, E**, adj. *irreconesán*. Desagradecido, ingrato, que falta al reconocimiento, á la gratitud.

**IRRECOUVRABLE**, adj. *irrecuerábl*. Irrecobrable, irrecuperable, que no puede recobrarse ó recuperarse.

**IRRECOUVRÉ, ÉE**, adj. *irrcuvré*. Irrecobrado, irrecuperado, que no ha sido recobrado ó recuperado.

**IRRÉCRÉATIF, IVE**, adj. *irrecreatif, iv*. Irrecreativo, que no ofrece, que no promete recreo ó distraccion.

**IRRÉCUPÉRABLE**, adj. *irrecuperábl*. Irrecuperable, que no puede recuperarse ó recobrarse; irreparable.

**IRRÉCUSABLE**, adj. *irrecusábl*. Irrecusable, que no puede ser recusado.

**IRRÉCUSABLEMENT**, adv. *irrecusablmán*. Irrecusablemente, de una manera irrecusable.

**IRRÉDIMÉ, ÉE**, adj. V. **IRRACHETÉ**.

**IRREDOUTABLE**, adj. *irredutábl*. Intemible, que no es temible, que no es de temer.

**IRREDOUTÉ, ÉE**, adj. *irrduté*. Intemido, que no es temido.

**IRRÉDUCTIBILITÉ**, f. *irreductibilité*. Irreductibilidad, irreducibilidad, cualidad de lo que es irreductible ó irreducible.

**IRRÉDUCTIBLE**, adj. *irreductibl*. Irreductible, irreducible, que no se puede reducir. || Quim. Irreducible, que no puede reducirse á polvo. || Med. Irreductible, que no puede reducirse : *hernie irréductible*.

**IRRÉDUIT, E**, adj. *irredui*. Irreducido, que no está reducido.

**IRRÉEL, LE**, adj. *irreél*. Irreal, que carece de realidad.

**IRREFLÉTÉ, ÉE**, adj. *irrfleté*. Irreflejado, que no se refleja ó no es reflejado.

**IRRÉFLÉCHI, E**, adj. *irreflechi*. Irreflexionado, inconsiderado, que no se ha reflexionado.

**IRRÉFLEXION**, f. *irreflecsión*. Irreflexion, falta de reflexion.

**IRRÉFORMABILITÉ**, f. *irreformabilité*. Irreformabilidad, cualidad de lo que es irreformable.

**IRRÉFORMABLE**, adj. *irreformábl*. Irreformable, que no puede reformarse.

**IRRÉFORMÉ, ÉE**, adj. *irreformé*. Irreformado, que no ha sido reformado.

**IRRÉFRAGABILITÉ**, f. *irrefragabilité*. Irrefragabilidad, cualidad de lo que es irrefragable, irrecusable.

**IRRÉFRAGABLE**, adj. *irrefragábl*. Irrefragable, irrecusable, que no puede recusarse; incontrarestable, que no se puede contrarestar.

**IRRÉFRAGABLEMENT**, adv. *irrefragablmán*. Irrefragablemente, de una manera irrefragable.

**IRREFUSABLE**, adj. *irrfusábl*. Irrehusable, que no puede ser rehusado.

**IRREFUSÉ, ÉE**, adj. *irrfusé*. Irrehusado, que no ha sido rehusado.

**IRRÉFUTABLE**, adj. *irrefutábl*. Irrefutable, que no es susceptible de refutacion.

**IRRÉFUTÉ, ÉE**, adj. *irrefuté*. Irrefutado, que no ha sido refutado.

**IRRÉGÉNÉRABLE**, adj. *irregenerábl*. Irregenerable, que no puede ser regenerado.

**IRRÉGÉNÉRÉ, ÉE**, adj. *irregeneré*. Irregenerado, que no ha sido regenerado.

**IRRÉGI, E**, adj. *irregi*. Irregido, que no ha sido regido.

**IRREGISTRÉ, ÉE**, adj. *irrgistré*. Que no está registrado.

**IRREGRETTABLE**, adj. *irrgretábl*. Que no debe sentirse, llorarse ni echarse ménos.

**IRREGRETTÉ, ÉE**, adj. *irrgreté*. Que no ha sido sentido, llorado ni echado de ménos.

**IRRÉGULARITÉ**, f. *irregularité*. Irregularidad, cualidad, estado de lo que es irregular. || Irregularidad, impedimento canónico para recibir las órdenes ó para ejercer las funciones de las ya recibidas.

**IRRÉGULIER, ÈRE**, adj. *irregulié, ér*. Irregular, que no es regular, simétrico, uniforme. || Desordenado, poco arreglado : dícese en sentido moral, hablando de la conducta, de la vida. || Arq. Irregular, que no está conforme á las reglas del arte ni guarda las proporciones que esto exige. || Irregular, que ha incurrido en alguna irregularidad canónica. || Gram. Irregular, que se separa de las reglas generales. || Med. Irregular, se dice de las pulsaciones arteriales cuyos tiempos intermedios son de una duracion desigual. || *Vers irréguliers*, versos en que el poeta se solo de las reglas del arte.

**IRRÉGULIÈREMENT**, adv. *irregulier-mán*. Irregularmente, de una manera irregular.

**IRREJETABLE**, adj. *irrjtábl*. Irrechazable, indesechable, que no puede rechazarse, que no puede desecharse.

**IRREJETÉ, ÉE**, adj. *irrjeté* Irrechazado, indesechado, que no ha sido rechazado, que no ha sido desechado.

**IRRELÉGUÉ, ÉE**, adj. *irrlegué*. Irrelegado, que no ha sido relegado.

**IRRÉLIGIEUSEMENT**, adv. *irreligieus-mán*. Irreligiosamente, con irreligion, sin religion.

**IRRÉLIGIEUX, EUSE**, adj. y s. *irreligieu, eus*. Irreligioso, falto de religion; contrario á la religion, que se opone al espíritu de la religion, que no la respeta.

**IRRÉLIGION**, f. *irreligión*. Irreligion, falta de religion ó desprecio de la religion.

**IRREMARQUABLE**, adj. *irrmarcábl*. Innotable, que no es notable, que no merece ser notado ó señalado : *événement irremarquable*.

**IRREMARQUÉ, ÉE**, adj. *irrmarqué*. Innotado, que no ha sido notado ó percibido : *bruit irremarqué*.

**IRREMBOURSABLE**, adj. *irranbursábl*. Irreembolsable, que no puede ser reembolsado.

**IRRÉMÉABLE**, adj. *irremeábl*. Se dice de los lugares de donde no puede volverse : *l'Averne irréméable*.

**IRRÉMÉDIABLE**, adj. *irremediábl*. Irremediable, que no puede remediarse, que no tiene remedio. || met. *Faute irrémédiable*.

**IRRÉMÉDIABLEMENT**, adv. *irremediablmán*. Irremediablemente, sin remedio.

**IRREMERCIÉ, ÉE**, adj. *irrmersié*. Que no ha recibido las gracias ni testimonio alguno de agradecimiento.

**IRRÉMINISCENCE**, f. *irreminisáns*. Irreminiscencia, falta de reminiscencia.

**IRRÉMISSIBLE**, adj. *irremisibl*. Irremisible, imperdonable, que no merece perdon.

**IRRÉMISSIBLEMENT**, adv. *irremisiblmán*. Irremisiblemente, sin remision ó perdon, sin misericordia.

**IRRÉMISSION**, f. *irremisión*. Irremision, falta de perdon, de indulgencia.

**IRRÉMITTENT, E**, adj. ant. *irremitán*. Irremitente, que no da treguas ni descanso.

**IRREMPLI, E**, adj. *irranpli*. Que no se ha llenado ó vuelto á llenar : *tonneau irrempli*. || met. Que no se ha [illegible] *promesses, conditions* [illegible].

**IRREMUABLE**, adj. [illegible] vible, que no puede removerse ó [illegible].

**IRRÉMUNÉRABLE**, adj. [illegible] Irremunerable, que no puede [illegible] rado.

**IRRÉMUNÉRÉ, ÉE**, adj. [illegible] Irremunerado, irrecompensado, que no ha sido recompensado ni [illegible].

**IRRENIABLE**, adj. [illegible] que no puede negarse ó ser [illegible].

**IRRENOMMÉ, ÉE**, adj. [illegible] nombrado, poco famoso, que no tiene fama ni reputacion.

**IRRENVERSÉ, ÉE**, adj. [illegible] Que no ha sido derribado.

**IRRÉPARABILITÉ**, f. [illegible] Irreparabilidad, cualidad de lo [illegible].

**IRRÉPARABLE**, adj. [illegible] parable, que no puede repararse.

**IRRÉPARABLEMENT**, adv. [illegible] *blmán*. Irreparablemente, de una manera irreparable.

**IRRÉPARÉ, ÉE**, adj. [illegible] rado, que no está reparado.

**IRREPENTANCE**, f. [illegible] pentimiento, falta de arrepentimiento.

**IRREPENTANT, E**, adj. [illegible] arrepentido, que no tiene arrepentimiento, que no está arrepentido.

**IRRÉPLICABLE**, adj. [illegible] plicable, que no admite réplica.

**IRRÉPONDU, E**, adj. [illegible] testado, sin respuesta, que no [illegible] contestacion.

**IRRÉPONSABLE**, adj. V. [illegible] SABLE.

**IRRÉPRÉHENSIBILITÉ**, f. [illegible] *sibilité*. Irreprensibilidad, [illegible] irreprensible.

**IRRÉPRÉHENSIBLE**, adj. [illegible] *sibl*. Irreprensible, que no [illegible] prendido.

**IRRÉPRÉHENSIBLEMENT**, adv. [illegible] *preansiblmán*. Irreprensiblemente, de un modo irreprensible.

**IRRÉPRIMABLE**, adj. [illegible] reprimible, que no puede ser [illegible].

**IRRÉPRIMANDÉ, ÉE**, adj. [illegible] *dé*. Irreprendido, que no ha [illegible] sion.

**IRRÉPRIMÉ, ÉE**, adj. [illegible] primido, que no ha sido reprimido.

**IRRÉPROCHABILITÉ**, f. [illegible] *lité*. Invituperabilidad, [illegible] cualidad de lo que es [illegible] chable.

**IRRÉPROCHABLE**, adj. [illegible] Irreprensible : *conduite* [illegible] tachable, sin tacha : *témoin* [illegible].

**IRRÉPROCHABLEMENT**, adv. [illegible] *chablman*. Irreprensiblemente, [illegible] nera irreprensible, sin tacha, [illegible].

**IRREPROCHÉ, ÉE**, adj. [illegible] reprendido, que no ha [illegible] proche.

**IRREPRODUCTIF, IVE**, adj. [illegible] *ductif, iv*. Irreproductivo, que [illegible] duce.

**IRRÉPROUVÉ, ÉE**, adj. [illegible] reprobado, que no ha sido [illegible].

**IRRÉPUBLICAIN**, adj. [illegible] Irrepublicano, que no es republicano, [illegible] republicano.

**IRREQUIS, E**, adj. y s. [illegible] quisado, que no ha sufrido [illegible].

**IRRÉSERVÉ, ÉE**, adj. [illegible] servado, que no ha sido reservado.

**IRRÉSERVE**, f. *irresérv*. [illegible] ta de reserva.

**IRRÉSISTIBILITÉ**, f. [illegible] Irresistibilidad, cualidad de lo [illegible].

**IRRÉSISTIBLE**, adj. [illegible] sistible, que no se puede resistir.

**IRRÉSISTIBLEMENT**, adv. [illegible] *mán*. Irresistiblemente, de un modo irresistible, sin poderse resistir.

**IRRÉSOLU, E**, adj. *irresolú*. [illegible] tardío en resolverse, que no se [illegible] presolüd, indeciso. Se usa tambien como sustantivo.

**IRRÉSOLUBLE**, adj. V. INSOLUBLE.

**IRRÉSOLUMENT**, adv. *irresolumán*. Irresolutamente, de una manera irresoluta.

**IRRÉSOLUTION**, f. *irresolusión*. Irresolucion, incertidumbre, falta de resolucion; estado del que es irresoluto, indeciso.

**IRRÉSOUDRE**, a. ant. *irresúdr*. No resolver, no dar una solucion.

**IRRESPECT**, m. *irrespé*. Irreverencia, falta de respeto.

**IRRESPECTER**, a. *irrespecté*. Irreverenciar, faltar al respeto.

**IRRESPECTUEUSEMENT**, adv. *irrespectueusmán*. Irrespetuosamente, de una manera poco respetuosa.

**IRRESPECTUEUX, EUSE**, adj. *irrespectueu*, *eus*. Irreverente, que no tiene respeto, que falta al respeto debido.

**IRRESPIRABLE**, adj. *irrespirábl*. Irrespirable, que no puede respirarse ó servir á la respiracion.

**IRRESPONSABILITÉ**, f. *irresponsabilité*. Irresponsabilidad, cualidad de lo irresponsable.

**IRRESPONSABLE**, adj. *irresponsábl*. Irresponsable, que no es responsable de sus actos.

**IRRESPONSABLEMENT**, adv. *irresponsablmán*. Irresponsablemente, sin responsabilidad.

**IRRESSENTI, E**, adj. *irresanti*. Insentido, que no ha sido sentido, que no ha causado sensacion ó dolor.

**IRRESTAURÉ, ÉE**, adj. *irrestoré*. Irrestaurado, que está sin restaurar.

**IRRESTREINT, E**, adj. *irrestrén*. Irrestringido, que no ha sufrido restriccion.

**IRRETOURNABLE**, adj. *irrturnábl*. Irretornable, que no puede volver ó retornar.

**IRRÉTRACTABLE**, adj. *irretractábl*. Irretractable, que no puede ser retractado.

**IRRÉTRACTÉ, ÉE**, adj. *irretracté*. Irretractado, que no ha sido retractado.

**IRRETRANCHÉ, ÉE**, adj. *irrtranché*. Inseparado, que no ha sido cercenado, excluido, quitado, suprimido, disminuido, etc., segun de que se hable.

**IRRÉTRÉCI, E**, adj. *irretresí*. Inestrechado, que no ha sido estrechado ó angostado.

**IRRETROUSSÉ, ÉE**, adj. *irrtrusé*. Irremangado, que no ha sido remangado ni retorcido hácia arriba ó levantado.

**IRRÉUSSITE**, f. *irreusit*. Desacierto, falta de acierto, de buen éxito.

**IRRÉVÉLÉ, ÉE**, adj. *irrevelé*. Irrevelado, que no ha sido revelado.

**IRRÉVÉREMMENT**, adv. *irreveramán*. Irreverentemente, con irreverencia.

**IRRÉVÉRENCE**, f. *irreverâns*. Irreverencia, falta de reverencia, de respeto.

**IRRÉVÉRENCIEUX, EUSE**, adj. *irreveransieu*, *eus*. Irreverente, irrespetuoso, que falta al respeto, á la reverencia.

**IRRÉVÉRENT, E**, adj. *irreverán*. Irreverente, que falta al respeto; contrario al respeto.

**IRRÉVOCABILITÉ**, f. *irrevocabilité*. Irrevocabilidad, cualidad de lo que es irrevocable.

**IRRÉVOCABLE**, adj. *irrevocábl*. Irrevocable, que no puede ser revocado.

**IRRÉVOCABLEMENT**, adv. *irrevocablmán*. Irrevocablemente, de un modo irrevocable.

**IRRÉVOQUÉ, ÉE**, adj. *irrevoqué*. Irrevocado, que no ha sido revocado.

**IRRIGATEUR**, m. *irrigateur*. Regadera, instrumento que sirve para regar las calles, las casas, las flores, etc. || Cañon de jeringa que sirve para darse lavativas por sí misma una persona.

**IRRIGATION**, f. *irrigasión*. Riego ó regadío de tierras y prados por medio de acequias ó canales.

**IRRIGATOIRE**, adj. *irrigatuár*. Regadero, que sirve para regar.

**IRRIGOUREUX, EUSE**, adj. *irrigureu*, *eus*. Irriguroso, que no es riguroso.

**IRRIMÉ, ÉE**, adj. *irrimé*. Que carece de rima, que no está rimado.

**IRRISION**, f. *irrisión*. Irrision, burla, desprecio.

**IRRITABILITÉ**, f. *irritabilité*. Irritabilidad, cualidad de lo que es irritable.

**IRRITABLE**, adj. *irritábl*. Irritable, que es capaz de irritacion. || Med. Irritable, dotado de irritabilidad, que se irrita, que es irascible.

**IRRITAMMENT**, m. *irritamán*. Lo que irrita, lo que excita, aguijon.

**IRRITANT, E**, adj. *irritán*. Med. Irritante, que provoca la irritacion, que irrita. En este sentido se usa como sustantivo, y se dice *un irritant*, *des irritants*. || met. Irritante, que causa impaciencia, emocion, inquietud, alteracion. || Jurisp. Irritante, que anula, que invalida un acto.

**IRRITATIF, IVE**, adj. *irritatif*, *iv*. Irritativo, que tiene la propiedad de irritar.

**IRRITATION**, f. *irritasión*. Irritacion, accion de irritar, accion de lo que irrita, y resultado de esta accion. || Med. Irritacion, conmocion ó agitacion violenta de los humores. || met. Irritacion, emocion, estado de una persona que se altera, que se inquieta por disgustos ó contrariedades.

**IRRITER**, a. *irrité*. Irritar, exasperar, excitar la cólera. || Irritar, excitar, aumentar el apetito, el deseo de una cosa, una pasion. || Med. Irritar, determinar ú ocasionar un dolor, una irritacion ú alteracion de cualquier género. || met. Irritar, exasperar, agriar, causar una alteracion cualquiera.

**IRROGATION**, f. *irrogasión*. Antig. rom. Irrogacion, accion de dar una sentencia contra un ciudadano romano.

**IRRORATEUR**, m. *irrorateur*. Irrorador, instrumento ó fuente de compresion aplicada á la perfumacion de las habitaciones.

**IRRORATION**, f. *irrorasión*. Irroracion, accion de rociar, de exponer al rocío. || Irroracion, operacion supersticiosa por la que se pretendia curar ciertas enfermedades.

**IRROUILLÉ, ÉE**, adj. *irrullé*. Desenmohecido, que no está enmohecido, herrumbrado ó cubierto de orin.

**IRROYAL, E**, adj. *irruayál*. Irreal, que no tiene el carácter real.

**IRRUINÉ, ÉE**, adj. *irruiné*. Inarruinado, que no está reducido á ruinas. || Inarruinado, que no está arruinado ó pobre.

**IRRUPTION**, f. *irrupsión*. Irrupcion, entrada repentina de enemigos en un país. || Irrupcion, desbordamiento de aguas del mar ó de un rio sobre la tierra. Se dice tambien en sentido figurado.

**IRTIOLE**, f. *irtiól*. Especie de cepa.

**IRYA ó IRYAGHAS**, f. *iriá*, *iriagás*. Nuez moscada de Ceilan, muy pequeña y sin color.

**ISABELLE**, adj. *isabél*. Bayo, que es de un color amarillo claro. || Bayo, se dice del pelo de algunos animales, en especial de los caballos. || m. *Un isabelle*, se dice por *un cheval isabelle*.

**ISACHNE**, f. *isácn*. Bot. Isacna, género de plantas monocotiledóneas.

**ISAGOGÉ**, f. *isagogé*. Filol. Isagoge. V. INTRODUCTION.

**ISAGONE**, adj. *isagón*. Geom. Iságono, dícese de la figura de ángulos iguales.

**ISAIRE**, f. *isér*. Bot. Isaria, género de hongos.

**ISANE**, m. *isán*. Zool. Isano, ave que participa de la naturaleza de la urraca y del estornino.

**ISARD**, m. *isár*. Zool. Gamuza, cabra montés de los Pirineos.

**ISATIDE**, f. *isatid*. Bot. Isátida, planta del índigo que proporciona cierto color azul. || Zool. Isátida, especie de zorro.

**ISATIDÉ, ÉE**, adj. *isatidé*. Bot. Isatídeo, que se parece á la isátida.

**ISATINE**, f. *isatín*. Quim. Isatina, índigo puro.

**ISAURE**, f. *isór*. Bot. Isaura, género de plantas.

**ISCARIOTE**, adj. y s. m. *iscariót*. Iscariote, sobrenombre dado á Judas el traidor. || met. Judas, se dice de una persona que hace traicion ó es capaz de hacerla.

**ISCARIOTISME**, m. *iscariotism*. Iscariotismo, doctrina de los iscariotistas.

**ISCARIOTISTE**, m. *iscariotist*. Iscariotista, sectario ó partidario de la conducta que observaron Judas Iscariote, Cain y otros hombres de esta naturaleza.

**ISCHÈME**, f. *isquém*. Bot. Isquema, género de plantas monocotiledóneas.

**ISCHÉMIE**, f. *isquemí*. Med. Isquemia, retencion, supresion de un flujo de sangre habitual.

**ISCHIAGRE ó ISCHIAGRIE**, f. *isquiágr*, *isquiagrí*. Med. Isquiagre ó Isquiagria, afeccion de la cadera. || Isquiagria, neuralgía fémoro-poplitea.

**ISCHIAL, E**, adj. *isquiál*. Anat. Isquial, que corresponde al isquion.

**ISCHIATIQUE ó ISCHIADIQUE**, adj. *isquiatíc*, *isquiadíc*. Anat. Isquiático, que corresponde al isquion. Se usa como sustantivo para designar la parte isquiática.

**ISCHIATOCÈLE**, f. V. ISCHIOCÈLE.

**ISCHIDROSE**, f. *isquidrós*. Med. Isquidrosis, supresion del sudor.

**ISCHIO**, adj. *isquío*. Isquio, palabra derivada del griego ἰσχίον, cadera, y que entra en la composicion de varias voces de anatomía, como: *ischio-anal*, isquio-anal, que pertenece al músculo del ano del caballo; *ischio-fémoral*, que pertenece al isquion y al fémur; *ischio-clitorien*, isquio-clitoriano, concerniente al isquion y al clítoris, etc.

**ISCHIOCÈLE ó ISCHIATOCÈLE**, f. *isquiosél*, *isquiatosél*. Med. Isquiocele, hernia isquiática.

**ISCHION**, m. *isquión*. Anat. Isquion, pieza huesosa inferior y posterior de las tres que componen en la infancia cada uno de los innominados. || Region inferior del mismo hueso en los adultos.

**ISCHNOPHONIE**, f. *isnofoní*. Med. Isnofonía, sutileza de la voz.

**ISCHNOTE ó ISCHNOTIE**, f. *isnót*, *isnotí*. Med. Isnota ó isnocia, flaqueza.

**ISCHOBLENNIE**, f. *iscoblenní*. Med. Iscoblenia, supresion de un derrame mucoso.

**ISCHOCOÏLIE**, f. *iscocoilí*. Med. Iscocoilia, retencion de las materias alvinas.

**ISCHOLOCHIE**, f. *iscoloquí*. Med. Iscoloquía, supresion de los loquios.

**ISCHOMÉNIE**, f. *iscomení*. Med. Iscomonia, supresion de los menstruos.

**ISCHOPYOSIE**, f. *iscopiosí*. Med. Iscopiosis, supresion de una secrecion purulenta habitual.

**ISCHURÉTIQUE**, adj. *iscuretíc*. Med. Iscurético, propio para combatir los accidentes de la iscuria.

**ISCHURIE**, f. *iscurí*. Med. Iscuria, retencion completa de la orina, imposibilidad de orinar.

**ISÉRINE**, f. *iserín*. Miner. Iserina, nombre de un mineral de hierro.

**ISERTIE**, f. *iserti*. Bot. Isertia, género de plantas dicotiledóneas.

**ISERTIÉ, ÉE**, adj. *isertié*. Bot. Isertiado, que se parece á la isertia.

**ISIAQUE**, m. *isiác*. Isiaco, sacerdote consagrado al servicio de la diosa Isis. || adj. Isíaco, que pertenece ó se refiere á Isis.

**ISIDIUM**, m. *isidióm*. Bot. Isidio, género de líquenes.

**ISIS**, f. *isis*. Mit. Isis, divinidad egipcia, mujer y hermana de Osiris.

**ISLAM**, m. *islám*. Islam, nombre propio de la religion mahometana. Se deriva del verbo *aslama*, resignarse y someterse á Dios.

**ISLAMIQUE**, adj. *islamíc*. Islámico, que pertenece al islamismo.

**ISLAMISME**, m. *islamism*. Islamismo. V. MAHOMÉTISME. || Islamismo, conjunto de prosélitos ó creyentes del mahometismo ó de los paises sometidos á la ley de Mahoma. Dícese *islamismo* en el mismo sentido que se dice *cristiandad*.

**ISLANDAIS, E**, adj. y s. *islandé*. Islandés, de Islandia.

**ISMAÉLIENS**, m. pl. *ismaelien*. Ismaelitas, agarenos ó sarracenos, sectarios cuyo orígen se remonta hasta el siglo II de la era musulmana.

**ISMAÉLISME**, m. *ismaelism*. Ismaelismo, religion mezclada con el judaismo y que Ismael legó á los Árabes.

**ISMAÉLITE**, adj. y s. m. *ismaelit*. Ismaelita, nombre que se da algunas veces á los Árabes, como descendientes de Ismael, hijo de Abraham.

**ISOCÈLE**, adj. *isosél*. Geom. Isósceles, se dice del triángulo que tiene iguales dos de sus costados.

**ISOCÉLIE**, f. **ISOCÉLISME**, m. *isoseli*, *isoselism*. Mat. Isocelismo, proporcion de una cosa isósceles.

**ISOCHRE**, adj. *isócr*. Isocre, uniforme en el color.

**ISOCHROMATIQUE**, adj. *isocromatic*. Didáct. Isocromático, que es de una sola forma en su tintura.

**ISOCHRONE**, adj. *isocrón*. Med. Isócrono, que se verifica en el mismo tiempo ó en tiempos iguales. || Es tambien voz de mecánica y de geometría.

**ISOCHRONIQUEMENT**, adv. *isocronicmán*. Isocrónicamente, de una manera isocrónica.

**ISOCLINE**, adj. *isoclin*. Isoclino, que tiene la misma inclinacion.

**ISOCOLON**, m. *isocolón*. Lit. ant. Isocólon, período cuyos miembros son iguales ó casi iguales.

**ISOÉDRIQUE**, adj. *isoedric*. Miner. Isoédrico, calificacion que se da á ciertos minerales.

**ISOGONE**, adj. *isogón*. Miner. Isógono, que tiene ciertas faces formando ángulos iguales sobre algunas partes situadas diferentemente.

**ISOGONIQUE**, adj. V. ISOGONE.

**ISOGRAPHIE**, f. *isografí*. Isografía, reproduccion de los caractéres de un escrito, especie de fac-símile.

**ISOLABLE**, adj. *isolábl*. Aislable, que puede ó debe ser aislado.

**ISOLANT, E**, adj. *isolán*. Fís. Aislador, que no trasmite libremente la electricidad.

**ISOLATEUR**, m. *isolateur*. Quím. Aislador, aparato que sirve para aislar los cuerpos á que se quiere comunicar la electricidad en los experimentos eléctricos.

**ISOLATION**, f. *isolasión*. Separacion, aislamiento, accion de aislar ó de separar los cuerpos.

**ISOLEMENT**, m. *isolmán*. Aislamiento, estado de una persona que vive separada de la sociedad, ó de una cosa separada de las demas. || Aislamiento, abandono, olvido de sí mismo. || Arq. Aislamiento, distancia entre dos piezas ó partes de construccion, como de una columna, de una pilastra. || Fís. Aislamiento, separacion, estado de un cuerpo que no recibe el flúido eléctrico por la intermision de una causa contraria.

**ISOLÉMENT**, adv. *isolemán*. Aisladamente, de una manera aislada, independiente.

**ISOLER**, a. *isolé*. Aislar, hacer que un cuerpo quede en total incomunicacion con cualquier otro. || Aislar, separar, obligar á uno á vivir solo, privado de toda comunicacion. || Fís. Aislar, sostener un cuerpo que quiere electrizarse, sobre sopandas de cristal, de seda, de cerda ó de cualquier otra materia inelectrizable.

**ISOLOIR**, m. *isoluár*. Fís. Aislador, instrumento propio para aislar los cuerpos que se quiere electrizar. || loc. fam. *Se mettre sur l'isoloir*, meterse en la concha, estar como el galápago: no tratarse con nadie, vivir aislado enteramente.

**ISOMÉRIE**, f. *isomerí*. Mat. Isomería, operacion por la que se separa una ecuacion de los quebrados ó fracciones que se encuentran en sus términos. || Quím. Isomería, reunion de causas que pueden hacer los cuerpos isómeros.

**ISOMÉTRIQUE**, adj. *isometric*. Miner. Isométrico, compuesto del romboide equiaxe y de un decaedro de triángulos escalenos.

**ISON**, m. *isón*. Mús. ant. Especie de canto que gira sobre dos notas solamente.

**ISONÈME**, f. *isoném*. Bot. Isonema, género de plantas.

**ISONOME**, adj. *isonóm*. Fís. Isónomo, que está construido ó formado por una misma causa ó ley.

**ISONOMIE**, f. *isonomí*. Isonomía, igualdad ante la ley. || Isonomía, igualdad de derechos civiles. || Fís. Isonomía, construccion por una ley igual, hablando de ciertos cristales ó cosas semejantes.

**ISOPÉTALE**, adj. *isopetál*. Bot. Isopétalo, dícese de las plantas cuyos pétalos son iguales.

**ISOPHONE**, adj. *isofón*. Didáct. Isófono, que tiene la misma extension de voz. || Isófono, que tiene la misma voz.

**ISOPODE**, adj. *isopód*. Isópodo, se dice de una concha que tiene las patas iguales.

**ISOPSÈPHE**, adj. *isopséf*. Antig. gr. Isopsefo, que produce un número igual. || *Mots isopsèphes*, palabras isopsefas, que contienen cada una de por sí un número igual de letras. || *Vers isopsèphes*, versos isopsefos, que están compuestos de modo que cada verso produce en suma igual número de letras.

**ISOPYRE**, f. *isopír*. Bot. Isopira, género de plantas.

**ISORAMUNE**, m. *isoramún*. Bot. Isoramuno, árbol del Malabar.

**ISORRHOPASTIQUE**, f. *isoropastic*. Isorrospástica, ciencia del equilibrio.

**ISORRHOPIQUE**, adj. *isoropic*. Isorrópico, que tiene conexion con la isorrospástica.

**ISOTHERME**, adj. *isotérm*. Geom. Isotermo, que encuentra igual la temperatura media en todos los puntos de la superficie de la tierra por donde pasa.

**ISOTRIE**, f. *isotrí*. Bot. Isotria, género de plantas.

**ISRAËL**, m. *israél*. Israel, nombre dado á Jacob, segun la Biblia, despues de la lucha que sostuvo con un ángel.

**ISRAÉLITE**, adj. y s. *israelit*. Israelita, que pertenece al pueblo israelita. || Israelita, que pertenece á los Judíos. || prov. *C'est un israélite*, es un alma de Dios, un hombre lleno de candor, un poco simplon.

**ISSANT**, adj. *isán*. Blas. Naciente, se dice de los leones y águilas que parecen salir de otra pieza del escudo, y solo presentan la cabeza y parte del cuello. || m. Figura de una criatura saliendo de medio cuerpo por la boca de un animal.

**ISSAS**, m. *isás*. Mar. Izas, cable para izar.

**ISSIR**, n. ant. *isír*. Salir, nacer, venir al mundo. || Salir, descender, tener su orígen. Solo han quedado de este verbo los participios *issant* é *issu*.

**ISSUE**, f. *isú*. Salida, paso, desembocadero de un punto, de un estrecho, de una casa. || Salida, paraje por donde se puede salir. || met. Salida, fin, término, paradero, resultado de algun negocio. || Salida, escapatoria, pretexto, expediente que se busca para salir de algun apuro. || Afrecho, echaduras que salen de la harina cuando se cierne. || Jurisp. ant. *Droit d'issue*, derecho de salida, imposicion que tenia que pagar un vasallo á su señor cuando se separaba de su dominacion.

**ISTHME**, m. *istm*. Istmo, lengua de tierra entre dos mares. || Anat. *Isthme du gosier*, istmo de la garganta, estrecho que separa la boca de la faringe. || prov. *Percer l'isthme*, poner diques al mar: emprender una cosa imposible.

**ISTHMIÉ, ÉE**, adj. *istmié*. Istmiado, que tiene la forma ó la figura de un istmo.

**ISTHMIEN, NE**, adj. *istmién*, *én*. Ístmico, que tiene relacion con un istmo, que depende ó proviene de un istmo. || *Isthmiennes*, f. pl. ístmicas, nombre dado á las odas de Píndaro, compuestas en honor de los vencedores en los ejercicios ístmicos, que la antigua Grecia celebraba en el istmo de Corinto.

**ISTHMIQUE**, adj. *istmic*. Ístmico, que pertenece á un istmo.

**ISTRIEN, NE**, adj. y s. *istrién*, *én*. Istrio, de la Istria en los Estados austríacos.

**ITACISME**, m. *itasism*. Filol. Itacismo, sistema segun el cual se debe pronunciar la *eta* como la *iota* en la lengua griega.

**ITACISTE**, m. *itasist*. Didáct. partidario del itacismo.

**ITAGUE**, f. *itág*. [illegible] proporcionado grueso en las [illegible] de algunas velas, como la gavia y otras.

**ITALE**, adj. y s. V. ITALIEN.

**ITALIANISATEUR**, y mejor [illegible], m. *italianisateur*, [illegible]. Italianizador, el que italianiza, el que [illegible] servirse de locuciones italianas.

**ITALIANISATION**, f. [illegible]. Italianizacion, afectacion en el lenguaje ó en las maneras imitando á los Italianos.

**ITALIANISER**, n. *italianisé*. [illegible] zar, desfigurar, adulterar una lengua introduciendo en ella la pronunciacion, [illegible] nes ó expresiones tomadas del italiano. || Italianizar, dar una terminacion [illegible] una frase ó á una palabra de [illegible] idioma. || *S'italianiser*, r. [illegible] acostumbrarse á las maneras italianas, y tambien imitar á los Italianos en el modo de hablar, de obrar, etc.

**ITALIANISEUR**, m. V. ITALIANISATEUR.

**ITALIANISME**, m. *italianism*. Italianismo, expresion, locucion que pertenece á la lengua italiana.

**ITALICISME**, m. V. ITALIANISME.

**ITALIEN, NE**, adj. y s. *italién*, *én*. Italiano, de Italia. || *Italienne*, f. Italiana, en el arte de cocina se da este nombre á una salsa particular. || *A l'italienne*, loc. adv. Á la italiana, á la moda, al uso de Italia.

**ITALIQUE**, adj. *italic*. Itálico, perteneciente á la antigua Italia. || Tipog. Itálico, se dice de un carácter de letra inclinado de derecha á izquierda, que trae su orígen de la escritura de la cancelaría romana, designado por las palabras *cursivales seu cancellarios*; en español se llama cursivo ó letra cursiva. Se usa tambien como sust. m., y se dice ordinariamente *l'italique* por *caractère italique*. *Un bel italique*, una hermosa letra cursiva. || Astr. *Heures italiques*, horas itálicas, las veinte y cuatro horas del dia natural que se cuentan de una á otra puesta del sol. || Fil. *École italique*, escuela itálica, escuela de Pitágoras establecida por este filósofo en Crotona, [illegible] años ántes de Jesucristo. || Liturg. *Ancienne italique*, antigua itálica, se dice [illegible] mente de la antigua version latina de la Sagrada Escritura ántes de la [illegible] de san Gerónimo. Tambien se dice *l'italique*, y adj. *version italique*, version itálica.

**ITALISER**, a. *italisé*. Imprimir en caractéres cursivos. Es voz [illegible].

**ITALISME**, m. V. ITALIANISME.

**ITALO-GOTHIQUE**, adj. *italogotic*. Italo-gótico, se dice de la escritura [illegible] alterada y modificada por los Godos.

**ITCHIXPALON**, m. *itchicspalón*. Bot. Itchispalon, palmera de América.

**ITÉE**, f. *ité*. Bot. Itea, género de plantas dicotiledóneas.

**ITEM**, adv. lat. *item*. Ítem, [illegible], mas aun, tambien. || Se usa tambien como sustantivo. *Voilà l'item*, ahí está el [illegible] del negocio ó de la dificultad.

**ITÉRATIF, IVE**, adj. *iteratif*, *iv*. Jurisp. Iterativo, repetido, reiterado.

**ITÉRATIVEMENT**, adv. [illegible]. Iterativamente, reiteradamente, con repeticion.

**ITÉRATO**, m. *iteráto*. For. [illegible], arresto decretado por providencia judicial contra la persona en los juicios ejecutivos, cuando las costas devengadas ascendian á cierta cantidad. || *Arrêt d'itérato*, auto de arrresto contra la persona. || [illegible] *d'itérato*, despacho, mandamiento de arresto.

**ITÉRER**, a. ant. *iteré*. Iterar, reiterar, repetir.

**ITHOME**, f. *itóm*. Mit. Itome, una de las nodrizas de Júpiter que dió su nombre á una montaña. || Montaña elevada de la Mesenia en el Peloponeso.

**ITHOS**, m. *itos*. Filol. Itos, última parte de las homilías de los Padres griegos que

chaquete ó de tablas reales. || *Faire son jeu de retour*, volver á su propio juego, despues de haber pasado todas sus damas al juego del contrario.

**JANDIROBE**, f. *jandiròb*. Bot. Jandiroba, planta de la América meridional, cuyo fruto es semejante á la pera y tiene tres almendras con un aceite excelente para la curacion del reumatismo.

**JANGAC**, m. *jangág*. Jangac, tela de algodon de las Indias.

**JANISSAIRE**, m. *janisér*. Genízaro, soldado turco que hace la guardia al Gran Señor. || met. Genízaro, satélite de un urano.

**JANET**, m. *jané*. Dinerillo, moneda de plata que tiene el cuño de Juan, rey de Chipre.

**JANOT** ó **JEANNOT**, m. dim. de **JEAN**. *jané*. Nombre que sirve para designar un hombre tonto ó simple, como un Juan lanas.

**JANSÉNISME**, m. *jansenísm*. Jansenismo, doctrina de Jansenio sobre la gracia y la predestinacion.

**JANSÉNISTE**, m. *jansenist*. Jansenista, partidario del jansenismo, de la doctrina de Jansenio. || met. Jansenista, hombre de una moral austera. || adj. Jansenista, que pertenece al jansenismo, que sostiene el jansenismo.

**JANSÉNISTEMENT**, adv. *jansenistmán*. Jansenistamente, de un modo jansenista.

**JANSÉNISTIQUE**, adj. *jansenistic*. Jansenístico, que pertenece al jansenismo.

**JANTE**, f. *jánt*. Art. Llanta, curva de hierro que forma el calce de la rueda. || Pinas, piezas curvas que forman las ruedas de un coche, de un carro, etc. || *Jantes en rond*, rodete, círculo que forma el juego delantero de un coche. || *Seconde jante*, recalce. || *Cheville entre deux jantes*, torillo ó espiga que une las pinas.

**JANTIÈRE**, f. *jantiér*. Art. Máquina de que se sirven los carreteros para unir las pinas de las ruedas.

**JANTILLER**, a. *jantillé*. Guarnecer de alabes el rodezno de un molino de agua.

**JANTILLES**, f. pl. *jantíll*. Tablillas que forman los alabes de un molino.

**JANUAL**, m. *januál*. Janual, especie de torta que ofrecian los Romanos á Jano el primer dia de enero. || adj. Janual, que pertenecia á Jano. || *Januales*, f. pl. Januales, fiestas que se celebraban en Roma el primer dia de enero en honor de Jano.

**JANUS**, m. *jánus*. Mit. Jano, dios de la paz; se pinta con dos cabezas y á veces con cuatro, llevando una llave en una mano y una vara en la otra. || Arq. Jano, arco de triunfo cuadrado con cuatro puertas. || Jano, uno de los nombres de la constelacion Bootes. || *Ouvrir le temple de Janus*, abrir el templo de Jano: hacer la guerra, empeñarla, declararla. || *Fermer le temple de Janus*, cerrar el templo de Jano: hacer la paz, poner fin á las hostilidades.

**JANVIER**, m. *janvié*. Enero, primer mes del año segun el uso actual. En tiempo de Rómulo el año empezaba en el mes de marzo. || *C'est un soleil de janvier*, es un sol de enero: se dice de una persona sin carácter y sin crédito.

**JAPARANDIBA**, m. *japarandíba*. Bot. Japarandiba, árbol del Brasil.

**JAPONAIS, E**, adj. y s. *japoné*. Japones, del Japon.

**JAPONNER**, a. *japoné*. Recocer la porcelana de la China para dar á entender que es del Japon.

**JAPPAGE**, m. *japáge*. Ladrido, grito de algunos animales.

**JAPPE**, f. V. CAQUET.

**JAPPEMENT**, m. *japmán*. Ladrido, accion de ladrar. Se usa solo hablando de los perrillos.

**JAPPER**, n. *japé*. Ladrar, hablando de perrillos. || met. Alborotar, reñir, regañar, estar riñendo á voces, á gritos.

**JAPPEUR**, m. *japeur*. Ladrador, el que ladra. || met. Alborotador, el que grita, el que disputa á grandes voces.

**JAPPILLER**, n. *japillé*. Ladrar frecuentemente. || met. Dar gritos hablando de hombres.

**JAQUE**, f. *jác*. Jubon, vestido corto y cerrado. || Mil. *Jaque de maille*, cota de malla. || Bot. Jaque, fruto del jaquier.

**JAQUÉ, ÉE**, adj. *jaqué*. Vestido con jubon.

**JAQUELINE**, f. *jaclín*. Jaquelina, especie de vaso ó botella.

**JAQUEMART**, m. *jacmár*. Estatua ó figura que representa un hombre armado, y da con un mazo las horas en la campana de un reloj. || Espada muy larga y muy ancha. || Muelle que levanta el volante en las casas de moneda.

**JAQUET**, m. *jaqué*. Moneda antigua de Francia. || Chaquete, juego de tablas reales.

**JAQUETTE**, f. *jaquét*. Sayo, vestido que usa la gente del campo. || Vaquera, vestido que usan los niños. Úsase tambien en sentido figurado. || *Trousser la jaquette à un enfant*, pegar una zurra á un niño. || *Secouer la jaquette à quelqu'un*, sacudir á alguno las liendres, zurrarle la badana. || Zool. Jaqueta, uno de los nombres comunes de la picaza.

**JAQUIER**, m. *jaquié*. Bot. Jaquier, género de árboles de las islas del mar del Sud.

**JARACA**, m. *jarác*a. Zool. Jaraca, serpiente de la América meridional.

**JARARACA**, f. *jararáca*. Zool. Jararaca, víbora del Brasil.

**JARAVE**, f. *jaráv*. Bot. Jarava, planta vivaz del Perú.

**JARAVÉE**, f. *jaravé*. Bot. Jarávea, género de plantas.

**JARDIN**, m. *jardén*. Huerto, huerta, sitio de corta extension en que se plantan hortalizas, legumbres y árboles frutales. || Jardin, cuando es de recreacion. || met. Huerta, jardin, pais abundante en frutas. || prov. *Jeter des pierres dans le jardin de quelqu'un*, tirar piedras al jardin de otro: atacar á alguno indirectamente. || *Jardin potager, légumier ó maraîcher*, huerta. || *Jardin suspendu*, pensil. || *Cabinet de jardin*, cenador. || *Corail de jardin*, pimiento colorado. || *Genêt de jardin*, retama olorosa. || Bot. *Coq des jardins*, costo, yerba olorosa. || *Jardin sec*, jardin seco, coleccion de plantas secas que se conservan en hojas de papel. || Mar. Jardin, obra exterior y volcada que se practica á popa de cada costado en forma de garita.

**JARDINAGE**, m. *jardináge*. Jardinería, arte de jardinero y hortelano. || Jardinería, terreno en donde se cultivan muchos jardines. || Granito que se encuentra en el diamante. || Hortaliza, conjunto de legumbres y verduras que se llevan á la plaza á vender.

**JARDINAL, E**, adj. *jardinál*. Que pertenece á los jardines.

**JARDINER**, n. *jardiné*. Hortelanear, trabajar en su huerto, en su jardin por entretenimiento. || a. Cetr. Poner al aire las aves de altanería en algun prado ó jardin. || met. Hortelanear, cultivar.

**JARDINET**, m. dim. de **JARDIN**. *jardiné*. Huertecillo, jardinillo.

**JARDINEUX, EUSE**, adj. *jardineu, eus*. Se dice de una esmeralda manchada y opaca.

**JARDINIER, ÈRE**, m. y f. *jardinié, ér*. Jardinero, hortelano, el que por oficio cuida ó cultiva algun jardin. || f. Jardinera, manjar compuesto de legumbres. || Jardinera, vuelta bordada cuyo bordado es angosto. || *Jardinier fleuriste*, jardinero florista, que se ocupa particularmente del cultivo de las flores. || prov. *Il fait comme le chien du jardinier, qui ne mange point de choux, et qui ne veut pas que les autres y touchent*, hace como el perro del hortelano, que ni come la berza ni la deja comer: se dice de los que no se sirven de alguna cosa, ni quieren que se sirvan de ella los demas.

**JARDINISTE**, m. *jardinist*. Jardinista, el que da preceptos sobre el arte de las huertas y jardines.

**JARDINOMANE**, m. y f. *jardinomán*. Jardinómano, el que está poseido de la jardinomanía.

**JARDINOMANIE**, f. *jardinomaní*. Jardinomanía, pasion excesiva por los jardines.

**JARDON**, m. *jardón*. Vet. Esparavan, tumor que sale á las caballerías en los corvejones ó piernas.

**JARET**, m. *jaré*. Bot. Variedad de ciruelas.

**JARGON**, m. *jargón*. Jerga, jerigonza, guirigay, lenguaje corrompido que se usa en los pueblos, en las provincias. || Jerga ó guirigay, el idioma inventado entre pícaros. || fam. Expresiones huecas, oscuras y afectadas que usan las gentes á quienes muchos llaman pedantes. || fam. Lenguaje que los autores ponen en boca de algunos personajes para marcar mejor su condicion, su pais, etc. || Miner. Piedra ó circon de Ceilan semejante al diamante. || *Jargons*, m. pl. Piedras como cabezas de alfiler que los drogueros dan por jacintos.

**JARGONESQUE**, adj. *jargonésc*. Que pertenece á la jerga.

**JARGONELLE**, f. *jargonél*. Jard. Pera pequeña de verano.

**JARGONNER**, n. *jargoné*. Jerigonzar: propiamente hablando, significa esta palabra los gritos que dan los patos machos. || met. Hablar en jerigonza, hablar un lenguaje bárbaro, corrompido. || Marmotear, hablar en griego, parlar cosa que no se entiende.

**JARLOT**, m. *jarló*. Mar. Alefriz, ranura ó canal angular que se hace longitudinalmente en la quilla, roda y codaste para que en ella encastren los cantos ó las cabezas de los tablones.

**JARNAC**, m. *jarnác*. Puñalete, cuchillo de hechura de un puñal. || met. *Coup de jarnac*, tiro á traicion para perder á alguno.

**JARNI**, interj. *jarní*. Voto á! Exclamacion, especie de juramento que los autores cómicos ponen en boca de la gente ordinaria. Es una corrupcion de *je renie*, reniego. A veces se añade otra palabra, como *Jarni-bleu*, por *je renie Dieu*, voto á brios!

**JARNICOTON**, m. *jarnicotón*. Especie de juramento burlesco.

**JARNIGOI**, interj. *jarniguá*. Especie de jurameuto popular, equivalente á voto á brios.

**JARNOTE**, f. *jarnót*. Jarnota, uno de los nombres de la castaña de tierra. || Zool. Jarnota, pájaro.

**JAROBE**, f. *jarób*. Bot. Jaroba, yerba del Brasil.

**JARRE**, f. *járr*. Jarro, vasija á manera de jarra con una asa grande. || Cabruda, la lana larga de la vicuña, castor, etc., que parece pelo. || Campanas de cristal de diferentes capacidades que usan los químicos y físicos. || Mar. Pipa, cuba donde se lleva el agua á bordo. || m. Jarro, medida de capacidad usada en algunos paises.

**JARRET**, m. *jarré*. Corva, la parte que está detras de la rodilla y sobre la cual se hace la flexion de la pierna. || Vet. Corvejon, en las caballerías la parte posterior de la rodilla. || Arq. Jarrete, garrote. || Jarrete, guia, rama de un árbol podado. || Geom. Jarrete, todo punto que se aparta de una curva. || fam. *Coupe-jarret*, maton, perdonavidas, temeron. || *Couper les jarrets*, desjarretar. || *Roidir le jarret*, estirar la pierna, morir. || met. *Avoir du jarret*, tener jarrete: se dice de un andarin, de un bailador que no se cansa fácilmente. || Art. Jarrete, parte del bocado del caballo que baja desde el rodillo hasta los pequeños inclusos de la cadenilla.

**JARRETER**, a. *jarrté*. Poner ligas, atarlas. || Dejar en los árboles ciertas ramas llamadas guias. || n. Arq. Hacer garrotes, torcerse, no guardar líneas en una bóveda, en un muro. || *Se jarreter*, r. Atarse las ligas.

**JARRETIÈRE**, f. *jarrtiér*. Liga, jarretera, cinta con que se ata y afianza la media. || met. y fam. *Ne pas aller jusqu'à la jarretière d'un autre*, no llegar á los calcaños de alguno en razon de mérito, de habilidad, de talento, etc. || Med. Especie de empeine ó serpullido que sale en las pantorrillas. || prov. *Donner des jarretières à quelqu'un*, dar á uno golpes en las pantorrillas. || *Je lui taillerai bien des jarretières*, ya le haré yo andar listo. || *Ordre de la Jarretière*, órden de la Jarretera, instituida en 1314 por Eduardo, rey de Inglaterra.

**JARREUX, EUSE**, adj. *jarreu, eus*. Ca-

monstruosa de Surinam. || Bot. Jaquia ó chaquia, árbol de las grandes Indias.

**JACOBIN, E,** m y f. *jacobén, ín.* Religioso ó religiosa de la órden de Santo Domingo. Es el nombre que se daba en Francia á los dominicos. || Jacobino, partidario del jacobinismo.

**JACOBINAIRE,** adj. *jacobinér.* Jacobinario, concerniente al partido jacobino y á sus miembros.

**JACOBINIÈRE,** f. *jacobiniér.* Nombre que se dió al club de los jacobinos y á todo conciliábulo de demócratas.

**JACOBINISER,** a. *jacobinisé.* Jacobinizar, hacer ó volver á uno jacobino, imbuir ideas jacobinas, iniciar en el partido jacobino. || n. Jacobinizar, esparcir, difundir las opiniones jacobinas. || *Se jacobiniser,* r. Hacerse ó volverse jacobino.

**JACOBINISME,** m. *jacobinism.* Jacobinismo, sistema, doctrina de los revolucionarios llamados jacobinos.

**JACOBITE,** m. *jacobít.* Jacobita, nombre dado á unos herejes que solo admitian una naturaleza en Jesucristo. || Jacobita, nombre que dieron los ingleses en 1688 á los partidarios del destronado Jacobo II.

**JACOBUS,** m. *jacóbus.* Jacobo, moneda de oro inglesa de los tiempos de Jacobo I.

**JACODE,** m. *jacód.* Zool. Tordo ó zorzal, ave.

**JACONAS,** m. *jaconá.* Com. Chaconada, especie de muselina.

**JACOTISME,** m. *jacotism.* Jacotismo, entusiasmo extremado por el método de Jacotot.

**JACOTISTE,** m. *jacotist.* Jacotista, partidario de la doctrina de Jacotot sobre la enseñanza universal.

**JACOUROU,** m. *jacurú.* Zool. Jacurú, especie de culebra.

**JACOUTIN,** m. *jacután.* Zool. Faisan de las Indias.

**JACQUE,** f. *jác.* Especie de cota almohadillada que se ponia sobre la coraza.

**JACQUES BONHOMME,** m. *jacbonóm.* Hist. Nombre que los señores daban en Francia á la plebe por irrision. || Tomado colectivamente, se ha dicho por todos los habitantes del campo. || prov. *C'est du Jacques bonhomme,* eso es muy vulgar, muy plebeyo. || Bot. *Herbes de saint Jacques,* jacobea, planta vulneraria.

**JACRE,** m. *jácr.* Jacre, especie de azúcar hecho con jugos de palmeras y de coco juiciosamente solidificados.

**JACTANCE,** f. *jactáns.* Jactancia, vanidad, presuncion, arrogancia, alabanza propia excesiva é imprudente. || Jactancia, orgullo, ostentacion, prurito de lucir.

**JACTANCIEUX, EUSE,** adj. y s. *jactansieu, eus.* Jactancioso, presumido, vano, fanfarron. || Jactancioso, vano, lleno de jactancia, hablando de cosas.

**JACTATEUR, TRICE,** m. y f. V. JACTANCIEUX.

**JACTATIF, IVE,** adj. *jactatif, iv.* Jactativo, que significa ó manifiesta jactancia.

**JACTER,** a. ant. V. VANTER. || *Se jacter,* r. Jactarse, aplaudirse á sí mismo, gloriarse, alabarse continuamente de algo, ponderar su mérito.

**JACUAN,** m. *jacuán.* Bot. Jacuano, árbol de Madagascar.

**JACULATION,** f. *jaculasión.* Mil. rom. Jaculacion, ejercicio que consistia en lanzar un proyectil por medio de un arco, de una ballesta, etc., ó con la mano sola.

**JACULATOIRE,** adj. *jaculatuár.* Jaculatorio, se dice para designar súplicas cortas y fervientes dirigidas á Dios del fondo del alma, y casi solo se usa en esta locucion: *oraison jaculatoire,* oracion jaculatoria, plegaria breve y fervorosa. || f. Mil. ant. Jaculatoria, arte de arrojar proyectiles.

**JADE,** f. *jád.* Jade, piedra dura y de varios colores en fondo verde.

**JADELLE,** f. *jadél.* Zool. Zarceta, especie de ave.

**JADIS,** adv. *jadís.* En otro tiempo, antiguamente, antaño, en tiempos pasados. Es corrupcion de las palabras latinas *jam diù.*

**JAFFET,** m. *jafé.* Horquilla para hacer bajar las ramas de los árboles y coger la fruta cómodamente.

**JAGRA,** m. *jágra.* Jagra, azúcar extraido de la nuez del coco.

**JAGUAR,** m. *jaguár.* Jaguar ó onza americana, mamífero del órden de los carnívoros, cuadrúpedo sumamente cruel, muy parecido á la onza.

**JAGUARÈTE,** m. *jaguarét.* Jaguarete, gatazo negro originario del Paraguay.

**JAGUARONDE,** m. *jaguarónd.* Jaguarondo, especie de mamífero del Paraguay.

**JAGUE,** m. *jágue.* Bot. Jaga, especie de palmera de la América meridional.

**JAGUILME,** m. *jaguilm.* Zool. Jaguilmo, papagayo del género cacatoes.

**JAÏET,** m. *jaié.* Miner. Azabache, sustancia bituminosa, negra y luciente. || Cañutillo de vidrio para guarniciones.

**JAILLIR,** n. *jallír.* Salir, saltar, brotar: se dice de todo líquido que sale con ímpetu hácia arriba, y con propiedad de las aguas en los surtidores. || Relumbrar, resplandecer, brillar, fulgurar, centellear, rutilar la llama.

**JAILLISSANT, E,** adj. *jallisán.* Saltante, brotante, que salta con ímpetu hácia arriba. || *Eaux jaillissantes, fontaines jaillissantes,* surtidores, saltadores de aguas, aguas ascendentes.

**JAILLISSEMENT,** m. *jallismán.* Salto, subida, salida, accion de salir con ímpetu hácia arriba un líquido cualquiera.

**JAIS,** m. *jé.* Miner. Azabache, piedra negra y tersamente lustrosa, el mas compacto y sólido de todos los carbones de tierra.

**JALAGE,** m. *jaláge.* Derecho de aforo que exigia el señor feudal del vino vendido por menor.

**JALAP,** m. *jaláp.* Bot. Jalapa, planta medicinal que crece en las cercanías de Jalapa.

**JALAPINE,** f. *jalapín.* Jalapina, sustancia extraida del jalapa.

**JALE,** f. *jál.* Lebrillo, especie de cuenco grande.

**JALÉE,** f. *jalé.* Lebrillada, cabida de un lebrillo, su contenido.

**JALET,** m. ant. *jalé.* Bodoque, bola de barro endurecido por la accion solar, que se dispara con ballesta. || *Arc à jalet,* ballestilla para tirar bodoques.

**JALON,** m. *jalón.* Jalon, jquete, mira, especie de estaca larga que se clava en la tierra para alinear un camino, etc. || met. Norte, norma, brújula, etc., idea principal que sirve para dirigir el rumbo de un estudio, de un trabajo, etc.

**JALONNEMENT,** m. *jalonmán.* Alineamiento, accion de alinear con miras ó jalones de trecho en trecho.

**JALONNER,** a. y n. *jaloné.* Jalonear, poner, clavar, fijar, colocar alternativamente miras de distancia en distancia, para alinear un terreno.

**JALONNEUR,** m. *jaloneur.* Alineador, peon que sirve de mira para determinar ó comenzar el alineamiento.

**JALOUSEMENT,** adv. *jalusmán.* Celosamente, con celos. || Envidiosamente, con envidia.

**JALOUSER,** a. *jalusé.* Envidiar, tener celos, tener envidia de alguno. || *Se jalouser,* r. Celarse, envidiarse mutuamente.

**JALOUSIE,** f. *jalusí.* Celos, temor de perder un bien querido y de que otro le posea: dícese principalmente del amor. || Envidia, pesar que causa la gloria ó prosperidad de un rival, de un competidor. || Inquietud, recelo de un príncipe, de un Estado por el engrandecimiento de otro Estado ó potencia. || Bot. Amaranto, planta. || Celosía ó persiana, especie de ventana construida de manera que se pueda ver sin ser visto. || prov. *Il n'y a point d'amour sans jalousie,* no hay amor sin celos, quien bien quiere celos tiene.

**JALOUX, OUSE,** adj. y s. *jalú, ús.* Celoso, que abriga celos. || Envidioso, que siente pena por la felicidad de otro. || Émulo, rival, competidor de una persona, de un pueblo, etc. || Celoso, ansioso de conseguir algo, ansioso de conservar su reputacion, su honor, etc. || *Berline,* [illegible] berlina, coche que [illegible] que hácia otro.

**JAMACARU,** m. *jamacarú.* [illegible] carno, especie de higuera [illegible]

**JAMAÏQUAIN, E,** adj. [illegible] *én.* Jamaicano, de la Jamaica.

**JAMAIS,** adv. *jamé.* [illegible] ningun tiempo, en ninguna [illegible] *jamais, à jamais,* para [illegible] || fam. *A tout jamais,* por [illegible] jamas, eternamente. || [illegible] *mais,* jamas de los jamases [illegible] mas, etc. || JAMAIS, m. [illegible] indefinido, indeterminado, [illegible] acaba, que no tiene fin. || prov. [illegible] *jours après jamais,* tres dias [illegible] nunca; como si dijéramos, [illegible] crie pelo, la semana de dos [illegible]

**JAMBAGE,** m. *jambáge.* [illegible] de una puerta ó ventana. [illegible] junto ó reunion de jambas. [illegible] piernas, en el arte de escribir. [illegible] pieza vertical de madera que [illegible] muro ú otras piezas. || *Droit* [illegible] derecho de pernada ó [illegible] BATION.

**JAMBARANDE,** m. [illegible] pecie de peral sarmentoso.

**JAMBAYER,** n. *jambeyé.* [illegible] tear, zanquear, andar mucho [illegible]

**JAMBE,** f. *jánb.* Pierna, [illegible] mal que está entre el pié y [illegible] *Jambe de bois,* pierna de palo, [illegible] llevan algunos lisiados; y [illegible] que anda con ella. || *Jambes* [illegible] piernas de alcaravan zancudo, [illegible] go. || *Jambes de fuseau,* piernas [illegible] tambor. || Arq. Jamba. || *Jambe* [illegible] hilo de una malla. || *Jambe de* [illegible] uno de los pares firmes que [illegible] dura de un edificio. || *Être* [illegible] zanquilargo. || met. *Avoir de* [illegible] *les jambes bonnes,* tener [illegible] nas, ser muy buen andador. || [illegible] *quelqu'un bras et jambes,* [illegible] sus designios, sus esperanzas, [illegible] *courir à toutes jambes,* ir á [illegible] todo escape, á carrera tendida, [illegible] rer, etc. || *Renouveler des* [illegible] piernas, cobrar fuerzas, [illegible] gor. || *Jeter le chat aux jambes* [illegible] *qu'un,* suscitar á alguno [illegible] obstáculo, un embarazo; y [illegible] la culpa de algun suceso. || [illegible] *jambe de là,* expr. adv. A [illegible] CALIFOURCHON. || *Prendre* [illegible] cou, tomar las de villadiego; [illegible] dice *jouer des jambes.* || [illegible] *par-dessous jambes,* [illegible] mente los proyectos de alguno. || [illegible] *jambes de vin,* beber ó echar un [illegible] llevar las piernas: dícese del que [illegible] pió.

**JAMBÉ, ÉE,** adj. *janbé.* [illegible] el adverbio *bien,* y significa bien [illegible] de piernas.

**JAMBETTE,** f. dim. de JAMBE. [illegible] Piernecita, pierna pequeña, [illegible] personas. || Patita, pata corta, [illegible] animales. || Carp. Par de [illegible] jabalcon, en términos técnicos [illegible] Art. Cañivete, navaja de [illegible] quera. || fam. *Donner la jambette* [illegible] *qu'un,* echar la zancadilla á alguno, [illegible] venir á tierra doblándole con [illegible] dez una pierna, etc.

**JAMBOLIER,** m. *janbolié.* Bot. [illegible] lero, árbol.

**JAMBOLON,** m. *janbolón.* [illegible] dias, cuyo fruto se parece á la [illegible]

**JAMBON,** m. *janbón.* Jamon, [illegible] muslo ó espalda de tocino salado [illegible] para su conservacion.

**JAMEROSE,** f. *jamróa.* Bot. [illegible] género de plantas.

**JAMMALAC,** m. *jamalác.* Bot. [illegible] especie de jamerosa de la isla de [illegible]

**JAMMACHLON,** m. [illegible] lon, purgatorio de los indios.

**JAMROSE,** m. *jamros.* Bot. [illegible] bol de las Antillas.

**JAN,** m. *jan.* Las dos tablas del [illegible]

-rada, se dice de la lana que tiene pelos blancos y duros.

**JARS**, m. *jár*. Zool. Merganser, ánsar, el pato ó ánade macho. || met. *Entendre le jars*, saber mucho, tener letra menuda, tener gramática parda.

**JARSETTE**, f. *jarsét*. Zool. Jarseta, pequeña garza real.

**JART**, m. *jár*. Zool. Jart, animal mamífero de la Laponia que hace una guerra sangrienta á las zorras.

**JAS**, m. *já*. Mar. Cepo de anda. || Primer estanque de las salinas. || Aprisco.

**JASER**, n. *jasé*. Garlar, charlar, hablar mucho. || fam. Parlar, cantar, descubrir, declarar un secreto. || Picotear las aves parleras y las personas charlantes.

**JASERAN**, m. *jasrán*. Especie de cota de malla. || Especie de cadena que los comerciantes del mercado llevan al cuello.

**JASERIE**, f. *jasrí*. Picotería, charla, parla.

**JASEUR, EUSE**, m. y f. *jaseur, eus*. Picotero, charlante, parlante, el que charla mucho. || Picotero, el que dice lo que oye. || f. Zool. Picotera, nombre vulgar de la cotorra.

**JASINE**, f. *jasín*. Zool. Verderon, ave.

**JASION**, f. *jasión* Bot. Jasiona, género de plantas campanuláceas.

**JASMIN**, m. *jasmén*. Bot. Jazmin, género de plantas jazmíneas. || Jazmin, la flor de la misma planta. || Jazmin, variedad de pera. || Jazmin, perfume en cuya composicion entra la flor del jazmin. || Zool. *Jasmin de mer*, jazmin de mar, especie de milépora.

**JASMINÉES**, f. pl. *jasminé*. Bot. Jazmíneas, familia de plantas.

**JASONIE**, f. *jasoní*. Bot. Jasonia, género de plantas.

**JASPACHATE**, f. *jaspachát*. Miner. Jaspacate, piedra preciosa compuesta de jaspe verde y de ágata.

**JASPE**, m. *jásp*. Miner. Jaspe, piedra preciosa, dura y opaca, de la naturaleza de la ágata.

**JASPER**, a. *jaspé*. Art. Jaspear, pintar imitando los colores del jaspe ó dar el color de jaspe.

**JASPINER**, n. inus. *jaspiné*. Picotear, charlar sin ton ni son.

**JASPINEUX, EUSE**, adj. *jaspineu, eus*. Picotero, charlante, que charla sin ton ni son.

**JASPIQUE**, adj. *jaspíc*. Miner. Jáspico, compuesto de ágata y de jaspe.

**JASPURE**, f. *jaspúr*. Jaspeadura, jaspeado, accion de jaspear.

**JASSE**, m. *jás*. Lugar en donde se reunen los ganados para descansar durante el calor. || Zool. *Jaso*, género de hemípteros colirostros.

**JASSEFAT**, m. *jasfá*. Mar. Embarcacion persa que navega en el mar de la India.

**JATABOCA**, m. *jatabóca*. Bot. Jataboca, especie de bambú.

**JATTE**, f. *ját*. Hortera, gamella, gabota, especie de vasija de madera de una pieza. || Cuenco, tazon de loza. || met. y fam. *Cul-de-jatte*, hombre estropeado, impedido, falto de piernas. || Platos ó salvillas de vidrio que se usan en los laboratorios químicos. || Especie de gamella horadada por el medio que sirve para hacer los cordones gordos de seda.

**JATTÉE**, f. *jaté*. Cuencada, tazonada, lo que puede contener un cuenco, un tazon.

**JAU**, m. *jó*. Nombre comun del gallo.

**JAUBE**, f. *jób*. Bot. Aliaga, especie de planta.

**JAUCLIDE**, f. *joclíd*. Mil. Máquina de guerra.

**JAUGE**, f. *jóge*. Pitométrica, cabida de una medida de líquidos ó granos. || Vara ó cadenilla para medir las cubas, pipas y tinajas llenas, etc. || Marco, patron para confrontar las medidas. || Aforo, accion de aforar. || Regla de carpintero para tomar medidas. || Arqueta, estanque para el repartimiento de las aguas á las fuentes. || Zanja, entre jardineros, y la profundidad de ella. || Medida de pergamino dividida en centímetros, que sirve para medir la circunferencia de las cuerdas. || Máquina que sirve para medir los intervalos de algunas partes en el oficio de mediero. || Plancha de hierro agujereada que sirve para probar el grosor de las agujas. || fam. *Fumer à vive jauge*, fumar á manta de Dios, mucho, con exceso.

**JAUGEAGE**, m. *jojáge*. Aforamiento, aforo, operacion por la que se averigua la cantidad de líquido que contiene una vasija. || Aforamiento, derecho que toman los aforadores. || Mar. Arqueo de un navío para saber su cabida.

**JAUGER**, a. *jogé*. Medir con el marco ó patron una vasija para asegurarse que contiene la medida legal. || Mar. Medir un navío para conocer la capacidad. || Encontrar la cantidad que da en un tiempo determinado una fuente, una bomba, etc. || met. Medir la capacidad de un hombre. || *Se jauger*, r. Medirse uno mismo.

**JAUGEUR**, m. *jogeur*. Aforador, medidor de líquidos. Se usa algunas veces como adjetivo: *maître jaugeur*.

**JAUNÂTRE**, adj. *jonátr*. Amarillento, que tira á amarillo, que amarillea. || sust. *Le jaunâtre*, el color amarillo. || m. Zool. Amarillento, pescado del género labro.

**JAUNE**, adj. *jón*. Amarillo, de color amarillo. || Anat. *Ligaments jaunes*, ligamentos amarillos, ligamentos que ocupan los espacios interlaminares de las vértebras. || *Osier jaune*, sauce comun. || *Cuivre jaune*, laton ó azófar. || *Graine jaune*, piracanto, granilla de Aviñon. || fam. *Rire jaune*, risa falsa, fingida, de dientes á fuera. || *Fièvre jaune*, fiebre amarilla, nombre que se da al tifus americano por el color amarillo de los tegumentos que sobreviene durante su curso. || met. *Montrer à quelqu'un son bec jaune*, hacer ver á uno su ignorancia, su inepcia. || *Faire payer à quelqu'un son bec jaune*, hacer pagar á uno su bienvenida. || *Faire des contes jaunes*, decir mentiras. || m. Amarillo, color amarillo. || *Jaune d'œuf*, yema de huevo. || *Jaune de montagne*, amarillo de montaña, ocre, tierra ferruginosa que sirve para pintar de amarillo. || f. Agr. Nombre que se da á los albérchigos ó higos amarillos.

**JAUNET**, m. *joné*. Bot. Amarillita, flor pequeña que se cria en los prados. || Amarillito, nombre que se da al quelion dorado. || adj. m. *Pain jaunet*, pan de mediana calidad, pan baso.

**JAUNEUR**, f. *joneur*. Amarillez, color amarillo. Voz propuesta como análoga á *blancheur*.

**JAUNIR**, a. *jonír*. Dar, teñir, pintar de amarillo una cosa, y tambien ponerla amarilla. || n. Amarillear, ponerse amarillo.

**JAUNISSANT, E**, adj. *jonisán*. Amarillento, que amarillea.

**JAUNISSE**, f. *jonís*. Med. Tiricia, ictericia, enfermedad que causa en el cuerpo una amarillez extraña. || *Jaunisse blanche*, clorósis.

**JAUNOIR**, m. *jonuár*. Zool. Amarilloso, mirlo amarillo del cabo de Buena Esperanza.

**JAUNOTTE**, f. *jonót*. Bot. Jaunota, hongo del género agárico.

**JAVANAIS, E**, adj. y s. *javané*. Javanes, de Java.

**JAVANAISE**, f. *javanés*. Zool. Javanesa, víbora de Java.

**JAVART**, m. *javár*. Vet. Gabarro, enfermedad de las caballerías en los asientos de manos y piés. || *Javart encorné*, entrepalmadura.

**JAVEAU**, m. *javó*. Isleta que se forma en un rio, por las riadas y amontonamiento de arenas.

**JAVELAGE**, m. *javlága*. Agavillamiento, accion de agavillar y resultado de esta accion.

**JAVELER**, a. *javlé*. Agavillar, formar ó hacer haces de las mieses. || n. Amarillear secándose: se dice del trigo tendido en haces.

**JAVELEUR, EUSE**, m. y f. *javleur, eus*. Agavillador, el que hace gavillas.

**JAVELINE**, f. *javlín*. Javelina, arma arrojadiza á modo de lancilla ó venablo.

**JAVELLE**, f. *javél*. Gavilla, manojo de trigo ú otro grano para hacer los haces. || Manojo, haz, atado de sarmientos. || [illegible] *javelle*, agua de javelle, solucion [illegible] de potasa en agua.

**JAVELOT**, m. *javló*. [illegible], dardo pequeño arrojadizo. || Zool. [illegible], serpiente que se llama tambien [illegible].

**JAVIA**, m. *jávia*. Bot. Javia, [illegible] una planta de las Indias.

**JAZOUR**, m. *jazúr*. Instrumento que sirve para limpiar el arado.

**JE**, pron. de la 1ª. pers. del singular (*je muet*). Yo. Sirve para designar la persona que habla, y por consiguiente [illegible] y fem., aunque en español por [illegible] ral se suprime: v. gr. *je dis*, [illegible] hago. Pónese despues del verbo [illegible] ses interrogativas y exclamativas, [illegible] *rai-je?* ¿qué haré? Que [illegible] será de mí? *Suis-je* [illegible] interrogante ó exclamacion se [illegible] verbo en ciertos casos: v. gr. [illegible] *lui répondis-je*, se atreverá Vd.? [illegible] le. || En ciertas fórmulas *je* se [illegible] do del verbo por la expresion de [illegible] ó calidad del que habla, como: [illegible] *gné*, *conseiller*, *maire*, etc., [illegible] abajo firmado, consejero, [illegible] tifico. || fam. *Je ne sais quoi*, [illegible] *quoi*, no sé qué, un no sé qué: [illegible] sentimiento, de una idea, de [illegible] que no se puede definir. || *C'est un je* [illegible] *quoi*, es un no sé qué: se dice [illegible] de un hombre de quien se [illegible]

**JÉ**, m. *jé*. Sonda ó junco para [illegible] los conductos de los albañales.

**JEAN**, m. *ján*. Juan. Este nombre [illegible] se usa en muchas expresiones proverbiales. *C'est un Jean*, es un buen Juan, [illegible] demasiado sufrido con su mujer. [illegible] *vignes*, Juan de las viñas: [illegible] prudente, falto de prevision. || [illegible] *logne*, hacer ó simular el [illegible]

**JEAN-LE-BLANC**, m. [illegible] Pigargo, atahorma, especie de [illegible]

**JEANNETTE**, f. *janét*. Cruz [illegible] que suelen llevar las señoras al [illegible] diente de una cinta ó galon de [illegible] Juanita, dim. de Juana.

**JECTIGATION**, f. *jectigasión*. [illegible] tigacion, agitacion del pulso que [illegible] el cerebro está amenazado de [illegible] estado convulsivo.

**JECTISSE**, adj. f. *jectís*. Se dice de [illegible] tierras cavadizas que se han sacado de alguna zanja ó foso.

**JÉHOVAH**, m. *jeoá*. Jehovah, uno de [illegible] nombres que los Israelitas daban á [illegible] Es voz hebrea, que significa eterno [illegible] será siempre.

**JÉJUNUM**, m. *jejúnom*. Anat. [illegible] intestino delgado comprendido entre [illegible] deno y el íleon. Llámase *jejunum* [illegible] le encuentra casi siempre vacío en [illegible] veres.

**JEK**, m. *jéc*. Zool. Serpiente [illegible] Brasil, tan viscosa que los animales que la tocan se quedan pegados á su piel.

**JENDAYA**, f. *jendáya*. Zool. Cotorra pequeña amarilla del Brasil.

**JENNY**, f. *jení*. Palabra inglesa [illegible] en Francia para designar una [illegible] de hilar el algodon, que tiene muchos [illegible]

**JÉRÉMIADE**, f. *jeremiád*. [illegible] lamentacion, queja importuna y [illegible]

**JÉRÉMIES**, f. pl. *jeremí*. *Jeremías*, lecciones del oficio de la Semana Santa.

**JÉROSOLYMITAIN**, adj. y s. [illegible] *mitén*. Jerosolimitano, de Jerusalen.

**JÉSUITE**, m. *jesuít*. Jesuita, [illegible] de la Compañía de Jesus. || Es el [illegible] de desprecio entre ciertas gentes, [illegible] dolo equivaler á hipócrita; y así [illegible] *c'est un jésuite*, es un hipócrita.

**JÉSUITESSE**, f. *jesuités*. Jesuitesa, [illegible] giosa de una órden que seguia la [illegible] los jesuitas.

**JÉSUITIQUE**, adj. *jesuitíc*. Jesuítico, perteneciente á la órden de los jesuitas; [illegible] toma siempre en mala parte, como [illegible] *jésuitique*, por moral relajada.

**JÉSUITIQUEMENT**, adv. *jesuiticmán*. Jesuíticamente, de una manera jesuítica, es decir, con simulacion.

[illegible] ó JÉSUITIQUER, n. jesuitiqué. Jesuitizar ó jesuiticar, hablar [illegible].

[illegible], m. jesuitisme. Jesuitismo, sistema de conducta de los jesuitas. [illegible] en mala parte.

[illegible] ó JÉSUS-CHRIST, m. jesú, jesucri. Jesucristo, el Hijo de Dios hombre, Redentor del linaje humano. || [illegible] papier jésus, especie de papel de [illegible].

[illegible], m. jé. Tiro, el movimiento de una [illegible] ó lanzada con violencia; y el espacio que corre la cosa arrojada. || Bot. vástago, renuevo, tallo, hablando de los árboles. || Cetr. Pihuela, se dice [illegible] con que se guarnecen y aseguran los pies de los halcones. Llámase también [illegible] d'ennui et de réserve. || Cuerda [illegible] ponía al cuello del reo para [illegible] al suplicio. || Arme de jet, arma de [illegible] arma que sirve para arrojar cuerpos [illegible]. || Jet de bombes, tiro de bombas [illegible] de tirar bombas. || Jet de pierre, [illegible] piedra, espacio ó distancia que alcanza [illegible] ó disparada. || Jet de lumière, rayo [illegible]. || Jet d'abeilles, jabardo, enjambre [illegible] que sale de una colmena. || Jet d'eau, [illegible] chorro de agua que salta. || Mar. Jet [illegible], echazon, accion de arrojar [illegible] carga ó parte de ella al mar para [illegible]. || Faire le jet, hacer la echazon [illegible] la carga al mar. || Jet de voiles, [illegible] ó surtido de velas de un navío. || [illegible] de filet, redada, lance de red en la [illegible]. || Jet de bière, jiste, la espuma de la [illegible]. || Acheter le jet du filet, comprar al [illegible] la redada que va á echar ó todo [illegible] que saque. || Calculer au jet, [illegible] tantos ó fichas. || Mettre des jets [illegible], apiolar, poner pihuelas á los [illegible]. || met. D'un seul jet, de un solo [illegible] y en las artes se dice de [illegible] que se ha hecho con rapidez [illegible]. || Du premier jet, loc. adv. [illegible], sin que haya sido necesario [illegible].

[illegible], m. jetáge. Cir. Salida del pus, [illegible]. || Vet. Humores que fluyen [illegible] de los caballos.

[illegible], m. jeté. Dan. Tejido de lado, paso [illegible].

[illegible], f. jeté. Muelle, escollera, espolon [illegible] ó resistir el embate de las [illegible] de guijo y arena sobre un [illegible].

[illegible], a. jeté. Echar, arrojar, lanzar con [illegible] de cualquier otra manera. || Echar, [illegible] violencia, en sentido propio y figurado. || Echar, lanzar fuera de sí. || Echar, en [illegible] tirar, tender, derribar al suelo. [illegible]. || Echar los cimientos de [illegible] y en sentido met., echar los fundamentos de un Estado, de una institucion. [illegible] pont sur une rivière, establecer [illegible] en un rio. || Bot. Brotar, ahijar, en [illegible] renuevos ó hijos los árboles. || Tantear, contar con tantos. || [illegible], arrojar el pus, hablando de [illegible]. || Vaciar, hacer correr metal en fusion [illegible] molde para sacar una figura. || Jeter [illegible], echar sus cartas, jugarlas. Jeter [illegible], echar las cartas, no jugar mas. [illegible] la chandelle, fabricar velas con [illegible]. Jeter un blanc, dejar un blanco [illegible]. [illegible] des propos, soltar palabras con [illegible]. || Jeter une marchandise à la tête, [illegible] ó ofrecerla á bajo precio. || Jeter [illegible] poudre aux yeux, alucinar con [illegible]. || Jeter le grappin sur quelqu'un, [illegible] á alguno. || Jeter le froc aux [illegible], colgar los hábitos. || Jeter son bonnet [illegible] les moulins, echarse el alma á [illegible]. || Jeter un vilain coton, perder [illegible] la reputacion. || Jeter son bien [illegible] fenêtres, echar la casa por la ventana [illegible] le manche après la cognée, echar [illegible] en el caldero. || Jeter un os à quelqu'un, [illegible] la mano á alguno. || met. Jeter un [illegible] quelque chose, echar tierra sobre [illegible], pasarla en silencio. || Jeter de [illegible] le feu, echar leña al fuego: expresion [illegible] ya viva, violenta. || Jeter [illegible], tirar piedras ó apedrear. || Jeter [illegible] fenêtre, saltar el balcon. || Se jeter, r. Echarse, arrojarse, precipitarse, lanzarse impetuosamente sobre alguno ó alguna cosa. Se usa tanto en el sentido recto como en el figurado. || Echarse, desaguarse. || Se jeter sur, echarse sobre. || met. Se jeter dans un couvent, retirarse, encerrarse en un claustro.

**JETON**, m. jetón. Tanto, ficha: dícese de los granos, piedrecitas ó piedras con que se lleva la cuenta en el juego. || Jabardo, enjambre que sale de una colmena.

**JETONNIER**, m. jetonié. Nombre que por irrision se ha dado á los académicos franceses que solo concurrian á las sesiones para ganar su asistencia.

**JEU**, m. jeu. Juego, diversion, divertimiento, recreacion. || Juego, pasatiempo, entretenimiento, chanza. || Juego, ejercicio de recreacion sometido á reglas y al cual se aventura dinero. || Juego, la casa ó garito en que se juega, la cantidad que se juega y la cosa con que se juega. || Juego, el conjunto de las cartas que vienen al jugador. || Juego, el sitio en donde se juega á algunos juegos. || Mús. Juego, el modo de tocar los músicos y de representar los comediantes. || Esgr. Juego, el manejo de las armas. || Soltura, fácil movimiento, corriente uso de una máquina. || *Jeu de bourse*, juego de bolsa, toda especie de agiotaje en los fondos públicos. || *Jeu de mots*, juego de palabras, alusion fundada en la semejanza de las palabras ó en su consonancia. || *Jeu de la nature*, rareza, capricho de la naturaleza: dícese de las producciones raras ó extraordinarias. || *Jeu de renvoi*, juego de envite. || *D'entrée de jeu*, á la primera jugada, de primer antuvio, á las primeras de cambio. || *Jeu de gobelets*, juego de los cubiletes, juego de manos ó de pasa pasa. || *Un jeu de cartes*, una baraja. || *Il y a grand jeu dans cette maison*, hay mucho juego en esta casa; es decir, se reunen en ella muchos jugadores. || *Tenir le jeu de quelqu'un*, jugar por él. || *Avoir le jeu serré*, jugar con calma, sin arriesgarse; y en el juego de ajedrez es no entender bien el juego. En sentido met., obrar con prudencia. || *Jouer gros jeu*, jugar fuerte. || *Jouer franc jeu*, jugar limpio, sin trampas. || *Faire voir beau jeu à quelqu'un*, maltratar á alguno; y tambien superarle, vencerle en algo. || *Tirer son épingle du jeu*, desentenderse diestramente de un mal negocio. || *Être à deux de jeu*, estar á tantas ó en paz dos que juegan. || *Jeux*, pl. Juegos, espectáculos públicos de los antiguos, como carreras, combates de gladiadores, luchas, etc. || *Jeux olympiques*, juegos olímpicos. || *Jeux floraux*, juegos florales.

**JEUDI**, m. jeudí. Juéves, el quinto dia de la semana. || *Jeudi saint*, Juéves santo, el juéves de la Semana santa. || *Jeudi gras*, juéves gordo, el juéves que precede al domingo de carnestolendas. || prov. *La semaine des trois jeudis*, la semana de los tres juéves, nunca.

**JEUMERANTE**, m. jeumeránt. Art. Tablilla que sirve de patron para cortar las pinas de las ruedas.

**JEUN (À)**, expr. adv. ajeun. En ayunas, sin haberse desayunado.

**JEUNE**, adj. jeun. Jóven, mozo, hablando de personas. || Jóven, nuevo, hablando de animales. || Nuevo, hablando de árboles. || Juvenil, hablando de la edad, de los años, de las pasiones, del talento, etc. || Jóven, que tiene la frescura, el vigor, las cualidades de la juventud. || Jóven, que tiene la inexperiencia de la juventud. || *Jeune personne*, una jóven, una moza. *Jeune homme*, un jóven, un mozo. *Jeune femme*, una mujer jóven. || *Jeune chien*, cachorro. || *Jeune plante*, planta nueva ó tierna. || *Les jeunes gens*, los jóvenes, la gente moza, la juventud. || met. y fam. *Une jeune barbe*, un jóven. || *Il a la barbe trop jeune*, tiene la barba demasiado jóven, tierna: se dice de un jóven que quiere hacer cosas que requieren mas experiencia y madurez de la que se puede tener en su edad.

**JEÛNE**, m. jeun. Ayuno, abstinencia de comer mandada por la Iglesia. || Ayuno, toda abstinencia de alimentos. || met. y fam. Ayuno, toda especie de abstinencia ó privacion.

**JEUNEMENT**, adv. jeunemán. Nuevamente, recientemente.

**JEÛNER**, n. jeuné. Ayunar, guardar el ayuno por mandamiento ó por devocion. || Ayunar, comer poco ó nada por abstinencia voluntaria ó falta de alimentos. || *Jeûner au pain et à l'eau*, ayunar á pan y agua. || met. y fam. Ayunar, abstenerse ó estar privado de algun goce. || prov. *Jeûner le ventre plein*, ayunar despues de harto.

**JEUNESSE**, f. jeunés. Juventud, edad que media entre la niñez y la edad viril. || Juventud, mocedad, la gente jóven ó moza, los jóvenes, los mozos, hablando colectivamente. || Mocedad, tómase por travesura, devaneo ó disipacion de la poca edad. *Il a bien fait des traits de jeunesse*, ha hecho muchas calaveradas. = *C'est une jeunesse bien pardonnable*, es un devaneo disimulable. = *Dans ma jeunesse*, en mis mocedades. || Juventud, vigor que se conserva en los hombres despues que el tiempo ordinario de la juventud ha pasado. || *Dès la jeunesse*, desde la juventud. || *Escompter sa jeunesse*, tener una juventud desarreglada, licenciosa.

**JEUNET, TE**, adj. fam. jeuné. Jovencillo, mocito.

**JEÛNEUR, EUSE**, m. y f. jeuneur, eus. Ayunador, muy observante de los ayunos.

**JOAILLERIE**, f. joailrí. Joyería, comercio en joyas y pedrería.

**JOAILLIER, ÈRE**, m. y f. joallié. Joyero, el tratante en joyas y pedrería. || Lapidario, diamantista, el que trabaja en pedrería.

**JOALLE**, f. joál. Terreno dividido en bancales, á cuyos lados se colocan algunas líneas de cepas.

**JOBARD**, m. jobár. Zamacuco, hombre tonto, torpe y abestiado.

**JOBARDERIE**, f. jobardrí. Tontería, bobería.

**JOBER**, a. jobé. Ridiculizar, burlarse.

**JOBERIE**, f. ant. jobrí. Burla, engaño.

**JOC**, m. jóc. Parada de un molino.

**JOCKEI ó JOCKEY**, m. joqué. Joquey, palabra inglesa que significa criado jóven que conduce el coche como postillon.

**JOCKO**, m. jóco. Zool. Joco, la especie de mono que mas se parece al hombre.

**JOCRISSE**, m. jocrís. Maricon, hombre afeminado y cobarde, bragazas.

**JOCUS**, m. jócus. Mit. Joco, dios de la burla.

**JODELET**, m. jodlé. Chacotero, chocarrero, bufon, el que hace reir con sus boberías.

**JOIE**. f. jué. Gozo, júbilo, alegría, contento. || *Être à la joie de son cœur*, estar sumamente gozoso. || *Se donner d'une chose à cœur joie*, gozar plenamente de una cosa, saciarse en ella. || *Feu de joie*, fuego de artificio. || *Fille de joie*, ramera, moza de fortuna. || *Vive la joie*, ande la danza, siga la gresca.

**JOIGNANT, E**, adj. juañán. Contiguo, hablando de casas, jardines, etc. *Une maison joignante à la mienne*, una casa contigua á la mia. || JOIGNANT, prep. Junto á, inmediato á, contiguo á. *Une maison joignant l'église*, una casa contigua, inmediata á la iglesia.

**JOINDRE**, a. juándr. Juntar, unir unas cosas con otras. || Añadir, unir una cosa á otra. || *Avoir de la peine à joindre les deux bouts de l'année*, proveer á sus necesidades con trabajo ó dificultad. || *Joindre quelqu'un*, alcanzar á alguno. || *Se joindre*, r. Juntarse con, unirse á. || Juntarse, concurrir en un paraje con otro ú otros. || Juntarse, alcanzarse el uno al otro andando.

**JOINT, E**, adj. juán. Junto. || *Ci-joint*, adjunto, se dice hablando de papeles ó cartas. *Vous trouverez ci-jointe une lettre, vous trouverez ci-joints les papiers*; adjunta hallará Vd. una carta, adjuntos hallará los papeles. || *Ci-joint* queda invariable cuando empieza la frase ó el sustantivo no lleva artículo: *vous trouverez ci-joint copie de la lettre; ci-joint quittance*.

**JOINT**, m. juán. Juntura, parte por donde se juntan dos cosas.

**JOINTE**, f. *juánt*. Vet. Ranilla de un caballo.

**JOINTÉ, ÉE**, adj. *juanté* Vet. Dícese *cheval court-jointé*, *long-jointé*, caballo corto ó largo de cuartillas.

**JOINTÉE**, f. *juanté*. Almuerza, lo que pueden coger las dos manos juntas.

**JOINTIF, IVE**, adj. *juantif, iv*. Arq. Junto, unido. || *Lattes jointives*, latas clavadas muy juntas.

**JOINTOIEMENT**, m. *juantuamán*. Mamposteado, accion y efecto de mampostear.

**JOINTOYER**, a. *juantuayé*. Alb. Mampostear, trabajar de mampostería.

**JOINTURE**, f. *juantúr*. Coyuntura, dícese solo de la union de los huesos del cuerpo humano.

**JOLI, E**, adj. *jolí*. Bonito, lindo, pulido. || fam. Ventajoso: *une jolie position*, *une jolie place*. || Agraciado, donoso, que tiene gracia. || irón. y fam. Feo, desagradable, ridículo. || met. *C'est un joli sujet*, es un lindo sugeto: se dice de un jóven que se hace apreciar por su buena conducta ó por su mérito.

**JOLIET, TE**, adj. *jolié, ét*. Bonitillo, agraciadito, lindito, lindote.

**JOLIMENT**, adv. *jolimán*. Graciosamente, primorosamente, con gracia, con primor, lindamente.

**JOLITE**, f. *jolit*. Miner. Jolita, nombre que se da á la piedra de violeta.

**JOLIVETÉS**, f. pl. *jolivté*. Niñerías, chucherías, fruslerías, cosas de poco valor. || ant. Monadas, gracias de los niños.

**JOMBARDE**, f. *jonbárd*. Especie de flauta con tres agujeros. || Bot. Siempreviva, flava crasa, especie de planta.

**JONC**, m. *jón*. Bot. Junco, género de plantas. || Cerquillo, arillo, junco de Indias, caña para baston. || *Jonc odorant*, cálamo aromático, acoro verdadero. || *Jonc fleuri*, junco florido. || *Jonc marin*, aliaga, aulaga menor. || *Jonc thlaspi*, yerba rodela.

**JONCACÉ, ÉE**, adj. *joncasé*. Juncáceo, que se parece al junco.

**JONCAIRE**, f. *jonquér*. Juncaria, junco bastardo.

**JONCHAIE**, f. *jonché*. Juncal, el sitio en donde se crian muchos juncos.

**JONCHÉE**, f. *jonché*. Tendido, cama de yerbas, flores ó ramas con que se cubre el piso de una calle ó templo.

**JONCHER**, a. *jonché*. Cubrir, sembrar, tender de yerbas, flores ó ramas el piso, suelo ó paso. || met. *Joncher la campagne de morts*, cubrir, sembrar el campo de muertos ó de cadáveres.

**JONCHÈRE**, f. V. JONCHAIE.

**JONCHETS**, m. pl. *jonché*. Palitos con que juegan los muchachos.

**JONCIER**, m. *jonsié*. Bot. Junciero, nombre comun de la retama.

**JONCIFORME**, adj. *jonsifórm*. Junciforme, que tiene la forma del junco.

**JONCINELLE**, f. *jonsinél*. Bot. Juncinela, género de plantas.

**JONCIOLE**, f. *jonsiól*. Junciola, planta.

**JONCQUETIA**, f. *joncquésia*. Bot. Junquecia, especie de planta.

**JONCTION**, f. *joncsión*. Juncion, union, reunion de dos rios, mares, lagos, de dos ejércitos, etc.

**JONDELLE**, f. *jondél*. Zool. Cerceta, ave acuática.

**JONGLER**, n. *jonglé*. Juglear, hacer el juglar, el titiritero.

**JONGLERIE**, f. *jonglrí*. Juglería, truhanería.

**JONGLEUR**, m. *jongleur*. Juglar, antiguamente especie de ministril que iba á casa de los príncipes y grandes para cantar, recitar versos, etc. Hoy titiritero, saltimbanquis, farsante, truhan. En general, es todo el que quiere engañar con falsas apariencias.

**JONIDIE**, f. *jonidí*. Jonidia, especie de violeta que se usa en medicina como emético.

**JONOPSIS**, m. *jonópsis*. Bot. Jonopsis, planta parásita del Perú.

**JONQUE**, f. *jónc*. Mar. Junco, barco chino de doscientas á trescientas toneladas.

**JONQUILLE**, f. *jonquill*. Bot. Junquillo, planta de jardinería. Es una especie de narciso.

**JORDONNER**, n. *jordoné*. Mandar con vanidad y necia altanería. Es voz introducida por Victor Hugo.

**JORÉNA**, f. *joréna*. Bot. Jorena, género de plantas.

**JORO**, m. *jóro*. Bot. Joro, especie de sauco del Japon.

**JOROPA**, m. *jorópa*. Bot. Joropa, palmera de la América meridional.

**JOSEPH**, adj. m. *joséf*. Epíteto con que se designa una clase de papel muy delgado y trasparente. || *Coton joseph*, especie de algodon.

**JOSÉPHINE**, f. *josefín*. Bot. Josefina, género de plantas.

**JOSSÉLASSAR**, m. *josslasár*. Joselasar, algodon de Smirna.

**JOTA**, f. *jóta*. Zool. Jota, ave de rapiña de Chile. || Jota, tañido y baile usado en España.

**JOTAVILLA**, f. *jotavilla*. Zool. Jotavilla, especie de alondra.

**JOUAILLER**, n. fam. *juallé*. Juguetear, jugar los años ó las bonitas: dícese del jugar poquísimo interes ó ninguno.

**JOUBARBE**, f. *jubárb*. Bot. Jubarba, siempreviva, género de plantas.

**JOUE**, f. *jú*. Carrillo, mejilla, parte de la cara. *Grosses joues*, mofletes. || *Donner sur la joue*, *couvrir la joue à quelqu'un*, darle una bofetada. || *Coucher, mettre en joue*, encarar, apuntar un arma de fuego sobre alguno ó alguna cosa. || met. y fam. Poner los puntos ó la mira á una cosa, aspirar á ella, pretenderla.

**JOUÉE**, f. *jué*. Arq. Derrame, corte de pared en la abertura de una ventana.

**JOUER**, n. *jué*. Jugar, enredar, retozar, divertirse con alguna cosa ó unos con otros como los niños. || Andar, ir bien, marchar corrientemente, hablando de máquinas. || Tocar, hablando de instrumentos músicos. || Correr, saltar, hablando de aguas, fuentes, surtidores. || Botar, saltar, hablando de minas. || Disparar, tirar, hablando de cañones ó baterías. || Jugar, entretenerse, divertirse con algun juego que tiene reglas. *Jouer à pair ó impair*, jugar á pares ó nones. *Jouer au bâtonnet*, jugar al pito ó á la tala. *Jouer au billard*, jugar al billar. *Jouer au lansquenet*, jugar al sacanete. *Jouer au piquet*, jugar á los cientos. *Jouer au trictrac*, *aux cartes*, *aux dames*, *aux dés*, *aux échecs*, jugar á las tablas reales, á los naipes, á las damas, á los dados, al ajedrez. || met. *Jouer avec sa vie*, *avec sa santé*, jugar con su vida, con su salud: no tomar ninguna precaucion para conservar su salud. || *Jouer sur le mot*, *sur les mots*, jugar sobre la palabra ó las palabras: hacer alusiones, equívocos con las palabras. || *Faire jouer les eaux*, soltar ó hacer correr las aguas, esto es, las fuentes ó surtidores. || *Faire jouer le canon*, disparar el cañon. || *Jouer de bonheur*, tener suerte; *jouer de malheur*, tener desgracia. || *Jouer de la prunelle*, hacer guiños. || *Jouer des jambes*, correr, huir. || a. Jugar, hacer una partida de juego *Jouer un jeu*, jugar un juego, jugarlo bien. *Jouer une carte*, jugar una carta, echarla en la mesa. *Jouer gros jeu*, jugar fuerte, aventurar mucho. || *Jouer franc jeu*, ademas del sentido recto de jugar limpio ó sin trampas, tiene el figurado de obrar con pureza y sinceridad. || Jugar, se dice de una cosa que imita á otra ó que tiene su apariencia. || met. *Jouer sa vie*, jugar su vida, exponerse temerariamente. || *Jouer un rôle*, ademas del sentido recto de hacer ó representar un papel ó personaje un cómico, tiene el figurado de hacer papel ó figura, ó de darse importancia en el mundo una persona || *Jouer quelqu'un*, engañar á alguno: *il le joue en lui faisant espérer cet emploi*. || Representar una comedia, una tragedia. || Ejecutar un trozo de música. || *Jouer l'honnête homme*, hacerse el hombre de bien. || *Se jouer*, r. Divertirse, juguetear. || *Faire quelque chose en se jouant*, jugar con alguna cosa, hacerla jugando ó sin trabajo. || *Se jouer de quelqu'un*, burlarse, hacer mofa de alguno; y tambien engañarle, burlarse [illegible] || *Se jouer à quelqu'un*, [illegible] á propósito ó [illegible]

**JOUEREAU**, m. *juró*, [illegible] jugador; el que expone [illegible]

**JOUET**, m. *jué*. Juguete, [illegible] sa y de poco valor que [illegible] nimiento de los niños. || [illegible] dice de la persona que [illegible] una reunion, ó de quien se [illegible] burla ó mofa. || *Servir de jouet* [illegible] *compagnie*, [illegible] lia, servir de diversion [illegible] *jouet de la fortune*, *de ses* [illegible] juguete de la fortuna, de [illegible] propias pasiones. || [illegible] de las cuentas [illegible] se pone en el [illegible] bocado del caballo para [illegible] y se refresque la boca. || [illegible]

**JOUETTE**, f. *juét*. [illegible] conejo escarbando.

**JOUEUR, EUSE**, m. y f. [illegible] Juguetón, retozon, el que [illegible] tosa. *C'est un vrais* [illegible] retozon, no puede jugar [illegible] gador, el que juega, que [illegible] de juego. || Jugador, [illegible] está viciado en el juego, [illegible] de jugar. || *Joueur d'instrument* [illegible] tocador de algun instrumento [illegible] *forces*, jugador de [illegible] hace juegos de cubiletes, [illegible] *rionnettes*, titerero, [illegible] quis.

**JOUFFLU, E**, adj. *juflú*. [illegible] tiene los carrillos muy [illegible]

**JOUG**, m. *júg*. Yugo [illegible] que se pone sobre la [illegible] los bueyes ó mulas para [illegible] arado como en los [illegible] Yugo, servidumbre, sujecion [illegible] minio en sentido mas [illegible] garrote que se da para [illegible] dera metiendo un palo [illegible] la forman y retorciéndola [illegible] *joug du mariage*, el yugo [illegible] los vínculos que unen á los [illegible]

**JOUGAN**, m. *jugán*. [illegible] alondra.

**JOUIÈRES** ó **JOUILLÈRES** [illegible] *juillér*. Estribos laterales de [illegible]

**JOUIR**, n. *juir*. Gozar, [illegible] alguna cosa. || Gozar, poseer [illegible] ner ó aprovecharse de alguna [illegible] lidad, ventaja ó cosa [illegible] Disfrutar, alegrarse, [illegible] hablando de los perros [illegible] los despojos de la caza. || [illegible] *qu'un*, poseer á uno, [illegible] conservarle á su lado, de [illegible] pañía, de obtener alguna [illegible] cion ó placer. || *Jouir d'une* [illegible] de una mujer, tener cópula [illegible] *de l'embarras de quelqu'un*, [illegible] mal de alguno, de su aflixion [illegible] ria.

**JOUISSANCE**, f. *juisáns*. [illegible] sion, disfrute; y tambien [illegible] cion, hablando de un placer [illegible] deseado. || Placer: *la* [illegible] *sance*. || Lit. ant. Pieza [illegible] verso. || fam. *Avoir la jouissance* [illegible] *femme*, estar en posesion de [illegible] ner con ella un comercio ilícito.

**JOUISSANT, E**, adj. *juisán*, [illegible] goza y posee, que tiene el [illegible] sear.

**JOUJOU**, m. *jujú*. Juguete [illegible] se regala á los niños para que [illegible] gan y jueguen.

**JOUR**, m. *júr*. Claridad, [illegible] Dia, tómase por esta claridad [illegible] que comprende el dia artificial [illegible] toma por el espacio de 24 horas [illegible] tural y del civil. || Claro, [illegible] punto de donde se [illegible] met. La vida, la salida al [illegible] do los hijos respecto de sus [illegible] Colorido, modo con que se [illegible] cosa ó se expone al juicio de [illegible] claridad, reflejo que despide [illegible] cualquier cuerpo luminoso. || [illegible] cion, esclarecimiento que se da á [illegible] aspecto dudoso. || Salida, desen- que se emplea para obtener un ... || Arq. Luz, claridad, se en- todas las aberturas que la comu- edificio, como son puertas, venta- Grand jour, dia claro, muy de dia, del dia. || Beau jour, hermoso, be- la pointe du jour, la punta del dia. ... || Jour de congé, dia de asueto ... de estudios y colegios. || Jour de carne. || Jour maigre, dia de ... dia de viérnes. || Jour du juge- ment, dia del juicio ó del juicio fi- ... au jour la journée, au jour le ... del dia, no guardar para maña- ... por lo servido. || Etre à son jour, estar en su último dia. || met. ... saint du jour, el figurin del dia, ... por un hombre que figura, que ... candelero. || Faux jour, opacidad, ... que presenta los objetos de dis- ... que ellos son en realidad. || ... jour, media luz, débil, claridad que ... percibir claramente los objetos. || ... jour, ser de dia, amanecer. || Mettre ... chose dans son jour, poner una ... claridad, de modo que pueda ... perfectamente. || À jour, percé à jour, atravesado de parte á parte, ... de ciertas labores ó cosas cuyo ... agujereado á trechos. || Se dice : ... cette maison est à jour, cuando ... puertas ó ventanas ó no se han ... || Mettre un livre au jour, ... un libro, publicarle, darle á la im- ... Mettre une chose au jour, publi- ... propalar alguna cosa, hacerla ... Se faire jour, abrirse paso á traves ... obstáculo. || Il est jour chez lui, ... para él, ya está levantado, co- ... visible. || Il est petit jour chez ... lui, está amaneciendo, aun no es ... levantarse, acaba de despertar. || ... voir le jour, ver la luz, nacer, venir ... vivir. || Mettre au jour, dar á luz, ... parir una criatura. || Devoir le jour, ... la existencia, deber el ser, ser ... la vida á los padres. || Perdre le jour, ... cerrar los ojos, morir. || Jurisp. Jour de ... comunicacion, ventana ó balcon ... abrir un propietario en su casa sin ... de tercero. = Jour de servitude, ... que se practica en una pared cor- ... á una medianería, sin que la ... colindante pueda oponerse á este de- ... Jour de souffrance, puerta ó ven- ... corresponde á la propiedad de un ... lo tolera voluntariamente. || fam. ... son bon jour, santificar el dia, em- ... confesar y comulgar. || ... Jour, se entiende por una época, y ... á lo que en ella ocurre. || Les ... jours, los dias de carnaval; se entiende ... por el juéves, domingo, lúnes ... anteriores al miércoles de Ceni- ... mourir plein de jours, morir lleno de ... viejo. || Les beaux jours, el buen ... los primeros dias de la primavera. || Jours de faveur, dias de prórroga; se ... por los diez dias que se concedian, ... verificar el pago de una letra, al co- ... contra quien estaba girada. || ... avoir ses grands jours, estar de eti- ... recibir un gran número de visitas. || Jours de planche, dias de parada que está ... á hacer en el puerto de su destino ... de un buque fletado comercial- ... que por lo tanto pueda reclamar ... alguna. || prov. Les jours se ... et ne se ressemblent pas, todos los ... son iguales, tras de tiempo, tiempo ... esta semana es corta, siete dias ...

JOURDAIN, m. jurdén. Jordan, rio de ... que desemboca en el mar Muerto. ... cierta constelacion setentrional.

JOURD'HUI, m. jurdui. El dia de hoy, ... No se usa mas que en el ... y se dice cejourd'hui.

JOURDIN, m. jurdén. Zool. Holocentro, ... pescado.

JOURNAL, adj. m. jurnál. Diario, coti- ... que es relativo á cada dia. || Livre journal, libro diario. || JOURNAL, m. Diario, ... ó memoria en que se escriben dia por dia los sucesos que ocurren en un negocio, empresa, país, etc. || Diario, periódico, papel que se publica cotidianamente. || Jornada, aranzada, yugada, cupo de tierra que puede arar una yunta de bueyes en un dia.

JOURNALIER, ÈRE, adj. jurnalié, ér. Diario, cotidiano, que se hace todos los dias. || Diario, vario, desigual, que está sujeto á cambio, á variacion. || Úsase tambien como sustantivo, y significa jornalero, hombre que trabaja á jornal.

JOURNALISME, m. jurnalism. Periodismo, reunion, conjunto de publicaciones periódicas.

JOURNALISTE, m. jurnalist. Periodista, autor, escritor ó redactor de un periódico. || Operario, cajista que trabaja en un periódico.

JOURNÉE, f. jurné. Jornada, dia artificial, espacio de tiempo que media desde la hora de levantarse hasta la de acostarse. || Jornal, trabajo de un jornalero en un dia; y tambien el salario que gana. || Jornada, camino que se anda en un dia. || Journée bourgeoise, obrada de trabajo ordinario en una casa. || Jornada, dia en que ocurre un hecho memorable de cualquier especie. || Jornada, un dia de batalla, y la misma batalla. || Jornada, division de una pieza dramática en el antiguo teatro español. || met. Mentir à la journée, mentir á destajo, ser un embustero por costumbre. || À journée, à la journée, á jornal.

JOURNELLEMENT, adv. jurnelmán. Diariamente, cada dia, todos los dias.

JOURNOYER, n. jurnuayé. Holgar, pasar el dia sin trabajar.

JOURGUK, m. jurúc. Soldado de la milicia turca.

JOUSANT, m. jusán. Mar. Bajamar, reflujo. V. JUSANT, propia ortografía.

JOUSION, m. jusión. Zool. Uno de los nombres de la lija, tollo ó gato marino.

JOUTE, f. jút. Justa, combate á caballo y con lanza. || Joute sur l'eau, justa sobre el agua, diversion en la que dos personas colocadas cada una en la proa de un botecillo se empujan mutuamente con unas varas largas á manera de lanzas con objeto de hacerse caer en el agua. || Riña, pelea, combate de gallos, de perros ú otros animales; y tambien el lugar en que se pelea.

JOUTER, n. juté. Justar, combatir con las lanzas una persona contra otra. || met. Luchar, discutir, disputar dos personas sobre dos principios opuestos.

JOUTEUR, m. juteur. Justador, el que justa, que combate lanza en mano á caballo individualmente. || fam. C'est un rude jouteur, es un bárbaro para pelear. Se dice en un sentido recto y en el figurado.

JOUVE, f. júv. Juva, pájaro africano.

JOUVENCE, f. ant. juváns. Juventud. Solo se usa en esta locucion : la fontaine de Jouvence, nombre de una fuente que se creyó tenia virtud para remozar; y así aller à la fontaine de Jouvence, es lo mismo que en español ir al Jordan. Segun la fábula, Jouvence era el nombre de una ninfa que Júpiter transformó en fuente.

JOUVENCEAU, m. ant. juvansó. Jovencillo, mozalbete, mozalbillo, mocito jóven ó individuo que aun no ha salido de la adolescencia.

JOUVENCELLE, f. ant. juvansél. Jovencilla, mocita, mozuela, doncella que se encuentra en la adolescencia.

JOVELLANE, f. jovelán. Bot. Jovellana, planta de la familia de las calceolarias.

JOVIAL, E, adj. joviál. Jovial, alegre, festivo, que disfruta de buen humor.

JOVIALEMENT, adv. jovialmán. Jovialmente, de una manera jovial.

JOVIALITÉ, f. jovialité. Jovialidad, disposicion ó estar alegre, de humor jovial.

JOVIEN, NE, adj. jovién, én. Joviano, que corresponde ó se refiere á Júpiter. || Joviano, sobrenombre dado á Hércules.

JOVILABE, m. jovilab. Jovilabo, instrumento propio para hallar las configuraciones y las situaciones respectivas aparentes de los satélites de Júpiter.

JOVINIANISTE, m. jovinianíst. Hist. Jovinianista, discípulo de Joviniano, hereje del siglo IV.

JOYAU, m. juayó. Joya, alhaja, ornato hecho de oro, plata ó piedras preciosas que sirve de adorno á las mujeres. || Jurisp. Bagues et joyaux, alhajas y pedrerías, objetos de precio que pertenecen á una recien casada.

JOYEUSEMENT, adv. juayeusmán. Alegremente, con alegría. || Jovialmente, con jovialidad. || Gozosamente, con gozo, con júbilo.

JOYEUSETÉ, f. juayeusté. Jovialidad, chiste, jocosidad, gracejo, palabra festiva que provoca la risa ó la alegría.

JOYEUX, EUSE, adj. juayeu, eus. Chistoso, jocoso, jovial, que es festivo, alegre, divertido, hablando de personas. || Alegre, que manifiesta alegría : des chants joyeux. || Alegre, fausto, favorable, hablando de una noticia, de un anuncio. || Mener une vie joyeuse, llevar una vida alegre, entregarse á los placeres. || fam. Bande joyeuse, reunion jovial, alegre, gente de buen humor, chistosa, que procura divertirse y nada mas.

JUBARTE, f. jubárt. Zool. Especie de ballenato ó ballena desdentada.

JUBE, f. júb. Crencha, guedeja de leon, especie de crin que este animal tiene en el pescuezo. || Cimera, adorno que se pone en los cascos. || Zagalejo, guardapiés, cierta prenda de vestido que llevaban las mujeres.

JUBÉ, m. jubé. Especie de claraboya ó coro alto, lugar elevado de una iglesia en forma de galería ó de tribuna, para cantar la Epístola, el Evangelio, etc. || prov. y met. Venir à jubé, entrar en el carril, besar la correa, entrar en yugo : someterse por fuerza á la voluntad ó dominacion de alguno.

JUBÉE, f. jubé. Bot. Jubea, género de palmeras.

JUBILAIRE, adj. jubilér. Jubilario, que corresponde al jubileo. || Jubilario, religioso que tiene cincuenta años de profesion, canónigo ó beneficiado que ha pasado cincuenta años en el ejercicio de sus funciones.

JUBILATION, f. fam. jubilasión. Holgorio, fiesta, diversion, regocijo, buena comida; y así se dice : il y avait grande jubilation dans cette maison.

JUBILÉ, m. jubilé. Jubileo, indulgencia plenaria, solemne y universal concedida por el papa en ciertos tiempos y en ciertas ocasiones. || Faire son jubilé, ganar el jubileo. || Térm. de juego. Faire jubilé, hacer zapatos : embrollar las cartas entre los jugadores de modo que no se pueda saber quién perdia ni quién ganaba. || adj. Jubilado, dícese de los maestros, lectores y catedráticos que han ganado la jubilacion por sus años de enseñanza. || Chanoine jubilé, canónigo jubilado, que ha cumplido cincuenta años de profesion.

JUBILER, a. jubilé. Jubilar por avanzada edad ó por servicios.

JUBIS, m. jubís. Com. Nombre dado á las pasas de sol de la Provenza.

JUC, m. júc. El palo ó la percha en que se posan las gallinas en el gallinero.

JUCHART, m. juchár. Medida de granos que se usa en Alemania.

JUCHER, n. juché. Acostarse las gallinas y otras aves que duermen posadas sobre las ramas de los árboles ó sobre un palo en el aire. || met. y fam. Vivir en desvan ó en camaranchon, en un lugar alto y poco cómodo. || Se jucher, r. Percharse, posarse las aves en ramas ó palos.

JUCHOIR, m. juchuár. Gallinero, lugar donde se suben las gallinas para dormir.

JUDA, m. judá. Judá, cuarto hijo de Jacob y de Lía. || Trampilla de un techo para ver lo que pasa abajo.

JUDAÏQUE, adj. judaíc. Judáico, que corresponde á los Judíos. || Interprétation judaïque, interpretacion judáica, que se separa del natural y verdadero sentido. || Pierres judaïques, piedras judáicas, que se encuentran en Judea, en Palestina, en Silesia, etc.

JUDAÏQUEMENT, adv. judaicmán. Judáicamente, de una manera judáica.

**LACERT**, m. *lasér*. Zool. Lacerta, pescado del Océano.

**LACERTIEN, NE**, adj. *lasertién, én*. Lacertiano, que pertenece al lagarto.

**LACERTIFORME**, adj. *lasertifórm*. Lacertiforme, que tiene la forma de un lagarto.

**LACET**, m. *lasé*. Cordon, cierto género de cuerda por lo comun redonda, de seda, hilo ó algodon, con herretes para atacar corsé, almilla, jubon, etc. || Mont. Lazo, nudo para cazar. || met. Lazo, emboscada. || Pasador de hierro con que los cerrajeros unen las dos partes de una visagra. || Bot. *Lacet de mer, lacet de Neptune*, cordon de mar, cordon de Neptuno, nombre que se da á algunas producciones vegetales marinas que se encuentran fluctuando en alta mar.

**LACEUR, EUSE**, m. y f. *laseur, eus*. Art. Mallero, el que hace redes para la pesca ó la caza.

**LÂCHE**, adj. *láche*. Flojo, suelto: dícese de lo que no está tirante ó apretado, ó bien atado ó ajustado. || met. Flojo, que no tiene vigor ni actividad. || Flojo, que no tiene energía ni concision, hablando de estilo. || met. Flojo, poltron, mandria, desidioso. || Cobarde, sin valor. || Infame, ruin: dícese de las personas y de sus acciones. || Bot. *Epi lâche*, espiga suelta, espiga cuyas flores están distantes. || *Ventre lâche*, vientre flojo. || Se usa tambien sust., y significa vil, ruin, pícaro, cobarde ó traidor.

**LÂCHEMENT**, adv. *lachemán*. Flojamente, con descuido, con negligencia. || Indignamente, cobardemente, infamemente.

**LACHENALE**, f. *lachenalí* Bot. Laquenalia, género de plantas.

**LÂCHER**, a. *laché*. Aflojar, soltar, desatar ó desasir. || Soltar, dejar ir ó escapar. En este sentido se aplica tan bien á las personas como á las cosas. || Soltar la baza en los juegos de naipes, amollar. || *Lâcher le ventre*, aflojar, descargar el vientre. || Equit. *Lâcher la bride à un cheval*, soltar la brida á un caballo, tener la brida ménos corta para dejarle correr. || *Lâcher prise*, soltar la presa, dejar ir lo que se tenia con fuerza. || met. *Lâcher prise*, desistir en una disputa, en un combate. || *Lâcher les chiens*, soltar los perros, dejarlos correr detras de la caza. || *Lâcher l'aiguillette*, desatacarse, hacer del cuerpo. || *Lâcher un vent*, soltar un pedo, tirar un cuesco, peerse. || *Lâcher le pied*, tomar soleta, poner piés en polvorosa, echar á huir. || met. *Lâcher la bride à ses passions*, soltar el freno á sus pasiones, abandonarse enteramente á ellas. || met. *Lâcher une parole, lâcher un mot*, soltar una palabra, decir inconsideradamente alguna cosa que pueda perjudicar ó desagradar. || *Lâcher un soufflet*, soltar una bofetada. || *Se lâcher*, r. Aflojarse, soltarse. || Desatarse, soltar la maldita: murmurar de alguno.

**LÂCHETÉ**, f. *lachelé*. Cobardía, falta de ánimo, de valor. || Vileza, infamia, accion baja y traidora. Solo en este sentido tiene plural.

**LACNÉE**, f. *lacné*. Bot. Lacnea, género de plantas.

**LACINIEN, NE**, adj. y s. *lasinién, én*. Geog. ant. Laciniano, de la ciudad de Lacinio.

**LACINIÉ, ÉE**, adj. *lasinié*. Laciniado, recortado: se dice de las hojas de las plantas.

**LACINIFORME**, adj. *lasinifórm*. Zool. Laciniforme, que está en forma de franja.

**LACINULÉ, ÉE**, adj. *lasinulé*. Bot. Laciniado, que tiene divisiones irregulares.

**LACIS**, m. *lasí*. Randa, red, redecilla de hilo ó seda. || Anat. Tripa reticular ó cañuto, ó calice en plural.

**LACISTÈME**, m. *lasistem*. Bot. Lacistemo, género de plantas de la América meridional.

**LACONIEN, NE**, adj. y s. *laconién, én*. Laconio, de Laconia, pais de la Grecia.

**LACONIQUE**, adj. *laconíc*. Lacónico, perteneciente á la Laconia. || Lacónico, breve, conciso, sucinto, segun el uso de los Lacedemonios. Se dice de personas y de cosas.

**LACONIQUEMENT**, adv. *laconicmán*. Lacónicamente, de un modo lacónico, brevemente.

**LACONISER**, n. *laconisé*. Laconizar, hablar de un modo lacónico, conciso. || Laconizar, tener ó afectar las costumbres de los Lacedemonios.

**LACONISME**, m. *laconísm*. Laconismo, modo de hablar conciso, á la manera de los habitantes de la Laconia ó Lacedemonios.

**LACONOMANIE**, f. *laconomaní*. Laconomanía, afectacion del laconismo. || Laconomanía, imitacion afectada de las costumbres lacedemonias.

**LACRYMA-CHRISTI**, m. *lacrimacristí*. Lacrima-cristi, nombre que se da á un vino moscatel muy agradable que se recoge en Italia.

**LACRYMAL, E**, adj. *lacrimál*. Lacrimal, que pertenece á las lágrimas. Es voz de la anatomía: *glande lacrymale, sac lacrymal, canal lacrymal ó nasal, artère lacrymale, veines lacrymales*. || Cir. *Fistule lacrymale*, fístula lagrimal.

**LACRYMATOIRE**, m. *lacrimatuár*. Antig. rom. Lacrimatorio, vasitos de tierra ó vidrio en los que se creyó que se recogian las lágrimas que vertia cada uno al tiempo de su muerte.

**LACRYMIFORME**, adj. *lacrimifórm*. Lacrimiforme, que tiene la forma de una lágrima.

**LACRYMULE**, f. inus. dim. de LARME. *lacrimúl*. Lagrimita, lágrima pequeña.

**LACS**, m. *lá*. Cordoncillo, torzal, cordon fino de seda. || Cuerdas dispuestas para sostener unos hilos fuertes que reemplazan los lisos en los telares de tejidos labrados. || Lazo, cuerda que tiene cierta longitud y que se usa para derribar los caballos. || Lazo, nudo corredizo que se dispone para cazar. || met. Lazo, trampa, atolladero de que no puede salirse sino con mucho trabajo. || *Lacs d'amour*, prendas de amor, cifras ó señales que usaban los amantes para ser conocidos de sus damas.

**LACTAIRE**, adj. V. LACTÉ.

**LACTATE**, f. *laciát*. Quim. Lactato, género de sal compuesta de una base y ácido láctico.

**LACTATION**, f. *lactasión*. Lactacion, accion de alimentar á un niño con leche.

**LACTÉ, ÉE**, adj. *lacté*. Lácteo, que tiene relacion con la leche ó se parece á la leche. || Lácteo, que produce un jugo lechoso ó lactescente. || Anat. *Vaisseaux lactés*, vasos lácteos, vasos linfáticos que llevan el quilo á la faz interna de los intestinos. || Bot. *Plantes lactées*, plantas lechosas, las que abundan en jugo lechoso. || Astr. *Voie lactée*, vía láctea, banda celeste cuyo resplandor blanquizco y lechoso es producido por un número prodigioso de estrellas.

**LACTÉIFORME**, adj. *lacteifórm*. Lacteiforme, que tiene la apariencia de la leche.

**LACTESCENCE**, f. *lactesáns*. Lactescencia, cualidad de un líquido cualquiera, turbio, blanco y parecido á la leche.

**LACTIFÈRE**, adj. *lactifér*. Lactífero, que tiene, que produce leche. || *Lactifères*, f. pl. Bot. Lactíferas, familia de plantas que contienen un jugo lechoso.

**LACTIFIQUE**, adj. *lactific*. Lactífico, que produce leche.

**LACTIGÈNE**, adj. *lactigén*. Lactígeno, que aumenta la secrecion de la leche.

**LACTINE**, f. *lactín*. Lactina, uno de los nombres del azúcar de leche.

**LACTIPHAGE**, adj. *lactifáge*. Lactífago, que vive de leche.

**LACTIPOTE**, adj. *lactipót*. Lactípota, que toma leche por bebida ordinaria.

**LACTIQUE**, adj. *lactic*. Quim. Láctico, que tiene relacion con la leche.

**LACTIVORE**, adj. *lactivór*. Lactívoro, que vive de leche como un niño recien nacido.

**LACTOMÈTRE**, m. *lactométr*. Lactómetro, instrumento que sirve para conocer la bondad de la leche.

**LACTUCÉ, ÉE**, adj. *lactusé*. Lactúceo, que tiene relacion ó semejanza con la lechuga.

**LACUNE**, f. *lacún*. Laguna, blanco, claro, lo que falta en el texto de un manuscrito ó impreso, sean líneas, palabras omitidas ó borradas. || Anat. Laguna, cavidades pequeñas que presentan las membranas mucosas. || Bot. Laguna, cavidades llenas de aire que se encuentran en el tejido celular de algunas plantas.

**LACUNETTE**, f. *lacunét*. Lagunita, pequeña laguna.

**LACUNEUX, EUSE**, adj. *lacuneu, eus*. Lacunoso, que ofrece ó contiene lagunas.

**LADANIFÈRE**, adj. *ladanifér*. Bot. Ladanífero, que produce ládano.

**LADANUM**, m. *ladánom*. Ládano ó melaza, el licor viscoso que arroja la lada ó jara.

**LADANY**, m. *ladání*. Bot. Ladani, nombre vernaculario del arbusto que produce el ládanum ó ládano.

**LADRE**, adj. *ládr*. Leproso, lleno de lacería. || met. y fam. Bodoque, alcornoque, insensato, mentecato. || met. Insensible, hablando física y moralmente. || Roñoso, mezquino, avaro. || Úsase tambien como sustantivo, y entónces el femenino es *ladresse*.

**LADRERIE**, f. *ladrrí*. Lepra, lacería. || Leprería, hospital de leprosos ó de San Lázaro. || met. Roñería, miseria, mezquindad, por avaricia sórdida. || met. Insensibilidad. || Vet. Lepra, nombre que se ha dado á una especie de escrófula que se desarrolla en el cerdo y en el jabalí.

**LADY**, f. *lédi*. Ladi, tratamiento que se da en Inglaterra á las señoras de distincion.

**LAFFA**, m. *láfa*. Bot. Lafa, árbol de la isla de Madagascar.

**LAGASCIE**, f. *lagasí*. Bot. Lagascia, género de plantas sinantéreas de América.

**LAGÈNE**, f. *lagén*. Antig. rom. Lagena, toda vasija que se parecia á una botella.

**LAGIDIE**, f. *lagídí*. Zool. Lagidia, género pequeño de rumiantes.

**LAGOCHILE**, m. *lagochíl*. Med. Labio leporelo, deformidad que hace parecer el labio bipartido.

**LAGOGRAPHIE**, f. *lagografí*. Lagografía, historia de la liebre.

**LAGOGRAPHIQUE**, adj. *lagografíc*. Lagográfico, que pertenece á la lagografía.

**LAGOPE**, adj. *lagóp*. Zool. Lagopo, que tiene los piés guarnecidos de pelo como la liebre.

**LAGOPÈDE**, m. *lagopéd*. Zool. Lagópodo, ave de la familia de las gallináceas alectóridas y del mismo género que la perdiz.

**LAGOPUS**, m. *lagópus*. Trébol de los sembrados.

**LAGOSÉRIS**, m. *lagoserí*. Bot. Lagoséris, género de plantas.

**LAGOTIS**, m. *lagótis*. Zool. Lagotis, especie de mamífero roedor.

**LAGOUAN**, m. *laguán*. Bot. Laguan, árbol de Filipinas.

**LAGUE**, f. *lágue*. Mar. Estela, surco ó señal que deja la nave andando.

**LAGUILLÈRE**, m. *laguillér*. Especie de red para pescar.

**LAGUIS**, m. *laguís*. Mar. Balso, lazo corredizo hecho al extremo de una cuerda.

**LAGUNCULAIRE**, m. *lagonculér*. Bot. Laguncular, arbusto de las Antillas.

**LAGUNE**, f. *lagún*. Laguna, albuhera que forman las aguas del mar. *Lagune d'eau douce*, laguna, charca, pantano.

**LAGUNÉE**, f. *laguné*. Bot. Lagúnea, género de plantas.

**LAGUNON**, m. *lagunón*. Bot. Lagunon, género de plantas dicotiledóneas.

**LAI, LAIE**, adj. *lé*. Lego, se dice del que no tiene órdenes clericales. || *Frère lai, moine lai*, lego, fraile ó monje lego.

**LAI**, m. ant. *lé*. Queja, lamentacion. Especie de poesía lastimosa usada antiguamente, que equivale á endecha.

**LAÏC**, adj. y s. V. LAÏQUE.

**LAÏCAL, E**, adj. *laicál*. Que pertenece á los legos.

**LAÎCHE**, f. *léche*. Bot. Esparganio, cárice, yerba que brota en los prados. || id. Lecho, nombre vulgar del gusano de tierra.

**LAID, E**, adj. *lé, léd*. Feo, deforme, que tiene un defecto notable en las proporciones

plata de Venecia, que vale cerca de 24 reales.

**JUTEUX, EUSE**, adj. *jutéu*, *eus.* Jugoso, que tiene mucho jugo.

**JUTLANDAIS, E**, adj. y s. *jutlandé*, *és.* Jutlandes, del Jutlan, península del reino de Dinamarca.

**JUTURNE**, f. *jutúrn.* Mit. Yuturna, diosa del Lacio.

**JUVEIGNERIE**, f. *juveñerí.* Minoría, órden de nacimiento del hijo mas jóven ó mas pequeño.

**JUVEIGNEUR**, m. *juveñeur.* Hijo menor que goza del derecho de infantazgo.

**JUVÉNIL, E**, adj. *juvenil.* Juvenil, que pertenece á la juventud.

**JUVÉNILEMENT**, adv. *juvenilmán.* Juvenilmente, de un modo juvenil.

**JUVÉNILITÉ**, f. *juvenilité.* Juvenilidad, estado, carácter de lo que es jóven, juvenil.

**JUXTAPOSER**, a. *jucstaposé.* Didáct. Yuxtaponer, colocar una cosa al lado de otra. || Se *juxtaposer*, r. Fís. Yuxtaponerse, colocarse [illegible] materiales sobre otras [illegible] misma sensible.

**JUXTAPOSITION**, f. [illegible] Fís. Yuxtaposicion, accion de las [illegible] que se yuxtaponen. || [illegible] mento de los cuerpos [illegible] de la agregacion de [illegible] en su superficie.

# K.

**K**, m. K, undécima letra del alfabeto francés y octava de las consonantes. Tiene mucha analogía con la *c*, y ambas se pronuncian de la misma manera. Es de muy poco uso en la lengua francesa, sirviendo casi únicamente para escribir las voces de orígen extranjero, como *Stockholm*, *Yorck*, *etc.* Tambien se empleaba antiguamente en las palabras *kalende*, *kalendrier*. En las inscripciones de la edad media *K* significa *Carolus*, Cárlos. || *K* ó *kil.* es abreviatura de *kilogramme*, kilógramo.

**KA**, m. *cá.* Ka, nombre de una letra del alfabeto sanscrito, que es la duodécima del órden de las guturales.

**KAAL**, m. *caál.* Kaal, especie de pasta que se hace en la India con la bastería histria.

**KAATE**, m. *caát.* Bot. Kaato, árbol de la India.

**KAAWY**, m. *caauí.* Kaui, cierta bebida del Brasil hecha con maíz cocido.

**KABAK**, m. *cabác.* Especie de botillería, en Moscovia, en que se permite fumar.

**KABASCHIR**, m. *cabachír.* Cabasquiro, jefe de canton en la costa de los Esclavos.

**KABBADE**, m. *cabád.* Cábado, traje militar de los Griegos modernos.

**KABESKI**, m. *cabésquí.* Kabesqui, moneda de plata de Persia. || Kabesqui, monedilla de cobre del mismo pais.

**KABIN**, m. *cabén.* Kabin, matrimonio que se contrataba por un tiempo entre los mahometanos y los Persas.

**KACHIN**, m. *cachén.* Cachino, especie de concha del Senegal.

**KACY**, m. *cási.* Cacy, árbol grande con que los negros hacen canoas.

**KADELÉE**, f. *cadlé.* Cadelea, especie de judía de las Indias.

**KADI**, m. *cadí.* Cadí, juez árabe. V. Cadi.

**KADNA**, m. *cádna.* Bot. Cadna, género de plantas hediotídeas.

**KADOCHE**, m. *cadóche.* Cadoco, grado trascendente de la francmasonería.

**KADOUCAIE**, f. *caduqué.* Bot. Caducaya, fruto de las Indias.

**KADRIS**, m. *cadrís.* Cadrís, monje turco que va casi desnudo y bailando.

**KADSURE**, f. *cadsúr.* Bot. Cadsura, género de plantas dicotiledóneas.

**KÆMPFÉRIE**, f. *quemferí.* Bot. Canferia, género de plantas monocotiledóneas.

**KAGENECKIE**, f. *cagenequí.* Bot. Cajenecquia, género de plantas del Perú.

**KAGNE**, f. *cáñ.* Pasta que hacen los Italianos con la mas hermosa harina de trigo.

**KAHINÇA**, m. *caénsa.* Bot. Cahinsa, planta medicinal.

**KAHIRIE**, f. *caírí.* Bot. Cairia, planta parecida á la estalia.

**KAIL**, m. *cáil.* Especie de col de Escocia.

**KAÏR**, m. *caír.* Zool. Cair, especie de gado. || Cair, filamentos del cocotero, con que se fabrican excelentes cuerdas en la India.

**KAISCHUPENANCK**, m. *queschupenánc.* Caischupenan, raíz de América que se come cocida.

**KAJOU**, m. *cajú.* Cajou, nombre que se dió á algunos monos de América muy parecidos al sajú.

**KAKAM**, m. *cacám.* Cacam, jefe de los rabinos en Turquía.

**KAKATOÈS** ó **KAKATOUÈS**, m. *cacatoés*, *cacatués.* Zool. Cacatoes ó cacatué, género de pájaros silvestres, especie de papagayos.

**KAKE**, f. *các.* Caco, especie de higo.

**KAKE-PIRE**, f. *cacpír.* Bot. Caque-pira, planta del cabo de Buena Esperanza.

**KAKERLAK**, m. *caquerlác.* Zool. Caquerlaco, género de insectos ortópteros.

**KAKIER**, m. *caquié.* Bot. Caquier, árbol que produce el fruto llamado caco.

**KAKIL**, m. *caquil.* Bot. Caquil, palmera del Congo.

**KALAN**, m. *calán.* Calan, especie de concha de la que estraian los antiguos el color de púrpura.

**KALANCHÉE**, f. *calanché.* Bot. Calanques, género de plantas.

**KALAVEL**, m. *calavél.* Bot. Calavel, planta.

**KALI**, m. *cáli.* Bot. Cali, sosa, planta marina.

**KALIFORMIE**, f. *califormí.* Bot. Califormia, género de plantas.

**KALKSINTER**, m. *calcsentér.* Quím. Calsinter, variedad de cal carbonatada cristalizada.

**KALKSPATH**, m. *calcspát.* Quím. Calspato, variedad de cal carbonatada cristalizada.

**KALPA-TAROU**, m. *calpatarú.* Mit. Calpataru, árbol fabuloso de los Indios que producia cuanto se deseaba.

**KAMAN**, m. *camán.* Zool. Caman, género de conchas.

**KAMEN**, m. *camén.* Kámen, nombre que dan los Turcos á las rocas sagradas.

**KAMICHI**, m. *camichí.* Zool. Camique, género de aves americanas.

**KAN**, m. V. Khan.

**KANAHIA**, f. *canáia.* Bot. Canaya, género de plantas asclepiádeas.

**KANASTER**, m. *canastér.* Canasto de junco, de mimbre ó caña, en que suele despacharse el tabaco de América. || Tabaquera y el tabaco que contiene.

**KANDERINE**, f. *canderín.* Canderina, moneda japonesa.

**KAND-SI**, m. *candsí.* Cand-si, papel fabricado en el Japon.

**KANGIAR**, m. *cangiár.* Cangiar, puñal indio con hoja ancha y de dos filos. || Puñal turco.

**KANGUROO** ó **KANGAROU**, m. *canguroó*, *cangarú.* Canguroo ó cangarú, mamífero, cuadrúpedo del órden de [illegible] ros.

**KANNA**, f. *cánna.* Cana, [illegible] muy estimada por los [illegible].

**KANNAMIE**, f. *canamí.* [illegible] especie de mogera, arbusto del Japon.

**KANNE**, f. *cán.* Canna, medida de capacidad en Alemania.

**KANTA**, m. *cánta.* Canta, [illegible] de una sustancia acuosa.

**KANTERKAAS**, m. [illegible] Kanterkaas, queso holandés.

**KAOLIN**, m. *caolén.* Kaolin, tierra que entra en la composicion de la porcelana de China. Es una especie de [illegible].

**KAPANÉ**, f. *capané.* Art. [illegible] especie de carruaje griego.

**KAPIRAT**, m. *capirá.* Zool. [illegible] pescado del género de los [illegible].

**KARAGAN**, m. *caragán.* Zool. Caragan, mamífero carnívoro del género [illegible].

**KARAKUSA**, f. *caracusa.* Bot. Caracusa, especie de ortiga del Brasil.

**KARANDAS**, m. *carandás.* Bot. Carandas, palmera de Ceilan.

**KARAMAGARANDA**, m. [illegible] Bot. Caramagaranda, árbol de Ceilan.

**KARAOUA**, m. *caraúa.* Caraua, especie de lagarto de Cayena.

**KARATAS**, m. *caratás.* Caratas, especie de áloe silvestre de América.

**KARATATSHANNA**, f. [illegible] Bot. Caratatsana, planta aromática del Japon.

**KARATIASE**, f. *caratiás.* Especie de excrecencia carnosa.

**KARDOUON**, m. *carduón.* Zool. Carduon, monstruo lagarto de Levante.

**KARIBEPOU**, m. *caribpú.* Caribepu, arbusto de Malabar.

**KARNITE**, f. *carnít.* Carnita, especie de titímalo leñoso.

**KARODIE**, f. *carodí.* Bot. Carodia, planta índica.

**KAROT**, m. *carό.* Bot. Especie de [illegible] egipcio.

**KARPATON**, m. *carpatón.* Bot. Carpaton, género de plantas dicotiledóneas.

**KARREAU**, m. *carό.* Antigua medida de tierra que tenia 24 piés de lado.

**KASCHOUÉ**, m. *caschué.* Zool. Especie de pescado del Nilo.

**KASI**, m. *cási.* Casi persa, [illegible] persa.

**KASTA**, m. *cásta.* Bot. Casta, árbol [illegible] grado de las Indias.

**KASTAN**, m. *castán.* Castan, [illegible] turco.

**KATA**, m. *cáta.* Cata, [illegible] de las [illegible].

**KATRACA**, m. *catraca.* Catraca, faisan de Guyana.

**KATTAR**, m. *catár.* Cata, especie de [illegible] que usan los Árabes para [illegible] y [illegible] sus caballos; tambien se [illegible] en Francia.

**KAUCHTEUX, EUSE**, adj. *cochéu, eus.* Bulloso, abundante en bulla, hablando de las minas ó vetas de carbon de piedra.

**KAULFUSSIA**, f. *colfúsia*. Bot. Caulfusia, género de plantas.

**KAVÉRINE**, f. *caverín*. Bot. Caverina, arbusto de la India.

**KÉBIR**, m. *quebír*. Quebir, palabra árabe que significa *grand*, gran ó grande, y entra en la composicion de muchos nombres geográficos.

**KEFFEKILITE**, m. *quefquilít*. Quefequilito, especie de mineral gris perla.

**KEIRI**, m. *quérí*. Bot. Alhelí amarillo.

**KÉLABITE**, m. *quelabít*. Quelabita, miembro de una tribu árabe.

**KÉLASA**, m. *queldsa*. Quelasa, el olimpo de los Indios.

**KELEN**, m. *quelén*. Mit. Quelen, especie de demonio que preside las orgías y el libertinaje.

**KÉMA**, m. *quéma*. Mit. Quema, libro que contiene los secretos de los genios.

**KENNÉDIE**, f. *quennedí*. Bot. Quenedia, planta leguminosa dicotiledónea.

**KENNEL-KOHLE**, m. *quennelcól*. Variedad de carbon de tierra que se halla en Irlanda.

**KÉRATOGLOSSE**, m. V. CÉRATOGLOSSE.

**KÉRATOPHYTE**, m. *querato͡fít*. Querafito, pólipo marino, especie de pulpo grande.

**KÉRATITE**, f. *queratít*. Med. Keratitis, inflamacion de la córnea.

**KÉRAUDRÉNIE**, f. *querodrení*. Bot. Queraldrenia, género de plantas de la Nueva Holanda.

**KERMA**, m. *quérma*. Querma, especie de ligustro ó alheña de las Indias.

**KERMÈS**, m. *quermés*. Zool. Kérmes, insecto hemíptero del género de la cochinilla que vive sobre las hojas del roble y que se emplea para la tintorería. || *Kermès minéral*, kérmes mineral, medicamento descubierto en 1714, y que tuvo mucho uso en la medicina bajo el nombre de polvos de los Cartujos.

**KÉROBALANE**, f. *querobalán*. Querobalana, género de animalillos infusorios.

**KÉRODON**, m. *querodón*. Zool. Querodon, mamífero rumiante del Brasil.

**KÉRONE**, m. *querón*. Querono, tricocerco de cuernos, género de pólipos.

**KERRIE**, f. *querrí*. Bot. Querria, arbusto del Japon.

**KERSANTON**, m. *quersantón*. Quersanton, especie de roca de color gris negro, sembrada de puntos brillantes.

**KETCH**, m. *quétch*. Queche, especie de embarcacion inglesa.

**KETMIE**, f. *quetmí*. Bot. Quetmia, género de plantas dicotiledóneas.

**KEURE**, f. *queur*. Palabra flamenca que significa estatuto, ley, reglamento.

**KEVEL**, m. *quevél* (e muda). Miner. Quevel, sustancia mineral particular. || f. Zool. Quevel, especie de gacela del Senegal.

**KEVEU**, m. *querea* (e muda). Queveu, especie de tordo de la China.

**KHAATE**, m. *cadt*. Jugo que se extrae de un árbol de la India.

**KHAF**, m. *caf*. Bot. Caf, planta aromática que se mezcla á veces con el tabaco.

**KHAHOON**, m. *caoón*. Caoon, medida de capacidad de la India que vale unos 1,320 litros.

**KHAN**, m. *cán*. Príncipe, comandante entre los Tártaros.

**KHAZINÉ**, m. *caziné*. Cazine, voz árabe que significa tesoro, archivo, depósito de objetos preciosos.

**KHAZNADARBACHI**, m. *casnadarbachí*. Casnadarbachi, gran tesoro del serrallo.

**KHODJA**, m. *códja*. Kodja, nombre del maestro del sultan entre los Turcos. Tambien se da este nombre al director de las escuelas públicas.

**KHORASSANIEN, NE**, adj. y s. *coraseniéu, én*. Corasaniano, del Corasan, region del Asia.

**KIASTRE**, m. *quidstr*. Cir. Kiastro, vendaje para la rótula fracturada, llamado así de su forma que era la del *chi* griego, X.

**KIBITKA**, f. *quibítca*. Quibitca, carruaje ruso muy ligero, abierto ó cubierto con un simple toldo, y que solo tiene resortes por detras.

**KIERMESSIRE**, m. *quiermesír*. Quiermesire, tela de seda de Alepo.

**KIÉSELGURH**, m. *quieselgúr*. Quieselguro, sustancia mineral.

**KIGGÉLAIRE**, m. *quiggelér*. Bot. Quigelar, genero de plantas dicotiledóneas.

**KILDERKIN**, m. *quilderquén*. Quilderquin, medida inglesa que contiene la mitad de un barril.

**KILDIR**, m. *quildír*. Quildiro, pluvial ó chorlito de Virginia, sumamente chillon.

**KILIARE**, m. *quiliár*. Quiliar, medida de superficie que vale ó comprende mil áreas.

**KILIOGONE**, m. ant. *quiliogón*. Quiliógono, polígono ó figura geométrica con mil ángulos y mil lados.

**KILLINGE**, f. *quiléuge*. Bot. Killinga, género de plantas.

**KILLINITE**, m. *quilinít*. Quilinito, especie de mineral.

**KILOGRAMME**, m. *quilográm*. Quilógramo, peso de mil granos, equivalente á dos libras, dos onzas, doce adarmes y quince granos del peso de Castilla.

**KILOLITRE**, m. *quilolítr*. Quilolitro, medida de mil litros, equivalente á 496 azumbres y medio cuartillo para los líquidos, y á 210 celemines para los áridos.

**KILOMÈTRE**, m. *quilométr*. Quilómetro, medida de mil metros, correspondiente á 1,197 varas castellanas.

**KILOSTÈRE**, m. *quilostér*. Quilóstero, medida de 1,000 esterios.

**KIMBAN**, m. *quenbán*. Quimban, tela indiana.

**KINA** ó **KINAKINA**, m. V. QUINQUINA.

**KINANSIE**, f. *quinansí*. Esquinencia, inflamacion de la garganta. V. QUINANCIE.

**KINÉSIMÉTRIE**, f. *quinesimetrí*. Quinesimetría, medida del movimiento.

**KININE**, f. V. QUININE.

**KINK**, m. *quénc*. Quinco, pájaro de la China.

**KINNARA**, m. *quinára*. Quinnara, celeste genio mitológico.

**KINO**, m. *quíno*. Quino, verdadera goma traida de Sumatra.

**KINOVATE**, m. *quinovát*. Quinovato, género de sales químicas.

**KIO**, m. *quío*. Kio, libro sagrado de los Japoneses.

**KION-KOM**, m. *quioncóm*. Bot. Kionko, palmera del Senegal.

**KIOSQUE**, m. *quiósc*. Kiosco, especie de pabellon turco, ó al estilo oriental, erigido sobre el terrado de un jardin. || Mar. Kiosko, esquife de recreo en Constantinopla.

**KIOTOME**, m. *quiotóm*. Kiótomo, instrumento quirúrgico para operar la rescision de las agallas, glándulas, parótidas, etc.

**KIRGANÉLIE**, f. *quirganelí*. Bot. Quirganelia, género de plantas.

**KIRSCH**, ó como en aleman, **KIRSCHENWASSER**, m. *quirch*, *quirchenuáseer*. Especie de licor espirituoso hecho con guindas silvestres fermentadas. Se dice tambien *eau de cerise*.

**KISTE**, m. *quist*. Com. Quisto, lana de Alemania.

**KITAÏBÉLE**, f. *quitaibél*. Bot. Quitaibela, género de plantas dicotiledóneas.

**KLAPROTHITE**, f. *claprotít*. Miner. Claprotita, especie de lazulita.

**KLEINHOVE**, f. *clenóv*. Bot. Clenova, género de plantas dicotiledóneas.

**KLEINIE**, f. *cleni*. Bot. Cleinia, género de plantas sinantéreas.

**KLOPÉMANIE**, f. *clopemaní*. Med. Clopemanía, locura que consiste en una propension ó tendencia irresistible al robo.

**KLOUKVA**, m. *clúcva*. Bot. Cloukva, planta rastrera é [illegible] que [illegible] en Finlandia.

**KNAPPIA**, f. *cnápia*. Bot. Napia, género de planta gramíneas.

**KNAUTIE**, f. *cnosí*. Bot. Cnaucia, género de plantas dicotiledóneas.

**KNAVEL** ó **KNAVELLE**, m. *cnavél*. Bot. Navel ó navela, planta campestre.

**KNEF**, m. *cnéf*. Mit. Nefo, dios egipcio, y el primero de los tres supremos.

**KNÉPIER**, m. *cnepié*. Bot. Nepiero, género de plantas dicotiledóneas.

**KNODALOMORPHE**, adj. y s. *cnodalomórf*. Nodalomorfo, que se parece al hombre.

**KNOUT**, m. *cnút*. Knout, palabra rusa, que significa látigo, esto es, latigazos en las espaldas, castigo ordinario en Rusia, y que se aplica á todas las clases excepto á la nobleza.

**KOALA**, f. *codla*. Zool. Coala, mamífero de Nueva Holanda.

**KODRETI**, m. *codrtí*. Miner. Codreti, materia mineral.

**KOFF**, m. *cóf*. Embarcacion holandesa destinada al cabotaje.

**KOKADATOS**, m. *cocaddtos*. Zool. Cokadatos, ave gallinácea de África.

**KOLNA**, m. *cólna*. Mit. Colna, dios de las flores y de la primavera.

**KONIDOMÈTRE**, m. *conidométr*. Conidómetro, instrumento propuesto para medir la densidad ó espesura del azúcar.

**KOONA**, f. *códna*. Coona, cierta hoja que usan los salvajes para envenenar sus flechas.

**KOPECK**, m. *copéc*. Kopec, moneda rusa equivalente á cuatro maravedises.

**KOPU**, m. *copú*. Copú, género de tela que los Chinos fabrican con la corteza de un árbol.

**KORAN**, m. V. CORAN.

**KOUAN**, m. *cuán*. Bot. Cuan, planta de cuya semilla se hace el carmin.

**KOUMIS**, m. *cúmis*. Kumis, bebida embriagante que hacen los pueblos de Siberia con leche fermentada.

**KOUSEBAND**, m. *cusbán*. Zool. Cusoband, serpiente muy venenosa del cabo de Buena Esperanza.

**KRAMER**, m. *cramér*. Bot. Cramero, género de plantas dicotiledóneas.

**KREUZ**, m. *creus*. Creuz, moneda alemana de escaso valor.

**KRIGIE**, f. *crigí*. Bot. Crigia, género de plantas sinantéreas.

**KRONTHALER**, m. *crontalér*. Crontaler, moneda de plata del ducado de Hesse-Darmstadt.

**KUÈME**, f. *cuém*. Bot. Cuema, género de agáricos.

**KUHNIE**, f. *cuní*. Bot. Cunía, género de plantas sinantéreas.

**KURITE**, f. *curít*. Zool. Carita, género de pescado.

**KURTE**, m. *cúrt*. Zool. Curto, género de pescado.

**KYDIE**, f. *quidí*. Bot. Quidia, género de plantas dicotiledóneas.

**KYLLOSE**, f. *quilós*. Med. Quilozis, inversion congénita de los piés.

**KYNANCIE**, f. *quinansí*. Esquinencia, angina violenta. V. CYNANCHIE.

**KYNODON**, m. *quinodón*. Zool. Quinodon, género de víboras.

**KYPHONISME**, m. *quifonism*. Antig. Quifonismo, suplicio que consistia en untar de miel el cuerpo del paciente, y dejarle expuesto al sol.

**KYRIELLE**, f. *quiriél*. Kirie, letanía, género de rezo vario. || met. y fam. Retahila, sarta, etc., de cosas pesadas y fastidiosas.

**KYRIOLOGIE**, f. *quiriologí*. Quiriologia, pintura de las ideas por las solas imágenes de los objetos visibles.

**KYSTE**, m. *quist*. Med. Kisto, membrana á modo de vejiga que contiene humores adiposos contranaturales.

**KYSTEUX, EUSE**, adj. *quisteu, eus*. Quistoso, que está lleno de kistos.

**KYSTOPTOSE**, f. V. CYSTOPTOSE.

# L

**L**, m. L, duodécima letra del alfabeto frances y novena de las consonantes. Hay tres especies de *l*: simple, doble y mojada. La simple no ofrece dificultad para la pronunciacion, como en *lapin*, *fil*, *file*, *bal*, *bel*, etc. En la doble solo se pronuncia una por regla general, como en *balle*, *dalle*, *ville*, *allumer*, *aller*, donde se dice *bál*, *dál*, *vil*, *alumé*, *alé*. Esta pronunciacion es la mas frecuente, si bien carece de reglas fijas; las excepciones son varias: por ejemplo, *illégal*, *illégitime*, *illimité* se pronuncian con las dos *ll*, *il-legál*, *il-legitím*, *il-limité*. Las demas excepciones se hallarán notadas con exactitud en los lugares correspondientes de este Diccionario. || La pronunciacion de la *l* mojada es al idioma frances como el *gli* al italiano, *ll* inicial al español y *lh* al portugues. Cuando la *l* es doble y se encuentra precedida de *ai*, *ei*, *eui*, *oui*, la primera *l* ha de ser mojada, como en *maille*, *veiller*, *cueillir*, *grenouille*, etc. Lo propio sucede siempre que la *ll* va precedida de la letra *i*, como en *fille*, *briller*. || La *l* se articula ó hace sentir al fin de las palabras, excepto en *babil*, *baril*, *nombril*, *outil*, *persil*, *sourcil*, *fusil*, *fils*, *gentil*, *gril*, *ménil* y sus derivados. La *l* se suprime, del mismo modo que *d* y *t*, en las palabras terminadas en *auld* y en *ault* de nombres propios, como *Arnauld*, *Renauld*, *Quinault*, etc. Tambien es muda en *pouls*, *saoul*, *soul* y algunas otras voces. || La *L*, á mas de representar el número de cincuenta como letra numeral, sirve para otras varias abreviaturas y signos.

**LA**, art. y pron. *la*. V. **LE**. || m. La, sexto signo ó nota de la escala musical.

**LÀ**, adv. *là*. Allá, allí, ahí, opuesto á *ici*, aquí, como designativo del lugar que ocupa la persona ó cosa de que se habla. || *Allez là*, id allá, vaya Vd. allá; *restez là*, quedaos allí, ó quédese Vd. allí, ahí. || *Çà et là*, acá y allá, aquí y allí, acá y acullá, etc. || *Là* se junta á otros adverbios, *là-bas*, allá abajo; *là-haut*, allá arriba; *là-dessus*, *là-dessous*, etc. || Se pospone á los pronombres demostrativos para designar los objetos de una manera mas particular, como: *quel discours est-ce là?* ¿qué discurso es ese? *C'est là tout ce qu'on me reproche* eso es todo lo que me acriminan, cuanto me echan en cara. || Se usa algunas veces por una especie de redundancia y para dar mas energía á la frase: *que dites-vous là?* || Tambien se une á las preposiciones *de*, *dès*, *par* y *jusque*, y se pospone á los verbos. || *De là*. V. **DELA**. || *Dès là*, desde entónces, desde aquel tiempo ó época. || *Par là*, por allí, por allá, por ahí, etc. || *Jusque là*, hasta allí, hasta allá, etc. || *De çà et de là*, de aquí para allí, de un lado para otro. || **LA LA**, loc. fam. Ya! ya! Es una especie de interjeccion que sirve ya para aplacar, ya para consolar, ya para amenazar. Como signo de amenaza: *la la, vous verrez ce qui vous arrivera*, ya ya, bien bien, verá Vd. lo que sucede. En señal de consuelo se dice: *la la, rassurez-vous*, vaya vaya, vamos vamos, anímese Vd. || **LA LA**, adv. Así así, tal cual, medianamente, pasando, etc. || *Est-il savant? La la.* ¿Es sabio? Así así, no es cosa mayor, á medias, etc.

**LA-BAC-THAN**, m. *labactán*. Bot. Labactan, arbolillo de la Cochinchina.

**LABARIN**, m. *labarín*. Zool. Labarino, especie de turbinela, concha.

**LABARUM**, m. *lábarom*. Antig. rom. Lábaro, estandarte que se llevaba delante de los emperadores romanos. Hasta Constantino figuraba en el estandarte un águila, la cual fué reemplazada por una cruz.

**LABATIE**, f. *labasí*. Bot. Labacia, género de plantas ebenáceas.

**LABBE**, m. *láb*. Zool. Labbo, género de aves palmípedas.

**LABE**, f. *láb*. Med. Primer acceso de fiebro.

**LABEN**, m. *labén*. Bot. Laben, árbol de Madagascar.

**LABEUR**, m. *labeur*. Labor, trabajo, fatiga, ejercicio corporal, duro y seguido. || *Terres en labeur*, tierras trabajadas, tierras cultivadas. || En la imprenta se dice de un trabajo considerable, lo contrario de obritas de poca duracion. || *Le labeur surmonte tout*, todo lo vence y supera trabajo que persevera.

**LABEURER**, a. ant. *labeuré*. Laborar, trabajar, hacer trabajo ú obra. Apénas se usa mas que en esta expresion proverbial: *en peu d'heures Dieu labeure*, la gracia de Dios opera, cuando, como y donde quiera.

**LABIAL, E**, adj. *labiál*. Labial, que pertenece ó se refiere á los labios. || *Offres labiales*, ofertas, promesas verbales, de palabra, de boca, sin obligacion escrita. || Gram. *Lettre labiale*, letra labial, que se pronuncia con los labios como la *b*.

**LABIDE**, f. *labíd*. Zool. Lábida, género de insectos.

**LABIÉ, ÉE**, adj. *labié*. Hist. nat. Labiado, que tiene labios ó bien apéndices semejantes á los labios. || *Labiées*, f. pl. Bot. Labiadas, familia de plantas que trae su nombre de la forma de la corola.

**LABILE**, adj. *labíl*. Flaco, frágil, débil, pobre, escaso, etc., únicamente hablando de la memoria sin retentiva, que no retiene. || ant. Deslizable.

**LABIO-NASAL, E**, adj. *labionasál*. Labio-nasal, que pertenece juntamente á los labios y á la nariz.

**LABLAB**, m. *labláb*. Bot. Lablab, género de plantas leguminosas.

**LABORATOIRE**, m. *laboratuár*. Laboratorio, oficina de trabajos químicos; y por extension, lugar donde se trabaja.

**LABORIEUSEMENT**, adv. *laborieusmán*. Laboriosamente, trabajosamente, penosamente, con fatiga, con mucha pena y trabajo.

**LABORIEUX, EUSE**, adj. *laborieu, eus*. Laborioso, trabajador, aficionado al trabajo. || Trabajoso, arduo, penoso, que cuesta mucho trabajo, hablando de las cosas.

**LABORIOSITÉ**, f. *laboriosité*. Laboriosidad, aplicacion ó inclinacion al trabajo; cualidad de una persona laboriosa.

**LABOUR**, m. *labúr*. Labor, cada una de las vueltas que se dan á la tierra, sea con arado, sea con azada.

**LABOURABLE**, adj. *laburábl*. Laborable, labrantío, de labor, propio para recibirla, para ser labrado. || *Terre labourable*, tierra labrantía.

**LABOURAGE**, m. *laburáge*. Labranza, labor, cultivo, accion de labrar las tierras.

**LABOURER**, a. *laburé*. Labrar, trabajar, cultivar, remover la tierra arándola ó cavándola. || Surcar, hacer surcos, rayas, cortes, etc. || n. Labrar, fertilizar, beneficiar, aprovechar las tierras, ararlas ó cavarlas. || Mar. Arar, hacer surcos ó rayas el ancla de un buque, no prender en el fondo y arrastrar. || fam. Afanar, sudar, trabajar, atarearse, etc.

**LABOUREUR**, m. *labureur*. Labrador, agricultor, el hombre cuyo oficio es labrar la tierra por sí mismo. || *Laboureur spirituel*, confesor, predicador, [illegible] viña del Señor. || *Lis de laboureur*, [illegible] tro.

**LABRAX**, m. *labráx*. Zool. [illegible] marino.

**LABRE**, m. *lábr*. Zool. Labro, [illegible] de pescados leiópomos. || Labro, [illegible] boca de los insectos que representa [illegible] superior.

**LABREUX, EUSE**, adj. *labreu, eus*. Zool. Labroso, que participa de la naturaleza del labro.

**LABROÏDE**, adj. *labroíd*. [illegible] se parece al labro ó tiene sus principales caractéres.

**LABROSITÉ**, m. *labrosité*. [illegible] Labrosidad, estado de una concha [illegible] forma de un labro.

**LABRUSQUE**, f. ant. *labrúsc*. [illegible] vid silvestre.

**LABURNE**, m. *labúrn*. Bot. [illegible] tiso alpino, árbol.

**LABYRINTHE**, m. *labirént*. Laberinto, lugar intrincado y lleno de [illegible] das, caminos y encrucijadas. [illegible] confusa y enredada. || Anat. Laberinto, la segunda cavidad del oido interno. || [illegible] rinto, especie de concha [illegible] Laberinto, nombre vulgar de [illegible] cies de hongos.

**LABYRINTHIQUE**, adj. *labirentíc*. Laberíntico, que pertenece al laberinto.

**LAC**, m. *lác*. Lago, gran depósito natural de agua estancada, muy superior á las lagunas.

**LACATANE**, f. *lacatán*. Bot. [illegible] variedad de banana cultivada en [illegible]

**LACATÈRE**, f. *lacatér*. Bot. [illegible] ro de plantas.

**LACCATE**, m. *lacát*. Quím. [illegible] género de sales químicas.

**LACCIFÈRE**, adj. *laccifér*. [illegible] que produce laca.

**LACCINE**, f. *lacsín*. Quím. [illegible] tancia particular extraida de la laca.

**LACCIQUE**, adj. *lacsíc*. Quím. [illegible] que participa de la naturaleza de la laca.

**LAC-DYE**, f. *lacdí*. Quím. [illegible] tancia colorante, usada por los [illegible]

**LACÉ**, m. *lasé*. Entrelazado, [illegible] miento de granitos de vidrio [illegible] te combinados, que adornan las [illegible] cientes de los salones, de las [illegible], etc.

**LACÉDÉMON**, m. *lacedemón*. [illegible] mon, hijo de Júpiter y de [illegible] rey de Esparta, que tomó su nombre.

**LACÉDÉMONIEN, NE**, adj. [illegible] *nién, én*. Lacedemonio, de [illegible]

**LACÉDÉMONIES**, f. pl. [illegible] Lacedemonias, fiestas celebradas [illegible] cedemonias libres ó esclavas, y de [illegible] los hombres eran excluidos.

**LACÉLLIE**, f. *lacelí*. Bot. [illegible] nero de plantas.

**LACÉPÉDÉE**, f. *lacepedé*. Bot. [illegible] dea, género de plantas.

**LACER**, a. *lasé*. Atacar, [illegible] nar un corsé, una almilla, un [illegible] Cubrir el macho á la hembra, [illegible] animales. || Hacer malla de red. [illegible] tonar, abrochar los botones, [illegible]

**LACÉRABLE**, adj. *laserábl*. [illegible] que debe ó puede ser lacerado.

**LACÉRATION**, f. *laserasión*. [illegible] cion, accion y efecto de lacerar.

**LACÉRER**, a. *laseré*. For. [illegible] gar algun escrito ó libelo por [illegible] justicia.

**LACERET**, m. *laseré*. [illegible]

**LARDITE**, f. *lardít*. Miner. Lardita, silicato de alúmina.

**LARDIZABALE**, m. *lardisabál*. Bot. Lardizábalo, género de plantas menispérmeas.

**LARDOIRE**, f. *larduár*. Lardera, mechera, la aguja de mechar.

**LARDON**, m. *lardón*. Mecha, lonjita de tocino con que se van mechando las carnes. || met. y fam. Pulla, sarcasmo, chufleta, indirecta picante y epigramática. || Folletin picaresco y burlon que se publica en algunos periódicos. || Estocada, navajada, puñalada. || Pieza, pedazo, trozo de hierro ú otra materia, para varios usos en diferentes artes y oficios. || *Étre un lardon*, ser una mala lengua, tener lengua de hacha.

**LARDONNER**, a. V. LARDER.

**LARDONNISTE**, adj. y s. *lardonist*. Folletinista mordaz y satírico.

**LARDURE**, f. *lardür*. Deshilado, defecto ó falta producida en una tela de lana por algunos hilos mal entrelazados, mal entretejidos.

**LARES**, m. pl. *lár*. Lares, nombre que dieron los Romanos á los dioses, genios ó númenes domésticos. || Poét. Lares, la casa, la residencia, el hogar de cada persona, de cada familia, especialmente hablando del lugar natal.

**LARENIER**, m. *larnié*. Carp. Batiente, liston de madera para que no entre el agua por la parte inferior de una ventana.

**LARGE**, adj. *lárge*. Ancho, que tiene anchura ó latitud, por contraposicion á angosto ó estrecho. || Ancho, espacioso, amplio. || met. Extenso, extendido. || Ancho, libre, nada rígido, nada escrupuloso en materia de moral, hablando de la conciencia, del criterio humano. || Liberal, generoso, espléndido. || *Faire du cuir d'autrui large courroie*, ser liberal con el bolsillo ajeno, prodigar lo que no es suyo. || LARGE, m. Anchor, ancho, anchura. || met. y fam. *Gagner le large*, *prendre le large*, huir, fugarse, escaparse. || *Au large*, á lo ancho, con anchura, holgadamente. || met. *Étre au large*, disfrutar conveniencias, facultades, riquezas. || *Se mettre au large*, vivir con holgura ó comodidad, en la opulencia. || *Du long et du large*, de cabo á rabo. Se dice: *on lui en a donné du long et du large*, no le han dejado hueso sano. || *Au long et au large*, loc. adv. Con toda amplitud, en toda la extension posible. || Mar. *Prendre le large*, engararse, engolfarse, darse á la vela, hacerse mar adentro. || *En long et en large*, loc. adv. A lo largo y á lo ancho: *se promener en long et en large*.

**LARGEMENT**, adv. *largemán*. No se usa en sentido propio. || met. Ampliamente, largamente, liberalmente, con largueza.

**LARGESSE**, f. *largés*. Largueza, liberalidad, generosidad, munificencia.

**LARGEUR**, f. *largeur*. Anchura, latitud, el ancho de una cosa.

**LARGHETTO**, adv. *larguétto*. Mús. Larguito, voz italiana que indica un movimiento entre el adagio y el largo.

**LARGO**, adv. *lárgo*. Mús. Largo, lento. Es tambien palabra italiana.

**LARGUER**, a. *largué*. Mar. Largar, aflojar, ir soltando ó arriando poco á poco una cuerda. || Desplegar alguna cosa, como la bandera ó las velas. || *Larguer les ris*, largar los rizos, dar ó comunicar un aumento de vela al viento.

**LARICE**, m. *laris*. Bot. Larice, especie de plantas del género pino.

**LARIDÉ, ÉE**, adj. *laridé*. Larídeo, que se parece al género laro. || *Laridés*, m. pl. Zool. Larídeos, familia de aves.

**LARIDON**, m. fam. *laridón*. Cocinero, marmiton, galopin de cocina, etc.

**LARIGOT**, m. *larigó*. Chirimía, especie de flauta, antiguo instrumento músico. || *Jeu de larigot*, el flauteado mas agudo del órgano. || *Boire à tire-larigot*, beber á poto, beber mucho.

**LARIN**, m. *larén*. Larin, moneda de plata corriente en las posesiones portuguesas de las Indias orientales. || Larin, moneda antigua de Persia.

**LARIX**, m. *larics*. Bot. Alerce, especie de cedro del Líbano.

**LARME**, f. *lárm*. Lágrima, gota de humor ácueo que sale á los ojos. || met. Lágrima, gotita, porcioncita de un líquido. || Gota de humor que destilan las vides. || Bot. Lágrima, jugo resinoso ó gomoso que se coagula en forma de lágrima. || Arq. Lágrima, nombre dado á unos adornitos que tambien se llaman *gouttes*. || *Pleurer à chaudes larmes*, llorar á lágrima viva. || *Larmes volcaniques*, lágrimas volcánicas, masas de materias vitriosas que se encuentran en los volcanes. || met. *Rire aux larmes*, llorar de risa. || *Vivre de larmes* ó *s'abreuver de larmes*, vivir, alimentarse de lágrimas, entregarse á un gran dolor. || *Noyé de larmes*, anegado en llanto, etc. || *Larme de Job*, lágrima de Job, y segun otros, lágrima de David, planta gramínea.

**LARMETTE**, f. ant. dim. de LARME. *larmét*. Lagrimita.

**LARMIER**, m. *larmié*. Anat. Lagrimal, el ángulo del ojo mas inmediato á la nariz. || Arq. Ceja, saledizo, alero de tejado. || Vet. Tragaluz, la vena del ojo del caballo. || *Larmières*, f. pl. Lágrimas, las dos aberturas que tiene el ciervo debajo de los ojos y destilan el líquido ó lágrima de su nombre.

**LARMILLE**, f. *larmíll*. Bot. Lágrima de David, mijo del sol, planta.

**LARMOIEMENT**, m. *larmuamán*. Med. Lagrimamiento, lagrimeo, deslizamiento morboso de lágrimas.

**LARMOYANT, E**, adj. *larmuayán*. Lloroso, bañado en lágrimas. || Lloroso, que es propio para hacer verter lágrimas. || *Le comique larmoyant*, la parte cómica que enternece, que arranca lágrimas.

**LARMOYER**, n. *larmuayé*. Lagrimear, lloriquear, echar lágrimas. Se usa en el estilo familiar y en el cómico.

**LARMOYEUX, EUSE**, adj. *larmuayeu*, *eus*. Lloron, que fácilmente llora ó se plañe.

**LARRE**, f. *lárr*. Zool. Larra, género de insectos himenópteros.

**LARRÉE**, f. *larré*. Bot. Larrea, género de plantas dicotiledóneas.

**LARRON, NESSE**, m. y f. *larrón*, *nés*. Ladron, robador, el que hurta, que roba. || Ladron, el pliegue de la hoja de un libro que queda sin cortar. || Impr. Fraile, parte que queda sin imprimir en un pliego por interponerse algo entre el pliego y el molde. || prov. *Avoir eu un larron de marché*, haber comprado á bajo precio.

**LARRONIQUE**, adj. *larronic*. Ladrónico, propio de los ladrones.

**LARRONNEAU**, m. *larronó*. Ladronzuelo, raterillo, que roba efectos de poca monta, de valor escaso.

**LARRONNER**, a. y n. *larroné*. Ladronear, robar, hurtar.

**LARRONNERIE**, f. *larronerí*. Ladronería, criminal oficio de ladron. || Ladronicio, hurto, robo, saqueo, pillaje.

**LARVA**, m. *lárva*. Larva, nombre latino de cierta ave.

**LARVE**, f. ant. *lárv*. Larva, nombre que daban los antiguos á ciertos espíritus ó genios del mal que, segun ellos, se deleitan en atormentar á los hombres. || Fantasma, espectro, aparicion horrenda. || Larva, gusanillo que sale del huevo de la mariposa. || *Larves*, m. pl. Larvas, las almas de los malos, que se suponia vagaban bajo horripilantes formas.

**LARVÉ, ÉE**, adj. *larvé*. Disfrazado, cubierto, enmascarado.

**LARVICOLE**, adj. *larvicól*. Larvícula, que vive en las larvas, en los gusanillos.

**LARVIFORME**, adj. *larvifórm*. Larviforme, que tiene la forma de larva.

**LARY**, m. *lari*. Especie de ardilla de Sumatra.

**LARYNGÉ, ÉE**, adj. *larengé*. Anat. Laringeo, que pertenece á la laringe.

**LARYNGITE**, f. *larengít*. Med. Laringitis, inflamacion de la laringe.

**LARYNGOGRAPHIE**, f. *larengografí*. Laringografía, descripcion anatómica de la laringe.

**LARYNGOGRAPHIQUE**, adj. *larengografic*. Laringográfico, relativo á la laringe.

**LARYNGOLOGIE**, f. inus. *larengologí*. Laringologia, tratado de la laringe.

**LARYNGORRHAGIE**, f. *larengorragí*. Med. Laringorragia, hemorragia de la laringe.

**LARYNX**, m. *larénce*. Laringe, órgano de la voz, la cabeza de la traquearteria por donde pasa la voz.

**LAS!** interj. ant. *lás*. Guay! Ay! Se decia por *hélas*, y en el dia solo está en uso esta última.

**LAS, SE**, adj. *lá*, *ás*. Laso, cansado, fatigado, rendido de algun trabajo. || met. Cansado, disgustado, fastidiado, aburrido. || prov. y met. *Las d'aller*, haragan, perezoso, poltron, mandria.

**LASCADIUM**, m. *lascadióm*. Bot. Lascadio, género de plantas.

**LASCIF, IVE**, adj. *lasif*, *iv*. Lascivo, lujurioso, deshonesto. || Lascivo, provocativo á la lascivia, hablando de las cosas.

**LASCIVEMENT**, adv. *lasivmán*. Lascivamente, deshonestamente.

**LASCIVETÉ**, f. *lasivté*. Lascivia, lujuria, deshonestidad, inclinacion desordenada á los deleites impuros.

**LASER**, m. *lasér*. Bot. Laserpicio, género de plantas.

**LASIA**, m. *lásia*. Bot. Lasia, género de musgos.

**LASIANTHE**, adj. *lasiánt*. Bot. Lasianto, que tiene flores velludas.

**LASIANTHÈRE**, f. *lasiantér*. Bot. Lasiantera, género de plantas.

**LASIOCARPE**, adj. *lasiocárp*. Bot. Lasiocarpo, que tiene frutos velludos.

**LASIONITE**, m. *lasionít*. Miner. Lasionito, variedad de mineral.

**LASIOPE**, m. *lasióp*. Bot. Lasiope, género de plantas sinantéreas.

**LASIOPÉTALE**, m. *lasiopetál*. Bot. Lasiopétalo, género de plantas bitneriáceas.

**LASIPÈDE**, adj. *lasipéd*. Zool. Lasípedo, de patas velludas.

**LASIURE**, adj. *lasiúr*. Zool. Lasiuro, de cola velluda. || Bot. Lasiuro, que tiene pedúnculos velludos.

**LASQUETTE**, f. *lasquét*. Armiño jóven, || Armiño, la hermosa piel de este animal.

**LASSANT, E**, adj. *lasán*. Cansado, pesado, molesto, que cansa, que abruma. || met. Cansado, cargante, fastidioso, enfadoso, etc.

**LASSÉ, ÉE**, adj. *lasé*. Cansado, fatigado, abrumado, rendido.

**LASSER**, a. *lasé*. Cansar, fatigar, abrumar, etc. || met. Cansar, fastidiar, cargar, molestar, incomodar, etc. || *Se lasser*, r. Cansarse, fatigarse. || Molestarse, fastidiarse, aburrirse, etc.

**LASSIER**, m. *lasié*. Especie de red.

**LASSIÈRE**, f. *lasiér*. Mont. Especie de red ó lazo para cazar lobos. || Gavillera, lugar donde se ponen hacinadas las gavillas de mieses en las granjas ó casas de labranza.

**LASSIS**, m. *lasí*. Borra de seda. || Tela que se fabrica con aquella materia.

**LASSITUDE**, f. *lasitúd*. Lasitud, desfallecimiento, cansancio, fatiga, falta de vigor y de fuerzas. || met. Fastidio, aburrimiento, displicencia, hastío, tedio.

**LAST, LASTO**, m. *lást*, *lasto*. Mar. Lastre, lasto, cargamento, peso y cabida de dos toneladas ó sean como 4,000 libras en los puertos del Norte.

**LASTING**, m. *lastén*. Com. Lasten, tela de lana inglesa.

**LATANIER**, m. *latanié*. Bot. Latanero, género de palmeras de las Antillas. || Latanero, especie de palma brasileña.

**LATENT, E**, adj. *latan*. Latente, oculto, recóndito. En física y medicina se dice siempre latente. || *Vices latents*, vicios latentes ó secretos, defectos ocultos, hablando de las enfermedades ocultas de las caballerías.

**LATÉRAL, E**, adj. *laterál*. Lateral, que pertenece al lado ó está al lado de alguna cosa. || Mat. *Equation latérale*, ecuacion lateral, expresion usada por los antiguos algebristas para designar las ecuaciones de primer grado.

**LATÉRALEMENT**, adv. *lateralmán*. Lateralmente, de lado, de costado.

**LATÉRIFLORE**, adj. *lateriflór*. Bot. Laterifloro, que tiene las flores laterales.

**LATÉRIFOLIÉ, ÉE**, adj. *laterifolié*. Bot. Laterifoliado, que tiene hojas laterales.

**LATÉRIGRADE**, adj. *laterigrád*. Laterigrado, que tiene la facultad de moverse lateralmente del modo mismo que hácia adelante y hácia atras.

**LATIAR**, m. *latiár*. Antig. rom. Latiar, fiesta consagrada á Júpiter, protector del Lacio.

**LATIBARBE**, adj. *latibárb*. Zool. Latibarbo, de barba ancha.

**LATICAPITÉ, ÉE**, adj. *laticapité*. Zool. Laticapíteo, que tiene la cabeza ancha.

**LATICAUDE**, adj. *laticód*. Zool. Laticaude, que tiene la cola larga.

**LATICLAVE**, m. *laticláv*. Laticlave ó laticlavia, túnica que usaban los antiguos senadores romanos.

**LATICLAVIEN, NE**, adj. *laticlavién*, *én*. Laticlaviano, relativo á la laticlavia.

**LATICOLLE**, adj. *laticól*. Zool. Laticolo, de cuello ó corselete ancho.

**LATICORNE**, adj. *laticórn*. Zool. Laticorne, de cuernos ó antenas anchas.

**LATIDENTÉ, ÉE**, adj. *latidanté*. Zool. Latidentado, de dientes anchos.

**LATIFLORE**, adj. *latiflór*. Bot. Latifloro, de flores anchas.

**LATIFOLIÉ, ÉE**, adj. *latifolié*. Bot. Latifoliado, de hojas anchas.

**LATIMANE**, adj. y s. *latimán*. Zool. Latímano, de muy anchas manos.

**LATIN, E**, adj. *latén*, *in*. Latino, habitante del Lacio; perteneciente á la lengua, usos, costumbres, hábitos, leyes, etc., de los Latinos ó del Lacio. || m. Latin, la lengua latina. || *Latin de bréviaire* ó *de cuisine*, latin de breviario ó de cocina, latin macarrónico, mal latin. || *Gens de latin*, gentes de letras. || *Perdre son latin à quelque chose*, salir con las manos en la cabeza en algun asunto. || fam. *Piquer en latin*, montar mal á caballo, jinetear á lo teólogo. || *Être au bout de son latin*, estar al cabo de su romance, no saber que decir ni hacer. || *Perdre son latin*, cansarse ó trabajar en vano. || Mar. *Voiles latines*, velas latinas, velas de forma triangular. || *Être fou en latin et en français*, no tener sentido comun. || *Ne savoir ni grec ni latin*, ser un zote, un ignorante.

**LATINIER**, m. ant. *latinié*. Latinista, intérprete en lengua latina.

**LATINISANT, E**, adj. *latinisán*. Latinizante, se dice de las personas que, viviendo en un país cismático, practican el culto de la Iglesia latina.

**LATINISATION**, f. *latinisasión*. Latinizacion, accion de latinizar.

**LATINISER**, n. y a. *latinisé*. Latinizar, dar una terminacion, una inflexion latina á las palabras de otra lengua. || Latinizar, echarla de gran latino, hacer alarde de saber el latin, hablar latin casi siempre.

**LATINISEUR**, m. fam. *latiniseur*. Latinizador, el que pretendiendo hablar latin, lo estropea groseramente.

**LATINISME**, m. *latinism*. Latinismo, locucion propia del latin, manera de hablar de la lengua latina.

**LATINISTE**, m. y f. *latinist*. Latinista, el que posee la lengua latina, que sabe y habla bien esta lengua.

**LATINITÉ**, f. *latinité*. Latinidad, lengua latina. || *Basse latinité*, latin que se hablaba cuando empezó á corromperse la lengua de Roma.

**LATIPÈDE**, adj. *latipéd*. Zool. Latípedo, de piés ó patas anchas.

**LATIPENNE**, adj. *latipén*. Zool. Latipene, que tiene las alas anchas.

**LATIPINNÉ, ÉE**, adj. *latipiné*. Ictiol. Latipíneo, que tiene las nadaderas anchas.

**LATITER**, a. *latité*. Latitar, ocultar, esconder. || n. Ocultarse, esconderse, encubrirse.

**LATITUDE**, f. *latitúd*. Latitud, anchura. || Geog. Latitud, distancia que media desde un punto ó lugar dado á la equinoccial, contada por los grados de su meridiano. || Astr. Latitud, distancia de un astro á la eclíptica ó órbita del polo del zodíaco. || Clima considerado con relacion á su latitud ó temperatura. || met. Latitud, extension, facultad de extenderse sobre una materia, de emplear muchos medios para hacer una cosa, etc.

**LATITUDINAIRE**, adj. *latitudinér*. Teol. Tolerante, de la manga ancha. || m. Latitudinario, nombre de una secta religiosa de Alemanía y Holanda, que creia que todos los hombres se salvarán.

**LATITUDINARISME**, m. *latitudinarism*. Latitudinarismo, opinion, sistema de los latitudinarios.

**LATOMIES**, f. pl. *latomí*. Antig. Lizas, circos para correr caballos, carros, etc., establecidos en los alrededores de Siracusa, que despues se convirtieron en cárceles por órden de Dionisio el Tirano.

**LATONE**, f. *latón*. Mit. Latona, madre de Apolo y Diana.

**LATRIE**, f. *latrí*. Latría, culto de adoracion rendido á solo Dios.

**LATRINES**, f. pl. *latrín*. Letrinas, comunes, cuartos excusados; ó en singular, letrina, comun, lugar comun, etc.

**LATROBITE**, f. *latrobít*. Miner. Latrobita, especie de mineral.

**LATRODECTE**, m. *latrodéct*. Zool. Latrodecto, género de insectos.

**LATRONCULAIRE**, adj. *latronculér*. Didáct. Escaquiforme, que tiene la forma de un tablero de damas.

**LATRONCULE**, m. *latroncúl*. Especie de fichas que usaban los Romanos para calcular. || Pieza de un juego antiguo que al parecer tenia alguna analogía con el de damas.

**LATTAGE**, m. *latáge*. Enletaje, accion de enlatar. || Espacio cubierto ó guarnecido de latas.

**LATTE**, f. *lát*. Lata, liston delgado de madera para forjar los techos en lugar de tomiza. || Lata, cada una de las maderas ó tablillas con que se construyen las vainas de las espadas, etc. || Lata, cada uno de los palos largos conforme se cortan de los árboles que sirven para formar techumbres, etc. || Lata (hoja de), hierro comun reducido á láminas delgadas y bañadas en estaño derretido. || Paleta de vidriero ó locero.

**LATTER**, a. *laté*. Enlatar, cubrir, guarnecer de latas.

**LATTIS**, m. *latí*. Arq. Cubierta, techo, obra de latas.

**LAUDANUM**, m. *lodanóm*. Farm. Láudano, nombre dado indistintamente á todas las preparaciones de opio, y con especialidad al extracto de opio ó adormidera, etc. || expr. prov. *Donner du laudanum à quelqu'un*, adormecer á alguno con alabanzas, adularle, lisonjearle.

**LAUDATEUR**, m. *lodateur*. Alabador, adulador, lisonjero.

**LAUDATIF, IVE**, adj. *lodatif*, *ív*. Laudativo, laudatorio, que alaba: *discours laudatif*.

**LAUGIER ó LAUGERIE**, m. *logié*, *logrí*. Bot. Logería, género de plantas, que crecen en la Habana, Jamáica, etc.

**LAURÉ, ÉE**, adj. *loré*. Laureado, ceñido de laurel, coronado de laureles.

**LAURÉAT, E**, adj. y s. *loreá*. Premiado con una corona de laurel: *poète lauréat*.

**LAUREMBERGIE**, f. *loranbergí*. Bot. Laurembergia, género de plantas del cabo de Buena Esperanza.

**LAURÉOLE**, f. *loreól*. Bot. Lauréola, planta. || Lauréola, corona de laureles de los triunfadores y de los emperadores romanos. || Lauréola ó auréola, la recompensa celeste de las vírgenes, de los doctores y mártires.

**LAURIER**, m. *lorié*. Bot. Laurel, árbol siempre verde, célebre y simbólico, cantado por los poetas, escogido en los triunfos, etc. || met. Lauro, premio, palma, triunfo, victoria, auréola, insignia del vencedor. || *Cueillir, moissonner des lauriers*, recoger, amontonar laureles: distinguirse por [illegible] cas hazañas, por altos hechos de armas, etc. || *Flétrir ses lauriers*, ajar, marchitar sus laureles: deshonrar sus triunfos, su fama, su crédito, etc. || *S'endormir sur ses lauriers*, dormirse sobre sus laureles: no proseguir una carrera gloriosamente comenzada, etc.

**LAURIFOLIÉ, ÉE**, adj. *lorifolié*. Bot. Laurifoliado, cuyas hojas se parecen á las del laurel.

**LAURINE**, f. *lorín*. Quím. Laurina, sustancia extraida del fruto del laurel.

**LAURIOT**, m. *lorió*. Cuñete, cubo pequeño.

**LAUROPHYLLE**, m. *lorofíl*. Bot. Laurófilo, género de plantas del Cabo.

**LAUXANIE**, f. *locsaní*. Zool. Lauxania, género de insectos dípteros.

**LAVABO**, m. *lavabó*. Lavabo, el paño con que el sacerdote se enjuga los dedos en el lavatorio de la misa. || Ceremonia del santo sacrificio de la misa.

**LAVAGE**, m. *laváge*. Lavadura, lavado, accion y efecto de lavar. || Aguas [illegible], vacias, etc. || Calducho, caldivache, [illegible] do del guisado ó cocido muy cargado de agua. || *Lavages*, pl. Jaropes, superabundancia de bebidas, de cocimientos ú otros brebajes medicinales.

**LAVAGNE**, f. *lavañ*. Lavagna, piedra de Génova, especie de piedra que se divide en planchas ú hojas.

**LAVANDE**, f. *lavánd*. Bot. Espliego, alhucema, género de plantas que exhalan un olor fuertemente aromático.

**LAVANDERIE**, f. *lavandrí*. Lavadero, lugar, sitio, paraje en que las lavanderas lavan la colada.

**LAVANDIER**, m. *lavandié*. Lavandero mayor de las personas reales. En España desempeña aquel cargo ordinariamente una mujer.

**LAVANDIÈRE**, f. *lavandiér*. Lavandera, mujer cuyo oficio es lavar ropa sucia. || Zool. Nevatilla, ave pequeña del mismo género que la motacilla ó aguzanieve.

**LAVARET**, m. *lavaré*. Zool. Lavareto, salmon de este nombre, especie de pescado de carne muy sabrosa y regalada.

**LAVARONUS**, m. *lavarónus*. Zool. Lavarano, pescado del Mediterráneo parecido al lavareto.

**LAVASSE**, f. *lavás*. Turbion, chaparron, chubasco, lluvia impetuosa y repentina. || Especie de piedra para cubrir techos.

**LAVATÈRE**, f. *lavatér*. Bot. Lavatera, género de plantas malváceas.

**LAVATION**, f. V. LAVAGE.

**LAVE**, f. *láv*. Lava, materia ardiente, flamígera, abrasadora, que lanzan derretida las erupciones volcánicas.

**LAVÉE**, f. *lavé*. Pella de lana que se saca de los lavaderos para enjugarla exponiéndola al aire libre.

**LAVÈGE ó LAVEZZE**, f. *lavég*, *lavés*. Lavega ó laveza, especie de piedra de que se construyen vasos que resisten á la accion del fuego.

**LAVE-MAINS**, m. *lavmén*. Lavamanos, aguamános, aguamanil. || Lavamanos, especie de fuentecilla artificial para lavarse las manos.

**LAVEMENT**, m. *lavmán*. Lavamiento, lavatorio, accion de lavar ó lavarse. || Lavativa, ayuda, clister.

**LAVÉNIE**, f. *lavení*. Bot. Lavénia, género de plantas sinantereas.

**LAVER**, a. *lavé*. Lavar, enjugar, limpiar con agua ú otro líquido. || Bañar, tocar las aguas de un rio ó del mar los muros, las paredes, los árboles, pasar por sus inmediaciones. || met. Lavar, purificar, quitar ó borrar la mancha del pecado. || Impr. Lavar, limpiar, brozar las formas para quitarles la tinta, para barrería. || *Laver ses mains dans le sang*, lavar con sangre una afrenta, vengarse hiriendo ó matando. || met. *Laver la tête à quelqu'un*, reprender agriamente á alguno. || *A laver la tête d'un âne on perd sa lessive*, el que lava de un asno la testa, pierde el jabon y la apuesta; predicar en desierto, sermon perdido. || *Une main lave l'autre*, una mano lava la otra, y ambas

**LUIRE**, n. *luir*. Lucir, brillar, resplandecer. ‖ met. Lucir, sobresalir, aventajar.

**LUISANT, E**, adj. *luisán*. Luciente, brillante, resplandeciente. ‖ Luciente, que refleja alguna luz. ‖ *Ver ó mouche luisante*, luciérnaga. ‖ LUISANT, m. Lo lustroso, el lustre, el brillo. ‖ *Luisante*, f. Astr. Luciente, algunas estrellas que resplandecen con un brillo particular.

**LUITES**, f. pl. *luit*. Mont. Criadillas ó testículos del jabalí.

**LUITON**, m. V. LUTIN.

**LULU**, m. *lulú*. Zool. Lulú, uno de los nombres vulgares de la calandria moñuda.

**LUMACHELLE** ó **LUMAQUELLE**, f. *lumaquél*. Geol. Lumaquela, calcaria compuesta que comprende tanta cantidad de conchas fósiles ó de restos de conchas que parece que está compuesta de ellas.

**LUMBAGO**, m. *lonbágo*. Med. Lumbago, afeccion reumática de la region de los lomos.

**LUMIÈRE**, f. *lumiér*. Luz, claridad con la cual se hacen visibles los objetos. ‖ Luz, cualquiera luz artificial, como la vela encendida, el velon, etc. ‖ Luz, dia. ‖ met. Luz, indicio, noticia. ‖ Luz, inteligencia, conocimiento para alguna cosa. ‖ Luz, publicidad, exámen. ‖ Luz, todo lo que ilumina el alma: *la lumière de l'Evangile*, la luz del Evangelio; *la lumière de la foi*, la luz de la fe. ‖ Lumbrera, antorcha: dícese del hombre eminente que ha ilustrado la Iglesia ó su siglo con sus escritos ó virtudes. ‖ Luz, vida. *Commencer à voir la lumière du jour*, salir á luz, venir al mundo, nacer. ‖ Fogon, oido de una arma de fuego. ‖ Pint. Luz, efectos de la luz imitados en un cuadro. ‖ *Mettre un livre, un ouvrage en lumière*, sacar á luz un libro ó una obra, imprimirla, publicarla. Esta locucion ha caido en desuso; ahora se diria *mettre au jour*. Se diria igualmente de una obra no impresa: *cet ouvrage n'a pas encore vu la lumière*.

**LUMIGNON**, m. *lumiñón*. Pábilo, la punta de la torcida de una vela. ‖ Cabo ó cabo de vela ó de bujía encendida que se va acabando.

**LUMINAIRE**, m. *luminér*. Luminar, cualquiera de los astros que despiden luz y claridad. ‖ Luminaria, luces, cera, la que arde ó se gasta en las iglesias. ‖ met. y joc. Luminaria, los ojos, la vista.

**LUMINEUX, EUSE**, adj. *lumineu, eus*. Luminoso, que difunde luz y claridad. ‖ met. Instructivo, que aclara lo dudoso y oscuro: dícese del ingenio y de sus obras.

**LUMPENERE**, m. *lonpnér*. Quím. Lumpenerso, especie de asbesto de color rojo oscuro mezclado de plata y de manganesa.

**LUNAIRE**, adj. *lunér*. Lunar, lo perteneciente á la luna. ‖ *Cadran lunaire*, cuadrante lunar, cuadrante que señala las horas por medio de la luna. ‖ f. Bot. Lunaria, género de plantas cruciferas.

**LUNAISON**, m. *lunesón*. Astr. Lunacion, el tiempo que gasta la luna desde una conjuncion con el sol hasta la siguiente.

**LUNATIQUE**, adj. *lunatic*. Lunático, que está sujeto á la influencia de la luna. ‖ Med. Lunático, que está bajo la influencia de la luna. Se dice particularmente de las enfermedades que parecen estar en relacion con algunas fases determinadas de la luna y de los individuos afectados de estas enfermedades. ‖ met. y fam. Fantástico, extravagante. Úsase tambien como sustantivo.

**LUNDI**, m. *leundí*. Lúnes, el segundo dia de la semana.

**LUNE**, f. *lün*. Astr. Luna, planeta, satélite que sigue la tierra en todos sus movimientos de traslacion y la acompaña en su revolucion anual al rededor del sol. ‖ *Lune rousse*, luna roja, nombre que los jardineros dan á una luna que empieza en abril y se llena á fines ó á principios de mayo. ‖ met. *La lune de miel*, la luna de miel, el primer mes de matrimonio. ‖ met. y fam. *Aboyer à la lune*, ladrar á la luna: amenazar á quien no se puede ofender. ‖ *Faire un trou à la lune*, alzarse: irse sin despedirse ni pagar á sus acreedores. ‖ *Vouloir prendre la lune avec les dents*, querer coger el cielo con las manos: intentar imposibles. ‖ *Avoir des lunes*, tener dias de locura, ser lunático. ‖ *La lune de feu*, la luna de fuego, el mes de julio. ‖ Quím. Luna, en términos de química, la plata. *Lune cornée*, luna córnea, cloruro de plata fundido. ‖ Zool. Luna, nombre de un pescado de la América del Norte. ‖ Bot. *Lune d'eau*, luna de agua, nombre vulgar del nenúfar blanco. ‖ *Lune de mer*, luna de mar, nombre vulgar de diferentes pescados. ‖ *Coucher à l'enseigne de la lune*, dormir en el meson de la estrella: pasar la noche al descubierto.

**LUNELS**, m. pl. *lunél*. Blas. Lunelos, son cuatro medias lunas unidas por sus puntas, que forman como una rosa.

**LUNETTE**, f. *lunét*. Anteojo, nombre que se aplica á los diversos instrumentos de óptica destinados á remediar las imperfecciones de la vista. ‖ *Lunette convexe*, lente convexo, que aumenta los objetos. ‖ *Lunette concave*, lente cóncavo, el que disminuye los objetos. ‖ *Lunette d'approche*, *lunette de longue vue* ó *à longue vue*, anteojo de larga vista, anteojo que aumenta ó aproxima los objetos. ‖ *Lunette achromatique*, anteojo acromático, anteojo para ver los objetos distantes y que los presenta claros y sin el cerco prismático que presentan los anteojos comunes. ‖ *Lunette de spectacle*, anteojo de teatro, anteojo que se usa en los teatros. ‖ Agr. Anteojo, media luna pequeña para usos agrícolas. ‖ Anteojo, cierto hueso del pecho de las aves, hendido en figura de horquilla. ‖ Anteojo, el agujero de una letrina y el de una silla ó sillon horadado al mismo efecto. ‖ Fort. V. TENAILLON. ‖ *Lunettes*, f. pl. Anteojos, espejuelos que se calzan en la nariz. = Anteojeras, hablando de las caballerías. ‖ met. y fam. *Mettre ses lunettes de travers* ó *chausser mal ses lunettes*, calzárselas al reves: no entender lo mas importante y esencial de una cosa.

**LUNETTIER, ÈRE**, m. y f. *lunetié, ér*. Anteojero, fabricante de anteojos.

**LUNI-SOLAIRE**, adj. *lunisolér*. Astr. Luni-solar, que está compuesto de la revolucion del sol y de la luna.

**LUNULE**, f. *lunúl*. Geom. Lúnula, media luna. ‖ Zool. Lúnula, especie de insecto. ‖ Lúnula, especie de pescado.

**LUNULÉ, ÉE**, adj. *lunulé*. Geom. Lunúleo, que tiene la forma de una media luna.

**LUPÉE**, f. *lupé*. Zool. Lúpea, género de crustáceos nadadores.

**LUPERCALES**, f. pl. *lupercál*. Lupercales, fiestas que se celebraban en Roma el 15 de febrero, en honor del dios Lan.

**LUPÉRIE** ó **LUPERIA**, f. *luperí*, *lupéria*. Bot. Luperia, seccion de plantas que comprende muchas especies de alelíes.

**LUPIN**, m. *lupén*. Bot. Altramuz, planta y fruto; este es una legumbre larga, correosa, que contiene una porcion de granos redondos, chatos y de un gusto amargo. ‖ Altramuz, se dice tambien de la semilla de la misma planta.

**LUPINELLE**, f. *lupinél*. Bot. Lupinela, nombre vulgar de una especie de trébol.

**LUPULINE**, f. *lupulín*. Bot. Lupulina, especie de yerba del género mielga, conocida con el nombre vulgar de trébol amarillo ó trébol negro.

**LUPULUS**, m. *lúpulus*. Bot. Lúpulo, yerba hombrecillo.

**LURETTE**, f. V. LURON.

**LURON, NE**, m. y f. *lurón, ón*. Hombre alegre, sin pena; hombre vigoroso y determinado; mujer decidida y que no se acobarda.

**LUSIN**, m. *lusén*. Mar. Piola, especie de cuerda.

**LUSITANIEN, NE**, adj. y s. *lusitanién, én*. Lusitano, de la Lusitania.

**LUSTRAGE**, m. *lustráge*. Enlustracion, accion de enlustrar, y resultado de esta accion.

**LUSTRAL, E**, adj. *lustrál*. Antig. rom. Lustral, que pertenece al lustro ó á la lustracion. ‖ *Eau lustrale*, agua lustral, agua comun en la cual se apagaba un tizon ardiente sacado del hogar de los sacrificios; era el agua bendita de los paganos. ‖ *Lustrales*, f. pl. Fiestas lustrales. V. LUSTRE.

**LUSTRATIF, IVE**, adj. *lustratif, iv*. Lustrativo, que da lustre.

**LUSTRATION**, f. *lustrasión*. Hist. Lustracion, ceremonia que usaban en la antigua Roma en los sacrificios de expiacion para purificar las personas, las casas y las ciudades cuando creian que estaban inmundas. Se decia particularmente de la ceremonia de purificar á los recien nacidos con el agua lustral.

**LUSTRE**, m. *lústr*. Antig. Lustro, fiesta expiatoria que se celebraba en Roma. ‖ Lustro, espacio de cinco años. ‖ Lustre, el viso luciente que despide una superficie bruñida, prensada, barnizada. ‖ Araña con la que se alumbra una sala, teatro, etc. ‖ met. Lustre, esplendor, gloria, realce, lucimiento.

**LUSTRER**, a. *lustré*. Lustrar, dar lustre y brillantez á una tela, á una piel, un sombrero, etc.

**LUSTRIER**, m. *lustrié*. Fabricante de arañas ó lucernas.

**LUSTRINE**, f. *lustrín*. Lustrina, cierta tela de seda.

**LUSTROIR**, m. *lustruár*. Art. Lustrador, reglita pequeña forrada de tela de sombrero para quitar las manchas de las lunas de los espejos.

**LUT**, m. *lüt*. Quím. Lúten, betun, mezcla pegajosa y dúctil que se hace sólida secándose, y que se usa para cerrar herméticamente una vasija, ó para embarrar los tubos de vidrio y de porcelana, y preservarlos de la accion demasiado viva del fuego. ‖ *Lut d'amandes*, lúten de almendras, lúten que se hace con la torta exprimida de las almendras, que se pulveriza y mezcla con cola de almidon para darle la consistencia de una masa dúctil. ‖ *Lut de chaux*, lúten de cal, lúten que se hace con cal, agua y clara de huevo. ‖ *Lut gras* ó *d'argile*, lúten de greda.

**LUTATION**, f. *lutasión*. Quím. Lutacion, accion de embarrar ó tapar las vasijas con el lúten.

**LUTÉOLE**, m. *luteól*. Bot. Lutéola, nombre específico de una especie de reseda.

**LUTÉOLINE**, f. *luteolín*. Quím. Luteolina, materia amarilla cristalizable aislada de la gualda.

**LUTER**, a. *luté*. Quím. Tapar, embetunar, embarrar con el lúten.

**LUTH**, m. *lüt*. Mús. Laud, instrumento músico que se toca punteando ó hiriendo las cuerdas. En poesía se toma á veces por lira.

**LUTHÉE**, adj. f. *luté*. Lúteo, que se parece á un laud. No se dice mas que en esta locucion: *mandore luthée*, mandurria lútea, la que tiene mas de cuatro cuerdas y que se parece á un laud.

**LUTHÉRANISME**, m. *luteraniem*. Luteranismo, doctrina de Lutero, religion de los luteranos.

**LUTHERIE**, f. *lutrí*. Comercio y profesion del guitarrero.

**LUTHÉRIEN, NE**, adj. y s. *luterién, én*. Luterano, que sigue las doctrinas religiosas de Lutero.

**LUTHIER**, m. *lutié*. Guitarrero, el que fabrica instrumentos músicos de cuerda.

**LUTIN**, m. *lutén*. Trasgo, duende, especie de demonio casero, segun la opinion vulgar y supersticiosa. ‖ met. Diablillo, dícese de un muchacho vivo y enredador. Se usa alguna vez adjetivamente para expresar el aire picante y despierto de una fisonomía, y entónces es femenino.

**LUTINER**, a. *lutiné*. Inquietar, atormentar como un duende. ‖ n. Hacer el duende, andar como duende, trasguear.

**LUTRIN**, m. *lutrén*. Facistol, atril grande donde se pone el libro ó libros para cantar en la iglesia.

**LUTTE**, f. *lüt*. Lucha, lid entre dos personas á brazo partido. ‖ met. Lucha, combate de las pasiones. ‖ met. Toda clase de combate físico y moral. ‖ met. y fam. *De haute lutte*, de juro, por fuero, de propia autoridad. ‖ *De bonne lutte*, en buena guerra, con toda ley, con franqueza, legítimamente.

**LUTTER**, n. *luté*. Luchar, lidiar dos personas á brazo partido. ‖ met. Luchar, hablando de toda especie de combate. *Lutter contre la tempête*, *contre les vents*, *contre les flots*, *contre la destinée*, *contre la mort*, luchar contra la tempestad, contra los vientos, las olas, el destino, la muerte: hacer esfuerzos para superar la tempestad, los vientos, etc., defenderse contra la muerte, el destino, etc.

**LUTTEUR**, m. *luteur*. Luchador, lidiador.

**LUXATION**, f. *lucsasión*. Cir. Lujacion, dislocacion, espibio de los huesos.

**LUXE**, m. *lúcs*. Lujo, suntuosidad, exceso de gasto en vestir, comer, etc. || met. Lujo, grande abundancia, profusion, superfluidad. || Lujo, adorno, decoracion.

**LUXEMBOURGEOIS, E**, adj. y s. *lucsanburjuá*. Luxemburgues, del Luxemburgo.

**LUXER**, a. *lucsé*. Luxar, dislocar, desencajar los huesos de su lugar. || *Se luxer*, r. Luxarse, descoyuntarse, salirse de su cavidad.

**LUXUEUX, EUSE**, adj. *lucsueu, eus*. Lujoso, suntuoso.

**LUXURE**, f. *lucsúr*. Lujuria, incontinencia, lascivia.

**LUXURIANT, E**, adj. *lucsurián*. Poét. Frondoso, fecundo en ramas é hijuelos. || met. *Imagination luxuriante*, imaginacion fecunda.

**LUXURIEUSEMENT**, adv. *lucsurieusmán*. Lujuriosamente, con lujuria.

**LUXURIEUX, EUSE**, adj. *lucsurieu, eus*. Lujurioso, lascivo.

**LUZERNE**, f. *lusérn*. Bot. Alfalfa, especie de mielga que se emplea para pastos.

**LUZERNIÈRE**, f. *lusernièr*. Alfalfal, sitio sembrado de alfalfa.

**LUZETTE**, f. *lusét*. Enfermedad de los gusanos de seda.

**LUZIOLE**, f. *lusiól*. Bot. Luciola, género de plantas gramíneas. Solo se conoce una especie y es la luzia del Perú.

**LUZIN**, m. *lusén*. Mar. Piola de tres cabos.

**LYCANTHROPE**, adj. y s. m. *licantróp*. Licántropo, el que padece de la licantropía.

**LYCANTHROPIE**, f. *licantropí*. Med. Licantropía, especie particular de enajenacion mental, en cuyos accesos los enfermos se creen metamorfoseados en lobo; aullan como estos animales, huyen de dia la compañía de los hombres, y de noche corren los campos y las calles. || Licantropía, manía de los que se creen trasformados en cualquier otro animal.

**LYCAONIEN, NE**, adj. y s. *licaonién, én*. Licaoniense, de la Licaonia.

**LYCÉE**, m. *lisé*. Liceo, lugar público donde se reunian los Griegos para los ejercicios del cuerpo. || met. La escuela de Aristóteles. || Liceo, sitio donde se juntan los académicos y literatos. || Liceo, gimnasio, todo lugar destinado á la enseñanza pública de alguna ciencia.

**LYCHNIS**, m. *licnís*. Bot. Licnis, nombre que los antiguos han dado á muchas plantas polipétalas, vulgarmente llamadas collejas.

**LYCHNOMANCIE**, f. *licnomansí*. Licnomancia, adivinacion por la luz.

**LYCHNOSOMATE**, m. *licnosomát*. Licnosomato, luz universal, luz del mundo.

**LYCIUM**, m. *lisiom*. Bot. Arbusto espinoso cuyo fruto sirve para teñir de amarillo.

**LYCOPE**, m. *licóp*. Bot. Licopo, género de plantas herbáceas, vivaces, de hojas opuestas y flores axilares.

**LYCOPERDON**, m. *licoperdón*. Bot. Licoperdon, género de plantas muy carioso de la familia de los hongos, llamado vulgarmente pedo de lobo.

**LYCOPODITE**, m. *licopodít*. Bot. Licopódito, género de plantas fósiles.

**LYCOPSIDE**, f. *licopsíd*. Bot. Licópsida, género de plantas borrajíneas.

**LYCOPUS**, m. *licópus*. Bot. Marrubio, planta acuática.

**LYCOREXIE**, f. Med. V. BOULIMIE.

**LYCOSE**, f. *licós*. Zool. Licosa, género de arañas que comprende aquellos animales que cazan para coger su presa, que llevan sus huevos en un capullo fijado en el ano, y las crias encima del lomo.

**LYCTE**, m. *lict*. Zool. Licto, género de insectos muy pequeños que se encuentran en los sitios húmedos.

**LYELLIE**, f. *lieli*. Bot. Lielia, género de musgos.

**LYGINIE**, f. Bot. V. SCHÉNODE.

**LYGOPHILE**, adj. *ligofíl*. Zool. Ligófilo, que busca la oscuridad, que huye de la claridad.

**LYMPHANGITE**, f. *lenfangít*. Med. Linfangitis, inflamacion de los vasos y de los ganglios linfáticos.

**LYMPHATIQUE**, adj. *lenfatíc*. Med. Linfático, que pertenece á la linfa.

**LYMPHE**, f. *lénf*. Med. Linfa, humor acuoso contenido en los vasos que le son propios, y á la cual se ha atribuido la causa de muchas enfermedades. || Bot. Por analogía, se dice del licor incoloro que circula entre el tejido de las plantas.

**LYMPHITE**, f. V. LYMPHANGITE.

**LYMPHOTOMIE**, f. *lenfotomí*. Anat. Linfotomía, diseccion de los vasos linfáticos.

**LYNGODE**, s. y adj. f. *lengód*. Med. Lingoda, fiebre intermitente cuyo síntoma dominante es el hipo.

**LYNX**, m. *lénes*. Zool. Lince, cuadrúpedo de un color bermejo oscuro con manchas negras, la cola corta, y las orejas, que son largas y erguidas, terminan con un [illegible] de pelos negros; trepa con facilidad sobre los árboles, y se le atribuye una vista muy penetrante. || met. Lince, dícese de una persona muy perspicaz de vista ó de comprension.

**LYONNAIS, E**, adj. y s. *lioné, és*. Lionés, de Lyon en Francia.

**LYONNET**, m. *lioné*. Zool. Lioneto, insecto roedor, especie de polilla.

**LYPÉMANIE**, f. Med. V. MÉLANCOLIE.

**LYRE**, f. *lir*. Lira, instrumento músico de cuerdas, usado entre los antiguos. || met. y poét. Lira, fantasía poética, inspiracion. || Zool. Lira, nombre específico de dos pescados, de los cuales el uno pertenece al género calliónimo y el otro al de los trigles. || Lira, ave de la Nueva Holanda, cuya cola presenta la forma de una lira. || Astr. V. MERCURE.

**LYRIQUE**, adj. *liric*. Lírico, que pertenece á la lira, ó á la poesía lírica, propia para el canto. Se dice particularmente de las odas, de los himnos y en general de la poesía lijera, por contraposicion á la poesía heróica, dramática, etc. || Se usa tambien como sustantivo: *le lyrique*, el género lírico, la poesía lírica.

**LYSANDRE**, m. *lisándr*. Zool. Lisandro, mariposa de las Indias.

**LYSIMACHIE**, f. V. LYSIMAQUE.

**LYSIMACHIÉ, ÉE**, adj. *lisimaquié*. Bot. Lisimáqueo, que se parece á una lisimaca. || *Lisimachiées*, f. pl. Lisimaquias, familia de plantas cuyo tipo es el género lisimaca.

**LYSIMAQUE** ó **LYSIMACHIE**, f. *lisimác*, *lisimaquí*. Bot. Lisimaca ó lisimaquía, género de plantas primuláceas, que contiene unas treinta especies.

**LYSIS**, f. *lisis*. Med. Lisis, crisis saludable que se opera sin fenómeno aparente.

**LYSSES**, f. pl. *lis*. Med. Pústula que se desarrolla debajo de la lengua de los individuos que un animal rabioso ha mordido.

**LYSSODECTE**, adj. *lisodéct*. Med. Lisodecto, que ha sido mordido por un perro rabioso.

**LYSTRE**, f. *listr*. Zool. Listra, género de insectos de la familia de las cigarras.

**LYSYODE**, m. *lisiód*. Farsante que solía hacer el papel de mujer en los teatros.

**LYTHRODE**, f. V. ÉLÉOLITHE.

**LYTHRUM**, m. V. SALICAIRE.

**LYTTE**, f. *lit*. Farm. Cantárida.

**LYZAN**, m. *lisan*. Zool. Lizan, especie de pescado marino. V. SCOMBÉROÏDE.

**LYZARDE**, f. *lisárd*. Lisarda, especie de lagarto.

# M.

**M**, m. **M**, décimatercia letra del alfabeto frances y décima de las consonantes, cuya pronunciacion es siempre la misma al comenzar una palabra; pero en medio tiene el sonido nasal y se pronuncia como *n* cuando siguen las consonantes *m*, *b*, *p*; así en *emmener*, *combler*, *comparer*, se dice como si se escribiese *anmné*, *conblé*, *conparé*. Si se sigue *n*, como *omnistie*, *omnipotence*, *hymne*, *indemniser*, *Agamemnon*, *etc.*, la *m* conserva su sonido primitivo, y es nula ó no se pronuncia en *automne*, *damné*, *damnation*. || Cuando la *m* se encuentra doble, se pronuncian las dos, como en *immortel*, *immédiat*, *immense*; pero si la palabra empieza por *com*, de ordinario solo se pronuncia una *m*, como en *commode*, *commissaire*, *commis*. || Si se encuentra al fin de una palabra, tiene el sonido de *n* nasal, como *nom*, *faim*, *parfum*, que se pronuncian *nón*, *fén*, *parfeun*; exceptuándose la interjeccion *hem*, algunas voces latinas, como *item*, *septemvir*, y la mayor parte de las extranjeras, como *Sem*, *Cham*, *Jérusalem*: *Adam* conserva el sonido nasal. || *M.* como signo numeral vale mil; en los escritos ordinarios del frances significa *Monsieur*; en geografía Mediodía; en los autores latinos *Marco*, *Mucio*, *etc.* En gramática *m* sirve para designar al nombre masculino. *M* se emplea para otras muchas abreviaturas, y la materia de que se trate indicará su significacion. || En el comercio *M/C* significa mi cuenta, lo mismo que *V/C* vuestra cuenta o la cuenta de Vd., etc.

**MA**, adj. posesivo f. *má*. Mi: *ma mère*, mi madre; *ma robe*, mi bata. Delante de voces que principian por vocal ó *h* muda se usa del masculino *mon*.

**MAB**, m. *mdb*. Mit. Nombre de la hada de los sueños, segun la tradicion de la edad média.

**MABA**, m. *mába*. Bot. Maba, género de plantas dicotiledóneas ebenáceas.

**MABIER**, m. *mabié*. Bot. Mabier, género de plantas de la Guyana.

**MABOUIER**, m. *mabuié*. Bot. Mabuyero, género de plantas de la América meridional.

**MACABRE**, adj. f. *macábr*. Palabra que solo se usa en la locucion *danse macabre*, baile infernal. Dícese de una danza en círculo en que toman parte los muertos de todos rangos, de todas condiciones, [illegible]

...goría que tiene por objeto figurar ...ad que condena todos los hombres ...ria.

...ADAM, m. macadám. Nombre de ...ventor de un sistema de caminos y ..., y del mismo camino construido ... sistema.

...ADAMISAGE, m. macadamiságe ...a de cierto sistema de empedrado ...rreteras.

...ADAMISER, a. macadamisé. Em... camino al estilo de Mac-Adam.

...IRE, m. n. p. maquér. Macario. ‖ ...bajo el cual se ha personificado la ...el charlatanismo. Su origen fué el ...rsonaje que, bajo este nombre, figu...o bandido en una representacion ...

...RISME, m. maquerism. Pillería, ..., charlatanismo, destreza para ex... credulidad pública.

...QUE, m. macác. Zool. Macaco, ...e mamíferos cuadrúmanos, que ha... África, la India y las islas del Archi...ndico.

...RANGUA, f. macarángua. Bot. ...gua, género de plantas dicotiledó...

...REUX, m. macareu. Zool. Maca... especie de ave nadadora del género ...

...RIBO, m. macaribo. Zool. Caribo, ... del Canadá. V. CARIBOU.

...RISIE, f. macarisí. Bot. Macari... ...ro de plantas de Madagascar.

...RON, m. macarón. Almendrado, ...e fruta de pastelería, muy delicada ...

...RONÉE, f. macaroné. Macarró... ...ecie de poesía burlesca en la que se ...varias palabras del lenguaje vulgar ...minacion latina.

...RONI, m. macaróni. Macarron, ...de fideo. ‖ Este nombre se aplicó ...á ciertos polvos que administraban ... cólico metálico los religiosos de la ...en París.

...RONIQUE, adj. macaronic. Ma..., compuesto segun las reglas de la ...nea, hablando de la poesía.

...RONISME, m. macaronism. Ma...mo, género de poesía macarrónica.

...DOINE, f. masedoán. Coc. Potaje ...to de diferentes legumbres ó de di...rutas. ‖ met. Baturrillo, composicion ... que parece una ensalada italiana ...diversidad de materias que abraza, ...sa, ya en verso, sin uniformidad. ‖ ...ego de naipes se dice faire une ma..., y se entiende que cada jugador tie...ultad de dictar cuando es mano una ...de juego diferente.

...DONIEN, NE, adj. y s. masedo... Macedonio, de la Macedonia.

...DONIENNE, f. masedonién. Ma...a, especie de baile antiguo.

...DONIENS, m. pl. masedonién. ...ianos, sectarios que negaban que ...ritu Santo procede de Jesucristo, ... por jefe á Macedonio.

...FRONDE, m. masfrónd. Máquina ...se servia para lanzar piedras.

...COUTINE, f. masecutín. Antigua ...de oro.

...R ó MACHER, m. masér, masié. ...ar, árbol de África, cuya corteza se ...usado contra la disentería.

...RATION, f. maserasión. Macera...stinencia, mortificacion del cuerpo. ‖ Maceracion, operacion cuyo objeto ...ndar ó dilatar el cuerpo que se so... ...a accion de un líquido para extraer ...r principio que le es propio por me...disolvente.

...RER, a. maseré. Macerar, morti..., ...gir el cuerpo por medio de peniten...sión. Macerar, poner una sustancia ...ion á la temperatura de la atmósfera ... ablandarla, dilatarla y extraer de ...quier principio soluble.

...RON, m. masrón. Bot. Maceron, ...de plantas dicotiledóneas umbelífe...llamado tambien apio caballar.

MACHABÉES, m. pl. macabé. Macabeos, los dos libros últimos del antiguo Testamento.

MACHACOIRE, m. macacuár. Macia, espadilla, instrumento para machacar el cáñamo.

MACHÆRIE, f. maquerí. Bot. Macaria, género de plantas de Madagascar y de la Guyana.

MACHÆRINE, f. maquerín. Bot. Macarina, género de plantas de Madagascar.

MACHA-MONE ó MACHEMONE, f. macamón, machemón. Calabaza de África, cuya carne es refrescante.

MACHAONIE, f. macaoní. Bot. Macaonia, género de plantas de la América meridional.

MACHAONIÉES, f. pl. macaonié Bot. Macaoniadas, tribu de plantas rubiáceas.

MACHASOR, m. macasór. Especie de libro de oraciones entre los judíos.

MÂCHE, f. máche. Bot. Canónigo, género de plantas ó yerba que se come en las ensaladas.

MÂCHÉ, ÉE, adj. maché. Mascado, molido. ‖ met. Preparado, cocido y amasado.

MÂCHECOULIS ó MÂCHICOULIS, m. machculí, machiculí. Mil. ant. Buharda, especie de galería ó balcon de piedra que se formaba sobre la puerta de una fortaleza y de los pueblos fortificados para dejar caer piedras y agua hirviendo sobre los sitiadores.

MÂCHEDRU, m. fam. machedrú. Comilon, gloton. V. GOURMAND.

MÂCHEFER, m. machefér. Cagafierro, escoria semi-vidriosa que se aglomera en los hornos.

MÂCHELIER, ÈRE, adj. machelié, èr. Epíteto dado á los dientes molares. Es tambien sustantivo, significando muela, quijar, diente molar.

MÂCHEMOURE, f. machemúr. Mazamorra, se dice entre la gente de mar de los restos ó migajas de galleta desmenuzada.

MÂCHER, a. maché. Mascar, masticar, demoler los alimentos. ‖ fam. Ronzar, roznar, por comer mucho ó con ansia. ‖ Tascar, jugar un caballo con el bocado. ‖ met. Tascar el freno, remorderse, sufrir y callar una persona. ‖ prov. y met. *Il faut lui mâcher tous ses morceaux*, es necesario dárselo mascado: se dice de una persona inepta para cualquier asunto. ‖ *Ne pas mâcher ce qu'on pense*, decir las cosas francamente, sin reserva. ‖ *Mâcher de haut*, mascullar, comer sin gana. ‖ *Mâcher à vide*, papar moscas, hacerse cruces: estar sin comer.

MÂCHEUR, EUSE, m. y f. macheur, eus. Mascador, el que masca. ‖ fam. Tragaldabas, gran comilon, buena tijera, de buen diente.

MACHIAVÉLIQUE, adj. maquiavelic. Maquiavélico, que es conforme á los principios de Maquiavelo. Por extension se dice de todo lo que concierne á la perfidia, á la falsedad y mala fe.

MACHIAVÉLISER, n. maquiavelisé. Maquiavelizar, obrar conforme á las máximas de Maquiavelo.

MACHIAVÉLISME, m. maquiavelism. Maquiavelismo, sistema de política en que la astucia y la mala fe componen los elementos principales, y cuyas máximas desenvolvió Maquiavelo en su libro *El príncipe*. ‖ Maquiavelismo, principios que tienden á imitar á Maquiavelo en sus máximas. Por extension se dice de toda perfidia, de toda astucia ó engaño.

MACHIAVÉLISTE, m. y f. maquiavelist. Maquiavelista, el que sigue y adopta el sistema y los principios de Maquiavelo.

MÂCHICATOIRE, m. machicatuár. Med. Masticatorio, toda sustancia medicamentosa que se ordena á un enfermo para mascarla y tenerla en la boca.

MÂCHICOT, m. machicó. Denominacion que se daba á ciertos cantores ó sochantres de iglesia. ‖ Chantre de iglesia.

MÂCHICOTAGE, m. machicotáge. Mús. rel. Designacion de una especie de adicion de notas con que se llenan los intervalos en el canto llano.

MÂCHICOTER, a. machicoté. Cantar suprimiendo ó añadiendo algunas notas al canto llano.

MACHINALE, adj. machinál. Maquinal, que se produce por el solo juego de los órganos sin intencion ni reflexion. Dícese de ciertas acciones involuntarias é indeliberadas.

MACHINALEMENT, adv. machinalmán. Maquinalmente, de una manera maquinal.

MACHINATEUR, TRICE, m. y f. machinateur, trís. Maquinador, el que maquina ó fragua alguna intriga, complot ó medio de engañar.

MACHINATION, f. machinasión. Maquinacion, accion, intriga para tramar algun complot, etc.

MACHINE, f. machín. Máquina, artificio propio para poner en accion alguna cosa. ‖ met. Se llama máquina al hombre en consideracion al conjunto de partes que en él se combinan y forman un todo admirable. ‖ Invencion, traza, artificio, intriga, astucia. ‖ Pint. Composicion, órden, inteligencia con que se distribuyen los colores en un cuadro. ‖ *Machine de théâtre*, tramoya, conjunto de cuerdas y otros auxilios para facilitar el cambio de las decoraciones. ‖ *Machines hydrauliques*, máquinas, artificios, juegos de aguas. ‖ Poét. y fam. *La machine ronde*, el universo, el mundo. ‖ met. y fam. *C'est une pure machine*, no es mas que una máquina: una persona sin talento, sin disposicion.

MACHINER, a. machiné. Maquinar, urdir, tramar, formar en secreto algun designio ó complot.

MACHINEUR, m. V. MACHINATEUR.

MACHINISME, m. machinism. Maquinismo, uso, empleo de máquinas ó de tramoyas.

MACHINISTE, m. machinist. Maquinista, el que inventa, hace ó dirige alguna máquina. ‖ Tramoyista, encargado del arreglo de las decoraciones de un teatro.

MACHINOIR, m. machinuár. Art. Bruñidor, especie de pata de cabra que usan los zapateros.

MACHLOSYNE, f. maclosín. Med. Ninfomanía, furor uterino.

MÂCHOIRE, f. machuár. Anat. Mandíbula, quijada, pieza huesosa que sostiene los dientes en los animales vertebrados. ‖ Quijada, toda pieza que se aparea y contribuye con otra de la misma ó parecida forma á sujetar, coger, contener alguna cosa por medio del movimiento que les es análogo. ‖ Quijada, parte del pié de gato de una llave que contribuye á sujetar la piedra de un arma de fuego. ‖ met. *Avoir la mâchoire pesante*, tener la lengua estropajosa: explicarse mal y con dificultad. ‖ *Jouer de la mâchoire*, *faire aller les mâchoires*, *remuer les mâchoires*, menear las quijadas, agitar las mandíbulas: comer ávida y glotonamente. ‖ *C'est une mâchoire, une vraie mâchoire*, es un machaca, un porra, esto es, pesado en el decir. ‖ pl. Bocas del tornillo de cerrajero.

MÂCHONNER, a. machoné. Mascujar, mascar con dificultad y de mala gana.

MÂCHONNEMENT, m. machonmán. Mascujamiento, accion de mascujar alguna cosa.

MÂCHOQUET, m. machoqué. Zool. Especie de grillo de las islas.

MACHUL ó MACHOL, m. macúl, macól. Especie de cítara ó viola que usaban los antiguos Hebreos.

MÂCHURAT, m. machurá. Impr. Aprendiz de prensista. ‖ Chapucero, prensista que echa á perder los pliegos en el tirado.

MÂCHURE, f. machúr. Art. Mascadura, desigualdad en el tundido, cuando la tijera no corta con limpieza.

MÂCHURER, a. machuré. Impr. Remosquear un pliego en el tirado. ‖ Antiguamente se decia por tiznar, ennegrecer, embadurnar, manchar.

MACIFORME, adj. masifórm. Maciforme, que se parece al mácis ó mácias por la forma y color.

MACIGNO, m. masiño. Miner. Macigno, especie de roca arenácea, granosa.

**MACIS**, m. *másis*. Mácis ó mácias, corteza interior de la nuez moscada.

**MACLAGE**, m. *macláge* Chocleo, operacion de choclear ó menear el vidrio en caldo con una barra de hierro.

**MACLE**, f. *mácl*. Miner. Maclo ó piedra de Santiago, sustancia mineral. || Bot. Macle, trébol acuático. V. MACRE. || Blas. Macle, especie de figura pequeña hecha como una malla de coraza.

**MACLER**, a. *maclé*. Art. Choclear, menear el vidrio en caldo con una barra de hierro. || Mezclar vidrio duro con otro hecho caldo.

**MACLIFÈRE**, adj. *maclifér*. Miner. Maclífero, que se compone de maclo y de hierro.

**MACLON**, m. *maclón*. Especie de uva.

**MACLONNIÈRE**, f. *maclonièr*. Pesc. Especie de red.

**MACLURE**, f. *maclúr*. Bot. Maclura, género de plantas dicotiledóneas corticeas.

**MACLURITE**, f. *maclurit*. Zool. Maclurita, género de conchas univalvas.

**MACOCO**, m. *macóco*. Zool. Macoco, animal del Congo que se cree ser el antílope.

**MAÇON**, m. *masón*. Albañil. || *Maître maçon*, maestro de obras ó jefe que dirige á los albañiles, inspecciona sus trabajos, etc. || *Aide maçon*, peon de albañil. || met. *Etre un maçon, un vrai maçon*, ser chapucero, trabajar tosca y groseramente obras delicadas. || *Maçon ó franc-maçon*, individuo de la logia ó sociedad llamada francmasonería.

**MAÇON, NE**, adj. *masón, ón*. Zool. Epíteto que se da á ciertos insectos que construyen sus habitaciones como la abeja, la hormiga, etc.

**MAÇONNAGE**, m. *masonáge* Albañilería, mampostería, trabajo, obra del albañil.

**MÂCONNAIS, E**, adj. y s. *maconé, és*. Macones, de la ciudad de Macon.

**MAÇONNER**, a. *masoné*. Construir, fabricar, albañilear, trabajar de albañilería. || Tapiar, tabicar una puerta ó ventana. || met. Chapucear, trabajar en cualquier arte groseramente.

**MAÇONNERIE**, f. *masonrí*. Albañilería, mampostería, construccion en que se emplea cal, canto, arena, yeso, ladrillo, etc. || *Maçonnerie en blocage*, fábrica de cascote ó de hormigon. || *Maçonnerie en liaison*, mampostería. || *Maçonnerie en échiquier*, obra ó fábrica de sillería. || Masonería ó francmasonería. Se dice comunmente *francmaçonnerie*.

**MACOUBA**, m. *macúba*. Macuba, excelente tabaco que crece en el norte de la Martinica.

**MACOUBÉ**, m. *macubé*. Bot. Macube, género de plantas de la Guyana.

**MACOUCOU**, m. *macucú*. Bot. Macucu, árbol de la Guyana.

**MACQUAGE**, m. *maccáge* Espadillamiento, accion de espadillar el cáñamo.

**MACQUE**, f. *mác*. Macla, espadilla, instrumento de rastrillador para espadillar el cáñamo.

**MACQUER**, a. *macqué*. Espadillar, espadar el lino ó el cáñamo ántes de rastrillarlo.

**MACRACANTHE**, adj. *macracánt*. Bot. Macracanto, que tiene grandes espinas.

**MACRADÈNE**, adj. *macradén*. Bot. Macradeno, que tiene grandes bellotas.

**MACRÆPYRHYNQUE**, adj. *macrepiréuc*. Zool. Macrepirinco, que tiene el pico grande y elevado, hablando de aves. || *Macræpyrhynques*, m. pl. Macrepirincos, familia de aves.

**MACRANTHE**, adj. *macránt* Bot. Macranto, que tiene grandes flores. || f. Bot. Macranta, género de plantas de la Cochinchina.

**MACRE**, f. *mácr*. Bot. Macre, género de plantas acuáticas. Es conocida con el nombre de abrojo de agua ó tribulo acuático, y tambien castaña de agua.

**MACREUSE**, f. *macreus*. Zool. Fulga ó cerceta, especie de ánade. || met. y fam. *Il a du sang de macreuse*, tiene la sangre blanca: es frio, apático, inmutable.

**MACROBE**, m. inus. *macrób*. Vejancon, vejete. Se ha querido designar con esta palabra un personaje que ha vivido gran número de años, como se dice de los antiguos patriarcas.

**MACROBIE**, f. inus. *macrobí*. Vejez extremada.

**MACROBIEN, NE**, adj. *macrobién, én*. Macrobiano, que ha vivido mas de lo regular. || *Macrobiens*, m. pl. Macrobianos, nombre de ciertos pueblos fabulosos que vivian, segun los antiguos, hasta mil años y gozaban de una juventud perpetua.

**MACROBIOTIQUE**, f. *macrobiotic*. Macrobiótica, arte de prolongar la vida por la observancia de la higiene.

**MACROBOTRYTE**, adj. *macrobotrít*. Bot. Macrobótrito, que tiene grandes los racimos.

**MACROBRANCHE**, adj. *macrobránche* Zool. Macrobranco, que tiene largas branquias, hablando de pescados.

**MACROCALICÉ, ÉE**, adj. *macrocalisé*. Bot. Macrocaliceo, que tiene un cáliz grande.

**MACROCARPE**, adj. *macrocárp*. Bot. Macrocarpo, que tiene frutos grandes. || m. Macrocarpo, especie de alga marina.

**MACROCÉPHALE**, adj. *macrosefál*. Zool. Macrocéfalo, epíteto del animal que tiene la cabeza muy gruesa. || Bot. Macrocéfalo, calificacion de las plantas cuyos cotiledones están soldados ó pegados en un cuerpo mayor que todo el resto.

**MACROCÉPHALIE**, f. *macrosefalí*. Med. Macrocefalia, excesiva dimension de la cabeza.

**MACROCÉRATE**, m. *macroserát*. Bot. Macrocerato, género de plantas cruciferas.

**MACROCERQUE**, adj. *macrosérc*. Zool. Macrocerco, calificacion del ave que tiene la cola muy larga.

**MACROCHÉIRIE** ó **MACROCHÉRIE**, f. *macroqueirí, macroquerí*. Med. Macroqueiria, anomalía orgánica que consiste en un desarrollo excesivo en las manos.

**MACROCHÈLE**, adj. *macrochél*. Zool. Macroquelo, que tiene las uñas muy largas y muy anchas. || m. Género de insectos. ||

**MACROCHÈRE**, adj. *macrochér*. Didáct. Macróquero, que tiene las manos muy largas. || Macróquero, sobrenombre de Artajérjes. || f. Macróquera, túnica de púrpura con mangas muy largas que usaban los antiguos.

**MACROCNÈME**, m. *macrocném*. Bot. Macrocnemo, género de plantas de la Jamáica y del Perú.

**MACROCOME**, adj. *macrocóm*. Macrócomo, que tiene los cabellos largos.

**MACROCOPIDOPTÈNE**, adj. *macrocopidoptén*. Zool. Macrocopidópteno, que tiene el pico muy largo en forma de sable, hablando de aves. || *Macrocopidoptènes*, m. pl. Macrocopidópterios, familia de aves acuáticas.

**MACROCOSME**, m. *macrocósm*. Nombre con que se designaba á todo el universo, por oposicion al hombre que llamaban *microcosme* ó pequeño mundo.

**MACROCOSMOLOGIE**, f. *macrocosmologí*. Macrocosmologia, ciencia que trata del universo y del globo terrestre en general y en particular.

**MACROCYSTE**, m. *macrosist*. Bot. Macrocisto, género de algas marinas.

**MACRODACTYLE**, adj. *macrodactíl*. Zool. Macrodáctilo, que tiene los dedos muy grandes. || *Macrodactyles*, m. pl. Macrodáctilos, familia de aves zancudas.

**MACRODACTYLIE**, f. *macrodactilí*. Med. Macrodactilia, anomalía orgánica que consiste en un desarrollo excesivo de los dedos.

**MACRODONTE**, adj. *macrodónt*. Zool. Macrodonte, que tiene los dientes grandes ó largos. || m. Bot. Macrodonte, género de musgos.

**MACROGASTÈRE** ó **MACROGASTRE**, adj. *macrogastér, macrogástr*. Zool. Macrogástero, que tiene el vientre grueso y muy desarrollado. || *Macrogastères*, m. pl. Macrogásteros, familia de insectos.

**MACROGLOSSE**, adj. *macroglós*. Zool. Macrogloso, que tiene la lengua [illegible]. || *Macroglosses*, m. pl. [illegible] de mamíferos. || Macroglosos, familia de aves silvanas. || Macroglosos, género de insectos lepidópteros.

**MACROGNATHE**, adj. *macrognát*. Zool. Macrognato, que tiene el pico muy largo, hablando de las aves. || m. Macrognato, género de pescados huesosos.

**MACROLÉPIDOTE**, adj. *macrolepidót*. Zool. Macrolepidoto, que tiene las escamas grandes, hablando de pescados.

**MACROLOGIE**, f. *macrologí*. Ret. Macrologia, calificacion de una forma dada en discurso que son mas largos de lo que es necesario.

**MACROLOPHE**, adj. *macrolóf*. Zool. Macrólofo, que tiene un copete muy grande sobre la cabeza, hablando de aves.

**MACROMÉLIE**, f. *macromelí*. Med. Macromelia, desarrollo excesivo de cualquier miembro.

**MACRONÈMES**, adj. *macronémes*. Zool. Macronemos, epíteto de un pescado que tiene las barbas muy grandes.

**MACRONYCHE**, adj. *macroníche*. Zool. Macrónice, que tiene las uñas muy largas. || *Macronyches*, m. pl. Macrónicos, género de insectos coleópteros. || Macrónicos, familia de aves zancudas.

**MACROPÉTALE**, adj. *macropetál*. Bot. Macropétalo, que tiene grandes pétalos.

**MACROPHTHALME**, adj. *macroftálm*. Zool. Macroftalmo, que tiene los ojos grandes. || m. Macroftalmo, género de [illegible]ceos.

**MACROPHYLLE**, adj. *macrofíl*. Bot. Macrófilo, que tiene las hojas grandes.

**MACROPHYSOCÉPHALE**, m. *macrofisosefál*. Med. Macrofisocéfalo, [illegible] edematosa de la cabeza del feto.

**MACROPNÉE**, f. *macropné*. Med. Macrópnea, respiracion larga y [illegible].

**MACROPODE**, adj. *macropód*. Bot. Macrópodo, calificacion de un [illegible] cuya radícula es muy gruesa y está [illegible] de cabeza, y de una planta que tiene los pedúnculos largos.

**MACROPODÉ, ÉE**, adj. [illegible]. Zool. Macropódeo, que tiene los [illegible]gos.

**MACROPODIE**, f. *macropodí*. Med. Macropodia, anomalía orgánica [illegible] por un desarrollo excesivo de los [illegible] || Zool. Macropodio, género de crustáceos.

**MACROPOME**, adj. *macropóm*. Zool. Macrópomo, que tiene grandes opérculos, hablando de pescados.

**MACROPORE**, adj. *macropór*. [illegible] Macróporo, que tiene los poros grandes.

**MACROPROSOPIE**, f. [illegible]. Med. Macroprosopia, anomalía orgánica caracterizada por el desarrollo [illegible] faz.

**MACROPS**, m. *macróps*. Zool. [illegible], género de serpientes.

**MACROPTÈRE**, adj. *macroptér*. [illegible] Macróptero, denominacion del ave que tiene las alas mas grandes que el cuerpo.

**MACRORHIZE**, adj. *macroríz*. Bot. Macrorizo, que tiene grandes raices.

**MACRORHYNQUE**, adj. [illegible]. Zool. Macrorinco, que tiene un pico grande ó la cabeza prolongada á manera de [illegible].

**MACROSCÉLIE** ó **MACROSCHÉLIE**, f. *macroselí, macrosquelí*. Med. [illegible] ó macrosquelia, anomalía orgánica caracterizada por el desarrollo excesivo de las piernas.

**MACROSCÉPIDE**, f. [illegible]. Bot. Macroscépida, género de plantas de [illegible] España.

**MACROSCIEN, NE**, adj. y s. [illegible]sien, m. Macrosciano, denominacion que daban los antiguos á los habitantes de las regiones á cuyo cenit no llega [illegible].

**MACROSPERME**, adj. *macrospérm*. Bot. Macrospermo, que tiene la semilla ó el [illegible]to muy grueso.

**MACROSTACHYÉ, ÉE**, adj. [illegible]quié. Bot. Macrostaquiado, que tiene las flores dispuestas en forma de espiga gruesa y larga.

**MACROSTÈME** ó **MACROSTÉMONE**, adj. *macrostém*, *macrostemón*. Bot. Macrostemo, que tiene los estambres largos y volando fuera de la flor.

**MACROSTYLE**, adj. *macrostíl*. Bot. Macróstilo, que tiene el estilo muy largo.

**MACROTARSE**, adj. *macrotárs*. Zool. Macrotarso, que tiene los tarsos ó las patas muy largas.

**MACROTARSIEN, NE**, adj. *macrotarsién, én*. Zool. Macrotársico ó macrotarsiano, que tiene los tarsos largos.

**MACROURE**, adj. *macrúr*. Bot. Macruro, que tiene las flores guarnecidas de aristas dispuestas en forma de espigas largas. || Zool. Macruro, calificacion que se aplica al animal mamífero, al ave, al pescado que tiene la cola muy larga.

**MACTRE**, f. *mácir*. Zool. Mactra, género de conchas bivalvas.

**MACTRISME**, m. *mactrism*. Nombre de cierto baile cómico que danzaban los Griegos.

**MACULAIRE**, adj. *maculér*. Hist. nat. Macular, se dice de cierta banda ó faja que se forma de manchas que se tocan.

**MACULATION**, f. *maculasión*. Impr. Maculacion, accion de macular, manchar ó repintar algun impreso.

**MACULATURE**, f. *maculatúr*. Impr. Maculatura, pliego mal impreso ó mal tirado y que sale repintado é ilegible. Dícese en este sentido de un pliego mal tirado que se desecha y sirve para pisar en la prensa ó para otros usos. || Especie de papel que se hace con los desechos del trapo y alguna mezcla de carbon para que salga negro.

**MACULE**, f. *macúl*. Astr. Mácula, cada una de las manchas que se observan en el disco del sol. || Med. Mácula, mancha de [illegible] que sacan algunas criaturas al nacer, atribuyéndose á la fuerza de imaginacion de la madre || Teol. met. Mácula, mancha. V. SOUILLURE.

**MACULER**, a. *maculé*. Impr. Macular, repintar, manchar. Solo se dice de los pliegos impresos y de las estampas. || n. Repintarse, salir manchados algunos pliegos.

**MACULIFORME**, adj. *maculifórm*. Maculiforme, que tiene la forma de una mancha pequeña.

**MACULIROSTRE**, adj. *maculiróstr*. Zool. Maculirostro, que tiene el pico manchado ó moteado, hablando de aves.

**MACULIPENNE**, adj. *maculipén*. Zool. Maculipeno, que tiene las alas repintadas, [illegible] ó manchadas de otro color.

**MACUTA** ó **MACUTE**, f. *macúta*, *macút*. Cierta moneda de Guinea que vale unos 16 cuartos.

**MADAGASCAROIS, E**, adj. y s. *madagascaroá*, *oás*. Madagascares, habitante de Madagascar.

**MADAME**, f. *madám*. Mi señora, título honorífico dado en otro tiempo á las señoras de cierto rango. Tratándose de señoras extranjeras y á veces en estilo cortesano, se dice madama. || Señora, designacion que se da á toda mujer casada ó viuda. || Señora, ama, se entiende por la dueña principal de casa. || *Madame*, madama, título especial de la princesa primogénita del rey de Francia, ó de la mujer de *Monsieur*, hermano del rey. || *Madame mère*, denominacion que se daba bajo el régimen imperial á la madre del emperador. || Madama, título que se daba en la edad media á las santas, y en el dia [illegible] para designar una religiosa canonesa. || *Jouer á la madame*, jugar á las señoras ó á las visitas: dícese de las niñas cuando se divierten remedando á las señoras en visita.

**MADAN**, m. *madán*. Madan, especie de altar ó templete donde se colocan las divinidades en los templos indios. || Madan, capilla ó edificio pequeño construido en los carreteras del Indostan, donde se ofrece un refugio á todo transeunte.

**MADAPOLAM**, m. *madapolám*. Com. Madapolam, especie de porcal tejido de algodon blanco que viene del Indostan.

**MADAROSE**, f. *madaróa*. Med. Madarosis, caida del pelo, en particular del de las cejas.

**MADÉCASSE**, adj. y s. *madecás*. Madagascares, habitante de Madagascar. || Madagascarino, perteneciente á Madagascar ó á sus habitantes.

**MADÉFACTION**, f. *madefacsión*. Farm Madefaccion, accion de humedecer alguna sustancia para preparar con ella algun medicamento.

**MADÉFIER**, a. *madefié*. Farm. Mojar ó humedecer alguna sustancia.

**MADELEINE**, f. *madlén*. Past. Magdalena, especie de pastelillo hecho de harina, huevos, zumo de limon y otros ingredientes. || Magdalena, especie de pera análoga á la de bergamota.

**MADELONETTES**, f. pl. *madlonét*. Madelonetas, género de mujeres mundanas que corresponde á la clase de las *recogidas*, las cuales se retiraban voluntariamente ó eran encerradas por órden de la autoridad en monasterios dedicados á santa Magdalena.

**MADEMOISELLE**, f. *madmuasél*. Señorita, doncella, soltera, título de toda mujer célibe. || Nombre que se daba en otro tiempo á la primogénita del hermano mayor del rey de Francia ó del tio del rey. || Se designaba con el mismo á toda mujer casada que no tenia título de nobleza.

**MADI**, m. *madí*. Bot. Madi, género de plantas de Chile.

**MADIAN**, m. *madián*. Madian, fruto embriagador que se recoge en la India.

**MADIANITE**, adj. y s. *madianít*. Madianita, habitante de Madian en la Judea.

**MADIER**, m. *madié*. Tablado, tabique hecho de maderos ó tablas.

**MADISTÉRION**, m. *madisterión*. Cir. Madesterion, instrumento que sirve para unir la piel y arrancar el vello.

**MADONE**, f. *madón*. Madona, nombre que dan en Italia á las imágenes de Nuestra Señora.

**MADONNINE**, f. *madonín*. Madonina, moneda genovesa que vale unos tres reales.

**MADOUINE**, f. *maduín*. Maduina, moneda del Piamonte. V. PISTOLE.

**MADOURRÉ, ÉE**, adj. *maduré*. Grosero, torpe, imbécil. V. MALADROIT.

**MADRAGUE**, f. *madrágue*. Mar. Almadraba, atunara, especie de redil que se hace en el mar con cables y redes para coger en él el atun y otros peces. Tambien se llama *bordigue*.

**MADRAS**, m. *madrás*. Com. Madras, especie de tejido que se fabrica en Madras, ciudad del Indostan.

**MADRE**, f. *madr*. Miner. Especie de mármol ó piedra preciosa.

**MADRÉ, ÉE**, adj. *madré*. Pintado, mosqueado ó anubarrado de colores distintos. || met. Astuto, lagarto, martagon, matrero, hablando de una persona astuta y artera. Se usa tambien como sustantivo.

**MADRÉNAGUE**, f. *madrenague*. Com. Madrenaga, tela de Filipinas.

**MADRÉPHYLLE**, adj. *madrefíl*. Bot. Madréfilo, epíteto de ciertas madréporas. || *Madrephylles*, f. pl. Madréfilas, familia de madréporas.

**MADRÉPORACÉ, ÉE**, adj. *madreporasé*. Madreporáceo, que se parece á una madrépora.

**MADRÉPORE**, m. *madrepór*. Zool. Madrépora, género de animales políperos petrosos ó pedregosos que se encuentran en la América meridional y en la India. La madrépora es una concrecion que se parece á un arbusto.

**MADRÉPORIFÈRE**, adj. *madreporifér*. Zool. Madreporífero, que contiene madréporas ó masas calcáreas mas ó menos lapidescentes.

**MADRÉPORIFORME**, adj. *madreporifórm*. Hist. nat. Madreporiforme, que tiene la forma de una madrépora.

**MADRÉPORIQUE**, adj. *madreporíc*. Miner. Madrepórico, que contiene algunas madréporas.

**MADRÉPORITE**, f. *madreporít*. Zool. Madreporita, madrépora fósil. || Miner. Madreporita, variedad de carbonato calcáreo.

**MADRESSE**, m. *madrés*. Academia turca.

**MADRIER**, m. *madrié*. Madero, tablon cuyo grueso tiene mas de una pulgada. || Mar. Albitana, tablon grueso de 6 á 10 piés de largo, segun su uso.

**MADRIGAL**, m. *madrigál*. Lit. Madrigal, cierta composicion amorosa en verso libre. Por extension se dice de todo requiebro que se dirige á una mujer.

**MADRIGALESQUE**, adj. *madrigalésc*. Madrigalesco, que pertenece al madrigal.

**MADRIGALET**, m. dim. de MADRIGAL. *madrigalé*. Madrigalete, madrigal pequeño.

**MADRIGALIER**, m. *madrigalié*. Madrigalista ó madrigalero, compositor de madrigales.

**MADRIGALIQUE**, adj. *madrigalíc*. Madrigálico, que corresponde al madrigal.

**MADRILÈGNE**, adj. y s. *madrilén*. Madrileño, habitante ó natural de Madrid. || adj. Perteneciente á Madrid.

**MADRINIER**, m. *madrinié*. Artífice que se ocupaba en hacer vasos ó copas de mármol ó de piedra ónice ó ágata. || Funcionario público encargado de la conservacion de dichos vasos ó copas.

**MADRURE**, f. *madrúr*. Mancha, pinta, veta que imita al jaspeado del mármol, y se ve en ciertas pieles, en los jabones, etc. || Veta en las maderas. || Manchas ó pintas que tienen los perdigones en las plumas.

**MAELSTROM**, m. *maelstróm*. Maelstron, olla, remolino ó sima que se encuentra en el Océano setentrional cerca de las costas de Noruega.

**MÆRA**, m. *méra*. Zool. Especie de mariposas de Europa.

**MAESTOSO**, adj. y adv. *maestóso*. Mús. Majestuoso, palabra italiana que indica la ejecucion lenta y grave de un trozo de música.

**MAESTRAL**, m. *maestrál*. Maestral, viento noroeste que reina en el Mediterráneo de tres hasta nueve dias; es frio y algunas veces muy violento. Tambien se llama gallego, y los marineros le llaman por corrupcion *mistral*.

**MAESTRALISER**, n. *maestralisé*. Girar la brújula de N. al O. cuando un buque navega en el Mediterráneo.

**MAESTRO**, m. *maéstro*. Maestro. Con esta palabra italiana se designa á los grandes compositores de música.

**MAFAN**, m. *mafán*. Zool. Especie de concha en forma de cono que encierra varias otras clases.

**MAFLÉ** y **MAFLU, E**, adj. *maflé*, *maflú*. Mofletudo, carrilludo, que tiene grandes carrillos ó mofletes.

**MAFORTE**, f. *mafórt*. Especie de capa que llevaban los monjes egipcios sobre la túnica.

**MAFRACH**, m. *mafrác*. Especie de maleta que usan los Persas en sus viajes.

**MAGADIS**, f. *magadí*. Mús. Especie de lira que usaban los Griegos.

**MAGADISER**, n. *magadisé*. Cantar á una octava de diferencia, como sucede naturalmente cuando cantan los hombres y las mujeres.

**MAGAI**, m. *magué*. Bot. Magué, árbol de América.

**MAGALÈSE**, f. *magalés*. Mina de hierro en que se encuentra algo de zinc.

**MAGARIN**, m. *magarén*. Bot. Especie de jazmin de las Indias.

**MAGAS**, m. *mágas*. Magas, concavidad en el pié de la lira antigua para hacerla mas sonora. || Zool. Magas, género de conchas.

**MAGASIN**, m. *magasén*. Almacen, lugar en que está depositada gran cantidad de géneros ó cosas cualesquiera. || Trastienda, pieza que se encuentra al interior y correspondiente á la tienda en que se expenden los géneros. || Almacen, conjunto, reunion, monton de cualquier cosa. || Lugar en que se colocan los baules y demas efectos en los carruajes públicos || met. Almacen, se dice de la persona cuyo entendimiento no produce nada de suyo. || Hablando de una academia ó colegio, círculo ó sociedad científica, se dice en sentido figurado é irónico : *c'est un magasin d'esprit*, es un almacen, un depósito, un pozo de ciencia. || Recoleccion, recopilacion de varios trozos de literatura ó de ciencias que se publica periódicamente. || *Marchand en magasin*, comerciante por mayor, que solo despacha remesas de cuantía. || *Magasin militaire*, almacen de provisiones, esto es, de pertrechos y municiones de boca y guerra.

**MAGASINAGE**, m. *magasinádge*. Almacenaje, tiempo que trascurre durante el cual un género se encuentra almacenado ó depositado en un almacen. || Almacenaje, derechos que pagan los comerciantes por el tiempo que sus géneros han estado almacenados ó depositados en alguna parte.

**MAGASINER**, a. *magasiné*. Almacenar. Mejor se dice *emmagasiner*.

**MAGASINIER**, m. *magasinié*, Guarda-almacen, encargado de la custodia y arreglo de los géneros que se encuentran en un almacen. || Libro de registro en que se anotan las entradas y salidas de los géneros almacenados.

**MAGASTACHYE**, f. *magastaquí*. Bot. Magastaquia, género de plantas gramíneas.

**MAGAZINE**, m. *magasín*. Palabra inglesa adoptada por los Franceses para designar toda publicacion elegante.

**MAGDALÉON**, m. *magdaleón*. Magdaleon, barra, cañuto, toda masa ó sustancia que se arrolla en forma cilíndrica entre las manos. || Farm. Magdaleon, rollito de emplasto en las boticas.

**MAGDALIDE**, m. Farm. V. MAGDALÉON.

**MAGDELIN**, m. *magdlén*. Copa, vaso hecho de una piedra preciosa.

**MAGE**, m. *mádge*. Mago, hombre sabio en astrología. || Los Persas y otros orientales llamaban tambien así á sus filósofos y matemáticos. || Se dice en plural de los tres ricos personajes orientales que fueron á Belen para adorar á Jesus infante. || *Juge mage*, nombre que se daba en muchas provincias de Francia al teniente de senescal.

**MAGELLANE**, f. *magelán*. Bot. Magallana, género de plantas dicotiledóneas.

**MAGELLANIQUE**, adj. *magelanic*. Magallánico, próximo al estrecho de Magallánes.

**MAGGAI**, f. *maggué*. Bot. Magué, árbol cuya madera se emplea en fumigaciones contra el mal venéreo.

**MAGICIEN, NE**, adj. y s. *magisién*, *én*. Mago, que pretende poseer la magia. || Entre los Persas los magos se tenian por verdaderos adivinos. En el dia esta palabra se confunde con la de charlatan, hechicero, encantador, etc. || Por extension, todo aquel que por cualquier motivo produce un efecto prodigioso, sorprendente.

**MAGIE**, f. *magí*. Magia, arte supuesto al que se ha querido atribuir la potencia sobrenatural de producir ciertos prodigios. || *Magie noire*, magia negra, que se supone operarse por la mediacion de algun espíritu infernal. || *Magie blanche*, magia blanca, que se dice producir un efecto por medios naturales y sencillos. || *Magie théurgique*, magia teúrgica, prácticas religiosas por medio de las cuales creian los Caldeos ponerse en comunicacion con la Divinidad. || En bellas artes, como la poesía, la pintura, etc., se llama magia el encanto, el embeleso, la ilusion que nace de la imitacion, por medio de la cual, presentándose apariencias en vez de realidad, se engaña á los sentidos.

**MAGIQUE**, adj. *magic*. Mágico, que pertenece á la magia ó es producido por ella. || met. Mágico, encantador, hechicero, sorprendente. || *Lanterne magique*, linterna mágica, instrumento de óptica que reproduce los objetos variados sobre un lienzo ó pared en blanco. || *Baguette magique*, varita mágica, la que llevan los embaucadores para trazar sus líneas y hacer mil otras supercherías.

**MAGISME**, m. *magism*. Magismo, doctrina ó religion de los sacerdotes magos en Persia.

**MAGISTER**, m. *magister*. Dómine, maestro de escuela en un pueblo.

**MAGISTÈRE**, m. *magistér*. Magisterio, dignidad del gran maestre del órden de Malta. = Gobierno y duracion del mismo cargo. || Farm. Magisterio, polvos medicinales muy finos que se obtienen por precipitacion. || Magisterio, pericia, inteligencia. || Magisterio, dignidad ó cargo de maestro de primera enseñanza.

**MAGISTRAL, E**, adj. *magistrál*. Magistral, que pertenece al maestro. || *Chambre magistrale*, encomienda magistral del órden de Malta, aneja á la dignidad de gran maestre ; tambien se dice *commanderies magistrales*. || *Prébende magistrale*, prebenda magistral, dignidad que se concede á ciertos sacerdotes. En España son las cuatro de oposicion que hay en las catedrales. || *Ligne magistrale*, línea magistral, la principal en la formacion de un plano. || Med. y Farm. *Compositions magistrales*, composiciones magistrales, remedios que se preparan y no se conservan mucho tiempo.

**MAGISTRALEMENT**, adv. *magistralmán*. Magistralmente, de una manera magistral, con aire ó tono de maestro.

**MAGISTRAT**, m. *magistrá*. Magistrado, funcionario público que está revestido de alguna autoridad. || *Magistrat du Pô, du Rhin*, comision especial que se confiere á un magistrado encargado de la conservacion de dichos ríos.

**MAGISTRATURE**, f. *magistratúr*. Magistratura, dignidad, empleo, funciones de un magistrado; y el tiempo que dura su cargo. || Magistratura, cuerpo de magistrados en general.

**MAGISTRIEN**, m. *magistrién*. Jefe de la corte del emperador de Constantinopla.

**MAGMA**, m. *mágma*. Quím. Masa viscosa ó gelatinosa que presenta el aspecto de una papilla.

**MAGMENTAIRE**, adj. *magmantér*. Magmentario, relativo al magmentum.

**MAGMENTUM**, m. *magméntom*. Antig. rom. El vino ó el incienso que se echaba sobre la víctima, y la misma víctima y las ofrendas que se ponian sobre el altar.

**MAGNALE**, f. *mañál*. El pretendido espíritu del agua.

**MAGNAN**, m. *mañán*. Nombre del gusano de seda en el mediodía de Francia.

**MAGNANERIE**, f. *mañanerí*. Arte de criar los gusanos de seda, y el local en que se crian.

**MAGNANIER**, m. *mañanié*. Propietario de una cámara ó establecimiento donde se crian gusanos de seda.

**MAGNANIME**, adj. *mañaním*. Magnánimo, que tiene una alma grande, generosa.

**MAGNANIMEMENT**, adv. *mañanimmán*. Magnánimamente, de una manera magnánima.

**MAGNANIMITÉ**, f. *mañanimité*. Magnanimidad, cualidad de lo que es magnánimo, grandeza de alma.

**MAGNAT**, m. *magná*. Magnate, personaje de alto rango, noble ó potentado húngaro ó polaco. Ordinariamente se dice en plural : *les magnats de Pologne, de Hongrie, etc.*

**MAGNATISME**, m. *magnatism*. Potencia, autoridad, cualidad de un magnate ó potentado húngaro ó polaco.

**MAGNÉLITHE**, f. V. FADE.

**MAGNÈS**, m. *mañés*. Quím. Nombre griego y latino del iman. || *Magnès arsénical*, iman arsenical, mezcla en partes iguales de arsénico, de antimonio y de azufre; servia como de antídoto contra las enfermedades malignas.

**MAGNÉSIDES**, m. pl. *mañesíd*. Miner. Magnésidos, clase de minerales que contienen magnesio y sus combinaciones.

**MAGNÉSIE**, f. *mañesí*. Quím. Magnesia, tierra blanca, lijera, insípida, suave al tacto y absorbente, piedra de los sabios ó mercurio filosofal.

**MAGNÉSIÉ, ÉE**, adj. *mañesié*. Magnesiado, que contiene algo de magnesia en combinacion.

**MAGNÉSIQUE**, adj. *mañesic*. Magnésico, que tiene magnesia por base.

**MAGNÉSITE**, f. *mañesít*. [illegible] Magnesita, mineral compuesto de [illegible], de magnesia y de agua.

**MAGNÉSIUM**, m. *mañésiom*. Quím. Magnesio, metal que produce la magnesia combinada con el oxígeno.

**MAGNÉTIQUE**, adj. *mañetíc*. Magnético, que tiene relacion con el iman. || *Emplâtre magnétique*, emplasto magnético, ó sea composicion de iguales partes de azufre, de antimonio y de arsénico.

**MAGNÉTIQUEMENT**, adv. *mañeticmán*. Magnéticamente, de una manera magnética.

**MAGNÉTISANT, E**, adj. *mañetisán*. Magnetizador, que tiene la propiedad de magnetizar. Es tambien [illegible] : *un magnétisant, une magnétisante*.

**MAGNÉTISATION**, f. *mañetisasión*. Magnetizacion, accion de magnetizar. || Magnetizacion, cualidad, estado de una persona magnetizada. || Magnetizacion, modo, manera de magnetizar.

**MAGNÉTISER**, a. *mañetisé*. Magnetizar, comunicar, dirigir, poner en accion el magnetismo animal, es decir, influir sobre su semejante por la voluntad, [illegible] tiéndole el flúido magnético ó vital.

**MAGNÉTISEUR, EUSE**, m. y f. *mañetiseur, eus*. Magnetizador, el que magnetiza, el que practica el magnetismo. Es [illegible] adjetivo.

**MAGNÉTISME**, m. *mañetism*. Magnetismo, virtud atractiva de la piedra iman. || *Magnétisme animal*, magnetismo animal, propiedades, accion y efectos del flúido magnético introducido y puesto en movimiento en el cuerpo del hombre por medio de ciertos procedimientos. || Magnetismo, [illegible] los procedimientos mismos, cuyos [illegible] les efectos son la [illegible], el [illegible], el estado de convulsion, etc.

**MAGNÉTOLOGIE**, f. *mañetolojí*. Magnetología, tratado de la atraccion del iman, del magnetismo. || Magnetología, [illegible] del magnetismo animal, sus [illegible], sus resultados, sus causas y sus [illegible].

**MAGNÉTOLOGIQUE**, adj. *mañetolojic*. Magnetológico, que pertenece á la magnetología.

**MAGNÉTOMÈTRE**, m. *mañetomètr*. Magnetómetro, aparato para hacer [illegible] y comparar las fuerzas atractivas de los imanes.

**MAGNÉTOPHANE**, adj. *mañetofán*. Magnetófano, voz que sirve para [illegible] todo lo que pertenece á la clase de [illegible] tos magnéticos.

**MAGNÉTOPHANIE**, f. *mañetofaní*. Magnetofania, parte de la [illegible] se ocupa de los fenómenos, de los [illegible] néticos.

**MAGNÉTOTECHNIE**, f. [illegible] Magnetotecnia, ciencia que trata de [illegible] raciones y de los instrumentos [illegible] determinar artificialmente el [illegible] tófeno.

**MAGNÉTOTECHNIQUE**, adj. [illegible] *tecníc*. Magnetotécnico, que [illegible] con la magnetotecnia.

**MAGNETTES**, f. pl. *mañét*. [illegible] de Holanda.

**MAGNICAUDE**, adj. [illegible] Magnícola, que tiene la cola [illegible]

**MAGNIFICENCE**, f. [illegible] nificencia, esplendidez, [illegible] nificencia, cualidad de lo que [illegible] || met. Magnificencia, [illegible] Magnificencia, título honorífico [illegible] peradores romanos y los reyes [illegible] dado á sus principales oficiales.

**MAGNIFIER**, a. *mañifié*. [illegible] engrandecer, ensalzar [illegible] *gnifier*, r. Magnificarse, [illegible] bas acepciones han dejado de [illegible] que es sensible, como dice [illegible]

**MAGNIFIQUE**, adj. *mañific*. [illegible] espléndido, liberal, suntuoso [illegible] se usa tambien hablando de [illegible] *vertus magnifiques*, virtudes [illegible] Magnífico, título de honor que [illegible] algunas personas ilustres. || [illegible] vado, sublime. || Magnífico, [illegible] pone, elegantes. || Magnífico, que hace esperar grandes cosas; y esto indica la frase *faire de magnifiques promesses.*

**MAGNIFIQUEMENT**, adv. *mañifiqmán.* Magníficamente, con magnificencia, con esplendidez.

**MAGNIROSTRE**, adj. *mañiróstr.* Zool. Magnirostro, que tiene el pico grande, grueso y fuerte.

**MAGNITUDE**, f. *mañitúd.* En sentido propio significa grandor, tamaño; y en sentido metafórico potencia ó poder.

**MAGNODES**, m. pl. *mañód.* Magnodos, bailarines griegos.

**MAGNOLE ó MAGNOLIA**, f. *mañól, mañólia.* Bot. Magnolia, planta dedicada á Magnolio, célebre botánico. || *Magnole* es tambien la nuez del magnoliero.

**MAGNOLIACÉES**, f. pl. *mañoliasé.* Bot. Magnoliáceas, familia de plantas.

**MAGNOLIER**, m. *mañolié.* Bot. Magnoliero, género de plantas, tipo de la familia de las magnoliáceas.

**MAGNOTE**, f. *mañót.* Zool. Marmota, cuadrúpedo que duerme todo el invierno.

**MAGODES**, m. pl. *magód.* Antig. gr. Magodos, actores graciosos.

**MAGODIE**, f. *magodí.* Magodia, papel representado por los magodos.

**MAGOT**, m. *magó.* Zool. Magoto, animal el mas comun de la familia de los monos, de mucha inteligencia y vivacidad. || Monote, mamarracho, figura de porcelana de la China. || fam. Mascaron, figuron, persona fea y ridícula. || Gato, hucha, depósito de dinero escondido.

**MAGRAPHE**, m. *magráf.* Magrafo, instrumento de aire de los Hebreos.

**MAGRÉDINE**, f. *magredin.* Com. Magredina, tela de lino de Egipto.

**MAGROL ó MAGROT**, m. *magról, magró.* Nombre de una clase de uva negra del departamento de Correze en Francia.

**MAGUEY**, m. *magué.* Bot. Maguey, planta de Méjico.

**MAHABOUB**, m. *maabúb.* Mahaba, moneda de oro de Trípoli que vale 90 reales.

**MAHALEB**, m. *maaléb.* Bot. Mahaleb, árbol del género cerezo, y que algunos llaman cereso de Mahoma.

**MAHALIGUÉ-PATCHON**, m. *maaliguepatchón.* Mit. ind. Fiesta que dura quince dias, y que tiene por objeto obtener el perdon de los muertos.

**MAHAMAÏ**, m. *maamái.* Mit. Mahamai, diosa adorada por los habitantes de Nepol.

**MAHAMOUNI**, m. *maamuní.* Mit. Mahamuni, principal divinidad del Tibet y del Boutan.

**MAHERNE**, f. *maérn.* Maerna, género de plantas del cabo de Buena Esperanza.

**MAHEUTRE**, m. y f. *maeutr.* Especie de manga que cubre el brazo desde el hombro hasta el codo.

**MAHMEL**, m. *mamél.* Mit. Mamel, pabellon que cubre el sepulcro de Mahoma.

**MAHMOUDIER**, m. *mamudié.* Moneda de oro turca que vale 200 reales.

**MAHOGON**, m. *maogón.* Bot. Maogon, género de plantas melíaceas.

**MAHOMERIE**, f. ant. *maomerí.* Mesquita. || Religion de Mahoma. || Conjunto de las naciones mahometanas.

**MAHOMÉTAN, E**, m. y f. *maometán, tán.* Mahometano, sectario de Mahoma. || adj. Mahometano, que profesa el mahometismo; que pertenece á Mahoma ó á sus sectarios.

**MAHOMÉTISME**, m. *maometism.* Mahometismo, la religion de Mahoma.

**MAHONIE**, f. *maoní.* Bot. Mahonia, género de plantas de la América setentrional.

**MAHONNE**, f. *maón.* Mahona, especie de galera turca.

**MAHOT**, m. *maó.* Bot. Mahote, arbusto que es una especie de algodonero.

**MAHOUT**, m. *maú.* Com. Paño de lana muy basto que se fabrica en Inglaterra y en el mediodía de Francia.

**MAHURÉE**, f. *maurí.* Bot. Maurea, género de plantas tiliáceas.

**MAHUTE**, f. *maút.* Cetr. Mauto, parte de las alas de las aves de rapiña contigua al cuerpo.

**MAI**, m. *mé.* Mayo, quinto mes del calendario gregoriano; era el tercer mes en el calendario de los Latinos. || Los poetas le llamaban el mes de las flores, el mes de los amores, etc. || Se llama tambien mes de María, porque es el mes que está consagrado á la Vírgen María. || *Arbre de mai*, árbol de mayo, palo alto adornado de cintas, frutas ó ramas de árbol que se plantaba delante de la casa de la persona que se quería honrar. Todavía está en uso en algunos lugares. || Suelo del lagar del vino. || Amasadera. V. HUCHE, y propiamente es *maie*.

**MAI ó MÉE**, f. *mé.* Nombre que se da en la fabricacion del cobre ó laton á un instrumento que tiene la forma de una pala.

**MAÏA**, f. *maía.* Mit. Maya, hija de Atlas y de Picyona. || Maya, nombre que los astrónomos han dado á una de las siete Pléyadas.

**MAÏADAN**, m. *maiadán.* Mayadan, plaza en donde se tiene el mercado en Oriente. || El mercado mismo.

**MAÏADE**, f. *maiád.* Mayada, derecho que tenian algunos de vender su vino en el mes de mayo.

**MAÏANTHÈME**, m. *maiantém.* Mayantemo, género de plantas monocotiledóneas.

**MAÏBA**, m. *maiba.* Zool. Maiba, tapir de la India.

**MAIE**, f. *mé.* Amasadera, artesa que sirve para amasar pan. || Mar. Receptáculo ó aparato á propósito para poner á escurrir y enjugar la jarcia recien alquitranada.

**MAÏENNE**, f. *maién.* Uno de los nombres vulgares de la berengena.

**MAIER**, m. *meé.* Alcalde de un pueblo, villa ó ciudad. || Mayor, presidente de una cofradía.

**MAÏEUR**, m. inus. *maieur.* V. MAJOR. Mayor, primer magistrado municipal de los concejos rurales de Bélgica || En algunas partes de Francia era lo mismo que *maire.*

**MAÏEUSE**, f. *maieus.* Zool. Nombre vulgar del pavo.

**MAIGRE**, adj. *mégr.* Flaco, delgado, seco, descarnado, que tiene poca carne. || Magro, que no tiene gordura. || Se usa tambien hablando de los alimentos que tienen poca sustancia. || *Repas maigre*, comida de viérnes; *jours maigres*, dias de pescado, de viérnes. || Seco, árido, poco fértil, hablando de terrenos y paises. || met. y en el sentido de malo, flaco, triste, pobre: v. gr. *maigre chère, maigre repas*, mala comida, triste comida. || Estéril, donde hay poca materia, pocas ideas, poco ó ningun adorno; y así se dice *un sujet maigre, un ouvrage maigre.* || *Marcher comme un chat maigre*, correr como un galgo. || prov. *A chevaux maigres vont les mouches*, al perro flaco todas las pulgas. || *Style maigre*, estilo descarnado, estéril, en el que no hay ideas. || *Maigre divertissement*, pobre diversion. || *Maigre réception*, seco recibimiento, sin agasajo. || MAIGRE, m. Magro, carne que no tiene gordura. || *Faire maigre*, comer de viérnes ó de vigilia, no comer carne. || Zool. Magro, pescado de mar del género cieno. || adv. V. MAIGREMENT. || met. Secamente, áridamente, pobremente, de una manera seca, poco agradable.

**MAIGRELET, TE**, adj. dim. de MAIGRE. *megrlé,ét.* Cencenillo, delgadito, flaquito; solo se usa hablando de los muchachos y mozos: es lo mismo que flaquilucho.

**MAIGREMENT**, adv. *megrman.* Flacamente, de una manera flaca. En este sentido se usa muy pocas veces. || met. y fam. Pobremente, ruinmente, mezquinamente, hablando del vivir y del comer.

**MAIGRET, TE**, adj. dim. de MAIGRE. *megré, ét.* Delgadito, flaquito, flaquito, que está bastante flaco: es lo mismo que flacucho.

**MAIGREUR**, f. *megreur.* Flaqueza, falta de carnes. Úsase tambien en sentido figurado, para denotar que no tiene lo ancho necesario, que no tiene gracia, etc; como, *maigreur d'une colonne, maigreur du style.*

**MAIGRI, E**, adj. *megrí.* Enflaquecido, enjuto de carnes.

**MAIGRIR**, n. *megrír.* Enflaquecer, ponerse flaco. || a. Hacer parecer á uno mas flaco, mas delgado: dícese de los vestidos cuando se juntan bien al cuerpo. || Art. Adelgazar, siendo lo mismo que *amincir*: *maigrir une pièce de bois.*

**MAIGUE**, f. *mégue.* Suero. || Zool. Especie de pescado de mar.

**MAIL**, m. *máll.* Art. Macho, mazo, martillo grande de hierro, que usan los carreteros para meter las cuñas. || Mallo, juego con bolas. || Mazo con que se empuja la bola en el juego del mallo. || Mallo, calle de árboles destinada para el juego del mismo nombre.

**MAILLÉE**, f. *mallé.* Nombre genérico de las cotas de malla.

**MAILLE**, f. *mall.* Malla, abertura que tiene la red entre nudo y nudo. || Malla de todo tejido de eslabones de alambres de que se hacian armaduras de defensa. || Blas. Malla, anillo sin hebilla ó clavo. || Mar. Malla, claro entre cuadernas, espacio ó hueco que se deja de una á otra. || Malla, entre los tejedores de terciopelo, aquella parte de tela por donde se entran los hilos en los lizos al tejer. || Blanca, moneda de vellon que valia medio maravedí. || Ardite, meaja, moneda antigua que valia la sexta parte de un maravedí. || Mancha que aparece en las plumas del perdigon cuando crece. || Med. Granizo, nombre que se da á una de las especies de manchas ó nubes que se forman en el ojo. || Peso que equivale á la cuarta parte de un gros. || loc. prov. *Faire la maille bonne*, ajustar hasta el último maravedí. || *N'avoir ni denier ni maille*, estar sin blanca, en la última pobreza. || *Je n'en rabattrai pas une maille*, no quiero rebajar una meaja. || *Ils ont toujours maille à partir ensemble*, siempre andan en dimes y diretes, están contrapunteados. || *Cela ne vaut pas une maille*, eso no vale un ardite.

**MAILLÉ, ÉE**, adj. *mallé.* Mallado. || Art. *Fer maillé*, red, enrejado de hierro que se pone en las ventanas.

**MAILLEAU**, m. *malló.* Macillo que sirve para mover las tijeras de los fundidores.

**MAILLER**, a. *mallé.* Mallar, cubrir con cota de malla. || *Mailler une toile de batiste*, golpear una tela de batista. || Agr. Enralecer, dar á las vides sus espacios; hacer un cuadro de flores. || *Se mailler*, r. Pintarse los perdigones cuando crecen. || m. Caballo de un criado ó de un postillon que lleva una mala ó maleta.

**MAILLERIE**, f. *mallrí.* Molino para batir el cáñamo.

**MAILLET**, m. *mallé.* Mazo de madera con dos cabezas, que se usa en varios oficios. || Úsase en sentido figurado; y en este sentido dice un escritor: *Les hivers, les volcans, les tempêtes.... sont les maillets de la nature.* || Mazo de madera guarnecido con clavos que se usan en las fábricas de papel para deshilachar los trapos. || Mazo, entre los Romanos y en el lenguaje misterioso de los sacerdotes, el hacha con que se inmolaban las víctimas. || Mil. V. MAILLOTIN. || Caballo enganchado entre las sillas de postas.

**MAILLETAGE**, m. *malltage.* Mar. Superficie del forro de la carena de un navío cubierta de clavos.

**MAILLETER**, a. *mallté.* Mar. Clavetear, cubrir de clavos de cabeza grande y chata el forro de un navío.

**MAILLEUR**, m. *malleur.* Mallero, trabajador que hace malla.

**MAILLIER**, m. *mallié.* Mallero, trabajador que hace cadenas.

**MAILLOCHE**, f. *mallóche.* Machota, mazorra, mazo grande de madera ó de hierro. V. MAIL. || Blas. Macota pequeña de hierro representada en los escudos de armas.

**MAILLOIR**, m. *malluár.* Piedra dura sobre la que se golpean las batistas.

**MAILLOLE**, m. *mallól.* Sarmiento, rama de viña que se planta para que dé fruto.

**MAILLON**, m. dim. de MAILLE. *mallón.* Es lo mismo que *nœud, petite maille.* || Mallon, anillo de vidrio para sostener en los telares de seda los hilos de los cadillos.

**MAILLOT**, m. *malló.* Envoltura, mantillas, fajas, pañales, etc., con que se envuelve á los niños. || Úsase en sentido figurado en esta frase: *la liberté, sortie du maillot, ne peut de longtemps marcher sans lisières.*

**MAILLOTIN**, m. dim. de MAIL. *malloteṅ.* Nombre que se usaba para designar la maza de armas. || Art. Prensa, lagar de aceite. || MAILLOTINS, m. pl. Nombre que se dió á los hombres del pueblo de Paris que para oponerse al pago de los impuestos decretados por el duque de Anjou, en 1381, se armaron de mazas, y asesinaron á los encargados de cobrar las contribuciones.

**MAILLURES**, f. pl. *mallúr.* Lunares, manchas blancas que se ven en las plumas de las aves de rapiña.

**MAIMON**, m. *memón.* Maimon, especie de mono.

**MAIN**, f. *men.* Mano, nombre que se da á la extremidad del brazo, la cual se extiende desde el pliegue de la muñeca hasta la extremidad de los dedos. || Mano, en los cuadrúpedos cualquiera de los piés delanteros. || Mano, se usa hablando con relacion al trabajo que se hace con las manos. || Mano, poder, autoridad en alguna cosa. || Mano, vigésima parte de una resma de papel, que consta de 25 pliegos. || Pint. Mano, parte del arte que consiste en la operacion manual. || Mano, capa de color, barniz ó otra cosa que se da sobre el lienzo, pared, etc. || Mús. Mano, escala, ejercicio que se hace con una mano en algun instrumento. || Hablando de Dios, mano significa su poder, su justicia, su liberalidad. || Mano, en el juego es el que debe jugar primero: *vous avez la main,* Vd. es mano. || *Main chaude,* gallina ciega, juego de muchachos. || *Première main,* primera mano: dícese del comprar de mano del fabricante; y *seconde main,* segunda mano, cuando se compra del mercader. || *A deux mains,* á dos manos. || *A pleines mains,* á manos llenas, abundantemente. || *Avoir la main bonne,* tener buena mano: tener acierto en lo que se hace. || met. *Avoir la main bonne* ó *la main heureuse,* tener buena mano: tener fortuna ó dicha en lo que se intenta. || *De la main à la main,* de una mano á otra. || *Cet ouvrage part d'une bonne main,* es obra de una buena pluma. || *Mettre la dernière main,* dar la última mano á una obra, limarla. || *De main en main,* de mano en mano, de unos en otros. || *De ses propres mains,* con sus manos, con sus puños, con sus pulgares. || *De sa main* ó *de sa main blanche,* de su mano, de puño propio, de su letra. || *En venir aux mains,* llegar á las manos, reñir, pelear. || *Haut la main,* de poder absoluto, despóticamente. || *Homme de main,* hombre de manos, valiente y diestro en las armas. || *Prendre à toutes mains,* tomar ó recibir con ambas manos: sin escrúpulos, sin reparo. || Mano, se emplea como sinónimo de matrimonio; y en este sentido se dice *offrir la main, donner la main à quelqu'un.* || Mano se toma por letra, cuando se dice: *avoir une belle main,* tener buena letra. *Imiter la main de quelqu'un,* imitar la letra de alguno. || *Avoir en main,* tener en mano, tener á su disposicion. || *Mettre la main à l'œuvre,* poner manos á la obra || *Mettre la main à la pâte,* poner las manos en la masa: trabajar uno mismo en algo, ayudar á hacer alguna cosa. || *Avoir la grande main* ó *la haute main,* tener vara alta; esto es, autoridad, poder ó valimiento. || *Tenir la main haute,* tratar con severidad. || *Lever la main,* levantar la mano para sacudir ó amenazar. = Alzarla para prestar juramento. || *Prêter la main,* auxiliar. || *Faire sa main,* meter mano: aprovecharse, utilizarse. || Mar. *Main sur main,* mano entre mano ó mano sobre mano, modo de tirar de un cabo á la vela manteniéndose la gente á pié firme. || *Gens de la haute main,* gentes de vara alta, miembros del comité de salud pública en tiempo de la Convencion. || *Faire main basse,* no dar cuartel, matar sin dar cuartel. || *Main-courante,* diarios, registro que tienen los comerciantes para inscribir las diversas operaciones de cada dia. || *Main-d'œuvre,* obra de algun fabricante, precio de ella. || *Main-forte,* ayuda, socorro que se da á alguno que lo necesita. || *Mainlevée,* desembargo, acto de levantar el embargo. || *Main-militaire,* fuerza pública armada, cuando se trata de una ejecucion. || *Main-mise,* manumision, acto de dar libertad á un esclavo; y en otro sentido, embargo de bienes, aprehension de una persona. || *A la main,* á mano, cerca. || *De longue main,* con mucha anterioridad, tiempo há ó tiempo habia. || *En un tour de main,* en un instante, en un abrir y cerrar de ojos. || *Gagner quelqu'un de la main,* ganar á uno por la mano. || *Battre des mains,* palmear, palmotear. || *Faire la main,* hacer baza en el juego. || *Mettre l'épée à la main,* sacar ó desenvainar la espada. || *Mettre la main à l'épée,* echar mano á la espada. || *Sortir le bâton blanc à la main,* quedar por puertas. || *Sous main,* por debajo de mano ó por debajo de cuerda. || *Sous la main,* á mano, á tiro, á disposicion.

**MAINADAIRE**, m. *menadér.* Mesnadero, título de algunos antiguos nobles españoles.

**MAINADAIRIE**, f. *menaderí.* Mesnadería, empleo en la casa real de España.

**MAINADE**, f. *menad.* Mesnada, especie de compañía franca.

**MAINATE**, m. *menát.* Zool. Menato, género de aves de la familia de los dentirostros.

**MAINE**, f. ant. *mén.* Todo lo que la mano puede contener.

**MAINMORTABLE**, adj. *menmortábl.* Que está sujeto al derecho de mano muerta.

**MAINMORTE**, f. *menmórt.* Mano muerta, esclavitud, estado de los vasallos que en tiempo del feudalismo estaban sujetos á la esclavitud personal, real ó mista. || Mano muerta: dícese de los cuerpos eclesiásticos y obras pias, cuyas posesiones no se pueden enajenar.

**MAINT, E**, adj. *men.* Muchos, mas de uno, un buen número. Solo se usa en el estilo familiar. A veces se repite: *par maintes et maintes travaux, dans maint et maint écrit.* Se emplea muy á menudo en plural: v. gr. *maintes fois,* muchas veces.

**MAINTENANT**, adv. *mentnán.* Ahora, al presente, hoy, hoy en dia, entretanto.

**MAINTENEUR**, m. *menteneur.* Mantenedor, sostenedor, el que mantiene, el que sostiene.

**MAINTENIR**, a. *mentnír.* Mantener, sostener ó sustentar una cosa á otra. || met. Mantener, conservar el buen órden, la disciplina, etc. || Mantener, conservar en el mismo estado, en la misma condicion. || Mantener, amparar á alguno en la posesion ó goce de alguna cosa. || Mantener, sostener, hacer subsistir una familia, una persona. || Afirmar, sostener una verdad, una doctrina, una proposicion. || *Se maintenir,* r. Mantenerse, conservarse, subsistir en un mismo estado.

**MAINTENON**, f. *mentnón.* Cruz pequeña de oro que llevan las señoras al cuello.

**MAINTENUE**, f. *mentnú.* For. Confirmacion por juicio en la posesion de un bien ó de un derecho contencioso.

**MAINTIEN**, m. *mentién.* Conservacion, permanencia, subsistencia de las leyes, de la autoridad, de la disciplina. || Planta, postura, talante de una persona.

**MAIRAT**, m. *merá.* Alcaldía, funciones del alcalde.

**MAIRE**, m. *mér.* Alcalde, juez ordinario que administra justicia en algun pueblo. || *Adjoint du maire,* suplente de alcalde. || *Maire du palais,* mayordomo mayor del rey.

**MAIRESSE**, f. *merés.* Alcaldesa, la mujer del alcalde.

**MAIRIE**, f. *merí.* Alcaldía, empleo de alcalde, y tiempo que dura este empleo ó cargo. || Casa de ayuntamiento, edificio donde está la administracion municipal.

**MAIS**, conj. advers. *mé.* Mas, pero. || m. fam. Pero. *Il n'y a point de mais qui tienne,* no hay pero que valga.

**MAÏS**, m. *maís.* Maiz, trigo de Indias, género de gramíneas. || Maiz, el grano y la harina de la misma planta.

**MAISON**, f. *mesón.* Casa, edificio que sirve de habitacion. || Casa, linaje, descendencia de un mismo apellido, [illegible] señores y nobles. || Casa, [illegible] ciente al gobierno de una [illegible] á los negocios domésticos [illegible] *pagne,* casa de campo. || [illegible] casa rústica, todos los [illegible] quinta. || fam. *Garder la* [illegible] la casa, no salir de casa por [illegible] || *Maison royale,* casa real [illegible] al rey. || *Maison du roi,* [illegible] casa real, todos los que sirven al [illegible] *son garnie,* casa en donde se alquilan [illegible] taciones amuebladas. || Casa [illegible] *commerce,* casa de comercio [illegible] miento en donde se trata en [illegible] *Maison de ville,* casa de [illegible] *Maison de Dieu,* la iglesia [illegible] cárcel. || *Maison de* [illegible] reato. || *Maison de force,* casa de [illegible] reclusion de mujeres [illegible] bien se llama galera. || *Maison de* [illegible] casa de recreo, casa de campo [illegible] *Maison forte,* casa fuerte, [illegible] || *Faire bien les honneurs de* [illegible] hacer bien los honores de su casa [illegible] con amabilidad. || *Faire une* [illegible] hacer una buena casa: hacer [illegible] *gens de la maison,* los [illegible] en particular. || *La maison,* [illegible] milia. || Astr. Casa, el espacio [illegible] que ocupa cada signo. || [illegible] sita antiguamente [illegible] placeres secretos. || *Petites* [illegible] de orates, casa ó hospital de [illegible] *dans la maison du roi,* [illegible] *Cage d'une maison,* [illegible] *Tenir maison,* tener [illegible] *maison nette,* despedir [illegible] los criados. || *Faire* [illegible] familia ó criados nuevos. || [illegible] poner casa. || *Faire sa maison,* [illegible] dos. || *Tenir maison ouverte,* [illegible] franca. || Dícese: [illegible] *dessus les maisons,* [illegible] esas nubes, esto es, á [illegible] *Fait comme un brûleur de* [illegible] hecho un andrajo, mal [illegible] *de bonne maison,* hijo de [illegible] buenos padres.

**MAISONNAGE**, m. *mesonáge.* [illegible] se corta de algun bosque para la [illegible] cion de los edificios.

**MAISONNÉE**, f. *mesoné.* [illegible] familia entera, toda la gente de [illegible]

**MAISONNETTE**, f. dim. de [illegible] *sonét.* Casita, casa pequeña. || [illegible] pequeña y miserable.

**MAISTRANCE**, f. *mestráns.* [illegible] de oficiales de mar, [illegible] oficiales de nombramiento real [illegible] neros.

**MAÎTRE**, m. *métr.* Amo, [illegible] persona que tiene subditos, [illegible] vos. || Maestro, el artesano que [illegible] bajo de los oficiales. || Amo, [illegible] alguna cosa. || Maestro, [illegible] educa, el que instruye. || [illegible] se da tambien á algunas [illegible] das de cierta autoridad ó que [illegible] nos cargos. || fam. *Avoir bon* [illegible] buen amo: servir á alguno [illegible] pal. || *Se rendre maître,* [illegible] mar posesion de. || *Être* [illegible] *sions,* ser dueño de sus [illegible] las, vencerlas. || *Être maître de* [illegible] *que chose,* ser dueño de [illegible] tener la libertad, el [illegible] *Maître de pension,* la [illegible] colegio ó casa de educacion [illegible] maestro de escuela, el que [illegible] escribir. || *Maître des cérémonies* [illegible] de ceremonias. || *Passer maître,* [illegible] maestro en algun oficio. || [illegible] *ser quelqu'un maître,* dar [illegible] dar á uno para comer. || [illegible] gran maestre de la órden de [illegible] nica, etc. || *Maître clerc,* [illegible] una escribanía, oficio de [illegible] oficina de tribunales. || [illegible] *de barque,* maestre ó patron de [illegible] de lancha. || *Maître des postes,* [illegible] dor de la posta. || *Maître des* [illegible] tador. || *Maître des basses* [illegible] privadero. || *Maître des hautes* [illegible] cutor de la justicia, y [illegible]

...ître-ès-arts, maestro en artes. ‖ ...let, criado mayor. ‖ *Maître gar*... mozo mayor, ó oficial primero en ... ó arte. ‖ *Maître-autel*, altar ... *Maître fripon*, picaronazo, grande ... pícaro. ‖ *Maître gonin*, sorrastrado. ‖ *Maître en fait d'armes*, ... de esgrima. ‖ *Père maître*, maestro ... ‖ *Petit-maître*, caballerete, ... petimetre. ‖ *Grand-maître de la* ... *maison du roi*, mayordomo mayor del rey. ... *maître de la garde-robe*, jefe de ... ropa ‖ *Parler en maître*, hablar con ... ‖ *Trouver son maître*, dar con ... de su zapato. ‖ *Compter de clerc à* ... ajustar cuentas con todo escrúpulo.

...ESSE, f. *metrés*. Ama, dueña de ... que tiene criados, esclavos. ‖ Dueña ... propietaria de una cosa. ‖ Maestra, la ... de una ciencia, un arte. ‖ Novia, ... mujer soltera ó viuda pedida ó ... en casamiento, ó simplemente ... por alguno. ‖ Dama, querida, ... á quien se corteja ó galantea; y también ... manceba, querida, mujer que vive en ... comercio y carnal con un hombre. ‖ ... *de pension*, la que tiene niñas á ... en su casa para educarlas ó hacer... ‖ *Maîtresse d'école*, maestra de ... la que enseña á leer y escribir á las ... *Petite maîtresse*, petimetra, dama ... afectada en sus maneras, en su ... ‖ Mar. *Maîtresse ancre*, áncora ... el áncora mayor de las que hay en ... ‖ Pesc. *Maîtresse corde*, cuerda ... la mas gruesa de las que se usan ... género de pesca llamado pesca con ... ‖ *Maîtresse pièce*, pieza maestra, ... pieza de cualquiera obra.

...ISE, f. *metrís*. Maestría, cualidad ... en algun arte ú oficio. ‖ Magisterio ó empleo de alguna profesion li... de gramática, de capilla, de ce... ‖ En las catedrales, la casa donde ... de coro ó monacillos aprenden ... ‖ *Maîtrise* ó *grande maîtrise*, ... la dignidad de maestre ó gran ... en las órdenes militares. ‖ *Maîtrise des forêts*, direccion ó juzgado ... y bosques.

...ISER, a. *metrisé*. Señorear, dominar ... gobernar con una autoridad absoluta ... señorear, hacerse dueño de una cosa, ... de ella. ‖ met. Señorear, vencer, ... sujetar; v. gr. *maîtriser ses pas*...

..., m. *mája*. Maja, nombre de unas ... que vuelan en bandadas, grandes ... de los rios, sobre todo en la isla ...

...N, m. *majáu*. Zool. Majan, género ... de las Indias orientales. V. MAIAN.

...STA, f. *majésta*. Mit. Mayesta, ... Vulcano y madre de Mercurio.

...TÉ, f. *majesté*. Majestad, grandeza ... magnificencia, ostentacion con que se ... una cosa. ‖ Majestad, cualidad de lo ... revestido de un carácter de grandeza ... para inspirar el respeto. ‖ Majestad, ... de los imperios, de las leyes. ‖ Majestad, se dice en la literatura de lo que ... alguna cosa de grande, de augusto ... majestad, seriedad, gravedad, hablando ... semblante y aire que manifiestan ... personas. ‖ Majestad, título que pro... pertenece á Dios, y hoy se da á ... emperadores y reyes. ‖ *Crime de lèse*-... crímen de lesa majestad.

...STUEUSEMENT, adv. *majestueusement* ... majestuosamente, con majestad.

...STUEUX, EUSE, adj. *majestueu*, ... majestuoso, que tiene majestad, grande, grave.

...STUEUSE, f. *majestueus*. Bot. Ma... nombre de una especie de clavel.

...UR, E, adj. *majeur*. Mayor, lo ... grande, lo que excede á otra cosa en ... ó calidad. ‖ met. Mayor, grande, ... considerable y sin comparacion; ... *une affaire majeure*. ‖ *Force majeure*, fuerza mayor, fuerza á la cual no ... resistir. ‖ *Causes majeures*, causas ... de mayor cuantía. ‖ *Ordres majeurs* ... órdenes mayores ó sacras, como el ... presbiterado, el diaconato ó el subdiaconato.

‖ Mús. *Ton ou mode majeur*, tono ó modo mayor. ‖ Mar. *Mât majeur*, palo mayor, el palo mas elevado de un buque.

**MAJEUR**, E, adj. y s. *majeur*. Mayor, el que ha salido de la menor edad y de tutela ó de curatela. ‖ *Majeurs*, m. pl. Mayores, nuestros antepasados ó los antecesores. ‖ *Majeure*, f. Mayor, la primera proposicion de un silogismo. ‖ Mayor, el acto que sostenian los estudiantes de teología en Francia.

**MAJOR**, adj. *major*. Mayor, superior. No se emplea mas que en algunas locuciones que sirven para designar los grados militares, como: *état-major*, *état-major général*, *corps de l'état-major*, *état-major des places*, *chef d'état-major*, *adjudant-major*, *etc.*; y no es necesario detenerse en explicar cada uno de estos grados y las atribuciones que les corresponden. ‖ *Chirurgien-major*, cirujano mayor, el primer cirujano de un regimiento. *Aide-major*, ayudante mayor, cirujano agregado al cirujano mayor. *Sergent-major*, sarjento primero, el primero de los sarjentos de una compañía. *Ronde major*, ronda mayor, la que hace el mayor. *Tambour-major*, tambor mayor, el que manda y dirige los tambores de un regimiento. *Trompette-major*, trompeta mayor, el jefe de los trompetas de un regimiento. *Aumônier-major*, capellan mayor. ‖ MAJOR, m. Mayor, oficial superior encargado del detalle de un regimiento. ‖ Mayor, oficial superior especialmente encargado en una plaza de guerra del detalle del servicio, bajo la autoridad del comandante. *Major-général*, mayor general, en un ejército reunido es el oficial general encargado del detalle del servicio. *Major de place*, mayor de plaza, oficial superior encargado del detalle y de la vigilancia del servicio de una plaza de guerra.

**MAJORAT**, m. *majorá*. Mayorazgo, el sucesor de una hacienda por mayoría.

**MAJORDOME**, m. *majordóm*. Mayordomo, el principal de palacio á cuyo cargo está el cuidado y gobierno de la casa del rey. Solo se usa hablando de la corte de Roma, de España y de otras de Italia. ‖ Nombre dado algunas veces al alcalde de palacio.

**MAJORIN**, m. *majorén*. Mayorino, título de un magistrado español que el rey ponia en algun territorio en donde tenia jurisdiccion amplia.

**MAJORIQUE**, f. *majoríc*. Mayorica, tierra cocida pintada.

**MAJORITÉ**, f. *majorité*. Mayoría, la mayor edad prescrita por las leyes para salir de la curaduría. ‖ Mayoría, pluralidad de votantes, de votos en una asamblea deliberante, en un cuerpo político. ‖ Mayoría, el partido que reune en una asamblea el mayor número de votos. *Majorité absolue*, mayoría absoluta. *Majorité relative*, mayoría relativa. ‖ Mayoría, la mayor parte de una reunion, de una asamblea, de un regimiento. ‖ Mayoría, cargo de mayor.

**MAJORQUIN**, E, ó **MAÏORQUIN**, E, adj. y s. *majorquén*, *in*, *maiorquen*, *in*. Mallorquin, de Mallorca.

**MAJUSCULE**, adj. y s. f. *majuscúl*. Mayúscula, letra mayúscula.

**MAK**, m. *mác*. Maco, nombre dado á una especie de mosquito.

**MAKAIRA**, m. *maquéra*. Zool. Macaira, nombre específico de un pescado.

**MAKAKOUAN**, m. *macacuán*. Zool. Macacuan, mamífero carnicero que es del tamaño del gato.

**MAKARKKAU**, m. *macarcó*. Bot. Macaroco, árbol de las Indias.

**MAKÉLAER**, m. *maquelaér*. Maquelaer, nombre que dan en Amsterdam á los agentes de cambio.

**MAKI**, m. *máquí*. Zool. Maqui, animal del género de los mamíferes cuadrúmanos.

**MAL**, m. *mál*. Mal, lo contrario al bien. ‖ Mal, pérdida, calamidad, perjuicio. ‖ Mal, falta, defecto. ‖ Mal, cosa mala, crímen. ‖ Mal, pena, trabajo, afan para pasar ó vivir. ‖ *Prendre une chose en mal*, tomar una cosa en mala parte, ofenderse. ‖ Mal, dolor, dolencia, enfermedad. ‖ *Mal de Saint-Antoine*, erisipela. ‖ *Mal caduc*, *mal Saint-Jean*, *mal sacré*, *haut mal* V. ÉPILEPSIE. ‖ *Mal de dents*, dolor de muelas. ‖ *Mal de mer*, mareo. ‖ *Mal d'enfant*, dolores que acompañan al parto. ‖ *Mal vénérien*, mal venéreo, gálico. ‖ Vet. *Mal d'âne*, hormiguillo, enfermedad que da á los caballos y mulas, y principalmente á los asnos en el casco. ‖ adv. Malamente, indebidamente, de mala manera. ‖ *De mal en pis*, de mal en peor. ‖ *Être mal*, *fort mal*, estar en peligro de morir.

**MAL**, E, adj. ant. *mál*. V. MAUVAIS. Solo se usa en la composicion de algunas palabras: v. gr. *malheur*, desgracia, mal hado. *Maladroit*, torpe, poco diestro. *Malfaiteur*, malhechor. *Malaise*, malestar, incomodidad, etc.

**MALABARE**, adj. y s. *malabár*. Malabarino, habitante del Malabar. ‖ adj. Perteneciente al Malabar.

**MALABATHRUM** ó **MALABATHRE**, m. *malabátrom*, *malabátr*. Farm. Malabatro, hojas de una especie de laurel.

**MALACANTHE**, adj. *malacánt*. Bot. Malacanto, que tiene flores en capítulos.

**MALACHIE**, f. *malachí*. Zool. Malaquia, género de insectos coleópteros.

**MALACHITE**, f. *malachít*. Miner. Malaquita, especie de cobre carbonatado.

**MALACHODENDRE**, y por elision **MALACODRE**, m. *malacodándr*, *malacódr*. Bot. Malacodendro, género de plantas dicotiledóneas.

**MALACHRE**, f. *malácr*. Bot. Malacra, género de plantas dicotiledóneas.

**MALACIE** ó **MALACIA**, f. *malasí*, *malásia*. Med. Malacia, deseo de un solo alimento con disgusto ó aversion general á toda otra sustancia alimenticia; y tambien depravacion del gusto ó apetito desarreglado, con deseo de comer sustancias que no alimentan. Esto proviene principalmente de la debilidad de estómago en las jóvenes cloróticas y en las mujeres embarazadas.

**MALACODERMES**, m. pl. *malacodérm*. Zool. Malacodermos, tribu de coleópteros serricórneos.

**MALACOÏDE**, f. *malacoíd*. Bot. Malacóide, planta cuyas hojas son malváceas.

**MALACOLOGIE**, f. *malacologí*. Malacología, tratado de los moluscos.

**MALACOLOGIQUE**, adj. *malacologíc*. Malacológico, que tiene relacion con la malacología.

**MALACOPHYLLE**, adj. *malacofíl*. Bot. Malacófilo, que tiene las hojas blandas y suaves por los pelos que las cubren.

**MALACOPTÈRES**, m. pl. *malacoptér*. Zool. Malacópteros, sub-órden de aves de rapiña.

**MALACOPTÉRYGIEN**, NE, adj. *malacopterigién*, *én*. Zool. Malacopterigiano, que tiene las aletas con radios flexibles. ‖ *Malacoptérygiens*, m. pl. Malacopterigianos, seccion de pescados.

**MALACORHYNQUE**, adj. *malacorénc*. Zool. Malacorinco, que tiene el pico blando y membranoso.

**MALACOSARCOSE**, f. *malacosarcós*. Med. Malacosarcosis, estado de debilidad del sistema muscular.

**MALACOSTÉOSE**, f. *malacosteós*. Med. Malacosteosis, reblandecimiento de los huesos.

**MALACOSTRACITE**, f. *malacostrasít*. Hist. nat. Malacostracita, señal de cangrejos ó de uñas de cangrejos fósiles.

**MALACOSOAIRES**, m. pl. *malacosoér*. Zool. Malacosoarios, tipo de animales que tienen una piel blanda y suave.

**MALACTIQUE**, adj. V. ÉMOLLIENT.

**MALACURE**, adj. *malacúr*. Zool. Malacuro, epíteto dado al papamoscas á causa de sus plumas largas.

**MALADE**, adj. *malád*. Enfermo, malo, doliente. Enfermo, se dice tambien de los animales: *un chien malade*. La palabra enfermo se usa tambien como sustantivo, hablando de personas. ‖ Enfermo, se dice por extension de todo lo que camina á su fin, como *arbre malade*. ‖ met. *Cœur malade*, corazon enfermo. ‖ *Faire le malade*, hacerse ó fingirse enfermo; y en estilo vulgar, hacer la de rengo, hacer la sanguanga

**MALADEMENT**, adv. ant. *maladmán* Enfermamente, de una manera enferma.

**MALADIE**, f. *maladi*. Enfermedad, dolencia. || Cuando se dice *maladie* absolutamente, es peste ó epidemia. || *Maladie du pays*, mal del país, desgana que da á los que sienten la ausencia de su tierra || *Maladie bleue*. V. CYANOSE. || *Maladie imaginaire*. V. HYPOCHONDRIE. || *Maladie nerveuse*. V. NÉVROSE. || *Maladie noire*. V. MELÆNA. || *Maladie pédiculaire*. V. PHTHIRIASE. || *Maladie vénérienne*. V. SYPHILIS. || met. Enfermedad, alteracion en lo moral. || Enfermedad, afeccion, aversion, manía que se tiene por alguna cosa. || *Gagner une maladie*, coger una enfermedad. || *Relever ó revenir de maladie*, salir de una enfermedad. || Úsase tambien hablando de las plantas. || *Herbe aux cent maladies*, cumularia, planta medicinal.

**MALADIF, IVE**, adj. *maladif, iv*. Enfermizo, achacoso, valetudinario.

**MALADIVETÉ**, f. *maladivtó*. Estado de una persona enfermiza.

**MALADRERIE**, f. V. LÉPROSERIE.

**MALADRESSE**, f. *maladrés*. Torpeza, poca maña en ejecutar alguna cosa. || met. Torpeza, falta de inteligencia, de habilidad.

**MALADROIT, E**, adj. *maladrué*. Torpe, poco diestro, poco hábil, desmañado. || met. Torpe, que tiene poco talento, poca inteligencia. || Se usa tambien como sustantivo.

**MALADROITEMENT**, adv. *maladrualmán*. Torpemente, de una manera torpe, con poca maña.

**MALAGMA ó MALAGME**, m. *malágma, malágm*. Farm. Malagma, cataplasma emoliente.

**MALAGUETTE**, f. *malaguét*. Bot. Malagueta, especie de pimiento.

**MALAIS, E**, adj. y s. *malé, és*. Malayo, grande variedad de la especie humana de la península de Malaca. || MALAI ó MALAIS, m. Malayo, lengua malaya, que es la mas pura de la India oriental.

**MALAISANCE**, f. *malesáns*. Incomodidad, estrechez, falta de comodidad.

**MALAISE**, m. *malés*. Estado incómodo del cuerpo cuando las funciones no se ejecutan con entera libertad, malestar, incomodidad. || met. Malestar, estrechez, indigencia, falta de dinero, de conveniencias.

**MALAISÉ, ÉE**, adj. *malesé*. Difícil, dificultoso, penoso, trabajoso. || Incómodo, pesado, hablando de las cosas. || Empeñado, atrasado, que vive con estrechez.

**MALAISÉMENT**, adv. *malesemán*. Difícilmente, con dificultad.

**MALAISER (SE)**, r. inus. *malesé*. Hacerse difícilmente.

**MALAISIEN, NE**, adj. V. MALAIS.

**MALAMIRIS**, m. *malamirís*. Bot. Malamiris, nombre de una especie de pimienta.

**MALANDRES**, f. pl. *malándr*. Vet. Agujas, esparavanes, enfermedad que padecen las caballerías en la articulacion del corvejon. || Nudos en las maderas.

**MALANDREUX, EUSE**, adj. *malandreu, eus*. Nudoso, hablando de maderas que tienen nudos.

**MALANDRIE**, f. *malandrí*. Malandria, especie de lepra.

**MALANDRIN**, m. *malandrén*. Malandrin, nombre dado en tiempo de las cruzadas á los ladrones árabes y egipcios. || Malandrin, nombre dado á unos ladrones que en tiempo del rey Juan y de Cárlos V, su hijo, cometieron muchos desórdenes en Francia. || Malandrin, pícaro, vagabundo, vil, indigno.

**MALANÉ**, m. *malané*. Bot. Malaneo, género de plantas dicotiledóneas.

**MALAPARI**, m. *malapári*. Bot. Malapari, árbol de las islas Molucas.

**MAL-APPRIS, E**, adj. *malaprí, ís*. Mal criado, descortes, que ha recibido mala educacion. || Se usa tambien como sustantivo.

**MALAPRE**, m. inus. *malápr*. Cajista que lee con trabajo.

**MAL À PROPOS**, adv. *malapropó*. Inoportunamente, indebidamente, fuera de tiempo, sin venir al caso.

**MALAPTÈRE**, adj. *malaptér*. Zool. V. MALACOPTÉRYGIEN. || m. Maláptero, nombre específico de un pescado.

**MALAPTÉRONOTE**, adj. *malapteronót*. Zool. Malapteronoto, que tiene radios blandos en las aletas del lomo.

**MALAPTÉRURE**, m. *malapterúr*. Zool. Malapteruro, género de pescados oplóforos.

**MALART**, m. *malár*. Zool. Lavanco, ánade silvestre macho.

**MALATE**, m. *malát*. Quím. Malato, género de sales.

**MALAVEN**, m. *malavén*. Malaveno, nombre que se da en Filipinas á una madera incorruptible.

**MALAVENTURE**, f. *malavantúr*. Desgracia, desdicha, accidente infortunado.

**MALAVISÉ, ÉE**, adj. *malavisé*. Indiscreto, imprudente, inconsiderado. || Úsase tambien como sustantivo.

**MALAVISÉMENT**, adv. V. MALADROITEMENT.

**MALAXER**, a. *malacsé*. Amasar una sustancia para ablandarla.

**MALAXIDE**, f. *malacsíd*. Bot. Maláxida, género de plantas orquídeas.

**MAL-BÂTI, E**, adj. *malbatí*. Mal pergeñado, mal hecho, mal forjado, que tiene mala figura. || Se usa como sustantivo. || *Se sentir tout mal-bâti*, estar mal guisado, desgobernado, mal hecho: sentirse indispuesto.

**MALBOROUGH**, m. *malborúg*. Com. Malborug, tela de color de rosa.

**MALCHUS**, m. *málcus*. Malco, especie de machete. || Zool. Malco, nombre específico de un pescado de Chile.

**MALCOLME**, f. *malcólm*. Bot. Malcolmo, género de plantas.

**MALCONTENT, E**, adj. *malcontán*. Descontento, poco satisfecho. || *A la malcontent*, loc. adv. A lo descontento, como un descontento.

**MALCONTENTEMENT**, m. inus. V. MÉCONTENTEMENT.

**MALDANIES**, f. pl. *maldaní*. Zool. Maldanias, familia de gusanos.

**MALDISANT, E**, adj. V. MÉDISANT.

**MALDONNE**, f. *maldón*. Maldona, accion de dar mal los naipes en el juego.

**MÂLE**, adj. *mál*. Que pertenece al género masculino. Hablando de las personas, se dice varon; y macho, hablando de los animales: *enfant mâle*, hijo varon; *perdrix mâle*, perdiz macho. || Varonil, esforzado, que pertenece al hombre vigoroso y enérgico. || met. Varonil, vigoroso, que está trazado, imaginado con atrevimiento, que tiene el sello del genio. || Bot. Macho, que tiene solo estambres. || MÂLE, m. Macho, animal del sexo masculino. || Varon, hablando de personas, esto es, de las criaturas ó hijos, por contraposicion á hembras. Tambien se llama macho en estilo familiar y jocoso. || Bot. Macho, la planta que fecundiza á otra de su especie con el polvillo de sus estambres.

**MALEBÊTE**, f. *malbét*. Mala bestia, mal bicho, persona maligna y perjudicial.

**MALEBOSSE**, f. *malbós*. Gran joroba.

**MALEBOUCHE**, f. ant. *malbúche*. Mala boca, mala lengua: se dice de la persona murmuradora y maldiciente.

**MALEBRANCHISME**, m. *malbranchísm*. Fil. Malebranquismo, doctrina de Malebranche, filósofo, teólogo y matemático de Paris.

**MALEBRANCHISTE**, adj. y s. *malbranchíst*. Malebranquista, partidario del malebranquismo, que pertenece al malebranquismo ó á los malebranquistas.

**MALÉDICTION**, f. *maledicsión*. Maldicion, imprecacion. || Maldicion, fatalidad, desgracia, desdicha, infelicidad. || Maldicion, castigo ó pena que Dios impone. || *Malédiction!* maldicion! exclamacion que expresa el despecho y la cólera.

**MALE-FAIM**, f. *malfén*. Hambre cruel, excesiva.

**MALÉFICE**, m. *malefís*. Maleficio, daño ó perjuicio que se causa á otro. || Maleficio, hechicería ó hechizo accion por la cual se cree causarse daño con hechicerías y supersticiones.

**MALÉFICIÉ, ÉE**, adj. *malefisié*. [illegible] ficiado, dañado, tocado de algun [illegible]

**MALÉFIQUE**, adj. *malefíc*. [illegible] maligno, de dañosa influencia. [illegible] los astros, á los cuales se atribuyen [illegible] dades malignas segun la astrología [illegible] ria.

**MALEMENT**, adv. ant. *malmán*. [illegible] graciadamente.

**MALEMORT**, f. *malmór*. Mala [illegible] muerte desgraciada y trágica.

**MALENCONTRE**, f. ant. *malancóntr*. Mal encuentro, malaventura, fatalidad, [illegible] gracia.

**MALENCONTREUSEMENT**, adv. *malancontreusmán*. [illegible] por una fatalidad.

**MALENCONTREUX, EUSE**, adj. *malancontreu, eus*. Malhadado, [illegible] graciado, hablando de personas. || [illegible] so, aciago, hablando de cosas.

**MALENGIN**, m. ant. *malangén*. Artimaña, trampa para engañar.

**MAL-EN-POINT**, adv. *malanpuén*. [illegible] felizmente, desgraciadamente, en [illegible] tado.

**MALENTENDU, E**, adj. *malantandú*. Mal concebido, mal compuesto: [illegible] *malentendu*, [illegible] *malentendu*. || [illegible] ror, equivocacion.

**MALE-NUIT**, f. *malnuí*. Mala noche, noche que se pasa mal, ya sea por [illegible] ó desvelos.

**MALÉOLENCE**, f. *maleolánc*. [illegible] del aceite.

**MALEPESTE!**, *malpést*. [illegible] familiar que denota el despecho ó la admiracion. Corresponde á ¡fuego! [illegible] caras! caracoles! caramba! mal [illegible]

**MALERAGE**, f. ant. *malrág*. [illegible] lento, apetito desordenado.

**MALESHERBIE**, f. *malserbí*. [illegible] herbia, género de plantas dicotiledóneas.

**MALESHERBIÉES**, f. pl. *malserbié*. Malesherbiadas, tribu de plantas de [illegible] milia de las pasiflóreas.

**MALES-SEMAINES**, f. pl. [illegible] Malas semanas, purgaciones [illegible] que padecen las mujeres.

**MAL-ÊTRE**, m. *maletr*. Languidez, malestar. || *J'ai, j'éprouve, je sens un mal-être*, tengo un no sé qué, un desasosiego.

**MALETTE À BERGER**, f. [illegible] Bot. Maleta de pastor, especie de [illegible]

**MALÉVOLE**, adj. *malevól*. [illegible] clinado á hacer mal á otro.

**MALFAÇON**, f. *malfasón*. [illegible] mala hacienda, fraude en la [illegible] truccion de alguna cosa. || [illegible] pasada, accion dolosa y maliciosa.

**MALFAIRE**, n. *malfér*. Hacer mal, [illegible] ñar.

**MALFAISANCE**, f. *malfesáns*. [illegible] cencia, malignidad, el hábito ó [illegible] de hacer mal; y tambien la disposicion [illegible] hacer mal ó dañar.

**MALFAISANT, E**, adj. *malfesán*. [illegible] ligno, dañino, hablando de personas [illegible] nuso, nocivo, hablando de [illegible] ó contra la salud. || Maléfico.

**MALFAIT, E**, adj. *malfé*, [illegible] mal trabajado. || Contrahecho, feo, [illegible]

**MALFAITEUR, TRICE**, m. y f. *malfeteur, trís*. Malhechor, el que [illegible] acciones, crímenes.

**MALFAMÉ, ÉE**, adj. *malfamé*. [illegible] Mal reputado, de mala fama, de [illegible] tacion.

**MALGRACIEUSEMENT**, adv. *malgrasieusmán*. Rústicamente, con [illegible] agasajo.

**MALGRACIEUX, EUSE**, adj. *malgrasieu, eus*. Grosero, [illegible], rústico, [illegible]

**MALGRÉ**, prep. *malgré*. A [illegible] despecho de, mal que le pese [illegible] no obstante. || *Bon gré, mal gré*, [illegible] no quiera, de grado ó por fuerza.

**MALHABILE**, adj. *malabíl*. [illegible] poco apto, poco capaz, falto de [illegible] de inteligencia.

**MALHABILEMENT**, adv. *malabilmán*. Inhábilmente, de un modo inhábil, sin maña.

**MALHABILETÉ**, f. *malabilité*. Inhabilidad, falta de habilidad, de maña.

**MALHERBE**, f. *malérb*. Bot. Veleta, dentelaria, yerba del cáncer, planta herbácea que se emplea para el cáncer y dolor de muelas.

**MALHEUR**, m. *maleur*. Desgracia, infelicidad, desdicha, mala ventura, mala suerte ó fortuna. ‖ Desastre, infortunio, suceso desgraciado. ‖ *Par malheur*, adv. Por desgracia. ‖ *Malheur à*, interj. que sirve para amenazar. *Malheur aux vaincus!* desdichados de los vencidos! *Malheur aux méchants, aux traîtres!* desdichados ó ay de los malvados, ay de los traidores! Tambien se dice *malheur sur*: v. gr. *malheur sur eux et sur leurs enfants!* ‖ *O malheur! je te salue, si tu viens seul*, bien vengas mal si vienes solo.

**MALHEURE (À LA)**, adv. *alamaleur*. Desdichadamente, infelizmente.

**MALHEUREUSEMENT**, adv. *maleureusmán*. Desgraciadamente, por desgracia.

**MALHEUREUX, EUSE**, adj. *maleureu, eus*. Desgraciado, infeliz, desdichado, desafortunado, desventurado. Desgraciado se dice tambien de las cosas, y las cuatro últimas voces de las personas. ‖ Desgraciado, funesto. ‖ Desgraciado, que causa ó puede causar alguna desgracia. ‖ Desgraciado, que tiene consecuencias funestas. ‖ Aciago, de mal agüero. ‖ Desgraciado, malo en su género. ‖ Desdichado, por malo, delincuente. ‖ *Avoir la main malheureuse*, tener la mano desgraciada: se dice de un cirujano que rara vez tiene éxito en sus operaciones, de las personas que trabajan en obras de mano y no aciertan, y de las que todo lo rompen por falta de cuidado. ‖ *Fin malheureuse*, fin desgraciado, muerte trágica ó vergonzosa. ‖ *Mémoire malheureuse*, memoria desgraciada, que retiene mal. ‖ m. y f. Infeliz, el que está en la indigencia, en la miseria. ‖ Miserable, por ruin, infame, despreciable. ‖ *Malheureuse*, se dice de una mujer prostituta.

**MALHONNÊTE**, adj. *malonét*. Grosero, descortes, impolítico, incivil. ‖ Pícaro, que no tiene probidad ni honor. *Un malhonnête homme*, un pícaro, un bribon. *Un homme malhonnête*, un hombre indecente, grosero, sin crianza.

**MALHONNÊTEMENT**, adv. *malonetmán*. Con indecencia, con desvergüenza, sin decoro, feamente. ‖ Groseramente, descortesmente. ‖ De una manera contraria á la probidad.

**MALHONNÊTETÉ**, f. *malonetet* (e muda). Indecencia, impolítica, falta de urbanidad.

**MALIAQUE**, adj. y s. *maliár*. Maliario, nombre que se da á una de las castas que habitan la costa del Malabar.

**MALICE**, f. *malis*. Malicia, inclinacion ó propension á lo malo ó á hacer mal. ‖ Maldad, picardía, ruindad. ‖ Malicia, chasco, burla hecha por diversion.

**MALICIEUSEMENT**, adv. *malisieusmán*. Maliciosamente, con malicia.

**MALICIEUX, EUSE**, adj. y s. *malisieu, eus*. Malicioso, el que por malicia echa las cosas á mala parte. ‖ Malicioso, que tiene malicia.

**MALICORE** ó **MALICORIUM**, m. *malicór, malicóriom*. Bot. Malicoro ó malicorium, nombre dado á la corteza de la granada, por tener el color del cuero.

**MALIFORME**, adj. *malifórm*. Maliforme, que tiene la forma de una manzana.

**MALIGNEMENT**, adv. *maliñmán*. Malignamente, con malignidad.

**MALIGNEUX, EUSE**, adj. *maliñeu, eus*. Maligno, astuto, malo.

**MALIGNITÉ**, f. *maliñité*. Malignidad, propension del ánimo á pensar ú obrar mal. ‖ Malignidad, propiedad contagiosa de algunas enfermedades. ‖ Malignidad, influencia perniciosa, calidad nociva de algunas cosas.

**MALIGNOSITÉ**, f. ant. *maliñosité*. Malignidad, ruindad.

**MALIKI**, m. *maliquí*. Maliki, uno de los cuatro ritos ortodoxos del islamismo.

**MALIMBE**, m. *malénb*. Zool. Malimbo, pájaro del órden de los gorriones.

**MALIN, IGNE**, adj. *malén, iñ*. Maligno, que se complace en hacer ó decir mal. ‖ Maligno, malo, pernicioso: dícese solo de cosas inanimadas. ‖ *L'esprit malin* ó *le malin esprit*, el espíritu maligno, el diablo, el demonio. ‖ *Fièvre maligne*, calentura maligna, tabardillo. ‖ *Malin vouloir contre quelqu'un*, malquerencia á, mala intencion contra alguno.

**MALINE**, f. *malín*. Mar. Agua viva, marea viva, el tiempo de las grandes mareas en el novilunio y plenilunio. ‖ Malina, especie de encaje muy fino elaborado en Malinas, ciudad de los Paises Bajos.

**MALINGRE**, adj. *maléngr*. Malaco, malito, enfermo, doliente, enclenque.

**MALINTENTIONNÉ, ÉE**, adj. *malentansioné*. Malintencionado, que abriga malas intenciones.

**MALIQUE**, adj. *malic*. Quím. Málico, epíteto calificativo del ácido de manzana.

**MALITORNE**, adj. y s. *malitórn*. Zopo, zompo, torpe, desmañado, hombre inepto.

**MAL-JUGÉ**, m. *maljugé*. Mal proveido, auto mal proveido por el juez. ‖ met. Juicio erróneo, falso.

**MALKOHA**, m. *malcóa*. Zool. Malcoa, ave de la isla de Ceilan.

**MALKUT**, m. *malcú*. Malcut, flagelacion religiosa practicada por los judíos modernos.

**MALLARD**, m. *malár*. Muela, piedra pequeña de amolador.

**MALLAS**, f. *málas*. Mallas, medio dinero de la libra catalana, equivalente á un maravedí.

**MALLE**, f. *mál*. Baul, cofre de camino, especie de maleta ó maleton. ‖ Mala, balija, gran maleta de la correspondencia, hablando de correos y de postas. ‖ *Malle-poste*, V. COURRIER. ‖ Cajon, cesta, canasta grande que llevan al hombro los buhoneros que andan por los lugares. ‖ prov. *Trousser en malle*, hurtar ágilmente cualquier cosa, hacerla noche, hacerla desaparecer con destreza.

**MALLÉABILISER**, a. *maleabilisé*. Maleabilizar, hacer, poner maleable.

**MALLÉABILITÉ**, f. *maleabilité*. Maleabilidad, cualidad de lo maleable, del metal que se deja trabajar al martillo.

**MALLÉABLE**, adj. *maleábl*. Maleable, que se puede trabajar á martillo.

**MALLÉACÉ, ÉE**, adj. *maleasé*. Conchil. Maleáceo, que se parece al martillo. ‖ *Malléacées*, f. pl. Maleáceas, familia de conchíferos monomiarios.

**MALLÉIFORME**, adj. *maleifórm*. Maleiforme, que tiene la forma de un martillo.

**MALLEMOLLE**, f. *malmól*. Especie de muselina que viene de las Indias orientales.

**MALLÉOLAIRE**, adj. *maleolér*. Maleolario, que se refiere á los maléolos.

**MALLÉOLE**, f. *maleól*. Anat. Maléolo, cada uno de los huesos salientes del tobillo.

**MALLE-POSTE**, f. *malpóst*. Mala-posta, coche de las postas, que lleva cartas, dinero, viajeros, etc.

**MALLETIER**, m. *maltié*. Cofrero, baulero, malotero, fabricante de cofres, baules, maletas.

**MALLETTE**, f. dim. de MALLE. *malét*. Maletilla, balijilla, maleta pequeña.

**MALLIER**, m. *malié*. Caballo de postas, el que lleva la mala ó la balija. ‖ Caballo de varas, hablando de una silla volante ó de posta.

**MALLOCOQUE**, adj. *malocóc*. Bot. Malococo, que tiene frutos velludos. ‖ f. Malococa, especie de planta tiliácea.

**MALLOMBA**, f. *malóra*. Bot. Malora, especie de palmera de Madagascar.

**MALLOTE**, m. *malót*. Bot. Malota, especie de planta.

**MALMENER**, a. *malmené* (e muda). Maltratar, tratar con dureza, traer á mal traer, cascar, sacudir, etc. ‖ Arruinar, hacer experimentar una pérdida considerable.

**MALMOULUE**, adj. f. *malmulú*. Se dice del estiércol ó excremento de ciervo, cuando sale mal digerido.

**MALNOMMÉ, ÉE**, adj. V. MALNAMÉ.

**MALONS**, m. pl. *malón*. Especie de ladrillos ó baldosas.

**MALOPE**, f. *malóp*. Bot. Malope, género de plantas malváceas.

**MALORDONNÉ, ÉE**, adj. *malordoné*. Mal ordenado, mal dispuesto. ‖ Blas. Se dice de tres piezas puestas una en jefe y las otras dos paralelas en punta.

**MALOT**, m. *maló*. Zool. Tábano, especie de insecto.

**MALOTRU, E**, adj. y s. *malotrú*. Zamborotudo, chambon, mal pergeñado, mal configurado, etc.

**MALPEIGNÉ, ÉE**, adj. y s. *malpeñé*. Mal peinado, desaseado, mal arreglado.

**MALPIGHIACÉES**, f. pl. *malpiguiasé*. Bot. Malpigiáceas, familia de plantas.

**MALPIGHIÉES**, f. pl. *malpiguié*. Malpigias, tribu de plantas malpigiáceas.

**MALPIGHINÉES**, f. pl. *malpiguiné*. Malpigíneas, familia de plantas que comprende muchas familias.

**MALPLAISANT, E**, adj. *malplesán*. Displicente, desagradable, enfadoso, enojoso, pesado, cargante, etc.

**MALPOLE**, m. *malpól*. Malpole, nombre específico de una culebra americana.

**MALPROPRE**, adj. y s. *malprópr*. Desaseado, sucio, puerco, nada limpio: *homme malpropre, fille malpropre*. Tambien se dice de las cosas: *chambre malpropre*. ‖ Inoportuno, inconveniente, inepto, que no es propio para, etc., segun se aplique á cosas ó á personas en sentido material ó metafórico.

**MALPROPREMENT**, adv. *malproprmán*. Suciamente, cochinamente, sin limpieza, sin aseo. ‖ Groseramente, toscamente: v. gr. *travailler malproprement*.

**MALPROPRETÉ**, f. *malpropreté*. Desaseo, desaliño, suciedad, falta de limpieza.

**MALSAIN, E**, adj. *malsén, én*. Enfermizo, achacoso, achaquiento, que no está sano, que tiene en sí un principio de enfermedad. ‖ Malsano, insalubre, dañoso, nocivo á la salud. ‖ Mar. Inseguro, peligroso, lleno de escollos, de bajíos, etc.

**MALSÉANT, E**, adj. *maleeán*. Mal visto, indecente, impropio, contrario al bien parecer.

**MALSEMÉ, ÉE**, adj. *malsemé* (e muda). Mont. Mal encornado, calificacion del asta del ciervo cuyos pitones figuran en número impar.

**MALSONNANT, E**, adj. *malsonán*. Malsonante, de sabor herético, ofensivo á los oidos piadosos. Dícese en teología de las proposiciones poco ortodoxas. ‖ Mal sonante, inmoral, indecente, obsceno, etc.

**MALT**, m. *mált*. Malta, nombre dado por los Ingleses á la cebada preparada para fabricar cerveza.

**MALTAGE**, m. *maltáge*. Maltaje, operacion de convertir en sustancia azucarada toda la parte de la cerveza susceptible de ello. ‖ Resultado de esta operacion.

**MALTAILLÉ, ÉE**, adj. *maltallé*. Blas. Mal tajado, que está tajado de una manera extravagante.

**MALTAIS, E**, adj. y s. *malté, és*. Maltes, de la isla de Malta.

**MALTALENT**, m. ant. *maltalán*. Mal talante, mala gracia, aire desapacible. ‖ Mala voluntad, tirria, ojeriza.

**MALTER**, a. *malté*. Maltar, ensmaltar, convertir la cebada en malta.

**MALTEUR, EUSE**, m. y f. *malteur, eus*. Cervecero, fabricante de cerveza en Inglaterra.

**MALTHE**, f. *malt*. Miner. Malto, variedad de betun.

**MALTHÉE**, f. *malté*. Zool. Maltea, género de pescados de los mares de la América meridional.

**MALTÔTE**, f. *maltót*. Gabela, tributo, impuesto, derrama, en el sentido de contribucion indebida. ‖ loc. prov. *Faire la maltôte*, defraudar.

**MALTÔTIER**, m. *maltotié*. Alcabalero, recaudador, exactor del tributo ó impuesto llamado *maltôte*. ‖ Usurero.

**MALTRAITER**, a. *maltreté*. Maltratar,

tratar mal, ultrajar, injuriar, ofender de palabra ó de obra. || Agraviar, dañar, perjudicar, no hacer justicia, etc.

**MALVACÉ, ÉE**, adj. *malvasé*. Bot. Malváceo, dícese de las plantas que son de la clase de las malvas. || *Malvacées*, f. pl. Malváceas, familia de plantas dicotiledóneas.

**MALVÉ, ÉE**, adj. *malvé*. Bot. V. MALVACÉ. || *Malvées*, f. pl. Malveas, tribu de plantas malváceas.

**MALVEILLANCE**, f. *malveilláns*. Malevolencia, malquerencia, mala voluntad, tendencia á dañar, intencion ó designio de hacer mal. Lo contrario de *bienveillance*.

**MALVEILLANT, E**, adj. *malveillán*. Malévolo, perverso, mal intencionado, inclinado al mal, malo por hábito, por índole: *caractère malveillant, propos malveillant*. || Émulo, rival, enemigo, etc. || Malévolo, lleno de malevolencia.

**MALVEISINE**, f. *malvesín*. Malvecina, antigua máquina de guerra, especie de pedrero.

**MALVERSATION**, f. *malversasión*. Malversacion, mala administracion, dolo, fraude, prevaricacion en el ejercicio de un cargo, especialmente en el manejo de fondos ó caudales. || Delito de corrupcion, de soborno, de concusion, de exaccion injusta.

**MALVERSER**, n. *malversé*. Malversar, cometer malversaciones, administrar mal reportando ganancias ilegítimas, prevaricar los funcionarios públicos.

**MALVOISIE**, f. *malvuasí*. Malvasía, especie de vino generoso. || Nombre genérico aplicable á muchas especies de vinos azucarados de varios paises.

**MALVOULOIR**, m. *malvuluár*. Mala voluntad.

**MALVOULU, E**, adj. *malvulú*. Malquisto, aborrecido, odiado: se dice de una persona á quien se quiere mal.

**MAMACONA**, f. *mamacóna*. Mamacona, nombre dado á las vírgenes de mas edad consagradas al culto del Sol entre los Incas.

**MAMAGU**, m. *mamagú*. Bot. Mamagú, especie de helecho de la Nueva Zelanda.

**MAMAN**, f. *mamán*. Mamá, voz de que se valen especialmente los niños para nombrar ó llamar á su madre, en vez de decir *mère*. || *Grand'maman*. V. GRAND'MÈRE. || fam. *Grosse maman*, mujer lozana, robusta, gorda y de buena cara.

**MAMANIVA**, m. *mamaníva*. Mit. Mamaniva, ídolo monstruoso de los indios Banianos.

**MAMBI**, m. *manbí*. Mambia, sustancia de naturaleza jabonosa ó saponácea que los Peruanos mezclan con las hojas del coco y mascan por gusto.

**MAMBRINE**, f. *manbrín*. Zool. Mambrina, especie de cabra.

**MAMEI**, m. *mamé*. Bot. Mamey, género de plantas dicotiledóneas gutíferas.

**MAMELLE**, f. *mamél*. Teta ó mama, órgano glanduloso propio de los animales mamíferos. || Teta, pecho ó pechos, hablando de las de la mujer. || Tetilla, hablando de las tetas del hombre. || Mamella, excrecencia de piel que, como teta, cuelga á los ganados lanar, vacuno y cabrío. || *Mamelles*, pl. Bot. Mamelas, nombre de muchos hongos parecidos á tetas.

**MAMELLIÈRE**, f. *mameliér*. Mil. ant. Peto de coraza.

**MAMELON**, m. *mamlón*. Pezon de la teta. || Mamila, parte principal de la teta ó pecho de la hembra. || Pezon, toda protuberancia redonda que despunta saliente en medio de cualquier superficie. || Bot. Pezon, epíteto calificativo de las excrecencias tuberculosas que nacen en la superficie de una planta ó de uno de sus órganos. || Anat. Mamila, llámanse así en anatomía unas partes muy delicadas y glandulosas de la epidermis, del paladar, etc. || *Mamelons*, pl. Bot. Mameloncs, pezones, familia de hongos agáricos. || Art. *Mamelon artificiel*, pezon artificial, pezonera.

**MAMELONNÉ, ÉE**, adj. *mamloné*. Mamelóneo, apezonado, que presenta tubérculos en forma de pezones. || *Mamelonnés*, m. pl. Bot. Apezonados, familia de hongos agáricos.

**MAMELOUK** ó **MAMELUK**, m. *mamlúc*, *mamlúc*. Mameluco, soldado de caballería en Egipto.

**MAMELU, E**, adj. *mamlú*. Tetudo, que tiene grandes pechos ó tetas. Se usa tambien como sustantivo. || *Grosse mamelue*, tetona, mujer de gordas tetas, de grandes pechos.

**MAMELUCO**, m. *mamlúco*. Mameluco, nombre que se da en el Brasil al hijo nacido de europeo y brasileña, ó vice versa.

**M'AMIE**, f. *mamí*. Amiguita, queridita, querida, etc. Modo cariñoso por *mon amie*. No debe confundirse esta expresion con *ma mie*. V. MIE y AMIE.

**MAMILLAIRE**, adj. *mamilér*. Mamilario ó mamilar, que se parece á un mamelon ó pezon. || Bot. Mamilario, que tiene tubérculos en forma de mameloncs. || Es tambien término usado en anatomía, como *tubercules mamillaires, éminences mamillaires*. || m. Mamilario, nombre de una secta de memnonitas. || f. Bot. Mamilaria, género de plantas.

**MAMILLÉ, ÉE**, adj. *mamilé*. Bot. Mamíleo, cubierto de tubérculos de forma esférica.

**MAMILLEUX, EUSE**, adj. V. MAMILLÉ.

**MAMILLIFÈRE**, adj. *mamilifér*. Bot. Mamilífero, que tiene mameloncitos ó pezones pequeños.

**MAMMAIRE**, adj. *mammér*. Mamario, concerniente á las mamas ó tetas. || Anat. *Glande mammaire*, glándula mamaria, órgano especial de la secrecion de la leche. Denomínanse igualmente mamarias las venas y arterias que llevan la sangre á las mamas ó tetas.

**MAMMAL, E**, adj. *mamál*. Mamal, que tiene mamas.

**MAMMALOGIE**, f. *mamalogí*. Mamalogía, parte de la zoología que trata de la historia natural de los mamíferos. Es mas correcto *mammologie*.

**MAMMALOGIQUE**, adj. *mamalogic*. Mamalógico, que se refiere á la mamalogía.

**MAMMALOGISTE**, m. *mamalogist*. Mamalogista, naturalista que se ocupa especialmente de los animales comprendidos en la clase de los mamíferos.

**MAMMIFÈRE**, adj. *mamifér*. Zool. Mamífero, que tiene mamas ó tetas. || *Mammifères*, m. pl. Mamíferos, clase de animales vivíparos que comprende todos los que tienen tetas.

**MAMMIFORME**, adj. *mamifórm*. Mamiforme, que tiene la forma de una mama.

**MAMMITE**, f. *mamít*. Med. Mamitis, inflamacion de las mamas.

**MAMMON**, m. *mamón*. Mit. Mamon, dios de la riqueza entre los Sirios.

**MAMMOSA**, adj. f. *mamósa*. Mit. Mamosa, epíteto dado á Céres y á la Fortuna.

**MAMMOUTH**, m. *mamút*. Zool. Mamout, elefante fósil de la Siberia.

**MAMOSBANI**, m. *mamosbáni*. Com. Mamosbani, muselina blanca rayada de las Indias orientales.

**MAMOUDI**, m. *mamudí*. Mamoudi, moneda de plata corriente en Persia y en varias partes de las Indias orientales. || *Mamoudis*, pl. Com. Mamoudis, telas pintadas del gran Mogol. || Mamoudis, telas blancas y finas que se llevan de la Meca á Esmirna.

**M'AMOUR**, f. *mamúr*. Mi amor, amor mio, corazon mio, alma y vida mía, etc. Contraccion cariñosa de *mon amour* para hablar á la mujer propia, á una querida, etc.

**MAN** ó **MEM**, m. *man*, *mém*. Man, cierto peso que se usa en las Indias orientales.

**MANA**, f. *mána*. Mit. Mana, diosa etrusca adoptada por los Romanos, que presidia los alumbramientos.

**MANACOU**, m. *manacú*. Zool. Manacu, gato muy hermoso de las Indias.

**MANAGUIER**, m. *managuié*. Bot. Managuero, género de plantas de la Guyana.

**MANALGIE**, f. *manalgí*. Med. Manalgia, entorpecimiento general del cuerpo y del espíritu.

**MANANT**, m. *manán*. Villano, habitante de una aldea ó del campo: *les manants et habitants d'une paroisse, d'un village*. En este sentido es voz anticuada. || Rústico, patan, palurdo, payo, chosco: [illegible] alusion á los modales poco cultos de la gente del campo.

**MANCE**, f. V. MANCIE.

**MANCELLES**, f. pl. *mansél*. [illegible], cadenas pequeñas aseguradas al [illegible] la mula ó caballo de varas de un carruaje.

**MANCENILLIER**, m. *mansenillé*. Bot. Manzanillo, género de plantas dicotiledóneas euforbiáceas.

**MANCHE**, m. *mánche*. Mango, [illegible], remate de algun instrumento ó utensilio por que se agarra y maneja cualquier cosa. || Agr. *Manche de la charrue*, mancera ó esteva del arado. || *Manche de guitare, de luth*, etc., mango ó mástil de guitarra, de laud, etc. || Zool. *Manche de couteau*, navaja, [illegible] de marisco. || met. *Branler dans le manche*, no estar sólidamente establecido, no contar con garantías de duracion, estar amenazado de rodar de su puesto: *sa [illegible] branle dans le manche*. Significa [illegible] no estar firme en la resolucion que se ha tomado, ó estar próximo á hacer [illegible]. || *Jeter le manche après la cognée*, echar la soga tras el caldero: renunciar á toda esperanza, abandonarlo todo. || [illegible], f. Manga, parte del vestido que cubre el brazo. || *Fausses manches*, mangas [illegible] de quita y pon, mangotes. || met. *Avoir, tenir quelqu'un dans sa manche*, tener á [illegible] su poder, mandarle á discrecion. || [illegible] *de troupes*, manga, partida, trozo, destacamento de tropa. || prov. y fam. [illegible] *autre paire de manches*, eso es [illegible] otro costal, ese es otro cantar, etc. || [illegible] *la manche de quelqu'un*, rogar á [illegible], solicitarle á que haga alguna cosa. || [illegible] *la manche large* ó *être un père à* [illegible] *manche*, ser hombre de manga [illegible] pecar de escrupuloso, especialmente hablando de confesores poco rígidos. || [illegible] *ches pendantes*, mangas perdidas. || [illegible] Manga, la parte de una bomba por [illegible] sube el agua atraida con los émbolos, dirigiéndose al paraje en que se necesita. || *Manche de pompe d'eau*, manguera, [illegible] manga larga de lona embreada ó de cuero, que sirve para rellenar de agua las [illegible] vacías, estivadas en la bodega. || *Manche à air*, manguera de ventilacion, manga de lona sin embrear que sirve para renovar el aire en un buque. || *Gardes de la manche*, gentiles hombres de manga, empleados de la servidumbre de las personas reales.

**MANCHERONS**, m. pl. *manchéron*. Agr. Manija, parte de la esteva del arado [illegible] empuña el trabajador.

**MANCHETTE**, f. *manchét*. Vuelta, [illegible] ño, adorno de tela ó encaje que se [illegible] ne al puño de las camisas y [illegible]. || Mal, rozadura colorada hecha en la [illegible] apretada fuertemente con dos dedos. || [illegible] lo, adorno de las mangas de [illegible]. Binatera. || Bot. *Manchette de la vierge*, Campanilla. V. LISERON. *Manchette grise*, especie de hongo. || prov. y met. [illegible] *fait là de belles manchettes*, [illegible] hecho Vd. || *Un marquis de la* [illegible], un mendigo.

**MANCHON**, m. *manchón*. [illegible], abrigo de piel, de seda ó pluma que en invierno llevan las señoras para [illegible] manos del frio. || Art. Cilindro [illegible] fábricas de vidrio. || Birola, especie de [illegible] ó anillo de metal.

**MANCHOT, E**, adj. y s. *manchó*, [illegible]. Manco, que no tiene mas que una mano ó un brazo de que pueda servirse, de cualquier modo que haya perdido el uso del otro. || met. *Ne pas être manchot*, no ser manco ni zurdo: no ser lerdo, tener [illegible], destreza, etc. || Zool. MANCHOT, m. Manco, nombre específico de un pescado. || *Manchots*, pl. Mancos, familia de aves.

**MANCIE** ó **MANCE**, f. ant. *mansí*, [illegible]. Mancia, adivinacion. Entra en la composicion de varias palabras, como *chiromancie*, *nécromancie*, etc.

**MANCIPATION**, f. *mansipasión*. Mancipacion, especie de [illegible] entre los Romanos.

**MANDANT**, m. *mandán*. Mandante, el que da ó expide un mandato.

**MANDARIN, E**, adj. [illegible]

Mandarino, que pertenece á los mandarines. || m. Mandarin, título de dignidad en la China, jefe que tiene á su cargo el gobierno de alguna ciudad ó plaza importante. Hay 33,000 mandarines, de los cuales 2,000 son grandes mandarines, y los otros 31,000 mandarines subalternos.

**MANDARINAT**, m. *mandariná*. Mandarinato, cargo, oficio, dignidad de mandarin.

**MANDARINISME**, m. *mandarinism*. Mandarinismo, sistema de pruebas, exámenes y oposiciones á que han de sujetarse en la China los aspirantes al grado de letrados, y por consiguiente á los puestos del Estado. || Mandarinismo, todo sistema que tiende á clasificar los ciudadanos segun el grado de instruccion que hayan adquirido.

**MANDAT**, m. *mandá*. Mandato, órden, decreto emanado del poder judicial. || *Mandat de comparution*, mandato ó mandamiento de comparecencia. || *Mandat d'amener*, órden de un juez para comparecer en su presencia, de grado ó por fuerza. || *Mandat d'arrêt*, mandato de arrestacion ó de arresto. || Poder, procuracion, comision que un sugeto da á otro, llamado mandatario, para que haga alguna cosa para el mandante y en su nombre. || *Mandat apostolique*, mandato apostólico, rescripto del papa mandando ó prohibiendo alguna cosa.

**MANDATAIRE**, m. *mandatér*. Mandatario, el que ha recibido los poderes ó el encargo de otro para obrar en su nombre. || Mandatario, la persona á cuyo favor el papa ha expedido un mandato.

**MANDATER**, a. *mandaté*. Adm. Librar, expedir un mandato, una órden de pago.

**MANDE**, f. *mánd*. Canasta de mimbre con dos asas.

**MANDELSTEIN**, m. *mandelstén*. Miner. Mandelstein, nombre genérico de muchas especies de rocas diferentes.

**MANDEMENT**, m. *mandmán*. Mandamiento, escrito comunicado por los obispos á sus diocesanos acerca de los sínodos, de las rogativas, de los ayunos, de los jubileos. || Mandamiento, fórmula judicial. || Mandamiento, carta de oficio, órden, despacho de parte de quien tiene autoridad y jurisdiccion. || Carta de pago, libranza, letra para cobrar dinero.

**MANDER**, a. *mandé*. Mandar venir, llamar, dar órden para presentarse. || Mandar, pasar aviso, participar, comunicar una órden, una noticia por escrito ó por un propio.

**MANDIBULAIRE**, adj. *mandibulér*. Anat. Mandibular, que se refiere á la mandíbula.

**MANDIBULE**, f. *mandibúl*. Zool. Mandíbula, nombre dado á la quijada inferior de los mamíferos. || *Mandibules*, pl. Mandíbulas, nombre que se da á dos partes laterales de la boca que sirven para cortar, romper y moler los alimentos.

**MANDIBULÉ, ÉE**, adj. *mandibulé*. Zool. Mandibulado, mandibúleo, que tiene mandíbulas. || *Mandibulés*, m. pl. Mandibulados, seccion de insectos.

**MANDIBULITHE**, f. *mandibulit*. Mandibulita, quijada fósil de pescado.

**MANDIL**, m. *mandil*. Especie de turbante de los Persas.

**MANDILLE**, f. *mandill*. Casaca antigua de lacayo.

**MANDOLINE**, f. *mandolin*. Bandolin, instrumento músico de cuerdas que se toca con una pua de pluma.

**MANDORE**, f. *mandór*. Bandurria, instrumento músico de cuerdas á manera de laúd.

**MANDOU**, m. *mandú*. Mandou, uno de los ocho supremos dioses de Egipto.

**MANDRAGORE**, f. *mandragór*. Bot. Mandrágora, género de plantas dicotiledóneas solanáceas.

**MANDRAGORITE**, m. *mandragorit*. Mandragorito, vino en que se ponen en infusion raíces de mandrágora.

**MANDRE**, f. *mándr*. Mandra, monasterio, habitacion de religioso. || Ermita, gruta ocupada por un anacoreta.

**MANDRERIE**, f. *mandreri* (*e* muda). Cestería, nombre de las obras de cestero.

**MANDRIER**, m. *mandrié*. Cestero, artesano que trabaja de cestería.

**MANDRILL**, m. *mandrill*. Zool. Mandril, especie de mono notable por su fealdad.

**MANDRIN**, m. *mandrén*. Art. Para-uso, taladro entre cerrajeros. || Mandril, pieza que sirve para sujetar la obra en el torno. || Cilindro de madera fuerte. || Jefe de ladrones, hombre desalmado, capaz de todo crímen. Dícese por alusion al famoso jefe de bandidos Mandrin, que fué el terror del Delfinado á mediados del siglo pasado.

**MANDRITE**, m. *mandrit*. Mandrita, religioso habitante de una mandra, anacoreta, cenobita.

**MANDUCABLE**, adj. *manducábl*. Manducable, de buen comer, ó que puede comerse sin perjudicar á la salud.

**MANDUCATION**, f. *manducasión*. Manducacion, accion de comer. || Suncion, la accion de consumir en la misa.

**MANDUCITÉ**, f. *mandusité*. Manducidad, apetito devorante, hambre devoradora.

**MANÉAGE**, f. *maneág*. Mar. Faena, obligacion que incumbe á los marineros de cargar ciertas cosas y géneros de un buque sin gratificacion por parte del consignatario ó comerciante.

**MANÉE**, f. ant. V. POIGNÉE.

**MANÉGE**, m. *manége*. Equit. Manejo, arte de trabajar, de domar y enseñar los caballos. || Picadero, sitio donde se trabajan y enseñan. || Equitacion, arte de montar y manejar bien el caballo. || met. Manejo, arte, maña, modo de manejarse, de obrar. || Malacate, máquina movida á modo de noria por una caballería que anda circularmente.

**MANÉROS**, adj. y s. pl. *manerós*. Mús. Maneros, canto lúgubre de los antiguos Egipcios.

**MÂNES**, adj. y s. m. pl. *mán*. Mit. Manes, almas errantes de los muertos; suponíase que velaban en torno de los sepulcros. Úsase siempre en plural, aunque se hable de un solo sugeto.

**MANÈS, MANICHÉE**, m. *manés*, *manichó*. Manes ó Maniqueo, heresiarca del siglo III, jefe de la secta de los maniqueos.

**MANET**, m. *mané*. Pesc. Especie de red de pescar.

**MANGABEY**, m. *mangabé*. Zool. Mangabey, especie de mamífero cuadrúmano.

**MANGALA**, m. *mangála*. Mit. Mangala, dios que preside al planeta llamado Marte por los Europeos.

**MANGANATE**, m. *manganát*. Quim. Manganato, género de sales.

**MANGANÈSE**, m. *manganés*. Quim. Manganeso, cuerpo simple comprendido en la tercera seccion de los metales.

**MANGANÉSIATE**, m. *manganesiát*. Quim. Manganesiato. Se usa algunas veces como sinónimo de manganato.

**MANGANÉSIFÈRE**, adj. *manganesifér*. Manganesífero, calificacion de un cuerpo que contiene accidentalmente manganesa.

**MANGANEUX**, adj. m. *manganeu*. Quim. Manganoso, denominacion de un óxido.

**MANGANIDES**, m. pl. *manganid*. Miner. Mangánidos familia de minerales que comprende la manganesa y sus combinaciones.

**MANGANIQUE**, adj. *manganíc*. Mangánico, que se refiere á la manganesa.

**MANGEABLE**, adj. *manjábl*. Comible, que se puede comer, que es comestible, manducable.

**MANGEAILLE**, f. *manjáll*. Comida, cebo, pasto que se da á los animales domésticos. || joc. Manducatoria, condumio, pienso, etc., por comida.

**MANGEANT, E**, adj. *manján*. Manducante, comiente, que come; que está bueno. Se usa en esta frase del estilo familiar: *il est bien buvant et bien mangeant*, come y bebe, ó vive y bebe.

**MANGEOIRE**, f. *manjuár*. Pesebre, lugar donde comen las bestias. || met. *Tourner le dos á la mangeoire*, hacer todo lo contrario de lo que conviene hacer para acertar.

**MANGEOTER**, n. *manjoté*. Comer sin apetito, con inapetencia.

**MANGE-PEUPLE**, adj. y s. *mangepeupl*. Concusionario, monopolista, defraudador de la hacienda pública.

**MANGER**, a. *mangé*. Comer, tomar, mascar, tragar alimentos sólidos para nutrirse. || met. Comer, consumir, gastar, disipar el caudal, el patrimonio. || Carcomer, roer, corroer, destruir, hablando de ciertas cosas. || *Manger quelqu'un des yeux*, comer, devorar á uno con la vista: mirarlo évidamente con pasion, con ternura, con amor, etc. || *Manger les saints*, papar santos, hablando de los hipócritas que están siempre en la iglesia. || *Manger à ventre déboutonné*, comer hasta reventar. || *Manger de bonne grâce, de bon appétit*, tener buenos aceros, comer con gana. || *Manger de la vache enragée*, pasar trabajos. || *L'appétit vient en mangeant*, el comer y el rascar todo es empezar; y tambien, cuanto mas se tiene mas se quiere. || *Les gros poissons mangent les petits*, los fuertes oprimen á los débiles. || *Salle à manger*, comedor, pieza donde se come. || *Se manger*, r. Tiene las acepciones del activo en sentido propio y metafórico.

**MANGER**, m. *mangé*. Manjar, vianda, comida. || *Garde-manger*, despensa, armario, sitio donde se guardan cosas de comer. || *Blanc-manger*, manjar blanco.

**MANGERIE**, f. ant. *mangerí*. V. REPAS, FESTIN. || met. y fam. Socaliña, garrama, exaccion, exigencia costosa é indebida.

**MANGE-TOUT**, m. *mangetú*. Acaba-casas, disipalo-todo, despilfarrador, disipador.

**MANGEUR, EUSE**, m. y f. *mangeur, eus*. Comedor, persona de buen diente, que come mucho. Se le junta ordinariamente un epíteto: *un grand mangeur, un petit mangeur*. || met. y fam. Lechuzo, exactor de contribuciones, encargado de apremios que comete extorsiones. || *Mangeur de chrétiens*, intrigante, enredador. *Mangeur de petits enfants*, perdonavidas, maton. *Mangeur de viandes apprêtées*, un holgazan. *Mangeur de crucifix, de saints, d'images*, un falso devoto. *Mangeur de livres*, un hombre estudioso.

**MANGEURE**, f. *manjúr*. Roedura, lo roido, lo ratonado de un pan, de un queso. || Picadura, lo apolillado, lo picado de un paño, de un vestido, etc. || Pastura, pasto, alimento del jabalí.

**MANGLE**, m. *mángl*. Mangle, fruto del nopal.

**MANGLIER**, m. *manglié*. Bot. Mangle, especie de nopal ó de tuna, árbol de América.

**MANGONNEAU**, m. *mangonó*. Especie de catapulta de la edad média.

**MANGONNIER**, m. *mangonié*. Vendedor de pescado.

**MANGUE**, m. *mángue*. Maguey, fruto del manga, muy refrigerante y sabroso.

**MANGUIER**, m. *manguié*. Bot. Manga, árbol que crece en las Indias orientales, en el Malabar, Goa, Bengala, etc., y muy estimado por su excelente fruto.

**MANI**, m. *maní*. Bot. Maní, árbol grande de Guyana. || Maní, goma resinosa que produce este árbol.

**MANIA**, f. *manía*. Mit. Manía, divinidad romana, la madre de los Lares. || Manía, diosa de la locura entre los Griegos.

**MANIABLE**, adj. *maniábl*. Manejable, dócil, que se puede trabajar, especialmente hablando de metales. || met. y fam. Manejable, tratable, flexible, dócil, acomodaticio, etc., hablando de personas, de genios, del carácter. || Mar. *Vent maniable*, calificacion del viento que no es muy fuerte y permite maniobrar con facilidad.

**MANIACAL, E**, adj. *maniacál*. Maniacal, que participa de la perturbacion mental de un maniaco.

**MANIAQUE**, adj. *maniác*. Maniaco, maniático, atacado de manía. || Maniaco, que pertenece á la manía. Se usa como sustantivo en la primera acepcion. || met. Maniaco, extravagante, raro, singular, original, persona que se distingue por sus habitudes y gestos ridículos.

**MANICAIRE**, m. *manicuér*. Bot. Manicaria, género de palmeras. || Hist. Gladiador ó gladiator romano.

**MANICANTERIE**, f. *manicantrí*. Antigua escuela de canto para formar infantes de coro en los cabildos franceses.

**MANICHÉEN**, adj. y s. *manichéin*. Maniqueo, que pertenece al maniqueismo. || m. pl. Maniqueos, herejes, discípulos ó sectarios de Manes.

**MANICHÉISME**, m. *manicheísm*. Maniqueismo, herejía introducida por Manes.

**MANICHÉISTE**, adj. *manicheist*. Moniqueista, perteneciente al maniqueismo.

**MANICHORDION**, m. *manicordión*. Manicordio, monucordio, instrumento músico con cuerdas de metal y teclado.

**MANICLE**, f. *manícl*. Art. Manecilla, especie de mango que sirve para mover las tijeras de tundir. || m. pl. Manillas, esposas para atar las manos.

**MANICOLLE**, f. *manicól*. Buitron, red grande de pescar.

**MANICORDE**, m. V. MANICHORDION.

**MANICROT**, m. *manicró*. Nombre que se da en las casas de inválidos á la clase de estropeados ó mutilados que han perdido dos ojos, dos brazos ó dos piernas.

**MANICULE**, m. *manicúl*. Zool. Maniculo, pié delantero de un mamífero.

**MANIE**, f. *maní*. Manía, locura, demencia, especie de enajenacion mental, caracterizada á veces por actos de furor. || Manía, rareza, extravagancia, capricho, habitud ridícula, etc. || Manía, gusto chocante, pasion inmoderada que se tiene por algo.

**MANIEMENT**, m. *manimán*. Manoseo, tiento, tanteo, tacto, accion de manosear, de tocar con la mano. || Manejo, uso, movimiento de las manos, de un brazo, de una pierna, etc. || fam. Sobamiento, roce frecuente y perjudicial. || met. Manejo, gobierno, direccion, administracion de negocios, de caudales, etc. || *Maniement des armes*, manejo del arma, ejercicio que se enseña á los soldados ó reclutas.

**MANIER**, a. *manié*. Manosear, tentar, tocar, sobar, pasar y repasar con las manos. || Manejar, llevar entre manos papeles, libros, etc. || Equit. Manejar, picar, trabajar y enseñar caballos. || Manejar, conducir, dirigir, guiar. || Manejar, gobernar, administrar, disponer de caudales, entender en negocios, etc. || prov. *On ne peut manier du beurre sans se graisser les doigts*, no puede andarse entre miel, sin que algo se unte la piel; quien mucha plata maneja, algo entre manos se deja. || *Au manier*, loc. adv. Al tacto, en el tacto, con el tiento: *ce drap paraît bon au manier*.

**MANIÈRE**, f. *maniér*. Manera, modo, forma, medio particular de hacer una cosa. || Traza, especie de, en comparaciones burlescas. || Manera, estudio, afectacion, mal gusto, etc., tomado en mala parte. || *Manières*, m. pl. Maneras, modales, modos, estilos, usos para hacer mas llevadero y dulce el trato con las gentes, maneras de obrar en las relaciones ordinarias de la vida. || Rasgos, distintivos, singularidades características observadas en las acciones exteriores de los particulares. || *Manières du monde*, modales del gran tono. || *De la bonne manière*, loc. adv. iron. A la buena de Dios, sin cumplimientos, sin ceremonias. || *De manière que*, de modo que, de manera que, de suerte que. || *De manière ou d'autre*, de un modo ú otro, por sí ó por no. || *De manière à*, de un modo capaz de, de una manera propia para, etc. || *Par manière de dire*, es un decir, por modo de decir, etc.

**MANIÉRÉ, ÉE**, adj. *manieré*. Amanerado, afectado, fingido, poco natural, etc. || Amanerado, rutinario, que no sabe salir de una rutina, de un estilo, que tiene siempre un mismo método; y tambien se dice en las artes del esmero desacertado en procurar la gracia, la elegancia, las formas, etc. Se usa como sustantivo; y en este sentido se dice *le maniéré* por *le style*, *le genre maniéré*.

**MANIÉRISME**, m. *manierism*. Manerismo, amaneramiento, defecto de lo amanerado, del amanerado ó manerista.

**MANIÉRISTE**, m. *manierist*. Manerista, amanerado, afectado, especialmente hablando de pintores que adoptan la afectacion.

**MANIETTE**, f. *maniét*. Maneta, pedazo de sombrero ó de fieltro con que se limpia el bastidor entre estampadores de indianas.

**MANIEUR**, m. *manieur*. Manejador, el que maneja mucho, que le gusta manejar caudales. Se dice en sentido denigrativo un *manieur d'argent*. || *Manieur de blé sur banne*, apaleador de granos.

**MANIFESTATION**, f. *manifestasión*. Manifestacion, accion de manifestar. || Manifestacion, ostension, expresion pública de un sentimiento, de una opinion, etc.

**MANIFESTE**, adj. *manifést*. Manifiesto, notorio, evidente, que todos pueden conocer. || m. Manifiesto, declaracion pública y solemne que se da por escrito, exponiendo los motivos de seguir cierta conducta ó justificando alguna medida.

**MANIFESTEMENT**, adv. *manifestmán*. Manifiestamente, claramente, patentemente, evidentemente.

**MANIFESTER**, a. *manifesté*. Manifestar, descubrir, patentizar, poner en claro, hacer notorio lo ignorado, lo oscuro.

**MANIFORME**, adj. *manifórm*. Maniforme, que tiene la forma de una mano.

**MANIGANCE**, f. fam. *manigáns*. Manganilla, entruchada, treta para engañar, artimaña, maniobra secreta y artificiosa para conseguir algun fin. || *Il y a de la manigance dans cette affaire*, hay busilis en este asunto, hay enredo, hay gato encerrado.

**MANIGANCER**, a. fam. *manigansé*. Intrigar, armar, urdir una treta, una entruchada, maquinar un complot, etc.

**MANIGRAPHE**, m. *manigráf*. Manigrafo, autor que ha escrito sobre la enajenacion mental.

**MANIGRAPHIE**, f. *manigrafí*. Manigrafía, tratado sobre la enajenacion mental ó demencia.

**MANIGRAPHIQUE**, adj. *manigrafíc*. Manigráfico, que se refiere á la manigrafía.

**MANIGUETTE**, f. *maniguét*. Com. Malagueta, pimienta.

**MANILIER**, m. *manilié*. Cestero, fabricante de cestas, de obras de mimbres.

**MANILLE**, f. *maníll*. Malilla, cierto juego de naipes. || Zool. Manila, víbora indiana. || Manila, arillo, anillo de cobre que se ponen los negros por adorno en las piernas y en los brazos.

**MANILUVE**, m. *manilúv*. Maniluvio, baño de manos. V. MANULUVE.

**MANIOC**, m. *manióc*. Yuca, casabe, arbusto americano de cuya raíz se hace pan.

**MANIPULAIRE**, adj. *manipulér*. Manipular, que pertenece al manípulo. || m. Manipulario, centurion de una compañía de soldados llamada manipulo entre los Romanos.

**MANIPULATEUR**, m. *manipulateur*. Quim. y Farm. Manipulador, el que manipula ó ejercita la manipulacion.

**MANIPULATION**, f. *manipulasión*. Manipulacion, manera de operar en química, en farmacia y en otras muchas artes.

**MANIPULE**, m. *manipúl*. Manipulo, especie de enseña ó bandera de las tropas romanas en los tiempos antiguos. || Manipulo, compañía de soldados de las cohortes romanas al principio de cien hombres y despues de doscientos. || Manipulo, adorno que llevan en el brazo izquierdo el sacerdote, el diácono y el subdiácono, cuando están revestidos, sobre la manga del alba.

**MANIPULER**, a. *manipulé*. Manipular, obrar, operar con las manos confecciones farmacéuticas, combinaciones de sustancias.

**MANIQUE**, f. *manic*. Dedil, medio guante de cuero que se ponen algunos artesanos para trabajar.

**MANIQUETTE**, f. *maniquét*. Bot. Alcaravea silvestre.

**MANIS**, m. *manis*. Zool. Especie de lagarto conchudo.

**MANISSE**, f. *manís*. Mit. Manisa, ídolo monstruoso de los Tártaros, con nueve cabezas en forma piramidal.

**MANISURE**, f. *manisúr*. Manisura, género de plantas de la América, de la India y de las Antillas.

**MANITOU**, m. [illegible] Manitú, divinidad tutelar que adoran los [illegible] de la América septentrional.

**MANIVEAU**, m. [illegible] Canastillo á modo de bandeja.

**MANIVELLE**, f. [illegible] nija, manecilla, cigüeñuela [illegible] dar una máquina, etc. || Mar. [illegible] de madera que el timonel [illegible] cer girar el timon. || Llave, [illegible] se pone al cabo ó remate de [illegible] para hacerlo rodar.

**MANMADIN**, m. [illegible] madin, dios del amor entre los [illegible]

**MANNE**, f. *mán*. Bot. Maná, [illegible] creta y azucarada, producida por [illegible] vegetales. || Maná, droga medicinal [illegible] de purgante. || Maná, milagroso [illegible] Dios alimentó á los Israelitas en el desierto por espacio de 40 años. || met. Maná, [illegible] quier alimento abundante y [illegible] mantener un país. || En lenguaje [illegible] maná, pasto del alma, [illegible] || Cesta, canasta, canasto de [illegible] rios usos. || *Manne d'enfant*, [illegible] bres para niños.

**MANNÉE**, f. *mané*. Contenido, [illegible] tenido de una cesta.

**MANNEQUIN**, m. *mankén*. [illegible] ceston grande y hondo para [illegible] || Maniquí, figura movible que sirve para el trapeo ó trapeado de los ropajes [illegible] en la pintura y escultura. || Arq. [illegible] flores, las diversas representaciones [illegible] tos llenos de flores y frutos que [illegible] edificios. || Maniquí, especie de [illegible] monigote de forma humana en que [illegible] ticantes ejercitan y ensayan [illegible] ciones quirúrgicas. || met. [illegible] *mannequin*, es un verdadero [illegible] hombre sin carácter, sin voluntad [illegible]

**MANNEQUINAGE**, f. [illegible] Género de escultura usado en el [illegible] embellecimiento de los edificios.

**MANNEQUINÉ, ÉE**, adj. [illegible] Pint. y Esc. Amanequinado, [illegible] nerado. || *Draperies mannequinées*, [illegible] trapeado hecho con afectacion.

**MANNEQUINER**, a. *mankiné*. [illegible] quinar, dar la forma, la apariencia de un maniquí.

**MANNET**, m. *mané*. [illegible] mífero roedor del Cabo.

**MANNETTE**, f. dim. de [illegible] Banasta, cesta grande con dos [illegible] llama tambien *banne*.

**MANNIFÈRE**, adj. [illegible] fero, que produce maná.

**MANNIPARE**, adj. [illegible] que produce, que engendra maná. || [illegible] paro, nombre dado á cierto insecto.

**MANNITE**, f. *manít*. Quim. [illegible] tancia que se extrae del maná.

**MANŒUVRE**, m. *manœuvr*. [illegible] peon de albañil. || f. Mar. Maniobra, [illegible] que enseña á dar á las embarcaciones [illegible] las posiciones y movimientos de que [illegible] paces por medio del timon y las [illegible] agentes. || Faena, servicio de los [illegible] uso que se hace de todas las [illegible] mover un buque. || El conjunto de [illegible] cabos y aparejos de una embarcacion [illegible] cias, aparejo, velámen, todo el [illegible] un navío. || Mil. Maniobra, evolucion, [illegible] junto de los movimientos estratégicos [illegible] tropas. Se usa comunmente en plural [illegible] *manœuvres de guerre*, maniobras [illegible] *vue*. || Maniobra, cada uno de los [illegible] tos de las máquinas ó el conjunto [illegible] en las fábricas y talleres artísticos. [illegible] bra, cualquiera obra material [illegible] las manos. || met. Maniobra, artificio, [illegible] jo en un negocio, etc.

**MANŒUVRER**, a. y n. [illegible] Maniobrar, manejar la jarcia y velas de un buque, darle todos los movimientos [illegible] ciones convenientes durante la [illegible] || Maniobrar, trabajar con las [illegible] Mil. Maniobrar, ejecutar la tropa sus movimientos y evoluciones. || met. [illegible] trabajar, revolver, valerse de [illegible] o de alguna cosa. Se toma con fre a en mal sentido.

**ŒUVRIER**, m. *manœvrié*. Mar. Ma- ba, marinero, el que entiende bien niobras de las embarcaciones.

**OIR**, m. *manuár*. Mansion, morada, s anticuado en esta acepcion, pero usa en poesía. || Casa, caserío, man- a de una heredad ó de un feudo.

**OMÈTRE**, m. *manométr*. Fís. Ma- o, instrumento para medir la densi- aire.

**OMÉTRIE**, f. *manometrí*. Manome- rte de servirse del manómetro.

**OMÉTRIQUE**, adj. *manometric*. étrico, que se refiere á la manomo-

**OQUE**, f. *manóc*. Andullo, garrote, ande de tabaco. || Madeja.

**ORINE**, f. *manorín*. Zool. Manori- e ó pájaro del órden de los silvanos, a de Nueva Holanda.

**OSCOPE**, m. *manoscóp*. Manosco- strumento propio para calcular las es atmosféricas que experimenta la d del aire.

**OU**, m. *mané*. Mit. Manu, nombre re del género humano, en la mitolo- ana.

**OUF**, m. *manéf*. Manuf, especie de Levante.

**OUL**, m. *manúl*. Zool. Manul, cua- o tártaro del género félix.

**OUVRIER**, m. *manuerié*. Jornale- que trabaja á jornal. || Ganapan, ga- tista ramplon, se dice por desprecio istores y poetas adocenados que tra- á destajo, como si dijéramos de mu-

**QUANT**, E, adj. y s. *mancán*. Que e no se encuentra donde debería es-

**QUE**, m. *manc*. Falta, defecto, ca- privacion, necesidad de lo preciso. ue de, loc. prepos. Por falta de: *il heureux faute d'argent*, es infeliz a de dinero.

**QUEMENT**, m. *mancmán*. Falta, , defecto en el obrar, en no cumplir es debido. Se usa solo hablando de s morales; así es que se dice: *man- t de foi, de parole, de respect*, fal- , etc., y no *manquement d'argent*, , etc., porque hablando de cosas fí- o dice *manque*.

**QUER**, n. *manqué*. Faltar, errar, falta ó cometer una falta. || Desmo- , venirse abajo, hablando de edifi- ocos. || Faltar, no salir el tiro de un fuego. || met. Quebrar, fallir, hacer ta. || Hundirse la tierra. || met. Des- , desanimarse, faltarle á uno el co- las fuerzas. || *Manquer á une per-* faltar al respeto de una persona, á nsideraciones que le son debidas. || *er de parole*, faltar á su palabra, no la. || Perderse, cortarse en una aren- urso, sermon. || Marrar, no dar lum- r higa una escopeta, una pistola. || rse, desgraciarse, salir mal un ne- un plan. || Carecer, necesitar, tener ecesidad de alguna cosa. || Faltar á, plir con, quedar en descubierto. || dejar de existir, morir. || Olvidarse, dejar de hacer algo; y en este senti- ce: *ne manquez pas de vous y trou-* uar á punto de, faltar poco para: a *manqué de tomber, d'être pris*. || escapar una cosa, la ocasion de go. *Manquer une occasion*, perder ion, dejar la escapar. || No hallar á una , no dar con ella: *je vous ai manqué mi-heure*. || No coger: *manquer un* || Errar, no acertar el objeto ó cosa busca, que se persigue: *manquer rdriz*. || *Manquer son coup*, errar el lícese en sentido propio y metafóri- acertar en una empresa: *ce peintre ué son tableau*. || Úsase como pron. las acepciones del neutro y del acti- *manquer belle*, loc. fam. Librarse, , evadirse de un gran peligro.

**SARDE**, f. *mansard*. Arq. Bohardi- tacion contigua á un tejado y cu- , formado por este mismo, sigue una direccion inclinada. || Bohardilla, la venta- na acaballada que da luz á un desvan ó habi- tacion que está debajo de tejado.

**MANSE**, f. *máns*. Feud. Manso, cierta medida de tierra.

**MANSELLES**, f. pl. *mansél*. Ing. Brazos de un pisón.

**MANSFENI**, f. *mansfení*. Zool. Mansfeni, especie de águila de las Antillas.

**MANSION**, f. *mansión*. Mansion, esta- da, estancia, detencion. || Hist. ant. Man- sion, estancia, morada, etc., especie de ha- bitaciones que habia en los caminos para las tropas. || Astr. Casa.

**MANSIONNAIRE**, m. *mansionér*. Hist. ecles. Mansionario, guardian encargado de la custodia de una iglesia. || Mansionario, aposentador de los reyes de Francia de la segunda raza.

**MANSIONNERIE**, f. *mansionrí*. Mansio- nería, oficio, cargo de mansionario.

**MANSJOUS**, m. pl. *mansjú*. Mansjous, piraguas que los Indios fabrican de diferen- tes maderas.

**MANSUÉTAIRE**, m. *mansuetér*. Doma- dor de fieras.

**MANSUETTE**, adj. *mansuét*. Pacífico, bondadoso. || f. Especie de pera.

**MANSUETTEMENT**, adv. *mansuetmán*. Con mansedumbre.

**MANSUÉTUDE**, f. *mansuetúd*. Manse- dumbre, suavidad, apacibilidad, dulzura de carácter, paciencia, igualdad de ánimo.

**MANTE**, f. *mant*. Toca, velo negro que llevaban antiguamente las señoras en las vi- sitas de etiqueta. || Toca, adorno de tela delgada con que las monjas de algunos con- ventos cubren su cabeza. || Manta, especie de colcha grande para la cama, que se fa- bricaba en Montpellier y en otras partes. || Zool. *Mante de mer*, manta marina, especie de crustáceos.

**MANTEAU**, m. *mantó*. Capa, capote, capoton, ropaje largo, ancho y sin mangas con que se abriga todo el cuerpo. || Capa, manto, hábito de comunidades religiosas. || Manto, vestidura talar de ceremonia, como manto real, manto ducal, manto capitular. || *Manteau long d'ecclésiastique*, manto de clérigo. || *Manteau de deuil*, capuz, manto negro, capa de luto. || *Manteau de lit*, bata de cama ó de levantarse. || Arq. *Manteau de cheminée*, campana de chimenea. || *Vendre sous le manteau*, vender bajo mano, á escon- didas. || met. *Sous le manteau de la religion*, con capa de religion. || met. y fam. *Sous le manteau de la cheminée*, á escondidas, por debajo de cuerda ó sin observar las formali- dades. || met. *S'envelopper de son manteau*, esperar su suerte con calma y resignacion || prov. *Avoir un méchant manteau pour l'hi- ver*, tener mala capa para el invierno: entrar con cuartanas en otoño, de las que se dice: Cuartanas autumnales, ó muy largas ó mor- tales. || met. *Garder les manteaux*, no parti- cipar de la diversion de los que nos ha acom- pañado á una fiesta. || *Manteau de guérite*, capa con capucha ó capuchon para centine- las, serenos, etc.

**MANTEAUX-BIFORÉS**, m. pl. *mantobi- foré*. Zool. Mantos-biforados ó bifóreos, ór- den de animales conchíferos.

**MANTEAUX-OUVERTS**, m. pl. *man- tosuvér*. Zool. Mantos-abiertos, especie de moluscos.

**MANTEAUX-TRIFORÉS**, m. pl. *man- totriforé*. Zool. Mantos-triforados, órden de conchíferos.

**MANTEAUX-TUBULEUX**, m. pl. *man- totubuleu*. Zool. Mantos-tubulosos, órden de crustáceos.

**MANTELÉ, ÉE**, adj. *mantlé*. Blas. Man- telado, calificacion blasónica ó heráldica de los leones con mantelete.

**MANTELET**, m. *mantlé*. Manteleta, ca- potillo antiguo de mujer. || Mantelete, man- to, sotana que traen los obispos sobre el ro- quete. || Mil. Mantelete, parapeto portátil de tablones encorados. || Blas. Mantelete, especie de manto menor que el ducal. || Cor- tina de cuero que se baja y sube en los car- ruajes de camino || Mar. Porta, ventanas ó aberturas hechas en los navíos para varios usos. || Zool. Mantelete, género de conchas.

**MANTELINE**, f. *mantlín*. Mantelina, especie de capotillo ó rebozo que usan las aldeanas.

**MANTELURE**, f. *mantlúr*. Capa, el lo- mo del perro, cuando es de diferente color su pelo que el resto del cuerpo.

**MANTÈQUE**, f. *manték*. Manteca, gra- sa, sebo de varios animales, pero con es- pecialidad del jabalí.

**MANTICHORE**, m. *manticór*. Zool. Man- ticora, género de insectos coleópteros car- nívoros.

**MANTILLE**, f. *mantill*. Mantilla, ador- no y abrigo que usan las mujeres.

**MANTO**, f. *mánto*. Mit. Manto, célebre profetisa. || m. Zool. Manto, mariposa euro- pea.

**MANTONNET**, m. *mantoné*. Cerraj. Sos- teniente, el hierro donde entra la falleba de una puerta ó ventana despues de cerrada.

**MANTOUAN, NE**, adj. y s. *mantuán*, *án*. Mantuano, de Mantua.

**MANTURE**, f. *mantúr*. Maretazo, olea- da, golpe violento de mar que los marine- ros llaman de capillo.

**MANTURNA**, f. *manturna*. Mit. Mantur- na, divinidad romana invocada por las re- cien casadas.

**MANUATES**, m. pl. *manuát*. Zool. Ma- nuatos, seccion de animales mamíferos que tienen manos.

**MANUBALISTE**, f. *manubalist*. Manu- balista, antigua máquina portátil, especie de ballesta.

**MANUBIAIRE**, adj. ant. *manubiér*. Ma- nubiario, concerniente á los despojos, al botin de los enemigos vencidos.

**MANUCODE**, m. *manucód*. Zool. Manu- codio, especie de ave del paraíso.

**MANUDUCTEUR**, m. *manuducteur*. Mús. Manuductor, director de una orquesta.

**MANUDUCTION**, f. *manuducsión*. Cir. Manuduccion, arte de conducir la mano en las operaciones quirúrgicas.

**MANUEL, LE**, adj. *manuél*. Manual, que se hace con las manos. || m. Manual, li- bro regularmente de poco volúmen y en ex- tremo portátil, que es fácil consultar y te- ner siempre á la vista.

**MANUELLE**, f. *manuél*. Art. Palanca ó barra del cabrestante. || Mar. Caña del timon.

**MANUELLEMENT**, adv. *manuelmán*. Manualmente, con la mano, de la mano á la mano.

**MANUFACTURE**, f. *manufactúr*. Ma- nufactura, artefacto, obra, cosa trabajada en fábrica ó taller. || Fábrica, sitio, local en que se fabrican los artefactos. || met. Fábri- ca de embustes, fragua de mentiras, etc., tomado en mala parte.

**MANUFACTURER**, a. *manufacturé*. Ma- nufacturar, fabricar artefactos, trabajar en una manufactura.

**MANUFACTURIER, ÈRE**, adj. *manu- facturié, ér*. Manufacturero, fabril, indus- trial, que se refiere ó pertenece á la manu- factura. || m. y f. Manufacturero, fabricante de artefactos; dueño, propietario de una ma- nufactura. || Obrero que trabaja en una ma- nufactura.

**MANULÉE**, f. *manulé*. Bot. Manulea, género de plantas del cabo de Buena Espe- ranza.

**MANULUVE**, m. *manulúv*. Terap. Ma- nuluvio, baño de manos, ó inmersion de las manos y frecuentemente de los antebrazos en un líquido caliente. V. MANILUVE.

**MANUMIS, E**, adj. *manumí, ís*. Manu- mitido, libertado. || Usado sustantivamente, significa liberto.

**MANUMISSION**, f. *manumisión*. Manu- mision, ahorro, franqueo, accion de poner en libertad los esclavos.

**MANUMITTER**, a. ant. *manumitté*. Ma- numitir, operar la manumision, dar libertad á los esclavos.

**MANUS (IN)**, *inmánus*. Expresion latina usada en en esta frase: *dire son in manus*, recomendar ó encomendar su alma á Dios en el momento de morir.

**MANUS-DEI**, m. *manusdéi*. Terap

no de Dios, denominacion de cierto emplasto francés.

**MANUSCRIT**, adj. *manuscrí*. Manuscrito, que está escrito con la mano, por oposicion á impreso. Suele usarse como sustantivo: *un manuscrit*.

**MANUSTUPRATION**, f. V. MASTURBATION.

**MANUTENTION**, f. *manutansión*. Manutencion, conservacion, mantenimiento de las leyes, de la disciplina, etc. || Administracion, direccion de los negocios de otro, etc. || Mil. Provision, establecimiento encargado del pan para la tropa.

**MANUTENTIONNAIRE**, m. *manutansionér*. Mil. Provisionista, jefe ó encargado de una provision.

**MANUTENTIONNEL, LE**, adj. *manutansionél*. Provisional, perteneciente á la provision.

**MANUTENTIONNER**, a. y n. *manutansioné*. Provisionar, provistar, proveer de pan á la tropa.

**MAPPAIRE**, m. *mapér*. Antig. rom. Mapario, oficial romano que daba la señal en los juegos. || Hist. Oficial que presentába la servilleta al rey de Francia para enjugarse las manos.

**MAPPE**, f. *máp*. Mapa, carta geográfica. || Entre los Romanos, rollo de lienzo que servia de señal para anunciar el principio de los juegos.

**MAPPEMONDE**, f. *mapmónd*. Mapamundi, carta geográfica que representa la superficie del globo terrestre.

**MAPPER**, a. ant. *mapé*. Fregar, estregar, limpiar frotando.

**MAPPIA**, m. *mápia*. Bot. Mapia, nombre de muchas plantas diferentes.

**MAPROUNIER**, m. *maprunié*. Bot. Maprounia, género de plantas dicotiledóneas euforbiáceas.

**MAQUE**, f. *mác*. Grama, instrumento corvo en que se agrama el cáñamo. V. BRAYOIRE.

**MAQUELETTE**, f. dim. de MAQUE. *maclét*. Mocica, maza pequeña.

**MAQUER**, a. *maqué*. Agramar, romper, quebrantar el cáñamo con la grama.

**MAQUEREAU**, m. *macró*. Zool. Maquerel, sarda, escombro, pescado marítimo. = Jurel, chicharro, escribano, pescado de mar. || *Maquereaux*, pl. Cabrillas, vejiguillas pintadas que se forman en las piernas de los que se arriman mucho á la lumbre.

**MAQUEREAU, ELLE**, adj. y s. *macró, él*. Alcahuete, tercero, persona que tiene por oficio pervertir mujeres ó hijas de familia para que se entreguen á la prostitucion.

**MAQUERELLAGE**, m. *macreláge*. Alcahuetería, tercería, oficio de prostituir mujeres. Son voces groseras y nada decentes.

**MAQUERELLERIE**, f. V. MAQUERELLAGE.

**MAQUETTE**, f. *moquét*. Maqueta, modelito pequeño é informe de una obra de escultura.

**MAQUI**, m. *máqui*. Bot. Maqui, género de plantas dicotiledóneas.

**MAQUIGNON**, m. *maquiñón*. Chalan, corredor de bestias, tratante en caballerías. Casi siempre se toma en mala parte por el que ejerce el oficio para engañar. || met. y fam. Corredor, zurcidor de voluntades, casamentero, etc.

**MAQUIGNONNAGE**, m. *maquiñonáge*. Chalanería, oficio, profesion de corredor de bestias. || met. y fam. Manipodio, fregado, tercería, etc., comercio ilícito y secreto.

**MAQUIGNONNER**, a. *maquiñoné*. Chalanear, hacer el oficio de corredor de bestias. || met. y fam. Manipular, truchimanear, tapujar, andar con tapujos, traficar sin vergüenza á costa del pudor.

**MAQUILLEUR**, m. *maquilleur*. Barco para pescar alachas ó caballas.

**MARA**, m. *mára*. Zool. Mara, especie de mamífero roedor.

**MARABBA**, m. *marába*. Marabo, instrumento árabe de dos cuerdas unísonas.

**MARABOU**, m. *marabu*. Zool. Marabú, especie de pavo real de la India. || *Marabous*, pl. Marabús, plumas del marabú.

**MARABOUT**, m. *marabú*. Mar. Moraguto, foque, antigua vela de proa en las galeras. || Morabito, eremita, anacoreta, especie de monje mahometano de la costa de África. || Morabuto, templo rústico ó capilla sepulcral servida por un morabito. || fam. Sayon, epíteto despreciativo de un hombre feo, puerco y mal pergeñado. || Vaso de barro.

**MARABOUTIN**, m. *marabutén*. Marabotin, moneda antigua de oro, que corría en España, en Portu a y el Languedoc. || Mar. Borda, bastarda gabia mayor de la galera.

**MARACA**, f. *maráca*. Maraca, vaso de que se sirven en el Perú para recoger un bálsamo precioso que tiene el mismo nombre.

**MARACAXAO**, m. *maracacsáo*. Zool. Maracaxao, nombre de una ave de Méjico.

**MARADROLOGIE**, f. *maradrologí*. Maradrologia, tratado sobre el hinojo.

**MARADROLOGIQUE**, adj. *maradrologíc*. Maradrológico, concerniente á la maradrologia.

**MARAÏAÏBA**, m. *maraiáiba*. Bot. Marayaíba, palmera de América.

**MARAÎCHER**, m. *marechié*. Hortelano dedicado al cultivo de terrenos bajos y cenagosos. Así se llaman en Paris los jardineros ú hortelanos que en aquella capital y sus alrededores cultivan tierras que no eran mas que pantanos.

**MARAÎCHER, ÈRE**, adj. *marechié, ér*. Hortense, que se refiere al cultivo de las huertas plantadas de legumbres y hortalizas para el consumo de los pueblos.

**MARAIL**, m. *maráll*. Zool. Marailo, especie de faisan de Cayena.

**MARAIS**, m. *maré*. Pantano, ciénago, bodial, marjal, terreno habitualmente cubierto de agua estancada. En Paris se llama *marais* la huerta, por ser terreno bajo y cenagoso. || Nombre de un barrio de Paris que se llama tambien *quartier du Temple*. || Huerto, porcion de tierra cultivada, cuyo suelo es bajo y cenagoso. || Bot. *Toques de marais*, tercianaria, planta. = *Airelle de marais*, cañaheja ó arándano agrio, planta. || fam. *Se sauver par le marais*, salir por el albañal: salir de una dificultad sin razones convenientes, sin buen aire. || *Marais salants*, marisma, saladar, lagunajo, terreno que inundan de cuando en cuando las olas del mar, y donde se cuaja la sal que se llama marina. || Charco, laguna.

**MARAJOLO**, m. *marajólo*. Marayolo, moneda de Bolonia.

**MARALDI**, m. *maráldi*. Zool. Maraldi, especie de pescado.

**MARALIA**, m. *marália*. Bot. Maralia, género de plantas dicotiledóneas.

**MARANCE**, f. *maráns*. Multa que se pagaba antiguamente por culpas lijeras.

**MARANDER**, a. *marandé*. Pesc. Remendar las redes. || Echar las cuerdas al mar para pescar.

**MARANTA**, m. *maránta*. Bot. Maranta, género de plantas de América.

**MARANTACÉES**, f. pl. *marantasé*. Bot. Marantáceas, familia de plantas.

**MARASCA ó MARASQUE**, m. *marásca, marásc*. Bot. Marasca ó marasco, especie de cerecilla agridulce, con la cual se hace el marrasquino.

**MARASME**, m. *marásm*. Med. Marasmo, flaqueza, extenuacion, consuncion de todo el cuerpo. || met. Marasmo, decadencia política, postracion de los gobiernos.

**MARASQUIN**, m. *marasquén*. Marrasquino, licor producido por la destilacion del fruto del marasco. Tambien se dice marrasquin.

**MARATHRUM**, m. *marátrom*. Bot. Maratro, planta de Nueva Granada.

**MARÂTRE**, f. *marátr*. Madrastra. Solo se usa en un sentido odioso, porque en el propio y digno se dice *belle-mère*. || Por extension, mala madre, madre que trata á sus hijos con rigor y dureza.

**MARATTIA**, f. *marátia*. Bot. Maratia, género de helechos.

**MARAUD, E**, m. y f. *maró*. Pillo, tunante, pícaro, bribon, tuno, gato, bellitre, etc.

**MARAUDAGE**, m. *marodáge*. Mil. Merodeo, pillaje, accion y efecto de merodear.

**MARAUDAILLE**, f. *marodáll*. Canalla, canallesca, gentuza, pillería, reunion de tunantes, etc.

**MARAUDE**, f. *maród*. Merodeo, [illegible] saqueo, brigandaje que suelen hacer los soldados desmandados en el campo ó país enemigo.

**MARAUDER**, n. *marodé*. Merodear, [illegible] corear, salir ó ir de pecorea, á pillar, saquear, robar en país enemigo; y tambien en país amigo, cuando los soldados se apartan del cuerpo con este fin.

**MARAUDEUR**, m. *marodeur*. Merodeador, pecorista, el soldado que merodea.

**MARAVÉDIS**, m. *maravedí*. Maravedí, la menor moneda de vellon, corriente en España.

**MARAXE**, m. *marácse*. Zool. [illegible], pescado de las Indias, mas cruel y mayor que el tiburon. || Maraxo, concha [illegible], especie de turbineta.

**MARBRE**, m. *márbr*. Mármol, piedra calcárea, compacta y dura. || *Marbre statuaire*, mármol para hacer estatuas. || Mármol, obra marmórea, especialmente en plural. || Mármol, lápida antigua de inscripciones. || Mármol, tumba, sepulcro, en un sentido metafóricamente poético. || met. Mármol, persona en extremo fria, insensible, dura, etc. || Impr. Platina, mármol, la piedra lisa que se coloca dentro de la caja de la prensa, donde se sientan los moldes.

**MARBRÉE**, f. *marbré*. Zool. [illegible], especie de pescado.

**MARBRER**, a. *marbré*. Estucar, jaspear, imitar los colores variados del mármol, sus vetas, etc.

**MARBRERIE**, f. *marbrerí* [illegible] Marmolería, arte de cortar y pulir el mármol. || Marmolería, taller de marmolista.

**MARBREUR, EUSE**, m. y f. [illegible] eus. Marmoleador, jaspeador, el que jaspea libros, papel, columnas, etc.

**MARBRIER, ÈRE**, adj. *marbrié*, [illegible] Marmolista, marmolero, que se refiere al mármol. || m. Marmolista, artífice que trabaja obras de mármol.

**MARBRIÈRE**, f. *marbriér*. Cantera de mármol, cantera de jaspe.

**MARBRURE**, f. *marbrúr*. [illegible] jaspeo, jaspeado del papel de un libro, etc.

**MARC**, m. *már*. Marco, peso antiguo equivalente á ocho onzas. || Bagazo, [illegible] orujo, borra, casca, lo que resta de ciertos frutos, de ciertas plantas exprimidas ó estrujadas. || Pié, el capacho de uva ya pisada y estrujada, que se repasa con viga ó prensa. || *Marc de raisin*, orujo. || *Marc d'or*, marco de oro, derecho real que se pagaba en Francia como un servicio [illegible] por los empleos, cuando mudaban de [illegible] || *Marc d'argent*, marco de plata, derecho que los notarios franceses pagaban al rey por su glorioso advenimiento á la corona.

**MARCAIGE**, m. *marquége*. Derecho impuesto sobre el pescado de mar.

**MARCASSIN**, m. *marcasén*. [illegible] to, cochinillo de jabalí.

**MARCASSITE**, m. *marcasít*. Miner. [illegible] quesita, guijo, piedra metálica.

**MARCELINE**, f. *marselín*. Miner. Marcelina, silicato de manganesa, encontrado en los alrededores de San Marcelo, en el Piamonte.

**MARCELLIANISME**, m. [illegible] Marcelianismo, doctrina herética de Marcelo de Ancira.

**MARCELLIANISTE**, m. [illegible] Marcelianista, discípulo ó sectario de Marcelo, partidario del marcelianismo.

**MARCESCENCE**, f. *marsesáns*. [illegible] tez en las flores.

**MARCESSIBLE**, adj. [illegible] table, expuesto á marchitarse.

**MARCESCENT, E**, adj. [illegible] Marcescente, que se marchita. Se dice especialmente de los cálices y corolas de las flores.

**MARCGRAVIACÉES**, f. pl. [illegible] Bot. Margraviáceas, familia de plantas.

...RGRAVIE, f. margravi. Bot. Mar... género de plantas dicotiledóneas ca...

...CHAND, E, m. y f. marchán. Mer... comerciante, tratante, el que compra ... por oficio. || Marchante, comprador, ... acude á proveerse de lo que necesita. ... Negociante, empresario mercantil, ... Marchand forain, mercader, compra... tante forastero, de fuera del pueblo, ... adj. Comun, corriente, regular, de ...ño, de ley, de venta, de recibo, epi... designativos de géneros comestibles, ... calidad no es ni la superior ó escogida, ... inferior ó de desecho || Vaisseau mar..., buque mercante. || Ville fort mar..., poblacion mercantil, de mucho trá... comercio. || Rivière marchande, rio ...ble, muy capaz para buques mercan... Place marchande, sitio de despa... ...ral bueno, cómodo, propio para ven... Rue marchande, calle de trato, de ...io. || Quartier marchand, barrio de ...cio.

...CHANDAILLER, a. marchandaillé. ...r largo tiempo y por una friolera. ...tino vulgar.

...CHANDER, a. marchandé. Poner ..., en precio, en ajuste, vender; y ... ajustar, negociar, regatear, así la ... como la compra de alguna cosa. || ... pas marchander quelqu'un, ata... ...nestar bruscamente á alguno, no ... ningun respeto, echárselo enci... ... pas marchander sa vie, defender ... valerosamente. || a. met. y fam. Ha... ...ones, andarse con reparos, valerse de ...gios, etc.

...CHANDISE, f. marchandís. Mer... mercadería, género de comercio. || ... trato, comercio. || Faire marchan... comerciar, traficar, tratar en géneros ...dios. || Marchandise de pacotille, ... ó géneros de pacotilla, fabrica... expresamente para la exportacion, con ...idad para la América del Sur. || met. ...aloir sa marchandise, alabar sus ..., ó sus mercaderías. || met. Faire ... marchandise d'une chose, formar ... costumbre de una cosa. || loc. prov. ...uerre, moitié marchandise, parte ..., parte de grado.

...CHANTIE, f. marchantí. Bot. Mar... género de plantas hepáticas.

...CHE, f. márche. Marca, línea, raya, ... de un Estado, en acepcion muy ... como la Marca de Ancona, la de ...burgo, la Trevisana, etc. || Marcha, ...dadura. || Marcha, movimiento de ... Fausse marche, marcha fingida, ... guerra para engañar al enemigo || ... paso que lleva, tiempo que dura ...sion, un acompañamiento, etc. || ... dia de camino, distancia de un ... á otro. || Marcha, toque militar || ... pieza musical que caracteriza la ... de las tropas. || Grada, escalon, pel... una escalera. || Cárcola, liston de ... que ponen el pié los torneros ... || Camino, el espacio que puede ... pieza en el juego del ajedrez. || ... progreso, curso, adelanta... de las ideas, de la civilizacion, ... conducta, proceder, compor... manera de obrar de cada uno || ... marche, obrar encubiertamente, ... ambages y circunloquios. || Con..., clase, extraccion. || loc. Ou... marche, abrir la marcha: ir el pri... delante de todos.

...CHÉ, m. marché. Mercado, plaza, ... donde se compra y vende. || ... despacho de lo que se vende en el ... || Mercado, concurrencia de los ... comprar y vender en cierto dia ... feria. || Compra, el precio de lo ... vende; y tambien el ajuste del que ... del que vende. || Tiempo, duracion ... || Marché fait, precio arregla... Marché donné, precio módico, compra ..., dada. Marché d'or, compra ó ... baratísima. || Etre quitte á bon mar... salir bien, salir bien librado de un ...; y tambien, perder ménos de lo ... || met. Avoir de quelqu'un bon marché, dar buena cuenta de alguno, dar al traste con él; esto es, rendirle, vencerle. || Courir sur le marché de quelqu'un, atravesarse en las pretensiones de otro, tratar de birlarle su plaza ó lo que solicita. || Mettre le marché á la main, coger la palabra; y en sentido mas figurado, retar, desafiar, apostárselas á uno. || Faire bon marché, vender barato, dar con conveniencia. || met. Faire bon marché de sa vie, exponer, despreciar la vida. || Par-dessus le marché, además, fuera de esto. || Marché franc, feria libre, donde no se pagan derechos por vender. || loc. prov. Á bon marché, á meilleur marché, barato, mas barato.

MARCHE-PALIER, m. marchepalié. Meseta de una escalera.

MARCHEPIED, m. marchepié. Tarimilla, banquillo, escabel pequeño para poner los piés. || Peana, tarima del pié de un altar. || met. Grada, escalon, hincapié, punto de apoyo, etc., medio de llegar á un puesto elevado.

MARCHER, n. marché. Marchar, andar, caminar, ir, avanzar. Marchar sólo se dice de las tropas. || met. Marcher à tâtons dans une affaire, andar á tientas, á oscuras, á ciegas en un asunto: obrar sin conocimiento del negocio, sin luces, sin reglas fijas, etc. || Marcher bien, marchar, ir bien, seguir bien, ir viento en popa una cosa. || Marcher comme un basque, comme un chat maigre, correr como un galgo. || met. Marcher droit, proceder con rectitud, cumplir con su deber. || met. Marcher sur les pas de ses ancêtres, seguir las pisadas ó las huellas de sus mayores, de sus antepasados, imitarlos. || Marcher du même pas dans une affaire, obrar de mancomun, de acuerdo. || Marcher sur quelque chose, pisar ó poner los piés sobre alguna cosa. || Marcher sur les talons de sa mère, estar pidiendo novio: dícese de una muchacha casadera, cuya madre debe tratar de darle estado. || Dícese de uno que está áspero ó de mal humor: je ne sais sur quelle herbe il a marché. || a. Sombr. Marcher l'etoffe d'un chapeau, sobar el fieltro de un sombrero. || m. El andar, el modo de andar. Je le reconnais à son marcher, y mejor á sa marche, le conozco en el andar, en su modo de andar, etc.

MARCHEUR, EUSE, adj. y s. marcheur, eus. Andador, andarin, lijero de piés, persona que anda mucho. || Mar. Bâtiment marcheur, velero, buque lijerísimo.

MARCIONISME, m. marsionism. Marcionismo, doctrina de Marcion.

MARCIONITE, m. y f. marsionit. Marcionita, partidario ó sectario de Marcion.

MARCKÉE, f. marqué. Bot. Marquea, género de plantas de la Gayana.

MARCOTTAGE, m. marcotáge. Agr. Acodaje, operacion ó accion de acodar.

MARCOTTE, f. marcót. Agr. Acodo, mugron, rama de árbol, de arbusto, que por su contacto prolongado con una tierra húmeda, se guarnece de raíces y se constituye independiente del tallo que la produjo; codal para acodar.

MARCOTTER, a. marcoté. Agr. Acodar las plantas, meter el vastago debajo de la tierra, dejando fuera la extremidad ó cogollo.

MARDELLE, f. V. MARGELLE.

MARDI, m. mardí. Mártes, tercer dia de la semana. || Mardi gras, mártes de Carnestolendas.

MARE, f. már. Balsa, charco, charca de aguas detenidas ó estancadas.

MARÉAGE, m. mareage. Mar. ant. Travesía, nombre dado antiguamente al ajuste ó concierto de lo que se pagaba á la tripulacion de un buque mercante, en un viaje marítimo de larga duracion.

MAREC ó MARÉCA, m. maréc, maréca. Zool. Mareco ó mareca, especie de ánade ó pato de Bahama.

MARÉCAGE, m. marecáge. Aguazal, pantano, lodazal, terreno fangoso y encharcado.

MARÉCAGEUX, EUSE, adj. marecageu, eus. Pantanoso, cenagoso, charcoso: terrain marécageux. || Palustre, lagunero, etc., habitante de aguazales. || Que proviene ó procede de los lugares pantanosos: émanations marécageuses. || Húmedo, denso: air marécageux. || Que huele á pantano, que sabe al cieno: oiseau marécageux.

MARÉCAGINE, f. marecagín. Bot. Marecágina, especie de plantas asiáticas.

MARÉCHAL, m. marechál. Albéitar, el que cura las caballerías en general; herrador, el que las hierra; y solo se denomina mariscal, tratándose de herrar caballos. || Maréchal de camp, mariscal de campo, oficial general cuyo grado corresponde al de general de brigada, en Francia; y en España, cargo de la milicia entre el brigadier y el teniente general. || Maréchal de France, el grado militar mas elevado en Francia. En el reinado de Napoleon se decia maréchal d'empire. || Maréchal-des-logis, oficial encargado del alojamiento de la caballería. Aposentador mayor, hablando de la corte en las jornadas, sitios reales y viajes. || Mariscal, título antiguo de un oficial de la corona.

MARÉCHALAT, m. marechalá. Mariscalato, mariscalía, dignidad, cargo de mariscal.

MARÉCHALE, f. marechál. Mariscala, mujer ó esposa de un mariscal.

MARÉCHALERIE, f. marechalrí. V. MARÉCHALAT. || Albeitería, arte de herrar, tratar y curar las caballerías.

MARÉCHAUSSÉE, f. marechosé. Compañía de soldados de á caballo que habia en Francia para perseguir y prender malhechores, asegurar los caminos, etc. Corresponde á las cuadrillas de la Santa Hermandad, instituidas en Castilla con el propio objeto.

MARÉE, f. maré. Marea, el flujo y reflujo del mar. || Marea, aquella parte de la ribera del mar ocupada por el flujo ó pleamar. || Pescado fresco de mar, por contraposicion á seco ó salado. || Aller contre vent et marée, ir contra viento y marea. Dícese en sentido propio; y en el metafórico es persistir en una empresa á pesar de todos los obstáculos. || Avoir vent et marée, navegar viento en popa, prósperamente; y en sentido metafórico, tener todas las probabilidades de buen éxito en una empresa. || Œuvre de marée, la carena ó recorrido de los fondos que se da á un navío. || Chasse-marée, playero ó arriero de pescado fresco, que lo lleva en diligencia del mar á los pueblos interiores. || Lit de marée, corriente de mar.

MARELLE, f. marél. Tres en raya, juego de muchachos.

MAREMME, f. marém. Nombre que se da en Italia á los terrenos que están aislados ó inhabitables á causa de las emanaciones deletéreas que exhala el suelo impregnado de azufre y de alumbre.

MARÉOGRAPHE, m. mareográf. Mareógrafo, instrumento que traza por sí mismo, estando sobre el agua, los accidentes del movimiento del mar.

MARÉOTIDE, adj. y s. mareotíd. Mareótido, denominacion que se da á uno de los nomos de Egipto, confinante con el lago Mareótis.

MARÉOTIQUE, adj. mareotíc. Mareótico, que pertenece al noma mareótido. Algunas veces se dice por egipcio.

MARER, a. maré. Agr. Cavar la tierra con azada ó azadon.

MARÈS, m. marés. Nombre de cierta medida asiática.

MARESCALIER, m. marescalié. Nombre que se daba á los guardas de las fronteras. || Tribunal de los mariscales de Francia.

MARESTER, a. marestá. Agr. Amagronar las viñas.

MAREYEUR, EUSE, adj. y s. mareyeur, eus. Mariscador, el que trata en mariscos.

MARFIL, m. marfíl. Palabra española que en el comercio significa marfil en bruto ó los colmillos de elefante.

MARGAIGNON, m. margueñón. Zool. Nombre vulgar de la anguila macho.

MARGAJAT, m. margajá. Chuchumeco, monicaco. Se dice por desprecio. || Margajato, individuo de una tribu antigua del Brasil.

MARGAL, m. margál. Nombre vulgar de la cizaña, joyo ó comisillo.

**MARGARATE**, m. *margarát*. Quím. Margarato, especie de sal que es un verdadero jabon.

**MARGARIQUE**, adj. *margaric*. Margárico, calificacion que se da á un ácido producido por la saponificacion del aceite.

**MARGARITACÉ, ÉE**, adj. *margaritasé*. Hist. nat. Margaritáceo, que produce perlas. || *Margaritacées*, f. pl. Margaritáceas, familia de moluscos acefalóforos lamelibranquios.

**MARGARITATE**, m. *margaritát*. Quím. Margaritato, sal que produce la combinacion del ácido margárico con bases salificables.

**MARGARITE**, f. *margarit*. Zool. Margarita, pequeño género de conchas avículas.

**MARGARITIFÈRE**, adj. *margaritifér*. Zool. Margaritífero, que produce perlas, hablando de conchas. || Margaritífero, que tiene manchas largas y redondas como las perlas.

**MARGARITINI**, m. pl. *margaritíni*. Pedazos de cristal de que hacen collares las venecianas.

**MARGARITIQUE**, adj. *margaritic*. Quím. Margarítico, calificacion de un ácido que se obtiene por la destilacion del aceite de higuera infernal.

**MARGARITITE**, f. *margaritit*. Miner. Margaritita, nombre de ciertas perlas petrificadas.

**MARGARONE**, m. *margarón*. Quím. Margarona, sustancia particular que se obtiene destilando el ácido margárico con la cal.

**MARGAY**, m. *margué*. Especie de gato africano.

**MARGE**, f. *márge*. Márgen, borde. || Márgen de una página, impresa ó manuscrita. || *En marge*, en el márgen : *ecrire une note en marge*. || met. Márgen, latitud para obrar con libertad. || Tiempo, lugar de que uno puede disponer para ejecutar cualquier cosa. || *Avoir de la marge*, tener sobrado tiempo y medios para hacer una cosa.

**MARGELLE**, f. *margél*. Boca, brocal, piedra que forma el brocal de un pozo.

**MARGEOIR**, m. *marjuár*. Tapadera, plancha fundida que corta la respiracion á las aberturas de un horno de cristal.

**MARGER**, a. *margé*. Impr. Marginar, poner el pliego de modo que las márgenes salgan iguales. || Alf. Tapar todos los agujeros del alfahar en que se han colocado los cristales de una colada.

**MARGEUR, EUSE**, m. y f. *margeur, eus*. Impr. Marginador, el que pone el papel sobre el cilindro de la prensa mecánica.

**MARGINALE, E**, adj. *marginál*. Marginal, que está escrito en el márgen. || Hist. nat. Marginal, que está colocado sobre un borde ó orilla.

**MARGINALINE**, f. *marginalin*. Zool. Marginalina, género de moluscos.

**MARGINATURE**, f. *marginatúr*. Bot. Marginadura, lo que corresponde á los bordes de alguna parte de un vegetal.

**MARGINÉ, ÉE**, adj. *marginé*. Marginado, que tiene bordes, orillas, márgenes ó cantos marginales.

**MARGINELLE**, f. *marginél*. Zool. Marginela, género de moluscos.

**MARGINER**, a. *marginé*. Marginar, anotar al márgen.

**MARGINICOLLE**, adj. *marginicól*. Zool. Marginícola, que tiene el cuello ó el corselete rodeado de un borde de otro color.

**MARGINIFORME**, adj. *marginifórm*. Marginiforme, que tiene la forma de un márgen ó borde.

**MARGINIPENNE**, adj. *marginipén*. Zool. Marginipeno, que tiene las alas marginadas ó festoneadas.

**MARGOT**, f. *margó*. Cotorra, nombre injurioso que se da á la mujer muy habladora y de no muy buena reputacion. || Nombre vulgar de la picaza, ave.

**MARGOTA**, m. *margota*. Especie de barco cuadrado por delante y puntiagudo por detras.

**MARGOTIN**, m. *margotén*. Sedal, cuerda de cerdas que se pone en las cañas y otros aparejos de pescar.

**MARGOTON**, f. *margoton*. Nombre con que se designa á la mujer cuya conducta es algo libre.

**MARGOTTE**, f. *margót*. Mar. ant. Nombre de cierta tela embreada que cubria el pié de los candeleros del costado de la toldilla de un buque.

**MARGOTTER**, n. *margoté*. Producir un sonido ronco como el que hace la codorniz ántes de empezar á cantar.

**MARGOUILLET**, m. *margullé*. Mar. Guardacabo, anillo de hierro ó de madera acanalado en su circunferencia exterior, al cual se ajusta un cabo y sirve para que pase otro por dentro sin rozarse, ó para enganchar un aparejo.

**MARGOULIN**, m. *margulén*. Especie de negociante.

**MARGOUILLIS**, m. *margullí*. Lodazal pequeño, charco lleno de basura. || Miscelánea, mezcla de salsas dirigida asquerosamente. || met. y fam. Atolladero, atascadero, embarazo en un negocio.

**MARGOUSIER**, m. *margusié*. Uno de los nombres vulgares de una especie de acederas.

**MARGRAVE**, m. *margráv*. Margrave, título de algunos príncipes soberanos de Alemania. || Título que tenian algunos jueces de Alemania, dándose á otros el de *landgrave*.

**MARGRAVIAL, E**, adj. *margravial*. Margravial, que pertenece á un margrave ó príncipe aleman.

**MARGRAVIAT**, m. *margraviá*. Margraviato, estado, dignidad de margrave.

**MARGRIETTE ó MARGRILLETTE**, f. *margriét*, *margrillét*. Cristalería en forma de cuentas de que los Europeos hacen un gran comercio con los Africanos.

**MARGRITIN**, m. *margritén*. Margritino, nombre dado á cierta piedra ó cristal de roca que se encuentra en Venecia.

**MARGUERITE**, f. *margrit*. Bot. Margarita, uno de los nombres de la maya ó bellorita. || *La grande marguerite*, nombre vulgar del crisantemo. || *La reine marguerite*, flor extraña, planta de China que se cultiva en los jardines. || Margarita, lo mismo que perla. Úsase en esta frase sacada de la sagrada Escritura : *il ne faut pas jeter les marguerites devant les pourceaux*, la cual, á mas del sentido natural y místico, significa que no se ha de hablar de cosas bellas delante de los que las desprecian por no entenderlas. || Mar. Margarita, vuelta ó media vuelta de ballestrenque que se da al cable con el virador.

**MARGUERITELLE**, f. dim. de MARGUERITE. *margritél*. Margaritilla, margarita pequeña.

**MARGUILLERAUT**, m. dim. de MARGUILLIER. *marguillró*. Mayordomillo, término de desprecio que se dirige á un mayordomo de parroquia.

**MARGUILLERIE**, f. *marguillrí*. Mayordomía, cargo, empleo, atribuciones de un mayordomo de parroquia.

**MARGUILLIER**, m. *marguillié*. Mayordomo, individuo encargado de la fábrica de la parroquia.

**MARI**, m. *marí*. Marido, el que está unido á una mujer por los vínculos del matrimonio. || Esposo, cónyuge, consorte. *Mari* es del estilo familiar ; *époux* es mas noble, del estilo elevado, místico y poético.

**MARIABLE**, adj. *mariábl*. Casadero, casable, que puede casarse.

**MARIA-CAPRA**, m. *mariacápra*. Zool. Especie de collalba de la isla de Luzon.

**MARIAGE**, m. *mariáge*. Casamiento, matrimonio, union legítima del hombre y la mujer. || Casamiento, acto social, doméstico, civil y religioso que une dos personas con un vínculo indisoluble. || Casamiento, matrimonio, celebracion de una boda. || Matrimonio, estado de un hombre y una mujer que están casados. || Dote de una novia. || *Contrat de mariage*, contrato matrimonial || *Mariage in extremis*, matrimonio que está contraido en forma cuando uno de los contrayentes está próximo á morir. || *Mariage de conscience*, matrimonio reservado, secreto || *Mariage en détrempe* intriga amorosa que dura poco tiempo ; ó *mariage de Jean-des-vignes*, amancebamiento [illegible] de matrimonio. || Bot. *Mariage des plantes*, fecundacion de las plantas.

**MARIALE**, m. *mariál*. Nombre que se da en Grecia al libro que contiene [illegible] de María.

**MARIALVA**, m. *mariálva*. Bot. Marialva, género de plantas del Brasil.

**MARIANNAIS, E**, adj. y s. *marianné, s*. Marianes, de las islas Marianas.

**MARICA**, m. *marica*. Bot. Marica, género de plantas irídeas.

**MARICOUPY**, m. *maricoupí*. Bot. Maricoupi, planta de Cayena.

**MARIÉ, ÉE**, adj. *marié*. Casado. || m. y f. Novio, novia : se dice de los recien casados. || *Nouveau marié*, recien casado ; *nouvelle mariée*, recien casada. || *Mener quelqu'un comme une mariée*, llevar á uno como una novia ; esto es, con pompa y ceremonia.

**MARIER**, a. *marié*. Casar, unir á un hombre y á una mujer por medio del vínculo conyugal. || Casar, echar la bendicion nupcial. || met. Casar, unir, aligar, emparejar una cosa con otra. Úsase como recíproco en sentido propio y metafórico. || *Fille bonne á marier*, muchacha casadera.

**MARIEUR, EUSE**, adj. y s. *marieur, eus*. Casamentero, el que se ocupa en arreglar matrimonios.

**MARIETTE**, f. dim. de MARIE. *mariét*. Bot. Mariquilla, nombre vulgar de la campánula.

**MARIGOT**, m. *marigó*. Nombre que se da en África á toda especie de canal, arroyo, estanque ó lago. || Pequeño lago formado por las lluvias.

**MARIMBA**, m. *marímba*. Marimba, especie de tamboril que usan los habitantes de Congo.

**MARIN, E**, adj. *marén, ín*. Marino, concerniente al mar, que está en el mar. || *Avoir le pied marin*, ser marino, saber andar á bordo de un buque sin balancear [illegible], y en sentido metafórico, no desconcertarse, conservar su serenidad en las circunstancias difíciles. || m. Marino, hombre de mar, que hace profesion de servir en los buques. || Marino, oficial instruido en el arte de navegar, náutico.

**MARINADE**, f. *marinád*. Marinada, nombre dado á los comestibles preparados de modo que puedan conservarse largo tiempo á bordo. || Especie de salmuera que sirve para conservar las viandas. || Escabeche.

**MARINE**, f. *marín*. Marina, [illegible] buques de todas dimensiones que están dedicados al servicio de una nacion. || Marina, personal de una flota ó escuadra. || Marina, orilla, ribera del mar. || Gusto, olor que exhala el mar. || Marina, denominacion de todo lo que concierne á la navegacion ó á la ciencia de navegar. || *Marines*, pl. Pint. Géneros de dibujos ó pinturas que tienen por objeto la representacion de escenas marinas.

**MARINÉ, ÉE**, adj. *mariné*. Marinado, escabechado. || Mareado, averiado por el mar, hablando de géneros embarcados. || Blas. Marinado, designacion del animal que se pinta con una cola de pescado.

**MARINEL**, m. fam. V. MATELOT.

**MARINER**, a. *mariné*. Escabechar pescado, [illegible] de modo que se conserve largo tiempo. || Sazonar carnes, haciéndoles un adobo de manera que [illegible] luego.

**MARINGUOIN**, m. *marengüen*. [illegible] Maringuin, nombre de cierto insecto [illegible] de América.

**MARINIER**, m. *mariníé*. Barquero, el que conduce ó dirige una barca en [illegible] || Marinero, el que hace profesion de servir en las maniobras de algun buque. || *Marinier de rame*, remero, marinero de remo.

**MARIONNETTE**, f. dim. de MARIE. *marionét*. Títere, muñeco, figurilla que se mueve con resortes. || met. [illegible], muñeca, perinola : dícese de una mujer muy pequeña. || Títere, monicaco, hombre que no tiene carácter. || Maniquí, el que se deja manejar y llevar por otro. || *Jouer* [illegible]

[illegible], titiritero. || Robina, canilla en que los tejedores devanan el hilo ó la seda.

**MARIPA**, m. *marípa*. Bot. Especie de palmera de Cayena.

**MARIPE**, m. *maríp*. Bot. Maripa, género de plantas dicotiledóneas convolvuláceas.

**MARIPOSA**, m. *maripósa*. Zool. Mariposa, nombre dado á varias especies de aves.

**MARISQUE**, m. *marísc*. Bot. Marisca, género de plantas. || Agr. Marisca, especie de higo sin sabor. || f. Med. Nombre con que se designa un tumor parecido á un higo que se presenta en el perineo y en la parte superior del muslo en las mujeres.

**MARITAL, E**, adj. *maritál*. Marital, que pertenece al marido.

**MARITALEMENT**, adv. *maritalmán*. Maritalmente, como buen marido: *traiter une femme maritalement*. || Maridablemente, conyugalmente, como marido y mujer.

**MARITIME**, adj. *maritím*. Marítimo, que está situado cerca del mar; que es relativo á la marina, al mar ó al servicio naval; que está dedicado á la navegacion.

**MARITORNE**, f. *maritórn*. Maritórnes, nombre de una criada de la venta de que habla D. Quijote. En el lenguaje familiar significa mujer de mala facha y zarrapastrosa.

**MARIVAUDAGE**, m. *marivodáge*. Calificacion que se aplica al estilo de Marivaux, escritor frances. || Bambolla, estilo afectado, sin fondo.

**MARIVAUDER**, n. *marivodé*. Imitar el estilo de Marivaux.

**MARJOLAINE**, f. *marjolén*. Bot. Mejorana, almoraduj, orejano, sándalo, planta del mediodía de Europa.

**MARJOLET**, m. *marjolé*. Vanitonto, presumido, el que pretende hacer el entendido.

**MARKAIRE**, m. *marquér*. Vaquero, pastor que tiene cuidado de las vacas y prepara el queso.

**MARKAIRIE**, f. *marquerí*. Choza en que se preparan los quesos de leche de vacas, y el arte de prepararlos ó hacerlos. Se dice en el departamento de Francia llamado Vosges.

**MARLI**, m. *márli*. Nombre de cierta especie de punto de malla.

**MARLIN**, m. *marlín*. Hacha pequeña.

**MARLITE**, f. *marlít*. Miner. Marlita, piedra ó roca que contiene cal carbonatada.

**MARMAILLE**, f. *marmáll*. Muchachería, garullada, reunion de muchachos.

**MARMATITE**, f. *marmatít*. Miner. Marmatita, sustancia compuesta de sulfuro, de zinc y de protosulfato de hierro.

**MARMELADE**, f. *marmlád*. Marmelada, especie de dulce ó conserva de diferentes frutas bien cocidas. || fam. *Viande en marmelade*, carne demasiado cocida.

**MARMENTEAU**, adj. m. *marmentó*. Se dice de una selva que no se corta, ántes bien se conserva para hermosear un campo, una avenida, etc. || Úsase tambien sust. y en plural: *les marmenteaux*.

**MARMITE**, f. *marmít*. Marmita, olla de hierro colado que sirve para cocer los alimentos. || *Marmite de Papin*, olla de hierro colado, cuya tapa ajusta herméticamente; el físico Papin fué su inventor. || Hablando de lo que sirve para la subsistencia de una casa ó familia se dice: *cela sert à faire aller*, ó *faire bouillir la marmite*. || *La marmite est ó est bonne dans cette maison*, en esta casa se come bien. || met. y fam. *Écumeur de marmites*, pardalo, gorrista, pegote. || Bot. *Marmite de singe*, nombre vulgar de cierta planta.

**MARMITEUX, EUSE**, adj. ant. é inus. *marmiteu, eus*. Pobre, miserable, pordiosero, lacerado, infeliz, desdichado.

**MARMITON**, m. *marmitón*. Marmiton, galopin de cocina.

**MARMITONNAGE**, m. *marmitonáge*. Marmitonería, oficio, condicion del marmiton.

**MARMITONNER**, n. *marmitoné*. Marmitonar, desempeñar el cargo de marmiton.

**MARMOLITHE**, f. *marmolít*. Miner. Variedad de talco.

**MARMONNER**, a. *marmoné*. Gruñir, rezongar, murmurar, refunfuñar, hablar algo entre dientes.

**MARMORAIRE**, m. *marmorér*. Marmolista, artesano que trabajaba el mármol entre los Romanos.

**MARMORÉEN, NE**, adj. *marmoreén, én*. Marmóreo, que es de mármol. || Marmóreo, que pertenece, que se parece al mármol ó tiene sus cualidades.

**MARMORISATION**, f. *marmorisasión*. Marmorizacion, trasformacion de una piedra en mármol.

**MARMORISER**, a. *marmorisé*. Marmorizar, trasformar, reducir á mármol.

**MARMOSE**, f. *marmós*. Marmoso, especie de animal cuadrúpedo.

**MARMOT**, m. *marmó*. Zool. Mono, monote, monicongo, animal que tiene la cola larga. || Figurilla, juguete, monada grotesca. || Por extension, se dice de un chico, muchacho, niño pequeño; y de las muchachas se dice *marmotte*, *petite marmotte*, chacha, chica. || prov. *Faire croquer le marmot*, hacer tascar la aldaba: hacer esperar largo tiempo á una persona.

**MARMOTAGE**, m. *marmotáge*. Refunfuñadura, gruñido.

**MARMOTTE**, f. *marmót*. Zool. Marmota, género de animales mamíferos del Piamonte que duerme todo el invierno. || Del que duerme mucho se dice *dormir comme une marmotte*.

**MARMOTTER**, a. *marmoté*. Musitar, barbotar, refunfuñar, hablar entre dientes.

**MARMOTTERIE**, f. *marmotrí*. Sueño largo, que en lenguaje familiar se compara con el de la marmota.

**MARMOTTIER**, m. *marmotié*. Mamarrachero, figurero, nombre dado al anticuario que conserva en su casa algunas figuras ó cosas antiguas.

**MARMOUSET**, m. dim. de MARMOT. *marmusé*. Mamarrachuelo, figurilla, monada, muñequillo pequeño y grotesco. || Chuchumeco, mamarracho, monicaco, hombre mal formado. || Muñeco, títere, cachibache, epíteto con que se denomina á un niño de corta edad.

**MARNAGE**, m. *marnáge*. Accion de margar ó adobar la tierra con la marga; resultado de esta accion.

**MARNE**, f. *marn*. Marga, tierra blanquecina y gredosa que se emplea para beneficiar las tierras.

**MARNER**, a. *marné*. Margar, echar marga en una tierra labrantía. || n. Retirarse las aguas del mar, dejando en seco las tierras que ántes cubrian.

**MARNERON**, m. *marnerón*. Marguero, peon trabajador que saca marga de la marguera.

**MARNEUX, EUSE**, adj. *marneu, eus*. Margoso, que es de la naturaleza de la marga.

**MARNIÈRE**, f. *marniér*. Margal ó marguera, veta, vena de marga.

**MAROCAIN, E**, adj. y s. *maroquén, én*. Marroquino ó marroquí, de Marruecos.

**MAROLLES**, m. *maról*. Nombre que se da á una especie de queso que se fabrica en un pueblo de Francia del mismo nombre.

**MARONETTE**, f. *maronét*. Zool. Especie de rascon, ave acuática.

**MARONITE**, adj. y s. *maronít*. Maronita, pueblo establecido en Siria. Los Maronitas profesan el catolicismo y están sometidos á la Iglesia romana; pero celebran la misa en árabe y se casan.

**MAROQUIN**, m. *maroquén*. Tafilete, piel de cabra curtida y dada de color, única diferencia que la distingue del cordoban || Nombre de una especie de uva. || *Papier maroquin*, papel de color preparado de modo que se parece al tafilete.

**MAROQUINER**, a. *maroquiné*. Atafiletar, acordobanar una piel de cabra ó de macho y hacer cordoban de ella.

**MAROQUINERIE**, f. *maroquinrí*. Tafiletería, arte de hacer tafilete. || Tafiletería, almacen de tafilete.

**MAROQUINIER**, m. *maroquinié*. Zurrador de tafiletes ó cordobanes.

**MAROTIQUE**, adj. *marotíc*. Marótico, jocoserio, burlesco, imitado de Marot, antiguo poeta frances. Se dice *style marotique*, como se llama estilo gongorino el del español Góngora.

**MAROTISME**, m. *marotísm*. Estilo, modo de escribir particular del poeta Marot. || Imitacion del estilo marótico.

**MAROTISER**, n. *marotisé*. Imitar á Marot en su estilo.

**MAROTISTE**, adj. y s. *marotíst*. Marotista, el que habla ó escribe como Marot, ó pretende imitar su estilo.

**MAROTON**, m. *marotón*. Nombre vulgar de varios ánades salvajes.

**MAROTTE**, f. *marót*. Especie de cetro grotesco formado por un palo, con una cabeza de muñeco cubierta con un capuchon y guarnecida de cascabeles. Representa la locura. || met. Tema, locura, manía, objeto de una fuerte aficion. || *Chacun a sa marotte* ó *chaque fou porte sa marotte*, cada loco con su tema.

**MAROUCHIN**, m. *maruchén*. Glasto ó pastel de mala calidad para untes.

**MAROUFLE**, m. *marúfl*. Engrudo hecho con raspa, de que se sirven los pintores.

**MAROUFLER**, a. *marufié*. Engrudar, pegar un lienzo sobre tabla, yeso ú otra materia.

**MAROUTE**, f. *marút*. Bot. Magarzuela ó manzanilla hedionda, planta.

**MARPRIME**, f. *marprím*. Mar. Nombre de una especie de punzon para agujerear la lona.

**MARQUADISSE**, f. *marcadís*. Nombre que dan en Levante á las venas ó puntas de oro que se encuentran en el lapislázuli.

**MARQUANT, E**, adj. *marcan*. Notable, distinguido, que se hace notar.

**MARQUE**, f. *márc*. Marca, señal que se pone para distinguir una cosa. || Marca, instrumento que sirve para marcar. || Marchamo, la marca que se pone en la aduana á los géneros. || Marca, signo ó cifra que ponen los comerciantes en las mercaderías para indicar el precio que les han costado. || Signo, señal de cruz con que autoriza un escrito una persona que no sabe escribir. || Marca, señal que deja en la piel ó en el cuerpo una herida, golpe, quemadura, etc. || Traza, impresion que deja un cuerpo sobre otro || Marca, señal, pinta, mancha que una persona ó un animal saca al nacer. || Insignia, distintivo que condecora á una persona. || Señal que se pone para recordar alguna cosa. || Fichas ó tantos que sirven para tantear los puntos los jugadores. || met. Marca, signo, indicio, presagio que indica algo que debe suceder. || Prueba, testimonio, señal que acredita alguna cosa. || *Marque d'infamie*, mancha, nota de infamia. || *Homme de marque*, hombre de distincion, de cuenta.

**MARQUÉ, ÉE**, adj. *marqué*. Marcado. || met. Tachado, notado: dícese de la persona señalada por su mal proceder. || *Papier marqué*, papel timbrado, sellado. || *Avoir un goût marqué pour...*, tener un gusto particular, señalado por... || *Être marqué*, estar señalado, tener alguna señal de nacimiento. || *Être marqué de petite vérole*, estar picado de viruelas. || *Cheval marqué de tête*, caballo estrellado. || *Ouvrage marqué au bon coin*, obra perfecta, excelente, acabada.

**MARQUER**, a. *marqué*. Marcar, señalar con una marca alguna cosa. || Marcar, señalar, hacer una marca con un hierro caliente. || Marcar, trazar, señalar, indicar alguna cosa. || Marcar, señalar, dejar algunos indicios de su paso un rio, un ejército, el huracan, etc. || Marcar, señalar, poner una señal para recordar alguna cosa. || Marcar, apuntar, señalar los puntos en el juego. || Mostrar, manifestar, dar pruebas de amistad ó de otra cosa. || n. Medrar, crecer, hacer sombra, hablando de los árboles. || *Ces arbres commencent à marquer*, estos árboles empiezan á abotonar. || *Ce cheval marque encore*, este caballo aun no ha cerrado; ó al contrario: *il ne marque plus*, ha cerrado. || *Ce cadran ne marque plus*, ya no da el sol al reloj. || Esgr. Marcar, señalar, dar los golpes bien determinados.

**MARQUESEC**, m. *marcsée*. Pesc. Especie de copo ó red que sirve para coger el pescado menudo.

**MARQUETER**, a. *marcté*. Pintar, salpicar alguna cosa de muchos colores. || Taracear, embutir una obra de piezas de varias materias y colores.

**MARQUETERIE**, f. *marctrí*. Taracea, embutido, obra de madera, marfil, metal, etc., en que se embuten piezas de diferentes colores. || met. Taracea, embutido, obra de imaginacion compuesta de retazos que no guardan analogía entre sí.

**MARQUETEUR**, m. *marcteur*. Taraceador, embutidor, el que trabaja en obras de taracea. || met. Apuntador, embutidor, el que en un discurso ó composicion literaria encaja diversidad de retazos ajenos de toda trabazon y analogía.

**MARQUETTE**, f. *marquét*. Marqueta, pan de cera virgen.

**MARQUEUR, EUSE**, m. y f. *marqueur, eus*. Marcador, el que pone marcas ó sellos. || Marcador, tanteador, el que marca los tantos en el juego de pelota, billar, etc.

**MARQUIS**, m. *marquí*. Marques, título de dignidad. || Marques, en el dia es un título de nobleza que el rey confiere; el marques es mas que un conde, y ménos que un duque. || irón. Marques, jóven fatuo y vanidoso.

**MARQUISAT**, m. *marquisá*. Marquesado, título de dignidad anejo al territorio de un marques, y el territorio mismo.

**MARQUISE**, f. *marquís*. Marquesa, la mujer de un marques, y la que por sí goza de este título. || Marquesa, mujer vanitonta que se da grande importancia en la sociedad. || Marquesina, cubierta ó pabellon que se pone sobre la tienda de campaña. || Mar. Marquesina, especie de cubierta ó pabellon que se pone en el alcázar, estando en la zona tórrida. || Bot. Variedad de pera.

**MARQUISER**, a. *marquisé*. Enmarquesar, revestir del título ó dignidad de marques.

**MARQUISOTTE**, f. ant. dim. de MARQUISE. *marquisót*. Marquesilla, marquesa de nuevo cuño.

**MARQUOIR**, m. *marcuár*. Piedra de señalar que usan los sastres. || Modelo para aprender á marcar la ropa.

**MARRANE**, adj. y s. *marrán*. Marrano, palabra injuriosa que usan los Españoles como una de las mas insultantes.

**MARRAINE**, f. *marrén*. Madrina, mujer que tiene una criatura en la pila.

**MARRE**, f. *márr*. Marra, especie de escardillo. || Especie de espiocha ó azadon. || Jurisp. ant. *Prise de marre*, embargo de los instrumentos de un labrador por no haber pagado algun censo.

**MARRENEUR**, m. *marrneur*. Peon que trabaja con la marra ó escardillo.

**MARRER**, a. *marré*. Cavar, trabajar el campo con azodon ó con escardillo.

**MARRI, E**, adj. *marrí*. Pesaroso, triste, mohino, arrepentido de haber hecho alguna cosa.

**MARRON**, m. *marrón*. Castaña, fruto que da el castaño ingerto. || Castaña, toda especie de fruto que da el castaño. || prov. y met. *Se servir de la patte du chat pour tirer les marrons du feu*, sacar el ascua con mano ajena. || *Il est allé rôtir les marrons*, ha salido pelado: ha perdido todo su dinero. || *Couleur marron*, color de castaña. Dícese *un habit de couleur marron*, ó adjetivamente *un habit marron*, una casaca de color de castaña. || Bot. *Marron de cochon*, pamporcino, planta. || *Marron d'eau*, abrojo de agua, planta. || *Courtier marron*, corredor clandestino. || *Nègre marron*, cimarron, negro de las Antillas que se escapa. || Art. Especie de trueno de forma cúbica que hacen los polvoristas. || Mil. Pieza de metal que echan en una caja destinada al efecto las rondas que pasan por un cuerpo de guardia. || Bucle, rizo, porcion de pelo rizado en forma de castaña. || Zorullo, pegote que queda en la harina mal amasada. || Impr. Obra impresa de matute ó furtivamente.

**MARRONNAGE**, m. *marronáge*. Marronería, estado de un esclavo fugitivo. || Estado de una persona que ejerce una profesion sin título, como un corredor, un impresor, etc.

**MARRONNER**, a. *marroné*. Rizar el pelo en grandes bucles ó hacer moños. Ya no se usa. || ant. Piratear, andar á corso, robar en el mar. || En lenguaje popular se dice por murmurar, quejarse.

**MARRONNIER**, m. *marronié*. Bot. Castaño ingerto. || *Marronnier d'Inde*, castaño de Indias.

**MARRUBIASTRE**, m. *marrubiástr*. Bot. Marrubio negro, planta.

**MARS**, m. *márs*. Mit. Marte, dios de la guerra, hijo de Júpiter y de Juno. || Poét. *Les jeux de Mars*, los combates. || *Les champs de Mars*, el campo de batalla. || *Les enfants de Mars*, los guerreros. || Marte, por exageracion es un valiente guerrero. || Marte, cuarto planeta en el órden de las distancias del sol. || Marzo, tercer mes del calendario gregoriano. || Alquim. Marte, nombre que se da al hierro. || *Les mars*, pl. Semillas que se siembran en marzo.

**MARSANA**, m. *marsána*. Boj, árbol que tambien se denomina *buis de Chine*.

**MARSEAU**, m. *marsó*. Sauce cabruno, especie de árbol.

**MARSEILLAIS, E**, adj. y s. *marseilié, és*. Marsellés, de Marsella, ciudad de Francia.

**MARSELIER**, m. *marslié*. Cantinero, vivandero.

**MARSETTE**, f. *marsét*. Nombre vulgar de la cebada. V. ORGE.

**MARSILÉE**, m. V. RHIZOPHYLLE.

**MARSOUIN**, m. *marsuén*. Zool. Marsuino, género de animales mamíferos. || vulg. *Gros marsouin, vilain marsouin*, marrano, puerco: dícese por desprecio de una persona.

**MARSUPIAL, E**, adj. *marsupiál*. Zool. Marsupial, calificacion que se da al mamífero que lleva zurron.

**MARSUPIAUX**, m. pl. *marsupió*. Zool. Marsupiales, familia de animales mamíferos.

**MARSUPIFLORE**, adj. *marsupiflór*. Bot. Marsupifloro, que tiene las flores comparables á un zurron.

**MARSUPITE**, f. *marsupít*. Zool. Marsupita, nombre dado á unos fósiles de Inglaterra.

**MARTAGON**, m. *martagón*. Bot. Martagon, lirio silvestre.

**MARTE** ó **MARTRE**, f. *márt*, *mártr*. Zool. Marta, género de animales carnívoros digitígrados. || Marta, piel de este animal, muy estimada para forros. Tambien se llama garduña, aunque este es otro animal del mismo género. || prov. y met. *Prendre martre pour renard*, tomar gato por liebre, el rábano por las hojas: tomar una cosa por otra.

**MARTEAU**, m. *martó*. Martillo, instrumento de hierro ó de acero que sirve para machacar. || Martillo, mazo, pieza que da las campanadas en un reloj. || Aldaba, llamador de una puerta. || Martinete, piezas de madera que tienen los pianos en la extremidad que hiere á la cuerda. || Anat. Martillo, uno de los cuatro huesecillos del oido. || Zool. Martillo, pez de mar que tiene la figura de este instrumento. || Hacha de armas que se usaba particularmente en los desafíos. || loc. prov. *Ne pas être sujet à un coup de marteau*, no estar sujeto á la campana o á horas fijas. || *Il vaut mieux être marteau qu'enclume*, mas vale dar que recibir. || met. y prov. *Être entre le marteau et l'enclume*, estar entre la espada y la pared, en una posicion difícil. || met. y fam. *Graisser le marteau*, untar la mano á un portero para que facilite la entrada en la casa de un poderoso, en una secretaría, etc. || *C'est un diamant sous le marteau*, es como el diamante en la bigornia: dícese de una persona que no cede, inflexible.

**MARTEL**, m. ant. sinónimo de MARTEAU. *martél*. No se usa mas que en la locucion *martel en tête*, inquietud ó inquietudes. *Cette affaire lui donne, lui met martel en tête*, este negocio le inquieta, le da cuidado.

**MARTELAGE**, m. *martláge*. Marca que hacen los empleados en montes y plantíos sobre los árboles que quieren preservar de la corta.

**MARTELÉES**, f. pl. *martlé*. [illegible] ..., estiércol de los [illegible]

**MARTELER**, a. *martlé*. [illegible] jar con el martillo. || met. [illegible] zarse en hacer su trabajo de [illegible] Marcar con un martillo [illegible] monte. || Dar inquietud, cuidado [illegible] negocio. || *Se marteler*, r. [illegible] mentarse. || a. Martillar, como [illegible] Cetr. Anidar, nidificar las aves de [illegible]

**MARTELET**, m. dim. de MARTEAU. [illegible] *lé*. Martillito, martillo pequeño. || [illegible] tinete negro, ave.

**MARTELEUR**, m. *martleur*. Art. [illegible] dor, herrero encargado del [illegible] fragua.

**MARTELINE**, f. *martlín*. Art. [illegible] de martillo de escultor.

**MARTELLIEN**, adj. m. *martelién* [illegible] de los versos heróicos de la poesía [illegible]

**MARTELLO**, m. *martélo*. [illegible] fortin que se destina á la defensa [illegible] tados de una plaza.

**MARTEROI** ó **MARTROI**, m. [illegible] Martroi, modo de fechar las cartas [illegible] valia á escribir « Todos Santos. »

**MARTIAL, E**, adj. *marsiál*. [illegible] guerrero, bélico: dícese hablando [illegible] ánimo, genio, de canciones, [illegible] trumentos, etc. || *Loi martiale*, [illegible] que autoriza el uso de la fuerza [illegible] Quím. Marcial, se dice de toda [illegible] en que se mezcla el hierro. || [illegible] nombre dado á Júpiter y á Juno. [illegible]

**MARTIALISER**, a. *marsialisé*. [illegible] guerra, guerrear.

**MARTICLES**, f. pl. *martícl*. [illegible] nadas de araña, cabos delgados [illegible] por los agujeros de ella.

**MARTIN**, m. *martén*. [illegible] propio que se encuentra en va[illegible] nes proverbiales. *Pour un point* [illegible] *perdit son âne*, por un punto [illegible] su capa. = *C'est le prêtre Martin* [illegible] *et qui répond*, él se lo dice [illegible] *plusieurs ânes à la foire qui* [illegible] *Martin*, hay muchos burros de [illegible] || *Martin-bâton*, expresion [illegible] equivale á la de Santa Teresa [illegible] to, hablando del uso que se [illegible] hacer del palo en caso de necesi[illegible] Vencejo, avion, género de [illegible] rostros.

**MARTIN-CHASSEUR**, m. [illegible] seur. Zool. Especie de arvela, [illegible] milia de las alcédidas.

**MARTIN-PÊCHEUR** ó **ALCION** [illegible] *martenpecheur, alsión*. Zool. [illegible] dor, arvela, pájaro acuático.

**MARTIN-SEC**, m. *martensec* [illegible] da, especie de pera tardía.

**MARTIN-VIT**, m. *martenvít*. [illegible] te lo doy, juego.

**MARTINÉ**, m. *martiné*. Art. [illegible] particular que se da á una barra [illegible] ó acero que ha sido batido ó [illegible] martinete.

**MARTINER**, a. *martiné*. Art. [illegible] chacar el hierro en el martinete.

**MARTINET**, m. *martiné*. Art. [illegible] te, martillo enorme que forma [illegible] cipal de una herrería y sirve [illegible] metales al salir del horno. [illegible] se halla tambien en los batanes [illegible] papel, etc. || Máquina de guerra [illegible] guamente para arrojar piedras. [illegible] que usan los maestros de escuela [illegible] de candelero ó palmatoria chata [illegible] uno de los cabos que se reunen [illegible] dad del guimbalete ó bimbalete [illegible] juego al émbolo de la bomba. [illegible] jo, avion, martinete, género [illegible]

**MARTINEUR**, m. *marti*[illegible] encargado particularmente de [illegible] barras de hierro á la accion [illegible]

**MARTINEZIE**, f. *marti*[illegible] necia, género de palmeras del [illegible]

**MARTINGALE**, f. *martengál* [illegible] correa que sale de la cincha [illegible] pasa por el pecho y remata en [illegible] del freno, sirviendo para impedir [illegible] ballo levante la cabeza. || Mil. [illegible] ro en forma de lengüeta que [illegible]

la cartuchera. || Martingala, modo
á la dobla. *Jouer à la martingale*,
juego todo lo que se ha perdido,
desquite. || Mar. Moco del bauprés.
...ala, parte de la armadura que cu-
...bre piernas.

**...NIA**, f. *martinía*. Bot. Martinia,
...e elefante, planta.

**...OBARBULE**, m. *martiobarbúl*.
...rbula, arma que usaban los Roma-
... Bizantinos.

**...EAU**, m. *martuó*. Especie de
...de dos bocas que usan los cerraje-
...

**...RAS**, m. *martrás*. Estercolero,
...e estiércol.

**...RE**, f. *martr*. Zool. Martre, larva
...specie bómbice que está cubierta
...

**...URIE**, f. *marturí*. En los tribuna-
...ticos era la deposicion directa de
...o.

**...YR, E**, m. y f. *martir*. Mártir, el
...eco persecuciones, suplicios y la
...por defender su religion. || *Martyr*
...mártir que debia sufrir el martirio.
...*consommé*, martir que ha muerto
... || Mártir, se dice por analogía del
...ce á causa de sus pasiones ó de sus
..., y tambien de la persona que está
...ada por un achaque, dolor ó enfer-
...n este sentido diremos : *il est mar-*
...*ambition, de son opinion, de la*
...

**...YRAIRE**, m. *martirér*. Guardian
...puesto encargado de la custodia de
...res.

**...YRE**, m. *martír*. Martirio, con-
... padecimientos y la muerte que se
...r la fe. || met. Cualquier padeci-
...isico ó moral que atormenta á una
...

**...YRIEN**, m. *martirién*. Nombre
...s sectarios que honraban á los már-
... sus creencias.

**...YRISER**, a. *martirisé*. Martirizar,
...frir las penas del martirio. || Marti-
...cer sufrir, atormentar, causar dis-
... padecimientos físicos. || Por analo-
...et., martirizar, atormentar, hacer
...física y moralmente.

**...YRIUM**, m. *martiriom*. La igle-
...ada á un santo. || Capilla que en-
... sepulcro de un mártir.

**...YROLOGE**, m. *martirológe*. Mar-
..., catálogo de los mártires ; y por
..., de todos los santos conocidos.

**...YROLOGISTE**, m. *martirologíst*.
...ogista, autor de un martirologio.

**...UBE**, f. *marúb*. Bot. Marrubio,
...edicinal. || *Marube aquatique*, pie
... planta.

**...UM**, m. *márom*. Bot. Maro, mo-
...atera, planta llamada *maro vero*
... farmacéuticos.

**...RANG**, m. *marurán*. Bot. Maru-
...a de las Indias orientales.

**...AUX**, m. pl. *marró*. Especie de
...ra escurrir la sal en las salinas.

**...LAND**, m. *marilán*. Bot. Marilan,
...y flojo y muy agradable proceden-
...rilan, uno de los Estados Unidos
...érica del Norte.

... m. *más*. Especie de moneda del
... Achem.

**...ARE**, m. *masár*. Zool. Masaro, gé-
...insectos himenópteros.

**...TO**, m. *masato*. Especie de bebida
...n los Peruanos con la raiz de una
...e yuca.

**...AGNIN**, m. *mascañén*. Nombre
...amoniaco sulfatohidratado.

**...ARADE**, f. *mascarád*. Máscara,
...e, disfraz de una persona que se
... careta y se traviste por diversion.
..., mojiganga, comparsa de perso-
...eadas ó enmascaradas.

**...ARET**, m. *mascaré*. Reflujo rápido
...va de un rio ó ria.

**...ARILLE**, m. *mascarill*. Bot. Mas-
...pecie de hongo del género agárico.

**...ARIN**, m. *mascarén*. Zool. Especie
..., ave.

**MASCARON**, m. *mascarón*. Mascaron, figura grotesca que se pone como adorno en las puertas, fuentes, etc., figurando algun sátiro, fauno, etc.

**MASCULIFLORE**, adj. *masculiflór*. Bot. Masculifloro, que tiene flores machos.

**MASCULIN, E**, adj. *masculén, ín*. Masculino, que pertenece al macho ó al sexo masculino. || Gram. Masculino, se dice del sustantivo, de los pronombres y de los adjetivos que corresponden al género que se llama masculino. || m. *Le masculin*, el masculino, se dice por el género masculino ; y así decimos *employer le masculin*.

**MASCULINISER**, a. *masculinisé*. Masculinizar, hacer una palabra del género masculino. || Se dice principalmente en sentido figurado : v. gr. *masculiniser son éducation*. || *Se masculiniser*, r. Masculinizarse, tomar las formas ó las maneras masculinas, hablando de una mujer.

**MASCULINITÉ**, f. *masculinité*. Masculinidad, carácter, cualidad de macho ó del sexo masculino. || Gram. Masculinidad, propiedad por la que un nombre recibe ó toma el género masculino.

**MASDEVALLIE**, f. ó **MASDEVALLIA**, m. *masdevalí*, *masdevália*. Bot. Masdevalia, género de plantas del Perú y de las regiones frias del reino de Quito.

**MASEMENT**, m. *masmán*. Jurisp. ant. Territorio que abraza una jurisdiccion.

**MASGNAPENNE**, f. *masñapén*. Nombre dado á una raiz que se cree ser la sanguinaria del Canadá.

**MASLAC**, m. *masldc*. Nombre dado al opio extraido de la amapola ó adormidera.

**MASNAGE**, m. *masnáge*. Censo, alquiler que se pagaba antiguamente por habitar una casa.

**MASONIER**, m. *masonié*. Jurisp. ant. Arrendador ó arrendatario de tierras.

**MASOURKA ó MASURKA**, f. *masúrca*, *masúrca*. Mazurca, baile nacional entre los Polacos que se ha propagado en Europa.

**MASPIEN, NE**, adj. y s. *maspiéu, én*. Nombre de una de las tres tribus notables de los Persas.

**MASQUE**, m. *másc*. Especie de casco que cubria la cabeza, inventado por los Griegos para dar á los personajes de teatro la fisonomía y la semejanza de la persona representada. || Máscara, careta, mascarilla, carátula, antifaz, carantoña con que se cubre el rostro. || Máscara, la persona que se disfraza ó se viste de máscara. || met. Mascara, velo, disfraz, simulacion, rebozo, apariencia engañadora. || *Lever le masque*, quitarse la mascarilla, el embozo : obrar sin reserva ni disimulo. || *Il est toujours sous le masque*, siempre está enmascarado : disimula, obra con reserva y encubriendo sus verdaderas intenciones. || *Oter le masque à quelqu'un*, quitar la máscara á alguno : hacer conocer su falsedad. || *Etre en masque*, disimular, obrar con rebozo, con cautela. || *Il a un bon masque*, tiene una fisonomía que corresponde á los papeles que representa, hablando de un cómico. || Arq. Mascaron, figura que se esculpe en la llave de un arco. || Esgr. Careta, pieza de metal que sirve para defender el rostro de los botonazos que pudieran herirle. || Mar. Guarda-humo, parahumo, vela que se coloca por la cara de proa de la chimenea del fogon, cuando el buque está aproado al viento. || Pantalla, vela que se pone con objeto de cortar el aire cuando un buque está fondeado cerca de un pais infestado. || Cierta tierra preparada para imprimir en ella la cara de alguno para servir de molde. || f. Expresion injuriosa y popular que se dirige á una mujer que es vieja y fea, la cual corresponde á los epítetos de mascaron de proa, hechicera, bruja del candilejo, la tentacion de san Anton y otros de esta especie.

**MASQUÉ, ÉE**, adj. *masqué*. Enmascarado. || *Bal masqué*, baile de máscaras. || Encubierto, cubierto, oculto á la vista. || met. Disimulado, solapado. *Etre toujours masqué*, andar siempre con rebozo, con solapa.

**MASQUER**, a. *masqué*. Enmascarar, poner una máscara ó careta sobre el rostro. || Disfrazar á una persona. || Tapar, cubrir, quitar una cosa la vista de otra. || met. Disimular, encubrir, ocultar sus acciones, sus intentos. || Mar. Tomar por avante, dar el viento por la cara de proa de las velas á causa de ir el buque demasiado orzado. || *Se masquer*, r. Enmascararse, disfrazarse, ponerse una máscara. || met. Disfrazarse, rebozarse, encubrirse con cautela bajo falsas apariencias.

**MASS**, m. *más*. Metrol. Medida de capacidad usada para los líquidos en Alemania.

**MASSACHANT, E**, adj. *masacrán*. Desapacible, áspero de genio. Con esta palabra, del estilo familiar, quiere significarse una persona que está de mal humor : *il est d'une humeur massacrante*.

**MASSACRE**, m. *masácr*. Destrozo, carnicería, mortandad de personas indefensas. || met. y fam. *C'est un massacre*, es un chafallon : dícese de un mal artífice que echa á perder la obra, de un mal obrero ; y tambien hablando de una cosa preciosa que se ha roto ó echado á perder. || Mont. Cabeza de ciervo, de gamo, separada del cuerpo y puesta de frente y derecha sobre la piel con todos sus cuernos. || Grande cacería, mortandad de jabalíes, ciervos ó venados.

**MASSACRÉ, ÉE**, adj. *masacre*. Degollado atrozmente. || Muerto, asesinado.

**MASSACRER**, a. *masacré*. Asesinar, destrozar, degollar, matar cruelmente. || Matar, asesinar, hacer morir. || Cubrir de heridas, hacer una carnicería, hacer pedazos, dar muerte cruel. || met. y fam. Destrozar, echar á perder alguna cosa de valor. || fam. Chapucear, matar una obra un artesano que trabaja mal.

**MASSACREUR**, m. inus. *masacreur*. Asesino, el que mata á uno con crueldad.

**MASSAGE**, m. *maságe*. Med. Presion, operacion higiénica que consiste en apretar alguna parte del cuerpo á fin de excitar el tonicismo de la piel.

**MASSAGÈTE**, adj. y s. *masagét*. Masageta, nombre de un pueblo del Asia.

**MASSALIEN**, m. *masalién*. Miembro de una secta que se fundó en Oriente en el siglo IV.

**MASSAPÉE**, f. *masapé*. Mar. Instrumento que sirve para hacer mover las cuerdas de un buque.

**MASSARIL**, m. *masaril*. Bot. Especie de uva que se cultivaba en África para emplearla como medicamento.

**MASSE**, f. *más*. Masa, mole, monton de muchas partes que juntas forman un cuerpo. || Masa, mole, cuerpo compacto y sólido. || Mole, cuerpo disforme y voluminoso. *C'est une masse de chair*, es un pedazo de carne con ojos : se dice de toda persona cuya inteligencia es limitada, ó solo que está muy gruesa y pesada. || Masa, totalidad de una cosa cuyas partes son de la misma naturaleza, como el aire, etc. || met. Fondo, caudal de luces, de conocimientos ó cosa semejante. || Caudal, masa, fondo comun que forma una sociedad, y el de una herencia. || Mil. Masita, fondo que forma la retencion ó descuento que se hace á cada soldado de su haber total. || Mil. Masa, formacion en columna cerrada. || Maza, arma ofensiva cuyo golpe contundente llegaba á ser mortal. || Maza, la que llevan los maceros delante de los magistrados. || Pilon, pesa que indica el peso en una romana. || Porra, puño grueso de un baston que particularmente se representa en algunos escudos de armas. || Bot. Nombre dado á una especie de espadaña. || Maza, culata del taco en el juego de billar. || Masa, fondo en los juegos de envite. || Masa, pedazo grande de alguna materia sólida. || Macho, machote, almadana, martillo grueso. || Mar. Mandarria. *Masses de gouvernail*, cebos de timon. || *En masse*, loc. adv. En masa, en monton, todo reunido.

**MASSELOTTE**, f. *maslót*. Escoria, rebaba que queda pegada á las piezas de artillería despues de fundidas.

**MASSEMENT**, m. *masmán*. Presion, frotacion, accion y efecto de frotar ó comprimir.

**MASSEMILLÉ**, m. *masmillé*. Nombre que dan en las colonias á un fruto semejante á la manzana.

**MASSÁNA**, m. *maséna*. Zool. Masena, nombre específico de un pescado.

**MASSEPAIN**, m. *maspén*. Mazapan, especie de masa hecha de almendra y azúcar.

**MASSER**, a. *masé*. Med. Comprimir, frotar, apretar las carnes con las manos para excitar y determinar un cambio en la economía animal ||Pint Reunir, disponer, combinar el conjunto de un asunto en un cuadro. || Mil. Formar en masa la tropa.

**MASSÉTER**, adj. y s. m. *masetér*. Anat. Masetero, nombre de un músculo situado en la part posterior de la mejilla ó en la mandíbula.

**MASSÉTÉRIN**, E, adj. *maseterén*, *in*. Anat. Maseterino, que tiene relacion con el músculo masetero.

**MASSETTE**, f. *masét*. Bot. Maseta, género de plantas.

**MASSIAUX**, m. pl. *masió*. Porciones de metal en bruto que se convierten en masas de hierro, estando en un solo horno caldeado con carbon de leña.

**MASSICOT**, m. *masicó*. Quím. Albayalde calcinado. || Mezcla de vidrio, cal y estaño para barnizar la loza. Es en la química moderna un óxido de plomo amarillo.

**MASSIER**, m. *masié*. Macero, funcionario público que lleva una maza en ciertas ceremonias.

**MASSIF**, IVE, adj. *masif*, *iv*. Macizo, compacto. || Macizo, que no tiene huecos ni materia extraña. || met. Espeso, pesado, material, hablando del entendimiento. || m. Lo que es macizo, lo sólido.|| Arq. Obra llena y sólida de albañilería que sirve de cimiento; y así se dice: *le massif d'une muraille*.

**MASSILIEN**, NE, adj. y s. *masilién*, *én*. Masiliense, de Masilia ó Marsella.

**MASSIVEMENT**, adv. *masivemán*. Macizamente, de una manera maciza.

**MASSIVETÉ**, f. *masivté*. Cualidad de lo que es macizo.

**MASSKANNE**, f. *mascán*. Medida de capacidad para las materias secas, usada en Baviera

**MASSLING**, f. *maslén*. Medida de capacidad que se usa en Zurich.

**MASSOLE**, f. *masól*. Especie de suplicio en algunas ciudades de Italia, en que el reo muere al golpe de una maza.

**MASSON**, m. *masón*. Bot. Nombre vulgar de la azufaifa.

**MASSONE**, f. *masón*. Masona, género de plantas del cabo de Buena Esperanza.

**MASSORAH** ó **MASSORE**, f. *masóra*, *masór*. Masora, exámen crítico del texto de la sagrada Escritura hecho por algunos doctores judíos en las diferentes lecciones, el número de los versículos, etc.

**MASSORÈTE** ó **MASSORÉTIQUE**, adj. *masorét*, *masoretic*. Masoreta, que es relativo ó pertenece á la masora.

**MASSORETS**, m. pl. *masoré*. Masoretes, los que han trabajado en la masora.

**MASSUE**, f. *masú*. Maza, cachiporra, clava, porra. Cachiporra es del lenguaje vulgar y jocoso. || met. y fam. *Coup de massue*, golpe, desgracia, accidente imprevisto. || prov. *Faire de sa tête massue*, exponerse á cualquier peligro por conseguir buen resultado en un negocio. || Bot. Nombre dado á la cabeza de los hongos de cierta estructura y varias otras plantas.

**MASTACEMBLE**, m. *mastasábl*. Zool. Mastacembio, género de pescados huesosos.

**MASTAU**, m. *mastó*. Jurisp. ant. Censo que pagaban los enfiteutas de alguna granja ó cortijo.

**MASTELLO**, m. *mastél-lo*. Medida usada entre los Italianos para los líquidos, equivalente á unos ochenta cuartillos.

**MASTIC**, m. *mastic*. Almáciga, betun ó compuesto pastoso para tapar junturas, etc.

**MASTICAGE**, m. *masticáge*. Operacion que exige el uso de la almáciga.

**MASTICATION**, f. *masticasión*. Masticacion, accion de masticar y moler los alimentos.

**MASTICATOIRE**, adj. *masticatuar*. Masticatorio, calificacion de las sustancias que aumentan la secrecion de la saliva cuando se mascan.

**MASTICHINA**, m. *mastiquína*. Bot. Mastiquina, nombre de una planta labiada que tiene el olor de la almáciga.

**MASTICINE**, f *mastisín*. Quím. Masticina, porcion de almáciga que no se disuelve bien en el alcohol.

**MASTIGADOUR**, m. *mastigadúr*. Vet. Mastigador, cadenilla hecha de birolas y anillos de hierro que se pone con el bocado al caballo para excitar la secrecion de la saliva.

**MASTIGE**, m. *mastige*. Zool. Mastigo, género de insectos.

**MASTIGODE**, m. *mastigód*. Zool. Mastigodo, género de gusanos.

**MASTIGOPHORE**, m. *mastigofór*. Especie de pertiguero encargado de castigar á los que infringian los reglamentos de policía en los juegos públicos de la Grecia.

**MASTIPHAL**, m. *mastifál*. Nombre designativo del príncipe de los demonios, segun algunos.

**MASTIQUÉ**, ÉE, adj. *mastiqué*. Embetunado, unido, junto, pegado.

**MASTIQUER**, a. *mastiqué*. Unir, juntar, pegar con betun.

**MASTITE** ó **MASTOÏTE**, f. *mastít*, *mastoít*. Med. Mastitis, inflamacion de los pechos, es decir, de la parte glandulosa del seno y de su tejido celular interlobulario.

**MASTO-BRANCHIAL**, adj. y s. m. *mastobranquiál*. Anat. Masto-branquial, se dice de los músculos del hioides de la salamandra.

**MASTOCÉPHALE**, adj. *mastosefál*. Bot. Mastocéfalo, calificacion de la planta cuyo sombrerete está apezonado en su centro.

**MASTODIES**, m. pl. *mastodí*. Palabra propuesta para reemplazar la de *mammifères*.

**MASTODOLOGIE**, f. *mastodologí*. Palabra propuesta para sustituir á la de *mammalogie*.

**MASTODOLOGISTE**, m. *mastodologíst*. Mastodologista, naturalista que se ocupa especialmente de los mamíferos.

**MASTODONTE**, m. *mastodónt*. Zool. Mastodonte, género de animales mamíferos.

**MASTODYNIE**, f. *mastodiní*. Med. Mastodinia, dolor de los pechos, especie de neuralgia de estos órganos.

**MASTOÏDE**, adj. *mastoíd*. Anat. Mastoídeo, que tiene la forma de un pezon. || *Apophyse mastoïde*, apófisis mastoides ó del hueso temporal.

**MASTOÏDIEN**, NE, adj. *mastoidién*, *én*. Anat. Mastoídeo, que tiene relacion con la apófisis mastoides. Se usa tambien como sustantivo.

**MASTOÏDO-AURICULAIRE**, adj. y s. m. *mastoidooriculér*. Anat. Mastoídeo-auricular, nombre dado al músculo posterior de la oreja.

**MASTOÏDO-GÉNIEN**, adj. y s. m. *mastoidogenién*. Anat. Mastoídeo-geniano, que corresponde á la apófisis mastoides y á la apófisis geni.

**MASTOÏDO-HYGÉNIEN**, adj. y s. m. *mastoidoigenién*. Anat. Mastoídeo-higeniano, nombre dado al músculo digástrico.

**MASTO-MAXILLIEN**, NE, adj. *mastomacsilién*, *én*. Med. Masto-maxiliano, que corresponde á la apófisis mastoides y al hueso maxilar.

**MASTORRHAGIE**, f. *mastorragí*. Med. Mastorragia, derrame de sangre por los pezones.

**MASTORRHAGIQUE**, adj. *mastorragic* Med. Mastorrágico, que tiene analogía con la mastorragia.

**MASTOZOAIRE**, adj. *mastozoér*. Palabra propuesta para reemplazar la de *mammifères*.

**MASTOZOOLOGIE**, f. V. MAMMALOGIE.

**MASTURBATION**, f. *masturbasión*. Masturbacion, excitacion de los órganos genitales, ó polucion con ayuda de la mano. Este vicio vergonzoso se llama tambien *onanisme*.

**MASTURBER**, a. *masturbé* Masturbar, buscar ó procurar placeres venéreos con la ayuda de la mano, excitando los órganos genitales. || Usase tambien como pron.

**MASULIPATAM**, m. *masulipatán*. Com. Masulipatan, especie de muselina muy fina que viene de la India.

**MASULIT**, m. *masolí*. Especie de chalupa ó barca que hacen los Indios.

**MASURAGE**, m. [illegible] Censo que se pagaba por una casa [illegible] reducida á escombros.

**MASURE**, f. *masúr*. [illegible] que quedan de un edificio [illegible] Casucha, mala habitacion [illegible]

**MASURIER**, m. [illegible] Inquilino, arrendatario que debia pagar [illegible] censo.

**MAT**, E, adj. *má*. Mate, oscuro, sin [illegible] ni esplendor; como *or*, *argent* [illegible] *soie mate*. En pintura *couleur mate* [illegible] apagado, caido. || Mate, que no [illegible] ó pulimentado. || Pesado, unido, [illegible] to; como *pain mat*. || MAT, m. [illegible] mo lance en el juego de ajedrez, [illegible] obliga al rey á encerrarse y no [illegible] del cuadro en que se encuentra [illegible] mado por las piezas del adversario. [illegible] fam. *Donner échec et mat à quelqu'un* [illegible] jaque y mate á alguno, conseguir [illegible] ventaja completa.

**MÂT**, m. *má*. Mar. Palo, [illegible] de una nave ó buque. *Grand mât* [illegible] yor. *Mât de misaine*, trinquete. [illegible] *timon*, mesana. *Mât de beaupré*, [illegible] *Mât hunier*, mastelero de gavia. [illegible] *perroquet*, mastelero de juanete. [illegible] *fortune*, bandolas. *Mâts de* [illegible] los de respeto ó que se llevan de [illegible] cion. *Mât de pavillon*, [illegible] *Aller à mâts et à cordes*, ir á palo [illegible] el solo impulso del viento [illegible] les. || Arboladura, reunion de palos [illegible] necesarios á un buque. || [illegible] *mé*, palo que se representa [illegible] desnudo de toda jarcia.

**MATACHER** ó **MATACHIER**, a. [illegible] *ché*, *matachié*. Pintar, teñir [illegible] po de diferentes colores, como [illegible] salvajes.

**MATACHINER**, n. V. MATA[illegible]

**MATACON**, m. *matacón*. [illegible] especie de avellana que se [illegible] como las criadillas.

**MATADOR**, m. *matadór*. [illegible] da, en las corridas de toros. || [illegible] do, persona de consideracion [illegible] || Mate, en el juego del hombre [illegible] á la espadilla, á la malilla y al basto. [illegible]

**MATAFION**, m. *matafión*. [illegible] de ciertas cuerdas que sirven á [illegible] una galera.

**MÂTAGE**, m. *matáge*. Mar. [illegible] arbolamiento.

**MATAGOT** ó **MATAGAU**, [illegible] Mar. Gimelga en forma de [illegible] pone por el canto ó cara de [illegible] varas mayores para facilitar el [illegible]

**MATAGRABOLISER**, a. [illegible] Tomarse mucho trabajo por [illegible] Rabelais, inventor de esta palabra [illegible]

**MATALISTA**, m. *matalísta*. [illegible] lista, raiz procedente de América [illegible] rada como purgante.

**MATAMATA**, m. *matamatá*. [illegible] mata, sub-género de reptiles de [illegible] prolongado en forma de trompa.

**MATAMORE**, adj. y s. m. [illegible] ta-moros, nombre dado á los [illegible] insurreccion barcelonesa que [illegible] 1714 contra Felipe V. || Mata-[illegible] na-vidas, fanfarron, valenton. [illegible] profunda abierta en la tierra. [illegible] f. Mazmorra, calabozo, [illegible] encerraban los Moros á sus [illegible]

**MATARA**, m. *matára*. [illegible] de líquidos que se usa en [illegible] Berbería.

**MATASSE**, f. *matás*. Com. [illegible] azache.

**MATASSIN**, m. *matasén*. [illegible] paloteo, el que baila una [illegible] con palos.

**MATASSINADE**, f. [illegible] alegre que en algunas [illegible] y cuyo origen viene del [illegible] manos. || Locura, [illegible] guarda mesura.

...SINER, n. ant. *matasiné*. Bailar ... || Loquear, divertirse sin reparo ...

...TAN, m. *matatán*. Especie de tam... usan los Indios.

...VANE, f. *matavána*. Matavana, es... vaso de tierra que tiene la virtud ... el agua que se echa en él.

...-MANITOU, m. *matquimanitú*. ...nitú, espíritu maligno al cual ... los salvajes americanos todos los ... les suceden.

..., m. *maté*. Bot. Té de Paraguay, ...yas hojas sirven en vez de té en ... parte de la América meridional.

...LAS, m. *matlá*. Colchon de cama. ...los acolchado, almohadilla de co...

...LASSER, a. *matlasé*. Acolchar, ... algodon, lana, cerda, etc.

...LASSIER, ÈRE, m. y f. *matlasié*, ...onero, artesano que se ocupa de ...bones.

...LASSIÈRE, f. *matlasiér*. Especie ...n que se forran los asientos de un ...

...ÈE, f. *matlé*. Bot. Matelea, gé... ...antas dicotiledóneas.

...OT, m. *matló*. Marinero, hombre ... trabaja en las maniobras de las ...ones. || *Vaisseau matelot*, navío ...paña al comandante para socor... ...telot d'eau douce, marinero que ...ctico en la navegacion de ríos, la... ... || Nombre de cierto vestido de ...l. Marinero, especie de caracol ...

...OTAGE, m. *matlotáge*. Marine... del marinero; conjunto de los co... ...s prácticos que debe reunir el ... || Soldada de los marineros.

...OTE, f. *matlót*. Modo de guisar ...cados á la marinesca, friéndolos ...los despues cocer en vino y á ve... ...ra. || Marinera, danza que bailan ...eros. || *À la matelote*, loc. adv. Á ...sca, á lo marinero, al estilo de los ...

...OTESQUE, adj. *matlotésc*. Mari... marinesco, propio de marineros.

...MENT, m. *matmán*. Mar. Arbola... ...arboladura, accion de poner los ...son necesarios á un buque; resul... ...la accion.

...LOGIE, f. *matéologí*. Mateolo... ...aridad, discusion inútil que tiene ... profundizar ciertos misterios im... ...

...LOGIEN, m. *mateologién*. Ma... ... el que hace uso de la mateología.

...LOGIQUE, adj. *mateologíc*. Ma... ... que corresponde á la mateología.

...TECHNIE, f. *mateotecní*. Mateo... ...encia vana, quimérica, inútil.

..., a. *maté*. Dar mate en el juego ... || met. Dar mate, humillar, abe... ...llo de una persona. || Debilitar las ...icas, macerar, castigar el cuerpo ..., con penitencias. || Ablandar, ... alguna cosa. || Cetr. Amaestrar ...altanería.

..., a. *maté*. Mar. Arbolar, poner ... un buque. || *Machine à mâter*, ...mpuesto de varios palos puestos ...acion para arbolar y desarbolar ...

...A ó MATERIS, f. *materá*, *materí* ... Especie de venablo que usaban los ... Sobrenombre dado á Minerva.

...AT, m. *materá* (e muda). Nombre ... pero, ave.

...EAU, m. dim. de MAT. *materó* ... Mar. Arbolillo, berlinga, percha, ...eño, ó parte de mástil para reem... ... que falta.

...ES, f. pl. *matér*. Mit. Nombre de ...vinidades griegas.

...ALISER, a. *materialisé*. Mate... ...considerar todas las cosas como ...dar al espíritu las cualidades de la ... Materializar, formar cuerpo. || ...aliser, r. Materializarse, hacerse materia, cuerpo. || Materializarse, hacerse materialista.

MATÉRIALISME, m. *materialism*. Materialismo, sistema filosófico que niega la inmortalidad del alma y la existencia de toda otra sustancia que no sea la materia.

MATÉRIALISTE, m. y f. *materialist*. Materialista, defensor del materialismo. || Materialista, el que no admite sino las cosas materiales. || adj. Materialista, que se refiere al materialismo.

MATÉRIALITÉ, f. *materialité*. Materialidad, cualidad de lo que es material.

MATÉRIAUX, m. pl. *materió*. Materiales para la fabricacion de un edificio. || Materiales, productos de la demolicion de un edificio. || met. Materiales, notas, apuntaciones, etc., para componer una obra de literatura.

MATÉRIEL, LE, adj. *materiél*. Material, que está compuesto ó formado de materia. || Material, lo opuesto á formal en sentido escolástico. || Material, que corresponde á la materia. || Material, sensual, que se desprende de todo espiritualismo, hablando de las personas. || met. Material, grosero, basto, pesado, hablando de las personas y de las cosas, tanto en lo físico como en lo moral. || m. Material, lo que forma el cuerpo de alguna cosa, como un discurso, una discusion, etc. || Material, conjunto de máquinas y utensilios que son necesarios en una fábrica. || Material, conjunto de todos los utensilios, provisiones, equipo y armamento de un ejército. || Material, lo que está en contraposicion con lo formal ó concerniente á la forma; y así se dice: *le matériel et le formel du péché*.

MATÉRIELLEMENT, adv. *materielmán*. Materialmente, de una manera material.

MATERNEL, LE, adj. *maternél*. Maternal, que corresponde á la madre, que le es propio y natural. || Materno, que pertenece al lugar del nacimiento. || Materno, que proviene de parte de la madre. || *Amour maternel*, *soins maternels*, amor maternal, cuidados maternales ó de madre. || *Ligne maternelle*, *aïeux maternels*, línea materna, abuelos maternos. || *Biens maternels*, bienes maternos ó de parte de madre.

MATERNELLEMENT, adv. *maternelmán*. Maternalmente, de una manera maternal.

MATERNISER, n. *maternisé*. Parecerse un hijo á su madre.

MATERNITÉ, f. *maternité*. Maternidad, estado, cualidad de madre.

MATEROT, m. *matró*. Variedad de uva.

MATEUR, m. *mateur*. Art. Nombre del artesano que oscurece el brillo de los metales por medio de un trabajo particular.

MÂTEUR, m. *mateur*. Mar. Maestro mayor de arboladura que dirige la construccion de los palos necesarios á los buques del Estado.

MATHÉMATICIEN, NE, m. y f. *matematisién*, *én*. Matemático, el que sabe ó enseña las matemáticas. || Nombre que antiguamente se daba á los astrólogos.

MATHÉMATIQUE, adj. *matematic*. Matemático, que pertenece á las matemáticas. || Matemático, que se deduce regularmente de principios; riguroso, seguro, exacto. || MATHÉMATIQUES, f. pl. Matemáticas, ciencia que trata de las cantidades, de las magnitudes generales, de las leyes del tiempo y del espacio.

MATHÉMATIQUEMENT, adv. *matematicmán*. Matemáticamente, segun las reglas de las matemáticas.

MATHÉSIOLOGIE, f. *matesiologí*. Matesiología, ciencia de la enseñanza en general.

MATHURIN (SAINT), m. *senmaturén*. San Maturino, religioso que se ocupaba de la redencion de cautivos. || irón. Hombre afectado de locura ó que se quiere tachar de loco. || prov. *Il faut l'envoyer à saint Mathurin*, es preciso enviarle á la casa de los locos. || *Colique de saint Mathurin*, enfermedad de cabeza, la locura.

MATHURINADE, f. V. EXTRAVAGANCE.

MATIÈRE, f. *matiér*. Fis. Materia, sustancia extensa é impenetrable, susceptible de toda forma. || Materia, todo lo que es contrario á espíritu. || Materia, sustancia que entra en la composicion de un cuerpo. || Materia, asunto sobre que se habla ó escribe. || Materia, causa, asunto, motivo. || Med. Materia, sustancia que se evacua por cualquiera de las vías. || Teol. Materia, signo, accion que constituye el sacramento; es lo opuesto á la forma. || *Avoir l'esprit enfoncé dans la matière*, tener los sentidos torpes, ser de concepcion tardía. || Jurisp. *Matière criminelle*, materia criminal, que concierne á lo criminal. || *En matière de*, loc. adv. En materia de, en asunto de, cuando se trata de. || *Revenir sur une matière*, volver á tocar la materia, hablar otra vez de un asunto.

MATIN, m. *matén*. Mañana, la primera mitad del día. Vulgarmente se llama mañana á la parte del día que trascurre desde la salida del sol hasta la hora de mediodía. || *Demain matin*, mañana por la mañana. || *De bon matin*, *de grand matin*, de madrugada, muy de mañana. || *Se lever matin*, levantarse temprano, madrugar. || Poét. *Les portes du matin*, la primera luz del día. || fam. *Un de ces matins*, *un beau matin*, un día, uno de estos días: tiempo indeterminado. || *Le matin de l'année*, la primavera.

MÂTIN, m. *matén*. Zool. Mastin, raza de perros grandes llamados de ayuda.

MATINAL, E, adj. *matinál*. Madrugador, que se levanta temprano sin tenerlo por costumbre. || Matutino, que aparece al romper el día. *L'étoile matinale*, la estrella de la mañana. || Bot. *Fleurs matinales*, flores de la mañana, que se cierran por la tarde.

MATINALEMENT, adv. *matinalmán*. Matutinamente, de mañana, de madrugada.

MÂTINEAU, m. dim. de MATIN. *matinó*. Mastincillo, mastin pequeño.

MATINÉE, f. *matiné*. La mañana, la parte del día que trascurre desde que amanece hasta medio día. || *Dormir la grasse matinée*, pegársele á uno las sábanas: levantarse muy tarde.

MÂTINEMENT, adv. *matinmán*. Broncamente, al modo de los mastines, hablando de perros.

MÂTINER, a. *matiné*. Mastinear, cubrir un mastin ú otro perro basto á una perra de mas fina raza. || met. Maltratar, reñir, reprender con palabras bruscas. || met. Casarse una mujer con un hombre de calidad inferior.

MATINES, f. pl. *matín*. Maitines, la primera parte del oficio canónico. || prov. *Être étourdi comme le premier coup de matines*, tener los cascos á la jineta.

MATINEUX, EUSE, adj. *matineu*, *eus*. Madrugador, que tiene costumbre, que gusta de levantarse temprano.

MATINIER, ÈRE, adj. *matinié*, *ér*. Matutino, que pertenece á la mañana. Se usa en la locucion *étoile matinière*, estrella matutina. || MATINIER, m. Matinero, el chantre que canta maitines por salario. || La parte del oficio divino que se canta en los maitines.

MATIR, a. *matir*. Trabajar en la plata dejándola mate, esto es, sin bruñir. || Hacer desaparecer la raya de una soldadura, en términos de armería.

MATISE ó MATISIE, f. *matis*, *matisí*. Bot. Matisa ó matisie, género de plantas dicotiledóneas.

MATITE, f. *matít*. Miner. Piedra figurada osiciosa que imita la mamila de la mujer.

MATLAZAHUATL, m. *matlasauatl*. Nombre mejicano de una enfermedad epidémica que ataca á los indios de Nueva España.

MATOIR, m. *matuár*. Art. Matoador, herramienta que sirve para trabajar en mate los plateros.

MATOIS, E, adj. *matuá*, *ás*. Astuto, sagaz, socarron; y en lenguaje fam., marrajo, marrajo. || *Être un fin matois*, ser un gran pertillan, un camastron. || *Être un rusé matois*, ser un gran zorro. || *Vieux matois*, zorro, perro viejo. || Ratero, el que hace profesion de hurtar y engañar.

MATOISEMENT, adv. *matuasmán*. Rateramente, de un modo ratero, con astucia.

**MATOISERIE**, f. *matuasrí*. Ratería, sagacidad, astacia. V. FOURBERIE. || Maulería; y tambien maula ó engaño.

**MATOU**, m. *matú*. Gato entero, no capon. || met. y fam. Hombre feo, desagradable por su fisonomía ó por su carácter.

**MATRACA**, m. *matráca*. Matraca, tabla guarnecida de martilletes y aldabas con que se forma un ruido desagradable.

**MATRAS**, m. *matrás*. Quím. Matras, vaso de vidrio con un cuello largo, que puede contener una cantidad de líquido. || Herramienta con que se destapa el canal de la caldera en las fábricas de jabon. || Virote de ballesta.

**MATRASSER**, a. *matrasé*. Machacar, matar á uno á golpes. || met. V. ÉBAUCHER.

**MATRÊME**, f. *matrém*. Zool. Matremo, género de políperos fósiles.

**MATRICAUX**, adj. m. pl. *matricó*. Med. Matricales, denominacion de los remedios para las enfermedades de la matriz.

**MATRICE**, f. *matrís*. Anat. Matriz, útero, víscera hueca destinada por la naturaleza á servir de asilo ordinario al feto. Tambien se dice hablando de los animales. || Matriz, molde en que se funden los caractéres de imprenta || Marco original de pesos y medidas que se conserva en todas las alcaldías. || Matriz, se dice de todo lo que ha servido de tipo ó parte primitiva de cualquier cosa. || adj. f. *Eglise matrice*, iglesia primordial, que se considera como el centro y la madre de las demas. || *Langue matrice*, lengua que no se deriva de ninguna otra. || *Couleurs matrices*, colores simples que sirven para componer otros.

**MATRICIDE**, m. *matrisíd*. Matricidio, crímen que comete el que mata á su madre. || m. y f. Matricida, el que mata á su madre.

**MATRICULAIRE**, adj. *matriculér*. Matriculado, que está inscrito en la matrícula. || Matricular, que corresponde á la matrícula. || m. Matriculario, empleado encargado de conservar las matrículas.

**MATRICULE**, f. *matricúl*. Matrícula ó filiacion, registro en que se inscriben los nombres y apellidos de los soldados que ingresan en un cuerpo. || Matrícula, lista, registro en que se anotan los nombres y apellidos de los individuos que forman una junta, reunion, sociedad, etc. || Matrícula, la misma inscripcion ó nota escrita en el libro matricular, y tambien el extracto ó copia que se saca.

**MATRICULIER, ÈRE**, m. y f. *matriculié, ér*. Mendigo, pobre de solemnidad, cuyo nombre estaba inscrito en el libro de la matrícula parroquial.

**MATRIMOINE**, m. *matrimuán*. Jurisp. Legítima, bienes que proceden de madre.

**MATRIMONIAL, E**, adj. *matrimoniál*. Matrimonial, que pertenece al matrimonio. || Hist. *Tables matrimoniales*, escrituras ó contratos matrimoniales en tiempo de los Romanos.

**MATRIMONION**, m. *matrimonión*. Matrimonio, palabra burlesca inventada por Moliere.

**MATRISSAGE**, m. *matriságe*. Art. Operacion de humedecer el papel cuando se ha secado demasiado rápidamente.

**MATRISYLVA**, m. *matrisilva*. Bot. Madreselva, planta.

**MATROLOGUE**, m. *matrológue*. Registro en que se anota todo lo concerniente á una ciudad, compañía ó comunidad.

**MATRONAL, E**, adj. *matronál*. Bot. Matronal, calificacion que se da á las plantas cuyas flores son bellas y olorosas. || *Matronales*, f. pl. Matronales, fiestas que celebraban las romanas en las calendas de marzo.

**MATRONE**, f. inus. *matrón*. Matrona, comadre de parir. En el lenguaje comun se llama *sage-femme*. || Matrona, mujer experta en los embarazos y citada como perito por un tribunal para operar un reconocimiento. || Matrona, señora romana.

**MATRONÉE**, f. **MATRONIQUE**, m. *matroné, matronic*. Antig. Matronea ó matrónico, lugar destinado en las iglesias para las mujeres, y separado del de los hombres.

**MATSURI**, m. *matsurí*. Mit. Fiesta de las banderas, que consistia en procesiones y representaciones dramáticas, mezcladas con danzas y coros.

**MATTAIRE**, m. *matér*. Matario, sectario maniqueo que dormia sobre una estera. || Matario, por extension todo el que se acuesta sobre una estera.

**MATTE**, f. *mát*. Mate, sustancia metálica sin purificar y segun sale de la primera fundicion. || Mate, uno de los nombres del té de Paraguay.

**MATTEAU**, m. *mató*. Art. Conjunto de madejas de seda atadas con una cuerda

**MATTÉES**, f. pl. *maté*. Servicio compuesto de manjares delicados que usaban los antiguos.

**MATTELIN**, m. *matlén*. Lana que se saca de Levante.

**MATTER**, a. V. MATER.

**MATTHIEU (FESSE)**, m. *fesmatieu*. Usurero, avaro. Es familiar.

**MATTHIOLE**, f. *matiól*. Bot. Matiolo, género de plantas dicotiledóneas.

**MATTOIR**, m. V. MATOIR.

**MATTON**, m. *matón*. Baldosa, ladrillo grande para los suelos de las habitaciones. || Agr. V. NOURTEAU.

**MATUDILHADON**, m. *matudiladón*. Máquina con la que en algunas partes se separa la cañamiza del cáñamo.

**MATURATIF, IVE**, adj. *maturatif, ív*. Farm. Madurativo, se dice del medicamento que favorece la supuracion de un tumor. || m. Madurativo, estimulante.

**MATURATION**, f. *maturasión*. Maduracion, estado de un fruto que madura. || Med. Maduracion, progreso de un absceso hácia la madurez. || Maduracion, expurgacion del metal.

**MÂTURE**, f. *matúr*. Mar. Arboladura, conjunto de palos, vergas y masteleros de un buque. || Arboladura, la madera propia para hacer árboles de navío. || Arboladura, taller donde se construyen los palos, vergas y masteleros de un buque.

**MÂTURIER**, m. Mar. V. MATEUR.

**MATURINADE**, f. ant. *maturinád*. Extravagancia, botaratada.

**MATURITÉ**, f. *maturité*. Madurez de los frutos. || Madurez, época en que los frutos llegan á estar maduros. || Med. Madurez, estado de un absceso formado. || met. Madurez de la edad, del juicio. *Avec maturité*, con juicio, con reflexion.

**MATUTINAIRE**, m. ant. *matutinér*. Maitinario, libro que contiene el oficio de maitines.

**MATUTINAL, E**, adj. *matutinál*. Matutinal, matutino, que pertenece á la mañana.

**MAUBÈCHE**, f. *mobéche*. Zool. Maubeca, género de aves zancudas.

**MAUBOIS**, m. *mobuá*. Tela para vestidos de hombres que se fabrica en *Leon de Francia*.

**MAUCLERC**, m. *moclér*. Zambombo, zoquete, ignorante, como si dijéramos *mauvais clerc*.

**MAUDIRE**, a. *modir*. Maldecir, hacer imprecaciones contra alguno. || Maldecir, reprobar, abandonar; solo se usa hablando de Dios: v. gr. *Dieu a maudit le méchant*.

**MAUDISSABLE**, adj. *modisábl*. Maldecible, que puede ó debe ser maldecido.

**MAUDISSON**, m. inus. V. MALÉDICTION.

**MAUDIT, E**, adj. *modí*. Maldito, execrable, detestable, muy malo, solo hablando de cosas. || Maldecido, reprobado. || *Terre maudite*, tierra maldita, tierra estéril.

**MAUDUYTA**, m. *moduíta*. Bot. Mauduita, árbol de la familia de las simaroubeas.

**MAUGÈRE**, f. *mogér*. Mar. Manguerote, manguera corta, pero proporcionada á su objeto para que no entre el agua en el buque, etc.

**MAUGIROU**, m. *mogirú*. Especie de ciruela.

**MAUGREBIN, INE**, adj. y s. *mogrbén, ín*. Berberino, habitante de Berbería. || Perteneciente á Berbería.

**MAUGREBLEU**, interj. *mogrbleu*. Especie de juramento.

**MAUGRÉER**, a. *mogreé*. [illegible] jurar, echar votos ó [illegible]

**MAUGRÉEUR**, m. *mogreeur*. [illegible] que vota ó blasfema.

**MAULIN**, m. *molén*. Zool. [illegible] pecie de roedor indeterminado, [illegible] las marmotas.

**MAUNESE**, f. *monés*. Bot. [illegible] nero de plantas dicotiledóneas.

**MAUPITEUX, EUSE**, adj. [illegible] teu, eus. Despiadado, [illegible] Se usa en esta acepcion: [illegible] *teux*, llorar calma, [illegible]

**MAURE**, m. *mór*. Moro, habitante [illegible] cedente de la Mauritania. || adj. [illegible] morano, que pertenece á los [illegible] *tien maure, les lois maures*. || [illegible] *turc à maure*, tratar á la [illegible] perro. || *Cheval tête de maure*, [illegible] no. || m. Zool. Moro, serpiente de [illegible] MAURES, m. pl. Moros, pueblo de [illegible]

**MAURELLE**, f. *morél*. En [illegible] tornasol empleado en tintura.

**MAUREPASIA**, f. *morpásia*. Bot. [illegible] pasia, árbol de la isla de Santo Domingo.

**MAURESQUE**, adj. V. MORESQUE.

**MAURET**, m. y **MAURETTE**, f. [illegible] *morét*. Bot. Baya del arándano.

**MAURICE**, m. y f. n. p. *morís*. [illegible] || f. Bot. Mauricia, género de [illegible] ledóneas.

**MAURIN, E**, adj. y s. *morén, ín*. [illegible] Especie de pichon negro y con las [illegible] cas.

**MAURIS**, m. *morís*. Com. [illegible] de algodon de las Indias.

**MAUSOLÉE**, m. *mosolé*. Arq. [illegible] túmulo magnífico, monumento [illegible] suntuoso que tiene el carácter de [illegible] cio. || Mausoleo, catafalco, [illegible] decoracion de arquitectura, pintura [illegible] tura para representar alguna [illegible] nas honras fúnebres.

**MAUSSADE**, adj. *mosád*. [illegible] que no tiene gracia, que es [illegible] bronco, áspero, desapacible. || [illegible] está mal construido, que está mal [illegible]

**MAUSSADEMENT**, adv. [illegible] zorralmente, chabacanamente, sin [illegible]

**MAUSSADERIE**, f. *mosadrí*. [illegible] ría, grosería; hablando de las [illegible] falta de agrado, de gracia.

**MAUVAIS, E**, adj. *mové, és*. Malo, [illegible] tiene un vicio ó defecto, que no [illegible] cualidades que se desean. || Malo, [illegible] incómodo, que es nocivo á la salud. [illegible] siniestro, desgraciado, funesto, [illegible] agüero. || Malo, molesto, peligroso. || [illegible] rer *mauvais*, tomar á mal, [illegible] *Hanter les mauvais lieux*, frecuentar [illegible] casas de prostitucion. || m. *Le bon et le mauvais*, lo bueno y lo malo. || adv. *Sentir mauvais*, oler mal.

**MAUVE**, f. *móv*. Bot. Malva, género de plantas dicotiledóneas. || Zool. [illegible] anfibia, que se llama tambien [illegible]

**MAUVETTE**, f. *movét*. Bot. [illegible] malva con hojas redondas.

**MAUVIETTE**, f. *moviét*. Cogujada, nombre vulgar de la alondra.

**MAUVIS**, m. *moví*. Zool. Malvís, nombre vulgar del zorzal, ave.

**MAUVISQUE**, f. *movísc*. Bot. [illegible] co, género de plantas dicotiledóneas.

**MAX**, m. *mács*. Metrol. Max, [illegible] de oro alemana que vale 400 reales.

**MAXAGUA**, m. *macságua*. [illegible] nombre de una madera de las Indias [illegible] dentales.

**MAXILLAIRE**, adj. y s. [illegible] lar, que se refiere á las mandíbulas. [illegible] Maxilaria, género de plantas [illegible] que crecen en el Perú.

**MAXILLEUX, EUSE**, adj. [illegible] Zool. Maxiloso, cuyas quijadas [illegible] grandes, hablando de insectos.

**MAXILLIFÈRE**, adj. [illegible] Maxilífero, que tiene quijadas. || [illegible] se dice particularmente de la boca de [illegible] insectos cuando tienen quijadas.

**MAXILLIFORME**, adj. [illegible] Maxiliforme, que tiene la forma de quijada.

**MAXIME**, f. *macsim*. Máxima, proposicion general que sirve de principio, de regla, de fundamento en moral, en las ciencias, artes y en todas las acciones de la vida. || Máxima, verdad expresada en pocas palabras, y presentada de una manera absoluta. || Coleccion de preceptos morales || Mús. Máxima, la nota mayor de la música.

**MAXIMER**, a. neol. *macsimé*. Establecer el máximum ó fijar la tasa mas elevada de una mercadería.

**MAXIMIANISTE**, m. *macsimianist*. Maximianista, miembro de una secta donatista fundada por Maximiano, diácono de Cartago, hácia fines del siglo IV.

**MAXIMILIEN**, m. *macsimilién*. Maximiliano, moneda de oro de Baviera.

**MAXIMUM**, m. *macsimom*. Máximum, voz de matemáticas tomada del latin, y que significa lo último, lo mas alto, lo sumo á que puede subir una cantidad, y así se aplica á las tasas, posturas y tarifas.

**MAYA**, f. *maya*. Maya, la madre de la naturaleza y de los dioses de segundo órden.

**MAYAQUE**, f. *mayác*. Bot. Mayaca, género de plantas monocotiledóneas, que crece á la orilla de los arroyos en la Guyana, la Virginia y la Florida.

**MAYE**, f. *may*. Maya, pila de piedra usada en los molinos de aceite.

**MAYENNE**, f. *mayén*. Bot. Berengena, especie de planta. || Especie de tela de Bretaña.

**MAYNOU**, m. *maynú*. Zool. Mainú, ave de las Indias orientales.

**MAYON**, m. *mayón*. Mayon, moneda de plata del reino de Siam, que vale 2 rs. vn.

**MAZAME**, m. *masám*. Zool. Mazamo, especie de ciervo.

**MAZARIN**, m. *masarén*. Cubilete muy pequeño de vidrio y de una calidad muy comun.

**MAZARINADE**, f. *masarinád*. Mazarinada, folletos satíricos en prosa ó en verso publicados contra el cardenal Mazarino.

**MAZARINISME**, m. *masarinism*. Mazarinismo, política del cardenal Mazarino. Sistema análogo al de este ministro.

**MAZARINISTE**, m. y f. *masarinist*. Mazarinista, partidario del cardenal Mazarino.

**MAZETTE**, f. *masét*. Caballejo, rocin, y tambien matalon, esto es, caballo ruin y viejo. || fam. Chambon, zarramplin, jugador de poca habilidad.

**MAZUT**, m. *masú*. Choza.

**MÉBAAR**, m. *mebaár*. Mebaar, pescado encarnado, de ojos muy saltones, y muy comun en el Japon.

**MÉCANICIEN**, NE, m. y f. *mecanisién*, *én*. Mecánico, el que profesa la mecánica, el que está instruido en esta ciencia ó se ocupa en ella. || Mecánico, se dice tambien de un artista que inventa ó que construye máquinas. || adj. Mecánico, que pertenece á la ciencia mecánica.

**MÉCANICITÉ**, f. *mecanisité*. Cualidad de lo que es mecánico.

**MÉCANIQUE**, f. *mecanic*. Mecánica, parte de las matemáticas mixtas que trata del movimiento y de las fuerzas motrices, de su naturaleza, leyes y efectos en las máquinas. Mas breve, ciencia de las máquinas. || Mecánica, estructura natural ó artificial de un cuerpo, de una cosa. || Mecánica, máquina. || Mecánica, mecanismo, aparato mecánico de una máquina. || adj. Mecánico, que pertenece á la mecánica ó que es conforme á las leyes de la mecánica. || *Arts mécaniques*, artes mecánicas: dícese de las artes manuales, por oposicion á las liberales.

**MÉCANIQUEMENT**, adv. *mecanicmán*. Mecánicamente, de un modo mecánico.

**MÉCANISER**, a. *mecanisé*. Mecanizar, hacer semejante á una máquina. || Mecanizar, reducir las artes al estado de oficio mecánico. || met. y pop. Fastidiar, cansar, fatigar á uno.

**MÉCANISME**, m. *mecanism*. Mecanismo, estructura de un cuerpo y accion combinada de sus partes. || met. *Le mécanisme du langage*, el mecanismo del lenguaje, la estructura material de los elementos de la palabra.

**MÉCAPHRODITE**, f. *mecafrodit*. Bot. Mecafrodita, especie de adormidera.

**MÉCARDONIE**, f. *mecardoní*. Bot. Mecardonia, género de plantas dicotiledóneas.

**ME CASTOR**, interj. *mecastór*. Palabras latinas que significan juramento por Castor, en uso entre los antiguos.

**MÉCÈNE**, m. *mesén*. Mecénas, nombre de un caballero romano favorito de Augusto, que hoy se aplica antonomásticamente al príncipe ó grande que honra y protege á los literatos.

**MÉCERY**, m. *meserí*. Meceri, nombre del opio que se lleva del Cairo á la India y que es blanco.

**MÉCHAMMENT**, adv. *mechamán*. Malamente, con maldad, con malicia.

**MÉCHANCETÉ**, f. *mechansté*. Maldad, ruindad, malignidad, malicia. || fam. Ter-

de lo demas. || *Mèche de bougie, de chandelle*, pábilo de la vela. || *Mèche de fouet*, punta de látigo, tralla. || *Mèche de tire-bouchon*, la rosca del sacatrapo ó del sacatapon. || Art. *Mèche de vrille, de vilbrequin*, gusanillo, la punta ó rosca de la barrena, del taladro. || met. y fam. *Découvrir* ó *éventer la mèche*, descubrir el pastel, el enredo, la trama. || Mar. Mecha, la pieza principal sobre que se forman los palos de arboladura de los navíos y fragatas.

**MÉCHÉANCE**, f. ant. *mecheáns*. Mala suerte, contratiempo, desgracia fortuita.

**MÉCHEF**, m. ant. *mechef*. Descalabro, percance, azar, desgracia. V. MALHEUR.

**MÉCHER**, a. *meché*. Azufrar el vino en las cubas ó tinajas.

**MÉCHEUX**, EUSE, adj. *mecheu*, *eus*. Mechoso, que tiene mechas en abundancia.

**MÉCHITARISTES**, m. pl. *mequitarist*. Mequitaristas, frailes armenios católicos que viven en un monasterio cerca de Venecia.

**MÉCHOACAN**, m. *mecoacán*. Bot. Mecoacan, planta de la América meridional y del género albohol.

**MÉCHOIR**, n. V. MÉSARRIVER.

**MÉCHOISIR**, a. *mechuasír*. Escoger mal, tener mala mano.

**MÉCITER**, a. y n. *mesité*. Citar mal á propósito; engañarse haciendo una citacion.

**MÉCOMÈTRE**, m. *mecométr*. Cir. Mecómetro, instrumento que particularmente sirve para medir la longitud de los fetos.

**MÉCOMPTE**, m. *mecónt*. Trabacuenta, yerro de cuenta, error, equivocacion en el contar ó calcular. || met. Esperanza engañada, falsa idea formada de una cosa. || *Trouver bien du mécompte*, salir mal las cuentas, frustrarse las esperanzas, quedarse en blanco.

**MÉCOMPTER**, n. *mecont*é. Contar mal. || *Se mécompter*, r. Equivocarse, engañarse en una cuenta; y met., engañarse en alguna cosa que se cree, que se espera.

**MÉCONINE**, f. *meconin*. Quím. Meconina, sustancia cristalina particular sacada del opio.

**MÉCONIQUE**, adj. *meconic*. Quím. Mecónico, dícese de un ácido sólido, incoloro, volátil, descubierto en el opio.

**MÉCONITES**, f. pl. *meconit*. Miner. Meconitas, piedras compuestas de granos de arena del mar conglutinados.

**MÉCONIUM**, m. *mecóniom*. Med. Meco-

*ndn*. Descontento, falta de contento, disgusto.

**MÉCONTENTER**, a. *mecontanté*. Descontentar, disgustar, desagradar.

**MÉCORHYNQUE**, adj. *mecorénc*. Zool. Mecorinco, cuyo pico, cilíndrico ó filiforme, es mas ó ménos largo. || *Mécorhynques*, m. pl. Mecorincos, grupo de curculiónidos gonatóceros.

**MÉCRÉABLE**, adj. *mecreábl*. Increible.

**MÉCRÉANCE**, f. *mecreáns*. Incredulidad, falta de creencia, falsa creencia.

**MÉCRÉANT, E**, adj. *mecreán*. Incrédulo, falto de fe, sin creencia, impío, infiel.

**MÉCROIRE**, n. *mecruár*. Descreer, no creer, no dar crédito, resistirse á creer.

**MÉCROYANT, E**, adj. *mecruayán*. Incrédulo, que no cree, que no tiene fe.

**MECUM (VADE)**, m. V. VADE-MECUM.

**MÉDAILLE**, f. *medáll*. Medalla, pieza de metal fabricada en honor de una persona ilustre ó para conservar la memoria de una accion, de un suceso, de una empresa memorable. || Medalla, pieza de oro, plata ó cobre que representa un objeto de devocion, y está bendecida por el papa. || Medalla, premio que se concede en los concursos abiertos por las academias ó el gobierno. || Arq. Medalla, especie de bajo relieve de figura redonda. || met. *Chaque médaille a son revers*, todas las cosas tienen un lado bueno y otro malo. || *Tourner la médaille*, examinar una cosa bajo otro aspecto ó punto de vista.

**MÉDAILLEUR**, m. *medalleur*. Medallista, el que graba los cuños de las medallas.

**MÉDAILLIER**, m. *medallié*. Medallero, mueble compuesto de muchos estantes en que hay abiertos huecos de forma redonda de varios tamaños á propósito para guardar medallas. || Medallero, coleccion de medallas.

**MÉDAILLISTE**, m. *medallist*. Medallista, fabricante de medallas. || Medallista, el que se ocupa de la ciencia de las medallas. || Medallista, aficionado á medallas.

**MÉDAILLON**, m. *medallón*. Medallon, medalla de mayor tamaño. || Arq. Medallon, cierto adorno. V. MÉDAILLE. || Medallon, cuadro en forma circular ú oval, en el que se encierra un retrato, pelo, etc.

**MÉDARD**, m. *medár*. Medardo, nombre propio de un santo venerado en Francia que entra en la composicion de algunas locuciones populares. = *Saint Médard, grand pleuvard*, si llueve por San Medardo, por cuarenta dias durarán los barros. = *Ris de saint Médard*, risa de san Medardo, risa forzada ó de mala gana.

**MÈDE**, adj. y s. *méd*. Medo, de la Media. || m. Medo, uno de los cuatro idiomas principales del antiguo imperio de los Persas.

**MÉDECIN**, m. *medsén*. Médico, el que posee los conocimientos necesarios para conservar la salud del hombre, para conocer las enfermedades y señalar los remedios propios para curarlas. || met. Médico, nombre que se da á las cosas, ya físicas, ya morales, que sirven para devolver ó conservar la salud. || prov. *La robe ne fait pas le médecin*, el hábito no hace monje. || *Après la mort, le médecin*, al asno muerto la cebada al rabo. || *Faire honneur à son médecin*, gozar de una salud perfecta.

**MÉDECINE**, f. *medsin*. Medicina, ciencia que tiene por objeto la conservacion de la salud y la curacion de las enfermedades; arte de curar. || Medicina, algunas veces se toma por sistema médico; como cuando se dice medicina de Hipócrates. || Medicina, nombre que se aplica mas especialmente á la terapéutica. || Medicina, pocion, brebaje, purga ú otro medicamento que se toma por la boca. || met. Medicina, medios usados para curar la parte moral.

**MÉDECINER**, a. *medsiné*. Medicinar, suministrar medicinas, especialmente remedios purgantes. || *Se médeciner*, r. fam. Medicinarse, tomar medicinas, drogas, purgarse.

**MÉDÉE**, f. *medé*. Medea, hija de Etes, rey de la Cólquide, y de Hecate. || Medea, piedra negra de la que mana un licor de color azafranado que tiene el gusto del vino.

**MÉDÉOLE**, f. *medeól*. Bot. Medeola, género de plantas esparragíneas.

**MÉDÉSICASTE**, m. *medesicást*. Medesicasto, mariposa del mediodía de Europa.

**MÉDIAIRE**, adj. *mediér*. Mediario, que está colocado en el medio.

**MÉDIAL, E**, adj. *mediál*. Medial, que ocupa el medio.

**MÉDIAN, E**, adj. *medián, án*. Mediano, que está en un término medio. || Arit. *Ligne médiane*, línea media, línea vertical que se supone dividir longitudinalmente el cuerpo en dos partes iguales.

**MÉDIANOCHE**, m. *medianóche*. Medianoche (palabra tomada del español), comida de carne que se hacia antiguamente despues de dada la media noche, especialmente al pasar de un dia de abstinencia á otro que no lo era. Equivale á *réveillon*.

**MÉDIANTE**, f. *mediánt*. Mús. Mediante, la tercera nota despues de la nota tónica ó principal.

**MÉDIASTIN**, m. *mediastén*. Anat. Mediastino, especie de septo ó division membranosa formada por las pleuras, que divide el pecho en dos partes laterales.

**MÉDIASTIN, E**, adj. *mediastén, in*. Mediastínico, que pertenece al mediastino. || *Artères médiastines*, *veines médiastines*, arterias y venas que se reparten en el mediastino. Se usa en plural como sustantivo femenino.

**MÉDIASTINE**, f. *mediastín*. Bot. Mediastina, planta criptógama llamada tambien retícula. V. RÉTICULE.

**MÉDIASTINITE**, f. *mediastinít*. Med. Mediastinitis, inflamacion del mediastino ó mesenterio.

**MÉDIAT, E**, adj. *mediá*. Mediato, que no tiene relacion, que no toca á una cosa directamente, sino que hay otra entre las dos.

**MÉDIATEMENT**, adv. *mediatmán*. Mediatamente, con intermision ó mediacion de otra cosa.

**MÉDIATEUR, TRICE**, adj. y s. *mediateur, tris*. Mediador, medianero, el que se interpone para una transaccion ó arreglo entre dos ó mas personas. || Mediator, juego de cartas que no está en uso.

**MÉDIATION**, f. *mediasión*. Mediacion, intervencion de una tercera persona entre otras dos que se hallan en contestacion. || Astr. Mediacion, punto ó momento de la culminacion de un astro. || Mediacion, division de cada versículo de un salmo en dos partes.

**MÉDIATISATION**, f. *mediatisasión*. Mediatizacion, voz usada en Alemania para expresar la accion de reunir pequeñas soberanías á Estados mas poderosos.

**MÉDIATISER**, n. *mediatisé*. Mediatizar, reunir Estados pequeños á otros mas poderosos.

**MÉDICAL, E**, adj. *medicál*. Medical, médico, que pertenece á la medicina y á los médicos. || *Matière médicale*, conocimiento de las sustancias usadas en medicina, y del modo de prepararlas y administrarlas.

**MÉDICAMENT**, m. *medicamán*. Medicamento, remedio, todo lo que se aplica interior ó exteriormente para restablecer la salud.

**MÉDICAMENTAIRE**, adj. *medicamantér*. Medicamentario, que trata de los medicamentos.

**MÉDICAMENTER**, a. *medicamanté*. Medicamentar, medicinar, aplicar medicamentos ó remedios. || *Se médicamenter*, r. Medicamentarse, medicinarse, tomar remedios, medicamentos, etc.

**MÉDICAMENTEUX, EUSE**, adj. *medicamanteu, eus*. Medicamentoso, que tiene la virtud de un medicamento.

**MÉDICASTRE**, m. *medicástr*. Medicastro, un mal médico, poco experimentado.

**MÉDICATION**, f. *medicasión*. Medicacion, efecto producido por la accion de los medicamentos sobre la economía animal. || Sistema, método seguido en el tratamiento de una enfermedad.

**MÉDICIEN, NE**, adj. *medisién, én*. Mediciano ó mediciense, que pertenece al poder, á la época, á la influencia de los Médicis.

**MÉDICINAL, E**, adj. *medisinál*. Medicinal, que sirve de remedio ó es propio para curar.

**MÉDICINIER**, m. *medisinié*. Bot. Medicinero, árbol y arbolillo de la América meridional que tiene propiedades medicinales.

**MÉDICOMANE**, m. *medicomán*. Medicomano, charlatan que tiene la manía de querer pasar por médico y de ejercer la medicina.

**MÉDICOMANIE**, f. *medicomaní*. Medicomanía, manía de ser médico y de ejercer la medicina sin haberla estudiado.

**MÉDICUSIE**, f. *medicusí*. Bot. Medicusia, género de plantas.

**MÉDIOCRE**, adj. *mediócr*. Mediano, que está entre lo grande y lo pequeño, entre lo mucho y lo poco, entre lo bueno y lo malo: *esprit médiocre*, *fortune médiocre*, *beauté médiocre*. || Precedido de los adverbios *bien*, *fort*, *etc*, significa ménos que mediano, medianillo, en la acepcion irónica de nuestra lengua: *c'est un esprit bien médiocre*, es un talento medianillo, adocenado. || *Médiocre* es tambien sustantivo masculino: *ouvrage au-dessous du médiocre*, obra ménos que mediana.

**MÉDIOCREMENT**, adv. *mediocremán*. Medianamente, pasaderamente.

**MÉDIOCRITÉ**, f. *mediocrité*. Medianía, estado, cualidad de lo mediano. || Medianía, fortuna que es un medio entre la opulencia y la pobreza. || fam. Medianía, insuficiencia, pobreza de talento. || Moderacion, regla, justo medio, en sentido moral.

**MÉDIONNER**, a. *medioné*. Arq. Compensar, tomar el medio cuando se trabaja á destajo.

**MÉDIPONTIN**, m. *medipontén*. Puente de cuerdas.

**MÉDIQUE**, adj. *medic*. Médico, meda, perteneciente á los Medos.

**MÉDIRE**, n. *medír*. Murmurar, decir mal de otro por indiscrecion ó por malicia.

**MÉDISANCE**, f. *medisáns*. Maledicencia, murmuracion, detraccion. || Calumnia, falso testimonio que se levanta á cualquiera.

**MÉDISANT, E**, m. y f. *medisán*. Maldiciente, murmurador, el que tiene la costumbre de murmurar.

**MÉDITATIF, IVE**, adj. *meditatif, iv*. Meditativo, contemplativo, que es inclinado á la meditacion.

**MÉDITATION**, f. *meditasión*. Meditacion, discurso, reflexion, aplicacion del pensamiento á la consideracion profunda de alguna cosa. || Meditacion, escrito sobre algun asunto místico ó filosófico. || Meditacion, oracion mental.

**MÉDITER**, a. *medité*. Meditar, discurrir, reflexionar sobre alguna cosa y examinarla con madurez. || n. Meditar, buscar medios ó recursos en la imaginacion, ideal como hacer alguna cosa. || Meditar, estar discurriendo consigo mismo. || Meditar, pensar atentamente en alguna cosa: *méditer sur une question, sur une difficulté*. || Meditar, estar en contemplacion religiosa, hacer oracion mental.

**MÉDITERRANÉ, ÉE**, adj. *mediterrané*. Mediterráneo, que está en medio de tierras, en lo interior de un pais: *ville, provinces méditerranées*. || f. *La Méditerranée*, el Mediterráneo, mar que comunica con el Océano por el estrecho de Gibraltar.

**MÉDIUM**, m. *médiom*. Medio, corte, sesgo que se toma en algun negocio. || Bot. Planta astringente de que hay varias especies.

**MÉDIUSCULES**, f. pl. *mediuscúl*. Versalitas, letras de imprenta intermediarias entre las de caja baja y las versales.

**MÉDOC**, m. *medóc*. Guijarro transparente y brillante que se halla en el pais de Medoc. || Medoc, famoso vino de este pais.

**MÉDON**, m. *medón*. Hidromel vinoso. V. HYDROMEL.

**MÉDONNER**, a. *medoné*. Dar mal, equivocarse al repartir las cartas en el juego.

**MÉDRÈSE**, f. *medrés*. Academia y colegio del sultan contiguos á la mezquita.

**MÉDULLAIRE**, adj. *medulér*. Anat. Medular, que pertenece á la médula ó tiene su naturaleza.

**MÉDULLE**, f. *medúl*. Bot. Médula de los vegetales leñosos.

**MÉDULLEUX**, **EUSE**, adj. *meduleu*, *eus*. Meduloso, lleno de médula.

**MÉDULLIENS**, m. pl. *medulién*. Medulianos, antiguos habitantes de Saboya.

**MÉDULLINE**, f. *medulin*. Bot. Medulina, médula de ciertos vegetales.

**MÉDUSA**, f. *medúsa*. Bot. Medusa, árbol de la Cochinchina, cuyo fruto, cubierto de pelos largos, tiene relacion con las serpientes que los poetas fingen habia en la cabeza de Medusa.

**MÉDUSAIRE**, adj. *medusér*. Medusario, parecido á una medusa.

**MÉDUSANE**, f. *medusán*. Bot. Medusana, árbol de las Grandes Indias.

**MÉDUSE**, f. *medús*. Hist. nat. Medusa, molusco pólipo zoófito. || Mit. Medusa, una de las tres Gorgónides, cuya cabeza, cortada por Perseo, tenia la virtud de petrificar á cuantos la miraban.

**MÉDUSER**, a. *medusé*. met. Petrificar, pasmar.

**MÉDUSIDÉ**, **ÉE**, adj. *medusidé*. Que se parece á una medusa. || *Médusidées*, f. pl. Medusídeos, acalefos cuyo tipo es el género medusa.

**MEERSCHAUM**, m. *meerschóm*. Espuma del mar que se pega á las plantas marítimas.

**MÉESIE**, f. *meesí*. Bot. Meesia, género de musgos.

**MÉFAIRE**, n. ant. *mefér*. Jurisp. Malhacer, causar perjuicio. || Hacer mal, cometer una mala accion, obrar torcidamente, contra el buen órden y las leyes.

**MÉFAIT**, m. *mefé*. Malhecho, mala accion, tuerto, sinrazon, delito, crímen. Solo se usa en el estilo cómico ó en el satírico.

**MÉFIANCE**, f. *mefiáns*. Desconfianza, falta de confianza, tendencia á sospechar, á recelar, temor habitual de ser engañado.

**MÉFIANT**, **E**, adj. *mefián*. Desconfiado, suspicaz, receloso.

**MÉFIER (SE)**, r. *mefié*. Desconfiar, recelar, sospechar ó pensar mal de otros. || *Se méfier de quelqu'un*, no fiarse de ó en alguno.

**MÉGABYSES**, m. pl. *megabís*. Mit. Megabisos, sacerdotes eunucos de Diana.

**MÉGACÉPHALE**, f. *megasefál*. Zool. Megacéfalo, género de insectos coleópteros. || adj. Megacéfalo, de gran cabeza. || Bot. Megacéfalo, cuyas flores están reunidas en bolas gruesas.

**MÉGACÈRE**, adj. *megasér*. Zool. Megácero, de grandes cuernos.

**MÉGADERME**, m. *megadérm*. Zool. Megadermo, mamífero carnívoro.

**MÉGALANTHE**, adj. *megalánt*. Bot. Megalanto, de flores grandes.

**MÉGALANTHROPOGÉNÉSIE**, f. *megalantropogenesí*. Megalantropogenesia, pretendido arte de procrear hijos de genio, de talento, etc.

**MÉGALARTIES**, f. pl. *megalartí*. Antig. gr. Megalarcias, fiestas de Céres.

**MÉGALASCLÉPIADES**, f. pl. *megalasclepiád*. Megalasclepiadas, fiestas en honor de Esculapio.

**MÉGALÉSIES**, f. pl. *megalesí*. Antig. rom. Megalesias, fiestas en honor de Cibeles.

**MÉGALOCARPE**, adj. *megalocárp*. Bot. Megalocarpo, de frutos grandes.

**MÉGALOCHIRE**, adj. *megaloquír*. Hist. nat. Megaloquiro, de manos grandes.

**MÉGALOGRAPHE**, m. *megalográf*. Megalógrafo, el que se dedica á la megalografía.

**MÉGALOGRAPHIE**, f. *megalografí*. Megalografía, arte de pintar y retratar al vivo los grandes sucesos, como batallas, sitios.

**MÉGALOGRAPHIQUE**, adj. *megalografíc*. Megalográfico, que se refiere á la megalografía.

**MÉGALOMÈTRE**, adj. *megalométr*. Bot. Megalómetro, cuyo cáliz está dividido en muchas partes.

**MÉGALONYX**, m *megaloníos*. Hist. nat. Megalonix, corpulento animal fósil.

**MÉGALOPE**, f. *megalóp*. Zool. Megalopo, especie de pescados. || Género de insectos.

**MÉGALOPHONIE**, f. *megalofoní*. Med. Megalofonía, aumento de la voz. || Vociferacion de un enfermo.

**MÉGALOPHRYDE**, m. *megalofríd*. Zool. Megalófrido, género de reptiles batracianos.

**MÉGALOPORE**, adj. *megalopór*. Hist. nat. Megalóporo, que tiene poros muy grandes.

**MÉGALORHIZE**, adj. *megaloríz*. Bot. Megalorizo, que tiene grandes raíces.

**MÉGALOSAURE**, m. *megalosór*. Zool. Megalosauro, género de reptiles fósiles de Inglaterra.

**MÉGALOSPERME**, adj. *megalospérm*. Megalospermo, que tiene frutas grandes.

**MÉGALOSPLANCHNIE**, f. *megalosplancní*. Med. Megalosplancnia, tumor en las vísceras abdominales.

**MÉGALOSPLÉNIE**, f. *megalospleni*. Med. Megalosplenia, inflamacion del bazo sin dureza.

**MÉGALOTE**, adj. *megalót*. Zool. Megalotes, que tiene grandes orejas. || m. Especie de perro de África.

**MÉGALURE**, m. *megalúr*. Zool. Megaluro, género de aves.

**MÉGAMÈTRE**, m. *megamétr*. Megámetro, instrumento para medir las distancias. || Astr. Instrumento para medir la distancia de los astros entre sí. || Instrumento para determinar las longitudes en el mar.

**MÉGANTHE**, adj. *megánt*. Bot. Meganto, que tiene grandes flores.

**MÉGARDE**, f. *megárd*. Inadvertencia, descuido, error. || *Par mégarde*, loc. adv. Inadvertidamente, por descuido, por falta de atencion. *Il a brisé ce verre par mégarde*, ha roto este vaso inadvertidamente. || Esta voz no puede emplearse sin el *par*.

**MÉGARE**, m. *megár*. Antig. gr. Mégaro, templo grande. || Paraje donde se inmolaban los cerdos durante las Tesmoforias. || Mégaro, piedra llena de conchas fósiles.

**MÉGARÉEN**, **NE**, adj. y s. *megareén*, *én*. Megarense, de Megara.

**MÉGARIEN**, adj. m. *megarién*. Zoilo, crítico, mordaz, burlon, maldiciente.

**MÉGARIQUE**, adj. *megaríc*. Megárico, concerniente á Megara y á la escuela fundada en esta ciudad por Euclídes.

**MÉGASCOPE**, m. *megascóp*. Megascopio, instrumento óptico que agranda mucho los objetos y los hace ver con exactitud.

**MÉGASTACHYE**, f. *megastaquí*. Bot. Megastaquia, planta silvestre.

**MÉGASTACHYÉ**, **ÉE**, adj. *megastaquié*. Bot Megastaquiado, que tiene las flores dispuestas en grandes espigas.

**MÉGASTOME**, adj. *megastóm*. Megástomo, que tiene una boca muy ancha y una grande abertura, refiriéndose á conchas.

**MÉGATHÈRE** ó **MÉGATHÉRIUM**, m. *megatér*, *megatériom*. Zool. Megaterio, mamífero de colosales dimensiones.

**MÉGER**, m. *megé*. Aparcero, el que parte con otro el producto de la esplotacion de una tierra.

**MÉGÈRE**, f. *megér*. Mit. Megera, una de las Furias. || met. y fam. Megera, diabla, furia infernal, mujer frenética y de insufrible condicion.

**MÉGERIE**, f. *megerí*. Aparcería, granjería agrícola á medias.

**MEGG**, m. *még*. Meg, arma ofensiva de los Turcos, especie de venablo ó lanza arrojadiza.

**MÉGIE**, f. *megí*. Guantería, arte de curtir y zurrar las pieles para guantes, arte de preparar en blanco las pieles de gamuza y otras delicadas, ablandándolas y disponiéndolas para diversos usos.

**MÉGIR**, a. *megír*. Art. Curtir, zurrar, adobar, preparar en blanco, ablandar pieles para guantes y otros usos.

**MÉGISSER**, a. *megisé*. Art. Adobar pieles finas.

**MÉGISSERIE**, f. *megisrí*. Tenería, sitio donde se curten las pieles. || Tenería, comercio, tráfico de curtidos. || Oficio de curtidor.

**MÉGISSIER**, m. *megisié*. Curtidor, zurrador, el que prepara y curte pieles delicadas, como de carnero, de ternera, etc., á diferencia del *corroyeur* y del *pelletier*, que preparan pieles ménos finas y destinadas á otros usos.

**MÈGLE** ó **MEIGLE**, f. *mégl*. Agr. Especie de azadon.

**MÉGOUVERNEMENT**, m. *meguvernmán*. Desgobierno, mal gobierno.

**MÉGOUVERNER**, a. *meguverné*. Gobernar mal.

**MÈGUE**, m. *még*. El suero.

**MÉGUIDER**, a. *meguidé*. Guiar mal, desviar del camino.

**MÉHAIGNER**, a. *meheñé*. Legis. ant. Mutilar, hacer impotente.

**MÉHENBÉTÈNE**, f. *meenbetén*. Bot. Meenbeteno, fruto llamado tambien avellana de Indias.

**MEHERCULE**, interj. *meércule*. Hércules conmigo, Hércules me ayude, por Hércules. Es un juramento de los antiguos.

**MEIBOMINE**, f. *mebomín*. Anat. Meibominia, secrecion de las glándulas palpebrales.

**MEIGLE** ó **MÈGLE**, f. *mégl*. Agr. Azadon, azada grande para cavar.

**MEIL**, m. *méil*. Meil, peso de Suecia, equivalente á un kilógramo.

**MEILLEUR**, **E**, adj. *melleur*. Mejor (comparativo de bueno), que es superior á lo bueno, con mayor grado de bondad que la persona ó cosa á que se compara. Precedido del artículo *le*, es superlativo. *C'est le meilleur homme du monde*, es el mejor hombre del mundo. || Es tambien sustantivo. *Le meilleur de l'affaire*, *le meilleur du compte est que*, lo mejor del negocio, lo mejor del cuento, es que. || fam. *Boire*, *tirer du meilleur*, beber del mejor vino, del mas superior.

**MÉIONITE**, f. *meioníl*. Miner. Meyonita, piedra volcánica blanca.

**MEIRIN**, m. *merín*. Merino, especie de alcalde.

**MEISTRE**, m. *méstr*. Mar. Palo mayor, árbol mayor en las embarcaciones dotadas con velas latinas.

**MÉJUGER**, a. *mejugé*. Juzgar mal de los otros. || Equit. *Se méjuger*, r. Alcanzarse el caballo, poniendo los piés mas adelantados que las manos. Dícese tambien del ciervo.

**MÉLAC**, m. *meldc*. Miner. Estaño procedente del Perú, en forma de sombrero.

**MÉLADERMIE**, f. *meladermí*. Med. Meladermia, ictericia negra.

**MÉLADERMIQUE**, adj. *meladermic*. Meladérmico, concerniente ó relativo á la meladermia.

**MÉLADOS**, m. pl. *meladós*. Caballos albaneses ó de la Albania.

**MÉLÆNA**, f. *meléna*. Med. Vómito negro, enfermedad negra. || Bot. Melena, especie de anémona.

**MÉLÆNAGOGUE**, adj. y s m. *melenagógue* Melenagogo, sedice de un medicamento propio para expulsar la atrabilis ó cólera negra.

**MÉLÆNORRAGIE**, f. V. **MÉLÆNA**.

**MÉLAGASTRE**, m. *melagástr*. Zool Melagastro, pescado del género labro.

**MÉLAGE**, m. *melage* Coordinacion, alineamiento de muchas especies de papel, ántes de procederse al encolado.

**MÉLAGRORIPHE**, m. *melagrorif*. Zool. Melagrorifo, especie de pavo negro, ave pequeña.

**MÉLAÏNOCOME**, adj. *melainocóm*. Melainocomo, calificacion de un ingrediente propio para teñir los cabellos.

**MÉLALOME**, adj. *melalóm*. Bot. Melalomo, que está bordado de una franja negra

**OPÉTALIE**, f. *monopetalí*. Bot. talia, estado de una planta cuya co-monopétala.

**OPHAGE**, m. y f. *monofáge*. Monó- que come solo ó con su familia, sin á ninguna otra persona. Úsase tam-mo adjetivo.

**OPHAGIE**, f. *monofagí*. Med. Mo-enfermedad durante la cual se tiene ion á comer de una sola cosa.

**OPHTHALME**, adj. *monoftálm*. onoftalmo, que no tiene mas que un | Monoftalmo, pescado de las Indias as.

**OPHYLLE**, adj. *monofíl*. Bot. Mo-epíteto que se da al cáliz que está de una sola pieza.

**OPODE**, adj. *monopód*. Zool. Monó- se tiene un solo pié. || m. Monópodo, o atacado de monopodia.

**OPODIE**, f. *monopodí*. Anat. Mono-onstruosidad que consiste en tener pié.

**OPODIEN**, **NE**, adj. *monopodién*, opodiano, se dice de los monstruos on un solo pié.

**OPOLE**, m. *monopól*. Monopolio, exclusivo, hecho en virtud de un pri-ya sea por una sola persona, ya por s. || Garrama, nuevo impuesto so-géneros. || Monopolio, convenio ho-e los mercaderes de vendor á un determinado los géneros.

**OPOLER**, a. V. MONOPOLISER.

**OPOLEUR**, m. *monopoleur*. Mono-agavillador, el que ejerce el mono-

**OPOLISANT**, **E**, adj. *monopolisán*. lista, que disfruta de un monopolio.

**OPOLISATEUR**, **TRICE**, adj. *mo-iseur*, *tris*. Monopolizador, que pro-establecer monopolios.

**OPOLISATION**, f. *monopolisasión*. ización, accion de agavillar mer-con la intencion de establecer un o.

**OPOLISER**, a. *monopolisé*. Mono-poner entre las manos de uno solo de una mercancía. || Monopolizar, monopolio.

**OPSE**, adj. *monóps*. Zool. Monopso, un solo ojo.

**OPTÈRE**, adj. *monoptér*. Arq. Mo-que no tiene mas que una fila de . Se dice principalmente de un edi-ndo sostenido por columnas, sin *temple monoptère*.

**OPTÉRYGIEN**, **NE**, adj. *monopte-n*. Ictiol. Monopterigio, que tiene aleta.

**-RABON**, m. *monorabón*. Mono-pecie de mono del género saqui.

**RCHIDE**, adj. *monorchíd*. Bot. ide, que tiene un solo tubérculo. || nórquido, que no tiene mas que un , ya sea de nacimiento, ya por ha-rivado de ellos accidentalmente. || no sustantivo.

**RIME**, m. *monorim*. Lit. Monorri-) poética cuyos versos tienen todos rima.

**SITIE**, f. *monosisí*. Monosicia, o de no hacer mas que una sola co-ida.

**SOME**, m. *monosóm*. Anat. Monó-onstruo que tiene un cuerpo y dos

**SOMIE** ó **MONOSOMATIE**, f. *mo-monosomasí*. Anat. Monosomia ó acia, monstruosidad del monó-

**SOMIEN**, **NE**, adj. *monosomién*, somio, se dice del monstruo que cuerpo y dos cabezas.

**SPERMATIQUE**, adj. *monosper-*. Monospermático, que tiene una la.

**SPERME**, adj. *monospérm*. Bot. mo, se dice del fruto que tiene un o.

**SPERMIE**, f. *monospermí*. Bot. mia, estado de una planta cuyos contienen mas que un grano.

**MONOSTICHE**, adj. y s. *monostíche*. Lit. Monóstico, que no tiene mas que un verso. || sust. *Un monostiche ó un monostique*, un epigrama contenido en un solo verso.

**MONOSTIGMATÉ**, **ÉE**, adj. *monostig-maté*. Bot. Monostigmático, epíteto dado á la planta de un ovario.

**MONOSTIGMATIE**, f. *monostigmasí*. Bot. Monostigmacia, estado de una planta cuyas flores tienen un solo ovario.

**MONOSTIQUE**, m. *monostic*. Lit. Monóstico, epigrama, inscripcion de un solo verso.

**MONOSTYLE**, adj. *monostil*. Bot. Monostilo, epíteto que se da al ovario que tiene un solo estilo.

**MONOSYLLABE**, m. *monosiláb*. Gram. Monosílabo, palabra de una sola sílaba. || adj. Monosílabo, que no tiene mas que una sílaba.

**MONOSYLLABIQUE**, adj. *monosilabic*. Monosilábico, se dice de los versos que se componen de monosílabos. Se dice tambien de los versos de una sola sílaba.

**MONOSYLLABISME**, m. *monosilabism*. Monosilabismo, manía de los que no hablan sino con monosílabos.

**MONOTHÉIQUE**, adj. *monoteíc*. Monotéico, que pertenece al monoteismo.

**MONOTHÉISME**, m. *monoteísm*. Monoteismo, adoracion de un solo Dios.

**MONOTHÉISTE**, m. *monoteíst*. Monoteista, el que adora un solo Dios. || adj. Monoteista, que pertenece ó es relativo al monoteismo.

**MONOTHÉLISME**, m. *monotelism*. Monotelismo, doctrina predicada por Teodoro, obispo árabe, el cual admitia en Jesucristo dos naturalezas con una sola voluntad.

**MONOTHÉLITE**, adj. *monotelit*. Monotelita, conforme á la doctrina del monotelismo. Úsase tambien como sustantivo.

**MONOTONE**, adj. *monotón*. Monótono, que es casi siempre del mismo tono, que no tiene variedad en el canto, en la declamacion, etc. || met. Monótono, que es demasiado uniforme, v. gr. en el estilo, en las cláusulas, etc.; que no tiene variedad: *vie monotone, style monotone, plaisir monotone*.

**MONOTONÉMENT**, adv. *monotonemán*. Monótonamente, de una manera monótona.

**MONOTONIE**, f. *monotoní*. Monotonía, uniformidad, igualdad fastidiosa de tono en la conversacion, en la recitacion oratoria, en la música. || met. Monotonía, uniformidad, falta de variedad en el estilo, etc. || Pint. Se dice en sentido propio cuando un color domina. || Por extens., manera de vivir que es siempre la misma.

**MONOTOQUE**, f. *monotóc*. Bot. Monótoca, género de brezos de la Nueva Holanda.

**MONOTRIGLYPHE**, adj. *monotriglif*. Arq. Monotriglifo, espacio de la anchura de un triglifo entre dos columnas.

**MONOTROPE**, f. *monotróp*. Bot. Monótropa, género de plantas de la América.

**MONOXYLE**, adj. *monocsil*. Monóxilo, calificacion de los barcos de una sola pieza.

**MONS**, m. *móns*. Abreviatura de la palabra *monsieur*, señor. Se dice por desprecio.

**MONSEIGNEUR**, m. *monseñeur*. Monseñor, mi señor, título que se da en Francia á algunas personas distinguidas por su nacimiento ó por su dignidad, v. gr. á los príncipes, mariscales, arzobispos y obispos, etc. || Dicho absolutamente, *Monseigneur* significaba el Delfin. || En el plural se dice *Messeigneurs*, ya hablando, ya escribiendo colectivamente á dos ó mas de dichas personas.

**MONSEIGNEURISER**, a. *monseñeurisé*. Miseñorear á alguno, llenarle de señorías, encajarle señorías y mas señorías. || Dar á alguno el título de Monseñor. Se dice jocosamente.

**MONSIEUR**, m. *mosieu*. Señor, título, tratamiento que se da por cortesía á aquel á quien se habla ó escribe; y tambien se dice hablando de alguno. || *Monsieur* en principio de carta equivale á muy señor mio. || *Faire le monsieur*, echarlas de señor, darse tono. || *Devenir gros monsieur*, hacerse rico, hacer fortuna. || *Monsieur le préfet*, el señor prefecto. *Monsieur un tel*, el señor fulano. || *Monsieur*, dicho absolutamente, significaba el hermano mayor del rey de Francia; y los criados llaman así al amo de la casa. || *Messieurs* es el plural de *monsieur*, y en las cartas equivale á muy señores mios ó nuestros.

**MONSONIE**, f. *monsoní*. Bot. Monsonia, género de plantas del Cabo.

**MONSTERCULLE**, m. *monstercél*. Monstercolo, variedad de tulipan.

**MONSTRE**, m. *móntr*. Monstruo, animal que tiene una conformacion contra la naturaleza; y en general todo produccion organizada contra el órden comun de la naturaleza. || met. Monstruo, hombre cruel, desnaturalizado. || Monstruo, persona, cosa, animal enorme || *Monstres marins*, monstruos marinos, los grandes cetáceos. || MONSTRE, adj. Prodigioso, enorme, extraordinario. Es familiar.

**MONSTRÉE**, f. *monstré*. Jurisp. ant. Exhibicion de una herencia en virtud de la órden del juez.

**MONSTRUEUSEMENT**, adv. *monstrueusmán*. Monstruosamente, prodigiosamente, excesivamente, de un modo monstruoso, prodigioso.

**MONSTRUEUX**, **EUSE**, adj. *monstrueu*, *eus*. Monstruoso, disforme, prodigioso, extraordinario. || Que es contrario al órden de la naturaleza. Se dice tanto en lo físico como en lo moral. || Blas. Monstruoso, se dice de un animal que se representa con una parte que corresponde á otro de diferente género.

**MONSTRUOSITÉ**, f. *monstruosité*. Monstruosidad, toda alteracion del tipo específico en cualquier género de animales. || met. Monstruosidad, carácter de ciertas acciones muy criminales.

**MONT**, m. *món*. Monte, cerro, masa de tierra que se eleva sobre el nivel del terreno que le cerca. Casi nunca se dice solo, sino con un nombre propio, como *le mont Liban, le mont Etna, les monts Pyrénées*. || met. y fam. *Promettre des monts d'or ó monts et merveilles*, prometer montes de oro, el oro y el moro: ofrecer grandes ventajas. || *A mont*, loc. adv. Hácia arriba. || fam. *Mont pagnote*, otero, altillo desde donde se puede ver sin peligro un campamento, un combate. || *Monts*, pl. Los Alpes, en sentido absoluto.

**MONTAGASSE**, f. *montagás*. Zool. Nombre vulgar de la pega-reborda.

**MONTAGE**, m. *montáge*. Subida, accion de llevar alguna cosa de abajo arriba. || Gratificacion, salario que se paga por subir alguna cosa. || Subida, accion de ir agua arriba algun barco. || Art. *Montage de métier*, armadura de un telar. || met. y fam. *C'est un montage*, es un engaño, una trulanería, una mala jugada.

**MONTAGNARD**, **E**, adj. *montañár*. Montañes, serrano, que habita en las montañas, que ha nacido en ellas. Se dice de todo lo que es relativo á los habitantes de las montañas. Es tambien sustantivo: *les montagnards, c'est un montagnard*. || En tiempo de la Convencion se dijo de los miembros del partido llamado la Montaña.

**MONTAGNE**, f. *montáñ*. Montaña, sierra, monte. || *Chaîne de montagnes*, cadena ó cordillera de montañas. *Montagnes à réverbère*, montañas de reverbero, que reflejan los rayos del sol. || met. Montaña, monte, un grande monton de cualquier cosa. || Montaña, nombre del lugar que ocupaban los demócratas mas exaltados en tiempo de la Convencion francesa. = Los mismos miembros de la Convencion en sentido colectivo. || prov. *La montagne a enfanté une souris*, ha sido el parto de los montes: se dice cuando alguno para hacer una cosa insignificante ha metido mucho ruido. || prov. *La montagne en travail*, el parto de los montes.

**MONTAGNETTE**, f. *montañét*. Montañita, montaña pequeña.

**MONTAGNEUX**, **EUSE**, adj. *montañeu*, *eus*. Montañoso, lleno de montañas.

**MONTAIGNER**, n. ant. *montañé*. Elevarse como una montaña.

**MONTAIN, E**, adj. *montén, én.* Hist. nat. Montaraz y montano, que vive ó se cultiva en los montes.

**MONTANCE**, f. ant. *montáns.* Estimacion, valor de una cosa. || Altura, elevacion.

**MONTANINE**, f. *montanín.* Montanina, álcali que se encuentra en la corteza de una nueva especie de quinina llamada quinina de monte.

**MONTANISME**, m. *montaním.* Montanismo, doctrina enseñada en el siglo II por Montano, que se decia el consolador prometido por Jesucristo.

**MONTANISTE**, adj. *montaníst.* Montanista, que pertenece á la doctrina de Montano. || m. Montanista, partidario de la doctrina de Montano.

**MONTANT, E**, adj. *montán.* Montante, que sube. || *Bateau montant*, barco que sube ó va rio arriba. || Blas. Montante ó montado, epíteto que se da á las crecientes que tienen sus puntas hácia el jefe del escudo, y á las mariposas y abejas que vuelan hácia lo alto. || Mil. *Garde montante*, guardia entrante. || MONTANT, m. Montante, pieza de madera, de piedra ó de hierro que se pone verticalmente y á plomo en algunas obras de carpintería, de cerrajería, etc. || Importe, total, hablando de cuentas. *Voilà le montant de votre compte*, este es el importe de la cuenta de Vd. || Montante, lo espirituoso de un licor. *Vin qui a du montant*, vino que tiene fuerza ó vigor. || Vaho, tufo que se desprende de alguna cosa. || *Montants d'une croisée, d'une porte*, largueros de una ventana ó puerta.

**MONTASSIN**, m. *montasén.* Algodon, hilo de Levante.

**MONTBÉLIARD**, m. *monbeliár.* Especie de terliz ó tela para colchones.

**MONT-DE-PIÉTÉ**, m. *mondpieté.* Monte de piedad, establecimiento en que se presta dinero al tanto por ciento de interes sobre alhajas que se dejan en prendas.

**MONT-DE-VÉNUS**, m. *mondevénus.* Anat. Monte de Vénus, eminencia cubierta de vello que tienen las mujeres debajo del hipogastrio, encima de la vulva y delante de la pélvis.

**MONTE**, f. *mónt.* Monta, cópula del ganado caballar y de todos los animales cuadrúpedos. Tambien se entiende por el tiempo en que los machos cubren á las hembras. || m. Monte, herramientas en diferentes oficios.

**MONTÉ, ÉE**, adj. *monté.* Montado. *Être bien monté en chevaux, en meubles, en linge*, estar bien provisto de caballos, de muebles ó de ropa blanca. || *Être bien monté*, estar bien montado, tener un buen caballo. || fam. *Être monté*, estar de tal ó cual temple. || *Il est monté sur un ton plaisant*, se dice de un hombre que se chancea. || *Cheval haut monté*, caballo zanquilargo.

**MONTÉE**, f. *monté.* Cuesta, subida, declive ó pendiente de alguna colina ó montaña, ó rampa delante de algun edificio. || Subida, escala, escalera por donde se sube á algunos molinos de viento. || Subida, la accion de subir. || Altura de una bóveda. || Cetr. Subida, vuelo del halcon cuando se eleva por medio de caviones triangulares. || fam. *Faire sauter les montées à quelqu'un*, hacer que uno baje las escaleras rodando ó de cinco en cinco escalones: arrojar ignominiosamente á una persona de su casa.

**MONTER**, n. *monté.* Subir, trasladarse de un lugar á otro mas alto, subir á un árbol, á una casa, etc. || Subir, elevarse el humo, el vapor. || Subir, aumentar, crecer el mar. || Subir, montar á caballo. || met. Subir, ascender, obtener una colocacion ó empleo de mayor categoría. || Cetr. *Monter sur l'aile*, inclinarse el ave sobre un ala y elevarse á impulsos de la otra. || Mús. Subir, ir del grave al agudo. || Subir, llegar, estar una cosa en cierto punto. || Subir, aumentar el valor de los géneros. || *Monter à cheval*, montar á caballo, manejarle ó darle picadero. *Monter à cheval, monter un cheval* significa tambien montar á caballo, andar caballero, ir montado sobre un caballo. || *Monter à l'assaut*, dar el asalto á una plaza. || *Monter sur un vaisseau*, embarcarse. || *Monter en graine*, espigar, entallecer las plantas; y hablando de una mujer soltera, hacerse vieja y quedarse expuesta á no casarse. || *Monter en chaire*, subir al púlpito, predicar. || *Monter la garde*, entrar de guardia. || *Monter à la brèche*, subir por la brecha, asaltar la brecha. || met. *Monter au faîte des honneurs*, subir al pináculo, á la cumbre de los honores. || *Monter au trône*, subir al trono, llegar á ser rey. || prov. y met. *Monter sur ses grands chevaux*, tomar las cosas con altanería ó demasiada severidad. || *Monter sur ses ergots*, ponerse en uñas, alzar la voz: acalorarse, tomar un tono audaz. || *Monter aux nues*, ponerse en las nubes, encolorizarse. || *Monter ó se monter à*, subir, montar, ascender, importar, componer un total ó suma de tanto, hablando de cuentas: *ce compte monte ó se monte à mille francs.* || a. Subir, llevar cosas arriba, á un sitio alto. || Subir, levantar, ir levantando la voz en el canto; levantar una pared, una torre, etc. || Ensamblar, empalmar piezas de carpintería. || Montar, armar ó poner en su lugar las piezas de una máquina. || Montar, poner una casa ó establecimiento. || *Monter un vaisseau*, mandar un buque. || *Monter une pièce d'étain*, batir sobre las bigornias una pieza de estaño dándole la forma que requiere. || *Monter un diamant*, montar un diamante, ponerle en su mortaja. || *Monter une estampe*, montar un cuadro, poner marco á una estampa. || *Monter un métier*, montar ó armar un bastidor. || *Monter l'artillerie*, montar los cañones, ponerlos en sus cureñas. || *Monter une horloge, une montre*, dar cuerda á un reloj. || Mús. Templar, hablando de un instrumento, poner las cuerdas, etc. || met. y fam. *Monter une garde à quelqu'un*, poner las orejas calientes á alguno, darle una reprimenda. || *Monter la tête à quelqu'un*, calentar á uno, inspirarle alguna idea ó frenesí sobre cualquier objeto. || Úsase como pronominal en todas las acepciones del activo.

**MONTE-RESSORT**, m. *mont-ressór.* Art. Armador ó baja-muelles, instrumento para armar y desarmar una escopeta.

**MONTEUR**, m. *monteur.* Art. Engastador, el que engasta piedras finas. || fam. y pop. *C'est un monteur de coups*, es un trampista, un embustero, un hombre que usa de ardides y engaños para sacar dinero de cuantos puede.

**MONTÉZUMA**, m. *montesúma.* Bot. Montezuma, árbol grande de Méjico.

**MONTFAUCON**, m. *monfocón.* Art. Monfaucon, tamaño de una especie de papel.

**MONTFERRIN, E**, adj. y s. *monferén, ín.* Monferrino, de Monferrato en Italia. || *Montferrine*, f. Especie de baile italiano.

**MONTFORT**, m. *monfór.* Jard. Monforte, variedad de tulipan.

**MONTGOLFIÈRE**, f. *mongolfiér.* Mongolfiera, especie de globo aerostático que fué inventado en 1783 por Mongulfier.

**MONTICHICOU**, f. *montichicú.* Com. Montichicu, tela de seda y algodon de las Indias orientales.

**MONTICOLE**, adj. *monticól.* Hist. nat. Montícola, se dice de una planta ó de un animal que vive en las montañas. || m. Zool. Montícola, especie de ave.

**MONTICULAIRE**, f. *monticulér.* Zool. Monticularia, género de políperos.

**MONTICULE**, m. dim. de MONT. *monticúl.* Montecillo, pequeña montaña aislada.

**MONTIER**, m. ant. *montié.* Celda de fraile. || Convento. || Iglesia.

**MONTIFRINGILLE**, m. *montifrengill.* Zool. Montifringilo, especie de ave.

**MONTINE**, f. *montín.* Especie de juego que equivale al de la lotería.

**MONTINIE**, f. *montiní.* Bot. Montinia, género de plantas onagrarias.

**MONT-JOIE**, f. ant. *monjuá.* Monton de piedras puestas en un lugar confusamente y sin órden para marcar los caminos, ó en señal de alguna victoria ó de cualquier otro suceso importante. || Monton, cúmulo de cosas en un mismo sitio. || Eminencia, altura que indicaba la sepultura de personas distinguidas. || Grito de guerra de que usaban antiguamente los Franceses [illegible] *Mont-joie Saint-Denis!* [illegible] tro antiguo grito de guerra: [illegible] ra España! || Se da en [illegible] *Mont joie* el primer heraldo [illegible]

**MONT-JOLI**, m. *monjolí.* [illegible] especie de salvia.

**MONTOIR**, m. *montuár.* [illegible] yo que suele haber en las [illegible] puertas de las casas para [illegible] en las caballerías. *Le côté* [illegible] lado de montar, el lado [illegible] ballo. *L'étrier du montoir* [illegible] montar.

**MONTOUCHI**, m. [illegible] taqui, especie de alcornoque [illegible]

**MONT PAGNOTE**, m. [illegible] nencia, altura, sitio elevado [illegible] ra lo que pasa sin peligro [illegible]

**MONTRABLE**, adj. [illegible] ble, que se puede mostrar.

**MONT-RACHET**, m. [illegible] de vino de Borgoña.

**MONTRE**, f. *móntr.* Muestra [illegible] alguna tela, ó porcion [illegible] mercadería para reconocer [illegible] Muestra, lo que los mercaderes [illegible] lante de sus tiendas para [illegible] son los géneros que tienen [illegible] tra, diseño ó modelo de [illegible] dar á entender lo que [illegible] tra, la parte extrema del [illegible] ne la señal del fabricante. || [illegible] de de tropa: hoy se dice [illegible] Muestra, revista, mes [illegible] de las tropas que se [illegible] mensual. || Muestra, tela ó [illegible] cado de caballerizas. || Muestra [illegible] Hablando de un órgano [illegible] ñones de estaño que están [illegible] || Muestra, pompa, grandeza [illegible] funcion. || Muestra, reloj [illegible] triquera. || *Montre marine* [illegible] loj que está construido con [illegible] que sirve para averiguar [illegible] gitudes. || *Montre à répétition* [illegible] peticion. || *Montre à réveil* [illegible] met. *Faire montre à* [illegible] alarde ú ostentacion de. || [illegible] qu'un à la montre, [illegible] cerca.

**MONTRER**, a. *montré.* [illegible] festar ó exponer á la vista [illegible] trar, señalar, indicar. || [illegible] tar, dar á conocer, hacer ver [illegible] nifestar una afeccion, un [illegible] fingido. || *Montrer un visage* [illegible] *triste*, manifestar una cara [illegible] Mostrar, hacer conocer, [illegible] enseñar alguna ciencia ó arte [illegible] *Montrer les dents à quelqu'un* [illegible] dientes á alguno: hacerle [illegible] teme. || *Montrer les talons* [illegible] lones: huir, retirarse [illegible] *Montrer le cul*, [illegible] cuando alguno no sale con [illegible] presa, sea por falta de [illegible] || *Montrer à quelqu'un* [illegible] conocer á alguno en [illegible] necedad. || met. *Montrer le* [illegible] *tres*, enseñar el camino á [illegible] alguna cosa que los demas [illegible] met. *Montrer quelqu'un au* [illegible] á alguno con el dedo: [illegible] te de él. *Il se fait montrer* [illegible] ce señalar con el dedo: [illegible] bre que con su conducta [illegible] hace que todos se burlen de [illegible] *trer la porte à quelqu'un*, [illegible] á alguno: hacer señal á [illegible] está descontento, que se [illegible] cuarto. || *Montrer à vivre* [illegible] señar á vivir á alguno: [illegible]

**MONTREUR**, m. [illegible] el que muestra.

**MONTUEUX**, [illegible] Montuoso, quebrado, [illegible] montañas y colinas.

**MONTURAL**, m. [illegible] medida.

**MONTURE**, f. *montúr.* Caballería, bestia de carga ó [illegible] dura, montura, lo que sirve [illegible] sostener y fijar las piezas [illegible]

a. || La obra y el precio del trabajar ó ensamblar una cosa. || *Monride*, montura del freno ó bocajure de fusil, caja de escopeta. || *l'éventail*, varillaje de un abanijure de scie, ballesta ó capo de *fonture d'un diamant*, engaste mante.

…ENT, m. monumán. Monumenáblico, como estatua, inscripcion, hecha para memoria de alguna …ica ó otra cosa singular. || Monumalo, sepulcro. || Monumento, obra de literatura, de ciencias, de ar- … lo que es digno de pasar á la …; y en este sentido son bellos mo… las obras de Homero, y muchos …s, piezas, escritos historicos, etc., …n quedado de los antiguos.

…ENTAL, E, adj. *monumantál*. …al, que pertenece, tiene relacion …naturaleza de los monumentos. || …al, grandioso, duradero.

…CUS, m. *monicus*. Mit. Monico, …uya fuerza era tal, que arrancaba …s y los lanzaba como flechas.

…C, m. *monsác*. Monzaco, especie …ucn.

…ABLE, adj. *mocábl*. Burlesco, …urla.

…, m. *moc*. Mar. Moton ó cuader… vigota ciega, telera ó liebre de …aldana, especie de garrucha. || …mo que moquerie, burla.

…R (SE), r. *moqué*. Burlarse, …car burla. || Burlarse, despreciar, … que no se hace caso de alguna … de alguna cosa. || Burlarse, chan… decir ó a… hacer alguna cosa con … ó de veras. || Burlarse, divertir … promesas || prov. *Se moquer de …illée*, no temer ni deber. || *Vous …mez, vous vous moquez de moi*, …ria, Vd. se burla de mí. Tiene el …ogio, y tambien equivale á decir : …ata con cumplimiento. || *Je m'en …* me da cuidado, me rio de ello.

…RIE, f. *mocrí*. Burla, risa, mofa …o. || Disparate, despropósito, ma-

…ETTE, f. *moquét*. Moqueta, espe… de lana. || Burla, broma. || Aña… coger pájaros.

…UR, EUSE, adj. y s. *moqueur*, …n, zumbon, fisgon.

…UR, m. *moqueur*. Zool. Burlon, … tordo de América. || Burlon, es…urpiante.

…EREAU, m. *mocuesó*. Especie de …ncs.

…BITE, m. *morabit*. Morabita, es… religioso ó ermitaño mahometano.

…BITIN, m. *morabitén*. Morabitino, … los Moros de España.

…AILLER, a. *moraillé*. Vet. Coger con … acial. || *Morailler le verre*, … vidrio con unas tenazas.

…AILLES, f. pl. *morall*. Vet. Acial, …to para sujetar las caballerías por …quarter ó por la nariz á fin de ber…caraties alguna operacion. || Espe…nazo de hierro para alargar el vi-

…AILLON, m. *moraillón*. Pestillo de …pa de cofre ó arca.

…INE, f. *morén*. La lana peladiza …nado de la cal se quita de las pie…ganado lanar. || Gusanillos que se …el orificio de las caballerías que lo… …odo. || Monton de pedazos de rocas … cerca de las orillas ó al pié de lo… …andes ventisqueros.

…L, E, adj. *morál*. Moral, que per… las costumbres. || Moral, que tiene …os, principios y una conducta con… la moral. || *Évidence, certitude* …evidencia, certeza moral, certeza …ye toda duda racional. || *Preuves, …ations morale*, prueba, demostra…dada no sobre hechos y cálculos, … argumentos que presentan gran… probabilidades. || *Ce livre, ce discours … moral*, este libro, este discurso … una moral muy sana. || *C'est un homme très-moral*, es un hombre de muy buenas costumbres. || *Intérêts moraux*, intereses morales, los que no son puramente materiales. || MORAL, m. Moral, conjunto de nuestras facultades morales. || *Morale*, f. Moral, ciencia de las costumbres, que enseña á huir del mal y hacer el bien. || Moral, el conjunto de principios y nociones sobre el deber, el mérito, el bien. || Moral, tratado de moral. || Moral, reprension, repulsa : *faire une morale, une bonne morale à quelqu'un*.

**MORALEMENT**, adv. *moralmán*. Moralmente, segun las reglas de la moral. || *Vivre moralement bien*, vivir segun las solas luces de la razon. || *Cela est moralement impossible*, eso es moralmente imposible, imposible verosímilmente, segun las reglas de la certeza moral. En el mismo sentido se dice *moralement parlant*.

**MORALISATEUR, TRICE**, adj. *moralisateur, tris*. Moralizador, que es propio para moralizar.

**MORALISATION**, f. *moralisasión*. Moralizacion, accion de hacer moral, de dar principios morales.

**MORALISER**, n. *moralisé*. Moralizar, hacer reflexiones, disertaciones, lecciones morales. || met. Moralizar, servir de leccion moral. || a. Moralizar, hacer moral á alguno, exhortarle á que reforme sus costumbres. || fam. Reprender : *faire de la morale* ó *une morale à quelqu'un*. || Glosar, criticar. || *Se moraliser*, r. Moralizarse, reformar alguno sus costumbres. || Hacerse reflexiones recíprocamente dos personas : *ces deux personnes se moralisent sans cesse*.

**MORALISEUR, EUSE**, m. y f. *moraliseur, eus*. Moralizador : tómase por glosador, fisgon, criticador.

**MORALISME**, m. *moralism*. Moralismo, todo sistema de filosofía que se dedica exclusivamente á la moral. || Moralismo, creencia religiosa de las personas que dejan á un lado los dogmas y aun el mismo culto, para no ocuparse mas que de las buenas obras. || Moralismo, la moral ó su efecto.

**MORALISTE**, m. *moralist*. Moralista, el escritor que trata de las costumbres, que escribe sobre moral. || Moralista, el que enseña la moral. || Moralista, se toma tambien en el sentido de *moraliseur*.

**MORALITÉ**, f. *moralité*. Moralidad, reflexion moral. || Moralidad, sentido moral de una fábula, apólogo, parábola. || Moralidad, objeto moral de un poema, de una pieza de teatro, de una obra literaria. || Moralidad, carácter moral, principios, costumbres de una persona.

**MORASSE**, f. *morás*. Pantano, barranca.

**MORATEUR**, m. *morateur*. Antig. Morador, oficial empleado en las carreras del circo, cuyo cargo era impedir que los corredores saliesen ántes de la señal. || Morador, el que alarga un negocio.

**MORATOIRE**, adj. *moratuár*. Moratorio, que concede plazo, que da tiempo.

**MORAVE**, adj. y s. *moráv*. Moravo, de la Moravia.

**MORBEUX, EUSE**, adj. *morbeu*, *eus*. Morboso, enfermo ó que causa enfermedad.

**MORBIDE**, adj. *morbíd*. Pint. y Esc. Mórbido, se dice de lo blando y suave de las carnes de una figura. || Med. Mórbido, que padece enfermedad ó la ocasiona. *Affection morbide*, afeccion mórbida, que caracteriza una enfermedad.

**MORBIDESSE**, f. *morbidés*. Pint. y Esc. Morbidez, blandura ó suavidad de las carnes de una figura, sobre todo en las carnes de mujeres y de niños.

**MORBIEU**, interj. V. MORBLEU.

**MORBIFIQUE**, adj. *morbific*. Med. Morbífico, que pertenece á las enfermedades ó las causa.

**MORBILLEUX, EUSE**, adj. *morbilleu*, *eus*. Med. Morbilloso, que depende del sarampion.

**MORBLEU**, interj. *morbleu* (especie de voto ó juramento jocoso). Voto á tal! Juro á brios! Por vida de sanes!

**MORCE**, f. *mors*. Arq. Adoquin con baden que sirve para los arroyos de un empedrado.

**MORCEAU**, m. *morsó*. Pedazo, trozo fragmento, la parte ó porcion de alguna cosa separada del todo. || Fragmento, parte de un poema, de un discurso. || Pieza, obra, en pintura, arquitectura y escultura. || Bocado, hablando de cosas buenas para comer. || *Morceau d'arbre*, tajo. || *Aimer les bons morceaux*, gustar de buenos bocados ó ser amigo de regalarse. || *Doubler les morceaux* ó *ses morceaux*, comer á destajo ó á dos carrillos. || met. *Tailler les morceaux à quelqu'un*, poner á alguno á racion ó reducirle el gasto. || *Manger un morceau*, tomar un bocado. || fam. *S'endormir les morceaux au bec*, dormirse con el bocado en la boca : dormir despues de comer. || *Compter les morceaux à quelqu'un*, contar los bocados á alguno, no darle mas que lo necesario. || met. *C'est un morceau trop cher*, es un bocado demasiado caro : es una cosa de un precio muy elevado ó muy difícil de lograr. || met. y fam. *C'est un friand morceau*, es rico bocado : es linda jóven.

**MORCELÉ, ÉE**, adj. *morsilé*. Dividido, partido en pedazos. || *Style morcelé*, estilo cortado por pequeñas frases.

**MORCELER**, a. *morsilé*. Dividir, partir en pedazos, hablando de tierras, paises, dominios; y tambien de una materia, historia, etc.

**MORCELET**, m. *morslé*. Pedacito, pedazo pequeño.

**MORCELLEMENT**, m. *morselmán*. Accion de dividir ó partir las tierras.

**MORDACHE**, f. *mordáche*. Tenaza de la lumbre. || Mordacilla con que se castiga la falta de silencio de los novicios en algunas religiones.

**MORDACITÉ**, f. *mordasité*. Mordacidad, cualidad corrosiva de un ácido, del agua fuerte, etc. || Mordacidad, aspereza y acrimonia en las frutas que no están maduras. || met. Mordacidad, murmuracion que hiere ú ofende; lo picante de un dicho, de una sátira. || met. Mordacidad, carácter mordaz, lengua ó pluma mordaz.

**MORDAILLER**, a. *mordallé*. Morder lijeramente.

**MORDANÇAGE**, m. *mordanságe*. Art. Accion de aplicar un mordiente para hacer tomar los colores en las telas.

**MORDANCER**, a. *mordansé*. Aplicar un mordiente en una tela para determinar en ella la fijacion de los colores.

**MORDANT, E**, adj. *mordán*. Mordedor, que muerde : dícese de algunos animales de presa. || met. Mordedor, que tiene una cualidad corrosiva. || Mordaz, maldiciente, satírico, que censura, que critica con malignidad. || MORDANT, m. Art. Mordiente, la sisa con que los doradores sientan los panes de oro en los metales. || Mordiente, la sustancia con la cual se preparan las telas ó maderas que se intentan teñir. || Impr. Mordante, instrumento de madera para abrazar y asegurar el original que el cajista va componiendo. || met. Mordiente, alguna cosa de original y de picante ó mordaz, hablando de la voz sonora y penetrante de un actor, etc. *Cet acteur a du mordant dans son jeu*.

**MORDÉCHI ó MORDÉXI**, *mordechí*, *mordexí*. Mordechí ó mordexí, enfermedad de las Indias que se parece al cólera.

**MORDEMENT**, m ant. *mordmán*. Mordedura, accion de morder.

**MORDEUR DE PIERRES**, m. *mordeurdpiér*. Mordedor de piedras, nombre que los pescadores de ballenas dan al lobo marino.

**MORDEXIN**, m. *mordecsín*. Med. Mordexino, vómito continuo y mortal, especie de cólera-morbo.

**MORDICANT, E**, adj. *mordicán*. Mordicante, acre, corrosivo, que causa picazon. || met. Mordicante, mordaz, picante. || *Mordicantes*, f. pl. Mordicantes, moscas que tienen dos alas dentelladas, que chupan la sangre de los animales.

**MORDICATION**, f. *mordicasión*. Mordicacion, la picazon que ocasionan las cosas mordaces.

**MORDICUS**. adv lat. fam. *mordícus*,

Tenazmente, con tenacidad. || met. y fam. *Soutenir son opinion mordicus*, sostener su opinion tenazmente, con obstinacion.

MORDIENNE, expr. adv. *mordién*. *A la grosse mordienne*, á la pata llana, ó á la pata la llana; es decir, sencillamente.

MORDILLAGE, m. *mordillâge*. Mordiscadura, accion de mordiscar.

MORDILLER, a. *mordillé*. Mordiscar, morder ligeramente y con frecuencia.

MORDORÉ, ÉE, adj. *mordoré*. Castaño, rojizo de color. || *Mordoré*, m. Zool. Mordoreo, especie de pichon

MORDRE, a. *mórdr*. Morder, asir con los dientes alguna cosa. || Morder, entrar, hacer presa: dícese de las cosas instrumentales, como de la lima en algunas materias. || Morder, mordiscar, corroer: dícese de los ácidos y humores. || met. Morder, murmurar ó satirizar. || Picar, dar mordiscos, hablando de pájaros ó insectos. || Morder, no cortar con la debida limpieza, hablando de instrumentos. || met. Morder, corroer, hacer impresion, hablando de cosas físicas ó morales. *L'eau forte mord sur les métaux*, el agua fuerte corroe los metales. — *Cette réflexion ne mord pas sur son esprit*, esta reflexion no hace mella en su imaginacion. || Impr. Morder, cubrir las maculas de la frasqueta algunas porciones ó letras de una página, impidiendo que se impriman. || Mar. *Morder el áncora*, introducirse su brazo ó uña en el suelo ó fondo. || Mec. Morder, engranar, introducirse los dientes de una rueda en los huecos que hay entre los dientes de la otra. || Morder, entre sastres y costureras, hacer las costuras cierto encogido hácia el interior de la tela. || met. Morder, murmurar, criticar, censurar con malignidad. *Chercher à mordre quelqu'un*, buscar por donde zaherir ó criticar á alguno. || Poet. *Mordre la poussière*, quedar tendido ó muerto en el campo, en el sitio, hablando de un combatiente. || prov. *Chien qui aboie ne mord pas*, perro ladrador nunca buen mordedor. || *Un chien mort ne mord pas*, muerto el perro se acabó la rabia. || met. y fam. *Mordre à l'hameçon*, picar en el anzuelo: dejarse engañar. || *Commencer à mordre à quelque chose*, comenzar á aprender alguna cosa.

MORDU, E, adj. *mordú*. Mordido, picado. || Zaherido. || Bot. Mordido, se dice de las raices y hojas que se terminan bruscamente por una línea transversal irregular.

MORE ó MAURE, m. y f. *mór*. Moro, habitante de Mauritania. || *Gris de more*, color de ala de cuervo, gris oscuro. || prov. *Traiter quelqu'un de Turc à More*, tratar á alguno á baqueta, como á un perro. || *Cheval cap de More*, caballo ruano. || *More*, m. Moro, el lenguaje de los Moros. || *More*, f. Mora, especie de hidromiel. || Mora, piedra negra usada en la jabonería.

MORÉ, ÉE, adj. *moré*. Bot. Moraleado, que se parece al moral.

MOREAU, adj. *moró*. Moro, se dice de un caballo extremadamente negro. || Morral, cebadera en que comen las caballerías andando.

MORÉE, f. *moré*. Bot. Morea, género de plantas irídeas. || Morea, tierra arcillo-ferruginosa, que se aparta de la mina de hierro [illegible] al verificar la operacion del lavado.

MORELLANE, f. *morelán*. Bot. Morelana, árbol de la Cochinchina.

MORELLE, f. *morél*. Bot. Yerba mora, género de plantas solanáceas, cuyas bayas ó frutas son negras. || *Morelle à grappe*, yerba carmin. || *Morelle grimpante*, dulcamara.

MORÈNE, f. *morén*. V. HÉMORRHOÏDE. || Bot. Morena ó hidrocaris, mordisco de rana, planta acuática.

MORÉOTE, adj. y s. *moreót*. Moreota, de la Morea.

MORESQUE ó MAURESQUE, adj. *morésc*. Morisco ó moruno, que tiene relacion con las costumbres, con los usos, con el gusto de los Moros. || Arq. *Style moresque*, estilo morisco ó árabe, género de construccion adoptado por los Moros. || MORESQUE, Morisca, baile que usan los Moros. || *Peinture moresque* ó solo *moresque*, pintura morisca, pintura caprichosa, que representa por lo comun ramas y follajes que no imitan ni remotamente el natural. || Morisca, follaje del alcaparro. || Arabescos, adornos de capricho, follajes fantásticos usados en la ataujía.

MORET, m. *moré*. Morterada, condimento de los manjares de los antiguos, hecho con queso rallado, aceite, ajos y yerbas aromáticas. || Bot. Nombre vulgar del mirtilo. || Farm. Julepe, cordial en cuya composicion entra el jarabe de moras.

MORFÉE, f. *morfé*. Morfea, enfermedad que padecen la oliva y el naranjo.

MORFER, a. *morfé*. Tragar, engullir, comer con ansia.

MORFIL, m. *morfil*. Filvan, el corte áspero que tiene una navaja, tijera nueva, etc., que no se ha vaciado.

MORFLAT, m. *morflá*. Enfermedad de los gusanos de seda.

MORFONDEMENT, m. ant. V. REFROIDISSEMENT.

MORFONDRE, a. *morfóndr*. Resfriar, constipar, pasmar, causar un frio que incomoda. || *Se morfondre*, r. Resfriarse, se usa hablando de las personas y de la masa que pierde el calor necesario para leudar ó fermentar. || met. Consumirse, carcomerse, secarse: dícese del que está esperando, ó que no puede lograr sus deseos.

MORFONDURE, f. *morfondúr*. Vet. Muermo, pasmo, resfriado de las caballerías.

MORGANATIQUE, adj. *morganatíc*. Nocturno, misterioso, secreto. *Mariage morganatique*, matrimonio secreto, como el que contraen los príncipes alemanes con mujeres de baja esfera.

MORGANATIQUEMENT, adv. *morganaticmán*. Secretamente, misteriosamente, en secreto.

MORGANIE, f. *morganí*. Bot. Morgania, género de plantas de la Nueva Holanda.

MORGELINE, f. *morgelín*. Bot. Morgelina, yerba pajarera, género de plantas.

MORGEN, m. *morgén*. Medida agraria que se usa en Alemania.

MORGITE, m. *morgít*. Morgita, miembro de una secta de las mas fanáticas de la religion mahometana.

MORGOULE, f. *morgúl*. Zool. Morgula, molusco marino en forma de la mitad de una naranja.

MORGUANT, E, adj. *morgán*. Ceñudo, que tiene ceño, que desprecia con gravedad afectada á alguno.

MORGUE, f. *mórgue*. Ceño, sobrecejo, seriedad en el semblante, gravedad afectada, así en el mirar como en el hablar. *Tenir sa morgue*, desempeñar el empleo de su cargo con una gravedad afectada. || Jaula ó encierro en que los carceleros registran y toman las señas de los presos que entran. || Sitio público donde se exponen los cadáveres encontrados por la justicia.

MORGUEAU, m. *morgó*. Portero del sitio público donde se exponen los cadáveres encontrados por la justicia. || Ceñudo, el que mira con ceño insolente.

MORGUÈNE, MORGUIENNE, interj. *morguén*, *morguién*. Voto á brios!...

MORGUER, a. *morgué*. Mirar con ceño, de sobrecejo, con desden; despreciar con gravedad afectada á alguno. || Registrar los presos cuando entran en la cárcel. || n. Tener ceño, insolencia.

MORGUEUR, m. *morgueur*. Portero de cárcel encargado de registrar los presos que entran en ella. || Ceñudo, insolente, el que mira con ceño, con insolencia, con orgullo.

MORGUEUX, EUSE, adj. V. INSOLENT.

MORIBOND, adj. *moribón*. Moribundo, que está espirando. || *Etre tout moribond*, estar alguno muy flaco, extenuado, como si estuviera para morir. Usase algunas veces como sustantivo.

MORICANDIE, f. *moricandí*. Bot. Moricandia, género de plantas crucíferas.

MORICAUD, E, adj. *morikó*. Negrillo, morenillo, que tiene el color moreno. Usase tambien como sustantivo.

[illegible], f. [illegible]. Perju[illegible] perjuicio causado por una [illegible]

[illegible], adj. [illegible], que tiene la forma de un [illegible]

MORIGÉNER, a. [illegible] formar las costumbres de [illegible] buenas costumbres, educa[illegible] gar, corregir, enmendar.

MORIGINER, a. V. MORI[illegible]

[illegible], f. [illegible] landia, género de plantas.

MORILLE, f. [illegible] lla, colmenilla, hongo ó seta [illegible] buen comer. || Com. V. [illegible]

MORILLON, m. [illegible] pecie de uva negra y dulce [illegible] negro y pequeño. || pl. [illegible]

MORIN, m. [illegible] lorante del bej. [illegible]

MORINDE, f. [illegible] género de plantas rubiáceas.

MORINE, f. [illegible] dece el ganado de lana. [illegible] de ganado lanar. || Bot. [illegible] Persia que lleva el nombre [illegible] rie, miembro de la academia [illegible] Paris.

MORION, m. [illegible] dura que llevaban en la cabeza [illegible] ros, algo mas ligera que el [illegible] que se imponía antiguamente [illegible] || prov. Donner sur le morion [illegible] hacer sufrir á alguno un [illegible] Antig. Se dice de las [illegible] uno liso y [illegible] riore [illegible] || Zool. Morion, género de [illegible] meros. || Especie de piedra [illegible]

[illegible], f. [illegible] la cual atribuian los [illegible] virtud contra la mordedura y [illegible]

MORIS, m. [illegible] de Indias.

MORISQUE, m. [illegible] la moneda arábiga. || [illegible] procedente de Mauritania [illegible] nado en España al tiempo [illegible] de los Moros.

[illegible], m. [illegible] contagiosa bastante comun [illegible] otros puntos de las Indias [illegible]

[illegible], m. [illegible] cado del Mediterráneo del [illegible]

[illegible] ó [illegible] Divinidad [illegible] amedrenta á los niños [illegible] misma que Lamia. || [illegible] VANTAIL.

[illegible], m. [illegible] de [illegible] de la isla de [illegible]

MORMYRE, m. [illegible] género de pescados del [illegible]

[illegible], m. [illegible] blanco del mediodía de la [illegible]

MORNE, adj. [illegible] sombrío, taciturno, [illegible] Profundo, melancólico, [illegible] cio. || met. Nublado, [illegible] do del tiempo, del sol y [illegible] || MORNE, m. Cabeza, [illegible] elevadas y redondeadas [illegible] del mar. || f. Boton, [illegible] madera que ponian [illegible] de la espada para [illegible] á Dios. El mismo boton [illegible] en él.

MORNÉ, ÉE, adj. [illegible] mocho, embotado, [illegible] ros de las armas que no [illegible] nes. *Armes mornées*, [illegible] ó sin punta. || Blas. [illegible] mal que se representa [illegible] de sus armas naturales, [illegible] lengua, sin garras, [illegible] inclusive. || [illegible] da, que se aprendia [illegible]

MORNIFLE ó [illegible] Morrada, [illegible] con mano desde un [illegible]

[illegible], adv. ant. [illegible]

MORNER, a. ant. [illegible] botonar, despuntar alguna [illegible]

…ET, m. mornè. Cabecillo, cerrill…lo. Es dim. de MORNE sust. m.

…NETTE, f. mornèt. Blas. Botoncillo, …a que se pone en la punta de un arma.

…NIFLE, f. vulg. morniflé. Reves, so…os, moquete, mojicon, bofetada que …con la mano vuelta. || Nombre de un …de naipes.

…OCHEN, m. morochén. Variedad de …e la Virginia.

…ODJE, m. moroddj. Nombre de una …a de plata que circula en Persia.

…ONGUE, f. moróngue. Moronga, cier…aracion del pescado ó de la carne so…ría de cocina indiano.

…OPHORE, m. morofór. Bot. Uno de …bres del moral.

…OSE, adj. morós. Lúgubre, fúnebre, melancólico.

…OSÉ, ÉE, adj. morosé. Triste, pen… sombrío.

…OSIF, IVE, adj. morosif, iv. Moro…o, tardío.

…OSIS, f. ant. morósis. Diminucion, …cimiento de la imaginacion.

…OSITE, f. morosit. Miner. Nombre …especie de tierra propia para hacer …a.

…OSITÉ, f. morosité. Tristeza, me…a, mal humor. || Med. Morosités, pl …colectivo de cierto órden de afec…orales.

…PHASME, m. morfásm. Nombre de …anza que bailaban los antiguos figu…s transformaciones de los dioses.

…PHÉE, m. morfé. Mit. Morfeo, hijo …ño y de la Noche. Suele confundir…el mismo Sueño. || f. Med. Morfea, …de lepra.

…PHINE, f. morfín. Quím. Morfina, …cipal, amargo, fusible al fuego, que …a al opio su virtud soporífica y cal…

…PHIQUE, adj. morfic. Mórfico, som…que trae el sueño. || met. Molesto, …enfadoso.

…PHOLOGIE, f. morfologí. Didáct. …gía, historia de las formas que pue…ir la materia. || Morfología, parte …atomía que describe la forma, la po…las relaciones de los órganos, que …se llama anatomía descriptiva.

…PHOLOGIQUE, adj. morfologic. …gico, que se refiere á la morfología.

…PHOZOAIRE, m. morfozoér. Zool. …ario, animal que tiene la forma bien …nada. || Morphozoaires, pl. Morfo…, tipo del reino animal que compren…que tienen una forma bien determi…

…PHUROMOLGE, adj. morfuromólge …orfuromolgo, que tiene la cola de …dra, hablando de los reptiles.

…PION, m. morpión. Zool. Ladilla, …a, insecto que se agarra á las partes …po en que hay pelo ó vello.

…, m. mór. Bocado, freno, conjun…las piezas de hierro que sirven …nar un caballo, como son las camas, …, las asillas y la cadena barbada …os alacranes. || met. Freno, brida, …que se impone á una persona ó co…ber son mors, tascar el bocado, ha…del caballo. || Prendre le mors aux …tomar el bocado entre los dientes: …se un caballo hasta … de per…sensibilidad en la boca, abusando los …del freno. = met. y fam. Prendre …aux dents, cerrarse á la banda: no …á razones, dejarse llevar del impe…pasiones. || met. Freno, brida, lo que …rige ó cautiva. || Quijada de torni…cerrajerías ó herrerías. || Lomo de …parte en que se unen las bridas ó …de la encuadernacion. || Bot. Mors …lo, uno de los nombres de la esca…nuestra. || Mors de grenouille, nombre …de la morena, planta.

…E, m. mórs. Zool. Morso, género …los mamíferos marinos. || Art. Ca…de piedras que atraviesa un em…de un costado á otro.

MORSÉGO, m. morségo. Bot. Morsego, árbol de Amboina, cuyo fruto gusta mucho á los murciélagos.

MORSIUNCULE, f. morsioncúl. Med. Dolor de dientes ó de muelas que padecen los niños.

MORSURE, f. morsúr. Bocado, mordedura, mordisco, accion de morder. || Mordedura, bocado, señal que deja un mordisco. || met. Mordedura, efecto de la calumnia, de la maledicencia ó de la murmuracion.

MORT, f. mór. Muerte, fin, término ó cesacion de la vida. || Muerte, causa que se considera como orígen de la muerte. || Muerte, por exageracion un dolor que hace padecer mucho, como tambien toda pena ó afeccion moral del ánimo. || Muerte, trabajos, cuidados, obligaciones, ocupaciones que repugnan. || met. Muerte, causa de ruina, de destruccion, de aniquilamiento. || met. Nulidad, frivolidad de una cosa. || Muerte, figura en que se representa. || *Blessé, frappé à mort*, herido de muerte ó mortalmente. || *Mort subite*, muerte súbita ó repentina. || *Être à l'article de la mort*, estar ya para morir. || *Mourir de sa belle mort*, morir en su cama, de muerte natural. || *Faire une belle mort, une sainte mort, une mort chrétienne*, tener una buena muerte, morir como verdadero cristiano. || *Être malade à la mort*, estar á la muerte: muy malo, en agonía. || *Être entre la vie et la mort*, tener la muerte entre los dientes: estar ya para morir, estar en peligro inminente de morir. || met. *Être au lit de mort*, estar en el lecho de la muerte: en el último extremo de la vida. || *Avoir la mort entre les dents*, tener la muerte en los hombros: ser muy viejo ó estar muy malo, tener muy pocos dias que vivir. || *Avoir la mort sur les lèvres*, tener la figura de la muerte ó la muerte pintada en el rostro. || *Vouloir mal de mort à quelqu'un, lui vouloir un mal de mort*, odiar de muerte á alguno. || *Haïr de mort* ó *à la mort*, aborrecer de muerte. || *À la mort*, en el momento de morir, en el último momento. || prov. y met. *Après la mort le médecin*, despues del asno muerto la cebada al rabo; despues de la liebre ida palos en la cama; despues de muerto la uncion: se dice hablando de un remedio ó socorro tardío. || *Faire un prêt à la mort*, vivir de gracia, haber escapado de la muerte por un milagro. || *La mort exécute le vif*, los herederos de un acreedor tienen el derecho de reclamar al deudor que vive. || *Pères de la mort*, Padres agonizantes, religiosos que se dedicaban á asistir á los enfermos en su último trance. || *Peine de mort*, pena capital, que condena á sufrir el último suplicio. || *Cette affaire va à la mort*, este negocio es de muerte, debe terminarse por una sentencia de muerte. || *Testament de mort*, última declaracion que hace un reo ántes de sufrir su condena de muerte. || *Souffrir mort et passion*, sufrir muerte y pasion; es decir, hallarse muy contrariado, atormentado, embarazado, etc. || met. y fam. *C'est ma mort*, me mata: es una cosa que no puedo sufrir. || *La friture est la mort au beurre*, para consumir mucho aceite no hay como freir espinacas. || *Mort aux rats*, ácido arsenioso que se emplea para matar las ratas. || *Mort aux mouches*, composicion de arsénico metálico reducido á polvo y disuelto en agua. || Bot. *Mort aux chiens*, mataperros, uno de los nombres de la colchica de otoño ó villorita. = *Mort du safran*, nombre de una criadilla parásita que se agarra á los bulbos de la raiz del azafran y la hace morir. = *Mort au chanvre*, matacáñamo, la orobranca ramosa. = *Mort aux poules*, mata-gallinas, el beleño negro = *Mort aux poux*, mata-piojos, la estafisagria. || *À mort*, loc. adv. A muerte, hasta morir. || *À la vie et à la mort*, para siempre jamas. || Mit. Muerte, hija de Erebo y de la Noche, hermana del Sueño. La muerte se representa bajo la figura de un esqueleto, teniendo una guadaña en la mano. || V. DÉCÈS y TRÉPAS. Pero es de advertir que *mort*, *décès* y *trépas* no son sinónimos; *trépas* es poético, *mort* del estado ordinario, y *décès* de estilo elevado y de curia.

MORT, E, part. pas. de MOURIR y adj. mor. Muerto. || Muerto, muy cercano á la muerte. || Muerto, sin vigor, sin accion, paralizado de todo punto. || *Avoir le teint mort*, tener el color apagado, marchito, estar descolorido. || met. y fam. *Il a la gueule morte*, se ha vuelto mudo: se dice de un murmurador, de un fanfarron, de uno muy hablador que se ve precisado á guardar silencio. || fam. *N'y aller pas de main morte*, no dar con mano de gato: castigar con fuerza; y en sentido met., no andar con paños calientes, atrochar por medio, obrar bruscamente ó con violencia en cualquier caso. || prov. y met. *Morte la bête, mort le venin*, muerto el perro se acabó la rabia. || *Un chien mort ne mord plus*, con agua pasada no muele el molino. || Fort. *Angle mort*, obra muerta, que no puede utilizarse en la defensa de una plaza. || *Argent mort*, dinero muerto, que no produce interes. || *Mort bois*, los espinos, los zarzos, etc., que no pueden aprovecharse en ninguna clase de obra. *Bois mort*, madera muerta, que se ha secado. || *Chair morte*, carne muerta, que está insensible. || *Cotte morte*, ajuar que deja al morir un religioso. || *Eau morte*, agua muerta, encharcada, estancada, que no tiene corriente. || *Feuille morte*, hoja seca que cae del árbol en otoño. || *Langue morte*, lengua muerta, la que un pueblo ha hablado, pero que no existe mas que en los libros, v. gr. la lengua latina. || Mar. *Œuvres mortes*, obras muertas, partes del costado de un buque que no entran en el agua, como las muras, etc. = *À morte charge*, loc. adv. Hasta la escotilla, cargado cuanto es posible, hablando de un buque. || *Papier mort*, papel que no está sellado. || *Pays mort*, país muerto, que carece de poblacion, de industria y de actividad. || *Morte saison*, cierto tiempo del año en que el comercio y los negocios no tienen la actividad ordinaria. || *Tête morte* ó *caput mortuum*, el residuo de cualquier destilacion. || MORT, E, m. y f. Muerto, difunto, cuerpo muerto, cadáver, el que está privado de la vida. || *Tête de mort*, calavera, cabeza de que no queda mas que la parte huesosa. || *Fête des morts*, el dia de las ánimas ó Conmemoracion de todos los fieles difuntos. || poét. *Le rivage des morts*, el reino de Pluton, las riberas de Aqueronte. || vulg. *Le royaume des morts, le royaume des taupes*, la tumba, la sepultura. || *Faire le mort*, hacer el muerto, fingir uno que está cadáver. || prov. *Les morts ont toujours tort*, siempre se echa la culpa al que ya no existe: no pudiendo los muertos defenderse, á menudo á costa de ellos se excusa á los vivos. || *Se faire mort d'un fief*, ceder un patrimonio al heredero mas cercano. || Art. Nombre que dan los curtidores al agua de cal que ha perdido su fuerza á efectos del demasiado servicio.

MORTABLE, adj. ant. mortábl. Mortal, que está sujeto á la muerte.

MORTADELLE, f. mortadél. Coc. Mortadela, especie de salchichon de Italia; otros le llaman salchichon de Bolonia.

MORTAILLABLE, adj. mortaillábl. Feud. Se decia de las personas de condicion servil, de las cuales el señor heredaba, quedando así sujetas á pagar la talla aun despues de muertas, y dejando sus hijos esclavizados.

MORTAILLE, f. mortáll. Feud. Derecho de sucesion que se arrogaba un señor cuando uno de sus siervos moria sin dejar herederos legítimos. || *Mortailles*, pl. V. FUNÉRAILLES.

MORTAILLER, m. mortallé. Feud. El siervo que estaba sujeto al indicado derecho llamado *mortaille*. || Juez, procurador, perceptor encargados por el señor para cobrar el mismo derecho.

MORTAIN, m. mortén. Com. Lana de inferior calidad.

MORTAISAGE, m. mortezáge. Art. Accion de abrir una mortaja: hacer una muesca en alguna obra.

MORTAISE, f. mortés. Art. Mortaja, muesca, entalladura que se hace en alguna pieza de madera ó de metal para introducir la espiga de otra. || Agujero, hendedura para colocar ó embutir alguna cosa.

MORTAISER, a. mortesé. Art. Hacer una muesca ó mortaja.

**MORTALET**, m. *mortalé*. Mil. ant. Caja de artillería.

**MORTALITÉ**, f. *mortalité*. Mortalidad, condicion de todo lo que está sujeto á la muerte. || Mortalidad, cualidad de lo que es mortal. || Mortandad, número de personas ó de animales que sucumben en cierto espacio de tiempo por una misma enfermedad ó contagio. || Mortandad, número de personas que mueren anualmente.

**MORT BOIS**, m. *morbud*. Monte bajo ó mata parda, espinos, zarzas, aulagas, etc., que solo sirven para quemar. || *Bois mort*, árboles secos en pié.

**MORT-CHIEN**, m. Bot. V. COLCHIQUE.

**MORT-DIEU**, interj. *mordieu*. Por vida de!... Esta interjeccion equivalia á *par la mort de Dieu*.

**MORT-CHARGE**, f. *morchárge*. Dícese: *vaisseau á la morte-charge*, navío que está á la carga y que no la ha completado aun. V. MORT como adjetivo.

**MORTE-EAU**, f. *mortó*. Mar. Aguas muertas, cada una de las mareas que tienen lugar entre la luna nueva y la llena. || Época en que la marea es baja. || met. Persona sombría, melancólica, taciturna. || *Eau morte*, agua estancada y sin corriente.

**MORTEL, LE**, adj. *mortél*. Mortal, que ocasiona la muerte. || Mortal, sujeto á la muerte. || Mortal, excesivo, extremo ó extremado, hablando de las cosas morales, como el ódio, la enemistad, el miedo, etc. || *Péché mortel*, pecado mortal. || prov. *Chanter á quelqu'un ses sept péchés mortels*, decir á uno las tres verdades del barquero: cantarle en la cara todos sus defectos. || MORTEL, LE, m. y f. Mortal, ser, persona viviente, hombre ó mujer. Se usa en estilo poético: *c'est un heureux mortel*, *un infortuné mortel*. || *Les mortels*, m. pl. Los mortales, la raza humana.

**MORTE-LAINE**, f. V. MORAINE.

**MORTELLEMENT**, adv. *mortelmán*. Mortalmente, de una manera mortal. || *Pécher mortellement*, pecar mortalmente, cometer un pecado mortal. || *Etre blessé mortellement*, estar herido de muerte.

**MORTELLERIE**, f. *mortelri*. Art. Trabajo ó arte del llamado *mortellier*. V. el artículo que sigue.

**MORTELLIER**, m. *mortelié*. Trabajador que se ocupa en romper guijarros con que se hace el cimiento para las obras.

**MORTEMENT**, adv. *mortmán*. Débilmente. V. FAIBLEMENT ó NONCHALAMMENT.

**MORTE-PAIE**, f. *mortpé*. Paga muerta, soldado que recibe su paga corriente y está destinado al servicio de guarnicion. || Mil. ant. Militar inválido. || Jubilado, criado antiguo relevado de todo servicio.

**MORTE-SAISON**, f. *mortsesón*. Tiempo en que el trabajo de ciertos artesanos queda parado, ó en que hay ménos despacho que de ordinario. || *Saison morte*, duracion de tiempo en que el comercio se paraliza.

**MORT-GAGE**, m. *morgáge*. Prenda empeñada cuyo uso se permite al acreedor, sin que los frutos de que goza sean imputados en la deuda ó descontados de esta.

**MORTICAL**, m. *morticál*. Nombre de una moneda de Fez.

**MORTIER**, m. *mortié*. Mortero, argamasa, mezcla de cal y arena amasada con agua. || Mortero, almirez, utensilio de cocina. || Mil. Mortero, pieza de grueso calibre para tirar bombas. || Gorro, bonete redondo, hecho de terciopelo y guarnecido de galon dorado que usan los presidentes del consejo en el ejercicio de sus funciones; y en Francia los oidores ó jueces de las llamadas *cours de justice*, y le llevaban ántes los presidentes de los parlamentos. || Especie de cirio ó bujía que hacen los cereros. || met. y fam. *Cette soupe est du mortier*, esta sopa es una plasta, una cataplasma; es decir, que está muy espesa. || prov. *Le mortier sent toujours les aulx*, la cabra siempre tira al monte: el que malas mañas tiene, tarde ó nunca las pierde.

**MORTIFÈRE**, adj. *mortifér*. Mortífero, que ocasiona la muerte.

**MORTIFIANT, E**, adj. *mortifián*. Mortificante, pesado, bochornoso, muy sensible.

**MORTIFICATION**, f. *mortificasión*. Cir. Mortificacion, estado de un cuerpo que se altera, que se corrompe; y la accion misma. || Blandura, manimiento, estado de una carne manida. || Quim. ant. Destruccion, descomposicion de la cualidad esencial y característica de un cuerpo. || Mortificacion, penitencia, austeridad, accion de mortificar los sentidos, la carne. || met. Pesadumbre, bochorno, desaire, mortificacion del alma. || *Mortifications*, pl. Austeridades, mortificaciones, penitencias.

**MORTIFIER**, a. *mortifié*. Mortificar, dejar la carne ó las aves al aire despues de muertas para que se ablanden ó estén mas manidas. || met. Mortificar, atormentar, afligir, macerar el cuerpo con ayunos y austeridades. || Reprimir las pasiones, mortificar los sentidos. || Mortificar, dar una pesadumbre, hacer un desaire, humillar con una reprension. || *Se mortifier*, r. Mortificarse, manirse la carne, etc., con todas las acepciones del activo.

**MORTINE**, f. *mortin*. Art. Nombre que dan los curtidores á las hojas de mirto y de otras plantas que sirven en las tenerías.

**MORT-IVRE**, adj. m. *morivr*. Borracho, que está medio muerto por efecto de la bebida.

**MORT-NÉ**, adj. m. *morné*. Aborto, criatura que nace muerta ó que se ha sacado muerta del vientre de su madre. Tambien se dice de los animales.

**MORTODES**, f. pl. *mortód*. Perlas falsas que se expenden en el Senegal.

**MORTOISE**, f. V. MORTAISE.

**MORTON**, m. *mortón*. Bot. Hongo, agárico venenoso.

**MORT-PLAIN**, m. *morplén*. Art. Agua de cal que ha servido.

**MORTS-MURS**, m. pl. *mormúr*. Paredes muertas, que forman un horno de fundicion.

**MORTUAIRE**, adj. *mortuér*. Mortuorio, que pertenece á los muertos, á las pompas fúnebres. || *Registre mortuaire*, libro mortuorio, ó libro de los muertos ó de entierros. || *Extrait mortuaire*, fe de muerto, partida de entierro. || *Drap mortuaire*, paño de tumba ó funeral. || *Droits mortuaires*, derechos mortuorios, que se pagan por celebracion de las exequias. || Jurisp. *Domicile mortuaire*, casa en que vivia una persona al tiempo de morir.

**MORTUMNOM**, m. *mortomnón*. Bot. Mortumnom, fruto del Perú que causa borrachera.

**MORUE**, f. *morú*. Zool. Bacalao, abadejo, pescado de mar. || *Une poignée de morue*, dos bacalaos atados. || *Queue de morue*, ala de pichon, denominacion de los faldones de un frac cuando se cortan estrechos de la punta. || prov. *Avoir des yeux de morue*, tener ojos de brótola: ojos muy grandes y saltones.

**MORUM**, m. *mórom*. Med. Morum, nombre de un tumor que se presenta á consecuencia de un cóito impuro.

**MORVAN**, m. *morván*. Carnero moruno ó de África.

**MORVE**, f. *mórv*. Moco, mocarro, humor viscoso que destila de las narices. || Vet. Muermo, enfermedad contagiosa que ataca á los caballos.

**MORVEAU**, m. *morvó*. Moco espeso, gargajo, mocarro.

**MORVÊQUE**, m. *morvéc*. Agr. Variedad de uva.

**MORVER**, n. *morvé*. Podrirse las lechugas y otras legumbres. || Moquear, arrojar mocos.

**MORVEUX, EUSE**, adj. *morveu*, eus. Mocoso, que tiene mocos. || Pudrido, que es estadizo. || prov. *Qui se sent morveux se mouche*, quien tenga gusanos que com re boja, el que se sienta descalabrado que se ponga la venda. || Vet. *Cheval morveux*, caballo muermoso, que tiene muermo. || m. y f. Mocoso, se aplica en lenguaje familiar á un jóven ó muchacho en lugar de las palabras niño, rapaz, chiquillo, etc. *Traiter quelqu'un comme un morveux*, tratar á uno como á un mocoso. [illegible] humillante.

**MORVI**, m. *morvi*. [illegible] cierta enfermedad [illegible] principalmente en el [illegible].

**MORVIS**, m. *morvís*. [illegible] de oro que hizo acuñar el [illegible] bio.

**MORVOLANT**, m. [illegible] se mezcla con el desecho [illegible] capullos.

**MOSA**, m. *mósa*. [illegible] che cocida.

**MOSAÏQUE**, adj. [illegible] procede de Moises. || [illegible] obra compuesta de piedras [illegible] ceada con piedrecitas de [illegible] res, formando figuras, [illegible] pias de algunos cuadros. || [illegible] que estas obras producen.

**MOSAÏSME**, m. [illegible] ley de Moises. || El sistema [illegible] saismo.

**MOSAÏSTE**, m. [illegible] tista que trabaja en mosáico.

**MOSARABE**, adj. V. [illegible]

**MOSCATELLINE**, f. [illegible] telina, yerba que en [illegible] hala un olor de almizcle. [illegible] *herbe du musc* ó *herbe* [illegible]

**MOSCHARNEN**, m. [illegible] biano, nombre de unos [illegible] tanos que suponen en Dios [illegible]

**MOSCHAIRE**, f. [illegible] especie de planta chicoracea [illegible]

**MOSCHÉLÉON**, m. [illegible] Moscoleon, aceite aromático [illegible] almizcle.

**MOSCHIFÈRE**, adj. [illegible] Que produce almizcle.

**MOSCHIQUE**, adj. [illegible] que pertenece á los [illegible] menia.

**MOSCOSQUE**, f. [illegible] neda que circulaba en Rusia.

**MOSCOUADE**, f. [illegible] pan que se refina con [illegible] cias extrañas.

**MOSCOVITE**, adj. y s. [illegible] covita, de Rusia ó de la [illegible]

**MOSE**, f. ant. *mós*. [illegible] que servia de muestra.

**MOSETTE**, f. *mosét*. [illegible] llevan los obispos y los [illegible] hombros. Se dice [illegible]

**MOSLAMIN**, m. [illegible] la religion mahometana.

**MOSLEM**, m. *moslém*. [illegible] de la palabra musulman.

**MOSQUÉE**, f. *mosqué*. [illegible] de los mahometanos.

**MOSQUILLE**, f. V. [illegible]

**MOSQUILLIER**, m. [illegible] tero, colgadura de cama [illegible] los mosquitos. V. [illegible]

**MOSQUILLON**, m. [illegible] Nombre vulgar de la [illegible] ó motolita, ave.

**MOSQUITE**, m. [illegible] MOUCHERON. || *Mosquitos*, [illegible] chas ó especie de ampollas [illegible] en la piel á consecuencia de [illegible] del mosquito.

**MOSSO**, adj. m. *móso*. [illegible] animado, vivo, acelerado. [illegible] na que se usa en las partituras [illegible] *mosso*, *allegro più mosso*, [illegible]

**MOSTAIGE**, m. [illegible] Nombre que se da al tiempo [illegible] el censo en mosto.

**MOT**, m. *mó*. Palabra, [illegible] culada para expresar una [illegible] palabra adecuada. || *Mot* [illegible] *gu*, *à double entente*, [illegible] tiene dos sentidos ó dice [illegible] *Mot factice*, palabra facticia, [illegible] jada, derivada de otra [illegible] dinaria. *Mot artificiel*, [illegible] sirve para ayudar la [illegible] reau, palabra ó voz [illegible] nuevo. *Mots homogènes*, [illegible] mas, que se parecen en el [illegible] en el sentido. || Divisa, frase que los antiguos caballeros ponian como emblema en sus escudos. || Palabra, sentencia de algun sabio. || met. y fam. *Gros mots*, palabras mayores, juramentos, imprecaciones, amenazas. || met. *Grands mots*, palabras exageradas. || *Le mot d'une énigme, d'une charade*, la palabra de un enigma ó de una charada, que se propone como incógnita en un enigma. || *Traîner ses mots*, pensar las palabras, hablar muy lentamente. || prov. *Il a dit les mots sacrés*, es asunto concluido. || *Jeu de mots*, juegos de palabras, alusion sacada de su semejanza. || fam. *Ce sont des mots*, no es mas que hablar, son palabras que se lleva el aire. || *A demi-mot*, á media palabra ó con media palabra. *Du premier mot*, á la primera palabra. || *Entendre à demi-mot*, comprender con facilidad lo que se dice. || *Ne pas dire un mot*, no decir palabra. || *En venir aux gros mots* ó *se dire mots nouveaux*, decirse palabras mayores ó los nombres de las fiestas. || prov. *Qui ne dit mot consent*, quien calla otorga. || *Bon mot*, chiste, agudeza; y tambien palabra picante, injuria, sátira que se dirige á alguno. || *Dire le fin mot*, descubrir la incógnita, hablar claro. || *Mot pour rire*, chanza, palabra chistosa, graciosidad. || *Prendre quelqu'un au mot*, coger á uno por la palabra, aceptar sus ofrecimientos. || *Mot d'ordre*, el santo, contraseña que se da al jefe de una guardia, patrulla, etc. || *En un mot*, loc. adv. En una palabra, en pocas palabras, por último, en fin. *Mot à mot*, palabra por palabra.

**MOT-À-MOT**, m. *motamó*. Palabra por palabra, traduccion literal.

**MOTACILLE**, f. *motasill*. Motacila, motolita, pezpita, nombres de la aguzanieve ó nevatilla, ave.

**MOTACILLIN, NE**, adj. *motasilén, in*. Zool. Motacilino, que se parece á la aguzanieve. || *Motacillins*, m. pl. Motacilinos, grupo de aves, cuyo tipo es el género nevatilla ó aguzanieve.

**MOTAGE**, m. ant. *motáge*. V. ASSERVISSEMENT. || Derecho que tenian los señores feudales de tomar algunos terrones de las tierras contiguas á un camino para hacer en él cualquier reparacion.

**MOTE**, f. *mót*. Feud. Terron, heredad, quinta, casa de campo que arrienda un señor. || Terreno que ocupa un castillo ó fortaleza señorial.

**MOTELLE**, f. *motél*. Nombre vulgar de la lota, especie de lamprea, pececillo de agua dulce.

**MOTET**, m. *moté*. Mús. Motete, composicion que se hace tomando por tema las palabras de algun salmo ú otras para cantarse en la iglesia.

**MOTEUR**, m. *moteur*. Motor, el que hace mover, que da movimiento á alguna cosa. || El que dirige ostensible ó secretamente cualquier empresa. Hablando de una mujer, se dirá *qu'elle a été le moteur* y no *la motrice d'une affaire*, la motora, el móvil, el autor, etc. || Anat. Motor, músculo que hace mover un miembro. || met. Motor, causa, principio, móvil que promueve, que propaga alguna cosa. || MOTEUR, TRICE, adj. Motor ó motriz, que hace mover, que da movimiento á una máquina, rueda, etc. Este adjetivo se usa con los sustantivos *force, puissance, faculté, vertu : force motrice, faculté motrice, etc., machines motrices*. || Motor, se dice del músculo que contribuye á facilitar algun movimiento.

**MOTIF**, m. *motif*. Motivo, causa, ocasion, razon que produce una accion, un resultado. || Mús. Tema, asunto, idea primitiva que domina en una composicion.

**MOTILITÉ**, f. *motilité*. Didáct. Facultad ó fuerza que produce los diferentes movimientos orgánicos; y mas breve, facultad de moverse.

**MOTINE**, f. *motín*. Máquina que servia para levantar fardos.

**MOTION**, f. *mosión*. Didáct. Mocion, movimiento, accion de mover. || Mocion, proposicion que hace un diputado á toda la asamblea legislativa ó en una junta.

**MOTIONNER**, n. *mosioné*. Proponer, hacer una proposicion. Se usa solo en el lenguaje parlamentario.

**MOTIONNEUR**, m. *mosioneur*. Se dice de un miembro de cualquier asamblea legislativa que continuamente hace proposiciones.

**MOTIVAL, E**, adj. *motivál*. Jurisp. Ocasional, que concierne á los motivos de una providencia.

**MOTIVE**, adj. f. *motív*. Motiva, que impele ó determina á obrar.

**MOTIVER**, a. *motivé*. Motivar, alegar los motivos ó causas de una providencia, determinacion, parecer, etc. || Motivar, alegar alguna razon ó motivo como excusa de una accion.

**MOTOYER**, m. *motuayé*. Poseedor de una tierra vinculada.

**MOTTE**, f. *mót*. Terron, gleba, pedazo de tierra que se rompe ó levanta. || Mogote, cerro, terrero, eminencia aislada hecha por mano de hombre ó por la naturaleza. || Colina, terreno en que se establece un molino de viento. || Terron, tierra que sale pegada á las raices de las plantas. || Pan ó torta que se hace con el orujo de la aceituna prensada. || Adobe hecho con la corteza de encina que se desecha en las tenerías y sirve para la lumbre. || Cetr. *Prendre motte*, tomar tierra, posarse el ave en tierra en lugar de encaramarse ó ponerse en las ramas de los árboles. || Nombre que se da en la Provenza á la cantidad de aceitunas que debe formar una molienda.

**MOTTER**, a. *moté*. Tirar los pastores algunos terrones con el cayado hácia la res que se extravía. || *Se motter*, r. Agacharse, esconderse detras de los terrones. Se dice de las perdices : *la perdrix se motte*.

**MOTTEREAU**, m. *motró*. Nombre vulgar de una especie de golondrina.

**MOTTEUX**, m. *moteu*. Zool. Motoso, ave comun en Europa, especie de gorrion.

**MOTTOIS**, m. *motuá*. Raza de bueyes que se crian en las montañas de Cantal.

**MOTU PROPRIO (DE)**, loc. adv. *demotupróprio*. Expresion latina que se usa en las bulas pontificias, para indicar que el papa ha tomado la resolucion sin ninguna influencia extraña, de su propio movimiento. Esta expresion ha pasado al lenguaje comun.

**MOTUS**, interj. fam. *mótus*. Chito! chiton! callando! no hay que hablar! Indica que se guarde silencio, que no se diga nada sobre una cosa que ha pasado ó de lo que se va á hacer.

**MOU, MOLLE**, adj. *mú, mól*. Blando, flojo, muelle, que cede al tacto fácilmente. || Med. Blando, muelle, delicado, que carece de firmeza, de nervio ó de energía. || Blando, demasiado maduro, hablando de algun fruto. || met. Flojo, poltron, mandria, indolente. || Blando, muelle, regalon, afeminado. || Frágil, que indica flojedad en el alma. || Mar. *Molle mer*, marea parada, estoa, estado estacionario de una marea ó corriente.

**MOU**, m. *mú*. Bofe, asadura de algun animal. || *Fricassée de mou de veau, d'agneau, etc.*, chanfaina. || Lo que es blando, la cosa blanda.

**MOUCHARD**, m. *muchár*. Moscardon, dícese de los soplones y espías de la policía.

**MOUCHARDER**, a. *muchardé*. Espiar, acechar á alguno por cuenta del gobierno. || n. Ser espía, profesar el oficio del espionaje.

**MOUCHE**, f. *múche*. Zool. Mosca, género de insectos dípteros. || *Mouche cantharide*, cantárida. || *Mouche luisante*, luciérnaga. || *Mouche à miel*, abeja. || Esta voz entra en muchas frases familiares y proverbiales. *Etre tendre aux mouches*, tener un corazon de cera, ser blando de corazon : picarse, enfadarse por poca cosa. || *Prendre la mouche*, andar con mosca, amoscarse, subírsele á uno el humo á las narices. || *Faire une querelle, un procès sur un pied de mouche*, armar una pendencia, un pleito sobre la cabeza de un alfiler. || prov. *Connaître mouches en lait*, distinguir las moscas en leche : ser astuto. || *Béer aux mouches*, papar moscas : distraerse con cosas inútiles. || *La mouche va si souvent au lait qu'elle y demeure*, tanto va la mosca á la leche que al cabo cae. || *Gober des mouches*, papar moscas : perder el tiempo esperando, sin hacer nada. || *Aux chevaux maigres vont les mouches*, á caballo flaco, fuerza de moscas; á perro flaco, todas son pulgas. || *Faire la mouche du coche*, hacer la mosca del coche : darle de ocupado, de necesario, de importante sin hacer nada de provecho. || *Faire d'une mouche un éléphant*, hacer de una mosca un elefante : exagerar, abultar las cosas. || met. y fam. *Pieds de mouches*, garabatos, mala escritura. || *Il tombe des mouches d'hiver*, cae nieve, nieva. || *C'est une fine mouche*, es un buen perillan, buen pardal : es fino, astuto, etc. || Lunar, pedacito de tafetan negro preparado que las mujeres se ponian en el rostro para realzar su belleza. || Perilla, pequeño mechon de barbas que se deja crecer en el labio inferior. || Mosca, pequeñas pintas de que están salpicadas algunas telas. || Mosca, mancha de la magnitud de una mosca en la cara. || Mosca, salpicon de lodo en la ropa. || Boton, pedazo de paño con que se embotan las puntas de los floretes. || met. Mosca, moscardon, el que la policía pone en observacion de alguno para espiar sus pasos. || Mar. Mosca, falucho, embarcacion pequeña y lijera encargada de observar los movimientos del enemigo. || Mosca, parásito, gorron, etc. || Mosca, encajo de las ruedas en las máquinas de vapor para comunicar el movimiento de unas en otras. || Mosca, pieza con que el fabricante de pergaminos remienda los agujeros pequeños que tiene este artefacto. || pl. Med. Moscas, se dice en el arte de partear de los primeros dolores que comunica el parto. || Moscas, nombre con que el vulgo designa algunas veces el emplasto de vejigatorios preparado con cantáridas.

**MOUCHER**, a. *muché*. Sonar, quitar los mocos de las narices. || *Moucher du sang*, dar sangre por las narices al sonarse. || Despabilar, quitar el pábilo de las luces. || prov. *Moucher la chandelle comme le diable moucha sa mère*, apagar la vela al despabilarla. || Mar. *Moucher le chanvre*, atusar el cáñamo, cortar las puntas derechas de los cabos. || Espiar, hacer el oficio de soplon. Se dice mejor *moucharder*. || *Se moucher*, r. Sonarse, limpiarse las narices. *N'avoir pas le loisir de se moucher*, no tener tiempo para sonarse las narices, para rascarse la cabeza : estar muy ocupado. || met. y prov. *Qui se sent morveux se mouche*, el que tenga mocos que se los limpie, el que le pique la espina que se la saque : el que se reconozca en falta, aplíquese lo que se dice de ella. || fam. *Ce n'est pas un homme qui se mouche du pied*, sabe bien dónde le aprieta el zapato.

**MOUCHERIE**, f. *mucherí*. Sonamiento, la accion de sonarse.

**MOUCHEROLLE**, m. *mucheról*. Zool. Mucherola ó moscarola, género de aves.

**MOUCHERON**, m. *mucherón*. Pábilo, extremo encendido de una torcida ó mecha. || Zool. Mosquito, nombre vulgar que se da á todos los insectos pequeños que vuelan al caer la tarde. Se dice propiamente del que se llama *cousin*.

**MOUCHETÉ, ÉE**, adj. *muchelé*. Mosqueado. *Satin moucheté, hermine mouchetée*, raso mosqueado : se dice de las manchas negras sobre un fondo de otro color. || Blas. *Pièce mouchetée*, pieza mosqueada : dícese de las martas que figuran en algunos escudos de armas. || *Blé moucheté*, trigo atezado ó atizonado con puntos negros en las espigas. || Esgr. *Sabre moucheté*, sable ó espada embotonada. || Equit. *Cheval moucheté*, caballo atabanado, mosqueteado, sembrado de manchas negras.

**MOUCHETER**, a. *muchelé*. Mosquetear, pintar, sembrar manchas ó lunares bordados ó pintados en una tela. || *Moucheter de l'hermine*, mosquetear las martas, sembrarlas de pequeñas piezas de tela negra. || n. Pintarse, cubrirse las flores ó las plantas de pequeños puntos negros ó de otro color. || *Se moucheter*, r. Ser ó estar mosqueteada una tela ú otra cualquiera cosa.

**MOUCHETTE**, f. *muchét*. Arq. Coruljon, parte saliente de una cornisa. = Mediacaña. || Mosqueta, especie de cepillo de carpintero. || *Mouchettes*, pl. Despabiladeras. || Moquero, pañuelos pequeños para limpiar los niños.

**MOUCHETURE**, f. *muchetúr*. Lunar, mancha natural que se encuentra en la piel de algunos animales. || Lunar, adorno que se da artificialmente á las telas mosqueteándolas de color. || Arq. Caprichos, adornos fantásticos con que se ocupan los lugares vacíos. || Blas. Estrellado, se dice de las puntas que salen de las martas que forman el fondo de algunos escudos.

**MOUCHEUR, EUSE**, m. y f. *muchour, eus*. Despabilador ó despabiladora, el que en un teatro está encargado de despabilar las luces. || Mocoso, el que se suena con mucha frecuencia las narices.

**MOUCHOIR**, m. *muchuár*. Pañuelo para sonarse y limpiarse las narices. || prov. y met. *Jeter le mouchoir*, echar el pañuelo: elegir mujer entre muchas. *Briguer le mouchoir*, solicitar el pañuelo: solicitar la preferencia entre otras mujeres. *Refuser le mouchoir*, rehusar esta preferencia. || Mar. Pieza, pedazo de madera regularmente triangular que se aplica para llenar los vacíos del bordo

**MOUCHON**, m. *muchón*. Pábilo, el extremo inflamado de la torcida ó mecha de una vela ó velon. || Pábilo, filamento de la torcida ó mecha que cuelga y hace correrse la vela.

**MOUCHURE**, f. *muchúr*. Pavesa, punta del pábilo encendido cortado con las despabiladeras. || Moco, flema que se quita de la nariz con el pañuelo. || Mar. Hilacha, filamentos duros, tiesos y destorcidos que cuelgan de las puntas de las cuerdas y se cortan.

**MOUCIEU**, m. *musieu*. Mar. Galera, embarcacion que ya no está en uso.

**MOUDRE**, a. *múdr*. Moler, reducir á polvo por medio de un molino. || met. *Moudre un homme de coups*, moler á palos á un hombre. || Cuando se dice absolutamente, es moler trigo. *Ce moulin ne peut moudre que six mois; ce moulin ne moud pas assez fin.*

**MOUE**, f. *mú*. Gesto, figura, visaje, momo que se hace con los labios. || met. *Faire la moue*, estar de hocico, estar con tanta jeta: estar fastidiado, manifestar tedio, mal humor. || *Faire la moue à quelqu'un*, hacer gestos ó momos á alguno, hacer burla de él.

**MOUÉ, ÉE**, adj. *mué*. Cetr. Bocado, cebo, sopa que se da á los perros en la caza, compuesta de sangre de ciervo, leche y pan para alentarlos y aficionarlos. || **MOUÉE**, f. Muea, antigua medida para las viñas, usada en la Moscia de Francia. || Otra medida francesa para las tierras, de la capacidad de un almud, *muid*.

**MOUET**, m. *mué*. Mueto, medida francesa que se usa en las salinas.

**MOUÉTER**, n. *mueté*. Refunfuñar, murmurar entre dientes, rezongar como el cabron entre las cabras.

**MOUETTE**, f. *muét*. Zool. Gaviota ó quincho, ave de mar del órden de las palmípedas.

**MOUFÉTIQUE**, adj. *mufetic*. Mofético ó mefítico, que contiene mofetas ó exhalaciones nocivas.

**MOUFETTE**, f. *mufét*. Mofeta, exhalacion perniciosa que se eleva de los subterráneos, de las minas, cloacas y demas lugares inmundos. || Zool. Mofeta, género de mamíferos digitígrados que esparcen olor infecto y sofocante cuando se les persigue. Parece que es la vivera de Chile, animalejo del mismo género que la garduña.

**MOUFFLETTE**, m. *muflét*. Moflete, mango de punzon de plomero.

**MOUFLARD, E**, m. y f. vulg. *muflárd*. Mofletudo, carrilludo, el que tiene la cara llena y redonda.

**MOUFLE**, f. *múfl*. Mufla, garrucha con varias rodajas que sirve para levantar y bajar pesos considerables. || Cir. Mufla, máquina para practicar la extension de un miembro á fin de reducir una luxacion. || Manopla, guante de cuero ó de lana con solo el dedo pulgar. || Mufla, especie de adorno en la parte inferior de las mangas. || Mufla, cubierta de barro que se pone en los hornillos, en las copelas, etc. || Barras de hierro que se ponen contra las paredes que no ofrecen mucha seguridad. || **MOUFLE**, m. Mufla, especie de crisol, vaso de tierra cerrado en que se ponen los metales para exponerlos á la accion de un fuego muy fuerte. En esta acepcion se usa alguna vez como femenino. || Mufla, arco pequeño de tierra de que se sirven los esmaltadores para fundir los metales. || Mufla, abrazadera, agarradero, mango, pedazo de madera hueco por en medio que usan los carpinteros para asir el hierro caliente. || vulg. Mufla, cara de bamboche, carrillos de trompetero: dícese en estilo vulgar del que tiene la cara gorda y abultada.

**MOUFLÉ, ÉE**, adj. *muflé*. Se dice *poulie mouflée*, garrucha polispata ó polispasta, esto es, que tiene muchas rodajas.

**MOUFLER**, a. *muflé*. Dar mojicones, dar puñadas en las narices y en las mejillas. || *Moufler un mur*, apuntalar una pared con barras de hierro.

**MOUFLETTES**, f. pl. *muflét*. Muelles, tenazas semicilíndricas por la punta, que usan los fontaneros para coger el hierro candente á fin de soldarle.

**MOUFLON**, m. *muflón*. Zool. Verraco, especie de carnero salvaje.

**MOUFTI**, m. *múfti*. Mufti, jefe de la religion entre los mahometanos.

**MOUGRIN**, m. *mugrén*. Bot. Mugrina, planta de la India parecida al jazmin de España.

**MOUILLADE**, f. *mullád*. Remojo, humedecimiento, accion de humedecer las hojas secas del tabaco en agua del mar para hacerlas suaves y flexibles.

**MOUILLAGE**, m. *mulláge*. Mar. Anclaje, ancoraje, surgidero, lugar seguro donde una embarcacion puede echar el áncora. || Mezcla de agua en el vino. || Humedecimiento de la cebada para que germine. || Reblandecimiento de los cueros por medio del agua para darles la figura conveniente.

**MOUILLE**, f. *múll*. Manantial, pequeña fuente en que el agua parece que se rezuma ó trasuda de la tierra.

**MOUILLÉ, ÉE**, adj. *mullé*. Bañado, mojado por la lluvia. || Anclado, surto: se dice de una embarcacion cuya áncora está en un surgidero. || *Mouillé de*, bañado, mojado, humedecido con ó en. *Il me quitta les yeux mouillés de larmes*, se apartó de mí con los ojos bañados en lágrimas. || prov. *Se couvrir d'un drap mouillé*, cubrirse con una manta mojada: agravar una falta con una mala excusa. || Gram. *Lettre mouillée*, letra líquida: se dice del modo de pronunciar la *l* simple ó doble del modo que se hace en *taille*, *bail*, y el *gn* de *daigner*, *signal*, *etc.* || m. Mojado, húmedo, lo contrario de seco. *Le sec et le mouillé*, lo seco y lo mojado.

**MOUILLE-BOUCHE**, f. *mullbúche*. Camuesa, especie de pera de agua que se deshace en la boca.

**MOUILLÉE**, f. *mullé*. Mojada, conjunto de andrajos que el fabricante de papel hace podrir en cada tanda. || Puñado de andrajos que se mojan á la vez.

**MOUILLEMENT**, m. *mullmán*. Remojo, la accion de mojar. || Coc. Lijero rocío.

**MOUILLER**, a. *mullé*. Mojar, humedecer ó impregnar una cosa de agua ú otro líquido. || Regar, bañar, hablando de un rio ó del mar. *Le Tage mouille les champs de Portugal*, el Tajo baña ó riega los campos de Portugal. || Regar. *Mouiller les plantes*, regar las plantas. || Mar. *Mouiller l'ancre*, anclar, echar el áncora en el paraje conveniente. || *Mouiller les l, les deux l*, pronunciar líquidas estas letras, es decir, pronunciarlas no como *ville* y otras voces con una sola *l*, sino como *bataille*, *grille*, *etc.* || n. Mar. *Mouiller en affourchant*, echar dos anclas á modo de horca, una á babor y la otra á estribor. = *Mouiller avec la quille*, encallar, dar con la quilla en un banco de arena. = *Mouiller en croupière*, anclar de popa, echar un ancla por la popa. = *Mouiller en patte d'oie*, anclar á pata de ganso, echar tres áncoras equidistantes, la una á babor, la otra á estribor y la tercera á la parte por donde viene el viento.

**MOUILLÈRES**, f. pl. *mullér*. [illegible] nombre de las tierras y prados [illegible] te húmedos y encharcados.

**MOUILLETTE**, f. *mullét*. [illegible] zo de pan largo y delgado para [illegible] huevos bebidos ó pasados por agua.

**MOUILLEUR**, m. *mulleur*. Mar. [illegible] dero, instrumento destinado á [illegible] anclaje.

**MOUILLOIR**, m. *mulluár*. [illegible] sito de que hacen uso las [illegible] mojar en él los dedos. || Mojadero, [illegible] que hacen uso los fabricantes de [illegible] || Mojador, artesa grande en que [illegible] pel los impresores.

**MOUILLURE**, f. *mullúr*. [illegible] accion de mojar y sus efectos. || [illegible] estado de lo que está mojado.

**MOULAGE**, m. *muláge*. Moldaje, [illegible] racion que consiste en vaciar [illegible] didos en un molde para darles [illegible] determinada. || Moldaje, operacion que consiste en tomar el molde de una [illegible] || Feud. Molienda, derecho que se [illegible] señor para hacer moler el grano en el molino público; y en el dia, maquila, la porcion de grano que el molinero toma por [illegible] lienda donde es costumbre. || El derecho que corresponde al medidor de la [illegible] da, la accion de moler. || Moldaje, el [illegible] nismo que hace girar las ruedas de un molino. || Ladrillo, baldosa, pedazo de [illegible] arcilloso de figura cuadrada.

**MOULANT**, m. ant. *mulán*. [illegible] || Muela.

**MOULARDE**, f. *mulárd*. [illegible], tierra producida en una muela por el [illegible] miento del hierro.

**MOULE**, m. *múl*. Molde, objeto que [illegible] no un hueco dispuesto de manera que la materia fundida que en él se echa, [illegible] una forma determinada. Cualquier [illegible] mento con que se da cierta forma á [illegible] || Pequeña tenaza hueca en que [illegible] balas de plomo. || Molde, vaso de barro, de madera ó mimbre en que se introduce la cuajada para hacer queso. || *Moule à boutons*, hormillas para botones. || [illegible] figura. || prov. y met. *Cela ne se jette* [illegible] *moule*, esto no se hace de molde, esto [illegible] buñuelo ó no es hacer buñuelos; [illegible] esto pide tiempo, cuidado y [illegible] *de gant*, bofetada, porque se [illegible] rostro la figura de la mano. || [illegible] cilindro de barro dividido en la [illegible] de su eje, que sirve para hacer [illegible] nes. || **MOULE**, f. Zool. Almeja, [illegible] moluscos bivalvos. || Mola, pez de mar.

**MOULÉ, ÉE**, adj. *mulé*. [illegible] *tre moulée*, letra de molde, [illegible] imprenta. || prov. *Croire tout ce qui est moulé*, creer todo lo que está en [illegible] molde. || fam. *Homme moulé*, [illegible] dado, bien hecho. || m. Lo [illegible] *moulé*, leer en letras de molde.

**MOULÉE**, f. *mulé*. Vaciadura, [illegible] que se halla debajo de las piedras de [illegible]

**MOULER**, a. *mulé*. Amoldar, [illegible] ciar en el molde. || *Mouler la figure d'une personne*, sacar en yeso la figura [illegible] una persona. || *Mouler une chose sur une autre*, amoldar ó formar una cosa [illegible] dio de otra. || *Mouler du bois*, [illegible] met. Amoldar: *les mœurs* [illegible] *tune à leur forme*. || Art. [illegible] *cille*, amolar una hez, formando [illegible] sobre una muela. || *Pot à* [illegible] amoldar, vasija de hoja de lata [illegible] el sebo fundido en los moldes [illegible] sebo. || *Se mouler*, r. Amoldarse, [illegible] dado, recibir la impresion de un [illegible] met. *Se mouler sur quelqu'un*, [illegible] se por alguien, tomarle por modelo [illegible] chado.

**MOULERIE**, f. *mulrí*. Fundicion, [illegible] en que se ejecutan las obras de fundicion.

**MOULET**, m. *mulé*. Tarugo, pedazo de madera que usan los carpinteros [illegible] yar el espesor del hierro de los cepillos.

**MOULETTE**, f. *mulét*. Conchita, [illegible] pequeño. || Variedad de [illegible] || Art. [illegible] villo de tijeras. = Conchita [illegible] de que se hace uso para formar figuras de relieve.

**MOULEUR**, m. *muleur*. Fundidor de obras de escultura. || *Mouleur de bois*, medidor de la leña que se vende.

**MOULIÈRE**, f. *mulièr*. Pesquera de almejas. || Vena, la veta mas tierna de una piedra de afilar.

**MOULIN**, m. *mulín*. Molino, máquina destinada á moler grano, etc. *Moulin à vent*, molino de viento. *Moulin à vapeur*, molino de vapor. *Moulin à eau*, molino de agua. *Moulin à bras*, molino de sangre, el que mueven hombres ó caballerías. || Molino, cualquier otra máquina del mismo género que tiene diferentes usos. *Moulin à foulon*, batan. *Moulin à huile*, molino de aceite. *Moulin à papier*, molino de papel. *Moulin à sucre*, ingenio de azúcar. *Moulin à tabac*, molino de tabaco. *Moulin à broyer les couleurs*, molino para moler colores. *Moulin pour scier la pierre*, sierra de agua. *Moulin à écosser*, molino de desvainar. *Moulin à blé ó à farine*, molino harinero. *Moulin à tan*, molino para quebrantar la casca para las tenerías. *Moulin à poudre*, molino de pólvora. *Moulin à café*, molino de café. || Feud. *Moulin banal*, molino de un señorío. || prov. *Faire venir l'eau au moulin*, llevar el agua á su molino: buscar ganancias con la industria para sí ó para los suyos, ó abarcar para su casa lo útil y provechoso. || *Le four appelle le moulin brûlé*, dijo la sarten á la caldera, tírate allá culinegra: se aplica al que lleno de vicios reprende en los demas las menores faltas. || *Se battre contre des moulins à vent*, pelear con molinos de viento, alimentar fantasmas: se alude á los molinos de don Quijote. || *C'est un moulin à paroles*, es un molino, hablando de una persona habladora y molesta.

**MOULINAGE**, m. *mulináge*. Molinaje, accion de torcer la seda por medio de una especie de molino. || Molinaje, el resultado de esta accion. || Molinaje, la serie de preparaciones que se hacen con la seda para torcerla. || Molienda, la accion de moler.

**MOULINER**, a. *muliné*. Hilar seda. || n. Carcomer, roer la madera un gusano llamado bromo. || *Se mouliner*, r. Torcerse, hilarse, hablando de la seda. || Bromarse, ser roida la madera por los gusanos.

**MOULINET**, m. *muliné*. Molinillo, molinete. || Molinete, ruedecilla de un molino de viento. || Molinete, especie de torniquete para levantar fardos. || Molinete, máquina de que se hacia uso para acuñar moneda. || Impr. *Faire le moulinet*, dejar caer de un solo golpe la frasqueta y el tímpano. || *Moulinet à vent*, molinillo de viento, máquina giratoria que se pone en las chimeneas para evitar el humo. || Mar. Molinete, palo ochavado colocado en la banda de proa. || Art. Molinete, instrumento de varios artífices. || *Moulinet ó moussoir pour le chocolat*, molinillo de chocolatera.

**MOULINEUR ó MOULINIER**, m. *mulineur, mulinié*. Hilandero y torcedor de seda, obrero que se ocupa en la preparacion de la seda desde que se hila hasta que puede entrar en tinte.

**MOULLAVA**, f. *muláva*. Bot. Mulava, planta de las Indias.

**MOULTANS**, m. pl. *multán*. Multanas, telas de Multan, país de la India.

**MOULU, E**, adj. *mulú*. Mont. Se dice *fumées d'un cerf mal moulues*, estiércol de un ciervo mal digerido.

**MOULURE**, f. *mulúr*. Moldura, nombre genérico de las diversas partes de un perfil de arquitectura, mas ó ménos salientes, cuadradas, redondas, etc. || Moldura, se dice tambien de los adornos impresos en la madera. || *Outil à moulure*, herramienta de que se sirve el carpintero para hacer molduras.

**MOUNANT**, m. *munán*. Feud. El que estaba obligado á moler su trigo en el molino señorial.

**MOUNÉE**, f. *muné*. Molienda, toda cantidad de trigo que los particulares enviaban al molino.

**MOUNESTAN**, m. *munestán*. Uva, una de sus especies.

**MOUNIER**, m. *munié*. Zool. Arvela, pájaro acuático.

**MOURADITE**, m. *muradít*. Muradito, miembro de una órden ascética musulmana.

**MOURANT, E**, adj. *murán*. Moribundo, espirante, agonizante, el que se está muriendo. || met. Lánguido, débil, macilento. *Des yeux mourants*, ojos lánguidos, desfallecidos. *Voix mourante*, voz lánguida, débil. *Bleu mourant*, azul, apagado. *Tons mourants, couleurs mourantes*, tonos lentos, colores muy debilitados ó apagados. || Vacilante. *Un empire mourant*, un imperio vacilante, que se desploma. *Une lumière mourante*, una luz moribunda. || m. y f. Moribundo, el que se está muriendo.

**MOURAUDE**, f. *muród*. Bot. Olivo, una de sus especies.

**MOUREANON**, f. *muranón*. Bot. Higo, una de sus especies.

**MOURKAU**, m. *muré*. Zool. Nombre vulgar que se da al petirrojo.

**MOURELLE**, f. *murél*. Bot. Yerba mora.

**MOURET**, m. *muré*. Zool. Mureta, género de conchas del Senegal.

**MOUREUR**, m. ant. *mureur*. Moribundo, el que se muere.

**MOURGON**, m. *murgón*. Buzo, el que nada debajo del agua.

**MOURI**, m. *múri*. Muri, tela de algodon de la India.

**MOURIR**, n. *murír*. Morir, cesar de vivir, fallecer. || Fallecer, finar, solo se dice de las personas cuando mueren de muerte natural. Hablando de cosas inanimadas, se dice acabarse. || *Mourir au champ de l'honneur*, morir en el campo del honor, en la guerra. || *Mourir tout en vie*, morir de repente. || *Bien mourir*, morir bien, morir cristianamente. || fam. *Mourir dans la peau de ses vices*, morir sin haberse corregido de los vicios. *Cet homme mourra dans sa peau*, este hombre no se corregirá de sus vicios. || prov. *Le renard mourra en sa peau*, la zorra muda los dientes, mas no las mientes: se dice á causa de lo difícil que es dejar vicios adquiridos. || *Un lièvre va toujours mourir au gîte*, la liebre siempre va á morir en su agujero: se dice por el afecto que se tiene al lugar del nacimiento. || fam. *Mourir de sa belle mort*, morir de muerte natural. || *Mourir ó être mort au monde*, morir ó haber muerto para el mundo: se dice de los que se retiran del trato social para darse á los ejercicios piadosos. || *Mourir à ses vices*, morir para sus vicios, dejarlos para siempre. || met. *Faire mourir quelqu'un à petit feu*, quemar á uno á fuego lento: causarle sinsabores é inquietudes. || Sufrir ó padecer mucho, física ó moralmente. || *Mourir de froid*, morirse de frio, sentir mucho frio. *Mourir de honte*, morirse de vergüenza. *Mourir de rire*, morir de risa. || Morir, perecer: se aplica á los árboles y plantas, á los estados, imperios ó instituciones políticas, á las pasiones, productos del entendimiento y producciones artísticas. *Les ouvrages de Cervantes ne mourront jamais. L'empire Romain mourut par les vices de ses habitants. Sa gloire ne mourra jamais.* || Morir, apagarse, hablando de aquellas cosas cuya actividad se va amortiguando, como el fuego, las luces, etc. || Pararse un cuerpo en su movimiento. || *Mourir d'un coup d'épée*, morir de una estocada. || *Mourir de la mort des justes*, tener la muerte de los justos. || *Se mourir*, r. Morirse, estar á punto de morir, irse muriendo. En este sentido solo se usa en el presente y en el imperfecto de indicativo: *il se meurt, il se mourait*. || Estar á punto de apagarse: *votre feu se meurt*.

**MOURIS**, m. pl. *murí*. Muris, telas de algodon de la India oriental.

**MOUROIR**, m. inus. *muruár*. Lecho de muerte.

**MOURON**, m. *murón*. Bot. Anagálide, género de plantas. *Mouron des oiseaux ó mouron blanc*, pamplina, planta que sirve principalmente para alimentar pájaros. || Zool. Lagarto amarillo, nombre vulgar de la salamandra terrestre.

**MOURONNET**, m. *muroné*. Manzana, una de sus variedades.

**MOURRE**, f. *múr*. Morra, cierto juego del populacho.

**MOUSET**, m. *musé*. Ratoncillo, nombre de una especie de este animal.

**MOUSQUE-MUR**, adj. *muscmú*. Nombre burlesco que se da á la muerte.

**MOUSQUET**, m. *musqué*. Mosquete, arma de fuego antigua. *Mousquet à fourquine, à rouet, à mèche*, mosquete de horquilla, de rueda, de mecha, variedades de esta arma. || *Porter le mousquet*, llevar el fusil: ser soldado de infantería. || *Crever comme un vieux mousquet*, reventar como un pellejo de vino: morir por excesos en la bebida ó comida. || Com. *Mousquets*, pl. Mosquetes, alfombras de Turquía y de Persia.

**MOUSQUETADE**, f. *musquetád*. Mosquetazo, herida ó tiro de mosquete.

**MOUSQUETAIRE**, m. *musquetér*. Mosquetero, soldado armado de un mosquete. || En Francia se llamaban mosqueteros unas compañías de caballería que hacian parte de la tropa de la casa real.

**MOUSQUÈTE**, f. *musquét*. Mosqueta, especie de ballesta.

**MOUSQUETERIE**, f. *musquetrí*. Mosquetería, descarga de muchos mosquetes. || Mosquetería, infantería armada de mosquetes.

**MOUSQUETIER**, m. *musquetié* (e muda). Mosquetero.

**MOUSQUETON**, m. *musquetón* (e muda). Mosqueton, fusil de cañon corto, pero del mismo calibre que el mosquete. || Tercerola, arma de fuego de la caballería.

**MOUSSA**, m. *musa*. Musa, alimento que usan los negros.

**MOUSSAILLON**, m. *musallón*. Mar. Grumetillo.

**MOUSSAUT**, adj. m. *musó*. De harina de avena mondada. *Pain moussaut*, pan de harina de avena.

**MOUSSE**, adj. *mús*. Obtuso, embotado, romo, despuntado. || Se aplica tambien en sentido met. al entendimiento, gusto, etc. || m. Mozo, mancebo, aprendiz. || Mar. Paje de escoba, grumete en los navíos, mancebo destinado á hacer el aprendizaje del servicio de mar. || f. Espuma, materia lijera que se forma en la superficie de ciertos líquidos. || Musgo, moho velloso que se cria en las cortezas y troncos de los árboles. || Musgo, especie de vello que sale en la cabeza de las carpas viejas. || *Mousses*, f. pl. Bot. Musgos, familia de plantas criptógamas de la clase de las cotiledóneas. || *Mousse aquatique*, musgo acuático, ova, sustancia verde, filamentosa, que se desarrolla en todas las aguas estancadas. || *Mousse terrestre*, musgo terrestre, nombre vulgar del licopodio. || *Mousse verte*, musgo verde, el que durante el invierno tapiza los troncos de los árboles y las paredes que miran al Norte. || Zool. *Mousse en haie*, musgo en seto, nombre vulgar de la curruca, un pajarillo verde. || prov. met. *Pierre qui roule n'amasse pas de mousse*, piedra que rueda no se cubre de musgo: frase proverbial con que se expresa que el hombre que cambia con frecuencia de profesion no se enriquece.

**MOUSSÉ, ÉE**, adj. *musé*. Batido, se dice de la crema y demas manjares y bebidas que se baten miéntras cuecen y hacen espuma. *Chocolat moussé*, chocolate batido.

**MOUSSEAU**, adj. V. MOUSSAUT.

**MOUSSELINE**, f. *muslin*. Com. Muselina, tela de algodon procedente de Asia. || *Mousseline de laine*, muselina de lana.

**MOUSSELINETTE**, f. *muslinét*. Muselineta, muselina muy lijera.

**MOUSSELINIER, ÈRE**, m. y f. *muslinié, ér*. Muselinero, el que fabrica muselina ó comercia con ella. || Se usa tambien como adjetivo.

**MOUSSER**, n. *musé*. Espumar, hacer espuma. *Le vin de Champagne mousse plus que les autres*, el vino de Champaña es mas espumoso que los demas. || met. *Faire mousser un succès*, dar realce á un suceso, referirlo floreándolo.

**MOUSSERON**, m. *musrón*. Bot. Agárico, nombre vulgar de varias especies de hongos. || met. Medrado, hombre que ha hecho fortuna.

**MOUSSERONNE**, f. *musron*. Lechuga, nombre de una de sus variedades.

**MOUSSERONNIÈRE**, f. *musronièr.* Leche de hongos ó de agáricos.

**MOUSSETTE**, f. *musét.* Manzana, nombre de una de sus especies.

**MOUSSEUX, EUSE**, adj. *museu, eus.* Espumoso, que espumea ó produce espuma. *Bière mousseuse*, cerveza espumosa. || Bot. Musgoso, se aplica á las plantas cuyo follaje tiene cierta semejanza con el musgo. || *Mousseux*, m. Bot. Fucíceas ó fucos, grupo de especies del género boleto.

**MOUSSIER**, m. *musié.* Bot. Musgario, herbario de musgos.

**MOUSSIVORE**, adj. *musivór.* Musívoro, que se alimenta de musgo.

**MOUSSOIR**, m. *musuár.* Molinillo para batir el chocolate. || Molinillo del fabricante de papel. || Hataca, rodillo de madera para allanar la masa del pan.

**MOUSSON**, f. *musón.* Monzon, viento reglado ó periódico del mar de la India, que sigue durante seis meses la misma direccion, y durante los otros seis la opuesta. || Monzon, la estacion de estos vientos. || Corriente de agua formada por vientos que llevan la misma direccion.

**MOUSSU, E**, adj. *musú.* Musgoso, que está cubierto de musgo.

**MOUSSURE**, f. *musúr.* Reborde, parte estrecha junto á la boca de un puchero ó de una vasija de barro.

**MOUSTAC**, m. *musták.* Zool. Mustac, especie de mono de Guinea.

**MOUSTACHE**, f. *mustách.* Mostacho, bigote, el pelo que cubre el labio superior. || met. *Vieille moustache*, soldado viejo, que ha encanecido en el servicio. || met. *Brûler la moustache à quelqu'un*, quemarle á uno los bigotes: tirarle á quema ropa con un arma de fuego. || met. *Se brûler la moustache*, dar un golpe en vago, salirle mal á alguno un proyecto. || met. y fam. *Enlever quelque chose à quelqu'un sur la moustache* ó *sous la moustache*, quitar á alguno una cosa á las barbas, á los bigotes, en su presencia. || *Donner sur la moustache*, dar un soplamocos, un moquete. || met. y fam. Bigotes, chafarrinada: dícese de la mancha ó tiznon que se pone á otro en la cara. || Mostacho, bigote, pelos que los gatos, leones, panteras y otros animales tienen en el labio superior. || Mar. Balancines del trinquete y del bauprés. || Art. Pinzas del dorador. || Manubrio de tirador de oro.

**MOUSTARDIÉ**, m. *mustardié.* Uva, nombre de una de sus variedades.

**MOUSTIER**, m. *mustié.* Se ha usado por *monastère*, por corrupcion de *monstier.*

**MOUSTEILLE** ó **MOUSTILLE**, f. ant. *musteill*, *mustill.* Comadreja. V. BELETTE.

**MOUSTIQUAIRE**, f. *mustiquér.* Mosquitero, cortina de gasa ó muselina muy fina con que se cubren las camas en el verano para preservarlas de los mosquitos.

**MOUSTIQUE**, m. *mustic.* Zool. Mosquito, nombre vulgar de los dípteros del género cínife, insecto zancudo de África y América.

**MOUSTIQUIÈRE**, f. V. MOUSTIQUAIRE.

**MOÛT**, m. *mú.* Mosto, vino recien hecho que aun no ha fermentado.

**MOUTA**, f. *muta.* Muta, especie de seda cruda de Bengala.

**MOUTAGE**, m. *mutáge.* Molinaje, derecho que percibia el dueño del molino señorial.

**MOUTARD**, m. *mutár.* Granuja, palabra baja con que se designa á los muchachos desaseados y bulliciosos. || Por chanza se dice de los niños en general, sin distincion de sexo.

**MOUTARDE**, f. *mutárd.* Bot. Mostaza, planta del género sinapis, de la familia de las crucíferas. || Mostaza, la semilla de la planta del mismo nombre, la base de los sinapismos. || Mostaza, composicion hecha con genabe molido con mosto y vinagre ó cualquier otro líquido, que se sirve en las mesas. || met. *S'amuser à la moutarde*, entretenerse en bagatelas, en cosas inútiles. || *C'est de la moutarde après dîner*, eso es mostaza despues de comer. Dícese de las cosas que no se hacen á su tiempo, ó que no llegan sino cuando ya no se tiene necesidad de ellas. || *La moutarde lui monte au nez*, se le sube la mostaza á las narices, se le van hinchando las narices. Se dice cuando una persona se enfada. || *Sucrer la moutarde*, endulzar la mostaza: moderar la cólera.

**MOUTARDELLE**, f. ant. *mutardél.* Horquilla, instrumento de labranza. || Bot. Rábano, nombre vulgar de una de sus especies.

**MOUTARDIER**, m. *mutardié.* Mostacero ó mostacera, vasito que sirve para poner mostaza. || Mostacero, el que hace ó vende mostaza. || Agárico que por su olor se asemeja á la mostaza. || Zool. Vencejo, especie de ave. || fam. *Cet homme se croit le premier moutardier du pape*, este hombre se figura que es archipámpano, ó archipámpano de Sevilla. Se dice de un hombre muy mediano, que tiene gran concepto de sí mismo y se da mucha importancia.

**MOUTASSEN**, m. *mutasén.* Mostazan, especie de algodon procedente del Asia.

**MOUTE**, f. ant. *mút.* V. MOUTURE. || Gata.

**MOUTIER**, m. ant. *mutié.* Monasterio. || *Mener une fille au moutier*, casarse.

**MOUTON**, m. *mutón.* Zool. Carnero castrado. || Carnero, género de mamíferos rumiantes de que existen varias razas. || Ovejas, carneros, corderos, etc., reunidos en rebaños. *Troupeau de moutons*, carnerada, rebaño de carneros. || met. *C'est un mouton, il est doux comme un mouton*, es un cordero, es blando como un cordero, ó es suave como la seda. Dícese de un hombre muy afable ó tratable. || *Revenons à nos moutons*, volvamos al asunto, anudemos el hilo de la narracion. || *Chercher cinq pieds à un mouton*, querer sacar jugo de una piedra. || *Mieux vaut gigot voisin et prochain qu'un gros mouton lointain*, mas vale pájaro en mano que buitre volando. || Chota, espía, hombre destinado á ganar la confianza de un preso para venderlo despues. || Piel de carnero zorrada y preparada. || Pasta para libros, hecha de esta piel. || Maza, pieza de hierro ó madera armada de hierro, que sirve para clavar estacas en tierra. || Zoquete ó cabeza de campana, piezas de madera en que se apoyan sus asas para que quede en equilibrio. || Maza, pieza que desciende con el tornillo de la prensa de papel. || Art. *Mouton d'un carrosse*, cabezales, piezas de madera que se ponian ántes sobre el eje de los coches para sostener la caja. || *Moutons*, pl. fam. Cabrillas blanquecinas que aparecen en el mar cuando empieza á agitarse.

**MOUTON, NE**, adj. *mutón, ón.* Ovejuno ó carneruno, que pertenece á los carneros.

**MOUTONNADE**, f. neol. *mutonád.* Tono pastoral, pesado y fastidioso.

**MOUTONNAGE**, m. *mutonáge.* Derecho que percibia el señor feudal de los que vendian ó compraban ganado de su feudo.

**MOUTONNAILLE**, f. *mutonáll.* Carnerada, rebaño de carneros. || met. Se dice por chanza de los que se dejan conducir ciegamente por otros. *Le peuple n'est que franche moutonnaille.* (La Font.)

**MOUTONNE**, f. *mutón.* Erizon, tocado antiguo de las mujeres; consistia en un trenzado de cabellos rizados que se llevaba en la frente.

**MOUTONNÉ, ÉE**, adj. *mutoné.* Ensortijado, anillado, rizado como lana de carnero. || *Temps moutonné*, cielo borregoso, de nubes rizadas.

**MOUTONNEMENT**, adv. neol. *mutonmán.* Carnerunamente, á manera de carneros.

**MOUTONNER**, a. *mutoné.* Rizar, ensortijar el pelo como lana de carnero. *Moutonner un prisonnier*, sonsacar á un prisionero, hacerle revelar secretos que pueden perderlo. || n. fam. Rizarse la superficie del mar, de un lago ó de un rio, empezar á agitarse y blanquear sus aguas. || *Se moutonner*, r. Rizarse, ensortijarse, se dice de los cabellos.

**MOUTONNERIE**, f. *mutonrí.* Simplicidad, necedad, tontería. || Inclinacion á imitar lo que hacen los demas.

**MOUTONNET**, m. *mutoné.* Moneda antigua de Francia del tiempo de Cárlos VI.

**MOUTONNEUX, EUSE**, adj. *mutoneu, eus.* Blanquecino, que [illegible] quearse de espuma. *Mer moutonneuse* [illegible] rizado de pequeñas olas blancas [illegible] so, aborregado: se dice del cielo [illegible] está cubierto de nubecillas blancas [illegible] nen cierta semejanza con la lana.

**MOUTONNIER, ÈRE**, adj. [illegible] Carneruno, que tiene la naturaleza [illegible] rácter de los carneros. || met. Imitado[illegible] ro de resta: se dice de las personas [illegible] manera de carneros, se hacen [illegible] petir lo que ven hacer á los demas.

**MOUTURE**, f. *mutúr.* Molienda [illegible] cion por la cual el molinero [illegible] rentes partes que constituyen el [illegible] quila, derecho que los molineros [illegible] bre el trigo que muelen. || [illegible] de un tercio de trigo, otro de [illegible] de avena. || prov. *Tirer d'un sac* [illegible] *tures*, sacar dos maquilas de un [illegible] car un provecho doble de un [illegible]

**MOUVANCE**, f. *muvans.* [illegible] dencia de un dominio, de un [illegible]

**MOUVANT, E**, adj. *muván*, [illegible] que tiene la facultad de mover. [illegible] *vante*, fuerza moviente ó [illegible] que produce un movimiento [illegible] viente, que se mueve. || Movedizo [illegible] de una tierra instable ó poco firme [illegible] los piés se hunden fácilmente [illegible] ble, inconstante, ligero. || [illegible] *un terrain mouvant*, la corte es un [illegible] movedizo, resbaladizo; es difícil [illegible] en él mucho tiempo. || *Lieu mouvant* [illegible] muy frecuentado. || Blas. Movimiento [illegible] to: se dice para indicar de qué parte [illegible] nace una figura. || Jurisp. Movimiento [illegible] diente, que depende de otro, [illegible] feudos.

**MOUVE-CHAUX**, m. *muvechó.* [illegible] do refinador.

**MOUVEMENT**, m. *muvmán.* [illegible] to, accion de un cuerpo que se [illegible] muda de lugar. || Movimiento, [illegible] alteracion de precio en el comercio [illegible] Movimiento, expresion de las [illegible] del cuerpo y de las afecciones del [illegible] Movimiento, ímpetu, impulso del [illegible] Movimiento, solicitud, diligencia [illegible] una obra. || Mocion, rasgo [illegible] discurso, de un poema. || Movimiento [illegible] lle de un reloj. || Movimiento, [illegible] mentacion en los espíritus. || Movimientos [illegible] alboroto, revueltas, disensiones, [illegible] civiles. || Polít. *Le parti du mouvement* [illegible] partido del progreso.

**MOUVEMENTÉ, ÉE**, adj. [illegible] Que tiene movimiento.

**MOUVER**, a. *muvé.* Revolver, [illegible] tierra de un tiesto, de una cajonera [illegible] Despegar con un cuchillo el azúcar [illegible] las paredes de la forma.

**MOUVERON**, m. *muvrón.* Palo [illegible] mover ó revolver el azúcar.

**MOUVET**, m. **MOUVETTE**, f. V. [illegible] VOIR, m.

**MOUVOIR**, a. *muvuár.* Mover, [illegible] mudar á una cosa de lugar ó [illegible] Mover, excitar, impeler. || Mover, [illegible] la cabeza, los piés. || n. Feud. [illegible] pender de otra tierra, de un señorío [illegible] do. || *Se mouvoir*, r. Moverse, [illegible] Se usa hablando del movimiento de [illegible] pos celestes. || Agitarse, menearse. [illegible] VOIR, m. Art. Palo que sirve para [illegible] el sebo derretido.

**MOXA**, m. *mócsa.* Cir. Especie de [illegible] rizacion que consiste en aplicar [illegible] quier parte del cuerpo un cono de [illegible] en cuya punta se pone fuego para [illegible] sistema nervioso, etc. Este remedio [illegible] tica entre los Chinos y los Japoneses [illegible] tejido algodonoso que los Chinos y [illegible] nes preparan con las hojas secas de [illegible] misia de la China.

**MOXIBURE**, m. *mocsibúr.* Cir. [illegible] el agente de la moxibustion.

**MOXIBUSTION**, f. *mocsibustión.* [illegible] bustion, aplicacion de un moxa, [illegible] cion por un moxa.

**MOYA**, m. *muáya.* Arcilla [illegible] América del Sur.

**MOYAC**, m. *muayác.* Zool. [illegible] pecie de anade del Canadá.

con condicion que.

**MOYENNEMENT**, m. ant. *muayenmán*. Mediacion, accion de mediar. || adv. ant. Medianamente : *être moyennement riche*.

**MOYENNER**, a. ant. y fam. *muayené*. Procurar uno alguna cosa por su mediacion, interposicion ó empeño, facilitar una entrevista, un ajuste, etc. Diligenciar, agenciar.

**MOYENNEUR**, m. ant. *muayeneur*. V. MÉDIATEUR. || Mediador, medianero, intercesor.

**MOYER**, a. *muayé*. Art. Serrar una piedra en dos para escalones.

**MOYÈRE**, f. *muayér*. Pantano plantado de cañas.

**MOYEU**, m. *muayeu*. Cubo de una rueda de un carruaje. || Yema de huevo. || Cascabelillo, especie de ciruela.

**MOYO**, m. *muyo*. Moyo, medida de capacidad que se usa en Portugal para los granos.

**MOZARABE**, m. y f. *mosaráb*. Mozárabe ó muzárabe, cristiano que vivia entre los Árabes ó cristiano de España que descendia de los Árabes. || adj. Mozárabe ó muzárabe, que pertenece al culto de los Mozárabes.

**MOZARABIQUE**, adj. *mosarabic*. Mozarábico, que pertenece á los Mozárabes.

**MUABILITÉ**, f. *muabilité*. Mutabilidad, cualidad de lo que es mudable.

**MUABLE**, adj. *muábl*. Mudable, inconstante, sujeto á mudanzas.

**MUANCE**, f. *muáns*. Mús. Mudanza, cambio de una nota en otra.

**MUANT**, m. *muán*. Estanque, parte de un saladar.

**MUCATE**, m. *mucát*. Quim. Mucato, ácido múcico combinado con una base salificable.

**MUCHE-POT** (À). V. MUSSE.

**MUCHER** (SE), r. *muché*. Ocultarse, esconderse. Se dice tambien *se musser*.

**MUCHETTEPOT** (À LA), loc. adv. *alamuchetepó*. Secretamente, de secreto, de oculto.

**MUCILAGE**, m. *musilág*. Quim. Mucilago, sustancia viscosa, nutritiva, esparcida en casi todos los vegetales. || Mucilago, liquido espeso y viscoso formado por la solucion de una goma en agua. || Bot. Mucilago, género de plantas de la familia de los hongos.

**MUCILAGINEUX, EUSE**, adj. *musilagineu, eus*. Mucilaginoso, viscoso, que contiene mucilago. || Bot. Mucilaginoso, que participa de la naturaleza del mucilago.

**MUCINE**, f. *musin*. Quim. Mucina, sustancia mucilaginosa que acompaña el gluten en los vegetales.

mucosité.

**MUDDE**, f. *múd*. Muda, medida de capacidad que se usa en Suiza.

**MUDE**, f. *múd*. Especie de tela que se hace en la China de corteza de árbol.

**MUDER**, a. *mudé*. Mar. Cimar, pasar el car de la entena de una banda á otra del palo, para que la vela quede de la buena vuelta.

**MUE**, f. *mú*. Muda, caida y renovacion de las plumas, del pelo, de la piel, de las astas, etc., en algunos animales. || Muda, época en que esta se verifica. || Muda, especie de caja en la que se pone un pájaro cuando está de muda. || Caponera, lugar oscuro en donde se encierran los capones para cebarlos. || *Autour de trois mues*, azor de tres mudas, que tiene tres años. || fam. *Être en mue*, estar en prision. || *Tenir une femme en mue*, mantener una mujer como querida. || Mús. *Mue de la voix*, muda de la voz en los muchachos cuando llegan á la pubertad.

**MUÉ, ÉE**, adj. *mué*. Mudado, que ha mudado : *oiseau mué, voix muée*.

**MUER**, n. *mué*. Mudar, estar de muda : se dice hablando de los pájaros, de los venados, etc. || Se dice tambien hablando de los niños que llegan á una edad en la que mudan la voz.

**MUET, TE**, adj. *mué, ét*. Mudo, que no puede hablar, que está privado del uso de la palabra. || *Devenir muet*, enmudecer, quedar mudo ó sin habla. || fam. *N'être pas muet*, no tener pelos en la lengua : hablar atrevidamente. || Mudo, silencioso, tranquilo. || Mudo, hablando de las cosas que, aunque inanimadas, indican ó significan algo. *La peinture est un langage muet; la loi est un juge muet*. || *Témoins muets*, testigos mudos, indicios, presunciones contra un acusado. || *H muette* ó mejor *h muet*, h muda, que no es aspirada, esto es, que no impide la elision, como *l'homme, l'honneur*. || MUET, TE, m. y f. Mudo, que no puede hablar, ya sea por accidente, ya naturalmente. || Mudo, el que finge no poder hablar. || For. *Muet volontaire*, el que, siendo acusado, no quiere contestar. || *Muette des halles*, verdulera, se dice de una mujer sumamente descarada é insolente.

**MUÉTISME**, m. *muetism*. Mudez, estado del que es mudo. V. MUTISME.

**MUETTE**, f. *muét*. Mit. Muda, diosa del silencio entre los Romanos. || Mont. Casilla que se destinaba á contener algunas aves de altanería durante el tiempo de la muda ó bien para encerrar las mudas que soltaban los venados. || Casa de campo, en donde principalmente se reunen los cazadores para

mar, de los vientos, etc.

**MUGISSANT, E**, adj. *mugisán*. Mugiento, que muge, que berrea, hablando de los bueyes ó de las vacas. || met. Bramador, que brama. Se dice de las olas, de los vientos que se agitan con violencia. Dícese tambien de la voz, cuando se esfuerza mucho : *cet homme a la voix mugissante*. || Algunas veces se dice de los objetos que producen un ruido cualquiera : *les gonds mugissants*.

**MUGISSEMENT**, m. *mugismán*. Mugido que da el buey; bramido que deja oir el toro; y berrido, hablando de las vacas y de los becerros. || met. Bramido, grito, voz horrisona de una persona encolerizada. || Bramido, ruido de las olas, de los vientos, de los volcanes cuando están agitados.

**MUGOT**, m. V. MAGOT.

**MUGUET**, m. *mugué*. Bot. Muguete, lirio de los valles, planta de la familia de las esparragíneas. || Med. Especie de afta, úlcera que sale en la boca á los niños recien nacidos. || Vet. Cáncer, tumor que se desarrolla en la boca de los corderos. || met. y fam. Pisaverde, galanteador, mozalvete, Narciso, el que se adorna con excesiva afectacion para galantear y obsequiar al bello sexo. || MUGUET, TE, adj. Que es concerniente á los galanteadores.

**MUGUETTER**, a. *muguetté*. Requebrar, hacer el amor, galantear, cortejar á las damas. || ant. Rondar, echar el ojo : espiar la ocasion de apoderarse de alguna cosa.

**MUID**, m. *mui*. Moyo, medida antigua que servia para los liquidos equivalente á 133 azumbres; y tambien medida imaginaria de áridos que equivale á 33 fanegas castellanas. || Pipote, barril que contiene un moyo de vino, aceite, etc. || fam. *Il est gros comme un muid*, parece un tonel, es un panza de cocos : dícese de una persona muy gruesa.

**MUIRE**, f. *muír*. Agua que resta despues de la cristalizacion de la sal. En el Franco Condado se dice del agua de pozo que sirve para hacer sal.

**MUITE**, f. *muít*. Agua con que se hace la sal.

**MULALE**, m. *mulél*. Palmera africana.

**MULAR**, m. *mulár*. Mular, animal mamífero que se cria en los mares glaciales.

**MULARD**, m. *mulár*. Zool. Especie de ánade comun.

**MULATE**, adj. V. MULATRE.

**MULÂTRE**, adj. *mulatr*. Mulato, hijo mestizo de padre blanco y madre negra ó vice versa. Se usa tambien como sustantivo. El femenino es *mulâtresse*.

**MULCIBER**, m. *mulsibér*. Mit. Uno de

los nombres de Vulcano entre los Romanos.

**MULCIONAIRE**, m. ant. *molsionér*. Ordeñador, el que ordeña las vacas.

**MULCTER**, a. *mulcté*. For. Multar, imponer alguna multa, condenar á alguna pena ó castigo. Por extension, agraviar, maltratar, causar alguna vejacion.

**MULE**, f. *mül*. Chancias, chapines, babuchas de hombre (antiguamente). || Especie de babuchas ó chinelas morunas sin talon que usaban las mujeres. || Especie de babucha semejante á lo que ahora se llama *galocha*. || Sandalia que lleva el papa con una cruz encima. || Mula, bestia de carga nacida de caballo y burra, ó de burro y yegua. || fam. *Étre têtu comme une mule*, ser duro, cerrado como pié de mulo; terco, obstinado como un aragones. || prov. y met. *Ferrer la mule*, sisar, meter la uña: comprar alguna cosa para otro y hacérsela pagar mas caro de lo que ha costado. || prov. *La mule du pape ne mange qu'à ses heures*, la mejor salsa es el hambre, á buen hambre no hay pan duro. || *Mules*, pl. Espolones, sabañones que salen en los talones de los piés. || Vet. Galápago, grietas que se forman en el espolon del caballo.

**MULET**, m. *mulé*. Mulo, macho, caballería mular. V. MULE. || Sargo, mugo, pescado de mar que tambien se llama múgil, mújol, trilla, café, cabezudo, mugle. || fam. *Étre têtu comme un mulet*, ser mas testarudo que un borrico, muy obstinado ó tenaz. || *Chargé comme un mulet*, cargado como un borrico. || prov. y met. *Garder le mulet*, estar de planton, llevar poste, esperar á uno largo tiempo.

**MULETIER**, m. *multié*. Muletero, arriero que conduce una recua de mulos ó mulas. || *Brutal comme un muletier*, cerril como un muletero.

**MULETIÈRES**, f. pl. *multiér*. Pesc. Especie de red que se destina exclusivamente á la pesca de los mújoles ó mugos.

**MULETTE**, f. *mulét*. Molleja, buche ó estómago en que hacen la digestion las aves. || Cuajo, estómago de la ternera. || Mar. Muleta, barco pesangrero que usan los Portugueses.

**MULHOUSIEN, NE**, adj. y s. *mulusién*, *én*. Mulusiense, de Mulusa, ciudad de Francia.

**MULIER**, m. *mulié*. Pesc. Especie de red particular para la pesca de los sargos.

**MULLE**, m. *mül*. Zool. Rubio, género de pescados percoidos. || adj. f. Com. Se dice de la rubia. *Garance mulle*, rubia tintoria de inferior calidad. Otros dan *mulle* como sustantivo tambien en esta acepcion.

**MULLEQUIN**, m. *mulquén*. Especie de tejido.

**MULLEQUINIER**, m. ant. *mulquinié*. Tejedor de ciertas telas.

**MULLÈRE**, f. *mulér*. Bot. Mulera, género de plantas leguminosas de la Guyana.

**MULLÉRINE**, f. *mulerin*. Mulerina, mineral que se compone de plomo, plata, oro, azufre y otras sustancias.

**MULLITE**, adj. *mullt*. Zool. Mulito, que se parece al rubio, pez. || *Mullites*, m. p. Mulitos, tribu de pescados percoidos del género rubio.

**MULL-JENNY**, m. *muljenni*. Aparato que se emplea en las máquinas de filatura.

**MULON**, m. *mulón*. Pilada, monton de sal que se hace en las orillas del mar. || Agr. Haz, bocina, monton de heno.

**MULOT**, m. *muló*. Zool. Torcon, musgaño, especie de raton campesino. || prov. *Endormir le mulot*, dar la dedada de miel: engañar con falsas esperanzas.

**MULOTER**, a. *muloté*. Hozar, cavar el jabalí en los agujeros que hace el turcon para comerse el grano que en ellos encuentra.

**MULOTIN**, m. *mulotén*. Molinillo ó muela portátil para moler algunos granos.

**MULQUINERIE**, f. *mulquinri*. Comercio de telas finas.

**MULQUINIER**, m. *mulquinié*. Fabricante de telas finas.

**MULTANGULAIRE**, adj. *multangulér*. Geom. Multangular, que tiene muchos ángulos.

**MULTANGULÉ, ÉE**, adj. V. MULTANGULAIRE.

**MULTIARTICULÉ, ÉE**, adj. *multiarticulé*. Zool. Multiarticulado, que tiene gran número de articulaciones.

**MULTIAXIFÈRE**, adj. *multiacsifér*. Multiaxífero, que tiene muchos ejes.

**MULTIBULBEUX, EUSE**, adj. *multibolbeu*, *eus*. Bot. Multibulboso, que produce muchos bulbos.

**MULTICAPSULAIRE**, adj. *multicapsulér*. Bot. Multicapsular, que tiene gran número de cápsulas.

**MULTICAUDE**, adj. *multicód*. Zool. Multicaudo, que forma varias prolongaciones en forma de cola.

**MULTICAULE**, adj. *multicól*. Bot. Multicaulo, que tiene numerosos tallos. || m. Multicaulis, moral de las islas Filipinas.

**MULTICOLORE**, adj. *multicolór*. Didáct. Multicoloro, que tiene muchos colores.

**MULTICOQUE**, adj. *molticóc*. Bot. Multicoca, que tiene mucha cáscara.

**MULTICORNE**, adj. *multicórn*. Zool. Multicornado, que tiene muchos cuernos.

**MULTICUSPIDÉ, ÉE**, adj. *multicuspidé*. Anat. Multicuspídeo, que tiene muchas puntas, hablando en particular de los dientes.

**MULTIDENTÉ, ÉE**, adj. *multidanté*. Zool. Multidentado, que tiene muchos dientes.

**MULTIDIGITÉ, ÉE**, adj. *multidigité*. Bot. Multidigitado, que tiene muchos dedos ó divisiones en forma de dedos.

**MULTIEMBRYONNÉ, ÉE**, adj. *multiembrioné*. Bot. Multiembrionado, que contiene muchos embriones.

**MULTIEN, NE**, adj. y s. ant. *multién*, *én*. Se decia de los habitantes de Meaux, ciudad de Francia, y de lo perteneciente á ella.

**MULTIFÈRE**, adj. *multifér*. Bot. Multífero, que produce varias cosechas en el año.

**MULTIFLORE**, adj. *multiflór*. Bot. Multifloro, que tiene muchas flores.

**MULTIFORE**, adj. *multifór*. Se dice de la madera fósil carcomida.

**MULTIFORÉ, ÉE**, adj. *multiforé*. Hist. nat. Multihoradado, que tiene muchos agujeros.

**MULTIFORME**, adj. *multifórm*. Multiforme, que aparenta multitud de formas diferentes.

**MULTIFORMITÉ**, f. *multiformité*. Multiformidad, estado de las cosas que presentan muchas formas diferentes.

**MULTIGEMME**, adj. *multigém*. Bot. Multiyema, que tiene muchas yemas ó botones.

**MULTILABRE**, adj. *multilábr*. Zool. Multilabro, que tiene multitud de labios.

**MULTILATÈRE**, adj. *multilatér*. Geom. Multilátero, que tiene muchos costados.

**MULTILOBÉ, ÉE**, adj. *multilobé*. Bot. Multilobulado, que está dividido en gran número de lóbulos.

**MULTILOCAL, E**, adj. *multilocál*. Multilocal, que se manifiesta en diferentes puntos á la vez.

**MULTIMAMME**, adj. *multimám*. Zool. Multimammo, que tiene mas de dos mamas ó tetas.

**MULTIMAMMIE**, adj. f. *multimamí*. Multimamia, epíteto de la Diana de Éfeso por la multitud de pechos con que la habian representado.

**MULTINERVIE**, f. *multinerví*. Bot. Multinervia, nombre antiguo del llanten.

**MULTINÔME**, m. *multinóm*. Álg. Multinomio, cantidad expresada por muchos términos unidos entre sí por los signos *mas* ó *ménos*. Se dice mejor *polynôme*.

**MULTINOUEUX, EUSE**, adj. *multinueu*, *eus*. Multinudoso, que tiene la superficie cubierta de un gran número de nudos.

**MULTIPARE**, adj. *multipar*. Zool. Multíparo, se dice de los animales cuya hembra pare á la vez muchos hijuelos.

**MULTIPARTITE**, adj. [illegible] tipartito, dividido en [illegible] partes.

**MULTIPÈDE**, adj. [illegible] tipedo, que tiene un gran [illegible] patas.

**MULTIPÉTALÉ, ÉE**, adj. [illegible] Bot. Multipetáleo, se dice de [illegible] ya corola está compuesta de un [illegible] definido de pétalos.

**MULTIPLE**, adj. [illegible] ó multíplice, se dice de un [illegible] tiene exactamente á otro [illegible] veces. || Múltiplo, que [illegible] partes, por oposicion á [illegible] Geom. *Point multiple*, [illegible] punto comun por el cual [illegible] rias ramas de una misma [illegible] *lée multiple*, polea [illegible] puesta del conjunto de varias [illegible]

**MULTIPLIABLE**, adj. [illegible] tiplicable, que puede ser [illegible]

**MULTIPLIANT, E**, adj. [illegible] tiplicante, que es susceptible [illegible] car. || Se dice de un cristal de [illegible] á traves del cual se ven los [illegible] cados. || m. Multiplicante, cristal [illegible] caras que multiplica los objetos [illegible] cante, árbol de las Indias [illegible]

**MULTIPLICABLE**, adj. V. [illegible]BLE.

**MULTIPLICANDE**, m. [illegible] Arit. Multiplicando, número [illegible] plica ó que debe multiplicarse [illegible]

**MULTIPLICATEUR**, m. [illegible] Multiplicador, número por el [illegible] plica otro.

**MULTIPLICATIF, IVE**, adj. [illegible] *catif*, *iv*. Multiplicativo, que [illegible] multiplicar.

**MULTIPLICATION**, f. [illegible] Multiplicacion, aumento en [illegible] Multiplicacion, operacion que [illegible] petir un número tantas veces [illegible] des haya en otro número dado.

**MULTIPLICITÉ**, f. [illegible] plicidad, número considerable [illegible] gran número.

**MULTIPLIER**, a. [illegible] aumentar el número, la [illegible] cosa. || Multiplicar, repetir un [illegible] tas veces como unidades tiene [illegible] tiplicar, aumentar en número [illegible] la generacion. Dios dijo: *croissez* [illegible] *pliez*.

**MULTIPLIEUR**, m. ant. [illegible] Multiplicador, el que multiplica [illegible] menta.

**MULTIPONCTUÉ, ÉE**, adj. [illegible] *tué*. Hist. nat. Multipuntuado, [illegible] chas puntas hundidas ó [illegible]

**MULTIRAYONNÉ, ÉE**, adj. [illegible] *né*. Hist. nat. Multiradiado, [illegible] muchas líneas en forma de [illegible]

**MULTIRÈME**, adj. [illegible] mo, se dice algunas veces [illegible] barcos de los antiguos que [illegible] remos.

**MULTISILLONNÉ, ÉE**, adj. [illegible] *né*. Multisurcado, que tiene [illegible] surcos.

**MULTITUDE**, f. [illegible] gran número de personas ó [illegible] Muchedumbre, gran número [illegible] Multitud, muchedumbre, el [illegible] mun del pueblo.

**MULTIVALVE**, adj. [illegible] Multivalvo, se dice de las [illegible] tán formadas de un número [illegible] valvas. || Zool. Multivalvo, [illegible] á las conchas que presentan [illegible] vas.

**MULTIVALVÉ, ÉE**, adj. [illegible] Bot. Multiválveo, que tiene [illegible]

**MUNDULÉE**, f. [illegible] lea, género de plantas de las [illegible] tales.

**MUNGO**, m. *mongó*. Bot. [illegible] judía de la India.

**MUNICIPAL, E**, adj. [illegible] cipal, que pertenece, que [illegible] con una reunion de [illegible] un concejo municipal: [illegible] *lois municipales*. [illegible] los magistrados, los funcionarios de un pueblo, de una ciudad; y tambien los concejales, los regidores, etc. ||sust. Soldado de la guardia municipal. || Miembro de una municipalidad.

**MUNICIPALEMENT**, adv. *munisipalmán*. Municipalmente, segun las formas municipales.

**MUNICIPALISER**, a. *munisipalisé*. Establecer, introducir el régimen municipal en una ciudad. || *Se municipaliser*, r. Someterse al régimen municipal.

**MUNICIPALITÉ**, f. *munisipalité*. Municipalidad, ayuntamiento, concejo municipal de una ciudad, etc. || Partido ó distrito de la jurisdiccion del concejo municipal, ó sea el territorio administrado por él.

**MUNICIPE**, m. *munisip* Municipio, nombre que daban los Romanos á las ciudades libres y amigas que gozaban de los derechos de la capital.

**MUNIFICENCE**, f. *munifisáns*. Munificencia, largueza, virtud que consiste en hacer grandes liberalidades.

**MUNIFICENT**, **E**, adj. *munifisán*. Liberal, que tiene ó demuestra munificencia.

**MUNIR**, a. *munír*. Municionar, abastecer, pertrechar, proveer una plaza de guerra. || *Se munir*, r. Proveerse de cosas necesarias. || *Se munir de patience*, *de courage*, armarse, revestirse de paciencia, de valor.

**MUNITION**, f. *munisión*. Municion, pertrechos y provisiones necesarias para un ejército, plaza, etc. || *Munitions de bouche*, municiones de boca, como pan, bizcochos, forraje.

**MUNITIONNAIRE**, m. *munisionér*. Proveedor, abastecedor, encargado de suministrar las provisiones necesarias para la subsistencia de la tropa.

**MUNITIONNER**, a. *munisioné*. Municionar, abastecer, proveer de municiones.

**MUQUEUSE**, f. *muqueus*. Med. Mucosa, membrana que tapiza el interior de ciertas partes del cuerpo: *la muqueuse de l'estomac*, *des intestins*, *etc.*

**MUQUEUX**, **EUSE**, adj. *muqueu*, *eus*. Mucoso, que tiene, que produce mucosidad. || *Membranes muqueuses*, membranas mucosas. *Système muqueux*, sistema mucoso, conjunto de las membranas mucosas. || *Fièvre muqueuse*, fiebre mucosa, fiebre causada por la irritacion de las membranas mucosas, que secretan abundantemente un flúido viscoso.

**MUR**, m. *múr*. Muro, muralla, pared, obra de albañilería que sirve para cerrar un espacio ó dividirle de otro. Cuando es para cerrar un jardin, una heredad, etc., se llama cerca. || met. Muro, amparo, abrigo, defensa. || *Les murs*, dicho absolutamente, las murallas de una ciudad y la ciudad misma. || *Gros murs d'un bâtiment*, paredes maestras de un edificio. || *Mur de refend*, pared de medio ladrillo, el que separa las piezas del interior de un edificio; un tabique. || *Mur à hauteur d'appui* ó *mur d'appui*, pretil. || *Le plein d'un mur*, el macizo de una pared. || *Mur mitoyen*, medianería ó pared medianera. || *Se donner la tête contre un mur*, dar coces contra el aguijon. || met. y fam. *Mettre un homme au pied du mur*, estrechar á un hombre de modo que no pueda negarse á lo que se le pide. || prov. *Tirer de l'huile d'un mur*, sacar agua de las piedras, leche de un canto.

**MÛR**, **E**, adj. *múr*. Maduro, que está en sazon para comerse ó cogerse, hablando de frutos y frutas. || Hecho, cocido, hablando del vino. || met. Maduro, blando, próximo á reventarse, hablando de algun tumor. || met. y fam. Viejo, usado, cuando se trata del vestido que está muy andado ó traido. || met. En sazon, maduro, en estado de terminarse, hablando de algun asunto. || met. Maduro, prudente, juicioso. || *Fille mûre*, moza casadera ó jamona. *Homme mûr*, hombre juicioso, cuerdo, que tiene ya experiencia. || *Age mûr*, edad madura, la que sigue á la juventud.

**MURAGE**, m. *murág*. Jurisp. ant. Murage, tributo que se pagaba para la conservacion de las murallas de una poblacion y de los edificios públicos. || Amurallamiento, cercado de lo que está amurallado ó cercado de muros.

**MURAIE**, f. *muré*. Terreno que está plantado de moreras. || Accion de plantar moreras.

**MURAILLE**, f. *muráll*. Muralla, muro que sirve de defensa ó de cerca á una poblacion. || Tapia, pared para sostener el techo de un edificio. || Mar. Costado de un buque desde la línea de agua hasta la borda. || Pared de una mina. || Recinto ó pared que se hace para coger el pescado. || Esgr. *Tirer à la muraille*, obligar por tercia y cuarta al que se limita á la defensiva. || met. *Être comme une muraille*, estar como una muralla, fuerte, inmóbil: se dice hablando de un ejército que el enemigo no puede hacer retroceder. || *Murailles*, f. pl. Se toma á veces por la ciudad misma: *les ennemis sont autour de nos murailles*. || prov. *Avoir sauté les murailles*, colgar los hábitos: se dice de un fraile que ha dejado su profesion.

**MURAILLEMENT**, m. *muraillmán*. Art. Tapiadura, obra de cal y ladrillo para sostener las paredes de una mina.

**MURAL**, **E**, adj. *murál*. Mural, que se refiere á los muros. || *Couronne murale*, corona mural, que se concedia en recompensa al soldado romano que habia asaltado un muro el primero.

**MURCIEN**, **NE**, adj. y s. *mursién*, *én*. Murciano, de Murcia, ciudad de España.

**MÛRE**, f. *múr*. Mora, fruta que produce el moral ó morera. || *Mûre sauvage*, zarzamora. || prov. *Autant en dit le renard des mûres*, así dijo la zorra: están verdes. En frances se dice tambien ahora: *ils sont trop verts*.

**MURE**, f. *múr*. Zool. Nombre vulgar de la bocina, concha. || Med. Excrecencia carnosa, granujienta, fungosa y encarnada que se presenta entre el párpado y el glóbulo del ojo.

**MUREAU**, m. *muró*. Art. Obra de mampostería que se hace en la tobera de una fragua.

**MURECI**, m. *moresí* (e muda). Bot. Mureci, árbol del Brasil, cuyo fruto se parece á una grosella.

**MÛREMENT**, adv. *murmán*. En sazon, en estado de madurez. Es inus. en sentido recto. || met. Maduramente, con mucha reflexion, con mucha atencion.

**MURÈNE**, f. *murén*. Zool. Murena, lamprea, género de pescados.

**MURÉNOBLENNE**, f. *murenoblén*. Zool. Morenobleno, género de pescados.

**MURÉNOT**, m. *murenó*. Morenoto, pescado de las islas Baleares.

**MURER**, a. *muré*. Amurallar, cercar, circuir de murallas. || Tapiar, cerrar una puerta ó ventana con cal y canto. || met. Esconder, ocultar sus acciones á los ojos del público. || *Se murer*, r. Amurallarse, etc, en todas sus acepciones. || **MURES**, m. Bot. Nombre vulgar del giroflé ó clavero, planta.

**MUREX**, m. *murécs*. Múrex, múrice, muria, nombre comun de diferentes conchas erizadas de puntas que crian la púrpura. || Bot. Múrex, planta cuya flor huele á almizcle.

**MURIACITE**, f. *muriasit*. Miner. Muriacita, sosa muriática.

**MURIATE**, m. *muriát*. Quím. Muriato, sal que resulta de la combinacion del ácido muriático con una base alcalina terrosa ó metálica.

**MURIATIFÈRE**, adj. *muriatifér*. Miner. Muriatífero, se dice de los cuerpos que contienen algo de cloro.

**MURICALCITE**, f. *muricalsit*. Miner. Muricálcita, variedad de cal carbonatada magnesífera.

**MURICÉE**, f. *muriсé*. Zool. Muricea, género de zoófitos políperos.

**MURICHE**, m. *muriche*. Bot. Especie de palmera de América.

**MURICIER**, m. *murisié*. Zool. Muricíero, animal que habita dentro de los múrices.

**MURICITE**, f. *murisit*. Zool. Muricita, múrex fósil.

**MURICULÉ**, **ÉE**, adj. *muriculé*. Bot. Muricúleo, que está guarnecido de puntitas romas.

**MURIDE**, adj. *muríd*. Zool. Múrido, que se parece al raton.

**MURIE**, f. *murí*. Muria, agua que contiene sal gema.

**MÛRIER**, m. *murié*. Bot. Morera, moral, género de árboles de los países cálidos; su fruto se llama *mûre*, mora. Hay *mûrier noir* y *mûrier blanc*: este último se llama morera. || Nombre que se da en la Lorena al mosquitero, papamoscas ó becafigo.

**MURIOCARBONATE DE PLOMB**, m. *muriocarbonatdeplón* (e muda). Miner. Cloruro de plomo.

**MURIQUÉ**, **ÉE**, adj. *muriqué*. Bot. Muriqueo, guarnecido de puntas cortas y anchas en la base.

**MÛRIR**, n. *murír*. Madurar, llegar á sazon los frutos. || Madurar, se dice tambien en sentido figurado: *laisser mûrir une affaire*, dejar á un negocio el tiempo necesario para poder resolver. || Madurar, adquirir experiencia, ir entrando en seso un jóven con la edad. || Consolidarse, afirmarse alguna cosa. || a. Madurar, poner el sol ó el tiempo un fruto en sazon. || met. Madurar, hacer entrar en seso, hacer sentar la cabeza de una persona: *l'âge et l'expérience mûrissent la tête*, *l'esprit*. || prov. *Avec le temps et la paille les nèfles mûrissent*, con el tiempo maduran las uvas. || *Mûrir un abcès*, hacer madurar un tumor por medio de una cataplasma, etc. || Úsase como pron. en sentido propio y figurado.

**MÛRISSANT**, **E**, adj. *murisán*. Que se madura, que se halla en estado de madurez.

**MURLEAU**, m. *murló*. Hort. Nombre de la uva tinta.

**MURMURANT**, **E**, adj. *murmurán*. Susurrante, que hace murmullo, que susurra, hablando de las aguas.

**MURMURATEUR**, **TRICE**, adj. *murmurateur*, *trís*. Murmurador, se dice del que murmura por costumbre. || Susurrante, que susurra, hablando de las aguas ó arroyuelos.

**MURMURATION**, f. ant. *murmurasión*. Murmuracion, accion de murmurar.

**MURMURE**, m. *murmúr*. Murmullo, rumor, ruido sordo y confuso que hacen muchas personas que hablan á la vez. || Murmuracion, queja, descontento que se levanta entre el pueblo, el público, etc. || Murmullo, rumor, susurro de un arroyo, del viento ó de las hojas de los árboles.

**MURMURER**, n. *murmuré*. Murmurar, quejarse sordamente. || Susurrarse, correr el rumor de alguna novedad; y así se dice: *cela n'est pas bien assuré*, *mais on commence à murmurer*. || Susurrar, hablando de un arroyo, del aire ó de las hojas de los árboles cuando se agitan blandamente. || Balbucear, pronunciar palabras ininteligibles.

**MURMUREUR**, m. ant. *murmureur*. Murmurador, el que murmura.

**MURMUREUX**, **EUSE**, adj. ant. *murmureu*, *eus*. Murmulloso, susurrante. Se decia del murmullo de las fuentes ó de los arroyos, de las hojas de los árboles, etc., y todavía se usa en poesía.

**MURON**, m. *murón*. Zarzamora, mora que producen las zarzas.

**MUROS (INTRA Ó EXTRA)**, *entramúros*, *ecstramúros*. Locuciones latinas usadas en ambas lenguas, que significan dentro de las murallas, fuera de las murallas.

**MURRHINE**, f. *murín*. Bebida que hacian los antiguos con vino dulce y algunos aromas.

**MURSE**, m. *múrs*. Zool. Mursa, pez del mar Caspio.

**MURSIE**, f. *mursí*. Zool. Mursia, género de crustáceos.

**MURTILLE**, m. *murtíll*. Bot. Murtila, arbolillo de América cuyo fruto da una especie de vino ó licor.

**MURUCUCA**, m. *murucúca*. Bot. Murucuca, planta del mismo género que la pasionaria, cuyo fruto es muy agradable al paladar.

**MURUME**, m. *murúm*. Bot. Murumo, palmera magnífica que se cria en la costa oriental de África.

**MUSACÉ, ÉE**, adj. *musasé*. Bot. Musáceo, que se parece al banano.

**MUSARAIGNE**, f. *musareñ*. Zool. Musaraña, género de animales mamíferos carnívoros.

**MUSARD, E**, adj. fam. *musár*. Bausan, bodoque, que se entretiene en cosas insignificantes. Úsase tambien como sustantivo.

**MUSARDER**, a. V. FLANER.

**MUSARDERIE**, f. fam. V. FLANERIE.

**MUSARDIE**, f. ant. *musardí*. V. PARESSE. || Friolera, bagatela.

**MUSARDISE**, f. V. FLANERIE.

**MUSC**, m. *músc*. Zool. Mosco ó almizcle, especie de cabra, mamífero rumiante que tiene un zurron cerca del ombligo lleno de una materia que exhala un olor muy penetrante y duradero. || Almizcle, licor ó sustancia que dicho animal encierra en una folículo situada en la extremidad de sus órganos genitales. Hay otros varios animales que dan ó llevan almizcle. || *Couleur de musc*, color musco. || *Peau de musc*, piel almizclada. || Bot. *Herbe au musc*, moscatelina ó yerba de almizcle.

**MUSCADE**, f. *muscád*. Moscada, fruto que produce el árbol del mismo nombre llamado en frances *muscadier*. Tambien se llama así á la simiente que encierra el mismo fruto. || Bolita de corcho que sirve á los titiriteros para hacer juegos de manos. || Es tambien adjetivo : *noix muscade*, nuez moscada ó de especia. || Nombre antiguo de la uva moscatel.

**MUSCADELLE**, f. *muscadél*. Mosqueruela ó almizcleña, especie de pera que tiene un poco de olor de almizcle.

**MUSCADET**, m. *muscadé*. Especie de vino blanco que tiene un poco el gusto del moscatel.

**MUSCADIER**, m. *muscadié*. Bot. Moscada, género de plantas miristáceas de que es tipo.

**MUSCADIN**, m. *muscadén*. Pastilla de boca hecha con almizcle y ámbar. || Petimetre, currutaco, lechuguino, hombre que tiene mucha afectacion en el traje.

**MUSCARDIN**, m. *muscardén*. Zool. Especie de liron colorado. || Especie de murciélago.

**MUSCARDINE**, f. *muscardín*. Cierta enfermedad que ataca á los gusanos de seda.

**MUSCAT**, m. *muscá*. Moscatel, especie de uva. || Moscatel, el vino que se hace con esta uva. || Nombre que se da á varias clases de peras que saben á moscatel. || adj. Moscatel, se dice de ciertas especies de uva y del vino que se hace con las mismas : *raisin muscat*, *vin muscat*.

**MUSCELLIN**, adj. *muselén*. Moscalino, que está lleno de almizcle. || Demasiado dulce.

**MUSCICOLE**, adj. *musicól*. Hist. nat. Muscícolo, que vive ó vegeta en los musgos.

**MUSCIDA**, f. *musída*. Astr. Muscida, estrella que se observa en la boca de Pegaso.

**MUSCIDE**, adj. *musíd*. Zool. Múscido, que se parece á una mosca. || *Muscides*, m. pl. Múscidos, familia de insectos.

**MUSCIFORME**, adj. *musifórm*. Entom. Musciforme, que tiene la forma de una mosca.

**MUSCIGÈNE**, adj. *musigén*. Hist. nat. Muscígeno, que nace entre los musgos.

**MUSCIPULE**, adj. *musipúl*. Bot. Muscípulo, se dice de varias plantas que enligan las moscas. || f. Muscípula, especie de planta.

**MUSCIVORE**, adj. *musivór*. Zool. Muscívoro, que devora las moscas.

**MUSCLE**, m. *múscl*. Anat. Músculo, órgano fibroso, carnoso, irritable, cuyas contracciones producen todos los movimientos de los animales. || fam. Músculo, nervio.

**MUSCLÉ, ÉE**, adj. *musclé*. Musculado, que tiene bien marcados los músculos. || Pint. y Esc. *Cette statue, cette figure est bien musclée*, esta estatua tiene, etc.

**MUSCLEAU**, m. V. MOUSCLEAU.

**MUSCOLOGIE**, f. *muscologí*. Muscología, parte de la botánica que trata de la historia de los musgos.

**MUSCOLOGIQUE**, adj. *muscologíc*. Moscológico, que se refiere á la muscología.

**MUSCOLOGISTE**, m. *muscologíst*. Muscologista, el que se dedica de un modo especial al estudio de los musgos.

**MUSCOSITÉ**, f. *muscosité*. Muscosidad, cierto moho que dicen encontrarse en el ventrículo de los animales rumiantes. V. MUCOSITÉ, y solo así deberia decirse.

**MUSCULAIRE**, adj. *musculér*. Muscular, que tiene relacion ó analogía con los músculos : *veine*, *artère musculaire*.

**MUSCULATURE**, f. *musculatúr*. Musculatura, conjunto de los músculos del cuerpo humano, de una estatua, etc.

**MUSCULE**, m. *muscúl*. Antig. Músculo, máquina de guerra que servia para poner á cubierto á los sitiadores.

**MUSCULEUX, EUSE**, adj. *musculeu*, *eus*. Musculoso, que tiene muchos músculos; que participa de la naturaleza del músculo.

**MUSCULITE**, f. *musculít*. Zool. Musculita, especie de almeja fósil.

**MUSE**, f. *múz*. Mit. Musa, cada una de las nueve deidades que los antiguos designaban como protectoras de las artes liberales, principalmente de la elocuencia y de la poesía. Las Musas habitaban el monte Helicon y el Parnaso. || Musa, inspiracion, genio de un poeta. || El poeta mismo. || pl. Musas, las bellas letras y principalmente la poesía. || Mont. Melancolía que padece el ciervo cuando está en brama.

**MUSEAU**, m. *muzó*. Hocico, morro, parte de la cabeza de un animal cuadrúpedo desde la nariz hasta la garganta. En estilo jocoso ó satírico se dice tambien de las personas. Se dice de una mujer, hermosa : *elle a un joli museau*, tiene buenos bigotes. || irón. *Voilà encore un beau museau*, hé ahí un mariquita, un hombre que hace muchos dengues, muchas monadas, que imita las maneras de las mujeres. || Nombre que se da á varios pescados.

**MUSÉE**, m. *muzé*. Museo, lugar destinado para el estudio de las ciencias y artes; y tambien, lugar en que se reunen las producciones mas brillantes de pintura, de escultura, de numismática y de varias otras artes liberales. || Tambien se dice de las personas sabias y artísticas que se reunen en un museo. || *Musées*, f. pl. Fiestas que celebraban los Griegos en honor de las musas.

**MUSELER**, a. *muzlé*. Abozalar, poner un bozal á un animal. || met. Tapar la boca á una persona, prohibirle el hablar.

**MUSELIÈRE**, f. *muzliér*. Bozal, frenillo, especie de zurron que se pone en el hocico de las caballerías para impedir que pasten, y á los perros para que no muerdan. El que se pone á los hurones se llama prisuelo. || Muserola, correa de la brida que pasa por encima de la nariz del caballo y se abrocha encima de la cadenilla barbada. || Muserola de destete que se pone en el hocico de los potros para impedirles el mamar.

**MUSÉOGRAPHE**, m. *muzeográf*. Museógrafo, autor de la descripcion de un museo.

**MUSÉOGRAPHIE**, f. *muzeografí*. Museografía, descripcion, catálogo de los objetos de un museo.

**MUSÉOGRAPHIQUE**, adj. *muzeografíc*. Museográfico, que pertenece á la museografía.

**MUSEQUIN**, m. ant. *muzquén*. Hociquillo, hocico pequeño. || Tambien se ha usado como una caricia equivalente á la de mono mio ú otra semejante. *Comment vous va, mon musequin?* (***)

**MUSER**, n. fam. *muzé*. Pindonguear, andar de ceca en meca, sin hacer nada de provecho; distraerse del trabajo; perder el tiempo en bagatelas. || Entrar en celo el venado : *les cerfs commencent à muser*.

**MUSERIE**, f. ant. V. SOTTISE, NIAISERIE, FADAISE.

**MUSEROLLE**, f. *muzról*. Muserola, parte de la brida del caballo. V. MUSELIÈRE.

**MUSETTE**, f. *muzét*. Dulzaina, gaita, instrumento de música campestre. || Zool. Especie de musaraña que habita las praderas y se esconde en los agujeros. || Art. Cierto defecto que saca el papel al fabricarse.

**MUSETTEUR**, m. ant. *muzeteur*. Holgazan, tonto, estúpido, bobalicon [illegible] el tiempo [illegible] y sin [illegible]

**MUSÉUM**, m. *muzeóm*. [illegible] cimiento que se destina á [illegible] raras producciones naturales [illegible] Tambien se dice por [illegible]

**MUSICAL, E**, adj. *musicál*. [illegible] pertenece á la música. || *Échelle* [illegible] escala musical, serie de tonos [illegible] que entran en una octava. || [illegible] de la diosa Pilas.

**MUSICALEMENT**, adv. [illegible] Musicalmente, de un modo [illegible] sica. || Conforme á las reglas [illegible] en tono de música.

**MUSICIEN, NE**, m. y f. [illegible] co, el que sabe el arte de la [illegible] la profesa. Es tambien [illegible] *homme musicien*. || MUSICIEN [illegible] ganista, ave de Santo Domingo [illegible] || Arada, ave que se cria en [illegible]

**MUSICO**, m. *musicó*. Taberna [illegible] lupanar en Bélgica y Holanda.

**MUSICOMANE**, m. [illegible] cómano, persona cuyo gusto por [illegible] degenera en manía.

**MUSICOGRAPHE**, m. [illegible] sicógrafo, instrumento que sirve [illegible] bir música.

**MUSICOMANIE**, f. [illegible] comanía, pasion, frenesí, manía por [illegible] sica

**MUSIQUE**, f. *musíc*. Música, [illegible] tiene por objeto excitar las [illegible] alma por medio de las modificaciones [illegible] sonidos. || Música, arte de componer [illegible] cutarla, ya sea con la voz ó con [illegible] to. || El canto, concierto de voces [illegible] mentos. || Música, orquesta, [illegible] sicos de una iglesia, de un [illegible] met. Música, sonidos de [illegible] que hieren al oido. || prov. y [illegible] *musique*, país montañoso, [illegible] chos altos y bajos. || *Musique de* [illegible] *chats ó des saints innocents*, [illegible] nera, órgano de gatos.

**MUSIQUER**, n. *musiqué*. [illegible] cer música, tocar y cantar. Se dice [illegible] jocoso. || a. Poner, escribir en [illegible]

**MUSKOFKE**, f. *muscófc*. [illegible] plata que circula en Rusia.

**MUSOIR**, m. ant. *musuár*. [illegible] llave que se pone en un dique.

**MUSOPHAGE**, m. *musofágo*. [illegible] fago, género de aves trepadoras.

**MUSQUÉ, ÉE**, adj. *musqué*. [illegible] perfumado, oloroso. || met. y fam. [illegible] *musqué*, autor pedantesco, [illegible] ses altisonantes para expresar [illegible] frívolas. || *Style musqué*, [illegible] *Paroles musquées*, zalamerías [illegible] palabras que halagan el amor [illegible] *talsies musquées*, cotufas, [illegible] tojos de ricos y de mujeres [illegible] *Fruit musqué*, fruta almizclada [illegible] *musquée*, la última misa, por [illegible] perfumes que lleva la gente que [illegible] ella.

**MUSQUER**, a. *musqué*. Almizclar [illegible] zar ó perfumar con almizcle.

**MUSQUIER**, m. *musquié*. [illegible] trabaja en hacer batista ó linon.

**MUSQUINIER**, m. ant. V. [illegible]

**MUSSE**, f. ant. *mús*. V. [illegible] pecie de gallinero para los [illegible] los caseros en algunas partes.

**MUSSENDE**, f. *musénd*. [illegible] género de plantas rubiáceas.

**MUSSE-POT (À)**, loc. adv. [illegible] Á escondidillas, á hurtadillas.

**MUSSER**, a. ant. *musé*. V. [illegible] *musser*, r. Esconderse, [illegible]

**MUSSINIE**, f. *musiní*. [illegible] nero de plantas.

**MUSSITATION**, f. [illegible] Musitacion, accion de [illegible] labios el enfermo como si [illegible] baja.

**MUSSOLE**, m. *musól*. [illegible] llamada tambien arca de Noé.

**MUSTACHIO**, m. [illegible] medida de Venecia para los [illegible]

**MUSTEC**, m. *mustéc*. Zool. [illegible]

...e pescados que se aproximan al

...ÉLIN, E, adj. mustelén, ín. Mus... ...e se parece á la comadreja. || Mus... ...n. pl. Zool. Mustelinos, familia de ... mamíferos.

...ELLE, f. mustél. Zool. Mustela, sub-género de pescados del género

...LMAN, E, m. y f. musulmán. ...n, nombre que usan los Turcos ...igner los creyentes ó mahometanos ...cion de sectas. || adj. Musulman, ...rtenece á los mahometanos.

...LMANISME, m. musulmanism. ...o, musulmanismo, religion musul... ...dice mas comunmente islamismo.

...RGIE, f. musurgí. Mús. Musurgía, ...sar con oportunidad las consonan... ...disonancias.

...RGUES, f. pl. ant. musurgue Poeti... ...eras que se dedicaban á la poesía.

..., f. múta. Mit. Lara, diosa del si...

...BILITÉ, f. mutabilité. Mutabili... ...abilidad, inconstancia.

...BLE, adj. mutábl. Mudable, alte... ...gil, instable.

...CISME, m. mutasism. Med. Muta... ...albucencia que consiste en la difi... ...pronunciar las letras labiales b, ...ram. V. MYTACISME.

...NDE, m. mutánd. Calzoncillos ó pa... ...usaban los capuchinos y otros re...

...TION, f. mutasión. Mutacion, al... ..., mudanza, cambio, reemplazo de ...na por otra. || Mudanza de dueño ...ienda por venta, donacion, cam... ...Mutacion, cambio, alteracion, mu... ...sufren las cosas. || Revolucion en ..., en el aire, etc. En este sentido ...lo comun en plural.

...L, m. mutél. Zool. Mutel, especie ...del género anodonte.

...LETTE, f. mutlét. Mil. ant. Blanco ...para dirigir los tiros.

...R, a. muté. Art. Impedir la fer... ...de un líquido por medio del ácido

...LATEUR, TRICE, adj. mutila... ... Capador, castrador, que mutila. ...n sustantivo, y se usa en sentido ...figurado.

...LATION, f. mutilasión. Mutila... ...putacion de un miembro. Dícese ...e las estatuas, de los cuadros, de ...s. || Mutilacion, accion del que mu... ...tila.

...LER, a. mutilé. Mutilar, cercenar, ..., cortar un miembro. || Cercenar, ...una parte de una estatua. || Capar, ...ortar los miembros genitales á un ...Por extension desfigurar cuadros, ...etc., quitar una parte principal en ...de entendimiento. || Se mutiler, r. ..., castrarse.

...LE, f. mutíl. Zool. Mutila, gé... ...himenópteros, vecino de las hor...

...E, m. mutím. Mit. Mutimo, dios ...io entre los antiguos.

..., E, adj. mutén, ín. Testarudo, ..., terco, hablando principalmente ...ño. || Sedicioso, revoltoso, amoti...

...NATION, f. ant. V. MUTINERIE.

...É, ÉE, adj. mutiné. Amotinado, ...met. Irritado, alterado, agitado. ..., les vents mutinés, las olas, los ...rados, embravecidos.

...ER (SE), r. mutiné. Amotinarse, ...e un pueblo, una ciudad, un cuer... ...po. || Enfadarse, incomodarse, ca... ...e alguna persona; emperrarse, ...ebinarse, hablando de los niños. || ...tarse, alterarse, embravecerse, ...se el mar, el viento, etc.

...ERIE, f. mutinrí. Tumulto, mo... ...vacion, sedicion, accion de rebe... ...masa un número de hombres, las ...na ciudad. || Emperramiento, por-

rería, terquedad, obstinacion de un niño que se enfada.

**MUTINUS**, m. mutinús. Mit. Uno de los nombres de Priapo. Algunos han entendido ser el dios del silencio ó Mutimo.

**MUTIR**, n. ant. mutír. Murmurar, gruñir, refunfuñar, musitar, hablar entre dientes. || Cetr. Vaciar, descargar el vientre las aves de rapiña, excrementar. Tambien se dice émeutir en esta acepcion.

**MUTISIE**, f. mutisí. Bot. Mutisia, género de plantas corimbíferas.

**MUTISME**, m. mutism. Mudez, privacion del habla, estado de una persona que es muda.

**MUTSIE**, f. mutsí. Pequeña medida para los licores que se usa en Amsterdam.

**MÜTT**, m. múl. Medida de capacidad que se usa en Suiza para las materias secas.

**MUTU**, m. mútu. Zool. Especie de gallina brasileña.

**MUTUALISTE**, m. mutualíst. Mutualista, miembro de una sociedad de seguros mutuos.

**MUTUALITÉ**, f. mutualité. Mutualidad, cualidad de lo que es mutuo. || Mutualidad, sistema de seguros mutuos.

**MUTUEL, LE**, adj. mutuél. Mutuo, recíproco entre dos ó mas personas, entre dos ó mas cosas.

**MUTUELLEMENT**, adv. mutuelman. Mutuamente ó mutuamente, de una manera recíproca.

**MUTUELLISER**, a. ant. mutuelisé. Dar estocada por cornada, pagar en la misma moneda. Equivale á rendre la pareille.

**MUTUELLISME**, m. mutuelism. Mutualidad, sistema de la sociedad de comerciantes establecida en Lyon para dirigir los trabajos de ciertos obradores ó fábricas nacionales.

**MUTUELLISTE**, m. mutuelíst. Miembro de la sociedad mencionada en el artículo anterior.

**MUTUIN**, m. mutuén. Sacerdote ganga.

**MUTULE**, f. mutúl. Arq. Modillon, parte que sirve de adorno á la cornisa del órden dórico y compuesto, y parece sostenerla.

**MUZERIN**, m. muzrén. Muzerin, miembro de cierta secta de Turcos que niega la existencia de Dios.

**MUZUCO**, m. musúco. Genio malhechor á quien los habitantes de Monomotapa profesan mucho miedo.

**MYAGRE**, m. miágr. Bot. Miagro, género de plantas crucíferas.

**MYARGYRITE**, f. miargirít. Miner. Miargirita, sulfato de antimonio y de plata negro y muy quebradizo.

**MYCASTRE**, m. micástr. Bot. Micastro, género de hongos.

**MYCE**, m. mís. Med. Excrecencia ó carnosidad fungosa que se desarrolla en las llagas ó en las úlceras.

**MYCÉDION**, m. misedión. Bot. Micedio, género de políperos llamados tambien hongos de mar.

**MYCÉLIDE**, f. miselíd. Bot. Micélida, género de plantas lactúceas.

**MYCÉNIEN, NE**, adj. y s. misenién, ién. Miceniense, de Micenas, ciudad de la Argólide.

**MYCÈTE**, m. misét. Bot. Miceto, especie de hongo. || Mycètes, pl. Zool. Micetos, nombre genérico de una especie de monos.

**MYCÉTOBIE**, adj. misetobí. Zool. Micetobio, que vive en los hongos. || Mycétobies, f. pl. Micetobias, familia de insectos coleópteros heterómeros.

**MYCÉTOGÉNÈSE**, f. misetogenés. Micetogénesis, origen, principio, desarrollo de los hongos.

**MYCÉTOGRAPHE**, m. misetográf. Micetografo, el que se ocupa en describir los hongos.

**MYCÉTOGRAPHIE**, f. misetografí. Micetografía, descripcion de los hongos.

**MYCÉTOGRAPHIQUE**, adj. misetografíc. Micetográfico, que tiene relacion con la micetografía.

**MYCÉTOÏDE**, adj. misetoíd. Bot. Micetoido, que se parece á un hongo.

**MYCÉTOLICHEN**, m. misetoliquén. Bot. Micetoliqueo, liquen que se parece á ciertos hongos.

**MYCÉTOLOGIE**, f. misetologí. Micetologia, tratado sobre los hongos.

**MYCÉTOLOGIQUE**, adj. misetologíc. Micetológico, que se refiere á la micetología.

**MYCÉTOLOGUE** ó **MYCÉTOLOGISTE**, m. misetológue, misetologíst. Micetólogo, autor de un tratado sobre los hongos.

**MYCÉTRIE**, f. misetrí. Zool. Micetria, especie de aves.

**MYCOBANCHE**, m. micobánche. Bot. Micobanco, género de hongos.

**MYCOGONE**, m. micogón. Bot. Micógono, género de hongos.

**MYCOLOGIE**, f. micologí. Micologia, historia de los hongos.

**MYCOLOGIQUE**, adj. micologíc. Micológico, que tiene relacion con la micologia.

**MYCOLOGUE** ó **MYCOLOGISTE**, m. micológue, micologíst. Micologista, el que se dedica especialmente al estudio de los hongos.

**MYCOPHILE**, adj. micofíl. Bot. Micófilo, que crece en los hongos secos.

**MYCOSE**, f. micós. Med. Micosis, excrecencia fungosa.

**MYCTÉRIE**, f. micterí. Zool. Micteria, ave.

**MYCTÉRISME**, m. micterism. Lit. Micterismo, especie de ironía insultante y prolongada.

**MYDAS**, m. mídas. Zool. Midas, género de insectos dípteros nocturnos. || Midas, tortuga marítima. || Midas, género de animales mamíferos carnívoros, plantígrados.

**MYDÈSE** ó **MYDOSE**, f. midés, midós. Med. Midosis, evacuacion de pus por los bordes de los párpados.

**MYDON**, m. midón. Med. Midon, carne fungosa que sale de ciertas úlceras fistulosas.

**MYDRIASE**, f. midriás. Med. Midriasis, debilidad de la vista por la demasiada extension de la niña del ojo.

**MYE**, f. mí. Zool. Mia, género de conchas bivalvas.

**MYÉLITE**, f. mielít. Med. Mielitis, inflamacion de la médula espinal.

**MYÉLOCONE**, f. mielocón. Quim. Mielocono, grasa sólido que se extrae del cerebro.

**MYÉLO-MÉNINGITE**, f. mielomenengít. Med. Mielo-meningitis, inflamacion de las membranas de la médula espinal.

**MYÉLOMICES**, m. pl. mielomís. Bot. Mielómices, seccion de la familia de los hongos.

**MYÉLOPHTHISIE**, f. mieloftisí. Med. Mieloftisis, tisis ó consuncion dorsal.

**MYEN**, m. mié. Zool. Nombre de cierto molusco que habita en la misma concha.

**MYGALE**, f. migál. Zool. Migal, género de insectos que comprende todas las arañas mas gruesas.

**MYGDONIEN, NE**, adj. y s. migdonién, én. Migdoniense, de Migdonia, provincia de Macedonia.

**MYGLOSSE**, adj. y s. m. miglós. Anat. Migloso, dícese de un músculo de la lengua que va desde los dientes molares á la faringe.

**MYHRAB**, m. miráb. Especie de altar que ponen los mahometanos en el fondo de las mesquitas, donde el sacerdote se coloca mirando hácia la Meca, para hacer sus oraciones.

**MYIAGRE**, m. miiágr. Mit. Miagro, dios destructor de las moscas.

**MYIODE**, f. V. MYIAGRE.

**MYIOLOGIE**, f. miiologí. Miologia, descripcion ó tratado sobre las moscas.

**MYIOLOGIQUE**, adj. miiologíc. Miológico, que pertenece á la miologia.

**MYIOLOGISTE**, m. miiologíst. Miologista, autor de una miologia.

**MYLACÉPHALE**, m. milasefál. Anat. Milacéfalo, monstruo que presenta los caractéres de la milacefalie.

**MYLACÉPHALIE**, f. milasefalí. Anat. Milacefalia, monstruosidad que consiste en la falta de la cabeza, con imperfeccion del cuerpo.

**MYLACÉPHALIEN, NE,** adj. y s. *milasefalién, én.* Anat. Milacefaliano, que tiene la monstruosidad milacefalia.

**MYLACÉPHALIQUE,** adj. *milasefalic.* Anat. Milacefálico, que pertenece á la milacefalia.

**MYLIO,** m. *milio.* Zool. Milio, especie de dorado, pez.

**MYLIOBATE,** m. *miliobát.* Zool. Miliobato, género de pescados que contiene la raya aguileña.

**MYLORD,** m. V. MILORD.

**MYLOSPHORE,** m. *milosfór.* Bot. Milósforo, género de plantas gutiferas.

**MYLOSTOME,** adj. *milostóm.* Anat. Milóstomo, que tiene molares todos los dientes, hablando de ciertos animales.

**MYOCÉPHALE ó MYOCÉPHALON,** m. *miosefál, miosefalón.* Med. Miocéfalo, tumor negro producido por una hernia del iris á traves de la córnea trasparente.

**MYOCÉPHALE,** f. *miosefál.* Med. Estafiloma en forma de una cabeza de mosca.

**MYOCŒLIALGIE,** f. *mioselialgí.* Med. Miocelialgia, dolor en los músculos del bajo vientre.

**MYOCŒLIALGIQUE,** adj. *mioselialgic.* Miocelialgico, que corresponde á la miocelialgia.

**MIOCŒLITE,** f. *miosselit.* Med. Miocelita, inflamacion de los músculos del bajo vientre.

**MYOCONQUE,** m. *miocónc.* Zool. Mioconco, género de conchas bivalvas.

**MYODAIRE ó MYOÏDAIRE,** adj. *miodér, mioidér.* Miodario, que se parece á una mosca, hablando de los insectos. || *Myodaires,* m. pl. Zool. Miodarios, familia de insectos dipteros en que se incluyen las moscas.

**MYODÉSOPSIE ó MYIODÉSOPSIE,** f. *miodesopsí, miiodesopsí.* Med. Miodesopsia, depravacion de la vista que hace que un enfermo vea ciertos objetos imaginarios como moscas, manchas, puntos negros, etc.

**MYODYNIE,** f. *miodiní.* Med. Miodinia, dolor de reumatismo en las partes musculares.

**MYODYNIQUE,** adj. *miodinic.* Miodinico, que pertenece á la miodinia.

**MYOGASTRIQUE,** adj. *miogastric.* Miogástrico, que tiene el estómago musculoso, hablando de las aves.

**MYOGÈNE,** adj. *miogén.* Med. Miógeno, se dice de las enfermedades que proceden de la picadura de insectos dipteros.

**MYOGÉNOSE,** f. *miogenós.* Med. Miogenosis, enfermedad procedente de la picadura de dipteros.

**MYOGRAPHE,** m. *miográf.* Miógrafo, autor de una descripcion de los músculos.

**MYOGRAPHIE,** f. *miografí.* Miografía, parte de la anatomía que tiene por objeto la descripcion de los músculos.

**MYOGRAPHIQUE,** adj. *miografic.* Miográfico, que pertenece á la miografía.

**MYOÏDE ó MYIOÏDE,** adj. *mioid, miiold.* Mioide, que se parece á una mosca.

**MYOLOGIE,** f. *miologí.* Miologia, parte de la anatomía que trata de los músculos.

**MYOLOGIQUE,** adj. *miologic.* Miológico, que pertenece á la miologia.

**MYOLOGISTE ó MYOLOGUE,** m. *miologíst, miológ.* Miologista, autor de una miologia.

**MYOMANCIE,** f. *miomansí.* Miomancia, especie de adivinacion fundada en el chillido de los ratones ó en su modo de comer.

**MYOMANCIEN, NE,** adj. y s. *miomansien, én.* Miomántico, que practica la miomancia.

**MYONITE,** f. *mionít.* Med. Mionitis, inflamacion de los músculos.

**MYOPALME,** m. *miopálm.* Med. Miopalmo, sobresalto en los tendones de los músculos.

**MYOPE,** adj. *mióp.* Miope, que tiene muy corta la vista. Se usa tambien como sustantivo. || met. Se dice de la persona que tiene pocos alcances ó muy limitado entendimiento. || m. Zool. Miope, género de insectos dipteros que viven en las flores.

**MYOPHONE,** m. *miofón.* Zool. Miófono, género de aves.

**MYOPIE,** f. *miopí.* Miopia, estado de los que tienen la vista muy corta.

**MYOPISME,** m. Med. V. MYOPIE.

**MYOPORE,** m. *miopór.* Bot. Mióporo, género de plantas de la Nueva Holanda.

**MYOPOTAME,** m. *miopotám.* Zool. Miopotamo, género de mamíferos roedores de la América meridional.

**MYOPTÈRE,** m. *miopter.* Bot. Miόptero, planta.

**MYORAMA,** m. *miordma.* Miorama, especie de vistillas que se forman con figuras móviles de carton pintado, y que representan árboles, casas, fábricas, animales, etc.

**MYORRHEXIE,** f. *miorecsí.* Med. Miorrexia, rotura de los músculos.

**MYOSCHILE,** m. *miosquil.* Bot. Miosquilo, género de plantas de Chile.

**MYOSE,** f. *mids.* Med. Miosis, encogimiento de la pupila.

**MYOSÉRIDE,** f. *mioserid.* Bot. Mioserida, género de plantas.

**MYOSIE,** f. *miosí.* Med. Miosia, contraccion permanente de la niña del ojo.

**MYOSITE ó MYOSITIE,** f. *miósit, miosití.* Med. Miositis, inflamacion de los músculos.

**MYOSOTIS,** m. *miosótis.* Bot. Miosotis, género de plantas borragíneas.

**MYOSURE,** adj. *miosúr.* Zool. Miosuro, que tiene un rabo como el del raton. || m. Bot. Miosura, género de plantas.

**MYOSYTIE,** f. *miosití.* Med. Miositia, especie de reumatismo.

**MYOTHÈRE ó MYÉOTHÈRE,** adj. *miotér, mieotér.* Zool. Miótero ó mieótero, que se mantiene de moscas. || *Myothères,* m. pl. Mióteros, familia de hormigueros.

**MYOTILITÉ,** f. *miotilité.* Fisiol. Miotilidad, facultad de mover y de contraer los músculos.

**MYOTOMIE,** f. *miotomí.* Miotomía, tratado de la disecccion de los músculos.

**MYOTOMIQUE,** adj. *miotomic.* Miotómico, que pertenece á la miotomía.

**MYRACANTHE,** m. *miracánt.* Bot. Miracanto, especie de cardo.

**MYRACAPON,** m. *miracapón.* Farm. Miracapon, especie de ungüento.

**MYRE,** m. *mir.* Zool. Miro, especie de pescado de mar. || Miro, nombre que se dió en Francia á los hombres que ejercian el arte de curar. || prov. *Après la mort le myre,* despues de la muerte el médico. V. MIRE.

**MYRIACANTHE,** adj. *miriacánt.* Bot. Miriacanto, que tiene numerosas espinas.

**MYRIADE,** f. *miriád.* Antig. Miriada, número de diez mil. || Miriada, en el lenguaje ordinario cantidad indefinida ó innumerable.

**MYRIAGRAMME,** m. *miriagrám.* Miriagramo, peso de diez mil gramas, que corresponde á 21 libras, 11 onzas, 12 adarmes y 3 granos de Castilla.

**MYRIALITRE,** m. *mirialitr.* Mirialitro, medida de capacidad que contiene diez mil litros, que son 4,963 azumbres para los líquidos, ó 2,100 celemines para los áridos.

**MYRIAMÈTRE,** m. *miriamétr.* Miriámetro, medida itineraria de diez mil metros, que son 11,963 varas de Castilla, esto es, un poco mas de legua y media de las legales de España, ó siete cuartos de legua marina.

**MYRIANE,** f. *mirián.* Zool. Miriana, nereida que se encuentra en las costas del Océano.

**MYRIANTHE,** adj. *miriánt.* Bot. Mirianto, que produce muchas flores. || m. Mirianto, género de plantas cucurbitáceas.

**MYRIAPODE,** adj. *miriapód.* Zool. Miriápodo, que tiene muchas patas. || *Myriapodes,* m. pl. Miriápodos, clase de animales articulados que tienen un sinnúmero de patas.

**MYRIARE,** m. *miriár.* Miriárea, medida agraria de diez mil áreas, que vienen á ser 260 fanegas de tierra de Madrid ó 150 yugadas de Castilla la Vieja.

**MYRIARQUE,** m ant. *miriárc.* Miriar-ca, comandante de un cuerpo [illegible] hombres en Persia.

**MYRIASTÈRE,** m. [illegible] ro, medida de diez mil [illegible]

**MYRINGE,** m. [illegible] membrana del tímpano.

**MYRIOCOQUE,** m. [illegible] coco, género de hongos.

**MYRIODACTYLE,** m. [illegible] Miriodáctilo, género de [illegible]

**MYRIOLOGIE,** f. V. [illegible]

**MYRIOLOGUE,** m. [illegible] canto fúnebre que los [illegible] gos modernos cantan sobre [illegible] sus parientes.

**MYRIONYME,** adj. [illegible] mo, que tiene diez mil [illegible]

**MYRIOPHTHALME,** [illegible] Zool. Miriofalmo, que tiene [illegible] de ojos.

**MYRIOPHYLLE,** adj. [illegible] Miriófilo, que tiene hojas [illegible] m. Miriófilo, género de plantas [illegible] || Zool. Miriófilo, especie de [illegible]

**MYRIOSTOME,** m. [illegible] Miriόstomo, género de hongos [illegible]

**MYRIOSYDRE,** m. [illegible] riosidro, género de algas.

**MYRIOTHÈQUE,** f. [illegible] rioteca, especie de bolsa [illegible]

**MYRIOTRÈME,** m. [illegible] riotremo, género de líquenes [illegible]

**MYRISTICINE,** f. [illegible] risticina, sustancia cristalina [illegible] ta en el aceite de clavo.

**MYRMÉCIAS,** m. [illegible] Mirmecias, especie de [illegible] gun los antiguos, se parecia [illegible]

**MYRMÉCIE,** f. [illegible] cia, especie de verruga en [illegible] mano ó bajo la planta de los [illegible] experimentar, cuando se la [illegible] impresion que la picadura de [illegible] || Bot. Mirmecia, género de [illegible] género de arañas. || Género [illegible] menópteros.

**MYRMÉCION,** m. [illegible] mecion, género de políperos.

**MYRMÉCIUM,** m. [illegible] Mirmecium, comezon, [illegible]

**MYRMÉCODE,** m. [illegible] mécodo, género de insectos [illegible]

**MYRMÉCOLÉON,** m. [illegible] Zool. Mirmecoleon, [illegible] que caza y devora las hormigas.

**MYRMÉCOPHAGE,** adj. [illegible] Ornit. Mirmecófago, que se [illegible] migas. || Mirmecófago, [illegible] del hormiguero.

**MYRMÈGE,** adj. [illegible] se parece á una hormiga. [illegible] pl. Mirmegos, familia de [illegible] teros.

**MYRMEX,** f. [illegible] mex, jóven de Aténas, [illegible] mada en hormiga por [illegible] atribuido la invencion del [illegible] la diosa.

**MYRMIDON,** m. [illegible] hijo de Júpiter y de [illegible]

**MYROBALAN,** m. [illegible] no, especie de bellota de [illegible]

**MYROBOLAN,** m. [illegible] no, nombre de muchas [illegible] cas que se traian de América [illegible]

**MYROBOLANÉ, ÉE,** adj. [illegible] Mirabolaneo, que se parece [illegible]

**MYROBOLANIER,** m. [illegible] Mirabolano, árbol de las Indias [illegible]

**MYROBOLANT, E,** adj. [illegible] Prodigioso, admirable, [illegible]

**MYRODIE,** f. [illegible] nero de plantas malváceas [illegible]

**MYROLÉ,** m. [illegible] aceite volátil que sirve [illegible] medicamento.

**MYROPISSOCÉRON,** m. [illegible] Farm. Miropisocerono, [illegible] mente se empleaba contra [illegible]

**MYROTHÉCIUM,** m. [illegible] Mirotecion, género de hongos.

YLE, m. *mirocsil.* Bot. Mirόxi-
de plantas leguminosas que com-
entre otras especies, los árboles
ucen los bálsamos del Perú y de

A, f. *mirra.* Mit. Mirra, hija de
ey de Chipre.
E, f. *mir* Mirra, especie de goma, de olor fragante y de gusto
que se saca de un árbol de la In-
al.

HÉ, ÉE, adj. *mirré.* Antig. Mirra-
zado con mirra. *Vin myrrhé*, vino
vino en el cual los antiguos echa-
co de mirra para que fuese mejor
rvase.

IDE, f. *mirrid.* Bot. Mirrida,
plantas umbelíferas que compren-
cies, siendo la principal la mirri-
ra, conocida vulgarmente con el
perifollo de España, que se em-
sazon de las ensaladas.

IS, m. *mirris.* Bot. Mirris, plan-
fera y medicinal.

ITE, f. *mirrit.* Miner. Mirrita,
ifla

OLOGIE, f. *mirrologí.* Mirrolo-
de sobre la mirra.

IS, m. *mirris.* Bot. Perifollo aro-
uijones de color, especie de plan-
se tambien *cerfeuil musqué* y *ci-
derante.*

OSPERMUM, m. *mirrospérmom.*
sperno, simiente de mirra.|| Mir-
, árbol del Perú.

DE, m. *mirsid.* Bot. Mirsido, gé-
getales.

INATON, m. *mirsinaión.* Farm.
, especie de emplasto.

NE, f. *mirsin.* Bot. Mirsina, gé-
lantas parecidas al mirto.

NÉLÉON, m. *mirsineleón.* Farm.
on, aceite de mirto.

NITE, f. *mirsinit.* Miner. Mirsi-
ra que tiene olor de mirra. || Bot.
, especie de planta.

PHYLLE, m. *mirsifil.* Bot. Mir-
ero de plantas.

TE, m. *mirsit.* Mirsito, vino en
hacen macerar hojas de mirto.

ACÉ, ÉE, adj. *mirtasé.* Bot. Mir-
e se parece al mirto || *Myrtacées*,
áceas, familia de plantas.

E, m. *mirt.* Bot. Mirto, murta, ar-
rbusto del mediodía de Europa,
familia de las mirtáceas. || *Baie de
urtones*, la fruta del mirto.||Farm.
*myrte*, hoja de mirto, instru-
cirugía que sirve para extender los
encima de las hilas ó trapos que
ra curar las llagas.

É, ÉE, adj. V. MYRTACÉ. || *Myr-
*, Mirtoas, tribu de plantas de la
las mirtáceas.

ÉA, adj. *mirtéa.* Mit. Mirtea, so-
e de Vénus, á quien se consagra-
o.

ÉACÉ, ÉE, adj. V. MYRTACÉ.

DANE, m. *mirtidán.* Mirtidano,
del mirto. || Mirtidano, vino hecho
ta del mirto silvestre.

FÈRE, adj. *mirtifér.* Bot. Mirtí-
produce brácteas en forma de

FOLIÉ, ÉE, adj. *mirtifolié.* Bot.
o, que tiene hojas de mirto.

FORME, adj. *mirtiform.* Anat.
e, dícese de ciertas carúnculas en
ana interna de la vejiga.

LITHE, f. *mirtilit.* Miner. Mir-
dra figurada en la cual se ven bo-
o.

LLE, f. *mirtill.* Bot. Mirtila,
, especie de planta. || Mirtila, hoja
|| Mirtila, baya de mirto.

N, E, adj. *mirtén, én.* Mirtino,
rece al mirto.

ITE, m. *mirtit.* Farm. Mirtito,
nto preparado con miel y zumo de
mirto.

OÏDE, adj. *mirtoid.* Mirtoide,
rece al mirto.

MYRTOPÉTALE, m. *mirtopetál.* Bot. Mirtopétalo, uno de los nombres de la corregüela ó centinodia, planta.

MYSIDE, m. *misid.* Zool. Misido, género de crustáceos decápodos.

MYSIENNE, f. *misién.* Misiena, sobrenombre bajo el cual Céres tenia un templo en Acaya. || Misiena, sobrenombre bajo el cual Diana tenia un templo en Laconia.

MYSODENDRE, m. *misodándr.* Bot. Misodendro, género de plantas.

MYSON, m. *misón.* Bot. Mison, género de hongos.

MYSORINE, f. *misorín.* Miner. Misorina, especie de mineral, llamado así de Misora, país de las Indias, donde fué encontrado.

MYSTACIDE, m. *mistasíd.* Zool. Mistácido, género de insectos nevrópteros.

MYSTACINÉ, ÉE, adj. *mistasiné.* Zool. Mistacíneo, que tie e bigotes.|| *Mystacinés*, m. pl. Mistacíneos, familia de insectos que tienen en el cuerpo como manojitos de pelo que imitan los bigotes.

MYSTACOPHANE, adj. *mistacofán.* Zool. Mistacófano, que tiene bigotes largos.

MYSTAGOGIE, f. *mistagogí.* Mistagogia, iniciacion en los misterios.

MYSTAGOGUE, m. *mistagógue* Mistagogo, sacerdote griego que iniciaba en los misterios de la religion.

MYSTE, m. *mist.* Antig. gr. Misto, iniciado en los pequeños misterios de Céres. || Zool. Misto, especie de pescado.

MYSTÈRE, m. *mistér.* Misterio, lo que una religion tiene de mas oculto. || En la religion cristiana, todo lo que está considerado como el objeto de la fe de los fieles, y es inaccesible á la razon humana. || Misterio, todo lo que es oculto y difícil de comprender. || met. Misterio, operaciones secretas de la naturaleza. || Misterio, los movimientos ocultos del corazon humano. || Misterio, secreto en los negocios humanos. || Misterio, secreto, oscuridad. || *Faire mystère, un mystère d'une chose*, hacer misterio en alguna cosa, tenerla secreta, ocultarla con cuidado. || *Mettre du mystère à quelque chose*, hacer alguna cosa secretamente.

MYSTÉRIEUSEMENT, adv. *misterieusmán.* Misteriosamente, secreta y escondidamente, de una manera misteriosa. || *Parler mystérieusement*, hablar con misterio, hacer misterios.

MYSTÉRIEUX, EUSE, adj. *misterieu, eus.* Misterioso, que incluye ó encierra en sí misterio, algun secreto, algo oculto. || Se dice hablando de los negocios humanos, pero casi siempre en mala parte; v. gr. *conduite mystérieuse.* || Misterioso, que hace misterio de cosas que no valen la pena, de poca importancia. Se usa tambien como sustantivo, hablando de los hombres: *faire le mystérieux.*

MYSTICISME, m. *mistisism.* Misticismo, toda creencia religiosa ó filosófica que admite comunicaciones secretas entre el hombre y la Divinidad. || Sistema, aficion á la mística.

MYSTICITÉ, f. *mistisité.* Mística, parte de la teología que trata de la vida espiritual y contemplativa. || Devocion fervorosa, muy grande, en supremo grado.

MYSTIFICATEUR, m. y f. *mistificateur.* Burlador, el que gusta de burlarse y de dar chascos.

MYSTIFICATION, f. *mistificasión.* Chasco, burla.

MYSTIFIER, a. *mistifié.* Burlar, chasquear, abusar de la credulidad de alguno para divertirse á su costa. || *Se mystifier*, r. Burlarse, chasquearse, zumbarse; decirse cosas humillantes y ofensivas.

MYSTIQUE, adj. *mistic.* Místico, que incluye misterio ó razon oculta; que es alegórico. No se dice sino de las cosas de la religion: *le sens mystique de l'Écriture sainte; l'Église est le corps mystique de Jésus-Christ, etc.*|| Jurisp. *Testament mystique*, testamento místico, escrito ó á lo menos firmado por el testador, y entregado por él cerrado y sellado á un escribano en presencia de seis testigos. || MYSTIQUE, m. y f. Místico, el que tiene la pretension de establecer un comercio directo del alma con Dios y con el mundo invisible, sin el intermedio de los sentidos. || Místico, miembro de una secta que se formó en el siglo III, dedicada á la contemplacion pasiva.

MYSTIQUEMENT, adv. *mistiqmán.* Místicamente, figuradamente, de un modo místico y misterioso.

MYSTRE, m. *mistr.* Mistra, antigua medida de los Griegos para líquidos; habia una mayor que otra, la mayor contenia media onza de agua y la menor tres ochavas.

MYTACISME, m. *mitasism.* Mitacismo, vicio del discurso que resulta de la repeticion de la letra m en muchas palabras de la misma frase, como *mammam ipsam amo.*

MYTEN, m. *mitén.* Mitcno, moneda de Bruselas.

MYTHE, m. *mit.* Mito, rasgo, particularidad de la fábula, de la historia heróica ó de los tiempos fabulosos. || Esta voz ha sido sustituida por algunos escritores á *fable*, fábula.

MYTHIQUE, adj. *mitic.* Fil. Mítico, que pertenece á un mito, á una fábula pagana.

MYTHISME, m. *mitism.* Mitismo, ciencia de los mitos.

MYTHOCRATE, m. *mitocrát.* Mitócrata, monarca de los tiempos fabulosos.

MYTHOGRAPHE, m. *mitográf.* Mitógrafo, autor que ha escrito sobre las fábulas de los antiguos.

MYTHOGRAPHIE, f. *mitografí.* Mitografía, descripcion de las fábulas.

MYTHOLOGIE, f. *mitologí.* Mitología, historia fabulosa de las divinidades del paganismo. || Mitología, la ciencia, la explicacion de los misterios y de las fábulas de la antigüedad.

MYTHOLOGIQUE, adj. *mitologic.* Mitológico, que pertenece á la mitología.

MYTHOLOGIQUEMENT, adv. *mitologicmán.* Mitológicamente, de un modo mitológico.

MYTHOLOGISER, a. *mitologisé.* Mitologizar, interpretar una fábula, analizar la moralidad que encierra. || Mitologizar, tomar en un sentido mitológico.

MYTHOLOGISME, m. *mitologism.* Mitologismo, explicacion mitológica. || Mitologismo, sistema mitológico.

MYTHOLOGISTE, m. V. MYTHOLOGUE.

MYTHOLOGUE, m. *mitológue.* Mitologo, el que trata de la mitología.

MYTHOS, m. *mitos.* Mitos, personificacion de la fábula.

MYTILACÉ, ÉE, adj. *mitilasé.* Mitiláceo, que se parece á una almeja. || *Mytilacés*, m. pl. Mitiláceos, familia del órden de los moluscos acéfalos.

MYTILÈNE, m. *mitilén.* Mitileno, especie de hortelano, ave.

MYTILIN, E, adj. *mitilén, in.* Mitilino, parecido á una almeja.

MYTILITHE, f. *mitilit.* Zool. Mitilita, almeja fósil.

MYTILOÏDE, adj. *mitiloíd.* Zool. Mitiloide, que tiene semejanza con una almeja. || *Mytiloïdes*, m. pl. Mitiloides, familia de conchas fósiles, inmediata á las almejas.

MYTULE, f. *mitúl.* Mitula, almeja, concha bivalva.

MYURE, adj. *miúr.* Bot. Miuro, que se parece á una cola de raton, hablando de ciertas plantas. || Med. Miuro, se dice del pulso cuyos latidos van disminuyendo poco á poco hasta desaparecer. || m. Bot. Miuro, especie de festuca.

MYVA, f. ant. *miva.* Jalea de frutas.

MYXINE, f. *micsín.* Zool. Mixina, género de pescados ciclóstomos.

MYXOTRICHE, m. *micsotriche.* Bot. Mixotrico, planta llamada tambien oecidion.

MYZOCÉPHALE, adj. *misocefál.* Misocéfalo, que tiene la cabeza en forma de ventosa ó chupador.

MYZOCÉPHALÉ, ÉE, adj. *misocefalé.* Zool. Misocefáleo, que tiene la cabeza en forma de chupador. || *Myzocéphalées*, f. pl. Misocefáleos, órden de insectos entomozoarios.

# N.

**N**, m. *N*, undécima letra de las consonantes y décimacuarta del alfabeto frances. Esta letra toma un sonido nasal cuando va seguida de otra consonante, como en *entier*, *commencer*; pero no cuando está seguida de otra *n*, excepto en las voces *ennui*, *ennobli* y derivados: *anneau* y *année* se pronuncian sin el sonido nasal y con una sola *n*, *anó*, *ané*. Las dos *nn* se hacen sentir en *annale*, *annuler*, *annulaire*, *annuel*, *conniverce*, *inné*, *innombrable*, *innover*, *etc.*, y ademas en algunos nombres propios. *Solennel*, *hennir* y su derivado *hennissement* se pronuncian *solanél*, *hanir*, *hanismán*. || La *n* en fin de diccion es siempre nasal, excepto en las voces *hymen*, *omen*, *abdomen*, *Eden*, *gramen*, en que conserva su pronunciacion natural. || Unese la *n* á la voz siguiente cuando empieza por vocal ó *h* muda; pero las voces terminadas en *an* nunca deben unirse con las vocales que siguen, y así en *un courtisan adroit*, *un ouragan affreux* se pronunciará *curtisán adruá*, *uragán afreu*. La misma regla se sigue en las palabras acabadas en *éan*, como *Océan*; y en *ein*, como *dessein*. || Precedida de la *g* puede tener tres sonidos distintos: el de la *ñ* española en casi todos los casos, como *digne*, *magnifique*; el de *n* sola en *Clugny*, *Regnaud*, *Regnard*, siendo muda la *g*; y el de *g* y *n* en *agnus*, *gnome*, *gnostique*. || En los manuscritos de los antiguos escritos, *n* se usa como abreviatura de varias palabras que se conocen segun el asunto ó párrafo en que se halla. || *N* ó *N. B.* al principio de un párrafo se usa para llamar sobre él la atencion y significa *nota* ó *nota bene*. || N/C significa nuestra cuenta. N.-D. *Notre-Dame*, Nuestra Señora. || N en química significa el nitro ó nitrógeno.

**NA**, m. *ná*. Nombre que dan los gramáticos á tres letras diferentes del alfabeto sanscrito.

**NA ó NAGI**, m. *ná*, *nagí*. Bot. Na ó nagi, especie de laurel muy raro que conserva la hoja todo el año, y que entre los Japoneses se tiene por un árbol de buen agüero.

**NABAB**, m. *nabáb*. Nabab, título que se da en la India á los encargados del gobierno de una ciudad, de un distrito, etc. || Título que se da, por irrision, á los Ingleses que han hecho fortuna en las Indias orientales.

**NABABIE**, f. *nababí*. Nababía, dignidad del nabab; territorio sometido á su jurisdiccion.

**NABALE**, m. *nabál*. Bot. Nábalo, género de plantas lactucéas.

**NABE**, m. *náb*. Se ha dicho por *navet*, nabo. || Tambien se llama así algunas veces al cepillo de carpintero.

**NABINE**, f. ant. *nabín*. Nabina, terreno sembrado de nabos.

**NABIROP**, m. *nabiróp*. Zool. Nabirop, especie de mirlo del cabo de Buena Esperanza.

**NABIS**, m. *nabís*. Zool. Nabis, género de insectos hemípteros.

**NABIT**, m. *nabí*. Farm. ant. Azúcar cande reducido á polvo, usado para curar el mal de los ojos.

**NABLA ó NABLIUM**, m. *nábla*, *nábliom*. Nabla, instrumento de los Hebreos, especie de salterio.

**NABLE**, m. *nábl*. Mar. Taladro abierto en un bote y cerrado por un tapon.

**NABO ó NÉBO**, m. *nábo*, *nébo*. Nebo, divinidad de los Asirios.

**NABOT**, **E**, m. y f. *nabó*, *ót*. fam. Arrapiezo, garrapata. Dícese por burla de toda persona muy pequeña: *c'est un nabot*, *un petit nabot*, *une petite nabote*.

**NABQUAM**, m. *nabcá*. Nabcab, fruto de una especie de yuyubal de Egipto.

**NACAIRE**, f. *naquér*. Mil. ant. Nacario, instrumento de música militar, especie de tamborcillo ó timbal.

**NACARAT**, adj. invar. *nacará*. Nacarado, que tiene un color rojo claro entre el de cereza y rosa. || m. Color nacarado.

**NACELÉE ó NACELLÉE**, f. *naslé*, *naselé*. Carga que puede contener una barquilla.

**NACELET**, m. *naslé*. Barquichuelo, barquillo, barco pequeño.

**NACELETTE**, f. V. NACELLE.

**NACELIER**, m. *naslié*. Barquero, el que conduce una barquilla. || Barquero, constructor de barquichuelos.

**NACELLE**, f. *nasél*. Navecilla, barquilla, lanchilla, barco pequeño que no tiene vela ni timon, y que se dirige con remo. Esta palabra se usa mucho en poesía. || met. *La nacelle de saint Pierre*, la navecilla de san Pedro, la iglesia católica romana. || Anat. *Nacelle ó fosse naviculaire*, fosa navicular, cavidad situada en la extremidad del canal de la uretra.

**NACHANI**, m. *nachaní*. Nacani, granito negro de la India del mismo sabor que el centeno.

**NACHE**, f. *náche*. Nalga. V. FESSE. || Parte de la piel de los animales que vá desde la pierna á la cola.

**NACQUET**, m. ant. V. VALET, LAQUAIS.

**NACRE**, f. *nácr*. Nácar, materia blanca y brillante que cubre el interior de muchas conchas. || Nácar, hoja de esta materia preparada. || *Nacre de perles*, nácar de perlas, concha en que se hallan comunmente las perlas.

**NACRÉ**, **ÉE**, adj. *nacré*. Nacarado, calificacion de las conchas que contienen nácar. || Tambien se ha dado este nombre á muchas especies de mariposas por las manchas argentadas de sus alas.

**NACRER**, a. *nacré*. Nacarar, dar un brillo semejante al del nácar.

**NACRITE**, f. *nacrít*. Miner. Nacrita, variedad de talco que tiene el brillo del nácar.

**NACTIEUX**, **EUSE**, adj. *nacsieu*, *eus*. Escrupuloso, se decia de una persona delicada que no podia comer entre gente desaseada.

**NACURURU**, m. *nacurúru*. Zool. Nacururo, bubo, ave de América.

**NADAB**, m. *nadáb*. Nadab, gran sacerdote de los Persas.

**NADELLE**, f. *nadél*. Zool. Nadela, especie de anchoa.

**NADER**, m. *nadér*. Nader, jefe de los eunucos en la corte del Gran Mogol.

**NADIEU**, m. *nadieu*. Especie de paño burdo que se fabricaba especialmente en Villafranca de Francia.

**NADIR**, m. *nadír*. Astr. Nadir, punto del cielo diametralmente opuesto al zenit, ó punto á donde iria á parar una línea vertical tirada desde nuestros piés al centro de la tierra.

**NÆMATÉLIE**, f. *nematelí*. Bot. Naematelia, género de musgos.

**NÆSE**, f. *nés*. Zool. Nesea, género de crustáceos.

**NAFÉ**, m. *nafé*. Bot. Nafé, fruto de la ketmia, planta cultivada en Siria y en Egipto.

**NAFFE**, f. *náf*. No está usado mas que en esta expresion: *eau de naffe*, agua de nafa ó agua nafa, ó agua de azahar.

**NAFÉRI**, m. *naféri*. Naferi, nombre de un clarin usado en las Indias.

**NAFRE**, f. ant. *náfr*. [illegible]

**NAFRER**, a. *nafré*. [illegible] llagar.

**NAGAIRER**, n. ant. [illegible] timbales.

**NAGAM**, m. *nágam*. Bot. [illegible] grande de la India cuyas hojas [illegible] en medicina.

**NAGARET**, m. *nagaré*. [illegible] de timbal que se usa en [illegible]

**NAGATE**, m. *nagát*. [illegible] se da á los astrólogos de [illegible]

**NAGE**, f. *nage*. Nado, [illegible] No se emplea mas que en las [illegible] guientes. *A la nage*, á nado. [illegible] *jeter à la nage*, echarse á [illegible] *sauver à la nage*, salir á nado [illegible] fam. *Etre en nage*, nadar en [illegible] mares. || Mar. Boga, accion [illegible] que hacen andar el barco á [illegible] de remos. || Luchadero, el [illegible] en el borde del barco.

**NAGEANT**, **E**, adj. *nageán*. [illegible] lificacion de las hojas que [illegible] agua, y de las plantas que [illegible] ficie. || Blas. Nadante, se [illegible] echado horizontalmente al [illegible] cudo.

**NAGÉE**, f. *nagé*. Trecho [illegible] nado. || Bot. Nagea, género [illegible] Arabia y del Japon.

**NAGELFLUE**, m. [illegible] gelfluo, especie de roca [illegible] monton de guijarros rodados [illegible]

**NAGEMENT**, m. [illegible] accion de nadar.

**NAGEOIR**, m. *najoár*. [illegible] á propósito para nadar.

**NAGEOIRE**, f. *najoár*. [illegible] do, las espinas que tienen [illegible] lomo, vientre, costados y cola [illegible] les se ayudan á nadar. || [illegible] daderas, las calabazas ó [illegible] nen los que aprenden á nadar.

**NAGER**, n. *nagé*. Nadar, [illegible] hombre ó otro animal sobre [illegible] bre ella con cierto movimiento [illegible] || Nadar, ir cualquiera cosa [illegible] sobre otro licor sin hundirse [illegible] *Nager en grande eau*, [illegible] agua: vivir en la abundancia [illegible] *dans la joie*, rebosar de [illegible] *dans les plaisirs*, vivir en [illegible] ceres. || *Nager dans l'opulence* [illegible] abundancia: abundar de [illegible] muchas riquezas. || *Nager* [illegible] nadar, bañarse en su [illegible] Dar movimiento á un barco [illegible] jando con los remos; remar [illegible] m. El nadar, la accion de [illegible] verse en el agua ó en su [illegible]

**NAGEUR**, **EUSE**, m. y f. [illegible] Nadador, el que nada [illegible] nador, dícese en los ríos [illegible] rema. || *Nageurs*, m. pl. [illegible] tribu de crustáceos decápodos [illegible] Nadadores, órden de [illegible] de nadadores. = Nadadoras [illegible] se compone de las [illegible] se dice á veces del animal [illegible] agua.

**NAGI**, m. *nagí*. Bot. [illegible] pon; su fruto se parece á [illegible]

**NAGOR**, m. *nagór*. Zool. [illegible] pe del Senegal.

**NAGUÈRE ó NAGUÈRES**, [illegible] No ha mucho, poco ántes [illegible] truccion de las palabras *il n'y a* [illegible] sobrentiende de tiempo.

**NAÏA**, f. *naía*. Zool. [illegible]

s. || Se ha dado tambien este nom- género de reptiles ofidianos llama-

...DE, f. naiád. Mit. Náyade, cada ...s divinidades que presidian á las ... á los rios. || Bot. Náyade, género ...s que crecen en las aguas corrien- ...el mar.

...DÉ, ÉE, adj. naiadé. Bot. Nayádeo, ...arece á una náyade. || Naïadées, f. ...deas, familia de plantas.

...ÏVE, adj. naíf, ív. Ingenuo, natu- ...ero, sencillo, sin artificio, sin do- ...atural, sencillo, que no es afectado. ...l, verdadero, que imita bien la na- ...ó representa bien la verdad. || Sen- ...dido, simple ó necio, que por un ex- ...encillez dice lo que le convendria

..., E, m. y f. nén, én. Enano, muy ...de estatura. || Enano, el que parece ...mas pequeño que otra persona. || ...ndrin, paño muy fino que se fa- ...Lóndres con lanas de España. || adj. ...nains, árboles enanos, que no se ...ecer sino hasta cierta altura para ...pes. || Œuf nain, huevo de gallina

...PHYTE, m. naiofít. Bot. Naiofito, ...vive en las aguas dulces.

...ANGIE, f. nerangí. Nerangía, es- ...adivinacion astrológica de los Ára-

...E, m. nér. Naire, nombre que dan ...Malabar á los nobles.

..., m. náis. Mit. Nais, madre del cen- ...iron. || Zool. Nais, género de poli- ...xibles.

...SANCE, f. nesáns. Nacimiento, el ...nacer, sean las personas, sean los ..., sean los vegetales, sean por ana- ... astros, el dia, etc. || Nacimiento, ..., estirpe, orígen de alguna persona ... á su sangre. || Dicho absolutamente, ...e vale lo mismo que nobleza ó hi- ... así se dice homme de naissance, ...la naissance ó homme sans nais- ... Nacimiento, se toma por pié, ar- ...cepa, raiz desde donde empieza á ...recer ó extenderse una cosa: la ...e d'un fleuve, d'une tige, d'un ra- ...Tómase tambien por orígen ó prin- ...naissance du monde, la naissance ...t. || Donner la naissance, dar el ...el padre. || Devoir la naissance, de- ...r, ser el hijo. || Prendre naissance,

...SANT, E, adj. nesán. Naciente, que ... nacer, que nace, hablando de las ...y de las cosas. || Naciente, reciente, ...ue empieza á salir, á verse, á descu- ...Naciente, que empieza á estable- ...instalarse, á formarse, á desarro- ...Blas. Se dice del animal cuya cabeza ... encima de la pieza de un escudo. || ...issante, cabeza pelada, en la que em- ...salir el pelo.

...RE, n. nétr. Nacer, venir al mun- ...pezar su existencia una persona, un ... || Nacer, salir de la tierra una yerba, ...nta, etc. || Nacer, aparecer, formarse ...ollarse alguna cosa en forma visible, ... sol, los astros. || Nacer, comenzar, ...r un gobierno, un sistema, una cien- ... || Nacer, traer orígen ó principio ...a de otra, provenir. || Empezar. || ...poële, haber nacido poeta, tener na- ...nte las cualidades necesarias para ...a. || fam. Son pareil est á naître, ...ha nacido otro igual, es un hombre ..., sin par, no tiene semejante. || Être ... une chose, tener un talento ó dis- ... natural para una cosa; tener genio ...on para una cosa.

...EMENT, adv. naivemán. Ingenua- ...sencillamente, con candor, de una ... ingenua, natural, con naturalidad.

...ETÉ, f. naivté. Ingenuidad, senci- ...turalidad, candor. || Sencillez tonta, ...norancia.

...MÉ, m. nalimé. Zool. Nalimado, ... de Siberia que se parece al bacalao ...orma y por su gusto.

**NAMA**, m. náma. Bot. Nama, género de plantas convolvuláceas.

**NAMA-NEUSADIE**, m. namaneusadí. Bot. Namaneusadia, árbol de las Indias orientales.

**NAMBOURI**, m. nanbúri. Namburi, sumo sacerdote de Malabar.

**NAME**, m. nám. Bot. Nama, género de plantas americanas.

**NAMIERSTEIN**, m. namierstén. Miner. Roca compuesta de muy pequeñas partes de feldespato, cuarzo y mica.

**NAMUROIS, E**, adj. y s. namuruá. Namures, de Namur, ciudad y provincia de Bélgica.

**NANAL**, m. nanál. Nanal, especie de caña de Pondichery, cuyo tallo usan los Indianos en lugar de pluma.

**NANAN**, m. nanán. Chocho, chochito, papa, chicha: palabra que se usa con los niños por caricia cuando se les habla y que usan ellos mismos. || Dulces, golosinas: *donner du nanan*.

**NANARIS**, m. nanarí. Bot. Nanaris, árbol de grande magnitud de las cercanías de Amboina y de la India.

**NANCAS**, m. náncas. Modo de pescar con nasa.

**NANCÉIEN, NE**, adj. y s. nanseién, én. Náncico, de Nancy, ciudad de Francia.

**NANCELLE**, f. nansél. Arq. Escocia ó troquilo, moldura cóncava á manera de mediacaña.

**NANDHIROBE**, f. nandiróbe. Bot. Nandiroba, género de plantas trepadoras de América.

**NANDI**, m. nándi. Lit. Loa, primera parte ó introduccion de un drama, que es una especie de invocacion.

**NANDINE**, f. nandín. Nandina, género de arbolillos del Japon.

**NANDU ó NANDOU**, m. nandú, nandú. Nandu, género de avestruces de América.

**NANÉKISME**, m. nanequism. Religion de los seiques, instituida en 1419; es una mezcla de bramanismo y de islamismo.

**NANGUER**, m. nanguér. Zool. Nanguer, especie de animal mamífero antílope.

**NANISME**, m. nanism. Med. Nanismo, monstruosidad ó anomalía que caracteriza á los enanos.

**NANKIN ó NANQUIN**, m. nanquén. Nanquin, tela de algodon que se fabrica en Indias y en Europa. Otros le llaman mahon. || Es tambien adjetivo: *couleur nankin*.

**NANKINETTE**, f. dim. de NANKIN. nanquinét. Especie de tejido mas fino que el nanquin.

**NANNA**, f. nána. Bot. Nana, planta de América, cuyo fruto tiene la carne semejante á la de la alcachofa.

**NANNACUS**, m. nanácus. Mit. Nanaco, antiguo rey de Grecia que predijo el diluvio de Deucalion.

**NANTAIS, E**, adj. y s. nanté, és. Nantes, de Nantes, ciudad de Francia. || m. Antigua moneda de plata.

**NANTIR**, a. nantír. Afianzar, asegurar el pago de una deuda con alguna prenda. || Jurisp. ant. Pagar una multa, consignar una hipoteca. || *Se nantir*, r. Afianzarse, proveerse de una prenda para seguridad de una deuda. || fam. Proveerse de alguna cosa por precaucion: *se nantir d'un bon manteau*. || For. *Se nantir des effets d'une succession*, posesionarse, entrar en posesion de una herencia por precaucion, creyendo tener derecho á ella.

**NANTISSEMENT**, m. nantismán. Fianza, seguridad, prenda que se da á un acreedor para asegurarle sobre una deuda. || Alguna vez significa consignacion, pago.

**NANTOIS**, adj. y s. V. NANTAIS.

**NAOS**, m. náos. Antig. gr. Nave, parte de un templo en que se colocaba el pueblo.

**NAPACÉ, ÉE**, adj. napasé. Bot. Napáceo, que tiene la forma de un nabo.

**NAPAL ó NAPAUL**, m. napál, napól. Zool. Faisan de Bengala.

**NAPÉE**, f. napé. Mit. Napea, cada una de las ninfas protectoras de los bosques y de las montañas.

**NAPÉELLE**, f. napeél. Zool. Napelo, género de insectos dípteros.

**NAPEL**, m. napél. Bot. Napel ó anapelo, especie de acónito, veneno mortal de la familia de las eleboráceas. || Farm. Sudorífico en polvo.

**NAPERIE**, f. ant. V. LINGERIE.

**NAPERON**, m. ant. naprón. Mantel grande.

**NAPHTHALINE**, f. naftalín. Quím. Naftalina, sustancia que existe en el producto de la destilacion del carbon de tierra.

**NAPHTHE**, m. náft. Quím. Nafta, especie de betun líquido, trasparente, lijero y muy inflamante.

**NAPIFORME**, adj. napifórm. Bot. Napiforme, que tiene la forma de un nabo.

**NAPOLÉON**, m. napoleón. Nombre que se da á toda moneda de 20 á 40 francos, y mas comunmente á las piezas de 20 francos.

**NAPOLÉONE**, f. napoleón. Bot. Nombre de cierta planta de África.

**NAPOLÉONIDE**, m. napoleoníd. Napoleonino, descendiente de Napoleon; miembro de su familia.

**NAPOLÉONIEN, NE**, adj. napoleonién, én. Hist. Napoleoniense, que pertenece á Napoleon, á su sistema.

**NAPOLÉONISME**, m. napoleonísm. Polít. Napoleonismo, sistema político de Napoleon. || Adhesion á Napoleon.

**NAPOLÉONISTE**, m. napoleoníst. Polít. Napoleonista, partidario de Napoleon.

**NAPOLITAIN, E**, adj. y s. napolitén, én. Napolitano, de Nápoles.

**NAPOLITAINE**, f. napolitén. Napolitana, especie de tejido de lana para vestidos de mujer.

**NAPPE**, f. náp. Mantel, tela ó lienzo con que se cubre la mesa para comer. *Mettre la nappe*, poner la mesa para comer. || Mont. Piel de venado que se extiende en el campo para dar el cebo á los perros. || Cetr. Especie de red que sirve para coger pájaros. || met. y fam. *La nappe est toujours mise dans cette maison*, en esta casa siempre está puesta la mesa, nunca falta con que matar el hambre. || prov. *Il a trouvé la nappe mise*, ha encontrado la mesa puesta: se dice de un hombre pobre que se ha casado con una mujer muy rica. || *Mettre la nappe*, poner la mesa, poner los manteles para comer. *Lever la nappe ó desservir*, quitar la mesa, esto es, los manteles y demas. || Lienzo ó mantel que cuelgan los carniceros en las perchas para mayor aseo de la carne. || Hidr. *Nappe d'eau*, lama de agua, especie de cascada ó despeñadero de agua en los jardines en que el agua parece desenrollarse como una pieza de tela. || Tabla, balsa de agua tranquila como la de un lago ó un estanque. || Liturg. *Nappe d'autel*, paño ó sabanilla de altar.

**NAPPÉ ó NAPPE**, m. napé, náp. Vet. Especie de carbunclo ó tumor de las reses lanares.

**NAPPERIE**, f. V. LINGERIE.

**NAPPERON**, m. dim. de NAPPE. naprón. Servilleta que se pone sobre el mantel en medio de la mesa hasta que se sacan los postres.

**NAPPISTE**, m. napíst. Cazador de red.

**NAQUAIRE**, f. naquér. Mús. ant. Timbal, instrumento muy semejante al tambor.

**NAQUAIRER**, n. naqueré. Mús. ant. Tocar los timbales.

**NAQUET**, m. ant. naqué. V. LAQUAIS. || ant. Mozo, en los juegos de pelota encargado del tanteo.

**NAQUETER**, n. nacté. Aguardar mucho tiempo á la puerta de alguno, hacer poste. *Faire naqueter quelqu'un*, tratar á alguno como un criado. || Divertirse con poca cosa.

**NARBONNAIS, E**, adj. y s. narboné, é. Narbonés, de Narbona, ciudad de Francia.

**NARBONNE**, f. narbón. Hort. Especie de abridor ó melocoton.

**NARCÉINE**, f. narseín. Quím. Narceína, sustancia particular que existe en el opio.

**NARCINE**, f. narsín. Zool. Narcina, género de raya eléctrica.

**NARCISSE**, m. *narsis.* Mit. Narciso, hijo de Cefisa y de la ninfa Liriofe. || Bot. Narciso, planta de que hay muchas especies y flor de la misma planta. || Narciso, jóven que está enamorado de su persona. || Algunas veces se entiende por un jóven hermoso ó de buena figura.

**NARCISSÉ, ÉE**, adj. *narsisé.* Bot. Narsiseo, que se parece á un narciso. || *Narcissées*, f. pl. Narciseas, familia de plantas.

**NARCISSER (SE)**, r. *narsisé.* Idolatrarse una persona á sí misma como Narciso.

**NARCISSIFLORE**, adj. *narsisiflór.* Bot. Narcisiflor, que tiene las flores semejantes á las del narciso.

**NARCISSITE**, f. *narsisit.* Miner. Narcisita, piedra que se parece al narciso por sus venas, por su olor y su trasparencia.

**NARCOTINE**, f. *narcotín.* Quim. Narcotina, principio cristalizable que se saca del opio.

**NARCOTIQUE**, adj. *narcotic.* Med. Narcótico, que produce sopor, modorra. || met. Narcótico, que causa adormecimiento : *discours narcotique*, *style narcotique*. || Se usa tambien como sustantivo, significando un remedio ó medicamento narcótico.

**NARCOTISME**, m. *narcotism.* Narcotismo, conjunto de efectos causados por la accion de sustancias narcóticas.

**NARD**, m. *nár.* Bot. Nardo, especie de espliego ó alhucema, planta aromática y muy odorífera. || *Nard céltique*, valeriana céltica. Hay ademas varias otras especies de nardos.

**NARDET**, m. *nardé.* Bot. Nardo bastardo, planta.

**NARDINÉ, ÉE**, adj. *nardiné.* Nardineo, que se parece al nardo. || *Nardinées*, f. pl. Bot. Nardineas, familia de plantas gramíneas.

**NARÉGOM**, m. *naregón.* Bot. Naregom, nombre de dos especies de limones de la India.

**NARGUE**, f. *nárgue*Expresion familiar que se usa en las frases siguientes : *dire nargue d'une chose*, hacer poco caso de una cosa. || *Faire nargue à quelqu'un*, despreciar, burlar, reirse de alguno. || *Faire nargue* tambien significa aventajar, ser superior. *Les vins d'Espagne font nargue aux vins de France*, los vinos de España son superiores á los de Francia. || interj. fam. Mal año, fuego de Dios, rayo en el hombre ! expresion de desprecio, de burla, ó para indicar el poco caso que se hace de una persona ó cosa. || *Nargue de l'amour !* mal haya el amor, enhoramala el amor. || *Nargue du Parnasse !* fuera musas, cuerno para ellas. || *Nargue de cet homme*, etc.

**NARGUER**, a. fam. *nargué.* Ultrajar, despreciar, insultar á uno, hacer befa ó mofa. || *Se narguer*, r. Burlarse, insultarse, ponerse en ridículo dos personas mutuamente.

**NARINAL, E**, adj. *narinál.* Anat. Nasal, que corresponde á las narices.

**NARINAM-POULI**, m. *narinampulí.* Bot. Narinan-pulí, yerba anual que crece en toda la India.

**NARINE**, f. *narín.* Anat. Cada una de las fosas nasales, aberturas ó ventanas de la nariz. || *Les narines*, las ventanas de la nariz.

**NARQUIN**, m. ant. *narquén.* V. MENDIANT. || Ratero, ladronzuelo, pilluelo.

**NARQUOIS, E**, adj. y s. fam. *narcuá, ás.* Pillo, belitre, astuto, tuno, trapacero, hombre sutil que hace profesion de engañar á los demas. || m. Como masculino ha sido sinónimo de *argot*, germanía ó lenguaje de gitanos. *Parler narquois*, hablar en jerigonza, ó la picaresca.

**NARQUOISEMENT**, adv. *narcuasmán.* Con bellaquería, con picardía.

**NARRATEUR, TRICE**, m. y f. *narrateur, tris.* Narrador, relator, el que relata ó refiere alguna cosa.

**NARRATIF, IVE**, adj. *narratif, iv.* Narrativo, narratorio, que pertenece á la narracion.

**NARRATION**, f. *narrasión.* Narracion, relato, relacion histórica, oratoria ó poética. || Ret. Narracion, parte de un discurso que precede á la confirmacion.

**NARRATIVE**, f. ant. *narrativ.* Conversacion, arte de contar las cosas.

**NARRÉ**, m. *narré.* Relato, discurso por medio del cual se cuenta alguna cosa.

**NARRER**, a. *narré.* Narrar, relatar, contar, hacer una relacion

**NARVAL**, m. *narvál.* Zool. Narval, género de animales mamíferos cetáceos.

**NARVOLE**, m. *narvól.* Bot. Narbol, árbol de Malabar cuyas hojas se comen como verdura.

**NASAL, E**, adj. *nasál.* Nasal, que corresponde á las narices. || Nasal, que se articula ó modifica por las narices : *son nasal*. || m. Mil ant. Parte de un casco que servia de defensa á las narices. || NASALE, f. Gram. Vocal cuya pronunciacion es nasal.

**NASALEMENT**, adv. *nasalmán.* Nasalmente, de una manera nasal ó con un sonido nasal.

**NASALER**, a. *nasalé.* Ganguear, pronunciar con las narices.

**NASALITÉ**, f. *nasalité.* Cualidad de una letra nasal : ordinariamente es nasal la *n* al fin de una sílaba.

**NASARA**, f. *nasára.* Moneda de plata que circula en Túnez.

**NASARD, E**, adj. ant. *nasár, árd.* V. NASILLARD. || NASARD, m. Cañon ó registro del órgano que parece imitar á un hombre que ganguea hablando.

**NASARDE**, f. *nasárd.* Papirote, golpe dado en las narices con un dedo al desprenderlo del pulgar. || met. y fam. *Donner une nasarde à quelqu'un*, dar vaya, burlarse de alguno de una manera desagradable. || *Homme à nasardes*, un badulaque, un chisgarabís, un papanatas.

**NASARDER**, a. *nasardé.* Dar capirotes ó papirotes en las narices. || met. Perseguir. || met. y fam. Burlarse, mofarse de alguno con desprecio, insultar. || *Se nasarder*, r. Darse papirotes dos personas mutuamente.

**NASEAU**, m. *nasó.* Ventana de la nariz : dícese de las bestias, así como *narine* de las personas. || prov. y met. *Fendeur de naseaux*, rompecabezas, maton, perdonavidas, rajabroqueles.

**NASI**, m. *nási.* Título que se daba á los jefes de las tribus en Judea. || Nasi, presidente del sanhedrin entre los Judíos.

**NASICOLE**, m. *nasicól.* Zool. Nasicolo, gusano que se forma dentro de la nariz.

**NASICORNE**, adj. *nasicórn.* Zool. Nasicórneo, que tiene un cuerno en la nariz.

**NASIÈRE**, f. *nasiér.* Especie de acial en forma de tenaza, con que se sujeta y conduce á los bueyes.

**NASILLANT, E**, adj. *nasillán.* Gangoso, que ganguea ó habla con las narices.

**NASILLARD, E**, adj. *nasillár, árd.* Gangoso. V. NASILLANT. || Se usa tambien como sustantivo.

**NASILLARDER**, n. *nasillardé.* Ganguear, hablar con las narices.

**NASILLARDISE**, f. ant. *nasillardís.* Gangueo, defecto del que habla gangueando.

**NASILLEMENT**, m. *nasillmán.* Gangueo, accion de ganguear.

**NASILLER**, n. *nasillé.* Ganguear, hablar con las narices. || Mont. Hocicar el jabalí metiendo el hocico en el barro.

**NASILLEUR, EUSE**, adj. V. NASILLARD.

**NASILLONNEMENT**, m. V. NASILLARDISE.

**NASILLONNER**, n. ant. V. NASILLER. Es como diminutivo de este verbo.

**NASIQUE**, adj. *nasic.* Zool. Násico, que tiene la nariz muy larga. || f. Especie de macaca ó mona que tiene el hocico muy largo. || Especie de culebra.

**NASITERNE**, f. *nasitérn.* Antig. Especie de vasija que tenia tres picos ó pitorros en la boca.

**NASITORT**, m. *nasitór.* Bot. Mastuerzo, cierta yerba. Es lo mismo que *cresson alénois*.

**NASON**, m. *nasón.* Zool. Nason, género de pescados de las Indias y de Arabia.

**NASONNEMENT**, m. V. NASILLARDISE.

**NASONNER**, n. ant. V. NASILLER.

**NASSAT**, m. *nasá.* [illegible] cierto registro de [illegible]

**NASSAUVIE**, f. *nasoví.* [illegible] género de plantas [illegible]

**NASSE**, f. *nás.* Nasa, [illegible] hecho de mimbre y de [illegible] ve para pescar. || Mont. [illegible] coger aves que tiene la figura [illegible] cho. || Zool. Nasa, [illegible] valvas. || met. y fam. [illegible] tar en un berenjenal, [illegible] tar enredado en un [illegible] groso.

**NASSELLE** ó **NASSETTE** [illegible] NASSE. *nasél*, *nasét.* [illegible]

**NASSITURE**, f. ant. [illegible] mor que sale en el cuerpo.

**NASSON**, m. ant. [illegible]

**NASSONE**, f. *nasón.* [illegible] para pescar cangrejos, [illegible] crustáceos.

**NASTE**, m. *nást.* Bot. [illegible] plantas gramíneas.

**NASTUS**, m. *nástus.* Bot. [illegible] ro de plantas que encierra [illegible]

**NATAL, E**, adj. *natál.* [illegible] que pertenece, que tiene [illegible] cimiento. Dícese del país, [illegible] los aires, del lugar del [illegible] no. || Natal, natalicio, [illegible] fiesta del nacimiento. || Jour [illegible] nacimiento de una persona.

**NATALITIES**, f. pl. [illegible] Natalicias, fiestas en honor de [illegible] presidian el nacimiento.

**NATANT, E**, adj. *natán.* [illegible] nada sobre el agua.

**NATATION**, f. *natasión.* [illegible] de nadar. || Natacion, accion [illegible]

**NATATOIRE**, adj. [illegible] que concierne á la natacion [illegible] nadar.

**NATHINÉEN, NE**, adj. y s. [illegible] Nombre de los judíos que [illegible] dos ó dedicados al servicio [illegible]

**NATIF, IVE**, adj. *natif*, [illegible] tural, nacido en ó hijo de [illegible] *natif de Paris*, es natural de [illegible] Paris. || Que es natural á [illegible] *natif de l'homme*, estado [illegible] bre, considerado en el [illegible] *claves natifs*, esclavos de [illegible]

**NATION**, f. *nasión.* [illegible] aglomeracion de hombres [illegible] unas mismas leyes y con las [illegible] bres, usos é idioma en un [illegible] Reunion de hombres que [illegible] comun. Se dice tambien [illegible] una misma nacion que no [illegible] extranjero. || met. Clase de [illegible] tienen unas mismas [illegible] culto, la misma profesion [illegible] *poëtes*, *la nation des* [illegible] f. pl. Nombre con que se [illegible] grada Escritura á todos [illegible] é infieles. || *Le docteur des* [illegible] *des nations*, expresion [illegible] los predicadores á san Pablo.

**NATIONAL, E**, adj. [illegible] que pertenece á una nacion [illegible] á toda una nacion. || [illegible] cionales, totalidad de [illegible] ponen una nacion.

**NATIONALEMENT**, adv. [illegible] Nacionalmente, de una [illegible]

**NATIONALISER**, a. [illegible] nalizar, hacer que un [illegible] se adopte por una nacion. [illegible] *ser*, r. Nacionalizarse, [illegible] de una nacion, si es [illegible] garse en una nacion, si [illegible]

**NATIONALITÉ**, f. [illegible] nalidad, condicion del [illegible] ce á un cuerpo de nacion [illegible] rácter, espíritu nacional.

**NATIVETÉ**, f. [illegible] que es natural, de lo que [illegible] usa poco.

**NATIVITÉ**, f. *nativité.* [illegible] nacimiento. Solo se dice [illegible] cristo, de la Santísima Virgen [illegible] Bautista. Dicho [illegible]

fiesta de Navidad. || Natividad, representacion del nacimiento del hijo de Dios.

**NATRICE**, f. *natrís*. Bot. Natriz, planta cuyo olor es muy desagradable.

**NATRON ó NATRUM**, m. *natrón*, *nátrom*. Miner. Natron, carbonato de sosa ó sal álcali natural.

**NATTA**, f. *nátta*. Med. Tumor carnoso que se presenta en los lomos de una persona.

**NATTAIRE**, m. *natér*. Hist. ecl. Monje ó solitario que dormia en una estera, sin tener otra cama.

**NATTE**, f. *nát*. Estera, especie de tejido de esparto, paja, enea, etc. || Trenza, trencilla de pelo, de seda, etc.; y pleita, si es de esparto, palma ó junco. || *Natte de cheveux*, esterilla, especie de trenzado que se hace con los cabellos. || Mar. Cañizo que se hace para impedir los efectos de la humedad.

**NATTER**, a. *nató*. Esterar, cubrir alguna cosa con esteras. || Tejer en pleita. || Trenzar los cabellos.

**NATTIER, ÈRE**, m. y f. *natié*, *ér*. Esterero, el que hace ó vende esteras. || m. Bot. Especie de planta.

**NATURALIBUS (IN)**, loc. adv. lat. fam. *innaturálibus*. En estado de naturaleza, en puridad, en estado de desnudez. Tambien se dice en el mismo sentido *puris in naturalibus*.

**NATURALISATION**, f. *naturalisasión*. Naturalizacion, accion de naturalizar; concesion á un extranjero de los derechos y privilegios de los naturales del país; el acto de esta concesion.

**NATURALISER**, a. *naturalisé*. Naturalizar, connaturalizar, conceder á un extranjero los derechos y privilegios de que gozan los naturales del país. || Naturalizar, aclimatar, acostumbrar un animal ó una planta al clima de un país extraño. || Naturalizar, trasportar una palabra, una frase de un idioma á otro.

**NATURALISME**, m. *naturalism*. Naturalismo, cualidad de lo que es producido por una causa natural. || Naturalismo, sistema de los que todo lo atribuyen á la naturaleza. || Naturalismo, carácter de lo que es natural.

**NATURALISTE**, m. *naturalist*. Naturalista, el que se aplica á estudiar la historia natural, al conocimiento de las plantas, de los animales, etc.; el que escribe sobre la historia natural. || Se usa tambien como adjetivo.

**NATURALITÉ**, f. *naturalité*. Naturalidad, estado del que es natural de un país. || *Droit de naturalité*, derecho de naturaleza ó de naturalizacion.

**NATURE**, f. *natúr*. Naturaleza, todas las cosas creadas, el universo entero; el órden que reina en las cosas creadas, etc. Tiene esta voz las mismas significaciones en ambas lenguas, y solo se indicarán aquí algunas. || Naturaleza, complexion, temperamento de cada individuo en particular. || Naturaleza, índole, disposicion ó inclinacion del alma. || Naturaleza, parte instintiva de los animales. || Naturaleza, estado natural del hombre sin los auxilios de la gracia. || Naturaleza, lo que está sin afectacion al agrado del arte. || *Jeux de la nature*, caprichos de la naturaleza, fenómenos, rarezas, producciones raras y extrañas. || *Payer le tribut à la nature*, pagar el tributo á la naturaleza, morir. || *La nature humaine*, la naturaleza humana, el género humano. || *L'état de nature*, el estado natural en que se considera al hombre ántes de toda civilizacion. || fam. *Être dans l'état de pure nature*, estar en cueros, desnudo enteramente. || Equit. *Cheval de bonne nature*, caballo de buen natural, que tiene buenas cualidades, dócil, de buen temperamento, etc. || *Payer en nature*, pagar en especie, en frutos ó producciones naturales de la tierra. || *D'après nature*, al natural. || Art. *Diamant en nature*, diamante que no puede pulimentarse por no tener el hilo uniforme en su formacion.

**NATUREL, LE**, adj. *naturél*. Natural, que corresponde á la naturaleza. || Natural, conforme á la naturaleza particular de las personas y cosas. || Natural, se toma algunas veces por indígena, *indigène*, *autochthone*, que ha nacido en el país que habita. || Natural, por oposicion á artificial. *Vin naturel*, vino natural ó sin composicion, puro. || Natural, conforme á las leyes de la naturaleza, por oposicion á sobrenatural. || Natural, se dice de lo que hacemos en conformidad con nuestros hábitos. || Natural, que no es estudiado, violento ó afectado. || Natural, franco, verídico, ingenuo, llano, simple: se dice de las personas. || Natural, genial, propio. || *Enfant naturel*, hijo natural, que no es de legítimo matrimonio. || *Parties naturelles*, las partes naturales, los órganos de la generacion. || Arit. *Nombres naturels*, números naturales: se dice en las tablas logarítmicas de los números progresivos 1, 2, 3, 4, etc., por oposicion á los números artificiales, que son logaritmos de aquellos. || **NATUREL**, m. Natural, habitante originario de un país: en esta acepcion se suele usar en plural. || Natural, propiedad inherente á la naturaleza de un ser animado ó inanimado. || Temperamento, constitucion del cuerpo. *Naturel faible*, natural endeble. || Inclinacion, condicion, genio, humor. || Natural, corazon, entrañas, sentimientos naturales, amor á los padres, á los hijos, al prójimo. *Avoir beaucoup de naturel*, tener buenos sentimientos. || Natural, por oposicion á artificio. || Natural, modelo que se pone delante para su imitacion en pintura, escultura, etc. || *Au naturel*, loc. adv. Al natural, segun, con arreglo y sujecion á la misma naturaleza. Se dice algunas veces en sentido moral. *Retracer au naturel les vices de quelqu'un*, retratar al natural los vicios de alguno. || Blas. *Au naturel*, al natural: se dice cuando los animales, las hojas y las flores que pueblan un escudo están representadas con sus colores naturales. || *De mon naturel*, loc. adv. Naturalmente, por movimiento propio, espontáneo. || *N'avoir point de naturel*, no tener naturalidad, ser afectado en los modales, etc.; y tambien, ser descorazonado, no tener entrañas, ser insensible.

**NATURELLEMENT**, adv. *naturelmán*. Naturalmente, por impulso, por movimiento natural; por un principio natural. || De una manera simple, fácil, natural; sin artificio, sin afectacion, sin estudio, sin esfuerzo. || Con franqueza, con ingenuidad, sin dobles, sin disfraz. || Sin arte, sin cultura.

**NATURER**, n. ant. *naturé*. Semejar, asemejarse, parecerse, ser semejante.

**NATURISME**, m. *naturism*. Fil. Naturismo, sistema de filosofía en que se supone á la naturaleza autora de sí misma, ateismo. || Med. Naturismo, sistema de medicina en que se atribuye á la naturaleza una potencia medicatriz con la cual tiende espontáneamente á la curacion de las enfermedades.

**NATURISTE**, m. *naturist*. Med. Naturista, y mejor en castellano médico espectante, observador.

**NAU**, m. ant. *nó*. Nao, nave, grande embarcacion de carga. || Albañal, sumidero para desaguar las lagunas.

**NAUCIFÈRE**, adj. *nosifér*. Bot. Nucífero, que tiene frutos semejantes á la nuez.

**NAUCLÉE**, f. *noclé*. Bot. Náuclea, género de plantas rubiáceas.

**NAUCLÈRE**, m. *noclér*. Antig. Nauclero, naviero, propietario de un buque mercante.

**NAUCORE**, m. *nocór*. Zool. Náucora ó chinche acuática, género de insectos que se cria en las aguas corrompidas.

**NAUCRATE**, m. *nocrát*. Zool. Naucrato, género de pez del Mediterráneo.

**NAUFRAGEANT**, m. *nofraján*. Náufrago, el que ha naufragado ó sufrido naufragio.

**NAUFRAGE**, m. *nofrág*. Naufragio, pérdida de una embarcacion causada por una tormenta ú otro accidente. *Faire naufrage*, naufragar. || met. Pérdida, desgracia, desastre, ruina. *Faire naufrage au port*, naufragar en el puerto: arruinarse los proyectos de uno cuando ya se iban á realizar.

**NAUFRAGÉ, ÉE**, adj. *nofragé*. Náufrago, que ha sufrido naufragio: *vaisseau naufragé*, *marchandises naufragées*. || sust. Náufrago, el que ha sufrido un naufragio y se ha escapado de él.

**NAUFRAGER**, n. *nofragé*. Naufragar, sufrir un naufragio. || met. Naufragar, perderse, arruinarse, sufrir una gran calamidad.

**NAUFRAGEUX, EUSE**, adj. *nofrageu*, *eus*. Proceloso, borrascoso, fecundo en naufragios.

**NAULAGE**, m. *nolág*. Mar. Flete, alquiler de un navío ó barca para el trasporte por mar de personas ó mercancías. || El precio que se paga al barquero de un río.

**NAULE**, m. *nól*. Antig. gr. Flete que se pagaba por el pasaje en un navío. || Mit. Naulo, moneda que ponian los Griegos y Romanos en la boca de los difuntos para que pagasen el barcaje á Caron.

**NAUMACHIE**, f. *nomachí*. Naumaquia, simulacro de un combate naval ofrecido al pueblo en la antigua Roma. || Naumaquia, el lago destinado á este espectáculo.

**NAUPLIUS**, m. *nóplius*. Mit. Nauplio, hijo de Neptuno, rey de Eubea.

**NAUROS**, m. *nóros*. Nauros, fiesta del primer dia del año entre los Indios.

**NAUSCOPE**, m. *noscóp*. Mar. Nauscopio, instrumento por medio del cual se pueden descubrir navíos que se hallan á una larga distancia.

**NAUSCOPIE**, f. *noscopí*. Mar. Nauscopía, arte de descubrir los buques á una larga distancia.

**NAUSCOPIQUE**, adj. *noscopíc*. Nauscópico, que concierne á la nauscopía ó al nauscopio.

**NAUSE**, f. *nós*. Desaguadero, conducto ancho y profundo que sirve para dar salida á las aguas superabundantes para que no perjudiquen á los sembrados.

**NAUSÉABOND, ONDE**, adj. *noseabón*, *ónd*. Nauseabundo, que causa ó produce náuseas. || met. Nauseabundo, desagradable, que disgusta: *discours nauséabond*.

**NAUSÉE**, f. *nosé*. Náusea, basca, ansia de vomitar. *Avoir de grandes nausées*, sentir fuertes náuseas. || met. Disgusto, fastidio, repugnancia, insipidez, hablando de las producciones literarias.

**NAUSÉEUX, EUSE**, adj. *noseeu*, *eus*. Med. Nauseoso, que provoca náuseas ó ansias de vomitar.

**NAUSICAA**, f. *nosícaa*. Mit. Nausicae, hija de Alcinoo, que dió acogida á Ulises despues de su naufragio.

**NAUTE**, m. ant. *nót*. Navegante, nauta, marinero.

**NAUTÈS**, m. *notés*. Mit. Náutes, nombre de uno de los marineros de Ulises, á quien se encomendó la custodia del Paladion.

**NAUTIA**, f. *nótia*. Hist. Nautia, familia patricia de Roma, consagrada al culto de Minerva, y que estaba encargada de la custodia del Paladion.

**NAUTIER**, m. *notié*. Nautar, especie de cuchillo de que hacen uso los pescadores de merluza.

**NAUTILACÉ, ÉE**, adj. *notilasé*. Hist. nat. Nautiláceo, que tiene semejanza con un nautilo.

**NAUTILE**, m. *notíl*. Zool. Nautilo, molusco testáceo. *Nautile à spire*, nautilo de espiral, propio de los mares de la China.

**NAUTILIER**, m. *notilié*. Nautilero, el molusco que habita en la concha llamada nautilo.

**NAUTILITHE**, f. *notilít*. Hist. nat. Nautilito, nautilo fósil.

**NAUTIQUE**, adj. *notíc*. Náutico, que pertenece á la navegacion. *Art nautique*, arte náutica.

**NAUTIQUEMENT**, adv. *noticmán*. Náuticamente, de un modo náutico.

**NAUTONNIER, ÈRE**, m. y f. *notonié*, *ér*. Nauta, marinero, el que conduce un buque. *Le nautonnier des sombres bords*, Caron, el barquero de los infiernos.

**NAVAL, E**, adj. *navál*. Naval, marítimo, que pertenece á las naves y á la navegacion. || *La science navale*, la ciencia naval, la ciencia de la navegacion. || *Couronne navale*, corona naval, la que concedian los Romanos al primero que abordaba un navío enemigo.

**NAVARCHIE**, f. *navarchí*. Antig. Navarquía, cargo ó empleo del navarca.

**NAVARCHIQUE**, adj. *navarchíc*. Navárquico, que pertenece ó tiene relacion con el navarca ó la navarquía.

**NAVARQUE**, m. *navárc*. Navarca, título del jefe de una escuadra griega.

**NAVARRAIS, E**, adj. y s. *navarré, és*. Navarro, de Navarra.

**NAVARROIS, E**, adj. V. NAVARRAIS.

**NAVÉE**, f. *naveé*. Barcada, la carga de una barca.

**NAVET**, m. *navé*. Bot. Nabo, género muy comun de plantas crucíferas, de que hay muchas especies. La raíz es alimenticia y sana, aunque flatulenta. *Navet du diable* ó *à longue queue*, nueza, especie de planta. || Nabo, raíz de ciertas plantas : *navet d'oeillet*.

**NAVETIER**, m. *navetié*. Navetero, el constructor de navetas ó lanzaderas.

**NAVETTE**, f. *navét*. Bot. Nabo silvestre, de cuya semilla, llamada nabina, se saca aceite. || *Navette des serins*, alpiste para los canarios. || Nabina, aceite que se extrae de la semilla del nabo silvestre. || Naveta, instrumento de cobre, plata, etc., de figura de navecilla, para poner el incienso que se quema en las iglesias. || Lanzadera, instrumento de tejedor. || Lanzadera, instrumento que usan las mujeres para hacer nudos, flecos, etc. || met. y fam. *Faire la navette*, andar como lanzadera, ir y venir de un lado para otro. *Faire faire la navette*, traer al retortero. || prov. *La langue lui va comme la navette d'un tisserand*, su lengua corre como lanzadera de tejedor : se dice de una persona que habla mucho.

**NAVETTIER**, m. V. NAVETIER.

**NAVICULAIRE**, adj. *naviculér*. Anat. Navicular, que tiene la figura de una navecilla. || *Os naviculaire*, hueso navicular, se dice de cierto hueso del pié parecido á un barco. *Fosse naviculaire*, fosa navicular, profundidad á la entrada de la vagina en las mujeres. || m. Antig. Navicular, el propietario de un navío mercante entre los Romanos.

**NAVICULE**, f. *navicúl*. Barquichuelo. Se dice de *navicula* en latin, y se usa poco.

**NAVIELLE**, f. *naviél*. Zool. Naviela, especie de culebra.

**NAVIFORME**, adj. *navifórm*. Naviforme, que tiene forma de navío.

**NAVIGABILITÉ**, f. *navigabilité*. Navigabilidad, la cualidad de ser navegable.

**NAVIGABLE**, adj. *navigábl*. Navegable, que se puede navegar : *mer navigable, fleuve navigable*.

**NAVIGATEUR**, m. *navigateur*. Navegador, navegante, el que navega y viaja por mar. || Propiamente es el que ha hecho largos viajes por mar. || adj. m. Navegante, navegador, que está dedicado especialmente á la navegacion.

**NAVIGATION**, f. *navigasión*. Navegacion, la accion de navegar ó el viaje que se hace por mar ó rios navegables. || Navegacion, náutica, arte de navegar ó ciencia teórica y práctica que enseña el modo de dirigir y gobernar un buque. *Navigation à la voile*, navegacion á la vela. *Navigation à la vapeur*, navegacion de vapor. *Navigation hauturière*, navegacion de pilotaje. *Navigation côtière*, navegacion costanera ó cabotaje. || Navegacion, circulacion de las mercancías por los rios y canales.

**NAVIGUANT, E**, adj. *navigán*. Navegante, que navega comunmente.

**NAVIGUER**, n. *navigué*. Navegar, viajar por mar ó por rios navegables. || Navegar, hacer el navío ciertas maniobras, maniobrar. || Navegar, bogar sobre las aguas. || a. Mar. *Naviguer une chaloupe*, hacer navegar una chalupa.

**NAVILLE**, f. *navill*. Canal de regadío, conducto de agua para regar las tierras.

**NAVIRE**, m. *navír*. Buque, bajel, barco, navío, toda especie de nave que sirve para navegar. || *Navire marchand*, buque mercante. El navío de guerra se llama *vaisseau*. || *Navire en course*, navío en corso, buque armado por particulares para hacer presas á los enemigos del Estado. || Astr. *Le navire Argo*, la nave Argos, constelacion del hemisferio austral. || met. Dicha, suerte. || *Corps d'un navire*, casco de una nave. || *Maître de navire*, maestre ó patron de nave.

**NAVRANT, E**, adj. *navran*. Aflictivo, doloroso, que causa una profunda afliccion.

**NAVRÉ, ÉE**, adj. *navré*. Herido, llagado. || met. Afligido. *Avoir le cœur navré*, tener el corazon herido, lacerado, traspasado de dolor. *Personne navrée de douleur*, persona traspasada de dolor.

**NAVRER**, a. *navré*. Herir, llagar. || met. Afligir, lastimar, causar un vivo dolor, una extremada afliccion. *Navrer le cœur*, lacerar, lastimar, traspasar el corazon. *Cette nouvelle me navre le cœur, j'en ai le cœur navré*, esta noticia me traspasa el corazon, me aflige en sumo grado.

**NAVRURE**, f. *navrúr*. Contusion, herida, dolor, afliccion. || Herida, accion de herir, de lastimar.

**NAYOURIVI**, m. *nayurivi*. Bot. Nayourivi, planta de las Indias de que se hace uso para el tinte rojo.

**NAZARÉAT**, m. *nazareá*. Nazareato, condicion de los nazareos entre los Judíos. || Nazareato, tiempo durante el cual se adquiria la instruccion en el nazareismo.

**NAZARÉEN, NE**, m. y f. *nazareén, én*. Nazareno, nombre que daban los Hebreos á los Judíos que se consagraban á Dios. || Nazareno, el habitante ó natural de Nazareth. || adj. Nazareno, conforme con la doctrina de los nazarenos.

**NAZARÉISME**, m. *nazareism*. Nazareismo, la doctrina de los nazarenos.

**NAZARÉISTE**, m. *nazareist*. Nazareista, el que ha abrazado el nazareismo.

**NASSE**, f. Pesc. V. NASSE.

**NAZIÈRE**, f. *nasiér*. Nasera, el sitio en que los pescadores tienden sus nasas.

**NAZIRÉAT**, m. *nasireá*. Nazireato, las funciones de los nazireos.

**NAZIRÉEN**, m. ant. *nasireén*. Nazireo, hebreo que se consagraba al sacerdocio, aun cuando no fuese de la tribu de *Leví*.

**NAZIRIE**, f. *nasirí*. Naziria, nombre de las divisiones administrativas en Egipto.

**NE**, adv. No. Este adverbio hace negativa la proposicion con que se junta. Va ordinariamente seguido de *pas* ó *point*, que no se traducen en español : v. gr. *je ne veux pas*, no quiero. *Ne* es una negacion como *non*; pero hay entre los dos mucha diferencia. *Ne* se construye con un verbo, *non* se emplea sin verbo. || *Ne pas* expresa la negacion con ménos energía que *ne point*, que es la negacion mas absoluta. *Il n'est pas bien riche*, no es muy rico, pero lo es algo. *Il n'est point riche*, no lo es absolutamente. || *Pas* es preferible á *point* ántes de los adverbios y de los nombres numerales, y tambien ántes de *plus, moins, si, autant*; y así se dirá, por ejemplo : *il n'y a pas dix ans; il n'est pas moins riche que son frère; il n'est pas si savant que, etc.* || Se usa de *pas* en las negaciones accidentales, como : *il n'écrit pas*, él no escribe; es decir, no escribe ahora. *Il n'écrit point*, él no escribe; esto es, no escribe nunca. || Se suprimen *pas* y *point* y aun el *ne* en ciertas frases interrogativas, y las dos primeras voces en varias frases afirmativas. Algunos ejemplos, traducidos ó no, serán mas útiles que las reglas y explicaciones. *Y a-t-il un homme dont elle ne médise? Y a-t-il un malheureux qu'elle ne secoure? Y a-t-il rien de plus odieux qu'un ingrat?* Con *rien* se suprime siempre la voz *pas* ó *point*. || *Je n'ai d'autre intention que celle de vous obliger*, no tengo otra intencion que complaceros. || *Ne que*, no mas que, solamente, es un idiotismo particular de la lengua francesa, equivalente á *seulement*. *Je ne veux que lui dire adieu*, no quiero mas que despedirme de él. || *Je ne lui ai parlé de ma vie*, no le he hablado en mi vida. *Je ne veux voir qui que ce soit*, no quiero ver á nadie. *Peu s'en est fallu que je ne sois tombé*, poco me ha faltado para caer. *Que n'ai-je suivi mes frères?* ¿Porqué no he seguido á mis hermanos? *Depuis que je ne suis allé*, desde que no he ido allá. *Il y a six mois que je ne lui ai parlé*, hace [illegible] habiado. || *Ne* se [illegible] hay dos negaciones [illegible] *je ne l'aime ni ne l'estime* [illegible] *ni avare ni prodigue*. || [illegible] *pas ni point* despues de [illegible] *moins que* y *si*. *Je ne* [illegible] *qu'il ne fasse beau temps* [illegible] *point si vous ne venez* [illegible] *ture*. || Despues de los verbos [illegible] *prétendre, avoir peur*, [illegible] *point* cuando se teme lo [illegible] y han de expresarse [illegible] se desea : v. gr. *j'ai peur* [illegible] que ma maladie ne soit [illegible] que mon frère n'arrive [illegible] caso es evidente que se [illegible] y en el segundo [illegible] gue. || Muchos otros casos [illegible] primen *pas* y *point*, pero [illegible] por ser materia [illegible] tica.

**NÉ, ÉE**, adj. *né*. [illegible] ciego de nacimiento. || [illegible] procedente de familia [illegible] *Mal né*, mal nacido : se dice [illegible] de tener malas inclinaciones [illegible] cido muerto, muerto ántes de [illegible] *nouveau-né*, recien nacido. Se [illegible] ces como sustantivo [illegible] *né*, primogénito, hijo [illegible] bien á veces sustantivamente [illegible] ce de ciertos derechos, [illegible] adherente á una dignidad [illegible] *né*, presidente nato; [illegible] nato.

**NÉANMOINS**, adv. [illegible] bargo, no obstante, con todo, á pesar de. Sirve para poner [illegible] cia dos cosas opuestas. *Il* [illegible] *et néanmoins il n'est* [illegible] pre está comiendo, y sin [illegible] tá satisfecho.

**NÉANT**, m. *neán*. [illegible] existe. *Dieu a tiré toutes* [illegible] Dios lo crió todo de la [illegible] exageracion, el poco valor [illegible] *néant des grandeurs humaines* [illegible] las grandezas humanas. [illegible] de, bajo, carencia de méritos [illegible] una persona. *Il a été tiré du* [illegible] sacado de la nada, del polvo [illegible] Jurisp. *Mettre une appellation* [illegible] admitir una apelacion. || [illegible] tolas, pequeñeces, [illegible] *néants*, escribir bagatelas, [illegible]

**NÉANTETÉ**, f. ant. [illegible] Nulidad, futilidad, poco valor [illegible]

**NÉANTHE**, m. *neánt*. [illegible] jo de Pitaco, tirano de [illegible] tes, género de plantas [illegible] mática.

**NÉANTISE**, f. ant. [illegible] ociosidad, pereza.

**NÉAPOLITE**, m. [illegible] polita, nombre antiguo de [illegible] administraba contra la gota [illegible] esciática.

**NÉAPOLITAIN, E**, adj. [illegible] *én*. Napolitano, de [illegible] *guent néapolitain*, ungüento [illegible] pomada mercurial.

**NÉARQUE**, m. *neárc*. [illegible] navarca, almirante [illegible] munmente se servian. || [illegible] diente al almirante ó á su [illegible]

**NÈBLE**, m. *nébl*. Vet. [illegible] medad de los carneros. || [illegible] na, torbellino que [illegible] trigos al principio del [illegible]

**NÉBRIDE**, f. *nebríd*. [illegible] de cabrito con que se [illegible] le seguian.

**NÉBRIDOPÈPLOS**, [illegible] Mit. Nebridopeplos, [illegible] por andar cubierto con [illegible]

**NÉBRODÈS**, m. [illegible] des, sobrenombre de Baco.

**NÉBULÉ, ÉE**, adj. [illegible] do, que se asemeja á las [illegible]

**NÉBULEUSE**, f. [illegible] losa, especie de calcedonia [illegible] chaolo. || Nombre de [illegible]

...LEUX, EUSE, adj. *nebuleu, eus.* ..., oscurecido, cubierto de nubes. || ...uloso, sombrío, triste, melancóli-...o, confuso. *L'horizon est nébu-*... horizonte está nebuloso: se dice ... esperan grandes desgracias y ca-... *Esprit nébuleux*, carácter som-..., melancólico. *Discours nébuleux*, ...oscuro, confuso. || Astr. *Étoiles né-*... estrellas nebulosas, cuyo brillo es ...

...LON, m. *nebulón*. Nebulon, hom-...vagante ó impostor. Se usa poco.

...LOSITÉ, f. *nebulosité*. Nebulosi-...dad, nube lijera. || met. Oscuridad.

...NÉE, f. *nesané*. Necanea, tela ra-... azul y blanco que se fabrica en la ...

...SSAIRE, adj. *nesesér*. Necesario, ...indispensable, sin lo cual no se pue-... || *Être nécessaire*, el ser necesario, ...al. Necesario, lo contrario de lo ... *Acte nécessaire*, acto necesario, ir-... || *Héritier nécessaire*, heredero ... || NÉCESSAIRE, m. Necesario, lo ... para satisfacer las necesidades de ... *Je ne suis pas riche, mais j'ai le* ...*re*, no soy rico, pero tengo lo nece-... *Lo* necesario, esencial, indispensa-... *Faire le nécessaire*, hacerse el nece-... indispensable, meterse en todo. || ...Neceser que suele llamarse tambien ... en castellano.

...SSAIREMENT, adv. *nesesermán*. ...amente, de un modo necesario, in-...ble, precisamente. || Infaliblemente, ...mente. || Teol. Necesariamente, ...oposicion á libremente.

...SSITANT, E, adj. *nesesitán*. Ne-... que se halla en la necesidad. || *Nécessité nécessitante*, de necesidad ..., imperiosa. || Teol. *Grâce nécessi-*...*tante*, gracia necesitante, que coarta la li-...

...SSITÉ, f. *nesesité*. Necesidad, ..., fuerza que obliga á hacer ú obrar. ...Necesidad, accion de una causa ex-...resistible sobre la voluntad. *Néces-*...*moyen*, necesidad de medio, se dice ...cion á la necesidad de precepto. || ..., todo aquello á que es imposible ...se ó resistirse. || Necesidad, indi-..., penuria, desamparo, miseria. *Il est* ... *la dernière nécessité*, se halla re-... á la última necesidad. || prov. *Faire* ...*sité vertu*, hacer de necesidad vir-..., hacer de tripas corazon. *Nécessité n'a* ... *loi*, la necesidad carece de ley; la ... tiene cara de hereje, como dice ... || Mit. Necesidad, divinidad hija de ..., que los poetas tomaban muchas ... el destino. || *Nécessités*, pl. Nece-..., los menesteres de la vida, las co-...*Aller à ses nécessités*, hacer ...idades, ir á hacer una necesidad, ... excusado, al excusado, etc. || *De né-*..., adv. Necesariamente, por nece-...amente. || *Par nécessité*, por ..., por urgencia.

...SSITER, a. *nesesité*. Obligar, es-..., precisar á hacer cualquiera cosa. ... *l'ennemi à se rendre*, precisar al ... á rendirse. || Necesitar, hacer ne-... *cela nécessitera votre interven-*...

...SSITEUX, EUSE, adj. *nesesiteu*, ...esitado, menesteroso, indigente, ... de recursos. Se usa algunas ve-... palabra *pauvre* para excitar mas ...sion: *ayez pitié du pauvre néces-*... usa tambien algunas veces como ...

...LOTH, m. *nechilót*. Mús. Nechi-...ombre genérico de los instrumentos ... entre los Hebreos.

...PARE, adj. *necipár*. Necíparo, que ... la muerte, la destruccion.

...ERIE, f. *necrí*. Bot. Nekeria, gé-... ...

...STAIN, m. *necstén*. Miner. Nestan, ... de mina de estaño.

...PLUS ULTRA, loc. lat. de que se ha ... sust. masculino. No mas allá, no se pasa de aquí; término ó límite que no se puede pasar. Tambien se dice *non plus ul-tra*.

NÉCROBIE, f. *necrobí*. Zool. Necrobia, género de insectos.

NÉCRODE, f. *necród*. Zool. Necroda, género de insectos que comprende los que están cubiertos con un casco.

NÉCRODOULIE, f. *necrodulí*. Necrodulia, culto de los muertos. || Necrodulia, culto que tributan los Chinos á las almas de sus antepasados.

NÉCROGRAPHE, m. *necrográf*. Necrógrafo, el que estudia ó describe los cadáveres.

NÉCROGRAPHIE, f. *necrografí*. Necrografia, estudio, descripcion de los cuerpos muertos, de los cadáveres.

NÉCROGRAPHIQUE, adj. *necrografic*. Necrográfico, que pertenece á la necrografia.

NÉCROGRAPHISME, m. *necrografísm*. Necrografismo, abuso que hace un médico del estudio de los cadáveres, sustituyéndole al estudio que debiera hacer de los seres vivientes.

NÉCROLÂTRE, m. y f. *necrolátr*. Necrólatra, el que tributa un culto exagerado á la memoria de los muertos. || Necrólatra, el que llora excesivamente á un muerto.

NÉCROLÂTRIE, f. *necrolatrí*. Necrolatría, culto tributado á los muertos. || Necrolatría, dolor exagerado por la muerte de alguno, que absorbe todos los demas pensamientos.

NÉCROLÂTRIQUE, adj. *necrolatric*. Necrolátrico, que pertenece á la necrolatría.

NÉCROLITHE, f. *necrolit*. Necrolita, nombre dado á una roca de orígen volcánico y de naturaleza feldespática. V. TRACHYTE.

NÉCROLOGE, m. *necrológ*. Necrologio, libro donde se escribe la fecha de la muerte de los personajes ilustres. || Obra dedicada á la memoria de las personas recientemente muertas.

NÉCROLOGIE, f. *necrologí*. Necrología, escrito consagrado á la memoria de los personajes célebres muertos recientemente.

NÉCROLOGIQUE, adj. *necrologic*. Necrológico, que pertenece á la necrología.

NÉCROLOGUE, m. *necrológ*. Necrólogo, autor de necrologías.

NÉCROMANCIE ó NÉCROMANCE, f. *necromansí*, *necrománs*. Necromancia ó nigromancia, arte pretendido de invocar los muertos para saber por ellos lo futuro ó alguna cosa oculta. || Encantamiento ó magia en general.

NÉCROMANCIEN, NE, m. y f. *necromansién*, *én*. Necromántico ó nigromántico, el que ejerce la necromancia. Tambien se toma por mágico.

NÉCROPHAGE, adj. *necrofág*. Entom. Necrófago, que vive de animales muertos ó que se halla sobre los cuerpos corrompidos.

NÉCROPHOBE, adj. *necrofób*. Necrófobo, que tiene miedo á la muerte ó á los muertos.

NÉCROPHOBIE, f. *necrofobí*. Necrofobia, temor exagerado á la muerte ó á los muertos.

NÉCROPHOBIQUE, adj. *necrofobic*. Necrofóbico, que pertenece á la necrofobia.

NÉCROPHORE, m. *necrofór*. Zool. Necróforo, género de insectos que tienen la costumbre de enterrar los cadáveres de los topos, de los ratones, etc., para depositar en ellos sus huevos.

NÉCROPOLE, m. *necropól*. Necrópolo, cementerio, parte de las ciudades destinada á la sepultura.

NÉCROPOMPOS, adj. m. *necropómpos*. Mit. Necropompos, que conduce á los muertos. || Sobrenombre de Mercurio.

NÉCROPSIE, f. *necropsí*. Cir. Necropsia, abertura de un cadaver.

NÉCROPSIQUE, adj. *necropsic*. Necrópsico, que es relativo á la necropsia.

NÉCROSCOPIE, f. *necroscopí*. Cir. Necroscopia, diseccion de un cadáver para examinarlo.

NÉCROSCOPIQUE, adj. *necroscopíc*. Necroscópico, que tiene relacion con la necroscopia.

NÉCROTOMIE, f. *necrotomí*. Cir. Necrotomía, diseccion de un cadáver.

NÉCROTOMIQUE, adj. *necrotomíc*. Necrotómico, que tiene relacion con la necrotomía.

NECTAIRE, m. *nectér*. Bot. Nectario, parte de ciertas flores que contienen el jugo que toman las abejas para componer la miel.

NECTAR, m. *nectár*. Mit. Néctar, bebida de los dioses cuya composicion era desconocida. || met. Néctar, toda bebida ó licor excelente y agradable.

NECTARÉ, ÉE, ó NECTARÉEN, NE, adj. *nectaré*, *nectarién*, *én*. Nectáreo, que sabe al néctar. || Nectáreo, que produce néctar.

NECTARÉE, f. *nectaré*. Bot. Nectárea, especie de planta.

NECTARISER, a. *nectarisé*. Beber néctar. || *Se nectariser*, r. Deleitarse, complacerse.

NECTARIFÈRE, adj. *nectarifér*. Nectarífero, que produce néctar; que da un jugo ó secreta un licor azucarado.

NECTARIN, E, adj. *nectarén*, *ín*. Nectarino, dulce como el néctar.

NECTARITE, m. *nectarit*. Vino del año.

NECTIS, m. *néctis*. Bot. Nectis, género de plantas.

NECTOPODE, adj. *nectopód*. Zool. Nectópode, que tiene los piés achatados y aptos para la natacion. || *Nectopodes*, m. pl. Nectópodos, familia de insectos. || Sub-clase de mamíferos con piés palmados. || Órden de aves palmípedas.

NECTURE, m. *nectúr*. Zool. Necturo, género de reptiles batracianos.

NECTYLÉE, m. *nectilé*. Zool. Nectileo, género de crustáceos.

NÉCUNE, f. *necún*. Nécuna, moneda de las Indias orientales.

NÉCYOMANCIE, f. V. NÉCROMANCIE.

NÉCYSIES, f. pl. *necisí*. Antig. gr. Necisias, fiestas que celebraban los antiguos en honor de los muertos.

NÉDA, f. *néda*. Mit. Neda, nodriza de Júpiter. || Neda, ninfa que dió su nombre al rio Neda, que separa la Elide de la Mesenia.

NÉBBONG, m. *nebon*. Bot. Nebon, especie de palmera muy comun en Sumatra.

NÉÉE, f. *neé*. Bot. Neea, género de plantas del Perú.

NÉÉRA, f. *neéra*. Mit. Neera, ninfa á quien amó Júpiter y de quien tuvo dos hijas. || m. Bot. Neero, género de plantas.

NÉERLANDAIS, E, adj. y s. *neerlandé*, *és*. Neerlandes, del reino de los Paises Bajos. || m. Neerlandes, idioma derivado del antiguo teuton; contiene dos dialectos, el holandes y el teuton.

NEF, f. *nef*. Nave. V. NAVIRE. Esta voz no se usa sino en lenguaje poético. || Blas. Buque, barco. || Arq. Nave, espacio comprendido entre los dos órdenes de pilares que sostienen una bóveda. || Nave, la parte central de una iglesia que se extiende desde la puerta principal hasta el coro. || Alhaja abarquillada en que se guardaban las servilletas del rey. || *Moulin à nef*, molino de agua ó de barco.

NÉFASTE, adj. *nefást*. Antig. Nefasto, se decia de los dias consagrados al reposo, en los que estaba prohibido por la religion el ocuparse en los negocios públicos. || Nefasto, aciago, se decia con mas propiedad de los dias de luto y tristeza, destinados á la inaccion y considerados como funestos en memoria de alguna desgracia notable del pueblo romano.

NÈFLE, f. *néfl*. Níspero, níspera ó níspola, especie de fruta que tiene muchos huesos. || prov. y met. *Avec le temps et la paille les nèfles mûrissent*, con el tiempo maduran las uvas: con paciencia y perseverancia se consiguen muchas cosas.

NÉFLIER, m. *neflié*. Bot. Níspero, árbol de la familia de las rosáceas que da los nísperos, las nísperas ó níspolas.

NÉFRENDE, m. y f. *nefránd*. Anat. Nefrende, persona que no tiene dientes.

NÉGABOPHAT, m. *negabo*... [illegible]

go, especie de tela de algodon que se fabrica en las Indias.

**NÉGATEUR**, m. *negateur*. Hist. Renegado, entre los primeros cristianos el que abjuraba la fe católica en medio de los tormentos.

**NÉGATIF, IVE**, adj. *negatif, iv*. Negativo, que expresa una negacion. || *Argument négatif, preuves négatives*, argumento, pruebas negativas que se usan para negar alguna cosa. || *Avoir voix négative*, tener voto negativo, tener derecho de oponerse á una cosa. || Teol. *Commandement négatif*, mandamiento negativo ó prohibitivo, aquel en que se veda alguna cosa. || fam. *Avoir le visage négatif*, tener cara de pocos amigos, de despedir huéspedes.

**NÉGATION**, f. *negasion*. Negacion, accion de negar ó no conceder alguna cosa. || Negacion, partícula negativa, como *ne, non, no*. || Fil. Negacion, carencia de una cualidad en un sujeto que no es capaz de tenerla.

**NÉGATIVE**, f. *negativ*. Negativa, proposicion que niega. || Negacion, denegacion, repulsa. || *Se tenir sur la négative*, rehusar constantemente, persistir en rehusar. || *Être fort sur la négative*, no ser amigo de hacer un favor. || Gram. Partícula negativa ó palabra que sirve para negar, como *ne, non*.

**NÉGATIVEMENT**, adv. *negativmán*. Negativamente, de una manera negativa.

**NÉGATOIRE**, adj. *negatuár*. Negatorio, que sirve para negar, para rehusar.

**NÉGEON**, m. *nejón*. Variedad de uva de Champaña.

**NÉGINOTH**, m. *neginót*. Nombre genérico de los instrumentos de cuerdas de los Hebreos.

**NÉGLIGÉ, ÉE**, adj. *negligé*. Descuidado. || Desaliñado, sin adorno. || Desdeñado, que no se emplea en el alimento del hombre, hablando de aves. || **NÉGLIGÉ**, m. Descuido, desden, desaliño. || Traje sencillo que usan los elegantes por la mañana ántes de las horas de la etiqueta, tanto hombres como mujeres. Hablando de las mujeres, se dice: *être en négligé* ó *dans son négligé*, estar de trapillo, sin vestir, sin aliñar. || Bell. art. Descuido aparente, sencillez agradable, que agrada á la vista.

**NÉGLIGEABLE**, adj. *neglijábl*. Despreciable, omisible, que puede ser descuidado.

**NÉGLIGEMENT**, m. ant. *negligemán*. Negligencia, descuido. || Bell. art. Accion de descuidar á propósito ó de intento.

**NÉGLIGEMMENT**, adv. *neglijamán*. Negligentemente, con negligencia, sin cuidado.

**NÉGLIGENCE**, f. *neglijáns*. Negligencia, descuido, desaplicacion, falta de cuidado, de esmero; omision, abandono. || Negligencia, dejadez, incuria, pereza.

**NÉGLIGENT, E**, adj. *negliján*. Negligente, descuidado, omiso, dejado, indolente, flojo, perezoso.

**NÉGLIGER**, a. *negligé*. Descuidar, desatender, no tener cuidado de una cosa, no ocuparse de ella. || Descuidar, desatender, olvidar, omitir alguna cosa. || No cultivar: *négliger son talent*. || Descuidar sus obligaciones. || Descuidar, no poner en juego, en uso, no emplear los medios para salir bien de un negocio. *Négliger une occasion*, desperdiciar una ocasion, dejarla escapar, no aprovecharse de ella. || Despreciar, omitir en un cálculo aquellas cantidades tan pequeñas, que no pueden influir sensiblemente en el resultado. || n. Descuidar, no ocuparse de: *négliger de faire valoir son bien*. || *Se négliger*, r. Descuidarse, no cuidar del propio aliño, del aseo de sí mismo. || Descuidarse, ocuparse con ménos exactitud que de costumbre de su deber, de su profesion, de su trabajo. || Descuidarse, olvidarse de sus obligaciones.

**NÉGLIGIBLE**, adj. *negligibl*. Mat. Despreciable, que puede despreciarse, hablando de cantidades muy pequeñas.

**NÉGOCE**, m. *negós*. Negocio, tráfico, comercio, giro de un comerciante.

**NÉGOCIABILITÉ**, f. *negosiabilité*. Negociabilidad, cualidad de lo que es negociable, hablando de billetes, vales, letras de cambio, etc.

**NEGOCIABLE**, adj. *negosiábl*. Negociable, que se puede negociar.

**NÉGOCIANT**, m. *negosián*. Negociante, comerciante.

**NÉGOCIANTISME**, m. *negosiantism*. Negociantismo, manera de ver, opinion de los negociantes ó comerciantes.

**NÉGOCIATEUR, TRICE**, m. y f. *negosiateur, tris* Negociador, se dice principalmente del que trata y negocia con alguna corte extranjera un ajuste ó asunto de la suya. || Agente, solicitador, componedor de negocios entre particulares.

**NÉGOCIATION**, f. *negosiasión*. Negociacion, arte, accion de negociar los grandes asuntos, los negocios públicos. || Negociacion, negociado, el asunto mismo que se trata y se negocia. || Se dice tambien hablando de los negocios particulares. || Negociacion de letras, vales y otros efectos comerciables.

**NÉGOCIER**, n. *negosié*. Negociar, hacer comercio, tratar y comerciar comprando, vendiendo ó cambiando géneros, etc. || a. Negociar, ajustar el traspaso, cesion ó endoso de algun vale, efecto ó letra. || Negociar, ajustar ó tratar con una corte extranjera algun asunto de la suya. || *Se négocier*, r. Negociarse, ser negociado. || Tramarse, urdirse.

**NÉGOGRAPHISME**, m. ant. *negografism*. Negografismo, tratado sobre el negocio y las mercancías.

**NÉGORE**, m. *negór*. Négoro, especie de bonzo del Japon. Los négoros forman una secta dividida en tres clases.

**NÉGRAILLE**, f. *negrálI*. La raza de los negros. Se dice por desprecio.

**NÉGRAL**, m. *negrál*. Zool. Negral, especie de pájaro.

**NÈGRE, NÉGRESSE**, m. y f. *négr, és*. Negro, nombre que se da en general á la raza de los negros, y especialmente á los habitantes de algunas regiones de África. || Negro, esclavo empleado en los trabajos de las colonias. || fam. *Traiter quelqu'un comme un nègre*, tratar á alguno como un negro: tratarle con mucha dureza y desprecio. || *Nègre blanc*, negro blanco, nombre que se da á los albinos. || Es tambien adjetivo, y para el femenino se puede decir *nègre* y *négresse*; v. gr. *peuple nègre, nation nègre, esclave négresse*. || **NÈGRE**, m. Zool. Negro, mariposa del género sátiro || Especie de pescado. || Especie de mono de Java.

**NÉGRERIE**, f. *negreri* (e muda). El lugar donde se encierran los negros para su venta, y el lugar donde trabajan. || Reunion de negros.

**NÉGRESSE**, f. V. **NÈGRE**.

**NÉGRET**, m. *negré*. Tinto, variedad de uva de color negro.

**NÉGRÉTIE**, f. *negresí*. Bot. Negrecia, género de plantas del Perú.

**NÉGRIER**, adj. m. *negrié*. Negrero, destinado al trasporte de negros: *vaisseau* ó *bâtiment négrier, capitaine négrier*. Se usa tambien como sustantivo.

**NÉGRILLON, NE**, m. y f. *negrillón, ón*. Negrito, negrita, negr ó negra pequeños. || Negrito, niño pintado de negro.

**NÉGRIO**, m. *négrio*. Variedad de uva dulce con que se hace un vino muy apreciado en España.

**NÉGRITE**, m. y f. *negrít*. Negrito, negro pequeño, niño negro.

**NÉGROMANCIE**, f. V. **NÉCROMANCIE**.

**NÉGROPHAGE**, m. *negrofáge*. Negrófago, partidario de la esclavitud de los negros.

**NÉGROPHAGIE**, f. *negrofagí*. Negrofagia, sistema de los que sostienen la esclavitud de los negros.

**NÉGROPHILE**, adj. *negrofil*. Negrófilo, que ama los negros. || Negrófilo, partidario de la abolicion de la esclavitud.

**NÉGUNDO**, m. *negondo*. Negundo, grano pequeño negro de la India.

**NÉGUS**, m. *négus*. Nego, nombre que se da al emperador de Abisinia.

**NEIF**, m. *néf*. Feud. [illegible] miento.

**NEIGE**, f. *nége*. Nieve, [illegible] que cae de las nubes. [illegible] derretida, ciertas [illegible] invierno. || Nieve, [illegible] de años. || met. Nieve, [illegible] || Encaje de poco valor. [illegible] *neige*, blanco como una [illegible] *Un héros, un docteur* [illegible] un doctor de merengue [illegible] *Œufs à la neige*, claras de [illegible] huevos en espuma.

**NEIGER**, impers. [illegible] nieve. || met. y fam. *Il y* [illegible] ha encanecido.

**NEIGETTE**, f. [illegible] de concha univalva del género [illegible]

**NEIGEUX, EUSE**, adj. [illegible] voso, cargado de nieve; [illegible] donde hay mucha nieve. [illegible] nieve: *la fleur neigeuse* [illegible] *neigeux*, tiempo cargado [illegible] to á nevar. || *Saison* [illegible] temporada de nieves.

**NEIGIE**, f. *negí*. Bot. [illegible] cie de planta de la América [illegible] y cuyas flores se parecen á [illegible] nieve.

**NÉITH**, f. *neít*. Mit. [illegible] egipcia, diosa de la [illegible] de las artes.

**NÉLAM-PACENDA**, m. [illegible] Bot. Nelam-pacenda, [illegible] leta vivaz que crece en la [illegible]

**NÉLA-NAREGAM**, m. [illegible] Nela-naregamo, género de [illegible] Malabar.

**NÉLÉE**, m. *nelé*. Mit. [illegible] tuno y de Tiro.

**NÉLI**, m. *néli*. Neli, [illegible] en la India al arroz que no [illegible] de su zurron.

**NÉLICOURVI**, m. [illegible] courvi, especie de ave.

**NÉLITTE**, f. *nelít*. Bot. [illegible] de plantas leguminosas, [illegible] mas de treinta especies.

**NELLAMBULLA**, m. [illegible] lamula, arbusto de Malabar.

**NELMA**, m. *nélma*. Zool. [illegible] de Siberia.

**NELSONIE**, f. *nelsoní*. [illegible] género de plantas [illegible] Holanda.

**NÉLY**, m. *néli*. Neli, [illegible] en la India al arroz, [illegible] parado de la cascarilla.

**NÉMALITE**, f. *nemalít*. [illegible] nesia hidratada fibrosa.

**NÉMASPORE**, m. [illegible] másporo, género de hongos [illegible]

**NÉMATOCÈRE**, adj. [illegible] Nematócero, que tiene [illegible] || m. Nematócero, género [illegible] teros.

**NÉMATODE**, m. [illegible] todo, género de insectos [illegible]

**NÉMATOÏDÉE**, f. [illegible] dea, lombriz intestinal.

**NÉMATOPLATE**, f. [illegible] toplata, género de algas [illegible]

**NÉMATOSPERME**, m. [illegible] Bot. Nematospermo, género [illegible] América.

**NÉMAUCHÈNE**, m. [illegible] mauqueno, género de plantas [illegible] Asia.

**NÉMAUCIEN**, NE, adj. [illegible] én. Nimesino, de la ciudad [illegible]

**NEMBROSSI**, m. [illegible] especie de azafran muy [illegible]

**NEMBROTH**, m. [illegible] genio á quien consultaban [illegible]

**NÉMÉE**, f. *nemé*. Mit. [illegible] Asopo ó de Júpiter y de la [illegible] su nombre á una comarca [illegible] Argianos.

**NÉMÉEN, NE**, adj. y [illegible] meo, de Nemea, ciudad [illegible] *néméens*, juegos nemeos, [illegible]

años en honor de Hércules. || Bot.
ndificacion de las plantas cuyos
as reproductores se prolongan por
acion en forma de hilos.

**NIQUE**, m. *nemeonic*. Nemeóni-
dor de los juegos nemeos.

**TÈS**, f. *nemértes*. Mit. Nemértes,
una Nereida.

**IE**, f. *nemesí*. Bot. Nemesia, gé-
antas del cabo de Buena Esperan-
*sies*, pl. Antig. gr. Nemesias, fies-
as en honor de Némesis.

**IS**, f. *neméis*. Mit. Némesis, hi-
ano y de la Noche ó de Júpiter y
ad, diosa de la justicia y de la

**TRINE**, f. *nemestrín*. Zool. Ne-
género de insectos dípteros. || Ne-
especie de mono.

**TRINUS**, m. *nemestrinus*. Mit.
o, dios que presidia en los bos-

**S**, m. *némeus*. Mit. Nemeo, so-
de Júpiter y de Hércules.

, f. *nemí*. Bot. Nemia, planta lla-
bien márula.

**TE**, m. *nemóct*. Zool. Nemocto,
gusanos helmínticos que viven en
dulces de la Sicilia.

**NATHE**, m. *nemognát*. Zool. Ne-
género de insectos heterómeros.

**ITHE**, f. *nemolit*. Miner. Nemo-
a arborizada que representa bos-
o, etc.

**HILE**, m. *nemofil*. Bot. Nemó-
o de plantas borragíneas.

**AL**, **E**, adj. *nemorál*. Hist. nat.
que habita en los bosques. || *Né-*
f. pl. Nemorales, fiestas ó sacri-
se celebraban en honor de Diana
e de Aricia.

**AT**, m. ant. *nemorá*. Templo edi-
n bosque.

**TÈLE**, f. *nemotél*. Zool. Nemote-
o de insectos que viven en los si-
osos.

**TION**, f. *neniasión*. Neniacion,
canto de los antiguos, compues-
largas é iguales.

, f. *není*. Mit. Nenia, diosa de los
No principiaba su culto hasta que
a la agonía. || *Nénies*, f. pl. Ne-
as lúgubres usados en los funera-
antigua Roma.

, adv. fam. *nání*. Nones, neran-
a de decir simplemente no. Tam-
e *nequaquam* en sentido jocoso.
veces se añadia *dà*. *Ferez-vous*
*ni-dà*, *je ne le ferai pas*. || *Il n'y*
*nenni*, no hay pero que valga:
cir que no, es forzoso. || Se usa
ntivo: *un doux nenni*, una dul-

**LLE**, f. V. **LENTILLE**, pues así se

**HAR**, m. *nenufár*. Bot. Nenúfar,
nero de plantas acuáticas.

**RING**, m. *neobréng*. Neoberinge,
lucha que ejecutan los negros on-
a de los instrumentos.

**RÉTIEN**, **NE**, adj. y s. *neocre-*
Neo-cristiano, partidario ó afecto
tianismo.

**RISTIANISME**, m. *neocristia-*
o-cristianismo, especie de filosofía
que algunos escritores modernos
ado sustituir á las creencias cató-

**RAT**, m. *neocorá*. Neocorado,
pleo de neócoro.

**ORE**, m. *neocór*. Antig. Neócoro,
o encargado de guardar los tem-
los Griegos. || En la Iglesia grie-
an. || Se decia tambien de las ciu-
rovincias que habian edificado tem-
nor de Roma y de los emperado-

**RIQUE**, adj. *neocoric*. Neocórico,
nece al neócoro ó al neocorado.

**CLIQUE**, adj. *neosiclic*. Neocí-
clico, que se verifica al principio de cierto período.

**NÉOMÉNIES**, f. pl. *neoní*. Antig. Neonias, fiestas que se celebraban en honor de Baco, cuando se bebia por la primera vez el vino del año.

**NÉOGALE**, m. *neogál*. Med. Neógalo, la primera leche que segregan las glándulas mamarias despues del calostro.

**NÉOGAME**, m. y f. *neogám*. Neógamo, recien casado.

**NÉOGAMIE**, f. *neogamí*. Neogamia, matrimonio recien efectuado.

**NÉOGRAPHE**, adj. y s. *neográf*. Neógrafo, el que quiere introducir ó que admite una ortografía nueva y contraria al uso.

**NÉOGRAPHIE**, f. *neografí*. Neografía, tratado, obra sobre un nuevo sistema de ortografía ó segun este nuevo sistema.

**NÉOGRAPHIQUE**, adj. *neografic*. Neográfico, que concierne á la neografía.

**NÉOGRAPHISME**, m. *neografism*. Neografismo, modo de escribir segun un sistema de ortografía contrario al uso.

**NÉOGRAPHISTE**, m. V. **NÉOGRAPHE**.

**NÉO-GREC**, **QUE**, adj. y s. *neogréc*. Neo-griego. Se dice algunas veces en lugar de griego moderno.

**NÉO-LATIN**, **E**, adj. *neolatín*, *in*. Neolatino, se dice de las lenguas modernas derivadas del latin.

**NÉOLOGIE**, f. *neologí*. Neología, invencion, uso, empleo de voces nuevas. || Uso de palabras usuales en un sentido nuevo y diferente de la significacion ordinaria.

**NÉOLOGIQUE**, adj. *neologic*. Neológico, que pertenece á la neología ó al neologismo.

**NÉOLOGISME**, m. *neologism*. Neologismo, costumbre de usar sin necesidad ó sin gusto de voces nuevas ó de dar á las ya recibidas significacion distinta de la que tienen comunmente. || Se toma tambien en buena parte, en el sentido de voz ó palabra nueva.

**NÉOLOGISTE**, m. *neologist*. Neologista, el que hace uso demasiado frecuente de los neologismos.

**NÉOLOGUE**, m. *neológue* Neólogo, el que hablando y escribiendo usa con frecuencia voces nuevas y tomadas en diverso sentido del que tienen comunmente.

**NÉOMÉNIE**, f. *neomení*. Astr. ant. Neomenia, novilunio, luna nueva. || Neomenia, fiesta que celebraban los antiguos á cada novilunio ó renovacion de la luna.

**NÉOMÉRIDE**, f. *neomerid*. Zool. Neomerida, especie de mariposa.

**NÉONI**, m. *neoní*. Neoni, nombre de ciertos sacerdotes del Congo encargados de ejercer la medicina.

**NÉOPHOBE**, m. *neofób*. Neofobo, el que tiene horror á las innovaciones y especialmente á la neología.

**NÉOPHOBIE**, f. *neofobí*. Neofobia, horror á las innovaciones, sobre todo en materia de lenguaje.

**NÉOPHRON**, m. *neofrón*. Zool. Neofron, género de buitres.

**NÉOPHYSME**, m. *neofism*. Neofismo, celo, gran deseo de hacer neófitos.

**NÉOPHYTE**, m. y f. *neofit*. Neófito, persona recien convertida, recien bautizada.

**NÉO-PLATONICIEN**, **NE**, adj. y s. *neoplatonisién*, *en*. Fil. Neo-platónico, se dice de todo lo que pertenece á la escuela filosófica de Alejandría.

**NÉO-PLATONISME**, m. *neoplatonism*. Fil. Neo-platonismo, doctrina filosófica de los neo-platónicos.

**NÉORAMA**, m. *neoráma*. Neorama, especie de panorama trazado sobre una superficie cilíndrica que representa el interior de un templo, de un gran edificio.

**NÉOTAXANTÈRE**, m. *neotacsantér*. Art. Neotaxantera, nueva máquina para cardar las lanas.

**NÉOTÉRIQUE**, adj. *neoteric*. Neotérico, que es nuevo, moderno.

**NÉOTHERMES**, m. pl. *neotérm*. Neotermas, baños calientes construidos segun un modelo ó un sistema nuevo.

**NÉOTTOCRYPTE**, adj. *neotocript*. Zool. Neotocripto, se dice de los insectos que depositan sus huevos bajo la corteza de las plantas.

**NÉPANTHE**, f. *nepánt*. Bot. Nepenta género de plantas de las Indias y de Madagascar.

**NÉPENTHÈS**, m. *nepéntes*. Bot. Nepéntes, yerba de Egipto que los antiguos consideraban eficaz contra la melancolía. Algunos la tienen por fabulosa.

**NÈPES**, m. *népes*. Zool. Nepes, escorpion acuático.

**NÉPÉTELLE**, f. *nepetél*. Bot. Nepetela, nombre específico de una especie de nevada.

**NÉPHÉLÉMANCIE**, f. *nefelemansí*. Nefelemancia, arte de pronosticar el porvenir por la inspeccion de las nubes.

**NÉPHÉLINE**, f. *nefelin*. Miner. Nefelina, silicato de alúmina natural, especie de piedra trasparente.

**NÉPHÉLION**, m. *nefelión*. Cir. Nefelion, mancha blanquizca en la córnea trasparente producida por la cicatriz de una úlcera en el ojo.

**NÉPHÉLIE**, f. *nefél*. Bot. Nefala, especie de planta.

**NÉPHÉLOÏDE**, adj. *nefeloid*. Nefeloide, que tiene la apariencia de una nube. || Med. Nefeloide, se dice de la orina que contiene muchas nubes blanquizcas.

**NÉPHRALGIE**, f. *nefralgí*. Med. Nefralgia, dolor de los riñones.

**NÉPHRALGIQUE**, adj. *nefralgic*. Med. Nefrálgico, que pertenece á la nefralgia. || m. Med. Nefrálgico, enfermo atacado de la nefralgia.

**NÉPHRÉLITE**, f. *nefrelit*. Miner. Nefrelita, especie de serpentina.

**NÉPHREMPHRAXIS**, f. *nefrenfracsís*. Med. Nefrenfraxia, infarto, obstruccion de los riñones.

**NÉPHRÉTIQUE**, adj. *nefretic*. Anat. Nefrítico, que pertenece á los riñones. || Med. Nefrítico, se dice de las enfermedades de los riñones. || Farm. Nefrítico, se dice de los remedios que son buenos para las enfermedades de los riñones, y particularmente del cólico nefrítico. || m. Nefrítico, el que padece el cólico nefrítico. || Nefrítico, remedio para las enfermedades de los riñones y principalmente para el cólico nefrítico. || f. Nefrítico ó nefrítica, especie de cólico causado por las piedrecitas que se desprenden de los riñones y que causan dolores muy fuertes pasando por las uretras.

**NÉPHRÉTITE**, f. *nefretit*. Miner. Nefretita, galajia verde.

**NÉPHRIDION**, m. ant. *nefridión*. Nefridion, nombre que se daba á la grasa que rodea los riñones.

**NÉPHRITE** ó **NÉPHRITIS**, f. *nefrit*, *itis*. Nefritis, inflamacion de los riñones.

**NÉPHROCATHOLICON** ó **NÉPHROCATHARTICON**, m. *nefrocatolicón*, *nefrocarticón*. Farm. Nefrocatolicon ó nefrocatarticon, remedio para los dolores de riñones.

**NÉPHROCÈLE**, f. *nefrosél*. Med. Nefrocela, hernia del riñon.

**NÉPHROGRAPHE**, m. *nefrográf*. Nefrógrafo, el que escribe sobre la estructura, las funciones, las enfermedades del riñon.

**NÉPHROGRAPHIE**, f. *nefrografí*. Nefrografía, descripcion de los riñones.

**NÉPHROGRAPHIQUE**, adj. *nefrografic*. Nefrográfico, que pertenece á la nefrografía.

**NÉPHROLITHE**, m. *nefrolit*. Med. Nefrolito, cálculo formado en el riñon.

**NÉPHROLITHIASE**, f. *nefrolitiás*. Med. Nefrolitiasis, enfermedad causada por unos cálculos ó piedrecitas en el riñon.

**NÉPHROLITHIQUE**, adj. *nefrolitic*. Nefrolítico, que debe su origen á la presencia de piedrecitas en los riñones.

**NÉPHROLITHOTOMIE**, f. *nefrolitotomí*. Cir. Nefrolitotomía, operacion que consiste en abrir el riñon para sacar los cálculos ó piedrecitas.

**NÉPHROLITHOTOMIQUE**, adj. *nefrolitotomic*. Nefrolitotómico, que pertenece á la nefrolitotomía.

**NÉPHROLOGIE**, f. *nefrologí*. Nefrología, tratado sobre el riñon.

**NÉPHROLOGIQUE**, adj. *nefrologic*. Nefrológico, que pertenece á la nefrologia.

**NÉPHROLOGISTE**, m. *nefrologist*. Nefrologista, [illegible]dico que se dedica particularmente á las enfermedades de los riñones.

**NÉPHROLOGUE**, m. *nefrológue*. Nefrólogo, autor de un tratado sobre el riñon.

**NÉPHROPHLEGMASIE**, f. *nefroflegmasí*. Med. Nefroflegmasia, inflamacion de los riñones.

**NÉPHROPHLEGMATIQUE**, adj. *nefroflegmatic*. Nefroflegmático, relativo á la nefroflegmasia.

**NÉPHROPLÉGIE**, f. *nefroplegí*. Med. Nefroplegia, atonía ó parálisis del riñon.

**NÉPHROPLÉGIQUE**, adj. *nefroplegic*. Nefroplégico, que pertenece ó depende de la parálisis de los riñones.

**NÉPHROPLÉTHORE**, f. *nefropletór*. Med. Nefroplétora, plétora de los riñones.

**NÉPHROPLÉTHORIQUE**, adj. *nefropletoric*. Nefropletórico, que está causado por la plétora de los riñones.

**NÉPHROPTIQUE**, adj. *nefroptic*. Nefróptico, que depende de la supuracion de los riñones.

**NÉPHROPYOSE**, f. *nefropiós*. Med. Nefropiosis, supuracion del riñon.

**NÉPHRORRHAGIE**, f. *nefroragí*. Med. Nefrorragia, evacuacion de sangre que proviene de los riñones.

**NÉPHRORRHAGIQUE**, adj. *nefroragic*. Nefrorrágico, que corresponde ó tiene relacion con la nefrorragia.

**NÉPHROSPASTIQUE**, adj. *nefrospastic*. Nefrospástico, que ha sido causado por el pasmo de los riñones.

**NÉPHROTOMIE**, f. *nefrotomí*. Cir. Nefrotomía, diseccion ó abertura de un riñon para extraer los cálculos ó algun cuerpo extraño.

**NÉPHROTOMIQUE**, adj. *nefrotomic*. Nefrotómico, que tiene relacion con la nefrotomía.

**NÉPOTIEN**, m. *nepotién*. Nepotiano, sectario de Nepos, obispo egipciaco del siglo III.

**NÉPOTISME**, m. *nepotism*. Nepotismo, autoridad que han ejercido algunas veces los sobrinos de los papas en la administracion de los negocios durante el pontificado de su tio. || Nepotismo, favoritismo para con los parientes de los altos funcionarios de un gobierno.

**NEPTUNALES**, f. pl. *neptunál*. Mit. rom. Neptunales, fiestas que se celebraban en Roma en honor de Neptuno.

**NEPTUNE**, m. *neptún*. Mit. Neptuno, dios de los mares, hijo de Saturno y de Rea. || Poét. *Les champs de Neptune*, los campos de Neptuno, los mares.

**NEPTUNIDE**, adj. *neptunid*. Neptunida, descendiente de Neptuno.

**NEPTUNIEN, NE**, adj. *neptunién, én*. Neptúnido ó neptuniano, descendiente de Neptuno ó que pertenece á este dios. || Poét. *L'empire neptunien*, el imperio de Neptuno, los mares, las aguas.

**NEPTUNIEN**, m. V. NEPTUNISTE.

**NEPTUNISME**, m. *neptunism*. Neptunismo, hipótesis por la que se atribuye á la accion del agua la formacion de las rocas que constituyen la corteza del globo.

**NEPTUNISTE**, m. *neptunist*. Neptunista, partidario del supuesto neptunismo.

**NÉRÉE**, m. *neré*. Mit. Nereo, dios marino, hijo del Océano y de Tetis ó la Tierra.

**NÉRÉIDE**, f. *nereíd*. Mit. Nereida, cada una de las ninfas del mar, hijas de Nereo. || Zool. Nereide, género de insectos anélidos branquiodelos.

**NÉRÉIDÉ, ÉE**, adj. *nereidé*. Nereideo, que se parece á una nereida. || *Néréidée*, f. Zool. Nereidea, género de plantas.

**NÉRÉIDIEN, NE**, adj. *nereidién, én*. Nereidiano, que se parece á una nereida.

**NÉRET**, m. *neré*. Nombre de una moneda antigua. || Especie de uva tinta.

**NERF**, m. *nérf* y en el plural *nér*. Nervio, especie de cordones blanquizcos que se dirigen desde el cerebro á cualquier parte del cuerpo para trasmitir las sensaciones. || Nombre que se da en el lenguaje vulgar á los músculos y tendones. || met. Nervio, fuerza, vigor, energía en la accion. || Mont. Nervio, miembro generativo del venado. || Libr. Agujetas ó cordeles en que están asegurados los cuadernos de un libro. || *Nerf de bœuf*, nervio, vergajo, miembro genital del buey cuando está seco y estirado.

**NERF-FERURE**, m. *nerfrúr*. Vet. Cos ó rozadura que ha recibido una caballería sobre algun tendon del pié ó de la mano.

**NÉRINDE**, f. *neránd*. Especie de tejido de algodon que viene de Indias.

**NÉRINÉ**, m. *neriné*. Bot. Nerineo, género de plantas fósiles.

**NÉRITE**, f. *nerít*. Zool. Nerita, adelfa, baladre, género de conchas apocíneas.

**NÉRITIEN, NE**, adj. y s. *neritién, én*. Neritociano ó itaco, de Neritos, en el dia Itaca.

**NÉRITINE**, f. *neritín*. Zool. Neritina, género de conchas univalvas.

**NÉRITOTOME**, m. *neritotóm*. Zool. Neritótomo, género de conchas.

**NÉROLI**, m. *neróli*. Esencia que se extrae de la flor de naranja.

**NÉRONIEN, NE**, adj. *neronién, én*. Neroniano, que corresponde á Neron. || *Jeux néroniens*, ejercicios literarios instituidos por Neron en el año 52.

**NERPRUN**, m. *nerpreun*. Bot. Cambron, cambronero, espino cerval, arbusto.

**NERRE**, m. *nér*. Especie de uva.

**NERTE**, m. *nért*. Bot. Nombre vulgar del mirto.

**NERTÈRE**, f. *nertér*. Bot. Nertera, género de plantas de América.

**NERVAISON**, f. *nervesón*. Conjunto de nervios ó de los órganos de la sensibilidad.

**NERVAL, E**, adj. *nervál*. Anat. Nervioso, que corresponde á los nervios. || Med. Nervino, que afecta los nervios. || Farm. Nervino, que es bueno para los nervios.

**NERVATION**, f. *nervasión*. Bot. Nervadura, reunion, conjunto de venas ó nervios de una hoja.

**NERVER**, a. *nervé*. Nerviar, trabar con nervios alguna cosa. || *Nerver un livre*, poner las agujetas ó cordeles á un libro, asegurando el cosido con cola.

**NERVEUX, EUSE**, adj. *nerveu, eus*. Nervioso, que corresponde á los nervios. || Nervioso, que tiene buenos nervios, que tiene bastante fuerza en los músculos. || Nervudo, que tiene muchos nervios ó músculos. || Bot. Nervudo, que está guarnecido de nervios. || Zool. Nervado, que tiene ciertas venas ó rayas en las alas de diferente color que el cuerpo, hablando de los insectos. || met. *Style nerveux*, estilo vigoroso, fuerte, enérgico, que tiene nervio.

**NERVÈZE**, s. y adj. m. inus. *nervés*. Hinchado, enfático, oscuro, hablando del estilo.

**NERVIFOLIÉ, ÉE**, adj. *nervifolié*. Bot. Nervifoliado, que tiene las hojas cubiertas de venas marcadas.

**NERVIMOTEUR, TRICE**, adj. *nervimoteur, trís*. Fis. Nervimotor, capaz de producir una mocion en los nervios.

**NERVIMOTILITÉ**, f. *nervimotilité*. Fis. Nervimotilibilidad, propiedad vital en virtud de la cual se opera la innervacion.

**NERVIMOTION**, f. *nervimosión*. Fis. Innervacion, movimiento que imprimen en los sentidos los agentes exteriores y que los nervios trasmiten á los músculos.

**NERVIN**, adj. m. *nerván*. Farm. Nervino, que es bueno para fortificar los nervios. Se usa comunmente como sustantivo: *les nervins*.

**NERVOIR**, m. *nervuár*. Encuad. Herramienta que se emplea para desencolar los cordeles ó agujetas de un libro. || Instrumento que sirve para imitar las venas de las hojas.

**NERVOSITÉ**, f. *nervosité*. Nervosidad, cualidad de lo que es nervioso ó nervudo.

**NERVULE**, f. *nervúl*. Nérvula, porcion de vasos que recorren la placenta de un fruto.

**NERVULEUX, EUSE**, adj. *nervuleu*, eus. Bot. Nervuloso, [illegible] de la nervadura.

**NERVURE**, f. [illegible] del lomo de un [illegible] forma de [illegible] dura, nervosidad, [illegible] las hojas y en los [illegible] en algunos animales.

**NERVUS**, m. *nérvus*. [illegible] cie de cepo en que [illegible] manos y el cuello [illegible] da judicialmente á [illegible] cio.

**NESCIEMMENT**, adv. [illegible] Sin saberlo, [illegible]

**NESCIENT**, E, adj. [illegible] que no sabe. V. IGNORANT.

**NÉSÉE**, f. *nesé*. Mit. [illegible] Nereidas. || Bot. [illegible] americanas.

**NESKARI**, m. [illegible] pescado del género [illegible] los lagos de Siberia.

**NESKI**, adj. m. [illegible] rácter de letra que [illegible] mente. Es tambien [illegible]

**NESLIE**, f. *neslí*. Bot. [illegible] plantas crucíferas de Europa.

**NESSAKI**, m. [illegible] mon que se cria en los [illegible]

**NESSATUS**, m. [illegible] bolillo de las Indias [illegible]

**NESTOR**, m. *nestór*. [illegible] se ha hecho apelativo, [illegible] de que habla Homero. [illegible] mas anciano y respetable [illegible] cion, etc., y á todo anciano [illegible] experiencia.

**NESTORIANISME**, m. [illegible] Nestorianismo, sistema [illegible] y sus sectarios.

**NESTORIEN**, NE, adj. [illegible] Nestoriano, partidario de [illegible] siarca del siglo V.

**NET, TE**, adj. *nét, néte*. [illegible] sin mancha ni inmundicia, [illegible] sin mezcla. || Limpio, [illegible] Limpio, liso, terso. || *A* [illegible] *trouver la maison nette* [illegible] limpiar el tapete: [illegible] hay en la mesa. || met. [illegible] cuento alguno, [illegible] tos, etc. *Poids net*, [illegible] || Puro, claro, neto, [illegible] no presenta ambigüedad [illegible] *position nette*. || Limpio, [illegible] so: *cette écriture, cette* [illegible] *nette*. || Claro, sincero, [illegible] Puro, limpio, exento, [illegible] sion. || prov. *Net comme* [illegible] como una patena. || *Voix* [illegible] sonora. || *Avoir la vue* [illegible] vista, distinguir los objetos [illegible] met. *Avoir les mains* [illegible] nos limpias, no haber [illegible] á la fidelidad en alguna [illegible] || *Mettre au net*, [illegible] hablando de un escrito, [illegible] adv. Redondamente, en [illegible] *cela s'est cassé net*. || [illegible] rodeo alguno, claro, [illegible] *net, parler net*. || *Voir* [illegible] equivale á *voir*, [illegible] oir claramente. Se usa [illegible] tivo ó como adverbio, en [illegible] análogos.

**NÉTOMÈTRE**, m. [illegible] instrumento para medir el [illegible]

**NETTEMENT**, adv. [illegible] te, con limpieza. || met. [illegible] manera clara. || [illegible] za, con lisura, sin rodeos. [illegible]

**NETTETÉ**, f. *netté* [illegible] cualidad de lo que es limpio [illegible] dice de lo que es claro, [illegible] como el escrito ó la letra, [illegible] pieza, claridad de la voz, [illegible] dad del estilo, del juicio, [illegible]

**NETTOIEMENT**, m. [illegible] limpiadura, accion de [illegible] *ment des terres*, [illegible] accion de quitar las [illegible]

**NETTOYAGE**, m. [illegible] ra, limpia, accion de limpiar. [illegible]

...YER, a. *netuayé*. Limpiar, fregar, ... manchas, la basura, el polvo de ...sa. || Limpiar, llevarse todo lo que ...guna parte. || met. y fam. *Nettoyer* ...son, limpiar una casa: robar todo lo ...en ella. || *Nettoyer la mer de cor-* ...*s chemins de voleurs*, limpiar los ...os caminos de ladrones, de enemi-

...OYEUR, EUSE, m. y f. *netuayeur*, ...piador, el que limpia alguna cosa.

...YURE, f. ant. *netuayúr*. Limpia-...sura que sale de un lugar que se

...ORHYNQUE, m. *netroréne*. Ne-...lombriz que vive en los intestinos ...re.

...LE, f. *neubl*. Agr. Uno de los nom-... caries de los granos.

... adj. num. *neuf*. Nueve, número ...|| Nueve, nono, noveno: *page neuf*, ...*neuf*. || Úsase tambien como sus-...*Le neuf*, el nueve, esto es, el nú-...ve, y tambien el guarismo que vale ...*Un neuf de cœur*, un nueve de co-...*trer dans le neuf*, *dans son neuf*, ... los nueve ó en los nueve meses, ... de una mujer embarazada.

...EUVE, adj. *neuf*, *euv*. Nuevo, re-...o ó fabricado. || Nuevo, que no ha ...davía, que ha servido poco. || Nue-..., bisoño, que no tiene experiencia. ... que no se ha visto ni oido. || Nue-...resulta de combinaciones nuevas. || ... Nuevo, flamante, lo que no ha ...o que hace poco tiempo que está ...*udre le neuf avec le vieux*. || *Voilà* ...ahí va una cosa nueva, flamante. ... loc. adv. De nuevo. || *Refaire un* ...*à neuf*, rehacer ó reedificar de ...*Être habillé à neuf*, *tout à neuf* ó ...estar vestido de nuevo.

...E, f. *neufm*. Jurisp. ant. El nove-...ena parte.

...DE, f. *neuquid*. Bot. Neukida, ... América.

..., m. *neum*. Mús. Puntillo en el ...o.

...DE, f. *neurád*. Bot. Neurada, gé-...lantas de Egipto.

..., m. *neur*. Mar. Especie de urca ... de que los Holandeses se sirven ...sca del arenque.

...CARPE, m. *neurocárp*. Bot. Neu-...género de plantas leguminosas de ... || Neurocarpo, género de algas.

...GÈNE, m. *neurogén* Fisiol. Neu-...ateria nutritiva del tejido nervioso.

...LÈNE, f. *neurolén*. Bot. Neuro-...ero de inúleas de América.

...GRAPHIE, f. V. NÉVROGRAPHIE.

...LOGIE, f. V. NÉVROLOGIE.

...ME, m. V. NÉVROME.

...PTÈRE, m. V. NÉVROPTÈRE.

...SPACTE, m. *neurospáct*. Bot. ...to, especie de espino.

...TRIQUE, adj. *neurotric*. Bot. ...o, que tiene los pezones de los ...ados.

...RALEMENT, adv. *neutralmán*. ...nte, de una manera neutral.

...RALISANT, E, adj. *neutralisán*. ...ador, neutralizante, que neutraliza.

...RALISATION, f. *neutralisasión*. ...utralizacion, extincion de las pro-...particulares de las bases y de los ...r la accion recíproca de estos ...s unos con los otros. || Neutraliza-...ado provisional de neutralidad; ... hacer neutro un territorio, una ...c.

...RALISER, a. *neutralisé*. Quím. ...ar, saturar un ácido con una base. ...utralizar, disminuir, reducir á na-...nada. || Neutralizar, atemperar, in-...fecto de un principio haciendo que ... se guste en otro objeto.

...RALITÉ, f. *neutralité*. Neutrali-...o del que se mantiene indiferente ... partidos opuestos.

...E, adj. *neutr*. Neutral, que no to-... entre dos potencias beligerantes. *Territoire neutre*, territorio neutral. || Gram. Neutro, se dice de los nombres que no son masculinos ni femeninos. *Verbe neutre*, verbo neutro, aquel cuya accion no pasa fuera del sujeto. || Quím. *Sels neutres*, sales neutras, las que tienen el ácido y la base completamente saturados.

**NEUTREMENT**, adv. V. NEUTRALEMENT.

**NEUTRISER**, a. *neutrisé*. Hacer neutro un verbo. || *Se neutriser*, r. Ser empleado neutralmente ó como neutro: *ce verbe se neutrise rarement*.

**NEUVAINE**, f. *neuvén*. Novena, trascurso de nueve dias, durante los cuales se practican algunos actos de devocion. || Reunion de nueve personas, y principalmente de las nueve musas.

**NEUVEMENT**, adv. ant. V. NOUVELLEMENT.

**NEUVIÈME**, adj. *neuvíem*. Nono, noveno. || m. Noveno, se dice por el noveno mes de embarazo de una mujer, y por el dia nueve del mes. || Noveno, novena parte de un todo.

**NEUVIÈMEMENT**, adv. *neuviemmán*. En noveno lugar.

**NEVEL**, m. *nevél* (e muda). Nevel, cierta moneda que circula en la costa de Coromandel.

**NEVERS**, f. *nevér* (e muda). Bot. Nombre de una variedad de tulipan.

**NEVEU**, m. *neveu* (e muda). Sobrino, hijo del hermano ó de la hermana. *Petit neveu*, sobrino segundo, resobrino, hijo del sobrino. || *Neveu à la mode de Bretagne*, sobrino, hijo del primo hermano ó de la prima hermana. || *Cardinal neveu*, cardenal nepote, que es sobrino del papa existente. || *Nos neveux*, nuestros nietos, nuestros descendientes, nuestra posteridad. Se dice en estilo poético y oratorio.

**NÉVRALGIE**, f. *nevralgí*. Med. Nebralgia, dolor de nervios.

**NÉVRALGIQUE**, adj. *nevralgic*. Nebrálgico, que corresponde á la nebralgia.

**NÉVRARTÉRIEL, LE**, adj. *nevrarteriél*. Anat. Nevrarterial, que corresponde á los nervios y á las arterias.

**NÉVRILEMME**, m. *nevrilém*. Anat. Nevrilema, membrana que rodea los nervios cerebrales.

**NÉVRILEMMITE**, f. *nevrilemmít*. Med. Nevrilemitis, inflamacion del nevrilema.

**NÉVRILITE**, f. Med. V. NÉVRILEMMITE.

**NÉVRITE**, f. *nevrít*. Med. Nevritis, inflamacion de los nervios.

**NÉVRITIQUE**, adj. y s. *nevritic*. Med. Nevrítico, se dice de los remedios contra cualquier enfermedad ó ataque de nervios.

**NÉVROGAMIE**, f. *nevrogamí*. Med. Nevrogamia, magnetismo animal.

**NÉVROGAMIQUE**, adj. *nevrogamic*. Nevrogámico, que pertenece á la nevrogamia.

**NÉVROGRAPHE**, m. *nevrográf*. Nevrógrafo, el que se ocupa de nevrografía.

**NÉVROGRAPHIE**, f. *nevrografí*. Nevrografía, descripcion de los nervios; tratado acerca de las enfermedades de los nervios.

**NÉVROGRAPHIQUE**, adj. *nevrografic*. Nevrográfico, que corresponde á la nevrografía ó descripcion de los nervios.

**NÉVROLOGIE**, f. *nevrologí*. Nevrología, parte de la anatomía que trata de los nervios.

**NÉVROLOGIQUE**, adj. *nevrologic*. Nevrológico, que pertenece á la nevrología.

**NÉVROLOGUE**, m. *nevrológue*. Nevrólogo, el que se ocupa especialmente de la parte de la anatomía que trata de los nervios.

**NÉVRÔME**, m. *nevrom*. Med. Nevroma, especie de tumor.

**NÉVROMYÉLITE**, f. *nevromielít*. Med. Nevromielitis, inflamacion del tétano ó médula espinal.

**NÉVROPATHIE**, f. *nevropatí*. Med. Nevropatía, afeccion nerviosa.

**NÉVROPATHOLOGIE**, f. *nevropatologí*. Nevropatología, tratado sobre las enfermedades de los nervios.

**NÉVROPHLOGOSE**, f. *nevroflogós*. Med. Nevroflogosis, inflamacion de los nervios.

**NÉVROPROSOPALGIE**, f. *nevroprosopalgí*. Med. Nevroprosopalgia, tiro doloroso de los nervios.

**NÉVROPTÈRE**, adj. *nevroptér*. Zool. Nevróptero, que tiene las alas trasparentes, hablando de los insectos. || *Névroptères*, m. pl. Nevrópteros, órden de insectos que comprende aquellos cuya nervadura de las alas forma una redecilla mas ó ménos regular y tienen quijadas en la boca.

**NÉVROPTÉROLOGIE**, f. *nevropterologí*. Didáct. Nevropterología, descripcion de los insectos nevrópteros.

**NÉVROPTÉROLOGIQUE**, adj. *nevropterologic*. Nevropterológico, que se refiere á la nevropterología.

**NÉVROPTÉROLOGUE**, m. *nevropterológue*. Nevropterólogo, el que se ocupa especialmente del estudio de los insectos nevrópteros.

**NÉVROPYRE**, f. *nevropír*. Med. Nevropira, fiebre nerviosa.

**NÉVROPYRIQUE**, adj. *nevropíric*. Nevropírico, que pertenece á la fiebre nerviosa.

**NÉVROSE**, f. *nevrós*. Med. Nevrosis, afeccion nerviosa ó enfermedad de los nervios en general.

**NÉVROSIQUE**, adj. *nevrosic*. Nevrósico, que presenta los caractéres de la nevrosis.

**NÉVROSTHÉNIE**, f. *nevrostení*. Med. Nevrostenia, exceso de inflamacion ó de irritacion nerviosa.

**NÉVROTIQUE**, adj. y s. *nevrotic*. Nevrótico, se dice de los medicamentos eficaces para obrar sobre los nervios.

**NÉVROTOME**, m. *nevrotóm*. Anat. Nevrótomo, escalpelo que sirve para disecar los nervios. || Nevrótomo, el que diseca los nervios.

**NÉVROTOMIE**, f. *nevrotomí*. Cir. Nevrotomía, diseccion de los nervios. || Nevrotomía, operacion que consiste en cortar un nervio.

**NÉVROTOMIQUE**, adj. *nevrotomic*. Nevrotómico, que pertenece á la nevrotomía.

**NEWTONIANISME**, m. *neutonianism*. Neutonianismo, sistema de Neuton ó teoría sobre el mecanismo del universo, y principalmente sobre los movimientos, leyes y propiedades de los cuerpos celestes.

**NEWTONIEN, NE**, adj. *neutonién, én*. Neutoniano, que se refiere á la doctrina de Neuton. || Neutoniano, discípulo, partidario de la doctrina de Neuton. Se usa comunmente como sustantivo en esta acepcion: *un newtonien*.

**NEWTONISER**, a. *neutonisé*. Aplicar la doctrina de Neuton en algun caso ó circunstancia.

**NEZ**, m. *né*. Nariz, parte saliente de la cara, el órgano del olfato. || Nariz, olfato, el sentido con que se hace. || Se da este nombre á varias partes de una obra y á diferentes herramientas que tienen alguna semejanza con la nariz. || *Nez aquilin*, nariz aguileña. || *Nez camus*, nariz roma. || *Nez écrasé*, nariz chata. || *Nez épaté*, narices remachadas. || *Nez retroussé*, nariz arremangada, respingada. || *Parler, chanter du nez*, hablar, cantar con las narices, ganguear. || *Épine du nez*, lomo ó caballete de la nariz. || met. y fam. *Saigner du nez*, mearse en los calzones: carecer una persona de resolucion necesaria en una ocasion crítica. En sentido propio significa echar sangre por las narices. || *Ne pas voir plus loin que son nez*, no ver el mundo mas que por un agujero: carecer de prevision. || *Tirer les vers du nez à quelqu'un*, tirar á alguno de la lengua, sacarle una cosa del buche: sacarle un secreto con maestría y sutileza. || *Jeter à quelqu'un une chose au nez*, echar á uno en cara alguna cosa, reprochar. || *Mener quelqu'un par le nez*, llevar á uno de las narices, de la barba, del cabestro: abusar del ascendiente que se tiene con él. || met. *Se casser le nez*, dar de hocicos, dar al traste, salir con las manos en la cabeza: salir mal en una empresa. || *Couper le nez*, desnarigar, cortar las narices. || *La moutarde lui monte au nez*, se va amostazando, se le van hinchando las narices. || *Rire au nez de quel-*

qu'un, burlarse de alguno en su presencia. || Donner du nez en terre, hocicar, dar de hocicos en el suelo. || Fermer la porte au nez, dar con la puerta en los ojos ó en los hocicos. || Se rencontrer nez à nez, dar de manos á boca con otro. || Demeurer avec un pied de nez ó avoir un pied de nez, quedar con un palmo de narices, esto es, frio por haberse frustrado lo que se esperaba. || Fourrer son nez partout, meter las narices en todo, querer saberlo todo, esto es, saberlo. || Se couper le nez pour faire dépit à son visage, sacarse un ojo porque otro se quede ciego. || prov. y met. Faire un pied de nez à quelqu'un, dejar á uno con un palmo de narices: burlarse de él. || Mont. Avoir le nez fin, tener buena nariz, tener un perro buenos vientos. || met. y fam. Avoir bon nez, tener buena nariz, oler el poste desde largo. || Equit. Porter le nez au vent, despapar un caballo, levantar demasiado la cabeza. || Mar. Ce vaisseau est trop sur le nez, este buque hocica, está demasiado inclinado sobre la proa.

**NEZ-COUPÉ**, m. Bot. V. STAPHYLIER.

**NEZ-DE-CHAT**, m. Bot. V. COULEMELLE.

**NEZ-DE-POTENCE**, m. nedpotens. Zool. Especie de serpiente.

**NGODI**, m. ngódi. Negodi, sacerdote congo al que se atribuye la facultad de dar oido á los sordos.

**NI**, conj. ni. Ni. Ni l'un ni l'autre, ni uno ni otro. N'être ni bon ni mauvais, no ser bueno ni malo. Il n'y en a ni plus ni moins, no hay ni mas ni ménos.

**NIABLE**, adj. niábl. Negable, que puede negarse.

**NIADIS**, m. pl. niádis. Niadis, casta de Indios que profesan particularmente la religion de Brahma.

**NIAIS**, E, adj. nié, és. Gurripato, se decia, en sentido propio, del pajarillo que aun no ha salido del nido. Si es halcon se llama niego. || met. Bobalicon, simple, tonto, inocente. En un sentido análogo se dice hablando de las cosas. || prov. Il n'est pas niais, no es tonto, ya sabe cuántas son cinco.

**NIAISEMENT**, adv. niesmán. Simplemente, inocentemente, tontamente, á lo simple, á lo bobo.

**NIAISER**, n. niesé. Bobear, tontear, divertirse inocentemente, en cosas de nada.

**NIAISERIE**, f. nieserí. Bobería, simplicidad, simpleza, tontería, bobada, frivolidad, bagatela. || pl. Pataratas, frioleras.

**NIBÉCHAN**, m. nibechan. Mit. Nibecan, divinidad que veneran los Hebreos.

**NICAISE**, m. vulg. niqués. Nombre propio que se aplica á cualquier jóven que es algo tonto ó demasiado crédulo: c'est un vrai nicaise.

**NICANDRE**, f. nicándr. Bot. Nicandra, género de plantas de Méjico.

**NICANÉ**, m. nicané. Tejido de algodon que se fabrica en Francia para trasportarlo á África.

**NICATISME**, m. nicatism. Especie de baile que se usaba en Tracia para celebrar una victoria.

**NICE**, adj. ant. nis. V. SIMPLE y NIAIS. || Promesse nice, simple promesa que se hace sin prenda ni seguridad alguna.

**NICÉE**, f. nisé. Mit. Nicea ó la Victoria, compañera de Minerva. || Hort. Nices, variedad de tulipan.

**NICÉEN**, NE, adj. y s. niseén, én. Niceno, de Nicea.

**NICEMENT**, adv. ant. nismán. Tontamente, neciamente, sencillamente, sin arte ni malicia. V. SIMPLEMENT.

**NICÉPHORE**, adj. nisefor. Mit. Nicéforo, sobrenombre de Júpiter.

**NICETÉ**, f. ant. nisté. Se decia por simplicidad, ingenuidad, bobada, etc. V. NAIVETÉ y NIAISERIE.

**NICHE**, f. niche Nicho, cavidad hecha en el cuerpo de una pared para colocar una estatua, un busto, etc. || Urna en que se pone el Santísimo Sacramento. || Nicho, cajon ó armario en que se acuesta un gato ó un perro en ciertas casas. || fam. Jugarreta, trampa, chasco, burla que se hace á uno.

**NICHÉE**, f. niché. Nidada, pollada, reunion de pajarillos. || Nidada ó camada de ratones, insectos ú otros animales. || fam. Camada, reunion de gente de mal vivir.

**NICHER**, n. niché. Anidar, hacer el nido los pájaros. || a. Encaramar, enjaular, meter, alojar á uno en alguna habitacion. || Se nicher, r. Anidarse, hacer el nido los pájaros. || Encaramarse, enjaularse, alojarse ó meterse en algun lugar.

**NICHET**, m. niché. Nidal, huevo vacío que se pone para que tomen querencia las gallinas al ponedor.

**NICHEUR**, EUSE, adj. nicheur, eus. Anidador, que hace su nido.

**NICHIL**, m. ant. nichil. La nada, cosa que no tiene valor.

**NICHOIR**, m. nichuár. Pajarera, especie de jaula grande donde crian los canarios.

**NICK-CORONDE**, m. nicorónd. Especie de canela de Ceilan que no tiene olor ni sabor.

**NICKEL**, m. niquél. Miner. Níquel, metal muy duro, de un color medio entre el de la plata y el estaño.

**NICKELÉ**, ÉE, adj. niclé. Niquélico, que tiene algo de níquel.

**NICKELIFÈRE**, adj. niclifér. Miner. Niquelífero, que accidentalmente contiene níquel.

**NICODÈME**, m. nicodém. Nicodemus, nombre que en lenguaje popular se aplica á toda persona simple, tonta ó negada.

**NICOLAÏSME**, m. nicolaism. Nicolaismo, doctrina de los nicolaitas, que tuvo origen en el siglo I.

**NICOLAITE**, m. nicolait. Nicolaita, miembro de una secta de hombres que establecia como uno de sus principios el que las mujeres fuesen comunes.

**NICOPOLITAIN**, E, adj. y s. nicopolitén, én. Nicopolitano, de Nicópolis.

**NICOTEUX**, m. pl. nicoteu. Art. Pedazos de lienzo que se aplican á las bovedillas ó vanos.

**NICOTIANE**, f. nicosián. Nicociana, nombre primitivo del tabaco en Francia, cuando fué enviado á esta nacion, en 1560, por Nicot, embajador en Portugal.

**NICOTIANINE**, f. nicosianin. Quím. Nicocianina, sustancia sólida y volátil que se encuentra en el tabaco.

**NICOTINE**, f. nicotin. Quím. Nicotina, álcali vegetal que se encuentra en el tabaco.

**NICOU**, m. nicú. Bot. Nicu, planta de la Guyana.

**NICTATION**, f. nictasión. Med. Parpadeo ó pestañeo que procede de una especie de convulsion ó de un exceso de luz.

**NICTER**, n. nicté. Vet. Parpadear un caballo.

**NICTITANT**, E, adj. nictitan. Parpadeante, que parpadea ó pestañea.

**NID**, m. ni. Nido, especie de cuna en que los pájaros ponen sus huevos y empollan sus hijuelos. || Madriguera, huronera, paraje donde se aloja gente de mal vivir. || Hormiguero, habitacion que hacen las hormigas. || Cama, lugar en que duerme el conejo y otros mamíferos. || prov. y met. Il croit avoir trouvé la pie au nid, cree haber hecho un gran descubrimiento. || Petit à petit l'oiseau fait son nid, poco á poco hila la vieja el copo: poco á poco se va léjos. || met. y fam. Pondre au nid d'autrui, poner el huevo en nido ajeno: cometer un adulterio. || Mil. Nid de pie, especie de garita ú obra que se hace en lo alto de una muralla que han tomado los sitiadores. Nid d'hirondelle, capona, especie de charretera sin canelones.

**NIDIFICATION**, f. nidificasión. Nidificacion, accion de construir nidos los pájaros.

**NIDOREUX**, EUSE, adj. nidoreu, eus. Med. Nidoroso, que huele ó sabe á huevos podridos.

**NIDULAIRE**, f. nidulér. Bot. Nidularia, género de hongos.

**NIDULANT**, E, adj. nidulán. Nidulador, que hace ó construye nidos.

**NIDULÉ**, ÉE, adj. nidulé. Bot. Nidulado, dispuesto como los huevos en un nido. Se dice de las [illegible] de [illegible].

**NIÈCE**, f. niés. [illegible] del [illegible].

**NIELLE**, f. [illegible] granos [illegible].

**NIELLE**, f. [illegible] no ó de la [illegible] segunda, la [illegible].

**NIELLE**, f. [illegible] Roncio ó [illegible] de los granos [illegible] Neguilla [illegible] sembrados. || Art. [illegible] grabados en hueco [illegible].

**NIELLER**, a. [illegible] adornar la [illegible] sar una obra de [illegible] ras grabadas en hueco [illegible] gro.

**NIELLEUR**, m. [illegible] dor en negro de las [illegible].

**NIELLURE**, f. [illegible] de los adornos [illegible] plata.

**NIEMENT**, m. [illegible] accion de negar.

**NIER**, a. nié. Negar [illegible] cosa no es verdadera [illegible] otro dice. || Negar, [illegible].

**NIÉREMBERGIE**, f. [illegible] Nierembergia, género de [illegible] rica.

**NIETLE**, f. niétl. [illegible]

**NIGAULIER**, m. [illegible] hace barquillos.

**NIFE**, f. nif. [illegible] pizarra.

**NIGAUD**, E, adj. [illegible] simple, tonto, bobo [illegible] como sustantivo.

**NIGAUDER**, n. [illegible] picar, tontear, hacer [illegible].

**NIGAUDERIE**, f. [illegible] bería, simpleza, necedad, [illegible] ter de un necio.

**NIGELLE**, f. nigél. [illegible] Bot. Nigela, género de [illegible] ceas.

**NIGRESCENT**, E, adj. [illegible] grescente, cuyo tez tira [illegible].

**NIGRETTE**, f. nigrét. [illegible] gar del mirlo comun.

**NIGRICA**, m. nigricá. [illegible] esquisto negro, tierno, [illegible] Es la ampelita gráfica.

**NIGRICAULE**, adj. [illegible] caule, que tiene el tallo [illegible].

**NIGRICOLLE**, adj. [illegible] grícolo, que tiene el cuello [illegible].

**NIGRINE**, m. nigrín. [illegible] tancia que se encuentra [illegible] ticas.

**NIGRINE**, f. nigrín. [illegible] tanato de hierro. || Bot. [illegible] la China.

**NIGRIPÈDE**, adj. [illegible] pedo, que tiene el pié ó [illegible].

**NIGRIPENNE**, adj. [illegible] gripeno, que tiene las [illegible] gros.

**NIGRIROSTRE**, adj. [illegible] Nigrirostro, que tiene el [illegible] de color negro.

**NIGRIVENTRE**, adj. [illegible] Nigrivéntreo, que tiene el [illegible].

**NIGROIL**, m. [illegible] especie de pescado que [illegible] dos y negros.

**NIGROMANCIE**, f. [illegible] mancia, arte de [illegible] la tierra y que [illegible] nebrosos.

**NIGROMANCIEN**, NE, [illegible] sién, en. Nigromántico, [illegible] concierne á la nigromancia [illegible] ocupa de nigromancia.

**NIGUA**, m. nígua. [illegible] de insecto coleóptero [illegible] los hombres y á los animales [illegible] españolas.

**NIHILISME**, m. nihilism. [illegible]

Nihilismo, falta de toda creencia.
…STE, adj. y s. nihilist. Nihilista, el …e en nada; el que no se ocupa de nada.
…TÉ, f. V. NÉANT.
… nil. Astr. V. ORION. || Nilo, rio …
…ÈNE, adj. niligén. Nilígeno, que … en las orillas del Nilo.
…, m. nilios. Miner. Nilios, espe…
…, m. nilás. Nilas, tela de las In… de corteza de árbol.
…, f. nill. Blas. Nilla, especie de … mas estrecha que lo regular. || … de vid, bilillo que sale de la vid … en flor.
…ÉE, adj. nillé. Blas. Nillado, que … de una nilla.
…ÈTRE, m. nilométr. Nilómetro, … situada cerca del Cairo, que sirve … la altura del Nilo.
…ÉTRIE, f. nilometrí. Nilometría, … medir las crecidas del Nilo.
…ÉTRIQUE, adj. nilometric. Nilo… que pertenece á la nilometría.
…QUE, adj. nilotic. Zool. Nilótico, … el Nilo.
…MES, m. nim. Especie de paño … fabricaba en el Languedoc.
…, m. nimb. Auréola, diadema ó … luz que se pone sobre la cabeza …
…, E, adj. y s. nimuá, ds. Nimes, … en Francia.
…, m. ningí. Ningi, raiz gruesa con … negros hacen cerveza para su …
…TE, adj. y s. ninivit. Ninivita, … de Ninive.
… m. ninos. Zool. Ninos, abeja del …
… f. niobé. Mit. Niobe, hija de Fo… padre de Argos y Pelásgos. || Zool. … especie de mariposa.
…ES, m. pl. niobid. Mit. Niobidos, … descendientes, los hijos de Niobe.
…E, f. niobiel. Bot. Niobiela, gé… plantas renunculáceas.
… m. niópo. Bot. Niopo, árbol de …
…, m. niórb. Bot. Niorbo, especie … Perú.
… f. niót. Bot. Niota, género de … las Indias.
… f. nip. Atavío, avío, todo lo que … adornarse, sea en vestidos, al… usase regularmente en plural.
…, a. nipé. Aviar, pertrechar, … vestidos, alhajas, etc.
… m. nipis. Nipis, tela que se fa… Filipinas.
… f. nic. Gesto, mueca que se ha… por burla ó escarnio. Solo se usa … locucion familiar: faire la nique, ha… momos para burlarse de alguno, … cosa. Faire la nique à quelqu'un, … que à la fortune, aux richesses.
…, m. ant. niqué. Bagatela, cosa … valor.
… nísa. Bot. Nisa, género de plan… de Madagascar.
… nis. Superficie superior de un … zontal de pizarras.
… m. nison. Zool. Nison, ave mu… pero de las águilas.
… f. nispi. Nispia, moneda de oro … que vale un duro.
… f. ant. V. NICHÉE.
…ON, m. nitelión. Bot. Nitelio, … Cabo de Buena Esperanza.
…ENT, E, adj. nitesan. Nitescen… …, que brilla, que reluce.
…HE, f. nitóche. Es como si se di… … touche. Solo se usa en la lo… familiar sainte nitouche, que equi… … de mariramos, gata ensogada, … y se aplica á una persona hi… que afecta inocencia, sencillez, etc. … sainte nitouche, c'est une sainte …
…ATION, f. nitratasión. Quim. Nitratacion, conversion, reduccion á nitrato.

NITRATE, m. nitrát. Quim. Nitrato, género de sales formadas por la combinacion del ácido nítrico con una base salificable.

NITRATÉ, ÉE, adj. nitraté. Nitratado, que está convertido ó reducido al estado de nitro.

NITRE, f. nitr. Quim. Nitro, sal que se forma por la combinacion del ácido nítrico con la potasa. Se llama comunmente salitre.

NITREUX, EUSE, adj. nitreu, eus. Nitroso, que contiene nitro ó salitre.

NITRIÈRE, f. nitriér. Nitrería, salitral, mina ó lugar donde se forma el nitro y de donde se extrae.

NITRIFICATION, f. nitrificasión. Nitrificacion, operacion natural por medio de la cual se forma el nitro ó algunos nitratos.

NITRIFIER (SE), r. nitrifié. Nitrificarse, cubrirse de nitro ó convertirse en nitro alguna piedra.

NITRIQUE, adj. nitric. Nítrico, que tiene relacion con el nitro.

NITRITE, m. nitrit. Quim. Nitrito, género de sales que resultan de la combinacion del ácido nitroso con una base salificable.

NITROGÈNE, m. nitrogén. Nitrógeno, uno de los nombres del ázoe. Se usa tambien como adjetivo: gaz nitrogène.

NITROMÈTRE, m. nitrométr. Nitrómetro, instrumento que sirve para probar los salitres en el comercio.

NITROSITÉ, f. nitrosité. Nitrosidad, cualidad de lo que contiene nitro.

NIVÉAL, E, adj. niveál. Bot. Niveal, que florece durante el invierno.

NIVEAU, m. nivó. Nivel, instrumento que sirve para conocer si un plano ó un terreno está horizontal ó igual. || Nivel, la igualdad misma de un plano ó su estado horizontal. || Niveau de maçon, nivel que se compone de dos reglas formando escuadra, que usan los albañiles. Niveau d'eau, nivel de agua, tubo de hoja de lata, á cuyas extremidades se ponen dos botellas, por donde se conoce la desigualdad de un plano. || met. Nivel, paridad, igualdad de mérito, de rango, de categoría. || De niveau, au niveau, loc. adv. A nivel. || Etre au niveau de quelqu'un, ó de niveau avec quelqu'un, igualarse, estar al igual de alguno.

NIVELER, a. nivlé. Nivelar, medir con el nivel. || Nivelar, igualar un plano ó terreno. || met. Nivelar, igualar, hacer iguales las fortunas, las clases, etc.: niveler les fortunes, les conditions, les rangs.

NIVELEUR, m. nivleur. Nivelador, el que tiene por oficio nivelar. || Nombre que se dió en tiempo de la revolucion inglesa á los exaltados por la independencia ó partidarios de la igualdad absoluta, tanto de hecho como de derecho.

NIVELLEMENT, m. nivelmán. Nivelacion, accion de nivelar ó de medir con el nivel. || met. Nivelacion, accion de igualar las condiciones, fortunas, etc. || Nivelacion, estado de las cosas que se han nivelado.

NIVEREAU, m. nivró. Zool. Especie de quebranta-nueces, ave que se huelga en medio de la nieve.

NIVERNAIS, E, adj. y s. nivernè, ès. Nivernes, de Nevers, ciudad de Francia.

NIVERNAISE, f. nivernés. Coc. Nivernesa, especie de gelatina.

NIVET, m. nivé. Beneficio ilícito que se apropia un corredor ó comisionado sobre la compra ó venta que hace por otra persona.

NIVETTE, f. nivét. Variedad ó especie de melocoton tardío.

NIVÔSE, m. nivóz. Nevoso, cuarto mes del calendario republicano en Francia, desde el 21 de diciembre hasta el 19 de enero.

NOACHIDE, m. y f. noachid. Descendiente de Noé.

NOBILIAIRE, adj. nobiliér. Nobiliario, que corresponde á la nobleza: l'ordre nobiliaire. Algunas veces se usa denigrativamente: la caste nobiliaire. || m. Nobiliario, catálogo de las familias nobles de un país.

NOBILISSIMAT, m. nobilisimá. Antig. rom. Dignidad de nobilísimo. || Derechos de esta dignidad. || Casa en que habitaba el nobilísimo.

NOBILISSIME, adj. nobilisim. Nobilísimo, título honorífico que se concedia á los Césares del Bajo Imperio y á sus mujeres. || fam. Nobilísimo, muy noble. || m. Nombre de una dignidad creada por Constantino, la cual daba el derecho de llevar la púrpura.

NOBILITÉ, f. ant. nobilité. Nobleza, cuerpo que forma la clase noble ó aristocrática de una nacion. || Pompa, grandeza, esplendidez, magnificencia. || Jurisp. ant. Nobleza, cualidad de un patrimonio [illegible]. || Nobleza, posesion de un vínculo al que es anexo un título de nobleza.

NOBILITER, a. ant. V. ANOBLIR. || met. Lo mismo que ENNOBLIR. V. este verbo.

NOBLAILLE, f. nobláll. Cáfila de nobleza ó de aristócratas bastardos.

NOBLE, adj. nobl. Noble, que goza el privilegio de pertenecer á la alta clase de un Estado, sea por derecho de nacimiento ó en virtud de títulos conferidos por el monarca. || prov. Etre noble comme le roi, ser tan noble como el rey: ser de nacimiento muy noble, de alto nacimiento, de una nobleza incontestable. || met. Noble, distinguido, elevado, superior á los demas. || Noble, liberal, generoso, dadivoso. || Noble, insigne, esclarecido, majestuoso, hablando de cosas. || Cetr. Noble, dócil, que es susceptible de educacion, hablando de las aves de altanería. || Gram. Le genre le plus noble, el género mas noble, el género masculino comparado con el femenino. || Miner. Rico, abundante, que no tiene quiebra, hablando de un filon. || NOBLE, m. Noble, el que goza de ciertos privilegios en virtud del derecho que ha heredado de sus padres ó de títulos que ha obtenido del príncipe. || met. Noble, lo que es grande, esclarecido, elevado: le goût de Louis XIV était pour le noble. || Nombre con que se han designado varias monedas de diferente valor. En Inglaterra el noble es la tercera parte de la libra esterlina.

NOBLE-ÉPINE, f. noblepín. Nombre vulgar del piritero ó espino albar, planta.

NOBLEMENT, adv. noblmán. Noblemente, de una manera noble, con nobleza, con hidalguía, con generosidad, con esplendor, con dignidad. || Agir noblement, obrar como caballero. || Honrosamente, con honor. || ant. Vivre noblement, vivir sin ejercer otra profesion que la de las armas.

NOBLEREAU, m. ant. noblró. Hidalguillo, persona que se titulaba noble sin derecho para ello.

NOBLESSE, f. noblés. Nobleza, hidalguía, cualidad por la que una persona se considera noble. Noblesse d'extraction, nobleza cuyo origen no se conoce. Noblesse d'ancienne roche, se decia en Languedoc por descendientes de una familia ilustre. Noblesse couronnée, nobleza de la familia real. Noblesse par lettres, nobleza conferida por el rey en premio de servicios prestados. Noblesse de robe, título que conferia la posesion de ciertas magistraturas. Noblesse de la cloche, hidalguía de concejo, la que se adquiria por los cargos de alcalde ó regidor. Noblesse de finance, nobleza comprada. || Nobleza, nombre colectivo de todos los nobles de una nacion, el cuerpo de los nobles; y á veces significa solo una parte del mismo cuerpo. || met. Nobleza, grandeza, dignidad, elevacion de alma, de corazon, de sentimientos. || Nobleza, elevacion de estilo, de expresiones, de pensamientos. || Soutenir noblesse ó sa noblesse, vivir, tratarse como caballero, como hidalgo, conforme á la nobleza de su nacimiento. || Nobleza, carácter superior de la composicion en pintura y escultura.

NOC, m. ant. V. GOUTTIÈRE.

NOÇAGE, m. ant. nosage. V. NOCE. || pl. Derechos matrimoniales, retribucion que exigian los curas por celebrar un matrimonio.

NOÇAILLE, f. ant. nosáll. Boda, fiesta por algun casamiento. || Derecho, tributo, retribucion que exigian los curas por hacer un casamiento.

**NOCE**, f. *nós.* Boda, casamiento, por el acto solemne del matrimonio. En este sentido se usa en plural. || Boda, fiesta, funcion, baile y otros regocijos con que se celebra un casamiento. || Boda, conjunto de convidados á ella. || De una gran comida ó banquete se dice, *c'est une noce*, un *festin de noce.* || *Lendemain de noces*, tornaboda. || pl. *Premières noces*, primeras nupcias, primer matrimonio que contrae una persona. || met. *N'être pas à la noce*, no estar en bodas: estar en una posicion crítica, apurada. || *Il n'est joie que de noces*, jamas se está triste en bodas. || vulg. *Faire la noce*, entre los artesanos es vagar, divertirse, pasearse, comer, beber y no trabajar.

**NOCER**, n. ant. *nosé.* Celebrar un casamiento. || vulg. Divertirse, pasearse, comer, beber y no trabajar.

**NOCEUR, EUSE**, m. y f. *noseur, eus.* Novillero, el que hace birria, que falta á su trabajo yendo á divertirse.

**NOCHER**, m. *noché.* Poét. Piloto, nauclero, barquero, el que guia una barca.

**NOCTAMBULATION**, f. *noctambulasión.* Med. Noctambulacion, accion de andar durmiendo.

**NOCTAMBULE**, m. y f. *noctambúl.* Noctámbulo, el que anda cuando está durmiendo. Se dice mejor *somnambule.*

**NOCTAMBULISME**, m. *noctambulism.* Noctambulismo ó sonambulismo, estado de una persona que anda cuando está dormida. Se dice por lo comun *somnambulisme.*

**NOCTIFÈRE**, m. *noctifér.* Poét. Nombre que se da alguna vez á Vésper, Véspero ó lucero de la tarde. || adj. Noctífero, que conduce, que trae la noche.

**NOCTIFLORE**, adj. *noctiflór.* Bot. Noctifloro, que tiene la flor abierta durante la noche y la cierra por la mañana.

**NOCTILUQUE**, adj. *noctilúc.* Noctiluco, que brilla durante la noche: dícese de los cuerpos que despiden luz de noche, como la luciérnaga y otros animales. || Sobrenombre de la luna. || m. Zool. Noctiluco, género de animales zoófitos, gelatinosos, trasparentes, fosforescentes.

**NOCTUELLE**, f. *noctuél.* Zool. Noctuela, especie de autillo, ave nocturna.

**NOCTULE**, f. *noctúl.* Zool. Especie de murciélago.

**NOCTULIUS**, m. *noctúlius.* Mit. Noctulio, dios del sueño y de la noche.

**NOCTURLABE**, m. *nocturláb.* Mar. Nocturlabio, instrumento para conocer la altura de la estrella del Norte á cualquier hora de la noche.

**NOCTURNAL**, m. *nocturnál.* Liturg. ant. Nocturnal, oficio de la noche, maitines.

**NOCTURNE**, adj. *noctúrn.* Nocturno, que se aparece, que ha lugar ó sucede durante la noche. || Nocturno, propio de la noche, perteneciente ó relativo á ella. || Zool. Nocturno, que vive encerrado de dia y anda de noche. || *Nocturnes*, m. pl. Nocturnos, seccion ó familia de aves que no vuelan mas que de noche. || NOCTURNE, m. Nocturno, parte del oficio divino que se canta ó reza por la noche, introducido en Occidente por san Ambrosio. || Nocturno, una de las tres partes en que se dividen los maitines. || Música que se ejecuta por la noche con acompañamiento de guitarra solamente.

**NOCTURNEMENT**, adv. *nocturnemán.* Nocturnamente, durante la noche, de noche.

**NOCUITÉ**, f. *nocuité.* Nocuidad, cualidad de lo que es dañoso. V. CULPABILITÉ.

**NODICORNE**, adj. *nodicórn.* Zool. Nudicornio, que tiene las antenas nudosas.

**NODIE**, f. *nodí.* Bot. Nudia, especie de planta.

**NODIFÈRE**, adj. *nodifér.* Nudífero, que tiene nudos en la superficie.

**NODIFLORE**, adj. *nodiflór.* Bot. Nudifloro, que produce las flores por los nudos ó articulaciones.

**NODIPÈDE**, adj. *nodipéd.* Zool. Nudipedo, que tiene los pies nudosos.

**NODIPENNE**, adj. *nodipén.* Nudipeno, que tiene las alas nudosas, hablando de los insectos.

**NODOSITÉ**, f. *nodosité.* Nudosidad, estado de lo que es nudoso. Se dice á menudo de los mismos nudos: *avoir des nodosités à tous les doigts de la main.*

**NODULE**, m. *nodúl.* Nudito, nudo pequeño.

**NODULEUX, EUSE**, adj. *noduleu, eus.* Nudoso, cubierto de nuditos.

**NODUS**, m. *nódus.* Cir. Nodus, tumor indolente y duro que se forma en los huesos, en los ligamentos, en los tendones y articulaciones del cuerpo humano.

**NOËL**, m. *noél.* Natividad, Navidad, fiesta que se celebra en memoria del nacimiento de Jesucristo || *Nuit de Noël*, Noche buena, la víspera de Navidad. || *Bûche de Noël*, leño de Noche buena, tronco grueso que se arrima al hogar la víspera de Navidad por costumbre inveterada. || Denominacion que se da á varios cánticos compuestos para celebrar el nacimiento del Señor, como los villancicos.

**NOERGIE**, f. *noergí.* Fil. Inteligencia, facultad activa por la que el alma adquiere los conocimientos.

**NŒUD**, m. *neu.* Nudo, ñudo, lazo apretado hecho con una cuerda, cinta, etc. || *Nœud coulant*, nudo escurridizo. || Brocamanton, lazo, manojo de alguna cosa que sirve de adorno á las señoras. || met. Nudo, dificultad, punto esencial de un negocio. || Vínculo, lazo, union íntima de dos personas, y sobre todo el vínculo sagrado del matrimonio. || Enredo, maraña en la comedia. || Nudo, especie de juntura que se encuentra de trecho en trecho en las cañas de Indias y de otras plantas. En las cepas son yemas. || Nudillo, juntura ó articulacion de los dedos de la mano. || Astr. Nudo, cada uno de los dos puntos en que se corta la eclíptica por la órbita de la luna ó de cualquier otro planeta. || Mont. Bollos de carne que salen al venado. || Cir. V. NODUS. || Nudo, tumor que se forma en las junturas y articulaciones de una persona gotosa. || Mar. Nudo, cada uno de los que marcan una distancia en la corredera para conocer el camino que hace un buque en un tiempo determinado. || Soldadera ó abrazadera que forma la juntura de dos trozos en una trompeta. || Puente ó punto en que se apoya la cuerda de un instrumento. || met. *Nœud gordien*, nudo gordiano, dificultad que no puede soltarse ó resolverse. || *Nœud de la gorge*, nudo de la garganta, nuez. V. LARYNX. || fam. *Ce ris ne passe pas le nœud de la gorge*, esa risa no pasa de los dientes adentro. || *Ordre du nœud*, órden del nudo, institucion militar del reino de Nápoles que se fundó en el año 1352.

**NOGUET**, m. *nogué.* Cesta ó canastillo llano con una asa trasversal.

**NOGUETTE**, f. ant. *noguét.* Revendedora de telas y encajes.

**NOH**, m. *nó.* Nombre bajo el cual designan los Hotentotes al primer hombre.

**NOIR, E**, adj. *nuár.* Negro, que es del color mas oscuro y mas opuesto al color blanco. || Negro, que no trasmite ni refleja luz alguna. Se dice por extension de lo que es muy moreno, amoratado, tiznado. || Negro, oscuro; v. gr. *nuit noire, des cachots noirs.* || Negro, puerco, sucio, mugriento: se dice principalmente de las manos y de la ropa. || met. Negro, triste, taciturno, hosco, melancólico: *esprit noir et rêveur.* || met. Negro, feo, enorme, abominable, atroz, infame, hablando de crímenes y malas acciones: *noire trahison, noire calomnie.* Se aplica tambien á las personas que los cometen; y así se dice: *dépeindre un homme bien noir*, pintar á un hombre muy feo, etc. || Maligno, dañino. || *Du pain noir*, pan moreno. || *Un teint noir*, cútis atezado. || *Un noir cachot*, un lóbrego calabozo. || *Nuage noir*, nube negra, por muy oscura. || *Un noir ennemi*, un maligno, un dañino enemigo. || *Humeur noire*, humor tétrico y melancólico. || *Un froid noir*, frio con tiempo muy cubierto. || met. *Rendre noir*, denigrar, infamar, desacreditar á alguno. || Se dice de un lugar oscuro: *il y fait noir comme dans un four*, está mas oscuro que boca de lobo. || *Bile noire*, bilis negra, vapor melancólico que sube al cerebro. || *Livres noirs*, libros de magia. || [illegible] da ó cierzos [illegible] noir. V. [illegible] cuales en que [illegible] negro. *Mettre* [illegible] nes. *Chambre* [illegible] llamaba así un [illegible] ó lugar de [illegible] veda de [illegible] círculo [illegible] ler negro, [illegible] color negro: [illegible] enfermedad que [illegible] natural de la [illegible] así por oposicion [illegible] como lo son [illegible] son los [illegible] colonias. || *Ne connaître* [illegible] *le noir et le blanc* [illegible] no saber leer. || met. [illegible] hueso, vender [illegible] que *en faire accroire* [illegible] *au noir*, ir de la [illegible] de un extremo á otro [illegible] || fam. *Mettre du noir* [illegible] bir. || *Voir tout en noir* [illegible] peor lado, [illegible] *meros des noirs.* V. [illegible]

**NOIRA**, m. [illegible] tío de la isla de Java [illegible]

**NOIRÂTRE**, adj. [illegible] que tira á negro.

**NOIRAUD, E**, adj. [illegible] reno, trigueño, que [illegible] los cabellos negros. [illegible] sustantivo.

**NOIRCEUR**, f. [illegible] lidad de lo que es [illegible] que sale en alguna [illegible] Tristeza, melancolía, [illegible] brío. || Atrocidad, [illegible] de un atentado. || [illegible] una accion, del [illegible] intenciones.

**NOIRCIR**, a. [illegible] tar, teñir de negro, [illegible] atezar. || Calumniar, [illegible] Embetunar, charolar [illegible] de negro. || met. [illegible] tecer el ánimo, [illegible] licas. || met. y fam. [illegible] char papel, escribir. || [illegible] se negra alguna cosa. [illegible] negrecerse, ser [illegible] negro, en todas las [illegible] activo. || Nublarse, [illegible] met. Denigrarse, [illegible] con alguna mala accion [illegible] mo. || Acusarse, [illegible] dos personas una [illegible]

**NOIRCISSEUR**, [illegible] Charolista, el que [illegible] negro en alguna obra [illegible]

**NOIRCISSURE**, f. [illegible] negra, y tambien [illegible] de alguna cosa.

**NOIRE**, f. *nuár.* [illegible] sica de que entran [illegible]

**NOIRETÉ**, f. ant. V. [illegible] RITÉ.

**NOIRCIN**, m. [illegible]

**NOIRLIS**, m. [illegible] tulipan.

**NOIR-MUSEAU**, [illegible] Dartro que se desarr[illegible] carneros.

**NOIRON**, m. [illegible] tulipan. || Especie de [illegible]

**NOIR-PLOYANT**, [illegible] Mancha negra ó parda [illegible] hierro é indica que [illegible]

**NOISE**, f. V. Q[illegible] *Chercher noise*, [illegible] buscando tres pies al [illegible]

**NOISER**, n. ant. [illegible] tender, pelearse dos [illegible]

**NOISERAIE**, f. [illegible] llanar, sitio plantado [illegible] nos.

**NOISETIER**, m. [illegible] arbusto que produce [illegible]

**NOISETTE**, f. [illegible] que produce el avellano [illegible] nochizo, avellana [illegible]

…TTÉE, f. *nuasetie*. Bot. género de …ricóceas de América.

…EUX, EUSE, adj. ant. V. QUE…

…LIER, m. V. NOISETIER.

…, f. *nuá*. Nuez, fruto que produce … || *Noix de girofle*, fruto que produ… …bol de canela. *Noix de galle*, aga… …se cria en el roble y otros árboles. … *cyprès*, nuez ó agalla de ciprés. … *Inde*, nuez índica ó coco. *Noix* …, nuez moscada. *Noix verte confite*, …itada ó en almíbar. || *Noix de veau*, …illa, especie de glándula de la paleti… …nera. || *Noix de fusil*, piñon, gatillo … ó escopeta. || Rosca, rosquete, bi… …lote, segun las diferentes artes y … que suele darse á la parte que se … con dicho nombre. || Nuez, parte …te de la llave de un arma de fuego …ma el piñon en que descansa y se … pié de gato. || Nuez, rueda redon… …ada que sirve para moler el café y …anos. || Anat. Rótula, choquezuela ó …e la rodilla. || *Le godet de la noix*, la …de miel, el cabo con que se engaña á …

…T ó NOULET, m. *nolé*, *nulé*. Es… … teja hueca.

…ME TANGERE, m. *nolimetángere*. …limetángere, planta que no puede … aun lo mas ligeramente sin que se … inmediatamente, ó que está arma… …ertes espinas, ó cuya semilla sal… … repente causa cierta sorpresa y do… …. Nolimetángere, úlcera incurable y …uede tocarse sin causar dolor al pa…

…NE, f. *nolín*. Bot. Nolina, género …as de la Georgia.

…S, m. *nolis*. Mar. Flete de un bu… …rco que se alquila.

…SER, a. *nolisé*. Mar. Fletar un bu… … se dice en el Mediterráneo.

…SEMENT, m. *nolisemán*. Mar. …ento, accion de fletar un buque.

…SEUR, m. *noliseur*. Fletador, el … buques en el Mediterráneo.

…TION, f. *nolisión*. Negativa, falta …ntimiento ó de consentimiento.

…ER, a. ant. *noluér*. Negar su con… …nto, no querer una cosa.

…ENTÉ, f. *nolonté*. neol. Falta de vo…

…, m. *non*. Nombre, palabra que de… … una persona ó una cosa. || *Nom de* … sobrenombre que tomaba cada sol… …entrar en el servicio. *Nom de bap…* …ombre de pila. *Nom de famille*, … || Fer. *Procéder au nom ó comme …de quelqu'un*, proceder en nombre …no, representar su personalidad co… …. || Nombre, se toma por la perso… …ombre, reputacion, fama, nombra… …ram. Nombre, una de las partes de …on. || *Au nom de*, loc. prep. En nom… … de parte de; en consideracion á. *En* …om, en mi nombre, de mi parte. || … *de son maître*, en nombre de, de …, en cabeza de su amo. || *Au nom …amitié*, en consideracion á nuestra … || *Au nom de Dieu*, en el nombre … || *De nom*, nominalmente, de nom… … contraposicion á realmente.

…ADE, adj. *nomád*. Nómada, erran… …plica á los pueblos que no tienen re… …ija.

…ANCIE, f. *nomansí*. Nomancia, adi… … por las letras del nombre de una …

…ANCIEN, NE, adj. *nomansién*, *én*. …tico, concerniente á la nomancia. || … que se dedica á la nomancia.

…ARCHIE, f. *nomarchí*. Nomarquía, …o de un nomo ó region en el antiguo … funciones del nomarca.

…ARQUE, m. *nomárc*. Nomarca, gó… …r de un nomo.

…BLES, m. pl. *nónbl*. Mont. Umbilica… …res de dos músculos del interior de …los del ciervo.

…BRABLE, adj. *nonbrábl*. Numera… … puede ser numerado, contado.

…BRANT, adj. m. *nonbran*. Ant. Numerador, que numera. Solo se usa en la locucion *nombre nombrant*.

**NOMBRE**, m. *nónbr*. Número, coleccion de seres ó cosas semejantes. || Número, cantidad, multitud. || Mat. Número, coleccion de unidades, cifra, guarismo. || *Les Nombres*, pl. Los Números, uno de los cinco libros de Moises. Tiene otras acepciones, comunes á entrambas lenguas. || *Dans le nombre*, loc. adv. Entre el número, entre varios. || *Au nombre de*, *du nombre de*, entre, en el número de, en la categoría de. || *Sans nombre*, loc. adv. Sin número, sin cuento.

**NOMBRÉE**, f. *nonbré*. Enumeracion, cuenta.

**NOMBRER**, a. *nonbré*. Numerar, enumerar, contar, calcular las unidades que componen un todo.

**NOMBREUSEMENT**, adv. inus. *nonbreusmán*. Numerosamente, en gran número, en multitud.

**NOMBREUX, EUSE**, adj. *nonbreu*, *eus*. Numeroso, que es en gran número. || Lit. Numeroso, armonioso, cadencioso, agradable al oido.

**NOMBRIL**, m. *nonbrí*. Ombligo, especie de nudo que existe en el vientre del hombre y de los cuadrúpedos. || Bot. Ombligo, cavidad que tienen los frutos en su parte superior. || *Nombril blanc*, ombligo blanco, especie de seta. || *Nombril de Vénus*, ombligo de Vénus, oreja de monje, especie de planta. || Vet. Ombligo, la parte intermedia entre los riñones de un caballo.

**NOME**, m. *nóm*. Antig. Noma, gobierno, cada una de las partes en que estaba dividido el antiguo Egipto.

**NOMENCLATEUR**, m. *nomanclateur*. Nomenclador, epíteto que daban los Romanos á los esclavos que estaban encargados de señalar á los pretendientes las personas que debian saludar para atraerse su favor. || Nomenclador, oficial de la Iglesia romana que desempeñaba las funciones ahora encomendadas á los auditores. || Nomenclador, el que se dedica á la nomenclatura de una ciencia ó arte.

**NOMENCLATURE**, f. *nomanclatúr*. Nomenclatura, conjunto de voces para designar los objetos de una ciencia ó arte. || Sistema ó método para asignar nombres á los mismos objetos.

**NOMENCLATURER**, a. *nomanclaturé*. Ordenar por nomenclatura.

**NOMIE**, f. *nomí*. Nomia, nombre de una ninfa. || Regla, ley: en esta acepcion no se usa solo, y sirve únicamente para la formacion de ciertas voces científicas, como *astronomie*, etc.

**NOMINAL, E**, adj. *nominal*. Nominal, perteneciente al nombre. || *Valeur nominale*, valor nominal, valor representado en papel moneda ó por cualquier otro medio. || *Nominaux*, m. pl. Fil. Nominales ó nominalistas, nombre que se da á ciertos filósofos que negaban toda realidad, á diferencia de los realistas.

**NOMINALEMENT**, adv. *nominalman*. Nominalmente, de un modo nominal.

**NOMINALISME**, m. *nominalism*. Fil. Nominalismo, sistema de los filósofos llamados nominales ó nominalistas.

**NOMINALISTE**, adj. *nominalist*. Fil. Nominalista, perteneciente al nominalismo. || m. Nominalista ó nominal, el partidario del nominalismo.

**NOMINATAIRE**, m. *nominatér*. Der. can. Nominatario, aquel á quien el rey designaba para un beneficio.

**NOMINATEUR**, m. *nominateur*. Der. can. Nominador, el que tiene derecho de nombrar para un beneficio.

**NOMINATIF**, m. *nominatíf*. Gram. Nominativo, primer caso de los nombres que tienen declinaciones. || El sujeto de la proposicion ó de la frase, porque el sujeto se pone siempre en nominativo. || adj. Nominativo, que denomina ó nombra.

**NOMINATION**, f. *nominasión*. Nominacion, nombramiento, acto de designar á una persona para que desempeñe algun cargo público. || Nombramiento, derecho de nombrar para un empleo, cargo, dignidad.

**NOMINATIVEMENT**, adv. *nominativemán*. Nominativamente, nominalmente, por su nombre.

**NOMMÉ, ÉE**, adj. *nomé*. Nombrado, llamado. || *Évêque nommé*, obispo electo, aun no confirmado por el papa. || *À point nommé*, loc. adv. Á punto fijo, á propósito, al tiempo preciso. || *À jour nommé*, á dia fijo, á dia señalado, en el dia señalado.

**NOMMÉMENT**, adv. *nomemán*. Determinadamente, señaladamente. || Nominalmente, especialmente.

**NOMMER**, a. *nomé*. Nombrar, imponer nombre, llamar. || Nombrar, elegir, designar á alguna persona para un cargo público. || *Se nommer*, r. Nombrarse, declarar su nombre. || Llamarse, tener tal nombre; tomar un nombre, apropiarse un nombre.

**NOMOCANON**, m. *nomocanón*. Nomocánon, compilacion de cánones y de leyes imperiales ó civiles que tienen relacion con ellos.

**NOMOGRAPHE**, m. *nomográf*. Nomógrafo, autor que escribe las leyes ó las compila.

**NOMOGRAPHIE**, f. *nomografí*. Nomografía, tratado sobre las leyes.

**NOMOGRAPHIQUE**, adj. *nomografíc*. Nomográfico, concerniente á la nomografía.

**NOMOLOGIE**, f. *nomologí*. Nomología, ciencia de las leyes y de su interpretacion.

**NOMOLOGIQUE**, adj. *nomologíc*. Nomológico, que tiene relacion con la nomología.

**NOMOLOGISTE** ó **NOMOLOGUE**, m. *nomologist*, *nomológue*. Nomologista ó nomólogo, el que profesa la nomología.

**NOMOTHÉSIE**, f. *nomotesí*. Nomotesia, tratado sobre las leyes.

**NOMOTHÈTE**, m. *nomotét*. Nomoteta, magistrado de Aténas encargado de examinar las leyes antiguas que podian ser derogadas ó modificadas.

**NONPAIRE**, adj. inus. *nonpér*. Impar, sin igual, sin semejante.

**NONPAREIL, LE**, adj. V. NONPAREIL.

**NON**, adv. *non*. No, partícula negativa opuesta á sí. || Se emplea solo para responder. *Viendrez-vous? non*, ¿vendrá Vd.? no. En el estilo familiar se dice á veces *nenni* ó *point du tout* en lugar de *non*. || En medio de la frase se junta con *pas*: v. gr. *Il avait des flatteurs, et non pas des amis*, || Para dar mas fuerza á la frase se dice: *non certes*, no por cierto. *Non certainement*, no á fe mia. *Non vraiment*, no á fe. || Se pone á veces ántes de los adjetivos, y corresponde al *in* del latin. *Des débiteurs non solvables*, deudores insolventes. *Des témoins non recevables*, testigos inadmisibles, recusables. || Se usa como sustantivo. *Le oui et le non*, el sí y el no. *Dites un oui ou un non*, diga Vd. sí ó no. *Il ne dit ni oui ni non*, no dice sí ni no. *Répondre un non bien sec*, etc.

**NON-ACTIVITÉ**, f. *nonactivité*. No actividad, estado pasivo en que se hallan á veces los militares.

**NON-ÂGE**, m. *nonág*. Menor edad, edad prematura.

**NON-ÂGÉ, ÉE**, adj. *nonagé*. Menor de edad, que no tiene la edad requerida para algunos actos.

**NONAGÉNAIRE**, adj. *nonagenér*. Nonagenario, que tiene noventa años. || m. Nonagenario, el que tiene noventa años. || fam. Noventon.

**NONAGÉSIME**, adj. *nonagesim*. Astr. Nonagésimo, se dice del punto de la eclíptica distante noventa grados de los puntos en que corta al horizonte.

**NONAGONE**, m. *nonagón*. Geom. Nonágono, polígono de nueve ángulos. Se dice mejor *ennéagone*.

**NONANDRE**, adj. *nonandr*. Bot. Nonandro, que tiene nueve estambres.

**NONANDRIE**, f. *nonandrí*. Bot. Nonandría ó eneandría, clase de plantas que tienen nueve estambres.

**NONANTE**, adj. ant. *nonant*. Noventa. Ahora se dice *quatre-vingt-dix*.

**NONANTER**, n. *nonanté*. Contar treinta puntos en el juego de los cientos. || ant. Llegar á los 90 años de edad.

**NONANTIÈME**, adj. *nonantiém*. Nonagésimo. Es lo mismo que *quatre-vingt-dixième*.

**NON-AVENU**, **E**, adj. *nonavenú*. Inútil, nulo, que no llena el objeto á que se le destinaba. || Nulo : *écrit non-avenu*.

**NON-BATTU**, m. *nonbatú*. No batido, especie de tela como francesa.

**NONCE**, m. *nóns*. Nuncio, prelado que el papa envia en clase de embajador. || *Nonces*, pl. Nuncios, así se llamaban los diputados que la nobleza de las pequeñas dietas polacas enviaba á la grande.

**NONCER**, a. inus. V. ANNONCER.

**NONCHAIN**, m. *nonchén*. Especie de pera.

**NONCHALAMMENT**, adv. *nonchalamán*. Negligentemente, perezosamente, descuidadamente, con flojedad. || Muellemente, con abandono.

**NONCHALANCE**, f. *nonchaláns*. Negligencia, flojedad, descuido, incuria. || Molicie, abandono.

**NONCHALANDER**, n. ant. *nonchalandé*. Estar flojo, descuidado, indolente.

**NONCHALANT**, **E**, adj. *nonchalán*. Perezoso, descuidado, indolente, negligente. || Se usa tambien como sustantivo

**NONCHALOIR**, a. inus. *nonchaluár*. Descuidar, olvidar. || m. Inaccion, negligencia, olvido. || *Mettre à nonchaloir*, echar en olvido.

**NONCIATURE**, f. *nonsiatúr*. Nunciatura, el empleo ó dignidad del nuncio. || Nunciatura, tiempo durante el cual se desempeña el cargo de nuncio.

**NONCIER**, a. V. ANNONCER.

**NON-CONCILIATION**, f. *nonconsiliasión*. No conciliacion, falta de conciliacion entre las partes.

**NON-CONFORMISTE**, adj. y s. *nonconformíst*. No conformista, nombre que se da en Inglaterra á los que no siguen la religion anglicana.

**NON-CONFORMITÉ**, f. *nonconformité*. No conformidad, falta de conformidad.

**NUNCUPATIF**, adj. V. NUNCUPATIF.

**NONDINA**, f. *nondina*. Mit. Nondina, diosa que presidia entre los Romanos la purificacion de los niños.

**NONE**, f. *nón*. Nona, la séptima de las horas canónicas que se canta ó se reza ántes de vísperas. || *Nones*, pl. Nonas, entre los Romanos eran el dia cinco del mes, ménos en marzo, mayo, julio y octubre, que eran el siete.

**NON-ÊTRE**, m. *nonétr*. El no ser, lo que carece de existencia, de realidad.

**NONETTE**, f. *nonét*. Zool. Pavo carbonero, ave. || Una variedad de trigo.

**NON-EXISTENCE**, f. *nonecsistáns*. No existencia, falta de existencia, la nada.

**NON-INTERVENTION**, f. *nonentervansión*. Diplom. No intervencion.

**NON-INTERVENTIONISTE**, adj. *nonenterveansioníst*. Diplom. No intervencionista, partidario del sistema político de la no intervencion.

**NON-JOUISSANCE**, f. *nonjuisáns*. For. Privacion del goce de la posesion ó del usufructo.

**NONNE** ó **NONNAIN**, f. *nón*, *nonén*. Monja, religiosa : es como si dijéramos doña ó beata. Es fam. y jocoso. *Un couvent de nonnains*, un convento de monjas.

**NONNAT**, m. *noná*. Nonato, nombre que se daba antiguamente al que habia sido sacado del vientre de su madre por la operacion cesárea. || Zool. Jaramugo, pez pequeño que emplean los pescadores de mar pará cebo.

**NONNERIE**, f. joc. *nonrí*. Convento de monjas. || Reunion de mujeres bachilleras.

**NONNETTE**, f. joc. dim. de NONNE. *nonét*. Monjita, monja jóven.

**NONOBSTANT**, prep. *nonobstán*. No obstante, sin embargo, á pesar de que. || Tambien se ha usado como adjetivo. *Ces choses nonobstantes*, á pesar de eso.

**NONOPÉTALE**, adj. *nonopetál*. Bot. Nonopétalo, que tiene nuevo pétalos.

**NON-PAIR**, **E**, adj. *nonpér*. Impar, que no tiene par. Se dice comunmente *impair* en el mismo sentido. El primero se usa en un juego en que se ha de adivinar si el adversario tiene en la mano un número de cosas par ó no, y se dice pares ó nones.

**NONPAREIL**, **LE**, adj. *nonparéll*. Impar, sin igual, que es superior á todo.

**NONPAREILLE**, f. *nonparéll*. Art. Nonpareil, lo mas pequeño. || Especie de cinta muy estrecha. || Grajea muy menuda. || Nonpareil, el carácter mas pequeño de imprenta. *Grosse nonpareille*, el carácter mas grueso de imprenta.

**NON-PAYEMENT**, m. *nonpemán*. Falta de pago.

**NON PLUS**, loc. adv. *nonplú*. Tampoco. Solo se hace uso de esta locucion entre dos proposiciones negativas. *Vous ne voulez pas, ni moi non plus*, Vd. no quiere, ni yo tampoco.

**NON PLUS ULTRA**, m. V. NEC PLUS ULTRA.

**NON-RÉSIDENCE**, f. *nonresidáns*. No residencia, ausencia de un lugar, falta de residencia.

**NON-SENS**, m. *nonsáns*. Falta de sentido, frase que no tiene sentido. || Falta de juicio.

**NON-SEULEMENT**, loc. adv. *nonseulmán*. No solamente, no solo.

**NON-SUCCÈS**, m. V. INSUCCÈS.

**NONUPLE**, adj. *nonúpl*. Nónuplo, que contiene nueve veces. Es poco usado.

**NONUPLER**, a. *nonuplé*. Nonuplar, repetir una cantidad nueve veces.

**NON-USAGE**, m. *nonusáj*. No uso, desuso, desuetud, cesacion de uso.

**NON-VALEUR**, f. *nonvaleur*. Falta de valor, de producto en una tierra, casa, etc. *Terre en non-valeur*, tierra improductiva. || Com. Deuda incobrable, impagable. Tambien se dice hablando de imposiciones ó contribuciones.

**NON-VUE**, f. *nonvú*. Mar. Falta de vista, oscuridad por niebla, bruma ó brumazon que impide ver dónde se está.

**NOOLOGIE**, f. *noologí*. Noologia, ciencia que consiste en el estudio de las facultades de la inteligencia.

**NOOLOGIQUE**, adj. *noologic*. Noológico, que tiene relacion con la inteligencia.

**NOOR**, m. *noór*. Albaricoque, una de sus variedades.

**NOPAGE**, m. *nopáge*. Art. Desmote, accion de desmotar los paños.

**NOPAL**, m. *nopál*. Bot. Nopal, especie de planta arbórea que produce la fruta llamada higo chumbo ó de p[illegible]la.

**NOPALIER**, m. V. NOPALIÈRE.

**NOPALIÈRE**, f. *nopaliér*. Nopalera, tierra en que se plantan nopales ó cactos.

**NOPE**, f. *nóp*. Art. Mota, nudos que se quitan de los paños recien fabricados.

**NOPER**, a. *nopé*. Art. Desmotar, arreglar los hilos y quitar los nudos ó las motas del paño recien fabricado.

**NOPEUSE**, f. *nopeus*. Desmotadora, obrera que se ocupa en la operacion del nopaje.

**NOQUET**, m. *noqué*. Plomada, planchas de plomo que se colocan en los techos y á lo largo de las canales para conducir las aguas llovedizas y proteger las maderas.

**NOQUETER**, n. ant. *nocté*. Andar errando por la noche. || Tiritar, temblar de frio.

**NOQUETIS**, m. ant. *nocti*. Castañeteo de dientes á causa del frio.

**NORANTÉE**, f. *noranté*. Bot. Norantia, género de plantas de América.

**NORD**, m. *nór*. Norte, la parte del horizonte opuesta á la del Mediodía. || Norte, el polo del mundo que corresponde á la estrella polar ártica. || Norte, viento, aire que sopla de hácia los paises ó regiones del Norte. || Mar. *Faire le nord*, navegar hácia el Norte. *Perdre le nord*, perder el Norte, desorientarse, perder el rumbo. || Se usa tambien como adjetivo. *Le pôle nord*, el polo norte.

**NORD-EST**, m. *nordést*. Nordeste, la parte del mundo situada entre entre el Norte y el Este.

**NORDESTER**, [illegible] Nordestear, [illegible]

**NORD-NORD-EST**, [illegible] nordeste, parte del [illegible] tuado entre el Norte y [illegible] que sopla de aquella parte.

**NORD-NORD-OUEST**, [illegible] Nornoroeste, [illegible] entre el Norte y el [illegible] pla de la misma parte.

**NORD-OUEST**, [illegible] te, parte del horizonte [illegible] media entre el Norte y el [illegible]

**NORDOUESTER**, [illegible] roestear, declinar hácia [illegible]

**NORIA**, f. *nória*. Noria, máquina hidráulica para [illegible] ras.

**NORIMON**, m. [illegible] lanquia, especie de silla de [illegible] usa en el Japon.

**NORIQUE**, adj. y s. [illegible] tante de la Nórica ó [illegible] rica. || m. La lengua nórica.

**NORITE**, f. *norít*. [illegible] dad de granito.

**NORMAL**, **E**, adj. [illegible] gular, que sirve de [illegible] estado normal, natural [illegible] personas y demas seres [illegible] *normale*, escuela normal [illegible] formar maestros [illegible] || Hist. nat. Regular.

**NORMALEMENT**, adv. [illegible] Normalmente, naturalmente [illegible] regular.

**NORMALITÉ**, f. [illegible] dad, naturalidad, regularidad [illegible]

**NORMAND**, **E**, adj. y s. [illegible] mando, de la Normandía. || [illegible] *mande*, respuesta equívoca [illegible] *normand*, no decir sí ni no.

**NORMANDER**, a. [illegible] limpiar el grano trillado.

**NORMANISME** ó **NO**[illegible] *normanism*, [illegible] modo de hablar propio de [illegible] Carácter peculiar de los [illegible]

**NORME**, f. *nórm*. [illegible] á que debe ajustarse la [illegible] nes, etc.

**NORMELLE**, f. [illegible] vulgar de la mería.

**NORONHIE**, f. [illegible] nero de plantas [illegible]

**NOROPS**, m. [illegible] nero de reptiles, especie [illegible]

**NORRENQUIER**, m. [illegible] ganadero, el que cria ganado [illegible]

**NORTÉNIE**, f. [illegible] género de plantas de [illegible]

**NORTIER**, **NORESTIER** [illegible] m. *nortié*, *norestié*. [illegible] ganado. Se dice en algunas [illegible] de Francia.

**NORWÉGIEN**, **NE**, adj. [illegible] *én*. Noruego, de Noruega.

**NOS**, adj. poses. pl. de [illegible] nuestras.

**NOSK**, m. *nosc*. [illegible] nes del Zend-Avesta.

**NOSOCOME**, m. [illegible] director de un hospital. [illegible]

**NOSOCOMIAL**, **E**, [illegible] Med. Se dice de las enfermedades [illegible] nan en los hospitales.

**NOSOCOMIUM**, m. [illegible] Nosocomio, hospital.

**NOSODOCHE**, m. [illegible] sodoco, hospital.

**NOSOGÉNIE**, f. [illegible] nia, origen y desarrollo [illegible]

**NOSOGÉNIQUE**, adj. [illegible] Nosogénico, concerniente [illegible]

**NOSOGRAPHE**, m. [illegible] el que hace profesion de [illegible]

**NOSOGRAPHIE**, f. [illegible] fía, tratado de las enfermedades [illegible]

**NOSOGRAPHIQUE**, adj. [illegible] sográfico, relativo á la [illegible]

nosologí. Nosologia, tra-
dades.
, adj. nosologíc. Nosoló-
nosologia.
, m. nosologíst. Nosólo-
pa de la nosologia.
pl. nosérís. Nosaires, te-
cedentes de la India.
R. m. pl. noseñeur. Título
ivamente á los miembros
rales ó parlamentos y de
rey. *Au roi et à nosseí-
seíl*, al rey y á los señores
*seigneurs du parlement*
*nt*, á los señores del par-
nte suplica, etc.
, *nostalgí*. Med. Nostal-
ausada por un deseo vio-
patria.
, adj. *nostalgíc*. Med.
iente á la nostalgia. || m.
que está atacado por la

TOCH, m. *nostóc*. Bot.
algas. || Especie de seta.
go que algunos llaman
*tes ó fugitíve*.
f. *nostomaní*. Med. Nos-
melancolía causada por
á su patria.
*nostrasí*. Med. Nostra-
talgia.
Nota, señal que se pone
bro. || Com. Nota, señal
en en ciertos pasajes de
, de una cuenta, factu-
observar alguna cosa.
*notabilité*. Notabilidad,
otable. || Notabilidad, se
notables : *les notabili-*

*notábl*. Notable, repara-
ion. || *Arrêts notables*,
es, las que fijan un punto
nuevo ó controvertido. ||
que se da en Francia á
por su riqueza ó influen-
le elegir y ser elegidos
de las funciones munici-

, adv. *notablmán*. No-
rablemente, mucho.
adj. *notacánt*. Zool. No-
spinas en las espaldas. ||
ero de peces abdomina-
ero de insectos dípteros.
*otéom*. Noteuco, parte
de un mamífero ó de un
nde toda la longitud de

otáge-Notacion, manera
el cilindro de algunos
sica.
*otér*. Notario, escribano
autoriza los contratos,
acciones y demas actos

*otalgí*. Med. Notalgia,
sin fenómenos inflama-

dj. *notalgíc*. Notálgico,
on la notalgia.
adv. *notaman*. Particu-
mente.
adj. *notarísc*. Concer-

adj. *notariál*. Concer-
ó escribanía.
*notaría*. Notaría, escri-
de escribano público.
adj. *notarié*. Testimo-
r escribano, hecho por
lico *acte notarié*, quit-

*notarié*. Formar una es-
bano ó notario, por ante

*otasión*. Anotacion, arte
ta y á la inteligencia el
diferentes modificacio-
, representacion ó signo
les para designar las
.

**NOTE**, f. *nót*. Nota, señal que se hace con una pluma, con un lápiz, con la uña, en un libro, escrito, etc., para poder encontrar el lugar señalado. || Nota, observacion, comentario que se hace sobre un escrito, una obra. || Nota, cuenta de un comerciante. || Notas, comunicacion de los agentes diplomáticos. || Nota, tacha, deshonor que resulta de una accion fea, ó del ejercicio de una profesion vergonzosa. || Notas, caractéres que se usan para escribir música, y los sonidos que ellos representan. || *Note tonique*, nota tónica, la principal ó fundamental de un tono. || *Bien attaquer la note*, dar una entonacion segura y limpia. || prov. y met. *Changer de note, chanter sur une autre note*, mudar de cancion, de bisiesto. || *Cela change de note*, ese es otro cantar.

**NOTÉ, ÉE**, adj. *noté*. Notado. || *Homme noté*, hombre de mala nota, de mala reputacion.

**NOTELÉE**, f. *notlé*. Bot. Notelea, género de plantas de la Nueva Holanda.

**NOTER**, a. *noté*. Notar, señalar, apuntar una cosa para que se advierta ó se tenga presente. || Notar, reparar, observar. || Notar, tachar, poner falta á alguno. || Notar, poner en música. *Noter un air*, poner en música una cancion.

**NOTEUR**, m. *noteur*. Copiante ó copiador de música.

**NOTHITE**, f. *notit*. Bot. Notita, género de plantas de América.

**NOTHOLÈNE**, f. *notolén*. Bot. Notolena, género de plantas de la familia de los helechos, que comprende veinte especies.

**NOTI**, m. *noti*. Com. Añil de primera flor.

**NOTICE**, f. *notís*. Noticia, libro, tratado que da un conocimiento particular de las dignidades, de los empleos, lugares, caminos de un reino, de una provincia, de un país. || Noticia ó extracto razonado que se pone al principio de un manuscrito para hacer conocer el autor, el tiempo en que ha vivido, y para dar una idea general de la obra.

**NOTIE**, f. *notí*. Nocia, piedra preciosa.

**NOTIFICATION**, f. *notificasión*. Notificacion, acto de notificar.

**NOTIFIER**, a. *notifié*. Notificar, hacer saber á uno por justicia alguna providencia.

**NOTIOMÈTRE**, m. V. HYGROMÈTRE.

**NOTION**, f. *nosión*. Nocion, conocimiento, idea que se tiene de alguna cosa.

**NOTITE**, f. *notit*. Miner. Notita, variedad de granito.

**NOTOCÈRE**, m. *notosér*. Bot. Notócero, género de plantas cruciferas.

**NOTODONTE**, m. *notodónt*. Zool. Notodonte, género de mariposas nocturnas.

**NOTOGRAPHE**, adj. *notograf*. Zool. Notógrafo, que tiene manchas en el lomo.

**NOTOIRE**, adj. *notuar*. Notorio, sabido de todos, público, evidente.

**NOTOIREMENT**, adv. *notuarmán*. Notoriamente, manifiestamente, evidentemente.

**NOTOLÈNE**, f. *notolén*. Bot. Notolena, género de helechos.

**NOTOPHOLIDE**, m. *notofolíd*. Zool. Notofólido, género de reptiles saurianos.

**NOTOPS**, adj. *notóps*. Zool. Notope, que tiene los ojos en el lomo.

**NOTOPTÈRE**, m. *notoptér*. Zool. Notóptero, género de pescados huesosos. || adj. Notóptero, que tiene una ó mas aletas en el lomo.

**NOTORIE**, f. ant. *notorí*. Notaría, empleo ó ocupacion del notario.

**NOTORIÉTÉ**, f. *notorieté*. Notoriedad, conocimiento general, público, de una cosa ó de un hecho, evidencia.

**NOTOXE**, m. *notócs*. Zool. Notoxo, género de insectos coleópteros.

**NOTOZÉPHYRE**, m. *notosefír*. Notocéfiro, viento del sudeste. || Notocéfiro, lugar de donde sopla este viento.

**NOTRE**, adj. pos. *nótr*. Nuestro, que es de nosotros ó nos pertenece, que tiene relacion con nosotros. El plural es nos, nuestros, nuestras : *notre patrie, nos ancêtres*. || Cuando *notre* está seguido de un sustantivo, no tiene acento circunflejo ; pero le tiene en el caso contrario, ya siendo sustantivo, ya pronombre posesivo : v. gr. *c'est votre avis, ce n'est pas le nôtre*, ese es el parecer de Vd., pero no es el nuestro. || NÔTRE, m. Lo nuestro, lo que nos pertenece ó es de nosotros. *Nous défendons le nôtre*, defendemos lo nuestro ó lo que es nuestro. || *Les nôtres*, m. pl. Nuestros parientes. Los nuestros, los de nuestro país, de nuestro partido, etc.

**NOTRE-DAME**, f. *notrdám*. Nuestra Señora, fiesta de la Santísima Vírgen ; iglesia consagrada á la Santísima Vírgen, y tambien imágen de la Vírgen.

**NOTULATION**, f. *notulasión*. Accion de poner notillas ó apostillas al márgen de un escrito.

**NOTULE**, f. *notúl*. Notilla, apostilla que se pone al márgen de un escrito ó libro.

**NOTULER**, a. *notulé*. Apostillar, poner notillas ó notas breves.

**NOTUS**, m. *nótus*. Noto, viento que viene de la parte del Mediodía.

**NOUAILLEUX, EUSE**, adj. *nualleu, eus*. Nudoso, que tiene muchos nudos.

**NOUASSE**, f. *nuás*. Com. Nuez moscada silvestre.

**NOUE**, f. *nú*. Canal, la teja contraria á la cobija. || Lavajo, sitio húmedo y pantanoso. || Tierra húmeda y crasa. || *Noues*, pl. Tripas de bacalaos salados.

**NOUÉ, ÉE**, adj. *nué*. Anudado. || Blas. Anudado, se dice de la cola del leon que tiene ciertos nudos ó borlas. Tambien se dice de las piezas atadas con ligaduras de diverso esmalte. || *Enfant noué*, niño raquítico. || *Homme tout noué de goutte*, hombre gafo de la gota. || Bot. Anudado, cuajado. *Fleur nouée*, flor anudada, flor hembra ó hermafrodita que pasa por encima del embrion. || Lit. *Pièce de théâtre bien ou mal nouée*, pieza ó drama bien ó mal tramado. || NOUÉ, m. Cir. Vendaje usado en la region parotídea. || NOUÉE, f. Agr. V. NOUE. || *Nouées*, f. pl. Mont. El estiércol del ciervo desde mediados de mayo hasta fin de agosto.

**NOUEMENT**, m. *numán*. Añudamiento, añudadura, accion de anudar, de hacer nudos. || Ligadura, sortilegio por medio de un nudo que se dice usan los hechiceros. Se llama *nouement d'aiguillette*.

**NOUER**, a. *nué*. Anudar, hacer un nudo para atar alguna cosa. || Envolver en alguna cosa haciendo un nudo. || met. y fam. *Nouer l'aiguillette*, anudar, ligar, hacer un pretendido maleficio con que se impide á los casados la consumacion del matrimonio. || met. Anudar, liar, trabar amistad. || Anudar, formar el nudo, el enredo de las piezas de teatro. || n. Bot. Anudar, cuajar las flores ó frutos. || *Se nouer*, r. Cuajarse las flores ó frutos. || Ponerse gafo de la gota.

**NOUET**, m. *nué*. Muñeca de lienzo en que se pone en fusion alguna cosa. || Cisquero para pasar algun dibujo.

**NOUEUR**, m. *nueur*. El que anuda ó hace nudos.

**NOUEUX, SE**, adj. *nueu, eus*. Nudoso, que tiene muchos nudos. Se usa particularmente hablando de madera.

**NOUGAT**, m. *nugá*. Almendrado ó nogado, pasta hecha con nueces ó almendras, harina y miel.

**NOUILLES**, f. pl. *núll*. Pasta que hacen en Alemania con queso, manteca, harina y huevos.

**NOULET**, m. *nulé*. Canal de los tejados para la caida de las aguas. || Tenaza, el canalon que recoge las aguas de dos tejados contiguos.

**NOURRAIN**, m. *nurén*. Pescado menudo que se echa en los estanques para poblarlos.

**NOURRI, E**, adj. *nurí*. Alimentado, nutrido. || Criado, educado. || *Homme bien nourri*, hombre bien mantenido, de buenas carnes. || met. *Style nourri*, estilo lleno, rico. || *Blés bien nourris*, panes ó mieses bien granados. || *Lettre bien nourrie*, letra bien formada. *Lettre qui n'est pas bien nourrie*, letra demasiado delgada. || *Couleur nourrie*, color bien empastado en la pintura.

**NOURRICE**, f. *nurís*. Nodriza, nutriz, ama de leche, ama de cria. || *Mettre un enfant en nourrice*, poner un niño en ama, dar un niño á criar. || met. Se llama nodriza la provincia que proporciona ó suministra subsistencias á una ciudad, á un pais. *La Sicile était la nourrice de Rome*. || Nutriz, nodriza, nombre que se da á las abejas que están destinadas á cuidar de la concepcion de la criatura hasta su estado de-ovalillo.

**NOURRICERIE**, f. *nuriserí*. Lugar en donde se crian los gusanos de seda, criadero.

**NOURRICIER**, m. *nurisié*. Amo, marido del ama de cria. Úsase tambien como adjetivo: *père nourricier*. || met. y fam. *C'est son père nourricier*, es su bienhechor: se dice hablando del que da de comer á otro. *Père nourricier des pauvres*, hombre que da mucho limosnas.

**NOURRICIER, ÈRE**, adj. *nurisié, ér*. Nutricio, que alimenta, que nutre, que sirve para la nutricion. || *Suc nourricier*, jugo nutricio, el que sirve para nutrir el cuerpo.

**NOURRIR**, a. *nurír*. Alimentar, nutrir, sustentar, mantener, dar el sustento, la comida. || Nutrir, alimentar mucho. || Alimentar, criar, dar el pecho ó de mamar á una criatura. || met. Alimentar, dar pábulo á las pasiones, á la lumbre, etc. || Criar ganados, bueyes, caballos, etc. || Criar árboles, plantas. || Alimentar, mantener, entretener los vicios, las disensiones, las esperanzas, etc. || Alimentar, empastar, dar de color á lo que se ha dibujado. || *Nourrir les lettres*, hacer gruesos los trazos de la letra al escribir. || *Se nourrir*, r. Alimentarse, sustentarse, nutrirse, mantenerse.

**NOURRISSAGE**, m. *nuriságe*. Cria, crianza, cuidado y modo de criar y de enseñar los animales.

**NOURRISSANT, E**, adj. *nurisán*. Nutritivo, sustancioso, que alimenta mucho.

**NOURRISSEUR**, m. *nuriseur*. El que cria vacas ó burras de leche.

**NOURRISSON**, m. *nurisón*. Criatura, niño que está en ama para que le crie. || *Les nourrissons des Muses*, los poetas. || *Les nourrissons de Mars*, los guerreros.

**NOURRITURE**, f. *nuritúr*. Alimento, sustento, comida. || *Prendre nourriture*, tomar alimento. || met. Alimento, sustento, pasto del alma, del entendimiento. || Alimento, amamantamiento, accion y efecto de amamantar. || *Faire des nourritures*, criar ó hacer crias de animales, de aves domésticas.

**NOUS**, pron. pl. de la 1a. pers. *nú*. Nosotros, nosotras. || Nos, se usa en los verbos pronominales ó recíprocos, y cuando es régimen directo ó indirecto del verbo. *Nous nous aimons*, nosotros nos amamos. *Il nous regarde, il nous parle*, nos mira, nos habla. || Nos, palabra que usa el rey ó el juez en su tribunal. || fam. *Nous autres*, nosotros, los que somos del mismo parecer, de la misma clase, los que estamos en un mismo lado.

**NOUURE**, f. V. RACHITISME.

**NOUVEAU** ó **NOUVEL, LE**, adj. *nuvó, nuvél*. Nuevo, reciente, que empieza á ser ó parecer, que existe hace poco tiempo. En este sentido es lo opuesto á *ancien*. *Nouveau*, se usa ántes de una palabra masculina que empiece por consonante ó *h* aspirada; *nouvel*, delante de un nombre masculino. || Nuevo, reciente, se usa tambien hablando de las personas. || *Tout ce qui est nouveau paraît beau*, todo lo nuevo agrada. || *Nouveau* delante del sustantivo tiene algunas veces un sentido diferente del que presenta cuando está despues. *Un habit nouveau*, una casaca de nueva moda. *Un nouvel habit*, una casaca diferente de otra que uno tenia ántes. || *Mots nouveaux*, palabras nuevas, palabras que empiezan á usarse. || *Le nouvel an*, el año nuevo. || *Le nouveau monde*, el Nuevo Mundo, nombre que se dió á la América despues de su descubrimiento. || Nuevo, bisoño, noval, novato, novicio, que no tiene experiencia. En este sentido se dice: *être bien nouveau dans les affaires, dans le monde, dans son emploi*, etc. || *Homme nouveau*, hombre nuevo, que ha hecho una fortuna improvisada. || Nuevo, que se ve ó se oye por primera vez, que sobreviene ó se añade á otra cosa que existia ó se conocia ántes. || *Nouveau-né*, recien nacido. *Nouveau-marié*, recien casado, novio. *Nouveau-venu*, recien venido, recien llegado á un pais, á un lugar. Estos tres son nombres sustantivos compuestos. || Nouveau, m. Nuevo, lo que es reciente. Es tambien adverbio. V. NOUVELLEMENT. || *De nouveau*, loc. adv. Nuevamente, de nuevo, otra vez.

**NOUVEAU-CHRÉTIEN**, m. *nuvocretién*. Cristiano nuevo, nombre que se daba en España y en Portugal á los judíos que abrazaban la religion católica.

**NOUVEAU-CONVERTI**, m. *nuvoconvertí*. Convertido nuevamente.

**NOUVEAUTÉ**, f. *nuvoté*. Novedad, cualidad y estado de lo que es nuevo. || Novedad, mudanza, innovacion. || Novedad, cosa nueva, rara, no vista ni oida ántes. || *Nouveautés*, pl. Novedades, telas al gusto del dia, de moda. Entre libreros, obras nuevas, que se acaban de publicar. || *Magasin de nouveautés*, almacen de cosas nuevas, de modas, del uso y gusto del dia.

**NOUVELIER** ó **NOVELIER, ÈRE**, adj. *nuvelié, novelié, ér*. Novelero, inconstante, epíteto dado por los antiguos poetas á la Fortuna por su instabilidad.

**NOUVELLE**, f. *nuvél*. Noticia, nueva, novedad. || Noticia, aviso que se da de alguna cosa. *Être à la source des nouvelles*, estar en posicion de conocer las noticias mas importantes. || *Nouvelle faite à plaisir*, noticia supuesta ó forjada. *Porteur de mauvaises nouvelles*, correo de malas nuevas. || *S'abreuver de nouvelles*, hartarse de noticias. || Lit. Novela, cuento divertido y no muy largo, ya histórico, ya imaginario.

**NOUVELLEMENT**, adv. *nuvelmán*. Nuevamente, recientemente, de poco tiempo.

**NOUVELLETÉ**, f. *nuvelté*. Jurisp. Tentativa, innovacion en la posesion de alguna heredad.

**NOUVELLISME**, m. *nuvelism*. Novelismo, pasion por las cosas nuevas.

**NOUVELLISTE**, m. *nuvelíst*. Novelero, amigo de noticias, nuevas, etc.

**NOVACULAIRE**, adj. *novaculér*. Miner. Novaculario, que sirve para hacer navajas de afeitar.

**NOVACULITHE**, f. *novaculít*. Novaculista, esquisto que sirve para hacer las piedras por donde se pasan las navajas de afeitar.

**NOVALE**, f. *novál*. Noval, tierra que se rompe de nuevo. || *Novales*, pl. Novales, diezmo que los curas exigian de las tierras nuevas.

**NOVATEUR, TRICE**, m. y f. *novateur, trís*. Novator, novador, innovador, el que intenta hacer alguna innovacion. || adj. Novator, novador, innovador, que desea innovaciones, que las inventa.

**NOVATION**, f. *novasión*. Innovacion, mutacion, alteracion. || Jurisp. Novacion, cambio de una obligacion en otra posterior.

**NOVELLES**, f. pl. *novél*. Novelas, constituciones del emperador Justiniano, que forman la cuarta y última parte del cuerpo del derecho romano.

**NOVEMBRE**, m. *novánbr*. Noviembre, ántes el noveno mes del año, y ahora el undécimo.

**NOVEMDIAL, E**, adj. *novemdiál*. Antig. Novendial, se dice de un sacrificio que se hacia nueve dias consecutivos para aplacar los dioses. || Se usa tambien como sustantivo, y se dice *le novemdial* y *les novemdiales*.

**NOVEMVIR**, m. *novemvír*. Novénviro, nombre de un magistrado de Aténas. Se dió este nombre á los arcontes, que eran nueve.

**NOVENDIAL, E**, adj. V. NOVEMDIAL.

**NOVICE**, m. y f. *novís*. Novicio ó novicia de alguna órden religiosa. || m. Novicio, nombre que se daba á los jóvenes que hacian su aprendizaje ántes de hacerse caballeros. || adj. Novicio, que es nuevo y poco hábil en un oficio, en una profesion. || *Chevalier novice*, caballero novel. || Mar. *Matelot novice*, grumete. || Úsase tambien en sentido figurado. *N'être pas novice*, no ser novicio: tener habilidad.

**NOVICIAT**, m. *novisiá*. Noviciado, esta-

do de los novicios [illegible] ciado, tiempo de [illegible] religiosa. || [illegible] de su instruccion [illegible] do, aprendizaje [illegible]

**NOVISSIME**, adv. [illegible] Nuevamente, [illegible] quito de tiempo [illegible]

**NOYADE**, f. [illegible] muchas personas [illegible] Noyades [illegible] de la república [illegible] clases en [illegible]

**NOYALE**, f. [illegible] navío.

**NOYAU**, m. [illegible] nada para [illegible] que algunos árboles [illegible]

**NOYAU**, m. [illegible] algunos frutos. || [illegible] cor preparado [illegible] *Noyau d'escalier*, [illegible] una escalera de [illegible] alfarero que está [illegible] destinado á [illegible] planar el metal en [illegible] céntrico de este [illegible] en lo moral. || met. [illegible] miento, sociedad, [illegible]

**NOYÉ, ÉE**, adj. [illegible] gado, hablando de [illegible] hablando de cosas [illegible] *homme noyé de dettes* [illegible] por las deudas, muy [illegible] dado. || *Des yeux noyés* [illegible] llados en lágrimas. [illegible] fam. *Un homme noyé* [illegible] que tiene sus negocios [illegible] se algunas veces como [illegible]

**NOYÉ-SPEAS**, m. [illegible] dad en el papel.

**NOYER**, m. *nuayé*. [illegible] bol muy conocido por su [illegible] fruto, la nuez. || *Bois de* [illegible] nogal.

**NOYER**, a. *nuayé*. [illegible] agua ó en otro líquido. [illegible] medio, se dice [illegible] focar, perder, arruinar [illegible] *dans le vin*, perder [illegible] *Noyer son chagrin dans* [illegible] con un trago. || *Noyer* [illegible] demasiado el vino. || [illegible] vias de agua un campo [illegible] *des couleurs*, [illegible] clarlos bien. || En el [illegible] echar la bota [illegible] noyer, r. Ahogarse en [illegible] || met. Anegarse, [illegible] en las lágrimas. || Arruinarse [illegible] *Se noyer dans un verre d'eau* [illegible] poca agua, tropezar en un [illegible]

**NOYON**, m. [illegible] na el juego de las bochas [illegible]

**NOYONNAIS, E**, [illegible] Noyones, de Noyon [illegible]

**NOYURE**, f. [illegible] de embude para [illegible] en una plancha para [illegible]

**NOZAMI**, m. [illegible] dio mas antiguo que el [illegible]

**NU, E**, adj. *nú*. [illegible] Desnudo, por mal [illegible] nudo, en cueros, [illegible] mana. || met. Desnudo, [illegible] ningunos. || met. y [illegible] bre, miserable, [illegible] blando de caballería [illegible] armas defensivas. || [illegible] claro, sin disfraz. [illegible] do precede al [illegible] debe estar unido con [illegible] *nu-tête, nu-jambes*, [illegible] cabeza descubierta, [illegible] das, con los piés [illegible] haciendo concordancia [illegible] *bes nues*, estar, [illegible] estar desnudo, en [illegible] nue, espada desnuda [illegible] *habit trop nu*, [illegible] llano, sin adornos [illegible] casa desamueblada [illegible] pais desnudo, sin [illegible] m. Pint. y Escult. [illegible]

de cifras para hacer mas difícil su lectura.

**NULLEMENT**, adv. *nulmán*. De ningun modo, de ninguna manera. || Nulamente, de un modo nulo, contra las leyes.

**NULLI**, m. *núl-li*. Coc. Null, especie de manjar italiano.

**NULLIFICATEUR**, m. *nulificateur*. Nulificador, el que quiere anular una ley.

**NULLIFICATION**, f. *nulificasión*. Nulificacion, abolicion de una ley.

**NULLIFIER**, a. neol. *nulifié*. Abolir, reducir á la nulidad.

**NULLINERVE**, adj. *nulinérv*. Hist. nat. Nulinervo, que no tiene nervios.

**NULLINERVÉ, ÉE**, adj. *nulinervé*. Bot. Nulinervoso, se dice de las hojas que carecen de nervaduras ó nervosidades.

**NULLIPENNE**, adj. *nulipén*. Ornit. Nulípeno, que no tiene alas.

**NULLIPORE**, adj. *nulipór*. Zool. Nulíporo, que no tiene poros aparentes.

**NULLITÉ**, f. *nulité*. Nulidad, vicio, defecto que hace nulo un acto. || met. Nulidad, carencia absoluta de mérito en alguna persona. || Inaccion, impotencia.

**NUMANTIN, E**, adj. y s. *numantén, ín*. Numantino, de Numancia, ciudad antigua de España.

**NÛMENT**, adv. *numán*. Desnudamente, de un modo desnudo. || met. Lisa y llanamente, sin disfraz, sin ficcion. *Dire nûment la vérité*, decir la verdad lisa y llanamente. || En cueros.

**NUMÉRABLE**, adj. inus. *numerábl*. Numerable, que puede ser contado.

**NUMÉRAIRE**, adj. *numerér*. Numerario, solo se dice del valor legal de las monedas en circulacion, del valor extrínseco. || m. Numerario, moneda acuñada, dinero efectivo.

**NUMÉRAL, E**, adj. *numerál*. Numeral, perteneciente al número, que designa un número.

**NUMÉRATEUR**, m. *numerateur*. Arit. Numerador.

**NUMÉRATIF, IVE**, adj. *numeratif, ív*. Numerativo, que sirve para numerar ó contar. || *Numératif*, m. Gram. Numerativo ó numeral, nombre de número; adjetivo, sustantivo ó adverbio que designa número.

**NUMÉRATION**, f. *numerasión*. Arit. Numeracion, arte de numerar, de contar. || Numeracion, arte de escribir con cifras un número dado, ó de leer un número ya expresado en cifras. || Jurisp. Numeracion, pago actual hecho en dinero contante.

**NUMÉREUX, EUSE**, adj. inus. *numereu, eus*. Numeroso. V. NOMBREUX.

**NUMÉRIQUE**, adj. *numeric*. Numérico, que pertenece á los números.

**NUMÉRIQUEMENT**, adv. *numericmán*. Numéricamente, en número exacto, de un modo numérico.

**NUMÉRO**, m. *numeró*. Número, la cifra numérica que se imprime en algun objeto, en un fardo, libro, etc. || Marca particular que los comerciantes ponen á sus géneros. *Livre de numéro*, libro que sirve en las manufacturas para notar la entrada y salida de mercaderías. || prov. *Entendre le numéro*, saber cuántas son cinco, ó cuántas puas tiene el peine: ser inteligente, saber gobernar sus negocios. || met. y fam. *Marchandise d'un bon numéro*, género de buena calidad.

**NUMÉROSITÉ**, f. *numerosité*. Numerosidad, cualidad de lo que es numeroso.

**NUMÉROTAGE**, m. *numerotáge*. Numeraje, accion de marcar con números ó cifras.

**NUMÉROTATION**, f. *numerotasión*. Numeracion, accion de clasificar por órden de cifras.

**NUMÉROTER**, a. *numeroté*. Numerar, señalar con números fardos, cajones, etc.

**NUMIDE**, adj. y s. *numid*. Númida, habitante de la Numidia.

**NUMIDIEN**, adj. V. NUMIDE.

**NUMISMAL, E**, adj. *numismál*. Numismal, que se asemeja á una moneda. || NUMISMALE, f. Miner. Numismal, especie de piedras calcáreas que imitan las monedas ó tienen su figura.

**NUMISMATE**, m. *numismát*. Numismata ó numismático, el que se dedica al estudio de la numismática.

**NUMISMATIQUE**, adj. *numismatic*. Numismático, que tiene relacion con las medallas antiguas. || f. Numismática, ciencia que tiene por objeto el estudio de las monedas, medallas y otras piezas antiguas.

**NUMISMATISTE**, m. *numismatist*. Numismatista, el que se dedica al estudio de la numismática.

**NUMISMATOGRAPHE**, m. *numismatográf*. Numismatógrafo, autor de una descripcion de medallas.

**NUMISMATOGRAPHIE**, f. *numismatografí*. Numismatografía, descripcion de medallas antiguas.

**NUMISMATOGRAPHIQUE**, adj. *numismatografic*. Numismatográfico, concerniente á la numismatografía.

**NUMME ó NUMMUS**, m. *nóm, nómmus*. Numo, nombre genérico con que designaban los Romanos toda clase de monedas.

**NUMMIFORME**, adj. *nummifórm*. Numiforme, que tiene la forma de una moneda.

**NUMMULAIRE**, adj. *nummulér*. Bot. Numulario, que se parece á una moneda. || f. Numularia, nombre vulgar de la lisimaquia numularia, planta medicinal.

**NUMMULAIRE**, m. *nummulér*. Numulario, cambista ó banquero entre los Romanos.

**NUNCUPATIF, IVE**, adj. *noncupatif, ív*. For. Nuncupativo, se dice del testamento hecho verbalmente, de viva voz.

**NUNCUPATION**, f. *noncupasión*. Nuncupacion, institucion de heredero hecha de viva voz.

**NUNDINAIRE**, adj. *nondinér*. Nundinario, relativo á las núndinas. V. NUNDINES.

**NUNDINAL, E**, adj. *nondinál*. Nundinal, se decia de las ocho primeras letras del alfabeto, que se aplicaban por su órden á todos los dias del año.

**NUNDINATEUR**, m. *nondinateur*. Mit. Nundinador, epíteto de Mercurio, porque presidia las ferias.

**NUNDINATION**, f. *nondinasión*. Nundinacion, tráfico que se hacia en las ferias nundinales.

**NUNDINES**, f. pl. *nondín*. Antig. rom. Núndinas, dias de mercado indicados por las letras nundinales.

**NUNNA**, f. *nonna*. Nuna, tela blanca de la China.

**NUNNESARIE ó NUNNESIE**, f. *nonesarí, nonsí*. Bot. Nunesaria ó nunesia, especie de palmera del Perú.

**NUPTIAL, E**, adj. *nupsiál*. Nupcial, que concierne á las nupcias ó bodas.

**NUQUE**, f. *núc*. Nuca, el extremo del espinazo que se halla debajo del occipital.

**NUREMBERGEOIS, E**, adj. y s. *nuranberjuá*. Nuremberges, de la ciudad de Nuremberg.

**NUTANT, E**, adj. *nután*. Bot. Nutante, se dice de las plantas cuya parte superior se inclina ligeramente á la tierra.

**NUTATION**, f. *nutasión*. Astr. Nutacion, especie de balanceo del eje de la tierra, producido por la atraccion del sol y de la luna. || Bot. Nutacion, facultad que tienen ciertas flores de seguir el movimiento aparente del sol.

**NUTRICIER, ÈRE**, adj. *nutrisié, ér*. Fis. Nutritivo, que alimenta. || Anat. *Artères nutricières*, arterias nutritivas, las que se introducen en los huesos grandes para sustentarlos.

**NUTRIMENT**, m. ant. *nutrimán*. Nutrimento. V. NOURRITURE.

**NUTRITEUR**, m. *nutriteur*. Nutridor. Se decia por *nourrisseur*, *nourricier*.

**NUTRITIF, IVE**, adj. *nutritif, ív*. Nutritivo, que nutre y sirve de alimento.

**NUTRITION**, f. *nutrisión*. Fisiol. Nutricion, funcion natural por la que se convierte el quilo en sustancia animal. || Nutricion, el efecto que resulta de dicha funcion. || Tambien se dice de los vegetales.

**NUTRITIVITÉ**, f. *nutritivité*. Nutritividad, cualidad de lo que es nutritivo.

...s rios, en las fuentes, en los bosques, los prados. || Ninfa, en la antigüedad, cualquier doncella célebre por su hermosura. || Zool. Ninfa ó palomilla, se dice del segundo estado de los insectos. || Ninfa, ...específico de un reptil. || Anat. Ninfa, ...una de las dos prolongaciones membranosas de los órganos sexuales exteriores de la mujer.

...ÉÉ, ÉE, adj. Bot. V. NYMPHÉACÉ. ...ées, f. pl. Ninfeas, tribu de plantas ...áceas.

...ÉA ó NÉNUPHAR, m. nenfea, Bot. Ninfea ó nenúfar, género de ...

...ÉACÉ, ÉE, adj. nenfeacé. Ninfeáceo, semejante á la ninfea ó nenúfar. || ...acées, f. pl. Ninfeáceas, familia de ... cuyo tipo es el género ninfea.

...PHEAU, m. nenfó. Bot. Trébol, ...ático.

...ÉE, f. nenfé. Arq. Ninfeo, sitio ... de fuentes, estatuas, etc., que servia ordinariamente de baños entre los antiguos. || NYMPHÉE, m. Antig. rom. Ninfeo, gruta consagrada á las ninfas.

NYMPHÉUM, m. nenfeóm. Ninfeo, templo de las ninfas.

NYMPHIPARE, adj. nenfipár. Ninfíparo, que pone ó pare ninfas: se dice de algunos insectos.

NYMPHITE, f. nenfít. Med. Ninfitis, inflamacion de las ninfas.

NYMPHOLEPSIE, f. nenfolepsí. Ninfolepsia, especie de delirio en que, segun los antiguos, caia el que habia visto una ninfa. || Med. Ninfolepsia, especie de melancolía.

NYMPHOLEPTE, adj. nenfolépt. Ninfolepto, se dice del que se halla atacado de ninfolepsia.

NYMPHOMANE, adj. y s. f. nenfomán. Med. Ninfómana, se dice de una mujer atacada de ninfomanía.

NYMPHOMANIAQUE, adj. nenfomaniác. Ninfomaníaco, perteneciente á la ninfomanía.

NYMPHOMANIE, f. nenfomaní. Med. Ninfomanía, especie de furor uterino.

NYMPHOTOME, m. nenfotóm. Cir. Ninfótomo, instrumento de cirugía que sirve para hacer amputaciones en las ninfas.

NYMPHOTOMIE, f. nenfotomí. Cir. Ninfotomía, escision en las ninfas.

NYMPHOTOMIQUE, adj. nenfotomíc. Ninfotómico, concerniente á la ninfotomía.

NYPA, m. nipa. Bot. Nipa, palmera grande de la India.

NYROCA, m. niróca. Zool. Niroca, especie de ánade.

NYSA, f. nisa. Mit. Nisa, nodriza de Baco.

NYSÉEN, E, adj. y s. niseén, én. Niseno, de la ciudad de Nisa.

NYSSALU, m. nisalú. Bot. Nisalu, árbol de la India.

NYSTAGME, m. nistágm. Med. Nistagma, declinacion espasmódica de los párpados cuando se tiene mucho sueño.

NYSUS, m. nisus. Mit. Niso, nombre del que se encargó de la educacion de Baco.

# O.

O, décimaquinta letra del alfabeto y cuarta de las vocales. La o es muda ... casos: 1º. en las palabras paon, Laon, nombre de ciudad y en laonnois derivado, que se pronuncian pan, ..., lané: 2º. en la letra doble œ, Œdipe, Œta, que se pronuncian édip, éta; ... las voces bœuf, œuf, nœud, cœur, ...œur, cuya pronunciacion es beuf, euf, ..., œillet, œillade, se pronuncian también ..., eill, ouillé, eullad. || La o, entre los egipcios, era el emblema de la eternidad ..., porque despues de perfectamente ..., no se halla en ella principio ni fin. ... delante de un nombre de familia irlandes, es señal de nobleza, ... al de español: v. g. O' Connel, ... || O abreviacion de ouest, en español ... || Liturg. Les O de Noël, nombre ... ó nueve antífonas cantadas por la ... semana siete ó nueve dias ántes de ...; llámanse así porque empiezan todas ... exclamacion O. || En el comercio ... compte ouvert, cuenta abierta ... también la figura numérica llamada cero. ... y met. C'est un o en chiffre, es ...: se dice de un hombre que se mira inútil para todo. || O! interjeccion que ... varios movimientos y afectos del ...

...ISTYS, m. oarist. Oaristo, diálogo ... marido y la mujer en la literatura ... se aplica al de Héctor y Andrómaca ... 6º. libro de la Iliada.

...S, f. oasís. Oasis, espacio adornado ... en medio de un desierto. || ... parada, lugar de descanso despues de ... grande agitacion ó desgracia.

...ARSON, m. obarasón. Obarason, ... entre los Indios.

..., m. óba. Oba, especie de vasija ... los antiguos en las comidas fúnebres.

...ONIQUE, adj. obconíc. Bot. Obcónico, ... tiene la forma de un cono volcado, ... está vuelta hácia abajo.

...RDÉ, ÉE, adj. obcordé. Bot. Obcordado, que tiene la forma de un corazon ..., ó cuya escotadura está vuelta hácia ... superior.

...RDIFORME, adj. obcordifórm. Bot. ...forme, que tiene la forma de un corazon ...

...IENCE, f. obédiáns. Obediencia, sumision á un superior eclesiástico. || Obediencia, la autoridad de este superior. || Obediencia, precepto del superior, especialmente en las órdenes regulares. || Obediencia, permiso que da el superior á un religioso para ir á predicar, ó la asignacion de oficio para otro convento ó para hacer algun viaje. || Obediencia, en las órdenes regulares el oficio ó empleo de comunidad que sirve ó desempeña un religioso por órden de sus superiores. || Pays d'obédience, territorio de obediencia, los paises en que el Papa da los beneficios.

OBÉDIENCIAIRE, m. obediansiér. Obedienciario, dignidad eclesiástica. En el cabildo de San Justo de Leon de Francia era el primer dignidad.

OBÉDIENCIER, m. obediansié. Obedienciario, religioso que por órden superior sirve un beneficio del que no es titular.

OBÉDIENTIEL, LE, adj. obediansiél. Obediencial, que pertenece, que es relativo á la obediencia.

OBÉIR, n. obeír. Obedecer, someterse á la voluntad, á las órdenes de alguno. || Obedecer, estar sujeto á, estar bajo el dominio de, hablando de paises y pueblos. || Obedecer, ceder, dejarse gobernar ó manejar, hablando de animales. || met. Obedecer, ceder, prestarse, no resistir, dejarse trabajar, hablando de los metales y demas cuerpos inanimados.

OBÉISSANCE, f. obeisáns. Obediencia, sujecion, sumision. || Obediencia, costumbre de obedecer, sumision á las órdenes de los superiores. || Prêter obéissance à un prince, prestar juramento de obedecer á un príncipe ó soberano. || Obéissance vaut mieux que sacrifice, mas vale obedecer que sacrificar: proverbio de la sagrada Escritura. || Obediencia, dominacion, autoridad.

OBÉISSANT, E, adj. obeisán. Obediente, sumiso, sujeto, rendido, hablando de personas. || Obediente, dócil, manejable, hablando de animales y tambien de cosas inanimadas, como materias sólidas que se dejan trabajar. || met. Se dice tambien de las cosas morales: rendre les passions obéissantes à la raison.

OBÉLISCAIRE, f. obelisquér. Bot. Obeliscaria, género de plantas de la América setentrional.

OBÉLISCAL, E, adj. obeliscál. Obeliscal, que pertenece, que se parece al obelisco.

OBÉLISQUE, m. obelisc. Obelisco, especie de pirámide en forma de aguja, con jeroglíficos ó inscripciones grabadas por lo comun en ella. || En obélisque, loc. adv. En obelisco, en forma de obelisco.

OBÉRÉ, ÉE, adj. oberé. Empeñado, alcanzado, cargado de deudas.

OBÉRER, a. oberé. Empeñar, atrasar, hacer contraer deudas. || S'obérer, r. Endeudarse, empeñarse, cargarse de deudas.

OBÈSE, adj. obés. Obeso, que tiene obesidad. Se usa tambien como sustantivo. || Obèse, f. Obesa, nombre de una familia de mamíferos.

OBÉSIFUGE, adj. obesifúg. Obesífugo, que destruye, que impide la obesidad.

OBÉSIGÈNE, adj. obesigén. Obesígeno, que engendra la obesidad.

OBÉSIQUE, adj. obesíc. Obésico, que pertenece, que tiene relacion con la obesidad.

OBÉSITÉ, f. obesité. Obesidad, gordura excesiva en el cuerpo humano. || Obesidad, estado de una persona obesa. || met. Obesidad, estado de un entendimiento rudo, obtuso, estúpido.

OBIER, m. obié. Güelde, sauquillo, rosa de Güeldres, flor del mundo, arbusto.

OBINER, a. obiné. Plantar los árboles muy cerca los unos de los otros hasta que se los trasplanta.

OBIT, m. obít. Aniversario fundado para el descanso del alma de un difunto, y que debe ser repetido en épocas determinadas. || ant. Muerte.

OBITUAIRE, m. obituér. Liturg. Obituario, registro de defunciones que se conserva en una iglesia. Tambien se dice registre obituaire, que puede llamarse libro de partidas de entierros. || Landais dice que obituaire es el registro de los aniversarios fundados. || Beneficiado provisto por muerte de otro beneficiado.

OBJECTER, a. objecté. Objetar, oponer una dificultad á una proposicion ó argumento. || Objetar, reprochar, dar en rostro.

OBJECTIF, IVE, adj. objectíf, ív. Objetivo, que tiene relacion con el objeto, con el asunto. || Ópt. Objetivo, calificacion del cristal de un anteojo ó microscopio que tiene varios, que está mas próximo al objeto. || Teol. Dieu est notre béatitude objective, Dios es el único objeto de nuestra felicidad. || OBJECTIF, m. Objetivo, cristal de un anteojo, de un microscopio ó de un telescopio que está hácia el objeto.

**OBJECTION**, f. *objecsión*. Objecion, dificultad que se opone á una opinion, á una proposicion. || Objecion, reproche sobre la conducta ó modo de obrar.

**OBJECTIVATION**, f. *objectivasión*. Fil. Objetivacion, accion de objetivar; resultado de esta accion.

**OBJECTIVEMENT**, adv. *objectivmán*. Objetivamente, de una manera objetiva.

**OBJECTIVER**, a. *objectivé*. Fil. Objetivar, examinar ó estudiar el asunto de cada una de nuestras percepciones, de nuestras ideas. || Objetivar, hacer objetivo.

**OBJECTIVITÉ**, f. *objectivité*. Fil. Objetividad, existencia de los objetos exteriores, cualidad de lo que es objetivo.

**OBJET**, m. *objé*. Objeto, lo que se percibe por los sentidos y principalmente todo lo que se ofrece á la vista. || Objeto, sujeto, asunto, todo lo que forma la materia de una ciencia, de un arte. || Objeto, fin, término, resultado á que desea llegarse. || Objeto, cosa en un sentido indeterminado: *vendre toutes sortes d'objets*.

**OBJURGATEUR**, m. ant. *objurgateur*. Censor, reprobador, desaprobador, reñidor, el que reprende.

**OBJURGATION**, f. *objurgasión*. Censura, reprension, reproche.

**OBJURGATOIRE**, adj. *objurgatuár*. Que se refiere á la reprension.

**OBJURGUER**, a. ant. *objurgué*. Reprender, reñir, desaprobar.

**OBLADE**, m. *oblád*. Zool. Oblato, nombre vulgar de un pescado del género boya.

**OBLAT**, m. *oblá*. Oblato, el que abraza el estado monástico, haciendo donacion de sus bienes á la comunidad. || Oblato, niño que desde su nacimiento era ofrecido á Dios por sus padres en un monasterio para que fuese religioso. || Oblato, religioso lego. || Oblato, soldado inválido que tenia en otros tiempos alojamiento, comida y vestido en alguna abadía ó priorato de patronato real.

**OBLATE**, f. *oblát*. Oblata, se dice en las mismas acepciones que *oblat*. || Oblata, pan sin levadura, muy delgado, que sirve para hacer hostias.

**OBLATEUR**, m. *oblateur*. El que hace una oblacion.

**OBLATION**, f. *oblasión*. Oblacion, sacrificio, ofrenda que se hace á Dios.

**OBLATIONNAIRE**, m. *oblasionér*. Sacerdote que vivia de oblaciones, de ofrendas.

**OBLATOIRE**, m. *oblatuár*. Molde de hierr que sirve para hacer las hostias y obleas.

**OBLECTER (S')**, r. ant. *soblecté*. Deleitarse. V. SE DÉLECTER.

**OBLIAGE**, m. *oblidge*. Feud. Multa que pagaban los vasallos cuando faltaban ó se retrasaban en pagar el dia señalado.

**OBLIAL**, m. *oblidl*. Feud. Sueldo, renta anual que pagaban los vasallos á sus señores en dinero ó en gallinas.

**OBLIGATION**, f. *obligasión*. Obligacion, vínculo que nos impone algunos deberes pertenecientes á la religion, á la vida civil, á la moral, etc. || Obligacion, favor, merced, beneficio que se debe á alguno. *Avoir des obligations à une personne*, deber favores ó beneficios á una persona. *Avoir obligation de la vie à quelqu'un*, deber á alguno la vida. || Obligacion, acto por el que está uno obligado á dar, á hacer o no hacer alguna cosa. || Obligacion, escritura en que uno se obliga á pagar una cantidad: *une obligation de cinq mille francs*.

**OBLIGATOIRE**, adj. *obligatuar*. Obligatorio, que precisa, que obliga.

**OBLIGATOIREMENT**, adv. *obligatuarmán*. Obligatoriamente, de una manera obligatoria.

**OBLIGÉ, ÉE**, adj. *obligé*. Obligado. || Reconocido, agradecido. V. REDEVABLE. || Indispensable, necesario, forzoso. || Mús. *Récitatif obligé*, recitativo ó recitado acompañado por los instrumentos. || OBLIGÉ, m. Contrata ó escritura de aprendizaje en algun oficio. || Obligado, la persona obligada.

**OBLIGEAMMENT**, adv. *oblijamán*. Con galantería, con obsequio, con agrado, con agasajo.

**OBLIGEANCE**, f. *oblijáns*. Oficiosidad, cortesanía, disposicion á ser útil, á agradar á los demas.

**OBLIGEANT, E**, adj. *obliján*. Oficioso, obsequioso, servicial, servidor.

**OBLIGER**, a. *obligé*. Obligar, imponer la obligacion de hacer alguna cosa. || Obligar, precisar, mover eficazmente á alguna cosa. || Obligar, servir, complacer, hacer un favor, merced ó servicio á alguno. || *Obliger un apprenti*, escriturar un aprendiz para un oficio ó arte, empeñarle ó colocarle en casa de un maestro para cierto tiempo. || Obligar, atar con una escritura. || *S'obliger*, r. Obligarse empeñarse en alguna cosa. || Imponerse la necesidad de. || Ligarse, atarse por medio de una escritura.

**OBLIQUANGLE**, adj. V. OBTUSANGLE.

**OBLIQUE**, adj. *oblic*. Oblicuo, que está sesgado ó inclinado. || met. Oblicuo, falto de franqueza. || Oblicuo, indirecto, torcido, siniestro. *Louange, accusation oblique*, alabanza, acusacion disimulada, en que no se nombran las personas. || Mil. Oblicuo, que se ejecuta á derecha ó á izquierda de una línea de batalla. || Gram. *Cas obliques*, casos oblicuos: son todos excepto el nominativo, que se llama recto, *direct*. || Astr. *Ascension oblique*. V. ASCENSION.

**OBLIQUEMENT**, adv. *oblicmán*. Oblicuamente, de una manera oblicua, al sesgo. || Oblicuamente, de un modo indirecto, por rodeos; por medios siniestros ó malos, torticeramente, con dobles.

**OBLIQUER**, n. *obliqué*. Oblicuar, ir en línea oblicua.

**OBLIQUITÉ**, f. *oblicuité*. Oblicuidad, direccion al sesgo, al traves. || Oblicuidad, inclinacion de cualquier cuerpo. Úsase principalmente en matemáticas y en astronomía: *obliquité d'une ligne, obliquité de l'écliptique*. || Úsase tambien en sentido figurado: *l'obliquité de sa conduite*.

**OBLITÉRATION**, f. *obliterasión*. Accion de borrar el tiempo alguna cosa.

**OBLITÉRER**, a. *obliteré*. Borrar insensiblemente dejando algun vestigio, como hace el tiempo con los manuscritos, las inscripciones, etc. || Se usa tambien en sentido figurado.

**OBLONG, UE**, adj. *oblón, óngue*. Oblongo, que es mas largo que ancho.

**OBLONGIFOLIÉ, ÉE**, adj. *oblongifolié*. Bot. Oblongifoliado, que tiene las hojas oblongas.

**OBNUBILER** ó **OBNUBLER**, a. ant. *obnubilé, obnublé*. Oscurecer, cubrir de una niebla espesa. || Se usa tambien en sentido figurado.

**OBOLAIRE**, f. *obolér*. Bot. Obolaria, género de plantas dicotiledóneas.

**OBOLE**, f. *oból*. Óbolo, moneda ateniense que valia como seis maravedises nuestros. || Ardite, blanca; la mitad de un dinero. || Peso de medio escrúpulo. || met. *Il ne vaut pas une obole*, no vale un ardite.

**OBOMBRER**, a. *obombré*. Cubrir, tapar, cobijar con su sombra.

**OBOMBRATION**, f. *obonbrasión*. Accion de cubrir con su sombra.

**OBORTIVE**, adj. *obortiv*. Que se levanta, que empieza á aparecer. || met. *Peuple obortive*.

**OBOVAL, E**, adj. *obovál*. Bot. Oval, que tiene la forma de un óvalo.

**OBOVATIFOLIÉ, ÉE**, adj. *obovatifolié*. Bot. Obovatifoliado, que tiene las hojas ovales.

**OBOVÉ, ÉE**, adj. *obové*. Bot. Que tiene la forma de un huevo.

**OBPYRAMIDAL, E**, adj. *obpiramidál*. Bot. Obpiramidal, que tiene la forma de una pirámide.

**OBREPTICE**, adj. *obreptis*. Obrepticio, que se pretende ó obtiene por obrepcion.

**OBREPTICEMENT**, adv. *obreptismán*. Obrepticiamente, con obrepcion.

**OBREPTION**, f. [illegible] falsa narracion de un hecho [illegible] una gracia, rescripto, etc.

**OBRON**, m. *obrón*. [illegible] V. AUBERON.

**OBRONNIÈRE**, f. *obroniér*. [illegible] da en lo interior de un arca [illegible] dales. V. AUBERONNIÈRE.

**OBRUER**, a. *obrué*. [illegible] rar á fuerza de peso.

**OBSCÈNE**, adj. *obsén*. [illegible] torpe, lascivo, que ofende [illegible]

**OBSCÉNITÉ**, f. [illegible] deshonestidad, torpeza, [illegible]

**OBSCUR, E**, adj. [illegible] brego, que carece de luz, [illegible] curo, que es ménos claro, [illegible] || Pint. *Clair-obscur*, claro y [illegible] do de dos colores. || met. [illegible] fuso, ininteligible. || Oscuro, [illegible] que no tiene reputacion. || [illegible] cido, humilde, hablando [illegible] de la vida de alguno.

**OBSCURANT**, m. *obscurán*. [illegible] ta, escritor público que [illegible] luces y la filosofía.

**OBSCURANTISME**, m. [illegible] Oscurantismo, sistema de [illegible]

**OBSCURATION**, f. V. [illegible] MENT.

**OBSCURCIR**, a. *obscursír*. [illegible] privar de luz, de claridad. || [illegible] car. || met. Oscurecer, [illegible] la fama, el nombre, la gloria [illegible] r. Oscurecerse, ofuscarse, [illegible] brirse.

**OBSCURCISSEMENT**, m. [illegible] mán. Oscurecimiento, [illegible] oscura. || Ofuscamiento.

**OBSCURÉMENT**, adv. [illegible] curamente, con oscuridad, [illegible] oscura. || Confusamente, [illegible]

**OBSCURIFIER**, a. V. [illegible]

**OBSCURITÉ**, f. [illegible] lobreguez, falta de luz, [illegible] Oscuridad, falta de celebridad [illegible] renombre. || Oscuridad [illegible] de nacimiento. || Oscuridad [illegible] dad en lo que se escribe ó [illegible]

**OBSÉCRATION**, f. [illegible] secracion, figura por la que [illegible] ra la asistencia de Dios ó [illegible] || *Obsécrations*, pl. [illegible] vas que hacian solemnemente [illegible] Romanos en ciertas circunstancias [illegible]

**OBSÉCRER**, a. V. [illegible]

**OBSÉDER**, a. *obsedé*. [illegible] uno, poseerle sin dejarle [illegible] se, hacerse dueño del ánimo [illegible] apartarse de su lado para [illegible] Atormentar, importunar. [illegible] mentar, causar obsesion [illegible] á una persona.

**OBSÈQUES**, f. pl. *obsée*. [illegible] nerales acompañados de pompa [illegible] nia.

**OBSÉQUIEUSEMENT**, adv. [illegible] mán. Obsequiosamente, con [illegible] una manera obsequiosa.

**OBSÉQUIEUX**, [illegible] eus. Obsequioso, rendido, [illegible] el exceso el respeto, la [illegible]

**OBSÉQUIOSITÉ**, f. [illegible] ter ó cualidad del que es [illegible]

**OBSERVABLE**, adj. [illegible] ble, que puede ser observado [illegible]

**OBSERVANCE**, f. [illegible] cia de una regla, ley, [illegible] vancia, rito, práctica, [illegible] antigua. || Observancia, [illegible] den de PP. Franciscos. || [illegible] regla misma ó los estatutos [illegible]

**OBSERVANTIN**, m. [illegible] vante, religioso que observa [illegible] Francisco.

**OBSERVATEUR, TRICE**, [illegible] *servateur, tris*. Observador, [illegible] va. || Observante, el que [illegible] cribe alguna ley ó regla. [illegible] fenómenos de la naturaleza, [illegible] de los hombres, de los [illegible] astros, etc. || Observador, [illegible] la conducta de los demas. || Observador, espía pagado para observar lo que pasa en los sitios públicos. || Úsase á veces como adjetivo : *œil observateur.*

**OBSERVATION**, f. *observasión*. Observacion, la accion de observar. || *Être, se tenir en observation*, estar en observacion de la llegada de alguno ó de alguna cosa. || Observacion, accion de considerar las maravillas de la naturaleza. || Observacion, resultado de esta accion. || Observancia de las reglas, de los preceptos del arte. || Observacion, anotaciones para explicar ó comentar un autor. || Observacion, reflexion, consideracion, objecion, advertencia.

**OBSERVATOIRE**, m. *observaluár*. Observatorio, edificio destinado para las observaciones astronómicas.

**OBSERVER**, a. *observé*. Observar, guardar y cumplir lo que se manda. || Observar, mirar, considerar con atencion alguna cosa. || Observar, acechar, espiar. || *S'observer*, r. Observarse, ser observado, cumplido, seguido. || Observarse, ser mirado ó circunspecto en sus palabras y acciones. || Observarse, mirarse uno á otro con atencion.

**OBSESSION**, f. *obsesión*. Obsesion, estado de una persona atormentada por el maligno espíritu. || Obsesion, martirio, mortificacion, persecucion, lo que padece una persona por la continua presencia de otra que la importuna.

**OBSIDIANE** ó **OBSIDIENNE**, f. *obsidián, obsidién*. Miner. Obsidiana, especie de lava vidriosa ó piedra volcánica.

**OBSIDIONAL**, **E**, adj. *obsidionál*. Obsidional, perteneciente al sitio de una plaza. || Antig. rom. *Couronne obsidionale*, corona obsidional, corona formada con yerbas en el sitio mismo donde habia sucedido el acontecimiento ; se daba al general que habia levantado el sitio de una ciudad. || *Monnaie obsidionale*, moneda obsidional, aquella que en algunas épocas fué preciso acuñar en las plazas ó ciudades sitiadas para suplir la escasez del dinero.

**OBSIGNATEUR**, m. *obsiñateur*. Antig. rom. Testigo que era llamado para firmar un testamento y poner su sello.

**OBSISTER**, n. *obsisté*. Resistir, presentar un obstáculo.

**OBSOLÈTE**, adj. *obsolét*. Obsoleto, anticuado, que ya no está en uso.

**OBSTACLE**, m. *obstácl*. Obstáculo, impedimento, embarazo.

**OBSTACLEMENT**, m. ant. *obstaclmán*. Accion de poner obstáculos.

**OBSTACLER**, a. ant. *obstaclé*. Poner obstáculos.

**OBSTANCE**, f. ant. *obstáns*. Obstáculo, embarazo.

**OBSTANT**, **E**, adj. *obstán*. Obstante, que se opone, que pone impedimentos ú obstáculos.

**OBSTER**, n. *obsté*. Obstar, impedir, estorbar, poner obstáculos.

**OBSTÉTRICAL**, **E**, adj. *obstetricál*. Obstetrical, que se refiere á los partos.

**OBSTÉTRIQUE**, f. *obstetríc*. Obstetricia, ciencia ó arte de los partos. || adj. Obstétrico, que pertenece á la obstetricia.

**OBSTINATION**, f. *obstinasión*. Obstinacion, pertinacia, porfía, terquedad.

**OBSTINÉMENT**, adv. *obstinemán*. Obstinadamente, con obstinacion, terca y porfiadamente.

**OBSTINER**, a. fam. *obstiné*. Obstinar, emperrar, hacer terco ó porfiado á otro. || *S'obstiner*, r. Obstinarse, persistir, porfiar con terquedad y pertinacia.

**OBSTIPITÉ**, f. *obstipité*. Med. Obstipidad, retorcimiento del cuello. V. TORTICOLIS.

**OBSTRUANT**, **E**, adj. *obstruán*. Obstruente, que causa obstrucciones.

**OBSTRUCTIF**, **IVE**, adj. *obstructif, iv*. Obstructivo, obstruente, que causa obstrucciones.

**OBSTRUCTION**, f. *obstrucsión*. Med. Obstruccion, todo obstáculo ó embarazo que encuentran los líquidos al recorrer los vasos que los contienen. || Obstruccion, impedimento de la circulacion de las personas por las calles, caminos, etc. || Obstruccion, impedimento de la circulacion del agua por los canales, del humo de las chimeneas, y generalmente de todo lo que obstruye.

**OBSTRUER**, a. *obstrué*. Obstruir, impedir el paso. || Med. Obstruir, formar ó causar una obstruccion, cerrar y tapar las vias naturales de los humores.

**OBTEMPÉRER**, n. *obtanperé*. For. Obtemperar, obedecer. V. OBÉIR.

**OBTENEUR**, m. *obteneur* (e mudo). Pretendiente, el que solicita incesantemente alguna cosa de un príncipe ó de un gobierno.

**OBTENIR**, a. *obtenír* (e muda). Obtener, alcanzar, conseguir, lograr lo que se solicita.

**OBTENTION**, f. *obtansión*. Obtencion, consecucion, logro. Se usa solo en estilo forense, hablando de la obtencion de privilegios, gracias, de un auto, etc.

**OBTONDANT**, **E**, adj. y s. *obtondán*. Med. Obtundente, que corrige la acritud de los humores.

**OBTONDRE**, a. ant. *obtóndr*. Embotar, entorpecer, enervar.

**OBTURANT**, **E**, adj. *obturán*. Obturante, que cierra.

**OBTURATEUR**, m. *obturateur*. Obturador, lo que cierra. || Cir. Obturador, plancha de oro ó plata, destinada á cerrar un agujero no natural en la parte superior del paladar ó en los huesos del cráneo. || Quím. Obturador, plancha de cristal que se pone sobre las campanas llenas de gases ó líquidos para taparlas y poderlas trasportar de un lado á otro. || **OBTURATEUR**, **TRICE**, adj. Cir. y Anat. *Ligament obturateur, artère obturatrice, veine obturatrice.*

**OBTURATION**, f. *obturasión*. Obturacion, se dice de la manera de cerrar los agujeros que se hacen contra el órden natural en la bóveda del paladar, en los huesos del cráneo, etc.

**OBTURER**, a. Med. V. OBSTRUER.

**OBTUS**, **E**, adj. *obtú, ús*. Geom. Obtuso, se dice del ángulo que es mas grande ó abierto que el recto. || Bot. Obtuso, que termina en punta redondeada. || met. Obtuso, embotado, boto : dícese del entendimiento torpe ó que tiene poca penetracion. *Avoir l'esprit obtus.*

**OBTUSANGLE**, adj. *obtusángl*. Geom. Obtusángulo, que tiene un ángulo obtuso : generalmente se aplica al triángulo.

**OBTUSANGLÉ**, **ÉE**, ó **OBTUSANGULÉ**, **ÉE**, adj. *obtusanglé, obtusangulé*. Bot. Obtusangulado, de ángulos obtusos.

**OBTUSÉ**, **ÉE**, adj. *obtusé*. Bot. Se dice de las hojas cuya punta es obtusa ó redonda.

**OBTUSÉMENT**, adv. *obtusemán*. Obtusamente, de una manera obtusa.

**OBTUSIFOLIÉ**, **ÉE**, adj. *obtusifolié*. Bot. Obtusifoliado, de hojas obtusas.

**OBTUSIPENNE**, adj. *obtusipén*. Zool. Obtusípeno, de alas obtusas.

**OBUS**, m. *obús*. Granada, especie de bala pequeña que se arroja por medio de un obus. || Algunas veces se toma por *obusier*, obus.

**OBUSIER**, m. *obusié*. Obus, especie de mortero para arrojar balas, granadas, etc.

**OBVENIR**, n. *obenír*. Tocar al Estado por sucesion ó por causa de mudanzas en el sistema administrativo. *Ces biens obviennent de droit à l'État.*

**OBVENTION**, f. *obvansión*. Obvencion, impuesto eclesiástico.

**OBVERS** ó **OBVERSE**, m. *obvér, obvérs*. Numism. Anverso, lado ó haz principal de la moneda ó medalla donde está el busto opuesto al reverso. || **OBVERSE**, adj. Vuelto hácia.

**OBVERSEMENT**, adv. ant. *obversman*. De una manera contraria, opuesta á.

**OBVIABLE**, adj. *obviábl*. Obviable, que se puede obviar.

**OBVIER**, n. *obvié*. Obviar, evitar, apartar, desviar los inconvenientes.

**OBVOLUTÉ**, **ÉE**, adj. *obvoluté*. Bot. Plegado á canelones : se dice de las hojas y de los pétalos.

**OCA**, m. *óca*. Bot. Oca, planta indígena de la América, cuya raiz se come cocida y sirve de pan.

**OCAIGNER**, a. *ogueñé*. Espumar los guantes por dentro con ámbar ú otra goma olorosa.

**OCCAM**, **OCCHAM** ú **OCK-HAM**, m. *ocám*. Ocan, monje de una órden religiosa en Inglaterra.

**OCCASE**, adj. f. *ocás*. Astr. Solo se dice en esta expresion : *amplitude occase*, amplitud occídua, distancia del punto del horizonte en que un astro se pone, al observarlo, á uno de los dos puntos del horizonte que cortan el ecuador. Otros dicen en pocas palabras que la *amplitude occase* es la que se observa á la verdadera puesta de un astro.

**OCCASION**, f. *ocasión*. Ocasion, coyuntura, buena proporcion de tiempo ó lugar. || Combate, lance, funcion, encuentro en la guerra. || Motivo, causa, pretexto. || *Prendre l'occasion aux cheveux*, asir la ocasion por los cabellos : aprovechar en debido tiempo la oportunidad que se ofrece. || *Occasion prochaine de péché*, ocasion próxima de caer en pecado. || *D'occasion*, loc. adv. De lance, hablando de las cosas que se compran baratas.

**OCCASIONNAIRE**, m. ant. *ocasionér*. Aventurero, el que busca aventuras.

**OCCASIONNALISME**, m. *ocasionalism*. Ocasionalismo, sistema de las causas ocasionales.

**OCCASIONNEL**, **LE**, adj. *ocasionél*. Ocasional, que da motivo para alguna cosa ó sirve de ocasion.

**OCCASIONNELLEMENT**, adv. *ocasionelmán*, Ocasionalmente, casualmente, por casualidad, por accidente.

**OCCASIONNER**, a. *ocasioné*. Ocasionar, ser motivo ó causa para que suceda alguna cosa.

**OCCIDENT**, m. *ocsidán*. Occidente, aquella parte de nuestro hemisferio por donde se pone el sol. || Occidente, ocaso, correlativo á oriente, como poniente lo es á levante.

**OCCIDENTAL**, **E**, adj. *ocsidantál*. Occidental, que está al Occidente, que pertenece al Occidente. || sust. *Les occidentaux*, los occidentales, los Europeos.

**OCCIPITAL**, **E**, adj. *ocsipitál*. Anat. Occipital, que pertenece al occipucio : *artère occipitale, muscles occipitaux.* || m. Occipital, hueso impar simétrico, situado en la parte posterior é inferior del cráneo, un poco mas arriba del raquis.

**OCCIPUT**, m. *ocsipút*. Occipucio, nombre dado á la parte posterior é inferior de la cabeza, formada por el hueso occipital.

**OCCIRE**, a. ant. *ocsír*. Matar, quitar la vida á alguno.

**OCCIS**, **E**, adj. *ocsí, ís*. Muerto.

**OCCISEUR**, m. ant. *ocsiseur*. Matador, el que mata, que da la muerte, asesino.

**OCCISIF**, **IVE**, adj. *ocsisíf, ív*. Occisivo, mortal.

**OCCISION**, f. *ocsisión*. Muerte violenta. || Matanza, mortandad. En este sentido tambien se ha dicho *occise*.

**OCCITANIE**, f. *ocsitaní*. Occitania, nombre que se da á las provincias del mediodía de Francia. Es el antiguo nombre del *Languedoc*.

**OCCITANIEN**, **NE**, adj. y s. *ocsitanién, én*. Occitano, de la Occitania.

**OCCLUSION**, f. *oclusión*. Med. Oclusion, estado de un vaso, conducto orgánico ó órgano hueco cuya cavidad se encuentra borrada ó tapada en todo ó en parte.

**OCCULTATION**, f. *ocultasión*. Astr. Ocultacion, eclipse, desaparicion pasajera de una estrella ó planeta ocultado por la luna.

**OCCULTE**, adj. *ocúlt*. Oculto, escondido, ignorado, secreto.

**OCCULTÉ**, **ÉE**, adj. *ocullé*. Escondido, tapado, encubierto. Es sinónimo de *occulte*.

**OCCULTEMENT**, adv. *ocultemán*. Ocultamente, escondidamente.

**OCCULTER**, a. ant. *oculté*. Ocultar, esconder, encubrir una cosa, sustraerla á la vista.

**OCCUPANT**, **E**, adj. *ocupán*. Ocupante, que ocupa, que está en posesion. || *Procureur occupant*, procurador constituido para la instruccion de un pleito. || sust. *Premier occupant*, el que llega ó coge primero.

**OCCUPATEUR, TRICE**, m. y f. ant. *ocupatcur, trís.* Ocupador, el que toma ó ocupa alguna cosa.

**OCCUPATION**, f. *ocupasión.* Ocupacion, empleo, negocio ó trabajo en que está uno ocupado. || Habitacion. || Ocupacion, acto de ocupar ó tomar alguna cosa. || Ocupacion, posesion de una plaza, de un país enemigo.

**OCCUPER**, a. *ocupé.* Ocupar, llenar algun espacio, sea de tiempo, sea de lugar. || Ocupar, habitar un cuarto, una casa. || Ocupar, apoderarse, hacerse dueño de un puesto, de una altura, de una fortaleza, de un desfiladero, etc. || Ocupar, hacerse poseedor de un bien. || Ocupar, emplear, dar ocupacion á alguno. || n. Defender, correr con la defensa de una parte litigante. Dícese de los procuradores. || *S'occuper*, r. Ocuparse, emplearse, dedicarse á alguna cosa. *S'occuper c'est savoir jouir.*

**OCCUPEUR**, m. *ocupeur.* Ocupador, el que ocupa.

**OCCURRENCE**, f. *ocurâns.* Ocurrencia, encuentro, suceso casual.

**OCCURRENT, E**, adj. *ocurán.* Ocurrente, que ocurre, que sobreviene.

**OCCURRIR**, n. ant. *ocurír.* Salir al encuentro.

**OCÉAN**, m. *oseán.* Océano, la vasta extension de agua salada que rodea todas las partes del mundo. || Océano, se dice tambien de los océanos particulares, como Océano Atlántico, Océano Pacífico, etc. || met. Océano, todo aquello que por su grandeza ó inmensidad no se puede explicar : *océan de malheurs.*

**OCÉANE**, adj. f. *oseán.* Se dice hablando del Océano, y solo se usa en la expresion *mer océane*, el Océano.

**OCÉANIDES**, f. pl. *oseanid.* Mit. Oceánidas, hijas del Océano y de Tétis.

**OCÉANIE**, f. *oseaní.* Oceanía, una de las partes del mundo.

**OCÉANIEN, NE**, adj. y s. *oseanién, én.* Oceánico, de la Oceanía ó que pertenece á ella.

**OCÉANIQUE**, adj. *oseanic.* Oceánico, que se refiere ó pertenece al Océano.

**OCÉANITIDES**, f. pl. V. OCÉANIDES.

**OCELLATION**, f. inus. *oselasión.* Figura de ojo en las alas del pavo real y de algunas mariposas.

**OCELLE**, m. *osél.* Ojito, ojo pequeño.

**OCELLÉ, ÉE**, adj. *oselé.* Zool. Oculado, que tiene manchas imitando la niña del ojo. || Que tiene figura de ojo.

**OCELLIFÈRE**, adj. *oselifér.* Ocelífero, que tiene circulitos ó manchas semejantes á ojos.

**OCELLUS**, m. *osélus.* Bot. Ocelo, especie de clavel.

**OCÉLOT**, m. *oseló.* Zool. Ocelote, gato-tigre de América, animal muy hermoso.

**OCÉLOSOCHITL**, m. *oselosochítl.* Bot. Planta de América.

**OCHE**, f. *óche.* Tierra laborable. || Jardin rodeado de zanjas.

**OCHIER ó OCIER**, a. ant. *ochié, osié.* Matar, quitar la vida á alguno.

**OCHLOCRATIE**, f. *oclocrasí.* Oclocracia, gobierno en el cual el poder reside en la plebe.

**OCHLOCRATIQUE**, adj. *oclocratíc.* Oclocrático, que pertenece á la oclocracia.

**OCHNA**, f. *ócna.* Ocna, árbol que produce la magnolia.

**OCHODÉE**, f. *ocodé.* Zool. Ocódea, género de insectos coleópteros.

**OCHRE**, f. *ócr.* Ocre, sustancia arcillosa de color ordinariamente amarillo, usada para la pintura.

**OCHREUX, EUSE**, adj. *ocreu, eus.* Ocroso, que es de la naturaleza ó color del ocre.

**OCHROCÉPHALE**, adj. *ocrosefál.* Zool. Ocrocéfalo, de cabeza amarilla.

**OCHROÏTE**, f. *ocroít.* Ocroita, sustancia que se ha reconocido ser un óxido de cerio.

**OCHROPE**, adj. *ocróp.* Zool. Ocrópeo, que tiene los piés de color amarillo.

**OCHROPTÈRE**, adj. *ocroptér.* Zool. Ocróptero, de alas amarillas.

**OCHROPYRE**, f. *ocropír.* Med. Fiebre amarilla, enfermedad que reina en América.

**OCHRURE**, adj. *ocrúr.* Hist. nat. Ocruro, que tiene la cola amarilla.

**OCHTHÈRE**, m. *octér.* Zool. Octero, género de insectos dípteros.

**OCHTHODE**, f. *octód.* Med. Octodes, dícera que tiene los bordes duros é hinchados.

**OCLAGE ú OCLE**, m. ant. *ocláge, ócl.* Presente que hacia el marido á su mujer al tiempo de darle un beso. || Presente ó regalo que se hacia tambien á una viuda.

**OCOCOLIN**, m. *ococolín.* Zool. Ococolina, perdiz de las montañas de Méjico.

**OCONNEUTL**, m. *oconeutl.* Gran pico, pájaro que se cria en Méjico.

**OCOROME**, m. *ocoróm.* Ocoromo, raton cangrejo del Perú.

**OCOTOCHTLI**, m. *ocotóctli.* Ocotocli, especie de lince de Méjico.

**OCOTZINITZCAN**, m. *ocotsinitscán.* Ocosinican, pájaro de Méjico del tamaño de un pichon.

**OCQUISITION**, f. ant. *ocquisisión.* Se decia por *occasion.*

**OCRE** y mejor **OCHRE**, f. *ócr.* Miner. Hierro muy cargado de oxígeno, pulverulento, de color rojizo, ménos pesado que el cinabrio. En el comercio se llama así esta sustancia cuando amarillea mucho, y sirve para pintar. || Metrol. Rijdal, moneda sueca.

**OCREUX, EUSE**, adj. V. OCHREUX.

**OCTACORDE**, m. *octacórd.* Mús. ant. Octacordio, instrumento de los antiguos de ocho cuerdas. || adj. Octacordio, de ocho notas ó tonos diferentes.

**OCTAÈDRE**, m. *octaédr.* Geom. Octaedro, sólido regular terminado por ocho triángulos equiláteros.

**OCTAÉDRIFORME**, adj. *octaedrifórm.* Octaedriforme, de figura de octaedro.

**OCTAÉDRIQUE**, adj. *octaedríc.* Octaédrico, que se refiere al octaedro, que tiene su figura.

**OCTAÉTÉRIDE**, f. *octaeteríd.* Octenio, el espacio de ocho años.

**OCTANDRE**, adj. *octándr.* Bot. Octandrio, que tiene ocho estambrillas en cada flor.

**OCTANDRIE**, f. *octandrí.* Octandria, clase del sistema de Linneo que encierra las plantas cuyas flores tienen ocho estambrillas.

**OCTANDRIQUE**, adj. *octandríc.* Octándrico, que pertenece á la octandria.

**OCTANE**, adj. f. *octán.* Med. Octana, nombre de una calentura cuyos accesos vuelven cada ocho dias.

**OCTANT**, m. *octán.* Mar. Octante, instrumento de observaciones astronómicas. || Octante, una de las constelaciones celestes.

**OCTANTE**, adj. num. *octánt.* Ochenta. Se decia en vez de *Quatre-vingts.*

**OCTANTHÈRE**, adj. *octantér.* Bot. Octántero, que tiene ocho antenas.

**OCTANTIÈME**, adj. ant. *octantiém.* Octogésimo. Se decia por *Quatre-vingtième.*

**OCTAPLES**, m. pl. *octápl.* Octaples, especie de Biblia poliglota á ocho columnas, cuyo autor fué Orígenes.

**OCTATEUQUE**, m. *octateuc.* Octateuco, los ocho primeros libros del antiguo Testamento.

**OCTAVAIRE**, m. *octavér.* Octavario, libro que contiene lo que se debe rezar en los oficios durante la octava. || Der. rom. Octavario, impuesto sobre las cosas venales y que pertenecian al fisco.

**OCTAVE**, f. *octáv.* Octava, espacio de ocho dias, durante los cuales celebra la Iglesia alguna fiesta. || Mús. Octava, tono distante ocho notas de otro. || Octava, cierta composicion poética que consta de ocho versos de once sílabas.

**OCTAVIER**, n. *octavié.* Llegar á la octava sin quererlo, forzando el viento en un instrumento. || Tocar una octava mas alto.

**OCTAVIN**, m. *octavén.* Mús. Caramillo ó flautin, instrumento semejante á la flauta, pero que produce los sonidos en octava alta.

**OCTAVINE**, f. [illegible] cordio de sola una [illegible]

**OCTAVO**, adv. [illegible] gar. || Dícese [illegible] IN-OCTAVO.

**OCTAVON, NE**, m. y f. [illegible] tavo, el ó la que [illegible] una mujer blanca, ó de [illegible] cuarterona.

**OCTIL, E**, adj. *octíl.* [illegible] de uno de los aspectos [illegible] que dos de estos están [illegible] por la octava parte del [illegible]

**OCTOBRE**, m. [illegible] mes del año romano, y [illegible]

**OCTODICÈRE**, m. [illegible] dícero, género de insectos [illegible]

**OCTOGAME**, m. *octogám.* [illegible] que ha estado casado ocho [illegible]

**OCTOGAMIE**, f. [illegible] accion de casarse ocho [illegible] que es octógamo.

**OCTOGÉNAIRE**, adj. [illegible] nario, que tiene ochenta años [illegible] bien de las cosas : [illegible] y f. Octogenario, el ó la que [illegible] años. = fem. Ochentona, [illegible]

**OCTOGONAL, E**, adj. [illegible] Octogonal. V. OCTOGONE.

**OCTOGONE**, adj. *octogón.* [illegible] gono, que tiene ocho lados y [illegible] || m. Octógono, figura poligona [illegible] ocho ángulos y ocho lados. || [illegible] plaza ó fortificacion que tiene [illegible]

**OCTOGYNE**, adj. f. *octogín.* [illegible] neo, que tiene ocho pistilos. [illegible]

**OCTOGYNIE**, f. *octoginí.* [illegible] órden de plantas cuyas flores [illegible] pistilos.

**OCTOGYNIQUE**, adj. [illegible] nico, que pertenece á la [illegible]

**OCTOMÉRIE**, f. [illegible] ria, género de plantas [illegible]

**OCTONAIRE**, adj. [illegible] Octonario, nombre dado á los [illegible] formaban la octava legion.

**OCTONÉ, ÉE**, adj. [illegible] que está dispuesto ocho por [illegible]

**OCTOPÉTALE**, adj. [illegible] pétalo, que tiene ó está [illegible] pétalos.

**OCTOPODE**, adj. *octopód.* [illegible] do, que tiene ocho piés.

**OCTOSEXDÉCIMAL, E**, adj. [illegible] *simál.* Miner. [illegible] figura de un prisma octógono, [illegible] una punta de ocho caras.

**OCTOSEXVIGÉSIMAL, E**, [illegible] *vigesimál.* Miner. [illegible] tiene treinta y cuatro caras.

**OCTOSTÉMONE**, adj. [illegible] Octostémono, que tiene ocho [illegible]

**OCTOSTYLE**, adj. [illegible] tilo, que tiene ocho columnas. [illegible] lo, órden compuesto de ocho [illegible]

**OCTOTRIGÉSIMAL, E**, [illegible] *simál.* Miner. [illegible] treinta y ocho caras.

**OCTOVIGÉSIMAL**, adj. [illegible] Miner. Octovigesimal, que [illegible] ocho caras.

**OCTROI**, m. *octruá.* [illegible] na gracia ó privilegio. || [illegible] accion de otorgar. || [illegible] puestos municipales sobre [illegible] se pagan á la entrada de las [illegible] Administracion ó sitio donde [illegible] derechos.

**OCTROYÉ, ÉE**, adj. [illegible] do, otorgado.

**OCTROYEMENT**, m. [illegible] Concesion, permiso ó [illegible] Accion de conceder una gracia. [illegible]

**OCTROYER**, a. [illegible] ceder alguna gracia, privilegio [illegible]

**OCTUPLE**, adj. *octúpl.* [illegible] contiene ocho veces tanto.

**OCTUPLER**, a. [illegible] petir ocho veces, multiplicar [illegible]

**OCULAIRE**, adj. [illegible] pertenece á los ojos. || *Nerf* [illegible] vio óptico. *Dents oculaires*, [illegible] nos. || *Médecin oculaire*, médico oculista. || *Verre oculaire*, cristal ocular, el de un lente, telescopio, etc., contra el cual se aplica el ojo para ver los objetos. || Gram. *Diphthongue oculaire*, reunion de dos ó mas letras que no forman mas que un solo sonido, como *ai*, *au*, *eu*, *etc.* || *Témoin oculaire*, testigo ocular ó de vista. || OCULAIRE, m. Ocular, cristal de un lente ó microscopio que está vuelto hácia el ojo.

**OCULAIREMENT**, adv. *oculermán*. Ocularmente, por medio de sus propios ojos.

**OCULATION**, f. inus. *oculasión*. Agr. Oculacion, accion de ingertar de escudete.

**OCULÉ, ÉE**, adj. *oculé*. Hist. nat. Oculado, que ofrece manchas circulares de diferentes colores en figura de ojo. || Oculado, que tiene grandes ojos.

**OCULER**, a. *oculé*. Agr. Ocular, ingertar por oculacion.

**OCULI**, m. *óculi*. Óculi, el tercer domingo de Cuaresma, en el cual el introito empieza con estas palabras: *Oculi mei semper*.

**OCULINOMANCIE**, f. *oculinomansí*. Oculinomancia, adivinacion que tiene por objeto descubrir un ladron, sacándole un ojo, despues de varias operaciones supersticiosas.

**OCULINOMANCIEN, NE**, ó **OCULIMANCIEN, NE**, adj. *oculinomansién, én*, *oculimansién, én*. Oculinomántico, que concierne á la oculinomancia. || m. y f. Oculinomántico, el ó la que ejerce la oculinomancia.

**OCULISTE**, m. *oculist*. Oculista, el que se dedica á curar las enfermedades de los ojos.

**OCULUS-CHRISTI**, m. *oculuscrísti*. Bot. Oculus-cristi, amelo, especie de planta.

**OCULUS-MUNDI**, m. *oculusmóndi*. Miner. Oculus-mundi, ónice que es transparente cuando se la moja.

**OCYDROME**, m. *osidróm*. Zool. Ocidromo, género de insectos coleópteros.

**OCYMUM**, m. *osimóm*. Bot. Ocimo, nombre científico de la albahaca. V. BASILIC.

**OCYPÈTE**, f. *osipét*. Mit. Ocipeta, una de las Arpías.

**OCYPODE**, m. *osipód*. Zool. Ocípodo, género de crustáceos decápodos braquiuros.

**OCYROÉ**, f. *osiroé*. Mit. Ociroe, una de las Oceánides.

**OCYTHOÉ**, f. *ositoé*. Mit. Ocitoé, una de las Arpías.

**ODA**, m. *óda*. Oda, entre los Otomanos se da este nombre á una cuadra ó sala. || Oda, division de los genízaros. || Oda, cada division de los pajes del Sultan. || Oda, compañía de tropas regulares. || Oda, secretario del ministro de hacienda.

**ODALISQUE**, f. *odalisc*. Odalisca, mujer del serrallo destinada á los placeres del Sultan.

**ODAXISME**, m. *odacsism*. Med. Odaxismo, comezon ó prurito que experimentan los niños en la primera denticion.

**ODE**, f. *ód*. Oda, nombre dado por los Griegos á todo poema lírico que podia ser cantado. || Entre los modernos, poema que pertenece al género lírico.

**ODELETTE**, f. *odlét*. Odita, oda pequeña.

**ODÉON**, m. *odeón*. Antig. Odeon, teatro de Aténas edificado por Pericles.

**ODEUR**, f. *odeur*. Olor, la impresion que los efluvios de los cuerpos producen en el olfato. || Olor, perfume ó cualquiera olor bueno. || met. Olor, opinion, fama, sea buena, sea mala. || met. *Être en bonne, en mauvaise odeur*, estar en bueno ó mal olor: tener buena ó mala reputacion. || *Mourir en odeur de sainteté*, morir en olor de santidad, en opinion de santo. || *Odeurs*, pl. Olores, toda especie de buenos olores.

**ODIEUSEMENT**, adv. *odieusmán*. Odiosamente, de una manera odiosa.

**ODIEUX, EUSE**, adj. *odieu, eus*. Odioso, aborrecible, digno de odio. Se dice tambien de las cosas. || Jurisp. ant. Odioso, que no es favorable, que es oneroso.

**ODIN**, m. *odín*. Mit. Odino, el mas grande de los dioses escandinavos.

**ODIOSITÉ**, f. ant. *odiosité*. Odiosidad, cualidad de lo que es odioso.

**ODOGRAPHIQUE**, adj. *odografíc*. Odográfico, que indica los caminos.

**ODOMÈTRE**, m. *odométr*. Odómetro, instrumento para medir el camino andado, sea á pié ó sea en carruaje. || Odómetro, instrumento que se agrega á las bombas de mano para saber cuántas vueltas de cigüeñuela ha dado el obrero en el torno.

**ODOMÉTRIE**, f. *odometrí*. Odometría, arte de hacer odómetros.

**ODOMÉTRIQUE**, adj. *odometríc*. Odométrico, que pertenece ó se refiere á la odometría.

**ODONTAGOGUE**, m. *odontagógue*. Cir. Odontagogo, instrumento que sirve para arrancar las muelas.

**ODONTAGRE**, f. *odontágr*. Med. Odontagro, dolor reumático ó gotoso de las muelas ó dientes.

**ODONTALGIE**, f. *odontalgí*. Med. Odontalgia, dolor de muelas ó de dientes.

**ODONTALGIQUE**, adj. *odontalgíc*. Med. Odontálgico, se dice de todo remedio propio para calmar los dolores de muelas ó dientes.

**ODONTHALIE**, f. *odontalí*. Bot. Odontalia, género de algas.

**ODONTINE**, f. *odontín*. Odontina, remedio que sirve para curar el dolor de muelas.

**ODONTISME**, m. ant. *odontism*. Odontismo, tocata de flauta ejecutada en un tono muy agudo.

**ODONTITE**, f. *odontít*. Med. Odontitis, inflamacion de los dientes.

**ODONTOBIE**, f. *odontobí*. Zool. Odontobia, especie de gusano.

**ODONTOGÉNIE**, f. *odontogení*. Odontogenia, sinónimo de denticion. || Parte de la fisiología que trata del modo de desarrollarse los dientes.

**ODONTOGNATHE**, m. *odontoñát*. Zool. Odontoñato, género de pescados huesosos.

**ODONTOGRAPHIE**, f. *odontografí*. Med. Odontografía, descripcion de los dientes.

**ODONTOGRAPHIQUE**, adj. *odontografíc*. Odontográfico, que pertenece ó se refiere á la odontografía.

**ODONTOLITHE**, f. *odontolít*. Med. Odontolita, nombre dado al sarro ó tártaro que se forma sobre los dientes. || Hist. nat. Odontita, diente fósil.

**ODONTOLITHIASE**, f. *odontolitiáz*. Med. Odontolitiasis, formacion de la odontolita ó sarro sobre los dientes.

**ODONTOLOGIE**, f. *odontologí*. Med. Odontología, tratado ó discurso sobre los dientes.

**ODONTOLOGIQUE**, adj. *odontologíc*. Odontológico, que pertenece ó se refiere á la odontología.

**ODONTOLOGISTE**, m. *odontologíst*. Odontologista, el que escribe ó ha escrito sobre la odontología.

**ODONTOPHIE**, f. *odontofí*. Odontofia, sinónimo de denticion.

**ODONTORRHAGIE**, f. *odontorragí*. Med. Odontorragia, hemorragia consiguiente á la extraccion de una muela.

**ODONTORRHAGIQUE**, adj. *odontorragíc*. Odontorrágico, que pertenece ó se refiere á la odontorragia.

**ODONTOSTOME**, adj. *odontostóm*. Zool. Odontóstomo, que tiene la boca dentada.

**ODONTOTECHNIE**, f. *odontotecní*. Odontotecnia, cirugía dentaria ó arte del dentista.

**ODONTOTECHNIQUE**, adj. *odontotecníc*. Odontotécnico, que pertenece ó se refiere á la odontotecnia.

**ODONTOTRIMME**, m. *odontotrím*. Med. Odontótrimo ó dentífrico, sustancia que sirve para limpiar los dientes.

**ODONTOXESTE**, m. *odontocsést*. Cir. Odontoxesto, instrumento que sirve para quitar y limpiar el cáries de los dientes.

**ODOPHYLACE**, m. ant. *odofilás*. Antig. Soldado que velaba por la seguridad de los caminos.

**ODORABILITÉ**, f. *odorabilité*. Odorabilidad, cualidad de lo que afecta al olfato.

**ODORABLE**, adj. *odorábl*. Odorable, lo que puede sentirse ó ser apreciado por el olfato.

**ODORANT, E**, adj. *odorán*. Odorífero, oloroso, fragante.

**ODORAT**, m. *odorá*. Olfato, sentido por el cual juzgamos de los olores.

**ODORATION**, f. *odorasión*. Odoracion, ejercicio activo del sentido del olfato.

**ODORER**, n. ant. *odoré*. Oler, exhalar un olor cualquiera. || a. Oler, olfatear, percibir por el olfato. En el dia se usa en este último sentido sin régimen; se ha querido sustituir este verbo á *sentir*, usado comunmente por oler, para evitar todo equívoco.

**ODOREUX, EUSE**, adj. V. ODORIFÉRANT.

**ODORIFÉRANT, E**, adj. *odoriferán*. Odoriferante, fragante, que esparce buen olor.

**ODORIFÈRE**, adj. *odorifér*. Odorífero, que esparce olor y principalmente un olor agradable.

**ODORIFIQUE**, adj. *odorific*. Odorífico, que hace el olor, que produce el olor.

**ODOROSCOPE**, adj. *odoroscóp*. Odoróscopo, que sirve para apreciar los olores.

**ODOROSCOPIE**, f. *odoroscopí*. Odoroscopia, exámen, conocimiento de los olores.

**ODOROSCOPIQUE**, adj. *odoroscopíc*. Odoroscópico, que pertenece á la odoroscopia.

**ODYSSÉE**, f. *odisé*. Odisea, famoso poema griego de Homero sobre las aventuras de Ulíses á su vuelta á Itaca, despues de la guerra de Troya.

**OÉ ó OHÉ**, interj. *oé*. Voz usada por los carreteros y trajinantes para detener los caballos.

**ŒCUMÉNICITÉ**, f. *ecumenisité*. Ecumenicidad, cualidad de lo que es ecuménico, universalidad, generalidad.

**ŒCUMÉNIQUE**, adj. *ecumeníc*. Ecuménico, universal, general, de todo el orbe ó de toda la tierra habitable. || *Concile œcuménique*, concilio ecuménico, al que todos los obispos de la iglesia católica han sido convocados. Casi no se usa mas que en esta expresion.

**ŒCUMÉNIQUEMENT**, adv. *ecumenicmán*. Ecuménicamente, generalmente, universalmente, de un modo ecuménico.

**ŒCUMÉNISER**, a. *ecumenisé*. Ecumenizar, generalizar, universalizar, hacer general ó universal una cosa.

**ŒDÉMATÉ, ÉE**, adj. *edematé*. Med. Edemado, afectado de edema.

**ŒDÉMATEUX, EUSE**, adj. *edemateu, eus*. Med. Edematoso, que está atacado de edema; que es de la naturaleza del edema.

**ŒDÉMATIE**, f. *edemasí*. Med. Edemacia, fenómenos locales que constituyen el edema.

**ŒDÉMATIÉ, ÉE**, adj. *edematié*. Edematiado, que está atacado de edema.

**ŒDÈME**, m. *edém*. Med. Edema, tumor blando y blanco, sin dolor ni mutacion en la piel, que cede á la impresion del dedo, causado por la infiltracion de la serosidad ó por la de los demas humores.

**ŒDÉMOSARQUE**, f. *edemosárc*. Med. Edemosarca, tumor intermedio entre el edema y el sarcoma.

**ŒDÈRE**, f. *edér*. Bot. Edera, género de plantas sinantéreas.

**ŒDICNÈME**, m. *edicném*. Zool. Edicnema, género de aves conocido vulgarmente con los nombres de pluvial, pardal ó charlito.

**ŒDIPE**, m. *edíp*. Edipo, nombre de un rey de Tébas, célebre por sus desgracias, el cual adivinó el enigma del *sphinx*. || met. Edipo, el que desenvuelve ó explica cuestiones hasta entónces insolubles.

**ŒGAGRE**, m. *egagr*. Egagro, especie de cabra montés. V. ÆGAGRE.

**ŒGLÉE**, f. *eglé*. Eglea, género de decápodos macruros, cuyo tipo es la eglea de Chile.

**ŒIL**, m. *eul*. Ojo, órgano de la vista ó de la vision en el hombre y en los animales. || Mirada, accion de la vista. || La misma vista ó modo de mirar. || Ojo, persona, individuo. || met. Ojo, vista, apariencia. || met. Ojo, la atencion y vigilancia que se pone en alguna cosa. || Ojo, el lustre ó aguas de las perlas, de los diamantes. || Ojo, el agujero de la aguja, de algunas cosas que se ensartan y de herramientas en que entra un mango, etc. || Bot. Ojo, boton ó yema en las plantas. || Ojo, en la imprenta se dice del blanco ó hueco de la letra. || *Coup d'œil*, ojeada, mirada, vistazo. || met. y poét. *L'œil de la nature, de l'univers, du monde*, el sol. || *Loin des yeux, loin du cœur*, ahora que te veo me acuerdo. || *Avoir les yeux au bout des doigts*, ser muy astuto, tener un tacto muy fino. || *Les yeux fermés*, á ciegas, con los ojos vendados. || *A l'œil nu*, á la simple vista, sin anteojo ni microscopio. || *A vue d'œil*, á ojo, á ojo de buen cubero, á bulto, á tiento, sin pesar ni medir, aproximadamente. Tambien significa visiblemente: *cette plante croît à vue d'œil*. || *Yeux*, pl. Los ojos, los anteojos. *Porter des yeux dans sa poche*, llevar anteojos. || Ojos, los poros que forma el pan, el queso, la esponja. || Las gotas de aceite ó grasa que nadan en un líquido, en el caldo. || *Petits yeux*, ojuelos. || Arq. Ojo, abertura ó ventana de forma varia, llamada así porque siempre se parece á un ojo cualquiera. = *Œil-de-bœuf*, tragaluz, claraboya. = *Œil de volute*, ojo de voluta. = *Œil de pont*, ojo de puente. = *Œil-de-dôme*, ojo de una media naranja. || *Œil de perdrix*, ojo de gallo, color del vino. || *Œil de bouc*, fenómeno marino que parece como el cabo del arco iris. || *Œil de l'étrice*, atrice, el hierro donde entran las aciones del estribo. || Bot. *Œil de bœuf*, ojo de buey, manzanilla loca. = *Œil de bouc*, ojo de chivo, lepada ó margarita de los prados. = *Œil de chat*, ojo de gato, puerra, planta. = *Œil de corneille*, ojo de corneja, especie de agárico. = *Œil de cerf*, elafoboso, planta. || *Clin d'œil*, guiñada. *En un clin d'œil*, en un abrir y cerrar de ojos. || *Pas plus que dans l'œil*, absolutamente nada. || *Couver des yeux quelqu'un, quelque chose*, devorar con la vista, mirar con interes á alguna persona ó cosa. || *Faire une chose pour les beaux yeux de quelqu'un*, hacer algun obsequio á alguno por su buena ó linda cara. || *Ne pas fermer l'œil*, no pegar el ojo ó los ojos, no dormir. || *Regarder de mauvais œil*, mirar con malos ojos. || *Se faire signe de l'œil*, hacerse del ojo. || *Avoir l'œil au guet*, estar ojo alerta, observar todo lo que pasa. || *Fermer les yeux à quelqu'un*, asistir á la muerte de alguno. || *Être tout yeux*, hacerse ojos, estar con tanto ojo. || *Faire les yeux doux à quelqu'un*, mirar á alguno cariñosamente. || met. y fam. *Jeter de la poudre aux yeux*, deslumbrar, alucinar, cegar con falsas apariencias. || *Faire les gros yeux*, mirar como quien no ve. || *Aimer quelqu'un comme ses yeux*, querer á alguno como las niñas de sus ojos. || *Regarder entre deux yeux*, mirar de hito en hito. || Med. *Œil de lièvre*. V. LOGOPHTHALME. || Fis. *Œil-de-bœuf*, ojo de buey, nubecilla que se forma en el cabo de Buena Esperanza. || Mar. Ojo, escopleadura grande y cuadrada que atraviesa la coz del mastelero y por la cual se introduce y pasa la cuña de hierro que lo sostiene sobre los baos de la cofa. = *Œil de pie*, ojo de gaza, claro que queda entre el cubo de un moton ó cuadernal y la ligadura ó garganteadura que se da á su gaza. = Ojo, el agujero por donde pasan los cables.

**ŒIL-DU-CHRIST**, m. *euilducrist*. Bot. Amelo, especie de énula llamada ojo de Cristo á causa de la hermosura de su flor.

**ŒILLADE**, f. *eulläd*. Ojeada, mirada dirigida como furtivamente.

**ŒILLADER**, a. *eulladé*. Ojear, mirar, considerar. || Ojear, lanzar miradas, ojeadas.

**ŒILLARD**, m. *eullár*. Art. Ojo, agujero abierto en el centro de una muela.

**ŒILLÉ, ÉE**, adj. V. OCELLÉ.

**ŒILLÈRE**, adj. f. *eullér*. Se dice de los dientes caninos. *Dents œillères*, dientes caninos, colocados debajo del ojo. || Tambien se usa como sustantivo: *arracher une œillère*. || ŒILLÈRE, f. Ojera, copita pequeña destinada á los baños oculares. || Anteojera que llevan los caballos y mulas de tiro.

**ŒILLET**, m. *euillé*. Bot. Clavel, género de plantas cariofiláceas. || Clavel propiamente es la flor, y la planta se llama clavelina. || *Œillet d'Inde*, clavelon, clavel de India. || Ojete, agujero circular rodeado de seda, etc., para pasar por él una trencilla, cordon, etc. || Mar. Gaza, especie de ojo ó bien sea lazo que se forma en un cabo.

**ŒILLETERIE**, f. *eulleteri* (e muda). Sido plantado de claveles; pudiera decirse clavellar.

**ŒILLETON**, m. *eulletón*. Bot. Renuevo de clavel. = Planton ó renuevo de alcachofa. = Retoño de otras plantas. || Mec. Pieza redonda de cobre que se pone en los telescopios en la extremidad de los oculares.

**ŒILLETONNER**, a. *eulletoné*. Quitar los retoños á las plantas, y especialmente á los claveles y alcachofas.

**ŒILLETTE**, f. *euillét*. Bot. Nombre vulgar de la amapola de los jardines. || Aceite que se saca de los granos de la amapola.

**ŒNAS**, m. *enás*. Zool. Enas, paloma zuja ó montesina.

**ŒNÉLÉUM**, m. *eneléom*. Enéleo, medicamento usado en la antigua cirugía, del cual hacen mencion los libros santos bajo el nombre de *bálsamo samaritano*. Segun otros, es una mezcla de vino y aceite para dar fomentaciones.

**ŒNOCARPE**, f. *enocárp*. Bot. Enocarpo, género de palmeras.

**ŒNOL**, m. *enól*. Farm. Enol, el vino considerado como excipiente medicinal.

**ŒNOLATIF, IVE**, adj. *enolatif, iv*. Farm. Enolativo, que tiene vino. || m. Vino medicinal destinado al uso exterior.

**ŒNOLATURE**, f. *enolatúr*. Farm. Enolatura, tintura vinosa de una sustancia medicinal.

**ŒNOLÉ**, m. *enolé*. Farm. Enóleo, medicamento que tiene por excipiente el vino.

**ŒNOLIQUE**, adj. *enolic*. Farm. Enólico, que tiene el vino por excipiente.

**ŒNOLOGIE**, f. *enologí*. Enología, arte de hacer vino, y por extension arte de conservar el vino. || Enología, tratado sobre el arte de hacer el vino.

**ŒNOLOGIQUE**, adj. *enologic*. Enológico, que concierne á la enología ó trata de ella.

**ŒNOLOGISTE**, m. *enologist*. Enologista, que escribe sobre los vinos ó su fabricacion.

**ŒNOLOGUE**, m. *enológue*. Enólogo, el que practica la enología.

**ŒNOMANCIE**, f. *enomansí*. Enomancia, arte de adivinar por medio del vino, reparando el color ó bebiéndolo.

**ŒNOMANCIEN, NE**, adj. *enomansién, én*. Enomántico, que concierne á la enomancia. || adj. y s. Enomántico, que practicaba la enomancia.

**ŒNOMÉLÉ**, m. *enomelé*. Farm. Enoméleo, medicamento obtenido con la mezcla del vino y fermentacion de la miel.

**ŒNOMÈTRE**, m. *enométr*. Enómetro, instrumento para conocer el grado de fuerza del vino ó su calidad.

**ŒNOMÉTRIE**, f. *enometrí*. Enometría, accion de medir el grado de fuerza ó la calidad del vino por medio del enómetro.

**ŒNOMÉTRIQUE**, adj. *enometric*. Enométrico, que pertenece á la enometría.

**ŒNOPE**, adj. *enóp*. Enopo, que tiene apariencia de vino.

**ŒNOPHILE**, adj. *enofil*. Enófilo, que es aficionado al vino. || Úsase como sustantivo.

**ŒNOPHOBE**, adj. y s. *enofób*. Enófobo, que tiene horror al vino.

**ŒNOPHOBIE**, f. *enofobí*. Enofobia, horror al vino.

**ŒNOPHORE**, m. *enofór*. Antig. Enóforo, vasija para guardar vino. || El que cuidaba del vino y de llevarlo á la mesa.

**ŒNOPHORIES**, f. pl. *enoforí*. Antig. Enoforias, fiestas de los Egipcios en que todos los concurrentes tenian un vaso en la mano lleno de vino.

**ŒNOPOTE**, m. *enopót*. Enópota, el que bebe mucho vino.

**ŒNOPTE**, m. *enópt*. Enopto, censor en los festines de Aténas.

**ŒONISTICE**, f. *eonistis*. Eonisticia, adivinacion por el vuelo de las aves.

**ŒONISTICIEN, NE**, adj. y s. *eonistisién, én*. Eonisticiano, el que ó [illegible] la eonisticia.

**ŒSIPE**, m. V. Œ[illegible]

**ŒSOPHAGE**, m. [illegible] tragadero, canal [illegible] conduce la comida y [illegible] al ventrículo.

**ŒSOPHAGIEN, NE**, adj. [illegible] Anat. Esofágeo, que tiene [illegible] tenece al esófago.

**ŒSOPHAGISME**, m. [illegible] Esofagismo, espasmo del [illegible]

**ŒSOPHAGITE**, f. [illegible] gitis, inflamacion del [illegible]

**ŒSOPHAGORRHAGIE**, [illegible] Med. Esofagorragia, hemorragia [illegible]

**ŒSOPHAGORRHAGIQUE** [illegible] gorragic Esofagorrágico, que [illegible] ractéres de la esofagorragia.

**ŒSOPHAGOTOMIE**, f. [illegible] Esofagotomía, incision hecha [illegible] para extraer un cuerpo [illegible]

**ŒSOPHAGOTOMIQUE**, adj. [illegible] mic. Esofagotómico, que perte[illegible] fagotomía.

**ŒSTRE**, m. *éstr*. Zool. [illegible] insectos dípteros muy perjudicial[illegible] males domésticos. || met. Estro, [illegible] || Med. *Œstre vénérien*, [illegible] deseo inmoderado del coito en [illegible]

**ŒSTROMANE**, m. y f. *estro*[illegible] mano, persona atacada de [illegible]

**ŒSTROMANIE**, f. [illegible] tromanía, pasion desenfrenada [illegible]

**ŒSYPE**, m. *esíp*. Churre, [illegible] cíago grasiento que [illegible] despide un olor desagradable. [illegible] sin lavar, lana en vellon.

**ŒSYPIEN, NE**, adj. [illegible] Esipiano, que nace en el [illegible] ganado lanar.

**ŒTITE**, f. *etít*. Miner. [illegible] cilloso y reniforme.

**ŒUF**, m. *euf*. Huevo, [illegible] esférica que ponen las [illegible] Por extension se dice tambien [illegible] los peces, y algunos insectos [illegible] cho absolutamente, se entiende [illegible] llina. || Huevo, en todas las artes [illegible] su forma. || *Blanc d'œuf*, clara [illegible] *Jaune d'œuf*, la yema. || *Œufs* [illegible] huevos revueltos. || *Œufs à la* [illegible] vos pasados por agua ó [illegible] *miroir*, huevos estrellados. || [illegible] *plat*, huevos escalfados. || *Œufs* [illegible] huevos en tortilla. || prov. y [illegible] *l'œuf pour avoir la poule*, [illegible] car reja. Tambien se dice [illegible] *pour avoir un bœuf*. || *Mettre* [illegible] *dans un panier*, poner todo [illegible] asador: emplear todo el [illegible] gocio. || *Plein comme un œuf*, [illegible] lleno. || Arq. *Œuf de* [illegible] cierto adorno en la arquitectura [illegible] *sembler comme deux œufs*, [illegible] dos huevos, como dos gotas de [illegible] *ser ses œufs*, abortar, [illegible]

**ŒUFRIER**, m. *eufrié*. [illegible] que se pasan por agua los [illegible] echando en ella agua cociendo.

**ŒUVÉ, ÉE**, adj. *euvé*. Que [illegible] con huevos: solo se dice [illegible]

**ŒUVRE**, f. *euvr*. Obra, [illegible] que es hecha ó producida por un [illegible] *l'œuvre on connait l'ouvrier*, [illegible] tra se conoce el paño. || *Main* [illegible] manos, la hechura, el trabajo [illegible] artífice en lo que hace. || Arq. [illegible] cuerpo del edificio. || *L'œuvre* [illegible] *l'œuvre de chair*, acto carnal, [illegible] *Œuvre de marée*, la [illegible] los fondos que se da á un [illegible] *vre*, platillos ligeros que se [illegible] sopa. || *Maître des œuvres*, [illegible] yor de las obras. || *Maître* [illegible] *hautes œuvres*, el ejecutor de [illegible] verdugo. || *Maître des basses* [illegible] tante de la limpieza, esto es, [illegible] las letrinas. || Art. Obra, [illegible] tal en la que se engasta [illegible] Obra, fábrica, las rentas [illegible] cion de una iglesia parroquial [illegible] escaño de la fábrica, el banco [illegible] sientan los obreros ó [illegible]

Obra, se dice de las acciones morales, particularmente las que tienen por objeto la salvacion del alma; y en este sentido se dice: *faire une œuvre méritoire*, *une œuvre de miséricorde*, *œuvre pie*, *etc.* || m. Nombre con que se designan las producciones de un músico, todas las obras de un autor, de un grabador: *l'œuvre d'un graveur*, *l'œuvre d'un musicien.* || Obra, lo que contiene plata. || *Le grand œuvre*, la piedra filosofal. || *Le grand œuvre de la rédemption*, la grande obra de la redencion. || *Le grand œuvre de l'Evangile*, la grande obra del Evangelio. || Arq. *Dans œuvre* y *hors d'œuvre*, lo que está dentro ó fuera del cuerpo del edificio. || *Mettre à l'œuvre*, poner la obra á alguno, hacerle empezar el trabajo. || *Se mettre à l'œuvre*, poner manos á la obra, ponerse á trabajar, al trabajo. || *Hors-d'œuvre*, superfluidad, digresion inútil, ó impertinente al asunto principal. || *Mettre en œuvre*, emplear, labrar alguna materia. Engastar piedras en ... || *Œuvres*, f. pl. Obras, escritos, producciones de un autor. En singular una obra se llama *ouvrage* y no *œuvre*; y la coleccion de las obras de varios autores, *le recueil de leurs ouvrages.* || Mar. *Œuvres vives*, obras vivas, las partes de la nave del agua abajo. || *Œuvres mortes*, obras muertas, las que están del escaño arriba.

...VRER, a. y n. ant. V. TRAVAILLER.

...VRIER, m. ant. V. OUVRIER.

...VRISTE, m. euvrist. El que gusta de la coleccion de obras de un autor.

...ENDICES, f. pl. ofandis. Antig. rom. ... cintas que colgaban por los lados de las gorras de los flámines.

...ENSANT, E, adj. ofansán. Ofensivo, injurioso.

...ENSE, f. ofáns. Ofensa, injuria, agravio, ultraje, daño que se hace á otro de palabra ó obra. || Ofensa, falta, pecado.

...ENSÉ, ÉE, adj. ofansé. Ofendido. ... tambien como sustantivo, y significa la persona ofendida: *l'offensé et l'offenseur.*

...ENSER, a. ofansé. Ofender, agraviar, ... hacer una injuria, un agravio. || ... herir, hacer daño á otro físicamente, maltratándole. || Ofender, fastidiar, ... enfado. || *Offenser Dieu*, ofender á Dios, pecar, quebrantar los mandamientos de la ley de Dios. || *S'offenser*, r. Ofenderse, ... enfadarse, enojarse. || Ofenderse ... mente.

...ENSEUR, m. ofanseur. Ofensor, el que ofende ó ha ofendido.

...ENSIF, IVE, adj. ofansif, iv. Ofensivo, que ofende. || Ofensivo, que ataca. || *Traité offensif*, tratado ofensivo. || *Armes offensives*, *guerre offensive*, armas ofensivas, guerra ofensiva.

...ENSIVE, f. ofansiv. Ofensiva, ataque, acometimiento. *Prendre l'offensive*, tomar la ofensiva.

...ENSIVEMENT, adv. ofansivmán. Ofensivamente, de un modo ofensivo.

...ERTE, f. ó OFFERTOIRE, m. ofért, ...tuár. Oferta, ofertorio, la oracion que dice el sacerdote ántes de ofrecer á Dios la hostia y el cáliz. || Ofertorio, parte de la misa que se llama así. De ordinario se dice *offertoire* y no *offerte.*

...FICE, m. ofís. Oficio, obra que cada uno debe hacer y en que está ocupado, segun el lugar y estado que tiene. || Oficio, beneficio, servicio que hace uno á otro. || Oficio, funcion, cargo, empleo. || *D'office*, de oficio, de obligacion. || Oficio, el rezo que tienen obligacion de decir los eclesiásticos. *Office divin*, oficio divino. *Office de la Vierge* ó *petit office*, oficio parvo. || *Saint-office*, santo oficio, el antiguo tribunal de la Inquisicion. || *L'office des morts*, el oficio de difuntos. || f. Oficio, repostería, oficina destinada en las casas principales para hacer dulces y bebidas.

...FICIAL, m. ofisiál. Provisor, juez eclesiástico en quien el obispo delega su autoridad y jurisdiccion, para la determinacion de los pleitos y causas pertenecientes á su foro.

...FICIALITÉ, f. ofisialité. Provisorato, empleo ú oficio de provisor. || Curia eclesiástica ó juzgado, por el lugar donde se tiene.

**OFFICIANT**, adj. y s. m. *ofisián*. Vicario de coro.

**OFFICIEL, LE**, adj. *ofisiél*. Oficial, que está declarado, propuesto por una autoridad competente. || Oficial, de oficio, que está publicado por el gobierno.

**OFFICIELLEMENT**, adv. *ofisielmán*. Oficialmente, de oficio.

**OFFICIER**, n. *ofisié*. Oficiar, celebrar el sacerdote la misa. || Oficiar, ayudar á cantar las misas y demas oficios divinos. || fam. y prov. *Cet homme officie bien*, este hombre menea la herramienta, la tijera: come con buenas ganas, con buen apetito. || m. Oficial, empleado subalterno que trabaja en alguna oficina. || Repostero ó jefe de la repostería. || Mil. Oficial, el que tiene algun mando en la milicia desde alférez inclusive hasta general. || *Officier de santé*, ayudante de médico ó practicante, el que ejerce la medicina sin estar examinado. || *Officier de marine*, oficial de marina. || *Officier de ville* ó *municipal*, concejal. || *Officiers*, m. pl. Oficiales, nombre con que se designa al repostero y al cocinero.

**OFFICIÈRE**, f. *ofisiér*. Religiosa con cargo ó empleo en alguna comunidad.

**OFFICIEUSEMENT**, adv. *ofisieusmán*. Oficiosamente, de un modo oficioso.

**OFFICIEUSETÉ** ó **OFFICIOSITÉ**, f. irón. *ofisieusté*, *ofisiosité*. Oficiosidad, cualidad de lo que es oficioso.

**OFFICIEUX, EUSE**, adj. *ofisieu*, *eus*. Oficioso, servicial, que es amigo de servir; agasajador, obsequioso. || m. irón. Oficioso, el que se entromete en oficio ó negocio que no le incumbe.

**OFFICINAL, E**, adj. *ofisinál*. Oficinal, epíteto que se da á todo medicamento que se halla hecho en las boticas y que se vende sin receta. || *Plantes officinales*, plantas oficinales, las que se cultivan para un uso medicinal.

**OFFICINE**, f. *ofisín*. V. BOUTIQUE. || Oficina, laboratorio, lugar en donde se preparan composiciones químicas.

**OFFRANDE**, f. *ofránd*. Ofrenda, don que se dedica á Dios ó á los santos. || Ofrenda, la que se hace al cura ó sacerdote en la misa mayor. || Ofrenda, por extension, todo lo que se ofrece á una persona.

**OFFRANT, E**, adj. *ofrán*. Ofrecedor, oferente, que ofrece. Úsase en esta frase: *au plus offrant et dernier enchérisseur*, al mayor postor, al que mas puje, al que mas dé.

**OFFRE**, f. *ófr*. Oferta, accion de ofrecer. || Oferta, la cosa ofrecida. || Oferta, ofrecimiento, palabra, promesa.

**OFFRIR**, a. *ofrír*. Ofrecer, hacer una oferta, prometer alguna cosa. || Ofrecer, presentar, dar alguna cosa. || Ofrecer, proponer alguno que dará, tomará, hará, etc. Úsase tambien en sentido figurado. *Offrir l'hommage de son respect, de sa reconnaissance.* || met. *Offrir à Dieu ses maux*, *ses douleurs*, ofrecer á Dios sus males, sus dolores, presentarlos á Dios como en expiacion de sus pecados. || Manifestar, presentar, exponer, poner patente, á la vista alguna cosa para que todos la vean.

**OFFUSQUER**, a. *ofusqué*. Ofuscar, oscurecer, impedir que se vea. || Ofuscar, deslumbrar. || met. Ofuscar, perturbar, turbar: *les passions offusquent la raison.*

**OGDOADE**, f. *ogdoád*. Grupo de ocho cosas ó de ocho personas.

**OGIVAL, E**, adj. *ogivál*. Arq. Ogivo, que está construido en forma de un arco diagonal.

**OGIVE**, f. *ogív*. Geom. Ogiva, bóveda formada por dos arcos de círculo, simétricamente colocados con relacion á su eje, y que se cortan con el vértice formando un arco curvilíneo.

**OGNON**, m. *oñón*. Bot. Cebolla, especie de planta hortense. || Cebolla de flor, como el jacinto y otras. V. BULBE. || Med. Juanete, callosidad que se hace en la parte superior del pié. || Zool. *Ognon blanc*, especie grande de hélice. || fam. *Être mis en rang d'ognons*, estar puesto en ringla, haciendo fila, rueda, etc. || *Être vêtu comme un ognon*, estar bien vestido, hecho un paquetito. || *Chapelet d'ognons*, horca ó ristra de cebollas.

**OGNONADE**, f. *oñonád*. Encebollado, guisado de carne partida en trozos, mezclada con cebollas.

**OGNONET**, m. *oñoné*. Peruco, variedad de pera de verano.

**OGNONETTE**, f. dim. de OGNON. *oñonét*. Cebolleta, cebolla pequeña.

**OGNONNIÈRE**, f. *oñoniér*. Cebollar, tierra sembrada de cebollas.

**OGRE**, m. *ógr*. Ogro, monstruo imaginario que figura en algunos cuentos, á quien se supone alimentarse de carne humana. || Por anal. Comilon, tragon, hombre que come mucho. || fam. *Il mange comme un ogre*, come como un buitre.

**OGRESSE**, f. *ogrés*. Ogresa, mujer de un ogro.

**OGRILLON, NE**, m. y f. *ogrillón*, *ón*. Ogrisito, hijo del ogro ó de la ogresa.

**OGYGIQUE**, adj. *ogigíc*. Ogígico, que es muy antiguo, que se pierde en la noche de los tiempos.

**OH**, interj. *ó*. O! oh! Se usa para denotar sorpresa, admiracion, afliccion, lástima y demas afecciones del ánimo.

**OHÉ**, interj. *oé*. Hé! Sirve para llamar á alguno.

**OIE**, f. *uá*. Zool. Pato, ganso, ánsar, género de aves palmípedas. || *Tirer l'oie*, correr gansos. || *Jeu de l'oie*, juego de la oca, especie de juego de dados. || *Contes de ma mère l'oie*, cuentos de viejas, consejas para divertir á los niños. || prov. *Payer l'oie sans l'avoir mangée*, pagar el pato. || fam. Ganso, epíteto que se da á uno que es muy pollino, muy bruto, muy estúpido, negado. || *Patte d'oie*, punto en que se reunen tres ó mas sendas ó caminos diferentes; y en sentido met., pata de gallina, arrugas que se forman en el ángulo de cada uno de los dos ojos. || *Petite oie*, despojos de ganso que se cortan ántes de meterlo al fuego. || met. Antig. Ornato, adorno que se ponia en forma de lazo en los sombreros, en el pomo de la espada, etc. || Astr. Pato, nombre de una constelacion.

**OIGNARD**, m. **OIGNE**, f. *uañár*, *uañ*. Zool. Nombres vulgares de un ánade silbador.

**OIGNEMENT**, m. *uañmán*. Uncion, accion de ungir.

**OIGNON**, m. Bot. V. OGNON.

**OILLE**, f. *óll*. Olla podrida, cocido que se hace en España con variedad de viandas y legumbres.

**OINDRE**, a. *uándr*. Untar con una sustancia untuosa. || Ungir con el crisma ó sacro óleo; consagrar algun rey ó sacerdote. || *Oindre un malade des saintes huiles*, olear á un enfermo, darle el santo óleo ó la uncion. || prov. *Oignez vilain, il vous poindra; poignez vilain, il vous oindra*, cria cuervos y te sacarán los ojos: quien á su enemigo plaña, en sus manos muere. || *S'oindre*, r. Untarse, frotarse con aceite.

**OING**, m. *uán*. Palabra que solo se usa en la locucion *vieux oing*, unto de coche, manteca rancia que se empleaba para untar los ejes de los carros.

**OINT, E**, adj. *uán*. Untado, ungido, oleado.

**OINTURE**, f. *uantúr*. Unguento ó untura.

**OISEAU**, m. *uasó*. Zool. Pájaro, animal de la clase de las aves. || Artesilla de albañil. || Paletilla en que llevan la argamasa los que trabajan estuco, que tambien se llama *épervier*. || *Oiseau de nuit*, ave nocturna. || *Oiseau de passage*, ave de paso. || *Oiseau de proie*, ave de rapiña. || *Oiseau de paradis*, *du soleil*, ave del paraíso, manucodiata, pájaro del sol. || *Oiseau de rivière*, ave de rio ó acuática. || *Oiseau mouche du Pérou*, tominejo. || *Oiseau moqueur*, sinsonte, arrendajo. || *Oiseau de saint Luc*, el buey ó toro, en estilo jocoso. || *Oiseau d'Afrique*, gallineta africana. || *Oiseau anonyme*, especie de pega reborda. || *Oiseau des Canaries*, canario. || *Oiseau céleste*, águila. || *Oiseau à collier*, halcon mayor. || *Oiseau de Cythère*, la paloma. || *Oiseau goitreux*, el pelícano. || met.

*Être comme l'oiseau sur la branche*, estar en el aire sin saber el término de alguna cosa. || *Petit à petit l'oiseau fait son nid*, poco á poco hila la vieja el copo. || *Le bon oiseau se fait de lui-même*, la virtud nace con el hombre, pero no se hereda. || prov. y fam. *Les oiseaux sont dénichés*, volaverunt, voló el golondrino, para decir que se desapareció ó se escapó una persona. Tambien se dice : *l'oiseau n'y est plus*, *l'oiseau s'est envolé*. || *À vol d'oiseau*, loc. adv. Á vuelo de ave, en línea recta. *À vue d'oiseau*, á vista de pájaro; de alto abajo.

**OISEAU-MOUCHE**, m. *uasomúche*. Zool. Mosquitero, pajarillo que tiene grande analogía con la mosca.

**OISELER**, n. *uaslé*. Pajarear, chuchear, cazar pájaros con red y varetas. || Adiestrar, amaestrar, enseñar algunas habilidades á los pájaros. || a. Amaestrar, enseñar á cazar á un ave de altanería.

**OISELET**, m. dim. de OISEAU. *uaslé*. Pajarillo, ave muy pequeña.

**OISELEUR**, m. *uasleur*. Pajarero, chuchero, el que se dedica á la caza de pájaros.

**OISELIER**, m. *uaslié*. Pajarero, el que cria y vende pájaros.

**OISELLERIE**, f. *uaselri*. Pajarería, cetrería, arte de cazar y criar pájaros. || Pajarera, lugar en que se crian los pájaros.

**OISEUSEMENT**, adv. *uaseusmán*. Ociosamente, de una manera ociosa.

**OISEUX**, **EUSE**, adj. *uaseu*, *eus*. Ocioso, que no hace nada. || Ocioso, inútil, excusado. *Paroles oiseuses*, palabras ociosas, escusadas. *Discours oiseux*, razones vanas, inútiles. Se usa como sustantivo hablando de las personas.

**OISIF**, **IVE**, adj. *uasif*, *iv*. Ocioso, que está sin ocupacion, que no hace nada.

**OISILLON**, m. *uasillón*. Pajarillo, pájaro pequeño.

**OISIVEMENT**, adv. *uasivmán*. Ociosamente, de una manera ociosa.

**OISIVETÉ**, f. *uasivté*. Ociosidad; algunas veces es ocio, descanso. || prov. *L'oisiveté est la mère de tous les vices*.

**OISON**, m. *uasón*. Zool. Ansaron, ánsar pequeño. || met. Gansaron, bruto, idiota, hombre estúpido : *c'est un oison*, *c'est un oison bridé*, *se laisser mener comme un oison bridé*. || *Oison bridé*, ánsar que lleva una pluma atravesada por las aberturas que tiene en la parte superior del pico, para impedirle que atraviese ó se meta entre los bardales.

**OISONNERIE**, f. ant. y fam. V. STUPIDITÉ y SIMPLICITÉ.

**OKIGRAPHE**, m. *oquigráf*. Oquigrafo, el que se ocupa de oquigrafía.

**OKIGRAPHIE**, f. *oquigrafí*. Oquigrafía, manera de escribir con suma rapidez.

**OKIGRAPHIQUE**, adj. *oquigrafic*. Oquigráfico, que tiene relacion con la oquigrafía.

**OLAMPI**, m. *olanpí*. Farm. Olampi, sustancia que se extrae de un vegetal americano desconocido, que da un olor de resina.

**OLANINE**, f. *olanin*. Quim. Olanina, sustancia que se encuentra en el óleo ó aceite animal.

**OLANIQUE**, adj. *olanic*. Quim. Olánico, que tiene la olanina por base.

**OLBERS**, f. *olbér*. Astr. Olbers, planeta que se ha descubierto nuevamente.

**OLDENBOURGEOIS**, **E**, adj. y s. *oldanburjuá*, *ás*. Oldemburgés, de Oldemburgo.

**OLÉAGINEUX**, **EUSE**, adj. *oleagineu*, *eus*. Bot. Oleaginoso, oleoso, que se parece al óleo, que contiene algo de aceite. En estilo comun, aceitoso.

**OLÉANAIRE**, adj. *oleanér*. Oleanario, que exhala un olor de aceite.

**OLÉANDRE**, f. *oleándr*. Bot. Oleandra, género de helechos.

**OLÉATE**, m. *oleát*. Quim. Oleato, sal que produce la combinacion del ácido oléico con una base.

**OLÉCRANARTHROCACE**, f. *olecranartrocás*. Med. Olecranartrocacia, inflamacion de las superficies articulares del codo.

**OLÉCRANE**, m. *olecrán*. Anat. Olecráneo, epífisis de la extremidad humeral del codo.

**OLÉCRÂNIEN**, **NE**, adj. *olecranién*, *en*. Anat. Olecránico, que tiene relacion con el olecráneo.

**OLÉIDE**, adj. *oleíd*. Oleido, que se parece al óleo. || *Oléides*, f. pl. Bot. Oleideas, familia de plantas.

**OLÉIFÈRE**, adj. *oleifér*. Oleífero, que produce el óleo.

**OLÉIFOLIÉ**, **ÉE**, adj. *oleifolié*. Bot. Oleifoliado, que tiene las hojas muy parecidas á las del olivo.

**OLÉIQUE**, adj. *oleic*. Quim. Oléico, que se produce por la saponificacion del aceite.

**OLÉOL**, m. *oleól*. Farm. Óleo, aceite fijo natural.

**OLÉOLAT**, m. *oleolá*. Farm. Oleolato, aceite esencial.

**OLÉO-SACCHARUM**, m. *oleosáccarom*. Farm. Oleosácaro, nombre que se da á la mezcla del azúcar con un aceite volátil.

**OLÉULE**, f. *oleúl*. Farm. Oleula, aceite esencial de una planta.

**OLÉULÉ**, m. *oleulé*. Farm. Oleúleo, nombre de algunos medicamentos formados de aceites volátiles.

**OLÉULIQUE**, adj. *oleulic*. Oleúlico, se dice de los medicamentos que tienen aceites volátiles por bases.

**OLFACTIF**, **IVE**, adj. *olfactif*, *iv*. Olfatorio, que se refiere al olfato.

**OLFACTION**, f. *olfacsión*. Olfacion, ejercicio activo del sentido del olfato.

**OLFACTOIRE**, adj. *olfactuár*. Olfatorio, que pertenece al olfato. || Segun otros, que esparce olor.

**OLIBAN**, m. *olibán*. Olíbano, incienso macho, sustancia producida por una especie de enebro.

**OLIBRIUS**, m. *olibríus*. Sabiondo, pedante, fanfarron, que hace de sabio. *Faire l'olibrius*, pedantear. || Olibrio era un senador romano ignorante, incapaz de gobernar.

**OLIDAIRE**, f. *olidér*. Bot. Sardinera, meaperros, especie de planta.

**OLIGACANTHE**, adj. *oligacánt*. Bot. Oligacanto, que tiene muy pocas espinas.

**OLIGANTHE**, f. *oligánt*. Bot. Oliganta, género de plantas sinantéreas.

**OLIGARCHIE**, f. *oligarchí*. Oligarquía, gobierno de pocos, que está en manos de un corto número de personas.

**OLIGARCHIQUE**, adj. *oligarchic*. Oligárquico, que pertenece á la oligarquía.

**OLIGARCHIQUEMENT**, adv. *oligarchicmán*. Oligárquicamente, segun el sistema oligárquico.

**OLIGARQUE**, m. *oligárc*. Oligarca, miembro de una oligarquía. || Oligarca, partidario del sistema oligárquico.

**OLIGOBLENNIE**, f. *oligoblení*. Med. Oligoblenia, falta de secrecion mucosa.

**OLIGOCARPE**, adj. *oligocárp*. Bot. Oligocarpo, que produce muy pocos granos.

**OLIGOCHOLIE**, f. *oligocolí*. Med. Oligocolia, secrecion poco abundante de bilis.

**OLIGOCHRONE**, adj. *oligocrón*. Oligócrono, que vive, que subsiste muy poco tiempo.

**OLIGOCHRONOMÈTRE**, m. *oligocronométr*. Oligocronómetro, instrumento para medir las pequeñas fracciones del tiempo.

**OLIGOCHYLE**, adj. *oligochíl*. Med. Oligóquilo, que produce poco quilo.

**OLIGOCHYLIE**, f. *oligochilí*. Med. Oligoquilia, falta de suco alimenticio.

**OLIGOCOPRIE**, f. *oligocoprí*. Med. Oligocopria, escasez ó rareza de las deyecciones alvinas.

**OLIGODACRYE**, f. *oligodacrí*. Med. Oligódacria, escasez ó defecto del humor lacrimal.

**OLIGOHÉMIE**, f. *oligoemí*. Med. Oligohemia, falta de sangre.

**OLIGOHYDRIE**, f. *oligoidrí*. Oligohidría, rareza ó falta de abundancia de sudor.

**OLIGOMANIAQUE**, adj. *oligomaniác*. Oligomaníaco, afectado de oligomanía.

**OLOGRAPHE**, adj. *olograf*. For Ológrafo, que está escrito enteramente de mano del autor ó testador: *testament olographe*.

**OLOGRAPHIE**, f. *olografí*. Olografía, acto escrito por la mano del mismo testador.

**OLOGRAPHIER**, a. *olografié*. Olografiar, escribir de su mano un testamento.

**OLONNE**, f. *olón*. Olona, tela de Bretaña que sirve para velas de navío.

**OLOPTÈRE**, adj. *oloptér*. Olóptero, que tiene las alas enteras.

**OLYMPE**, m. *olenp*. Olimpo, montaña de Tesalia tan alta que, segun opinion de los antiguos, parece tocar al cielo. || Poét. Olimpo, el cielo, morada de los dioses del antiguo paganismo. Hablando de las divinidades del paganismo, los poetas toman por metonimia el Olimpo por los dioses mismos.

**OLYMPIADE**, f. *olenpiád*. Olimpíada, período de cuatro años entre los antiguos Griegos.

**OLYMPIEN, NE**, adj. *olenpién, én*. Olimpiano, que pertenece á Olimpia ó á sus habitantes. || Olimpianos, se da este sobrenombre á los doce dioses del paganismo: Júpiter, Marte, Neptuno, Pluton, Vulcano, Apolo, Juno, Vesta, Minerva, Céres, Diana y Vénus. || neol. Olimpiano, majestuoso, imponente.

**OLYMPIONIQUE**, m. *olenpionic*. Olimpiónico, atleta coronado en los juegos olímpicos.

**OLYMPIQUE**, adj. *olenpic*. Olímpico, que pertenece al Olimpo. || f. Olímpica, nombre que se da á las odas de Píndaro.

**OLYNTHIEN, NE**, adj. y s. *olentién, én*. Geog. ant. Olintiano, de Olinto. || *Olynthiennes*, f. pl. Olintianas, discursos que pronunció Demóstenes para determinar á los Atenienses á socorrer la ciudad de Olinto sitiada por Filipo.

**OMACÉPHALE**, m. *omasefál*. Anat. Omacéfalo, monstruo que tiene una cabeza mal formada, y que no tiene brazos.

**OMACÉPHALIE**, f. *omasefalí*. Anat. Omacefalia, monstruosidad que caracteriza los omacéfalos.

**OMACÉPHALIEN, NE**, adj. *omasefalién, én*. Anat. Omacefaliano, se dice de los monstruos por omacefalia.

**OMACÉPHALIQUE**, adj. *omasefalic*. Anat. Omacefálico, que pertenece á la omacefalia.

**OMAGRE**, f. *omágr*. Med. Omagra, gota que ataca el hombro.

**OMALOCARPE**, m. *omalocárp*. Bot. Omalocarpo, género de plantas que se aproximan á la anémona.

**OMALOPODE**, adj. *omalopód*. Entom. Omalópodo, de patas aplanadas.

**OMARTHROCACE**, f. *omartrocás*. Med. Omartrocacia, cáries de la articulacion de la espalda.

**OMALOSOME**, adj. *omalosóm*. Omalósomo, que tiene el cuerpo aplastado.

**OMASUS** ó **OMASUM**, m. *omásus, omásom*. Omaso, ventrículo de los animales rumiantes.

**OMBELLE**, f. *onbél*. Bot. Ombela ó umbela, reunion, conjunto de flores cuyos pedúnculos, de una longitud casi igual, nacen de un mismo punto.

**OMBELLIFÈRE**, adj. *onbelifér*. Bot. Umbelífero, que tiene una ombela. || f. pl. Umbelíferas, familia de plantas dicotiledóneas.

**OMBELLIFORME**, adj. *onbeliform*. Umbeliforme, que tiene la forma de una umbela.

**OMBELLULE**, f. *onbelúl*. Bot. Ombelula, umbela pequeña.

**OMBELLULÉ, ÉE**, adj. *onbelulé*. Umbelado, que está colocado en una pequeña umbela.

**OMBIASSES**, m. pl. *onbiás*. Ombiasos, sacerdotes ó magos de Madagascar.

**OMBILIC**, m. *onbilic*. Ombligo, cicatriz ó especie de nudo que queda formado en medio del vientre, despues de haberse secado y caido el cordon umbelical. || El medio ó centro de cualquier cosa. || Bot. La cavidad que tienen algunas frutas en la parte opuesta al pezon. || Umbílico, profundidad de abajo arriba que se observa en la concha espiral.

**OMBILICAIRE**, adj. f. *onbiliquér*. Hist. nat. Umbilical, que tiene umbílico ú ombligo: se dice hablando de una concha. || OMBILICAIRE, f. Bot. Umbilicaria, género de líquenes.

**OMBILICAL, E**, adj. *onbilicál*. Anat. Umbilical, que tiene relacion con el ombligo. *Cordon ombilical*, cordon umbilical, manojo vascular que se extiende desde la placenta hasta el ombligo del feto, y sirve para su nutricion.

**OMBILIQUÉ, ÉE**, adj. *onbiliqué*. Hist. nat. Umbilicado, que tiene figura de ombligo.

**OMBRAGE**, m. *onbrágɛ*. Sombra, sombraje, umbrío, sombra que hacen los árboles. || met. Sospecha, desconfianza, y tambien celos ó cuidado. En este sentido se dice *donner, causer de l'ombrage*, y siempre en singular. *Faire ombrage*, inquietar.

**OMBRAGÉ, ÉE**, adj. *onbragé*. Sombreado, sombrío, umbrío, cubierto de sombra.

**OMBRAGEANT, E**, adj. *onbraján*. Umbroso, sombroso, que produce sombra.

**OMBRAGER**, a. *onbragé*. Sombrear, hacer sombra, dar sombra. || met. Proteger, cubrir con su sombra. || Sombrear, poner sombras en los dibujos ó pinturas. || *S'ombrager*, r. Sombrearse, cubrirse de sombra.

**OMBRAGEUX, EUSE**, adj. *onbrageu, eus*. Asombradizo, espantadizo: solo se dice de los caballos y otros animales. || met. Suspicaz, desconfiado, receloso, inclinado á la sospecha y desconfianza.

**OMBRE**, f. *ónbr*. Sombra, oscuridad producida por un cuerpo que intercepta los rayos de la luz. || met. Sombra, tristeza, melancolía. || Oscuridad, retiro. *Passer sa vie à l'ombre*, vivir en el retiro, en la oscuridad. || Poét. *Le royaume des ombres*, el reino de las sombras, el infierno. || met. Amparo, proteccion. *Faire ombre*, prestar sombra, proteccion. || met. *Faire ombre à quelqu'un*, hacer sombra á alguno: eclipsar su mérito con otro mérito mayor. || Oscuridad, tinieblas, falta de luz. || Sombra, velo, capa, título, color, pretexto. || Sombra, semejanza, figura de lo que fué. || Sombra, débil apariencia. || Mit. Sombra, espectro, fantasma de alguna persona difunta. || Sombra, matiz oscuro que sirve para dar relieve á los objetos pintados, el fondo oscuro ó partes sombreadas de las pinturas. || Blas. Sombra, pintura tan débil que puede verse al traves de ella el campo del escudo. || *Sous ombre, sous l'ombre de*, loc. prep. Bajo pretexto, bajo apariencia de. Tambien se dice *sous ombre que* con verbo. || *Pas l'ombre de*, ni una sombra, ni un asomo, ni un átomo de. || *Ombres*, pl. Sombras, entre los Romanos las personas que los convidados llevaban consigo. || *Ombres chinoises*, sombras chinescas, figurillas detras de una cortina trasparente. || OMBRE, m. Zool. Umbra, especie de salmon. *Ombre-chevalier*, trucha, una de sus variedades. *Ombre de rivière*, umbra de rio.

**OMBRELLE**, f. *onbrél*. Sombrilla, parasol pequeño de las señoras. || Zool. Umbrela, molusco de la clase de los gasterópodos.

**OMBRER**, a. *onbré*. Sombrear, matizar con sombra las partes de un dibujo ó pintura. || Blas. Sombrear, marcar fuertemente los contornos de una pieza.

**OMBRETTE**, f. *onbrét*. Zool. Ombreta, pájaro del Senegal.

**OMBREUSEMENT**, adv. *onbreusmán*. Sombríamente, oscuramente.

**OMBREUX, EUSE**, adj. *onbreu, eus*. Umbroso, sombrío, que da sombra. || Bot. Umbroso, se dice de las plantas que crecen con preferencia en lugares sombríos.

**OMBRIEN, NE**, adj. y s. *onbrién, én*. Umbriano, de la Umbría, antigua provincia de Italia.

**OMBRIFÈRE**, adj. *onbrifér*. Umbrífero, que produce sombra.

**OMBRINE**, f. *onbrín*. Zool. Umbrina, género de peces acantópodos.

**OMBROMÈTRE**, m. *onbrométr*. Ombrómetro, instrumento para medir la cantidad de las aguas de lluvia.

**OMBROMÉTRIE**, f. *onbrometrí*. Ombrometría, arte, modo de averiguar la cantidad de agua de lluvia que cae en un tiempo dado.

**OMBROMÉTRIQUE**, adj. *onbrometric*. Ombrométrico, concerniente á la ombrometría.

**OMBROPHORE**, adj. *onbrofór*. Ombróforo, que trae consigo lluvia.

**OMÉGA**, m. *oméga*. Omega, la última letra del alfabeto griego. || met. *L'alpha et l'oméga*, el alfa y el omega, el principio y el fin.

**OMELETTE**, f. *omlét*. Tortilla de huevos.

**OMETTRE**, a. *ométr*. Omitir, dejar de hacer una cosa, descuidar. || Omitir, pasar en silencio. || *Omettre de*, n. Dejar de hacer ó de decir lo que se debia hacer ó decir. *J'ai omis de vous dire*, se me ha pasado decir á Vd.

**OMICRON**, m. *omicrón*. Ómicron, o breve del alfabeto griego, décimaquinta letra del mismo.

**OMINEUX, EUSE**, adj. *omineu, eus*. Ominoso, funesto, de mal agüero. || Criminal.

**OMISSION**, f. *omisión*. Omision, falta de ejecucion de una cosa. || Omision, la cosa omitida. || Omision, falta del que omite. || Legis. Omision, falta de cumplimiento de lo que exige la ley.

**OMMANI**, m. *ommaní*. Omani, salvado de maíz á medio cocer.

**OMMASTRÈPHE**, m. *ommastréf*. Zool. Omastrefo, género de cefalópodos.

**OMMIADES**, m. pl. *ommiád*. Omiadas, nombre de los califas árabes, sucesores de Mahomet.

**OMNIBUS**, m. *ómnibus*. Ómnibus, especie de carruaje que se emplea para trasladar personas de un paraje á otro dentro de una misma ciudad.

**OMNICOLOR**, m. *omnicolór*. Zool. Omnicolor, especie de pájaro.

**OMNICOLORE**, adj. *omnicolór*. Omnicoloro, que está matizado de toda clase de colores.

**OMNIFORME**, adj. *omnifórm*. Omniforme, que puede tomar toda clase de formas.

**OMNIGÈNE**, adj. *omnigén*. Omnígeno, perteneciente á todos los géneros, á todas las especies.

**OMNIMODE**, adj. *omnimód*. Omnímodo, de toda especie, que se extiende á todos los modos.

**OMNIPHAGE**, adj. *omnifágɛ*. Omnífago, que vive de toda clase de alimentos.

**OMNIPOTENCE**, f. *omnipotáns*. Omnipotencia, poder infinito.

**OMNIPRÉSENCE**, f. inus. *omniprezáns*. Omnipresencia, facultad de hallarse en todas partes á la vez, presencia en todas partes.

**OMNIPRÉSENT, E**, adj. inus. *omniprezán*. Omnipresente, presente en todas partes.

**OMNIPROGRÈS**, m. *omniprogré*. Omniprogreso, progreso que se extiende á todo.

**OMNISCIENCE**, f. *omnisiáns*. Omnisciencia, la ciencia infinita, que solo Dios posee.

**OMNISCIENT, E**, adj. *omnisián*. Omnisciente, que lo sabe todo.

**OMNIUM**, m. *ómniom*. Omnium, nombre que se da en Inglaterra al conjunto ó reunion de las tres especies de fondos públicos.

**OMNIVOME**, adj. *omnivóm*. Omnívomo, que vomita todo lo que come.

**OMNIVORE**, adj. *omnivór*. Omnívoro, que come de todo. Se dice de los animales que se alimentan de carne y de vegetales igualmente. || *Omnivores*, m. pl. Zool. Omnívoros, clase de pájaros.

**OMOALGIE**, f. *omoalgí*. Med. Omoalgia, dolor que se fija en la espalda.

**OMOALGIQUE**, adj. *omoalgic*. Omoálgico, concerniente á la omoalgia.

**OMOPHAGE**, adj. *omofágɛ*. Omófago, que come carne cruda. Se usa tambien como sustantivo.

**OMOPHAGIE**, f. *omofagí*. Omofagia, hábito de comer carne cruda. || *Omophagies*, pl. Antig. gr. Omofagias, fiestas en honor de Baco, en que se comia carne cruda.

**OMOPHORION**, m. *omoforión*. Omoforion, pequeña capa que los obispos llevaban durante los oficios. Tambien se dice *omophore*.

**OMOPHRON**, m. *omofrón*. Zool. Omofron, género de insectos. Tambien se escribe *homophron*.

**OMOPLATE**, f. *omoplát*. Anat. Omoplato, hueso ancho, plano y laminar que forma la parte posterior de las espaldas.

**OMOULE**, m. *omúl*. Zool. Omolo, especie de peces del género corigonio.

**OMPHACIN**, m. ó **OMPHACINE**, f. *onfasén*, *onfasín*. Farm. Onfacina, aceite de olivas extraido del fruto verde.

**OMPHACOMEL**, m. *onfacomél*. Farm. Onfacomel, infusion de agraz en miel.

**OMPHALE**, f. *onfál*. Mit. Onfale, reina de Lidia, á quien Hércules amó con pasion tan ciega, que olvidó á su lado la gloria hasta el punto de hilar á sus piés.

**OMPHALOBE**, m. *onfalób*. Bot. Consuelda menor, planta.

**OMPHALOCÈLE**, f. *onfalosél*. Med. Onfalocelo, hernia umbilical.

**OMPHALODE**, adj. *onfalód*. Bot. Onfaloides, que tiene la forma de ombligo.

**OMPHALOMANCIE**, f. *onfalomansí*. Onfalomancia, adivinacion que pretenden hacer algunas matronas del número de fetos que quedan en el útero por el número de nudos que trae el cordon umbilical del primero que ha salido á luz.

**OMPHALOMANCIQUE**, adj. *onfalomansic*. Onfalománcico, que tiene relacion con la onfalomancia.

**OMPHALONCIE**, f. *onfalonsí*. Med. Onfaloncia, tumor umbilical.

**OMPHALOPHYME**, m. Es sinónimo de *omphaloncie*.

**OMPHALOPTIQUE**, adj. *onfaloptic*. Onfalóptico, se dice de los vidrios convexos por las dos caras. Se dice tambien *omphaloptère*, *omphalopire*.

**OMPHALORRHAGIE**, f. *onfalorragí*. Med. Onfalorragia, hemorragia ó flujo de sangre umbilical.

**OMPHALORRHAGIQUE**, adj. *onfalorragic*. Onfalorrágico, concerniente á la onfalorragia.

**OMPHAX**, m. *onfács*. Miner. Onfacio, especie de piedra preciosa.

**ON**, pron. indef. *ón*. Se; algunas veces significa uno, sobre todo si va con verbo pronominal ó *être* en 3ª. persona. Ejemplos. *On dit*, *on raconte*, se dice, se cuenta, ó dicen, cuentan. *Que dit-on?* ¿qué dicen? *On se fatigue*, se fatiga uno; *on s'arrange comme on peut*, se arregla uno como puede. *Quand on est pauvre*, cuando uno es pobre. || Aunque esta palabra designa un número indefinido de personas de un modo vago é indeterminado, hallándose siempre en singular y sin distincion de sexo, sin embargo cuando se refiere á una mujer ó á muchas personas, toma el femenino y el plural. Así, por ejemplo, una mujer dirá: *quand on est jolie, on ne l'ignore pas*. || prov. *Se moquer du qu'en dira-t-on*, *braver le qu'en dira-t-on*, burlarse del qué dirán, no hacer caso del decir de las gentes.

**ONAGRA**, f. *onágra*. Bot. Onagra, especie de planta.

**ONAGRE**, m. *onágr*. Zool. Onagro, especie de asno salvaje, que se cria en Asia y África, muy lijero en la carrera. || *Pierre d'onagre*, piedra de onagro, bezoardo ó piedra animal que dicen hallarse en la cabeza y en las mandíbulas del onagro. || Mil. Onagra, máquina antigua de guerra para lanzar piedras. || f. Bot. Onagra, género de plantas de América.

**ONAGRÉ, ÉE**, adj. *onagré*. Bot. Onagriado, semejante al onagro.

**ONANISME**, m. *onanísm*. Onanismo, hábito de masturbacion, pecado de Onan, de que se habla en la Biblia.

**ONC, ONQUES** ó **ONCQUES**, adv. *ónc*. Voz anticuada que equivale á *jamais*, nunca, jamas.

**ONCE**, f. *óns*. Onza, peso y parte de la libra. || Onza, entre los Romanos *(uncia)*, significaba en general la duodécima parte de una cosa, y en particular la duodécima parte del *as* ó libra. || Onza, moneda de oro de España, de Sicilia, de Malta, etc. || met. y fam. *Ne pas avoir une once de bon sens, de jugement*, tener muy poco juicio. || m. Zool. Onza, variedad del género gato, sobre cuyos caractéres no están de acuerdo los zoólogos, y que parece no diferenciarse mucho de la especie del jaguar. Este animal es bastante manso, y domesticado sirve en Persia para la caza de las gacelas. || Se designa tambien con este nombre una especie de pantera.

**ONCEAU**, m. dim. de **ONCE**. *onsó*. Oncita. || Blas. Onza pequeña que se estampa ó esculpe en los escudos de armas.

**ONCELLE**, m. *onsél*. Oncela, variedad de onza ó especie de tigre pequeño que se halla en los estados de Berbería.

**ONCHETS**, m. pl. *onché*. Onchet, juego de arte que se juega con fichas. V. **JONCHETS**.

**ONCHIDIE**, f. *onquidí*. Zool. Onquidia, género de moluscos de la familia de los limacos (caracoles).

**ONCIAL, E**, adj. *onsíal*. Antig. Oncial, se decia primitivamente de la escritura en letras mayúsculas de una pulgada de alto. Úsase tambien como sust. fem., y rara vez masculino.

**ONCIDIE**, f. *onsidí*. Bot. Oncidia, género de plantas monocotiledóneas.

**ONCINE**, f. *onsín*. Bot. Uncina, género de plantas de la Cochinchina.

**ONCIROSTRE**, adj. *onsiróstr*. Ornit. Unciroslro, que tiene el pico encorvado.

**ONCLE**, m. *óncl*. Tio, hermano del padre ó de la madre. || *Grand oncle*, tio segundo, hermano de cualquiera de los abuelos paternos ó maternos. || *Oncle à la mode de Bretagne*, tio á la manera de la Bretaña, primo hermano de padre ó madre. Se usa algunas veces esta frase para significar un parentesco equívoco.

**ONCOSE**, f. *oncós*. Cir. Oncosis, tumor en general.

**ONCOTOMIE**, f. *oncotomí*. Cir. Oncotomía, abertura de un tumor por medio de un instrumento.

**ONCOTOMIQUE**, adj. *oncotomic*. Oncotómico, concerniente á la oncotomía.

**ONCQUES**, adv. V. **ONC**.

**ONCRE**, m. *óncr*. Mar. Urca, especie de bergantin de carga.

**ONCTION**, f. *oncsión*. Uncion, untura, accion de extender sobre la piel sustancias oleosas. Es lenguaje técnico de la medicina. || *Extrême-onction*, uncion ó extremauncion, sacramento que administra la Iglesia á los moribundos. || Uncion, lo que en un discurso ó escrito enternece y mueve el corazon á la piedad: *ce sermon est plein d'onction; ce prédicateur parle avec onction*.

**ONCTUEUSEMENT**, adv. *onctueusmán*. Con uncion, hablando de discursos ó escritos.

**ONCTUEUX, EUSE**, adj. *onctueu*, *eus*. Untuoso, oleoso, aceitoso, grasiento. || met. Que tiene uncion, hablando de un orador, del estilo, de un discurso.

**ONCTUOSITÉ**, f. *onctuosité*. Untuosidad, crasitud, cualidad, estado de lo que es untuoso, craso, grasiento. || met. Melosidad de un discurso, dulzura penetrante. En esta acepcion tiene poco uso.

**ONCUS**, m. *óncus*. Bot. Onco, arbolillo de los bosques de Cochinchina.

**ONDATRA** ó **ONDATHRA**, m. *ondátra*. Animal roedor de la clase de los mamíferos próximo á la campañola, pero de mayores dimensiones; vive en la América setentrional; tiene debajo de la cola una bolsita llena de un olor aromático, lo que le ha hecho dar el nombre de rata moscada ó del Canadá, *rat muscat*.

**ONDE**, f. *ónd*. Onda, flujo de las aguas agitadas. En esta acepcion se usa casi siempre en plural. || Onda, en el sentido poético se dice del agua en general, de un manantial, de un arroyo, etc., y especialmente del mar. *L'onde* [illegible] mar. *L'onde* [illegible] *Passer l'onde* [illegible] das, se dice de [illegible] y presenta [illegible] vrue en ondes, [illegible] blando de telas y [illegible] bien se llaman [illegible] formar ondas; se dice [illegible] se hacen en el vestido [illegible] Onda, especie de [illegible] barra bendida de [illegible] da. || Cabeza, [illegible] en la parte superior y [illegible] pasa.

**ONDÉ, ÉE**, adj. [illegible] aguas, con visos, [illegible] gunas telas, piedras, [illegible]

**ONDÉCAGONE**, [illegible] Ondecágono, figura que [illegible] once ángulos.

**ONDÉCIMAL**, m. [illegible] pescado de mar.

**ONDÉE**, f. *ondé*. [illegible] golpe de lluvia fuerte [illegible] || met. Tempestad, [illegible] sobreviene repentinamente [illegible]

**ONDIN, E**, m. y f. [illegible] ondina, genios que [illegible] en el fondo de los lagos [illegible] mares.

**ON-DIT**, m. *ondí*. [illegible] corre. Plural *des on-dits* [illegible] algunos escriben *on dit*, [illegible] que se ponga, no es [illegible] vo, sino que se ha [illegible] uso es bastante comun [illegible] ral: *croire des on-dit*, [illegible] *on-dit*, creer rumores [illegible]

**ONDOIEMENT**, m. [illegible] mo, agua de socorro, [illegible] bautismo sin las ceremonias [illegible] cuando un recien nacido [illegible] muerte.

**ONDOUKAL**, m. [illegible] queño tambor de que [illegible]

**ONDOYANT, E**, adj. [illegible] lante, ondeante, que [illegible] das. *Flamme ondoyante* [illegible] *doyant*, llama, [illegible] deante, undulante, se [illegible] los contornos y de los [illegible] lante, se dice del pulso [illegible]

**ONDOYER**, a. [illegible] nistrar el sacramento del [illegible] remonias de la Iglesia, [illegible] te. || n. Ondear, [illegible] aguas. En esta acepcion [illegible] se usa poco. || met. [illegible] tarse al modo de las [illegible] blando de banderas, [illegible] dear, hacer ó formar [illegible] cabelleras.

**ONDULANT, E**, adj. [illegible] V. este.

**ONDULATION**, f. [illegible] cion, movimiento [illegible] cuando se agita. || met. [illegible] por extension de todo lo [illegible] miento análogo al de las [illegible] dulacion, se aplica á [illegible] propiedad el mismo [illegible] líneas, los contornos, [illegible]

**ONDULATOIRE**, adj. [illegible] dulatorio. Casi no se [illegible] presion *mouvement ond*[illegible] del movimiento de ondul[illegible] del aire, de la luz.

**ONDULÉ, ÉE**, adj. [illegible] que presenta ó aparenta [illegible] ciones en su superficie. [illegible] tolas, y en botánica [illegible] que forman pliegues.

**ONDULER**, n. *ondulé*. [illegible] movimiento de undulacion [illegible] ciendo ondas.

**ONDULEUX, EUSE**, [illegible] Unduloso, que ondula [illegible] nes.

**ONÉIROCRITE**, m. [illegible] rocrito, el que explica [illegible] por ellos sus juicios y [illegible] sucesos futuros.

pequeños, calcáreas ó ferruginosas en forma de huevos de pescado.

**OOLOGIE**, f. *oologí*. Oologia, tratado, historia de los huevos.

**OOLOGIQUE**, adj. *oologic*. Oológico, perteneciente á la oologia.

**OOMANTIE**, f. *oomansí*. Oomancia, adivinacion que se practicaba observando los huevos.

**OON**, m. *oón*. Med. Oon, gérmen.

**OONENTÈRE**, f. *oonantér*. Oonentera, se dice de las vias del gérmen fecundado.

**OOSIN**, m. *oosén*. Oosin, nombre antiguo de la albúmina.

**OOPHORITE**, f. *ooforít*. Med. Ooforitis, inflamacion de los ovarios de la mujer.

**OORAIL**, m. *oorálł*. Zool. Oorajo, especie de pájaro de la India.

**OOTHÈQUE**, f. *ootéc*. Bot. Ooteca, nombre del ovario de los helechos.

**OPA**, f. *ópa*. Bot. Opa, género de plantas dicotiledóneas.

**OPACITÉ**, f. *opasité*. Opacidad, cualidad de lo que es opaco.

**OPAÏON**, m. *opaión*. Arq. ant. Abertura en la parte superior de un templo ó de una cúpula.

**OPALE**, f. *opál*. Miner. Ópalo, especie de silex ó piedra preciosa.

**OPALIES**, f. pl. *opalí*. Opalias, fiestas que se celebraban en Roma en honor de la diosa Ops.

**OPAQUE**, ad. *opác*. Opaco, que no deja paso á la luz, que no es trasparente ó diáfano.

**OPE**, m. *óp*. Arq. Ops, agujero que queda en una pared recien construida, despues de quitados los andamios.

**OPÉGRAPHE**, m. *opegráf*. Bot. Opégrafo, género de líquenes.

**OPÉLIE**, f. *opelí*. Bot. Opelia, género de plantas que crecen en las montañas de Coromandel.

**OPÉRA**, m. *operá*. Ópera, composicion dramática y lírica, representacion de una accion trágica ó cómica realizada por la música. || Ópera, el teatro en que se representa; y tambien la composicion musical llamada así. || met. Ópera, se emplea á veces para designar cualquier trabajo importante y de mucha dificultad. || met. y fam. Obra de Romanos, obra magna, por cosa de difícil y larga duracion. En este sentido se dice: *c'est un opéra*.

**OPÉRABLE**, adj. *operábl*. Operable, que puede ser operado.

**OPÉRANT, E**, adj. *operán*. Operante, que opera ó es propio para operar.

**OPÉRATEUR, TRICE**, m. y f. *operateur, tris*. Operador, el que hace una operacion quirúrgica. || Charlatan, curandero, sacamuelas, vendedor de antídotos.

**OPÉRATIF, IVE**, adj. *operatif, iv*. Operativo, que opera ó tiene la facultad de operar.

**OPÉRATION**, f. *operasión*. Operacion, la accion de obrar ó de ejecutar alguna cosa. || Operacion, accion que obra la gracia divina sobre la voluntad. || Operacion, el conjunto de combinaciones que se ponen en movimiento para realizar un proyecto. || *Opérations arithmétiques*, cálculos que se hacen por medio de reglas. || *Opération chimique*, todo lo que hace un químico para analizar un cuerpo. || Cir. Operacion, aplicacion de los instrumentos quirúrgicos al cuerpo humano, con el fin de curar alguna enfermedad. || Med. Operacion, la accion de un medicamento en el cuerpo humano. || Mil. Operacion, movimientos que hacen las tropas en campaña. || *Opérations*, pl. Lóg. Operaciones, las diversas acciones del entendimiento, como la aprehension, el juicio, el discurso, etc.

**OPÉRATOIRE**, adj. *operatuár*. Cir. Operatorio, que tiene relacion con las operaciones.

**OPERCULAIRE**, f. *operculér*. Bot. Opercularia, género de plantas dicotiledóneas.

**OPERCULE**, m. *opercúl*. Bot. Opérculo, especie de tubérculo que sirve para cerrar y tapar la urna de los musgos. || Opérculo, aparato de cuatro piezas huesosas que cubre y protege las agallas de los peces. || Opérculo, pieza calcárea ó córnea que cubre la abertura de una concha univalva.

**OPERCULÉ, ÉE**, adj. *operculé*. Bot. y Zool. Operculado, que está cerrado por un opérculo.

**OPERCULIFÈRE**, adj. *operculifér*. Operculífero, que tiene un opérculo.

**OPERCULIFORME**, adj. *operculifórm*. Hist. nat. Operculiforme, que tiene figura de opérculo.

**OPERCULINE**, f. *operculín*. Operculina, género de conchas univalvas.

**OPERCULITE**, f. *operculít*. Miner. Operculita, opérculo fósil.

**OPÉRER**, a. *operé*. Operar, obrar, producir algun efecto: *opérer d'utiles réformes*. || A veces se usa absolutamente ó como neutro: *la grâce opère sur les âmes*. Se dice tambien de un remedio que produce efecto. || Operar, practicar ó hacer alguna operacion quirúrgica, química, aritmética. || *Se faire opérer*, sufrir una operacion.

**OPERETTA** ó **OPÉRETTE**, f. *operétta*, *operét*. Opereta, opera pequeña.

**OPES**, m. *óp*. Arq. Opas ó mechinal, agujeros en que se introducen vigas.

**OPÉTIOLE**, f. *opetiól*. Bot. Opeciola, género de plantas de la India.

**OPHATE**, m. *ofát*. Miner. Ofato, especie de mármol.

**OPHIASE**, f. *ofiás*. Med. Ofiasis, especie de alopecia, enfermedad que hace caer el cabello en diferentes partes de la cabeza, y en que la piel del que la padece se asemeja á la de la serpiente.

**OPHICÉPHALE**, m. *ofisefál*. Zool. Ofiséfalo, género de peces.

**OPHICLÉIDE**, f. *oficleid*. Oficleide, especie de clarin de llaves.

**OPHIDIEN, NE**, adj. *ofidién, én*. Zool. Ofidiano, que tiene la forma de serpiente. || *Ophidiens*, m. pl. Ofidianos, órden de reptiles ovíparos que comprende todos los animales conocidos bajo el nombre de serpientes.

**OPHIDOSAURIENS**, m. pl. *ofidosorién*. Zool. Ofidosaurianos, órden de reptiles que comprende los ofidianos y saurianos.

**OPHIE**, f. *ofí*. Zool. Ofia, género de pájaros de la América meridional.

**OPHIOGÈNES**, m. pl. *ofiogén*. Ofiógenes, raza de hombres que los antiguos creian descendientes de las serpientes.

**OPHIOGLOSSE**, m. *ofioglós*. Ofioglosa, género de helechos llamado tambien *langue de serpent* y *glossopètre*.

**OPHIOGLOSSITE**, f. *ofioglosít*. Ofioglosita, lengua de serpiente petrificada.

**OPHIOGRAPHE**, m. *ofiográf*. Ofiógrafo, el que escribe sobre las serpientes ó se dedica á su estudio.

**OPHIOGRAPHIE**, f. *ofiografí*. Ofiografía, tratado sobre las serpientes.

**OPHIOGRAPHIQUE**, adj. *ofiografíc*. Ofiográfico, relativo á la ofiografía.

**OPHIOÏDE**, adj. *ofioíd*. Ofioide, que tiene alguna semejanza con las serpientes.

**OPHIOLÂTRE**, adj. y s. *ofioláir*. Antig. Ofiólatra, que adora las serpientes.

**OPHIOLÂTRIE**, f. *ofiolatrí*. Ofiolatria, culto, adoracion de las serpientes.

**OPHIOLITHE**, f. *ofiolít*. Miner. Ofiolita, especie de piedra.

**OPHIOLOGIE**, f. *ofiologí*. Ofiologia, descripcion de las serpientes.

**OPHIOLOGIQUE**, adj. *ofiologic*. Ofiológico, concerniente á la ofiologia.

**OPHIOLOGISTE**, m. *ofiologíst*. Ofiologista, el que escribe sobre las serpientes.

**OPHIOMANCIE**, f. *ofiomansí*. Antig. Ofiomancia, adivinacion observando las serpientes.

**OPHIOMAQUE**, adj. *ofiomác*. Ofiómaco, que combate con las serpientes. || Mit. Ofiómaco, sobrenombre de varios dioses egipcios.

**OPHIOMORPHE, OPHIOMORPHIQUE**, adj. *ofiomórf*, *ofiomorfíc*. Ofiomorfo, que tiene forma de serpiente.

ALMOLOGIQUE, adj. oftalmo- lmológico, que tiene relacion con logía.

ALMOLOGISTE ó OPHTHAL- E, m. oftalmologist, oftalmolog. gista, autor de algun tratado sobre logía.

ALMOMÈTRE, m. oftalmomètr. etro, instrumento que en los ex- anatómicos sirve para medir la de las cámaras del ojo.

ALMOMÉTRIE, f. oftalmometri. tría, conocimiento del oftalmó- de este instrumento.

ALMOMÉTRIQUE, adj. oftal- Oftalmométrico, que concierne á metría.

ALMONCIE, f. oftalmonsí. Med. a, tumefaccion del ojo.

ALMONOSOLOGIE, f. oftalmo- Med. Oftalmonosologia, tratado ermedades de los ojos.

ALMONOSOLOGIQUE, adj. of- logíc. Oftalmonosológico, que á las enfermedades de los ojos.

ALMONOSOLOGISTE, m. oftal- gist. Oftalmonosologista, el que erca de las enfermedades de los

ALMOPHYME, m. oftalmofim. lmófimo, hinchazon del globo del

ALMOPONIE, f. oftalmoponí. lmoponía, inflamacion del ojo.

ALMOPONIQUE, adj. oftalmo- almopónico, que se refiere á la nía.

ALMOPTOSE, f. oftalmoptós. lmoptosis, salida considerable que el ojo fuera de la órbita.

ALMORRHAGIE, f. oftalmora- Oftalmorragia, derrame de san- conjuntiva ocular.

ALMORRHÉE, f. oftalmorré. lmorrea, evacuacion de mucosi- diente del ojo.

ALMORRHOÏQUE, adj. oftal- Oftalmorróico, que participa de la a.

ALMOSCOPIE, f. oftalmoscopí. lmoscopía, arte de conocer el tem- de una persona por el exámen s.

ALMOSCOPIQUE, adj. oftal- Oftalmoscópico, que concierne á scopía.

ALMOSTAT ó OPHTHALMO- E. oftalmostá, oftalmostát. Oftal- instrumento que sirve para tener los párpados y fijar el glóbulo del ciertas operaciones sobre este órgano.

ALMOTHÉRAPEUTIQUE, f. of- peutic. Med. Oftalmoterapéutica, aplicada á las enfermedades de

ALMOTOMIE, f. oftalmotomí. lmotomía, extirpacion del ojo. || mía, parte de la anatomía que tie- objeto la diseccion del ojo.

ALMOTOMIQUE, adj. oftalmo- almotómico, que se refiere á la mía.

ALMOXYSE, f. oftalmocsís. Cir. sion que se hacia antiguamente conjuntiva del ojo en caso de oftal-

ALMOXYSTRE, m. oftalmoc- Especie de cepillo para limpiar ó superficie del ojo.

É, ÉE, adj. opiasé. Opiáceo, que opio. || Opiacé, m. Opiáceo, medi- en cuya composicion entra opio.

ER, a. opiasé. Componer, hacer ones con opio.

, m. opiá. Farm. Opiata, especie ario preparado con opio. || Se dice pastas preparadas para limpiar s. || La Academia francesa da este también como femenino, opiate.

IQUE, adj. opiatíc. Opiático, que cion con el opio.

TIF, IVE, adj. opilatif, iv. Med. opilativo, que causa obstrucciones ó produce el efecto de obstruir los conductos interiores del cuerpo.

OPILATION, f. opilasión. Opilacion, obstruccion de alguna parte del cuerpo.

OPILER, a. opilé. Med. Opilar, tapar, obstruir los vasos ó conductos interiores del cuerpo.

OPIMES, adj. f. pl. opím. Se deriva del latin opimus, rico, fértil, abundante. Solo se usa en la frase siguiente: dépouilles opimes, despojos que ganaba un general del ejército romano cuando mataba con su misma espada al jefe del ejército enemigo.

OPINANT, m. opinán. Votante, opinante, el que emite una opinion, un parecer en un asunto sometido á la deliberacion de una asamblea, congreso, etc.

OPINATEUR, m. opinateur. Opinador ó opinante, el que tiene una opinion, que se decide por una ú otra.

OPINATIF, IVE, adj. opinatif, iv. Opinativo, que corresponde á la opinion, al pensamiento; que no está fundado mas que en la opinion.

OPINER, n. opiné. Opinar, dar su parecer, su opinion una persona. || Votar, dar su voto en caso de consulta. || prov. y met. Opiner du bonnet, ser voto de reata, seguir ciegamente el parecer de los demas.

OPINIÂTRE, adj. y s. opiniâtr. Porfiado, terco, pertinaz, testarudo, hablando de personas. Tambien se dice hablando de las cosas: combat opiniâtre, vengeance opiniâtre, combate obstinado, etc. || Pertinaz, obstinado, que resiste á toda clase de remedios, hablando de enfermedades.

OPINIÂTRÉMENT, adv. opiniatremán. Porfiadamente, obstinadamente, tenazmente, tercamente, de una manera obstinada, tenaz. || Vigorosamente, con constancia, con firmeza, con denuedo, tratándose de la defensa de una plaza, de un combate.

OPINIÂTRER, a. opiniatré. Porfiar, contradecir tenazmente á uno. || Porfiar, sostener con empeño, con tenacidad una opinion ó parecer, persistir sin ceder. || S'opiniâtrer, r. Obstinarse en sostener algun principio, una opinion, un error, encapricharse.

OPINIÂTRETÉ, f. opiniatrité. Obstinacion, porfía, terquedad, pertinacia en defender una opinion. || Constancia, firmeza.

OPINION, f. opinión. Opinion, dictámen, sentir, juicio, parecer. || Juicio, concepto que se forma de una persona ó cosa. || Un mal d'opinion, enfermedad de imaginacion.

OPINIONISTE, m. opinionist. Autor de una opinion.

OPIS, f. ópis. Mit. Nombre de una diosa ó ninfa, compañera de Diana.

OPISTHOCYPHOSE, f. opistosifós. Med. Opistocifosis, encorvadura en la espalda, ó joroba que se presenta en ella.

OPISTOGRAPHE, adj. opistográf. Opistógrafo, que está escrito en la cara, que en frances se dice recto, y en el dorso (en frances verso) de la página.

OPISTHOGRAPHIE, f. opistografí. Diplom. Opistografía, escritura ó método de escribir por ambos lados, en el recto y en el verso ó dorso.

OPISTHOGRAPHIQUE, adj. V. OPISTHOGRAPHE.

OPISTHOTONOS, m. opistótonos. Cir. Opistótonos, tétanos ó convulsion con caida del cuerpo hácia atras.

OPIUM, m. ópiom. Opio, zumo ó jugo espesado de la adormidera blanca, que se obtiene por medio de incisiones en la cabeza de la misma.

OPLOMACHIE, f. oplomaquí. Oplomaquia, combate de gladiadores que iban armados de espadas ó puñales.

OPLOTHÈQUE, m. oplotéc. Bot. Oploteca, género de plantas que crecen en la Florida.

OPOBALSAME ó OPOBALSAMUM, m. opobalsám, opobalsámom. Opobálsamo, bálsamo de la Meca que se obtiene por la incision del tronco ó de alguna de las ramas del amiris. || Otros dicen que es el bálsamo de la India ó de Egipto.

OPOCÉPHALE, m. oposefál. Anat. Opocéfalo, monstruo cuya cabeza parece estar toda formada por el ojo.

OPOCÉPHALIE, f. oposefalí. Anat. Opocefalia, monstruosidad que caracteriza á los opocéfalos.

OPOCÉPHALIEN, NE, adj. oposefalién, én. Opocefaliano, se dice de los monstruos por opocefalia.

OPOCÉPHALIQUE, adj. oposefalíc. Opocefálico, que presenta el carácter de la opocefalia.

OPODÉOCÈLE, f. opodeosél. Med. Opodeocele, hernia suprapubiana.

OPODIDYME, m. opodidím. Anat. Opodídimo, monstruo que tiene dos caras y una sola cabeza.

OPOL, m. opól. Farm. Nombre que se da al jugo de toda planta en general.

OPOLÉ, m. opolé. Farm. Opoleo, jugo exprimido de cualquier planta.

OPOLITE, m. opolít. Farm. Opólito, zumo magistral de una planta.

OPOPANAX, m. opopanács. Especie de goma ó resina que viene de Levante, y se extrae del pastinaca por incision.

OPORIQUE, f. oporíc. Opórico, remedio de los antiguos muy estimado, compuesto con el zumo de algunos frutos de otoño.

OPOSTOL, m. opostól. Farm. Opóstol, extracto farmacéutico en general.

OPOSTOLÉ, m. opostolé. Farm. Opostóleo, cada extracto farmacéutico en particular.

OPOSTOLIQUE, adj. opostolíc. Farm. Opostólico, que tiene los caractéres del opóstol.

OPPORTUN, E, adj. oportoun, un. Oportuno, á propósito, segun el lugar y tiempo; favorable, propicio.

OPPORTUNÉMENT, adv. oportunemán. Oportunamente, de una manera oportuna, con oportunidad, á propósito.

OPPORTUNITÉ, f. oportunité. Oportunidad, conjuntura, ocasion favorable; cualidad de lo que es oportuno.

OPPOSABLE, adj. oposábl. Oponible que puede oponerse.

OPPOSANT, E, adj. y s. oposán. For. Oponente, que se opone en debida forma á una sentencia, á una providencia; el que contradice.

OPPOSÉ, ÉE, adj. oposé. Opuesto, contrario, de diferente naturaleza. || En lenguaje dialéctico se dice de un término relativo ó contrario á otro término. || Opuesto, contrario, que lleva distinto rumbo. || Blas. Pièces opposées, piezas opuestas, que están colocadas en contraposicion. || OPPOSÉ, m. Contrario, cosa contraria: la vertu et le vice sont deux opposés. || A l'opposé, loc. adv. Al contrario.

OPPOSER, a. oposé. Oponer, colocar una cosa en oposicion á otra, de modo que le sirva de obstáculo. || Oponer, poner una persona ó cosa en frente de otra, de manera que se forme contraste. || met. Oponer, objetar una razon ó argumento contra lo que otro dice, sostiene ó siente. || Oponer, parangonar, comparar, poner en paralelo, en comparacion. || S'opposer, r. Oponerse, ser contrario, estar opuesto. || Oponerse, contradecir, declararse en contra. || Oponerse, poner impedimento á la ejecucion de algun acto ó providencia. || Oponerse, estar en oposicion recíproca dos personas.

OPPOSITE, adj. oposít. Opuesto, contrario, que está en contraposicion. || m. Lo contrario, lo opuesto de una cosa. || A l'opposite, loc. adv. Enfrente, en la parte opuesta, en sentido contrario ó en direccion contraria.

OPPOSITIF, IVE, adj. opositif, iv. Bot. Opositivo, que hace oposicion.

OPPOSITION, f. oposisión. Oposicion, impedimento, óbice, obstáculo. || Oposicion, contrariedad, divergencia de opiniones, de pensamientos, de gustos, etc. || For. Oposicion, contradiccion, accion de oponerse á una providencia, á una demanda, etc. || Oposicion, contraste. || Astr. Oposicion, contraposicion, uno de los aspectos de dos astros, bajo el cual se alejan uno del otro hasta 180 grados. || Oposicion, odio, aversion que se manifiesta á alguna cosa. || Polit. *L'opposition*, la oposicion, partido que no aprueba la marcha del gobierno establecido. || Ret. Figura en que se reunen dos ideas que parecen contradictorias.

**OPPRESSER**, a. *opresé.* Oprimir, comprimir, cargar, apretar, cerrar el pecho, el estómago alguna afeccion ó indisposicion. || met. Oprimir, afligir, atormentar alguna afeccion moral.

**OPPRESSEUR**, adj. y s. *opresseur.* Opresor, que oprime, que tiraniza.

**OPPRESSIF, IVE**, adj. *opresif, iv.* Opresivo, que oprime, que tiende á oprimir.

**OPPRESSION**, f. *opresión.* Opresion, dificultad en la respiracion como si se tuviera un peso sobre el pecho. || met. Opresion, accion de oprimir por la fuerza ó por la violencia.

**OPPRESSIVEMENT**, adv. *opresivmán.* Opresivamente, de una manera opresiva.

**OPPRIMÉ, ÉE**, adj. *oprimé.* Oprimido. Se usa tambien como sustantivo, hablando de personas.

**OPPRIMER**, a. *oprimé.* Oprimir, vejar, tiranizar abusando de la fuerza.

**OPPROBRE**, m. *opróbr.* Oprobio, afrenta, ignominia, deshonra, baldon, mancha vergonzosa en el crédito, fama ó reputacion de una persona.

**OPPROBRIEUX, EUSE**, adj. *oprobrieu, eus.* Afrentoso, ignominioso, infamante, que causa deshonra, etc.

**OPS**, f. *óps.* Mit. Ops, diosa itálica que en los tiempos primitivos era la misma que Cibéles y Rea.

**OPSIGONE**, adj. *opsigón.* Didáct. Opsígono, que viene ó es producido en un tiempo posterior. Se dice de la muela del juicio á causa de salir la última.

**OPSIMATHIE**, f. *opsimati.* Didáct. Opsimatía, deseo tardío de aprender.

**OPSIOMÈTRE**, m. *opsiomètr.* Opsiómetro, instrumento que sirve para determinar los límites de la vista.

**OPSOMANE**, adj. *opsomán.* Opsómano, que tiene pasion á una clase de alimento.

**OPSOMANIE**, f. *opsomaní.* Med. Opsomanía, gusto ó manía por un alimento.

**OPSOPHAGIE**, f. *opsofagí.* Didáct. Opsofagía, glotonería, pasion por comer.

**OPSOPHAGIQUE**, adj. *opsofagíc.* Opsofágico, que se refiere á la opsofagía.

**OPTATIF, IVE**, adj. *optatif, iv.* Optativo, que expresa un deseo. || Gram. *Mode optatif*, modo optativo, uno de los modos del verbo que sirve para manifestar algun deseo.

**OPTATION**, f. *optasión.* Ret. Optacion, figura que explica un deseo por medio de una exclamacion.

**OPTER**, n. *opté.* Optar, elegir entre dos cosas que no pueden poseerse juntas.

**OPTICIEN**, m. *optisién.* Óptico, el que construye instrumentos de óptica.

**OPTICOGRAPHE**, adj. *opticográf.* Didáct. Opticógrafo, que está trazado con la ayuda de un lente. || m. Opticógrafo, el que escribe sobre la óptica. || Opticógrafo, lente que sirve para escribir.

**OPTICOGRAPHIE**, f. *opticografí.* Didáct. Opticografía, tratado sobre la óptica.

**OPTICOGRAPHIQUE**, adj. *opticografíc.* Opticográfico, que pertenece á la opticografía ó al opticógrafo.

**OPTICOMÈTRE**, m. *opticomètr.* Opticómetro, instrumento para medir la extension de la vista de cada individuo y facilitar la eleccion de los cristales para los anteojos.

**OPTICOMÉTRIE**, f. *opticometrí.* Opticometría, arte de medir los grados de la vista por medio del opticómetro.

**OPTICOMÉTRIQUE**, adj. *opticometríc.* Opticométrico, que pertenece á la opticometría.

**OPTIMATE**, m. *optimát.* Hist. ant. Optimate, magnate, ciudadano principal ó de suposicion.

**OPTIMATIE**, f. *optimasí.* Optimacia, el cuerpo de los ciudadanos principales ó mas notables de una ciudad.

**OPTIMÈ**, *óptime.* Palabra latina que se usa á veces en el lenguaje familiar como signo de aprobacion, y significa muy bien, bravo, excelente.

**OPTIMISME**, m. *optimism.* Fil. Optimismo, sistema que considera el mal físico y moral como un elemento del órden universal, afirmando que todo está bien en el mundo, examinado en su conjunto ó reunion; ó mas breve, sistema de los que afirman que todo lo que sucede es lo mejor posible.

**OPTIMISTE**, adj. *optimist.* Optimista, que pertenece ó se refiere al optimismo. || m. y f. Optimista, partidario del optimismo, el que admite el sistema del optimismo.

**OPTION**, f. *opsión.* Opcion, facultad de elegir una entre dos cosas que no pueden poseerse juntas. || Opcion, accion de elegir.

**OPTIQUE**, f. *optíc.* Óptica, parte de la física que trata de la luz y de los fenómenos de la vision. Se divide en tres partes: óptica propiamente dicha, dióptrica y catóptrica. || Óptica, perspectiva, aspecto que presentan los objetos examinados desde léjos. || Juego de óptica, caja ó armario en que se ven varias figuras amplificadas en virtud de cristales convexos, colocados al efecto. || adj. Óptico, que sirve para la vista, concerniente ó relativo á la vision. || *Cóne optique*, cono óptico, conjunto de rayos luminosos que al parecer salen de un punto. || *Inégalité optique*, irregularidad aparente en el movimiento de los planetas. || *Lieu optique d'une étoile*, punto en que una estrella parece hallarse colocada en el cielo. || *Illusions optiques*, ilusiones ópticas, los errores en que nos hace caer la vista sobre la distancia aparente de los cuerpos, su figura, etc.

**OPULEMMENT**, adv. *opulamán.* Opulentamente, con opulencia.

**OPULENCE**, f. *opuláns.* Opulencia, grandes riquezas, abundancia de bienes de fortuna.

**OPULENT, E**, adj. *opulán.* Opulento, muy rico. Se usa como sustantivo, hablando de personas.

**OPUNTIA**, m. Bot. V. NOPAL.

**OPUSCULE**, m. *opuscúl.* Opúsculo, obra pequeña, científica ó literaria.

**OR**, *ór.* Partícula que sirve para ligar un discurso con otro, teniendo por equivalentes en español luego, pues, segun esto, segun eso, eso supuesto. *Or, pour en revenir au point où nous étions*, pero volviendo, ó esto supuesto volviendo al punto en que estábamos. || Sirve tambien para unir una proposicion á otra, la menor de un argumento á la mayor, y equivale á es así que. *Or les biens terrestres peuvent se perdre, donc*; es así que los bienes terrestres, etc., luego. || Se usa familiarmente para excitar ó animar á hacer alguna cosa, como es, vaya, vamos pues: *or, racontez-nous cette aventure; or sus, commençons; or çà, expliquez-moi ta pensée, etc.* || **OR**, m. Oro, metal precioso, muy pesado, dúctil, de color brillante amarillo, inalterable á la accion del fuego y de cualquier cuerpo, excepto el agua régia. || Oro, moneda del mismo metal, por oposicion á la moneda de plata. || Oro, dinero ó tesoros, riqueza, opulencia. || *Batteur d'or*, batihoja, batidor de oro. || met. y fam. *Je ne ferais cela ni pour or ni pour argent*, por todo el oro del mundo no haria yo eso. || *Un marché d'or*, un trato ventajoso, lucrativo. || *C'est de l'or en barre*, es dinero en todo tiempo, dinero contante: se dice de una cosa que es vendible en el momento. || *Il vaut son pesant d'or*, vale tanto oro como pesa, hablando de una persona dotada de bellas prendas. || *Il dit d'or*, habla muy bien, se explica muy bien, habla de perlas, discretamente. || met. *Vendre à poids d'or*, vender á peso de oro, vender muy caro. || *Marcher sur l'or et sur l'argent*, estar en la mayor opulencia. || En lenguaje popular se dice *saint Jean bouche d'or*, pico de oro, boca de verdades, hombre que dice la verdad con franqueza y sin rodeos. || Poét. Oro, se aplica á las cosas que brillan ó tienen el color del oro, hablando de los cabellos, de las mieses doradas, etc. || *L'âge d'or*, el siglo de oro, los primeros tiempos del mundo, en que se supone que los hombres eran dichosos. || met. y poét. *Jours filés d'or et de soie*, dias felices. || *Nombre d'or*,

ANGETTE, f. dim. de ORANGE. oran- aranjilla, fruto de una especie de na- que se coge ántes que llegue á ser una cereza.

ANGIN, m. orangén. Bot. Especie de a silvestre muy parecida á la naranja.

ANG-OUTANG, m. orangután. Zool. atan ó cefo, mono grande que anda pies y se parece mucho al hombre; n se llama homme des bois. V. ORANG.

ANOIR, m. oranuár. Zool. Oranoro, la isla de Java.

ANOR, m. oranór. Zool. Papa-mos- las islas de Ceilan.

ANVERT, m. oranvér. Zool. Merla ó del Senegal.

ARIUM, m. orárium. Especie de pa- que usaban los antiguos para aplan-

ATEUR, m. orateur. Orador, el que ne, que pronuncia discursos de elo- s. || Orateur du barreau, abogado de- || L'orateur romain, por antonoma- ceron.

ATIONNEL, LE, adj. orasionél. Ora- que es complexo ó compuesto de dos as, como Mont-Blanc. Es poco usado.

ATOIRE, adj. oratuár. Oratorio, que ponde al orador y á la oratoria. || m. io, capilla ó pequeña habitacion que para orar y meditar. || Congrégation atoire ó solamente l'Oratoire, con- ion del Oratorio, comunidad religiosa uida en Roma en 1540 por san Felipe

ATOIREMENT, adv. oratuarmán. amente, de una manera oratoria.

ATORIEN, m. y adj. oratorién. Ora- o, miembro de la congregacion del io.

ATORIO, m. oratório. Oratorio, pie- música, especie de drama religioso do á grande orquesta. Se llama tam- rodrame.

ATRICE, f. oratrís. Oradora, mujer ora, que habla en público.

BATTERIE, f. orbaterí (e muda). Art. batir el oro.

BATTEUR, m. orbateur. Art. Tira- ero, el que bate dicho metal.

BE, adj. órb. Cir. Se dice de todo mas ó ménos redondo que no es cor- el contundente. Coup orbe, golpe que a una contusion sin abrir ni rasgar e. || Art. Mur orbe, pared rasa, cie- rrida, que no tiene puertas ni venta- ORBE, m. Astr. Orbe ó órbita, circu- acio que recorre un planeta en toda ision de su curso. || Orbe, esfera que antiguamente tenia por objeto la racion del curso ó movimiento de los s. || Poét. Orbe, globo, circunferen- cuálto. || Zool. Orbe, nombre de dos s distintos.

BICULAIRE, adj. orbiculér. Orbicu- o redondo, circular, que es de fi- férica. || Anat. Orbicular, se dice de sculos con fibras circulares que ro- rganos de las partes naturales del

BICULAIREMENT, adv. orbiculer- Orbicularmente, circularmente, en o.

BICULÉ, ÉE, adj. orbiculé. Orbicú- e tiene la forma orbicular.

BIÈRES, f. pl. orbiér. Antoojeras, pe- de cuero hemisféricos que se ponen cabezadas de las caballerías para im- la vista.

BIS, m. órbis. Zool. Orbe ó mundo, o grande de mar, de figura circular. E en su última acepcion.

BITAIRE, adj. orbitér. Anat. Orbita- pertenece á la órbita.

BITE, m. orbit Astr. Órbita, curva scribe el centro de un planeta por su movimiento desde Oriente á Occi- || Anat. Órbita, cada una de las cavi- donde se encierran los ojos. || Órbita, n que rodea el ojo de las aves.

BITÉ, f. poco us. orbité. Privacion de estado de un matrimonio que carece s.

ORBITOLITHE, f. orbitolit. Zool. Orbitolita, género de polipero fosiles.

ORBULITHE, f. orbulit. Zool. Orbulita, género de animales testáceos, univalvos.

OR ÇA, loc. interj. orsá. Ea, vaya pues, vamos, despacha. V. OR.

ORCANÉTINE, f. orcanetín. Quim. Orcanetina, principio colorante de la orcaneta.

ORCANETTE, f. orcanét. Bot. Orcaneta, ancusa, palomilla de tintes, género de plantas borrajíneas, cuya corteza se emplea en los tintes de encarnado.

ORCHEF, m. orchéf. Zool. Especie de pichon flamenco de las Indias.

ORCHÉSIE, f. orquesí. Zool. Orquesia, especie de insecto coleóptero heterómero.

ORCHÉSOGRAPHE, m. orquesográf. Orquesógrafo, el que se ocupa de orquesografía.

ORCHÉSOGRAPHIE, f. orquesografí. Orquesografía, arte de escribir el baile, indicando los pasos y movimientos.

ORCHÉSOGRAPHIQUE, adj. orquesografic. Orquesográfico, relativo ó concerniente á la orquesografía.

ORCHESTE, m. orquést. Zool. Orquesto, género de insectos.

ORCHESTIE, f. orquestí. Zool. Orquestia, género de crustáceos isópodos.

ORCHESTIQUE, adj. m. orquestic. Antig. Orquéstico. Solo se usa en la locucion genre orchestique, uno de los dos géneros principales de la gimnástica que tenia relacion con los ejercicios de baile y de pelota.

ORCHESTRATION, f. orquestrasión. Combinacion de una orquesta, modo con que están combinadas entre sí sus partes. || Arte de ajustar ó combinar todas las partes de una orquesta.

ORCHESTRE, m. orquéstr. Orquesta, reunion de músicos de un teatro, concierto, baile, etc. || Orquesta, lugar en que se colocan los músicos en el teatro. || Entre los Griegos era el lugar destinado para el baile.

ORCHESTRER, a. orquestré. Orquestar, arreglar las partes de una orquesta.

ORCHESTRINO, m. dim. de ORCHESTRE, orquestrino. Orquestita, orquesta pequeña. || Sinónimo de ORPHÉON.

ORCHESTROMANIE, f. orquestromaní. Med. Orquestomanía, danza involuntaria mórbida, especie de tarantismo.

ORCHESTROMANIQUE, adj. orquestromanic. Orquestománico, que pertenece á la orquestomanía.

ORCHIDÉ, ÉE, adj. orquidé. Bot. Orquídeo, que tiene varios lóbulos divididos profundamente.

ORQUIDÉACÉ, ÉE, adj. orquideasé. Bot. Orquidáceo, que tiene las raices semejantes á las del orquiso.

ORCHIOCÈLE, f. orquiosél. Med. Orquiocele, tumor del testículo.

ORCHIS, m. órquis. Bot. Orquiso, género de plantas que nacen de una raíz tuberosa, la cual contiene una gran cantidad de fécula que se puede separar y formar un alimento muy nutritivo.

ORCHITE, f. orquít. Med. Orquitis, inflamacion del testículo.

ORCHITOMOLOGIE, f. orquitomologí. Cir. Orquitomología, tratado sobre la amputacion de los testículos.

ORCHITOMOLOGIQUE, adj. orquitomologic. Orquitomológico, que pertenece á la orquitomología.

ORCHOTOME, m. orcotóm. Cir. Orcótomo, instrumento que sirve para hacer la orcotomía.

ORCHOTOMIE, f. orcotomí. Cir. Orcotomía, extirpacion de los testículos.

ORCHOTOMIQUE, adj. orcotomic. Orcotómico, que corresponde á la orcotomía.

ORCHOTOMOLOGISTE, m. orcotomologist. Orcotomologista, el que se dedica á la orcotomía.

ORCINIEN, m. orsinién. Esclavo manumitido en virtud de testamento de su señor.

ORCUS, m. órcus. Mit. Orco, uno de los nombres de Pluton. || Poét. Orco, el infierno; y tambien se dice por la muerte.

ORD, E, adj. ant. é inus. V. VILAIN y SALE.

ORDALIE, f. ordalí. Ordalia, nombre de la prueba que se hacia de la inocencia de alguna persona bajo el nombre de juicio de Dios.

ORDEMENT, adv. ant. V. SALEMENT.

ORDINAIRE, adj. ordinér. Ordinario, comun, frecuente, que sucede comunmente, diariamente ó muy á menudo. || Ordinario, comun, vulgar, trivial, basto: c'est un homme ordinaire. || ORDINAIRE, m. Ordinario, el gasto diario de una casa, mayormente el de la comida; la misma comida: un bon ordinaire. || Ordinario, lo que acostumbra hacer una persona. || El correo que sale y entra en dias fijos, y tambien el dia de correo. Ahora se dice comunmente courrier en vez de ordinaire. || Ordinario, el obispo ó prelado diocesano. || Ordinaires, m. pl. La regla, la menstruacion de las mujeres. || Vin d'ordinaire, vino comun, que se bebe habitualmente en las comidas. || L'ordinaire de la messe, el ordinario de la misa, preces y oraciones que se dicen en la misa diariamente. || A l'ordinaire, loc. adv. Ordinariamente, segun costumbre. || D'ordinaire, pour l'ordinaire, de ordinario, comunmente, regularmente. || Contre l'ordinaire, contra la costumbre.

ORDINAIREMENT, adv. ordinermán. Ordinariamente, por lo comun, generalmente, regularmente.

ORDINAL, adj. m. ordinál. Arit. Ordinal, que determina el órden de las cosas. || Nombre ordinal, número ordinal. Premier, second, etc., son números ordinales. || ORDINAL, m. Ordinal, nombre que da el clero anglicano al libro que contiene el ceremonial para conferir las órdenes.

ORDINAND, m. ordinán. Ordenando, el que se presenta para recibir órdenes sagradas.

ORDINANT, m. ordinán. Ordenante, el prelado que confiere las órdenes sagradas.

ORDINATION, f. ordinasión. Ordenacion, ceremonia por la cual un obispo confiere á un ordenando las órdenes sagradas. El acto ó accion de conferir las órdenes.

ORDIR, a. ant. V. SOUILLER.

ORDO, m. órdo. Añalejo, burrillo, libro que señala el modo de rezar el oficio divino.

ORDON, m. ordón. Parte de una herrería donde operan los martinetes que por su enorme peso no pueden manejarse.

ORDONNANCE, f. ordonáns. Órden, disposicion, arreglo. || Órden, estatuto, decreto, reglamento. || Edicto, decreto, mandamiento. || Libramiento, la órden que se despacha contra un tesorero para pagar una cantidad. || Antiguamente, es decir, en tiempo de los reyes de Francia se entendia por real órden. || Ordenanza, individuo de tropa que está de planton cerca de algun jefe para trasmitir sus órdenes. || Med. Receta por la que un médico ordena algun remedio. || fam. Être meublé selon l'ordonnance, tener los muebles puramente necesarios. || Habit d'ordonnance, uniforme de ordenanza, el vestido militar. || Ordonnance de dernière volonté, disposicion testamentaria.

ORDONNANCEMENT, m. ordonansmán. Adm. Ordenacion de un pago por la autoridad competente.

ORDONNANCER, a. ordonansé. Poner el páguese en algun estado ó cuenta que debe saldarse.

ORDONNATEUR, m. ordonateur. Ordenador, el que ordena ó dispone. || Se usa como adjetivo. Commissaire ordonnateur, empleado superior que preside á las inhumaciones en Paris.

ORDONNÉE, f. ordoné. Geom. Ordenada, línea recta tirada desde un punto de la circunferencia de una curva perpendicularmente á su eje.

ORDONNÉMENT, adv. ordonemán. Ordenadamente, de una manera ordenada, con el órden conveniente.

ORDONNER, a. ordoné. Ordenar, arreglar, disponer, poner en órden. || Ordenar, mandar en virtud de autoridad. || Recetar, prescribir un remedio. || Librar, dar á un tesorero órden de pagar cierta cantidad á alguno. || Ordenar, conferir las órdenes sagradas. || n. Ordenar, mandar que se haga alguna cosa, dar órdenes.

**ORDRE**, m. *órdr*. Órden, arreglo, disposicion, colocacion que tienen las cosas puestas en el lugar que les corresponde.|| Órden, disposicion en que marcha, maniobra ó se encuentra un ejército, una escuadra. || Órden, armonía, tranquilidad, policía, disciplina, subordinacion, hablando de un Estado, de una ciudad, de un ejército. || Órden, ley, regla establecida por la naturaleza, por la autoridad ó por la costumbre. || Órden, clase que forma un cuerpo del Estado. || Órden, cada una de las nueve clases ó coros en que se supone estar distribuidos los ángeles. || met. Órden, se dice de los grados que distinguen los talentos y las obras de arte y de entendimiento; y así se dice un *esprit de premier ordre*, un *ouvrage de premier ordre*. || Órden ó instituto religioso aprobado por el sumo pontífice, y cuyos individuos viven bajo ciertas reglas. || *Ordre blanc*, canónigos regulares de San Agustin. = *Ordre noir*, religion de benedictinos. || Órden, cuerpos de caballeros nobles instituido por el rey. || Santo, seña y contraseña que se da á las tropas. || Órden, mandato, providencia de una autoridad. || Órden, arreglo de una casa, una habitacion, etc. || Endoso que se pone al respaldo de una letra de cambio. || Órden, sacramento que administra la Iglesia á los fieles. || Arq. Órden, cada uno de los cinco admitidos y denominados toscano, dórico, jónico, corintio y compuesto, con sus proporciones y ornatos particulares. || *Etre aux ordres de quelqu'un*, estar á las órdenes de alguno, depender de su voluntad. || *Billet à ordre*, carta órden, que debe pagarse á la persona nombrada ó á la que esta delegue. || *Jusqu'à nouvel ordre*, loc. adv. Hasta nueva órden, por ahora.|| *A vos ordres*, á la órden ó á la disposicion de Vd. : es expresion de cortesía.|| *Mettre en ordre*, poner en órden, arreglar.|| *En sous-ordre*, bajo las órdenes ó mando de otro, como dependiente suyo. || *Mot d'ordre*, santo, contraseña de la ronda.

**ORDUN**, m. *ordeun*. Pesc. Nombre que se da á ciertas cañas de pescar.

**ORDURICOLE**, adj. *orduricól*. Zool. Ordurícola, que vive en las inmundicias.

**ORDURE**, f. *ordür*. Inmundicia, porquería, suciedad, excrementos que salen del cuerpo. || Basura, inmundicia, porquería que hace una habitacion ó vivienda.|| Polvo, pelusa, lodo, burrajo que se pega á la ropa. || met. Torpeza, obscenidad, deshonestidad en las acciones; licencia, libertad excesiva en las palabras y en los escritos.

**ORDURIER, ÈRE**, adj. *ordurié, ér*. Obsceno, indecente, que dice ó escribe cosas torpes ó sucias. || met. y fam. Obsceno, torpe, licencioso, deshonesto, se dice de las palabras ó escritos.|| Úsase como sust., hablando de personas : *c'est un ordurier*.

**ORE**, m. *ór*. Moneda sueca que vale ménos de un maravedí.

**ORÉADES**, f. pl. *oreád*. Mit. Oreadas, ninfas de los montes y bosques.

**ORÉE**, f. *oré*. Orilla, borde, linde de un bosque.

**OREILLANE**, f. *orellán*. Bot. Orejera, especie de planta.

**OREILLARD, E**, adj. *orellár*. Zool. Orejudo, que tiene las orejas largas : se dice particularmente hablando de los caballos. || OREILLARD, m. Especie de murciélago, que tiene las orejas muy largas. || Mil. ant. Especie de lanza ó alabarda.

**OREILLE**, f. *oréll*. Oreja, órgano de la audicion ó pabellon del oido; sentido por medio del cual se perciben los sonidos. || Doblez que se hace en una hoja de un libro para servir de señal ó marca. En sentido figurado se dice de varias cosas que tienen alguna semejanza con la forma de la oreja, como las orejas de los zapatos, las asas de una taza, etc. || Com. Puntas que se dejan en los ángulos de un fardo para poderlo agarrar y removerlo. || Lengüeta de los cañones de los órganos. || Impr. Lengüeta de la frasqueta.|| Orejera, cada uno de los palos que se ponen al lado de la reja del arado para echar fuera del surco ó formar el caballon en la tierra. || *Avoir de l'oreille*, tener oido. || met. y fam. *Avoir l'oreille basse*, tener las orejas bajas : estar humillado, abatido por alguna pena ó mortificacion; y tambien cansado, fatigado, abatido por alguna enfermedad, etc. || *Boucles d'oreilles*, pendientes. || met. *Avoir les oreilles délicates*, incomodarse con facilidad. || fam. *Avoir les oreilles battues*, estar cansado de oir hablar muchas veces de una cosa. || met. *Avoir l'oreille de quelqu'un*, tener entrada, ser atendido de alguno. || met. y fam. *Avoir la puce à l'oreille*, tener la mosca detras de la oreja : estar impaciente sobre algun asunto. || *Donner sur les oreilles à quelqu'un*, castigar á uno, maltratarle. || *Dormir sur les deux oreilles*, dormir á pierna suelta : estar bien tranquilo sobre el éxito de un negocio. || *Prêter l'oreille*, prestar oidos, dar oidos, escuchar con atencion. || *Prêter l'oreille aux fleurettes*, oir requiebros. || *Jusqu'aux oreilles*, hasta las orejas, de piés á cabeza. || *Porter le bouquet sur l'oreille*, estar en venta.|| prov. *Tenir le loup par les oreilles*, estar entre la espada y la pared : en una posicion embarazosa. || *Etre toujours pendu aux oreilles de quelqu'un*, estar siempre pegado al oido de alguno, no separarse de él.|| *Faire la sourde oreille*, hacerse el sordo, hacer orejas de mercader. || *Fermer l'oreille aux discours de quelqu'un*, no dar oidos á las palabras de alguno. || *Se faire tirer l'oreille*, hacerse de pencas, hacerse de rogar.|| *Les oreilles lui cornent*, los oidos le zumban. || *Montrer le bout de l'oreille*, enseñar la pata. || *Etre tout oreilles*, ser todo oidos : tener puesta toda su atencion sobre alguna cosa. || Mar. *Oreille d'une ancre*, oreja de ancla, posta, mapa, pestaña, plancha triangular y fuerte, adicta por construccion á la parte interior de cada brazo de un ancla ó anclote. || Bot. Cada uno de los apéndices que se encuentran en la base de ciertas hojas ó de algunos pétalos.|| *Oreille de chat*, oreja de gato, hoja de vid puntiaguda. || *Oreille de souris*, vellosilla. || *Vin d'une oreille*, vino de buena calidad. *Vin de deux oreilles*, vino de mala calidad. || Bot. *Oreille brune*, especie de hongo. *Oreille de Judas*, oreja de Judas, especie de hongo. *Oreille de Malchus*, especie de seta. *Oreille d'âne ó d'ours*, aurícula, planta.

**OREILLÉ, ÉE**, adj. *orellé*. Zool. Auriculado, que tiene orejas. || Bot. Auriculado, que tiene los apéndices en forma de orejas. || Blas. Auriculado ó orejado, que tiene las orejas de diferente esmalte que el del cuerpo. Se dice principalmente de los delfines y conchas.

**OREILLER**, m. *orellé*. Almohada, almohadon, especie de colchoncillo para reclinar la cabeza en la cama.|| prov. *Une conscience pure est un bon oreiller*, bien duerme quien tiene la conciencia tranquila. || *Prendre conseil de son oreiller*, consultar con la almohada : tomarse el tiempo necesario para reflexionar.

**OREILLÈRE**, f. *orellér*. Mil. ant. Orejera, parte del casco que cubria las orejas.

**OREILLETTE**, f. dim. de OREILLE. *orellét*. Parchecillo que se pone en la oreja sobre alguna rozadura. || Orejeras, partes de un gorro ó montera que cubren las orejas. || Arillo, zarcillo que se pone en las orejas. || Anat. Aurícula, cada una de las cavidades situadas en la parte superior del corazon.

**OREILLON**, m. *orellón*. Med. Nombre vulgar de la inflamacion idiopática de la glándula parótida. || Art. Retal, oreja de piel que sirve para hacer cola. || Arq. Orejon, cuerpo que sale fuera de un baluarte cuando el frente está prolongado. || Mil. ant. Orejetas, parte del casco que cubria las orejas.

**OREMUS**, m. *orémus*. Oremus (palabra latina que equivale á decir : oremos, hagamos oracion), oracion. Se dice familiarmente *dire des oremus*.

**ORÉNOQUE**, m. *orenóc*. Geog. Orinoco, grande rio de la América del Sur.

**ORÉODOXE**, f. *oreodóos*. Bot. Oreodoxa, género de palmeras.

...ace profesion de tocar el órgano. ...anista ó manequin, ave.

...DYNAMIE, f. organodinamí. ...mia, estudio sobre la accion de ...

...DYNAMIQUE, adj. organodi-... ...ganodinámico, que tiene conexion ...odinamia.

...GÉNIE, f. organogení. Orga-... ...tado sobre el modo con que se ... los órganos en el embrion.

...GÉNIQUE, adj. organogenic. ...co, que tiene relacion con la or-...

...GRAPHE, m. organográf. Or-... el que se ocupa de organografía.

...GRAPHIE, f. organografí. Or-... descripcion de los órganos de ...uerpo animado.

...GRAPHIQUE, adj. organogra-... ...gráfico, que se refiere á la orga-...

...LEPTIQUE, adj. organoleptic. ...ico, se dice de las propiedades ...operan los cuerpos sobre los sen-... ...as órganos.

...LOGIE, f. organologí. Anat. ..., tratado sobre los órganos.

...LOGIQUE, adj. organologic. ...co, que corresponde á la organo-...

...ON, m. organón. Reunion de los ... Aristóteles sobre la lógica.

...SCOPIE, f. organoscopí. Didáct. ...ia, exámen de los órganos para ... pasiones, las inclinaciones, las ... de una persona.

...SCOPIQUE, adj. organoscopic. ...ico, que tiene relacion con la or-...

...IN, m. organsén. Seda torcida ...s véces por el torno.

...NAGE, m. organsináge. Art. ...accion de torcer la seda ó pasar-... por el torno.

...INER, a. organsiné. Art. Torcer ...arla dos veces por el torno.

...NEUR, m. organsineur. Tor-...

...UM, m. organóm. Especie de ... á la que lleva el dios Pan.

...ME, m. orgásm. Med. Orgasmo, ...xaltacion y de turgescencia de ..., particularmente de los de la ...

...orge Bot. Cebada, género de plan-... ...as. || Petite orge. V. CÉVADILLE || ...bada de espiga larga || Orge grué, ...dada y quebrantada. || Orge mon-... ...mondada. || Orge perlé, cebada ...despojada de la corteza y redondea-... ...Grain d'orge, gusanillo, tela que ...os nudillos. || met. y fam. Étre ... de pain d'orge, ser tosco ...arraneo. || Faire ses orges, hacer ... meter la uña: hacer su negocio, ...

...E, f. V. ORGEAT.

...ES, m. pl. orgeón. Sacerdotes ... presidian las orgías.

..., m. orjá. Orchata, bebida re-... ...se hace de varios granos, cuya ... mezcla con agua y azúcar.

...ET ó ORGEOLET, m. orgelé ...orjolé. Med. Orzuelo, pequeño ...tuberculo ó granillo cerca del borde ... párpados.

..., m. orjó. Especie de cebada de ..., en Francia.

...IN, m. orgerón (e muda). Especie ...

...ME, m. orgiásm. Antig. gr. Or-... ...bracion de las orgías y misterios.

...TES, f. pl. orgiást. Sacerdo-... ...s que presidian las orgías.

...TIQUE, adj. orgiastic. Orgiás-... ...ene relacion con las orgías.

... f. orgí. Forraje de cebada, ave-... ..., habas y guisantes. || Orgies, ... bacanales, fiestas que se cele-... ...onor de Baco. || Orgías, bacana-les, banquete en que hay exceso en comer y beber, y en que se olvida todo decoro. En esta acepcion se dice tambien *orgie* en singular.

**ORGIOPHANTES**, m. pl. *orgiofánt*. Orgiofantes, ministros principales que asistian á las orgías.

**ORGLISSE**, f. *orglís*. Regaliz silvestre.

**ORGNE**, f. *órñ*. Agr. Hilera, fila de haces ó gavillas puestas de punta.

**ORGUE**, m. **ORGUES**, f. pl. *órgue*. Órgano, instrumento de viento compuesto de tubos de diferentes tamaños, teclados y fuelles. || Órgano, el sitio de la iglesia donde está colocado. || *Point d'orgue*, calderon, signo de música que indica pausa ó suspension. || *Cabinet d'orgue*, realejo, órgano pequeño y portátil. || *Orgue d'Allemagne*, organillo de cilindro. || Fort. Rastrillo, barrera compuesta de diferentes estacas para cerrar la entrada de una plaza. || Mil. Máquina infernal que consistia en la reunion de muchos cañones de mosquete ó arcabuz que se disparaban á un tiempo. || Mar. Imbornal, cada uno de los agujeros que hay sobre la cubierta y sirven para dar salida á las aguas. || Zool. *Orgue marchand*, nombre vulgar del polípero tubíporo, animal zoófito. || *Orgue de mer*, especie de madrépora ó coral que se cria en las rocas del mar.

**ORGUEIL**, m. *orgueil*. Orgullo, presuncion, vanidad, soberbia, concepto demasiado ventajoso de sí mismo. || Fiereza, bravura, hablando de los animales. || Esta palabra se toma á veces en buena parte, y significa una justa confianza en sí mismo, un sentimiento noble y elevado: *un noble orgueil*.

**ORGUEILLEUSEMENT**, adv. *orgueuilleusmán*. Orgullosamente, con orgullo, con altanería.

**ORGUEILLEUX, EUSE**, adj. y s. *orgueuilleu, eus*. Orgulloso, vanidoso, presumido, vano. Tambien se dice hablando de las cosas: *un ton orgueilleux*. || Úsase á veces como sust., hablando de personas.

**ORIBATE**, m. *oribát*. Antig. gr. Oribato, nombre dado á ciertos saltimbanquis que bailaban en la maroma. || Zool. Oribato, género de arácnidos.

**ORIBUS**, m. *oribus*. Solo se usa en la locucion popular: *poudre d'oribus*, polvos de la madre Celestina, para indicar un remedio que carece de virtud.

**ORICHALQUE**, m. *oricálc*. Miner. Oricalco, especie de metal muy celebrado por los antiguos, cuyo valor equivalia casi al oro.

**ORIENT**, m. *orian*. Oriente, el punto en que sale el sol sobre el horizonte. || Oriente, aquella parte de la tierra que respecto de nosotros cae hácia donde sale el sol. || Oriente, parte en que se comprenden los estados del Asia ó pueblos orientales. || met. *L'orient des années*, la juventud, la primavera de los años. || *L'orient d'une perle*, el color, el agua de una perla. || *Grand-Orient*, entre francmasones es la reunion de logias francesas, cuyo centro existe en Paris.

**ORIENTAL, E**, adj. *oriantál*. Oriental, que pertenece ó es propio del Oriente. || Oriental, que mira á Oriente, que está colocado en la parte de Oriente. || Oriental, que es natural de Oriente ó Levante. || ORIENTAUX, m. pl. Orientales, pueblos ó paises de Levante.

**ORIENTALISER (S')**, r. *sorientalisé*. Orientalizarse, tomar los usos y costumbres de los Orientales.

**ORIENTALISME**, m. *orientalism*. Orientalismo, conjunto de conocimientos ó nociones sobre la vida, costumbres y filosofía de los Orientales.

**ORIENTALISTE**, m. *orientalist*. Orientalista, sabio versado en las lenguas orientales.

**ORIENTATION**, f. *oriantasión*. Orientacion, arte de reconocer el terreno por el exámen del horizonte racional ó visual, determinando principalmente los puntos cardinales.

**ORIENTÉ, ÉE**, adj. *oriantá*. Orientado, vuelto hácia el Oriente.

**ORIENTER**, a. *oriantá*. Orientar, disponer una cosa con relacion al Oriente ó á los otros puntos cardinales. || Encaminar á uno, señalarle su rumbo. || Mar. *Orienter les voiles*, disponer las velas, desplegarlas y ponerlas á la parte del viento. || *S'orienter*, r. Orientarse, reconocer el Oriente y los otros tres puntos cardinales del punto donde uno se halla para ver el rumbo que ha de tomar. || met. Orientarse, reconocer el objeto de una cuestion, y considerar el medio que haya de adoptarse para obtener un buen éxito.

**ORIENTEUR**, m. *orianteur*. Orientador, aparato destinado á presentar el verdadero meridiano para cada dia del año.

**ORIFANT**, m. *orifán*. Cuerno pequeño que tocaban los caballeros antiguos para provocar al combate.

**ORIFICE**, m. *orifís*. Anat. Orificio, abertura, entrada de ciertas partes interiores del cuerpo. || Por extension, agujero ó abertura cualquiera, de una botella, de una vasija.

**ORIFLAMME**, f. *oriflám*. Oriflama, bandera antigua ó estandarte semejante á un lábaro que servia de distintivo á la abadía de san Dionisio en Francia, y despues de estandarte á los reyes cuando iban á la guerra.

**ORIFORME**, adj. *orifórm*. Oriforme, que tiene la forma de una boca.

**ORIGAN**, m. *origán*. Bot. Orégano, género de plantas labiadas de olor aromático.

**ORIGÉNIEN**, m. *origenién*. Origeniano, miembro de cierta secta herética.

**ORIGÉNISME**, m. *origenism*. Origenismo, doctrina de Orígenes, célebre doctor de Alejandría.

**ORIGÉNISTE**, adj. y s. *origenist*. Origenista, partidario de Orígenes ó de sus doctrinas, condenadas en parte en 1399.

**ORIGERON**, m. *origerón* (e muda). Bot. Especie de anémona.

**ORIGINAIRE**, adj. *originér*. Originario, oriundo, descendiente de alguna casa ó familia; procedente de una region ó pais, hablando de animales ó plantas. || Originario, que nos viene de origen: *vice originaire*.

**ORIGINAIREMENT**, adv. *originermán*. Originariamente, primitivamente, en su origen.

**ORIGINAL, E**, adj. *originál*. Original, que no ha tenido modelo primitivo en su línea; lo contrario de copiado ó imitado. || Original, dícese de la copia que reemplaza ó puede reemplazar al documento auténtico de que ha sido sacada. || Original, singular, particular, nuevo en su género, no tomado de nadie ni imitado. || *Savoir une chose d'original*, saber una cosa de buena original, de los que están bien informados. || ORIGINAL, m. Original, primera escritura ó documento auténtico, por contraposicion á copia. || Tambien se dice de las obras de entendimiento, de la pintura, escultura, etc. || La persona representada en un retrato de la cual este es una copia. || Original, hombre singular, extravagante, que tiene caprichos extraordinarios.

**ORIGINALEMENT**, adv. *originalmán*. Originalmente, de una manera original, con originalidad.

**ORIGINALITÉ**, f. *originalité*. Originalidad, cualidad de lo que es original. || Originalidad, capricho, singularidad de una persona.

**ORIGINE**, f. *origín*. Origen, principio, causa de una cosa. || Origen, nacimiento de una familia, raza ó nacion. || Patria, cuna, pais del nacimiento de una persona. || Origen, etimología de una palabra, de una lengua. || *Dans l'origine*, loc. adv. En su origen, en su principio, etc.

**ORIGINEL, LE**, adj. *originél*. Original, que viene del origen. Casi no se usa mas que en el lenguaje místico: *péché originel*, *justice*, *grâce originelle*. || prov. fam. *Avoir le péché originel*, tener alguna tacha en el linaje ó patria que impide á una persona obtener algun cargo ó dignidad.

**ORIGINELLEMENT**, adv. *originelmán*. Originalmente, en su origen, desde el origen.

**ORIGNAL**, m. *orignál*. Orignal, animal mamífero, nombre que se da en el Canadá al dante ó alce.

**ORILLARD**, E, adj V. ORELLARD.

**ORILLON**, m. dim. de OREILLE Orejilla, orejuela, oreja pequeña. || Agr. *Les rillons d'une charrue*, las orejas de un arado.

**ORILLONNER**, a. *orilloné*. Fort. Orejonar, poner orejones á un bastion ó baluarte.

**ORIN**, m. *orén*. Mar. Orinque, cabo de grueso proporcionado que se amarra por un extremo á la cruz del ancla, y el otro se afirma en la boya. || Pesc. Cuerda que se pone al cabo de una red.

**ORINGUER**, a. *orengué* Mar. Orinquear, probar si el ancla está agarrada al fondo, tirando del orinque.

**ORION**, m. *orión*. Astr. Orion, constelacion situada la mitad en el hemisferio boreal y la otra en el austral, que se compone de setenta y ocho estrellas.

**ORIPEAU**, m. *oripó*. Oropel, lámina de cobre delgada y bien pulimentada que se parecia al oro por su color y brillo. || met. Oropel, adorno retórico, elegancia de palabras vacías de sentido. || Apariencia, cosa aparente y de poco valor.

**ORISMOLOGIE**, f. *orismologí*. Orismologia, parte de la historia natural que explica los términos técnicos que se usan en la ciencia.

**ORISMOLOGIQUE**, adj. *orismologíc*. Orismológico, que corresponde á la orismología.

**ORLE**, m. *órl*. Arq. Filete que se pone debajo del equino en un chapitel. || Blas. Orla, cada una de las piezas que están colocadas sobre el borde al rededor del escudo.

**ORLÉANAIS**, E, adj. y s. *orleané*, *és*. Orleanes, de Orleans, ciudad de Francia.

**ORLÉANISME**, m. *orleanism*. Orleanismo, sistema político de los principes de la casa de Orleans.

**ORLÉANISTE**, adj. y s. *orleanist*. Orleanista, partidario de los principes de la casa de Orleans.

**ORMAIE**, f. *ormé*. Olmeda, sitio plantado de olmos.

**ORME**, m. *órm*. Bot. Olmo, árbol muy alto y de tronco recto, cuya madera se aprovecha para varias obras. || prov. *Attendez-moi sous l'orme*, espéreme Vd. sentado: se dice para dar á entender que no se quiere ir al paraje de que se habla, y así es esperar inútilmente.

**ORMEAU**, m. *ormó*. Olmillo, nombre vulgar del olmo pequeño. En la poesía se entiende simplemente por olmo.

**ORMIER**, m. *ormié*. Zool. Oreja marina, marisco de una sola concha.

**ORMIÈRE**, f. *ormiér*. Bot. Ulmaria, planta llamada reina de los valles.

**ORMILLE**, f. *ormill*. Empalizada formada con olmos pequeños || Almáciga ó plantel de olmos, terreno que se destina para criar olmos y luego trasplantarlos.

**ORMIN**, m. *ormén*. Bot. Ormino, horminio, especie de salvia.

**ORMOIE**, f. *ormuá*. Olmeda ú olmedo, plantío de olmos. V. ORMAIE.

**ORNATEUR**, adj. y s. ant. *ornateur*. Adornador, el que adorna, que engalana.

**ORNATRICE**, f. *ornatrís*. Antig. rom. Peinadora de una dama romana.

**ORNATURE**, f. *ornatúr*. Ornato, adorno, aparato que sirve para engalanar ó embellecer un traje.

**ORNE**, m. *órn*. Bot. Quejigo, árbol, especie de fresno. || Agr. Intervalo de terreno en una viña que está mas bajo que el resto de ella.

**ORNÉATE**, adj. y s. *orneát*. Orneato, de Ornea, ciudad de Argólide. || Sobrenombre de Priapo.

**ORNÉES**, f. pl. *orné*. Orneas, fiestas que se celebraban en Ornea para honrar á Priapo.

**ORNEMANISTE**, adj. y s. *ornmanist*. Bell. art. Adornista, el que hace ó vende adornos.

**ORNEMENT**, m. *ornmán*. Ornato, adorno, engalanadura, todo lo que sirve para adornar alguna cosa. || met. Ornato, ornamento, lo que da lustre ó esplendor á una persona, como la virtud, la sabiduría, etc. || Ornamento, adorno retórico que embellece un escrito. || *Ornements*, pl. Liturg. Ornamentos, vestiduras sacerdotales.

**ORNEMENTAIRE**, adj. *ornmantér*. Ornamental, que concierne al ornamento.

**ORNEMENTAL**, E, adj. *ornmantál*. Ornamental, que pertenece al ornato; que puede servir de adorno.

**ORNEMENTATION**, f. *ornmantasión*. Modo, manera de disponer los adornos. || Arte del adornista.

**ORNÉPHILE**, adj. *ornefíl*. Zool. Ornéfilo, que vive en los bosques.

**ORNER**, a. *orné*. Ornar, adornar, ataviar, embellecer, hermosear una cosa. || met. Adornar el entendimiento, el alma con virtudes, el estilo, etc. || Adornar, ser el adorno, la gala, el ornamento: *les personnages célèbres ornent la cour*. || *S'orner*, r. Adornarse, engalanarse, ponerse adornos.

**ORNIER**, m. Bot. V. ORNE, en la primera acepcion.

**ORNIÈRE**, f. *orniér*. Carril, rodada, traza que dejan en un camino las ruedas de un carruaje. || met. Opinion, costumbre inveterada á que no puede renunciarse con facilidad; y en este sentido se dice: *suivre la mauvaise ornière*. || Berengenal, pantano, atolladero.

**ORNIS**, m. *ornís*. Com. Ornis, muselina de Indias rayada con listas de oro ó de plata.

**ORNITHIVORE**, adj. *ornitivór*. Ornitívoro, que devora los pájaros.

**ORNITHOCÉPHALE**, adj. *ornitosefál*. Ornitocéfalo, que tiene la forma de la cabeza de un pájaro.

**ORNITHOGALE** ó **ORNITHOGALON**, m. *ornitogál*, *ornitogalón*. Bot. Ornitógalo, género de plantas monocotiledóneas que tambien se llama leche de pájaro ó de gallina.

**ORNITHOLITHE**, m. *ornitolít*. Zool. Ornitolito, nombre dado á los restos de aves encontrados en estado fosil ó petrificados, como picos, garras, etc.

**ORNITHOLOGIE**, f. *ornitologí*. Ornitología, parte de la historia natural que trata de las aves. || Ornitología, obra, tratado sobre las aves.

**ORNITHOLOGIQUE**, adj. *ornitologíc*. Ornitológico, que se refiere á la ornitología.

**ORNITHOLOGISTE**, m. *ornitologíst*. Ornitologista, el que se ocupa de ornitología ó se aplica al conocimiento de las aves.

**ORNITHOLOGUE**, m. V. ORNITHOLOGISTE.

**ORNITHOMANCIE**, f. *ornitomansí*. Ornitomancia, arte de adivinar por el vuelo de las aves.

**ORNITHOMANCIEN**, NE, m. y f. *ornitomansién*, *én*. Ornitomántico, el que adivina ó vaticina por el vuelo de las aves.

**ORNITHOMYE**, f. *ornitomí*. Zool. Ornitomia, género de insectos dípteros.

**ORNITHOPHILE**, m. y f. *ornitofíl*. Ornitófilo, el que gusta de las aves ó es aficionado á ellas.

**ORNITHOPHONIE**, f. *ornitofoní*. Ornitofonía, canto de las aves. || Ornitofonía, imitacion del canto de las aves.

**ORNITHOSCOPE**, m. *ornitoscóp*. Ornitóscopo, el que observaba las aves para deducir presagios.

**ORNITHOSCOPIE**, f. *ornitoscopí*. Ornitoscopia, observacion de las aves para augurar sobre el porvenir.

**ORNITHOSCOPIQUE**, adj. *ornitoscopíc*. Ornitoscópico, que corresponde á la ornitoscopia.

**ORNITHOTOMIE**, f. *ornitotomí*. Ornitotomía, diseccion de los animales.

**ORNITHOTROPHIE**, f. *ornitotrofí*. Ornitotrofia, arte de hacer salir los pájaros del huevo y de criarlos.

**OROBANCHE**, f. *orobánche*. Bot. Orobanque ó yerba tora, nombre de una planta.

**OROBANCHIE**, f. *orobanchí*. Bot. Oro-

...LE, f. orsill. Bot. Orchilla, especie de liquen ó musgo, que sirve para...

..., n. orsé. Mar. ant. Orzar, caminar sobre el costado de babor ó ir ...viento. Se decia en la parte de Le...

...TE, f. orsát. Com. ant. Especie...

...f. orsí. Mit. Divinidad de los me...lesto.

...m. órt. Ort, cuarta parte del tha...lonia. || Ort, antigua moneda de co...los Paises Bajos de Austria. || ORT, ...Com. Es lo mismo que brut, y ...en esta locucion: peser ort, pe...neros con el embalaje, cuer...

...L, m. ortéil. Anat. Dedo del pié, ...mente se da este nombre al pulgar. ...ribo, zócalo, espacio que se deja ...pié de la rampa y la escarpa del...

...CANTHE, adj. ortacánt. Bot. ..., que tiene las espinas derechas.

...PTODACTYLE, adj. orteptodac... Orteptodáctilo, que tiene mucha... sus garras.

...TE, f. ortit. Miner. Ortita, nom...bre mineral.

...CENTRE, m. ortosántr. Bot. Or... género de plantas sinantéreas de...

...CÉRATITE, m. ortoseratit. Zool. ...to, especie de concha fósil.

...CÈRE, adj. ortosér. Zool. Ortóce...tiene cuernos derechos, hablando ... || f. Bot. Ortócera, género de ... la Nueva Holanda. || Ortócera, ... conchas.

...CLADE, adj. ortoclád. Bot. Or...que tiene las ramas derechas ó en... || m. Ortoclado, género de plan...tiledóneas.

...COLON, m. ortocolón. Cir. Ortó...lura, dureza de una articulacion ...de doblarse.

...DACTYLE, adj. ortodactil. Or...que tiene los dedos rectos y ex...

...DONTE, adj. ortodónt. Zool. Or...que tiene los dedos rectos. || m. ...lote, especie de musgo.

...DOXE, adj. ortodóes. Teol. Orto...) está conforme con la sana doc...tica. || Por extension se dice de las ...trinas morales ó literarias. || Úsase ...antivo, hablando de personas.

...DOXIE, f. ortodoesí. Teol. Orto...nformidad con las opiniones reli... la iglesia católica. || Dícese tam... doctrinas morales ó literarias.

...DOXOGRAPHE, m. ortodoxo... ...doxógrafo, autor que escribe so...gmas ortodoxos.

...DOXOGRAPHIE, f. ortodoxo... ...doxografía, tratado sobre los dog...mas.

...DOXOGRAPHIQUE, adj. orto...fic. Ortodoxográfico, relativo á la ...grafía.

...DROMIE, f. ortodromí. Mar. Or...marcha de un navio en línea recta ...no de los puntos cardinales.

...ÉPIE, f. ortoepí. Lit. Ortoepia, ...pronunciar bien.

...ÉPIQUE, adj. ortoepic. Ortoépi...niente á la ortoepia.

...GONAL, E, adj. ortogonál. ...e tiene los ángulos rectos. Es si...) rectangulaire.

...GONALEMENT, adv. ortogonal...m. Perpendicularmente.

...GRAPHE, f. ortográf. Ortogra...e escribir correctamente las pala...la lengua.

...GRAPHIE, f. ortografí. Geom. ..., representacion de la faz de un ...mo la de un edificio, segun la ro...métrica de todas sus partes. || Or...corte perpendicular de una fortifi...

...GRAPHIER, a. ortografié. Orto-grafiar, escribir las voces segun la ortografía.

**ORTHOGRAPHIQUE**, adj. *ortografic*. Ortográfico, Perteneciente á la ortografía.

**ORTHOGRAPHIQUEMENT**, adv. *ortograficmán*. Ortográficamente, de un modo ortográfico; segun las reglas de la ortografía.

**ORTHOGRAPHISTE**, m. *ortografist*. Ortógrafo, el que escribe sobre ortografía. || Ortógrafo, el que escribe con buena ortografía.

**ORTHOLOGIE**, f. *ortologí*. Ortologia, arte de hablar correctamente.

**ORTHOLOGIQUE**, adj. *ortologic*. Ortológico, perteneciente á la ortología.

**ORTHOMORPHIE**, f. *ortomorfí*. Ortomorfía, arte de restablecer una parte del cuerpo humano en su forma primitiva.

**ORTHOMORPHIQUE**, adj. *ortomorfic*. Ortomórfico, perteneciente á la ortomorfía.

**ORTHOMORPHISME**, m. *ortomorfism*. Ortomorfismo, configuracion regular.

**ORTHOPÉDIE**, f. *ortopedí*. Ortopedia, arte de prevenir ó corregir las deformidades corporales que resultan de enfermedades ó del nacimiento. || Ortopedia, tratado sobre este arte.

**ORTHOPÉDIQUE**, adj. *ortopedic*. Ortopédico, concerniente á la ortopedia.

**ORTHOPÉDISTE**, m. *ortopedist*. Ortopedista, el que se dedica al estudio de la ortopedia.

**ORTHOPHRÉNIE**, f. *ortofrení*. Ortofrenia, arte de corregir los defectos intelectuales y las malas disposiciones del corazon.

**ORTHOPHRÉNIQUE**, adj. *ortofrenic*. Ortofrénico, concerniente á la ortofrenia.

**ORTHOPLOTÈRE**, adj. *ortoplotér*. Zool. Ortoplótero, que nada bien.

**ORTHOPNÉE**, f. *ortopné*. Med. Ortopnea, dispnea ó grande opresion de pecho que no permite respirar sino estando de pié ó sentado.

**ORTHOPNOÏQUE**, adj. *ortopnoic*. Ortopnóico, perteneciente á la ortopnea.

**ORTHOPTÈRE**, adj. *ortoptér*. Entom. Ortóptero, cuyas alas están plegadas longitudinalmente.

**ORTHORHYNQUE**, adj. *ortorénc*. Hist. nat. Ortorinco, que tiene recto el pico.

**ORTHOSCÈLE**, m. *ortosél*. Cir. Ortoscele, aparato ortopédico que sirve para enderezar las piernas torcidas.

**ORTHOSE**, f. *ortos*. Miner. Ortosa, sustancia mineral, especie de feldespato.

**ORTHOSOMATIQUE**, f. *ortosomatic*. Anat. Ortosomática, arte de enderezar las diversas partes del cuerpo.

**ORTIAGE**, m. *ortiáge*. Agr. Ortigaje, enfermedad que padecen las viñas.

**ORTIE**, f. *ortí*. Bot. Ortiga, género de plantas. || Vet. Ortiga, mecha de cuero que se introduce entre el pellejo y la carne de un caballo para desalacar la parte dañada. || Zool. Ortiga de mar, especie de pescados. || met. *Jeter le froc aux orties*, colgar los hábitos, renunciar á la profesion monástica; y por exten., á cualquiera otra.

**ORTIER**, a. inus. *ortié*. Picar con ortigas; y por exten., picar levemente. || Vet. Ortigar, picar con ortigas.

**ORTIVE**, adj. *ortiv*. Astr. Ortivo, oriental. Solo se usa en esta locucion: *amplitude ortive*, amplitud ortiva, arco de horizonte comprendido entre el verdadero punto del Oriente y el centro del sol ó de una estrella al nacer.

**ORTOLAN**, m. *ortolán*. Zool. Hortelano, especie de pajarito de cabeza negra, de carne exquisita. Tambien se llama verdaula.

**ORUS**, m. *órus*. Oro, héroe egipciaco, hijo de Osiris y de Isis. || Astr. Oro, estrella de la constelacion de los Gemelos.

**ORVALE**, f. *orvál*. Bot. Orminio ó gallocresta, especie de salvia medicinal.

**ORVIÉTAN**, m. *orvietan*. Orvietan, antídoto ó contraveneno. || *Marchand d'orviétan*, mercader de antídotos, charlatan, embustero.

**ORYCTOGÉOLOGIE**, f. *orictogeologí*. Orictogeologia, parte de la historia natural que trata de la disposicion de los minerales en el centro de la tierra.

**ORYCTOGÉOLOGIQUE**, adj. *orictogeologic*. Orictogeológico, relativo á la orictogeologia.

**ORYCTOGNOSIE**, f. *orictognosí*. Orictognosia, parte de la historia natural que nos enseña á conocer los minerales y á clasificarlos. Es lo mismo que *minéralogie*.

**ORYCTOGNOSTE**, m. V. MINÉRALOGISTE.

**ORYCTOGNOSTIQUE**, adj. *orictognostic*. Orictognóstico, concerniente á la orictognosia.

**ORYCTOGRAPHE**, m. *orictográf*. Orictógrafo, el que se ocupa de orictografía.

**ORYCTOGRAPHIE**, f. V. ORYCTOGNOSIE y MINÉRALOGIE.

**ORYCTOGRAPHIQUE**, adj. V. MINÉRALOGIQUE.

**ORYCTOLOGIE**, f. V. ORYCTOGNOSIE.

**ORYCTOLOGIQUE**, adj. V. MINÉRALOGIQUE.

**ORYCTOLOGISTE** y **ORYCTOLOGUE**, m. V. MINÉRALOGISTE.

**ORYCTOZOOLOGIE**, f. *orictosoologí*. Orictozoologia, tratado sobre los animales fósiles.

**ORYCTOZOOLOGIQUE**, adj. *orictosoologic*. Orictozoológico, relativo á la orictozoologia.

**ORYCTOZOOLOGISTE** ó **ORYCTOZOOLOGUE**, m. *orictosoologist*, *orictosoológue*. Orictozoologista, el que se ocupa de orictozoologia.

**ORYX**, m. *orics*. Orix, gacela unicórnea ó macho cabrío de un solo cuerno que los antiguos creian habitar en Etiopía.

**ORYZA**, m. *orisa*. Oriza, nombre científico del arroz.

**ORYZÉ, ÉE**, adj. *orisé*. Orizado, que se asemeja al arroz.

**ORYZIVORE**, adj. *orisivór*. Zool. Oricivoro, que se alimenta de arroz.

**ORIZOÏDE**, adj. *orisoid*. Orizoide, que tiene la apariencia del arroz.

**OS**, m. *ós*. Hueso, parte dura y sólida del cuerpo del animal. Hablando de pescados, las partes sólidas y duras se llaman espinas, *arêtes*. Se dice *os de baleine* en vez de *arrête*, hueso de ballena, y *os de sèche*, hueso de jibia ó jibion. || Hueso, la parte dura que existe en el interior de ciertas frutas. En esta acepcion ahora se dice *noyau*. || Se dice poeticamente *les os* por los restos de una persona, en vez de *restes*, *ossements*. || fam. *N'avoir que la peau et les os*, estar en los huesos, en la espina. *Avoir la peau collée sur les os*, ser un costal de huesos. || *Donner un os à ronger à quelqu'un*, dar á uno en que entender, suscitarle embarazos y dificultades. || *Être percé jusqu'aux os*, estar mojado hasta los huesos. || *Ronger quelqu'un jusqu'aux os*, roer á alguno hasta los huesos: arruinarle. || *Jusqu'à la moelle des os*, hasta la médula de los huesos, profundamente.

**OSCHÉITE**, f. *osqueít*. Anat. Osqueita, inflamacion del escroto.

**OSCHÉOCHALASIE**, f. *osqueocalasí*. Med. Osqueocalasia, tumor del escroto.

**OSCHÉOCÈLE**, f. *osqueosél*. Anat. Osqueocele, hernia escrotal.

**OSCHÉONCIE**, f. *osqueonsí*. Med. Osqueoncia, tumefaccion del escroto.

**OSCHÉOTITE**, f. V. OSCHÉITE.

**OSCILLANT, E**, adj. *osilán*. Oscilante que oscila ó puede oscilar.

**OSCILLATION**, f. *osilasión*. Fis. Oscilacion, movimiento de ida y vuelta de un péndulo, describiendo un arco de círculo. || Oscilacion, se dice tambien del balanceo de cualquier cuerpo, de cualquier movimiento trémulo ó vibratorio; y en este sentido se dice las oscilaciones de las luces, las oscilaciones ó vibraciones de una campana.

**OSCILLATOIRE**, adj. *osilatuár*. Oscilatorio, vibratorio, que es de la naturaleza de la oscilacion.

**OSCILLER**, n. *osilé*. Oscilar, vibrar moverse alternativamente de un lado á otro

Se aplica principalmente al péndulo. ‖ met. Oscilar, fluctuar, se dice de los entes morales.

**OSCITANT, E,** adj. *ositán.* Med. Oscitante, bostezante, que bosteza. ‖ *Fièvre oscitante*, calentura en que el enfermo bosteza continuamente.

**OSCITATION,** f. *ositasión.* Med. Oscitacion, bostezo, accion de bostezar.

**OSCULATEUR, TRICE,** adj. *osculateur, tris.* Geom. Osculador, se dice de un círculo que tiene un punto comun con una curva, ó vice versa, lo cual constituye un contacto de segundo órden.

**OSCULATION,** f. *osculasión.* Geom. Osculacion, contacto de segundo órden. ‖ inus. Osculacion, accion de abrazar ó besar.

**OSEILLE,** f. *oséll.* Bot. Acedera, planta hortense. *Oseille de brebis*, paciencia, una de las especies de esta planta. ‖ *Oseille de Guinée*, árbol cuya hoja tiene el gusto de la acedera.

**OSELLA ó OSELLE,** f. *osèla, osél.* Osella, moneda de oro de Venecia, cuyo valor equivale á unos 48 francos.

**OSER,** a. *osé.* Osar, atreverse, tener resolucion para decir ó hacer cualquier cosa, emprender con resolucion. ‖ *Si j'ose le dire, si j'ose m'exprimer ainsi*, si me es permitido decirlo, si puedo explicarme así. Son locuciones que se usan para hacer pasar una idea ó una expresion que podria parecer atrevida. ‖ *Je n'oserais le lui dire*, yo no osaria decírselo. ‖ Se ha usado alguna vez sustantivamente por atrevimiento, osadía.

**OSERAIE,** f. *osré.* Mimbreral, salceda, sitio plantado de mimbres.

**OSEREUX, EUSE,** adj. *osreu, eus.* Mimbroso, salicoso ó salcedoso: se dice de un campo, de un sitio cualquiera cubierto de mimbres nacidos espontáneamente.

**OSEUR,** m. *oseur.* Osado, atrevido, el que osa ó se atreve.

**OSIER,** m. *osié.* Mimbre, arbusto conocido, de ramas muy flexibles. ‖ met. y fam. *Être pliant, souple comme de l'osier*, ser como una seda, dócil, condescendiente. ‖ *Être franc comme l'osier*, ser sincero, sin ficcion. ‖ met. *Osier de cour*, cortesano flexible y sagaz.

**OSIRIS,** m. *osíris.* Mit. Osíris, divinidad suprema de los Egipcios, adorada bajo los nombres de Apis, Serápis y otros.

**OSMANLI,** m. *osmánli.* Osmanlí, lengua de los Turcos, la lengua que se habla en el imperio otomano.

**OSMÈRE,** m. *osmér.* Zool. Osmero, género de peces próximo al salmon.

**OSMIATE,** m. *osmiát.* Quim. Osmiate ó osmato, género de sales.

**OSMIE,** f. *osmí.* Zool. Abejo, osmia, género de insectos himenópteros melíferos.

**OSMIMÉTRIQUE,** adj. *osmimetric.* Osmimétrico, que mide, que aprecia los olores.

**OSMINE,** f. *osmín.* Osmina, medida de capacidad para los áridos usada en Turquía y en Rusia.

**OSMIUM,** m. *osmióm.* Miner. Osmio, metal de un gris oscuro, bastante brillante, descubierto en 1803.

**OSMIURE,** m. *osmiúr.* Quim. Osmiuro, aligacion del osmio con los demas metales.

**OSMOLOGIE,** f. *osmologí.* Osmologia, tratado de los olores.

**OSMOLOGIQUE,** adj. *osmologic.* Osmológico, concerniente á la osmologia.

**OSMONDAIRE,** f. *osmondér.* Bot. Osmundaria, género de algas.

**OSMONDE,** f. *osmónd.* Bot. Osmunda, género de helechos.

**OSMYLE,** m. *osmíl.* Zool. Osmilo, género de insectos nevrópteros.

**OSPHALGIE ó OSPHYALGIE,** f. *osfalgí, osfialgí.* Med. Osfalgia, dolor lumbar.

**OSPHALGIQUE ó OSPHYALGIQUE,** adj. *osfalgíc, osfialgíc.* Osfálgico, concerniente á la osfalgia.

**OSPHRÉSIE,** f. *osfresí.* Osfresia, facultad de sentir los olores.

**OSPHRÉSIOLOGIE,** f. *osfresiologí.* Osfresiologia, tratado de los olores y del olfato.

**OSPHRÉSIOLOGISTE ó OSPHRÉSIOLOGUE,** m. *osfresiologíst, osfresiológue* Osfresiologista ú osfresiólogo, autor de un tratado de los olores.

**OSPHRÉSIQUE,** adj. *osfresic.* Osfrésico, concerniente á la osfresia.

**OSPHYTE,** f. *osfít.* Med. Osfitis, inflamacion de los músculos lombares.

**OSQUE,** adj. *ósc.* Osco, concerniente ó relativo á los Oscos. ‖ *Osques*, m. pl. Oscos, antiguo pueblo de Italia

**OSSATURE,** f. *osatúr.* Esqueleto, la reunion ó conjunto de todos los huesos de un hombre ó de un animal. ‖ Arq. Armazon de un edificio, conjunto de maderos ó lo que liga y traba sus diferentes partes entre sí.

**OSSEC ó OUSSAS,** m. *oséc, usá.* Mar. Sentina, cala, el lugar mas bajo de una embarcacion, en el cual se reunen las aguas.

**OSSELET,** m. dim. de OS. *oslé.* Anat. Huesecillo, hueso pequeño. ‖ Vet. Huesecillo, exóstosis en los menudillos de los caballos. ‖ Huesecillo, se dice de la almendra de algunas frutas. ‖ *Osselets*, pl. Juego de la taba. *Jouer aux osselets*, jugar á la taba. ‖ Perrillos, nombre de una especie de tortura ó tormento que se daba antiguamente á los reos en los dedos: *donner les osselets.*

**OSSEMENTS,** m. pl. *osmán.* Osamenta, los huesos descarnados de hombres y animales muertos.

**OSSERET,** m. *osré.* Especie de cuchilla de los carniceros para cortar los huesos sobre el tajo.

**OSSEUX, EUSE,** adj. *oseu, eus.* Óseo, huesoso, de tejido sólido, de la naturaleza del hueso.

**OSSIANIQUE,** adj. *osianic.* Osiánico, que es relativo á las poesías de Osian ó que tiene su carácter.

**OSSIANISER,** a. *osianisé.* Osianizar, hacer semejante á las poesías osiánicas. ‖ n. Osianizar, imitar el estilo de Osian.

**OSSIANISME,** m. *osianism.* Osianismo, imitacion de las poesías de Osian; forma poética grandiosa, pomposa. ‖ Admiracion de este género de poesía.

**OSSIANISTE,** adj. *osianíst.* Osianista, admirador, partidario fanático de las poesías de Osian. ‖ Osianista, imitador de este género de poesía.

**OSSICULAIRE,** adj. *osiculér.* Osicular, que tiene la forma de huesecillo.

**OSSICULE,** m. *osicól.* Osículo, huesecillo. ‖ Bot. Nuececilla de las drupas.

**OSSIFÈRE,** adj. *osifér.* Osífero, que contiene huesos.

**OSSIFICATION,** f. *osificasión.* Osificacion, formacion, desarrollo del sistema huesoso. ‖ Osificacion, conversion en sustancia huesosa de las partes ternillosas, de las membranas y de los cartílagos, como sucede en lo viejos.

**OSSIFIER,** a. *osifié.* Osificar, reducir ó convertir en hueso las partes membranosas y cartilaginosas. ‖ met. Osificar, hacer enflaquecer, reducir á uno á los huesos, al estado de esqueleto. ‖ *S'ossifier*, r. Osificarse, degenerar ó convertirse en hueso.

**OSSIFIQUE,** adj. *osific.* Osífico, que contribuye á la formacion de los huesos. ‖ *Qualité ossifique*, calidad osífica, la que convierte en hueso una parte de los alimentos.

**OSSIFORME,** adj. *osifórm.* Osiforme, que tiene la forma de un hueso.

**OSSIFRAGE,** adj. *osifrág.* Osífrago, que rompe ó quebranta los huesos.

**OSSIFRAGUE,** m. *osifrágue* Zool. Osífrago ó quebranta-huesos, nombre vulgar de una especie del género pigargo, ave semejante al águila.

**OSSILLON,** m. inus. *osillón.* Huesecillo, huesecito de pájaro.

**OSSIVORE,** adj. *osivór.* Med. Osívoro, que ataca, que corroe los huesos: se dice de algunas enfermedades, como las úlceras. ‖ Osívoro, que come huesos, como el perro.

**OSSU, E,** adj. ant. *osú.* Huesudo, que tiene grandes huesos.

**OSSUAIRE,** m. *osuér.* Osario, reunion ó monton de huesos. ‖ Antig. rom. Pequeñas urnas en que se depositaban [illegible] de huesos no consumidos [illegible] Hueso, huesos.

**OST ó HOST,** m. ant. [illegible] cito, campo, cuerpo de [illegible] cios.

**OSTAGE,** m. *ostáge.* Feud. [illegible] recho feudal sobre las [illegible]

**OSTAGER,** m. *ostagé.* Feud. [illegible] ostalajero, el que [illegible] señorío.

**OSTAGIER,** a. inus. [illegible] hedes.

**OSTAGRE,** f. *ostágr.* Cir. [illegible] sas para sacar huesos [illegible]

**OSTE,** f. *óst.* Mar. [illegible] para maniobrar las vergas.

**OSTÉAL,** adj. m. [illegible] dice del sonido que [illegible] sosas con la percusion.

**OSTÉALGIE,** f. [illegible] gia, dolor en los huesos.

**OSTÉALGIQUE,** adj. [illegible] gico, concerniente á la [illegible]

**OSTÉIDE,** f. *osteíd.* [illegible] concrecion huesosa.

**OSTENDOIS, E,** adj. y s. [illegible] Ostendes, de la ciudad de [illegible] gica.

**OSTENSIBLE,** adj. [illegible] ble, que puede mostrarse ó [illegible] Evidente, que está á la vista, [illegible]

**OSTENSIBLEMENT,** adv. [illegible] mán. Ostensiblemente, de [illegible] tensible.

**OSTENSIF, IVE,** adj. [illegible] tensivo, que muestra, que [illegible] tiar.

**OSTENSOIR ó OSTENSOIRE,** [illegible] *tansuár.* Viril, custodia, [illegible] oro en que se coloca la [illegible] para exponerla á la adoracion [illegible]

**OSTENTATEUR, TRICE,** [illegible] *teur, tris.* Ostentoso, [illegible] ta con afectacion sus [illegible] tendidas.

**OSTENTATION,** f. [illegible] tacion, muestra afectada que [illegible] tes verdaderos ó pretendidos.

**OSTENTION,** f. inus. [illegible] sion, exhibicion, accion de [illegible] Exposicion.

**OSTÉOCOLLE ó OSTÉOCOLE,** [illegible] *cól, osteócl.* Miner. [illegible] nalada, concrecionada ó incrustada [illegible] deposita sobre los vegetales [illegible] cias sumergidas en las aguas.

**OSTÉODYNIE,** f. [illegible] dinia, dolor en los huesos.

**OSTÉODYNIQUE,** adj. [illegible] teodínico, relativo á la [illegible]

**OSTÉOGÉNÉSIE ó OSTÉOGÉNIE,** [illegible] *teogenesí, osteogení.* Med. [illegible] teogenia, formacion ó [illegible] huesos.

**OSTÉOGÉNIQUE,** adj. [illegible] teogénico, relativo á la [illegible]

**OSTÉOGRAPHE,** m. [illegible] grafo, autor de una osteografía.

**OSTÉOGRAPHIE,** f. [illegible] grafía, descripcion de los huesos.

**OSTÉOGRAPHIQUE,** adj. [illegible] Osteográfico, concerniente [illegible]

**OSTÉOLITHE,** m. [illegible] teolito, hueso fósil.

**OSTÉOLOGIE,** f. [illegible] parte de la anatomía que [illegible] sos. ‖ Osteologia, obra, [illegible] materia.

**OSTÉOLOGIQUE,** adj. [illegible] teológico, concerniente á la [illegible]

**OSTÉOLOGUE,** m. [illegible] el que se dedica á la osteologia [illegible]

**OSTÉOMALACIE,** f. [illegible] malaxia, reblandecimiento de [illegible]

**OSTÉOMÈLE,** m. [illegible] melia, género de plantas [illegible]

**OSTÉONCIE,** f. [illegible] cia, hinchazon de los huesos, [illegible]

**OSTÉONÉCROSE,** f. [illegible] Osteonecrosis, mortificacion [illegible]

**ÉOPHAGE**, adj. *osteofágo*. Osteófa- ...e come huesos.

**ÉOPHTHISIE**, f. *osteoftisí*. Med. Os- ...sia, atrofia de los huesos.

**ÉOPHTHORIE**, f. *osteoftorí*. Med. ...ftoria, cáries de los huesos.

**ÉOPHYME**, m. *osteofím*. Med. Os- ...ia, hinchazon de los huesos.

**ÉOPSATHYROSE**, f. *osteopsatirós*. Osteopsatirosis, friabilidad de los hue-

**ÉOPYRE**, f. *osteopír*. Med. Osteopi- ...angrena de los huesos.

**ÉOROSE**, f. *osteorós*. Med. Osteoro- ...spesura de la dureza de los huesos.

**ÉOSARCOME**, m. *osteosarcóm*. Os- ...coma, conversion del tejido huesoso ...tejido de apariencia carnosa.

**ÉOSARCOSE**, f. V. OSTÉOSARCOME.

**ÉOSE**, f. *osteós*. Fisiol. Osteosis, ...cion, desarrollo de los huesos.

**ÉOSTÉATOME**, m. *osteosteatóm*. Osteosteatoma, conversion del tejido ...so en grasa.

**ÉOSTOME**, adj. *osteostóm*. Ictiol. ...stomo, que tiene la mandíbula ósea ó ...

**ÉOTIDE**, f. *osteotíd*. Cir. Osteotides, ...la ósea, sustancia que debe formarse ...so.

**ÉOTOMIE**, f. *osteotomí*. Anat. Os- ...mía, parte de la anatomía que trata ...diseccion de los huesos.

**ÉOTOMIQUE**, adj. *osteotomíc*. Os- ...mico, concerniente á la osteotomía.

**ÉOTYLE**, m. *osteotíl*. Med. Osteotí- ...mor desarrollado en los huesos.

**ÉOZOAIRE**, adj. y s. *osteosoér*. Zool. ...zoario, formado sobre un esqueleto ...or.

**IAIRE**, m. *ostiér*. Antig. rom. Ostia- ...portero.

**ITE ó OSSÉITE**, f. *ostít, osejt*. Osi- ...flamacion de los huesos.

**RACAIRE**, m. *ostraquér*. Ostraca- ...nimal que vive en las conchas de los ...s ostra y peine.

**RACÉ, ÉE**, adj. *ostrasé*. Hist. nat. ...seo, que tiene la forma de una concha ...a. || Ostráceo, conchudo, semejante á ...stra.

**RACIN, E**, adj. *ostrasén, én*. Ostra- ...que se halla sobre la concha de las os- ...|| Ostracino, semejante á las ostras.

**RACISER**, a. *ostrasisé*. Desterrar ...edio de un juicio parecido al llamado ...ismo. || *S'ostraciser*, r. Desterrarse ...mente los ciudadanos.

**RACISME**, m. *ostrasism*. Ostracis- ...estierro de un ciudadano que decreta- ...pueblo de Aténas escribiendo su nom- ...n un ladrillo redondo parecido á una ...a.

**RACITE ó OSTRÉITE**, f. *ostrasít*, ... Hist. nat. Ostracita, ostra fósil.

**RACODERME**, adj. *ostracodérm*. ... Ostracodermo, que tiene el cuerpo ...to de láminas testáceas.

**RACOLOGIE**, f. *ostracologí*. Ostra- ...a, historia de las ostras.

**RACOLOGIQUE**, adj. *ostracologíc*. ...ológico, concerniente á la ostracolo- ...

**RALÉGE**, adj. *ostralége*. Ostrálego, ...e alimenta de crustáceos.

**RÉAIRE**, adj. *ostreér*. Ostreario, ...re sobre las conchas: se dice de algu- ...ceos.

**RÉIFORME**, adj. *ostreifórm*. Ostrei- ..., que tiene la forma de una ostra.

**RÉINE**, f. *ostreín*. Ostreina, sustan- ...la ostra.

**RÉITE**, f. *ostreít*. Ostreita, ostra ...

**RELIN**, m. *ostrlén*. Ostrelino, nom- ...ado en algunas historias á los pueblos ...ales respecto á Inglaterra y á las ciu- ...anseáticas.

**ROGOTHISME**, m. *ostrogotism*. Os- ...ismo, incivilizacion, ignorancia de los ..., usos y reglas del trato civil.

**OSTROGOTHS**, m. pl. *ostrogó*. Ostrogodos, Godos orientales que invadieron la Italia y parte de la Francia. || Ostrogodo, se dice familiarmente, por alusion á esos pueblos bárbaros, de un hombre inculto, rústico, que ignora las reglas del trato comun, y se llama en español árabe ó mameluco.

**OTACOUSTIQUE**, adj. *otacustíc*. Fís. Otacústico, propio para perfeccionar el órgano del oido. || f. Otacústica, ciencia relativa al oido.

**OTAGE**, m. *otáge*. Reben, la persona que queda en poder del enemigo ó en poder de otro para seguridad de un tratado. || Se dice tambien de las ciudades, de las plazas, y en general de todas las garantías que pueden exigirse: *donner des villes d'otage*. En español se usa mas frecuentemente en plural, rehenes.

**OTALGIE**, f. *otalgí*. Med. Otalgia, dolor de oidos.

**OTALGIQUE**, adj. *otalgíc*. Otálgico, que es propio para curar la otalgia.

**ÔTÉ, ÉE**, adj. *oté*. Quitado. || Se usa algunas veces como preposicion, en vez de *excepté, hormis*.

**OTELLE**, f. *otél*. Mil. ant. Venablo, especie de lanza. || Blas. Venablos, cuerpos semejantes á los hierros de lanza que se estampan en algunos escudos.

**OTENCHYTE**, f. *otanquít*. Cir. Otenquites, jeringuilla para inyectar los oidos.

**ÔTER**, a. *oté*. Quitar, separar, remover una persona ó cosa del lugar donde está. || Quitar, arrebatar, sacar alguna cosa del poder de alguno. || Quitar, cercenar, disminuir. || Quitar, tomar por fuerza ó por autoridad. || met. *Oter l'honneur à quelqu'un*, difamar á uno, quitarle el honor. || Quitar, destruir, hacer desaparecer: *óter les abus*, *óter une tache*. || *Oter son chapeau*, *óter son chapeau à quelqu'un*, quitarse el sombrero en señal de cortesía ó para saludar á alguno.

**OTEVENT**, m. V. AUVENT.

**OTHÈRE**, f. *otér*. Bot. Oteria, género de plantas dicotiledóneas.

**OTHO, OTHE, ODE, OTE**, *óto, ót, ód, ót*. Significa rico en todos los dialectos de la lengua tudesca.

**OTHONNE**, f. *otón*. Otonia, arbusto siempre verde.

**OTIEUSEMENT**, adv. ant. *osieusmán*. Ociosamente.

**OTIEUX, EUSE**, adj. ant. *osieu, eus*. Ocioso, desocupado.

**OTIOSITÉ**, f. ant. *osiosité*. Ociosidad, inaccion. Se ha usado tambien en mala parte por holgazanería, *oisiveté*.

**OTIQUE**, adj. *otíc*. Ótico, se dice de los medicamentos buenos para las enfermedades de los oidos.

**OTITE**, f. *otít*. Med. Otitis, inflamacion del oido.

**OTOCÉPHALE**, m. *otosefál*. Anat. Otocéfalo, monstruo en que las dos orejas están confundidas entre sí.

**OTOCÉPHALIE**, f. *otosefalí*. Anat. Otocefalia, monstruosidad causada por la fusion de las orejas.

**OTOCÉPHALIEN, NE**, adj. *otosefalién, én*. Otocéfalo, se dice de los monstruos cuyas orejas están reunidas.

**OTOCÉPHALIQUE**, adj. *otosefalíc*. Otocéfalico, que tiene los caractéres de la otocefalia.

**OTOGRAPHE**, m. *otográf*. Otógrafo, autor de una otografía.

**OTOGRAPHIE**, f. *otografí*. Otografía, descripcion del oido.

**OTOGRAPHIQUE**, adj. *otografíc*. Otográfico, concerniente á la otografía.

**OTOÏATRIE**, f. *otoiatrí*. Otoiatria, parte de la medicina que trata especialmente del oido y de sus enfermedades.

**OTOÏATRIQUE**, adj. *otoiatríc*. Otoiátrico, concerniente á la otoiatria.

**OTOLOGIE**, f. *otologí*. Otologia, tratado del oido.

**OTOLOGIQUE**, adj. *otologíc*. Otológico, concerniente á la otologia.

**OTORRHÉE**, f. *otoré*. Med. Otorrea, fluxion del oido.

**OTORRHÉIQUE**, adj. *otorreíc*. Otorréico, concerniente á la otorrea.

**OTOTOMIE**, f. *ototomí*. Anat. Ototomía, diseccion del oido.

**OTOTOMIQUE**, adj. *ototomíc*. Ototómico, concerniente á la ototomía.

**OTTOMAN, E**, adj. *otomán, án*. Otomano, concerniente, relativo á los Otomanos ó Turcos. || Usado sustantivamente se entiende por los Turcos otomanos, que se llaman *Osmanlis*. || *Ottomane*, f. Otomana, mueble de lujo y comodidad, especie de sofá ó cama para descansar, donde pueden sentarse juntas muchas personas.

**OU**, conj. *ú*. Ó, ú. Esta conjuncion es disyuntiva ó alternativa, y su uso y acepciones son iguales en ambas lenguas. *Mort ou vif*, muerto ó vivo. *L'un ou l'autre*, uno ú otro. || Se junta á menudo al adverbio *bien*.

**OÙ**, adv. *ú*. Dónde, en dónde, á dónde, cuando señala quietud; como: *où logez-vous?* ¿en dónde vive Vd.? || Adónde, á dónde, cuando señala movimiento hácia alguna parte: v. gr. *où allez-vous?* ¿á dónde va Vd.? || Á qué, á qué estado: se dice en sentido moral. *Où me réduisez-vous?* ¿á qué, ó á qué estado me reduce Vd.? *Où tend ce discours?* ¿á qué se dirige ese discurso, cuál es el objeto de ese discurso? || *D'où*, de dónde, de qué paraje, por qué causa. *D'où vient-il?* ¿de dónde viene? *D'où vient qu'il est fâché?* ¿por qué está enojado? || *Par où*, por dónde, por qué paraje, por qué medio. || Á veces se emplea como pronombre relativo en lugar de *duquel, dans lequel, dans lesquels, dans lesquelles, etc.*; y se traduce por en que, y á veces tambien por en donde. *L'endroit où il fut tué*, el lugar en que ó donde fué muerto. *La peine où je suis*, la afliccion en que me hallo. || *Au moment où*, *au moment que*, en el momento en que.

**OUAICHE**, m. *uéche*. Estela, señal que deja en el agua un navío. V. SILLAGE. || *Tirer un vaisseau en ouaiche*, remolcar un navío con otro. || Ouaicha, demonio nocturno entre ciertos salvajes de América.

**OUAILLE**, f. *uáll*. Oveja; solo se usa en sentido figurado ó místico para designar los feligreses ó los fieles puestos al cuidado de los párrocos, de los obispos ó de otro pastor espiritual, porque en sentido propio se dice *brebis*. Se usa principalmente en plural: *un bon pasteur a constamment l'œil sur ses ouailles*.

**OUAIS!** interj. *ué*. ¡Olga! ¡caramba! ¡hola! Interjeccion familiar que indica la sorpresa.

**OUANGOU**, m. *uangú*. Ouangó, pasta que hacen los Peruanos con harina de yuca.

**OUARINE**, f. *uarín*. Ouarina, especie de titi de la América meridional.

**OUARQUER**, a. *uarqué*. Labrar las tierras que se han de sembrar en la primavera.

**OUATE**, f. *uát*. Seda ocal, la borra de los capullos de los gusanos de seda. || Algodon en rama.

**OUATER**, a. *uaté*. Acolchar, poner algodon basto ó seda ocal entre la tela y el forro.

**OUBEN**, m. *ubén*. Tierra arcillosa.

**OUBIER**, m. *ubié*. Zool. Bahari, especie de halcon.

**OUBLI**, m. *ublí*. Olvido, falta de memoria, ó accidente de perder el recuerdo de algun suceso. || Omision, descuido. || *Tomber dans l'oubli*, caer en el olvido, borrarse de la memoria de todos. || met. *Boire l'oubli*, beber el olvido, ó las aguas del olvido, haciendo alusion á la virtud que suponian los antiguos tenia el rio del Olvido ó Leteo. || *Par oubli*, loc. adv. Por olvido.

**OUBLIABLE**, adj. *ubliábl*. Olvidable, capaz de ser olvidado, que merece ser olvidado.

**OUBLIAGE ó OUBLIAL**, m. *ubliáge, ublial*. Especie de censo señorial.

**OUBLIANCE**, f. *ubliáns*. Olvidanza, falta de memoria. Son voces anticuadas en ambas lenguas.

**OUBLIE**, f. *ublí*. Barquillo, pasta delgada como la oblea, en figura de canuto. || Oblea.

**OUBLIER**, a. *ublié*. Olvidar, perder la memoria ó el recuerdo de alguna cosa. || Olvidar, omitir, dejar de hacer mencion de alquea cosa. || Descuidar, faltàr á su obligacion, || S'oublier, r. Olvidarse, ser olvidado, escaparse de la memoria || Olvidarse de su obligacion. || Descomedirse, faltar al respeto de los superiores.

**OUBLIERIE**, f. *ublierí* (e muda). Barquillería, arte de hacer barquillos. || El lugar donde se hacen.

**OUBLIETTES**, f. pl. *ubliét*. Calabozos en que se encerraba antiguamente á los condenados á prision perpetua.

**OUBLIEUR, EUSE**, m. y f. *ublieur*, eus. Barquillero, el que hace ó vende barquillos.

**OUBLIEUX, EUSE**, adj. *ublíeu*, eus. Olvidadizo, que se olvida con facilidad de las cosas.

**OUCHE**, m. *úche*. Huerto, terreno próximo á una casa y plantado de árboles frutales.

**OUDENARDE**, f. *udnárd*. Udenarda, tapicería que se fabricaba en Udenarda, ciudad de Bélgica.

**OUDRIR (S')**, r. *sudrír*. Agr. Encogerse, retorcerse: se dice hablando de las yemas de una rama, cortada miéntras estaba en vegetacion.

**OUEST**, m. *uést*. Oeste, poniente, uno de los cuatro puntos cardinales. || Oeste, viento procedente de esta parte ||*Ouest-nord-ouest*, oeste oroeste, parte colocada en medio del espacio que separa el oeste del noroeste. *Ouest-sud-ouest*, oeste sudoeste, parte colocada en medio del espacio que separa el oeste del sudoeste.

**OUETTE**, f. *uét*. Zool. Cotinga, especie de ave.

**OUF**, interj. *úf*. Uf! Expresa dolor, disgusto ó sofocacion.

**OUI**, adv. *uí*. Sí, partícula afirmativa opuesta á non. || fam. *Ne dire ni oui ni non*, no decir que sí ni que no. || A veces se emplea sustantivamente: *le oui et le non*, el sí y el no.

**OUÏ, E**, adj. *uí*. Oido. V. Ouir, de cuyo verbo es participio.

**OUICHE**, interj. *uíche*. Ca! Indica duda, incredulidad.

**OUICOU**, m. *uicú*. Uicu, bebida que usan los salvajes de América.

**OUI-DÀ**, loc. interj. *uidá*. Por cierto, sí, sin duda. Indica burla ó irrision. || *Oui-dà*, loc. adv. Con mucho gusto, de buena gana. Es familiar.

**OUÏ-DIRE**, m. *uidír*. Los rumores, la fama, la voz que corre, lo que se sabe por dicho de otros. *Par ouï-dire*, de oidas.

**OUÏE**, f. *uí*. Oido, uno de los cinco sentidos por el cual se perciben los sonidos. Solo se dice en singular. || Ouïes, f. pl. Agallas, aberturas que tienen los peces á los lados de la cabeza.

**OUILLARD**, m. *ullár*. Becada ó chocha, especie de ave.

**OUILLER**, a. *ullé*. Agitar el vino en un tonel.

**OUIR**, a. *uír*. Oir, percibir los sonidos por el oido. || Oir, dar audiencia, prestar atencion. || Oir, escuchar favorablemente; lo mismo que *exaucer*. || For. *Ouïr des témoins*, oir testigos, recibir sus deposiciones.

**OULICES**, f. pl. *ulís*. Art. Pliegues. *Tenons á oulices*, cintas plegadas.

**OULITE**, f. *ulít*. Med. Ulites, inflamacion de las encías.

**OULLIÈRE**, f. *uliér*. Screcs de una viña, el espacio que hay entre las ringleras ó hileras de las vides ó cepas, y que se cultiva para sembrar trigo, etc.

**OULNIÈRE**, f. *ulniér*. Olmeda, sitio plantado de olmos.

**OULORRHAGIE**, f. *ulorragí*. Med. Oulorragia, derrame de sangre por las encías.

**OULORRHAGIQUE**, adj. *ulorragic*. Oulorrágico, relativo á la oulorragia.

**OULOTRIQUE**, adj. *ulotric*. Oulótrico, que tiene el cabello crespo.

**OUPELOTTE**, f. *uplót*. Upelota, raiz medicinal de Surata.

**OURA**, m. *úra*. Ura, conducto por donde se introduce el aire en ciertos hornos.

**OURAGAN**, m. *uragán*. Huracan, viento repentino y furioso.

**OURALIEN, NE**, adj. *uralién*, *én*. Uraliano, perteneciente á los Urales, montes que separan la Europa del Asia.

**OURDIR**, a. *urdír*. Art. Urdir, preparar los hilos de una madeja para pasarlos al telar. || met. Urdir, maquinar, tramar un complot, tomar medidas para hacer una traicion. || Alb. Urdir, enlucir, dar una enlucidura de argamasa á un muro de morrillos. || Pesc. *Ourdir les cannes*, urdir las cañas, hacer con ellas unas especies de zarzos semejantes á las esteras de los jardineros. || Urdir, entrelazar las cuerdas de paja para hacer pleitas.

**OURDISSAGE**, m. *urdiságe*. Urdimbre, primera operacion que debe hacerse en los hilos ántes de tejer la pieza. || El urdido mismo, urdidura.

**OURDISSEUR, EUSE**, m. y f. *urdiseur*, eus. Urdidor, el que urde.

**OURDISSOIR**, m. *urdisuár*. Urdidera, el instrumento que sirve para urdir.

**OURDISSURE**, f. V. Ourdissage.

**OURDON**, m. *urdón*. Bot. Especie de sen, planta.

**OURDRE**, m. *úrdr*. En Provenza, nudo de la malla en una red.

**OURÉTIQUE**, adj. *uretíc*. Urético, que se encuentra en la orina.

**OURLER**, a. *urlé*. Repulgar, hacer un dobladillo. || met. Bordar, orlear, adornar con franjas ó ribetes.

**OURLET**, m. *urlé*. Dobladillo, bastilla, repulgo que se hace en las extremidades de un pañuelo ó de una tela. || Ribete, especie de vivo de cuero que hacen los zapateros, silleros, etc. || Borde que forma un plato ó taza de cristal.

**OURONOLOGIE**, f. *uronologí*. Didáct. Uronología, tratado sobre la orina.

**OURONOLOGIQUE**, adj. *uronologic*. Uronológico, relativo á la uronología.

**OURONOLOGISTE** ó **ORONOLOGUE**, m. *uronologíst*. *uronológue*. Uronologista, el que se ocupa de uronología.

**OURONOSCOPE**, m. *uronoscóp*. Uronóscopo, médico que juzga de las enfermedades por la inspeccion de la orina.

**OURONOSCOPIE**, f. *uronoscopí*. Didáct. Uronoscopía, inspeccion de la orina, por cuyo medio pretenden algunos charlatanes conocer todas las enfermedades.

**OURONOSCOPIQUE**, adj. *uronoscopic*. Uronoscópico, que se refiere á la uronoscopía.

**OURQUE**, m. Zool. V. Orque.

**OURS**, m. *úrs*. Zool. Oso, género de animales mamíferos carnívoros. || El ave solitaria. || *Tannière d'ours*, osera, guarida del oso. || *Être fait comme un meneur d'ours*, parecer un azota-perros: estar mal vestido. || prov. *C'est un ours mal léché*, parece un oso: se dice de un hombre grosero y de mala facha. || met. y fam. Se llama oso al hombre huraño y que huye de la sociedad. || *Avoir monté sur l'ours*, no tener miedo, ser atrevido, hablando de muchachos. || prov. *Il ne faut pas vendre la peau de l'ours avant qu'il soit pris*, no se debe cantar la victoria ántes de la batalla. || Blas. *Ours en pied*, oso de pié que suele representarse en los escudos. || Bot. *Oreille d'ours*, aurícula, planta.

**OURSE**, f. *úrs*. Zool. Osa, hembra del oso. || Astr. Osa, nombre con que se designa á dos constelaciones. *Grande ourse*, Osa mayor. *Petite ourse*, Osa menor. || El Setentrion, el Norte. || Mar. Orzapopa, cabo con que se lleva hácia popa el car de la entena.

**OURSERIE**, f. *ursrí*. Se ha dicho por *humeur bourrue*, mal humor de una persona.

**OURSIÈRE**, f. ant. *ursiér*. Lugar destinado para encerrar osos.

**OURSIN**, m. *ursen*. Zool. Esquino, erizo de mar, género de equinodermos. || Piel de oso que no está pelada.

**OURSIN, E**, adj. *ursén*, *ín*. Ursino, esquino que se parece al molusco llamado esquino. || Oursine, f. Bot. Ursina, género de plantas dicotiledóneas.

**OURSINÉ** [illegible] que tiene muchos [illegible]

**OURSINIER** [illegible] Zool. Ursino, que [illegible]

**OURSON**, m. [illegible] no, oso pequeño, el [illegible]

**OUTVARI**, m. [illegible] nos affamics, que [illegible] ros, despues de [illegible] cho, vuelven al lugar [illegible] Mont. Grito que dan los [illegible] dicar á los perros que [illegible] to atras. || met. y fam. [illegible] un alboroto, una [illegible]

**OUTARDE**, f. [illegible] género de gallináceas.

**OUTARDEAU**, m. [illegible] abutarda.

**OUTIL**, m. *utí*. Herramienta [illegible] to que usan los artesanos [illegible] prov. *Méchant ouvrier* [illegible] *de bon outil*, para un [illegible] ramienta buena.

**OUTILLER**, a. *utillé*. [illegible] mientas. || met. Armar [illegible] persona todo lo necesario [illegible] buen éxito en alguna [illegible] r. Proveerse, armarse de [illegible]

**OUTILLEUR**, m. [illegible] herramientas, y el que las [illegible]

**OUTRAGE**, m. *utráge*. [illegible] baldon, denuesto.

**OUTRAGEANT, E**, adj. [illegible] rioso, afrentoso.

**OUTRAGER**, a. *utragé*. [illegible] denostar, injuriar de palabra [illegible]

**OUTRAGEUSEMENT**, [illegible] *mán*. Injuriosamente, de [illegible] riosa, con ultraje.

**OUTRAGEUX, EUSE**, [illegible] eus. Injurioso, ultrajante, [illegible]

**OUTRANCE (À)**, loc. adv. [illegible] ta el extremo, hasta el [illegible] rimamente. || *Combat à outrance* [illegible] pelea, duelo á muerte, en [illegible] rir uno de los dos adversarios.

**OUTRE**, f. *útr*. Pellejo [illegible] cuero || Outre, prep. y adv. [illegible] de la otra parte). Allende [illegible] allá, mas allá. || Ademas, [illegible] miento. || *Les pays d'outre*[illegible] ultramarinos ó de ultramar [illegible] pasar de largo, ir mas [illegible] *outre*, loc. adv. De parte [illegible] *d'outre en outre*, pasar [illegible] parte. || *En outre*, ademas, [illegible] ra de esto. || *Outre que*, [illegible] de que.

**OUTRÉ, ÉE**, adj. *utré*. [illegible] portado, penetrado, irritado [illegible] excesivo. || Furioso, [illegible] *colère, de douleur, etc.*, [illegible] ra, penetrado de dolor.

**OUTRECUIDANCE**, f. [illegible] suncion, temeridad, [illegible] usa poco.

**OUTRECUIDANT, E**, [illegible] Temerario, jactancioso, [illegible] so. Se usa poco.

**OUTRECUIDÉ, ÉE**, [illegible] Jactancioso, presumido.

**OUTRECUIDER (S')**, r. [illegible] Jactarse, creerse superior, [illegible] presencion.

**OUTREMARIN, E**, adj. [illegible] Ultramarino, de ultramar.

**OUTRÉMENT**, adv. [illegible] damente, desaforadamente.

**OUTREMER**, m. *utremér*. [illegible] dra preciosa que viene de [illegible] azul que se extrae del [illegible]

**OUTRE-MESURE**, loc. [illegible] Desmesuradamente, en [illegible] so, sin medida, desaforadamente.

**OUTRE-MOITIÉ** [illegible] *dutrmuatié*. For. Lesion de [illegible]

**OUTRE-PASSE**, f. [illegible] montes mas allá del [illegible]

**OUTRE-PASSER**, a. [illegible] ir mas allá de, pasar de [illegible] jo. Mont. Salirse de la [illegible] á de los vientos que deja la fiera. Se dice hablando de los perros.

**OUTRER**, a. *utré*. Exceder, propasar, llevar las cosas al extremo, traslimitar las leyes que establece la justa razon. || Fatigar, abrumar, matar ó reventar á uno á fuerza de trabajo. || *Outrer un cheval*, reventar, estropear un caballo á fuerza de fatiga. || met. Ofender á uno gravemente, apurar su paciencia. || *S'outrer*, r. Fatigarse, reventarse una persona á fuerza de trabajo.

**OUVERT, E**, adj. y part. pas. de OUVRIR. *uvér*. Abierto. || met. Despejado, claro, hablando del entendimiento. || Declarado, tratándose de una guerra. || Abierto, franco, de un carácter sincero, natural, ingenuo. *Physionomie ouverte*, semblante ingenuo, cándido. || *Tenir table ouverte*, tener mesa franca. || Com. *Compte ouvert*, cuenta abierta, que no está saldada. || *Cheval bien ouvert*, caballo de mucho pecho, que tiene los brazos bien abiertos. || *A force ouverte*, loc. adv. A viva fuerza, con las armas en la mano. || *Chanter à livre ouvert*, cantar de repente, á primera vista. || *Expliquer un auteur à livre ouvert*, explicar ó traducir un autor sin preparacion en el primer pasaje que se presente abriendo el libro. || *Parler à cœur ouvert*, hablar con el corazon en la mano, con toda franqueza, sin reserva.

**OUVERTEMENT**, adv. *uvertmán*. Abiertamente, francamente, sin reserva, sin doblez.

**OUVERTURE**, f. *uvertúr*. Abertura, hendedura, agujero, espacio vacío en un cuerpo sólido. || Arq. Abertura, puertas, ventanas de un edificio, etc. || Abertura, accion de abrir un baul, una puerta ú otra cosa cerrada. || met. Apertura, principio de ciertas cosas: v. gr. de un concilio, de las Córtes, del parlamento. || Coyuntura, ocasion, via, medio, expediente que puede terminar algun negocio. || Confesion, confidencia, declaracion reservada que se confía á alguno. *Ouverture de cœur*, franqueza, sinceridad de una persona. *Ouverture d'esprit*, despejo, claridad de entendimiento, fácil comprension. || Mús. Abertura, pieza de música ó sinfonía armoniosa que sirve de preludio á una ópera. || Mar. Abra, especie de caleta ó espacio que puede contener uno ó mas buques en la costa.

**OUVRABLE**, adj. m. *uvrábl*. Consagrado al trabajo. Solo se usa en la locucion siguiente: *jour ouvrable*, dia de trabajo. El pueblo dice *jour ouvrier*.

**OUVRAGE**, m. *uvráge*. Obra, trabajo, labor, lo que es producido por el obrero ó persona que trabaja. || Obra, producto de la naturaleza. || Hechura, modo de una obra. || Trabajo, ocupacion, accion de trabajar. || Obra, composicion literaria, trabajo de imaginacion. || Fort. Obra, trabajos que tienen por objeto la defensa exterior de una plaza. *Ouvrage à cornes*, ornabeque, obra exterior que cubre toda la cortina y se avanza mucho hácia el campo. = *Ouvrage à couronne*, obra coronada, que forma una especie de corona, avanzándose hácia el campo con sus medios baluartes, etc. || Arq. *Gros ouvrage*, paredes maestras ó muros de fachada en un edificio. *Menus ouvrages*, obras de remate, se entiende por las chimeneas, zócalos, etc. || fam. *Avoir cœur à l'ouvrage*, trabajar con ahinco, con energía y gusto.

**OUVRAGÉ, ÉE**, adj. *uvragé*. Adornado, ornado. Se dice de la pieza ó artefacto que tiene mucha obra ó labores.

**OUVRAGER**, a. *uvragé*. Adornar, ornar, labrar ó embellecer una obra con muchas y diversas labores.

**OUVRAISON**, f. *uvresón*. Art. Elaboracion, accion de poner en obra alguna cosa.

**OUVRANT, E**, adj. *uvrán*. Que se abre. Solo tiene uso en estas frases: *à jour ouvrant*, al romper el dia, al amanecer; *à porte, à la porte ouvrante, à portes ouvrantes*, al abrir las puertas, se entiende de una plaza ó ciudad por la mañana.

**OUVRÉ, ÉE**, adj. *uvré*. Labrado con molduras ó con labores, como se dice principalmente de la mantelería. || Labrado: dícese de los metales, para distinguirlos de cuando están en barras, rieles ó planchas.

**OUVREAUX**, m. pl. *uvró*. Art. Aberturas laterales que tienen los hornos de vidrio para trabajar la materia.

**OUVRÉE**, f. *uvré*. Yugada, pedazo de tierra que puede labrar una yunta en un dia.

**OUVRER**, a. ant. *uvré*. Trabajar, labrar. || Art. *Ouvrer la monnaie*, fabricar, dar forma á la moneda.

**OUVREUR, EUSE**, m. y f. *uvreur, eus*. Portero que está encargado de abrir los palcos en un teatro. En español se dice acomodador y acomodadora.

**OUVRIER, ÈRE**, m. y f. *uvrié, ér*. Trabajador, artesano, jornalero, obrero que trabaja diariamente en algun oficio para ganar su sustento. *Ouvrier aux pièces*, oficial, artesano que trabaja á destajo. || Impr. *Ouvriers en conscience*, cajistas que trabajan á jornal. || Oficial, artesano que salió del aprendizaje. || Operario, en lenguaje místico y noble. En este sentido dice la Escritura: *la moisson est grande, mais il y a peu d'ouvriers*. || *Ouvriers d'iniquité*, los malos. || Mec. *Ouvrier hydraulique*, máquina que sirve para sacar agua. || OUVRIER, ÈRE, adj. Trabajador, que trabaja. *Classe ouvrière*, clase de artesanos, de trabajadores. *Jour ouvrier*, dia de trabajo, en el que se puede trabajar. || *Cheville ouvrière*, abismal, aguja del juego delantero, en la que entra la caja de un carruaje apoyándose sobre el tronco de la lanza. En sentido met., *cheville ouvrière* es el principal móvil, el principal agente de un negocio.

**OUVRIR**, a. *uvrír*. Abrir, franquear la entrada de algun aposento, local, etc. || Abrir, franquear una cerradura, pestillo, cerrojo ó cosa que sirve para cerrar. || met. Empezar, comenzar, dar principio á alguna cosa. *Ouvrir la campagne*, abrir ó comenzar la campaña. || *Ouvrir la porte aux abus*, dar entrada, introducir los abusos. || *Ouvrir les bras*, abrir, extender los brazos. || Abrir, hender, rajar, cortar alguna cosa. || Abrir, cavar algun hoyo, zanja ó foso en la tierra. || Abrir, dividir un cuerpo en dos mitades. || Abrir, separar: *ouvrir les jambes, ouvrir les rangs d'un bataillon*. || Abrir, dar entrada. || *Ouvrir la lice*, abrir, empezar la lid, ser el primero en lanzarse á ella. || *Ouvrir un avis*, ser el primero en proponer su parecer. || n. Abrir la puerta. *Qui est là? Ouvrez!* || Abrirse: *cette porte n'ouvre pas aisément*. || *S'ouvrir*, r. Abrirse, separarse, dejar libre el paso. || *S'ouvrir à quelqu'un*, franquearse, descubrirse á alguno, manifestarle sus pensamientos, sus designios. || Presentarse, manifestarse á la vista. || Empezar: *le bal s'ouvre par une contredanse*.

**OUVROIR**, m. *uvruár*. Obrador, lugar en que trabajan juntos varios artesanos.

**OVAIRE**, m. *ovér*. Zool. Ovario, órgano en que se forman los huevos de los animales ovíparos. Por analogía se da este nombre á los dos cuerpos blanquiscos, ovales, que se encuentran á los lados del útero de la mujer y de las hembras vivíparas. || Bot. Ovario, parte del pistilo ó de la hoja carpelar que encierra los rudimentos de la semilla.

**OVALAIRE**, adj. *ovalér*. Anat. Oval, que tiene la forma ovalada.

**OVALE**, adj. *ovál*. Oval, que es ovalado, que tiene la figura de óvalo. || Bot. Oval, que tiene la forma de una elipse. || Zool. Oval, que se parece á un huevo. || Antig. rom. Oval, que se refiere á la ovacion: *couronne ovale*. || OVALE, m. Óvalo, figura redonda y oblonga, parecida á la elipse, que forma un círculo imperfecto. || Art. Óvalo, máquina que sirve para torcer la seda. || *En ovale*, loc. adv. Ovaladamente, ovalmente, en forma elíptica.

**OVALER**, a. *ovalé*. Art. Torcer la seda con el óvalo.

**OVALIFOLIÉ, ÉE**, adj. *ovalifolié*. Bot. Ovalifoliado, que tiene las hojas ovaladas ó de forma oval.

**OVALISER**, a. *ovalisé*. Dar la forma oval.

**OVARIONCIE**, f. *ovarionsí*. Med. Ovaroncia, tumor producido por el ovario.

**OVARISME**, m. *ovarism*. Ovarismo, hipótesis fisiológica en que se atribuye al desarrollo de un huevo el origen de todos los animales y aun de todos los cuerpos organizados.

**OVARISTE**, m. *ovarist*. Ovarista, partidario del sistema del ovarismo.

**OVARITE**, f. *ovarit*. Med. Ovaritis, inflamacion aguda del ovario.

**OVATION**, f. *ovasión*. Ovacion, honor que concedia el senado romano al que obtenia algun triunfo sobre los enemigos.

**OVE**, m. *ov*. Arq. Óvalo, equino ó moldura convexa en forma de huevo; ornamento que tiene la forma de un huevo.

**OVÉ, ÉE**, adj. *ové*. Que tiene la figura de un huevo.

**OVERLAND**, m. *overlán*. Mar. Buque holandes de corta dimension.

**OVICULE**, m. dim. de OVE. *ovicúl*. Arq. Ovalillo, equinillo pequeño.

**OVIDUCTE**, m. *ovidúct*. Anat. Oviducto, conducto por el cual pasan los huevos al salir del ovario del ave.

**OVIFORME**, adj. *ovifórm*. Oviforme, que tiene la forma de un huevo.

**OVIGÈRE**, adj. *ovigér*. Bot. Ovígero, que produce frutos oviformes.

**OVINE**, adj. f. *ovín*. Lanar, que es del género de la oveja.

**OVIPARE**, adj. *ovipár*. Zool. Ovíparo, que engendra huevos. || m. Ovíparo, animal que engendra huevos.

**OVIVORE**, adj. *ovivór*. Zool. Ovívoro, que se come los huevos. || f. Ovívora, especie de culebra de América que se alimenta de huevos.

**OVOÏDE**, adj. *ovoíd*. Ovóideo, que tiene la forma de un huevo. Se usa tambien como sustantivo, en cuyo caso se dice ovóide. || m. Zool. Ovóide, género de pescados esteodermos.

**OVOIR**, m. *ovuár*. Cincelito que sirve para grabar en los metales en relieve oval.

**OVOLOGIE**, f. *ovologí*. Ovología, tratado sobre los huevos.

**OVOVIVIPARE**, adj. *ovovivipár*. Zool. Ovovivíparo, que pare ó pone los polluelos vivos á causa de romper el cascaron dentro del cuerpo, como sucede con la víbora. Se usa tambien como sustantivo.

**OVULAIRE**, adj. *ovulér*. Ovular, que se refiere á la óvula.

**OVULE**, f. *ovúl*. Zool. Óvula, género de conchas del Mediterráneo. || m. Bot. Óvulo, rudimento de una semilla que se encuentra en el ovario.

**OVULÉ, ÉE**, adj. *ovulé*. Ovulado, que se parece algo al huevo.

**OVULIFORME**, adj. *ovulifórm*. Oviliforme, que tiene la forma de un huevecillo.

**OXACIDE**, m. *ocsasíd*. Quím. Oxácido, ácido que resulta de la combinacion de un cuerpo simple con el oxígeno.

**OXALATE**, m. *ocsalát*. Quím. Oxalato, género de sales que resultan de la combinacion del ácido oxálico con las bases salificables.

**OXALATÉ, ÉE**, adj. *ocsalaté*. Quím. Oxalatado, convertido en sal por su combinacion con el ácido oxálico.

**OXALIDE**, f. *ocsalíd*. Bot. Oxálida, género de plantas dicotiledóneas, especie de acedera, *oseille*, de que hay mas de 150 especies.

**OXALIQUE**, adj. *ocsalíc*. Quím. Oxálico, se dice de cierto ácido.

**OXALOVINIQUE**, adj. *ocsalovinic*. Quím. Oxalovínico, que se compone de ácido oxálico y de hidrógeno bicarbonatado.

**OXÉE**, f. *ocsé*. Zool. Oxea, especie de abeja del Brasil.

**OXÉOL**, m. *ocseól*. Farm. Oxeol, el vinagre considerado como excipiente.

**OXÉOLAT**, m. *ocseolá*. Farm. Oxeolato vinagre destilado.

**OXÉOLÉ**, m. *ocseolé*. Farm. Oxeolado, vinagre medicamentoso.

**OXONIEN, NE**, adj. *ocsonién, én*. Oxónico, que pertenece á Oxford, ciudad de Inglaterra.

**OXURATE**, m. *ocsurát*. Quím. Oxurato género de sales.

**OXYACANTHE**, adj. *ocsiacánt.* Bot. Oxiacanto, que tiene muchos pinchos ó púas. || m. Oxiacanto, espino albar, arbusto.

**OXYADÈNE**, adj. *ocsiadén.* Bot Oxiádeno, que tiene bellotas puntiagudas.

**OXYBROMURE**, m. *ocsibromúr.* Quím. Oxibromuro, combinacion de un bromuro con un óxido.

**OXYCARBONIQUE**, adj. *ocsicarbonic.* Quím. Oxicarbónico, que contiene oxígeno y carbono.

**OXYCARPÉ, ÉE**, adj. *ocsicarpé.* Bot. Oxicarpo, que tiene el fruto acumíneo ó puntiagudo.

**OXYCÈDRE**, m. *ocsisédr.* Bot. Oxicedro, árbol de la familia de las coníferas.

**OXYCHLORATE**, m. *ocsiclorát.* Quím. Oxiclorato, género de sales.

**OXYCLADE**, adj. *ocsicládé.* Bot. Oxiclado, que tiene las ramas agudas.

**OXYCOÏE**, f. *ocsicoí.* Med. Oxicoy, desarrollo excesivo del oido.

**OXYCRAT**, m. *ocsicrá.* Oxicrato, mezcla de agua y vinagre ó vinagrada que se usa como atemperante en algunas enfermedades inflamatorias ó biliosas.

**OXYCRATER**, a. *ocsicraté.* Farm. ant. Oxicratar, disolver en vinagre.

**OXYDABILITÉ**, f. *ocsidabilité.* Quím. Oxidabilidad, disposicion que tienen algunas sustancias para oxidarse ó combinarse con el oxígeno.

**OXYDABLE**, adj. *ocsidábl.* Quím. Oxidable, que puede combinarse con el oxígeno, que puede oxidarse.

**OXYDATION**, f. *ocsidasión.* Miner. Oxidacion, conversion de metales ó de otras sustancias en óxidos.

**OXYDE**, m. *ocsíd.* Óxido, combinacion del oxígeno, exenta de la propiedad de colorear el tinte de rojo.

**OXYDER**, a. *ocsidé.* Oxidar, reducir al estado de óxido.

**OXYGÉNABLE**, adj. *ocsigenábl.* Quím. Oxigenable, que puede combinarse con el oxígeno.

**OXYGÉNANT, E**, adj. *ocsigenán.* Oxigenante, que produce óxidos.

**OXYGÉNATION**, f. *ocsigenasión.* Quím. Oxigenacion, accion de combinarse el oxígeno con cualquier otro cuerpo; estado de lo que esta oxigenado.

**OXYGÈNE**, m. *ocsigén.* Quim. Oxígeno, uno de los principios del aire atmosférico, necesario á la vida y para verificar toda especie de combustion que haya de producir el calor y la luz.

**OXYGÉNER**, a. *ocsigené.* Quím. Oxigenar, operar la combinacion de un cuerpo con el oxígeno.

**OXYGÉNÈSE**, f. *ocsigenés.* Med. Oxigenesia, enfermedad que se atribuye á los desórdenes de la oxigenacion de las partes.

**OXYGÉNOMÈTRE**, m. V. EUDIOMÈTRE.

**OXYGEUSIE**, f. *ocsigeusí.* Med. Oxigeusis, desarrollo excesivo del sentido del gusto.

**OXYGONE**, adj. *ocsigón.* Geom. Oxigono, que tiene los ángulos agudos.

**OXYHAPHIE**, f. *ocsiafí.* Med. Oxiafia, desarrollo excesivo del tacto.

**OXYHAPHIQUE**, adj. *ocsiafíc.* Oxiáfico, que corresponde á la oxiafia.

**OXYLOBE**, m. *ocsilób.* Bot. Oxílobo, género de plantas dicotiledóneas.

**OXYMANGANATE**, m. *ocsimanganát.* Quím. Oximanganato, género de sales.

**OXYMANGANÉSIATE**, m. V. OXYMANGANATE.

**OXYMEL**, m. *ocsimél.* Oximiel, especie de jarabe que se hace con miel y vinagre.

**OXYMURIATE**, m. V. CHLORURE.

**OXYNOSÈME**, f. *ocsinosém.* Med. Oxinosema, enfermedad aguda.

**OXYOPIE**, f. *ocsiopí.* Med. Oxiopia, facultad de ver los objetos desde muy léjos.

**OXYOTE**, adj. *ocsiót.* Zool. Oxiote, que tiene las orejas puntiagudas.

**OXYPÉTALE**, adj. [illegible] pétalo, que [illegible] míneos. || m. [illegible]

**OXYPHONIE**, f. [illegible] aguda, síntoma que [illegible] enfermedades.

**OXYPHRASIE**, f. [illegible] sis, desarrollo [illegible] fato.

**OXYPHYLLE**, adj. [illegible] que tiene hojas [illegible]

**OXYPTÈRE**, m. [illegible] ro, género de coleópteros. [illegible]

**OXYRRHÉGMIE**, f. [illegible] regmia, eructos agrios [illegible] mago.

**OXYRHODIN**, m. [illegible] rodino, vinagre rosado.

**OXYRHYNQUE**, adj. [illegible] rinco, que tiene el hocico [illegible] ma de pico. || m. [illegible] rias especies de pescados. [illegible] nero de aves de la América. [illegible]

**OXYSACCHARUM**, m. [illegible] Farm. Oxisácaro, mezcla de [illegible] gre.

**OXYSPERME**, adj. [illegible] permo, que tiene el fruto [illegible]

**OXYSULFURÉ, ÉE**, [illegible] Quím. Oxisulfurado, [illegible] nio que es el kermes [illegible]

**OXYTROPIDE**, f. [illegible] trópida, género de plantas [illegible]

**OYANT**, m. [illegible] quien se da cuenta en justicia [illegible]

**OZANIQUE**, adj. [illegible] que es propio para [illegible]

**OZÈNE**, m. [illegible] Med. [illegible] cion de la membrana [illegible] nasales que exhala un olor [illegible] ble.

**OZONIUM**, m. [illegible] nero de hongos.

# P.

**P**, m. P, décimasexta letra del alfabeto frances y la duodécima de las consonantes. La *p* inicial se pronuncia siempre, ya sea ántes de vocal ó de consonante, como en *page*, *psaume*, *psalmiste*; exceptuándose los casos en que á la *p* sigue una *h*. Se pronuncia igualmente cuando se encuentra en medio de una palabra, exceptuando tambien el caso en que vaya seguida de *h*. Se hace sentir la *p* en *baptismal*, *septembre*, *septénaire*, *septuagésime*, *exemption*, *symptôme*, *rédempteur*, *rédemption*, *contempteur*, *etc.*, pero no en *baptême*, *baptiser*, *baptistaire*, *exempt*, *exempter*, *sculpteur*, *sculpture*, *compte*, *promptitude*, *etc.*, donde la *p* es muda. La *p* final no se pronuncia en *camp*, *champ*, *sirop*, *loup*, *drap*, *sept* y sus derivados; pero suena en *Alep*, *Gap*, *jalap*, *cap*, *laps*, *relaps*, *rapt*, *hanap*, *julep*, *salep*, *concept*, *cep* tomado aisladamente. En *beaucoup* y *trop* solo se pronuncia la p cuando se le sigue vocal; y así, por ejemplo, en *il a beaucoup étudié*, se dice *il a bocupetudié*. *Ph* se pronuncia como *f*. || En frances, *P.* ántes de un apellido se pone por *Pierre*, *Paul*, *etc.* || *P. R.* se usa por *prétendu réformé*. || Algunas veces *P.* significa *propriété*, y *P. A.*, *propriété assurée*. || En el comercio *P.* significa *protêt* ó *protesté*, protesta ó protestado. *A. P.*, *à protester*. *A. S. P.*, *accepté sous protêt*. *A. S. P. C.*, *accepté sous protêt pour mettre à compte*. La traduccion de estas abreviaturas es innecesaria. || Las abrievaturas que se hacen por medio de la *P* en música y en otras materias son comunes á entrambas lenguas.

**PABAS**, m. *pabás.* Zool. Pabas, ave americana que apénas vuela.

**PABOUCHE**, m. *pabúche.* Especie de calzado. V. BABOUCHE, pues así se dice ordinariamente.

**PABULAIRE**, m. *pabulér.* Hist. ant. Soldado que iba á forrajear.

**PACA**, m. *páca.* Zool. Paca, género de mamíferos roedores.

**PACAGE**, m. *pacáge.* Dehesa, prado, lugar en que pastan los animales. Algunas veces se toma por *pâture*, pastura ó pasto. || *Droit de pacage*, derecho de pastura ó libertad que tiene un ganadero de enviar á pacer su ganado en ciertos prados, dehesas y barbechos.

**PACAGER**, a. *pacagé.* Apacentar, hacer pacer ó pastar. Como activo es lo mismo que *paître*. || n. Pacer, pastar, forrajear los animales.

**PACAL**, m. *pacál.* Bot. Pacal, especie de árbol del Perú.

**PACALIES**, f. pl. *pacalí.* Mit. Pacalias, fiestas que celebraban los Romanos en honor de la paz.

**PACANT**, m. ant. *pacán.* Animal que pace. || met. ant. Hombre grosero, brutal.

**PACASCHAS**, m. *pacascás.* Especie de azúcar que se extrae en las islas Filipinas de la savia de las palmeras.

**PACAUT**, m. pop. [illegible] grosero, vulgar.

**PACFI ó PAFI**, m. [illegible] Papahigo, nombre de las [illegible] res, ó sean la mayor y el [illegible]

**PACHA**, m. [illegible] que dan los Turcos al [illegible] cito y á los gobernadores de [illegible]

**PACHALIK**, m. [illegible] ritorio sobre el cual ejerce [illegible] bajá.

**PACHÉABLÉPHAROSE**, [illegible] faros. Med. Pacheablefarosis [illegible] los párpados.

**PACHÉE**, f. [illegible] oriental ó corindon vidrioso [illegible]

**PACHIRIER**, m. [illegible] ó cacao silvestre, género de [illegible]

**PACHOMÈTRE**, m. [illegible] tro, instrumento propio para [illegible] so de los cristales de espejo. [illegible]

**PACHYCARPE**, adj. [illegible] quicarpo, que produce frutos [illegible]

**PACHYCHYMIE**, f. [illegible] quimia, espesura morbosa [illegible]

**PACHYDERME**, adj. [illegible] dermo, que tiene [illegible] blando de mamíferos. [illegible] Paquidermos, órden de [illegible] por el grueso y dureza de [illegible]

**PACHYMYE**, f. [illegible] mia, género de conchas [illegible]

...YPHYLLE, adj. *pachifil.* Bot Pa... que tiene las hojas muy gruesas. || ...ilo, género de plantas.

...FÈRE, adj. *pasifér.* Pacífero, que ... paz. || Pacífero, epíteto dado á Mi... algunas veces á Marte.

...FICATEUR, TRICE, m. y f. *pasi-*..., *tris.* Pacificador, mediador, conci... Es tambien adjetivo.

...FICATION, f. *pasificasión.* Pacifi... restablecimiento de la paz.

...FIER, a. *pasifié.* Pacificar, resta... paz, apaciguar los disturbios ó di... sosegar.

...FIQUE, adj. *pasific.* Pacífico, aman... paz. || Pacífico, quieto, tranquilo, ...o de cosas. || *La mer Pacifique*, el ...ífico, que está al Norte de la Amé...

...FIQUEMENT, adv. *pasificmán.* Pa...nte, tranquilamente.

...LAS, m. *paciás.* Bot. Pacias, yerba ... de Chile.

..., m. *páco.* Paco, especie de mine... Chile, que produce poca plata. || Pa...ero grande del Perú que sirve para

...OLET, m. *pacolé.* Carretilla, lo que ... pescador en la caña para devanar el

...TILLE, f. *pacotill.* Mar. Pacotilla, ..., la porcion de mercancías que los ...os y oficiales de mar, como tambien ...eros, pueden embarcar de su cuenta. Pacotilla, algunas porciones de mer... que reunidas forman el cargamento ...avío. || *Marchandises de pacotille*, ...cías de pacotilla, mercancías de in...alidad.

...TILLER, a. *pacotillé.* Com. Paco...mar una pacotilla.

...TILLEUR, m. *pacotilleur.* Pacoti...chetero, el que arregla una pacoti... los paises de ultramar.

...QUER, a. *paqué.* Embarrilar el pes...a escabecharle con el objeto de p...sportar.

...QUET, m. *paqué.* Quím. Mezcla de ...de harina y de orina para templar el ... el acero por cementacion.

...TA-CONVENTA, m. pl. *pactacon-*... Pacta-conventa, expresion latina que ... las convenciones que el rey de Po...evamente elegido y la aristocracia ...aban mutuamente á observar.

...TE, m. *páct.* Pacto, convenio, ajuste ...s ó mas personas. *Pacte de famille*, ... familia, avenencia entre los miem... una familia soberana que ocupan ...diferentes.

...TEUR, m. *pacteur.* El que hace pac... convenciones y tratados.

...TION, f. poco us. *pacsión.* Paccion

...TIONNER, a. ant. V. CONVENIR.

...TISER, n. *pactisé.* Pactar, hacer un ... una convencion. || Pactar, antigua...se decia para designar un pacto que ... con el diablo.

...TOLE, m. *paciól.* Pactolo, rio del ... la Lidia, que tenia las arenas de ...ei. Pactolo, orígen de las riquezas. *Posséder le Pactole*, ser muy rico.

...ELIN, m. *padlén.* Art. Crisol gran... fundir el vidrio ó cristal.

...N, m. *padén.* Paden, especie de ...a amarga que sirve de moneda en ...

...ERE, m. *padér.* Zool. Padera, nom...ecífico de una culebra de las Indias ...

...OU, m. *padú.* Hiladillo, cinta casera

...OUAN, NE, adj. y s. *paduán, an.* ..., de Padua, ciudad de Italia.

...DUANE, f. *paduan.* Paduana, meda... por dos grabadores de Padua al ... del siglo XVII, que imita perfecta... antiguas.

...UANTAGE, m. *paduantáge.* Cierto ... de pasto.

...DUIR, n. *paduir.* Hacer pastar el ... los pastos comunes.

PÆAN, m. *peán.* Antig. Peán, himno de los antiguos en honor de Apolo.

PÆANTIDE, f. *peantid.* Miner. Peantida, piedra preciosa.

PÆDAGOGIUM, m. *pedagógiom.* Antig. rom. Pedagogio, lugar en que se educaban los niños esclavos cuando se les destinaba á empleos liberales.

PÆDANCHÔNE, f. *pedanchón.* Pedanchone, angina mortal que ataca á los niños.

PÆDÉRIE, f. *pederí.* Bot. Pederia, género de plantas rubiáceas.

PÆDÉROS, m. *pederós.* Miner. Pederos, especie de ópalo blanco.

PÆDOPHILE, m. y f. *pedofil.* Pedófilo, el que ama á los niños.

PÆDOTROPHE, m. *pedotróf.* Pedótrofo, el que enseña la manera de alimentar á los niños.

PÆDOTROPHIE, f. *pedotrofí.* Pedotrofia, arte de alimentar á los niños con la teta.

PÆDOTROPHIQUE, adj. *pedotrofic.* Pedotrófico, que tiene relacion con la pedotrofia.

PAGAIE, f. *pagué.* Pagay, canalete, remo grande que usan los Indios salvajes.

PAGALE, f. *pagál.* Mar. Esta voz solo se usa con la preposicion *en*, y significa en monton, á granel, con precipitacion, en desórden. *Affaler en pagale*, cargar á granel. || Tambien se dice *mouiller en pagale*, dejar caer bruscamente el ancla, etc.

PAGAMETTE, f. *pagamét.* Bot. Pagameta, árbol de las islas de Amboina.

PAGANALES ó PAGANALIES, f. pl. *paganál, paganalí.* Antig. rom. Paganales, fiestas que se celebraban en honor de las divinidades campestres.

PAGANELLE, f. *paganél.* Zool. Paganela, pescado del género de los gobios.

PAGANIQUE, adj. *paganíc.* Antig. rom. Pagánico, que pertenece á las aldeas ó á sus habitantes.

PAGANISME, m. *paganísm.* Paganismo, idolatría, religion de los paganos, culto de los falsos dioses.

PAGAYARQUE, m. *pagayárc.* Pagayarco, magistrado de un pueblo entre los antiguos.

PAGAYER, n. *pagayé.* Dar movimiento á una canoa por medio de un pagay.

PAGAYEUR, m. poco us. *pagayeur.* El que rema con el pagay.

PAGE, f. *págc.* Página, llana de un libro ó papel. || Página, lo que está escrito ó impreso en la misma página, el contenido de ella. || Impr. *Mettre en pages*, compaginar, reunir muchos paquetes de composicion para formar páginas. || *Mise en pages*, la accion ú operacion de compaginar. || *Metteur en pages*, compaginador, el obrero que forma las páginas reuniendo los paquetes de composicion. || PAGE, m. Paje, sirviente ó criado de distincion en los palacios y casas de grandes señores. || met. y fam. *Être hors de page*, andar sin ayo, ser libre, dueño de sus acciones. || Tenacilla con que las señoras se cogen el vestido cuando hay barro para no tener necesidad de levantarle con la mano.

PAGEL, m. *pagél.* Zool. Pajel, nombre específico de una especie de pagro.

PAGÉSIE, f. *pagesí.* Jurisp. ant. Especie de dependencia que hacia todos los terratenientes solidarios. || Bot. Pagesia, género de plantas personadas.

PAGIAVELLE, m. *pagiavél.* Pagiavelo, cuenta ó razon de las piezas de mercancías usada en algunas partes de las Indias orientales, cuando se vende por mayor.

PAGINATION, f. *paginasión.* Paginacion, serie de números de las páginas de un libro.

PAGINER, a. *paginé.* Foliar, paginar, numerar las páginas de un libro.

PAGNA, m. *págna.* Bot. Pagna, árbol grande de las Indias orientales, que produce una especie de algodon, el cual sirve para hacer colchones, almohadas, etc.

PAGNE, m. *pañ.* Taparabo, pampanilla, tela de algodon con que los Indios que van desnudos se cubren desde la cintura hasta las rodillas.

PAGNON, m. *pañón.* Paño negro muy fino de Sedan.

PAGNONES, f. pl. *pañón.* Álabes, palas que componen el rodezno de un molino.

PAGNOTE, m. *pañót.* Mandilon, follon, cobarde, particularmente en la guerra. || prov. y met. *Mont pagnote.* V. MONT.

PAGNOTERIE, f. *pañoterí* (o usado). Impertinencia, desatino, estupidez. || Cobardía, follonería, accion cobarde.

PAGODE, f. *pagód.* Pagoda, templo pagano de algunos pueblos del Asia, de los Indios idólatras, etc. || Pagoda, ídolo que se adora en estos templos. || Pagodas, figurillas chinas cuya cabeza se menea. || De una persona que hace muchos gestos insignificantes se dice : *ce n'est qu'une pagode.* || *Il remue la tête comme une pagode*, menea la cabeza como un bobo, como un simplon, como un mentecato. || Pagoda, moneda de oro de algunos pueblos del Asia.

PAGOTIN, m. *pagotín.* Pagotin, capillas que están en las pagodas de la India y de la China. || Pagotin, pagodas pequeñas.

PAGRE, m. *págr.* Zool. Pagro, género de pescados semejantes al pajel.

PAGURE, m. *pagúr.* Zool. Pagure, cangrejo grande de mar.

PAÏDONOSOLOGIE, f. *paidonosologí.* Med. Paidonosologia, tratado, descripcion de las enfermedades de los niños.

PAIE, f. V. PAYE.

PAIEMENT, m. V. PAYEMENT.

PAÏEN, NE, adj. *payen, én.* Pagano, gentil, idólatra, que adora los ídolos, los falsos dioses. Se dice principalmente en el dia por contraposicion á *chrétien*, y hablando de los antiguos pueblos idólatras. || Hablando de las personas, se usa muchas veces como sustantivo. || prov. *Jurer comme un païen*, blasfemar continuamente.

PAILLAGE, m. *palláge.* Agr. Accion de cubrir con paja el terreno y los cultivos.

PAILLARD, E, adj. *pallár.* Liviano, lascivo, que ama los placeres carnales. || Se usa á menudo como sustantivo.

PAILLARDEMENT, adv. *pallardmán.* Livianamente, con liviandad, con lascivia.

PAILLARDER, n. ant *pallardé.* Padrear, mocear, fornicar, cometer actos impúdicos, carnales. || a. Hacer volver á uno libertino.

PAILLARDISE, f. *pallardís.* Carnalidad, fornicacion, disolucion, hábito de impudicicia, de lascivia.

PAILLASSE, f. *pallás.* Jergon, especie de colchon de paja. || La paja que contiene el mismo jergon. || Embaldosado, suelo de baldosa. || m. Payaso, bufon ó gracioso de los volatineros.

PAILLASSON, m. *pallasón.* Estera de paja para resguardar del frio las plantas y para otros varios usos, como para resguardar las habitaciones del sol, etc. || Estera de esparto, de junco, que se pone en las puertas de las casas para limpiarse los piés.

PAILLE, f. *páll.* Paja, tronco del trigo, centeno, etc., cuando se ha sacado el grano. || Paja, pelo, mancha sutil en las piedras preciosas y en los metales, por defecto en su fundicion. || Paja, las desigualdades, grietas ó diversidad de color que se encuentra en las piedras minerales. || met. Paja, se usa en las parábolas del Evangelio para designar los réprobos. || *De la paille*, bálago. || *Paille hachée*, tamo, paja menuda. || *Être comme rat en paille*, darse una vida como un patriarca. || met. *Lever, emporter, enlever la paille*, llevarse la palma. || *Rompre la paille avec quelqu'un*, romper la amistad. || met. *Feu de paille*, llamarada, pasion muy ardiente y de corta duracion. || met. y fam. *Homme de paille*, hombre de paja, testa de ferro, testa férrea, hombre de nada; y tambien, hombre que presta su nombre en un negocio que en realidad es de otro. || met. *Coucher sur la paille*, acostarse en la paja : estar en grande miseria. || *Tirer à la courte-paille*, echar pajas. || *Vin de paille*, vino de ojo de gallo. || adj. Pajizo, que tiene el color de la paja. Este adjetivo es siempre invariable.

PAILLÉ, m. *pallé.* Sotechado que sirve para cubrir un monton de paja.

**PAILLÉ, ÉE,** adj. *paillé.* Blas. Dispreado, que tiene las piezas de varios colores.

**PAILLÉE,** f. *paillé.* Parva, monton de trigo ó de gavillas que cubre la superficie de una era.

**PAILLEMENT,** m. V. PAILLAGE.

**PAILLE-EN-CUL ó PAILLE-EN-QUEUE,** m. *paillancú, paillanqueu.* Zool. Rabo de junco, género de pájaros.

**PAILLEBART,** m. *paillbár.* Mezcla de yeso y de paja que sirve para construir.

**PAILLÉOLES,** f. pl. *pailleól.* Lentejuelas de oro que se encuentran en la arena de algunos rios.

**PAILLER,** a. *paillé.* Esparcir paja corta en un terreno sembrado ó plantado. ‖ PAILLER, m. Patio, corral de una quinta, de un cortijo en donde hay paja. ‖ Solechado, estercolero, lugar destinado para guardar basura. ‖ Se dice de un hombre que se halla en un lugar donde él es el mas fuerte, como en su casa, barrio, etc. : *il est sur son pailler; c'est un coq sur son pailler.*

**PAILLER, ÈRE,** adj. *paillé, èr.* Que pertenece al corral, al patio de una quinta, de un cortijo.

**PAILLET,** adj. m. *paillé.* Ojo de gallo, dícese del vino que tira á rojo ó pajizo.

**PAILLET,** m. *paillé.* Art. Picolero, pieza que se coloca entre la planchet a y el pasador de una cerradura. ‖ Pajar, monton de paja. ‖ Mar. Pallete, tejido formado de meollar ó de cordones de cabo.

**PAILLETÉ, ÉE,** adj. *paillté.* Bordado, cubierto de lentejuelas. ‖ Bot. Que tiene la forma de una lentejuela. ‖ Miner. Se dice de una sustancia que tiene la forma de laminillas.

**PAILLETEUR,** m. *pailleur.* El que se ocupa en recoger las lentejuelas de oro que se encuentran en algunos rios.

**PAILLETTE,** f. *paillét.* Lentejuela, partícula muy relumbrante de oro, plata, cobre, etc., que sirve para adornar los bordados y labores de los vestidos y sus cabos. ‖ Pepita, grano pequeño de oro que se encuentra en las arenas de algunos rios. ‖ Art. *Paillettes de soudure,* lentejuelas de soldadura, pedazo pequeño de soldadura que sirve para soldar.

**PAILLEUR, EUSE,** adj. *pailleur, eus.* Pajero, el que acarrea ó vende paja.

**PAILLEUX, EUSE,** adj. *pailleu, eus.* Vidrioso, quebradizo, que tiene muchos pelos ó vientos, hablando de los metales.

**PAILLIS,** m. Agr. V. PAILLAGE.

**PAILLO,** m. *pállo.* Mar. Pañol, el sitio donde se guarda el bizcocho.

**PAILLOLE,** m. *paillól.* Especie de red pequeña con las mallas estrechas.

**PAILLON,** m. *paillón.* Lentejuela grande, hecha con una laminilla cuadrada de cobre muy batido y delgado, que tiene color por un lado. ‖ Pedazo de plata barnizado de diferentes colores. ‖ Art. Talco, hojas de bricho con color, que se pone debajo de las piedras finas para aumentarles el fondo. Llámase tambien favor. ‖ *Paillon de soudure,* soldadura, el metal que sirve para soldar.

**PAILLONNER,** a. *paillonné.* Soldar, fundir estaño sobre una pieza de metal para estañarla.

**PAILLOT,** m. *pailló.* Jergon pequeño que se pone encima del grande en la cama de un niño para impedir que penetre la humedad en el último.

**PAIN,** m. *pén.* Pan, harina amasada y cocida en el horno. ‖ Pan, en una acepcion general significa alimento, sustancia. ‖ *Pain bis,* pan bazo, moreno, de inferior calidad. ‖ *Pain au lait,* bollo de leche. ‖ *Pain de bougie,* librito de cerilla. ‖ *Pain de sucre,* azúcar en pan ó pilon azúcar. ‖ *Pain mollet,* mollete. ‖ *Pain de laine,* peloton de lana. ‖ *Pain oublière,* oblea. ‖ *Pain ferré,* pan quemado por debajo. ‖ *Pain de chapelle,* bollo de leche. ‖ *Pain chapelé,* pan descortezado. ‖ Bot. *Pain de pourceau,* pamporcino, especie de planta. ‖ *Pain à cacheter,* oblea. ‖ *Pain bénit,* pan bendito. ‖ *Pain à chanter,* hostia para celebrar la misa. ‖ *Pain azyme,* pan ázimo, mezcla de harina y de agua cocida sin fermentacion ó sin levadura. ‖ *Pain d'épice,* pan de especia, torta de harina de centeno con la espuma del azúcar, de la miel, de especias, etc. ‖ met. y fam. *Faire passer le goût du pain,* quitarle á alguno las ganas de comer; esto es, matarle. ‖ prov. *Savoir son pain manger,* saber cuándo se ha de comer la merienda : ser inteligente. ‖ met. *Le pain de vie, le pain des anges,* el pan de vida, el pan de los ángeles, la Eucaristía. ‖ *Demander son pain,* pedir limosna, pordiosear.

**PAIN D'ÉPICIER,** m. *pendepisié.* El que hace ó vende pan de especia.

**PAINVAIN,** m. *penvén.* Bot. Ballico, especie de yerba.

**PAIR, E,** adj. *pér.* Parejo, igual, que es semejante á otra cosa. ‖ Par, dícese del número que se puede dividir en dos cantidades iguales. ‖ Arit. *Nombre pair,* número par, que puede dividirse exactamente en dos partes iguales. ‖ PAIR, m. Igual, semejante : *vivre avec ses pairs.* ‖ *C'est un homme sans pair,* es un hombre sin par. ‖ *Ils sont pairs et compagnons,* son una misma cosa, no hay distincion entre los dos. ‖ *Jouer à pair ou non,* jugar á pares ó nones. ‖ *Se tirer hors de pair,* distinguirse, sobresalir. ‖ *Etre pair à pair,* estar iguales, estar á tantos. ‖ *Aller de pair,* ser igual, no ceder á otro. ‖ Par, título de dignidad en Francia y en Inglaterra. ‖ *Au pair,* á la par : locucion usada en la Bolsa y en el comercio, hablando de toda clase de papel moneda cuando se toma ó vende al precio de su creacion ó de un giro sin interes.

**PAIRÂTRE,** m. *perátr.* Padrastro. V. BEAU-PÈRE.

**PAIRE,** f. *pér.* Par, pareja de animales de la misma especie, macho y hembra. ‖ *Une paire d'amis,* un par de amigos, dos amigos. ‖ Par, se usa hablando de dos cosas que necesariamente van siempre juntas. *Une paire de bas,* un par de medias. *Une paire de gants, de souliers, etc.* ‖ Par, se usa tambien cuando se habla de una cosa única, compuesta de dos piezas. *Une paire de ciseaux,* un par de tijeras, etc. ‖ fam. *Les deux font la paire,* los dos corren parejas, los dos tienen los mismos defectos. ‖ prov. y met. *C'est une autre paire de manches,* es harina de otro costal : eso es otra cosa.

**PAIREMENT,** adv. *permán.* Voz usada solo en esta locucion : *nombre pairement pair,* número par, cuya mitad es tambien número par, como ocho, doce, etc.

**PAIRESSE,** f. *perés.* Mujer que en Inglaterra posee la dignidad de par. ‖ Mujer de un par de Francia ó de Inglaterra.

**PAIRIE,** f. *perí.* Dignidad de par en Francia é Inglaterra. ‖ *Pairie femelle,* dignidad de par que pasaba á las mujeres.

**PAIRIER,** m. *perié.* Feod. El que poseia un feudo en union con otro señor.

**PAIRLE,** m. *pérl.* Blas. Palo que sale de la punta y forma dos brazos como Y griega.

**PAIROL,** m. *peról.* Perol, caldero grande de cobre ó otro metal.

**PAISIBILITÉ,** f. *pesibilité.* Apacibilidad, carácter de un hombre apacible.

**PAISIBLE,** adj. *pesibl.* Apacible, manso, pacífico. Se dice tambien hablando de los animales. ‖ Tranquilo, pacífico, que disfruta alguna cosa con tranquilidad. ‖ Tranquilo, quieto, no agitado, hablando de las cosas. ‖ Tranquilo, donde se está con tranquilidad, donde no hay ruido, hablando de sitios ó lugares.

**PAISIBLEMENT,** adv. *pesiblmán.* Pacíficamente, sosegadamente, tranquilamente, con tranquilidad, con quietud.

**PAISSANCE,** f. V. PATURE.

**PAISSANT, E,** adj. *pesán.* Pastante, que pasta. ‖ Blas. Pastante, se dice de los animales que se representan en los escudos con la cabeza baja.

**PAISSEAU,** m. *pesó.* Rodrigon para vides. V. ECHALAS.

**PAISSELAGE,** m. *pesláge.* Arrodrigamiento ó arrodrigonamiento, accion de arrodrigonar las vides.

**PAISSELER,** a. *peslé.* Rodrigar, arrodrigar, arrodrigonar, poner rodrigones á las vides.

**PAISSELURE,** f. *peslúr.* Cáñamo de retoño que sirve para rodrigar las vides.

**PAISSON,** f. *pesón.* Pastora, pasto, todo lo que hallan que comer las bestias en los montes y [illegible] Art. Cuchilla de [illegible] usan los curtidores.

**PAISSONNER,** a. [illegible] las pieles para [illegible]

**PAISSONNIER,** [illegible] *ér.* Dulero, el que [illegible]

**PAITRE,** a. *pétr.* [illegible] los ganados la [illegible] tar, alimentar. ‖ [illegible] nado á pastar. ‖ met. [illegible] espiritual, hablando [illegible] obispos, los párrocos [illegible] tambien neutro; pero [illegible] paître, mener paître [illegible] el ganado á pastar [illegible] cer, pastar, [illegible] ‖ met. y vulg. *Envoyer* [illegible] enviar á alguno á [illegible] gar : despedirle con [illegible] v. Comer, mantenerse [illegible] las aves carnívoras [illegible] alimentarse del aire, [illegible] ó castillos en el aire.

**PAIX,** f. *pé.* Paz, [illegible] de un pueblo, de un [illegible] guerra. ‖ Paz, quietud [illegible] reina en los Estados [illegible] Paz, reconciliacion. ‖ Paz [illegible] quilidad del alma. ‖ [illegible] *lui fasse paix!* Dios le [illegible] hablando de un difunto. ‖ [illegible] monia de la misa. ‖ Paz [illegible] ó carnero. ‖ *Etre en paix* [illegible] el pez en el agua. ‖ *Ne* [illegible] *paix ni trève à quelqu'un* [illegible] descanso, apretarle [illegible] interj. Silencio! quietud! [illegible]

**PAKLAKENS,** m. pl. [illegible] kens, paño que se fabrica [illegible]

**PAL,** m. *pál.* Estaca [illegible] Término, mojon de un [illegible] Blas. Palo, barra, faja [illegible] munmente aguzada por [illegible] mos, que divide el [illegible] mente. En el pl. pals, [illegible] tuca, instrumento de [illegible]

**PALABRE,** f. *palábr.* [illegible] que hacen los comerciantes [illegible] soberanos de la costa de [illegible] voces voluntariamente y [illegible] Discurso largo é inútil.

**PALACHE ó PALANCHE,** [illegible] *lánche.* Espada de hoja larga [illegible]

**PALADE,** f. *paléd.* Mar. [illegible] da, el movimiento del remo.

**PALADIN,** m. *paladén.* [illegible] de caballería andante [illegible] roe. ‖ met. Paladin, hidalgo [illegible] dotes caballerescas.

**PALAIOPETRE,** [illegible] Palaiópetro, especie de [illegible]

**PALAIS,** m. *palé.* Palacio [illegible] tuoso, vasto, en donde vive [illegible] un príncipe. A veces se da [illegible] todas las casas grandes de [illegible] Por exageracion, se llama [illegible] magnífica. ‖ Tomado [illegible] es la casa ó edificio de [illegible] nales supremos; y tambien [illegible] edificios en donde se [illegible] gislativas. ‖ *Jours de palais* [illegible] nal. ‖ *Style de palais,* [illegible] *de palais,* gente de [illegible] dos, escribanos, alguaciles [illegible] m. Paladar, parte [illegible] la boca. Se dice [illegible] animales : *cette herbe* [illegible] *bestiaux.* ‖ Bot. Tambien [illegible] eminencia del labio [illegible] algunas plantas. ‖ [illegible] ja, planta. ‖ met. *Avoir le palais* [illegible] fino el paladar, tener un [illegible] excelente.

**PALAMÈDE,** m. [illegible] des, hijo de Nauplio y [illegible] en el sitio de Troya.

**PALAMENTE,** f. [illegible] menta, palamenta, el [illegible] una embarcacion que [illegible]

**PALAMIDE,** f. [illegible] especie de pescado.

**PALAMIDIÈRE,** f. [illegible] da red con mallas pequeñas.

**PALAMOTHÈQUE**, f. *palamotéc*. Palamoteca, epidérmis córnea del palamo de las aves.

**PALAMPORE**, m. *palampór*. Palámpora, chal floreado que llevan en Oriente las personas de clase distinguida.

**PALAN**, m. *palán*. Mar. Aparejo, conjunto de poleas, motones y cuerdas para levantar pesos, etc. || *Palon d'étai*, estrinque, candeleton, candaliza.

**PALANCHE**, f. *palánche*. Bayeton burdo con que se forran los capotes de los marineros. || Palanca, pedazo de madera que sirve para llevar dos cubos llenos á la vez.

**PALANÇONS**, m. pl. *palansón*. Arq. Cajones, tableros que se colocan en la construccion de una tapia para nivelar la argamasa.

**PALANCRE**, f. *paláncr*. Pesc. Palancra, sedal largo y grueso sostenido por boyas y del cual cuelgan otros mas pequeños.

**PALANCRER** ó **PALANGRER**, a. *palancré*, *palangré*. Pescar con palancra ó palangra.

**PALANDEAUX**, m. pl. *palandó*. Mar. Tacos, tablas con estopa y brea para tapar aberturas.

**PALANGASIEN**, m. *palangasién*. Hist. nat. Nombre que se daba á los ganapanes ó mozos de cordel.

**PALANGE**, m. y f. *palánge*. Rodillo de madera que usaban los mozos de cuerda.

**PALANGRE**, f. V. PALANCRE.

**PALANGRIER**, m. *palangrié*. Palancrero, el que pesca con palangra ó palancra.

**PALANGUER**, n. *palangué*. Mar. Maniobrar con aparejo, halar de su beta.

**PALANQUE**, f. *palánc*. Fort. Palanquera, especie de fortin ó atrincheramiento hecho con arena y estacas.

**PALANQUER**, n. *palanqué*. Mar. V. PALANGUER. || Fort. Formar una palanquera, fortificar con palanqueras.

**PALANQUIN**, m. *palanquén*. Mar. Palanquin, nombre de un aparejo ó cabo doble. || Palanquin, especie de silla, litera ó canapé que se lleva á hombros en la India y en la China, y en que se hacen llevar las personas de alta esfera.

**PALANQUINET**, m. *palanquiné*. Mar. Palanquin, guardin, cuerda para mover el timon en las galeras.

**PALASTRE**, m. *paldstr*. Palastro, chapa ó plancha de hierro que forma la parte exterior de una cerradura.

**PALATAL, E**, adj. *palatál*. Gram. Paladial, se dice de las consonantes producidas por el movimiento de la lengua que va á tocar el paladar. Estas consonante son D, T, L, N, R. || *Palatale*, f. Es lo mismo que *lettre palatale*, letra paladial.

**PALATIAL, E**, adj. *palasiál*. Palacial, que tiene relacion con los palacios.

**PALATIN**, m. *palatén*. Palatino, nombre que se da al virey de Hungría y á los gobernadores de provincia en Polonia. || PALATIN, E, adj. Palatino, título de dignidad que se concedía antiguamente á los que tenian algun cargo en el palacio de un príncipe. || *Mont Palatin*, monte Palatino, el mas alto de los siete sobre que estaba edificada la antigua Roma. || Palatino, que pertenece al Palatinado. || Anat. Palatino, que pertenece ó se refiere al paladar, hablando de los huesos, nervios, conductos, etc., situados en la cavidad de la boca.

**PALATINAT**, m. *palatiná*. Palatinado, la dignidad de palatino. || Palatinado, nombre de cada provincia de Polonia.

**PALATINE**, f. *palatín*. Palatina, mujer de un palatino ó princesa de la casa palatina. || Palatina, adorno que usaban las mujeres para cubrir el cuello en invierno.

**PALATITE**, f. *palatít*. Med. Palatitis, inflamacion del paladar, de la bóveda del paladar.

**PALATO-LABIAL, E**, adj. *palatolabiál*. Anat. Palato-labial, que está en relacion con el paladar y los labios.

**PALATO-PHARYNGITE**, f. *palatofaringít*. Palato-faringitis, inflamacion del paladar y de la faringe.

**PALATRE**, f. *paldtr*. Palatro, la parte de la guarnicion de un sable que tiene poco mas ó ménos la forma de una paleta.

**PALÂTRE**, m. *paldtr*. Palastro, plancha de hierro batido.

**PALAVE**, f. *paláv*. Bot. Palava, género de plantas del Perú.

**PALAVIER**, m. *palavié*. Bot. Palaviero, género de plantas del Perú.

**PALE**, f. *pál*. Portezuela, tablacho, compuerta de un molino. || Liturg. Palia, la hijuela con que se cubre el cáliz. || Mar. Pala de remo.

**PÂLE**, adj. *pál*. Pálido, descolorido, de un color blanco apagado, mortecino, sin brillo. || Pálido, poco vivo, apagado, hablando de la luz de los cuerpos luminosos. || met. Frio, sin viveza, sin elegancia, sin ornato, hablando del estilo. || Med. *Pâles couleurs* ó *chlorose*, opilacion, enfermedad comun á las muchachas.

**PALÉ, ÉE**, adj. *palé*. Blas. Barrado, se dice de un escudo lleno de barras, bastones ó rayas.

**PALÉACÉ, ÉE**, adj. *paleasé*. Bot. Guarnecido de pajitas, formado de pajitas.

**PALÉAGE**, m. *paleáge*. Mar. Paleaje, trabajo de los marineros que consiste en revolver y sacar del navío la sal y granos que se malean. || Paleaje, obligacion que tienen los marineros de hacer este trabajo.

**PALÉE**, f. *palé*. Palizada, estacada, ringla de estacas. || Mar. Pala de remo.

**PALEFRENIER**, m. *palefrenié* (e muda). Palafrenero, criado que cuida de los caballos en la casa real ó de un grande. En los pueblos y en casas de posada, tienen el nombre de *valets d'écurie*, equivalente al de mozo de cuadra.

**PALEFROI**, m. *palefruá* (e muda). Palafren, caballo de regalo en que los reyes, los príncipes y los señores hacian su entrada en las ciudades. || Palafren, caballo destinado para una señora, una castellana, ántes de la introduccion de los carruajes. || irón. Palafren, rocin, rocinante, matalon, caballo flacucho y malo.

**PALÉIFORME**, adj. *paleifórm*. Bot. Paleiforme, que tiene la forma de una pajita.

**PALÉMON**, m. *palemón*. Mit. Palemon, dios marino, hijo de Atamante y de Ino. || Lit. Palemon, nombre de pastor en algunas poesías.

**PALÉOGRAPHE**, m. *paleográf*. Paleógrafo, el que se ocupa de paleografía, que conoce esta ciencia.

**PALÉOGRAPHIE**, f. *paleografí*. Paleografía, ciencia que se ocupa del orígen de la escritura y de las diversas formas que ha tenido en cada pueblo. || Paleografía, arte de descifrar las escrituras antiguas.

**PALÉOGRAPHIQUE**, adj. *paleografíc*. Paleográfico, perteneciente á la paleografía.

**PALÉOLAIRE**, f. *paleolér*. Bot. Paleolaria, género de plantas de Méjico.

**PALÉOLOGUE**, adj. *paleológue* Paleólogo, que conoce las lenguas antiguas, ó habla á la manera de los antiguos. En esta acepcion es tambien sustantivo. || Paleólogo, sobrenombre de los siete últimos emperadores de Oriente.

**PALÉONTOGRAPHE**, m. *paleontográf*. Paleontógrafo, el que se ocupa de paleontografía.

**PALÉONTOGRAPHIE**, f. *paleontografí*. Paleontografía, historia de los cuerpos organizados de que solo se conocen los restos fósiles.

**PALÉONTOGRAPHIQUE**, adj. *paleontografíc*. Paleontográfico, que tiene relacion con la paleontografía.

**PALÉONTOLOGIE**, f. *paleontologí*. Paleontología, ciencia cuyo objeto es el conocimiento de las diversas razas de animales y vegetales que existieron en la superficie del globo y de las que solo se encuentran restos fósiles.

**PALÉONTOLOGIQUE**, adj. *paleontologíc*. Paleontológico, que pertenece á la paleontología.

**PALÉONTOLOGUE** ó **PALÉONTOLOGISTE**, m. *paleontológue*, *paleontologíst* Paleontólogo, el que se ocupa de la paleontología.

**PALÉOZOOLOGIE**, f. *paleozoologí*. Paleozoología, historia natural de los animales fósiles.

**PALÉOZOOLOGIQUE**, adj. *paleozoologíc*. Paleozoológico, que es relativo ó pertenece á la paleozoología.

**PALÉOZOOLOGISTE**, m. *paleozoologíst*. Paleozoologista, el que se ocupa en describir los animales fósiles.

**PALER**, a. ant. *palé*. Empalizar, llenar, fortificar con estacas ó estacadas.

**PALERON**, m. *palrón*. Espaldilla, paletilla, parte lisa y carnosa de la espalda de ciertos animales.

**PALÈS**, f. *palés*. Mit. Páles, diosa de los pastores y de los pastos, conservadora de los rebaños.

**PALESTEAU**, m. ant. *palestó*. Andrajo, trapo viejo.

**PALESTIN, E**, adj. y s. *palestén*, *ín*. Palestino, que es de Palestina. || PALESTINE, f. Tip. Palestina, carácter de imprenta cuyo cuerpo es de veinte y dos puntos, y es un medio entre el grancánon, misal ó parangon y el peticánon. || *Palestines*, f. pl. Mit. Palestinas, nombre dado á las Furias.

**PALESTRE**, f. *paléstr*. Palestra, sitio público en que los jóvenes griegos y romanos se adiestraban en los ejercicios corporales. || Palestra, se dice por los ejercicios mismos.

**PALESTRIQUE**, adj. *palestríc*. Paléstrico, se dice de los ejercicios que se hacian en las palestras. || PALESTRIQUE, f. Paléstrica, uno de los dos principales géneros de gimnástica, que se componia de la lucha, del pugilado ó pugilato, del tiro, de la carrera, del salto, etc. || m. Paléstrico, director de una palestra.

**PALESTROPHYLAX**, m. *palestrofiláes*. Palestrofilax, director de los juegos, gobernador ó guarda de la palestra.

**PALET**, m. *palé*. Piedra redonda aplastada, ó pedazo de metal, de pizarra, etc., para jugar, y se llama tejo. || *Jouer au palet*, jugar al tejo. || *Jouer au petit palet*, jugar á la rayuela con pesos duros ú otras monedas en lugar de tejos. || *Palets de Gascogne*, especie de redes para pescar.

**PALÉTATION**, f. *paletasión*. Apaletacion, accion de remover y mezclar varias cosas con una paleta.

**PALETEIS** ó **PALETIS**, m. *palté*, *palté*. Empalizada, lugar rodeado de empalizadas.

**PALETER**, n. *palté*. Jugar al tejo con frecuencia. || Hacer que el tejo vaya resbalando por el suelo. || Mil. ant. Combatir, escaramucear, atacar una empalizada.

**PALETOQUE**, m. *paltóc*. Especie de sayon que usaban los labradores ó aldeanos. || Paletó, vestido español que tiene la forma de un capote sin mangas. || Mar. Paletó, especie de capoton.

**PALETOT**, m. *paltó*. Paletó, especie de sobretodo con mangas, muy usado en el dia. || *Paletot-sac*, paletó-saco, paletó-camisa, especie de paletó en forma de saco.

**PALETTE**, f. *palét*. Pala, paleta, instrumento de madera para jugar al volante ó á la pelota. Ahora se llama *raquette* en este sentido. || Palmeta con que los maestros de escuela castigaban á los niños. || Paleta, lámina ó tablita delgada de madera en que el pintor deslie y mezcla los colores. || Paleta, tacilla de metal en que recogen los cirujanos la sangre en las sangrías; y tambien se llama así la cantidad de sangre que se saca: *on lui a tiré trois palettes de sang*. || Impr. Paleta, hoja de metal con un mango para reunir la tinta. || Encuad. Tronquillo, instrumento para estampar de un solo golpe filetes y otros adornos en el lomo de un libro. || Broca, instrumento que usan los cerrajeros para agujerear una pieza. || Esta voz está en uso en otros oficios y artes con la misma significacion de paleta.

**PALETTER**, a. *paleté*. Pesc. Aplastar la extremidad de un anzuelo, de un gancho, para unirlo á un sedal.

**PALÉTUVIER**, m. *paletuvié* Paletuvio, nombre de muchas especies de árboles cuyo carácter comun es tener las raíces bañadas por las aguas del mar. Los hay especialmente en América.

**PÂLEUR**, f. *paleur*. Palidez, amarillez, descaecimiento del color natural en las personas.

**PÂLI**, adj. *páli*. Pali, se dice de un idioma antiguo de la India ulterior. || m. Idioma en que se hallan escritas las leyes, dogmas religiosos y las ciencias de la India ulterior.

**PALIAVANE**, m. *paliaván*. Bot. Paliavano, género de plantas del Brasil.

**PALICOT**, m. *palicó*. Pesc. Manga, especie de red; ó mejor, espacio de porque que construye el pescador en los sitios donde juzga haber mas abundancia de pesca.

**PALIER**, m. *palié*. Arq. Mesa, meseta, mesilla, rellano, el plano en que concluye cada tramo de una escalera, y tambien el descansillo que se halla á mitad del tramo. || Art. Soporte, en las máquinas segmento de esfera de cobre que facilita el movimiento horizontal de dos partes una sobre otra, á una distancia uniforme.

**PÂLIÈRE**, f. *paliér*. Primer escalon de un tramo.

**PALIFICATION**, f. *palificasión*. Empalizacion, accion de dar mayor solidez á un terreno clavando en él estacas.

**PALIFIER**, a. *palifié*. Empalizar, dar mayor solidez á un terreno clavando en él estacas.

**PALILIES**, f. pl. *palili*. Palilias, fiestas romanas en honor de Pálas.

**PALILITIE**, f. *palilisí*. Astr. Palilicia, una de las siete hiadas.

**PALILLO**, m. *palillo*. Bot. Palillo, planta del Perú inmediata al guayabo.

**PALIMPSESTE**, m. *palenpsést*. Pergamino, tablete que se puede raspar para escribir en él de nuevo. Se usaba mucho en la edad média por falta de industria.

**PALINDROME**, adj. *palendróm*. Palindromo, que puede leerse de derecha á izquierda ó al contrario. || m. Palindromo, frase ó verso que presenta siempre el mismo sentido, ya se lea de derecha á izquierda, ya de izquierda á derecha.

**PALINDROMIE**, f. *palendromí*. Med. Palindromía, repercusion de un humor, reflujo de los humores viciados hácia las partes nobles del cuerpo.

**PALINDROMIQUE**, adj. *palendromíc*. Palindrómico, relativo á la palindromía.

**PALINGÈNE**, adj. *palengén*. Palingeno, que toma nueva vida despues de haberla perdido en apariencia, como los infusorios.

**PALINGÉNÉSIE**, f. *palengenesí*. Palingenesia, regeneracion, accion por la que se reproduce un cuerpo descompuesto, reuniendo sus elementos. || Palingenesia, voz que indica algunas veces la resurreccion, la regeneracion por el bautismo.

**PALINGÉNÉSIQUE ó PALINGÉNÉSIAQUE**, adj. *palengenesic, palengenesiác*. Palingenésico, palingenesiaco, que pertenece á la palingenesia.

**PALINIDRYESE**, f. *palinidrís*. Med. Palinidrosa, diminucion de volúmen, debilitacion de una parte.

**PALINLOGIE**, f. *palenlogí*. Lit. Palinlogía, figura poética que consiste en principiar un verso repitiendo la último ó una de las últimas palabras del verso precedente.

**PALINLOGIQUE**, adj. *palenlogíc*. Palinlógico, que tiene relacion con la palinlogía.

**PALINOD ó PALINOT**, m. *palinó*. Palinod, poema en honor de la Inmaculada concepcion de la Santísima Virgen.

**PALINODIE**, f. *palinodí*. Palinodia, retractacion de lo que se ha dicho. || met. *Chanter la palinodie*, cantar la palinodia, retractarse; y en estilo familiar, llamarse antana ó andana.

**PALINODIQUE**, adj. *palinodíc*. Lit. Palinódico, que tiene el carácter del palinod; que tiene el carácter de la palinodia.

**PALINODISTE**, m. *palinodist*. Palinodista, el que hace palinodias.

**PALINTOCIE**, f. *palentosí*. Palintocia, accion de criar, de parir por segunda vez. Se dice del segundo nacimiento de Baco. || Palintocia, voz usada alguna vez para expresar el interes compuesto ó el interes que devengan los intereses agregados al capital.

**PALINURE**, m. *palinúr*. Mit. Palinuro, piloto del buque de Eneas. || met. Palinuro, piloto, conductor de un barco.

**PÂLIR**, n. *palir*. Palidecer, ponerse pálido. || met. Palidecer, debilitarse, perder su fuerza. || met. *Son étoile pâlit*, se va apagando su estrella: se dice de una persona cuyo poder, prosperidad, felicidad ó crédito disminuyen. || a. Palidecer, volver pálido. || *Se pâlir*, r. Ponerse pálido. Rara vez se dice.

**PALIRRHÉE**, f. *palirré*. Med. Palirrea, enfermedad, fluxion que se manifiesta de nuevo.

**PALIRRHÉIQUE ó PALIRRHOÏQUE**, adj. *palirreíc, palirroíc*. Palirréico ó palirróico, que pertenece á la palirrea.

**PALIS**, m. *pális*. Estaca, palos pequeños puntiagudos para formar una cerca. || Estacada, lugar rodeado de estacas.

**PALISSADE**, f. *palisád*. Empalizada, palizada, estacada, cerca rodeada de estacas. Se usa mucho en fortificacion. = Cada una de las estacas de una empalizada. || Hort. Calle de árboles entretejida de arbustos formando un seto.

**PALISSADEMENT**, m. *palisadmán*. Empalizamiento, accion, manera de empalizar. || Empalizamiento, conjunto de empalizadas.

**PALISSADER**, a. *palisadé*. Fort. Empalizar, rodear una fortificacion de empalizadas ó estacadas. || Empalizar, formar empalizadas al rededor de un jardin, de un parque. || *Se palissader*, r. Rodearse de empalizadas.

**PALISSAGE**, m. *paliságe*. Empalizamiento, accion de empalizar un árbol.

**PALISSANDRE ó PALIXANDRE**, m. *palisándr, palicsándr*. Bot. Palisandro, árbol de la Guyana cuya madera de color violado es muy á propósito para la ebanistería, etc.

**PÂLISSANT, E**, adj. *palisán*. Que palidece, que se pone pálido.

**PÂLISSEMENT**, m. *palismán*. Palidecimiento, accion de ponerse pálido.

**PALISSER**, a. *palisé*. Palizar, emparrar un muro, poner los árboles frutales en espaldera.

**PALISSON**, m. *palisón*. Art. Cuchilla, hoja de hierro con que los curtidores repasan las pieles para hacerlas mas suaves.

**PALISSONNER**, a. *palisoné*. Alisar, agamuzar, afinar las pieles.

**PALIURE**, m. *paliúr*. Bot. Paliuro, arbusto espinoso que se tiene por diurético.

**PALIXANDRE**, m. V. PALISSANDRE.

**PALLA**, f. *pál-la*. Antig. rom. Especie de vestiduro talar que llevaban los actores en las tragedias. || Manto que llevaban las señoras romanas.

**PALLADES**, f. pl. *palád*. Palades, jóvenes consagradas á Júpiter en un templo de Tébas.

**PALLADIEN, NE**, adj. *paladién, én*. Paladiano, que pertenece á Pálas ó Minerva.

**PALLADION**, m. *paladión*. V. PALLADIUM. || Bot. Paladio, planta de los antiguos, que llamaban leontopodio.

**PALLADIUM**, m. *paladiom*. Paladion, nombre de una estatua de Pálas que se creia ser prenda de la conservacion de Troya. || Paladion, se dice de todo objeto de veneracion en que, entre los antiguos, fundaban las ciudades su defensa y conservacion, por alusion á dicha estatua. = Por extension, escudo, apoyo, garantía ó prenda de la conservacion ó defensa de una cosa. || Miner. Paladio, cuerpo simple metálico, descubierto en la platina.

**PALLADURE**, m. *paladúr*. Quim. Paladuro, aleacion del paladio y otro metal.

**PALLAGE**, m. *paláge*. Derecho que se pagaba á los señores por cada buque que abordaba en sus señoríos.

**PALLANTIDES**, m. pl. *palantid*. Palantidos, los hijos de Palante.

**PALLAS**, m. [illegible] nombre de Minerva [illegible] diosa de la guerra. || [illegible] descubierto por Olbers [illegible]

**PALLASIE**, f. [illegible] nero de plantas [illegible] yena.

**PALLE**, f. *pál*. [illegible] tela muy fina con que se [illegible] Mar. Embarcacion de la [illegible]

**PALLÉ, ÉE**, adj. [illegible] dice del escudo que tiene [illegible]

**PALLIATEUR, TRICE**, [illegible] *tris*. Paliador, paliante, que [illegible] para paliar.

**PALLIATIF, IVE**, adj. [illegible] liativo, que palia. [illegible] locuciones: *remède palliatif* [illegible] *tive, etc.* || Es tambien [illegible] lo que no cura sino aparentemente [illegible] igualmente en sentido figurado.

**PALLIATION**, f. [illegible] accion de paliar una falta, [illegible] cion, sutileza ó argucia para [illegible] no es mala ó prohibida [illegible] por tal. || Med. Paliacion, [illegible] deracion del dolor, etc. || [illegible]

**PALLIDICORNE**, adj. [illegible] Palidicórneo, que tiene las [illegible] pálido.

**PALLIDIFLORE**, adj. [illegible] Palidifloro, que tiene á [illegible] color pálido.

**PALLIE**, f. *palí*. Palia, [illegible] cidad usada en Calcuta.

**PALLIER**, a. *palié*. [illegible] excusar, encubrir. || Med. [illegible] paliar el mal, curarlo solo [illegible] en apariencia. || *Se pallier*, r. [illegible] rarse aparentemente.

**PALLIOLUM**, m. [illegible] pecie de capa corta con [illegible] usaban los Romanos.

**PALLIPÈDE**, adj. [illegible] do, que tiene las piernas de [illegible]

**PALLIUM**, m. [illegible] pontifical que da el papa á [illegible] Palio, capa de los antiguos [illegible] capa de lana con que se [illegible] los Romanos. || Blas. Se dice [illegible] con que se representa el palio.

**PALMA**, m. *pálma*. Bot. [illegible] que daban los Latinos á la [illegible] merope, únicas palmeras [illegible] Europa.

**PALMA-CHRISTI**, m. [illegible] ma-cristi, palmera [illegible]

**PALMAIRE**, adj. [illegible] tiene relacion con la palma [illegible]

**PALMATE**, m. [illegible] género de sales.

**PALME**, f. *pálm*. Palma, [illegible] mera y la palmera misma. || [illegible] victoria, el triunfo, ya sea en [illegible] una disputa literaria. [illegible] llevar la palma, triunfar, [illegible] ria. || *La palme*, [illegible] gloria eterna que los [illegible] zado derramando su sangre. [illegible] cie de juego. V. PAUME. || [illegible] da usada en Italia, que [illegible] de la mano abierta.

**PALMÉ, ÉE**, adj. [illegible] nado. || Bot. Palmado ó [illegible] á varias partes de las plantas [illegible] rola cuya incisura inferior [illegible] casi hasta la base del [illegible] simple y dividida, de modo [illegible] posicion de la mano abierta [illegible]

**PALME DE CHRIST**, [illegible] CHRISTI.

**PALMÉE**, f. ant. [illegible] tada, golpe dado con la mano [illegible]

**PALMER**, a. [illegible] Art. [illegible] nar las agujas por el [illegible] Palmear, medir los [illegible] es decir, reducirlos á [illegible] nes.

**PALMÉRAIE**, m. [illegible] lugar plantado de palmeras [illegible]

**PALMESORE**, f. [illegible] sora, pieza de madera [illegible] mantiene la presa de un [illegible]

...ETTE, f. dim. de PALME. *palmét.* ...lmita, adorno en forma de hoja de ...plicada sobre una moldura ó pintada ...elas. || Bot. Palmita, palmera pe-

...EUR, m. *palmeur.* Art. Palmeador, ...ue aplana las agujas por la parte del

...ICOLE, adj. *palmicól.* Palmícola, ...e ó crece sobre las palmeras.

...IER, m. *palmié.* Palmera, gran ... de plantas monocotiledóneas, que ...n los dátiles. || Bot. Coco, árbol de ...a.

...IFÈRE, adj. *palmifér.* Bot. Pal... que tiene ó lleva palmas.

...IFOLIÉ, ÉE, adj. *palmifolié.* Bot. ...liado, que tiene ó produce hojas ...s.

...IFORME, adj. *palmifórm.* Bot. ...rme, que tiene la forma de una hoja ...a.

...IGÈRE, adj. *palmigér.* Arqueol. ...ro, que tiene una rama de palmera, ...a: *statue palmigère.*

...IPÈDE, adj. *palmipéd.* Ornit. Pal..., que tiene los dedos de los piés ... por una membrana. || *Palmipèdes*, Palmípedos, órden de aves que tie... piés palmados, y por consiguiente á ...o para nadar || m. Palmípedo, cierta ... de longitud de los antiguos Roma-

...ISTE, m. *palmist.* Palmisto, nom... genérico de algunas palmeras en cuya ...y una especie de col formada por las ...e brotan de nuevo. || Zool. Palmista, ... de ardilla. = Nombre tambien de un ...de la familia de los mirlos.

...ITE, m. *palmit.* Palmito, médula, ...de las palmeras ó palmas.

...OSCOPE, m. *palmoscóp.* Palmos...l que hacia profesion de predecir lo ... de adivinar los acontecimientos por ...e la palmoscopia.

...OSCOPIE, f. *palmoscopí.* Palmos... adivinacion por la inspeccion de las ... palpitantes de las víctimas, ó por ...s de la palma de la mano.

...OSCOPIQUE, adj. *palmoscopíc.* ...scópico, que tiene relacion con la ...copia.

...OULE, f. *palmúl.* Especie de ce... dos órdenes de granos.

...URE, f. *palmúr.* Zool. Palmura, ...na que une los dedos de los palmí-

...YRÉNIEN, NE, adj. y s. *palmire-...n.* Palmireño ó palmiriano, de la ...na ó de Palmira, en el Asia. || *Pal...*, m. Palmirano, idioma de los anti... habitantes de Palmira.

...O-DE-LUZ, m. *palodelúz* (e muda). ...o-de-luz, especie de planta cuyos ta...s se dice, pueden servir de hachas.

...O-DE-VACA, m. *palodevdca* (e mu...). Palo-de-vaca, árbol que crece en ...cia de Venezuela.

...OMANCIE, f. *palomansí.* Paloman... adivinacion practicada observando las ..., los movimientos de una vara ...no.

...OMANCIEN, NE, adj. *palomansién*, ...mántico, que tiene relacion con la ...ncia. || sust. El que ó la que la prac-

...OMBE, f. *palónb.* Zorita, especie de ... brava. Antiguamente se decia por .... || Mar. Relinga.

...OMBIN ó PALOMBINO, m. *palon-...biéno.* Miner. Palombin ó palom... especie de mármol blanco compacto y ...o fino.

...OMET, m. *palomé.* Bot. Palomelo, ... de agárico.

...OMIÈRE, f. *palomiér.* Palomera, ... para cazar las zoritas.

...OMIER, m. *palomié.* Bot. Palo... género de plantas de la familia de las ...s.

...OMYDE, adj. *palomíd.* Bot. Palomi... vive en los pantanos. || *Palomydes*, Zool. Palomidos, familia de insectos.

**PALON**, m. *palón.* Pala, espátula de madera que usan los cereros para revolver la cera en la caldera. || Pala grande de madera.

**PALONNE**, f. *palon.* Mar. Ligadura, especie de cordaje.

**PALONNIER** ó **PALONNEAU**, m. *polonié*, *polonó.* Bolea, pieza del tren de un coche á la que están unidos los tiros de los caballos.

**PALOT**, m. *paló.* Paleto, patan, palurdo, payo, aldeano muy tosco. || Pesc. Especie de azada ó pala de que se sirven los pescadores. || expr. prov. *Tenir palot à quelqu'un*, correr parejas con alguno, ser su igual.

**PALOTAGE**, m. *palotáge.* Agr. Azadonamiento, operacion que consiste en abrir zanjas para hacer una plantacion de colza.

**PALOTEUR**, m. *paloteur.* Azadonero, cavador, jornalero que trabaja con la azada.

**PALOURDE**, f. *palúrd.* Palurda, especie de marisco que comprende diversas conchas bivalvas.

**PALPABLE**, adj. *palpábl.* Palpable, que es sensible al tacto. || met. Palpable, claro, fácil de comprender, patente, evidente.

**PALPABLEMENT**, adv. *palpablemán.* Palpablemente, de un modo palpable. || Palpablemente, claramente, evidentemente.

**PALPATEUR**, m. *palpateur* Palpador, tocador, el que es aficionado á palpar ó tocar.

**PALPATION**, f. *palpasión.* Med. Palpacion, la accion de palpar, ó exploracion hecha con la mano para mejor apreciar las cualidades sensibles del cuerpo.

**PALPE**, f. *pálp.* Palpo, antenas pequeñas en número de dos ó mas, colocadas en la parte inferior de la boca de un insecto. || Palpos, barbillones de los pescados.

**PALPÉBRAL, E**, adj. *palpebrál.* Anat. Palpebral, que pertenece á los párpados. Se aplica á los músculos, arterias, venas, etc., de los párpados.

**PALPÉBRÉ, ÉE**, adj. *palpebré.* Zool. Palpebrado, que tiene los ojos guarnecidos de párpados.

**PALPÉBREUR**, adj. y s. m. *palpebreur.* Palpebral, que pertenece al párpado.

**PALPÉBREUX, EUSE**, adj. *palpebreu, eus.* Zool. Palpebroso, que tiene párpados ó apariencia de ellos.

**PALPER**, a. *palpé.* Palpar, tocar con las manos alguna cosa. || Med. Palpar, tocar suavemente con la mano y apretando un poco; y así se dice: *son médecin l'a palpé pour savoir s'il n'avait pas des obstructions.* || Manejar. || Mar. Meter la pala de un avirador en el agua y tenerlo inmóbil para retener la marcha de algun barco.

**PALPETS**, m. pl. *palpé.* Palpetos, barbas que tienen algunos pescados al rededor de la boca. || Palpetos, apéndices de algunos insectos.

**PALPEUR, EUSE**, adj. *palpeur, eus.* Zool. Palposo, que tiene palpos muy largos, hablando de los insectos.

**PALPICORNE**, adj. *palpicórn.* Zool. Palpicórneo, que tiene largos palpos en figura de antenas.

**PALPIFÈRE**, adj. *palpifér.* Zool. Palpífero, que tiene palpos.

**PALPIGÈRE**, adj. *palpigér.* Zool. Palpígero, que tiene un palpo.

**PALPISTE**, adj. *palpist.* Zool. Palpista, que está provisto de palpos y pequeñas antenas.

**PALPITANT, E**, adj. *palpitan.* Palpitante, que palpita. || Se dice de los movimientos de las partes interiores de los animales recien muertos. || met. Palpitante de amor, de alegría, de temor, etc. || met. neol. *Question palpitante d'intérêt*, cuestion muy interesante. En otros casos análogos se usa en frances este neologismo, como *scènes palpitantes d'intérêt*, etc.

**PALPITATION**, f. *palpitasión.* Palpitacion, movimiento desarreglado y convulsivo del corazon ó sus latidos mas ó ménos fuertes.

**PALPITER**, n. *palpité.* Palpitar, tener palpitaciones; agitarse el corazon. || Palpitar, moverse con un movimiento desigual y frecuente. || Palpitar, tener movimiento las partes interiores de los animales recien muertos. || met. Palpitar de temor, dolor, alegría, amor, etc., de lo cual resulta agitacion en el corazon.

**PALPLANCHE**, f. *palplánche.* Estaca, madero aguzado por una punta para fijarlo en el suelo.

**PALQUIN**, m. *palquén.* Bot. Palquino, arbusto del Perú.

**PALSAMBLEU**, interj. *palsanbleu.* Voto á sanes! especie de juramento burlesco.

**PALTOQUET**, m. *paltoqué.* Expresion popular de desprecio, que equivale á soez, indecente, grosero. || Gañan, dícese por desprecio del hombre rústico en su aire y porte. || Niño que todo lo toca.

**PALUDAMENTUM**, m. *paludamentom.* Paludamento, manto de escarlata ó púrpura con que se cubrian los generales romanos al entrar en alguna ciudad, cuando habian recibido el título de *imperator.*

**PALUDEUX, EUSE**, adj. *paludeu, eus.* Lagunoso, cenagoso, fangoso. || Zool. y Bot. Lagunoso, que vive ó crece en las lagunas.

**PALUDICOLE**, adj. *paludicól.* Paludícola, que vive en los bordes de los estanques.

**PALUDIER**, m. *paludié.* Salinero, obrero que trabaja en las salinas.

**PALUS**, m. *pálus.* Lago, laguna. Solo se usa con el nombre antiguo del mar de Azof. *Palus Méotides*, laguna Meótis ó Meótides.

**PALUSCKAS**, m. *paluscás.* Palusca, moneda pequeña rusa.

**PALUSTRE**, adj. *palústr.* Bot. Palustre, que crece en los charcos ó pantanos. || Zool. Palustre, que vive en los pantanos ó lagunas.

**PALYTHOÉ**, m. *palitoé.* Zool. Palitoé, género de zoófitos del mar de las Antillas.

**PAMAQUA**, m. *pamdoa.* Bot. Pamacua, especie de árbol de América cuya corteza sirve para cuerdas.

**PAMBE**, m. *pánb.* Pambo, pescado comun, muy estimado en las Indias.

**PAMBON** ó **PAMBOU**, m. *panbón, panbú.* Pambaso ó pambu, gran serpiente de las Indias que los indígenas reverencian como á una divinidad.

**PÂMÉ, ÉE**, adj. *pamé.* Pasmado. || Blas. Pasmado, se dice de los delfines representados con la boca abierta, sin lengua y espirando, y de las águilas con las alas caidas.

**PAMELLE**, f. *pamél.* Pamelia, especie de cebada que se cultiva en Picardía.

**PÂMER**, n. *pamé.* Pasmarse, desfallecer, desmayarse, caer en deliquio. || fam. y por exag. *Pâmer de rire, rire à pâmer*, descoyuntarse de risa. Se dice en el mismo sentido, *pâmer de joie*, dejarse llevar de locos trasportes de alegría. || *Se pâmer*, r. Desfallecer ó desfallecerse, desmayarse, perder el sentido. || *Pâmer* indica el resultado, y *se pâmer* la crisis.

**PAMET**, m. *pamé.* Pameto, especie de molusco bivalvo.

**PAMMACHIUM**, m. *pammáquiom.* Se dice algunas veces del combate llamado pancracio.

**PÂMOISON**, f. *pamuasón.* Pasmo, desmayo, deliquio, pérdida de los sentidos.

**PAMPA**, m. *pánpa.* Pampa, especie de gato que se encuentra en el Paraguay.

**PAMPAS**, f. pl. *pánpas.* Pampas, vastas llanuras de la América meridional, particularmente del Perú y alrededores de Buenos Aires.

**PAMPE**, m. *pánp.* Pampo, hoja de la caña del trigo, cebada, avena y demas plantas gramíneas.

**PAMPHAGUS**, adj. m. *panfágus.* Mit. Voraz, sobrenombre de Hércules. || Astr. Voraz, nombre que se daba antiguamente á una constelacion.

**PAMPHAGE**, adj. *panfage.* Es sinónimo de *omnivore*, omnívoro. Se dice de algunos pájaros que, como los cuervos, comen de toda clase de alimentos.

**PAMPHILA**, f. *panfíla.* Pánfila, hija de Apolo, á la que se atribuye la invencion del bordado.

**PAMPHILE**, m. *panfíl.* Pánfilo, especie de juego de naipes muy parecido al de lo esceer. || Pánfilo, nombre de la sota de bastos en el juego del pánfilo.

**PAMPHILLON**, m. *panfilión*. Pamfilion, nombre de un emplasto antiguo.

**PAMPHLET**, m. *panflé*. Libelo, folleto, librejo, papel ó escrito satírico ó denigrativo.

**PAMPHLÉTAIRE**, m. *panfletér*. Libelista, autor de libelos ó folletos. || adj. Libélico, que pertenece ó se refiere al libelo.

**PAMPHLÉTIER**, m. *panfletié*. Autor de malos libelos.

**PAMPHYLIDES**, adj. *panfilid*. Panfilios, descendientes de Panfilo, príncipe dorio.

**PAMPHYLIEN, NE**, adj. y s. *panfilién*, én. Panfilio, de la Panfilia, país del Asia menor.

**PAMPINATION**, f. *panpinasión*. Agr. Pampanacion, desarrollo de los botoncitos ó brotes de las vides

**PAMPLEMOUSSE**, f. *panplémús*. Bot. Pamplemusa, árbol de las Indias, especie de naranjo. || Pamplemusa, el fruto del mismo árbol.

**PAMPRE**, m. *pánpr*. Pámpano, rama de cepa ó parra con sus hojas. || Arq. Pámpano, adorno que imita una ó mas ramas de parra.

**PAMPRÉ, ÉE**, adj. *panpré*. Blas. Pampanado, se dice de los racimos de uvas representados en las armas, cuando su follaje y vástagos son de diferente esmalte que los granos.

**PAMYLIES**, f. pl. *pamilí*. Mit. Pamilias, fiestas que se celebraban en Tébas; se llevaba en ellas una figura de Ozíris, bastante semejante á la de Príapo, porque este dios era mirado como el gran dios de la reproduccion.

**PAN**, m. *pán*. Falda ó faldon, parte del vestido talar desde la cintura abajo. || Lienzo de pared, hastial ó jastial. || Pared, cada uno de los lados de una obra de mazonería. || Tablero, cara, lado liso de alguna obra, que media entre otras piezas labradas. || *Le pan d'une robe*, faldon de un vestido. || *Le pan d'une chemise*, pañal ó faldon de camisa. || Ensambladura de maderos con que se llenan los huecos de la mazonería, cubriéndolos despues con barro y cal. || Piés, cada uno de los cuatro listones de madera que forman el catre ó camilla. || Palmo, antigua medida de longitud, usada en el mediodía de Francia, que tiene 24 centímetros. || Paño de estandarte ó bandera. || *Pan de cuirasse*, escarcela, parte de la coraza que cubria la parte superior de los muslos. || PAN, m. Mit. Hijo de Júpiter ó de Mercurio y de Timbria, dios de los campos, de los ganados y particularmente de los pastores.

**PANACHAU**, m. *panasó*. Tablita de madera muy delgada ó de carton, que se pone en lugar de baqueta en los cohetes de señal.

**PANACÉE**, f. *panasé*. Mit. Panacea, una de las hijas de Esculapio, y de Epione ó Lampecia; fué honrada como diosa, y se creia que presidia á la cura de toda especie de enfermedades. || Panacea, remedio universal. || *Panacées*, f. pl. Panaceas, fiestas que se celebraban en honor de Panacea.

**PANACHE**, m. *panáche*. Penacho, plumero, plumas flotantes con que se adorna un casco, sombrero, etc. || Penacho, ramaje, la cornamenta del ciervo. || Penacho, matiz, mezcla de diversos colores con el principal de una flor. || Penacho, capitel, coronilla, parte superior de una lámpara de iglesia. || Zool. Penacho, género de insectos coleópteros. || *Panache de mer*, penacho de mar, nombre dado á diversos animales acuáticos. || Coc. *Panaches de porcs*, orejas de cerdo asadas.

**PANACHÉ, ÉE**, adj. *panaché*. Blas. Adornado con un penacho. || Hist. nat. Empenachado, se dice de las superficies que ofrecen muchos colores dispuestos sin órden. Dícese tambien de las flores que están matizadas ó que remalan en otro color. || Coronado, se dice de las aves que tienen un moño de plumas ó penacho en la cabeza.

**PANACHÉEN, NE**, adj. *panacheén*, én. Mit. Panáqueo, sobrenombre de Céres y Minerva en Acaya, donde tenian un templo.

**PANACHÉIS**, adj. f. *panacheís*. Mit. Panáquea, sobrenombre de Minerva, adorada en Acaya.

**PANACHER (SE)**, r. y **PANACHER**, n. *panaché*. Bot. Penachar ó penacharse, matizarse una flor de varios colores.

**PANACHER-BOUQUETIER**, m. *panachebuctié*. Plumista, vendedor de plumas ó plumeros, y el que los compone.

**PANACHIER**, m. *panachié*. Plumista, el que hace penachos, plumeros ó crestas.

**PANADE**, f. *panad*. Panatela, sustancia de pan que se da á los enfermos.

**PANADER (SE)**, r. *panadé*. Pavonearse, contonearse, andar con aire de ostentacion y fatuidad, como un pavo cuando hace la rueda. Es voz familiar y de desprecio.

**PANAGE**, m. *panáge*. Derecho de bellota que se paga al dueño del monte para llevar el ganado de cerda á montanera. Antiguamente se decia de toda clase de impuestos.

**PANAGIE**, f. *panagí*. Panagia, nombre con que designan los Griegos modernos á la madre del Salvador. || Panagia, ofrenda de pan hecha á la Vírgen por los monjes griegos; es un pedazo de pan que se reparten al fin de la comida.

**PANAIS**, m. *pané*. Bot. Pastinaca, nabo gallego, género de plantas hortenses.

**PANALÉTHÈSE**, m. *panaletés*. Farm. Panaletesis, especie de emplasto.

**PANARD**, adj. m. *panár*. Patizambo, que tiene las piernas torcidas hácia afuera. *Cheval panard*, caballo patojo ó zambo, que tiene las manos vueltas afuera.

**PANARÈTE**, m. *panarét*. Panareto, nombre que dan los Griegos á tres libros de la Escritura: los Proverbios, el libro de la Sabiduría y el Eclesiástico.

**PANARGYRE**, m. *panargír*. Bot. Panargírico, género de plantas compuestas.

**PANARILLE**, f. *panarill*. Bot. Panarilla, género de plantas.

**PANARION**, m. dim. de PANARIS. *panarión*. Panarizo pequeño. || Panarion, título de un libro de san Epifanio.

**PANARIS**, m. *panarí*. Med. Panarizo ó panadizo, tumor flemonoso ó postemilla que se hace en la punta de los dedos ó á la raiz de las uñas, y causa vivos dolores.

**PANATAGUE**, f. *panatágue*. Bot. Panataga, uno de los nombres de la parietaria.

**PANATELLA** ó **PANATELA**, m. *panatéla*. Panatela, cigarra muy larga y delgada.

**PANATHÉNAÏCON**, m. *panatenaicón*. Farm. Panigron, especie de ungüento.

**PANATHÉNAÏQUE**, adj. *panatenaic*. Panatenáico, que concierne á las Panaténeas.

**PANATHÉNÉES**, f. pl. *panatené*. Antig. gr. Panaténeas, fiestas solemnes que se celebraban en Aténas en honor de Minerva.

**PANAX** ó **PANACE**, m. *panács*, *panás*. Bot. Panace, planta de los antiguos, á la que se atribuian muchas virtudes medicinales.

**PANCALIERS**, m. *pancalié*. Pancalero, llanta, variedad de col rizada procedente del Piamonte. || Es tambien adjetivo: *des choux pancaliers*.

**PANCARPE**, m. *pancárp*. Antig. gr. Pancarpo, sacrificio antiguo en que se ofrecia toda clase de frutos. || Antig. rom. Pancarpo, nombre de una diversion que los emperadores romanos daban al pueblo, en la cual figuraban animales de toda especie. || Combate de hombres contra toda especie de animales. || Arq. Pancarpo, guirnaldas de flores ó frutos.

**PANCARTE**, f. *pancárt*. Pancarto, arancel, papel que contiene la tarifa de todos los derechos. || Adm. Tarifa, arancel ó cartel que marca los derechos impuestos sobre las mercancías, que se pone en el paso de un rio, de un puente, etc. || Cartel, arancel de derechos ó precios que se fija para el público || Por extension, toda suerte de carteles ó anuncios. || Carteloa, papelon, cartapacio, mamotreto: dícese por chanza ó burla de toda especie de papeles ó escritos. || Cartera que sirve para [illegible] uso diario.

**PANCE**, f. *páns*. [illegible] especie de uva negra.

**PANCERNE**, m. [illegible] dado de un cuerpo de [illegible] *Pancernes*, pl. Pancernas, [illegible] llería polaca, que era [illegible] del Estado [illegible]

**PANCHAR**, f. *panchar* [illegible] piedra preciosa.

**PANCHRESTE**, adj. [illegible] Pancresto, se dice de [illegible] que se creian propios para [illegible] enfermedades.

**PANCHYMAGOGUE**, [illegible] Farm. ant. Panquimagogo, [illegible] tos remedios purgativos [illegible] tambien sustantivo.

**PANCIERE**, f. [illegible] ra, la parte de la armadura [illegible] vientre.

**PANCLADIES**, f. pl. [illegible] dias, fiestas celebradas en [illegible] de la poda de las viñas.

**PANCRACE**, m. [illegible] ejercicio que entre los [illegible] la gimnasia, y comprendia [illegible] gilato.

**PANCRAIS** ó **PANCRATIER** [illegible] *pancratié*. Bot. Pancracio, [illegible] las narciseas.

**PANCRATÈS**, adj. [illegible] sobrenombre de Júpiter [illegible]

**PANCRATIAL** ó **PANCR**[illegible] *pancrasial*, *pancrasiást*. [illegible] cedor en el pancracio.

**PANCRATIE**, f. [illegible] nástico, el pancracio.

**PANCRATIEN**, adj. [illegible] tico, se dice de cierto [illegible]

**PANCRÉAS**, m. [illegible] masa glandulosa situada [illegible] dominal entre el intestino [illegible]

**PANCRÉATALGIE**, [illegible] Med. Pancreatalgia, todo [illegible] está en el páncreas.

**PANCRÉATALGIQUE**, [illegible] *gic*. Pancreatálgico, que [illegible] nece á la pancreatalgia.

**PANCRÉATEMPHRAXIS** [illegible] *tanfrácsis*. Med. Pancreatenfraxis, [illegible] cion del páncreas.

**PANCRÉATINE**, m. [illegible] Pancreatino, líquido [illegible] las glándulas del páncreas.

**PANCRÉATIQUE**, adj. [illegible] creático, que pertenece á [illegible] creas.

**PANCRÉATITE**, f. [illegible] Pancreatitis, inflamacion del [illegible]

**PANCRÉATONCIE**, f. [illegible] Med. Pancreatoncia, [illegible] el páncreas.

**PANDA**, m. *pánda*. [illegible] de mamíferos carnívoros. [illegible] quien se invocaba al [illegible] ligroso, ó diosa de la paz.

**PANDALÉON**, m. [illegible] Pandaleon, especie de [illegible] blillas ó pastillas para [illegible] pecho.

**PANDARE**, m. [illegible] hijo de Licaon, célebre [illegible] manejar el arco.

**PANDECTAIRE**, m. [illegible] Pandectario, autor de [illegible]

**PANDECTES**, f. pl. [illegible] recopilacion de las [illegible] guos jurisconsultos [illegible] por órden del emperador [illegible] les dió fuerza de ley. [illegible] llama tambien *Digesto*. [illegible]

**PANDÉMIES**, m. pl. [illegible] Pandemios, dias en [illegible] los muertos festines [illegible]

**PANDÉMIE**, f. [illegible] sinónimo de epidemia, y [illegible]

**PANDÉMIQUE**, adj. [illegible] mico ó epidémico, que [illegible] demis. Es sinónimo de [illegible]

**PANDÉMON**, m. *pandemón*. Antig. gr. Pandemonio, fiesta general celebrada por todo el pueblo de Aténas.

**PANDÉMONIUM**, m. *pandemóniom*. Pandemonium, lugar imaginario que se supone ser la capital de los infiernos, en la cual Satanas, segun Milton, convoca el consejo de los demonios. || met. *C'est un pandémonium, un vrai pandémonium*, es un pandemonio : se dice de una reunion de gentes malintencionadas ó que se convocan solo para tratar de hacer mal. || Algunas veces se toma en buen sentido, por ejemplo, cuando se dice de una casa ó de un círculo que es « un verdadero pandemonium de las artes. »

**PANDICULATION**, f. *pandiculasión*. Med. Pandiculacion, esperezo; extension involuntaria, por decirlo así, de los brazos en alto, echando hácia atras la cabeza y estirando las piernas. Las pandiculaciones van casi siempre acompañadas de bostezos.

**PANDIES**, f. pl. *pandí*. Antig. gr. Pandias, fiestas en honor de Júpiter, establecidas en Aténas por Pandion.

**PANDION**, m. *pandión*. Pandion, rey de Aténas, hijo de Erictonio y de Posítea.

**PANDORE**, f. *pandór*. Mit. Pandora, nombre de la primera mujer formada por Vulcano. Los dioses la dotaron á porfía de todas las gracias y talentos; Júpiter le dió una caja que encerraba todos los males, y la envió con la caja á Epimeteo. Este se casó con Pandora, y abrió la caja; los males se extendieron por toda la tierra, y solo quedó en el fondo la esperanza. || expr. prov. *C'est la boite de Pandore*, es la caja de Pandora : se dice de una cosa que es orígen ó manantial de muchos males. || Mús. ant. Pandora ó bandola, instrumento de música semejante á un laud. En este sentido se dice mejor *pandure*. || Pandora, nombre bajo el cual han designado algunas veces los poetas á la tierra.

**PANDOUR**, m. *pandúr*. Panduro, habitante de las aldeas de Pandur (Baja Ungría) ó de las montañas vecinas. || Panduro, nombre de unos soldados húngaros, independientes y temibles. En un principio ellos mismos elegian su jefe; despues el Austria los organizó en cuerpo de milicia regular. || met. Panduro, hombre grosero y brutal.

**PANDURE**, f. *pandúr*. Mús. Pandura, instrumento de música llamado tambien *pandore*. V. esta palabra.

**PANDURIFORME**, adj. *panduriform*. Bot. Panduriforme, que es de la figura de una pandora, hablando de hojas oblongas en forma de violin.

**PANDUVIE**, f. *panduví*. Mús. Panduvia, especie de instrumento de viento muy antiguo.

**PANE**, m. *pán*. Mil. ant. Pane, escudo antiguo cubierto de piel.

**PANÉ, ÉE**, adj. *pané*. Panado, cubierto de pan rallado. || *Eau panée*, agua panada, agua templada con pan quemado.

**PANÉGYRIARQUE**, m. *panegiriárc*. Panegiriarca, magistrado de las ciudades griegas que presidia las fiestas de los juegos panegíricos ó las Panegirias.

**PANÉGYRIES ó PANÉGYRIDES**, f. pl. *panegirí*, *panegiríd*. Panegirias, especie de ferias; fiestas, juegos y asambleas que se tenian en Aténas cada cinco años.

**PANÉGYRIQUE**, m. *panegiríc*. Panegírico, discurso en alabanza de algun santo, de algun rey ó persona grande y esclarecida. || Panegírico, discurso pronunciado delante de las reuniones numerosas, especialmente en los antiguos juegos de la Grecia. || Panegírico, por extension todo lo que se dice en alabanza de alguno. || Panegírico, por ironía, discurso maldiciente. || prov. *Mentir comme un panégyrique ó comme une oraison funèbre*, mentir mucho, ser muy mentiroso, muy embustero. || PANÉGYRIQUE, adj. Panegírico, que tiene relacion con el panegírico. || Antig. Panegírico, se dice del lugar donde habia gran concurso, como en las fiestas y juegos de los Griegos.

**PANÉGYRISME**, m. *panegirísm*. Panegirismo, elogio exagerado. Se usa poco.

**PANÉGYRISTE**, m. *panegiríst*. Panegirista, el que hace un panegírico. || Panegirista, el que hace el elogio de alguno; y en este sentido se toma en mala parte. || Antig. Panegirista, lo mismo que *panégyriarque*.

**PANÉKÈQUE**, m. *panequéc*. Panequeque, especie de pasta de dulce que se hace en Inglaterra.

**PANELLE**, f. *panél*. Panela, especie de azúcar moreno sin purificar que se saca de las Antillas.

**PANÉMONE**, m. *panemón*. Panémona, máquina moderna que gira y se mueve á impulso del viento, y se emplea para la ascension de las aguas, los molinos de harina, la fabricacion del aceite, etc.

**PANER**, a. *pané*. Coc. Panar, cubrir de pan rallado ó echar miga de pan sobre la carne asada.

**PANÈRE**, f. *panér*. Panera, piedra preciosa que se decia contribuir á que sean fecundas las mujeres que la llevan consigo.

**PANERÉE**, f. *panré*. Cestada, el contenido de una cesta cuando está enteramente llena. || met. Por exageracion, cestada, gran número.

**PANERET ó PANEROT**, m. *panré*, *panró*. Cestita, canastito, canastillo.

**PANETERIE**, f. *paneterí* (e muda). Panetería, lugar donde se guarda y distribuye el pan en las grandes casas, comunidades, colegios, hospicios, etc. || Panetería, lugar donde se guarda el pan en las provisiones militares. || Tomado absolutamente, la panetería del rey; y significaba tambien los empleados que servian en la panetería.

**PANETIER**, m. *panetié* (e muda). Panetero, el encargado de guardar y distribuir el pan en las comunidades, colegios, etc.; el panetero de la casa real. || *Grand panetier*, panetero mayor ó jefe de la panetería, oficial de la corona que hacia distribuir el pan en todo el palacio, y tenia autoridad sobre todos los panaderos del reino en Francia.

**PANETIÈRE**, f. *panetiér* (e muda). Zurron de pastor para llevar y guardar el pan, comida ú otras cosas.

**PANETON**, m. dim. de PANIER. *panton*. Paneton, especie de cestillo de mimbre, guarnecido interiormente de tela, que se llama tambien *bannaton*.

**PANFILIE**, f. *panfilí*. Bot. Panfilia, variedad de tulipan.

**PANGFILS**, m. *panfíl*. Panfis, especie de encaje que se fabrica en China.

**PANGI**, m. *pangí*. Pangi, árbol de las Molucas. = Hueso de este árbol, cuya almendra aceitosa es buena para comer.

**PANGLOSSIE**, f. *panglosí*. Filol. Panglosia, coleccion de piezas escritas en diferentes lenguas. || Panglosia, reunion de todas las lenguas.

**PANHARMONICON ó PANHARMONIQUE**, m. *panarmonicón*, *panarmonic*. Panarmónico, instrumento parecido á un órgano de cilindro, que imita los sonidos de diversos instrumentos de viento y tambien la voz humana.

**PANHELLÉNIES**, f. pl. *panelení*. Antig. gr. Panelenias, fiestas en honor de Júpiter Panelenio.

**PANHELLÉNION**, m. *panelenión*. Panelenion, asamblea general de los Griegos. || Panelenion, lugar donde se tenia esta asamblea.

**PANIC ó PANICUM**, m. *panic*, *panicóm*. Bot. Panizo, género de plantas gramíneas.

**PANICAUT**, m. *panicó*. Bot. Cardo corredor, especie de planta que se llama tambien *chardon roland*.

**PANICÉ, ÉE**, adj. *panisé*. Bot. Paniceo, que se parece al panizo. || *Panicées*, f. pl. Paniceas, tribu de plantas gramíneas.

**PANICOPHOBIE**, f. *panicofobí*. Med. Panicofobia, terror pánico ó sin motivo. || Panicofobia, miedo ó terror que se experimenta en la oscuridad.

**PANICULE**, m. *panicúl*. Bot. Panículo, espiga que contiene muchas flores y semillas.

**PANICULÉ, ÉE**, adj. *paniculé*. Bot. Paniculeo, se dice de los vástagos de las ramas que, dividiéndose y subdividiéndose diversamente, figuran un panículo.

**PANIER**, m. *panié*. Cesta, canasta, utensilio portátil de mimbre, junco, etc., para poner frutas ú otras cosas; y por extension, cestada, lo que contiene una cesta. || *Panier d'un coche*, bolsa de un coche, caja grande de juncos que se pone delante ó detras de los carruajes. || *Le dessus du panier*, la flor, la nata, lo mejor de una cosa; así como *le fond du panier*, es el suelo, la zupia, lo peor. || Mil. ant. Especie de escudo de mimbres cóncavo por delante. || Caston, tejido de mimbres ó ramas para cubrirse y defenderse contra el fuego de los enemigos. || Especie de lazo para coger pájaros. || Tontillo ó guardainfante, especie de jubon guarnecido de ballenas que usaban las mujeres para sostener el guardapiés y vestido. || *Panier à ouvrage*, cestillo de labor, para guardar las obras de aguja. || Colmena para las abejas. || Rodete, canastillo que forman las trenzas del cabello de las mujeres en algunos paises. || met. y fam. *Être sot comme un panier*, ser tonto como un cesto ó como una canasta : ser muy lerdo, muy estúpido. || met. y fam. *Mettre tous ses œufs dans un panier*, poner toda la carne en el asador : hacer depender su suerte, su fortuna, su felicidad, etc., de una sola cosa. || *Panier percé*, manirroto, mano horadada : el que gasta con prodigalidad. Por extension, persona que no tiene memoria. || prov. y met. *Faire danser l'anse du panier*, sisar : se dice del criado que hace pagar á sus amos lo que compra mas caro de lo que ha costado.

**PANIFIABLE**, adj. *panifiábl*. Panificable, que se puede convertir en pan ó con lo que se puede hacer pan.

**PANIFICATEUR**, m. neol. *panificateur*. Panificador, el que hace pan, panadero.

**PANIFICATION**, f. *panificasión*. Panificacion, conversion de las materias harinosas en pan.

**PANIFICE**, m. *panific*. Cerámica, arte de hacer el pan.

**PANIFIER**, a. *panifié*. Panificar, hacer pan con una harina cualquiera.

**PANIONIEN, NE**, adj. *panionién*, *én*. Panionio, que pertenece ó se refiere á las Panionias. || Panionio, sobrenombre de Neptuno y Apolo.

**PANIONIES**, f. pl. *panioní*. Panionias, fiestas que se celebraban sobre los montes Micalo y Panionion, en Jonia.

**PANIQUE**, adj. *panic*. Pánico, se dice de un miedo ó espanto súbito y sin fundamento que los antiguos creian inspirado por el dios Pan. Solo se usa en esta frase : *terreur panique*, terror pánico. || f. *Une panique*, un terror pánico.

**PANIS**, m. Bot. V. PANIC.

**PANISSE**, m. *panís*. Panizo, nombre vulgar del panizo en algunas partes. V. PANIC.

**PANISTON**, m. *panistón*. Paniston, especie de paño abayetado que se fabrica en Francia.

**PANKE**, m. *panc*. Panca, especie de planta de Chile que sirve para curtir y teñir las pieles.

**PANLEXIQUE**, m. *panlecsíc*. Didáct. Panléxico, diccionario que comprende todas las voces de una lengua y todas las locuciones consagradas en ella. || Panléxico, título que se ha dado al gran diccionario frances de Boiste, y al español de Peñalver.

**PANNAIRE**, f. *panér*. Cubierta, badana cruda que cubre el encaje de seda ya tejido, miéntras el tejedor concluye la pieza.

**PANNE**, f. *pán*. Pana, tejido de seda, lana, hilo ó pelo que imita al terciopelo. || Grasa ó manteca, sain, unto : dícese generalmente de la que se saca del puerco y de algunos otros animales. || met. y fam. *Avoir deux doigts de panne*, tener dos dedos de grasa, tener bien cubierto el riñon : ser muy grueso, estar muy gordo. || Blas. Pano, forro de veros ó armiños. || Bot. Pano, espesor de la sustancia propia del tegumento del fruto ó pericarpo. || Carp. Carriola, pieza de madera colocada horizontalmente sobre un tren de construccion. || Pala, la parte del martillo opuesta á la boca grande. || Bot. *Panne isabelle*, pana isabela, variedad de anémona felpuda, de color bayo. || Mar. *Vaisseau en panne*, navío al pairo, estado de un buque cuando las velas están colocadas de modo que se mantiene sin marchar. *Mettre en panne*, poner al pairo, suspender ó detener la marcha de un buque. En el mismo sentido se dice *être en panne*, *se tenir*, *rester en panne*, estar al pairo, etc. || met. y fam. *Se tenir en panne*, *rester en panne*, ponerse á la capa, estar de observacion.

**PANNEAU**, m. *panó*. Arq. Paño, cada una de las faces de la piedra labrada. || Horma, especie de caballete que usan los sombrereros para colocar el forro de seda. || Lazo, especie de red para coger liebres y conejos. || met. y fam. *Tendre un panneau à quelqu'un*, armar un lazo á alguno, tenderle un lazo ó asechanza para hacerle caer en alguna falta y causarle algun mal ó disgusto. || met. y fam. *Donner dans le panneau*, caer en el lazo, en el garlito: dejarse engañar ó coger por algun ardid. || Mar. Escotilla, abertura grande que se deja en varios puntos de las crujías de todas las cubiertas. || Cojinete, almohadillas que se ponen á los lados de la silla del caballo para que no se hiera los ijares. || Albarda, especie de saco de cuero lleno de paja ó pelote para las bestias de carga. || Pint. Paño, tabla colocada sobre el caballete para hacer un cuadro. || Cuarteron ó tablero de una puerta, ventana, techumbre, etc. || *Panneau de sculpture*, cuarteron ó tablero de escultura, adornos esculpidos ó tallados en un cuarteron. || *Panneaux*, m. pl. Dos ruedas colocadas verticalmente en la máquina de hacer encajes. || prov. y fam. *Crever dans ses panneaux*, reventar de cólera, hacer de tripas corazon. Se dice de un hombre que está lleno de cólera interiormente; y tambien del que lleva la ropa muy ajustada al cuerpo de modo que le oprime.

**PANNEAUTER**, n. *panoté*. Caz. Tender lazos para coger conejos ú otros animales.

**PANNEFIN**, m. *panfén*. Panfino, especie de papel que se fabrica en Holanda.

**PANNEKET** ó **PANNEQUET**, m. *panqué*. Panequet, especie de guisado inglés.

**PANNELLE**, f. *panél*. Blas. Panela, hoja de álamo.

**PANNER**, a. *pané*. Machacar ó golpear una pieza de metal con la pala de un martillo.

**PANNERESSE**, f. *panrés*. Alb. Ladrillo ó piedra labrada mas larga que ancha.

**PANNETERIE**, f. *panteri* (e muda). Cestería, arte de hacer cestos. V. VANNERIE.

**PANNETON**, m. dim. de PANNE. *pantón*. Paleton, parte de la llave donde se hacen las guardas, que entra en la cerradura. || Blas. Paleton, parte de la llave que entra en la cerradura. || Paneton, cestito largo y estrecho, forrado interiormente de tela, que usan los panaderos para colocar la masa. En esta acepcion *panneton* es el dim. de *panier*.

**PANNEXTERNE**, m. *panecstérn*. Panesterno, parte externa ó corteza de las frutas.

**PANNICULE**, m. *panicúl*. Cir. Panículo, excrecencia membranosa que hay sobre la córnea del ojo. || Anat. Panículo, membrana cutánea || Panículo, piel que cubre los cuernos de ciertos mamíferos rumiantes.

**PANNINTERNE**, m. *panentérn*. Paninterno, membrana interna de los frutos.

**PANNOIR**, m. *panuár*. Martillo con que se hacen las cabezas de los alfileres.

**PANNOMIE**, f. *panomí*. Panomía, obra que comprende todas las leyes. || Panomía, recopilacion de las leyes de todas las naciones.

**PANNON**, m. *panón*. Pendon, insignia militar parecida á una bandera ó estandarte pequeño. || loc. *Faire de son pannon bannière*, subir á un rango superior. Cuando antiguamente se hacia á un simple hidalgo caballero ó baron, este cortaba la cola de su pendon, que era mas largo que ancho, y lo dejaba cuadrado como una bandera; y de esto ha venido la citada locucion. || Med. Peca, manchas pequeñas de color pardo que suelen salir en el cútis, y especialmente en las manos y en la cara.

**PANNONAGE**, m. *panonáge*. Pendonaje, derecho de tener ó llevar pendon.

**PANNONCEAU**, m. *panonsó*. Feud. Pendoncillo, especie de gallardete pequeño en el cual estaban pintadas ó caladas las armas del señor. || Pendoncillo, pendon pequeño que llevaban los nobles de un órden inferior. || Banderola, adorno que llevan los soldados de caballería en las lanzas. || Pendon, escudo de armas que los señores hacian fijar en los postes de las encrucijadas y caminos en señal de jurisdiccion. || Pendon, escudo que los magistrados, notarios, ujieres, etc., ponian á sus puertas

**PANNONIEN**, **NE**, adj. y s. *panonién*, *én*. Panonio, de la Panonia, llamada ahora Hungría.

**PANNOSEUX**, **EUSE**, adj. ant. *panoseu*, *eus*. Haraposo, andrajoso, miserable. Tambien se decia *pannositeux*.

**PANNOSITÉ**, f. *panosité*. Med. Panosidad, falta de consistencia en la piel que ha puesto floja la enfermedad.

**PANNUS**, m. *pánnus*. Cir. Paño, mancha del ojo que se parece á un pequeño jiron de paño. || Paño, mancha irregular de la piel

**PANNYCHISME**, m. *panichism*. Antig. Paniquismo, velada religiosa ó celebracion nocturna de los misterios.

**PANOMPHÉE**, adj. m. *panonfé*. Mit. Panónfeo, sobrenombre de Júpiter, porque siendo adorado de todos los pueblos conocia todas las lenguas. || Gram. Panónfeo, se dice de una voz que ha pasado á muchas lenguas y es comprendida por muchas naciones.

**PANON**, m. *panón*. Se ha usado para significar la pluma que ponen los salvajes en las flechas. || Zool. Especie de ave. V. PANOU.

**PANONCEAU**, m. V. PANNONCEAU.

**PANOPÉE**, f. *panopé*. Mit. Panopea, divinidad que los navegantes invocaban durante la tempestad. || Zool. Panopea, género de conchas.

**PANOPHOBIE**, f. *panofobí*. Med. Panofobia, enfermedad ó melancolía en que se tiene miedo de todo; terror pánico.

**PANOPHOBIQUE**, adj. *panofobic*. Panofóbico, que pertenece ó se refiere á la panofobia.

**PANOPIE**, f. *panopí*. Bot. Panopia, género de arbustos de Madagascar.

**PANOPLIE**, f. *panoplí*. Mil. ant. Panoplia, armadura completa de un caballero de la edad média. || met. Panoplia, cosa inútil con que uno se carga en una expedicion, viaje, etc.

**PANOPTÈS**, adj. m. *panóptes*. Mit. Panóptes, sobrenombre de Júpiter, porque lo veia todo.

**PANOPTIQUE**, m. *panoptíc*. Panóptico, edificio construido de manera que desde un punto pueda abarcar la vista todas las partes del interior. || adj. Panóptico, dícese en el mismo sentido: *édifice panoptique*.

**PANORAMA**, m. *panoráma*. Panorama, gran cuadro circular dispuesto de modo que el espectador colocado en el centro vea los objetos representados, como si desde una altura viese todo el horizonte que le rodea. || Se usa tambien en sentido figurado; y así se dice, por ejemplo: *cet ouvrage est un vaste panorama où se déroule notre langue*, etc.

**PANORAMIQUE** ó **PANORAMATIQUE**, adj. *panoramíc*, *panoramatic*. Panorámico ó panoramático, que ofrece los caractéres de un panorama ó vasto horizonte.

**PANORMIE**, f. Jurisp. V. PANNOMIE.

**PANORMITAIN**, **E**, adj. y s. *panormitén*, *én*. Panormitano, de Panorma, antigua ciudad de Sicilia, hoy Palermo.

**PANOROGRAPHE**, m. *panorográf*. Panorógrafo, instrumento inventado en 1824 para desenvolver inmediatamente sobre una superficie plana la perspectiva de los objetos que rodean el horizonte.

**PANOSSAKE**, m. *panosác*. Panosac, especie de encaje que fabrican los negros de las riberas del Gambia.

**PANOUSSAKE**, m. [illegible]. Panosa[illegible] parte de paño que [illegible] brirse de la cisterna [illegible].

**PANOU**, m. *panú*. [illegible] de cotinga del Brasil.

**PANOUIL**, m. [illegible] dewta y apresada [illegible]

**PANPHILONTOSIE**, f. [illegible] filontosia, palabra [illegible] benevolencia universal.

**PANPOURCEAU**, m. [illegible] de madera clavada [illegible] para coger palomas.

**PANS**, m. pl. *pán*. [illegible] que reconocian por [illegible] dioses de los cazadores, [illegible] los campos.

**PANSAGE**, m. [illegible] aplicar los remedios á [illegible]

**PANSARD**, **E**, adj. [illegible] barrigudo, que tiene [illegible] bien se dice en el sentido [illegible] comilon, gloton. || [illegible] sustantivo. *C'est un pansard* [illegible] un gloton; ó un tripon, [illegible]

**PANSARDEMENT**, adv. [illegible] Panzudamente, con [illegible] hombre que tiene [illegible] dice: *il est pansardement* [illegible] anticuada, pero enérgica.

**PANSCROUTÉCHE**, f. [illegible] pada larga que llevan [illegible]

**PANSE**, f. fam. *páns*. [illegible] Panza, en los animales [illegible] yor de sus cuatro estómagos, [illegible] donde llega la yerba al [illegible] miada. || Panza, la parte [illegible] animales que encierra [illegible] Bot. Panza, cuerpo ó parte [illegible] milla ó grano. || Panza, [illegible] nácula. || Vientre, la parte [illegible] una retorta, garrafa, [illegible] *Panse de Dames*, [illegible] uvas gruesas [illegible] *che*, gusanillo, lienzo [illegible] en la Picardía. || *Panse* [illegible] de una campana, el [illegible] re el badajo. || prov. y [illegible] *une panse d'a*, no [illegible] no haber escrito ó [illegible]

**PANSÉ**, **ÉE**, adj. [illegible] bazado, hablando de [illegible] *Cet homme est bien pansé* [illegible] comido y bebido bien.

**PANSÉLÈNE**, f. [illegible] lenio, nombre que los [illegible] nilunio. || adj. Panselen[illegible] sucede durante la luna [illegible]

**PANSEMENT**, m. [illegible] cion, accion de curar [illegible] de aplicar los remedios y [illegible] mientos; cuidados que se [illegible] que se emplean para [illegible] usa hablando de los [illegible] tido. || Limpia y cuidado [illegible] la accion de brazarlo, [illegible] *sement de la main*, [illegible] pillar un caballo.

**PANSER**, a. *pansé*. [illegible] sobre una llaga ó herida [illegible] sarios á su curacion. || [illegible] una llaga con [illegible] dicamentos, y con [illegible] das. || Cuidar un caballo, [illegible] zarlo, limpiarlo, [illegible] cesario. || Se dice, [illegible] los demas animales. [illegible] *vous faire panser*, [illegible] un pienso: se dice [illegible] se echa ó despide con [illegible]

**PANSLAVISME**, m. [illegible] lavismo, sistema político [illegible] tiende á unir á su [illegible] eslavos.

**PANSOPHE**, adj. [illegible] fo, que lo sabe todo. [illegible] tivamente.

**PANSOPHIE**, f. [illegible] fia, sabiduría, ciencia [illegible]

**PANSOPHIQUE**, adj. [illegible] co, que pertenece ó se [illegible]

**PANSPERMIE**, f. [illegible] Cir. Panspermia, [illegible] heterogéneas, [illegible]

**PANSPERMIQUE**, adj. *panspermic*. Panspérmico, que concierne á la panspermia.

**PANSTÉRÉORAMA**, m. *panstereoráma*. Pansterеorama, representacion entera en relieve y en sus verdaderas proporciones, de un monumento, fortaleza, ciudad, etc. Tambien se dice *plan en relief*.

**PANSTÉRÉORAMIQUE**, adj. *pansiereoramic*. Pansiereorámico, que es en relieve ó de relieve; que se refiere al pansiereorama.

**PANSTRATIE**, f. *panstrasí*. Filol. Panstracia, ejército universal. Esta voz solo se ha empleado en el título de una obra de Charnier: *Panstratie catholique ou Guerre de l'Eternel*.

**PANSU, E**, adj. fam. *pansú*. Panzudo, barrigudo, que tiene mucha panza ó vientre. Se usa tambien sustantivamente, y corresponde á panzon, tripon, barrigon: *c'est un gros pansu*.

**PANTACHATE**, m. *pantacát*. Miner. Manchada, nombre de una variedad de ágatas que tienen pintas ó manchas como la piel de una pantera.

**PANTAGA**, m. *pantága*. Bot. Pantaga, árbol de las Indias orientales que produce el sándalo rojo.

**PANTAGOGUE**, adj. *pantagóg*. Med. Evacuante, purgativo, que purga ó expele todos los humores.

**PANTAGRUEL**, m. *pantagruél*. Pantagruel, personaje filosófico, ideado por Rabelais.

**PANTAGRUÉLION**, m. *pantagruelión*. Pantagruelion, nombre dado por Rabelais al cáñamo. Es una sinonimia burlesca.

**PANTAGRUÉLIQUE**, adj. *pantagruelic*. Pantagruélico, que pertenece á Pantagruel. || met. Pantagruélico, que come y bebe sin tasar. || Que trata de la comida y bebida.

**PANTAGRUÉLISER**, n. *pantagruelisé*. Pantagruelizar, beber copiosamente como Pantagruel.

**PANTAGRUÉLISME**, m. *pantagruelism*. Pantagruelismo, filosofía indolente, epicúrea. Segun Rabelais, cierta jovialidad con desprecio de las cosas fortúitas.

**PANTAGRUÉLISTE**, m. *pantagruelist*. Pantagruelista, el que profesa el pantagruelismo, es decir, alegre bebedor, de buen apetito, filósofo rabelista.

**PANTALÉON**, m. *pantaleón*. Pantaleon, especie de clavicordio; y tambien, especie de salterio muy grande cuyas cuerdas están montadas como las de la vihuela.

**PANTALON**, m. *pantalón*. Pantalon, calzon largo que baja desde la cintura hasta el empeine del pié. = *Pantalon à pieds*, pollas-calzon, nombre que se daba al calzon y media de una sola pieza, al cual llamamos tambien calzas atacadas. Esta palabra viene de los Venecianos, los cuales se llaman *pantalons* por usar este vestido, que dicen algunos haber sido introducido en Venecia por san Pantaleon, patron de aquella ciudad. || Pantalon, nombre de un personaje de la comedia italiana que sale á la escena con pantalon, una especie de bata y careta con barba, el cual representa el papel de viejo. || Tal personaje es originario de Venecia, por cuyo motivo se da á veces el mismo nombre á los Venecianos. || met. y fam. Pantalon, hombre que toma toda suerte de formas y hace toda clase de papeles para conseguir sus fines. || prov. y met. *A la barbe de Pantalon*, en sus bigotes, en sus barbas mismas: á presencia y despecho del que tiene mas interes en la cosa.

**PANTALONNADE**, f. *pantalonád*. Bufonada, arlequinada, monería, dicho gracioso ó postura cómica de un histrion ó farsante. || Danza ridícula y extravagante, como danza de monos, etc. || fam. Hipocresía, falsa demostracion de alegría, de dolor, de afecto, etc. || met. Entrada ó salida brusca de un atolondrado. || Por extension y fam., subterfugio ridículo para salir de un embarazo.

**PANTALONNÉ, ÉE**, adj. *pantaloné*. Cercado, se dice de un tonel que tiene aros de hierro en toda su longitud.

**PANTANNE**, f. *pantán*. Pantana, especie de cerco de redes para coger la pesca.

**PANTE**, f. *pant*. Rosario de conchitas blancas. || Tejido de cerda ó arpillera usado en las cervecerías.

**PANTELANT, E**, adj. *pantlán*. Jadeante, que jadea, que respira con dificultad; palpitante, que palpita. || Por exten., caido ó tendido sin conocimiento. || met. *Chair pantelante*, carne palpitante, la de un animal que se acaba de matar.

**PANTELER**, n. ant. *pantlé*. Jadear, respirar ó palpitar fuertemente y de una manera fatigosa. || V. HALLETER.

**PANTENNE (EN)**, loc. adv. *anpantén*. Mar. Desmantelado, se usa hablando de un buque cuyos aparejos todos están en desórden, destrozados por el viento, tempestad, etc. Cuando muere un capitan, se ponen las vergas del navío en desórden en señal de duelo. || Para dar una idea del mal estado de un navío, se dice: *il est tout en pantenne*.

**PANTEQUIÈRES**, f. pl. *pantquiér*. Mar. Brandales, aparato para atesar las jarcias de obenque á obenque en los temporales.

**PANTER**, a. *panté*. Detener las pieles de las cardas en el instrumento llamado *panteur*.

**PANTEUR**, m. *panteur*. Instrumento propio para enganchar las pieles de las cardas.

**PANTHACHATE**, f. *pantachát*. Miner. Pantachata, especie de ágata manchada como la piel del tigre.

**PANTHÉISME**, m. *panteísm*. Panteismo, sistema de los que, como Spinosa, no admiten otro dios que *el gran todo*, la universalidad de los seres existentes.

**PANTHÉISTE**, m. *panteíst*. Panteista, partidario del panteismo. || adj. Panteista, que pertenece ó se refiere al panteismo.

**PANTHÉISTIQUE**, adj. *panteístic*. Panteistico, que tiene los caractéres del panteismo.

**PANTHÉOLOGIE**, f. *panteologí*. Panteología, historia de todos los dioses del paganismo.

**PANTHÉOLOGIQUE**, adj. *panteologíc*. Panteológico, que pertenece ó se refiere á la panteologia.

**PANTHÉON**, m. *panteón*. Panteon, templo antiguo de Roma dedicado á los dioses. || Panteon, iglesia de Paris bajo la invocacion de santa Genoveva, destinada para servir de sepultura á los Franceses ilustres por sus virtudes, talentos ó servicios.

**PANTHÉONISER**, a. *panteonisé*. Panteonizar, llevar al panteon ó colocar en él.

**PANTHÉRA**, f. *pantéra*. Pantera, piedra de los antiguos que se ha reconocido ser una ágata jaspeada, y á la cual atribuian virtudes fabulosas.

**PANTHÈRE**, f. *pantér*. Zool. Pantera, mamífero carnívoro digitigrado del género gato. || *Pierre de panthère*, pantera, especie de jaspe ó de ágata con manchas negras, encarnadas, amarillas, verdes, etc.

**PANTHÉRIN, E**, adj. *panterén*, *in*. Panterino, se dice de los reptiles salpicados de grandes manchas, como las de la piel de la pantera.

**PANTIÈRE**, f. *pantiér*. Parancera, especie de red para coger muchos pájaros á la vez. || Morral, saco de mallas que usan los cazadores.

**PANTIN**, m. *pantén*. Juan de las Viñas, figurita pintada sobre carton que se mueve por medio de un hilo. || met. y pop. Hombre que gesticula ridículamente. || Se dice tambien de una persona desgarbada que imita las figurillas de carton. || met. Veleta, individuo que flota sin cesar de una opinion en otra.

**PANTINE**, f. *pantín*. Mazo ó conjunto de madejas de hilo, de seda, lana, etc.

**PANTINER**, a. *pantiné*. Liar muchas madejas juntas para formar un mazo.

**PANTOCRATRICE**, f. *pantocratrís*. Es lo mismo que *impératrice*, imperatriz.

**PANTOGONIE**, f. *pantogoní*. Pantogonía, trayectoria recíproca. Es voz de la geometría.

**PANTOGRAPHE**, m. *pantográf*. Pantógrafo, instrumento que sirve para copiar mecánicamente toda suerte de dibujos sin tener conocimiento del arte. || *Pantographe des sculpteurs*, máquina inventada en 1836 y destinada á reducir los bustos y estatuas de mármol.

**PANTOGRAPHIE**, f. *pantografí*. Pantografía, arte de copiar toda suerte de estampas sin necesidad del dibujo. || Filol. Pantografía, coleccion de todos los alfabetos.

**PANTOGRAPHIQUE**, adj. *pantografíc*. Pantográfico, que pertenece ó se refiere al pantógrafo ó á la pantografía; que es ejecutado por medio del pantógrafo.

**PANTOGRAPHIQUEMENT**, adv. *pantograficmán*. Pantográficamente, de una manera pantográfica.

**PANTOISEMENT**, m. *pantuasmán*. Asma que ataca á los pájaros; parasismo ó mal de luna.

**PANTOIRE**, f. *pantuár*. Mar. Jarcia muerta, todo lo que sirve para la sujecion de los palos, como obenques, estays, etc.

**PANTOIS**, m. *pantuá*. Enfermedad que ataca al buche y pulmones de los pájaros.

**PANTOIS, E**, adj. *pantuá*. Jadeante, sin aliento. || met. y fam. Estupefacto, atónito: *il resta tout pantois*.

**PANTOISEMENT ó PANTOIMENT**, adv. *pantuasmán*, *pantuamán*. Sin aliento, jadeando.

**PANTOISER**, n. ant. *pantuasé*. Jadear, respirar con dificultad. || Ser atacado de asma ó estar asmático.

**PANTOMÈTRE**, m. *pantométr*. Geom. Pantómetro, instrumento para medir toda clase de ángulos, longitudes, alturas y distancias.

**PANTOMÉTRIQUE**, adj. *pantometríc*. Pantométrico, que pertenece ó se refiere al pantómetro.

**PANTOMIME**, m. *pantomím*. Pantomimo, autor que expresa sus pasiones, sentimientos ó ideas por medio de figuras y gestos, sin hablar. || f. Pantomima, el arte, la accion de expresar las pasiones, los sentimientos ó ideas por medio de gestos, sin hablar nada. || adj. Pantomimo, que se expresa ó donde toda la accion se expresa por gestos y sin palabras.

**PANTOMIMIQUE**, adj. *pantomímic*. Pantomímico, que pertenece á la pantomima; que está mezclado con pantomimas.

**PANTONNIER**, m. *pantonié*. V. GARDE-PONT. || met. Hombre orgulloso y cobarde.

**PANTOPHAGE**, s. m. y adj. *pantofág*. Pantófago, que come mucho; que come de todo indistintamente.

**PANTOPHAGIE**, f. *pantofagí*. Pantofagia, apetito voraz; costumbre de comer de toda clase de alimentos.

**PANTOPHAGIQUE**, adj. *pantofagic*. Pantofágico, que pertenece ó se refiere á la pantofagia.

**PANTOPHILE**, s. m. y adj. *pantofil*. Pantófilo, amigo de todo; que le gusta todo.

**PANTOPHOBE**, m. *pantofób*. Med. Pantófobo, el que está atacado de pantofobia.

**PANTOPHOBIE**, f. *pantofobí*. Med. Pantofobia, miedo y horror de todas las cosas.

**PANTOPHONE**, m. *pantofón*. Pantófono, órgano cuyo cilindro está guarnecido de clavijas movibles para poner los toques que se quieran.

**PANTOPTÈRE**, adj. *pantoptér*. Pantóptero, se dice de los pescados huesosos que tienen todas las aletas ménos las ventrales.

**PANTOQUIÈRE**, f. *pantoquiér*. Mar. Jareta, trinca.

**PANTOUFLE**, f. *pantúfl*. Pantuflo, especie de chinelas sin orejas ni talon. || prov. *Raisonner comme une pantoufle*, hablar á tontas y á locas, hablar por hablar, decir tonterías. || *En pantoufles*, loc. adv. y prov. En chancletas, en bata y chinela: con toda comodidad, á sus anchuras. || *Pantoufle* ó *fer à pantoufle*, herradura mas gruesa por dentro que por fuera.

**PANTOUFLER**, n. *pantuflé*. Charlar, hablar fuera de propósito. || Por ext. y fam. Entregarse á conversaciones familiares.

**PANTOUFLERIE**, f. *pantuflrí*. Sofisma, razonamiento falso. || Conversacion sencilla sin adornos ni afectacion. || Pantuflería, arte de hacer pantuflos.

**PANTOUFLIER**, m. *pantuflié*. Pantuflero, el que hace ó vende pantuflos ó chinelas. || met. Pantuflero, el que se quita rara vez los pantuflos. || Zool. Pantufle, especie de pescados de los mares del Brasil.

**PANULÉ, ÉE**, adj. *panulé*. Cir. Panulado, se dice de un furúnculo que forma tumores.

**PANURGE**, m. *panûrge*. Panurgo, uno de los personajes del libro de Rabelais. || met. Panurgo, agente hábil, sutil, astuto, propio para todo.

**PANYGRON**, m. *panigrón*. Med. Panigron, especie de ungüento.

**PANZÈRE**, f. *pansér*. Pancera, planta de la Carolina.

**PAOLISTE**, m. *paolist*. Paolista, se dice en las colonias portuguesas de los hijos nacidos de un Portugues y de una mujer del país.

**PAOLO**, m. *paólo*. Paolo, moneda de plata de los Estados pontificios, que equivale á unos dos rs vellon.

**PAON**, m. **PAONNE**, f. *pán*, *pán*. Pavon, pavo real, ave notable por sus vistosos colores y por su cola adornada de grandes y preciosas plumas. || Astr. Pavon, constelacion celeste del polo austral, que no es visible en nuestros climas. || Blas. *Paon rouant*. pavon hinchado, pavo representado de frente con la cola extendida. || Pavon, grande mariposa, la mas hermosa de Europa. || Mit. El pavon era el ave favorita de Juno, cuyos ojos de la cola eran los del vigilante Argos. || met. y fam. *Etre glorieux comme un paon*, estar tan ufano como un pavo real: ser muy vano y presumido. || *C'est le geai paré des plumes du paon*, es el grajo con las plumas del pavon: se dice de una persona que se envanece con una cosa que no le pertenece.

**PAONACE**, f. *paonás*. Bot. Paonacia, especie de plantas de la familia de las anémonas.

**PAONACÉ ó PAVONACÉ, ÉE**, adj. *paonasé*, *pavonasé*. Pavonado, que tiene colores variados como los de la cola del pavon.

**PAONNE**, f. *pán*. Pava real, la hembra del pavon.

**PAONNÉ**, adj. V. **PAONACÉ**.

**PAONNEAU**, m. *panó*. Pavoncillo, pavon pequeño.

**PAONNET**, m. *pané*. Pavonete, especie de flecha usada por los antiguos.

**PAONNIER**, m. *panié*. Mil. ant. Pavonero, infante que combatia tirando peonetes. || Pavonero, el que cuida los pavos ó pavones.

**PAOUR**, m. *paúr*. Se decia en algunas partes por *lourdaud*, *rustique*, *grossier*, y equivale á patan.

**PAPA**, m. *papá*. Papá, palabra que emplean los niños para decir *père*, padre. En el dia tambien la usan otras personas, á mas de los niños. || fam. *C'est un gros papa*, se dice de un hombre de edad que se conserva en buen estado de robustez y frescura. || met. y fam. *Bon papa*, un buen hombre, un hombre de bien, siendo ya de edad avanzada. || Zool. Especie de buitre ó águila americana.

**PAPADIE**, f. *papadí*. Papadia, la mujer de un sacerdote armenio.

**PAPAL, E**, adj. *papál*. Papal, que pertenece al papa.

**PAPALIN**, m. *papalén*. Papalin, antigua moneda de los Estados del papa. || ant. Papalin, soldado del papa.

**PAPALISER**, n. *papalisé*. Papalizar, presentarse como pretendiente para ser papa. Es poco usado.

**PAPALITÉ**, f. ant. *papalité*. Papazgo, papado, dignidad del papa.

**PAPAS**, m. *papás*. Papas, nombre que se da en Oriente á los sacerdotes: *un papas arménien*. || Bot. Nombre que se da algunas veces á los turmas, cotufas ó helienos.

**PAPAT**, m. *papá*. Papado, dignidad del papa.

**PAPAUTÉ**, f. *papoté*. Papazgo, papado, dignidad del papa. || Pontificado, ó duracion del tiempo que un papa ha ocupado la silla apostólica.

**PAPAVÉRACÉ, ÉE**, adj. *papaverasé*. Bot. Papaveráceo, que se parece á la amapola. || *Papavéracées*, f. pl. Papaveráceas, familia de plantas en que se incluye la amapola como una de las principales. Se llaman así de *pavot*, adormidera, en lado *papaver*.

**PAPAYE**, f. *papáy*. Papaya, fruto que produce el papayero.

**PAPAYER**, m. *papayé*. Bot. Papayer, género de plantas, cuyo tipo es el papayer comun, árbol que se parece á la palmera.

**PAPE**, m *páp*. Nombre del sumo pontífice, cabeza de la iglesia y vicario de Jesucristo en la tierra. || expr. prov. *Nous avions fait un pape*, se dice á la persona que ha tenido al mismo tiempo un pensamiento igual al nuestro. || *Il n'en branlerait pas pour le pape*, no cederia por cuanto el mundo tiene: es imperiérrito en su opinion, ó está firme en su puesto. || Zool. Especie de quebrantanueces, ave tricolor y no muy grande.

**PAPECOLAS**, m. *papcolá*. Papanatas, tonto, mentecato.

**PAPEFIGUIER**, m. *papfiguié*. Denominacion que se ha dado á todo incrédulo que habita un pais ideal donde todos se burlan del papa.

**PAPEFIGUIÈRE**, f. *papfiguiér*. País ó region donde habitan los incrédulos ó antipapistas que se burlan de la autoridad del papa, segun Rabelais.

**PAPEGAI ó PAPEGAY**, m. *papgué*. Papagallo, ave de papel que se pone para servir de blanco á los aficionados á tirar con la flecha ó el arcabuz. || Zool. Papagayo, ave americana que tiene verde la pluma. V. **PERROQUET**.

**PAPÉGER**, n. ant. *papegé*. Hacer cuanto puede conducir para ser papa. Es aun ménos usado que *papaliser*.

**PAPELARD, E**, adj. y s. *papelár* (e muda en esta voz y las 6 siguientes). Camandulero, hipócrita, santurron. || Apologista del papa. || Adulador, lisonjero, hipócrita, que manifiesta, que obra con falsedad é hipocresía.

**PAPELARDER**, n. ant. *papelardé*. Lisonjear, adular, hacer el hipócrita. || Gazmoñear, mojigatear, rezar entre dientes algunas oraciones.

**PAPELARDISE**, f. fam. *papelardís*. Hipocresía, falsa devocion.

**PAPELARDISER**, n. ant. *papelardisé*. Hacer el hipócrita.

**PAPELARDISME**, m. *papelardísm*. Camandulería, hipocresía, mojigatería.

**PAPELINE**, f. *papelín*. Papelina, tela de seda ó hiladillo.

**PAPELONNÉ, ÉE**, adj. *papeloné*. Blas. Papelonado, que está cubierto de escamas.

**PAPER**, a. ant. *papé*. Comer como los niños comen la papilla.

**PAPERASSE**, f. *paperás* (e muda). Papelote, papelería, papel escrito que no sirve para nada y desechado por inútil.

**PAPERASSER**, n. ant. *paperasé* (e muda). Papelear, revolver papeles, andar arreglando, mudando ó hojeando papeles. || Por extension, embadurnar, emporcar papel, hacer escritos de poco provecho.

**PAPERASSERIE**, f. *paperaserí* (e muda). Papelería, monton de papeles viejos ó inútiles.

**PAPERASSIER, ÈRE**, m. y f. fam. *paperasié*, *ér* (e muda). Papeleador, el que gusta de andar con papeles, hojearlos, guardarlos, aunque sean inútiles.

**PAPERAT**, m. ant. *paperá* (e muda). Pedazo de papel cuadrado segun Tabourot, y libro de cuentas segun Oudin.

**PAPESSE**, f. *papés*. Papesa. Solo se usa en esta locucion: *Papesse Jeanne*, papesa ó papisa Juana, personaje ó mujer imaginaria que algunos han creido haber ocupado la silla pontificia.

**PAPETERIE**, f. *papeterí* (e muda). Molino, fábrica, almacen de papel. || Comercio de papel. || Por extens., arte de fabricar el papel.

**PAPETIER**, m. *papetié* (e muda). Papelero, fabricante de papel. || Papelero, el que trata ó comercia en papel.

**PAPILLÉ, ÉE**, adj. *papilé*. Papíleo, que está guarnecido de papilas.

**PAPILLEUX, EUSE**, adj. *papileu, eus*. Anat. Papiloso, que tiene papilas. || Bot. Papiloso, que tiene pequeñas eminencias en forma de papilas.

**PAPILLIFÈRE**, adj. *papilifér*. Bot. Papilífero, que tiene papilas ó grandes eminencias.

**PAPILLIFORME**, adj. *papiliform*. Bot. Papiliforme, que tiene la forma de una papila.

**PAPILLON**, m. *papillón*. Zool. Mariposa, género de insectos lepidópteros, que comprende un gran número de especies. || met. Mariposa, espíritu inconstante y ligero. || met. *C'est un papillon*, es una mariposa: se dice de una persona casquivana y viva. || met. y fam. *Courir après les papillons*, coger las musarañas: entretenerse en niñerías, en fruslerías. || *Se brûler à la chandelle comme un papillon*, caer en el lazo ó en la trampa. || Blas. *Papillon miraillé*, mariposa matizada, la que tiene las manchas de las alas de otro esmalte que su cuerpo. || Mariposa, especie de cofia, la cual por su figura se parece á una mariposa. || Mar. Mariposa, nombre de una vela colocada en lo alto de los palos de un buque.

**PAPILLONACÉ, ÉE**, adj. V. PAPILIONACÉ.

**PAPILLONNAGE**, m. *papillonáge*. Accion de mariposear.

**PAPILLONNER**, n. *papilloné*. Mariposear, picar en varias materias, pasar de una cosa á otra, de un objeto á otro, como las mariposas. Solo se usa en sentido figurado.

**PAPILLOTAGE**, m. *papillotáge*. Pestañeo, el movimiento involuntario de los párpados. || Lit. Floreo, escrito cuyo estilo está [illegible] de demasiadas expresiones brillantes. || Chillon, se dice de un cuadro que incomoda la vista por luces demasiado brillantes y colores demasiado vivos. || Impr. Remosqueo, se dice de las letras que salen borrosas y como dobles. || Esta palabra significa tambien (y parece la acepcion mas natural y obvia) la accion de poner papelillos para formar los rizos del pelo, y el conjunto ó reunion de los mismos papelillos.

**PAPILLOTE**, f. *papillót*. Papelillo con que se forman los rizos del pelo. || *Côtelette de veau, de mouton, etc., à la papillote*, chuleta á la papillot, esto es, envuelta en una hoja de papel y asada.

**PAPILLOTER**, a. *papilloté*. Poner papelillos á alguno para que se le fije el pelo. || n. Pestañear, parpadear, menear los párpados. || Florear, se dice de un estilo en el cual se han vertido con profusion expresiones brillantes. || Chillar, dícese del demasiado brillo que incomoda la vista en un cuadro por la mucha viveza de colores. || Impr. Remosquearse, dícese de las letras que salen borrosas y como dobles.

**PAPILLOTES**, m. pl. *papilló*. Med. Pintas, [illegible], manchas de tabardillo en el cútis del [illegible].

**PAPIMANE**, m. y f. *papimán*. Papimano, partidario de todo lo que pertenece al [illegible] espiritual y temporal del papa.

**PAPIMANIE**, f. *papimaní*. Papimania, se dice, por denigracion, de la corte y [illegible] del papa. || Papimania, celo excesivo por el papa y su gobierno.

**PAPIN**, m. *papín*. Gachas, puches, papilla, comida compuesta de harina y miel, ó [illegible] de harina cocida en agua ó leche.

**PAPINIANISTE**, m. *papinianíst*. Papinianista, jurisconsulto que sigue las leyes, [illegible] de Papiniano.

**PAPION**, m. *papión*. Zool. Papion ó cofo, [illegible] del órden de los cuadrúmanos, [illegible] de las costas de África.

**PAPISME**, m. *papism*. Papismo, nombre que dan los protestantes á la Iglesia católica, por ser su cabeza el papa.

**PAPISSER**, n. *papisé*. Se decia por ocupar la silla pontificia.

**PAPISTE**, m. y f. *papíst*. Papista, nombre que dan los protestantes á los católicos.

**PAPISTIQUE**, adj. poco us. *papistic*. Papístico, que pertenece á los papistas.

**PAPOAGES**, m. pl. *papoáge*. Jurisp. ant. Bienes, herencia paterna, hijuela.

**PAPOLÂTRE**, m. V. PAPICOLE.

**PAPOLÂTRIE**, f. *papolatrí*. Papolatría, adoracion del papa; supersticion de la cual los católicos han sido falsamente acusados por los protestantes.

**PAPOU**, m. *papú*. Zool. Papú, especie de ave.

**PAPOUCHE ó PAPOUTCHE**, f. *papúche*, *papútche*. Babucha, especie de calzado de los Indios; antiguo calzado turco que usaban los grandes.

**PAPOUTCHI**, m. *papútchi*. Papuchi, nombre que se da en Constantinopla á los zapateros.

**PAPPE**, m. *páp*. Bot. Papo, barbillas que tienen algunas semillas.

**PAPPEUX, EUSE**, adj. *papeu, eus*. Bot. Paposo, que está guarnecido de una pelusa ó especie de penacho.

**PAPPIFÈRE**, adj. *papifér*. Bot. Papífero, que tiene una especie de penacho.

**PAPULE**, f. *papúl*. Med. Pápula, tumorcillo en la garganta.

**PAPULEUX, EUSE**, adj. *papuleu, eus*. Papuloso, que está cubierto de pápulas. || Bot. Se dice de las hojas que están cubiertas de pápulas.

**PAPULIFÈRE**, adj. *papulifér*. Bot. Papulífero, que trae pápulas.

**PAPULIFORME**, adj. *papuliform*. Med. y Bot. Papuliforme, que tiene la forma de una pápula.

**PAPYRACÉ, ÉE**, adj. *papirasé*. Bot. Papiráceo, que es membranoso, delgado, seco y de la consistencia del papel. || Papiráceas, se dice de ciertas conchas sumamente delgadas.

**PAPYRIFÈRE**, adj. *papirifér*. Bot. Papirífero, se dice de las plantas cuya corteza sirve ó puede servir para hacer papel.

**PAPYRIFORME**, adj. *papiriform*. Papiriforme, que tiene la forma del papiro ó del papel.

**PAPYROGRAPHE**, m. *papirográf*. Impr. Papirógrafo, el que ejerce la papirografía.

**PAPYROGRAPHIE**, f. *papirografí*. Papirografía, arte de escribir sobre el papel ó el carton.

**PAPYROGRAPHIQUE**, adj. *papirografic*. Papirográfico, que pertenece ó es relativo á la papirografía.

**PAPYRUS**, m. *papirus*. Bot. Papiro, género de plantas ciperáceas que comprende muchas especies, de las cuales la mas célebre es el papiro usual, originario de Egipto, y que daba el papiro ó papel de los antiguos.

**PAQUAGE**, m. *pacáge*. Empaque, el embarrilado del pescado salado.

**PÂQUE**, f. *pác*. Pascua, la fiesta mas solemne de los Hebreos, la cual celebraban en memoria de su salida de Egipto. Los Judíos modernos no dejan de celebrarla todos los años, el dia 14 de la luna despues del equinoccio de la primavera. Cuando significa la fiesta de los Judíos, se escribe con artículo y en singular *la Pâque* ó *la pâque*, la Pascua ó la pascua; cuando se entiende la de los cristianos, se usa en plural y sin artículo, *Pâques*, Pascua. Lo que decimos de usarse sin artículo en esta acepcion, es cierto; pero en cuanto al género, unas veces es masculino, como cuando se dice *quand Pâques sera venu*, *Pâques est haut cette année*; y otras veces femenino plural, como en *Pâques fleuries* y otros ejemplos que se verán luego. || Pascua, fiesta que los cristianos celebran todos los años en memoria de la resurreccion de Nuestro Señor. || *Pâques fleuries*, Pascua florida ó de Resurreccion. || *Pâques closes*, el domingo de Cuasimodo. || *Faire ses Pâques*, cumplir con el precepto pascual, cumplir con la Iglesia. || *Œufs de Pâques*, huevos de Pascua: se llaman así los huevos dados de encarnado que se venden en Francia por Pascua, y figuradamente el regalo que se suele dar en este tiempo á los niños y los criados.

**PAQUEBOT**, m. *pacbó*. Paquebot ó paquebote, nombre de una embarcacion menor, regularmente destinada para correo ó aviso.

**PAQUER**, a. *paqué*. Estivar, disponer por capas los arenques, abadejos, etc., en barriles despues de salados y comprimirlos fuertemente.

**PÂQUERETTE**, f. *pacrét*. Bot. Bellorita, margarita, planta y flor, de que hay muchas especies, siendo la mas notable la llamada *petite marguerite*.

**PAQUET**, m. *paqué*. Paquete, lio, atado, mazo, el conjunto de muchas cosas atadas ó envueltas juntas. || Paquete, muchas cartas encerradas ó contenidas en un mismo pliego. || Impr. Paquete, cierto número de líneas que compone un cajista. || met. y fam. *Recevoir son paquet*, ser despedido. || *Plier son paquet*, hacer su hatillo para marcharse furtivamente. || met. y fam. Remoquete, respuesta aguda y picante. || *Il lui a donné son paquet*, le dejó chafado, le dió su merecido. || met. Petardo, chasco, burla. || prov. *Donner un paquet à quelqu'un*, echarle las cargas, atribuir á otro alguna cosa mala. || *Donner dans le paquet*, caer en el lazo. || *Hasarder le paquet*, echar el pecho al agua: emprender un negocio dudoso ó dificultoso.

**PAQUETAGE**, m. *pactáge*. Empaque, la accion de empaquetar.

**PAQUETER**, a. *pacté*. Empaquetar, poner en paquetes.

**PAQUETIER**, m. *pactié*. Impr. Cajista que trabaja por paquetes, que hace paquetes.

**PAQUETTE**, f. *paquét*. Bot. Paqueta, nombre vulgar de la margarita.

**PAQUEUR**, m. *paqueur*. Estivador, el que estiva los pescados salados.

**PAQUIS**, m. *paquí*. Pastos para el ganado. Se decia por *pâturage*.

**PAR**, prep. *pár*. Por: señala la causa, el motivo, el instrumento, el medio, el modo. Tambien es preposicion de lugar, y de distribucion ó particion, como se verá en los ejemplos siguientes, en que corresponde á las españolas con, en, de. || *Voyager par un beau temps*, viajar con buen tiempo. || *Marcher par troupes*, andar en cuadrillas. || *Par an, par mois, par jour*, cada año, cada mes, cada dia; ó bien, anualmente, mensualmente, diariamente. || *Par aventure*, por acaso, por casualidad. || *Par deçà*, á esta parte. || *Par delà*, de la otra parte. || *Par-derrière*, por detras, á traicion. || *Par-dessus*, por arriba, por encima. || *Par-dessous*, por debajo. || *Par-devant*, por delante. || *Par-devers*, hácia alguna parte, por la parte de. En este sentido ya no se usa y solo se dice *vers*, hácia. *Par-devers* se dice significando en poder; v. gr. *retenir des papiers par-devers soi*, retener papeles en su poder. || *Par ici*, por acá. || *Par là*, por allá, por ahí, por allí; y tambien por eso, por lo mismo, de ahí, de eso. || *Par fois*, á veces. || *Par ma foi*, á fe mia, por vida mia. || *Partout*, donde quiera, en todas partes. || fam. *Par trop*, ya demasiado; es lo mismo que *beaucoup trop*. || *Par-ci, par-là*, loc. adv. Acá y allá, en varios lugares. De cuando en cuando: *je le vois par-ci, par-là*.

**PARA**, m. *pára*. Para, moneda turca.

**PARABASE**, f. *parabás*. Antig. gr. Parabase, especie de digresion muy en uso en las antiguas comedias griegas.

**PARABATE**, m. *parabát*. Parabato, el que en los antiguos juegos del circo corria á pié, despues de haber corrido ya con su carro.

**PARABATTRE**, a. ant. *parabátr*. Derribar enteramente, concluir de derribar.

**PARABIE**, f. *parabí*. Parabia, especie de bebida.

**PARABOLAIN**, m. *parabolén*. Parabolano, nombre que se daba á los gladiadores mas osados y atrevidos. || Parabolano, nombre que se daba en los primeros tiempos de la Iglesia á unos hombres que se consagraban al servicio de las iglesias y de los hospitales; y despues se llamaron así los clérigos ó sacerdotes que arrostraban los mayores peligros para socorrer á los enfermos.

**PARABOLE**, f. *paraból*. Parábola, instruccion alegórica, por comparacion ó semejanza. Casi solo se usa hablando de las alegorías que contiene la sagrada Escritura; y así se dice *les paraboles de l'Evangile*, *la parabole de l'enfant prodigue*, *etc.* || met. *Parler en paraboles*, hablar en parábolas, decir cosas ininteligibles. || Los alquimistas empleaban esta palabra en el sentido de comparacion. || En retórica era una simple comparacion ó alegoría. || Geom. Parábola, figura curvilínea que resulta de dar al cono recto una seccion paralela al lado del mismo. || *Paraboles*, pl. Geom. Parábolas, nombre con el cual se designa una familia de curvas en las cuales las abscisas son proporcionales á las potencias de las ordenadas.

**PARABOLÉ, ÉE**, adj. *parabolé*. Didáct. Parabolado, que está encorvado en parábola.

**PARABOLIQUE**, adj. *parabolic*. Parabólico, que pertenece á la parábola. || Geom. Parabólico, que está encorvado en figura de parábola; que se hace por una parábola. || Bot. Se dice de las hojas que siendo mas altas que anchas, se encogen insensiblemente hácia su coronilla siempre redonda.

**PARABOLIQUEMENT**, adv. *paraboliceman*. Parabólicamente, en parábola, por parábolas. || Geom. Parabólicamente, describiendo una parábola.

**PARACELLAIRE**, m. *paraselér*. Paracelario, oficial del papa que estaba encargado de distribuir á los pobres los restos de la mesa pontifical.

**PARACELSISME**, m. *paraselsism*. Paracelsismo, doctrina de Paracelso, célebre médico aleman.

**PARACELSISTE**, m. *paraselsist*. Paracelsista, partidario de Paracelso.

**PARACENTÉRION**, m. *parasanterión*. Cir. Paracenterion, instrumento con el cual se hace la puntura del ojo tocado de hidropesía.

**PARACENTÈSE**, f. *parasantés*. Cir. Paracéntesis, operacion por la cual se hace una abertura en cualquiera parte del cuerpo.

**PARACENTRIQUE**, adj. *parasantric*. Geom. Paracéntrico, dícese de una curva tal que si un cuerpo pesado baja libremente á lo largo de esta curva, se aleja ó se aproxima igualmente, en tiempos iguales, de un centro ó punto dado. || Astr. Paracéntrico, se decia de la aproximacion ó la distancia de un planeta respecto al sol ó al centro de su movimiento.

**PARACENTROSTOME**, adj. *parasantrostóm*. Zool. Paracentróstomo, que no tiene la boca del todo en el centro.

**PARACÉPHALE**, adj. *parasefál*. Anat. Paracéfalo, monstruo cuyo carácter es la paracefalia.

**PARACÉPHALIE**, f. *parasefalí*. Anat. Paracefalia, monstruosidad en la cual no falta mas que una parte de la cabeza.

**PARACÉPHALIEN, NE**, adj. *parasefalién, én*. Paracéfalo, se dice de los monstruos que están privados de una parte de la cabeza.

**PARACÉPHALIQUE**, adj. *parasefalic*. Anat. Paracefálico, que ofrece los caractéres de la paracefalia.

**PARACHÈVEMENT**, m. ant. *parachevmán*. Acabamiento, fin y remate de una cosa.

**PARACHEVER**, a. ant. *parachevé*. Acabar, concluir, perfeccionar.

**PARACHLAMYDE**, f. ant. *paraclamíd*. Paraclámide, especie de traje que usaban los militares griegos y los niños.

**PARACHRONISME**, m. *paracronísm*. Paracronismo, especie de anacronismo que consiste en posponer los sucesos al tiempo en que acaecieron.

**PARACHUTE**, m. *parachút*. Paracaida, máquina que emplean los aeronautas para sostenerse en el aire cuando se arrojan del globo; y propiamente es la máquina para disminuir la velocidad del globo en su descenso.

**PARACLET**, m. *paraclé*. Paracleto ó Paráclito, nombre que se da al Espíritu Santo, y significa consolador.

**PARACLÉTIQUE**, adj. *paracletic*. Paraclético, que pertenece al Paracleto ó Paráclito, al Espíritu Santo. || PARACLÉTIQUE, m. Liturg. Paraclético, invocatorio, especie de libro eclesiástico de los Griegos.

**PARACLOSE ó PARCLOSE**, f. *paraclós*, *parclós*. Mar. Peine de registro ó pana imbornalera de carenga.

**PARACMASTIQUE**, adj. *paracmastic*. Med. Paracmástico, se dice de una enfermedad que, despues de haber llegado á su mas alto grado, disminuye de intensidad hasta su terminacion.

**PARACME**, m. *parácm*. Med. Paracmo, declinacion de una enfermedad.

**PARACOPE**, m. *paracóp*. Med. Parácopo, delirio lijero que se nota algunas veces en el calor febril.

**PARACOUSIE**, f. *paracusí*. Med. Paracusia, zumbido de oidos en cual se oyen ruidos imaginarios; falsa percepcion de ciertos sonidos.

**PARACROTTE**, m. *paracrót*. Paralodo.

**PARACYANATE**, f. Quim. V. FULMINATE.

**PARACYÉSIE**, f. *parasiesí*. Med. Paraciesia, tumor, bulto extraordinario.

**PARACYNANCIE**, f. *parasinansí*. Med. Paracinancia, variedad de la angina, ménos intensa que la cinancia. || Paracinancia, inflamacion de los músculos exteriores de la laringe.

**PARACYNOMIE**, f. *parasinomí*. Med. Paracinomia, especie de esquinencia que parece ser la misma que la precedente.

**PARADE**, f. *parád*. Muestra, ostension, manifestacion de las cosas que uno tiene mas ricas, hermosas ó magnificas. || Ostentacion, gala, vanidad y alarde. || Mil. Parada, reunion de tropa que entra de guardia, y las evoluciones que hace. || Esgr. Reparo, la accion de desviar un golpe. || Farsa burlesca á la puerta del teatro ántes de empezar la funcion de volatines, títeres, etc., para llamar gente. || Equit. Parada, la accion de detenerse un caballo en la carrera. || Parada, el sitio ó lugar donde se recogen ó juntan las reses. || *Faire parade de*, hacer ostentacion, gala, alarde de. || *Habit de parade*, vestido de gala. = *Cheval de parade*, caballo de regalo. = *Lit de parade*, cama de respeto. V. LIT. = *Chambre de parade*, sala de estrado. || Mar. *Faire parade*, adornar un navío de todos sus pabellones.

**PARADER**, n. *paradé*. Equit. Hacer gala, obligar al caballo á hacer monadas ostentando su garbo y gallardía. || Mil. Hacer la parada, hablando de tropas.

**PARADIASTOLE**, f. *paradiastól*. Ret. Paradiástole, figura de retórica que consiste en distinguir una de otra dos ideas que tienen entre sí mucha analogía. Se dice tambien *paradiasion*.

**PARADIATION**, f. *paradiasión*. Paradiacion, distincion precisa de las ideas análogas.

**PARADIAZEUXIS**, f. *paradiaseucsís*. Paradiazeuxis, falta de estilo que consiste en una disjuncion viciosa.

**PARADIÈRE**, f. *paradiér*. Especie de red que usan los pescadores del Mediterráneo.

**PARADIGME**, m. *paradigm*. Gram. Paradigma, ejemplo de declinaciones y conjugaciones que pueden servir de modelo para las demas palabras.

**PARADIS**, m. *paradí*. Paraiso, jardin delicioso donde fué puesto Adan luego despues de haber sido criado. Se dice ordinariamente *le paradis terrestre*, el paraiso terrestre. || Paraiso, tertulia, cazuela: en los teatros es una especie de anfiteatro ó galería superior; y si es destinada para mujeres, se llama gallinero. || Mar. Paraiso, lugar en el fondo de un puerto, donde se ponen en seguridad las embarcaciones. || Zool. *Oiseau du paradis*, ave del paraiso, manucodiata. V. PARADISIER. || *Pomme du paradis*, camuesa de verano muy encarnada. || Paraiso, la bienaventuranza, la gloria, el cielo, la estancia ó morada de los bienaventurados. || met. y fam. Paraiso, lugar de delicias adornado [illegible] lesa.

**PARADISIAQUE**, adj. [illegible] radisiaco, paradisiaco, [illegible] raiso.

**PARADISIER**, m. [illegible] díseo, género de [illegible]

**PARADISTE**, m. [illegible] payaso que hace farsas [illegible] de un teatro.

**PARADOS**, m. *paradó*. [illegible] cierta obra de fortificacion.

**PARADOXAL, E**, adj. [illegible] radójico, que [illegible] co, que gusta de la paradoja [illegible] á las paradojas.

**PARADOXALEMENT**, adv. [illegible] mán. Paradójicamente, [illegible] radójica.

**PARADOXE**, m. [illegible] proposicion extraordinaria [illegible] la opinion comun. || [illegible] *opinion paradoxe*; pero se [illegible] *nion paradoxale*.

**PARADOXISME**, m. [illegible] radojismo, figura que [illegible] un mismo asunto, bajo la [illegible] ja, atributos que parecen [illegible] contradictorios.

**PARADOXITE**, m. [illegible] doxito, especie de fósil que se [illegible] do en los esquistos.

**PARADOXOLOGIE**, f. [illegible] Paradoxología, tratado sobre [illegible] || Paradoxología, manía, [illegible] dojas.

**PARADOXOLOGUE**, m. [illegible] Antig. rom. Paradojo ó [illegible] laun que divertia al pueblo, [illegible] á los convites para divertir [illegible]

**PARADROME**, m. [illegible] radromo, lugar descubierto [illegible] citaban los gladiadores.

**PARAFE**, m. V. PARAPHE.

**PARAFER**, a. V. PARAPHER.

**PARAFEU**, m. *parafeú*. [illegible] ro pequeño que se hace [illegible] nos en las fábricas de cristal.

**PARAFOUDRE**, m. V. PA[illegible]

**PARAGE**, m. [illegible] Solo se usa en esta [illegible] *rage*, de alto copete, de alta [illegible] Paraje, extension de mar ó [illegible] los navíos se encuentran [illegible] como quien dice en tales [illegible] de tal parte. || Parajo, [illegible] primera labor que se da á [illegible] de la vendimia.

**PARAGEUSIE**, f. [illegible] geusis, perversion del gusto.

**PARAGLACE**, m. [illegible] fensa de balaiones y tablas [illegible] proa y costados contra los [illegible]

**PARAGLOSSE**, f. [illegible] glosis ó glosocele, nombre [illegible] de la lengua de la boca por [illegible] ó voluminosa.

**PARAGOGE**, f. [illegible] goge, aumento de una letra [illegible] de una diccion. En latin [illegible] *mel*, *hicce*; y en frances *ci* [illegible] labras *celui-ci*, *celui-là* [illegible] Cir. Paragogo, reduccion de [illegible] de una luxacion.

**PARAGOGIQUE**, adj. [illegible] gógico, se dice de la letra ó [illegible] añade al fin de una palabra.

**PARAGOMPHOSE**, f. [illegible] ragónfosis, articulacion [illegible] un hueso penetra en la cavidad [illegible] Paragonfosis, enclavamiento [illegible] la cabeza de la criatura.

**PARAGRAMME**, m. [illegible] grama, falta de lenguaje, [illegible]

**PARAGRAPHE**, m. [illegible] párrafo, seccion ó division [illegible] un tratado, capítulo, [illegible] mente del texto de las leyes [illegible] signo que se pone al principio [illegible] fo en esta forma §.

**PARAGRÊLE**, m. [illegible] so, aparato físico que se coloca [illegible] ó sobre una cosa, con el objeto de disipar las nubes cargadas de granizo.

**PARAGRÊLÉ, ÉE**, adj. *paragrelé*. Que está provisto de un paragranizo.

**PARAGUANTE**, f. *paraguánt*. Guantes, regalo que se hace á alguno por un servicio. Es tomado del español. || *Il a eu cent écus de paraguante* ó *pour sa paraguante*, recibió cien ducados para guantes.

**PARAGUAY-ROUX**, m. *paraguerú*. Farm. Paraguay-rojo, específico nuevamente inventado contra el dolor de muelas.

**PARAGUÉEN, NE**, adj. y s. *paraguéén*, *én*. Paraguayano, del Paraguay.

**PARAIMER**, a. *paremé*. Amar mucho, apasionadamente.

**PARAISON**, f. *parezón*. Forma particular que se da al cristal fundido rodándolo sobre el mármol, interin se le sopla.

**PARAISONNER**, a. *paresoné*. Soplar las lunas en las fábricas de cristal.

**PARAISONNIER**, m. *paresonié*. El oficial que en las fábricas de cristal sopla las lunas.

**PARAÎTRE**, n. *parétr*. Parecer, aparecer, dejarse ver, manifestarse. || Presentarse, salir á la vista del público. || Comparecer, presentarse en juicio. || Brillar, distinguirse, hacerse notable. || Parecer, existir. || Parecer, tener apariencia ó señales de: *cela me paraît beau*. || *Paraître*, hablando de un libro, es salir á luz. || Se usa con frecuencia como impers., como equivalente á *sembler*; y así se dice: *il semble*, *il paraît*, *il me paraît que*, parece, me parece que. || PARAITRE, m. El parecer, la apariencia.

**PARAJOUR**, m. *parajúr*. Quitaluz, objeto que en un panorama proyecta sobre los espectadores una forma constante, así como sobre los demas cuerpos cercanos.

**PARALAMPSIS**, f. *paralánpsis*. Med. Paralampsis, mancha brillante y de color de perla que sale en el pecho.

**PARALÈE**, f. *paralé*. Zool. Paralea, especie de pescados que viven en el Mediterráneo.

**PARALÉPIDE**, m. *paralepid*. Zool. Paralépido, género de peces del Mediterráneo.

**PARALIMNODROME**, adj. *paralimnodróm*. Zool. Paralimnódromo, se dice del ave que corre á lo largo de los estanques.

**PARALIMNOPTÈNE**, adj. *paralimnoptén*. Zool. Paralimnópteno, se dice de un ave que vive á la orilla de los estanques.

**PARALIPOMÈNES**, m. pl. *paralipomén*. Paralipómenos, especie de suplemento á la obra que precede. || Paralipómenos, título de dos libros de la Biblia.

**PARALIPSE**, f. *paralíps*. Ret. Paralipsis, figura por la cual se fija la atencion en un objeto fingiendo no hacer caso de él. Se llama tambien *prétérition*.

**PARALLACTIQUE**, adj. *paralactic*. Astr. Paraláctico, que pertenece á la paralaxis. || *Triangle parallactique*, el triángulo formado por el radio de la tierra y por dos líneas que parten de las dos extremidades de este radio para irse á reunir en el centro de un astro. = *Angle parallactique*, el ángulo que forman estas mismas dos líneas que se reunen en el centro del astro.

**PARALLAXE**, f. *paraláex*. Astr. Paralaje, arco comprendido entre el lugar verdadero y el aparente de un astro.

**PARALLÈLE**, adj. *paralél*. Paralelo, se dice de una línea ó de una superficie equidistante en toda su extension de otra línea ó otra superficie. || f. Paralela, línea equidistante en todos sus puntos de otra. || Fort. Paralela, trinchera que tiene un parapeto y su banqueta correspondiente trazada paralelamente á la muralla de la plaza asediada. || PARALLÈLE, m. Paralelo, círculo paralelo al ecuador que pasa por todos los grados del meridiano terrestre || Paralelo, comparacion de una cosa ó de una persona con otra.

**PARALLÈLEMENT**, adv. *paralelmán*. Paralelamente, en paralelo, de un modo equidistante en todos sus puntos.

**PARALLÉLIPIPÈDE**, m *paralelipipéd*. Geom. Paralelipípedo, cuerpo sólido terminado por seis paralelógramos, de los cuales los opuestos son iguales, semejantes y paralelos entre sí.

**PARALLÉLIQUE**, adj. *paralelic*. Hist. nat. Paralélico, se dice de una parte paralela á otra.

**PARALLÉLISME**, m. *paralelism*. Geom. Paralelismo, estado de dos líneas, de dos planos paralelos. || Paralelismo, posicion respectiva de dos objetos paralelos.

**PARALLÉLOGRAMMATIQUE**, adj. *paralelogramatic*. Paralelogramático, que tiene la forma de un paralelógramo.

**PARALLÉLOGRAMME**, m. *paralelográm*. Geom. Paralelógramo, figura plana cuyos lados opuestos son paralelos.

**PARALLÉLOGRAPHE**, m. *paralelográf*. Mat. Paralelógrafo, instrumento para trazar líneas paralelas.

**PARALLÉLOGRAPHIE**, f. *paralelografí*. Mat. Paralelografía, arte de trazar líneas paralelas.

**PARALLÉLOGRAPHIQUE**, adj. *paralelografic*. Paralelográfico, que tiene relacion con la paralelografía.

**PARALLÉLOPLEURON**, m. *paraleloplcurón*. Paraleloplcuron, paralelógramo imperfecto, especie de trapecio.

**PARALOGISME**, m. *paralogism*. Paralogismo, razonamiento falso, sofisma.

**PARALYSER**, a. *paralisé*. Paralizar, suspender la accion de algun miembro. || met. Paralizar, neutralizar, suspender, impedir la accion de alguna causa moral. || *Se paralyser*, r. Paralizarse, quedar paralizado.

**PARALYSIE**, f. *paralisí*. Med. Parálisis, perlesía, enfermedad que proviene de la relajacion de los nervios.

**PARALYTIQUE**, adj. *paralitic*. Paralítico, atacado de parálisis. Es tambien sustantivo de ambos géneros.

**PARAMÈCE**, m. *paramés*. Paramecia, género de animálculos infusorios.

**PARAMÉLIE**, f. *paramelí*. Paramelia, género de zoófitos pólipos amorfos.

**PARAMER** ó **PARAIMER**, a. ant. *paromé*, *paremé*. Idolatrar, amar violentamente, con exceso.

**PARAMÈSE**, f. *paramés*. Paramesis, la quinta cuerda de la lira, dedicada á Marte.

**PARAMÈTRE**, m. *paramétr*. Geom. Parámetro, línea constante é invariable que entra en la ecuacion ó construccion de una curva.

**PARAMÉTRIQUE**, adj. *parametric*. Paramétrico, que pertenece, que tiene relacion con el parámetro.

**PARAMONAIRE**, m. *paramonér*. Paramonario, colono que tenia en arriendo bienes de una iglesia.

**PARAMONT**, m. *paramón*. Mont. Adorno, corona de la cabeza de un ciervo.

**PARAMORPHINE**, f. *paramorfín*. Quim. Paramorfina, sustancia inmediata á la morfina que existe en el opio.

**PARANEIGE**, m. *paranége*. Para-nieve, lo que libra ó preserva de la nieve.

**PARANÈTE**, f. *paranét*. Mús. ant. Paranoia, la penúltima ó sexta cuerda de la lira.

**PARANGARIES**, f. pl. *parangarí*. Parangarias, impuesto que consistia en suministrar caballos para los caminos de travesía.

**PARANGERIE**, f. *parangerí* (e muda). Antig. Parangeria, camino de travesía. || Parangeria, la posta.

**PARANGON**, m. *parangón*. Parangon, patron, modelo. Es inusitado en este sentido. || Parangon, comparacion, semejanza, paralelo. || Parangon, diamante ó perla que no tiene ningun defecto. || Impr. Parangon, carácter de imprenta intermedio entre el romano y la palestina. || Miner. Especie de mármol muy negro.

**PARANGONNAGE**, m. *parangonáge*. Impr. Justificacion, accion de parangonar. V. PARANGONNER en la 2ª. acepcion.

**PARANGONNER**, a. *parangoné*. Parangonar, comparar, equiparar, poner en parangon. No se usa en esta acepcion. || Impr. Justificar, suplir con espacios, regletas, cuadrados ó de otro modo el cuerpo de una letra para hacerla igual á otra de mayor cuerpo.

**PARANNISER**, a. ant. *paranisé*. Hacer annual, distribuir por años.

**PARANOÏE**, f. *paranoí*. Med. Paranoia diminucion de la inteligencia, demencia.

**PARANOMASIE**, f. *paranomasí*. Una figura de retórica. V. PARONOMASIE.

**PARANT, E**, adj. *parán*. Adornante, que adorna, propio para adornar; vistoso.

**PARANYMPHE**, m. *paranínf*. Paraninfo, entre los Griegos funcionario que en los casamientos presidia la boda y dirigia los festejos y el festin; entre los Romanos cada uno de los tres jóvenes que conducian á las recien casadas á casa de su esposo. || Paraninfo, señor encargado de conducir una princesa desde la corte de su padre á la de su esposo. || Paraninfo, discurso solemne que en las facultades de teología y medicina de Paris se pronunciaba al fin de cada licenciatura, y comprendia la biografía de cada licenciado. En las universidades de España, el que anuncia la entrada del curso con una oracion retórica. || Paraninfo, elogio, apología; felicitacion.

**PARANYMPHER**, a. ant. *paraninfé*. Paraninfar, elogiar á alguno en un paraninfo. || n. Paraninfar, hacer un paraninfo.

**PARAPARA**, f. *parapára*. Bot. Parapara, yerba venenosa de América.

**PARAPEGME**, m. *parapégm*. Antig. Parapegma, lámina de metal en que se grababan las leyes.

**PARAPET**, m. *parapé*. Fort. Parapeto, terraplen corto formado sobre el principal para defender el pecho contra los golpes enemigos á los soldados que están en él. || Parapeto, pretil, pared ó baranda que sirve de apoyo en los puentes, escaleras, azoteas, etc.

**PARAPÉTALE**, m. *parapetál*. Bot. Parapétalo, apéndice de un pétalo ó una corola.

**PARAPÉTALIFÈRE**, adj. *parapetalifér*. Bot. Parapetalífero, que tiene, que lleva parapétalos. || m. Parapetalífero, género de plantas.

**PARAPÉTASME**, m. *parapetásm*. Parapetasmo, cortina grande de un templo entre los Griegos. || Parapetasmo, cortina, telon de teatro.

**PARAPHE** ó **PARAFE**, m. *paráf*. Rúbrica, señal que se pone comunmente debajo de la firma.

**PARAPHER** ó **PARAFER**, a. *parafé*. Rubricar, poner la rúbrica en un escrito, ó el signo propio del escribano si se trata de un instrumento público. || *Parapher un appointement*, signar ó rubricar una citacion.

**PARAPHERNAL, E**, adj. *parafernál*. Jurisp. Parafernal, extradotal; solo se usa en plural en esta frase: *biens paraphernaux*, bienes parafernales, bienes pertenecientes á la mujer, y que lleva al matrimonio fuera de la dote.

**PARAPHERNALITÉ**, f. *parafernalité*. Parafernalidad, propiedad de la mujer casada no comprendida en la dote; estado de los bienes parafernales, constitucion de estos bienes.

**PARAPHIMOSIS**, m. *parafimósis*. Med. Parafimosis, enfermedad que consiste en la estrangulacion del balano, ocasionada por un estrechamiento ó contraccion anormal del prepucio.

**PARAPHONIE**, f. *parafoní*. Mús. Parafonía, consonancia de quinta y cuarta entre los antiguos Griegos.

**PARAPHONISTE**, m. *parafonist*. Hist. ecles. Parafonista, cantor ó chantre de una iglesia. El chantre mayor se llamaba *archiparaphoniste*. || Mús. ant. Parafonista, el que hacia una parafonía. || Úsase tambien como adjetivo.

**PARAPHORE**, m. *parafór*. Med. Paráfora, delirio de poca intensidad.

**PARAPHOSPHATE**, m. *parafosfát*. Quim. Parafosfato, género de sales.

**PARAPHRASE**, f. *parafráz*. Paráfrasis, explicacion extensa de un texto, de una frase, sentencia, etc. || fam. Pa[illegible]s, ribete, glosa, interpretacion maligna de una cosa indiferente en sí. || Escrito, discurso difuso.

**PARAPHRASER**, a. *parafrosé.* Parafrasear, hacer paráfrasis. || Amplificar, esplicar un texto; aumentar, adornar, exagerar en la relacion de alguna cosa.

**PARAPHRASEUR, EUSE**, m. y f. *parafraseur, eus.* Parafraseador, el que parafrasea ó amplifica las cosas al referirlas.

**PARAPHRASTE**, m. *parafrást.* Parafraste, autor de paráfrasis. Es casi sinónimo de *interprète*, intérprete.

**PARAPHRASTIQUE**, adj. *parafrastic.* Parafrástico, concerniente á la paráfrasis.

**PARAPHRÉNÉSIE**, f. *parafrenesí.* Med. Parafrénesi, delirio pasajero ocasionado por la inflamacion del diafragma. || Inflamacion de este músculo.

**PARAPHROSYNIE**, f. *parafrosiní.* Parafrosinia, delirio pasajero causado por venenos. Se dice tambien *paraphronysie.*

**PARAPINACE**, adj. inus. *parapinás.* Hambriento, famélico.

**PARAPLASME**, m. *paraplásm.* Paraplasmo, señal que se hace en un libro sobre algun pasaje notable.

**PARAPLECTIQUE**, adj. *paraplectic.* Parapléctico, que causa ó se cree causar la parálisis.

**PARAPLÉGIE**, f. *paraplegí.* Med. Paraplegia, parálisis de la mitad inferior del cuerpo. || Parálisis que sucede á la apoplejía.

**PARAPLÉGIQUE**, adj. *paraplegic.* Parapléjico, atacado de paraplegia.

**PARAPLEURÉSIE**, f. *parapleuresí.* Med. Parapleuresía, pleuresía falsa ó pleurodinia. || Dolor de costado.

**PARAPLEURITIQUE**, adj. *parapleuritic.* Parapleurítico, concerniente á la parapleuritis.

**PARAPLEURITIS**, f. *parapleuritis.* Med. Parapleuritis, inflamacion de la parte de la pleura que cubre la parte superior del diafragma.

**PARAPLEXIE**, f. Med. V. PARAPLÉGIE.

**PARAPLUIE**, m. *paraplui.* Paraguas, mueble que sirve para guardarse de la lluvia. *Ouvrir, étendre, déployer un parapluie*, abrir, extender, desplegar un paraguas. *Fermer son parapluie*, cerrar el paraguas.

**PARAPONTIQUE**, f. ant. *paraponlic.* Parapóntico, máquina para pasar el mar.

**PARAPOPLECTIQUE**, adj. *parapoplectic.* Med. Parapopléctico, afectado de la parapoplejía; concerniente á esta enfermedad.

**PARAPOPLEXIE**, f. *parapoplexí.* Med. Parapoplejía, estado soporoso parecido á la apoplejía. || Fiebre maligna con sopor.

**PARARDIR**, n. ant. *parardir.* Amar con excesiva pasion, abrasarse de amor.

**PARARTHRÈME** ó **PARARTHROME**, m. *pararirém, parartróm.* Cir. Pararirémo, luxacion incompleta de un hueso.

**PARASANGE**, f. *parasáng.* Parasange, medida itineraria entre los antiguos Persas, usada tambien en gran parte del Asia y en Egipto. Era como una legua de España.

**PARASCÉNION**, m. *parasenión.* Antig. Parascenio, la parte posterior del teatro donde se vestian los actores.

**PARASCÉPASTRE**, m. *parasepástr.* Cir. Parecepastro, especie de vendaje de la cabeza.

**PARASCÈVE**, f. *parasév.* Parasceve, feria sexta de la última semana de Cuaresma ó el Viérnes santo, en el cual era la preparacion para la pascua segun el rito judáico. || Parasceve, el dia que precede á alguna fiesta entre los Judíos; preparacion para el sábado, su fiesta semanal.

**PARASCHE**, f. *paráche.* Parasce, paraje del Pentateuco que se lee los sábados en la sinagoga. || Liturg. Parasce, leccion de la Escritura.

**PARASÉLÈNE**, f. *paraselén.* Astr. Paraselenio, una ó mas imágenes de la luna reflejadas en una nube.

**PARASÉMATOGRAPHE**, m. *parasematograf.* Didáct. Parasematógrafo, el que describe las cosas relativas al blason y los detalles de los escudos de armas.

**PARASÉMATOGRAPHIE**, f. *parasematografí.* Parasematografía, ciencia del blason.

**PARASÉMATOGRAPHIQUE**, adj. *parasematografic.* Parasematográfico, concerniente á la parasematografía.

**PARASITE**, m. *parasít.* Antig. gr. Parásito, funcionario de los templos que cuidaba de recoger el grano destinado al culto. || En el dia es un mote de desprecio para significar gorrista, mogollon, pegote, el que se propone comer y regalarse á costa de los demas, el que sin ser llamado se mete donde hay buena mesa, y está á pan y mantel del dueño, á quien adula con gracias y obsequios. || met. Parásito, se dice de los animales que viven adheridos á otro animal alimentándose de sus jugos. || Se dice de las plantas que viven sobre otras, chupando y nutriéndose con su savia. || adj. Parásito, que vive á expensas de otro. Se dice de todo lo que es relativo al parásito. || Hablando de plantas, se usa mas el adjetivo, diciendo *plante parasite, branche parasite.*

**PARASITION**, f. *parasisión.* Antig. gr. Parasicion, lugar donde se guardaban los granos consagrados á los dioses.

**PARASITIQUE**, adj. *parasitic.* Parasítico, concerniente á los parásitos. || f. Parasítica, arte del parásito, esto es, pegotería, gorrería, arte de vivir de gorra, á expensas de los demas. No se usa en esta acepcion, y se dice de preferencia *parasitisme.*

**PARASITISME**, m. *parasitism.* Parasitismo, profesion, hábito del parásito, es decir, de vivir de gorra.

**PARASOL**, m. *parasól.* Parasol, quitasol, sombrilla que usan las señoras para defenderse de los rayos del sol. || *Plante en parasol*, planta aparasolada, umbelífera. V. OMBELLIFÈRE. || *Parasol blanc*, parasol blanco, especie de agárico. || Marquesa, sombrilla giratoria con goznes.

**PARASQUINANCIE**, f. *parasquinansí.* Med. Parasquinencia, variedad de la esquinencia.

**PARASTADE**, m. *parastád.* Bot. Parastade, filamento estéril colocado entre los pétalos y estambres de las flores. || Arq. Parastade, piedra que sirve para formar el quicial de una puerta.

**PARASTAMINE**, f. *parastamín.* Bot. Parastambre, estambre falto, estambre abortado.

**PARASTATE**, m. *parastát.* Arq. Parastates, columna, pilar, poste de apoyo. || Anat. Parastatas, se llamaban así en la anatomía antigua el epidídimo y la próstata.

**PARASTRE**, m. ant. V. PARATRE.

**PARASTREMME**, m. *parastrém.* Cir. Parastremo, distorsion de la boca ó de una parte de la cara.

**PARASTYLE**, m. *parastil.* Bot. Parastilo, pistilo abortado, pistilo falso.

**PARAT**, m. *pará.* Gorrion en algunas partes de Francia. A la hembra la llaman *pare* ó *paratte.*

**PARATARSE**, m. *paratárs.* Paratarso, parte lateral del tarso de las aves.

**PARATHÉNAR**, m. *paratenár.* Anat. Paratenar, músculo que forma el borde exterior de la planta del pié y que sirve para apartar el dedo pequeño de los demas.

**PARATHÈSE**, f. *paratés.* Paratesis, imposicion de las manos entre los obispos griegos.

**PARATILME**, m. *paratilm.* Antig. gr. Paratilmo, epilacion, pena que se infligia á los adúlteros pobres y que no podian pagar la multa.

**PARATITLAIRE**, m. *paratitlér.* Paratitlario, autor de paratitlas.

**PARATITLES**, m. pl. *paratitl.* Paratitlas, compendios ó sumarios de lo que contiene un libro de derecho civil ó canónico. Otros solo entienden por esta palabra la explicacion de algunos títulos ó libros del Código ó del Digesto.

**PARATONNERRE**, m. *paratonér.* Pararayo, barra de metal ó cierto aparato para atraer el rayo de las nubes [illegible] la tierra húmeda ó [illegible] que haya tenido lugar [illegible] edificios que se [illegible] medio.

**PARÂTRE**, m. *parátr.* [illegible] cribia ántes *parastre*, [illegible] vuelto á renacer con [illegible] extiens. y desgracia [illegible]

**PARATRIMME**, m. [illegible] rátrimo, rubicundez [illegible] manifiesta sobre el sacro.

**PARAUXÉSIE**, f. [illegible] Parauxésis, exageracion, [illegible]

**PARAVENT**, m. [illegible] mueble útil para [illegible] de la intemperie. || [illegible] para, biombo, [illegible] conocidos y que todos [illegible] contra el viento.

**PARAVISON**, m. [illegible] medias, arrendamiento [illegible] obliga á partir por mitad [illegible] propietario.

**PARAZONION**, m. [illegible] Parazonion, cinturon de [illegible] ñal. || El mismo puñal ó [illegible]

**PARPAJOLLO**, m. [illegible] chollo, moneda de Milan [illegible] tres cuartos de la española.

**PARBIEU**, interj. [illegible] por vida de brios, voto á [illegible] burlesco que se ha usado [illegible] bleu.

**PARBLEU**, interj. [illegible] to!... especie de [illegible] juramento eufémico [illegible] dieu.

**PARBOUILLIR**, n. ant. [illegible] cerse, acabar de hervir; ó [illegible] vir del todo ó enteramente.

**PARBRÛLER**, a. ant. [illegible] rar, quemar, reducir á [illegible]

**PARC**, m. *párc.* Parque, [illegible] vasto, vasta extension de [illegible] de paredes ó empalizadas, [illegible] plantado de árboles, para la [illegible] caza ú otro recreo. || *Parc* [illegible] guo tribunal de Francia [illegible] decia por *parquet.* Véase [illegible] *Parc d'artillerie*, parque de [illegible] po cercado donde se reune [illegible] de un ejército, la artillería, [illegible] || Coto carnicero, donde se [illegible] dar las reses para el matadero. [illegible] *bœufs*, dehesa, hoyal, [illegible] beneficio y abono de los [illegible] cercado de zanjas. || *Parc* [illegible] besa ó terreno de pasto, [illegible] rio del ganado lanar. || [illegible] procuran los cazadores [illegible] medio de las batidas; [illegible] el cercado de redes que [illegible] encerrarlas. || Mar. Arsenal, [illegible] están los almacenes y [illegible] cion naval. || Parque, [illegible] guerra donde están depositados [illegible] demas proyectiles. || Corral, [illegible] tado en las aguas con [illegible] cosa para encerrar el pescado. [illegible] Balsa, sitio donde se [illegible] cado para conservarlo fresco. [illegible] trera, lugar destinado para [illegible]

**PARCAGE**, m. *parcáge.* [illegible] estancia de las ovejas en [illegible] Derecho que pagaban á los [illegible] tenian una dehesa destinada [illegible]

**PARCELLAIRE**, adj. [illegible] lario, que se compone de [illegible] Particulario, cada uno de [illegible] tierra de un país.

**PARCELLE**, f. *parsél.* [illegible] cilla, parte pequeña de una [illegible]

**PARCELLER**, a. [illegible] cosa en partículas ó [illegible]

**PARCE QUE**, conj. [illegible] dando la razon. No debe [illegible] *que* con *par ce que*; [illegible] bras significa por lo que, [illegible]

**PARCHASSER**, a. [illegible] perros.

**PARCHEMIN**, m. [illegible] Pergamino, piel de oveja ó de [illegible] beda y estirada que sirve para diferentes usos. || met. y fam. *Allonger le parchemin*, alargar los escritos sin necesidad, meter paja, forraje, etc. || m. pl. Pergaminos, se dice de los títulos de nobleza : *montrer, étaler ses parchemins*.

**PARCHEMINÉ, ÉE**, adj. *parcheminé* (e muda). Pergamíneo, que tiene la consistencia ó el aspecto del pergamino.

**PARCHEMINERIE**, f. *parcheminerí* (e muda). Pergaminería, lugar en donde se prepara el pergamino. || Comercio que se hace con esta piel. || Arte de preparar los pergaminos.

**PARCHEMINIER, ÈRE**, m. y f. *parcheminié, ér* (e muda). Pergaminero, el que prepara ó vende los pergaminos.

**PARCIER, ÈRE**, m. y f. *parsié, ér*. Jurisp. ant. Parcionero, partícipe, el que tenía parte en alguna cosa.

**PARCIMONIE**, f. *parsimoní*. Parsimonia, frugalidad y moderacion en los gastos, economía minuciosa hasta en las cosas mas pequeñas. Úsase tambien en sentido figurado.

**PARCIMONIEUX, EUSE**, adj. *parsimonieu, eus*. Escatimoso, que tiene parsimonia.

**PARCLOSE**, f. *parclós*. Sitio cultivado y cercado de pared ó setos.

**PARÇONNIER, ÈRE**, m. y f. *parsonié, ér*. Parcionero, partícipe en alguna cosa. || Partícipe, cómplice en un crímen.

**PARCOURIR**, a. *parcurír*. Recorrer, correr, andar de un cabo á otro, de arriba abajo. || Correr, recorrer, visitar rápidamente. || met. Correr, examinar lijera y rápidamente, ojear, ver de paso un libro, papeles, etc. || Recorrer, examinar. || Mar. Reconocer, recorrer las cortinas.

**PARCOURS**, m. *parcúr*. Derecho de poder llevar el ganado á pastar á terreno ajeno ó á terreno comun. || For. Sociedad, pacto, convenio. || Camino que recorre un coche público.

**PARCROÎTRE**, n. ant. *parcruátr*. Crecer con vigor, llegar al último grado de crecimiento.

**PARDACTYLE**, adj. *pardactil*. Pardáctilo, se dice de los pájaros que tienen los dedos pares.

**PARDALIE**, f. *pardalí*. Miner. Pardalia, piedra preciosa.

**PARDEDANS**, m. ant. V. INTÉRIEUR.

**PARDEHORS**, m. ant. V. EXTÉRIEUR.

**PAR-DESSOUS**, adv. *pardesú* (e muda). Por debajo. V. DESSOUS.

**PAR-DESSUS**, m. *pardesú* (e muda). Bata, especie de levita grande que se pone encima de la ropa. || Lo que se da ademas de lo convenido en un tratado. || Mús. ant. Instrumento para ejecutar ó tocar la parte alta, como el llamado *par-dessus de viole*, alto viola. || adv. Por encima, por arriba. V. DESSUS.

**PAR-DEVANT**, prep. *pardeván* (e muda). Por delante, ante. *Acte passé par-devant notaire*, escritura otorgada ante escribano ó por ante escribano.

**PAR-DEVERS**, prep. *pardevér* (e muda). Hácia. No se usa en este sentido. V. DEVERS.

**PARDI**, interj. dim. de PARDIEU. *pardí*. Pardiez! cáspita! Tambien se dice *pardié*, y ántes se decia asimismo *pardienne* y *pardine*.

**PARDIEU** ó **PAR DIEU**, interj. *pardieu*. Es una especie de juramento que se evita en el dia, aunque los antiguos caballeros no usaban otro, diciendo tambien en latin *per Deum*.

**PARDO**, m. *párdo*. Pardo, moneda portuguesa de plata que corre en el reino de Goa.

**PARDON**, m. *pardón*. Perdon, remision de una ofensa, injuria, etc. || Perdon, remision de los pecados. || fam. *Je vous demande pardon*, dispénseme Vd. : fórmula de urbanidad que se usa cuando se quiere interrumpir á alguno, cuando uno no es del mismo parecer, y cuando se incomoda ó molesta á una persona. Es expresion muy usada en Francia para estos casos y otros semejantes. || met. Perdon, indulgencia. || *Lettres de pardon*, indulto, perdon, gracia que el rey concedia á un reo.

**PARDONNABLE**, adj. *pardonábl*. Perdonable, que merece perdon.

**PARDONNAIRE**, m. *pardonér*. El encargado de distribuir las indulgencias en Roma.

**PARDONNER**, a. *pardoné*. Perdonar, conceder el perdon de una falta, de una ofensa, etc. || Perdonar, excusar á alguno. || Perdonar, eximir, exceptuar. || *Pardonnez-moi* ó *vous me pardonnerez*, dispénseme Vd. Se usa como término de urbanidad cuando se contradice á alguno. || *Se pardonner*, r. Perdonarse, tener indulgencia consigo mismo. || Perdonarse mutuamente.

**PARDONNEUR**, m. ant. *pardoneur*. Perdonador, el que perdona.

**PARÉ, ÉE**, adj. *paré*. Adornado, compuesto, engalanado. || Parado, evitado, hablando de golpes. || Blas. V. LAMPASSÉ. || *Style paré*, estilo engalanado. || For. *Exécution parée, titre paré*, aparejada ejecucion, título de aparejada ejecucion.

**PARÉAGE** ó **PARIAGE**, m. *pareage, pariáge*. Feud. Condominio, igualdad de señorío y de derechos que tienen dos señores en una misma tierra.

**PARÉATIS**, m. *pareatis*. Carta auxiliatoria, la que se obtenia para hacer que un contrato se ejecutase. Es palabra latina que significa, obedeced.

**PAREAU**, m. *paró*. Barca indiana que usan en Ceilan y en las costas de Malabar.

**PAREAUX**, m. pl. *paró*. Guijarros horadados para poner en las redes de pescar en lugar de plomo.

**PARECBASE**, f. Ret. V. DIGRESSION.

**PARÉCHÈSE**, f. *parechés*. Paroquesis, consonancia, semejanza de sonido; repeticion viciosa de una misma sílaba, como *nous nous nourrissons*.

**PARECTASE**, f. *parectás*. Parectasis, prolongacion de una palabra por una sílaba que se introduce.

**PAREUR**, m. *pareur*. Tundidor que da la última mano á los paños.

**PAREFEUILLE**, f. *parfeull*. Travesaño que sostiene por la parte exterior las tablas que componen un molde.

**PARÉGMÉNON**, m. *paregmenón*. Paregmenon, figura de retórica. V. DÉRIVATION.

**PARÉGORIE**, f. *paregorí*. Med. Paregoria, accion, cualidad de los remedios que mitigan, que calman los dolores.

**PARÉGORIQUE**, adj. *paregoric*. Paregórico, que mitiga, que apacigua, que calma los dolores.

**PARÉIA**, m. *paréia*. Pareya, la parte de la cara situada entre los ojos y la barba.

**PAREIL, LLE**, adj. *paréll*. Igual, semejante. || Semejante, tal, de esa ó de esta naturaleza, de esa especie. || Es tambien sust. de ambos géneros, y significa igual, semejante, esto es, hombre ó mujer semejante. || *Sans pareil*, loc. adv. Sin igual, sin par. || *Pareille*, f. La misma cosa, el mismo trato dado ó recibido. || *A la pareille*, por igual, por un mismo rasero. || *Rendre la pareille à quelqu'un*, hacer á alguno otro tanto, corresponderle, pagarle en la misma moneda.

**PAREILLEMENT**, adv. *parellmán*. Igualmente, del mismo modo, de la misma manera. || Igualmente, tambien, asimismo.

**PAREIRE**, f. *parér*. Bot. Parera, género de plantas menispermas de la América meridional. Parece ser la misma planta del Brasil que otros llaman *pareira brava*, pereira bravía, vid silvestre, caapeba, cuya raiz se usa en medicina.

**PARELLE**, f. *paréll*. Bot. Parela, especie de liquen para el uso de la tintorería; segun otros, especie de planta llamada rumaza acuática.

**PARELLIPSE**, f. *parelips*. Gram. Parelipse, omision de una consonante cuando está duplicada en una misma palabra.

**PARÉLIE**, m. V. PARHÉLIE.

**PAREMENT**, m. *parman*. Adorno, ornato, ornamento. || Ornamento, frontal de altar y demas vestimentas de iglesia. || Vuelo ó vuelta de tafetan, ó bordado de oro ó plata que llevaban los hombres en las casacas de gala, y telas finísimas que se ponian en la delantera de los vestidos de las mujeres. || Muro, parapeto. || Mil. Vueltas, puños, bocamangas, tela de distinto color que llevan los militares en los extremos de las mangas de sus uniformes. Tienen el mismo nombre las vueltas que se ponen en los trajes de los paisanos, aunque son del mismo color. || Paramento, la superficie exterior de una obra cualquiera, sea de albañilería, de carpintería, etc. || ant. Muestra de los objetos destinados á la venta. || *Parements*, pl. Adoquines, los linderos de sillería de un camino. || Los palos ó troncos gordos de un haz de leña.

**PAREMENTER**, a. *parmanté*. Paramentar, hacer un paramento, unir una superficie.

**PARÉMIE**, f. *paremí*. Lit. Paremia, alegoría breve. = Por extension, expresion proverbial.

**PARÉMIOGRAPHE**, m. *paremiográf*. Paremiógrafo, autor de una coleccion de proverbios.

**PARÉMIOGRAPHIE**, f. *paremiografí*. Paremiografía, coleccion de proverbios.

**PARÉMIOGRAPHIQUE**, adj. *paremiografic*. Paremiográfico, que pertenece á la paremiografía.

**PARÉMIOLOGIE**, f. *paremiologí*. Paremiología, explicacion de los proverbios.

**PARÉMIOLOGIQUE**, adj. *paremiologic*. Paremiológico, que pertenece á la paremiología.

**PARÉMIOLOGUE**, m. *paremiólogue*. Paremiólogo, el que escribe sobre la paremiología.

**PARENCÉPHALE**, adj. *paransefál*. Anat. Parencéfalo, la parte del cerebro que se llama tambien cerebelo.

**PARENCÉPHALITE**, f. *paransefalít*. Med. Parencefalitis, inflamacion del cerebro.

**PARENCÉPHALOCÈLE**, f. *paransefalosél*. Cir. Parencefalocele, hernia del cerebelo bajo la forma de un tumor blando, indolente é irreductible.

**PARENCHYMATEUX, EUSE**, adj. *paranchimateu, eus*. Parenquimatoso, que está formado de parénquima, de tejido celular; que tiene relacion con el parénquima.

**PARENCHYME**, m. *paranchím*. Anat. Parénquima, tejido esponjoso peculiar de los órganos glandulosos del cuerpo, compuesto de granos aglomerados y unidos por el tejido celular. || Bot. Parénquima, sustancia blanda y esponjosa que llena los intersticios que recorren los vasos de los vegetales.

**PARÉNÈSE**, f. *parenés*. Parenesis, discurso moral, exhortacion á la virtud.

**PARÉNÉTIQUE**, adj. *parenetic*. Parenético, perteneciente á la parenesis, á la moral.

**PARENT, E**, m. y f. *parán, ánt*. Pariente, el que es de la misma familia, el que está unido á una persona por los vínculos de la sangre. || *Parent éloigné*, pariente lejano, el que lo es en línea muy remota. || *Parents*, m. pl. Padres, mayores, ascendientes; *il est né de parents illustres*; pero se dice particularmente del padre y de la madre : *un enfant doit obéir à ses parents*.

**PARENTAGE**, m. ant. V. PARENTÉ.

**PARENTALES** ó **PARENTALIES**, f. pl. *parantál, parantalí*. Antig. rom. Parentales ó parentalias, fiestas fúnebres que se celebraban en el mes de enero todos los años en honor de los muertos de una familia.

**PARENTÉ**, f. *parанté*. Parentesco por consanguinidad ó afinidad. || Parentela, el conjunto de parientes consanguíneos y afines de una misma persona.

**PARENTÈLE**, f. ant. *parantél*. Parentela, conjunto de parientes ó todos los parientes de una persona.

**PARENTHÈSE**, f. *parantés*. Paréntesis, frase ú oracion que se ingiere ó introduce en el período, y tiene un sentido aparte. || Signo ortográfico para contener el paréntesis en esta forma ( ). || *Par parenthèse*, loc. adv. Entre paréntesis : se usa en la conversacion, para decir alguna cosa que no tiene relacion directa con ella.

**PARER**, a. *paré*. Adornar, ataviar, componer, hermosear, embellecer. || Adornar, servir de adorno. Dícese en sentido propio y figurado. || Parar, rechazar, desviar el golpe, el tiro, etc. || Preparar, adobar las pieles. || Encuad. Chiflar, adelgazar las pieles por las orillas. *Couteau à parer*, chifla, cuchilla de encuadernador. || Carp. Labrar la madera para emplearla en una construccion. || Vet. *Parer le pied d'un cheval*, despalmar el casco de una caballería para que siente la herradura. || Mar. Aclarar, zafar, alistar, aparejar. = *Parer un cap*, doblar, evitar un cabo, pasarle dejándole á un lado. || n. Quitar, dar un quite oponiéndose al tiro del contrario. || Parar, prevenir, impedir el efecto de una cosa. || Equit. Pararse, detenerse el caballo. || *Se parer*, r. Adornarse, aderezarse, componerse, prenderse, engalanarse. || Mar. Aclararse, alistarse, zafarse, aparejarse. || Resguardarse, ponerse á cubierto de alguna cosa que amenaza. || prov. *Se parer des plumes d'autrui*, *des plumes du paon*, apropiarse las obras ajenas, vestirse con galas ajenas: se dice principalmente de un plagiario.

**PARÈRE**, m. *parér*. Parecer, dictámen, sentir, opinion de un negociante en materias de comercio.

**PARERGON**, m. *parergón*. Arq. Volado, aumento ó añadidura en la obra principal.

**PARESCAUME**, m. *parescóm*. Barco que tiene palos y velas, usado comunmente para la pesca con la almadraba.

**PARÉSIE**, f. *paresí*. Med. Paresia, parálisis imperfecta que solo impide la facultad de moverse.

**PARESSE**, f. *parés*. Pereza, holgazanería, haraganería, desidia, negligencia, dejadez, lentitud en hacer lo que es de obligacion. || Pereza, amor al reposo, al ocio, tranquilidad del cuerpo y del espíritu; y en este sentido se dice: *la paresse a ses douceurs*. || met. Debilidad de temperamento que inclina á dispensarse de todo lo que exige algun trabajo.

**PARESSER**, n. *paresé*. Holgazanear, haraganear, hacer el perezoso.

**PARESSEUSE**, f. *pareseus*. Perezosa, adorno ó tocado de mujer que se ponia como una peluca.

**PARESSEUSEMENT**, adv. *pareseusmán*. Perezosamente, con pereza, con incuria.

**PARESSEUX, EUSE**, adj. *pareseu, eus*. Perezoso, inclinado á la pereza; desidioso, flojo, tardío ó tardo, lento, pesado en hacer alguna cosa. || *Paresseux à écrire* ó *d'écrire*, perezoso en escribir. || Med. *Estomac paresseux*, estómago perezoso, lento en hacer sus funciones. || Se usa tambien como sustantivo. || PARESSEUX, m. Zool. Perezoso, cuadrúpedo comun en los trópicos que anda con extremada lentitud.

**PAREUR**, m. *pareur*. Obrero que se ocupa en dar la última mano, en perfeccionar una obra.

**PARFAIRE**, a. *parfér*. Perfeccionar, acabar, completar, dar la última mano. || Adm. *Parfaire une somme*, *un paiement*, completar una suma, un pago. || irón. Completar, colmar. || Este verbo rara vez se usa fuera del infinitivo y tiempos compuestos.

**PARFAIT, E**, adj. *parfé, ét*. Perfecto, terminado, concluido, acabado. || Perfecto, que reune todas las cualidades. || Perfecto, completo, total, cabal. || Devoto, el que se entrega á Dios renunciando á las cosas del mundo. || PARFAIT, m. Lo perfecto, la perfeccion, hablando de las cosas. || *Au parfait*, loc. adv. ant. Perfectamente, de un modo perfecto.

**PARFAITEMENT**, adv. *parfetmán*. Perfectamente, de un modo perfecto; completamente, totalmente.

**PARFILAGE**, m. *parfiláge*. Deshilo ó deshile, deshilachamiento, accion de deshilar; y tambien, lo que resulta del deshilo: *un tas de parfilage*. V. PARFILER.

**PARFILER**, a. *parfilé*. Deshilar, separar hilo á hilo de un galon, de una tela, el oro ó la plata de la seda que cubren. || Deshilar, hacer hilas.

**PARFILURE**, f. *parfilúr*. Hililos de oro ó plata separados de la seda que cubrian. || Hilaches, hililios de seda, de lana, etc., de una tela deshilada.

**PARFIN**, f. ant. *parfén*. El último fin, el remate. || *A la parfin*, loc. adv. ant. En fin, finalmente, por último.

. **PARFOIS**, adv. *parfuá*. A veces, algunas veces, de vez en cuando.

**PARFOND**, m. *parfón*. Pesc. Red cargada de plomo que cae al fondo del agua.

**PARFONDRE**, a. *parfóndr*. Fundir, incorporar, mezclar por igual los colores en la placa de vidrio ó esmalte, y hacerlos fundir con igualdad.

**PARFORCER**, a. ant. *parforsé*. Esforzarse, hacer un gran esfuerzo.

**PARFOURNIR**, a. poco us. *parfurnír*. Remitir por entero, completar, acabar la remision ó remesa.

**PARFOURNISSEMENT**, m. ant. *parfurnismán*. Remision por completo.

**PARFUM**, m. *parfeun*. Perfume, fragrancia, olor aromático, agradable, que se exhala de un cuerpo odorífero y principalmente de las flores. || Perfume, las mismas cosas odoríferas ó composiciones olorosas. || Perfume, mal olor, hablando por chanza ó en sentido irónico. || met. *Le parfum de la louange* ó *des louanges*, el perfume ó incienso de las alabanzas: el placer que causa la adulacion.

**PARFUMER**, a. *parfumé*. Perfumar, aromatizar, embalsamar, esparcir un olor agradable en algun paraje. || Perfumar, sahumar, comunicar buen olor á una cosa por medio de perfumes.

**PARFUMERIE**, f. *parfumrí*. Perfumería, fabricacion y comercio de perfumes, cosméticos, pomadas, etc.

**PARFUMEUR, EUSE**, m. y f. *parfumeur, eus*. Perfumista, el ó la que hace ó vende perfumes, aguas, pastas de olor, etc.

**PARFUMOIR**, m. *parfumuár*. Perfumatorio, especie de cajita con una rejilla en la que se queman perfumes ó pastillas para impregnar con ellas los diversos objetos que se quieren perfumar.

**PARGER**, a. *pargé*. Apriscar, cerrar el ganado en un parque ó dehesa. || *Parger héritages*, estercolar ó abonar una tierra apriscando en ella ganado lanar.

**PARGINE**, f. *pargín*. Zool. Pargina, especie de ave del Japon.

**PARGNEAU**, m. *parñó*. Zool. Parñó, nombre vulgar de la carpa pequeña.

**PARGOUTÉE**, f. *parguté*. Mit. Pargútea, nombre de la primera mujer segun los banianos.

**PARGUÉ, PARGUIÉ, PARGUENNE, PARGUIENNE**, interj. *pargué*, *parguié*, *parguén*, *parguién*. Cáspita, voto al chápiro: juramentos patoeses y burlescos de la comedia antigua; corrupcion de *pardienne*.

**PARHÉLIE** ó **PARÉLIE**, m. *parelí*. Astr. Parelio, representacion de uno ó muchos soles formados por la reflexion de los rayos del sol en una nube.

**PARHÉLIQUE**, adj. *parelic*. Parélico, que tiene relacion con el parelio.

**PARHOMOLOGIE**, f. *paromologí*. Ret. Paromologia, nombre que daban los antiguos á la figura llamada concesion.

**PARHYPATE**, f. *paripát*. Mús. ant. Paripata, segunda cuerda de la lira, que estaba dedicada á Mercurio.

**PARI**, m. *parí*. Apuesta, promesa recíproca por la cual dos ó mas personas que sostienen cosas contrarias se comprometen á pagar cierta suma al que lleve la razon. || Apuesta, la suma ó cosa apostada. || En el juego, suma independiente de la que este forma, y que apuesta uno de los mirones á favor de algun jugador. En este sentido se dice tambien traviesa, *parí de traverse*.

**PARIA**, m. *pária*. Paria, hombre nacido en la última casta de los Indios. || met. Paria, hombre que pertenece á la clase mas desgraciada de la sociedad.

**PARIADE**, f. *pariád*. Estado de las perdices cuando están en celo. || Estacion de juntarse con los machos. || Las perdices aparedadas; y su ... [illegible] *trois ou quatre* [illegible]

**PARIANNE**, m. [illegible]

**PARIER**, a. *parié*. [illegible] apuesta. V. PARI. || [illegible] apostar, hacer una [illegible] guno. || *Parier à* [illegible] certeza de ganar la apuesta.

**PARIÉTAIRE**, f. [illegible] ria, género de plantas [illegible] unas treinta especies.

**PARIÉTAL, E**, adj. [illegible] rietal, nombre que [illegible] forman los lados [illegible] Se usa tambien [illegible] *pariétal*. || Bot. [illegible] parte de una planta que [illegible] pared de otra.

**PARIÉTARIÉES**, f. pl. [illegible] Parietariadas, grupo de [illegible] que tiene por tipo el [illegible]

**PARIETTE**, f. *pariét*. [illegible] de zorro.

**PARIEUR, EUSE**, m. y f. [illegible] Apostador, el que apuesta [illegible]

**PARIGLINE**, f. [illegible] na, álcali que se ha [illegible] tiempo en la raíz de la [illegible]

**PARILLINIQUE**, adj. [illegible] rillínico, se dice de un [illegible] la zarzaparilla.

**PARINERVÉ, ÉE**, adj. [illegible] Parinervado, que tiene [illegible] les, colocados unos cerca de [illegible] centro. Dícese tambien [illegible]

**PÂRIS**, m. *parís*. [illegible] Príamo y de Hécuba, [illegible] jandro.

**PARISIANISME**, m. [illegible] sianismo, usos, [illegible] Parisienses.

**PARISIEN, NE**, adj. [illegible] Parisiense, de París. [illegible] *badaud*. V. esta palabra.

**PARISIENNE**, f. [illegible] plus ultra, perla, [illegible] queño que tiene cinco [illegible] Llámase tambien [illegible] *sienne*, la Parisiense, [illegible] compuesta para celebrar [illegible] 1830. || La parisiense, [illegible] de ómnibus.

**PARISIS**, adj. [illegible] daba á la moneda [illegible]

**PARISTHMITE**, f. [illegible] rismitis, angina [illegible] amígdalas.

**PARISYLLABE**, adj. [illegible] QUE.

**PARISYLLABIQUE**, adj. [illegible] Gram. Parisilábico, [illegible] nes que tienen el mismo [illegible] en todos los casos.

**PARITÉ**, f. *parité*. [illegible] entre objetos de la misma [illegible] misma medida. || Paridad, [illegible] ó en comparacion. || [illegible] prueba una cosa por [illegible]

**PARJURE**, m. *parjúr*. [illegible] el que se afirma con [illegible] falso. || Perjurio, [illegible] ple. || PARJURE, adj. [illegible] falso, que quebranta [illegible] juramento. || [illegible]

**PARJURER (SE)**, r. [illegible] jurar en falso, violar un [illegible]

**PARLAGE**, m. [illegible] lanchinería, [illegible] les.

**PARLANT, E**, adj. [illegible] que habla, que puede [illegible] lante, que es muy [illegible] que la representa al [illegible] blando de un retrato, [illegible] Blas. *Armes parlantes*, [illegible] que representan en su [illegible] escudo el apellido de [illegible] de alguna figura. || fam. [illegible] *lant*, este hombre habla [illegible] *parlants*, miradas [illegible] presivas.

**PARLEMENT**, m. [illegible] en tiempo de los [illegible]

a asamblea de los grandes del reino eliberar sobre negocios importantes. || lento, antiguo tribunal superior de a. || Designa este nombre algunas ve- dos Cámaras de los pares y de los di- s. || En Inglaterra es la junta ó asam- e las dos Cámaras, alta y baja.

LEMENTAIRE, adj. parlemantér la). Parlamentario, que pertenece al ento. || m. Parlamentario, persona á parlamentar en nombre de sitiado- itiados. || Parlamentario, adicto al par- o y opuesto á la corte en Inglaterra; rancia, tambien partidario del parla- ó adicto á él. || Parlamentario, lo que député, diputado.

LEMENTER, n. parlemanté (e mu- rlamentar, conferenciar para capitu- ciudad ó plaza. || met. Parlamentar, r, conferenciar sobre un negocio entre lares.

LEMENTERIE, f. ant. parlemanteri a). Accion de parlamentar. || V. Con- CE.

LER, n. parlé. Hablar, pronunciar, r, articular palabras. || Hablar, par- rlar: se dice de los pájaros que imitan aje del hombre. || Hablar, discurrir, r, ya en conversacion familiar, ya pú- nte. || Hablar, expresar sus senti- , declarar su intencion, su voluntad. r, expresar su pensamiento por es- Hablar, interceder, abogar. || Revelar, so. || fam. *Parler en l'air*, hablar al blar sin fundamento, á tontas y á lo- *Parler à cœur ouvert*, hablar franca- fam. *Parler à cheval à quelqu'un*, alguno con imperio ó con autoridad. *r haut, bien haut*, hablar alto, recio. *r au hasard*, hablar á bulto, á tien- *rler bègue*, hablar tartamudo, ter- ar. || *Parler du nez*, hablar con las , ganguear. || *Parler comme un per-* hablar como una cotorra. || *Parler en* , hablar con magisterio, con perfec- ocimiento de la materia. || *Parler un écolier*, hablar como un mucha- la escuela, esto es, con pocos cono- os. || *Parler gras*, cecear, hablar con *Parler pour rire*, hablar de chanzo, les. || *Parler sans frein, sans rete-* tar la maldita, descoserse; esto es, in respeto ni comedimiento. || *Par- leusement, tout de bon*, hablar de formalmente. || *Parler mal*, hablar a lengua; *parler bien*, hablar bien, reza, elegancia. *Mal parler*, hablar alguno. || a. Hablar, expresar sus ientos en cualquier idioma: *parler ngue, parler français, espagnol, , anglais, latin, grec, etc.* || *Parler ne, parler physique, etc.*, hablar de , de física. || met. *Parler français*, claramente ó con claridad en un ne- met. y fam. *Parler grec*, hablar in- blemente, de una manera ininteligi- ambien se dice *parler hébreu, bas , haut allemand*, hablar en griego, gay, en griego. || Hablar, se dice del de pronunciar un idioma. || *Parler* , hablar razonablemente. || *Parler be*, hablar con proverbios. || *Se par-* hablarse, se dice de las lenguas que an: *la langue française se parle oute l'Europe*. || Dirigirse la palabra mente, tener una conversacion. || Ha- no á sí mismo. || PARLER, m. El ha- habla, el lenguaje, la pronuncia- acento, el modo de hablar.

LERIE, f. fam. parleri (e muda). , parla, charla importuna.

LEUR, EUSE, m. y f. parleur, eus. r, charlador, hablador, el que habla || *Grand parleur*, gran hablador, el la demasiado. || *Être beau parleur, beau parleur*, ser decidor, tener buenas dores, buena labia.

LIER, ÈRE, adj. parlié, ér. Se de- *parlant, éloquent*, que abunda en a. || Algunas veces se usa en sentido ord. || m. V. AVOCAT.

LOIR, m. parluár. Locutorio lugar do para recibir las personas que no son sa. Se dice especialmente hablando comunidades religiosas, colegios, etc.

PARLORISER, n. parlorisé. Hablar con afectacion.

PARME, f. párm. Antig. rom. Tablachina, broquel antiguo.

PARMESAN, E, adj. y s. parmesán, án (e muda). Parmesano, de Parma en Italia. || *Parmesan*, m. Parmesano, queso que se hace en el ducado de Parma.

PARMESANE, f. parmesán (e muda). Bot. Parmesana, especie de anémona.

PARMI, prep. parmí. Entre, en medio de, en el número de. *Parmi nous*, entre nosotros, en nuestro país. || Esta prep. solo se pone ántes de un plural indefinido ó un singular colectivo. *Il court un bruit parmi le peuple*, corre una voz entre el pueblo. *Il est placé parmi les savants*, se cuenta entre los doctos. || m. El cordel del esparavel, y el que sostiene los plomos de otras redes.

PARMULAIRE, m. parmulér. Antig. rom. Parmulario, gladiador que se llamaba tambien Tracio.

PARNASSE, m. parnás. Parnaso, el monte mas alto de la Fócide, consagrado á Apolo y á las Musas. || *Le Parnasse*, el Parnaso: la poesía. || *Parnasse français*, el Parnaso frances: la poesía francesa, los poetas franceses.

PARNASSIDE, adj. parnasid. Parnasídeo ó parnásido, que habita el Parnaso; que pertenece al Parnaso. || sust. *Les Parnassides*, las Parnasídeas, las Musas.

PARNASSIE, f. parnasí. Bot. Parnasia, género de plantas caparídeas, de que hay varias especies en los jardines.

PARNASSIEN, NE, adj. parnasién, én. Parnáseo, que habita el Parnaso; que pertenece al Parnaso; que tiene relacion con el Parnaso ó con la poesía. || m. Parnáseo, se ha dicho por *poëte*, poeta.

PARNASSIM, m. inus. parnasím. Director de una sinagoga.

PAROCHAIGE, m. parochége. Derecho de los feligreses.

PAROCHIES, f. pl. parochí. Antig. rom. Provisiones preparadas por el proveedor para subvenir á las necesidades de los magistrados que iban de camino.

PAROCHUS, m. párocus. Antig. rom. Proveedor, el que estaba encargado de subvenir á los gastos de los magistrados que iban de viaje.

PARODIE, f. parodí. Parodia, trova, imitacion burlesca, escrita las mas veces en verso, de una obra séria de literatura.

PARODIER, a. parodié. Parodiar, hacer una parodia; trovar, convertir una obra séria en burlesca.

PARODIQUE, adj. parodíc. Paródico, que tiene relacion con la parodia.

PARODISTE, m. parodíst. Parodista, trovador, autor de una parodia.

PARODONTIDE, f. parodontíd. Med. Parodontida, especie de tumor que se forma sobre las encías.

PARŒMIE, f. paremí. Lit. Paremia, especie de alegoría ó parábola muy breve.

PAROI, f. paruá. Pared, lo mismo que *muraille*; pero no se usa ya en este sentido. || Anat. Pared, ternillas, los tejidos que forman una cavidad. || Fis. Pared, lado interior de un vaso, de un tubo.

PAROIR, m. paruár. Pujavante, instrumento de herrador. || Escoriador, rascador, instrumento para limpiar el cobre ántes de estañarle.

PAROIRE, m. paruár. Soldador, el instrumento para soldar.

PAROISSE, f. paruás. Parroquia, feligresía, distrito que está al cuidado de un cura párroco. || Parroquia, iglesia parroquial. Parroquia, conjunto de feligreses de una parroquia || met. *Coq de paroisse*, gallito del lugar, el cacique: el hombre mas rico y autorizado de una aldea. || met. y fam. *Habit de deux paroisses*, vestido de dos paños ó de dos colores diferentes. Se dice en el mismo sentido *être de deux paroisses*, estar en quinolas, llevar un vestido de dos paños, etc.

PAROISSIAL, LE, adj. paruasiál. Parroquial, que pertenece á la parroquia.

PAROISSIEN, NE, m. y f. paruasién, én. Parroquiano, feligres. || m. Ejercicio cotidiano, libro de devocion.

PAROLE, f. paról. Palabra, voz articulada. || Palabra, habla, facultad de hablar. *Avoir le don de la parole*, tener el don de la palabra: hablar bien y con facilidad. || Palabra, tono de voz. || Palabra, sentencia, pensamiento elevado, palabra notable. || Mil. *Donner la parole*, dar el santo. || Palabra, elocuencia, diccion. || Palabra, seguridad, promesa verbal. *Ma parole, ma parole ó parole d'honneur*, bajo mi palabra, bajo mi palabra de honor; locucion usada en la conversacion para afirmar ó asegurar una cosa. || *Paroles*, pl. Significa algunas veces palabras, discursos picantes, agrios, ofensivos. || Palabras, promesas vacías y vagas en contraposicion á hechos. || *Donner de belles paroles*, dar buenas palabras, vender juncia: hacer grandes promesas que no se tiene intencion de cumplir. || *Donner de bonnes paroles*, tener una conversacion que anuncia intenciones favorables. || *Grosses paroles*, palabras mayores, dichos injuriosos. || *Les paroles d'une chanson, etc.*, la letra de un aria, de una cancion, de un motete. || *Sur parole*, loc. adv. Bajo palabra ó bajo la palabra.

PAROLER, n. ant. parolé. Parlar, discurrir, charlar.

PAROLI, m. pároli. Pároli, doble puesta de la que se habia jugado, en algunos juegos de cartas. || Pároli, doble que se hace á la carta cuya apuesta se duplica. || *Paroli de campagne*, pároli que se hace por fullería y engaño ántes de salir el naipe. || met. y fam. *Faire paroli, rendre le paroli à quelqu'un*, igualar ó exceder á otro en lo que ha hecho ó dicho de bueno ó malo. || *Faire paroli à quelqu'un*, igualar ó ser igual á alguno.

PAROMOLOGIE, f. paromologí. Lit. Paromologia, figura de retórica por la que se finge hacer una concesion á fin de sacar alguna ventaja. || Concesion fingida de una cosa de la cual se sacan fuertes consecuencias contra su adversario.

PAROMOLOGIQUE, adj. paromologíc. Paromológico, que tiene relacion con la paromologia.

PAROMPHALOCÈLE, f. paronfalosél. Cir. Paronfalocele, hernia que sobreviene la lado del ombligo.

PARONNE, f. parón. Yugo, parte del arado en que se enganchan los caballos ó los bueyes.

PARONOMASE, f. paronomás. Paronomasia, figura de retórica.

PARONOMASIE, f. paronomasí. Didáct. Paronomasia, analogía entre voces de distintas lenguas que indica un origen comun.

PARONS ó PAIRONS, m. pl. parón, perón. Cetr. Los padres del ave de rapiña.

PARONYME, m. paroním. Gram. Parónimo, voz que tiene relacion con otra por su etimología ó solo por su forma.

PARONYMIQUE, adj. paronímic. Paronímico, que tiene relacion con el parónimo.

PAROPHOBIE, f. parofobí. Med. Parofobia, segun algunos es lo mismo que *hydrophobie*. Tal vez es corrupcion de *panophobie* ó *paraphobie*.

PAROPTÈSE, f. paroptés. Med. Paróptesis, sudores provocados colocando al enfermo en una estufa.

PAROPTIQUE, adj. paroptíc. Fis. Paróptico, dícese de un color producido por la luz que ha sufrido una refraccion.

PAROQUE, m. V. PAROCHUS.

PARORASIS, m. parorásis. Med. Pararasis, alteracion de la vista que impide juzgar con exactitud del color de los objetos.

PARORCHIDIE, f. parorquidí. Anat. Parorquidia, posicion viciosa ó no natural de uno de los dos testículos.

PAROT, m. paró. Zool. Parot, pescado del género labro. || Parot, nombre vulgar del ruiseñor de las tapias.

PAROTE, f. parót. Bot. Parota, anserina de Méjico, planta naturalizada en Europa.

PAROTIDE, f. parotíd. Med. Parótida, la mas voluminosa de las glándulas salivares que están situadas debajo de una oreja. || Med. Parótida, inflamacion ó hinchazon de la glándula parótida. || Dícese adjetivamente, *la glande parotide*.

**PAROTIDÉE**, adj. f. *parotidé*. Med. Parotídea, se dice de la angina que coge el cuello y la garganta.

**PAROTIDIEN, NE**, adj. *parotidién, én*. Parotídeo, que pertenece ó tiene relacion con la parótida.

**PAROTIDITE**, f. *parotidít*. Med. Parotiditis, inflamacion, hinchazon de la parótida.

**PAROTIDO-AURICULAIRE**, adj. m. *parotidooriculér*. Anat. Parótido-auricular, que está en relacion con la parótida y la oreja. || m. El quinto músculo de la oreja.

**PAROTIDONCIE**, f. *parotidonsí*. Med. Parotidoncia, inflamacion de la glándula parótida.

**PAROTIQUE**, adj. *parotic*. Parótico, que está inmediato á las orejas.

**PAROTITE**, f. *parotít*. Med. Parotitis, inflamacion de la parótida.

**PAROTONCIE**, f. *parotonsí*. Med. Parotoncia, hinchazon de la parótida.

**PAROU**, m. *parú*. Aderezo, mano que se da á las telas ántes de pasarlas al comercio.

**PAROULIE**, f. *parulí*. Med. Párulis, inflamacion, absceso en las encías.

**PAROXYSME**, m. *parocsísm*. Med. Paroxismo ó parasismo, acceso, incremento momentáneo de intensidad en los síntomas de las enfermedades agudas ó crónicas.

**PAROXYSMIQUE**, adj. *parocsísmic*. Paroxísmico, que participa del paroxismo ó pertenece á él.

**PAROXYSTIQUE**, adj. *parocsistíc*. Med. Paroxístico, se dice de los dias marcados por la aparicion de un paroxismo; y tambien de los dias y semanas en que mas debe temerse la reaparicion de los accesos de una fiebre intermitente.

**PARPAIGNE**, adj. f. *parpéñ*. Arq. Parpiaño, se dice de una piedra que pasa de parte á parte todo el espesor de una pared.

**PARPAING**, m. *parpén*. Arq. Parpiaño, piedra que ocupa todo el espesor de una pared, es decir, que la atraviesa de parte á parte.

**PARPAYE**, f. ant. *parpé*. Paga entera ó por completo.

**PARPAYER**, a. ant. *parpeyé*. Pagar por entero, completamente.

**PARQUE**, f. *párc*. Mit. Parca, nombre que se da á cada una de las tres diosas Cloto, Láquesis y Átropos, que hilaban, devanaban y cortaban el hilo de la vida de los hombres. || Parca, la muerte. || Zool. Parca, pescado de América.

**PARQUER**, a. *parqué*. Apriscar, encerrar, meter el ganado en un coto, en una cerca. || Mil. Establecer el parque, el almacen de provisiones de boca y guerra en un sitio: *on parque l'artillerie, les vivres près du fort*. || Acorralar, encerrar los esclavos en un sitio. || n. Estar en un coto, en una cerca; y así se dice: *les moutons ne parquent pas encore*.

**PARQUET**, m. *parqué*. Estrado, espacio cercado por los bancos ó asientos de los jueces en un tribunal y por la barra donde se colocan los abogados. || Sitio donde se reunen l[illegible] jueces para recibir las comunicaciones q[illegible] les conciernen. || Por exten., se dice de los jueces mismos cuando están reunidos. || *Le parquet des huissiers*, la barra, lugar destinado para los ujieres durante la permanencia de los jueces. || Luneta, parte de un teatro situada entre la orquesta y el patio. || Entarimado, pavimento de madera formado de un ensamblaje de maderas delgadas, clavadas sobre carreras. || Hijuelas para poner detras de la luna de un espejo || Art. Aro ó cerco de cuba.

**PARQUETAGE**, m. *parctáge*. Ensamblaje de madera para suelos.

**PARQUETER**, a. *parcté*. Entablar, entarimar un pavimento, ensamblarlo formando un dibujo.

**PARQUETERIE**, f. *parqueterí* (*e* muda). Entarimadura, arte de entarimar.

**PARQUETEUR**, m. *parcteur*. Entarimador, carpintero dedicado á entarimar.

**PARQUIER**, m. *parquié*. Pastor, guarda de rebaños en un aprisco.

**PARRAIN**, m. *parrén*. Padrino, el que tiene á un niño, á un convertido en la pila bautismal; el que es llamado para asistir á la bendicion de una campana y ponerle nombre. || En los combates personales el que cada combatiente escoge para acompañarle, para impedir la sorpresa y servirle de testigo. || En las órdenes militares el caballero que presenta al novicio para su recepcion. || El amigo que elige un soldado que va á ser fusilado para que le vende los ojos.

**PARRAINAGE**, m. *parrenáge*. Padrinaje, cualidad, relaciones de padrino, de madrina.

**PARRAKOUA**, m. *parracúa*. Zool. Parracúa, faisan de la Guyana.

**PARRHASIEN, NE**, adj. y s. *parrasíén, én*. Parrasiano, de Parrasia, ciudad de Arcadia.

**PARRHASIS**, f. *parrásis*. Astr. Parrasía, nombre de la Osa Mayor.

**PARRICIDE**, m. y f. *parrisíd*. Parricida, el ó la que mata á su padre ó á su madre, á su abuelo ó su abuela ú otro de sus ascendientes; y aun se extiende á otras personas. || Tambien es adjetivo, como cuando se dice *dessein parricide, main parricide*. || PARRICIDE, m. Parricidio, el crímen cometido por el parricida.

**PARSÉCHER**, a. inus. *parsechê*. Secar enteramente, reducir á un estado de absoluta sequedad.

**PARSEMER**, a. *parsemé* (*e* muda). Sembrar, salpicar, esparcir. Solo se dice hablando de cosas que se esparcen para adorno, para ornato: *parsemer un chemin de fleurs, parsemer un habit de perles*, etc.

**PARSIMONIE**, f. **PARSIMONIEUX, EUSE**, adj. V. PARCIMONIE, PARCIMONIEUX, pues esta es su ortografía.

**PARSONNIER, ÈRE**, adj. *parsonié, ér*. Partícipe. || Se usaba sust. en el sentido de *cohéritier*.

**PART**, m. *pár*. Parto, la criatura que acaba de dar á luz una mujer. Se dice en estilo forense, no tiene plural, y solo se usa en estas locuciones: *supposition de part, suppression de part*, y algunas otras.

**PART**, f. *pár*. Parte, porcion de alguna cosa que se divide entre varias personas. || Particion, reparticion de una cosa, en el sentido de *partage*, se usa principalmente en plural. || Se dice tambien hablando de cosas que sin ser divididas pueden comunicarse á varias personas. *Avoir part à quelque chose*, tener parte en alguna cosa, contribuir, concurrir á ella con otros. *Prendre part à quelque chose*, tener participacion en alguna cosa, tomar interes por alguna cosa. || Parte, noticia, aviso, conocimiento. *Donner, faire part d'un événement*, dar parte de un acontecimiento, informar. || Parte, lugar, sitio, paraje. || Parte, la persona ó personas de donde viene una noticia, un aviso. || Parte, el interes que se toma en el bien ó mal de una persona. || Parte, concurso ó influjo de alguna persona en algun hecho ó negocio. || met. *Prendre en bonne part, en mauvaise part*, tomar en bien ó en mal, juzgar buena ó mala una cosa, interpretarla bien ó mal. || *Mettre à part*, separar, apartar. || *Billet de part ó de faire part*, esquela de aviso. || *Pour ma part*, por mi parte, en cuanto á mí, por lo que á mí hace ó atañe. || *De part et d'autre, de toute part, de toutes parts*, de una parte á otra, por todas partes. || *De part en part*, loc. adv. De parte á parte, de un lado á otro, ó de una superficie á la opuesta. || *À part*, loc. adv. Aparte, separadamente. || *Faire lit à part*, separar cama, no cohabitar, estar separados el marido y la mujer. || *Nulle part*, en ninguna parte, en parte ninguna. || *De part en part*, de parte á parte, de banda á banda || *N'avoir aucune part à*, no tener arte ni parte, ó no ser arte ni parte en. || *Raillerie à part*, dejando aparte las chanzas, hablando de veras. || *À part quelques riches, quel est l'homme qui?* excepto algunos ricos, ó prescindiendo de algunos ricos, cuál es el hombre que?... || *Savoir une chose de bonne part*, saber una cosa de buena tinta.

**PARTAGE**, m. *partáge*. Particion, division, reparticion de una cosa entre muchos. || Parte, porcion de la cosa repartida. || Partija, hijuela, lo que toca ó cabe á cada uno por herencia. || Parte, las divisiones admi-tidas en una ciencia. [illegible] trimonio, los bienes [illegible] buenas ó malas [illegible] mana condicion. || [illegible] tos en cualquier [illegible]

**PARTAGÉ**, [illegible] adj. [illegible] repartido, dividido. || [illegible] recíproco.

**PARTAGEABLE**, adj. [illegible] ble, divisible, que puede [illegible] mente.

**PARTAGEANT**, m. [illegible] Partícipe, participante, el que [illegible] parte de alguna cosa.

**PARTAGER**, a. [illegible] hacer de una cosa varias [illegible] partirlas. || Partir, [illegible] dio ó en dos partes [illegible] todo en dos partes [illegible] des: *l'équateur partage* [illegible] Partir, repartir, dar, tomar [illegible] igual ó igual con [illegible] poseer por mitad ó en [illegible] mal á un hijo, darle en [illegible] y en este sentido se dice [illegible] ó *mal partagé*. || Dotar [illegible] prendas naturales: *la [illegible] tagé*. || Repartir con [illegible] á la parte, asociar á. || [illegible] en, participar de. || [illegible] tomar parte en. || [illegible] rar en bandos ó partidos [illegible] *Partager les rênes*, [illegible] mar una rienda en cada [illegible] así se cabalga. || n. [illegible] tener derecho á una parte. [illegible] Partirse, repartirse, [illegible] partirla entre sí dos ó [illegible] en sentido propio y [illegible] enemistarse, separarse [illegible] || *Se partager entre* [illegible] carse á varias cosas, [illegible] de ellas igual tiempo.

**PARTAGEUR**, m. [illegible] Distribuidor, persona [illegible] particiones en una herencia.

**PARTANCE**, f. [illegible] cia ó partenza (ant. [illegible] lida), leva, accion de [illegible] corse á la vela un buque [illegible] *Coup de partance*, cañonazo [illegible] se tira con pólvora sola [illegible] mento de hacerse á la vela. [illegible] *tance*, estar listo para [illegible] partir. || *En partance*, [illegible] franquía, de partencia, [illegible]

**PARTANT**, adv. [illegible] guiente, por tanto, por lo tanto [illegible] marcha.

**PARTEMENT**, m. [illegible] cohete volador. || Mar. [illegible] que hácia el oriente ó el [illegible] al meridiano de donde ha salido [illegible] tida, salida.

**PARTENAIRE**, m. y f. [illegible] los juegos de naipes, la [illegible] con quien se juega. || Pareja [illegible] las dos personas que bailan [illegible] funcion.

**PARTÈQUE**, f. [illegible] percha ó estaca que se [illegible]

**PARTERRE**, m. *parter*. [illegible] tierra llana y bien [illegible] || Cuadro en un jardin [illegible] césped, arbustos pequeños y [illegible] plantas. || Jardin, cuadro [illegible] localidad de un teatro que [illegible] tre la orquesta y el [illegible] mente se llama patio al [illegible] tadores que concurren á [illegible] teatro. || met. y fam. [illegible] vertir al público. || *Faire des* [illegible] cer reverencias: se decia [illegible]

**PARTERRIEN**, m. [illegible] *rién*. Concurrente ó [illegible] asiento en el patio de un teatro.

**PARTHE**, adj. y s. *párt*. [illegible] to, nombre de un pueblo ó [illegible] || prov. *Fuir comme les Parthes* [illegible] rando flechas contra el [illegible]

**PARTHÉNIE**, f. *partené*. [illegible] nombre de Minerva, Juno y [illegible] Constelacion de Virgo. || [illegible] plantas sinantéreas. || *Parthénies*, tenias, himnos que cantaban las do le Grecia en honor de Apolo.

THÉNOLOGIE, f. *partenologí*. Di- artenologia, tratado médico sobre la dad de las jóvenes.

THÉNOLOGIQUE, adj. *partenolo-* rtenológico, que tiene relacion con la logia.

THÉNOMANCIE, f. *partenomansí*. omancia, adivinacion que se hacia virginidad de una jóven.

THÉNOMANCIEN, NE, adj. *parte-sién, én*. Partenomántico, que con- á la partenomancia. || adj. y s. Que la partenomancia.

THÉNON, m. *partenón*. Partenon, de Minerva en Aténas. || Lugar que ban los Griegos para la habitacion de s en lo mas retirado de la casa.

THÉNOSOLOGIE, f. *partenosologí*. Partenosologia, tratado sobre las rmedades de las jóvenes.

THÉNOSOLOGIQUE, adj. *parteno-* Partenosológico, que pertenece á la sologia.

THICAIRE, m. *partiquér*. Antig. e en pieles ó forros párticos.

THIQUE, adj. *partic*. Pártico, que ce á los Partas.

TI, m. *partí*. Partido, union de mu- rsonas contra otras que tienen una ó interes contrario. || *Chef de parti*, de partido, de bando. || *Être du parti qu'un*, ser del bando de uno, seguir ido. || *Faire un mauvais parti*, tra- á alguno. || *Prendre le parti de quel-* tomar el partido de alguno, decla- protector ó defensor. || Partido, re- determinacion que se toma sobre unto. *Prendre son parti*, tomar su : tomar una resolucion firme, deci- *C'est un parti pris*, esto es hecho, es to resuelto. || Partido, camino, me- pediente que se propone para orillar gocio. || Partido, condicion, ven- tilidad, provecho. *Tirer parti d'une* sacar provecho ó ventaja de un ne- mat. *Tirer parti de la vie*, darse vida. || Partido, profesion, estudo, de vida que adopta una persona. le *parti de l'église, de la robe, etc.*, carrera eclesiástica, la de la toga. *parti*, alistarse en algun cuerpo de || Partida, porcion de tropa que se para hacer algun servicio. || Blas. division de un escudo en dos par- les de alto abajo. || Partido, persona ó por casar cuyas riquezas ó naci- ofrecen ventajas : *cette fille-là est parti*, esa joven es un buen partido, , un casamiento ventajoso. || *Parti* nombre que se daba antiguamente á partidas de merodeadores ó soldados dados.

TI, E, adj. *partí*. No se usa mas que minos de blason, para indicar que está en dos partes, y se dice del escudo.

TIAIRE, adj. m. *parsiér*. Solo se usa expresion : *colon partiaire*, apar- rrendador que va á medias con el los productos de una finca.

TIAL, E, adj. *parsiál*. Parcial, par- que está decidido por una persona, opinion ó partido. || Parcial, que arte de un todo.

TIALEMENT, adv. *parsialmán* mente, con parcialidad.

TIALISER, a. ant. *parsialisé*. Ban- dividir en partidos. || *Se partiali-* sé. Hacerse parcial, juzgar con par || Decidirse por un partido, favore- o mas que á otro por afecto.

TIALISTE, m. *parsialíst*. Parcia que juzga con parcialidad.

TIALITÉ, f. *parsialité*. Parcialidad, inclinacion ó preferencia que se da sona, opinion ó partido. || ant. Fac- rtido.

TIBILITÉ, f. *partibilité*. Partibili- calidad de dividirse en partes alguna

TIBLE, adj. *partibl*. Bot. Partible, divisible, que es susceptible de dividirse espontáneamente cuando se madura.

**PARTIBUS (IN)**, *inpártibus*. Voz latina que se adoptó para designar á los obispos que se nombraron por la Santa Sede *in partibus infidelium*, cuando los Sarracenos arrojaron á los cristianos de Jerusalen y de todo el Oriente. Un obispo que solo tiene el título de tal se llama obispo de anillo. || met. *Monarque in partibus*, monarca caido ó destronado, rey sin reino.

**PARTICIPANT, E**, adj. *partisipán*. Participante, partícipe, que participa, que toma parte en alguna cosa. Se usa tambien como sustantivo.

**PARTICIPATION**, f. *partisipasión*. Participacion, accion de participar de alguna cosa. || Participacion, conocimiento que se da de algun asunto. || *Lettres de participation*, letras de una comunidad religiosa en virtud de las que una persona secular disfruta de las buenas obras, preces y oraciones de la misma comunidad.

**PARTICIPE**, m. *partisíp*. Gram. Participio, una de las partes de la oracion.

**PARTICIPER**, n. *partisipé*. Participar, tener parte en alguna cosa. || Participar, tomar parte, interesarse. || *Participer de*, participar, tener la naturaleza ó las propiedades de alguna cosa.

**PARTICULAIRE**, adj. *particulér*. Gram. Particular, perteneciente á la partícula. || ant. Se decia por *particulier*.

**PARTICULARISER**, a. *particularisé*. Particularizar, dar á conocer el pormenor, las particularidades de un negocio, de un acontecimiento. || Particularizar, concretar á un caso particular por oposicion á generalizar. || Jurisp. crim. Particularizar, perseguir por un crímen cometido entre varios á uno solo de los que en él han tenido parte. || *Se particulariser*, r. Particularizarse, distinguirse de los demas.

**PARTICULARISME**, m. *particularism*. Particularismo, sistema de los particularistas. || Particularismo, interes particular ó personal.

**PARTICULARISTE**, m. *particularíst*. Particularista, que tiene una opinion particular. || Hist. rel. Particularista, partidario de la opinion de que hay elegidos por una gracia particular.

**PARTICULARITÉ**, f. *particularité*. Particularidad, circunstancia particular.

**PARTICULARISATION**, f. *particularisasion*. Particularizacion, accion de particularizar.

**PARTICULE**, f. *particúl*. Partícula, partecilla, parte pequeña. || Gram. Partícula, palabra indeclinable que se usa en la oracion y que por lo comun suele ser monosílaba.

**PARTICULÉ, ÉE**, adj. *particulé*. Particulado, precedido de una partícula, unido á una partícula.

**PARTICULIER, ÈRE**, adj. *particulié, ér*. Particular, propio, peculiar de alguna cosa, que pertenece propia y singularmente á una cosa ó persona, á ciertas cosas ó personas. || Particular, singular, por oposicion á general. Tambien se dice por oposicion á público. || Particularizado, detallado, circunstanciado. || Particular, separado, distinto de otra cosa de la misma naturaleza. || Particular, singular, extraordinario, poco comun. || *Un homme particulier*, un hombre raro, caprichoso, extravagante ; y tambien, retirado, que no se comunica con nadie. || PARTICULIER, m. Particular, lo que es particular ó propio de una cosa. *Le particulier d'une affaire*, lo particular de un negocio. || Particular, una persona privada, por oposicion á una sociedad ó á una persona pública ó de un rango muy elevado. || *Un particulier*, un hombre, un desconocido. || *Dans le particulier*, loc. adv. En la vida privada, en la sociedad familiar. || *En particulier*, loc. adv. En particular, aparte, á solas, privadamente. *Être en son particulier*, estar retirado en su cuarto, en su gabinete.

**PARTICULIÈREMENT**, adv. *particuliermán*. Particularmente, especialmente, con especialidad. || Particularmente, en detalle, por menor, circunstanciadamente.

**PARTIE**, f. *partí*. Parte, porcion de un todo, sea físico ó moral. || Parte, nombre que se da á las del cuerpo, considerarlas como sanas ó como enfermas. || Mús. Parte, cada una de las melodías separadas, cuyo conjunto forma la armonía ó el concierto. || El papel ó cuaderno en que está separada la parte que toca ejecutar á cada músico ó cantante. || Partida, cantidad mas ó ménos considerable de mercaderías. || Partida, en las cuentas la cantidad ó suma particular que se junta con otras para la suma total. || Parte de un libro, de una obra. || Partida, totalidad de jugadas ganadas que debe tener un jugador para ganar ó perder el juego. || *Quitter la partie*, dejar el juego, darse por vencido en él ; y met., desistir de una empresa. || Partida, proyecto formado entre muchas personas para recreo ó diversion ; y tambien el mismo recreo. *Partie carrée*, partida cuádrupla ; partida de placer convenida entre dos hombres y dos mujeres. || Parte, cada uno de los que litigan en un pleito. || Parte, los procuradores y abogados que defienden el derecho de las partes. || *Tenir bien sa partie*, cumplir bien con sus funciones. || *Parties*, pl. Partes. || *Parties naturelles*, *parties honteuses*, las partes, los órganos generadores. *Parties nobles*, partes nobles, las vísceras, las partes absolutamente necesarias para la vida. || Gram. *Parties d'oraison ó du discours*, partes de la oracion. *Faire les parties d'une période*, analizar un período, examinar á qué parte de la oracion pertenece cada palabra. || Partes, prendas naturales, dotes que adornan á una persona. *Les parties d'un honnête homme*, las partidas ó prendas de un hombre de bien. || *Il a toutes les parties d'un grand capitaine*, tiene todas las prendas ó dotes de un gran capitan. || *Les parties contractantes*, las partes contratantes ó contrayentes. || *En partie*, loc. adv. En parte, no en totalidad, no enteramente.

**PARTIEL, LE**, adj. *parsiél*. Parcial, que forma parte de un todo. || Que se hace por partes. || Que no existe ó no se verifica sino en parte.

**PARTIELLEMENT**, adv. *parsielmán*. Parcialmente, por partes.

**PARTIL**, m. *partil*. Astr. Partil, cierto aspecto recíproco de los planetas. || Segun otros, esta voz es solo un adjetivo ; y así dicen *quadrat partil*, *opposition partile*, etc.

**PARTIR**, a. *partir*. Partir, dividir una cosa en partes. || n. Partir, ponerse en camino. || Partir, echar á correr ; y hablando de animales ó de aves, tomar la carrera, el vuelo. || met. *Partir d'un principe*, partir de un principio, sentar ó admitir un principio y raciocinar en consecuencia. || Partir, salir con impetuosidad, como la bala, la flecha, etc. || Partir, tener su orígen, sacar su principio. || Partir, emanar, dimanar, proceder, venir de. || *Partir d'un éclat de rire*, prorumpir en una carcajada. || *A partir de*, loc. prep. A partir de, á datar, principiando en. || *A partir de là*, partiendo de ese supuesto, dando eso por supuesto. || PARTIR, m. El arranque, el escape del caballo, el punto de echar á andar.

**PARTISAN**, m. *partisán*. Partidario, secuaz, adicto al partido de alguno, á una opinion, á un sistema. || Asentista, el que habia hecho un trato con el rey ó arrendado las rentas del Estado. || Partidario, guerrillero, jefe de tropas lijeras destinadas para hacer la guerra por sorpresas. || Partidario, se dice de los guerrilleros, de los soldados que guerrean en partidas sueltas. || Partidario, sectario. || Prosélito.

**PARTITEUR**, m. Arit. V. DIVISEUR.

**PARTITIF, IVE**, adj. *partitif, iv*. Partitivo, que designa una parte de un todo.

**PARTITION**, f. *partisión*. Partitura, la reunion de todas las partes de una composicion musical colocadas unas debajo de las otras. || Blas. Particion, division del escudo. || Fís. *Partition du baromètre*, reparticion, division del barómetro en siete partes.

**PARTOLOGIE**, f. *partologí*. Cir. Partología, tratado sobre los partos.

**PARTOLOGIQUE**, adj. *partologíc*. Partológico, perteneciente á la partología.

**PARTOUT**, adv. *partú*. En todas partes, en todo lugar. ‖ fam. *Se fourrer partout*, *fourrer son nez partout*, meterse en todo, en todas partes y en toda clase de negocios, oler cocinas.

**PARTROUBLER**, a. ant. *partrublé*. Perturbar, turbar extremadamente.

**PARTURIR**, a. ant. V. ACCOUCHER.

**PARTURITION**, f. *parturisión*. Parturicion, accion de parir, de dar á luz.

**PARU**, m. *parú*. Zool. Paru, especie de pescado de la familia de los estromatos.

**PARULIE**, f. *paruli*. Cir. Párulis, flemon que sobreviene en las encías.

**PARURE**, f. *parúr*. Compostura, adorno, aderezo, engalanamiento en las personas. ‖ *Parure de diamants*, *de rubis*, *etc.* aderezo de diamantes, de rubís, etc. ‖ Semejanza, conveniencia, igualdad entre dos ó mas cosas. *Chevaux de même parure*, caballos semejantes ó iguales, de la misma alzada, del mismo pelo. ‖ met. *Tout est de même parure*, todo es por un mismo estilo: se dice de una persona, de una obra en la cual todo se parece y todo está en armonía. ‖ *Parures*, pl. Raspaduras, rascaduras, desperdicios de las cosas cortadas con un instrumento cortante. ‖ *Parures de pelleterie*, guarniciones de pieles. ‖ Atavío, aliño.

**PARVENIR**, n. *parvenír* (e muda). Llegar, arribar á algun sitio, al término que se deseaba. ‖ met. Llegar, conseguir, alcanzar un resultado que se habia propuesto. ‖ Llegar, venir hasta ó á, hablando de cosas morales. Llegar, ascender, subir, medrar, elevarse en dignidad, hacer fortuna.

**PARVENU**, m. *parvenú* (e muda). Medrado, el que de un estado oscuro ha subido á los empleos, á los honores mas elevados, el que ha hecho gran fortuna.

**PARVICOLLE**, adj. *parvicól*. Zool. De cuello ó corselete corto.

**PARVIFLORE**, adj. *parviflór*. Bot. Parvifloro, de flores cortas.

**PARVIFOLIÉ, ÉE**, adj. *parvifolié*. Bot. Parvifoliado, de hojas pequeñas.

**PARVIROSTRE**, adj. *parvirósir*. Zool. Parvirostro, de pico delgado, hablando de aves.

**PARVIS**, m. *parví*. Atrio, plaza delante de la puerta principal de una iglesia, y principalmente delante de una iglesia catedral. ‖ Hablando del antiguo templo de Jerusalen, el espacio que estaba al rededor del tabernáculo.

**PARVITÉ**, f. ant. *parvité*. Pequeñez, exigüidad. V. PETITESSE, EXIGUITÉ.

**PAS**, m. *pá*. Paso, el movimiento que hace una persona ó un animal poniendo un pié delante de otro para andar. ‖ *Retourner sur ses pas*, volverse atras, retroceder al sitio de donde se salió. ‖ met. *Suivre les pas de quelqu'un*, imitar á alguno, tomarle por modelo. ‖ met. *Faire des pas*, *de grands pas*, adelantar, progresar, hacer progresos. ‖ *Faire un faux pas*, hacer un paso en falso, tropezar, dar un tropiezo; y en sentido met., cometer una falta, un desliz. ‖ Paso, diferente modo de poner los piés al andar ó bailar. ‖ Paso, andadura, manera de andar, el paso natural del caballo. ‖ pl. Pasos, idas y venidas, diligencias que se hacen por alguna cosa, molestias que se toman para obtenerla. ‖ Paso, vestigio, huella que deja el pié. ‖ Bot. *Pas d'âne*. V. TUSSILAGE. ‖ Paso, espacio que media de un pié á otro al tiempo de andar. ‖ met. Paso, preeminencia, derecho de marchar el primero. ‖ Pasaje, paso estrecho y difícil en un valle, en una montaña. Paso es tambien sinónimo de estrecho. ‖ Paso, pasaje de esta á la otra vida. ‖ Umbral de una puerta. ‖ Escalon ó escalones que hay en la puerta ó entrada de una casa. ‖ *Pas d'âne*, cuello de pichon, instrumento con que los mariscales mantienen abierta la boca del caballo. ‖ *Pas d'une vis*, *de vis*, vuelta de una espiral, espacio comprendido entre dos filetes de un tornillo. ‖ met. y fam. *Pas de clerc*, *pas d'école*, bisoñada, chapetonada, yerro, falta cometida por ignorancia ó imprudencia. ‖ met. *Pas glissant*, resbaladero. ‖ met. *Avoir le pas*, tener la precedencia, preceder, ir delante. ‖ met. y fam. *Passer le pas*, salir de este mundo, morir. ‖ *A grands pas*, á paso largo, á paso tirado, aprisa. ‖ *A pas de tortue*, al paso de buey. ‖ *D'un bon pas*, á buen paso. ‖ *Doubler le pas*, apretar el paso, adelantarle. ‖ *Pas à pas*, loc. adv. Paso á paso, un paso detras de otro, poco á poco, despacio. ‖ *De ce pas*, *tout de ce pas*, de camino, ahora, en este mismo momento, ahora mismo, sin detenerme. ‖ PAS, adv. de neg. No, ni, de ningun modo. Va precedido siempre de una de las negaciones *ne* ó *non*, expresa ó sobrentendida; y el *pas* no se traduce. *Je ne le veux pas*, no lo quiero. *N'y allez pas*, no vaya Vd. allá. ‖ *Pas moins*, nada ménos. ‖ *Pas*, unido á *un*, *une*, significa ninguno, ninguna, ni uno ni una. *Y avait-il des dames? pas une.* Habia señoras? ni una. *Il n'y avait pas une âme*, no habia un alma.

**PASADOUX**, m. *pasadú*. Mil. ant. Especie de flecha ó dardo.

**PASAN**, m. *pasán*. Zool. Pasan, antílope de África.

**PASCAL, E**, adj. *pascál*. Pascual, que se refiere ó pertenece á la pascua de los Judíos ó á la fiesta de Pascua de los cristianos.

**PASCALINE**, f. *pascalín*. Pascalina, especie de máquina de aritmética inventada por Pascal.

**PASCAN**, m. *pascán*. Nombre de una variedad de cepa.

**PAS-DE-CHEVAL**, m. *padechevál* (e muda). Cacalia de los Alpes, especie de planta.

**PASENG**, f. *paséng*. Zool. Cabra de Persia que produce un bezoar muy apreciado.

**PASIGRAPHE**, m. *pasigráf*. Pasígrafo, el que sabe, conoce ó ejercita la pasigrafía.

**PASIGRAPHIER**, a. y n. *pasigrafié*. Pasigrafear, escribir en caractéres pasigráficos. ‖ Servirse de la pasigrafía.

**PASIGRAPHIE**, f. *pasigrafí*. Pasigrafía, escritura universal; escritura en que las ideas están representadas por figuras simbólicas que están al alcance de todas las naciones.

**PASIGRAPHIQUE**, adj. *pasigrafíc*. Pasigráfico, perteneciente á la pasigrafía.

**PASILALIE**, f. *pasilalí*. Pasilalia, pasigrafía hablada.

**PASILALIQUE**, adj. *pasilalíc*. Pasilálico, perteneciente á la pasilalia.

**PASINOMIE**, f. V. PANNOMIE.

**PASITHÉE**, f. *pasité*. Mit. Pasitea, una de las Gracias. Tambien es nombre de Cibéles y de una Nereida.

**PASMAKLIK**, m. *pasmaclíc*. Pasmaklik, infantazgo de las princesas sultanas bajo el nombre de impuesto de las babochas.

**PASNAGE**, m. *pasnáge*. Pasturaje, derecho de pastura.

**PASQUIN**, m. *pasquén*. Pasquin, nombre moderno de una estatua antigua y mutilada de un gladiador que habia en Roma, en la que se acostumbran fijar algunos escritos satíricos. ‖ Pasquin, bufon mordaz, satírico en el género bajo. ‖ Pasquin, criado en una comedia.

**PASQUINADE**, f. *pasquinád*. Pasquin, escrito satírico fijado en la estatua de Pasquin en Roma; y por extension, pasquin, escrito ó libelo agudo y satírico contra el gobierno, que se fija en cualquier sitio público.

**PASQUINER**, n. V. PASQUINISER.

**PASQUINISER**, n. *pasquinisé*. Pasquinar, satirizar con pasquines. ‖ Pasquinar, murmurar á diestro y á siniestro.

**PASSABLE**, adj. *pasábl*. Pasable, mediano, pasadero, razonable.

**PASSABLEMENT**, adv. *pasablemán*. Pasablemente, medianamente, tal cual, de una manera soportable.

**PASSACAILLE**, f. *pasacáll*. Mús. Pasacalle, especie de chacona de un aire mas lento que la chacona comun. ‖ Pasacalle, baile que se ejecuta al son de la música llamada así. ‖ *Faire la passacaille*, en términos de juego, copar con una carta inferior.

**PANSADE**, f. *pasád*. Pasada, paso, tránsito de una persona que hace poca ó ninguna parada ó detencion en un sitio. ‖ Entretenimiento, comercio con una mujer, á la que se abandona tan luego como se llogó á

...sé que se da á cada impresor para ...arse y suplir los pliegos que puedan ...n la resma. || *Lettres de passe*, ór... traslacion, permiso concedido para ...e un punto á otro. || PASSE, adv. Pa..., sea así, enhorabuena.

...SÉ, ÉE, adj. *pasé*. Pasado, que fué, ...stió en otro tiempo. || PASSÉ, m. Lo ..., el tiempo pasado. || Á veces se usa ...reposicion, en el sentido de *après*, ..., mas allá de, etc.; y así se dice: ...*ette époque, il ne sera plus temps*.

...SE-AVANT, m. V. PASSAVANT.

...SE-BALLE, m. *pasbal*. Pasabalas, ...a muchos agujeros redondos para ...l calibre de las balas.

...SE-BLEU, m. *pasbleu*. Zool. Gor...o de Cayena.

...SE-BOULET, m. *pasbulé*. Pasabom...mina agujereada para medir y verifi...alibre de las bombas.

...SE-CARREAU, m. *pascaró*. Pedazo ...ra sobre el que aplanan los sastres ...ras con la plancha.

...SE-CHEVAL, m. *paschevál* (*e* muda). ..., embarcacion para embarcar y cua...s caballos.

...SE-CICÉRO, m. *pas-siseró*. Impr. ...e cicero, carácter de imprenta de ...amaño que el cicero.

...SE-CORDE, m. *pascórd*. Pasador, ... de aguja de que se sirven los basta...lleros para pasar cuerdas por donde ...viesen.

...SE-CORDON ó PASSE-LACET, m. ...dón, *paslasé*. Pasador, aguja gruesa ...ado para pasar cordones ó trencillas ...ojetes ó alguna labor de mujer.

...SE-COUDES, m. pl. *pascúd*. Mito...nes largos que cubren el brazo.

...SE-DEBOUT, m. *pasdebú* (*e* muda). ...ermiso para géneros ó mercancías.

...SE-DIX, m. *pasdís*. Juego que se ..., con tres dados, y en el que uno de ...dores lleva mas de diez tantos.

...SE-DROIT, m. *pasdruá*. Remision, ...que se concede á alguno contra dere...ontra el uso comun. || Injusticia, sin...desafuero cometido contra una per...

...SÉE, f. *pasé*. Cas. Pasada, paso, el ...to de la noche en que pasan las cho...l monte á los sembrados. = Pasada, ...s las chochas. = Pasada, pisada, huella ...nimal. || Monton de pieles de carnero ...ponen á blanquear á la vez. || Pasada, ...o la lanzadera entre los hilos de la ... || Caballos trenzados para pelucas.

...SE-FLEUR, f. *pasfleur*. Bot. Anémo... y planta.

...SÉGE, m. *paségé*. Equit. Paso, anda...modo de andar el caballo al paso.

...SEMENT, m. *pasmán*. Pasamano, ...o pasamanería, franja, trencilla, ga...hilo de oro, seda, lana, etc., que se ...ara adorno en las ropas, muebles, etc. ...ano, pozal de curtidores para curtir ...es.

...SEMENTER, a. *pasmanté*. Guarne... obras de pasamanería.

...SEMENTERIE, f. *pasmanterí* (*e* mu...pasamanería, arte y comercio del pasa...

...SEMENTIER, ÈRE, m. y f. *pasman...* Pasamanero, cordonero, el ó la que ...vende pasamanos de oro, plata, se..., galones, cintas, franjas.

...SE-MÉTEIL, m. *pasmetéll*. Morca... morcajo en que hay mezclada una ...parte de centeno.

...SE-MUR, m. *pasmúr*. Mil. ant. Cu...grande.

...SE-MUSC, m. *pasmúsc*. Zool. Ca... almizcle, mosco, animalillo que ... un almizcle muy estimado.

...SE-MUSQUÉ ó PASSE-MUSCAT, m. ...qué, *pasmuscá*. Uva moscatel de ...calidad.

...SE-NEIGE, m. *pasnége*. Bot. Narciso ..., planta cuyas flores toman el nom...campanillas de otoño.

...SE-PAROLE, m. *pasparól*. Mil. ...la voz, pase la palabra, órden que se da para que pase la voz ú órden comunicada en un cuerpo de tropas.

PASSE-PARTOUT, m. *pasparté*. Llave ganzúa, llave maestra, llave hecha de modo que con ella se pueden abrir muchas cerraduras ó puertas. || Impr. Serrucho muy fino. || En las artes se da el mismo nombre á varias especies de sierras. || Llavio, picaporte.

PASSE-PASSE, m. *paspás*. Juego de manos. || met. y fam. *Faire des tours de passe-passe*, engañar con maña y habilidad.

PASSE-PERLE, m. *paspérl*. Ensartaperlas, alambrito de hierro ó de laton muy fino.

PASSE-PIED, m. *paspié*. Paspié, especie de baile de un compas muy vivo.

PASSE-PIERRE ó PERCE-PIERRE, f. *paspiér, perspiér*. Bot. Pasapiedra, hinojo marino, cresta marina, planta.

PASSE-POIL, m. *paspual*. Pestaña, cordoncillo ó galon de seda, lana, etc., que guarnece algunas partes de un vestido, chaleco, etc.

PASSE-POMME, f. *paspóm*. Manzana precoz y sin pepita.

PASSEPORT, m. *paspór*. Pasaporte, órden por escrito dada para la seguridad y libre tránsito de una persona. || met. *Il porte son passeport avec lui*, se dice de un hombre de un exterior tan agradable, que solo por él es recibido en todas partes.

PASSER, n. *pasé*. Pasar, ir de un sitio, de un punto á otro, pasar de una cosa á otra, etc.; tiene las mismas acepciones en ambas lenguas, en sentido propio y figurado, á saber: introducirse, mezclarse entre; marcharse, deslizarse insensiblemente; concluir, cesar, perecer, desaparecer, morir, etc.; tirar, durar algun tiempo, bastar para algun tiempo; ser admitido, ser recibido; no jugar, dejar la mano á otro en algunos juegos; ser mediano, pasadero, soportable, poderse usar, etc. || *Passer chez quelqu'un*, pasar, ir á casa de alguno. || *Passer à l'ennemi*, pasarse al enemigo, desertar. || *Passer pour*, pasar por, ser tenido por. || a. Pasar, atravesar. *Passer son chemin*, continuar su camino, trasportar, trasladar de un punto á otro || Entrar, hacer pasar, introducir. || Colar, tamizar, hacer pasar una sustancia á traves de un tamiz, de un cedazo. || Trasmitir, ceder ó traspasar á otro una cosa. || Exceder, aventajar, ir mas allá, adelantar, sobrepujar. || Preparar, disponer, aprestar ciertas cosas. || Omitir alguna cosa, no hablar de ella. || Aprobar, dispensar, disimular. || Consumir, gastar, emplear, hablando del tiempo. || *Passer au fil de l'épée*, pasar á cuchillo. || *Passer de la farine*, cerner harina. || *Passer des rasoirs*, vaciar navajas de afeitar. || *Passer des couteaux*, amolar navajas, cuchillos, etc. || *Passer la revue*, pasar revista la tropa. || *Passer par les armes*, pasar por las armas, arcabucear. || *Se passer*, r. Pasarse, deslizarse. || Pasarse, perder su hermosura, su brillo, su fuerza; pasarse las frutas, las carnes. || Ajarse, deslucirse las telas, etc. || Verificarse, suceder, tener lugar. || Pasarse, contentarse con. || *Se passer de*, pasarse sin, privarse de, abstenerse de alguna cosa. || *En passant*, loc. adv. V. PASSANT. || *En passant chemin*, siguiendo su camino.

PASSERAGE, f. *pasrage*. Mastuerzo silvestre, planta antiescorbútica.

PASSEREAU, m. *pasró*. Zool. Gorrion, pájaro que hace su nido en los agujeros de las paredes.

PASSERELLE, f. *pasrél*. Puente estrecho que no sirve sino para la gente de á pié. || ant. Gorrioncilla, la hembra del gorrion.

PASSERILLES, f. pl. V. PASSARILLES.

PASSERINE, f. *pasrin*. Zool. Paserina, género de aves silvanas.

PASSERINETTE, f. *pasrinét*. Alondrilla, alondra pequeña.

PASSERNIQUE, f. *pasernic*. Pacérnica, piedra de afilar.

PASSE-ROSE, f. *pasrós*. Bot. Malva real, género de plantas; se conoce con el nombre científico de *alcea rosa*.

PASSE-SATIN, m. *pas-satén*. Bot. Lunaria anual, especie de plantas crucíferas.

PASSE-SOIE, m. *pas-suá*. Pasa-seda, hoja de hierro agujereada para pasar la seda.

PASSET, m. *pasé*. Paseto, antigua medida de longitud.

PASSE-TAILLE, f. *pastáll*. Mús. ant. Composicion que era de tres tiempos y cuatro medidas cada miembro.

PASSE-TALON, m. *pastalón*. Sobre-talon, pedazo de cuero que cubria antiguamente todo el talon de los zapatos cuando estos eran de madera.

PASSE-TALONNIER, m. *pastaloníé*. Sobre-taloncro, el que hacia y ponia sobretalones.

PASSE-TEMPS, m. *pastán*. Pasatiempo, diversion, entretenimiento, recreo, solaz.

PASSEUR, m. *paseur*. Barquero de un rio para pasar á la gente.

PASSE-VELOURS, m. *pasvelúr* (*e* muda). Bot. Amaranto, moco de pavo. V. AMARANTE.

PASSE-VERT, m. *pasvér*. Zool. Tángara verde de Cayena.

PASSE-VIN, m. *pasvén*. Mezcla-licores, instrumento para hacer pasar un licor sobre otro ménos pesado haciéndolos mudar de puesto.

PASSE-VIOLET, m. *pasvioló*. Rojovioleta, color del hierro ó del acero enrojecido al fuego.

PASSE-VOGUE, f. *pasvógue*. Mar. Boga, arrancada, el esfuerzo general de los galeotes moviendo la palamenta á todo remar.

PASSE-VOLANT, m. *pasvolán*. Plaza supuesta, hombre que sin estar alistado se presentaba en la revista para llenar alguna falta ó recibir la paga en beneficio del capitan. || met. y fam. Gorron, el que se introduce en una diversion, convite, etc., sin pagar escote; y el que entra de mogollon en la comedia ú otro espectáculo sin tener para ello permiso ni derecho. || Mil. ant. Pasavolante, especie de culebrina de muy poco calibre. || fam. Pasavolante, el que se halla en una sociedad pasajera é incidentalmente.

PASSIBILITÉ, f. *pasibilité*. Pasibilidad, capacidad de padecer.

PASSIBLE, adj. *pasibl*. Pasible, susceptible de sentir emocion, de experimentar sensaciones, dolores, etc.

PASSIF, IVE, adj. *pasif, iv*. Pasivo, que sufre ó recibe la impresion, la accion de otro agente. || Pasivo, que no obra. || *Dette passive*, deuda pasiva, la que uno tiene que pagar. *Dette active*, deuda activa, la que le han de pagar. || Gram. Pasivo, se dice de los verbos y participios que expresan la accion recibida y sufrida por el sujeto. *Voix passive*, voz pasiva de los verbos; y tambien, voz ó voto pasivo. || PASSIF, m. Pasivo, la totalidad de las deudas pasivas de una persona. || Gram. *Le passif*, la voz pasiva.

PASSIFLORE, f. *pasiflór*. Bot. Pasiflora ó pasionaria, planta. V. GRENADILLE.

PASSIFLORINE, f. *pasiflorin*. Pasiflorina, álcali que se encuentra en la raíz de la pasionaria.

PASSION, f. *pasión*. Pasion, sufrimiento. En este sentido solo se dice de los padecimientos de Jesucristo por la redencion del género humano. || Pasion, sermon que se predica el Viérnes santo sobre el mismo misterio. || Pasion, parte del Evangelio en que se refiere la pasion de Nuestro Señor. || Med. Pasion, sufrimiento, afeccion, algun mal ó dolor interno en alguna parte del cuerpo. || Pasion, afecto, movimiento del alma. || *Lâcher la bride à ses passions*, dar rienda suelta á sus pasiones. || Pasion, se dice especialmente de la pasion del amor á una persona de distinto sexo. || Pasion, afeccion muy viva que se tiene por alguna cosa; ó prevencion fuerte contra alguna persona ó cosa. Y así es pasion toda tendencia fuerte y continua, todo deseo violento y fijo, como el amor, el odio, el deseo, la esperanza, etc. || En la poesía, en la pintura, en la música, es la expresion ó representacion viva de las pasiones || Fil. Pasion, impresion recibida por un objeto, en contraposicion á accion. || *Aimer à la passion*, amar apasionadamente. || *De passion*, loc. adv. Apasionadamente, con pasion.

**PASSIONNAIRE**, m. *pasionér*. Pasionario, libro que contiene la historia de la pasion.

**PASSIONNÉ, ÉE**, adj. *pasioné*. Apasionado. *Passionné de*, apasionado ó enamorado de. || *Passionné pour*, apasionado ó aficionado á las riquezas, á la música, etc. || Apasionado, prevenido fuertemente en favor ó en contra de alguno ó alguna cosa. || Apasionado, afectuoso, sentido, que conmueve, hablando del canto, de la voz, etc.

**PASSIONNEL, LE**, adj. *pasionél*. Apasionado, que obra por medio de las pasiones, guiado por ellas.

**PASSIONNÉMENT**, adv. *pasionemán*. Apasionadamente, ardientemente, con mucha pasion.

**PASSIONNER**, a. *pasioné*. Dar un carácter apasionado, animado, que exprese la pasion; dar expresion, alma á lo que se dice, á lo que se canta. || *Se passionner*, r. Apasionarse, preocuparse por efecto de una pasion; tomar un interes muy vivo por alguna cosa. || Apasionarse, enamorarse, ponerse enamorado.

**PASSIVEMENT**, adv. *pasivmán*. Pasivamente, de un modo pasivo.

**PASSIVETÉ**, f. *pasivté*. Pasividad, estado del alma pasiva y contemplativa.

**PASSIVITÉ**, f. *pasivité*. Fil. Pasividad, sensibilidad interna y externa.

**PASSOIRE**, f. *pasuár*. Pasador, coladero, colador, vasija de tierra ó metal agujereada para colar licores, zumos, salsas, etc. || Pasador, criba de acero.

**PASSOT**, m. *pasó*. Mil. ant. Especie de daga larga.

**PASSULE**, f. *pasúl*. Miel preparada con uvas cocidas. || Pasa secada al sol.

**PASTEL**, m. *pastél*. Pastel, especie de lápiz hecho con colores pulverizados, mezclados ya con moho de plomo, ya con talco, ó incorporados con una agua de goma. || Pastel, lo que está pintado al pastel. || Bot. Pastel, glasto, planta de que se saca una fécula que reemplaza el índigo para algunos usos. || *Orange-pastel*, color anaranjado oscuro.

**PASTENAGUE** ó **PASTENAQUE**, f. *pastenágue*, *pastenác* (e muda). Zool. Pastinaca, pez de mar, del género de las rayas.

**PASTÈQUE**, f. *pastéc*. Sandía, planta semejante al melon, cuyo fruto tambien se llama melon de agua.

**PASTEUR**, m. *pasteur*. Pastor, el que guarda ó posee rebaños. Se usa muy poco, á no ser hablando de los pueblos antiguos y en poesía. || Pastor, se aplica principalmente á Jesucristo, á los obispos y á los curas. || Pastor, título de los ministros protestantes.

**PASTICHE**, m. *pastích*. Pint. Pintura en que se imita la manera de otro, su gusto, su colorido, sus formas favoritas. || Lit. Obra en que se imitan las ideas y el estilo de algun escritor célebre. || Mús. Opera cuya partitura se compone de trozos de varios maestros.

**PASTILLAGE**, m. *pastilláge*. Pastillaje, figuritas pequeñas de azúcar.

**PASTILLE**, f. *pastill*. Pastilla, panecitos de sustancias odoríficas para perfumar el aire de una habitacion quemándolas. || Pastilla, panecitos redondos hechos con aromas, azúcar, jugos de plantas, etc., para comer. || *Pastilles du sérail*, pastillas del serrallo, pastillas que vienen de Constantinopla.

**PASTISSER**, a. *pastisé*. Mesclar, fabricar por una mescla, amasar.

**PASTOPHORES**, m. pl. *pastofór*. Antig. Pastóforos, sacerdotes que llevaban las imágenes de los dioses en camas ó lechos. || Sacerdotes que practicaban la medicina en Egipto.

**PASTORAL, E**, adj. *pastorál*. Pastoril, campestre, que pertenece á los pastores || *Poesie pastorale*, poesía pastoral, la imitacion ó representacion de la vida campestre. || Pastoral, que pertenece á los pastores espirituales. || PASTORAL, m. Liturg. Pastoral, ritual de los obispos. || PASTORALE, f. Pastoral, pastorela, especie de drama bucólico en que los interlocutores son los pastores. || Pastoral, especie de música alegre que imita la de los pastores.

**PASTORALEMENT**, adv. *pastoralmán*. Pastoralmente, como buen pastor. Solo se usa en sentido figurado : *prêcher*, *corriger pastoralement*.

**PASTORELLE**, f. *pastorél*. Pastorela, tañido, canto sencillo y alegre á imitacion de los pastores.

**PASTORICIDES**, m. pl. *pastorisíd*. Pastoricidas, herejes que mataban á los curas y á los obispos en el siglo XVI.

**PASTOSITÉ**, f. *pastosité*. Pastosidad, cualidad de lo pastoso.

**PASTOUR**, m. ant. V. PASTEUR.

**PASTOUREAU, ELLE**, m. y f. dim. de PASTEUR ó PASTOUR. *pasturó*, *él*. Pastorcillo, pastorcilla, zagal, zagala. Solo es voz usada en las canciones ó letrillas.

**PAT**, m. *pá*. Tablas en el juego del ajedrez. Se dice cuando uno de los jugadores tiene al rey en disposicion que si lo mueve lo pone en jaque.

**PÂT**, m. *pá*. Cetr. Gorga, la comida de las aves de altanería.

**PATAC**, m. *patác*. Patac, antigua moneda de Aviñon que valia dos dineros.

**PATACHE**, f. *patáche*. Mar. Patache, antigua embarcacion de guerra destinada al servicio de los buques mayores. || Falucho, falúa, nombre de los barcos de la aduana y del fisco en general, y de los barquichuelos anclados en los rios para percibir los derechos sobre los géneros que entran por la via de agua.

**PATAGON**, m. *patagón*. Patagon, patacon, moneda de plata del peso de una onza. || El que conduce una patache. V. PATACHE.

**PATAGONE**, f. *patagón*. Bot. Patagone, género de plantas de América.

**PATAOUA**, m. *pataúa*. Bot. Pataua, género de palmeras.

**PATAPAN** y **PATAPATAPLAN**, m. *patapán*, *patapataplán*. Onomatopeya con que se representa el sonido del tambor.

**PATAQUE**, f. *patác*. Pataca, moneda efectiva de Batavia, del Brasil, de Berbería y de Turquía.

**PATAQU'EST-CE**, m. *pataqués*. Falta grosera que consiste en hacer sentir una *t* en vez de una *s* ó al contrario en la pronunciacion francesa; es lo que se llama comunmente un *cuir*.

**PATAR**, m. *patár*. Patar, moneda pequeña de Flándes, de Holanda, etc., que puede llamarse ardite, blanca. || fam. *Cela ne vaut pas un patar*, eso no vale un ardite.

**PATARAFFE**, f. *pataráf*. Garrapatos, garabatos, rasgos informes, letras confusas ó mal formadas.

**PATARAS**, m. *paterá*. Mar. Pitarrasa, uña de hierro, hierro de calafate que sirve para pitarrasear.

**PATARASSER**, a. *patarasé*. Mar. Pitarrasear, apretar las costuras del fondo de un buque con la pitarrasa. || n. Servirse de la pitarrasa.

**PATAS**, m. *patá*. Zool. Patas, especie de mono de hocico largo.

**PATATA**, m. *patatá*. Patatá, patatá, onomatopeya del trote de un caballo.

**PATATE**, f. *patat*. Batata, especie de patata que se cultiva en Andalucía y en algunas partes de América.

**PATATRAS**, interj. fam. *patatrá*. Patatras, chas, paf, onomatopeya del sonido de un cuerpo que cae en el suelo con fracaso.

**PATAUD**, m. *pató*. Paton, perrillo que tiene las patas muy gruesas. || fam. *Être à nage pataud*, tomar un chapuzo, chapuzarse en el agua : se dice de un perro al que se ha echado al agua. = Por chanza se dice de un hombre que ha caido en el agua y hace esfuerzos para salirse. En sentido figurado significa estar en la abundancia, nadando en bienes. || s. y adj. Regojo, niño muy gordo. || Persona tosca, un palurdo, un patau.

**PATAUGER**, n. *patogé*. Patullar, chapotear, andar pisando charcos y lodazales.

**PATAVIN, E**, adj. y s. *patavén*, *in*. Paduano, de Padua.

**PATAVINITÉ**, f. [illegible] vinidad, latinidad [illegible] de los habitantes de Padua [illegible] en Tito Livio la [illegible] guaje que [illegible].

**PÂTE**, f. *pát*. Pasta, [illegible] corporada con agua para [illegible] cosa semejante [illegible] masa hecha de una ó diversas [illegible] cadas. || met. Pasta, constitucion [illegible] índole, genio de una persona [illegible] *une bonne pâte d'homme* [illegible] un Juan lanas; y tambien [illegible] de buen corazon, de buen [illegible]

**PÂTÉ**, m. *paté*. Pastel, [illegible] nada ó torta de hojaldre [illegible] do dentro. || Borron de tinta [illegible] cases. || Fort. Pastel, [illegible] exterior. || Impr. Pastel, [illegible] mezcladas y confundidas. || [illegible] *gros pâté*, botija, botijon, [illegible] y pequeño. || *Croûte de pâté*, [illegible] mal cuadro.

**PÂTÉE**, f. *paté*. Cebo, [illegible] á las aves caseras. || Mezcla de [illegible] gajado y pedacillos de carne, [illegible] los perros y gatos.

**PATELET**, m. *patlé*. [illegible]

**PATELIN**, m. *patlén*. Patelin, [illegible] un personaje de la comedia [illegible] diestro y astuto. || Embaucador, [illegible] tuto y artificioso que trata de [illegible] nes á los demas con promesas [illegible]

**PATELINAGE**, m. [illegible] feramalla con que se trata de [illegible] alguno; modales [illegible] de un embaucador.

**PATELINER**, a. *patliné*. [illegible] llevar embaucado á alguno [illegible] obrar á manera de embaucador [illegible] baucar, manejar diestramente [illegible] na con alguna mira interesada.

**PATELINEUR, EUSE**, m. y f. [illegible] eus. Embaucador, embaucadora.

**PATELLE**, f. *patél*. Lapa, [illegible] concha ó molusco. || Patena, [illegible] sagrado de los antiguos.

**PATELLITE**, f. *patelít*. [illegible] patela fósil.

**PATEMMENT**, adv. *patamán*. Patentemente, visiblemente, de [illegible] patente, público.

**PATÈNE**, f. *patén*. Patena, [illegible] grado en forma de plato para [illegible]

**PATENÔTRE**, f. *patenótr*. [illegible] el Padre nuestro ó la oracion [illegible] se enseña á los niños. || Por [illegible] género de oraciones; y así [illegible] *patenôtres*, decir sus oraciones, [illegible] rezo que se tiene por costumbre [illegible] Cuentas, los granos que [illegible] rio y el rosario entero. || Arq. [illegible] no de granitos redondos [illegible] molduras, etc. || Cordon que [illegible] sostener las velas de [illegible] *achevé vos patenôtres*, [illegible] || prov. y met. *Dire la patenôtre* [illegible] rezar como las monas, [illegible] llar.

**PATENÔTRÉ, ÉE**, adj. [illegible] en forma de rosario, con [illegible]

**PATENÔTRERIE**, f. [illegible] da). Rosariería, fábrica, [illegible] rios, casa donde se hacen y [illegible]

**PATENÔTRIER**, m. [illegible] ro, fabricante, comerciante [illegible] torios, etc.

**PATENT, E**, adj. *patán*. [illegible] dente, manifiesto. || *Lettres* [illegible] patentes, en lo antiguo [illegible] en pergamino y selladas con el [illegible]

**PATENTE**, f. *patánt*. [illegible] diploma ó despacho real [illegible] gun empleo ó preeminencia [illegible] que dan algunas cofradías [illegible] los hermanos. || Patente, [illegible] por las universidades [illegible] semejantes. || Patente, [illegible] impuesta sobre los que [illegible] ó ejercen una industria; y [illegible] de pago de estos mismos [illegible] cho que concede el gobierno [illegible] comercio ó alguna industria. || [illegible] ó certificado de sanidad que se en- los puertos de mar á los barcos que

...NTABLE, adj. patentábl. Que está la patente; que puede someterse al o llamado patente.

...NTÉ, ÉE, adj. patenté. Que paga que está sujeto á pagarla. || Que ha lo, que tiene una patente.

...NTER, a. patanté. Dar ó expedir . || Someter á alguno al pago de pa-

...R, m. páter. El Padre nuestro, la del Padre nuestro ó dominical. || la cuenta gruesa que señala los die- rosario. || *Ne pas savoir son pater*, el cristus ó el abecedario: ser muy ...e. || *Savoir une chose comme son* ...aber muy bien una cosa.

...R, a. y n. paté. Quitar ó sacar un la tierra con la pala. || n. Empastar, los cuerpos.

...RE, f. patér. Pátera, especie de de bronce que usaban los antiguos sacrificios. || Pátera, clavo romano, de cobre dorado para sostener las ...ras de una cama, puerta, venta-

...RNE, adj. patérn. Paterno, pater- pertenece á un padre.

...RNEL, LE, adj. paternél. Pater- erno, del padre, que pertenece al pa- aterno, paternal, que viene del pa- o es de parte del padre.

...RNELLEMENT, adv. paternelmán. lmente, como padre, con amor pa- de un modo paternal.

...RNISER, n. inus. paternisé. Pa- , asemejarse, parecerse á su padre.

...RNITÉ, f. paternité. Paternidad, cualidad de padre.

...UX, EUSE, adj. pateu, eus. Pasto- o, hecho masa, poco cocido, hablan- an. || Pastoso, harinoso, pasado, se las frutas que están poco maduras. || *pâteux*, camino barroso, pesado. || *bouche ó la langue pâteuse*, tener ó la lengua pegajosa, pastosa, como da de una saliva espesa.

...ÉTIQUE, adj. patetic. Patético, que conmueve las pasiones, que ex- el ánimo diversos afectos penetrán- conmoviéndolo.

...ÉTIQUEMENT, adv. pateticmán. mente, de un modo patético.

...ÉTISME, m. patetism. Patetismo, excitar, de conmover los ánimos.

...ICISME, m. inus. patisism. Pati- prostitucion, impudicicia.

...OGÉNÉSIE, f. patogenesí. Med. esis, orígen de las enfermedades, ...as y principios.

...OGÉNÉSIQUE, adj. patogenesic. ésico, perteneciente á la patogene-

...OGÉNIE, f. patogení. Didáct. Pa- , parte de la patología que se ocupa ...macion de las enfermedades. V. No-

...OGÉNIQUE, adj. patogenic. Pato- concerniente á la patogenia.

...OGNOMONIQUE, adj. patognomo- ... Patognomónico, se dice de los sín- que hacen conocer el verdadero ca- de cada enfermedad. || f. Patognomóni- ... de los signos de las pasiones.

...OLOGIE, f. patologí. Patología, la medicina que trata de la natura- las causas y de los síntomas de las ...dades.

...OLOGIQUE, adj. patologic. Pato- perteneciente á la patología.

...OLOGISTE, m. patologist. Patólo- que se ocupa de la patología.

...OMANIE, f. patomaní. Med. Pa- , especie de demencia.

...OPÉE, f. patopé. Lit. Patopeya, mover las pasiones ó de excitar los

...OS, m. pátos. Patos, voz griega ...ifica pasion, y se toma por calor, afectado y fuera de lugar en un dis- curso, en una obra literaria. Solo se usa en el lenguaje burlesco. || Ret. Antiguamente significaba las emociones que el orador ex- cita en los ánimos de los oyentes.

**PATIBULAIRE**, adj. patibulér. Patibu- lario, que tiene relacion con el patíbulo ó la horca, que está destinado á servir de horca. || *Place* ó *rue patibulaire*, plaza ó calle de los ajusticiados, de los ahorcados, en donde se ahorca á los reos. || *Avoir la mine, la fi- gure, la physionomie patibulaire*, tener cara de ahorcado ó ahorcando, es decir, de facineroso, de hombre perverso.

**PATIEMMENT**, adv. pasiamán. Pacien- temente, con paciencia, con sufrimiento.

**PATIENCE**, f. pasiáns. Paciencia, virtud que hace soportar las adversidades, los do- lores, las injurias, etc., con resignacion y sin murmurar. || Paciencia, tranquilidad, calma, sosiego con que se espera lo que se desea. || Paciencia, constancia, perseveran- cia en hacer una cosa. || Bot. Paciencia, planta que se llama tambien romaza, y cuyas hojas son semejantes á las de la acedera. || *Exercer la patience de quelqu'un*, probar ó tentar la paciencia de alguno. || *Patience*, adv. ó interj. Paciencia, tomar paciencia. || Tambien se dice por amenaza: *patience! j'aurai mon tour*.

**PATIENT, E**, adj. pasián. Paciente, su- frido, que sufre con moderacion y sin mur- murar las adversidades, las injurias, etc. || Paciente, que soporta, que tolera con bon- dad los defectos, las importunidades de sus inferiores. || Paciente, que aguarda y perse- vera con tranquilidad. || Didáct. Paciente, que recibe la impresion de un agente físico. || PATIENT, m. Didáct. Paciente, el sujeto sobre que se ejerce la accion. Dícese por oposicion á *agent*, agente. || PATIENT, E, m. y f. Paciente, ajusticiado, reo, individuo condenado á la pena capital. || Paciente, el que está entre las manos de los cirujanos y sufre una operacion dolorosa.

**PATIENTER**, n. pasianté. Tener pacien- cia, aguardar con paciencia.

**PATIME**, f. patím. Bot. Patima, género de plantas de la Guyana.

**PATIN**, m. patén. Chapin, chanclo que usaban solo las mujeres. || Patin, cierto cal- zado sobre un filo de acero para correr en- cima del hielo. || Solera, en la carpintería.

**PATINABLE**, adj. patinábl. Patinable, que puede patinarse ó ser patinado. || Pati- nable, sobre lo cual puede patinarse.

**PATINE**, f. patín. Patina, especie de barniz duro que se forma en las estatuas de bronce antiguas.

**PATINER**, a. patiné. Manosear, tocar indiscretamente una cosa hasta echarla á perder. || Manosear, tentar los brazos, las manos de las mujeres. En esta acepcion es vulgar y antiguo. || n. Patinar, correr pati- nes encima del hielo.

**PATINEUR**, m. patineur. Manoseador, sobon, tenton, el amigo de sobar las manos y los brazos de las mujeres. Esta palabra es vulgar y libre. || Patinador, el que corre patines encima del hielo.

**PÂTIR**, n. patír. Padecer, pasar traba- jos, miseria, etc. || Padecer, pagar, llevar la pena, el castigo. || Padecer, sufrir menoscа- bo, alteracion, etc., los bienes, la salud.

**PATIRA**, m. patirá. Terciopelo vuelto que usan los sastres cuando emplean las bor- millas de hierro. || Patira, especie de cerdo de América.

**PATIRAGE**, m. patirdge. Pasturaje, an- tiguo derecho de pastura.

**PÂTIS**, m. patí. Dehesa, terreno desti- nado para el pasto de ganados. V. PACAGE.

**PÂTISSAGE**, m. patisage. Pasturaje, de- recho de pastura. || Amasamiento, accion de amasar.

**PÂTISSÉ, ÉE**, adj. patisé. Empañado, deslustrado, sin brillo, sin hermosura.

**PÂTISSER**, n. patisé. Hacer cosas de pasta, trabajar en obras ó cosas de pastele- ría, hacer pastas.

**PÂTISSERIE**, f. patisrí. Pasta prepara- da y sazonada que se hace cocer comun- mente al horno. || Pastelería, arte de hacer pastas. || Pastelería, paraje en que se hacen pasteles ó cosas de pasta.

**PÂTISSIER, ÈRE**, m. y f. patisié, ér. Pastelero, el que hace y vende pasteles ó cosas de pasta.

**PATISSOIR**, f. patisuá. Gros de Tours ó grodetur, tela de seda que viene de la China.

**PÂTISSOIRE**, f. patisuár. Amasador, mesa ó tablero con rebordes para hacer la pasta ó pastelería.

**PATOIS**, m. patuá. Patuá, lengua cor- rompida que habla el vulgo y es peculiar de ciertas provincias ó comarcas, donde solo la gente culta habla la general del reino ó na- cion.

**PATOISER**, a. y n. patuasé. Hablar pa- tuá ó imitar el patuá.

**PATOLLES**, f. pl. patól. Patola, tela de seda de Surate.

**PÂTON**, m. patón. Pasta, masa ó bollo con que se ceban los capones, pollos, etc. || Art. Capillo, pedazo de badana que refuer- za por dentro la punta del zapato. || Masa de pasta que agita con fuerza el panadero cuan- do amasa.

**PATORÉALE**, f. patoreál. Pato real, es- pecie de pato de Chile, cuyo distintivo es una cresta colocada en la cabeza.

**PATOUILLE**, f. patúll. Máquina hidráu- lica que sirve parar separar la tierra de la mina de hierro.

**PATOUILLEUR**, m. patullear. Obrero que en las minas maneja la máquina que se- para la tierra de la mina de hierro.

**PATOUILLEUSE**, adj. f. patulleus. Mar. Embarazosa. Dícese *mer patouilleuse*, mar gruesa para las embarcaciones menores.

**PATOUR**, m. inus. patúr. Petardista, el que anda viendo cómo engañar.

**PATRAQUE**, f. patrác. Carraca, cascajo, máquina vieja, inservible, mal hecha ó de poco valor. || met. y fam. Zancarron, perso- na débil y trabajada por los años, etc. || Va- riedad de patata.

**PATRAT**, m. patrá. Heraldo de armas. || *Père patrat*, el jefe de los feciales romanos.

**PÂTRE**, m. pátr. Pastor, el que pastorea ó guarda los rebaños, ya sean bueyes, ca- bras, etc.

**PATRES (AD)**, expresion latina que se usa en estas locuciones familiares. *Aller ad patres*, irse al otro barrio, morir. *Envoyer ad patres*, enviar al otro barrio, quitar la vida á alguno.

**PATRIARCAL, E**, adj. patriarcál. Pa- triarcal, que pertenece á la dignidad de pa- triarca. || Patriarcal, que tiene relacion con los antiguos patriarcas, y que recuerda la sencillez de sus costumbres.

**PATRIARCALEMENT**, adv. patriarcal- mán. Patriarcalmente, como un patriarca, de una manera patriarcal.

**PATRIARCAT**, m. patriarcá. Patriar- cato, dignidad de patriarca; territorio so- metido á su jurisdiccion; tiempo durante el cual un patriarca ha ocupado la silla.

**PATRIARCHE**, m. patriárche. Patriarca, nombre dado á muchos santos personajes del antiguo Testamento, como Noé, Abra- ham, etc. || Patriarca, se dice de un anciano que vive rodeado de una numerosa familia; y tambien de un anciano que tiene una pre- sencia venerable. || Patriarca, título de dig- nidad eclesiástica, superior á la de los arzo- bispos. || Patriarca, fundador de algunas ór- denes religiosas.

**PATRICE**, m. patrís. Patricio, título de dignidad instituido por Constantino, la cual constituia al que estaba revestido de ella en el primer rango despues de los Césares en el Imperio.

**PATRICIAT**, m. patrisiá. Patriciado, dignidad de patricio.

**PATRICIEN, NE**, adj. y s. patrisién, én. Patricio, entre los Romanos los que descen- dian de los primeros senadores instituidos por Rómulo. || Patricio, noble, de sangre ilustre.

**PATRIE**, f. patrí. Patria, el lugar, ciu- dad, nacion, país, etc., en que se ha nacido. || met. Patria, la nacion de que se forma parte, la sociedad política á que se pertenece || *Le céleste patrie*, la patria celestial, el cielo.

**PATRIMES y MATRIMES**, m. pl. *patrím, matrím*. Antig. Pátrimos y mátrimos, aquellos cuyo padre y madre vivian aun.

**PATRIMOINE**, m. *patrimuán*. Patrimonio, los bienes que el hijo tiene heredados de su padre ó abuelos. || Patrimonio, se dice mas generalmente de los bienes de familia, por oposicion á bienes adquiridos.

**PATRIMONIAL, E**, adj. *patrimonidl*. Patrimonial, que pertenece al patrimonio, que es del patrimonio.

**PATRIMONIALISER**, a. *patrimoniali-sé*. Patrimonializar, hacer un bien patrimonial.

**PATRIMONIALITÉ**, f. *patrimonialité*. Patrimonialidad, cualidad de lo que es patrimonial.

**PATRIOTE**, m. y f. *patriót*. Patriota, el ó la que ama á su patria y procura serle útil.

**PATRIOTIQUE**, adj. *patriotic*. Patriótico, patrio, perteneciente al patriota y á la patria. || Don *patriotique*, donativo hecho á la patria.

**PATRIOTIQUEMENT**, adv. *patrioticmán*. Patrióticamente, con patriotismo, como verdadero patriota.

**PATRIOTISME**, m. *patriotism*. Patriotismo, amor de la patria; civismo noble y generoso.

**PATRISTIQUE**, f. *patristic*. Patristica, ciencia de las cosas relativas á los antiguos Padres de la Iglesia.

**PATROCINER**, n. *patrosiné*. Patrocinar, predicar, perorar, hablar largamente y hasta la importunidad para persuadir. Se junta ordinariamente al verbo *prêcher*; pero no se usa ya mas que en el lenguaje jocoso. || a. ant. Patrocinar, defender en justicia.

**PATROCLE**, m. *patrócl*. Patroclo, amigo de Aquiles, muerto por Héctor en el sitio de Troya.

**PATROLOGIE**, f. *patrologí*. Patrologia, conocimiento de los escritos de los Padres de la Iglesia.

**PATRON, NE**, m. y f. *patrón, ón*. Patron, patrono, se aplica al santo ó santa cuyo nombre lleva una persona; al santo titular á cuya invocacion está dedicada una iglesia, y al que un país, una ciudad, una cofradía, una comunidad invocan como su protector. || Patrono, padrino, protector, hombre poderoso, bajo cuya proteccion se pone uno. || fam. Patron, el dueño de una casa. || Patron, el que manda á los marineros de una canoa, de una chalupa, ó de un barco muy pequeño. || Patron ó patrono, entre los Romanos el amo con relacion al liberto. || Patrono, prelado ó lego que tenia derecho de nombrar para un beneficio. || *Patronne* ó *galère patronne*, patrona, nombre de la galera que tiene la precedencia despues de la capitana. || *Cardinal patron*, primer ministro en la corte romana. || PATRON, m. Patron, modelo, dechado sobre el cual trabajan muchos artesanos.

**PATRONAGE**, m. *patronáge*. Patronato, derecho de nombrar para un beneficio. || Patronato, patronazgo, proteccion de un poderoso concedida á un hombre de inferior condicion. || Pintura hecha con patrones ó cartones calados.

**PATRONAL, E**, adj. *patronál*. Patronal, que pertenece al patron ó patrono, al santo tutelar.

**PATRONAT**, m. *patroná*. Patronato, derecho de un patron ó patrono sobre sus esclavos. || Patronato, dignidad del patrono de una fundacion ú obra pia, sus derechos, etc. || Patronato, proteccion, defensa.

**PATRONISER**, a. *patronisé*. Patronizar, conducir un barco como patron.

**PATRONNER**, a. *patroné*. Patronar, pintar los naipes con un patron recortado.

**PÂTRONNET**, m. vulg. *patroné*. Mozo de pastelería ó de fonda.

**PATRONNEUR**, m. *patroneur*. Dibujante, el que hace ó dispone los dibujos en el papel.

**PATRONYMIQUE**, adj. *patronímic*. Patronímico, se dice del apellido de todos los descendientes de una raza y sacado del nombre del padre comun. *Eacides*, *Héraclides* son nombres patronímicos.

**PATROUILLAGE**, m. *patrulláge*. Chapoteada, salpicadura, mancha de agua sucia ó de cieno que salta á la ropa chapoteando.

**PATROUILLE**, f. *patrúll*. Patrulla de soldados. || Ronda del resguardo ó de la policía. || *Faire patrouille*, patrullar, andar de patrulla. || Rondar, andar de ronda.

**PATROUILLER**, n. *patrullé*. Patrullar, andar de patrulla. || Chapotear, patullar, agitar el agua con las manos, los piés ú otra cosa. || a. Manosear, sobar alguna cosa, como la carne, las frutas.

**PATROUILLIS**, m. *patrullí*. V. PATROUILLAGE. || Cenagal, lamedal, pantano. V. BOURBIER.

**PATTE**, f. *pát*. Pata, pié de los animales cuadrúpedos que tienen dedos, pezuña, uñas ó garras, y de todas las aves á excepcion de las de rapiña. Tambien se dice del cangrejo y otros animales acuáticos y de algunos insectos. || fam. Zampa, zarpa, la mano del hombre. || Pié, asiento de una copa, de un vaso y de otros varios utensilios. || Mar. *Les pattes d'une ancre*, las uñas de un áncora. || Grapa, pedazo de hierro agudo por un extremo y llano por el otro. || Pauta, instrumento para rayar el papel de música. || Pata, oreja, pedazo de tela unido por un extremo al vestido de que forma parte, teniendo en el otro ya un boton, ya un ojal. || Bot. Pata, raíz de ciertas plantas que tiene alguna semejanza con la pata de un animal. || *Pattes des raies d'une roue*, espiga de los rayos ó radios de una rueda. || *Faire patte de velours*, esconder las uñas el gato al dar la pata, en sentido propio y en el figurado: ocultar bajo un exterior afable el poder ó las intenciones de hacer daño. || *Marcher à quatre pattes*, ir en cuatro piés, andar á gatas. || fam. *Mettre la patte sur quelqu'un*, poner los piés sobre alguno: pegarle, maltratarle. || *Etre entre les pattes de quelqu'un*, estar bajo el dominio de alguno, hallarse entre sus zarpas. || met. y fam. *Donner des coups de patte*, *un coup de patte à quelqu'un*, tirarle dentelladas á alguno, zaherirle. || *Graisser la patte à quelqu'un*, untar la mano á alguno: sobornar, cohechar.

**PATTÉ, ÉE**, adj. *paté*. Blas. Patado, que tiene las extremidades en forma de pata.

**PATTE-DE-LOUP**, f. *patdelú* (e muda). Alisador, instrumento para alisar el papel granujiento.

**PATTE-D'OIE**, f. *patdué*. Pata de ganso, punto de reunion de muchos caminos, de varias calles divergentes. || Arrugas divergentes que se forman en el ángulo exterior de cada ojo en las personas que van envejeciendo. || Bot. Pié de gallo, cenigio, anserina de las tapias, planta de la familia de las heriáceas.

**PATTE-PELU**, m. *patpelú* (e muda). Alpargatilla, zorrastron, hipocriton, el que trata solo de buscar sus intereses bajo apariencia de dulzura y hombría de bien.

**PATTER**, a. *paté*. Rayar papel de música con una pauta.

**PATTIÈRE**, f. *patiér*. Trapera, la mujer que recoge trapos para hacer papel.

**PATTU, E**, adj. *patú*. Patudo, plumipedo, calzado, que tiene piernas ó patas muy gruesas. Solo se usa hablando de ciertas aves que tienen pluma hasta en los piés. || *Pigeon pattu*, palomo calzado, paloma tripolina.

**PÂTURAGE**, m. *paturáge*. Pasto, paraje donde pastan los ganados. || Pasto, derecho de aprovechamiento de yerbas. V. PACAGE. || Pasturaje, pastura, yerba, el mismo pasto.

**PÂTURE**, f. *patúr*. Pastura, el pasto ó la yerba de que se alimentan los animales, las aves y aun los pescados. || Pasto, lugar en que crece la yerba destinada á la pastura. || met. Pasto, alimento del alma ó del espíritu. || Pasto, comida, todo lo que puede servir de alimento al hombre. || Pabulo, incentivo, cebo, materia en que se ceban las pasiones.

**PÂTUREAU**, m. *paturó*. Pasto, lugar de pastura. Es poco usado.

**PÂTURER**, n. *paturé*. Pacer, pastar, comer los ganados la yerba del campo.

**PÂTUREUR**, m. *patureur*. Mil. Forrajero, [illegible], el [illegible] forrajear.

**PATURIN**, m. [illegible] clase de plantas gramíneas [illegible] pasto.

**PATURON**, m. *paturón*. [illegible] parte interior de la pata de [illegible]

**PATURSA**, f. [illegible] nombre dado por [illegible] á la [illegible] medad venérea.

**PAUCIFLORE**, adj. [illegible] floro, que tiene pocas flores.

**PAUCITÉ**, f. poco us. [illegible] escasez de una cosa.

**PAUCRIN**, m. [illegible] llero en los puertos de mar.

**PAUFORCHAU**, m. [illegible] para tender y sostener las [illegible]

**PAUL**, m. *pól*. Paolo, [illegible] na de Italia que valia [illegible] llon.

**PAULETTE**, f. *polét*. [illegible] se cobraba en Francia á los [illegible] ticia y hacienda por [illegible]

**PAULETTER**, n. *poleté*. [illegible] to llamado *paulette*.

**PAULMÉE**, f. ant. *polmé*. [illegible] da de la mano extendida.

**PAUME**, f. *póm*. Palma, [illegible] rior de la mano. || Pelota, el [illegible] na pelota ó el instrumento [illegible] ga. || El local ó sitio donde [illegible] mo, medida formada por la [illegible] cerrado. || *Jeu de courte paume* [illegible] lota cerrado. || *Jeu de longue paume* [illegible] de pelota abierto y con pala.

**PAUMELLE**, f. *pomél*. [illegible] de cebada muy comun en [illegible] cias. || Gozne de puerta. || [illegible] los cabestreros cuando [illegible] para secar el grano á las [illegible] medida de longitud igual [illegible] extendida. || Caz. Especie de [illegible] pone una ave viva para servir [illegible] Mar. V. PAUMET.

**PAUMER**, a. *pomé*. [illegible] pos ó bofetones á uno. || [illegible] palmos. || *Se paumer*, r. [illegible] *gueule*, batirse. || n. Mar. [illegible] fuerza de brazos.

**PAUMET**, m. *pomé*. Mar. [illegible] dal para coser las velas.

**PAUMETTON**, m. ant. [illegible] de la mano.

**PAUMIER**, m. *pomié*. [illegible] go de pelota. || Pelotero, el que [illegible] hacer pelotas.

**PAUMILLON**, m. *pomillón*. [illegible] parte del arado en que se [illegible] ros.

**PAUMOYER**, a. [illegible] vidamente una cosa.

**PAUMURE**, f. *pomúr*. [illegible] asta de corzo, ó palesa. V. [illegible]

**PAUPÉRISME**, m. [illegible] mo, estado del pobre [illegible] pobres alimentados por el [illegible]

**PAUPIÈRE**, f. *popiér*. [illegible] la piel movible que cubre el ojo [illegible] necida de los pelillos [illegible] niel. *Fermer la paupière*, [illegible] párpados, dormir; y [illegible] *mer les paupières à quelqu'un* [illegible] hasta la muerte, cerrar los [illegible]

**PAUPIETTES**, f. pl. [illegible] de carne albardadas con [illegible]

**PAUPOIRE**, f. *popuár*. [illegible] metal fundido sobre la que [illegible] de las botellas.

**PAUSAIRE**, m. *posér*. Mar. [illegible] de las galeras dirigia los [illegible] chusma. || *Pausaires*, pl. [illegible] los lechos en las fiestas de [illegible]

**PAUSE**, f. *pós*. Pausa, [illegible] mentánea de una accion. [illegible] tervalo de tiempo en que [illegible] ó tocar. || Pausa, silencio [illegible] una medida completa. || [illegible] pausa, silencio del valor [illegible] borde en que hace el [illegible] pina.

**PAUSER**, n. *posé*. Mús. [illegible] se en alguna silaba [illegible]

CAPE, f. posicdp. Pansicapo, ins- de suplicio usado entre los Ale- por medio del cual quedaban pri- comer los reos condenados a muer- al, instrumento que sirve para te- as las caballerias á fin de herrarlas s. || Mordaza que se pone á los ne-

MÉNIE, f. posimení. Med. Pausi- esacion de las reglas en las muje-

EAS, m. pl. poicós. Poteas, tela n de las Indias.

ONNIER, m. ant. V. BOURREAU.

RE, adj. póvr. Pobre, necesitado, oso, indigente, falto de lo necesa- re, que no tiene con que vivir se- nado ó condicion. || Pobre, escaso, un pais estéril ó cuyos habitan- iserables, y de los establecimien- enen rentas muy módicas. || Pobre, , ruin, miserable, malo en su gé- bre, sugeto corto de ánimo y de sin mérito. || *Un pauvre homme*, hombre : un hombre falto de in- de pocos alcances. *Un homme* n hombre pobre : un hombre in- necesitado. || PAUVRE, m. Pobre, pordiosero. || *Pauvres honteux*, ergonzantes.

REMENT, adv. povremán. Pobre- ecesamente, con pobreza, con es- n la indigencia, en la pobreza.

ESSE, f. povrés. Mujer pobre, igente. Es familiar.

ET, TE, m. y f. dim. de PAUVRE. Pobrecito, pobrecillo. Se dice por acion, por afecto.

RETÉ, f. povreté. Pobreza, indi- ecesidad, carencia de las cosas ne- á la vida. || Pobreza de una lengua, de ideas. Se dice ademas en otras ritruales y morales. || Pobreza, lla- a comun, llana, mala en las obras || prov. *Pauvreté n'est pas vice*, no es vileza.

GE, m. poedge. Empedrado, em- , obra hecha en el piso con pie- ldosas.

ME, m. pavám. Bot. Pavamo ó sal- rbol de América que da una espe- pela.

NAGE, m. ant. parandge. Orgullo, on.

NE, f. paván. Pavana, baile y to- ada antiguamente.

NER (SE), r. pavané. Pavonear, se, andar con afectada gravedad, rgullosamente como el pavo real al su cola. || Ponerse ufano, ó hacer n de alguna cosa, de su gallardia readas.

NIER, m. pavanié. El que baila la y segun algunos, el que se pavo-

TE, m. pavát. Bot. Pavato, arbus- Indias.

, m. pavé. Piedra, baldosa, losa, ladrillo, mármol ú otra materia aldosar ó empedrar. || Empedrado, suelo ó piso cubierto con losas, baldosas, ladrillo, etc. || prov. *Etre pavé*, estar en la calle : hallarse sin al paraje donde recogerse ; y tam- r su empleo ó destino, no tener . || met. *Battre le pavé*, azotar las correr una ciudad sin objeto fijo y pasar el tiempo, callejear, ir calle- *Tâter le pavé*, tentar el vado. || *Le pavé*, la acera. *Prendre le haut* tomar la acera ; y figuradamente, rse, levantar el gallo. || *Cheval qui pavé*, caballo que se siente de los pies. *Mettre quelqu'un sur le pavé*, alguno á la calle, ponerle en la ca- *Batteur de pavés*, azotacalles, paseante sin ocupacion ni destino.

, ÉE, adj. pavé. Enlosado, embal- dosado. || met. *Les rues sont pavées* *…ents*, las calles hierven, están lle- [illegible]ierias de pobres. || *Les rues en sont* …s calles hierven en, están llenas, do. Se dice hablando de cosas de grande abundancia en una ciudad.

|| met. y fam. *Avoir le gosier pavé*, tener la boca empedrada, hablando del que come la comida abrasando.

PAVÉE, f. pavé. Digital purpúrea, planta.

PAVEMENT, m. pavmán. Soladura, accion de solar ó embaldosar, y los materiales usados para el efecto.

PAVER, a. pavé. Solar, empedrar, enlosar, enladrillar una calle, un patio, una sala, etc.

PAVESADE, f. pavesád (e muda). Mar. Empavesada, tela que se extendia á lo largo de una galera el dia de un combate, para impedir á los enemigos la vista de lo que se hacia en el puente.

PAVESSIER ó PAVOISIER, m. pavesié, pavuasié. Mil. ant. Pavesero, soldado armado de un gran paves para cubrirse á sí mismo y á un arquero.

PAVEUR, m. paveur. Empedrador, solador, el que tiene por oficio empedrar las calles, caminos, etc.

PAVIDE, adj. pavíd. Tímido, que se asusta fácilmente.

PAVIE, m. paví. Bot. Pavía, variedad de melocoton ó abridor. || Pavía, especie de castaño del Brasil.

PAVILLON, m. pavillón. Pabellon, especie de tienda portátil que se usaba en otro tiempo en los campamentos. || Pabellon, especie de colgadura para adorno de camas, de tronos, etc. || Pabellon, adorno de estofa con que se cubre el tabernáculo en algunas iglesias. || Pabellon, cubierta de esta forma con que se cubre el copon. || Pabellon, edificio por lo comun aislado y de forma cuadrada con una sola cubierta, especialmente cuando forma parte de otra casa ó está contiguo á ella. || Pabellon, la extremidad ensanchada de una trompa, de un cuerno de caza, de un embudo, etc. || Mar. Pabellon, bandera en las naves de guerra. || Pabellon, toldo que forman en los jardines los emparrados y glorietas. || Torres, chapiteles en los ángulos de los palacios ú otros edificios públicos. || *Mât de pavillon*, asta de bandera. || met. y fam. *Baisser le pavillon*, *baisser pavillon*, amainar velas : ceder de su derecho, reconocerse inferior á otro.

PAVILLONNÉ, ÉE, adj. pavilloné. Blas. Empabellonado : se dice de una corneta ú otro instrumento que tiene el pabellon de distinto esmalte que el resto.

PAVILLONNER, a. pavilloné. Gastar chanzas ó bromas, decir chistes. Es vulgar.

PAVOIS, m. pavuá. Paves, escudo grande que usaban los antiguos. || Mar. Empavesada, faja de paño con que se adornan las cordas y las cofas de los buques en ciertas solemnidades y los dias de combate.

PAVOISER, a. pavuasé. Mar. Empavesar, adornar un buque con sus paveses y pabellones.

PAVOISEUR, m. pavuaseur. Mil. ant. Pavesero, soldado armado de paves.

PAVOLO, m. pavólo. Pavolo, moneda de los [illegible] pontificios, equivalente á dos reales [illegible].

PAVONE, f. pavón. Zool. Pavona, género de crustáceos. || Bot. Pavona, género de plantas malváceas.

PAVONESSE, f. ant. pavonés. Pava, hembra del pavo.

PAVONIE, f. pavoní. Zool. Pavonia, género de mariposas.

PAVORIENS, m. pl. pavorién. Mil. rom. Pavorianos, sacerdotes del dios Pavor.

PAVOT, m. pavó. Bot. Adormidera, género de plantas que comprende varias especies, y entre ellas la amapola. || *Pavot coquelicot*, amapola.

PAYABLE, adj. peyábl. Pagadero, que debe ser pagado en ciertos plazos ó á ciertas personas.

PAYANT, E, adj. peyán. Pagador, que paga ó entra á costear alguna cosa.

PAYE ó PAIE, f. pé. Paga, sueldo que se da a los militares y empleados públicos. || Paga, jornal, salario de los obreros. || Paga, accion de pagar y satisfacer. || *Morte paye*, paga muerta, la que se da á una persona que no hace servicio ; y tambien se dice del individuo que la disfruta. || *Haute-paye*, el sobresueldo ó sobreprest que goza algun militar ; y tambien el que le goza.

PAYÉ, ÉE, adj. peyé. Pagado, satisfecho. || met. y fam. *Etre bien payé d'une injure*, llevar su merecido, salir bien castigado de la ofensa que se ha hecho ó dicho á otro. *Etre bien payé de sa peine*, quedar bien recompensado de su cuidado, trabajo, etc.

PAYELLES, f. pl. peyél. Payelas, calderas grandes usadas en la refinacion de la sal y del azúcar.

PAYEMENT, m. pemán. Pagamento, paga, pago, lo que se da para pagar una deuda. || Pagamento, paga, solventacion, accion de pagar ; plazo en que se paga.

PAYEN, NE, adj. y s. payén, én. V. PAIEN. || PAYEN, m. Cárcola por medio de la cual se mueve la rueda del alfarero.

PAYER, a. peyé. Pagar, solventar, satisfacer una deuda. || Pagar, adeudar, estar sujeto á pagar derechos, hablando de géneros ó mercaderías. || met. Pagar, recompensar. || Pagar, compensar, indemnizar, resarcir. || Obtener, conseguir una cosa á costa de algun sacrificio : *payer de sa vie un instant de plaisir*. || Castigar, imponer la pena merecida. || Pagar, expiar, llevar ó sufrir la pena ó el castigo por alguna culpa ó falta : *payer de sa tête un grand forfait*. || Pagar, corresponder, retribuir con igual moneda. || Corresponder al afecto, cariño ó á algun beneficio. || *Payer comptant*, pagar de contado. || *Payer de sa personne*, exponer su vida en un lance de riesgo, portarse con bizarría. || met. *Payer d'audace*, *d'effronterie*, sostener con valor, con descaro, una mentira ó una sinrazon. || met. *Payer le tribut à la nature*, morir. || prov. *Payer en monnaie de singe*, *en gambades*, burlarse del acreedor, y no pagarle. || *Payer en chats et en rats*, pagar con tronchitos y palitos, con trastos viejos, con arambeles : pagar muy mal. || *Se payer de raisons*, pagarse de razones, satisfacerse con las razones que otro alega.

PAYEUR, EUSE, m. y f. peyeur, eus. Pagador, el ó la que paga. || Pagador, el que paga los sueldos, rentas, pensiones, etc.

PAYS, m. peí. País, territorio, comarca, region, extension que forma un reino, provincia, Estado, etc. || Paisano, compatriota, el que es del mismo pueblo, provincia ó nacion ; y así se dice : *mon pays*, *ma payse*, mi paisano, mi paisana. || País, patria, el suelo patrio, el lugar en que uno ha nacido. Se toma por el Estado, la provincia, la comarca ó el pueblo donde nació. || *Gagner pays*, ganar terreno : avanzar, ir adelante. || *Battre du pays*, tocar muchas teclas : tratar muchos asuntos diferentes. || prov. *Savoir la carte du pays*, conocer el terreno que se pisa. || vulg. *Tirer pays*, huir. || *Vider le pays*, poner tierra en medio : escaparse. || met. *À vue de pays*, á ojo de buen varon, de buen cubero. || prov. *Etre en pays de connaissance*, estar entre amigos, entre conocidos, etc. || *Faire voir du pays à quelqu'un*, dar que hacer á alguno, acarrearle trabajo.

PAYSAGE, m. peiságe. Paisaje, pais, extension de terreno que se ve á la simple vista. || País ó paisaje, pintura en que están representadas villas, lugares, fortalezas, etc.

PAYSAGISTE, m. peisagist. Pintor de paisajes, paises ó campiñas.

PAYSAN, NE, m. y f. peisán, án. Labrador, en el sentido de aldeano, lugareño, hombre del campo. || adj. Rústico, agreste, patan, campesino. Suele decirse por desprecio : *c'est un paysan*, *il a un air paysan*, es un palurdo, etc. || *À la paysanne*, loc. adv. A lo aldeano, á lo campesino, al modo de la gente del campo. || *Paysanne*, f. La paisana, el villano, danza de aldeanos.

PAYSANNERIE, f. fam. peisanerí (e muda). Rusticidad, tosquedad, grosería.

PÉAGE, m. peáge. Peaje, derecho que pagan los pasajeros al pasar por un camino, puente, rio, etc. || Portazgo ó pontazgo, lugar en que se paga el derecho de peaje.

PÉAGER, m. peagé. Peajero, el que cobra los derechos de peaje.

PÉAGIER, m. peagié. Peajista, el que está sujeto al peaje.

PEAU, f. pó. Piel, pellejo, membrana

que cubre exteriormente todas las partes del cuerpo del hombre y de los animales. Hablando del hombre se dice con mas propiedad cútis. || Cuero, pellejo, la piel ya quitada del cuerpo de los animales, antes de adobar ó despues. || fam. Pellejo, partes de la piel que están flojas ó colgantes. || Piel, pellejo, la persona, el individuo mismo. || fam. *Avoir soin de sa peau*, cuidar la pelleja, conservar el individuo. || Piel, despojo de animal, el pellejo curado y adobado. || Pellejo, pergamino que usaban antiguamente para la escritura. || Pellejo, piel que cubre algunas frutas: hollejo de las uvas; telilla de la cebolla. || Telicula, nata, costra ó capa que se forma sobre las sustancias líquidas. || *Faire bon marché de sa peau*, no estimar la vida, jugársela, exponerla. || met. y fam. *Crever dans sa peau*, astillar, reventar de coraje. || *Être gras à pleine peau*, no caber en el pellejo de gordo. || *N'avoir que la peau et les os*, estar en los huesos, en la espina: estar muy flaco. || *Contes de Peau-d'âne*, cuentos de niños ó de viejas, consejas; es lo mismo que *contes de ma mère l'oie*. V. MÈRE. || *Peau de chien de mer*, lija para alisar madera.

**PEAU-DE-CHIENNER**, a. *podchiené*. Art. Lijar, pulimentar, alisar con la lija, con la piel de perro marino.

**PEAUSSERIE**, f. *poseri* (e muda). Pellejeria, casa, tienda ó barrio donde se adoban y venden los pellejos. || Pellejería, comercio, oficio de pellejero.

**PEAUSSIER**, m. *posié*. Pellejero, zurrador, artesano que adoba las pieles y corambres, y el que comercia en ellas. En el último sentido tambien puede decirse en femenino *une peaussière*. || Úsase igualmente como adjetivo: *un marchand peaussier, une marchande peaussière*.

**PEAUTRAILLE**, f. *potráll*. Canalluza, gente soez, despreciable, populacho vil. Es voz antigua y vulgar.

**PEAUTRE**, m. ant. *pótr*. No se usa mas que en la locucion siguiente. *Envoyer quelqu'un au peautre, aux peautres*, enviar á uno á escardar: despedirlo con desprecio y bruscamente.

**PEAUTRÉ, ÉE**, adj. *potré*. Blas. Timonado, se dice de los pescados cuya cola es de diferente esmalte.

**PEC**, adj. m. *péc*. Frescal, fresco, recien salado, hablando solo de arenques.

**PÉCARI**, m. *pecári*. Zool. Pécar, tajasú, lechon montés de América, que tiene en el lomo una especie de ombligo.

**PECCABLE**, adj. *peccábl*. Pecable, que puede pecar, que es capaz de pecar.

**PECCADILLE**, f. *peccadill*. Pecadillo, pecado pequeño, culpa ó falta leve.

**PECCANT, E**, adj. *peccán*. Med. Pecante, que peca: los humoristas dan este epíteto á los humores cuando son de mala calidad ó en cantidad excesiva. Equivale á vicioso, y así se dice mas comunmente *humeurs vicieuses* que *humeurs peccantes*.

**PECCATA**, m. *peccáta*. Asno, en los combates públicos de animales.

**PECCAVI**, m. *peccávi*. Señor, pequé, he pecado. Voz latina con que se expresa la confesion y arrepentimiento que hace delante de Dios el que está en el último trance. Es lo mismo que verdadera contricion, vivo arrepentimiento; y se usa solo en estas locuciones familiares: *un bon peccavi, faire son peccavi, etc. Il ne faut qu'un bon peccavi pour se réconcilier avec Dieu.*

**PÊCHA**, f. *peca*. Peca, moneda de las Indias que equivale á unos tres maravedís.

**PÊCHE**, f. *péche*. Albérchigo, durazno, abridor, melocoton, fruta exquisita, suculenta y sana. || Pesca, arte, ejercicio, accion de pescar || Pesca, derecho de pescar. || Pesca, el mismo pescado ó peces cogidos. || Tambien se dice *pêche des perles, du corail, des débris d'un vaisseau, des marchandises, etc.*, pesca de perlas, de coral, de mercancías, etc.

**PÉCHÉ**, m. *peché*. Pecado, hecho, dicho ó deseo contra la ley divina, transgresion voluntaria de los preceptos de Dios. || Pecado, exceso de alguna cosa. || *Gros péché*, pecado gordo, grave. || *Péché mignon*, pecado de costumbre; la murmuracion es el pecado *mignon* de muchas personas. || met. y fam. *Ils se sont dit les sept péchés mortels*, se han dado los nombres de las pascuas, se han puesto de oro y azul. || *Rechercher les vieux péchés de quelqu'un*, averiguar la vida pasada de alguno con designio de desacreditarle. || *Mettre quelqu'un au rang des péchés oubliés*, tener olvidada á una persona, no pensar mas en ella.

**PÉCHER**, n. *peché*. Pecar, faltar á la ley de Dios y á sus preceptos. || Pecar, faltar absolutamente á cualquier obligacion, á las reglas generales del arte ó á las de buena política. || Med. Pecar, predominar ó exceder alguno de los humores. || fam. *Ce n'est pas par là qu'il pêche*, no es ese su defecto.

**PÊCHER**, a. *peché*. Pescar, coger peces. || Pescar, sacar del agua cualquiera cosa. || met. y fam. *Pêcher au plat*, tomar lo mejor del plato. || *Pêcher en eau trouble*, pescar á rio revuelto. || *Pêcher un étang*, apurar toda la pesca de un estanque. || PÊCHER, m. Albérchigo, durazno, melocoton, especie de planta del género del almendro.

**PÊCHERIE**, f. *pecheri*. Pesquería, pesquera, el paraje en que se acostumbra pescar, ó que está dispuesto para una pesca.

**PÉCHEUR, CHERESSE**, m. y f. *pecheur, cherés* (e muda). Pecador, el que peca, que comete pecados, que tiene propension á pecar. || *Pécheur que je suis!* pecador de mí!

**PÊCHEUR, EUSE**, m. y f. *pecheur, eus*. Pescador, el que tiene el oficio de pescar, ó se dedica á la pesca por recreo. || *Martin pêcheur*, martin pescador, especie de ave que coge los peces con el pico.

**PÉCHURIN**, m. *pechurén*. Pecurino, fruto aromático que se emplea á veces en la fabricacion del chocolate.

**PÉCHYAGRE**, f. *pequiágr*. Pequiagra, la gota que ataca al codo.

**PÉCHYAGRIQUE**, adj. *pequiagríc*. Pequiágrico, perteneciente á la pequiagra.

**PÉCO**, m. *péco*. Peco, té de la China.

**PÉCORE**, f. *pecór*. Pécora, la res ó cabeza de ganado. || met. y fam. Pécora, borrego, necio, tonto, persona estúpida. En nuestro idioma, al contrario, se da el nombre de pécora á una persona astuta, que entiende la aguja de marear.

**PECQUE**, f. *péc*. Bachillera, mujer necia é impertinente que quiere pasar por muy sabia.

**PECQUEMENT**, m. *pecmán*. Mosto de uva en que se baña el tallete.

**PECTEN**, m. Anat. V. PUBIS.

**PECTINE**, f. *pectín*. Pectina, principio descubierto en el jugo de muchas plantas.

**PECTINÉ, ÉE**, adj. *pectiné*. Pectíneo, que tiene la forma de un peine. || Anat. Pectíneo, que pertenece al hueso púbis. || sust. *Le pectiné* por *le muscle pectiné*.

**PECTORAL**, m. *pectorál*. Pectoral, ornamento guarnecido de piedras preciosas que llevaba el gran sacerdote de los Judíos en el pecho; el racional.

**PECTORAL, E**, adj. *pectorál*. Anat. Pectoral, que pertenece al pecho. || Med. Pectoral, bueno para el pecho: *sirop pectoral; médicaments pectoraux*. || *Croix pectorale*, cruz pectoral, cruz que llevan los obispos en el pecho como insignia de su dignidad.

**PECTORILOQUE**, adj. y s. *pectorilóc*. Pectoriloco, que presenta el fenómeno de la pectoriloquía. || m. Pectoriloco, instrumento para reconocer la existencia de una cavidad ulcerosa en el pulmon. Bescherelle dice que ese instrumento no se llama *pectoriloque*, sino que ha sido llamado *stéthoscope* por el doctor Laennec, su inventor.

**PECTORILOQUIE**, f. *pectoriloquí*. Pectoriloquía, fenómeno por el cual parece que la voz sale directamente del pecho.

**PÉCULAT**, m. *pecula*. Peculado, robo de los caudales públicos cometido por los que los manejan y administran.

**PÉCULATEUR**, m. *peculateur*. Peculador, culpable del delito de peculado.

**PÉCULE**, m. *pecúl*. Peculio, lo que una persona que se halla bajo el dominio de otra adquiere por su industria, [illegible] caudal, rebaño pequeño.

**PÉCUNE**, f. ant. *pecún*. [illegible] dinero.

**PÉCUNIAIRE**, adj. [illegible] que consiste en dinero [illegible] *secours pécuniaire*.

**PÉCUNIEUX, EUSE**, adj. [illegible] Adinerado, rico, que tiene [illegible] dinero. Es familiar y poco [illegible]

**PÉDAGOGIE**, f. [illegible] instruccion, educacion de [illegible] voces significa [illegible] educacion.

**PÉDAGOGIQUE**, adj. [illegible] gógico, perteneciente á la [illegible] cacion de los niños.

**PÉDAGOGUE**, m. [illegible] el que enseña á niños y [illegible] educacion; el ayo y [illegible] frances casi ya no se dice [illegible] cio; ahora se usa mas [illegible] *teur*.

**PÉDAIRE**, adj. y s. [illegible] Pedario, senador que [illegible] uno ú otro lado de la [illegible] reata, el que en una junta [illegible] parecer comun. Esta [illegible] Tabanda.

**PÉDALE**, f. *pedál*. [illegible] ó registro del órgano que [illegible] pié. || Pedal, especie de [illegible] piano que se hacen mover [illegible] dal, la nota mas baja de [illegible] serpenton. || Art. Pedal, [illegible] sobre que se pone el pié [illegible] muela, un torno, etc.

**PÉDANCHONE**, m. [illegible] dancona, anglea marial [illegible]

**PÉDANE**, m. *pedán*. [illegible] cardo comun.

**PÉDANÉ**, adj. m. [illegible] está de pié ó en pié. || [illegible] dáneo ó de aldea. Este [illegible] ciertos jueces inferiores [illegible] juzgaban estando en pié, no [illegible] cia ó tribunal al efecto.

**PÉDANT**, m. *pedán*. [illegible] injurioso usado para designar [illegible] señan á los niños en un [illegible] que afecta doctrina y erudicion [illegible] escribir cosas muy comunes [illegible] dades y sentencias [illegible] de hacerse admirar entre [illegible] Pedante, el que afecta [illegible] demasiada severidad en [illegible] tas y quiere sujetar á los [illegible] Se usa tambien como [illegible] aplica á cosas significa [illegible] *pédant, ton pédant*, [illegible] aire, tono pedantesco ó de [illegible]

**PÉDANTAILLE**, f. [illegible] dantería, la gente pedante [illegible]

**PÉDANTER**, n. *pedanté*. [illegible] torear, hacer el pedante, [illegible] Pedantear, ejercer el oficio [illegible] niños en los colegios. En [illegible] no es mas que voz de [illegible] usa.

**PÉDANTERIE**, f. [illegible] Pedantería, profesion de [illegible] en las clases. En este [illegible] precio y no se usa. || [illegible] maneras pedantes ó [illegible] de exactitud, de severidad [illegible] Pedantería, erudicion [illegible]

**PÉDANTESQUE**, adj. [illegible] tesco, que es propio del [illegible] á pedante ó pedantería.

**PÉDANTESQUEMENT**, [illegible] mán. Pedantescamente, [illegible] un modo pedantesco.

**PÉDANTISER**, n. [illegible] hace el pedante. || [illegible] mo activo, y significa [illegible] Del mismo modo se dice [illegible] verse pedante.

**PÉDANTISME**, m. [illegible] mo, pedantería, aire, tono, [illegible] neras del pedante.

**PÉDARCHIE**, f. [illegible] gobierno de niños, de [illegible] en lenguaje irónico.

**PÉDARTHROCACE**, m. *pedartrocás*. Med. Pedartrocacia, hinchazon de las articulaciones y caries de los huesos en los niños.

**PÉDATROPHIE**, f. *pedatrofí*. Med. Pedatrofia, atrofia mesentérica.

**PÉDATROPHIQUE**, adj. *pedatrofic*. Pedatrófico, concerniente á la pedatrofia.

**PÉDÉRASTE**, m. *pederást*. Pederasta, el que está entregado á la pederastia.

**PÉDÉRASTIE**, f. *pederastí*. Pederastia, lo mismo que sodomía; vicio infame, reprobado por la moral, la naturaleza y la razon.

**PÉDESTRE**, adj. *pedéstr*. Pedestre, que está á pié, que representa un hombre á pié: *statue pédestre*. || Pedestre, que se hace á pié: *voyage pédestre*. Es poco usado.

**PÉDESTREMENT**, adv. *pedestrmán*. Pedestremente, á pié, á pata y andando.

**PÉDIAL**, **E**, adj. *pediál*. Anat. Pedial, concerniente al pié.

**PÉDICELLE**, m. *pedisél*. Bot. Pedicelo, pedúnculo pequeño, el pedúnculo peculiar de cada flor.

**PÉDICULAIRE**, adj. *pediculér*. Med. Pedicular. Solo se usa en esta expresion: *maladie pédiculaire*, enfermedad en la que se engendra una cantidad muy grande de piojos. || f. Pedicular, nombre de una planta de la didinamia de Lineo.

**PÉDICULE**, m. *pedicúl*. Bot. Pedículo, pezoncillo, especie de rabito de ciertas plantas.

**PÉDICULÉ**, **ÉE**, adj. *pediculé*. Pediculado, que tiene un pedículo.

**PÉDICURE**, adj. y s. *pedicúr*. Pedicuro, el que se dedica á la curacion de las enfermedades de los piés, y especialmente á cortar los callos.

**PÉDIEUX**, **EUSE**, adj. *pedieu*, *eus*. Anat. Pedio, que pertenece al pié: *muscle pédieux*, *artère pédieuse*.

**PÉDILUVE**, m. *pedilúv*. Med. Pediluvio, baño de piés.

**PÉDIONALGIE**, f. *pedionalgí*. Med. Pedionalgia, enfermedad espasmódica en la planta de los piés.

**PÉDIONALGIQUE** adj. *pedionalgic*. Pedionálgico, correspondiente á la pedionalgia.

**PÉDOMÈTRE**, m. *pedométr*. Pedómetro, instrumento para medir el camino que se anda. V. ODOMÈTRE, mas usado.

**PÉDON**, m. *pedón*. Estafeta, correo de á pié.

**PÉDONCULAIRE**, adj. *pedonculér*. Peduncular, perteneciente al pedúnculo.

**PÉDONCULE**, m. *pedoncúl*. Bot. Pedúnculo, pezoncillo, el rabito de una flor, y pezon de las frutas.

**PÉDONCULÉ**, **ÉE**, adj. *pedonculé*. Pedunculado, sostenido por un pedúnculo ó pezoncillo.

**PÉDONNE**, f. *pedón*. Perno de boj ó marfil del hierro de abrir el terciopelo.

**PÉDOPHILE**, m. y f. *pedofil*. Pedófilo, el que ama á los niños, aficionado á los niños.

**PÉDOPHLÉBOTOMIE**, f. *pedoflebotomí*. Med. Pedoflebotomía, sangría verificada en los niños.

**PÉDOPHLÉBOTOMIQUE**, adj. *pedoflebotomic*. Pedoflebotómico, perteneciente á la pedoflebotomía.

**PÉDOTHYSIE**, f. *pedotisí*. Pedotisia, sacrificio de los niños para desarmar la cólera de los dioses.

**PÉDOTROPHE**, m. *pedotróf*. Pedótrofo, el que enseña el modo de alimentar á los niños.

**PÉDOTROPHIE**, f. *pedotrofí*. Pedotrofia, arte de alimentar á los niños.

**PÉDOTROPHIQUE**, adj. *pedotrofic*. Pedotrófico, correspondiente á la pedotrofia.

**PÉDUM**, m. *pedóm*. Báculo pastoral, cayado de pastor.

**PÉGASE**, m. *pegas*. Mit. Pegaso, caballo fabuloso con alas segun los poetas, el cual hizo brotar de una coz las aguas de Hipocrene. || Genio, númen, inspiracion poética. || met. *Monter sur Pégase*, hacer versos. *Pégase est rétif pour lui*, es muy mal poeta. || Astr. Pegaso, constelacion del hemisferio boreal. || Zool. Pegaso, género de pescados cartilaginosos.

**PÉGASIDES**, f. pl. *pegasíd*. Pegásidas, sobrenombre de las Musas, tomado de Pegaso, el cual, como ellas, habitaba en el monte Helicon.

**PÉGLE**, m. *pégl*. Especie de brea mas espesa que las otras.

**PEGMAIRE**, m. *pegmér*. Pegmario, gladiador que combatia en un pegmato.

**PEGMATE**, m. *pegmát*. Pegmato, teatro de la antigüedad movible y elástico.

**PÉGOMANCIE**, f. *pegomansí*. Pegomancia, adivinacion por la inspeccion del agua de las fuentes.

**PÉGOMANCIEN**, **NE**, m. y f. *pegomansién*, *én*. Pegomántico, el que ejerce la pegomancia. || adj. Perteneciente á la pegomancia.

**PÉGON**, m. *pegón*. Zool. Pegon, especie de concha bivalva.

**PÉGOT**, m. *pegó*. Zool. Especie de alondra de los mares.

**PÉGOUZE**, m. *pegús*. Zool. Peguso, pescado llano del Mediterráneo.

**PEIGNAGE**, m. *peñágе*. Cardadura, accion de cardar la lana.

**PEIGNE**, m. *peñ*. Peine, instrumento de boj, de cuerno, marfil, etc., para peinar el cabello. || Peine, peineta, especie de peine encorvado que usan las mujeres por adorno y tambien para asegurar los prendidos de la cabeza. || Peine, carda, instrumento de tejedor. V. CARDE. || Peine, instrumento que usan los tejedores para apretar la tela. || Rastro, rastrillo, instrumento para limpiar el cáñamo. || Peine, género de moluscos acéfalos de concha bivalva. || Pescado del género de las gobias. || Vet. Empeine, culebrilla, sarpullido, enfermedad de los caballos. || Bot. *Peigne de Vénus*, peine de Vénus, especie de perifollo. || *Coup de peigne*, peinada. || met. y vulg. *Donner un coup de peigne à quelqu'un*, pegar á alguno, maltratarlo. || *Se donner un coup de peigne*, batirse. || fam. *Être sale comme un peigne*, ser muy puerco, muy desaseado.

**PEIGNÉE**, f. vulg. *peñé*. Paliza, zurra, cachetina, accion de batirse, de pegarse.

**PEIGNER**, a. *peñé*. Peinar, desenredar, arreglar los cabellos con un peine. || Cardar la lana; rastrillar el cáñamo, el lino. || met. Maltratar, aporrear, cascar las liendres, pegar á alguno. || Peinar, acicalar, pulir el estilo, una obra. || Atusar, limpiar un jardin. || *Se peigner*, r. Peinarse. || Aporrearse, maltratarse.

**PEIGNEUR**, m. *peñeur*. Rastrillador, cardador, el que rastrilla el cáñamo ó carda la lana.

**PEIGNIER**, m. *peñié*. Peinero, el que hace ó vende peines.

**PEIGNOIR**, m. *peñuár*. Peinador, especie de capa que se pone en los hombros al peinarse para que no se ensucie la ropa. || Capa de lienzo ú otra tela que usan las señoras en el baño ó al salir de él.

**PEIGNON**, m. *peñón*. Cantidad de cáñamo que el hilandero se pone en la cintura para ir hilando. || pl. Cardaduras, lana corta que se queda en la carda al cardar la lana.

**PEIGNURES**, f. pl. *peñúr*. Peinaduras, cabellos que caen de la cabeza al tiempo de peinarse.

**PEILLER**, **ÈRE**, m. y f. *peillé*, *ér*. Trapero, el que recoge trapos para las fábricas de papel. Se dice comunmente *chiffonnier*, *chiffonnière*.

**PEILLES**, f. pl. *péll*. El trapo viejo destinado para fabricar papel.

**PEINDRE**, a. *pendr*. Pintar, representar, figurar una cosa con líneas y colores, ó retratar una persona. || Pintar, cubrir simplemente de colores sin representar objeto ninguno. || Pintar, adornar con pinturas una galería, sala, etc. || Pintar, escribir, formar las letras, los caractéres. || met. Pintar, describir, representar vivamente por medio de palabras. || fam. *C'est un homme fait à peindre*, es hombre para retratado, digno de ser retratado, de buena estampa. || *Cet habit va à peindre*, este vestido viene pintado. || *Se peindre*, r. Pintarse, ser pintado. || Pintarse, describirse, retratarse mutuamente ya con el pincel, ya con las palabras. || Pintarse, representarse á sí mismo, dar á conocer su carácter, sus inclinaciones, sus defectos. || Manifestarse sensiblemente, hablando de las pasiones, de las penas, de las aflicciones que se manifiestan en el semblante.

**PEINE**, f. *pén*. Pena, castigo impuesto á un reo. || Pena, dolor, afliccion, sentimiento de algun mal corporal ó espiritual. || Pena, inquietud, cuidado, desazon. || Pena, fatiga, trabajo. || Pena, dificultad, obstáculo que se halla en alguna cosa. || Pena, trabajo, repugnancia que nos causa el hacer alguna cosa. || Inquietud, cuidado, desazon. || Trabajo, salario, jornal de un trabajador. || *Être en peine de*, *se mettre en peine de*, estar inquieto, estar con cuidado. || *Ne pas être en peine de*, no inquietarse, estar sin cuidado. || *Un homme de peine*, un jornalero, un ganapan. || *A peine*, loc. adv. Apénas. || *A peine*, con suma pena, á duras penas. || *A grand'peine*, dificultosamente, con gran trabajo. || *Sous peine de*, so pena de. || fam. *Être comme une âme en peine*, estar como alma en pena: estar muy inquieto y desasosegado.

**PEINÉ**, **ÉE**, adj. *pené*. Contristado, desazonado, disgustado. || Penoso, trabajoso. || *Ouvrage peiné*, obra trabajosa, penosa, es decir, hecha con pena, con dificultad. En este sentido se dice tambien *style peiné*, *écriture peinée*.

**PEINER**, a. *pené*. Apesarar, contristar, mortificar, afligir, dar ó causar pena. || Fatigar, dar mucho trabajo, molestar. || Penar, trabajar con pena, con dificultad y trabajo. || n. Penar, tener repugnancia en. *J'ai peine à vous faire tous ces reproches*, tengo repugnancia en, etc. Es poco usado en esta acepcion. || Penar, afanarse, hacer esfuerzos por, fatigarse en. || met. Sufrir, padecer. || *Se peiner*, r. Afanarse, esforzarse por ó en. || Tomarse pena por. || Fatigarse, trabajar mucho.

**PEINEUX**, **EUSE**, adj. *peneu*, *eus*. Penoso, trabajoso, dificultoso, que da mucho que hacer, que causa pena. || Se usa este adjetivo en la siguiente frase: *la semaine peineuse*, la Semana santa.

**PEINTADE**, f. *pentád*. Pintada ó meleagria, ave del tamaño de un gallo.

**PEINTADEAU**, m. V. PINTADE.

**PEINTRE**, m. *péntr*. Pintor, el que ejerce el arte de la pintura. || met. Pintor, el que describe y representa vivamente las cosas, ya sea por escrito ó de palabra.

**PEINTREAU**, m. *pentró*. Pintorcillo ó pintorzuelo, mamarrachista, pintor malo.

**PEINTRESSE**, f. *pentrés*. Pintora, mujer dedicada á la pintura. Es poco usado y suele decirse *une femme peintre*, una mujer pintora.

**PEINTURAGE**, m. *penturáge*. Pintura, accion de dar un color á una cosa y el efecto que resulta.

**PEINTURE**, f. *pentúr*. Pintura, el arte de pintar. || Pintura, lámina, tabla ó lienzo en que está pintada alguna cosa. || Pintura, el cuadro ó la misma obra pintada. || Pintura, el color con que se pinta. || met. Pintura, descripcion ó narracion viva y natural que se hace por escrito ó de palabra. || En la baraja de naipes es lo mismo que *figure*, es decir, palos, copas, etc. || *Peinture à fresque*, pintura al fresco; *à l'huile*, al olio ó al óleo; *en détrempe*, al temple; *en caustique*, al encausto; *en émail*, en esmalte. || met. y fam. *Ne pouvoir voir quelqu'un*, *même en peinture*, no poder ver á alguno ni pintado.

**PEINTURER**, a. *penturé*. Pintar, dar color á una cosa, pintar alguna cosa de un solo color.

**PEINTUREUR**, m. *pentureur*. Embadurnador, pintor de brocha gorda, el que pinta una cosa de un solo color.

**PEINTURLURER**, n. *penturluré*. Pintorrear, pintarrajear, pintarrajar, iluminar, pintar mal y sin arte. Es irónico y burlesco.

**PÉJORATIF**, **IVE**, adj. *pejoratif*, *iv*. Gram. Empeorativo, que empeora, que hace peor, que expresa el aumentativo en lo malo. Así como hay terminaciones de voces aumentativas y diminutivas, tambien las hay empeorativas.

**PÉJORATION**, f. poco us. *pejorasión*. Empeoramiento.

**PÉKAN**, m. *pecán*. Zool. Pecan, cuadrúpedo de América del género de las martas.

**PÉKAO** ó **PÉKO**, m. *pecáo*, *péco*. Pecao ó peco, especie de té.

**PÉKIN**, m. *pequén*. Pequin, tela de seda de la China. || Mil. Pequin, el que no es militar, paisano.

**PÉKU**, m. *pecú*. Pecu, monedo de Batavia de bastante valor.

**PÉLACHE**, f. *peláche*(e muda). Pelacho, felpa larga y basta.

**PELADE**, f. *pelád* (e muda). Med. Peladera, pelona, alopecia. V. ALOPÉCIE. || Pelada, lana que cae de las pieles puestas en cal.

**PELAGE**, m. *peládge*(e muda). Mont. Pelaje, el color principal del pelo de algunos animales.

**PÉLAGIANISME**, m. *pelagianism*. Pelagianismo, la herejía de Pelagio, fraile inglés.

**PÉLAGIE**, f. *pelagí*. Med. Pelagia, erisipela escamosa de las manos, á veces de las piernas y rara vez de la cara.

**PÉLAGIEN, NE**, m. y f. *pelagién*, *én*. Pelagiano, partidario del pelagianismo. || adj. Pelagiano, perteneciente al heresiarca Pelagio. || Pelagiano, perteneciente al mar. || *Pélagiens*, m. pl. Zool. Pelagianos, órden de aves de la familia de las nadadoras.

**PÉLAGIQUE**, adj. *pelagic*. Pelágico, propio, perteneciente al mar ó á sus riberas. || Pelágico, marino, de alta mar.

**PÉLAGOSCOPE**, m. *pelagoscóp*. Pelagóscopo, instrumento para ver los objetos en el fondo del agua.

**PÉLAGOSCOPIE**, f. *pelagoscopí*. Pelagoscopia, arte de ver los objetos que se hallan en el fondo del mar; arte de servirse del pelagóscopo.

**PÉLAGOSCOPIQUE**, adj. *pelagoscopic*. Pelagoscópico, perteneciente al pelagóscopo y á la pelagoscopia.

**PÉLAINS**, m. pl. *pelén*. Satines de la China.

**PÉLAMIDE**, f. *pelamíd*. Zool. Pelámida, pescado de mar cuya forma es igual á la del congrio. || Pelámida, atun jóven que no llega á un año, chicharro.

**PÉLAMIDIÈRE**, f. *pelamidiér*. Atunera, red para pescar atunes.

**PELARD**, adj. m. *pelár* (e muda). Solo se usa en la locucion *bois pelard*, árbol ó tronco descortezado ó sin camisa, árbol cuya cáscara se quita para hacer casca.

**PELÂTRE**, m. V. PELLATRE.

**PELAUDER**, a. *pelodé* (e muda). Pegar, maltratar, zapatear. || *Se pelauder*, r. Pegarse, batirse á puñadas.

**PÈLE**, m. V. PÊNE.

**PELÉ, ÉE**, adj. *pelé* (e muda). Pelado. || Pelado, raso, desnudo. || sust. y fam. Pelon, calvo, persona que no tiene pelo : *un pelé*, *un vieux pelé*.

**PÉLÉCINON**, m. *pelesinón*. Antig. Pelecinon, cuadrante solar que tenia la forma de una hacha.

**PÉLÉCOÏDE**, adj. *pelecoíd*. Geom. Pelecóido, que tiene la forma de hacha. Se usa tambien como sustantivo.

**PÉLÉIDES**, m. pl. *peleíd*. Peleidos, descendientes de Peleo.

**PÊLE-MÊLE**, adv. *pelmél*. Confusamente, revueltamente, mezcladas ó confundidas unas cosas ó unas personas con otras. || m. Confusion, batiborrillo ó baturrillo, mescolanza.

**PELER**, a. *pelé* (e muda). Pelar, quitar el pelo. || Pelar, mondar, quitar el pellejo á algunas frutas ó legumbres, la corteza de un árbol, y en general la superficie de las cosas que tienen una especie de piel. || Pelar, rozar, cortar la yerba de un prado, de un camino. || met. y fam. Pelar, desollar, dejar en cueros, en pelota á alguno : quitarle sus bienes con arte, engaño ó violencia. || n. Pelarse, desprenderse por sí sola la primera superficie de la piel del hombre y de los animales; y en este sentido se dice. *le corps pèle*, la piel cae. Sucede á veces despues de una larga enfermedad.

**PÈLERIN, E**, adj. *pelerén*, *én* (e muda). Peregrino, peregrinante, romero. || met. y fam. Peregrino, tunante, tuno, hombre ó mujer que tiene astucia, sagacidad. En frances se dice tambien *bon apôtre* en este sentido.

**PÈLERINAGE**, m. *pelerinág* (e muda). Peregrinacion, peregrinajo, romería. || Santuario ó lugar que vá á visitar un peregrino.

**PÈLERINE**, f. *pelerín* (e muda). Pelerina, prenda del vestido de una señora, que consiste en una especie de cuello grande rebajado que cubre el pecho y las espaldas. || Venera, concha que llevan los peregrinos en la esclavina.

**PÉLETRAGE**, m. inus. *peletrág* (e muda). Tapa, lo que cierra un cofre.

**PELETTE**, f. *pelét* (e muda). Paleta, instrumento para cortar la tierra de ladrillos.

**PÉLEVAUILLE**, f. *pelvóil*. Agr. Variedad de uva.

**PÉLICAN**, m. *pelicán*. Zool. Pelícano, género de aves acuáticas palmípedas. || Quím. Pelícano, alambique ó retorta pequeña || Cir. Pelícano, instrumento encorvado á manera de gancho para arrancar los dientes.

**PÉLIDNE**, f. *pelidn*. Zool. Alondra marina, chocha marina.

**PÉLIE**, m. *pelí*. Zool. Polia, serpiente de las Indias.

**PELIN**, m. *pelén* (e muda). Pelambre, mezcla de agua y cal para remojar las zaleas ó pellejos y quitarles el pelo ó lana. || Pelambrera, cuba para mezclar agua y cal.

**PÉLIOPE**, f. *pelióp*. Zool. Peliope, gallineta, gallina de rio.

**PÉLIOSE**, f. *pelióz*. Med. Peliosis, lividez, equimosis, derramamiento de algun humor debajo de la piel.

**PELISSE**, f. *pelís* (e muda). Ropon, capote forrado en pieles, especie de capa ó mantelete doble que usan las mujeres.

**PELISSON**, m. *pelisón* (e muda). Pellico de pastor.

**PELLAGRE**, f. *pelágr*. Med. Pellagra, enfermedad cutánea, especie de erisipela.

**PELLAGREUX**, adj. y s. m. *pelagreu*. Med. Pellagroso, afectado ó atacado de pellagra.

**PELLÂTRE**, f. *pelátr*. Paleta, la parte inferior y mas ancha de una pala.

**PELLE**, f. *pél*. Pala, paleta, instrumento de hierro ó madera para diversos usos. || *Pelle à feu*, badila, paleta para menear la lumbre. || met. *Remuer l'argent à la pelle*, apalear los doblones ó el dinero : tener muchas riquezas.

**PELLÉE, PELLERÉE, PELLETÉE**, f. *pelé*, *pelré*, *pelté*. Pala, palada, paletada, cantidad de una cosa que puede contenerse en una pala ó paleta.

**PELLERON**, m. *pelrón* (muda la 2ª. e). Paleta, pala pequeña.

**PELLETER**, a. *pelté* (muda la 2ª. e). Coger ó mover con la pala.

**PELLETERIE**, f. *peleterí* (muda la 2ª. y 3ª. e). Peletería, manguitería, oficio de adobar y componer las pieles finas para forro y manguitos. || Peletería, comercio ó tienda en que se venden pieles finas, y lugar ó taller donde se preparan. || Peletería, las mismas pieles como mercadería.

**PELLETIER**, m. *peletié* (muda la 2ª. e). Peletero, manguitero, el que compone ó adoba las pieles finas ó las vende.

**PELLICULE**, f. *pelicúl*. Película, piel pequeña y delicada.

**PELLICULEUX, EUSE**, adj. *peliculeu*, *eus*. Peliculoso, que está lleno de películas.

**PELMA**, m. *pélma*. Pelma, planta del pié de las aves.

**PELOIR**, m. *peluár* (e muda). Art. Garatura, cuchilla corva y con dientes en lugar de filo para quitar el pelo á las pieles.

**PÉLOMANCIE**, f. *pelomansí*. Polomancia, adivinacion que se hacia por medio del barro.

**PELONE**, m. *pelón*. Zool. [illegible] drúpedo con cuernos [illegible]

**PÉLOPHILE**, m. *pelofíl*. [illegible] to coleóptero aficionado al lodo.

**PÉLOPIDES**, m. pl. *pelopíd*. [illegible] hijos de Pélope ó sus descendientes.

**PÉLOPS**, m. *pelóps*. Mit. Pélope, hijo de Tántalo, rey de Frigia.

**PELOSARD**, m. *pelosár* (e muda). [illegible] riedad de uva.

**PELOSSIER**, m. *pelosié* (e muda). [illegible] bre vulgar frances del [illegible]

**PELOTAGE**, m. poco usado. [illegible] de ovillar el hilo, la seda, etc. || [illegible] de lana de vicuña en vellón.

**PELOTE**, f. *pelót* (e muda). [illegible] pelotilla que se forma con [illegible] Acerico, almohadilla, especie [illegible] en que las mujeres clavan los [illegible] leres. || Estrella, la mancha [illegible] nen los caballos en la frente. || [illegible] dad de cobre arrollado para [illegible] *lote à feu*, bomba de luz, [illegible] que se arroja de noche para ver [illegible] de los sitiadores.

**PELOTER**, a. *peloté* (e muda). [illegible] jugar á la pelota por [illegible] hacer una partida en regla. || [illegible] jar pelotas de nieve. || Echar [illegible] en el agua. || a. Ovillar hilo, [illegible] petear, zapatear, maltratar, [illegible]

**PELOTEUR**, m. *peloteur* (e muda). [illegible] loteador, el que juega á la pelota. || [illegible] el que hace pelotas, que forma [illegible]

**PELOTON**, m. *pelotón* (e muda). [illegible] ton, ovillo, especie de bola que [illegible] hilo, lana, seda, etc. || Peloton, [illegible] forrar. || met. Peloton, corrillo de [illegible] número de personas reunidas [illegible] Mil. Peloton, cuerpo reducido de [illegible]

**PELOTONNER**, a. [illegible] Devanar, hacer ovillos. || *Se pelotonner*, r. Apelotonarse, ponerse en [illegible] nirse por grupos varias personas.

**PELOU**, m. *pelú* (e muda). [illegible] maiz despojado de su grano.

**PELOUSE**, f. *pelúz* (e muda). [illegible] reno cubierto de yerba espesa [illegible] fombra de yerba. || Césped ó yerba [illegible]

**PELOUSTIOU**, m. [illegible] En el mediodía de Francia, [illegible] unida á una grande.

**PELTASTE**, m. *peltást*. Antig. [illegible] soldado armado con una pelta.

**PELTE** ó **PELTA**, f. *pélt*, *pelta*. [illegible] Pelta, escudo de una forma particular [illegible] las tropas lijeras.

**PELTÉ, ÉE**, adj. *pelté*. Bot. [illegible] forma de pelta ó escudo.

**PELTIDÉE**, f. *peltidé*. Bot. [illegible] nero de líquenes.

**PELTRE**, m. *péltr*. Peltre, [illegible] Bretaña.

**PELU, E**, adj. *pelú* (e muda). [illegible] guarnecido de pelo. || met. y [illegible] *pelue*, alpargatilla, camastron : [illegible] ro ó hipócrita.

**PELUCHE**, f. *pelúch* (e muda). [illegible] especie de tela de pelo muy largo. || [illegible] pete de hojas en las flores artificiales.

**PELUCHÉ, ÉE**, adj. [illegible] Felpado, vellado, [illegible] algunas plantas.

**PELUCHER**, n. *peluché* (e muda). [illegible] hilacha, hacer pelusa las telas [illegible] piezan á envejecerse.

**PELUCHEUX, EUSE**, adj. [illegible] (e muda). Hilachoso, que [illegible] suelta hilacha.

**PELURE**, f. *pelúr* (e muda). [illegible] mondadura, piel ó capa que [illegible] frutas, legumbres, etc. [illegible] tela, camisa, cáscara de la [illegible] ladura, lana que se desprende [illegible] la pelambrera.

**PELVIEN, NE**, adj. [illegible] Pelviano, que pertenece á la pelvis.

**PELVIMÈTRE**, m. [illegible] vímetro, instrumento de que [illegible] el arte obstetricio para medir las [illegible] de la pélvis.

**PELVIS**, m. V. BASSIN en su acepcion anatómica.

**PEMPHIGODE**, adj. panfigód. Med. Penfigodes, epíteto dado á una especie de calentura que acompaña al penfigo.

**PEMPHIGUS**, m. panfigus. Med. Penfigo, especie de flegmasía cutánea.

**PÉNADER**, n. ant. penadé. Arrastrarse, andar con mucho trabajo.

**PENAILLE**, f. penáll (e muda). Nombre injurioso é irónico que se aplica á un capítulo ó comunidad de frailes ó monjas.

**PENAILLERIE**, f. penollirí (e muda). Monton ó conjunto de harapos, de trapos viejos. || Hipocresía, santurronismo de los frailes; los frailes ó religiosos mismos. Es voz injuriosa.

**PENAILLON**, m. penallón (e muda). Harapo, andrajo, jiron, pingajo, arambel. || fam. Fraile ó cura. Es lenguaje injurioso.

**PÉNAL, E**, adj. penal. Penal, que sujeta á una pena ó castigo.

**PÉNALITÉ**, f. penalité. Penalidad, cualidad de lo que es penal. || Penalidad, sistema de penas establecidas por las leyes.

**PENARD**, m. penár (e muda). Viejo carraco, carroño, viejo astuto ó libertino.

**PÉNATES**, adj. m pl. penát. Penátes, dioses domésticos de los antiguos paganos. || met. Penátes, casa, habitacion, la residencia de alguno.

**PENAUD, E**, adj. penó, ód (e muda). Cortado, corrido, parado, atarugado, avergonzado, confuso. Es tambien sustantivo: faire le penaud, la penaude.

**PENCHANT**, m. panchán. Pendiente, cuesta, declive, declividad de un terreno. || met. Declinacion, bajada, decadencia. || Propension, inclinacion buena ó mala, tendencia del alma. || PENCHANT, E, adj. Inclinado, torcido, ladeado, que no está derecho. || met. Decadente, declinante, que baja ó viene á ménos.

**PENCHÉ, ÉE**, adj. panché. Inclinado, torcido, ladeado. || met. Inclinado, propenso.

**PENCHEMENT**, m. panchemán. Inclinacion, accion de una persona que se inclina; estado de un cuerpo que se inclina. || Pandeo, vencimiento de una pared, edificio, etc.

**PENCHER**, a. panché. Inclinar, ladear, torcer alguna cosa por algun lado. || n. Inclinarse, ladearse, torcerse, caerse, cabecear, perder una cosa la posicion vertical ú horizontal. || met. Inclinarse, propender, tener inclinacion ó propension á una cosa. || Se pencher, r. Inclinarse, ladearse, no estar á plomo.

**PENDABLE**, adj. pandábl. Ahorcable, que merece ser ahorcado, digno de una horca. || Cas pendable, caso ó delito cuyo autor merece ser ahorcado.

**PENDAGE**, m. pandáge. Bajamiento, inclinacion de las vetas de carbon en las minas.

**PENDAISON**, f. pandesón. Ahorcadura, colgamiento, ejecucion de horca.

**PENDANT, E**, adj. pandan. Pendiente, colgante, que cuelga ó está colgado. || Manches pendantes, mangas perdidas. || Pendiente, que no está acabado, definido, decidido. Procès pendant, pleito pendiente. || PENDANT, m. Pendiente, adorno que colgado de un anillo se pone en las orejas. Se dice con mas propiedad pendant d'oreille. || Compañero, el cuadro, espejo ú otra cosa que hace juego ó simetría con algo. || Pendant de ceinturon, colgantes, tiros del tahalí en los que se pone la espada. Pendant de bourse, los cordones de una bolsa. || Art. Parte de la caja de un reloj en que se ata la cadena ó el cordon.

**PENDANT**, prep. pandán. Durante, miéntras, interin, entretanto. || Pendant que, tandis que, loc. conj. Miéntras que, en tanto que.

**PENDARD, E**, m. y f. fam. pandár. Bigardo, gandorro, picaronazo.

**PENDARDERIE**, f. pandarderí (e muda). Bellaquería, briboneda.

**PENDELOQUE**, f. pandlóc. Arracada, piedra preciosa en forma de pera que se suspende de los aretes que llevan las mujeres. || Almendras, pedazos de cristal ó vidrio que sirven de adorno en las arañas. || Arambeles, pingajos que van colgando.

**PENDEMENT**, m. ant. pandmán. Colgamiento, accion de colgar. Es sinónimo de pendaison.

**PENDENTIF**, m. pandantif. Arq. Pechina, porcion de bóveda esférica situada entre los cuatro arcos mayores que sostienen una cúpula. Llámase tambien panache ó fourche.

**PENDERIE**, f. panderí (e muda). Ahorcamiento. Es sinónimo de pendaison. || Colgadero, sitio en que se cuelgan telas, paños, etc., para hacerlos secar.

**PENDEUR**, m. pandeur. Mar. Corona, estrobo, caña, cierto cabo para palos, masteleros, vergas, etc. || Zool. Especie de pega reborda. || Verdugo.

**PENDILLARD**, m. pandillár. Variedad de uva.

**PENDILLER**, n. pandillé. Pandearse, bambolearse, bambanear, estar suspendido en el aire y agitado por el viento. Dícese solo de los arambeles, guiñapos y colgajos de poco valor.

**PENDILLON**, m. pandillón. Reloj. Horquilla de la péndola, varilla remachada que entra en el escape del reloj.

**PENDOIR**, m. panduár. Colgadero, cuerda para colgar perniles, tocino, etc.

**PENDRE**, a. pándr. Colgar, suspender una cosa en alto ó en el aire. || Ahorcar, suspender á uno de la horca para estrangularlo. || fam. Dire pis que pendre de quelqu'un ó lui dire pis que pendre, llamarle peor que judío. || met. Pendre l'épée au croc, colgar la espada. || n. Colgar, estar colgado, estar suspendida ó pendiente una cosa. || Colgar, estar caido, bajar mucho. || Se pendre, r. Ahorcarse. || Suspenderse, colgarse de las ramas de un árbol, etc.

**PENDU, E**, adj. y part. pas. de PENDRE. pandú. Colgado, suspendido, ahorcado. || prov. y met. Aussitôt pris, aussitôt pendu, aquí te pillo, aquí te cojo: se dice de una cosa ó persona cuando se toma sobre ella una pronta decision, que se aprovecha tan pronto como se presenta. || Avoir la langue bien pendue, tener buena lengua, hablar con mucha facilidad. || met. Être toujours pendu au cou de sa nourrice, estar encariñado con el ama: dícese de las criaturas. || met. Être toujours pendu aux oreilles de quelqu'un, estar colgado á la oreja de alguno: estar hablando, afectar que se habla de continuo con él. || met. Être toujours pendu aux côtés, à la ceinture de quelqu'un, ir al rabo de otro: no apartarse de su lado. || PENDU, m. Ahorcado, el que ha sufrido la pena de horca. || fam. Sec comme un pendu, seco como un bacalao, hecho una momia. || Avoir de la corde de pendu dans sa poche, ser afortunado en todas las empresas, ganar mucho en el juego, etc.

**PENDULE**, m. pandúl. Péndulo, peso suspendido de modo que puesto en movimiento hace por uno de va y viene oscilaciones regulares. || Péndola, peso que arregla el movimiento de un reloj. || f. Reloj de péndola y de sobremesa.

**PENDULIER**, m. inus. pandulié. Relojero, el que hace péndulos.

**PENDULINE**, f. pandulín. Zool. Pendolino, paro del Languedoc, avecilla de canto agradable.

**PENDULISTE**, m. pandulist. Pendulista, obrero ó artesano que hace las cajas de los péndulos.

**PÈNE**, m. pén. Art. Pestillo ó pasador de una cerradura. || Pène de tisserand, cedillos de tejedor.

**PÉNÉEN**, adj. m. peneén. Miner. Pobre, escaso en mineral, hablando de ciertos terrenos.

**PÉNÉLOPE**, m. penelóp. Zool. Penélope, ave gallinácea de América. || f. Mit. Penélope, mujer de Ulises, que se cita como modelo de castidad. || Penélope, mujer casta por alusion á la esposa de Ulises.

**PÉNER**, a. ant. pené. Castigar, imponer pena. Es la antigua ortografía del verbo peiner.

**PÉNÉTRABILITÉ**, f. penetrabilité. Penetrabilidad, cualidad de lo que es penetrable.

**PÉNÉTRABLE**, adj. penetrábl. Penetrable, que puede ser penetrado.

**PÉNÉTRANT, E**, adj. penetrán. Penetrante, que penetra. || Penetrante, que atraviesa, hablando de los rayos de la luz. || met. Penetrante, que mueve, que enternece. || Penetrante, alto, agudo, hablando de la voz. || met. Penetrante, que profundiza, vivo, sagaz, que conoce ó comprende con facilidad.

**PÉNÉTRATIF, IVE**, adj. penetratif, ív. Penetrativo, que penetra con facilidad.

**PÉNÉTRATION**, f. penetrasión. Penetracion, accion de penetrar, propiedad de penetrar. || met. Penetracion, sagacidad, perspicacia ó agudeza del ingenio.

**PÉNÉTRER**, a. penetré. Penetrar, pasar al traves de, atravesar. || Penetrar, entrar un cuerpo en otro por sus poros. || Penetrar, introducirse, entrar bien adentro. || met. Penetrar, descubrir, llegar á conocer, comprender con agudeza. || Penetrar, tocar ó conmover profundamente; llegar al corazon lo agudo del dolor, sentimiento, etc. || Penetrar el frio, los gritos, etc. || n. Penetrar, introducirse en algun lugar, entrar muy adentro: pénétrer dans la caverne; le coup a pénétré dans les chairs.

**PÉNIBLE**, adj. penibl. Penoso, trabajoso, que se hace con pena, con trabajo. || Penoso, que causa pena, que afecta desagradablemente.

**PÉNIBLEMENT**, adv. peniblemán. Penosamente, trabajosamente, con pena, con trabajo, con dificultad.

**PÉNICHE**, f. peniche. Mar. Peniche, embarcacion de guerra muy pequeña y ligera, especie de canoa armada.

**PÉNICILLE**, m. inus. penisil. Pincel, brochita pequeña. || Anat. Penicilo, parte dispuesta ó dividida en su extremidad á manera de pincel.

**PÉNICILLÉ, ÉE**, adj. penisilé. Penicíleo, que tiene la forma de penicilo ó pincel.

**PÉNICILLIFORME**, adj. penisiliform. Peniciliforme, que tiene la forma de un penicilo.

**PÉNIDE**, m. peníd. Azúcar candi ó purificado. || Farm. Penidio, azúcar depurado, cocido con un cocimiento de cebada y puesto en cilindro.

**PÉNIL**, m. penil. Anat. Púbis, parte anterior del hueso púbis que está al rededor de las partes naturales y en donde crece el pelo que es la señal de la pubertad.

**PÉNILLON**, m. penillón. Frailuco, fraile desharapado, andrajoso. V. PENAILLON.

**PÉNINGUE**, f. penéngue. Pasta de malvavisco en barritas.

**PÉNINSULAIRE**, adj. y s. penensulér. Peninsular, que habita una península. || Peninsular, que es propio ó peculiar de una península.

**PÉNINSULE**, f. penensúl. Península, porcion de tierra rodeada de agua por todas partes ménos por una, por la que está unida al continente. || Se da este nombre á España, que tambien se llama péninsule ibérique, península ibérica.

**PÉNIS**, m. pénis. Anat. Pene, el miembro viril.

**PÉNITENCE**, f. penitans. Penitencia, arrepentimiento, pesar de haber ofendido á Dios. || Penitencia, uno de los siete sacramentos de la Iglesia. || Penitencia, la que impone el confesor a los penitentes. || Penitencia, ayunos, oraciones, maceraciones, etc. || Penitencia, castigo impuesto por alguna falta. || Pour ó en pénitence, loc. adv. En castigo, en penitencia.

**PÉNITENCERIE**, f. penitanserí (e muda). Penitenciaría, cargo, dignidad de penitenciario. || Penitenciaría, tribunal eclesiástico de la corte romana.

**PÉNITENCIER**, m. penitansié. Penitenciario, sacerdote autorizado por un obispo para absolver en casos reservados.

**PÉNITENT, E**, adj. penitan. Penitente, que tiene pesar de haber ofendido á Dios; que está en la práctica de ejercicios de penitencia. || m. y f. Penitente, el ó la que confiesa sus pecados al sacerdote. || Penitente, el que hace penitencia.

**PÉNITENTIAIRE**, adj. *penitansiér*. Penitenciario, que concierne ó se refiere á la penitencia: *système pénitentiaire*, *régime pénitentiaire*. || m. Penitenciario, establecimiento en que se encierra á los criminales para moralizarlos por medio de una regla austera y severa.

**PÉNITENTIEL, LE**, adj. *penitansiél*. Penitencial, que pertenece á la penitencia. Solo se usa el plural *pénitentiaux*, *pénitentielles*. || *Psaumes pénitentiaux*, salmos penitenciales ó los siete salmos. || **PÉNITENTIEL**, m. Penitencial, el ritual de la penitencia, cuando estaban en uso las penitencias públicas.

**PÉNITISSIME**, adj. *penitisím*. Muy recóndito, muy retirado. Esta palabra se halla en Rabelais.

**PENNACÉ, ÉE**, adj. *pennasé*. Hist. nat. Penáceo, parecido á una pluma.

**PENNACHE**, m. *pennáche*. Zool. Pennacho, género de zoófitos marinos.

**PENNADE**, f. ant. é inus. *pennád*. Patada, pernada.

**PENNADER**, n. inus. *pennadé*. Dar patadas ó puntapiés.

**PENNAGE**, m. *pennáge*. Cetr. Plumaje, todas las plumas de las aves de rapiña. || Plumaje, las plumas de las aves en general.

**PENNATULE**, f. *pennatúl*. Zool. Pennátula, género de zoófitos.

**PENNE**, f. *pen*. Cuchillos, las plumas largas de las aves de rapiña. || Mar. Flecha, el ángulo mas alto de la vela latina. || ant. Pluma en general, pluma para escribir.

**PENNEAU**, m. *penné*. Lonja de tocino.

**PENNIPÈDE**, adj. *pennipéd*. Pennípedo, que tiene alas en los piés. || Mit. Pennípedo, sobrenombre de Perseo.

**PENNON**, m. *pennon*. Pendon, especie de bandera, de estandarte de cola larga de los antiguos caballeros. Tambien se decia *pannon*.

**PENNONCEAU**, m. dim. de **PENNON**. *pennonsó*. Pendoncillo.

**PENNONIE**, f. *pennoni*. Bandera, compañía de tropa que seguia un pendon.

**PENNULE**, f. *pennúl*. Plumita.

**PENNY**, m. *penni*. Penni, moneda inglesa equivalente á unos tres cuartos.

**PÉNOMBRE**, f. *penónbr*. Penumbra, semi-oscuridad, parte de la sombra alumbrada por una parte del cuerpo luminoso. || Pint. Penumbra, paso del claro á lo oscuro en la pintura.

**PENON**, m. *penón* (e muda). Mar. Cataviento, grímpola ó banderita pequeña para conocer de dónde viene el viento.

**PENONCÈLE**, m. *penonsél* (e muda). Blas. Penoncele, grímpola de navío que se representa en el escudo.

**PENSANT, E**, adj. *pensán*. Pensador, que piensa, que es capaz de pensar. *Un être pensant*, un espíritu reflexivo, persona ó cabeza meditativa. || *Mal pensant*, mal pensado, malicioso, que piensa mal de los otros. || *Bien pensant*, *mal pensant*, que tiene una buena ó mala opinion, buenos ó malos principios.

**PENSÉE**, f. *pansé*. Pensamiento, facultad de pensar, operacion del entendimiento. || Pensamiento, la cosa que se piensa ó se ha pensado. || Pensamiento, meditacion, ilusion, fantasía. || Pensamiento, concepto, idea, opinion. || Pensamiento, designio, proyecto, intento, intencion. || Lit. y bell. Art. Pensamiento, la primera idea, esquicio, borron, el dibujo, el plano. || Bot. Pensamiento, hermosa florecita del género de la violeta.

**PENSER**, n. *pansé*. Pensar, formar en la imaginacion la idea, la imágen de alguna cosa. || Pensar, raciocinar, deducir un juicio con otros. || Pensar, reflexionar, meditar cuidadosamente, discurrir sobre alguna especie. || Pensar, tener cuidado en, acordarse de. || Pensar, cuidar de. || Pensar, juzgar, creer. || Estar para, á pique de, á punto de; como: *il pensa tomber*, *il pensa mourir*, estuvo á punto de caer, poco faltó para que cayese, etc. || a. Pensar, imaginar, discurrir, tener un intento. || Pensar, creer, juzgar. || *Façon de penser*, modo, manera de pensar, opinion, juicio sóbre alguna cosa. || **PENSER**, m. ant. Pensamiento, el pensar, lo que se piensa. V. **PENSÉE**.

**PENSEUR**, m. *panseur*. Pensador, raciocinador, el que discurre, que tiene la costumbre de reflexionar.

**PENSIF, IVE**, adj. *pansif, iv*. Pensativo, meditabundo, ocupado ó absorto en alguna cosa.

**PENSION**, f. *pansión*. Pension, cantidad de dinero que se paga por el hospedaje y la manutencion. || Pension, casa de huéspedes donde se tiene alojamiento y manutencion por cierto precio. || Pension, casa de pupilos en que se admiten niños para educarlos y mantenerlos. || Pension, reunion de los niños que componen una casa-pension. || Pension, lo que un soberano, un Estado, un particular, etc., da anualmente á alguno en recompensa de sus servicios ó por liberalidad. || Pension, la cantidad que puede reservarse uno de los frutos de algun beneficio. || *Demi-pension*, medio pupilo, lo que se paga por comer al mediodía en una casa de educandos.

**PENSIONNAIRE**, m. y f. *pansionér*. Pensionario, el ó la que paga pension. || Pensionario, pupilo, el que mediante una cantidad convenida habita en una casa de educacion para recibir sus alimentos y la enseñanza. || Pensionista, el que percibe una pension del Estado, de un soberano, de un particular, etc. || Pensionista, el que goza de una pension por un beneficio eclesiástico. || Pensionario, en el antiguo gobierno de Holanda era oficio público, como de primer consejero de Estado. || *Demi-pensionnaire*, el que está á medio pupilo.

**PENSIONNAT**, m. V. **PENSION**, en la 3ª. acepcion.

**PENSIONNER**, a. *pansioné*. Pensionar, dar, conceder una pension á alguno.

**PENSIVETÉ**, f. ant. *pansivté*. Melancolía, inquietud, tristeza, disgusto.

**PENSOTER**, n. fam. *pansoté*. Cavilar ó pensar lijeramente.

**PENSUM**, m. *pensóm*. Pensum, recargo en las lecciones que se da á un estudiante por castigo.

**PENTACORDE**, m. *pantacórd*. Pentacordio, lira de los antiguos que tenia cinco cuerdas.

**PENTADACTYLE**, adj. *pantadactil*. Pentadáctilo, que tiene cinco dedos en cada pié.

**PENTADÉCAGONE**, adj. *pantadecagón*. Geom. Pentadecágono, que tiene quince lados y quince ángulos. Se usa tambien como sustantivo.

**PENTAÈDRE**, m. *pantaédr*. Geom. Pentaedro, sólido con cinco caras.

**PENTAGLOTTE**, adj. *pantaglót*. Filol. Pentaglote, que está escrito en cinco lenguas.

**PENTAGONE**, adj. *pantagón*. Geom. Pentágono, que tiene cinco ángulos y cinco lados. Se usa tambien como sustantivo.

**PENTAGONIQUE**, adj. *pantagonic*. Pentagónico, de figura de pentágono.

**PENTAGRAPHE**, m. *pantagráf*. Pentágrafo, instrumento para copiar diseños.

**PENTAGRAPHIE**, f. *pantagrafí*. Pentagrafía, arte de copiar con el pentágrafo.

**PENTAGRAPHIQUE**, adj. *pantagrafic*. Pentagráfico, concerniente á la pentagrafía.

**PENTAGYNE**, adj. *pantagín*. Bot. Pentaginio, que tiene cinco pistilos.

**PENTAGYNIE**, f. *pantaginí*. Bot. Pentaginia, órden de vegetales que comprende los que tienen cinco pistilos ó cinco órganos hembras.

**PENTALOBE**, m. *pantalób*. Bot. Pentálobo, género de plantas.

**PENTAMÈTRE**, m. *pantamétr*. Pentámetro, especie de verso compuesto de cinco piés usado entre los Griegos y Latinos.

**PENTANDRE** ó **PENTANDRIQUE**, adj. *pantándr*, *pantandric*. Bot. Pentandro ó pentándrico, perteneciente á la pentandria.

**PENTANDRIE**, f. *pantandrí*. Bot. Pentandria, clase del sistema de Lineo que comprende las plantas [illegible] estambres.

**PENTAPÈTE**, m. [illegible] peto, género de [illegible]

**PENTAPOLE**, f. [illegible] territorio donde hay cinco [illegible] pales.

**PENTARCHAT**, m. [illegible] quía, dignidad de [illegible]

**PENTARCHIE**, f. [illegible] quía, gobierno de cinco [illegible] dignidad de pentarca; [illegible] ciones.

**PENTARCHIQUE**, adj. [illegible] tárquico, perteneciente á [illegible]

**PENTARQUE**, m. [illegible] miembro ó individuo de los [illegible] ponen una pentarquía.

**PENTASPASTE**, m. [illegible] taspasto, máquina con [illegible] vantar pesos.

**PENTASTIQUE**, adj. [illegible] Pentástico, dispuesto en [illegible] Compuesto de cinco versos.

**PENTASTYLE**, adj. y s. [illegible] Arq. Pentastilo, edificio con [illegible] de columnas en la fachada [illegible]

**PENTASYLLABE**, adj. [illegible] Pentasílabo, compuesto de [illegible]

**PENTATEUQUE**, m. [illegible] teuco, los cinco primeros [illegible] blia, compuestos por Moisés. [illegible]

**PENTATHLE**, m. [illegible] Pentatlo, los cinco géneros [illegible] chas en la gimnástica.

**PENTE**, f. *pánt*. Pendiente, [illegible] clive, declividad, inclinacion [illegible] de un plano. || mat. Inclinacion [illegible] || Gotera, cenefa ó caida de la [illegible] al rededor del dosel ó cielo [illegible] *En pente*, loc. adv. En [illegible] ve, en cuesta.

**PENTÉCOMARCHIE**, f. [illegible] Antig. gr. Pentecomarquía, [illegible] cinco ciudades principales. [illegible] dad del pentecomarca; [illegible] ciones.

**PENTÉCOMARQUE**, m. [illegible] Pentecomarca, gobernador de [illegible] des principales.

**PENTÉCONTACORDE**, m. [illegible] *córd*. Pentecontacordio, [illegible] cincuenta cuerdas designadas [illegible]

**PENTÉCONTARCHIE**, f. [illegible] *chí*. Pentecontarquía, [illegible] licia griega, compuesta de [illegible] bres. || Residencia del [illegible] ciones del pentecontarca y [illegible]

**PENTÉCONTARQUE**, m. [illegible] Pentecontarca, comandante [illegible] hombres.

**PENTÉCONTORE**, m. [illegible] tig. gr. Pentecontore, barco [illegible] cuenta remeros.

**PENTÉCOSTAIRE**, adj. [illegible] Liturg. Pentecostario, [illegible] tecostes. || m. Pentecostario, [illegible] ne los oficios de Pentecostes.

**PENTECÔTE**, f. [illegible] fiesta que celebra la Iglesia [illegible] bien Pascua del Espíritu Santo.

**PENTHÉSA**, f. [illegible] dado á la fiesta de la Pentecostes [illegible] sia de Oriente.

**PENTIÈRE**, f. [illegible] cie de red.

**PENTURE**, f. *pantúr*. [illegible] se pone para abrir las [illegible]

**PÉNULTIÈME**, adj. [illegible] mo, que está inmediatamente [illegible] timo ó postrero. Se le [illegible] *dernier*. || Úsase tambien [illegible]

**PÉNURIE**, f. *penurí*. [illegible] falta de las cosas necesarias, [illegible] casez, necesidad, estrechez, [illegible]

**PÉOTTE**, f. *peót*. [illegible] neciana ó góndola grande, [illegible] Adriático.

**PÉPASME**, m. *pepásm*. [illegible] segun los humoristas [illegible] morbífica; estado en que [illegible] perdido toda su crudeza.

**PÉPASTIQUE**, adj. y s. [illegible]

peréstico, se dice de los medicamentos capaces de operar la coccion ó supuracion de los humores.

**PÉPÉTILLER**, n. inus. *pepetillé*. Chispear, chisporrotear, echar muchas chispas.

**PÉPIE**, f. *pepí*. Pepita, enfermedad de las aves en la lengua, que las impide de beber y cantar. || fam. *Avoir la pépie*, empinar, chiflar: beber con buena gana. || met. y fam. *N'avoir pas la pépie*, no tener pepita en la lengua, no tener pelos en la lengua: hablar mucho.

**PÉPIER**, n. *pepié*. Piar, chirriar, cantar los gorriones ó aves semejantes, chillar.

**PÉPIN**, m. *pepén*. Pepita, la simiente de algunas frutas.

**PÉPINIÈRE**, f. *pepiniér*. Plantel, almáciga de árboles. || Criadero, semillero. || met. Plantel, reunion de jóvenes, de personas destinadas ó aptas para un estado, para una profesion. || Seminario.

**PÉPINIÉRISTE**, m. *pepinierist*. Jardinero que cultiva un plantel.

**PÉPITA**, m. **PÉPITE**, f. *pepita*, *pepít*. Pepita, pedazo de metal en láminas. || Pepita, oro nativo amorfo.

**PÉPLION**, m. *peplión*. Peplion, especie de verdolaga silvestre, planta hortense.

**PÉPLUM** ó **PÉPLON**, m. *peplóm*, *peplón*. Peplon, vestido, manto ó velo grande que usaban antiguamente las mujeres.

**PEPSIE**, f. *pepsí*. Med. Pepsia, coccion y digestion que hacen los alimentos en el estómago.

**PEPSIQUE**, adj. V. DIGESTIF.

**PEPTIQUE**, adj. V. PÉPASTIQUE.

**PÉQUE**, f. V. PECQUE.

**PÉRA**, m. *péra*. Bot. Pera, árbol de América, que se llama tambien *pérula*.

**PÉRAGRATION**, f. *peragrasión*. Accion de correr, de ir de una parte á otra.

**PÉRAMBULATION**, f. *perambulasión*. Perambulacion, accion de medir, de recorrer un espacio con celeridad y á largos pasos. Es lo mismo que *arpentage*.

**PÉRAPÉTALE**, m. *perapetál*. Bot. Perapétalo, apéndice del pétalo.

**PÉRAPHYLLE**, m. *perafíl*. Bot. Perafilo, expansion del cáliz de las plantas.

**PÉRATOSCOPIE**, f. *peratoscopí*. Peratoscopia, adivinacion por los fenómenos que aparecen en el aire.

**PÉRATOSCOPIEN**, **NE**, m. y f. *peratoscopién*, *én*. Peratoscopiano, el que ejerce la peratoscopia. || adj. Que pertenece á la peratoscopia.

**PERÇAGE**, m. *perságe*. Mar. Accion de barrenar ó de hacer agujeros.

**PERCALE**, f. *percál*. Percal, tela de algodon bastante fina que se fabricaba ántes en las Indias, y que hoy se imita en toda Europa.

**PERCALINE**, f. *percalin*. Percalina, tela de algodon mas basta pero mas lustrosa que el percal, que se usa para forro.

**PERÇANT**, **E**, adj. *persán*. Que se clava, que pasa, que abre agujero. || met. Agudo, penetrante, sutil, hablando del dolor, del frio, del grito, del viento, etc. || Perspicaz, vivo: dícese de la vista, del talento, etc.

**PERCE**, f. *pérs*. Especie de útil, herramienta ó barrena con que se hace una abertura. || *Tonneau en perce*, tonel abierto, empezado. || *Mettre du vin en perce*, hacer una abertura en un tonel para sacar vino.

**PERCÉ**, **ÉE**, adj. *persé*. Horadado, pasado de parte á parte, abierto. || prov. y fam. *Homme bas percé*, hombre sin blanca, que está sin un cuarto. || *Maison bien percée*, casa de buenas luces, de ventanas bien rasgadas. || *Ville bien percée*, ciudad de calles anchas, bien abiertas. || met. y fam. *Panier percé*, manirroto, desperdiciador, hombre que gasta todo lo que tiene. || *Chaise percée*, sillico.

**PERCE-BOIS**, m. *persbuá*. Zool. Abejorro, nombre de muchas especies de insectos que atacan la madera.

**PERCE-BOSSE**, m. *persbos*. Bot. Especie de uñagata, planta.

**PERCÉE**, f. ó **PERCÉ**, m. *persé*. Roza que se hace en un bosque, ya sea para abrir camino, ya para dar vista á una casa ó alquería. || met. *Faire une percée*, penetrar en un bosque cuando se va de marcha.

**PERCE-FEUILLE**, f. *persfeull*. Bot. Bupleuro, planta vulneraria y astringente. V. BUPLÈVRE.

**PERCE-FORÊT**, m. fam. *persforé*. Cazador intrépido, determinado.

**PERCE-LETTRE**, m. *perslétr*. Punzon, instrumento para picar y sellar las cartas.

**PERCEMENT**, m. *persmán*. Abertura, rotura de una calle, de una pared, etc., para hacer paso.

**PERCE-MOUSSE**, f. *persmús*. Bot. Enlantoido dorado ó culantrillo dorado, planta.

**PERCE-NEIGE**, f. *persnége*. Bot. Campanilla blanca, planta pequeña con flores blancas.

**PERCE-OREILLE**, m. *persoréll*. Tijereta, gusano de oído.

**PERCE-PIED**, m. *perspié*. Bot. Percepié, género de plantas anuas.

**PERCE-PIERRE**, f. *perspiér*. Bot. Hinojo marino, planta. V. PASSE-PIERRE.

**PERCEPTEUR**, m. *perseptéur*. Perceptor, recaudador, encargado de percibir caudales ó frutos, rentas, impuestos, etc.

**PERCEPTIBILITÉ**, f. *perseptibilité*. Perceptibilidad, cualidad de lo que puede ser percibido ó recaudado. || Fil. Perceptibilidad, cualidad de lo que puede ser percibido por los sentidos ó por el entendimiento.

**PERCEPTIBLE**, adj. *perseptíbl*. Perceptible, que puede ser percibido ó cobrado. || Perceptible, que puede percibirse por la vista ó por los sentidos en general.

**PERCEPTION**, f. *persepsión*. Percepcion, recepta, recaudacion, cobranza de dinero, frutos, rentas, etc. || Percepcion, comprension, acto por el cual el alma conoce, percibe los objetos que han hecho impresion en los sentidos.

**PERCER**, a. *persé*. Horadar, taladrar, agujerear, atravesar, pasar, traspasar. || Abrir camino, puerta, paso. || Calar, penetrar. || Romper ó entrar por medio. || met. *Percer l'avenir*, prever lo venidero. || met. *Percer le fond d'une affaire*, penetrar el fondo de un negocio. || *Crier à percer les oreilles*, gritar mucho, dar voces hasta asordar ó aturdir al que las oye. || n. Romper, abrirse paso, salida. || Tener salida. *Cette maison perce dans deux rues*, esta casa tiene salida ó puerta á dos calles. || met. Descubrirse, manifestarse, darse á conocer. || Adelantar en alguna profesion, hacer carrera, abrirse paso, adquirir reputacion. || *Lorsque les cornes percent aux chevreaux*, cuando apitonan los cabritos, ó les apuntan ó asoman los cuernos á los cabritos. || met. *Percer dans l'avenir*, *dans le fond d'une affaire*, lo mismo que *percer l'avenir*, *le fond d'une affaire*.

**PERCES**, f. pl. *pérs*. Agujeros de una flauta travesera.

**PERCEUR**, m. *perseur*. Agujereador, horadador, taladrador.

**PERCEVOIR**, a. *persevuár* (*e* muda). Percibir, cobrar, recaudar derechos, impuestos, contribuciones. || Fil. Percibir, recibir la impresion de los objetos, concebir la idea de ellos.

**PERCHANT**, m. *perchán*. Añagaza, reclamo, pájaro en jaula ó atado que sirve en la caza para llamar á los demas.

**PERCHE**, f. *pérche*. Zool. Pértiga, pescado de agua dulce. || Pértica, medida antigua de tierra. || Pertica ó pértiga, vara larga que tiene diez ó doce piés de longitud. || Alcándara, la percha ó varal donde se ponian los halcones y otras aves de altanería. || Mont. El tronco del asta de los venados. || pl. Ramas que se tienden por las cercanías de un reclamo para extender por ellas las varetas de liga. || Estacas para rodrigar las vides. || met. y fam. *Grande perche*, varal, pendon: se dice de la mujer alta y derecha.

**PERCHÉ**, **ÉE**, adj. *perché*. Blas. Perchado, se dice de las aves puestas en alcándaras ó en las ramas de un árbol.

**PERCHÉE**, f. *perché*. Línea que se hace para plantar y alinear las cepas. || Cetr. Perchada, reunion de aves perchadas en un mismo sitio.

**PERCHER**, n. y **PERCHER (SE)**, r. *perché*. Percharse, posarse ó pararse los pájaros sobre una percha, sobre una rama de árbol. || *Se percher*, r. Empingorotarse, encaramarse, subirse á algun sitio para ver ú oir mejor. Es familiar.

**PERCHER**, m. *perché*. Colgadero, barra ó sitio de una fábrica de curtidos destinado á tender las pieles.

**PERCHEUSE**, f. *percheus*. Perchadora, la alondra sin cresta.

**PERCHIS**, m. *perchí*. Seto, vallado de jardin ó huerto hecho con estacas.

**PERCHOIR**, m. *perchuár*. Percha, estacada de un gallinero donde se encaraman las gallinas para dormir.

**PERCLUS**, **E**, adj. *perclú*, *ús*. Tullido, baldado, paralítico, impotente ó impedido. || met. y fam. *Avoir le cerveau perclus*, ser muy obtuso, tener poco talento.

**PERCNOPTÈRE**, m. *percnoptér*. Zool. Percnóptero, especie de buitre.

**PERÇOIR**, m. *persuár*. Barrenillo, taladro para abrir los toneles.

**PERCUSSION**, f. *percusión*. Percusion, golpe, accion por la cual un cuerpo viene á herir en otro; impresion que hace un cuerpo en otro al chocarle.

**PERCUTER**, a. *percuté*. Percutir, herir, dar golpes.

**PERDABLE**, adj. *perdábl*. Perdible, que puede perderse.

**PERDANT**, m. *perdán*. Perdidoso, el que pierde ó está perdiendo, hablando de juego.

**PERDEUR**, **EUSE**, adj. y s. *perdeur*, *eus*. Perdedor, el que pierde.

**PERDIABLÉ**, **ÉE**, adj. y s. inus. *perdiablé*. Endiablado, poseido de los demonios.

**PERDICITE**, f. *perdisít*. Miner. Perdicita, piedra del color de la perdiz.

**PERDITION**, f. *perdisión*. Perdicion, ruina, daño grave en lo espiritual ó temporal. || Perdicion, estado de una persona que está en el camino del vicio. || Perdicion, lo que ocasiona algun daño ó pierde el alma: *maison de perdition*. || *Enfant de perdition*, Judas, el Antecristo, segun el lenguaje de la sagrada Escritura.

**PERDRE**, a. *pérdr*. Perder, ser privado de alguna cosa que se tenía ó en cuya posesion se estaba; extraviar, dejar de tener, con todas las demas acepciones de este verbo, que son iguales en ambos idiomas. || Perder, experimentar disminucion en los caudales. || Perder, desmerecer, dejar de tener uso ó estimacion. || met. Perder, arruinar, deshonrar, desacreditar. || Perder, pervertir, relajar, viciar las costumbres de alguno. || Perder, ocasionar algun daño á las cosas desmejorándolas. || *Perdre courage*, desanimarse, desmayar. || *Perdre les bonnes grâces de quelqu'un*, caer en desgracia de alguno. || *Se perdre*, r. Perderse, naufragar, irse á pique. || Desaparecer, extraviarse. || Evaporarse, disiparse, irse, salirse algun licor de una vasija. || Hablando de corrientes, desaparecer, ocultarse ó esconderse debajo de tierra, etc. || Errar el camino ó rumbo que se llevaba. || Perderse, arruinarse. || Comprometerse, deshonrarse.

**PERDREAU**, m. *perdró*. Perdigon, perdigoncillo, perdiz nueva ó del mismo año.

**PERDRIGON**, m. *perdrigon*. Endrina, variedad de la ciruela.

**PERDRIX**, m. *perdrí*. Zool. Perdiz, género de aves gallináceas de carne exquisita.

**PERDU**, **E**, adj. *perdú*. Perdido. || *Puits perdu*, pozo en que se pierden las aguas por ser el fondo de arena. || *Pays perdu*, tierra deshabitada, desierta, muy remota. || *Tirer à coups perdus*, tirar al aire, sin acertar. || *Enfants perdus*, soldados antiguos que se destacaban á modo de los cazadores de hoy dia. || *Mettre de l'argent*, *placer à fonds perdus*, imponer caudales en un vitalicio. || *A ses heures perdues*, á ratos perdidos.

**PERDURABLE**, adj. ant. *perdurábl*. Perdurable, eterno, que debe durar siempre.

**PERDURABLEMENT**, adv. *perdurablemán*. Perdurablemente, eternamente, siempre, para siempre jamas.

**PÈRE**, m. *pér*. Padre, el que engendra ó procrea á otro semejante suyo en su especie. || Padre, el jefe ó cabeza de una larga serie de descendientes. Las demas acepciones son las mismas en ambas lenguas, en el sentido propio y figurado. || *Le Père éternel*, el Padre Eterno, el Eterno Padre. || *Le Saint-Père*, el Padre Santo, el papa. || *Père nourricier*, el amo, esto es, el marido del ama ó de la madre de leche de un niño. || *Nos pères*, nuestros padres, nuestros abuelos, nuestros progenitores, nuestros mayores. || Los Padres, hablando de un concilio, son los obispos que asisten á él. || *Les pères conscrits*, los padres conscriptos, los senadores de la antigua Roma. || *Les Pères de l'Église*, los Padres de la iglesia. || *Maître père*, maestro de novicios. || *Père noble*, barba, el que en las comedias hace el papel de anciano. || *Grand-père*, abuelo. || *Beau-père*, suegro. || Poét. *Le père du jour*, el autor de la luz, el sol. || *Le père du mensonge*, el padre de la mentira: dícese del diablo en lenguaje de la Escritura. Se omite por demasiado comun la traduccion de otras varias acepciones.

**PÉRÉGRIN**, m. ant. *peregrén*. V. VOYAGEUR. || Cetr. Peregrino, halcon esquivo.

**PÉRÉGRINAIRE**, adj. *peregrinér*. Extranjero, que pertenece á los extranjeros, que viene del extranjero. || m. Hist. ecl. Peregrinario, religioso ó monje encargado de recibir á los viajeros.

**PÉRÉGRINATION**, f. *peregrinasión*. Peregrinacion, viaje hecho á lejanas tierras.

**PÉRÉGRINER**, n. ant. *peregriné*. Peregrinar, viajar, hacer un largo viaje, ir en peregrinacion, andar por tierras distantes de su patria.

**PÉRÉGRINITÉ**, f. *peregrinité*. Extranjerismo, estado ó cualidad del extranjero en un pais. || Didáct. Aire extranjero, maneras ó modales extranjeros.

**PÉRÉGRINOMANE** y **PÉRÉGRINOMANIAQUE**, adj. y s. *peregrinoman*, *peregrinomaniac*. Peregrinómano, el que tiene la manía de viajar.

**PÉRÉGRINOMANIQUE**, adj. *peregrinomanic*. Peregrinomaníaco, perteneciente á la peregrinomanía.

**PÉRÉGRINOMANIE**, f. *peregrinomaní*. Peregrinomanía, furor de viajar, manía, pasion por los viajes.

**PÉREMPTION**, f. *peranpsión*. Jurisp. Espiracion, especie de prescripcion que anula un procedimiento civil, dejándose pasar algun plazo fatal.

**PÉREMPTOIRE**, adj. *peranptuar*. Perentorio, concluyente, decisivo, contra lo cual nada hay que alegar.

**PÉREMPTOIREMENT**, adv. *peranptuarmán*. Perentoriamente, de un modo perentorio, sin réplica.

**PÉREMPTORISER**, n. *peranptorisé*. Prolongar, conceder, prorogar plazos, términos, etc., dar largas.

**PÉRENNE**, adj. *perén*. Perenne, perpetuo, eterno.

**PÉRENNISER**, a. inus. *perennisé*. Perennizar, hacer perenne, eternizar.

**PÉRENNITÉ**, f. *perennité*. Perennidad, perpetuidad.

**PÉRÉQUAIRE**, m. *perequer*. Catastro de una municipalidad.

**PÉRÉQUATEUR**, m. inus. *perecuateur*. Empleado que reparte con igualdad los impuestos.

**PÉRÉQUATION**, f. *perecuasión*. Geom. Ecuacion perfecta. || Reparticion igual de los impuestos.

**PERFECTIBILITÉ**, f. *perfectibilité*. Perfectibilidad, cualidad de lo que es perfectible.

**PERFECTIBLE**, adj. *perfectibl*. Perfectible, perfeccionable, que puede perfeccionarse.

**PERFECTION**, f. *perfeksión*. Perfeccion, cualidad de lo perfecto. || Perfeccion, el último grado de excelencia y bondad de una cosa en cualquier género físico ó moral. || Perfeccion, prenda ó cualidad apreciable en una persona, sea del alma, sea del cuerpo. En este sentido se usa en plural en francés. || Perfeccion, estado de conclusion, de complemento de una cosa. || *En perfection*, *dans la perfection*, loc. adv. Perfectamente, con perfeccion.

**PERFECTIONNEMENT**, m. *perfeksionmán*. Perfeccionamiento, última mano, complemento; accion de perfeccionar y el resultado de esta accion.

**PERFECTIONNER**, a. *perfeksioné*. Perfeccionar, hacer mejor, perfecto. || Perfeccionar, acabar completamente alguna cosa, dar la última mano á una cosa.

**PERFECTISSIMAT**, m. *perfectisimá*. Perfectisimado, dignidad del perfectísimo en el imperio romano.

**PERFECTISSIME**, m. *perfectisim*. Perfectísimo, título de un gobernador de provincia en el imperio romano. || adj. Perfectísimo, muy perfecto.

**PERFIDE**, adj. *perfíd*. Pérfido, desleal, que falta á su fe, á su palabra. || Pérfido, fementido, falso, que contiene perfidia, hablando de cosas. || Úsase tambien como sustantivo, hablando de personas.

**PERFIDEMENT**, adv. *perfidmán*. Pérfidamente, con perfidia.

**PERFIDIE**, f. *perfidí*. Perfidia, deslealtad, traicion, abuso de confianza.

**PERFORANT**, E, adj. *perforán*. Perforante, que agujerea ó atraviesa.

**PERFORATIF**, IVE, adj. *perforatíf*, *tív*. Perforativo, que agujerea, que sirve para agujerear.

**PERFORATION**, f. *perforasión*. Perforacion, accion de perforar ó agujerear alguna cosa.

**PERFORER**, a. *perforé*. Perforar, agujerear, atravesar. Solo se usa en el lenguaje artístico.

**PERGÉE** ó **PERGIE**, f. *pergé*, *pergí*. Multa impuesta por el daño causado por los animales.

**PERGONTE**, f. *pergónt*. Bot. Maya, flor blanca muy parecida á la margarita.

**PÉRI**, E, adj. *perí*. Perecido. || Blas. Se dice de las fajas ó barras que no llegan al extremo del escudo: *péri en bande*, *péri en barre*.

**PÉRIANDRIQUE**, adj. *periandríc*. Bot. Periándrico, que rodea los estambres de las plantas.

**PÉRIANTHE**, m. *periánt*. Bot. Perianto, especie de cáliz ó invólucro exterior de la flor.

**PÉRIAPTE**, m. *periápt*. Periapto, talisman, especie de amuleto que llevaban los antiguos al cuello.

**PÉRIBLEPSIE**, f. *periblepsí*. Med. Periblepsia, mirada azorada ó incierta que se nota en un enfermo que se halla en el delirio.

**PÉRICARDE**, m. *pericárd*. Anat. Pericardio, bolsa ó saco membranoso que envuelve al corazon.

**PÉRICARDIAIRE**, adj. *pericardiér*. Med. Pericardiario, que se cria en el pericardio.

**PÉRICARDIN**, E, adj. *pericardén*, *in*. Anat. Pericardino, perteneciente al pericardio.

**PÉRICARDITE**, f. *pericardít*. Med. Pericarditis, inflamacion del pericardio.

**PÉRICARPE**, m. *pericárp*. Bot. Pericarpo, capa que cierra el grano ó las simientes de las plantas.

**PÉRICLITANT**, E, adj. *periclitán*. Peligrante, que peligra.

**PÉRICLITER**, n. *periclité*. Peligrar, estar en peligro. Solo se usa hablando de cosas.

**PÉRICLYMÈNE**, m. *periclimén*. Bot. Periclímeno, especie de madreselva.

**PÉRICRANE**, m. *pericrán*. Anat. Pericráneo, membrana que cubre el cráneo por la parte exterior.

**PÉRICULEUX**, EUSE, adj. *periculeu*, *eus*. Peligroso.

**PÉRIDIDYMITE**, f. *perididimít*. Med. Perididimitis, inflamacion de la membrana vaginal de los testículos.

**PÉRIDOT**, m. *peridó*. Miner. Peridoto, piedra preciosa de color verde amarillento, especie de esmeralda.

**PÉRIDROME**, m. *peridróm*. Arq. Perídromo, galería ó espacio cubierto, que sirve de paseo al rededor de un edificio.

**PÉRIÉGÈSE**, f. *periegés*. [illegible], descripcion geográfica del globo.

**PÉRIÉGÈTE**, m. *periegét*. [illegible] geógrafo que describe las costas. || Autor de un viaje, de la descripcion de un pais.

**PÉRIGÉE**, m. *perijé*. Astr. Perigeo, punto en que el sol ó la luna están mas próximos á la tierra.

**PÉRIGLOTTE**, f. *periglót*. Anat. Periglotis, la glándula epiglótica.

**PÉRIGOURDIN**, E, adj. y s. *perigurdén*, *in*. Perigordino ó petrocoriense, de Perigord en Francia.

**PÉRIGUEUX**, m. *perigueu*. [illegible] gueos, piedra negra muy dura, especie de manganesa.

**PÉRIHÉLIE**, m. *perielí*. Astr. Perihelio, punto de la órbita de un planeta en el que este se halla mas cercano al sol.

**PÉRIL**, m. *peril*. Peligro, riesgo. V. DANGER.

**PÉRILLER**, n. ant. *perillé*. Peligrar, correr peligro, estar en peligro.

**PÉRILLEUSEMENT**, adv. *perilleusmán*. Peligrosamente, arriesgadamente, con riesgo, con peligro.

**PÉRILLEUX**, EUSE, adj. *perilleu*, *eus*. Peligroso, arriesgado. *Saut périlleux*, salto mortal, salto difícil y peligroso que [illegible] los bailarines en la cuerda; y en sentido figurado, resolucion, accion arriesgada.

**PÉRILOMIE**, f. *perilomí*. Bot. Perilomia, planta labiada del Perú.

**PÉRIMER**, n. *perimé*. For. [illegible] der el derecho en una demanda, [illegible] cripcion ó por no haberla proseguido [illegible] tiempo útil.

**PÉRIMÈTRE**, m. *perimétr*. Geom. [illegible] metro, circunferencia, ámbito, [illegible], contorno de una figura.

**PÉRINÉE**, m. *periné*. Anat. Periné, espacio que hay en el cuerpo humano [illegible] de canal desde el ano hasta las partes naturales.

**PÉRINÉOCÈLE**, f. *perineosél*. Cir. Perineocele, hernia ó tumor formado en el perineo.

**PÉRINET**, m. *periné*. Gallo [illegible].

**PÉRINETTE**, f. *perinét*. Zool. [illegible] moñuda.

**PÉRINGLE**, f. *peréngl*. Zool. [illegible] de puro, ave.

**PÉRIODE**, f. *periód*. Periodo, [illegible] que se renueva con regularidad. || Astr. Periodo, tiempo que tarda un planeta en hacer su revolucion, duracion de su curso [illegible] volver al punto de donde salió. || [illegible] espacio de tiempo determinado ó [illegible] de un cierto número de años. [illegible] que ciclo. || Med. Periodo, cada uno de [illegible] diversos espacios de tiempo que [illegible] correr una enfermedad, cada una de [illegible] ses ó revoluciones. || Gram. Periodo, [illegible] compuesta de varios miembros. || *Période carrée*, periodo cuadrimembre ó [illegible] bre. || m. Periodo, cúlmen, punto ó grado mas alto á que puede llegar una cosa. || [illegible] riodo, espacio de tiempo indeterminado.

**PÉRIODEUTES**, m. pl. *periodeut*. [illegible] deutas, médicos ambulantes de la [illegible] dad.

**PÉRIODICITÉ**, f. *periodisité*. Periodicidad, cualidad de lo que es periódico.

**PÉRIODIQUE**, adj. *periodic*. Periódico, que pertenece al periodo, que tiene sus periodos, que se repite en épocas fijas. || [illegible] riódico, que abunda en periodos. || *Discours périodique*, discurso ó oracion [illegible] á. [illegible]

**PÉRIODIQUEMENT**, adv. *periodicmán*. Periodicamente, de un modo periódico.

**PÉRIODISME**, m. *periodísm*. Periodismo, la prensa periódica. || Periodicidad.

**PÉRIODISTE**, m. *periodíst*. Periodista, el que hace hojas periódicas, ó se ocupa en la redaccion de obras ó en las que se publican periódicamente.

**PÉRIODONTITE**, f. *periodontít*. Med.

...nitis, inflamacion de la membrana ...

...ODYNIE, f. periodiní. Med. Periodolor local violento.

...ODYNIQUE, adj. periodinic. Pe...o, perteneciente á la periodinia.

...ECIENS, m. pl. perieslén. Perie...ebitos que habitan en un mismo pa... la distancia de 180°.

...OPHTHALMIE, f. perioftalmí. Periofialmia, inflamacion que ocupa ...contorno de los ojos.

...OPHTHALMIQUE, adj. perioftal...rioftálmico, perteneciente á la pe...ia.

...OSTE, m. periósl. Med. Periostio, ...a ó película delgada que rodea los ...

...OSTITE, f. periostít. Med. Perios...flamacion del periostio.

...OSTOSE, f. periostós. Med. Pe..., tumores que se desarrollan en el ....

...PATÉTICIEN, NE, adj. peripatetí.... Peripatético, que sigue la doctrina ...otelica; que pertenece á esta doctri... peripatetismo. || Es tambien sust., ...se aplica á personas.

...PATÉTISME, m. peripatetism. ...tismo, peripato, doctrina de los ...ticos, filosofía peripatética.

...PÉTIE, f. peripesí. Peripecia, cam...previsto y repentino de una situacion ...ó mala en otra diferente. || Último ...cento ó desenlace en un poema épico, ...tragedia, etc.

...PHALLIES, f. pl. perifalí. Mit. ...s, fiestas que celebraban los anti... honor de Priapo.

...PHÉRIE, f. periferí. Geom. Perife...cunferencia ó contorno de una figura ...a.

...PHRASE, f. perifrás. Perífrasis, ...quio. || Perífrasis, circunlocucion, ...a retórica.

...PHRASER, n. perifrasé. Perifra...ablar por perífrasis.

...PHRASTIQUE, adj. perifrastic. ...tico, que abunda en perífrasis.

...PLE, m. peripl. Periplo, navega... rededor de una mar ó las costas de ...; derrotero de una navegacion cos...

...PLOQUE, f. periplóc. Bot. Periplo...ero de plantas apocíneas.

...PLYSIE, f. periplisí. Med. Peri...ujo abundante y principalmente flujo ...ra.

...PNEUMONIE, f. peripneumoní. Peripneumonía, inflamacion del pul...n calentura aguda, opresion y espu...angre.

...PNEUMONIQUE, adj. peripneu.... Peripneumónico, relativo á la pe...monía. || sust. Persona atacada de in...on del pulmon.

...POLYGONE, adj. y s. m. peripoli...eripoligono, prisma que presenta un ...mero de caras.

...PSYXIE, f. peripsicsí. Med. Perip...iminucion del calor natural.

...PTÈRE, m. periptér. Arq. Periptero, edificio cuyo contorno exterior está ro...de columnas aisladas.

...PYÈME, m. peripiem. Med. Peri... derrame purulento al rededor de un ...

...R, n. perír. Perecer, acabarse, ...n las cosas por destruccion ó ruina. ...er, fenecer, tener un fin desgracia...ando de cosas ó personas. || Perecer, ...e, naufragar una embarcacion.

...SCIENS, m. pl. perisién. Periscianos ..., habitantes de las zonas frias.

...SCYPHISME, m. perisifism. Cir. ...ismo, incision practicada al rededor ...eo.

...SSABLE, adj. perisabl. Perecede..., que está sujeto á perecer ó aca...poco durable, poco estable.

PÉRISSOLOGIE, f. perisologí. Ret. Perisología, repeticion viciosa de una idea, vicio opuesto á la concision.

PÉRISTALTIQUE, adj. peristaltic. Med. Peristáltico, se dice de un movimiento de los intestinos, por el cual, contrayéndose sobre sí mismos, favorecen la digestion.

PÉRISTAMINIE, f. peristaminí. Bot. Peristaminia, clase de plantas dicotiledóneas, de estambres periginos.

PÉRISTOLE, f. peristól. Med. Peristole, movimiento peristáltico de los intestinos.

PÉRISTOME, m. peristóm. Bot. Peristomo, el limbo ó contorno de la abertura de la urna de los musgos.

PÉRISTYLE, m. peristíl. Arq. Peristilo, galería con columnas aisladas, construida al rededor de un patio ó edificio. || Peristilo, conjunto de columnas aisladas que adornan la fachada de un monumento.

PÉRISYSTOLE, f. perisistól. Med. Perisístole, intervalo que media entre el sístole y diástole ó entre la contraccion y la dilatacion del corazon y de las arterias.

PÉRITE, adj. ant. perít. Perito, experimentado, hábil.

PÉRITIE, f. ant. perisí. Pericia, habilidad, experiencia en alguna cosa.

PÉRITOINE, m. perituán. Anat. Peritoneo, membrana que cubre por dentro todo el vientre.

PÉRITONÉAL, E, adj. peritoneál. Peritoneal, que pertenece al peritoneo.

PÉRITONITE, f. peritonít. Med. Peritonitis, inflamacion del peritoneo.

PÉRIZOME, m. perisom. Cir. Perizomo, vendaje berniario.

PERLAIRE, adj. perlér. De color ó de brillo de perla.

PERLASSE, f. perlás. Perlasa, potasa que viene de América.

PERLE, f. pérl. Perla, concrecion mas ó ménos redondeada de color blanco argentino que se forma en muchas especies de conchas. || Arq. Perlas, serie de granos redondos que se hacen en los filetes de las columnas. || Tipog. Perla, el mas pequeño de todos los caractéres tipográficos. || Perla, absceso formado entre las láminas de la córnea trasparente. || met. Perla, cualquier cosa muy preciosa, excelente en su género. Dícese principalmente hablando de personas muy apreciables: *c'est la perle des hommes, la perle des femmes; c'est une perle.*

PERLÉ, ÉE, adj. perlé. Aljofarado, guarnecido de perlas. || *Bouillon perlé*, caldo con ojos, que de puro sustancioso y bien hecho forma como aljófar por encima. || *Julep perlé*, julepe en que entran perlas desleidas.

PERLER, a. perlé. Aljofarar, adornar, guarnecer de perlas. || met. Pulir, perfeccionar, pulimentar una obra.

PERLIÈRE, f. perliér. Bot. Perliera, género de plantas.

PERLIMPINPIN, m. vulg. perlenpenpén. Se dice *poudre de perlimpinpin*, polvos de perlimpinpin ó de la madre celestina; remedio sin virtud, medicamento de charlatan.

PERLOIR, m. perluar. Cincel para hacer perlas en los filetes de las columnas. || Embudo de confitero.

PERLOSETTE, f. perlosét. Perloseta, variedad de uva.

PERLURE, f. perlúr. Mont. Perladura, los granitos ó desigualdades de los cuernos de los venados.

PERLUCIDE, adj. perlusid. Didáct. Perlúcido, trasparente, muy brillante. Tambien se dice *pellucide*.

PERMANENCE, f. permanáns. Permanencia, perseverancia, estabilidad, duracion constante de una cosa. || Estado de una junta ó asamblea en funciones ó ejercicio constante.

PERMANENT, E, adj. permanán. Permanente, estable, que dura constantemente.

PERME, f. pérm. Mar. Permo, nombre de un barquichuelo turco, hecho en forma de góndola.

PERMÉABILITÉ, f. permeabilité. Permeabilidad, cualidad de lo que es permeable.

PERMÉABLE, adj. permeábl. Permeable, se dice de los cuerpos á traves de los cuales pueden pasar la luz, el aire ú otros flúidos.

PERMESSE, m. permés. Permeso, rio de la Beocia consagrado á las Musas.

PERMETTABLE, adj. permetábl. Permitible, que puede ser permitido.

PERMETTRE, a. permétr. Permitir, autorizar, dar libertad ó poder de hacer ó decir. || Permitir, tolerar, consentir, no oponerse. || *Se permettre*, r. Permitirse, tomarse la libertad, la licencia de hacer alguna cosa.

PERMIS, m. permí. Permiso, pase, autorizacion por escrito.

PERMISSION, f. permisión. Permiso, autorizacion, libertad de hacer, de decir. || Permiso, consentimiento, licencia.

PERMISSIONNAIRE, m. permisionér. Permisionario, el que ha obtenido un permiso, una autorizacion.

PERMISSIONNER, a. permisioné. Permitir, dar licencia para ir, salir, etc., á un soldado ú otra persona sujeta á ciertas reglas.

PERMIXTION, f. permicstión. Permistion, mezcla de dos sustancias para templarlas la una por la otra.

PERMUTABILITÉ, f. permutabilité. Permutabilidad, estado, cualidad de lo que es permutable.

PERMUTABLE, adj. permutábl. Permutable, que puede permutarse.

PERMUTANT, m. permután. Permutante, el que permuta, el que cambia con otro de empleo. Se decia principalmente de los beneficios eclesiásticos.

PERMUTATEUR, m. permutateur. Permutador, el que permuta.

PERMUTATION, f. permutasión. Permutacion, permuta, trueque, cambio de un empleo por otro, de un beneficio eclesiástico.

PERMUTER, a. permuté. Permutar, trocar, cambiar, hablando de empleos y beneficios eclesiásticos.

PERMUTEUR, m. permuteur. Permutador, el que cambia, que permuta. Es sinónimo de *permutant*, y este es mas usado.

PERNE, f. pérn. Bot. Perna, género de moluscos acéfalos.

PERNICIEUSEMENT, adv. perniciensemán. Perniciosamente, de un modo pernicioso.

PERNICIEUX, EUSE, adj. pernisieu, eus. Pernicioso, nocivo, dañoso.

PERNICITÉ, f. pernisité. Lijereza extraordinaria.

PERNOCTER, n. pernocté. Pernoctar, pasar la noche en alguna parte.

PER OBITUM, loc. adv. perobítom. Por muerte, por fallecimiento. Usase hablando de vacantes de beneficios y prebendas.

PÉRONÉ, m. peroné. Anat. Peroné, el hueso exterior de la pierna situado al lado de la tibia.

PÉRONIE, f. peroní. Bot. Peronia, género de plantas amómeas.

PÉRONIER, ÈRE, adj. peronié, ér. Anat. Peróneo, que se refiere al hueso llamado peroné.

PÉRONNELLE, f. peronél. Cotorrera, cotorra, chacharera, bachillera: dícese de una mujer habladora.

PÉRONS, m. pl. perón. Cetr. Los padres del ave de rapiña.

PÉRORAISON, f. peroresón. Ret. Peroracion, la conclusion de una arenga, de un discurso importante.

PÉRORER, n. peroré. Perorar, concluir un discurso recopilando todas las razones que se han aducido en él. No se usa en este sentido. || Perorar, declamar, hablar en lenguaje enfático.

PÉROREUR, EUSE, m. y f. peroreur, eus. Perorador, el que perora, que tiene la costumbre ó la manía de perorar.

PÉROT, m. peró. Resalvo, vástago que ha sobrevivido á dos cortas.

**PÉROU**, m. *perú*. Perú, vasta region de la América meridional. || met. y fam. *C'est un Pérou, un petit Pérou*, es una fortuna, un tesoro. || *Ce n'est pas le Pérou*, no es una India : es cosa de poco valor, no es cosa de que deba hacerse mucho caso. || *Gagner le Pérou*, hacer una gran fortuna, hacerse muy rico.

**PEROXYDE**, m. *perocsíd*. Quím. Peróxido, óxido que contiene la mayor cantidad de oxígeno de que es susceptible.

**PÉROXYDÉ, ÉE**, adj. *perocsidé*. Peroxidado, que contiene una gran cantidad de oxígeno.

**PERPENDICULAIRE**, adj. *perpandiculér*. Perpendicular, que cae á plomo. Se dice de una línea que al caer sobre otra forma con ella ángulo ó ángulos rectos. || Se usa como sust. femenino por *ligne perpendiculaire*.

**PERPENDICULAIREMENT**, adv. *perpandiculermán*. Perpendicularmente, en posicion perpendicular.

**PERPENDICULARITÉ**, f. *perpandicularité*. Perpendicularidad, estado de lo que está perpendicular.

**PERPENDICULE**, m. *perpandicúl*. Perpendículo, plomada, línea vertical y perpendicular que cae á plomo desde el vértice de un objeto elevado, por la cual se mide su altura.

**PERPÉTRATION**, f. *perpetrasión*. Jurisp. Perpetracion, ejecucion, accion de perpetrar ó cometer un crímen.

**PERPÉTRER**, a. *perpetré*. Perpetrar, cometer un crímen.

**PERPÈTRES**, m. pl. *perpétr*. Pastos comunes de un lugar.

**PERPÉTUANE**, f. *perpetuán*. Perpetuan, sempiterna ó siempredura, tela de Portugal.

**PERPÉTUATION**, f. *perpetuasión*. Perpetuacion, accion de perpetuar; efecto de esta accion.

**PERPÉTUEL, LE**, adj. *perpetuél*. Perpetuo, que no cesa, que dura siempre; que dura toda la vida de un hombre. || Perpetuo, continuo, que no deja intermision. || Perpetuo, frecuente, habitual.

**PERPÉTUELLEMENT**, adv. *perpetuelmán*. Perpetuamente, sin intermision. || Habitualmente, frecuentemente : *mentir perpétuellement*.

**PERPÉTUER**, a. *perpetué*. Perpetuar, hacer perpetua ó perdurable una cosa. || Perpetuar, hacer durar mucho tiempo, dar á las cosas mucha duracion.

**PERPÉTUITÉ**, f. *perpetuité*. Perpetuidad, duracion sin interrupcion, sin fin. || *A perpétuité*, loc. adv. Perpetuamente, para siempre.

**PERPIGNAGE**, m. *perpiñáge*. Mar. Accion de verificar la colocacion de las cuadernas.

**PERPIGNER**, a. *perpiñé*. Mar. Balancear, rectificar la situacion de las cuadernas ya colocadas de modo que el eje imaginario que pasa por el centro de todas ellas coincida exactamente con él.

**PERPLEXE**, adj. *perpléca*. Perplejo, dudoso, incierto, irresoluto.

**PERPLEXITÉ**, f. *perplecsité*. Perplejidad, irresolucion, incertidumbre, viva ansiedad é inquietud cuando no se sabe qué partido tomar.

**PERPRENDRE**, a. inus. *perprándr*. Tomar de propia autoridad.

**PERQUISITEUR**, m. *perquisiteur*. Pesquisidor, el que hace una pesquisa.

**PERQUISITION**, f. *perquisisión*. Pesquisa, indagacion exacta que se hace de alguna cosa.

**PERREAU**, m. *perró*. Caldero de cerero de cobre estañado.

**PERRIER**, m. *perrié*. Hierro para abrir los hornos.

**PERRIÈRE**, f. *perriér*. Pedrera, cantera de piedra. || Buzon ó tapon de un horno de fundir metal.

**PERRON**, m. *perrón*. Arq. Graderia exterior en descubierto. Gradas, la graderia exterior de la fachada de un edificio ó templo.

**PERROQUET**, m. *perroqué*. Zool. Papagayo, ave de los climas cálidos que aprende fácilmente á hablar, é imita la voz humana. || Mar. *Mâts de perroquet*, masteleros de juanetes. || Silla poltrona de tijera. || met. Papagayo, el que habla solo de memoria, repitiendo lo que ha oido. || *Parler comme un perroquet*, hablar como una cotorra.

**PERROT**, m. *perró*. Madeja ú ovillo de hilo destinado al entramado.

**PERRUCHE**, f. *perrúche*. Zool. Cotorra, la hembra del papagayo. || Mar. Periquito, juanete de sobremesana.

**PERRUQUE**, f. *perrúc*. Peluca, cabellera postiza que cubre la cabeza. || *Tête à perruque*, molde de peluquero. || met. Pelucon, anciano ó viejo de poco talento y que está apegado á antojos antiguos.

**PERRUQUIER**, m. *perruquié*. Peluquero, el que hace pelucas, peina y afeita.

**PERRUQUIÈRE**, f. *perruquiér*. Peluquera, la mujer del peluquero.

**PERS, E**, adj. *per, érs*. Garzo, de un color intermedio entre el verde y el azul.

**PER SALTUM**. *persáltom*. Por salto : expresion latina usada especialmente en derecho canónico, hablando de los que son admitidos á un órden superior sin haber recibido el intermedio.

**PERSAN, E**, adj. y s. *persán, án*. Persa ó persiano, de Persia. || m. *Le persan* ó *la langue persane*, el persiano, el idioma de los Persas.

**PERSCRUTATEUR**, m. ant. *perscrutateur*. Indagador, pesquisidor, el que hace pesquisas ó indagaciones.

**PERSCRUTATION**, f. *perscrutasión*. Indagacion, pesquisa, informacion.

**PERSCRUTER**, a. ant. *perscruté*. Indagar, hacer pesquisas ó indagaciones.

**PERSE**, f. *pérs*. Com. Persiana, tela pintada que viene de Persia.

**PERSÉCUTANT, E**, adj. *persecután*. Importuno, molesto, impertinente, que muele con instancias, visitas ó empeños importunos.

**PERSÉCUTER**, a. *persecuté*. Perseguir, vejar, atormentar, acosar por vias injustas, con persecuciones violentas. || Perseguir, hostigar, importunar con visitas, empeños, instancias, etc.

**PERSÉCUTEUR, TRICE**, m. y f. *persecuteur, tris*. Perseguidor, el ó la que persigue. || Perseguidor, hombre importuno, persona molesta y pesada con sus importunidades.

**PERSÉCUTION**, f. *persecusion*. Persecucion, vejacion injusta y violenta. || Persecucion, accion de perseguir. || Persecucion, importunidad excesiva.

**PERSÉE**, m. *persé*. Astr. Perseo, constelacion del hemisferio boreal. || Mit. Perseo, hijo de Júpiter y de Dánae, vencedor de Medusa y esposo de Andrómeda.

**PERSÉITÉ**, f. inus. *perseité*. Existencia por sí mismo.

**PERSÉVÉRAMMENT**, adv. *perseveramán*. Perseverantemente, constantemente, con perseverancia, con constancia.

**PERSÉVÉRANCE**, f. *perseveráns*. Perseverancia, cualidad del que persevera. || Perseverancia, constancia y continuacion en lo empezado; firmeza y constancia en la fe, en la piedad.

**PERSÉVÉRANT, E**, adj. *perseverán*. Perseverante, constante.

**PERSÉVÉRER**, n. *perseveré*. Perseverar, persistir, continuar haciendo siempre una misma cosa, permanecer firme y constante en una resolucion.

**PERSICAIRE**, f. *persiquér*. Bot. Persicaria, genero de plantas con flores blancas.

**PERSICOT**, m. *persicó*. Persico, rosoli hecho con espíritu de vino, almendras de melocoton, etc.

**PERSIEN, NE**, adj. *persién, én*. Persiano, perteneciente á los antiguos Persas. A veces se usa por persan como sinónimo.

**PERSIENNE**, f. *persién*. Persiana, especie de celosía. || *A la persienne*, loc. adv. A la persiana, á la manera de los Persas. || *Langues persiennes*, la lengua persa antigua; la moderna se llama *persane*, persiano.

**PERSIFFLAGE**, m. *persifláge*. Chifla, chanza, chulada, burla fina.

**PERSIFFLER**, a. *persiflé*. Chiflar, hacer chifla ó rechifla, rechiflar, chancear á alguno, burlarse de uno diciéndole [illegible] riencia ingenua.

**PERSIFFLEUR**, m. *persifleur*. Burlon, chanceador, el que hace chifla ó [illegible] de otro.

**PERSIL**, m. *persí*. Bot. Perejil, planta legúminosa del género apio. || *Persil* [illegible], purride, planta. || *Persil d'âne*, apio [illegible]tre. || *Persil sauvage*, bisnaga. || prov. *Geler sur le persil*, valerse de su autoridad y carácter contra personas débiles.

**PERSILLADE**, f. *persilláde*. Pedazos de vaca compuesta como en salpicon con aceite, vinagre, perejil y pan rallado.

**PERSILLÉ, ÉE**, adj. *persillé*. [illegible]jilado, verdino, verdinoso : se dice del queso cuyo interior está salpicado de puntos verdes que imitan el perejil.

**PERSIQUE**, adj. *persic*. Arq. Pérsico, se dice de un órden de arquitectura en el cual se sustituye al fuste de la columna [illegible] figuras de cautivos que sostienen el cornisamento. || *Golfe Persique*, seno ó golfo Pérsico.

**PERSISTANCE**, f. *persistáns*. Persistencia, cualidad de lo que es persistente; perseverancia, accion de perseverar, de persistir.

**PERSISTANT, E**, adj. *persistán*. Persistente, que está firme en su resolucion. || Bot. Que dura mas del tiempo [illegible]do : se dice del cáliz que subsiste despues de la marchitacion de las flores, de las hojas que no caen en otoño, etc.

**PERSISTER**, n. *persisté*. Persistir, perseverar, permanecer firme y constante en una resolucion, en lo que se ha dicho, etc.

**PERSONNAGE**, m. *personáge*. Personaje, persona ó hombre ilustre, notable por sus cualidades. || Personaje, nombre de todas las personas que tienen parte en una accion dramática; y tambien se dice del papel que hace cada actor ó cómico. || *Tapisserie à personnages*, tapicería de figuras, historiada.

**PERSONNAIRE**, m. *personér*. Bot. Personario, planta del género gortera, familia de las corimbíferas.

**PERSONNALISER**, n. *personalisé*. Personalizar, decir personalidades, aludir á una persona en lo que se dice. || a. Personalizar, personificar : *personnaliser la justice, personnaliser le vice, la vertu*. En este sentido se dice mejor *personnifier*.

**PERSONNALISME**, m. *personalísm*. Personalismo, defecto del que todo lo quiere en su provecho.

**PERSONNALITÉ**, f. *personalité*. Personalidad, lo que pertenece [illegible] á la persona, lo que le es propio y [illegible]. || Personalidad, carácter, cualidad de lo que es personal. || Personalidad, defecto, vicio de una persona que no cuida mas que de sí. || Personalidad, rasgo picante, injurioso, ofensivo á una persona.

**PERSONNAT**, m. *personá*. [illegible], beneficio en una iglesia catedral ó colegial que daba preeminencia sin jurisdiccion.

**PERSONNE**, f. *persón*. Persona, hombre ó mujer, individuo, sugeto. || Persona, personal, disposicion y figura exterior ó corporal. || *Payer de sa personne*, [illegible] el peligro con valor; y tambien, [illegible] su deber honrosamente. || Cuando *personne* se dice de un modo negativo y absoluto, corresponde á nadie. *Personne n'est venu ici*, nadie ha venido aquí. *Y a-t-il personne qui puisse en douter?* ¿hay alguno, ó hay quien pueda dudarlo? || *En personne*, en persona, por sí mismo.

**PERSONNÉES**, f. pl. *personé*. Bot. [illegible]nadas, familia de plantas [illegible] monopétalas.

**PERSONNEL, LE**, adj. *personél*. Personal, propio y peculiar de cada persona. || *Pronom personnel*, pronombre personal, el que se refiere á las personas. || m. Personal, mérito propio y peculiar de cada persona.

las buenas ó malas cualidades de un sugeto. || Personal, conjunto de personas agregadas á un servicio público.

**PERSONNELLEMENT**, adv. *personelmán*. Personalmente, en persona.

**PERSONNERIE**, f. *personerí* (e muda). Especie de aparcería, asociacion ó comunidad de bienes.

**PERSONNIFICATION**, f. *personificasión*. Personificacion, accion de personificar y resultado de esta accion.

**PERSONNIFIER**, a. *personifié*. Personificar, atribuir á una cosa inanimada ó metafísica la figura, los sentimientos, el lenguaje de una persona real.

**PERSPECTIF, IVE**, adj. *perspectif, ív*. Perspectivo, que representa un objeto en perspectiva.

**PERSPECTIVE**, f. *perspectiv*. Perspectiva, arte de representar en una superficie objetos que se hallan á distancias diferentes, en términos que produzcan la ilusion de la verdad. || Perspectiva, la misma obra ó representacion ejecutada con el arte de la perspectiva. || Perspectiva, la vista ó el aspecto de diversos objetos vistos desde léjos; lontananza, los léjos de una pintura. || met. Perspectiva, lo que se espera ó prevé, ya sean bienes ó males: *avoir la perspective d'une grande fortune*. || *En perspective*, loc. adv. En perspectiva, en lontananza.

**PERSPICACE**, adj. *perspicás*. Perspicaz, que tiene perspicacia, vivo, agudo, que tiene penetracion de ingenio.

**PERSPICACITÉ**, f. *perspicasité*. Perspicacia, agudeza y penetracion de la vista. || Perspicacia, penetracion del ingenio ó entendimiento.

**PERSPICUITÉ**, f. *perspicuité*. Perspicuidad, claridad, limpieza de estilo, de ideas.

**PERSPIRABLE**, adj. *perspirábl*. Perspirable, que tiene la facultad de penetrar por los poros de la piel por medio de la traspiracion.

**PERSPIRATION**, f. *perspirasión*. Perspiracion, traspiracion insensible.

**PERSPIRATOIRE**, adj. *perspiratuár*. Perspiratorio, concerniente á la perspiracion.

**PERSUADANT, E**, adj. *persuadán*. Persuasor, que persuade.

**PERSUADER**, a. *persuadé*. Persuadir, obligar á alguno con el poder de las razones á que ejecute ó crea alguna cosa, convencer. || *Se persuader*, r. Persuadirse, imaginarse, creer, figurarse.

**PERSUASIBLE**, adj. *persuasibl*. Persuasible, que puede ser persuadido.

**PERSUASIF, IVE**, adj. *persuasif, ív*. Persuasivo, que tiene el poder, la fuerza de persuadir.

**PERSUASION**, f. *persuasión*. Persuasion, accion de persuadir. || Persuasion, firme creencia, conviccion.

**PERSUASIVE**, f. *persuasív*. Persuasiva, eficacia y destreza de persuadir.

**PERTE**, f. *pért*. Pérdida, privacion de lo que se poseia, disfrutaba ó estimaba. || Pérdida, daño, menoscabo que se recibe en alguna cosa. || Perdicion, ruina de un Estado, de una familia, del alma. || Pérdida, mal éxito de una empresa, de una batalla. || Pérdida, mal uso, empleo inútil que se hace de una cosa, del tiempo. || *A perte*, loc. adv. Con pérdida, perdiendo. || *A perte de vue*, loc. adv. A vista perdida, hasta mas allá de lo que llega la vista. || Térm. de juego. *Etre en perte*, perder, estar de pérdida ó perdiendo.

**PERTÉRÉBRANT, E**, adj. *pertérebrán*. Med. Agudísimo, violento, hablando de dolores.

**PERTICA**, f. *pértica*. Pértica, medida agraria de Parma, que equivale á doscientas toesas.

**PERTINACE**, adj. inus. *pertinás*. Pertinaz, obstinado, tenaz en su dictámen ó resolucion.

**PERTINACITÉ**, f. *pertinasité*. Obstinacion, tenacidad. V. OPINIATRETÉ.

**PERTINACEMENT**, adv. inus. *pertinasmán*. Pertinazmente, obstinadamente.

**PERTINEMMENT**, adv. *pertinamán*. Conducentemente, como conviene, á propósito, al caso.

**PERTINENCE**, f. *pertinán*s. Oportunidad, conveniencia, cosa conveniente y á propósito. En el dia es voz forense.

**PERTINENT, E**, adj. *pertinán*. Conducente, oportuno, tal cual debe ser.

**PERTROUBLER**, a. *pertrublé*. Perturbar mucho.

**PERTUIS**, m. *pertuí*. Alfoz, freo, abertura entre dos montañas. || Canalizo, boquete, paso estrecho entre una isla y la tierra firme ó entre dos islas. || Caz de un rio. || Ojo de llave. || Ojo de bilera

**PERTUISANE**, f. *pertuisán*. Mil. ant. Partesana, arma ofensiva, especie de alabarda.

**PERTUISANIER**, m. *pertuisanié*. Partesanero, soldado armado de partesana.

**PERTUISANON**, m. *pertuisanón*. Partesanita, alabarda pequeña.

**PERTUISÉ, ÉE**, adj. *pertuisé*. Atravesado. || Carcomido de gusanos.

**PERTUISER**, a. ant. *pertuisé*. Agujerear, atravesar.

**PERTURBATEUR, TRICE**, m. y f. *perturbateur, trís*. Perturbador, el que ó la que es causa de la perturbacion del buen órden, de la tranquilidad pública.

**PERTURBATION**, f. *perturbasión*. Perturbacion, alteracion ó conmocion del espíritu. || Astr. Perturbacion, desórden que sufren los cuerpos celestes en sus movimientos por su accion mutua. || Med. Perturbacion, alteracion en los órganos ó funciones animales.

**PÉRUVIEN, NE**, adj. y s. *peruvién, én*. Peruviano ó peruano, del Perú. || *Péruvienne*, f. Peruviano, tejido de seda de dos cadenas y dos colores.

**PERVENCHE**, f. *perváncha*. Bot. Vincapervinca ó yerba doncella, planta.

**PERVERS, E**, adj. *pervér, érs*. Perverso, muy malo, depravado. Úsase tambien como sust., hablando de personas.

**PERVERSEMENT**, adv. *perversmán*. Perversamente, con perversidad ó suma maldad.

**PERVERSION**, f. *perversión*. Perversion, el acto de pervertir ó depravar.

**PERVERSITÉ**, f. *perversité*. Perversidad, suma maldad ó corrupcion de costumbres; estado ó cualidad de lo que está pervertido.

**PERVERTIR**, a. *pervertir*. Pervertir, turbar ó perturbar el órden ó estado de las cosas. || Pervertir, hacer mudar de bien en mal en las cosas de religion y de moral. || met. Pervertir, alterar, viciar el sentido de un autor ó de un pasaje. || Pervertir, viciar, malear á alguno. || *Se pervertir*, r. Pervertirse, de bueno volverse malo.

**PERVERTISSABLE**, adj. *pervertisábl*. Pervertible, que pueda ser pervertido.

**PERVERTISSEMENT**, m. *pervertismán*. Perversion, accion de pervertir.

**PERVERTISSEUR**, m. *pervertiseur*. Pervertidor, corruptor, el que pervierte.

**PESADE**, f. *pesád* (e muda). Pesada, salto en que se levanta el caballo de delante, sin rebatir con las piernas.

**PESAGE**, m. *peságe* (e muda). Peso, accion de pesar. || Peso, derecho que se paga por pesar.

**PESAMMENT**, adv. *pesamán* (e muda). Pesadamente, de una manera pesada. || Mil. ant. *Soldat pesamment armé*, soldado armado de todas armas. || met. Pesadamente, sin facilidad, sin soltura, sin gracia.

**PESANT, E**, adj. *pesan* (e muda). Pesado, que pesa, por oposicion á ligero: *fardeau pesant*. V. LOURD. || met. Pesado, que no tiene facilidad, ligereza, ni gracia. || Pesado, cargado de vapores, de humores, etc., como se dice del tiempo, de la cabeza, etc.: *temps pesant, tête pesante*. || Pesado, lento, tardío. || met. Pesado, falto de vivacidad, de ligereza, de gracia, hablando del espíritu, del discurso, del estilo, etc. || Pesado, oneroso, enfadoso, fatigante, incómodo. || Pesado, que tiene el peso que ordena y manda la ley. || PESANT, m. Peso, pedazo de hierro ó plomo envuelto en un trapo, que las costureras y bordadoras ponen para asentar la obra. || Cuenta de abalorio, de cristal, etc. || *Il vaut son pesant d'or*, vale mas oro que pesa: se dice hablando de un hombre de bien, que es de buena compañía, obsequioso y de muy buen trato. Tambien se usa hablando de muchas cosas que se miran como excelentes en su género. || Se usa tambien algunas veces como adverbio, así se dice: *deux mille livres d'argent pesant*, dos mil libras de plata. *Une livre pesant d'or*, una libra de oro, y se entienden libras de peso y no de valor.

**PESANTEUR**, f. *pesanteur* (e muda). Peso, cualidad de lo que es pesado. || Gravedad, tendencia natural de todos los cuerpos para moverse hácia el centro de la tierra. || Pesadez, cargazon de humores, vapores, etc. *Pesanteur de tête, de temps, d'estomac*, pesadez de cabeza, de tiempo, de estómago, etc. || Pesadez, lentitud, falta de actividad y celeridad. || met. Torpeza, pesadez, falta de penetracion, de vivacidad, de ligereza, etc. *Pesanteur d'esprit, de style*, torpeza de entendimiento, pesadez de estilo.

**PESAT**, m. *pesá* (e muda). Paja de guisantes.

**PESÉE**, f. *pesé* (e muda). Peso, accion ó modo de pesar. || Pesada, cantidad de lo que ha sido pesado de una vez. || Esfuerzo de hombres que apoyan sobre la extremidad de una palanca, de una cuerda. || Macizo de plomo.

**PÈSE-LIQUEUR**, m. *pesliqueur*. Pesalicores, instrumento para determinar ó reconocer la gravedad y peso de los licores.

**PESER**, a. *pesé* (e muda). Pesar, examinar cuánto pesa alguna cosa. || met. Pesar, examinar atentamente una cosa. || *Peser toutes ses paroles*, pesar las palabras, hablar con lentitud y circunspeccion. || n. Pesar, tener un cierto peso. || met. Pesar, ser molesto, enfadoso. || Pesar una cosa sobre el estómago, ser difícil de digerir. || Pesar, apoyar fuertemente sobre una cosa. || *Peser sur une note, sur une syllabe*, apoyar, detenerse, descansar sobre una nota, una sílaba.

**PESEUR**, m. *peseur* (e muda). Pesador, el que pesa.

**PESON**, m. *pesón* (e muda). Romana, peso grande llamado tambien *balance romaine* ó solo *romaine*. V. ROMAINE.

**PESSAIRE**, m. *pesér*. Cir. Pesario, instrumento que sirve para contener la matriz en su situacion natural, en el caso de procidencia, caida ó descenso. || Pesario, remedio sólido para la vagina.

**PESSE**, m. *pés*. Bot. Pícea, pinabete, especie de abeto.

**PESSELAGE**, m. *pesláge*. Derecho de cortar leña en un bosque.

**PESSIMISME**, m. *pesimísm*. Pesimismo, sistema del pesimista.

**PESSIMISTE**, m. y f. *pesimíst*. Pesimista, el que lo ve todo negro y cree que todo va mal.

**PESSOMANCIE**, f. *pesomansí*. Pesomancia, adivinacion por medio de piedrecitas blancas ó negras.

**PESSONURE**, f. *pesonúr*. Art. Retal, raspaduras de las pieles para hacer la cola.

**PESTARD**, m. *pestár*. Chismoso. Entre los estudiantes es el soplon, cuentista, el que lo cuenta todo á los superiores.

**PESTE**, f. *pést*. Peste, morbo, enfermedad contagiosa. || met. Peste, dícese de las personas ó cosas perniciosas á las costumbres. || met. *Méchante peste, méchante petite peste*, muchacho maligno, travieso, diantre, dianchicho, bichillo. || *Peste publique*, hombre malvado con poder y autoridad en la república. || *Peste! la peste! malpeste!* interjeccion familiar para expresar admiracion, disgusto, etc., y equivale á fuego! chispas! cáscaras! diantre!

**PESTER**, n. *pesté*. Echar pestes, venablos, maldiciones. || *Pester entre cuir et chair*, estar descontento sin atreverse á decirlo.

**PESTERIE**, f. ant. *pesterí* (e muda). Arrebato, ira, furia, cólera.

**PESTIFÈRE**, adj. *pestifér*. Pestífero, que comunica la peste. V. PESTILENT.

**PESTIFÉRÉ, ÉE**, adj. *pestiferé*. Apestado, infestado de la peste. || sust. Apestado, persona atacada de la peste.

**PESTIFÉRER**, a. ant. *pestiferé*. Apestar, comunicar la peste.

**PESTILENCE**, f. *pestiláns*. Pestilencia, corrupcion del aire, peste difundida por un país. || *Être assis dans la chaire de pestilence* (expresion sacada de la sagrada Escritura), profesar ó enseñar una mala doctrina.

**PESTILENT, E**, adj. *pestilán*. Pestilente, que tiene la peste y puede comunicarla.

**PESTILENTIEL, LE**, adj. *pestilansiél*. Pestilencial, contagioso, infestado de peste.

**PESTILENTIEUX, EUSE**, adj. ant. *pestilansieu, eus*. Pestilencial, dícese de las opiniones ó discursos contra la religion ó buenas costumbres.

**PET**, m. *pé*. Pedo, ventosidad. || prov. *Glorieux comme un pet*, mas vano que el humo, hueco como un buñuelo. || Pedo, tiro, traquido de un arma de fuego al dispararla. || *Pet de nonne*, buñuelo hinchado. || *Pet-en-gueule*, especie de juego.

**PÉTACHE**, m. *petáche*. Mar. Patache, especie de embarcacion.

**PÉTALAIRE**, f. *petalér*. Zool. Petalaria, serpiente de las Indias.

**PÉTALE**, m. *petál*. Bot. Pétalo, lo que comunmente se llama hoja en las flores.

**PÉTALÉ, ÉE**, adj. *petalé*. Bot. Petalado, que tiene ó está provisto de una corola.

**PÉTALISME**, m. *petalism*. Antig. gr. Petalismo, especie de destierro que estuvo en uso en Siracusa.

**PÉTALOÏDE**, adj. *petaloíd*. Bot. Petaloide, de la figura de un pétalo ó parecido á él.

**PÉTAMINAIRES** ó **PÉTAMENAIRES**, m. pl. *petaminér, petamnér*. Volatineros, saltimbanquis entre los antiguos Romanos.

**PÉTARADE**, f. *petarád*. Pedorrera, los pedos de las caballerías. || Pedorreta, ruido que se hace con la boca en señal de desprecio. || Pedorrera, cañonazo inútil. || met. y fam. *Il m'a répondu par une pétarade*, no ha hecho ningun caso de lo que le he dicho.

**PÉTARD**, m. *petár*. Petardo, máquina de guerra destinada á hacer saltar alguna puerta. || Carretilla, pieza de los fuegos artificiales. || Bot. Petardo, género de plantas. || Zool. Petardo, género de insectos.

**PÉTARDER**, a. *petardé*. Petardear, batir alguna puerta con petardos.

**PÉTARDIER**, m. *petardié*. Petardero, el soldado que hace ó dispara los petardos.

**PÉTASE**, m. *petás*. Petaso, especie de sombrero redondo, de alas muy estrechas, que usaban los antiguos. || Mit. Petaso, sombrero alado del dios Mercurio.

**PÉTASITE**, f. *petasít*. Bot. Petasita ó sombrerera, especie de plantas del género de los tusilagos.

**PÉTAUD**, m. *petó*. El rey de los pordioseros. Solo se usa en esta locucion: *la cour du roi Pétaud*, la corte del rey Petod; denota una casa ó lugar sin gobierno, donde todos mandan.

**PÉTAUDIÈRE**, f. *petodiér*. Greguería, trapisonda, casa ó paraje de desórden y confusion. Se dice en el mismo sentido: *la cour du roi Pétaud; cette maison, cette assemblée est une vraie petaudière*, esto es, behetría, casa de moca, de tararira, de desórden y confusion, donde todo es bulla.

**PÉTAURE**, m. *petór*. Petauro, juego de báscula.

**PÉTAURISTE**, m. *petoríst*. Antig. Petaurista, el que jugaba al petauro. || Volatin, bailador de cuerda.

**PET-D'ÂNE**, m. *pedán*. Bot. Toba ó espina blanca, género de plantas.

**PET-DU-DIABLE**, m. *pedudiábl*. Bot. Pedo de lobo, género de plantas.

**PÉTÉCHIAL, E**, adj. *petequial*. Med. Petequial, que tiene petequias, que se parece a ellas.

**PÉTÉCHIES**, f. pl. *petequí*. Med. Petequias, manchas pequeñas encarnadas ó purpúreas, semejantes á las picaduras de pulga, que se manifiestan en la piel en las calenturas pútridas.

**PET-EN-L'AIR**, m. *petonlér*. Chambra, especie de bata muy corta. Se dice solo familiarmente.

**PÉTER**, n. *peté*. Peer, ventosear, arrojar ó despedir ventosidades. || Estallar con ruido la leña ó carbon en el hogar. Se dice tambien de las armas de fuego y otras cosas. *Le bois de chêne pète dans le feu*, la leña de encina chisporrea en el fuego || met. *Son fusil lui a pété dans la main*, su escopeta al dispararse le pegó en la mano. || *Cet homme vous pétera dans la main*, este hombre os abandonará cuando mas le necesiteis. || loc. prov. y vulg. *Péter plus haut que le cul*, emprender cosas superiores á las fuerzas de uno.

**PÉTEROLLE**, m. *peteról* (e muda). Petardillo, petardo pequeño.

**PÉTEUR, EUSE**, m. y f. *peteur, eus*. Pedorro, pedorrero, el que pee ó tiene la costumbre de peerse.

**PÉTHOLE**, f. *petól*. Zool. Petolo, serpiente del África.

**PÉTILLANT, E**, adj. *petillán*. Espirituoso, fogoso, vivo, hervoroso. Dícese de la sangre, de los ojos, del vino, etc.

**PÉTILLEMENT**, m. *petillmán*. Peterreo, chisporroteo, chirrido, el ruido de lo que se quema, asa ó frie.

**PÉTILLER**, n. *petillé*. Peterrear, chisporrotear, saltar una cosa que cruje y estalla al fuego, como la leña, la sal, etc. || Chirriar, chicharrear una cosa al asarse ó freirse. || Chispear, echar chispas, centellear: dícese de los ojos vivos, fogosos, que centellean, y de los vinos espirituosos que hacen pompitas. || Bufar, bramar, echar chispas, estar furioso, colérico. || *Pétiller de faire une chose*, desear con ansia hacer una cosa. || met. *Le sang lui pétille dans les veines*, la sangre le hierve en las venas; es decir, la tiene viva, es ardiente, impetuoso. || *Pétiller d'esprit*, ser una chispa, vivo como una centella: manifestar, anunciar una imaginacion muy viva.

**PÉTILLEUX, EUSE**, adj. *petilleu, eus*. Que peterrea, chisporrotea, etc.

**PÉTIOLAIRE**, adj. *pesiolér*. Bot. Pedicular, que pertenece ó se refiere al pedículo.

**PÉTIOLE**, m. *pesiól*. Bot. Pedículo, el pezon que sostiene las hojas de los árboles.

**PÉTIOLÉ, ÉE**, adj. *pesiolé*. Bot. Pediculado, que tiene un pedículo.

**PÉTIOLULE**, m. *pesiolúl*. Pediculillo ó pediculito, pedículo pequeño.

**PETIT**, m. *peti* (e muda). Cachorro, cachorrillo, nombre que se da á los hijuelos del perro, del leon y otros cuadrúpedos. || Pollo, polluelo, dícese de los hijuelos ó sea cria de las aves.

**PETIT, E**, adj. *peti, it* (e muda). Pequeño, de poco cuerpo, volúmen ó capacidad en su género. || Pequeño, corto, poco, hablando de cantidad de tiempo, numérica ó extensiva. || Pequeño, chico, se dice de los niños de corta edad. || Sustantivamente se entiende por los cachorros ú otros animales recien nacidos: *les petits d'une lionne*, los hijuelos de una leona. || *Porter un petit collet, le petit collet*, estar vestido de eclesiástico. || *Petit bois*, leña menuda. || *C'est un petit esprit*, es un menguado, de cortos alcances. || *Petit-canon*, peticánon, cierto grado de carácter tipográfico. || *Cela est petit, cela est bien petit*, eso es muy bajo, poco noble. || *Petit-lait*, suero, parte acuosa de la leche. || *Petit-fils*, nieto. || *Arrière-petit-fils*, biznieto. || *Petit-neveu*, resobrino. || *Petit papier*, papel chico ó regular. || *Petit homme*, hombrecillo. || *Petit-maître*, petimetre, pisaverde, señorito presumido. || met. *Se faire petit, être petit devant quelqu'un*, hacerse el chiquito, rebajarse, bajarse delante de alguno por respeto, por temor. *Être petit devant quelqu'un* significa tambien perder mucho en ser comparado con otro, no ser nada delante de él. || *En être aux petits soins avec quelqu'un*, tener por alguno muchas y delicadas atenciones. || *Le petit peuple*, la plebe, el pueblo bajo, la gentecilla ó gente baja. || *La petite guerre*, la guerra de guerrillas; y en otro sentido, simulacro de guerra. || *Petite [illegible]*, genciana [illegible]. || *Petite femme*, [illegible]. || *Petite pierre*, chinas, [illegible]. || *Petit marchand*, vendedorcillo, [illegible] dor al menudo que tiene reducido [illegible] y mercancías. || *La petite pointe du jour*, alborada, primera apariencia del dia. || [illegible] *Petite-vérole*, viruelas. || *Petit* [illegible] unas veces una idea de afeccion, como en *mon petit mari, ma petite femme*, etc. Se usa tambien sustantivamente [illegible] con los niños, por cariño ó familiaridad, como *mon petit, ma petite est malade*, mi [illegible] ó mi niña está mala. || *En petit*, loc. adv. En pequeño, en chico, en tamaño menor, en compendio, en miniatura, en breve espacio. || *Petit à petit*, loc. adv. Poco á poco, poquito á poco, poquito á poquito.

**PETITEMENT**, adv. *[illegible]*. Reducidamente, estrechamente: [illegible] *petitement*. || Escasamente, en pequeña cantidad: *il a récolté des grains*, [illegible] *petitement*. || Mezquinamente, con [illegible], pobremente. || Con pequeñez, sin [illegible].

**PETITES-MAISONS**, f. pl. *[illegible]* (e muda). Casa de orates.

**PETITESSE**, f. *petités* (e muda). Pequeñez, el poco volúmen ó cuerpo de una cosa. || met. Pequeñez, cortedad, [illegible] de una dádiva, regalo, etc. || met. [illegible], bajeza. || met. Pequeñez, [illegible], pobreza de entendimiento, de alma, de espíritu, etc.

**PETIT-CHÊNE**, m. *[illegible]* (e muda). Bot. Encinilla, camedrio, [illegible], arbusto.

**PETIT-FILS**, m. *petifís* (e muda). Nieto, el hijo del hijo con relacion al abuelo.

**PETIT-GRIS**, m. *petigrí* (e muda). Zool. Especie de marta ó ardilla.

**PETITE-VÉROLE**, f. *[illegible]* (e muda). Las viruelas.

**PÉTITION**, f. *petisión*. Peticion, demanda por escrito dirigida á una autoridad.

**PÉTITIONNAIRE**, m. *[illegible]*. Suplicante, el que hace una súplica ó peticion.

**PÉTITIONNER**, a. *petisioné*. [illegible], hacer una peticion ó súplica.

**PETITISSIME**, adj. sup. *[illegible]* (e muda). Pequeñísimo. Se dice [illegible].

**PETIT-LAIT**, m. *petilé* (e muda). Suero, parte acuosa de la leche.

**PÉTITOIRE**, m. *petituár*. Jurisp. Petitorio, perteneciente á súplica ó peticion. || *Gagner son procès au pétitoire*, ganar el pleito por petitorio: ser declarado [illegible] propietario de una herencia en litigio. || *Action pétitoire*, accion por la cual se pide la propiedad de una cosa.

**PÉTOFFE**, f. *petóf*. Cuento, [illegible], simpleza.

**PETON**, m. *petón* (e muda). [illegible], piernecita. Se usa hablando de los [illegible] de los niños cuando se les acaricia.

**PÉTONCLE**, f. *petóncl*. Pechina, [illegible] de muchas especies de conchillas [illegible]. || Pechina, concha, venera de peregrino.

**PÉTONÈTE**, f. *petonét*. Zool. [illegible], especie de caracol.

**PÉTORITE**, m. *petorít*. Antig. [illegible], carro de cuatro ruedas.

**PÉTRARCHISTE**, adj. *[illegible]*. Petrarquico, de Petrarca, perteneciente á Petrarca, célebre poeta italiano.

**PÉTRARQUISER**, n. *[illegible]*. Petrarquizar, imitar á Petrarca.

**PÉTRARQUISTE**, m. y f. *[illegible]*. Petrarquista, entusiasta por Petrarca.

**PÉTRÉ, ÉE**, adj. *petré*. Pétreo, que nace sobre las piedras. || Anat. Pétreo, que tiene la dureza de la piedra. *Apophyse pétrée* ú *os pétreux*, apófisis pétrea ó [illegible], apófisis piramidal, conocida bajo el nombre de *roca*. *Sinus pétré*, seno pétreo, [illegible] venoso de la duramáter. || *Arabie pétrée*, Arabia pétrea, parte de la Arabia llamada así por estar cubierta de grandes rocas.

**PÉTREAU**, m. *petró*. Renuevo, [illegible] que sale al pié de un árbol.

**PÉTREL**, m. *petrél*. Zool. Petrel, pájaro nadador de alta mar.

**PÉTREUX, EUSE**, adj. *petreu*, *eus*. Petreno, que es de la naturaleza de la piedra. || Anat. Petroso, que tiene la dureza de la piedra. V. PÉTRÉ.

**PÉTRI, E**, adj. *petrí*. Amasado. || met. Formado, forjado. || *Pétri de défauts*, lleno de vicios. || *Pétri dans les affaires*, hecho, acostumbrado, versado en los negocios. || *Homme tout pétri de salpêtre*, hombre hecho una pólvora, una víbora; esto es, colérico, impetuoso. || *Homme pétri de bonté*, *d'orgueil*, hombre muy bueno, hombre de un orgullo insoportable.

**PÉTRICHERIE**, f. *petricherí* (e muda). Aparejos de la pesca del abadejo.

**PÉTRIÈRE**, f. *petriér*. Sitio donde se amasa.

**PÉTRIFIANT, E**, adj. *petrifián*. Petrificante, lapidífico, que petrifica.

**PÉTRIFICATION**, f. *petrificasión*. Petrificacion, conversion de una sustancia en materia petrosa. || Petrificacion, el cuerpo ó cosa petrificada.

**PÉTRIFIER**, a. *petrifié*. Petrificar, convertir una cosa en piedra. || met. Petrificar, dejar inmóbil, pasmada, estupefacta á una persona.

**PÉTRIFIQUE**, adj. *petrific*. Petrífico, que petrifica, que convierte en piedra.

**PÉTRIN**, m. *petren*. Amasadero, artesa para amasar la harina. || prov. y met. *Être*, *se mettre dans le pétrin*, estar ó meterse en un atolladero, en una dificultad.

**PÉTRINAL**, m. *petrinál*. Mil. ant. Pedreñal, arcabuz mas corto que el mosquete.

**PÉTRIR**, a. *petrir*. Amasar, mojar la harina con agua, mezclarla, removerla y hacer la masa. || Amasar, se dice tambien hablando de la cal, del yeso, del barro, etc. || Amasar, hacer, formar una cosa de masa ó pasta, cualquiera que sea. || met. Se dice de la formacion del primer hombre. *Dieu nous a tous pétris du même limon*, Dios nos ha hecho á todos del mismo barro: nos ha hecho á todos semejantes é iguales, nos ha dotado de las mismas facultades, etc.

**PÉTRISSAGE**, m. *petriságe*. Amasamiento, accion de amasar.

**PÉTRISSEUR**, m. *petriseur*. Amasador, el que amasa.

**PÉTRISSOIR**, m. V. PÉTRIN.

**PÉTROLE**, m. *petról*. Petróleo, aceite mineral ó betun líquido que resudan ciertas piedras.

**PÉTRON**, m. *petrón*. Petronio, moneda de Bolonia.

**PÉTROSILEX**, m. *petrosiléx*. Miner. Petrosílio, especie de pedernal jaspeado de la naturaleza del feldespato

**PETTO (IN)**, *inpétio*. Expresion tomada del italiano para significar en secreto, en lo interior del corazon. Esta locucion está principalmente en uso en la corte de Roma, cuando el papa al nombrar cardenales se reserva alguno ó algunos in petto, es decir, se propone escogerlos para aquella dignidad sin decir sus nombres. *Le pape l'a fait cardinal in petto*, el papa le ha hecho cardenal in pectore ó in petto.

**PÉTULAMMENT**, adv. *petulaman*. Petulantemente, con petulancia, de un modo petulante.

**PÉTULANCE**, f. *petuláns*. Petulancia, insolencia, atrevimiento, descaro, impetuosidad.

**PÉTULANT, E**, adj. *petulán*. Petulante, insolente, atrevido, descarado, vivo, impetuoso.

**PETUN**, m. *peteun* (e muda). Petun, nombre que se daba antiguamente al tabaco.

**PETUNER**, n. ant. *petuné* (e muda). Fumar, chupar, tomar tabaco aspirando humo.

**PETUNSÉ**, m. *petonsé*. Petonce, el feldespato foliado que entra en la composicion de la porcelana en China.

**PETUT**, m. *petú* (e muda). Petú, especie de red con mallas grandes.

**PEU**, adv. *peu*. Poco, lo contrario de *beaucoup*, mucho. || *Peu de vin*, poco vino; *peu d'eau*, poca agua. *Manger peu*, comer poco. *Peu de monde a su son arrivée*, muy poca gente supo su llegada. || Tambien modifica adjetivos y adverbios: *peu aimable*, *peu agréablement*. || *Peu s'en faut*, falta poco, etc. || *A peu près*, *à peu de chose près*, loc. adv. Poco mas ó ménos, con corta diferencia. || fam. *C'est peu de chose que de nous*, ¡lo que somos! se dice para hacer ver lo débil y mísera que es la condicion humana. || *C'est peu de chose que ce livre-là*, es poca cosa ese libro. || PEU, m. Poco, lo poco, un poco, pequeña cantidad. *Le peu que j'ai fait*, lo poco que he hecho. *Le peu qui me reste à vivre*, lo poco que me queda de vida, etc. || *Attendez un peu*, aguardad ó aguarde Vd. un poco. *Donnez-moi un peu de pain*, déme Vd. un poco de pan. || *Peu*, en el lenguaje familiar, es algunas veces expletivo y no se traduce. *Dites-moi un peu*, decidme ó dígame Vd. || *Peu à peu*, poco á poco, insensiblemente. || *Tant soit peu*, por poco que sea, un poquito, un poco. || *Dans peu*, *dans peu de temps*, *sous peu*, dentro de poco, en breve. || *Si peu*, tan poco. || *Pour peu que*, por poco que.

**PEUCÉDANE**, m. *peusedán*. Bot. Ervato, servato, género de plantas umbelíferas.

**PEUILLE**, f. *peuil*. Bocado, el pedacito de metal que sirve para ensayar.

**PEUPLADE**, f. *peuplad*. Poblacion, pueblo, colonia, multitud de habitantes que pasan de un pais á otro para poblarle. || Horda salvaje; y en este sentido se dice: *les peuplades de l'intérieur de l'Afrique*, las hordas salvajes, las tribus nómadas, etc. || Zool. Alevino.

**PEUPLE**, m. *peupl*. Pueblo, nacion, multitud de hombres de un mismo pais que viven bajo las mismas leyes. || Pueblo, poblacion, vecindario, los vecinos de una ciudad. || Pueblo, la parte mas numerosa y ménos distinguida de un pais, de una ciudad, la plebe, la clase inferior, la clase ménos rica y notable. || *Le petit*, *le menu*, *le bas peuple*, *la lie du peuple*, pueblo, plebe, el pueblo bajo, el vulgo, la gente comun, ordinaria. || Alevino, cria de pececillos que se echa en un estanque para poblarle. || pl. Pueblos, se toma por súbditos cuando se habla del soberano del pais; y tambien se toma por naciones, como *les peuples de l'Asie*, *du Nord*, las naciones de Asia, del Norte, etc.

**PEUPLEMENT**, m. *peupiman*. Poblamiento ó poblacion, accion y efecto de poblar.

**PEUPLER**, a. *peuplé*. Poblar, llenar de gentes un pais ó paraje, ántes deshabitado ó desierto. || Poblar, se usa tambien hablando de los animales. *Peupler un étang de poissons*, *un colombier de pigeons*, poblar un estanque de pesca, un palomar de palomas, etc. || met. Plantar. *Peupler un bois*, *une vigne*, plantar un bosque, una viña. || n. Poblar, multiplicar por la generacion.

**PEUPLERAGE** ó **PEUPLERAIE**, m. *peuplerdge*, *peuplerée* muda). Soto, alameda, lugar plantado de álamos.

**PEUPLIER**, m. *peuplié*. Bot. Álamo, chopo ó poho, árbol muy alto.

**PEUPLIÈRE**, f. *peupliér*. Hongo del álamo.

**PEUR**, f. *peur*. Miedo, pavor, temor. || fam. *Être laid à faire peur*, ser feo hasta causar miedo, ser extremadamente feo. || Muchas veces *avoir peur*, significa temer. *J'ai peur*, *j'ai bien peur de ne pas réussir*, temo, temo mucho no acertar ó que no acertaré. || *J'ai peur de vous incommoder*, temo incomodarle á Vd. *Avez-vous peur qu'il vienne?* ¿teme Vd. que venga? || *De peur que*, loc. conj. Por temor de que. || *De peur de*, loc. prep. Por temor de, por miedo de.

**PEUREUX, EUSE**, adj. *peureu*, *eus*. Medroso, miedoso, tímido.

**PEUSE**, f. *peus*. Ret. Interrogacion.

**PEUT-ÊTRE**, adv. *peutétr*. Puede ser, quizá, quizas, acaso, por ventura. || Se usa algunas veces como sustantivo. *Vous fondez-vous sur un peut-être?* ¿se funda Vd. en un puede ser?

**PÉVARONES**, m. pl. *pevarón*. Pimientos en vinagre.

**PEYROUSIE**, f. *perusí*. Bot. Peirusia, planta del género gladio.

**PFENNING**, m. *fenéng*. Pfenin, pequeña moneda alemana de cobre.

**PHACOSE**, f. *facós*. Med. Facosis, mancha negra que se forma sobre el ojo.

**PHAÉTON**, m. *faetón*. Faeton, especie de silla volante. || Especie de calesa pequeña de dos ruedas. || Mit. Faetonte, hijo del Sol y de Climene. || Astr. Faetonte, nombre de una constelacion. || met. y fam. Faetonte, cochero, carruajero.

**PHAÉTONISER**, n. *faetonisé*. Arriesgarse, ponerse en peligro.

**PHAÉTONTIADES**, f. pl. *faetonsiád*. Mit. Faetontíadas, hermanas de Faetonte.

**PHAÉTUSE**, f. *faetús*. Bot. Faetusa, planta del órden de las corimbíferas.

**PHAGÉDÉNIQUE**, adj. *fagedenic*. Fagedénico, corrosivo: se dice de los medicamentos que consumen las carnes. Dícese tambien en el mismo sentido de las úlceras malignas.

**PHAGÉDIANE**, m. *fagedián*. Med. Fagediano, cáncer ulcerado.

**PHAINOCALLOGRAPHIE**, f. *fenocalografí*. Fenocalografía, método para escribir en pocas lecciones.

**PHAINOCALLOGRAPHIQUE**, adj. *fenocalografic*. Fenocalográfico, que pertenece ó se refiere á la fenocalografía.

**PHALACROSE**, f. *falacrós*. Calvicie, calvez, caida ó falta del cabello en la cabeza.

**PHALANGE**, f. *falange*. Falange, batallon cuadrado de la infantería griega. || Falange, cuerpo de infantería. || Falangis, tarántula, insecto asqueroso. || Falangio, género de plantas. || Anat. Falange, nombre que dan los anatómicos á los huesos pequeños que concurren á formar los dedos.

**PHALANGÈNE**, f. *falangén*. Bot. Falangena, planta del género falangio.

**PHALANGER**, m. *falangé*. Zool. Falangero, cuadrúpedo de América.

**PHALANGIE**, f. *falangí*. Zool. Falangia, insecto algo venenoso y parecido á la araña.

**PHALANGIEN, NE**, adj. *falangién*, *én*. Anat. Falangiano, que pertenece á las grandes ó primeras falanges. || *Phalangiens*, m. pl. Zool. Falangianos, tribu de insectos.

**PHALANGINE**, f. *falangín*. Anat. Falangina, nombre de las segundas falanges de los dedos que tienen tres.

**PHALANGINIEN, NE**, adj. *falanginién*, *én*. Anat. Falanginiico, que pertenece á las segundas falanges.

**PHALANGITE**, m. *falangít*. Falangita, soldado de una falange. || Falangita, género de pescados.

**PHALANGOSE**, f. *falangós*. Med. Falangosis, enfermedad, especie de triquiasis.

**PHALANSTÈRE**, m. *falanstér*. Falansterio, asociacion de individuos, ideada por la escuela socialista de Fourier.

**PHALANSTÉRIEN, NE**, m. y f. *falansterién*, *én*. Falansteriano, miembro del falansterio.

**PHALANSTÉRIQUE**, adj. *falansteríc*. Falanstérico, del falansterio, ó que pertenece ó se refiere al falansterio.

**PHALARIS**, m. *faláris*. Fálaris, nombre de un tirano de Agrigento. || Fálaris, pájaro acuático que vive en los rios y lagunas. || Alpiste, planta gramínea de muchos tallos, semejante á la espelta.

**PHALÈNE**, f. *falén*. Zool. Falena, mariposa nocturna.

**PHALÈRE**, m. *falér*. Falero, collar, adorno de los caballeros romanos.

**PHALEUCE** ó **PHALEUQUE**, adj. m. *faleus*, *faleuc*. Faleuco, se dice de una especie de verso latino de cinco piés.

**PHALISQUE**, m. *falisc*. Falisco, verso latino de cuatro piés.

**PHALLITE**, f. *falít*. Med. Falitis, inflamacion de la verga ó miembro viril.

**PHALLODYNIE**, f. *falodiní*. Med. Falodinia, dolor de la verga ó miembro viril.

**PHALLOGOGIE**, f. *falogogí*. Falogogia, gran procesion en la cual se llevaba el falo.

**PHALLOPHORE**, m. *falofór*. Falóforo, ministro que llevaba el falo en la procesion.

**PHALLOPHORIES**, f. pl. *falofori*. Faloforias, fiestas parecidas á la falogogia.

**PHALLUS**, m. *falus*. Falo, representacion del miembro viril entre los antiguos, el cual se llevaba en las fiestas de Osiris, en las de Baco, etc. | Bot. Falo, especie de hongo.

**PHARAMOND**, m. *faramón*. Faramundo, antigua moneda francesa de plata.

**PHARAON**, m. *faraón*. Faraon, juego de naipes bastante parecido á la banca ó al monte.

**PHARAONE**, f. *faraón*. Zool. Faraona, especie de concha.

**PHARE**, m. *fár*. Faro, torre construida á la entrada de un puerto con un fanal ó farol para guiar á los navegantes. || Faro, fanal colocado sobre la torre.

**PHARIER**, m. *farié*. Zool. Paloma torcaz ó zorita.

**PHARILLON**, m. *farillón*. Farito, faro pequeño || Faro, fuego que se enciende para atraer la pesca.

**PHARISAÏQUE**, adj. *farisaic*. Farisáico, que pertenece á los fariseos.

**PHARISAÏSER**, n. *farisaisé*. Farisear, hacer el fariseo, el hipócrita.

**PHARISAÏSME**, m. *farisaism*. Fariseismo, carácter de los fariseos. || met. Fariseismo, hipocresía.

**PHARISIEN**, m. *farisién*. Fariseo, sectario entre los Judios. || met. Se dice de los que, entre los cristianos, no tienen mas que la ostentacion de la piedad; hipócrita, falso devoto.

**PHARMACEUTE**, m. *farmaseut*. Farmaceuta ó farmacéutico, entre los antiguos el que preparaba los medicamentos.

**PHARMACEUTIQUE**, adj. *farmaseutic*. Farmacéutico, que pertenece á la farmacia. || f. Farmacéutica, parte de la medicina que trata de la composicion y uso de los medicamentos.

**PHARMACIE**, f. *farmasí*. Farmacia, el arte de preparar y componer los medicamentos. || Botica, oficina donde se preparan y venden los medicamentos.

**PHARMACIEN**, m. *farmasién*. Farmacéutico, boticario, farmacópola, el que ejerce la farmacia.

**PHARMACOCHIMIE**, f. *farmacochimí*. Farmacoquímica, parte de la química que enseña el modo de preparar los remedios.

**PHARMACOCHIMIQUE**, adj. *farmacochimic*. Farmacoquímico, que pertenece ó se refiere á la farmacoquímica.

**PHARMACOLOGIE**, f. *farmacologí*. Farmacologia, ciencia de la farmacia.

**PHARMACOLOGIQUE**, adj. *farmacologic*. Farmacológico, relativo á la farmacologia.

**PHARMACOLOGISTE**, m. *farmacologist*. Farmacólogo, el que escribe sobre la farmacia, drogas, etc.

**PHARMACOPE**, m. V. PHARMACIEN.

**PHARMACOPÉE**, f. *farmacopé*. Farmacopea, nombre que se da á todo libro ó tratado que enseña el modo de preparar ó componer los remedios.

**PHARMACOPOLE**, m. *farmacopól*. Farmacopola, charlatan que vende polvos, elixires, etc. || Farmacópola, farmacéutico ó boticario.

**PHARMACOPOSIE**, f. *farmacoposí*. Farmacoposia, todo remedio líquido y en particular purgativo.

**PHARMACOTRITE**, m. *farmacotrit*. Farmacotrita, moledor de drogas.

**PHARSALE**, f. *farsál*. Farsalia, poema épico de Lucano sobre la guerra entre César y Pompeyo.

**PHARYNGEURYSME**, m. *farengeurism*. Med. Faringeurisma, dilatacion anormal de la faringe.

**PHARYNGIEN, NE**, adj. *farengién, én*. Faringeo, que pertenece ó se refiere á la faringe.

**PHARYNGITE**, f. *farengit*. Med. Faringitis, inflamacion de la faringe.

**PHARYNGOGRAPHE**, m. *farengográf*. Faringógrafo, el que describe la faringe.

**PHARYNGOGRAPHIE**, f. *farengografí*. Faringografía, descripcion de la faringe.

**PHARYNGOGRAPHIQUE**, adj. *farengografic*. Faringográfico, que pertenece ó se refiere á la faringografía.

**PHARYNGOLOGIE**, f. *farengologí*. Faringologia, tratado sobre la faringe.

**PHARYNGOLOGIQUE**, adj. *farengologic*. Faringológico, que pertenece ó se refiere á la faringologia.

**PHARYNGOLYSE**, f. *farengolis*. Med. Faringolisis, parálisis de la faringe.

**PHARYNGOPÉRISTOLE**, f. *farengoperistol*. Med. Faringoperistole, estrechez ó constriccion de la faringe.

**PHARYNGOPLÉGIE**, f. *farengoplegí*. Med. Faringoplegia, parálisis de la faringe.

**PHARYNGOPLÉGIQUE**, adj. *farengoplegic*. Faringopléjico, que pertenece ó se refiere á la faringoplegia.

**PHARYNGORRHAGIE**, f. *farengorragí*. Med. Faringorragia, emision de sangre por los vasos de la faringe.

**PHARYNGORRHAGIQUE**, adj. *farengorragic*. Faringorrágico, que pertenece ó se refiere á la faringorragia.

**PHARYNGO-SPASME**, m. *farengospásm*. Med. Faringoespasmo, contraccion espasmódica de la faringe.

**PHARYNGOTOME**, m. *farengotóm*. Cir. Faringótomo, lanceta para abrir la faringe ó los abscesos en el fondo de la garganta.

**PHARYNGOTOMIE**, f. *farengotomí*. Cir. Faringotomía, incision que se hace en la faringe para extraer los cuerpos extraños.

**PHARYNX**, m. *farénes*. Anat. Faringe, la parte superior del esófago ó tragadero.

**PHASE**, f. *fas*. Astr. Fase, cada una de las diversas apariencias de la luna y otros planetas segun los ilumina el sol. || met. Fase, se dice de los cambios sucesivos que se hacen notar en ciertas cosas: *les phases de la civilisation moderne*.

**PHASÉ** ó **PHASE**, f. *fasé*, *fás*. Fasé, la pascua de los Judios.

**PHASÈLE** ó **PHASELLE**, f. *fasél*. Fasela, chalupa pequeña.

**PHATNIORRHAGIE**, f. *fatniorragí*. Med. Faniorragia, emision de sangre por un alvéolo.

**PHATNIORRHAGIQUE**, adj. *fatniorragic*. Faniorrágico, que pertenece ó se refiere á la faniorragia.

**PHÉBADE**, f. *febád*. Mit. Febade, sacerdote ó sacerdotisa de Apolo.

**PHÉBIGÈNE**, m. *febigén*. Mit. Febígeno, hijo de Febo, sobrenombre de Esculapio.

**PHÉBUS**, m. *fébus*. Mit. Febo, nombre de Apolo considerado como padre de la luz. || Poét. Febo, el sol. || met. y fam. Estilo pomposo, remontado y por lo mismo oscuro.

**PHÉDON**, m. *fedón*. Fedon, título de una obra filosófica de Platon.

**PHELLOPLASTIQUE**, f. *feloplastic*. Feloplastiquia, arte de imitar en corcho los edificios, etc.

**PHÈNE**, f. *fén*. Zool. Feno, ave de rapiña.

**PHENGITE**, m. *fengit*. Miner. Fengita, piedra trasparente de que se servian antiguamente para vidrios y espejos.

**PHÉNICIEN, NE**, adj. y s. *fenisién, én*. Fenicio, de la Fenicia.

**PHÉNICISME**, m. *fenisism*. Fenicismo, nombre científico del sarampion.

**PHÉNIGME**, m. *fenigm*. Med. Fenigmo, rubicundez esparcida por la piel, sin fiebre.

**PHÉNIX**, m. *fenics*. Fénix, ave fabulosa que, segun los antiguos, era única en su especie, vivia muchos siglos y resucitaba de sus cenizas. || met. Fénix, persona única ó rara en su especie, y superior á las demas. En el mismo sentido se dice de los animales. || Fénix, constelacion celeste del hemisferio austral. || Fénix, especie de mariposa. || Blas. Fénix, pájaro sobre una hoguera con las alas extendidas.

**PHÉNOMÉNAL, E**, adj. *fenomenál*. Fenomenal, que tiene algo de fenómeno. || Maravilloso, extraordinario.

**PHÉNOMÉNALISME**, m. *fenomenalism*. Fenomenalismo, doctrina filosófica en la que no se da importancia mas que á lo que puede afectar nuestros sentidos á una ligera inspeccion.

**PHÉNOMÈNE**, m. *fenomén*. Fenómeno, todo lo que aparece de nuevo en la naturaleza, en el cielo, en el aire; y por extension se dice de los diferentes efectos de la naturaleza misma, cuya causa no es [illegible] || met. Fenómeno, todo lo que sorprende por su novedad ó por su rareza. Se dice tambien de las personas que sorprenden por sus talentos, por sus acciones, etc.

**PHÉNOMÉNOGRAPHIE**, f. *fenomenografí*. Fenomenografía, tratado ó descripcion de lo que cautiva nuestros sentidos.

**PHÉNOMÉNOGRAPHIQUE**, adj. *fenomenografic*. Fenomenográfico, que pertenece ó se refiere á la fenomenografía.

**PHÉNOMÉNOLOGIE**, f. *fenomenologí*. Fenomenologia, discurso sobre lo que cautiva nuestros sentidos.

**PHÉNOMÉNOLOGIQUE**, adj. *fenomenologic*. Fenomenológico, que pertenece ó se refiere á la fenomenologia.

**PHÉRÉCRATIEN**, adj. y s. m. *ferecrasién*. Ferecracio, se dice de un verso griego ó latino compuesto de un dáctilo entre dos espondeos.

**PHILADELPHE**, adj. *filadélf*. Filadelfo, amante de sus hermanos.

**PHILALÈTHE**, m. *filalét*. Filaleto, amigo de la verdad.

**PHILANTHROPE**, m. *filantróp*. Filántropo, el que por su bondad [illegible] á todos los hombres; y particularmente el que se ocupa de los medios de mejorar la suerte de sus semejantes.

**PHILANTHROPIE**, f. *filantropí*. Filantropía, amor del género humano.

**PHILANTHROPIQUE**, adj. *filantropic*. Filantrópico, que se refiere á la filantropía.

**PHILANTHROPIQUEMENT**, adv. *filantropicmán*. Filantrópicamente, de una manera filantrópica.

**PHILANTHROPOMANIE**, f. *filantropomaní*. Filantropomania, amor [illegible] de la humanidad.

**PHILARÉTIE**, f. *filaretí*. Filaretia, amor de la virtud.

**PHILARGYRIE**, f. *filargirí*. Filargiria, amor del dinero.

**PHILAUTIE**, f. *filotí*. Filautia, amor propio, amor de sí mismo.

**PHILHARMONIQUE**, adj. *filarmonic*. Filarmónico, apasionado á la armonía ó música.

**PHILHELLÈNE**, m. y f. *filelén*. Filohelen, amigo de los Griegos.

**PHILIÂTRE**, m. *filiátr*. Filiatro, el que se entrega al estudio de la medicina. || Filiatro, estudiante de medicina.

**PHILIÂTRIE**, f. *filiatrí*. Filiatria, amor por el estudio de la medicina.

**PHILIÂTRIQUE**, adj. *filiatric*. Filiátrico, que pertenece ó se refiere á la filiatria.

**PHILIPPIQUE**, f. *filipic*. Filípica, nombre de las cuatro famosas arengas que pronunció Demóstenes contra Filipo, rey de Macedonia. || met. Filípica, discurso violento y satírico, invectiva ó censura [illegible]

**PHILIPPISME**, m. *filipism*. Filipismo, partido, opinion de los filipistas en Francia.

**PHILIPPISTE**, m. *filipist*. Filipista, partidario del filipismo, del rey Luis Felipe.

**PHILISTIN, E**, adj. y s. *filistén, én*. Filisteo, nombre de un pueblo famoso que habitaba en la Palestina.

**PHILLYRÉE**, f. *filiré*. Bot. Filírea, género de arbustos siempre verdes que crecen en los parajes pantanosos.

**PHILOBIOSIE**, f. *filobiosí*. Filobiosia, amor á la vida, apego á la vida.

**PHILOCALIE**, f. *filocalí*. Filocalia, aficion á la limpieza y aseo, esmero, afectacion y lujo en los vestidos.

**PHILOCHRYSIE**, f. *filocrisí*. Filocrisia, amor al oro, avaricia.

**PHILODOXE**, adj. *filodócs*. Filodoxo, que se sostiene firmemente en una opinion. Úsase tambien como sustantivo.

**PHILOGYNE**, adj. *filogín*. Aficionado, inclinado á las mujeres.

**PHILOGYNIE**, f. *filogini*. Filoginia, afición á las mujeres.

**PHILOLOGIE**, f. *filologí*. Filologia, ciencia que abraza diversos ramos de las bellas letras, y especialmente la lengua y la literatura.

**PHILOLOGIQUE**, adj. *filologic*. Filológico, que pertenece ó se refiere á la filologia.

**PHILOLOGIQUEMENT**, adv. *filologicmán*. Filológicamente, de una manera filológica.

**PHILOLOGUE**, m. *filológue*. Filólogo, hombre de letras que se dedica especialmente á la filologia.

**PHILOLOGUER**, n. joc. *filologué*. Filologar, ocuparse de filologia, hacer el filólogo.

**PHILOMATHIQUE**, adj. *filomatic*. Filomático, que ama la ciencia.

**PHILOMÈLE**, f. *filomél*. Mit. Filomela, hija de Pandion, rey de Aténas, la cual fué trasformada en ruiseñor. || Poét. Filomela, ruiseñor.

**PHILOMÉTOR**, m. *filometór*. Filometor, el que ama á su madre. || Filometor, sobrenombre de Ptolomeo VI, rey de Egipto.

**PHILON**, m. *filón*. Bot. Sello de Salomon, especie de planta.

**PHILOPATOR**, m. *filopatór*. Filopator, el que ama á su padre. || Filopator, sobrenombre de Ptolomeo IV, rey de Egipto, que habia envenenado á su padre. Irón.

**PHILOPHANE**, adj. *filofán*. Filófano, que adora la luz.

**PHILOPOLITE**, adj. *filopolit*. Filopolita, que ama á sus conciudadanos.

**PHILOSOPHAILLE**, f. *filosofáll*. Filosofado, turba de pretendidos filósofos.

**PHILOSOPHAILLER**, n. *filosofallé*. Filosofear, hacer el filósofo, hablar con filosofía.

**PHILOSOPHALE**, adj. f. *filosofál*. Filosofal. Úsase solo en *pierre philosophale*, la piedra filosofal, pretendida trasmutacion de los metales en oro. || La piedra filosofal, se dice de una cosa difícil de encontrar.

**PHILOSOPHASTRE, PHILOSOPHÂTRE**, m. *filosofástr*, *filosofátr*. Falso filósofo. V. PHILOSOPHISTE.

**PHILOSOPHE**, m. *filosóf*. Filósofo, el que estudia ó profesa la filosofía. || Filósofo, el que vive retirado léjos del bullicio. || Incrédulo, libertino, el que menosprecia toda obligacion, etc. Se usa tambien adjetivamente: *un homme philosophe*, *une femme philosophe*, un hombre filósofo, etc.

**PHILOSOPHÈME**, m. *filosofém*. Filosofema, razonamiento lleno de ideas filosóficas.

**PHILOSOPHER**, n. *filosofé*. Filosofar, tratar de materias, de cuestiones filosóficas. || Filosofar, razonar sobre diversas materias conforme á los principios de la filosofía. || Filosofar, razonar, disputar con demasiada sutileza.

**PHILOSOPHERIE**, f. V. PHILOSOPHISME.

**PHILOSOPHESQUE**, adj. *filosofésc*. Filosofesco, que pertenece á los filosofastros ó filosofistas.

**PHILOSOPHIE**, f. *filosofí*. Filosofía, amor á la sabiduría. || Filosofía, ciencia que tiene por objeto el conocimiento de las cosas físicas y morales por sus causas y efectos, y el estudio de la naturaleza y de la moral. || Filosofía, cierta firmeza y elevacion de espíritu, por medio de la cual se hace uno superior á los accidentes de la vida y á las falsas opiniones del vulgo. Son iguales las demas acepciones de esta palabra en ambas lenguas. || Impr. Lectura, cierto grado de letra de imprenta.

**PHILOSOPHIQUE**, adj. *filosofic*. Filosófico, que pertenece á la filosofía.

**PHILOSOPHIQUEMENT**, adv. *filosoficmán*. Filosóficamente, de un modo filosófico, con filosofía, como filósofo.

**PHILOSOPHISME**, m. *filosofism*. Filosofismo, espíritu, doctrina de los filósofos; falsa filosofía, abuso de la filosofía.

**PHILOSOPHISTE**, m. *filosofist*. Filosofista ó filosofastro, falso filósofo que, bajo pretexto de librarse de las preocupaciones, desprecia todas las opiniones y principios recibidos.

**PHILOTECHNIE**, f. *filotecní*. Filotecnia, amor á las artes.

**PHILOTECHNIQUE**, adj. *filotecnic*. Filotécnico, que ama las artes. || *Société philotechnique*, sociedad compuesta de amigos de las artes.

**PHILOTÉSIE**, f. *filotesí*. Filotesia, brindis entre los Griegos.

**PHILTRE**, m. *filtr*. Filtro, brebaje que se supone propio para inspirar el amor.

**PHIMOSIQUE**, adj. *fimosíc*. Fimósico, que pertenece ó se refiere á la fimosis.

**PHIMOSIS**, m. *fimósis*. Med. Fimósis, excesiva estrechez de la abertura del prepucio.

**PHLÉBARTÉRIODIALGIE**, f. *flebarteriodialgí*. Med. Flebarteriodalgia, aneurisma varicoso.

**PHLÉBARTÉRIODIALGIQUE**, adj. *flebarteriodialgic*. Flebarteriodalgico, concerniente á la flebarteriodalgia.

**PHLÉBECTASIE**, f. *flebectasí*. Med. Flebectasia, dilatacion de una vena.

**PHLÉBEURYSME**, m. *fleheurism*. Med. Flebeurisma, dilatacion de una vena; váriz ó várice. V. VARICE.

**PHLÉBITE**, f. *flebit*. Med. Flebitis, inflamacion de la membrana interna de las venas.

**PHLÉBOGRAPHE**, m. *flebográf*. Flebógrafo, el que se ocupa de la flebografía.

**PHLÉBOGRAPHIE**, f. *flebografí*. Med. Flebografía, descripcion de las venas.

**PHLÉBOGRAPHIQUE**, adj. *flebografic*. Flebográfico, que pertenece ó se refiere á la flebografía.

**PHLÉBOLITHE**, m. *flebolit*. Med. Flebolitis, cálculo de las venas.

**PHLÉBOLOGIE**, f. *flebologí*. Flebologia, parte de la fisiologia que trata del uso de las venas.

**PHLÉBOLOGIQUE**, adj. *flebologic*. Flebológico, que pertenece ó se refiere á la flebologia.

**PHLÉBOPHTHALMOTOMIE**, f. *fleboftalmotomí*. Med. Fleboftalmotomia, emision sanguínea por la abertura de los vasos oculares.

**PHLÉBOPHTHALMOTOMIQUE**, adj. *fleboftalmotomic*. Fleboftalmotómico, concerniente á la fleboftalmotomia.

**PHLÉBORRHEXIE**, f. *fleborrecsí*. Med. Fleborrexia, rotura de una vena.

**PHLÉBORRHAGIE**, f. *fleborragí*. Med. Fleborragia, rotura de una vena ó hemorragia venosa.

**PHLÉBORRHAGIQUE**, adj. *fleborragic*. Fleborrágico, que pertenece ó se refiere á la fleborragia.

**PHLÉBOTOME**, m. *flebotóm*. Cir. Flebotomo, instrumento llamado tambien *flammette*, que sirve en algunos paises para sangrar.

**PHLÉBOTOMIE**, f. *flebotomí*. Cir. Flebotomia, abertura de una vena para sacar sangre.

**PHLÉBOTOMIQUE**, adj. *flebotomic*. Flebotómico, que pertenece ó se refiere á la flebotomia.

**PHLÉBOTOMISER**, a. *flebotomisé*. Cir. Flebotomizar, sangrar.

**PHLÉBOTOMISTE**, m. *flebotomist*. Flebotomista, sangrador, el que practica la sangría con el instrumento llamado *phlébotome*.

**PHLÉGÉTHON**, m. *flegetón*. Mit. Flegeton, rio de los infiernos que llevaba torrentes de llamas.

**PHLEGMASIE**, f. *flegmasí*. Med. Flegmasía ó flemasia, sinónimo de inflamacion; por lo general se aplica esta denominacion á las inflamaciones internas.

**PHLEGMATIQUE**, **PHLEGME**, etc. V. FLEGMATIQUE, FLEGME, etc.

**PHLOGISTIQUE**, m. *flogistic*. Med. Flogístico ó flogisto, elemento hipotético que se creia ser el principio de la inflamacion de los cuerpos. || Flogístico, propio para desarrollar el calor interno. || adj. Flogístico, se dice de las enfermedades acompañadas de flegmasía.

**PHLOGISTIQUÉ**, ÉE, adj. *flogistiqué*. Quim. Flogisticado, compuesto de partes susceptibles de inflamarse.

**PHLOGOSE**, f. *flogós*. Med. Flogósis, inflamacion interna ó externa lijera y ardor ó calor extranatural sin tumor.

**PHLOGOSÉ**, ÉE, adj. *flogosé*. Med. Flogoseado, inflamado.

**PHLOMIS**, m. *flomí*. Bot. Flómis, género de plantas labiadas, al cual corresponden el aguavientos ó naturela, la yerba de las torcidas ó candilera, etc.

**PHLOSCOPE**, m. *floscóp*. Flóscopo, especie de estufa en que se ve la llama.

**PHLYACOGRAPHE**, m. *fliacográf*. Lit. Fliacógrafo, autor de una fliacografía, de un poema burlesco.

**PHLYACOGRAPHIE**, f. *fliacografí*. Fliacografía, parodia, poema burlesco entre los Griegos.

**PHLYSE**, f. *flís*. Med. Flisis, erupcion de la piel.

**PHOBOS**, f. *fóbos*. Mit. Fóbos, el Temor representado por una cabeza de leon.

**PHOCÉEN**, NE, adj. y s. *foseén*, *én*. Focio, de la Fócide.

**PHŒNICURE**, m. *fenicúr*. Zool. Fenicuro, especie de curruca que vive en los agujeros de las murallas.

**PHOLADE**, f. *folád*. Zool. Folado, especie de molusco que tiene una concha de cinco piezas.

**PHONASCIE**, f. *fonasí*. Fonascia, arte de formar la voz.

**PHONASQUE**, m. *fonásc*. Fonascio, profesor ó maestro de fonascia.

**PHONATION**, f. *fonasión*. Fonacion, formacion de la voz.

**PHONÉTIQUE**, adj. *fonetic*. Fonético, que despide el sonido.

**PHONÉTIQUEMENT**, adv. *foneticmán*. Gram. Fonéticamente, representando sonidos.

**PHONÉTISME**, m. *fonetism*. Fonetismo, representacion del sonido.

**PHONIQUE**, adj. *foníc*. Fónico, que pertenece ó se refiere á la voz. || Arq. *Voûte phonique*, bóveda fónica, elíptica bajo la cual hay un eco. || f. Fónica, arte de combinar los sonidos por los principios de la acústica.

**PHONOCAMPTIQUE**, adj. *fonocanptíc*. Fonocámptico, que repite los sonidos.

**PHONOMÈTRE**, m. *fonométr*. Fonómetro, instrumento para medir los sonidos.

**PHONOMÉTRIQUE**, adj. *fonometric*. Fonométrico, que pertenece ó se refiere al fonómetro.

**PHOQUE** ó **PHOCAS**, m. *fóc*, *focás*. Zool. Foca, cuadrúpedo anfibio.

**PHORMINGE**, f. *formínge*. Forminge, especie de cítara de los antiguos.

**PHORONOMIE**, f. *foronomí*. Foronomía, ciencia de las leyes del movimiento de sólidos y de flúidos. Ya no se usa; es lo que ahora se llama *la mécanique*.

**PHORONOMIQUE**, adj. *foronomic*. Foronómico, que pertenece ó se refiere á la foronomía.

**PHOSPHATE**, m. *fosfát*. Quim. Fosfato, nombre genérico de las sales formadas del ácido fosfórico.

**PHOSPHATÉ**, ÉE, adj. *fosfaté*. Fosfatado, combinado con el ácido fosfórico.

**PHOSPHITE**, m. *fosfít*. Quim. Fosfito, combinacion del ácido fosforoso con diferentes bases ó sal formada por ácido fosforoso.

**PHOSPHORE**, m. *fosfór*. Quim. Fósforo, sustancia que tiene la propiedad de lucir y encenderse por sí mismo. Los hay naturales y artificiales.

**PHOSPHORÉ**, ÉE, adj. *fosforé*. Fosforado, que contiene fósforo.

**PHOSPHORÉNÈSE**, f. *fosforenés*. Med. Fosforenesis, enfermedad atribuida á la fosforizacion.

**PHOSPHORESCENCE**, f. *fosforresáns*. Fosforescencia, propiedad que tienen algunos cuerpos de despedir rayos luminosos en la oscuridad.

**PHOSPHORESCENT, E,** adj. *fosforesán.* Fosforescente, que está dotado de fosforescencia.

**PHOSPHOREUX, EUSE,** adj. *fosforeu, eus.* Fosforoso, se dice del ácido formado por la combustion lenta del fósforo.

**PHOSPHORINE,** f. *fosforin.* Fosforina, sustancia luminosa inherente á todos los animales.

**PHOSPHORIQUE,** adj. *fosforic.* Fosfórico, que pertenece al fósforo ó que es de su naturaleza.

**PHOSPHORISATION,** f. *fosforisasión.* Fosforizacion, influencia del fósforo calcáreo en la economía animal.

**PHOSPHURE,** m. *fosfúr.* Fosfuro, nombre genérico de las combinaciones del fósforo con cualquier base.

**PHOTOGÈNE,** m. *fotogén.* Fotógeno, materia de la luz.

**PHOTOGRAPHIE,** f. *fotografí.* Fotografía, descripcion de la luz.

**PHOTOGRAPHIQUE,** adj. *fotografic.* Fotográfico, que pertenece ó se refiere á la fotografía.

**PHOTOLOGIE,** f. *fotologí.* Fotologia, tratado de la luz.

**PHOTOLOGIQUE,** adj. *fotologic.* Fotológico, que se refiere ó pertenece á [illegible]logia.

**PHOTOMÈTRE,** m. *fotométr.* Fotómetro, instrumento para medir la luz.

**PHOTOMÉTRIE,** f. *fotometrí.* Fotometría, comparacion de las intensidades relativas de la luz, alimentadas por diferentes combustibles.

**PHOTOMÉTRIQUE,** adj. *fotometric.* Fotométrico, que pertenece ó se refiere á la fotometría.

**PHOTOPHOBE,** s. y adj. *fotofób.* Fotófobo, atacado de fotofobia; que huye de la luz.

**PHOTOPHOBIE,** f. *fotofobí.* Fotofobia, depravacion de la vista que hace creer al enfermo que el aire está lleno de chispas. || Fotofobia, repugnancia de la luz.

**PHOTOPHOBIQUE,** adj. *fotofobic.* Fotofóbico, que pertenece ó se refiere á la fotofobia.

**PHOTOPHOBOPHTHALME,** m. V. NYCTALOPE.

**PHOTOPHOBOPHTHALMIE,** f. *fotofobofialmí.* Med. Fotofoboftalmia, imposibilidad de aguantar la luz del dia.

**PHOTOPHOBOPHTHALMIQUE,** adj. *fotofoboftalmic.* Fotofoboftálmico, relativo á la fotofoboftalmia.

**PHRASE,** f. *frás.* Frase, la construccion de algunas palabras que forman un perfecto sentido. || fam. *Faire des phrases, parler par phrases*, hablar de un modo afectado y sentencioso.

**PHRASÉOLOGIE,** f. *fraseologí.* Fraseología, construccion particular de las frases de una lengua o propia de un escritor.

**PHRASER,** n. *frasé.* Frasear, hacer frases. || Mús. Hacer frases, composiciones regulares de canto ó de armonía. || a. *Phraser la musique*, frasear la música, marcar bien cada frase de una pieza de música en la composicion ó en la ejecucion.

**PHRASEUR,** m. *fraseur.* Frasista, el que tiene la manía de hacer frases, de hablar y escribir con afectacion.

**PHRASIER,** m. *frasié.* Frasista, el que hace frases. || Frasista, el que habla por frases, ó habla ó escribe de una manera afectada, esmerada y difusa para decir pocas cosas.

**PHRÉNÉSIE y PHRÉNÉTIQUE.** V. FRÉNÉSIE y FRÉNÉTIQUE.

**PHRÉNIQUE,** adj. *frenic.* Anat. Frénico, que se refiere al diafragma. || Fisiol. Frénico, que pertenece ó se refiere á la inteligencia.

**PHRÉNITIS ó PHRÉNITE,** f. *frenitis, frenit.* Med. Frenitis, inflamacion del diafragma.

**PHRÉNOLOGIE,** f. *frenologí.* Frenología, conocimiento del hombre moral é intelectual por el estudio de las facultades cerebrales.

**PHRÉNOLOGIQUE,** adj. *frenologic.* Frenológico, que pertenece ó se refiere á la frenología.

**PHRÉNOLOGISTE,** m. *frenologist.* Frenólogo ó frenologista, el que se ocupa de la frenología.

**PHRICIASIE,** f. ó **PHRICASME,** m. *frisiasí, fricásm.* Med. Fricasmo, calofrío que precede á la calentura.

**PHRYGIEN, NE,** adj. y s. *frigién, én.* Frigio, de la Frigia. || *Mode phrygien*, cierto modo ó modulacion de música griega que era marcial ó guerrero.

**PHRYNE,** f. *frin.* Zool. Frino, especie de tarántula.

**PHTHIRIASE,** f. *ftiriás.* Med. Tiriasis, enfermedad pedicular.

**PHTHIROCTONE,** m. *ftiroctón.* Bot. Tiroctona, yerba de piojos.

**PHTHIROPHAGE,** adj. y s. *ftirofágo.* Tirófago, comedor de piojos.

**PHTHISIE,** f. *ftisí.* Tisis, toda clase de demacracion ó consuncion del cuerpo, cualquiera que sea la causa de que proceda. || Hoy dia se llama tisis á una afeccion pulmonar, que consiste en la lesion de esta víscera y que ocasiona la demacracion.

**PHTHISIOLOGIE,** f. *ftisiologí.* Tisiología, discurso, tratado sobre la tisis.

**PHTHISIOLOGIQUE,** adj. *ftisiologic.* Tisiológico, que pertenece á la tisiología.

**PHTHISIOPNEUMONIE,** f. *ftisiopneumoní.* Tisioneumonía, tisis pulmonar.

**PHTHISIOPNEUMONIQUE,** adj. *ftisiopneumonic.* Tisioneumónico, que pertenece á la tisioneumonía.

**PHTHISIQUE,** adj. y s. *ftisic.* Ético, tísico, el que padece la tisis.

**PHU,** f. *fú.* Bot. Uno de los nombres de la valeriana, género de plantas.

**PHYCIS,** m. *fisis.* Zool. Ficis, género de pescados.

**PHYGETHLON,** m. *figetlón.* Med. Figetlon, tumor inflamatorio que se desarrolla en los ganglios linfáticos del cuello, de los sobacos, etc.

**PHYLACTÈRE,** m. *filactér.* Filáctero, pedazo pequeño de pergamino que llevaban los Judíos sobre los brazos ó la frente, y en que estaban escritos algunos pasajes de la sagrada Escritura. || Filáctero, toda especie de amuletos que llevaban los antiguos para preservarse de algun mal.

**PHYLARCHIE,** f. *filarchí.* Filarquía, empleo, funciones, dignidad del filarca.

**PHYLARCHIQUE,** adj. *filarchic.* Filárquico, que se refiere á la filarquía.

**PHYLARQUE,** m. *filárc.* Filarca, magistrado de Atenas.

**PHYLLIS,** m. *filis.* Bot. Filis, género de plantas de hojas muy hermosas.

**PHYLLITHE,** m. *filit.* Fós. Filito, hoja petrificada ó piedra que lleva señales de las hojas.

**PHYLLITIS,** f. *filitis.* Bot. Lengua de ciervo, género de plantas.

**PHYLLOBOLIE,** f. *filobolí.* Antig. gr. Filobolia, accion de arrojar hojas y flores sobre una tumba, sobre un triunfador, etc.

**PHYLLOLITHE,** m. *filolit.* Miner. Filolita, cal carbonatada cristalizada en una masa.

**PHYMA,** m. *fima.* Med. Fima, tumorcillo inflamatorio que se levanta en la piel, sin causa externa.

**PHYSCOCÈLE,** f. V. PHYSOCÈLE.

**PHYSCOCÉPHALE,** m. V. PHYSOCÉPHALE.

**PHYSCONIE,** f. *fisconí.* Med. Fisconia, tumor duro y voluminoso en el abdómen.

**PHYSÉTÈRE,** m. *fisetér.* Zool. Fisetera, cetáceo, especie de ballena; se llama tambien *souffleur.*

**PHYSICIEN,** m. *fisisién.* Físico, el que se ocupa de la física; el que profesa ó sabe física. || Físico, estudiante de física.

**PHYSICO-MATHÉMATIQUE,** adj. *fisicomatematic.* Físico-matemático, que se refiere ó pertenece al mismo tiempo á la física y á las matemáticas.

**PHYSICO-TECHNIOPE,** m. *fisicotecniop.* Físico-tecniope, microscopio cuyo campo es muy vasto.

**PHYSIOCRATE,** m. *fisiocrát.* [illegible] materialista, que no admite [illegible] que el de la naturaleza.

**PHYSIOCRATIE,** f. *fisiocrasí.* [illegible]cia, poder de la naturaleza.

**PHYSIOCRATIQUE,** adj. *fisiocratic.* Fisiocrático, que se refiere á la [illegible].

**PHYSIOGNOMONIE,** f. *fisiognomoní.* Fisiognomonía, arte de conocer el [illegible] de los hombres por la inspeccion de las facciones del rostro.

**PHYSIOGNOMONIQUE,** adj. *fisiognomonic.* Fisiognomónico, que pertenece ó se refiere á la fisiognomonía.

**PHYSIOGNOMONISTE,** m. *fisiognomonist.* Fisiognomonista, el que se ocupa de fisiognomonía.

**PHYSIOGNOSIE,** f. *fisiognosí.* [illegible]sia, conocimiento de los [illegible] de la naturaleza.

**PHYSIOGRAPHE,** m. *fisiográf.* Fisiógrafo, el que practica la fisiografía.

**PHYSIOGRAPHIE,** f. *fisiografí.* Fisiografía, descripcion de las [illegible] de la naturaleza.

**PHYSIOGRAPHIQUE,** adj. *fisiografic.* Fisiográfico, que se refiere ó pertenece á la fisiografía.

**PHYSIOLOGIE,** f. *fisiologí.* Fisiología, ciencia que trata de los principios de la economía animal, de las funciones de los órganos, etc. || Fisiología, obra que trata de esta ciencia.

**PHYSIOLOGIQUE,** adj. *fisiologic.* Fisiológico, que se refiere ó pertenece á la fisiología.

**PHYSIOLOGISTE,** m. *fisiologist.* Fisiologista, el que se ocupa [illegible] de fisiología.

**PHYSIONOMIE,** f. *fisionomí.* [illegible]mia, el rostro ó semblante; ó [illegible], impresion particular de cada persona [illegible]ta del conjunto de las facciones del rostro. || Fisonomía, cierto aire de [illegible] independiente de las demas facciones. || Fisonomía, arte de conocer por las [illegible] del rostro el temperamento ó [illegible] de una persona. V. PHYSIOGNOMONIE.

**PHYSIONOMISTE,** m. y f. *fisionomist.* Fisonomista ó fisiónomo, que es ó pretende ser inteligente en fisonomía.

**PHYSIONOTRACE,** m. *fisionotrás.* Fisionótraco, instrumento para [illegible] y grabar los dibujos ó pinturas de los [illegible].

**PHYSIONOTYPE,** m. *fisionotíp.* [illegible]tipo, instrumento por medio del [illegible] puede en un minuto hacer [illegible]te exactas las facciones del rostro.

**PHYSIQUE,** f. *fisic.* Física, [illegible] trata de las cosas naturales, y que tiene por objeto las propiedades de los [illegible] física, obra que trata de esta [illegible], la cátedra donde se enseña. || [illegible] que pertenece á la física. || Físico, [illegible] real y existente. || *Impossibilité* [illegible] imposibilidad física, la [illegible] imposibles segun el órden de la [illegible]. || m. Físico, la constitucion natural del hombre, exterior de una persona.

**PHYSIQUEMENT,** adv. *fisicmán.* [illegible]camente, de una manera física y [illegible].

**PHYSOBLÉPHARON,** m. [illegible] Med. Fisoblefaron, hinchazon [illegible] de los párpados.

**PHYSOCÈLE,** f. *fisosél.* Med. [illegible], nombre con que se designa la [illegible]tosa.

**PHYSOCÉLIE,** f. *fisoselí.* Med. [illegible]lia, sinónimo de timpanitis.

**PHYSOCÉPHALE,** m. *fisosefál.* Med. Fisocéfalo, tumor de toda la cabeza.

**PHYSOMÉTRIE,** f. *fisometrí.* Med. Fisometría, humor de la matriz, [illegible] timpanitis uterina.

**PHYSOPSOPHIE,** f. *fisopsofí.* Med. Fisopsofía, erupcion fuerte, [illegible].

**PHYSOPSOPHIQUE,** adj. [illegible] Fisopsofico, que pertenece ó se refiere á la fisopsofía.

**PHYSOTHORAX,** m. *fisotoráx.* Med. Fisotórax, acumulacion de gases en el pecho.

**PHYTOBIE**, f. *fitobí*. Med. Fitobia, vida vegetal. || Ciencia de la vida vegetal.

**PHYTOBIOLOGIE**, f. *fitobiologí*. Fitobiologia, conocimiento, ciencia de la vida vegetal.

**PHYTOBIOLOGIQUE**, adj. *fitobiologic*. Fitobiológico, que pertenece ó se refiere á la fitobiologia.

**PHYTOCHIMIE**, f. *fitochimí*. Fitoquímica, química vegetal.

**PHYTOCHIMIQUE**, adj. *fitochimic*. Fitoquímico, que pertenece ó se refiere á la fitoquímica.

**PHYTOGRAPHE**, m. *fitográf*. Fitógrafo, botánico que describe las plantas. || Fitógrafo, autor de una fitografía.

**PHYTOGRAPHIE**, f. *fitografí*. Fitografía, descripcion de las plantas.

**PHYTOLITHE**, m. *fitolít*. Miner. Fitolito, piedra que tiene la figura ó lleva la marca de alguna planta.

**PHYTOLOGIE**, f. *fitologí*. Fitologia, arte de describir las plantas. || Fitologia, discurso, tratado sobre las plantas.

**PHYTOLOGIQUE**, adj. *fitologic*. Fitológico, que pertenece ó se refiere á la fitologia.

**PHYTOLOGISTE**, m. *fitologíst*. Fitologista ó fitólogo, el que se dedica á la fitologia.

**PHYTONOMATOTECHNIE**, f. *fitonomatotecní*. Didáct. Fitonomatotecnia, arte de poner nombres á las plantas por razon de sus caractéres.

**PHYTOTOMIE**, f. *fitotomí*. Fitotomía, anatomía vegetal, diseccion de las plantas.

**PHYTOTOMIQUE**, adj. *fitotomic*. Fitotómico, que pertenece ó se refiere á la fitotomía.

**PHYTOTOMISTE**, m. *fitotomíst*. Fitotomista, el que se ocupa de la fitotomía.

**PHYTURGIE**, f. *fiturgí*. Fiturgia, cultivo de las plantas.

**PHYTURGIQUE**, adj. *fiturgic*. Fitúrgico, que pertenece ó se refiere á la fiturgia.

**PIACULAIRE**, adj. *piaculér*. Expiatorio, que pertenece á la expiacion, que se hace por ella ó la produce.

**PIAFFE**, f. *piáf*. Fanfarria, fausto, fantasía, ostentacion.

**PIAFFER**, n. *piafé*. Gallardear, echar plantas, echarla de planchete. || Equit. Piafar, pasear de movimiento, levantar el caballo muy altas las manos dejándolas caer en el mismo sitio con precipitacion, sin ir atras.

**PIAFFEUR, EUSE**, m. y f. *piafeur, eus*. Pomposo, vanidoso, fantástico. Es anticuado en esta acepcion. || adj. y s. m. Piafador, que piafa, que pasea de movimiento. Dícese solo de los caballos.

**PIAILLER**, n. *piallé*. Chillar, gritar. Se dice principalmente de los niños; tambien se dice de las personas que gritan en un tono agrio, por mal humor. || Se dice igualmente de los pajaritos.

**PIAILLERIE**, f. *pialleri* (e muda). Chillido, gritería.

**PIAILLEUR, EUSE**, m. y f. *pialleur, eus*. Chillon, chillador, el que no hace mas que gritar ó chillar.

**PIAN**, m. *pián*. Pian, enfermedad de la Guinea y de la América. Algunos dicen que es el gálico ó bubas.

**PIANE-PIANE**, adv. *pianpián*. Pian piano, poco á poco, con tiento, despacio, lentamente.

**PIANISTE**, m. y f. *pianíst*. Pianista, el ó la que profesa el piano, ó el que no siendo mas que aficionado toca este instrumento con maestría.

**PIANO**, adv. *piáno*. Piano, dulcemente, suavemente. || Se pone en las piezas de música, en los pasajes donde el sonido debe ser muy dulce. Se suele indicar con una P.

**PIANO-FORTE** ó **FORTE-PIANO**, m. *pianofórte, fortepiáno*. Piano-forte ó forte-piano, especie de clave moderno cuya construccion es tal, que se puede alzar ó bajar el sonido segun se quiere.

**PIASTE**, m. *piást*. Piasta, nombre que se da á los descendientes de los antiguos casos de Polonia.

**PIASTRE**, f. *piástr*. Peso duro ó fuerte, moneda española de plata, del peso de una onza, que vale 20 rs. || Piastra, moneda turca de plata que vale 120 aspros.

**PIAT**, m. *piá*. Picacito, el polluelo de la picaza.

**PIATTOLE**, m. *piatól*. Piátolo, especie de vaso para hacer reposar la leche.

**PIAULARD**, **E**, adj. y s. *piolár, árd*. Piador, que llora, que pia continuamente.

**PIAULER**, n. *piolé*. Piar, dícese de los pollos pequeños. || met. y fam. Piar, berrear, llorar los niños.

**PIAULIS**, m. joc. *piolí*. Gorjeo, canto de las aves.

**PIC**, m. *pic*. Pico, instrumento de hierro para hacer pedazos las piedras y cavar la tierra. || Pico, corchete de vidriero. || Pico, medida para las telas. || Pico, obra de cartulina en un cuadrado. || Pico, voz del juego de los cientos. || Pico, montaña que está sola ó sobresale las demas en altura y que termina en punta, como la de Tenerife. || *A pic*, loc. adv. A pico, perpendicularmente. || *Pic á hoyau*, piqueta, legon, especie de azada. || Mar. *Virer á pic*, virar á pique, virar con el cabrestante hasta ponerse á pique del ancla. || Zool. Pico, pájaro trepador que penetra la corteza de los árboles con el pico. *Pic vert*, pico verde, otro género de pájaros.

**PICA**, m. *pica*. Med. Pica, apetito depravado, ó deseo de comer sustancias nada nutritivas y que repugnan, como carbon, tierra, etc. Es enfermedad de mujeres opiladas ó en cinta.

**PICADIL**, m. *picadíl*. Picadil, cristal vacito casi negro, amarillo ó verde por la combinacion y vitrificacion de una porcion de cenizas.

**PICADON**, m. *picadón*. Picadon, lugar donde se rompe la sosa en las jabonerías.

**PICADOR**, m. *picadór*. Picador, torero de á caballo. V. MATADOR.

**PICAILLON**, m. *picallón*. Picallo, pequeña moneda de cobre del Piamonte.

**PICARD, E**, adj. y s. *picár, árd*. Picardo, de la Picardía.

**PICARDANT**, m. *picardán*. Picardan, moscatel que se cria en Montpellier.

**PICAREL**, m. *picarél*. Zool. Esmarrido, pescado de mar.

**PICASSURE**, f. *picasúr*. Picadura, mancha de plomo en la loza.

**PICATION**, f. *picasión*. Med. Picacion, emplasto de pez.

**PICAVERET** ó **PICAVERT**, m. *picavoré* (e muda), *picavér*. Zool. Picaverde, pajarillo parecido al pardillo.

**PICÉA**, m. *piséa*. Bot. Picea, pino albar, árbol que da la resina.

**PICHET**, m. *piché*. Cortadillo, vaso pequeño de beber.

**PICHINA**, m. *pichína*. Pichina, tela de lana que se fabrica en Flándes.

**PICHOLINE**, f. *picolín*. Picolina, aceituna de cornezuelo, que es muy pequeña. || Se usa tambien como adjetivo : *des olives picholines*.

**PICORÉE**, f. *picoré*. Pecorea, pillaje que hacen los soldados desmandados del campo ó cuartel. || Por extension, se dice de los estudiantes y de los muchachos que pillan frutas. || *Aller à la picorée*, ir á la pecorea, se dice de las abejas que van á chupar las flores.

**PICORER**, n. *picoré*. Pecorear, ir de merodeo á robar víveres, ir á la pecorea, salir á robar al pais los soldados desmandados. || met. Pecorear, se dice de las abejas que extraen el jugo de las flores. || met. y fam. Pecorear, se dice de los autores que roban ó plagian á otros sus obras.

**PICOREUR**, m. *picoreur*. Merodeador, soldado que va á la pecorea. || met. y fam. Pecoreador, autor que saca ó extrae de las obras de otro. || Pecoreador, dañador de árboles.

**PICOT**, m. *picó*. Garrancho, pico ó punta que queda en un palo ó rama cortada. || Puntilla, los piquillos de un encaje, randa, etc. || Pic[illegible] martillo de cantero.

**PICOTE**, f. *picót*. Med. Viruelas. || Picote, tela áspera y basta de pelo de cabra, muy parecida al camelote.

**PICOTÉ, ÉE**, adj. *picoté*. Picado, picoteado. || met. *Picoté de la petite vérole*, picoso, hoyoso de viruelas.

**PICOTEMENT**, m. *picotmán*. Med. Picazon ó prurito, comezon de la sangre ó de los humores en el cuerpo.

**PICOTER**, a. *picoté*. Picar, causar comezon ó picazon en alguna parte del cuerpo. || Picotear, dícese de los pájaros cuando pican las frutas. || met. y fam. Picar, herir con palabras maliciosas ó dichos picantes.

**PICOTERIE**, f. *picoterí* (e muda). Picotería, pullas, varillas, palabras picantes.

**PICOTEUX**, m. *picoteu*. Red de pesca.

**PICOTIN**, m. *picotín*. Celemin, medida de avena ó cebada que se da á las caballerías. || Celemin, la avena contenida en el celemin.

**PICQUET**, m. *piqué*. Piqueta, útil de salinero.

**PICROCHOLE**, adj. *picrocól*. Med. Picrócolo, que es muy bilioso ó que abunda en bilis amarga.

**PICROLITHE**, f. *picrolít*. Miner. Picrolita, piedra que contiene magnesia.

**PICROMEL**, m. *picromél*. Picromel, materia acre, pegajosa, extraida de la bilis.

**PICTOMANE**, m. y adj. *pictomán*. Pictómano, atacado de pictomanía.

**PICTOMANIE**, f. *pictomaní*. Pictomanía, manía ó aficion extremada á las pinturas ó cuadros.

**PICTONIQUE**, adj. *pictoníc*. Pictónico, que pertenece al Poitou en Francia.

**PIE**, f. *pí*. Zool. Picaza, urraca, marica, pájaro de la familia de los cuervos. || met. Picaza, mujer de genio áspero, regañona. || Espalda de carnero asada. Es muy poco ó nada usado en esta acepcion. || *Fromage à la pie*, especie de queso blanco desnatado. || *Pie grièche*, pega reborda, especie de marica. || *Pie de mer*, picaza marina, género de testáceo. || fam. *Jaser, bavarder comme une pie borgne*, picotear, hablar como una cotorra, como una chicharra.

**PIE**, adj. *pí*. Pio, piadoso. Úsase solo en esta frase : *œuvres pies*, obras pias, las que se hacen por Dios y en beneficio del prójimo.

**PIÈCE**, f. *piés*. Pieza, parte, pedazo ó porcion de una cosa mayor. || Pieza, cualquier sala ó cuarto de una casa. || *Tailler une armée en pièces*, destrozar un ejército, deshacerlo enteramente. *Mettre en pièces*, hacer pedazos ó trozos. *Couper en pièces*, hacer tajadas. || *Pièces de rapport*, taracea, los pedazos de maderas preciosas ó de piedras duras que se emplean para hacer las obras de marquetería ó de mosáico. || met. y fam. *Dormir toute la nuit d'une pièce*, pasar toda la noche en un sueño, dormir sin interrupcion. || Pieza, remiendo, pedazo pequeño de tela, de madera, de metal, etc., que se pega ó añade á las cosas de su misma naturaleza para componerlas ó repararlas. || *Pièce de drap, de ruban, de toile, etc.*, pieza de paño, de cinta, de lienzo. || *Pièce de four, de pâtisserie*, cualquiera masa al horno ó cosa de pastelería. || *Pièce de vin, d'eau-de-vie, etc.*, tonel, pipote de vino, aguardiente, etc. || *Pièce de cabinet*, objeto de gabinete, objeto raro y curioso para adornar un gabinete. || *Pièce de bétail*, cabeza de ganado, como de buey, vaca, carnero, etc.; *de gibier*, pieza de caza, cada uno de los animales muertos en la caza. || *Pièce de terre*, pieza de tierra, cierta extension de tierra toda en un pedazo; *de blé, d'avoine*, de trigo, de avena, cierta porcion continua de tierra sembrada de trigo, avena, etc., esto es, una haza. || *Pièce d'eau*, estanque, pilon para embellecer un parque, jardin, etc. || Pieza, plato de comida ó vianda. *Pièce de résistance*, pedazo considerable de vianda que tiene mucho que comer. || *Travailler aux pièces, à ses pièces*, trabajar á destajo. || *Pièce d'artillerie, de canon, de siége, de campagne, etc.*, pieza de artillería, de cañon, de sitio, de campaña, etc. || *Pièce de théâtre*, ó solamente *pièce*, pieza teatral, una tragedia, comedia, ópera, etc. || met. y fam. Chasco, burla. *Jouer une pièce, faire une pièce à quelqu'un*, jugarle una pieza, una broma á uno, burlarle, darle un chasco. || *Une bonne, une fine, une méchante pièce*, linda pieza ó gentil pieza, buena alhaja: una persona maliciosa, disimulada y bellaca. || Pieza, toda clase de escrito de algun proceso, y por analogía se dice de las notas diplomáticas. || Pieza, moneda. || prov. y met. *Rendre, donner à quelqu'un la monnaie de sa pièce*, vengarse de uno, usar de represalias á su vez. || Pieza, en el juego de ajedrez se da este nombre á todo lo que no es peon. || *Pièce à pièce*, loc. adv. Pieza por pieza, una pieza despues de otra. || *Pièces*, pl. Tejuelos, los pedacitos de tafilete ó papel que se ponen en los lomos de los libros para los rótulos. || *Pièces blanches*, remiendos ó piezas, las que se echan en las tapas de los libros por defectos de la piel. || Mar. *Pièces d'allonge*, ligazon, denominacion general de toda pieza de construccion, y mas particularmente de las que componen el costillaje y esqueleto del buque. || *Pièces de gavari*, las piezas de grua ó vueltas curvas. || *Pièces de tour*, las piezas de vuelta.

**PIÉCER**, a. *piesé*. Remendar, componer, rehacer. V. **RACCOMMODER**.

**PIÉCETTE**, f. *pieset*. Piecesita, pieza pequeña. || Peseta, moneda española de plata.

**PIED**, m. *pié*. Pié, la parte inferior de la pierna del hombre. Tiene las mismas acepciones en ambas lenguas || *Cheville du pied*, el tobillo. || *Coup de la pointe du pied*, puntapié, puntillon ó puntillazo. || *Coup de pied par terre*, patada, golpe dado con el pié. || *Pied de chèvre*, alzaprima ó pié de cabra. || *Pied de devant*, mano, hablando del caballo. || *Pied fourchu*, bisulco, pata hendida. || *Mettre pied à terre*, echar pié á tierra: apearse, desmontar, bajar del caballo, coche, etc. || *Être sur pied*, estar levantado, estar fuera de la cama un enfermo. || *Petits pieds*, volatería, caza menor. || *Sur ce pied-là*, sobre ese pié, bajo de este supuesto, en este concepto. || *Mettre les choses sur un bon pied*, poner las cosas en buen pié, en buen estado. || *Lâcher le pied*, volver atras, retirarse en una pendencia ó pelea. || met. *Fouler aux pieds*, menospreciar, tratar con desprecio. *Fouler aux pieds les lois*, hollar las leyes. || prov. *Tomber sur ses pieds*, caer de piés: ser afortunado en lo que otros son desgraciados || *Valet de pied*, lacayo, criado de librea. || ant. *Gens de pied*, infante, soldado que servia á pié. || *Colonel en pied*, coronel en propiedad. || *Écran à pied*, pantalla de chimenea. || *Drap de pied*, tapete, alfombra. || *Trouver chaussure à son pied*, hallar la horma de su zapato. || *Faire le pied de grue*, llevar poste. || *Haut le pied!* oxte, sus, ca, fuera de aquí. || met. *Aller de bon pied dans une affaire*, caminar de buena fe en un negocio. || fam. *Arriver les pieds poudreux*, llegar de léjos con muy mal equipaje. || *Être sur bon pied dans le monde*, *être sur le pied d'homme de condition*, pasar en el mundo por hombre de condicion, tener reputacion, estar en concepto ó predicamento entre las gentes. || *Gagner au pied*, tomar soleta: huir, escapar. || *Les petits pieds font mal aux grands*, los piés pequeños cargan á los grandes: dícese de una mujer que se encuentra incomodada durante su embarazo. || *Mettre une armée de troupes sur pied*, poner en pié un ejército ó tropas. || *Prendre quelqu'un au pied levé*, coger á alguno en el momento en que se prepara para marcharse ó alejarse; y met., tomar ventaja sobre alguno á la menor palabra que se le escapa. || met. y fam. *Sur le pied où sont les choses*, y absol., *sur ce pied-là*, bajo este supuesto, en este concepto, estando las cosas en este estado. || *Pied-plat* ó *plat-pied*, pié plano ó aplastado: dícese hablando de los caballos que tienen este vicio de conformacion. || met. y por desprecio, *pied-plat* y algunas veces *plat-pied*, patan, grosero, hombre ordinario. || *Pied poudreux*, vagabundo, hombre sin consideracion ni estado. || *Pied-à-terre*, apeadero, la casa que tiene tomada ó destinada una persona para parar en ella en sus viajes || *De plain pied*, loc. adv. A pié llano, sin subir ni bajar. || Pié, patas de las bestias. || Pié, traza, huella de la bestia que se caza ó sigue. || Equit. *Le pied du montoir*, el pié de montar: la mano izquierda de un caballo, que es la del lado por donde se monta. || *Faire pieds neufs* echar casco nuevo, hablando de un caballo. || prov. y met. *Faire le pied de veau*, lavar los cascos á uno: adular servil y bajamente. || Bot. *Pied d'alouette*, espuela de caballero, género de plantas de flores espoleadas. || Zool. *Pied-d'âne*, especie de ostra. || *Pied-de-chat*, pié de gato, planta pequeña que crece sobre las colinas. || *Pied-de-coq*, pié de gallo, género de plantas. || *Pied d'entrée*, montante de la portezuela de un carruaje. || *Pied de lièvre*, trébol de los sembrados, género de plantas. || *Pied de lion* ó *alchimille*, alquimila, planta que es un forraje excelente. || *Pied de loup*, pié de lobo, género de plantas. || *Pied de mouche*, pié de mosca, signo que se usa en las imprentas. || *Pieds de mouches*, garrapatos, escarabajos, esto es, letras mal formadas. || *Pied de veau*, yaro, género de plantas cuyas flores nacen bajo de un engarce muy derecho que sale de un espate en figura de cuerno. || *Pied d'oiseau*, sisallo, rosa arbórea. || *Pied de lit*, albahaca silvestre, género de plantas. || *Pied de bœuf*, juego de muchachos, poniendo sucesivamente su mano el uno encima de la del otro. V. **SEIME**. || *Prendre, acheter une récolte sur pied*, vender ó comprar una cosecha en pié, ántes de estar en sazon. || Pié, todo árbol y planta. || *Pied cornier*, mojon, árbol que se deja en el término de una heredad para que sirva de marca y límite. || Pié, la parte ó sitio mas bajo de una montaña, edificio, muralla, torre, etc. || *Au pied de la lettre*, al pié de la letra, á la letra, literalmente. || Pié, medida de longitud que tiene doce pulgadas y equivale á 324 milímetros. || *Pied carré*, pié cuadrado, superficie cuadrada de un pié de lado || *Pied cube*, pié cúbico, cubo en el cual cada lado tiene un pié cuadrado. || *Le pied en l'air*, á volapié, con un pié en el aire. || *A pieds joints*, á pié juntillas. || *Sur le même pied*, *aux mêmes conditions*, tanto por tanto, por el tanto. || *Au petit pied*, en pequeño. *Réduire un plan au petit pied*, reducir un plano á menor escala. || *Sur le pied de*, loc. prep. Sobre el pié de: á razon, á proporcion de, conforme á. || Poét. Pié, nombre que se da á las partes ó divisiones de diferentes especies de versos. || *A pied*, loc. adv. A pié, pedestremente. || *Pied à pied*, loc. adv. Paso á paso, poco á poco, gradualmente. || *De pied ferme*, loc. adv. A pié firme: sin moverse, sin salir de su puesto. || *Au pied levé*, de repente. || *Sentir le pied de messager*, apestar, oler muy mal. || *D'arrache pied*, loc. adv. De un tiron: sin intermision, sin interrupcion.

**PIED-DROIT**, m. *piedruá*. Arq. Pié derecho, poste, cada una de las jambas de una ventana. || Mar. Pié de carnero, dos puntales que hay desde escotilla hasta la sobrequilla.

**PIÉDESTAL**, m. *piedestál*. Pedestal, cuerpo sólido, de figura por lo comun cuadrada, con base y cornisa que sostiene una estatua, una columna, etc.

**PIED-FORT**, m. *piefór*. Moneda fuerte mas gruesa que las piezas que se acuñan para servir de modelo.

**PIED-HORAIRE**, m. *pieorér*. Pié-horario, la tercera parte de la longitud del péndulo.

**PIÉDOUCHE**, f. *pieduche*. Arq. Basa, pedestal pequeño para colocar un busto, jarrones, etc.

**PIED-POU**, m. *piepú*. Bot. Piepou, ranúnculo que se cria en las lagunas.

**PIÉGE**, m. *piége*. Cepo, lazo, instrumento, máquina, trampa para casar animales feroces. || met. Lazo, asechanza, ardid, trampa, artificio para engañar á alguno. || met. *Dresser, tendre un piége*, armar un lazo.

**PIE-GRIÈCHE**, f. *pigrièche*. Zool. Pega reborda, ave pequeña carnicera. || met. Mujer gruñona y alborotadora.

**PIE-MÈRE**, f. *pimér*. Anat. Pia-madre ó pia-máter, la membrana que rodea inmediatamente todas las partes del cerebro.

**PIÉMONTAIS**, E, adj. y s. *piemonté*, *ės*. Piamontes, del Piamonte.

**PIERRAILLE**, f. *pierráll*. Cascajo, cascote, pedrusco, pedregal, monton de piedras pequeñas.

**PIERRE**, f. *piér*. Piedra, cuerpo duro y sólido empleado en la construccion de los edificios. || *Petite pierre*, chiba, [illegible], piedrecita. || *Pierre de taille*, piedra de sillería. || *Pierre d'évier*, vertedero, pila de cocina para arrojar las aguas. || *Pierre d'autel*, ara, piedra sobre que consagra el sacerdote. || *Pierre de meule*, piedra molar, piedra con que se hacen las piedras de molino. || *Pierre de touche*, piedra de toque, especie de piedra negra muy dura, usada para probar el oro; y met., lo que sirve para hacer conocer de un modo cierto la naturaleza, la cualidad de una cosa. || *Pierre à fusil*, piedra de chispa. || *Pierre débitée*, piedra serrada. || Piedra, la que se forma en la vejiga ó riñones, que tambien se llama cálculo. || *Pierre à aiguiser*, piedra amoladera ó de amolar, [illegible]. || *Pierre à chaux*, piedra de cal. || *Pierre à plâtre*, piedra de yeso. || *Pierre d'aimant*, piedra iman. || *Pierre ponce*, piedra pómez. || *Pierre à rasoir*, piedra de afilar las navajas. || *Pierre spéculaire*, talco. || *Pierre de bézoard*, piedra bezar, ó simplemente bezar. *Pierre d'attente*, adrajas, sillares salientes que se dejan en una obra para enlazar la pared de la que ha de continuar. || *Geler à pierre fendre*, helarse las piedras, para decir que hiela fuertemente ó hace mucho frio. || *Tailleur de pierres*, picapedrero, cantero. || *Être éloigné d'un jet de pierre*, distar un tiro de piedra. || *Faire d'une pierre deux coups*, matar dos pájaros de una pedrada, hacer de una via dos mandados. || met. *Jeter la pierre à quelqu'un*, acusar á una persona, criticarla ó censurarla. || *La pierre en est jetée*, está tomada la resolucion.

**PIERRÉE**, f. *pieré*. Canal, conducto bajo hecha de piedras para la corriente ó la direccion de las aguas.

**PIERRERIES**, f. pl. *pierrerí* (e muda). Pedrerías, piedras preciosas.

**PIERRETTE**, f. *pierét*. Piedrecita, [illegible], chinita. Solo se usa en esta locucion: *jouer à la pierrette*, jugar á los [illegible], á las chinas, juego de muchachos. || Hembra del gorrion.

**PIERREUX**, **EUSE**, adj. *pierreu*, *eus*. Pedregoso, lleno de piedras, sembrado de piedras. || Pétreo, petroso, que es de la calidad ó naturaleza de la piedra. || Lapídeo, que es de piedra.

**PIERRIER**, m. *pierié*. Pedrero, [illegible] cañon pequeño de artillería, usado principalmente en los buques.

**PIERRIÈRES**, f. pl. *pierièr*. Castinas, montones de piedras colocadas en las fortificaciones de las plazas fuertes.

**PIERROT**, m. *pieró*. Nombre vulgar del gorrion. || Paleto, rústico, sencillote, pero gracioso en el decir.

**PIERRURES**, f. pl. *pierúr*. Especie de piedras que hay en la raiz del asta del ciervo.

**PIÉTAGE**, m. *pietáge*. Mar. Pietaje, division por piés y por medios piés, como se hace en el codaste y en la roda para señalar el calado.

**PIÉTÉ**, f. *pieté*. Piedad, devocion, sentimiento religioso. || Piedad, atencion y respeto que se debe á los padres. || Blas. El pelícano hiriéndose el pecho para sustentar sus hijuelos. || *Mont-de-piété*. V. en mont.

**PIÉTER**, a. *pieté*. Mar. Dividir por piés y medios piés, como se hace en el codaste y en la roda para señalar el calado. || n. Tener ó poner el pié en la raya al jugar. || *Se piéter*, r. Disponerse para resistir; sentar bien el pié, tomar sus medidas.

**PIÉTINAGE**, m. *pietináge*. Pataleo, accion de patalear.

**PIÉTINEMENT**, m. V. **PIÉTINAGE**.

**PIÉTINER**, n. *pietiné*. Patalear, mover y remover frecuentemente los piés, patear de dolor ó rabia.

**PIÉTISME**, m. *pietism*. Piedad excesiva.

**PIÉTISTE**, m. y f. *pietist*. Pietista, miembro de una secta cristiana que observaba al pié de la letra el Evangelio.

**PIÉTON**, m. *pietón*. Peon, caminante, andador el que anda á pié.

**PIÉTONNER**, n. *pietoné*. Andar á pié.

**PIÈTRE**, adj. *piétr*. Desechado, ruin, mezquino, malo en su género. Se usa tambien hablando de las personas.

**PIÈTREMENT**, adv. *pietremán*. Ruinmente, pobremente, de una manera ruin.

**PIÈTRERIE**, f. *pietreri* (e muda). Morralla, desechos, mala mercadería.

**PIÉTRIR**, a. *pietrír*. Art. Ablandar, suavizar el pergamino.

**PIETTE**, f. *piét*. Bot. Picaza de mar, ave acuática.

**PIETTER**, n. *pieté*. Escapar, tomar el trote : dícese de la liebre que despues de algunas paradas falsas, huye y deja burlado al cazador.

**PIEU**, m. *pieo*. Estaca gruesa y con punta.

**PIEUSEMENT**, adv. *pieusemán*. Piadosamente, piamente, devotamente. || *Croire pieusement une chose*, creer piadosamente una cosa, creerla por principio de devocion.

**PIEUX**, **EUSE**, adj. *pieu*, *eus*. Piadoso, pío, religioso. || Piadoso, que nace de un sentimiento de piedad, hablando de cosas : *desseins pieux*, *établissement pieux*.

**PIÉZOMÈTRE**, m. *piezométr*. Piezómetro, instrumento que sirve para medir la compresibilidad de los líquidos.

**PIÉZORAMPHE**, adj. *piezoránf*. Ornit. De pico comprimido.

**PIFFARO**, m. *pifáro*. Mús. Contralto del oboé.

**PIFFRE**, **ESSE**, m. y f. *pifr*, *frés*. Cerdo, atun, orbon : se dice de las personas excesivamente gordas. || Martillo que usa el tirador de oro.

**PIFFRER** (**SE**), r. V. EMPIFFRER.

**PIGACHE**, adj. m. *pigáche*. Mont. Se dice de la huella que deja señalada el jabalí cuando hoza.

**PIGACHIE**, f. *pigachí*. Caza del jabalí.

**PIGARGUE**, m. *pigárgue*. Pigargo, especie de águila mayor que un gallo.

**PIGEON**, m. *pijón*. Zool. Paloma, ave doméstica. || met. Pollo nuevo, primo, hombre á quien los fulleros suelen pelar en el juego. || *Pigeon ramier*, paloma torcaz. || *Pigeon pattu*, paloma tripolina || *Un couple* ó *une paire de pigeons*, un par de palomas, la pareja de macho y hembra para criar. *Une couple de pigeons*, un par de pichones, los que se compran vivos ó muertos para comer.

**PIGEONNEAU**, m. *pijonó*. Pichon, pichoncillo, palomo jóven.

**PIGEONNER**, n. *pijoné*. Tabicar con yeso. || Dar de llano.

**PIGEONNET**, m. *pijoné*. Pera de San Miguel.

**PIGEONNIER**, m. *pijonié*. Palomar, lugar destinado para que crien las palomas.

**PIGMENT**, m. *pigmán*. Anat. Pigmento, materia á la cual debe su color la piel. || Licor compuesto de miel, vino y especias.

**PIGNARESSE**, f. *piñarés*. Rastrilladora, la mujer que rastrilla el cáñamo.

**PIGNE**, f. *piñ*. Piña, nombre que se da en las minas á la plata amalgamada con el azogue, y separada de él. || *Pignes*, pl. Miner. El residuo de la plata amalgamada cuando se hicieron las lavaduras.

**PIGNOCHER**, n. fam. *piñoché*. Pellizcar, tirar pellizcos á la comida, comer á migajadas, sin gana, con melindre.

**PIGNON**, m. *piñón*. Piñon, fruto de la piña. || Pared de la calle ó pared delantera de una casa, que termina en punta. || Piñon, mazo del cáñamo cuando se rastrilla. || Piñon, nombre que se da á una rueda estriada en los relojes y otras máquinas. || *Pignon d'Inde*, ricino mayor, higuera infernal, planta. || prov. *Avoir pignon sur rue*, tener casa propia; y tambien, tener bienes raices.

**PIGNONNÉ**, **ÉE**, adj. *piñoné*. Blas. Piñonado, que tiene la forma de una piña.

**PIGNORATIF**, **IVE**, adj. *piñoratif*, *iv*. Jurisp. Pignoraticio, obligatorio, que empeña.

**PIGNORATION**, f. *piñorasión*. Empeño, accion de empeñar, de dar ó tomar en prenda. || Embargo, secuestro.

**PIGNORER**, a. *piñoré*. Jurisp. Empeñar, poner en prenda. || Embargar, secuestrar.

**PIGOCHE**, f. *pigóche*. Juego de tres en raya.

**PIGOU**, m. *pigú*. Candil de dos mecheros ó torcidas.

**PIGRIÈCHE**, f. V. GRIÈCHE.

**PIISSIME**, adj. *piisím*. Piadosísimo, muy piadoso.

**PILAIRE**, adj. V. PILEUX.

**PILASTRE**, m. *pilástr*. Arq. Pilastra, columna cuadrada.

**PILAU**, m. *piló*. Coc. Arroz cocido con manteca y carne.

**PILE**, f. *pil*. Pila, rimero, monton de cosas unas sobre otras. || Pila, sello. || Pila, astil, arma con su astil ó mango. || Pila, cierto mortero para machacar mijo, quitarle el hollejo y prepararlo para cocer. || Macho de puente con su espolon. || Cara de una moneda ó la parte opuesta á la cruz. || Blas. Pila, figura en triángulo cuya base empieza en el jefe. || *Jouer à croix ou pile*, jugar á cara ó cruz, echando al aire una moneda. || met. *N'avoir ni croix ni pile*, estar sin cruz ni cuadro, sin dinero.

**PILÉE**, f. *pilé*. Pilada, porcion de paño que se batana de una vez.

**PILER**, a. *pilé*. Machacar, moler en un mortero ó almirez. || met. y fam. Moler, mascar, menear la herramienta : comer bien.

**PILETTE**, f. *pilét*. Mazo de batan. || Vara para revolver, para varear la lana.

**PILEUR**, **EUSE**, m. y f. *pileur*, *eus*. Machacador, el que machaca. || met. y fam. Comedor, hombre de buen diente, buena tijera.

**PILEUX**, **EUSE**, adj. *pileu*, *eus*. Peludo, velloso, guarnecido de pelos.

**PILIER**, m. *pilié*. Pilar, poste. || Pilar, columna cuadrada ó redonda. || Valla, madero que se pone en las cuadras para separar los caballos. || *C'est un pilier de cabaret*, es un poste de taberna : un hombre que nó sale de la taberna. || fam. *Avoir de bons gros piliers*, tener buenos cimientos, buenos jarretes : tener piernas muy gordas.

**PILLAGE**, m. *pilláge*. Pillaje, robo, saqueo, accion de pillar, etc.; el daño ó estrago que resulta de esta accion.

**PILLARD**, **E**, adj. *pillár*, *árd*. Pillo, gato, que es largo de uñas, que es amigo de pillar. Úsase tambien como sustantivo.

**PILLER**, a. *pillé*. Pillar, saquear, despojar una ciudad, una casa con mano armada. || Robar, hablando de gentes de justicia y de exactores. || Lit. Plagiar, hurtar los conceptos de otro y venderlos por suyos. || Abalanzarse, agarrar, tomar con los dientes : dícese de los perros.

**PILLERIE**, f. *pilleri*. Ladronicio, robo, estafa, exaccion injusta.

**PILLEUR**, m. *pilleur*. Hurtador, ladron. || Lit. Plagiario.

**PILLOTER**, a. ant. *pilloté*. Pillar, robar, hurtar cosas de poco valor.

**PILLOTERIE**, f. *pilloteri* (e muda). Ladronicio, estafa de poca entidad.

**PILOIR**, m. *piluár*. Palo de curtidor que sirve para hundir las pieles que suben á la superficie del agua.

**PILON**, m. *pilón*. Majadero, mano de mortero ó de almirez, instrumento que sirve para machacar. || Mazo de batan, de molino de papel.

**PILONG**, m. *pilón*. Pilonga, tela de la India de color de castaña.

**PILONNAGE**, m. *pilonáge*. Accion de revolver la lana cuando está en una caldera llena de agua caliente y oria.

**PILONNER**, a. *piloné*. Revolver la lana cuando está en una caldera llena de agua caliente y oria. || Revolver el vidrio fundido con un palo.

**PILORI**, m. *pilóri*. Picota, rollo, poste en donde se sacan los reos á la vergüenza ó se ponen á la argolla.

**PILORIS**, m. *piloris*. Zool. Raton almizclado de las Antillas.

**PILORIER**, a. *piloríé*. Sacar á la vergüenza, poner en la argolla á los reos. || met. Difamar á alguno, manifestar su infamia.

**PILOSELLE**, f. *pilosél*. Bot. Pelosilla, orejilla de raton, planta.

**PILOT**, m. *piló*. Pilon monton grande de sal, de figura cónica. || Barra de metal unido á las teclas del órgano.

**PILOTAGE**, m. *pilotáge*. Zampeado, cimiento de una obra sobre un encajonado de estacas y piedras. || Mar. Pilotaje, arte de navegar. || Pilotaje, derechos debidos á los pilotos.

**PILOTE**, m. *pilót*. Piloto, oficial de mar que dirige el rumbo y gobierna la navegacion. V. NAUTONIER. || Metafóricamente se dice del que gobierna un Estado.

**PILOTER**, a. *piloté*. Zampear, clavar estacas en el terreno para afirmar el suelo y poder construir en él.

**PILOTIN**, m. *pilotén*. Pilotin, marino jóven que estudia el arte de navegar.

**PILOTIS**, m. *pilotí*. Estaca que se clava en un suelo flojo para asegurar el cimiento de una obra.

**PILULAIRE**, f. *pilulér*. Bot. Pilularia, planta acuática.

**PILULE**, f. *pilúl*. Píldora, composicion medicinal destinada á tragarse de una vez sin mascarla. || met. Píldora, desaire, pesadumbre, mala nueva. || *Avaler la pilule*, tragar la píldora : determinarse á hacer alguna cosa á que uno tiene mucha repugnancia. || met. y fam. *Avale cette pilule*, sórbete ese huevo. || *Dorer la pilule*, dorar la píldora.

**PILULIER**, m. *pilulié*. Instrumento para hacer las píldoras.

**PIMALOT**, m. *pimaló*. Zool. Estornino grande de mar, ave de paso.

**PIMBÈCHE**, f. *penbéche*. Bachillera, doctora, vana, impertinente, hablando de una mujer presumida.

**PIMENT**, m. *pimán*. Bot. Pimiento, planta cuyo fruto es muy cálido y picante. || Ambrosía, ó bien granada, planta amarilla medicinal y cálida.

**PIMENTADE**, f. *pimentád*. Pimentada, fritada de pimientos; salsa que se hace con pimiento.

**PIMPANT**, **E**, adj. fam. *penpán*. Elegante, jarifo, rozagante, que gusta de componerse mucho.

**PIMPESOUÉE**, f. fam. *penpsué*. Remilgada, repulida, mujer que tiene maneras afectadas, ridículas.

**PIMPRELOCHER**, a. *penprloché*. Peinar de un modo ridículo y extravagante.

**PIMPRENELLE**, f. *penprnél*. Bot. Pimpinela, planta aromática.

**PIN**, m. *pén*. Bot. Pino, árbol que está siempre verde, del que se saca la resina. || *Pin de Genève* ó *d'Écosse*, aznacho. || *Pin sauvage* ó *pinastre*, pino silvestre. || *Pin aquatique*, correhuela macho, planta. || *Bois de pins*, pinar, pineda. || *Pomme de pin*, piña.

**PINACLE**, m. *pinácl*. Pináculo, chapitel, la parte mas elevada de un edificio. En sentido propio solo se dice hablando de la parte del templo á que fué trasportado el Salvador por el demonio. || met. Pináculo, se toma tambien por altura. *Mettre sur le pinacle*, ensalzar á alguno, subirle á la cumbre, ponerle sobre las nubes.

**PINACOTHÈQUE**, f. *pinacoték*. Pinacoteca, gabinete o galería de pinturas.

**PINASSE**, f. *pinás*. Mar. Pinaza, embarcacion pequeña de vela y remo.

**PINASTRE**, m. *pinástr*. Aznacho, pino silvestre.

**PINÇARD**, adj. y s. m. *pensár*. Epíteto que se da á un caballo que cuando marcha se apoya en las lumbres de la herradura.

**PINCE**, f. *péns*. Uña, extremidad superior de los piés y manos de ciertos animales. || Presa de las aves de rapiña. || Lumbre, lumbrera, la parte anterior de la herradura. || Palanca, alzaprima. || fam. Uña, garra, hablando del arte de hurtar y pillar. || Repulgo, pliegue que se coge en la ropa. || Pellizco, accion de pellizcar. || pl. Tenazas grandes que se usan en las chimeneas. || Art. Alicates, tenazas pequeñas. || Palas, los cuatro dientes de delante del caballo.

**PINCÉ**, **ÉE**, adj. *pensé*. Pellizcado. || Acicalado, que es afectado en el estilo y porte.

**PINCEAU**, m. *pensó*. Pincel, instrumento para pintar. || met. Pincel, se toma muchas veces por la manera de pintar. || Pincel, pluma, hablando del escrito de los poetas ú oradores. || met. *Coup de pinceau*, pincelada, pua, dicho picante.

**PINCE-MAILLE**, m. *pensbâl*. Tenazas grandes que sirven para muchos usos.

**PINCÉE**, *pensé*. Pellizco, pizca, porcion mínima que se toma de una cosa. || Polvo, pulgarada de tabaco, de sal, etc.

**PINCELIER**, *penslié*. Varilor para lavar los pinceles.

**PINCE-MAILLE**, m *pensmáll*. Mísero, avariento, hombre que ama mucho sus intereses; se llama, por exageracion, castigo de la miseria.

**PINCEMENT**, m. *pensmán*. Pellizco, accion de apretar las yemas de los árboles.

**PINCEMINETTE**. *pensminét*. Pizpirigaña, juego de muchachos.

**PINCER**, a. *pensé*. Pellizcar, coger ó apretar con las extremidades de los dedos. || Coger fuertemente con pinzas, con alicates. || Puntear un instrumento de cuerda. || Agr. Pellizcar los árboles ó plantas, quitar las uñas, los botones, yemas ó retoños nocivos. || Equit. Picar, aproximar, arrimar la capucha al caballo. || met. y fam. *Pincer quelqu'un*, reprender á alguno, picar, morder, zaherir con palabras; y tambien, sorprender, coger á alguno en el momento de cometer una falta. || *Se faire pincer*, ser castigado por alguna imprudencia. || *Pincer la guitare*, tocar la guitarra, esto es, puntearla. || Mar. Puntear, ceñir el viento. Dar muchos delgados á un buque.

**PINCE-SANS-RIRE**, m *pens-sanrir*. Mátalas callando: dícese de un hombre astuto, callado y mal intencionado.

**PINCETER**, a. *penslé*. Arrancar los cabellos con las pinzas.

**PINCETTES**, f. pl. *pensét*. Tenazas, utensilio de hierro que sirve para arreglar la lumbre. En otras acepciones tambien se usa *pincette* en singular. || Pinzas, instrumento para sacar espinas, y para arrancarse el vello ó pelo. || Art. Pinzas, alicates, tenacillas, instrumentos de hierro que sirven para coger algunos objetos, no pudiendo hacerse con los dedos.

**PINCEUR, EUSE**, m. y f. *penseur, eus*. Pellizcador, el que tiene gusto de pellizcar.

**PINCHINA**, m. *penchina*. Picote, cierta tela áspera y basta.

**PINÇON**, m. *pensón*. Cardenal, señal que queda en la carne de un pellizco que se ha dado. || Borde que tienen las herraduras, especialmente las de atrás.

**PINÇURE**, f. *pensúr*. Pliegue que toma el paño en el batan.

**PINDARIQUE**, adj. *pendaric*. Lit. Pindárico, que sigue el gusto y estilo de Píndaro, poeta griego.

**PINDARISER**, n. *pendarisé*. Pindarizar, imitar á Píndaro en el estilo. Equivale á gongorizar.

**PINDARISEUR**, m. *pendariseur*. Gongorista, culterano, el que habla con afectada cultura y elevacion.

**PINDARISME**, m. *pendarism*. Gongorismo, estilo elevado, construccion poética del pensamiento.

**PINDE**, m. *pénd*. Pindo, Parnaso, montaña de la Tesalia, consagrada á Apolo y á las Musas. || met. y poét. *Les habitants du Pinde*, los habitantes del Pindo, los poetas.

**PINDIQUE**, adj. *pendic*. Píndico, que pertenece al Pindo.

**PINÉAL, E**, adj. *pineál*. Anat. Pineal, que se parece á una piña. *Glande pinéale*, glándula pineal.

**PINEAU**, m. *pinó*. Uva tintilla muy negra que se cria en Borgoña.

**PINÈDE**, m. *pinéd*. Bot. Pinedo, arbusto del Perú.

**PINÉE**, f. *piné*. Truchuela, el abadejo mas delgado.

**PINETIER**, m. *pinetié* (e muda). Pinar, lugar plantado de pinos.

**PINGOUIN** ó **PINGUIN**, m. *pengüén*, *pengüen*. Penguino, pájaro bobo, ave de mar parecida al ganso, muy corta de alas.

**PINGRE**, m. *pengr*. Mar. Buque de comercio sin enjaretado de proa ni figaron. || Un hombre de mala facha; hombre avaro.

**PINNAS**, m. *pinnás*. Bot. Pinas, fruto de América.

**PINNATIFIDE**, adj. *pinnatifid*. Bot. Pinatífido, se dice de una hoja partida en forma de alas.

**PINNATULE**, f. *pinnatúl*. Zool. Pinátula, concha pequeña.

**PINNE-MARINE**, f. *pinmarin*. Zool. Ostra-pena, marisco parecido á la almeja.

**PINNIER**, m. *pinié*. Animal que encierra la ostra-pena.

**PINNITE**, f. *pinnit*. Pinita, ostra-pena petrificada.

**PINNOTHÈRE**, m. *pinnotér*. Pinotero, cangrejo pequeño que vive en la concha de la ostra-pena.

**PINNULE**, f. *pinnúl*. Astr. Pínula, planchita de cobre que se pone en los extremos de la alidada para medir ángulos.

**PINQUE**, f. *pénc*. Mar. Pinque, embarcacion latina muy usada en el Mediterráneo.

**PINSON**, m. *pensón*. Pinzon, pájaro pequeño. || *Gai comme un pinson*, alegre como una gaita.

**PINSONNÉE**, f. *pensoné*. Caza de pajarillos por la noche.

**PINTADE**, f. *pentád*. Zool. Pintada, ave gallinácea de Indias.

**PINTE**, f. *pént*. Pinta, medida de líquidos que hace poco mas ó ménos de media azumbre; varía tambien segun las diferentes provincias donde se usa. || Pinta, la cantidad que contiene esta medida. || Tambien se dice de ciertos áridos, que se venden por *pintes*, ó sean en castellano celemines, como aceitunas, nueces, etc.: *une pinte d'olives, de noix, etc.*

**PINTER**, n. vulg. *penté*. Tumbar azumbres, médias ó cuartillos, empinar el jarro.

**PINTEREAU**, m. V. PEINTEREAU.

**PIOCHAGE**, m. *piochage*. Cava, excava, accion de cavar.

**PIOCHE**, f. *pióche*. Azadon, herramienta para cavar ó remover la tierra.

**PIOCHER**, a. *pioché*. Azadonar, cavar con el azadon. || met. Trabajar demasiado.

**PIOCHEUR, EUSE**, m. y f. *piocheur, eus*. Cavador, el que cava con el azadon. || met. y fam. Hombre muy trabajador.

**PIOCHON**, m. *piochón*. Azuela, instrumento de carpintería.

**PIOLER**, n. V. PIAULER.

**PION**, m. *pión*. Peon, pieza del juego de damas ó del ajedrez. || Antiguamente se decia por *piéton*, *fantassin*. || *Damer le pion à quelqu'un*, pujar, echar la pierna á otro: ponerse encima de otro, aventajarle.

**PIONNER**, n. *pioné*. Comer, en el juego del ajedrez ó de damas.

**PIONNIER**, m. *pionié*. Mil. Azadonero, gastador, trabajador de pala y azadon en los ejércitos.

**PIOT**, m. vulg. *pió*. Zumo de cepas, vino.

**PIOTE** ó **PIOTTE**, f. *piót*. Barquichuelo, góndola de Venecia.

**PIOULQUE**, f. *piúlc*. Piulca, especie de bomba aspirante.

**PIPA**, m. *pipa*. Pipa, especie de sapo que se cria en Méjico, muy aplastado.

**PIPAGE**, m. *pipága*. Derechos sobre las pipas.

**PIPE**, f. *pip*. Pipa, tonel ó cuba para cosas líquidas. || Pipa para fumar. || Pipa, corbato, tina que está junto á las calderas de aguardiente.

**PIPEAU**, m. *pipó*. Caramillo, flauta pastoril. || pl. Pajas ó ramitas con liga para coger pájaros. || met. y fam. Ardides, estratagemas, artificios para engañar.

**PIPÉE**, f. *pipé*. Caza de pájaros con reclamo.

**PIPER**, a. *pipé*. Cazar con reclamo. || met. y fam. Pillar, engañar en el juego, hacer fullerías á otro. || *Piper les dés*, cargar, componer los dados con objeto de engañar en el juego.

**PIPERESSE**, adj. y s. f. *piperés* (e muda). Fullera, la que engaña, que hace fullerías.

**PIPERIE**, f. *piperí* (e muda). Fullería, trampa, fraude en el juego.

**PIPERINE**, f. *piperín* (e muda). [illegible] miento natural de Italia.

**PIPETTE**, f. dim. de PIPE, *pipét*. Pipa pequeña. || Quím. Instrumento de cristal que sirve para sacar un líquido de una vasija.

**PIPEUR**, m. *pipeur*. Fullero, [illegible], tramposo en el juego.

**PIPI**, m. *pipí*. Zool. Pipí, pájaro de Abisinia. || *Faire pipi*, [illegible], [illegible], voz que usan los niños.

**PIPIEMENT**, m. *pipimán*. Piada, canto de los gorriones.

**PIPIER**, n. *pipié*. Piar, chirriar como los gorriones.

**PIPOIR**, m. *pipuár*. Herramienta de molinero para apretar las pipas.

**PIPOT**, m. *pipó*. Pipota, cuba de miel.

**PIPTHATÈRE**, m. *pipiatér*. Bot. Piptátero, mijo, especie de planta.

**PIQUAGE**, m. *picága*. [illegible] de picar las muelas de un molino.

**PIQUANT**, adj. *picán*. Picante, punzante, que pica, que punza. || Picante, [illegible] hiere al paladar. || met. Picante, [illegible], ofensivo, hablando de las palabras. || [illegible] Picante, se dice de todo lo que [illegible] sentidos y á la imaginacion, y [illegible] de los discursos, de los [illegible] artísticas. || Se dice tambien [illegible] personas que gustan, que agradan [illegible] el atractivo de su fisonomía [illegible] laridad de sus facciones, y [illegible] tivo, agraciado. || PIQUANT, m. Espina, punta, pincho de plantas, ramas, etc.

**PIQUE**, f. *pic*. Pica, especie de lanza compuesta de un asta con un hierro pequeño y agudo en el extremo superior. || met. y fam. *Être à cent piques au-dessus*, ou *au-dessous de quelqu'un*, ser muy [illegible] rior á alguno. || Pique, desavenencia, [illegible] zon entre amigos ó parientes. || [illegible], uno de los cuatro palos de la baraja.

**PIQUÉ**, m. *piqué*. Piqué, tela de algodon.

**PIQUE-BŒUF**, m. *picbeuf*. Carretero de bueyes.

**PIQUE-CHASSE**, m. *picchás*. [illegible], punzon agudo para abrir los [illegible] hetes.

**PIQUE-NIQUE**, m. *picnic*. [illegible] tanto por cabeza, una comida, [illegible], etc., que se paga entre muchos. || *A pique-nique*, *en pique-nique*, loc. adv. [illegible], pagando cada uno su escote.

**PIQUE-POULE**, m. *picpúl*. [illegible] de uva.

**PIQUER**, a. *piqué*. Picar, punzar, pinchar. || Picar, agujerear con una cosa que tenga punta. || Picar, morder [illegible]. Picar, herir el paladar algun [illegible]. || Mechar la carne con tocino. || met. [illegible] producir una impresion viva [illegible]. Picar, desazonar, zaherir á [illegible]. *Piquer les coffres*, hacer antesala [illegible] *les tables*, andar de gorra. || [illegible] *pique*, este pescado [illegible], no [illegible]. *Piquer les bœufs*, aguijar los [illegible] los con la aguijada. || *Piquer* [illegible] *quer des deux*, picar, dar de [illegible] tar las espuelas á un caballo. [illegible] *par tous les bouts*, ser como [illegible] unas ortigas: aplícase á la persona [illegible] desapacible en el trato. || *Se piquer*, [illegible] carse, ofenderse. || Picarse, [illegible] tarse. || *Se piquer de bravoure*, [illegible], blasonar de valiente. || *Se piquer* [illegible] *tesse*, picarse de caballero. || *Les* [illegible] *étoffes se piquent*, la madera, [illegible] can, se apolillan.

**PIQUERON**, m. *picrón*. [illegible] punta que pica.

**PIQUET**, m. *piqué*. Estaca [illegible] otra cosa para amarrarla en la [illegible] quete, palo que se fija en tierra [illegible] líneas ó niveles. || Piquete, [illegible] prevenida para una faccion. || [illegible] castigo militar. || Piquet, juego [illegible] que se llama tambien juego de los cientos. || Mil *Planter le piquet*, acampar, [illegible] reales || *Lever le piquet*, levantar el campo.

|| prov. *Aller planter le piquet chez quelqu'un*, arrimar la alabarda : establecerse por algun tiempo en alguna casa.

**PIQUETTE**, f. *piquét*. Aguapié, bebida que se hace con el agua que se echa en un tonel que tiene orujo de uva. || Vino malo, sin fuerza y sin sabor.

**PIQUEUR**, m. *piqueur*. Picador, domador de caballos. || En las cacerías es el hombre á caballo que conduce á los perros y los azuza. || Arreador, sobrestante, el que cuida de los trabajadores. || En las cocinas el que mecha las carnes. || El que monta las caballerías que se ponen de venta. || *Piqueur d'assiettes*, catacaldos, gorrista, pegote.

**PIQUIER**, m. *piquié*. Piquero, lancero, soldado armado de una pica.

**PIQUOIR**, m. *picuár*. Pincel muy pequeño que usan los abaniqueros.

**PIQÛRE**, f. *picúr*. Picadura, picada, punzada. || Clavadura, herida que hace el herrador al caballo cuando le clava. || Pespunte, acolchado que se hace sobre cualquier tela. || Picadura, cochillado, cisura hecha con arte en algunas ropas de seda.

**PIRATE**, m. *pirát*. Pirata, el que sin patente anda robando por el mar. || Pirata, el que se enriquece á costa de los demas.

**PIRATER**, n. *pirató*. Piratear, correr los mares robando.

**PIRATERIE**, f. *pirateri* (e muda). Piratería, oficio del pirata; cualquiera de los hechos del pirata.

**PIRATIQUE**, adj. *piratic*. Pirático, que pertenece ó se refiere al pirata.

**PIRE**, adj. *pir*. Peor, que es mas malo que otra cosa de su especie. || sust. *Le pire*, lo peor, lo mas malo.

**PIREMENT**, adv. *pirmán*. Peor, mas mal. No se usa.

**PIRIFORME**, adj. *pirifórm*. Piriforme, que tiene la forma de una pera.

**PIROGUE**, f. *piróg*. Piragua, canoa que usan los salvajes.

**PIROLE**, f. *piról*. Bot. Pirola, acelga silvestre.

**PIRON**, m. *pirón*. Quicio, gozne pequeño de una puerta ó ventana.

**PIROT**, m. *piró*. Ansaron, pollo del ánsar.

**PIROUETTE**, f. *piruét*. Perinola, un juego de muchachos. || Pirueta, voltereta que se da sobre la punta de un pié. || met. Escapatoria, gatada, subterfugio ó pretexto para escapar. || Vuelta que da el caballo en un mismo sitio.

**PIROUETTER**, n. *piruetó*. Hacer piruetas, dar vueltas enteras sobre la punta de un pié. || Hacer que un caballo dé vueltas en un mismo terreno.

**PIS**, adv. *pí*. Peor, mas mal. || *Au pis aller*, loc. adv. A mal andar, por mal que vaya, cuando ménos. || *De mal en pis, de pis en pis*, de mal en peor, cada vez peor. || sust. *Le pis*, lo peor. || adj. *Qui pis est*, lo peor es, lo peor de todo es. || PIS, m. Teta, ubre de vaca, de cabra, de oveja. || ant. Pecho, las mamas de la mujer.

**PISAN**, E, adj. y s. *pisán*, *án*. Pisano, de Pisa en Italia.

**PISCATOIRE**, adj. *piscatuár*. Piscatorio, que pertenece á la pesca ó á los pescadores.

**PISCICEPTOLOGIE**, f. *pisiseptologí*. Pisciceptología, tratado sobre la pesca, sobre el arte de pescar.

**PISCINE**, f. *pisín*. Piscina, vivero, estanque de pesca. || Piscina en las sacristías es el lugar en donde se vierte el agua que ha servido para limpiar los vasos sagrados. || Depósito de agua que estaba cerca del atrio del templo de Jerusalen, en donde lavaban los animales destinados á los sacrificios. || Lavatorio entre los Turcos.

**PISCIVORE**, adj. *pisivór*. Piscívoro, que que se mantiene de peces, hablando de las aves.

**PISÉ**, m. *pisé*. Especie particular de tierra que se hace dura y compacta pisándola, y que sirve para construir paredes, etc.

**PISER**, a. *pisé*. Pisar la tierra para hacerla compacta, construir con tierra pisada.

**PISEUR**, m. *piseur*. Pisador, el que construye con tierra pisada.

**PISON**, m. *pisón*. Pison, utensilio para pisar y apelmazar la tierra.

**PISONNER**, a. V. PISER.

**PISSASPHALTE**, m. *pisasfált*. Pisasfalto, mezcla de betun y pez.

**PISSAT**, m. *pisá*. Meados, orines. Se dice hablando de los animales.

**PISSE-FROID**, m. *pisfruá*. Sombrío, tétrico, insensible. Es palabra injuriosa.

**PISSÉLÉON**, m. *piseleón*. Aceite de guisantes.

**PISSEMENT**, m. *pismán*. Meada. Se dice en sentido vulgar y jocoso. || Med. *Pissement de sang*, orina de sangre, evacuacion de sangre por el canal de la uretra.

**PISSENLIT**, m. fam. *pisanlí*. Meon, niño que se mea en la cama. || Bot. Diente de leon, género de plantas.

**PISSER**, n. *pisé*. Mear, orinar, evacuar la orina. || Por extension, caer gota á gota : *le cuvier pisse encore* || Usase tambien como act.; v. gr. *pisser le sang*.

**PISSEUR**, EUSE, m. y f. *piseur*, *eus*. Meon, el que orina con frecuencia. || Zool. Meona, concha que suelta un licor purpúreo.

**PISSITE**, m. *pisít*. Vino de guisantes.

**PISSOIR**, m. *pisuár*. Meadero, lugar destinado en sitios públicos para mear.

**PISSOTER**, n. *pisoté*. Mear á menudo, á meaditas, á chorritos.

**PISSOTIÈRE**, f. *pisotiér*. Saltador, chorrito, hilito, caño muy delgado de una fuente por donde sale el agua con mucha fuerza. || Surtidor, fuente que da muy poca agua.

**PISTACHE**, f. *pistách*. Pistacho, alfóncigo, especie de nuez. || Bot. *Pistache de terre*, cacahuete ó cacahuate, maní, género de plantas leguminosas.

**PISTACHIER**, m. *pistachié*. Pistacho, alfóncigo, alfócigo, árbol que produce los pistachos.

**PISTE**, f. *pist*. Pista, huella, rastro que dejan los animales por donde pasan. Se dice tambien hablando del hombre. || Equit. Pista, rastro, las líneas que deja señaladas el caballo cuando trabaja en picadero.

**PISTIL**, m. *pistíl*. Bot. Pistilo, órgano hembra de la fructificacion, que está colocado en medio del cáliz, donde está encerrada la simiente.

**PISTILLAIRE**, adj. *pistilér*. Bot. Pistilar, concerniente al pistilo.

**PISTOLADE**, f. *pistolád*. Pistoletazo, tiro de pistola.

**PISTOLE**, f. *pistól*. Doblon, moneda de oro. || Moneda imaginaria en Francia que vale 40 reales. || Carabina, arcabuz pequeño. || prov. *Etre tout cousu de pistoles*, estar manando doblones, apalear los doblones : tener mucho dinero, ser rico.

**PISTOLER**, a. inus. *pistolé*. Matar á pistoletazos.

**PISTOLET**, m. *pistolé*. Pistola, arma de fuego mas corta que las demas. || *Pistolet de poche*, cachorrillo, pistola muy pequeña que se lleva en el bolsillo.

**PISTOLETTER**, a. ant. *pistoleté*. Tirar pistoletazos con pistolas pequeñas.

**PISTOLIER**, m. inus. *pistolié*. Tirador de pistola, diestro en tirar la pistola. || Mil. ant. Carabinero, caballero armado con carabina. || El que hace pistolas.

**PISTON**, m. *pistón*. Embolo, el macho del cañon de una bomba para sacar agua.

**PITANCE**, f. *pitáns*. Pitanza, racion diaria de pan, vino, carne, etc., que se distribuye á cada individuo en las comunidades religiosas. || Pitanza, comida diaria de una persona. || Se dice vulgarmente de la comida, exceptuado el pan.

**PITANCERIE**, f. *pitansrí*. Pitancería, en los conventos el sitio donde se distribuye la pitanza.

**PITANCIER**, m. *pitansié*. Pitanciero, el que está destinado para repartir las pitanzas.

**PITAUD**, E, m. y f. *pitó*, *ód*. Payo, charro, patan, paleto, palurdo, aldeano rústico.

**PITE**, f. *pit*. Média blanca, moneda que ya no está en uso. || Pita, especie de áloe.

**PITEUSEMENT**, adv. *piteusmán*. Lastimosamente, de un modo lastimoso.

**PITEUX**, EUSE, adj. *piteu*, *eus*. Mísero, lastimoso, deplorable. || *Faire le piteux*, quejarse, lastimarse sin motivo.

**PITIÉ**, f. *pitié*. Piedad, lástima, conmiseracion que nos causan los males ajenos. || fam. *C'est grande pitié*, *grand'pitié*, es lástima, es cosa digna de compasion. || Algunas veces se toma por asco; y así decimos : *il chante à faire pitié*, canta que da vergüenza, canta que da asco; es decir, muy mal. || *Faire pitié*, dar, causar lástima. || *Prendre pitié de quelqu'un*, tener lástima, apiadarse de alguno.

**PITON**, m. *pitón*. Armella, anillo de hierro ú otro metal que suele tener una espiga para clavarle en parte sólida.

**PITO-RÉAL**, m. *pitoreál*. Zool. Pitoreal, pájaro verde del Perú.

**PITOYABLE**, adj. *pituayábl*. Piadoso, compasivo. En este sentido ya no se usa. || Lastimero, lastimoso, que causa lástima. || Lastimoso, que excita el desprecio por malo en su clase. || ant. *Lieux pitoyables*, casas de piedad ó de misericordia; hospicios, inclusas, etc.

**PITOYABLEMENT**, adv. *pituayablemán*. Lastimosamente, de una manera que excita la compasion. Se usa poco en este sentido. || Lastimosamente, pésimamente, muy mal.

**PITREPITE**, m. *pitrpit*. Licor muy fuerte y nocivo hecho con espíritu de vino.

**PITTORESQUE**, adj. *pitorésc*. Pintoresco, que pertenece á la pintura. || Pintoresco se dice de las cosas que presentan una imágen deliciosa, agradable y digna de ser pintada, que es susceptible de pintarse: cuya pintura sería viva y graciosa.

**PITUITAIRE**, adj. *pituitér*. Pituitario ó pituitoso, que pertenece á la pituita.

**PITUITE**, f. *pituít*. Med. Pituita, flema, líquido acuoso y mucoso que se arroja por la expectoracion, por regurgitacion ó vómito.

**PITUITEUX**, EUSE, adj. *pituiteu*, *eus*. Pituitoso, flemoso.

**PIVE**, f. *piv*. Zool. Especie de piojo de pescado.

**PIVERT**, m. *pivér*. Zool. Picoverde, ave.

**PIVETTE**, f. *pivét*. Pollo de la perdiz chocha. || Bot. Piveta, género de plantas.

**PIVOINE**, f. *pivuán*. Bot. Peonía, género de plantas. || m. Zool. Frailecillo, especie de becafigo ó picafigo.

**PIVOT**, m. *pivó*. Eje, quicio, nabo, pedazo de madera, hierro ú otro metal que pasa por el centro de algun cuerpo, ó que sostiene un cuerpo sólido y da vuelta sobre él. || met. Eje, polo, persona que tiene el principal manejo de un negocio. || Nabo, la raíz gruesa de árbol que entra perpendicularmente en la tierra. || Impr. Punta del husillo, extremidad inferior del husillo de una prensa.

**PIVOTANT**, E, adj. *pivotán*. Bot. Que está hundido verticalmente en la tierra.

**PIVOTER**, n. *pivoté*. Agr. Dirigir la raíz madre perpendicularmente. || Dar vueltas sobre un eje.

**PLACABLE**, adj. *placábl*. Aplacable, que se puede aplacar.

**PLACAGE**, m. *placag*. Embutido, obra con embutidos. || Empalmadura.

**PLAÇAGE**, m. *plasage*. Colocacion, accion de colocar. || Distribucion en un mercado ó feria de los puestos á los vendedores.

**PLACARD**, m. *placár*. Pasquin, escrito ó impreso infamatorio ó satírico que se fija secretamente en parajes públicos ó se hace correr de mano en mano. || Cartel que se fija en las esquinas para que llegue á noticia del público. || Molduras ó entalladuras con que se adornan las puertas y ventanas. || Impr. *Epreuve en placard*, galerada, prueba impresa de un lado sin que la composicion esté dividida en páginas. || Alacena.

**PLACARDER**, a. *placardé*. Plantar, fijar, poner carteles en las esquinas, y tambien pasquines.

**PLACE**, f. *plás*. Puesto, lugar, sitio, asiento que ocupa una cosa ó una persona. || Sitio, terreno para hacer alguna obra. || Plaza, sitio destinado en una poblacion para el mercado, para funciones ó para ornato. || met. Plaza, dignidad, cargo, empleo. || Plasa, ciudad fortificada, fortaleza. || Lonja, sitio público en donde se reunen los negociantes. || *Place du fond d'un carrosse*, asiento de la testera. || *Place marchande*, sitio, puesto de venta, de despacho. || *Place forte*, plaza fuerte, fortaleza, ciudad fortificada. || *A la place* ó *en la place de*, en lugar de. || *Être en place*, estar empleado, gozar de un empleo. || *Arrêter sa place dans une voiture*, tomar asiento en la diligencia. || *Prendre place*, colocarse, tomar asiento en un teatro, etc. || *Brusquer une place*, tomar una plaza por asalto, llevársela de un golpe de mano. || *Sur la place*, en el sitio, en el suelo, en tierra. || *Marchande de place*, revendedora de plaza, verdulera. || *Place! place!* ¡ lugar! ¡ lugar! ¡ á un lado! ¡ despejar! || *Faites place, qu'on fasse place*, hagan Vds. lugar, quitarse del medio.

**PLACÉ, ÉE**, adj. *plasé*. Puesto, colocado. || *Avoir le cœur bien placé*, ser honrado á carta cabal. || *Avoir le cœur mal placé*, tener el alma atravesada.

**PLACEMENT**, m. *plasmán*. Imposicion, colocacion de dinero á premio en una compañía.

**PLACENTA**, m. *plasénta*. Anat. Placenta, cuerpo membranoso y esponjoso que se forma en el vientre de la mujer preñada, y en ella está envuelto el feto. Llámase vulgarmente pares ó párias. || Bot. Placenta, parte interior del fruto á la que están unidos los granos ó simientes.

**PLACER**, a. *plasé*. Colocar, poner, situar una cosa ó persona en un lugar. || *Placer bien ce qu'on dit*, traer á propósito, oportunamente lo que se dice ó se cita, etc. || *Placer bien ses charités, ses aumônes*, hacer sus limosnas con buena eleccion, con discrecion. || *Placer bien ses grâces, ses faveurs*, hacer mercedes, gracias á los que las merecen. || *Placer de l'argent*, poner dinero á ganancias, imponerlo en algun fondo, negociacion, etc. || *Placer une personne*, colocar á una persona, acomodarla, proporcionarle un empleo, una colocacion, etc. || *Placer en bon lieu son amitié, son affection, sa confiance, etc.*, dar ó conceder su amistad, su afecto, su confianza á quien lo merece. || *Se placer*, r. Colocarse, ser colocado. || Tener colocacion en alguna casa, estar empleado.

**PLACET**, m. *plasé*. Sitial, taburete sin respaldo ni brazos. || Memorial, súplica. En este sentido ahora se dice *pétition*.

**PLACEUR**, m. *plaseur*. El encargado que designa los puestos en los mercados, ferias, teatros, etc.

**PLACIDE**, adj. *plasid*. Plácido, quieto, sosegado, pacífico.

**PLACIDEMENT**, adv. *plasidmán*. Plácidamente, con tranquilidad, con sosiego.

**PLACIDITÉ**, f. *plasidité*. Dulzura, afabilidad, amabilidad.

**PLACIER, ÈRE**, m. y f. *plasié, ér*. Placero, el que arrienda un puesto para vender en una plaza ó mercado.

**PLACITÉ, ÉE**, adj. inus. *plasité*. For. Aprobado, mandado, determinado.

**PLACK**, m. *plác*. Moneda pequeña de Escocia.

**PLADAROSE**, f. *pladarós*. Med. Pladarosis, lupia blanca sin rubicundez ni dolor que sobreviene en los párpados.

**PLAFOND**, m. *plafón*. Cielo raso, techo, la superficie plana y horizontal que forma la parte superior de un lugar cubierto. || Mar. Carena de buque.

**PLAFONNAGE**, m. *plafonage*. Accion de cubrir ó techar con cielo raso una habitacion; trabajo del que lo hace.

**PLAFONNER**, a. *plafoné*. Cubrir ó techar con cielo raso una sala, hacerla de cielo raso. || Pint. *Plafonner une figure*, dar á una figura pintada en el techo el escorzo necesario para que haga buen efecto, vista desde abajo.

**PLAFONNEUR**, m. *plafoneur*. El oficial que pone el techo de una habitacion á cielo raso.

**PLAGAL**, adj. y s. m. *plagal*. Mús. Se dice del modo, del tono en que está compuesta una pieza. V. MODE.

**PLAGE**, f. *plage*. Playa, orilla, costa rasa del mar. || Poét. Clima, region, que tambien se llama playa.

**PLAGIAIRE**, s. y adj. m. *plagiér*. Plagiario, el que se apropia lo que hurta de las obras de otros. || Der. rom. Plagiario, el que robaba niños y esclavos y vendia hombres libres.

**PLAGIAT**, m. *plagiá*. Plagio, accion, crímen del plagiario. V. PLAGIAIRE en sus dos acepciones. Tratándose de obras literarias, llámase plagio la misma obra robada.

**PLAGIEUX**, m. *plagieu*. Zool. Platija, pescado de mar.

**PLAGIOSTOME**, f. *plagiostóm*. Zool. Plagiostomo, conchilla bivalva. || m. Plagiostomo, género de pescados.

**PLAGIURES**, m. pl. *plagiúr*. Zool. Plagiuros, pescados y mariscos que viven en alta mar.

**PLAID**, m. *plé*. Alegato, informe de un abogado para la defensa de una causa. Solo se usa ya en esta locucion: *peu de chose, peu de plaid*, no es necesario un largo discurso para aclarar un negocio de poca consecuencia. || Pleito, litigio. || pl. ant. Audiencia, juzgados, tribunales. Se decia del tiempo y del lugar en que se tenian. || *Tenir les plaids*, tener audiencia.

**PLAIDABLE**, adj. *pledábl*. For. Se decia de los dias de audiencia. || Contencioso. || Defendible, hablando de una causa ó de un pleito. *Cette cause n'est pas plaidable*, es pleito perdido, ó no se puede defender.

**PLAIDANT, E**, adj. *pledán*. Pleiteante, litigante, que litiga ó pleitea. || Causídico, dícese del abogado que defiende causas en los tribunales.

**PLAIDER**, n. *pledé*. Pleitear, litigar, poner pleito. || Abogar, defender, sostener á viva voz la causa ó el derecho de una parte delante de los jueces.

**PLAIDEUR, EUSE**, m. y f. *pledeur, eus*. Pleiteante, pleiteador, el que pleitea y litiga. || Pleitista, litigante, litigador, el que es inclinado á pleitos y litigios.

**PLAIDOIRIE**, f. *pleduarí*. Abogacía, el oficio y el ejercicio de abogar ó defender pleitos, que con otro nombre se llama el ejercicio del foro ó del bufete.

**PLAIDOYABLE**, adj. ant. *pleduayábl*. Pleiteable, dícese en estilo forense de los dias de audiencia ó de tribunal en contraposicion á los dias feriados. Ahora se dice *plaidable*.

**PLAIDOYER**, m. *pleduayé*. Alegato, informe, defensa, discurso de un abogado ante el tribunal.

**PLAIE**, f. *plé*. Llaga, úlcera, herida causada por algun mal ó accidente ó por la corrupcion de los humores. || Llaga, se dice figuradamente de las cicatrices. || met. Llaga, herida, daño, mal, golpe fatal. || prov. y fam. *Ne demander que plaies et bosses*, ser amigo de pendencias y golpes.

**PLAIGNANT, E**, adj. y s. *pleñán*. Querellante, demandante, la parte que se querella en justicia.

**PLAIN, E**, adj. *plén, én*. Llano, plano, liso, raso, sin desigualdades. || Llano, liso, sin labrado ó labor alguna, hablando de telas, etc. || *De plain-pied*, á pié llano, al mismo piso. || *Plain-chant*, canto llano. || *En pleine campagne*, en campo raso.

**PLAINAGE**, m. *plenage*. Trabajo de liso.

**PLAINDIN**, m. *plendén*. Plaindin, sarga de Escocia.

**PLAINDRE**, a. *pléndr*. Dolerse, condolerse, tener lástima y compasion de alguno. || Sentir una cosa, darla ó hacerla con repugnancia, contra su gusto. || Economizar, escasear. || *Plaindre le pain à ses gens, l'avoine à ses chevaux, etc.*, escasear ó dar con miseria el pan á su familia, la cebada á sus caballerías, etc. || *Ne pas plaindre l'argent, la dépense*, no escasear, no perdonar, no ahorrar el dinero, el gasto en alguna cosa, no dolerle á uno, etc. || *Se plaindre une chose*, privarse, abstenerse de alguna cosa. || *Se plaindre*, r. Plañir, dolerse, gemir, lamentarse. || Quejarse, dar quejas, manifestar su descontento contra alguna cosa, contra alguno. || Querellarse, quejarse, dar queja.

**PLAINE**, f. *plén*. Llanura, llanada, llano ó campo llano. || Blas. Llanura, punta de la parte baja del escudo. || Plana, instrumento cortante de zurrador, que tambien se llama cuchilla.

**PLAINTE**, f. *plént*. Plañido, gemido, lamento. || Plañido, llanto, duelo, queja de dolor ó pena. || For. Queja, demanda, querella ante un juez.

**PLAINTIF, IVE**, adj. *plentif, iv*. Lamentable, lastimero, dolorido, doliente.

**PLAINTIVEMENT**, adv. *plentivmán*. Lamentablemente, lastimosamente, de un modo lamentable ó lastimoso.

**PLAIRE**, n. *plér*. Agradar, gustar, ser agradable. || Querer, desear. || imper. Querer, gustar, tener á bien, hallar por bueno. || *S'il vous plaît*, si Vd. gusta: es un término de urbanidad. || *Plaît-il?* ¿ manda Vd.? Se usa solo en estilo familiar. || *Cela vous plaît à dire*, eso lo dice Vd. porque quiere. || *Plût à Dieu!* ¡ ojalá! ¡ plegue á Dios! || *A Dieu ne plaise*, no lo quiera Dios. || *S'il plaît à Dieu*, si Dios es servido, siendo Dios servido. || *Il n'en sera que ce qu'il vous plaira*, no será sino lo que Vd. guste ó quiera. || *Se plaire*, r. Complacerse, recrearse, deleitarse, gustar de estar en alguna parte, hallarse bien en ella: *se plaire à la campagne*. En este sentido se dice tambien de los animales, y significa buscar, amar algun sitio ó paraje; y de las plantas, significando que prosperan, medran, etc., en algun sitio ó terreno.

**PLAISAMMENT**, adv. *plesamán*. Agradablemente, de una manera agradable. || Graciosamente, con gracia, con chiste. || Ridículamente, de un modo ridículo.

**PLAISANCE**, f. *plesáns*. Úsase solo en estas frases: *lieu, maison de plaisance*, sitio de recreo, casa ó quinta de recreo.

**PLAISANT, E**, adj. *plesán*. Agradable, grato, que gusta y agrada. || Gracioso, chistoso, festivo, divertido, que hace reir. || Cuando el adjetivo se pone antes del sustantivo, se toma por extravagante, raro, ridículo. *C'est un plaisant personnage, un plaisant visage*, es un hombre extravagante, una cara ó figura muy rara. || m. Bufon, gracioso, persona que trata de hacer reir con sus palabras y acciones.

**PLAISANTER**, n. *plesanté*. Chancear, decir ó hacer alguna cosa para divertir ó hacer reir. || Usado como activo, significa chulearse, burlarse de alguno. || fam. *C'est un homme qui ne plaisante pas, avec qui il ne faut pas plaisanter*, es un hombre exacto, rígido, severo, duro, susceptible.

**PLAISANTERIE**, f. *plesanterí*. [illegible] Chanza, chiste para divertir. || Chanzoneta, burla. || *Mauvaises plaisanteries*, chanzas insulsas, majaderías. || Mofa, burla insultante. || *Plaisanterie à part*, loc. adv. Bromas á un lado, dejando las burlas, hablando de veras y formalmente.

**PLAISIR**, m. *plesír*. Placer, gusto, contento. || Gusto, diversion. || pl. y absol. Placeres, todas las diversiones de la vida. || Gusto, favor, fineza. || Voluntad, consentimiento, aprobacion. || Barquillo, especie de oblea arrollada en figura de canutillo. || *A plaisir*, loc. adv. Con placer, con cuidado, con comodidad. V. AISE. || *Conte fait à plaisir*, cuento hecho solo para divertir. || *Par plaisir*, loc. adv. Por gusto, por diversion.

**PLAMAGE**, m. *plamage*. Apelambrage, la accion de apelambrar las pieles; estado del cuero apelambrado.

**PLAMÉE**, f. *plamé*. Pelambre, mezcla con agua y cal viva que se usa en las tenerías para pelar las pieles.

**PLAMER**, a. *plamé*. Apelambrar las pieles, metiéndolas en la cal para que se pelen.

**PLAMERIE**, f. *plamerí*. Pelambrera, el sitio donde se apelambran ó pelan las pieles.

**PLAMOTER**, a. *plamoté*. Sacar los panes ó pilones de azúcar de los moldes.

**PLAN, E**, adj. *plán*. Plano, llano, liso. || PLAN, m. Plano, diseño, planta ó descripcion de una ciudad, plaza, etc. || met. Plan, proyecto que se forma para la ejecucion de una cosa. || Disposicion, órden, método adoptado para una obra literaria ó de arte.

**PLANCHE**, f. plánch. Plancha, tabla, pedazo de madera hendido.|| *Monter sur les planches*, salir á las tablas: representar en un teatro público. || Plancha de metal ó hierro.|| Herradura de chapa con que se calzan las caballerías. || Tabla, tablar, bancal, era de una huerta ó jardin. || Jardin, tabla, cuadro de tierra mas largo que ancho. || *Diviser un jardin par planches*, tablear una huerta ó un jardin, compartirlos en tablares, eras ó cuadros. || Lámina, plancha de metal ó de madera sobre la que se ejecuta alguna obra de grabado para sacarla estampada. || Lámina, la misma estampa sacada de una plancha grabada. || pl. Tablazon. || *Planches volières*, tablas ó cañizo para camas de gusanos de seda. || met. y fam. *Faire la planche aux autres*, enseñar el camino á los demas, dar el ejemplo. || *Moulin à scier des planches*, sierra de agua.

**PLANCHÉIER**, a. plancheié. Entarimar, entablar, cubrir un suelo de tablas.

**PLANCHÉIEUR**, m. plancheieur. Entarimador, el que entarima.|| Funcionario municipal que cuida los puentes de tablas que hay en una ciudad.

**PLANCHER**, m. planché. Piso, suelo de un cuarto ó vivienda. || Techo, el mismo piso mirado por dentro desde otro mas bajo. || Mar. Pene, obra de carpintería entre dos pisos de un buque. || fam. *Le plancher des vaches*, la tierra firme, por oposicion al mar ó á los rios. || *Il faut soulager, décharger le plancher*, se dice para expresar que hay mucha gente en una habitacion y es preciso que salga alguno. || prov. *Vous me feriez sauter au plancher*, Vd. me dice cosas absurdas que me hacen descaperar. || *Avoir les yeux fixés au plancher*, mirar al techo. *Avoir les yeux fixés sur le plancher*, mirar el suelo. || PLANCHER, a. Art. Añlar las tijeras á lo largo.

**PLANCHETTE**, f. planchét. Tablita, tablilla, tabla pequeña. || Mar. Plancheta, instrumento para levantar planos.|| Equit. Plancheta, estribo de señora.

**PLANÇON ó PLANTARD**, m. planson, plantár, Jard. Estaca ó vara, ramo nuevo que se corta de ciertos árboles para que arraiguen en otro terreno. || Pieza de escuadra.

**PLANE**, m. plán. Bot. V. PLATANE. || f. Art. Garlopa, instrumento cortante de los carreteros, toneleros, etc. Es una especie de cepillo grande. || Pedazo de cobre cuadrado para allanar la tierra.

**PLANER**, n. plané. Cernerse, se dice de las aves cuando se sostienen en el aire con las alas extendidas sin moverse de un sitio. || met. Mirar á vista de pájaro, mirar desde un sitio alto; y en sentido met., hablando de una vista elevada del espíritu, de un hombre espiritual que situado, por decirlo así, en un mundo invisible, olvida esta tierra material. || a. Acepillar, pulir la madera.

**PLANÉTAIRE**, adj. planetér. Planetario, que pertenece ó se refiere á los planetas. || m. Planetario, instrumento de astronomía. || Dícese por *astrologue*, astrólogo. || Planetario, representacion en plano ó bulto del curso de los planetas.

**PLANÈTE**, f. planét. Planeta, astro que no tiene luz propia y refleja solamente la del sol, al rededor del cual gira con señalado periodo. || prov. y met. *Il est né sous une heureuse planète*, ha nacido bajo una buena estrella.

**PLANETER**, a. planeté (e muda). Aplanar, allanar, pulimentar el lomo de un peine.

**PLANÉTOLABE**, m. planetoláb. Planetolabio, instrumento para medir el curso de los planetas.

**PLANEUR**, m. planeur. Planador, oficial de platero que aplana con el martillo sobre el tas la vajilla y piezas lisas. || *Planeur en cuivre*, planador en cobre, el que aplana y pule las planchas para grabar.

**PLANIER**, m. planié. Llanura situada en lo alto de una montaña.

**PLANIFORME**, adj. planiform. Zool. Planiforme, que tiene el cuerpo llano, aplanado.

**PLANIMÈTRE**, m. planimétr. Geom. Planómetro, instrumento para medir las superficies planas.

**PLANIMÉTRIE**, f. planimetrí. Geom. Planometría, ciencia ó arte de medir las superficies planas.

**PLANIMÉTRIQUE**, adj. planimetric. Planométrico, que pertenece á la planometría.

**PLANISPHÈRE**, f. planisfér. Planisferio, mapa donde están representadas las dos mitades del globo celeste.|| Mapa que representa los dos hemisferios ó mitades de la tierra.

**PLANOIR**, m. planuár. Aplanador, instrumento de plateros.

**PLANT**, m. plán. Planton, planta, pimpollo ó arbolillo recien plantado ó propio para serlo. || Plantel, plantío, porcion de árboles ó arbustos recientemente plantados en un terreno. || *Plant d'oliviers*, estacada, garrotal, plantel de olivos. || *Jeune plant*, *nouveau plant*, *plant de vigne*, majuelo, árboles frutales recien plantados, los árboles hasta la edad de treinta años. || *Plant de saule*, salceda, plantío de sauces.

**PLANTADE**, f. plantád. Plantío de árboles.

**PLANTAGE**, m. plantáge. Plantacion, en América el plantío de cañas de azúcar, tabaco, añil, etc. || Plantacion, accion de plantar; el efecto de esta accion.

**PLANTAGINÉES**, f. pl. plantaginé. Bot. Plantagíneas, plantas de la familia del llanten.

**PLANTAIN**, m. plantén. Bot. Llanten, planta medicinal. *Plantain à longues feuilles*, carmel.

**PLANTAIRE**, adj. plantér. Anat. Plantar, que pertenece á la planta de los piés: *muscles plantaires*, *artères plantaires*.

**PLANTARD**, m. V. PLANÇON.

**PLANTAT**, m. plantá. Majuelo, cepa nueva, viña de un año.

**PLANTATION**, f. plantasión. Plantacion, accion de plantar. || Plantacion, porcion de árboles plantados en un mismo terreno. || Plantacion, en América el establecimiento ó hacienda donde se hace el plantío de las cañas de azúcar, tabaco, etc.

**PLANTE**, f. plant. Planta, nombre general que comprende todos los vegetales. || Planta, en un sentido ménos lato es lo mismo que mata, yerba. || Med. Planta, se entiende por yerba medicinal cuando se habla de médicos, boticarios, herbolarios, etc. || Cepa nueva, vidueño nuevo, hablando de vino. || *Jardin des plantes*, jardin de las plantas ó botánico. || met. *Jeune plante*, planta tierna, esto es, la juventud. || *La plante du pied*, *des pieds*, la planta del pié ó de los piés, la parte de abajo del pié.

**PLANTER**, a. planté. Plantar, meter una planta ó árbol en la tierra para que eche raíces. || Plantar, clavar en la tierra cualquier cosa que se mantenga derecha y salga fuera en parte. || met. Colocar, poner, sentar una cosa en su debido lugar. || Plantar, fundar, establecer. || met. y fam. *Planter là*, plantar á uno, dejarle plantado, dejarle fresco; esto es, solo, abandonado. || *Planter un soufflet sur la joue*, *au beau milieu de la joue de quelqu'un*, pegarle á uno un fuerte bofeton.

**PLANTEUR**, m. planteur. Plantador, arbolista, el que planta. || Plantador, dueño de un plantío y hacienda en Indias. || *Planteur de choux*, hidalgo de aldea ó de polaina: hombre que vive retirado en el campo.

**PLANTIGRADE**, adj. plantigrád. Zool. Plantígrado, se dice de los mamíferos y de las aves que, cuando andan, apoyan la planta entera del pié; por oposicion á *digitigrade*. || Es tambien sustantivo.

**PLANTIVORE**, adj. plantivór. Plantívoro, dícese de los animales que se alimentan con plantas.

**PLANTOIR**, m. plantuár. Jard. Almocafre, plantador, útil de madera que usan los hortelanos para plantar.

**PLANTOMANE**, m. plantomán. Plantómano, que tiene la manía de plantar.

**PLANTOMANIE**, f. plantomaní. Plantomanía, manía de plantar ó de hacer plantaciones.

**PLANTOMANIQUE**, adj. plantomanic. Plantománico, que se refiere ó pertenece al plantómano ó la plantomanía.

**PLANTON**, m. plantón. Mil. Ordenanza, planton, soldado que está en el servicio con un oficial superior para llevar sus órdenes.

**PLANTULE**, f. plantúl. Bot. Plantita, planta pequeña.

**PLANTUREUSEMENT**, adv. planteurousmán. Abondo, á manta, á manta de Dios: copiosamente, abundantemente.

**PLANTUREUX, EUSE**, adj. ant. plantureu, eus. Abundante, copioso.

**PLANURE**, f. planúr. Viruta, acepilladura, desperdicio de la madera cuando se la acepilla.

**PLAQUE**, f. plác. Plancha, hoja, chapa de cualquier metal. || Tapadera de chimenea. || Especie de farol que se pone en las murallas. || Placa, condecoracion que los principales caballeros de algunas órdenes llevan en los vestidos || Trenza de cabellos lisos. || Cazoleta, guarnicion de espada para resguardar la mano. || Placa, especie de pala de cerero. || Hebilla del cinturon de las señoras. || Placa, antigua moneda de España y otros países.

**PLAQUÉ, ÉE**, adj. plaqué. Pegado, ensamblado, aplicado. || *Cuirs plaqués*, cueros curtidos y secos. || PLAQUÉ, m. Plaqué, metal cubierto de una plancha de oro, de plata, etc.

**PLAQUEMINIER**, m. placminié. Guyacana, árbol de la América.

**PLAQUER**, a. plaqué. Pegar, embutir una cosa llana sobre otra. || Chapear, guarnecer alguna cosa con chapa ó hoja de algun metal. || Pegar carteles. || met. y fam. *Plaquer au nez*, encajar en los bigotes, plantar en la cara de uno alguna cosa: decirle su sentir sin consideracion ni respeto. || *Plaquer un soufflet sur la joue*, encajar, plantar, estampar un bofeton á uno. || *Plaquer du plâtre*, pegar el yeso, aplicarlo fuertemente con la mano sobre el muro que se quiere enyesar.

**PLAQUERESSES**, f. pl. placrés. Manuf. Plaqueresas, especie de cardas muy finas.

**PLAQUETTE**, f. plaquét. Plaqueta, moneda de plata y cobre que corre en varios países. || Especie de cardas. V. PLAQUERESSES. || *Cela ne vaut pas une plaquette*, eso no vale un maravedí.

**PLAQUEUR**, m. plaqueur. Plaqueador artesano que da plaqué á los candeleros vajillas, etc.

**PLAQUIS**, m. plaquí. Arq. Remiendo ó incrustacion de una piedra embutida en otra, pero sin trabazon.

**PLASMATEUR**, m. inus. plasmateur. Amasador, el que amasa, que da la forma.

**PLASME**, m. plásm. Modelo, tipo, figura primera. || Med. Plasmo, esmeralda en bruto molida para medicamentos.

**PLASTIQUE**, adj. plastic. Didáct. Plástico, que tiene la facultad y virtud de formar. || *Art plastique*, arte plástica, arte de modelar toda clase de figuras y de adornos, en yeso, tierra, etc.

**PLASTODYNAMIE**, f. plastodinamí. Fisiol. Plastodinamia, fuerza formadora que constituye y desenvuelve los órganos.

**PLASTODYNAMIQUE**, adj. plastodinamic. Plastodinámico, que pertenece ó se refiere á la plastodinamia.

**PLASTRON**, m. plastrón. Mil. Peto de armas, parte delantera de la coraza. || Pechera, el pedazo de tela acolchado que se pone delante del pecho para resguardarlo del frio. || Pedazo de búfalo que los zapateros se ponen delante para no cortarse el vestido. || Arq. Adorno en figura de asas de cesto con dos roleos. || met. y fam. *Être le plastron des railleries de tout le monde*, ser el blanco de la burla, la vaca de la boda, el hazmereir de todos.

**PLASTRONNER**, a. plastroné. Encorazar, cubrir con peto, con una coraza. || *Se plastronner*, r. Cubrirse con el peto ó la coraza.

**PLAT**, m. *plá*. Plato, vasija baja y redonda con una concavidad para servir las viandas en la mesa. || Plato, la vianda ó manjar contenido en los platos. || *Œufs sur le plat*, huevos fritos. || met. y fam. *Un bon plat de gelée*, una buena manta de hielo : una buena helada.

**PLAT, E**, adj. *plá*. Plano, llano, liso, que tiene la superficie igual, sin altos ni bajos. || met. Cobarde, poltron. || Chabacano, vulgar, trivial, comun: aplícase al estilo y á los escritos. || *Cheveux plats*, cabellos llanos, lisos, no rizados. || *Nez plat*, nariz chata. || fam. *Avoir le ventre plat*, tener la tripa, la barriga vacía: no haber comido en mucho tiempo. *Avoir la bourse plate*, tener poco dinero. || *Pays plat*, tierra baja, llana, por oposicion al país de sierra ó de montaña. *Plat pays* ordinariamente se toma por campo ó campiña, por oposicion á ciudad, fortaleza ó pueblo murado. || *Pied plat*, patan, palurdo. || *Vin plat*, vino insípido, desabrido y sin fuerza. || *Soie plate*, seda floja. || *Vaisseau plat*, barco chato. || *Vaisselle plate*, vajilla lisa ó de una pieza, sin soldadura. || *Vers à rimes plates*, versos pareados, aquellos que conciertan de dos en dos sin estar entremezclados. || *Physionomie plate*, fisonomía vulgar, que no tiene expresion. || *Se coucher à plat ventre*, acostarse boca abajo. || met. *Être à plat ventre devant quelqu'un*, bajarse delante de uno, hacerle baja y servilmente la corte. || *A plate terre*, loc. adv. En tierra, en medio del suelo. || fam. *Battre à plate couture*, derrotar, vencer completamente. || **PLAT**, m. Plano, llano, la parte plana de ciertas cosas. || Plano, el ancho de la hoja de cualquier instrumento cortante. || *Un coup de plat d'épée*, cintarazo, palo ó golpe con la espada de plano ó con la hoja ó ancho de ella. || *Coup du plat de la main*, una palmada. || *A plat*, *tout à plat*, loc. adv. De plano, redondamente, enteramente. Dícese hablando de una comedia ú otra representacion que no ha tenido buen éxito; como: *une pièce de théâtre tombée à plat*, *tout à plat*. || *A plat couvert*, loc. adv. Ocultamente.

**PLATANAIE** ó **PLATANÉ**, f. *platané*. Platanar, lugar, campo plantado de plátanos.

**PLATANE**, m. *platán*. Bot. Plátano, árbol grande de ramas y hojas muy largas.

**PLATANISTE**, m. *platanist*. Antig. Platanista, lugar plantado de plátanos que servia á los ejercicios gimnásticos de la juventud de Esparta. || Zool. Platanista, género de pescados. || Mit. Platanista, sobrenombre de Apolo.

**PLAT-BORD**, m. *plabór*. Mar. Borda, obra muerta ó canto superior de los costados del buque. || Regala.

**PLATE**, f. *plat*. Blas. Roel de plata. || Barco chato y sin quilla.

**PLATEAU**, m. *plató*. Plato, tabla ó fondo de madera de las balanzas. || Hortera, taza de palo. || Bandeja de madera, porcelana, etc., en que se sirve el café, té, chocolate y refrescos. || Terreno, terraplen. || Mesa ó meseta, llanura extendida en lo alto de una loma ó montaña. || Bot. Plato, corona, parte inferior del bulbo de donde salen las raíces. || *Plateaux*, pl. Mont. Estiércol chato de la caza mayor.

**PLATE-BANDE**, f. *platbánd*. Platabanda ó arriate, cierto espacio que se forma en los jardines algo mas elevado para plantar flores. || Platabanda, tabla, espacio que separa dos hileras de árboles. || Arq. Platabanda, moldura larga y lisa que tiene mas de largo que de saliente; faja de la cornisa. || Mil. Platabanda, arco grande de metal que rodea el cañon. || *Couteau à plate-bande*, cuchillo adornado de incrustaciones de oro ó plata.

**PLATÉE**, f. *platé*. Plato de comida cargado con abundancia. || Macizo del cimiento de un edificio.

**PLATE-FACE**, f. *platfás*. Asiento de los cañones del órgano.

**PLATE-FORME**, f. *platfórm*. Plataforma, terrado, terrero, azotea de una casa. || Arq. Pieza de carpintería que recibe el pie de los cabrios del alero. || Mil. Terraplen que se levanta para defensa y para poner en el un cañon ó batería. || Plataforma, esplanada de estacas y tablones sobre que se sienta una batería.

**PLATE-LONGE**, f. *platlónge*. Ronzal, cuerda ó correa para asegurar los caballos cuando se les hierra. || Correa de cuero muy larga que se une al arnes de los caballos de tiro para impedirles que tiren coces. || Cuerda ó correa con que se da picadero á los caballos. || Correa para atraillar un perro.

**PLATEMENT**, adv. *platmán*. Llanamente, con llaneza. || fam. *Tout platement*, á la pata la llana, sin rodeos.

**PLATIASME**, m. *platiásm*. Platiasmo, vicio de hablar con la boca muy abierta y formando sonidos muy confusos é inarticulados.

**PLATIÈRE**, f. *platiér*. Arroyo que atraviesa un camino.

**PLATILLES**, f. pl. *platíll*. Platillas, telas de lino que se fabrican en Francia.

**PLATIN**, m. *platén*. Ribera llana, descubierta.

**PLATINE**, f. *platín*. Enjugador, utensilio de figura de jofaina con piés, para secar la ropa blanca. || Llave de arma de fuego. || Platina, cada una de las dos placas que sirven para sostener las piezas de movimiento de un reloj ó de un péndulo. || Impr. Cuadro, la parte de la prensa que comprime al tímpano. || Pieza de molde de los fundidores de caractéres. || Sombrero, plancha de plomo que se coloca sobre el oido de los cañones. || **PLATINE**, m. Platino ó platina, el metal mas pesado de todos.

**PLATINEUR**, m. *platineur*. Armero, obrero que reune las diferentes piezas de la llave de un fusil, etc., y las monta.

**PLATINIFÈRE**, adj. *platiniféṛ*. Platinífero, mezclado con partículas de platina.

**PLATITUDE**, f. *platitúd*. Tontada, bobada, simpleza, vulgaridad : *dire*, *écrire des platitudes*. || Simpleza, cualidad ó defecto de lo que es simple ó necio en las obras de ingenio, en la conversacion, etc.

**PLATOLE**, f. *platól*. Barreño, lebrillo para reposar la leche.

**PLATONICIEN, NE**, adj. *platonisién*, *én*. Platónico, que sigue la filosofía de Platon; que pertenece ó se refiere á la filosofía de Platon. Se usa tambien sustantivamente.

**PLATONIQUE**, adj. *platonic*. Platónico, que pertenece ó se refiere al sistema filosófico de Platon. || *Amour platonique*, amor platónico, afecto mutuo, moral y casto ó exento de los deseos físicos, entre dos personas de diferente sexo.

**PLATONISME**, m. *platonism*. Platonismo, sistema filosófico de Platon.

**PLÂTRAGE**, m. *platráge*. Yesería, toda obra hecha con yeso.

**PLÂTRAS**, m. *platrá*. Yeson, argamasa, cascote, pedazo grande de yeso ó argamasa, sacado de un tabique ó tapia derribada.

**PLÂTRE**, m. *plâtr*. Yeso, especie de piedra no muy dura, cocida al horno para muchos usos en la arquitectura y otras cosas. || Toda obra vaciada en yeso. || *Le plâtre d'une statue*, el modelo de yeso de una estatua. || *Tirer un plâtre sur quelqu'un*, sacar el vaciado de alguno con yeso.

**PLÂTRÉ, ÉE**, adj. *platré*. Enyesado, enlucido. || met. Emplastado, paliado. || met. *Paix plâtrée*, *réconciliation plâtrée*, paz, reconciliacion paliada, poco sincera y sólida.

**PLÂTRER**, a. *platré*. Enyesar, enlucir, revocar, cubrir con yeso. || met. y fam. Emplastar, paliar, encubrir alguna falta, culpa ó cosa mala bajo apariencias que no pueden subsistir largo tiempo. || *Se plâtrer*, r. Enyesarse. || met. Componerse, aderezarse, ponerse mucho blanquete ó aderezo en la cara.

**PLÂTRERIE**, f. V. **PLATRIÈRE**.

**PLÂTREUX, EUSE**, adj. *platreu*, *eus*. Barroso, rubial, dícese del terreno arcilloso que tira á rojo.

**PLÂTRIER**, m. *platrié*. Yesero, el que hace el yeso y el que lo vende.

**PLATRIÈRE**, f. *platriér*. Yesar, yesera, cantera de yeso. || Yesería, sitio donde se cuece y prepara la cal.

**PLÂTROIR**, m. *platroár*. Trulla, llana, [illegible] de albañil. Se dice tambien *plâtroir* ó *plâtronoir*.

**PLÂTROUER**, m. *platrué*. Trulla de yesero.

**PLATS-BORDS**, m. pl. *plabór*. Mar. Regalas, caperoles.

**PLATYOPHTHALME**, m. *platioftálm*. Miner. Platioftalmo, especie de piedra preciosa que tiene la figura de un ojo.

**PLATYPHYLLE**, adj. *platifil*. Bot. Platifilo, que tiene hojas anchas.

**PLAUBAGE** ó **PLAURAGE**, f. [illegible] *plordge*. Bot. Plovaja, género de plantas. V. **DENTELAIRE**.

**PLAUSIBILITÉ**, f. *plosibilité*. Plausibilidad, cualidad de lo que es plausible.

**PLAUSIBLE**, adj. *plosibl*. Plausible, que tiene una apariencia especiosa.

**PLAUSIBLEMENT**, adv. *plosiblmán*. Plausiblemente, de una manera plausible.

**PLAUSITER**, n. *plosité*. Arrullar, se dice de un cierto grito de la paloma ó del ruido que produce el roce de sus alas.

**PLÈBE**, f. *pléb*. Plebe, la parte del pueblo que no goza de las prerogativas concedidas á la nobleza, la parte mas vulgar del pueblo.

**PLÉBÉ, ÉE**, adj. *plebé*. Bajo, trivial. Solo se decia del estilo.

**PLÉBÉCULE**, f. *plebecúl*. Plebecula, la plebe, la canalla.

**PLÉBÉIANISME**, m. *plebeianísm*. Plebeyanismo, estado, condicion de los plebeyos.

**PLÉBÉIEN, NE**, m. y f. *plebeién*, *én*. Plebeyo, de la plebe: en frances se entiende de los que eran de la clase del pueblo entre los antiguos Romanos. || Plebeyo, en los Estados modernos se dice, por alusion, de los que no forman parte de la nobleza; es sinónimo de *roturier*, *prolétaire*. || adj. Plebeyo, que es propio de la plebe ó pertenece á ella, como si dijéramos *populaire*.

**PLÉBISCITE**, m. *plebisít*. Plebiscito, ley ó decreto de la plebe romana, reunida por tribus.

**PLECTORITE**, f. *plectorít*. [illegible], diente de pescado petrificado.

**PLÉIADES**, f. pl. *pleiád*. Pléyades, grupo de seis estrellas, ó siete segun los antiguos, que están en la constelacion del Toro ó Tauro.

**PLEIGE**, m. ant. *pliége*. For. Caucion ó caucionero, hoy fiador ó fianza.

**PLEIGER**, a. ant. *plegé*. For. Caucionar en justicia, sanear, afianzar.

**PLEIN, E**, adj. *plén*, *én*. Pleno, que contiene todo lo que es capaz de contener. || Lleno, cargado, abundante. || met. Lleno, amplio, completo, entero. || Lleno, grueso, repleto, rollizo. || *Être plein de loisir*, estar desocupado, no tener nada que hacer. || *Pleine lune*, plenilunio, luna llena. || *Pleine vendange*, *pleine récolte*, vendimia, cosecha abundante. || *En pleine mer*, en alta mar. || *En plein champ*, en medio del campo, en medio de los campos. || *En plein hiver*, *en plein été*, en medio del invierno, en medio del verano. || *En plein parlement*, en parlamento pleno. || *En pleine paix*, en plena paz. || *Pleine liberté*, plena, entera libertad. || *A pleines voiles*, á toda vela, á todo trapo. || *A pleines mains*, á manos llenas, abundantemente, liberalmente. || *Franchir un fossé de plein saut*, saltar un foso de un brinco. || **PLEIN**, m. Fís. Lleno, el espacio que se supone lleno de materia, lo lleno, opuesto á vacío. || *Le plein d'un mur*, el macizo de un muro. || *Plein-or*, plancha, el dibujo grabado en bronce que se estampa sobre las cubiertas de un libro. || Grueso. *Le plein de la lettre*, el grueso de la letra. || *A plein*, loc. adv. Completamente, cumplidamente, en toda extension. || *En plein*, de lleno, completamente; y tambien en medio. || *A pur et à plein*, loc. adv. Plenariamente, absolutamente, enteramente. || *Tout plein*, mucho, lo mismo que *beaucoup*. Es muy familiar.

**PLEINE**, adj. f. *plén*. Preñada, hablando de las hembras de los animales. *Bête pleine*, bestia preñada. || Hablando de las mujeres embarazada, en cinta, y en frances *enceinte*.

**NE-CROIX**, f. *plencruá*. Chapa, de cerradura.

**NEMENT**, adv. *plenmán*. Plenamente, enteramente, del todo.

**N-JEU**, m. *plenjeu*. Mús. Golpe de, en el órgano ó piano.

**NIÈRE**, adj. f. *plenièr*. Plenaria, de indulgencias. || *Cour plénière*, pleno, al que asisten los príncipes.

**NIPOTENTIAIRE**, m. *plenipotan-*. Plenipotenciario, ministro encargado con poderes de su soberano. Tambien adjetivamente.

**NIPRÉBENDÉ**, m. *pleniprebandé*. re, canónigo que gozaba de todos los oficios de su prebenda.

**NISTE**, adj. y s. *plenist*. Plenista, rio del pleno. Se decia de los filósofos que sostenian que no hay vacío en la na-.

**NITUDE**, f. *plenitúd*. Plenitud, abundancia excesiva. Se dice hablando de los. || met. Plenitud de poder, el lleno de autoridad. En lenguaje de la sagrada, *plénitude de grâce*; *la plénitude divinité*; *la plénitude des temps*, la plenitud de gracia, etc.

**ONASME**, m. *pleonásm*. Ret. Pleonasmo, redundancia de palabras. || Algunas se toma por redundancia viciosa de.

**ROSE**, f. *pleróz*. Med. Plerosis, restablecimiento de un cuerpo extenuado por las enfermedades.

**ROTIQUE**, adj. *plerotíc*. Med. Plerótico, que hace renacer las carnes.

**SSIS**, m. ant. *plesí*. Quinta, casa de.

**T**, m. *plé*. Mar. Aduja.

**TRE**, m. *pletea*. Instrumento de que se sirven los fabricantes de anzuelos para servarlos.

**THOMÉRIE**, f. *pletomerí*. Anat. Pletomería, superabundancia ó exceso de partes del cuerpo.

**THORE**, f. *pletór*. Med. Plétora, abundancia de sangre y de humores.

**THORIQUE**, adj. *pletoríc*. Med. Pletórico, abundante, lleno de humores, repleto de demasiada sangre.

**THRE ó PLÉTHRON**, m. *plétr*, *ple-*. Pletro ó pletron, especie de medida.

**PLEU**, m. *pleupleu*. Zool. Picoverde, género de aves.

**R**, m. V. **PLEURS**.

**RANT, E**, adj. *pleurán*. Lloroso, .

**RARD**, adj. y s. *pleurár*. Lloron, se dice de los niños. || Se dice tambien del avaro que siempre está quejándose de su miseria.

**RE**, f. Anat. V. **PLÈVRE**.

**RE-PAIN**, m. *pleurpén*. Avaro, roñoso.

**RER**, n. *pleuré*. Llorar, derramar lágrimas. || *Pleurer sur quelqu'un*, llorar por alguno; deplorar sus faltas, extravíos, etc. || *Pleurer à chaudes larmes*, llorar con lágrimas vivas. || fam. *Pleurer comme un veau*, llorar como un becerro: llorar desmesuradamente. || Llorar, destilar, dícese de la vid; y en este sentido se dice *la vigne pleure*, llora la vid. || a. Llorar, condolerse, tener duelo y sentimiento por alguna persona. || *Pleurer quelqu'un*, llorar á alguno: llorar su pérdida, su muerte. || *C'est un pleure-pain, un pleure-misère*, es un cuenta-lástimas ó llora-lástimas: se dice del que se está quejando siempre de su miseria.

**RES**, f. pl. *pleur*. Lana de pelada ó la cortada despues de muerta la res.

**RÉSIE**, f. *pleurezí*. Med. Pleuresía, dolor de costado muy vivo; inflamacion de la pleura.

**RÉTIQUE**, adj. y s. *pleuretíc*. Pleurético, que pertenece á la pleuresía ó que está atacado de esta enfermedad.

**REUR, EUSE**, m. y f. *pleureur*, eus. Lloron, el que tiene la costumbre de llorar. || Antig. *Pleureuses*, lloronas, planideras, mujeres que entre los Griegos y Romanos eran pagadas para llorar en los entierros. || Llorones, cintas de batista que se ponian antiguamente en las mangas de los vestidos, en los primeros dias de un gran luto. || **PLEUREUR, EUSE**, adj. Lloroso, triste, afligido: *ton pleureur*, *un air pleureur*.

**PLEUREUX, EUSE**, adj. *pleureu*, eus. Lloroso, se dice vulgarmente por *pleureur*. V. este.

**PLEURITE**, f. *pleurít*. Es sinónimo de *pleurésie*.

**PLEURITIDES**, f. pl. *pleuritíd*. Postigos, registros que se levantan y bajan para dar ó quitar aire al órgano.

**PLEURNICHER**, n. fam. *pleurniché*. Lloriquear, gimotear, aparentar que se llora, como hacen los niños.

**PLEURNICHEUR, EUSE**, m. y f. fam. *pleurnicheur*, eus. Lloriqueador, lloricon, gimoteador, el que lloriquea ó gimotea.

**PLEUROCÈLE**, f. *pleurosél*. Med. Pleurocele, hernia torácica ó de la pleura.

**PLEURODYNIE**, f. *pleurodiní*. Med. Pleurodinia, dolor de costado, afeccion reumática en los músculos intercostales.

**PLEURODYNIQUE**, adj. *pleurodiníc*. Pleurodínico, que pertenece ó se refiere á la pleurodinia.

**PLEURONECTE**, adj. *pleuronéct*. Ictiol. Pleuronecto, que nada sobre el costado. || *Pleuronectes*, m. pl. Pleuronectos, género de pescados que nadan sobre uno de los lados del cuerpo.

**PLEUROPNEUMONIE**, f. *pleuropneumoní*. Med. Pleuropneumonia, inflamacion simultánea de la pleura y del pulmon.

**PLEUROPNEUMONIQUE**, adj. y s. *pleuropneumoníc*. Pleuropneumónico, que concierne á la pleuropneumonia ó que está afectado de ella.

**PLEURORRHÉE**, f. *pleurorré*. Med. Pleurorrea, acumulacion de flúidos en la pleura.

**PLEURORRHÉIQUE**, adj. *pleurorreíc*. Pleurorréico, que pertenece ó se refiere á la pleurorrea.

**PLEURORTHOPNÉE**, f. *pleurortopné*. Med. Pleurortopnea, dolor de costado que obliga á tomar una posicion vertical para respirar.

**PLEUROSPASME**, m. *pleurospásm*. Med. Pleurospasmo, espasmo del pecho.

**PLEUROSPASMODIQUE**, adj. *pleurospasmodíc*. Pleurospasmódico, que pertenece ó se refiere al pleurospasmo.

**PLEURS**, m. pl. *pleur*. Lloro, llanto, lágrimas. || met. *Essuyer ses pleurs*, enjugar sus lágrimas, consolarse. || *Fondre en pleurs*, *être noyé de pleurs*, deshacerse en llanto, derramar muchas lágrimas. || *Pleurs de terre*, sudaderos, aguas de lluvia que se cuelan y filtran por las tierras. || Poét. *Les pleurs de l'aurore*, las lágrimas de la aurora, el rocío.

**PLEUTRE**, m. *pleutr*. Modrego, hombre incapaz, que no vale para nada. Es familiar.

**PLEUVINER**, n. *pleuviné*. Lloviznar. Se dice en algunas partes.

**PLEUVOIR**, n. *pleuvuár*. Llover, caer agua de las nubes. || Llover, se dice figuradamente de muchas cosas que caen de lo alto en gran cantidad: *les bombes pleuvaient sur les maisons*. *Faire pleuvoir sur quelqu'un une grêle de coups*, hacer llover sobre alguno una granizada de palos. || Llover, concurrir y sucederse varias cosas unas á otras. || *Quand il pleuvrait des hallebardes, la pointe en bas*, ó solo *quand il pleuvrait des hallebardes*, aunque lloviesen capuchinos de bronce con la capucha para abajo; aunque lloviesen ó cayesen muelas de molino: equivale á decir, saldré por mal tiempo que haga. Se dice ordinariamente cuando uno tiene necesidad indispensable de salir.

**PLÈVRE**, f. *plévr*. Anat. Pleura, membranas serosas que revisten ó tapizan cada uno de los lados del pecho.

**PLEXUS**, m. *plécsus*. Anat. Plexo, tejido ó entrelazamiento de vasos sanguíneos ó de filetes nerviosos.

**PLÉYON**, m. *pleyon*. Vencejo, mimbre pequeño para atar las vides. || Haz de paja.

**PLI**, m. *plí*. Pliegue, doblez, arruga que se hace en la ropa, etc. || Pliegue, doblez, señal que queda en la tela por mal doblada ó manoseada. || *Faux pli*, arruga hecha por estar una cosa mal doblada. || *Cet habit fait un faux pli*, este vestido hace una arruga. || Pliego, cubierta, sobre que cierra dos ó mas cartas. || Hábito, costumbre antigua. || prov. *Il a pris son pli*, genio y figura hasta la sepultura: dícese de un hombre que no puede corregirse de un hábito ó vicio que ha tomado. || Pint. y Esc. Pliegues, trapos, las sinuosidades del ropaje de las figuras. || Repliegue, segundo pliegue. || *Cet habit ne fait pas un pli*, este vestido no hace una arruga, está muy justo, muy ceñido al talle. || met. *Sonder les plis et replis du cœur*, sondear todos los pliegues del corazon: tratar de descubrir lo que hay en él de mas oculto y secreto. || *Donner un bon pli à une affaire*, dar un buen sesgo, hacer tomar un buen giro á un negocio. || *Le pli du bras, du jarret*, el doblez ó la sangría del brazo, la corva de la pierna: la parte por donde se doblan. || Equit. *Le pli de l'embouchure*, el colmillo, la parte arqueada del bocado del caballo.

**PLIABLE**, adj. *pliábl*. Plegable, flexible, fácil de doblar, de plegarse. || met. Dócil, flexible.

**PLIAGE**, m. *pliáge*. Plegado, doblado, accion y efecto de plegar ó doblar alguna cosa.

**PLIANT, E**, adj. *plián*. Plegable, que se pliega, que se dobla, fácil de plegar. || met. Dócil, flexible. || *Siége pliant* ó simplemente *pliant*, silla de tijera, silla que se dobla. || **PLIANT**, m. Catre de tijera.

**PLICA**, m. Med. V. **PLIQUE**.

**PLICATILE**, adj. *plicatíl*. Bot. Plegable, que se pliega, que puede plegarse.

**PLICATULE**, f. *plicatúl*. Zool. Plicátulo, molusco acéfalo, bivalvo.

**PLIE**, f. *plí*. Platija, pescado del mismo género que la latija.

**PLIÉ**, m. *plié*. Dans. Flexion, movimiento que se hace con las rodillas cuando se doblan.

**PLIÉ, ÉE**, adj. *plié*. Doblado, plegado. || Blas. *Aigle au vol plié*, águila con alas plegadas.

**PLIEMENT**, m. *plimán*. Doblamiento, plegamiento, accion de doblar ó plegar el papel.

**PLIER**, a. *plié*. Plegar, doblar, hacer pliegues ó dobleces á una cosa. || met. y fam. *Plier son paquet*, liar el hato, tomar el portante, irse escondidamente; y tambien, morir. || met. y fam. *Plier la toilette*, alzar lo mal guardado: robar, llevarse todos los vestidos de una persona. Se dice principalmente de un criado que se lleva todo el equipaje de su señor. || *Plier bagage*, levantar el campo, hablando de un ejército; y tambien, marcharse alguno ocultamente. || *Plier les voiles*, recoger las velas, aferrarlas. || Doblar, encorvar las rodillas, el brazo, los hombros. || Plegar, sujetar, someter, hacer ceder, acostumbrar. || n. Doblarse, doblegarse. || met. *Plier sous le poids des affaires, des années*, doblarse bajo el peso de los negocios, de los años. || met. Plegarse, ceder, someterse, sujetarse, rendirse al poder, á la autoridad. || Replegarse, cejar, recular, retirarse, retroceder: dícese de las tropas que ceden ó pierden el terreno en un combate. || Ceder, acomodarse al uso, á la moda, etc. || Se usa tambien como pron. en sentido propio y figurado.

**PLIEUR, EUSE**, m. y f. *plieur*, eus. Plegador, el oficial ú oficiala que pliega libros, telas, etc.

**PLINGER**, a. *plingé*. Plingar, dar el primer baño al pábilo, cuando se hacen velas de sebo.

**PLINGEURE**, f. *plingeur*. Plingacion, accion de plingar.

**PLINTHE**, f. *plént*. Arq. Plinto, cuadrado sobre que asienta el toro de la basa de la columna. || Plinto, faja saliente, plana que hay al pié de un edificio, en la parte baja de un muro de division, artesón, etc. || Plinto, adorno en figura de platabanda sobre un cañon.

**PLIOIR**, m. *pliuór*. Plegadera, especie de cuchillo de madera, de marfil ó otra materia para cortar el papel y plegarlo. || Plegador, instrumento para plegar telas, cintas, etc.

**PLIQUE**, f. ó **PLICA**, m. *plic*, *plica*. Med. Plica, enfermedad de los cabellos, que enredados unos con otros no se pueden desenredar ni cortar sin que echen sangre.

**PLISSEMENT**, m. *plismán*. Plegamiento, accion de plegar.

**PLISSER**, a. *plisé*. Plegar, hacer dobleces ó pliegues en alguna ropa ó otra cosa, cogerla á pliegues. || n. Hacer pliegues, hacer arrugas, hacer bolsa alguna ropa ó vestido. || *Se plisser*, r. Plegarse, doblarse.

**PLISSON**, m. *plisón*. Coc. Plisson, manjar delicado hecho con leche y crema.

**PLISSURE**, f. *plisúr*. Plegado, el modo de hacer los pliegues y la labor que se forma en la ropa. || Plegado, la reunion de muchos pliegues.

**PLISTOBALINDE**, m. *plistobalénd*. Plistobalindo, juego de dados usado por los antiguos.

**PLOC**, m. *plóc*. Mar. Masilla, betun hecho con toda clase de pelo, brea y aceite para embetunar los buques. || Zupia, desecho de lana.

**PLOCAGE**, m. *plocáge*. Cardeo, accion de cardar las lanas. || Accion de embetunar un buque con masilla.

**PLOCOPTÈNE**, adj. *plocoptén*. Zool. Plocópteno, que puede volar y nadar á un tiempo: se dice de ciertas aves.

**PLOIEMENT**, m. *pluamán*. Doblamiento, accion de doblar. || Mil. Especie de evolucion.

**PLOMB**, m. *plón*. Plomo, metal muy fusible y uno de los mas pesados despues del oro y la platina. || Plomo, por metonimia se toma por balas de fusil, pistola, etc. || Plomada, instrumento de que se sirven los albañiles, carpinteros, etc., para levantar sus obras perpendicularmente. || Mar. Plomada ó plomo, pedazo de plomo atado á una cuerda con el cual se sonda el mar para saber la profundidad de agua. || Plomada, la sonda que usan los pescadores. || Plomo, los pedazos de plomo que se ponen en las redes y sedales para que se hundan. || Tufo, hidrógeno sulfurado que se desprende de los pozos y letrinas. || Tufo, especie de asfixia que ataca algunas veces á los poceros cuando bajan á las letrinas y pozos y respiran aquel gas. || *Mine de plomb*, lápiz-plomo, especie de lápiz. || Impr. *Lire sur le plomb*, leer sobre el plomo: leer sobre la composicion misma. || met. *Jeter son plomb sur quelque chose*, echar el ojo á alguna cosa: tirar las líneas sobre una cosa que se solicita. || *Menu plomb*, mostacilla, perdigones menudos. || *Blanc de plomb*, albayalde. || *A plomb*, loc. adv. Á plomo, perpendicularmente. Se usa tambien como sust., formando una sola palabra. *Perdre son aplomb*, perder su aplomo: ladearse, torcerse, falsear algun edificio por no estar á plomo. || met. *Cul-de-plomb*, trasero de hierro: hombre laborioso y sedentario. || *Plombs de Venise*, cárceles situadas debajo del techo de plomo del palacio de San Márcos de Venecia.

**PLOMBAGE**, m. *plonbáge*. Emplomaje, accion de emplomar, de cubrir de plomo.

**PLOMBAGINE**, f. *plonbagín*. Plombagina, sustancia mineral conocida con el nombre de lápiz-plomo.

**PLOMBAGINÉES**, f. pl. *plonbaginé*. Bot. Plombagíneas, familia de plantas.

**PLOMBATE**, m. *plonbát*. Quím. Plombato, género de sales formadas por el óxido plúmbico.

**PLOMBATEUR**, m. *plonbateur*. Emplomador, el que sella en plomo las bulas expedidas en Roma.

**PLOMBÉ, ÉE**, part. pas. de **PLOMBER**. *plonbé*. Emplomado. || adj. Aplomado, ceniciento, de color de plomo. || *Teint plombé*, *visage plombé*, color aplomado, cara aplomada, de color de plomo, cenicienta. || met. *Tête plombée*, cabeza lijera, aturdida. || **PLOMBÉ**, m. Plomada, composicion de que se sirven los encuadernadores para aplomar los libros. || **PLOMBÉE**, f. Plomado, especie de color encarnado. || Plomado, los pedazos de plomo que se ponen en las redes y sedales para que se hundan. || Mil. ant. Cachiporra, maza guarnecida de plomo. || Plomada, línea á plomo.

**PLOMBEMENT**, m. inus. *plonbmán*. Aplomamiento, hundimiento.

**PLOMBER**, a. *plonbé*. Emplomar, cubrir con plomo, aplicar ó pegar plomo á alguna cosa. || Vidriar, dar el barniz á la loza. || Aplomar, dar un color de plomo. || Plomar, poner plomo á las redes de pescar. || Plomar, poner sellos pequeños de plomo á los fardos, cofres, etc., en la aduana. || Plomar, echar la plomada ó plomo al agua. || Aplomar, dar color negro á los cortes de los libros.

**PLOMBERIE**, f. *plonberí* (e muda). Plomería, arte de fundir y trabajar el plomo. || Plomería, sitio donde se funde y trabaja el plomo.

**PLOMBEUR**, m. *plonbeur*. Plomador, el que pone los sellos ó plomos á las telas y mercancías.

**PLOMBIER**, m. *plonbié*. Plomero, el que trabaja, fabrica ó vende cosas de plomo.

**PLOMBIER, ÈRE**, adj. *plonbié, ér*. Plomizo, que se parece al plomo, que tiene las propiedades de la mina de plomo. || *Plombière*, f. Especie de velo muy delgado.

**PLOMBOIR**, m. *plonbuár*. Emplomador, instrumento para emplomar los dientes.

**PLOMÉE**, f. *plomé*. Accion de labrar los lados de una piedra.

**PLOMET**, m. *plomé*. Plomada, instrumento de albañil.

**PLONGEANT, E**, adj. *plonján*. Dirigido de alto abajo || *Coup d'épée plongeant*, tendiente.

**PLONGÉ, ÉE**, adj. *plongé*. Sumergido, zambullido, metido. || *Chandelle plongée*, vela hecha á baño, no hecha con molde.

**PLONGÉE**, f. *plongé*. Talud, declive de un parapeto.

**PLONGEMENT**, m. *plongmán*. Inmersion.

**PLONGEON**, m. *plonjón*. Zambullida, accion de zambullirse en el agua. || Zool. Somormujo, pájaro acuático. || *Faire le plongeon*, hacer el somormujo, somormujarse, sumergirse en el agua. = met. y fam. Hacer el somormujo, agachar la cabeza al oir disparar; trasconejarse, escabullirse por miedo de alguna cosa; huir el cuerpo, zafarse, amollar, bajarse, retractándose ó desistiendo de una pretension. || Máquina que entra y sale en el agua.

**PLONGER**, a. *plongé*. Sumergir, zambullir á alguno ó cualquier cosa en el agua. || met. Clavar, meter. *Plonger un poignard dans le cœur de quelqu'un*, meter á uno un puñal en el corazon; y en sentido met. significa causarle un profundo pesar. || *Plonger quelqu'un dans la douleur, dans la misère*, sumergir, sumir á uno en las penas, en la miseria, dejarlo en un mar de penas, de miserias. || n. Sumergirse, zambullirse enteramente en el agua; y tambien bucear, nadar por debajo del agua. || *Se plonger*. r. Sumergirse, meterse en el agua bañándose ó nadando. || met. Sumergirse, anegarse, encenagarse en los vicios.

**PLONGEUR**, m. *plongeur*. Buzo, el que nada debajo del agua para reconocer el fondo y extraer las perlas ó otros objetos caidos en el mar. || *Plongeurs*, pl. Ornit. Bañadores, familia de pájaros nadadores.

**PLONNURE**, f. *plonúr*. Vajilla de barro vidriado.

**PLOQUE**, f. *plóc*. Zupia, desperdicio de lana cardada. V. **PLOC**.

**PLOQUER**, a. *ploqué*. Mar. Embetunar, carenar un buque con masilla. || Art. Mezclar, juntar. *Ploquer les laines*, mezclar las lanas, reunir ó mezclar las de diferentes colores.

**PLOT**, m. *pló*. Escabel muy pesado. || Art. Pedazo de madera para sujetar una pieza de seda que se tiene en la mano.

**PLOUTONOMIE**, f. *plutonomí*. Didáct. Plutonomía, economía política. Es poco usado.

**PLOUTRE**, m. *plútr*. Agr. Rodillo ó cilindro de madera para [illegible] de tierra.

**PLOUTRER**, a. *plutré*. [illegible] terrones con el rodillo.

**PLOYABLE**, adj. [illegible] fácil de plegarse, de doblarse [illegible] ble, dócil.

**PLOYER**, a. *pluayé*. Plega[illegible] *ployer*, r. Doblarse, [illegible] || Se usa como activo [illegible] si todas las acepciones del [illegible] solo en poesía y en estilo [illegible] tilo ordinario se dice *plier*. V. [illegible]

**PLOYE-RESSORT**, [illegible] da). Almanaño, útil de [illegible] vantar los muelles.

**PLUCHE**, f. V. **PELUCHE**.

**PLUCHOTER**, a. V. [illegible]

**PLUIE**, f. *plui*. Lluvia, [illegible] de las nubes. || Lluvia, [illegible] bre. || Se dice tambien de [illegible] caen ó que parecen caer [illegible] lluvia: *une pluie de feu*, [illegible] voir. || Art. *Pluie de feu* [illegible] caida de un gran número de [illegible] go producidas por una [illegible] materias inflamables.

**PLUMAGE**, m. [illegible] ma, esto es, calidad y [illegible] de un pájaro.

**PLUMAIL**, m. [illegible] didor, zorros, mazo atado [illegible] sacudir el polvo. || ant. Plum[illegible]

**PLUMARD**, m. *plumár*. [illegible] tada del molinillo, donde [illegible] ant. Plumero, mazo de [illegible]

**PLUMASSEAU**, m. [illegible] corte ó cabito de pluma [illegible] cordio, sietes de [illegible] mazo atado de plumas. || [illegible] de hilas para las llagas y [illegible] mon, plumas que los [illegible] en las narices de un [illegible] un flujo abundante del [illegible] las glándulas de la [illegible]

**PLUMASSERIE**, f. [illegible] ría, oficio y comercio de [illegible]

**PLUMASSIER**, m. [illegible] ro, el que hace y vende [illegible] chos, etc.

**PLUME**, f. *plúm*. Pluma [illegible] los pájaros. || Pluma, la [illegible] || Pluma, se entiende por la [illegible] parada, ó sea penacho que [illegible] adorno. || Pluma ó cañon para [illegible] Pluma, estilo de un escritor [illegible] toma por el mismo escritor. [illegible] *Arracher á quelqu'un une* [illegible] *une belle plume de l'aile*, [illegible] un protector, un empleo, [illegible] etc. || *Avoir des plumes* [illegible] nerle á uno alguna [illegible] juego. || *Passer la plume* [illegible] la mamola, jugar [illegible] alguno burlado en lo que [illegible] *ser, demeurer en* [illegible] ó quedarse entre [illegible] *Homme de plume*. [illegible] || *Coup de plume*, [illegible] *ret au poil et á la plume* [illegible] ra un fregado como para [illegible] ce de una persona que [illegible] clase de trabajos, ya [illegible] lectuales.

**PLUMÉ, ÉE**, adj. [illegible] pelado. || Pelado, [illegible]

**PLUMEAU**, m. [illegible] de mano hecho con [illegible] polvo de los muebles. || [illegible] de bufete para [illegible] mas, etc. || Art. [illegible] los floreros forman los [illegible] ros.

**PLUMÉE**, f. *plumé*. [illegible] la que se coge de una vez [illegible] este sentido se dice [illegible] mada, accion de [illegible]

**PLUMER**, a. *plumé*. [illegible] car las plumas de un [illegible] *Plumer quelqu'un*, [illegible] alguno: sacarle el dinero [illegible] el juego. || Pelar, [illegible] Pelar, quitar las hojas á las [illegible]

a. *plumé*. Plumaje, plume-
rumbrero. || Plumaje, ramillo-
ue llevaban antiguamente los
sombrero, casco, etc. || met.
metre. || Mar. *Plumets de pi-*
pe. V. PERON.

adj. m. *plumté*. Blas. Mos-
ado de bordados.

, m. *plumti*. Mosqueteado,
bordar la muselina, el per-
algodon. || Borrador, minuta
No se usa en esta acepcion.

, f. *plumti*. Laneta, tela li-

[illegible], adj. *plumeu*, eus.
moso, que tiene pluma ó es
|| Bot. Plumoso, guarnecido
patas á las barbas de las plu-

E, adj. *plumicól*. Zool. Plu-
ene el cuello guarnecido de
micolles, m. pl. Plumícolas,
de rapiña.

E, adj. *plumipéd*. Zool. Plu-
ene los piés guarnecidos de

m. *plumitif*. Jurisp. Minu-
que se escriben los apunta-
sentencias pronunciadas en
*Tenir le plumitif*, tomar no-
eraciones de una compañía,
a. || joc. Escribano, notario,
ma, etc.

E, m. *plumotáge*. Remojo, el
tierra ó barro para refinar el

, a. *plumoté*. Remojar, ro-
ra refinar el azúcar.

f. *plumúl*. Plumita ó pluma
aves, como si se dijera *du-*
*mula*, parte del gérmen desti-
llo.

LA), f. *laplupár*. La mayor
r número, los mas. || *Pour la*
dv. En su mayor parte. || *La*
pe, loc. adv. La mayor parte
inariamente.

R, a. *pluralisé*. Gram. Plu-
n plural, dar la forma de plu-

f. *pluralité*. Pluralidad,
ad, el mayor número.

LE, adj. *pluriél*. Gram. Plu-
de muchos ó de mas de uno.
úmero plural, por *nombre*

*plú*. Mas. *Plus savant que*
o que rico. || *Plus un homme*
*us on lui doit de secours*,
re es un hombre, mas se le
*L'homme le plus brave*, el
iente. || Ya, adverbio de ne-
uye la continuacion y exp.c-
de una cosa; como *il ó elle*
ya no existe. En este mismo
gnificar tambien *mas*: v. gr.
*plus*, ya no la veré mas. ||
s, basta. || *Non plus*, tam-
streal, mas: fórmula que se
ntarios, autos, etc. || Se em-
stantivamente. *Le plus que*
lo mas que puedo hacer. || *De*
c. adv. Mas y mas, cada vez
mas. || *Au plus*, *tout au plus*,
mas, todo lo mas, á lo sumo.
mas. || *Ni plus ni moins que*,
e que. || *D'autant plus*, tan-
mas. || *Au plus tôt*, lo mas
tes, prontamente. || *Plus tôt*
o, ántes, primero que. No
*plus tôt* con *plutôt*. V. este
sentido imperativo significa
*larmes*, basta de lágrimas,
loremos, no llore Vd. mas.

m. *pluságe*. Escarmenadura,
rmenar la lana.

*plusé*. Escarmenar la lana.

, adj. *plusidc*. Miner. Pla-
e en terreno muy rico, lleno
y de diamantes.

, adj. pl. *plusieur*. Muchos,
o indefinido sin referencia á
Algunos, varios. || *Plusieurs*
ces ó varias veces.

**PLUS-PÉTITION**, f. *pluspetisión*. For. Pluspeticion, accion de pedir mas de lo debido.

**PLUS-QUE-PARFAIT**, m. *pluscparfé*. Gram. Pluscuamperfecto, uno de los tiempos del verbo.

**PLÛT À DIEU**, interj. *plutadieu*. ¡Ojalá! pluguiera á Dios que... V. PLAIRE.

**PLUTON**, m. *plutón*. Mit. Pluton, dios de los infiernos.

**PLUTONIEN, NE**, adj. *plutonién*, *én*. Plutoniano, qué pertenece á Pluton.

**PLUTONIQUE**, adj. *plutonic*. Miner. Plutónico, formado por erupcion.

**PLUTONISME**, m. *plutonism*. Plutonismo, hipótesis en que se atribuye la formacion del globo, etc., al fuego. Es la hipótesis opuesta al neptunismo.

**PLUTONISTE**, m. *plutonist*. Plutonista, partidario del plutonismo.

**PLUTÔT**, adv. *plutó*. Ántes, mas bien, primero, etc. *Plutôt mourir que s'avilir*, ántes morir que envilecerse.

**PLUTUS**, m. *plútus*. Mit. Pluto, dios de las riquezas.

**PLUVIAL**, m. *pluviál*. Liturg. Pluvial ó capa pluvial. || PLUVIAL, E, adj. Pluvial, que tiene relacion con la lluvia. || Dícese *eau pluviale*, agua llovediza ó agua de lluvia.

**PLUVIER**, m. *pluvié*. Zool. Pluvial ó pardal, chorlito real, pájaro de rio. || *Grand pluvier*. V. COURLIS.

**PLUVIEUX, EUSE**, adj. *pluvieu*, eus. Pluvioso, lluvioso, abundante en lluvia; que trae la lluvia.

**PLUVINER**, a. *pluviné*. Lloviznar, llover lijeramente.

**PLUVIOMÈTRE**, m. *pluviométr*. Pluviómetro, instrumento para medir la cantidad de agua de lluvia que cae.

**PLUVIOMÉTRIQUE**, adj. *pluviometric*. Pluviométrico, que pertenece ó se refiere al pluviómetro.

**PLUVIOMÉTROGRAPHE**, m. *pluviometrográf*. Pluviometrógrafo, el que observa con un instrumento y mide la cantidad de agua de lluvia que cae ó ha caido durante un año.

**PLUVIOMÉTROGRAPHIE**, f. *pluviometrografí*. Pluviometrografía, arte de medir la cantidad de agua de lluvia que cae; tratado sobre este arte.

**PLUVIOSE**, m. *pluvióz*. Pluvioso, nombre del 5°. mes del año, segun el calendario republicano de Francia, que comenzaba el 20 de enero, y concluia el 18 de febrero.

**PNEUMATHOSE**, f. *pneumatós*. Med. Pneumatosis, acumulacion de flúido gaseoso en una cavidad del cuerpo.

**PNEUMATIQUE**, f. *pneumatic*. Pneumática, ciencia que tiene por objeto las propiedades físicas del aire, es decir, su materialidad, peso, elasticidad, etc. || Pneumática, estudio de las propiedades análogas que poseen los otros gases permanentes, diferentes del aire. || adj. Pneumático, relativo al aire. || *Pneumatiques*, m. pl. Pneumáticos, secta de fisiologistas.

**PNEUMATISME**, m. *pneumatism*. Pneumatismo, doctrina de los pneumatistas.

**PNEUMATISTE**, m. *pneumatist*. Pneumatista, partidario de la secta de los pneumáticos.

**PNEUMATOCÈLE**, f. *pneumatosél*. Cir. Pneumatocele, nombre que se da al tumor ventoso del escroto.

**PNEUMATOCHIMIE**, f. *pneumatochimí*. Pneumatoquímia, parte de la química que trata de los gases.

**PNEUMATOCHIMIQUE**, adj. *pneumatochimíc*. Pneumatoquímico, perteneciente á la pneumatoquímia.

**PNEUMATOCORDE**, m. *pneumatocórd*. Pneumatocordio, instrumento de viento y de cuerdas.

**PNEUMATOLOGIE**, f. *pneumatologí*. Pneumatología, tratado de las sustancias espirituales y de los espíritus.

**PNEUMATOLOGIQUE**, adj. *pneumatologíc*. Pneumatológico, que pertenece á la pneumatologia.

**PNEUMATOMPHALE**, f. *pneumatonfál*. Cir. Pneumatónfalo, nombre dado al tumor ventoso del ombligo.

**PNEUMATOSE**, f. *pneumatóz*. Med. Pneumatosis, enfermedad, hinchazon causada por ventosidades ó flatuosidades.

**PNEUMOGRA**[illegible] *pneumográf*. Pneumógrafo, el [illegible] del estudio de la pneumografía.

**PNEUMOGRAP**[illegible] *pneumografí*. Pneumografía, desc[illegible]on del pulmon.

**PNEUMOGRAPHIQUE**, adj. *pneumografíc*. Pneumográfico, que pertenece á la pneumografía.

**PNEUMOLOGIE**, f. *pneumologí*. Pneumologia, tratado sobre las funciones del pulmon y sus enfermedades.

**PNEUMOLOGIQUE**, adj. *pneumologíc*. Pneumológico, que pertenece á la pneumologia.

**PNEUMONALGIE**, f. *pneumonalgí*. Med. Pneumonalgia, dolor en el pulmon; angina del pecho.

**PNEUMONALGIQUE**, adj. *pneumonalgíc*. Pneumonálgico, que pertenece á la pneumonalgia.

**PNEUMONIE**, f. *pneumoní*. Pneumonia, inflamacion del parénquima de los pulmones.

**PNEUMONIQUE**, adj. *pneumoníc*. Pneumónico, que está atacado de una pneumonia, ó de una enfermedad del pulmon. || Pneumónico, se dice tambien de los remedios para las enfermedades del pulmon.

**PNEUMOPLECTIQUE**, adj. *pneumoplectíc*. Pneumopléctico, que pertenece á la pneumoplegia.

**PNEUMOPLÉGIE**, f. *pneumoplegí*. Med. Pneumoplegia, parálisis del pulmon.

**PNEUMOPLEURITIS**, f. *pneumopleurítis*. Med. Pneumopleuritis, inflamacion del pulmon y de la pleura.

**PNEUMORRHAGIE**, f. *pneumorragí* Med. Pneumorragia, flujo de sangre que viene de los pulmones. V. HÉMOPTYSIE.

**PNEUMORRHAGIQUE**, adj. *pneumorragíc*. Pneumorrágico, que pertenece, que tiene relacion con la pneumorragia.

**PNEUMOTHORAX**, m. *pneumotoráx* Med. Pneumotórax, derrame de aire en las pleuras.

**PNEUMOTOMIE**, f. *pneumotomí*. Pneumotomía, diseccion del pulmon.

**PNEUMOTOMIQUE**, adj. *pneumotomíc*. Pneumotómico, que pertenece, que tiene relacion con la pneumotomía.

**PNIGOPHOBIE**, f. *pnigofobí*. Med. Pnigofobia, angina ó inflamacion del pecho.

**PNIGOPHOBIQUE**, adj. *pnigofobíc*. Pnigofóbico, que pertenece á la pnigofobia.

**POALLIER**, m. *poalié*. Apoyo de la campana. || Pieza de metal sobre la que da vueltas el eje ó nabo del molino de viento.

**POCHADE**, f. *pochád*. Pint. Cróquis, borrador que se hace lijeramente, y solo indica las masas.

**POCHE**, f. *poch*. Faltriquera, bolsillo de los pantalones, chalecos, etc. || Costal de molinero. || Red para coger conejos con hurones. || Bolsa, como en una llaga ó apostema, que se llena de materia. || Bolsa ó buche que hace un vestido mal hecho. || Violin de faltriquera que llevan los maestros de baile. || Rabo ó rasgo con que termina una letra por gallardía de la pluma. || prov. *Acheter chat en poche*, comprar gato en saco, comprar en una arca cerrada: comprar alguna cosa sin saber lo que es. || *Manger son pain dans sa poche*, ser un cena á oscuras: comer solo, no convidar á nadie. || fam. *Jouer de la poche*, rascarse el bolsillo, aflojar la bolsa: desembolsar, gastar dinero.

**POCHÉ, ÉE**, adj. *poché*. Descalabrado. || *Écriture pochée*, letras borroneadas, llenas de borrones. || *Œufs pochés*, huevos estrellados. || met. *Yeux pochés au beurre noir*, ojos alcoholados, amoratados.

**POCHER**, a. *poché*. Descalabrar con golpe ó pedrada. || *Pocher l'œil*, poner un ojo hinchado y morado de un puñetazo ó de un golpe. || *Pocher des œufs*, estrellar huevos. || Impr. Repelar.

**POCHETER**, a. *pochté*. Guardar, llevar en la faltriquera alguna cosa, hablando de dulces, frutas, etc.

**POCHETIER, ÈRE**, m. *pochtié, ér.* El que hace bolsillos. ‖ El que hace sacos ó costales para poner trigo. ‖ El que hace redes para cazar conejos con huron.

**POCHETTE**, f. dim. de **POCHE**. *pochét.* Bolsillo pequeño. ‖ Bolsilla, faltriquerilla; y tmas comunmente arañuelo, red pequeña para cazar conejos con huron. ‖ Violin de faltriquera que llevan los maestros de baile.

**POCOCURANTE**, m. *pococurdnt.* Incurioso, descuidado, omiso, hombre que no tiene cuidado de nada, que no aprecia nada.

**POCOCURANTISME**, m. *pococurantism.* Sistema del incurioso, indiferentismo absoluto.

**PODAGRAIRE**, f. *podagrér.* Bot. Podagraria, angélica silvestre.

**PODAGRE**, adj. *podágr.* Gotoso, que padece de gota en los piés. ‖ f. Podagra, gota de los piés. Se usa poco, y comunmente se dice *goutte*, gota.

**PODARTHROCACE**, f. *podartrocás.* Podartrocese ó podartrocasis, cáries en la superficie huesosa del pié.

**PODESTAT**, m. *podestá.* Podestá, título de un magistrado en muchas ciudades de Italia.

**PODESTATIQUE**, adj. *podestatíc.* Podestático, que pertenece al podestá.

**PODIMÈTRE**, m. *podimétr.* Podímetro, medida de longitud de los antiguos.

**PODIMÉTRIE**, f. *podimetrí.* Podimetría, medida de longitud por piés.

**PODIMÉTRIQUE**, adj. *podimetríc.* Podimétrico, que pertenece á la podimetría.

**PODOLOGIE**, f. *podologí.* Podología, tratado del pié, descripcion del pié.

**PODOLOGIQUE**, adj. *podologíc.* Podológico, que tiene relacion con la podología.

**PODOMÈTRE**, m. V. **ODOMÈTRE**.

**PODOPHYLLITE**, f. *podofilít.* Podofilitis, inflamacion del tejido reticular del pié.

**PODURE**, m. *podúr.* Zool. Salton, género de insectos ápteros.

**PŒCILE**, m. *pesíl.* Antig. gr. Pórtico público adornado con pinturas.

**POÊLE**, f. *poál.* Sarten, utensilio de cocina que sirve para freir. ‖ Palia, vaso grande de cobre, azófar ó hierro que usan los coreros. ‖ *Poêle à confitures*, cacerola, cazo pequeño para hacer cosas de dulce. ‖ met. *Tenir le manche de la poêle*, tener la sarten por el mango: ser el mandon. ‖ *Coup de poêle*, sartenazo. ‖ **POÊLE**, m. Paño de tumba ó mortuorio. ‖ Yugo, velo que se pone á los desposados cuando se velan. ‖ Antiguamente, palio pequeño para las procesiones. Lo usaban tambien los reyes, el papa y otros prelados en ciertas funciones. ‖ Estufa para calentar las habitaciones, los invernaderos, etc.

**POÊLÉE**, f. *poalé.* Sartenada, lo que contiene una sarten llena.

**POÊLETTE**, f. dim. de **POÊLE**. *poalét.* Sartenilla, sarten pequeña. ‖ Especie de vasija que usan los refinadores de azúcar.

**POÊLIER**, m. *poalié.* Fabricante, artífice de estufas y sartenes.

**POÊLON**, m. *poalón.* Cazo, utensilio de cocina.

**POÊLONNÉE**, f. *poaloné.* Cazada, lo que puede contener un cazo lleno de alguna cosa.

**POÈME**, m. *poém.* Poema, obra escrita en verso de una cierta extension.

**POÉSIE**, f. *poesí.* Poesía, arte de hacer composiciones en verso. ‖ Poesía, la misma composicion hecha en verso. ‖ Poesía, arte de versificar. ‖ Númen, estro, fuego poético. ‖ Poesía, rasgos poéticos, elevacion poética, hablando del estilo cargado de imágenes, figuras, ficciones, etc. En este sentido se aplica tambien este nombre á una obra en prosa escrita en estilo poético. ‖ pl. Poesías, obras de los poetas, en especial hablando de los modernos.

**POÉTASTRE**, m. *poetástr.* Poetastro, mal poeta.

**POÈTE**, m. *poét.* Poeta, el que hace versos, el que compone obras en verso. ‖ *Poète*, poetisa, se dice hablando de una mujer. Algunos escritores modernos han empleado para este caso la voz *poétesse*. Véase en su lugar. ‖ fam. *Poète crotté*, poeta zarrapastron, zurriburri.

**POÈTEREAU**, m. *poeteró* (e mudo). Poetilla, poetastro, mal poeta, poeta adocenado.

**POÉTESSE**, f. *poetés.* Poetisa, mujer que hace versos ó se dedica á la poesía.

**POÉTIQUE**, adj. *poetíc.* Poético, que pertenece á la poesía. ‖ *Licence poétique*, licencia poética. ‖ f. Poética, tratado en que se dan reglas y preceptos para componer obras poéticas.

**POÉTIQUEMENT**, adv. *poeticmán.* Poéticamente, de una manera poética, con númen poético.

**POÉTISER**, n. *poetisé.* Poetizar, versificar, hacer ó componer versos ú obras poéticas. ‖ a. Poetizar, hacer poeta á alguno, dar un color, un carácter poético; y en este último sentido se dice *poétiser son langage, son style*.

**POGE**, m. *póge.* Mar. Estribor, banda ó costado derecho del buque, mirando desde popa á proa.

**POGONOLOGIE**, f. *pogonologí.* Pogonología, tratado sobre el arte de afeitar.

**POGONORHYNQUE**, adj. *pogonorínc.* Zool. Pogonorinco, que tiene el pico cubierto de pelo.

**POGONOTOMIE**, f. *pogonotomí.* Pogonotomía, arte, accion de afeitarse.

**POIDS**, m. *puá.* Peso, pesantez ó pesadez, cualidad de todo cuerpo grave. ‖ Pesantez, peso, gravedad determinada de algun cuerpo. ‖ Peso, cualquier cosa grave que sirve para equilibrar ó igualar con otra. ‖ Peso, pesa, pedazo de plomo, hierro ó piedra que se pone con cuerdas en los relojes de pared y sirve para darle movimiento. ‖ met. Peso, lo que fatiga, lo que oprime, embaraza, da pena, etc. ‖ met. Peso, gravedad, importancia de una cosa ó persona. ‖ Peso, fuerza y eficacia en las razones, en las palabras, etc. ‖ *Homme de poids*, hombre de peso, de importancia, de consideracion. ‖ met. *Au poids de l'or*, á peso de oro: á grandísima costa, muy caro, etc. ‖ *De poids*, de peso, con el peso cabal ó de ley.

**POIGNANT, E**, adj. *poñán.* Punzante. Solo se usa metafóricamente, y hablando de algun dolor físico, por agudo, penetrante.

**POIGNARD**, m. *poñár.* Puñal, arma ofensiva. ‖ *Coup de poignard*, puñalada, herida hecha con un puñal. ‖ met. Puñalada, pesadumbre dada de improviso; viva ofensa, ultraje, profundo dolor.

**POIGNARDER**, a. *poñardé.* Dar, herir con puñal, matar á puñaladas. ‖ met. Dar una pesadumbre anunciando de repente una mala nueva; causar un profundo dolor, una grande afliccion.

**POIGNÉE**, f. *poñé.* Puñado, lo que coge la mano cerrada. ‖ Puño, empuñadura, la parte por donde se toma una cosa para llevarla en la mano. ‖ Puño, altura del puño cerrado. ‖ *A poignée*, loc. adv. A puñados, á manos llenas, con abundancia. ‖ met. Puñado, corto número de gente, de soldados, de enemigos, etc. ‖ *Poignée de morue*, dos merluzas saladas atadas juntas. ‖ *Poignée de verges, d'herbes*, manojo de varitas, de yerbas.

**POIGNER**, a. ant. *poñé.* Atormentar, afligir, dar una pesadumbre. V. **POINDRE**, **POIGNARDER**.

**POIGNET**, m. *poñé.* Muñeca, juntura de la mano con el brazo. ‖ Puño de la manga de una camisa.

**POIL**, m. *puál.* Pelo, en general el del cuerpo de los animales; hablando del cuerpo humano, el cabello, la barba, las cejas, y tambien pelo segun los casos. ‖ *Monter un cheval à poil*, montar un caballo en pelo. ‖ Pelo, color, hablando de algunos animales y particularmente de los caballos. ‖ Pelo, especie de vello que tienen los paños y otras telas. ‖ Pelo, nombre que se da á una inflamacion del ano ó de los pechos que sobreviene por lo comun á las recien paridas ó á las que crian. ‖ B. t. Pelo, vello en las plantas. ‖ *Poil de lièvre*, pelote ó pelo de bibaro. ‖ *Poil follet*, bozo, vello, pelusilla. ‖ *Poil des paupières*, pelo de las pestañas ó las mismas pestañas. ‖ met. y fam. *Avoir du*

r. Operacion de puntear en la carta.

...TAL, m. puantál. Puntal, madero puntalar.

...TE, f. puént. Punta, el extremo de ...umento punzante. || Punta, se dice ...as artes y oficios para expresar cier... ...rumentos que sirven para diferentes ... Punta, clavos pequeños sin cabeza, ... para clavar cosas delgadas. || Pun... ...emidad de las cosas que siguen en ...ion. || Punta, cuchillo de cartonero ...ncuadernacion. || Blas. Punta, parte ... del escudo. || met. Punta, sainete, ...cante y agradable, hablando del vi... ...las salsas. || Agudeza, sal, chiste in... ... || Greffer en pointe, ingertar de ...la pua. || met. Pousser sa pointe, lle... ...lante, proseguir su tema, su asunto. ...ade, en punta, formando punta. || met. ...pointe du pied, de puntillas. || Pointes ...ré, de bannière, farpas. || Pointes ...ne, puntas para manitos.

...TEAU, m. puantó. Punzon de a...

...TEMENT, m. puantmán. Apunte, ...mecanismo de apuntar con las armas.

...TER, a. puanté. Dar ó herir con la ... una espada, de un cuchillo, de un ... || Apuntar, asestar, dirigir, enca... ...dijeto, el cañon, la escopeta, el an... ...un punto determinado. || Hacer pun... ...la pluma, con el buril, con el pun... || Apuntar, anotar con una señal ó ...en una hoja ó registro, las personas ...n presentes en una reunion ó au... ...e alla, las asistencias de los canó... ...coro, etc. || Mar. Cartear, marcar la ... piloto en la navegacion. || n. Enca... ...ponerse de manos, hablando de un ... || Remontarse, hablando de las aves. ...puntos en miniatura. || Impr. Colo... ...el tímpano los pliegos que se van á ...de modo que las punturas entren ...ente en los agujeros que habian he... ...primera vez.

...TEUR, m. puanteur. Artillero, ...dor, el que asesta los tiros. || Cha... ...pointeur, pitancero, apuntador, el ...a las faltas de los canónigos al coro.

...TEAILLE, f. puantisél. Art. Aguja ... de hierro que se pone dentro de la ...a para tener la canilla.

...TIL, m. puantíl. Cañon, varilla de ... que se usa en las fábricas de cristal.

...TILLAGE, m. puantillage. Puntea... ...dos que se hacen en miniatura y en ...ados.

...TILLE, f. puantill. Quisquilla, ... de vanidad, vana sutileza.

...TILLÉ, ÉE, adj. puantillé. Pun... Picado. || Pointillé, m. Picado, pun... ...manera de dibujar, de grabar con pun... ...tos.

...TILLER, a. puantillé. Puntear, se... ...a puntos alguna cosa, sea con la ...buril, el lápiz, el pincel, etc. || met. ...en puntillos, en quisquillas, estar de ... n. Picar, echar puntaditas, pullas, ... decir cosas desagradables. || Se ...er, r. Contrapuntearse, andar en di... ...putas.

...TILLERIE, f. puantilleri. Pique, ...ia, altercacion sobre frioleras.

...TILLEUR, EUSE, adj. puanti... ...sa. Quisquilloso, puntilloso, pelillo... ...ntender, que desea disputar. || Delica... ...ente en la sociedad.

...TU, E, adj. puantú. Puntiagudo, ...que termina en punta. || met. y fam. ...esprit pointu, sutilizar, cortar un ...en el aire.

...TURE, f. puantúr. Impr. Puntura, ... de las dos puntas que aseguran el ...en el tímpano cuando se tira. || Mar. ...dura, amarradura del puño del gra... ...la vela en el penol de su respectiva ...

...E, f. puár. Pera, fruto del peral. || ...ontrapeso de la balanza romana por ... figura de una pera. || Polvorin ó ...e pólvora que llevan los cazadores. ...d'angoisse, pera ahogadiza, pera ...gante; y met., sinsabor, mortifica-cion, pesadumbre. || Poire cassante, pera trincante. || Poire fondante, pera de agua. || met. y fam. Entre la poire et le fromage, á los anisos, á los postres, al fin de la comida. || met. y fam. Garder une poire pour la soif, ahuchar, hacer hucha: ahorrar ó reservarse algo de lo que uno maneja para una necesidad. || Perle en poire, perla de figura de pera.

**POIRÉ**, m. puaré. Bebida de peras, así como la sidra lo es de manzanas.

**POIREAU ó PORREAU**, m. puaró, porró. Bot. Puerro, familia de plantas del género cebolla. || Verruga ó callo que se forma en las manos.

**POIRÉE**, f. puaré. Bot. Acelga, género de plantas leguminaceas.

**POIRIER**, m. puarié. Bot. Peral, árbol que produce peras. || Higuera de Guinea.

**POIS**, m. puá. Guisante, legumbre ó hortaliza. || Bot. Guisante, planta que produce la legumbre de este nombre. || Pois chiche, garbanzo. || Arbre aux pois, árbol de guisantes, árbol de Siberia. || Pois de merveille, guisante maravilloso, planta de las Indias. Llámase tambien corindum, en español farolillo, especie de enredadera. || met. y fam. Avaleur de pois gris, tragaldabas, caballo de buena boca: un tragon que come de todo. || met. y fam. Aller et venir comme un pois en pot, ser un bullebulle, andar como ardilla: estar en continuo movimiento.

**POISER**, a. ant. puasé. Afligir, atormentar, causar penas y disgustos.

**POISON**, m. puasón. Veneno, tósigo, ponzoña. || met. Veneno, peste, máximas perniciosas, escritos ó discursos que corrompen el corazon humano.

**POISSARD, E**, adj. puasár, árd. Picaresco, tunantesco. Solo se usa hablando de algunas obras modernas, en las que se imita el lenguaje del pueblo. || POISSARDE, f. Vendedora de pescado; y por extension, verdulera, rabanera, mujer de barrios bajos, la que tiene maneras escandalosas y dice palabras indecentes é impúdicas.

**POISSE**, f. puás. Mil. ant. Haz pequeño de fagina untado con pez.

**POISSER**, a. puasé. Empegar, cubrir ó dar con pez. || Embetunar, pringar, manchar con cualquier cosa pegajosa.

**POISSEUX, EUSE**, adj. puaseu, eus. Pegajoso, pringoso.

**POISSON**, m. puasón. Pez, pescado. || Copa, medida de líquidos, la octava parte de una pinta. || Astr. Les Poissons, Piscis, el duodécimo signo del zodiaco. || Donner un poisson d'avril á quelqu'un, hacer creer á alguno una gran patraña. || N'être ni chair ni poisson, no ser carne ni pescado: no valer para nada. || La sauce vaut mieux que le poisson, vale mas el caldo que las tajadas, es el ajo de Valde-estillas. || Poissons de Dieu, las tortugas marinas. || Poisson couronné, el arenque.

**POISSONNAILLE**, f. puasonáll. Morralla, cria, conjunto de peces pequeños.

**POISSONNERIE**, f. puasonrí. Pescadería, sitio ó tienda donde se vende pescado.

**POISSONNEUX, EUSE**, adj. puasoneu, eus. Abundante de pescado: rivière poissonneuse.

**POISSONNIER, ÈRE**, m. y f. puasonié, ér. Pescadero, el que vende pescado. || POISSONNIÈRE, f. Caldereta para cocer peces. || Besuguera, cazuela ovalada para asar ó cocer pescados enteros.

**POISSONNURE**, f. puasonúr. Raspaduras, piltrafas de pellejo del carnero para hacer cola.

**POITEVIN, E**, adj. y s. puatevén, ín. Potevino, de Poitiers ó del Poitou en Francia.

**POITRAIL**, m. puatráll. Pecho, parte anterior de las caballerías en que se juntan las costillas. || Petral, pretal, correa asida á la parte anterior de la silla y que une el pecho del caballo. || Carp. Lintel, viga que cierra y asegura las puertas de calle por la parte de arriba.

**POITRINAIRE**, adj. y s. puatrinér. Tísico, enfermo del pecho, que padece del pecho.

**POITRINAL, E**, adj. puatrinál. Que se pone sobre el pecho, que está unido al pecho.

**POITRINE**, f. puatrín. Anat. Pecho, la parte del cuerpo desde el debajo del cuello hasta el diafragma. || Pecho, la parte anterior de él, especialmente en el hombre. || Pecho, las partes contenidas en él y principalmente los pulmones. || En los animales que se comen, una parte de sus costillas con la carne que tienen en ellas. || Pecho, la fuerza y extension de la voz para cantar.

**POITRINIÈRE**, f. puatrinièr. Art. Antepecho, travesaño en que el pasamanero apoya el pecho cuando trabaja. || Pieza de una raqueta. || Pretal, correa del caballo que pasa por debajo del pecho.

**POIVRADE**, f. puavrád. Pebre, salsa con pimienta, sal, aceite y vinagre.

**POIVRE**, m. puávr. Pimienta, especia de las Indias orientales, que es la grana de un arbusto trepador. || prov. Cela est cher comme poivre, es caro como la pimienta: se dice de una cosa que es muy cara. || Poivre long, pimienta larga, especie de pimienta de Bengala y algunos otros países. || Poivre de Guinée, pimiento colorado ó simplemente pimiento. || Poivre d'Italie ó piment, pimiento de Indias. || Gros poivre, pimenton, pimiento colorado molido.

**POIVRÉ, ÉE**, adj. puavré. Sazonado con pimienta, que tiene pimienta. || vulg. Galicado, buboso. || met. y fam. Que sabe á pimienta, que es de precio muy subido.

**POIVRER**, a. puavré. Sazonar con pimienta, echar pimienta á lo que se guisa. || met. y vulg. Llenar de bubas ó de gálico. || Cetr. Lavar las aves con agua y pimienta.

**POIVRETTE**, f. puavrét. Bot. Ajenuz del campo.

**POIVRIER**, m. puavrié. Bot. Pimiento, arbusto que lleva la pimienta. || Pimentero, vasito en que se sirve la pimienta en las mesas.

**POIVRIÈRE**, f. puavrièr. Pimentera, sitio plantado de pimientos. || Cajoncito en que se guardan las especias en las cocinas. || Pimentera, especie de salerito en el cual se sirve la pimienta en la mesa. || Fort. Garita de piedra que se pone en el ángulo de una fortificacion.

**POIVRON**, m. puavrón. Pimiento en vaina. || Pimientos confitados en vinagre.

**POIX**, f. puá. Pez, materia resinosa que se saca del pino y de la sabina. || Poix grecque, pez griega. || Poix résine, goma amarilla que arrojan los árboles por las cortaduras. || Poix navale, bâtarde, pez marina, mezcla de brea seca y pez comun. || Tenir comme poix, pegar ó pegarse como pez: adherirse fuertemente á una cosa ú obra.

**POIX-RÉSINER**, a. puaresiné. Art. Extender la pez sobre el metal.

**POLACRE ó POLAQUE**, m. polácr, polác. Polacra, embarcacion de comercio usada en el Mediterráneo.

**POLAIRE**, adj. polér. Polar, que está cerca de los polos ó pertenece á cualquiera de ellos.

**POLAQUE**, m. polác. Soldado de á caballo en Polonia.

**POLARISATION**, f. polarisasión. Fís. Polarizacion, modificacion que presentan los rayos luminosos cuando son reflejados lateralmente, y cuando atraviesan los cuerpos dotados de la doble refraccion.

**POLARISER**, a. polarisé. Fís. Polarizar, dar, hacer tomar á los rayos luminosos la disposicion llamada polarizacion.

**POLARITÉ**, f. polarité. Polaridad, propiedad que tiene el iman, ó una aguja tocada al iman, de dirigirse hácia los polos.

**POLASTRE**, m. polástr. Sarten que usan los plomeros y peltreros.

**POLATOUCHE**, m. polatúch. Zool. Ardilla volante.

**PÔLE**, m. pól. Polo, cada una de las dos extremidades del eje de la esfera. || Pôle arctique ó boréal, polo ártico ó boreal, el que está del lado del septentrion, y antarctique ó austral, antártico ó austral, el que está directamente opuesto á aquel. || Absolut. Polo, el polo septentrional. || Élévation du *pôle*, altura del polo. || *De l'un à l'autre pôle*, de polo á polo.

**POLÉMARCHIE**, f. *polemarchí*. Antig. gr. Polemarquía, cargo, funciones del polemarca.

**POLÉMARCHIQUE**, adj. *polemarchic*. Polemárquico, que pertenece á la polemarquía ó al polemarca.

**POLÉMARQUE**, m. *polemárc*. Antig. gr. Polemarca, jefe de guerra ó de la guerra. || En Aténas era el tercer arconte; y entre los Griegos, en general, el título de todo hombre encargado del mando de un ejército. || Polemarca, guarda de las puertas de una ciudad.

**POLÉMIQUE**, adj. *polemíc*. Polémico, que pertenece á la disputa: se dice de las controversias en materias de teología, política, literatura, etc. || f. Polémica, disputa, controversia literaria.

**POLÉMOSCOPE**, m. *polemoscóp*. Polemóscopo, anteojo de larga vista, con dos refracciones y dos reflexiones, el cual sirve para la guerra.

**POLÉMOSCOPIQUE**, adj. *polemoscopic*. Polemoscópico, que pertenece ó se refiere al polemóscopo.

**POLENTA**, f. *polénta*. Polenta, papilias, gachas de la harina de la castaña. || Polenta, pasta de arroz que se hace en Italia.

**POLI**, **E**, adj. *polí*. Pulido, bruñido, alisado. || met. Civilizado, culto. || met. Civil, culto, cortés. || **POLI**, m. Pulidez, bruñido, tersura, lustre de las cosas que han sido pulimentadas ó bruñidas.

**POLICE**, f. *polís*. Policía, órden establecido en una ciudad para la seguridad y comodidad de los habitantes. || Administracion encargada de la ejecucion de los reglamentos tocantes á la policía. || Órden y reglamento establecido en alguna reunion ó sociedad. || *Bonnet de police*, gorra de cuartel. || *Police d'assurance*, póliza ó carta de seguro ó contra los riesgos marítimos. || *Police de marchandise*, póliza de carga ó conocimiento. || Impr. Valuacion de la cantidad relativa de las letras de que debe componerse una fundicion para imprimir una obra.

**POLICÉ**, **ÉE**, adj. *polisé*. Civilizado, culto, con gobierno, con leyes. Se dice de un pueblo, de una nacion, de un país.

**POLICER**, a. *polisé*. Civilizar, dulcificar las costumbres. || Poner, establecer policía ó buen gobierno en algun pueblo.

**POLICHINEL**, m. *polichinél*. Polichinela, nombre de un personaje de las farsas italianas. || Polichinela, títere de madera grotescamente vestido, con una joroba delante y otra detras, en las farsas de los saltimbánquis. || *Le secret de polichinel*, el secreto á voces, lo que todo el mundo sabe. || Polichinela, útil de fundidor. || Pala de horno.

**POLICHINELLE**, f. *polichinél*. Polichinela, especie de danza grotesca.

**POLICIEN**, m. *polisién*. Polidor, fieltro para bruñir los peines. || Empleado en las oficinas de la policía.

**POLICIER**, **ÈRE**, adj. *polisié*, *ér*. Que pertenece ó concierne á la policía de una ciudad.

**POLIÇON**, m. V. POLISSON.

**POLIDYPSIE**, f. *polidipsí*. Med. Polidipsia, nombre que se da á la sed ardiente ó deseo continuo de beber. V. POLYDIPSIE.

**POLIÉES**, f. pl. *polié*. Antig. gr. Polieas, fiestas celebradas en honor de Apolo, protector de Tebas.

**POLIÈRES**, f. pl. *poliér*. Agujetas de almohadilla, las correas que sujetan la silla á la grupera.

**POLIGALE**, f. *poligál*. Bot. Polígala, especie de planta llamada tambien yerba lechera.

**POLIMENT**, m. *polimán*. Pulimento, accion de pulir ó de dar lustre á alguna cosa. || Pulimento, el lustre mismo ó estado de la cosa pulida ó bruñida. || **POLIMENT**, adv. Pulidamente, con aseo, con primor. || Cortesanamente, urbanamente, con urbanidad y cortesanía.

**POLIMITE**, m. *polimít*. Especie de camelote de Irlanda.

**POLIORCÈTE**, adj. m. *poliorsét*. Poliorceta, palabra tomada del griego que significa tomador ó conquistador de ciudades.

**POLIOSE**, f. *polióz*. Med. Poliosis, canicie ó blancura del cabello. V. CANITIE.

**POLIR**, a. *polír*. Pulir, bruñir, alisar y dar lustre á una superficie frotándola. || Pulir, alisar la madera. || Limpiar, afilar una navaja. || met. Pulir, civilizar las personas. || Pulir, cultivar, dulcificar el espíritu y las costumbres. || Pulir, limar, hablando del estilo.

**POLISSAGE**, m. V. POLISSURE.

**POLISSEMENT**, m. V. POLISSURE.

**POLISSEUR**, **EUSE**, m. y f. *poliseur*, *eus*. Bruñidor, acicalador, el que pule y bruñe ciertas obras.

**POLISSOIR**, m. *poliseuár*. Pulidor, bruñidor, instrumento para pulir y bruñir.

**POLISSOIRE**, f. *poliseuár*. Especie de cepillo. || Mesa de alfilerero. || Rueda de madera para afilar. || Plancha para formar las barras de lacre.

**POLISSON**, m. *polisón*. Pillito, muchacho desaseado y vagabundo que anda corriendo todo el dia por las calles y plazas públicas. || Tunuelo, niño travieso y disipado. || Truhan, hombre que tiene la costumbre de decir bufonadas y dar bromas groseras y bajas. || Pillo, tuno, galopo, mozo libre, desenvuelto y suez en sus modos y dichos. || Perdido, hombre que no merece consideracion ninguna ni por su estado ni por su persona. || **POLISSON**, **NE**, adj. Tiene las mismas acepciones que el sustantivo, aplicándose á las personas; y hablando de las cosas, significa licencioso, libre: *un conte polisson*, *une chanson polissonne*, *etc.*

**POLISSONNER**, n. *polisoné*. Pillear, decir ó hacer pillerías, tunantadas, esto es, picardías, briboneriás. || Decir palabras coloradas.

**POLISSONNERIE**, f. *polisonrí*. Pillería, pillada, tunantada, bribonada. || Chulada, accion ó palabra indecente, demasiado libre.

**POLISSURE**, f. *polisúr*. Pulimento, bruñidura, accion y efecto de pulir ó de bruñir.

**POLITESSE**, f. *polités*. Política, civilidad, cortesanía, modo de vivir, tratar y hablar civil y político. || Urbanidad, cortesía, compostura en palabras y acciones.

**POLITICOMANE**, adj. y s. *politicomán*. Politicómano, el que tiene la manía de la política, que se ocupa siempre de política.

**POLITICOMANIE**, f. *politicomaní*. Politicomanía, manía de hablar ó tratar de política.

**POLITIE**, f. *polisí*. Policía, civilizacion, estado de un pueblo civilizado.

**POLITIQUE**, f. *politíc*. Política, arte de gobernar los Estados. || met. ó irón. Política, modo diestro de conducirse para llegar á sus fines. || **POLITIQUE**, m. Político, estadista, el que se dedica al conocimiento de los negocios públicos, del gobierno de los Estados y de sus relaciones entre ellos. || Político, sagaz, diestro, advertido y reservado en lo que hace y dice. || adj. Político, que concierne ó pertenece á la política, al gobierno de un Estado ó á las relaciones mutuas de los diversos Estados.

**POLITIQUEMENT**, adv. *politicmán*. Políticamente, segun las reglas de la política. || Políticamente, de un modo sagaz, diestro, reservado.

**POLITIQUER**, n. fam. *politiqué*. Politiquear, razonar ó discurrir sobre los negocios públicos.

**POLITIQUERIE**, f. fam. ó irón. *politiqueri* (e muda). Politiquería, charlatanería de gentes que hablan de política á derecha ó izquierda, sin entenderlo.

**POLITIQUEUR**, m. fam. ó irón. *politiqueur*. Politiquero, hombre que se mete en la política sin entenderla; político de café.

**POLK**, m. *pólc*. Regimiento polaco.

**POLKA**, f. *pólca*. Polka, especie de baile polaco y la música ó especie de contradanza que se toca para bailarlo.

**POLKER**, n. *polqué*. Polkar, bailar la polka.

**POLKEUR**, **EUSE**, m. y f. [illegible], *eus*. Polquista, el que baila la [illegible].

**POLL**, m. *pól*. Poll, [illegible] Inglaterra. || Asamblea [illegible] blo para elegir un [illegible].

**POLLAGE**, m. *polége*. [illegible] cense en pollos y gallinas.

**POLLEN**, m. *polén*. Bot. Pólen, [illegible] fecundante encerrado en la [illegible] tambrilla de las flores.

**POLLÉNINE**, f. *polenín*. [illegible] na, parte principal del pólen [illegible] ó sustancia resinosa que se [illegible] en él.

**POLLICITATION**, f. [illegible] Policitacion, oferta hecha [illegible] aceptada.

**POLLINATION**, f. [illegible] linacion, emision del pólen [illegible].

**POLLINCTEUR**, m. [illegible] Polintor, el que embalsama [illegible].

**POLLINCTURE**, f. [illegible] accion de embalsamar los [illegible].

**POLLINIQUE**, adj. *polinic*. Bot. [illegible] co, que pertenece ó se refiere al pólen.

**POLLUER**, a. *polué*. Profanar [illegible] mado hablando de los templos [illegible] || *Se polluer*, r. Contaminarse, [illegible] con el pecado de impureza [illegible] cion *(masturbation)*.

**POLLUTION**, f. *polusión*. [illegible] de una iglesia. || Polucion, [illegible] impureza llamado masturbacion.

**POLLUX**, m. *pólucs*. Astr. [illegible] lla de la constelacion de Géminis [illegible] lux, hermano de Cástor é hijo de [illegible].

**POLOGRAPHE**, m. *polograf*. [illegible] el que describe el cielo y los polos.

**POLOGRAPHIE**, f. *polografí*. [illegible] descripcion del cielo y de los polos.

**POLOGRAPHIQUE**, adj. [illegible] lográfico, que pertenece ó se refiere á la [illegible] lografía.

**POLONAIS**, **E**, adj. y s. [illegible] lonés ó Polaco, de la Polonia. || [illegible] f. Polonesa, baile bastante [illegible] nesa, especie de música á tres [illegible] este baile. || Especie de vestido de [illegible] Especie de redingote ó capote.

**POLOSSE**, m. *polós*. [illegible] y estaño.

**POLTRON**, **NE**, adj. y s. [illegible] barde, mandria, débil, [illegible] valor. || *Oiseau poltron*, ave [illegible] cortadas.

**POLTRONESQUE**, adj. ant. [illegible] Que ofrece los caractéres de la [illegible] pusilanimidad.

**POLTRONESQUEMENT**, adv. ant. [illegible] *tronescmán*. Cobardemente, de una [illegible] cobarde.

**POLTRONISER**, n. [illegible] darse, conducirse cobardemente.

**POLTRONNERIE**, f. [illegible] día, pusilanimidad, falta de [illegible] Se dice tambien de las acciones [illegible] debilidad.

**POLYACOUSTIQUE**, adj. [illegible] *custíc*. Poliacústico, instrumento [illegible] tiplicar los sonidos.

**POLYADELPHE**, adj. [illegible] LYADELPHIQUE. || m. Bot. [illegible] de plantas de la poliadelfia.

**POLYADELPHIE**, f. [illegible] liadelfia, 18ª. clase del [illegible] Lineo.

**POLYADELPHIQUE**, adj. [illegible] Poliadélfico, que pertenece á la [illegible] poliadelfia.

**POLYAMATYPE**, adj. [illegible] liamatipio, que pertenece á la [illegible] poliamatipia.

**POLYAMATYPER**, a. [illegible] liamatipar, fundir caractéres [illegible].

**POLYAMATYPIE**, f. [illegible] liamatipia, arte de fundir muchos [illegible] vez. || Poliamatipia, fábrica ó [illegible] se funden estas.

**POLYANDRIE**, f. *poliandrí*. Bot. [illegible] liandria, 13ª. clase del sistema [illegible] neo, que encierra las plantas [illegible] veinte á cien estambrillos.

**POLYANDRIQUE**, adj. *poliandric*. Poliándrico, que pertenece ó se refiere á la poliandria.

**POLYANTHE**, adj. *poliánt*. Bot. Polianto, que lleva ó contiene muchas flores.

**POLYANTHÉ, ÉE**, adj. *polianté*. Bot. Poliánteo, cuyas flores son compuestas ó están reunidas.

**POLYANTHEA**, f. *poliántea*. Es lo mismo que multitud ó coleccion de flores, y se toma por recoleccion alfabética de textos y lugares comunes.

**POLYARCHIE**, f. *poliarchí*. Poliarquía, gobierno de muchos.

**POLYARCHIQUE**, adj. *poliarchic*. Poliárquico, que pertenece ó se refiere á la poliarquía.

**POLYARQUE**, m. *poliárc*. Poliarca, miembro de una poliarquía.

**POLYCÉPHALE**, adj. *polisefál*. Policéfalo, que tiene muchas cabezas. || m. Policéfalo, especie de gusano intestinal.

**POLYCHOLIE**, f. *policolí*. Med. Policolia, superabundancia de bílis.

**POLYCHRESTE**, adj. *policrést*. Farm. Policresto, que sirve para muchos usos. Se dice de ciertos medicamentos.

**POLYCHROME**, adj. *policróm*. Policromo, de diferentes colores: *peinture polychrome*.

**POLYCHYLE**, adj. *polichíl*. Med. Poliquilo, que suministra mucho quilo.

**POLYCHYLIE**, f. *polichilí*. Med. Superabundancia de quilo.

**POLYCHYME**, adj. *polichím*. Med. Poliquimo, que suministra mucha sangre.

**POLYCHYMIE**, f. *polichimí*. Med. Poliquimia, superabundancia de sangre.

**POLYCOME**, adj. *policóm*. Zool. Policomo, que tiene mucho pelo.

**POLYCOPRIE**, f. *policoprí*. Med. Policopria, deyecciones alvinas excesivas ó superabundantes.

**POLYCOTYLÉDONE ó POLYCOTYLÉDONÉ, ÉE**, adj. *policotiledón*, *policotiledoné*. Bot. Policotiledóneo, que tiene muchos lóbulos. || *Polycotylédonées*, f. pl. Familia de plantas que tienen muchos lóbulos.

**POLYCRATIE**, f. *policratí*. Es sinónimo de *polyarchie*.

**POLYCRATIQUE**, adj. Es sinónimo de *polyarchique*.

**POLYDACRYE**, f. *polidacrí*. Med. Polidacria, excrecion muy abundante de lágrimas.

**POLYDACTYLE**, adj. *polidactíl*. Polidáctilo, que tiene muchos dedos, ó que tiene dedos de mas. || Polidáctilo, epíteto que se aplica á un caballo que tiene tres ranillas.

**POLYDIPSIE**, f. *polidipsí*. Med. Polidipsia, sed excesiva, inextinguible.

**POLYÈDRE**, m. *poliédr*. Geom. Poliedro, cuerpo sólido de muchas superficies.

**POLYÉDRIQUE**, adj. *poliedric*. Geom. Poliédrico, que pertenece ó se refiere al poliedro.

**POLYERGIE**, f. *poliergí*. Didáct. Poliergía, capacidad vastísima, talento que abraza muchos géneros.

**POLYERGIQUE**, adj. *poliergic*. Poliérgico, que tiene muchos géneros de actividad.

**POLYGALA ó POLYGALE**, m. *poligála*, *poligál*. Bot. Polígala, género de plantas de la diadelfia octandria de Lineo, del cual se usan en medicina dos especies.

**POLYGALIE**, f. *poligalí*. Med. Poligalia, superabundancia de leche en las mujeres.

**POLYGAME**, m. y f. *poligám*. Polígamo, el hombre que está casado con muchas mujeres; polígama, la mujer que está casada con muchos hombres á un tiempo. || Der. can. Polígamo, el hombre que ha estado casado varias veces sucesivamente, ó que lo ha estado con una viuda. Es tambien adjetivo. || Bot. Polígamo, se dice de las plantas que llevan sobre el mismo tallo flores hermafroditas, y flores unas machos y otras hembras.

**POLYGAMIE**, f. *poligamí*. Poligamia, estado del polígamo ó de la polígama. || Bot. Poligamia, clase del sistema de Lineo que encierra las plantas polígamas.

**POLYGAMIQUE**, adj. *poligamic*. Poligámico, que pertenece ó se refiere á la poligamia.

**POLYGARCHIE**, f. *poligarchí*. Poligarquía, gobierno que reside en muchas personas.

**POLYGÈNE**, adj. *poligén*. Didáct. Polígeno, que produce mucho.

**POLYGLOTTE**, adj. *poliglót*. Poligloto, que está escrito en muchas lenguas; que sabe un gran número de lenguas. || f. Poliglota, Biblia escrita ó impresa en muchas lenguas.

**POLYGONE**, m. *poligón*. Geom. Polígono, figura que tiene muchos lados. || Artill. Polígono, el sitio donde se ejercitan los artilleros en las maniobras del cañon.

**POLYGRAMME**, m. *poligrám*. Geom. ant. Poligrama, figura de muchos lados.

**POLYGRAPHE**, m. *poligráf*. Polígrafo, autor que ha escrito sobre muchas materias. || Polígrafo, máquina para obtener simultáneamente muchas copias de un escrito.

**POLYGRAPHIE**, f. *poligrafí*. Poligrafía, arte de escribir en cifras. || Poligrafía, arte de descifrar los escritos. || Coleccion de diferentes especies de escrituras.

**POLYGRAPHIQUE**, adj. *poligrafic*. Poligráfico, que pertenece ó se refiere al polígrafo ó á la poligrafía.

**POLYGYNE ó POLYGYNIQUE**, adj. *poligín*, *poliginic*. Bot. Polígínico, que contiene muchos pistilos ó que lleva muchos ovarios.

**POLYGYNIE**, f. *poliginí*. Bot. Poliginia, nombre dado en el sistema de Lineo á cuatro órdenes de plantas que tienen muchos pistilos en cada flor.

**POLYHÉMIE**, f. *poliemí*. Med. Polihemia, superabundancia de sangre.

**POLYHYDRIE**, f. *poliidrí*. Med. Polihidria, sudor excesivo.

**POLYLOGIE**, f. *polilogí*. Polilogía, talento de hablar sobre muchos asuntos diversos.

**POLYMATHE**, m. y f. *polimát*. Polimato, persona que tiene vastos conocimientos.

**POLYMATHIE**, f. *polimatí*. Polimatía, vasta extension de conocimientos; ciencia extendida y variada.

**POLYMATHIQUE**, adj. *polimatic*. Polimático, que se refiere al polimato ó á la polimatía.

**POLYMÉLIE**, f. *polimelí*. Anat. Polimelia, multiplicidad monstruosa de un miembro sobre un mismo cuerpo.

**POLYMÉRISME**, m. *polimerism*. Anat. Polimerismo, especie de monstruosidad que consiste en el número excesivo de partes, como cuando hay seis dedos en las manos, en los piés, etc.

**POLYMNIE ó POLYHYMNIE**, f. *polimní*, *poliimní*. Mit. gr. Polimnia, musa de la elocuencia. || Bot. Polimnia, especie de planta corimbífera.

**POLYNÔME**, m. *polinóm*. Álg. Polinomio, toda cantidad algebráica expresada por muchos términos distinguidos por los signos + (mas) y — (ménos).

**POLYONYME**, adj. *polionim*. Polionimo, que tiene muchos nombres.

**POLYOPIE ó POLYOPSIE**, f. *poliopí*, *poliopsí*. Med. Poliopia, vista múltiple.

**POLYOPTRE**, m. *polióptr*. Polioptro, instrumento de dióptrica. || adj. Polioptro, que multiplica los objetos.

**POLYOREXIE**, f. *polioreксí*. Med. Poliorexia, hambre excesiva, seguida de dolores de estómago.

**POLYPE**, m. *políp*. Zool. Pólipo, especie de animal acuático de la clase de los zoófitos. || Med. Pólipo, nombre que se da á una excrecencia ó tumor que sale en ciertas partes del cuerpo y particularmente sobre las membranas mucosas. || Pólipo, sangre coagulada en las arterias.

**POLYPÉTALE**, adj. *polipetál*. Bot. Polipétalo, que tiene muchos pétalos.

**POLYPEUX, EUSE**, adj. *polipeu*, *eus*. Zool. Poliposo, que pertenece al pólipo ó es de su naturaleza.

**POLYPHAGE**, adj. y s. *polifáge*. Didáct. Polífago, voraz, omnívoro.

**POLYPHAGIE**, f. *polifagí*. Polifagia, voracidad.

**POLYPHARMACIE**, f. *polifarmasí*. Med. Polifarmacia, farmacia complicada.

**POLYPHARMAQUE**, adj. y s. m. *polifarmác*. Med. Polifármaco, se dice del que emplea muchos remedios.

**POLYPHÈME**, m. *polifém*. Mit. Polifemo, hijo de Neptuno y de Toosa, el mas grande, el mas fuerte y mas célebre de los Cíclopes.

**POLYPHILE**, adj. *polifíl*. Didáct. Polífilo, que divide su afecto, su amistad entre muchos.

**POLYPHILIE**, f. *polifilí*. Polifilia, afecto dividido entre muchos.

**POLYPHONE**, adj. *polifón*. Polífono, que repite muchas veces el sonido.

**POLYPHYLLE**, adj. *polifíl*. Bot. Polifilio ó polifilo, que tiene muchas hojas ó muchas hojuelas distintas.

**POLYPHYSIE**, f. *polifisí*. Med. Polifisia, abundancia de flatuosidades; estado de una constitucion sujeta á muchos flatos.

**POLYPIER**, m. *polipié*. Polipero, habitacion comun de los pólipos.

**POLYPIONIE**, f. *polipioní*. Med. Polipionia, superabundancia de gordura; obesidad.

**POLYPITE**, m. *polipít*. Polipita, pólipo fósil.

**POLYPODE**, m. *polipód*. Bot. Polipodio, planta de la familia de los helechos.

**POLYPORE**, adj. *polipór*. Didáct. Políporo, que tiene muchos poros.

**POLYPOSIE**, f. V. POLYDIPSIE.

**POLYSARCIE**, f. *polisarsí*. Med. Polisarcia, corpulencia producida por la excesiva gordura.

**POLYSCOPE**, m. *poliscóp*. Ópt. Poliscopio, cristal que multiplica los objetos.

**POLYSIALIE**, f. *polisialí*. Med. Polisialia, excrecion excesiva ó superabundante de saliva.

**POLYSPASTE**, m. *polispást*. Polispasto, antigua máquina de muchas poleas.

**POLYSPERMATIQUE ó POLYSPERME**, adj. *polispermatic*, *polispérm*. Bot. Polispermático, que tiene muchas semillas.

**POLYSPERMIE**, f. *polispermí*. Bot. Polispermia, abundancia de semilla ó grano. || Med. Polispermia, abundancia de sémen espermático.

**POLYSTACHYÉ, ÉE**, adj. *polistaquié*. Bot. Polistaquiado, que tiene numerosas espigas.

**POLYSTYLE**, adj. *polistíl*. Arq. Polistilo, se dice de un edificio que tiene muchas columnas. || Bot. Polistilo, que tiene muchos estilos.

**POLYSYLLABE ó POLYSYLLABIQUE**, adj. *polisiláb*, *polisilabic*. Gram. Polisílabo, polisilábico, que tiene muchas sílabas.

**POLYSYNODIE**, f. *polisinodí*. Polisinodia, multitud de consejos, sistema de administracion que consiste en reemplazar á cada ministro con un consejo.

**POLYSYNDÉTON ó POLYSYNTHÉTON**, m. *polisendetón*, *polisentetón*. Ret. Polisíndeton, figura que consiste en encadenar los miembros de la oracion con muchas conjunciones.

**POLYTECHNIQUE**, adj. *politecnic*. Politécnico, que abraza muchas artes ó ciencias. || *École polytechnique*, escuela politécnica, célebre institucion creada en Paris en 1794.

**POLYTHÉISME**, m. *politeism*. Politeismo, sistema religioso que admite muchos dioses.

**POLYTHÉISTE**, m. y f. *politeíst*. Politeista, el que profesa el politeismo. || adj. *Religions polythéistes*, religiones politeistas.

**POLYTONE**, adj. *politón*. Mús. Politono, escrito en muchos tonos.

**POLYTRIC**, m. *politric*. Bot. Tricomanes, planta capilar, especie de culantrillo

**POLYTROPHIE**, f. *politrofí*. Med. Politrofia, abundancia de alimento; exceso de nutricion.

**POLYTROPHIQUE**, adj. *politrofíc*. Politrófico, que pertenece ó se refiere á la politrofia.

**POLYTYPAGE**, m. *politipáge*. Politipaje, la accion de politipar. V. CLICHAGE.

**POLYTYPE**, adj. *politíp*. Politipo ó politipio, que resulta del politipaje: *planche polytype*. || Que pertenece ó se refiere á la politipia.

**POLYTYPER**, a. *politipé*. Politipar, reproducir, multiplicar las formas de la imprenta moldeándolas. V. CLICHER.

**POLYTYPEUR**, m. *politipeur*. Politipador, el que se ocupa del politipaje.

**POLYURIE**, f. *poliurí*. Med. Poliuria, evacuacion muy abundante de orina.

**POLYURIQUE**, adj. *poliuríc*. Poliúrico, que pertenece ó se refiere á la poliuria.

**POMIFÈRE**, adj. *pomifér*. Pomífero, que lleva manzanas.

**POMMADE**, f. *pomád*. Pomada, composicion aromática hecha con diferentes ingredientes. || Perada, compota de manzanas. || Equit. Pomada, cierta vuelta en el manejo del caballo.

**POMMADER**, a. *pomadé*. Poner pomada, dar con pomada al pelo, á la peluca.

**POMMAILLE**, f. *pomáll*. Manzana de mala calidad.

**POMME**, f. *póm*. Manzana, fruto del manzano. || Pomo, manzanilla, bola, bolilla, nombre que se da á todos los adornos en metal ó madera que tienen figura redonda, como de manzana ó naranja. || Cogollo de berza, de lechuga, etc. *Pomme de chou*, cogollo de berza. || met. y fam. *La pomme d'Adam*, la nuez de la garganta. || met. *Donner la pomme à une femme*, darle á una mujer la palma de hermosa entre todas. || *Pomme de pin*, piña, el fruto que produce el pino. *Pomme d'orange*, naranja, fruto del naranjo. *Pomme de grenade*, granada, fruto del granado. *Pomme de merveille* ó *momordica*, balsamina, especie de planta. *Pomme d'amour*. V. TOMATE. || *Pomme épineuse*. V. STRAMONIUM. || *Pomme de terre*, patata, especie de hortaliza. || Mar. *Pomme de vedé*, bola de madera de figura aplastada que sobresale por encima de cada palo.

**POMMÉ, ÉE**, adj. *pomé*. Acogollado, apretado, apiñado: se dice de las berzas, lechugas, etc. *Chou pommé*, repollo. || met. y fam. *Fou pommé*, loco rematado. || met. y fam. *Sottise pommée*, necedad garrafal, completa. || POMMÉ, m. Cidra ó sidra hecha de manzanas.

**POMMEAU**, m. *pomó*. Pomo, extremo de la guarnicion de la espada que está encima del puño. || Pomo, eminencia que está encima del arzon de la silla de montar. || Anat. Muslo, la parte mas gruesa de la pierna. || Juanete, el hueso mas eminente del carrillo. En esta última acepcion suele decirse *pommette*.

**POMMELÉ, ÉE**, adj. *pomlé*. Aborregado, se dice del cielo cubierto de nubecillas blancas y separadas. || Tordo, tordillo, dícese del caballo que tiene la piel mezclada de blanco y negro.

**POMMELER (SE)**, r. *pomlé*. Aborregarse, ponerse aborregado, cubrirse el cielo de nubes blancas y separadas, que imitan los vellones de lana y que los marineros llaman algodones. || Atordarse, ponerse tordo, hablando de los caballos.

**POMMELETTE**, f. dim. de POMME. *pomlét*. Manzanilla, manzana pequeña. || Perilla, bolilla hecha para adorno de alguna obra.

**POMMELIÈRE**, f. *pomliér*. Vet. Tisis pulmonar de los caballos en su primer grado.

**POMMELLE**, f. *pomél*. Rastrillo ó ralla, plancha de hierro agujereada, que cierra la boca de un cañon ó conducto, para detener las heces de lo que cuela por él. || Remanadera, instrumento para sacar el grano á las pieles. || Perilla, bolilla de un mueble.

**POMMER**, n. *pomé* Bot. Repollar, acogollarse, apretarse, apiñarse las plantas y verduras.

**POMMERAIE**, f. *pomré*. Pomar, manzanal ó manzanar, terreno plantado de manzanos.

**POMMETÉ, ÉE**, adj. *pomté*. Blas. Adornado de perillas ó bolillas.

**POMMETER**, a. *pomté*. Blas. Adornar con perillas ó bolillas. || Pesc. Fisgar, pescar con la fisga.

**POMMETTE**, f. *pomét*. Perilla, bolilla hecha para adorno de alguna obra. || Anat. Juanete, parte mas prominente del carrillo. || Bot. Acerola, fruto del acerolo. || pl. Labrado de los pañuelos y cuellos de las camisas.

**POMMIER**, m. *pomié*. Bot. Manzano, árbol que lleva las manzanas. || *Pommier de paradis*, manzano ingerto en paraíso. || *Pommier sauvage*, maguillo, manzano silvestre. || Utensilio de piedra ó metal que sirve para asar las manzanas al fuego.

**POMOLOGIE**, f. *pomologí*. Didáct. Pomologia, tratado sobre las frutas.

**POMONE**, f. *pomón*. Mit. Pomona, diosa de los frutos. || Pomona, descripcion de los frutos de una region; conjunto de frutos de un pais ó clima

**POMPADOUR**, m. *ponpadúr*. Zool. Pompadur, especie de pájaro. || Bot. Pompadura, cal ó canto florido, arbustillo de flores muy hermosas. || adj. *Genre pompadour*, mal gusto en el arte, en escribir, en vestir, etc.

**POMPE**, f. *pónp*. Pompa, aparato magnífico y suntuoso que se hace en alguna funcion. || Pompa, fausto, vanidad y grandeza. || met. Elevacion, nobleza, sublimidad, hablando del estilo, del modo de expresarse, etc. || Bomba, máquina hidráulica para elevar el agua. || Bomba, pieza que sirve para subir ó bajar el tono de la corneta, flauta, etc. || Calderilla que está debajo de la pipa de fumar para recibir el jugo que segrega el tabaco. || *Canif à pompe*, cortaplumas de resorte. || *Pompe aspirante*, bomba aspirante. *Pompe foulante*, bomba impelente ó repelente.

**POMPER**, a. *ponpé*. Dar á la bomba, sacar agua. Úsase tambien como neutro. || met. y vulg. Beber.

**POMPEUSEMENT**, adv. *ponpeusmán*. Pomposamente, con pompa. || met. Pomposamente, con expresiones nobles, elevadas. || Pomposamente, ampulosamente, con énfasis, en términos altisonantes.

**POMPEUX, EUSE**, adj. *ponpeu*, *eus*. Pomposo, ostentoso, magnífico. || Pomposo, se dice del discurso, del estilo notable por sus expresiones nobles y elevadas. || met. *Pompeux galimatias*, pomposo galimatías, reunion de grandes palabras y hermosas frases que no significan nada.

**POMPIER**, m. *ponpié*. Bombero hidráulico, el que hace bombas. || Bombero, el encargado de dar á la bomba en los incendios.

**POMPON**, m. *ponpón*. Perendengue, dijes de poco valor que usan las mujeres. || Pompon, penacho, adorno de lana que llevan los militares en el chacó. || met. y fam. Adornos esmerados en el estilo.

**POMPONNER**, a. *ponponé*. Engalanar, componer, adornar con perendengues, dijes, joyas, etc.

**PONANT**, m. *ponán*. Poniente, la parte occidental del mundo y opuesta al Levante.

**PONANTIN** ó **PONANTAIS**, adj. m. *ponantén*, *ponanté*. Ponentino, que concierne al Poniente. || m. Mar. Ponentino, nombre que los marinos del Mediterráneo dan á los marinos del Océano.

**PONÇAGE**, m. *ponságe*. Apomace, accion de apomazar, de pasar la piedra pómez sobre una cosa para pulirla ó alisarla.

**PONCE**, f. *póns*. Piedra pómez, especie de produccion volcánica. || Cisquero, muñequita de carbon molido que sirve para estarcir los dibujos. || Tinta compuesta de humo de pez y aceite que sirve para marcar los lienzos y telas.

**PONCÉ, ÉE**, adj. *poncé*. Estarcido, se dice del dibujo pasado con cisquero. || Apomazado, se dice del metal ó madera pulimentada con la piedra pómez.

**PONCEAU**, m. *ponsó*. Puentecillo de un solo puente para pasar un arroyo. || Bot. V. COQUELICOT. || Punzo ó purpo, color de amapola muy viva. [illegible] bien adjetivamente [illegible]

**PONCEL**, m. ant. [illegible] puente pequeño.

**PONCER**, a. *poncé*. [illegible] sar la madera, el metal [illegible] piedra pómez. || [illegible] cisquero por él. || Marcar [illegible] || Esfumar, estregar al través [illegible] dos de un dibujo.

**PONCETTE**, f. dim. de [illegible] Art. Cisquero. V. PONCE [illegible]

**PONCEUX, EUSE**, adj. [illegible] se parece á la piedra pómez [illegible] ciado con ella.

**PONCHE**, m. V. PUNCH.

**PONCILLADE**, f. [illegible] ciana, arbusto de las Indias [illegible]

**PONCIRADE**, f. [illegible] buena, especie de [illegible]

**PONCIRE**, m. [illegible] citron, de limon muy grueso [illegible]

**PONCIS**, m. [illegible] el cisquero. || Papel cortado [illegible] regla.

**PONCTION**, f. [illegible] puntura, abertura que se hace [illegible] parte del cuerpo para [illegible] materia.

**PONCTUALITÉ**, f. [illegible] lidad, exactitud en hacer [illegible]

**PONCTUATEUR**, m. [illegible] tador, el que apunta los [illegible] sentes. Se dice tambien [illegible] dor, el que pone los [illegible]

**PONCTUATION**, f. [illegible] cion, arte ó modo de [illegible] colocacion de las notas [illegible] en un escrito.

**PONCTUÉ, ÉE**, adj. [illegible] con puntos. || [illegible] los animales y [illegible] dos de manchas en [illegible]

**PONCTUEL, LE**, adj. [illegible] pronto, exacto en lo [illegible] hacer.

**PONCTUELLEMENT** [illegible] mán. Puntualmente, [illegible]

**PONCTUER**, a. [illegible] tar, acentuar, [illegible] y acentos en un escrito.

**PONDAG**, m. [illegible] veta, en las minas de [illegible]

**PONDAGE**, m. [illegible] paga cada tonelada de [illegible] terra al entrar en el [illegible]

**PONDÉRABLE**, adj. [illegible] rable, que puede ser [illegible]

**PONDÉRANT, E**, adj. [illegible] do, que tiene peso. [illegible] sentido figurado [illegible] *pondérant*.

**PONDÉRATION**, f. [illegible] Equilibrio, relacion [illegible] cias que se equilibran [illegible] Esc. Equilibrio, [illegible] las figuras en [illegible] Equilibrio de las [illegible]

**PONDÉRER**, a. [illegible] peso, equilibrar. [illegible] figuradamente hablando [illegible] ticos.

**PONDÉREUX, EUSE**, adj. [illegible] Pesado, que tiene peso [illegible]

**PONDÉROSITÉ**, f. [illegible] gravedad.

**PONDEUR**, m. [illegible] pone, del verbo pondre [illegible] ha usado en [illegible] *deur s'en retourne* [illegible]

**PONDEUSE**, f. [illegible] dice de las [illegible] nen muchos huevos [illegible] gallinas. || met. y [illegible] buena ponedora [illegible] la mujer que [illegible]

**PONDRE**, a. *póndr*. [illegible] hablando de las aves. || [illegible] huevos: dícese [illegible] las tortugas, [illegible] oviparos. || prov. y [illegible] tener el nino [illegible]

*mer* tranquilamente de las conveniencias que trae consigo la riqueza.

**PONENT**, m. V. PONANT.

**PONEY**, m. *poné*. Caballo pequeño con pelo muy largo.

**PONGER**, n. *pongé*. Calarse, impregnarse de agua el cuero.

**PONGITIF, IVE**, adj. *pongitif, iv*. Med. Punzante, epíteto que se da á un dolor muy agudo.

**PONGO**, m. *póngo*. Zool. Pongo, orangutan de enorme altura.

**PONNE**, m. *pón*. Pona, moneda pequeña de Bengala y del Mogol. ‖ f. Mar. Bastimento pequeño de trasporte.

**PONSIF**, m. V. PONCIS.

**PONT**, m. *pón*. Puente, fábrica de piedra, hierro ó madera que se construye de una orilla á otra, en los rios, arroyos, fosos, etc., para poderlos pasar. ‖ *Pont volant*, puente volante. ‖ *Pont tournant*, puente giratorio, postizo ó de quita y pon. ‖ *Pont suspendu*, puente colgante, puente suspendido sobre el agua por medio de cadenas ó alambres gruesos de hierro tendidos de un lado al otro. ‖ *Pont de bateaux*, puente de barcas, el que se forma por medio de barcos sujetando los unos á los otros. ‖ *Pont dormant*, puente fijo, clavado, que no se mueve ni levanta. ‖ *Pont-levis*. V. Levis. ‖ prov. y met. *Laisser passer l'eau sous le pont*, dejar correr el agua: no meterse en nada, no mezclarse uno en lo que no le va ni le viene. ‖ Mar. Puente, cubierta, cada uno de los suelos entablados ó pisos que tienen los costados de un buque por medio de los baos sobre que están formados y sirven de plataforma para alojar la tripulacion y guarnicion y preservar la carga de la intemperie y del mar. = *Le pont*, el puente, el combés ó puente superior. ‖ met. *Pont aux ânes*, perogrullada, verdad de Perogrullo: respuesta trivial que da un ignorante sobre una cosa comun, que solo es dificultosa y ardua para él. ‖ met. *Faire pont d'or*, hacer la puente de plata: allanar y facilitar las cosas en que otro halla dificultades. ‖ *Ponts-et-chaussées*, direccion de caminos, puentes, calzadas, etc. ‖ Puente, cubo, base del cañon del órgano. ‖ Puente, en las galeras y carros cualquiera de los dos palos que por la parte superior aseguran la estacadura. ‖ Asa de campana.

**PONTAGE**, m. V. PONTONNAGE.

**PONTAL**, m. *pontál*. Mar. Puntal, la altura de un buque desde su planta hasta la cubierta superior.

**PONTANIER**, m. V. PONTONNIER.

**PONTE**, f. *pónt*. Postura, la accion de poner sus huevos las aves y estacion en que los ponen. Si son pájaros, se dice tiempo de cria. ‖ Postura, producto de la postura misma. ‖ Miner. Roca que sirve de apoyo á un filon ó le cubre. V. ÉPONTE. ‖ m. Punto, en el juego del tresillo es el as de oros ó de copas cuando son triunfos. ‖ Punto, en los juegos de banca ó faraon es el que apunta ó juega contra el banquero.

**PONTÉ, ÉE**, adj. *ponté*. De un puente, se dice de una embarcacion que tiene un solo puente. ‖ PONTE, m. Guardamonte de una espada.

**PONTEAU**, m. *pontó*. Pieza de metal para fabricar telas de seda. ‖ Puente con una compuerta.

**PONTELER**, a. *pontlé*. Poner las piezas de metal que se usan para fabricar las telas de seda.

**PONTENAGE**, m. V. PONTONNAGE.

**PONTER**, n. *ponté*. Apuntar, parar, poner dinero sobre una carta en la banca.

**PONTET**, m. *ponté*. Guardamonte: en las armas de fuego es una pieza de hierro en semicírculo, clavada en la caja sobre el disparador para su reparo y defensa. ‖ Parte de una silla en forma de arcada.

**PONTIFE**, m. *pontif*. Pontífice, persona sagrada que tiene jurisdiccion y autoridad en las cosas de la religion. ‖ *Le souverain pontife*, el sumo pontífice, el papa. ‖ Pontífice, nombre que se da á los obispos y prelados en general. Es muy usado en estilo elevado.

**PONTIFICAL, E**, adj. *pontificál*. Pontifical, que pertenece á la persona, decoro, ceremonias ó ornamentos del papa ó de los obispos. ‖ Pontificio, que pertenece á la dignidad, jurisdiccion y autoridad papal. ‖ PONTIFICAL, m. Pontifical, el libro ceremonial de los obispos, ó que contiene las ceremonias tocantes al ministerio de los obispos.

**PONTIFICALEMENT**, adv. *pontificalmán*. Pontificalmente, de pontifical, con las ropas pontificales.

**PONTIFICAT**, m. *pontificá*. Pontificado, dignidad de sumo pontífice. ‖ Pontificado, dignidad de papa; tiempo durante el cual un pontífice ó papa ocupa la silla apostólica.

**PONTIL**, m. *pontíl*. Pontil, instrumento para hacer los vidrios de soplete. ‖ Vidrio sobre el cual se extiende el esmeril.

**PONTILLER**, a. y n. *pontillé*. Pontilar, servirse del pontil. ‖ Soplar con el soplete para hacer vidrios.

**PONTILLES**, f. pl. Mar. V. ÉPONTILLES.

**PONTINS (MARAIS)**, m. pl. *marepontén*. Lagunas pontinas, pantanos inmensos que están cerca de Roma

**PONT-NEUF**, m. *ponneuf*. Cancion francesa muy popular.

**PONTON**, m. *pontón*. Ponton, gran barco chato que sirve de punto de apoyo para la carena de los navíos, para el embarque y desembarque de los grandes fardos y para limpiar los puertos. ‖ Ponton, puente flotante para pasar tropas ó artillería por un rio. ‖ Plancha sobre la cual trabajan dentro del agua los que calafatean los navíos. ‖ Ponton, nombre de los buques viejos y cascados que sirven en los puertos para muchos usos.

**PONTONNAGE**, m. *pontonáge*. Pontazgo, pontaje, derecho que se paga por las personas, carruajes ó mercancías que atraviesan un rio, sea sobre un puente ó sea en barco.

**PONTONNIER**, m. *pontonié*. Pontazguero, el cobrador del pontazgo.

**PONTUSEAU**, m. *pontusó*. Puntizon, nombre que dan en las fábricas de papel á las varillas de alambre que atraviesan los moldes. ‖ pl. Puntizones, las rayas que dichas varillas dejan señaladas en el papel.

**POPE**, m. *póp*. Antig. rom. Pope, victimario, el que degollaba ó mataba las víctimas. ‖ Pope, nombre que dan los Rusos á los sacerdotes del rito griego.

**POPELINE**, f. *poplín*. Muselina de lana fina. Deberia decirse *papeline*. V. esta palabra.

**POPINE**, f. ant. *popín*. Muñeca con que juegan las niñas. ‖ ant. Taberna, bodegon.

**POPINER (SE)**, r. *popiné*. Emperejilarse, adornarse, ataviarse.

**POPLITÉ, ÉE**, adj. *poplité*. Anat. Poplíteo, que pertenece al jarrete ó á la corva.

**POPPYSME**, m. *popísm*. Popismo, pequeño ruido que se hace con la lengua para halagar á un caballo cuando se le acaricia con la mano.

**POPULACE**, f. *populás*. Populacho, vulgo.

**POPULACERIE**, f. *populasrí*. Costumbres, maneras del vulgo.

**POPULACIER, ÈRE**, adj. *populasié, ér*. Popular, que pertenece al populacho, que es propio de él, etc.

**POPULAGE**, m. *populáge*. Bot. Yerba centella, género de plantas.

**POPULAIRE**, adj. *populér*. Popular, que es del pueblo, pertenece al pueblo ó concierne á él. ‖ Popular, llano, afable, tratable para con todos. ‖ Popular, que busca y se concilia el afecto del pueblo. ‖ Popular, se dice tambien de las maneras, del lenguaje, etc. ‖ m. ant. El pueblo.

**POPULAIREMENT**, adv. *populermán*. Popularmente, llanamente, á la manera del pueblo, como el pueblo. ‖ Popularmente, de un modo favorable al pueblo.

**POPULARISER**, a. *popularisé*. Popularizar, hacer popular y vulgar. ‖ Popularizar, acreditar á alguno en el concepto público. ‖ *Se populariser*, r. Popularizarse, hacerse popular, hacerse con el pueblo, conciliarse su estimacion y afecto.

**POPULARISME**, m. *popularism*. Popularismo, gobierno popular. ‖ Popularismo, corte servil y baja hecha al pueblo para ganar su afecto.

**POPULARITÉ**, f. *popularité*. Popularidad, afabilidad, llaneza, carácter, conducta propia para ganar el favor del pueblo. ‖ Popularidad, favor público, crédito entre el pueblo.

**POPULATION**, f. *populasión*. Poblacion, el número de vecinos ó habitantes que componen una ciudad ó país.

**POPULÉUM**, m. *populeóm*. Farm. Populeon, nombre de cierto ungüento.

**POPULEUX, EUSE**, adj. *populeu, eus*. Populoso, muy poblado.

**POPULICIDE**, adj. *populisíd*. Funesto para el pueblo: *loi populicide*. ‖ m. Populicida, asesino del pueblo, es decir, que atenta contra su felicidad. ‖ Populicidio, crímen contra los intereses del pueblo.

**POPULO**, m. vulg. *populó*. Redrojo, se dice de un niño cachigordete.

**POQUE**, m. ant. *póc*. Poque, juego de naipes que tiene alguna semejanza con el chilindron.

**POQUER**, a. *poqué*. Tirar una bocha con elevacion para que no ruede.

**PORACÉ, ÉE**, adj. *porasé*. Med. Verdinoso, de color de puerro ó de berza. Dícese de los humores, postemas, etc.

**PORC**, m. *pórc*. Puerco, cerdo, animal doméstico que se ceba y engorda para que sirva de mantenimiento. En frances mas se toma por el tocino ó puerco muerto que por el vivo; este se llama comunmente *cochon*. ‖ Puerco, la carne que da este animal. ‖ met. y fam. Puerco, cochino: dícese de la persona sucia y desaseada; y marrano del sugeto sucio y gloton. ‖ *Porc frais*, tocino fresco ó saladillo. ‖ Jabalí, cuadrúpedo montaraz. ‖ Escoria de la primera fundicion.

**PORCELAINE**, f. *porslén*. Porcelana, china, especie de loza fina, trasparente, clara y lustrosa. ‖ Porcelana, cualquier vaso ó otro objeto hecho de esta materia. ‖ Zool. Porcelana, conchilla univalva muy bonita y lustrosa. ‖ Porcelana, tela de algodon de las Indias. ‖ Med. Porcelana, enfermedad de la piel. ‖ adj. *Cheval porcelaine*, caballo porcelana, caballo tordo manchado de negro claro.

**PORCELANISÉ, ÉE**, adj. poco us. *porslanisé*. Convertido en porcelana.

**PORCELANITE**, f. *porslanít*. Miner. Porcelanita, porcelana fósil.

**PORC-ÉPIC**, m. *porc-epíc*. Zool. Puercoespin, cuadrúpedo del órden de los rumiantes.

**PORCHAISON**, f. *porchesón*. Mont. El tiempo en que se puede comer el jabalí, por estar en buenas carnes.

**PORCHE**, m. *pórche*. Porche, pórtico de una iglesia, de un palacio, etc. ‖ Soportal, pieza cubierta que suelen tener las casas ántes de la entrada principal. ‖ *Porche en tambour*, parche de tambor, especie de cancel ó vestíbulo de ebanistería colocado en la parte interior de la puerta de una iglesia.

**PORCHER, ÈRE**, m. y f. *porché, ér*. Porquero, el que guarda los cerdos. ‖ met. y fam. Puerco, grosero, sucio, desaliñado.

**PORCHERIE**, f. *porcherí* (e muda). Porchiquera ó pocilga, establo de puercos. ‖ met. y pop. Porquería, cosa repugnante, sucia y asquerosa.

**PORC-MARIN**, m. *porcmarén*. Puerco marino, pescado grande, llamado tambien y mas comunmente *marsouin*, marsopa.

**PORC-SANGLIER**, m. *porcsanglié*. Jabalí. V. SANGLIER.

**PORE**, m. *pór*. Poro, agujerito ó abertura imperceptible en la piel del cuerpo animal; y por extension se dice de los demas cuerpos. Se usa generalmente en plural.

**PORÉE**, f. V. POIREAU.

**POREUX, EUSE**, adj. *poreu, eus*. Poroso, que tiene poros.

**PORISME**, m. *porism*. Geom. Porismo, teorema muy fácil, corolario, lema.

**PORISTIQUE**, adj. *poristíc*. Mat. Porístico, que se apoya en un porismo. ‖ *Méthode poristique*, método porístico, modo de proceder por porismos ó lemas en una demostracion.

**PORITE**, m. *porít.* Zoóf. Porita, especie de madrépora. || pl. Porites, madréporas petrificadas en ágata.

**PORNOGRAPHE**, m. *pornográf.* Pornógrafo, autor de un tratado sobre la pornografía. || Pornógrafo, autor de un libro obsceno.

**PORNOGRAPHIE**, f. *pornografí.* Pornografía, tratado sobre la prostitucion.

**PORNOGRAPHIQUE**, adj. *pornografíc.* Pornográfico, que pertenece ó se refiere á la pornografía.

**POROCÈLE**, f. *porosél.* Med. Porocelo, especie de hernia callosa.

**POROROCA**, f. *pororóca.* Pororoca, flujo violento que ataca á los navegantes entre el cabo del Norte y Macapa, pero que solo dura dos minutos.

**POROSITÉ**, f. *porosité.* Porosidad, cualidad ó estado de un cuerpo poroso.

**PORPHYRE**, m. *porfír.* Pórfido, especie de mármol durísimo, cuyo fondo es rojo ó verde con manchas blancas. || Pórfido, mármol para moler los colores. || Farm. Pequeña mesa, ordinariamente de pórfido, para moler las sustancias que han de pulverizarse.

**PORPHYRION**, m. *porfirión.* Zool. Porfirion, pájaro de color de púrpura.

**PORPHYRISATION**, f. *porfirisasión.* Farm. Porfirizacion, accion de porfirizar. || Porfirizacion, estado de lo que está porfirizado.

**PORPHYRISER**, a. *porfirisé.* Porfirizar, moler una sustancia con la moleta sobre una mesa muy dura y bien lisa, ordinariamente de pórfido, para reducirla á polvo muy fino.

**PORPHYRITE**, m. *porfirít.* Miner. Porfirito, almendrilla que se aproxima al pórfido. || Higo del color del pórfido.

**PORPHYROÏDE**, adj. *porfiroíd.* Porfiroide, que tiene la apariencia del pórfido.

**PORQUER**, a. *porqué.* Mar. Poner los sobreplanes ó varengas, fortificar por medio de varengas.

**PORQUES**, m. pl. *pórc.* Mar. Puercas, sobreplanes.

**PORRACÉ, ÉE**, adj. V. PORACÉ.

**PORREAU**, m. Bot. V. POIREAU.

**PORRECTION**, f. *porrecsión.* Liturg. Accion de presentar una cosa (del latin *porrigere*). Ceremonia usada en la colacion de las órdenes menores, y consiste en poner en la mano de los ordenados, ó simplemente hacerles tocar, los instrumentos relativos á su ministerio.

**PORRIGO**, m. *porrigo* Med. Porrigo, crasis de la piel de la cabeza.

**PORSES**, f. pl. *pórs.* Art. Pedazos de papel entre los fieltros.

**PORT**, m. *pór.* Puerto, lugar que ofrece á los buques un abrigo contra los vientos y las tempestades. Tambien se llama puerto el sitio donde se cargan y descargan los buques cerca de los rios. || Ciudad edificada sobre un puerto. || met. Puerto, lugar de reposo, situacion tranquila; refugio, asilo. || Porte, carga ó peso que puede llevar una embarcacion. || Porte, el precio que se paga por el trasporte de una cosa, y el que se paga por las cartas del correo. || Porte, el talante de una persona, su marcha, su presencia, continente, etc. *Elle a le port d'une reine*, tiene el porte de una reina: se dice de una mujer que tiene un porte majestuoso y un aire noble. || En el juego del hombre se dice de los naipes con que uno se queda en la mano cuando se descarta para robar. || Bot. Porte, traza, aspecto de una planta, su forma distintiva. || *Port d'armes*, porte de armas, accion, derecho de llevar armas. || Mús. *Port de voix*, porte de voz, adorno ó modulacion en el canto. || *Arriver à bon port*, llegar felizmente. || *Boucher un port*, *fermer un port*, cerrar la entrada de un puerto. || *Gagner un port*, entrar en un puerto. || *Faire naufrage au port*, naufragar en el puerto, en su misma entrada.

**PORTABLE**, adj. *portábl.* Trasladable, que se puede llevar de un lugar á otro.

**PORTAGE**, m. *portáge* Conduccion, trasporte, acarreo. || *Droit de portage*, pacotilla franca, franquicia de fletes que se concede á los marineros y oficiales para llevar ropa ú otros efectos hasta cierto peso. Tambien tienen este derecho los viajeros; ahora se dice *port-permis.*

**PORTAIL**, m. *portáll.* Portada, frontispicio, la fachada de una iglesia donde está su puerta principal.

**PORTANT, E**, adj. *portán.* Bueno ó malo, que lo pasa bien ó mal, hablando de salud. Nunca se usa sin los adverbios *bien* ó *mal.* || *Coup de fusil à bout portant*, tiro á boca de jarro, tiro á quemaropa. || met. y fam. *Il lui a dit cela à bout portant*, se lo dijo en sus barbas, en sus bigotes. || *L'un portant l'autre*, uno con otro, compensado uno con otro. || PORTANT, m. Portante, pedazo de hierro debajo del iman al cual se atan los pesos. || Portante, parte del tahalí y cinturon que sirve para acortarlo ó alargarlo. || Portante, hierro de la silla de manos donde entran los palos. || Asa movible de las maletas, baules, etc.

**PORTATIF, IVE**, adj. *portatíf, ív.* Portátil, manual, que se puede llevar de una parte á otra por su poco peso ó volúmen. || fam. *N'être pas portatif*, no estar para andar ó para moverse: estar pesada una persona.

**PORTE**, f. *pórt.* Puerta, abertura que se hace en la pared, desde el suelo hasta la altura suficiente para entrar y salir por ella; y la madera ú otra materia con que se cierra. || Puerta, abertura que se hace en el recinto exterior de una ciudad, de una plaza fuerte. || Puerta, lo que cierra ciertos muebles; como las puertas de un armario, de una alcoba, etc. || Corcheta, la hembra del corchete. || met. Puerta, entrada, introduccion. || Puerta, la corte del emperador de los Turcos, que se llama la *Porte ottomane* ó simplemente *la Porte*, la Puerta otomana, la Puerta. || *Bouton de porte*, manecilla para tirar de la puerta y cerrarla. || *Fausse porte*, puerta falsa, postigo. || adv. *A porte close*, á puerta cerrada, sin testigos, en secreto. || *Faire défendre sa porte*, dar órden que no entre nadie, no permitir la entrada á nadie. || *Mettre à la porte*, poner ó plantar en la calle: despedir á alguno. || *Prendre la porte*, tomar el pendil, escapar. || *Mettre la clé sous la porte*, desaparecer furtivamente. || *Fermer, pousser la porte au nez*, dar con la puerta en la cara. || *A porte ouvrante*, *à porte fermante*, al abrir las puertas, al cerrar las puertas: se entiende de una ciudad ó plaza de armas. || *Porte de derrière*, puerta trasera, puerta falsa; y figuradamente significa en frances escapatoria, efugio.

**PORTE**, adj. f. *pórt.* Anat. Solo se usa en *veine porte*, vena porta.

**PORTÉ, ÉE**, part. pas. de PORTER. *porté.* *Etre porté à*, tener inclinacion á: *porté à médire*, *porté au bien*, *à l'étude*, etc.

**PORTE-AIGUILLE**, m. *portegüíll.* Cir. Instrumento para sujetar las agujas.

**PORTE-ARQUEBUSE**, m. *portarcbús.* Ballestero, el que da la escopeta al rey en la caza.

**PORTE-ASSIETTE**, m. *portasiét.* Redondela de metal ó de mimbre sobre que se pone el plato que se sirve en la mesa para resguardar el mantel.

**PORTE-AUNE**, m. *portón.* Varilla de fierro para colgar la vara de medir.

**PORTE-BAGUETTE**, m. *portbaguét.* Abrazaderas, especie de anillos que tiene el fusil y las demas armas de fuego, en donde entra la baqueta.

**PORTE-BALLE**, m. *portbál.* Buhonero, gargolero, el que lleva su tienda al hombro de feria en feria.

**PORTE-BANNIÈRE**, m. *portbaniér.* Porta-estandarte, abanderado de un regimiento.

**PORTE-BARRES**, m. *portbár.* Rendal, el que llevan las caballerías que van unidas ó uncidas.

**PORTE-BÉNITIER**, m. *portbenitié.* El acólito que lleva el acetre ó la calderilla del agua bendita.

**PORTE-BOUGIE**, m. *portbugí.* Cañoncete, instrumento que sirve para introducir candelillas en la uretra.

**PORTE-BROCHE**, m. [illegible] mango móvil del asador.

**PORTE-CHAPE**, m. [illegible] eclesiástico á quien le toca llevar capa pluvial en los oficios, procesiones, etc.

**PORTE-CHAPEAU**, m. [illegible] Poliuro, género de plantas.

**PORTE-CHOUX**, m. [illegible] hortelano, que sirve para llevar hortaliza.

**PORTE-CLÉS**, m. *portclé.* [illegible] que lleva ó tiene las llaves, ó está encargado de ellas.

**PORTE-COLLET**, m. [illegible] llo, distintivo que llevan los clérigos en el cuello.

**PORTE-CORNE**, m. [illegible] nocerونte, animal cuadrúpedo.

**PORTE-CRAYON**, m. [illegible] cero, cañoncito de metal que sirve para sujetar el lápiz con que se dibuja.

**PORTE-CROIX**, m. [illegible] rio, crucero, el acólito que lleva la cruz en la iglesia.

**PORTE-CROSSE**, m. [illegible] te encargado de llevar el báculo del obispo.

**PORTE-DIEU**, m. [illegible] el cura que lleva el viático.

**PORTE-DRAPEAU**, m. [illegible] res, porta-estandarte, el que lleva el estandarte en los regimientos de caballería.

**PORTÉE**, f. *porté.* Camada, [illegible] todos los hijuelos que las hembras de [illegible] males cuadrúpedos paren de una vez; y tambien preñado de las hembras de [illegible] males. En vez de camada, se dice [illegible] piamente lechigada y cachillada [illegible] de las marranas, y por extension [illegible] vulgar de los demas animales. || [illegible] tiro, término á que llega una [illegible] arroja ó dispara. || *Etre à portée* [illegible] situacion ó posicion conveniente [illegible] *à portée de demander*, *d'obtenir* [illegible] etc. || Capacidad, comprension, [illegible] do lo que puede hacerse, lo que [illegible] cebir el entendimiento de una [illegible] Tiro, tirantez, lo largo de una [illegible] recta. || Extension, capacidad, [illegible] largo ó en ancho. || Fuerza, valor [illegible] presion, de un discurso, etc. || [illegible] grama, las cinco líneas paralelas [illegible] que se escriben las notas.

**PORTE-ENCENSOIR**, m. [illegible] *sudr.* Turiferario, acólito que lleva el incensario.

**PORTE-ENSEIGNE**, m. [illegible] Abanderado, subteniente de bandera [illegible] ra se dice *porte-drapeau.*

**PORTE-ÉPÉE**, m. *portepé.* [illegible] da, cinturon, biricú.

**PORTE-ÉPERON**, m. [illegible] lla, correa de las espuelas.

**PORTE-ÉTENDARD**, m. [illegible] Porta-estandarte, oficial que en [illegible] lleva el estandarte. || [illegible] pedazo de cuero pegado á la silla [illegible] para apoyar el regaton del estandarte.

**PORTE-ÉTRIERS**, m. [illegible] estribos, correa para sostener [illegible] despues de desmontado.

**PORTE-ÉTRIVIÈRES**, m. [illegible] *viér.* Sortijas que están á los [illegible] lla para colgar las estriberas.

**PORTE-FAIX**, m. *portfé.* [illegible] costalero, ganapan, mozo de [illegible]

**PORTEFEUILLE**, m. [illegible] para llevar papeles, [illegible] Cartera, se usa hablando [illegible] funciones de un ministro, [illegible] *d'écolier*, bolsa para llevar [illegible] vademécum. || *Ouvrages* [illegible] obras manuscritas no publicadas.

**PORTE-HUILIER**, m. [illegible] llas, cabillo en que se ponen [illegible] para la mesa.

**PORTE-IRIS**, m. [illegible] animal marino que tiene el [illegible] po unos círculos que se parecen [illegible]

**PORTE-LANTERNE**, m. [illegible] Zool. Lucernas de Indias, género [illegible] tos.

**PORTE-MALHEUR**, m. *portmaleur.* Azaroso, funesto : dícese familiarmente de un hombre cuya compañía ó presencia es perjudicial, ó se supone de mal agüero.

**PORTE-MANTEAU**, m. *portmantó.* Percha, pedazo de madera ó de metal que puesto en la pared sirve para colgar vestidos, capas, etc. || Portamanteo, maleta pequeña. || Guardaropa, oficial que habia ántes en palacio encargado de guardar la ropa esterior del rey, y dársela cuando tenia que ponérsela otra vez.

**PORTEMENT**, m. *portmán.* Accion de llevar. Solo se usa en *portement de croix*, pintura que representa á Jesus con la cruz á cuestas.

**PORTE-MISSEL**, m. *portmisél.* Atril para el misal.

**PORTE-MITRE**, m. *portmitr.* Portamitra, capellan destinado á llevar la mitra al prelado.

**PORTE-MORS**, m. *portmór.* Portamozos, correas que sostienen por ambos lados el bocado del freno.

**PORTE-MOUCHETTES**, m. *portmuchét.* Platillo para poner las despabiladeras.

**PORTE-MOUSQUETON**, m. *portmuscotón.* Mosquetero, gancho en que se cuelga el mosquete ó carabina, y que generalmente se lleva en una correa ó banda.

**PORTE-PIÈCE**, m. *portpiés.* Sacabocado, instrumento de hierro ó acero con que se hacen recortados. || met. Mordaz, maldiciente, murmurador.

**PORTE-PIERRE**, m. *portpiér.* Cir. Especie de lapicero para llevar la piedra infernal.

**PORTE-QUEUE**, m. *portqueu.* Caudatario, el que levanta la cola de los hábitos del prelado. || Zool. Especie de insecto.

**PORTER**, a. *porté.* Llevar, traer sobre sí. || Llevar, conducir, guiar. || Inclinar, incitar. || met. Sostener, ayudar, favorecer á alguno. || Producir, dar, hablando de terrenos, de plantas, etc. || Traer, contener, hablando de un escrito. || Llevar, tener tantos ó puntos en el juego. || Llevar, sufrir incomodidades, malos ratos, disgustos, etc. || *Porter envie*, tener envidia. || *Porter le deuil*, llevar luto. || *Porter un coup d'épée*, dar una estocada. || *Porter une santé*, echar un brindis. || *Porter la main sur quelqu'un*, herir, dar un golpe á alguno. || *Porter ses regards, sa vue en quelque endroit*, poner los ojos, la vista en alguna parte. || met. *Porter ses vues bien haut*, formar grandes proyectos. || *Porter sa vue bien loin*, prever las cosas de léjos. || *Porter en compte*, abonar en cuenta. || Manifestar, mostrar, poner á la vista alguna cosa. || *Porter bien son vin*, beber mucho sin embriagarse. || n. Cargar, descansar, estribar sobre alguna cosa. || Alcanzar, dícese de los tiros de fuego, ó de cualquier arma arrojadiza. *Tous les coups ne portent pas*, todos los tiros no alcanzan. || met. Apoyarse, fundarse. || *Se porter*, r. Llevarse, ser llevado. || *Se porter au bien*, inclinarse á lo bueno ó al bien. || *Se porter bien ó se porter mal*, pasarlo bien, estar bueno, mantenerse bueno; ó pasarlo mal, no estar bueno, estar malo. || *Se porter y mejor se comporter en homme de cœur*, portarse, conducirse como hombre de valor. || For. *Se porter pour appelant*, mostrarse como apelante, apelar de una sentencia. || *Se porter héritier ó pour héritier*, tomar la calidad de heredero, obrar como ó en calidad de tal. || *Se porter partie contre quelqu'un*, hacerse, declararse parte contraria en un pleito.

**PORTER**, m. *portér.* Especie de cerveza fuerte. Es voz tomada del inglés.

**PORTEREAU**, m. *porteré* (e muda). Navig. Compuerta, especie de puerta que se pone en los canales y en los portillos de las presas de los rios para dar entrada al agua ó detenerla cuando conviene.

**PORTERIE**, f. *porteri* (e muda). Portería, habitacion del portero.

**PORTE-RESPECT**, m. *port-respé.* Arma ó persona que intimida, que inspira respeto.

**PORTE-TAPISSERIE**, m. *port-tapisri.* Sobrepuerta.

**PORTE-TOLET**, m. *port-tolé.* Mar. Chumacera.

**PORTEUR, EUSE**, m. y f. *porteur, eus.* Portador, el que lleva ó trae alguna cosa. || Mandadero, el que lleva encargos, cartas, esquelas, etc. || *Porteur de chaise*, silletero, mozo de silla de manos. || *Porteur d'eau*, aguador, azacan. || *Porteur*, en términos de comercio, es el que presenta una letra, que tambien se dice portador. || *Porteur de mauvaises nouvelles*, correo de malas nuevas. || *Chaise à porteur*, silla de manos. || Caballo de postillon.

**PORTE-TRAIT**, m. *port-tré.* Alzatirantes, correa para sostener los tirantes de los coches.

**PORTE-VENT**, m. *portván.* Cañon de madera que lleva el viento desde el fuelle de un órgano hasta el recipiente. || Cañon de gaita.

**PORTE-VERGE**, m. *portvérge.* Mullidor, pertiguero, bedel, portero de vara en una iglesia.

**PORTE-VOIX**, m. *portvuá.* Bocina, cerbatana, trompetilla para los sordos.

**PORTIER, ÈRE**, m. y f. *portié, ér.* Portero, el que cuida y guarda la puerta principal de una casa particular ó de comunidad, y está encargado de abrirla y cerrarla. || *Loge de portier*, cuartito ó garita de portero, portería.

**PORTIÈRE**, f. *portiér.* Portecilla de coche ó puerta del estribo. || *Être à la portière, être assis à la portière*, ir al estribo. || Mampara de una puerta. || Art. Cierto tapon ó cubierta de madera de una pieza de cañon. || Portera, demandadera de monjas. || adj. f. *Brebis, vache portière*, oveja, etc., paridera, de vientre, de cria. Dícese en general de las hembras de los animales que se mantienen para hacer casta.

**PORTION**, f. *porsión.* Porcion, parte de un todo dividido como tal. || Porcion, pitanza, racion que se da para el sustento diario á cada individuo en los conventos y otras comunidades.

**PORTIONCULE**, f. *porsioncúl.* Porcioncilla, porcion pequeña.

**PORTIONNAIRE**, adj. y s. *porsionér.* Partícipe, que tiene parte en alguna cosa.

**PORTIQUE**, m. *portic.* Pórtico, galería baja ó portal que se pone á la entrada de los edificios magníficos.

**PORTOIR**, m. *portuár.* Tabla para llevar las raciones de los religiosos al refectorio.

**PORTOR**, m. *portór.* Mármol negro con vetas amarillas.

**PORT-PERMIS**, m. *porpermí.* Mar. Lo que un oficial puede cargar por su cuenta á bordo del buque en que sirve.

**PORTRAIRE**, a. ant. *portrér.* Retratar, sacar el retrato de alguno.

**PORTRAIT**, m. *portré.* Retrato, semejanza de una persona, ó representacion de una persona en pintura ó en estampa. || Retrato, pintura, descripcion que se hace del exterior ó del carácter de una persona. || Retrato, descripcion de toda especie de objetos. || *Portrait en pied*, retrato de cuerpo entero. || *C'est son portrait*, es su retrato, es su traslado, un vivo traslado ó retrato : se dice hablando de un hijo, de una hija que se parece mucho á su padre ó á su madre. || *Peintre en portraits*, retratista, pintor de retratos.

**PORTRAITEUR**, m. ant. *portreteur.* Retratista, el que solo hace retratos.

**PORTRAITIQUE**, adj. *portretic.* Que pertenece á un retrato, que participa de él.

**PORTRAITISTE**, m. *portretist.* Retratista, pintor que hace retratos.

**PORTRAITURE**, f. *portretúr.* Retrato, antiguamente. || Arte de retratar. || *Livre de portraiture*, cartilla de dibujo.

**PORTUGAIS, E**, adj. y s. *portugué, és.* Portugues, de Portugal.

**PORTULA ó PORTULACA**, f. *portúla, portuláca.* Bot. Pórtula, género de plantas, tipo de la familia de las portuláceas. *Portulaca* es palabra latina que significa verdolaga, y parece ser lo que se llama *pourpier* en frances.

**PORTULACÉES**, f. pl. *portulasé.* Bot. Portuláceas, familia de plantas leguminosas.

**PORTULAN**, m. *portulán.* Carta de marear en que están marcados los puertos, ensenadas, costas, fondeaderos bajos etc.

**PORTUMNE**, m. *portúmn.* Mit. Portumno, dios que presidía en los puertos.

**PORYDROSTÈRE**, m. *poridrostér.* Fís. Poridróstero, instrumento para conocer el peso específico de un líquido.

**POSAGE**, m. *poságe* Trabajo y precio de poner, de colocar ó asentar ciertas obras en su lugar.

**POSE**, f. *pós.* Asiento, asentamiento, accion de colocar las piedras ó sillares en alguna obra. || Ceremonia que se hace cuando se coloca la primera piedra de un monumento público. || Mil. Centinela apostada ó avanzada que se pone despues del toque de retreta. || Posicion, postura.

**POSÉ, ÉE**, adj. *posé.* Puesto, colocado. || Sentado, sosegado ó ajuiciado : se dice de las personas y de las cosas que tienen relacion con ellas; como *homme posé, enfant posé, air posé, etc.* || *Écrire à main posée*, escribir pausadamente para formar mejor la letra. || *Posé que*, puesto que, supuesto que, dado que. || *Cela posé*, supuesto eso, admitido esto ó eso, etc. || *Posé le cas que*, dado caso que, sentado el caso que, etc.

**POSÉMENT**, adv. *posemán.* Pausadamente, sosegadamente, con pausa.

**POSER**, a. *posé.* Poner, asentar, colocar, cargar una cosa sobre otra. || Poner, colocar, dejar una cosa en el puesto ó lugar en que debe estar descansando. || Mil. Deponer, rendir, entregar las armas. || Poner, suponer, dar por sentado. || Asentar las piedras ó los sillares de una obra. || met. Establecer, sentar principios, máximas. || Dejar, soltar, poner en tierra. || *Poser les armes*, dejar, deponer, rendir, entregar las armas la tropa. || met. *Poser les armes*, dejar las armas : acabar la guerra, hacer la paz. || Apostar guardias, centinelas. || n. Asentar, descansar, estribar sobre alguna cosa : *la poutre pose sur le mur.* || Asentarse, hacer poso, hacer asiento del que hacen los líquidos en las vasijas. || Tomar cierta actitud, hablando de una persona que sirve de modelo ó que se hace retratar. || *Se poser*, r. Ponerse, colocarse, posarse las aves en la cima de un árbol, etc.

**POSEUR**, m. *poseur.* Ponedor, el que pone ó coloca las piedras en una obra. || *Poseur de sonnettes*, el oficial de cerrajero que pone las campanillas en las casas.

**POSITIF, IVE**, adj. *positíf, ív.* Positivo, cierto, que no tiene duda. || Positivo, lo mismo que afirmativo, por contraposicion á negativo. || Positivo, por oposicion á natural. *Le droit positif divin*, el derecho positivo divino, todo lo que Dios ha ordenado, y que no forma parte del derecho natural. || POSITIF, m. Positivo, cosa cierta, incontestable; lo que es real, por oposicion á lo quimérico. || Gram. Positivo, el primer grado de significacion en los adjetivos. || Mús. Cadereta, órgano pequeño que hay debajo del grande.

**POSITION**, f. *posisión.* Posicion, situacion, punto ó paraje en que está sentada ó colocada una cosa. Se dice tambien hablando de las personas. || Proposicion, aserto, punto que se defiende en las tésis ó certámenes públicos. || Posicion, postura del que monta á caballo. || Dans. Postura de un bailarin; modo de poner los piés el uno respecto del otro. || met. Posicion, situacion, coyuntura, estado feliz ó desgraciado, circunstancias en que uno se encuentra.

**POSITIONNAIRE**, m. *positionér.* Art. Punzon que sirve para marcar las posiciones sobre las cartas topográficas.

**POSITIVEMENT**, adv. *positivmán.* Positivamente, ciertamente, de positivo, de una manera positiva, cierta, segura.

**POSITIVISME**, m. *positivism.* Opinion de los positivistas; sistema de filosofía positiva. || irón. Egoismo, materialismo.

**POSITIVISTE**, m. *positivist.* Positivista, partidario de la filosofía positiva, el que solo admite las cosas positivamente demostradas. || irón. Egoista, materialista.

**POSOIR**, m. *posuár.* Mano del volante de acuñar.

**POSOLE**, m. *posól.* Bebida indiana que se hace con trigo cocido.

**POSOLOGIE**, f. *posologí.* Med. Posología, indicacion de las dósis de los medicamentos.

**POSOLOGIQUE**, adj. *posologíc*. Posológico, que pertenece á la posología.

**POSPOLITE**, f. *pospolít*. Pospolita, ejército de nobles que se formaba en Polonia.

**POSSÉDABLE**, adj. *posedábl*. Poseíble, que puede ser poseído, que puede poseerse.

**POSSÉDÉ, ÉE**, adj. *posedé*. Poseido. || Poseido, poseso, endemoniado ó energúmeno.

**POSSÉDER**, a. *posedé*. Poseer, gozar, tener en su poder, en su propiedad. || Poseer, disfrutar empleos, dignidades, honores. || met. Poseer, saber bien una cosa, conocerla á fondo. || Poseer, señorear, dominar, estar apoderado de alguna persona, hablando de las pasiones, de los sentimientos del alma. || *Se posséder*, r. Poseerse, dominarse, ser dueño de sí mismo.

**POSSESSEUR**, m. *posesear*. Poseedor, el que posee algun bien, alguna hacienda.

**POSSESSIF**, **IVE**, adj. *posesif*, *iv*. Gram. Posesivo, que sirve para señalar la posesion (pronom, *adjectif possessif*.

**POSSESSION**, f. *posesión*. Posesion, goce de un bien, de una herencia, de un empleo, etc. || Posesion, goce de ciertos placeres que han sido muy deseados. || Posesion, estado del poseido ó poseso, del que tiene los familiares. || Posesion, la misma cosa poseida. *Avoir de grandes possessions*, tener muchos bienes, mucha hacienda.

**POSSESSIONNEL**, **LE**, adj. *posesionél*. For. Que marca, que señala la posesion de alguna cosa.

**POSSESSOIRE**, adj. *posesuár*. For. Posesorio, relativo á la posesion. || **POSSESSOIRE**, m. Posesorio, derecho de poseer un bien inmueble.

**POSSESSOIREMENT**, adv. *posesuarmán*. Posesoriamente, de un modo posesorio.

**POSSET**, m. *posé*. Bebida inglesa compuesta de leche, de cerveza ó de vino y de azúcar.

**POSSIBILITÉ**, f. *posibilité*. Posibilidad, cualidad de lo que es posible.

**POSSIBLE**, adj. *posibl*. Posible, que puede ser ó hacerse. || m. Lo posible, todo lo que se puede. *Je ferai tout mon possible*, haré todo lo posible, cuanto pueda, todo cuanto en mí cabe, cuanto dependa de mí, todos mis esfuerzos.

**POSTAL, E**, adj. *postál*. Que pertenece á la posta, á la administracion de correos.

**POSTCOMMUNION**, f. *postcomunión*. Postcomunion, oracion que dice el sacerdote en la misa despues de la comunion.

**POSTDATE**, f. *postdát*. Posdata, posfecha, data posterior á la verdadera.

**POSTDATER**, a. *postdaté*. Posdatar, atrasar una fecha.

**POSTE**, f. *póst*. Posta, establecimiento de caballos colocados de distancia en distancia para el servicio de las personas que quieran viajar con prontitud. || Posta, casa en donde están los caballos para correr la posta. || Modo de viajar con caballos de posta. || met. y fam. *Courir la poste*, correr la posta: marchar precipitadamente, leer ó escribir demasiado vivo. || Posta, ejercicio que se hace corriendo la posta á caballo. || Correo, establecimiento dirigido por el gobierno para el trasporte de las cartas de un país á otro. || Correo, el conductor de la correspondencia ordinaria. || Correo, la casa ó administracion de correos, el sitio donde se distribuyen las cartas. *Petite poste*, estafeta. || *Bureau de la poste*, administracion de correos ó solamente correo, el sitio en donde se recogen las cartas y se distribuyen. || *Acheter, vendre à la poste*, vender, comprar sobre tarja, á plazos, al fiado. || *Mettre des gens à sa poste*, poner gente a su disposicion. || *Maître de poste*, administrador de la posta que comunmente se llama maestro de postas. || Caz. Posta, bala pequeña de plomo con que se cargan las escopetas y pistolas. Úsase ordinariamente en plural. || **POSTE**, m. Puesto, lugar en que está colocado un soldado ú oficial por órden de su jefe. || Apostadero, sitio donde se colocan tropas en campaña; los mismos soldados colocados en un apostadero. || Puesto, cuerpo de guardia. || *Poste avancé*, puesto avanzado, guardia avanzada. || Puesto, empleo, cargo en que está uno constituido.

**POSTÉ, ÉE**, adj. *posté*. Apostado, colocado, situado. || Colocado, acomodado.

**POSTER**, a. *posté*. Apostar, situar, colocar en algun puesto ó sitio tropas. || fam. Colocar, acomodar, dar á alguno un empleo ó destino.

**POSTÈRE**, m. ó **POSTÈRES**, m. pl. joc. *postér*. Traspontin, tras: las asentaderas, el culo ó trasero.

**POSTÉRIEUR, E**, adj. *posterieur*. Posterior, que viene ó sigue despues de otra cosa en el órden de tiempo. || Posterior, que está detras ó á la espalda de otra cosa. || **POSTÉRIEUR**, m. Tabalario, tafanario: las nalgas ó asentaderas, el culo. Es familiar.

**POSTÉRIEUREMENT**, adv. *posterieurmán*. Posteriormente, despues.

**POSTERIORI (À)**, loc. adv. *aposteriórí*. Lóg. En vista de lo que se sigue, segun las consecuencias.

**POSTÉRIORITÉ**, f. *posterioríté*. Posterioridad, estado de una cosa posterior á otra.

**POSTÉRITÉ**, f. *posterité*. Posteridad, descendencia de una misma cabeza ó estirpe. || Posteridad, las futuras generaciones, los venideros.

**POSTÉROMANE**, m. *posteromán*. Posterómano, el que está atacado de la posteromanía.

**POSTÉROMANIE**, f. *posteromaní*. Posteromanía, manía de trasmitir su nombre á la posteridad.

**POSTFACE**, f. *postfás*. Nota al fin de un libro ó obra.

**POSTHITE**, f. *postít*. Med. Postitis, inflamacion del prepucio.

**POSTHONCIE**, f. *postonsí*. Med. Postoncia, tumefaccion del prepucio.

**POSTHUME**, m. *postúm*. Póstumo, el hijo que nace despues de la muerte de su padre. Es tambien adjetivo: *un enfant posthume*. || *Œuvre posthume*, obra póstuma, la que se publica por primera vez despues de muerto su autor.

**POSTICHE**, adj. *postiche*. Postizo, sobrepuesto, que no es propio ni natural. || Postizo, que ha sido añadido posteriormente, despues de hecha la cosa á que se añade; *après coup*, como se dice en frances: *des ornements postiches*. || Fingido, disfrazado: *sérieux postiche*. || Tambien se usa sustantivamente.

**POSTILLON**, m. *postillón*. Postillon, mozo de posta. || Delantero, zota, hablando de los cocheros.

**POSTIQUERRIE**, f. inus. *postiquerí* (e muda). Picardigüela, malicia, chanza de niño.

**POST-LIMINIE**, f. ó **POST-LIMINIUM**, m. *postliminí*, *postliminiom*. Postliminio, restablecimiento del estado en que se estaba ántes de la guerra, hablando de una nacion. || Der. rom. Postliminio, vuelta de un ciudadano á su patria.

**POSTPOSER**, a. *postposé*. Posponer, poner una cosa detras ó despues de otra.

**POSTPOSITIF, IVE**, adj. *postpositíf*, *iv*. Gram. Pospositivo, que sirve para ser puesto despues ó al fin de una palabra.

**POSTPOSITION**, f. *postposisión*. Med. Posposicion, retardo del parasismo. || Posposicion, evolucion militar de los antiguos Griegos que consistia en colocar la infantería ligera á la cola de la falange.

**POSTRÈME**, adj. ant. *postrém*. Postrimero, postrero, último.

**POSTSCÉNIUM**, m. *postsénióm*. Antig. Poscenio ó proscenio, parte del teatro de los antiguos que estaba situada detras de la escena.

**POST-SCRIPTUM**, m. *postscriptom*. Postdata, cláusula ó párrafo que se añade al fin de una carta, nota ó memoria despues de firmada.

**POSTULANT**, m. *postulán*. Postulante, pretendiente, el que pide ó solicita un empleo, etc. || Postulante, el que solicita tomar el hábito en una comunidad religiosa. || Procurador *ad litem*.

**POSTULAT**, m. *postulá*. Geom. Postulado, principio que por claro y evidente suele concederse en una demostracion. || Postulado, accion de postular. || Fil. Postulado, lo que se pide al adversario al principio de una discusion.

**POSTULATEUR**, m. *postulatéur*. Postulador, el encargado de alcanzar una canonizacion.

**POSTULATION**, f. *postulasión*. Der. can. Postulacion, nombramiento de prelado en persona que no puede serlo segun los cánones. || Procuracion *ad litem*.

**POSTULER**, a. *postulé*. Postular, demandar con instancia, insistir para obtener alguna cosa; y particularmente, pedir la admision en una comunidad religiosa. || a. For. Postular, defender segun derecho á una persona en un pleito. || Postular, pedir para prelado de una iglesia sugeto que, segun derecho, no puede ser elegido.

**POSTURE**, f. *postúr*. Postura, modo de tener ó poner el cuerpo. || met. Situacion, pié, estado en que uno se halla respecto á sus negocios ó fortuna.

**POT**, m. *pó*. Puchero, olla, vasija de tierra ó de cristal que sirve para diferentes usos. || Cuando esta voz *pot* va acompañada de otras que la determinan, significa pote, bote, jarro, florero, vaso, [illegible], [illegible]ro, etc. || Tambien significa una medida de líquidos que contiene dos pintas, que viene á ser una azumbre. || *Pot-au-feu*, la olla, el puchero, esto es, el cocido, la comida que hay en ella. || met. y fam. *Être à pot et à rôt dans une maison*, estar á mesa y mantel: vivir juntos con gran familiaridad. || *Pot à feu*, alcancía, frasco de fuego, artificio de guerra. || *Pot à fleurs*, maceta, tiesto de flores, esto es, propio para poner flores. *Pot de fleurs*, tiesto de flores, esto es, donde hay flores. = La misma diferencia hay entre *pot à l'eau* y *pot d'eau*. || *Pot de confitures*, tarro para dulce. || *Pot-de-chambre*, servicio, bacin, orinal. || *Pot pourri*, olla podrida, olla ó puchero que se hace con varias viandas y verduras. || met. *Pot pourri*, baturrillo, almodrote, potaje, tomado [illegible] de una obra llena de especies diversas, sin conexion, órden ni eleccion. || met. *Pot-de-vin*, alboroque, adehala, robla, lo que se da de gracia sobre el precio de lo que se compra ó se vende. || *Pot en tête*, morrion, casquete de los soldados antiguos. || met. y fam. *Découvrir le pot aux roses*, descubrir el pastel: descubrir el secreto y misterio de un embleme ó enredo. || *Faire le pot à anse*, ponerse en jarras, arquear los brazos poniendo las manos en la cintura con donaire y gracia. || *Tourner autour du pot*, titubear en un asunto, darle vueltas, andar en rodeos.

**POTABLE**, adj. *potábl*. Potable, que se puede beber.

**POTAGE**, m. *potáge*. Sopa, menestra, potaje: lo primero se dice cuando es de pan, arroz ó pasta; lo segundo cuando es de legumbres ó verduras. || met. y fam. *Pour tout potage*, entrando todo, en resumidas cuentas, á todo tirar.

**POTAGER**, m. *potagé*. Huerta, terreno destinado para sembrar, plantar y cultivar toda clase de hortaliza, legumbres, etc. || Fogon, hogar alto de las cocinas. || Marmita, olla de tierra ó metal para llevar la comida á los trabajadores. || Se usa tambien como adjetivo. *Jardin potager*, huerta; *herbes potagères*, hortalizas ó legumbres.

**POTAILLER**, n. ant. *potaillé*. Beborrotear, andar bebiendo.

**POTAMANTE**, f. *potamánt*. Bot. Potamanto, especie de planta.

**POTAMOGRAPHIE**, f. *potamografí*. Potamografía, descripcion de los rios.

**POTAMOGRAPHIQUE**, adj. *potamografíc*. Potamográfico, que pertenece ó se refiere á la potamografía.

**POTAMOGRAPHIQUEMENT**, adv. *potamograficmán*. Potamográficamente, por medio de la potamografía.

**POTAMOLOGIE**, f. V. **POTAMOGRAPHIE**.

**POTASSANA**, f. *potasána*. Potasana, muriato de potasa.

**POTASSE**, f. *potás*. Potasa, barrilla, álcali que se extrae principalmente de las cenizas de los vegetales.

**POTASSÉ, ÉE**, adj. *potasé*. Potáseo, que tiene potasa.

**POTATION**, f. ant. *potasión*. Accion de beber.

**POTE**, adj. f. *pót*. Se usa solo en esta locucion familiar: *main pote*, mano de zopo ó de sapo, gruesa, hinchada.

**POTEAU**, m. *potó*. Poste, pilar de madera. || Madero, viga que sirve para diferentes usos.

**POTÉE**, f. *poté*. Lo que cabe en una olla, puchero, jarra, etc. || met. y fam. *Une potée d'enfants*, una lechigada de chiquillos, un gran número ó caterva de ellos. || Esmeril, estaño calcinado que sirve para pulir y dar lustre. || Composicion preparada con arcilla, estiércol de caballo y borra, que sirve para hacer moldes para fundir.

**POTELÉ, ÉE**, adj. *potlé*. Regordete, gordinflon: *enfant gros et potelé*.

**POTELÉE**, f. *potlé*. Bot. Beleño negro, género de plantas.

**POTELET**, m. *potlé*. Pilarejo de pasamanos de escalera.

**POTELOT**, m. *potló*. Piedra mineral. || Molibdena, lápiz-plomo.

**POTENCE**, f. *potáns*. Horca, patíbulo. V. GIBET. || Talla para medir la altura de los hombres y tambien de los caballos. || Muleta de que se sirven los estropeados para andar.

**POTENCÉ, ÉE**, adj. *potansé*. Blas. Potenzado, se dice de toda pieza que remata en T.

**POTENCEAUX**, m. pl. *potansó*. Art. Útiles de pasamanero.

**POTENTAT**, m. *potantá*. Potentado, el que tiene dominio soberano en algun grande Estado.

**POTENTIEL, LE**, adj. *potansiél*. Fil. Potencial, se dice por oposicion á actual. || Med. Potencial, se dice de los remedios que, aunque muy enérgicos, no obran sino algun tiempo despues de su aplicacion.

**POTENTIELLEMENT**, adv. inus. *potansielmán*. Potencialmente, de un modo potencial.

**POTENTILLE**, f. *potantill*. Bot. Potentila, planta roséa de muchas virtudes.

**POTERIE**, f. *poteri* (e muda). Vidriado, vajilla de barro. || Arq. Espacio que queda entre los listones de madera del techo de una habitacion. || Alfarería, sitio donde se fabrican los pucheros, y el arte de fabricarlos.

**POTERNE**, f. *potérn*. Fort. Poterna, puerta falsa ó galería subterránea que tienen las fortalezas, para hacer salidas y recibir socorros.

**POTESTATIF, IVE**, adj. *potestatíf, ív*. Potestativo, que depende de las partes contratantes.

**POTEYER**, a. *poteyé*. Apomazar, dar con piedra pómez á los moldes de estaño.

**POTIER**, m. *potié*. Ollero, alfarero de vidriado, el que lo fabrica ó lo vende. || *Potier d'étain*, peltrero, estañero, el que trabaja vajilla de peltre y tambien el que la vende.

**POTIN**, m. *potén*. Azófar ó laton, mezcla de cobre y otros metales. || Quím. Cucúrbita para destilar.

**POTINE**, f. *potin*. Potina, especie de sardina pequeña.

**POTINIÈRES**, f. pl. *potiniér*. Redes para coger sardinas.

**POTION**, f. *posión*. Pocion ó pócima, bebida medicinal, todo remedio líquido que se toma en corta cantidad.

**POTIRON**, m. *potirón*. Calabaza grande de invierno. || Potiron, seta grande.

**POTOGRAPHIE**, f. V. POTOLOGIE, etc.

**POTOLOGIE**, f. *potologí*. Potología, conocimiento de las bebidas. || Potología, discurso ó tratado sobre los líquidos, brebajes, etc.

**POTOLOGIQUE**, adj. *potologic*. Potológico, que pertenece á la potología.

**POTOSE**, m. *potós*. Potosí, rio de América que arrastra arenas de oro. Se dice tambien de las montañas vecinas del Potosí, muy ricas en minas de plata. || met. Potosí, abundantes, excesivas riquezas.

**POTREAU**, m. *potro*. Vigueta, pieza pequeña de madera.

**POTRON-JACQUET** ó **POTRON-MINET**, m. *potronjaqué, potronminé*. Aurora, alborada, amanecer. Suele usarse en las locuciones *dès le potron-jacquet*, *dès le potron-minet*, desde muy temprano, desde el amanecer, etc.

**POU**, m. *pú*. Piojo, insecto parásito que ataca principalmente á los niños y á las personas poco aseadas. || *Pou de mer*, lapa, marisco pequeño de sola una concha. || met. Sanguijuela, chupon. || Bot. *Herbe aux poux*, piojera, especie de planta.

**POUACRE**, adj. y s. *puácr*. Recochino, porcallon, asqueroso, puercazo.

**POUACRERIE**, f. *puacreri* (e muda). Roñería, mezquindad, tacañería. || Desaseo, falta de limpieza.

**POUAH**, interj. fam. *puá*. Puf! uf! baf! Indica el asco y disgusto.

**POUCE**, m. *pús*. Pulgar, el mas grueso y corto de los dedos de la mano. || met. y fam. *Serrer les pouces à quelqu'un*, apretarle á uno las clavijas: intimidarle con amenazas para que descubra lo que se quiera saber de él. || pop. *Jouer du pouce*, menear los dedos: contar dinero. || fam. *Manger sur le pouce*, comer de pié, de prisa y sin tomar asiento. || Pulgada, medida que es la duodécima parte de un pié; se divide en doce líneas. || *Pouce d'eau*, cuartillo, medida de agua para las fuentes. || Pulgada, pieza de telar de hacer medias.

**POUCETTES**, f. pl. *pusét*. Cuerdas de que se valen los gendarmes, etc., para atar juntos los dedos pulgares de los presos.

**POUCHE**, f. *púche*. Pesc. Red de forma triangular.

**POUCIER**, m. *pusié*. Dedil, dedal de cuero, de que usan los segadores, etc.

**POU-DE-SOIE**, m. *pudesuá*. Especie de tela de seda.

**POUDING**, m. *púding*. Puding, cierto manjar de los ingleses compuesto de pasas, miga de pan, tuétano de vaca, etc.

**POUDINGUE**, m. *pudéngue*. Miner. Almendrilla, piedra compuesta de guijarrillos unidos por medio de una masa arenisca.

**POUDRE**, f. *púdr*. Polvo, partículas muy pequeñas de piedras secas que se levantan en el aire á la menor agitacion ó al menor viento. || met. y fam. *Jeter de la poudre aux yeux*, deslumbrar, cegar, engañar con falsas apariencias. || *Mettre en poudre une ville, un château*, convertir en polvo una ciudad, etc., asolarla, arrasarla. || met. y poét. *Faire mordre la poudre à son ennemi*, hacer morder el polvo al enemigo: matarlo en el combate. || Polvos, en plural, cuando son composiciones ó preparaciones del arte. || *Poudre à papier*, arenilla, polvos de cartas ó de escribir. || fam. *Poudre de perlimpinpin*, polvos de la madre Celestina: remedio inútil y vano. || *Poudre à cheveux*, polvos de peinar ó del pelo. || *Poudre d'or*, oro en polvo. || met. y pop. *Prendre la poudre d'escampette*, tomar las de villadiego, poner piés en polvorosa: escapar, huir. || Pólvora, mezcla de nitro, azufre y carbon, que se inflama instantáneamente, y sirve para cargar las armas de fuego. || *Poudre à canon*, pólvora. || *Poudre de plomb*, mostacilla, perdigones menudos para la caza. || prov. *Tirer sa poudre aux moineaux*, gastar la pólvora en salvas: hacer inútiles diligencias y dar pasos en vano. || *N'avoir pas inventé la poudre*, no ser el que inventó la pólvora: ser sugeto de muy pocos alcances.

**POUDRER**, a. *pudré*. Empolvar, echar polvos en el peinado. || Echar polvos sobre lo que se escribe. || n. Caz. Disparar una perdigonada. || Levantar polvo. Se dice de la liebre cuando huye.

**POUDRERIE**, f. *pudreri* (e muda). Polvorería, lugar ó establecimiento donde se fabrica la pólvora. V. POUDRIÈRE. || Arte de fabricar la pólvora.

**POUDRETTE**, f. *pudrét*. Mantillo de estiércol muy seco.

**POUDREUX, EUSE**, adj. *pudreu, eus*. Polvoroso, pulverulento, lleno, cubierto de polvo. || *Pied poudreux*, pelafustan, pelagatos: holgazan, miserable, perdido.

**POUDRIER**, m. *pudrié*. Polvorista, el que fabrica la pólvora. || Polvero, el que hace y vende polvos de peinar. || Salvadera ó arenillera, cajita con muchos agujeritos donde se pone la arenilla ó los polvos de escribir. || Bot. Pedo de lobo, especie de planta bastante comun.

**POUDRIÈRE**, f. *pudriér*. Lugar en donde se fabrica la pólvora. || Polvorin, almacen donde se conserva la pólvora. || Caja en que se ponen los polvos de almidon ó de harina que se echan en el pelo ó peluca.

**POUDRIN**, m. *pudrén*. Mar. Agua salada reducida á polvo muy sutil, que despiden las olas cuando las azota el aire.

**POUF**, *púf*. Paf, zas, chas, voz con que se expresa el estampido ó ruido de un cuerpo que cae en el suelo. || m. Pufo, adorno que suelen llevar las señoras en la cabeza. || vulg. Pufo, deuda que se deja sin pagar; y en este sentido se dice *faire un pouf*. || POUF, adj. invar. Se dice de las piedras que se desgranan y reducen á polvo cuando se las trabaja: *marbre pouf*, *pierre pouf*. || Fund. Se dice del justo grado de resistencia que exige la fundicion.

**POUFFER**, n. *pufé*. Úsase solo en esta frase vulgar: *pouffer de rire*, descoserse, estallar, reventar de risa.

**POUGER**, n. *pugé*. Mar. ant. Soplar en popa el viento.

**POUILLÉ**, m. *pullé*. Catálogo ó lista de los beneficios con sus cargas y renta.

**POUILLE**, f. *púll*. Pulla, denuesto, vaya, palabra picante y ofensiva. || *Dire des pouilles*, *chanter pouilles*, decir, echar pullas, zaherir. Se usa comunmente en plural.

**POUILLER**, a. *pullé*. Sopetear, zaherir, denostar, decir pullas y denuestos. || vulg. Despiojar; quitar el ganado, como se dice. || *Se pouiller*, r. Despiojarse, quitarse los piojos, buscarlos y matarlos. || Denostarse, decirse denuestos ó injurias recíprocamente: *ils se sont pouillés tous les deux*.

**POUILLERIE**, f. *pullrí*. Piojera, cuarto de los pobres; pieza de un hospital donde se ponen los vestidos de los pobres. || met. Piojera, pobreza ó miseria extremada; lugar muy sucio ó desaseado.

**POUILLEUX, EUSE**, adj. *pulleu, eus*. Piojoso, que tiene piojos. Se usa tambien como sustantivo. || met. Piojoso, hombre de condicion baja y miserable. || *Bois pouilleux*, madera podrida.

**POUILLIER** ó **POUILLIS**, m. *pullié, pullí*. Piojería, porquería, pocilga. Se dice por desprecio de una mala posada ó mal meson: *ce n'est qu'un méchant pouillier*.

**POULAILLE**, f. V. VOLAILLE.

**POULAILLER**, m. *pulallé*. Gallinero, corral, desvan ú otro paraje donde se guardan las gallinas. || Gallinero, pollero, el que vende gallinas, pollos y toda volatería. En esta acepcion es tambien adjetivo: *marchand poulailler*. || met. é irón. Gallinero, nombre que se da á un coche ó carruaje viejo y malo. || Bicoca, plaza mal fortificada y de poca importancia. || Tambien se llama *poulailler* lo que por otro nombre se denomina *paradis* en los teatros, que en español es cazuela.

**POULAIN**, m. *pulén*. Potro, nombre que se da al caballo hasta los tres años. V. POULICHE. || Cir. Potro, nombre que se suele dar vulgarmente al incordio. || Trineo, carruaje sin ruedas. || Mar. Contrete.

**POULAINE**, f. *pulén*. Mar. Roda ó branque, enjaretado de proa, especie de regilla ó celosía. || *Souliers à la poulaine*, especie de calzado cuya punta estaba remangada hácia arriba.

**POULAN**, m. *pulán*. En el juego del hombre, el que da las cartas ó apunta fuerte. Tambien se denomina así al juego en que se paga doble de la puesta.

**POULANGIS**, m. *pulangí*. Especie de tiritaina, tela que se fabrica en Picardía.

**POULARDE**, f. *pulárd*. Polla que está cebada.

**POULE**, f. *púl*. Zool. Gallina, ave doméstica. || *Poule d'Inde*, pava, la hembra del pavo real. || *Poule d'eau*, gariota, ave acuática. || *Poule d'Afrique*, pintada, ave. || *Poule de Barbarie*, gallina morisca. || *Poule faisane*, faisana, hembra del faisan. || prov. y met. *C'est le fils de la poule blanche*, es el hijo de la fortuna, parece que ha nacido de piés. || prov. y met. *Un bon renard ne mange jamais les poules de son voisin*, el lobo de antaño donde habita no hace daño, el buen gitano respeta su barrio. || Pollo, nombre de que se usa en algunos juegos de naipes. || Polla, puesta, cantidad que se pone por varios jugadores, y que solo se lleva el que gana la mano. *Faire une poule*, poner una polla, una puesta. || *Plumer la poule sans la faire crier*, desollar sin hacer chillar; robar, hacer exacciones con astucia y sin hacer ruido. || *Poule mouillée* ó *tâte poule*, marica, maricon que gusta de estar siempre entre faldas; y tambien, hombre cobarde, tímido ó poco expedito. || *Être frisé comme une poule mouillée*, tener los cabellos muy lisos y caidos. || *Faire le cul de poule*, estar con tanta jeta, poner tanto hocico; mostrar enfado ó disgusto.

**POULET**, m. *pulé*. Pollo, hijuelo de la gallina recien salido del huevo. || Papel, esquela, billete amoroso. || *Papier à poulet*, papel con orlitas para escribir cartas amorosas. || Pichon, palabra amorosa que suelen dirigir las madres á sus hijos cuando son pequeños. *Viens, mon poulet*, ven acá, pichon mio. || Zool. *Poulet d'Inde*, pavipollo. || *Petit poulet*, pollito. || *Gros poulet*, pollastre, pollo crecido.

**POULETTE**, f. dim. de POULE. *pulét*. Pollita, gallina jóven. || met. y fam. Pollita, jóven de poca edad y buen parecer. || *Maîtresse poulette*, mujer de bigotes, hábil y dominante. || *Sauce à la poulette*, salsa blanca que se hace con miga de pan rallado.

**POULEVRIN**, m. *pulevrén*. Polvorin, pólvora menuda para cebar las piezas de artillería. || Polvorin, frasco ó caja que contiene la pólvora de cebar. || Algunos dicen solo *poulvérin* y *pulvérin*. V. estas voces.

**POULICHE**, f. *puliche*. Potranca, yegua que no ha cumplido aun tres años.

**POULICHON**, m. dim. de POULIN. *pulichón*. Potranco, potrillo, potrico, potro jóven.

**POULIE**, f. *pulí*. Garrucha, polea, moton, roldana, rodaja para mover un peso con mayor facilidad.

**POULIER**, a. *pulié*. Subir algun peso por medio de garruchas ó poleas. || POULIER, m. El que dirige la polea ó garrucha. || Mar. Banco de arena y de guijarros que se forma en la boca de algunas ensenadas y en la embocadura de los grandes rios.

**POULIERIE**, f. *pulierí* (e mudo). Garruchería, lugar donde se venden garruchas. || Taller donde se hacen garruchas. || Arte de hacer garruchas.

**POULIEUR**, m. *pulieúr*. Garruchero, motonero, tornero que hace ó vende garruchas.

**POULIN**, E, V. POULAIN y POULICHE.

**POULINER**, n. *puliné*. Parir la yegua, dar á luz su potranco.

**POULINIÈRE**, adj. f. *pulinièr*. Nombre que se da á la yegua de vientre que se destina únicamente para criar.

**POULIOT**, m. *pulió*. Bot. Poleo, planta aromática. || *Pouliot des montagnes*, zamarrilla. || Garruchilla, garrucha pequeña. || Madero en que se engancha la garrucha sirviéndole de punto de apoyo.

**POULNÉE**, f. *pulné*. Palomina, estiércol de paloma. || Gallinaza, estiércol que se hace en los gallineros.

**POULOT**, TE, m. y f. fam. *puló*, *ót*. Polito, pichoncito, gurripatillo, palabras cariñosas con que suele designarse á un niño de pecho.

**POULPE**, m. *púlp*. Zool. Pul ó pulpo, animal marino del género de los moluscos. || Pulpa, la parte mas carnosa del cuerpo animal. || met. Pulpe, dícese de otras cosas semejantes á la pulpa de la carne.

**POULS**, m. *pú*. Pulso, el latido de la arteria. || met. y fam. *Le pouls lui bat*, le late el corazon, le tiemblan las carnes. || *Pouls tranquille*, pulso sentado. || *Tâter le pouls*, tomar el pulso, como hacen los médicos. || met. *Tâter le pouls à quelqu'un*, sondear el corazon, el pecho á alguno. || *Se tâter le pouls*, tentarse el pulso: consultar sus fuerzas ántes de emprender alguna cosa.

**POULVÉRIN**, m. V. PULVÉRIN.

**POUMON**, m. *pumón*. Anat. Pulmon, cada uno de los órganos de la respiracion. Hablando de los animales, se dice comunmente bofe, liviano.

**POUND**, m. *pánd* y propiamente *páond*. Libra esterlina, moneda inglesa que vale algo mas de cien reales.

**POUPARD**, m. *pupár*. Rorro, nene: dícese por caricia á los niños de pecho. || fam. Muñeco de trapo que se hace para divertir á los niños.

**POUPE**, f. *púp*. Mar. Popa, la parte trasera de una embarcacion. || met. y fam. *Avoir le vent en poupe*, ir viento en popa, estar boyante: estar en dicha y prosperidad, ser favorecido de la fortuna.

**POUPÉE**, f. *pupé*. Muñeca, figurilla hecha de carton, de madera ó trapo que representa la forma humana y sirve de juguete á los niños. || met. y fam. *C'est une vraie poupée*, parece una muñeca: se dice de una persona que está adornada y ajustada con sobrada afectacion. || *C'est un visage de poupée*, parece un santo pintado, tiene cara de muñeca: son palabras que pueden aplicarse á una persona que carece de expresion en el rostro ó que abunda de afeites y colores postizos. || Moña, figurita de mujer que sirve de modelo del vestir ó peinar. || met. Muñeca ó maya: dícese de una mujer pequeñuela y muy emperifollada. || vulg. Mujer de mala vida, mujer pública. || Blanco, objeto que se pone en figura de muñeca en el tiro de pistola. || Husada, porcion de hilaza que se saca del huso. || Escudete, modo de ingertar. *Enter en poupée*, ingertar á escudete.

**POUPELIN**, m. *puplén*. Hojaldre, cierta pastelería.

**POUPELINIER**, m. *puplinié*. Vasija propia para hacer los hojaldres y tortas de pastelería.

**POUPETIER**, m. *pupltié*. Muñequero, tratante, fabricante de muñecas ó monigotes.

**POUPETON**, m. *pupton*. Especie de picadillo ó jigote. V. HACHIS.

**POUPETONNIÈRE**, f. *puptonièr*. Marmita ó tartera en que se hace el jigote.

**POUPIETTES**, f. pl. *pupiét*. Coc. Chuletas de ternera rellenas y asadas.

**POUPIN**, E, adj. *pupén*, *ín*. Mojiganguero, mono, muñeco: se aplica á la persona que lleva un traje muy afectado, que va afectadamente acicalada. || Es tambien sustantivo: *faire le poupin*, *la poupine*.

**POUPINER**, a. *pupiné*. Amuñecar, vestir como á una muñeca, poner en un traje infantil.

**POUPON**, m. *pupón*. Angelon, angelote, flamenco: niño rollizo, criatura que tiene la cara muy abultada.

**POUPONNE**, f. *pupón*. Flamenca, mona, chacha, nombres que se aplican á una niña que tiene muy lleno el rostro y á quien se trata con cariño: *ma pouponne*.

**POUR**, prep. *pur*. Por, para. Significa en general el motivo, la causa, la pertenencia, el destino de alguna cosa, tendencia, etc. *Il est bien grand pour son âge*, está bastante crecido para la edad que tiene. Tiene en todos los casos la misma aplicacion que en español. || *Pour combien?* por cuánto? || *Pour l'amour de Dieu*, por amor de Dios. || *Pour moi*, por mí, en cuanto á mí. || *Pour peu que*, por poco que. || Pour *lors*, loc. adv. Entónces, por entónces, en aquel tiempo. || POUR, m. Pro. *Soutenir le pour et le contre*, sostener el pro y el contra, disputar en pro y en contra.

**POURBOIRE**, m. *purbuar*. Propina que se da á título de para beber, para echar un trago.

**POURCEAU**, m. *pursó*. Cerdo, marrano, cochino, puerco, animal cuadrúpedo doméstico. || met. y fam. *C'est une étable à pourceaux*, es una porquera, una marranera: se dice de una casa poco aseada. || *C'est un vrai pourceau*, vive como los marranos, es un hombre que no piensa [illegible] y engordar. || *Pourceau de mer*, [illegible], cetáceo que se llama tambien [illegible].

**POURCHAS**, m. ant. *purchá*. [illegible], persecucion.

**POURCHASSER**, a. *purchasé*. Ir [illegible] alguna cosa, ir á caza de ella, [illegible], seguirla con afan, con empeño, [illegible] conseguirla.

**POURFENDEUR**, m. *purfandeur*. [illegible], partidor, el que abre de alto abajo. || irón. fam. *Un grand pourfendeur de* [illegible], un rompe-cabezas, un perdona-vidas, [illegible], fanfarron.

**POURFENDRE**, a. *purfándr*. [illegible], partir de alto abajo á un hombre [illegible] blazo, hachazo, etc.

**POURFILER**, a. *purfilé*. [illegible] clar en un tejido diferentes hilos á [illegible] de tejer.

**POURIR**, **POURITURE**, [illegible]. V. POURRIR, POURRITURE, etc.

**POURPARLER**, m. *purparlé*. Coloquio, conferencia entre dos ó mas personas [illegible] tratar de un negocio.

**POURPENSER**, n. *purpansé*. Pensar lar-go tiempo, reflexionar, premeditar, [illegible] las razones.

**POURPIER**, m. *purpié*. Bot. Verdolaga, género de plantas leguminosas. || *Pourpier de mer*, especie de salgada ó [illegible]. || *Pourpier sauvage*, peplide.

**POURPOINT**, m. *purpuén*. Jubon, justillo, ajustador, armador, farseto, [illegible] la vestimenta antigua francesa que [illegible] desde el cuello hasta cerca de la cintura. || *En pourpoint*, en cuerpo. || *Tirer à* [illegible] *pourpoint*, tirar á quema ropa. [illegible] *Il faut sauver le moule du pourpoint*, [illegible] menester guardar el bulto, el molde [illegible] figura; esto es, el cuerpo, la vida. || [illegible] *a donné un pourpoint de pierre de taille*, le han puesto entre cuatro paredes, [illegible] no le dé el sol; esto es, en la cárcel. || *Être en pourpoint*, dejar en camisa.

**POURPOINTERIE**, f. *purpuenterí* (e mu-da). Sastrería ó fábrica de jubones.

**POURPOINTIER**, m. *purpuentié*. Justillero, el que hace justillos.

**POURPRE**, f. *púrpr*. Púrpura, color rojizo que tira á morado. || Blas. Púrpura, color que se señala con varias líneas ó rayas diagonales que parten del ángulo [illegible] y van al derecho de la base de un escudo. || Med. Púrpura, tabardillo pintado, [illegible] de enfermedad. || Púrpura, color que antiguamente se extraia de una concha [illegible]. || Púrpura, tela preciosa que usaban los antiguos como distintivo de la soberanía. || [illegible] Púrpura, se toma por la dignidad de rey y tambien por la de cardenal. || POURPRE, m. Púrpura, especie de color que tira á [illegible]ta. || *Pourpre de Cassius*, púrpura de Casio, nombre que se da al oro precipitado de la disolucion por el estaño.

**POURPRÉ**, ÉE, adj. *purpré*. Purpúreo, del color de púrpura, que se parece á la púrpura. || Med. *Fièvre pourprée*, [illegible], fiebre maligna.

**POURPRENDRE**, a. *purprándr*. [illegible], coger. V. SAISIR.

**POURPRIER**, m. *purprié*. Zool. [illegible]reo, animal testáceo del género de los [illegible]chíferos.

**POURPRIN**, E, adj. *purprén*, *ín*. Purpurino, que tiene color de púrpura. || POURPRIN, m. Jard. Color de púrpura de [illegible] flores.

**POURPRURE**, f. *purprúr*. Especie de color violeta oscuro.

**POURPRIS**, m. *purprí*. Cerco, [illegible]. || Poét. *Le céleste pourpris*, *les célestes pourpris*, el cielo, los cielos.

**POURQUOI**, conj. *purcuá*. [illegible]. *C'est pourquoi*, por eso, por esto ó [illegible]tivo. || *La raison pourquoi*, la razon por que. || *Pourquoi?* porqué? por qué [illegible]. Se usa tambien como sustantivo. [illegible] *pourquoi*, saber el porque.

**POURRIR**, a. *purír*. Podrir, corromper, hacer que una cosa se pudra. || met. Cabizbajo por el corazon. || *Pourrir de rhume*, [illegible] resfriado, acelerar su cura. || n. Podrirse, corromperse, echarse á perder alguna. || fam. *Pourrir dans la misère*, pudrirse en la miseria, en una cárcel. || *r dans le vice*, persistir en el vicio, encenagado en los vicios. || *Se pourrir*. Podrirse, corromperse alguna cosa.

**RRISSAGE**, m. *purisdge*.Art. Maceablandamiento, operacion que consiste en tener el trapo en agua por cierto tiempo á que se triture con mayor facilidad.

**RRISSOIR**, m. *purisuár*. Pudrilugar en que se deja podrir ó ablandar el trapo para hacer el papel. || Pu-, en general lugar donde se pudre cosa.

**RRITURE**, f. *puritür*. Podredumcorrupcion, putrefaccion, estado de una que está podrida.

**RSUITE**, f. *pursuit*. Persecucion, seguimiento, accion de perseguir, de ir tras uno. || Solicitacion, solicitud, pretension de un empleo. || Demanda contra un para obligarle á pagar; seguimiento pleito. || *Poursuites*, pl. For. Diligencias de una causa.

**RSUIVABLE**, adj. *pursuivábl*. Perseguible, que puede perseguirse.

**RSUIVANT**, m. *pursuiván*. Solicitante, solicitador, pretendiente, el que pretende obtener alguna cosa. || Pretendiente que aspira á obtener la mano ó los favores de una mujer. || *Poursuivant d'armes*, aspirante á ser heraldo de armas, persevante ó pursuivante, el oficial inferior al heraldo de alguna caballería.

**RSUIVRE**, a. *pursuívr*. Perseguir, acosar, ir tras del que huye ó en su seguimiento. || Pretender, solicitar, hacer diligencias, emplear todos los medios posibles para obtener alguna cosa. || met. Perseguir, atormentar, incomodar á alguno, no dejarle á sol ni á sombra. || For. Perseguir, pedir en justicia contra alguno, seguir un pleito, un negocio. || Proseguir, continuar lo empezado. || *Poursuivre une fille en mariage*, pretender una jóven para casarse con ella.

**RTANT**, conj. *purtán*. No obstante, sin embargo, pero, con todo. V. NÉANMOINS, CEPENDANT.

**RTOUR**, m. *purtúr*. Circüito, contorno, circunferencia de alguna cosa.

**RVOI**, m. *purvuá*. Reclamacion, recurso, apelacion al tribunal llamado de casacion (en Francia), por la cual se trata de anular una providencia que no está conforme á la ley; demanda, instauracion de una instancia.

**RVOIR**, n. *purvuár*. Proveer, proveer, dar órden ó disposicion sobre alguna cosa. || *Pourvoir à sa subsistance*, atender á su subsistencia. || Proveer, conferir, conceder algun empleo, cargo ó comision. *Pourvoir à un bénéfice*, proveer, conferir un beneficio. Tambien se dice *pourvoir quelqu'un d'un bénéfice*. || Proveer, suministrar, abastecer de lo necesario. || Dar, adornar de prendas ó dotes de la naturaleza. || Establecer, colocar, acomodar, dar estado. || *Se pourvoir*, r. Proveerse, abastecerse de víveres, de municiones, etc. || For. Recurrir á un tribunal; poner una demanda, entablar una instancia ante el juez ó tribunal. *Se pourvoir en cour de rome*, pedir á Roma una gracia, un beneficio ó dispensa.

**RVOIRIE**, f. *purvuarí*. Proveeduría, provision, lugar en que se encierran las provisiones. || Junta, compañía ó cuerpo de proveedores.

**RVOYEUR**, m. *purvuayeur*. Proveedor, el que está encargado de la provision, que suministro de cuanto es necesario á un establecimiento, á una casa, á un ejército.

**RVU, E**, adj. *purvú*. Proveido, provisto, dotado. || Provisto, abastecido, dotado. Participio del verbo POURVOIR.

**RVU QUE**, loc. conj. *purvuqueu*. Con tal que, siempre que, como; en caso de, á condicion que. *Pourvu que vous fassiez*, con tal que Vd. haga. *Pourvu qu'il vienne*, con tal que venga, á condicion ó con la condicion que venga.

**SAL**, m. *pusál*. Especie de red ó chinchorro con que se pesca en los estanques salados.

**POUSSE**, f. *pús*. Retoño, renuevo, brote, vástago que brotan los árboles en la primavera y en el otoño ó en agosto. || Vet. Huérfago, sobrecaliento, asma, enfermedad que ataca á las caballerías. || Nombre que se da al polvo de pimienta, de nuez moscada, etc. || Exhalacion que producen las minas. || Agr. *Greffe à la pousse*, ingerto á escudete. || *Pousse-balle*, bota-bala, especie de baqueta. || Mar. *Pousse-barre*, voz que equivale á la de, vira con fuerza. || *Pousse-pieds*, percébes, cierto pescado marino. || fam. *Pousse-cul*, alguacil, corchete, galfarro, ministril cuyas atribuciones son las de prender y conducir ante la autoridad. || *Pousse-pointe*, utensilio de relojero.

**POUSSÉ, ÉE**, adj. *pusé*. Empujado. || Rebrotado, retoñado. || *Vin poussé*, vino apuntado, torcido, vuelto.

**POUSSÉE**, f. *pusé*. Arq. Empuje de una bóveda; accion de empujar, y efecto del empuje. || Prisa, gran afluencia de obra, de trabajo. || met. y vulg. Persecucion activa. *Donner la poussée à quelqu'un*, perseguir vivamente á alguno.

**POUSSER**, a. *pusé*. Empujar, impeler, hacer fuerza contra algun cuerpo para echarlo del lugar que ocupa. || Tirar, arrojar, echar. || Llevar adelante, alargar, extender. || Acosar, perseguir, ir á los alcances. || met. Compeler, incitar, espolear. || Apretar, apurar, hostigar. || Introducir, proteger. || *Pousser quelqu'un du coude*, codear á uno, darle de codo, tocarle suavemente para advertirle de una cosa. || *Pousser les ennemis*, arrojar, echar á los enemigos, obligarles á retirarse. || met. Impeler, dar impulso, facilitar los medios de que uno ascienda ó haga progresos en su estado ó empleo. || *Pousser un cheval*, apretar, picar, aguijar, hacer correr un caballo á toda rienda. || *Pousser la porte au nez de quelqu'un*, cerrar la puerta en los hocicos de alguno. || Esgr. *Pousser un coup de fleuret*, dar un golpe con el florete. || met. y fam. *Pousser une botte à quelqu'un*, meter á uno un bolonazo, acosarle de cerca. || *Pousser la voix*, alzar la voz, hablar mas alto de lo que ántes se hablaba. || *Pousser des soupirs*, echar ó dar suspiros. || met. *Pousser sa pointe*, llevar adelante, seguir, proseguir su tema. || Continuar, aumentar el éxito, los buenos auspicios de una empresa. || Seguir, prolongar, llevar una cosa hasta su último grado. || *Pousser des cris*, dar gritos ó voces. || met. Atacar, ofender, disgustar, enfadar, causar algun disgusto ú ofensa. || *Pousser quelqu'un à bout*, apurar, irritar á uno, abusar de su paciencia. *Pousser à bout quelqu'un*, confundir á alguno, reducirlo á la imposibilidad de responder en una discusion. || met. y fam. *Pousser quelqu'un de nourriture*, atiborrar á uno de comida, hacerle comer demasiado. || met. Inducir, incitar, enzarzar. || *On l'a poussé à se battre*, se le ha inducido á batirse. || n. Jadear, resollar con aceleracion y dificultad: dícese del caballo. || *Ce mur pousse en dehors*, esta pared se echa hácia afuera, hace barriga. || met. *Pousser à la roue*, dar la mano, ayudar á uno para alguna pretension. || Bot. Brotar, empezar á desarrollarse una planta, un árbol, etc. || Pint. *Ce tableau pousse au noir*, este cuadro empieza á ennegrecer. || *Se pousser*, r. Atropellarse, empujarse mutuamente dos ó mas personas.

**POUSSET**, m. *pusé*. Especie de sal negra que tiene broza.

**POUSSETTE**, f. *pusét*. Gruceta, crucillo, juego de los alfileres.

**POUSSEUR, EUSE**, m. y f. *puseur*, eus. Empujador, el que empuja, que da empujones.

**POUSSIER**, m. *pusié*. Cisco, carbon menudo que queda en el fondo de un costal. || Polvillo ó polvora menuda que se hace de la pólvora de cañon. || Casquijo, piedrezuela que se mezcla con el yeso para formar el suelo.

**POUSSIÈRE**, f. *pusiér*. Polvo, y tambien polvoreda, el que hay en el suelo ó se levanta de él. || Poét. *Mordre la poussière*, morder el polvo: morir en un combate. || met. *Tirer quelqu'un de la poussière*, sacar á uno del polvo, levantarle de la nada, librarle de la miseria.

**POUSSIÉREUX, EUSE**, adj. *pusiereu*, eus. Empolvado, que está cubierto de polvo. || Polvoroso, que se parece al polvo.

**POUSSIF, IVE**, adj. *pusíf*, iv. Vet. Asmático, se dice de los caballos que padecen asma. || sust. *C'est un poussif*, *un gros poussif*, está asmático: se dice de una persona que respira con dificultad.

**POUSSIN**, m. *pusén*. Polluelo, avecilla que acaba de salir del cascaron.

**POUSSINIÈRE**, f. *pusiniér*. Pollera, cesta ó jaula de mimbres en que se encierra la gallina con sus pollos. || Astr. Pollera, nombre vulgar de la constelacion de las Pléyades.

**POUSSOIR**, m. *pusuár*. Resorte que se pone en los relojes de repeticion para hacerles dar la hora cuando se quiere. || Cir. Gatillo para arrancar la muela ya descarnada.

**POUSSOLANE**, f. V. POUZZOLANE.

**POUT-DE-SOIE**, m. V. POU-DE-SOIE.

**POUTIE**, f. inus. *putí*. Mota, broza, pelusa que se agarra á los vestidos.

**POUTIEUX, EUSE**, adj. inus. *putieu*, eus. Pulcro, limpio, que gusta del aseo.

**POUTIS**, m. *putí*. Postigo, puertecilla ó puerta pequeña que se abre en otra grande.

**POUTRE**, f. *pútr*. Viga, madero largo y grueso. || Viga, tirante, pieza de madera que sostiene un techado, un suelo, etc.

**POUTRELLE**, f. dim. de POUTRE. *putrél*. Viguita, vigueta, solera, viga pequeña.

**POUVOIR**, a. *puvuár*. Poder, tener expedita la facultad ó potencia de hacer alguna cosa. || n. Poder, tener mucho crédito, mucho valimiento. || *A n'en pouvoir plus*, hasta no poder mas. || impers. Ser posible que suceda alguna cosa. *Il peut arriver que*, *il peut se faire que*, puede ser ó suceder que. || POUVOIR, m. Poder, dominio, autoridad, potestad, facultad de mandar. || Poder, fuerza. || Poder, derecho, facultad de obrar en virtud de autorizacion competente. || Poder, documento que autoriza, que concede autorizacion suficiente. || Poder, crédito, ascendiente que alguno ejerce en una parte. || Poder, capacidad para hacer una cosa. || Poder, posesion actual, guarda ó custodia de alguna cosa. *Les pièces sont au pouvoir du rapporteur*, los autos están en poder del relator.

**POUZZOLANE**, f. *pudsolán*. Puzolana, tierra volcánica que se halla en las canteras de Puzzol cerca de Nápoles.

**POY**, m. *pué*. Zool. Poy, ave de rapiña que se cria en África.

**POYE**, f. *pudy*. Art. Especie de garrote ó palanqueta que sirve para sujetar el tornillo de la prensa.

**PRAGMATIQUE**, f. *pragmatic*. Pragmática, ley, reglamento que concierne al ramo eclesiástico. En un sentido absoluto se entiende por la pragmática sancionada en Bourges por el rey Cárlos VII modificando ó admitiendo varios decretos del concilio de Basilea. || Pragmática, real decreto del soberano de un país concerniente á sus Estados y familia.

**PRAIRIAL**, m. *prerial*. Pradial, el noveno mes del calendario republicano de Francia, que comenzaba en 20 de mayo y concluia en 18 de junio. || PRAIRIAL, E, adj. Pradeable ó praderoso, que concierne á las praderas, que es propio de las praderas.

**PRAIRIE**, f. *prerí*. Pradera, prado, praderia, pedazo de tierra que produce yerba.

**PRALINE**, f. *pralín*. Especie de almendra bañada ó peladilla de color encarnado; almendras de garapiña.

**PRALINER**, a. *praliné*. Bañar almendras, confitarlas, darles un baño de azúcar colorado.

**PRALINEUR**, m. *pralineur*. Oficial de confitero especialmente encargado de dar el baño á las peladillas ó almendras confitadas.

**PRAME**, f. *prám*. Mar. Especie de embarcacion de vela y remo.

**PRAMNION**, m. *pramnión*. Pramnio, especie de cristal de roca de color pardo. ||

Especie de vino de Esmirna que tiene un color muy subido.

**PRASE**, f. *práz*. Miner. Prasio, especie de ágata. || *Prase*, prime, *matrice d'émeraude*, prasio, plasma, la gunga ó matriz de las esmeraldas.

**PRASINE**, f. *prasín*. Prasina, especie de tierra verde que sirve en la pintura.

**PRASOÏDE**, f. *prasoíd*. Miner. Prasoides, piedra preciosa.

**PRATICABLE**, adj. *praticábl*. Practicable, que puede ponerse en práctica, que puede emplearse. || Transitable. *Ces chemins ne sont pas praticables*, estos caminos son intransitables. *Route qui n'est pas praticable*, camino intransitable, por donde no se puede pasar. || met. Tratable. *Homme praticable*, hombre tratable, sociable. En esta acepcion se usa mas con la negativa.

**PRATICIEN**, m. *pratisién*. Agente, procurador, escribano, causídico, el que entiende en el órden y forma de proceder en justicia. || Práctico, el que tiene larga experiencia en una materia. || Práctico, se dice tambien del médico muy versado y hábil en su arte. || En la escultura, el que prepara el mármol.

**PRATIQUE**, f. *pratíc*. Práctica, aplicacion de las reglas y principios en una ciencia ó arte; el ejercicio de un arte conforme á sus reglas. || Práctica, experiencia que se adquiere por la rutina de hacer una cosa muchas veces. || Método, modo de ejecutar, de llevar á cabo alguna obra. || Uso, costumbre, manera de obrar, experiencia en algun negocio. || Parroquiano, el que se suele surtir habitualmente de una tienda ó taller; y tambien, el conjunto de todos los parroquianos ó compradores que concurren á una tienda para comprar. || Clientela de un abogado, de un médico, de un escribano. || Oficio, oficina de un escribano ó procurador, ó todos los papeles contenidos en ella. || Charlatanería que usan las personas que se dedican á vender. || Práctica, foro, modo de proceder en justicia conforme al uso de la ley. || Instrumento de acero ó de hoja de lata que usan los que hacen hablar á los polichinelas para mudar la voz conforme á los personajes que la ejecutan. || *Pratiques*, pl. Trato, inteligencia, correspondencia infiel y sospechosa; intrigas, inteligencias secretas con personas del partido contrario.

**PRATIQUE**, adj. *pratic*. Práctico, perteneciente á la práctica. || m. Mar. Práctico de la costa, piloto, marino que conoce el paraje donde se encuentra por haber navegado en él muchas veces.

**PRATIQUEMENT**, adv. *praticmán*. Prácticamente, en la práctica, segun la práctica.

**PRATIQUER**, a. *pratiqué*. Practicar, ejecutar, poner en práctica. || Profesar, ejercer una facultad, un arte, etc. || Practicar, cumplir un deber, hacer actos de virtud. || Tratar, frecuentar á una persona. || Seducir, sobornar, ganar á uno por dinero ó por conviccion. || Arq. Disponer, acomodar, encontrar medio de hacer en poco espacio piezas de mucha comodidad en un edificio. *Pratiquer un escalier, une issue, un cabinet dans une chambre*, abrir una escalera, una salida, hacer un gabinete, esto es, acomodarlo al paraje, al espacio, etc. || *Pratiquer un trou*, hacer un agujero. || *Pratiquer un chemin*, abrir un camino.

**PRÉ**, *pré*. Partícula que entra en la composicion de muchas palabras, indicando superioridad ó antelacion.

**PRÉ**, m. *pré*. Prado, pedazo de tierra destinado á producir yerba ó pasto para los ganados. || Prado, lugar señalado para un desafío. *Aller, se rendre, se porter, se trouver sur le pré*, salir al campo, salir á reñir, encontrarse en el sitio destinado para el combate. || *Aller souvent sur le pré*, andar siempre en quimeras, en desafíos y pendencias, ser camorrista. La segunda acepcion es anticuada, como tambien sus locuciones.

**PRÉACHAT**, m. *preacha*. Anticipo, paga adelantada de un género que aun no se ha recibido.

**PRÉACHETER**, a. *preachté*. Comprar antes de declararse la venta legal. || Com. Pagar una mercadería ántes de recibirla.

**PRÉALABLE**, adj. *prealábl*. Previo, que debe hacerse, decirse, tratarse ántes de pasar á otra cosa. || *Au préalable*, loc. adv. Ántes, primero, ante todo, ántes que se trate ó se haga otra cosa.

**PRÉALABLEMENT**, adv. *prealablmán*. Previamente, ántes, primeramente, ante todas cosas.

**PRÉALLÉGUER**, a. *prealegué*. Jurisp. Alegar, citar ántes ó con antelacion.

**PRÉAMBULAIRE**, adj. *preanbulér*. Preliminar, que sirve de preámbulo.

**PRÉAMBULE**, m. *preanbúl*. Preámbulo, especie de exordio ó proemio, introduccion de una obra ó escrito. || Preámbulo, rodeo, circunloquio, discurso vago.

**PRÉAMBULER**, n. *preanbulé*. Hacer preámbulos, trabajar en hacer algun preámbulo.

**PRÉAU**, m. *preó*. Pradito, pradillo, prado pequeño. Es anticuado en esta acepcion. || Patio, lugar descubierto en medio de un monasterio ó cárcel.

**PRÉAVIS**, m. inus. *preaví*. Aviso precedente, nota, advertencia previa.

**PRÉBENDE**, f. *prebánd*. Prebenda, renta eclesiástica aneja á una canonjía. || Prebenda, la dignidad, la canonjía misma.

**PRÉBENDÉ, ÉE**, adj. *prebandé*. Prebendado, que disfruta de alguna prebenda. || m. Prebendado, el que tiene alguna prebenda en propiedad.

**PRÉBENDIER**, m. *prebandié*. Prebendado, racionero. || En algunas iglesias de Francia, eclesiástico que asiste al coro como inferior á un canónigo, y equivale á racionero.

**PRÉCAIRE**, adj. *prequér*. Precario, que solo tiene lugar en virtud de una condescendencia ó tolerancia; que depende de otro; incierto, inseguro, que puede cesar.

**PRÉCAIREMENT**, adv. *prequermán*. Precariamente, de una manera precaria.

**PRÉCARITÉ**, f. inus. *precarité*. Estado de lo que es precario.

**PRÉCATIF, IVE**, adj. *precatif, iv*. Didáct. Precativo, que va acompañado de ruegos ó súplicas.

**PRÉCAUTION**, f. *precosión*. Precaucion, medida que se toma para evitar algun mal ó inconveniente. || Circunspeccion, cautela, prudencia.

**PRÉCAUTIONNÉ, ÉE**, adj. *precosioné*. Precavido, prevenido. || Cauto, cuerdo, prudente.

**PRÉCAUTIONNER**, a. *precosioné*. Precaver, prevenir, guardar á uno contra algun riesgo ó daño. Es poco usado. || *Se précautionner*, r. Precaverse, tomar sus precauciones, prevenirse, guardarse contra algun riesgo.

**PRÉCAUTIONNEUX, EUSE**, adj. fam. *precosioneu, eus*. Precavido, prevenido, prudente, que obra con prudencia.

**PRÉCÉDEMMENT**, adv. *presedamán*. Anteriormente, ántes, primero ó primeramente.

**PRÉCÉDENCE**, f. *presedáns*. Precedencia, antelacion, estado de lo que precede.

**PRÉCÉDENT, E**, adj. *presedán*. Precedente, antecedente, que antecede. || m. Precedente, hecho, uso, circunstancia, ejemplo ó razon que autoriza un hecho por la práctica ó la conveniencia.

**PRÉCÉDER**, a. *presedé*. Preceder, ir delante. || Preceder, suceder ó haber sucedido ántes; ser una cosa ántes ó primero que otra. || Preceder en dignidad, en honor; tener el lugar preferente una persona respecto de otra.

**PRÉCEINTE**, m. *presént*. Mar. Cinta, fila, traca de tablones que forman la cintura de un navío. Tambien se dice *lisse*.

**PRÉCELLENCE**, f. V. SUPÉRIORITÉ.

**PRÉCELLER**, a. V. SURPASSER.

**PRÉCENTEUR** ó **PRÉCHANTRE**, m. *presanteur, prechántr*. Entonador, primiciero, sochantre ó primer chantre de una iglesia.

**PRÉCEPTE**, m. *presept*. Precepto, regla, principio de algun arte ó ciencia. || Precepto, mandamiento; en este [illegible] díces de la ley de Dios y de la Iglesia.

**PRÉCEPTEUR**, m. [illegible] preceptor, ayo de un niño, de [illegible]

**PRÉCEPTIF, IVE**, adj. [illegible] Preceptivo, que contiene [illegible]

**PRÉCEPTORAL, E**, adj. [illegible] Preceptoral, que pertenece al [illegible], que es propio del preceptor.

**PRÉCEPTORAT**, m. [illegible] ceptorado, maestría ó magisterio, [illegible] estado, funciones de un maestro ó [illegible] tor.

**PRÉCEPTORIAL, E**, adj. [illegible] Magistral: dícese de las [illegible] que tienen este título en las [illegible] bien se usa como sustantivo [illegible] *préceptoriale*.

**PRÉCEPTORISER**, a. [illegible] poner preceptos, leyes ó mandatos.

**PRÉCESSION**, f. *presesión*. Astr. [illegible] sion, movimiento retrógrado ó [illegible] los equinoccios. *Précession des équinoxes*, movimiento retrógrado de los puntos equinocciales.

**PRÉCHANTRE**, m. V. [illegible]

**PRÉCHANTRERIE**, f. [illegible] da). Dignidad ú oficio de sochantre ó primer chantre de una iglesia.

**PRÊCHE**, m. *préche*. Prédica, [illegible] pronunciado en los templos de los [illegible] tantes. || Oratorio evangélico, lugar [illegible] se reunen los protestantes para [illegible] culto.

**PRÊCHER**, a. *preché*. Predicar, [illegible] la palabra de Dios por medio del [illegible] || Predicar, amonestar, dar consejos, [illegible] reflexiones. || Exhortar. || Pregonar, [illegible] zar, ensalzar. || *Prêcher d'exemple*, [illegible] prácticamente, dar el ejemplo [illegible] que se aconseja á los otros.

**PRÊCHERESSE**, f. poco us. [illegible] (e muda). Religiosa, monja del [illegible] Santo Domingo.

**PRÊCHEUR**, m. *precheur*. [illegible] Solo se usa seriamente en francés [illegible] de los PP. Dominicos, llamados *frères prêcheurs*, frailes predicadores, y [illegible] *dominicains* ó *jacobins*. || fam. [illegible] *cheur, mauvais prêcheur*, [illegible] dicador, mal predicador, de [illegible] deras. || met. y fam. *Prêcheur* [illegible] no machacon, importuno [illegible] neador.

**PRÊCHEUSE**, f. fam. *precheus*. [illegible] dora, mujer que hace reflexiones.

**PRÉCIEUSE**, f. *presieus*. [illegible] dilla, presumida, mujer afectada en [illegible] guaje; y tambien se ha dicho [illegible] el masculino, con el mismo sentido. [illegible] CIEUX.

**PRÉCIEUSEMENT**, adv. [illegible] Esmeradamente, de una manera [illegible] te esmerada.

**PRÉCIEUX, EUSE**, adj. [illegible] Precioso, rico, de gran valor ó [illegible] met. Estimable, que se tiene en [illegible] tima. || Precioso, interesante, que [illegible] toda atencion. || Afectado, [illegible] lenguaje y de maneras estudiadas.

**PRÉCIPICE**, m. *presipis*. [illegible] despeñadero, abismo donde no [illegible] caer sin perder la vida. || met. [illegible] ruina, grande desgracia, sea [illegible] piritual.

**PRÉCIPITAMMENT**, adv. [illegible] Precipitadamente, con precipitacion.

**PRÉCIPITANT**, m. [illegible] Precipitante, lo que opera la [illegible]

**PRÉCIPITATION**, f. [illegible] cipitacion, inconsideracion, [illegible] sa ó vivacidad en hacer alguna cosa. [illegible] Precipitacion, arrebato, rapidez [illegible] en la ejecucion de un pensamiento, [illegible] proyecto cualquiera. || Quím. [illegible] accion por la que se separa de su [illegible] una materia sólida, posándose en [illegible] de la vasija.

**PRÉCIPITÉ, ÉE**, adj. *presipité*. [illegible] tado. || m. Precipitado, el sedimento ó la materia que se posa en el fondo de una vasija.

**PRÉCIPITER**, a. *presipité.* Precipitar, despeñar, arrojar desde un lugar elevado á una profundidad. || met. Precipitar, hacer caer en una grande desgracia, exponer á uno á su ruina espiritual ó temporal. || Precipitar, acelerar la ejecucion ó los efectos de alguna cosa. || Quím. Precipitar, separar una materia sólida de una líquida por un reactivo que, despues de disuelta, la hace posarse en el fondo de una vasija. || *Se précipiter*, r. Precipitarse, arrojarse desde una altura abajo. || Precipitarse, lanzarse, arrojarse sobre uno. || met. Precipitarse, arrojarse al peligro, meterse en él.

**PRÉCIPUT**, m. *presipú.* Jurisp. Mejora, ventaja que deja un testador ó la ley á uno de los coherederos de una finca ó herencia. || Mejora, donacion que se expresa en un contrato matrimonial como pertenencia exclusiva del esposo que sobreviva al otro.

**PRÉCIS, E**, adj. *presí, ís.* Preciso, justo, fijo, determinado. || Expreso, formal, que no puede eludirse. || met. Conciso, exacto, ajustado, sin palabras ni ideas inútiles ó no necesarias. || PRÉCIS, m. Resúmen, suma, sumario ó compendio.

**PRÉCISÉMENT**, adv. *presisemán.* Precisamente, justamente, exactamente, de un modo exacto. || fam. Sí, eso mismo; como si se dijera *oui, c'est cela même.*

**PRÉCISER**, a. *presisé.* Determinar, fijar las cosas de un modo absoluto; señalar, presentar de una manera precisa.

**PRÉCISION**, f. *presisión.* Exactitud, precision, laconismo, sin que falte lo necesario. || Exactitud, regularidad con que se hace alguna cosa, justeza.

**PRÉCITÉ, ÉE**, adj. *presité.* Precitado, citado ántes, mencionado.

**PRÉCLÔTURE**, f. *preclotúr.* V. ENCLOS. || Derecho de mayoría entre dos hermanos, ó sea primogenitura.

**PRÉCOCE**, adj. *precós.* Bot. Precoz, temprano, tempranero, que se desarrolla, que madura ántes de sazon ó del tiempo regular. || met. Precoz, que tiene mas inteligencia de lo que permite la edad.

**PRÉCOCITÉ**, f. *precosité.* Precocidad, cualidad de lo que es precoz.

**PRÉCOMPTE**, m. *precónt.* Deduccion ó descuento hecho anticipadamente.

**PRÉCOMPTER**, a. *preconté.* Descontar, deducir ántes.

**PRÉCONCEPTION**, f. *preconsepsión.* Concepcion primitiva, que se supone exenta de toda reflexion, de todo exámen.

**PRÉCONCEVOIR**, a. *preconsevuár* (emuda). Concebir con antelacion, sin exámen ni reflexion.

**PRÉCONISATION**, f. *preconisasión.* Preconizacion, accion por la que un cardenal ó el papa mismo declara en pleno consistorio la idoneidad de un obispo nuevamente nombrado.

**PRÉCONISER**, a. *preconisé.* Preconizar, declarar el papa ó un cardenal en pleno consistorio la idoneidad de un obispo que ha sido nombrado recientemente. || met. Preconizar, alabar, ensalzar, elogiar con extremo.

**PRÉCONISEUR, EUSE**, m. y f. *preconiseur, eus.* Preconizador, el que preconiza.

**PRÉCONNAISSANCE**, f. *preconesáns.* Conocimiento anticipado.

**PRÉCONNAÎTRE**, a. *preconétr.* Conocer desde luego, ántes de tener tiempo de reflexionar; preconocer, prever, conjeturar.

**PRÉCORDIAL, E**, adj. *precordiál.* Anat. Precordial, que tiene relacion con el diafragma.

**PRÉCURSEUR**, m. *precurseur.* Precursor, el que anuncia la llegada de alguna otra persona: se dice principalmente hablando de san Juan Bautista. || met. Precursor, signo que precede á algun suceso y parece anunciarlo.

**PRÉDATEUR, TRICE**, m. y f. *predateur, tris.* Predator ó arrebatador, el que arrebata, que quita una presa.

**PRÉDÉCÉDER**, n. *predesedé.* Premorir, morir ántes que otro.

**PRÉDÉCÈS**, m. *predesé.* Predeceso, predecesion, muerte de alguno anterior á la de otro.

**PRÉDÉCESSEUR**, m. *predeseseur.* Predecesor, antecesor, el que ha precedido á otro en su empleo ó dignidad. || m. pl. Predecesores, antecesores, antepasados, los que existieron ántes que los presentes.

**PRÉDESTINATION**, f. *predestinasión.* Teol. Predestinacion, ordenacion de la voluntad divina con que el Eterno tiene elegidos los que por medio de su gracia han de conseguir la gloria. || Órden inmutable de acontecimientos en virtud del cual se supone que deben sucederse unos á otros necesariamente; fatalismo.

**PRÉDESTINÉ, ÉE**, adj. *predestiné.* Predestinado. Úsase tambien como sustantivo.

**PRÉDESTINÉE**, f. inus. *predestiné.* Destino, arreglo inmutable de todos los sucesos.

**PRÉDESTINER**, a. *predestiné.* Predestinar, destinar Dios á la bienaventuranza desde el principio de los siglos; y tambien, destinar á alguna de sus criaturas para un fin determinado.

**PRÉDÉTERMINANT, E**, adj. *predeterminán.* Predeterminante, que predetermina.

**PRÉDÉTERMINATION**, f. *predeterminasión.* Teol. Predeterminacion, accion por la cual la voluntad del hombre es movida y determinada por Dios.

**PRÉDÉTERMINER**, a. *predeterminé.* Teol. Predeterminar, determinar el Criador la voluntad de la criatura.

**PRÉDIAL, E**, adj. *prediál.* Predial, que concierne á los predios, á los bienes ó herencias.

**PRÉDICABLE**, adj. *predicábl.* Lóg. Predicable, que participa, que es aplicable á diferentes seres.

**PRÉDICAMENT**, m. *predicamán.* Lóg. Predicamento, categoría, rango, órden, clase en que se coloca algun ser. || fam. *Être en bon prédicament*, estar en buen concepto, tener buena reputacion.

**PRÉDICANT**, m. *predicán.* Predicante, ministro de la religion protestante.

**PRÉDICATEUR**, m. *predicateur.* Predicador, el que anuncia la palabra de Dios desde el púlpito, desde la cátedra del Espíritu Santo.

**PRÉDICATION**, f. *predicasión.* Predicacion, accion de predicar. || Predicacion, sermon, discurso, plática por la cual se predica el Evangelio. || Púlpito, ejercicio del púlpito, oratoria sagrada.

**PRÉDICTION**, f. *predicsión.* Prediccion, accion de presagiar, de predecir. || Prediccion, presagio, pronóstico, la cosa que se ha predicho.

**PRÉDILECTION**, f. *predilecsión.* Prediléccion, preferencia de amor ó afecto.

**PRÉDIRE**, a. *predir.* Predecir, presagiar, pronosticar, anunciar con antelacion lo que debe suceder.

**PRÉDISPOSANT, E**, adj. *predisposán.* Predisponente, que predispone.

**PRÉDISPOSER**, a. *predisposé.* Med. Predisponer, preparar gradualmente á una enfermedad. || Predisponer, preparar el ánimo para recibir cualquiera impresion.

**PRÉDISPOSITION**, f. *predisposisión.* Med. Predisposicion, disposicion de la economía animal que precede á una enfermedad y prepara su desarrollo.

**PRÉDOMINANCE**, f. *predomináns.* Predominio, accion de lo que predomina.

**PRÉDOMINANT, E**, adj. *predominán.* Predominante, que ejerce cierto predominio, que predomina.

**PRÉDOMINATION**, f. *predominasión.* Predominacion, accion de predominar.

**PRÉDOMINER**, a. *predominé.* Predominar, superar, prevalecer, poder mas, sobreponerse á alguna cosa, ejercer sobre ella cierto predominio ó autoridad.

**PRÉDORSAL, E**, adj. *predorsál.* Anat. Predorsal, que está situado en la parte anterior del espinazo.

**PRÉÉMINENCE**, f. *preeminéns.* Preeminencia, prerogativa, ventaja, superioridad en dignidad ó categoría.

**PRÉÉMINENT, E**, adj. *preeminán.* Preeminente, sobresaliente, superior, que sobrepuja ó aventaja, principalmente hablando de cosas morales.

**PRÉEMPTER**, a. *preampté.* Comprar de antemano y en virtud de una ley, como sucede en los casos de confiscacion ó de comiso.

**PRÉEMPTION**, f. *preampsión.* Accion de comprar de antemano algunos géneros en virtud de una ley ó derecho. || *Droit de préemption*, derecho que tiene la aduana en ciertos casos de comprar, al precio declarado, una mercadería á que se pretende dar un precio demasiado bajo.

**PRÉÉTABLIR**, a. *preestablir.* Preestablecer, establecer de antemano, ante todo.

**PRÉEXCELLENCE**, f. *preecseláns.* Preexcelencia, excelencia superior, reconocida en el mas alto grado.

**PRÉEXISTANT, E**, adj. *preecsistán.* Teol. Preexistente, que existe ántes que otro.

**PRÉEXISTENCE**, f. *preecsistáns.* Teol. Preexistencia, existencia de un ser anterior á la de otro.

**PRÉEXISTER**, n. *preecsisté.* Teol. Preexistir, existir ántes que otro.

**PRÉFACE**, f. *prefás.* Prefacion, prólogo, especie de advertencia que se pone al principio de un libro. || Prefacio, parte de la misa que precede al cánon. || fam. y joc. Preámbulo, exordio.

**PRÉFECTORAL, E**, adj. *prefectorál.* Prefectoral, que se refiere al prefecto ó á la prefectura.

**PRÉFECTURE**, f. *prefectúr.* Prefectura, empleo, cargo de un prefecto; duracion de dicho empleo; extension del territorio sobre el que un prefecto ejerce su autoridad; casa en que habita ó donde están establecidas sus oficinas.

**PRÉFÉRABLE**, adj. *preferábl.* Preferible, que debe ser preferido.

**PRÉFÉRABLEMENT**, adv. *preferablemán.* Preferiblemente, con preferencia.

**PRÉFÉRENCE**, f. *preferáns.* Preferencia, eleccion de una persona ó cosa ántes que de otra.

**PRÉFÉRER**, a. *preferé.* Preferir, anteponer una persona ó cosa á otra, estimar ó querer mas.

**PRÉFET**, m. *prefé.* Antig. Prefecto, magistrado romano que gobernaba en ausencia de los reyes, cónsules y emperadores. Ademas, entre los Romanos este nombre se aplicaba á un gran número de magistrados. || En Francia, el prefecto es un magistrado á cuyo cargo está la administracion general de un departamento.

**PRÉFÈTE**, f. inus. *prefét.* La mujer de un prefecto.

**PRÉFICES**, f. pl. Antig. V. PLEUREUSES.

**PRÉFIGURER (SE)**, r. ant. *prefiguré.* Prefigurarse, figurarse de antemano.

**PRÉFINIR**, a. *prefinír.* For. Fijar un término para dar por concluida alguna cosa.

**PRÉFIX, E**, adj. *prefícs.* Prefijado, determinado. || *Jour préfix*, dia señalado, ó dia adiado.

**PRÉFIXION**, f. *preficsión.* For. Prefijacion, señalamiento de un término ó plazo; término ó plazo señalado.

**PRÉFLEURAISON** ó **PRÉFLORAISON**, f. *prefleuresón, prefloresón.* Bot. Prefloracion, estado de las partes de una flor ántes de abrirse.

**PRÉFOLIATION**, f. *prefoliasión.* Bot. Prefoliacion, disposicion de las hojas en las yemas ántes de abrirse.

**PRÉFORMER**, a. *preformé.* Preformar, formar ántes.

**PREGADI**, m. *pregadi.* Pregadi, senado de Venecia, instituido ántes del fin del siglo XIII, el cual se componia de 300 ciudadanos.

**PRÉGATON**, m. *pregatón.* Art. Nombre que dan los tiradores de oro á la primera de las hileras del torno.

**PRÉGNATION**, f. *preñasión*. Zool. Preñez, gestacion de los animales.

**PRÉHENSION**, f. *preansión*. Didáct. Accion de tomar ó agarrar con las manos. || Apropiacion, accion por la que el gobierno se apropia alguna cosa. || Med. La accion de tomar los alimentos para llevarlos á la boca.

**PRÉJUDICE**, m. *prejudís*. Perjuicio, daño, detrimento ó menoscabo. || *Au préjudice de son honneur*, en perjuicio de su honra ó de su honor.

**PRÉJUDICIABLE**, adj. *prejudisiábl*. Perjudicial, dañoso, que causa perjuicio.

**PRÉJUDICIAL**, **E**, adj. *prejudisiál*. Prejuicial, que se refiere al perjuicio. No se usa. || For. *Frais préjudiciaux*, costas que deben abonarse ántes de proveer contra una providencia.

**PRÉJUDICIEL**, **LE**, adj. *prejudisiél*. For. Prejudicial, se dice de una cuestion, de una excepcion que debe ser decidida ántes de la cuestion principal.

**PRÉJUDICIER**, n. *prejudisié*. Perjudicar, causar daño ó perjuicio.

**PRÉJUGÉ**, m. *prejugé*. Preocupacion, error del entendimiento; opinion adoptada sin exámen. || Conjetura, señal del éxito bueno ó malo de un negocio. || For. Juicio preparativo que precede á la sustanciacion de una causa.

**PRÉJUGER**, a. *prejugé*. For. Proveer algun auto, juzgar provisionalmente, juzgar sobre un asunto que debe sustanciarse despues. || Prever por conjeturas, presuponer.

**PRÉLART**, m. *prelár*. Mar. Encerado para defender algun objeto de la lluvia ó de la intemperie. || Lona, lienzo grueso que se emplea en las velas de los buques.

**PRÉLASSER (SE)**, r. *prelasé*. Pavonearse, afectar un aire de gravedad.

**PRÉLAT**, m. *prelá*. Prelado, el que posee una dignidad eclesiástica con jurisdiccion espiritual. || En Roma se da este nombre á los eclesiásticos familiares del papa y que gozan del privilegio de usar muceta morada.

**PRÉLATION**, f. *prelasión*. For. Prelacion, derecho de preferencia.

**PRÉLATURE**, f. *prelatúr*. Prelacía, prelatura, dignidad de un prelado. || Prelatura, en Roma cierto número de prelados que tienen derecho de llevar la muceta de color morado.

**PRÊLE**, f. *prél*. Cola de caballo, planta.

**PRÉLECTURE**, f. *prelectúr*. Impr. Lectura de una prueba ántes de enviar la prueba al autor.

**PRÉLEGS**, m. *prelé*. Prelegado, legado anterior á la particion de bienes.

**PRÉLÉGUER**, a. *prelegué*. Prelegar, hacer uno ó mas prelegados, mandar ó legar cierta cantidad que se ha de satisfacer ántes de la particion de bienes.

**PRÊLER**, a. *prelé*. Art. Frotar, polir, pulimentar la madera con la planta llamada cola de caballo.

**PRÉLÈVEMENT**, m. *prelevmán*. Accion de extraer una cantidad de dinero de la suma total.

**PRÉLEVER**, a. *prelevé*. Sacar ó extraer una cantidad de dinero de la suma ó capital que resulta en fondo, ya sea en una particion de bienes, compañía, etc.

**PRÉLIBATION**, f. *prelibasión*. Feud. Prelibacion, derecho que se arrogaron los señores feudales de poder ocupar el lecho nupcial en lugar del novio la primera noche de la boda de algunos de sus vasallos ó feudatarios. Tambien se dice *cuissage* y *jambage*.

**PRÉLIMINAIRE**, adj. *preliminér*. Preliminar, que precede á la materia principal y sirve para dilucidarla. Se usa tambien como sustantivo. || Jurisp. *Le préliminaire de conciliation*, juicio de conciliacion. *Les préliminaires de la paix*, los preliminares de la paz, los primeros puntos que se proponen por base de un tratado de paz.

**PRÉLIMINAIREMENT**, adv. *preliminermán*. Preliminarmente, ante todo, previamente.

**PRÉLIRE**, a. *prelír*. Impr. Corregir las primeras pruebas de un impreso ántes de enviarlas al autor. Mejor se dice *lire en première*.

**PRÉLOMBAIRE**, adj. *prelonbér*. Anat. Prelumbar, que está situado delante de los lomos.

**PRÉLONGE**, f. V. PROLONGE.

**PRÉLUDE**, m. *prelúd*. Mús. Preludio, especie de ejercicios ó pasos de música que se ejecutan para probar la voz ó instrumento con el fin de ponerse en el tono. Entre los músicos se dice tambien ensayo, floreo, capricho, tiento. || Preludio, retornelo, composicion que improvisa en el acto un músico. || met. Preludio, lo que sirve de entrada ó preparacion.

**PRÉLUDER**, n. *preludé*. Mús. Preludiar, tocar ó cantar algunos retazos de música, bien sea para probar el alcance de la voz ó para ver si un instrumento está bien afinado. Tambien se dice florear, hacer floreos ántes de empezar la pieza que ha de tocarse. || Preludiar, improvisar alguna tocata ó pieza musical y ejecutarla en algun instrumento. || met. Preludiar, hacer alguna cosa que sirva de introduccion ó preludio á otra mayor.

**PRÉMATURÉ**, **ÉE**, adj. *prematuré*. Prematuro, precoz, que madura ántes de tiempo. || Prematuro, precoz, que se desarrolla mas pronto que la edad lo permite, hablando de las facultades intelectuales. || Prematuro, intempestivo.

**PRÉMATURÉMENT**, adv. *prematuremán*. Prematuramente, intempestivamente, ántes de tiempo, sin sazon.

**PRÉMATURITÉ**, f. *prematurité*. Precocidad, madurez ántes del tiempo regular.

**PRÉMÉDITATION**, f. *premeditasión*. Premeditacion, accion de premeditar una cosa ántes de ponerlo por obra. || Jurisp. Premeditacion, deliberacion de caso pensado.

**PRÉMÉDITÉ**, **ÉE**, adj. *premedité*. Premeditado. || *Cas prémédité*, caso pensado. || *De dessein prémédité*, de propósito, deliberadamente.

**PRÉMÉDITER**, a. *premedité*. Premeditar, meditar algun tiempo sobre una cosa que se quiere ejecutar.

**PRÉMICES**, f. pl. *premís*. Primicias, primeros frutos que produce la tierra ó el ganado. || met. Primicias, primeras producciones del entendimiento. || Principio de un gobierno, de un reinado, etc.

**PREMIER**, **ÈRE**, adj. *premié*, *ér* (e muda). Primero, que va delante, que precede respecto al tiempo, al órden ó á la dignidad. || Primero, principal, mas excelente, mas sublime. || Primero, primitivo, que habia sido ántes, que se habia tenido ó poseido ántes. || Primero, necesario, que es indispensable ante todo. || *Premier-né*, primer nacido, primer hijo, primogénito. || *Le premier venu*, el primero que llega.

**PREMIÈREMENT**, adv. *premiermán*. (e muda). Primeramente, en primer lugar.

**PRÉMISSES**, f. pl. *premís*. Lóg. Premisas, las dos primeras proposiciones de un silogismo.

**PRÉMONTRÉ**, m. *premontré*. Premonstratense, religioso, canónigo regular del órden de San Agustin; el primer fundador fué san Norberto, en 1120. La primera abadía estaba situada en Premontré cerca de Laon, en Francia.

**PRÉMOTION**, f. *premosión*. Premocion, predeterminacion física por la que el Criador determina á la criatura á que obre.

**PRÉMUNIR**, a. *premunír*. Prevenir, precaver, tomar alguna precaucion; fortalecer, guardar, asegurar á uno contra algun riesgo: *prémunir quelqu'un contre le froid*. || *Se prémunir*, r. Precaverse, prevenirse, armarse contra el frio, contra los peligros, etc.

**PRÉMUNISSEMENT**, m. inus. *premunismán*. Precaucion, accion de precaverse.

**PRENABLE**, adj. *prenábl* (e muda). Conquistable, expugnable, hablando de fortalezas. || Conquistable, vencible, sobornable: dícese de la persona accesible ó sujeta al cohecho ó soborno.

**PRENANT**, **E**, adj. *prnan*. Que toma, que coge, que recibe el dinero, [illegible] cias, etc. || *Carême-prenant*, el [illegible] carnestolendas.

**PRENDRE**, a. *prándr*. Tomar, [illegible] agarrar con la mano || Tomar, [illegible] cosa de otro. || Tomar, recibir [illegible] de cualquier modo que sea. || Tomar, [illegible] pillar, agarrar, apoderarse de [illegible] de una persona con fuerza ó [illegible] || Tomar, beber ó comer alguna [illegible] ganar, tomar una enfermedad. || [illegible] una costumbre, un hábito, etc. [illegible] adoptar una postura, una moda ó [illegible] mejante. || Tomar, impregnarse [illegible] sal, de humedad ó cosa semejante. || [illegible] arrendar, entrar en posesion de [illegible] de alguna heredad. || Entender, [illegible] interpretar una cosa en tal ó tal [illegible] *Prendre à bail*, arrendar, alquilar [illegible] por arriendo. || *Prendre une place*, [illegible] una plaza. || *Prendre un vaisseau*, [illegible] un navío. || *Prendre un criminel*, [illegible] un reo. || *Prendre à amour*, tomar á [illegible] *Prendre à crédit*, comprar á [illegible] || *Prendre au mot*, coger la palabra. || [illegible] *dre congé*, despedirse. || [illegible] poner atencion. || *Prendre garde de* [illegible] *faire*, guardarse de hacer, cuidado [illegible] hacer. || *Prendre en bonne ou en* [illegible] *part*, tomar á bien ó á mal. || [illegible] ponerse de luto. || *Prendre jour*, [illegible] || *Prendre le vent*, ventear, [illegible] es seguir la caza por el rastro. || [illegible] *pitié de quelqu'un*, tener lástima, [illegible] de alguno. || *Prendre racine*, [illegible] arraigar. || *Prendre son temps*, [illegible] rarse, obrar despacio; y tambien, [illegible] la ocasion. || *Prends garde!* cuidado, [illegible] mira, repara! Se dice para advertir [illegible] daño ó peligro. || *Il m'a pris* [illegible] *tre*, me tuvo por otro. || met. y fam. [illegible] *ser prendre au piége*, caer en la [illegible] jarse coger en la trampa: [illegible] || *Prendre quelqu'un par son* [illegible] uno por el flaco: adularle, [illegible] clinacion favorita. || *Prendre le* [illegible] mar vuelo, empezar á levantarse, [illegible] mejor fortuna. || Mar. *Prendre le* [illegible] cerse mar adentro. || *À tout prendre*, [illegible] Pensado todo, mirado todo. || [illegible] *homme de son pays*, ser tenido [illegible] met. *Prendre des vessies pour des* [illegible] creer que las moscas son [illegible] equivocarse, engañarse. || n. [illegible] raigar, prevalecer una planta. || [illegible] pegar, encenderse el fuego. || [illegible] rios, lagunas, etc. || Cuajarse la [illegible] Pegar, tener aceptacion ó buen [illegible] papel ó un libro que se da á luz. || [illegible] *à la gorge*, herir la garganta, por [illegible] ó salado de un guisado. || [illegible] subir á las narices, por lo fuerte de [illegible] || *Se prendre*, r. Cuajarse, [illegible] barse, condensarse ciertos líquidos. [illegible] *prendre à rire*, *à pleurer*, *etc.*, [illegible] reir, á llorar, etc. || *Se prendre aux* [illegible] asirse de las greñas. || *Se prendre de* [illegible] trabarse de palabras. || *Se prendre* [illegible] tomarse del vino, achisparse. || *Se* [illegible] *un arbre*, *etc.*, agarrarse, asirse [illegible] bol, etc. || *S'en prendre à quelqu'un* [illegible] *autres*, *à son voisin*, pegar con [illegible] con su vecino, etc.: echarles la culpa [illegible] guna cosa. || *Se prendre à travailler* [illegible] á trabajar. || *S'y prendre*, empezar [illegible] medio. || PRENDRE, m. La accion de [illegible] Se usa en esta frase: *avoir le prendre* [illegible] *laisser*, ser dueño de tomar ó dejar [illegible] la eleccion. || *Au fait et au prendre* [illegible] momento de obrar, cuando llega el [illegible] obrar.

**PRENEUR**, **EUSE**, m. y f. [illegible] (e muda). Tomador, el que toma, el [illegible] costumbre de tomar. *Preneur de* [illegible] mador de tabaco, tabaquista. || [illegible] Arrendador, el que toma en arriendo [illegible] una cosa. || Apresador, se dice del [illegible] sador respecto del apresado, y se [illegible] adjetivo: *vaisseau preneur*. || *Preneur d'a-louettes*, cogedor ó cazador de alondras.

**PRÉNOM**, m. *prenón*. Prenombre, [illegible] bre que entre los Romanos precedia [illegible] familia. Hoy se dice de los nombres [illegible]

**PRÉNOMMER**, a. *prenomé*. [illegible] de pila.

**ÉNOTION**, f. *prenosión*. Didáct. Pren, nocion anticipada, primer conocito de una cosa.

**ÉOCCUPATION**, f. *preocupasión*. cupacion, estado del entendimiento ocuenteramente de una idea. || Preocupa prevencion del espíritu : *juger avec cupation*. || Error. V. PRÉJUGÉ.

**ÉOCCUPER**, a. *preocupé*. Preocupar, r fuertemente la imaginacion, absor completamente. || Preocupar, prevenir imo de alguno, hacerle concebir una sion desfavorable. Se usa como propal en las dos acepciones.

**ÉOPINANT**, m. *preopinán*. Preopi, el que habla ó manifiesta su opinion que otro.

**ÉOPINATION**, f. *preopinasión*. Preoion, accion de preopinar; opinion emiántes que otra. || Med. Preopinacion, dictámen del médico sobre el proce-

**ÉOPINER**, n. *preopiné*. Preopinar, ántes que otro, decir su parecer ántes s demas.

**ÉORDONNANCE**, f. *preordonáns*. donanza, reglamento, órden estableciantemano.

**ÉORDONNER**, a. *preordoné*. Preor, ordenar, disponer, mandar de ante-

**ÉPARAGE**, m. *preporáge*. Art. Prepas para una obra.

**ÉPARANT, E**, adj. *preparán*. Prepa, que sirve para la preparacion.

**ÉPARATE**, adj. y s. f. *preparát*. Anat. as que dan algunos á la vena frontal.

**ÉPARATEUR**, m. *preparateur*. Preor, el que prepara.

**ÉPARATIF**, m. *preparatif*. Preparapresto, prevencion. Úsase principal en plural.

**ÉPARATION**, f. *preparasión*. Prepa, accion de preparar ó prepararse. || racion, composicion de un medica ó remedio. || Mús. Preparacion, arte poner una disonancia.

**ÉPARATOIRE**, adj. *preparatuár*. ratorio, que prepara, dispone ó arreque sirve para preparar.

**ÉPARER**, a. *preparé*. Preparar, prelas cosas para algun fin. || Preparar, ner las personas para alguna obra. || rar, componer los remedios de la bo- || Impr. *Préparer les cuirs*, remojar y los cascos para las balas. || *Se prépa*, r. Prepararse, disponerse.

**ÉPONDÉRANCE**, f. *preponderáns*. nderancia, superioridad de crédito, oridad, de consideracion.

**ÉPONDÉRANT, E**, adj. *preponderán*. nderante, que tiene mas peso que otro. Preponderante, que tiene mas peso, ecide, que termina la cuestion.

**ÉPOSÉ, ÉE**, adj. *preposé*. Comisio encargado, etc. || m. Superintendente, or, administrador principal de alguna ion.

**ÉPOSER**, a. *preposé*. Nombrar, autocomisionar á una persona para la di principal de algun encargo.

**ÉPOSITIF, IVE**, adj. *prepositif, iv*. Prepositivo, que sirve para estar ántes ó en el principio de una voz.

**ÉPOSITION**, f. *preposisión*. Gram. sicion, una de las partes indeclinables racion.

**ÉPOSITIONNEL, LE**, adj. *preposisio*- Gram. Preposicional, perteneciente á posicion.

**ÉPOSITIONNELLEMENT**, adv. *pre-sionelmán*. Preposicionalmente, en forpreposicion.

**ÉPOSTÈRE**, adj. *prepostér*. Prepóscontra naturaleza.

**ÉPOTENCE**, f. *prepotáns*. Prepotender dominante, autoridad excesiva.

**ÉPUCE**, m. *prepús*. Anat. Prepucio, que cubre la extremidad del pene ó bro viril.

**PRÉPUTIAL, E**, adj. *prepusiál*. Prepucial, relativo al prepucio.

**PRÉROGATIVE**, f. *prerogatív*. Prerogativa, preeminencia. || Distincion aneja á ciertos cargos ó dignidades.

**PRÈS**, prep. *pré*. Cerca, hablando de tiempo, lugar ó situacion. *Il est près de midi*, están cerca las doce. || *Il est logé près de chez moi*, vive junto á mi casa ó cerca de mi casa. || *Près l'un de l'autre*, el uno junto al otro. || *Tout près*, muy cerca, cerquita. || Casi, con corta diferencia. || *De près*, loc. adv. De cerca, á poca distancia. || *À cela près*, ó *telle chose près*, fuera de eso, quitado eso, excepto eso. || *À peu près*, sobre poco mas ó ménos, casi, cerca. || *À peu près deux lieues*, unas dos leguas, como dos leguas, cosa de dos leguas. || *À beaucoup près*, ni con mucho, falta mucho, etc.

**PRÉSAGE**, m. *presage* Presagio, anuncio, prediccion, augurio, vaticinio, señal por la que se conoce el porvenir. || Conjetura sacada de esta señal.

**PRÉSAGER**, a. *presagé*. Presagiar, anunciar de antemano; conjeturar, predecir, augurar, vaticinar lo futuro.

**PRÉ-SALÉ**, m. *presalé*. Carne de carneros que han pastado en prados regados por el agua del mar.

**PRÉSANCTIFIÉ, ÉE**, adj. *presanctifié*. Liturg. Presantificado, consagrado de antemano.

**PRESBYTE**, m. *presbit*. Présbita ó présbito, el que ve mejor los objetos lejanos que los inmediatos.

**PRESBYTÉRAL, E**, adj. *presbiterál*. Presbiteral, que pertenece al presbítero.

**PRESBYTÉRANISME**, m. V. PRESBYTÉRIANISME.

**PRESBYTÈRE**, m. *presbitér*. Presbiterio, casa del cura ó párroco, que está cerca de la iglesia. En unas partes de España se llama abadía, y en otras rectoría. || Presbiterio, sitio en el altar mayor destinado á los presbíteros. || ant. Presbiterio, asamblea ó consejo de presbíteros de que debe asesorarse un obispo en el gobierno de su diócesis. Ahora se dice *conseil* en este sentido.

**PRESBYTÉRIANISME**, m. *presbiterianísm*. Presbiterianismo, doctrina ó secta de los presbiterianos.

**PRESBYTÉRIEN, NE**, adj. y s. *presbiterién, én*. Presbiteriano, se llaman así en Inglaterra los protestantes que no reconocen la autoridad de los obispos.

**PRESBYTIE**, f. *presbisí*. Presbicia, defecto de la vista que impide ver bien las cosas de cerca.

**PRESBYTISME**, m. *presbitism*. Presbitismo, estado del présbita ó présbito.

**PRESCIENCE**, f. *presiáns*. Presciencia, conocimiento anticipado de las cosas futuras.

**PRESCIENT**, adj. m. ant. *presian*. Presciente, que sabe de antemano lo que debe acontecer, que tiene la presciencia. Solo Dios es presciente.

**PRESCINDER**, a. *presendé*. Prescindir, hacer abstraccion de, separar mentalmente.

**PRESCRIPTIBLE**, adj. *prescriptibl*. Prescriptible, que puede prescribirse.

**PRESCRIPTION**, f. *prescripsión*. Jurisp. Prescripcion, uno de los modos de adquirir la propiedad de una cosa por la posesion no interrumpida durante el tiempo prescrito por la ley. || Ordenanza, mandato, precepto.

**PRESCRIRE**, a. *prescrir*. Prescribir, mandar, ordenar lo que se debe hacer. || Prescribir, señalar, determinar por autoridad los límites ó facultades para ejecutar alguna cosa. || Jurisp. Prescribir, adquirir por la prescripcion. || *Se prescrire*, r. Prescribirse, imponerse alguna obligacion.

**PRÉSÉANCE**, f. *preseans*. Precedencia, el primer lugar, el lugar preferente que corresponde á uno.

**PRÉSENCE**, f. *presáns*. Presencia, asistencia personal á un sitio ó lugar. || Serenidad, valor, desparpajo. || Presencia, existencia de una persona ó cosa en algun lugar. || *En présence*, en presencia, delante de, á la vista. || *Faire acte de presence*, hacer cuerpo presente en una funcion ó concurrencia. || *Se mettre en la presence de Dieu*, ponerse en la presencia de Dios : considerarle delante, como que ve nuestras acciones, etc. || *Les deux armées étaient en présence*, los dos ejércitos estaban á la vista ó enfrente uno de otro.

**PRÉSENT, E**, adj. *presán*. Presente, actual, que existe actualmente, que es del tiempo en que vivimos. || Presente, asistente, concurrente, que se encuentra personalmente en un sitio ó lugar determinado. || m. Lo presente, el tiempo presente por oposicion á lo pasado y lo futuro. || Gram. Presente, el primer tiempo de cada modo de un verbo. || *À présent*, loc. adv. Al presente, ahora.

**PRÉSENT**, m. *presán*. Presente, regalo, don, lo que se da gratuitamente y por liberalidad. V. DON.

**PRÉSENTABLE**, adj. *presantábl*. Presentable, que puede presentarse.

**PRÉSENTATEUR, TRICE**, adj. *presantateur, tris*. Presentero, presentador de un beneficio eclesiástico.

**PRÉSENTATION**, f. *presantasion*. Presentacion, accion de presentar. || Presentacion, derecho de presentar para prebendas ó beneficios eclesiásticos. || Presentacion, fiesta que celebra la Iglesia.

**PRÉSENTEMENT**, adv. *presantemán* Ahora, al presente, en este momento.

**PRÉSENTER**, a. *presanté*. Presentar, ofrecer. || Presentar un beneficio eclesiástico. || Presentar, exponer, manifestar, hacer presente. || Presentar, manifestar, poner á la vista. || Presentar, introducir una persona á otra delante de un príncipe, de un protector, etc. || *Se présenter*, r. Presentarse, comparecer delante de alguno. || Aparecer, manifestarse. || Ocurrir, sobrevenir.

**PRÉSERVATEUR, TRICE**, adj. *preservateur, tris*. Preservador, que preserva, que tiene la virtud de preservar.

**PRÉSERVATIF, IVE**, adj. *preservatif, iv*. Preservativo, que tiene la virtud de preservar. || Úsase tambien como sustantivo : *bon préservatif, excellent préservatif*.

**PRÉSERVATION**, f. *preservasión*. Preservacion, la accion y efecto de preservar.

**PRÉSERVER**, a. *preservé*. Preservar, librar, guardar á alguno de recibir daño ó perjuicio.

**PRÉSIDENCE**, f. *presidáns*. Presidencia, la accion, el derecho de presidir. || Presidencia, la dignidad, empleo ó cargo de presidente. || Presidencia, tiempo en que uno ejerce las funciones ó cargo de presidente.

**PRÉSIDENT**, m. *presidán*. Presidente, el que preside una junta, tribunal, etc.

**PRÉSIDENTAL, E**, adj. *presidantál*. Relativo al presidente.

**PRÉSIDENTE**, f. *presidánt*. Presidenta, la que preside una reunion. || Presidenta, la esposa ó mujer del presidente.

**PRÉSIDER**, a. y n. *presidé*. Presidir, desempeñar el cargo de presidente, ocupar el primer lugar en una junta, tribunal ó funcion || n. Gobernar, dirigir, cuidar, tener la direccion de : *la Providence préside à l'ordre de l'univers*.

**PRÉSIDES**, f. pl. *presid*. Presidios, lugar de reclusion, cárcel correccional para los condenados á trabajos forzados. Se dice de los cuatro presidios que tiene España en África.

**PRÉSIDIAL**, m. *presidiál*. Presidial, jurisdiccion de ciertas bailías que conocia en Francia sin apelacion en algunos casos y negocios. || *Présidiaux*, m. pl. Presidiales, los jueces del presidial, ó de alguna bailía. || PRÉSIDIAL, E, adj. Presidial, perteneciente á esta jurisdiccion.

**PRÉSIDIALEMENT**, adv. *presidialmán*. Por auto de jurisdiccion presidial, sin apelacion de ninguna especie. Solo se usaba en la locucion : *juger présidialement*.

**PRÉSOMPTIF, IVE**, adj. *presonptif, iv*. Presuntivo, presunto. Solo se usa en esta locucion : *héritier présomptif, héritière présomptive*.

**PRÉSOMPTION**, f. *presonpsión*. Presuncion, conjetura, juicio fundado en apariencias, indicios ó señales. || Presuncion, vanidad, opinion demasiado ventajosa de sí mismo.

**PRÉSOMPTIVEMENT**, adv. ant. *presonptivemán*. Presuntamente ó presuntivamente, por simple presuncion.

**PRÉSOMPTUEUSEMENT**, adv. *presonptueusemán*. Presuntuosamente, con orgullo, con presuncion, con altanería.

**PRÉSOMPTUEUX, EUSE**, adj. *presonptueu, eus*. Presuntuoso, presumido, orgulloso, vano. || Úsase tambien como sustantivo.

**PRESPINAL, E**, adj. *prespinál*. Anat. Prespinal, que está situado delante del espinazo.

**PRESQUE**, adv. *présc*. Casi, sobre poco mas ó ménos.

**PRESQU'ÎLE**, f. *presquíl*. Península, tierra casi enteramente rodeada de mar.

**PRESQU'OMBRE**, f. *presocónbr*. Pint. Penumbra, sombra á medio iluminar. V. PÉNOMBRE.

**PRESSAGE**, m. *preságe*. Golpe de prensa en la imprenta y litografía.

**PRESSAMMENT**, adv. *presamán*. Ejecutivamente, con instancia, con empeño, con urgencia. Es poco usado.

**PRESSANT, E**, adj. *presán*. Urgente, ejecutivo, apremiante.

**PRESSE**, f. *prés*. Apretura, tropel, gentío, multitud de gentes que se oprimen. || Prisa, apremio, urgencia. || Prensa, útil ó máquina que sirve para apretar, estrujar, exprimir. || Prensa, máquina por cuyo medio se imprime ya un libro, ya una obra de litografía, grabado, etc. || Prensa, la imprenta en general. || Mar. Leva forzada de gente para el mar. || *Presse d'imprimeur en taille-douce*, tórculo. || *Etre en presse*, estar en aprieto, apretado, entre mucha gente; y met., hallarse en una situacion crítica ó embarazosa. || *Donner un ouvrage à la presse*, dar una obra á la prensa, imprimirla. || met. *Se tirer de la presse*, salir del aprieto, del apuro, del ahogo. || Prisco, especie de albérchigo.

**PRESSÉ, ÉE**, adj. *presé*. Prensado. || Apretado, oprimido. || Estrechado, instado. || Acosado. || Apresurado, que tiene prisa.

**PRESSÉMENT**, adv. *presemán*. Apresuradamente, pronto, á toda prisa. Es poco usado.

**PRESSENTIMENT**, m. *presentimán*. Presentimiento, sensacion interior cuya causa es desconocida y hace temer ó esperar algun acontecimiento futuro.

**PRESSENTIR**, a. *presentír*. Presentir, prever por cierto movimiento del ánimo lo que va á acontecer. || Presentir, sondear la disposicion ó los pensamientos de alguno.

**PRESSER**, a. *presé*. Prensar, comprimir. || Estregar, estrujar, exprimir apretando. || Apresurar, dar prisa. || Apretar, estrechar, acosar, perseguir de cerca al enemigo, etc. || met. Apretar, instar con eficacia, insistir. || Apretar, estrechar, aproximar una cosa ó persona contra otra. || n. Apretar. *La douleur presse*, el dolor aprieta, es violento, no da treguas. || No sufrir dilacion; y en este sentido se dice: *le temps presse, l'affaire presse*. || Mús. Apresurar, adelantar el compas. || Mar. Hacer levas. || *Se presser*, r. Apretarse, oprimirse, estrecharse. || Darse prisa, precipitarse.

**PRESSETTE**, f. *presét*. Presilla, lazo estrecho.

**PRESSEUR**, m. *preseur*. Prensador, el que prensa las telas.

**PRESSIER**, m. *presié*. Prensista, obrero de imprenta que trabaja en la prensa.

**PRESSION**, f. *presión*. Fís. Presion, la accion de un cuerpo que aprieta, que oprime; efecto de esta presion.

**PRESSIS**, m. *presí*. Sustancia, zumo ó jugo que se exprime de las carnes.

**PRESSOIR**, m. *presuár*. Prensa, lagar en que se estruja la uva, manzana ú otras frutas para hacer vino ó exprimir el jugo que contienen. || Lagar, sitio en que este se halla situado.

**PRESSORIER**, m. *presorié*. Lagarero, el que pisa la uva ó tiene á su cuidado el lagar.

**PRESSURA**, m. *presúra*. Med. Panarizo, tumor que sale á la raíz de las uñas.

**PRESSURAGE**, m. *presuráge*. Prensadura, accion de prensar ó estrujar la uva. || Repiso, mosto del orujo que sale del lagar ó de la prensa.

**PRESSURE**, f. *presúr*. Accion de hacer la punta á los alfileres. || Accion de apuntar con alfileres.

**PRESSURER**, a. *presuré*. Prensar uva ú otro fruto para hacer destilar su jugo por medio de la prensa. || Estrujar, exprimir frutas con la mano. || met. Estrujar, oprimir con exacciones é impuestos exorbitantes.

**PRESSUREUR**, m. *presureur*. Lagarero, estrujador, el que da movimiento á un lagar.

**PRESTAIRE**, m. ant. *prestér*. Hipoteca de una tierra hecha por un obispo á favor de un noble ó de otro particular.

**PRESTANCE**, f. *prestáns*. Presencia, planta, buen aire, buena figura de una persona.

**PRESTANT**, m. *prestán*. Mús. Flautado de un órgano.

**PRESTATION**, f. *prestasión*. Voz que no suele usarse sino en la frase *prestation de serment*, prestacion de juramento. Tambien se dice *prestation de foi et hommage*, *prestation en nature*.

**PRESTE**, adj. *prést*. Pronto, listo, lijero, rápido, ágil. || interj. Lijero, pronto, prontamente.

**PRESTEMENT**, adv. *prestmán*. Prontamente, con lijereza, con prontitud, con rapidez.

**PRESTER**, m. *prestér*. Fís. Prester, meteoro inflamable en forma de rayo.

**PRESTESSE**, f. *prestés*. Presteza, agilidad, prontitud. || met. Prontitud, sutileza, hablando del entendimiento.

**PRESTIDIGITATEUR**, m. *prestidigitateur*. Prestidigitador, escamoteador, embaucador, el que hace juegos de manos.

**PRESTIDIGITATION**, f. *prestidigitasión*. Prestidigitacion, arte del prestidigitador.

**PRESTIGE**, m. *prestíge*. Prestigio, ilusion ó apariencia con que los encantadores embobaban al pueblo. || Prestigio, crédito, buena opinion, aura popular.

**PRESTIGIATEUR**, m. *prestigiateur*. Prestigiador, el que hace juegos de manos.

**PRESTIGIEUX, EUSE**, adj. *prestigieu, eus*. Prestigioso, concerniente al prestigio, que opera prestigios.

**PRESTIMONIE**, f. *prestimoní*. Prestamera, prestimonio, prebenda eclesiástica.

**PRESTO**, adv. *présto*. Mús. Presto, con lijereza.

**PRESTOLET**, m. *prestolé*. Clerizonte, clériguillo, eclesiástico ignorante y de poca consideracion.

**PRÉSUCCESSION**, f. *presucsesión*. Presucesion, derecho anterior á la herencia.

**PRÉSUMABLE**, adj. *presumábl*. Presumible, que se puede presumir ó conjeturar.

**PRÉSUMABLEMENT**, adv. poco us. *presumablmán*. Presumiblemente, de una manera fácil de presumir ó conjeturar.

**PRÉSUMER**, a. *presumé*. Presumir, conjeturar, juzgar por probabilidades. || Presumir, estar muy pagado ó satisfecho de sí mismo, tener muy buena opinion de sí mismo, de sus fuerzas, etc. || *J'ai trop présumé de mon cœur*, el corazon me ha engañado.

**PRÉSUPPOSER**, a. *presuposé*. Presuponer, suponer de antemano ó con antelacion, dar por supuesta ó cierta alguna cosa.

**PRÉSUPPOSITION**, f. *presuposisión*. Presuposicion, suposicion previa ó hecha con antelacion.

**PRÉSURE**, f. *presúr*. Cuajo, ácido vegetal ó animal para cuajar la leche.

**PRÊT**, m. *pré*. Préstamo, empréstito que se hace y la accion de prestar. || Prest ó pré de la tropa, socorro diario del soldado. || **PRÊT, E**, adj. Pronto, dispuesto, preparado, se dice de las personas [illegible] sas.

**PRÉTENDANT, E**, m. y f. [illegible] Pretendiente, aspirante, el que [illegible] que aspira á una cosa.

**PRETANTAINE**, f. [illegible] Úsase solo en esta frase familiar [illegible] *pretantaine*, andar de bureo, [illegible] hablando de las mujeres; [illegible] hablando de hombres. Tambien [illegible] plemente ir y venir de una parte [illegible] motivo ni objeto.

**PRÉTENDRE**, a. [illegible] solicitar alguna cosa, aspirar á [illegible] || Pretender, intentar, [illegible] tencion, el designio. || Sostener, [illegible] una opinion contraria.

**PRÉTENDU, E**, adj. [illegible] dido, lo mismo que falso, [illegible] to, ilegítimo, usurpado, [illegible] y f. Novio, el que está próximo á [illegible]

**PRÉTENDUEMENT**, adv. [illegible] Hipotéticamente, por suposicion.

**PRÊTE-NOM**, m. [illegible] testa de ferro ó testa férrea, [illegible] con la responsabilidad de los [illegible] otro, el que presta su nombre [illegible] arriendo, contrato, etc. || met. [illegible] ponsable.

**PRETENTAINE**, f. V. [illegible]

**PRÉTENTIEUSEMENT**, adv. [illegible] *sieusmán*. Afectadamente, con [illegible]

**PRÉTENTIEUX, EUSE**, adj. [illegible] eus. Pretencioso, que tiene [illegible] Afectado, hinchado: *style* [illegible] *prétentieux*.

**PRÉTENTION**, f. [illegible] sion, derecho que alguno tiene [illegible] de pretender alguna cosa ó de [illegible] || Voluntad, designio. || Esperanza [illegible] cesion ó herencia; y en este sentido [illegible] *ce jeune homme a des prétentions* [illegible] *prétentions*, es decir, que espera [illegible] fortuna, heredar de alguna persona [illegible]

**PRÊTER**, a. *preté*. Prestar, [illegible] sa á condicion de que sea devuelta [illegible] absolutamente, prestar dinero. [illegible] dar, suministrar, comunicar. [illegible] otros por malicia cosas que [illegible] dijeron. || *Prêter la main*, [illegible] coadyuvar. || *Prêter secours*, [illegible] etc., dar socorro, ayuda, favor, [illegible] *serment, foi et hommage*, [illegible] to, fidelidad ó pleito homenaje. [illegible] si los cueros ó demas cosas [illegible] estirarse. En este sentido se [illegible] *étoffe prête, ces bas se prêtent* [illegible] *ter*, r. Prestarse, acceder, [illegible] Prestarse, consentir en alguna [illegible] ra complacencia. || PRÊTER, m. [illegible] lo que se presta. || *Ami au prêter* [illegible] *au rendre*, amigo al prestar, [illegible] gar. || *Un prêter à un* [illegible] préstamo hecho á un hombre [illegible]

**PRÉTÉRIT**, m. *preterít*. [illegible] to, uno de los tiempos del verbo.

**PRÉTÉRITION** ó **PRÉTER**[illegible] *preterisión*, *pretermisión*. [illegible] pretermision, figura retórica [illegible] declara que no se quiere hablar [illegible] sa de la que sin embargo se [illegible] Pretericion, la omision del [illegible] jos no los nombra en el testamento [illegible]

**PRÉTEUR**, m. *preteur*. [illegible] de un magistrado romano.

**PRÊTEUR, EUSE**, adj. [illegible] eus. Prestamista, el que [illegible] Úsase mas comunmente como [illegible]

**PRÉTEXTE**, m. *pretéxt*. [illegible] tivo simulado, razon aparente [illegible] f. Pretexta, especie de toga ó [illegible] Romanos.

**PRÉTEXTER**, a. *pretexté*. [illegible] dar por pretexto. || Cubrir con [illegible] ocultar bajo razones aparentes [illegible]

**PRETINTAILLE**, f. [illegible] Farbalá ó farfalá, cierto [illegible] usaba en el vestido de las mujeres [illegible]

**PRETINTAILLER**, a. [illegible] da). Alfarbalar, guarnecer [illegible] briales, jubones y otras ropas de [illegible] jeres.

**…RE**, m. *pretuár*. Pretorio, pala-…rocia del pretor.

**…RIEN, NE**, adj. *pretorién*, *én*. …o, perteneciente al pretor. || *Préto-*… pl. Pretorianos, soldados de la …el pretor, la guardia pretoriana.

**…RIOLE**, m. *pretoriól*. Casa del … Mar. Cámara del capitan del bu-…

**…RAILLE**, f. *pretráll*. Término in-… de desprecio usado para designar …siásticos, al clero.

**…RE**, m. *prétr*. Sacerdote, cura, …eclesiástico, presbítero. || Fort. *Bon-*…*tère ó bonnet de prêtre*, bonete, …a exterior en la fortificacion.

**…RESSE**, f. *pretrés*. Sacerdotisa, …consagrada al culto de las divinidades …

**…RISE**, f. *pretrís*. Sacerdocio, pres-…

**…URE**, f. *pretúr*. Pretura, cargo, … funciones de pretor; duracion de …istratura.

**…VE**, f. *preuv*. Prueba, razon, ar-…, instrumento con que se prueba la … un hecho. || Indicio, señal ó mues-…guna cosa. || For. Prueba, la justi-…que se hace del derecho de alguna …res. || Arit. Prueba, comprobacion …enta.

**…X**, adj. m. *preu*. Valiente, esfor-…avo. *Homme*, *chevalier preux*, … caballero de pro. || Úsase tambien …tantivo.

**…ALOIR**, n. *prevaluár*. Prevalecer, …rior, llevar ventaja. || *Se prévaloir*, …arse, valerse de la ocasion, de su …, de su fortuna, etc., para envane-… aprovecharse, etc.

**…ARICATEUR, TRICE**, adj. y s. …*catéur*, *tris*. Prevaricador, trans-… que falta á su deber, á las leyes.

**…ARICATION**, f. *prevaricasión*. …cacion, accion de prevaricar. V. el …

**…ARIQUER**, n. *prevariqué*. Preva-…ansgresar, faltar á su obligacion, á …, á su palabra. || Hacer traicion, fal-… compromisos y juramentos.

**…ENANCE**, f. *prevenáns*. Agasajo, …, cumplimiento, cortesanía con que …a voluntad de los demas. Es propia-… cuidado ó atencion que se pone en …quello que puede agradar ó compla-…

**…ENANT, E**, adj. *prevenán*. Cum-…ro, agasajador, obsequioso, cortés, …para agradar. || Agradable, gracioso, …viene en su favor.

**…ENIR**, a. *prevenír*. Prevenir, anti-… adelantarse, llegar ántes, ganar …mano. || Precaver, evitar. || Preocu-…rsionar, imbuir. || Advertir, avisar … alguna cosa. || Prevenir, ocurrir á …veniente, á una dificultad, objo-…or. Prevenir, anticiparse un juez á … conocimiento de una causa.

**…ENTIF, IVE**, adj. *preventif*, *iv*. …ivo, que previene, que toma medi-… impedir un delito, etc. || Relativo …encion: *jugement préventif*.

**…ENTION**, f. *prevansión*. Preocupa-… ánimo. || Derecho pontificio en la … de un beneficio. || Precaucion, pre-… Prevencion de un juez en una causa.

**…ENTIVEMENT**, adv. *preventiv-*…reventivamente, con precaucion.

**…ENU, E**, adj. *prevenú*. Prevenido. …cusado de algun delito.

**…IGILE**, f. *previgil*. Antevíspera. …

**…ISION**, f. *previsión*. Prevision. …iento de las cosas futuras. || Mundo, …cia.

**…OIR**, a. *prevuár*. Prever, ver venir, …ticipadamente lo que ha de suce-…

**…VÔT**, m. *prevó*. Preboste, dean, el …abeza, presidente ó decano en cier-…unidades. || Preboste, era un capitan á caballo, destinado á perseguir desertores. *Prévôt des marchands*, en Paris, Lyon y otras ciudades de Francia era el corregidor que presidia al ayuntamiento. || *Prévôt de salle*, ayudante del maestro de esgrima, que hace sus veces. || *Prévôt des monnaies*, juez privativo de los monederos falsos. || *Prévôt des maréchaux de France*, era el decano ó presidente del tribunal de los mariscales. || *Prévôt de la marine*, era el asesor general de la marina.

**PRÉVÔTAL, E**, adj. *prevotál*. Prebostal, que concierne al preboste ó á su jurisdiccion.

**PRÉVÔTALEMENT**, adv. *prevotalmán*. Definitivamente, sin recurso, sin apelacion.

**PRÉVÔTÉ**, f. *prevoté*. Prebostazgo, oficio, jurisdiccion del preboste; distrito ó territorio en que ejercia esta jurisdiccion. || Prepositura, pabordía, hablando de cabildos eclesiásticos.

**PRÉVOYANCE**, f. *prevuayáns*. Prevision, providencia, prevencion.

**PRÉVOYANT, E**, adj. *prevuayán*. Previsor, precavido, prevenido, advertido.

**PRIAMIDES**, m. pl. *priamíd*. Descendientes de Príamo.

**PRIAPE**, m. *priáp*. Mit. Priapo, hijo de Baco y de Vénus, dios de la deshonestidad y de los jardines. || Se dice algunas veces en el mismo sentido que *phallus*, emblema de la generacion. V. PHALLUS.

**PRIAPÉE**, f. *priapé*. Pintura ó poesía obscena.

**PRIAPISME**, m. *priapísm*. Med. Priapismo, enfermedad que consiste en una ereccion continua y dolorosa.

**PRIE-DIEU**, m. *pridieu*. Reclinatorio para rezar arrodillado.

**PRIER**, a. *prié*. Suplicar, pedir por favor. || Rogar, convidar, instar á otro á que reciba un favor, un agasajo. || Orar, rogar, dirigir preces á Dios, á la Vírgen ó á los santos.

**PRIÈRE**, f. *priér*. Oracion, deprecacion, ruego, súplica dirigida á Dios, á la Vírgen ó á los santos. || Ruego, súplica, peticion. || Reso, oficio divino. || *Prières publiques*, rogativas.

**PRIEUR**, m. *prieur*. Prior, superior de algunos conventos. || Prior, título en algunas iglesias, y tambien en cuerpos civiles. || *Grand prieur*, gran prior, título de dignidad en la órden de San Juan.

**PRIEURAL, E**, adj. *prieurál*. Prioral, que concierne al prior.

**PRIEURE**, f. *prieur*. Priora, directora de un convento de monjas.

**PRIEURÉ**, m. *prieuré*. Priorato, llámase así la comunidad de monjes ó monjas cuyo superior tiene el título de prior ó priora; tambien se llama así al mismo monasterio y á la habitacion del prior. || *Prieuré-curé*, priorato curado, curato con este título.

**PRIMAGE**, m. *primáge*. Abono del tanto por ciento que se concede algunas veces al capitan sobre el flete de un navío que manda.

**PRIMAIRE**, adj. *primér*. Primario, que está en el primer grado empezando, que debe ir primero ó delante: *école primaire*.

**PRIMAT**, m. *primá*. Primado, prelado cuya jurisdiccion es superior á la de los arzobispos.

**PRIMATIAL, E**, adj. *primasiál*. Primacial, perteneciente al primado.

**PRIMATIE**, f. *primasí*. Primacía, dignidad del primado.

**PRIMAUTÉ**, f. *primoté*. Primacía, preeminencia, primer rango. || Primado, dícese de la silla ó iglesia de Roma y del papa. || Mano, en el juego de naipes aquel á quien toca jugar primero.

**PRIME**, f. *prim*. Prima, la primera de las horas canónicas. || Primera, en el juego de naipes. || Mar. Prima, la suma que se paga al asegurador. || Prima, la cantidad prometida ó dada por premio en ciertas especulaciones mercantiles. || Florete, la lana de España de primera clase. || Esgr. Primera posicion. || Prasio, plasma, gangas de las esmeraldas. || *De prime abord*, de primer antuvion, de buenas á primeras, á primera vista, al primer encuentro.

**PRIMER**, n. *primé*. Volver, en el juego de pelota es contrarestar al que saca. || met. Privar, llevar la palma, sobresalir. || a. *Primer quelqu'un*, aventajar á alguno.

**PRIMERAIN**, adj. m. ant. *primerén* (e muda). Primero.

**PRIMEROLE**, f. *primeról* (e muda). Bot. Se dice por *primevère*. V. esta voz.

**PRIME-SAUT (DE)**, loc. adv. y fam. *deprimsó* (e muda). Repentinamente, de repente.

**PRIME-SAUTIER, ÈRE**, adj. *primsotié*, *ér*. Que concibe pronto y expresa sus ideas con exactitud. Se usa poco.

**PRIMEUR**, f. *primeur*. Primera sazon de las frutas ó legumbres.

**PRIMEVÈRE**, f. *primvér*. Bot. Primula de jardin, yerba de S. Pablo.

**PRIMICÉRIAT**, m. *primiseriá*. Dignidad, cargo de primiciero.

**PRIMICIER**, m. *primisié*. Primiciero, el que tiene la primera dignidad en ciertas iglesias.

**PRIMIDI**, m. *primidí*. El primer dia de la década en el calendario republicano de Francia.

**PRIMINE**, f. *primín*. Bot. Primina, primera telícula del óvulo de ciertas plantas.

**PRIMIPARE**, adj. f. *primipár*. Med. Primípara, se dice de una mujer que pare por primera vez.

**PRIMIPILAIRE** ó **PRIMIPILE**, m. *primipilér*, *primipíl*. Antig. rom. Nombre dado por los Romanos al primer centurion, es decir, al que mandaba la primera compañía de cada cohorte.

**PRIMITIF, IVE**, adj. *primitif*, *iv*. Primitivo, que es el mas antiguo, el primero; que se refiere al primer estado de una cosa.

**PRIMITIVEMENT**, adv. *primitivmán*. Primitivamente, originariamente; en su principio, en el estado primitivo ó antiguo.

**PRIMO**, adv. lat. *primo*. Primeramente, en primer lugar.

**PRIMOGÉNITURE**, f. *primogenitúr*. Primogenitura, el derecho del hijo mayor ó primogénito.

**PRIMORDIAL, E**, adj. *primordiál*. Primordial, primitivo, el primero en órden, el mas antiguo.

**PRIMORDIALEMENT**, adv. *primordialmán*. Primordialmente, primitivamente, originariamente.

**PRINCE**, m. *príns*. Príncipe, el que desciende de familia real, ó el que posee una soberanía con este título; y tambien el que solo tiene este dictado y título de honor. || Príncipe, el primero, el mas excelente en algun órden ó línea. || *Princes de l'Église*, príncipes de la iglesia, se suelen llamar así los cardenales, arzobispos y obispos. || *Le prince des apôtres*, el príncipe de los apóstoles, san Pedro. || *Vivre en prince*, vivir ó tratarse á lo príncipe, á lo duque, como un príncipe, como un duque.

**PRINCERIE**, f. *prenserí* (e muda). Dignidad de primiciero. || irón. Principado, dignidad, cualidad de príncipe.

**PRINCESSE**, f. *prensés*. Princesa, hija ó mujer de un príncipe; la que es soberana de un Estado. || met. y fam. Princesa, mujer que se da mucho tono.

**PRINCIER, ÈRE**, adj. *prensié*, *ér*. De príncipe ó de princesa, que se refiere á ellos: *maison princière*.

**PRINCIPAL, E**, adj. *prensipál*. El primero, el mas notable en su género, hablando de personas y de cosas. || PRINCIPAL, m. Principal, el fondo ó capital del que se ganan réditos ó intereses. || Principal, rector, regente, director en algunos colegios.

**PRINCIPALEMENT**, adv. *prensipalmán*. Principalmente, particularmente.

**PRINCIPALITÉ**, f. *prensipalité*. Rectorado, regencia, oficio ó cargo del principal de un colegio. *Principalat* es mas usado.

**PRINCIPAT**, m. *prensipá*. Dignidad de príncipe del senado romano.

**PRINCIPAUTÉ**, f. *prensipoté*. Principado, dignidad de príncipe; tierra ó señorío que da la calidad de príncipe. || *Principautés*, pl. Teol. Principados, el tercer coro de los espíritus celestes.

**PRINCIPE**, m. *prensíp*. Principio, origen, manantial, causa primera. || Principio, elemento, regla, fundamento en cualquier arte ó ciencia. || Principio, máxima, motivo particular por el cual cada uno rige su conducta. || Principio, causa ó móvil natural de la accion en los cuerpos físicos. || *Avoir des principes*, obrar ó pensar segun las reglas de la moral, de la religion. || *Dès le principe*, desde el principio.

**PRINCIPESQUE**, adj. *prensipésc*. Relativo al príncipe, que pertenece al príncipe.

**PRINCIPIER**, a. *prensipié*. Empezar á dar principios á alguno.

**PRINCIPION**, m. *prensipión*. Principillo, principote, pequeño príncipe. Es voz de desprecio.

**PRINTANNIER, ÈRE**, adj. *prentanié, ér*. Que es propio de la primavera. || *Fleur printannière*, flor de primavera; *saison printannière*, estacion ó tiempo de primavera.

**PRINTEMPS**, m. *prentán*. Primavera, primera de las estaciones del año. || met. *Le printemps de l'âge*, *de nos jours*, *de la vie*, la flor de la edad, de los dias, de la vida.

**PRIONE**, m. *prión*. Zool. Prion, género de insectos coleópteros, con cuernos de figura de sierra.

**PRIORAT**, m. *priorá*. Priorato; dignidad de prior.

**PRIORITÉ**, f. *priorité*. Prioridad, anterioridad en tiempo ó en órden.

**PRIS, E**, adj. *pri, is*. Tomado, cogido, asido, apresado. || *Homme bien pris dans sa taille*, *qui a la taille bien prise*, hombre de buen corte ó aire de cuerpo. || *Pris de vin*, tomado del vino, alumbrado, achispado. || *Pris pour dupe*, burlado, engañado.

**PRISABLE**, adj. *prisábl*. Apreciable, digno de precio, estimable.

**PRISE**, f. *pris*. Toma, la accion de tomar, y lo que se toma. || Presa, botin, lo que se apresa. || Apresamiento, la accion de apresar un navío, etc. || Prision, captura, aprehension, la accion de prender á uno ó de hacerle prisionero. || Riña, pendencia. || Asidero, agarradero, mango, etc. || *Il n'avait pas de prise*, no tenia asidero ó por donde agarrarle. || *Prise d'une place*, toma de una plaza. || *Prise d'un vaisseau*, presa, apresamiento de un navío. || *Prise de corps*, captura, prision de la persona. || *Prise de tabac*, polvo de tabaco. || *Prise de rhubarbe*, *de thériaque*, *etc.*, una toma de ruibarbo, de triaca, etc. || *Une prise de café*, *de chocolat*, *etc.*, una taza de café, una jícara de chocolate. || *Prise d'habit*, toma de hábito. || *Prise de possession*, toma de posesion. || *Ils ont eu une prise*, tuvieron una pelotera, una riña. || *Donner prise sur soi*, dar motivo para que á uno le vituperen. || *Cette chose est en prise*, esta cosa está expuesta, en peligro. || *Lâcher prise*, abandonar, soltar lo que se habia tomado.

**PRISÉE**, f. *prisé*. Estimacion, aprecio, valuacion, tasacion de una cosa.

**PRISER**, a. *prisé*. Apreciar, valuar, tasar. || Ponderar, dar valor á una persona ó cosa. || fam. *Cet homme prise trop ses marchandises*, este hombre alaba bien sus agujetas. || n. Tomar polvo, sorber tabaco molido por las narices.

**PRISEUR**, m. *priseur*. Apreciador, tasador, el que pone precio ó tasa á una cosa. || Tabaquista, el que toma mucho tabaco. || *Commissaire-priseur*, apreciador, tasador, el que pone precio á las cosas que se venden en pública subasta.

**PRISMATIQUE**, adj. *prismatic*. Prismático, que tiene la figura de un prisma.

**PRISME**, m. *prism*. Geom. Prisma, una de las figuras sólidas de geometría, que consiste en un poliedro compuesto de dos superficies iguales paralelas, unidas por dos paralelógramos.

**PRISMOÏDE**, adj. *prismoid*. Prismoide, en forma de prisma.

**PRISON**, f. *prisón*. Prision, cárcel. || prov. *Homme gracieux comme la porte d'une prison*, hombre suave como una carda.

**PRISONNIER, ÈRE**, m. y f. *prisonié, ér*. Preso, encarcelado, cautivo, el que está arrestado ó detenido contra su voluntad. || Prisionero, el privado de su libertad por los azares de la guerra.

**PRIVABLE**, adj. *priváb1*. Privable, que puede ser privado, que merece ser privado.

**PRIVANCE**, f. *priváns*. Privanza, familiaridad, favoritismo.

**PRIVATIF, IVE**, adj. *privatif, iv*. Gram. Privativo, que denota privacion.

**PRIVATION**, f. *privasión*. Privacion, falta de los goces á que uno está acostumbrado. || Abandono, desprendimiento voluntario. || Abstinencia de lo que se apetece. || Necesidad, carencia de lo que es menester.

**PRIVATIVEMENT**, adv. *privativmán*. Privativamente, exclusivamente, con exclusion de otro.

**PRIVAUTÉ**, f. *privoté*. Intimidad, confianza, gran familiaridad. || *Prendre des privautés*, *se permettre de grandes privautés*, tomarse mucha libertad, mucha mano. Se dice principalmente de la libertad que un hombre se toma con una mujer.

**PRIVÉ, ÉE**, adj. *privé*. Privado, falto de alguna cosa. || Particular. *Vivre en homme privé*, vivir como simple particular. || Doméstico, manso: se dice de los animales, por oposicion á bravo, bravío, silvestre; y tambien se toma por domesticado. || Muy familiar, íntimo. || *Vie privée*, vida privada, vida particular.

**PRIVÉ**, m. *privé*. Secreta, excusado, lugar comun, retrete.

**PRIVÉMENT**, adv. ant. *privemán*. Privadamente, familiarmente, con intimidad.

**PRIVER**, a. *privé*. Privar, defraudar, impedir á alguno el goce de algun bien. || Privar, despojar, exonerar, destituir de un empleo. || *Se priver*, r. Privarse, abstenerse de alguna cosa, de algun goce, imponerse alguna privacion. || Domesticarse, hablando de animales.

**PRIVILÉGE**, m. *privilége*. Privilegio, facultad exclusiva, exencion particular concedida á una persona ó cuerpo. || Privilegio, la cédula, despacho ó título de la concesion. || Privilegio, derecho, fuero anejo á ciertas dignidades ó clases.

**PRIVILÉGIER**, a. *privilegié*. Privilegiar, conceder un privilegio.

**PRIX**, m. *pri*. Precio, estimacion, valor de una cosa. || Costo de lo que se compra. || Premio, galardon, recompensa. || *Remporter un prix*, ganar un premio. || *À quelque prix que ce soit*, á cualquier precio, cueste lo que costare. || *Au même prix*, al mismo precio, por el tanto. || *Prix pour prix*, tanto por tanto, igual por igual. || *Au prix de sa vie*, á costa de su vida. || *Mettre la tête d'un criminel à prix*, pregonar la cabeza de un reo, ponerla á talla ó á precio. || *Au prix de*, loc. prep. En comparacion de, para con, respecto de. *Tout fameux qu'il est*, *il n'est rien au prix de son père*, por famoso que sea, no es nada para con su padre, respecto de su padre.

**PROBABILISME**, m. *probabilism*. Teol. Probabilismo, doctrina de las opiniones probables.

**PROBABILISTE**, m. *probabilist*. Probabilista, partidario del probabilismo.

**PROBABILITÉ**, f. *probabilité*. Probabilidad, verosimilitud, apariencia de verdad.

**PROBABLE**, adj. *probábl*. Probable, verosímil. Es tambien sustantivo.

**PROBABLEMENT**, adv. *probablemán*. Probablemente, verosímilmente.

**PROBANTE**, adj. f. *probánt*. For. Probante, que prueba, convincente; auténtico. || *Raison probante*, razon convincente. || *En forme probante*, en forma auténtica.

**PROBATIF, IVE**, adj. *probatif, iv*. Probativo, que prueba, que puede probar.

**PROBATION**, f. *probasión*. Prueba, ensayo. || Noviciado en una religion; el tiempo que dura el noviciado.

**PROBATIQUE**, f. *probatíc*. Probática, la piscina de Jerusalen donde Jesucristo curó al paralítico.

**PROBATOIRE**, adj. *probatuár*. Probatorio, á propósito para probar.

**PROBE**, adj. *prob*. Probo, honrado, íntegro.

**PROBITÉ**, f. *probité*. Probidad, [illegible] dez, integridad, hombría de bien.

**PROBLÉMATIQUE**, adj. [illegible] Problemático, dudoso.

**PROBLÉMATIQUEMENT**, adv. [illegible] *matiemán*. Problemáticamente, de un modo problemático.

**PROBLÈME**, m. *problém*. Didáct. Problema, cuestion propuesta cuya solucion se pide segun las reglas de la ciencia. || Problema, cuestion que aun se encuentra por resolver. || Problema, en general todo lo que es difícil de concebir.

**PROBOSCIDE**, f. *probosíd*. Trompa de un elefante ó insecto. || Lombriz.

**PROBOSCIDIEN, NE**, adj. [illegible] *én*. Zool. Proboscidiano, que tiene la nariz prolongada en forma de trompa. || *Proboscidiens*, m. pl. Proboscidianos, clase de grandes cuadrúpedos, armados de una trompa.

**PROCATARCTIQUE**, adj. [illegible] Med. Procatártico, predisponente, [illegible] de las causas que obran y ponen [illegible] movimiento para causar las enfermedades.

**PROCATHARTIQUE**, adj. [illegible] Med. Procatártico, que purga [illegible]

**PROCÉDÉ**, m. *prosedé*. Procedimiento, proceder, modo de conducirse una persona. En plural se toma siempre en buen sentido. *Il a des procédés avec tout le monde*, tiene miramientos ó consideraciones con todos. || Manipulacion, procedimiento, [illegible] gía, operacion que se practica con el objeto de obtener un resultado determinado. || Es término de químicos y de otras ciencias y artes.

**PROCÉDER**, n. *prosedé*. Proceder, tener su origen, emanar, dimanar, provenir. || Proceder, obrar en justicia contra alguno. || Proceder, conducirse, portarse, [illegible] de cierta manera respecto á sus semejantes. || Proceder, venir por generacion. Solo se dice en lenguaje teológico hablando del Espíritu Santo, que procede del Padre y del Hijo.

**PROCÉDURE**, f. *prosedúr*. Procedimiento, forma ú órden judicial, modo y método de proceder en justicia. || Proceso, instruccion de autos. || Autos, piezas judiciales que forman una causa civil ó criminal.

**PROCÉDURIER, ÈRE**, adj. y s. *prosedurié, ér*. Que está práctico en el modo y forma de obrar en justicia; que es aficionado á los procesos ó pleitos. || adj. Que alarga demasiado algunos autos ó diligencias judiciales, hablando de cosas.

**PROCÉLEUSMATIQUE**, adj. y s. m. *proseleusmatic*. Lit. ant. Proceleusmático, se dice de un pié de verso que se compone de cuatro sílabas breves.

**PROCELLAIRE**, f. *proselér*. Zool. Procelaria, petrel, ave que anuncia la tempestad.

**PROCÉRITÉ**, f. inus. *proserité*. [illegible], eminencia. V. HAUTEUR, ÉLÉVATION.

**PROCÈS**, m. *prosé*. Pleito, causa, instancia que se entabla contra alguno. || Proceso, autos, las piezas juntas de los autos. || *Faire le procès à quelqu'un*, procesar, formar causa á uno; y en sentido met. y fam., criticar á alguno, acusarle ó condenarle sobre una cosa que haya dicho ó hecho. || fam. y met. *Sans autre forme de procès*, sin más ni mas, de rondon, sin mas [illegible] || *Procès-verbal*, sumaria en algunos casos, expediente en otros. || *Procès civil*, causa civil, pleito. || fam. *Pendre un procès au croc*, desistir de una causa, abandonar un pleito.

**PROCESSIF, IVE**, adj. [illegible] Pleitista, amigo de pleitos, de litigar, que gusta de litigar.

**PROCESSION**, f. *prosesión*. Procesion, acto público de religion por las calles. || [illegible] y fam. Procesion, muchedumbre de gente que pasa por una calle ó paseo. || [illegible] met. *On ne peut pas sonner les cloches et aller à la procession*, no se puede repicar y andar en la procesion: no se puede estar en dos lugares diferentes á la vez.

**PROCESSIONNAIRES**, adj. pl. *prosesionér*. Zool. Procesionarias, epíteto calificativo que se da á algunas orugas que forman una especie de procesion en dos hileras cuando salen para ir á comer.

**PROCESSIONAL ó PROCESSIONNEL**, m. *prosesionál*, *prosesionél*. Liturg. Procesionario, libro que contiene las notas, preces ú oraciones que se cantan en las procesiones. Solo se usa el primero.

**PROCESSIONNELLEMENT**, adv. *prosesionelmán*. Procesionalmente, en procesion.

**PROCESSIONNEUR**, m. irón. *prosesioneur*. Procesionista, el que gusta de ir á las procesiones.

**PROCÈS-VERBAL**, m. V. PROCÈS.

**PROCHAIN, E**, adj. *prochén*, *én*. Próximo, inmediato, que está cercano ó cerca. || PROCHAIN, m. Prójimo, todos y cada uno de los individuos que componen el género humano.

**PROCHAINEMENT**, adv. *prochenmán*. Próximamente, dentro de poco, en breve, dentro de poco tiempo.

**PROCHE**, adj. *próche*. Vecino, convecino, que está inmediato, que vive cerca. || Contiguo, cercano, junto, próximo, inmediato á uno ó á alguna cosa. || Cercano, inmediato, que debe suceder en breve. || Allegado, deudo, pariente. || *Proches*, m. pl. Parientes, deudos, allegados : *je suis abandonné de mes proches*. || PROCHE, adv. Cerca, lo mismo que *près*. || *Ici proche*, aquí cerca, aquí junto. *Tout proche*, muy cerca, muy inmediato de aquí. || *De proche en proche*, loc. adv. De seguida, seguidamente; poco á poco, progresivamente, por grados. || *Proche de*, loc. prep. Cerca de, inmediato á, junto á.

**PROCHRONISME**, m. *procronism*. Procronismo, error de cronología que consiste en anticipar la data ó época de un hecho. Es lo contrario de *métachronisme*.

**PROCIDENCE**, f. *prosidáns*. Cir. Procidencia, caida de algunas partes movibles, como el íris, la vagina, etc.

**PROCIGALE**, f. *prosigál*. Zool. Procigal, especie de mosca velluda parecida á las cigarras.

**PROCILLON**, m. fam. y dim. de PROCÈS. *prosillón*. Causa, pleito de poca importancia.

**PROCLAMATEUR**, m. *proclamateur*. Proclamador, el que proclama.

**PROCLAMATION**, f. *proclamasión*. Proclamacion, publicacion solemne de una proclama, de un edicto, de una ley. || Proclamacion, accion de proclamar. || Proclama, alocucion escrita ó impresa.

**PROCLAME**, f. *proclám*. Confesion en público que hacian algunos religiosos.

**PROCLAMER**, a. *proclamé*. Proclamar, publicar en alta voz y solemnemente. || met. Publicar, divulgar lo que deberia ocultarse. || Aclamar, conferir la pluralidad y voz común algun cargo de honor.

**PROCLITIQUE**, adj. *proclitic*. Gram. gr. Proclítico, que carga el acento sobre la palabra siguiente.

**PROCLIVE**, adj. V. ENCLIN.

**PROCOMBANT, E**, adj. *proconbán*. Bot. Procumbente, que cae, que arrastra por tierra.

**PROCOMMISSAIRE**, m. *procomisér*. Sub-comisario ó teniente comisario, el que hace las veces de un comisario.

**PROCONSUL**, m. *proconsúl*. Procónsul, magistrado romano que gobernaba ciertas provincias con la autoridad de cónsul.

**PROCONSULAIRE**, adj. *proconsulér*. Proconsular, relativo al procónsul.

**PROCONSULAT**, m. *proconsulá*. Proconsulado, dignidad, cargo de procónsul. || Tiempo durante el cual ejercia sus funciones un procónsul.

**PROCRASTINATION**, f. V. AJOURNEMENT.

**PROCRÉATION**, f. *procreasión*. Procreacion, generacion.

**PROCRÉER**, a. *procreé*. Procrear, engendrar.

**PROCTAGRE**, f. *proctágr*. Med. Proctagra, inflamacion del ano.

**PROCTALGIE**, f. *proctalgí*. Med. Proctalgia, dolor del ano ó de la extremidad inferior del recto.

**PROCTALGIQUE**, adj. *proctalgíc*. Proctálgico, que pertenece, que es relativo á la proctalgia.

**PROCTITIS ó PROCTITE**, f. V. PROCTAGRE.

**PROCTOCÈLE**, f. *proctosél*. Med. Proctocele, hernia del recto.

**PROCTORRHAGIE**, f. *proctorragí*. Med. Proctorragia, evacuacion de sangre por el ano.

**PROCTORRHAGIQUE**, adj. *proctorragíc*. Proctorrágico, que corresponde á la proctorragia.

**PROCTORRHÉE**, f. *proctorré*. Med. Proctorrea, evacuacion de materia mucosa por el ano.

**PROCTORRHÉIQUE**, adj. *proctorreíc*. Proctorréico, que corresponde á la proctorrea.

**PROCURATEUR**, m. *procurateur*. Apoderado, el que tiene poder para hacer las veces de otro. Es poco usado en esta acepcion. V. PROCUREUR. || Antig. rom. Intendente de provincia. || Procurador, título con que se distingue una de las principales dignidades de la república de Venecia.

**PROCURATION**, f. *procurasión*. Procuracion, poder que se confiere á una persona para que haga las veces de otra. || Procuracion, poder, documento, título, escritura por la que se confiere el cargo de procurador.

**PROCURATRICE**, f. V. PROCUREUR.

**PROCURE**, f. *procúr*. Procura, encargo de procurador entre los religiosos. || Procura, habitacion de un procurador.

**PROCURER**, a. *procuré*. Agenciar, conseguir, alcanzar á uno algun empleo, gracia, etc. || Causar, ocasionar, acarrear á uno disgustos, trabajos, etc. || *Se procurer*, r. Procurarse, agenciarse.

**PROCUREUR, ATRICE**, m. y f. *procureur*, *atrís*. Apoderado, el que tiene poderes de alguno para obrar en nombre suyo. || Procurador, el que en los tribunales tenia este oficio para representar á los litigantes. Ahora se llama *avoué* y ejerce las mismas funciones, habiéndose suprimido en Francia los procuradores en 1791. || Procurador, religioso encargado de los intereses temporales de la casa. || *Procureur du roi*, procurador del rey, magistrado que representa los intereses de la corona cerca de un tribunal inferior.

**PROCUREUSE**, f. *procureus*. Procuradora, por chanza se llamaba así la mujer de un procurador. || fam. Alcahueta. V. ENTREMETTEUSE.

**PROCYON**, m. *prosión*. Astr. Procion, estrella que se encuentra en el vientre del Can menor.

**PRODICTATEUR**, m. *prodictateur*. Prodictador, magistrado romano que reemplazaba al dictador en sus funciones.

**PRODICTATURE**, f. *prodictatúr*. Prodictadura, dignidad de un prodictador.

**PRODIGALEMENT**, adv. *prodigalmán*. Pródigamente, con prodigalidad.

**PRODIGALITÉ**, f. *prodigalité*. Prodigalidad, profusion, gasto excesivo en cosas vanas. || Prodigalidad, carácter de una persona pródiga. || Prodigalidad, accion de prodigar.

**PRODIGE**, m. *prodíg*. Prodigio, efecto sorprendente contra el curso ordinario de las cosas. || Pasmo, asombro. || Prodigio, portento, maravilla, cosa excelente en su género.

**PRODIGIEUSEMENT**, adv. *prodigieusmán*. Prodigiosamente, de una manera prodigiosa, asombrosa; extraordinariamente, sobremanera.

**PRODIGIEUX, EUSE**, adj. *prodigieu*, *eus*. Prodigioso, asombroso, maravilloso, que causa admiracion; muy extraordinario. || Monstruoso, enorme, excesivo.

**PRODIGUE**, adj. *prodígue*. Pródigo, manirroto, gastador, que disipa sus bienes en gastos excesivos é inútiles. || Pródigo, generoso, que hace grandes sacrificios en beneficio de alguno. Se usa tambien como sustantivo.

**PRODIGUER**, a. *prodigué*. Prodigar, gastar, desperdiciar, disipar sus bienes en cosas inútiles. || Prodigar, dar con abundancia. || Prodigar su sangre, sacrificar su vida.

**PRODITEUR**, m. V. TRAITRE.

**PRODITION**, f. V. TRAHISON.

**PRODITOIREMENT**, adv. *proditoarmán*. For. Traidoramente, alevosamente.

**PRODROME**, m. *prodróm*. Prodromo, prólogo, preliminar de una obra, introduccion á ciertos estudios. || Med. Prodromo, estado de indisposicion, malestar de una persona que se encuentra amenazada de una enfermedad.

**PRODUCTEUR, TRICE**, m. y f. *productéur*, *trís*. Productor, el que produce, que crea ó que ofrece alguna produccion agrícola ó industrial. || adj. Productor, que produce, que es causa de la produccion de alguna cosa.

**PRODUCTIF, IVE**, adj. *productíf*, *ív*. Productivo, que produce.

**PRODUCTION**, f. *producsión*. Produccion, accion de producir, de dar á luz alguna cosa. || Produccion, producto, la cosa producida. || For. Exhibicion, accion de exhibir algunos autos ó documentos; y tambien los mismos documentos exhibidos.

**PRODUIRE**, a. *produír*. Producir, engendrar, criar, crear alguna cosa. || Producir, llevar la tierra algun fruto. || met. Producir, rentar, redituar alguna renta ó interes. || met. Producir, ocasionar, causar, dícese de bienes ó males. || For. Exhibir, presentar, poner de manifiesto algun documento. || Introducir, hacer conocer á un sugeto en sociedad. || *Se produire*, r. Producirse, en todas las acepciones del verbo activo. || Hacerse conocer, introducirse en alguna parte.

**PRODUIT**, m. *produí*. Producto, valor que resulta del arrendamiento ó cultivo de alguna finca, de un empleo, negocio, comercio, trabajo corporal, intelectual, etc. || Arit. Producto, número que resulta de la multiplicacion de otros dos. || Quím. Producto, resultado de una operacion química.

**PROÉMINENCE**, f. *proeminans*. Prominencia, elevacion, estado de lo que es prominente.

**PROÉMINENT, E**, adj. *proeminán*. Prominente, realzado, elevado, que está mas en relieve que todo lo demas, hablando de escultura ó bordado.

**PROÉMINER**, n. V. PROMINER.

**PROFANATEUR, TRICE**, m. y f. *profanateur*, *trís*. Profanador, el que profana las cosas sagradas.

**PROFANATION**, f. *profanasión*. Profanacion, irreverencia, falta de respeto á las cosas sagradas. || Por exten., abuso que se hace de alguna cosa preciosa.

**PROFANE**, adj. *profán*. Profano, impío, que es contra la reverencia debida á las cosas sagradas. || Profano, civil, secular, por oposicion á lo sagrado ó eclesiástico. || PROFANE, m. y f. Profano, impío, irreligioso, el que no respeta las cosas de la religion. || Profano, el que no está iniciado en los sagrados misterios. || Idiota, estúpido, ignorante, alarbe, hombre grosero. || met. y joc. *C'est un profane*, se dice de una persona que no se quiere admitir en una sociedad por ser idiota, etc. || m. Profano, lo contrario de sagrado : *ne mêlez pas le sacré au profane*.

**PROFANEMENT**, adv. *profanmán*. Profanamente, de un modo profano.

**PROFANER**, a. *profané*. Profanar, tratar con irreverencia las cosas sagradas, aplicarlas á usos profanos. || Profanar, hacer mal uso de alguna cosa preciosa.

**PROFECTIF, IVE**, adj. poco us. *profectíf*, *ív*. Jurisp. Profecticio, que procede ó viene de los ascendientes, hablando de bienes y peculio.

**PROFÉRER**, a. *proferé*. Proferir, articular, pronunciar, decir palabras.

**PROFÈS, PROFESSE**, adj. y s. *profé*, *profés*. Profeso, el que ó la que ha hecho los votos requeridos para profesar en una religion.

**PROFESSER**, a. *profesé*. Profesar, confesar, reconocer públicamente una religion, una doctrina. || Profesar, ejercer un arte, una ciencia, un oficio. || Profesar, enseñar públicamente, ser profesor de alguna cien-

**PROFESSEUR**, m. *professear*. Profesor, catedrático, el que profesa, que enseña públicamente alguna ciencia ó arte. || Profesor, el que ejerce un arte y hace de él su profesion, por oposicion á un simple aficionado.

**PROFESSION**, f. *profesión*. Profesion, pública declaracion de una creencia religiosa, idea, sistema, opinion, etc. || Profesion, estado, oficio, ejercicio, carrera, género de vida de una persona. || Profesion, acto solemne en que un religioso hace sus votos cuando ha concluido el noviciado.

**PROFESSOIRE**, m. *profesuár*. Hist. rel. Entre los bernardos, el año que sigue inmediatamente despues de la profesion religiosa.

**PROFESSORAL**, **E**, adj. *profesorál*. De profesor, perteneciente al profesor.

**PROFESSORAT**, m. *profesorá*. Profesorado, estado, empleo de profesor.

**PROFIL**, m. *profíl*. Perfil, rasgo de delineacion del rostro de una persona, mirándola por cualquiera de sus costados. || Perfil, línea que presenta cualquier cuerpo mirado por uno de sus costados. || Arq. Perfil, la delineacion de un edificio, ó de cualquiera de sus partes representadas en elevacion, como cortadas perpendicularmente.

**PROFILER**, a. *profilé*. Perfilar, delinear, contornear, representar de perfil. || Perfilar, dar á los contornos de una obra el carácter que le conviene.

**PROFIT**, m. *profí*. Provecho, ganancia, beneficio, utilidad. || Aprovechamiento, progreso, adelantamiento en los estudios.

**PROFITABLE**, adj. *profitábl*. Útil, provechoso, ventajoso, que produce utilidad.

**PROFITABLEMENT**, adv. *profitablemán*. Provechosamente, de un modo provechoso.

**PROFITER**, n. *profité*. Aprovechar y aprovecharse, sacar algun provecho, ganancia ó utilidad. || Aprovechar, servir, ser útil en algun caso. || Aprovechar, adelantar, hacer progresos en virtud, ciencia, etc. || Crecer, medrar, robustecerse, hablando de las personas y de las plantas. || Agarrar, crecer con facilidad una planta.

**PROFOND**, **E**, adj. *profón*. Profundo, hondo, cuyo fondo está muy separado de la superficie. || met. Profundo, que es de difícil penetracion, difícil de comprender. || Profundo, instruido, que tiene mucha penetracion, que penetra las cosas. || Profundo, se toma por grande, extremo en lo físico y en lo moral: *profond sommeil*, *profond respect*.

**PROFONDÉMENT**, adv. *profondemán*. Profundamente, de un modo profundo.

**PROFONDEUR**, f. *profondeur*. Profundidad, hondura, extension de una cosa considerada desde su superficie ó entrada hasta el fondo. || Geom. Profundidad, dimension de un cuerpo considerado de alto abajo. || met. Profundidad, arcano, impenetrabilidad, sublimidad de una cosa impenetrable. || Profundidad, grande talento, gran penetracion de entendimiento.

**PROFONTIÉ**, **ÉE**, adj. *profontié*. Mar. Profundizado, metido, que cala mucho ó necesita mucha agua para poder flotar, hablando de los buques.

**PROFUS**, **E**, adj. ant. *profú*, *ús*. Profuso, pródigo, que gasta con profusion.

**PROFUSÉMENT**, adv. *profusemán*. Profusamente, con profusion.

**PROFUSION**, f. *profusión*. Profusion, prodigalidad, exceso de liberalidad ó de gasto.

**PROGÉNITURE**, f. *progenitúr*. Progenitura, engendro de un hombre ó de un animal.

**PROGRAMME**, m. *prográm*. Programa, edicto ó cartel que se fija para anunciar algun acto público, descripcion de una fiesta, de una funcion que debe celebrarse, etc.

**PROGRÈS**, m. *progré*. Progreso, adelanto, movimiento hácia adelante. || Progreso, adelanto, adelantamiento, aprovechamiento en los estudios. || Progreso, aumento, cualquier acrecentamiento en bien ó en mal.

**PROGRESSER**, n. V. AVANCER.

**PROGRESSEUR**, adj. m. *progreseur*. Progresista, que hace progresos, que conduce á los adelantos ó mejoras.

**PROGRESSIBILITÉ**, f. *progresibilité*. Progresibilidad, aptitud, disposicion para hacer progresos.

**PROGRESSIBLE**, adj. *progresíbl*. Progresible, que es susceptible de progresar.

**PROGRESSIF**, **IVE**, adj. *progresíf*, *ív*. Progresivo, que progresa, que adelanta.

**PROGRESSION**, f. *progresión*. Progresion, adelanto, movimiento hácia adelante. || Progresion, marcha, continuacion de cosas que se suceden sin interrupcion.

**PROGRESSIVEMENT**, adv. *progresivemán*. Progresivamente, de un modo progresivo.

**PROHIBER**, a. *proibé*. Prohibir, vedar, mandar que no se haga alguna cosa. V. DÉFENDRE.

**PROHIBITIF**, **IVE**, adj. *proibitíf*, *ív*. Prohibitivo, que veda, que prohibe.

**PROHIBITION**, f. *proibisión*. Prohibicion, veda, inhibicion. V. DÉFENSE.

**PROHIBITIVEMENT**, adv. *proibitivemán*. Prohibitivamente, con prohibicion.

**PROIE**, f. *prua*. Presa, rapiña, caza que hacen las aves de rapiña. *Oiseau de proie*, ave de rapiña. || met. Presa, botin, despojo que se hace en la guerra. || met. Víctima. *Être en proie à la calomnie*, ser el blanco ó la víctima de la calumnia. || *Être en proie à sa douleur*, *à ses passions*, abandonarse á su dolor, á sus pasiones, dejarse arrastrar de ellas.

**PROJECTILE**, m. *proyectíl*. Mec. Proyectil, cuerpo que se lanza por una fuerza cualquiera. || Mil. Proyectil, cualquiera de los pertrechos de guerra, como bombas, balas, etc.

**PROJECTION**, f. *projecsión*. Mec. Proyeccion, accion de arrojar, de lanzar algun cuerpo por la accion de una fuerza superior. || Quím. Proyeccion, accion de echar poco á poco una sustancia en un crisol con objeto de calcinarla. || Proyeccion, polvos quiméricos con que los alquimistas pretenden poder convertir los metales en oro. || Geom. Representacion, descripcion de un cuerpo segun las reglas geométricas.

**PROJECTURE**, f. *projectúr*. Arq. Proyectura, saledizo, vuelo, volado horizontal.

**PROJET**, m. *projé*. Proyecto, idea, plan que se forma. || Proyecto, minuta, borron, primera idea ó pensamiento primitivo que se redacta para proponerlo al exámen.

**PROJETER**, a. *projeté* (e muda). Proyectar, idear, formar un plan ó proyecto. || Proyectar, delinear, trazar sobre una superficie la figura de un cuerpo conforme á las reglas del arte. || Lanzar, arrojar hácia adelante.

**PROJETEUR**, **EUSE**, m. y f. *projeteur*, *eus* (e muda). Planista, el que forma planes ó proyectos; el que tiene la manía de formar planes ó proyectos sin realizar ninguno.

**PROLABIA**, m. inus. *prolabía*. Anat. Prolabio, la parte anterior de los labios.

**PROLATION**, f. *prolasión*. Mús. Duracion de canto sobre una misma sílaba. || Trino hecho con la voz. V. ROULADE.

**PROLÉGOMÈNES**, m. pl. *prolegomén*. Prolegómenos, introduccion preliminar, tratado que se pone en cabeza de alguna obra para dar una idea de las materias que en ella se tratan.

**PROLEPSE**, f. *proléps*. Ret. Prolépsis, figura para rebatir de antemano las objeciones que pudieran hacerse.

**PROLÉTAIRE**, m. *proletér*. Hist. rom. Proletario, ciudadano pobre que no podia pagar otro tributo que el de sangre, es decir, dar hijos para la guerra. || Proletario, en el dia se llama así la clase baja del pueblo, la plebe, los que no tienen bienes ni profesion lucrativa.

**PROLÉTARIAT**, m. *proletariá*. Estado ó condicion del proletario; clase de los proletarios.

**PROLIFIQUE**, adj. *prolific*. Med. Prolífico, que tiene la virtud de engendrar. || Se ha aplicado tambien este epíteto á ciertos remedios ó sustancias alimenticias que se suponia tener la propiedad de aumentar las fuerzas generadoras.

**PROLIXE**, adj. *prolics*. Prolijo, difuso, demasiado largo en el hablar ó escribir.

**PROLIXEMENT**, adv. *prolicsman*. Prolijamente, de un modo prolijo.

**PROLIXITÉ**, f. *prolicsité*. [illegible] difusion en el hablar ó escribir.

**PROLOCUTEUR**, m. ant. [illegible] Abogado. || Prolocutor, orador [illegible] de la cámara alta en Inglaterra.

**PROLOGUE**, m. *prológ*. [illegible] mio, prefacio ó [illegible] principio de una obra. || [illegible] nar, preámbulo. || En un escrito [illegible] los, preludio, introduccion [illegible] verso que antecede á una [illegible] teatral.

**PROLONGATION**, f. [illegible] longacion, tiempo añadido á la [illegible] terminada de alguna cosa.

**PROLONGE**, f. [illegible] ga, tiro, maroma ó cuerda [illegible] pieza de artillería de un [illegible]

**PROLONGEMENT**, m. [illegible] longamiento, prolongacion, [illegible] latacion de alguna cosa.

**PROLONGER**, a. [illegible] alargar, dilatar, hacer [illegible] tiempo. || Prolongar, extender [illegible] tud, mas extension. || [illegible] seau, prolongar, bordear un [illegible] otro paralelamente á su [illegible] que casi se toquen ambos.

**PROMENADE**, f. [illegible] de pasearse. || Paseo, el sitio ó [illegible] de se pasea.

**PROMENER**, a. [illegible] paseo ó hacer pasear un niño, [illegible] ciente, un caballo. || [illegible] sa vue, etc., explayar, [illegible] pensamiento, la vista, etc. || [illegible] *mener quelqu'un*, enviar á [illegible] despedirle con enfado y [illegible] *mener*, r. Pasearse, pasear.

**PROMENEUR**, **EUSE**, m. y f. [illegible] eus. Paseador, el que lleva [illegible] alguno á paseo; el que á [illegible] Paseante, el que gusta de [illegible] paseo.

**PROMENOIR**, m. [illegible] tio ó lugar destinado para [illegible]

**PROMESSE**, f. *promés*. [illegible] dad que se da de hacer ó [illegible] || Pagaré, vale, documento [illegible] que una persona se obliga á [illegible] cantidad. || *Promesse de* [illegible] de casamiento.

**PROMETTEUR**, **EUSE**, [illegible] *teur*, eus. Prometedor, el que [illegible] cho sin intencion de cumplirlo.

**PROMETTRE**, a. [illegible] ofrecer, obligarse á dar ó [illegible] || Prometer, asegurar el [illegible] una cosa. || Anunciar, dar [illegible] tras: *le temps promet de la* [illegible] *etc.* || Prometer, dar [illegible] perar: *la campagne promet* [illegible] *sons*. En este sentido á veces [illegible] tro. || prov. *Promettre et* [illegible] prometer no es dar, hay [illegible] prometer á cumplir.

**PROMINENCE**, f. V. [illegible]

**PROMINER**, n. ant. [illegible] sobrepujar, elevarse sobre [illegible] ó circuye.

**PROMINENT**, **E**, adj. [illegible] Prominente, que se eleva [illegible] al rededor.

**PROMISCUE**, adj. V. [illegible]

**PROMISCUITÉ**, f. [illegible] confusion, hablando de [illegible] sexos.

**PROMISCUEMENT**, adv. [illegible] *mán*. Confusamente, de un [illegible] fusa.

**PROMISSION**, f. [illegible] en esta frase: *terre de* [illegible] de promision, la tierra [illegible] prometió al pueblo hebreo. [illegible] en estilo figurado y familiar [illegible] til y abundante.

**PROMONTOIRE**, m. [illegible] montorio, cabo, peñon de [illegible] y avanza dentro del mar. V. [illegible]

**PROMOTEUR**, m. [illegible] que promueve, adelanta ó [illegible] gocio. || Promotor, autor, [illegible] pal, el que da el primer [illegible]

tardá, que no se hace esperar. || repentino, que pasa con rapidez. || diligente, hablando de personas. || colérico. || Vivo, penetrante. || *Avoir* ... *prompt, la conception vive et* ..., ser vivo de ingenio, perspicaz, te- ... imaginacion viva.

...PTEMENT, adv. prontmán. Pron-..., con prontitud.

...PTITUDE, f. prontitúd. Prontitud, ..., celeridad. || Prontitud, repente, vi- ... ingenio. || Pronto, repente, rapto pa- ... colera. En esta acepcion se usa ...mente en plural.

...PTUAIRE, m. inus. pronptuér. ...rio, tratado breve y conciso de algu-... ó materia. V. ABRÉGÉ.

...ULGATION, f. promulgasión. Pro-...on, publicacion de una ley, hecha so-...nte ó conforme á las reglas; accion ...lgar.

...ULGUER, a. promulgué. Promul-...blicar una ley solemnemente ó con ...lidades requeridas.

...ATEUR, adj. y s. m. pronateur. ...onador, epíteto que se da á dos mús-... antebrazo que sirven para ejecutar ...iento de pronacion.

...ATION, f. pronasión. Anat. Prona-...vimiento por el que la mano queda ... modo que su palma mira hácia

...E, m. prón. Plática, sermon, ins-... que hacen los párrocos á sus feli-...os domingos en la misa mayor. || ...m. Paulina, fraterna, sermonaria, ... que se da á una persona.

...ER, a. proné. Predicar, hacer al-... plática ó sermon. Se usa poco en este ... || Preconizar, elogiar, encomiar, ... exageracion, con exceso. || n. Ser-..., machacar sobre alguna cosa con ... Algunas veces es tambien ac-... esta acepcion.

...EUR, m. proneur. Predicador, el ... alguna plática ó sermon. Se dice ... de los párrocos, y aun en este ... de poco uso. || PRÔNEUR, EUSE, ... Encomiador, preconizador, ala-...ngerado de alguna cosa. || fam. Ser-..., machaca, el que está siempre ri-... reprendiendo.

...OM, m. pronón. Gram. Pronombre, ... la oracion que se pone en lugar del ...

...MINAL, adj. pronominál. Gram. ...inal, que pertenece al pronombre.

...MINALEMENT, adv. pronomi-... Pronominalmente, de un modo ...nal.

...NCÉ, ÉE, adj. prononcé. Pronun-... Declarado. || Decidido. || Marcado, ..., en pintura y bellas artes. || PRONON-... Decision de un tribunal, declaracion ...tencia, fallo: *le prononcé de l'ar-*...

...ONCER, a. prononsé. Pronunciar, ... letras, sílabas ó palabras. || Pro-..., recitar, decir un discurso, una ... || Pronunciar, fallar, dar senten-... || *Se prononcer*, r. Declararse, ... abiertamente su intencion, sus ... || *Se prononcer contre*, insur-..., tomar partido contra.

...NCIATION, f. prononsiasión. ...nciacion, articulacion de las letras, sí-... palabras. || Pronunciacion, modo de ... relativamente á la acentuacion, ... || Pronunciacion, modo de re-... perorar. || Pronunciacion, fallo, ac-... sentenciar, de dar una sentencia.

...OPIOGRAPHE, m. pronopiográf. ...ógrafo, instrumento que sirve para ... un objeto que se tiene delante.

...OPIOGRAPHIE, f. pronopiografí.

forman los astrólogos por la inspeccion de los signos celestes.

PRONOSTICATION, f. inus. *pronosticasión*. Pronosticacion, accion de pronosticar. || Prediccion, conjetura.

PRONOSTIQUE, adj. *pronostíc*. Que se refiere al pronóstico. Solo se dice en medicina *signes pronostiques*.

PRONOSTIQUER, a. *pronostiqué*. Pronosticar, conjeturar, predecir.

PRONOSTIQUEUR, m. fam. *pronostiqueur*. Pronosticador, el que pronostica.

PROPAGANDE, f. *propagánd*. Propaganda, congregacion establecida en Roma para la propagacion de la fe. || Polit. Propaganda, sociedad secreta que tiene por objeto propagar, máximas ó doctrinas políticas, democráticas, mas ó ménos revolucionarias, etc.

PROPAGANDISME, m. *propagandism*. Propagandismo, sistema, doctrina de la propaganda. || Se toma tambien en mal sentido, por manía de publicar una nueva doctrina.

PROPAGANDISTE, m. y f. *propagandist*. Propagandista, miembro, individuo de la propaganda. || Se toma igualmente en mal sentido.

PROPAGATEUR, TRICE, m. y f. *propagateur, tris*. Propagador, el que propaga. || Es tambien adjetivo: *zèle propagateur*.

PROPAGATION, f. *propagasión*. Propagacion, multiplicacion por la generacion ó la reproduccion. || Propagacion, aumento, progreso, extension que toma alguna cosa. || Propagacion de la fe.

PROPAGER, a. *propagé*. Propagar, multiplicar por la generacion. || Propagar, difundir, extender, aumentar: *propager l'Evangile, la foi*.

PROPENSION, f. *propansión*. Fis. Propension, tendencia, inclinacion natural de un cuerpo hácia un punto. || met. Propension; inclinacion que es natural al hombre.

PROPHÈTE, m. *profét*. Profeta, el que predice el porvenir. || met. y fam. *Prophète de malheur*, portador de malas nuevas.

PROPHÉTESSE, f. *profetés*. Profetisa, la mujer que predice el porvenir. || Profetisa, la mujer que adivina el porvenir por inspiracion divina.

PROPHÉTIE, f. *profesí*. Profecía, prediccion hecha por inspiracion divina. || Profecía, la cosa profetizada. || Profecía, prediccion, presagio que se hace por conjetura y sale cierto por casualidad.

PROPHÉTIQUE, adj. *profetíc*. Profético, que corresponde á los profetas ó á las profecías.

PROPHÉTIQUEMENT, adv. *profeticmán*. Proféticamente, de un modo profético.

PROPHÉTISER, a. *profetisé*. Profetizar, predecir, anunciar el porvenir por inspiracion divina. || met. y fam. Profetizar, predecir lo que debe suceder.

PROPHÉTISME, m. *profetism*. Profetismo, manía de profetizar, de predecir lo futuro.

PROPHYLACTIQUE, f. *profilactíc*. Med. Profiláctica, arte de conservar la salud. Es lo mismo que *hygiène*. || adj. Profiláctico, relativo á la profiláctica, lo mismo que preservativo.

PROPHYLAXIE, f. Es sinón. de *prophylactique*.

PROPICE, adj. *propís*. Propicio, favorable. Se dice principalmente de Dios, y tiene ademas otras aplicaciones.

PROPINE, f. *propín*. Propina, derecho que se pagaba en la cancillería romana.

PROPITIATION, f. *propisiasión*. Propiciacion, sacrificio que se hace para aplacar la cólera divina.

PROPITIATOIRE, adj. *propisiatuár*. Propiciatorio, que sirve para hacer propicio.

PROPOLISER, a. *propolisé*. Cubrir, embadurnar con propóleos.

PROPORTION, f. *proporsión*. Proporcion, conveniencia, armonía que guardan las partes con el todo. || Dimension, grandor que contiene alguna cosa. || Mat. Proporcion, igualdad de dos ó mas productos. || *Proportion gardée*, loc. adv. En proporcion, teniendo cuenta de la diferencia relativa de las personas ó cosas. || *A proportion*, á proporcion, á correspondencia.

PROPORTIONNALITÉ, f. *proporsionalité*. Didáct. Proporcionalidad, lo que hace proporcional, condicion de las cantidades que guardan proporcion entre sí.

PROPORTIONNEL, LE, adj. *proporsionél*. Mat. Proporcional, que guarda proporcion con las cantidades del mismo género.

PROPORTIONNELLEMENT, adv. *proporsionelmán*. Mat. Proporcionalmente, de un modo proporcional.

PROPORTIONNÉMENT, adv. *proporsionemán*. Proporcionadamente, con proporcion, con la debida proporcion.

PROPORTIONNER, a. *proporsioné*. Proporcionar, establecer una proporcion entre dos cosas. || Proporcionar, acomodar, ajustar, igualar.

PROPOS, m. *propó*. Conversacion, palabras. || Murmuracion, conversacion ó palabras que ofenden á la reputacion de alguno. || Propósito, resolucion. || *A propos*, loc. adv. A propósito, al caso. *Mal à propos*, intempestivamente, en mala ocasion. || *Hors de propos*, fuera de propósito, fuera del caso, sin razon ni motivo. || *A tout propos*, á cada instante, á cada paso, continuamente. || *De propos délibéré*, con ánimo deliberado con intencion formal, expresamente. || *Venir à propos*, venir al caso, llegar á buen tiempo, en buena ocasion.

PROPOSABLE, adj. *proposábl*. Proponible, que puede proponerse.

PROPOSANT, m. *proposán*. Jóven teólogo protestante que estudia para ser pastor ó ministro de su religion. || adj. m. Solo se dice en esta locucion: *cardinal proposant*, cardenal proponente, que está encargado de recibir en Roma la profesion de fe de los obispos electos para un país de obediencia y presentarla á los demas cardenales.

PROPOSER, a. *proposé*. Proponer, presentar alguna propuesta de palabra ó por escrito para que se examine y se delibere sobre ella. || Proponer, ofrecer, prometer un premio, etc. || Proponer, designar para algun cargo ó comision. || Proponer, presentar, ofrecer á uno por modelo, como ejemplo que debe seguirse. || *Se proposer*, r. Proponerse, formar la intencion ó el designio de hacer alguna cosa. || Proponerse, ofrecerse para algun cargo ó mision.

PROPOSITION, f. *proposisión*. Proposicion, discurso que afirma ó niega alguna cosa. || Lóg. Proposicion, enunciacion de un juicio. || Proposicion, accion de proponer. || Proposicion, la cosa que se propone. || Proposicion, oferta, propuesta. || Mat. Teorema, problema.

PROPRE, adj. *própr*. Propio, natural. || Propio, peculiar. || Limpio, aseado. || Propio, apto, bueno para algun fin. || *Remettre une lettre en main propre*, entregar una carta en propias manos, á la persona misma. || m. Propio, propiedad, calidad particular que distingue un sugeto de todos los demas. || Propio, lo que conviene particularmente á cada profesion, á cada carácter, á cada edad. || Propio, bienes inmuebles que pertenecen á una persona por sucesion. || Jurisp. Los bienes libres ó lo libre, sea del marido, sea de la mujer. || *Le propre des oiseaux c'est de voler*, es propio de los pájaros el volar.

PROPREMENT, adv. *propremán*. Propiamente, con propiedad. || Aseadamente, con aseo. || Lindamente, con primor, con gracia, con elegancia. || *A proprement parler*, hablando con propiedad, para hablar claro, en términos precisos, etc.

**PROPRET, TE**, adj. y s. fam. *propré, ét.* Curiosillo, elegante, primorosito en el vestir, que viste con elegancia y esmero.

**PROPRETÉ**, f. *propreté.* Limpieza, aseo, curiosidad.

**PROPRÉTEUR**, m. *propretéur.* Propretor, título de cierto magistrado romano.

**PROPRIÉTAIRE**, m. y f. *propriétér.* Propietario, dueño, poseedor, el que posee en propiedad alguna cosa.

**PROPRIÉTAIREMENT**, adv. poco us. *propriétermán.* Fur. Como propietario: *user d'une chose propriétairement.*

**PROPRIÉTÉ**, f. *propriété.* Propiedad, dominio en alguna cosa. || Propiedad, hacienda. || Propiedad, cualidad particular de alguna cosa. || Propiedad, significacion propia de las palabras.

**PROPTOME**, m. *proptóm.* Med. Proptomo, prolongacion excesiva de una parte, como de la campanilla, del clítoris, etc.

**PROPTOSE**, f. *proptós.* Med. Proptosis, dislocacion exterior ó caida de algunas partes movibles.

**PROPULSEUR**, adj. y s. m. *propulseur.* Propulsor, que da un movimiento de propulsion.

**PROPULSION**, f. *propulsión.* Propulsion, accion de mover hácia un punto.

**PROQUESTEUR**, m. *procuesteur* Antig. rom. Procuestor ó vicecuestor, magistrado interino que por muerte del cuestor hacia sus veces hasta que el senado nombrase otro.

**PRORATA**, m. *prorráta.* Prorata, cuota que toca á alguno de lo que se parte entre varios. || *Au prorata*, loc. adv. A prorata, á proporcion.

**PROROGATIF, IVE**, adj. *prorogatif, iv.* Prorogativo, que proroga.

**PROROGATION**, f. *prorogasión.* Prorogacion, próroga, dilacion de tiempo. || Prorogacion, acto de autoridad real que suspende las sesiones de las Cámaras durante cierto tiempo determinado.

**PROROGER**, a. *prorogé.* Prorogar, dilatar, alargar el tiempo tomado ó concedido para alguna cosa. || *Proroger une loi*, suspender las sesiones de las Cámaras por un acto de autoridad real, y dejar su continuacion para otro dia.

**PROSAÏQUE**, adj. *prosaíc.* Lit. Prosáico, que se parece á la prosa, que pertenece á la prosa.

**PROSAÏSER**, n. ant. *prosaisé.* Escribir en prosa.

**PROSAÏSME**, m. *prosaísm.* Prosaismo, defecto de los versos que contienen muchas expresiones y frases prosáicas.

**PROSATEUR**, m. *prosateur.* Prosista, el que se dedica á escribir en prosa.

**PROSCÉNIUM**, m. *prosénióm.* Antig. rom. Proscenio, parte de los teatros de los antiguos á donde salian los actores á representar.

**PROSCRIPTION**, f. *proscripsión.* Proscripcion, bando condenando á muerte un malhechor sin formacion de causa en cualquier parte que se le encuentre. || Proscripcion, medida violenta contra las personas en tiempo de guerras civiles. || met. Abolicion, destruccion: *la proscription d'un mot, d'un usage.*

**PROSCRIRE**, a. *proscrír.* Proscribir, condenar á muerte sin formacion de causa. || Proscribir, tomar medidas violentas contra las personas en tiempo de guerras civiles. || Desterrar, echar fuera, alejar de una sociedad. || met. Condenar las doctrinas perniciosas. || Excluir, desechar, hablando de vocablos de una lengua.

**PROSCRIT, E**, adj. *proscrí, it.* Proscrito. || Desterrado, que no está en uso, desechado. || m. y f. Proscrito, nombre que se daba á los condenados á muerte sin forma judicial. || Proscrito, desterrado, nombre que se da á los que en tiempos de turbulencias políticas son castigados con destierro. || Por exten., el que no se atreve á volver á su pais por algun motivo particular.

**PROSE**, f. *prós.* Prosa, discurso que no está sujeto á ninguna medida, lo contrario á metro, verso ó poesía. || Prosa, se llama así en la misa la Secuencia que se dice ó se canta despues de la Epístola

**PROSECTEUR**, m. *prosecteur.* Anat. Ayudante, el que prepara ó hace las disecciones para un profesor.

**PROSÉLÈNE** ó **PROSÉLÉNIQUE**, adj. *proselén, proselenic.* Proseleno ó proselénico, que se supone ó se cree haber existido ántes que la luna.

**PROSÉLYTE**, m. y f. *proselít.* Prosélito, el nuevo convertido á la fe; y tambien el nuevo sectario de una doctrina ú opinion, ya sea moral, ya sea política.

**PROSÉLYTIQUE**, adj. *proselitíc.* Proselítico, que pertenece al proselitismo.

**PROSÉLYTISME**, m. *proselitísm.* Proselitismo, celo y espíritu de hacer prosélitos.

**PROSER**, a. *prosé.* Lit. Prosear, escribir en prosa.

**PROSERPINE**, f. *proserpín.* Mit. Proserpina, mujer de Pluton y reina de los infiernos.

**PROSODIE**, f. *prosodí.* Prosodia, parte de la gramática que enseña á pronunciar las palabras segun la cantidad de las sílabas.

**PROSODIQUE**, adj. *prosodíc.* Prosódico, que pertenece á la prosodia.

**PROSONOMASIE**, f. V. PARONOMASE.

**PROSOPALGIE**, f. *prosopalgí.* Med. Prosopalgia, dolor de la cara ó nevralgia facial.

**PROSOPALGIQUE**, adj. *prosopalgíc.* Prosoplálgico, que pertenece á la prosopalgia.

**PROSOPOGRAPHE**, m. *prosopográf.* Prosopógrafo, el que se ocupa de la descripcion de las facciones, del aire y porte de una persona.

**PROSOPOGRAPHIE**, f. *prosopografí.* Prosopografía, descripcion de las facciones, aire y porte de una persona.

**PROSOPOGRAPHIQUE**, adj. *prosopografíc.* Prosopográfico, relativo á la prosopografía.

**PROSOPOPÉE**, f. *prosopopé.* Ret. Prosopopeya, figura que consiste en introducir en el discurso una persona muerta ó ausente, ó alguna cosa inanimada, haciéndola obrar ó hablar.

**PROSPECTUS**, m. *prospéctus.* Prospecto, especie de anuncio ó programa que se publica ántes que una obra, con el objeto de dar una idea de ella.

**PROSPÈRE**, adj. *prospér.* Próspero, favorable. || Dichoso, afortunado.

**PROSPÉRER**, n. *prosperé.* Prosperar, hacer fortuna, tener buena dicha. || Adelantar, progresar.

**PROSPÉRITÉ**, f. *prosperité.* Prosperidad, feliz estado ó suceso en las cosas temporales.

**PROSPHYSE**, f. *prosfís.* Med. Prosfisis ó prosfisia, union de los párpados por medio de una cicatriz mal dirigida.

**PROSTAPHÉRÈSE**, f. *prostaferés.* Astr. Prostaféresis, diferencia entre la posicion aparente y la verdadera de un planeta.

**PROSTASE**, f. *prostás.* Med. Prostasis, superioridad de un humor sobre los demas.

**PROSTATALGIE**, f. *prostatalgí.* Med. Prostatalgia, dolor en la próstata.

**PROSTATALGIQUE**, adj. *prostatalgíc.* Prostatálgico, que pertenece á la prostatalgia.

**PROSTATE**, f. *prostát.* Anat. Próstata, cuerpo glanduloso, situado á la raiz del miembro viril en la union de la vejiga con la uretra.

**PROSTATIQUE**, adj. *prostatíc.* Prostático, que se refiere á la próstata.

**PROSTATITE**, f. *prostatít.* Med. Prostatitis, inflamacion de la próstata.

**PROSTATOCÈLE**, f. *prostatosél.* Med. Prostatocele, hinchazon ó tumefaccion de la próstata.

**PROSTERNATION**, f. *prosternasión.* Prosternacion, humillacion, accion ó estado del que se prosterna, del que está prosternado.

**PROSTERNEMENT**, [illegible] Prosternamiento, [illegible] prosternarse ó postrarse.

**PROSTERNER (SE)**, r. [illegible] ternarse, [illegible] tura suplicante.

**PROSTHÈSE**, f. [illegible] sis, figura de diccion que [illegible] dir una letra al principio de [illegible] sin que cambie en nada el [illegible] Prostesis, añadidura artificial [illegible] del cuerpo humano, en lugar de [illegible]

**PROSTIBULE**, m. ant. [illegible] tíbulo, lugar ó casa de prostitucion.

**PROSTITUÉ**, ÉE, adj. [illegible] tituido. || **PROSTITUÉE**, f. [illegible] ra, mujer pública.

**PROSTITUER**, a. [illegible] abandonar torpemente [illegible] etc. || Se dice tambien [illegible] persona, ya por autoridad [illegible] sion, obliga á una jóven á [illegible] placeres impúdicos. || met. [illegible] der su empleo, su autoridad [illegible] mente de ella por interes ó [illegible] *prostituer*, r. Prostituirse, [illegible] prostitucion, abandonarse [illegible] mujer. || met. Prostituirse, [illegible] bajezas por interes, etc. || *Se* [illegible] *passions d'autrui*, [illegible] vil esclavo de las pasiones de [illegible]

**PROSTITUTION**, f. [illegible] titucion, abandono [illegible] hablando de mujeres. || [illegible] guaje de la Escritura [illegible] dono á la idolatría.

**PROSTRATION**, f. V. [illegible]

**PROSTYLE**, m. [illegible] tilo, edificio que solo [illegible] fachada anterior.

**PROSYLLOGISME**, m. [illegible] Prosilogismo, primer [illegible] rie de ellos.

**PROTAGONISTE**, m. [illegible] tagonista, el personaje [illegible] quier pieza de teatro.

**PROTASE**, f. *protás.* Lit. [illegible] de un poema dramático que [illegible] posicion del asunto.

**PROTATIQUE**, adj. [illegible] Solo se dice en [illegible] sonaje protático, el que se [illegible] al principio de una pieza de [illegible] cer la exposicion del asunto [illegible]

**PROTE**, m. *prót.* Impr. [illegible] prenta, el encargado de [illegible] de ella bajo las órdenes del [illegible]

**PROTECTEUR, TRICE**, [illegible] *teur, trís.* Protector, [illegible] defensor, el que protege. [illegible] ce particularmente del [illegible] cargado en Roma de los [illegible] riales de algunos reinos ó de [illegible] algunas órdenes religiosas. [illegible] tambien un título, [illegible]

**PROTECTION**, f. [illegible] accion de proteger, de [illegible] trocinio, favor, ayuda, [illegible] empleo del protector en [illegible]

**PROTECTIONNISME**, m. [illegible] Econ. polit. Proteccionismo, [illegible] teccion comercial, que [illegible] sion de mercancías extranjeras [illegible]

**PROTECTIONNISTE**, m. [illegible] *níst.* Proteccionista, [illegible] de proteccion comercial.

**PROTECTORAT**, m. [illegible] tectorado, cargo ó dignidad [illegible] *protectorat de Cromwell.*

**PROTÉE**, m. *proté.* [illegible] marino que cambiaba de [illegible] mento. || met. Hombre [illegible] te, veleidoso, voluble, [illegible] con facilidad de modo de [illegible]

**PROTÉGÉ, ÉE**, adj. [illegible] || Úsase algunas veces como [illegible] nifica favorito, ahijado.

**PROTÉGEMENT**, m. [illegible] teccion, manía de proteger. [illegible] ha usado esta palabra.

**PROTÉGER**, a. *protegé.* [illegible] rar, favorecer, patrocinar, [illegible] no teniéndole bajo su proteccion.

**PROTÉIFORME**, adj. *proteifórm.* Didáct. Proteiforme, que aparece bajo varias formas, que cambia á cada instante de forma.

**PROTERIE**, f. *proterí* (e muda). Impr. Pieza donde el regente de la imprenta tiene su oficina. || Empleo, funciones del regente y tiempo de su duracion.

**PROTESTANT, E**, s. y adj. *protestán.* Protestante, el que sigue la religion reformada ó cualquiera de sus sectas, que son muchas, como el luteranismo, el calvinismo, el anglicanismo, etc.

**PROTESTANTISME**, m. *protestantism.* Protestantismo, creencia de todas las sectas de la religion reformada en todos los puntos en que difiere de la fe de la Iglesia católica.

**PROTESTATION**, f. *protestasión.* Protestacion, testimonio público en que declara alguno sus disposiciones, su voluntad. || Protestacion, promesa con atestacion de ejecutar alguna cosa. || Protestacion, declaracion en forma por la que se protesta contra alguna cosa, teniéndose un acto por nulo, etc.

**PROTESTER**, a. *protesté.* Protestar, prometer, asegurar positivamente. || n. Protestar, declarar en forma que se tiene por nula, por ilegal, una deliberacion, un acto, una providencia, etc.

**PROTÊT**, m. *proté.* Com. Protesto, acto por el que se hace constar la falta de pago de una letra de cambio ú otro documento comercial.

**PROTOCANONIQUE**, adj. *protocanonic.* Protocanónico, epíteto que se da á los libros sagrados reconocidos como tales ántes que se hicieran los cánones.

**PROTOCOLE**, m. *protocól.* Protocolo, formulario para hacer los actos públicos. || Protocolo, libro que contiene todos los actos de los escribanos. || Protocolo, formulario que contiene la manera de escribir á varios personajes segun su categoría. || Protocolo, registro en donde se inscriben las deliberaciones, los actos de un congreso, de una dieta, etc.

**PROTOGALE**, m. *protogál.* Med. Protógala, primera leche de las mujeres recien paridas.

**PROTOMARTYR**, m. *protomartir.* Protomártir, primer mártir.

**PROTOMÉDECIN**, m. *protomedsén.* Protomédico, primer médico, el primero de los médicos.

**PROTOMÉDICAT**, m. *protomedicá.* Protomedicato, cargo del protomédico. || Tribunal en que asisten y concurren los protomédicos.

**PROTONOTAIRE**, m. *protonotér.* Protonotario, el primero de los notarios y jefe de ellos. || Protonotario, oficial de la corte de Roma que recibe los actos públicos consistoriales, expidiéndolos en forma.

**PROTOPLASTE**, adj. y s. *protoplást.* Protoplasto, que ha sido creado el primero: se dice solo de Adan.

**PROTOSYNCELLE**, m. *protosensél.* Protosincelo, vicario de un patriarca ó de un obispo griego.

**PROTOTHRÔNE**, m. *prototrón.* Prototrono, primer obispo de una provincia griega.

**PROTOTYPE**, m. *prototíp.* Prototipo, patron original, primer modelo, hablando de las cosas y de las personas en lo físico y en lo moral.

**PROTOXYDE**, m. *protocsíd.* Quím. Protóxido, óxido el menos oxidado de todos aquellos que puede formar una sustancia cualquiera combinándose con oxígeno.

**PROTUBÉRANCE**, f. *protuberáns.* Anat. Protuberancia, toda elevacion ó eminencia ya en las partes blandas, ya en las partes duras.

**PROTUTEUR**, m. *protutéur.* Protutor, el que hace las funciones de tutor sin estar autorizado, como el marido de la tutora.

**PROTYPOGRAPHIQUE**, adj. *protipografic.* Protipográfico, que es anterior á la invencion de la imprenta.

**PROU**, adv. ant. fam. *prú.* Bastante, mucho. || *Peu ou prou*, poco ó mucho. || m. ant. Provecho.

**PROUE**, f. *prú.* Mar. Proa, parte delantera de la nave que va cortando las aguas.

**PROUESSE**, f. *prués.* Proeza, hazaña, acto de valor. || met. é irón. Borrachera, bufonada, accion ridícula, que merece reprension.

**PROUVABLE**, adj. *pruvábl.* Probable, que se puede probar, que se puede demostrar.

**PROUVER**, a. *pruvé.* Probar, justificar, manifestar y hacer patente la verdad. || Probar, mostrar, dar á conocer.

**PROVÉDITEUR**, m. *proveditéur.* Proveedor, nombre de ciertos oficiales públicos de la república de Venecia que estaban encargados de alguna inspeccion particular.

**PROVENANCE**, f. *provenáns* (e muda). Productos, procedencias, todas las mercancías que provienen ó proceden de un país. Se usa principalmente en plural.

**PROVENANT, E**, adj. *provenán* (e muda). Procedente, dimanado, que proviene.

**PROVENÇAL, E**, adj. y s. *provansál.* Provenzal, de la Provenza, país de Francia.

**PROVENÇALISME**, m. *provansalism.* Provenzalismo, modo de hablar provenzal, propio de la Provenza.

**PROVENDE**, f. *prováud.* Despensa, provision, prevencion de cosas de comer. Se usa poco y es fam. ó jocoso, como si dijéramos en español la bucólica.

**PROVENIR**, n. *provenír* (e muda). Provenir, proceder, dimanar.

**PROVENU, E**, adj. *provenú.* Provenido. || PROVENU, m. Beneficio, provecho que se saca de un negocio. Se usa poco.

**PROVERBE**, m. *provérb.* Proverbio, refran, especie de sentencia expresada en pocas palabras. || Charada, enigma.

**PROVERBIAL, E**, adj. *proverbiál.* Proverbial, que corresponde al proverbio, que participa de él.

**PROVERBIALEMENT**, adv. *proverbialmán.* Proverbialmente, de una manera proverbial.

**PROVICAIRE**, m. *provequér.* Provicario, el que ocupa el lugar de un vicario.

**PROVIDE**, adj. *provid.* Próvido, previsor. Se dice por *prévoyant.*

**PROVIDENCE**, f. *providáns.* Providencia, suprema sabiduría de Dios que dirige todas las cosas.

**PROVIDENT, E**, adj. *providán.* Providente, que prevé; que provee de lo necesario.

**PROVIDENTIEL, LE**, adj. *providansiél.* Providencial, que corresponde á la Providencia.

**PROVIGNEMENT**, m. *proviñmán.* Ataquiza, accion de ataquizar ó de amugronar las viñas.

**PROVIGNER**, a. *proviñé.* Amugronar, ataquizar las vides. || n. Ahijar, multiplicar, tambien hablando de las viñas. || met. y fam. Cundir, propagarse, hablando de familias, sectas, malas doctrinas, etc.

**PROVIN**, m. *provén.* Mugron, provena, sorpa, sarmiento barbado.

**PROVINCE**, f. *provéns.* Provincia, uno de los paises en que se divide un reino ó Estado. || Provincia, por exten. los habitantes de una provincia, y tambien los habitantes de las provincias en general. || Provincia, porcion de conventos sujetos á un provincial. || *Les Provinces-Unies*, las Provincias Unidas, que componian la república de Holanda.

**PROVINCIAL, E**, adj. *provensiál.* Provincial, que pertenece á una provincia. || Provincial, que tiene el aire, las maneras, el lenguaje de provincia; es decir, algo encogido, ménos culto, ménos fino que los habitantes de las capitales || PROVINCIAL, m. Provincial, prelado superior que gobierna todos los conventos de su órden existentes en una provincia. || Provincial, habitante de la provincia.

**PROVINCIALAT**, m. *provensialá.* Provincialato, dignidad de provincial; tiempo que ejerce el cargo.

**PROVINCIALEMENT**, adv. *provensialmán.* Provincialmente, de una manera provincial.

**PROVINCIALISME**, m. *provensialism.* Provincialismo, término, locucion, acento de provincia.

**PROVISEUR**, m. *provisеur.* Provisor, patrono, protector, jefe superior de un colegio. || Patrono, protector de una casa, de una comunidad, etc.

**PROVISION**, f. *provisión.* Provision, nombre colectivo de todo lo necesario para la manutencion de los habitantes de una ciudad, plaza fuerte, etc., hasta un tiempo determinado. || Provision, gran cantidad, dósis. || Provision, señalamiento, asignacion de alimentos, de asistencias por auto de tribunal. || *Par provision*, interinamente, en el interin, entretanto. || *Provisions*, f. pl. Provisiones, despachos ó mandamientos de un tribunal en nombre del rey.

**PROVISIONNEL, LE**, adj. *provisionél.* Provisional, que se hace interinamente.

**PROVISIONNELLEMENT**, adv. *provisionelmán.* Provisionalmente, interinamente, entretanto.

**PROVISOIRE**, adj. *provisuár.* Provisional, se dice hablando de juicio verbal. || *Exécution provisoire*, ejecucion provisional, la que se ejecuta á pesar de la apelacion.

**PROVISOIREMENT**, adv. *provisuarmán.* Provisionalmente, verbalmente.

**PROVISORAT**, m. *provisorá.* Provisorato, provisoría, dignidad y empleo del provisor; duracion de sus funciones.

**PROVISORERIE**, f. V. PROVISORAT.

**PROVOCATEUR, TRICE**, adj. *provocateur, tris.* Provocador, que provoca. || Se usa tambien como sustantivo.

**PROVOCATION**, f. *provocasión.* Provocacion, accion de provocar, de incitar.

**PROVOQUER**, a. *provoqué.* Provocar, incitar, mover. || *Provoquer le vomissement*, excitar el vómito.

**PROXÈNE**, m. *procsén.* Proxeno, ciudadano de Aténas encargado de recibir y acompañar á los extranjeros.

**PROXÉNÈTE**, m. *procsenét.* Mediador, corredor de conciencias, esto es, alcahuete.

**PROXIMITÉ**, f. *procsimité.* Proximidad, vecindad, cercanía de una cosa respecto de otra. || Proximidad, parentesco cercano.

**PROYER**, m. *pruayé.* Zool. Pardillo, ave de paso.

**PRUDE**, adj. y s. *prúd.* Gazmoño, mojigato, que afecta prudencia, modestia y honestidad. || Se aplica ordinariamente á las mujeres, usado como sust. f.; y así se dice *c'est une prude* en el sentido indicado ántes.

**PRUDEMMENT**, adv. *prudamán.* Prudentemente, con prudencia.

**PRUDENCE**, f. *prudáns.* Prudencia, virtud que hace conocer y evitar los peligros y las faltas, y obrar en todo como conviene en la vida

**PRUDENT, E**, adj. *prudán.* Prudente, cuerdo, discreto, que tiene prudencia; qué es conforme á las reglas de la prudencia, hablando de acciones, etc.

**PRUDERIE**, f. *pruderí* (e muda). Gazmoñería, afectacion de recato, decencia, modestia fingida. Se dice ordinariamente hablando de las mujeres.

**PRUD'HOMIE**, f. *prudomí.* Gravedad, discrecion varonil; probidad, integridad y cordura.

**PRUD'HOMME**, m. *prudóm.* Prohombre, hombre bueno, buen varon, hombre prudente, cuerdo, discreto, íntegro. || Hombre experto y versado en el conocimiento de algunas cosas.

**PRUDOTERIE**, f. *prudoterí* (e muda). Hipocresía, gazmoñería, beatería, modestia fingida.

**PRUE**, f. *prú.* Rama de árbol torcida que sirve de cuerda.

**PRUNE**, f. *prún.* Ciruela, especie de fruto con hueso. Las hay de muchas especies. *Prune de Reine-Claude*, ciruela de Doña Claudia. *Prune hâtive*, ciruela temprana ó precoz. *Prune sauvage*, bruno, especie de ciruela. || met. y fam. *Pour des prunes*, por una friolera, por nada.

**PRUNEAU**, m. *pruno.* Ciruela pasa, curada en el horno ó al sol. || met. y fam. *Être noir comme un pruneau*, ser negro como un tizon.

**PRUNELAIE**, f. *prunelé* (e muda). Ciruelar, lugar plantado de ciruelos.

**PRUNELÉE**, f. *prunelé* (e muda). Dulce main de ciruela.

**PRUNELET**, m. *prunelé* (e muda). Cidra de ciruelas curadas al horno.

**PRUNELLE**, f. *prunél*. Endrina, ciruela silvestre. || Prunela, pupila, niña de los ojos. || Tela de lana. || prov. y fam. *Jouer de la prunelle*, dar ojeadas, hacer señas con los ojos. || *Conserver quelque chose comme la prunelle de l'œil*, cuidar de una cosa con mucho esmero, mirarla como la niña de sus ojos.

**PRUNELLIER**, m. *prunelié*. Bot. Endrino, acacia bastarda, arbusto que produce las endrinas.

**PRUNETTE**, f. *prunét*. Ciruelita, ciruela pequeña.

**PRUNIER**, m. *prunié*. Bot. Ciruelo, árbol que produce las ciruelas.

**PRUNINE**, f. *prunín*. Quím. Prunina, mucílago que se encuentra en la goma del ciruelo.

**PRURIGINEUX, EUSE**, adj. *pruriginéu, eus* Med. Pruriginoso, que causa prurito, picazon.

**PRURIT**, m. *prurí*. Prurito, picazon, comezon

**PRUSSIATE**, m. *prusiát*. Quím. Prusiato, sal formada por la combinacion del ácido prúsico con diferentes bases.

**PRUSSIEN, NE**, adj. y s. *prusién, én*. Prusiano, de Prusia.

**PRUSSIQUE**, adj. *prusíc*. Prúsico, dícese del ácido que produce el azul de Prusia.

**PRYTANAT**, m. *pritaná*. Antig. gr. Pritanato, dignidad y empleo de pritano; tiempo que duraba esta dignidad.

**PRYTANE**, m. *pritán*. Pritano, nombre de unos magistrados de Aténas para los asuntos criminales.

**PRYTANÉE**, m *pritané*. Antig. gr. Pritáneo, edificio, público en donde se juntaban los pritanos. || En Francia se daba este nombre á los colegios destinados para los hijos de los militares.

**PRYTANIDE**, f. *pritaníd*. Pritánida, viuda sacerdotisa de Vesta entre los Griegos.

**PSALLETTE**, f. *psalét* Colegio, seminario donde se crian y enseñan los niños de coro, que en unas iglesias llaman seises, y en otras infantes.

**PSALMISTE**, m. *psalmíst*. Salmista, nombre dado particularmente á David, como autor de los salmos.

**PSALMISTIQUE**, adj. *psalmistíc*. Salmístico, que pertenece á los salmos.

**PSALMODIE**, f. *psalmodí*. Salmodia, canto ó lectura de los salmos.

**PSALMODIER**, n. *psalmodié*. Salmear, salmodiar, cantar ó rezar los salmos.

**PSALMOGRAPHE**, m. *psalmográf*. Salmógrafo, el que ha escrito ó escribe salmos.

**PSALMOGRAPHIE**, f. *psalmografí*. Salmografía, coleccion, composicion de salmos. || Salmografía, comentario sobre los salmos.

**PSALMOGRAPHIQUE**, adj. *psalmografíc*. Salmográfico, relativo á la salmografía.

**PSALTÉRION**, m. *psalterión*. Mús. Salterio, instrumento muy antiguo de cuerdas de alambre.

**PSAUME**, m. *psóm*. Salmo, cántico sagrado. Se dice regularmente de los que fueron compuestos por David ó se le atribuyen. || *Les psaumes de la pénitence* ó *psaumes pénitentiaux*, los salmos penitenciales.

**PSAUTIER**, m. *psotié*. Salterio, coleccion de salmos compuestos por David. || Especie de velo de religiosa.

**PSELAPHIE**, f. *pselafí*. Med. Selafía, friccion manual de una parte enferma.

**PSELLISME**, m. *pselism*. Med. Selismo, tartamudez, modo de pronunciar del que es tartamudo.

**PSEPHOPHORIE**, f. *psefoforí*. Antig. gr. Accion de votar, de dar su voto con piedras pequeñas.

**PSEUDAMANTE**, f. *pseudamant*. Seudiamante, piedra falsa.

**PSEUDARTHROSE**, f. *pseudartrós*. Med. Seudartrosis, falsa articulacion, articulacion accidental.

**PSEUDO**, *pseudo*. Seudo, palabra griega que entra en la composicion de muchas voces, y en las cuales significa falso.

**PSEUDO-ACACIA**, m. *pseudoacásia*. Bot. Pseudo-acacia, falsa acacia.

**PSEUDOBLEPSIE**, f. *pseudoplepsí*. Med. Seudoblepsia, vision engañosa.

**PSEUDO-DIPTÈRE**, m. *pseudodiptér*. Arq. ant. Seudo-díptero, templo rodeado de pórticos con una sola línea de columnas, aunque parecian tener dos.

**PSEUDOGRAPHE**, m. *pseudográf*. Seudógrafo, el que calcula mal. || El que hace escrituras ó documentos falsos.

**PSEUDOGRAPHIE**, f. *pseudografí*. Seudografía, cálculo falso; escritura falsificada.

**PSEUDOGRAPHIQUE**, adj. *pseudografíc*. Seudográfico, que pertenece á la seudografía.

**PSEUDOLOGIE**, f. *pseudologí*. Seudología, impostura, lenguaje del impostor.

**PSEUDOLOGIQUE**, adj. *pseudologíc*. Seudológico, que pertenece á la seudología.

**PSEUDOMORPHOSE**, f. *pseudomorfós*. Didáct. Seudomórfosis, apariencia, forma engañadora.

**PSEUDONYME**, m. *pseudoním*. Seudónimo, el que publica una obra bajo un nombre supuesto. || adj. *Auteur pseudonyme*, autor seudónimo. || Seudónimo, que está escrito bajo un nombre supuesto.

**PSEUDO-PROPHÈTE**, m. *pseudoprofét*. Seudoprofeta, profeta falso.

**PSEUDOREXIE**, f. *pseudorecsí*. Med. Seudorexia, hambre supuesta.

**PSITT**, interj. *psit*. Esta palabra ó especie de silbido sirve para llamar á alguno y especialmente á los perros, para imponer silencio, etc.

**PSOAS**, m. *psóas*. Anat. Psoas, nombre de dos músculos del muslo situados en el abdómen.

**PSOÏTE**, f. *psoít*. Med. Psoítes, inflamacion del músculo psoas.

**PSORA** ó **PSORE**, f. *psóra, psór*. Med. Sarna. V. GALE. || Bot. V. LICHEN.

**PSORIQUE**, adj. *psoríc*. Med. Psórico, que es de la naturaleza de la sarna.

**PSOROPHTHALMIE**, f. *psoroftalmí*. Med. Psoroftalmía, oftalmía acompañada de sarna y comezon en los párpados.

**PSOROPHTHALMIQUE**, adj. *psoroftalmíc*. Psoroftálmico, que corresponde á la psoroftalmía.

**PSYCHAGOGE**, m. *psicagóge*. Antig. gr. Psicagogo, mago que evocaba á las almas de los difuntos.

**PSYCHAGOGIE**, f. *psicagogí*. Psicagogía, evocacion de los muertos.

**PSYCHAGOGIQUE**, adj. *psicagogíc*. Psicagógico, que corresponde á la psicagogía. || Med. Psicagógico, que es propio para volver á la vida.

**PSYCHÉ**, f. *psiché*. Mit. Psiquis ó psiquea, esposa de Cupido. || Nombre de una clase de tocadores ó espejos movibles sobre dos columnas ó piés que sostienen los ejes sobre que aquellos giran para darles diferente inclinacion.

**PSYCHIQUE**, adj. *psichíc*. Fil. Psíquico, se dice de un flúido que se supone como el mas sutil de todos y del cual se forma el alma. || Psíquico, que corresponde al alma.

**PSYCHISME**, m. *psichism*. Fil. Psiquismo, sistema que supone el alma formada de flúido psíquico.

**PSYCHISTE**, m. *psichíst*. Psiquista, partidario del psiquismo.

**PSYCHOGONIE**, f. *psicogoní*. Fil. Psicogonía, generacion progresiva del alma, desarrollo del alma.

**PSYCHOLOGIE**, f. *psicologí* Psicología, parte de la filosofía que trata del alma, de sus facultades y operaciones

**PSYCHOLOGIQUE**, adj *psicologíc* Psicológico, que corresponde á la psicología.

**PSYCHOLOGISTE** ó **PSYCHOLOGUE**, m. *psicologíst*, *psicológ* Psicologista ó psicólogo, el que se dedica especialmente á la psicología.

**PSYCHOMANCIE**, f. [illegible] mancia, arte de evocar á los muertos.

**PSYCHOMANCIEN, NE**, m. y f. *psicomansién, én*. Psicomanciano, el que ejerce la psicomancia. || adj. [illegible] cierne á la psicomancia.

**PSYCHROMÈTRE**, m. [illegible] crometro, instrumento que sirve para [illegible] cer los grados de frio. [illegible] mente *thermomètre*.

**PSYCHROMÉTRIQUE**, adj. [illegible] *tric*. Psicrométrico, que [illegible] crometro.

**PSYDRACIE**, f. [illegible] cia, erupcion [illegible] poco de la sarna.

**PSYDRACION**, m. [illegible] dracion, pústulas en la piel [illegible] ojo.

**PTARMIQUE**, adj. y s. m. [illegible] Ptármico, que hace estornudar. [illegible] mo de *sternutatoire*.

**PTÉROPHORE**, m. [illegible] Pteróforo, mensajero ó correo que [illegible] alas en el gorro ó bonete.

**PTÉRYGION**, m. [illegible] gion, excrecencia membranosa que [illegible] ma en el ángulo interno del ojo [illegible] de á la córnea. || Pterigion, [illegible] carnosa que se presenta en [illegible] manos y de los piés.

**PTÉRYGOME**, m. [illegible] goma, inflamacion de la vulva.

**PTILOSE**, f. [illegible] de las cejas.

**PTOSIS** ó **PTOSE**, f. [illegible] Ptosis, caida del párpado superior.

**PTYALISME**, m. [illegible] lismo, salivacion frecuente y [illegible]

**PTYAS** m. ó **PTYADE**, f. [illegible] Zool. Ptias, especie de áspid [illegible] veneno escupiendo.

**PUAMMENT**, adv. [illegible] mente, hediondamente, [illegible] poco usado. || met. y fam. [illegible] impudentemente. *Mentir* [illegible] tir impudentemente, con [illegible]

**PUANT, E**, adj. [illegible] corrompido, que hiede, [illegible] met. y fam. Grosero, [illegible] dente. *Puant menteur*, [illegible] dente, que miente sin vergüenza, [illegible] mente. Se usa tambien como [illegible] significa asqueroso, puerco. [illegible] es un fatuo, un vanidoso, [illegible] cho orgullo. || Mont. *Bêtes puantes*, [illegible] ras, tejones y demas [illegible]

**PUANTEUR**, f. [illegible] tidez, mal olor.

**PUBÈRE**, adj. *pubér*. Púber, [illegible] ha llegado á la edad de [illegible] púber, que está en edad de [illegible] tambien como sustantivo.

**PUBERTÉ**, f. *puberté*. [illegible] de una persona que ha llegado [illegible] bil, ó sea á los 18 años los varones [illegible] bras á los 15 años. [illegible] cia, pues en España [illegible] en el varon y la de 12 en la [illegible] sarse.

**PUBESCENCE**, f. [illegible] cia, existencia de pelo en [illegible] un cuerpo organizado; [illegible] ó vello en las plantas.

**PUBESCENT, E**, adj. [illegible] cente, que tiene algunos [illegible] y blandos mas ó menos [illegible] otros. Dícese de los [illegible] plantas.

**PUBIEN, NE**, adj. *pubién*, [illegible] biano, que corresponde al pubis.

**PUBIS**, m. *púbis*. Anat. Pubis, [illegible] cia que termina el bajo vientre, [illegible] de vello en la época de la pubertad, [illegible] el hombre como en la mujer. || [illegible] uno de los huesos que forman la [illegible] rior de la pelvis.

**PUBLIC, IQUE**, adj. *public*. [illegible] concerniente, que corresponde á [illegible] blo. || Público, comun á todos, [illegible] dos. || Público, manifiesto, [illegible] dos. || *Ministère public*, el [illegible]

en los tribunales. || *Femme publique*, mujer pública, meretriz. || *Personnes publiques*, personas públicas, las que ejercen algun empleo de magistratura ó autoridad pública. || PUBLIC, m. El público, el comun, el pueblo en general. || *En public*, loc. adv. En público, públicamente.

**PUBLICAIN**, m. *publiquén*. Publicano, entre los Romanos era el arrendador ó el recaudador de rentas del Estado. Hoy solo se dice en sentido odioso de los asentistas y hombres de negocios.

**PUBLICATEUR**, m. *publicateur*. Publicador, el que hace alguna publicacion.

**PUBLICATION**, f. *publicasión*. Publicacion, accion de publicar, de promulgar ó dar publicidad á una cosa.

**PUBLICISME**, m. *publisism*. Publicismo, ciencia del publicista. || Publicismo, enseñanza ó instruccion sobre el derecho público.

**PUBLICISTE**, m. *publisist*. Publicista, el que escribe sobre el derecho público.

**PUBLICITÉ**, f. *publisité*. Publicidad, notoriedad pública. || Publicidad, estado de lo que se ha hecho público.

**PUBLIER**, a. *publié*. Publicar, divulgar, hacer pública alguna cosa. || Publicar, dar á la prensa y vender alguna obra. || fam. *Publier quelque chose sur les toits, par-dessus les toits*, pregonar alguna cosa, divulgarla, hacer de modo que todo el mundo la sepa.

**PUBLIQUEMENT**, adv. *publicmán*. Públicamente, de una manera pública, con publicidad.

**PUCE**, f. *pús*. Pulga, insecto que se alimenta de sangre. || prov. y met. *Mettre à quelqu'un la puce à l'oreille*, poner á uno en ascuas: inspirarle ó causarle inquietud. || *Avoir la puce à l'oreille*, estar inquieto sobre el éxito de algun negocio. || Bot. *Herbe aux puces*, zaragatona ó pulguera, planta.

**PUCEAU**, adj. y s. *pusó*. Doncel, vírgen, jóven que no ha conocido mujer. Es algo libre y familiar.

**PUCELAGE**, f. *puslàge*. Virginidad, estado de una persona que no ha tenido comercio carnal. Es libre y familiar.

**PUCELLE**, f. *pusél*. Doncella, jóven que no ha conocido varon. || Zool. Poncella, pescado del género sábalo. || Poncella, especie de concha pequeña. || Bot. Poncella, nombre que se da á cierta flor. || Úsase tambien como adj. f.

**PUCERON**, m. *pusrón*. Zool. Pulgon, insecto que se agarra á los árboles y los destruye.

**PUCHER**, a. *puché*. Art. Tomar el azúcar ó jugo de la caña con un cazo ó especie de cucharon grande.

**PUCHET**, m. *puché*. Especie de cacillo ó cucharon pequeño que se usa en los ingenios de azúcar.

**PUCHETTE**, f. *puchét*. Especie de pala que se usa en algunos hornos.

**PUCHEUX**, m. *pucheu*. Cucharon ó cazo de que se sirven los fabricantes de azúcar para sacar el líquido de la caldera.

**PUCHOIR**, m. *puchuár*. Especie de barril pequeño con un mango que se usa en algunas salinas.

**PUCHOT**, m. Mar. V. TROMBE.

**PUDENDAGRE**, f. *pudandágr*. Med. Pudendagra, dolor que sobreviene en las partes genitales.

**PUDENDUM**, m. *pudéndom*. Pudendum, partes genitales de ambos sexos.

**PUDEUR**, f. *pudeur*. Pudor, vergüenza, honestidad, recato, modestia.

**PUDIBOND**, E, adj. *pudibón*. Pudibundo, vergonzoso, casto, dotado de cierto candor, de un pudor ó vergüenza natural.

**PUDICITÉ**, f. *pudisité*. Pudicicia, castidad.

**PUDIQUE**, adj. *pudic*. Casto, honesto, púdico.

**PUDIQUEMENT**, adv. *pudicmán*. Púdicamente, con pudor, honestamente.

**PUÉ**, m. *pué*. Art. Orden, disposicion de la urdimbre en los tejidos.

**PUEIL**, m. *puéil*. Plantío, tallar nuevo, especie de plantel ó renuevo de algun bosque que no ha llegado á los tres años: *bois en pueil*.

**PUER**, n. *pué*. Heder, oler mal alguna cosa. || prov. y met. *Il pue comme un rat mort*, huele á perros muertos: huele muy mal. || met. *Cela lui pue*, eso le huele mal: no le gusta. Solo se usa en el infinitivo y en algunos otros tiempos. || a. Heder, echar mal olor. *Cet homme pue le vin*, este hombre huele á vino. || met. *Cela pue la tyrannie*, eso huele á tiranía. || Usado como verbo imper., se dice: *il pue très-fort dans cette chambre*, hay muy mal olor en este cuarto.

**PUÉRIL**, E, adj. *pueril*. Pueril, que pertenece á la infancia, á la niñez. || Pueril, frívolo, lijero, hablando de palabras, acciones, etc.

**PUÉRILEMENT**, adv. *puerilmán*. Puerilmente, de un modo infantil, pueril.

**PUÉRILISER**, a. *puerilisé*. Puerilizar, volver como niño, hacer que uno obre como los niños. || Puerilizar, hacer pueril, frívolo. || n. Puerilizar, conducirse como un niño, decir ó hacer niñadas.

**PUÉRILITÉ**, f. *puerilité*. Puerilidad, muchachada, niñada; todo lo que es propio de niños; cualidad de lo que es pueril.

**PUERPÉRAL**, E, adj. *puerperal*. Med. Puerperal, que tiene relacion con los partos.

**PUGILAT**, m. *pugilá*. Antig. Pugilato, riña, lid ó combate á puñetazos ó á puñadas, como se ejecutaba en los ejercicios gimnásticos.

**PUGILE** ó **PUGILISTE**, m. *pugil*, *pugilist*. Antig. Atleta que combatia á puñetazos ó puñadas.

**PUGILLE**, f. *pugill*. Farm. Pugilo, medida usada en las boticas. || Pizca, la porcion de polvo que se toma con los tres primeros dedos de la mano.

**PUGNACITÉ**, f. *pugnasité*. Pugnacidad, propension á batirse, á reñir, á tener peleas.

**PUINE**, m. *puín*. Maleza muerta, artiga, madera que perdió la savia.

**PUÎNÉ**, ÉE, adj. *puiné*. Segundo, dícese del hijo que ha nacido despues del primogénito. Se dice tambien del tercero respecto del segundo, del cuarto respecto del tercero, etc.; pero comunmente *puîné* sirve para designar al segundo hermano, y de los siguientes se dice *cadet*. Se usa tambien como sustantivo.

**PUIS**, adv. *pui*. Despues. || *Puisque*, ya que. || *Et puis*, por otra parte. || fam. *Et puis?* y despues, y bien, y qué? *Et puis qu'en arrivera-t-il?* y qué será de ello despues?

**PUISAGE**, m. *puisàge*. Accion de sacar agua de un pozo.

**PUISARD**, m. *puisár*. Sumidero, pozanco, pozo perdido.

**PUISELLE**, f. *puisél*. Especie de cuchara de los cereros ó fabricantes de velas.

**PUISER**, a. *puisé*. Sacar agua de algun pozo, algun líquido de una vasija, etc. Se dice *puiser dans*. || Sacar ó tomar de alguna parte. || n. met. *Puiser dans la bourse de quelqu'un*, ir al pozo, á la mina: sacar el dinero que se necesita de un bolsillo ajeno. || *Puiser dans les sources, puiser aux sources*, beber en las fuentes; esto es, leer los autores originales en cualquier materia. || Mar. Hacer agua, tomar agua la tripulacion de un buque.

**PUISEUR**, m. *puiseur*. El que saca agua de algun pozo, etc. || Art. Trabajador que saca el agua que se forma en los pantanos ó lugares de que se saca la turba.

**PUISOIR**, m. *puisuár*. Vasija para sacar el nitro ó salitre de la caldera.

**PUISQUE**, conj. *puisc*. Pues que, ya que. *Puisque vous le voulez*, ya que Vd. lo quiere.

**PUISSAMMENT**, adv. *puisamán*. Poderosamente, con fuerza, con energía, con vigor, con eficacia. || Extremadamente, mucho ó muy: *un homme puissamment riche*.

**PUISSANCE**, f. *puisáns*. Poder, autoridad, potestad. || Potestad, poder, dominio, dominacion, imperio. || Soberanía, imperio, dominacion por el derecho de la fuerza. || Potencia, estado soberano, imperio, reino. || *Toute-puissance*, omnipotencia, hablando de Dios. || Virtud, fuerza, propiedad de ciertos remedios. || Mec. Potencia, fuerza que imprime el movimiento á una máquina. || Mat. Potencia, grados por que se hace subir una cantidad cada vez que se multiplica por ella misma. || *Traiter de puissance à puissance*, tratar de igual á igual. || *Puissances*, pl. Potestades, una de las jerarquías de ángeles. *Les puissances celestes*, las potestades celestes, los ángeles. *Les puissances des ténèbres, les puissances infernales*, las potestades infernales, los demonios.

**PUISSANT**, E, adj. *puisán*. Poderoso, que tiene grande poder ó autoridad. || *Tout-puissant*, omnipotente, se dice hablando de Dios. De las personas y de las cosas solo se dice por exageracion. || Poderoso, rico, muy rico. || Fuerte, robusto, que está grueso. || Se usa tambien como sustantivo. *Le Tout-Puissant*, el Todopoderoso, el Omnipotente, Dios. || *Les puissants*, los poderosos, los magnates de un Estado; los poderosos del mundo, del siglo.

**PUITS**, m. *pui*. Pozo, hoyo profundo que se hace para contener agua. || *Puits artésien*, pozo artesiano, hoyo que se abre en la tierra por medio de la sonda, y de donde salta el agua naturalmente. || *Puits perdu*, pozo que tiene el fondo de arena, lo que es causa de que el agua se pierda. || *La vérité est au fond d'un puits*, la verdad está oculta, no se descubre sino se busca. || met. y fam. *C'est un puits de science*, es un pozo de ciencia: es un hombre muy sabio. || Mil. Zanja, excavacion en una trinchera. || Contramina, zanja profunda que abren los zapadores, los sitiados de una plaza, etc.

**PULICAIRE**, f. *pulikuér*. Bot. Zaragatona, planta. || adj. Med. Pulicaria, se dice de las erupciones cutáneas ó de unas manchas negras como las picaduras de pulga que se observan en ciertas enfermedades.

**PULK**, m. *púlc*. Nombre con que designan los Cosacos á uno de sus regimientos.

**PULLAIRE**, m. *pulér*. Antig. rom. Pulario, guarda de las gallinas sagradas.

**PULLULATION**, f. *pululasión*. Pululacion, accion de pulular y efecto de esta accion.

**PULLULER**, n. *pululé*. Pulular, multiplicar, aumentar con abundancia sus renuevos, sus vástagos un árbol ó planta. Tambien se dice de los insectos. || met. Pulular, multiplicarse rápidamente los errores, herejías ó escritos subversivos. || Abundar, hormiguear.

**PULMENT**, m. *pulmán*. Especie de potaje ó arroz que se hace con habas y otras legumbres.

**PULMONAIRE**, adj. *pulmonér*. Anat. Pulmonar, que corresponde al pulmon. || f. Bot. Pulmonaria, planta. || *Pulmonaire de chêne*, pulmonaria de roble, especie de liquen.

**PULMONAL**, E, adj. *pulmonál*. Med. Pulmonar, que proviene del pulmon.

**PULMONIE**, f. *pulmoní*. Med. Pulmonía, enfermedad del pulmon.

**PULMONIQUE**, adj. y s. *pulmonic*. Pulmonario, afectado del pulmon.

**PULPE**, f. *púlp*. Bot. Pulpa, sustancia carnosa de las frutas y legumbres. || Farm. Pulpa, especie de pasta ó masa que se hace con la carne de los vegetales. || Anat. *Pulpe cerébrale*, pulpa cerebral, parte blanda del cerebro.

**PULPER**, a. *pulpé*. Farm. Reducir á pasta las sustancias vegetales.

**PULPETTER**, n. *pulpeté*. Graznar algunas aves, como el cuervo, el buitre, etc.

**PULPEUX**, EUSE, adj. *pulpeu*, *eus*. Puposo, que tiene pulpa; compuesto de pulpa. || Muy carnoso.

**PULPOIRE**, f. *pulpuár*. Farm. Especie de espátula de madera.

**PULPOL**, m. *pulpól*. Farm. Pulpol, pulpa medicinal.

**PULPOLÉ**, m. *pulpolé*. Farm. Pulpolado, sustancia reducida á pulpa.

**PULPOLIQUE**, adj. *pulpolic*. Pulpólico, formado de pulpa.

**PULSATEUR**, TRICE, adj. *pulsateur*, *tris*. Pulsador, que golpea.

**PULSATIF, IVE**, adj. *pulsatif, iv.* Med. Pulsativo, que acompaña ordinariamente á las inflamaciones, hablando de ciertos dolores.

**PULSATILLE**, f. *pulsatill.* Bot. Pulsátila, especie de anémona, planta.

**PULSATION**, f. *pulsasión.* Med. Pulsacion, latido que da el pulso. || Fis. Pulsacion, movimiento de vibracion de todos los flúidos elásticos.

**PULSILOGE**, m. *pulsilóge.* Med. Pulsilogio, instrumento que sirve para medir el movimiento del pulso.

**PULSIMANCIE**, f. *pulsimansí.* Med. Pulsimancia, adivinacion ó conocimiento de la enfermedad por el movimiento del pulso.

**PULSIMANCIEN, NE**, adj. *pulsimansién, én.* Pulsimáncico, que corresponde á la pulsimancia. || m. y f. Pulsimáncico, el que practica la pulsimancia.

**PULSIMÉTRIE**, f. *pulsimetrí.* Pulsimetría, arte de emplear el pulsímetro.

**PULSIMÉTRIQUE**, adj. *pulsimetríc.* Pulsimétrico, relativo á la pulsimetría.

**PULSIMÈTRE**, m. *pulsimétr.* Pulsímetro, instrumento que sirve para medir el pulso

**PULSION**, f. *pulsión.* Fis. Pulsion, propagacion de movimiento en un flúido elástico.

**PULTACÉ, ÉE**, adj. *pultasé.* Med. Que tiene la consistencia de una pasta ó masa.

**PULVÉNAIRE**, f. *pulvenér.* Bot. Pulveria, género de líquenes.

**PULVÉRATEUR**, adj. m. *pulverateur.* Nombre que se da á las aves que escarban la tierra y se revuelcan en el polvo

**PULVÉRIN**, m. *pulverén.* Polvorin, pólvora de cañon fina y pasada por tamiz, que sirve para cebar las armas, para los fuegos artificiales, etc. || Polvorin, frasco en que se pone dicha pólvora.

**PULVÉRISATION**, f. *pulverisasión.* Pulverizacion, accion de pulverizar, de reducir á polvo.

**PULVÉRISER**, a. *pulverisé.* Pulverizar, reducir á polvo. || met. Anonadar, hacer polvo: *si tu ne te tais, je te pulvérise!* || met. Pulverizar, destruir, deshacer una cosa refutándola completamente.

**PULVÉRISEUR**, m. *pulveriseur.* Pulverizador, el que pulveriza.

**PULVÉRULENT, E**, adj. *pulverulén.* Pulverulento, polvoso, que está lleno de polvo. || Miner. Pulverulento, que es tan tenue que se reduce á polvo al menor contacto. || Bot. Pulverulento, dícese del pólen de los vegetales, de las plantas que están cubiertas de cierta tez que parece polvo.

**PULVINAR ó PULVINAIRE**, m. *pulvinár, pulvinér.* Antig. Pulvinar, lecho, cama pequeña en que se ponian las imágenes de los dioses.

**PULVINÉ, ÉE**, adj. *pulviné.* Bot. Pulvíneo, dividido en surcos.

**PUMA**, m. *púma.* Zool. Puma, leon de Chile, animal cuadrúpedo.

**PUMICIN**, m. *pumisén.* Aceite de palma, llamado tambien *huile de Sénegal.*

**PUNAIS, E**, adj. y s. *puné, és.* Se dice de la persona que echa mal olor por las narices ó que está privada del olfato por defecto de este órgano. || **PUNAISE**, f. Hist. nat. Chinche, insecto cuyo cuerpo arroja un olor pestífero. || Sansanita, insecto. || Chinche, clavito con que se aseguran al tablero los ángulos del papel sobre que se dibuja. || *Punaises rouges de jardin*, vaquitas de San Anton, especie de insectos alados. || prov. *Plat comme une punaise*, chato, aplastado como una chinche. || met. y fam. *C'est une punaise*, es un ente bajo, vil, despreciable.

**PUNAISIE**, f. *punesí.* Hedor del aliento, mal olor que exhala una persona por las narices. Es la enfermedad del llamado *punais*. V. esta palabra.

**PUNCH**, m. *ponch.* Ponche, especie de licor ó bebida de orígen inglés, que generalmente se compone con ron, infusion de té, zumo de limon y azúcar.

**PUNCTILLE**, f. *ponctill.* Friolera, bagatela, fruslería, cosa de poca importancia.

**PUNIQUE**, adj. *punic.* Púnico, lo mismo que cartagines. || *Foi punique*, mala fe, perfidia.

**PUNIR**, a. *punír.* Castigar, penar, infligir ó imponer una pena ó castigo. || Castigar, vengar, vengarse de.

**PUNISSABLE**, adj. *punisábl.* Punible, digno de castigo, que merece ser castigado.

**PUNISSEUR**, s. y adj. m. *puniseur.* Castigador, que castiga.

**PUNITION**, f. *punisión.* Castigo, pena, punicion; accion de castigar, de aplicar una pena ó castigo.

**PUPILLAIRE**, adj. *pupilér.* For. Pupilar, que corresponde á un pupilo. || Anat. Pupilar, que tiene relacion con la pupila. *Membrane pupillaire*, membrana pupilar, que sirve para cerrar el ojo, ó, segun otros, la boca del feto.

**PUPILLARITÉ**, f. poco us. *pupilarité.* Pupilaje, tiempo durante el cual un menor está bajo la direccion de un tutor. || Pupilaje, la calidad de pupilo.

**PUPILLE**, m. y f. *pupíl.* Pupilo, jóven menor de edad que, habiendo perdido su padre y madre, queda bajo la tutela de un extraño || met. Pupilo, educando, individuo encomendado á un director para ser educado.

**PUPILLE**, f. *pupíl.* Anat. Pupila, la niña del ojo.

**PUPILLER**, n. *pupillé.* Maular ó maullar, mayar, chillar como el pavo real.

**PUPITRE**, m. *pupítr.* Atril, mueble para colocar un libro, cuadernos de música, etc., á fin de leer con mas comodidad, y tambien para escribir ó dibujar. Llámase igualmente pupitre en el dia.

**PUPULER**, n. *pupulé.* Piar, cantar la abubilla.

**PUR, E**, adj. *pur.* Puro, neto, simple, mero, que no tiene mezcla. || Puro, limpio, sin mancha, mancilla ó defecto. || Puro, casto, sin mancha en la virginidad. || Puro, correcto, limpio, limado, hablando del estilo. || Puro, desinteresado, hablando de amistad, etc. || Claro, sereno, si se habla del cielo, del horizonte. || *À pur et à plein*, loc. adv. Enteramente, por entero, plenamente. || *En pure perte*, inútilmente, en vano.

**PUREAU**, m. *puró.* Arq. Parte de una teja que está descubierta en la prolongacion del caballete.

**PURÉE**, f. *puré.* Sustancia ó suco del garbanzo, guisante, lenteja, etc., machacados despues de cocidos.

**PUREMENT**, adv. *purmán.* Puramente, con pureza. || Meramente, simplemente, sin reserva ni condicion. || Únicamente.

**PURER**, a. *puré.* Espumar la cerveza en la fábrica.

**PURETÉ**, f. *purté.* Pureza, cualidad de una cosa que está pura, que no tiene mezcla ni inmundicia alguna. || met. Pureza, rectitud, integridad. || Pureza, castidad. || Pureza, correccion, exactitud en el estilo, lenguaje, etc. || Bell. art. Pureza, correccion, exactitud, regularidad, limpieza en la ejecucion.

**PURETTE**, f. *purét.* Miner. Especie de arenilla ó arena ferruginosa que se encuentra en las orillas del mar. || Polvos finos y negros para secar lo escrito.

**PURGATIF, IVE**, adj. *purgatif, iv.* Purgativo, purgante, que tiene la propiedad de purgar. || sust. *Un purgatif.*

**PURGATION**, f. *purgasión.* Purgacion, evacuacion alvina producida por algun remedio purgante; el remedio mismo que la produce. || *Purgations menstruelles*, ó solo *purgations*, evacuacion menstrual que tienen las mujeres hasta cierta edad. || *Purgation canonique*, purgacion canónica, ceremonia muy usada desde el siglo VII al XII, por la que un delincuente se justificaba ante un juez eclesiástico conforme á las leyes canónicas.

**PURGATOIRE**, m. *purgatuár.* Purgatorio, lugar á donde van las almas de los que mueren en gracia, debiendo por sus pecados ó faltas ligeras alguna pena. || met. y fam. Purgatorio, lugar en que se sufre mucho, y estado ó condicion de la vida en que se experimentan penas y trabajos. || *Faire son purgatoire en ce monde*, pasar las penas del purgatorio: sufrir mucho.

**PURGE**, f. *púrge.* Purificacion, accion de purificar los géneros infectados de alguna epidemia. Es anticuado en esta acepcion. || Purga, pocion, bebida purgante. Es familiar y poco usado en este sentido. || For. Expurgo, franqueo de hipoteca.

**PURGEMENT**, m. poco us. *purgemán* (e muda). Accion de purgar, efecto de esta accion. || For. Lo mismo que *purge* en la 3.ª acepcion.

**PURGEOIR**, m. *purjuár.* Hidr. Especie de arca de agua que se establece al principio de un acueducto.

**PURGER**, a. *purgé.* Purificar, limpiar, purgar, dejar limpio algun pais, camino, etc. || Med. Purgar, hacer evacuar los humores ó producir evacuaciones alvinas con algun remedio. || met. *Purger sa conscience*, purgar, limpiar su conciencia. || *Purger l'État de voleurs, de vagabonds*, librar, limpiar el Estado ó el pais de ladrones, etc. || *Purger son bien de dettes*, desempeñar su caudal, dejarle libre de deudas. || *Purger une langue*, purgar un idioma, suprimir en él las expresiones bárbaras, triviales, incorrectas. || *Purger les hypothèques*, llenar las formalidades prescritas para levantar una hipoteca ó anularla. || *Se purger*, r. Purgarse, tomar algun purgante para evacuar los malos humores. || *Se purger d'une accusation*, justificarse de una acusacion, probando su inocencia.

**PURGERIE**, f. *purgerí* (e muda). Lugar en que se ponen los vasos ó formas de azúcar para purificarle.

**PURIFICATION**, f. *purificasión.* Purificacion, accion de purificar. || Purificacion, la que hace el sacerdote en la misa despues de haber consumido el sanguis. || Purificacion, fiesta que celebra la Iglesia el dia 2 de febrero, llamada tambien Candelaria.

**PURIFICATOIRE**, m. *purificatuár.* Purificador, lienzo con que el sacerdote limpia el cáliz y la patena despues de la comunion.

**PURIFIER**, a. *purifié.* Purificar, purgar, limpiar, quitar lo que se encuentra de impuro en una sustancia, cuerpo ó materia. || met. Acendrar, acrisolar, purificar el alma, el corazon. || *Se purifier*, r. Purificarse, limpiarse, en sentido propio y figurado.

**PURIFORME**, adj. *puriform.* Med. Puriforme, que se parece al pus.

**PURISME**, m. *purism.* Purismo, culteranismo, afectacion y excesiva escrupulosidad en la pureza de lenguaje.

**PURISTE**, m. y f. *puríst.* Purista, el que observa estrictamente el culteranismo, el que afecta una excesiva pureza en el lenguaje.

**PURITAIN, E**, s. y adj. *puritén, én.* Puritano, nombre dado en Inglaterra y Escocia á los presbiterianos rígidos que se vanagloriaban de observar la mas pura religion.

**PURITANISME**, m. *puritanísm.* Puritanismo, la doctrina de los puritanos.

**PURON**, m. *purón.* Suero [illegible], que está pasado por tamiz.

**PURPURACÉ, ÉE**, adj. *purpurasé.* Purpuráceo, que tira un poco á color de púrpura.

**PURPURATE**, m. *purpurát.* Quím. Purpurato, sal que se forma del ácido purpúrico con una base salificable.

**PURPURIN, E**, adj. *purpurén, ín.* Purpurino, que tiene el color de púrpura.

**PURPURINE**, f. *purpurín.* Purpurina, bronce molido que se aplica al aceite y al barniz en la pintura.

**PURPURIQUE**, adj. *purpuríc.* Quím. Purpúrico, que se extrae del ácido úrico por el ácido nítrico.

**PURPURITE**, f. *purpurít.* Zool. Purpurita, concha fósil de que se extraía el tinte de púrpura.

**PURULENCE**, f. *puruláns.* Purulencia, cualidad de lo que es purulento.

**PURULENT, E**, adj. *purulán.* Purulento, que está mezclado con pus, ó que es de su naturaleza.

**PUS**, m. *pú.* Pus, podre, materia que se forma en los tumores, llagas, úlceras, etc.

**PUSILLANIME**, adj. *pusilaním*. Pusilánime, tímido, débil, cobarde, falto de valor y resolucion.

**PUSILLANIMEMENT**, adv. *pusilanimmán*. Pusilánimemente, con pusilanimidad.

**PUSILLANIMITÉ**, f. *pusilanimité*. Pusilanimidad, excesiva timidez, cobardía, falta de valor.

**PUSTULE**, f. *pustúl*. Med. Pústula, postilla, capa superficial coagulada de un tumorcillo que termina por supuracion.

**PUSTULEUX, EUSE**, adj. *pustuleu, eus*. Pustuloso, postilloso, que presenta la apariencia de una pústula, que va acompañado de pústulas.

**PUTAGE**, m. *putáge*. Putería, comercio de las putas. Es voz baja é indecente como las seis que siguen.

**PUTAIN**, f. *putén*. Puta, prostituta, ramera, mujer de mala vida, mujer pública.

**PUTANISER**, n. *putanisé*. Putear, andar á putas, concurrir á las casas de prostitucion.

**PUTANISME**, m. *putanism*. Puteismo, putería, prostitucion, desórden en que viven las putas. || Puteismo, comercio, trato con las putas.

**PUTASSER**, n. *putasé*. Putear, hacerse puta una mujer, prostituirse. || Putear, andar á putas.

**PUTASSERIE**, f. *putasri*. Putería, frecuentacion habitual de las casas de putas. || Desórden en que viven las prostitutas.

**PUTASSIER, ÈRE**, adj. *putasié, ér*. Putañero, que tiene relacion con las putas. Se usa poco como adjetivo. || PUTASSIER, m. Putañero, putero, el que frecuenta las putas ó vive con ellas.

**PUTATIF, IVE**, adj. *putatif, iv*. Putativo, que se reputa como siendo lo que no es. || *Père putatif*, padre putativo.

**PUTATIVEMENT**, adv. *putativmán*. Putativamente, de una manera putativa.

**PUTE**, f. ant. V. PUTAIN.

**PUTÉAL, E**, adj. *puteál*. De pozo : *eau putéale*. Es poco usado.

**PUTÉAL**, m. *puteál*. Antig. rom. Puteal, tapadera que se ponia en un pozo sagrado abierto ó construido en el lugar donde habia caido un rayo.

**PUTERIE**, f. V. PUTAGE.

**PUTH** ó **PUTT!** interj. de desprecio. *pút*. Mimologismo del ruido que hace una persona al escupir : *puth! c'est dégoûtant*.

**PUTIDE**, adj. *putíd*. Fétido, pútrido, infecto, malsano.

**PUTIER**, m. ant. V. PUTASSIER. *putie*. || Bot. Cirecio de santa Lucía, árbol.

**PUTOIS**, m. *putuá*. Zool. Veso, animal mamífero parecido á la garduña, pero de pelo negro; se llama así del olor fétido que despide.

**PUTRÉFACTIF, IVE**, adj. *putrefactif, iv*. Putrefactivo, que facilita la putrefaccion.

**PUTRÉFACTION**, f. *putrefacsión*. Putrefaccion, accion por la que un cuerpo se pudre, se corrompe. || Putrefaccion, estado de un cuerpo podrido.

**PUTRÉFAIT, E**, adj. *putrefé, et*. Fétido, corrupto, corrompido, infecto.

**PUTRÉFIER**, a. *putrefié*. Putrificar, corromper, pudrir, hacer pudrir. || *Se putréfier*, podrirse, corromperse.

**PUTRIDE**, adj. *putríd*. Med. Pútrido, corrompido, que tiene tendencia á la putrefaccion; que indica la corrupcion de humores, por los síntomas que presenta. || *Fièvre putride*, fiebre pútrida, causada por la corrupcion de los humores.

**PUTRIDITÉ**, f. *putridité*. Putridez, corrupcion, estado de una cosa podrida.

**PUY**, m. *pui*. Lugar elevado, montaña, cordillera de montañas.

**PYCNOSTYLE**, adj. *picnostil*. Arq. Picnóstilo, se dice de un edificio donde las columnas están muy juntas. Úsase tambien como sustantivo.

**PYCNOTIQUE**, adj. *picnotic*. Med. Picnótico, que condensa y refresca los humores. || sust. *Un pycnotique*.

**PYÉZOMÈTRE**, m. *piesométr*. Piezómetro, instrumento para medir la compresibilidad de un liquido.

**PIÉZOMÉTRIQUE**, adj. *piesometric*. Piezométrico, que tiene relacion con el piezómetro.

**PYGARGUE**, m. *pigárgue*. Zool. Pigarga, género de aves de rapiña. V. GAZELLE.

**PYGME**, f. *pigm*. Pigme, medida que usan los Griegos.

**PYGMÉE**, m. *pigmé*. Pigmeo, hombre que se suponia no tener mas que un codo de alto. || fam. Pigmeo, hombre chiquitin, que parece enano, que es de muy corta estatura. || met. Pigmeo, hombre inútil, sin talento, sin mérito y de ninguna importancia, comparado con otros que tienen influjo y ascendiente. Se dice en tono de desprecio.

**PYLORE**, m. *pilór*. Anat. Píloro, orificio inferior del estómago, por donde pasan los alimentos al intestino.

**PYLORIQUE**, adj. *piloric*. Pilórico, que tiene analogía con el píloro.

**PYOCÈLE**, f. *piosél*. Med. Piocelia, formacion de pus en la cavidad abdominal.

**PYOGÉNIE**, f. *piogení*. Med. Piogenia, formacion del pus. Se dice tambien *puogénie*.

**PYOGÉNIQUE**, adj. *piogenic*. Piogénico, que pertenece ó es relativo á la piogenia.

**PYOMÈSE**, f. *piomés*. Med. Piomesis, vómito de pus.

**PYOMÈTRE**, m. *piométr*. Med. Piómetro, reunion de pus en la matriz.

**PYOMÉTRIQUE**, adj. *piometric*. Piométrico, que tiene conexion con el piómetro.

**PYOPHTHALMIE**, f. *pioftalmí*. Med. Pioftalmia, reunion, aglomeracion de pus en el ojo.

**PYOPHTHALMIQUE**, adj. *pioftalmic*. Pioftálmico, que corresponde, que tiene analogía con la pioftalmia.

**PYOPTYSIE**, f. *pioptisí*. Pioptisia, salivacion ó accion de escupir materia ó pus.

**PYORRHAGIE**, f. *piorragí*. Med. Piorragia, evacuacion, especie de flujo ó salida de pus.

**PYORRHAGIQUE**, adj. *piorragic*. Piorrágico, que corresponde á la piorragia.

**PYOSE**, f. *piós*. Med. Piosis, enfermedad de la vista ó supuracion continua por este órgano.

**PYRACANTHE**, adj. *piracánt*. Bot. Piracanto, que tiene espinas amarillas. || f. Piracanto, espina aguda, arbusto muy espinoso, llamado tambien *buisson ardent*.

**PYRALE**, f. *piral*. Zool. Piral, género de insectos lepidópteros.

**PYRAMIDAL, E**, adj. *piramidál*. Piramidal, que está en forma de pirámide. || met. Grande, importante, imponente, prodigioso, colosal : *un succès pyramidal, une œuvre pyramidale*. || PYRAMIDALE, f. Bot. Piramidal, especie de campánula.

**PYRAMIDE**, f. *piramíd*. Geom. Pirámide, compuesto sólido que se eleva sobre una base rectilínea, terminado en punta en su parte superior.

**PYRAMIDER**, n. *piramidé*. Formar pirámide, elevarse en forma de pirámide.

**PYRAMIDOÏDE**, m. *piramidoíd*. Geom. Piramidoides, sólido formado por la revolucion de una parabola al rededor de una de sus ordenadas.

**PYRÉNACÉ, ÉE**, adj. *pirenasé*. Bot. Pirenáceo, dícese de las plantas ó árboles cuyo fruto contiene huesos en medio de un pericarpo carnoso. || *Pyrénacées*, f. pl. Pirenáceas, familia de plantas.

**PYRÈNE**, f. *pirén*. Pirena, el hueso ó nuez de un pericarpo carnoso.

**PYRÉNOÏDE**, adj. *pirenoíd*. Bot. Pirenóides, que se parece al hueso de una fruta.

**PYRÈTHRE**, m. *pirétr*. Bot. Pelitre, especie de camomila, planta.

**PYRÉTIQUE**, adj. *piretic*. Med. Febrífugo, bueno contra la fiebre. Es lo mismo que *fébrifuge*.

**PYRÉTOLOGIE**, f. *piretologí*. Piretologia, tratado sobre las fiebres ó calenturas.

**PYRÉTOLOGIQUE**, adj. *piretologic*. Piretológico, que corresponde á la piretologia.

**PYRÉTOLOGISTE** ó **PYRÉTOLOGUE**, m. *piretologíst*, *piretológue*. Piretologista, que se dedica especialmente á estudiar sobre las calenturas.

**PYREXIE**, f. *pirecsí*. Med. Pirexia, fiebre sintomática.

**PYRIQUE**, adj. *píric*. Pírico, concerniente al fuego, relativo al fuego.

**PYRITE**, f. *pirít*. Miner. Pirita, combinacion natural de azufre con un metal cualquiera, y especialmente con hierro y cobre, que se encuentra cristalizada y reluciente. Hay una especie que tiene el nombre de marcasita ó marquesita.

**PYRITEUX, EUSE**, adj. *piriteu, eus*. Piritoso, de la naturaleza de la pirita.

**PYRITOLOGIE**, f. *piritologí*. Piritologia, tratado, descripcion de las piritas.

**PYRITOLOGIQUE**, adj. *piritologic*. Piritológico, que corresponde á la piritologia.

**PYROBALISTIQUE**, adj. *pirobalistic*. Mil. Pirobalístico, que lanza cuerpos pesados ó proyectiles por medio del fuego. Se dice de las máquinas de guerra y de las armas de fuego en general.

**PYROBOLE**, m. *piroból*. Antig. Pirobola, especie de máquina que lanzaba cuerpos inflamados.

**PYROBOLISTE**, m. *pirobolíst*. Pirobolista, ingeniero que se dedica á la construccion de fuegos artificiales.

**PYROBOLOGIE**, f. V. PYROLOGIE.

**PYRODULIE**, f. V. PYROLATRIE.

**PYROLÂTRE**, adj. y s. *pirolátr*. Pirólatra, adorador del fuego, que rinde culto al fuego.

**PIROLÂTRIE**, f. *pirolatrí*. Pirolatria, culto, adoracion del fuego.

**PYROLE**, f. *piról*. Bot. Pirola, planta que conserva su verdor en invierno.

**PYROLOGIE**, f. *pirologí*. Pirologia, tratado, descripcion del fuego.

**PYROLOGIQUE**, adj. *pirologic*. Pirológico, que pertenece á la pirologia.

**PYROLOGISTE**, m. *pirologíst*. Pirologista, el que se ocupa especialmente de pirologia.

**PYROMANCIE**, f. *piromansí*. Piromancia, arte de hacer adivinaciones por medio del fuego.

**PYROMANCIEN, NE**, adj. *piromansién, én*. Piromántico, relativo ó concerniente á la piromancia. || m. y f. Piromántico, el que ejerce la piromancia.

**PYROMAQUE**, adj. *piromác*. Pirómaco, que da fuego al golpe del eslabon ó por medio de la frotacion.

**PYROMÈTRE**, m. *pirométr*. Pirómetro, instrumento que sirve para medir la fuerza del fuego ó las dilataciones que produce la accion del fuego sobre los cuerpos sólidos.

**PYROMÉTRIE**, f. *pirometrí*. Pirometria, arte de servirse del pirómetro, y arte de la fabricacion de pirómetros.

**PYROMÉTRIQUE**, adj. *pirometric*. Pirométrico, que corresponde á la pirometría.

**PYRONOMIE**, f. *pironomí*. Pironomia, arte de arreglar y dirigir el fuego en las operaciones químicas.

**PYRONOMIQUE**, adj. *pironomic*. Pironómico, que corresponde á la pironomia.

**PYROPHAGE**, adj. *pirofáge*. Es lo mismo que *ignivore*.

**PYROPHANE**, adj. *pirofán*. Pirófano, que es trasparente al fuego.

**PYROPHORE**, m. *pirofór*. Piróforo, preparacion química que se inflama al contacto del aire.

**PYROSCAPHE**, m. *piroscáf*. Mar. Piroscafo, especie de barco de vapor sin chimeneas, usado especialmente en Rusia.

**PYROSCOPE**, m. *piroscop*. Piróscopo, instrumento destinado á medir el calórico radiante.

**PYROSIS**, f. *pirósis*. Med. Pirosis, ardor en el ventrículo.

**PYROSOPHIE**, f. *pirosofí*. Pirosofía, ciencia del fuego, arte de emplear el fuego; tratado sobre el fuego.

**PYROSOPHIQUE**, adj. *pirosofic*. Pirosófico, perteneciente ó relativo á la pirosofía

**PYROTECHNIE**, f. *pirotecní*. Pirotecnia, arte de servirse del fuego; arte del polvorista ó de hacer fuegos artificiales.

**PYROTECHNIQUE**, adj. *pirotecnic*. Pirotécnico, que pertenece á la pirotecnia.

**PYROTIQUE**, adj. V. CAUSTIQUE.

**PYROXÈNE**, m. *pirocsén*. Miner. Piróxeno, escorie volcánico ó negro.

**PYRRHIQUE**, f. *pirric*. Antig. Pírrica ó pírrico, danza militar, inventada segun unos por Pirro, hijo de Aquiles, y segun otros por Pirrico de Creta. || adj. Se dice *la danse pyrrhique*. || PYRRHIQUE, m. Pirriquio, pié de verso griego y latino de dos sílabas breves. || *Pyrrhique* ó *pyrrhiquien*, adj. Pirriquio, se dice del verso mencionado.

**PYRRHONIEN, NE**, adj. y s. *pirronién, én*. Pironiense, pirrónico ó pirronista, que pertenece á la secta de Pirro, famoso escéptico que dudaba ó afectaba dudar de todo. || Por exten., se dice del que pone en duda las cosas mas ciertas.

**PYRRHONISER**, n. V. DOUTER.

**PYRRHONISME**, m. *pirronism*. Pirronismo, doctrina de Pirro, que consistia en dudar de todo; y por exten., afectacion, hábito de dudar de todo, y tambien especie de indiferencia en todas las cosas.

**PYRSÉPHORE**, m. V. LAMPADOPHORE.

**PYRULE**, f. *pirúl*. Zool. Pirula, especie de concha.

**PYTHAGORICIEN, NE**, adj. *pitagorisién, én*. Pitagórico, que pertenece á la escuela de Pitágoras, que sigue la doctrina de Pitágoras; que es conforme al pitagorismo. || PYTHAGORICIEN, m. Pitagórico, filósofo de la secta de Pitágoras.

**PYTHAGORIQUE**, adj. *pitagoric*. Pitagórico, que pertenece á la filosofía de Pitágoras.

**PYTHAGORISME**, m. *pitagorism*. Pitagorismo, doctrina de Pitágoras.

**PYTHIE**, f. *pití*. Pitia, sacerdotisa del templo de Apolo en Delfos.

**PYTHIEN, NE**, adj. *pitién, én*. Pitio, perteneciente ó relativo á la pitia. || *Jeux pythiens* ó *pythiques*, juegos píticos, que se celebraban en Delfos en honor de Apolo como vencedor de la serpiente Piton.

**PYTHIQUE**, adj. *pitic*. Es lo mismo que *pythien*; y asi se dice *jeux pythiques*, *air pythique*, *flûte pythique*. Excepto cuando se trata del dios Apolo, pues en este caso se dice *Apollon Pythien*, *le dieu Pythien*, Apolo vencedor de la serpiente Piton.

**PYTHOMANCIE**, f. *pitomansí*. Pitomancia, arte de adivinar [illegible] por medio de [illegible].

**PYTHOMANCIEN, NE**, [illegible] *sién, én*. Pito[illegible] mancia. || adj. [illegible] á la pitomancia.

**PYTHON**, m. *pitón*. [illegible] piente que mató Apolo. || [illegible] espíritu familiar que [illegible] gos.

**PYTHONISSE**, f. [illegible] PYTHIE. || Pitonisa, [illegible] mujer que pronosticaba [illegible]

**PYULQUE**, m. *piúlc*. [illegible] ringa que sirve para [illegible] úlceras ó tumores.

**PYURIE**, f. *piurí*. Med. [illegible] cion de pus por la uretra.

**PYXACANTHE**, m. [illegible] canto, arbusto espinoso, [illegible] bien *lycium*.

**PYXIDE** ó **PYXIDIE**, f. [illegible] Bot. Pixidia, fruto capsular [illegible] rizontalmente en dos valvas [illegible]

**PYXIDULE**, f. *pixidúl*. [illegible] capsulilla de los musgos, [illegible] anthère.

# Q.

**Q**, m. Q, décimaséptima letra del alfabeto frances y décimatercia de las consonantes, que generalmente va seguida de *u* en la escritura, excepto algunos casos en que es final, como *coq*, *cinq*. Se pronuncia algunas veces como c y con sonido duro en principio de diccion; como *quintité*, *qualité*, *quatrain*, *quadrille*, cuya pronunciacion es *cantité*, *calité*, *etc.* || Q final suena como c en *coq* y *cinq* con sonido duro, excepto cuando el primero va seguido de consonante, como en *coq-d'Inde*, que se pronuncia *codénd*, y *cinq jeunes gens*, *sén jeun jan*. Pero se hace sentir en *coq de bruyère*, *coq-à-l'âne*, y en otros casos, v. gr. en *cinq hommes*, *ils étaient cinq*, *cinq et demi*. || *Qu* tiene el sonido de *cu* en *aquatique*, *équateur*, *équation*, *in-quarto*, *quadruple*, *etc.*, los cuales se pronuncian *acuatic*, *ecuateur*, *etc.*, con *u* española. En *equestre*, *liquéfaction*, *quintuple*, *questure* y otros, al contrario se pronuncia *cu* con *u* francesa. La pronunciacion de esta letra, como se ve, es muy varia y caprichosa, y solo la nomenclatura del Diccionario podrá sacar de duda en los diferentes casos que ocurren. || Q en el calendario republicano frances significaba *quartidi* y *quintidi*, es decir, los dias cuarto y quinto de cada década. || Q en farmacia es abreviatura de *cantidad*, y Q. S. de *cantidad suficiente*. || Como signo de órden, Q indica el décimoséptimo objeto de los que forman una serie. || Como letra ó signo numeral equivalia á 500 en tiempo de los Romanos, y teniendo un tilde equivalia á 500,000. || Q es abreviatura de los nombres propios *Quintus*, *Quintius* y *Quintilianus*, y de otras palabras latinas.

**QUACHI**, m. *cuachí*. Zool. Zorrillo, cuadrúpedo pequeño de las Indias occidentales.

**QUADERNES**, m. pl. *cuadern*. Cuadernas, cuatros, parejas de cuatro en el juego de dados. Mas comunmente se dice *carmes* y *cornes*.

**QUADRAGÉNAIRE**, adj. *cuadragenér*. Cuadragenario, que contiene cuarenta unidades. || Cuadragenario, que tiene cuarenta años de edad. En este sentido se usa tambien como sustantivo, y en lenguaje fam. se dice cuarenton el hombre y cuarentona la mujer.

**QUADRAGÉSIMAL, E**, adj. *cuadragesimál*. Cuadragesimal, que corresponde á la Cuaresma.

**QUADRAGÉSIME**, f. *cuadragesim*. Cuadragésima. Solo se usa en la locucion *dimanche de la quadragésime*, domingo primero de Cuaresma.

**QUADRANGLE**, m. *cuadrángl*. Geom. Cuadrángulo, figura que tiene cuatro ángulos y cuatro lados.

**QUADRANGULAIRE**, adj. *cuadrangulér*. Geom. Cuadrangular, que se compone de cuatro ángulos.

**QUADRANGULÉ, ÉE**, adj. *cuadrangulé*. Cuadrangulado, de cuatro ángulos.

**QUADRANTAL**, m. *cuadrantál*. Cuadrantal, antigua medida para los líquidos que contenia cuarenta y ocho sextiera.

**QUADRAT, E**, adj. *cuadra*. Astr. Se dice *quadrat aspect*, aspecto ó posicion de dos planetas que distan noventa grados el uno del otro ó sea la cuarta parte de un círculo. V. QUADRATURE. || Impr. Cuadrado. V. CADRAT.

**QUADRATEUR**, adj. y s. m. *cuadrateur*. Cuadrador, nombre que se aplica al geómetra que tiene la presuncion de haber hallado la cuadratura.

**QUADRATIN**, m. Impr. V. CADRATIN.

**QUADRATIQUE**, adj. *cuadratic*. Mat. Cuadrático, epíteto de toda ecuacion de segundo grado.

**QUADRATORISTE**, m. *cuadratorist*. Pint. Pintor de adornos al fresco.

**QUADRATRICE**, f. *cuadratris*. Geom. Cuadratriz, curva que inventaron los antiguos para formar aproximadamente la cuadratura del círculo.

**QUADRATURE**, f. *cuadratúr*. Cuadratura, reduccion geométrica de una figura curvilínea á un cuadrado equivalente en superficie. || Astr. Cuadratura, aspecto de dos astros que se encuentran á noventa grados separados uno de otro. || Pint. Cuadratura, pintura al fresco. || Reloj. En esta acepcion se pronuncia *cadratúr*, y mejor se escribe *cadrature*. V. esta voz.

**QUADRICOLORE**, f. *cuadricolór*. Bot. Especie de anémona.

**QUADRICORNE**, adj. [illegible] Cuadricornio, que tiene [illegible] antenas.

**QUADRE**, m. V. CADRE.

**QUADRER**, n. V. CADRER.

**QUADRIENNAL, E**, adj. [illegible] NAL.

**QUADRIFLORE**, adj. [illegible] Cuadriflor, que tiene cuatro [illegible]

**QUADRIFOLIUM**, m. [illegible] Cuadrifolio, planta parecida al [illegible]

**QUADRIGAIRE**, m. [illegible] Cuadrigario, el que dirigia [illegible]

**QUADRIGA** ó **QUADRIGE**, [illegible] *ga*, *cuadrig*. Antig. Cuadriga, [illegible] ruedas tirado por cuatro [illegible]

**QUADRILATÈRE**, m. [illegible] Geom. Cuadrilátero, figura que [illegible] lados.

**QUADRILLE**, f. *cadrill*. [illegible] tida de caballeros vestidos de [illegible] los torneos y juegos de [illegible] lla, grupo de cuatro parejas [illegible] uniformes y figuran juntas. || [illegible] del hombre que se juega á [illegible]

**QUADRILLION**, m. [illegible] Cuadrillon, partida de mil [illegible] veces mil billones.

**QUADRIN**, m. *cuadrén*. [illegible] moneda romana que valia un [illegible]

**QUADRINOME**, m. [illegible] nomio, expresion algebráica [illegible] cuatro términos.

**QUADRIPARTITION**, f. [illegible] *sion*. Cuadriparticion ó [illegible] sa en cuatro partes.

**QUADRIRÈME**, m. [illegible] Cuadriremo, galera de cuatro [illegible] remos.

**QUADRISULCE**, adj. [illegible] sulco, que tiene hendida la [illegible] partes, hablando de [illegible]

**QUADRISYLLABE**, m. [illegible] Gram. Cuadrisílabo, palabra [illegible] cuatro sílabas.

**QUADRISYLLABIQUE**, adj. [illegible] *bic*. Cuadrisilábico, que tiene [illegible] los cuadrisílabos.

**QUADRIGÉE**, f. *cuadrigé*. Doble yugada ó aranzada, terreno que pueden labrar cuatro caballerías en un dia.

**QUADRUMANE**, adj. *cuadrumán*. Mam. Cuadrúmano, que tiene cuatro manos; es decir, manos como los hombres, y piés formados como manos. El mono es un animal cuadrúmano.

**QUADRUPÈDE**, adj. *cuadrupéd*. Mam. Cuadrúpedo, que tiene cuatro patas. Úsase mas comunmente como sustantivo.

**QUADRUPÉDOLOGIE**, f. *cuadrupedologí*. Cuadrupedologia, descripcion, tratado sobre los animales cuadrúpedos.

**QUADRUPÉDOLOGIQUE**, adj. *cuadrupedologic*. Cuadrupedológico, concerniente á la cuadrupedologia.

**QUADRUPLE**, m. *cuadrúpl*. Cuádruplo, cuatro veces otro tanto, cuatro veces mas. || Cuádruplo, moneda de cuatro luises. || *Au quadruple*, loc. adv. Al cuádruplo. || adj. Cuádruplo, que es cuatro veces mayor.

**QUADRUPLER**, a. *cuadruplé*. Cuadruplicar, multiplicar por cuatro. || n. Cuadruplicar, aumentarse cuatro veces mas: *son bien a quadruplé dans le commerce*.

**QUAI**, m. *qué*. Muelle, malecon, pretil, obra de cantería que se levanta sobre las dos márgenes de un rio para impedir que salga de madre.

**QUAIAGE**, m. V. QUAYAGE.

**QUAICHE** ó **CAICHE**, f. *quéche*. Mar. Queche, nombre de cierta embarcacion de un solo puente.

**QUAIT**, m. *qué*. Mano de papel que tiene veinte y seis pliegos.

**QUAKER** ó **QUACRE**, m. *cuáer*. Cuácaro, individuo de una secta religiosa establecida en Inglaterra hácia 1650. Dichos sectarios se llaman tambien tembladores, porque viven en un miedo ó temor continuo de los juicios de Dios.

**QUAKÉRISME**, m. *cuaquerism*. Cuacarismo, doctrina de los cuácaros.

**QUALIER**, m. *cualié*. Bot. Coalier, planta del Brasil y de la Guyana.

**QUALIFICATEUR**, m. *calificateur*. Calificador, el que califica. || *Qualificateur du saint-office*, calificador del santo Oficio, el teólogo nombrado por el tribunal de la Inquisicion para examinar los libros y las proposiciones.

**QUALIFICATIF, IVE**, adj. *calificatif, iv*. Calificativo, que califica.

**QUALIFICATION**, f. *calificasión*. Calificacion, accion de calificar, de atribuir ó dar una cualidad, un título, etc. || Calificacion, declaracion de las cualidades de una proposicion errónea.

**QUALIFIER**, a. *califié*. Calificar, dar una calificacion, dar por buena ó mala alguna cosa, señalar de qué calidad es una cosa, una proposicion, una accion. || Calificar, dar un título ó calidad á una persona. || *Se qualifier*, r. Calificarse, tomar un título, una calidad, como de marques, de doctor, etc.

**QUALITÉ**, f. *calité*. Calidad, lo que hace que una cosa sea tal, buena ó mala, etc. Tiene en ambas lenguas las mismas significaciones de propiedad, prenda, circunstancia, título, categoría, inclinacion, costumbre, habilidad, talento, etc. || *En qualité de*, loc. adv. En calidad de, como, á título de.

**QUAMOCLITE**, m. *cuamoclít*. Bot. Cuamoclit, flor del cardenal, planta.

**QUAND**, adv. *can*. Cuando, en el tiempo que. || Cuándo? en qué tiempo? || *Depuis quand?* desde cuándo? desde qué tiempo? || *Pour quand?* para cuándo? para qué tiempo? || conj. Aunque, aun cuando. *Quand même vous y seriez*, aunque Vd. estuviera allí. || *Quand et quand*, loc. prep. Al mismo tiempo. *Il est parti quand et quand nous*, ha salido cuando nosotros, al mismo tiempo que nosotros.

**QUANQUAM**, m. *cuáncuam*. Discurso latino que pronunciaba un estudiante de filosofía ó teología en la apertura de ciertas tésis, y se llamaba así porque empezaba de ordinario con la palabra *quanquam*. || Bulla, algazara.

**QUANT (À)**, loc. prep. *cantá*. Siempre se encuentra seguido de la preposicion *a*, y significa en cuanto á, tocante á, por lo que toca ó hace á. || En el mismo sentido se dice *pour moi*, *pour nous*, en cuanto á mí, etc.

**QUANT-À-MOI**, m. fam. *cantamuá*. Aire ó continente fiero y reservado. || *Se mettre sur son quant-à-moi*, hacer de sugeto, doctorear, guardar un continente serio, reservado y fiero, etc.

**QUANTES**, adj. f. pl. *cánt*. Solo tiene aplicacion en estos casos: *toutes et quantes fois*, ó *toutes fois et quantes que*, todas las veces que, todas y cuantas veces, siempre que. Es lo mismo que *toutes les fois que*, *autant de fois que*; y solo así se dice en el dia.

**QUANTIÈME**, adj. *cantiém*. Á cuántos, en qué órden ó lugar respecto al número. *Le quantième est-il dans la classe?* á cuántos está, ó en qué lugar está en el aula? Esta manera de hablar es anticuada; ahora se diria: *le combien est-il?* y aun esta locucion es algo defectuosa. || m. fam. El cuántos del mes, el dia del mes en que se está. *Quel est le quantième du mois*, ó *quel quantième du mois avons-nous?* á cuántos estamos del mes? || *Le quantième du mois*, á cuántos estamos? *De quel quantième vous a-t-il écrit?* con qué fecha escribió á Vd? *Je ne sais de quel quantième sont les lettres*, no sé de qué fecha son las cartas. || *Montre à quantième*, reloj que señala los dias del mes.

**QUANTITÉ**, f. *cantité*. Cantidad, todo lo que puede contarse ó medirse. || Cantidad, copia, abundancia en lo que se mide ó cuenta. || Cantidad, abundancia, copia, multitud, gran número de personas ó de cosas. || Gram. Medida de las sílabas largas y breves, duracion del tiempo que se emplea en pronunciarlas. || Mús. Duracion relativa que deben tener las notas ó las palabras.

**QUARANTAIN**, m. *carantén*. Nombre con que se designa al paño que tiene cuatro mil hilos en cadena. Especie de paño muy fuerte que se fabrica en el Languedoc.

**QUARANTAINE**, f. *carantén*. Cuarentena, número de cuarenta ó cerca. || *Jeûner la quarantaine*, ayunar cuarenta dias. *Jeûner la sainte quarantaine*, ayunar durante toda la Cuaresma. || fam. La edad de cuarenta años. *Approcher de la quarantaine*, acercarse á los cuarenta. || Cuarentena, tiempo de observacion que pasan en lazareto ú otro paraje las personas procedentes de un pais infestado ó donde reina la peste.

**QUARANTE**, adj. num. *caránt*. Cuarenta, cuatro decenas ó cuatro veces diez. || Liturg. *Les prières de quarante heures* ó solo *les quarante heures*, las cuarenta horas. || m. Cuarenta, el número cuarenta.

**QUARANTENIER**, m. *carantenié* (e muda). Mar. Vaiven, especie de cuerda de tres ó cinco cordones.

**QUARANTIE**, f. *caranti*. Cuarentía, tribunal de los Cuarenta que habia en Venecia.

**QUARANTIÈME**, adj. *carantiém*. Cuadragésimo, número ordinal de cuarenta. || m. La cuadragésima parte de un todo.

**QUARANTINIER**, m. *carantinié*. Mar. Vaiven, cuerdecita de tres cordones.

**QUARDERONNER**, a. *carderoné* (e muda). Arq. Cuadronar, hacer un cuarto de círculo sobre el ángulo de una piedra, de una puerta.

**QUARRE**, **QUARRÉ**, **QUARREAU**, **QUARRÉMENT**, **QUARRER**, **QUARRURE**. V. CARRE, CARRÉ, etc.

**QUART**, m. *car*. Cuarto, la cuarta parte de un todo. || Cuarto, cuarta, la cuarta parte de una vara ó de cualquier otra cosa; y así *quart d'aune*, cuarta de vara. || Cuarto, la cuarta parte de una hora. || Mar. *Quart de vent*, cuarto de viento ó cuarta de rumbo. || *Demi-quart*, medio cuarto. || *Quart d'once*, cuarta, peso de cuatro adarmes. || *Quart de papier*, cuartilla ó cuarta parte de un pliego. || fam. *Le tiers et le quart*, todo zurriburri, todo bicho viviente, todo el mundo. || prov. *Médire du tiers et du quart*, murmurar, decir mal de todo el mundo, de toda alma viviente. || *Quarts*, pl. Cajas de madera en que se mete la pasa. || Especie de barrilillo para colocar la sardina blanca. || QUART, E, adj. Cuarto; se usa en algunos casos por *quatrième*. || *Le quart denier*, especie de derecho que se pagaba antiguamente en Francia. || *Fièvre quarte*, cuartana. *Fièvre double quarte*, fiebre que viene dos dias seguidos, cesa el tercero, y vuelve el cuarto.

**QUARTAINE**, adj. f. *cartén*. Cuartana, calentura intermitente que entra con frio y se repite cada cuatro dias. Solo se usa en la locucion popular *fièvre quartaine*.

**QUARTAL**, m. *cartál*. Cuartal, especie de medida de granos usada en algunas partes de Francia.

**QUARTAN**, m. *cartán*. Mont. El cuarto año del jabalí.

**QUARTANIER**, m. *cartanié*. Mont. Jabalí que tiene cuatro años.

**QUARTATION**, f. V. INQUART.

**QUARTAUT**, m. *cartó*. Cuarterola, medida para los líquidos. || Cuartal, medida de granos.

**QUARTE**, f. *cárt*. Cuartilla, medida que contiene dos pintas de líquido. || Cuarta. V. QUATRIÈME. || Mús. Cuarta, intervalo de dos tonos y medio en una escala. *Quarte diminuée*, *fausse quarte*, cuarta diminuta ó cuarta falsa. || Esgr. Cuarta, modo de tirar un golpe volviendo las uñas hácia afuera. || Cuarta, reunion de cuatro cartas de un mismo palo en ciertos juegos de naipes. || Der. rom. *Quarte trébellienne* ó *trébellianique*, cuarta parte de una herencia que queda en poder del que debe entregarla á otro. || Vet. V. SEIME.

**QUARTELAGE**, m. *cartelág*. Feud. Cuartelaje, derecho señorial que se pagaba antiguamente.

**QUARTENIER**, m. V. QUARTINIER.

**QUARTER**, n. *carté*. Cuartear, ir entre dos carriles y evitarlos. || Esgr. Cuartear, dar un golpe en cuarta. || Mús. Ejecutar por cuartas algunos preludios ó piezas de música. || QUARTER, m. Cuarter, medida inglesa.

**QUARTERON**, m. *carterón* (e muda). Cuarteron, la cuarta parte de una libra. || Cuarta parte de un ciento ó sean veinte y cinco en las cosas que se venden por cuenta, como manzanas, castañas, etc.

**QUARTERON, NE**, m. y f. *carterón, ne* (e muda). Cuarteron, el mestizo que proviene de un blanco y una mulata ó vice versa.

**QUARTIDI**, m. *cartidí*. Cuartidí, dia cuarto de una década en el calendario republicano frances.

**QUARTIER**, m. *cartié*. Cuarto, la cuarta parte de ciertas cosas, como un cuarto de carnero, etc. || Cantero, cacho, pedazo de alguna cosa que se divide. || *Mettre en quartiers*, hacer pedazos. *Son corps a été mis en quartiers*, su cuerpo ha sido descuartizado, hablando de un reo condenado á esta pena. || prov. y met. *Je me mettrais en quartiers pour lui*, me haria cuatro pedazos, me dejaria descuartizar por él: haria los mayores sacrificios. || Cuarta, medida que equivale á mas de doce pulgadas. || Cuarto, una de las partes de un cuerpo que ha sido dividido en cuartos. || *Quartier de lard*, pedazo ó lonja de tocino que se saca de la parte superior del cerdo. || *Échalas de quartier*, estacas cuarteadas. || Arq. *Quartier de tournant*, descansillo de una escalera ó escalones que se encuentran en el ángulo de ella. || *Quartier de soulier*, talon de un zapato. || Vet. Cada uno de los lados de la tapa del casco de una caballería. || Cuartel, barrio de una poblacion. || Vecindad, barriada, individuos que viven en un mismo barrio. || *Nouvelles de quartier*, noticias de vecindad, chismografía que corre entre una vecindad. || Cuartel, local ó edificio en que tiene su habitacion un cuerpo de tropa. || Alojamiento, lugar en que está alojada una tropa. || Blas. Cuartel, cualquiera de las cuatro partes iguales en que se divide el escudo. || *Premier quartier de la lune*, cuarto creciente. *Dernier quartier*, cuarto menguante. || *À quartier*, loc. adv. Aparte, separadamente. || *Faire quartier*, dar cuartel, perdonar la vida á los soldados que se cogen prisioneros. || *Demander quartier*, pedir cuartel. || *Se battre sans quartier*, *ne point faire de quartier*, batirse sin dar cuartel. Estas expresiones *ne point faire de quartier*, ne *point donner de quartier, être sans quartier*, se usan tambien en sentido figurado, y significan tratar con rigor los acreedores á los deudores, los murmuradores al prójimo, etc.|| *Quartiers*, pl. Cuartel, costados, cuarteles en término de genealogía.

**QUARTIER-MAÎTRE**, m. *cartiemétr.* Cuartel-maestre ó cuartel maestre general, oficial general encargado de ciertas funciones hoy encomendadas á los cuerpos de estado mayor. || Mar. Contramaestre segundo, oficial de mar que está á las órdenes del contramaestre primero.

**QUARTIER-MESTRE**, m. *cartieméstr.* Mariscal de logis de un regimiento de caballería; equivale al sarjento de nuestro ejército.

**QUARTILE**, adj. m. *cuartil.* Astr. Cuartil. Se dice *quartil aspect*, aspecto de dos planetas separados uno de otro la cuarta parte del zodíaco ó noventa grados.

**QUARTIN**, m. *cuartén.* Cuartio, moneda de oro de Roma.

**QUARTINIER**, m. *cartinié.* Alcalde ó comisario de barrio ó de cuartel.

**QUARTINHO**, m. *cuartino.* Cuartiño, moneda de plata de Portugal.

**QUARTO**, m. *cuárto.* Cuarto, moneda española que vale cuatro maravedís.|| *Quarto (in-)*. V. IN-QUARTO.

**QUARTONAT**, m. *cartoná.* Medida de agrimensura.

**QUARTUAIRES**, m. pl. *cartuér.* Cartuarios, caballeros encargados de defender las fronteras de Polonia contra las invasiones de los Tártaros.

**QUARTZ**, m. *cuártz.* Miner. Cuarzo, piedra muy dura y á veces trasparente, cuya base es la tierra sílice y da lumbres con el eslabon.

**QUARTZEUX, EUSE**, adj. *cuartseu, eus.* Cuarzoso, que es de la naturaleza del cuarzo.

**QUASI**, adv. *cási.* Casi, cerca de, poco mas ó ménos.||m. Coc. Pedazo de pierna, sea de vaca, de ternera ó carnero.

**QUASI-CONTRAT**, m. *casicontrá.* For. Cuasi-contrato, hecho puramente voluntario, del que resulta una obligacion recíproca de las dos partes, sin que tenga las formalidades de una escritura.

**QUASI-DÉLIT**, m. *casidelí.* For. Daño, perjuicio que se causa á alguno por imprudencia ó por descuido.

**QUASIMODO**, m. *casimódo.* Liturg. Cuasimodo, la dominica despues de Pascua de Resurreccion.

**QUASS**, m. *cuás.* Bebida muy fuerte que hacen los labradores rusos con agua hirviendo y harina de cebada y avena.

**QUASSIE**, f. *cuasí.* Bot. Cuasia, género de plantas de la familia de las orquídeas.

**QUASSINE**, f. *cuasín.* Quím. Cuasia, principio amargo de la cuasia.

**QUATERNAIRE**, adj. *cuaternér.* Cuaternario, que incluye ó llena el número de cuatro.

**QUATERNE**, m. *catérn.* Cuaterno, juego de cuatro números que salen juntos en la lotería.

**QUATERNÉ, ÉE**, adj. *cuaterné.* Bot. Cuaterno, se dice de las hojas dispuestas ó colocadas de cuatro en cuatro.

**QUATORZAINE**, f. *catorsén.* For. Espacio de catorce dias que se observaba de uno á otro pregon en la venta de bienes embargados.

**QUATORZE**, adj. *catórs.* Catorce, una docena y cuatro unidades. || Catorceno, décimocuarto ó cartorce, cuando se dice por *quatorzième*, como en *page quatorze*, *Louis quatorze, etc.* || m. Catorce, el número catorce. *Quatorze multiplié par deux donne vingt-huit*, catorce multiplicado por dos veinte y ocho. || En el juego de los cientos significa los cuatro ases, los cuatro reyes, los cuatro caballos ó las cuatro sotas, porque tienen el valor de catorce. || *Chercher midi à quatorze heures.* V. MIDI.

**QUATORZIÈME**, adj. *catorsiém.* Catorceno, décimocuarto.

**QUATORZIÈMEMENT**, adv. *catorsiemmán.* En décimocuarto lugar.

**QUATRAIN**, m. *catrén.* Cuarteta, copla de cuatro versos. || Cuarteto, los cuatro versos que forman una estancia del soneto ó de otra composicion.|| Cuatrin, moneda antigua de poco valor.

**QUATRE**, adj. *cátr.* Cuatro, dos veces dos. || Cuarto algunas veces, especialmente hablando de reyes; como, *Henri quatre*, Henrique cuarto.|| *Marcher à quatre pattes*, andar á gatas, á cuatro piés.|| vulg. *Être fait comme quatre sous*, estar hecho un andrajo.|| m. Cuatro, el número cuatro. *Le quatre du mois*, el cuatro del mes. || Cuatro, carácter que representa en cifra el número cuatro.|| *Un quatre de cœur*, un cuatro de copas.|| *Le chiffre quatre*, el número cuatro.|| met. *Quatre de chiffre*, lazo para coger ratas, ratones y pájaros, ratonera de cuatro piezas. || met. *Se mettre en quatre*, tomar á pechos, desvivirse por hacer un servicio ó una cosa difícil. || met. y fam. *Se faire tenir à quatre*, mantenerse en sus trece, no dar su brazo á torcer.|| *Faire le diable à quatre*, estar echando demonios por la boca.

**QUATRE-TEMPS**, m. pl. *catrtán.* Liturg. Témpora, los tres dias que la Iglesia manda ayunar en las cuatro estaciones del año.

**QUATRE-VINGTIÈME**, adj. *catreventiém.* Octogésimo.

**QUATRE-VINGTS**, adj. *catreván.* Ochenta, cuatro veces veinte, ocho decenas.

**QUATRE-VOLEURS**, m. *catrevoleur.* Perf. Vinagre muy fuerte y lleno de aromas, al cual atribuye el vulgo muchas virtudes.

**QUATRE-YEUX**, m. *catrieu.* Zool. Didelfo ó semivulpeja, que tiene el pelo muy largo.

**QUATRIÈME**, adj. *catriém.* Cuarto en órden. *Le quatrième enfant*, el cuarto hijo. *La quatrième partie*, la cuarta parte. || m. y f. Persona ó cosa que ocupa el cuarto lugar ó está en cuarto órden de una serie. || m. Cuarto, cuarta, la cuarta parte de un todo. En este sentido se dice mas comunmente un *quart*.||Cuatro. *Nous sommes au quatrième du mois*, estamos á cuatro del mes. Mejor se dirá: *nous sommes au quatre du mois*, ó *c'est le quatre du mois*.|| En el juego es el cuarto jugador.|| El cuarto piso de una casa. *Loger au quatrième*, vivir en el cuarto piso. Tambien se dice *loger au quatrième étage*, *monter au quatrième étage, etc.*, usado como adjetivo. || Se dice en los colegios del que estudia en medianos, ó en la cuarta clase ó cuarto año: *c'est un quatrième*; y tambien del aula de medianos ó cuarta clase: *être en quatrième, faire la quatrième.* || f. Cuarta, en el juego de los cientos las cuatro cartas que se siguen en órden de un mismo palo.

**QUATRIÈMEMENT**, adv. *catriemmán.* En cuarto lugar.

**QUATRIENNAL, E**, adj. *catriennál.* Cuadrienal, que dura cuatro años; que ejerce durante cuatro años. || QUATRIENNAL, m. Se dice del empleado que ejerce un cargo durante cuatro años. || pl. *Quatriennaux.*

**QUATRIN**, m. *cuatrén.* Cuatrino, moneda de Italia.

**QUATUOR**, m. *cuátuor.* Mús. Cuarteto, composicion musical que se canta á cuatro voces, ó se ejecuta con cuatro instrumentos.

**QUATUORVIRS**, m. pl. *cuatuorvir.* Cuatuorviros, oficiales de policía urbana en Roma.

**QUAYAGE**, m. *queyáge.* Derecho que se paga por desembarcar y vender las mercancías en los muelles.

**QUE**, pron. rel. *queu.* Que. Sirve de régimen al verbo que le sigue. || Se traduce en algunos casos, á quien, de quien, por quien, porque está en vez de *à qui, de qui, pour qui*.||*Ne... que*, mas que, sino. *Ne vouloir que cela*, no querer mas que eso. *Je ne veux que le voir*, quiero solamente verle. En estos casos *que* equivale á *seulement*. || conj. Porqué. *Que ne vient-il?* porqué no viene? || Usado como partícula de admiracion, de ironía, de indignacion, significa cuán, cuánto. *Que la nuit paraît longue!* cuán larga se hace la noche!... *Que de jours j'ai passés!* cuántos dias pasé! || Es correlativo de las voces *tel, quel, même, meilleur, pire*, y muchas veces en este caso se traduce como. *Un homme tel que vous*, un hombre como Vd. *Se entendre est* [illegible] *n'oublie jamais rien*, [illegible] que nunca olvida nada. [illegible] tirse en oraciones interroga[illegible] tivas, y entónces el [illegible] duce. *Qu'est-ce que la vie sans* [illegible] qué es la vida sin la virtud? [illegible] traduce cuando es expletivo. [illegible] *Dieu que de lui imputer ce* [illegible] *père*, imputar á la Divinidad [illegible] de un padre, fuera insultarle. [illegible] en que no se traduce: *qu'il* [illegible] *gagne, il reste tranquille*, [illegible] no se altera.

**QUÉBEC**, m. [illegible] venenosa de la isla de Santo [illegible]

**QUEL, LE**, adj. [illegible] procediendo á sustantivo; [illegible] de *tel*. Sirve para señalar [illegible] personas ó cosas de que se [illegible] en las frases interrogativas, y [illegible] admiracion, la incertidumbre, [illegible] *Quel homme est-ce qu'un tel?* [illegible] de hombre es fulano? = *Quelle* [illegible] *il?* qué hora es? = *Quel malheur* [illegible] dicha! = *Je ne sais quel homme* [illegible] qué hombre es. || fam. *C'est un* [illegible] *prédicateur tel quel*, es un [illegible] predicador tal cual, así así, [illegible]

**QUELCONQUE**, adj. [illegible] cualquiera, alguno. Va siempre [illegible] al sustantivo. *Une ligne* [illegible] *raison quelconque*, una línea, [illegible] cualquiera. || For. *Nonobstant* [illegible] *ou appellation quelconque*, [illegible] cualquier oposicion ó apelacion.

**QUELLEMENT**, adv. [illegible] usa en sentido familiar. *Tellement* [illegible] *ment*, tal cual, así así, medianamente.

**QUELQUE**, adj. indef. [illegible] guno. *Si cela était, quelque* [illegible] *aurait parlé*, si fuese cierto, [illegible] riador hubiera hecho mencion [illegible] algunas veces como adverbio, [illegible] cerca de, casi. *Il y a quelque* [illegible] hace unos 20 años ó cosa de 20 [illegible] adverbio tambien significa por [illegible] *Quelque prudent qu'il soit*, [illegible] que sea. *Quelque réputation* [illegible] *qu'il ait*, por mas fama que tenga [illegible] liente.

**QUELQUEFOIS**, adv. [illegible] na vez, algunas veces, de vez en [illegible]

**QUELQU'UN, E**, m. y f. [illegible] Alguien, alguno, alguna, [illegible] chos, una persona. || *Quelqu'un* [illegible] una persona me ha dicho. [illegible] *uns, quelques-unes*, algunos, [illegible]

**QUÉMADERO**, m. [illegible] dero, la hoguera ó el suplicio de la [illegible] cion. Es voz española.

**QUÉMANDER**, n. [illegible] pedir limosna; andar á la tuna.

**QUÉMANDEUR, EUSE**, m. y f. [illegible] *deur, eus.* Pordiosero, el que [illegible] que pide con bajeza.

**QU'EN DIRA-T-ON**, m. [illegible] qué dirán, el hablar de las gentes.

**QUENQUAS**, m. [illegible] dias.

**QUENOTTE**, f. fam. [illegible] llo, diente de leche, el primero [illegible] los niños.

**QUENOUILLE**, f. [illegible] que se hila. || Copo, [illegible] lino ó cáñamo que se pone en la [illegible] hilar. || prov. *Allez filer votre* [illegible] vaya Vd. á hilar: se dice á [illegible] se mezcla en cosas que no [illegible] de cama, pilares de cama. || [illegible] palio || met. Equivale á hembra [illegible] posicion á varon ó varonía en [illegible] gias ó sucesiones. *Maison* [illegible] *nouille*, casa que ha recaido [illegible] *La couronne de France ne tombe* [illegible] *quenouille*, la corona de Francia [illegible] dan las hembras. || Bot. Racimo, [illegible] plantas y nombre de muchos [illegible]

**QUENOUILLÉE**, f. [illegible] porcion de cáñamo, lana, lino, [illegible] que se pone en la rueca para hilar.

**QUENOUILLETTE**, f. [illegible] Gambota.

**QUENOUILLAGE**, m. [illegible]

n, cuerdas de estopas retorcidas ra para calafatear.

**TELAGE**, m. Mar. V. Lest.

**ABLE**, adj. *querábl.* Jurisp. Re-, que se debe requerir ó pedir.

**AÏBA**, m. *queraíba.* Bot. Cabeiba, Brasil.

**AY**, m. *queré.* Mar. Parte del bor- bo buque.

**CITRON**, m. *quersitrón.* Especie de la América setentrional.

**ELLE**, f. *querél.* Querella, disputa, a, pendencia. || Querella, queja ju- *Prendre la querelle de quelqu'un*, partido de alguno. || *Querelle d'alle-* querella sin qué ni para qué, sin || *Faire une querelle d'allemand*, pelo al huevo.

**ELLER**, a. *querelé.* Reñir, con- disputar uno con otro. || Reñir, re- ó corregir con algun rigor y con . || *Se quereller*, r. Denostarse, tra- de palabras en una disputa.

**ELLEUR, EUSE**, adj. y s. *querel-* se. Quimerista, pendenciero, que , que busca disputas con cualquiera.

**MONIE**, f. *querimoní.* Der. can. , queja presentada á un juez ecle-

**IR**, a. *querír.* Buscar. Úsase solo tivo con los verbos *aller*, *envoyer*, en la conversacion familiar, hablan- rsonas y de objetos materiales. || *Allez mon fils*, vaya Vd. por mi hijo, trái- , mi hijo. || *J'enverrai quérir mes* mandaré por mis cartas, enviaré á traigan mis cartas.

**TEUR**, m. ant. *cuesiteur.* Inqui- comisario de policía. || Jurisp. ant. instruccion.

**NELLISME**, m. *quenelism.* Ques- , doctrina, sistema, principios de ; jansenismo.

**NELLISTE**, m. *quenelist.* Quesne- rtidario de la doctrina de Quesnel.

**TABLE** ó **QUESTAL**, adj. y s m. *stabl*, *cuestal.* Siervo, esclavo, que libertad.

**TABILITÉ**, f. V. Esclavage.

**TEUR**, m. *cuesteur.* Cuestor, nom- algunos magistrados de la antigua ncargados de administrar la hacien- ca en las provincias y ejércitos, y de rios cargos, como el de recibir los oros, etc. || En el dia se da este á los miembros de una asamblea encargados de vigilar el uso que se los fondos.

**TION**, f. *questión.* Cuestion, pre- se hace á una persona. || Cuestion, cion sobre que se disputa ó trata. || de tormento, el que se da á los reos declaren sobre alguna cosa. || *Ap- la question*, poner en el potro, en ento.

**TIONNAIRE**, m. *questionér.* Cues- , el que daba la cuestion de tormento os.

**TIONNER**, a. *questioné.* Pregun- er preguntas, examinar, preguntará | Hacer muchas preguntas tontas ó nas, impertinentes.

**TIONNEUR, EUSE**, s. y adj. *ques-* , eus. Pregunton, preguntador, el preguntas sin cesar.

**TUAIRE**, adj. *cuestuér.* Mercena- vende sus servicios.

**TURE**, f. *cuestúr.* Cuestura, digni- go de cuestor. || Cuestura, tiempo racion de este cargo.

**TE**, f. *quet.* Busca, accion de bus- manda, solicitud, diligencia para que se busca. || Cuesta, demanda, de limosnas ó donativos para pobres pias. || *Chien de quête*, ventor, perro bien el viento de la red.

**TER**, a. *queté.* Caz. Ventear, seguir, el perro la caza por el viento. Úsase absolutamente como neutro en esta n. || n. Cuestar, hacer la cuesta, pe- mandar la limosna para los pobres ú obras pias. || a. met. *Quêter des louanges*, mendigar elogios ó inciensos.

**QUÊTEUR, EUSE**, m. y f. *queteur, eus.* Demandador, demandante, el que pide y recoge la limosna para los pobres, etc. || Limosnero, el que pide y recoge la limosna entre los frailes mendicantes.

**QUEUE**, f. *queu.* Cola, rabo, la extremidad que en la parte posterior tienen los animales. || Cola, en los cuadrúpedos es una prolongacion de la espina dorsal. || Cabo, mango, rabo, extremo de algunas cosas, como de una sarten, de una cacerola, etc. || Cola, plumero en figura de cola que llevan en Turquía los pachás, y es insignia de su dignidad. || Coleta, mechon de cabellos que se dejaban ántes en la cabeza los hombres y se ataba con un cordon ó una cinta. || Cola, la ráfaga luminosa que sale del cuerpo de un cometa. || Cola, la punta prolongada que se trae comunmente arrastrando en algunas ropas talares. || *Queue de billard*, taco. || *Queue de lettre*, rabo de una letra, como de la *g*, *y*, etc. || *Queue des fruits, des feuilles*, peson, cabillo de las frutas, de las hojas. || *Queue d'une poële*, mango, rabo de una sarten. || *Queue d'une guitare*, mango, mástil de una guitarra ó de otro instrumento semejante. || *Queue d'aronde*, cola de milano, madero, ó hierro de esta figura, para unir dos piezas de madera. || *Queue de moulin á vent*, el madero que sale afuera, en que se arman las aspas. || met. Fin, término, cabo de alguna cosa. || Cola, la última parte, la última fila de un cuerpo, de una compañía, de una procesion. || Impr. Birli, fin de una página que queda sin llenar. || Barrilito pequeño. || Muela, piedra de afilar. || met. Cola, fin, resultado, consecuencia, trascendencia que tiene algun negocio ó suceso. || *En queue*, sobre las huellas de alguno, en su persecucion. || *Il a les archers en queue*, los alguaciles le van á los alcances, le persiguen. || fam. *Faire queue*, ponerse en fila, colocarse por órden unos detras de otros. || *Queue á queue*, en fila, unos tras otros, de reata. || *Être á la queue*, hacer cola, ir detras de todos. || *Se mettre á la queue*, ponerse á la cola, ponerse el último. || *Le bagage suivait en queue*, el bagaje venia detras. || fam. *Cette affaire aura une longue queue*, este negocio trae cola, reata, consecuencias.

**QUEUSSI-QUEUMI**, loc. adv. y fam. *queusiqueumi.* Lo mismo mismísimo, sin quitar ni poner.

**QUEUTER**, n. *queuté.* En el juego de billar es picar la bola y pegar con la punta del taco á las dos.

**QUEUX**, m. ant. *queu.* Cocinero. || Muela, piedra de afilar. Se escribe mas comunmente *queue* en esta acepcion.

**QUI**, pron. rel. *qui.* Que, quien. || *Qui est cet homme dont vous parlez?* quién es ese hombre de quien Vd. habla? || *Ils étaient dispersés, qui çà, qui là*, estaban dispersos, unos acá, otros acullá. || *Qui s'en fut chez lui, qui sur la place*, quien se fué á su casa, quién á la plaza; ó bien, unos se fueron á su casa, otros á la plaza. || *L'homme qui pense*, el hombre que discurre. || *Qui que ce soit*, sea quien sea, cualquiera, fuere quien fuere.

**QUIA**, adv. *qüia.* Dícese fam. *Être á quia*, quedar chafado, acorralado, sin tener que responder. || *Mettre á quia*, acorralar, dar un tapaboca á alguno, dejarle sin respuesta.

**QUIBUS**, m. fam. *quíbus.* Cumquibus, esto es, dinero. Úsase en esta locucion: *avoir du quibus*, tener cumquibus, tener mucho dinero, ser muy rico.

**QUICONQUE**, pron. indef. m. y f. *quicónc.* Cualquiera que, el que ó la que. || *Quiconque passe par là, doit payer tant*, cualquiera que, el que ó la que, todo el que pase por allí, sea quien sea, paga tanto. || *Quiconque n'observera pas cette loi sera puni*, cualquiera que, todo el que no observare esta ley será castigado.

**QUIDAM** ó **QUIDANE**, m. y f. *quidám*, *quidán.* Quidam, cierto sugeto indeterminadamente, una persona cuyo nombre se ignora ó se quiere callar. Como masculino y femenino solo se usa en estilo forense y en los monitorios. || m. Un quidam, se dice algunas veces por desprecio en la conversacion.

**QUIDDITÉ**, f. *cuidditié.* Fil. Quididad, esencia, lo que es en sí misma una cosa.

**QUIDER** ó **QUIDIER**, a. ant. *cuidé*, *cuidié.* Creer, pensar, juzgar.

**QUIESCENT, E**, adj. *cuiesán.* Quiescente, se dice en la gramática griega de las letras que no se pronuncian. || Quím. Quiescente, se dice de una afinidad que no expone ningun movimiento, ninguna fermentacion.

**QUIET, E**, adj. *cuié, ét.* Quieto, tranquilo, sosegado.

**QUIÈTEMENT**, adv. ant. *cuietmán.* Quietamente, tranquilamente, con sosiego.

**QUIÉTISME**, m. *cuietism.* Quietismo, error de ciertos místicos que hacen consistir toda la perfeccion cristiana en el reposo ó en la inaccion completa del alma.

**QUIÉTISTE**, adj. y s. *cuietist.* Quietista, el que sigue los errores del quietismo.

**QUIÉTUDE**, f. *cuietúd.* Quietud, sosiego, tranquilidad, reposo.

**QUIGNON**, m. fam. *quiñón.* Zoquete, pedazo grande de pan.

**QUILBOTE** ó **QUILBOQUET**, m. *quilbót*, *quilboqué.* Guillame, cepillo angosto de carpintero.

**QUILLAGE**, m. *quillágе.* Quillaje, derecho que paga una embarcacion la primera vez que entra en un puerto de Francia.

**QUILLARD**, m. *quillár.* Jugador de bolas.

**QUILLE**, f. *quill.* Mar. Quilla de una embarcacion. || Bolo, birlo, pedazo de madera largo y redondo que sirve para el juego de los bolos. || prov. *Trousser son sac et ses quilles*, levantar velas, coger el hato, tomar las de villadiego. || met. y pop. *Être reçu comme un chien dans un jeu de quilles*, ser recibido como gallina en corral ajeno: ser uno muy mal recibido. || Caña de hierro que usan los pizarreros en las canteras. || Tarajo, macho que sirve para abrir la hembra de los tornillos. || Juana, instrumento de guantero para alargar los dedos de los guantes.

**QUILLER**, n. *quillé.* Jugar á los bolos. || Birlar, tirar las bolas los jugadores á una raya, para saber quiénes van de compañeros. || Volver á colocar de pié los bolos derribados.

**QUILLETTE**, f. *quillét.* Bot. Planton de mimbre, mimbre grueso que se mete en la tierra para que eche raíces.

**QUILLATER (SE)**, r. ant. *quillité.* Tenerse derecho.

**QUILLIER**, m. *quillié.* Espacio cuadrado donde se colocan los nueve bolos para jugar. || Reunion de todos los bolos juntos. || Taladra, barrena grande de carretero.

**QUILLON**, m. *quillón.* Parte de la guardia de la espada.

**QUILLOT**, m. *quilló.* Quiló, medida de granos usada en Constantinopla.

**QUILOT**, m. *quiló.* Quilo, peso turco de unas 60 libras.

**QUIN**, m. *quén.* Salin, recibidor ó receptáculo que hay en las salinas para que lo llene la marea y se forme la sal.

**QUINA**, m. V. Quinquina.

**QUINAIRE**, adj. *quinér.* Mat. Quinario divisible por cinco. || m. Quinario, nombre que dan los anticuarios á las monedas antiguas de oro ó plata del tercer módulo.

**QUINATE**, m. *quinát.* Quím. Quinato, sal formada por la combinacion de una base salificable y del ácido quínico.

**QUINAUD, E**, adj. ant. *quinó, ód.* Hecho una mona, hecho un bolo, avochinado, cortado, corrido sin saber qué responder. || fam. Mono viejo.

**QUINCAILLE**, f. *quencáll.* Quincalla, toda especie de mercaderías ó utensilios de hierro ó cobre de poco valor, como cuchillos, tijeras, etc. || met. y por desprecio. Quincalla, cascajo, moneda de cobre.

**QUINCAILLERIE**, f. *quencallri.* Quincallería, comercio de quincalla.

**QUINCAILLIER**, m. *quencallié.* Quincallero, comerciante, vendedor de quincalla, buhonero.

**QUINCONCE**, m. *quencóns.* Quincunce, tresbolillo, plantío de árboles en cuadro, uno en cada esquina y otro en medio.

QUINCONNEAU, m. cuensonó. Mar. Borel. V. CABILLOTS.

QUINCUNX, m. quencóncs. Quincunce, cinco onzas ó cinco duodécimas partes del as romano.

QUINDÉCAGONE, m. cuendecagón. Geom. Quindecágono, figura que tiene quince ángulos ó quince lados.

QUINDÉCEMVIRS, m. pl. cuendecemvir. Antig. rom. Quindecemviros, magistrados dedicados á la guarda de los libros sibilinos.

QUINDENTÉ, ÉE, adj. cuendanté. Bot. Quindentado, de cinco dientes ó puntas.

QUINE, m. quin. Quina, pareja de cinco en el juego del chaquete. || Quinterno, acierto de cinco números seguidos en la lotería. || Quinterno, nombre que se da en el juego de la rifa á los cinco números que ganan juntos sobre la misma línea horizontal ó del mismo color.

QUINÉ, ÉE, adj. quiné. Bot. Quinado, dispuesto por cinco.

QUININE, f. quinín. Quím. Quinina, sustancia alcalina y amarga que se extrae de diversas especies de quina.

QUINIQUE, adj. m. quinic. Quínico, se dice de un ácido descubierto en el extracto de la quina.

QUINOGRAPHIE, f. V. QUINOLOGIE.

QUINOLA, m. quinóla. Quínola, nombre de la sota de oros en el juego del revesino.

QUINOLOGIE, f. quinologí. Quinología, discurso, tratado sobre la quina, descripcion de sus propiedades.

QUINOLOGIQUE, adj. quinologic. Quinológico, que pertenece ó se refiere á la quinología.

QUINQUAGÉNAIRE, adj. cuencuagener. Quincuagenario, cincuenton, que tiene cincuenta años de edad. Úsase tambien como sustantivo de ambos géneros. || m. Quincuagenario, jefe que mandaba cincuenta soldados romanos. || Quincuagenario, inspector de cincuenta casas, etc.

QUINQUAGÉSIME, f. cuencuagesím. Liturg. Quincuagésima, dominica que precede á la primera de Cuaresma.

QUINQUANGULÉ, ÉE, adj. cuencuangulé. Bot. Quinqueangulado, de cinco ángulos.

QUINQUÉDENTÉ, ÉE, adj. cuencuedanté. Bot. Quinquedentado, de cinco dientes ó puntas.

QUINQUENELLE, f. cuencuenél. Jurisp. Quinquenelo, tregua de cinco años concedida á un deudor.

QUINQUENNAL, E, adj. cuencuennál. Quinquenal, que dura cinco años; que se hace ó renueva de cinco en cinco años.

QUINQUENNALITÉ, f. cuencuennalité. Quinquenio, espacio de cinco años. || Se dice de un cargo que se ejerce durante cinco años, y que pasa á otro al cabo de ellos.

QUINQUENNIUM, m. ant. cuencuenniom. Quinquenio, curso de estudios de cinco años, dos de ellos en filosofía y tres en teología ó en leyes.

QUINQUENOVE, m. cuencnóv. Quinquinueve, juego que se jugaba con dos dados, y que tomó su nombre de los números cinco y nueve.

QUINQUEPORTE, m. cuencpórt. Especie de red.

QUINQUERCE, m. cuencuérs. Antig. rom. Quinquercio, reunion de cinco especies de combates de que un atleta habia de salir vencedor en un mismo dia para alcanzar el premio. Equivalia al pentatlo (pentathle) de los Griegos.

QUINQUÉRÈME, f. cuencuerém. Quinquereme, galera antigua de cinco órdenes de remos.

QUINQUET, m. quenqué. Quinqué, velon de bomba con corriente de aire, que algunos llaman lámpara de Argant, en memoria de su inventor; Quinquet es el nombre del que la perfeccionó.

QUINQUILLE, m. V. QUINTILLE.

QUINQUINA, m. quenquina. Quina ó quinina, corteza amarga y febrífuga producida por un árbol del Perú. V. QUININE. || Quina, árbol que produce esta corteza.

QUINQUINATISER, a. quenquinatisé. Recetar ó hacer tomar la quina.

QUINT, m. quén. Quinto, se decia por la quinta parte de una cantidad: avoir le quint dans une affaire. Ahora se dice le cinquième. || Quinto, derecho que se pagaba en algunos sitios por la adquisicion de un feudo. || QUINT, adj. m. Quinto en el número. Solo se usa en Charles-Quint, Cárlos quinto; Sixte-Quint, Sixto quinto.

QUINTADINER, n. quentadiné. Dinonar los cañones del órgano, producir malos sonidos.

QUINTAINE, f. quentén. Pilar ó poste fijo en la tierra, contra el cual se ejercitaban los antiguos en correr lanzas ó arrojar dardos. || Accion de correr monote.

QUINTAL, m. quentál. Quintal, peso de cuatro arrobas ó cien libras. En plural quintaux, quintales. || Quintal métrique, quintal métrico, peso de cien quilogramos.

QUINTALAGE, m. quentalage. Feud. Quintalada, derecho de granos y de toda clase de mercancías.

QUINTAN, m. quentán. Monote, maniquí de madera colocado sobre un pilar. V. FAQUIN en la 2ª. acepcion.

QUINTANE, adj. f. Med. V. QUINTE, adjetivo.

QUINTAU, m. quentó. Hacina de haces de leña en un monte ó bosque.

QUINTE, f. quent. Mús. Quinta, intervalo de cinco tonos consecutivos comprendidos los dos extremos. || Violon, especie de violin mas grande que el ordinario, y que tiene tambien cuatro cuerdas. || Quinta, en el juego de los cientos son cinco cartas seguidas en el órden. || met. y fam. Capricho, fantasía, tema, empeño. || Med. Tos violenta y prolongada.

QUINTEFEUILLE, f. quentfeuil. Bot. Quinquefolio ó cincoenrama, planta rosácea. || Blas. Quintufoliada, flor de cinco florones; la hoja de la pervinca abierta en corazon.

QUINTELAGE, m. quentlage. Anchetas, pacotilla, lo que puede llevar un marinero en géneros. || Mar. ant. Lo mismo que lest, lastre.

QUINTER, a. quenté. Marcar las obras de oro y de plata en la fábrica, despues de concluidas. || n. Mús. Proceder por quintas.

QUINTESSENCE, f. quentesans. Quinta esencia, la parte mas sutil y exquisita de ciertos cuerpos. || met. Quinta esencia, lo mas principal, puro, fino ó ingenioso que hay en un negocio, en un discurso, en un libro, lo mas cabal y perfecto.

QUINTESSENCIÉ, ÉE, adj. quentesansié. Sutilizado, sacada la quinta esencia. Se usa en sentido moral, hablando del estilo, de una doctrina, etc.

QUINTESSENCIER, a. quentesansié. Refinar, sacar la quinta esencia; sutilizar.

QUINTESSENCIER, m. quentesansié. Destilador, purificador, refinador. || Tambien se decia por el que busca la quinta esencia ó la piedra filosofal.

QUINTETTO, m. cuentétto. Quinteto, composicion musical á cinco voces.

QUINTEUX, EUSE, adj. y s. m. quenteo, eus. Caprichudo, caprichoso, fantástico; temoso, rijoso.

QUINTICLAVE, m. cuenticláv. Llave, manecilla de metal que en algunos instrumentos de viento sirve para variar los tonos.

QUINTIDI, m. cuentidí. Quinto dia de la década en el calendario republicano francés.

QUINTIL, E, adj. cuentil. Astr. Solo se usa en quintil aspect, posicion de dos planetas separados uno de otro la quinta parte del zodiaco, ó setenta y dos grados.

QUINTILIEN, m. cuentilien. Quintiliano, célebre crítico y retórico, nacido en España, y segun otros en Roma.

QUINTILLE, m. cuentill. Quintillo, juego del hombre con algunas modificaciones cuando se juega entre cinco.

QUINTIMÈTRE, m. cuentimétr. Quintímetro, quinta parte del metro, que corresponde á unas ocho pulgadas de Castilla.

QUINTIN, m. quentén. Quintin ó clarin, especie de lienzo fino y delgado.

QUINTUPLE, adj. cuentupl. Quintuplo, se dice de la cantidad multiplice que incluye á otra cinco veces. [illegible] ... numente como sustantivo.

QUINTUPLER, a. [illegible] ... cer, hacer una cantidad [illegible] ... multiplicarla por cinco.

QUINZAIN, adj. [illegible] ... Se dice en el juego de [illegible] ... que los jugadores [illegible] ... les joueurs sont quinzain [illegible] ... antigua moneda de oro [illegible]

QUINZAINE, f. [illegible] ... quincenario, nombre colec[illegible] ... de quince cosas de un [illegible] ... Quincena, se dice por [illegible] ... poco mas ó menos. || [illegible] ... quince dias ó el espacio [illegible] ... á quince dias. Dícese [illegible] ... citas, plazos, esperas, [illegible] ... para dentro de este término.

QUINZE, adj. [illegible] ... y cinco ó tres veces cinco [illegible] ... Louis quinze, Luis décimo[illegible] ... ce, el número quince. || [illegible] ... el quince del mes. Partir [illegible] ... charse el dia quince. || Q[illegible] ... de naipes. || Quince, en el [illegible] ... uno de los dos primeros [illegible] ... se gana. || met. y fam. [illegible] ... bisque, dar quince y falta [illegible] ... jar á otro en cualquiera [illegible] ... Vingts, hospicio fundado [illegible] ... Paris para trescientos [illegible] ... vingt, un ciego de los [illegible] ... hospicio.

QUINZIÈME, adj. [illegible] ... décimoquinto. || m. Quinceno, la quinta parte de una cosa.

QUINZIÈMEMENT, adv. [illegible] En décimoquinto lugar.

QUIOSSAGE, m. quiosage. Art. [illegible] ... naduras de las correambres y [illegible]

QUIOSSE, f. quiós. Art. [illegible] ... dra ó desgarradera de curtidor.

QUIOSSER, a. quiosé. Art. [illegible] ... los pellejos y corambres.

QUIPROQUO, m. quiprocó. Qui[illegible] ... quo, equivalente. En este [illegible] ... entre los boticarios ó farmacéuticos [illegible] ... quiproquo d'apothicaire, un [illegible] ... dado por equivocacion en lugar de [illegible] ... Quid pro quo, equivocacion, [illegible] ... es la equivocacion de una [illegible] ... dado, tomado, hecho ó dicho [illegible] ... otra, y este es el sentido en [illegible] ... comunmente: il a fait un [illegible] ... étrange quiproquo. || [illegible] ... proquo el uso de una [illegible] ... que se le parece, [illegible] ... || Antiguamente los Franceses [illegible] ... pro quo como en latin, [illegible] ... quid pro aliquo.

QUIQUERQUE, m. [illegible] ... albañalero, el que limpia los [illegible] ... inmundos.

QUIQUI, m. quiquí. [illegible] ... ta de Chile.

QUIRITER, a. quirité. [illegible] ... imitando el gruñido de [illegible]

QUITTANCE, f. quitáns. [illegible] ... ta de pago, saldo ó [illegible]

QUITTANCER, a. quitansé. [illegible] ... abonar una deuda ó [illegible] ... finiquito, carta de pago.

QUITTE, adj. quit. [illegible] ... igual, en paz, sin deber [illegible] ... vers quelqu'un, estar [illegible] ... ber hecho lo que exigia [illegible] ... Libre, exento, descargado [illegible] ... || met. Jouer à quitte ou [illegible] ... munmente jouer quitte ou [illegible] ... resto, empeñar la [illegible] ... empeño, dificultad, etc. [illegible] ... turarlo todo para salir [illegible] ... una situacion difícil y [illegible] ... coité quittes, hénos ya en [illegible] ... no nos debemos nada. || [illegible] ... loc. adv. Estar en paz, [illegible]

QUITTEMENT, adv. [illegible] ... Sin carga, sin censo [illegible] ... usaba hablando de una [illegible] ... en particular de los bienes [illegible] ... taba siempre con franc [illegible] ... MENT, m. For. Desempeño [illegible] ... nes, dejacion de una herencia.

QUITTER, a. quité. Dejar, [illegible]

[illegible]temperar una cosa. || Dejar, separarse, apartarse de alguna persona ó lugar. || Dejar, abandonar, renunciar á una cosa. || Quitarse alguna cosa de encima, despojarse, desnudarse de los vestidos. || Dejar, despojarse, renunciar. || Dejar, soltar una cosa que se tenia asida. || Dejar, desistir de un empeño, de una obra, etc. || Dejar, ceder, renunciar alguna cosa á favor de otro. || Dispensar, eximir, perdonar, hacer gracia, descargar á otro de alguna deuda ú obligacion.

**QUITUS**, m. *cuitus*. Finiquito, remate de una cuenta.

**QUI-VA-LÀ ó QUI VA LÀ**, *quivalá*. Quién va? quién va allá? Grito de una persona que oye ruido ó ve venir á alguno. || prov. y met. *Avoir toujours réponse à qui-va-là*, tener respuesta para todo, no encontrar dificultad en nada.

**QUI-VIVE ó QUI VIVE?** *quivív*. Quién vive? Expresion de que usan los centinelas que guardan un puesto, las patrullas, etc. || met. y fam. Se dice sustantivamente *être sur le qui-vive*, estar alerta, atento á lo que pasa. || *Être toujours sur le qui-vive*, estar inquieto y receloso. || *Se tenir sur le qui-vive*, estar preparado, como en esta frase: *qui croit mourir se tient sur le qui-vive*.

**QUOAILLER**, n. *coallé*. Colear, menear la cola el caballo cuando se le monta.

**QUOCOLOS**, m. *cocolós*. Cocoolos, piedra de Italia que en el fuego se petrifica.

**QUODLIBÉTAIRE**, f. *codlibetér*. Cuodlibetario, tesis sobre todas las partes de una ciencia. || Es tambien adj. f., y solo se usa en *question quodlibétaire*, cuestion minuciosa para ejercitar á los cursantes de teología, etc.

**QUOI**, pron. rel. *cuá*. Que, lo cual, la cual cosa. Algunas veces hace oficio del pronombre relativo *lequel, laquelle*, así en singular como en plural; mas solo en los casos oblicuos y hablando de cosas. *C'est un vice à quoi il est sujet*, es un vicio á que ó al cual está sujeto. *Ce sont des choses à quoi on ne pense pas*, son cosas en que ó en las cuales no se piensa. *C'est en quoi vous vous trompez*, en esto se engaña Vd. || Qué cosa. *Quoi de plus agréable!* ¡qué cosa mas agradable! *À quoi pensez-vous?* ¿en qué piensa Vd.? || *Avoir de quoi*, tener dinero, ser muy rico. || fam. *Comme quoi*, como. *Prouvez-lui comme quoi il se trompe*, pruébele Vd. como se engaña. || *Quoi que*, cualquier cosa que. *Quoi qu'il en arrive*, cualquier cosa que suceda ó sobrevenga. || *Quoi qu'il en soit*, como quiera que sea, sea lo que fuere ó como fuere. || Qué! cómo! part. admirat. que sirve para expresar la admiracion, la indignacion, etc. *Quoi! vous avez fait cette imprudence!* qué! cómo! habeis cometido esta imprudencia! *Quoi donc! vous m'osez braver en face!* qué! cómo! Vd. se atreve insultarme á la cara!

**QUOIQUE**, conj. *cuác*. Aunque, bien que, sin embargo que.

**QUOLIBET**, m. *colibé*. Equívoco, retruécano, modo de hablar lijero y trivial que encierra algun chiste ó dicho de dos sentidos. || Pulla, dicho insulso, *calembour* ó juego de palabras de mal gusto, equívocos, etc., todo se confunde bajo la denominacion de *quolibet*.

**QUOLIBÉTIER**, m. *colibetié*. Dicharachero, el que hace ó dice retruécanos.

**QUOLIBÉTIQUE**, adj. *colibetic*. Fecundo en retruécanos.

**QUOLIBÉTISTE**, m. V. **QUOLIBÉTIER**.

**QUOQUARD**, m. ant. *cocar*. Vanidoso sin motivos.

**QUOQUELU**, m. ant. *coclú*. Ávido ó ambicioso de gloria.

**QUOTE**, adj. f. *cót*. Solo se usa con *part* y forma con esta voz un sust. compuesto, *quote-part*, cuota, parte que cada uno debe pagar ó recibir en la particion de una suma total. En el plural *quotes-parts*.

**QUOTIDIEN, NE**, adj. *cotidién, én*. Cotidiano, que se hace ó sucede cada dia, que es de todos los dias.

**QUOTIDIENNEMENT**, adv. *cotidienmán*. Diariamente, cada dia.

**QUOTIDIENNETÉ**, f. *cotidienté*. Cotidianidad, reproduccion diaria de un acto, de una costumbre, de una publicacion.

**QUOTIENT**, f. *cosián*. Arit. Cociente, número que resulta de la particion de un número por otro.

**QUOTITÉ**, f. *cotité*. Cupo, cuota, parte asignada ó repartida á un pueblo ó particular en cualquier impuesto, reparticion, empréstito, etc.

**QUOTTEMENT**, m. *cotmán*. Art. La accion de apoyarse ó descansar el encaje sobre una rueda, y sus efectos.

**QUOTTER**, n. *coté*. Art. Se dice del diente de una rueda que carga ó descansa sobre el encaje.

**QUOUE**, f. ant. *cú*. Cola. V. **QUEUE**.

**QUOUIYA**, f. *cuía*. Zool. Cuiya, cuadrúpedo de las Antillas, especie de agutí.

# R.

**R**, m. R. Décimoctava letra del alfabeto [illegible] y la décimacuarta de las consonantes. No se pronuncia al fin de los sustantivos [illegible] adjetivos polisílabos en *ier*, como *officier*, [illegible], *grenier*, etc. Tampoco se pronuncia al fin de los verbos en *er*, como *aller*, [illegible], etc., excepto cuando la palabra siguiente empieza con vocal ó *h* muda. Es [illegible] de ningun valor al fin de algunas [illegible] voces polisílabas, tales como *berger*, [illegible], *boucher*, *bûcher*, *clocher*, *rocher*, [illegible], etc. A estas pertenecen tambien [illegible] y *messieurs*, que se pronuncian [illegible], *mesieu*. || R se hace sentir en los [illegible] *fer*, *mer*, *mur*, *sieur*, etc., en [illegible], *hier*, *tiers*, *cher*, *magister*, etc., en [illegible] propios *Jupiter*, *Esther*, [illegible], etc., en *plaisir*, *repentir*, etc., [illegible] el infinitivo de los verbos en *ir* y en [illegible], como *finir*, *recevoir*, etc. || La R doble [illegible] fuerte como en castellano, v. gr. [illegible] *aberration*, *concurrence*, *concurrent*, [illegible], *erreur*, *erroné*, *interrègne*, [illegible], *horrible*, *terreur*, *terrible*, [illegible], *narration*, *error*, *abhorrer*; sin embargo, en la conversacion algunas veces que [illegible] la *r* doble se pronuncian con una [illegible] *r*. Se hacen sentir tambien dos en la [illegible] parte de las palabras que empiezan [illegible], como *irrégulier*, *irrévocable*, etc., [illegible] tambien en el futuro y condicional de [illegible] verbos *acquérir*, *mourir*, *courir*, etc. [illegible], *je courrais*, etc. || La R como [illegible] numeral entre los Romanos valia 80, y [illegible] una raya horizontal encima 80,000. Entre los Griegos con un acento encima valia [illegible], y con el acento debajo 100,000. || En las [illegible] de los médicos R es abreviatura de [illegible], toma. En el comercio R se pone por [illegible], y R°. por recto por contraposicion á [illegible] en los escritos. || En la liturgia R es abreviatura de *responso* ó *responsorio*. || En las monedas francesas la letra R indica que fueron acuñadas en Orleans.

**RAB**, m. *rab*. Mús. Rab, instrumento hebreo parecido al tímpano ó salterio.

**RABAB**, m. *rabab*. Mús. Rabab, instrumento árabe de figura de tortuga con mástil y tres cuerdas.

**RABÂCHAGE**, m. fam. *rabachage*. Machaquería, repeticion inútil de cosas dichas ya: *un éternel, un insupportable rabâchage*.

**RABÂCHER**, n. fam. *rabaché*. Machacar, repetir la misma solfa, repetir lo que está ya dicho y redicho. Se usa tambien á veces como activo: *rabâcher cinquante fois la même chose*.

**RABÂCHERIE**, f. *rabacherí*. Machaquería, discurso ó escrito lleno de cosas inútiles y de repeticiones pesadas.

**RABÂCHEUR, EUSE**, m. y f. *rabacheur, eus*. Machacon, posma, repetidor.

**RABAIS**, m. *rabé*. Rebaja, diminucion de precio, de valor ó de cantidad. || met. *Mettre au rabais quelqu'un*, rebajar á alguno: hablar desventajosamente de él.

**RABAISSEMENT**, m. *rabesmán*. Rebajamiento, baja en el valor de la moneda. || Rebajamiento, accion de rebajar, de humillar, de despreciar.

**RABAISSER**, a. *rabesé*. Bajar, poner mas baja alguna cosa. || Rebajar, bajar, abaratar, minorar el precio ó valor de las cosas. || met. Humillar, reprimir, abatir, ajar. || Despreciar, estimar en menos de su valor. || Encuad. Afinar, cortar los encuadernadores el carton de la delantera de un libro. || *Se rabaisser*, r. Abajarse, humillarse.

**RABANS**, m. pl. *rabán*. Mar. Tomadores, cordones, envergues, badazas. || *Rabans de pointure*, puño del grátil.

**RABANER**, a. *rabané*. Mar. Colocar los tomadores.

**RABAT**, m. *rabá*. Alzacuello, parte del vestido de los eclesiásticos. || Techo ó rebote de un juego de pelota. || Birla, en el juego de bolos es el tiro que hace el jugador. || Tinte lijero. || Paño, en las cerezas. || Ojeo, accion de ojear ó de echar la caza. || Baja, descuento, disminucion del precio cuando se paga contante. || Regla, lista de madera para tirar líneas derechas.

**RABATAGE**, m. *rabatage*. Tara, rebaja, deduccion que se hace por el peso del talego, caja, etc. || Accion de deshacer los nudos ó tejidos de lana.

**RABAT-EAU ó RABATEAU**, m. *rabató*. Fieltro ó tela que recoge el agua que despide la piedra de afilar.

**RABATISTE**, m. ant. *rabatist*. El que lleva alzacuello.

**RABAT-JOIE**, m. *rabajuá*. Ataja-solaces, turbador de alguna diversion ó recreo. Dícese de una persona triste y de mal humor; tambien se dice de las cosas, aunque con ménos frecuencia.

**RABATTEMENT**, m. *rabatmán*. Jurisp. ant. Rebaja, disminucion del precio en la venta de ciertas propiedades.

**RABATTOIR**, m. *rabatuar*. Instrumento de hierro para labrar las pizarras.

**RABATTRE**, a. *rabatr*. Bajar, hacer caer, hacer descender. || Rebajar, bajar, disminuir el precio ó el valor de una cosa. Dícese tambien en sentido moral. || Rebatir, rechazar un golpe, un tiro. || Asentar, aplastar, aplanchar las costuras, los pliegues. || Podar, cortar las ramas de los árboles para que las echen mas fuertes ó produzcan mas. || met. Bajar, humillar, batir. || met. y fam. *Rabattre la coque*, hacer bajar el gallo á alguno: abotirle el orgullo ó la soberbia. || Ojear, batir la caza, echarla hácia un sitio donde la esperan los cazadores || Birlar, derribar los birlos en el juego de bolos. || Formar las cabezas á los clavos. || Martillar una pieza de plata, oro, etc. || n. Venir á tal parajo, dejarse caer sobre tal parte, tomar por tal lado, tomar, torcer, tirar hácia tal parte. || *Se rabattre*, r. Tiene el mismo sentido que el neutro. || met. Mudar de propósito y discurso, volverse á otro de pronto. || Limitarse, ceñirse, reducirse á una cosa.

**RABATTU, E**, adj. *rabatú*. Rebajado, disminuido; humillado. || *Epée rabattue*, espada embotada, bota, sin filo ni punta. || *Dames rabattues*, juego que se juega en el tablero del chaquete.

**RABBIN**, m. *rabén*. Rabino, rabí, doctor de la ley judáica. || *Grand rabbin*, gran rabino, jefe de una sinagoga ó de un consistorio israelita.

**RABBINAGE**, m. fam. *rabinage*. Estudio que se hace de los libros rabínicos. Se dice como por irrision ó desprecio.

**RABBINIQUE**, adj. *rabinic*. Rabínico, que pertenece ó se refiere á los rabinos.

**RABBINISME**, m. *rabinísm*. Rabinismo, doctrina rabínica, sistema religioso de los rabinos.

**RABBINISTE**, m. *rabinist*. Rabinista, el que sigue la doctrina de los rabinos ó estudia sus libros.

**RABDOLOGIE**, f. *rabdologí*. Rabdología, especie de aritmética que consiste en hacer cálculos por medio de unas varitas pequeñas sobre las cuales están escritos los números simples.

**RABDOLOGIQUE**, adj. *rabdologic*. Rabdológico, concerniente á la rabdología.

**RABDOMANCE ó RABDOMANCIE**, f. *rabdomans*, *rabdomansí*. Rabdomancia, pretendida adivinacion que se hacia con una varilla de virtudes ó adivinatoria.

**RABDOMANCIEN, NE**, m. y f. *rabdomansien*, *én*. Rabdomántico, el que ejerce la rabdomancia || adj. Rabdomántico, concerniente á la rabdomancia.

**RABELAISERIE**, f. *rableerí*. Chanza, chiste cínico por el estilo de los de Rabelais.

**RABELAISIEN, NE**, adj. *roblesién*, *én*. Lit. Rabeláico, que pertenece á Rabelais, que es del gusto ó de la manera de Rabelais.

**RABÊTI, E**, part. pas. de **RABÊTIR** y adj. *rabetí*. Abestiado, arrocinado, embrutecido, atontado.

**RABÊTIR**, a. *rabetír*. Abestiar, arrocinar, embrutecer, entontecer, volver estúpido. || n. fam. Bestiarse ó abestiarse, volverse bestia, estúpido. Úsase tambien como pronominal en el mismo sentido que el neutro.

**RABIAU**, m. *rabió*. Mar. El vino, cerveza ó aguardiente que queda en la cantimplora despues de hacer la reparticion á los individuos de la tripulacion.

**RABIAUTER**, n. *rabioté*. Mar. Beber lo que se llama *rabiau* en el artículo precedente.

**RABIOLLE**, f. V. **RAVE**.

**RABIQUE**, adj. *rabic*. Med. Rabioso, que tiende á la rabia.

**RABLE**, m. *rábl*. Lomo. Se dice solamente hablando de la liebre y del conejo. || joc. *Avoir le râble épais*, ser ancho de espaldas, fornido, forzudo. || Hurgon, pala para retirar las brasas y cenizas del horno. || Cucharilla, paleta de fundidor para retirar las escorias del metal. || Mesa del constructor de órganos, para cortar y arreglar los cañones. || *Rables*, pl. Mar. Costillas, cuadernas de un buque.

**RABLER**, a. *rablé*. Hurgonear, atizar el fuego con el hurgonero.

**RÂBLU, E**, adj. *rablú*. Lomiancho, se dice de las liebres y conejos cuando están gordos. || Lomudo, se dice de una persona bien fornida || fam. *Gros garçon bien râblu*, mozo bien formado, de buenos lomos.

**RÂBLURE**, f. *rablúr*. Mar. Alefría, concavidad que se hace en el madero para que allí reciban las tablas.

**RABOBELINER**, a. *raboblinó*. Remendar, echar remiendos groseramente, bien ó mal.

**RABOBINER**, a. *rabobiné*. Se ha dicho por *rabobeliner*, en sentido propio y figurado.

**RABONNIR**, a. *rabonír*. Abonar, mejorar alguna cosa.

**RABORDER**, a. *rabordé*. Mar. Dar segundo abordaje á un buque enemigo.

**RABOT**, m. *rabó*. Cepillo de carpintero. || met. *Passer le rabot sur un ouvrage*, pasar el cepillo á una obra, corregirla. || Plancha, en las fábricas de terciopelo. || Batidera de albañil para mezclar la cal.

**RÂBOTER**, a. *raboté*. Acepillar, labrar la madera con el cepillo. || met. Corregir, limar una obra, un escrito.

**RABOTEUR**, m. *raboteur*. El que se sirve del instrumento llamado *rabot*.

**RABOTEUX, EUSE**, adj. *raboteu*, *eus*. Áspero, tosco nudoso, escabroso, desigual: se dice de todo lo que no está liso, llano ó igual en su superficie.

**RABOTIER**, m. *rabotié*. Mesa estriada ó acanalada, entre monederos.

**RABOUGRI, E**, adj *rabugrí*. Achaparrado, desmirriado: se dice de una persona mal formada || Hablando de árboles y plantas, achaparrado, etc. V. **RABOUGRIR**.

**RABOUGRIR**, n. *rabugrír*. Achaparrarse, no crecer, no medrar, hablando de árboles y plantas. Se usa tambien como pronominal.

**RABOUILLÈRE**, f. *rabullér*. Guazpera, madriguera, vivar de conejos.

**RABOUTIR**, a. vulg. *rabutír*. Cabecear, añadir, coser las puntas de una tela.

**RABROUER**, a. *rabrué*. Sacudir, despedir, responder ó tratar con aspereza ó descortesía.

**RABROUEUR, EUSE**, adj. y s. *rabrueur*, *eus*. Áspero, duro, agreste, el que responde con aspereza.

**RACAGE**, m. *racáge*. Mar. Racamento, especie de collar que sujeta una verga á su respectivo palo ó mastelero.

**RACAHOUT**, m. *racaú*. Com. Especie de fécula compuesta, nutritiva y analéptica.

**RACAILLE**, f. *racáll*. Canalluza, garulla, chusma, gentualla, gente del pueblo. || Morralla, escoria, desecho de una cosa en su género.

**RACAMBEAU**, m. *racanbó*. Mar. Anillo grande de hierro que sirve para que alguna cosa á él sujeta pueda correr fácilmente por el palo ó cabo á que deba estar unida.

**RACCOISER**, a. *racuasé*. Calmar, mitigar, tranquilizar.

**RACCOMMODAGE**, m. *racomodáge*. Compostura, remiendo de un vestido ó mueble.

**RACCOMMODÉ, ÉE**, adj. *racomodé*. Compuesto, remendado, reparado. || met. Reconciliado, amistado.

**RACCOMMODEMENT**, m. *racomodman*. Compostura, reconciliacion de amistad.

**RACCOMMODER**, a. *racomodé*. Remendar, reparar, componer una cosa rota, desgarrada ó descompuesta. || met. Reconciliar, hacer las amistades. || Reformar, enmendar una obra, un escrito. || *Se raccommoder*, r. Reconciliarse, componerse, hacer las amistades.

**RACCOMMODEUR, EUSE**, m. y f. *racomodeur*, *eus*. Remendon, el que tiene por oficio remendar.

**RACCORD**, m. *racór*. Arq. Enlace, relacion que se quiere establecer entre dos partes contiguas de una obra que presentan reunidas alguna desigualdad de nivel, de superficie.

**RACCORDEMENT**, m. *racordmán*. Arq. Igualacion de un edificio viejo y otro nuevo.

**RACCORDER**, a. *racordé*. Arq. Igualar un edificio viejo con otro nuevo || Mús. Templar de nuevo un instrumento. || met. Poner de acuerdo á los que han reñido. V. **RACCOMMODER**.

**RACCOUPLEMENT**, m. *racuplman*. Emparejamiento, reunion de dos cosas que estaban separadas.

**RACCOURCI, E**, adj. *racursí*. Acortado; y algunas veces, demasiado corto. || Abreviado. || *A bras raccourci*, loc. adv. Con toda fuerza. || **RACCOURCI**, m. Pint. Escorzo, especie de perspectiva [illegible] que se ve de [illegible] lo que son en [illegible] *raccourci*, abreviar, [illegible] Es pequeño; y [illegible]

**RACCOURCIR** [illegible] abreviar, recoger. || [illegible] acortar un caballo, [illegible] moderar ó retener un [illegible] hablando de los dias y [illegible] mo sentido es una [illegible] nal.

**RACCOURCISSEMENT** [illegible] *mán*. Acortamiento, [illegible] cion, accion de acortar, [illegible] tado de esta accion.

**RACCOURS**, m. *racúr*. [illegible] una tela mal fabricada.

**RACCOUTREMENT**, m. [illegible] Remiendo, remendadura, [illegible] dar; resultado de esta accion.

**RACCOUTRER**, a. [illegible] dar, recoser. V. **RACCOMMODER**.

**RACCOUTREUX**, [illegible] *treu*, *eus*. Remendon, [illegible] dos.

**RACCOUTUMER (SE)** [illegible] *mé*. Volverse á acostumbrar [illegible]

**RACCROC**, m. *racró*. [illegible] esperado. Es voz de juego. [illegible] loc. adv. Sin acuerdo, [illegible]

**RACCROCHER**, a. [illegible] colgar lo que se habia [illegible] Echar el guante á lo que [illegible] escapado. || met. [illegible] res públicas á los hombres [illegible] sus casas. || *Se raccrocher*, [illegible] verse á enderezar, [illegible] tajas que uno tenia [illegible] *raccrocher à une chose*, [illegible] agarrarse á una cosa para [illegible] do su peligro. Dícese [illegible] gurado. || met. y fam. [illegible] *vice*, reengancharse ó [illegible] hablando de un soldado que [illegible] servicio.

**RACCROCHEUSE**, f. [illegible] ra, mujer de mala vida, [illegible] hombres para que entren [illegible]

**RACE**, f. *rás*. Raza, [illegible] dos los que vienen de una [illegible] casta, hablando de [illegible] fam. Ralea, laya, [illegible] perversa. || met. y fam. [illegible] tirle de herencia ó de casta [illegible] un hábito ó costumbre, por [illegible] padres ó antepasados. [illegible] jeres, se toma siempre [illegible] *Bon chien chasse de race*, [illegible] al galgo el ser rabilargo. || [illegible] *La race humaine*, la raza [illegible] bres en general. || *C'est un* [illegible] es un caballo de buena casta [illegible]

**RACER**, n. *rasé*. [illegible] ave otra semejante en [illegible]

**RACHALANDAGE**, m. [illegible] cion de volver á atraer [illegible] resultado de esta accion.

**RACHALANDER**, a. [illegible] á atraerse los parroquianos [illegible] hablando de una tienda.

**RACHAT**, m. *rachá*. [illegible] cion, recobro de lo vendido, [illegible] do, de lo robado, de la [illegible] tincion de un censo, de [illegible] vendicion, accion de volver [illegible] el mismo precio lo que se [illegible] Desempeño de alhajas [illegible]

**RACHE**, f. [illegible] Medida de cincuenta [illegible] rasgo ó señal hecha con [illegible] en un pedazo de madera.

**RACHER**, a. *raché*. [illegible] uno en el cepo. || Hacer [illegible] dera con la punta del [illegible] nar un bordado con [illegible] Agr. Encepar, echar [illegible]

**RACHETABLE**, adj. [illegible] ble, extinguible; dícese de [illegible] tributo, pension, etc.

**RACHETER**, a. [illegible] empeñar lo empeñado. || [illegible] lo perdido, lo vendido, [illegible] Comprar cosas de la misma [illegible] que se han vendido ó que [illegible]

Rescatar, extinguir una renta, una pension, etc. || Rescatar un cautivo con dinero. || Redimir, librar de un trabajo, pena, etc. || *Se rachéter*, r. Rescatarse, libertarse, librarse de una pena, de un trabajo, del cautiverio, etc

**RACHEUX, EUSE**, adj. *racheu*, eus. Repeloso, barboso: se dice de la madera que por estar llena de barbas es difícil de pulimentar.

**RACHÈVEMENT**, m. *rachevmán*. Conclusion, remate de una obra.

**RACHEVER**, a. *rachevé*. Rematar, acabar, terminar, concluir, dar la última mano á una obra.

**RACHEVEUR, EUSE**, m. y f. *racheveur*, eus. Rematador, el que remata, que termina ó da la última mano á una obra.

**RACHIALGIE**, f. *raquialgí*. Med. Raquialgia, dolor en la espina dorsal.

**RACHIALGIQUE**, adj. *raquialgic*. Raquiálgico, perteneciente á la raquialgia.

**RACHIALGITE**, f. *raquialgit*. Med Raquialgitis, inflamacion de la médula espinal.

**RACHIDIEN, NE**, adj. *rachidién*, én. Raquidiano ó raquídeo, que tiene relacion ó pertenece á la columna vertebral.

**RACHIS**, m. *rachís*. Anat. Raquis ó raches, nombre dado á la columna vertebral. || Bot. Raquis, extremidad del rastrojo de las plantas gramíneas.

**RACHISAGRE**, f. *rachisógr*. Med. Raquisagra, gota en la espina dorsal.

**RACHITIQUE**, adj. *rachitic*. Raquítico, afectado ó que padece de raquitis. || Raquítico, se dice de los trigos abortados. || Es tambien sustantivo, aplicándose á personas.

**RACHITIS**, f. *rachitís*. Anat. Raquitis, curvatura de la espina dorsal.

**RACHITISME**, m. *rachitism*. Anat. V. RACHITIS || Agr. Raquitis ó raquitismo, enfermedad de las plantas y mieses que les impide el desarrollarse.

**RACHOSE**, f. *racós*. Med. Racosis, relajacion del escroto.

**RACINAGE**, m. *rasinágr*. Cocimiento de raíz y hojas de nogal, de cascaras de nuez, propio para la tintura. || Arraigamiento, accion de arraigar, de echar raíces.

**RACINAL**, m. *rasinál*. Carp. Nabo, pieza grande de madera que sirve para sostener y afirmar otras.

**RACINE**, f. *rasin*. Raíz, la parte por la que las plantas están unidas á la tierra. || Raíz, nombre que se da á algunas plantas y yerbas de las que solo se puede comer la parte que está dentro de la tierra, como el nabo, la chirivia, etc. || Raíz, parte de las uñas, de los dientes, de los cabellos, etc., por la que están unidos á la carne. || Raigon de las muelas. || met. Raíz, origen, principio de ciertas cosas físicas ó morales. || Bot. *Racine pivotante*, raíz maestra, central ó recta. || *Racine en asphodèle*, raíces tuberculosas. || *Racines chevelues*, raíces cabelludas. || Raíz, es término de aritmética y de gramática. || *Prendre racine*, arraigar, echar raíces. || prov. *Prendre racine dans un endroit*, echar raíces en alguna parte: detenerse demasiado tiempo en él. || Álg. *Racine d'une équation*, raíz de una ecuacion, valor de la incógnita.

**RACINER**, n. *rasiné*. Arraigar, echar raíces. || a. Teñir con un cocimiento de raíces.

**RACINIEN, NE**, adj. *rasinién*, én. Raciniano, que es del gusto ó estilo de Racine.

**RÂCLE**, f. *racl*. Mar. Rasqueta, instrumento usado para raspar, para limpiar los buques.

**RÂCLER**, a. *raclé*. Raer, raspar con alguna cosa algunas partes de la superficie de un cuerpo. || Rasar, pasar el rasero por el colmo de una medida de granos. || *Râcler la guitare, le violon*, zangarrear, zangarrear la guitarra; aserrar, amolar el violin.

**RÂCLERIE**, f. *racleri* (e muda). Raspadura, accion de raspar, de raer; y mejor, accion de zangarrear la guitarra ó aserrar el violin. || Música mala, mala ejecucion.

**RÂCLEUR**, m. *racleur*. Amolador, aserrador, arañador, mal tocador de violin, de guitarra.

**RÂCLOIR**, m. *racluár*. Raedera, raspadera, rascador, instrumento para raspar.

**RÂCLOIRE**, f. *racluár*. Rasero, instrumento que sirve para raer las medidas de cosas áridas.

**RÂCLURE**, f. *raclúr*. Raedura, raspadura, lo que se quita de la superficie de una cosa raspada.

**RACOISER**, n. V. RACCOISER.

**RACOLAGE**, m. *racoláge*. Enganchamiento, accion de enganchar ó de reclutar.

**RACOLER**, a. *racolé*. Enganchar, reclutar con arte y astucia mozos para la milicia.

**RACOLEUR**, m. *racoleur*. Gancho, enganchador, reclutador, el que engancha ó recluta mozos para la milicia.

**RACONTER**, a. *raconté*. Referir, relatar, contar cuentos, historias.

**RACONTEUR, EUSE**, m. y f. fam. *raconteur*, eus. Relatador, contador de cuentos, historias, historietas, etc.

**RACORNI, E**, adj. *racorní*. Encogido, arrugado, endurecido con el calor.

**RACORNIR**, a. *racornír*. Endurecer, encoger, dar á alguna cosa la consistencia del cuerno. || Endurecer, encoger, arrugar con el calor. Si se habla de pergamino, es arrugar, encoger; si de carne que se cuece demasiado, ponerla dura y correosa; si de dulces, acorcharlos. || *Se racornir*, r. Encogerse, contraerse, endurecerse, segun es la cosa de que se habla.

**RACORNISSEMENT**, m. *racornismán*. Contraccion, endurecimiento, estado de una cosa endurecida, contraida ó arrugada.

**RACQUIT**, m. *raquí*. Desquite, accion de desquitarse.

**RACQUITTER (SE)**, r. *raquité*. Desquitarse, volver á ganar ó reintegrarse de lo perdido. || Indemnizarse de alguna pérdida. || Es tambien activo: *j'ai pris son jeu et je l'ai racquitté.*

**RADE**, f. *rád*. Rada, paraje cerca de la costa, especie de bahía ó ensenada al abrigo de ciertos vientos, en que pueden dar fondo los navíos.

**RADÉ, ÉE**, adj. *radé*. Rasado, en que se ha pasado el rasero, hablando de medidas de cosas áridas.

**RADEAU**, m. *radó*. Almadía, jangada, balsa formada de maderos que baja por los ríos. || Reunion de maderos para conducir por el agua hombres, caballos, mercancías.

**RADER**, a. *radé*. Mar Poner en rada un buque. || Rasar, pasar el rasero por una medida.

**RADEUR**, m. *radeur*. Medidor y rasador de áridos y sal.

**RADIAL, E**, adj. *radiál*. Anat. Radial, que pertenece al radio. V. RADIUS. || Radial, que tiene radios, como las coronas, etc.

**RADIAMÈTRE**, m. V. ARBALÈTE.

**RADIANT, E**, adj. *radián*. Radiante, radioso, que despide rayos de luz.

**RADIATION**, f. *radiasión*. For. Cancelacion, canceladura, testadura, raya que por autoridad de un juez se pasa por encima de un escrito, cláusula ó palabra que se anula. || Radiacion, accion de rayar el nombre de un individuo de alguna matrícula. || Fis Irradiacion. || *Radiation d'une hypothèque*, desglose de una hipoteca.

**RADICAL, E**, adj. *radical*. Bot. Radical, que pertenece á la raíz, que nace de la raíz. || Radical, fundamental, principal, que es como la raíz, la base, el principio de una cosa. || *Humide radical*, humor radical, flúido imaginario que algunos médicos miraban como el principio de la vida en el cuerpo humano. || Gram. *Lettres radicales*, letras radicales, las que están en la voz primitiva y se conservan en los derivados. || RADICAL, m. Quim. Quina radical, nombre de los cuerpos que unidos al oxígeno forman los óxidos y el mayor número de ácidos. || Radical, en Inglaterra se da este nombre á los partidarios de una reforma radical en el gobierno, etc.

**RADICALEMENT**, adv. *radicalmán*. Radicalmente, esencialmente, de raíz.

**RADICALISME**, m. *radicalism*. Radicalismo, sistema, opinion de los radicales de Inglaterra.

**RADICANT, E**, adj. *radicán*. Bot. Que produce muchas raíces.

**RADICATION**, f. *radicasión*. Radicacion, arraigue, accion por la que las plantas echan raíces.

**RADICIVORE**, adj. *radisivor*. Zool. Radicívoro, que se sustenta de raíces.

**RADICULE**, f. *radicúl*. Raíz pequeña; y tambien las puntas ó fibritas que terminan una raíz grande. || Raicilla, rudimento de la raíz.

**RADIÉ, ÉE**, adj. *radié*. Bot. Radiado, que tiene radios.

**RADIER**, a. V. RAYER. || n. V. RAYONNER.

**RADIER**, m. *radié*. Zampeado con su emparrillado, estableciendo encima con madera ó losas de piedra que se construyen delante de los machones y vanguardia de los puentes, esclusas, etc., con el fin de que la corriente no socave los cimientos.

**RADIEUX, EUSE**, adj. *radieu*, eus. Radioso, que tiene ó despide rayos de luz.

**RADINE**, f. *radín*. Raíz en forma de nabo de las Indias.

**RADIOMÈTRE**, m. *radiométr*. Radiometro, instrumento para tomar las alturas en el mar.

**RADIS**, m. *radí*. Reponche, rabanito redondo y blanco. V. RAIFORT. || Especie de marisco de una sola concha.

**RADIUS**, m. *rádius*. Anat. Radio, uno de los huesos del antebrazo, situado en la parte externa de este.

**RADOIRE**, f. *raduár*. Rasero, palo para rasar las medidas de áridos.

**RADOTAGE**, m. *radotáge*. Chocheo, caduquez, vejez, estado de una persona que chochea. || Discurso de una persona que no tiene su razon completa, que chochea.

**RADOTER**, n. *radoté*. Desatinar, chochear, hablar sin juicio ni razon á causa de la vejez. || met. y fam. Desatinar, disparatar, decir cosas sin fundamento.

**RADOTERIE**, f. *radoterí* (e muda). Chochez, extravagancia que se dice chocheando.

**RADOTEUR, EUSE**. m. y f. *radoteur*, eus. Chocho, caduco, el que chochea. || Delirante.

**RADOUB**, m. *radúb*. Mar. Carena, recorrida, composicion que se da al casco, aparejo, jarcias, etc., de una embarcacion.

**RADOUBER**, a. *radubé*. Mar. Recorrer, carenar, reparar, componer el casco de un buque. || *Se radouber*, r. met. y fam. Restablecerse de una enfermedad. || Reparar una pérdida ó desastre.

**RADOUBEUR**, m. *radubeur*. Mar. Carenador, el que carena.

**RADOUCIR**, a. *radusír*. Suavizar, ablandar, templar, hablando del rigor del frio, de la estacion, etc. || met. Templar, calmar, sosegar el ánimo. || *Se radoucir*, r. Suavizarse, ablandarse, templarse, etc. || *Se radoucir pour une femme*, hacerse unas gachas, babear por una mujer.

**RADOUCISSEMENT**, m. *radusismán*. Bonanza, serenidad, hablando del tiempo. || met. Alivio, mejoría de una enfermedad. || Rendimiento, blandura, requiebro amoroso.

**RAF**, m. *ráf*. Marejada fuerte, movimiento de olas grandes sin borrascas.

**RAFALE**, f. *rafál*. Mar. Racha de viento, ráfaga, ventarron.

**RAFFAISSER (SE)**, r. *rafesé*. Volver á hundirse de nuevo un edificio.

**RAFAUX ó RAFFAUX**, adj. m. ant. *rafó*. Desmedrado, achaparrado, hablando de árboles. V RABOUGRI.

**RAFFE**, f. *raf*. Bot. Rafe, género de plantas. || Raf, especie de red para cazar pájaros. || pl. Raspaduras de pieles.

**RAFFERMIR**, a. *rafermír*. Asegurar, afirmar, fortalecer, fortificar, poner una cosa mas fuerte y firme de lo que estaba antes. || met. Asegurar, poner en un estado mas firme, mas estable. || *Se raffermir*, r. Afirmarse, asegurarse mejor, hacerse firme ó fuerte.

**RAFFERMISSEMENT**, m. *rafermismán*. Aseguramiento, seguridad, afirmamiento, firmeza, el acto y efecto de dejar segura, firme y bien afianzada una cosa.

**RAFFETIER**, a. *raftié*. Chalanear, gitanear, hacer el oficio de corredor de bestias.|| Manipular, trachimanear, tapujar, andar con tapujos V. MAQUIGNONNER.

**RAFFILER**, a. *rafilé*. Baer las pieles.|| Dar á los dedos de los guantes la forma conveniente.

**RAFFINAGE**, m. *rafináge*. Afinacion, afinadura, accion de afinar, de refinar.

**RAFFINÉ, ÉE**, adj. *rafiné*. Refinado || Diestro, astuto, artero. || m. Hombre delicado que se bate por la menor cosa.

**RAFFINEMENT**, m. *rafinmán*. Demasiada delicadeza, sutileza y esmero en lo que se habla, discurre ó inventa.

**RAFFINER**, a. *rafiné*. Refinar, perfeccionar una cosa, hacerla mas fina y pura. || n. Sutilizar, discurrir con demasiada sutileza, astucia, malicia, etc. || Hacer nuevas investigaciones ó descubrimientos en alguna materia. || *Se raffiner*, r. Pulirse, adelgazarse, avivarse. || Apicararse, ganar en malicia; volverse mas astuto, ménos cándido y sencillo.

**RAFFINERIE**, f. *rafinri*. Fábrica donde se refina el azúcar.

**RAFFINEUR**, m. *rafineur*. Refinador, purificador, el que refina.

**RAFFOLER**, n. fam. *rafolé*. Estar loco, enamorado, apasionado, perdido por una persona ó cosa.

**RAFFOLIR**, n. *rafolir*. Enloquecer, volverse loco.

**RAFFUTAGE**, m. *rafutáge*.Art. Accion de componer enteramente un sombrero; nueva hechura que se da á un sombrero.

**RAFFUTER**, a. *rafuté*. Componer un sombrero de nuevo. Tambien se dice de las herramientas ó útiles.

**RAFLAGE**, m. *rafláge*.Estado de un pilon de azúcar bastante tosco.

**RÂFLE**, f. *ráfl*. Parejas de tres, la suerte de tres dados en un mismo punto. || met. y fam. *Faire ráfle*, vendimiar, irse con la boda y los bodigos: cargar con todo, arrebañar, arrebatar cuanto hay sin dejar nada. ||m. Escobajo, raspa, el gajo del racimo de uvas desgranado. || Cierta red para pescar y cazar.

**RÂFLER**, a. fam. *raflé*. Vendimiar, arrebañar, robar y llevarse cuanto hay en una casa.

**RÂFLEUX, EUSE**, adj. V. RABOTEUX.

**RAFLOUER**, a. *raflué*. Mar. Volver á flotar un buque.

**RAFRAÎCHIR**, a. *rafrechír*. Refrescar, refrigerar, templar el calor. || Refrescar, enfriar, sea con aire, sea con nieve, etc. || Reparar, retocar una cosa vieja ó maltratada.|| met. Refrescar, renovar la memoria, una idea, un sentimiento. || Igualar, recortar la extremidad de una cosa, como capa, sombrero, etc. || Fortalecer, reparar las fuerzas, la salud. || Abastecer, proveer de nuevo una plaza, un ejército.|| *Rafraîchir le sang*, refrescar la sangre por medio de un régimen ó de los remedios que calman la irritacion. || *Se rafraîchir*, r. Refrescarse. En este mismo sentido se usa tambien como neutro: *tandis que le vin rafraîchit*.

**RAFRAÎCHISSANT, E**, adj. y s. *rafrechisan*. Refrigerante, fresco, que refresca. || Med. Refrigerante, refrigerativo, propio para refrescar el cuerpo, para calmar la agitacion de los humores. En esta acepcion se usa mucho como sustantivo: *un rafraîchissant, des rafraîchissants*, un refrigerante, refrigerativos, etc.

**RAFRAÎCHISSEMENT**, m. *rafrechismán*. Refresco, refrigerante, lo que sirve para refrescar. || met. Refrigerio, alivio, descanso.|| pl. Provisiones, bastimentos frescos que se llevan en los buques. || Socorros de víveres, de municiones que se introducen en una plaza ó ejército. || Refrescos, bebidas que se sirven en una reunion, en un baile.

**RAFRAÎCHISSOIR**, m. *rafrechisuar*. Enfriadera, cantimplora ó otra cualquiera vasija, donde se pone á enfriar el agua y demas bebidas.

**RAGADIOLE**, f. *ragadiól*. Bot. Ragadiolo de plantas chicoráceas.

**RAGAILLARDIR**, a. fam. *ragaillardír*. Refocilar, volver el alma al cuerpo, dar la vida, volver la alegría.

**RAGE**, f. *ráge*. Rabia, delirio furioso acompañado de horror á los líquidos con un deseo extraordinario de morder. El nombre facultativo es *hydrophobie*, y se dice principalmente del perro y del lobo. || Rabia, cierta enfermedad que en el hombre proviene de la mordedura de animales rabiosos. || met. Rabia, dolor vehemente é intolerable. || Rabia, pasion violenta, inclinacion extremada: *il a la rage de parler, d'écrire, de faire des vers*. || Rabia, coraje, furor, violento trasporte de cólera, de despecho, etc. || *Aimer quelqu'un à la rage, jusqu'à la rage*, amar á alguno con delirio. || met. y fam. *Dire rage de quelqu'un*, decir ó hablar pestes, blasfemias de alguno. || *Faire rage*, hacer riza, estrago, causar mucho desórden.

**RAGONNER**, n. *ragoné*. Refunfuñar, gruñir, hablar entre dientes.

**RAGOT, E**, adj. fam. *ragó, ót*. Rechoncho, regordete, que es pequeño y gordo. Úsase tambien como sustantivo. || RAGOT, m. Sortija ó anillo grande del pértigo de un carro.|| Jabato, jabalí de dos años. || Parla, habladuría sin sustancia ni concierto. Se usa principalmente en plural: *faire des ragots, un tas de ragots*.

**RAGOTER**, n. *ragoté*. Gruñir contra alguno, murmurar de él.

**RAGOTIN**, m. *ragotén*. Hombre pequeño y de mala figura, ridículo.

**RAGOÛT**, m. *ragú*. Guisado, guiso, aderezo de vianda compuesto de varios ingredientes para satisfacer el gusto.|| met. Salsa, saincte, incitativo.

**RAGOÛTANT, E**, adj. *ragután*. Apetitoso, sabroso, muy gustoso, que agrada al paladar, que excita el apetito. || met. Interesante, que interesa, que agrada.

**RAGOÛTER**, a. *ragutė*. Abrir la gana, el apetito, hablando de comer. || met. Despertar, excitar el gusto, el deseo.

**RAGOÛTISTE**, m. *ragutist*. Coc. Guisandero, el que hace ó compone buenos guisados.

**RAGRAFER**, a. *ragrafé*. Volver á abrochar, abrochar segunda vez.

**RAGRANDIR**, a. *ragrandír*. Agrandar mas, hacer mas grande ó mayor.

**RAGRÉEMENT**, m. *ragremán*. Pulimento, accion de pulir, de dar la última mano á una obra. || Reparo, composicion.

**RAGRÉER**, a. *ragreé*. Arq. Alisar, pulir, dar la última mano á las obras de carpintería y cerrajería, á una construccion cualquiera. || Mar. Aparar, igualar con la azuela los tablones ó tablas de forros ó fondos, etc.

**RAGUER (SE)**, r. *ragué*. Mar. Mascarse, rozarse, hacerse en un cabo una rozadura por cualquiera causa.

**RAGUET**, m. *ragué*. Especie de merluza verde.

**RAGUETTE**, f. *raguét*. Bot. Género de acederas.

**RAIDE**, adj. V. ROIDE.

**RAIDEUR**, f. V. ROIDEUR.

**RAIDIR**, a. V. ROIDIR.

**RAIE**, f. *ré*. Raya, línea, señal ó rasgo que se hace con una pluma, lapicero, etc.; y tambien, línea mas larga que ancha que se halla naturalmente en una cosa || Raya, surco hecho en la tierra. || Raya, carrera que forma en la cabeza el cabello partido. || Zool. Raya, género de pescados cartilaginosos. || *Palles de raies*, espigas de los rayos de una rueda. || *A la raie*, loc. adv. Bueno con malo, uno con otro: *ces deux chevaux coûtent deux cents francs à la raie*.

**RAIETON**, m. dim. de RAIE. *retón*. Raya pequeña, pescado cartilaginoso.

**RAIFORT**, m. *refór*. Rabano silvestre redondo y grueso. || *Raifort aquatique*, sisimbrio.

**RAIL**, m. *rail*. Rail, carril de los caminos de hierro.

**RAILÉ, ÉE**, adj. *relé*. Epíteto que se da á los perros de caza que tienen una misma talla.

**SONNABLE**, adj. *resonábl*. Racional, ... dotado de razon, que es capaz de ...ar. || Razonable, conforme á la razon, ...aidad, puesto en razon, equitativo. || ...ble, racional, resignado. || Razonable, ...te, competente. || Razonable, pre...ado, arreglado. || Razonable, mas ...diano, muy pasadero.

**...SONNABLEMENT**, adv. *resonabl-*... Racionalmente, discretamente, con ... con juicio. || Razonablemente, mas ...dianamente; suficientemente.

**...SONNÉ, ÉE**, adj. *resoné*. Motivado, ...o, apoyado con razones y pruebas.

**...SONNEMENT**, m. *resonmán*. Racio... facultad, accion de raciocinar. || Ra..., argumento, discurso. || fam. *Rai...nents à perte de vue*, razones de pié ...o, esto es, vagas y que no concluyen.

**...SONNER**, n. *resoné*. Raciocinar, dis..., servirse de su razon para conocer, ...gar. || Razonar, platicar, argumen...blar mucho sobre una cosa. || Racio...razonar, buscar y alegar razones para ...en claro un negocio, una cuestion, ...poyar una opinion. || Replicar, alegar ...s para excusarse. || Mar. Llamar con ...pa á algun buque para que responda ...reguntas que se hagan.

**...SONNEUR, EUSE**, m. y f. *resoneur*, ... que raciocina, el que discurre. || Pa..., hablador, el que fastidia é importu...nes largos y malos raciocinios. || Res..., el que replica y alega razones bue...males con objeto de excusarse. || *C'est ...cieux raisonneur*, es un decidor. ...*mauvais raisonneur*, es un maja...

**...AMBER**, a. ant. *rajanbé*. Es lo mismo ...*amber de nouveau*. V. **Enjamber**.

**...UNIR**, a. *rajeunír*. Rejuvenecer, ..., volver jóven ó volver la juventud, ...parecer jóven. || met. y fam. Afeitar. || ...*ir les arbres*, podar los árboles, qui...e las ramas superfluas. || n. Rejuve..., remozarse, volverse jóven, volver á ...el vigor de la juventud. || *Se rajeunir*, ...venecerse, remozarse.

**...UNISSEMENT**, m. *rajeunismán*. ...miento, acto de remozarse.

**...USTEMENT**, m. *rajustmán*. Recon...n. En este sentido se dirá mejor *rac...dement*. || Accion de volver á ajustar, ...mponer una cosa, de volverla á po...buen estado.

**...USTER**, a. *rajusté*. Recomponer, ...ar, remendar, volver á ajustar. || ...mponer, reconciliar, volver á unir.

**...ANT, E**, adj. *ralán*. Med. Estertoro... de la respiracion cuando produce ...pecie de ruido parecido al del agua ...do.

**...E**, m. *rál*. Zool. Rascon, género de ...dáceas.

**...E ó RÂLEMENT**, m. *rál*, *ralmán*. ...stertor, sarrillo, ronquido ó resuello ...del que agoniza.

**...ENTIR**, a. *ralantír*. Aflojar, amai..., mortiguar. || met. Enfriar, moderar, ...nir. || *Se ralentir*, r. Relentecerse, ...r.

**...ENTISSEMENT**, m. *ralantismán*. ...miento, diminucion. || met. Enfria...

**...LER**, n. *ralé*. Roncar de un modo no..., producir un sonido ronco al respirar, ...o por la dificultad de la respiracion; ...ea el hipo ó sarrillo. Se dice de los ...ientes. || fam. Roncar durmiendo.

**...INGUE**, f. *raléng*. Mar. Relinga, el ...o que se refuerzan las orillas de las ...

**...INGUER**, a. *ralengué*. Mar. Relin...ar una vela hasta que sus relingas de ...pedan muy tirantes. || Relingar, cor...tiendo con las relingas.

**...LIER (SE)**, r. *ralié*. Recaer en-...

**...LER**, n. *ralé*. Mont. Bramar: dicese ...ciervos cuando están en celo.

**...LIEMENT**, m. *ralimán*. Reunion ...as dispersas y derrotadas. || Contra...ña de un general á sus tropas para rehacerse en caso de derrota. || *Mot, signe de ralliement*, palabra, signo característico, por el que una secta ó un partido se reconoce. || *Point de ralliement*, punto de reunion.

**RALLIER**, a. *ralié*. Reunir, rehacer las tropas que estaban dispersas, replegarlas. || met. Reunir los espíritus ó los ánimos que estaban divididos. || *Se rallier*, r. Mar. Reunirse, estrechar ó acortar las distancias los buques de una escuadra ó flota.

**RALLONGE**, f. *ralónge* Lo que sirve para alargar una cosa.

**RALLONGEMENT**, m. *ralongemán*. Alargamiento, accion de alargar una cosa; resultado de esta accion.

**RALLONGER**, a. *ralongé*. Estirar, alargar, poner mas larga una cosa de lo que estaba, añadiendo un pedazo, una pieza.

**RALLUMER**, a. *ralumé*. Volver á encender, encender de nuevo. Dícese en sentido propio y figurado.

**RAMADAN ó RAMAZAN**, m. *ramadán*, *ramazán*. Mes que los Mahometanos consagran al ayuno. Es una especie de cuaresma.

**RAMADOUER**, a. *ramadué*. Suavizar, calmar, sosegar haciendo caricias.

**RAMADOUX**, m. *ramadú*. Ruton de las Indias.

**RAMAGE**, m. *ramáge*. Ramaje. Se usa solo hablando de los dibujos de las telas. || Canto, gorjeo de los pájaros.

**RAMAGER**, n. ant. *ramagé*. Cantar, gorjear los pájaros.

**RAMAIGRIR**, a. *ramegrír*. Poner flaco, quitar las carnes. || n. Ponerse flaco de nuevo, perder las carnes, adelgazarse.

**RAMAIGRISSEMENT**, m. *ramegrismán*. Enflaquecimiento, accion de ponerse flaco, de perder las carnes. || Estado del que está muy flaco.

**RAMAILLAGE**, m. *ramalláge* Art. Engamuzamiento, accion de preparar las pieles para engamuzarlas.

**RAMAILLER**, a. *ramallé*. Art. Preparar las pieles para engamuzarlas.

**RAMAIRE**, adj. *ramér*. Bot. Ramíneo, que pertenece á las ramas.

**RAMALINE**, f. *ramalin*. Bot. Ramalino, género de líquenes.

**RAMANDOTS**, m. pl. *ramandó*. Paquetes de pólvora en forma de pelota.

**RAMAS**, m. *ramá*. Monton, hacina, reunion, conjunto de cosas diversas y de poco valor. Se dice tambien hablando de las personas.

**RAMASSE**, f. *ramás*. Rastra, narria, carretoncillo, especie de trineo guiado por un hombre y en el que los viajeros bajan de las montañas cubiertas de nieve.

**RAMASSÉ, ÉE**, adj. *ramasé*. Recogido, juntado, amontonado. || Lleno, rechoncho, abultado de carnes.

**RAMASSER**, a. *ramasé*. Recoger, recopilar, reunir una coleccion de muchas cosas. || Recoger, juntar lo esparcido. || Alzar, coger lo que está en el suelo. || fam. Aporrear, apuñetear. || Llevar á rastra. || *Se ramasser*, r. Reunirse, juntarse para formar un solo cuerpo.

**RAMASSEUR**, m. *ramaseur*. Conductor, el que conduce una rastra, una narria. || Recogedor, amontonador. En esta acepcion se dice tambien *ramasseuse* femenino.

**RAMASSIS**, m. fam. *ramasí*. Revoltillo, hacinamiento, conjunto de cosas sin órden.

**RAMASSOIRE**, f. *ramasuár*. Palmeta para azotar el agua sobre que nadan los colores para pintar papel.

**RAMAZAN**, m. V. **Ramadan**.

**RAMBADE**, f. *ranbád*. Mar. Batallola, mamparo, especie de barandilla doble de madera que, encajada en candeleros de hierro, corre las bordas del buque.

**RAMBERGE**, f. *ranbérge*. Buque inglés que servia para hacer descubiertas.

**RAMBOUR**, m. *ranbúr*. Hort. Esperiega, especie de manzana muy gruesa y algo ácida.

**RAMBOURRAGE**, m. **RAMBOURRER**, a. V. **Rembourrage**, **Rembourrer**.

**RAME**, f. *rám*. Mar. Remo, instrumento de madera para hacer andar las embarcaciones. || *Marinier de rame*, remero. || *A force de rames*, á todo remo. || met. *Être à la rame*, remar, bregar, trabajar con afan continuo en cualquier cosa. || Varilla ó horquilla para sostener y guiar las plantas tiernas. || Resma, mazo de veinte manos de papel. || *Mettre un livre à la rame*, vender un libro por peso, por papel viejo.

**RAMÉ, ÉE**, adj. *ramé*. Enramado. || *Balle ó boulet ramé*, bala enramada ó encadenada.

**RAMÉAL, E**, adj. *rameál*. Bot. Ramíneo, que pertenece á las ramas.

**RAMEAU**, m. *ramó*. Ramo, rama pequeña de árbol ó planta. || Rama, ramal ó veta, hablando de minas. || met. Rama, si se trata de genealogías. || Rama, ramificacion de una secta, de una ciencia. || *Rameaux*, pl. Anat. Ramas, ramos, ramificaciones de venas, arterias, nervios. || Ramales de minas. || *Dimanche des Rameaux*, Domingo de ramos.

**RAMÉE**, f. *ramé*. Enramada, reunion de ramas entretejidas natural ó artificialmente. || Ramiza, ramas, ramos cortados con sus hojas verdes.

**RAMENDABLE**, adj. *ramandábl*. Enmendable, corregible, que puede ser enmendado ó reparado. Se dice entre doradores.

**RAMENDAGE**, m. *ramandáge*. Remeno, pedazo de oro con que se remienda el dorado.

**RAMENDER**, a. y n. *ramandé*. Abaratar, bajar el precio de los víveres. || Se decia en el sentido general de mejorar.

**RAMENER**, a. *ramné*. Volver á traer. || Volver, devolver, llevar, conducir á otro al lugar de donde habia salido ó se le habia sacado. || Traer consigo alguna cosa á la vuelta de un viaje, de un paseo, etc. || Volver, repetir una cosa que ya se habia visto ó poseido. || met. Hacer volver, reducir, conducir, guiar á los que van descarriados. || *Ramener un cheval*, plegar un caballo, recogerle la cabeza, hacerle bajar la cabeza por medio del cabezon.

**RAMENERET**, m. *rameneré* (e muda). Carp. Trazo, línea que forma un carpintero para ver el largo de un madero.

**RAMENTEVOIR**, a. ant. *ramantevuár*. Rememorar, recordar, traer á la memoria. || *Se ramentevoir*, r. Rememorarse, remembrarse, acordarse, hacer memoria de.

**RAMEQUIN**, m. *ramqueín*. Especie de pastel con queso.

**RAMER**, a. *ramé*. Rodrigar, guiar, sostener las plantas tiernas con ramitos ó varillas. || prov. *Il s'y entend comme à ramer des choux*, entiende de ello como de enfrenar ratones: es lo mismo que *il n'y entend rien*. || n. Remar, bogar en una embarcacion. || met. y fam. Remar, bregar, trabajar con afan continuo.

**RAMEREAU**, m. *ramró*. Paloma zorita.

**RAMETTE**, f. *ramét*. Impr. Rama, cerco de hierro con que se ciñe el molde en la prensa.

**RAMEUR**, m. *rameur*. Remero, bogador, el que rema.

**RAMEUTER**, a. *rameuté*. Mont. Retener, contener los perros que van delante de la jauría para esperar á los que siguen de léjos.

**RAMEUX, EUSE**, adj. *rameo*, *eus*. Bot. Ramoso, que tiene ramas.

**RAMIER**, m. *ramié*. Zool. Paloma zorita ó campesina. || *Pigeon ramier*, paloma torcaz.

**RAMIFICATION**, f. *ramificasión*. Bot. Ramificacion, disposicion de las ramas. || Anat. Ramificacion, division y subdivision de las venas, de las arterias. || Ramificacion de las minas ó de sus vetas. || met. Ramificacion, subdivisiones mas ó ménos numerosas de una secta, de una ciencia, de una conspiracion ó complot, etc.

**RAMIFIER (SE)**, r. *ramifié*. Ramificarse, extenderse y dividirse en muchas ramas.

**RAMILLE**, f. *ramíll*. Bot. Division de ramos ó ramas. || pl. Ramajes, támara, leña menuda de que se hacen fagotes, haces.

**RAMINAGROBIS**, m. *raminagrobís*. Se daba este nombre por chanza á un gato. || Tocino, bodoque, hombre gordinflon, rico y orgulloso.

**RAMINGUE**, adj. *raméngue*. Repropio. se dice de un caballo que se resiste á la espuela con coces y saltos.

**RAMISTE**, adj. y s. *ramíst*. Fil. Ramista, partidario de la filosofía de Ramus ó *La Ramée*. || Epíteto que dan los gramáticos á las letras *j* y *v* por haber sido inventadas por Pedro Ramus en 1557.

**RAMOINDRIR**, a. *ramuandrír*. Achicar, hacer una cosa más chica de lo que era anteriormente.

**RAMOIR**, m. *ramuár*. Herramienta que sirve para tallar y pulimentar la madera.

**RAMOITIR**, a. *ramuatír*. Remojar, humedecer lo que está seco ó enjuto.

**RAMOLLIR**, a. *ramolír*. Reblandecer, poner blanda una cosa. || *Se ramollir*, r. Reblandecerse, ponerse blanda una cosa.

**RAMOLLISSANT, E**, adj. *ramolisán*. Emoliente, se dice de los remedios que ablandan. Úsase tambien como sustantivo.

**RAMON**, m. *ramón*. Escoba grande para apalear ó barrer en la era. || Escobon para deshollinar.

**RAMONAGE**, m. *ramonáge*. Deshollinamiento, accion de deshollinar, de limpiar las chimeneas.

**RAMONER**, a. ant. *ramoné*. Deshollinar, limpiar las chimeneas.

**RAMONETTE**, f. *ramonét*. Bot. Ramoneta, género de plantas.

**RAMONEUR**, m. *ramoneur*. Deshollinador, el que tiene por oficio limpiar las chimeneas.

**RAMPANT, E**, adj. *ranpán*. Rastrero, que arrastra ó anda arrastrando por tierra. Hablando de animales, se dice reptil; y de las plantas, rastrera ó enredadera. || Bajo, servil, vil, se dice hablando de una persona que se humilla demasiado. || Bajo, humilde, ratero, hablando del estilo de un escrito, de una obra. || *Manières rampantes*, modales humildes, bajos, rateros. || Blas. Rampante ó rapante, epíteto que se da al leon ó otro animal que está en el campo de un escudo de armas con la mano abierta y las garras tendidas en ademan de asir.

**RAMPE**, f. *ránp*. Tramo, parte de una escalera, los escalones que hay de una mesa ó descanso á otro. || Pasamano, borde ó remate de cualquier antepecho de hierro, madera, piedra ú otra materia que se pone por lo comun en las escaleras y corredores. || Pendiente, cuesta ó declive de algun terreno. || Cascada, despeñadero de agua natural ó artificial.

**RAMPEMENT**, m. *ranpmán*. Arrastramiento, accion de andar arrastrando.

**RAMPER**, n. *ranpé*. Arrastrar, andar arrastrando por el suelo, como las culebras, serpientes, etc. || Extenderse las plantas sobre la tierra, ó enredarse sobre los troncos. || met. Humillarse, abatirse, abajarse una persona con desdoro suyo por respetos de ambicion, de temor, etc.

**RAMPIN**, adj. m. *ranpén*. Topino, se dice del caballo que pisa con las lumbres de la herradura.

**RAMPONEAU**, m. *ranponó*. Especie de cuchillo de trinchar, muy ancho y largo.

**RAMPONER**, n. vulg. *ranponé*. Emborracharse, embriagarse, beber con exceso. || a. Zumbarse ó burlarse de alguno.

**RAMULE**, m. *ramúl*. Ramito, ramita, rama pequeña de árbol.

**RAMURE**, f. *ramúr*. Cornamenta, los cuernos de los venados. || Ramaje, todas las ramas de un árbol.

**RANCE**, adj. *ráns*. Rancio, rancioso, se dice por lo regular de las sustancias grasientas y oleosas que empiezan á corromperse y que han tomado un olor fuerte y desagradable. || *Sentir le rance*, oler á rancio.

**RANCETTE**, f. *ransét*. Hoja de hierro comun que se emplea en la construccion de los cañones de las chimeneas. Es lo que se llama *tôle*.

**RANCHE**, f. *ránche*. Escalon de clavija.

**RANCHER**, m. *ranché*. Palo cuadrado, con clavijas á trechos, para servir de escalera.

**RANCHIER**, m. *ranchié*. Blas. Hierro de la guadaña.

**RANCIDITÉ**, f. *ransidité*. Ranciadura, el rancio de un cuerpo grasiento.

**RANCIO**, m. *ránsio*. Vino rancio de España. Tambien se dice adjetiv. *vin rancio*, vino rancio.

**RANCIR**, n. *ransír*. Enranciarse, ponerse rancio.

**RANCISSURE**, f. *ransisúr*. Cualidad, estado de lo que se enrancia.

**RANCŒUR**, f. ant. *rankeur*. Rencor, odio, resentimiento. Equivale á *rancune*, y así se dice ahora.

**RANCON**, m. *rancón*. Arma antigua cuya hoja tenia la forma de una flor de lis.

**RANÇON**, f. *ransón*. Rescate, precio que se da por libertar un cautivo ó un prisionero de guerra.

**RANÇONNEMENT**, m. *ransonmán*. Rescate, accion de rescatar. || met. Desollamiento, tiranía, robo, precio ó derechos exorbitantes que se hacen pagar en ciertas cosas.

**RANÇONNER**, a. *ransoné*. Exigir rescate. Solo se dice hablando de una embarcacion apresada que se recobra del apresador por un tanto. || Exigir lo que no es debido. || met. Desollar, tiranizar, robar, llevar excesivo precio por las cosas, prevaliéndose de la fuerza ó de la necesidad.

**RANÇONNEUR, EUSE**, m. y f. fam. *ransoneur*, *eus*. Desollador, tirano, el que exige un precio ó derechos exorbitantes por una cosa de que uno tiene necesidad.

**RANCUNE**, f. *rancún*. Rencor, resentimiento que se tiene por alguna ofensa. Corresponde á la voz familiar castellana tirria, enquinia. || fam. *Mettre bas toute rancune*, fuera todo enojo, pelitos á la mar.

**RANCUNEUX, EUSE**, adj. y s. V. RANCUNIER.

**RANCUNIER, ÈRE**, adj. y s. *rancunié*, *ér*. Rencoroso, que guarda rencor.

**RANCURER**, n. ant. *rancuré*. Quejarse.

**RANDON**, m. inus. *randón*. Sendero, vereda, camino cubierto en un bosque.

**RANDONNÉE**, f. ant. *randoné*. Mont. Revuelta que da una res acosada.

**RANE**, f. ant. V. GRENOUILLE.

**RANG**, m. *rán*. Línea, fila, ringlera, órden, disposicion de muchas cosas ó de muchas personas en una misma línea. || Fila, hilera, ringlera, segun de que se hable. Véase mas abajo *rang de soldats, etc.* || met. *Être sur les rangs*, *se mettre sur les rangs*, estar en la palestra, salir á la palestra: ponerse ó estar entre los pretendientes de un empleo. || met. Rango, órden, puesto, lugar que debe ocupar una persona entre otras, segun su representacion ó antigüedad. || Rango, clase, carácter, calidad de las personas y familias. || met. Rango, puesto que una persona ocupa en el aprecio, en la opinion de los demas hombres. || *Rang de soldats*, fila de soldados. || *Rang d'arbres*, hilera de árboles. || *Rang de fourmis*, ringlera de hormigas. || *Chaque chose à son rang*, cada cosa en su lugar, por su órden. || *Tenir le premier rang parmi les orateurs, etc.*, ocupar el primer lugar entre los oradores, etc. || *Donner le premier rang au diamant entre les pierres précieuses*, dar la preferencia al diamante entre las piedras preciosas. || *Ces deux corps ont des contestations sur le rang*, estos dos cuerpos se disputan el puesto ó la precedencia. || *Mettre au rang des dieux*, *des saints*, *des hérétiques*, *des héros*, *etc.*, poner en el número de los dioses, en el catálogo de los santos, en la lista de los herejes, en la clase de los héroes, etc. || prov. *Mettre une chose au rang des vieux péchés*, tener una cosa olvidada. || prov. y fam. *Se mettre en rang d'ognons*, *être en rang d'ognons*, estar ó ponerse unos al lado de otros.

**RANGE**, f. *ránge*. Hilera de adoquines, en un empedrado ó calzada.

**RANGÉ, ÉE**, adj. *rangé*. Ordenado, colocado, arreglado, que está en órden. || Arreglado, se dice de una persona que tiene arreglo y órden en sus cosas. || *Bataille rangée*, batalla campal.

**RANGÉE**, f. *rangé*. Hilera, ringlera, carrera de muchas cosas puestas en una misma línea, como casas, árboles, carruajes, etc.

**RANGER**, a. *rangé*. Colocar, ordenar, poner las cosas ó personas en órden. || Po-

rio de rábano que crece en los sembrados de aquellos paises.

**RAPHANISTRE**, m. *rafanistr*. Bot. Rábano silvestre, planta.

**RAPHE**, m. *ráf*. Zool. Rafe, género de pescados ciprinos.

**RAPHÉ**, m. *rafé*. Anat. Rafe, línea saliente que divide el escroto en dos partes laterales, y se extiende desde el ano hasta el orígen del pene.

**RAPIDE**, adj. *rapíd*. Rápido, veloz, impetuoso, hablando de las aguas de un rio, del modo de andar, etc. || met. Rápido, que se hace con prontitud, con ligereza.

**RAPIDEMENT**, adv. *rapidemán*. Rápidamente, velozmente, con rapidez, con velocidad.

**RAPIDITÉ**, f. *rapidité*. Rapidez, velocidad impetuosa ó movimiento arrebatado. || Úsase tambien en sentido figurado.

**RAPIÉCEMENT**, m. *rapiesmán*. Remiendo, compostura.

**RAPIÉCER**, a. *rapiesé*. Apedazar, remendar, echar piezas ó remiendos, componer la ropa.

**RAPIÉCETAGE**, m. V. RAPIÉCEMENT.

**RAPIÉCETER**, a. *rapiesté*. Remendar, componer, apedazar, echar piezas sobre piezas á una cosa para componerla.

**RAPIÈRE**, f. *rapiér*. Espeton ó espiche, espadon, espada larga. || Espeton, florete viejo y roñoso.

**RAPIÉREUR**, m. ant. *rapiereur*. Tahalí, cinturon para llevar los espadones.

**RAPIN**, m. fam. *rapén*. Gatuelo, muchacho que está de aprendiz en un oficio.

**RAPINE**, f. *rapín*. Rapiña, presa: dícese de los animales. || Rapiña, robo, hurto ejecutado con violencia. || met. Rapiña, robo, pillaje, concusion de hombres que gobiernan.

**RAPINER**, n. *rapiné*. Robar, pillar, se dice de los hombres que abusan de su empleo.

**RAPINERIE**, f. V. RAPINE.

**RAPINEUR, EUSE**, m. y f. *rapineur*, *eus*. Ratero, gato, el que pilla ó roba.

**RAPIQUER**, n. *rapiqué*. Mar. Orzar de pronto, ponerse á ceñir.

**RAPISTRE**, m. V. RAPHANISTRE.

**RAPONTIC ó RHAPONTIC**, m. *rapontíc*. Bot. Ruibarbo rapóntico, planta.

**RAPPAREILLER**, n. *raparellé*. Volver á aparejar, unir á una cosa una ó muchas cosas iguales.

**RAPPARIER**, a. *raparié*. Parear, hermanar una cosa que perdió su compañera: *rapparier un gant*. || Se dice principalmente de animales domésticos que se tienen á pares.

**RAPPARIEMENT**, m. *raparimán*. Accion y efecto de parear, de hermanar una cosa que perdió su compañera.

**RAPPEL**, m. *rapél*. Llamamiento, accion por la que se llama. || Licencia, perdon, gracia que se consigue para un desterrado ó desgraciado, para volver á la corte ó á su empleo. || En las asambleas políticas significa llamamiento al órden. || Llamamiento, disposicion de un testador, incluyendo entre sus herederos á los que no lo son. || Mil. Llamada, toque de caja para formar la tropa. || *Faire le rappel*, pagar los sueldos atrasados. || *Rappel de ban*, levantamiento de destierro.

**RAPPELANT, E**, adj. *raplán*. Vivo, propendo: *souvenir rappelant*. Se usa poco.

**RAPPELER**, a. *raplé*. Volver á llamar, llamar de nuevo. || Llamar, hacer volver, mandar volver á uno que se ha ido ó que está ausente con algun encargo. || Amnistiar, levantar el destierro, dar licencia para volver á los desterrados ó caidos en desgracia. || Mil. Llamar, batir ó tocar llamada para reunir la tropa. || met. Recordar, traer á la memoria. Se usa frecuentemente como recíproco, y entónces es recapacitar, hacer memoria, acordarse. || Jurisp. Llamar á una herencia á alguno un testador. || *Vin qui rappelle son buveur*, vino que se deja beber, buen vino, que excita á beber. || *Rappeler ses esprits, ses sens*, recobrar sus espíritus, sus sentidos, volver en sí. || *Rappeler quelqu'un à la vie*, volver á alguno á la vida con alguna bebida ó remedio.

**RAPPLIQUER**, a. *rapliqué*. Volver á aplicar, aplicar de nuevo.

**RAPPORT**, m. *rapór*. Producto, rendimiento, fruto que da una heredad, una viña, un monte, etc. || Provecho, beneficio, renta que deja un asiento, una comision, etc. || Relacion, noticia de una cosa que se ha visto ú oido. || Cuento, chisme, soplo. || Informe, informacion de un pleito, causa ó proceso. || Informacion, exposicion, cuenta que se da de un trabajo. || Informacion, testimonio que dan los médicos, cirujanos, etc. || Relacion, referencia, respecto, órden, dependencia de unas cosas con otras. || Conexion, conveniencia, conformidad, correspondencia, semejanza, analogía que guardan unas cosas con otras. || Mat. Razon, relacion, proporcion que guarda matemáticamente una cantidad con otra. || Relacion que las palabras tienen unas con otras en su construccion. || Eructo, flato, vapor incómodo que sube del estómago á la boca. || *Pièces de rapport*, taracea ó ataracea, embutido de varios colores. || *Rapports semblables*, relaciones de semejanza. || *Par rapport à*, loc. prep. Por causa de, con motivo de, por amor de; por lo que toca á, en cuanto á, respecto de, respecto á; en comparacion, en proporcion de.

**RAPPORTABLE**, adj. *raportábl*. For. Restituible, que debe volver á entrar en una herencia.

**RAPPORTÉ, ÉE**, adj. *raporté*. Traido, vuelto á traer. || Relatado (reportado), citado, etc.

**RAPPORTER**, a. *raporté*. Traer de alguna parte una cosa. || Volver á traer, traer una cosa que se habia llevado, volver ó venirse con ella. || Devolver, restituir lo que se habia sacado prestado, fiado, etc. || Traer, entregar, presentar, poner en la mano de otro lo que uno ha tomado ó ganado. || Sacar, conseguir, ganar honor, provecho, ventaja, etc. || Referir, narrar, contar lo que se ha visto, oido, ó lo que ha pasado. || Traer, producir, citar, alegar ejemplos, autoridades, etc. || Dirigir, ordenar, referir las cosas á cierto fin, sentido, etc. || Referir, remitir, atribuir una cosa, un hecho á tal tiempo, origen ó causa. || Producir, rendir, dar fruto las tierras, casas, etc. || Redituar, rentar, dar: se dice de los oficios, empleos, comisiones, etc. || Relacionar, exponer, hacer relacion del estado de una causa, de un proceso, etc. || Contar, chismear, llevar cuentos, soplar á otro lo que se oye ó lo que se ve. || Legis. y Adm. Revocar, derogar, anular: *rapporter une loi, un arrêté*. || Añadir, juntar: *rapporter une bordure à un rideau*. || n. Traer el perro la caza al cazador. *Chien qui rapporte*, perro cobrador ó portador, que trae la caza á la mano. || *Se rapporter*, r. Corresponder, ser conforme una cosa con otra. || Tener relacion, semejanza, conformidad, analogía una cosa con otra. || Deferir, atenerse al juicio, fallo ó parecer de otro. || Referirse, remitirse á lo dicho anteriormente. En estas dos últimas acepciones se dice regularmente *s'en rapporter à*: v. gr. *je m'en rapporte à vous; s'en rapporter aux traditions anciennes*, etc.

**RAPPORTEUR, EUSE**, m. y f. *raporteur*, *eus*. Soplon, chismoso, el que tiene la costumbre de contar todo lo que ve ú oye. || m. For. Relator, informador ó informante, el que hace una relacion ó informe de una causa ó expediente. || Geom. Instrumento para delinear sobre el papel los ángulos medidos sobre el terreno. || Art. Útil ó herramienta de relojero.

**RAPPRENDRE**, a. *raprándr*. Volver á aprender, aprender de nuevo lo que se habia olvidado.

**RAPPRIVOISER**, a. *raprivoasé*. Domesticar, amansar de nuevo á un animal.

**RAPPROCHEMENT**, m. *raprochemán*. Aproximacion, accion y efecto de aproximar. || met. Reconciliacion, accion de reunir las ideas, hechos ó datos, de modo que los unos sirvan para aclarar los otros.

**RAPPROCHER**, a. *raproché*. Aproximar, acercar mas, poner mas cerca, poner una cosa mas junta á otra. || met. Reconciliar, unir, componer, avenir las personas reñidas ó enemistadas. || Reunir las ideas, los hechos, los datos para compararlos y conocer su analogía ó su diferencia. || *Se rapprocher*, r. Aproximarse, acercarse mas, ponerse mas cerca. || Reducirse á buenas, á la razon, etc. || Reconciliarse, hacer las paces dos personas reñidas.

**RAPSODE**, m. *rapsód*. Rápsoda, nombre que se daba á los que iban de ciudad en ciudad cantando trozos de los poemas de Homero, de la Iliada y la Odisea.

**RAPSODER**, a. ant. *rapsodé*. Farfullar, remendar, componer mal y sin cuidado una cosa.

**RAPSODEUR**, m. inus. *rapsodeur*. Farfullador, remendon, chambon.

**RAPSODIE**, f. *rapsodí*. Rapsodia, centon, obra compuesta de diferentes pedazos de varios autores. || met. y fam. Fárrago, monton de malos versos ó de mala prosa.

**RAPSODISTE**, m. *rapsodist*. Rapsodista, autor de rapsodias, de centones.

**RAPSODOMANCIE**, f. *rapsodomansí*. Rapsodomancia, adivinacion por medio de un trozo de poesía.

**RAPSODOMANCIEN, NE**, adj. *rapsodomansién*, *én*. Rapsodomántico, que pertenece á la rapsodomancia. || m. y f. Rapsodomántico, el que adivinaba ó pronosticaba por la rapsodomancia.

**RAPT**, m. *rápt*. Rapto, robo por violencia ó seduccion de un hijo ó hija de familia.

**RÂPURE**, f. *rapúr*. Raspadura, ralladura, lo que se levanta con el rallo ó rascando de otro modo.

**RAPUROIR**, m. *rapuruár*. Colador, barreño grande que sirve para la primera coccion del salitre.

**RAQUE**, f. *rác*. Aguardiente de arroz y de palma. || Mar. Racamento. V. RACAGE.

**RAQUETON**, m. *ractón*. Raqueton, raqueta mayor que la comun.

**RAQUETTE**, f. *raquét*. Raqueta, pala del juego del volante y de uno de pelota. || Raqueta de abarca ó alpargata que usan los salvajes del Norte y especialmente los del Canadá. || Bot. Higuera de Indias. || Sierra para cortar los árboles. || Raqueta, lazo de pajarero.

**RAQUETTIER**, m. *raquetié*. Raquetero, el que hace ó vende raquetas.

**RAQUIT**, m. **RAQUITTER**, a. V. RACQUIT, RACQUITTER.

**RARE**, adj. *rár*. Raro, poco comun, poco frecuente. || Raro, escaso, poco corriente. || Raro, extraordinario, exquisito. || Raro ó ralo, poco cubierto, poco espeso. Se dice principalmente hablando del pelo. || Fís. Raro, se dice de los cuerpos cuyas partes están poco apretadas, por oposicion á compacto ó denso.

**RARÉFACTIF, IVE**, adj. *rarefactif*, *ív*. Fís. Rarefactivo, rarefaciente, que tiene virtud de enrarecer.

**RARÉFACTION**, f. *rarefacsión*. Fís. Rarefaccion, enrarecimiento, accion de rarificar y estado de lo que está rarificado.

**RARÉFIANT, E**, adj. *rarefián*. Fís. Rarificante, lo que rarefáce, enrarece ó dilata.

**RARÉFIER**, a. *rarefié*. Fís. Rarefacer, enrarecer, dilatar lo denso. || *Se raréfier*, r. Rarefacerse, enrarecerse, dilatarse lo denso.

**RAREMENT**, adv. *rarmen*. Raramente raras veces, poco frecuentemente.

**RARESCENCE**, f. *raresans*. Fís. Raredad, cualidad de un cuerpo que está rarefacto, enrarecido ó dilatado.

**RARESCIBILITÉ**, f. *raresibilité*. Fís. Rarescibilidad, propiedad de lo que puede ser enrarecido ó dilatado.

**RARESCIBLE**, adj. *raresíbl*. Fís. Enrarescible, que puede enrarecerse ó dilatarse.

**RARETÉ**, f. *raríé*. Rareza, escasez de alguna cosa. || Curiosidad, cosa curiosa y exquisita. || Rareza, extrañeza, singularidad. || Fís. Raridad, poca densidad. || pl. Rarezas, objetos raros, singulares, extraños, curiosos.

**RARIFEUILLÉ, ÉE**, adj. *rarifeuillé*. Bot. Rarifoliado, que tiene pocas hojas.

**RARIFLORE**, adj. *rariflór*. Bot. Rarifloro, que tiene pocas flores.

**RARISSIME**, adj. fam. *rarisim*. Rarísimo, muy raro.

**RARITÉ**, f. *rarité*. Fis. Raridad, cualidad de un cuerpo poco compacto, que ha perdido su natural densidad.

**RARRIVÉE**, f. *rarrivé*. Mar. Accion de llegar ó arribar segunda vez.

**RARRIVER**, n. *rarrivé*. Mar. Llegar ó arribar por segunda vez.

**RAS, E**, adj. *rá, ds*. Raso, liso, plano. || Raso, despejado, liso. || Rasado, igualado. || Raso, rasurado, rapado, afeitado, raido, pelado, sin pelo. || Lleno, colmado, rebosante. || *Table rase*, lámina, plancha de cobre, metal ó piedra lisa, llana, etc., sobre la cual no se ha grabado aun nada. || **RAS**, m. Com. Raso ó rasoliso, tela de seda muy comun. || Mar. Ras, especie de balsa sobre la cual se ponen los trabajadores que carenan un buque. || Com. *Ras velours*, raso aterciopelado, tela de seda muy comun. || *À ras*, loc. adv. Ras con ras, al nivel ó casi al nivel.

**RASADE**, f. *rasád*. Vaso, copa llena de vino ú otro licor.

**RASANT, E**, adj. *rasán*. Rasante, que corre ó se dirige rectamente á una superficie plana. Úsase solo en términos de fortificacion. *Flanc rasant*, *feu rasant*, *ligne rasante*, flanco rasante, etc.

**RASAR**, m. *rasár*. Rampojo, racimo de uvas aniehlado.

**RASCASSE**, f. *rascás*. Zool. Racaso, pescado muy comun en el Mediterráneo.

**RASCATION**, f. *rascasión*. Med. Estertor producido por la sangre que embarga la respiracion.

**RASE**, f. *rás*. Mar. Mezcla de pez y brea para calafatear los buques.

**RASÉ, ÉE**, adj. y part. pas. de **RASER**. *rasé*. Afeitado, rasurado, rapado. || Arrasado, demolido. || Rasado, igualado. || Cerrado, hablando del caballo que pasa de los cinco años.

**RASEMENT**, m. *rasmán*. Arrasamiento, accion y efecto de arrasar y demoler una fortaleza, etc.

**RASER**, a. *rasé*. Afeitar, rasurar, cortar el pelo hasta la piel con una navaja al efecto. || Arrasar, demoler un edificio. || met. Rasar, rozar, lamer, pasar el cuerpo junto á otro, tocándole muy superficialmente, pasar ras con ras, ó de refilon ó de raspon. || Mar. *Raser un vaisseau*, quitar á un navío las obras muertas del cocaño de arriba. || Caz. Pasar la liebre, la perdiz, etc., rozando la yerba para ocultarse. || Rasar, pasar el rasero á una medida de granos, igualarla. || Equit. *Raser le tapis*, galopar un caballo rozando la tierra ó llevar un galope tendido. || n. Cerrar, principiarle á salir al caballo manchas negras en los dientes: *ce cheval rase*, *commence à raser*.

**RASETTE**, f. *rasét*. Rasete, telilla de lana sin pelo. || Alambre para templar las flautas de un órgano. || Raedera, instrumento para limpiar las chimeneas, los paseos, etc.

**RASIBUS**, adv. *rásibus*. A rapa terron, ras con ras, á raiz. Es vulg. y joc.

**RASIÈRE**, f. *rasiér*. Rasiera, cierta medida de granos en Flándes.

**RASOIR**, m. *rasuár*. Navaja de afeitar ó de barbero.

**RASPATION**, f. *raspasión*. Raspadura, accion y efecto de raspar.

**RASPATOIR**, m. *raspatuár*. Cir. Raspador, instrumento que sirve para raspar los huesos.

**RASPEÇON**, m. *raspesón* (e muda). Rata, pescado muy comun en el Mediterráneo.

**RASSADE**, f. *rasád*. Rocalla, sarta de granos de cristal ó de abalorios de varios colores, que se llevan á los negros de África.

**RASSASIANT, E**, adj. *rasasián*. Que sacia, harta ó satisface.

**RASSASIEMENT**, m. *rasasimán*. Saciedad, hartura, hartazgo. || met. Saciedad, disgusto, hastío.

**RASSASIER**, a. *rasasié*. Saciar, hartar, llenar, quitar el hambre ó satisfacer el apetito. || met. Saciar, hartar, satisfacer de placeres, de honores, de riquezas, etc. || *Se rassasier*, r. Saciarse, hartarse, en lo físico y en lo moral.

**RASSE**, f. *rás*. Cesto para el carbon de piedra.

**RASSÉE**, f. *rasé*. Cantidad de carbon de piedra contenida en el cesto llamado *rasse*.

**RASSEMBLEMENT**, m. *rasanblmán*. Reunion, accion de reunir ó juntar lo que está esparcido, separado. || Reunion, concurso, atropamiento de gentes.

**RASSEMBLER**, a. *rasanblé*. Volver á juntar, juntar de nuevo personas ó cosas que estaban separadas. || Reunir lo que está disperso. || Juntar, recoger, acopiar. || Recoger, unir el caballo, mover simultáneamente las manos y las piernas de modo que el animal se apoye sobre las ancas y deje la parte de adelante mas libre para los movimientos que el jinete quiera hacerle ejecutar. || *Se rassembler*, r. Juntarse, reunirse. || Acumularse, amontonarse.

**RASSEOIR**, a. *rasuár*. Sentar ó colocar otra vez, volver á sentar ó colocar una cosa en su lugar. || *Se rasseoir*, r. Volverse á sentar, sentarse otra vez. || Asentarse, posarse los licores. || met. Tranquilizarse, serenarse el ánimo agitado ó conmovido.

**RASSÉRÉNER**, a. *raseren*é. Serenar, despejar, disipar las nubes, etc. || met. Serenar, sosegar, tranquilizar. || *Se rasséréner*, r. Serenarse, abonanzar el tiempo. || met. Serenarse, tranquilizarse, recobrar el sosiego, la tranquilidad.

**RASSIÉGER**, a. *rasiegé*. Volver á sitiar, sitiar de nuevo una plaza, fortaleza, etc.

**RASSIS, E**, adj. *rasí, ís*. Vuelto á sentar, sentado otra vez. || Asentado, reposado. || met. Sosegado, sereno, tranquilo. || *Pain rassis*, pan duro, sentado, de algunos dias. || met. *À sens rassis* ó *de sens rassis*, á sangre fria, con serenidad, con cachaza, sin conmoverse ni perturbarse. || **RASSIS**, m. Hierro que se pone en la herradura del caballo, ántes de estar esta del todo mala, para que no se caiga.

**RASSORTIR**, a. *rasortír*. Volver á surtir, á abastecer, proveer de nuevo.

**RASSOTÉ, E**, adj. *rasoté*. Loco, desatinado, infatuado.

**RASSOTER**, a. *rasoté*. Enloquecer, hacer volver loco á uno, infatuar, encalabrinar. || *Se rassoter*, r. Infatuarse, encalabrinarse de cariño por una persona ó cosa. Este verbo es fam. y poco usado.

**RASSURANCE**, f. *rasuráns*. Seguridad, dicho que tranquiliza, que inspira confianza; todo lo que es propio para tranquilizar y volver la confianza.

**RASSURANT, E**, adj. *rasurán*. Que es propio para asegurar, para tranquilizar, para dar confianza y seguridad.

**RASSURER**, a. *rasuré*. Asegurar, afirmar, dejar seguro ó firme lo que ántes no lo estaba. || met. Confortar, consolar, dar ánimo ó confianza al que la habia perdido. || *Se rassurer*, r. Asegurarse, serenarse, sentarse el tiempo. || met. *Se rassurer sur quelque chose*, fiarse, tener confianza, confiar en alguna cosa. || Volver á tener confianza, recobrar la tranquilidad.

**RASURE**, f. inus. *rasúr*. Rasura, rape, rasadura, corte de pelo ó barba.

**RAT**, m. *rá*. Zool. Rata, animal cuadrúpedo, pequeño, mamífero y roedor. || met. Fantasía, capricho, locura: úsase comunmente en plural. || met. y fam. *Avoir des rats dans la tête*, tener la cabeza á pájaros: ser un aturdido, un cascabel, lijero de cascos. || met. *Prendre un rat*, dar higa, marrar, no dar fuego la escopeta; y en otro sentido, quedar en blanco, in álbis, salir á uno la galga capada, esto es, no salir con su intento. || *Payer en chats et en rats*, pagar con trenchitos ó palitos, pagar con trastos viejos, con arambeles. || *Oreille de rat*, vellosilla, género de plantas. || *Rat de Pharaon*. V. ICHNEUMON. || *Rat d'eau*, sátiro ó rata de agua. || *Rat des champs*, turon, raton campesino. || *Rat de cave*, especie de bujía; y el vulgo llama *rats de cave* á los empleados que visitan las bodegas. || *Mort aux rats*, mata-ratas, veneno contra las ratas.

**RATAFIA**, m. [illegible] de rosoli [illegible]

**RATAIRE**, f. [illegible] de plantas. || Zool. [illegible] cha.

**RATAPLAN**, m. [illegible] onomatopeya del [illegible]

**RATATINÉ, ÉE**, adj. [illegible] TATINER. [illegible] acorchado. || fam. [illegible] pasa, hablando de una [illegible]

**RATATINER (SE)**, [illegible] se, encogerse, y [illegible]

**RATE**, f. *rát*. Anat. [illegible] da que tambien se [illegible] *la rate*, estar de [illegible] ma. || *S'épanouir la rate* [illegible] reir á carcajadas.

**RATÉ, ÉE**, adj. *raté*. [illegible] llado, marrado. V. RATER.

**RÂTEAU**, m. *rató*. [illegible] ó rastro, instrumento de [illegible] ga, instrumento [illegible] uso que el rastrillo. || [illegible] con que se recoge el [illegible] juego. || Cerraj. Rastrillo [illegible] da que hay en las llaves. || [illegible] red para coger [illegible] muy buena.

**RATEL**, m. *ratél*. Especie de [illegible] mal cuadrúpedo.

**RÂTELAGE**, m. [illegible] trilleo, accion de rastrillar. [illegible]

**RÂTELÉE**, f. [illegible] da, todo lo que se coge [illegible] con el rastrillo. || prov. [illegible] *lée*, echar su [illegible] char todo lo que se sabe ó [illegible]

**RÂTELER**, a. [illegible] llar, recoger ó reunir [illegible] trillar, sacar la yerba y [illegible] trillo.

**RÂTELET**, m. [illegible] caña.

**RÂTELEUR**, m. [illegible] trillador de mieses; y [illegible] ja con rastrillo limpiando [illegible] las calles, de los jardines [illegible] instrumento de grabador [illegible] metal.

**RATELEUX, EUSE**, [illegible] eus (e muda). [illegible]

**RÂTELIER**, m. [illegible] ro, liston con muescas [illegible] lanzas, alabardas, etc. [illegible] guardia. || Armero, [illegible] descansan los fusiles ó [illegible] de balaustrada que se [illegible] pesebres para contener [illegible] etc., que comen las [illegible] ristra de muescas [illegible] en los escritorios. || [illegible] met. Dentadura, [illegible] baja. || prov. y met. [illegible] *râtelier*, *à deux râteliers* [illegible] rillos: gozar de dos [illegible] mismo tiempo. || *Mettre* [illegible] *à quelqu'un*, poner [illegible] á alguno en una cosa que [illegible] penado, haciendo [illegible] para lograrlo. || *Remettre* [illegible] *lier*, colgar las armas [illegible] cio. || Mar. Cabillar del [illegible] leas que están en este [illegible]

**RATER**, a. *raté*. [illegible] la escopeta: *un fusil qui* [illegible] rar el tiro, el golpe. [illegible] erró el tiro á su [illegible] fam. *Rater un emploi*, [illegible] uno un empleo, [illegible] ó lograr.

**RATIER, ÈRE**, adj. [illegible] Cascabel, caprichoso, [illegible]

**RATIÈRE**, f. *ratiér*. [illegible] ta para coger ratones. [illegible]

**RATIFICATIF, IVE**, adj. [illegible] Ratificativo, que ratifica. [illegible]

**RATIFICATION**, f. [illegible] cacion, aprobacion, [illegible] requerida. || Ratificacion, [illegible] que la contiene.

**RATIFIER**, a. *ratifié*. Ratificar, aprobar, confirmar lo que se ha hecho ó prometido.

**RATILLON**, m. *ratillón*. Ratoncillo, raton pequeño.

**RATINAGE**, m. *ratinége*. Ratinaje, accion y efecto de ratinar.

**RATINE**, f. *ratín*. Ratina, especie de lana ó paño frisado.

**RATINER**, a. *ratiné*. Ratinar, frisar una tela, llevarla á la máquina de frisar para hacerla ratina.

**RATIOCINATION**, f. ant. *rasiosinasión*. Raciocinacion, raciocinio, discurso, accion y efecto de raciocinar. V. RAISONNEMENT.

**RATIOCINER**, n. ant. *rasiosiné*. Raciocinar, hacer raciocinios. V. RAISONNER.

**RATION**, f. *rasión*. Racion, la porcion diaria de pan, víveres ó forraje que se distribuye á la tropa.

**RATIONAL**, m. *rasionál*. Racional, adorno pedazo de tela cuadrada que llevaba sobre el pecho el sumo sacerdote de los Judíos.

**RATIONALISME**, m. *rasionalism*. Fil. Racionalismo, toda filosofía que admite el poder, la independencia de la razon humana.

**RATIONALITÉ**, f. *rasionalité*. Racionalidad, cualidad de lo que es racional. || Racionalidad, facultad de juzgar y distinguir las cosas por la razon.

**RATIONNEL, LE**, adj. *rasionél*. Racional, que solo se concibe por el entendimiento. || Razonable, conforme á la razon, puesto en razon. || Racional, es voz de geometría, astronomía, etc.

**RATIONNELLEMENT**, adv. *rasionelmán*. Racionalmente, razonablemente, conforme á razon.

**RATISSAGE**, m. *ratiságe*. Raspadura, accion de raspar. || Agr. Roza. Es lo mismo que *râtelage*, pero se dice impropiamente.

**RATISSER**, a. *ratisé*. Raer, raspar, quitar rayendo la superficie de alguna cosa.

**RATISSETTE**, f. *ratisét*. Raspadera, instrumento de ladrillero para limpiar sus útiles.

**RATISSOIR**, m. *ratisuár*. Raspador, alambre de laton para limpiar las lengüetas del órgano.

**RATISSOIRE**, f. *ratisuár*. Raedera, instrumento con que se limpia raspando una alameda, un paseo, un corral, etc.

**RATISSURE**, f. *ratisúr*. Raedera, raspadura, lo que se quita raspando.

**RATON**, m. *ratón*. Raton, especie de pastel hecho con queso. || Ratoncillo, raton pequeño. || met. y fam. Nene, hijito, voz cariñosa con que se halaga á los niños. || Vulpeja, animal carnívoro de América y del Brasil.

**RATONCULE**, f. *ratoncúl*. Bot. Ratúncula, género de plantas renunculáceas.

**RATONNER**, n. inus. *ratoné*. Chillar, gritar como los ratones.

**RATOPOLIS**, f. *ratopólis*. Ratópolis, capital fabulosa de los ratones. Es voz inventada por La Fontaine.

**RATTACHER**, a. *ratachê*. Reatar, volver á atar, atar mas, asegurar mas. || Usase tambien en sentido figurado. || Tambien se ha usado en sentido de *attacher*. || *Se rattacher*, r. Estar atado, pegado ó unido, en sentido propio y figurado. || met. *Se rattacher à l'étude*, volver con ahinco y aplicacion al estudio. || El recíproco ó pronominal se usa mucho en sentido metafórico; y así se dice: *cette question se rattache à de grands intérêts*, etc.

**RATTEINDRE**, a. *raténdr*. Volver á alcanzar á una persona que ha tomado la delantera. || Volver á alcanzar, á coger un preso que se habia escapado. En ambos sentidos se dice con frecuencia *rattraper*.

**RATTEINT, E**, adj. *ratén*. Vuelto á alcanzar ó á coger, alcanzado ó cogido de nuevo.

**RATTENDRIR**, a. *ratandrír*. Enternecer otra vez, enternecer de nuevo ó mas.

**RATTISER**, a. *ratisé*. Volver á atizar el fuego, reanimarle acercando la leña.

**RATTRAPER**, a. *ratrapé*. Volver á tomar ó á coger. || Alcanzar andando á otro que va delante. || Volver á recobrar lo que se habia perdido. || met. Volver á engañar, ó engañar al que nos engañó. || Volver á coger en un lazo, hablando de una zorra ú otro animal. En este último sentido, hablando del juego ó cosa semejante se dice familiarmente: *on ne m'y rattrapera plus*.

**RATURE**, f. *ratúr*. Raspadura, borron, tachon, raya que se hace en lo escrito. || Art. Raspadura, lo que se levanta de las pieles rascándolas.

**RATURER**, a. *raturé*. Raspar, tachar, rayar, testar, borrar un renglon ó palabra. || Art. Raspar ó rascar las pieles.

**RATUREUR**, m. *ratureur*. El que levanta la primera piel del pergamino.

**RAUCITÉ**, f. *rosité*. Ronquera, ronquez, aspereza de la voz.

**RAUQUE**, adj. *róc*. Ronco, bronco, enronquecido: *avoir la voix rauque*.

**RAUQUER**, n. *roqué*. Ronquear, echar una voz ronca; y tambien, rugir, dar rugidos. Se dice hablando del tigre.

**RAVAGE**, m. *raváge*. Estrago, destrozo, daño hecho con violencia y rapidez. || Tala, devastacion, saqueo. || met. Estrago, desórden que causan las pasiones. || fam. *Faire ravage dans une maison*, armar zambra en una casa, alborotar en ella. Se usa poco.

**RAVAGER**, a. *ravagé*. Asolar, destruir, arruinar, causar estrago, daño, destrozo. || Talar, saquear.

**RAVAGEUR**, m. *ravageur*. Devastador, el que devasta ó tala.

**RAVALE**, f. *raval*. Agr. Máquina, caja para nivelar el terreno.

**RAVALEMENT**, m. *ravalmán*. Revoco, enlucido, baño que se da á las paredes. || met. poco us. Ajamiento, abatimiento, humillacion, envilecimiento. || *Clavecin à ravalement*, clave con dos teclados.

**RAVALER**, a. *ravalé*. Tragar de nuevo. || Tragar, engullir, meter dentro lo que iba á salir por la garganta. || Bajar, rebajar, poner una cosa mas baja. || met. Abatir, deprimir, humillar. || Arq. Revocar, enlucir con cal ó yeso una pared. || Poner el cuero mas delgado. || Cortar un árbol por lo alto. || *Ravaler l'or et l'argent*, extender el oro y la plata, y sentarle con el bruñidor ó piedra. || *Se ravaler*, r. Rebajarse, apocarse, humillarse, menospreciarse.

**RAVAUDAGE**, m. *ravodáge*. Remiendo, cosedura, surcidura, compostura hecha con la aguja. || met. y fam. Chapucería, obra mal y toscamente hecha. Se dice de las obras de mano y tambien de las del ingenio.

**RAVAUDER**, a. *ravodé*. Remendar, surcir, coser, componer vestidos viejos con la aguja. || met. Trastear, revolver, colocar los muebles en una cosa. || met. Sopetear, calentar las orejas, maltratar con palabras. || Moler, majar, importunar con palabras impertinentes.

**RAVAUDERIE**, f. fam. *ravoderí* (e muda). Patarata, chirinola, discurso lleno de bagatelas y majaderías.

**RAVAUDEUR, EUSE**, m. y f. *ravodeur, eus*. Remendon, surcidor, calcetero: se dice del zapatero de viejo, del sastre remendon y del calcetero que compone medias. || met. y fam. Majadero, pataratero, hombre que no dice mas que necedades y majaderías.

**RAVAUX**, m. pl. *ravó*. Caz. Perchas con muchas ramas para echar abajo de los árboles los pájaros.

**RAVE**, f. *ráv*. Naba, nabo redondo. || Rábano, que se llama comunmente *petite rave*. || *Rave-corail*, rábano encarnado. || *Champ de raves, planche de raves*, rabanal, era de rábanos. || *Rave de poissons* ó *resure*, carnada hecha con huevos de bacalao para la pesca de la sardina.

**RAVELIN**, m. *ravelén* (e muda). Fort. Revellin, especie de obra de fortificacion exterior.

**RAVENELLE**, f. *ravenél* (e muda). Alhelí ó alelí amarillo.

**RAVENNATE**, adj. y s. *ravennát*. Raveno, habitante de Ravena, ciudad de Italia.

**RAVERDOIR**, m. *raverduár*. Cubeta de cervecero.

**RAVESTAN**, m. *ravestán*. Costo de vidriera.

**RAVESTISSEMENT**, m. ant. *ravestismán*. For. Donacion mutua.

**RAVET**, m. *ravé*. Zool. Rabeto, insecto de las Antillas.

**RAVI, E**, adj. *raví*. Arrebatado, arrobado, enajenado, suspenso. || met. *Être ravi en extase*, estar arrobado, enajenado, fuera de sí por una fervorosa contemplacion y por el efecto de una gracia particular. || fam. *Être ravi d'une chose*, estar enamorado, embelesado de una cosa; y mas propiamente, estar contento, alegre, alegrarse del resultado de una cosa: v. gr. *je suis ravi que vous ayez gagné votre procès*, lo cual es lo mismo que decir *je suis charmé que*, etc.

**RAVIER**, m. *ravié*. Coc. Platillo ó especie de plato pequeño para poner entremeses ó manjares ligeros, como pepinillos, etc.

**RAVIÈRE**, f. *raviér*. Nabar, terreno plantado de nabos; rabanal, terreno plantado de rábanos.

**RAVIGOTE**, f. *ravigót*. Ravigota, salsa compuesta con ascalonias, vinagre y mostaza.

**RAVIGOTER**, a. *ravigoté*. Refocilar, vigorizar, corroborar, dar vigor y fuerzas al que parecia extenuado.

**RAVIGOURER**, a. ant. *raviguré*. Vigorizar, dar nuevo vigor. || *Se ravigourer*, r. Vigorizarse, tomar vigor y fuerzas.

**RAVILIR**, a. *ravilír*. Envilecer, rebajar, hacer vil y miserable.

**RAVILISSEMENT**, m. *ravilismán*. Envilecimiento, accion de envilecer y estado de una persona envilecida.

**RAVIN**, m. *ravén*. Torrentera, quebrada, barranca formada por los torrentes y aluviones.

**RAVINE**, f. *ravín*. Aluvion, torrentada, avenida, tempestad de agua de lluvia. || Barranca, arroyada, quiebra que hace la corriente de las aguas.

**RAVIR**, a. *ravír*. Arrebatar, quitar, llevar con violencia. || Robar, llevar por fuerza una mujer. || met. Arrebatar, quitar, privar: *ravir l'honneur à une fille*; *ravir à un général la gloire d'une action*. || Arrebatar, captar, enamorar, hechizar, encantar el espíritu ó el corazon de alguno. || *À ravir*, loc. adv. y fam. A las mil maravillas, pasmosamente, admirablemente bien.

**RAVISER (SE)**, r. *ravisé*. Aconsejarse mejor, mudar de consejo ó de dictámen, volver en sí.

**RAVISSANT, E**, adj. *ravisán*. Rapaz, que roba, que lleva por fuerza. Se dice principalmente de los animales feroces ó carnívoros. || met. Maravilloso, pasmoso, que encanta el espíritu ó los sentidos. || fam. Gracioso, atractivo, agradable, que gusta mucho, hablando de las personas.

**RAVISSEMENT**, m. *ravismán*. Rapto, robo, conduccion violenta ó forzada. Solo se dice hablando de Helena ó de Proserpina. || met. Rapto, arrobamiento, enajenamiento, pasmo, estado del espíritu trasportado de admiracion, de placer, etc. || Alborozo, si se habla de alegría. || Rapto, éxtasis, arrobamiento.

**RAVISSEUR**, m. *raviseur*. Raptor, robador, el que roba ó lleva con violencia. Se dice comunmente del que roba una mujer.

**RAVITAILLEMENT**, m. *ravitallmán*. Refresco, nuevo socorro de víveres y municiones en una plaza ó fortaleza sitiada.

**RAVITAILLER**, a. *ravitallé*. Abastecer de víveres y municiones, ó socorrer de nuevo una plaza.

**RAVIVER**, a. *ravivé*. Avivar, hacer mas vivo el fuego, los colores. || met. Resucitar, reanimar, dar nuevo espíritu, nueva fuerza.

**RAVOIR**, a. *ravuár*. Recuperar, recobrar, tener de nuevo. Se usa solo en infinitivo. || *Se ravoir*, r. y met. Recobrarse, volver en sí, reparar las fuerzas. || RAVOIR, m. Pesc. Parque de redes sobre la playa. || Red que atraviesa la corriente.

**RAVOIRER**, a. *ravuaré*. Feud. Apoderarse de un feudo.

**RAY**, m. *ré*. Esparavel, red en forma de embudo.

**RAYAUX**, m. pl. *reyó*. Rieleras, moldes en que se vacian los metales para hacer los rieles para la moneda.

**RAYEMENT**, m. *remán*. Rayamiento, accion y efecto de rayar.

**RAYER**, a. *reyé*. Rayar, hacer rayas ó listas en alguna cosa. || Rayar, tachar, borrar, cancelar un escrito. || Rayar, borrar de una lista, suprimir, quitar.

**RAYIÈRE**, f. *reyér*. Ventana rasgada, muy alta.

**RAY-GRASS**, m. *regrás*. Ballico, joyo, planta de prados que sirve de alimento al ganado. Llámase tambien *faux-froment*.

**RAYON**, m. *reyón*. Rayo de luz. || met. Rayo, luz pasajera, apariencia, viso, vislumbre; resplandor, destello. || Geom. Radio, el semidiámetro de un círculo. || Radio, circúito á la redonda. || Rayo de la rueda de un carruaje. || Surco que hace el arado. || Anaquel, estante de un armario, de una biblioteca, de una tienda, etc. || *Rayon de miel*, panal de miel. || Rayita, raya pequeña. || Agujero para plantar la cepa. || Rayo, espina que sostiene las aletas de los pescados. || *Rayon de lait*, chisquete de leche de una mujer que cria. || *Rayon des signes* ó *trigone des arcs*, radio de los signos, trígono ó zodíaco, instrumento de gnomónica. || *Rayon vert*, rayo verde, especie de sapo.

**RAYONNANT, E**, adj. *reyonán*. Radiante, radioso, que echa rayos de luz. Dícese poéticamente hablando del sol y de la auréola de los santos. V. RADIEUX. || Radiante, resplandeciente, refulgente. || met. *Rayonnant de gloire, de lumière, de joie*, radiante, coronado de gloria, radiante de luz, colmado de gozo.

**RAYONNÉ, ÉE**, adj. *reyoné*. Dispuesto en rayos ó líneas que salen de un centro á una circunferencia.

**RAYONNEMENT**, m. *reyonman*. Brillo, centelleo: se dice hablando de los astros. || Movimiento y difusion de los espíritus animales. V. RAYONNER.

**RAYONNER**, n. *reyoné*. Radiar, echar rayos, despedir luz, centellear, resplandecer, deslumbrar. || Correr y difundirse los espíritus animales desde el cerebro por todas las partes del cuerpo.

**RAYURE**, f. *reyúr*. El rayado, el listado, las listas ó rayas de una tela. || Las rayas ó canales de un cañon de escopeta, etc.

**RAZETTE**, f. *rasét*. Raedera de hierro, entre los alfareros.

**RE**, re (e muda) ó **RÉ**, *ré*. Partícula que entra en la composicion de muchas palabras, y es reduplicativa ó aumentativa, como en *redanser, redire, relire, reluire, repaître; réimprimer, réédifier*.

**RÉ**, m. *ré*. Mús. Segunda nota de la escala natural.

**RÉACTEUR, TRICE**, adj. *reactour, tris*. Reactor, que causa, que opera una reaccion.

**RÉACTIF, IVE**, adj. *reactif, iv*. Reactivo, que resiste, que tiene reaccion. || RÉACTIF, m. Quím. Reactivo, sustancia que sirve para manifestar en una disolucion la existencia de otro cuerpo, precipitando ó mudando de color.

**RÉACTION**, f. *reacsión*. Reaccion, resistencia del cuerpo herido á la accion del que le hiere. || met. Reaccion, resistencia, oposicion entre dos partidos.

**RÉACTIONNAIRE**, adj. *reacsionér*. Reaccionario, que resiste y sacude lo que le oprime. || Polít. Reaccionario, que opera una reaccion.

**RÉADMETTRE**, a. *readmétr*. Readmitir, admitir de nuevo.

**RÉADMISSION**, f. *readmisión*. Readmision, accion de admitir de nuevo.

**RÉADOPTER**, a. *readopté*. Readoptar, adoptar de nuevo.

**RÉADOPTION**, f. *readopsión*. Readopcion, segunda ó nueva adopcion.

**RÉAGGRAVE**, m. *reagráv*. Der. can. Tercera monicion ántes de que se fulmine excomunion.

**RÉAGGRAVER**, a. *reagravé*. Publicar la tercera monicion ántes de la excomunion mayor.

**RÉAGIR**, n. *reagír*. Resistir un cuerpo ó una fuerza á la accion de otra

**RÉAJOURNEMENT**, m. *reajurnmán*. [illegible] lo emplazamiento, segunda citacion.

**RÉAJOURNER**, a. *reajurné*. For. Emplazar, citar por segunda vez.

**RÉAL, E**, adj. *reál*. Real, epíteto que se daba á la principal de las galeras del rey y á todo lo correspondiente á ella; como *galère réale, pavillon réal, médecin réal, etc.* Se dice tambien sust. *la réal* por *la galère réal*. Es corrupcion de *royal*. || RÉAL, m. Real, moneda de España que vale ocho cuartos y medio, la cuarta parte de una peseta. El plural es *réaux*.

**RÉALGAL** ó **RÉALGAR**, m. *realgál, realgár*. Miner. Rejalgar, arsénico rojo combinado con azufre.

**RÉALISABLE**, adj. *realisábl*. Realizable, que se puede realizar.

**RÉALISATION**, f. *realisasión*. Realizacion, efectuacion, accion de hacer real y efectiva una cosa.

**RÉALISER**, a. *realisé*. Realizar, efectuar, verificar, hacer real y efectiva alguna cosa.

**RÉALISME**, m. *realism*. Fil. Realismo, sistema de los realistas.

**RÉALISTES**, m. pl. *realist*. Fil. Realistas, secta de filósofos que consideran los entes abstractos como entes reales ó efectivos.

**RÉALITÉ**, f. *realité*. Realidad, existencia real y efectiva de cualquier cosa. || *En réalité*, loc. adv. En realidad, realmente, efectivamente.

**RÉAPPARITION**, f. *reaparisión*. Reaparicion, accion de reaparecer, de aparecer de nuevo.

**RÉAPPEL**, m. *reapél*. Jurisp. Segunda apelacion.

**RÉAPPELANT**, m. *reaplán*. Jurisp. El que apela por segunda vez.

**RÉAPPELER**, a. *reaplé*. Jurisp. Apelar de nuevo.

**RÉAPPOSER**, a. *reaposé*. Reponer, volver á poner, poner de nuevo.

**RÉAPPOSITION**, f. *reaposisión*. Reposicion, accion de reponer ó de poner de nuevo.

**RÉAPPRÉCIATION**, f. *reapresiasión*. Retasacion, nueva tasacion, valuacion ó avalúo de una cosa.

**RÉARPENTAGE**, m. *rearpantage*. Nuevo apeo ó medicion de tierras.

**RÉARPENTER**, a. *rearpanté*. Apear de nuevo las tierras, medirlas otra vez.

**RÉASSIGNATION**, f. *reasiñasión*. For. Segunda citacion ó llamamiento ante la justicia. || Reasignacion, nueva asignacion sobre otro fondo.

**RÉASSIGNER**, a. *reasiñé*. For. Citar, llamar segunda vez. || Reasignar, asignar sobre otro fondo.

**RÉATTELAGE**, m. *reatlágr*. Segundo uncimiento, accion de uncir ó de enganchar de nuevo.

**RÉATTELER**, a. *reatlé*. Uncir los bueyes de nuevo, volver á enganchar las mulas ó caballos.

**RÉATTRACTION**, f. *reatracsión*. Fís. Reatraccion, accion renovada de un cuerpo eléctrico que atrae á otro.

**REATU (IN)**, *inreátu*. Expresion latina que se usa solo en esta frase: *être in reatu*, estar acusado de algun crimen.

**RÉAVIS**, m. poco us. *reaví*. Segundo consejo ó nuevo consejo.

**REBAISER**, a. *rebesé* (e muda). Volver á besar, besar otra vez.

**REBAISSER**, a. *rebesé* (e muda). Volver á bajar, bajar de nuevo.

**REBANDER**, a. *rebandé* (e muda). Volver á vendar, vendar de nuevo. || Mar. Revirar, volver á virar un buque.

**REBAPTISANTS**, m. pl. *rebatisán* (e muda). Rebautizantes, herejes de los primeros siglos que reiteraban las ceremonias del bautismo.

**REBAPTISATION**, f. *rebatisasión* (e muda). Rebautizacion, accion de rebautizar.

**REBAPTISER**, a. *rebatisé* (e muda). Rebautizar, reiterar el bautismo.

**RÉBARBATIF, IVE**, adj. [illegible] Rudo, agrio, avinagrado, [illegible]

**REBARBE**, f. *rebárb* (e muda). V. [illegible] BURE.

**REBARDEMENT**, m. [illegible] da). Hort. Accion de abrir la [illegible] ó tabla. V. REBARDER.

**REBARDER**, a. *rebardé* [illegible] Abrir la torna á una era ó [illegible] entre el riego.

**REBAT**, m. *rebá* (e muda). [illegible] de los toneles y pipas [illegible] vos. || Cetr. *Lâcher le rebat*, [illegible] vez un halcon.

**REBÂTER**, a. *rebaté* (e muda). [illegible] enjalmar otra vez, volver á [illegible] la jalma ó el basto á las caballerías.

**REBÂTIR**, a. *rebatír* (e muda). [illegible] car, edificar, construir de nuevo.

**REBATTOIR**, m. *rebatuár* (e muda). Instrumento de pizarrero.

**REBATTEMENT**, m. [illegible] Mús. V. RÉPERCUSSION. || [illegible] fantasía que suele haber en los [illegible]

**REBATTRE**, a. *rebátr* (e muda). [illegible] apalear, sacudir, zurrar de [illegible] de nuevo á otra vez. || [illegible] || Volver á barajar los naipes. || [illegible] Remachar, machacar, repetir [illegible] una misma cosa.

**REBATTU, E**, adj. *rebatú* (e muda). [illegible] llado, tocado, repetido, [illegible] barajar. || Vuelto á sacudir. || [illegible] *avoir les oreilles rebattues d'une* [illegible] ner los oidos machacados ó [illegible] cosa, de tanto oir hablar de ella.

**REBAUDIR**, a. *rebodír* (e muda). [illegible] Acariciar á los perros. || n. [illegible] con la cola.

**REBEC**, m. *rebéc* (e muda). [illegible] especie de violin que tenia tres [illegible]

**REBELLE**, adj. *rebél* (e muda). [illegible] que se rebela ó subleva y [illegible] autoridad legítima ó á un superior. [illegible] bien sust. en esta acepcion. || [illegible] porfiado, tenaz: se dice de los [illegible] lencias. || met. Rebelde, indómito, [illegible] nado: se dice de las pasiones.

**REBELLER (SE)**, r. *rebelé* (e muda). [illegible] belarse, sublevarse, levantarse [illegible] autoridad legítima. Dícese *se rebeller* [illegible] y tambien *se rebeller contre son* [illegible] *parents, etc.* || met. Rebelarse, [illegible] sublevarse las pasiones.

**RÉBELLION**, f. *rebelión*. [illegible] vuelta, sublevacion, levantamiento, [illegible] cia abierta á las órdenes de la [illegible] gítima.

**REBÉNIR**, a. *rebenír* (e muda). [illegible] bendecir, bendecir de nuevo, [illegible] segunda vez.

**REBÉQUER (SE)**, r. fam. [illegible] da). Repiquetearse, encodirse, [illegible] dureza á su superior, perderle el [illegible]

**REBERCER**, a. *rebersé* (e muda). [illegible] de nuevo, volver á poner al niño en [illegible] || Se usa tambien en sentido [illegible] *bercer dans des songes de gloire*. [illegible]

**REBIFFER**, a. y n. *rebifé* (e muda). [illegible] á poner en pié, volver á levantar. || [illegible] dice en el sentido de regañar, [illegible] rehusar; y especialmente como [illegible] *biffer*.

**REBLANCHIR**, a. *reblanchír* [illegible] Volver á blanquear, blanquear de nuevo, volver á lavar, lavar de nuevo.

**REBLANCHISSAGE**, m. [illegible] (e muda). Blanqueamiento, accion de blanquear de nuevo; accion de lavar de nuevo.

**REBLANDIR**, a. ant. *reblandír* [illegible] Feud. Reclamar contra la usurpacion [illegible] feudo.

**REBLANDISSEMENT**, m. ant. [illegible] *dismán* (e muda). Reclamacion de [illegible] llo contra una usurpacion.

**RÈBLE** ó **RIÈBLE**, m. *rébl*, [illegible] Amor de hortelano, género de plantas [illegible]

**REBOIRE**, n. *rebuár* (e muda). Volver á beber, beber otra vez, beber de nuevo; [illegible] petir, refrendar, si es vino.

**REBOISEMENT**, m. *rebuasmán* (e muda). Repoblacion de montes.

**[RE]BOISER**, a. rebuasé (e muda). Repo-[b]lar de árboles un monte.

**[RE]BONDI, E**, adj. rebondí (e muda). Ro-[tundo, r]edondo, de carnes gordas y duras, re-[ch]oncho.

**[RE]BONDIR**, n. rebondír (e muda). Rebo-[tar, d]ar uno ó mas botes la pelota, la bala.

**[RE]BONDISSEMENT**, m. rebondismán [(e mu]da). Rebote de la pelota, de la bala, etc.

**[RE]BORD**, m. rebór (e muda). Realce, [borde] levantado y ordinariamente añadido.|| [Bastilla]. dobladillo de un vestido. || Repisa, [parte] saliente de una chimenea.

**[RE]BORDER**, a. rebordé (e muda). Ribe-[tear, e]char un dobladillo, repulgo ó galon á [los v]estidos, zapatos, etc. || Ribetear de [nuevo].

**[RE]BOTTER**, a. reboté (e muda). Volver [á pon]er ó calzar las botas, poner otras botas. [|| Agr.] Podar de nuevo las plantas, quitarles [todos l]os retoños que las impiden crecer. [|| Se r]ebotter, r. Volverse á calzar ó poner [las bot]as.

**[RE]BOUCHAGE**, m. rebuchágé (e muda). [Accion] de volver á tapar las grietas, etc.

**[RE]BOUCHER**, a. rebuché (e muda). Vol-[ver á] tapar ó cerrar, tapar otra vez, tapar [...] || Se reboucher, r. Taparse de nuevo [por si] mismo un agujero, etc.|| Despuntarse, [embot]arse, doblarse ó torcerse una espada.

**[RE]BOUILLIR**, n. rebuilír (e muda). Her-[vir de] nuevo, hervir otra vez.

**[RE]BOUISAGE**, m. rebuisádg (e muda). [Accion] de limpiar y dar lustre á un som-[brero].

**[RE]BOUISER**, a. rebuisé (e muda). Limpiar [, acicala]r ó dar lustre á un sombrero. || met. y [fam. Des]asnar, avivar, despabilar á alguno. [|| Dar u]na repasata, una carda: reprender ó [dar u]na reprension.

**[RE]BOURGEONNEMENT**, m. reburjon-[mán (e] muda). Accion de retoñar, de brotar [de nue]vo.

**[RE]BOURGEONNER**, a. reburjoné (e mu-[da). Re]toñar, brotar de nuevo, echar nuevos [botone]s las plantas.

**[RE]BOURS**, m. rebúr (e muda). Contra-[pelo, re]pospelo de una tela. || met. y fam. El [reves,] el contrasentido, lo contrario de lo [que de]be hacerse. || A rebours, au rebours, [loc. ad]v. Al reves, al contrario. || REBOURS, E, [adj. R]ebeco, arisco, áspero, intratable. || [Pile]r rebourse. V. RÉTIF. || Bois rebours, [madera] repelosa.

**[REB]OUSSE**, f. rebús (e muda). Mar. Bo-[...]

**[REB]OUTEMENT**, m. rebutmán (e muda). [Acc]ion y efecto de introducir las puntas [de ca]rda en el cuero.

**[REB]OUTER**, a. rebuté (e muda). Art. In-[troduci]r los dientes de la carda en el cuero. [|| Cir.] Colocar un hueso roto ó un miembro [dislo]cado en su lugar.

**[REB]OUTEUR**, m. V. RENOUEUR.

**[REB]OUTONNER**, a. rebutoné. Abotonar [de nue]vo. || Se reboutonner, r. Volverse á [aboto]nar la ropa.

**[REB]RAS**, m. ant. rebrá (e muda). Re-[borde]. Se decia por rebord, repli. || Parte [del gua]nte que cubre el brazo.

**[REB]RASEMENT**, m. rebrasman (e mu-[da). Acc]ion de soldar otra vez.

**[REB]RASER**, a. rebrasé (e muda). Volver [á solda]r, soldar segunda vez.

**[REB]RASSÉ, ÉE**, adj. rebrasé (e muda). [Arreman]gado, que tiene las mangas arre-[manga]das. || Blas. Ribeteado, lo mismo que [...]

**[REB]RASSER**, a. ant. rebrasé (e muda). [Arrema]ngar. V. RETROUSSER.

**[REB]ÉCHER**, a. rebriché (e muda). Ju-[r]. Volver á repetir á un testigo su [declarac]ion, volvérsela á leer.

**[REB]RIDER**, a. rebridé (e muda). Volver [á embrid]ar, volver á echar ó poner la brida.

**[REB]ROCHER**, a. rebroché (e muda). Volver [á coser u]n libro á la rústica. V. BROCHER.

**[REB]RODER**, a. rebrodé (e muda). Reca-[mar, bor]dar sobre bordado. || Rehacer un [bordado], volverlo á bordar.

**[REBR]OUILLER**, a. rebruillé. Enredar de [nuevo, v]olver á enredar ó á enmarañar.

**REBROUSSE**, f. rebrús (e muda). V. REBROUSSOIR. || À rebrousse-poil, loc. adv. A redopelo, á pospelo, á contrapelo. || met. y fam. Al reves, en sentido contrario.

**REBROUSSEMENT**, m. rebrusmán. Accion de volver hácia arriba ó hácia atras.

**REBROUSSÉ, ÉE**, adj. rebrusé (e muda). Puesto á contrapelo ó al reves. || Puesto ó levantado hácia arriba.

**REBROUSSER**, a. rebrusé (e muda). Volver hácia arriba el cabello, recogerle arriba. || met. y fam. Rebrousser chemin, volver piés atras, retroceder.

**REBROUSSETTE**, f. rebrusét (e muda). Peine para levantar el pelo de la cabeza.

**REBROUSSOIR**, m. rebrusuar (e muda). Peine de tundidor para peinar á pospelo ó redopelo.

**REBROYER**, a. rebruayé (e muda). Remoler, volver á moler, á triturar.

**REBRUNIR**, a. rebrunír (e muda). Volver á pulir, á bruñir.

**REBUFFADE**, f. ant. rebufád (e muda). Soflon, soburbada, mala acogida, repulsa dada con desprecio.

**RÉBUS**, m. rebús. Jeroglífico, juego que consiste en expresar las palabras ó frases por medio de objetos cuyos nombres ofrecen al oido una semejanza con las palabras ó frases que se quieren expresar. || met. Equivoquillo, juego de palabras. || Écriture en rebus, escritura ó inscripcion jeroglífica, aquella en que se expresan por medio de figuras las cosas que se quieren decir.

**REBUT**, m. rebú (e muda). Desecho, zupia, desperdicio, lo peor que queda de cualquiera cosa. || Rebut du genre humain, la escoria de los hombres ó del mundo. || Sequedad, repulsa, desprecio.

**REBUTANT, E**, adj. rebután (e muda). Repugnante, desagradable. || Chocante, cargante, que choca y enfada, hablando de personas.

**REBUTER**, a. rebuté (e muda). Desechar, echar fuera, despreciar. || Chocar, desagradar, disgustar, enfadar. || Desanimar, entibiar, hacer desistir de algun trabajo por sus obstáculos ó dificultades. || Rehusar, no admitir. || Chocar, disgustar, fastidiar. || Exasperar, irritar, impacientar. || Se rebuter, r. Enfadarse, cansarse, impacientarse. || Desanimarse, acobardarse de proseguir en algun intento.

**RECACHER**, a. recaché (e muda). Volver á esconder ó á ocultar.

**RECACHETER**, a. recacheté (e muda). Volver á cerrar, cerrar de nuevo ú otra vez una carta ó pliego.

**RÉCALCITRANT, E**, adj. recalsitrán. Recalcitrante, rebelde, pertinaz, obstinado, que resiste con tenacidad.

**RÉCALCITRER**, n. recalsitré. Cocear, tirar coces. || met. Recalcitrar, resistir con tenacidad.

**RECALER**, a. recalé (e muda). Carp. Acepillar, alisar con el cepillo ó garlopa. || Calzar segunda vez un mueble, volverlo á calzar de nuevo.

**RECALOIR**, m. recaluar (e muda). Instrumento para acepillar ó alisar la madera.

**RECAMER**, a. recamé (e muda). Recamar, bordar de realce.

**RECAMPIR**, a. V. RÉCHAMPIR.

**RÉCAPITULATEUR, TRICE**, m. y f. recapitulateur, tris. Recapitulador, el que recapitula, el que hace una recapitulacion.

**RÉCAPITULATIF, IVE**, adj. recapitulatif, iv. Recapitulativo, que sirve para recapitular.

**RÉCAPITULATION**, f. recapitulasión. Recapitulacion, resúmen de lo que ya se ha dicho.

**RÉCAPITULER**, a. recapitulé. Recapitular, resumir ó resumir, volver á decir sumariamente lo que ya se ha dicho.

**RECARDER**, a. recardé (e muda). Volver á cardar, cardar de nuevo.

**RECARRELER**, a. recarelé (e muda). Enladrillar ó embaldosar de nuevo.

**RECASSER**, a. recasé (e muda). Volver á quebrar ó romper, romper ó quebrar otra vez. || Agr. Romper una tierra labrada por primera vez.

**RECASSIS**, m. recasí (e muda). Agr. Barbecho, primera labor de una tierra.

**RECÉDER**, a. resedé (e muda). Ceder ó volver á otro lo que este habia cedido ántes.

**RECÉLÉ**, m. V. RECÈLEMENT.

**RECÉLÉE**, f. ant. V. CACHETTE.

**RECÈLEMENT**, m. reselmán (e muda). Ocultacion, encubrimiento, accion de ocultar ó de encubrir.

**RECÉLER**, a. reselé (e muda). Ocultar, guardar lo que otro ha hurtado. || Ocultar, apartar efectos de alguna herencia. || Encubrir, recoger ladrones ú otras personas á las cuales prohibe la ley dar asilo. || Receler un corps mort, ocultar la muerte de alguno ó un homicidio. || Encerrar, contener: la terre, la mer recèle de grands trésors dans son sein. || n. Mont. Le cerf recèle, recela el ciervo: se dice cuando se queda el ciervo dos ó tres dias en la querencia.

**RECÉLEUR, EUSE**, m. y f. reseleur, eus (e muda). Encubridor, el que oculta ladrones ú objetos robados.

**RÉCEMMENT**, adv. resamán. Recientemente, nuevamente, poco há. || Ántes de los participios se dice recien. Récemment arrivé, recien llegado.

**RECENSE**, f. resáns (e muda). Segundo registro hecho sobre los metales preciosos.

**RECENSEMENT**, m. resansmán (e muda). Empadronamiento, enumeracion de personas, de efectos, de derechos, etc. || Nuevo recuento ó exámen de las mercaderías ó géneros. || For. Nueva declaracion de testigos.

**RECENSER**, a. resansé (e muda). Empadronar, hacer un empadronamiento. || Recontar, hacer un nuevo recuento ó exámen de las mercancías, etc. || For. Oir de nuevo á los testigos.

**RECENSION**, f. resansión (e muda). Producto de un empadronamiento, de un recuento.

**RÉCENT, E**, adj. resán. Reciente, nuevo, fresco. || Avoir la mémoire récente de quelque chose, tener reciente la memoria de alguna cosa, acordarse de ella como sucedida recientemente.

**RECEPAGE**, m. resepáge (e muda). Poda de las vides.

**RECEPÉE**, f. resepé (e muda). La parte de un bosque que se halla cortada ó podada.

**RECEPER**, a. resepé (e muda). Podar las vides. || Desmochar los árboles. || Rozar, talar un monte.

**RÉCÉPISSÉ**, m. resepisé. Recibo, resguardo.

**RÉCEPTACLE**, m. reseptácl. Receptáculo, lugar donde se juntan muchas cosas de diversas partes. Se toma ordinariamente en mal sentido: c'est le réceptacle de toutes les immondices, des gueux, des voleurs, etc. || Receptáculo, pila ó balsa para contener ó recibir las aguas. || Bot. Receptáculo, el fondo del cáliz de una flor.

**RÉCEPTIBILITÉ**, f. V. RÉCEPTIVITÉ.

**RÉCEPTIF, IVE**, adj. reseptif, iv. Med. Receptivo, que recibe ó es capaz de recibir. Se dice de los órganos susceptibles de recibir por los sentidos las impresiones de los objetos.

**RÉCEPTION**, f. resepsión. Recepcion, recibo, accion por la cual se recibe. || Recibo de cartas, de géneros, etc. || Recibimiento, acogida, modo de recibir á una persona. || Recepcion, admision, ingreso, ceremonia con que alguno es recibido en un cuerpo ó puesto en posesion de un empleo ó cargo.

**RÉCEPTIVITÉ**, f. reseptivité. Fil. Receptividad, facultad de recibir una impresion.

**RECERCLÉ, ÉE**, adj. reserclé (e muda). Blas. Enroscado, recogido.

**RECERCLER**, a. reserclé (e muda). Volver á cercar ó á poner nuevos cercos ó aros.

**RECETTE**, f. resét (e muda). Entrada, ingreso, recibo de dinero. || Recibo, accion de recibir lo que está debido. || Cargo, el dinero cobrado. || Receta, composicion de ciertos remedios ó medicamentos; y tambien, el escrito que indica el modo de hacer esta composicion. || *Recette et dépense*, cargo y data, entrada y salida.

**RECETTIER**, m. *resetié* (e muda). Recetero, el que da recetas para ciertos males. Se dice por desprecio.

**RECEVABILITÉ**, f. *resevabilité* (e muda). Receptibilidad, cualidad de lo que es recibidero ó admisible.

**RECEVABLE**, adj. *resevábl* (e muda). Recibidero, admisible, de recibo, de ley.

**RECEVEUR, EUSE**, m. y f. *resevear*, *eus* (e muda). Receptor, recaudador. || *Receveuse* significa tambien la mujer de un receptor.

**RECEVOIR**, a. *resevuár* (e muda). Recibir, aceptar, tomar lo que se da, presenta ú ofrece. || Recibir, percibir, cobrar un pago, una renta, etc. || Recibir, coger lo que se envia, tira ó arroja. || Recibir un beneficio, un daño, una noticia, una carta, una órden, etc. || Recibir, encerrar ó contener en su seno, como el mar, los rios, etc. || Recibir, admitir, aceptar, aprobar alguna cosa. || Recibir, admitir á alguno en su compañía. || Recibir, salir al encuentro de alguno para obsequiarle. || Recibir, hablando de visitas. || Recibir, admitir, dar asilo. || Recibir, admitir las promesas, las excusas. || Recibir, acoger, someterse á una ley, á una regla, etc. || *Salle à recevoir*, sala de recibimiento, sala de estrado, pieza de recibo para las visitas.

**RECEVOIR**, m. *resevuár* (e muda). Caldera para salitre.

**RECEZ**, m. *resé* (e muda). Acta, registro de las deliberaciones de una dieta.

**RÉCHAFAUDER**, a. *rechafodé*. Arq. Hacer nuevos tablados ó andamios.

**RÉCHAMPIR**, a. *rechanpír*. Pint. Pintar de un color el campo ó fondo de un lado, y de diferente el del otro. Se dice de la pintura de molduras ó adornos de edificios.

**RÉCHAMPISSAGE**, m. *rechanpiságe*. Accion de pintar de un color el campo de un lado, y de diferente el del otro. = Obra pintada de este modo.

**RECHANGE**, m. *rechánge* (e muda). Repuesto, objetos que se tienen de reserva para reemplazar, en caso de necesidad, á otros semejantes: *armes*, *cordages*, *mâts*, *voiles*, *etc.*, *de rechange*, armas, jarcia, palos, velas de repuesto ó de respeto. || Com. Recambio, el derecho de un nuevo cambio que se hace pagar por el que ha girado una letra de cambio, cuando esta ha sido protestada.

**RECHANGER**, a. *rechangé* (e muda). Recambiar, remudar, volver á mudar ó á cambiar vestidos, muebles, etc. || n. Cambiar muchas veces de parecer, de opinion. || *Se rechanger*, r. Mudar de ropa ó de vestido.

**RECHANTER**, a. *rechanté* (e muda). Cantar de nuevo, repetir la misma cancion. || fam. Repetir siempre una misma cosa.

**RÉCHAPPÉ, ÉE**, adj. *rechapé*. Zafado, escapado, librado. || sust. pop. *Un réchappé de potence*, un racimo de horca, un pillo, un tuno.

**RÉCHAPPER**, n. *rechapé*. Escaparse, zafarse, librarse de algun grave peligro, de una enfermedad, etc.

**RECHARGE**, f. *rechárge* (e muda). Nueva ó segunda carga ó ataque contra los enemigos. || met. *Venir à la recharge*, volver á la carga, hacer nuevas instancias.

**RECHARGEMENT**, m. *rechargemán* (e muda). Recargo, accion de recargar. Se usa hablando de mercaderías.

**RECHARGER**, a. *rechargé* (e muda). Recargar, volver á cargar, cargar de nuevo un carro, una caballería; cargar de nuevo un arma de fuego. || Recargar, cargar ó atacar de nuevo á los enemigos. || Repetir, reiterar un encargo, dar una segunda órden. || *Recharger un essieu*, calzar un eje de hierro, engruesarlo cuando están demasiado gastadas las pesoneras.

**RECHASSER**, a. *rechasé* (e muda). Volver á echar, echar, expulsar segunda vez ó de nuevo. || Rechazar, repeler, desalojar, hacer retroceder al enemigo acometiéndolo. || Cazar de nuevo ó por segunda vez en un sitio.

**RECHASSEUR**, m. *rechaseur* (e muda). Mont. Ojeador, el que ojea y espanta con voces la caza.

**RÉCHAUD**, m. *rechó*. Escalfador, estufilla para calentar las viandas.

**RÉCHAUFFAGE**, m. *rechofáge*. Coc. Accion de recalentar ó volver á calentar los manjares. || met. y fam. Cosa vieja que se da por nueva. || met. Plagio.

**RÉCHAUFFÉ, ÉE**, adj. *rechofé*. Recalentado, vuelto á calentar. || met. y fam. *Viande réchauffée* ó *conte réchauffé*, cuento viejo; noticia con barbas.

**RÉCHAUFFEMENT**, m. *rechofmán*. Calentamiento, calor que se da á las plantas por medio de una estufa ó de estiércol nuevo, para hacerlas brotar en la estacion fria.

**RÉCHAUFFER**, a. *rechofé*. Volver á calentar otra vez lo que se habia enfriado. || met. Acalorar, avivar, enfervorizar. || Úsase como pronominal en ambos sentidos.

**RÉCHAUFFOIR**, m. *rechofuár*. Hornilla, anafe en que se mantienen calientes los platos que se han de servir en la mesa.

**RECHAUSSEMENT**, m. *rechosmán* (e muda). Calzamiento, accion y efecto de calzar un árbol echándole tierra al pié.

**RECHAUSSER**, a. *rechosé* (e muda). Volver á calzar, calzar de nuevo. || Arq. Volver á calzar, rehacer el pié de un edificio viejo asegurándole con nuevas piedras. || Agr. *Rechausser un arbre*, volver á calzar un árbol, echar tierra al pié de él.

**RECHAUSSOIR**, m. *rechosuár* (e muda). Martillo para machacar el metal.

**RÊCHE**, adj. *réche*. Áspero, duro, displicente al tacto, al gusto. || met. Áspero, brusco, terco, hablando de personas; rehacio, hablando de caballos.

**RECHEF**, m. ant. *rechéf* (e muda). Recaida, cambio. || *De rechef*, loc. adv. De nuevo, otra vez.

**RECHERCHABLE**, adj. *recherchábl* (e muda). Digno de ser buscado, examinado, averiguado.

**RECHERCHE**, f. *rechérche* (e muda). Averiguacion, indagacion, investigacion. || Exámen, pesquisa, inquisicion de la vida y de las acciones de alguno. || Rebusca, escudriñamiento. || Recuesta, galanteo, pretension, solicitud del que obsequia á una novia. || Esmero, estudio, afectacion, refinamiento en el estilo, en el adorno, en la compostura, etc. || Correccion, retoque, última mano que da un pintor, escultor ó grabador á una obra. || Recorrido, repaso que se da á un tejado, empedrado, etc., para componerlo. || *Livre plein de belles recherches*, libro lleno de excelentes investigaciones, observaciones.

**RECHERCHÉ, ÉE**, adj. *recherché* (e muda). Muy buscado, solicitado, deseado. || Exquisito, esmerado, etc. || Pint. y Esc. *Figure bien recherchée*, figura bien trabajada, bien concluida. || *Style*, *parure recherchée*, estilo, vestido afectado, acicalado.

**RECHERCHER**, a. *recherché* (e muda). Buscar de nuevo, volver á buscar. || Buscar con cuidado, escudriñar, pesquisar. || Averiguar, examinar, inquirir, investigar, indagar. || Buscar, pretender, solicitar. || Galantear, obsequiar, pretender á una mujer. || Retocar, perfeccionar, dar la última mano á una obra, hablando de los artistas respecto de sus obras de pintura, escultura y grabado.

**RECHERCHEUR**, m. *rechercheur* (e muda). Investigador, escudriñador. || Art. Obrero que hace ladrillos ó tejas.

**RECHIGNÉ, ÉE**, adj. *rechiñé* (e muda). Ceñudo. *Mine rechignée*, semblante ceñudo, emperrado, cara de pocos amigos.

**RECHIGNEMENT**, m. *rechiñmán* (e muda). Rechinamiento, accion de rechinar. || Ceño, apariencia de mal humor.

**RECHIGNER**, n. *rechiñé* (e muda). Rechinar, poner ceño, hacer ó admitir una cosa á regaña dientes.

**RECHINSER**, a. *rechensé* (e muda). Lavar la lana en agua limpia y clara para acabar de desengrasarla.

**RECHOIR**, n. *rechuár* (e muda). Recaer, caer de nuevo. || met. Recaer, volver á caer en una misma enfermedad; reincidir, volver á incurrir en una misma falta.

**RECHU, E**, adj. *rechu* (e muda). Recaido, caido de nuevo. || ant. Recaido, [illegible]

**RECHUTE**, f. *rechút* (e muda). [illegible] segunda, nueva caida en una [illegible] reincidencia en una falta.

**RÉCIDIBOU**, m. *residibú*. Aljibe de jabonero para la lejía ó colada.

**RÉCIDIF, IVE**, adj. *residíf*, [illegible] Reincidente, que reincide.

**RÉCIDIVE**, f. *residíve*. Reincidencia en una falta, en un crímen ó delito. V. RECHUTE.

**RÉCIDIVER**, n. *residivé*. Reincidir, recaer, volver á caer ó incurrir en alguna [illegible] falta ó delito.

**RÉCIF**, m. *resíf*. Arrecife, [illegible] rocas á flor de agua. Se escribe tambien *ressif* y *resif*, pero *récif* es ortografía [illegible] conforme.

**RÉCIPÉ**, m. *resipé*. Récipe, receta de médico. Es voz latina que [illegible] ordinariamente los médicos escriben R ó [illegible]

**RÉCIPIANGLE**, m. *resipiángl*. Mat. Recipiángulo, instrumento para medir los ángulos entrantes y salientes.

**RÉCIPIENDAIRE**, m. *resipiendér*. [illegible] nuevo provisto ó electo que se presenta [illegible] un cuerpo á tomar posesion de su plaza.

**RÉCIPIENT**, m. *resipián*. Quím. Recipiente, vaso de vidrio destinado á recibir [illegible] productos de una destilacion ó de otra operacion química. || Recipiente, campana de cristal que se coloca debajo de la máquina neumática y donde se encierran los cuerpos que se quiere poner en el vacío.

**RÉCIPROCATION**, f. *resiprocasión*. Reciprocacion, mutua correspondencia ó igualdad.

**RÉCIPROCITÉ**, f. *resiprosité*. Reciprocidad, correspondencia mutua de una persona ó cosa con otra. || Estado, calidad, carácter de lo que es recíproco.

**RÉCIPROQUE**, adj. *resipróc*. Recíproco, mutuo. V. MUTUEL. || Mat. *Raison réciproque*, razon recíproca; es la misma que [illegible] *son inverse*. V. INVERSE. || Gram. Se dice de pronombres y de verbos. || Lóg. [illegible] *positions réciproques*, dos proposiciones recíprocas, aquellas en que el sujeto de la una puede ser atributo ó predicado de la otra, y al contrario. || sust. y fam. [illegible] *réciproque*, pagar en la misma moneda, [illegible] ver igual por igual.

**RÉCIPROQUEMENT**, adv. *resiprocmán*. Recíprocamente, mutuamente, con igual correspondencia.

**RÉCIPROQUER**, n. *resiproqué*. [illegible] uno el cambio, pagarle en la misma moneda, tratarle como él trata á los demas.

**RECIRER**, a. *resiré* (e muda). Volver á encerar, encerar de nuevo.

**RECISE**, f. Bot. V. BENOITE.

**RÉCIT**, m. *resí*. Relato, narracion, relacion de lo que ha pasado. || Mús. [illegible] una voz á solo, lo que es cantado por una sola voz ó tocado por un solo instrumento.

**RÉCITANT, E**, adj. *resitán*. Mús. [illegible] á solo: se dice de las voces ó instrumentos que ejecutan solos.

**RÉCITATEUR**, m. *resitateur*. Recitador, el que recita ó dice en voz alta lo que sabe de memoria.

**RÉCITATIF**, m. *resitatíf*. Recitado, especie de canto que no está sujeto á medida, y en que mas se recita que se canta. || *Récitatif obligé*, recitado acompañado por [illegible] instrumentos.

**RÉCITATION**, f. *resitasión*. Recitacion, accion de recitar un discurso [illegible] de memoria; el modo de decir, de pronunciar. || Mús. Recitacion, accion de recitar ó cantar un solo. || Accion de citar [illegible] vez el pasaje de un autor.

**RÉCITER**, a. *resité*. Recitar, [illegible] ó decir de memoria y en alta voz [illegible] curso, etc. || Relatar, narrar, [illegible] un suceso pasado. || Mús. Recitar, [illegible] tocar un solo.

**RÉCITEUR**, m. *resiteur*. Narrador, [illegible] que narra ó refiere alguna cosa. [illegible] ironía en vez de *faiseur de récits*. [illegible]

**RÉCLAMATEUR**, m. *reclamateur*. Reclamante, el que reclama una cosa perdida. || Mar. Reclamante, el que reclama una presa ó navío tomado.

**RÉCLAMATION**, f. *reclamasión*. Reclamacion, accion de reclamar contra una injusticia, de oponerse á que se haga una cosa, etc.

**RÉCLAME**, m. *recléme*. Cetr. Reclamo, grito ó voz con que se llama á los pájaros para hacerlos venir á la red ó para que caigan en la liga. || f. Reclamo, especie de pito para atraer y coger codornices y perdices. || Perdiz enjaulada. || Impr. Reclamo, la palabra ó sílaba que suele ponerse al fin de cada plana, y es la misma con que ha de empezar la siguiente. Este reclamo no se usa ya; y ahora se entiende por esta palabra la nota ó indicacion manuscrita que recuerda al compaginador ó al corrector la última palabra y el último folio de una prueba.

**RÉCLAMER**, a. *reclamé*. Reclamar, implorar, pedir con instancia. || Reclamar, reivindicar, pedir la restitucion de lo que es suyo. || Reclamar, llamar á los pájaros con el reclamo. || n. Reclamar, oponerse, no consintiendo en la sentencia, providencia, etc. || Reclamar, protestar contra alguna cosa; oponerse, contradecir con palabras. || *Se réclamer de quelqu'un*, declarar uno ser pariente, criado, etc., de otro.

**RÉCLAMEUR**, m. *reclameur*. Zool. Reclamador, especie de mirlo de África.

**RÉCLAMPER**, a. *reclanpé*. Mar. Enginelgar, reparar algun palo ó verga rota ó sentida, ponerle una rueca.

**RÉCLARE**, m. *reclér*. Especie de red de cuerda simple y muy clara.

**RÉCLINAISON**, f. *reclinesón*. Gnom. Inclinacion, declinacion de un plano hácia el horizonte.

**RÉCLINANT**, E, adj. *reclinán*. Gnom. Inclinando á una parte fuera del aplomo ó de la perpendicular.

**RÉCLINATOIRE**, m. *reclinatuár*. Reclinatorio, lugar de reposo, lecho.

**RÉCLINER**, n. *recliné*. Gnom. Declinar, inclinarse, no estar á plomo.

**RECLOUER**, a. *reclué* (e muda). Volver á clavar, clavar de nuevo.

**RECLURE**, a. *reclúr* (e muda). Recluir, encerrar, poner en reclusion, en una clausura.

**RECLUS**, E, adj. *reclú*, *ús* (e muda). Recluso. Se usa tambien como sustantivo: *un reclus*, *une recluse*.

**RECLUSAGE**, m. ant. *recluságe* (e muda). Reclusion, encierro.

**RÉCLUSERIE**, f. ant. *recluserí*. Celda de un recluso.

**RÉCLUSION**, f. *reclusión*. Reclusion, accion de recluir ó encerrar. || Habitacion ó cuarto de un recluso. || Encierro ó prision forzada, que se impone á algunas personas por pena.

**RÉCLUSIONNAIRE**, adj. y s. *reclusionér*. Reclusionario, el que está condenado á la reclusion.

**RECOCHER**, a. *recoché* (e muda). Sobar la masa del pan despues de heñida.

**RECOGNER**, a. *recoñé* (e muda). Volver á meter ó á martillar un clavo, una cuña, etc., que estaba floja. || met. y ant. Sacudir, castigar, rebatir al enemigo, aporrearlo.

**RÉCOGNITIF**, IVE, adj. *recognitif*, *iv*. Jurisp. Se dice *acte recognitif*, acto de reconocimiento, aquel por el cual se reconoce ó ratifica una obligacion.

**RÉCOGNITION**, f. *recognisión*. Reconocimiento, nuevo exámen de una cosa. || Reconocimiento, ratificacion de un acto.

**RECOIFFER**, a. *recuafé* (e muda). Volver á peinar, á componer el peinado, la cabeza, el tocado.

**RECOIN**, m. *recuén* (e muda). Rinconcillo, escondrijo. || met. *Les recoins du cœur*, los pliegues y repliegues del corazon, lo que tiene de mas secreto y recondito.

**RECOITER**, a. ant. é inus. *recoaté* (e muda). Ocultar, encubrir.

**RÉCOLEMENT**, m. *recolmán*. For. Acto de comprobacion, lectura que se hace al testigo de lo que ha declarado.

**RÉCOLER**, a. *recolé*. For. Leer á los testigos su declaracion. || Comprobar, confrontar, hacer una comprobacion.

**RÉCOLLECTEUR**, s. y adj. m. *recolecteur*. Recopilador, el que recopila leyes, decretos, hechos, etc.

**RÉCOLLECTION**, f. ant. *recolecsión*. Recogimiento, retiro espiritual. En algunas comunidades se decia por *retraite*.

**RECOLLEMENT**, m. *recolmán* (e muda). Accion de volver á encolar ó pegar, encolar ó pegar de nuevo.

**RECOLLER**, a. *recolé* (e muda). Volver á encolar ó á pegar, encolar ó pegar de nuevo.

**RÉCOLLET**, m. *recolé*. Recoleto, religioso reformado de la órden de San Francisco. || RÉCOLLETTE, f. Recoleta, religiosa de ciertas comunidades que siguen la órden de San Francisco.

**RÉCOLLIGER (SE)**, r. ant. *recoligé*. Retirarse, abstraerse, recogerse en sí mismo.

**RÉCOLTE**, f. *recólt*. Cosecha, recoleccion de los frutos de la tierra; producto que resulta de ella; la temporada, época y duracion de la recoleccion de los frutos.

**RÉCOLTER**, a. *recolté*. Coger, recoger, alzar los frutos de la tierra, en particular los granos.

**RECOMMANDABLE**, adj. *recomandábl* (e muda). Recomendable, digno de recomendacion, estimacion ó aprecio.

**RECOMMANDARESSES**, f. pl. *recomandarés* (e muda). Acomodadoras de amas de cria, mujeres que se nombraban en Paris por la autoridad para dicho objeto.

**RECOMMANDATAIRE**, m. *recomandatér* (e muda). For. Acreedor de un deudor encarcelado y demandado de recargo.

**RECOMMANDATION**, f. *recomandasión* (e muda). Recomendacion, accion y efecto de recomendar á alguno; súplica en su favor. || Autoridad, representacion ó calidad por que se hace mas apreciable y digna de respeto alguna cosa. || *Recommandation de l'âme*, recomendacion ó encomienda del alma, preces que hace la Iglesia por los agonizantes. || For. Recargo, acumulacion de causa nueva á un reo. || Aviso que se pasa á las platerías ó roperías, cuando se ha robado ó perdido alguna alhaja ó prenda, para que la detengan y tambien al vendedor de ella. || pl. Expresiones, memorias, recados.

**RECOMMANDATOIRE**, adj. *recomandatuár* (e muda). Recomendatorio, que recomienda, que contiene recomendacion.

**RECOMMANDER**, a. *recomandé* (e muda). Recomendar, encargar, pedir ó dar órden á alguno para que tome á su cuidado alguna persona ó negocio. || Recomendar, exhortar, encargar. || Recomendar, hablar ó empeñarse á favor de alguno. || Recomendar, encomendar á Dios ó á los santos. || Saludar, enviar memorias ó expresiones. || Avisar á las platerías ó roperías cuando se pierde alguna alhaja ó prenda. || Recomendar, hacer recomendable. || For. Recargar, acumular al reo nuevos cargos. || *Se recommander*, r. Encomendarse á Dios, á los santos, etc. || Ponerse, ofrecerse á la disposicion de otro.

**RECOMMENCEMENT**, m. *recomansmán* (e muda). Accion de volver á comenzar ó á empezar de nuevo.

**RECOMMENCER**, a. *recomansé* (e muda). Volver á empezar, empezar de nuevo.

**RECOMMENCEUR**, EUSE, m. y f. *recomanseur*, *eus* (e muda). El que vuelve á empezar, que empieza de nuevo; el que repite siempre lo mismo. Es fam. y poco usado.

**RÉCOMPENSE**, f. *reconpáns*. Recompensa, premio, remuneracion por un servicio ó alguna buena accion. || Recompensa, compensacion, resarcimiento. || Recompensa, merecido, pago, castigo ó pena por una mala accion. || *En récompense*, loc. adv. En recompensa, en compensacion, en premio, en pago, en desquite.

**RÉCOMPENSER**, a. *reconpansé*. Recompensar, premiar, remunerar algun beneficio, favor ó buena obra. || Compensar, resarcir, indemnizar. || Dar el pago ó merecido, pagar, por castigar, imponer la pena ó castigo debido á una mala accion.

**RECOMPOSER**, a. *reconposé* (e muda). Recomponer, componer de nuevo.

**RECOMPOSITION**, f. *reconposisión* (e muda). Recomposicion, accion de recomponer un cuerpo. || Impr. Recomposicion, nueva composicion de un pliego ó página que se ha descompuesto.

**RECOMPTER**, a. *reconté* (e muda). Recontar, volver á contar, contar de nuevo.

**RÉCONCILIABLE**, adj. *reconsiliábl*. Reconciliable, que puede reconciliarse. Se usa de ordinario con la negacion.

**RÉCONCILIATEUR**, TRICE, m. y f. *reconsiliateur*, *tris*. Reconciliador, el que reconcilia dos personas reñidas.

**RÉCONCILIATION**, f. *reconsiliasión*. Reconciliacion de personas que estaban reñidas. || Reconciliacion, acto solemne por el cual un hereje es reunido á la Iglesia. || Reconciliacion, ceremonia que se hace para volver á bendecir una iglesia profanada.

**RÉCONCILIER**, a. *reconsilié*. Reconciliar las personas que estaban reñidas. || Reconciliar, bendecir con ciertas ceremonias una iglesia profanada. || Reconciliar, absolver á un hereje despues de haber abjurado su error. || *Se réconcilier*, r. Reconciliarse, volver á la amistad quebrada. || Reconciliarse, confesar los pecados olvidados en la última confesion ó las faltas lijeras cometidas despues, á fin de poder ir á comulgar.

**RECONDUCTION**, f. *reconducsión* (e muda). For. Reconduccion, el contrato de segundo arrendamiento despues de espirado el tiempo del primero.

**RECONDUIRE**, a. *reconduír* (e muda). Acompañar hasta la puerta á la persona que nos ha visitado. || Volver á llevar á una persona al lugar de donde salió. *Reconduire une dame chez elle*, acompañar á una señora á su casa.

**RECONDUIT**, E, adj. *recondui* (e muda). Acompañado, despedido hasta la puerta.

**RECONDUITE**, f. *reconduit* (e muda). Accion de acompañar ó despedir á alguno hasta la puerta.

**RÉCONFORT**, m. ant. *reconfór*. Confortacion, consuelo que se da en la afliccion.

**RÉCONFORTATIF**, IVE, adj. *reconfortatif*, *iv*. Confortativo, que conforta: se dice de ciertas sustancias nutritivas y tónicas. Úsase tambien como sustantivo.

**RÉCONFORTATION**, f. *reconfortasión*. Confortacion, accion y efecto de confortar.

**RÉCONFORTER**, a. *reconforté*. Confortar, corroborar, dar nuevo vigor, espíritu y fuerza. || ant. Confortar, animar, alentar, consolar al que está afligido.

**RECONFRONTATION**, f. *reconfrontasión* (e muda). Nueva confrontacion, segunda confrontacion.

**RECONFRONTER**, a. *reconfronté* (e muda). Confrontar de nuevo, carear de nuevo ó otra vez una persona con otra, los reos, los testigos.

**RECONNAISSABLE**, adj. *reconesábl* (e muda). Conocible, que se conoce ó puede ser conocido fácilmente.

**RECONNAISSANCE**, f. *reconesáns* (e muda). Reconocimiento, accion de reconocer. || Agnicion, en las composiciones dramáticas. || Reconocimiento, accion de examinar con cuidado ciertos objetos. || Mil. Reconocimiento, accion de examinar la posicion, la naturaleza del terreno y las disposiciones del enemigo. || Mar. Reconocimiento, accion de examinar ó descubrir las costas, radas, etc., navegando. || Reconocimiento, resguardo, vale, declaracion que se hace por escrito de haberse recibido alguna cosa. || Reconocimiento, accion de confesar una falta, un error. || Reconocimiento, agradecimiento.

**RECONNAISSANT**, E, adj. *reconesán* (e muda). Reconocido, agradecido.

**RECONNAÎTRE**, a. *reconétr* (e muda). Reconocer, conocer una cosa ó persona cuando se la vuelve á ver. || Conocer, venir en conocimiento de una cosa ó persona por alguna seña ó especie. || Reconocer, admitir una cosa como verdadera. || Reconocer, conocer, descubrir, manifestar. || Mil. Reconocer, examinar las posiciones del enemigo. || Mar. Reconocer, examinar, descubrir las costas, las radas, etc. || Reconocer, declarar, manifestar que se tiene por legítimo un príncipe ó gobierno. || Reconocer, agradecer. || Reconocer, confesar su firma, su letra, una promesa, una escritura, etc. || Reconocer, confesar su culpa, su error. || Recompensar : *reconnaître un service.* || *Se reconnaître*, r. Encontrar su imágen, su semejanza en un espejo, en un retrato. || Reconocer un lugar, un país que se ha dejado y que se vuelve á ver : *se reconnaître dans un endroit.* || Reconocerse, confesarse culpable de alguna cosa. || Recobrarse, volver en sí, ó pensar en lo que se debe hacer ó reflexionar.

**RECONQUÉRIR**, a. *reconquerir* (e muda). Reconquistar, volver á conquistar, volver á su dominio por medio de conquista. || met. Recobrar la amistad, la estimacion de una persona.

**RECONQUÊTE**, f. *reconquét* (e muda). Reconquista, accion de reconquistar; la cosa reconquistada.

**RECONSTITUTION**, f. *reconstitusión* (e muda). Reconstitucion, accion de reconstituir. || For. Constitucion de nueva renta.

**RECONSTRUCTION**, f. *reconstracsión* (e muda). Reconstruccion, reedificacion.

**RECONSTRUIRE**, a. *reconstruír* (e muda). Reconstruir, reedificar, construir ó edificar de nuevo.

**RECONSULTER**, a. *reconsulté* (e muda). Volver á consultar, consultar segunda vez ó mas veces.

**RECONTER**, a. *reconté* (e muda). Volver á contar ó referir.

**RECONTRACTER**, a. *recontracté* (e muda). Contratar de nuevo, volver á contratar. || Volver á contraer deudas, malos hábitos, etc. || Contraer, estrechar de nuevo. || *Se recontracter*, r. Estrecharse, contraerse de nuevo : *les muscles se contractent, s'étendent et se recontractent.*

**RECONVENIR**, a. *reconvenír* (e muda). For. Reconvenir, pedir el demandado contra el demandante. Es tambien neutro, y en este caso se dirá, por ejemplo, *reconvenir contre le demandeur*; y siendo activo, *reconvenir le demandeur, reconvenir sa partie.*

**RECONVENTION**, f. *reconvansión* (e muda). For. Reconvencion, accion con que pide el demandado contra el demandante.

**RECONVENTIONNEL, LE**, adj. *reconvansionél* (e muda). Reconvencional, que es de la naturaleza de una reconvencion.

**RECONVENTIONNELLEMENT**, adv. *reconvansionelmán* (e muda). Reconvencionalmente, de una manera reconvencional.

**RECONVOCATION**, f. *reconvocasión* (e muda). Segunda ó nueva convocacion.

**RECONVOQUER**, a. *reconvoqué* (e muda). Volver á convocar, convocar de nuevo.

**RECOPIER**, a. *recopié* (e muda). Volver á copiar, copiar de nuevo.

**RECOQUILLEMENT**, m. *recoquillmán* (e muda). Enroscamiento, accion de enroscarse, abarquillarse ó retorcerse. || Enroscamiento, rosca, estado de lo que está enroscado ó abarquillado.

**RECOQUILLER**, a. *recoquillé* (e muda). Retorcer, revolver, enroscar, abarquillar. || *Se recoquiller*, r. Enroscarse, arrugarse en forma de concha, abarquillarse como el pergamino, etc.

**RECORD**, m. ant. *recór* (e muda). For. Se decia por *témoignage, attestation.* || *Être record*, acordarse, hacer memoria.

**RECORDATION**, f. ant. *recordasión* (e muda). Remembranza, recuerdo, reminiscencia, memoria.

**RECORDÉ, ÉE**, adj. *recordé* (e muda). Repasado : *leçons recordées.* || For. *Exploit recordé*, emplazamiento, intimacion, etc., en la que el portero debe ir acompañado de dos testigos.

**RECORDER**, a. *recordé* (e muda). Repasar, recordar alguna cosa que se ha sabido para que no se olvide. || *Se recorder*, r. Recapacitar, traer á la memoria, repasar lo que se ha de hacer, etc. || *Se recorder avec quelqu'un*, ponerse de acuerdo, convenirse con alguno. || RECORDER, a. Este verbo significa tambien medir leña de nuevo; atar de nuevo con una cuerda; rehacer una cuerda que se deshilacha ó se deshace.

**RECORDEUR**, m. inus. *recordeur* (e muda). Testigo ocular ó de vista.

**RECORRIGER**, a. *recorigé* (e muda). Volver á corregir, corregir de nuevo.

**RECORS**, m. *recór* (e muda). Alguacil, corchete, agente, ministril de justicia; ó mejor, testigo que acompaña al alguacil para ayudarle en caso necesario.

**RECOUCHER**, a. *recuché* (e muda). Volver á acostar, acostar otra vez. || *Recoucher son ennemi par terre*, tender, tirar ó derribar de nuevo á su enemigo. || *Se recoucher*, r. Volverse á la cama otra vez, acostarse de nuevo.

**RECOUDRE**, a. *recúdr* (e muda). Recoser, volver á coser lo descosido ó roto.

**RECOULEMENT**, m. *reculmán* (e muda). Accion de colar ó pasar de nuevo, hablando de líquidos.

**RECOULER**, a. *reculé* (e muda). Volver á colar, á pasar de nuevo. || n. Volver á correr ó fluir, hablando de líquidos; volver á recalarse un tonel, una vasija, etc.

**RECOULEUSE**, adj. f. *reculeus* (e muda). Rezumosa. Se dice, en Champaña, de las botellas que dejan salir el vino por entre el tapon.

**RECOUPAGE**, m. *recupág* (e muda). Art. Accion de cruzar las rayas del buril ó del bruñidor en la superficie de un espejo.

**RECOUPE**, f. *recúp* (e muda). Moyuelo, harina que sale del salvado al repasarlo. || pl. Tranquilos, cascajos, pedacitos que caen ó saltan de las piedras al cortarlas ó labrarlas.

**RECOUPEMENT**, m. *recupmán* (e muda). Arq. Despezo, corte de las piedras para juntarlas con mas trabazon.

**RECOUPER**, a. *recupé* (e muda). Recortar, volver á cortar, cortar de nuevo. || Recortar, cortar, cercenar lo que sobra. || Descacilar, hablando de ladrillos y baldosas. || Arq. Despedazar, recortar el canto ó borde de los sillares.

**RECOUPETTE**, f. *recupét* (e muda). Cabezuela, la tercera harina que se saca del afrecho.

**RECOURBER**, a. *recurbé* (e muda). Encorvar, doblar, torcer, abarquillar.

**RECOURIR**, n. *recurír* (e muda). Volver á correr, correr de nuevo. || Recurrir, acudir, apelar á, valerse, echar mano de, en sentido de buscar ó pedir ayuda, socorro, etc. || a. Mar. Volver á calafatear, calafatear mas.

**RECOURRE**, a. ant. *recúr* (e muda). Recuperar, recobrar, sacar un prisionero de entre las manos del enemigo, recoger lo que otro se lleva por fuerza. Parece que este verbo nunca se ha usado mas que en el infinitivo.

**RECOURS**, m. *recúr* (e muda). Recurso, accion de recurrir, de demandar socorro ó asistencia. || Recurso, refugio, remedio. || Recurso, accion para recurrir á tribunal ó juez superior. || *Recours en cassation.* V. POURVOI.

**RECOUS, SE**, ó **RECOURU, E**, part. pas. de *recourre*, verbo enteramente desusado.

**RECOUSSE**, f. ant. *recús* (e muda). Recobro, libramiento de una persona ó cosa robada.

**RECOUVRABLE**, adj. *recuvrábl* (e muda). Recobrable, recuperable, que se puede recuperar ó recobrar.

**RECOUVRANCE**, f. ant. *recuvráns* (e muda). Recobramiento, recobro, accion de recobrar una cosa perdida.

**RECOUVREMENT**, m. *recuvrmán* (e muda). Recobro, accion de recobrar lo perdido. || Recaudacion, cobranza de impuestos, dietas, etc. || Arq. Cuña, pedazo de piedra ó de madera que cubre una juntura.

**RECOUVRER**, a. *recuvré* (e muda). Recobrar, recuperar, adquirir de nuevo una cosa que se habia perdido. || *Recouvrer les deniers*, recaudar, cobrar las rentas, contribuciones, etc.

**RECOUVRIR**, a. [illegible] Volver á cubrir ó cubrir de nuevo. || [illegible] *un toit*, retejar, recorrer un [illegible] Ocultar malas intenciones bajo [illegible] laudables.

**RECRACHER**, a. [illegible] Volver á escupir, escupir de nuevo. [illegible] arrojar de la boca una cosa que no gusta.

**RÉCRÉANCE**, f. [illegible] For. [illegible] cion anticipada de los frutos de [illegible] en litigio.

**RÉCRÉANCIER**, [illegible] gurar la percepcion de los [illegible] cosa que está en litigio.

**RÉCRÉATIF, IVE**, adj. [illegible] Recreativo, que recrea.

**RÉCRÉATION**, f. [illegible] cion, recreo, diversion para [illegible] bajo. || Recreacion, tiempo [illegible] colegios y conventos á los [illegible] religiosos para divertirse ó [illegible] creacion, accion de dar una [illegible] dia á un cuerpo.

**RÉCRÉDENTIAIRE**, m. [illegible] For. El que ha obtenido el [illegible] de un beneficio.

**RECRÉER**, a. [illegible] (e muda). [illegible] crear, crear de nuevo : [illegible] = Volver á poner en pié, [illegible] un plan, sistema, etc., dar [illegible]

**RÉCRÉER**, a. [illegible] Recrear, [illegible] alegrar el ánimo.

**RÉCRÉMENT**, m. [illegible] cremento, nombre que se da á [illegible] mores que despues de [illegible] gre, quedan depositados en [illegible] del cuerpo para diferentes usos.

**RÉCRÉMENTEUX, EUSE**, [illegible] **MENTITIEL, LE**, adj. [illegible] *recremantisiél.* Fisiol. [illegible] dice de ciertos humores, como [illegible] bilis, etc. V. RÉCRÉMENT.

**RECRÉPIMENT**, m. [illegible] da). Accion de revocar de [illegible] gunda vez. Se dice tambien [illegible]

**RECRÉPIR**, a. *recrepír* [illegible] car de nuevo, dar un segundo [illegible] pared. || met. y fam. *Recrépir* [illegible] Pintarse mucho la cara con [illegible] lorete. || *Recrépir un ouvrage de* [illegible] dar á una obra de literatura, [illegible] mismo fondo, diversa forma, [illegible] mala.

**RECREUSER**, a. [illegible] var mas, ahondar mas.

**RECRIBLER**, a. *recriblé* [illegible] bar otra vez, repasar por la [illegible]

**RECRIER**, a. *recrié* (e muda) [illegible] llamar segunda vez.

**RÉCRIER (SE)**, r. *recrié.* [illegible] cer una exclamacion sobre [illegible] sorprende, ya sea en señal de [illegible] reprobacion. || Clamar contra [illegible] contra una injusticia. || Caz. [illegible] los perros cuando vuelven á [illegible] pieza.

**RÉCRIMINATION**, f. [illegible] Recriminacion, acusacion, [illegible] do á rechazar otra injuria, [illegible] proche. || Recriminacion, [illegible] sado contra el acusador.

**RÉCRIMINATOIRE**, adj. [illegible] *tuar.* Recriminatorio, que [illegible] criminacion ó que se hace [illegible] cion.

**RÉCRIMINER**, n. [illegible] nar, responder á las [illegible] con otras injurias y [illegible] nar, acusar el acusado al [illegible]

**RÉCRIRE**, a. *recrír.* [illegible] volver á escribir una ó mas [illegible] tar á una carta.

**RECROIRE**, a. ant. [illegible] decia por *tasser, rabattre,* [illegible] creer lo que ya no se creia.

**RECROISETTÉ, ÉE**, adj. [illegible] (e muda). Blas. Recruzetado, [illegible] cruces del escudo cuyos [illegible] otras tantas cruces.

**RECROÎTRE**, n. [illegible] Volver á crecer, crecer de nuevo.

**RECROQUEVILLER (SE)**, r. *recrocvillé* (e muda). Abarquillarse, acurrucarse, encogerse, como hace el pergamino, etc.

**RECROQUEVILLURE**, f. *recrocvillür* (e muda). Abarquilladura, enroscadura, accion y efecto de abarquillarse ó enroscarse alguna cosa.

**RECROTTER**, a. *recrotté* (e muda). Volver á enlodar, á cubrir ó llenar de barro. || *Se recrotter*, r. Enlodarse de nuevo, coger barro ó lodo otra vez.

**RÉCROUIR**, a. V. ROUIR.

**RECRU, E**, adj. *recrú* (e muda). Molido, rendido de cansancio ó de fatiga.

**RECRUDESCENCE**, f. *recrudesáns* (e muda). Med. Recrudescencia, vuelta de los síntomas con mas intensidad despues de alguna mejoría.

**RECRUE**, f. *recrú* (e muda). Recluta, nueva leva de soldados para reemplazar á los que faltan; accion de reclutar ó de hacer levas. || Recluta, soldado nuevo, bisoño, inexperto. || met. y fam. Recluta, adquisicion de nuevas gentes que acuden á una visita, tertulia ó diversion, aumentando la concurrencia con aceptacion de los demas.

**RECRUTEMENT**, m. *recrutmán* (e muda). Reclutamiento, accion y efecto de reclutar.

**RECRUTER**, a. *recruté* (e muda). Reclutar, hacer reclutas para reemplazar á los soldados que faltan. || met. y fam. Buscar personas para llevarlas á una sociedad, á una tertulia, á un partido, etc. || Art. Meter nuevas drogas en la cuba del tinte.

**RECRUTEUR**, s. y adj. m. *recruteur* (e muda). Reclutador, el que recluta ó hace reclutas.

**RECTA**, adv. fam. *récta*. Puntualmente, con puntualidad: *arriver recta à l'heure indiquée*. || Directamente, en derechura.

**RECTANGLE**, adj. *rectángl*. Geom. Rectángulo, que tiene un ángulo ó ángulos rectos. || m. Rectángulo, paralelógramo que tiene cuatro ángulos rectos.

**RECTANGULAIRE**, adj. *rectangulér*. Geom. Rectangular, se dice de una figura que tiene cuatro ángulos rectos ó de un triángulo que tiene recto un ángulo.

**RECTEUR**, m. *recteur*. Rector, persona que se nombra en las universidades para gobierno de ellas en España. Ántes de la Revolucion francesa, tambien tenia este título el jefe de la universidad de Paris. || Rector, jefe de cada una de las academias que componen la universidad de Francia. || Rector, párroco ó cura propio. En esta acepcion solo se dice en Bretaña.

**RECTIFICATEUR**, m. *rectificateur*. Rectificador, el que rectifica. || Quím. Aparato para rectificar los licores.

**RECTIFICATIF, IVE**, adj. poco us. *rectificatif, iv*. Rectificativo, que rectifica.

**RECTIFICATION**, f. *rectificasion*. Rectificacion, accion de rectificar una cuenta, un escrito, etc. || Es tambien voz de la química y de la geometría. V. RECTIFIER.

**RECTIFIER**, a. *rectifié*. Rectificar, llevar alguna cosa á la perfeccion, á la exactitud que debe tener. || Quím. Rectificar, purificar, refinar un licor. || Geom. Hallar una recta igual á una curva.

**RECTILIGNE**, adj. *rectiliñ*. Geom. Rectilíneo. Se dice de las figuras que se terminan en líneas recta.

**RECTITE**, f. *rectit*. Med. Rectitis, inflamacion del intestino recto.

**RECTITUDE**, f. *rectitúd*. Rectitud, conformidad á la sana razon, equidad, justicia. || Geom. Rectitud, estado de una línea recta.

**RECTO**, m. *récto*. Cara ó carilla, primera página de una hoja. Se dice por contraposicion á vuelta ó segunda página, que en francés se llama *verso*.

**RECTOGRADE**, adj. *rectograd*. Rectógrado, que se adelanta ó va en línea recta.

**RECTORAL, E**, adj. *rectoral*. Rectoral, que pertenece al rector.

**RECTORAT**, m. *rectorá*. Rectorado, cargo, oficio, dignidad de rector; tiempo durante el cual se ejerce este cargo.

**RECTORIE** ó **RECTORERIE**, f. *rectori*, *rectoreri* (e muda). Rectoría. En algunas provincias de Francia se decia por *cure*, parroquia ó curato.

**RECTORIER**, n. *rectorié*. Contribuir con cierto derecho que tenia sobre el pergamino el rector de la universidad de Paris.

**RECTRICES**, adj. y s. f. pl. *rectris*. Rectrices, guias, se dice de las plumas largas de la cola de las aves.

**RECTUM**, m. *réctom*. Anat. Cólon ó intestino recto, el cual desemboca en el ano.

**REÇU, E**, adj. *resú* (e muda). Recibido. || REÇU, m. Recibo, papel firmado en que se dice haber recibido una cosa.

**RECUEIL**, m. *requeuil* (e muda). Coleccion, compilacion de obras, de instrumentos, de estampas, de poesías, etc. || ant. Lo mismo que *accueil*, acogida.

**RECUEILLEMENT**, m. *requeulimán* (e muda). Recogimiento, retiro y abstraccion de los sentidos para la meditacion.

**RECUEILLEUR**, m. ant. *requeulleur* (e muda). Recopilador, el que recopila obras.

**RECUEILLIR**, a. *requeullir* (e muda). Recolectar, coger, recoger los frutos de la tierra. V. RÉCOLTER. || met. Recoger ó coger el fruto, la utilidad de alguna cosa. || Recoger, juntar, reunir muchas cosas que estaban dispersas. || Recoger, juntar, compilar cosas diversas en una obra sola. || Recoger, tomar los votos, los pareceres. || Recoger, hospedar á los pasajeros, desgraciados, etc. || Recoger los sentidos. || Recoger, recibir lo que cae, lo que se destila. || Colegir, sacar, inferir, sacar una induccion de una cosa que se ha oido, leido ó visto. || *Se recueillir*, r. Recogerse, retirarse, abstraerse de todo lo terreno para entregarse á la meditacion. || Recogerse, reunir toda la atencion para ocuparse de una sola cosa.

**RECUEILLOIR**, m. *requeulluár* (e muda). Retorcedor, pedacito de madera con que los cabestreros tuercen el bramante.

**RECUIRE**, n. *recuír* (e muda). Recocer, cocer de nuevo, volver á cocer.

**RECUISSON**, f. *recuisón* (e muda). Recocimiento, accion de calentar á un fuego muy grande ó de recocer. || Refriamiento ó enfriamiento insensible y graduado de los hielos.

**RECUIT, E**, adj. *recuí* (e muda). Recocido, extremadamente cocido, recocho, pasado de cocido. || RECUIT, m. Segunda cochura, accion de recocer alguna cosa. || RECUITE, f. Recocido de los metales al fuego.

**RECUITEUR**, m. *recuiteur* (e muda). Obrero que recuece los metales. || Aprendiz de monedero.

**RECUL**, m. *recúl* (e muda). Reculada, coz, retroceso del cañon cuando se dispara.

**RECULADE**, f. *reculád* (e muda). Reculada, cejada, accion de recular, cejar ó retroceder los carruajes. || met. y fam. Desistimiento, accion de ceder ó aflojar en su opinion ó empeño.

**RECULÉ, ÉE**, adj. *reculé* (e muda). Retirado, apartado. || met. Lejano, remoto.

**RECULÉE**, f. fam. *reculé* (e muda). Se usa solo en esta frase: *feu de reculée*, lumbrerada, candelada, fogata muy grande que obliga á la gente á retirarse ó alejarse del rededor.

**RECULEMENT**, m. *reculmán* (e muda). Recula, retroceso, accion de recular ó cejar un carruaje. || Cejadero, tirante que se asegura en la retranca de la guarnicion de la caballería para hacer cejar el carruaje. || Carp. Diferencia de dos líneas divergentes.

**RECULER**, a. *reculé* (e muda). Apartar, retirar hácia atras. || Alejar, retardar, atrasar. || met. Extender, aumentar: *reculer les bornes, les frontières d'un Etat*. || n. Recular, cejar los carruajes. || Recular, retroceder, volver hácia atras las personas. || Recular, cejar, perder el terreno, retirarse, ceder, aflojar las tropas. || met. Volverse atras, ceder, desistir de su dictámen, de su empeño. || RECULER, m. Especie de lima que usan los relojeros.

**RECULONS (À)**, loc. adv. *areculón* (e muda). Hácia atras, á reculas. || met. y fam. Atrasándose, de mal en peor, al reves, como los cangrejos. *Cette affaire marche à reculons*, este negocio va hácia atras, se atrasa en vez de adelantarse.

**RÉCUPÉRABLE**, adj. *recuperábl*. Recuperable, que puede recuperarse.

**RÉCUPÉRATEUR**, m. *recuperateur*. Recuperador, el que recupera, que recobra alguna cosa. || Antig. rom. Se dice de ciertos jueces que conocian de las causas en que se trataba de restitucion.

**RÉCUPÉRATION**, f. *recuperasión*. Recuperacion, accion de recuperar. Algunos lo dicen por *recouvrement*.

**RÉCUPÉRER**, a. *recuperé*. Recuperar, recobrar. || *Se récupérer*, r. Recuperarse, rehacerse de alguna pérdida ó menoscabo.

**RÉCURAGE**, m. *recurágе*. Accion de limpiar. || Art. Casa ó sitio donde se enjuagan las hojas de hierro que deben servir para hoja de lata.

**RÉCURER**, a. *recuré*. Limpiar los metales, etc. V. ÉCURER. || Agr. Terciar, dar la tercera labor á las viñas.

**RÉCURRENT, E**, adj. *recurrán*. Esta voz viene del latin *re* ó *retro* y *currere*, volver atras. || Poét. *Vers récurrents*, versos retrógrados, que se leen al reves. Es tambien voz de la anatomía, de las matemáticas, etc.

**RÉCUSABLE**, adj. *recusábl*. Recusable, que se puede recusar: *juge récusable*.

**RÉCUSATION**, f. *recusasión*. Recusacion, accion de recusar.

**RÉCUSER**, a. *recusé*. Recusar, rehusar el someterse á la decision de un juez por ciertas causas. || Recusar, protestar contra un testigo, tachándolo de inhábil.

**RÉDACTEUR**, m. *redacteur*. Redactor, el que redacta un periódico, cualquier escrito.

**RÉDACTION**, f. *redacsión*. Redaccion, accion de redactar; el resultado de esta accion. || Redaccion, local ú oficina en que trabajan los redactores de una obra.

**REDAN**, m. *redán* (e muda). Fort. Estrella, cada uno de los ángulos entrantes y salientes que hacen frente y se flanquean recíprocamente. || Astr. Especie de caballete de pizarra puesto en forma de gradilla ó escalinata.

**REDANSER**, a. *redansé* (e muda). Volver á danzar ó bailar, danzar de nuevo.

**RÉDARGUER**, a. ant. *redargüí*. Redargüir. Se usaba en el sentido de *reprendre, réprimander, blâmer*.

**REDARGUTION**, f. inus. *redargusión* (e muda). Redarguccion, la accion de redargüir, de reprender. || Réplica, contestacion en una disputa.

**REDDITION**, f. *reddisión*. Rendicion, entrega de una plaza ó fortaleza al ejército que la sitia. || Rendicion, presentacion de cuentas.

**REDDITIONNAIRE**, s. y adj. *reddisionér*. Encargado de dar ó presentar cuentas.

**REDÉBATTRE**, a. *redebátr* (e muda). Debatir de nuevo.

**REDÉCLARER**, a. *redeclaré* (e muda). Declarar de nuevo, volver á declarar.

**REDÉCROÎTRE**, n. *redecruátr* (e muda). Menguar, disminuir de nuevo.

**REDÉDIER**, a. *rededié* (e muda). Dedicar de nuevo, por segunda vez.

**REDÉFAIRE**, a. *redefér* (e muda). Volver á deshacer alguna cosa.

**REDÉJEUNER**, n. *redejeuné* (e muda). Volver á almorzar.

**REDÉLIBÉRER**, n. *redeliberé* (e muda). Deliberar de nuevo.

**REDÉLIVRER**, a. *redelivré* (e muda). Libertar, rescatar segunda vez.

**REDEMANDER**, a. *redemandé* (e muda). Repreguntar, volver á preguntar, preguntar de nuevo. || Volver á pedir, á reclamar lo que se ha dado ó prestado.

**REDÉMENTIR**, a. *redementír* (e muda). Responder á un mentís con otro mentís.

**REDEMEURER**, n. *redemeuré* (e muda). Volver á vivir ó habitar en algun lugar ó casa.

**REDÉMOLIR**, a. *redemolír* (e muda). Demoler de nuevo.

**RÉDEMPTEUR**, m. *redempteur*. Redentor, el que redime ó rescata. Se dice por excelencia de Jesucristo. || Se dice de los religiosos de la Merced, porque van al rescate de cautivos : *les Pères rédempteurs.*

**RÉDEMPTION**, f. *redanpsión.* Redencion, rescate de esclavos ó cautivos cristianos del poder de infieles. || Redencion, por antonomasia se entiende la del género humano, obrada por Jesucristo.

**REDENT**, m. *redán* (e muda). V. **REDAN**. || Rama madre que se deja en la poda. || *Redents*, pl. Mar. Endentados, enlaces de las piezas de un buque, que se llaman tambien machimbrados.

**REDÉPÊCHER**, a. *redepeché* (e muda). Despachar segunda vez un correo ó propio, volverle á enviar.

**REDESCENDRE**, n. *redesándr* (e muda). Redescender, volver á descender; ó sea volver á bajar, bajar otra vez. || a. Volver á descolgar alguna cosa que estaba colgada, bajarla mas.

**REDESSINER**, a. *redesiné* (e muda). Dibujar de nuevo, volver á dibujar.

**REDEVABILITÉ**, f. *redevabilité* (e muda). Alcance, deuda que resulta despues de hecha una liquidacion.

**REDEVABLE**, adj. *redevábl* (e muda). Deudor, alcanzado, que no ha pagado toda la deuda que tenia contraida. || Deudor, que debe alguna cantidad. || met. Deudor, que debe á otro algun favor, ó le está obligado. || *Il lui est redevable de sa vie, de toute sa fortune*, le debe ó le es deudor de su vida, de todo su caudal. || Úsase tambien como sustantivo : *je suis votre redevable*, le soy á Vd. deudor ú obligado, etc.

**REDEVANCE**, f. *redeváns* (e muda). Censo, cánon, foro, renta, etc., que debe pagarse anualmente.

**REDEVANCIER, ÈRE**, m. y f. *redevansié, ér* (e muda). Deudor de algun censo, cánon ó foro, censatario, tributario, etc.

**REDEVENIR**, n. *redevenír* (e muda). Volver á ser alguno ó una cosa lo que era antes, ser, hacerse ó estar como ántes : *redevenir riche, redevenir aussi puissant que jamais.*

**REDÉVIDER**, a. *redevidé* (e muda). Volver á devanar, devanar otra vez.

**REDEVOIR**, a. *redevuár* (e muda). Adeudar, restar á deber, ó quedar alcanzado despues de liquidada una cuenta.

**RÉDHIBITION**, f. *redibisión.* For. Redhibicion, rescision ó anulacion de alguna venta, que puede intentar el comprador en ciertos casos.

**RÉDHIBITOIRE**, adj. *redibituár.* For. Redhibitorio, que puede dar lugar á la redhibicion.

**REDICTER**, a. *redicté* (e muda). Dictar de nuevo, volver á dictar.

**RÉDIGER**, a. *redigé.* Redactar, poner por escrito de un modo correcto y conveniente leyes, reglamentos, decisiones, etc. || Resumir, extractar un discurso, un informe, etc.

**RÉDIMER (SE)**, r. *redimé.* Redimirse, librarse, eximirse de una vejacion ó persecucion.

**RÉDIMIBILITÉ**, f. *redimibilité.* Redimibilidad, cualidad de lo que es redimible.

**REDINGOTE**, f. *redengót* (e muda). Levita, prenda de vestir compuesta de cuerpo y faldas de vuelo circular. || Antiguamente, una especie de capote ó casaca ancha para tiempo de frio y lluvias, y especialmente para montar á caballo. Se llama así del inglés *riding-coat*, casaca para ir á caballo.

**REDIRE**, a. *redír* (e muda). Repetir una cosa muchas veces. || Referir, volver á repetir ó decir lo mismo que otro ha dicho anteriormente. || Revelar un secreto, publicarlo, divulgar lo que se ha dicho en confianza. || Reprender, desaprobar, hallar que decir contra alguna persona ó cosa.

**REDISEUR, EUSE**, m. y f. *rediseur, eus.* (e muda). Repetidor, el que repite una misma cosa muchas veces. || Hablador, el que no sabe callar un secreto, que lo comunica por malicia ó fragilidad.

**REDISSOLVANT, E**, adj. *redisolván* (e muda). Que disuelve de nuevo.

**REDISSOUDRE**, a. *redisúdr* (e muda). Disolver de nuevo.

**REDISTRIBUER**, a. *redistribué* (e muda). Distribuir de nuevo.

**REDISTILLER**, a. *redistilé* (e muda). Destilar de nuevo.

**REDOMPTER**, a. *redonté* (e muda). Domar de nuevo.

**REDORMIR**, n. *redormír* (e muda). Dormir de nuevo, dormirse otra vez.

**REDISTRIBUTION**, f. *redistribusión* (e muda). Nueva distribucion.

**REDITE**, f. *redít* (e muda). Repeticion frecuente de una cosa que ya se ha dicho. || Cuento, chisme.

**RÉDIVIVE**, adj. inus. *redivív.* Renaciente, que renace.

**REDONDANCE**, f. *redondáns* (e muda). Redundancia, superfluidad de palabras en un discurso.

**REDONDANT, E**, adj. *redondán* (e muda). Redundante, superfluo, que está demas en un escrito ó discurso.

**REDONDER**, n. *redondé* (e muda): Redundar, superabundar, ser superfluo ó ocioso, estar demas en un escrito ó discurso. || Redundar, abundar en superfluidades, estar lleno de redundancias. Es poco usado.

**REDONDILLE**, f. *redondill* (e muda). Poét. Redondilla, composicion cuyas estancias se terminan con la misma rima.

**REDONNER**, a. *redoné* (e muda). Volver á dar, dar de nuevo alguna cosa. || Devolver, restituir una cosa á su dueño primitivo. || n. Cargar otra vez ó de nuevo al enemigo, volver sobre él, acometerle de nuevo, volver á la carga. || fam. *La pluie redonne de plus belle*, la lluvia aprieta, ó va apretando con gana, de nuevo. || *Se redonner*, r. Darse, entregarse de nuevo á alguna cosa.

**REDORER**, a. *redoré* (e muda). Redorar, volver á dorar ó dorar de nuevo.

**REDORTE**, f. *redórt* (e muda). Blas. Adorno de un escudo que se forma con ramas de árbol ensortijadas unas sobre otras.

**REDOTATION**, f. *redotasión* (e muda). Redotacion ó dote que se hace de nuevo.

**REDOTER**, a. *redoté* (e muda). Redotar, volver á dotar ó dotar de nuevo.

**REDOUBLEMENT**, m. *redublmán* (e muda). Aumento, acrecentamiento. || Med. Aumento en la intensidad de los síntomas de una enfermedad. || *Redoublement de fièvre*, crecimiento de la calentura.

**REDOUBLER**, a. *redublé* (e muda). Redoblar, reduplicar, reiterar, repetir ó renovar con aumento. || Doblar, aumentar, avivar. || Forrar de nuevo, echar otro forro á un vestido. || fam. *Redoubler de jambes*, apretar, ó avivar ó redoblar el paso, andar mas de prisa. || *Redoubler de soins, d'attention, etc.*, poner mas cuidado, mas atencion en una cosa. || *Redoubler ses instances*, repetir sus instancias. || n. Crecer, aumentar ó aumentarse, ir en aumento alguna cosa.

**REDOUTABLE**, adj. *redutábl* (e muda). Formidable, tremendo, que es muy temible.

**REDOUTE**, f. *redút* (e muda). Fort. Reducto, fuerte pequeño y aislado, que puede contener alguna artillería.

**REDOUTER**, a. *reduté* (e muda). Temer mucho, tener temor ó miedo de.

**RÈDRE**, m. *rédr.* Pesc. Red grande para pescar arenques.

**REDRESSE**, f. *redrés* (e muda). Mar. Cable ó calabrote que se pasa por debajo del bajel para adrizarlo.

**REDRESSEMENT**, m. *redresmán* (e muda). Enderezamiento, accion de enderezar; resultado de esta accion. || met. Enderezamiento, reparacion de algun tuerto ó agravio.

**REDRESSER**, a. *redresé* (e muda). Enderezar, poner derecho lo que estaba torcido. || met. *Redresser les griefs*, reparar las injusticias ó desmanes. *Redresser les torts*, enderezar, desfacer tuertos, reparar los agravios. || Levantar, elevar, erigir de nuevo algun monumento ó edificio. || Enderezar, volver ó poner á uno en el buen camino, en el camino recto. || irón. Enderezar, corregir, castigar, hacer andar derecho. || fam. Hacer abrir el ojo, despertar á uno [illegible] de su apatía ó torpeza [illegible] gaño ó trampa. || *Se redresser*, r. [illegible] se, ponerse derecho [illegible] cuerpo derecho. || fam. [illegible] se, ponerse vano ó serio [illegible] de sus obras ó de su mérito [illegible]

**REDRESSEUR**, m. [illegible] Enderezador, el que endereza [illegible] que se designa cierta [illegible] nador de [illegible]. || [illegible] en esta frase del [illegible] *de torts*, enderezador [illegible] tos, caballero andante [illegible] Quijote. || [illegible] poso.

**R[illegible]**, m. [illegible] Desabollador, herramienta [illegible] ros para quitar abolladuras.

**[illegible]**, a. [illegible] Despojar los árboles y plantas [illegible] yemas ó retoños inútiles.

**RÉDUCTIBLE**, adj. [illegible] ble, reducible, que puede [illegible]

**RÉDUCTIF, IVE**, adj. [illegible] ductivo, que tiene la virtud de [illegible]

**RÉDUCTION**, f. [illegible] accion de reducir, de disminuir [illegible] RÉDUIRE y sus varias acepciones [illegible]

**RÉDUIRE**, a. *reduír.* [illegible] restringir, disminuir el volumen [illegible] cosa. || Reducir, resumir [illegible] festar en compendio. || [illegible] obligar, someter, poner en [illegible] || Reducir, estrechar [illegible] recursos de alguno. || [illegible] mar un caballo. || Reducir [illegible] el estado, la cualidad, la [illegible] cosa. || Reducir un plano, un cuadro, etc., es ponerlo en [illegible] mismas proporciones. || Cir. [illegible] á su estado primitivo un hueso [illegible] Quím. Reducir, separar el [illegible] que lo contiene. || *Se réduire* [illegible] estrecharse, ceñirse á una [illegible] ca, etc.

**RÉDUIT**, m. *redüí.* [illegible] sentillo retirado de una [illegible] Reducto, obra de fortificacion [illegible]

**RÉDUPLICATIF, IVE**, adj. [illegible] *tif, iv.* Gram. Reduplicativo [illegible] reduplicacion ó reiteracion [illegible] es reduplicativa. [illegible] tantivo masculino.

**RÉDUPLICATION**, f. [illegible] Gram. Reduplicacion, [illegible] laba ó de una letra.

**RÉDUVE**, m. *redüv.* Zool. [illegible] duvio, género de insectos [illegible]

**RÉÉDIFICATION**, f. [illegible] dificacion, accion de reedificar [illegible]

**RÉÉDIFIER**, a. *reedifié.* [illegible] ficar, construir, levantar de [illegible] ficio.

**RÉÉDITER**, a. *reedité.* [illegible] una nueva edicion de alguna [illegible]

**RÉÉDITEUR**, m. inus. [illegible] tor, el que da al público la [illegible] de una obra.

**RÉÉDITION**, f. [illegible] segunda edicion de una obra [illegible]

**RÉEL, LE**, adj. *reél.* [illegible] efectivo. || For. *Actions* [illegible] tra los bienes de uno [illegible] cuestro de bienes raíces [illegible] ofertas de dinero contante [illegible] impuesto en razon de los [illegible] personas.

**RÉÉLECTION**, f. [illegible] accion de reelegir ó de volver [illegible]

**RÉÉLIGIBLE**, adj. [illegible] que puede volverse á elegir [illegible]

**RÉÉLIRE**, a. *reelír.* [illegible] nuevo.

**RÉELLEMENT**, adv. [illegible] te, efectivamente, [illegible] te. || Familiarmente [illegible] fuerza á lo que se dice [illegible] *incroyable*, verdaderamente [illegible] creible.

**RÉEXPORTATION**, f. [illegible] Reexportacion, accion de [illegible]

**RÉEXPORTER**, a. *reecsporté*. Reexportar, sacar de un país los géneros que habian sido introducidos en él.

**REFÂCHER**, a. *refaché* (e muda). Enfadar, irritar de nuevo. || *Se refâcher*, r. Enojarse de nuevo, volverse á enojar ó irritar.

**REFAÇONNER**, a. *refasoné* (e muda). Dar nueva hechura á una cosa.

**RÉFACTION**, f. *refacsión*. Reduccion ó rebaja que se hace sufrir á los géneros que se consignan, cuando no son de la cualidad requerida ó han padecido avería. || Destara, rebaja que hace la aduana sobre el peso que produjo un fardo que se pesó mojado.

**REFAIRE**, a. *refér* (e muda). Rehacer, hacer de nuevo lo que ya se habia hecho. || Rehacer, reparar, recomponer. || Volver á empezar, empezar de nuevo alguna obra. || Reponer, volver una cosa á su primitivo estado. || Rehacer, restablecer las fuerzas ó el vigor perdido ||Volver á barajar, en el juego. || Coc. *Refaire de la viande*, hacer revenirse la carne poniéndola sobre el fuego ó lavándola con agua caliente, hacerle un adobo. || *Se refaire*, r. Rehacerse, reponerse de alguna pérdida; restablecerse de alguna enfermedad. || Rehacerse, recuperar lo perdido; volver á ganar lo perdido en el juego.

**REFAISABLE**, adj. *refesábl* (e muda). Que es susceptible de volver á hacerse. V. FAISABLE.

**REFAIT**, m. *refé* (e muda). Tablas, partida en que ambos jugadores quedan en estado igual sin poder vencer al adversario. || Mont. Renuevo, pitones ó astas nuevas que echa el venado.

**REFAUCHER**, a. *refoché* (e muda). Resegar, volver á segar un prado ó yerbazal; dar segunda siega ó guadaña.

**RÉFECTION**, f. *refecsión*. Restablecimiento, reparacion ó reparo de un edificio. || Refeccion ó refaccion, comida. Solo se dice hablando de comunidades.

**RÉFECTIONNER**, n. poco us. Comer. V. MANGER.

**RÉFECTOIRE**, m. *refectuár*. Refectorio, comedor en los conventos y otros establecimientos.

**RÉFECTORIAL, E**, adj. *refectoriál*. Refectorial, que corresponde al refectorio.

**RÉFECTORIER, ÈRE**, m. y f. *refectorié, ér*. Refitolero, el que tiene á su cargo el servicio y arreglo del refectorio.

**REFEND**, m. *refán* (e muda). Division, accion de dividir, de partir ó hender. || *Mur de refend*, pared divisoria, que sirve de separacion en el interior del edificio. || *Bois de refend*, madera de raja, que está rajada al hilo.

**REFENDOIR**, m. *refanduár* (e muda). Instrumento ó útil que sirve para espaciar los dientes de las cardas.

**REFENDRE**, a. *refándr* (e muda). Hender ó abrir de nuevo alguna madera. || Serrar un maderó á lo largo.

**REFENDERET**, m. *refanderé* (e muda). Especie de cuña de hierro que sirve para ayudar á rajar madera.

**RÉFÉRÉ**, m. *referé*. For. Relato, relacion, cuenta que se da á un tribunal de un punto en contestacion.

**RÉFÉRENDAIRE**, m. *referandér*. Refrendario ó referendario, funcionario público que está autorizado para firmar despues del superior. || *Grand référendaire*, refrendario mayor. || *Tiers référendaire*, el que era llamado como tercero para tasar los gastos. || *Référendaires de l'une et de l'autre signature*, prelados que en Roma relatan las causas de gracia y justicia.

**RÉFÉRER**, a. *referé*. Referir una á otra cosa. || Atribuir. *Il en faut référer l'honneur, la gloire à Dieu*, conviene atribuir á Dios la honra, la gloria (de ello). || *Référer à quelqu'un le choix d'une chose*, dejar á uno la eleccion de la misma cosa que nos toca á escoger. || n. Relatar, exponer, hacer relacion de alguna cosa. || *Se référer*, r. Referirse, hacer ó tener relacion una cosa con otra. || Referirse, remitirse á lo dicho, propuesto ó sentado antes. || Conformarse con el parecer de alguno.

**REFERMER**, a. *referme* (e muda). Cerrar de nuevo, volver á cerrar.

**REFERRER**, a. *referré* (e muda). Reberrar, volver á herrar, herrar de nuevo una caballería.

**REFÊTER**, a. *refeté* (e muda). Restablecer, restaurar la fiesta de un santo que estaba suprimida.

**REFEUILLER**, a. *refeullé* (e muda). Carp. Rebajar las mochetas de alguna puerta ó ventana.

**REFEUILLURE**, f. *refeullúr* (e muda). Carp. Rebajadura ó rebaje de las mochetas de alguna puerta ó ventana.

**REFICHER**, a. *refiché* (e muda). Fijar de nuevo. || Arq. Tapar las aberturas, agujeros ó grietas que se abren en una habitacion.

**REFIGER**, a. *refigé* (e muda). Coagular ó cuajar de nuevo.||Se usa tambien como pronominal.

**REFIN**, m. *refén* (e muda). Refina, especie de lana muy fina.

**REFIXER**, a. *reficsé* (e muda). Fijar de nuevo.

**REFLAMBER**, a. *reflanbé* (e muda). Requemar, volver á pasar al fuego. || n. Reflejar la luz, resplandecer.

**RÉFLÉCHIR**, a. *reflechír*. Reflejar, repercutir, proyectar un cuerpo la luz, la impresion, la forma que ha recibido de otro. || n. Reflejar, reverberar, hablando de la luz. || met. Recaer sobre, redundar. || Reflexionar, pensar, discurrir.

**RÉFLÉCHISSANT, E**, adj. *reflechisán*. Fís. Reverberante, que reverbera ó refleja la luz. || met. Reflexivo, discursivo, que discurre, que reflexiona.

**RÉFLÉCHISSEMENT**, m. *reflechismán*. Reverberacion, reflejo, reflexion, repercusion, rechazo de la luz.

**RÉFLECTEUR**, adj. m. *reflecteur*. Fís. Reflector, que tiene la facultad de reflejar la luz.

**RÉFLECTIVE**, adj. f. *reflectiv*. Se dice de la concepcion ó idea que resulta de la reflexion.

**REFLET**, m. *reflé* (e muda). Reflejo, reflexion de la luz ó del color de un cuerpo sobre otro. || met. Reflejo, resultado: *sa réputation est un reflet, un pâle reflet de la gloire de son père.* || m. pl. Reflejos, aguas, visos que hacen las piedras preciosas.

**REFLÉTER**, a. *refleté* (e muda). Reflectar, reflejar, rechazar, enviar la luz ó el color sobre un cuerpo inmediato.

**REFLEURET**, m. *reflearé* (e muda). Lana de segunda clase procedente de España.

**REFLEURIR**, n. *reflourír* (e muda). Reflorecer, volver á echar flor una planta. || met. Reflorecer, volver á tomar su brillo, su esplendor.

**RÉFLEXE**, adj. f. *reflécs*. Fís. Reflejo, que se hace por reflexion: *vision réflexe*.

**RÉFLEXIBILITÉ**, f. *reflecsibilité*. Reflexibilidad, propiedad que tiene un cuerpo de ser susceptible de reflexion.

**RÉFLEXIBLE**, adj. *reflecsibl*. Fís. Reflexible, que puede reflejarse. Dícese de los rayos de la luz.

**RÉFLEXIF, IVE**, adj. *reflecsif, iv*. Reflexivo, que reflecta ó refleja.

**RÉFLEXION**, f. *reflecsión*. Reflexion, repercusion, reverberacion de los rayos de la luz. || Reflexion, consideracion, meditacion, accion del entendimiento que reflexiona. || Reflexion, pensamientos que resultan de esta operacion del entendimiento.

**REFLUER**, n. *reflué* (e muda). Refluir, volver hácia atras, retroceder algun líquido. || Med. Refluir, mezclarse los humores: *la bile a reflué dans le sang*.

**REFLUX**, m. *reflú* (e muda). Reflujo, baja marea, movimiento de las aguas del mar que se retiran despues del flujo ó marea. || met. Reflujo, inconstancia, vicisitudes, alternativas, altos y bajos de la vida humana.

**REFONDER**, a. *refondé* (e muda). For. ant. Pagar, resarcir daños ó perjuicios, satisfacer algunas costas causadas.

**REFONDRE**, a. *refóndr* (e muda). Refundir, volver á fundir algun metal. || met. Refundir, dar una forma mas correcta, poner mas en órden algun escrito, alguna obra de imaginacion. || Refundir, cambiar las costumbres, el carácter, las inclinaciones.

**REFONTE**, f. *refónt* (e muda). Refundicion, accion de refundir algun metal; fundicion de monedas para fabricar otras nuevas. || met. Refundicion, reforma de alguna obra de imaginacion.

**REFORGEMENT**, m. *reforgemán* (e muda). Reforjacion, accion de reforjar, de volver á forjar.

**REFORGER**, a. *reforgé* (e muda). Reforjar, volver á forjar ó forjar de nuevo.

**RÉFORMABLE**, adj. *reformábl*. Reformable, que puede ó debe reformarse.

**RÉFORMATEUR, TRICE**, m. y f. *reformateur, tris*. Reformador, el que reforma, ya sea hablando de costumbres ó de política, etc.

**RÉFORMATION**, f. *reformasión*. Reforma, accion de reformar. || Reforma de las costumbres, de los abusos, etc.

**RÉFORME**, f. *refórm*. Reforma, restablecimiento en el órden antiguo, en la antigua forma ó en mejor forma. || Reforma, restablecimiento de la antigua disciplina en una órden religiosa. || Reforma, cambio de mal á bien, relativamente á las costumbres, á la conducta de una persona. || Mil. Licenciamiento parcial de algunos cuerpos de tropa. || Desecho, caballos que se declaran inútiles para el servicio de un regimiento.

**RÉFORMER**, a. *reformé*. Reformar, restablecer una cosa en su forma antigua; dar mejor forma á una cosa. || Reformar, enmendar, corregir. || Reformar, suprimir lo que está de mas ó lo que es perjudicial. || *Réformer des troupes*, reducir el ejército, licenciar alguna tropa. || Mil. *Réformer des chevaux*, desechar algunos caballos, venderlos como inútiles para el servicio.

**RÉFORMISTE**, m. *reformíst*. Reformista, partidario de la reforma del parlamento inglés. || adj. Reformista, que pertenece ó se refiere á los reformistas.

**REFORTIFIER**, a. *refortifié* (e muda). Volver á fortificar, fortificar de nuevo.

**REFOUETTER**, a. *refueté* (e muda). Azotar de nuevo, azotar otra vez.

**REFOUILLEMENT**, m. *refullmán* (e muda). Accion de cavar, de escudriñar de nuevo, de vaciar, etc. V. el verbo REFOUILLER.

**REFOUILLER**, a. *refullé* (e muda). Cavar, escudriñar, registrar de nuevo. || Esc. Abrir, vaciar algunas molduras ú ornamentos en la piedra.

**REFOUIR**, a. *refuír* (e muda). Cavar, abrir, ahondar de nuevo, hablando de la tierra.

**REFOULEMENT**, m. *refulmán* (e muda). Regolfamiento, accion de regolfar ó volverse atras las aguas; efecto de esta accion. || La accion de navegar contra la marea ó corriente. || La accion de atacar la pólvora y bala en los cañones de artillería.

**REFOULER**, a. *refulé* (e muda). Hacer regolfar, hacer volver atras el agua. || Volver á batanar ó abatanar. || Artill. Atacar una pieza con el atacador. || Rechazar. || Mar. *Refouler la marée, le courant*, navegar contra la marea ó corriente.

**REFOULOIR**, m. *refuluár* (e muda). Atacador de las piezas de artillería.

**REFOURBIR**, a. *refurbír* (e muda). Volver á pulir, acicalar, bruñir ó limpiar armas ó piezas de acero.

**REFOURNIR**, a. *refurnír* (e muda). Abastecer ó proveer de nuevo.

**RÉFRACTAIRE**, adj. *refractér*. Refractario, rebelde, desobediente á las leyes ó al gobierno. || Quim. Refractario, que se resiste á la fundicion, hablando de ciertas sustancias.

**RÉFRACTER**, a. *refracté*. Fís. Refractar, causar ó producir la refraccion.

**RÉFRACTIF, IVE**, adj. *refractif, iv*. Fís. Refractivo, que causa ó produce la refraccion.

**RÉFRACTION**, f. *refracsión*. Fís. Refraccion, inflexion de un rayo de luz ó de un cuerpo que pasa oblicuamente de un medio á otro. || Refraccion, descuento que se hace del déficit que resulta en una cuenta equivocada.

**RÉFRACTOIRE**, adj. *refractuár*. Fís. Refractorio, que pertenece á la refraccion: *courbe réfractoire*.

**REFRAIN**, m. *refrén* (e muda). Estribillo, retornelo de una cancion ó copla. || met. y fam. Estribillo, dicho ó palabra que se repite continuamente en una conversacion. || Refran, palabra proverbial ó sentenciosa que se intercala en una conversacion.

**REFRANCHIR (SE)**, r. *refranchír* (e muda). Mar. Agotarse el agua que entró en el buque, á consecuencia de achicarla con las bombas.

**REFRANGER**, a. *refrangé* (e muda). Fís. Reflejar, rechazar ó enviar la luz por reflexion.

**RÉFRANGIBILITÉ**, f. *refrangibilité*. Fís. Refrangibilidad, propiedad de los rayos de luz que son susceptibles de refraccion.

**RÉFRANGIBLE**, adj. *refrangíbl*. Refrangible, que puede refractarse, que es susceptible de refraccion.

**REFRAPPER**, a. *refrapé* (e muda). Llamar, golpear otra vez, repetir los golpes. || Reacuñar, volver á acuñar una moneda que no salió bien.

**REFRAYER**, a. *refreyé* (e muda). Alf. Estregar, pulir, frotar con el dedo la losa cuando el barro está en la rueda.

**REFRÉNER**, a. *refrené* (e muda). Refrenar, reprimir, sujetar las pasiones. Solo se usa en este sentido.

**RÉFRIGÉRANT, E**, adj. *refrigerán*. Refrigerante, que refresca, que refrigera. || **RÉFRIGÉRANT**, m. Quím. Refrigerante, pieza que se pone encima de la retorta para que se cuaje, condense el vapor y haga las destilaciones.

**RÉFRIGÉRATIF, IVE**, adj. *refrigeratíf, ív*. Med. Refrigerativo, refrigerante, refrescante, que refresca. || Úsase tambien como sustantivo.

**RÉFRIGÉRATION**, f. *refrigerasión*. Refrigeracion, enfriamiento. V. **REFROIDISSEMENT**.

**RÉFRINGENT, E**, adj. *refrenján*. Fís. Refringente, que causa una refraccion.

**REFRIRE**, a. *refrír* (e muda). Refreir, volver á freir.

**REFRISER**, a. *refrisé* (e muda). Volver á frisar el cabello.

**REFROGNEMENT** ó **RENFROGNEMENT**, m. *refroñmán* (e muda), *ranfroñmán*. Sobrecejo, ceño, accion de poner mal gesto, de enfurruñarse.

**REFROGNER** ó **RENFROGNER (SE)**, r. *refroñé* (e muda), *ranfroñé*. Poner ceño, gesto, enfurruñarse, enfadarse, poner mala cara, arrugar las cejas en señal de disgusto.

**REFROID**, m. *refruá* (e muda). Posicion de alguna cosa que tiene por objeto el enfriarla ó hacer que le dé el aire.

**REFROIDIR**, a. *refruadír* (e muda). Enfriar, refrescar, poner fria una cosa. || met. Resfriar, entibiar, disminuir el ardor, la actividad, el fervor. || n. Ponerse frio: *laisser refroidir le bouillon*. || *Se refroidir*, r. Refrescarse, ponerse fresco el tiempo, el aire, etc.

**REFROIDISSEMENT**, m. *refruadismán* (e muda). Enfriamiento, resfriamiento, diminucion de calor. || met. Tibieza, frialdad, diminucion de una amistad, de amor, de celo. || Vet. Resfriado, enfermedad de las caballerías.

**REFROTTER**, a. *refroté* (e muda). Restregar, refregar, estregar bien ó muchas veces.

**REFUGE**, m. *refúg* (e muda). Refugio, asilo, lugar en que uno se retira para estar seguro. || Refugio, amparo, consuelo, se dice de la persona que protege ó de quien se espera proteccion. || met. Asilo, pretexto, razon aparente con que se escuda la mala fe ó el error.

**RÉFUGIÉ, ÉE**, adj. *refugié*. Refugiado, emigrado. Úsase tambien como sustantivo.

**RÉFUGIER (SE)**, r. *refugié*. Refugiarse, acogerse bajo la proteccion de alguno ó en algun lugar para estar seguro; retirarse á parte segura, ponerse en salvo.

**REFUI**, m. *refuí* (e muda). Mont. Asilo, guarida donde se esconde la caza.

**REFUIR**, n. *refuír* (e muda). Mont. Regatear, marronar, hacer regates la caza para zafarse de la persecucion.

**REFUITE**, f. *refuít* (e muda). Mont. Huida, lugar en que suele hacer marro la res, ó donde tiene costumbre de guarecerse viéndose perseguida. || Astucia que emplea un animal cuando se ve muy acosado. || met. Evasoria, evasiva, efugio que tiene por objeto retardar la terminacion de un negocio. || Mortaja ó muesca demasiado profunda que se hace en alguna pieza.

**RÉFULGENT, E**, adj. *refuljén*. Refulgente, flamígero, resplandeciente.

**REFUS**, m. *refú* (e muda). Denegacion, negativa, repulsa, accion de negar lo que se pide. || Desecho, lo desechado, lo que otro ha dejado ó no ha querido admitir; y en este sentido se dice: *je ne veux pas les refus d'un autre*. || *Avoir une chose au refus de quelqu'un*, tener lo que otro ha despreciado ó no ha querido aceptar. || fam. *Cela n'est pas de refus*, eso no es digno de desprecio, eso no es de desechar. || Mont. *Un cerf de refus*, ciervo de tres años. || Art. *Battre un pieu jusqu'à refus de mouton*, clavar, golpear en una estaca que se hinca hasta no poder mas.

**REFUSABLE**, adj. *refusábl* (e muda). Rehusable, que puede rehusarse.

**REFUSER**, a. *refusé* (e muda). Rehusar, no admitir, desechar, no aceptar lo que se ofrece. || Negar, no conceder lo que se pide. || Equit. *Ce cheval refuse*, este caballo es repacio, no obedece. || Mar. *Le vent refuse*, el viento escasea, se cambia de la parte de proa, es contrario. || *Refuser en mariage*, negar la mano de una hija al que la pide para casarse con ella. || *Refuser la porte à quelqu'un*, negar la entrada á alguno, cerrarle las puertas. || *Se refuser*, r. Rehusarse ó negarse, no querer hacer una cosa. || Privarse, no permitirse una accion, un gusto, etc., abstenerse de. || *Se refuser aux plaisirs*, huir los placeres, privarse, abstenerse de ellos. || *Se refuser à une chose*, negarse á una cosa, no querer hacerla. || *Se refuser le nécessaire, jusqu'au nécessaire*, privarse de lo necesario por avaricia.

**REFUSEUR**, m. fam. é inus. *refuseur* (e muda). Denegador, el que niega ó rehusa.

**RÉFUSION**, f. *refusión*. For. ant. Reintegro, reembolso de gastos ó costas.

**RÉFUTABLE**, adj. *refutábl*. Refutable, que puede refutarse.

**RÉFUTATION**, f. *refutasión*. Refutacion, impugnacion de algun argumento, de una proposicion, opinion, etc., con razones sólidas. || Ret. Refutacion, parte del discurso con que se responde á las objeciones.

**RÉFUTER**, a. *refuté*. Refutar, impugnar, destruir ó combatir con razones sólidas un argumento, una opinion, etc.

**REGAGNER**, a. *regañé* (e muda). Volver á ganar, á gozar, á poseer lo que se habia perdido, sea dinero, crédito, favor, amistad, etc., recuperar. || *Regagner le temps perdu*, recuperar el tiempo perdido. || Volver á tomar ó ocupar el puesto ó lugar que se habia dejado ó perdido. Así se dice, hablando de tropas: *elles regagnèrent leur camp*, volvieron á su campo, ó le ocuparon otra vez; y hablando de naves: *le vaisseau regagna le port*, el navío volvió á entrar en el puerto. || *Regagner le chemin*, volver al camino que se habia perdido ó dejado, volver á entrar en él. || *Regagner le logis*, retirarse, recogerse uno á su casa.

**REGAILLARDIR**, a. *regaillardír* (e muda). Regocijar, refociliar, causar alegría ó regocijo.

**REGAIN**, m. *reguén* (e muda). Retoño, segunda yerba que brota el prado despues de segado. || met. *Avoir un regain de jeunesse*, remozarse.

**RÉGAL**, m. *regál*. Festin, banquete. || Comida que gusta mucho. || met. y fam. Placer, cosa en que una persona encuentra gusto y placer. *C'est un régal pour moi de vous voir*, me huelgo mucho, tengo gran complacencia ó gran placer de [illegible] es *régals*.

**RÉGALADE**, f. fam. [illegible] accion de regalar, de [illegible] Alegres, fogatas, [illegible] para proporcionar [illegible] personas que llegan mojadas ó [illegible] frio. || fam. Regalo, gusto, placer [illegible] sione un manjar. || *Boire à la régalade* [illegible] ber á la catalana, á chorro, [illegible] ó porron llegue á los labios.

**RÉGALE**, m. *regál*. [illegible] de los registros del órgano. || [illegible] pecie de órgano portátil. || f. [illegible] nato regio, derecho que [illegible] Francia para percibir las rentas [illegible] pados y abadías vacantes, [illegible] mismo tiempo los beneficios [illegible] anexos. || adj. f. Quím. Solo se [illegible] frase: *eau régale*, agua régia, [illegible] licor que produce la combinacion [illegible] nítrico con el ácido muriático.

**RÉGALEC**, m. *regalék*. Zool. [illegible] género de pescados ápodos.

**RÉGALEMENT**, m. *regalmán*. [illegible] reparto igual de una tasa ó [illegible] Allanamiento, nivelacion ó igualacion [illegible] terreno.

**RÉGALER**, a. *regalé*. Dar un [illegible] un festin, regalar, agasajar á [illegible] festejar, cortejar. || fam. é irón. [illegible] *On le régala de vingt coups de* [illegible] regalaron, se le endosaron, se [illegible] veinte garrotazos. || Allanar [illegible] igualarle para nivelarlo. || [illegible] dad una tasa, cuota ó contingente [illegible] der la cal al sol. || Mecear, [illegible] cuando está puesta al sol.

**RÉGALEUR**, m. *regaleur*. [illegible] el que extiende y apisona la tierra [illegible] nar el piso.

**RÉGALIEN**, adj. m. *regalién*. [illegible] del derecho que tienen algunos [illegible] modo de regalía. Solo se usa [illegible] cion: *droit régalien*, derecho [illegible]

**RÉGALIS**, m. pl. *regalí*. [illegible] dero ó sitio donde el corzo [illegible]

**RÉGALISTE**, m. *regalíst*. [illegible] que estaba provisto de un beneficio [illegible] rey en sede vacante.

**REGARD**, m. *regár* (e muda). [illegible] ojeada, accion de mirar ó fijar la [illegible] gun objeto. || Pint. Combinacion [illegible] tratos de igual dimension que [illegible] uno al otro estando representados [illegible] en dos cuadros. || Atabe, [illegible] que dejan los fontaneros á las [illegible] suben por la pared para [illegible] nocer si llega hasta allí el agua [illegible] *gard*, loc. adv. Enfrente. || *Au* [illegible] loc. prep. En comparacion de; [illegible] cuanto á, por lo tocante á, etc.

**REGARDANT**, m. *regardán*. [illegible] Miron, mirador, espectador, el [illegible] está mirando. Úsase comunmente [illegible]

**REGARDANT, E**, adj. fam. [illegible] (e muda). Reparon, reparado, [illegible] demasiado escrupuloso, que [illegible] masiado en los pormenores de [illegible] || Remirado, [illegible] en el [illegible] etc. || Blas. Epíteto que se da [illegible] se representa en actitud de [illegible]

**REGARDER**, a. *regardé* (e muda). [illegible] poner la vista en algun objeto. [illegible] tar enfrente, dar frente una [illegible] Mirar, remirar, examinar algo [illegible] || Mirar, contemplar, reflexionar. [illegible] tocar á, concernir á. || Mirar, [illegible] tar. || fam. *Regarder entre deux yeux* [illegible] cara á cara, hito á hito. || [illegible] *quelqu'un de haut en bas*, [illegible] alto abajo, de pies á cabeza; [illegible] cierto desprecio. || prov. [illegible] *fois*, mirar bien una cosa, [illegible] ántes de hacer una cosa que [illegible] deshacer despues de hacerla. [illegible] *garder quelqu'un de travers*, [illegible] *mauvais œil*, mirar á alguno [illegible] ojos, con desprecio, etc. || [illegible] Mirarse, examinarse una [illegible] ó de cualquier otro modo. || [illegible] damente dos personas. || met. [illegible] dos cosas una enfrente de otra.

...NIR, a. *regarnir* (e muda). Volver ...r, á adornar.

...TER, a. *reguayé*. Alegrar de nuevo.

...TER, a. *regueyé* (e muda). Rastri... ar el cáñamo pasándolo por el ras...

...OIR, m. *regueyuár* (e muda). ... instrumento para rastrillar el cá...

...URE, f. *regueyúr* (e muda). Ras... especie de estopa y broza que ... el rastrillo cuando se pasa el cá... ...ál.

..., m. *regél* (e muda). Rehielo, he... ...se repite sucesivamente. Nueva

...ER, n. *regelé* (e muda). Helar de ...lver á helar.

...CE, f. *rejáns*. Regencia, el car... gobernador ó gobernadora de un ... menor edad ó ausencia del prín... ...mbien el tiempo que dura. || Re... ... algunos estados de Europa es el ... magistrados que componen su go... ...n. El tiempo que lleva de ense... ...atedrático ó maestro de colegio.

...ÉRATEUR, TRICE, s. y adj. *re*... ...*r*, *tris*. Regenerador, que rege...

...ÉRATION, f. *regeneratión*. Re... ..., reproduccion. || Renacimiento, ...del bautismo. || Tiene otras acep... ...les en ambas lenguas.

...ÉRER, a. *regeneré*. Regenerar, ... ser á una cosa. Solo se usa en ...rado.

...T, E, adj. *rejân*. Regente, que ...gobierna un Estado durante la mi... ...encia de su rey. || *Docteur régent*, ...nte, título que se daba antigua... ...s doctores profesores en teología, ... medicina. || Tambien se dice sus... ...te *le régent*, *la régente*, *le régent* ...s. || En otro tiempo se llamaba re... ...edrático ó profesor en un colegio.

...TER, a. y n. *rejanté*. Regentar, ...estudios de un colegio ó enseñar ... catedrático ó profesor. || met. Re... ...uadrear, querer mandar, domi... ...r superioridad.

...MER, a. *regermé* (e muda). Reto... ... de nuevo.

...DE, m. *regisíd*. Regicidio, accion ...r á un rey. || Regicida, el que co... ...egicidio. Se usa tambien como adj.

..., f. *regí*. Administracion de algu... ... de que debe darse cuenta. || Ad... ...n en que se perciben los impues... ...ibuciones indirectas. = Las ofici... ...ato de empleados que forman di... ...istracion.

...EMENT, m. *regenbmán* (e mu... ...go, corcoveo, corcovo, muo... ...a una caballería cosquillosa.

...BER, n. *regenbé* (e muda). Res... ...ear ancas, levantar las ancas ...ería cuando se la castiga, cuando ...ta la cincha, etc.; cocear, tirar ...d. y fam. *Regimber contre l'épe*... ... contra el aguijon. || *Se re*... ... Respingar, rebelarse, resistir á ...r, no querer obedecerle.

...E, m. *regim*. Régimen, órden, ...regio en la comida y bebida para ...cion de la salud. || Régimen, mo... ...rnar una nacion ó sea organiza... ...ige en ella. || Régimen, gobierno ...establecimiento público ó comuni... ...m. || Gram. Régimen, palabra ...e inmediatamente de un verbo ó ...posicion, y forma su complemen... ...Racimo, gremo. *Un régime de* ... racimo de dátiles. Los racimos ...e llaman tambien támaras.

...ENT, m. *regimán*. Regimiento, ...ejército que se compone de dos ó ...pone á las órdenes de un coronel. ...imiento, multitud, turba, cater... ...ásero de personas.

...NTAIRE, adj. *regimantèr*. Re... ...ue corresponde á un regimiento. ... *école regimentaire*.

**RÉGINGLETTES**, f. pl. *regenglèt*. Especie de ballestas ó trampas en que se cogen pájaros.

**RÉGION**, f. *región*. Region, grande espacio ó extension, ya sea en la tierra, en el aire ó en el cielo. || Anat. Region, nombre con que se designan diferentes partes del cuerpo humano.

**REGIONE** (È), loc. adv. *eregióne*. Enfrente, al frente. Esta palabra se usa solamente en términos de imprenta para indicar la correlacion de dos columnas.

**RÉGIR**, a. *regír*. Regir, gobernar un Estado, una nacion. || Regir, administrar bienes, un establecimiento, etc. || Gram. Regir, exigir un régimen, regir algun caso.

**RÉGISSEUR**, m. *regiseur*. Administrador, director, el que administra y dirige algunos bienes, una empresa ó establecimiento cualquiera.

**REGISTRAIRE**, m. inus. *registrér* (e muda). Archivero ó encargado de los registros ó protocolos.

**REGISTRATA**, m. *registráta* (e muda). For. Minuta, extracto que se hace de alguna sentencia ó providencia.

**REGISTRATEUR**, m. *registrateur* (e muda). Registrador, nombre de ciertos oficiales de la chancillería en Roma, á cuyo cargo está la toma de razon de bulas y otros documentos.

**REGISTRE**, m. *regístr* (e muda). Registro, libro de asiento ó memoria. || Mús. Registro de los órganos. || Registro, hablando de relojes y de hornos de fundicion. || Impr. Registro, correspondencia que observan las páginas y líneas de un pliego entre sí. || met. *Tenir registre de tout*, ser un libro verde: se dice de la persona que nota y retiene todo lo que ve y oye.

**REGISTRER**, a. *registré* (e muda). Sentar, escribir alguna cosa en un libro ó registro.

**RÉGLABLE**, adj. *regiábl*. Rayable, que puede rayarse.

**RÉGLAGE**, m. *regláge* Rayadura, accion de rayar el papel.

**RÈGLE**, f. *régl*. Regla, instrumento para tirar líneas rectas. || met. Regla, principio, máxima, ley, enseñanza, todo aquello que sirve para dirigir el entendimiento y el corazon. || Regla, pauta, norma, modelo, ejemplo que se establece para que sea imitado. || Regla, instituto, hablando de órdenes monásticas. || Regla, arreglo, buen órden de una casa ó familia. || *Règles*, pl. Reglas, purgacion menstrual que tienen las mujeres.

**RÉGLÉE**, f. *reglé*. Denominacion que se da á un monton ó pila de cartones puestos á escuadra.

**RÈGLEMENT**, m. *reglmán*. Reglamento, ordenanza, estatuto que prescribe lo que debe hacerse. || Arreglo, accion de arreglar alguna cosa.

**RÉGLÉMENT**, adv. *reglemán*. Arregladamente, con regla, de un modo arreglado.

**RÉGLEMENTAIRE**, adj. *reglmántèr*. Reglamentario, que concierne al reglamento.

**RÉGLEMENTAIREMENT**, adv. *reglmantermán*. Reglamentariamente, de una manera reglamentaria.

**RÉGLEMENTER**, n. *reglmanté*. Multiplicar excesivamente los reglamentos. || a. Hacer reglamentos sobre una materia cualquiera.

**RÉGLER**, a. *reglé*. Reglar, pautar, tirar algunas líneas sobre el papel para escribir, para notar música. || Regular, moderar, ajustar su vida, sus acciones, sus deseos, etc., sujetarlos á ciertas reglas. || Arreglar, ordenar, determinar, decidir una cosa de un modo estable. || Ajustar, poner en órden. || *Régler un différend*, arreglar una desavenencia, terminarla.

**RÉGLET**, m. *reglé*. Impr. Corondel. V. FILET. || Arq. Moldura pequeña con que se señalan las divisiones. || Registro, cinta ó cordon que se pone en los libros. || Carp. Varlopa ó garlopa, nombre con que designan los carpinteros una de sus herramientas.

**RÉGLETTE**, f. *reglét*. Impr. Regleta, pie... de metal de la forma de una regla pequeña que se pone entre las líneas del molde para aumentar el blanco ó interlíneas.

**RÉGLEUR**, m. *regleur*. Rayador, artesano que se ocupa en rayar papel de música, registros, etc.

**RÉGLISSE**, f. *reglís*. Bot. Regaliz, regaliza, regalicia, orozuz, planta leguminosa cuya raiz se conoce vulgarmente por palo dus. || *Réglisse d'Egypte*, mate. || *Réglisse sauvage*, astrágalo con hoja de orozuz.

**RÉGLOIR**, m. *regluár*. Reglero ó reglador, instrumento ó pauta para rayar el papel. || Sello de cerería. || Costa, instrumento de zapatero.

**RÉGLURE**, f. *reglúr*. Regladura, rayadura, operacion de rayar papel.

**RÉGNANT**, E, adj. *reñán*. Reinante, que reina, que está en el trono, hablando de los reyes. || met. Reinante, que reina, que domina, que está vigente, en vigor, hablando de las cosas.

**RÈGNE**, m. *reñ*. Reinado, gobierno de un soberano que rige una nacion. || Reinado, todo el tiempo que reina un soberano. || *Règne animal*, *végétal*, *minéral*, reino animal, vegetal, mineral, la parte de la historia natural que trata de los animales, etc.

**RÉGNER**, n. *reñé*. Reinar, regir, gobernar una nacion con título de rey. || met. Reinar, dominar, predominar, prevalecer, estar en boga ó muy extendida alguna cosa. || Existir, tener su asiento, su colocacion.

**RÉGNICOLE**, adj. y s. *reñicól*. Nacional, regnícola, que es natural de un reino ó que se ha naturalizado en él.

**REGONFLEMENT**, m. *regonflmán* (e muda). Rebalsamiento, elevacion de las aguas que suben y se rebalsan por haber hallado algun obstáculo en su curso.

**REGONFLER**, a. *regonflé* (e muda). Reinflar, rehenchir, volver á inflar ó henchir alguna cosa. || n. Rebalsarse, subir el agua que encuentra algun impedimento en su curso.

**REGORGEMENT**, m. *regorgemán* (e muda). Reboseadura, rebosamiento, derrame de un líquido superabundante.

**REGORGER**, n. *regorgé* (e muda). Rebosar, reverter, salirse, derramarse ó extenderse un líquido fuera de los límites que lo contienen. || met. Rebosar, tener en abundancia, tener superabundancia de alguna cosa: *regorger de biens*. || fam. *Regorger de santé*, rebosar salud, disfrutar una salud completa ó perfecta.

**REGOULER**, a. vulg. *regulé* (e muda). Sopetear, poner á uno como un trapo, ponerle de vuelta y média: tratar á uno con malos modos. || Hartar, atiforrar, llenar el vientre de comida hasta no poder mas.

**REGOURMER**, a. *regurmé* (e muda). Sopapear de nuevo, volver á la carga, sacudir el polvo otra vez; es decir, dar golpes y maltratar.

**REGOÛTER**, a. *regutè* (e muda). Gustar y probar segunda vez. || Volver á merendar.

**REGRADILLER**, a. inus. *regradillé* (e muda). Rizar los cabellos con un hierro ó tenacillas calientes.

**REGRAT**, m. *regrá* (e muda). Reventa, venta al menudeo ó por segunda mano, de sal, granos, carbon y otras cosas semejantes. || Estanquillo, lugar donde se vendia la sal por menor.

**REGRATTER**, a. *regraté* (e muda). Rascar, raspar, raer de nuevo. || Picar la piedra de sillería que tiene un edificio para darle mas brillo. || Revender la sal, venderla al por menor. || Retocar algun grabado con el buril. || n. met. y fam. Arañar, escatimar lo posible el gasto ordinario de una casa.

**REGRATTERIE**, f. *regrateri* (e muda). Chalanería, comercio que hacen los revendedores de ciertas especies.

**REGRATTIER, ÈRE**, m. y f. *regratie, èr* (e muda). Revendedor, el que vende al por menor algunas especies ó géneros que ha comprado por junto. Se entendia particularmente de los revendedores de sal. || Regaton, revendedor, chalan, chamarilero, el que vende todo género de efectos que ha comprado de lance. || met. y fam. Cicatero, el que trata de economizar cuanto puede hasta en las cosas mas ínfimas.

**REGREFFER**, a. *regrefé* (e muda). Volver á engertar ó ingertar, engertar de nuevo.

**REGRÉLAGE**, m. *regrelág* (e muda). Refundicion de la cera para blanquearla.

**REGRÊLER**, a. *regrelé* (e muda). Refundir la cera para que salga mas blanca.

**REGRÈS**, m. *regré* (e muda). For. Regreso, poder ó derecho de volver á tomar posesion de un beneficio que se habia cedido ó resignado.

**REGRET**, m. *regré* (e muda). Pesar, pena, sentimiento de haber perdido un bien que se poseia, ó de no haber podido obtener lo que se deseaba. || Pena, pesar, sentimiento que causa la muerte de un amigo ó conocido. || Arrepentimiento, pesar de haber hecho ó dejado de hacer alguna cosa. || *Regrets*, pl. Lamentos, duelos, quejas que produce una persona lastimada. || Limaduras ó cenizas de platero. || *À regret*, loc. adv. Con pesar, con sentimiento, con repugnancia.

**REGRETTABLE**, adj. *regretábl* (e muda). Sensible, digno de ser sentido, de que se sienta su pérdida.

**REGRETTABLEMENT**, adv. *regretablemán* (e muda). Sensiblemente, con sentimiento, con pena.

**REGRETTER**, a. *regreté* (e muda). Sentir, tener afliccion, pesar, sentimiento sobre alguna cosa que se ha perdido ó que se desea alcanzar. || Echar ménos, sentir, llorar, deplorar la pérdida de alguno.

**REGRIGNES**, f. pl. *regriñ* (e muda). Manteca fresca ó manteca sin sal.

**REGROS**, m. *regró* (e muda). Art. Corteza gruesa que emplean los curtidores.

**REGROSSIR**, a. *regrosir* (e muda). Repasar la lámina con el buril profundizando el grabado.

**REGUINDER**, a. *reguendé* (e muda). Volver á encaramar, á alzar, á levantar. || *Se reguinder*, r. Cetr. Levantarse, elevarse mas alto el halcon.

**RÉGULARISATION**, f. *regularisasión*. Regularizacion, accion de regularizar.

**RÉGULARISER**, a. *regularisé*. Regularizar, poner en órden ó conforme á la regla, poner en regla alguna cosa.

**RÉGULARITÉ**, f. *regularité*. Regularidad, conformidad con las reglas, con las leyes, el órden de la naturaleza ó los preceptos del arte. || Regularidad, exacta observancia de las reglas de cada órden religiosa. || Regularidad, estado religioso, por oposicion al estado seglar.

**RÉGULATEUR**, m. *regulateur*. Regulador, pieza de una máquina ó aparato que sirve para regularizar los movimientos de ella. || Regulador, el volante de los relojes. || **RÉGULATEUR, TRICE**, adj. Regulador, que sirve de regla, para reglar ó regir.

**RÉGULE**, m. ant. *regúl*. Quím. Régulo, boton de metal fundido; ó sea, la parte mas pura y noble de los minerales despues de separadas las impuras.

**RÉGULIER, ÈRE**, adj. *regulié, ér*. Regular, que está conforme con las reglas establecidas. || Arreglado, que se conforma ó es conforme á los preceptos de la religion, á los deberes de la moral. || Exacto, puntual. || Regular, se dice del estado monacal ó religioso, por oposicion á seglar. En este sentido se usa tambien como sustantivo.

**RÉGULIÈREMENT**, adv. *reguliermán*. Regularmente, con regularidad, de un modo regular; uniformemente, exactamente.

**RÉGULIN, E**, adj. *regulén, in*. Quím. Regulino, se dice de la parte puramente metálica que contiene un medio metal.

**RÉGULUS**, m. *régulus*. Astr. Régulo, estrella de primera magnitud.

**RÉGURGITATION**, f. *regurgitasión*. Regurgitacion, accion de tragar de nuevo los alimentos despues de haberlos rumiado el animal. || Med. Regurgitacion, reproduccion de ciertas partes gaseosas ó líquidas que devuelve el estómago á la boca sin esfuerzo ni nausea alguna.

**RÉHABILITATION**, f. *reabilitasión*. Rehabilitacion, accion de rehabilitar.

**RÉHABILITATOIRE**, adj. *reabilitatuar*. Rehabilitante, que rehabilita.

**RÉHABILITER**, a. *reabilité*. Rehabilitar, restablecer á uno en su primer estado, en sus primitivos derechos, prerogativas, etc.

**RÉHABITUER**, a. *reabitué*. Volver á acostumbrar, acostumbrar de nuevo.

**REHAUSSEMENT**, m. *reosmán* (e muda). Levantamiento, accion de levantar ó alzar una pared, casa, etc.

**REHAUSSER**, a. *reosé* (e muda). Levantar, subir mas, poner mas alta una cosa. || Alzar, subir el precio de una cosa. || met. Aumentar el valor, el ánimo. *Rehausser le courage de quelqu'un*, esforzar, aumentar el ánimo de alguno. || met. Realzar, dar nuevo lustre, brillo ó valor á una cosa. || *Rehausser d'or et de soie, etc.*, realzar con oro y seda un tejido.

**REHAUTS**, m. pl. *reó* (e muda). Pint. Resaltos, partes mas sobresalientes de un cuadro. || Blancos que se dejan en un grabado.

**REILLÈRE**, f. *rellér*. Canal ó tubo por donde va el agua á la rueda de un molino.

**RÉIMPORTATION**, f. *reemportasión*. Reimportacion, accion de reimportar.

**RÉIMPORTER**, a. *reemporté*. Reimportar, importar de nuevo.

**RÉIMPOSER**, a. *reempoesé*. Reimponer, hacer nueva imposicion ó cargar nuevo tributo. || Impr. Reimponer, sacar la forma de la rama y volverla á colocar de nuevo.

**RÉIMPOSITION**, f. *reemposisión*. Reimposicion, nuevo impuesto que se agrega al primero para completar un pago. || Impr. Reimposicion, accion de volver á imponer ó colocar la forma en la rama.

**RÉIMPRESSION**, f. *reempresión*. Reimpresion, accion de reimprimir una obra; resultado de esta accion.

**RÉIMPRIMER**, a. *reemprimé*. Reimprimir, volver á imprimir ó imprimir de nuevo una obra.

**REIN**, m. *rén*. Anat. Riñon, cada una de las glándulas conglomeradas, situadas á los lados de la columna vertebral en la region lumbar y destinadas á la segregacion de la orina. || *Reins*, pl. Riñones, nombre vulgar con que se designa la region lumbar. Tambien se llama así la espina dorsal, cuando se hace referencia á la fuerza ó agilidad de una persona. *Cet homme a les reins forts*, este hombre tiene mucha fuerza en los riñones. || met. y fam. *Avoir les reins forts*, tener bien cubierto el riñon: tener muchas facultades ó buena bolsa para gastar. *Avoir les reins faibles*, no ser rico, tener cortas facultades ó pobre bolsa para gastar. || En la sagrada Escritura es lo interior del alma.

**REINAIRE**, adj. *renér*. Bot. Renario, que se parece á un riñon.

**RÉINCORPORER**, a. *reencorporé*. Reincorporar, incorporar de nuevo.

**RÉINCRUDER**, a. inus. *reencrudé*. Recrudecer, hacer que una cosa vuelva á encrudecerse.

**REINE**, f. *rén*. Reina, esposa de un rey, ó soberana que por sí posee un reino. || met. Reina, la cosa mas excelente en su género, como se dice de Roma *la reine des cités*, de la rosa *la reine des fleurs, etc.* || La segunda pieza del ajedrez. || *Reine de mai*, maya. || *Reine des prés* ó *ulmaire*, reina de los valles ó ulmaria, planta. || *Reine-marguerite*, reina margarita, flor extraña.

**REINE-CLAUDE**, f. *renclód*. Ciruela-claudia, especie de ciruela muy sabrosa y estimada.

**REINETTE**, f. *renét*. Manzana de reina, especie de manzana bastante estimada.

**RÉINFECTER**, a. *reenfecté*. Volver á infectar ó inficionar.

**RÉINSTALLATION**, f. *reenstalasión*. Reinstalacion, accion de reinstalar.

**RÉINSTALLER**, a. *reenstalé*. Reinstalar, instalar de nuevo.

**REINTÉ, ÉE**, adj. *renté*. Ancho de riñones, de riñones anchos y fuertes. || Mont. Riñonado, lomudo, se dice del perro que tiene el espinazo ancho y encorvado.

**RÉINTÉGRABLE**, adj. *reentegrabl*. Reintegrable, que puede ó debe ser reintegrado.

**RÉINTÉGRANDE**, f. [illegible] Reintegracion, [illegible] posesion de los bienes [illegible] dido por fuerza.

**RÉINTÉGRATION**, f. [illegible] Reintegro, accion de [illegible] do esta accion.

**RÉINTÉGRER**, a. [illegible] grar, devolver á uno los bienes [illegible] lo habia despojado. || [illegible] *dans les prisons*, volver á [illegible] cel á uno, volver á [illegible]

**RÉINTERROGER**, a. [illegible] rogar ó preguntar de nuevo.

**RÉINTRODUIRE**, a. [illegible] ducir de nuevo.

**RÉINVESTIR**, a. [illegible] nuevo.

**RÉINVITER**, a. [illegible] nuevo, volver á convidar.

**RÉINVOQUER**, a. [illegible] invocar.

**REIS**, m. *rés*. Reis, [illegible] pleados y dignatarios del [illegible]

**RÉIS**, m. *reés*. Reis, [illegible] tuguesa de menor valor que [illegible]

**REIS-EFFENDI**, m. [illegible] efendi, jefe del despacho en [illegible]

**RÉITÉRATIF, IVE**, adj. [illegible] Reiterativo, que reitera.

**RÉITÉRATION**, f. [illegible] racion, accion de reiterar.

**RÉITÉRATIVEMENT**, adv. [illegible] mán. Reiterativamente, de un [illegible] rativo.

**RÉITÉRER**, a. *reiteré*. [illegible] volver á hacer una cosa que [illegible] cho.

**REÎTRE**, m. *rétr*. [illegible] man del siglo XVI. || [illegible] pote que usaban los caballeros [illegible] dicha época. || met. y fam. [illegible] perro viejo, zorro maulinero, [illegible] se dice en lenguaje vulgar [illegible] hombre que tiene larga [illegible] cosas de mundo.

**REJAILLIR**, a. [illegible] salir con ímpetu. Dícese [illegible] el mismo sentido que *jaillir*. || [illegible] tar de rechazo un cuerpo que [illegible] otro. || met. Recaer, [illegible] perjuicio ó en provecho de [illegible] ó conducta que ha observado [illegible]

**REJAILLISSEMENT**, m. [illegible] (e muda). Salto ó resalto, [illegible]

**REJANNER**, a. inus. [illegible] Remedar la voz de alguno [illegible]

**REJAUNIR**, a. [illegible] nuevo de amarillo. || n. [illegible]

**REJECTION**, f. inus. [illegible] Rechazo, accion y efecto de [illegible]

**REJET**, m. *rejé* (e muda). [illegible] cion de no admitir, de [illegible] cosa. || Separacion de una [illegible] cuenta por no hallarse en [illegible] diente. || Renuevo, retoño de [illegible] REJETON.

**REJETABLE**, adj. [illegible] Inadmisible, que no debe ser [illegible]

**REJETEAU**, m. [illegible] de moldura que sirve para [illegible]

**REJETER**, a. [illegible] echar, echar otra vez. || [illegible] Arrojar, echar fuera, [illegible] Reenviar, volver una cosa al [illegible] habia salido. || Retoñar, [illegible] árbol ó planta. || *Rejeter une* [illegible] *sur quelqu'un*, echarle [illegible] echarle la culpa de una [illegible] parse. || Desechar, no admitir [illegible] una proposicion, una ley [illegible]

**REJETON**, m. [illegible] vástago, renuevo, tallo [illegible] planta. || met. Vástago, [illegible] de alguna familia.

**REJETONNER**, a. [illegible] toñar, echar renuevos un árbol [illegible] a. Arrancar los retoños [illegible] el tabaco, limpiarla de [illegible]

**REJOINDRE**, a. [illegible] ver á juntar, á unir las [illegible] separadas. || Juntarse con las personas de quienes uno se habia separado por haberse adelantado ó atrasado, alcanzarlas, volverlas á encontrar. || *Se rejoindre*, r. Reunirse otra vez, volverse á juntar.

**REJOINTOIEMENT**, m. *rejuantuamán* (e muda). Arq. Accion de rellenar de argamasa las junturas de los sillares de un edificio; efecto de esta accion.

**REJOINTOYER**, a. *rejuantuayé* (e muda). Arq. Rellenar con argamasa las junturas de los sillares.

**REJOUER**, n. *rejué* (e muda). Volver á jugar, jugar de nuevo, empezar la partida. Tambien se usa como activo.

**RÉJOUI, E**, adj. *rejuí*. Alegre, gozoso. || met. y fam. *Gros réjoui, grosse réjouie*, jacarero, chunguero, chacotero: se dice de una persona de buenas carnes y de buen humor.

**RÉJOUIR**, a. *rejuír*. Alegrar, divertir, causar alegría, dar gozo y placer. || *Se réjouir*, r. Alegrarse, divertirse, regocijarse. *Se réjouir de quelque chose*, alegrarse de alguna cosa, tener gusto en ella. || Congratular, dar el parabien. || *Se réjouir aux dépens de quelqu'un*, reir ó divertirse á costa de alguno.

**RÉJOUISSANCE**, f. *rejuisáns*. Diversion, gozo, regocijo. || *Réjouissances publiques*, fiestas, festejos, regocijos públicos. || Jueg. Carta de cané, la segunda que echa sobre la mesa el que tiene la baraja. || Se dice de la carne de falda ó de mala calidad que mezcla el carnicero con la buena, haciéndola pagar al mismo precio.

**RÉJOUISSANT, E**, adj. *rejuisán*. Divertido, alegre, gracioso, que causa alegría ó divierte.

**REJUGER**, a. *rejugé* (e muda). Juzgar de nuevo en un tribunal.

**REKIET**, m. *rekiét* (e muda). Especie de salutacion religiosa que usan los Turcos en sus mesquitas.

**RELÂCHANT, E**, adj. *relachán* (e muda). Med. Laxante, emoliente, se dice de los remedios que tienen la virtud de ablandar.

**RELÂCHE**, m. *relách* (e muda). Descanso, parada, interrupcion de algun trabajo ú ocupacion. || Intervalo, intermision, alivio momentáneo de algun dolor ó padecimiento. || Vacacion, tiempo en que no se ejecutan representaciones en un teatro. || f. Mar. Estadía, estadía, estaría, detencion que hace en un puerto un buque por cualquier motivo. || Puerto de arribada, escala.

**RELÂCHEMENT**, m. *relachmán* (e muda). Aflojamiento, flojedad, estado de una cosa que está ménos tirante que ántes. || met. Relajacion, corrupcion de costumbres. || Blandura, templanza, diminucion en la intensidad del frio. || met. Relajacion, tibieza, disminucion de fervor, de celo, actividad, etc. || Med. Relajamiento, flojedad ó descomposicion de algun tendon, nervio, etc. || met. Huelga, ocio, descanso, cesacion en algun trabajo ó tarea.

**RELÂCHER**, a. *relaché* (e muda.) Aflojar, poner floja una cosa tirante. || Dar suelta, soltar, poner en libertad un preso. || Ceder alguna tanto de su derecho, condonar, abandonar parte de una deuda, etc. || n. Aflojar, obrar con ménos celo, con ménos exactitud ó interes. || Mar. Arribar, hacer escala, tocar en algun puerto un buque. || *Se relâcher*, r. Aflojarse, quedar una cosa con ménos tension que la que ántes tenia. || met. *Se relâcher l'esprit*, descansar el entendimiento, reposarse la imaginacion. || Ceder, desistir de alguna pretension. || Ceder, aflojar, ablandarse el tiempo, el frio.

**RELAI**, m. *relé* (e muda). Segunda agua que se echa en las salinas.

**RELAIS**, m. *relé* (e muda). Parada, posta, lugar en que se tienen apostados los caballos que sirven para relevar los que han servido la posta. || Tiro ó tiros de caballos apostados en ciertos sitios para dicho fin. || met. y fam. *Être de relais*, estar de huelga, estar parado, sin trabajar. || Mont. Parada, perros apostados cuando se persigue la caza. || Fort. Espacio que se deja entre el pié de la muralla y la escarpa del foso para recibir la tierra que cae. || Descubierto, terreno que deja en seco un rio cuando lo toma de la ribera opuesta.

**RELAISSER (SE)**, r. *relesé* (e muda). Cansarse, rendirse, pararse la liebre de puro fatigada.

**RELAN**, m. inus. *relán* (e muda). Acosamiento, accion de acosar.

**RELANCER**, a. *relansé* (e muda). Mont. Echar de nuevo la jauría ó traílla al venado. || met. y fam. Acosar, hostigar, arrinconar, provocar. || met. y fam. Dar un tapaboca, un remoquete, un soflon á uno: rechazarle sus palabras con desvergüenza y dureza.

**RELAPS, E**, adj. *reláps* (e muda). Relapso, se dice de la persona que reincide en una misma herejía despues de haberla abjurado. || ant. Relapso, nombre que se daba en la Iglesia de los primeros tiempos á los que volvian á incurrir en el mismo pecado por el que habian hecho ya penitencia pública.

**RÉLARGIR**, a. *relargir*. Ensanchar de nuevo ó ensanchar mas.

**RÉLARGISSEMENT**, m. *relargismán*. Accion de ensanchar de nuevo, de ensanchar mas.

**RELATER**, a. *relaté* (e muda). Relatar, mencionar, referir, expresar.

**RELATEUR**, m. *relateur* (e muda). Relatador, relatante, el que relata. || Relator, autor de un relato.

**RELATIF, IVE**, adj. *relatif, ív* (e muda). Relativo, que tiene relacion con alguna cosa. || Gram. Relativo, se dice de algunos pronombres. En esta acepcion es tambien sustantivo.

**RELATION**, f. *relasión* (e muda). Relacion, concernencia, correspondencia ó conexion de una persona ó cosa con otra. || Relacion, comunicacion, comercio, correspondencia de una persona con otra ó de un pais con otro. || Relato, relacion, narracion de un hecho, funcion, fiesta, etc.

**RELATIONNAIRE**, m. *relasionér* (e muda). Relator, autor de relatos. V. RELATEUR.

**RELATIVEMENT**, adv. *relativmán* (e muda). Relativamente, en relacion, con respecto á. || Relativamente, de una manera relativa.

**RELATIVITÉ**, f. *relativité* (e muda). Relatividad, cualidad de lo que es relativo.

**RELATTER**, a. *relaté* (e muda). Enlatar de nuevo, volver á enlatar.

**RELAVER**, a. *relavé* (e muda). Volver á lavar, lavar de nuevo.

**RELAXATION**, f. *relacsasión* (e muda). Med. Relajacion, diminucion de la tesura ó tension natural de un cuerpo. || Relajacion, en el derecho canónico es la remision ó moderacion de las penas. || For. *Relaxation d'un prisonnier*, soltura, libertad de un preso.

**RELAXE**, f. ant. *relács* (e muda). Soltura, libertad de un preso.

**RELAXER**, a. *relacsé* (e muda). For. Soltar, dar ó poner en libertad.

**RELAYER**, a. *releyé* (e muda). Relevar, mudar los caballos tomando otros frescos ó descansados, hacer parada cuando se va en posta. || a. Remudar, alternar, emplear los trabajadores en alguna obra á tandas, unos despues de otros. || *Se relayer*, r. Trabajar por tandas, remudarse los unos á los otros.

**RELÉCHER**, a. fam. *releché* (e muda). Relamer, lamer mucho, lamer de nuevo.

**RELECTURE**, f. inus. *relectúr* (e muda). Segunda lectura.

**RELÉGATION**, f. *relegasión* (e muda). For. Confinamiento, destierro señalando al reo lugar determinado, del cual no pueda apartarse.

**RELÈGUE**, m. inus. *relégue* (e muda). Retiro, pension ó paga que se daba á un hombre de armas. V. RETRAITE.

**RELÉGUER**, a. *relegué* (e muda). Confinar, desterrar á uno á un sitio determinado. || Por exten., enviar á uno á vivir en un lugar, en un pais retirado. || *Se reléguer*, r. Retirarse. *Se reléguer à la campagne, dans un couvent*, retirarse al campo, á un convento.

**RELENT**, m. *relán* (e muda). Husmo, olor á estadizo, mal gusto que toma una vianda encerrada en un lugar húmedo

**RÉLER (SE)**, r. *relé*. Hendirse las velas de sebo al arder.

**RELEVAILLES**, f. pl. *relevâll* (e muda). Salida á misa de parida, ceremonia de la purificacion que se hace en la iglesia, cuando una mujer va á ella por primera vez despues de haber parido.

**RELEVÉ, ÉE**, adj. *relevé* (e muda). Levantado, puesto en pié. || Realzado, muy levantado. || Relevado, mudado, etc. || *Homme de naissance relevée*, hombre de alto nacimiento, de ilustre casa. || *Sentiments relevés*, sentimientos elevados, hidalgos ó nobles. || *Pensées relevées*, pensamientos elevados, sublimes. || *Un sujet relevé, une matière relevée*, materia elevada, que no está al alcance del comun de los hombres. || RELEVÉ, m. Accion de levantar una herradura el herrador y volverla á sentar. || Suma, extracto de todas las partidas de una cuenta, de un inventario, etc., relativas á un mismo objeto. || Lista, estado. || Segundo cubierto en una comida. || Tiempo ó momento en que el venado sale del lugar donde ha pasado el dia para ir á comer.

**RELEVÉE**, f. *relevé* (e muda). La tarde, el tiempo despues de comer. || *A deux heures de relevée*, á las dos de la tarde.

**RELÈVE-GRAVURE**, m. *relevgravúr* (e muda). Cuchilla, cuchillo de zapatero.

**RELÈVEMENT**, m. *relevmán* (e muda). Reedificacion, accion de levantar una pared, tapia, etc., que está caida. || Cuenta ó enumeracion exacta. || Mar. Arrufo ó arrufadura, partes de un buque que están mas levantadas que las otras.

**RELÈVE-MOUSTACHE**, m. *relevmustách* (e muda). Palanquilla de esmaltador.

**RELÈVE-QUARTIER**, m. *relevcartié* (e muda). Calzador para ponerse los escarpines.

**RELEVER**, a. *relevé* (e muda). Levantar, poner en pié lo que está caido ó tendido. || Levantar de nuevo, reparar lo que estaba arruinado. || Levantar, recoger, remangar, subir la ropa. || Levantar, poner mas alto un piso, un techo, un terreno. || Levantar, alzar, coger ó recoger del suelo. || Relevar, mudar la guardia, un centinela. || met. Reparar, restablecer una casa, una familia, un Estado. || Reanimar, esforzar, hacer revivir el valor, las esperanzas. || Subir de punto su estado, su condicion, su fortuna. || Realzar, dar realce á una cosa. || Exaltar, ponderar, celebrar una accion laudable. || Notar, censurar, tachar las faltas, yerros y equivocaciones de una obra, escrito, etc. || Rechazar, no dejar pasar un dicho, una palabra que se oye. || Mar. Marcar, sondar, echar la sonda. || *Relever un bâtiment*, botar un buque al agua, echarle al mar desde el astillero. || *Relever les cartes*, levantar las cartas, reunirlas, hacer el juego. || met. y prov. *Relever quelqu'un de sentinelle*, echarle á uno una peluca, una paulina, una reprimenda. || *Relever un service, un potage*, quitar ó mudar el primer cubierto ó primeros platos de una mesa. || *Relever d'un contrat, d'un acte, de ses vœux, etc.*, relevar, absolver, dejar absuelto de un contrato, de una escritura, de sus votos, etc. || n. Feud. Depender algun feudo, tierra ó posesion de un señor. || *Relever de maladie*, salir ó levantarse de una enfermedad, empezar á ir mejor. || *Relever de couches*, levantarse ó acabar de salir de parida. || *Se relever*, r. Levantarse, enderezarse, ponerse en su situacion natural despues de caido. || met. Reponerse, repararse de alguna pérdida, desgracia, desfalco, etc. || Engrandecerse, llegar á una gran fortuna.

**RELEVEUR**, adj. y s. m. *releveur* (e muda). Anat. Erector, nombre dado á los músculos que tienen la propiedad de levantar las partes á que se hallan ligados.

**RELIAGE**, m. *reliáge* (e muda). Colladera, accion de poner aros nuevos á una cuba, á un tonel, etc.

**RELICHER**, a. vulg. *reliché* (e muda). Relamer, lamer con frecuencia; comer. Es un barbarismo. V. RELÉCHER.

**RELIÉ, ÉE**, adj. *relié* (e muda). Vuelto á liar, liado otra vez. || Encuadernado. V. RELIER.

**RELIEF**, m. *reliéf* (e muda). Relieve, realce en obras de escultura. *Haut-relief* ó *plein-relief*, *demi-relief*, *bas-relief*, alto relieve, medio relieve, etc. || Pint. Relievo, salida aparente de los objetos fuera del cuadro. || Feud. Reconocimiento, cierto derecho que el vasallo pagaba al señor directo de un feudo en cada mudanza de dueño. || Mil. Habilitacion en grado ó sueldo que se da por el rey al oficial que faltó de su cuerpo desde el dia en que concluyó su licencia. || met. Realce, lustre, esplendor. || Jurisp. *Relief d'appel*, despacho para seguir la apelacion de una sentencia. || *Relief de la table*, relieves, residuos, sobras de la mesa ó comida. Es voz anticuada en ambas lenguas. || *Figure en relief*, figura de relieve ó de bulto. || *Broder en relief*, bordar de realce.

**RELIEN**, m. *reliên* (e muda). Pólvora en granos sin estar pasada por tamiz.

**RELIER**, a. *relié* (e muda). Atar ó liar de nuevo, volver á liar ó atar. || Encuadernar, hablando de libros. || Volver á cellar, cellar de nuevo, poner otra vez aros á las cubas, toneles, etc.

**RELIEUR**, m. *relieur* (e muda). Encuadernador de libros.

**RELIGIEUSEMENT**, adv. *religieusmán* (e muda). Religiosamente, con religion. || Exactamente, puntualmente, con toda exactitud.

**RELIGIEUX, EUSE**, adj. *religieu*, *eus* (e muda). Religioso, que pertenece á la religion. || Religioso, observante de la religion ó ley que profesa. || Religioso, exacto, puntual, escrupuloso. || Religioso, que pertenece á una órden de regulares. || m. y f. Religioso, el que profesa ó trae el hábito de una religion, fraile, monje ó monja.

**RELIGION**, f. *religión* (e muda). Religion, culto que se da ó tributa á Dios. || Religion, piedad, devocion. || Religion, órden religiosa. || Cuando se dice absolutamente *la religion*, se entiende la de San Juan de Malta. || Religion, fe, fidelidad, mucha exactitud. || *Se faire un point de religion d'une chose*, hacer punto de religion ó de conciencia alguna cosa, hacerla una obligacion indispensable. || *Surprendre la religion du prince*, *des juges*, sorprender, engañar la justicia del soberano, la rectitud de los jueces. || *Violer la religion du serment*, faltar á la fe del juramento, perjurar.

**RELIGIONNAIRE**, m. y f. *religionér* (e muda). Religionario, sectario de la religion reformada.

**RELIGIONNER**, a. *religioné* (e muda). Someter á la religion, ó á las leyes de una religion.

**RELIGIOSITÉ**, f. *religiosité* (e muda). Religiosidad, sentimiento religioso, nocion de la necesidad de una religion cualquiera.

**RELIMER**, a. *relimé* (e muda). Relimar ó volver á limar una cosa. || met. Retocar, pulir, dar la última mano.

**RELINGUER**, a. Mar. V. RALINGUER.

**RELIQUAIRE**, m. *reliquér* (e muda). Relicario, caja, bolsa, urna donde se guardan las reliquias.

**RELIQUAT**, m. *relicá* (e muda). Alcance, resto de una cuenta. || met. y fam. ant. *Reliquats d'un repas*, relieves, restos, sobras de un convite ó comida. || Reliquia de una enfermedad, y principalmente secreta.

**RELIQUATAIRE**, m. y f. *relicatér* (e muda). Alcanzado, deudor de un residuo, de un pico de una cuenta.

**RELIQUE**, f. *relic* (e muda). Reliquia, lo que queda de un santo despues de su muerte. || pl. Reliquias, restos de alguna cosa grande ya pasada. Se usa en estilo sublime, y casi siempre en sentido figurado.

**RELIRE**, a. *relír* (e muda). Releer, volver á leer, leer otra vez.

**RELIURE**, f. *relíúr* (e muda). Encuadernacion de los libros. Dícese del trabajo de encuadernar, y de la obra misma ó del modo con que un libro está encuadernado.

**RELOCATION**, f. *relocasión* (e muda). For. Subarriendo, arriendo que hace el arrendatario de la cosa arrendada.

**RELODS**, m. pl. *reló* (e muda) Feud. Derechos por la venta de una herencia.

**RELOGER**, n. *relogé* (e muda). Volverse á alojar en una habitacion en que ya se habia vivido. || a. Alojar de nuevo á alguno.

**RELOUAGE**, m. *reluáge* (e muda). Pesc. Desove de los arenques, y estacion en que desovan.

**RELOUER**, a. *relué* (e muda). Realquilar, volver á alquilar, alquilar de nuevo. || Subarrendar, arrendar ó alquilar á otro el todo ó parte de lo que uno ha alquilado ó arrendado. En este sentido se dice mejor *souslouer*.

**RELUCTER**, a. *relucté* (e muda) Resistir, rechazar, oponerse con fuerza.

**RELUIRE**, n. *reluír* (e muda). Relucir, relumbrar, brillar, reflejar la luz. || met. ant. Relucir, sobresalir, resaltar alguna virtud, etc.

**RELUISANT, E**, adj. *reluisán* (e muda). Resplandeciente, reluciente.

**RELUQUER**, a. *reluqué* (e muda). Guiñar, mirar con curiosidad por el rabo del ojo. || met. Echar el ojo, tener la vista puesta sobre alguna cosa, desear adquirirla.

**RELUQUEUR, EUSE**, m. y f. *reluqueur*, *eus* (e muda). El que guiña y mira con curiosidad.

**RELUSTRER**, a. *relustré* (e muda). Art. Volver á lustrar, lustrar otra vez alguna cosa, como tela, sombrero, etc.

**REMÂCHER**, a. *remaché* (e muda). Volver á mascar, mascar otra vez. || met. y fam. Masticar, rumiar, dar muchas vueltas á un asunto, idea, pensamiento.

**REMAÇONNER**, a. *remasoné* (e muda). Reedificar un edificio, repararle.

**REMAILLAGE**, m. *remalláge* (e muda). Art. Accion de levantar la epidérmis de las pieles en las tenerías.

**REMAILLER**, a. *remallé* (e muda). Art. Levantar la epidérmis de las pieles en las tenerías.

**RÉMAILLER**, a. *remallé*. Esmaltar de nuevo.

**REMANANTS**, m. pl. *remanan* (e muda). Ramaje que queda de los árboles cortados.

**REMANDER**, a. *remandé* (e muda). Volver á llamar, volver á enviar á alguno. || Hacer volver. || Volver á hacer saber ó decir, hacer saber ó decir otra vez.

**REMANDURE**, f. *remandúr* (e muda). Remandura, diez y seis cocedura de sal consecutivas.

**REMANGER**, a. *remangé* (e muda). Volver á comer, comer de nuevo.

**REMANIEMENT**, m. *remanimán* (e muda). Recomposicion, recompostura, retocamiento de una obra. || Accion y efecto de manosear una cosa. || Impr. Recorrido, trabajo que consiste en mudar la justificacion de lo compuesto ó en reformar la composicion de varias líneas para poner ó quitar algo.

**REMANIER**, a. *remanié* (e muda). Manosear, andar con las manos mucho en una cosa. || Retocar, recorrer, dar la última mano á una cosa. || Impr. Recorrer, hacer un recorrido. V. REMANIEMENT. Tambien se llama *remanier* el mudar páginas compuestas de tamaño pequeño en otro grande ó al contrario. || *Remanier le papier*, recorrer las planas, repasar y revolver el papel en diversos sentidos y por partes para que todas las hojas queden igualmente húmedas. || met. Rehacer, componer de nuevo, mudar mucho una obra literaria, científica, etc.

**REMARCHANDER**, a. *remarchandé* (e muda). Volver á regatear, regatear de nuevo.

**REMARCHER**, n. *remarché* (e muda). Volver á andar, á caminar, á marchar, etc. || Volver al paraje de donde se ha salido. || Mil. Hacer nuevas marchas ó jornadas.

**REMARIAGE**, m. *remariáge* (e muda). Accion de volverse á casar, segundo matrimonio.

**REMARIER**, a. *remarié* (e muda). Volver á casar, hacer pasar á segundas nupcias. || Revalidar un matrimonio. || *Se remarier*, r. Volverse á casar, pasar á segundas nupcias.

**REMARQUABLE**, adj. *remarcábl* (e muda). Notable, muy señalado, digno de reparo y atencion.

**REMARQUABLEMENT**, [illegible] *blemán* (e muda). Notablemente, [illegible] notable.

**REMARQUE**, f. *remárc* (e [illegible] reparo, observacion, advertencia. [illegible] Objecion.

**REMARQUER**, a. [illegible] Notar, reparar, observar, [illegible] rar. || Atender, observar, [illegible] guir particularmente entre [illegible] nas ó cosas.

**REMARQUEUR**, m. [illegible] da). Cetr. Cazador que está [illegible] iron. Observador, anotador, [illegible]

**REMASQUER**, a. [illegible] Volver á enmascarar. [illegible] como recíproco.

**REMASTICAGE**, m. [illegible] da). Accion y efecto de [illegible] gar con almáciga ó tierra.

**REMASTIQUER**, a. [illegible] Volver á embetunar, [illegible] volver á pegar con almáciga ó [illegible]

**REMBALLER**, a. [illegible] balar ó rehacer un fardo.

**REMBARQUEMENT**, m. [illegible] Reembarco, accion de [illegible] barcar de nuevo, nuevo [illegible]

**REMBARQUER**, a. [illegible] barcar, embarcar de nuevo [illegible] desembarcado. || *Se* [illegible] barcarse, volverse á embarcar, [illegible] verse á embarcar, á [illegible] riesgar en algun negocio, etc.

**REMBARRER**, a. [illegible] rebatir vigorosamente. [illegible] sentido. || met. y fam. [illegible] paboca á alguno, [illegible] derle con firmeza, [illegible] responder.

**REMBLAI**, m. [illegible] plenar un terreno. || [illegible] terraplenar.

**REMBLAVER**, a. [illegible] brar de trigo una tierra.

**REMBLAVURE**, f. [illegible] sembrada de trigo dos veces.

**REMBLAYER**, a. [illegible] tierra y escombros para [illegible] reno.

**REMBOÎTEMENT**, m. [illegible] caje, colocacion de una cosa [illegible] lugar.

**REMBOÎTER**, a. [illegible] locar, poner una cosa [illegible]

**REMBOUGER**, a. [illegible] echar en una vasija ó tonel [illegible]

**REMBOURRAGE**, m. [illegible] racion que se da á las lanas [illegible] benchimiento, accion de [illegible] nar de pelote.

**REMBOURREMENT**, m. [illegible] Rehenchidura, accion de [illegible] lote, ó resultado de esta [illegible]

**REMBOURRER**, a. [illegible] chir, rellenar de pelote, [illegible] met. y fam. *Bien rembourrer* [illegible] llenar bien el pancho, la [illegible]

**REMBOURROIR**, m. [illegible] nador, instrumento para [illegible]

**REMBOURRURE**, f. [illegible] crin, borra que se mete en [illegible] das, bastos, etc.

**REMBOURSABLE**, [illegible] Reembolsable, que se ha de [illegible] susceptible de reembolso [illegible]

**REMBOURSEMENT**, [illegible] Reembolso, accion de reembolsar [illegible] se hace para volver una [illegible] debe.

**REMBOURSER**, a. [illegible] sar, volver á uno el dinero [illegible] embolsado. || [illegible] gastos hechos ó de las [illegible] *Rembourser une rente* [illegible] un censo. || met. y fam. [illegible] *flet*, un coup d'épée, [illegible] una estocada.

**REMBRASER**, a. [illegible] abrasar, ó quemar, quemar [illegible] nuevo.

**REMBRASSER**, a. [illegible] abrazar, abrazar de nuevo.

**REMBROCHER**, a. *ranbroché*. Poner ó espetar segunda vez la carne en el asador.

**REMBRUNI, E**, adj. *ranbruní*. Muy oscuro, de un oscuro muy fuerte, denegrido. ‖ met. y fam. Muy sombrío, opaco, de humor tétrico.

**REMBRUNIR**, a. *ranbrunír*. Poner mas oscuro, oscurecer mucho, cargar de oscuro el fondo de una pintura, las figuras, etc. ‖ met. Contristar, entristecer, poner de un humor sombrío y tétrico.

**REMBRUNISSEMENT**, m. *ranbrunisemán*. Lo denegrido, lo oscuro, lo cargado de una pintura, etc.

**REMBUCHEMENT**, m. *ranbuchemán*. Mont. Remboscamiento, vuelta de una res á su querencia ó madriguera.

**REMBUCHER (SE)**, r. *ranbuché*. Mont. Remboscarse, buscar las reses su querencia, entrarse en los bosques.

**REMÈDE**, m. *reméd* (e muda). Remedio, en general todo lo que sirve para curar algun mal, alguna enfermedad ó dolencia. Mas particularmente, la lavativa ó ayuda. ‖ met. Remedio, lo que sirve para curar las enfermedades del alma. ‖ Remedio, todo lo que sirve para prevenir, impedir ó hacer cesar alguna enfermedad, algun inconveniente, alguna desgracia. ‖ Remedio, enmienda, correccion, castigo. ‖ Remedio, recurso ó refugio.

**REMÉDIABLE**, adj. *remediábl* (e muda). Remediable, que se puede remediar.

**REMÉDIER**, a. *remedié* (e muda). Remediar, poner remedio, en sentido propio y figurado. ‖ met. Remediar un daño, una falta: *remédier à une faute, remédier aux désordres*. ‖ Remediar, socorrer alguna necesidad ó urgencia.

**REMEIL**, m. *reméil* (e muda). Caz. Regajo, arroyo de agua que no se hiela y á donde acuden las chochas.

**REMÊLÉ, ÉE**, adj. *remelé* (e muda). Vuelto á mezclar, mezclado de nuevo. ‖ Revuelto, enredado, barajado.

**REMÊLER**, a. *remelé* (e muda). Volver á mezclar, mezclar de nuevo. ‖ Revolver, enredar, barajar los naipes.

**REMEMBRANCE**, f. ant. *remanbráns* (e muda). Remembranza, recuerdo, memoria de alguna cosa pasada.

**REMEMBRER**, a. ant. *remanbré* (e muda). Recordar, hacer que otro tenga presente alguna cosa. Se decia por *rappeler*. ‖ *Se remembrer*, r. Acordarse.

**REMÉMORATIF, IVE**, adj. *rememoratíf, ív* (e muda). Rememorativo, que recuerda ó es capaz de hacer recordar alguna cosa.

**REMÉMORATION**, f. *rememorasión* (e muda). Rememoracion, recuerdo, memoria, accion de acordarse.

**REMÉMORER**, a. ant. *rememoré* (e muda). Rememorar ó remembrar, recordar, traer á la memoria.

**REMENÉE**, f. *remené* (e muda). Arq. Medio punto, agujero pequeño practicado encima de las puertas.

**REMENER**, a. *remené* (e muda). Volver, llevar, acompañar, conducir alguna persona ó cosa al lugar de donde se ha sacado, ó donde estaba ántes.

**REMERCIER**, a. *remersié* (e muda). Agradecer, dar gracias por un favor recibido. ‖ Dar muchas gracias, agradecer mucho una cosa, pero rehusarla políticamente. ‖ Despedir, retirar, destituir á uno de un empleo, cargo, etc.

**REMERCÎMENT** ó **REMERCIEMENT**, m. *remersimán* (e muda). Gracias, accion de gracias, agradecimiento, demostracion con palabras que se hace por un favor recibido.

**RÉMÉRÉ**, m. *remeré*. For. Recobro de un inmueble vendido, del cual se da el precio al comprador, en virtud del pacto de retrovendendo.

**RÉMÉRER**, a. *remeré*. For. Rescatar, recobrar en virtud del derecho llamado *réméré*.

**REMESURAGE**, m. *remesurág* (e muda). Segunda medida ó medicion.

**REMESURER**, a. *remesuré* (e muda). Volver á medir, medir de nuevo.

…SAGE, m. *remeság* (e muda). Reposicion, accion de reponer ó volver á poner en el mismo estado.

**REMETTRE**, a. *remétr* (e muda). Volver una cosa á su lugar, ponerla donde estaba ántes. ‖ Volver á poner una cosa, ponerla de nuevo. ‖ met. Reponer, restablecer las personas, las cosas en el estado en que estaban ántes. ‖ Componer, encajar, colocar lo que estaba dislocado. ‖ Reponer, restablecer la salud, dar fuerzas. ‖ Reponer, restablecer los negocios despues de una pérdida. ‖ Entregar una cosa en manos de su dueño. ‖ Diferir, dilatar, dejar para otro tiempo. ‖ Hacer gracia, remitir, perdonar alguna deuda. ‖ Remitir, perdonar culpas. ‖ *Remettre devant les yeux*, representar, hacer patente ó presente un daño, un peligro, etc. ‖ *Se remettre*, r. Volverse á poner, ponerse de nuevo á la mesa, al trabajo, etc. ‖ Acordarse, traer á la memoria, recordar. ‖ Reponerse, recobrarse, restablecerse, convalecer. ‖ Sosegarse, tranquilizarse, calmarse. ‖ *S'en remettre*, conformarse con el parecer de alguno. Recorrir, apelar. *Le sage s'en remet à la prudence, le fou à l'épée*, el hombre juicioso apela á la prudencia, el loco á la espada. ‖ *Se remettre au beau*, serenarse, aclararse el tiempo.

**REMEUBLER**, a. *remeublé* (e muda). Volver á amueblar, á alhajar un cuarto, alhajarle ó amueblarle de nuevo.

**RÉMIGES**, f. pl. *remíge*. Guias, las plumas mayores del ala de las aves.

**RÉMINISCENCE**, f. *reminisáns*. Reminiscencia, memoria, recuerdo de una cosa casi olvidada. ‖ Reminiscencia, pensamiento, expresion, idea tomada en alguna obra.

**RÉMIPÈDE**, adj. *remepéd*. Zool. Remípedo, que tiene las patas en forma de remos. ‖ *Rémipèdes*, m. pl. Remípedos, familia de insectos acuáticos.

**REMIS, E**, adj. *remí, ís* (e muda). Repuesto, restablecido, etc. ‖ *Partie remise*, tablas, voz de juego que quiere decir iguales, sin ganar uno ni otro. Se dice: *la partie est remise*, ó elípticamente *remise*.

**REMISE**, f. *remís* (e muda). Remesa, accion de remitir, de enviar, de librar, etc. ‖ Dilacion, demora, retardo. ‖ Rebaja, gracia que se hace á un deudor perdonándole una parte de lo que debe. ‖ Remision, perdon de la parte de una pena. ‖ Tanto por ciento, cantidad que se abona ó concede á un recaudador, comisionado, administrador de impuestos, etc. ‖ Rebaja que los libreros hacen á algunas personas sobre el precio del catálogo. ‖ Cochera, sitio donde se encierran los coches y carruajes. ‖ Sotillo, pequeña extension de terreno plantado para que se recojan en él las liebres, perdices, etc. ‖ pl. Matorrales, sitios llenos de maleza; y en términos de fábrica, lizos. ‖ *Voiture de remise*, coche de alquiler que se paga por horas, dias ó meses. Tambien se dice simplemente y en masculino *un remise*.

**REMISER**, a. *remisé* (e muda). Meter, introducir un coche en la cochera.

**RÉMISSIBLE**, adj. *remisíbl*. Remisible, que es perdonable ó digno de remision.

**RÉMISSION**, f. *remisión*. Remision, perdon, indulto. ‖ *Rémission* solo se usa en lenguaje místico ó de teología. ‖ Remision, perdon, gracia que el príncipe hace á un criminal. En este sentido se dice mas comunmente *grâce*. ‖ Misericordia, indulgencia, hablando de los particulares en sentido negativo: *n'attendre aucune rémission de lui; il vous traitera sans rémission*. ‖ Med. Diminucion, aflojamiento de la calentura.

**RÉMISSIONNAIRE**, m. *remisionér*. For. Remisionario, el que ha obtenido letras de remision; el correo ó propio que las lleva.

**RÉMISSORIAL, E**, adj. *remisoriál*. For. ant. Que remite. *Lettre rémissoriale*, remisoria, letra remisoria, despacho del juez con que remite la causa ó el preso á otro tribunal.

**RÉMITTENT, E**, adj. *remitán*. Med. Remitente, se dice de las enfermedades y principalmente de la calentura que va perdiendo su fuerza sin llegarse á extinguir, y vuelve á tomar despues aumento.

**REMMAILLAGE**, m. *ranmalláge*. Remallaje, accion de remallar.

**REMMAILLER**, a. *ranmallé*. Remallar, reunir las mallas de una red, etc., y rehacer las que faltan.

**REMMAILLOTER**, a. *ranmalloté*. Volver á vestir y fajar una criatura de pecho.

**REMMANCHER**, a. *ranmanché*. Poner ó echar un mango ó cabo roto á una herramienta.

**REMMENER**, a. *ranmené* (e muda). Llevarse á alguna persona al paraje de donde se la sacó. Se dice tambien de los animales, pero nunca de las cosas.

**RÉMOLADE** ó **REMOULADE**, m. y f. *remolád, remulád* (e muda). Salsa picante hecha con mostaza, aceite, vinagre y chalotas. ‖ Vet. Especie de remedio para curar las mataduras de las caballerías.

**REMOLÉ**, f. *remolé* (e muda). Remolino, corriente de agua que es algunas veces peligrosa para los navíos. Se dice mejor *remous*.

**RÉMOLER**, m. *remolé*. Mar. Remolero, oficial de galera á cuyo cargo estaba la palamenta y cuidado de los remos.

**RÉMOLLIENT, E, RÉMOLLIATIF** ó **RÉMOLLITIF, IVE**, adj. Med. V. EMOLLIENT.

**REMONDAGE**, m. *remondáge* (e muda). Remonda, accion de remondar.

**REMONDER**, a. *remondé* (e muda). Art. Remondar, quitar la landizna á las telas.

**REMONTADOIRE**, m. *remontaduár* (e muda). Escudilla, instrumento de los fabricantes de papel.

**REMONTAGE**, m. *remontág* (e muda). Remonta, accion de remontar botas; obra que resulta de esta accion.

**REMONTANT**, m. *remontán* (e muda). Tiro, extremidad de la banda del tahalí.

**REMONTE**, f. *remónt* (e muda). Remonta, caballo nuevo que se da al soldado. ‖ Remonta, compra ó adquisicion de los caballos necesarios para la remonta.

**REMONTER**, n. *remonté* (e muda). Volver á subir, subir de nuevo, subir por segunda vez; volver al sitio donde se estaba ántes de bajar. ‖ Refluir, volver hácia atras, contra la corriente ó su curso: dícese de un rio, etc. ‖ met. Remontar, retroceder, subir á un orígen, principio, época, etc., tomar las cosas desde muy remoto tiempo. ‖ prov. y met. *Remonter sur la bête*, pelechar, repararse, reponerse, rehacerse de alguna pérdida; volverse á acreditar, á adquirir nuevo crédito, nuevo favor. ‖ a. Remontar, dar nuevos caballos á los soldados que están desmontados. ‖ Navegar contra la corriente de un rio, costearlo á pié ó en carruaje subiendo hácia su curso. ‖ Volver á montar ó subir á caballo, á una escala, á una colina; volver á subir una escalera, una cuesta, etc. ‖ Volver á pertrechar, á equipar á un artesano, á un labrador arruinado, etc. ‖ Remontar, echar una remonta á unas botas, echarles suelas y palas. ‖ Encordar de nuevo, echar cuerdas nuevas á un instrumento. ‖ Armar, poner corriente un reloj descompuesto. ‖ met. *Remonter l'imagination, le courage de quelqu'un*, animar, dar valor á un espíritu ó imaginacion abatida. ‖ *Se remonter*, r. Equiparse, abastecerse de nuevo de todas las cosas necesarias para una explotacion, fabricacion, etc.

**REMONTOIR**, m. *remontuár* (e muda). Llave, pieza que sirve para arreglar un reloj, una péndula.

**REMONTRANCE**, f. *remontráns* (e muda). Advertencia, discurso por el cual se representan á alguno los inconvenientes de una cosa que ha hecho ó que va á hacer. ‖ Amonestacion, exhortacion, advertencia del superior al inferior; advertencias de un padre ó de una madre á sus hijos.

**REMONTRER**, a. *remontré* (e muda). Volver á mostrar, á enseñar, á manifestar una cosa. ‖ Representar, hacer presentes los inconvenientes de una cosa. ‖ Amonestar, advertir, hacer presente.

**REMONTURE**, f. *remontúr* (e muda). Hombrera, parte del vestido de las señoras que cae sobre el hombro.

**RÉMORA**, m. *rémora*. Zool. Rémora, copecio de pescado pequeño, llamado así porque los antiguos le atribuian el poder de detener buques en su curso. || met. Rémora, obstáculo, impedimento, retardo.

**REMORDRE**, a. *remórdr* (e muda). Remorder, volver á morder. || met. Atacar de nuevo, echarse segunda vez sobre el enemigo. || Remorder, roer, escarbar, hablando de la conciencia, de algun escrúpulo, de algun delito, etc. || *Ne plus vouloir remordre à une chose*, no querer volver á empezar una cosa, no querer continuar una empresa.

**RÉMORE**, f. Zool. V. RÉMORA.

**REMORDS**, m. *remór* (e muda). Remordimiento, reproche violento que hace la conciencia al culpable.

**REMORS**, m. *remór* (e muda). Se decia en el sentido de *remords*. || Bot. Mordisco del diablo, género de plantas.

**REMORQUE**, f. *remórc* (e muda). Mar. Remolque, accion de remolcar.

**REMORQUER**, a. *remorqué* (e muda). Remolcar, llevar á remolque alguna embarcacion ó otra cosa sobre el agua.

**REMORQUEUR**, m. *remorqueur* (e muda). Mar. Remolcador, buque ó barco que remolca. Se da este nombre á los barcos destinados para remolcar. || Remolcador, máquina de vapor que remolca los vapores, etc., sobre los caminos de hierro.

**RÉMOTION**, f. *remosión*. Remocion, accion de apartar. || Med. Remocion de la causa de una enfermedad.

**RÉMOTIS (À)**, loc. adv. *aremótis*. Á un lado, á un rincon. Se usa hablando de una cosa que se tira ó se desecha : *mettre un habit à rémotis*. Es fam. y poco usado.

**REMOUCHER**, a. *remuché* (e muda). Volver á quitar el moco ó los mocos, á limpiar las narices, á sonarlas. En esta acepcion se usa tambien como pronominal. || Volver á despabilar una luz.

**REMOUDRE**, a. *remúdr* (e muda). Remoler, volver á moler, moler otra vez colores, granos, etc.

**RÉMOUDRE**, a. *remúdr*. Volver á amolar ó á afilar otra vez los instrumentos de corte.

**REMOUILLER**, a. *remullé* (e muda). Remojar, volver á mojar.

**REMOULADE**, f. V. RÉMOLADE.

**REMOUILLURE**, f. *remullúr* (e muda). Renuevo de levadura.

**REMOULAGE**, m. *remuláge* (e muda). Segundo salvado que se saca del trigo.

**REMOULAT**, m. *remulá* (e muda). Mar. Remero, el que cuidaba de los remos de una galera ó embarcacion.

**RÉMOULEUR**, m. *remuleur*. Amolador, el que amuela ó afila los cuchillos, navajas, etc.

**REMOURIR**, a. *remurír* (e muda). Volver á morir, morir despues de una resurreccion.

**REMOUS**, m. *remú* (e muda). Olla, remolino de agua ocasionado por el movimiento de un buque. || Olla, remolino de agua causado por un obstáculo ó por un cuerpo sólido cualquiera.

**REMPAILLAGE**, m. *ranpalláge*. Obra de sillero.

**REMPAILLER**, a. *ranpallé*. Volver á empajar, empajar de nuevo, cubrir ó rehenchir con paja.

**REMPAILLEUR, EUSE**, m. y f. *ranpalleur, eus*. Sillero, remendon ó adoba-sillas, el que echa la paja ó enea á las sillas viejas.

**REMPAQUEMENT**, m. *ranpacmán*. Empaque y estiva de los arenques en las cubas.

**REMPAQUETER**, a. *ranpacté*. Reempacar, volver á empacar ó á rehacer un fardo.

**REMPAREMENT**, m. *ranparmán*. Mil. Parapeto, reparo.

**REMPARER**, a. *ranparé*. Mil. Fortificar, cubrir con una muralla. || *Se remparer*, r. Parapetarse, fortificarse, hacer una defensa contra algun ataque.

**REMPART**, m. *ranpár*. Muralla de una plaza fortificada. || met. Antemural, defensa, escudo, amparo. || *Coureuse de remparts*, ramera, andorrera ó andorra, prostituta.

**REMPLAÇANT**, m. *ra[illegible]sán*. Sustituto, el que se obl[illegible]rvir por otro á quien le ha cabido la suerte de soldado. || Sustituto, toda persona que reemplaza á otra en una funcion ú ocupacion cualquiera.

**REMPLACEMENT**, m. *ranplasmán*. Reemplazo, accion y efecto de reemplazar una cosa con otra. || Sustitucion, accion de sustituir un hombre á otro en el servicio de las armas.

**REMPLACER**, a. *ranplasé*. Reemplazar, sustituir, suceder á alguno en un cargo, en un empleo, ocupar su lugar. || Suplir, sustituir, poner una cosa por otra; sustituir con nuevas mercaderías las ya vendidas en la tienda. || Emplear, poner, invertir lo que se ha sacado de una cosa ó de una parte en otra. || *Se remplacer*, r. Reemplazarse, ocupar uno el lugar del otro sucesivamente ó alternativamente.

**REMPLAGE**, m. *ranpláge*. Relleno, accion de rellenar una cuba ó tinaja. || Albañ. Ripio, broza, cascajo, piedra menuda que sirve para rellenar las obras de mampostería.

**REMPLI**, m. *ranplí*. Alforza, pliegue que se hace en una bata, vestido, etc., para disminuir su largo sin cortar la tela.

**REMPLIER**, a. *ranplié*. Alforzar, hacer alforzas.

**REMPLIR**, a. *ranplír*. Volver á llenar, llenar de nuevo. || Llenar, poner llena una cosa vacía, como botella, etc. || Rellenar, volver á llenar lo que se pierde ó se disminuye. || Llenar, ocupar, acabar un blanco ó vacío en unos números ó renglon. || met. Llenar, ocupar un puesto ó un empleo. || Llenar, ocupar, emplear el tiempo. || *Remplir des bouts rimés*, versificar con piés forzados. || met. *Remplir l'attente, les espérances*, satisfacer, cumplir lo que se esperaba ó las esperanzas. || Llenar, ejecutar, cumplir, efectuar, realizar. || *Remplir les vœux, les désirs*, llenar los deseos. || *Remplir sa promesse, ses promesses*, cumplir su palabra. || *Remplir son devoir*, cumplir con sus deberes, con su obligacion, etc. || *Remplir bien son temps*, emplear bien el tiempo. || *Se remplir*, r. Llenarse. Se dice en sentido propio y figurado. || vulg. *Se remplir, se remplir le ventre*, llenarse, atiborrarse de comida y bebida, comer y beber con exceso.

**REMPLISSAGE**, m. *ranpliságe*. Relleno, accion de rellenar una cuba ó tinaja; accion de rellenar con ripio las obras de mampostería. En esta acepcion es sinón. de *remplage*. || Zurcido, compostura de un encaje roto. || met. Parte de un discurso ó de una comedia que no son necesarias, y que se llaman ripio. || Lleno de voces en la música. Se llaman *parties de remplissage* las voces que median entre el tiple y el bajo.

**REMPLISSEUSE**, f. *ranpliseus*. Obrera ó costurera que borda y compone los puntos rotos en el encaje.

**REMPLOI**, m. *ranpluá*. Nuevo empleo, inversion ó destino útil que se da al dinero que se sacó de otra parte.

**REMPLOYER**, a. *ranpluayé*. Volver á emplear, emplear de nuevo.

**REMPLUMER**, a. *ranplumé*. Volver á emplumar, echar plumas nuevas á un clave, á un manucordio ó monacordio, etc. || *Se remplumer*, r. Mudar la pluma, echar nuevas plumas las aves. || met. y fam. Pelechar, medrar, recobrarse de lo perdido. || Convalecer, recobrar la salud despues de una enfermedad.

**REMPOCHER**, a. *ranpoché*. Volver algo al bolsillo ó á la faltriquera.

**REMPOISONNEMENT**, m. *ranpuasonmán*. Nuevo envenenamiento, accion de envenenar otra vez.

**REMPOISONNER**, a. *ranpuasoné*. Volver á envenenar ó á emponzoñar, emponzoñar ó envenenar de nuevo.

**REMPOISSONNEMENT**, m. *ranpuasonmán*. Recebamiento, accion de recebar. || Pececillos menudos que se vuelven á echar al rio ó estanque despues de pescados.

**REMPOISSONNER**, a. *ranpuasoné*. Recebar, echar pececillos en un estanque ó pilon para cria.

**REMPORT**, m. ant. *ranpor*. Jurisp. Deuda cobrada en muebles del deudor.

**REMPORTER**, a. *ranporté*. Llevarse, volver á coger ó [illegible] se habia traido á sí. || [illegible] nar un premio, una ventaja [illegible]

**REMPOTAGE**, m. [illegible] cion de volver á poner [illegible]

**REMPOTER**, a. [illegible] tar, mudar una planta de un [illegible] volverla á poner en el [illegible]

**REMPRISONNEMENT**, m. [illegible] *mán*. Nuevo encarcelamiento [illegible] del que ya estaba libre.

**REMPRISONNER**, a. [illegible] ver á aprisionar ó encarcelar [illegible] no á la prision, ponerle otra [illegible]

**REMPRUNTER**, a. [illegible] pedir ó á tomar prestado.

**REMUABLE**, adj. [illegible] pueda revolverse. || met. [illegible] de conmover, de ablandar.

**REMUAGE**, m. [illegible] leo, accion de apalear el [illegible] accion de trasegar el vino. [illegible] *de remuage*, permiso para [illegible] una bodega á otra sin pagar [illegible]

**REMUANT**, E, adj. [illegible] Inquieto, bullicioso, travieso [illegible] moverse. || met. Revoltoso, [illegible] bulento.

**REMUÉ**, ÉE, adj. [illegible] movido, movido. || met. y fam. [illegible] *de germain*, primo segundo.

**REMUE-MÉNAGE**, m. [illegible] *náge* (e muda). Zafarrancho [illegible] danza, trastorno de [illegible] casa. || met. y fam. [illegible] sonda, confusion en una [illegible] no, etc. || Revuelve-trastos [illegible] vivo, que no cesa de [illegible] El que es bullicioso, [illegible] desórden.

**REMUEMENT** ó [illegible] *mán* (e muda). Movimiento [illegible] Revuelta, alteracion, [illegible] milia, pueblo, reino, etc.

**REMUER**, a. *remué* (e [illegible] mover, revolver, menear [illegible] lado á otro. || Apalear, [illegible] Trasegar, mudar el vino. [illegible] *fant*, mudar á un niño, [illegible] piarle, mudarle los pañales [illegible] ver el corazon, el alma, [illegible] *muer la terre*, sacar tierra [illegible] ros, atrincheramientos, etc. [illegible] *cendres des morts*, [illegible] menearles los huesos [illegible] || met. *Remuer ciel et terre* [illegible] por mover: andar [illegible] guna cosa. || n. Moverse, [illegible] de lugar. || met. Conmover, [illegible] tuar, excitar conmociones [illegible] *remuer*, r. Moverse, [illegible] lugar. || Moverse, [illegible] hacer esfuerzos para [illegible] pleo ó lograr alguna cosa.

**REMUEUR**, m. [illegible] leador, el que apalea el [illegible]

**REMUEUSE**, f. [illegible] niñera, mujer encargada de [illegible] y envolver los niños.

**REMUGLE**, m. ant. [illegible] Olor á guardado ó á [illegible] las cosas cerradas mucho [illegible]

**RÉMUNÉRATEUR**, [illegible] *munerateur, tris*. [illegible] munera y recompensa. [illegible] te hablando de Dios y de [illegible] rara vez en femenino.

**RÉMUNÉRATIF**, IVE, [illegible] *tif, iv*. Remunerativo, que [illegible] compensa; que sirve de [illegible]

**RÉMUNÉRATION**, f. [illegible] muneracion, recompensa.

**RÉMUNÉRATOIRE**, adj. [illegible] Remuneratorio, que sirve de [illegible]

**RÉMUNÉRER**, a. [illegible] recompensar. Es poco usado.

**REMUSELER**, a. [illegible] ver á poner el bozal ó la [illegible] caballerías.

**REMUSER**, a. ant. [illegible] decia por recochar, volver á [illegible]

**RENÂCLER**, a. [illegible] (e muda). [illegible]

ear, hacer cierto ruido retirando impetuosamente el aliento por la nariz cuando se está incomodado. || met. Refunfuñar, rezongar, hacer alguna cosa con repugnancia y como gruñendo.

**RENAISSANCE**, f. *renesáns* (e muda). Renacimiento, segundo, nuevo nacimiento. || met. Renacimiento de las letras, de las artes, ciencias, etc. Esta palabra no se emplea mas que en sentido figurado, equivaliendo á renovacion.

**RENAISSANT, E**, adj. *renesán* (e muda). Renaciente, que renace, que se renueva, que se reproduce.

**RENAÎTRE**, n. *renétr* (e muda). Renacer, volver á nacer, nacer de nuevo. || Renacer, brotar, crecer de nuevo. || met. Renacer, volver á ser ó á recobrar. || Reaparecer, volverse á mostrar || Renacer, pulular, multiplicarse, reproducirse, hablando de insectos, etc.

**RÉNAL, E**, adj. *renál*. Anat. Renal, que pertenece ó se refiere á los riñones.

**RENARD**, m. *renár* (e muda). Zool. Zorro, cuadrúpedo carnívoro, de la talla del perro, muy artero y astuto. || met. Zorro, hombre astuto y engañoso. || *Fin, vieux renard*, zorrastron, solapon, maulon, hombre muy pícaro, astuto y disimulado. || Mar. Pié de cabra, especie de palanqueta de hierro. || Garlito, especie de red. || Astr. Zorro, constelacion meridional. || met. y vulg. *Lancer le renard*, vomitar: se dice de un hombre que está embriagado. || Bot. *Queue-de-renard*, lila, arbusto y la flor del mismo.

**RENARDE**, f. *renárd* (e muda). Zorra, la hembra del zorro.

**RENARDÉ, ÉE**, adj. *renardé* (e muda). Aventado, evaporizado, perdido el olor.

**RENARDEAU**, m. *renardó* (e muda). Zorrillo, zorro pequeño, el cachorro de la zorra.

**RENARDER**, n. *renardé* (e muda). Raposear, emplear las astucias de la zorra.

**RENARDERIE**, f. fam. *renarderí* (e muda). Zorrería, astucia, artería.

**RENARDIER**, m. *renardié* (e muda). Zorrero, el cazador de zorras.

**RENARDIÈRE**, f. *renardiér* (e muda). Zorrera, la cueva ó madriguera de la zorra. || Zorrera, cocina ó chimenea que hace mucho humo.

**RENASQUER**, n. *renasqué* (e muda). Refunfuñar. V. RENACLER.

**RENCAISSAGE**, m. *ranquesádge*. Jard. Accion de volver á poner una planta ó árbol en una caja. Se dice tambien *rencaissement*.

**RENCAISSER**, a. *ranquesé*. Volver á encajonar, encajonar de nuevo. || Volver á poner en caja, en términos de comercio. || Jard. Volver á colocar una planta ó árbol en una caja con tierra.

**RENCHAÎNER**, a. *ranchené*. Volver á encadenar ó á atar á la cadena, encadenar de nuevo.

**RENCEINTE**, m. *ranséint*. Caz. Ojeo, batida que se da en círculo.

**RENCHÉRI, E**, adj. *rancherí*. Encarecido. || sust. y fam. *Faire le renchéri, la renchérie*, hacer el desdeñoso, el menesteroso, estar muy pagado de su trabajo.

**RENCHÉRIR**, a. *rancherír*. Encarecer, subir, aumentar el precio, el valor. V. ENCHÉRIR. || n. Ponerse caro, aumentar de precio.

**RENCHÉRISSEMENT**, m. *rancherismán*. Encarecimiento, subida, aumento de precio. V. ENCHÉRISSEMENT.

**RENCLOÎTRER**, a. *ranclualré*. Reenclaustrar, volver á meter en el claustro.

**RENCLOUER**, a. *rancluá*. Mil. Volver á clavar la artillería.

**RENCOGNEMENT**, m. *rancoñmán*. Arrinconamiento, accion de arrinconar.

**RENCOGNER**, a. *rancoñé*. Arrinconar, hostigar, estrechar á una persona hasta meterla en un rincon.

**RENCONTRE**, f. *rancóntr*. Encuentro, acto de encontrarse ó hallarse dos individuos juntos casualmente. || Hallazgo casual de una cosa. || Encuentro, el choque de una cosa con otra cuando se encuentran. || Reencuentro, choque, refriega entre dos tropas. || Ocasion, ocurrencia. || Coyuntura, caso, lance. || Quimera, riña de una persona contra otra cuando no es desafío ni cosa premeditada. || met. Ocurrencia, dicho, agudeza. || Frialdad, insulsez, patochada. || Art. *Roue de rencontre*, rueda catalina de un reloj. || m. Blas. Encuentro, cabeza de animal que está de frente, y no de perfil. || *Aller ó venir à la rencontre de quelqu'un*, salir al encuentro de alguno, salir á recibirle.

**RENCONTRER**, a. *rancontré*. Encontrar, hallar una persona ó cosa, ya sea buscándola ó no. || Encontrar, acertar con uno. || n. Decir una ocurrencia ó dicho agudo y al caso. || Satirizar, ridiculizar con ligereza y prontitud || Caz. Hallar la pista ó rastro de la red. || *Se rencontrer*, r. Encontrarse, hallarse juntas dos personas en un mismo paraje casualmente. Tambien se dice de las cosas. || met. Encontrarse, tener un mismo pensamiento dos ó mas personas sobre un mismo asunto.

**RENCORSER**, a. *rancorsé*. Echar un corpiño nuevo á una camisa ó bata.

**RENCOURAGER**, a. *rancuragé*. Alentar de nuevo, reanimar, dar vigor.

**RENDAGE**, m. *randáge*. Rendimiento diario, producto de la labor de cada dia. Se dice en las casas de moneda.

**RENDANT, E**, adj. *randán*. Que rinde, da ó presenta una cuenta. || Úsase tambien como sust. en el mismo sentido.

**RENDEMENT**, m. *randmán*. Rendimiento, producto de una cosa.

**RENDETTER (SE)**, r. *randetté*. Volverse á adeudar, adeudarse de nuevo, contraer nuevas deudas.

**RENDEUR, EUSE**, m. y f. *randeur, eus*. El que rinde, da ó presenta.

**RENDEZ-VOUS**, m. *randevú*. Cita, convenio que hacen dos ó mas personas de encontrarse en un lugar ó sitio designado. || Lugar ó sitio señalado al cual deben concurrir dos ó mas personas ya convenidas.

**RENDONNÉE**, f. *randoné*. Mont. Vueltas que da el ciervo para buscar el viento y partir. V. RANDONNÉE.

**RENDORMIR**, a. *randormír*. Volver á hacer dormir ó hacer dormir otra vez. || *Se rendormir*, r. Volver á empezar á dormir, á dormirse de nuevo, volverse á quedar dormido.

**RENDORMISSEMENT**, m. poco us. *randormismán*. Accion de volver á hacer dormir, ó de volver á dormirse de nuevo.

**RENDOUBLEMENT**, m. *randublmán*. Accion de alforzar, de coger una alforza. Dícese tambien *rendoublure*.

**RENDOUBLER**, a. *randublé*. Alforzar, coger una alforza á un vestido que está demasiado largo.

**RENDRE**, a. *rándr*. Volver, devolver, restituir, poner una cosa en manos de la persona á quien pertenece, de cualquier modo que se haya recibido. || Rendir, entregar las armas, una plaza ó fortaleza. || Rendir, producir, dar fruto, utilidad. || Traducir de un idioma á otro. || Volver, repetir los sonidos, las palabras. || Rendir, ofrecer los obsequios, los respetos, etc. || Dar las tornas, pagar en la misma moneda. || Volver, dar, devolver, hacer recobrar lo que se habia perdido, como la salud, la libertad, etc. || Hacer que una persona ó cosa sea lo que no era antes: *rendre un chemin praticable; rendre une famille heureuse*. || Representar, expresar: se dice de un traslado respecto del original. || Vomitar, arrojar lo comido; arrojar por las vias naturales. || met. y pop. Vomitar, soltar lo quitado ó robado. || n. Salir, desembocar, ir á parar á un sitio. *Ce chemin rend à tel village*, este camino va á parar á tal pueblo. *Rue qui va rendre à la place*, calle que sale ó va á salir á la plaza. || Tiene este verbo muchas acepciones, cuyos ejemplos se pueden ver en los artículos siguientes. *Rendre désert*, yermar, asolar, despoblar. *Rendre la justice*, hacer ó administrar la justicia. *Rendre justice à quelqu'un*, hacer justicia á alguno, reconocer su mérito. || *Rendre grâces, gloire*, dar ó tributar gracias, gloria. || *Rendre hommage*, prestar homenaje. || *Rendre l'âme, l'esprit, le dernier soupir, les derniers soupirs*, dar ó echar el alma, el último suspiro ó el postrer aliento. || *Rendre la santé*, dar ó volver la salud. || *Rendre plus petit*, minorar, achicar. || *Rendre la pareille*, dar las tornas, pagar en la misma moneda. || *Rendre raison, compte*, dar razon, cuenta. || *Rendre témoignage*, dar testimonio, atestiguar, testificar. || *Rendre un arrêt, une sentence*, dar ó proveer un auto, una sentencia. || *Rendre illustre, sage, vigoureux*, hacer ilustre, sabio, vigoroso. || *Rendre un passage mot à mot*, traducir un pasaje palabra por palabra. || *Cette copie ne rend pas bien l'original*, esta copia no representa ó expresa bien el original. || *L'écho rend les sons, les paroles, etc.*, el eco repite los sonidos, las voces. || vulg. *Rendre gorge*, volver, vomitar, arrojar lo comido. || *Se rendre*, r. Ir, pasar á alguna parte, ponerse allí. || Rendirse, entregarse, darse por vencido. || Rendirse, ceder, darse por convencido. || Rendirse, no poder mas de cansado. || Hacerse, volverse ridículo, necesario, etc.

**RENDU, E**, adj. *randú*. Vuelto, devuelto, restituido. || Hecho. || Vuelto, de vuelta. || Rendido, fatigado, cansado. || Trasportado, acarreado. || Rendido, dado por vencido. || Llegado. *Nous voilà rendus chez nous*, ya hemos llegado, ya estamos en casa. || RENDU, m. ant. Soldado de un ejército enemigo que se pasa al otro. Úsase comunmente en plural: *on a appris cette nouvelle par les rendus*. || met. y fam. *C'est un rendu*, váyase lo uno por lo otro: se dice hablando de una mala pasada que se juega á alguno, en cambio ó paga de la que él hizo.

**RENDUIRE**, a. *randuír*. Dar otra mano, capa ó baño con alguna materia desleida ó líquida, etc. V. ENDUIRE.

**RENDURCIR**, a. *randursír*. Endurecer mas, poner mas duro, mas tiesa una cosa. || *Se rendurcir*, r. Ponerse mas duro. || met. Endurecerse en la maldad, obstinarse.

**RENDURCISSEMENT**, m. *randursismán*. Accion de volver á endurecer, ó de endurecerse.

**RÊNE**, f. *rén*. Riendas, correa de la brida del caballo. || pl. met. Riendas del gobierno, del Estado, por direccion, etc.

**RENÉGAT, E**, adj. *renegá* (e muda). Renegado, el que reniega de la religion cristiana ó renuncia á ella para abrazar otra, y particularmente el mahometismo. || met. Renegado, apóstata, el que abandona su partido para pasarse al contrario.

**RENÉGATION**, f. *renegasión* (e muda). Renunciacion, accion de renunciar una cosa.

**RENEIGER**, n. *renegé* (e muda). Volver á nevar, nevar otra vez.

**RÉNETTE**, f. *renét*. Pujavante, instrumento que usan los herradores para cortar el casco de las caballerías. || Art. Legro, instrumento de hierro de dos cortes que sirve para varios usos. || Vet. Legron de albéitar.

**RÉNETTER**, a. *renetté*. Legrar, raer y descubrir el casco de las caballerías con el legro, la legra ó legron.

**RENETTOYER**, a. *renetuayé* (e muda). Relimpiar, volver á limpiar.

**RENFAÎTAGE**, m. *ranfetádge*. Retejo, accion y efecto de retejar.

**RENFAÎTEMENT**, m. *ranfetmán*. Nuevo retejo, reparo de un tejado.

**RENFAÎTER**, a. *ranfeté*. Retejar, trastejar, poner tejas nuevas á un tejado, recomponerle.

**RENFERMER**, a. *ranfermé*. Volver á encerrar, encerrar de nuevo. || Encerrar mas, estrechar el encierro. || Encerrar, incluir contener, comprender. || met. Reducir, limitar, ceñir á ciertos límites. || *Se renfermer*, r. met. Reducirse, ceñirse, limitarse á no hacer sino tal cosa. || met. *Se renfermer en soi-même*, recogerse, meterse en sí mismo para pensar ó discurrir.

**RENFILER**, a. *ranfilé*. Volver á enhebrar, á ensartar, enfilar y colocar.

**RENFLAMMER**, a. *ranflamé*. Volver á inflamar, inflamar de nuevo.

**RENFLEMENT**, m. *ranflmán*. Estado de lo que está crecido ó hinchado. || Arq. El grueso mayor de la columna. || Sustancia, relieve de husillo entre fundidores de campanas.

**RENFLER**, n. *ranflé*. Hincharse, crecer ó aumentar en volúmen. Se dice de las legumbres cuando cuecen, como guisantes, etc.

**RENFONCEMENT**, m. *ranfonsmán*. Pint. Fondo, efecto de la perspectiva que hace parecer una cosa hundida ó muy léjos, como sucede en los teatros. || Fondo, el hueco de algunas cosas, como de un baul, de un cajon, etc. || Impr. Sangría, accion de sangrar una línea. V. RENFONCER.

**RENFONCER**, a. *ranfonsé*. Hundir mas, hacer penetrar mas: *renfoncer son chapeau, renfoncer le bouchon d'une bouteille*. || Reforzar las pipas ó cubas echándoles duelas. || Impr. Sangrar una línea, esto es, empezarla mas adentro que las otras de la plana, como se hace en cada párrafo.

**RENFORCÉ, ÉE**, adj. *ranforsé*. Reforzado. || *Etoffe renforcée*, tela doble y mas espesa que las ordinarias. || *Bidet renforcé*, haca de dos cuerpos. || met. y fam. *Bourgeois, paysan renforcé*, el que tiene el porte ó los humos de caballero sin serlo. || *Sot renforcé*, extremadamente tonto.

**RENFORCEMENT**, m. *ranforsmán*. Refuerzo, reparo para afirmar, fortalecer ó asegurar una cosa que amenaza ruina. || Fondo, entre doradores.

**RENFORCER**, a. *ranforsé*. Reforzar, fortalecer, aumentar la fuerza en cantidad ó número. Dícese principalmente hablando de un ejército ó cuerpo de tropas. || Mus. Aumentar, esforzar la voz. || *Se renforcer*, r. Fortalecerse, fortificarse, hacerse mas fuerte.

**RENFORMER**, a. *ranformé*. Art. Ensanchar los guantes en las hormas.

**RENFORMIR**, a. *ranformír*. Alb. Revocar, repellar una pared ó tapia vieja.

**RENFORMIS**, m. *ranformí*. Revoco, revoque, reparacion de una pared ó muralla vieja.

**RENFORMOIR**, m. *ranformuár*. Art. Horma para ensanchar los guantes y darles la figura.

**RENFORT**, m. *ranfór*. Refuerzo, aumento de fuerza ó de tropas. || Refuerzo, pieza de lienzo ó tela que se echa en los hombros de las camisas ó vestidos. || Diente, instrumento de fundidor.

**RENFROGNER (SE)**, r. V. REFROGNER.

**RENGAGEMENT**, m. *rangagmán*. Nuevo empeño, segundo ú otro empeño de prendas, etc. || Reenganchamiento, nuevo empeño de volver á servir el soldado.

**RENGAGER**, a. *rangagé*. Volver á empeñar, empeñar de nuevo ú otra vez alguna prenda. || *Se rengager*, r. Reengancharse, volverse á empeñar, alistarse de nuevo el soldado cumplido.

**RENGAÎNE**, f. inus. *rangués*. Empujon, accion de empujar y apechugar á alguno. || vulg. Denegacion, repulsa, lo mismo que *refus*.

**RENGAÎNER**, a. *rangueñé*. Volver á envainar ó volver á la vaina. || met. y fam. Comerse, tragarse lo que uno iba á decir.

**RENGENDRER**, a. *ranjandré*. Reengendrar, volver á engendrar, engendrar de nuevo.

**RENGORGEMENT**, m. *rangorgmán*. Engallamiento, accion de engallarse.

**RENGORGER (SE)**, r. *rangorgé*. Engallarse, ponerse engallado, sopiado, hueco, para parecer bien ó para afectar gravedad, para darse importancia.

**RENGOUFFRER (SE)**, r. *rangufré*. Sumirse, hundirse en el agua.

**RENGRAINEMENT**, m. *rangrenmán*. Accion de moler la cebada para quitarle el salvado.

**RENGRAINER**, a. *rangrené*. Moler la cebada para quitarle el salvado.

**RENGRAISSER**, a. *rangresé*. Volver á engordar, volver á poner gordo. || n. Volver á engordar, volver á ponerse gordo ó grueso. || *Se rengraisser*, r. Volver á engruesarse, á ponerse grueso ó gordo. || met. Reponerse, restablecer su fortuna.

**RENGRÈGEMENT**, m. ant. *rangregmán*. Agravacion, peoría, aumento de un mal de un dolor, de una pena.

**RENGRÉGER**, a. ant. *rangregé*. Agravar, empeorar, aumentar un mal, un dolor, etc. || *Se rengréger*, r. ant. Agravarse, aumentarse, empeorarse un mal, etc.

**RENGRÈNEMENT**, m. *rangrenmán*. Engrane, accion de engranar.

**RENGRÉNER**, a. *rangrené*. Moned. Engranar, volver á poner debajo de cuño las monedas ó medallas que no han sido bien selladas. || Añadir grano á la tolva.

**RENHARDIR**, a. *ranhardír*. Envalentonar, hacer mas osado, mas atrevido. || *Se renhardir*, r. Envalentonarse, etc.

**RENIABLE**, adj. *reniábl* (e muda). Negable, que se puede ó debe negar, que no se debe confesar.

**RENIÉ, ÉE**, adj. *renié* (e muda). Renegado, en significacion activa y pasiva. V. RENIER. || *Moine renié*, fraile apóstata.

**RENIEMENT ó RENÎMENT**, m. *renimán* (e muda). Renegamiento, accion de negar á Dios, de no reconocerle, de renegar. Solo se usa en esta locucion: *le reniement de saint Pierre*, la negacion de san Pedro. || Reniego, blasfemia ó juramento. No se usa en esta acepcion.

**RENIER**, a. *renié* (e muda). Negar, declarar contra la verdad que uno no conoce tal persona ó tal cosa. || Negar, no reconocer su patria, sus parientes. || Desconocer una cosa de hecho, negarla. || Renegar, renunciar, abandonar su religion, su fe; lo mismo que apostatar. || Renegar, blasfemar, jurar. || *Renier Dieu* o solo *renier*, renegar ó blasfemar.

**RENIEUR**, m. ant. *renieur* (e muda). Renegador, el que reniega; blasfemo.

**RENIFLEMENT**, m. *reniflmán* (e muda). Sorbeton, accion de sorber con las narices.

**RENIFLER**, n. *reniflé* (e muda). Sorber, retirar, aspirando un poco fuerte, el humor ó aire que hay en las narices. || met. y fam. Rechinar, repugnar en una cosa, hacerla á regaña dientes. || vulg. Refunfuñar, rezongar. || *Renifler sur l'avoine*, recalentar el pienso una caballería, no tener gana de comer.

**RENIFLERIE**, f. V. RENIFLEMENT.

**RENIFLEUR, EUSE**, m. y f. *reniflear, eus* (e muda). Sorbedor, el que sorbe por las narices.

**RÉNIFORME**, adj. *renifórm*. Bot. Reniforme, que tiene figura de riñon.

**RENIQUEUR**, m. *reniqueur* (e muda). Batanero, el que batana los paños.

**RÉNITENCE**, f. *renitáns*. Fís. Renitencia, fuerza de los cuerpos sólidos que resisten á otros cuerpos.

**RÉNITENT, E**, adj. *renitán*. Renitente, que repugna y se resiste á hacer alguna cosa, lo mismo que *réfractaire*. || Es tambien voz de la medicina.

**RENIVELER**, a. *renivlé* (e muda). Volver á nivelar, nivelar de nuevo.

**RENMAILLER**, a. *ranmallé*. Coger los puntos que se habian soltado ó caido haciendo una media, una red, etc.

**RENNE**, m. *rén*. Zool. Rengifero ó reno, cuadrúpedo mamífero de los paises del Norte, muy parecido al ciervo, el cual sirve para tirar de los trineos.

**RENOIRCIR**, a. *renuarsír* (e muda). Volver á dar de negro, dar mas negro o poner mas negro.

**RENOM**, m. *renón* (e muda). Renombre, nombre, nombradía, reputacion.

**RENOMMÉ, ÉE**, adj. *renomé* (e muda). Renombrado, nombrado, célebre, famoso.

**RENOMMÉE**, f. *renomé* (e muda). Renombre, nombre, fama, reputacion. || Fama, noticia ó voz pública que corre sobre alguna cosa. || Mit. Fama, deidad ó personaje alegórico de los poetas.

**RENOMMER**, a. *renomé* (e muda). Reelegir, nombrar, elegir de nuevo. || Renombrar, dar nombre, nombrar con elogio. En esta acepcion se usa siempre con el verbo *faire*. Así se dice: *ses belles actions l'ont fait renommer par toute la terre*, sus grandes acciones le han dado nombre ó nombradía por todo el mundo. || *Se renommer*, r. Ser reelegido, nombrado [illegible] *renommer de quelqu'un*, [illegible] de otro, servirse de él. Ya no [illegible]

**RENONCE**, f. *renóns* (e [illegible]) carta falla. Se dice en algunos [illegible] cartas para expresar que no se [illegible] palo. || *Se faire une renonce*, [illegible] lo, deshacerse de las cartas de [illegible] podrian fallar cuando [illegible]

**RENONCEMENT**, m. [illegible] da). Renunciacion, [illegible] cion voluntaria en [illegible] *noncement aux plaisirs*.

**RENONCER**, a. *renonsé* (e [illegible]) nunciar á una herencia, á un [illegible] dejacion voluntaria de ella, [illegible] ciar á, dejar, abandonar la [illegible] tension, el deseo de alguna [illegible] *á soi-même*, renunciar á sí [illegible] jarse de todo amor propio. || [illegible] con una carta de triunfo [illegible] gado de otro palo. || a. Renegar, [illegible] querer reconocer á alguno por [illegible] creia.

**RENONCIATAIRE**, m. y f. [illegible] (e muda). For. Renunciatario, [illegible] favor se hace alguna renuncia.

**RENONCIATEUR, TRICE**, m. y f. [illegible] *nonsiateur, tris* (e muda). For. [illegible] dor, el que renuncia á una [illegible] derecho, etc.

**RENONCIATION**, f. [illegible] da). Renuncia, desistimiento, [illegible]

**RENONCULACÉ, ÉE**, adj. [illegible] (e muda). Bot. Renunculáceo, [illegible] á un renúnculo ó ranúnculo. || [illegible] *cées*, f. pl. Renunculáceas, [illegible] tas del género renúnculo.

**RENONCULE**, f. [illegible] Renúncula ó renúnculo, [illegible] y flor, de que hay muchas [illegible] jardines y en los bosques. || [illegible] pecie de concha.

**RENONCULIER**, m. [illegible] Bot. Renunculero, [illegible] dobles. || Renunculero, [illegible] núnculo.

**RENOUÉE**, f. *renué* (e muda). [illegible] regüela, centinodia, especie de [illegible]

**RENOUEMENT ó RENOÛMENT**, [illegible] *renumán* (e muda). Renovacion, [illegible] cimiento de algun tratado. || [illegible] renovacion de amistad.

**RENOUER**, a. *renué* (e muda). [illegible] atar, atar otra vez. || met. Volver [illegible] amistades, las paces. || Renovar [illegible] una alianza.

**RENOUEUR, EUSE**, m. y f. [illegible] eus (e muda). Cir. Algebrista, [illegible] posee el arte de concertar los [illegible] cados.

**RENOUVEAU**, m. *renuvó* (e muda). [illegible] mavera. Es fam. y poco usado.

**RENOUVELABLE**, adj. [illegible] da). Renovable, que es [illegible] renovado.

**RENOUVELER**, a. *renuvlé* (e [illegible]) novar, reponer una cosa de lo que [illegible] le ha quitado, como una viña, [illegible] || Renovar, sustituir una cosa, [illegible] y está vieja con otra nueva. || [illegible] nuevo aspecto, nueva vista. || [illegible] biar los gobiernos, las instituciones, [illegible] tumbres. || Renovar, volver á [illegible] tado, un ajuste, un voto. || Renovar, [illegible] empezar, hacer de nuevo. || [illegible] car de nuevo, ó repetir una ley, [illegible] un bando. || Renovar, hacer revivir [illegible] una moda. || Renovar, volver á [illegible] empezar de nuevo una [illegible] pleito. || Renovar, reiterar una [illegible] promesa, un voto. || Se usa [illegible] neutro. *Renouveler de jambes*, [illegible] dar con nuevas fuerzas; y en [illegible] continuar con nuevo ardor un [illegible] presa, etc.

**RENOUVELLEMENT**, m. [illegible] (e muda). Renovacion, [illegible] una cosa en su primer estado ó [illegible] jor. || Renovacion, acrecentamiento, [illegible] novacion, reiteramiento. || [illegible] *d'un traité*, renovacion de un tratado. [illegible] *nouvellement de l'année*, de la [illegible] *la lune*, renovacion, vuelta del [illegible] primavera, de la luna; ó bien, año nuevo, luna nueva, etc.

**RÉNOVATEUR**, m. *renovateur*. Renovador, el que renueva. Úsase tambien como adjetivo de ambos géneros. || Feud. Renovador, el que hacia libros becerros, ó registros de apeos de las tierras de un señor.

**RÉNOVATION**, f. *renovasión*. Renovacion, restablecimiento de una cosa en el estado que tenia ántes.

**RENOYER**, a. *renuayé* (e muda). Volver á ahogar, ahogar de nuevo.

**RENSEIGNEMENT**, m. *ransefiemán*. Indicio, noticia, luz, instruccion que sirve para hacer conocer alguna cosa.

**RENSEIGNER**, a. *ransefié*. Volver á enseñar, enseñar de nuevo y con mas cuidado. || fam. Dar indicios, instrucciones sobre alguna cosa.

**RENSEMENCER**, a. *ransemansé*. Volver á sembrar, sembrar de nuevo ó otra vez.

**RENTAMER**, a. *rantamé*. Encentar ó decentar de nuevo, empezar á cortar otra vez un pan, etc. || met. Volver á entablar, entablar de nuevo un asunto. || Continuar el hilo de un discurso interrumpido.

**RENTASSÉ, ÉE**, adj. *rantasé*. Cachigordete, achaparrado, rechoncho. Es vulgar.

**RENTASSER**, a. *rantasé*. Amontonar de nuevo.

**RENTE**, f. *rant*. Renta, rendimiento anual que da una finca, una posesion, etc. || Rédito, cantidad que se percibe por una cantidad de dinero prestada. || Hablando absolutamente, se entiende la renta constituida por el Estado. || *Rente viagère*, renta vitalicia. || *Rente foncière*, renta en bienes raíces.

**RENTÉ, ÉE**, adj. *ranté*. Rentado, dotado con renta. || fam. *C'est un homme bien renté*, es un hombre de buenas rentas, muy acaudalado, muy rico.

**RENTER**, a. *ranté*. Rentar, dotar, señalar rentas á un hospital, á una comunidad, etc.

**RENTERRER**, a. *ranterré*. Volver á enterrar, enterrar ó soterrar de nuevo.

**RENTIER, ÈRE**, m. y f. *rantié, ér*. Rentista, censualista, el que tiene rentas constituidas sobre el Estado ó sobre alguna comunidad. || Rentista, el que vive de sus rentas ó réditos. || Rentero, censatario, el que paga alguna renta ó censo. En este sentido parece que se decia principalmente en los tiempos feudales.

**RENTOILAGE**, m. *rantualáge*. Entretelaje, accion de entretelar.

**RENTOILER**, a. *rantualé*. Entretelar, forrar de nuevo con lienzo.

**RENTON**, m. *rantón*. Carp. Juntura al hilo de dos piezas de carpintería.

**RENTRAÎNER**, a. *rantrené*. Volver á arrastrar, arrastrar de nuevo.

**RENTRAIRE**, a. *rantrér*. Zurcir, coser, juntar dos pedazos de paño ú otra tela de modo que no se vea la costura.

**RENTRAITURE**, f. *rantretúr*. Zurcidura, costura de lo que está zurcido.

**RENTRANT, E**, adj. *rantrán*. Entrante, que se tiende hácia adentro. *Angle rentrant*, ángulo entrante; lo contrario de *angle saillant*, ángulo saliente. || m. En algunos juegos, el jugador que ocupa el lugar de otro.

**RENTRAYEUR, EUSE**, m. y f. *rantrejeur, eus*. Zurcidor, el que sabe coser á zurcido.

**RENTRÉE**, f. *rantré*. Nueva apertura de un tribunal, de un colegio, etc., despues de las vacaciones. || Segunda aparicion de un actor sobre la escena despues de una ausencia algo larga. || Caz. Entrada, vuelta de los animales al monte al amanecer. || Entrada, percepcion de una renta, cobro de una cantidad. || Robo, dícese en el juego de naipes de las cartas que se toman de la baceta ó del monte.

**RENTRER**, n. *rantré*. Volver á entrar, entrar de nuevo despues de haber salido. || Volver á abrir los tribunales y colegios despues de las vacaciones. || Volver á aparecer un actor en la escena despues de una ausencia. || Cobrar, percibir una renta. || Cobrar ó recobrar una suma de dinero; es decir, llegar, ser percibida ó cobrada. || Med. Repercutirse los humores. || Robar, en ciertos juegos de cartas es tomar las del monte para sustituir á las descartadas. || met. *Rentrer en soi-même*, volver á entrar en sí mismo, hacer reflexion sobre sí. En este mismo sentido figurado se dice: *rentrer dans les bonnes grâces de quelqu'un; rentrer dans son devoir; rentrer dans son bon sens*, etc. || a. Volver á entrar, volver á poner dentro lo que estaba fuera. || Impr. *Rentrer une ligne*. V. RENFONCER.

**RÉNURE**, f. V. RAINURE.

**RENVAHIR**, a. *ranvaír*. Volver á invadir, invadir de nuevo.

**RENVELOPPER**, a. *ranvlopé*. Envolver de nuevo.

**RENVENIMER**, a. *ranvenimé*. Envenenar ó emponzoñar de nuevo. V. ENVENIMER. || Volver á enconar, agriar, exasperar, así en lo físico como en lo moral. || *Se renvenimer*, r. Exasperarse, enconarse mas y mas.

**RENVERDIE**, f. ant. *ranverdí*. Versos para celebrar la vuelta de la primavera.

**RENVERGER**, a. *ranvergé*. Bordar la obra de cestería.

**RENVERGEURE**, f. *ranverjúr*. Lo que forma el borde de las obras de cestería.

**RENVERSE (À LA)**, loc. adv. *alaranvérs*. Boca arriba, de espaldas: *tomber à la renverse; être couché à la renverse*.

**RENVERSÉ, ÉE**, adj. *ranversé*. Derribado, volcado, tumbado. || met. y fam. *Avoir la physionomie renversée*, tener la cara desencajada, las facciones alteradas por efecto de alguna emocion violenta ó profunda.

**RENVERSEMENT**, m. *ranversmán*. Derribo, accion de derribar; estado de una cosa derribada. || Trastorno, desórden, desarreglo de papeles, etc. || met. Trastorno, ruina, decadencia, destruccion, hablando de un Estado, de las leyes, etc.

**RENVERSER**, a. *ranversé*. Derribar, echar por tierra una persona ó cosa. || Volcar, voltear un coche. || Trastrocar, volver al reves, mudar lo de arriba abajo. || Revolver, desordenar, trastornar. || met. Trastornar, arruinar, desbaratar, destruir. || Trastornar, turbar, confundir. || *Se renverser*, r. Tumbarse, torcerse, volverse hácia atras.

**RENVERSEUR**, m. *ranverseur*. Derribador, el que derriba.

**RENVI**, m. *ranví*. Reenvite, retrueque, retruco, cantidad que se apuesta en el juego fuera de la polla.

**RENVIDER**, a. *ranvidé*. Art. Volver el hilo sobre la broca, acercándolo al torno.

**RENVIER**, a. *ranvié*. Pujar, adelantarse sobre lo que otro ha hecho, querer hacer mas que él. || Reenvidar, retrucar, poner una cantidad de dinero al juego fuera ó por encima de la polla.

**RENVOI**, m. *ranvua*. Vuelta, accion de volver una cosa ya enviada á la misma persona ó lugar. || Retorno, vuelta de carruajes ó caballerías de viaje. || Remision, nota ó señal que remite al lector á otra señal igual, puesta fuera del texto, donde hallará una cita, una advertencia, una explicacion, etc. || Llamada, señal en un escrito para que el lector continúe la lectura en el márgen ó en otro lugar de lo que se ha añadido ó corregido. || Sentencia que envia una causa á los jueces que deben conocer en ella.

**RENVOYER**, a. *ranvuayé*. Volver á enviar, enviar otra vez. || Volver, devolver á uno lo que envió. || Remitir á una persona una cosa que le pertenece. || Despedir, despachar, hacer volver á uno al lugar de donde salió ó de donde fué enviado. || Despedir, echar fuera á un criado, etc. || met. y fam. Mandar á paseo, despedir á uno con sequedad. || Hacer llamadas ó citas en el texto de una obra. || Remitir, diferir alguna cosa, aplazarla para otro tiempo. || Volver, rechazar la pelota, la bola; devolver, enviar por reflexion ó repercusion: *la lune renvoie la lumière du soleil, l'écho renvoie les sons*, etc. || *Renvoyer un accusé, le renvoyer absous, le renvoyer d'accusation*, absolver á un reo ó acusado.

**RÉOCCUPER**, a. *reocupé*. Ocupar de nuevo.

**RÉOPINER**, n. *reopiné*. Opinar de nuevo.

**RÉORDINATION**, f. *reordinasión*. Reordenacion, accion de volver á conferir las órdenes sagradas.

**RÉORDONNER**, a. *reordoné*. Reordenar, conferir por segunda vez las órdenes sagradas. || Mandar ó dar órden por segunda vez que se haga alguna cosa.

**RÉORGANISATION**, f. *reorganisasión*. Reorganizacion, accion de reorganizar; nueva organizacion.

**RÉORGANISER**, a. *reorganisé*. Reorganizar, organizar de nuevo.

**RÉOUVERTURE**, f. *reouvertúr*. Reapertura, nueva apertura de algun teatro, establecimiento, etc.

**REPAIRE**, m. *repér* (e muda). Guarida, cueva, madriguera donde se albergan las fieras. || met. Madriguera, guarida de ladrones, salteadores ó gentes de mal vivir. || Mont. Estiércol que hacen los lobos, las liebres y algunos otros animales.

**RÉPAISSIR**, a. *repesír*. Espesar mas una cosa. || n. Hacerse ó ponerse mas espeso.

**REPAÎTRE**, n. *repétr* (e muda). Tomar un refrigerio, tomar alimento, tomar pienso, comer. Dícese de las personas y de las caballerías. || a. Mantener, alimentar, dar de comer á los animales. Se usa poco en sentido propio. || met. *Repaître des chimères*, mantener, alimentar quimeras, vanas ilusiones; y mejor dicho, *repaître quelqu'un, son esprit de chimères, de vaines espérances*, alimentar, entretener con quimeras, con vanas esperanzas, etc. || *Se repaître*, r. Mantenerse, alimentarse de vanas esperanzas, de ilusiones, etc. || *Il ne se repaît que de sang*, no se alimenta sino de sangre.

**REPÂMER**, a. *repamé* (e muda). Término de lavanderas que equivale á aclarar, sacar de jabon ó de lejía en agua corriente.

**REPÂLIR**, n. *repalír* (e muda). Palidecer de nuevo, ponerse pálido otra vez.

**RÉPANDRE**, a. *repándr*. Derramar, verter algun líquido. || Repartir, distribuir dinero, gracias, beneficios, etc. || Esparcir, difundir luz, olor, etc. || met. Extender, difundir, divulgar doctrinas, noticias, etc. || *Se répandre*, r. Extenderse, esparcirse, etc., en sentido propio y figurado. || *Se répandre en longs discours, en compliments*, extenderse, dilatarse en largos discursos, en cumplimientos. || met. Susurrarse, empezar á correr, ó divulgarse alguna cosa secreta.

**RÉPANDU, E**, adj. *repandú*. Derramado, vertido. || Repartido. || Esparcido. || Extendido. || *Être fort répandu dans le monde*, estar metido en el mundo, ándar entre muchas gentes, frecuentar la sociedad.

**RÉPARABLE**, adj. *reparábl*. Reparable, que puede repararse.

**RÉPARAGE**, m. *reparáge*. Art. Segundo tundis que se da al paño en la fábrica. || Bell. art. Reparacion, accion de reparar los defectos de una obra.

**REPARAÎTRE**, n. *reparétr* (e muda). Volver á parecer, parecer de nuevo.

**RÉPARATEUR, TRICE**, m. y f. *reparateur, trís*. Reparador, el que repara. Solo se dice de Jesucristo, reparador del género humano. || fam. é iron. *Réparateur des torts*, desfacedor, enderezador de tuertos, el que se mete á vengar los agravios agenos.

**RÉPARATION**, f. *reparasión*. Reparacion ó reparo de un edificio ó de otra cosa para ponerla en buen estado. || Reparacion, satisfaccion por una injuria, daños, etc.

**RÉPARATOIRE**, adj. *reparatuar*. Reparatorio, propio para reparar; que se refiere á las reparaciones.

**RÉPARER**, a. *reparé*. Reparar, rehacer, restablecer un edificio ó recomponer una cosa menoscabada ó maltratada. || Reparar, deshacer, enmendar, borrar sus faltas, sus injusticias, etc. || Reparar, remediar los males, los perjuicios. || met. *Réparer ses forces*, reparar sus fuerzas, recobrarlas. || *Réparer le temps perdu*, recuperar el tiempo perdido. || *Réparer l'honneur, la réputation*, restituir, volver el honor, la reputacion. || *Réparer une offense, une injure*, reparar una ofensa, una injuria, dar la debida satisfaccion por ella.

**RÉPAREUR**, m. *repareur*. Art. Reparador, el que repara una obra cualquiera.

**RÉPARITION**, f. Astr. V. RÉAPPARITION.

**REPARLER**, n. *reparlé* (e muda). Volver á hablar, hablar otra vez.

**REPARON**, m. *reparón* (e muda). El lino ó cáñamo de tercera ó inferior calidad.

**REPARTAGER**, a. *repartagé* (e muda). Volver á partir.

**RÉPARTEMENT**, m. V. RÉPARTIMENT.

**REPARTIE**, f. *reparti* (e muda). Réplica, respuesta viva y bien sentida; dicho pronto, agudo ó picante.

**RÉPARTIMENT**, m. *repartimán*. Reparto, distribucion, modo de repartir los impuestos.

**REPARTIR**, a. y n. *repartir* (e muda). Replicar, responder con presteza á una objecion ó inculpacion. || n. Volver á marchar, volverse, salir otra vez del lugar á donde uno habia ido.

**RÉPARTIR**, a. *repartir*. Repartir, distribuir, hacer algun reparto.

**RÉPARTITEUR**, m. *repartiteur*. Repartidor, el que tiene el cargo de hacer un reparto. || adj. *Commissaires répartiteurs*, comisarios repartidores, encargados de hacer el reparto de las contribuciones.

**RÉPARTITION**, f. *repartisión*. Reparto, reparticion, repartimiento, distribucion.

**REPAS**, m. *repá* (e muda). Comida que se hace á ciertas horas del dia, principalmente al medio dia y por la noche. || Comida, se toma tambien por convite. *Repas splendide*, comilona, comida espléndida.

**REPASSAGE**, m. *repaságe* (e muda). Aplanchado, la accion de aplanchar ó planchar la ropa. || Remoledura, accion de volver á moler ó moler segunda vez una misma cosa. || Cardadura de segunda vez. || Reafilamiento, accion de afilar por segunda vez una herramienta.

**REPASSE**, f. *repás* (e muda). Especie de moyuelo ó harina muy gruesa mezclada con salvado. || Quim. y Farm. Segunda destilacion que se hace de algun líquido.

**REPASSER**, n. *repasé* (e muda). Repasar, volver á pasar, pasar otra vez por un mismo paraje. || a. Volver á pasar, pasar ó atravesar de nuevo un espacio, el mar, un rio, etc. || Volver á trasportar ó trasportar de nuevo. || Afilar, pasar por la piedra un instrumento cortante ó punzante, volver á sacarle el filo. || Repasar, retocar, pulir, limar alguna obra, una herramienta, etc. || met. *Repasser quelque chose dans son esprit, dans sa mémoire*, recapacitar, recordar alguna cosa, traerla á la memoria. || *Repasser les crasses*, sacar la escoria en la fundicion de letras. || *Repasser des étoffes par la teinture*, reteñir las telas, volver á meterlas en tinte. || *Repasser un chapeau*, recomponer un sombrero, volver á teñirlo y darle una nueva forma. || *Repasser le linge*, aplanchar ó planchar la ropa blanca. || *Repasser un rôle*, repasar un papel, volver á recitarlo ó estudiarlo para estar seguro de saberlo de memoria. || met. y fam. *Repasser le buffle à quelqu'un*, ajustar á alguno el coleto, zurrarle la badana, medirle las costillas, sacudirle el polvo: maltratarle de obra ó palabra. || *Fer à repasser*, plancha con que se aplancha ó plancha la ropa.

**REPASSERESSE**, f. *repaserés* (e muda). Cardencha, especie de carda que se usa en las fábricas de paño.

**REPASSETTE**, f. *repasét* (e muda). Art. Especie de carda muy fina.

**REPASSEUR**, m. *repaseur* (e muda). Afilador, el que afila, que saca el filo ó la punta á una herramienta. || Art. El que repasa, pule ó lima alguna cosa, y especialmente el obrero que repasa por la piedra la punta de los alfileres.

**REPASSEUSE**, f. *repaseus* (e muda). Aplanchadora ó planchadora, la que hace profesion de planchar ropa blanca.

**REPAUMER**, a. *repomé* (e muda). Retundir el paño, tundirlo por segunda vez. || Batir ó golpear el paño y lavarlo en el agua.

**REPAVEMENT**, m. *reparmán* (e muda). Nuevo empedrado que se hace en alguna calle.

**REPAVER**, a. *repavé* (e muda). Retempedrar, volver á empedrar. || Resolar, echar suelo nuevo á una habitacion.

**REPAYER**, a. *repeyé* (e muda). Volver á pagar, pagar dos veces.

**REPÊCHER**, a. *repeché* (e muda). Sacar del agua lo que se habia sumergido en ella. || Volver á pescar, pescar segunda vez. || met. y fam. *Repêcher quelqu'un*, vengarse de alguno.

**REPEIGNER**, a. *repeñé* (e muda). Traspeinar, volver á peinar.

**REPEINDRE**, a. *repéndr* (e muda). Volver á pintar.

**REPEINT, E**, adj. y part. pas. de REPEINDRE. *repén* (e muda). Retocado, vuelto á pintar, hablando de un cuadro. Se usa tambien como sustantivo masculino. *Ce tableau a plusieurs repeints*, este cuadro tiene muchos retoques, es decir, se le han aplicado nuevos colores en algunas de sus partes.

**REPELOTER**, a. *repeloté* (e muda). Volver á ovillar.

**REPENDRE**, a. *repándr* (e muda). Recolgar, volver á colgar, colgar de nuevo.

**REPENSER**, n. *repansé* (e muda). Volver á pensar, reflexionar segunda vez sobre alguna cosa. Tambien se usa como activo.

**REPENTANCE**, f. *repantáns* (e muda). Arrepentimiento, dolor, pesar de haber pecado.

**REPENTANT, E**, adj. *repantán* (e muda). Arrepentido, pesaroso, que le pesa el haber pecado.

**REPENTI, E**, adj. *repantí* (e muda). Arrepentido. || *Les filles repenties* ó solo *les repenties*, f. pl. Arrepentidas, mujeres ántes de mala vida, retiradas despues en una casa de recogimiento.

**REPENTIR**, m. *repantir* (e muda). Arrepentimiento, dolor sincero de haber ofendido á Dios. || Sentimiento de haber hecho ó haber dejado de hacer alguna cosa. || Pint. Enmienda, correccion, señal de una primera idea que se ha querido corregir.

**REPENTIR (SE)**, r. *repantir* (e muda). Arrepentirse, dolerse, pesarle á uno de haber hecho alguna cosa.

**REPÉPION**, m. *repepión* (e muda). Art. Especie de punzon usado en las fábricas de agujas y alfileres.

**REPERCER**, a. *repersé* (e muda). Volver á agujerear, agujerear de nuevo. || Plat. *Repercer un ouvrage*, calar una obra, hacer en ella algunos calados.

**REPERCEUSE**, f. *reperseus* (e muda). Plat. Caladora, la mujer que trabaja en hacer calados en ciertas obras de joyería.

**RÉPERCUSSIF, IVE**, adj. *repercusif, ive*. Med. Repercusivo, que hace volver á entrar los humores en el cuerpo, hablando de ciertos remedios. Úsase tambien como sustantivo masculino.

**RÉPERCUSSION**, f. *repercusión*. Med. Repercusion, accion de los humores que refluyen hácia dentro del cuerpo. || Fis. Repercusion, reverbero ó reflexion de la luz, accion de reflejar la luz ó repercutir algun sonido.

**RÉPERCUTER**, a. *repercuté*. Med. Resolver, hacer que los humores de un tumor se resuelvan ó derramen interiormente, que entren hácia dentro del cuerpo. || Fis. Repercutir, reflejar, rechazar los sonidos, la luz, el calor, etc.

**REPERDRE**, a. *repérdr* (e muda). Volver á perder, perder otra vez.

**REPÈRE**, m. *repér* (e muda). Señal, marca que se pone en las piezas de una máquina ú obra para poder reunirlas exactamente. || Marca, hito, señal que se pone para indicar un alineamiento, un nivel, una altura.

**REPÉRER**, a. *reperé* (e muda). Señalar, marcar, poner ó hacer algunas señales ó marcas en una máquina ó en una obra, en un terreno que se quiere nivelar, etc.

**RÉPERTOIRE**, m. *repertuár*. Repertorio, tabla, índice, coleccion en que están ordenadas las cosas ó las materias de modo que se puedan encontrar con facilidad. || Se dice mas particularmente para expresar una coleccion de [illegible] propio uso. || met. [illegible] conserva la memoria [illegible]

**REPESER**, a. [illegible] pesar, pesar de nuevo.

**RÉPÉTAILLER**, a. [illegible] cosa hasta el fastidio.

**RÉPÉTER**, a. *repeté*. [illegible] decir otra vez ó muchas [illegible] ha dicho. || Referir, contar, [illegible] que otro ha dicho, ó referir [illegible] oido. || Repasar, hablando [illegible] sermon, etc.; decir ó leer [illegible] veces una cosa que debe [illegible] cerse en público. || [illegible] un espejo ó cosa [illegible] se le pone delante. || Jurisp. [illegible] dir lo que se tenia dado ó [illegible] se ha quitado á alguno. || [illegible] sos á los alumnos, como [illegible] de clase, explicarles [illegible] que el maestro les enseña. || [illegible] bar una pieza de teatro, de [illegible] petir, en la marina, en [illegible] del navío comandante, [illegible] los demas para [illegible] dido. || *Se répéter*, r. [illegible] lo que ya se ha dicho ó [illegible] *est sujet à se répéter*

**RÉPÉTITEUR**, m. [illegible] el que toma la leccion [illegible] escuela; el que va á las casas [illegible] para darles repasos.

**RÉPÉTITION**, f. [illegible] reiteracion de una misma [illegible] Repaso, ejercicio, leccion [illegible] alumnos explicándoles [illegible] mismo que se les enseña [illegible] peticion, ensayo, prueba [illegible] teatro, música, etc., [illegible] ticularmente lo que se [illegible] blico. || Jurisp. Reclamacion [illegible] clamar alguna cantidad [illegible] se ha pagado demas, etc. [illegible] una figura de retórica.

**REPÉTRIR**, a. [illegible] á amasar.

**REPEUPLEMENT**, m. [illegible] da). Repoblacion, [illegible] cria, nuevo plantío, [illegible] un estanque, bosque, etc. [illegible] dado sin gente, sin peces, [illegible]

**REPEUPLER**, a. [illegible] poblar, volver á poblar ó [illegible] *Repeupler un étang*, [illegible] volver á poblarlo de peces. [illegible] *forêt*, renovar un monte, [illegible] de árboles.

**REPIC**, m. *repic* [illegible] el juego de los cientos. || [illegible] *quelqu'un repic*, [illegible] echar la pierna encima á [illegible] quince y falta. [illegible]

**REPILER**, a. [illegible] majar una cosa, [illegible]

**REPIQUER**, a. [illegible] á picar, punzar otra vez. || [illegible]

**RÉPIT**, m. *repí*. [illegible] á un deudor para que [illegible] *répit*, moratoria, [illegible] ticia para no apremiar á un [illegible]

**REPLACEMENT**, m. [illegible] da). Reposicion, nueva [illegible] de colocar una cosa donde [illegible]

**REPLACER**, a. *replasé* [illegible] ner, volver á colocar ó [illegible] lugar.

**REPLAIDER**, a. y n. [illegible] Volver á pleitear, [illegible]

**REPLAIN**, m. [illegible] parte llana y cultivada [illegible]

**REPLANCHÉIER**, a. [illegible] da). Arq. Entablar, volver [illegible] una habitacion.

**REPLANIR**, a. [illegible] nar, alisar alguna obra [illegible] el cepillo.

**REPLANISSEMENT**, m. [illegible] (e muda). Allanamiento, [illegible] de allanar, de pulir.

**REPLANTER**, a. [illegible] Plantar de nuevo, volver á [illegible]

**REPLÂTRAGE**, m. [illegible]

vocadura, accion de revocar ó recubrir con yeso una pared; resultado de esta accion. || met. Colorido, soldadura, medio poco á propósito que se emplea para reparar una falta.

**REPLÂTRER**, a. *replatré* (e muda). Repellar, dar ó recubrir con yeso. || met. y fam. Soldar, enmendar, reparar una falta cometida por el medio que sea posible.

**REPLÂTREUR**, m. *replatreur* (e muda). Enjalbegador, el que enjalbega. V. **REPLÂTRER**. || met. y fam. Enjalbegador, el que procura encubrir las faltas, darles un colorido, reparar los agravios, etc.

**REPLET, ÈTE**, adj. *replé, ét* (e muda). Repleto, obeso, muy grueso, que tiene demasiadas carnes.

**RÉPLÉTION**, f. *replesión*. Replecion, plenitud, gordura excesiva.

**REPLI**, m. *repli* (e muda). Pliegue, arruga, dobles que hace una tela, un papel, etc. || Respaldo, membrete de un despacho ó cédula. || Vuelta, rosca, onda, las sinuosidades ó círculos que forman con su movimiento las culebras. Úsase regularmente en plural. || met. Rincon, escondrijo, el interior, lo mas secreto del corazon, del alma. || met. *Avoir beaucoup de replis*, tener muchos entresijos, solapas, conchas.

**REPLIEMENT**, m. *replimán* (e muda). Replegamiento ó repliegue, accion de volver á plegar ó doblar una cosa; estado de la cosa asi plegada.

**REPLIER**, a. *replié* (e muda). Volver á plegar ó doblar una cosa que se habia desdoblado. || *Se replier*, r. Doblarse, enroscarse, retorcerse, como hacen las culebras. || Mil. Replegarse, hacer un cuerpo de tropa un movimiento de reconcentracion, retirándose en buen órden para juntarse con otro, etc. || met. Tomar otros sesgos ó amaños para lograr su intento. || Apelar á nuevos medios, asirse de otras aldabas. || *Se replier sur soi-même*, recogerse una persona interiormente, reflexionar.

**RÉPLIQUE**, f. *replic*. Réplica, respuesta que se da sobre lo que respondió la parte contraria. || Réplica, respuesta argumentando contra lo que se ha dicho ó escrito.

**RÉPLIQUER**, a. *repliqué*. Replicar, dar una réplica, volver á responder al adversario en una disputa ó altercado. || Replicar, responder repugnando lo que se manda; hablar cuando se deberia obedecer y callar.

**REPLISSER**, a. *replisé* (e muda). Replegar, volver á plegar, rehacer los pliegues de alguna cosa.

**REPLONGER**, a. *replongé* (e muda). Volver á zambullir, á sumergir ó meter en el agua. || met. Volver á sumergir ó sumergir otra vez en la ignorancia, en la desgracia, etc. || n. Zambullir de nuevo, volver á meterse en la profundidad del agua para buscar alguna cosa. || *Se replonger*, r. Zambullirse, sumergirse en el agua una persona. || Sumergirse, recaer en los mismos vicios, volver á encenagarse.

**REPOLIR**, a. *repolir* (e muda). Repulir, volver á pulir, pulir mas; volver á pulimentar una obra. || met. Volver á pulir. || met. Pulimentar, limar ó corregir una obra de imaginacion.

**REPOLISSAGE**, m. *repoliságe* (e muda). Repulimento, accion de volver á pulir ó pulimentar una obra.

**REPOLON**, m. *repolón* (e muda). Equit. Vuelta que da el caballo en cinco tiempos.

**RÉPONDANT**, m. *repondán*. Sustentante, el que sostiene ó defiende una tésis, el que sufre un exámen público. || Asistento, el que ayuda á misa. || Fiador, abonador, el que responde por otro, el que sale garante, especialmente respondiendo de la conducta de alguno.

**REPONDRE**, a. *repóndr* (e muda). Poner de nuevo, hablando de las gallinas.

**RÉPONDRE**, a. *repóndr*. Responder, dar una contestacion ó respuesta á lo que se ha preguntado: *il ne m'a répondu que deux mots*. || n. Responder á alguno sobre lo que pregunta. || Responder, contestar, replicar, no sufrir en silencio las reconvenciones de un superior; ser respondon, como un criado respecto de su amo, un hijo respecto de sus padres. || Responder, asegurar el éxito de alguna cosa. || *Répondre la messe*, ayudar á misa. En esta frase es activo. En estilo forense se decia *répondre une question*, *un placet*, escribir ó poner una providencia ó resolucion al pié de un escrito. || *La douleur lui répond à la tête*, el dolor le corresponde á la cabeza. || Corresponder, repetir los sonidos, la palabra: dícese del eco. || Responder, contestar á una carta. || Responder al que llama. || Responder, replicar á un pedimento ó alegato. || Sostener, defender una tésis, sufrir un exámen. || Corresponder, guardar proporcion, igualdad ó armonía una cosa con otra. || Responder, salir por fiador ó garante, abonar á otro. || Corresponder una cosa á, caer á, ir á parar á tal paraje. || Corresponder al saludo, á la cortesía, á la amistad, corresponder á las esperanzas que se habian dado, etc. || Responder, dícese de la parte del coro que canta despues de la otra.

**RÉPONS**, m. *repón*. Responsorio, ciertos versículos que se rezan ó cantan en el oficio divino. || Responso, el responsorio que se dice por los difuntos. || Impr. Signo que indica el responsorio, y consiste en una ℟.

**RÉPONSE**, f. *repóns*. Respuesta, contestacion que se da á una persona, á una pregunta. || For. Respuesta, defensa contra las acriminaciones de la parte contraria. || Respuesta, contestacion á una carta; la misma carta en que se responde.

**REPONTE**, f. *repónt* (e muda). Nueva postura de las aves, el acto de volver á poner huevos.

**REPORT**, m. *repór* (e muda). Suma referente, accion de llevar una suma, un total que se halla al fin de una página á la página siguiente; esta misma suma ó total que se lleva. En español se dice suma anterior.

**REPORTER**, a. *reporté* (e muda). Volver á llevar una cosa al lugar donde estaba ántes. || Llevar ó trasladar una suma, un total al principio de la página siguiente. || Trasladar, colocar en otro lugar. || *Se transporter*, r. Trasportarse ó trasladarse: *se reporter dans un endroit*. Se dice por lo comun en sentido met., trasportarse en espíritu, mentalmente ó con el entendimiento á los tiempos antiguos, etc.

**REPOS**, m. *repó* (e muda). Quietud, inmobilidad; privacion, cesacion de movimiento. || Descanso, cesacion del trabajo. || Reposo, descanso, cesacion de fatiga, de afanes. || Tranquilidad, exencion de cuidados, de temores, etc. || Descanso, sueño, reposo del que duerme. || Descanso, meseta de una escalera; descansillo, lugar en que concluye un tramo y empieza otro. || Descanso, el seguro en las armas de fuego. || La pausa que se ha de hacer en las sílabas de los versos, y es lo mismo que cesura. || Mús. Pausa, lugar en que se marca un tiempo durante el cual debe guardar silencio la voz ó el instrumento. || Pausa, tiempo de silencio en la declamacion ó lectura. || *Prendre son repos*, descansar, dormir.

**REPOSÉE**, f. *reposé* (e muda). Mont. Cama, yacija, lugar en que tiene costumbre de descansar la fiera.

**REPOSER**, a. *reposé* (e muda). Reposar, descansar, poner en descanso, poner una cosa sobre otra para que esté cómoda y tranquila. || Med. Calmar, sosegar, dulcificar ó suavizar los humores. || met. *N'avoir pas où reposer sa tête*, no tener donde reclinar la cabeza: carecer de todo asilo. || *Reposer la vue sur un objet*, fijar la vista en un objeto. || n. Reposar, descansar, dormir. || Estar descansando, estar recostado. || Descansar, estar fundado ó apoyado sobre una base ó punto que sirve de sosten. || Reposar, sosegarse ó sentarse un líquido, clarificarse deponiendo la hez en el fondo de la vasija. || Agr. *Laisser reposer une terre*, dejar descansar una tierra, no sembrarla en algun tiempo. || *Se reposer*, r. Descansar, dar de mano á sus tareas ordinarias. || *Se reposer sur quelqu'un*, descansar en alguno, descuidar, tener entera confianza en él.

**REPOSOIR**, m. *reposuár* (e muda). Estacion, altar que se levanta en la carrera el dia de la procesion del Corpus para colocar el Santísimo.

**REPOTIER**, f. pl. *reposí*. Antig. rom. Especie de tornaboda ó comida que se hacia al dia siguiente al de las bodas.

**REPOUS**, m. *repú* (e muda). Arq. Especie de argamasa hecha de cal, ladrillo y teja molida.

**REPOUSSABLE**, adj. *repusábl* (e muda). Rechazable, que debe rechazarse.

**REPOUSSANT, E**, adj. *repusán* (e muda). Repugnante, que inspira repugnancia, asco; asqueroso, que causa aversion.

**REPOUSSEMENT**, m. *repusmán* (e muda). Coz, culatazo que da un arma de fuego al dispararse. || Rechazo, repulsion, accion de rechazar, de repeler.

**REPOUSSER**, a. *repusé* (e muda). Repeler, rechazar, despedir con fuerza una bala, la pelota, etc. || Repeler, rechazar, hacer recular ó retroceder. || Repeler, rechazar, arrojar de sí. Se dice hablando de las personas y de las cosas físicas y morales. *Repousser la force par la force*, rechazar la fuerza con la fuerza. || n. Rebrotar, echar renuevos un árbol ó planta, volver á brotar; volver á crecer el pelo ó el cabello. || Dar coz ó culatada las armas de fuego al dispararlas.

**REPOUSSOIR**, m. *repusuár* (e muda). Botador, taco ó cuña para echar fuera un tarugo. || Sacapuntas, herramienta que usan los dentistas para arrancar los raigones. || Cir. Repelente, instrumento que se introduce en el esófago para separar ó repeler los cuerpos extraños que le perjudican.

**REPOUSTAGE**, m. *repustáge* (e muda) Refinadura, accion de refinar la pólvora.

**REPOUSTER**, a. *repusté* (e muda). Refinar la pólvora.

**RÉPRÉHENSIBLE**, adj. *repreansíbl*. Represible, que es digno de reprension.

**RÉPRÉHENSIF, IVE**, adj. *repreansíf*, *ív*. Reprensivo, que reprende.

**RÉPRÉHENSION**, f. *repreansión*. Reprension, amonestacion, correccion, reprimenda.

**REPRENDRE**, a. *reprándr* (e muda). Volver á tomar, á coger, tomar de nuevo ú otra vez. || Recuperar, recobrar, volver á ganar lo perdido. || Reprender, corregir, amonestar, censurar á alguno. || Criticar, censurar, reprender, condenar alguna cosa, un dicho ó hecho. || *Reprendre haleine*, tomar ó cobrar aliento. || Volver á empezar, proseguir, continuar lo que se habia interrumpido. || n. Volver á echar raices, agarrar, hablando de árboles traspiantados. || Volver á empezar, hablando del frio, de la lluvia, etc. *Le froid a repris*, el frio empieza de nuevo. *La rivière a repris*, el rio ha vuelto á helarse. || Atacar de nuevo, hablando de calentura: *la fièvre lui a repris*. || *Cette pièce de théâtre a repris*, esta pieza de teatro ha vuelto á tomar ascendiente, ha gustado de nuevo. || *Se reprendre*, r. Corregirse, retractarse de una palabra dicha mal á propósito. || Cir. Cerrarse, encarnar una herida. En este sentido se usa mas como neutro, y se dice *la plaie commence à reprendre*, etc.

**REPRENEUR, EUSE**, m. y f. *reprenour*, *eus* (e muda). Criticon, mordaz, reprendedor. Es fam. y poco usado.

**REPRÉSAILLE**, f. *represáill* (e muda). Represalia, venganza que se ejerce con los enemigos vencidos en desquite de algun agravio recibido de ellos. Se usa siempre en plural: *user de représailles*.

**REPRÉSAILLER**, n. inus. *represallé* (e muda). Tomar represalias, usar de represalias con los enemigos.

**REPRÉSENTANT**, m. *represantán* (e muda). Representante, el que representa á otro, que ocupa su lugar y hace sus veces en virtud de poderes que ha recibido de él. || Representante, lo mismo que diputado. V. **DÉPUTÉ**.

**REPRÉSENTATIF, IVE**, adj. *represantatíf*, *ív* (e muda). Representativo, que representa. || Polit. *Gouvernement représentatif*, gobierno representativo, forma de gobierno en el que el pueblo toma parte y concurre con el monarca á la formacion de leyes, imposicion de contribuciones, etc.

**REPRÉSENTATION**, f. *represantasión*

(e muda). Presentacion, exhibicion, manifestacion de alguna cosa. || Representacion, descripcion, pintura de una batalla, fiesta. || Representacion, accion de representar algun drama, tragedia, etc. || Representacion, categoría, rango, dignidad de una persona. || Tumba ó túmulo que se erige en las iglesias para celebrar las honras de algun difunto. || Presencia, aire, planta, talento de una persona corpulenta y bien formada. || Representacion, la accion y el derecho de representar á uno, de hacer sus veces. || Amonestacion, advertencia ú observacion mesurada que se hace á alguno exponiendo ciertas razones para que mude de opinion, ideas ó conducta. || *Représentation nationale*, representacion nacional, reunion de personas elegidas por una parte de los ciudadanos de una nacion que se constituye en asamblea legislativa para formar leyes, prévia discusion ó exámen.

**REPRÉSENTER**, a. *represantá* (e muda). Representar, volver á presentar alguna persona ó cosa. || Presentar, hacer presente, poner á la vista, exhibir. || Representar, hacer las veces de otro. || Representar, figurar, presentar la idea ó imágen de alguna cosa. || Representar, expresar alguna cosa ó hecho por medio de la pintura, la escultura ó el grabado. || Representar, pintar, describir tal cosa ó hecho en metro ó en prosa. || Representar una pieza de teatro; hacer algun papel en ella, en un drama. || Hacer presente, hacer ver, exponer los motivos ó razones para que otro mude de opinion, ideas ó conducta. || n. Representar, ocupar un lugar ó dignidad, hacer algun papel en la sociedad, merecer alguna consideracion. || Imponer, tener una buena presencia, un aire ó maneras imponentes. || *Se représenter*, r. Presentarse de nuevo delante de alguno. || Representarse, figurarse alguna cosa en la mente. || Remedarse á sí mismo en una comedia ó sainete.

**RÉPRESSIF, IVE**, adj. *represif, iv*. Represivo, que reprime.

**RÉPRESSION**, f. *represión*. Represion, accion de reprimir.

**REPRÊTER**, a. *represté* (e muda). Volver á prestar, prestar de nuevo.

**REPRIER**, a. *reprié* (e muda). Orar, rezar de nuevo, volver á hacer oracion. || Rogar de nuevo ú otra vez á alguno.

**RÉPRIMABLE**, adj. *reprimábl*. Reprimible, que puede ó debe reprimirse.

**RÉPRIMANDE**, f. *reprimand*. Reprimenda, reprension, amonestacion, correccion hecha con autoridad.

**RÉPRIMANDER**, a. *reprimandé*. Reprender, amonestar, corregir á uno con autoridad, echarle en cara alguna falta. || *Réprimander fortement ó durement*, dar una fuerte repasata, una buena fraterna.

**RÉPRIMANT, E**, adj. *reprimán*. Reprimente, que reprime, que refrena ó modera.

**RÉPRIMER**, a. *reprimé*. Reprimir, detener, refrenar, moderar, atajar, detener la accion, el efecto, el progreso de una cosa.

**REPRIS, E**, adj. *reprí, is* (e muda). Vuelto á tomar, á coger. || Vuelto á empezar, á continuar, á seguir, etc. || *Repris de justice*, apercibido por la justicia.

**REPRISE**, f. *repris* (e muda). Continuacion de una cosa que se habia interrumpido. || Mús. Segunda parte de una aria, cancion, etc. = Estribillo de una copla. = Repeticion de un compas ó una parte de la pieza, cuando se encuentra dos veces escrita ó está señalada con un párrafo. = Párrafo, signo que indica la repeticion de un pasaje, de un compas. || Segunda carta en el juego de sacanete ó nueva partida que se juega á cualquier otro. || Reparo, recomposicion ó aditamento de una pared, etc. || Zurcido, punto de costura que se hace para cubrir con hilo un agujero hecho en las medias ó rasgon en alguna camisa, etc. || Mar. Nueva presa, nueva captura de un buque que ha caido por segunda vez en poder de los enemigos. || Salvado, echaduras que quedan de la harina. || *Reprises*, pl. Jurisp. Dote de una viuda que se saca de los bienes del marido con antelacion á todo.

**REPRISER**, a. *reprisé* (e muda). Reapreciar, volver á tasar, á poner precio á una cosa. || Zurcir, hacer un zurcido. || n. Volver á tomar polvo.

**RÉPROBATEUR, TRICE**, adj. *reprobateur, tris*. Reprobatorio, que reprueba ó sirve para reprobar.

**RÉPROBATION**, f. *reprobasión*. Reprobacion, accion de reprobar. || Teol. Reprobacion, juicio eterno del Omnipotente, por el cual condena ó reprueba á todo pecador que muere impenitente.

**REPROCHABLE**, adj. *reprochábl* (e muda). Reprochable, reprensible, que merece la desaprobacion. || For. Recusable, que puede recusarse.

**REPROCHE**, m. *reproch* (e muda). Reproche, cargo, sonrojo, repelsa, reprimenda que se da á alguno para zaherirle ó martirizarle en el amor propio. || Tacha, oprobio, afrenta, baldon, nota, infamia de accion fea. || *Sans reproche*, loc. adv. Sin echar en cara: *soit dit sans reproche*. || *Un homme sans reproche*, un hombre sin tacha, sin mancilla, ó, como se dice, sin pero.

**REPROCHER**, a. *reproché* (e muda). Reprochar, sonrojar, vituperar, afear, echar en cara á alguno una mala accion, hacerle cargo de ella para causarle vergüenza y confusion. || Reprochar, echar en cara, recordar un servicio ó favor hecho á la persona que lo ha recibido. || *Reprocher des témoins*, recusar testigos, ponerles tachas. || *Se reprocher*, r. Acusarse, reprobarse á sí mismo una accion.

**REPROCHEUR, EUSE**, m. y f. poco us. *reprocheur, eus* (e muda). Reprochador, el que reprocha, que echa en cara.

**REPRODUCTEUR, TRICE**, adj. *reproducteur, tris* (e muda). Reproductor, que reproduce, que sirve para la reproduccion.

**REPRODUCTIBILITÉ**, f. *reproductibilité* (e muda). Reproductibilidad, facultad de reproducirse los seres.

**REPRODUCTIBLE**, adj. *reproductibl* (e muda). Reproductible, que puede reproducirse.

**REPRODUCTIF, IVE**, adj. *reproductif, iv* (e muda). Reproductivo, que reproduce.

**REPRODUCTION**, f. *reproducsión* (e muda). Reproduccion, accion por la que todo ser viviente perpetúa su especie. || Reproduccion, operacion ó medio por el que un vegetal se reproduce.

**REPRODUCTIVITÉ**, f. *reproductivité* (e muda). Reproductividad, propiedad de producir otros cuerpos ó seres semejantes á sí mismo.

**REPRODUIRE**, a. *reproduír* (e muda). Reproducir, volver á producir, producir de nuevo. || Reproducir, mostrar ó manifestar de nuevo, volver á hacer presente lo que ántes se dijo ó se alegó. || *Se reproduire*, r. Reproducirse, volver a salir, á manifestarse. || met. *Se reproduire dans le monde*, volver á presentarse en el mundo, frecuentar otra vez la sociedad.

**REPROMETTRE**, a. *reprométr* (e muda). Volver á prometer, prometer de nuevo.

**RÉPROUVABLE**, adj. *repruvábl*. Reprobable, que merece la reprobacion, que puede ser reprobado.

**RÉPROUVÉ, ÉE**, adj. *repruvé*. Reprobado, condenado, etc. || m. y f. Réprobo, precito, condenado á las penas eternas. || fam. *Avoir un visage, une figure de réprouvé*, tener cara de condenado: tener muy mala cara.

**REPROUVER**, a. *repruvé* (e muda). Volver á probar, suministrar ó producir una prueba.

**RÉPROUVER**, a. *repruvé*. Reprobar, condenar, desaprobar alguna cosa, una doctrina, una opinion. || Reprobar, condenar: dícese por oposicion á predestinar, hablando de Dios.

**REPS**, m. *reps*. Nombre que se da á cierta tela que se fabrica en Lyon.

**REPTATION**, f. *reptasión*. Rastreo, accion de gatear ó andar arrastrándose por el suelo.

**REPTILE**, adj. *reptil*. Reptil, que anda arrastrando, que se arrastra por la tierra. || m. Reptil, todo animal que anda arrastrando. || fam. *C'est un reptile*, es un reptil, una persona vil y baja.

**REPU, E**, adj. y part. pas. de [illegible] *repú* (e muda). [illegible], [illegible] *harto*, repleto.

**RÉPUBLICAIN, E**, adj. *republiquén, én*. Republicano, que pertenece á la república. || Republicano, que [illegible] republicanismo; que en efecto, [illegible] gobierno republicano. Se usa [illegible] sustantivo.

**RÉPUBLICANISER**, a. [illegible] Republicanizar, propagar las [illegible] republicanas, crear el [illegible]

**RÉPUBLICANISME**, m. [illegible] Republicanismo, adhesion á las [illegible] republicanas.

**RÉPUBLICOLE**, adj. y s. [illegible] *blicól*. Miembro de una [illegible] te del pais en que se halla [illegible] bierno republicano.

**RÉPUBLIQUE**, f. *republic*. [illegible] Estado en que gobierna el [illegible] dio del magistrado ó [illegible] mos que nombra para este efecto, [illegible] blica, cualquier Estado ó [illegible] no. || República, la causa pública, [illegible] comun, el interes general del [illegible] met. *La république des lettres*, la [illegible] literaria, todos los hombres [illegible] bios en general.

**RÉPUDIATION**, f. *repudiasión*. [illegible] cion, la accion de repudiar ó [illegible] blando de una herencia, etc. || [illegible] mision de la propia mujer.

**RÉPUDIER**, a. *repudié*. [illegible] rarse un marido de su mujer [illegible] mas legales. || Repudiar, renunciar [illegible] rencia.

**RÉPUGNANCE**, f. *repugnáns*. [illegible] cia, oposicion, disgusto, [illegible] tiene á alguna cosa.

**RÉPUGNANT, E**, adj. *repugnán*. [illegible] nante, contrario, opuesto, que [illegible] pugnancia.

**RÉPUGNER**, n. *repugné*. [illegible] sar repugnancia. || Repugnar, [illegible] gace una cosa, resistir.

**REPULLULER**, a. *repululé* [illegible] Renacer, volver á pulular, á [illegible] Retoñar las plantas ó yerbas.

**RÉPULSIF, IVE**, adj. *repulsif*, [illegible] pulsivo, que repele.

**RÉPULSION**, f. *repulsión*. [illegible] sion, accion de repeler; estado de [illegible] que ha sido repelida.

**REPURGER**, a. *repurgé* (e muda). [illegible] á purgar, purgar de nuevo.

**RÉPUTATION**, f. *reputasión*. [illegible] cion, fama, crédito, buen concepto [illegible] tiene de alguno. *Il est en réputation* [illegible] de reputacion, está bien reputado. [illegible] tambien de las cosas que tienen [illegible] de excelentes en su especie.

**RÉPUTER**, a. *reputé*. Reputar, [illegible] considerar, creer, tener por tal.

**REQUART**, m. *recár* (e muda). [illegible] ta de la cuarta parte de una herencia [illegible] nacion, alienacion de una herencia.

**REQUÉRABLE**, adj. *requerábl* [illegible] For. Reclamable, que debe [illegible] dirse por el acreedor.

**REQUÉRANT, E**, adj. *requerán* [illegible] de). For. Demandante, que [illegible] cialmente. Se usa como sustantivo.

**REQUÉRIR**, a. *requerir* (e muda). [illegible] querir. V. SOMMER. || Reclamar, [illegible] dir en justicia. || Requerir, exigir, [illegible] necesitar, ser necesario.

**REQUÊTE**, f. *requét* (e muda). [illegible] peticion, reclamacion, [illegible] alguna cosa. || Recuesta, requerimiento [illegible] timacion de alguna providencia. [illegible] *des requêtes*, uno de los magistrados [illegible] ris que hacia relacion de las [illegible] las partes en el consejo del rey, [illegible] nian voto deliberativo. || For. [illegible] *par requête civile*, suplicar en [illegible] *tes de requête*, cierto género de [illegible]

**REQUÊTÉ**, m. *requeté* (e muda). [illegible] de cierta llamada que se toca á [illegible] de caza.

**REQUÊTER**, a. *requeté* (e muda). [illegible] Rastrear la caza de nuevo, volver á [illegible]

**QUIEM**, m. *récuiem*. Requiem, oración que la Iglesia canta por los difuntos. || *de requiem*, misa de requiem, misa de difuntos.

**QUIN**, m. *requén* (e muda). Tiburon, ...o, pez de grande tamaño, muy voraz.

**QUINQUER (SE)**, r. *requenqué* (e muda). ...rifollarse, emperifollarse, acicalarse de manera afectada. Se dice de las viejas que quieren componerse mas de lo que corresponde á su edad.

**QUINT**, m. *requén* (e muda). Jurisp. Requinto, quinta parte del quinto que ...aba al señor sobre el valor de una ...ueste en venta.

**QUIS, E**, adj. *requí* (e muda). Requerido, pedido, etc. || Preciso, necesario, competente, conveniente: *avoir l'âge requis*, *...lités requises*. || REQUISE, f. Solo se usa en esta frase: *une chose de requise*, ...a cosa. Tambien se dice *être de requise*, ser buscada ó codiciada una cosa por su rareza ó poca abundancia; v. gr. *les bons ...vins de requise cette année*.

**QUISITION**, f. *requisisión*. Requerimiento. || Peticion, demanda en un tribunal. *...eunes gens de la réquisition*, mozos ...dos, quintos, requeridos para el servicio militar.

**QUISITIONNAIRE**, m. *requisisionér*. ..., mozo á quien ha cabido la suerte de ... en un sorteo.

**QUISITOIRE**, m. *requisituár*. Pedimento fiscal. || Exhorto, requisitoria que dirige una autoridad á otras.

**S**, n. V. RAIRE.

**SACRER**, a. *resacré* (e muda). Consagrar de nuevo, volver á consagrar.

**SAIGNER**, a. *reseñé* (e muda). Volver á sangrar, sangrar otra vez.

**SALUER**, a. *resaluó* (e muda). Resaludar, volver el saludo ó la cortesía.

**SARCELÉ, ÉE**, adj. *resarselé* (e muda)... Dícese de las cruces embutidas de ...as de esmalte distinto.

**SARCIR**, a. *resarsír* (e muda). Zurcir ...a, imitar su tejido por medio de la aguja.

**SARCISSURE**, f. inus. *resarsisúr* (e muda). Zurcido, accion de zurcir una tela con aguja; resultado de esta accion.

**CAMPIR**, a. V. RÉCHAMPIR.

**CELLEMENT**, m. *reselmán* (1ª. e muda). Resello, accion de resellar alguna cosa.

**CELLER**, a. *reselé* (1ª. e muda). Resellar de nuevo.

**CIF**, m. Mar. V. RÉCIF.

**CINDANT**, m. *resendán*. For. Pedimento de rescision ó anulacion de un contrato ó de una providencia, etc.

**CINDER**, a. *resendé*. Rescindir, anular un contrato, una providencia, etc.

**CISION**, f. *resisión*. For. Rescision, anulacion de un acto, de un contrato, etc.

**CISOIRE**, m. *resisuar*. For. Rescisorio, el acto ó decreto que se trata de anular. || adj. Rescisorio, que rescinde ó sirve para rescindir; que puede rescindirse.

**RESIQUER**, a. V. BIFFER, RAYER.

**RESERVATION**, f. *reservasión* (e muda). Der. can. Reserva, reservacion, accion por la que el papa usa del derecho de proveer ciertos beneficios ó prebendas vacantes en los países de obediencia.

**RÉSERVE**, f. *resérv*. Reserva, accion de reservar, de hacer ó usar de alguna reservacion. || Reservado, separado, lo que ha quedado en *reserva*. || Reserva, parte del ejército que se conserva en la inaccion hasta que las circunstancias exigen hacer uso de ella. || Reten, en las plazas fuertes toda guardia destinada únicamente á esperar órdenes. || Mont. Reservado, terreno que se dedica exclusivamente al dueño de la montería. || Reserva, circunspeccion, recato, discrecion; precaucion, cuidado. || Reserva, excepcion, restriccion, condicion en los contratos. || *À la réserve de*, loc. prep. Á excepcion de, excepto, exceptuando. || *En réserve*, de reserva, de reten, de prevencion. || *Sans réserve*, sin reserva, sin cautela, sin recelo, con confianza. || For. *Réserves coutumières*, bienes que se aseguran á los herederos ab intestato.

**RÉSERVER**, a. *reservé*. Reservar, guardar, retener una parte de un todo para sí ó para otro. || Reservar, guardar una cosa para otro tiempo, para otro uso. || *Se réserver*, r. Reservarse, guardar ó retener para sí alguna cosa. || Reservarse, diferir ó esperar el hacer ó decir alguna cosa para mejor ocasion.

**RÉSERVOIR**, m. *reservuár*. Arca de agua, depósito en que se reune para distribuirla segun la necesidad. Se dice tambien charca, estanque, etc., entendiéndose toda obra artificial en que se recoge el agua para varios usos. || Anat. Receptáculo, toda cavidad del cuerpo humano donde se acumula algun líquido. *Le réservoir des larmes*, el saco lagrimal. *Réservoir de l'urine*, la vejiga.

**RÉSEUIL**, m. *reseuil*. Especie de red de pescar.

**RÉSIDANT, E**, adj. *residán*. Residente, que reside ó habita de asiento en algun lugar.

**RÉSIDENCE**, f. *residáns*. Residencia, domicilio, habitacion de asiento que hace una persona en un pueblo. || Residencia, el parajo en que deben vivir los empleados y beneficiados para asistir á sus obligaciones. || Residencia, empleo de un residente cerca de una corte extranjera. || Quím. Asiento, suelo, poso que dejan las cosas líquidas.

**RÉSIDENT**, m. *residán*. Residente, enviado por parte de un soberano cerca de una corte extranjera con una representacion superior á la de un agente, é inferior á la de embajador. || RÉSIDENTE, f. La mujer del residente.

**RÉSIDER**, n. *residé*. Residir, habitar, vivir de asiento en un pueblo. || Residir, vivir el eclesiástico en el lugar de su beneficio. || met. *Toute l'autorité réside en sa personne*, toda la autoridad reside en su persona; es decir, existe, se halla depositada en su persona.

**RÉSIDU**, m. *residú*. Residuo, resto de una cuenta de gastos. Se llama tambien

**RÉSILIER**, a. *resilié*. For. Rescindir, invalidar, anular un acto. || n. Reclamar contra un contrato, vale, promesa, etc.

**RÉSILIEMENT** ó **RÉSILÎMENT**, m. V. RÉSILIATION.

**RÉSILLE**, f. *resíll*. Redecilla, especie de cofia ó gorro de punto con que se sujetan los cabellos.

**RÉSINE**, f. *resín*. Resina, materia inflamable, crasa, untuosa, que se desprende de ciertos árboles. || *Résine sèche*, pez griega.

**RÉSINEUX, EUSE**, adj. *resineu, eus*. Resinoso, que produce la resina, ó que participa de su naturaleza.

**RÉSINGLE** ó **RÉSINGUE**, f. *resíngl*, *reséngue* Reloj. Desabollador, instrumento en que se apoyan las cajas para quitarles las abolladuras.

**RÉSINIER**, m. *resinié*. Nombre que se da, en los páramos de Burdeos, á los peones que se ocupan en recoger la resina que destilan los pinos.

**RÉSINIFÈRE**, adj. *resinifér*. Resinífero, que destila resina.

**RÉSINIFIER (SE)**, r. *resinifié*. Volverse resina, congelarse como la resina.

**RÉSINIFORME**, adj. *resinifórm*. Resiniforme, que tiene la forma de la resina.

**RÉSIPISCENCE**, f. *resipisáns*. Reconocimiento de la falta con enmienda.

**RÉSISTABILITÉ**, f. *resistabilité*. Resistibilidad, propiedad de resistir, inherente á los cuerpos animados.

**RÉSISTANCE**, f. *resistáns*. Resistencia, cualidad que tiene un cuerpo de resistir á la accion de otro cuerpo. || Resistencia, obstáculo, dificultad. || met. Resistencia, oposicion á los designios ó á la voluntad de alguno.

**RÉSISTER**, n. *resisté*. Resistir, no ceder, ceder difícilmente al golpe ó impresion de un cuerpo. || Resistir, oponer la fuerza á la fuerza, hacer frente á la fuerza ó violencia. || met. Resistir, oponerse á los designios, á la voluntad de alguno. || Resistir, aguantar, sobrellevar el trabajo, la fatiga.

**RÉSISTIBLE**, adj. *resistíbl*. Resistible, que puede resistirse.

**RÉSOLUBLE**, adj. *resolúbl*. Resoluble, que puede resolverse: *ce problème est résoluble*.

**RÉSOLÛMENT**, adv. *resolumán*. Resueltamente, con resolucion. || Determinadamente, con ánimo resuelto, con valor, con intrepidez.

**RÉSOLUTIF, IVE**, adj. *resolutif, iv*. Resolutivo, que determina la resolucion, hablando particularmente de tumores.

**RÉSOLUTION**, f. *resolusión*. Resolucion, determinacion que se toma sobre un negocio. || Disolucion, reduccion de un cuerpo á sus principios. || Resolucion, accion por la que se resuelve un tumor ó hinchazon. || Rescision, anulacion de un contrato, escritura, etc. || Resolucion, decision ó solucion de alguna duda ó dificultad. || Resolucion, decision, determinacion, ánimo, firmeza con que se ejecuta una accion cualquiera.

**RÉSOLUTOIRE**, adj. *resolutuár*. For.

**RÉSOUDRE**, a. *resúdr*. Resolver, reducir, convertir una cosa en otra, como hace el fuego que convierte la madera en ceniza y en humo. || Med. Resolver, hacer desaparecer un tumor sin supuracion. || Resolver, desatar, dar solucion á una dificultad, á una duda. || Jurisp. Resolver, destruir, anular un acto, un contrato, etc. || Resolver, dar una providencia, tomar una resolucion. || *Se résoudre*, r. Reducirse, convertirse un cuerpo en partes menudas ó en otra cosa. || Resolverse, determinarse, decidirse á hacer alguna cosa.

**RESPECT**, m. *respé*. Respeto, atencion, deferencia que se guarda á las personas y á las cosas. || Respecto, razon, relacion ó proporcion de una cosa con otra. En este sentido es voz anticuada en frances. || *Au respect de*, respecto de, en comparacion de. || *Sauf le respect*, *sauf votre respect*, con respeto de Vd., con perdon, con licencia de Vd. || *Tenir quelqu'un en respect*, imponer á uno, tenerle á raya, no dejarle traslimitar sus deberes.

**RESPECTABLE**, adj. *respectábl*. Respetable, que es digno de respeto, de veneracion ó deferencia.

**RESPECTABLEMENT**, adv. *respectablemán*. Respetablemente, de un modo respetable.

**RESPECTER**, a. *respecté*. Respetar, venerar, honrar, reverenciar, tener respeto. || Respetar, no atreverse á destruir ó maltratar alguna cosa. || *Se respecter*, r. Respetarse, tenerse respeto dos personas. || Respetarse, no faltarse una persona á sí misma.

**RESPECTIF**, **IVE**, adj. *respectif*, *fe*. Respectivo, relativo, recíproco, que concierne recíprocamente ó respectivamente á las partes interesadas.

**RESPECTIVEMENT**, adv. *respectivemán*. Respectivamente, de una manera respectiva.

**RESPECTUEUSEMENT**, adv. *respectueusmán*. Respetuosamente, de una manera respetuosa, con respeto.

**RESPECTUEUX**, **EUSE**, adj. *respectueu*, *eus*. Respetuoso, respetoso, reverente, que manifiesta respeto.

**RESPIRABILITÉ**, f. *respirabilité*. Respirabilidad, cualidad de lo que es respirable, de un gas que puede servir para la respiracion.

**RESPIRABLE**, adj. *respirábl*. Respirable, que puede respirarse.

**RESPIRANT**, **E**, adj. *respirán*. Respirante, que respira.

**RESPIRATEUR**, m. *respirateur*. Fís. Respirador, aparato propio para facilitar la respiracion.

**RESPIRATION**, f. *respirasión*. Respiracion, accion de respirar.

**RESPIRATOIRE**, adj. *respiratuár*. Respiratorio, que se refiere á la respiracion, que sirve para la respiracion.

**RESPIRER**, n. *respiré*. Respirar, atraer el aire al pulmon y volverlo á arrojar. || Respirar, vivir. || met. Respirar, tomar aliento, descansar algunos momentos despues de cierto tiempo de trabajo. || *Respirer après quelque chose*, suspirar por alguna cosa, anhelarla, tener grandes deseos de poseerla. || a. *Respirer un bon air*, respirar un aire puro, sano, saludable, agradable, etc. || Respirar, mostrar, manifestar, anunciar: *dans cette maison tout respire la piété, la vertu.* || Anhelar, desear con ardor, con vehemencia, vivamente: *il ne respire que la guerre, la vengeance, etc.*

**RESPLENDIR**, n. *resplandír*. Resplandecer, relucir, brillar con esplendidez.

**RESPLENDISSANT**, **E**, adj. *resplandisán*. Resplandeciente, que resplandece, que brilla.

**RESPLENDISSEMENT**, m. *resplandismán*. Resplandor del sol ú otro cuerpo luminoso.

**RESPONSABILITÉ**, f. *responsabilité*. Responsabilidad, obligacion de responder de sus acciones ó de las de otros, ó de alguna cosa.

**RESPONSABLE**, adj. *responsábl*. Responsable, que debe responder de sus propias acciones ó de las de otros; que debe salir garante de alguna cosa.

**RESPONSIF**, **IVE**, adj. *responsif*, *fe*. For. Respondiente, responsivo, que contiene una respuesta.

**RESPONSION**, f. *responsión*. Responsion, pension ó carga que se paga á la órden de San Juan por los caballeros de Malta.

**RESSAC**, m. *resác*. Mar. Resaca, retirada violenta del agua del mar despues que ha batido la playa.

**RESSAIGNER**, a. *reseñé* (e muda). Volver á sangrar. || n. Volver á arrojar, á echar sangre una herida, etc.

**RESSAIGUER** ó **RESSAIGNER**, a. *resegué*, *reseñé* (e muda). Pesc. Tirar piedras para que el pescado entre en la red.

**RESSAISIR**, a. *resesír* (e muda). Volver á tomar ó á coger. || Reembargar, volver á embargar. || Volver á ocupar. || Recobrar, apoderarse de lo que ántes se tenia, volver á entrar en posesion. || *Se ressaisir*, r. Apoderarse de nuevo, volver á posesionarse de una cosa.

**RESSASSER**, a. *resasé* (e muda). Volver á cribar ó pasar por tamiz, repasar la harina. || met. Examinar, volver á discutir; alambicar, examinar escrupulosamente alguna cosa.

**RESSASSEUR**, **EUSE**, m. y f. *resaseur*, *eus* (e muda). Acribador, el que criba ó acriba, que pasa por cedazo, criba, etc. || met. El que examina, alambica ó discute de nuevo una cosa, volviendo siempre á las mismas ideas.

**RESSAUT**, m. *resó* (e muda). Arq. Saledizo, resalto, parte cualquiera de un edificio que sale fuera de la línea recta.

**RESSAUTER**, n. *resoté* (e muda). Volver á saltar, saltar de nuevo. || Arq. Resaltar, tener ó formar saledizos un edificio.

**RESSÉANT**, **E**, adj. *reseán* (e muda). Residente, domiciliado, que reside, que habita. Solo se dice en Normandía.

**RESSÉANTISE**, f. V. **RÉSIDENCE**, **DOMICILE**.

**RESSÉCHER**, a. *reseché* (e muda). Resecar, volver á secar.

**RESSELLER**, a. *reselé* (1ª. e muda). Volver á ensillar un caballo.

**RESSEL**, m. *resél* (e muda). Pesc. Sal que queda en los navíos despues de descargados del pescado que contenian.

**RESSELLEMENT**, m. *reselmán* (e muda). Accion de volver á ensillar un caballo.

**RESSEMBLANCE**, f. *resanbláns* (e muda). Semejanza, similitud, conformidad entre personas y cosas. || Imágen. *Le fils est la vraie ressemblance de son père*, el hijo es la viva imágen de su padre.

**RESSEMBLANT**, **E**, adj. *resanblán* (e muda). Semejante, parecido, que se parece, que tiene semejanza.

**RESSEMBLER**, n. *resanblé* (e muda). Semejar, asemejarse, parecerse una persona ó una cosa á otra. *Un fils qui ressemble à son père*, un hijo que se parece á su padre. *Se ressembler*, r. Parecerse, asemejarse, etc., muchas personas ó cosas

**RESSEMELAGE**, m. *resemelage* (e muda). Remonta de suelas en el calzado.

**RESSEMELER**, a. *resemelé* (e muda). Remontar de suelas, echar suelas nuevas á unos zapatos viejos; echar soletas ó plantillas á unas medias viejas.

**RESSEMER**, a. *resemé* (e muda). Volver á sembrar, sembrar otra vez.

**RESSENTIMENT**, m. *resantimán* (e muda). Retoque, amago de un dolor que retienta ó vuelve á sentirse despues de haberse mitigado. || met. Resentimiento, enojo, memoria que se conserva de una injuria con deseos de vengarse. || Antiguamente se tomaba en buena parte por memoria, reconocimiento de los beneficios recibidos.

**RESSENTIR**, a. *resantír* (e muda). Sentir, experimentar dolor físico, algun disgusto. || Sentir la pérdida de un amigo, de un pleito, etc. || *Se ressentir*, r. Resentirse de un dolor ó enfermedad que se ha padecido, sentir alguna reliquia de ese mal. Se dice tambien de las cosas; y así un país se resiente de los desastres de la guerra, etc. || Resentirse de alguna injuria que se ha recibido.

**RESTIPULER**, a. *restipulé*. Estipular de nuevo. || Estipular recíprocamente.

**RESTITUABLE**, adj. *restituábl*. Restituible, que debe restituirse. || For. Que puede ser restablecido, repuesto en su primitivo estado.

**RESTITUER**, a. *restitué*. Restituir, devolver lo robado, poseido ó detenido injustamente. || Restablecer, reponer una cosa en su primitivo estado. || Enmendar, corregir, hablando de textos, de pasajes de un autor. || Reparar: *restituer l'honneur à quelqu'un*.

**RESTITUTEUR**, m. *restituteur*. Lit. Corrector de un texto ó lugar. || Renovador de antiguas ó rancias opiniones.

**RESTITUTION**, f. *restitusión*. Restitucion, accion y efecto de restituir. || Restitucion, restauracion de una cosa en su primer estado. || *Médailles de restitution*, medallas que se fabrican con objeto de perpetuar la memoria de alguna familia ilustre.

**RESTORNE**, m. *restórn*. Com. Restorno, trasposicion, error en los asientos que se hacen en los libros de comercio.

**RESTORNER**, a. *restorné*. Com. Trasponer, equivocar un asiento en la teneduría de libros.

**RESTREINDRE**, a. *restréndr*. Restringir, restriñir. || met. Restringir, reducir, limitar. || *Se restreindre*, r. Reducirse, limitarse á: *se restreindre à des propositions raisonnables; se restreindre à la moitié*.

**RESTRICTIF, IVE**, adj. *restrictif, ive*. Restringente, que restringe, que limita.

**RESTRICTION**, f. *restricsión*. Restriccion, accion de restringir. || Limitacion, modificacion, condicion que limita.

**RESTRINGENT, E**, adj. *restrenján*. Med. Astringente, que causa estreñimiento: se dice de los remedios y de los alimentos.

**RÉSULTANT, E**, adj. *resultán*. Resultante, que resulta; procedente, originado, que es la consecuencia, etc. || RÉSULTANTE, f. Mec. Resultante, fuerza que resulta de la composicion de varias fuerzas aplicadas á un solo punto.

**RÉSULTAT**, m. *resultá*. Resultado, resulta, efecto que produce una causa; lo que procede de un exámen, de un cálculo matemático, etc. || Resulta, efecto, consecuencia.

**RÉSULTER**, n. *resulté*. Resultar, seguirse, nacer, originarse, proceder de una causa. Se usa solo en el infinitivo y en la tercera persona de los demas tiempos.

**RÉSUMÉ, ÉE**, adj. *resumé*. Resumido. || RÉSUMÉ, m. Resúmen, compendio de un discurso, de una obra, etc.

**RÉSUMER**, a. *resumé*. Resumir, compendiar, reducir á pocas palabras lo mas importante de una obra, escrito, discurso. || Absol. y sin régimen. Resumir, abreviar, compendiar.

**RÉSUMPTE**, f. *resónpt*. Resumpta, el último acto que sostenia en Paris un nuevo doctor en teología para gozar de los derechos de tal.

**RÉSUMPTÉ**, adj. m. *resónpté*. Resumpto, se decia del doctor que habia sostenido su última tésis teológica, llamada *résumpte*.

**RÉSUMPTION**, f. poco us. *resonpsión*. Resuncion, resúmen, recapitulacion de algun argumento, etc.

**RÉSURE**, f. *resúr*. Pesc. Carnada, cebo que se hace con los huevos de la merluza para la pesca de la sardina.

**RÉSURRECTEUR, TRICE**, adj. *resurrecteur, tris*. Resucitador, que resucita, que

**RETABLE**, m. *retábl* (e muda). Retablo, adorno de pintura ó de talla que se pone en los altares. || Retablo, adorno de arquitectura sobre que se apoya un altar.

**RÉTABLIR**, a. *retablir*. Restablecer, poner una cosa en su estado primitivo, en buen estado, en mejor estado. || *Se rétablir*, r. Restablecerse de una enfermedad, recuperar ó recobrar la salud.

**RÉTABLISSEMENT**, m. *retablismán*. Restablecimiento, accion de restablecer, de reparar alguna cosa. || Restablecimiento, estado de una persona restablecida.

**RETAILLE**, f. *retáll* (e muda). Retal, retazo de tela, paño ú otra cosa.

**RETAILLEMENT**, m. *retallmán* (e muda). Recorte, accion de recortar, de volver á cortar alguna cosa.

**RETAILLER**, a. *retallé* (e muda). Recortar, cortar de nuevo, volver á cortar.

**RETAPER**, a. *retapé* (e muda). Armar un sombrero, darle la forma.

**RETARD**, m. *retár* (e muda). Retardo, atraso. || *Le retard d'une montre*, el registro de un reloj, la aguja que sirve para detener ó apresurar el escape.

**RETARDATAIRE**, adj. *retardatér* (e muda). Atrasado, remolon, que llega tardo á verificar algun pago. || Mil. Remolon, rehacio, que es de los últimos en llegar al depósito, hablando de quintos.

**RETARDATIF, IVE**, adj. *retardatif, ie* (e muda). Atrasado, que atrasa, hablando de un reloj.

**RETARDATION**, f. *retardasión* (e muda). For. Dilacion, demora. || Fís. Retraso, retardo del movimiento de un cuerpo á efectos de una causa ó impedimento particular.

**RETARDATRICE**, adj. f. *retardatris* (e muda). Fís. Se dice de la fuerza que retrasa ó retarda el movimiento de un cuerpo.

**RETARDEMENT**, m. *retardmán* (e muda). Tardanza, demora, dilacion.

**RETARDER**, a. *retardé* (e muda). Demorar, retardar, atrasar, diferir, detener, alargar. || n. Atrasar ó atrasarse un reloj; atrasarse la luna, la terciana, aparecer algo mas tarde cada dia.

**RETÂTER**, a. *retaté* (e muda). Andar tentando, tocando, palpando, tentar ó palpar de nuevo. || Andar catando ó probando guisos, caldos, etc, catar ó probar de nuevo.

**RETAXER**, a. *retacsé* (e muda). Poner nueva tasa ó nuevos precios á las cosas, tasar de nuevo.

**RETEINDRE**, a. *reténdr* (e muda). Reteñir, dar nuevo tinte, volver á meter en el tinte.

**RÉTEINDRE**, a. *reténdr*. Volver á apagar, apagar de nuevo.

**RETENABLE**, adj. *retenábl* (e muda). Susceptible de retenerse, de conservárse en la memoria.

**RÉTENDEUR**, m. *retandeur*. Tendedor, el que extiende las telas ó paños, ó que los extiende de nuevo al salir del batan.

**RÉTENDOIR**, m. *retanduár*. Nombre de cierta herramienta de organero.

**RETENDRE**, a. *retándr* (e muda). Tender ó estirar de nuevo, volver á tender ó estirar.

**RÉTENDRE**, a. *retándr*. Volver á extender, extender de nuevo.

**RETENIR**, a. *retenir* (e muda). Tener otra vez, recoger lo que se ha dado, gastado, etc. || Retener, conservar alguno en su

par de trosco al bajar una cuesta abajo. || *Se retenir*, r. Detenerse ó pararse con esfuerzo en la carrera. || Detenerse, sostenerse, agarrarse, asirse de alguna cosa. || Moderarse en el hablar, callando lo que no es lícito decir.

**RETENTER**, a. *retanté* (e muda). Intentar, probar otra vez, volver á probar.

**RÉTENTIF, IVE**, adj. *retantif, iv*. Retentivo, que retiene ó contiene.

**RÉTENTION**, f. *retansión*. Retencion, reserva, accion de retener alguna cosa. || Med. *Rétention d'urine*, retencion de orina.

**RÉTENTIONNAIRE**, m. *retansionér*. For. Detentador, detentor, el que retiene lo ajeno.

**RETENTIR**, n. *retantír* (e muda). Retumbar, resonar, devolver el eco los sonidos. || met. *Ses louanges retentissent dans tout l'univers*, se le alaba, se le ensalza en todo el orbe.

**RETENTISSANT, E**, adj. *retantisán* (e muda). Retumbante, que retumba.

**RETENTISSEMENT**, m. *retantismán* (e muda). Resonancia, retumbo, devolucion de los sonidos, rimbombo, eco.

**RETENTUM**, m. *reténtom* (e muda). For. Reserva, restriccion, cláusula implícita en una sentencia que toma su ejecucion como si estuviese claramente expresada. || Reserva, cautela que observan los hombres cuando tratan de algun asunto de importancia.

**RETENU, E**, adj. *retenú* (e muda). Circunspecto, prudente, comedido, moderado, recatado, etc.

**RETENUE**, f. *retenú* (e muda). Moderacion, discrecion, modestia, recato, comedimiento. || Descuento, cantidad que se retiene del total que debe abonarse por algun salario, renta, etc. || Feud. Retencion, derecho que tenia un señor para reservarse una herencia que habia sido vendida en el término de su señoría, abonando su valor al comprador. || *Être en retenue*, estar arrestado, no poder salir. Se dice en los colegios del alumno que no puede salir á paseo ó á disfrutar de la recreacion en pena de alguna falta.

**RETERSAGE**, m. *reterságe* (e muda). Agr. Segunda labor que se da á la viña.

**RETERSER**, a. *retersé* (e muda). Agr. Dar una segunda labor á la viña.

**RÉTIAIRE**, m. *resiér*. Antig. rom. Reciario, nombre dado á los gladiadores que peleaban con redes, en las que enredaban á sus contrarios, matándolos despues con el tridente.

**RÉTICENCE**, f. *retisáns*. Reticencia, supresion, omision voluntaria de una cosa que debiera decirse. || Ret. Figura de retórica por la cual el orador hace entender una cosa sin decirla, y á veces mucho mas de lo que diria.

**RÉTICULAIRE**, adj. *reticulér*. Anat. Reticular, que se parece á una red ó redecilla.

**RÉTICULE**, m. *reticúl*. Astr. Retícula, enlace de hilos metálicos que se ponen en el foco de un anteojo para medir el diámetro de los astros. || Retícula, nombre de una constelacion.

**RÉTIF, IVE**, adj. *retif, iv*. Repropio, que recula, que se resiste á salir hácia adelante, hablando de los caballos y mulos. || met. Repropio, reliacio, que carece de docilidad: se dice de los niños.

**RÉTINE**, f. *retin*. Retina, expansion del nervio óptico donde se pintan las imágenes de los objetos externos; ó bien, tejido formado en el fondo del ojo por los filamentos del nervio óptico, y en el cual se pinta la imágen de los objetos.

**RÉTINITE**, f. *retinit*. Miner. Retinita, especie de piedra fusible. || Med. Retinitis, inflamacion de la retina.

**RETIRADE**, f. *retirad* (e muda). Fort. Atrincheramiento, cortadura ó obra que se hace detras de una murallla por los sitiados en una plaza.

**RETIRATION**, f. *retirasión* (e muda). Impr. Retiracion, accion de imprimir la segunda cara de un pliego en prensa.

**RETIREMENT**, m. *retirmán* (e muda). Cir. Retiracion, contraccion de los nervios ó tendones, de los músculos.

**RETIRER**, a. *retiré* (e muda). Volver á tirar. || Retirar, llevar hácia sí. || Sacar, apartar, retirar á una persona ó cosa del lugar en que estaba metida. || Sacar, librar de un peligro, de un apuro. || met. Sacar, apartar, retirar á uno del vicio, del pecado. || Sacar, percibir tanto ó cuanto de un empleo, de una casa, de una hacienda. || Recoger, acoger, dar asilo á alguno. || Retirar, sacar, recoger una cosa que estaba empeñada ó depositada. || *Retirer sa parole*, volver su palabra atras, retractarse. || *Retirer un effet en gage*, desempeñar una alhaja. || *Retirer une obligation*, recoger un vale, pagar una deuda. || fam. *Retirer son haleine*, recoger el aliento. || n. Mar. *La mer retire*, baja la marea, las aguas se retiran, la playa queda en seco. || *Se retirer*, r. Retirarse, marcharse, alejarse de un sitio. || Retirarse, recogerse, irse á su casa, á su cuarto, etc. || Retirarse, dejar una persona la profesion, el método de vida que observaba. || Retirarse, refugiarse, ponerse en salvo. || Encogerse el pergamino. || Contraerse los nervios. || Jurisp. *Se retirer par devers un juge*, apelar á un juez pidiendo justicia. || Retirarse, volver las aguas á su centro.

**RETIRONS**, m. pl. *retirón* (e muda). La lana que queda en el peine.

**RETIROTE**, f. irón. *retirót* (e muda). Retirada forzada de un ejército.

**RETIRURE**, f. *retirúr* (e muda). Art. Agujero ó hoyo que queda en una pieza al tiempo de fundirla.

**RETOIRE**, m. *retuár*. Vet. Cáustico, medicamento que obra sobre la piel y la consume.

**RETOISER**, a. *retuasé* (e muda). Volver á varear ó medir con la toesa.

**RETOMBÉE**, f. *retonbé* (e muda). Arq. Recaida, declive del arranque de una bóveda ántes de poner la cimbra.

**RETOMBER**, n. *retonbé* (e muda). Volver á caer, caer otra vez. || met. Recaer, volver á padecer la misma enfermedad de que se iba convaleciendo. || Recaer, reincidir, hablando en sentido moral. || Caer: *la balle vint retomber en cet endroit*. || met. Recaer, caer ó resultar en perjuicio de uno los efectos de una mala accion.

**RETONDEUR, EUSE**, m. y f. *retondeur, eus* (e muda). Reesquilador, el que vuelve á esquilar.

**RETONDRE**, a. *retóndr* (e muda). Volver á esquilar ó trasquilar.

**RETORDAGE** ó **RETORDEMENT**, m. *retordáge, retordemán* (e muda). Retorcedura, accion de retorcer un hilo, cuerda, etc.

**RETORDEUR, EUSE**, m. y f. *retordeur, eus* (e muda). Manuf. Retorcedor, el que retuerce los hilos.

**RETORDOIR**, m. *retorduár* (e muda). Art. Retorcedor, especie de torno en que se retuercen los cordones, las sedas, etc.

**RETORDRE**, a. *retórdr* (e muda). Retorcer, volver á torcer un cordon, un hilo. || prov. y met. *Donner du fil, donner bien du fil à retordre à quelqu'un*, causar muchos disgustos á una persona, suscitarle embarazos, darle bien que roer, mucho que rumiar.

**RÉTORQUABLE**, adj. *retorcabl*. Redargüible, que puede redargüirse.

**RÉTORQUATION**, f. *retorcasión*. Redarguccion, refutacion.

**RÉTORQUER**, a. *retorqué*. Redargüir, retorcer un argumento contra quien lo pone.

**RETORS, E**, adj. *retór, órs* (e muda). Retorcido, que ha sido torcido dos o mas veces. || met. y fam. *C'est un homme retors, bien retors*, ó sustantivamente, *c'est un retors*, es un socarron, un camastron, un hombre astuto, artificioso.

**RÉTORSIF, IVE**, adj. *retorsif, iv*. Art. Retorsivo, que se hace por redarguccion.

**RÉTORSION**, f. *retorsión*. Retorsion de un argumento, redarguccion.

**RETORSOIR**, m. *retorsuár* (e muda). Art. Retorcedor, especie de torno que sirve para retorcer seda, hilo.

**RETORTE**, f. *retórt* (e muda). Quím. Retorta, especie de alambique.

**RETOUCHE**, f. [illegible] Retoque, pinceladas que se dan [illegible] hacer alguna correccion.

**RETOUCHER**, a. [illegible] tocar, volver á tocar. || [illegible] perfeccionar alguna obra.

**RETOUPER**, a. [illegible] una vasija de barro, [illegible] perfecta.

**RETOUR**, m. *retúr* [illegible] greso al lugar de donde se [illegible] Revuelta, torno, rodeo que [illegible] Vuelta, cantidad que se [illegible] jeto que se cambia. [illegible] la vuelta, volver el [illegible] compra ó ajuste. || [illegible] los carruajes al lugar de [illegible] pues de un viaje. || [illegible] que arrojan las olas sobre [illegible] go, reconocimiento de un [illegible] procidad de servicios. || [illegible] Cambio, vicisitud. || Jurisp. [illegible] bienes que se han cedido [illegible] los herederos mueren sin hijos [illegible] ángulo saledizo que forma [illegible] pentimiento pensionado [illegible] de vida ó de costumbres. || [illegible] *retour*, ir cabeza abajo. || [illegible] *retour*, loc. adv. A la vuelta.

**RETOURNE**, f. [illegible] fo, carta que se vuelve para [illegible] fo en varios juegos.

**RETOURNER**, a. [illegible] ver, ir otra vez al paraje [illegible] do ya. || Volver, empezar de [illegible] habia hecho: [illegible] *tourner à Dieu*, volverse á [illegible] se, arrepentirse. || [illegible] repetir el ataque, volver á [illegible] enemigo. || *Retourner à ses* [illegible] los mismos yerros, recaer [illegible] volver á las andadas. || met. [illegible] *vomissement*, volver al [illegible] las culpas ó vicios pasados. || [illegible] *ses pas*, volver pies atras, [illegible] andar el camino. || met. [illegible] *rière*, volver atras en una [illegible] donarla. || a. Volver, mudar [illegible] sas, mudarlas de cara. || met. [illegible] trocar, hacer mudar á uno de [illegible] *retourner*, r. Volverse, [illegible] en la cama, etc. || Mudar [illegible] de medios para lo que se [illegible] *tourner*, r. Volverse, [illegible]

**RETRACER**, a. [illegible] á trazar, á diseñar ó [illegible] representar á la memoria [illegible] moria de una cosa pasada y [illegible] *Se retracer*, r. Recordar [illegible] ria alguna cosa. || *Se retracer* [illegible] dar un hecho, volver á traerle [illegible]

**RÉTRACTABLE**, adj. [illegible] table, que se puede retractar.

**RÉTRACTATION**, f. [illegible] tracion, accion de retractarse [illegible] decirse de lo que se ha [illegible] ha escrito ántes. || Acta, [illegible] que contiene la retractacion.

**RÉTRACTER**, a. [illegible] clarar nulo y de ningun valor [illegible] se dijo, desdecirse de lo [illegible] ó escrito. || *Se rétracter*, r. [illegible] decirse de lo dicho.

**RÉTRACTILE**, adj. [illegible] que tiene la facultad de [illegible] traerse hácia dentro.

**RÉTRACTILITÉ**, f. [illegible] tilidad, calidad de lo que es [illegible]

**RÉTRACTION**, f. [illegible] cion, contraccion de alguna [illegible]

**RETRAINDRE** ó [illegible] *treindr* (e muda). Socavar [illegible] martillo, batirla para [illegible]

**RETRAIRE**, a. *retrér* [illegible] traer, tantear, recobrar una [illegible] sesion por el tanteo un [illegible] deñar segunda vez.

**RETRAIT**, m. *retré* (e muda) [illegible] tracto, tanteo, recobro, [illegible] herencia ó posesion que [illegible] || Retrete, lugar excusado [illegible] cuar el vientre. Es poco usado [illegible] *d'un projet de loi*, retirada de [illegible] de ley.

…T, E, adj. *retré* (e muda). Re…tendo. || Vacío, hueco, vano, ha…grano que se ha madurado ántes … || Blas. Retirado : se dice del pe… que por un lado no llega á la orla …

…ITE, f. *retret* (e muda). Retirada, …retirarse. || Retirada, movimiento … de un cuerpo de tropa. || Retreta, …indica la hora de retirarse al cuar…lados de guarnicion. || Retiro, es…a persona que se ha separado ó … los negocios, de la sociedad, de …o mundano. || Retiro espiritual, …espirituales que se hacen durante …s. || Retiro, morada, asilo á don…retira para pasar una vida tran…tiro, retirada, guarida, asilo don…ga la gente de mal vivir. || Retiro, …sion que el Estado concede á los …retirados del servicio y á los em… tambien la recompensa que un … da á un criado despues de cierto … servicio. || Arq. Diminucion del …una pared á proporcion que sube. …ta que queda en el casco de una …cuando se hierra. || Com. Derecho …o que se hace pagar al portador …viduo que giró. || Letra de cambio …n comerciante contra otro que aca…ar contra él. || *Retraites*, pl. Mar. …gavia.

…ITER, a. *retraté* (e muda). Volver …atar de nuevo una materia. || Re…eder un retiro.

…NCHEMENT, m. *retranchemán* … Cercenamiento, rebaja, diminu…resion de alguna parte de un to…sion absoluta ó total. || Mil. Atrin…to, trinchera.

…NCHER, a. *retranché* (e muda). … disminuir, separar una parte de … || Suprimir, quitar enteramente : …r *une fête*, *retrancher tous les* …*pares*, excluir. || Privar del uso de : …*lui ont retranché le vin*. || Mil. …ar, hacer trincheras ó fortificar con …amientos. || *Retrancher quelqu'un* …*munion des fidèles*, excomulgar á … *Se retrancher*, r. Estrecharse, re… ménos gastos, disminuir el gasto, … Atrincherarse, hacerse fuerte en …ito. || met. Aferrarse en una idea ó …ado.

…AVAILLER, a. *retravaillé* (e mu…ar á trabajar de nuevo.

…AYANT, E, m. y f. *retreyán* (e mu… Retrayente, recuperante, el que … que usa del derecho de retracto ó …

…ÉCIR, a. *retresir*. Estrechar, redu…a cosa, volverla ó hacerla mas es…met. Estrechar, encoger, apocar el …entendimiento. *La servitude rétré*… el servilismo envilece, acorta las … del alma. || Equit. *Rétrécir un che*…tar un caballo, hacerle trabajar en …pacio de terreno. || n. Estrecharse …la cuando se lava; estrecharse una … estrechando, ser ménos ancha. || …*ir*, r. Reducirse, estrecharse.

…ÉCISSEMENT, m. *retresismán*. …ento, accion de encoger ó volver … alguna cosa; estado de una cosa … encogido ó estrechado. || met. En…o : *le rétrécissement de l'esprit*, …

…ÉCISSEUR, m. *retresiseur*. El que …oficio estrechar, reducir ó encoger. …ISSEUSE, f. Escogedora, mujer … á hacer cogidos, frunces, abarqui… cosa semejante.

…EINDRE, a. *retreindr*. Moldar á …alguna obra.

…EINTE, f. *retréint*. Moldadura á …accion de dar á una pieza una figura …por un lado y convexa por el otro.

…EMPE, f. *retrámp* (e muda). Re…ccion de dar un nuevo temple á una …rra.

…EMPER, a. *retrampé* (e muda). Re…dar nuevo temple á un cuchillo ó … otra herramienta. || Remojar, vol…ar. || met. Volver á inspirar valor, fuerza, energía. || *Se retremper*, r. met. Fortificarse de nuevo, tomar nuevo vigor una persona.

**RETRESSER**, a. *retresé* (e muda). Volver á trenzar de nuevo.

**RÉTRIBUER**, a. *retribué*. Retribuir, dar á uno el salario ó recompensa que merece.

**RÉTRIBUTION**, f. *retribusión*. Retribucion, recompensa, remuneracion de un trabajo, de un servicio. || Retribucion, honorario que se satisface al eclesiástico que asiste á un oficio, entierro, etc., que tambien se llama distribucion, asistencia, hablándose de la del coro, etc.

**RETRIER**, a. *retrié* (e muda). Volver á entresacar, á escoger.

**RÉTRILLER**, a. *retrillé*. Almohazar de nuevo.

**RÉTROACTIF, IVE**, adj. *retroactif, iv*. For. Retroactivo, que opera sobre lo pasado. Se dice *effet rétroactif*, efecto retroactivo.

**RÉTROACTION**, f. *retroacsión*. Retroaccion, efecto de lo que es retroactivo.

**RÉTROACTIVITÉ**, f. *retroactivité*. Retroactividad, cualidad de lo que es retroactivo.

**RÉTROAGIR**, n. *retroagir*. Obrar sobre lo pasado, tener un efecto retroactivo.

**RÉTROCÉDER**, a. *retrosedé*. For. Retroceder, devolver á uno lo que habia cedido.

**RÉTROCESSIF, IVE**, adj. *retrosesif, iv*. For. Retrocesivo, que opera una retrocesion.

**RÉTROCESSION**, f. *retrosesión*. For. Retrocesion, acto por el que una persona devuelve á otra el derecho que ántes le habia cedido.

**RÉTROCESSIONNAIRE**, m. y f. *retrosesionér*. For. Retrocesionario, el que ha obtenido una retrocesion.

**RÉTROGRADATION**, f. *retrogradasión*. Astr. Retrogradacion, movimiento por el que los cuerpos celestes van ó parecen ir contra el órden de los signos. || Retrogradacion, movimiento de los equinoccios. || Retrogradacion, en general, todo movimiento retrógrado.

**RÉTROGRADE**, adj. *retrograd*. Retrógrado, que anda hácia atras. Se dice tambien en sentido figurado. || Retrógrado, que se lee al reves, como 4, 3, 2, 1. || Retrógrado, se dice de los cuerpos celestes que andan ó parecen andar contra el órden de los signos. || *Vers rétrograde*, verso retrógrado, en el cual se hallan las mismas palabras leyendo al reves, como :

Roma tibi subitò motibus ibit amor.

**RÉTROGRADER**, n. *retrogradé*. Retrogradar, ir hácia atras, retroceder. Dícese en todos los sentidos explicados en el artículo que precede.

**RÉTROGRADISTE**, m. y f. ines. *retrogradist*. Retrogradista, partidario del sistema de retrogradacion ó vuelta al antiguo régimen.

**RÉTROGRESSIF, IVE**, adj. V. RÉTROGRADE.

**RÉTROGRESSION**, f. *retrogresión*. Retrogresion, accion de retrogradar. || Bot. V. RÉVERSION.

**RÉTROPULSION**, f. V. RÉTROVERSION.

**RÉTROSPECTIF, IVE**, adj. *retrospectif, iv*. Retrospectivo, que mira hácia atras; que se ocupa de lo pasado : *revue rétrospective*.

**RÉTROSPECTIVEMENT**, adv. *retrospectivmán*. Retrospectivamente, de un modo retrospectivo.

**RETROUSSÉ, ÉE**, adj. *retrusé* (e muda). Remangado ó arremangado, levantado, etc. *Nez retroussé*, nariz arremangada. || *Avoir le bras retroussé jusqu'au coude*, tener el brazo desnudo hasta el codo. || *Ce cheval a les flancs retroussés*, este caballo es descubierto de ijares. || RETROUSSÉES, m. pl. Bot. Enfaldeas, familia de plantas.

**RETROUSSEMENT**, m. *retrusmán* (e muda). Arremango, remangadura, accion de remangar, de enfaldar, de levantar lo que cuelga.

**RETROUSSER**, a. *retrusé* (e muda). Remangar ó arremangar, levantar, enfaldar, hacer subir ó recoger lo que cuelga, se cae ó arrastra, como las faldas, la capa, el vestido, etc. || *Retrousser ses cheveux*, recoger, levantar el cabello.

**RETROUSSIS**, m. *retrusí* (e muda). Ala levantada en un sombrero casi chambergo, que fué moda en tiempo de Enrique IV. || Vuelta en las bandas de un uniforme, conforme se usaban en tiempo de Napoleon. || Campana en las botas, segun se llevaba antiguamente.

**RETROUVER**, a. *retruvé* (e muda). Volver á encontrar, encontrar ó hallar otra vez. || Hallar lo perdido. || met. Reconocer. || *Se retrouver*, r. Volverse á encontrar, á ver dos personas. || Reconocerse á sí mismo. *Plus l'homme semble s'oublier, plus l'orgueil est attentif à faire en sorte qu'il se retrouve*. (Massillon.)

**RÉTROVERSION**, f. *retroversión*. Med. Retroversion, retraccion, trastorno en la economía animal.

**RETS**, m. *ré*. Red, tejido de cuerda hecho á punto de malla para coger pájaros, para pescar. || met. *Prendre quelqu'un dans ses rets*, coger á uno en la red, hacerle caer en el lazo que se le habia tendido.

**RÉTUDIER**, a. *retudié*. Volver á estudiar, estudiar de nuevo.

**RÉTUER**, a. *retué*. Matar de nuevo, continuar matando.

**RÉTUVER**, a. *retuvé*. Curar de nuevo una herida ó llaga, lavándola y limpiándola.

**REUMAMÈTRE**, m. V. RHEUMAMÈTRE.

**REUMAMÉTRIQUE**, adj. V. RHEUMAMÉTRIQUE.

**RÉUNION**, f. *reunión*. Reunion, accion de reunir ó juntar las partes que estaban separadas; efecto de esta accion. || met. Reunion, reconciliacion : *la réunion des esprits, des cœurs*, *la réunion des deux partis*, la reconciliacion de los ánimos, etc. || Reunion, asamblea de personas. || Tiene, no ménos que el verbo reunir, otras acepciones, comunes á entrambas lenguas.

**RÉUNIR**, a. *reunir*. Reunir, volver á unir ó juntar lo que estaba separado, desunido ó dividido. || met. Reunir, reconciliar los ánimos, los partidos. || En sentido moral, reunir pruebas, hechos, reunir sus esfuerzos, etc. || *Se réunir*, r. Reunirse, juntarse, aunarse.

**RÉUSSIR**, n. *reusir*. Salir bien, tener buen éxito, tener acierto, ser feliz en una empresa, en un negocio. Se dice tambien de las cosas : *cette pièce de théâtre a réussi*, *cette affaire a bien réussi*. || Lograr, conseguir lo que se desea. || Hablando de árboles y vegetales es lo mismo que *venir bien*, probar, medrar, crecer, criarse, etc.

**RÉUSSITE**, f. *reusit*. Buena salida, buen éxito, buen suceso en las cosas que se han ya experimentado. || Salida, éxito, fin : dícese indeterminadamente en las cosas que se han de experimentar aun. || Hablando de libros, comedias, etc., es fortuna, despacho, aceptacion.

**RÉVALOIR**, a. fam. *revaluar*. Pagar en la misma moneda, desquitarse, volver á uno injuria por injuria. Tambien se dice en bien, aunque con ménos frecuencia. *Cet homme m'a fait une injure, je lui revaudrai cela*, ese hombre me ha injuriado, pero me la pagará.

**REVANCHE**, f. *revanch* (e muda). Desquite, revancha, accion por la que una persona, al volver mal por mal, se considera vengada. Tambien suele usarse en un sentido inverso tomado en buena parte. || Desquite, recobro de lo perdido en el juego. || Desquite, contra, segunda partida que se juega con intencion de igualar la pérdida. || *Prendre sa revanche*, desquitarse en el juego; y met. no quedar á deber nada, corresponder. || *En revanche*, loc. adv. En recompensa, en desquite, en despique, en satisfaccion, en desagravio, en venganza. Se usará de estas voces segun fuere en bien ó en mal.

**REVANCHER**, a. *revanché* (e muda). Defender, socorrer, ayudar, socorrer á uno en una disputa ó querella. || *Se revancher*, r.

Defenderse, volver por sí. || met. Despicarse, desquitarse, tomar satisfaccion de un agravio. || fam. *Se revancher d'un bienfait*, pagar, reconocer, corresponder á un favor, devolver un servicio por otro.

**REVANCHEUR**, m. *revanchеur* (e muda). Defensor, vengador, padrino, el que defiende, sostiene ó ayuda á uno que se ve atacado. Es poco usado.

**RÊVASSER**, n. *revasé*. Desvariar, soñar diferentes cosas durante la noche, hallarse muy agitado soñando. || Pensar vagamente en alguna cosa.

**RÊVASSERIE**, f. *revasrí*. Desvarío, estado de una persona que tiene sueños frecuentes y agitados cuando duerme. || Se usa tambien en sentido figurado.

**RÊVASSEUR**, m. fam. *revaseur*. Delirante, el que desvaría. Casi solo se usa en sentido figurado.

**RÊVE**, m. *rév*. Sueño, esto es, ilusion del alma durante el sueño. Hay una grande diferencia entre *rêve* y *songe*; la primera palabra indica la accion de soñar, de modo que las ideas ó imágenes que se representan ó se forjan durante el sueño, apénas dejan un recuerdo de su fantástica presencia, miéntras la segunda expresa un género de sueño cuyas ilusiones tienen algo de verosímil. || met. Sueño, delirio, desvarío, accion de formar proyectos que carecen de fundamento, que no son mas que una quimera. || *Il a fait un beau rêve*, sus glorias pasaron como un sueño: equivale á gozar de una felicidad quimérica.

**REVÊCHE**, adj. *revéche* (e muda). Acerbo, áspero, acedo, que tiene mal sabor. || met. Rudo, brusco, áspero, insociable, indigesto, intratable, de mal humor. || *Diamant revêche*, diamante que no toma el pulimento por igual. || **REVÊCHE**, f. Frisa, cierta estofa de lana.

**RÉVEIL**, m. *revéill* Despertamiento, accion de despertar, de dejar de dormir. || Despertador, máquina que se pone en un reloj, la cual al llegar al punto marcado se dispara y produce una serie de campanadas bastante agudas para despertar á una persona. || Nombre que se daba á un cañon de noventa y seis.

**RÉVEILLÉ, ÉE**, adj. *revellé*. Despertado, despierto. || **RÉVEILLÉE**, f. Tarea y tiempo de trabajo sin interrupcion que ocupa una persona en el horno de vidrio.

**RÉVEILLE-MATIN**, m. *revellmatén*. Despertador, reloj destinado á despertar al que duerme. Tambien se entiende por la máquina que se añade á un reloj para servir de despertador. || fam. *C'est un fâcheux réveille-matin*, es un impertinente despertador: se dice de un herrador ú otro cualquier artesano que empieza á meter ruido desde muy temprano. Tambien se dice de una noticia desagradable que uno recibe al despertar. || fam. Despertador, el gallo. || Quebranta-sueño, música que se oye en la madrugada. || met. Cuidados que tiene una persona, inquietud.

**RÉVEILLER**, a. *revellé*. Despertar, cortar ó quitar el sueño. V. **ÉVEILLER**. || met. Despertar, abrir ó hacer abrir los ojos, hacer mas advertido. || Despertar, renovar, excitar, hacer renacer una pasion, un recuerdo, etc. || *Se réveiller*, r. Despertarse, abrir los ojos, dejar de dormir. || met. Reanimarse, despertarse, excitarse por el ejemplo. || Despertarse, salir del letargo, de la apatía, de la inaccion, etc. || Despertarse, renovarse, encenderse, hablando de pasiones.

**RÉVEILLEUR**, m. *revelleur*. Despertador, muñidor, el que está encargado de despertar á varias personas. Se decia principalmente en los conventos del religioso que despertaba á los demas.

**RÉVEILLON**, m. *revellón*. Media noche, refrigerio que se toma en aquella hora, despues de haber velado, como en la noche de Navidad, etc. || Pint. Pincelada brillante dada en un cuadro por el artista para llamar la atencion.

**RÉVÉLATEUR, TRICE**, m. y f. *revelateur, tris*. Revelador, el que revela ó descubre un complot, conspiracion ó sociedad secreta.

**RÉVÉLATION**, f. *revelasión*. Revelacion, descubrimiento de algun secreto, de un complot, de una conspiracion. || Revelacion, inspiracion divina por medio de la que los profetas, los santos y la Iglesia han conocido la voluntad de Dios.

**RÉVÉLEMENT**, m. inus. *revelmán*. Revelacion, accion de revelar.

**RÉVÉLER**, a. *revelé*. Revelar, descubrir, manifestar, declarar una cosa que estaba oculta. || Revelar Dios á sus siervos lo futuro ú oculto.

**REVENANT**, m. *revnán* (e muda). Ánima ó alma en pena, aparecido, alma del otro mundo que se suponia aparecerse á los vivos. || Poét. Espectro, sombra.

**REVENANT, E**, adj. *revnán* (e muda). Placentero, apacible, agradable: *air revenant, physionomie revenante*.

**REVENANT-BON**, m. *revnanbón* (e muda). Provecho, ganancia, utilidad que resulta de un trato. || Percance, gaje, obvencion, emolumento, que produce un empleo ó comision. || prov. *Ce sont les revenants-bons du métier*, esos son los gajes del oficio. || Alcance, sobra, resultado en favor de un individuo al rendir cuentas. || met. Se dice de toda especie de provechos ó ventajas que vienen como por casualidad.

**REVENDAGE**, m. *revandáge* (e muda). Venta de muebles que se efectúa en favor de un acreedor.

**REVENDEUR, EUSE**, m. y f. *revandeur, eus*. Revendedor, el que compra y vuelve á vender. || *Revendeuse à la toilette*, prendera que lleva á vender ropa y alhajas por las casas.

**REVENDICATION**, f. *revandicasión* (e muda). Jurisp. Reclamacion, demanda en justicia de una cosa que se encuentra indebidamente en poder de otra persona.

**REVENDIQUER**, a. *revandiqué* (e muda). Reclamar, pedir en justicia una cosa que nos pertenece y está en poder ajeno.

**REVENDRE**, a. *revándr* (e muda). Revender, volver á vender lo que se habia comprado. || met. y fam. *Avoir d'une chose à revendre*, tener para vender, para dar y vender, tener de sobras: abundar de una cosa. || *Ne vous fiez pas à lui, il vous en revendrait*, no se fie Vd. de él ó en él, es mas sagaz, mas astuto que Vd.

**REVENIR**, n. *revenír* (e muda). Venir otra vez, volver. || Volver al paraje de donde se habia salido ó apartado. || Volver, venir á la boca: dícese del gusto ó vapor de los alimentos. || Parecer, aparecer, volver á manifestarse. || Retoñar, volver á crecer ó crecer otra vez una planta. || Volver al mismo estado que ántes se tenia, como á su juicio, á su salud, ó volver de un susto, de una enfermedad. || Ceder, mudar de opinion para seguir la de otro. || Dejar los errores, los extravíos, las malas costumbres, etc., corregirse de ellas. || Provenir, resultar, redundar, tocar. || *Revenir au giron de l'Église*, volver al seno de la Iglesia. || Costar, subir el valor, el coste de una cosa. || Agradar, complacer, dar gusto una cosa ó las cualidades de una persona. || Venir, decir, corresponder una cosa con otra. || *Revenir à la charge*, volver á cargar, á embestir, á atacar al enemigo. || *Revenir sur une matière, sur une affaire*, volver á tocar la materia, el asunto. || *Revenir à soi*, volver en sí, tomar mejor acuerdo. || *Revenir d'une maladie*, salir de una enfermedad. || met. y fam. *Revenir sur l'eau*, levantar cabeza, recuperarse de las pérdidas. || *Ce drap me revient à tant l'aune*, este paño me sale á tanto la vara. || *La jeunesse revient de loin*, la mocedad sale algunas veces de graves enfermedades. || *Une chose me revient à l'esprit*, me ocurre una cosa. || *De ces écus il en revient deux à chacun*, de estos escudos tocan dos ó cada uno. || *Faire revenir la viande*, aperdigar la carne que se ha de comer, ablandarla ántes de ponerla á usar.

**REVENOIR**, m. *revenuar* (e muda). Instrumento ó herramienta de relojero.

**REVENTE**, f. *revant* (e muda). Reventa,

**RÉVÉRENDISSIME**, adj. *reverendisim.* Reverendísimo, título honorífico que se da á los obispos, arzobispos y generales de órdenes religiosas.

**RÉVÉRER**, a. *reveré.* Reverenciar, venerar, honrar, respetar.

**RÊVERIE**, f. *reverí* (2ª. e muda). Delirio, desvarío, estado de la imaginacion entregada á ideas vagas que la afectan; ilusion, fantasía, pensamientos halagüeños ó tristes á que se abandona la imaginacion. || Delirio, desvarío, idea quimérica, extravagante. || Med. Delirio, desvarío causado por una enfermedad.

**REVERNIR**, a. *revernír* (e muda). Barnizar otra vez, volver á barnizar.

**REVERQUIER**, m. V. REVERTIER.

**REVERS**, m. *revér* (e muda). Reves, envés, reverso, dorso, respaldo, parte opuesta á la faz ó derecho de una cosa. V. ENVERS. || Reverso de una medalla, parte opuesta á la en que se halla el busto. || Vuelta de la hoja de un libro, ó segunda página. || Cotin, golpe que el jugador da á la pelota al volverla de reves. || *Un coup de revers*, *un revers*, un reves, golpe dado con la mano vuelta; un golpe dado de izquierda á derecha con una espada ó otra arma cualquiera, y tambien con la mano. || met. *Revers de fortune* ó solo *un revers*, reves de fortuna ó solo reves, contratiempo, desgracia ó accidente que cambia en mal la situacion de una persona. || Sastr. *Les revers d'un habit*, las solapas de un frac. || *Revers de pavé*, declive de un empedrado desde la acera hasta el arroyo. || Fort. *Le revers de la tranchée*, parte exterior de una trinchera ó sea la que mira al campo enemigo. || Mil. *Prendre de revers*, atacar de flanco por la retaguardia. || Mar. *Manoeuvres de revers*, maniobras de reves, que se hacen por la parte opuesta á las amuras de un buque mas ó ménos orientado á la parte del viento.

**RÉVERSAL, E**, adj. *reversál.* Relativo, que corrobora la obligacion ó seguridad dada de antemano.

**REVERSAUX**, m. pl. *reversó* (e muda). Reversales, ciertos decretos que dan los emperadores de Alemania sobre la conservacion de los privilegios del país. Dícese tambien *lettres reversales* ó solo *reversales*, sust. femenino.

**REVERSEAU**, m. *reversó* (e muda). Carp. Vierteaguas, especie de pantalla ó batiente de una ventana para que no entre el agua.

**REVERSEMENT**, m. Mar. V. TRANSBORDEMENT.

**REVERSER**, a. *reversé* (e muda). Volver á verter. || Mar. V. TRANSBORDER.

**REVERSI**, m. *reversí* (e muda). Reversino, juego de naipes.

**RÉVERSIBILITÉ**, f. *reversibilité.* For. Reversibilidad, cualidad de lo que es reversible.

**RÉVERSIBLE**, adj. *reversibl.* For. Reversible, que debe volver al propietario enajenador en ciertos casos.

**RÉVERSION**, f. *reversión.* For. Reversion, derecho en virtud del cual una persona que ha dispuesto de algunos bienes en favor de otra puede recobrarlos cuando esta muere sin dejar hijos.

**RÉVERSOIR**, m. *reversuár.* Presa de vertedor, hecha en algun curso de agua.

**REVERTIER**, m. *revertié* (e muda). Juego de chaquete.

**REVESTIAIRE**, m. *revestiér* (e muda). Vestuario, lugar en que se revisten los sacerdotes para los oficios divinos. Ahora se dice *vestiaire*.

**REVÊTEMENT**, m. *revetmán* (e muda). Arq. Revoque ó revestidura de una pared con yeso, cal, mármol, madera, etc., para hermosearla ó darle mayor consistencia. || Revestimiento, obra de piedra, de ladrillo, etc., que se hace para sostener un terraplen, un foso, etc.

**REVÊTIR**, a. *revetír* (e muda). Vestir, dar ropa al que la necesita. || Revestir, poner ó ponerse algunas ropas como insignia de dignidad, vestiduras de ceremonia, etc. || met. Investir, conceder algun empleo, cargo ó dignidad. || Revestir, adornar, esmaltar un discurso. || Autorizar, revestir un acto de las fórmulas necesarias. || Arq. Revestir, hacer una obra de mampostería capaz de sostener un terraplen, un foso ó cosa semejante. || Revestir una pared, revocarla con yeso, cal, etc.

**REVÊTISSEMENT**, m. poco us. *revetismán* (e muda). Revestidura, accion de revestir. || Se ha usado tambien por *revêtement.*

**REVÊTU, E**, adj. *revetú* (e muda). Revestido. || Vestido de gala ó de ceremonia. || Provisto de algun oficio ó dignidad. || Autorizado con poderes, comisiones, etc. || Adornado de virtudes, prendas, calidades. || fam. *Gueux revêtu*, piojo revivido ó resucitado, como se dice en castellano.

**REVÊTURE**, f. V. INVESTITURE.

**RÊVEUR, EUSE**, adj. *reveur, eus.* Pensativo, meditabundo. || met. Delirante, que piensa en cosas extravagantes é irrealizables. Úsase tambien como sustantivo: *c'est un rêveur, un rêveur perpétuel.*

**REVIDAGE**, m. *revidáge* (e muda). Accion de volver á vaciar una vasija.

**REVIDER**, a. *revidé* (e muda). Lapid. Vaciar, agrandar un agujero ó concavidad.

**REVIENT**, m. *revién* (e muda). Com. Valor líquido, coste de fabricacion de cualquier objeto.

**REVIQUER**, a. *reviqué* (e muda). Limpiar los paños en la fábrica.

**REVIQUEUR**, m. *reviqueur* (e mudo). El que limpia los paños en una fábrica.

**REVIRADE**, f. *revirád* (e muda). Sacada, accion de un jugador de chaquete que sacrifica una ó dos damas por adelantar un cuadro.

**REVIRE-MARION**, m. vulg. *revirmarión* (e muda). Torniscon, golpe que se da en la cara con el reves de la mano.

**REVIREMENT**, m. *revirmán* (e muda). Mar. Revirada. V. VIREMENT. || Com. Accion de satisfacer una deuda endosando el pago á un deudor del deudor de ella.

**REVIRER**, n. *reviré* (e muda). Mar. Revirar, hacer que el buque vuelva la proa á otro lado por el impulso del timon. || met. y fam. *Revirer de bord*, volver casaca, mudar de partido. || Revirar, volver hácia atras.

**REVISER**, a. *revisé* (e muda). Revisar, examinar de nuevo.

**REVISEUR**, m. *reviseur* (e muda). Revisor, el que revisa ó examina de nuevo lo que otro ha visto ó examinado.

**RÉVISION**, f. *revisión.* Revision, accion de revisar ó examinar de nuevo. || Impr. Lectura de una prueba ó simple exámen que se hace para ver si se han hecho bien las correcciones indicadas ántes.

**REVISITER**, a. *revisité* (e muda). Visitar de nuevo.

**REVIVIFICATION**, f. *revivificasión* (e muda). Quím. Revivificacion, operacion que consiste en reducir un metal á su forma verdadera.

**REVIVIFIER**, a. *revivifié* (e muda). Revivificar, volver á vivificar, vivificar de nuevo. || Revivificar, reducir un metal á su verdadera forma, es decir, á su estado natural cuando se presenta bajo una forma diferente.

**REVIVRE**, n. *revívr* (e muda). Revivir, resucitar, volver á vivir, recobrar la vida. || met. Revivir, renacer, renovarse, restablecerse lo que estaba olvidado ó acabado. || Avivarse lo que estaba apagado ó amortiguado, como los colores, las pasiones, etc. || *Revivre à la grâce*, revivir, volver al estado de gracia.

**RÉVOCABILITÉ**, f. *revocabilité.* Revocabilidad, cualidad, estado de una cosa que puede revocarse.

**RÉVOCABLE**, adj. *revocábl.* Revocable, que puede revocarse.

**RÉVOCATIF, IVE**, adj. *revocatíf, ív.* Revocativo, que revoca, que tiene facultad de revocar.

**RÉVOCATION**, f. *revocasión.* Revocacion, accion de revocar.

**RÉVOCATOIRE**, adj. *revocatuár.* Revocatorio, que revoca.

**REVOICI. REVOILÀ**, prepos. reduplicativa. *revuasí, revualá* (e muda). Hé aquí, hé ahí de nuevo, otra vez. Hablando de alguno, se dirá: *le revoici*, vele ahí, hétele ahí, véle ahí ó aquí otra vez.

**REVOIR**, a. *revuár* (e muda). Volver á ver, ver otra vez. || Rever, revistar, ver de nuevo, volver á examinar, á ver una cosa nuevamente. || *À revoir*, para volver á examinar. Esta locucion se usa para indicar que conviene examinar de nuevo una cuenta, una cita, etc. || m. fam. *Adieu jusqu'au revoir*, y ordinariamente solo *au revoir*, á Dios, hasta mas ver, hasta otra vista.

**REVOLER**, n. *revolé* (e muda). Revolar, dar un vuelo, volver á volar, volver á alguna parte volando, hablando de las aves. || a. Volver á robar, robar de nuevo. || *Se revoler*, r. Robarse de nuevo mutuamente.

**REVOLIN**, m. *revolén* (e muda). Mar. Remolino, torbellino de viento que hace turbonada cuando sale rechazado de alguna parte. || Derrame del viento de una vela sobre otra.

**RÉVOLTANT, E**, adj. *revoltán.* Irritante, escandaloso, que causa indignacion.

**RÉVOLTE**, f. *revólt.* Revuelta, sublevacion, levantamiento. || met. Rebelion, rebeldía de las pasiones, de los sentidos contra la razon.

**RÉVOLTER**, a. *revolté.* Sublevar, insurreccionar, excitar á una rebelion ó sedicion. || met. Rebelar, revolver los sentidos contra la razon. || Chocar, indignar, irritar los ánimos. || *Se révolter*, r. Rebelarse, levantarse, sublevarse, amotinarse. || met. Rebelarse los sentidos, la carne contra la razon.

**RÉVOLU, E**, adj. *revolú.* Astr. Concluido, terminado, hablando del curso de los planetas. || Concluido, cumplido, completo: *avoir trente ans révolus.*

**RÉVOLUTION**, f. *revolusión.* Revolucion, vuelta de un planeta al mismo punto de donde habia salido; y tambien, el espacio de tiempo que gasta un cuerpo celeste en dar vueltas al rededor de otro ó sobre su propio eje. || En un sentido análogo se dice la revolucion de los siglos, de los tiempos, de las estaciones. || Revolucion, alteracion, movimiento de los humores en el cuerpo humano. || met. Revolucion, mudanza violenta en los negocios de un Estado ó en la forma de su gobierno.

**RÉVOLUTIONNAIRE**, adj. *revolusionér.* Revolucionario, que corresponde ó se refiere á las revoluciones políticas; que es favorable á estas revoluciones, conforme á sus principios, etc. || sust. Revolucionario, amigo, partidario de las revoluciones y trastornos políticos.

**RÉVOLUTIONNAIREMENT**, adv. *revolusionermán.* Revolucionariamente, de un modo revolucionario.

**RÉVOLUTIONNER**, a. *revolusioné.* Revolucionar, causar una revolucion en un Estado, propagar los principios revolucionarios.

**RÉVOLUTIONNISTE**, adj. inus. V. RÉVOLUTIONNAIRE.

**REVOMIR**, a. *revomír* (e muda). Vomitar, devolver la comida por la boca. || n. Volver á vomitar, vomitar de nuevo.

**RÉVOQUER**, a. *revoqué.* Llamar, esto es, despedir, destituir de su empleo á una persona. || Revocar, anular una orden, un nombramiento, etc. || *Révoquer en doute*, poner en duda una cosa.

**REVUE**, f. *revú* (e muda). Revista, registro, reconocimiento, inspeccion de alguna cosa. || Revista, inspeccion ó exámen que se hace del estado en que se encuentra un cuerpo de tropas respecto á su instruccion, equipo, armamento, etc. || met. Exámen de sus acciones, de su vida pasada.

**RÉVULSER**, a. *revulsé.* Obrar una revulsion.

**RÉVULSIF, IVE**, adj. *revulsíf, ív.* Med. Revulsivo, se dice de los medicamentos y medios que se emplean para apartar de un órgano los principios que constituyen el fundamento de una enfermedad; ó, como dicen otros, para desviar ó hacer pasar los humores de una parte á otra. || Se usa tambien como sustantivo masculino.

**RÉVULSION**, f. *revulsión*. Med. Revulsion, la mudanza de humores de una parte á otra, causado por los remedios revulsivos.

**REZ**, prep. *ré*. A raiz de, al ras de, al igual de. Solo se dice en estas locuciones *rez pied, rez terre: abattre une maison rez pied; couper des arbres rez terre, etc.*

**REZ-DE-CHAUSSÉE**, m. *redchosé*. Piso de la calle, piso bajo, cuarto bajo que se encuentra casi al nivel del piso de la calle: *être logé au rez-de-chaussée, habiter un rez-de-chaussée*.

**REZ-MUR**, m. *remúr*. Arq. Principio de una pared sobre el cimiento; ó superficie de una pared en la parte interior de la obra.

**RHABDOLOGIE**, f. V. RABDOLOGIE.

**RHABILLAGE**, m. fam. *rabillage*. Compostura, remiendo, reparo de una cosa rota ó descompuesta. || met. Compostura, remiendo, correccion que se procura hacer en alguna obra ó escrito sin poder conseguirlo.

**RHABILLEMENT**, m. *rabillmán*. Compostura, recomposicion de una herramienta.

**RHABILLER**, a. *rabillé*. Volver á vestir, vestir otra vez. || Suministrar nuevos vestidos. || met. y fam. Revestir, dorar, enmendar la plana, corregir lo mal hecho ó mal dicho || Cetr. Arreglar la pluma del ave. || Volver á picar la muela ó piedra en el molino.

**RHABILLEUR**, m. V. RENOUEUR.

**RHAGADE**, f. *ragád*. Med. Grieta, especie de úlcera en las hendeduras de los labios ó en el ano.

**RHAGADIOLE**, f. *ragadiól*. Bot. Ragadiola, planta que cura las úlceras llamadas *rhagades* V. RAGADIOLE.

**RHAGIE**, f. *ragí*. Zool. Ragio, género de insectos coleópteros.

**RHAGION**, m. *ragión*. Ragio, género de insectos dípteros.

**RHAMNOÏDE**, m. *ramnoid*. Bot. Pino amarillo, planta.

**RHANTÉRIE**, f. *ranterí*. Bot. Ranteria, género de plantas sinantéreas.

**RHANTISPORÉ, ÉE**, adj. *rantisporé*. Bot. Rantisporado, que crece en lugares húmedos.

**RHAPONTIC**, m. *rapontíc*. Especie de ruibarbo, purgante muy violento. Se llama tambien *rhubarbe des moines*.

**RHAPSODE**, m. V. RAPSODE.

**RHAPSODIE**, f. V. RAPSODIE.

**RHÉA**, f. *réa*. Mit. Rea, hija del Cielo y de la Tierra, mujer de Saturno y madre de Júpiter.

**RHÉADINE**, f. *readín*. Readina, materia colorante de la amapola.

**RHÉNANE**, adj. f. *renán*. Del Rhin, que pertenece al Rhin.

**RHÉTEUR**, m. *reteur*. Retórico, preceptor de retórica, el que enseña el arte de hablar bien, la elocuencia.

**RHÉTIEN, NE**, adj. y s. *retién, én*. Geog. Rético, de la Recia.

**RHÉTORICATION**, f. *retoricasión*. Uso, empleo de la retórica.

**RHÉTORICIEN**, m. *retoricién*. Retórico, el que profesa la retórica, el que sabe ó estudia la retórica.

**RHÉTORIQUE**, f. *retoríc*. Retórica, arte de hablar ó escribir con elocuencia. || Retórica, clase en que se enseña el arte de hablar con elocuencia. || Retórica, título de varias obras que tratan sobre los preceptos y reglas de hablar con elocuencia. || met. y fam. Retórica, labia, razones para persuadir, alucinar, etc.

**RHEUMAMÈTRE**, m. *reumamétr*. Reumametro, instrumento para medir la velocidad de una corriente.

**RHEXIS**, f. *récsis*. Med. Rexis, ruptura de una vena.

**RHINALGIE**, f. *rinalgí*. Med. Rinalgia, dolor que se fija en la nariz.

**RHINALGIQUE**, adj. *rinalgíc*. Rinálgico, que pertenece á la rinalgia.

**RHINANTHACÉ, ÉE**, adj. *rinantacé*. Bot. Rinantáceo, que se parece al rinanto. || *Rhinantacées*, f. pl. Rinantáceas, género de plantas.

**RHINANTHE**, m. *rinánt*. Bot. Rinanto, planta personada, cresta de gallo.

**RHINENCÉPHALE**, m. *rinansefál*. Rinencéfalo, monstruo que tiene un ojo y una trompa.

**RHINENCÉPHALIE**, f. *rinansefalí*. Rinencefalia, estado de un monstruo rinencéfalo.

**RHINENCHYTE**, f. *rinanchít*. Cir. Rinoquita, especie de jeringa para hacer inyecciones por las narices.

**RHINGRAVE**, m. *rengráv*. Ringrave, título honorífico que se daba á los jueces y gobernadores establecidos en las ciudades ó plazas situadas á orillas del Rhin. || Ringrave, título que tomaban algunos príncipes alemanes. || RHINGRAVE, f. Especie de gregüescos ó calzones que se usaban antiguamente.

**RHINITE**, f. *rinít*. Med. Rinitis, inflamacion de la nariz.

**RHINOCÉROS**, m. *rinoserós*. Zool. Rinoceronte, género de cuadrúpedos mamíferos que tienen un cuerno en la nariz. || Calao, ave de Indias. || fam. *Nez de rhinocéros*, trompa de elefante, narigon: hombre de nariz monstruosa.

**RHINOPHONIE**, f. *rinofoní*. Med. Rinofonía, resonancia de la voz en las narices.

**RHINOPLASTIE**, f. *rinoplastí*. Rinoplástica, arte de hacer narices postizas.

**RHINOPTE**, adj. y s. *rinópt*. Rinopto, que ve por las narices ó fosas nasales, estando agujereadas por el ángulo superior del ojo.

**RHINOPTIE**, f. *rinopsí*. Rinopcia, accion de ver por la nariz, estado del rinopto.

**RHINORRHAGIE**, f. *rinorragí*. Med. Rinorragia, evacuacion de sangre por las narices.

**RHINORRHAGIQUE**, adj. *rinorragíc*. Rinorrágico, que tiene relacion con la rinorragia.

**RHINORRHÉE**, f. *rinorré*. Med. Rinorrea, evacuacion mucosa por las narices.

**RHINORRHÉIQUE**, adj. *rinorreíc*. Rinorréico, relativo á la rinorrea.

**RHINOSTOGNOSE**, f. *rinostognós*. Med. Rinostognosis, obstruccion de las narices.

**RHIZAGRE**, m. *riságr*. Rizagre, dental, gatillo, instrumento que usan los dentistas para sacar los raigones de las muelas.

**RHIZOLITHE**, f. *risolít*. Bot. Rizolita, raiz petrificada.

**RHIZOPHAGE**, adj. *risofág*. Zool. Rizófago, que se mantiene de raices.

**RHODIEN, NE**, adj. y s. *rodién, én*. Rodiense, de la isla de Ródas.

**RHODITE**, f. *rodít*. Miner. Rodita, piedra preciosa.

**RHODIUM**, m. *ródiom*. Quim. Rodio, especie de metal descubierto en 1813.

**RHODOGRAPHIE**, f. *rodografí*. Rodografía, descripcion de las rosas.

**RHODOMEL**, m. *rodomél*. Farm. Rodomel, miel rosada.

**RHOGMÉ**, f. *rogmé*. Cir. Especie de fractura que se hace en el cráneo.

**RHOMBE**, m. *rónb*. Geom. Rombo, todo paralelógramo cuyos cuatro lados son iguales. || Rombo, nombre de ciertos pescados || Especie de peon ó trompo que usaban los magos de la Grecia.

**RHOMBIFÈRE**, adj. *ronbifér*. Rombífero, que contiene un rombo.

**RHOMBITE**, f. *ronbít*. Rombita, petrificacion de un rombo ó de una concha de figura cilíndrica.

**RHOMBOËDRE**, m. V. RHOMBOÏDE.

**RHOMBOÏDAL, E**, adj. *ronboidál*. Romboidal, que tiene la figura de un rombo.

**RHOMBOÏDE**, m. *ronboíd*. Geom. Romboide, cuerpo sólido que tiene seis faces paralelas de dos en dos, formando un rombo cada una.

**RHOPALOSE**, f. *ropalós*. Med. Ropalosis, enfermedad en que los pelos se engruesan por la punta.

**RHUBARBE**, f. *rubárb*. Bot. Ruibarbo, planta medicinal. || *Rhubarbe des moines*. V. RHAPONTIC.

**RHUM**, m. *róm*. Ron, [illegible] diente [illegible] car.

**RHUMAPYRE**, m. *reumapír*. [illegible] mapira, fiebre reumática.

**RHUMATALGIE**, f. [illegible] Reumatalgia, dolor reumático.

**RHUMATALGIQUE**, adj. [illegible] Reumatálgico, que tiene relacion [illegible] matalgia.

**RHUMATIQUE**, adj. V. [illegible]

**RHUMATISANT, E**, adj. y s. [illegible] *tisán*. Reumático, que padece de [illegible] tismo.

**RHUMATISMAL, E**, adj. [illegible] Reumático, que pertenece [illegible] matismo. || *Douleur rhumatismale* [illegible] reumático.

**RHUMATISME**, m. *reumatísm*. [illegible] reumatismo, remadizo, enfermedad [illegible] toria, móvil y periódica que [illegible] las partes musculares y fibrosas [illegible]

**RHUME**, m. *rúm*. Med. Constipado [illegible] tarro pulmonar simple.

**RHUMERIE**, f. *romrí*. [illegible] cie de obrador donde se hace [illegible] melaza; y segun otros, lugar [illegible] brica el ron.

**RHUS**, m. Bot. V. SUMAC.

**RHYAS**, m. *rías*. Med. [illegible] ojos, humor que se evacua por [illegible] la vista.

**RHYNCHOSIE**, f. *rencosí*. Bot. [illegible] género de plantas.

**RHYPOGRAPHE**, m. *ripográf*. [illegible] grafo, pintor de objetos comunes [illegible]

**RHYPOGRAPHIE**, f. *ripografí*. [illegible] fia, descripcion, pintura de objetos [illegible] y vulgares.

**RHYPOGRAPHIQUE**, adj. [illegible] Ripográfico, que pertenece á la [illegible]

**RHYPTIQUE**, adj. y s. m. V. [illegible]

**RHYTHME**, m. *rítm*. Ritmo, [illegible] cadencia, medida de una composicion [illegible] tica ó musical.

**RHYTHMIQUE**, adj. *rítmic*. [illegible] cadencioso, que pertenece al ritmo [illegible]

**RIAILLERIE**, f. fam. *riallerí*. [illegible] cuento y repetida.

**RIANT, E**, adj. *rián*. [illegible] placentero, que anuncia ó [illegible] gría, regocijo. || Alegre, que [illegible] || Gracioso, que excita la risa, [illegible]

**RIBADOQUIN**, m. *ribadoquén*. [illegible] de pieza de artillería antigua.

**RIBAMBELLE**, f. fam. *ribanbél*. [illegible] nía, caterva, larga serie de [illegible] sas. Se toma siempre en mala [illegible]

**RIBAUD, E**, adj. y s. *ribó*, [illegible] so, impúdico, que se abandona [illegible] y orgías escandalosas. || [illegible] Guardias de corps en tiempo de [illegible] gusto, rey de Francia.

**RIBAUDAILLE**, f. *ribodáll*. [illegible] populacho, canalla; [illegible]

**RIBAUDERIE**, f. *ribodrí*. [illegible] ma, borrasca, orgía, diversion [illegible]

**RIBAUDURE**, f. *ribodúr*. [illegible] gue, dobles que se hace en los [illegible] lanarios.

**RIBE**, m. *ríb*. Especie de [illegible] quina en que se bate el cáñamo [illegible]

**RIBLER**, a. *riblé*. Beber de [illegible] Correr las calles de noche, [illegible] licenciosa.

**RIBLETTE**, f. *riblét*. [illegible] carne que se asa en las parrillas [illegible] que se hace con tocino.

**RIBLEUR**, m. ant. *ribleur*. [illegible] vago, tuno, bigardo, [illegible] vulgar.

**RIBLONS**, m. pl. *riblón*. [illegible] doblones, pedacitos de hierro [illegible] dan para volver á fundirlos.

**RIBORDER**, n. *ribordé*. [illegible] Dar pequeñas bordadas en [illegible] vechar alguna ráfaga de viento.

**RIBON-RIBAINE**, loc. adv. [illegible] Contra viento y marea, á todo [illegible] precio, cueste lo que cueste. [illegible]

**RIBORD**, m. *ribór*. Mar. Hilada de tablones de forro contigua á la de aparadura.

**RIBORDAGE**, m. *ribordáge*. Cantidad establecida entre los dueños de buques mercantes y que debe pagarse como indemnizacion de daño ó avería causada al mudar uno de fondeadero. || La misma indemnizacion por la pérdida causada.

**RIBOT**, m. *ribó*. Pilon, mano de mortero con que se machaca la manteca de vaca.

**RIBOTE**, f. *ribót*. Francachela, borrasca, jarana en que se come, se bebe y se gasta el dinero alegremente. Es vulgar.

**RIBOTER**, n. *riboté*. Bromear, borrasquear, andar de jarana, tener francachela.

**RIBOTEUR, EUSE**, m. y f. *riboteur, eus*. Jaranero, borrasquero, jaranista, el que gusta de tener francachelas y bromas donde entregarse á los placeres de la mesa.

**RICANEMENT**, m. fam. *ricanmán*. Fisga, befa, mofa, accion de hacer burla, de reirse maliciosamente.

**RICANER**, n. *ricané*. Reir á médias, reir burlonamente.

**RICANERIE**, f. *ricanrí*. Risa falsa, que indica la burla ó el sarcasmo.

**RICANEUR, EUSE**, m. y f. *ricaneur, eus*. Burlon, mofador, fisgon, el que se rie por mofa.

**RIC-À-RIC**, loc. adv. *ricaric*. Punto por punto, exactamente, sin faltar nada. || *Je le ferai payer ric-à-ric*, le haré pagar hasta el último maravedí. Es familiar.

**RICCIE**, f. *ricsí*. Bot. Riccia, planta acuática.

**RICH**, m. *ric*. Zool. Ric, lobo cerval, animal mamífero del norte de Europa.

**RICHARD**, m. *richár*. Ricachon, ricacho, individuo de la clase média que posee muchos bienes de fortuna.

**RICHE**, adj. *riche*. Rico, que posee muchos bienes de fortuna. || met. Rico, dotado de muchas buenas cualidades. || fam. Rico, abundante, fértil, feraz, hablando de un terreno, de un país. || Rico, de gran valor, que tiene mucho mérito, hablando de las cosas. || met. *Une langue riche*, una lengua rica, abundante en palabras y locuciones. || *Riche malaisé*, rico empeñado, atrasado, que tiene mucha hacienda, pero con muchas deudas y cargas. || *Riche taille*, talle esbelto y proporcionado. || Se usa tambien como sustantivo. || *Le mauvais riche*, el rico avariento, de que se habla en el Evangelio; y por comparacion, un hombre muy rico y que no tiene caridad para con los pobres.

**RICHEMENT**, adv. *richemán*. Ricamente, con magnificencia. || Abundantemente, completamente, con abundancia. || joc. *Cette femme est richement laide*, esta mujer es sumamente fea, fea en extremo.

**RICHESSE**, f. *richés*. Riqueza, opulencia, abundancia de bienes de fortuna. || met. *La richesse d'une étoffe*, la magnificencia, la riqueza de una tela ó estofa. || *Richesse d'une langue*, riqueza de una lengua, abundancia de una lengua en expresiones y frases. || *Richesses*, pl. Riquezas, caudales, haciendas, posesiones, rentas, etc.

**RICOCHON**, m. *ricochón*. Aprendiz de monedero.

**RIDAGE**, m. *ridáge*. Mar. Arrizadura, accion de arrizar las velas.

**RIDE**, f. *ríd*. Arruga, pliegue que se forma sobre la frente, sobre el rostro, sobre las manos, y es ordinariamente efecto de la edad. || met. Onda, ligero pliegue que se forma sobre la superficie del agua risada por el viento. || Mar. Acollador, cabo delgado para mantener tiesos los obenques.

**RIDEAU**, m. *ridó*. Cortina, pedazo de muselina, tela, etc., que se emplea para ocultar, cubrir, rodear ó conservar alguna cosa, á la que están pegados unos anillos que corren sobre un alambre para abrirla ó cerrarla. || Telon, lienzo grande que oculta la escena á los espectadores ántes de empezar la representacion. || met. *Se tenir derrière le rideau*, hacer las cosas con secreto: no dejarse conocer alguno en un negocio que dirige. || met. *Tirer le rideau sur une chose*, correr la cortina, correr un velo: ocultar, pasar en silencio una cosa por fea, indecorosa, desagradable, etc.

**RIDÉE**, f. *ridé*. Caz. Red para cazar alondras. || Mont. Estiércol de ciervos viejos.

**RIDELLE**, f. *ridél*. Adral, ladera de carro, cada uno de los dos enrejados de estacas y varas ó esteras que forman los lados del carro.

**RIDER**, a. *ridé*. Arrugar, hacer, causar arrugas. || met. y poét. Rizar, causar el viento pequeñas undulaciones en el agua. || Mar. Arrizar, coger ó tomar los rizos á las velas. || n. Caz. Seguir el perro la pista sin ladrar.

**RIDICULE**, adj. *ridicúl*. Ridículo, risible, que es digno de risa ó burla. || Ridículo, extravagante, nimio. || Úsase tambien como sust., por persona ridícula. || m. Ridículo, lo que es ridículo, lo que hay de ridículo en una persona ó cosa. || *Tourner, traduire quelqu'un en ridicule*, ridiculizar á alguno: burlarse de él, hacer ver á los demas lo que hay de ridículo en su persona, en sus acciones, en sus palabras. || m. Ridículo, bolsillo de señora.

**RIDICULEMENT**, adv. *ridiculmán*. Ridículamente, de una manera ridícula.

**RIDICULISER**, a. *ridiculisé*. Ridiculizar, poner en ridículo, volver, hacer pasar á uno por ridículo. || *Se ridiculiser*, r. Ridiculizarse, hacerse ridículo ó ponerse en ridículo. || Ridiculizarse mutuamente.

**RIDICULISSIME**, adj. superl. de RIDICULE. *ridiculisím*. Ridiculísimo, muy ridículo.

**RIDICULITÉ**, f. *ridiculité*. Ridiculez, cualidad de lo que es ridículo. || Ridiculez, accion ó palabra ridícula, dicho ó hecho extravagante é irregular.

**RIEBLE**, m. *riébl*. Bot. Amor de hortelano, planta.

**RIEN**, m. *rién*. Nada, ninguna cosa. *Rien du tout*, nada absolutamente: se dice á menudo en las respuestas en vez de *rien*. || fam. *Ne savoir rien de rien*, no saber nada absolutamente. || *Cela ne fait rien*, no importa. || fam. *Cela ne me fait rien*, no se me da

|| Paraguas viejo. || Zool. Riflar, especie de pájaro.

**RIFLÉ, ÉE**, adj. *riflé*. *Pierre riflée*, piedra labrada, que ha sido trabajada en el cincel. || *Pain riflé*, pan de remorcajo ó pan mediano.

**RIFLER**, a. *riflé*. Engullir, comer glotonamente. || Pulir, labrar con el cincel. || Limar, pulimentar con la escofina.

**RIFLOIR**, m. *rifluár*. Lima ó escofina encorvada por la punta.

**RIGIDE**, adj. *rigíd*. Rígido, severo, exacto, austero, estrecho, rigoroso.

**RIGIDEMENT**, adv. *rigidmán*. Rígidamente, con rigidez, con todo rigor.

**RIGIDITÉ**, f. *rigidité*. Rigidez, rigor, austeridad, aspereza, severidad, exactitud rigorosa. || Med. V. ROIDEUR, CONSTRICCION.

**RIGODON**, m. *rigodon*. Rigodon, aire de dos tiempos, muy animado. || Rigodon, baile que se ejecuta sobre este aire; ó, como dicen otros, contradanza de ocho cerrada.

**RIGOLAGE**, m. ant. *rigolage*. Chanza, chiste, chuscada, burla, zumba.

**RIGOLE**, f. *rigól*. Reguera, tajea, canalliza para conducir el agua á un jardin, á un prado, etc.

**RIGOLER**, a. *rigolé*. Hacer zanjitas para las plantas. || n. Se decia por *plaisanter*, chancear. || *Se rigoler*, r. pop. Divertirse, regocijarse.

**RIGORISME**, m. *rigorism*. Rigorismo moral muy severa.

**RIGORISTE**, s. y adj. *rigoríst*. Rigorista, el que sigue una moral muy estrecha ó severa.

**RIGOTEAUX**, m. pl. *rigotó*. Tejas hendidas al traves para las bovedillas de los tejados.

**RIGOUREUSEMENT**, adv. *rigureusmán*. Rigorosamente, con rigor.

**RIGOUREUX, EUSE**, adj. *rigureu, eus*. Rigoroso, severo, rígido. || Rigoroso, áspero, acre. || Rigoroso, severo, duro, insoportable.

**RIGUEUR**, m. *rigueur*. Rigor, severidad, dureza, austoridad. || Rigor, dureza, aspereza. || Rigor, grande exactitud, severidad en la justicia. || Rigor, aspereza del tiempo. || Rigor, último término á que pueden llegar las cosas. || *Être de rigueur*, ser de rigor, ser indispensable. || *À la rigueur, à toute rigueur*, loc. adv. En rigor, á todo rigor. *À la rigueur* significa tambien á la letra, sin modificacion, sin suavizacion. || *En rigueur, à toute rigueur, à la dernière rigueur*, con una extrema exactitud y severidad.

**RIMAILLE**, f. inus. *rimáll*. Jácara, copla de ciego: dícese por desprecio de los malos versos ó mala poesía.

**RIMAILLER**, n. *rimallé*. Coplear, hacer malos versos.

**RIMAILLEUR**, m. *rimalleur*. Poetastro, coplero, romancero, versista chapucero y rampion.

**RIME**, f. *rím*. Rima, consonancia, uniformidad de sonido en la terminacion de las palabras con que acaba cada verso. || *Mettre*

**RINCER**, a. *rensé*. Enjuagar, limpiar lavando y frotando. Se dice hablando de vasos, botellas, etc. || vulg. Reprender, cascar ó pegar.

**RINÇOIR**, m. *rensuár*. Enjuagador, lebrillo para enjuagar.

**RINCONTRE**, m. *rencóntr*. Rincontro, interventor de las galeras del papa.

**RINÇURE**, f. *rensúr*. Enjuagadura, agua ó licor con que se ha enjuagado alguna cosa. || Enjuagaduras, nombre que se suele dar al vino muy aguado.

**RINGARD**, m. *rengár*. Barra de fierro para mover las piezas grandes cuando se fraguan.

**RINGEAU ó RENGEOT**, m. *renjó*. Mar. Pié de quilla, extremidad de la quilla de un buque, donde comienza la roda.

**RINGRAVE**, f. *rengráv*. Zaragüelles ó calzones, guarnecidos de cintas. V. RHINGRAVE, como fem.

**RINSTRUIRE**, a. *renstruír*. Volver á instruir ó enseñar, instruir de nuevo.

**RIOLE**, f. *riól*. Diversion, fiesta. || vulg. *Faire la riole*, correría, ir de broma, de jarana. || *Etre en riole*, estar peneque ó achispado.

**RIOLER**, a. *riolé*. Rayar, hacer rayas.

**RIOTE**, f. *riot*. Risita bufona. || ant. Querella, disputa, zalagarda.

**RIOTER**, n. fam. *riolé*. Sonreirse, reir á medias ó entre dientes.

**RIOTEUR, EUSE**, m. y f. *rioleur*, *eus*. El que siempre se está sonriendo.

**RIPAILLE**, f. vulg. *ripáll*. Francachela, gaudeamus, buena comida. *Faire ripaille*, tener una francachela, etc.

**RIPAILLEUR**, m. *ripalleur*. Gloton, comilon.

**RIPE**, f. *ríp*. Raedera de albañil, de escultor, etc.

**RIPER**, a. *ripé*. Raer, raspar con la raedera, llana ó alcotana. || n. Mar. Lascar, dar lascones, escurrirse á saltos un cabo.

**RIPOPÉE**, f. *ripopé*. Zupia, purriela, vino malo. || Champurro, mezcla de diferentes licores ó salsas. || met. y fam. Baturrillo, mezcolanza, escrito ó discurso lleno de cosas inconexas y mal ordenadas.

**RIPOSTE**, f. *ripóst*. Réplica, sacudida, respuesta pronta y aguda. || met. y fam. Respuesta, tornas, accion de rebatir al momento una ofensa. *Il lui donna un démenti, la riposte fut un soufflet*, le dijo que mentia y la respuesta fué un bofeton. || Esgr. Estocada que se da despues de parar.

**RIPOSTER**, n. *riposté*. Replicar, sacudirse, responder con prontitud y viveza á algun dicho. || met. Volver la pelota, pagar con la misma moneda, responder prontamente á una injuria, á un golpe, etc. || Esgr. Reparar y dar la estocada á un mismo tiempo.

**RIPUAIRE**, adj. *ripuér*. Ripuario, lo mismo que ribereño, calificacion que se daba á los antiguos pueblos de las orillas del Rhin y del Mosa, y se da todavía al código de sus leyes.

**RIRE**, n. *rir*. Reir, hacer un cierto movimiento con la boca, causado por la impresion que excita en nosotros alguna cosa alegre ó chistosa. || Reir, reirse de, hacer burla de; como *rire de quelqu'un*. || Reir, se dice de las cosas inanimadas que agradan á la vista: *tout rit dans cette maison de campagne*. || fam. Reirse, holgarse, divertirse. || Reirse, no hacer caso, no tomar cuidado por una cosa. || met y fam. Reirse, empezarse á romper ó descoser un vestido. || *Etouffer de rire*, reventar de risa, morir de risa: reirse mucho. || *Prêter à rire* ó *apprêter à rire*, dar que reir, dar uno motivo de que se burlen de él. || *Parler pour rire*, hablar por reir, hablar de chanza, de burlas. || *Pour rire*, loc. adv. Por burla, por chanza. || *Rire du bout des dents*, reir de dientes adentro: reir sin gana, hacer de tripas corazon. || *Rire aux anges*, reir como bobo, sin que ni para que. || *Se rire*, r. Reirse, burlarse, mofarse. || RIRE, m. Reir, la risa, el modo ó accion de reir. *Un rire agréable*, un reir, una risa halagüeña. || *Rire fou*, risa destemplada desatada, descompasada. || *Eclat de rire*, risotada, carcajada. || Se usa tambien en plural. *Des rires innocents*, un reir inocente ó risas inocentes.

**RIS**, m. *rí*. Risa, es sinónimo de *rire*. || *Ris ó rire sardonique ó sardonien*, risa sardónica, especie de risa convulsiva; y en sentido figurado, risa forzada y tambien maliciosa. || Lechecilla, molleja de ternera. || pl. Mar. Rizos de las velas de una embarcacion. || *Prendre des ris*, coger rizos á las velas. || Rizo, cada faja ó andanada que forman los ollados y los rizos que se hacen en las velas.

**RISADE**, f. *risád*. Mar. Empalme, ajuste, union de dos cabos por sus extremos con nudos.

**RISAGAL**, m. *risagál*. Rojalgar, arsénico rojo. V. RÉALGAR.

**RISBAN**, m. *risbán*. Fort. Terraplen, plataforma con piezas de artillería para la defensa de algun puerto de mar.

**RISBERME**, f. *risbérm*. Fortificacion hecha con faginas y estacas.

**RISDALE**, f. V. RIXDALE.

**RISÉE**, f. *risé*. Risotada, exclamacion de risa de muchas personas juntas. || Risa, irrision, burla. || El objeto de la risa y de la burla. || Mar. Racha, aumento pasajero de viento.

**RISER**, a. *risé*. Mar. Arrizar, coger los rizos á las velas.

**RISIBILITÉ**, f. *risibilité*. Risibilidad, facultad de reir.

**RISIBLE**, adj. *risibl*. Risible, dotado de la facultad de reir. || Risible, que causa risa. || Risible, digno de risa ó burla.

**RISQUABLE**, adj. *riscábl*. Arriesgable, que se puede arriesgar ó aventurar. || Arriesgado, expuesto, aventurado, que corre riesgo.

**RISQUE**, m. *risc*. Riesgo, contingencia, peligro. || fam. *A tout risque*, á todo riesgo, á todo evento, á la ventura.

**RISQUER**, a. *risqué*. Arriesgar, aventurar, exponer. || Arriesgar, correr el riesgo, el peligro de. || *Se risquer*, r. Arriesgarse, aventurarse.

**RISSER**, a. V. ARRISSER.

**RISSIR**, n. ant. *risir*. Retirarse de algun punto.

**RISSOLE**, f. *risól*. Toston, pastelillos con carne picada y fritos con manteca de puerco. || Risola, especie de red.

**RISSOLÉ, ÉE**, adj. *risolé*. Tostado, dorado, bien frito, bien asado. || *Trop rissolé*, achicharrado, retostado, refrito, pasado. || fam. *Visage rissolé*, semblante tostado, muy moreno y quemado por el sol.

**RISSOLER**, a. *risolé*. Tostar, poner tostado ó dorado lo que se asa ó frie.

**RISSOLETTES**, f. pl. *risolét*. Tostadas de pan rellenas.

**RISSON**, m. *risón*. Mar. Rezon, ancla de cuatro brazos para los navíos de bajo bordo.

**RISTORNE**, f. *ristórn*. Com. Disminucion ó reduccion, y tambien anulacion de una póliza de seguridad por ciertas causas.

**RISTORNER**, a. *ristorné*. Trasponer un artículo de una cuenta á otra, ponerlo en el lugar que debe ocupar.

**RIT ó RITE**, m. *rit*. Rito, órden prescrito de las ceremonias que se practican en una religion, y especialmente en la religion católica.

**RITBOK**, m. *ritbóc*. Ritboc, especie de macho cabrío de Africa.

**RITOURNELLE**, f. *riturnél*. Retornelo, repeticion de la primera parte de una copla, aria, cancion, etc. || fam. Retornelo, repeticion frecuente de las mismas cosas, de las mismas ideas en el discurso.

**RITUALISME**, m. *ritualism*. Ritualismo, descripcion, tratado, sistema de los ritos de la Iglesia.

**RITUALISTE**, m. *ritualist*. Ritualista, autor que trata de los varios ritos de la Iglesia.

**RITUEL**, m. *rituél*. Ritual, libro que enseña el órden de las ceremonias de la Iglesia, y tambien las prácticas de la curia.

**RIVAGE**, m. *rivádg*. Costa, playa del mar. || Ribera, márgen de los rios y lagos.

**RIVAL, E**, m. y f. [illegible] tidor, el que [illegible] pretensiones que otro.

**RIVALISER**, a. y n. [illegible] competir, entrar en [illegible] no. || a. Rivalizar, [illegible] tir, apostárselas una [illegible]

**RIVALITÉ**, f. *rivalité*. [illegible] petencia de dos ó mas perso[nas] [illegible] á la misma cosa.

**RIVE**, f. *rív*. Ribera, [illegible] un rio, de un estanque, [illegible] Linde, borde de un [illegible] Borde de una tela, de un [illegible] lo mismo que *bord*.

**RIVER**, a. *rivé*. [illegible] clavo, torciéndole y [illegible] prov. y met. *River le clou à* [illegible] terle á uno el resuello ó [illegible] ral; esto es, responderle [illegible] pueda replicar.

**RIVERAGE**, m. *riverág*[illegible] guo derecho señorial.

**RIVERAIN**, m. *riverén* [illegible] reño, el que habita junto á [illegible]

**RIVESALTES**, m. *rivesált* [illegible] vas, cierto vino moscatel del [illegible]

**RIVET**, m. *rivé*. [illegible] punta de un clavo remachad[o] [illegible] redoble de los clavos de la h[erra]dura, relejo en los [illegible] dros, etc.

**RIVETIER**, m. *rivetié*. [illegible] zapatero.

**RIVIÈRE**, f. *riviér*. Rio, [illegible] abundante de aguas que [illegible] de una extension considerab[le] [illegible] que el *fleuve*. Se da este [illegible] á los rios caudalosos ó prin[cipales] [illegible] y otro caso decimos rio en [illegible] *vière de Gênes*, la ribera de [illegible] la costa del Genovesado. || [illegible] ave acuática ó de rio. || [illegible] guija, pedadilla, guijarro [illegible] del rio. || met. *Une rivière* [illegible] collar engastado de diamantes.

**RIVERAIN, EUX**, adj. y s. m. [illegible] Riberiegos, balcon ribereño, [illegible] lar sobre los rios.

**RIVOIR**, m. *rivuár*. [illegible] para quitar los clavos.

**RIVULAIRE**, adj. *rivulér*. [illegible] en los rios.

**RIVURE**, f. *rivúr*. [illegible] que entra en los agujeros [illegible] para unirlas.

**RIXDALE**, f. *ricsdál*. [illegible] plata de algunos estados del [illegible] lor es de unos 20 rs.

**RIXE**, f. *rics*. Riña, pen[dencia] [illegible] quimera. || Debate, disputa [illegible]

**RIXER**, n. *ricsé*. [illegible] mar camorra.

**RIXMARC**, m. *ricsmárc*. [illegible] neda alemana, de valor [illegible] 40 mrs.

**RIXORT**, m. *ricsór*. [illegible] alemana, de valor de 3 rs. y [illegible]

**RIZ**, m. *ri*. Arroz, planta [illegible] duce un grano farináceo [illegible] cual se llama tambien arroz. [illegible] cocer ó hacer cocer arroz.

**RIZAIRE**, adj. *rizér*. [illegible] arroz.

**RIZE**, m. *ríz*. Riz, moneda [illegible] los Estados del Gran Señor.

**RIZIÈRE**, f. *riziér*. Arrozal [illegible] brado de arroz.

**RIZOLITTES**, f. V. [illegible]

**ROABLE**, m. *roábl*. [illegible] para sacar la brasa de un [illegible]

**ROAGE**, m. *roádg*. [illegible] sobre los carruajes.

**ROAN**, adj. m. *roán*. [illegible] caballo cuyo pelo está [illegible] de gris y de bayo.

**ROB**, m. *rób*. Rob, [illegible] los maderos, [illegible] azúcar cocido, hasta que [illegible] cia del jarabe.

**ROB ó ROBRE**, m. *rob*, [illegible] bro, término del juego [illegible] ca partida doble ó [illegible]

**ROBE**, f. *rób* Ropa, vestido en general, como es, lo que cubre á las personas y tambien á algunos animales y legumbres. || Ropa, ropaje talar de cualquier persona y estado. || Toga, vestidura talar con mangas que usaban los Romanos. || Toga, garnacha, ropaje talar de los ministros y letrados de los tribunales. || met. Toga, profesion y dignidad de los togados. || *Robe de chambre*, bata, vestidura que se usa dentro de casa. || *Robe d'enfant*, vaquero de niño. || ant. *Robe de corps*, vestido de luto. || *La haute robe*, la alta magistratura. || *Gens de la robe courte*, los militares. || *Gens de la robe longue*, la nobleza y el clero. || *Chirurgien de robe courte*, romancista. || *Homme de robe*, togado, garnachas, golilla. || *Gens de robe*, togados, golillas, garnachas || *Robe des fèves*, vaina de las habas. || *Robe du paon*, la pluma ó plumajería del pavo real. || *Robe d'andouille*, la tripa ó el pellejo de la morcilla ó del chorizo.

**ROBÉ, ÉE**, part. pas. del verbo **ROBER**. *robé*. V. este. || adj. *Garance robée*, rubia con corteza.

**ROBELAGE**, m. *robelage* (e muda). Art. Accion de levantar el pelo á los sombreros.

**ROBER**, a. *robé*. Art. Sacar ó levantar el pelo á un sombrero con la lija. || Levantar la epidérmis de una planta.

**ROBERIE**, f. *roberí* (e muda). Ropero, sala en los conventos para guardar la ropa. || Tambien se decia por *vol*, *larcin*.

**ROBERTIN**, m. ant. *robertén*. Tésis de bachiller. Tambien se llamada *robertine*.

**ROBESPIERRISME**, m. *robespierism*. Robespierrismo, principios, doctrina, opinion de los robespierristas.

**ROBESPIERRISTE**, m. *robespierist*. Robespierrista, partidario de Robespierre.

**ROBIÈRE**, f. *robiér*. Armario ropero. || Mujer encargada de guardar la ropa.

**ROBIN**, m. *robén*. Golilla, término de desprecio ó de burla de que se usa hablando de los togados. || met. Botarate, hombre sin consideracion y de quien no debe hacerse caso. || Zumbon, burlon.

**ROBINERIE**, f. ant. *robinrí*. Chanza, burla, chiste, gracejo.

**ROBINET**, m. *robiné*. Llave de fuente. || Espita, canilla de tonel, de cuba, etc.

**ROBINSONIE**, f. *robensoní*. Bot. Robinsonia, árbol muy alto de América.

**ROBLE, ROBRE** ó **ROUVRE**, m. *róbl*, *róbr*, *rúvr*. Bot. Roble ó encina, árbol.

**ROBORATIF, IVE**, adj. *roboratif*, *iv*. Med. Roborativo, roborante ó corroborante, se dice de ciertos medicamentos que dan fuerza y vigor.

**ROBUSTE**, adj. *robúst*. Robusto, fuerte, vigoroso. Se dice comunmente de las personas, y algunas veces de los animales y de los vegetales.

**ROBUSTEMENT**, adv. *robustmán*. Robustamente, con robustez.

**ROBUSTICITÉ**, f. *robustisité*. Robustez, estado, cualidad de una persona ó cosa robusta.

**ROC**, m. *róc*. Roca, masa de piedra viva que nace en la tierra y está firme en ella. || Roque, nombre que se daba á la pieza del juego de ajedrez que hoy dia se llama *tour*, torre || Mil. ant. Torre ó fortaleza. || *Le roc de Gibraltar*, el peñon de Gibraltar.

**ROCAILLE**, f. *rocáll*. Rocalla, grutesco, pintura ó obra hecha de piedrecitas y conchas || Cuentas de vidrio de varios colores.

**ROCAILLEUR**, m. *rocalleur*. Rocallero, el que trabaja en obras de rocalla.

**ROCAILLEUX, EUSE**, adj. *rocalleu*, *eus*. Cascajoso, pedregoso, lleno de cascajo ó piedras menudas. || met. *Style rocailleux*, estilo duro, áspero, desagradable al oido.

**ROCAMBOLE**, f. *rocanbol*. Bot. Especie de ajo ménos fuerte que el ajo comun. || met. y fam. Sainete, salsilla, lo mas apetitoso ó gustoso de una cosa.

**ROCANTIN**, m. *rocantén*. Cancion compuesta de muchas canciones antiguas. || fam. Viejo, vejete, vejestorio.

**ROC-FORT**, m. V. ROQUEFORT.

**ROCHE**, f. *roche*. Roca, peña, canto grande. || Roca, nombre que se da á las sustancias minerales consideradas en masa. || met. *Homme de la vieille roche*, hombre de calzas atacadas, hombre á la antigua: hombre formal y de probidad reconocida. || *Noblesse de la vieille roche*, nobleza rancia, de antigua alcurnia. || prov. y met. *Il y a quelque anguille sous roche*, hay gato escondido: hay alguna intriga secreta en este negocio. || *Roche tarpéienne*, roca tarpeya, colina de Roma, desde donde los Romanos precipitaban á los reos sentenciados á muerte.

**ROCHELLE**, f. *rochél*. Rochela, especie de uva del nordeste de Francia. || pl. Com. Rochelas, telas comunes de la Turena.

**ROCHELOIS, E**, adj. *rochlud*, *ds*. Rochelés, de la Rochela.

**ROCHER**, a. *roché*. Art. Rodear con soldadura para soldar las obras de platería, bisutería, etc. || n. Espumar, hacer ó echar espuma, hablando de la cerveza que fermenta.

**ROCHER**, m. *roché*. Peñasco, roca, peña grande terminada por lo comun en punta. || met. y fam. *Parler aux rochers*, hablar á una roca, esto es, á personas insensibles, á quienes no mueve lo que se les dice. || *Un cœur de rocher*, un corazon duro, insensible.

**ROCHET**, m. *roché*. Roquete, especie de sobrepelliz que llevan los eclesiásticos. || Carrete, especie de palito con una ruedecilla para devanar seda. || Rueda catalina, la principal de las del reloj. || *Roue à rochet*, rueda dentada. || pl. Cañones, husos de las fábricas de tejidos.

**ROCHEUX, EUSE**, adj. *rocheu*, *eus*. Cubierto de rocas y peñas.

**ROCHIER**, m. *rochié*. Zool. Halcon que, segun dicen, hace su nido en las rocas. || Roquero, género de pescados.

**ROCHOIR**, m. *rochuár*. Caja donde está la soldadura para soldar.

**ROCOCO**, adj. y s. m. *rococó*. Se dice, en general, de todo lo que es viejo, que no es ya de moda, rancio, en las artes, ciencias, literatura, etc.: *cela est bien rococo*.

**ROCOULER**, n. V. ROUCOULER.

**RODAGE**, m. *rodáge*. Andorrería, correteria, vagancia. || Art. Rodaje, accion de rodar sobre un eje. || Cierto derecho de peaje que se pagaba por los carruajes.

**RODE**, f. *ród*. Mar. Roda, madero corvo que forma el remate de la proa.

**RÔDER**, n. *rodé*. Rodar, andorrear, corretear, vagabundear, ir de una parte á otra.

**RODET**, m. *rodé*. Rueda de un molino de agua.

**RÔDEUR**, m. *rodeur*. Vagabundo, andorrero, tunante, corretón.

**RODOIR**, m. *roduár*. Cuba de curtidor.

**RODOMONT**, m. *rodomón*. Fanfarron, matasiete, baladron, rompe-esquinas.

**RODOMONTADE**, f. *rodomontad*. Fanfarronada, baladronada, bravata.

**ROELLE**, f. *roél*. Rodeja ó pequeño disco.

**ROÉMAS** ó **ROELMAS**, m. pl. *roema*, *roelmá*. Pañuelos de algodon de las Indias.

**ROGATEURS**, m. pl. *rogateur*. Antig. rom. Rogadores, oficiales que recibian las tablitas de los sufragios.

**ROGATIONS**, f. pl. *rogasión*. Rogaciones, rogativas públicas acompañadas de procesiones que hace la Iglesia en determinados dias del año.

**ROGATOIRE**, adj. *rogatuár*. For. *Commission rogatoire*, exhorto, requisitoria de un juez á otro.

**ROGATON**, m. *rogatón*. Escamocha, sobras de platos de la comida que se vuelve á calentar. || Mendrugo, pedazo de pan que queda de la comida. || met. Papelucho, papel desechado, borron despreciable de algun escritor.

**ROGER-BONTEMPS**, m. *rogebontán*. Mod. Calavera, bromista, hombre que no piensa mas que en divertirse.

**ROGNE**, f. *róñ*. Roña, especie de sarna del ganado lanar, y tambien roña perruna. || Sarna arraigada ó inveterada. || Agr. Musgo, moho velloso que se cria en las cortezas y troncos de los árboles.

**ROGNEMENT**, m. *roñmán*. Encuad. Recortamiento, cercenamiento, accion de recortar un libro.

**ROGNE-PIED**, m. *roñpié*. Pujavante, instrumento de herrador para rebajar el casco de las caballerías.

**ROGNER**, a. *roñé*. Recortar, cortar, cercenar lo que sobresale ó sobra en las orillas de alguna cosa. || met. y fam. Escatimar, morder, acortar, disminuir el sueldo, el mando, los derechos, etc. || *Tailler et rogner*, hacer y deshacer, ser dueño absoluto en la administracion de una casa, para su gasto, etc.

**ROGNEUR, EUSE**, adj. *roñeur*, *eus*. Recortador, el que recorta || Cortador, el operario que corta las piezas para la moneda.

**ROGNEUX, EUSE**, adj. Roñoso, sarnoso, que tiene roña ó sarna. || met. Ruin, mezquino.

**ROGNOIR**, m. *roñuár*. Lengüeta, instrumento que usan los encuadernadores para recortar los libros. || Tablita para redondear las velas.

**ROGNON**, m. *roñón*. Riñon de un animal. Se dice solo hablando de los de ciertos animales que son buenos para comer. || Criadilla, testículos de algunos animales. || fam. *Tenir*, *mettre*, *avoir les poings sur les rognons*, poner los puños sobre los riñones; ponerse en jarras.

**ROGNONNER**, n. vulg. *roñoné*. Rezongar, refunfuñar, murmurar entre dientes.

**ROGNURE**, f. *roñúr*. Recortadura, retal, lo que se quita de alguna cosa cuando se la recorta. || pl. met. y fam. Desperdicios, restos, sobras de una cosa.

**ROGOMME**, m. vulg. *rogóm*. Aguardiente, ú otro licor fuerte. || *Voix de rogomme*, voz aguardentosa, voz bronca, carrasqueña, de una persona que hace abuso de los licores fuertes.

**ROGUE**, adj. fam. *rógue*. Arrogante, fiero, soberbio. || **ROGUE**, f. Huevas del abadejo ó pescado salado, que se emplean como cebo para la pesca de la sardina. *Rogue de maquereau et de morue*, huevas de caballas y abadejo.

**ROI**, m. *ruá*. Rey, monarca, príncipe, soberano que gobierna solo un Estado. || Rey, en el juego de cartas es la principal figura de cada palo; en el juego de ajedrez, la pieza principal del juego. || met. Rey, hombre feliz é independiente. || *Le jour des Rois*, el dia de los Reyes, el dia de la Epifanía. || *Être du temps du roi Guillemot*, ser del tiempo del rey Perico, del rey que rabió, de la reina Urraca: ser de tiempo muy antiguo. || *Roi d'armes*, rey de armas, el jefe de los heraldos de armas. || *Roi du bal*, director del baile. || *Roi des cailles*, biter, rey de las codornices. || *Maison du roi*, casa real, se entiende por todos los oficiales, servidumbre, criados, etc., de palacio. || *Gens du roi*, fiscales de los reales tribunales. || *Coffre du roi*, arcas reales, tesorería real. || *Pain du roi*, pan del rey ó pan de municion. || *Poids du roi*, peso del rey ó peso real. || *Roi de la fève*, rey de chicha y nabo, aquel á quien toca la haba cuando se reparte la torta (*gâteau*), que se come en Francia en la fiesta de los Reyes ó Epifanía. || *Aller où le roi va en personne*, *où le roi va à pied*, ir al lugar comun. || fam. *Traiter*, *régaler comme un roi*, tratar, regalar como cuerpo de rey.

**ROIDE** ó **RAIDE**, adj. *réd*. Tieso, duro que no se puede doblar. || Tieso, arrecido de frio; envarado, entorpecido, hablando de los miembros. || fam. Tieso, seco, muerto. || Pino, empinado, pendiente, difícil de subir. || Rápido, que tiene un movimiento impetuoso, veloz y arrebatado. || met. Rígido, duro, inflexible. || adv. Vivo ó vivamente, pronto, velozmente.

**ROIDEMENT**, adv. *redmán*. Con tension, con tirantez, con rigidez. || Inflexiblemente, con inflexibilidad, de un modo inflexible.

**ROIDEUR**, f. *redeur*. Tiesura, rigidez de lo que no se puede doblar. || Tirantez, violenta tension de nervios, de fibras, etc. || Rapidez, violencia, fuerza de un cuerpo impelido. || Pino, repecho, pendiente de una cuesta, de una escalera, etc. || Envaramiento, entorpecimiento de miembros. || met. Inflexibilidad, dureza, terquedad de genio, de carácter, etc. || Rigidez, dureza de costumbres.

**ROIDI, E**, adj. *reidi*. Atiesado, tieso. || Tirante, envarado.

**ROIDILLON**, m. *redillón*. Terromontero, montecillo, cerro, ribazo, colina, pequeña altura de tierra.

**ROIDIR**, a. *redir*. Atiesar, atesar, poner tieso, tirante, derecho, para que no se doble ó afloje. || Envarar, entorpecer los miembros. || Aterir, arrecir, helar de frio. || n. Atiesarse, ponerse tiesa ó tirante alguna cosa. || Envararse, entorpecerse los miembros. || *Se roidir*, r. Resistir, arrostrar, mantenerse tieso ó firme: aplícase á las personas; y en estilo comun es tenérselas tiesas, esto es, no querer ceder.

**ROÏOC**, m. *roidc*. Ruibarbo, raíz para teñir de amarillo.

**ROITELET**, m. *ruatlé*. Zool. Reyezuelo, abadejo, regalíolo, nombre de un pájaro muy pequeño. || Reyezuelo, reyecillo, régulo, rey ó señor de un Estado muy pequeño.

**ROITELETTE**, f. *ruatlét*. La hembra del reyezuelo, ave.

**RÔLE**, m. *ról*. Foja, una hoja ó dos páginas de un escrito, entre escribanos. || Rol, nómina, lista, matrícula en que están sentadas las personas por sus nombres. || Registro, estado, lista de las causas que se han de llamar por su órden en un tribunal. || Papel, la parte que aprende cada actor en una pieza teatral. || Papel, persona que representa cada actor. || met. Papel, viso, figura, representacion en el mundo; y en este sentido se dice *jouer un rôle*, hacer papel ó figura en el mundo. || Rollo, cuerda de tabaco Brasil, muy arrollada y apretada.

**RÔLER**, n. fam. *rolé*. Escribir en compulsas, llenar fojas, escribir ancho y tendido para causar mas derechos.

**RÔLET**, m. *rolé*. Papelillo, papel corto. Solo se usa en sentido figurado y en estas dos locuciones proverbiales. *Jouer bien son rôlet*, hacer bien su papel, representarlo bien, lucirlo. *Etre au bout de son rôlet*, quedarse aspérgis ó aturugado, sin saber qué hacer ni qué decir.

**ROLETTE**, f. *rolét*. Roleta, tela de lino de Flándes.

**RÔLEUR**, m. *roleur*. Rollador, el que hace los rollos ó cuerdas de tabaco.

**ROLLE**, f. *ról*. Art. Hurgon de calero. || Com. Especie de tela de lana que se parece al moleton. V. MOLLETON.

**ROLLIER**, m. *rolié*. Zool. Gálgulo, pájaro de la familia de los grajos.

**ROMAILLET**, m. *romallé*. Tarugo de madera que se mete en un hueco.

**ROMAIN, E**, adj. *romén*, *én*. Romano, se dice de las personas y cosas que pertenecian á la antigua Roma. || Se dice tambien de las personas y cosas que pertenecen á la Roma moderna, considerada sobre todo como silla de la religion cristiana, cuya cabeza es el papa. || Es tambien sustantivo, aplicándose á las personas: un *romain*, *une romaine*. || *Beauté romaine*, matrona, mujer de bellas facciones y porte majestuoso. || *Laitue romaine*, lechuga romana ó de oreja de mulo. || Impr. *Lettre romaine* ó *caractère romain*, letra ó carácter redondo, lo contrario de letra cursiva, que se llama *italique*. El carácter redondo se llama tambien *romain*, como sustantivo; hay *gros romain* y *petit romain* dos caractéres de imprenta diferentes. || ROMAINE, f. Romana, balanza de dos brazos desiguales, en que el pilon suple por todas las pesas de la balanza comun. || Papel de á folio del pequeño. || Ensalada llamada orejas de mulo; se dice en vez de *laitue romaine*.

**ROMAINEMENT**, adv. ant. *romenmán*. Á la romana, al estilo romano.

**ROMAN**, m. *román*. Novela, nombre de toda historia fingida escrita en prosa. || ROMAN, E, adj. Romana, se dice de la lengua formada de la corrupcion del latin y el céltico, que se habló y escribió en el mediodia de la Europa desde el siglo X hasta fines del XIII. En esta acepcion se usa tambien como sust. masculino por *langue romane*; y así se dice *parler roman*, *histoire écrite en roman*.

**ROMANCE**, adj. f. *románs*. Solo se usa en esta locucion: *langue romance*, y mejor se dice *langue romane*, romance, lengua formada de la mezcla del latin y céltico, de la cual han procedido las lenguas francesa y castellana con todas sus allegadas. || f. Romance, relacion fabulosa escrita en versos cortos, sencillos y naturales, y compuesta para ser cantada. || Romanza, composicion músico-métrica, tierna y apasionada, arreglada para instrumento.

**ROMANCIER**, m. *romansié*. Romancero, autor de antiguos romances escritos en lenguaje antiguo. || Romancista, autor de romances modernos, romancero, novelero, autor de novelas, de fábulas, de libros de caballerías.

**ROMANCINE**, f. inus. *romansín*. Romancico, romance pequeño.

**ROMANESQUE**, adj. *romanésc*. Romancesco, fabuloso, maravilloso como las aventuras de romances y novelas, ó exaltado como sus personajes y sentimientos.

**ROMANESQUEMENT**, adv. *romanescmán*. Romancescamente, de una manera romancesca; fabulosamente, de un modo fabuloso.

**ROMANIER**, m. *romanié*. Nombre que da la tropa al que pesa la carne con la romana.

**ROMANISER**, n. *romanisé*. Novelar, escribir ó componer novelas. || a. Dar aire ó apariencia de novela ó de cuento á una historia.

**ROMANISTE**, m. y f. *romanist*. Se ha usado por *romancier*.

**ROMANTIQUE**, adj. *romantíc*. Romántico, se dice de los sitios, de los paisajes amenos y de rústica variedad que traen á la memoria las descripciones de las novelas y de los romances. || Romántico, se dice de escritores que afectan salirse de las reglas de composicion y de estilo establecidas por el ejemplo de los autores clásicos; y el mismo nombre se da á sus obras. || m. Romántico, género romántico opuesto al clásico. || pl. Románticos, los partidarios del género romántico.

**ROMANTISME**, m. *romantism*. Romanticismo, gusto por lo romántico. || Romanticismo, lo que tiene relacion con el estilo, con el género romántico.

**ROMARIN**, m. *romarén*. Bot. Romero, arbusto aromático. || *Lieu planté de romarins*, romeral.

**ROMATIÈRE**, f. *romatiér*. Pesca del rodaballo.

**ROMBAILLET**, m. *ronballé*. Mar. Rumbito, pieza que se ajusta en las hendiduras de los buques.

**ROMBALIÈRE**, f. *ronbaliér*. Mar. Arrumbadas, banda exterior del castillo de proa de una galera.

**ROMBE**, f. *rónb*. Zool. Rombo, especie de marisco.

**ROMÉCA**, f. *roméca*. Romeca, baile de los paisanos turcos.

**ROMÉES**, f. pl. *romé*. Antig. Romeas, fiestas en Roma en memoria de su fundacion.

**ROMÉLIOTE**, adj. y s. *romeliót*. Romeliota, de la Romelia.

**ROMES**, f. pl. *róm*. Bastidor para tejer tapices de lizos bajos.

**ROMESCOT**, m. *romescot*. Tributo que pagaba antiguamente el pueblo de Inglaterra al obispo de Roma; es lo que se llama *denier de saint Pierre*.

**ROMINAGROBIS**, m. fam. *rominagrobís*. Gatazo. || met. Fantasmon, figuron.

**ROMIPÈTES**, m. pl. *romipét*. Romípetas, sectarios que hacian voto de ir á Roma.

**ROMPEMENT**, m. *ronpmán*. Solo se dice en esta expresion figurada: *rompement de tête*, quebradero de cabeza, batahola, fatiga que causa un gran ruido, un discurso importuno, una demasiada aplicacion, etc.

**ROMPRE**, a. *rónpr*. Romper, despedazar, hacer trozos ó pedazos. || Destruir, arruinar los caminos, los paseos, etc. || Cortar, desviar el viento, el hilo, la corriente del agua. || Romper, desbaratar un cuerpo de tropas. || Romper, abrir una pared, una cerca. || Romper vivo, enrodar á un reo condenado á este género de suplicio. || Cortar, interrumpir el hilo del discurso. || Impr. Distribuir, separar las letras de la composicion y colocarlas cada una en [illegible] Destruir, rayar [illegible] pueda yo servir. || [illegible] crear, hacer uso. || [illegible] renunciar á la [illegible] union con alguno. || met. [illegible] cion, cesar para siempre [illegible] mente de llenarla. || [illegible] citar, acostumbrar. || [illegible] Disolver, separar. || met. [illegible] romper, quebrar la cabeza [illegible] || fam. Se dice, *rompre les* [illegible] balla ó á barato: [illegible] *Rompre les mesures*, [illegible] das, desbaratar las [illegible] *pre un cheval*, [illegible] lo en el picadero. || [illegible] *une convention*, [illegible] trato, un ajuste. || [illegible] romper limpio, [illegible] *pre par delais*, hacer [illegible] *pre par filandres*, hacer [illegible] Romperse, partirse, [illegible] Pasar del órden de batalla al [illegible] lumna. || Rajarse, [illegible] el peso de la fruta. || Quebrar [illegible] dos amigos, compañeros; y [illegible] se dice *rompre avec* [illegible] *tout rompre*, loc. adv. Á [illegible] mas; y tambien, por [illegible] todo corra tarde. || *Etre* [illegible] *rompre*, ser [illegible] *Rompre les dés à quelqu'un*, [illegible] proyectos de alguno. || [illegible] levantar caza. || *Se rompre*, r. [illegible] litarse, adiestrarse: *se rompre* [illegible] *au travail*, *aux affaires*.

**ROMPU, E**, adj. *ronpú*. [illegible] quebrado. || Quebrantado, [illegible] cio, de fatiga. || met. Diestro, [illegible] ó versado en una cosa. || [illegible] número quebrado, ó [illegible] ó fraccion, parte de la unidad [illegible] *rompus*, loc. adv. Á ratos, [illegible] con interrupcion.

**ROMPURE**, f. *ronpür*. [illegible] dazo de metal que sobra de la [illegible] de fundida.

**ROMULIDES**, m. pl. *romulid* [illegible] das, Romanos descendientes de [illegible]

**RONCE**, f. *róns*. Bot. [illegible] no, cambron, zarza, [illegible] met. Espina, escabrosidad, [illegible] usa en plural en ambos [illegible]

**RONCERAIE**, f. *ronsré*. [illegible] campo lleno de zarzas.

**RONCEUX, EUSE**, adj. [illegible] Lleno de zarzas y escaramujos.

**RONCIN**, m. ant. *ronsén*. [illegible] lon, caballo viejo y malo.

**RONCINELLE**, f. ant. *ronsi* [illegible] cinela, especie de planta.

**RONCINIÈRE**, f. ant. *ronsin* [illegible] de caballos viejos.

**ROND**, m. *rón*. Rueda, [illegible] que se forma de gente ó [illegible] que se forma en el agua, [illegible] lar. || *Rond d'eau*, pilon de [illegible] *rond*, loc. adv. Circularmente, [illegible]

**ROND, E**, adj. *rón*, *ónd*. [illegible] figura circular ó esférica. [illegible] cuenta redonda ó cabal, sin [illegible] dos. || met. *Homme rond* ó [illegible] bre que está como una bola, [illegible] de gordo: met. y fam. [illegible] ingenuo, corriente. || [illegible] *peu rond*, estar algo [illegible] pado, peneque. || *Ecriture* [illegible] ó simplemente *ronde*, letra [illegible] ter de letra cuyos trazos [illegible] res, en contraposicion á la [illegible] cursiva.

**RONDACHE**, f. *rondach* [illegible] la, grande escudo antiguo.

**RONDACHINE**, f. [illegible] dacinna, especie de [illegible]

**RONDE**, f. *rond*. Mil. Ronda, [illegible] se hace de noche al rededor [illegible] dentro de ella, en un [illegible] visita nocturna para velar [illegible] Ronda, la tropa ó la [illegible] hacen la ronda. || Ronda, [illegible] en círculo, y la [illegible] danse. || met. Ronda, [illegible] tas por una calle, al rededor de una casa, etc., para espiar y observar lo que se dice. || Mús. Semibreve, la mas larga de todas las notas, cuya figura es la de una o inclinada á la derecha. || Redonda, carácter ó letra comun. V. ROND, adj. || Redonda, especie de tortuga. || *Boire à la ronde*, beber en rueda, unos despues de otros. || *Chemin de ronde*, ronda, espacio que hay entre la parte inferior del muro y las casas de la ciudad, villa ó fortaleza. || *À la ronde*, loc. adv. Á la redonda, en redondo, en circúito.

**RONDEAU**, m. *rondó*. Redondilla, cierta composicion poética. || Rondó, pequeña pieza de poesía, particular de los Franceses. || Mús. Rondó, composicion música cuya primera copla se repite al fin de cada una de las demas. || Pala de panadero. || Plancha, lámina ó piel redonda ó circular. || Estera de paja para resguardar las plantas del frio. || Adorno circular.

**RONDELET, TE**, adj. fam. *rondlé, ét*. Regordete, regordetillo. Se dice de una persona pequeña y gorda. || m. Palo de guarnicionero.

**RONDELETTES**, m. pl. *rondlét*. Rondeletas, telas de Bretaña buenas para velos.

**RONDELIER**, m. *rondlié*. Mil. ant. Rodelero, soldado que peleaba con rodela.

**RONDELLE**, f. *rondél*. Rondeleja, pequeña rodela que llevaban antiguamente los soldados de á pié, armados á la lijera. || Rodaja, pieza redonda de metal, [illegible]ero, etc., que entra ordinariamente atravesada por el medio en la construccion de ciertas máquinas. || Cincel redondo de que usan los escultores.

**RONDEMENT**, adv. *rondmán*. Igual, seguido, derecho, sin torcer ni marrar. || Prontamente, con viveza y prontitud. || met. Redondamente, lisa y llanamente, sin embozo ni rodeos; sinceramente, francamente, sin artificio, sin ficcion.

**RONDETTE**, f. *rondét*. Bot. Especie de hiedra. || pl. Com. Rondetas, telas para velos.

**RONDEUR**, f. *rondeur*. Redondez, figura de lo que es redondo, esférico, circular ó cilíndrico. || met. Elegancia, hermosura. || Franqueza, sinceridad, naturalidad.

**RONDIER**, m. *rondié*. Bot. Palmito, planta con cuyas hojas los Chinos hacen abanicos.

**RONDIN**, m. *rondén*. Rollo, cándalo, tronco ó palo redondo de la leña. || Rodillo, palo redondo y liso.

**RONDINER**, a. vulg. *rondiné*. Aporrear, dar palos á alguno con un rodillo.

**RONDIR**, a. *rondir*. Redondear, labrar en redondo.

**RONDON**, m. *rondón*. Cetr. *Fondre en rondon*, lanzarse como un rayo, con impetuosidad el halcon sobre la presa.

**ROND-POINT**, m. *ronpuén*. Arq. Parte semicircular que termina algunas veces el fondo de una iglesia. || Plazoleta, plaza circular á la cual conducen muchas avenidas ó calles.

**RONFLANT, E**, adj. *ronflán*. Sonoro, ruidoso. || met. Hueco, pomposo, retumbante, hinchado. *Style ronflant, mots ronflants*, estilo hinchado, palabras pomposas.

**RONFLEMENT**, m. *ronflmán*. Ronquido, ruido que se hace roncando. || met. Rugido, mugido, zumbido.

**RONFLER**, n. *ronflé*. Roncar durante el sueño. || met. Roncar, zumbar, mugir, tronar, etc. || met. y fam. *Faire ronfler les violons*, tocar los violines. || *Le canon ronfle*, la artillería suena, ó dispara.

**RONFLEUR, EUSE**, m. y f. *ronfleur, eus*. Roncador, el que ronca, el que tiene la costumbre de roncar durmiendo.

**RONGE**, m. *rónge*. Mont. Rumia, accion de rumiar el ciervo.

**RONGEMENT**, m. *rongemán*. Roimiento, accion de roer.

**RONGER**, a. *rongé*. Roer, cortar con los dientes alguna cosa reduciéndola á partes muy menudas. || Roer, carcomer la polilla ó carcoma. || Corroer, gastar, desgastar, ir quitando poco á poco por la superficie las partecillas de un cuerpo sólido. || met. Descarnar, robar, llevarse poco á poco la corriente de un rio la tierra contigua; descarnar las olas del mar las orillas ó alguna obra. || met. Roer, remorder, carcomer la conciencia, la memoria. || met. y fam. *Donner un os à ronger à quelqu'un*, dar á alguno una ocupacion con que poder vivir; y tambien, suscitarle embarazos, darle en que pensar ó en que entender.

**RONGEUR, EUSE**, adj. *rongeur, eus*. Roedor, que roe. || met. *Le ver rongeur*, el gusano roedor, esto es, el remordimiento de la conciencia.

**RONSARDISER**, n. *ronsardisé*. Ronsardisar, hablar griego y latin en frances, imitando el estilo de Ronsard; es decir, escribir en un estilo tosco y escabroso.

**ROQUEFORT**, m. *rocfór*. Roquefor, queso muy estimado, llamado así de un lugar del Languedoc donde se hace.

**ROQUAMBOLE**, f. *rocanból*. Ajo de España, ajipuerro. V. ROCAMBOLE.

**ROQUELAURE**, f. *roclór*. Roclo, capote ajustado al cuerpo con botones.

**ROQUENTIN**, m. *rocantén*. Viejo ridículo. V. ROQUETIN.

**ROQUER**, n. *roqué*. Enrocar en el juego de ajedrez.

**ROQUET**, m. *roqué*. Busquillo ó gozquillo, perro pequeño muy comun. || met. Chisgarabís, mequetrefe, hombrezuelo despreciable. || Zool. Busquillo, lagarto de la Guadalupe. || Carrete, palito con una rueda para devanar. || ant. Ropilla antigua muy corta. || *Roquets*, pl. Rocas pequeñas del fondo del mar.

**ROQUETIN**, m. *roctén*. Carrete para devanar el hilo de oro.

**ROQUETTE**, f. *roquét*. Bot. Jaramago, raqueta, planta crucífera que se cultiva en las huertas, y se come en ensalada. *Roquette sauvage*, jaramago silvestre. || Carrete, devanadera. || Mar. y Mil. ant. *Faire la roquette*, hacer señales de noche con cohetes.

**ROQUILLE**, f. ant. *roquíll*. Copa, la medida menor del vino, que es la cuarta parte del cuartillo. || Dulce de corteza de naranja.

**RORQUAL**, m. *rorcál*. Zool. Rorcal, ballena grande de la Groenlandia.

**ROS**, m. *ró*. Peine, entre tejedores es una tablilla con puas para tener los hilos de la cadena de las telas.

**ROSACE**, f. *rosás*. Arq. Roseton, floron, caseton, adorno en figura de una rosa muy grande que se echa en las bóvedas.

**ROSACÉES**, f. pl. *rosasé*. Bot. Rosáceas, familia de plantas.

**ROSAIRE**, m. *rosér*. Rosario, corona que se reza á la Vírgen, y se compone de quince decenas de avemarias, con un padrenuestro al fin de cada una. || Vasija para destilar el agua rosada en las boticas.

**ROSAT**, adj. *rosá*. Rosado, compuesto con rosas. || *Miel rosat*, miel rosada ó rodomel.

**ROSATE**, m. *rosát*. Quim. Rosato, combinacion del ácido rosácico con las bases salificables.

**ROSÂTRE**, adj. *rosátr*. Que tiene una lijera tinta color de rosa.

**ROSBIF**, m. *rosbíf*. Cierto asado de vaca. Es voz tomada del inglés *roastbeef*.

**ROSCONNES**, f. pl. *roscón*. Roscones, telas de Bretaña.

**ROSE**, f. *rós*. Rosa, flor odorífera y muy conocida. || Rosa, nombre que se da á diversas figuras y labores parecidas á esta flor. || Rosa, adorno muy comun en la arquitectura. || Rosa, color encarnado parecido al de la rosa. || *Eau de rose* ó *eau rose*, agua de rosa ó rosada. || Poét. *La saison des roses*, la primavera. || Mar. *Rose des vents* ó *compas de mer*, rosa de los vientos ó rosa náutica. || Bot. *Rose de Cayenne*, malva de Siria. || *Rose d'Inde*, clavelon de Indias. || met. *Découvrir le pot aux roses*, descubrir el pastel: descubrir el secreto de una cosa ó enredo. || pl. Flores, floreos, lo que lisonjea y halaga en las conversaciones y escritos. || ROSE, adj. Róseo, de color de rosa. || met. y fam. *Voir tout couleur de rose*, verlo todo hermoso por el lado bueno.

**ROSÉ, ÉE**, adj. *rosé*. Rosado, de color de rosa. || *Vin rosé*, vino rojo.

**ROSEAU**, m. *rosó*. Bot. Caña, planta acuática. || met. Caña, cañaheja, nombre que se da á todo lo que es endeble y poco consistente. || Veleta, hombre sin firmeza, que cede á todas las impresiones que se le dan. || *Claie de roseaux*, encañado, seto tejido de cañas. || *Lieu planté de roseaux*, cañaveral, sitio plantado de cañas.

**ROSE-CROIX**, m. *rosecruá*. Rosecroa, nombre de una secta de empíricos que pretendian saber todas las ciencias; existia en Alemania á fines del siglo XV. || Grado superior en la francmasonería.

**ROSÉE**, f. *rosé*. Rocío, la humedad congelada ó condensada sobre las plantas en la madrugada. || met. y fam. *Tendre comme la rosée*, muy tierno, muy blando ó suave. || *Cette viande est tendre comme la rosée, comme rosée, c'est de la rosée*, esta carne es tierna como el agua. || Bot. *Rosée du soleil*, yerba del rocío ó de gotosos. || Espacio que queda entre las puas de los peines.

**ROSELÉ, ÉE**, adj. *roslé*. Bot. Rosetado, en rosetas.

**ROSELET**, m. *roslé*. Zool. Armiño de color amarillo.

**ROSELIÈRE**, f. *roslièr*. Cañaveral, terreno plantado de cañas.

**ROSER**, a. *rosé*. Dar un color de rosa.

**ROSERAIE**, f. *rosré*. Campo plantado de rosales.

**ROSEREAUX**, m. pl. *rosró*. Pieles para forros que se extraen de Rusia.

**ROSETTE**, f. dim. de ROSE. *rosét*. Rosita, rosa pequeña. || Rosa, roseta, lazo de cintas en forma de rosa para adorno. || Roseta, cuadrante pequeño para adelantar ó retrasar el movimiento de un reloj. || Lacre encarnado hecho con palo del Brasil. || Lápiz encarnado que sirve para pintar y escribir. || Encarnado, tinta encarnada que se usa en la imprenta. || Roseta, cobre encarnado, que es el mejor y mas puro.

**ROSIER**, m. *rosié*. Bot. Rosal, arbusto que produce las rosas. || *Rosier sauvage*. V. ÉGLANTIER.

**ROSIÈRE**, f. *rosiér*. Jóven núbil á la cual se premiaba, en ciertos lugares, por su virtud y aplicacion con una corona de rosas. || Zool. Pescado de agua dulce, llamado *véron* en frances.

**ROSINE**, f. *rosín*. Rosina, moneda de oro de Toscana, de valor de unos 130 reales.

**ROSIR**, a. *rosír*. Poner de color de rosa. || n. Volverse de color de rosa.

**ROSON**, m. V. ROSACE.

**ROSSANE**, f. *rosán*. Bot. Abridor, abridero ó pavía de carne amarilla como la del melocoton.

**ROSSE**, f. *rós*. Rocin, matalon, caballo viejo y malo.

**ROSSER**, a. vulg. *rosé*. Zurrar, aporrear, dar una buena tunda ó paliza á uno. || *Se rosser*, r. Aporrearse.

**ROSSICLER** ó **ROSICLER**, m. *rosiclér, rosiclér*. Rosicler, mina de plata en que sale como cristalizado el mineral.

**ROSSIGNOL**, m. *rosiñól*. Zool. Ruiseñor, pájaro pequeño cuyo canto es muy agradable. || iron. *Un rossignol d'Arcadie*, un ruiseñor de Arcadia, una calandria de aguador, un asno; y met., un ignorante, una persona que canta mal. || Ganzúa, instrumento para abrir toda clase de cerraduras. || Cuña, pedazo de madera. || Impr. Abertura de la muñeca para tirar de la prensa. || pl. Uno de los juegos del órgano que imita el canto del ruiseñor. || Arq. Estribos, puntales que se ponen al árbol del torno para sacar las piedras de la cantera.

**ROSSIGNOLEMENT**, m. *rosiñolmán*. El canto del ruiseñor. || Accion de cantar como el ruiseñor.

**ROSSIGNOLER**, n. *rosiñolé*. Imitar el canto del ruiseñor.

**ROSSIGNOLET**, m. *rosiñolé*. Ruiseñor pequeño.

**ROSSINANTE**, f. *rosinánt*. Rocinante, nombre dado por Cervantes al caballo flaco y extenuado de D. Quijote. || Por burla se de este nombre á un caballo ruin, flaco y de mala estampa.

**ROSSINISME**, m. *rosinism*. Mús. Género particular del célebre Rosini; adhesion apasionada á este género ó modo de componer música.

**ROSSINISTES**, m. pl. *rosinist*. Rosinistas, partidarios, admiradores de Rosini.

**ROSSOLIS**, m. *rosolí*. Rosoli, licor compuesto de aguardiente, azúcar, canela y algunas esencias. || Bot. Yerba de la gota, ó rocío del sol, especie de planta.

**ROSTRAL, E**, adj. *rostrál*. Antig. Rostral, adornado de proas de navíos. || *Couronne rostrale*, corona rostral ó rostrata, corona naval de los antiguos Romanos.

**ROSTRE**, m. poco us. *róstr*. Mar. Espolon. || Arq. Adorno de arquitectura que tiene la forma de un espolon de nave antigua. || *Rostres*, pl. Rostra, la tribuna de los oradores entre los Romanos, situada en medio de la plaza pública de Roma.

**ROT**, m. *ró*. Regüeldo, lo mismo que eructo en lenguaje mas decente.

**RÔT**, m. *ró*. Asado, carne asada. || Asado, en los festines y grandes mesas es el servicio que sigue inmediatamente á las sopas y entradas. || *Etre à pot et à rôt*, estar á pan y mantel, ó á pan y cuchillo: vivir con mucha intimidad en casa de alguno, comer en ella cuando se quiere, etc.

**ROTACISME**, m. *rotasism*. Rotacismo, tartamudeo, repeticion de la letra R.

**ROTANG**, m. V. ROTIN.

**ROTATEUR**, s. y adj. m. *rotateur*. Anat. Rotador, nombre que se da á los músculos que hacen girar sobre su eje las partes á que están adheridos.

**ROTATION**, f. *rotasión*. Rotacion, movimiento circular de un cuerpo que gira sobre sí mismo.

**ROTE**, f. *rót*. Rota, juzgado de la curia romana, compuesto de doce eclesiásticos.

**ROTER**, n. *roté*. Regoldar, echar regüeldos; lo mismo que eructar, que es voz mas decente.

**ROTEUR, EUSE**, m. y f. *roteur, eus*. Regoldador, el que regüelda. Es palabra vulgar y que debe evitarse.

**RÔTI**, m. *rotí*. Asado, carne asada en el asador. V. RÔT. || *Graisse de rôti*, pringue de asado.

**RÔTIE**, f. *rotí*. Tostada, rebanada de pan tostada y en que se echa alguna cosa líquida agradable. || *Rôtie au beurre*, tostada con manteca. || *Rôtie au miel*, torrija de miel. || Zool. Tostada, especie de concha.

**ROTIER**, m. *rotié*. Peinero, el que hace los peines para los tejidos.

**ROTIN**, m. *rotén*. Bot. Roten, parte del tronco del *rotang*, planta de las Indias, especie de caña ó junquillo. No debe confundirse, como hacen algunos, *rotin* con *rotang*; este es la planta, y aquel una parte de su tronco.

**RÔTIR**, a. *rotir*. Asar, hacer cocer carne en el asador. || Asar á las brasas ó al rescoldo; asar en una cazuela, en el horno, etc. || Tostar, quemar: se dice del efecto que causa el demasiado ardor del sol. || n. Asarse, tostarse, quemarse con el demasiado fuego, ó por efecto del demasiado ardor del sol. || prov. y met. *N'être bon ni à rôtir ni à bouillir*, no ser carne ni pescado: no servir ni ser para nada. || *Rôtir le balai*, no salir de capa de raja: perder el tiempo en un empleo ó ejercicio sin medrar. || *Se rôtir*, r. Abrasarse, tostarse, quemarse por efecto del demasiado ardor del fuego.

**ROTIS**, m. *rotí*. Nueva labor de un erial ó tierra inculta.

**ROTISSER**, a. *rotisé*. Desmontar, descuajar una tierra inculta.

**RÔTISSERIE**, f. *rotisrí*. Pastelería, tienda donde se venden asados. || Pollería, tienda donde se venden piezas mechadas para asar.

**RÔTISSEUR, EUSE**, m. y f. *rotiseur, eus*. Pastelero, el que tiene tienda de asados. || *Rôtisseur en blanc*, pollero, el que tiene piezas peladas y mechadas para asar.

**RÔTISSOIRE**, f. *rotisuár*. Asador, instrumento de cocina que sirve para asar las viandas.

**ROTONDE**, f. *rotónd*. Arq. Rotonda, edificio de figura circular así en el interior como en el exterior, y adornado con una cúpula. || Rotonda, parte posterior del coche-diligencia. || Especie de golilla antigua.

**ROTONDITÉ**, f. *rotondité*. Rotundidad, redondez, cualidad de lo que es redondo. || fam. Rotundidad, gruesura de una persona.

**ROTOQUAGE**, m. *rotocáge*. Restablecimiento de la marca de los bosques cortados.

**ROTOQUER**, a. *rotoqué*. Restablecer la marca de los bosques cortados.

**ROTULE**, f. *rotúl*. Anat. Rótulo, choquezuela, el hueso redondo colocado delante de la rodilla.

**ROTULIEN, NE**, adj. *rotulién, én*. Anat. Rotulano, que pertenece ó se refiere á la rótula.

**ROTURE**, f. *rotúr*. Estado llano, pechero ó plebeyo, por contraposicion al estado noble.

**ROTURIER, ÈRE**, adj. *roturié, ér*. Pechero, plebeyo, que no es noble. || Ordinario, grosero: *avoir l'air roturier, les manières roturières*, etc. || Se usa tambien sust. hablando de personas.

**ROTURIÈREMENT**, adv. *roturiermán*. A la manera de los pecheros, segun las leyes que conciernen al estado llano. || De una manera baja é innoble; de un modo ordinario ó plebeyo.

**ROUAGE**, m. *ruáge*. Rodaje, juego de ruedas de una máquina ó carruaje. *Bois de rouage*, pinas y rayos para ruedas.

**ROUAN**, adj. y s. m. *ruán*. Roano, rodado, epíteto que se da al caballo cuyo pelo está mezclado de blanco, de gris y de bayo.

**ROUANNE**, f. *ruán*. Gubia, instrumento de que se sirven los empleados de contribuciones indirectas para marcar las cubas de vino. || Gubia, escoplo de media caña con que los carpinteros y cuberos empiezan á hacer el agujero para que lo prosiga la barrena comun. || Mar. Gubia, aguja para reconocer los fogones de los cañones. || Gubia, especie de barrena para agrandar el agujero de una bomba.

**ROUANNER**, a. *ruané*. Mar. Gubiar, agrandar el agujero de una bomba.

**ROUANNETTE**, f. *ruanét*. Gubia pequeña.

**ROUANT**, adj. m. *ruán*. Blas. Ruante, rodado: dícese del pavo real con la cola extendida.

**ROUBB**, m. *rúb*. Rub, moneda de plata de Turquía de valor de 3 reales y 40 maravedís.

**ROUBBIÉ**, m. *rubié*. Rubia, moneda de oro de Turquía, cuyo valor es de unos 9 rs.

**ROUBLE**, m. *rúbl*. Rubio, moneda de plata en Rusia, su valor unos 18 rs. || Rubio, papel moneda en Rusia.

**ROUC ó ROCK**, m. *rúc, róc*. Zool. Roc, pájaro fabuloso que se supone ser de una fuerza ó de una magnitud prodigiosa.

**ROUCHE**, f. *rúche*. Mar. Rosca, casco de un navío sin palos ni aparejos, que se llama estar hecho una boya, despues de un combate ó temporal.

**ROUCOU**, m. *rucú*. Achiote, película rojiza que rodea la simiente del árbol llamado achiote, y de la cual se hace una pasta roja para teñir. || Bot. Achiote, árbol que produce esta pasta.

**ROUCOUER**, a. *rucué*. Achiotar, pintar de encarnado con el achiote.

**ROUCOULEMENT**, m. *rucul mán*. Arrullo de los pichones y de las tórtolas.

**ROUCOULER**, a. *ruculé*. Arrullar las palomas y las tórtolas. || met. y burl. Arrullar, hacer tiernas y lánguidas caricias.

**ROUCOUYER**, m. *rucuyé*. Bot. Achiote, árbol de la familia de las tiliáceas, cuya semilla produce el achiote.

**ROUDOU ó ROUDOUL**, m. *rudú, rudúl*. Bot. Redul ó zumaque herbáceo, planta cuyas hojas reducidas á polvo emplean los curtidores para tinte.

**ROUE**, f. *rú*. Rueda de cualquier máquina. || Rodezno de molino. || Rueda, la que hace el pavo con la cola. || Rueda, suplicio usado antiguamente [illegible] tía en romper los brazos [illegible] riñones al criminal [illegible] una rueda. || [illegible] bos ó paletas. || Mar. [illegible] vuelta de cable [illegible] se hacen para doblarlo. || [illegible] rueda de la fortuna [illegible] *roue de la fortune* [illegible] las revoluciones y vicisitudes [illegible] humanas. || met. y fam. [illegible] dar la mano, ayudar á que [illegible] sion.

**ROUÉ, ÉE**, adj. *rué*. [illegible] con el suplicio de la rueda [illegible] molido á palos, á golpes, etc. [illegible] braciado de cansancio [illegible] Sollastre, pan, bonbón [illegible] pero muy taimado [illegible] tumbres. En el mismo [illegible] bien de una mujer.

**ROUELLE**, f. *ruél*. Rueda [illegible] tas cosas cortadas en redondo [illegible] da de ternera.

**ROUENNAIS, E**, adj. y [illegible] Ruanes, de Ruan.

**ROUENNERIE**, f. *ruanrí*. [illegible] las de algodon pintadas que [illegible] Ruan y sus alrededores.

**ROUER**, a. *rué*. Enrodar [illegible] gun delincuente con el [illegible] usado en Francia [illegible] met. Aporrear, moler á palos [illegible] Mar. Adujar, recoger un [illegible]

**ROUERIE**, f. *ruerí*. [illegible] pillada, accion propia de un [illegible] un tuno.

**ROUET**, m. *rué*. Torno [illegible] rueda que sirve para hilar. [illegible] dera que se fija en el fondo [illegible] sentar sobre ella la obra. || [illegible] niento de pasamanero para [illegible] *Rouet d'arquebuse*, rueda de [illegible] *Rouets de poulies*, pl. [illegible]

**ROUETTE**, f. *ruét*. [illegible] mimbre retorcido. || [illegible]

**ROUGE**, adj. *rúge*. Rojo [illegible] carnado, colorado [illegible] de aplicarse. || Rojo, muy [illegible] *rouge bord*, un vaso de vino [illegible] *un rouge bord* ó *boire à* [illegible] un vaso de vino lleno [illegible] corona. || *Boulet rouge* [illegible] cendiar almacenes de [illegible] *rouge*, birreta, sombrero [illegible] denal. || *Ocre rouge*, almagre [illegible] *Piment rouge*, pimiento [illegible] || *Fer rouge*, hierro [illegible] color rojo, el color [illegible] colorete, afeite con que [illegible] cara las mujeres [illegible] hoy en el teatro. || Colores [illegible] sube á la cara: *le rouge* [illegible] *sage*. || Zool. Rojo, ave [illegible] ánade, que tiene los pies [illegible] especie de pescado. [illegible] *tout rouge*, enfadarse [illegible] de veras.

**ROUGEÂTRE**, adj. [illegible] carnadino, que tira á color [illegible]

**ROUGEAUD, E**, adj. y s. [illegible] dote, muy colorado ó [illegible] dice de las personas.

**ROUGE-GORGE**, m. [illegible] tirrojo ó petirrojo, pájaro [illegible]

**ROUGEOLE**, f. *rugól*. [illegible] enfermedad contagiosa.

**ROUGE-QUEUE**, m. [illegible] lirrojo, nombre que se da á [illegible] de diferentes países y [illegible]

**ROUGET**, m. *rugé*. Zool. [illegible] cado pequeño de mar.

**ROUGET-ROGNE**, f. [illegible] de borracho, cara muy [illegible] el exceso del vino.

**ROUGETTE**, f. *rugét*. Zool. [illegible] pecie de murciélago.

**ROUGEUR**, f. *rujeur*. [illegible] que constituye el color rojo [illegible] cualquier cosa; aplicado [illegible] quier parte de la piel [illegible] cundes. || Rubor, bochorno [illegible] al rostro por la vergüenza [illegible]

bara. || Barro, granitos colorados que salen en la cara.

**ROUGI, E**, adj. *rugí*. Enrojecido, rojo, colorado, teñido de rojo ó encarnado. || *Eau rougie*, agua envinada, teñida con un poco de vino.

**ROUGIR**, a. *rugír*. Enrojecer, dar de rojo ó encarnado, teñir de este color. || n. Rojear, bermejear, ponerse roja ó colorada una cosa. || met. Abochornarse, avergonzarse, correrse, ponerse colorado, tener empacho ó vergüenza. || *Faire rougir*, sonrojar, abochornar, avergonzar á alguno.

**ROUGISSURE**, f. *rugisúr*. Color de cobre rojo.

**ROUI, E**, adj. *rui*. Enriado, embalsado, enriado, macerado. || **ROUI**, m. Curamiento, accion de enriar ó embalsar el cáñamo ó lino.

**ROUILLE**, f. *rúll*. Robin, herrumbre, orin, óxido, especie de escoria parda ó rojiza que se forma sobre la parte de hierro, acero, cobre, etc., expuesta al aire y á la humedad. || Agr. Añublo, tizon, enfermedad que ataca las ramas y las hojas de ciertas plantas.

**ROUILLÉ, ÉE**, adj. y part. pas. de **ROUILLER**. *rullé*. Herrumbroso, mohoso, tomado del orin ó moho. || Añublado, atizonado.

**ROUILLER**, a. *rullé*. Enmohecer, poner mohoso, cubrir de herrumbre ú orin. || *Se rouiller*, r. Enmohecerse, ponerse mohoso, cubrirse de herrumbre, de robin ú orin. || met. Enmohecerse, embotarse el entendimiento, debilitarse ó entorpecerse por falta de ejercicio.

**ROUILLEUX, EUSE**, adj. *rulleu*, *eus*. Robíneo, de color de robin ó herrumbre.

**ROUILLURE**, f. *rullúr*. Robin, herrumbre, orin; ó, hablando con propiedad, el efecto de lo que se llama *rouille*. V. esta palabra.

**ROUIR**, a. *ruír*. Enriar, embalsar, poner á curar el cáñamo ó lino.

**ROUISSAGE**, m. *ruiságe*. Enriadura, accion de enriar ó de poner á curar el cáñamo ó lino.

**ROULADE**, f. *ruládi*. Resbalon, caida rodando hácia abajo. || Trino, trinado de la voz, adorno en el canto formado de muchas inflexiones de voz sobre una misma sílaba. || Tostada, rebanada de pan rellena.

**ROULAGE**, m. *rulágs*. Rodadura, facilidad de rodar. || Acarreo, carreteo, trasporte ó conduccion de los géneros de una parte á otra. || Establecimiento ó lugar donde se cargan los objetos de trasporte.

**ROULAISON**, f. *rulesón*. Trabajo para fabricar el azúcar.

**ROULANT, E**, adj. *rulán*. Rodadero, que rueda con facilidad. || *Carrosse bien roulant*, coche lijero. || *Chemin roulant*, *bien roulant*, camino bueno, cómodo, bueno para ruedas y carruaje. || *Feu roulant*, fuego granado, fuego continuo de mosquetería. || Impr. *Presse roulante*, prensa andando, que trabaja, que está en actividad.

**ROULEAU**, m. *ruló*. Rollo, paquete de cualquiera cosa arrollada, como rollo de tabaco, de cinta, de papel, etc. || Rodillo, pieza redonda de madera para facilitar el acarreo de grandes pesos. || Rodillo, cilindro de piedra muy pesado para allanar la tierra. || Impr. Rodillo, cilindro de madera para extender la tinta sobre las formas. || pl. Rollos, volúmenes, nombre con que se designaban los libros de los antiguos por la forma que les daban.

**ROULÉE**, f. *rulé*. Pesc. Trasmallo, especie de red.

**ROULEMENT**, m. *rulmán*. Rodadura, movimiento de lo que rueda. || Mús. Gorjeo, lo mismo que *roulade*. V. esta palabra. || *Roulement d'yeux*, movimiento de ojos por medio del cual se vuelven de una parte á otra. || *Roulement du tambour*, redoble del tambor ó caja, ruido formado por uno ó mas tambores. || met. Relevo, reemplazo alternativo en ciertas funciones y servicios. || Com. *Roulement de fonds*, circulacion de fondos. || Arrolladura, accion de arrollar una cosa.

**ROULER**, a. *rulé*. Rodar, hacer rodar. || Rollar, arrollar, papel, cinta, etc. || *Rouler carrosse*, rodar, arrastrar coche; lo mismo que mantenerle. || *Rouler les yeux*, menear los ojos, mover los ojos á un lado y otro. || met. *Rouler de grands desseins dans sa tête*, revolver, meditar grandes proyectos en su imaginacion. || met. *Rouler sa vie*, ir pasando la vida, tirar de ella. || n. Rodar, avanzar dando vueltas sobre sí mismo. || Rodar, bajar rodando por una cuesta, escalera, etc. || met. Correr, circular el dinero, etc. || Rodar, turnar, alternar una persona con otra en algun servicio. || Rodar, divagar, errar de un lado para otro sin detenerse ni fijarse. || Mar. Balancear, dar balances un buque agitado por las olas. || Andar rodando ó andar tirada una cosa por su poco valor, su grande abundancia, ó por el poco aprecio que se hace de ella; y en este sentido se dice: *l'argent roule dans cette maison*. || met. *Se rouler* ó *rouler sur l'or et sur l'argent*, apalear el oro y la plata, andar á puntapiés con el oro y la plata. || *La conversation roule sur telle matière*, la conversacion versa sobre tal materia.

**ROULET**, m. *rulé*. Art. Vara, instrumento para enfurtir la lana y formar el fieltro del sombrero.

**ROULETTE**, f. *rulét*. Garrucha, rodaja, polea. || Carretilla ó carretoncillo en que se enseñan á andar los niños. || Carriola, cama baja, ó tarima con ruedas que se puede poner debajo de otra cama grande. || Carreton, carrito de una rueda que se empuja por detras, como el de los amoladores, albañiles, etc. || Rondaja, rueda para dorar. || Ruleta, juego de azar. || Rondaja, instrumento de pastelero, cerero, etc.

**ROULEUR**, m. *ruleur*. Zool. Gorgojo, especie de insecto ó gusanillo que corroe las vides. || Mar. Navío cuyo movimiento es un continuo vaiven.

**ROULIER**, m. *rulié*. Carretero, carromatero, cosario, ordinario que trajina con carro, galera, etc. || **ROULIÈRE**, f. Blusa de carretero. || adj. *Route roulière*, camino carretero, por el cual solo transitan los carreteros.

**ROULIS**, m. *rulí*. Mar. Balance, vaiven de un navío.

**ROULOIR**, m. *rulwár*. Rodillo, alisador, palo redondo para alisar, estirar ó pulir, que usan los pasteleros, cereros, etc. || Enjullo ó enjulio de tejedor.

**ROULON**, m. *rulón*. Peldaño de una escalera. || Balaustre de un pasamano. || Palo redondo de los respaldos de las sillas.

**ROULURE**, f. *rulúr*. Colaña, entre carpinteros. || Cierta enfermedad de los árboles.

**ROUMARE**, m. *rumár*. Zool. Rosmaro, especie de pescado.

**ROUMER**, n. *rumé*. Gruñir, amenazar sordamente como los perros.

**ROUPEAU**, m. *rupó*. Garza real, ave de rapiña algo semejante á la cigüeña.

**ROUPIE**, f. fam. *rupí*. Cereza, moquita, humor que se desprende de las narices en gotas. || Rupia, moneda de las Indias orientales de valor diferente.

**ROUPIEUX, EUSE**, adj. *rupieu*, *eus*. Mocoso, que tiene ó que se le cae la moquita. || Se usa tambien como sustantivo: *un vieux roupieux*.

**ROUPILLE**, f. *rupill*. Casaquita de cuartel de los soldados de caballería.

**ROUPILLER**, n. *rupillé*. Dormitar, estar medio dormido, estar modorro, soñoliento.

**ROUPILLEUR, EUSE**, m. y f. fam. *rupilleur*, *eus*. Modorro, tocado, tentado del sueño, soñoliento: *c'est un vieux roupilleur*.

**ROUQUET**, m. *ruqué*. Zool. Lebron, macho de la liebre.

**ROUSSABLE**, m. *rusábl*. Secadero y ahumadero de arenques.

**ROUSSÂTRE**, adj. *rusátr*. Rojizo, que tira á rojo ó á pajizo.

**ROUSSEAU**, s. y adj. m. fam. *rusó*. Rojo, el que tiene el cabello ó pelo rubio: *c'est un vilain rousseau*, *il est rousseau*.

**ROUSSELET**, m. *ruslé*. Cermeña, especie de pera de verano.

**ROUSSELINE**, f. *ruslín*. Ruselina, especie de pera.

**ROUSSEROLLE**, f. *rusról*. Zool. Hortelano, pájaro de la familia de los tordos.

**ROUSSET**, m. *rusé*. Zool. Vulpeja, didelfo. || Red de pescar.

**ROUSSETTE**, f. *rusét*. Zool. Lija, especie de can marino. || Rusecta, género de grandes murciélagos de las Indias orientales. || Pintarojo, pájaro muy pequeño.

**ROUSSEUR**, f. *ruseur*. Lo rojo del cabello, cualidad de lo que es rojo. || Rubicundez de la piel. || Peca en el cútis, particularmente en la cara.

**ROUSSI, E**, adj. *rusí*. Enrojado, rojo, puesto rojo. || Chamuscado, sollamado, socarrado. || **ROUSSI**, m. Chamusco, chamusquina, socarrina, olor de una cosa que se ha chamuscado. *Cela sent le roussi*, esto huele á socarrina, á socarrado, etc. || Cuero de Rusia. Se dice comunmente *cuir de roussi*, cuero de Moscovia; *vache de roussi*, vaqueta de Moscovia.

**ROUSSILLER**, a. *rusillé*. Chamuscar, quemar lijeramente la superficie, las extremidades. || met. Acalorar, enardecer, reanimar.

**ROUSSIN**, m. *rusín*. Rocin, caballo de dos cuerpos, esto es, propio para los carruajes y otras fatigas.

**ROUSSIR**, a. *rusír*. Enrojar, poner rojo, rubio ó rojizo. || Socarrar, chamuscar alguna vianda. || n. Enrojarse ó enrojecerse, ponerse rojo.

**ROUSTER**, a. *rusté*. Rustar, hacer rusturas. V. **ROUSTURE**. || Mar. Trincar, arrestar.

**ROUSTURE**, f. *rustúr*. Mar. Rustura, cuerda para atar y fijar una pieza de madera en otra.

**ROUT** ó **RAOUT**, m. *rú*, *raú*. Gran reunion de personas de alta categoría. Es voz inglesa.

**ROUTAILLER**, a. *rutallé*. Mont. Agenderear la res, seguirla de cerca con el sabueso que la ha venteado para ponerla á tiro.

**ROUTE**, f. *rút*. Camino, carretera, arrecife, calzada, via practicada para ir de un lugar á otro. || Ruta, camino, derrota, direccion que se sigue para ir á alguna parte. || Mar. Derrota, rumbo, carrera que sigue un buque. || Mil. Itinerario que se señala á las tropas en su marcha. || Curso, camino que llevan ó líneas que describen los astros. || met. Camino, senda, medios que se emplean para llegar á un fin deseado. || *Aller à vau-de-route*, coger ó tomar la ruta, tomar el portante: huir con precipitacion, desordenadamente. || Mar. *Mettre le cap à la route*, ponerse en facha un buque, estar á punto de marchar.

**ROUTER**, a. *rutá*. Acostumbrar, habituar á alguno á una cosa. V. **ROUTINER**.

**ROUTIER**, m. *rutié*. Mar. Derrotero, carta de marear, libro que demuestra los rumbos, cabos, surgideros, etc., de todas las costas conocidas. || El que es práctico en los caminos ó en el terreno. || met. y fam. *Vieux routier*, hombre de experiencia, que sabe cuántas son cinco, que no se deja engañar fácilmente. || adj. *Carte routière*, mapa en que están bien marcados ó señalados los caminos.

**ROUTINE**, f. *rutín*. Rutina, uso, costumbre de hacer una cosa repetidas veces. || Rutina, práctica, experiencia que se adquiere sobre una cosa por el mero uso. || *Il fait cela par routine*, lo hace por rutina.

**ROUTINIÈREMENT**, adv. *rutinieremán*. Por rutina.

**ROUTINER**, a. *rutiné*. Acostumbrar, habituar á hacer las cosas por rutina. || Se usa principalmente en el participio pasado. *Il est routiné à ce travail*, está acostumbrado, ejercitado, práctico en este trabajo.

**ROUTINIER, ÈRE**, m. y f. *rutinié*, *ér*. Rutinero, formalista, el que hace las cosas por rutina. Tambien es adjetivo: *esprit routinier*.

**ROUTOIR**, m. *rutuár*. Alberca, charca, pozo ó balsa en que se pone á macerar el cáñamo.

**ROUVERIN**, adj. m. *ruverín*. Vidrioso, quebradizo, se dice del hierro que al forjarlo se quiebra ó hace grietas.

**ROUVIEUX** ó **ROUX-VIEUX**, m. *ruviéu*. Vet. Sarna perruna, especie de sarna que ataca á los perros y principalmente á las caballerías. || adj. Que está atacado de esta enfermedad : *un chien rouvieux*.

**ROUVRE** ó **ROURE**, m. *rúvr*, *rúr*. Bot. Roble, especie de encina, aunque ménos corpulenta que la encina comun.

**ROUVRIR**, a. *ruvrír*. Volver á abrir, abrir de nuevo. || met. *Rouvrir la plaie*, *la blessure de quelqu'un*, renovar la llaga, esto es, los disgustos de alguno. || *Se rouvrir*, r. Volver á abrirse, abrirse de nuevo.

**ROUX, USSE**, adj. *rú*, *ús*. Rojo, bermejo, que es de un color medio entre el amarillo y el encarnado. || Rojo, que tiene el pelo de color bermejo. || *Blé roux*, trigo rubion. || *Vents roux*, vientos del cierzo, que son frios, secos y dañinos para los árboles. || *Lune rousse*, la luna de abril. || *Cheval roux*, caballo alazan tostado. || *Beurre roux*, manteca de vaca que se requema en la sarten para guisar. || ROUX, m. El color rojo, el encarnado. || Coc. Salsa hecha con manteca requemada en la sarten.

**ROYAL, E**, adj. *ruayál*. Real, regio, que pertenece al rey. || Real, noble, generoso. || Regio, majestuoso, magnífico. || Real, que está bajo la inmediata proteccion de un soberano. *Prince royal*, heredero presuntivo de la corona. || *Festin royal*, mesa de Estado. || Bot. *Piment royal*, mirto de Brabante, planta.

**ROYALE**, f. *ruayál*. Perilla, pera, retazo de barba que se deja en el labio inferior. || Com. Nombre de varias especies de paño y telas, y tambien de ciertas frutas. || Metr. Nombre de cierta moneda antigua de oro que corria en Francia.

**ROYALEMENT**, adv. *ruayalmán*. Regiamente, de una manera régia. || Magníficamente, con magnificencia, noblemente.

**ROYALISER**, a. *ruayalisé*. Volver, hacer á uno realista ó adicto al partido del rey.

**ROYALISME**, m. *ruayalism*. Realismo, adhesion á la causa del rey; partido que forman los adictos á la causa del rey.

**ROYALISTE**, adj. *ruayalíst*. Realista, adicto á la causa del rey, que defiende los derechos del rey. Se usa tambien como sustantivo.

**ROYAUME**, m. *ruayóm*. Reino, Estado gobernado por un rey. || *Le royaume des cieux*, el reino de los cielos, la mansion de los justos. || *Je ne ferais pas cela pour un royaume*, aunque me valiera una corona, no haria yo eso. || Poét. *Envoyer quelqu'un dans les royaumes sombres* ó *le royaume des ombres*, enviar á alguno al otro barrio, á la otra vida : hacerle morir.

**ROYAUTÉ**, f. *ruayoté*. Dignidad real; y por metáfora, el trono, el cetro.

**ROYER**, m. *ruayé*. Art. Constructor de ruedas. || a. Hacer zanjas para el riego.

**ROYOLER**, a. *ruayolé*. Agr. Labrar con pala la tierra.

**RU**, m. *rú*. Cacera, especie de canal ó arroyo que se sangra de un rio ó estanque.

**RUADE**, f. *ruád*. Coz de una caballería. || met. y fam. Par de coces, brutalidad inesperada de un hombre grosero.

**RUBACE** ó **RUBACELLE**, f. *rubás*, *rubasél*. Especie de rubí de color bajo.

**RUBAN**, m. *rubán*. Cinta, tejido largo y angosto de lana, hilo, seda, etc., que sirve para atar ó para adorno. || met. Cinta, condecoracion que se concede á los militares que se han distinguido en una accion de guerra. || Bot. Cinta, planta que crece en los arroyos. || Alpiste rayado, planta. || Cinta, especie de pasta que se vende para hacer sopa. || Solitaria, especie de lombriz muy larga y estrecha.

**RUBANER**, a. *rubané*. Art. Dividir ó cortar la cera en tiras largas y estrechas. || Encintar, engalanar con cintas.

**RUBANERIE**, f. *rubanrí*. Cintería, fábrica de cintas; comercio de cintas y galones.

**RUBANIER, ÈRE**, m. y f. *rubanié*, *ér*. Cintero, tejedor ó fabricante de cintas y galones.

**RUBANTÉ, ÉE**, adj. fam. *rubanté*. Encintado, que está guarnecido de cintas.

**RUBASSE**, f. *rubás*. Cristal pintado. || Especie de rubí artificial. || adj. Teñido de encarnado.

**RUBÉFACTION**, f. *rubefacsión*. Med. Rubicundez ó inflamacion de la piel.

**RUBÉFIANT, E**, adj. *rubefián*. Med. Rubefaciente, que causa rubicundez ó inflamacion en la piel. || Úsase tambien como sust. masculino.

**RUBÉFIER**, a. *rubefié*. Med. Rubificar, causar rubicundez ó inflamacion en la piel.

**RUBELLION**, m. *rubelión*. Zool. Rubelio, pescado encarnado.

**RUBÉOLE**, f. *rubeól*. Bot. Robia, rubeola, género de plantas rubiáceas.

**RUBÉOLIQUE**, adj. Med. V. ROUGEATRE.

**RUBÈTE**, f. *rubét*. Zool. Rubeta, especie de rana venenosa.

**RUBIACÉ, ÉE**, adj. *rubiasé*. Bot. Rubiáceo, que se parece á la rubia. || *Rubiacées*, f. pl. Rubiáceas, familia de plantas cuyo tipo es el género rubia.

**RUBICAN**, adj. m. *rubicán*. Rubicano, se dice del caballo que tiene el pelo castaño y blanco ó rojo y blanco. || sust. Este mismo color.

**RUBICOND, E**, adj. *rubicón*. Rubicundo, rubio. || *Visage rubicond*, *nez rubicond*, *face rubiconde*, cara, nariz recolorada, encendida como una pimienta. Es voz burlesca.

**RUBIFICATION**, f. V. RUBÉFACTION.

**RUBIGINEUX, EUSE**, adj. *rubigineu*, *eus*. Mohoso, herrumbroso, robinoso, tomado ó cubierto de robin.

**RUBIS**, m. *rubí*. Rubí, piedra preciosa de color encarnado mas ó ménos vivo y trasparente. || *Rubis balais*, balaja ó balaj, rubí que tiene color de rosa || *Rubis spinelle*, espinela, especie de rubí que tiene el color mezclado de un lijero matiz amarillo. || *Rubis cabochon*, cabujon, rubí en bruto ó sin labrar. || Granitos que salen en la cara : *il a des rubis sur le nez*. || Quím. Preparaciones de color rojo. || prov. y met. *Faire rubis sur l'ongle*, apurar un vaso de vino de modo que no quede en él mas que una gotita. || fam. *Faire payer rubis sur l'ongle*, hacer soltar ó pagar el último maravedí, no perdonar un quilate á un deudor.

**RUBORD**, m. Mar. V. REBORD.

**RUBRICAIRE**, m. *rubriquér*. Rubriquista, el que sabe bien ó está práctico en las rúbricas del Misal y del Breviario.

**RUBRIFLORE**, adj. *rubriflór*. Bot. Rubífloro, de flores encarnadas.

**RUBRIQUE**, f. *rubríc*. Rúbrica, tierra encarnada de que se servian los cirujanos antiguamente para atajar la sangre y hacer emplastos secantes. || Almagra ó almagre, tierra encarnada que usan los carpinteros para señalar. || Bermellon para imprimir la letra encarnada. || met. y fam. Astucia, jugarreta, tostada, treta ó chuscada que se hace á una persona. || pl. Liturg. Rúbricas, reglas ó advertencias que estan escritas con caractéres encarnados en el Misal y en el Breviario.

**RUCHE**, f. *rúch*. Colmena, vaso hecho de corcho, madera ú otra materia donde forman su habitacion las abejas, y elaboran la miel. || Colmena, vaso y enjambre de abejas que están dentro. || *Châtrer une ruche*, castrar una colmena : cortar parte del panal con un cuchillo hecho á propósito.

**RUCHÉE**, f. *ruché*. Colmena, el contenido de ella, es decir, los panales, el enjambre, etc.

**RUCHER**, a. *ruché*. Enjambrar, término que se usa en algunas artes y oficios para indicar la hechura ó forma que se da á una obra ó guarnecido que tiene la forma de un enjambre ó panal. || Enjambrar, en sentido recto es formar enjambres, hacer que las abejas establezcan su morada dentro de un corcho. || RUCHER, m. Colmenar, lugar en que se halla establecido un número de colmenas.

**RUDÂNIER, ÈRE**, adj. vulg. *rudanié*, *ér*. Bravio, rudo, brusco, agreste, grosero, que no tiene cortesía ni modales.

**RUDE**, adj. *rúd*. Áspero, brusco, tosco, que es duro al tacto, que no tiene suavidad. || Áspero, acerbo, agrio, desagradable al paladar. || Bronco, ingrato duro al oido. || Áspero, escabroso, [illegible] ro, fuerte, penoso, que [illegible] ga. || Brusco, violento, [illegible] *tempête*, una fuerte tempestad. [illegible] riguroso, fuerte con exceso, [illegible] portar. || Severo, duro, [illegible] carácter de una persona. [illegible] *est rude aux pauvres gens* [illegible] pobres, los trata con [illegible] tero, severo, que es de [illegible] || Temible. *C'est un rude* [illegible] adversario temible.

**RUDEMENT**, adv. [illegible] te, de una manera brusca. [illegible] *dement en besogne* [illegible] vigor, sin descanso. || [illegible] como atronado, [illegible] ceso.

**RUDENTER**, a. [illegible] junquillos en las estrías de las [illegible] pilastras.

**RUDENTURE**, f. [illegible] llos, especie de molduras [illegible] tro de las estrías de las [illegible] hasta el tercio de ellas.

**RUDÉRAL, E**, adj. [illegible] ral, que crece entre los [illegible]

**RUDÉRATION**, f. [illegible] dura, parte de un [illegible] que todo el resto. || [illegible] guijarros.

**RUDESSE**, f. *rudés*. [illegible] bronquedad, cualidad de lo que [illegible] duro, tosco, desagradable [illegible] || Dureza, aspereza, bronquedad [illegible] de una persona.

**RUDIMENT**, m. *rudimán*. [illegible] principios, elementos, [illegible] de una ciencia ó arte. [illegible] en plural en ambas lenguas. [illegible] dimento, los primeros [illegible] tructura de los órganos.

**RUDIR**, n. *rudír*. Rebuznar, [illegible] no en el rebuzno.

**RUDOIEMENT**, m. [illegible] accion de tratar con dureza, [illegible]

**RUDOYER**, a. [illegible] tar con aspereza, con [illegible] duras, de un modo brusco. [illegible] *cheval*, tratar un caballo [illegible] dole latigazos, etc.

**RUE**, f. *rú*. Bot. Ruda, [illegible] =*Rue de chèvre*, galega [illegible] *Rue sauvage*, armaga, [illegible] poblacion. || prov. [illegible] *rues*, ser tan antiguo [illegible] la sarza. || *Enfiler une rue* [illegible] una calle, echar por ella. || [illegible] verdades de Perogrullo, [illegible] de todos. || fam. *Être fou à* [illegible] ser loco rematado. || prov. [illegible] *en sont pavées*. V. PAVÉ, [illegible]

**RUÉE**, f. *rué*. Alcaher, [illegible] barrajo.

**RUELLE**, f. *ruél*. Callejuela, [illegible] lle corta y angosta. || met. [illegible] simplemente *la ruelle*, [illegible] entre la pared y el costado [illegible] está junto á ella. || met. y [illegible] *vie dans les ruelles*, él se [illegible] pasa la vida visitando [illegible] do los estrados. || *Il brille* [illegible] brilla en la conversacion [illegible]

**RUELLER**, a. *ruelé*. Agr. [illegible] *la vigne*, echar tierra á las [illegible] de binarlas, dejando un [illegible] y cepa.

**RUELLETTE**, f. dim. de [illegible] Callejoncillo, callejuela muy [illegible]

**RUER**, a. *rué*. Arrojar, [illegible] alguna cosa, como piedras, etc. [illegible] *à tort et à travers* ó *ruer de* [illegible] *à tort et à travers*, dar [illegible] é izquierda, repartir [illegible] chedumbre. || n. Lanzar, [illegible] piedra. Es anticuado en [illegible] ocur, tirar coces las caballerías. [illegible] *vache*, tirar pernadas, [illegible] *val qui rue*, caballo [illegible] *Se ruer*, r. Tirarse, [illegible] mente sobre alguno ó [illegible] *sur quelqu'un*, *sur un* [illegible]

**RUEUR, EUSE**, adj. [illegible] dor, que cocea, que tira coces.

# S.

**S**, m. S, décimanona letra del alfabeto francés y la décimaquinta de las consonantes. Se pronuncia con el sonido de la *s* española, siempre que se encuentra en principio de diccion, como *sacré*, *saint*, *soleil*; pero se pronuncia con *z* francesa (sonido que los Castellanos deben oir de la viva voz) cuando está entre dos vocales, como *misère*, *rose*, *creuser*, ó bien cuando terminando una palabra ha de unirse á otra que empieza con vocal, como en *mes opérations*, *de bons avis*, *[illegible]is y pensées*. En las voces *parasol*, *présupposer*, *préséance*, *désuétude*, *monosyllabe* y algunas otras, la *s* se pronuncia como en español, ó como las dos *ss* en frances, aunque se halle entre dos vocales; y en las palabras *Alsace*, *balsamine*, *transiger*, *transaction*, *transition*, *transitoire*, tiene el sonido de *s*, aunque precedida de consonante. ‖ La *s* no se pronuncia siendo final, como *trépas*, *avis*, *alors*, *sans peur*, *sans reproche*, *etc.*; pero se hace sentir en las voces que dimanan del latin, como *as*, *anus*, *agnus*, *iris*, *fatus*, *laps*, *mars*, *gratis*, *sinus*, *aloès*, *Vénus*, *Bacchus* y otras, que se pronuncian *as*, *anus*, *agnus*, *laps*, *mars*, *etc.*, como se verá en los lugares correspondientes de este Diccionario. ‖ La S como abreviatura tuvo entre los antiguos varias significaciones que se conocen fácilmente en ambas lenguas segun la materia de que se trate: *S.* significaba *Sextus*, *Servius*, *Sanctus*, *etc.*; S. C. *Sénatus-consulte*; S. D. *Salutem dat* ó *salutem dicit*; S. P. Q. R. *Senatus populusque romanus*. Omitiendo otras muchas abreviaturas usadas y conocidas en el dia, solo haremos observar que en el comercio se acostumbra poner S/ por *son*, y así S/C significa *son compte*, S/ *billet* significa *son billet*. ‖ S. Q. en farmacia indica *quantité suffisante*, cantidad suficiente.

**SA**, adj. poses. Es el femenino de *son*. *Sa faiblesse*, su debilidad. V. SON.

**SABAÏTE**, adj. y s. V. SABÉEN.

**SABAL**, m. *sabál*. Bot. Sabal, especie de palmera.

**SABAOTH**, m. *sabaót*. Sabaot, voz hebrea que se halla en muchos lugares de la sagrada Escritura y significa Señor ó Dios de los ejércitos.

**SABATH**, m. *sabát*. Sabat, undécimo mes del calendario hebreo, que corresponde al actual mes de noviembre.

**SABATTE**, f. *sabát*. Mar. Orza de deriva en las embarcaciones.

**SABBAT**, m. *sabá*. Sábado, último dia de la semana entre los Judíos. ‖ Conventículo ó junta nocturna que suponia la gente vulgar tenian los brujos y hechiceras para adorar al diablo. ‖ met. y fam. Algazara, alboroto, gresca, ruido extraordinario, gran confusion de voces.

**SABBATAIRE**, adj. y s. *sabatér*. Sabatario, que guarda la fiesta del sabado. Se da este nombre á los Judíos.

**SABBATIN**, E, adj. *sabatén*, *ín*. Sabatino, concerniente al sábado.

**SABBATINE**, f. *sabatín*. Sabatina, acto de argumentos que los estudiantes de filosofía sostenian á mediados del primer año de curso. ‖ met. Camorra, pelotera, desavenencia que ocurre en una familia ó entre varias personas.

**SABBATIQUE**, adj. *sabatic*. Sabático, que pertenece al sábado. Solo se usa en la expresion *année sabbatique*, año sabático; se decia entre los Judíos de cada séptimo año.

**SABBATISER**, a. *sabatisé*. Guardar, celebrar ú observar el sábado.

**SABBATISME**, m. *sabatism*. Santificacion ú observancia del sábado.

**SABECH**, m. *sabéc*. Zool. Azor, ave de rapiña.

**SABÉEN**, NE, adj. y s. *sabeén*, *én*. Sabeo, de Saba, capital de la Sabea ó del Yemen. ‖ Sabeo, que profesa el sabeismo; que pertenece al sabeismo.

**SABÉISME**, m. *sabeism*. Sabeismo, antigua religion que profesaban los adoradores del fuego, del sol y de los astros.

**SABELLAIRE**, m. *sabelér*. Sabelario, género de gusanos que se crian en el mar.

**SABELLIANISME**, m. *sabelianism*. Sabelianismo, doctrina de Sabelio y de sus secuaces; negaban la distincion de las tres personas divinas.

**SABINE**, f. *sabín*. Bot. Sabina, género de plantas que tiene un olor fuerte y destila una especie de aceite.

**SABIN**, E, adj. y s. *sabén*, *ín*. Sabino, uno de los pueblos mas antiguos de Italia. Los Sabinos eran célebres por su valor, la austeridad de sus costumbres y la sencillez de su vida.

**SABLE**, m. *sábl*. Arena, sea del mar, de los rios ó de otros parajes. ‖ Arenillas que se engendran en la vejiga y forman la piedra. ‖ Reloj de arena. ‖ Arena, composicion que se hace con arena ó polvo de huesos para servir de molde en la fundicion de piezas de metal. ‖ Blas. Sable, signo que en el escudo representa el color negro. ‖ met. y fam. *Avoir du sable dans les yeux*, tener sueño. ‖ met. *Bâtir sur le sable*, edificar sobre arena: formar proyectos ó hacer empresas sin ningun apoyo ni fundamento.

**SABLER**, a. *sablé*. Enarenar, cubrir de arena el suelo ó piso de una calle, patio, etc. ‖ met. y fam. *Sabler un verre de vin*, chiflarse, embocarse, echarse al coleto un vaso de vino: beberlo de una tragantada. ‖ Encuad. Chapucear.

**SABLEUR**, m. *sableur*. Trabajador que hace moldes de arena en la fundicion de piezas de metal.

**SABLEUX**, EUSE, adj. *sableu*, *eus*. Arenoso, mezclado con arena, que contiene tierra. ‖ *Farine sableuse*, harina que tiene tierra ó en que hay tierra mezclada.

**SABLIER**, m. *sablié*. Ampolleta, reloj de arena, especie de cronómetro. ‖ Salvadera, utensilio de escritorio que contiene polvos para echar sobre lo escrito. ‖ Arenero, el que vende, que comercia en arena.

**SABLIÈRE**, f. *sablièr*. Cueva ó mina de donde se saca la arena para hacer argamasa. ‖ Carp. Viga, pieza de madera que se coloca horizontalmente para que sirva de sosten á otras vigas ó maderos.

**SABLON**, m. *sablón*. Arenilla, especie de arena muy fina. ‖ Nombre de una concha.

**SABLONNER**, a. *sabloné*. Dar con arena, limpiar con arena, fregar con arena.

**SABLONNEUX**, EUSE, adj. *sabloneu*, *eus*. Arenoso, cubierto de arena, que contiene mucha arena.

**SABLONNIER**, m. *sablonié*. Arenillero, el que vende arenilla.

**SABLONNIÈRE**, f. *sablonièr*. Arenaria ó arenería, lugar de donde se extrae la arenilla ó polvos de escribir.

**SABLURE**, f. *sablúr*. Mar. Parte de jarcia de un buque.

**SABORD**, m. *sabór*. Mar. Porta de batería, tronera, abertura por donde sale la boca del cañon en los buques. *Faux sabord*, arandela en las portas de los navíos.

**SABORDER**, a. *sabordé*. Mar. Dar barreno á un buque, hacer un agujero en el fondo del casco para que se vaya á pique.

**SABOT**, m. *sabó*. Zueco, chanclo, galocha, especie de palo, [illegible] dera. ‖ Vet. Casco, la uña [illegible] no de una caballería que [illegible] tar la herradura. ‖ [illegible] animales de pata hendida [illegible] figura de pezuña ó á [illegible] pone en los piés de varios [illegible] cie de cepillo que [illegible] hacer molduras. ‖ [illegible] herramientas de [illegible] nicho que se pone [illegible] Artill. Cono truncado [illegible] bir la bala. ‖ [illegible] ro reforzado que se [illegible] de un carruaje para [illegible] cuando va cuesta abajo. ‖ [illegible] co cuya concha [illegible] dura. ‖ Peonza, juego de [illegible] y met. *Il a de foin dans* [illegible] coleto bien forrado, [illegible] riñon: es muy rico. ‖ [illegible] *tot*, duerme como un [illegible] ño profundísimo.

**SABOTER**, n. *saboté*. [illegible] los muchachos, hacer bailar [illegible] peladas, hacer ruido con [illegible] lenguaje familiar, [illegible] cho los tacones, [illegible] ler, aplastar con los [illegible] Trabajar ó hacer una cosa [illegible]

**SABOTEUR**, m. *saboteur*. [illegible] mucho ruido con los [illegible] que gusta de jugar y [illegible] peonza. ‖ El obrero ó [illegible] de prisa y mal.

**SABOTIER**, m. *sabotié*. [illegible] tesano que se ocupa en [illegible] cios, almadreñas, [illegible] quero, patan que lleva [illegible]

**SABOTIÈRE**, f. *sabotièr*. [illegible] almadreño. ‖ Almadreña, [illegible] cos. ‖ Especie de baile [illegible] tanes ó gente del campo [illegible] Especie de garrafa para [illegible]

**SABOULER**, a. vulg. [illegible] hacer girar, dar vueltas [illegible] rodando ó arrastrando. ‖ [illegible] tear, arrojar con [illegible] mencía á una persona. ‖ [illegible] reñir.

**SABRADE**, f. *sabrád*. [illegible] accion de acuchillar, de [illegible]

**SABRE**, m. *sábr*. Sable, [illegible] cortante y pesante. ‖ [illegible] *sabre*, sablazo de plano, [illegible] ancho de la hoja. ‖ [illegible] hacen bolados. ‖ [illegible] del Mediterráneo.

**SABRENAS**, m. fam. [illegible] ro, farfullon, [illegible] groseramente.

**SABRENASSER**, a. V. [illegible]

**SABRENAUDER**, a. [illegible] pacear, chafallar, [illegible] manera, echar á perder [illegible]

**SABRER**, a. *sabré*. [illegible] chilladas, dar sablazos [illegible] *une affaire*, acuchillar [illegible] cio: despacharlo [illegible] marse el trabajo de [illegible]

**SABRETACHE**, f. [illegible] pliego, especie de [illegible] van los húsares [illegible] ble.

**SABREUR**, m. fam. [illegible] sablazos. ‖ Una buena [illegible] al militar que [illegible] guerra se bate con [illegible] obra precipitadamente [illegible]

**SABULEUX**, EUSE, [illegible] Arenoso, se dice del [illegible] que arrastra ó lleva [illegible]

**SABURRAL, E,** adj. *saburrál.* Med. Saburral, que pertenece á la enfermedad llamada saburra.

**SABURRE,** f. *sabúr.* Med. Saburra, alteracion de los flúidos que se encuentran en las primeras vias, emanada de las digestiones imperfectas. || Mar. Lastre de arena que llevan á bordo algunas embarcaciones.

**SABURRER,** a. Mar. V. LESTER.

**SAC,** m. *sác.* Saco, costal ó talega para poner ó trasportar alguna cosa. *Sac* se traducirá por saco, costal, saca, talega, talego, bolsa, segun el caso ó materia de que se trata. || Saco, vestido que se ponian antiguamente algunas personas en señal de penitencia. || Túnica que se ponen los penitentes en dias de ceremonia. || Med. Saco, depósito de humores ó materia que se forma en alguna parte del cuerpo. || met. y vulg. Bandullo, panza, talego, andorga, el vientre. || Saco, saqueo, pillaje de una poblacion. || Coracha, corachin, especie de maleta en que viene el tabaco extranjero. || *Sac à blé,* costal, talego en que se echan los granos y otras materias. *Sac de blé,* saco, costal de trigo, es decir, lleno de trigo. || *Sac de laine, de coton,* saca de lana, de algodon. || *Sac de nuit,* talego en que se lleva para los viajes la ropa de dormir ó la muda de ropa blanca y otros efectos necesarios. || *Sac de tabac,* coracha de tabaco. || *Sac de matière, de pus,* bolsa de materia que se forma junto á una herida ó absceso. || *Sac à poudre,* rollo ó cucurucho en que meten los polvos los peluqueros. || prov. *Autant pèche celui qui tient le sac, que celui qui met dedans,* tanto peca el que roba en la huerta como el que queda á la puerta: ladrones y encubridores pena por igual. || *Il ne saurait sortir d'un sac que ce qui y est,* el olmo no puede dar peras. || fam. *Cet habit n'est qu'un sac,* este frac parece un saco. || Mil. *Le sac d'un soldat,* la mochila de un soldado. || *Sac à ouvrage,* bolsa ó ridículo en que las mujeres llevan su labor. || *Sac d'église,* bolsa en que se llevan los devocionarios y demas libros piadosos cuando se va á la iglesia. || *Sac de procès,* cartera, carpeta ó cartapacio en que se ponen por separado las piezas de unos autos. || met. y fam. *Votre affaire est dans le sac,* el negocio de Vd. está á punto de terminarse con felicidad. || *Vider son sac,* desembuchar, vomitar todo cuanto se siente ó se tiene encerrado en el pecho sobre cualquier asunto. Tambien se entiende por confesar, desembuchar la conciencia. || *Remplir son sac,* llenar la andorga: comer mucho. || *Juger sur l'étiquette du sac,* juzgar, sentenciar sin ver los autos: juzgar ó sentenciar á troche y moche, sin conocimiento ni exámen. || *La dernière pièce du sac,* la última sardina de la banasta, la res mas ruin de la majada. || met. *Sac à vin,* cuero, pellejo de vino: dícese de un borracho. || *Mettre quelqu'un au sac,* meter á alguno en un zapato, meterle en un puño: ponerle en el caso de no saber que responder. || *Homme de sac et de corde,* hombre que huele á horca, hombre de la vida airada. || met. y fam. *Trousser ó prendre son sac et ses quilles,* levantar el campo, tomar el hato al hombro, coger las de villadiego. || *Cul-de-sac,* callejon sin salida. || *Le fond du sac,* el secreto mas recóndito.

**SACARD,** m. *sacár.* Sepulturero encargado de enterrar los que mueren en tiempo de peste. Solo se usaba esta voz en Dijon.

**SACCADE,** f. *sacád.* Equit. Sofrenazo, sofrenada, sobarbada que se da á un caballo tirando bruscamente de las riendas. || met. Sacudida que se da con violencia á una persona. || met. y fam. Sobarbada, correccion, reprension dura, brusca reprimenda. || Todo movimiento brusco é irregular.

**SACCADER,** a. *sacadé.* Equit. Sofrenar un caballo, tirar bruscamente de las riendas.

**SACCAGE,** m. *sacáge.* Espoleo, trastorno, confusion, desórden en el modo de poner ó dejar las cosas. || Espoleo, monton confuso de cosas. || Maquila, cierto derecho sobre el trigo.

**SACCAGEMENT,** m. *sacageman.* Saqueo, pillaje de una ciudad, de una poblacion.

**SACCAGER,** a. *sacagé.* Saquear, pillar, meter ó poner á saco una ciudad. || Destruir, asolar, hacer estrago. || Trastornar: *on a tout saccagé chez lui.*

**SACCAGEUR,** m. *sacageur.* Saqueador, el que saquea.

**SACCATIER ó SACQUATIER,** m. *sacatié.* Carbonero de brezo para fraguas.

**SACCHARATE,** m. *sacarát.* Quím. Sacarato, combinacion de azúcar con una base salificable.

**SACCHAREUX, EUSE,** adj. *sacareu, eus.* Quím. Sacaroso, que participa de la naturaleza del azúcar.

**SACCHARICOLE,** adj. *sacaricól.* Sacarícolo, se dice del país en que se cultiva la caña de azúcar.

**SACCHARIFÈRE,** adj. *sacarifér.* Sacarífero, que produce azúcar.

**SACCHARIFICATION,** f. *sacarificasión.* Sacarificacion, conversion en azúcar.

**SACCHARIFIER,** a. *sacarifié.* Sacarificar, azucarar, convertir en azúcar.

**SACCHARIN,** adj. m. *sacarén.* Sacarino, que sale del azúcar, que contiene azúcar.

**SACCHAROÏDE,** adj. *sacaroíd.* Sacaroide, que tiene la apariencia del azúcar.

**SACCHARIVORE,** adj. *sacarivór.* Que vive de azúcar.

**SACCHARUM,** m. *sácarom.* Sácaro, nombre científico de la caña de azúcar.

**SACCHOLACTATES,** m. pl. *sacolaclát.* Quím. Sacolactatos, sales que produce el ácido sacoláctico.

**SACCHOLACTIQUE,** adj. *sacolactic.* Quím. Sacoláctico, se dice del ácido sacado del azúcar que contiene la leche.

**SACCIFORME,** adj. *sacsifórm.* Hist. nat. Saquiforme, que tiene la forma de un saco.

**SACERDOCE,** m. *saserdós.* Sacerdocio, la dignidad, órden y carácter de sacerdote. V. PRÊTRISE. || Sacerdocio, el cuerpo ó conjunto de todos los eclesiásticos.

**SACERDOCRATE,** m. *saserdocrát.* Sacerdócrata, partidario de la sacerdocracia ó gobierno clerical; miembro de un gobierno clerical. Es poco usado.

**SACERDOCRATIE,** f. *saserdocrasí.* Sacerdocracia, gobierno clerical. Es poco usado.

**SACERDOTAL, E,** adj. *saserdotál.* Sacerdotal, que pertenece al sacerdocio.

**SACHÉE,** f. *saché.* Saco, costal, un saco lleno, talegada, lo que puede caber dentro de un talego.

**SACHELET,** m. ant. dim. de SAC. *sachlé.* Sequillo, saquito, taleguito, costal, saco, talego pequeño.

**SACHET,** m. *saché.* Cojinillo, bolsita ó almohadilla destinada á contener algun perfume. || Remedio tópico, compuesto de yerbas que se ponen en un saquito.

**SACOCHE,** f. *sacóche.* Bizazas ó alforjillas de cuero sujetas con unas correas que llevan los que viajan á caballo. || Saco de lienzo ó de cuero que llevan los portadores de dinero de algun banco ó casa de comercio.

**SACOLÈVE,** m. *sacolév.* Especie de barca con escotillas.

**SACOME,** m. *sacóm.* Arq. Antequinos, anaglifos, ciertas molduras saledizas.

**SACRAIRE,** m. *sacrér.* Capilla ó templo pequeño entre los antiguos, consagrado á alguna deidad.

**SACRAMATON,** m. *sacramatón.* Bot. Sacramatos, especie de planta leguminosa de Indias.

**SACRAMENTAIRE,** m. *sacramantér.* Sacramentario, miembro de una secta de anti-católicos que se mostraron disidentes respecto al sacramento de la Eucaristía. || Liturg. Sacramental, libro que contiene las ceremonias sobre el modo de administrar los sacramentos.

**SACRAMENTAL, E, ó SACRAMENTEL, LE,** adj. *sacramantál, sacramantél.* Sacramental, perteneciente á los sacramentos. || met. y fam. *Mot sacramental* ó *mots sacramentaux,* última palabra sobre un asunto, palabras decisivas de un tratado, convenio, etc. *L'affaire est conclue, il a dit les mots sacramentaux, les paroles sacramentales.*

**SACRAMENTALEMENT ó SACRAMENTELLEMENT,** adv. *sacramantalman, sacramantelmán.* Sacramentalmente, de un modo sacramental.

**SACRE,** m. *sácr.* Consagracion de un rey ó de un obispo. || Cetr. Sacre, género de aves de rapiña de la familia de los halcones. || Sacre, nombre de un arma antigua de fuego.

**SACRÉ, ÉE,** adj. *sacré.* Sagrado, consagrado. Tiene las mismas acepciones que en castellano. || *Le sacré collège,* el sacro colegio de los cardenales. || *L'ordre sacré,* el órden sacro. || *Habits sacrés,* ornamentos de iglesia. || *Feu sacré,* fuego de San Anton.

**SACREMENT,** m. *sacremán.* Sacramento, cualquiera de los siete instituidos por Jesucristo. || Sacramento, dícese por excelencia en frances de la Eucaristía, y alguna vez del matrimonio. || *Le Saint-Sacrement,* el Santísimo Sacramento; y por exten., la custodia, viril de metal precioso destinado á encerrar la hostia consagrada. || *Le Saint-Sacrement de l'autel,* el Santísimo Sacramento del altar, el Señor ó Cristo sacramentado. || *La fête du Saint-Sacrement, la Fête-Dieu,* la festividad del Corpus Christi, ó el dia del Corpus ó del Señor. || fam. *Ne pas aimer le sacrement,* no gustar de matrimonio, no querer casaca, esto es, no querer casarse.

**SACRER,** a. *sacré.* Consagrar á un rey, á un obispo. || n. fam. Jurar, blasfemar, decir imprecaciones.

**SACRET,** m. *sacré.* Cetr. Nombre que se da al sacre macho. V. SACRE. || Sacre, torzuelo, circo, especie de halcon.

**SACRIFIABLE,** adj. *sacrifiábl.* Sacrificable, que puede ó debe sacrificarse; que debe inmolarse, ofrecerse en holocausto.

**SACRIFICATEUR,** m. *sacrificateur.* Sacrificador, el que está encargado de hacer los sacrificios. Solo se dice hablando de los Hebreos y de los gentiles.

**SACRIFICATOIRE,** adj. *sacrificatuár.* Sacrificatorio, que pertenece á los sacrificios.

**SACRIFICATURE,** f. *sacrificatúr.* Dignidad, cargo, funciones del sacrificador entre los Judíos y gentiles.

**SACRIFICE,** m. *sacrifís.* Sacrificio, accion por la que se ofrece á Dios alguna cosa con ciertas ceremonias. || Sacrificio, inmolacion de alguna víctima que ofrecian los paganos en holocausto á sus ídolos. Entre los católicos, el sacrificio del altar ó de la misa. || Sacrificio, donacion, abandono de una cosa que se tiene en estima. || Sacrificio, humilde ofrecimiento de la voluntad que se hace á Dios.

**SACRIFIER,** a. *sacrifié.* Sacrificar, ofrecer á Dios alguna cosa con ciertas ceremonias. || Sacrificar, inmolar una víctima, ofrecer sacrificios á los ídolos. || met. Sacrificar, consagrar, ofrecer enteramente una cosa en servicio de otro. || met. Sacrificar, abandonar, renunciar ó perder alguna cosa por conservar otra. || *Sacrifier sa vie, son temps, etc.,* consagrar, dedicar enteramente su vida, su tiempo, etc., á algun estudio ú obra. || met. *Sacrifier aux Grâces,* rendir homenaje á las Gracias: esforzarse para obrar ó hacer las cosas con gracia y merecer la aprobacion general. || *N'avoir pas sacrifié aux Grâces,* hacer las cosas sin gracia ni chiste. || En sentido absoluto: *sacrifier quelqu'un,* sacrificar á uno, hacerle víctima de una intriga, de una mala accion. || *Sacrifier tout à ses intérêts,* sacrificarlo todo á sus intereses. || *Se sacrifier,* r. Sacrificarse, pasar trabajos, padecer, exponerse á riesgos por amor de alguno, por la patria.

**SACRILÉGE,** m. *sacriléje.* Sacrilegio, accion impía por la que se profanan las cosas sagradas. || Lástima, cosa sensible. *Ce serait un sacrilége de retoucher à ce tableau,* sería lástima retocar este cuadro. || Sacrílego el que comete un sacrilegio. || adj. Sacrílego que participa del sacrilegio, que tiene el carácter de sacrilegio: *dessein sacrilége, action sacrilége.* Tambien se usa como adjetivo, si se aplica á las personas: *homme sacrilége.*

**SACRILÉGEMENT,** adv. *sacrilejemán.* Sacrílegamente, de un modo sacrílego.

**SACRIPANT,** m. *sacripán.* Bocaran, hablador, el que tiene mas lengua que manos.

**SACRISTAIN,** m. *sacristén.* Sacristan, el que cuida de la sacristía de una iglesia.

**SACRISTAIRE**, m. *sacristér*. Sacristía, cargo, obligacion aneja al sacristan. || Tesorería establecida en una iglesia ó concerniente á una sacristía.

**SACRISTE**, m. *sacrist*. Sacristan ó sacrista, título de dignidad en algunos cabildos ó abadías.

**SACRISTIE**, f. *sacristí*. Sacristía, lugar en que se guardan los ornamentos y vasos sagrados, y donde se revisten los eclesiásticos para asistir á los oficios divinos.

**SACRISTINE**, f. *sacristín*. Sacristana, la religiosa que está encargada del cuidado de la sacristía.

**SACRUM**, m. *sácrom*. Anat. Sacro ó hueso sacro, hueso triangular colocado en la parte posterior de la pélvis.

**SADE**, adj. ant. V. SUAVE.

**SADINET, TE**, adj. ant. *sadiné, ét*. Suavecito, que tiene suavidad. || SADINETTE, f. Jóven linda, amable, que viste con aseo y gusto. En español suele decirse pimpollito, perita en tabaque, etc.

**SADUCÉENS**, m. pl. *saduseén*. Saduceos, nombre de los miembros de una secta judía.

**SADUCÉISME**, m. *sadusseísm*. Saduceismo, doctrina que profesaban los saduceos.

**SAETTE**, f. V. SAGETTE.

**SAFRAN**, m. *safrán*. Azafran, la planta y los hilillos ó hebras que salen de la flor. || Quím. Las preparaciones de color oscuro, pajizo y rojo, hechas con hierro ó antimonio. || *Safran bâtard*, azafran rumí, alazor, cártamo. || Mar. Azafran, última pieza del canto exterior del timon.

**SAFRANÉ, ÉE**, adj. *safrané*. Azafranado. || met. y fam. *Avoir le teint safrané*, tener color de azafran ó la cara azafranada, pajiza, muy amarilla.

**SAFRANER**, a. *safrané*. Azafranar, echar azafran en algun guisado; teñir con azafran.

**SAFRANIER, ÈRE**, m. y f. *safranié, ér*. Azafranero, el que cultiva ó vende azafran. || met. y fam. Rosariero, peal, pordiosero, descamisado, pelagatos, pobre pelgar: dícese de uno que ha quebrado ó que ha perdido todo su caudal. || SAFRANIÈRE, f. Azafranar, tierra sembrada de azafran. || Almacen de azafran, paraje en que se encierra la cosecha de azafran.

**SAFRE**, adj. *sáfr*. Golafre, gloton, tragaldabas, que come con ansia. || m. Quím. Safre, óxido de cobalto impuro con que se prepara el azul.

**SAGACE**, adj. *sagás*. Sagaz, astuto, penetrante, dotado de penetracion de ingenio.

**SAGACITÉ**, f. *sagasité*. Sagacidad, perspicacia, penetracion de ingenio.

**SAGANE**, f. ant. *sagán*. Bruja, hechicera.

**SAGAPENUM**, m. *sagapénom*. Sagapeno, serapin, goma que por incision se saca de la cañaheja.

**SAGATIS**, m. *sagatí*. Especie de tela muy lustrosa.

**SAGE**, adj. *ságe*. Prudente, discreto, cuerdo. || Moderado, circunspecto, comedido. || Moderado, sensato, arreglado. || Modesto, honesto, casto, hablando de las mujeres. || Pacífico, tranquilo, que no tiene el carácter turbulento. || Sentado, ajuiciado, hablando de muchachos. En algunas de las acepciones mencionadas se aplica tanto á las acciones, á las palabras, como á las personas. || prov. *Il est sage comme une fille*, parece una doncella, es modesto, casto, etc. || *Une conduite sage*, una buena conducta, una conducta arreglada. || m. El sabio, el que es prudente, moderado, etc. || Se da este nombre á los que se distinguieron en la antigüedad por su talento y por su virtud ó excelente moral. *Les sept sages de la Grèce*, los siete sabios de la Grecia. || En sentido absoluto, *le Sage*, el Sabio, por excelencia fué Salomon.

**SAGE-FEMME**, f. *sagefám*. Comadre de parir, matrona, partera.

**SAGEMENT**, adv. *sagemán*. Prudentemente, sabiamente, con prudencia, con juicio, con cordura, con discrecion.

**SAGESSE**, f. *sagés*. Prudencia, cordura, juicio, discrecion. || Moderacion, circunspeccion, templanza. || Modestia, pudor, castidad de una jóven virtuosa. || Sabiduría, saber, luces del entendimiento. || Sabiduría, don sobrenatural que posee una persona de las cosas divinas y humanas. || Teol. *La Sagesse éternelle* ó *la Sagesse incréée*, la Sabiduría eterna, increada, la segunda persona de la Santísima Trinidad. || *La Sagesse incarnée*, el Verbo encarnado, el Hijo de Dios en cuanto hombre.

**SAGETTE** ó **SAETTE**, f. *sagét*, *saét*. Se decia por *flèche*, del latin *sagitta*. V. FLÈCHE. || Bot. Espadaña, enea de que se hacen los asientos de las sillas.

**SAGINE**, f. *sagín*. Bot. Sagina, género de plantas cariofileas.

**SAGITTAIRE**, m. *sagitér*. Astr. Sagitario, noveno signo del zodíaco. || Zool. Sagitario, nombre de un ave de rapiña. || f. Bot. Sagitaria, género de plantas.

**SAGITTAL, E**, adj. *sagitál*. Sagital, que se parece á una saeta. || Anat. Sagital, dícese de una de las suturas del cráneo.

**SAGITTÉ, ÉE**, adj. *sagité*. Bot. Sagiteo, que tiene la forma de una saeta.

**SAGITTIFÈRE**, adj. *sagitifér*. Sagitífero, que lleva saetas.

**SAGITTIFOLIÉ, ÉE**, adj. *sagitifolié*. Bot. Sagitifoliada, que tiene hojas en forma de saeta.

**SAGONTIN, E**, adj. y s. *sagontén, in*. Saguntino, de Sagunto, antigua ciudad de España situada donde hoy se encuentra Murviedro.

**SAGOU**, m. *sagú*. Sagú, meollo que se extrae de varias palmeras de las Indias orientales, el cual es alimenticio y pectoral.

**SAGOUIN**, m. *saguén*. Simiol, monillo, especie de mono muy pequeño. || met. y fam. Cochino, asqueroso, persona desaseada.

**SAGOUTIER**, m. *sagutié*. Bot. Sagotal, árbol de la familia de las palmeras, del cual se extrae el sagú.

**SAGRE**, m. *ságr*. Zool. Sagro, género de pescados.

**SAGUM**, m. *ságom*. Jaco, vestido antiguo militar, que usaban los Romanos, los Galos, etc. V. SAIE.

**SAÏD**, m. *saíd*. Said, especie de papel de Egipto.

**SAIE**, f. *sé*. Jaique, jaque ó jaco, especie de vestuario que llevaban los Persas, los Romanos y los Galos en tiempo de guerra. || Especie de cepillo ó escobilla que usan los plateros.

**SAÏETTE**, f. *saiét*. Jerguete, jerguilla, especie de tejido de lana.

**SAÏETTER**, a. *saieté*. Limpiar la plata con el cepillo ó la escobilla.

**SAIGNANT, E**, adj. *señán*. Que está echando sangre ó vertiendo sangre. || *Viande saignante*, carne cruda, que está chorreando sangre. || met. Fresco, reciente, hablando de una injuria, de una ofensa. *La plaie est encore saignante*, está echando sangre la herida.

**SAIGNÉE**, f. *señé*. Sangría, flebotomía, accion de abrir una vena para sacar sangre. || Sangría, sangre que se saca por medio de la lanceta. || met. Sangría, la que se hace á la bolsa sacando dinero. *On lui a fait une rude saignée*, le han hecho una fuerte sangría: le han sacado una suma considerable de dinero. || Sangría ó sangradura, la parte interior del brazo donde se sangra. || Sangría, arroyuelo, regato, canal que se hace con objeto de extraer alguna cantidad de agua de un estanque ú otro lugar para llevarla á otra parte.

**SAIGNEMENT**, m. *señmán*. Desangramiento, flujo ó pérdida de sangre, especialmente por las narices.

**SAIGNER**, a. *señé*. Sangrar, sacar sangre de una vena. || Sangrar, extraer la sangre de una res al degollarla. || Agr. *Saigner un marais*, hacer una sangría á un pantano ó estanque, desaguarle por medio de una zanja. || *Saigner un mouton*, sangrar, matar, degollar un carnero. || met. y fam. *Saigner quelqu'un*, hacer á uno una sangría: exigirle una cantidad de dinero. || n. Desangrar, echar sangre, perder sangre una persona ó un animal. || *Saigner au nez* ó *saigner du nez*, echar sangre por las narices. || prov. y met. *Saigner du nez* [illegible] no tener resolucion, [illegible] cuando la ocasion lo exige. [illegible] se, abrirse, perderse el [illegible] de ternura. En este sentido [illegible] *me saigne*, el corazon se me [illegible] puedo ver una lástima [illegible] *saigner*, r. Sangrarse uno [illegible] trecharse para adelantar [illegible] mas de lo que se puede [illegible] del Estado, para casar á una [illegible]

**SAIGNEUR**, m. *señeur*. [illegible] grías, médico que no [illegible] sangrías. || Cir. Sangrador, [illegible] que hace sangrías.

**SAIGNEUX, EUSE**, adj. [illegible] ensangrentado, que está [illegible] || *Bout saigneux*, cuello [illegible] nero ó de ternera tal como [illegible] carnicerías.

**SAIGNOTTER**, a. fam. [illegible] con frecuencia, sacando poca [illegible]

**SAILLANT, E**, adj. [illegible] saledizo, volado, que sale [illegible] perficie ó parte plana de [illegible] *saillant d'une figure*, [illegible] ángulo saliente de una figura [illegible] ficacion, el que mira á la [illegible] *Angle saillant* es opuesto [illegible] ángulo entrante. || met. Agudo [illegible] brillante, que sorprende, [illegible] efecto y admiracion. || Blas. [illegible] blando de un carnero ó cabra que [illegible] senta de pié.

**SAILLER**, a. *sallé*. Mar. [illegible] que un objeto resbale, [illegible] el suelo, por medio de [illegible] de brazo. || Halar de un cabo, [illegible] rizontalmente.

**SAILLIE**, f. *sallí*. [illegible] vimiento que se verifica [illegible] con interrupcion. || [illegible] gun líquido que se agita [illegible] punto de ella; salida [illegible] de la sangre. || met. [illegible] ceso de cólera ó [illegible] nalidad, agudeza, [illegible] vivo, arranque del ingenio. [illegible] vuelo, la parte de un edificio [illegible] de la pared, como una [illegible] etc. || Pint. Relieve aparente [illegible] tra en un cuadro.

**SAILLIR**, n. *sallír*. [illegible] un líquido con impetuosidad. [illegible] Arq. Volar, salir al aire ó [illegible] pendicular de un edificio, [illegible] con, cornisa. || Pint. [illegible] vista un objeto de modo que [illegible] del lienzo. || a. Cubrir el [illegible] acaballar, cubrir el caballo á [illegible] burro á la burra.

**SAIN, E**, adj. *sén, én*. [illegible] saludable, que goza de [illegible] *Revenir sain et sauf*, volver [illegible] Bueno, sano, en buen [illegible] daño. || Sano, firme, [illegible] puro en la doctrina; [illegible] zon. || *Il a le jugement sain*, [illegible] juicio, posee todas sus [illegible] les. || Sano, salubre, [illegible] buye, que es propio para [illegible]

**SAINBOIS**, m. *senbuá*. [illegible] torvisco que sirve para [illegible] para otros usos.

**SAINDOUX**, m. *sendú*. [illegible] co sin sal.

**SAINEMENT**, adv. [illegible] de una manera sana. || [illegible] cretamente, segun la [illegible]

**SAINETÉ**, f. *senté*. [illegible] cualidad de lo que está [illegible] pio y figurado. Se usa poco. [illegible]

**SAINFOIN**, m. *senfuén*. [illegible] esparcilla, planta que [illegible] pecies. || *Sainfoin d'Espagne* [illegible] gar de la sulla.

**SAINT, E**, adj. *sén, ént*. [illegible] perfecto por esencia. [illegible] nas y de las cosas, y [illegible] ciones tiene el mismo [illegible] pañol. *La Sainte Trinité* [illegible] nidad. || *Le saint père*, [illegible] tulo honorífico que se da [illegible] *siége*, la santa silla, [illegible] *terre sainte*, la Tierra Santa, [illegible]

|| *Mal Saint-Jean*, mal caduco, la epilepsia. Bot. *Bois saint*, guayacan, guayacayo, palo santo, árbol que se cria en las Indias. || Es tambien sustantivo : *un saint*, *une sainte*, *c'est un grand saint*. || *La Saint-Jean*, *la Saint-Pierre*, *la Saint-Martin*, la fiesta, el dia de San Juan, de San Pedro, etc. || *Employer toutes les herbes de la Saint-Jean pour réussir*, valerse de todos los ensalmos, tocar todos los registros para conseguir una cosa. || prov. y met. *Il ne sait à quel saint se vouer*, no sabe á qué santo encomendarse : no sabe ya á quién ni á qué medio recurrir.

**SAINT-AUBINET**, m. *sentobiné*. Mar. Especie de red ó toldo hecho de cabos ó cuerdas.

**SAINT-AUGUSTIN**, m. *sentogustén*. Impr. Atanasia, carácter de letra de unos doce puntos.

**SAINTE-BARBE**, f. *sentbárb*. Mar. Santa-Bárbara, lugar destinado en un buque para servir de almacen de pólvora y pertrechos de artillería.

**SAINTEMENT**, adv. *sentmán*. Santamente, de una manera santa.

**SAINTERON**, m. *senterón* (e muda). Santurron. V. TARTUFE.

**SAINTETÉ**, f. *sentelé* (e muda). Santidad, cualidad de lo que es santo. || Santidad, título de veneracion que se da al papa.

**SAINT-GERMAIN**, m. *sengermén*. Agr. Nombre de una especie de pera.

**SAINTONGEOIS**, E, adj. y s. *sentonjuá*, *és*. Santongues, de la Santonge, antigua provincia de Francia.

**SAINT-SIMONIEN**, NE, adj. y s. *sensimonién*, *én*. San-simoniano, el que sigue y practica la doctrina del célebre socialista San-Simon, cuya base es la igualdad.

**SAINT-SIMONISME**, m. *sensimonism*. San-simonismo, doctrina de San-Simon.

**SAINT-SIMONISTE**, m. y f. *sensimonist*. San-simoniano, san-simonista, partidario del san-simonismo.

**SAÏQUE**, f. *saíc*. Mar. Saica, especie de embarcacion turca.

**SAISI**, E, adj. *sesí*. Ocupado, aprehendido, embargado, etc. || met. *Être saisi d'effroi*, quedar sobresaltado. || *Être saisi de douleur*, quedar embargado de dolor. || *Être saisi de joie*, quedar enajenado de gozo. || *Être saisi*, quedar absorto, sorprendido, sobrecogido de miedo, etc. || *Trouver un voleur saisi du vol*, coger un ladron con el hurto en las manos. || SAISI, m. Deudor cuyos bienes están embargados.

**SAISIE**, f. *sesí*. Embargo, secuestro de bienes.

**SAISINE**, f. *sesín*. For. Ocupacion ó toma de posesion de un fundo ó herencia en virtud de facultad concedida por el señor directo. || Mar. Trapa de la lancha, cabo con que se sujeta la lancha cuando se mete á bordo ó se echa al agua.

**SAISIR**, a. *sesír*. Asir, coger, agarrar con energía y prontitud alguna cosa. || Tomar, agarrar, coger con la mano. || met. *Saisir l'occasion*, aprovechar la coyuntura, la ocasion favorable. || Comprender fácilmente lo que se dice ó enseña, discernir, interpretar. || Embargar, secuestrar bienes, muebles. || Coger, tomar, encontrarse acometido de frio, de una calentura, de dolor : *le froid l'a saisi*, *la fièvre l'a saisi*. || Afianzar, coger, apoderarse, echar mano á una persona, capturarla. || *Se saisir*, r. Apoderarse, asegurarse, echar mano á una persona ó á una cosa.

**SAISISSABILITÉ**, f. *sesisabilité*. Secuestrabilidad, cualidad de lo que es secuestrable.

**SAISISSABLE**, adj. *sesisábl*. Secuestrable, embargable, que puede embargarse ó secuestrarse.

**SAISISSANT**, E, adj. *sesisán*. Sorprendente, que sorprende. || Embargante, que hace ó motiva un embargo. || For. Embargante, en nombre de quien se hace un embargo. En esta acepcion se usa tambien como sust.

**SAISISSEMENT**, m. *sesismán*. Pasmo, encogimiento, impresion súbita que causa el frio en una persona. || Pasmo, sobrecogimiento, susto que causa una desgracia repentina, un espectáculo horroroso é imprevisto.

**SAISON**, f. *sesón*. Estacion, cada una de las cuatro partes en que se divide el año. || Estacion, tiempo ó temporada en que suelen hacerse ciertos trabajos del campo, como la siembra, la siega, etc. || *La saison nouvelle*, la primavera. || *La belle saison*, el buen tiempo, la parte del año que media desde el fin de la primavera hasta el principio del otoño. || *L'arrière-saison*, el otoño, el principio del invierno. || *La mauvaise saison*, el mal tiempo, el invierno. || Sazon, época que se considera mas favorable para hacer la labranza de las tierras ó la recoleccion de los frutos. || Sazon, tiempo oportuno para hacer cualquier cosa. || Oportunidad, buena coyuntura, hablando de las cosas morales. || *Hors de saison*, loc. adv. Fuera de tiempo, intempestivamente.

**SAKI**, m. *saquí*. Soqui, especie de mono.

**SALABRE**, m. *salábr*. Especie de buitron ó red para pescar.

**SALACE**, adj. *salás*. Salobre, que está salado naturalmente. || Salaz, lujurioso. || met. Fino, astuto.

**SALACITÉ**, f. poco us. *salasité*. Salobredad, cualidad de lo que es salobre ó salado naturalmente. || Lubricidad, inclinacion á la lujuria.

**SALADE**, f. *saládd*. Ensalada, dícese de la hortaliza y yerbas ántes y despues de aderezadas. || Salpicon, ó sea fiambre de otros manjares frios y aderezados como ensalada. || Sopa en vino que se da á las caballerías, si han de continuar un trabajo excesivo. || *Salade d'anchois*, ensalada de anchovas. || Mil. ant. Celada, especie de casco que usaban los antiguos en tiempo de guerra y de aventuras. || met. y fam. Fraterna, correccion, reprension algo dura. *Donner une salade à quelqu'un*, dar á alguno una fraterna ó peluca, una reprension.

**SALADIER**, m. *saladié*. Ensaladera, fuente en que se sirve la ensalada. || Especie de canastillo de mimbre ó de hierro para sacudir ó quitar el agua de la ensalada ántes de aderezarla.

**SALAGE**, m. *salága*. Saladura, salazon, accion y efecto de salar alguna cosa.

**SALAIRE**, m. *salér*. Salario, soldada, sueldo, paga, recompensa por un trabajo ó servicio. || met. Premio, paga, recompensa, castigo de una mala accion.

**SALAISON**, f. *salesón*. Salazon, saladura, accion y efecto de salar las viandas, los pescados, etc. || Salazon, carne ó pescado salado : *embarquer beaucoup de salaison dans un vaisseau*.

**SALAMALEC**, m. fam. *salamaléc*. Zalema, cortesía, reverencia humilde á imitacion de las que hacen los Turcos.

**SALAMANDRE**, f. *salamándr*. Zool. Salamandra, especie de lagarto, reptil anfibio. || pl. Nombre que se da en el lenguaje cabalístico á los espíritus piráicos, ó pretendidos espíritus del fuego.

**SALANT**, adj. m. *salán*. Salinario, que sala, ó de donde se saca sal. || *Marais salant*, saladar, marisma ó laguna que cria sal ó produce agua de sal.

**SALARIEMENT**, m. *salarimán*. Accion y efecto de asalariar. Es un neologismo poco usado.

**SALARIER**, a. *salarié*. Asalariar, señalar sueldo ó salario, dar sueldo ó paga.

**SALAUD**, E, adj. *saló*, *ód*. Gorrino, cochino, puerco, asqueroso, que carece de limpieza. Se usa tambien como sustantivo. || met. Vil, soez, indecente : *faire des contes un peu salauds*.

**SALE**, adj. *sál*. Puerco, sucio, desaseado. || met. Puerco, indecente, obsceno, deshonesto, hablando de las acciones y palabras. || Mar. *Vaisseau sale*, buque puerco, que tiene agarradas al casco algunas conchas, yerbas y verdin. || *Côte sale*, costa sucia, en la que se encuentran bajíos, bancos y escollos ocultos. || *Gris sale*, pardo oscuro, apagado, de poca vista. || *Sale intérêt*, sórdido interes. || met. y fam. *Son cas est sale*, el caso es feo, es indigno, hablando de la persona que ha cometido algun delito.

**SALÉ**, ÉE, adj. *salé*. Salado. || *Viande salée*, carne salada. || *Eaux salées*, aguas salobres. || met. *Raillerie*, *épigramme salée*, burla con sal ó con gracia, dicho salado y agudo. || *Les plaines salées*, los campos salados ó el mar, hablando poéticamente. || *Un propos salé*, una palabra ó conversacion colorada, un poco libre, algo obscena. || SALÉ, m. Tocino salado. || Saladillo, tocino recien salado.

**SALEMENT**, adv. *salmán*. Suciamente, puercamente, cochinamente.

**SALEMPOURIS**, m. *salempurí*. Especie de tejido que se fabrica en Coromandel.

**SALEP**, m. *salép*. Salep, sustancia nutritiva que se extrae de varias especies de satirion.

**SALER**, a. *salé*. Salar, echar sal á la comida, sazonarla con sal. || Salar, hacer salazon, poner sal en alguna vianda con el fin de preservarla de la corrupcion. || met. y vulg. Vender caro. *Ce marchand sale bien ce qu'il vend*, este comerciante pone muy altos sus géneros, los vende muy caros.

**SALERON**, m. *salrón*. La taza ó parte superior de un salero en la que se pone la sal.

**SALETÉ**, f. *salté*. Suciedad, porquería, cualidad de lo que es sucio. || Suciedad, porquería, basura, inmundicia. || met. Porquería, obscenidad, deshonestidad, palabra ó accion deshonesta.

**SALEUR**, m. *saleur*. Salador, el que sala, el que hace salazones ó sala el pescado.

**SALICAIRE**, f. *saliquér*. Bot. Salicaria, especie de planta.

**SALICINE**, f. *salisín*. Quím. Salicina, extracto febrífugo que se saca de la corteza del sauce.

**SALICITE**, f. *salisít*. Miner. Salicita, especie de piedra figurada que se parece á las hojas del sauce.

**SALICOQUE**, m. *salicóc*. Zool. Cangrejo marino.

**SALICOR** ó **SALICORNE**, m. V. SALICOT.

**SALICOT**, m. *salicó*. Hinojo marino, planta que crece cerca de las aguas saladas.

**SALIEN**, adj. y s. m. *salién*. Salio, nombre que se daba en Roma á los sacerdotes de Marte. Los salios en las ceremonias danzaban y saltaban siempre. || SALIEN, NE, adj. Salio, que pertenece á los salios, á sus danzas, poesías, etc.

**SALIÈRE**, f. *saliér*. Salero, utensilio ó vasija en que se sirve la sal en la mesa. || Salero, utensilio de cocina que sirve para guardar sal. || Art. Nombre de cierta herramienta de lapidario. || *Salières*, pl. met. Sulcos, hoyos que se hacen en las carnes del que enflaquece, particularmente en el rostro y pecho. || prov. *Ouvrir des yeux grands comme des salières*, abrir tanto ojo, estar con el ojo tan largo : mirar con codicia.

**SALIFIABLE**, adj. *salifiábl*. Quím. Salificable, que tiene la virtud de producir sal cuando se combina con algun ácido.

**SALIFIER**, a. *salifié*. Quím. Salificar, convertir en sal alguna sustancia por medio de la accion de los ácidos.

**SALIFICATION**, f. *salificasión*. Salificacion, accion de salificar; resultado de esta accion.

**SALIGAUD**, E, adj. y s. fam. *saligó*, *ód*. Porcachon, cochinote, soez. V. SALOP.

**SALIGNON**, m. *saliñón*. Pan de sal blanca.

**SALIN**, E, adj. *salén*, *ín*. Salino, que contiene sal, que participa de la naturaleza de la sal. || SALIN, m. Cubeto donde está la sal que se vende por menor.

**SALINAGE**, m. *salináge*. Tiempo que tarda la sal en cuajarse. || Operacion que consiste en hacer cristalizar la sal.

**SALINE**, f. *salín*. Salon, cecina, carne salada; pescado salado. || Salina, lugar en que se elabora la sal; y tambien, el sitio donde se cria y de donde se saca : *les salines de Cardonne*. || Salina, especie de mina de sal.

**SALINIER**, m. *salinié*. Salinero, vendedor de sal, ó el que la trasporta. || El que extrae el álcali de la sosa.

**SALIQUE**, adj. *salíc*. Sálico, que pertenece á los Francos salios. || *Loi salique*, ley sálica, la primitiva y fundamental de la monarquía francesa, la cual excluye á las mujeres del trono.

**SALIR**, a. *salír*. Ensuciar, emporcar. || met. y fam. *Salir la réputation de quelqu'un*, manchar la reputacion de alguno. || *Se salir*, r. Ensuciarse, mancharse, emporcarse la ropa. || met. Mancharse, echarse una mancha, un borron: hacer alguno una cosa que perjudica á su buena fama.

**SALISSANT**, **E**, adj. *salisán*. Que ensucia. || Que se empuerca ó mancha con facilidad: *le blanc est une couleur fort salissante*. || Se usa tambien en sentido figurado.

**SALISSON**, f. *salisón*. Puerquezuela, gorrinuela, fregoncilla, jóven ó muchacha sucia ó poco aseada.

**SALISSURE**, f. *salisúr*. Mancilla, mancha, suciedad, porquería, cosa que empuerca.

**SALIVAIRE**, adj. *salivér*. Anat. Salival, que tiene relacion con la saliva. Dícese de las glándulas que contienen la saliva, ó de los conductos por donde pasa.

**SALIVAL**, **E**, adj. V. SALIVAIRE.

**SALIVATION**, f. *salivasión*. Med. Salivacion, accion de arrojar la saliva, la destilacion ó evacuacion de la saliva provocada por algun remedio.

**SALIVE**, f. *salív*. Saliva, humor acuoso y viscoso que se forma en la boca.

**SALIVER**, n. *salivé*. Salivar, arrojar saliva.

**SALLE**, f. *sál*. Sala, pieza grande ó la pieza principal de una casa ó habitacion. || *Salle d'audience*, sala de audiencia, pieza en que los reyes, ministros, etc., dan audiencia. || *Salle à manger*, comedor. || *Salle de conseil ó du conseil*, sala del consejo, lugar en que el consejo tiene sus sesiones. || *Salle de billard*, pieza de billar, local en que está colocada la mesa de billar. || *Salle de danse*, sala de baile. || *Salle d'armes*, sala ó escuela de esgrima. || *Prévôt de salle*, portero de sala ó de estrado. V. PRÉVOT, donde se le da otra significacion. || Son muchas las localidades á que se aplica este nombre, hablando de los hospitales, de todo género de establecimientos, etc.; pero en casi todos los casos se traduce del mismo modo. || Plazuela de árboles formando cobertizo en un jardin, en una campiña.

**SALMIGONDIS**, m. *salmigondí*. Ropa vieja, especie de guisado que se hace con la carne cocida y sobrante de la olla, etc. || met. y fam. Mezcolanza, revoltillo de ideas confusas en un escrito, en una conversacion.

**SALMIS**, m. *salmí*. Salmorejo, guisado de perdices ú otra caza que se ha asado.

**SALOIR**, m. *saluár*. Salero, especie de cubeto ó orza en que se guarda la sal. || Saladero, vasija en que se ponen las viandas para salarlas.

**SALON**, m. *salón*. Salon, sala de estrado, pieza destinada á recibir en una casa las visitas de etiqueta. || met. *On débite cette nouvelle dans les salons*, esta noticia corre en la alta sociedad, entre la gente de copete.

**SALOP**, **E**, adj. fam. y poco us. *saló*, *óp*. Puerco, sucio, asqueroso, gorrino, que carece de aseo. Se usa ordinariamente como sustantivo. || met. *Une salope*, una puta, una mujer de mala vida.

**SALOPEMENT**, adv. fam. *salopmán*. Gorrinamente, asquerosamente, suciamente, de un modo puerco, soez, gorrino.

**SALOPERIE**, f. *saloperí* (e muda). Porquería, asquerosidad, desaseo, falta de limpieza. Porquería, cosa puerca ó poco curiosa. || fam. *Dire des saloperies* decir picardías, cochinadas, hablar de cosas puercas ó indecentes.

**SALOPÈTE**, f. *salopét*. Babero que se pone á los niños para que no se empuerquen la ropa.

**SALORGE**, m. *salórge*. Com. Pila ó monton de sal.

**SALPA**, f. *sálpa*. Zool. Truchuela, pescado de mar parecido á la merluza.

**SALPÊTRE**, m. *salpétr*. Salitre. || prov. y met. *Faire péter le salpêtre*, hacer crujir el parche: hacer un fuego sostenido ó duradero, tirar muchos tiros. || met. y fam. *Ce n'est que salpêtre, que du salpêtre, il est pétri de salpêtre*, es una pólvora, una pimienta: tiene una sangre muy viva, un genio pronto. || *Mine de salpêtre*, salitral, nitrería.

**SALPÊTRER**, a. *salpetré*. Salitrar, echar salitre en el suelo, mezclarlo con la tierra que despues se apisona fuertemente para endurecer el piso é impedir que el agua pueda ablandarlo. || Salitrar, producir ó hacer nacer salitre: *l'humidité salpêtre les murs*. || *Se salpêtrer*, r. Salitrarse, llenarse, cubrirse de salitre.

**SALPÊTRERIE**, f. *salpetrerí* (e muda). Salitrería, lugar ó paraje en que se hace salitre; fábrica de salitro.

**SALPÊTRIER**, m. *salpetrié*. Salitrero, el que hace salitre.

**SALPÊTRIÈRE**, f. *salpetriér*. Salitrería, lugar en que se hace salitre. V. SALPÊTRERIE. || *La Salpêtrière*, hospicio de Paris destinado en el dia para las mujeres dementes ó de edad muy avanzada.

**SALPICON**, m. *salpicón*. Salpicon, especie de guisado.

**SALSEPAREILLE**, f. *salsparéll*. Bot. Zarzaparrilla, planta originaria de América.

**SALSIFIS**, f. *salsifí*. Bot. Salsifí, género de plantas leguminosas. *Salsifis d'Espagne*, escorzonera.

**SALSUGINEUX**, **EUSE**, adj. *salsugineu*, *eus*. Quím. Salitroso, que participa de la naturaleza de la sal.

**SALTATEUR**, m. *saltateur*. Antig. rom. Saltador, danzante, mimo entre los Romanos.

**SALTATION**, f. *saltasión*. Antig. rom. Arte que abrazaba la danza, la pantomima, la declamacion, la accion teatral, etc.

**SALTIMBANQUE**, m. *saltenbánc*. Saltimbanco ó saltimbanquis, farsante, truhan, bufon, charlatan que vende drogas y bagatelas, procurando engañar á los tontos. || met. Bufon, farsante, payaso, truchiman, que divierte la gente en una sociedad ó en un lugar público. || Farsante, representante: se dice de un predicador ú orador de gestos y chistes afectados.

**SALUADE**, f. ant. y joc. *saluád*. Saludo, accion de saludar con una reverencia.

**SALUBRE**, adj. *salúbr*. Salubre, sano, salutífero, saludable.

**SALUBRITÉ**, f. *salubrité*. Salubridad, cualidad de lo que es salubre ó saludable.

**SALUER**, a. *salué*. Saludar, hacer un saludo, usar de cierta fórmula admitida ó hacer una cortesía en señal de respeto ó deferencia. || Dar la bienvenida ó cumplimentar. || Saludar, hacer el saludo con tiros que disparan las plazas y los navíos. || Saludar, proclamar á alguno por rey, emperador, etc.

**SALURE**, f. *salúr*. Saladura, salazon, cualidad que comunica la sal al mezclarse con una sustancia. || Sabor salado ó salobre de alguna cosa.

**SALUT**, m. *salú*. Salud, bienestar, salvacion, conservacion en el bien y preservacion del mal: *le salut du peuple, le salut public, le salut de l'État, de la patrie*, etc. || Saludo, salutacion, cortesía, accion de saludar. || Salud, salvacion, bienaventuranza ó felicidad eterna: *le salut des âmes, le salut éternel*. *Faire son salut*, trabajar en la salvacion de su alma. || Saludo, el que hace una plaza ó un navío, disparando cañonazos. || Liturg. Oraciones que se cantan despues de los oficios en ciertas iglesias, terminando por la bendicion con el Santísimo Sacramento: *aller au salut; voilà le salut qui sonne*.

**SALUTAIRE**, adj. *salutér*. saludable, útil, provechoso, ventajoso.

**SALUTAIREMENT**, adv. *salutermán*. Saludablemente, de una manera saludable, útilmente, ventajosamente.

**SALUTATION**, f. *salutasión*. Salutacion, accion de saludar una persona á otra. || *Salutation angélique*, salutacion angélica, el Ave María.

**SALVAGE**, m. *salváge*. Mar. Salvamento, accion de salvar. Solo se usa en esta locucion: *droit de salvage* (ahora se dice *droit de sauvetage*), derecho de salvamento, recompensa que paga el [illegible] ó de los géneros [illegible] ó personas que los salvan [illegible]

**SALVANOS**, m. [illegible] cuerpo ligero de [illegible] niéndose sobre el [illegible] sitio donde se [illegible] || Guindola, [illegible] corcho que se lleva [illegible] dos llama á la guindola [illegible] á causa del cordel [illegible]

**SALVATERRE**, f. [illegible] gatos, papel en [illegible] parte contra las [illegible] ria á los cargos que se le [illegible]

**SALVE**, f. [illegible] tiros de cañones ó [illegible] ta ó de honra. || SALVE, [illegible] que canta la Iglesia en [illegible] ma Virgen.

**SAMARITAIN**, **E**, [illegible] *én*. Samaritano, de [illegible]

**SAMBUQUE**, f. [illegible] trumento de cuerda [illegible]

**SAMEDI**, m. *samdí*. [illegible] último dia de la semana.

**SAMEQUIN**, m. [illegible] quin, especie de embarcacion [illegible]

**SAMIEN**, **NE**, adj. y s. [illegible] nita, de la isla de Samos.

**SAMNITES**, m. pl. [illegible] habitantes que poblaban [illegible] lia.

**SAMOUR**, m. [illegible] maria, animal [illegible]

**SANAS**, m. *sanás*. [illegible] que se fabrica en las Indias.

**SAN-BENITO**, m. [illegible] el capotillo ó escapulario [illegible] juzgados ó condenados [illegible] Inquisicion.

**SANCIR**, n. *sansír*. [illegible] rar, irse á pique un [illegible] agua la proa [illegible] cesiva fuerza del viento.

**SANCTIFIANT**, **E**, adj. [illegible] tificante, que santifica: [illegible] *fiante*.

**SANCTIFICATEUR**, [illegible] *teur*. Santificador, que [illegible] bres, que trabaja en su [illegible]

**SANCTIFICATION**, [illegible] Santificacion, la accion [illegible] que santifica. || *La* [illegible] la santificacion de [illegible] cia segun manda la Iglesia.

**SANCTIFIER**, a. [illegible] car que uno sea santo, [illegible] gracia. || met. Santificar [illegible] *tifier le nom de Dieu*. [illegible] grado, santo, [illegible] *sus a sanctifiée par sa* [illegible] *fier le jour du dimanche* [illegible] mingo, empleando [illegible]

**SANCTION**, f. [illegible] bacion que se da [illegible] cion, pena ó [illegible] ley para asegurar su [illegible] *tique sanction*, [illegible] titucion, estatuto [illegible] eclesiásticos.

**SANCTIONNER**, a. [illegible] nar, aprobar, confirmar [illegible] de la sancion.

**SANCTUAIRE**, m. [illegible] entre los Judíos la [illegible] templo, en la cual [illegible] Entre los católicos, el [illegible] cinto en que está [illegible] La Iglesia, el sacerdocio [illegible] se dice *les droits* [illegible] *tuaire*. || prov. *Fouiller dans le sanctuaire*, [illegible] escrúpulo, con toda [illegible] un peso justo y [illegible]

**SANDAL** ó **SANTAL**, [illegible] Sándalo, palo de [illegible]

**SANDALE**, f. [illegible] de calzado de [illegible] parte del pié, al [illegible] reas.

**SANDALIER**, m. [illegible] de sandalias.

**SANDALINE**, f. *sandalín.* Cendalina, tela que se fabrica en Venecia.

**SANDARAQUE**, f. *sandarác.* Sandaraca, especie de resina olorosa sacada del enebro comun. || Oropimente, rejalgar.

**SANDJAK**, m. V. SANGIAC.

**SANG**, m. *sán.* Sangre, líquido contenido en las venas y en las arterias del hombre y de otra multitud de animales. || met. Sangre, linaje, familia. || Sangre, raza, hablando de los caballos. || met. Sangre, lo que ha costado trabajo, sudor ó sangre para adquirirlo. || met. Sangre, hacienda ó caudal que se chupa á alguno. || *Mettre tout à feu et à sang*, ponerlo todo á fuego y á sangre. || *Se battre au premier sang*, reñir ó batirse en un desafío hasta sacarse sangre. || *Le sang lui monte au visage, à la figure*, se pone colorado, abochornado. || *C'est un homme de sang*, es un hombre sanguinario ó cruel. || *Epargner le sang*, evitar la muerte, conservar la vida de los hombres || *Avoir du sang aux ongles*, tener pelos en el corazon. || *Avoir le sang chaud*, ser fogoso y colérico. || *Le sang est beau en ce pays*, la gente es hermosa en esta tierra. || met. y fam. *Suer sang et eau*, sudar sangre y agua: hacer grandes esfuerzos, sufrir mucho. || met. *Il est altéré de sang*, no respira mas que sangre, es un hombre sanguinario, cruel. || *Cela fait faire du mauvais sang*, eso quema, requema la sangre. || Equit. *Un cheval de sang*, un caballo de sangre, de raza conocida.

**SANG-DE-DRAGON**, m. *sandedragón* (e muda). Bot. Sangre de drago, planta. || Sangre de drago, especie de goma de la India.

**SANG-FROID**, m. *sanfrud.* Presencia de espíritu, calma, tranquilidad, serenidad de ánimo. || *De sang-froid*, loc. adv. A sangre fria.

**SANG-GRIS**, m. *sangrí.* Sangría, especie de bebida compuesta con vino de Madera, azúcar, limon, etc.

**SANGIAC**, m. *sangiác.* Sangiac, gobernador ó jefe que comanda un distrito ó provincia del imperio otomano.

**SANGLADE**, f. *sangládd.* Cintarazo, correazo, latigazo, golpe que se da con una cincha ó correa, con un látigo.

**SANGLANT**, E, adj. *sanglán.* Ensangrentado, que está manchado de sangre. || Sangriento, cruento, que ha causado el derramamiento ó derramamiento de mucha sangre. || Cruel, atroz, muy ofensivo, que causa un grave ultraje. || *Sacrifice non sanglant*, sacrificio incruento, el sacrificio de la misa.

**SANGLASSGAN**, m. *sanglasgán.* Farm. Sanglasgan, droga medicinal para detener la sangre.

**SANGLE**, f. *sángl.* Cincha, tira de cuero ó de cáñamo que sirve para ceñir ó apretar. || Cincha, correa de que usan los aguadores silleteros. || Cincha, parte de los arreos de un caballo. || *Lit de sangle*, catre de tijera, cama de correas en lugar de tablas. || *Sangles*, pl. Mar. Palletes, especie de tejido formado de meollar ó de cordones de cabo.

**SANGLER**, a. *sanglé.* Cinchar, apretar, sujetar con una cincha. || met. y fam. Zurriagar, cimbrear, dar un zurriagazo ó cimbronazo. || *Sangler un coup de canne*, sacudir un fuerte bastonazo. || *Se sangler*, r. Fajarse, apretarse la cintura con una faja. || fam. *Cette femme se sangle trop*, esta mujer se ajusta, se aprieta demasiado, lleva el talle muy apretado.

**SANGLIER**, m. *sanglié* Zool. Jabalí, puerco montés, animal cuadrúpedo del género de los cerdos. || Marrano, pescado de mar cuyo hocico tiene alguna semejanza con el del cerdo.

**SANGLOT**, m. *sangló.* Sollozo, suspiro repetido y entrecortado. Se usa casi siempre en plural. || Cinchita, cincha pequeña.

**SANGLOTER**, n. *sangloté.* Sollozar, dar sollozos.

**SANGSUE**, f. *sansú.* Zool. Sanguijuela, animal acuático que chupa la sangre de las partes del cuerpo á que se aplica. || met. Sanguijuela, denominacion que se da al que chupa sutilmente y por medios ilícitos el dinero á alguno. || met. *Sangsues du peuple*, sanguijuelas del pueblo, los que le agobian con exacciones repetidas.

**SANGUIFICATIF, IVE**, adj. *sangüificatif, iv.* Fisiol. Sanguificante, que produce ó forma la sangre, que convierte en sangre.

**SANGUIFICATION**, f. *sangüificasión.* Sanguificacion, conversion de los alimentos ó del quilo en sangre.

**SANGUIFIER**, a. *sangüifié.* Sanguificar, formar la sangre, convertir en sangre.

**SANGUIN**, E, adj. *sanguén, in.* Sanguino ó sanguíneo, que pertenece á la sangre. || Sanguíneo, que es de sangre. || Sanguinolento, que tiene el color de sangre. || Sanguíneo, que abunda en sangre, que tiene mucha sangre. *Tempérament sanguin*, temperamento sanguíneo. || *Jaspe sanguin*, jaspe sanguíneo, manchado de rojo.

**SANGUINAIRE**, adj. *sanguinér.* Sanguinario, que se goza en hacer correr la sangre humana; cruel, inhumano. || SANGUINAIRE, f. Bot. Sanguinaria, género de plantas papaveráceas.

**SANGUINE**, f. *sanguín.* Especie de oequisto, mina de hierro de color rojo oscuro que sirve para bruñir algunos metales y para hacer lápices. || Sanguinaria, piedra preciosa de color rojo, parecida á la ágata.

**SANGUINOLENT**, E, adj. *sanguinolán.* Sanguinolento, que está teñido de sangre.

**SANHÉDRIN**, m. *sanedrén.* Sanedrin, tribunal supremo de los Judíos.

**SANICLE**, f. *sanícl.* Bot. Sanícula, género de plantas umbelíferas, que se llama yerba de San Lorenzo. || *Sanicle femelle* ó *des montagnes*, eléboro negro.

**SANIE**, f. *saní.* Med. Sánies, virus, pus seroso que sale de las úlceras.

**SANIEUX, EUSE**, adj. *sanieu, eus.* Virulento, purulento, que contiene pus ó virus.

**SANITAIRE**, adj. *sanitér.* Sanitario, que concierne á la conservacion de la salud pública: *lois sanitaires, réglements sanitaires.* || *Cordon sanitaire*, cordon sanitario, linea de soldados establecida con objeto de impedir todo comercio ó comunicacion con un país ó pueblo infectado de la peste.

**SANITÉ**, f. *sanité.* Sanidad, cualidad de una cosa que está sana.

**SANS**, prep. *sán.* Sin. *Etre sans argent*, estar sin dinero. || loc. adv. *Sans doute*, sin duda; *sans faute*, sin falta. || *Sans cesse*, incesantemente. || *Sans que*, sin que. *Sans qu'on m'en parle*, sin que se me hable de ello.

**SANS-CŒUR**, m. *sanqueur.* Desalmado, que no tiene alma, que abriga malos sentimientos. || Cobarde, holgazan.

**SANSCRIT**, E, adj. *sanscrí, it.* Sanscrito, se dice del idioma de los bracmanes ó lengua sagrada del Indostan. || SANSCRIT, m. El sanscrito, lo mismo que *la langue sanscrite.*

**SANS-CULOTTE**, m. *sanculót.* Nombre que tomaron los demócratas exaltados ó terroristas en tiempo de la Revolucion francesa, y equivale á *descamisados* en español. || Republicano exclusivo. || Revolucionario de la hez del pueblo.

**SANS-CULOTTERIE**, f. *sanculoterí* (e muda). La clase de los llamados *sans-culottes* ó descamisados, que algunos traducen por morrallería.

**SANS-CULOTTIDES**, f. pl. *sanculotid.* Fiestas que se celebraban en Francia en los últimos dias del año, segun el calendario republicano.

**SANS-CULOTTISME**, m. *sanculotism.* Reinado, sistema de los descamisados ó *sans-culottes*, republicanos franceses.

**SANS-DENT**, f. *sandán.* Desdentada, vieja que no tiene dientes, que ha perdido los piños. Es vulgar.

**SANS-FLEUR**, f. *sanfleur.* Manzanabigo, especie de manzana que sale sin flor; tambien se llama *pomme-figue* en frances.

**SANSONNET**, m. *sansoné.* Zool. Estornino, ave que tiene grande facilidad para aprender á cantar y á silbar. || Cagarrache, pescado de mar parecido á la caballa.

**SANS-PEAU**, f. *sanpó.* Hort. Pera de estío. || Peral de estío.

**SANS-SOUCI**, m. *sansusí.* El que no se inquieta por cosa alguna, á quien nada le da cuidado.

**SANTAL**, m. V. SANDAL.

**SANTÉ**, f. *santé.* Salud, sanidad del cuerpo; estado del que está sano. || *En bonne santé, en parfaite santé*, en sana ó buena salud. || *Avec peu de santé*, con poca salud, achacosamente. || *Billet de santé*, boleta ó fe de sanidad. || *Officiers de santé*, médicos de un órden inferior, que obtienen su título sin haber grandes estudios. || *Bureau de santé*, junta de sanidad. || *À votre santé*, por la salud ó á la salud de Vd., brindis ó modo de hablar que se usa mucho en Francia cuando se bebe con alguno. En este sentido se dice tambien *boire à la santé de quelqu'un, porter la santé de quelqu'un*, beber á la salud de alguno. || *Nous avons bu au moins vingt santés*, hemos echado á lo ménos veinte brindis.

**SANTOLINE**, f. *santolín.* Bot. Cipresillo, guardarropa, género de plantas olorosas.

**SANTON**, m. *santón.* Santon, monje turco.

**SANVE**, f. *sánv.* Bot. Mostaza silvestre, planta comun que se cria entre las mieses; otros la llaman cenabe ó janable.

**SAOUL, SAOULER** y sus compuestos. V. SOÛL, SOÛLER.

**SAPA**, m. *sápa.* Farm. Arrope, decoccion de mosto hasta que queda tan espeso como la miel. V. RAISINÉ.

**SAPAJOU**, m. *sapajú.* Zool. Tití, mono muy pequeño de la América. || met. y fam. Tití, papion, hombre de pequeña estatura, feo y de facha ridícula.

**SAPAN**, m. *sapán.* Sapan, madera que se emplea en los tintes, procedente del Japon.

**SAPANTIN**, m. *sapantén.* Barca ligera á vela y remo, que se usa en la Gironda.

**SAPE**, f. *sáp.* Zapa, trabajo que hacen los sitiadores de una plaza. || Mina que se abre al pié de un muro para derribarlo.

**SAPER**, a. *sapé.* Zapar, minar, socavar al pié de un muro para derribarlo. || met. Zapar, minar, destruir alguna cosa por los cimientos.

**SAPEUR**, m. *sapeur.* Zapador, individuo que está empleado en las obras de zapa en un sitio, etc. || Gastador.

**SAPHÈNE**, f. *safén.* Anat. Vena en donde se hace la sangría del pié.

**SAPHIQUE**, adj. *safíc.* Sáfico, que pertenece ó se refiere á Safo. || Sáfico, se dice particularmente de una especie de versos griegos y latinos de que se cree haber sido Safo la inventora; el verso sáfico tiene cinco piés y once sílabas.

**SAPHIR**, m. *safír.* Zafiro, piedra preciosa de color azul.

**SAPHIRINE**, f. *safirín.* Miner. Zafirina, variedad de calcedonia, de color azul como el zafiro.

**SAPIDE**, adj. *sapíd.* Sabroso, que tiene sabor ó gusto.

**SAPIDITÉ**, f. *sapidité.* Sapidez, cualidad de lo que tiene sabor.

**SAPIENCE**, f. ant. *sapiáns.* Sapiencia (ant.), sabiduría. || En frances aun se usa en esta expresion: *pays de sapience*, la Normandía. || *La Sapience, le livre de la Sapience*, la Sapiencia, el libro de la Sabiduría que escribió Salomon.

**SAPIENTIAUX**, adj. m. pl. *sapiensió.* Sapienciales, se dice de ciertos libros de la sagrada Escritura, como los Proverbios, el Eclesiastes, el Eclesiástico y otros.

**SAPIN**, m. *sapén.* Bot. Abeto, pinabete, género de árboles resinosos.

**SAPINDACÉES**, f. pl. *sapendasé* Bot. Sapindáceas, familia de plantas cuyo tipo es el abeto.

**SAPINE**, f. *sapín.* Arq. y Carp. Cuarton, tablon ó viga de abeto.

**SAPINETTE**, f. *sapinét.* Zool. Chapineta, especie de concha de la familia de las lapas, que se agarra y vive sobre la carena ó forrado del casco de los buques. || Bot. Abetillo, arbusto de la familia de las sapindáceas.

**SAPINIÈRE**, f. *sapinièr*. Monte de abetos. || Mar. Barca hecha de madera de abeto.

**SAPONACÉ, ÉE**, adj. V. SAVONNEUX.

**SAPONAIRE**, f. *saponér*. Bot. Saponaria, planta de la familia de los claveles.

**SAPONIFICATION**, f. *saponificasión*. Jabonificacion ó saponificacion, accion de convertir en jabon.

**SAPONIFIER**, a. *saponifié*. Jabonificar, saponificar, convertir en jabon.

**SAPORATION**, f. poco us. *saporasión*. Saboreo, accion y efecto de saborear ó gustar.

**SAPORIFIQUE**, adj. *saporific*. Saborífico, saporífico ó saporífero, que causa sabor.

**SAPOTE**, f. V. SAPOTILLE.

**SAPOTILLE**, f. *sapotill*. Bot. Zapote, fruto del zapotero.

**SAPOTIER ó SAPOTILLIER**, m. *sapotié*, *sapotillié*. Bot. Zapotero, árbol de las Antillas que produce el zapote, fruto exquisito.

**SAQUEBUTE**, m. *sacbút*. Sacabuche, instrumento músico de viento. || Sacabuche, danza antigua.

**SAQUER**, a. *saqué*. Mar. Empujar, mover una cosa á efectos de un fuerte impulso.

**SARABAÏTES**, m. pl. *sarabait*. Sarabaitas, especie de monjes errantes ó vagabundos que aparecieron en Egipto.

**SARABANDE**, m. *sarabánd*. Zarabanda, cierta danza antigua. || Zarabanda, música que se tocaba para bailar la misma danza.

**SARBACANE**, f. *sarbacán*. Cerbatana, tubo por medio del cual se arroja alguna cosa soplando. || Cerbatana, trompetilla con que se habla á los sordos ó á los que están distantes. || met. y fam. *Parler par sarbacane*, hablar por boca de ganso; es decir, por medio de terceras personas.

**SARBOTIÈRE**, f. *sarbotiér*. Garrafa, especie de cubo de hoja de lata en que se hielan las bebidas.

**SARCANDE**, m. *sarcánd*. Bot. Zarcanda, árbol originario de Indias.

**SARCASME**, m. *sarcásm*. Sarcasmo, sátira mordaz, dicterio, mordacidad insultante.

**SARCASTIQUE**, adj. *sarcastic*. Sarcástico, que pertenece al sarcasmo; mordaz, picante, amargamente incisivo.

**SARCELLE**, f. *sarsél*. Zool. Cercela, ave anfibia semejante á la ánade.

**SARCHE**, f. *sárche* Aro, cerco que se pone en un tambor ó criba para sostener ó sujetar el parche

**SARCITE**, f. *sarsit*. Sarcite, piedra figurada que imita á la carne de vaca.

**SARCLAGE**, m. *sarcláge*. Agr. Escardadura, accion de escardar y resultado de esta accion.

**SARCLER**, a. *sarclé*. Agr. Escardar, sachar, arrancar las malas yerbas de un sembrado por medio del escardillo.

**SARCLEUR**, m. *sarcleur*. Escardador, sachador.

**SARCLOIR**, m. *sarcluár*. Escardillo, sacho, sallo, sarcillo, instrumento en forma de azadon para escardar.

**SARCLURE**, f. *sarclúr*. Escardadura, yerba ó maleza que se ha arrancado con el escardillo.

**SARCOCÈLE**, f. *sarcosél*. Med. Sarcocele, tumor carnoso y duro que se forma en el escroto.

**SARCOCOLLE**, f. *sarcocól*. Sarcócola, especie de goma ó sustancia vegetal resinosa, que destila del sarcocol, árbol de Africa.

**SARCOCOLLINE**, f. *sarcocolin*. Sarcocolina, sustancia que se ha descubierto dentro de la sarcócola.

**SARCOÉPIPLOCÈLE**, f. *sarcoepiplosél*. Med. Sarcoepiplocele, hernia completa que resulta de la caida del epiploon.

**SARCOÉPIPLOMPHALE**, f. *sarcoepiplonfál*. Med. Sarcoepiplonfale, hernia que se presenta en el ombligo.

**SARCOHYDROCÈLE**, f. *sarcoidrosél*. Sarcohidrocele, sarcocele ó tumor sólido del escroto junto con la hidrocele.

**SARCOLOGIE**, f. *sarcologí*. Sarcologia, parte de la anatomía que trata de las carnes y partes blandas.

**SARCOLOGIQUE**, adj. *sarcologic*. Sarcológico, que se refiere á la sarcologia.

**SARCOMATEUX, EUSE**, adj. *sarcomateu*, *eus*. Sarcomatoso, que presenta los caractéres del sarcoma.

**SARCOME**, m. *sarcóm*. Cir. Sarcoma, excrecencia ó tumor que tiene la misma consistencia que la carne.

**SARCOMPHALE**, f. *sarconfál*. Cir. Sarconfale, excrecencia carnosa en el ombligo.

**SARCOPHAGE**, m. *sarcofáge*. Sarcófago, urna ó tumba en que los antiguos depositaban los cuerpos que no querian quemar, y que, estando hecha de una especie de piedra cáustica, consumia la carne en poco tiempo. || Túmulo, catafalco que se hace en las grandes ceremonias fúnebres. || adj. Med. Sarcófago, que quema, hablando de los medicamentos.

**SARCOSE**, f. *sarcós*. Med. Sarcosis, carnificacion, renovacion de carnes en los cuerpos animados. Tambien se ha dicho por *sarcome*. || Vet. Sarcosis, nombre de cierta enfermedad que ataca á los ganados.

**SARCOTIQUE**, adj. *sarcotíc*. Med. Sarcótico, que es propio para acelerar la regeneracion de las carnes, hablando de ciertos remedios.

**SARDANAPALE**, m. *sardanapál*. Sardanápalo, cuarto rey de Siria, célebre por su molicie y voluptuosidad, y por su fin trágico. || Por antonomasia, todo monarca ó príncipe afeminado y disoluto.

**SARDE**, adj. y s. *sárd*. Sardo, de Cerdeña. || m. Zool. Sardo, pez de mar.

**SARDINE**, f. *sardín*. Zool. Sardina, género de pescados mas pequeños que los arenques.

**SARDINIÈRE**, f. *sardinièr*. Copo, red para la pesca de la sardina.

**SARDIS**, m. *sardís*. Sardis, especie de paño burdo que se fabrica en Borgoña.

**SARDOINE**, f. *sarduan*. Miner. Sardónica, especie de ágata.

**SARDONIE**, f. *sardoní*. Bot. Sardonia, especie de ranúnculo muy abundante en Cerdeña, el cual da la risa sardónica á los que lo comen.

**SARDONIEN ó SARDONIQUE**, adj. m. *sardonién*, *sardonic*. Sardónico. Dícese *ris sardonien* ó *sardonique*, risa sardónica, especie de espasmo convulsivo en los labios y carrillos. Llámase tambien sardónica la risa forzada y que no pasa de los labios, y una risa llena de malignidad.

**SARGUE ó SARGE**, m. *sárgue*, *sárge* Zool. Sargo, género de pescados.

**SARICOVIENNE**, f. *saricovién*. Zool. Especie de nutria de mar.

**SARIGUE**, m. *sarigue*. Zool. Didelfo ó semivulpeja, animal mamífero de América, del Brasil, etc.

**SARILLES**, f. pl. *sarill*. Serrín de la madera del olmo.

**SARION**, m. *sarión*. Especie de sarria ó estera que sirve para enfardar géneros.

**SARMATE**, adj. y s. *sarmát*. Sármata, de la Sarmacia.

**SARMENT**, m. *sarmán*. Sarmiento, vástago ó rama que sale de la cepa. || prov. y joc. *Du jus de sarment*, zumo de cepas, el vino.

**SARMENTACÉ, ÉE**, adj. *sarmantasé*. Bot. Sarmentáceo, que se parece al sarmiento. || *Sarmentacées*, f. pl. Sarmentáceas, familia de plantas, llamadas comunmente *vinifères*.

**SARMENTEUX, EUSE**, adj. *sarmanteu*, *eus*. Sarmentoso, que brota, que tiene abundancia de sarmientos. || Por exten., que tiene las ramas largas, flexibles y trepadoras como el sarmiento de la cepa.

**SARONIDE**, m. *saronid*. Sarónido, nombre de una clase de sacerdotes galos.

**SARPER**, n. *sarpé*. Mar. Zarpar, levar el rezon ó anclote. || Agr. Segar ó cortar el trigo con una hoz de mango corto.

**SARRASIN**, m. *sarrasén*. Trigo morisco, alforfon. Tambien se dice adjetiv. *blé sarrasin*.

**SATIRE**, f. *satir*. Sátira, obra en verso que tiene por objeto manifestar, criticar y ridiculizar los defectos, los vicios y pasiones de los hombres. || Obra que está escrita en prosa y en verso con igual objeto. || Sátira, escrito, conversacion palabra ó dicho picante y mordaz que tiende á ridiculizar, á desconceptuar á alguno.

**SATIRIQUE**, adj. *satiric*. Satírico, que es concerniente, análogo á la sátira. || Satírico, mordaz, picante. || Satírico, que escribe sátiras. En este sentido se usa á menudo como sustantivo.

**SATIRIQUEMENT**, adv. *satiricmán*. Satíricamente, de un modo satírico.

**SATIRISER**, a. *satirisé*. Satirizar, zaherir con sátiras, criticar, poner en ridículo. Es tambien verbo neutro.

**SATIRISTE**, m. *satiríst*. Satírico, el que compone sátiras. || Hombre mordaz.

**SATISFACTION**, f. *satisfacsión*. Satisfaccion, contento, gozo, placer, el gusto ó el deseo cumplido. || Satisfaccion, reparacion de una injuria ó agravio.

**SATISFACTOIRE**, adj. *satisfactuár*. Satisfactorio, que es propio para expiar las faltas cometidas contra Dios ó contra sus preceptos.

**SATISFAIRE**, a. *satisfér*. Satisfacer, contentar, dar gusto. || Satisfacer, pagar una deuda. || Satisfacer, hacer reparacion de una injuria. || Satisfacer, llenar, saciar un deseo, un apetito. || Satisfacer, llenar los deseos de alguno. || *Se satisfaire*, r. Satisfacerse, contentarse, quedar uno satisfecho. || Satisfacerse, tomar satisfaccion de una ofensa.

**SATISFAISANT, E**, adj. *satisfesán*. Satisfactorio, que satisface, que contenta, que causa satisfaccion.

**SATISFÉCIT**, m. *satisfésit*. Parco, especie de premio que se da en las escuelas.

**SATRAPE**, m. *satráp*. Sátrapa, título que daban á sus gobernadores los antiguos Persas. || met. Un príncipe ó un alto personaje orgulloso, voluptuoso y déspota.

**SATRAPIE**, f. *satrapí*. Satrapía, gobierno de un sátrapa; provincia gobernada por un sátrapa.

**SATRON**, m. *satrón*. Jaramugo, pececillo que sirve de cebo á los pescadores.

**SATTEAU**, m. *sató*. Barca para la pesca del coral.

**SATURABLE**, adj. *saturábl*. Quím. Saturable, que puede disolverse, mezclarse ó embeber cualquier otra materia.

**SATURATION**, f. *saturasión*. Quím. Saturacion, estado de un líquido saturado.

**SATURER**, a. *saturé*. Quím. Saturar, disolver en un líquido la mayor cantidad posible de una materia ó sustancia. || met. Llenar completamente, del todo. || Satisfacer, hartar.

**SATURNALES**, f. pl. *saturnál*. Antig. rom. Saturnales, fiestas romanas en honor de Saturno. || met. Saturnales, dias de licencia, de desenfreno y desórden, como el carnaval.

**SATURNE**, m. *satúrn*. Mit. Saturno, uno de los dioses mas antiguos del paganismo, padre de Júpiter y rey de Creta. || Astr. Saturno, uno de los planetas del sistema solar. || Quím. ant. Saturno, nombre que se dió al plomo.

**SATURNIE**, f. *saturní*. Zool. Saturnia, especie de mariposa nocturna.

**SATURNIEN, NE**, adj. *saturnién*, *én*. Saturnino, saturnal, que pertenece á Saturno. || met. ant. Saturnino, melancólico, taciturno, zaherido. || Filol. Se decia de los versos [illegible] que se cantaban en las Saturnales.

**SATURNILABE**, m. *saturniláb*. Saturnilabio, instrumento que sirve para hacer observaciones sobre el planeta Saturno.

**SATURNIN**, m. *saturnén*. Zool. Saturnin, nombre de una serpiente de Indias.

**SATYRE**, m. *satír*. Mit. Sátiro, semidios que habitaba en los bosques y tenia los pies de macho cabrío. || met. y fam. *C'est un satyre*, se dice de un hombre lúbrico, enamorado á las mujeres.

**SATYRE**, f. *satir*. Sátira, entre los Griegos poema mordaz que versaba sobre los sátiros. No debe confundirse esta palabra con la sátira de que se habla en el artículo *Satire*.

**SATYRIAQUE**, adj. *satiriác*. Satiriaco, perteneciente á la satiriasis.

**SATYRIASIS**, m. *satiriásis*. Med. Satiriasis, enfermedad que consiste en una inclinacion continua é irresistible al acto venéreo.

**SATYRIASME**, m. *satiriásm*. Med. Satiriasmo, dolor de riñones á consecuencia de lubricidad.

**SATYRION**, m. *satirión*. Bot. Satirio, género de plantas que exhala un olor á cabruno bastante desagradable.

**SATYRIQUE**, adj. *satiric*. Antig. gr. Satírico, que pertenece á los Sátiros. *Danse satyrique*, danza, baile satírico, que consistia en figuras indecentes.

**SAUCE**, f. *sós*. Salsa, condimento líquido que se añade á un guiso para darle gusto. || met. y fam. Salsa, sainete, saborete, lo que excita el gusto. || met. y vulg. Jabon, zurribanda, áspera reprension. || prov. *La sauce vaut mieux ó est plus chère que le poisson*, vale mas el caldo que las tajadas, ó cuesta mas la salsa que los caracoles. || *Il n'est sauce que d'appétit*, á buena hambre no hay pan duro. || *Faire la sauce á quelqu'un*, dar á uno un jabon, una zurribanda, una tocata, echarle una peluca: darle una reprension.

**SAUCER**, a. *sosé*. Mojar en la salsa, empapar en ella pan ó alguna vianda. || met. y vulg. Sopetear, reprender con aspereza. || Poner como una sopa: dícese de uno que se cae ó á quien se echa en un charco ó rio.

**SAUCIER**, m. *sosié*. Salsista, el que hace profesion de preparar salsas. || Mar. Tejuelo, plancheta, chapeta, dado de hierro sobre el que se sienta y gira el pinzote del cabrestante.

**SAUCIÈRE**, f. *sosiér*. Salsera, utensilio para servir la salsa en la mesa.

**SAUCISSE**, f. *sosís*. Salchicha, embutido de carne de puerco. || Especie de cohete que hacen los polvoristas.

**SAUCISSIER, ÈRE**, m. y f. *sosisié*, *ér*. Salchichero, el que ó la que hace ó vende salchichas.

**SAUCISSON**, m. *sosisón*. Salchichon, embutido grueso y muy estimado, el cual se come crudo. || Salchichon, especie de cohete muy grueso. || Fort. Salchichon, haz de ramas para las trincheras.

**SAUF, VE**, adj. *sóf*, *óv*. Salvo, ileso, que está fuera de peligro. || *Sain et sauf*, sano y salvo. || **SAUF**, prep. Salvo, sin perjuicio, fuera de. || *Sauf votre respect je vous dirai que*, salvo el respeto que á Vd. se le debo diré, etc. || *Sauf meilleur avis*, sin perjuicio de mejor parecer. || For. *Sauf huitaine*, con próroga de ocho dias. || *Adjudication sauf quinzaine*, adjudicacion, sin perjuicio de poder hacer puja dentro quince dias. || *Sauf l'appel*, sin perjuicio de apelacion. || *Sauf erreur ou omission*, salvo error ú omision, etc. || Salvo, fuera, excepto, con exclusion. *Il lui a cédé tout son bien, sauf ses rentes*, le ha cedido todos sus bienes, excepto sus rentas.

**SAUF-CONDUIT**, m. *sofcondui*. Salvoconducto, resguardo ó documento que se da para la seguridad personal del que ha de entrar en campo enemigo, presentarse en juicio, etc.

**SAUGE**, f. *sóge*. Bot. Salvia, planta aromática y medicinal. || *Sauge des bois*, escorodonia.

**SAUGRENÉE**, f. ant. *sogrné*. Especie de condimento que se hacia con guisantes, manteca de vacas, algunas yerbas, agua y sal.

**SAUGRENU, E**, adj. fam. *sogrnú*. Impertinente, absurdo, ridículo: solo se dice de las cosas.

**SAULE**, m. *sól*. Sauce, árbol que crece en los parajes húmedos. || *Petit saule* ó *saule-osier*, salguera ó mimbrera.

**SAULET**, m. *solé*. Nombre vulgar del jilguerillo pequeño.

**SAUMÂTRE**, adj. *somátr*. Salobre, que da un sabor semejante al del agua del mar.

**SAUMÉE**, f. *somé*. Aranzada, yugada, cierta medida de tierra. V. ARPENT.

**SAUMIER**, m. *somié*. Harpon, especie de tridente para la pesca del salmon.

**SAUMIÈRE**, f. *somiér*. Mar. Limera, abertura practicada en la bovedilla, sobre el codaste, para el paso de la cabeza del timon y juego de la caña engastada en ella.

**SAUMON**, m. *somón*. Zool. Salmon, pescado de mar que corresponde al género de las truchas. || Fund. Galápago, masa de plomo ó de estaño, tal cual ha salido de la fundicion.

**SAUMONÉ, ÉE**, adj. *somoné*. Salmonado, que se parece al salmon, hablando de ciertos pescados.

**SAUMONEAU**, m. *somonó*. Salmoncillo, salmon pequeño.

**SAUMURAGE**, m. *somurdge*. Salazon en salmuera, ó accion de meter alguna carne en salmuera.

**SAUMURE**, f. *somúr*. Salmuera, mezcla de sal y agua.

**SAUMURÉ, ÉE**, adj. *somuré*. Metido en salmuera.

**SAUNAGE**, m. *sonáge*. Tráfico, despacho de sal. || *Faux-saunage*, contrabando de sal.

**SAUNER**, n. *soné*. Fabricar ó hacer sal.

**SAUNERIE**, f. *sonerí* (e muda). Nombre colectivo que se da á todo lugar, edificio, pozo, fuente, instrumentos y demas que sirven en la fabricacion de la sal. Taboada traduce esta voz por salinería, salinas.

**SAUNIER**, m. *sonié*. Salinero, trabajador en una salina. || Traficante, vendedor de sal. || *Faux saunier*, contrabandista de sal.

**SAUNIÈRE**, f. *soniér*. Cajon ó tarro para poner la sal en las cocinas.

**SAUPIQUET**, m. *sopiqué*. Salmorejo, pebre, ajillo, cualquier salsa picante que excita el apetito.

**SAUPOUDRER**, a. *sopudré*. Salpimentar, espolvorear ó polvorear alguna cosa con sal y pimienta ó solo con sal. || Espolvorear las plantas ligeramente. || Salpicar, desparramar alguna cosa. || met. Dar una ligera apariencia; y en este sentido se dice *saupoudrer un écrit d'érudition*.

**SAUR**, adj. m. V. SAURE.

**SAURAGE**, m. *soráge*. Cetr. Plumazon, primer año de un ave desde que nace hasta su primera muda.

**SAURE**, adj. *sór*. Bayo oscuro, hablando del pelo de un caballo. || *Hareng saur*, *saure* ó *sauret*, arenque salado y medio seco al humo. || prov. *Un homme maigre comme un hareng saure*, un hombre sumamente flaco. || Cetr. *Faucon saure*, halcon soro, que tiene el plumon generalmente rojizo.

**SAURER**, a. *soré*. Curar al humo, hacer secar los arenques puestos al humo.

**SAURET**, adj. m. V. SAURE.

**SAURIEN, NE**, adj. *sorién*, *én*. Sauriano, que se parece á un lagarto. || *Sauriens*, m. pl. Saurianos, segundo órden de reptiles, que tiene por tipo al lagarto.

**SAURIN**, m. *sorén*. Arenque curado al humo y de nueva cria.

**SAURIR**, a. *sorír*. Echar los arenques en salmuera.

**SAURIS**, m. *sorí*. Salmuera de arenques.

**SAURISSAGE**, m. *soriságe*. Accion de poner al humo los arenques para que se curen.

**SAURISSERIE**, f. *sorisrí*. Sitio ó lugar en que los arenques se curan al humo.

**SAURISSEUR**, m. *soriseur*. El que pone á curar los arenques al humo.

**SAUROGRAPHE**, m. *sorográf*. Saurógrafo, el que describe los lagartos.

**SAUROGRAPHIE**, f. *sorografí*. Saurografía, descripcion de los lagartos.

**SAUROPHAGE**, adj. y s. *sorofáge*. Saurófago, el que se alimenta de lagartos.

**SAUSSAIE**, f. *sosé*. Salceda, saucedal ó salicето, sitio plantado de sauces.

**SAUSSE**, f. *sós*. Nombre que dan los plateros á un líquido preparado para dar mas brillo al oro.

**SAUT**, m. *só*. Salto, brinco. || met. Salto, ascenso á puesto superior sin pasar por los del medio. || Salto, las omisiones que se cometen de cláusulas, renglones ú hojas, leyendo ó escribiendo. || *Saut de loup*, salto de lobo, el foso ó zanja que se hace al rededor de un jardin ó huerta, en lugar de cerca. || *Faire un grand saut*, dar un gran salto. || met. y fam. *Faire le saut*, echar pecho al agua: resolverse á hacer una cosa que se considera como difícil ó arriesgada. || met. *Au saut du lit*, al salir de la cama. || *Saut de Breton*, caida que se hace dar á una persona echándole la zancadilla cuando se lucha. || Salto, cascada, caida ó despeñadero de aguas. || Montadura, accion de un caballo padre cuando cubre la yegua. || *Par saut*, á trancos. || *De plein saut*, loc. adv. Incontinenti, sin vacilar.

**SAUTAGE**, m. *sotáge*. Apisonamiento de las sardinas, accion de apisonarlas con los piés.

**SAUTANT, E**, adj. *sotán*. Blas. Saltante, que está en ademan de saltar, hablando de los machos cabríos que se representan en los escudos.

**SAUTE**, f. *sót*. Mar. Salto que da el viento cuando de repente cambia de direccion. Solo se usa en la expresion *saute de vent*.

**SAUTÉ**, m. *soté*. Coc. Nombre de una especie de guisado.

**SAUTELER**, n. ant. *sotlé*. Ir dando saltitos, andar saltando ó dando saltitos.

**SAUTELLE**, f. *sotél*. Vid que se trasplanta con su raiz.

**SAUTER**, n. *soté*. Saltar, brincar, dar saltos, brincos. || Saltar, volar, hacer explosion una mina ó barreno. || Saltar, ascender en una carrera, pasar de un empleo, de un grado á otro mas elevado sin pasar por los intermedios. || Saltar, pasar rápidamente de una conversacion á otra, de una página á otra, de una á otra materia. || Mar. Saltar, cambiarse repentinamente el viento. || *Sauter au cou de quelqu'un*, echarse al cuello de alguno, abrazarle con afecto. || *Faire sauter un bastion*, volar, hacer saltar un baluarte, esto es, con mina de pólvora. || met. *Sauter aux nues*, brincar de cólera, encolerizarse, irritarse. || *Sauter aux yeux*, saltar á los ojos, dar en los ojos, venirse á los ojos una cosa por patente y clara. || met. y fam. *Reculer pour mieux sauter*, ceder, contemporizar para llegar mas fácilmente á lo que se desea. || met. y fam. *Sauter à pieds joints par-dessus quelque chose*, saltar sobre una cosa á piés juntos: llevar á cabo un proyecto sin reparar ni detenerse en los obstáculos. || a. Saltar, traspasar, salvar, pasar de un salto: *sauter une muraille*, *sauter un fossé*. V. FRANCHIR. || Saltar, omitir, dejar alguna cosa, especialmente leyendo ó escribiendo. || Montar un caballo padre á la yegua, cubrirla. || En los demas casos se usa este verbo lo mismo en francés que en español.

**SAUTEREAU**, m. *sotró*. Martinete del clavicordio. || Pieza de artillería con poco refuerzo en la recámara. || *Sautereau de bris*, caballete que se forma encima de la rodada en un camino; y segun Taboada, rodadas ó carriles muy hondos y estrechos que causan gran traqueo á los carruajes.

**SAUTERELLE**, f. *sotrél*. Zool. Langosta, género de insectos. || Carp. y Alb. Salta-regla, instrumento para trazar toda clase de ángulos.

**SAUTEUR, EUSE**, m. y f. *soteur, eus*. Saltador, el que salta. || Saltarin, el que hace profesion de saltar extraordinariamente. || met. y fam. Petardista, hombre de conducta equívoca, alabancioso ó jactancioso. || Equit. Saltador, maestro en los diferentes saltos y pasos de escuela, hablando de un caballo.

**SAUTEUSE**, f. *soteus*. Saltadora, especie de baile.

**SAUTILLANT, E**, adj. *sotillán*. Brincoteador, que brincotea, que da saltitos.

**SAUTILLEMENT**, m. *sotillman*. Saltillo, saltito, accion de dar brinquitos ó saltitos.

**SAUTILLER**, n. *sotillé*. Brincotear, andar dando brinquitos ó saltitos. || met. *Ne faire que sautiller*, saltear ó salpicar, cambiar de asunto á cada instante en un discurso, en una conversacion.

**SAUTOIR**, m. *sotuar*. Aspa, figura que representa una X ó cruz de San Andres. || Blas. Sotuer, aspa que está en forma de cruz de San Andres.

**SAUTRIAUX**, m. pl. *sotrió*. Art. Varas que sirven para sujetar los lizos en el telar de gasas.

**SAUVAGE**, adj. *sovág*. Salvaje, silvestre, bravo, bravío, montesino, montés, montaraz, segun es la cosa de que se habla, animales, frutos, plantas, etc. || Salvaje, que no está domesticado. || *Un chat sauvage*, un gato montés. || *Un pays sauvage*, un terreno inculto. || *Vigne sauvage*, parriza, vid silvestre. || *Olivier sauvage*, acebuche, olivo bravío. || *Chèvre sauvage*, rupicabra, gamuza, cabra montés. || *Avoine sauvage*, avena loca. || Salvaje, que vive sin ley, sin religion, sin habitacion fija, que anda errante por los montes. En este sentido se usa tambien como sustantivo. || met. *Feu sauvage*, usagre, especie de sarna que sale en la cara á los niños de pecho. || SAUVAGE, m. Mar. Salvamento, la accion de salvar y poner en seguridad los géneros despues de un naufragio.

**SAUVAGEON**, m. *sovajón*. Arbolillo nacido de la simiente de un árbol bravío ó silvestre.

**SAUVAGERIE**, f. *sovagerí*. Salvajería, salvajez, maneras, modales, costumbres salvajes ó rústicas.

**SAUVAGÈNE**, f. *sovagén*. Bot. Salvajcsla, especie de planta.

**SAUVAGESSE**, f. poco us. *sovagés*. Mujer salvaje.

**SAUVAGETÉ**, f. *sovagté*. Salvajería, cualidad de lo que es salvaje.

**SAUVAGIN, E**, adj. *sovagén, ín*. Salvajino, epíteto que se da á un olor ó sabor que dan ciertas aves acuáticas. || Se usa ordinariamente como sust. masculino. *Cela sent le sauvagin*, eso huele á salvajina.

**SAUVAGINE**, f. *sovagín*. Salvajina, nombre colectivo de las aves acuáticas cuya carne sabe á bravío.

**SAUVEGARDE**, f. *sovgárd*. Salvaguardia, proteccion, amparo que concede un soberano, una autoridad. || Salvaguardia, guardia, piquete que destaca un jefe militar con el fin de evitar el pillaje, insultos ó atropellos. || Salvaguardia, documento que garantiza la seguridad de un individuo.

**SAUVEGARDER**, a. *sovgardé*. Proteger, defender, amparar, tomar bajo su proteccion.

**SAUVEMENT**, m. *sovmán*. Mar. Salvamento, accion de salvar ó sacar del mar los géneros naufragados. || Salvamento, estado de un buque fuera de peligro.

**SAUVER**, a. *sové*. Salvar, librar ó sacar de un peligro; y particularmente, librar de una muerte inminente. || Librar, preservar. || Justificar, excusar, cohonestar los defectos de alguno. || Salvar, evitar algun inconveniente ó dificultad. || Teol. Salvar las almas, alcanzar la salvacion eterna, proporcionarla ó darla, etc. || *Se sauver*, r. Salvarse, escapar de algun peligro. || Salvarse, alcanzar la salvacion eterna. || Retirarse, refugiarse, buscar un asilo en alguna parte. *Il s'est sauvé à l'étranger, dans les pays étrangers*, se refugió, buscó un asilo en paises extraños. || Escaparse, evadirse: *il s'est sauvé de prison*. || fam. Marcharse, retirarse con prontitud. *Je me sauve*, yo me marcho corriendo. *Il va pleuvoir, je me sauve*, va á llover, me retiro. || Desquitarse, compensarse, resarcirse de una pérdida con una ganancia.

**SAUVE-RABANS**, m. *sovraban*. Mar. Guirnalda ó roñada, cierto anillo de cuerda en los cabos de las vergas.

**SAUVETAGE**, m. *sovtáge*. Mar. Salvamento, accion de salvar los hombres y géneros naufragados, su recobro ó recuperacion. || Salvamento, premio que sobre el valor de los efectos recobrados ó sacados del fondo del mar paga el propietario de ellos á la persona que los salvó.

**SAUVETÉ**, f. *sovté*. Salvacion, salvamento, estado de una persona, de una cosa que se ha sacado del peligro. No se usa ya sino en estas frases: *être en sauveté*, *en lieu de sauveté*, estar en salvo ó en lugar seguro.

**SAUVETERIE**, f. *sovtorí* (e muda). Nombre de una especie de mármol.

**SAUVETEUR**, s. y adj. m. *sovteur*. Mar. Nombre de todo barco ó lancha de salvamento que sirve para dar auxilio á los buques náufragos.

[illegible]

**SAVONNERIE**, f. *savonrí*. Jaboneria, almona, fábrica de jabon.

**SAVONNETTE**, f. *savonét*. Jaboncillo, bola pequeña de jabon de olor para afeitar.

**SAVONNEUX, EUSE**, adj. *savoneu, eus*. Jabonoso, saponáceo, que participa de las cualidades ó virtudes del jabon.

**SAVONNIER**, m. *savonié*. Jabonero, fabricante de jabon. || Bot. Jabonero, árbol de América cuyo fruto machacado y puesto en el agua sirve de jabon.

**SAVONNIÈRE**, f. V. SAPONAIRE.

**SAVONNOIR**, m. *savonuár*. Art. Especie de fieltro jabonado que sirve para alisar los naipes.

**SAVOUREMENT**, m. *savurmán*. Saboreo, paladeo, regodeo, regosto, accion de saborear ó gustar.

**SAVOURER**, a. *savuré*. Saborear, gustar, paladear, gustar alguna cosa con detencion y con placer. || met. Saborear, gozar con deleite un placer; saborearse, regodearse, paladearse con el gusto que causa alguna cosa.

**SAVOURET**, m. *savuré*. Saborete, caña de vaca, pedazo de hueso que echan los pobres en el puchero para dar gusto á la comida.

**SAVOUREUSEMENT**, adv. *savureusmán*. Sabrosamente, con gusto, con placer del paladar; saboreándose, paladeándose, recreándose.

**SAVOUREUX, EUSE**, adj. *savureu, eus*. Sabroso, gustoso, agradable al paladar.

**SAVOYARD, E**, adj. y s. *savuayár, ard*. Saboyano, natural, vecino de Saboya || met. Grosero, puerco, brutal, que carece de educacion.

**SAXATILE**, adj. *sacsatíl*. Hist. nat. Saxátil, que crece, que se encuentra entre las piedras; y vulgarmente, roquero.

**SAXICOLE**, adj. *sacsicól*. Hist. nat. Saxícolo, saxátil, que vive entre las rocas.

**SAXIFRAGE**, f. *sacsifráge*. Bot. Saxífraga ó quebrantapiedras, planta buena para quebrantar la piedra de la vejiga.

**SAXIFRAGÉES**, f. pl. *sacsifragé*. Bot. Saxífragas, familia de plantas cuyo tipo es la saxífraga ó quebrantapiedras.

**SAXON, NE**, adj. y s. *sacsón, ón*. Sajon, de Sajonia.

**SAYE**, f. *sé*. Especie de sayal ó jerga, tejido de lana. V. SERGE.

**SAYETTE**, f. *seyét*. Jerguilla, tejido de lana flojo y grosero.

**SAYETTERIE**, f. *seyetrí*. Fábrica de jergas y sayales. || Arte de fabricar dichas telas.

**SAYETTEUR**, m. *seyeteur*. Tejedor de sayales y jergas.

**SAYON**, m. *seyón*. Sayo, especie de chaqueton ó casaca abierta que llevaban antiguamente los soldados y gente de armas.

**SAYNÈTE**, f. *senét*. Sainete, pieza jocosa que se representa en los teatros de España despues de la comedia ó tragedia.

**SBIRE**, m. *sbír*. Esbirro, nombre que se da en varios paises y particularmente en Roma á los archeros. || Por extension y por desprecio, se llama esbirros á los alguaciles y los empleados de policía; es lo mismo que decir galfarro, corchete.

**SCABELLON**, m. *scabelón*. Arq. Pedestal, especie de zócalo en que se colocan bustos, estatuas, etc.

**SCABIEUSE**, f. *scabieus*. Bot. Escabiosa, género de plantas.

**SCABIEUX, EUSE**, adj. *scabieu, eus*. Med. Escabioso, sarnoso, que se parece á la sarna.

**SCABRE**, adj. *scábr*. Bot. Espinoso, escabroso, que es desagradable al tacto.

**SCABREUX, EUSE**, adj. *scabreu, eus*. Escabroso, áspero, desigual, lleno de altos y bajos, de desigualdades. Se usa poco en sentido propio. || met. Escabroso, espinoso, delicado, difícil, peligroso: *affaire scabreuse, matière scabreuse*

**SCABROSITÉ**, f. *scabrosité*. Escabrosidad, cualidad de lo escabroso, de lo áspero. || Rudeza, aspereza.

**SCALÈNE**, adj. *scalén*. Geom. Escaleno, que tiene tres lados desiguales, hablando de un triángulo.

**SCALME**, m. *scálm*. Mar. Tolete, escálamo, palito redondo ó estaca á que está sujeto el remo con el estrobo. || Chumacera, zapatilla que se pone sobre la regala para servir de apoyo á los remos cuando están armados.

**SCALOINE**, f. *scaluán*. Especie de calabaza para llevar vino.

**SCALPEL**, m. *scalpél*. Cir. Escalpelo, instrumento propio para hacer disecciones.

**SCALPER**, a. *scalpé*. Arrancar la piel del cráneo, como hacen los salvajes con sus enemigos vencidos.

**SCAMMONÉE**, f. *scamoné*. Escamonea, planta resinosa originaria de Oriente. || Escamonea, especie de goma que se extrae de la planta y purgante del mismo nombre.

**SCANDALE**, m. *scandál*. Escándalo, ocasion que se da para que otro cometa un pecado. || Escándalo, mal ejemplo, palabra, accion escandalosa. || Escándalo, indignacion que se experimenta por las acciones ó palabras de mal ejemplo. || Escándalo, ruido, murmuracion que ocasiona una accion vergonzosa. || met. *Pierre de scandale*, piedra de escándalo, ocasion, motivo, causa del pecado.

**SCANDALEUSEMENT**, adv. *scandaleusmán*. Escandalosamente, con escándalo.

**SCANDALEUX, EUSE**, adj. *scandaleu, eus*. Escandaloso, que causa escándalo.

**SCANDALISER**, a. *scandalisé*. Escandalizar, causar escándalo. || *Se scandaliser*, r. Escandalizarse, ofenderse, indignarse á la vista de un escándalo.

**SCANDERBEC**, m. *scandbéc*. Especie de ostra que calienta la boca al comerla.

**SCANDER**, a. *scandé*. Escandir, medir un verso cuyas sílabas son largas y breves, como sucede con los griegos y latinos. || Escandir, medir cualquier clase de verso, contar las sílabas de que se compone.

**SCANDINAVE**, adj. y s. *scandináv*. Escandinavo, de la Escandinavia, pueblo antiguo que se extendió por la Suecia, la Noruega y Dinamarca. || m. Escandinavo, la lengua que hablaban los Escandinavos.

**SCAPHANDRE**, m. *scafándr*. Especie de corsé guarnecido de corcho para sostenerse encima del agua.

**SCAPHE**, f. *scáf*. Esquife, especie de bote que llevan algunas embarcaciones.

**SCAPHÉ**, m. *scafé*. Astr. Gnómon pequeño que sirve para observar el sol.

**SCAPIN**, m. *scapén*. Nombre de cierto personaje del teatro italiano. || met. Intrigante, ratero.

**SCAPULAIRE**, m. *scapulér*. Escapulario, distintivo que llevaban los religiosos de varias órdenes sobre sus hábitos en forma de casulla. || Escapulario, el que llevan muchas personas por devocion á la Virgen. || Cir. Escapulario, especie de apósito ó vendaje.

**SCARABÉE**, m. *scarabé*. Zool. Escarabajo, género de insectos coleópteros.

**SCARABÉIDE**, adj. *scarabeíd*. Escarabéido, parecido á un escarabajo.

**SCARAMOUCHE**, m. *scaramúche*. Especie de bufon ó vejete del antiguo teatro italiano.

**SCARDASSES**, f. pl. *scardás*. Gruesas cardas que se usan en las fábricas de paño.

**SCARE**, m. *scár*. Zool. Escaro, especie de pescado de mar.

**SCARIFICATEUR**, m. *scarificateur*. Cir. Escarificador, instrumento quirúrgico para las escarificaciones.

**SCARIFICATION**, f. *scarificasión*. Cir. Escarificacion, incision operada en la piel.

**SCARIFIER**, a. *scarifié*. Cir. Escarificar, escarizar, hacer incisiones con un instrumento punzante ó cortante.

**SCARLATINE**, f. *scarlatín*. Med. Escarlatina, enfermedad contagiosa que ataca á los niños. || Tambien se usa como adjetivo: *fièvre scarlatine*.

**SCASON Ó SCAZON**, m. *scasón*. Escazon, verso latino cuyo quinto pié es yambo y el sexto espondeo.

**SCEAU**, m. *só*. Sello que se pone despachos ó documentos para que sean auténticos. || *Sceau de Salomon*, sello de Salomon ó grama nudosa, planta. || *Sceau de Notre-Dame*, raiz virgen, poliganato, nueza negra, especie de planta. || *Sceau des sceaux*, sello hermético. || *Garde des sceaux*, guardasellos, el que tiene la dignidad y empleo de canciller en Francia. || met. *Mettre le sceau à une chose*, echar el sello á una cosa: completarla, concluirla, ponerle fin. || *S'opposer au sceau*, nó permitir que un documento lleve el sello.

**SCEL**, m. *sél*. V. SCEAU. Solo se usaba en términos de cancillería: *sous le scel du Châtelet de Paris, le scel secret du roi, etc.*

**SCÉLALGIE**, f. *selalgí*. Med. Escelalgia, dolor en el muslo.

**SCÉLÉRAT, E**, adj. *seleré*. Malvado, desalmado, perverso, facineroso, vil, infame, que ha cometido ó es capaz de cometer grandes crímenes. || Pérfido, atroz, infame, execrable, detestable, hablando de cosas ó acciones. Se usa tambien como sustantivo, aplicándose á las personas.

**SCÉLÉRATESSE**, f. *seleratés*. Maldad, atrocidad, perfidia, infamia.

**SCÉLÉRATISME**, m. *seleratism*. Desalmamiento, mala índole, mala prosapia, inclinacion pérfida. Es la maldad reducida á sistema.

**SCÉLÉTOGRAPHE**, m. *seletográf*. Didáct. Esqueletógrafo, el que escribe acerca del esqueleto.

**SCÉLÉTOGRAPHIE**, f. *seletografí*. Esqueletografía, descripcion del esqueleto.

**SCÉLITE**, f. *selít*. Escelita, piedra figurada que representa la pierna de una persona.

**SCELLAGE**, m. *seláge*. Marcadura, accion de marcar los cristales ó espejos.

**SCELLÉ**, m. *selé*. Sello, marca que se pone en virtud de providencia judicial en una puerta ú objeto cualquiera por via de embargo ó secuestro. || *Bris de scellé*, violacion ó ruptura de un sello judicial. || *Levée du scellé*, desembargo.

**SCELLEMENT**, m. *selmán*. Alb. Accion de recibir en la pared y asegurar con yeso un madero ó un hierro con plomo.

**SCELLER**, a. *selé*. Sellar, poner el sello en algun despacho, cédula, documento, etc. || Sellar, aplicar un sello ó marca á una puerta, escribanía, baul, etc., en virtud de mandato judicial como por via de embargo. || Sellar, cerrar con sello una carta ó pliego. || Alb. Asegurar, recibir la punta de una barra de hierro, de una viga, etc., fijándola con plomo, yeso, cal ó argamasa. || *Sceller une bouteille*, sellar una botella, ponerle el tapon y lacre. || *Sceller hermétiquement*, tapar herméticamente. || met. Poner el sello, confirmar, afianzar, corroborar un tratado.

**SCELLEUR**, m. *seleur*. Sellador, el que sella, el que pone el sello á una órden ó providencia.

**SCÈNE**, f. *sén*. Escena, tablado, parte de un teatro donde aparecen los actores para representar. || Escena, decoracion de un teatro. || Escena, el lugar donde se supone ó finge que sucedió el caso que se representa; v. gr. *la scène est à Rome, dans un jardin, etc.* || Escena, una de las divisiones de un poema dramático, que comprende el tiempo que están en el tablado unas mismas personas. || Escena, arte dramático. || met. Escena, accion, ocurrencia, lance, incidente que interesa, que llama la atencion. || met. *Faire une scène à quelqu'un*, atacar á alguno violentamente con palabras desmedidas.

**SCÉNIQUE**, adj. *senic*. Escénico, teatral que se refiere á la escena, al teatro.

**SCÉNITE**, m. y f. *senít*. Escenita, el que vive en tiendas ó barracas portátiles, como los Árabes, etc.

**SCÉNOGRAPHE**, m. *senográf*. Escenógrafo, el que se dedica á la escenografía.

**SCÉNOGRAPHIE**, f. *senografí*. Escenografía, arte de presentar los objetos en perspectiva, con particularidad hablando de los parajes y edificios. || Escenografía, arte de pintar decoraciones de teatro.

**SCÉNOGRAPHIQUE**, adj. *senografic*. Escenográfico, que pertenece ó se refiere á la escenografía.

**SCÉNOGRAPHIQUEMENT**, adv. *senograficmán*. Escenográficamente, segun las reglas de la escenografía.

**SCÉNOPÉGIE**, f. *senopegí*. Escenopegia, nombre que daban los Griegos á la fiesta de los tabernáculos entre los Judíos.

**SCEPTICISME**, m. *septisism*. Escepticismo, doctrina de los escépticos. || Escepticismo, duda, incredulidad por sistema.

**SCEPTIQUE**, adj. *septic*. Escéptico, se dice de los miembros de una secta de filósofos que establecia por principio que nada hay cierto. || Escéptico, que pertenece á esta secta. || Escéptico, que duda de todo cuanto no se lo presenta de una manera clara, evidente, positiva. || Se usa tambien como sust., hablando de las personas.

**SCEPTRE**, m. *séptr*. Cetro, insignia de la dignidad real. || met. Cetro, soberanía, poder real. *Un sceptre de fer*, un cetro de hierro, una autoridad dura y despótica.

**SCHABRAQUE**, f. *chabrác*. Chabras, especie de manta ó cubierta de piel que se pone sobre la silla de montar.

**SCHAH**, m. *chá*. Schah, título que se da en Europa al soberano de Persia.

**SCHAKO** ó **SHAKO**, m. *chacó*. Especie de morrion militar.

**SCHALL**, m. V. CHALE.

**SCHAPSKA**, m. *chapscá*. Chascas, especie de morrion que llevan los lanceros.

**SCHÉDULE**, m. *chedúl*. Cédula, cedulilla, billete pequeño.

**SCHELLING** ó **SCHILLING**, m. *chelén*, (e muda), *chilén*. Chelin, moneda inglesa cuyo valor equivale á unos 4 reales 18 mrs.

**SCHÉMATISER**, a. *squematisé*. Fil. Esquematizar, considerar los objetos como puramente ideales, abstractos.

**SCHÉMATISME**, m. *squematism*. Esquematismo, acto que resulta de la aplicacion de las formas del entendimiento puro á las de la sensibilidad pura. || Mat. Esquematismo, láminas en que se representan varias figuras para darles una solucion.

**SCHÈME** ó **SCHÉMA**, m. *squém*, *squéma*. Geom. ant. Era lo mismo que *figure*, *plan*. || Esquema, cosa que existe en el entendimiento, independientemente de la materia. || Astr. Esquema, representacion de los planetas, hallándose cada uno en su punto en un instante determinado.

**SCHÈNE**, m. *squén*. Esqueno, medida itineraria de los antiguos, especialmente de los Egipcios, equivalente á unas tres mil toesas.

**SCHÉNOBATE**, m. *squenobát*. Antig. gr. Titiritero, el que bailaba en la maroma.

**SCHÉNOBATÉE**, f. neol. *squenobaté*. Esquenobates, arte de bailar en la maroma.

**SCHIGRE**, m. *squígr*. Especie de queso que se hace en Suiza y en los Vosges de Francia.

**SCHISMATIQUE**, adj. y s. *chismatic*. Cismático, el que se aparta de su legítima cabeza.

**SCHISMATISER**, a. y n. *chismatisé*. Cismatizar, introducir un cisma; volver cismático.

**SCHISME**, m. *chism*. Cisma, separacion de algunas iglesias ó de un cierto número de individuos de la comunion ó sociedad á que pertenecian, para formar cuerpo aparte. || Por analogía, cisma, division, desavenencia, discordia entre los individuos que componen una sociedad moral, política, etc.

**SCHISTE**, m. *chíst*. Miner. Esquisto, nombre de las piedras que pueden dividirse en láminas ó planchuelas, como sucede con la pizarra y otras.

**SCHISTEUX**, **EUSE**, adj. *chisteu*, *eus*. Esquistoso, que es de la naturaleza del esquisto.

**SCHLICH**, m. *chlic*. Eslique, mineral machacado, lavado y preparado para la fusion.

**SCHOLAIRE**, adj. V. SCOLAIRE y sus derivados.

**SCHORL**, m. *scórl*. Miner. Chorlo sus-tancia petrosa que algunas veces se presenta en forma metálica.

**SCIAGE**, m. *siáge*. Serramiento, aserradura, accion de serrar ó aserrar la madera, la piedra, etc.; el trabajo ú obra del aserrador. || *Bois de sciage*, madera aserradiza.

**SCIAGRAPHE**, m. *siagráf*. Esciágrafo, el que se dedica al estudio de la esciagrafía.

**SCIAGRAPHIE**, f. *siagrafí*. Esciagrafía, arte de encontrar la hora por el exámen de la sombra que producen los astros. || Arq. Esciagrafía, delineacion, representacion del interior ó del corte de un edificio. || Tanteo de una figura.

**SCIAGRAPHIQUE**, adj. *siagrafic*. Esciagráfico, que pertenece á la esciagrafía.

**SCIAMACHIE**, f. *siamachí*. Esciamaquia, ejercicio de armas, combate figurado contra la sombra de sí mismo.

**SCIAMANCIE**, f. *siamansí*. Esciamancia, adivinacion por medio de la evocacion de las sombras.

**SCIAMANCIEN**, **NE**, adj. y s. *siamansien*, *én*. Esciamántico, que ejerce la esciamancia; que concierne á la esciamancia.

**SCIATÈRE**, f. *siatér*. Esciatera, aguja que marca ó señala el meridiano con su sombra.

**SCIATÉRIQUE**, adj. *siateric*. Esciatérico, que por medio de la sombra señala la hora.

**SCIATIQUE**, f. *siatic*. Med. Isquiático ó ciático, ó ciática, dolor in[illegible]so que se fija sobre la cadera. || ad[illegible] anat. Isquiático ó ciático, que corresponde al hueso isquion ó á la cadera.

**SCIE**, f. *sí*. Sierra, instrumento para aserrar. || Recura, sierra de que usan los peineros. || *Monture de scie*, ballesta, cepo de sierra. || *Trait de scie*, corte de la sierra, cada pedazo que queda separado del cuerpo principal de un madero, piedra, etc. || Pristo, nombre de cierto pez marino.

**SCIEMMENT**, adv. *siamán*. A sabiendas, con conocimiento.

**SCIENCE**, f. *siáns*. Ciencia, en general conocimiento que se tiene de una cosa. || Ciencia, conocimiento fundado en principios. || Ciencia, conocimiento de ciertas cosas que sirven al hombre para su direccion y la de sus negocios.

**SCIENTIFIQUE**, adj. *siantific*. Científico, que concierne á la ciencia.

**SCIENTIFIQUEMENT**, adv. *siantificmán*. Científicamente, de un modo científico.

**SCIER**, a. *sié*. Serrar, aserrar, cortar ó dividir con una sierra. || Segar, cortar las mieses con una hoz. || Mar. Ciar, remar hácia atrás.

**SCIERIE**, f. *sierí* (e muda). Máquina de serrar; taller ó lugar donde se sierra.

**SCIEUR**, m. *sieur*. Serrador, aserrador, el que hace profesion de serrar. || Segador, el que siega las mieses. || *Scieur de long*, serrador de largo, chiquichaque, el que sierra vigas gruesas.

**SCILLE**, f. *síl*. Bot. Escila ó cebolla albarrana, género de plantas bulbosas.

**SCILLITINE**, f. *silitín*. Quim. Escilitina, principio amargo y viscoso que se encuentra en la escila.

**SCILLITIQUE**, adj. *silitic*. Escilítico, que está hecho ó mezclado con la escila.

**SCILLOTE**, m. *silót*. Cubo ó vasija con que se saca agua en las salinas.

**SCINDER**, a. *sendé*. met. Escindir, dividir, cortar. Casi no se usa mas que en sentido figurado; v. gr. *scinder une question*.

**SCINQUE**, m. *sénc*. Zool. Escinco ó estinco, especie de lagarto que se cria en Levante, y está cubierto de escamas relucientes.

**SCINTHARISME**, m. *sentarism*. Juego de capirote (*jeu de chiquenaudes sur le nez*), en el que se dan narigazos mutuamente los jugadores.

**SCINTILLANT**, **E**, adj. *sentilián*. Centellante, que centellea.

**SCINTILLATION**, f. *sentilasión*. Astr. Centelleo ó brillo de los astros.

**SCINTILLE**, f. *sentil*. Chispita, chispa pequeña.

**SCINTILLER**, n. [illegible] brillar las estrellas.

**SCIOGRAPHE**, m. V. [illegible]

**SCIOGRAPHIE**, f. V. [illegible]

**SCIOMANCIE**, f. [illegible] s. V. SCIAMANCIE y [illegible]

**SCION**, m. *sión*. [illegible] tierno y flexible que [illegible] busto.

**SCIONNEUX**, **EUSE**, adj. [illegible] Verdugoso, que tiene [illegible] ó pimpollos.

**SCIOPTÉRIQUE**, m. [illegible] rico, reloj solar horizontal.

**SCIOTE**, f. *siót*. Serrucho, [illegible]

**SCISSILE**, adj. *sisíl*. [illegible] de partirse ó cortarse.

**SCISSION**, f. *sisión*. [illegible] do de las voluntades, division [illegible] en un partido, etc.

**SCISSIONNAIRE**, adj. y s. [illegible] cisionario, el que hace escision [illegible] bles, cada uno de los [illegible] una division.

**SCISSURE**, f. *sisúr*. [illegible] las rocas, venas [illegible] dice de ciertas hendiduras [illegible] en los huesos y en diversas [illegible]

**SCITIE**, f. *sití*. Mar. [illegible] de vela latina.

**SCIURE**, f. *siúr*. Serrin, [illegible] madera hecha polvo que cae [illegible] madero.

**SCLÉRIASE**, f. ó **SCLÉRIASIE** [illegible] *ríás*, *scleriásis*. Med. [illegible] miento del borde de los párpados.

**SCLÉROPHTHALMIE**, f. [illegible] Med. Esclerofalmia, oftalmia [illegible] con rubicundez, dureza, dolor [illegible] de mover el globo del ojo.

**SCLÉROPHTHALMIQUE**, [illegible] *talmic*. Esclerofálmico, que [illegible] esclerofalmia.

**SCLÉROSARCOME**, m. [illegible] Med. Esclerosarcoma, [illegible] en las encías.

**SCLÉROTIQUE**, f. *scleroti*[illegible] rótica, membrana que envuelve [illegible] bo del ojo.

**SCLÉROTITE**, f. *sclerotít*. [illegible] titis, inflamacion de la [illegible] tica.

**SCOLAIRE**, adj. *scolér*. [illegible] tico, que tiene relacion con la [illegible] pertenece á la escuela.

**SCOLARITÉ**, f. *scolarité*. [illegible] tenian los cursantes de la [illegible] ris de reclamar los privilegios [illegible] respondian. || *Droit de* [illegible] universidad. || *Lettres de* [illegible] cion de matrícula de los [illegible] universidad.

**SCOLASTIQUE**, adj. [illegible] tico, que pertenece á la [illegible] TIQUE, f. La teología [illegible] lástico, el que trata, que [illegible] teología escolástica.

**SCOLASTIQUEMENT**, adv. [illegible] mán. Escolásticamente, de [illegible] lástico.

**SCOLÉCOLOGIE**, f. [illegible] Escolecologia, tratado sobre [illegible]

**SCOLIASTE**, m. *scoliást*. [illegible] coliador, el que hace escolios [illegible]

**SCOLIE**, f. *scolí*. Filol. [illegible] cion, nota de gramática ó [illegible] pone para inteligencia ó [illegible] gun autor clásico, particularmente [illegible] obras griegas. || Geom. [illegible] vacion que se refiere á una [illegible] rior.

**SCOLOPENDRE**, f. [illegible] colopendra ó lengua de [illegible] capilaria, planta que crece [illegible] los parajes húmedos. || [illegible] cientopiés, género de [illegible] dra, pescado de mar.

**SCOMBÉROÏDES**, m. [illegible] Escomberóides, género de [illegible] cos.

**SCOMBRE**, m. *scómbr*. [illegible] género de pescados [illegible]

**SCOPÉLISER**, a. *scopelisé.* Esterilizar una tierra cubriéndola de piedras.

**SCOPÉLISME**, m. *scopelism.* Accion de cubrir un campo de piedras á fin de hacerlo estéril.

**SCOPETIN**, m. *scopetén.* Tirador á caballo armado de un trabuco.

**SCOPETTE**, f. *scopét.* Especie de trabuco ó bocacha que tenia la forma de un arcabuz.

**SCORBUT**, m. *scorbú.* Med. Escorbuto, enfermedad en que se corrompe la masa de la sangre.

**SCORBUTIQUE**, adj. *scorbutíc.* Escorbútico, que tiene la naturaleza del escorbuto. || sust. Med. Escorbútico, el que padece de escorbuto.

**SCORDIUM**, m. *scordióm.* Bot. Escordio, especie de planta.

**SCORIE**, f. *scorí.* Escoria, la hez de los metales, una sustancia terrosa que se vitrifica en la superficie de estos cuando están en fusion.

**SCORIFICATION**, f. *scorificasión.* Escorificacion, accion y efecto de escorificar.

**SCORIFICATOIRE**, m. *scorificatuár.* Escorificador, especie de cazo que sirve para sacar la escoria que se forma en los metales cuando se funden.

**SCORIFIER**, a. *scorifié.* Escorificar, purificar un metal de la escoria que la fusion ha producido en él.

**SCORPÈNE**, f. *scorpén.* Zool. Escorpeno, género de pescados.

**SCORPIOÏDE**, f. *scorpioid.* Bot. Escorpióides, género de plantas leguminosas.

**SCORPIOJELLE**, f. *scorpiojél.* Aceite de alacranes.

**SCORPION**, m. *scorpión.* Zool. Alacran, género de insectos venenosos. || *Huile de scorpion*, aceite de alacranes. || Astr. Escorpion, signo del zodíaco que se encuentra entre Libra y Sagitario. || Máquina militar de los antiguos. || Zool. Escorpion, género de insectos arácnidos; especie de tortuga; género de pescados.

**SCORSONÈRE**, f. *scorsonér.* Bot. Escorzonera, género de plantas leguminosas, cuya raiz es comestible.

**SCOTIE**, f. *scotí.* Arq. Moldura cóncava que generalmente forma parte con un órden de columnas.

**SCOTISME**, m. *scotism.* Escotismo, secta filosófica fundada en el siglo IX por Juan Scott, que combatia el misterio de la transustanciacion.

**SCOTISTE**, m. *scotist.* Escotista, sectario ó discípulo de Juan Scott.

**SCOTODINIE** ó **SCOTOMIE**, f. *scotodiní, scotomí.* Med. Escotodinia, vértigo, turbacion de la vista.

**SCOUE**, f. *scú.* Mar. Escoa, codillo que forman los planes y varengas cuando el buque tiene poca astilla muerta.

**SCOUFFIN**, m. *scufén.* Especie de serijo ó esporton en que se echa el orujo de aceitunas.

**SCRIBE**, m. *scrib.* Escriba, nombre que daban los Judíos á los doctores que enseñaban la ley de Moises. || Copista, escribiente, amanuense.

**SCRIBOMANE**, adj. y s. *scribomán.* Escribómano, el que tiene la manía de escribir.

**SCRIBOMANIE**, f. *scribomaní.* Escribomanía, manía de escribir.

**SCRIPTEUR**, m. *scriptcur.* El amanuense que escribe las bulas en la chancillería romana.

**SCROBICULE**, m. *scrobicúl.* Anat. Orificio izquierdo ó cardias, que vulgarmente se llama boca del estómago.

**SCROFULAIRE**, f. *scrofulér.* Bot. Escrofularia, planta de la familia de las personadas.

**SCROFULES**, f. pl. *scrofúl.* Med. Escrófulas, lamparones, enfermedad llamada vulgarmente en frances *écrouelles*, *humeurs froides*.

**SCROFULEUX, EUSE**, adj. *scrofuleu, eus.* Escrofuloso, que causa escrófulas ó acompaña á esta enfermedad. || s. y adj. Escrofuloso, que padece de escrófulas.

**SCROTAL, E**, adj. *scrotál.* Anat. Escrotal, que concierne al escroto.

**SCROTOCÈLE**, f. *scrotosél.* Med. Escrotocele, hernia completa que desciende hasta el escroto.

**SCROTUM**, m. *scrótom.* Anat. Escroto, especie de bolsa comun á los dos testículos.

**SCRUPULE**, m. *scrupúl.* Metrol. Escrúpulo, peso de 24 granos ó sea la tercera parte de un dracma. || Astr. Escrúpulo, ínfima parte de un minuto. || Escrúpulo, inquietud de la conciencia. || Escrupulosidad, exactitud excesiva en el cumplimiento de sus obligaciones. || Escrupulosidad, suma delicadeza respecto á la conducta ó costumbres. || Escrúpulo, duda, dificultad, especie de sombra que queda en el entendimiento, cuando no se ha comprendido una cosa perfectamente.

**SCRUPULEUSEMENT**, adv. *scrupuleusmán.* Escrupulosamente, de una manera escrupulosa, con escrupulosidad.

**SCRUPULEUX, EUSE**, adj. *scrupuleu, eus.* Escrupuloso, que está sujeto á tener escrúpulos. || Escrupuloso, que es delicado en sus procedimientos. || Exacto, minucioso. || Se usa tambien como sustantivo.

**SCRUTATEUR, TRICE**, m. y f. *scrutateur, tris.* Escudriñador, escrutiñador, el ó la que escudriña. || Escrutador, el que está encargado de hacer algun escrutinio ó exámen, ó que en una asamblea en que se hacen las elecciones por votos secretos, está designado para tomar parte en la formacion del escrutinio. || adj. Escudriñador, que escudriña, que sondea: *esprits scrutateurs, des regards scrutateurs.*

**SCRUTER**, a. *scruté.* Escudriñar, sondear, examinar á fondo.

**SCRUTIN**, m. *scrutén.* Escrutinio, eleccion, admision, deliberacion por votos secretos. || Escrutinio, modo de examinar los votos que se han depositado en la urna por los miembros de una asamblea legislativa. || Escrutinio, el billete en que se ha escrito el voto. || Altramuz, cajita en que se recogen los votos en el escrutinio.

**SCRUTINER**, a. irón. *scrutiné.* Escudriñar, indagar, averiguar.

**SCUBAC**, m. *scubác.* Usquebac, licor espirituoso que tiene por base el azafran.

**SCULPTABLE**, adj. *scultábl.* Esculpible, que puede esculpirse.

**SCULPTER**, a. *sculté.* Esculpir, hacer con la tijera ó cincel una estatua ó figura de piedra, de madera, de metal, etc.

**SCULPTEUR**, m. *scultcur.* Escultor, el que esculpe, que trabaja de escultura.

**SCULPTURE**, f. *scultúr.* Escultura, arte de esculpir, de hacer estatuas. || Escultura, la obra hecha por un escultor.

**SCURRILE**, adj. *scuríl.* Bajo, indecente.

**SCURRILEMENT**, adv. *scurilmán.* Bajamente, indecentemente.

**SCURRILITÉ**, f. *scurilité.* Truhanería, chocarrería, bufonada, chuscada baja y de mal gusto.

**SCUTE**, f. *scút.* Mar. Esquife ó bote chico, especie de chinchorro.

**SCYLLA**, m. *scila.* Escila, peñasco ó escollo famoso situado en el golfo de Mesina, enfrente de otro escollo llamado Caribdis.

**SCYTALE**, m. *sitál.* Escitalo-lacónico, género de cifra que usaban los Lacedemonios para escribirse cartas misteriosas.

**SCYTHE**, adj. y s. *sít.* Geog. ant. Escita, de la Escitia.

**SCYTHIQUE**, adj. *sitíc.* Escítico, que pertenece á los Escitas ó á la Escitia.

**SCYTHISME**, m. *sitism.* Escitismo, religion de los Escitas.

**SE**, pron. pers. de la 3ª. persona. *se* (emuda). Se. En frances precede al verbo, sirviendole de régimen directo ó indirecto; pero en castellano se escribe despues de él, formando á veces una sola palabra, como en *se retracter*, retractarse ó desdecirse, *s'embarrasser*, embarazarse, etc.

**SÉANCE**, f. *seáns.* Asiento, derecho de ocupar un lugar en una sesion ó junta. *Prendre séance*, tomar asiento [illegible]. || Sesion, junta, tiempo durante el cual está reunido un tribunal, consejo, etc. || Sesion, tiempo que dura una cosa, una partida de juego, etc. || Asentado, rato, tiempo que emplea un pintor en trabajar de una vez cuando hace el retrato de una persona: *faire un portrait en trois séances.* || *Séance tenante*, acto continuo. || *Cette assemblée tient sa séance ó ses séances à tel endroit*, esta asamblea tiene sus sesiones en tal parte.

**SÉANT, E**, adj. *seán.* Que está en junta, en sesion, que tiene sus sesiones, hablando de un tribunal, congreso, etc. || *Le roi séant en son lit de justice*, el rey sentado en su solio (que era cuando presidia ó asistia al parlamento). || Decente, conveniente. *Il n'est pas séant à un homme de son âge de faire telle chose*, no está decente, no está bien, no parece bien, no sienta bien á un hombre, etc. || **SÉANT**, m. Situacion, postura, estado de una persona sentada ó incorporada en la cama. *Il était sur son séant*, estaba sentado ó incorporado sobre la cama. Tambien se dice *se mettre sur son séant*, *se tenir sur son séant*, *être assis sur son séant.*

**SEAU**, m. *só.* Cubo, vasija hecha ordinariamente de madera que sirve para sacar agua de un pozo. || Cubo, cántaro, orza, cubeto, vasija para contener, traer ó llevar agua. || met. y fam. *Il pleut à seaux*, llueve á cántaros, esto es, llueve mucho.

**SEAUNERON**, m. *sonrón.* Med. Mal de piés que sobreviene á los trabajadores en las salinas. V. SAUNIER.

**SÉBACÉ, ÉE**, adj. *sebasé.* Sebáceo, que se parece ó tiene analogía con el sebo. || Anat. Sebáceo, se dice de ciertas glándulas que filtran un humor semejante al sebo.

**SÉBACIDE**, m. *sebasíd.* Quim. Sebácico, ácido que se extrae de la grasa de los animales.

**SÉBACIQUE**, adj. *sebasíc.* Quim. Sebácico, se dice de un ácido que se ha extraido del sebo ó grasa de algun animal.

**SÉBATE**, m. *sebát.* Quim. Sebato, sal formada por la combinacion del ácido sebácico con ciertas bases.

**SÉBESTE**, m. *sebést.* Bot. Sebesta, fruta del sebesto (*sebestier*), parecida á la endrina.

**SÉBESTIER**, m. *sebestié.* Bot. Sebesto, árbol frutal parecido al endrino.

**SÉBIFÈRE**, adj. *sebifér.* Sebífero, que lleva ó contiene sebo.

**SÉBILE**, f. *sebíl.* Arteson, gamella, grande vasija de madera de forma semicsférica. || Hortera grande en forma de artesón.

**SEC, SÈCHE**, adj. *séc, séch.* Seco, árido, que carece de humedad, de jugo. || Seco, enjuto de carnes. || met. Seco, árido, que no ofrece materia á la imaginacion. || Duro, frio, poco sensible. || Brusco, rudo, áspero, duro, que no tiene afabilidad en el trato. || Tambien se aplica á las cosas: *réponse sèche.* || *Confitures sèches*, confituras secas, que carecen de almíbar. || *Passer la rivière à pied sec*, pasar el rio á pié enjuto, sin mojarse. || *Vin sec*, vino seco, que no es licoroso ó dulce. || *Œil sec*, ojo enjuto, que no está bañado en lágrimas. || *Du pain sec*, pan seco, que se come solo, sin otro alimento. || *Messe sèche*, misa en que no se consagra. || met. *Un coup sec*, un golpe seco, repentino, dado con presteza. || *Argent sec*, dinero contante. || *Ce poëte est sec*, este poeta es árido, carece de gracia, de dulzura. || *Mine sèche*, cara séria, agria. || **SEC**, m. Sequedad, falta de humedad. *Le sec et l'humide*, lo seco y lo húmedo. || Forraje seco, heno. || prov. y met. *Employer le vert et le sec*, no dejar piedra por mover: emplear todos los medios posibles para salir con una empresa. || met. y fam. *Être à sec*, *se trouver à sec*, estar arrinado, tronado, no tener bienes ni dinero. || Mar. *Aller à sec*, ir á palo seco, sin velas. || **SEC**, adv. Secamente, ásperamente. *Parler sec*, hablar con sequedad. || *A sec*, en seco, sin agua: *la citerne est à sec.* || fam. *Tout sec*, secamente, únicamente, solamente, absolutamente: *il lui répondit cela tout sec.*

**SÉCABLE**, adj. *secábl.* Divisible, que puede dividirse.

**SÉCANT, E**, adj. *secán.* Geom. Secante.

que corta ó divide. || SÉCANTE, f. Secante, línea que corta á otra ó la divide en dos partes.

SÉCESSION, f. sesesión. Didáct. Secesion (ant.), apartamiento, separacion, retiro, retirada.

SÉCHAGE, m. sechâge. Enjugamiento, accion de enjugar ó secar alguna cosa.

SÉCHARIE, f. secharí. Se llama así en las salinas la mujer que pone á secar la sal en tortas, panes ó témpanos.

SÈCHE ó SEICHE, f. séche Zool. Jibia, pescado de mar. || Os de sèche, jibion, la concha de la jibia.

SÉCHÉE, f. seché. Accion de secar ó enjugar alguna cosa; tiempo que dura esta accion. Se dice mejor séchage.

SÈCHEMENT, adv. sechemán. Secamente, de una manera seca, en lugar seco. || met. Secamente, con sequedad, con frialdad, sin afabilidad.

SÉCHER, a. seché. Secar, enjugar. || n. Secarse, enjugarse lo húmedo ó mojado. || Secarse, ponerse seco: dícese de los árboles y plantas. || met. Secarse, ponerse seco ó flaco un animal. || met. Consumirse, carcomerse de tristeza, de dolor, de envidia, etc. || Sécher sur pied, consumirse de tristeza, de fastidio.

SÉCHERESSE, f. secheréz. Sequedad, falta de humedad, como de la tierra, del aire, de la lengua. || Sequía, sequedad del tiempo, de la estacion por falta de lluvias. || met. Aridez, esterilidad de un asunto, de un discurso. || Sequedad, modo de hablar ó responder con crudeza, con frialdad. || Aridez, sequedad, falta de fervor, estado del alma que no encuentra consuelo en la práctica de los ejercicios de piedad.

SÉCHERIE, f. secherí. Tendedero, lugar en que se pone á secar alguna cosa, como la ropa.

SÉCHERON, m. secherón. Prado de secano.

SÉCHOIR, m. sechuár. Enjugador, tendedero, lugar en que se tienden las telas, los cueros, etc., para que se oreen. || Especie de camilla ó celosía de madera en que los perfumistas ponen á enjugar las pastillas y perfumes.

SECOND, E, adj. segón, dnd (e muda). Segundo, que se sigue inmediatamente al primero. || Quím. Eau seconde, agua fuerte de segunda. || Beauté sans seconde, beldad sin igual, sin par. || SECOND, m. Segundo piso de una casa. Il loge au second, vive en el piso segundo. || Padrino ó testigo en un desafío. || met. Segundo, ayudante, teniente, el auxiliar de un jefe; sapiente, el que reemplaza ó ayuda á otro en un empleo ó negocio. || En second, loc adv. Como lugarteniente, como segundo: commander en second. Colonel en second, teniente coronel. || On a sonné le second y mejor le second coup, han dado el segundo toque de misa, de vísperas, etc.

SECONDAIRE, adj. segondér (e muda). Secundario, accesorio, que no es lo primero ni lo principal en una materia.

SECONDAIREMENT, adv. segondermán (e muda). Secundariamente, de una manera secundaria.

SECONDE, f. segónd. Segundo, la sexagésima parte de un minuto. || Mús. Segundo, intervalo que se encuentra entre dos tonos, como de ut á re. || Segunda, en los colegios la clase que precede á la retórica; la reunion de los alumnos que la componen. || Impr. Segundas, prueba de un pliego corregido en primeras.

SECONDEMENT, adv. segondemán (e muda). En segundo lugar.

SECONDER, a. segondé (e muda). Secundar, ayudar, auxiliar en algun trabajo ó negocio. || Secundar, favorecer.

SECONDICIER, m. secondisié (e muda). El segundo en una iglesia.

SECONDINES, f. pl. secondín (e muda). Segundinas, parias ó placenta. V. PLACENTA.

SECOUER, a. secué (e muda). Sacudir, menear con fuerza alguna cosa. || Sacudir, quitar el polvo. || Secouer la tête, menear la cabeza en ademan de decir que no ó de burlarse. || met. Atormentar, agitar. Cette maladie l'a bien secoué, esta enfermedad le ha vareado ó estropeado; su enfermedad ha sido violenta, grave. || met. Secouer le joug, sacudir el yugo, librarse de la dominacion de alguno, hacerse libre é independiente. || Se secouer, r. Moverse, agitarse, sacudirse una persona con el fin de dejar caer alguna cosa que le incomoda. || met. y fam. Sacudirse, menearse, no dormirse en las pajas; esto es, darse prisa, etc.

SECOUEUR, EUSE, m. y f. secueur, eus (e muda). Sacudidor, el encargado de sacudir los paños en la fábrica.

SECOÛMENT ó SECOUEMENT, m. poco us. secumán (e muda). Sacudimiento, sacudida, accion de sacudir. || Meneo de cabeza.

SECOURABLE, adj. securábl (e muda). Caritativo, compasivo, benéfico, bienhechor. || Remediable, que se puede remediar. || Que puede socorrerse ó ser socorrido, hablando de una plaza sitiada; y en este caso se usa con negacion: cette place n'est plus secourable.

SECOURIR, a. securír (e muda). Socorrer, ayudar, asistir, dar auxilio. || Se secourir, r. Socorrerse, ayudarse los unos á los otros.

SECOURS, m. secúr (e muda). Socorro, ayuda, asistencia, auxilio en la necesidad. || Mil. Socorro, auxilio, refuerzo de tropas. || Anejo de una parroquia. || Au secours! favor! Au secours! on m'assassine! ayuda, favor, socorro, que me matan!

SECOUSSE, f. secús (e muda). Sacudida, agitacion, sacudimiento, bamboleo, estremecimiento, en lo físico y en lo moral. || Traqueo, hablando del movimiento de carruajes.

SECRET, ÈTE, adj. secré, ét (e muda). Secreto, oculto, escondido, que no es sabido mas que de un corto número de personas. || Callado, reservado, silencioso, que sabe guardar un secreto. || SECRET, m. Secreto, en todas las acepciones que tiene en español. || Le secret de la comédie, el secreto á voces. || En secret, loc. adv. En secreto, de secreto. || Mettre au secret, être au secret, incomunicar, estar incomunicado.

SECRÉTAGE, m. secretâge (e muda). Art. Preparacion que se hace con el pelo para formar el fieltro.

SECRÉTAIRE, m. secretér (e muda). Secretario, el que está encargado de escribir la correspondencia y demas de la persona de quien depende. || Escritorio, papelera, bufete, mueble que sirve para guardar papeles y escribir sobre él.

SECRÉTAIRERIE, f. secreterí (e muda). Secretaría, lugar en que se despachan los documentos, títulos, órdenes, etc., de un vireinato, embajada, etc.

SECRÉTARIAT, m. secretariá (e muda). Secretaría, empleo, funciones de un secretario; tiempo durante el cual ejerce este empleo; lugar de su despacho y los documentos ó archivo que tiene á su cargo.

SECRÈTE, f. secrét (e muda). Liturg. Secreta, oracion que dice el sacerdote en la misa despues del ofertorio.

SECRÈTEMENT, adv. secretmán (e muda). Secretamente, de una manera secreta.

SÉCRÉTER, a. secreté. Med. Secretar, hacer secreciones.

SÉCRÉTEUR, adj. m. V. SÉCRÉTOIRE.

SÉCRÉTION, f. secresión. Med. Secrecion, filtracion y separacion de los humores alimenticios, etc.

SÉCRÉTOIRE, adj. secretuár. Secretorio, que tiene por objeto facilitar la secrecion, hablando de ciertos vasos ó glándulas.

SECTAIRE, m. sectér. Sectario, el que sigue una secta ó doctrina herética.

SECTATEUR, m. sectateur. Sectario, secuaz, el que hace profesion de seguir las doctrinas de algun filósofo, heresiarca ó innovador.

SECTE, f. séct. Secta, escuela, partido que forman los que siguen la doctrina de algun filósofo célebre. || Secta, cuerpo de los que profesan una doctrina que la religion ha juzgado herética ó errónea.

SECTEUR, m. [illegible] parte del [illegible] dios y un arco. || [illegible] cuya extension [illegible]

SECTILE, adj. [illegible] que puede [illegible] dividirse. || [illegible] tas. || Oignons [illegible] cortadas en rajas [illegible]

SECTION, f. [illegible] subdivision de una [illegible] cuenta, etc. || Seccion, [illegible] una poblacion. || Seccion, [illegible] un tribunal, de un [illegible] cuarta de una [illegible] Fraccion, porcion de [illegible] partido. || Geom. Seccion, [illegible] guras y cuerpos [illegible]

SÉCULAIRE, adj. [illegible] se hace de siglo en siglo. || [illegible] ne cien años ó un siglo, [illegible] boles, de los edificios; [illegible] tenia lugar cada cien años [illegible] tas fiestas, [illegible] blicos que celebraban los [illegible]

SÉCULARISATION, f. [illegible] Secularizacion, accion de [illegible] religioso, un beneficio ó [illegible]

SÉCULARISER, a. [illegible] zar, hacer que pase al [illegible] ántes pertenecia al [illegible]

SÉCULARITÉ, f. [illegible] dad, estado ó condicion de [illegible]

SÉCULIER, ÈRE, adj. [illegible] cular, que vive en el siglo, [illegible] eclesiásticos que no son [illegible] ó seglar, laico, lego, [illegible] secular ni regular. Se usa [illegible] sustantivo en este último [illegible]

SÉCULIÈREMENT, adv. [illegible] Secularmente, á lo seglar, [illegible] usa poco.

SÉCURITÉ, f. securité. [illegible] fianza, tranquilidad de [illegible] de la conviccion mas ó [illegible] que no hay daño que temer.

SEDAN, m. sedán [illegible] que se fabrica en la [illegible] Francia.

SÉDANOIS, E, adj. y s. [illegible] danes, de Sedan.

SÉDANOISE, f. [illegible] de letra como el [illegible] sedanesa por haberse [illegible] en Sedan. Tiene [illegible]

SÉDATIF, IVE, adj. [illegible]

SÉDENTAIRE, adj. [illegible] rio, que está sentado [illegible] Por extension se dice [illegible] hace ejercicio, que [illegible] en casa. || Sedentario, [illegible] cia fija, que no [illegible]

SÉDENTAIREMENT, adv. [illegible] Sedentariamente, de un [illegible]

SÉDENTARITÉ, f. [illegible] tariedad, estado de una [illegible]

SÉDIMENT, m. [illegible] so, parte gruesa [illegible] el fondo de la vasija. [illegible] so ó asiento de los [illegible] cuerpo humano.

SÉDIOLE, f. sedióle. [illegible] carruaje italiano con un [illegible]

SÉDITIEUSEMENT, adv. [illegible] Sediciosamente, de una [illegible]

SÉDITIEUX, EUSE, [illegible] Sedicioso, revoltoso, [illegible] cion. || Sedicioso, [illegible] do á formar sediciones. [illegible] mo sustantivo.

SÉDITION, f. [illegible] vacion, tumulto, [illegible]

SÉDITIONNER, a. [illegible] insurreccionar, [illegible]

SÉDUCTEUR, TRICE, [illegible] trís. Seductor, [illegible] la inocencia ó las [illegible] palmente del que [illegible] Úsase tambien como [illegible] á seductivo: discours, [illegible] L'esprit séducteur, el [illegible] el diablo.

**SÉDUCTION**, f. *seducsión*. Seduccion, accion de seducir, de corromper la inocencia ó la virtud de una persona, de una doncella. || Seduccion, atractivo.

**SÉDUIRE**, a. *seduír*. Seducir, engañar, pervertir, inclinar al error, inducir al mal con artificios. || Seducir, corromper, hacer que una persona obre contra su deber. || Seducir, halagar, atraer, inclinar el ánimo, agradar, captarse la voluntad. || La inocencia se deja seducir; la debilidad da lugar al soborno; la virtud puede corromperse.

**SÉDUISANT**, E, adj. *seduisán*. Atractivo, halagüeño, persuasivo.

**SÉGÉTAL**, E, adj. *segetál*. Bot. Que crece en las tierras cultivadas, entre las mieses.

**SÉGETIÈRE**, f. *segetiér*. Pesc. Especie de red hecha al trasmallo.

**SEGMENT**, m. *segmán*. Geom. Segmento, parte de un círculo que se forma entre un arco y su cuerda.

**SÉGOVIE**, f. *segoví*. Lana segoviana, que se cria en la parte de Segovia.

**SÉGOVIEN**, NE, adj. y s. *segovién*, *én*. Segoviano, de Segovia.

**SÉGRAIRIE**, f. *segrerí*. Monte ó dehesa comunal.

**SÉGRAIS**, m. *segré*. Terzon, pedazo de monte separado de todo otro monte ó bosque.

**SÉGRAYER** ó **SÉGRÉYER**, m. *segreyé*. Señor de un coto en un monte comun.

**SÉGRÉGATION**, f. *segregasión*. Segregacion, separacion.

**SÉGRÉGATIVEMENT**, adv. *segregativemán*. Segregativamente, separadamente, con separacion.

**SÉGRÉGER**, a. *segregé*. Segregar, separar.

**SÉGRÉYAGE**, m. *segreyáge*. Derecho de segregacion en la corta de montes.

**SÉGUÉDILLE**, f. *seguedíll*. Seguidilla, especie de composicion ó cántico nacional en España.

**SEIDE**, m. *seíd*. Seide, personaje de la tragedia de Mahoma, por Voltaire. || Por exten., seide, sectario fanático. || Agente ciego de un partido ó de una pandilla.

**SEIDISME**, m. *seidism*. Seidismo, fanatismo de los seides. || Fanatismo de un hombre que sirve de agente ciego de un partido.

**SEIGLE**, m. *ségl*. Centeno, especie de trigo. || Espiga ó caña de centeno. || *Champ semé de seigle*, centenal ó centenar.

**SEIGNETTE**, f. *señet*. Quim. Tártaro de potasa y de sosa.

**SEIGNEUR**, m. *señeur*. Señor, dícese del dueño y poseedor de un Estado, feudo ó lugar. || *Le Seigneur*, el Señor, por excelencia y hablando absolutamente Dios, el Dueño soberano de todas las cosas. || For. *Seigneur direct*, el señor directo ó enfitéutico; *seigneur domanial*, el señor útil de una tierra ó feudo. || *Vivre en seigneur*, *en grand seigneur*, vivir á lo grande, á lo duque, á lo príncipe, esto es, magnificamente. || *Seigneur souverain*, príncipe soberano, ó simplemente soberano. || *Le Grand-Seigneur*, el Gran Señor, el Gran Turco, el sultan, el emperador de Turquía.

**SEIGNEURIAGE**, m. *señeuriáge*. Señoriaje, derecho que percibe un soberano sobre la fabricacion de la moneda.

**SEIGNEURIAL**, E, adj. *señeuriál*. Señorial, dominical, que pertenece al señor, que da derechos de señor. || *Terre seigneuriale*, tierra de señorío.

**SEIGNEURIALEMENT**, adv. *señeurialmán*. Señorialmente, como señor.

**SEIGNEURIE**, f. *señeurí*. Señorío, dominio, jurisdiccion sobre alguna tierra, castillo ó pueblo. || Señorío, Estado, feudo perteneciente á un señor. || Señoría, dícese del gobierno soberano de ciertas repúblicas, y tambien de su senado; como *la seigneurie de Venise*, *de Gênes*, que es la asamblea de personas que la gobiernan. || Señoría, título honorífico que se daba á los pares de Francia.

**SEIGNEURIER**, n. *señeurié*. Señorear, mandar con imperio.

**SEIGNEURIR**, n. V. DOMINER.

**SEILLE**, f. *séll*. Cubo, vasija de madera. V. SEAU.

**SEILLURE**, f. *sellúr*. Mar. Balde, especie de cubo para sacar del mar el agua necesaria para la limpieza del buque.

**SEIME**, f. *sém*. Vet. Cuarto, raja, hendedura ó abertura que se forma en el casco de las caballerías.

**SEIN**, m. *sén*. Seno, parte del cuerpo humano que forma la exterior del pecho. || Pechos, tetas ó mamas de las mujeres. || Seno, el vientre materno en la preñez. || Seno, regazo. || Seno, concavidad, hueco. || met. Seno, pecho, el interior del hombre. || *Le sein Persique*, el golfo Pérsico. || *Le sein d'Abraham*, el seno de Abraham, el lugar donde estaban los escogidos. || *Le sein de la gloire*, la corte celestial, mansion ó morada de los justos. || *Le sein de l'Eglise*, el seno ó gremio de la Iglesia, la comunion de los fieles. || *Le sein de la terre*, *de la mer*, las entrañas de la tierra, el fondo del mar.

**SEINCHE**, f. *sénche*. Especie de recinto que se forma con redes, con piedras y boyas. || Pesca que se recoge ó cae en el mismo recinto.

**SEINE**, f. *sén*. Buitron, especie de red que en términos técnicos se llama jábega ó barredera.

**SEINER**, a. *sené*. Pescar con la jábega ó barredera.

**SEING**, m. *sén*. Firma, el nombre de una persona escrito por ella misma al fin de una carta, recibo, certificacion, etc. || *Seing privé*, simple firma de un sugeto que no está legalizada competentemente. || *Blanc-seing*, firma en blanco.

**SEIZAIN**, m. *sesen*. Seiseno, especie de paño que tiene 1,600 hilos de urdimbre.

**SEIZAINE**, f. *sesén*. Lio de diez y seis aros de cubo; y en general, conjunto de diez y seis cosas. || Bramante grueso para empaquetar.

**SEIZE**, adj. *sés*. Diez y seis, número cardinal que se compone de una decena y seis unidades. || Se emplea por *seizième*. *Chapitre seize*, capítulo diez y seis. || m. El dia 16 del mes: *le seize janvier*. || *Un seize*, la décimasexta parte de la vara. || Impr. *Livre in-seize*, *format in-seize*, libro, tamaño en diez y seisavo.

**SEIZIÈME**, adj. *sesiém*. Décimosexto, que se sigue inmediatamente al décimoquinto. *Seizième siècle*, siglo décimosexto ó siglo diez y seis. || La décimasexta parte de un todo, dieciseiseno: *être pour un seizième dans une affaire*.

**SEIZIÈMEMENT**, adv. *sesiememán*. En décimosexto lugar.

**SÉJOUR**, m. *sejúr*. Mansion, parada, estancia, residencia, detencion que se hace en un lugar. || Alto, descanso, parada mas ó ménos larga que se hace interrumpiendo el curso de un viaje. || Mar. Estadía, tiempo que pasa fondeado en un puerto un buque. || Morada, mansion, casa, habitacion en que reside ó mora una persona. || Poét. *L'humide séjour*, el reino de Neptuno, la region de los tritones, el mar.

**SÉJOURNÉ**, ÉE, adj. *sejurné*. Reposado, descansado, que ha hecho descanso. || *Gras et séjourné*, repantigado, arrellanado en un canapé, banco, etc., reposando por haberse cansado.

**SÉJOURNER**, n. *sejurné*. Morar, vivir, residir, habitar mas ó ménos tiempo en un lugar cualquiera. || Descansar, hacer alto en alguna parte, cuando se está de viaje. || met. Estancarse, recogerse las aguas en algun paraje.

**SEL**, m. *sél*. Sal, sustancia dura, seca, friable y soluble en el agua, que sirve para el condimento y conservacion de los alimentos. || met. Sal, gracia, chiste que anima ó realza el mérito de un discurso, de un escrito. || Quím. Sal, toda sustancia formada por la combinacion de un ácido con una base. || *Sel volatil*, *sel fixe*, sal volátil, sal fija. || *Sel gemme*, sal gema ó mineral. || *Sel ammoniac*, sal amoniaca. || *Faux sel*, *sel de contrebande*, sal de contrabando. || *Ce jambon est de bon sel*, este jamon está en su punto de salazon. || *Manger une chose à la croque au sel*, comer algo crujiendo los granos de sal entre los dientes. || met. *Au gros sel*, sin preparacion, sin estudio.

**SÉLECTION**, f. *selecsión*. Seleccion (del verbo *seligere*), eleccion de una cosa entre varias.

**SÉLÉNIATE**, m. *seleniát*. Quím. Seleniato, sal que produce la combinacion del ácido selénico con una base.

**SÉLÉNIFIQUE**, adj. *selenific*. Quím. Selenífico, que produce la selenita.

**SÉLÉNIQUE**, adj. *selenic*. Selénico, que concierne á la luna ó á sus movimientos.

**SÉLÉNITE**, f. *selenit*. Quím. Selenita, sal producida por la combinacion de la tierra calcaria con el ácido vitriólico. || Miner. Espejuelo, especie de piedra preciosa que tenia la figura de la luna.

**SÉLÉNITEUX**, EUSE, adj. *seleniteu*, *eus*. Quím. Selenitoso, que tiene relacion con la selenita.

**SÉLÉNIUM**, m. *seléniom*. Quím. Selenio, especie de metal acidificable que se parece al arsénico.

**SÉLÉNIURE**, m. *seleniúr*. Quím. Seleniuro, combinacion del selenio con otro cuerpo simple.

**SÉLÉNOGRAPHE**, m. *selenográf*. Selenógrafo, el que entiende la selenografía.

**SÉLÉNOGRAPHIE**, f. *selenografí*. Selenografía, descripcion de la luna.

**SÉLÉNOGRAPHIQUE**, adj. *selenografic*. Selenográfico, que tiene relacion con la selenografía.

**SÉLÉNOSTATE**, m. *selenostát*. Selenostato, instrumento para observar la luna.

**SÉLIN**, m. *selén*. Bot. Especie de planta umbelífera, muy parecida al perejil.

**SELLE**, f. *sél*. Silla, mueble de los mas principales de una casa, que sirve para sentarse. En este sentido ya no se usa. || Escabelillo, banquillo de tres piés. || Sillico para hacer del cuerpo. || Evacuacion, curso, exoneracion del vientre. || *Aller à la selle*, ir al retrete, al sillico, á hacer del cuerpo. || Silla parte de los arreos de un caballo. || *Selle à tous les chevaux*, silla que sienta bien á toda clase de caballos; y met., horma de todos piés, vestido de municion: es decir, cita, máxima, sentencia, lugar comun que una persona hace entrar en todos sus discursos. || *Etre bien en selle*, guardar la posicion á caballo, estar segun las reglas; y met., estar asegurado en su empleo. || prov., met. y fam. *Demeurer entre deux selles le cul à terre*, estarse uno muriendo de hambre teniendo el padre que se llama hogaza. Se dice cuando de dos cosas que se pretendian no se consigue ninguna. || *Cheval de selle et de trait*, caballo de silla y de tiro.

**SELLÉE**, f. *selé*. Hilera de ladrillos, de cristales ó cosa semejante.

**SELLER**, a. *selé*. Ensillar, poner la silla á una caballería. || *Se seller*, r. Acaballonarse el terreno, hacerse caballones.

**SELLERIE**, f. *selrí*. Guarnes, pieza en donde se guardan los arneses, aderezos y guarniciones de las caballerías. || Guarnicionería, taller, obrador de guarnicionero.

**SELLETTE**, f. *selét*. Banquillo, banqueta, asiento sobre el que se ponia un criminal durante el juicio interrogatorio que se le hacia sufrir. || met. y fam. *Tenir quelqu'un sur la sellette*, poner á uno en la banqueta, molestarle con preguntas numerosas á fin de hacerle declarar lo que él se propone tener secreto. || Cabezal de un arado. || Asiento que forma la especie de angarillas que llevan á la espalda los mozos de cordel para no estropear los efectos que se les encargan. || Cajon en que los limpia-botas llevan los avios necesarios á su ocupacion.

**SELLIER**, m. *selié*. Sillero, guarnicionero. *Sellier-carrossier*, maestro de coches.

**SELON**, prepos. *selón* (e muda). Segun, conforme. *Chacun sera récompensé selon ses œuvres*, cada uno obtendrá el premio segun sus obras, segun fueren sus obras. || *Selon que*, segun lo que. *Il sera payé selon qu'il travaillera*, se lo pagará segun lo que trabaje, segun trabaje, conforme lo que trabaje. || *Selon saint Paul*, segun san Pablo.

[illegible] dijo [illegible] Pablo. || *Penses-vous qu'il gagne son procès? c'est selon*, ¿piensa Vd. que él ganará el pleito? segun, eso será segun y conforme. || Esta palabra se hace muchas veces disfrazada de *autrement*; pero [illegible] determina [illegible] una idea de referencia, [illegible] que *autrement* implica la de [illegible].

**SEMAILLE**, f. *semáll* (e muda). Siembra, accion de sembrar los granos. Se usa siempre en plural. || Siembra, sembrado, los granos que están sembrados. || Sementera, [illegible], tiempo durante el cual se hace la siembra.

**SEMAINE**, f. *semén* (e muda). Semana, hebdómada, período de siete días cumplidos, contados desde el domingo al sábado. || Semana, paga ó cantidad que recibe un jornalero por su trabajo de la semana. || Esta voz se toma en otros sentidos en ambas lenguas.

**SEMAINIER, ÈRE**, m. y f. *semenié, ér* (e muda). Semanero, el que está de semana, el que por turno y término de una semana ejerce algun empleo ó encargo.

**SEMALE** ó **SEMAQUE**, f. *semál, semác* (e muda). Mar. Barca holandesa, que algunos llaman queche.

**SÉMAPHORE**, m. *semafór*. Semafor, especie de telégrafo establecido sobre las costas marítimas.

**SÉMAPHORIQUE**, adj. *semaforic*. Mar. Semafórico, que pertenece al semafor.

**SEMBLABLE**, adj. *sanblábl*. Semejante, que tiene igual naturaleza, que es de la misma calidad. || m. Semejante, el que es hombre como nosotros. *Secourir, aimer ses semblables*, socorrer, amar á sus semejantes. En este caso se usa siempre con el posesivo.

**SEMBLABLEMENT**, adv. ant. *sanblablemán*. Del mismo modo, asimismo, igualmente.

**SEMBLANCE**, f. V. **RESSEMBLANCE**.

**SEMBLANT**, m. *sanblán*. Apariencia, exterior, ademas, demostracion de dar á entender ó fingir alguna cosa. || *Faire semblant*, fingir, aparentar exteriormente. *Il fit semblant d'être fâché*, aparentó que estaba resentido ó enfadado. || met. *Ne faire semblant de rien*, hacerse el indiferente, disimular, no darse por entendido.

**SEMBLER**, n. *sanblé*. Parecer, ó parecer tener un modo de ser ó una cierta cualidad: *ces étoffes me semblent belles*. || Con frecuencia se usa como impers., y equivale á *il paraît*. || *Il semble, il me semble que*, parece, me parece que; y el verbo que sigue se pone en indicativo ó subjuntivo, segun los casos.

**SEMÉ, ÉE**, adj. *semé* (e muda). Sembrado. || met. *Un écrit semé d'injures*, un escrito sembrado ó lleno de injurias. || Mont. *Un cerf mal semé*, un venado mal encornado, que tiene mas cercetas ó candiles en una cuerna que en otra.

**SEMÉE**, f. *semé* (e muda). Feud. Derecho de sementera que se pagaba sobre los granos sembrados.

**SÉMÉIOLOGIE** ó **SÉMÉIOTIQUE**, f. *semeiologí, semeiotic*. Semeyologia ó semeyótica, parte de la medicina que trata de los signos ó señales de las enfermedades.

**SÉMÉIOLOGIQUE**, adj. *semeiologic*. Med. Semeyológico, que pertenece á la semeyologia.

**SÉMÉIOLOGUE**, m. *semeiológue*. Semeyólogo, el que escribe sobre la semeyologia.

**SEMELLE**, f. *semél* (e muda). Suela de zapato ó de otro calzado. || Soleta, pedazo de tela con que se remienda una média por la parte que cubre la planta del pié. || Plantilla, soleta ó soletilla, pedazo de corcho, de piel, etc., que se mete suelta en el calzado debajo de la planta del pié para impedir la humedad, etc. || vulg. *Battre la semelle*, matar hormigas, andar en el caballo de san Francisco: ir ó andar á pié. Esta expresion significa á veces vagabundear; y se dice tambien de los artesanos que recorren varios países ejerciendo su oficio. || *Semelles*, pl. Mar. Palas ó panetas, tablas que forman el plan del bote ó lancha. || Artill. Zoquetes de madera sobre que descansan las muñoneras de un cañon montado.

**SEMENCE**, f. *semáns* (e muda). Simiente, el grano que se siembra. || Semilla, granos ó pepitas de una fruta. || met. Semilla, causa ó origen de guerras, discordias, etc., y tambien de virtudes. || Esperma ó materia por medio de la que se opera la reproduccion de los animales. || *Semence de discorde*, puntas de diamante.

**SEMENTINES**, f. pl. *semantín* (e muda). Sementinas, fiestas que se celebraban en Roma para alcanzar de los dioses una sementera favorable.

**SEMER**, a. *semé* (e muda). Sembrar granos ó simientes. || met. *Semer en terre ingrate*, sembrar en mala tierra: hacer bien á quien no lo merece. En ambos sentidos tiene las mismas acepciones que en español.

**SÉMESTRAL, E**, adj. *semestrál*. Semestral, que pertenece á un semestre; que se hace cada semestre.

**SEMESTRE**, m. *semést*r (e muda). Semestre, espacio de seis meses consecutivos. || Semestre, sueldos, rentas, pensiones que se pagan por semestres. || **SEMESTRE**, adj. Semestre, que dura seis meses ó sirve por semestre. Se decia de ciertos cuerpos ó ramos cuyo servicio se hacia por semestres.

**SEMESTRIEL, LE**, adj. V. **SÉMESTRAL**.

**SEMESTRIER**, m. *semestrié* (e muda). Militar que se halla con licencia temporal de seis meses.

**SEMEUR**, m. *semeur* (e muda). Sembrador, el que siembra. || met. *Semeur de discorde, de zizanie*, cizañero, enredador, amigo de sembrar la discordia. || *Semeur de mauvaises nouvelles, de faux bruits*, propagador de malas noticias, de patrañas.

**SEMI**, adv. *semí* (e muda). Semi, palabra invariable tomada del latin que equivale á medio, como en *semi-circulaire*, semicircular, y nunca se usa sola, sino en composicion con otras voces.

**SEMI-BRÈVE**, f. *semibrév* (e muda). Mús. Semibreve, nota que vale un compas ó cuatro tiempos en un movimiento.

**SEMI-DIAPASON**, m. *semidiapasón* (e muda). Semidiapason, intervalo disonante de ocho veces cuatro tonos y tres semitonos mayores.

**SEMI-DOUBLE**, adj. *semidúbl* (e muda). Semidoble, que es casi doble ó doble por mitad solamente. || Liturg. Semidoble, se dice de las fiestas que se celebran con mas solemnidad que las simples, y ménos que las solemnes ó dobles. || *Semi-doubles*, m. pl. Bot. Nombre vulgar de las francesillas y de los alelíes sencillos.

**SÉMILLANT, E**, adj. *semillán*. Vivaracho, inquieto, bullicioso, hablando de un niño. || Vivo, que anuncia mucha vivacidad ó viveza; y en este sentido se dice *regard sémillant, sourire sémillant*. || En sentido moral, *esprit sémillant*.

**SÉMINAIRE**, m. *seminér*. Seminario, lugar destinado para instruir y formar clérigos ó eclesiásticos. || El conjunto de los seminaristas que están en un seminario. || Tiempo que se debe pasar en un seminario para recibir las órdenes sagradas.

**SÉMINAL, E**, adj. *seminál*. Bot. Seminal, que se refiere á la semilla de los vegetales. || Anat. Seminal, que tiene relacion ó analogía con el sémen. Se dice de ciertos vasos del cuerpo: *vésicules séminales*.

**SÉMINARISTE**, m. *seminaríst*. Seminarista, el que está y se instruye en un seminario.

**SÉMINATION**, f. *seminasión*. Sembradura, siembra, accion de sembrar los granos.

**SÉMINIAL, E**, adj. *seminiál*. Que se hace con la flor de la harina. || m. Pan de flor que se hace de harina poco cernida; ó simplemente, flor de la harina.

**SÉMINIFÈRE**, adj. *seminifér*. Seminífero, que lleva simiente ó semilla. || Anat. Seminífero, que contiene ó distribuye el sémen.

**SÉMINULE**, f. *seminúl*. Bot. Pequeña simiente.

**SÉMIOGRAPHE**, m. *semiograf*. Semiógrafo, el que profesa la semiografía.

[illegible] vidar por [illegible] de convite. [illegible] met. [illegible] sermonear [illegible]

**SEMONCEUR**, m. [illegible] Convidador, [illegible] vita ó convoca.

**SEMONDRE**, a. ant. [illegible] Convidar, invitar á [illegible] de esquela.

**SEMONNEUR**, m. [illegible] Muñidor, avisador, [illegible] de esquelas de convite.

**SEMOTTE**, f. [illegible] retoño de las berzas.

**SEMOULE**, f. [illegible] especie de pasta en [illegible]

**SEMPER VIRENS**, [illegible] presion latina con que [illegible] nas una especie de [illegible] tiempo se mantiene verde [illegible]

**SEMPITERNE**, f. [illegible] tela de lana muy [illegible] Inglaterra.

**SEMPITERNEL, LE**, [illegible] Sempiterno, que dura [illegible] en esta expresion fam., [illegible] *piternelle*, una vieja [illegible] muy revieja: una [illegible] parece que nunca ha de [illegible] bien por contínuo [illegible] un bruit sempiternel.

**SEMPITERNELLEMENT**, [illegible] *nelman*. Eternamente, [illegible]

**SEMPITERNITÉ**, f. [illegible] Sempiternidad, [illegible] piterno.

**SEMPLE**, m. [illegible] da á una pieza del [illegible]

**SENAIRE**, adj. [illegible] Senario, dispuesto de [illegible] *senaires*, tablas que [illegible] en seis. || Lit. Senario, [illegible] yámbico de seis piés.

**SÉNAT**, m. *sená*. [illegible] mo y perpetuo en la [illegible] do por Rómulo y [illegible] Senado, reunion de [illegible] cion, que se constituye [illegible] lativa con poderes [illegible] por derecho de [illegible] Corte suprema de justicia [illegible]

**SÉNATEUR**, m. [illegible] miembro de un senado.

**SÉNATORERIE**, f. [illegible] Senatoría, título de un [illegible] cia en Francia bajo el [illegible] Senatoría, territorio [illegible] cado á un senador.

**SÉNATORIAL, E**, adj. [illegible] natorio, que pertenece á [illegible]

ATORIEN, NE, adj. senatorién, én. rio, que pertenece á los senadores; de familia ó descendencia de senado-

ATRICE, f. senatris. Senadora, de un senador.

ATUS-CONSULTE, m. senatuscon- senadoconsulto, decision, decreto del . Solo se dice hablando del antiguo romano ó del senado establecido en en tiempo de la República.

AU, m. sené (e muda). Paquebote, acion semejante al bergantin.

É, m. sené. Bot. Sen, género de cuyo tipo es un arbusto de Levante; se emplean como purgante en me- || Séné bâtard ó sauvage, ó émérus, planta, especie de coronilla de vir- loga al sen. || Faux séné, espantalo-

ÉCHAL, m. senechál. Senescal, nom- en su origen llevaba el criado en- de colocar los platos en la mesa del Francia. Despues fué como el mayor- mayor de la casa real. || Feud. Senes- bilito de los señores particulares con de ejercer una autoridad jurisdic-

ÉCHALE, f. senechál. Senescala, de un senescal.

ÉCHAUSSÉE, f. senechosé. Senesca- jurisdiccion, funciones, dignidad del l. || Senescalía, territorio sometido á ridad de un senescal. || Senescalía, n que se hallaba el tribunal del se- el tribunal mismo.

ÇON, m. senesón (e muda). Bot. ama, honvaron, planta que se usa en a como emoliente.

EMBI, m. Zool. V. IGUANE.

ELLE, f. Bot. V. CENELLE.

ESTRE, adj. senéstr. Blas. Siniestro, do. || À sénestre, loc. adv. A la sinies- á izquierda.

ESTRÉ, ÉE, adj. senestré. Blas. Si- do, se dice de las piezas que tienen la izquierda.

ESTROCHÈRE, m. senestrochér. razo siniestro representado en el es-

EVÉ, m. senvé. Cenabe ó jenable, a de que se hace la mostaza.

IEUR, m. senieur. Sénior, antiquior, iduo mas antiguo ó decano en ciertos literarios y civiles.

ILE, adj. senil. Senil, que pertenece ejos y á la vejez.

ILITÉ, f. seniliti. Senilidad, vejez.

NE, f. V. SEINE.

NER, n. senné. Pescar con la jábega buitron.

, m. sans. Sentido, facultad que tie- ser viviente de percibir la impresion objetos exteriores. || Sentido, facultad prender, de juzgar de las cosas con- la sana razon. || Sentido, significa- significado de una palabra, de una e un escrito. || Sentir, dictámen, pa- Lado, parte, cara por donde se mi- cia donde se pone una cosa. || met. r une affaire de tous les sens, exami- negocio á todas luces, por todos la- todos modos. || Sens commun, senti- n, luz natural. || met. Grain de bon sca, migaja, grano de juicio. || Sens dessous, loc. adv. Lo de arriba aba- pies mi cabeza. || Sens devant der- l reves.

ATION, f. sansasión. Sensacion, on que recibe el alma por medio de nos sensitivos.

É, ÉE, adj. sansé. Sensato, juicio- rdo, que juzga con criterio, con tino. o, cuerdo, que está conforme con razon.

ÉMENT, adv. sansemán. Cuerda- juiciosamente, con juicio, con cor-

SIBILISATION, f. inus. sensibilisa- sensibilizacion, accion de sensibilizar.

SIBILISER, a. sansibilisé. Hacer

SENSIBILITÉ, f. sansibilité. Sensibilidad, facultad de sentir, de percibir las impresiones que producen los objetos exteriores. || Sensibilidad, cualidad de una persona que abriga sentimientos de humanidad; ternura de corazon. || Sensibilidad, cualidad de un sugeto que siente con exceso una vejacion, un desaire, etc.

SENSIBLE, adj. sansibl. Sensible, que hace impresion en los sentidos, que se deja sentir. || Sensible, que está dotado de sensibilidad. || Sensible, tierno, compasivo, amoroso, agradecido, conmovido, enternecido, segun es el objeto á que se aplica. || Perceptible, palpable, patente, que puede percibirse con los sentidos. || met. Toucher dans l'endroit sensible, tocar en lo vivo.

SENSIBLEMENT, adv. sansiblemán. Sensiblemente, de una manera sensible, perceptible. || Sensiblemente, con sentimiento, con pesar.

SENSIBLERIE, f. sansibleri (e muda). Sensibilidad afectada, afectacion de sensibilidad

SENSITIF, IVE, adj. sensitif, iv. Sensitivo, que posee la facultad de sentir.

SENSITIVE, f. sansitiv. Bot. Sensitiva, planta leguminosa cuyas hojas se enrollan al tacto de una persona.

SENSORIUM, m. sansóriom. Sensorio, parte del cerebro en que se supone reside el centro de todas las sensaciones.

SENSUALISME, m. sansualism. Sensualismo, sistema de los que hacen derivar todas nuestras ideas de los sentidos, y hacen consistir todo goce en los placeres sensuales.

SENSUALISTE, m. sansualist. Sensualista, partidario del sensualismo.

SENSUALITÉ, f. sansualité. Sensualidad, aficion ó inclinacion á los placeres sensuales.

SENSUEL, LE, adj. sansuél. Sensual, voluptuoso, inclinado á los placeres sensuales. || Sensual, que halaga los sentidos: plaisirs sensuels.

SENSUELLEMENT, adv. sansuelmán. Sensualmente, de un modo sensual, voluptuosamente.

SENTE, f. ant. V. SENTIER.

SENTELET, m. santlé. Senderillo, sendita, veredita pequeña.

SENTENCE, f. santáns. Sentencia, apotegma, dicho notable que encierra una máxima, un principio moral. || Sentencia, condena, fallo, juicio dado por los jueces en las causas de que conocen.

SENTENCIER, a. ant. santansié. Jurisp. Sentenciar, juzgar, condenar, pronunciar un fallo en una causa.

SENTENCIEUSEMENT, adv. santansieusmán. Sentenciosamente, de un modo sentencioso. Se dice casi siempre con ironía.

SENTENCIEUX, EUSE, adj. santansieu, eus. Sentencioso, que contiene sentencias, máximas ó dichos notables. || Sentencioso, que tiene costumbre de expresarse por sentencias, con máximas. || Sentencioso, que afecta gravedad.

SENTÈNE, f. santén. Cuenda, cabo de madeja, cadejo ú orillo.

SENTEUR, f. santeur. Olor, lo que hiere al olfato ó hace impresion en él. En este sentido es anticuado, y se dice de ordinario odeur. || Eaux de senteur, poudre de senteur, aguas de olor, polvos de olor.

SENTIER, m. santié. Sendero, senda, vereda, caminito estrecho que atraviesa una tierra, un bosque. || met. Le sentier de la vertu, de la gloire, du vice, la senda de la virtud, de la gloria, del vicio.

SENTIMENT, m. santimán. Sensacion, impresion que hacen los objetos en el alma. || Afecto, pasion, movimiento del alma, toda facultad moral. || Sentimiento, pensamiento, juicio interior, opinion que formamos de las cosas. || Sentimientos, afectos, impresion que sentimos en nuestro corazon, sea de alegría, de tristeza, de odio, etc. || Mont. Viento, olfato, hablando de los perros. || Avoir des sentiments, tener buenos sentimientos, abrigar ideas de honor, de delicadeza, de probidad.

SENTIMENTAL, E, adj. santimantal. Sentimental, afectuoso, patético, lleno de afectos tiernos, que los excita, que los anuncia. Se dice hablando de las cosas y de las personas.

SENTIMENTALISME, m. santimantalism. Sentimentalismo, afectada sensibilidad, manía de exagerar el sentimiento.

SENTIMENTALITÉ, f. santimantalité. Sentimentalidad, cualidad de una persona sentimental.

SENTINE, f. santín. Mar. Sentina, parte baja de la bodega de un buque donde se reunen las aguas que penetran en el casco. || met. Se dice, sentine de tous les vices.

SENTINELLE, f. santinél. Centinela, el soldado que vela guardando el puesto que se le encarga. || Centinela, funciones del soldado nombrado para dicho fin. || met. Faire sentinelle, esperar; estar de noche para observar lo que pasa en alguna parte. || met. y fam. Relever quelqu'un de sentinelle, reprender á uno con severidad la falta que ha cometido.

SENTIR, a. santir. Sentir, recibir alguna impresion por los sentidos. || Sentir, recibir alguna impresion moral que afecte el alma de alegría, de tristeza, etc. || Oler, percibir con el olfato; lo mismo que flairer. || Oler, exhalar buen olor una flor, un perfume. Oler mal, exhalar mal olor una cosa. || Exhalar, tener cierto olor. || Sentir bon, oler bien; sentir mauvais, oler mal. Sentir le brûlé, oler á quemado, etc. || Es tambien impersonal. Il sent bon, il sent mauvais dans cette chambre, este cuarto huele bien ó huele mal. || Conocer, penetrar, prever. || Sentir le danger, conocer, barruntar el peligro. || Sentir son bien, tener aire, trazas de hombre bien nacido ó de educacion, de haberse criado en buenos pañales. || Cette proposition sent l'hérésie, esta proposicion tiene sabor ú olor de herejía, ó huele á herética. || Se sentir, r. Sentirse, hallarse bien ó mal. || Conocerse, reconocerse por lo que uno es.

SEOIR, n. suár. Sentarse, estar sentado. En este sentido solo se usa en los participios séant y sis. || Sentar, estar bien, caer bien, decir bien. Se usa en algunos tiempos simples, y únicamente en la tercera persona del singular. Cet habit vous sied bien, vous sied mal, ese vestido, esa casaca le va á Vd. bien, le va mal. Cela vous sied à merveille, eso le va á Vd. perfectamente. || impers. Il ne vous sied point, il vous sied mal de vous conduire ainsi, no le está á Vd. bien, sienta mal en Vd. conducirse así.

SEP, m. sép. Timon, pieza que sostiene la cama del arado. V. CEP.

SÉPARABLE, adj. separábl. Separable, que puede separarse.

SÉPARAGE, m. separáge. Art. Es lo mismo que séparation, triage.

SÉPARATIF, IVE, adj. separatif, iv. Separativo, que separa, que causa separacion.

SÉPARATION, f. separasión. Separacion, accion y efecto de separar. || Separacion, lo que separa una cosa de otra: mettre une séparation entre deux chambres.

SÉPARATOIRE, m. separatuár. Quim. Separatorio, vasija para separar los licores. || Cir. Separatorio, instrumento para separar el pericráneo.

SÉPARÉMENT, adv. separemán. Separadamente, con separacion.

SÉPARER, a. separé. Separar, segregar, desunir las partes ó cosas que estaban unidas. || Separar, apartar, poner aparte ó separadamente. || Separar, establecer una separacion entre dos tierras, dos cosas, etc. || Dividir, partir, abrir una cosa separando sus dos mitades. Séparer les cheveux sur le front, abrir la raya, dividir los cabellos sobre la frente. || Distinguir, no confundir las clases. || Separar, apartar, alejar dos personas ó dos animales, hacer que dejen de estar juntos. || Separar, apartar al uno del otro, hablando de dos hombres ó animales que riñen. || Séparer deux amis, malquistar á dos amigos, hacer cesar su amistad. || Separar, divorciar. || Mont. Séparer les quêtes, hacer distribucion del terreno en el ojeo. || Se séparer, r. Separarse, dividirse, con las demas acepciones del verbo activo. || Mont. Le

gura de una T doble, y sirve para sujetar el cañon de una escopeta ó fusil.

**SÉPÉE**, f. V. CÉPÉE.

**SÉPOULE**, f. *sepúl*. Canilla en que se devana el hilo que debe meterse en la lanzadera para tejer.

**SEPS**, m. *séps*. Zool. Sepedon, especie de lagarto de patas muy cortas.

**SEPT**, adj. num. *sét*. Siete, se dice de un número impar compuesto de seis unidades mas una. || m. Siete, el número siete. || El dia siete del mes. || Siete, en el juego de naipes es una carta señalada con siete puntos. || *Sept et le va*, sietelevar, en el juego de la banca se llama la tercera suerte, en que se ganan siete tantos.

**SEPTANTE**, adj. num. *septánt*. Setenta, siete decenas. Ahora se dice *soixante-dix*. || *La version des Septante*, la version de los Setenta, la traduccion griega del antiguo Testamento hecha por setenta intérpretes.

**SEPTANTAINE**, f. ant. *septantén*. Conjunto de setenta objetos ó unidades.

**SEPTEMBRE**, m. *septánbr*. Setiembre, noveno mes del año segun el calendario gregoriano.

**SEPTEMBRISADE**, f. *septanbrisád*. Hist. Denominacion que se dió al degüello de los presos que tuvo lugar en Paris durante los dias 2, 3, 4 y 5 de setiembre de 1792.

**SEPTEMBRISER**, a. *septanbrisé*. Degollar. V. SEPTEMBRISADE, á que se alude.

**SEPTEMBRISEUR**, m. *septanbriseur*. Asesino, mata-presos. V. SEPTEMBRISADE.

**SEPTEMBRISTE**, m. *septanbrist*. Setembrista, nombre dado á los que fueron sospechosos de aprobar el degüello indicado en el art. SEPTEMBRISADE.

**SEPTEMVIR**, m. *septemvir*. Hist. Septenviro, magistrado romano

**SEPTENAIRE**, adj. *septenér* (e muda). Septenario, setenal, que contiene siete. || SEPTENAIRE, m. Septenio, espacio de siete años de la vida del hombre. || Septenio ó septeno, profesor ó catedrático que ha enseñado siete años en una universidad. Es tambien adjetivo en esta acepcion: *professeur septenaire*.

**SEPTENNAL, E**, adj. *septenál*. Sieteañal, que se renueva de siete en siete años, que sucede cada siete años.

**SEPTENNALITÉ**, f. *septenalité*. Calidad ó propiedad de una cosa que dura ó debe durar siete años.

**SEPTENTRION**, m. *septantrión*. Septentrion ó Setentrion, el Norte; y en poesía, aquilon.

**SEPTENTRIONAL, E**, adj. *septantrionál*. Septentrional ó setentrional, que corresponde al Septentrion, que está en el Septentrion, que se halla inmediato al Norte. || sust. *Les septentrionaux*, los setentrionales, los pueblos ó habitantes del Norte.

**SEPTIDI**, m. *septidí*. Septidi, séptimo dia de una década en el calendario republicano frances.

**SEPTIÈME**, adj. *setiém*. Séptimo, número ordinal que constituye ó cumple el número de siete. || m. La séptima parte de un todo. || El séptimo dia del mes. || f. Séptima, reunion de siete cartas de un palo en la mano de un jugador en ciertos juegos. || Mús. Séptima, intervalo de siete grados ó tonos en una escala.

**SEPTIÈMEMENT**, adv. *setiememán*. En séptimo lugar.

**SEPTIER**, m. V. SETIER.

**SEPTIQUE**, adj. *septíc*. Med. Séptico, que produce la putrefaccion de las carnes sin causar gran dolor.

**SEPTUAGÉNAIRE**, adj. *septuagenér*. Septuagenario, de edad de setenta años. Tambien se dice vulgarmente setenton.

**SEPTUAGÉSIME**, f. *septuagesím*. Septuagésima, tercera dominica antes de la primera de Cuaresma.

multiplicar por siete.

**SÉPULCRAL, E**, adj. *sepulcrál*. Sepulcral, que pertenece, que se refiere al sepulcro. || *Voix* ó *organe sépulcral*, voz sepulcral, ronca, sorda, que parece salir del sepulcro.

**SÉPULCRE**, m. *sepúlcr*. Sepulcro, nicho, lugar destinado á servir de sepultura.

**SÉPULTURE**, f. *sepultúr*. Sepultura, inhumacion, accion de enterrar á un difunto. || Sepultura, lugar en donde se entierra un cuerpo muerto.

**SÉQUANIEN, NE**, ó **SÉQUANAIS, E**, adj. y s. *secuanién*, *én*, *secuané*, *és*. Secuano ó sequanes, pueblo de las Galias, hoy Franco Condado (*Franche-Comté*).

**SÉQUANIQUE**, adj. *secuanic*. Secuánico, que pertenece al Secuana (de su nombre latino *Sequana*).

**SÉQUELLE**, f. *sequél*. Turba, pandilla, comitiva ó número de personas adheridas á un partido ó á los intereses de una persona. Se dice por desprecio. || Multitud, cáfila, retahila: *une séquelle de questions absurdes*.

**SÉQUENCE**, f. *secáns*. Rumfla, flux, seguida de naipes de un mismo palo. Segun otros secansa, término que se usa en algunos juegos de naipes para indicar la reunion de tres cartas de un mismo palo, y en su órden progresivo, en la mano de un jugador. *Avoir flux et séquence*, tener flor y secansa. Tambien se designa con el mismo nombre el arreglo particular que cada uno da á sus cartas. || Liturg. Se llamaba así la prosa que se canta en Francia despues de la Epístola en la misa, y que ahora se llama *sequentia*.

**SÉQUESTRATION**, f. *sequestrasion*. Secuestracion, secuestro, accion de secuestrar; estado de una cosa secuestrada.

**SÉQUESTRE**, m. *sequéstr*. For. Secuestro, estado de una cosa que en caso de litigio se deposita en poder de tercera persona, hasta que se decida á quién debe pertenecer. || Tambien se dice de las personas: *mettre une jeune fille en séquestre dans un monastère*. || Secuestro, la persona en quien se hace el depósito de la cosa secuestrada, que bien pudiera llamarse depositario. || Secuestro, la cosa secuestrada.

**SÉQUESTRER**, a. *sequestré*. Secuestrar, poner en depósito ó secuestro. Se dice en todas las acepciones explicadas en el art. anterior. || *Se séquestrer*, r. Separarse, apartarse una persona del trato social.

**SEQUIN**, m. *sequén* (e muda). Zequin ó zequí, moneda de oro que tiene curso en Levante.

**SÉRAIL**, m. *seráil*. Serrallo, palacio del emperador de Turquía. Llámase tambien así el palacio de todo príncipe ó señor mahometano. || Serrallo, denominacion impropia, aunque comun, que se ha dado al lugar destinado en el palacio del emperador de Turquía para servir de habitacion á las mujeres que la ley le concede; el verdadero nombre es *harem*. || Serrallo, todas las mujeres que forman su *harem*. || Serrallo, casa en que algun particular entretiene mujeres públicas por su cuenta.

**SÉRAN** ó **SÉRANÇOIR**, m. *seran*, *seransuár*. Rastrillo, instrumento para rastrillar el cáñamo y el lino.

**SÉRANCER**, a. *seransé*. Rastrillar, pasar el cáñamo y el lino por el rastrillo despues de haberlo espadillado ó espadado.

**SÉRANCEUR**, m. *seranseur*. Rastrillador, el que rastrilla el cáñamo ó el lino. || El que fabrica ó hace el instrumento llamado *séran*.

**SÉRANCOLIN**, m. *serancolén*. Miner. Serancolin, especie de mármol.

**SÉRAPHIN**, m. *serafén*. Serafin, espíritu celeste que pertenece á la primera jerarquía de los ángeles.

**SÉRAPHIQUE**, adj. *serafíc*. Seráfico, que pertenece á los serafines. || *Le docteur séraphique*, el doctor seráfico, san Buenaventura. || Se da tambien este epíteto á san Francisco de Asís. || *L'ordre séraphique*, la

CULTURE, f. *sericultùr*. Sericultivo de las moreras y cria del gusano de seda.

...E, f. *serí*. Serie, continuacion ordenada y sucesiva de objetos, de cosas; enlace, encadenamiento, etc. || Mat. Serie, progresion de cantidades que aumentan ó disminuyen segun los casos.

...SEMENT, adv. *serieusmán*. Seriamente, con formalidad, con gravedad. || ...mente, de veras.

...EUX, EUSE, adj. *serieu*, *euz*. Serio, por oposicion á alegre ó divertido. || ...grave, importante. || Serio, formal, sincero, verdadero. || SÉRIEUX, m. Seriedad, gravedad en el semblante, en el hablar, el mirar, etc. || *Prendre son sérieux*, ponerse serio, grave. || *Affecter le grand sérieux*, afectar mucha gravedad.

...N, m. *serín* (e muda). Canario, pájaro pequeño de color de paja y de canto armonioso. || SERINE, f. Canaria, la hembra del canario.

...NER, a. *seriné* (e muda). Instruir un canario por medio del organillo. || Tocar el organillo para que aprendan á cantar los canarios.

...NETTE, f. *serinét* (e muda). Organillo para enseñar canarios.

...NGAT ó SYRINGA, m. *serengá* ..., *sirengá*. Bot. Jeringuilla, nombre de una planta cuyo olor es sumamente ...

...NGUE, f. *seréng* (e muda). Jeringa, ..., instrumento que sirve para hacer ...nes.

...NGUER, a. *serengué* (e muda). V. ... || Mar. *Seringuer un bâtiment*, ... un buque por la popa, enfilarlo ... artillería.

...OSITÉ, f. inus. *seriosité*. Seriedad, ..., aire grave y serio.

...QUE, adj. *seríc*. Sérico, de seda, ...ente á la seda.

...MENT, m. *sermán*. Juramento, acto de tomar á Dios por testigo en algun ... prov. *Serment de joueur*, *serment de ...*, *serment d'amour*, rebuzno de ... que no llega al cielo. Significan esas expresiones que valen poco semejantes juramentos. || Blasfemia. V. JUREMENT.

...MENTAIRE, m. *sermantér*. Bot. ...tano, especie de planta.

...ON, m. *sermón*. Sermon, predicacion que hace un sacerdote desde el púlpito para instruir ó exhortar al pueblo. || fam. Sermon, reprimenda, exhortacion fastidiosa.

...ONNAIRE, m. *sermonér*. Sermonario, coleccion de sermones, libro que contiene sermones. || adj. Sermonario ó ..., perteneciente ó relativo á los sermones.

...ONNER, a. fam. *sermoné*. Sermonear, predicar, reprender á alguno con observaciones pesadas ó inoportunas; echarle ..., como se dice.

...ONNEUR, EUSE, m. y f. *sermoneur*, ... Sermonero, regañador, el que hace observaciones pesadas é inoportunas.

...SITÉ, f. *serosité*. Serosidad, la parte acuosa de los humores animales.

...TINE, f. V. CHAUVE-SOURIS.

...E, f. *serp*. Podua, podadera, instrumento para podar y mondar los árboles. || ...hacha. || met. y fam. *Ouvrage fait à la serpe*, obra hecha con los piés ó con la ..., á hachazos; esto es, chapuceramente, groseramente. || met. *Homme fait à la serpe*, hombre hecho con una hacha, mal configurado, que llamamos zamarro. || Zool. Serpe, nombre de cierto ...

...ENT, m. *serpán*. Zool. Serpiente, género de reptiles venenosos. || met. ...or maligno, que es inclinado á hacer ... || Sierpe, serpiente, víbora, epíteto que se aplica á una persona mordaz, ... || *Langue de serpent*, lengua ... || *Serpent à sonnettes*, culebra cascabelada. Serpenton, instrumento de ... *Œil de serpent*, cierta piedra preciosa engastada.

...ENTAIRE, f. *serpantér*. Bot. Dragontea, serpentaria, dragontea, género de plantas. || *Serpentaire de Virginie*, serpentaria de Virginia, especie de aristoloquia. || *Petite serpentaire*, dragontea menor, jarillo, especie de planta. || SERPENTAIRE, m. Astr. Serpentario ó Esculapio, constelacion setentrional.

SERPENTE, f. *serpánt*. Nombre que se da á una clase de papel muy fino y trasparente, que se llama en español papel culebrilla ó de seda. Se dice por lo comun adjetiv. *papier serpente*.

SERPENTÉ, ÉE, adj. ant. *serpanté*. De serpiente; y por exten., tortuoso. || met. Ratero, bajo, rastrero, hipócrita.

SERPENTEAU, m. *serpantó*. Sierpecilla, culebrilla, serpiente ó culebra pequeña. || Buscapiés, tronera, cohetillo, especie de culebrillas que salen de un cohete grande en los fuegos artificiales.

SERPENTEMENT, m. *serpantmán*. Accion de serpentear.

SERPENTER, n. *serpanté*. Serpentear, serpear, culebrear, dar rodeos y vueltas un camino, un rio, un arroyo.

SERPENTICOLE, adj. *serpanticól*. Serpentícola, que adora las serpientes.

SERPENTIN, m. *serpantén*. Serpentin, rastrillo de escopeta. || Mil. ant. Serpentin, pieza de la cazoleta de un mosquete en que los antiguos ponian la mecha. || Quím. Serpentin, tubo ó caños de alambique. || Mil. Culebrina, pieza de artillería antigua. || Serpentin, especie de mármol. || SERPENTIN, E, adj. Serpentino, que es ó participa de la naturaleza de las serpientes. || Miner. *Marbre serpentin*, mármol serpentino, que tiene el fondo verde mosqueado de encarnado y blanco. || *Cheval à langue serpentine*, caballo que menea ó tiene en continuo movimiento la lengua.

SERPENTINE, f. *serpantín*. Miner. Serpentina, piedra preciosa que tiene manchas semejantes á las de la culebra. || Serpentina, mármol serpentino. || Bot. Serpentina, ofioglosa ó lengua de víbora, género de plantas. || Zool. Tortuga, género de reptiles. || Sierpe, especie de culebra. || Culebrina, pieza de artillería muy larga y estrecha.

SERPER, n. *serpé*. Mar. Zarpar, levar anclas.

SERPETTE, f. *serpét*. Podadera para podar las viñas.

SERPIGINEUX, EUSE, adj. *serpigineu*, *eus*. Que serpentea. || Med. Serpiginoso, se dice de ciertas úlceras que se extienden en una direccion tortuosa é irregular, como sucede en las venéreas.

SERPIGO, m. *serpígo*. Med. Sarpullido, especie de enfermedad cutánea.

SERPILLIÈRE, f. *serpiliér*. Arpillera, tela gruesa que sirve para envolver ó cubrir los fardos. || Cortina que ponen los tenderos delante de la puerta para resguardarse del resistero. || Mandil ó delantal de lienzo gordo que usan ciertos tratantes.

SERPOLET, m. *serpolé*. Bot. Sérpol, serpollo, planta.

SERPOT ó SERPOL, m. *serpo*, *serpol*. Ajuar que se da á una jóven que se casa.

SERRAGE, m. *serrágaMar*. Ligazon de los palmejares, cuerdas durmientes, tablones de forro, consederas, etc., que generalmente atraviesan los miembros.

SERRATULE, f. *serratúl*.Bot. Serrátula, género de plantas. || *Serratule des teinturiers*, serrátula tintoria.

SERRE, f. *sérr*.Invernadero, lugar cerrado en que se meten las plantas delicadas durante el invierno. || Garra, presa, uña de un ave de altanería. || fam. *Il a la serre bonne*, tiene buenas garras, no es fácil que se le escape lo que una vez agarra : se dice de un hombre que tiene la mano muy fuerte. Tambien se dice en sentido met. de un avaro, é igualmente del que tiene las uñas largas ó no es escrupuloso en apropiarse lo que encuentra á mano. || Prensa, accion de prensar ó apretar. || pl. Mar. Trancaniles.

SERRÉ, ÉE, adj. *serré* Apretado, cerrado, ajustado, estrechado, metido. || Tupido, hablando de tejidos y telas de punto. || met. y fam. *Être serré*, ser avaro, mezquino, tacaño. || Conciso : *style serré*. || *Avoir le cœur serré*, tener el corazon oprimido. || *Avoir le ventre serré*, estar constipado, estreñido. || *Un cheval serré du devant*, *du derrière*, un caballo estrecho de pechos, de ancas. || SERRÉ, adv. Fuertemente, fuerte. *Il a gelé bien serré*, ha helado fuertemente. || fam. *Mentir bien serré*, mentir sin miedo, á puño cerrado : mentir con desvergüenza, con impudencia. || *Jouer serré*, jugar á golpe seguro, sin arriesgar la puesta.

SERRE-BAUQUIÈRES, m. *serrbequiér*. Mar. Contradurmiente, contracuerda. En plural *serre-bauquières*.

SERRE-BOSSE, m.*serrbós*.Mar. Boza de la uña del ancla.

SERRE-CISEAUX, m.*serrsisó*. Instrumento que sirve para tener cerradas unas tijeras.

SERRÉE, f. *serré*. Designacion de una herramienta de salinero.

SERRE-FILE, m.*serrfil*. Mil. Cabo de fila, el último soldado de una fila. || Mar. Buque que marcha á retaguardia.

SERRE-GOUTTIÈRES, f. pl. *serrgutiér*. Mar. Contratrancaniles ó consederas.

SERREMENT, m. *serrmán*. Apretamiento, apretura, accion de apretar. || Opresion, estrechura, cerramiento, estado de una cosa que está oprimida, estrechada ó estrecha. || met. *Serrement de cœur*, opresion de corazon, angustia, congoja.

SERRÉMENT, adv.*serremán*. Estrechamente, con estrechura. || Mezquinamente, con demasiada economía : *vivre fort serrément*.

SERRE-PAPIERS, m. *serrpapié*Papelera, armario ó gabinete en que se guardan los papeles. || Cajoncillo ó division que tienen los bufetes ó escritorios para poner con separacion algunos papeles. || Sujeta-papeles, especie de figura de mármol, de bronce, etc., que se pone encima de un legajo de papeles en las oficinas.

SERRE-POINTS, m. *serrpuén*Especie de útil ó instrumento de los guarnicioneros.

SERRER, a. *serré*.Apretar, ajustar, estrechar. En este sentido se dice *serrer avec*, *contre*, *entre*, *dans*. || met. Estrechar, intimar las relaciones de amistad ó cosa semejante. || Guardar, encerrar alguna cosa en puesto seguro. || *Cela serre le cœur*, eso oprime el corazon. || *Serrer l'écriture*, estrechar los renglones, las letras de un escrito. || met. *Serrer son style*, escribir lacónicamente. || Mil. *Serrer les rangs*, *les files*, estrechar las distancias. || *Serrer quelqu'un de près*, estrechar á uno, perseguirle con ahinco. || *Serrer la botte*, atar el haz. || met. *Serrer les nœuds de l'amitié*, estrechar los lazos ó vínculos de la amistad. || *Serrer les pouces à quelqu'un*, ajustar á alguno las esposas, ajustarle la golilla : obligarle con amenazas á confesar la verdad. || Esgr. *Serrer la mesure*, estrechar la posicion, combatir al adversario obligándole á cerrarse. || met. y fam. *Serrer le bouton à quelqu'un*, apretar á uno las clavijas, estrecharle para que diga ó confiese alguna cosa. || Mar. *Serrer la voile*, cerrar vela, disminuirla, acortarla, tomar algun rizo. || *Serrer les voiles*, aferrar, cargar las velas. || *Serrer la file*, cerrar las distancias en la formacion de una escuadra.

SERRETÉ, ÉE, adj. *serreté*Bot. Dentado, en forma de sierra.

SERRE-TÊTE, m. *serrtét*Gorra de lienzo con cintas para dormir, ó especie de papalina ó venda para sujetar los cabellos.

SERRETTE, f. V. SARRETTE.

SERRICORNE, adj. *serricórn*. Entom. Serricórneo, de antenas denticuladas á modo de sierra. || *Serricornes*, m. pl. Serricórneos, familia de insectos coleópteros.

SERRIÈRE, f. *serriér*.Fund. Cerradera, especie de placa de hierro para tapar el agujero del horno.

SERRON, m. *serrón*Caja, cajon para trasportar drogas de paises extranjeros.

SERRULÉ, ÉE, adj. Bot. V. SERRETÉ.

SERRURE, f. *serrúr*.Cerradura, cerraja de una puerta, cofre, etc.

SERRURERIE, f. *serrurerí*(e muda). Cerrajería, arte de hacer cerraduras. || Cerrajería, trabajo de un cerrajero, toda especie de obras de dicho arte. || Herraje, cuando se habla de las piezas trabajadas, clavadas ó ajustadas en alguna obra.

**SERRURIER**, m. *serrurié*. Cerrajero, artesano que trabaja en hacer cerraduras y otras obras de hierro, como llaves, etc.

**SERTE**, m. *sért*. Zool. Serto, especie de pescado. || f. Art. Engaste hecho de piedras preciosas.

**SERTIR**, a. *sertir*. Art. Engastar una piedra preciosa.

**SERTISSURE**, f. *sertisúr*. Engaste, encaje de una piedra preciosa.

**SERTULAIRE**, f. *sertulér*. Bot. Sertularia, planta. || Zool. Sertulario, especie de zoófito.

**SERTULE**, m. *sertúl*. Bot. Sértula ó sértulo, grupo de flores cuyos pedículos salen de un mismo punto.

**SÉRUM**, m. Fisiol. V. SÉROSITÉ.

**SERVAGE**, m. *serváge*. Feud. Servidumbre, estado de un siervo. || met. Cautiverio, cadena, hablando del amor.

**SERVAL**, m. *servál*. Zool. Cerval, animal cuadrúpedo que participa de la naturaleza del gato y de la pantera.

**SERVANT**, adj. m. *serván*. Sirviente, que sirve. Solo se usa en ciertas locuciones. *Gentilhomme servant*, gentil hombre de boca en palacio. || *Chevalier* ó *frère servant*, caballero, hermano sirviente en la órden de Malta. || *Fief servant*, feudo dependiente ó semoviente, el que depende de otro feudo llamado *fief dominant*.

**SERVANTE**, f. *servánt*. Sirvienta, ó sirvienta criada, moza de servicio, mujer que sirve en una casa. *Servante maîtresse*, ama de gobierno en una casa. || Servidora, expresion de urbanidad que usan las mujeres al escribir ó hablar, como lo es la de servidor entre los hombres. || Mesa de servicio ó accesoria á la mesa principal, sobre la que se colocan los platos y otros utensilios del servicio de mesa para tenerlo á mano. || Impr. Caballete, pieza que sirve para sostener el tímpano miéntras el prensista coloca ó arregla el pliego.

**SERVIABLE**, adj. *serviábl*. Servicial, amigo de servir, pronto y dispuesto á prestar servicios. V. OFFICIEUX.

**SERVIABLEMENT**, adv. *serviablemán*. Servicialmente. V. OFFICIEUSEMENT.

**SERVICE**, m. *servis*. Servicio, accion de servir como criado, como soldado ó empleado en cualquier ramo; estado de la persona que sirve, modo con que lo hace. || Servicio, dicho absolutamente es el de la milicia. || Servidumbre, conjunto de empleados que están destinados al servicio del rey. || Servicio, favor, buenos oficios que se hacen á una persona. || Oficio, misa cantada, celebracion de los oficios divinos, de un funeral. || Servicio, cubierto, número de platos que se ponen juntos en la mesa. || Servicio, conjunto de utensilios correspondientes á una mesa. || Saque, en el juego de pelota. || Servicio, el uso útil que se hace de una cosa. || loc. fam. *Qu'y a-t-il pour votre service?* ¿qué se le ofrece á Vd.? Se dice á una persona que se presenta y parece querer pedirnos algo.

**SERVIDOU**, m. *servidú*. Art. Caldera de jabonero.

**SERVIENS**, m. pl. *servién*. Servios, habitantes que poblaban la Servia.

**SERVIETTE**, f. *serviét*. Servilleta, pieza de mantelería que sirve para comer y otros usos.

**SERVILE**, adj. *servil*. Servil, que pertenece al estado de esclavo, de siervo ó de criado. || met. Servil, bajo, rastrero. || Servil, que obra por imitacion. || *Crainte servile*, temor servil. || *Métier, emploi servile*, oficio servil, por mecánico, bajo. || *Traduction servile*, traduccion servil, material, demasiado literal.

**SERVILEMENT**, adv. *servilemán*. Servilmente, de un modo servil.

**SERVILISME**, m. *servilism*. Servilismo, cualidad, estado de una persona servil, propension á obedecer como esclavo; espíritu, sistema de abyeccion.

**SERVILISTE**, adj. y s. *servilist*. Servil, partidario, adicto al sistema de servilismo, de esclavitud y abyeccion.

**SERVILITÉ**, f. *servilité*. Bajeza de ánimo, espíritu de servidumbre. V. SERVILISME.

**SERVIR**, a. *servir*. Servir. Tiene en casi todos los casos las mismas acepciones en ambas lenguas. *Servir Dieu*, servir á Dios. || *Servir la messe*, ayudar á misa. *Servir une batterie, une pièce de canon*, servir una batería, estar empleado ó formar parte en la dotacion de una pieza. || n. Servir, aprovechar, ser bueno para alguna cosa. *Servir de modèle à quelqu'un, servir d'interprète, d'excuse, de prétexte*, servir á alguno de modelo, de intérprete, etc. || *Se servir*, r. Servirse, valerse, hacer uso de alguna cosa. || Servirse, tomar de alguna comida en la mesa.

**SERVIS**, m. *serví*. *Feud*. Rentas señoriales.

**SERVITEUR**, m. *serviteur*. Servidor, el que sirve, que está al servicio de otro por salario, sirviente, criado. || *Serviteur de Dieu*, siervo de Dios. || *Serviteur des serviteurs de Dieu*, siervo de los siervos de Dios, calificacion que se da el papa en sus bulas. || *Votre serviteur, votre très-humble serviteur, etc*, fórmula de cortesía con que se termina una carta, y que tambien se usa para saludar á alguno. || vulg. *Faites serviteur*, se decia á un niño para enseñarle á saludar, equivaliendo á: haz una reverencia, una cortesía.

**SERVITUDE**, f. *servitúd*. Servidumbre, esclavitud, sujecion del que es siervo ó esclavo. || Sujecion, esclavitud, cautiverio de una persona que no goza de libertad. || met. Yugo, esclavitud. || For. Servidumbre, carga impuesta á una finca para el uso y utilidad de otro.

**SES**, pl. del adj. pos. SON, SA. *sé*. Sus. *Ses meubles*, sus muebles.

**SÉSAME**, m. *sesam*. Bot. Sésamo, ajonjolí, alegría, género de plantas.

**SÉSAMOÏDE**, adj. *sesamoid*. Anat. Sesamóideo, que se parece al sésamo ó ajonjolí. Se dice de ciertos huesecillos. || *Sésamoïdées*, f. pl. Bot. Sesamóideas, familia de plantas cuyo tipo es el sésamo.

**SESBANE**, f. *sesbán*. Bot. Sésbano, especie de galloga de Egipto, planta.

**SÉSÉLI**, m. *seseli*. Bot. Seseli, género de plantas, especie de hinojo || *Séséli de Montpellier*, saxífraga inglesa ó de prado.

**SÉSIE**, f. *sesí*. Zool. Sesia, especie de insecto lepidóptero.

**SESQUIALTÈRE**, adj. *sescuialtér*. Mat. Sesquiáltero, que está en razon de 3 á 2. Se dice de una cantidad que contiene á otra una vez y media.

**SESQUI-DOUBLE**, adj. *sescuidúbl*. Mat. Sesquidoble, que contiene á otra cantidad dos veces y media, siendo en razon de 5 á 2.

**SESQUI-QUADRAT**, adj. *sescuicadrá*. Astr. Sesquicuadrato, se dice del aspecto de dos planetas distantes uno de otro 135 grados.

**SESQUI-TIERCE**, adj. *sescuitiérs*. Mat. Sesquitercio, que contiene una unidad, mas un tercio.

**SESSE**, f. *sés*. Especie de cinta, banda ó apretador que rodean los Turcos á su turbante. || m. Mar. Achicador, pala para sacar el agua de los barcos. = Caña ó palo hueco para lo mismo.

**SESSILE**, adj. *sesil*. Bot. Sesil, sin pedículo ó pezon.

**SESSILIFLORE**, adj. *sesiliflór*. Bot. Sesiliflor, que tiene flores sesiles.

**SESSION**, f. *sesión*. Sesion, tiempo durante el cual una junta ó cuerpo deliberante está reunido. || Sesion de un concilio. = Artículo que contiene las decisiones publicadas en la sesion del concilio.

**SESTERCE**, m. *sestérs*. Sestercio, moneda de plata de la antigua Roma.

**SETIER**, m. *setié* (e muda). Sestario, medida de áridos que contiene dos eminas. || Sestario, medida de líquidos de ocho pintas, que equivale á unos quince cuartillos || *Demi-setier, mi-setier*, medio chopin ó la cuarta parte de una pinta, equivalente á medio cuartillo escaso. || Agr. *Un setier de terre*, sestario de tierra, el [illegible] puede contener un sestario de [illegible]

**SÉTON**, m. *setón*. Cir. [illegible] seda ó de hilo que se pasa [illegible] para facilitar y entretener la [illegible] humores.

**SEUIL**, m. *seuil*. Umbral [illegible] || Asiento de una compuerta.

**SEUILLET**, m. *seuillé*. Mar. [illegible] bajo, ó pieza que forma el [illegible] terías.

**SEUL**, E, adj. *seul*. Solo, [illegible] compañía, que no está acompañado [illegible] *Cela va tout seul*, eso va [illegible] dificultad. || Solo, que está sin [illegible] co, simple. || Se usa tambien [illegible] masculino en algunas frases: [illegible] *ment, l'autorité d'un seul*.

**SEULEMENT**, adv. *seulemán*. [illegible] solo, tan solo, únicamente.

**SEULET, TE**, adj. dim. de [illegible] *ét*. Solito. Se usaba tambien [illegible]

**SÈVE**, f. *sév*. Savia, [illegible] ó jugo nutricio que circula [illegible] planta que no está seca. || [illegible] parte espirituosa y agradable [illegible] el vino. || *Pleine sève*, [illegible] || met. Fuerza, vigor, [illegible] zania de la juventud: [illegible] *sève*.

**SÉVÈRE**, adj. *sevér*. Severo, [illegible] exige una regularidad [illegible] Severo, rígido, que no perdona [illegible] fecto. || Severo, austero, [illegible] la observancia de alguna ley, [illegible] to, etc. || Escrupuloso. || [illegible] do, noble, regular, sin adorno [illegible] afectada.

**SÉVÈREMENT**, adv. *sevèremán*. [illegible] mente, con severidad.

**SÉVÉRITÉ**, f. *severité*. Severidad [illegible] rigidez, austeridad, aspereza, [illegible] personas y de cosas.

**SÉVÉRONDE**, f. *severónd*. [illegible] alero, parte saliente de tejado [illegible]

**SÉVEUX, EUSE**, adj. *seveu*, [illegible] Savioso, que se refiere á la savia [illegible] sus propiedades.

**SÉVICES**, m. pl. *sevís*. For. [illegible] cono con que maltrata [illegible] rido á su mujer, un padre á [illegible]

**SÉVIR**, n. *sevír*. Tratar con [illegible] gar con exceso, sin consideracion [illegible] este sentido se dice *sévir contre* [illegible] *ble*. || Maltratar, encocerarse, [illegible] superior contra su súbdito, [illegible] rido contra su mujer, hasta [illegible] les golpes. || Dícese tambien [illegible] peste, en el sentido de [illegible] hacer estragos, etc.: la [illegible] *peste sévissait dans toute l'*[illegible]

**SEVRAGE**, m. *sevrágé*. [illegible] accion de quitar el pecho á [illegible] criaturas. || Destete, tiempo que [illegible] criatura para olvidar la teta [illegible] á tomar otra clase de [illegible]

**SEVRER**, a. *sevré* (e [illegible]) quitar el pecho á una criatura, [illegible] de mamar. || Agr. Sevrer [illegible] tar un acodo ó mugron. || [illegible] var de un beneficio ó provecho [illegible] r. Privarse, abstenerse y [illegible] *les plaisirs*.

**SEVREUSE**, f. *sevreus* [illegible] destete, la que cuida una [illegible] olvida la lactancia.

**SEXAGÉNAIRE**, adj. y s. [illegible] Sexagenario, que tiene [illegible] estilo familiar se dice [illegible]

**SEXAGÉSIMAL**, E, adj. [illegible] Mat. Sexagesimal, que tiene [illegible] senta por denominador.

**SEXAGÉSIME**, f. *sexagesím*. [illegible] ma, domínica segunda [illegible]

**SEXANGLE**, adj. V. [illegible]

**SEXANGULAIRE**, adj. [illegible] Geom. Sexangular, que tiene [illegible]

**SEXANGULÉ, ÉE**, adj. [illegible] Sexangulado, que tiene seis [illegible]

**SEXDIGITAIRE**, adj. y s. [illegible] Sexdigitario, que tiene seis [illegible] nacido con seis dedos.

**SEXDIGITAL, E**, adj. *secsdigitál*. Sexdigital, que tiene seis dedos, hablando de un pie ó de una mano.

**SEXE**, m. *sécs*. Sexo, diferencia física ó constitutiva que se encuentra entre el macho y la hembra, así en los racionales como en los animales, y aun en las plantas.‖ Sexo, nombre colectivo de todos los hombres ó de todas las mujeres consideradas como formando un solo cuerpo. ‖ *Le beau sexe*, el bello sexo, las mujeres.

**SEXTANE**, adj. f. *secstán*. Med. Semanera, que aparece cada seis dias: *fièvre sextane*.

**SEXTANT**, m. *secstán*. Astr. Sextante, instrumento que contiene la sexta parte de un círculo ó sean sesenta grados.

**SEXTE**, f. *sécst*. Sexta, una de las horas canónicas, que se dice despues de tercia. ‖ m. Sexto, nombre que se dió á la coleccion de las decretales de Bonifacio VIII.

**SEXTÉ**, m. *secsté*. Libro en que se llevaba cuenta y razon de los que tomaban la sal en los alfolíes.

**SEXTÉRÉE** ó **SÉTÉRÉE**, f. *secsteré*, *seteré*. Nombre de cierta medida agraria.

**SEXTIDI**, m. *secstidí*. Sextidí, dia sexto de la década en el calendario republicano frances.

**SEXTIL, E**, adj. *secstil* Astr. Sextil, que presenta la distancia aparente de sesenta grados, hablando de dos planetas: *aspect sextil*.

**SEXTULE**, m. *secstúl*. Séxtulo, peso de cuatro escrúpulos, ó sea la sexta parte de una onza.

**SEXTUPLE**, adj. y s. m. *secstúpl*. Séxtuplo, que vale seis veces otro tanto.

**SEXTUPLER**, a. *secstuplé*. Sextuplicar, multiplicar por seis.

**SEXUEL, LE**, adj. *secsuél*. Sexual, que caracteriza el sexo á que corresponde un animal, una planta. ‖ Sexual, que es propio al sexo.

**SEYER**, a. inus. *seyé*. Segar las mieses. Algunos creen que es una corrupcion de *scier*.

**SHAKO**, m. V. SCHAKO.

**SHAKSPEARIEN, NE**, adj. *chespirién*, *én*. Lit. Chasperiense, que pertenece al estilo, á la manera del trágico inglés Shakspeare.

**SHALL**, m. V. CHALE.

**SHÉRIF**, m. *cherif*. Scherif, empleado municipal en Inglaterra encargado de varias funciones de policía y judiciales.

**SHEVET**, m. *chevé* (e muda). Schevete, undécimo mes sagrado segun el calendario de los Judíos.

**SHIME**, m. V. COMTÉ.

**SHIVA**, m. *chiva*. Schiva, una de las personas que componen la trinidad indiana.

**SI**, conj. condicional. *si*. Si, en caso que, siempre que, con tal que, á ménos que, supuesto que. ‖ *Si ce n'était pas par égard pour vous*, si no fuera por respeto de Vd. ‖ *Il doit y aller, s'il n'est pas malade*, debe ir allá, á ménos que esté malo. ‖ *Il viendra si vous le permettez*, vendrá como ó con tal que Vd. se lo permita. ‖ fam. *Si tant est que*, si es cierto que; es lo mismo que *s'il est vrai que*. ‖ Algunas veces es es partícula afirmativa y significa sí, por oposicion á no. *Vous dites que si, je dis que non*, Vd. dice que sí, y yo digo que no. *Vous n'irez pas? si*, no irá Vd.? sí. ‖ *Si fait*, se dice en el mismo sentido, significando ciertamente, sí, á fe; pero solo se usa en el lenguaje familiar: *je pense qu'il n'ira pas à Londres. Si fait, il y ira*, creo que no irá á Lóndres. Sí por cierto, irá ‖ Si, adv. Tanto, tan. En este sentido va siempre unido á un adjetivo ó adverbio y seguido ordinariamente de *que*, que se traduce por como. *Il n'est pas si riche que vous*, no es tan rico como Vd. *Il était si faible qu'il ne put se relever*, estaba tan débil que no pudo levantarse. Algunas veces se usa absolutamente y no va seguido de *que*: v. gr. *ne parlons pas si haut*, no hablemos tan alto. *Je n'ai pas vu d'homme si savant et si modeste*, no he visto hombre tan sabio y tan modesto. ‖ Equivale á veces á *quelque*, y se traduce por. *Si grand que soit un homme, il n'est rien devant Dieu*, por grande que sea un hombre, no es nada delante de Dios. ‖ *Si bien que*, tanto que, de tal modo que, de manera que; equivale á *tellement que*, *de sorte que*, y en este sentido se dice: *les choses étaient désespérées, si bien qu'il fallut renoncer à toute l'entreprise*.‖ Se usa tambien sustantivamente. *Il a toujours un si ou un mais*, siempre sale con un si ó un pero. ‖ Si, m. Mús. Si, signo de música.

**SIALAGOGUE**, adj. *sialagógue*Med. Sialagogo, que tiene la virtud de provocar la salivacion. Se usa tambien como sustantivo.

**SIALISME**, m. *sialism*. Med. Sialismo, salivacion.

**SIALITE**, f. *sialit*. Bot. Manolia, género de plantas de la familia de las magnoliáceas.

**SIALOLOGIE**, f. *sialologí*. Med. Sialología, tratado de la saliva.

**SIALOLOGIQUE**, adj. *sialologic*. Sialológico, que pertenece á la sialología.

**SIAMOIS, E**, adj. y s. *siamuá*, *ás*. Siames, de Siam.

**SIAMOISE**, f. *siamuás*. Siamesa, tejido de algodon que se hace imitando al que se fabrica en Siam.

**SIAMPAN**, m. *sianpán*. Mar. Champan, especie de patache ó buque chino ó japones.

**SIBARITE**, adj. V. SYBARITE.

**SIBÉRIEN, NE**, adj. y s. *siberién*, *én*. Siberiano, de la Siberia.

**SIBILATION**, f. *sibilasión*. Silbacion, accion de silbar.

**SIBYLLE**, f. *sibil*. Sibila, nombre que daban los antiguos á ciertas mujeres que suponian tener conocimiento del porvenir ó facultad de presagiar los acontecimientos futuros.‖met. *Vieille sibylle*, doncellona, doncellidueña, doctora, doncella jamona que presume de leida y discreta, ó que tiene cierto aire de ruin.

**SIBYLLIN**, adj. m. *sibilén*. Sibilino, que pertenece á las sibilas. ‖ *Livres sibyllins*, libros sibilinos, que contienen las supuestas predicciones de las sibilas.

**SIBYLLISER**, n. *sibilisé*. Presagiar, augurar, pronosticar al modo de las sibilas.

**SIBYLLISME**, m. *sibilism*. Sibilismo, creencia en los libros ó presagios sibilinos.

**SIBYLLISTE**, m. inus. *sibilist*. Sibilista, el que se dedica al estudio de los libros sibilinos; partidario del sibilismo.

**SICAIRE**, m. *siquér*. Asesino pagado.

**SICAMOR**, m. *sicamór*. Blas. Cuna. V. BERCEAU. ‖ Aro que se representa envuelto ó liado.

**SICCATIF, IVE**, adj. *sicatif*, *iv*. Secante, que tiene la propiedad de hacer secar los colores con brevedad. Úsase tambien como sustantivo: *un siccatif*.

**SICCITÉ**, f. *sicsité*. Sequedad, cualidad, estado de lo que está seco.

**SICILIEN, NE**, adj. y s. *sisilién*, *én*. Siciliano, de Sicilia.

**SICILIENNE**, f. *sisilién*. Siciliana, baile de origen siciliano. ‖ La música que sirve para dicho baile.

**SICILIQUE**, m. *sisilic*. Sicilico, peso que contiene un séxtulo y dos escrúpulos.

**SICLE**, m. *sicl*. Siclo, nombre que daban los Hebreos á un peso que servia tambien de moneda; era un pedazo de plata.

**SICOMORE**, m. Bot. V. SYCOMORE.

**SIDÉRAL, E**, adj. *siderál*. Astr. Sideral, sidéreo, que pertenece, que se refiere á los astros ó á las estrellas: *l'influence sidérale*. ‖ *Révolution sidérale*, revolucion sideral, vuelta de un astro al punto de donde habia salido.

**SIDÉRÉ, ÉE**, adj. *sideré*. Poét. Celeste. *La voûte sidérée*, la bóveda celeste.

**SIDÉRITIS**, f. *sideritis*. Bot. Sideritis ó sideritide, planta. ‖ Miner. V. CRAPAUDINE.

**SIDÉROGRAPHIE**, f. *siderografí*. Siderografía, arte de grabar. ‖ Siderografía, tratado sobre el arte de grabar.

**SIDÉROGRAPHIQUE**, adj. *siderografic*. Siderográfico, que pertenece á la siderografía.

**SIDÉROMANCIE**, f. *sideromansí*. Sideromancia, arte de hacer adivinaciones por el exámen de las chispas que salen hierro caldeado.

**SIDÉROMANCIEN, NE**, m. y f. *sideromansién*, *én*. Sideromántico, el que ejerce la sideromancia.

**SIDÉROTECHNIE**, f. *siderotecní*. Siderotecnia, arte de explotar los minerales de hierro.

**SIDÉROTECHNIQUE**, adj. *siderotecnic*. Siderotécnico, que pertenece á la siderotecnia.

**SIÈCLE**, m. *siécl*. Siglo, el espacio de cien años. ‖ Siglo, espacio de tiempo indeterminado. ‖ Siglo, el estado seglar, por oposicion al estado religioso ó monástico; y tambien la vida mundana por oposicion á la cristiana. ‖ *Renoncer au siècle*, renunciar al siglo ó al mundo, abrazar la vida religiosa. ‖ *Les siècles futurs*, los siglos venideros, la posteridad.

**SIÉGE**, m. *siég*. Asiento, mueble que sirve para sentarse. ‖ Pescante, delantera, sitio en que van sentados los cocheros. ‖ Batalla, parte de una silla de montar donde el jinete apoya las asentaderas. ‖ Tribunal, asiento en que se coloca un juez para administrar justicia. ‖ Juzgado, sala de audiencia civil; si es eclesiástica, se llama curia.‖ Juzgado, cuerpo que forman los jueces subalternos: *siége royal*, *siége de la chancellerie*, *etc.* ‖ Silla, sede, dignidad y jurisdiccion de un obispo, arzobispo, patriarca ó del sumo pontífice. *Le saint-siége*, la silla ó la sede apostólica. ‖ met. Asiento, residencia, centro, lugar en donde ciertas cosas residen principalmente, donde dominan. *Le siége du mal est dans telle partie*, el centro, el asiento ó residencia del mal existe en tal parte.‖ Med. Nombre que suele darse al ano. ‖ Mil. Sitio, cerco que se pone á una plaza ó fortaleza.

**SIÉGER**, n. *siegé*. Ocupar la silla pontificia ó episcopal; y así se dice: *tel pape siégea tant d'années*. ‖ Residir, tener sus sesiones en, hablando de jueces, tribunales ó juntas. ‖ met. *Ce n'est pas là que siége le mal*, el mal no está en esa parte.

**SIEN, NE**, adj. poses. y relat. de la tercera persona sing. *sién*, *én*. Suyo, suya. *C'est son avis*, este es su parecer. ‖ *Ce n'est pas mon livre, c'est le sien*, ese no es mi libro, es el suyo. ‖ m. *Le sien*, lo suyo. *Il ne demande que le sien*, no pide sino lo suyo, lo que le pertenece. ‖ met. *Mettre du sien dans quelque chose*, poner algo de lo suyo, de su cabeza, de su imaginacion, de su trabajo, de su dinero, etc. ‖ *Les siens*, pl. Los suyos, los parientes, herederos, descendientes, allegados de alguno. *Il a soin des siens*, tiene cuidado de los suyos, de sus parientes, etc. ‖ *A qui fera-t-on du bien si ce n'est aux siens?* ¿á quién hará uno bien sino á los suyos? ‖ *Dieu éprouve les siens*, Dios prueba á sus elegidos, á los suyos. ‖ fam. *Faire des siennes*, hacer de las suyas: hacer locuras, desatinos, travesuras un jóven; ó cometer una falta ó mala accion alguna persona de quien no es de extrañar.

**SIÉNITE**, m. *sienít*. Miner. Sienita, roca primitiva de feldespato.

**SIENNOIS, E**, adj. y s. *sienuá*, *ás*. Senense ó Sienés, de Sena, ciudad de la Toscana.

**SIESTE**, f. *siést*. Siesta, tiempo que invierten los Españoles en dormir despues de comer, durante el rigor del calor. ‖ *Faire la sieste*, sestear ó dormir la siesta.

**SIEUR**, m. dim. de MONSIEUR. *sieur*. Señor, tratamiento que se usa solo en estilo judicial ó por modestia. ‖ *Le sieur un tel*, el señor fulano: fuera de esto, se dice monsieur.‖ Señor, título que denota señorío, hablando del que le posee. ‖ Algunas veces se dice por ironía ó por desprecio. *Un sieur Paul est venu me faire je ne sais quelle réclamation*, un tal Pablo ha venido haciéndome no sé qué reclamacion.

**SIFFLABLE**, adj. *siflábl*. Silbable, que debe ó merece silbarse.

**SIFFLANT, E**, adj. *siflan*. Silbante, que silba, que produce un sonido semejante ó análogo al silbido.

**SIFFLEMENT**, m. *siflemán* (e muda). Silbido, silbo, chiflido, accion de silbar ó chiflar. || Silbo, silbido, ruido que hacen algunos animales silbando, y tambien el ruido que produce el viento, ó bien una bala, una piedra que ha sido lanzada con fuerza.

**SIFFLER**, n. *siflé*. Silbar, formar un sonido agudo arrojando el viento con fuerza por entre los labios dispuestos de cierto modo particular. || Silbar, dar silbidos con un silbato. || Silbar, dar silbidos la culebra, chillar algunos otros animales, cantar el cisne, graznar el ganso, etc. || Silbar, producir cierto ruido agudo el viento, una bala, una piedra que se ha lanzado con fuerza. || Chiflar, dar chiflidos. || a. Silbar, cantar alguna cosa silbando. || *Siffler un oiseau*, enseñar á cantar un pájaro silbando cerca de él. || Silbar, chiflar, hacer burla ó mofa con silbidos de lo que se desaprueba. || met. Soplar, sugerir á otro lo que ha de decir, las respuestas que debe dar, etc. || vulg. *Siffler un verre de vin*, beberse de un sorbo ó de un trago un vaso de vino. || met. y vulg. *Siffler la linotte*, chiflar, soplar, beber bien. || Mar. Silbar el viento en las jarcias. || Tocar el pito los contramaestres.

**SIFFLET**, m. *siflé*. Silbato, chiflo ó chifla, instrumento que sirve para dar silbidos. *Un coup de sifflet*, un silbido con un silbato. || *Cette pièce a essuyé les sifflets*, esta pieza ha sido silbada. || Nombre vulgar que suele darse á la garganta, gaznate ó conducto de la respiracion. || fam. *Couper le sifflet*, cortar la garganta. En sentido met. es dejar sin respiracion, meter el resuello; esto es, dejar á uno cortado y confundido, sin que sepa qué responder. || Agr. *Greffer en sifflet*, engertar de canutillo. || Mar. Pito, chifle, instrumento que usan los contramaestres para mandar las maniobras cuando hace mucho viento. || met. y prov. *S'il n'a point d'autre sifflet, ses chiens sont perdus*, si no tiene mejor asidero, dará con su cuerpo en tierra; si no cuenta con mas medios, con mas recursos, mal paso lleva su negocio.

**SIFFLEUR, EUSE**, m y f. *sifleur, eus*. Silbador, chiflador, el que silba. || adj. *Oiseau siffleur*, ave silbadora. *Cheval siffleur*, caballo que tiene huérfago.

**SIGILLATEUR**, m. *sigilateur*. Antig. rom. Sigilador, sacerdote que marcaba las víctimas con un sello ó señal.

**SIGILLÉ, ÉE**, adj. *sigilé*. Sellado, marcado con un sello. || *Terre sigillée*, tierra sigilada ó lemnia, especie de tierra gredosa procedente de las islas del Archipiélago, que se emplea en medicina y en pintura.

**SIGISBÉE**, m. *sigisbé*. Chichisveo, cortejo, el individuo que se dedica á servir á la dueña de una casa, frecuentándola con asiduidad.

**SIGISBÉISME**, m. *sigisbeism*. Sistema de ciertos sugetos que se dedican á servir de chichisveo á una señora.

**SIGLE**, m. *sigl*. Letra inicial empleada como abreviatura; por ejemplo, las letras S. P. Q. R. forman una serie de *sigles* que significan *Senatus populusque romanus*.

**SIGMATISME**, m. *sigmatism*. Gram. Sigmatismo, multiplicidad de letras que tienen un sonido semejante al silbido; como en esta frase: *ciel! si ceci se sait*.

**SIGMOÏDE**, adj. *sigmoid*. Anat. Sigmoídeo, se dice de ciertas cavidades que presentan la figura de la letra *sigma* en el alfabeto griego.

**SIGNAL**, m. *siñál*. Señal, signo de conviccion entre dos ó mas personas que sirve para advertir ó avisar de alguna cosa con campana, tambor, cañon, fuego, etc. || Signo, presagio, preludio, lo que anuncia y provoca una cosa. *Cette émeute fut le signal de la révolution*, este motin ó alboroto fué el preludio de la revolucion.

**SIGNALEMENT**, m. *siñalmán*. Filiacion, señas ó nota que se toma del exterior de una persona para reconocerla en caso necesario.

**SIGNALER**, a. *siñalé*. Tomar nota de las señas exteriores de una persona, indicando su edad, nombre, estatura, color, etc. || Hablando de soldados, es tomar la filiacion. || Señalar, fijar la atencion ó hacerla fijar sobre alguno. || Mar. Hacer señal, dar aviso ó advertir alguna novedad por medio de los signos convenidos. || met. Señalar, hacer famosa, notable, memorable una accion ó cosa semejante. || *Se signaler*, r. Señalarse, distinguirse, hacerse notable, célebre por algun medio, por alguna accion.

**SIGNANDAIRE**, adj. y s. m. *siñandér*. Jurisp. ant. Que sabe firmar, que ha firmado, hablando de un testigo.

**SIGNATAIRE**, m. y f. *siñatér*. Firmante, que ha firmado, que ha puesto su firma.

**SIGNATURE**, f. *siñatúr*. Firma, nombre y rúbrica que pone una persona al fin de un documento cualquiera con objeto de hacerlo valedero, de autorizarlo en forma. || Impr. Signatura, signo que se pone en la primera plana de cada pliego para servir de guia en la encuadernacion.

**SIGNE**, m. *siñ*. Signo, indicio, muestra, señal. || Señal, marca que tiene una persona en el rostro ó parte visible. || Seña que se hace con la vista, con la cabeza, etc., para manifestar lo que se piensa ó lo que se quiere. || Astr. Signo, cada una de las doce partes iguales en que se consideran divididos el zodiaco y la ecliptica. || Prodigio, maravilla, milagro, en lenguaje de la Escritura. || pl. Signos, fenómenos que aparecen algunas veces en el cielo y se consideran como presagios. || Mar. Señal, combinacion de muchos signos que se ejecutan con banderas, con tambor, campana, telégrafo, etc. || *Le signe de la croix*, la señal de la cruz. *Faire le signe de la croix*, santiguarse, persignarse. || *Se parler par signes*, hablarse por señas

**SIGNER**, a. *siñé*. Firmar, poner el nombre y rúbrica al pié de un escrito. || *Signer un contrat*, firmar un contrato como testigo ó como interesado. || met. *Les martyrs ont signé leur confession de leur sang*, los mártires han sellado sus creencias con su sangre. || *Se signer*, r. Persignarse, santiguarse, hacer la señal de la cruz.

**SIGNET**, m. *siñé*. Registro, las cintas que se cosen en la cabeza de la nervadura de un libro para señalar la página que se quiere encontrar desde luego.

**SIGNIFIANT, E**, adj. *siñifián*. Significante, que significa. || Significativo.

**SIGNIFICATEUR**, m. *siñificateur*. Astr. Significador, punto de la ecliptica que indica un suceso. || adj. m. *Point significateur*, punto significador.

**SIGNIFICATIF, IVE**, adj. *siñificatif, iv*. Significativo, que significa: *mot significatif*. || Significativo, significante, expresivo, que demuestra de un modo indudable la intencion, el pensamiento.

**SIGNIFICATION**, f. *siñificasión*. Significacion, espíritu, sentido ó misterio que encierra una cosa. || For. Notificacion, accion de notificar una providencia, una sentencia, etc.

**SIGNIFICATIVEMENT**, adv. *siñificativmán*. Significativamente, de una manera significativa.

**SIGNIFIER**, a. *siñifié*. Significar, encerrar alguna significacion, algun misterio ó idea. || Significar, denotar, representar una cosa por un signo, indicio ó señal. || Significar, dar á entender. || Notificar, hacer saber una providencia ó sentencia. || Notificar, expresar, significar una cosa expresamente. || *Les offres que vous me faites ne signifient rien*, las ofertas que Vd. me hace son de poco valor, son inútiles.

**SIGNOLLE**, m. *siñól*. Especie de devanadera.

**SIGUETTE**, f. *siguét*. Serreta del cabezon del caballo.

**SIL**, m. *sil*. Silicia, tierra con que se hacian antiguamente los colores rojo y amarillo, como en el dia con el ocre y el almazarron.

**SILENCE**, m. *siláns*. Silencio, estado de una persona que no habla. || Silencio, quietud, sosiego, calma que se encuentra en los lugares solitarios. Tiene otras acepciones, comunes á entrambas lenguas. || *Passer une chose sous silence*, pasar una cosa en silencio, no hablar de ella. || *Faire quelque chose en silence*, hacer algo con sigilo, secretamente. || *Imposer silence*, imponer silencio, hacer callar. || Mús. Pausa. || interj. *Silence!* silencio! callar! punto en boca!

**SILENCIAIRE**, m. [illegible]
Silenciario, el que [illegible]
cia guardar silencio á los [illegible]
tambien de algunos religios[illegible]
mucho silencio, como los [illegible]
caso es lo mismo que silenci[illegible]
**SILENCIEUSEMENT**, ad[illegible]
sman. Silenciosamente, este [illegible]
cio.
**SILENCIEUX, EUSE**, adj. [illegible]
Silencioso, callado, que [illegible]
Poét. Silencioso, donde no [illegible]
do reina gran silencio [illegible]
**SILÈNE**, m. *silén*. Zool. [illegible]
cuadrúpedo que se cria en [illegible]
oreja corta y redonda como [illegible]
no, especie de mariposa [illegible]
m. pl. Silenos, [illegible]
V. SATYRES.
**SILÉSIEN, NE**, adj. y [illegible]
Silesio, de Silesia.
**SILEX**, m. *silécs*. Miner. [illegible]
de pedernal.
**SILHOUETTE**, f. *siluét*. [illegible]
de perfil, sacado por el conto[illegible]
bra.
**SILICE**, f. *silís*. Miner. [illegible]
para que forma la base [illegible]
de roca, del pedernal, etc.
**SILICEUX, EUSE**, adj. [illegible]
Miner. Silíceo, que es de [illegible]
silex ó pedernal.
**SILICIUM**, m. *silisiom*. [illegible]
sustancia metálica que form[illegible]
lice aligada con el oxígeno.
**SILICULE**, f. *silicúl*. Bot. [illegible]
bre que se da al pericarpo [illegible]
vidido interiormente por [illegible]
membranosa que encierra la [illegible]
**SILICULEUX, EUSE**, adj. [illegible]
Bot. Siliculoso, que contien[illegible]
culas.
**SILIQUE**, f. *silíc*. Bot. [illegible]
seco, prolongado, [illegible]
suturas longitudinales [illegible]
paracion interior en que [illegible]
**SILIQUEUX, EUSE**, adj. [illegible]
Bot. Silicoso, que produce [illegible]
**SILLAGE**, m. *sillág*[illegible]
ó señal que deja un buque [illegible]
*Faire bon sillage*, [illegible]
vegar con rapidez y [illegible]
**SILLÉE**, f. Mar. V. [illegible]
**SILLER**, n. *sillé*. Mar. [illegible]
cidad, llevar salida un buque[illegible]
ser los párpados á un ave [illegible]
que no se bata.
**SILLET**, m. *sillé*. Ceja, [illegible]
de marfil ó de madera en [illegible]
cuerdas sobre el mástil de[illegible]
de un violin, etc.
**SILLOMÈTRE**, m. [illegible]
trumento propio para medir [illegible]
buque. En algunas partes [illegible]
dera.
**SILLOMÉTRIQUE**, [illegible]
Mar. Se dice de lo que [illegible]
corredera ó instrumento [illegible]
dir la velocidad de un buque[illegible]
**SILLON**, m. *silló*. [illegible]
el arado en la tierra. [illegible]
fundidad, bandera que [illegible]
conchas ó frutas. [illegible]
los caballos en el paladar[illegible]
ñal que deja una cosa [illegible]
*Un sillon de lumière*, [illegible]
pl. Poét. Campos, [illegible]
*a inondé, a abreuvé* [illegible]
sangre ha regado [illegible]
**SILLONNER**, a. [illegible]
surcos en la tierra, [illegible]
hacer zalcos, rayas [illegible]
gas en la cara. [illegible]
res: se dice [illegible]
**SILO**, m. *siló*. Silo, [illegible]
que se abre en [illegible]
los granos.
**SILPHE**, m. V. [illegible]
**SILURE**, m. [illegible]
de peces.
**SILVAINS**, m. pl. V. [illegible]
**SILVE**, f. *silv*. Silva, [illegible]

sicion poética. || Silva, coleccion de piezas sueltas.

**SILVICULTURE**, f. *silvicultùr*. Silvicultura, cultivo de las selvas.

**SIMAISE**, f. V. CYMAISE.

**SIMAROUBA**, m. *simarùba*. Bot. Simaruba, árbol de América.

**SIMARRE**, f. *simárr*. Cimarra, vestido largo que usaban las mujeres antiguamente. Especie de toga de ceremonia que llevan algunos magistrados.

**SIMBLEAU**, m. *senbló* Carp. Cuerda con que se trazan los grandes círculos cuando no alcanza el compas.

**SIMBLOT**, m. *senbló*. Especie de lizos para las telas labradas.

**SIMILAIRE**, adj. *similér*. Similar, homogéneo, que es de la misma naturaleza.

**SIMILARITÉ**, f. *similarité*. Similaridad, homogeneidad, cualidad de lo que es homogéneo.

**SIMILITUDE**, f. *similitúd*. Similitud, semejanza.

**SIMILOR**, m. *similór*. Similor, composicion metálica ó mezcla de cobre y zinc, que tiene la apariencia del oro.

**SIMONIAQUE**, adj. *simoniác*. Simoníaco, que contiene simonía; que comete simonías. Úsase tambien como sustantivo.

**SIMONIE**, f. *simoní*. Simonía, compra que se hace con dinero ó efectos de alguna cosa espiritual ó aneja á cosas espirituales.

**SIMOUN**, m. *simún*. Simun, viento abrasador que se experimenta en los desiertos del África.

**SIMOUSSES**, f. pl. *simús*. Alamares que cuelgan de las cabezadas de los machos ó mulos.

**SIMPLE**, adj. *sénpl*. Simple, que no está compuesto. || Simple, que no está doble. || Simple, sencillo, sin adorno. || Inocente, cándido, sin malicia. || Simple, tonto, fácil de ser engañado. || Simple, fácil de ser comprendido ó entendido. || Es voz usada en química, matemáticas, gramática, y tiene igual significacion en ambas lenguas. || Es tambien sustantivo, como se ve en este ejemplo: *Dieu aime les humbles et les simples.* || *Parier double contre simple*, apostar dos contra uno. || Bot. Simple, nombre genérico y vulgar de las yerbas y plantas medicinales.

**SIMPLEMENT**, adv. *senplemán*. Simplemente, de una manera simple. || Meramente, solamente. || Sencillamente, lisamente, simplemente, buenamente.

**SIMPLESSE**, f. ant. *senplés*. Simplicidad, ingenuidad natural acompañada de dulzura, sin doblez ni malicia.

**SIMPLICISSIME**, adj. superl. de SIMPLE. *senplisisim*. Simplísimo, muy simple.

**SIMPLICITÉ**, f. *senplisité*. Simplicidad, cualidad de lo que es simple. || Simplicidad, sencillez, ingenuidad, candor. || Sencillez, llaneza en el porte, trato y costumbres. || Sencillez en el estilo y en las obras del arte. || Simpleza, tontería, bobería, facilidad excesiva para creer y dejarse engañar.

**SIMPLIFICATION**, f. *senplificasión*. Simplificacion, accion y efecto de simplificar.

**SIMPLIFIER**, a. *senplifié*. Simplificar, reducir al estado de simple lo que era compuesto, hacer mas sencilla, ménos complicada una cosa.

**SIMPUVION**, m. *senpuvión*. Antig. Simpuvion, vaso sagrado que se usaba antiguamente en las libaciones.

**SIMULACRE**, m. *simulácr*. Simulacro, imágen, estatua, figura, representacion de las falsas deidades. || Fantasma, espectro, vestigio. || *De vains simulacres*, vanos espectros ó fantasmas. || Simulacro, sombra, imágen vana ó aérea: *simulacre de royauté, de république.* || met. Simulacro, representacion fingida de alguna cosa: *un simulacre de combat, de débarquement, etc.*

**SIMULATION**, f. *simulasión*. Simulacion, fingimiento, disimulo ó ficcion.

**SIMULER**, a. *simulé*. Simular, fingir, hacer parecer realidad lo que no es sino una

**SIMULTANÉ**, ÉE, adj. *simultané*. Simultáneo, que se ejecuta ó tiene lugar en un mismo instante.

**SIMULTANÉITÉ**, f. *simultaneité*. Simultaneidad, existencia de dos ó mas cosas á un mismo tiempo.

**SIMULTANÉMENT**, adv. *simultanemán*. Simultáneamente, en un mismo instante, al mismo tiempo.

**SINA**, f. *sina*. Seda de la China, de que se hace la gasa.

**SINAÏTE**, adj. y s. *sinait*. Sinaita, del monte Sinaí.

**SINAPI** ó **SINAPIS**, m. *sinápi*, *sinápis*. Bot. Mostaza, la planta que la produce.

**SINAPISER**, a. *sinapisé*. Poner sinapismos. || Espolvorear mostaza sobre una cataplasma. || Curar alguna contusion ó magulladura con sinapismos.

**SINAPISME**, m. *sinapism*. Sinapismo, medicamento tópico en que entra la mostaza.

**SINCÈRE**, adj. *sensér*. Sincero, ingenuo, franco, natural, sin doblez, sin ficcion.

**SINCÈREMENT**, adv. *sensermán*. Sinceramente, con sinceridad.

**SINCÉRITÉ**, f. *senserité*. Sinceridad, cualidad de lo que es sincero. || Sinceridad, candor, ingenuidad, franqueza, hablando de las personas.

**SINCIPITAL**, E, adj. *sensipitál*. Anat. Sincipital, que tiene relacion con el sincipucio.

**SINCIPUT**, m. *sensipu*. Anat. Sincipucio, vértice ó coronilla de la cabeza.

**SINDOC**, m. *sendóc*. Bot. Sindoc, árbol de las islas de la Sonda.

**SINDON**, m. *sendón*. Cir. Lechino ó clavo de hilas que se introduce en la abertura hecha con la legra. || Sábana santa, el santo sudario con que fué envuelto Jesucristo.

**SINÉCURE**, f. *sinecúr*. Prebenda, bocado sin hueso, beneficio simple, empleo ó título que produce utilidad sin ningun trabajo ni obligacion.

**SINÉCURISTE**, m. irón. *sinecurist*. Prebendado, canónigo, beneficiado simple, el que disfruta un título ó empleo lucrativo sin estar sujeto á trabajo ni obligacion alguna.

**SINGE**, m. *sénge*. Mono, animal cuadrúmano. || met. Mono, arrendajo, el que imita, que remeda las acciones, las maneras de otro. || Pantógrafo, instrumento para copiar mecánicamente estampas y dibujos sin haber tenido principios del arte. || Compas de proporcion para copiar planos y dibujos. || Mar. Molinete con que se cargan y descargan efectos por el costado, en las embarcaciones mercantes. || met. *Monnaie des singes*, maulerías, muecas, monadas que no tienen valor. *Payer en monnaie de singe*, burlarse del acreedor en vez de pagarle. || *Dire la patenôtre des singes*, refunfuñar, rezar como las monas.

**SINGER**, a. *sengé*. Remedar, contrahacer, imitar como hace el mono.

**SINGERIE**, f. *sengerí*. Monería, gesto, visaje ridículo. || Remedo, adulacion servil, imitacion ridícula de lo que otro hace para congraciarse.

**SINGEUR**, adj. y s. m. neol. *sengeur*. Remedador, el que remeda ó imita las acciones de otro.

**SINGULARISER**, a. *sengularisé*. Singularizar, hacer singular, extraordinario. || *Se singulariser*, r. Singularizarse, distinguirse, hacerse singular por algun capricho, opinion, accion ó rareza.

**SINGULARITÉ**, f. *sengularité*. Singularidad, lo que hace que una persona ó cosa sea singular. || Modo de proceder extraordinario, que difiere del de los demas.

**SINGULIER**, ÈRE, adj. *sengulié*, *ér*. Singular, particular, que se diferencia de los otros. || Singular, raro, único, extraordinario, excelente. || Singular, extravagante, raro, caprichoso. || *Combat singulier*, combate singular, duelo, desafío que se tiene cuerpo á cuerpo, con una sola persona. || Gram. Singular, relativo á una sola persona, á una cosa sola. En este sentido es tambien sustantivo.

**SINGULIÈREMENT**, adv. *senguliermán*. Singularmente, particularmente, especialmente, principalmente. || Extravagantemente, de un modo ridículo, extravagante, de un modo singular, raro. || Extrañamente, de un modo extraño; de un modo sorprendente.

**SINISTRE**, adj. *sinistr*. Siniestro, infausto, desgraciado, adverso, fatal, aciago, que causa desgracias, que las presagia. || Siniestro, pernicioso, malo, malvado: *projet sinistre.* || *Regard sinistre, physionomie sinistre*, mirada, fisonomía que asusta, que anuncia algo de mal agüero. || m. Desgracia, desastre, pérdida causada por un naufragio, por un incendio.

**SINISTREMENT**, adv. *sinistrmán*. Siniestramente, de una manera siniestra, desfavorable.

**SINOLOGUE**, m. y f. *sinológue* Sinólogo, el que sabe, el que habla el idioma chino.

**SINON**, conj. *sinón*. Sino, de otra suerte de otro modo. *Cessez ce discours, sinon je me retire*, dejad esa conversacion, sino me retiro.

**SINOPLE**, m. *sinópl*. Blas. Sinople, el color verde.

**SINUÉ**, ÉE, adj. *sinué*. Bot. Sinuado, escotado, asegado, que no está en línea recta.

**SINUEUX**, EUSE, adj. *sinueu*, *eus*. Tortuoso, sinuoso, que tiene vueltas y rodeos.

**SINUOSITÉ**, f. *sinuosité*. Sinuosidad, vueltas y revueltas, rincones y recovecos que hace una cosa sinuosa.

**SINUS**, m. *sinus*. Geom. Seno, perpendicular que se dirige desde una de las extremidades de un arco sobre el radio de la otra extremidad. || Anat. Seno, nombre de varias cavidades del cuerpo cuyo interior es mas ancho que su entrada. || Cir. Seno, pequeña cavidad que forma un tumor, una llaga ó apostema.

**SIPHILIS**, f. V. SYPHILIS y sus derivados.

**SIPHON**, m. *sifón*. Quím. Cantimplora, sifo ó tubo de un alambique que sirve para hacer pasar un licor de una á otra vasija. || Mar. Bomba marina, tromba, manga, parte de una nube que á modo de pico de alquitara ó alambique, se alarga y desciende aproximándose al agua, y la levanta ó atrae formando una especie de torbellino.

**SIRE**, m. *sir*. Señor, título ó tratamiento que se da á los emperadores y reyes exclusivamente. Se usa algunas veces en lenguaje familiar é irónico, para decir hombre importante: *c'est un beau sire.*

**SIRÈNE**, f. *sirén*. Mit. Sirena, monstruo marino, ninfa fabulosa. || met. Sirena, dícese de la mujer que embelesa con su canto, ó encanta con sus maneras y gracias.

**SIRERIE**, m. y f. *sirerí* (e muda). Señorío, título que tomaban ciertas tierras en tiempo del feudalismo.

**SIRIASE**, f. *siriás*. Med. Insolacion, inflamacion del cerebro, causada por el ardor del sol.

**SIRINGUE**, f. *siréngue*. Bot. Jeringuilla, planta.

**SIRIUS**, m. *sírius*. Astr. Sirio, una de las estrellas que forman la constelacion del Can.

**SIROC** ó **SIROCO**, m. *siróc*, *siróco*. Mar. Siroco, jaloque, nombre que se da en el Mediterráneo al viento sudeste.

**SIROP**, m. *siró*. Jarabe, almíbar. || *Sirop de capillaire*, jarabe de culantrillo.

**SIROPER**, a. *siropé*. Almibarar, mezclar con almíbar ó con jarabe alguna cosa.

**SIROTER**, n. fam. *siroté*. Beborrotear, beber poco á poco y con placer.

**SIRSACAS**, m. pl. *sirsacá*. Sirsacas, tejido de algodon que se fabrica en las Indias.

**SIRTES**, m. pl. *sirt*. Mar. Sirtes, bajíos, bancos que forma la arena movediza.

**SIRTIQUE**, adj. *sirtic*. Mar. Sírtico, que concierne á los sirtes.

**SIRUPEUX**, EUSE, adj. ant. *sirupeu*, *eus*. Almibarado, que tiene la forma ó las propiedades del almíbar.

**SIRVENTE**, m. *sirvánt*. Serventesio, poesía antigua escrita en dialecto provenzal.

**SIS**, E, part. pas. de SEOIR, que no se usa ya. Se usa el adjetivo en estilo forense, y significa situado, sito. *Un domaine sis à tel endroit*, un terrazgo sito en tal parte.

**SISON**, m. *sisón*. Bot. Berraza, género de plantas umbelíferas.

**SISSITE**, m. *sisít*. Sisita, mineral de hierro.

**SISTER**, n. *sistí*. For. ant. Ser parte en un pleito. || *Se sister*, r. Comparecer en juicio.

**SISTRE**, m. *sistr*. Sistro, instrumento musical de los antiguos.

**SISYMBRE**, m. *sisénbr*. Bot. Especie de berro, planta crucífera.

**SITARCHIE**, f. *sitarchí*. Sitarquía, especie de factoría ó administracion de los víveres en tiempos antiguos.

**SITARCHIQUE**, adj. *sitarchíc*. Sitárquico, que pertenecia á la sitarquía.

**SITARQUE**, m. *sitárc*. Sitarca, factor ó comisario encargado antiguamente de la inspeccion de los víveres.

**SITE**, m. *sit*. Situacion, sitio, paraje, parte de un paisaje considerado segun la perspectiva que presenta.

**SITIOLOGIE**, f. *sitiologí*. Didáct. Sitiología, tratado sobre los alimentos.

**SITOCOME**, m. *sitocóm*. Antig. gr. Sitocomio, magistrado encargado de la inspeccion del trigo.

**SITOCOMIE**, f. *sitocomí*. Sitocomía, suministro de trigo en Aténas.

**SITOPHAGE**, adj. *sitofágo*. Didáct. Sitófago, que se alimenta de trigo.

**SITÓT**, adv. *sitó*. Tan pronto. *Il n'arrivera pas sitôt*, no llegará tan pronto. Tambien se dice: *il n'arrivera pas de sitôt*. || *Sitôt que*, loc. conj. Luego que, al instante que, al punto que, así que.

**SITUATION**, f. *situasión*. Situacion, asiento, posicion topográfica de una ciudad, planta de una casa, castillo, etc. || Postura, positura, hablando de una persona ó un animal. || Situacion, disposicion, estado moral en que se encuentra una persona. || Situacion, estado en que se hallan los negocios de alguno. || Paso, momento en que la accion de un drama excita un vivo interes. || *Ce personnage est en situation*, ese personaje está en accion, en disposicion de producir sensacion sobre los espectadores. || *Vers, mot de situation*, verso ó palabra de circunstancias, que obtiene de ellas el mérito que pueda atribuírsele.

**SITUER**, a. *situé*. Situar, colocar, poner una cosa en cierto lugar.

**SIVADIÈRE**, f. *sivadiér*. Cevadera, medida de granos que se usaba en la Provenza.

**SIX**, adj. num. *sis*. Seis, número que se compone de dos veces tres unidades. || Significa algunas veces lo mismo que *sixième*; como *page six, livre six, etc.* || *Charles six, Urbain six*, Cárlos sexto, Urbano sexto. || m. El número seis: *six et six font douze*. || El dia seis del mes: *le six du mois*. La cifra ó guarismo que representa el número 6. || Seis, carta que marca seis puntos en el juego de naipes. || *Le six de trèfle, un six de carreau, etc.*, un seis de bastos, un seis de oros, hablando de la baraja de naipes. || *Double six*, seis doble en el juego de dominó. || Mús. *Six quatre*, seis por cuatro, hablando de este compas. || *Six huit*, seis por ocho.

**SIXAIN**, m. *sisén*. Sextilla, composicion poética de seis versos. || En el juego de naipes, paquete que contiene seis barajas.

**SIXIÈME**, adj. *sisiém*. Sexto, número ordinal que indica una de las partes de un todo dividido en seis. || m. Sexto, sexta parte, una de las seis que componen un todo. || f. La sexta clase en el órden de los estudios de un colegio. || Sexta, en la música. || Sexta, en el juego de los cientos las seis cartas que hacen juego seguido.

**SIXIÈMEMENT**, adv. *sisiemmán*. Sexto, en sexto lugar.

**SIXTE**, f. *sicst*. Mús. Sexta, intervalo de seis tonos entre dos sonidos ó puntos de la octava. || *Sixte majeure*, sexta mayor, hexacordo mayor. || *Sixte mineure*, sexta menor, hexacordo menor.

**SLABRE**, m. *slábr*. Mar. Barca pequeña que se usa en la pesca de los arenques.

**SLAVE**, adj. y s. *slάv*. Eslavo, nombre de un pueblo del norte de Europa, que habitaba los confines de Alemania.

**SLOOP**, m. *slúp*. Mar. Buque de ménos de veinte cañones, como chalupa, corbeta, etc. Es palabra inglesa.

**SMACK**, m. *smác*. Mar. Especie de buque inglés.

**SMARAGDIN, E**, adj. *smaragdén, ín*. Esmeraldino, de color verde ó parecido á la esmeralda.

**SMARAGDOPRASE**, m. *smaragdoprás*. Miner. Esmeralda de un hermoso verde.

**SMECTITE**, f. *smectít*. Tierra gredosa con la que se lavan las lanas en Inglaterra.

**SMILAX**, m. *smiláçs*. Bot. Zarzaparrilla, planta cuya raiz se emplea en medicina como sudorífico.

**SMILLE**, f. *smill*. Albañ. Pico con que se labra la piedra asperon.

**SMILLER**, a. *smillé*. Albañ. Picar ó labrar la piedra asperon.

**SMOGLEUR**, m. *smogleur*. Barco inglés para hacer el contrabando. || Tambien se llama así el mismo contrabandista y el marino que va en dicho barco.

**SMYRNÉEN, NE**, adj. y s. *smirneén, én*. Esmirnes, de Esmirna, ciudad de Asia.

**SOBRE**, adj. *sόbr*. Sobrio, parco, templado en el comer y beber. || *Il a fait un repas sobre*, ha comido con sobriedad. || met. Comedido, moderado, que no se excede en acciones ni palabras. || *Sobre en paroles, à parler*, comedido, escaso de palabras, contenido en el hablar.

**SOBREMENT**, adv. *sobrmán*. Sobriamente, con sobriedad, parcamente, frugalmente. || met. Comedidamente, moderadamente, con moderacion.

**SOBRIÉTÉ**, f. *sobrieté*. Sobriedad, templanza, moderacion en comer y beber.

**SOBRIQUET**, m. *sobriqué*. Apodo, mote, sobrenombre, nombre odioso ó ridículo que se aplica á una persona.

**SOC**, m. *sóc*. Reja de arado.

**SOCIABILITÉ**, f. *sosiabilité*. Sociabilidad, cualidad del hombre sociable. || Sociabilidad, aptitud para vivir en sociedad.

**SOCIABLE**, adj. *sosiábl*. Sociable, que tiene buena disposicion ó inclinacion á vivir en sociedad. || Sociable, que puede vivir en sociedad, que es de un carácter afable, condescendiente y de un comercio agradable en el trato de las gentes.

**SOCIABLEMENT**, adv. *sosiablmán*. Sociablemente, de una manera sociable.

**SOCIAL, E**, adj. *sosiál*. Social, que pertenece, que tiene relacion con la sociedad. || Com. *Raison sociale*, razon social, nombre bajo el cual está representada una casa de comercio. || Hist. rom. *Guerre sociale*, la guerra de los aliados, esto es, de los pueblos aliados contra Roma.

**SOCIALEMENT**, adv. *sosialmán*. Socialmente, de una manera social.

**SOCIABILITÉ**, f. *sosiabilité*. Sociabilidad, estado de una persona civilizada y apta para vivir en sociedad.

**SOCIÉTAIRE**, adj. y s. *sosietér*. Socio, que forma parte en alguna sociedad. Se usa principalmente hablando de una sociedad literaria, musical, etc.

**SOCIÉTÉ**, f. *sosieté*. Sociedad, reunion de personas que viven bajo unas mismas leyes ó costumbres. || Sociedad, compañía, para el comercio ó para algun negocio. || Sociedad, asociacion de personas para formar alguna academia ó promover las ciencias. || Sociedad, tertulia, reunion de personas en una casa para hablar y divertirse amistosamente. || Compañía, trato, relaciones amistosas que tienen entre sí dos ó mas personas. || *Sociétés savantes*, sociedades científicas.

**SOCINIANISME**, m. *sosinianism*. Socinismo, célebre sistema herético fundado por Fausto Socino en el siglo XVII. Algunos traducen socinianismo. El hereje Socino negaba todos los misterios de la religion y en particular la divinidad de Jesucristo.

**SOCINIEN, NE**, adj. y s. [illegible] Socinista, partidario, defensor de las doctrinas de Socino. || adj. Socinista, que concierne al socinismo ó socinianismo.

**SOCLE**, m. *sócl*. Arq. Zócalo, [illegible] cuadrado, mas ancho que alto, que [illegible] base á toda suerte de decoraciones [illegible] monumento ó edificio. || Pedestal [illegible] sobre que se pone un busto, [illegible] semejante.

**SOCQUE**, m. *sóc*. Zueco, [illegible] zado de madera que usaban [illegible] sos. || Chanclo, zueco, especie de [illegible] madera ó de suela que se ajusta [illegible] pato para preservar los piés de la [illegible]

**SOCRATIQUE**, adj. *socratíc*. [illegible] que pertenece á Sócrates. || *Amour socratique*, amor socrático, amor puro.

**SOCRATISER**, n. *socratisé*. [illegible] moralizar, razonar con [illegible] crates. || Socratizar, imitar á Sócrates [illegible] paciencia que tuvo con su mujer.

**SODA**, m. *sóda*. Med. Dolor de [illegible] CÉPHALALGIE. || Mal de garganta [illegible] estómago. || Miner. Soda, [illegible] sosa.

**SODALISTE**, m. *sodalíst*. [illegible] mano de una misma comunidad [illegible]

**SODALITÉ**, f. *sodalité*. V. C[illegible]

**SODOMIE**, f. *sodomí*. Sodomía [illegible] contra natura.

**SODOMITE**, adj. y s. m. [illegible] que comete el pecado de sodomía.

**SŒUR**, f. *seur*. Hermana, [illegible] mismo padre y de la misma [illegible] persona. || Hermanastra, [illegible] ó de madre solamente. En [illegible] liar se llama *demi-sœur*. || *Sœur* [illegible] cucha ó religiosa encargada de [illegible] al locutorio á una compañera ó [illegible] y escuchar la conversacion [illegible] con la persona que va á [illegible] *aînée*, hermana mayor. || *Sœur* [illegible] mana segunda, tercera, etc. || [illegible] *ne*, hermana carnal, esto es, de [illegible] dre y madre. || *Sœur utérine*, [illegible] rina, solo de parte de madre. [illegible] *sanguine*, hermana de parte de [illegible] de madre. || *Sœur de lait*, hermana [illegible] || *Sœurs jumelles*, hermanas [illegible] llizas. || *Belle-sœur* cuñada ó [illegible] tica. || *Les neufs sœurs*, las [illegible] las musas.

**SŒURETTE**, f. dim. de [illegible] Hermanilla, hermanita, [illegible]

**SOFA ó SOPHA**, m. *sofá*. [illegible] canapé del mismo género que [illegible] tambien camas en forma de [illegible]

**SOFFITE**, f. *sofít*. Arq. [illegible] sonado con figuras ó [illegible]

**SOI**, pron. sing. de la 3ª. [illegible] siempre acompañado de una [illegible] *soi, de soi, en soi-même*, á [illegible] mo. *Avec soi*, consigo. *Sur soi* [illegible] sigo. || *Chez soi*, en su casa. || [illegible] dueño de sí mismo, no [illegible] *N'être pas à soi*, no estar [illegible] dido el sentido. || *Rentrer en soi* [illegible] su interior, reflexionar [illegible] con mayor calma. || *Revenir à soi* [illegible] sí, recobrar el sentido; y en [illegible] gurado recobrar la razon, [illegible] nidad. || *Rentrer chez soi*, [illegible] || *Vivre chez soi*, vivir separado [illegible] o comercio social.

**SOI-DISANT**, adj. *soa-[illegible]* Titulado, llamado, que se [illegible] le, hablando del que se [illegible] miento ó título que no le [illegible] no está reconocido por la [illegible] *Un soi-disant héritier*, un [illegible] ro, uno que se titula heredero [illegible] bien jocosamente. *Un soi-disant* [illegible] un titulado marques.

**SOIE**, f. *soá*. Seda, [illegible] que producen ciertos gusanos [illegible] cuyo brillo, suavidad, [illegible] la hacen muy estimada en [illegible] do. || Espiga de una espada [illegible] espigue que entra en la [illegible] *grège*, pelo de seda. || *Soie* [illegible] sin torcer. || *Soie de* [illegible] *moscher*, seda cruda ó en [illegible]

**…NEUX, EUSE**, adj. *suasieu, eus.* …so, solícito, diligente, que pone cui… atencion en lo que hace.

…, m. *suán*. Cuidado, diligencia, apli… atencion que se pone en la ejecucion … na cosa. || Cuidado, accion de vigilar, … y cuenta de una cosa que interesa. || … pl. Cuidados, atenciones, buenos ser… obsequios. || *Donner des soins* á un …, asistir, cuidar á un enfermo como …vo ó como encargado. || *Rendre des* … *quelqu'un*, obsequiar á uno, servir… …le la corte. || *En être aux petits soins* …*elqu'un*, tener las mayores atencio… alguno. || *Les soins du ménage, d'une* …, *etc.*, los cuidados domésticos, la … que exige el interior de una casa. || …s, inquietudes, penas, aflicciones.

…, m. *suár*. La tarde, las últimas ho… …dia, y tambien el principio de la no… …*bonsoir*, buenas tardes; y tambien … noches, siendo ántes de irse á acos… …ndo dos ó mas personas se retiran … á acostarse, se dice comunmente …*soir*. || met. *Le soir de la vie*, el de… … la vida, la vejez.

…ÉE, f. *suaré*. Velada, noche, espa… tiempo que media desde que anoche… … la hora de acostarse. || Tertulia. *Al*… …*soirée*, ir á la tertulia, á una reu…

…SONNAIS, E, adj. y s. *suasoné, éz.* …e, de Sonson (Soissons), ciudad de …

…, adv. interj. *suá*. Sea, bien está, …mente: indica la aprobacion, el asen… … de una persona. Es un modo de ha… …blico, por: *qu'il en soit ainsi, je* …*ue cela soit*. || *Ainsi soit-il*, amen, … || conj. alternat. Que. *Soit qu'il le* …*it qu'il ne le fasse pas*, que lo haga … no haga. Puede algunas veces tradu… … el que. *Soit faiblesse, soit bonté*, …eza ó bondad; ó, ya sea, bien sea, …laqueza ó bondad. || *Tant soit peu*, … Por poco que sea.

**…ANTAINE**, f. *suasantén*. Sesenta, …nta, cerca de sesenta, sesenta poco …énos: *une soixantaine de person*… … *soixantaine de francs*. || absol. y … *soixantaine*, los sesenta, esto es, …años cumplidos.

**…ANTE**, adj. num. *suasánt*. Sesenta, … cardinal que contiene seis decenas. …*nte et dix*, setenta. || Algunas veces … vez de *soixantième*; como cuando …*age soixante, paragraphe soixante*. …enta, el número sesenta.

**…ANTER**, n. *suasanté*. Hacer un ju… …senta puntos ántes que el adversa… … alguno, principalmente en el juego …ntos.

**…ANTIÈME**, adj. *suasantiém*. Sexa… …adénero de órden que expresa el que …mpues de cincuenta y nueve. || m. Se… …o, la sexagésima parte de un todo.

…m. *sól*. Suelo, terreno, territorio, …ado respecto á su naturaleza ó á sus …

la oberjina ó melongena, la dulzamara, la patata, etc.

**SOLBATTU, E**, adj. *solbatú*. Vet. Cerrado, que no tiene bastante extension en los suelos: *cheval solbattu*, y mejor *solebattu*.

**SOLBATTURE**, f. *solbatúr*. Vet. Estrechura de suelos en una caballería de carga ó de tiro.

**SOLDANELLE**, f. *soldanél*. Bot. Soldanela, género de plantas que se llama tambien *choux de mer*. V. LISERON.

**SOLDAT**, m. *soldá*. Soldado, militar, guerrero, individuo que depende del ejército, cualquiera que sea su graduacion. || En sentido ménos lato, el soldado que no tiene ningun grado, de cabo abajo. || Se usa tambien como adjetivo: *avoir l'air soldat*. || *Simple soldat*, soldado raso.

**SOLDATESQUE**, f. colect. *soldatésc*. Soldadesca, conjunto de soldados rasos, principalmente de los que están indisciplinados. || adj. Soldadesco, que es propio de un soldado.

**SOLDE**, f. *sóld*. Sueldo ó paga que recibe la tropa. || m. Saldo, pago que se hace hasta completar el débito ó la deuda anotada en los libros de caja. || *Solde de compte*, saldo de cuenta.

**SOLDER**, a. *soldé*. Asalariar, señalar sueldo á las tropas auxiliares de una nacion. || Saldar una cuenta.

**SOLE**, f. *sól*. Agr. Hoja, pedazo de tierra que se deja en descubierto cada tercer año. || Vet. Suelo, parte posterior del casco de una caballería. || Zool. Suela ó lenguado, especie de pescado de mar.

**SOLÉCISME**, m. *solesism*. Solecismo, yerro en la construccion ó concordancia, es decir, falta de sintáxis.

**SOLEIL**, m. *soléil*. Sol, astro luminoso que nos comunica la claridad y vivifica la tierra. || *Le soleil de justice*, el sol de justicia, Dios. || Sol, en los fuegos artificiales es una pieza que gira al rededor un largo rato proyectando el fuego en forma de rayos. || Viril, pieza de oro ó plata que en su parte superior tiene la figura de un sol y en cuyo centro se coloca la hostia cuando el Santísimo Sacramento está manifiesto. || Bot. Tornasol. V. HÉLIANTHE. || Sol, nombre que dan los alquimistas al oro. || met. Sol, lumbrera, todo aquello que comunica luz, física y moralmente hablando. || *Adorer le soleil levant*, adular á quien está en candelero ó que empieza á encumbrarse ó tener valimiento. || *Coup de soleil*, golpe de sol, ajo de sol.

**SOLENNEL, LE**, adj. *solanél*. Solemne, que va ó está acompañado de grandes ceremonias religiosas. || For. Solemne, auténtico, que está revestido de cuantas formalidades exige la ley para ser válido. || Solemne, hecho con gran pompa y majestad. || fam. *Ton solennel*, tono enfático.

**SOLENNELLEMENT**, adv. *solanelmán*. Solemnemente, con solemnidad.

**SOLENNISATION**, f. *solanisasión*. Solemnizacion accion de solemnizar.

personas se hacen responsables las unas de las otras, y cada una por todas en caso necesario.

**SOLIDE**, adj. *solíd*. Sólido, consistente, que tiene consistencia. *Aliments solides*, alimentos sólidos, que son nutritivos y por oposicion á líquidos || Sólido, fuerte, firme, compacto, macizo || Sólido, verdadero, real, efectivo, durable, hablando de las cosas morales. || m. Mat. Sólido, que contiene las tres dimensiones, es decir, que es alto, largo y profundo. || Fís. Sólido, cuerpo cuyas moléculas integrantes son bastante unidas por la fuerza de la cohesion para oponer una resistencia sensible á su separacion.

**SOLIDEMENT**, adv. *solidmán*. Sólidamente, con solidez.

**SOLIDIFICATION**, f. *solidificasión*. Solidificacion, accion de solidificar.

**SOLIDIFIER**, a. *solidifié*. Solidificar, dar consistencia ó solidez á un flúido, á un líquido.

**SOLIDITÉ**, f. *solidité*. Solidez, cualidad de lo que es sólido así en lo físico como en lo moral. || For. Responsabilidad que pesa in sólidum sobre dos ó mas personas. En esta acepcion equivale á *solidarité*, que es como se dice ahora.

**SOLILOQUE**, m. *solilóc*. Soliloquio, conversacion de una persona consigo misma. V. MONOLOGUE.

**SOLINS**, m. pl. *solén*. Arq. Bovedillas, vanos, espacios entre los tirantes que sostienen un piso ó techo. || Yeso que se pone sobre la solera para separar los tirantes.

**SOLIPÈDE**, adj. *solipéd*. Solipedo, que no tiene mas que un casco en cada pié, como el caballo, el asno, etc. || *Solipèdes*, m. pl. Solipedos, familia de animales que comprende los que tienen la pata terminada por un solo casco.

**SOLITAIRE**, adj. *solitér*. Solitario, que está solo, que no tiene compañía. || Solitario, que vive en la soledad, que gusta del retiro. || Solitario, retirado, desierto, hablando de sitios ó parajes. || Med. *Ver solitaire* ó absol. *solitaire*, solitario ó solitaria, lombriz muy larga y aplanada ó aplastada que se cria en los intestinos. V. TÆNIA. || m. Solitario, anacoreta, monje que vive en la soledad. || Solitario, juego en que juega una persona sola; los hay de varias clases, y señaladamente de naipes. || Solitario, grueso diamante que está montado solo en una alhaja.

**SOLITAIREMENT**, adv. *solitermán*. Solitariamente, de una manera solitaria.

**SOLITUDE**, f. *solitúd*. Soledad, estado de una persona que vive sola. || Soledad, yermo, desierto.

**SOLIVAGE**, m. *solivádge*. Arq. Conjunto de los tirantes que forman el techo de una habitacion.

**SOLIVE**, f. *solív*. Carp. Tirante, viga pequeña. || Carrera, viga grande. || *Petite solive*, vigueta.

**SOLIVEAU**, m. dim. de SOLIVE. *solivó*. Tirantillo, viga pequeña, vigueta. || Alfajía.

**SOLLICITABLE**, adj. *solisitábl.* Solicitable, que puede ó debe solicitarse.

**SOLLICITATION**, f. *solisitasión.* Solicitacion, accion de solicitar. || Solicitud, cuidado, diligencias que se practican para el buen éxito de un negocio. || Solicitacion, recomendacion que se hace á los jueces.

**SOLLICITER**, a. *solisité.* Solicitar, inducir, incitar á hacer alguna cosa. || Solicitar, pedir alguna cosa con instancia; solicitar, instar con promesas para conseguirla. || Seguir, diligenciar un negocio, un pleito, practicar las diligencias que se juzguen necesarias para obtener un buen resultado. || Recomendar un asunto al juez, al relator ó persona en cuyo poder se encuentra: *solliciter ses juges, son rapporteur.* || Solicitar, pretender, aspirar á obtener un empleo, cargo, etc.

**SOLLICITEUR, EUSE**, m. y f. *solisiteur, eus.* Agente encargado de seguir un negocio en nombre de otra persona. || Solicitante, solicitador, agente ó procurador que sigue un pleito ó demanda.

**SOLLICITUDE**, f. *solisitúd.* Solicitud, cuidado, esmero, afan. || Cuidado, inquietud que ocasiona un cargo, un negocio. || *Sollicitudes du siècle*, los cuidados ó afanes del siglo, de las cosas temporales.

**SOLO**, m. *sólo.* Mús. Solo, trozo de música que debe cantarse por una sola voz, ó ejecutarse por un solo instrumento. Es palabra italiana.

**SOLSTICE**, m. *solstis.* Solsticio, tiempo en que el sol se encuentra en el punto mas distante del ecuador.

**SOLSTICIAL, E**, adj. *solstisiál.* Astr. Solsticial, que tiene relacion con los solsticios.

**SOLUBILITÉ**, f. *solubilité.* Solubilidad, cualidad de lo que es soluble.

**SOLUBLE**, adj. *solúbl.* Soluble, que puede deshacerse ó reducirse á partículas casi invisibles. || Disoluble ó soluble, que es susceptible de disolucion ó resolucion, hablando de las cosas morales. *Ce problème n'est pas soluble*, este problema no puede resolverse.

**SOLUTION**, f. *solusión.* Solucion de una dificultad, de un argumento. || Resolucion de un problema. || Quím. Solucion, desleimiento de una cosa sólida en el agua. || Med. y Cir. *Solution de continuité*, solucion de continuidad, division ó separacion de las partes que ántes estaban unidas. || For. Solucion, pago, extincion de una deuda.

**SOLVABILITÉ**, f. *solvabilité.* Solvencia, medios, recursos, posibles con que pagar.

**SOLVABLE**, adj. *solvábl.* Solvente, abonado para pagar en caso necesario, que tiene con que pagar.

**SOMATOLOGIE**, f. *somatologí.* Somatología, tratado ó descripcion de las partes sólidas del cuerpo humano.

**SOMATOLOGIQUE**, adj. *somatologic.* Somatológico, que pertenece á la somatología.

**SOMBRE**, adj. *sónbr.* Oscuro, sombrío, opaco, lóbrego. Úsase de estas voces segun las cosas de que se habla. || *Couleur sombre*, color oscuro, apagado, sin brillo. || *Nuit sombre*, noche oscura, tenebrosa. || met. Opaco, triste, melancólico, sombrío, lúgubre. || *Il fait sombre*, el tiempo está oscuro, es triste, etc.

**SOMBRER**, n. *sonbré.* Mar. Zozobrar una embarcacion en un huracan navegando. Aquí se toma por perderse ó irse á pique: *ce vaisseau a sombré sous voiles.* || a. Agr. Cavar profundamente las viñas á mediados de mayo.

**SOMMAGE**, m. *somáge.* Derecho que se pagaba por las caballerías de carga.

**SOMMAIRE**, adj. *somér.* Sumario, abreviado, compendioso, lacónico. || For. *Matières sommaires*, asuntos sumarios, que deben juzgarse pronto y con pocas formalidades. || *Information sommaire*, sumaria informacion. || m. Resúmen, compendio, extracto.

**SOMMAIREMENT**, adv. *somermán.* Sumariamente, sucintamente, en compendio.

**SOMMATION**, f. *somasión.* For. Notificacion, accion de notificar. || Requerimiento, advertencia que se hace á uno para que obedezca ó haga lo que se le manda. || Intimacion que se dirige al jefe de una plaza para que la entregue ó se rinda. || Mat. La operacion de sumar muchas cantidades.

**SOMME**, f. *sóm.* Suma, cantidad de dinero. || Mat. Suma, resultado que produce la accion de sumar. *Somme totale*, total, suma total, producto de varias sumas. || Junco, especie de buque chino. || Resúmen, suma, título de algunos libros que tratan en compendio ciertas materias. *Somme saint Thomas*, Suma de santo Tomas. || Carga, peso que puede llevar sobre el lomo una caballería. || *Bête de somme*, acémila, caballería de carga. || *Une somme de blé*, una carga de trigo. || *Somme de clous*, doce millares de clavos. || *Poisson de somme*, pescado fresco aporreado en el camino ó traido en cargas. || *En somme*, loc. adv. En suma, en conclusion. || *Somme toute*, loc. adv. fam. En resumidas cuentas. || **SOMME**, m. Sueño, inaccion de los sentidos por un tiempo determinado. || Sueño, tiempo durante el cual el hombre duerme y descansa. || *Faire un somme, un petit somme*, echar un sueño, descabezar el sueño: dormir un rato. || met. *Il a fait la nuit tout d'un somme*, toda la noche se la ha llevado de un sueño: ha dormido toda la noche sin despertar.

**SOMMÉ, ÉE**, adj. *somé.* Requerido, etc. V. **SOMMER**. || Blas. *Pièce sommée*, pieza superada, que tiene otra encima. || Cetr. *Pennes sommées*, alas que tienen toda su extension.

**SOMMEIL**, m. *somélI.* Sueño, descanso de los órganos de los sentidos. || Sueño, gana ó deseo de dormir, y el acto de dormir. *Avoir sommeil, avoir grand sommeil*, tener gana ó mucha gana de dormir. || met. Sueño, indolencia, descuido. || Sueño, estado de inaccion en que se encuentran algunas cosas. || met. Se dice hablando de la muerte. *Le sommeil de la mort*, el sueño de la muerte.

**SOMMEILLER**, n. *somellé.* Dormitar, dormir ligeramente. Algunas veces significa dormir profundamente, como en esta frase: *la nuit, quand tout sommeille.* || Dormir, hallarse en un estado de inaccion, de abandono completo. || Trabajar de mala gana, con pereza, con negligencia.

**SOMMELIER, ÈRE**, m. y f. *somelié, ér* (e muda). Sumiller de cocina, y tambien despensero ó repostero, el que tiene á su cargo la mantelería, la vajilla, el pan, vino y licores que deben presentarse en la mesa de un particular, de una comunidad ó establecimiento cualquiera.

**SOMMELLERIE**, f. *somelrí.* Sumillería, funciones, cargo, empleo de sumiller, de despensero ó repostero. || Sumillería, lugar en que el sumiller encierra la vajilla y demas efectos que tiene á su cargo.

**SOMMER**, a. *somé.* Jurisp. Requerir, notificar en forma, por auto de juez. || Intimar la rendicion á una plaza. || *Sommer quelqu'un de sa parole*, exigir de uno que cumpla la palabra que tiene dada. || Mat. Sumar, hacer una suma.

**SOMMET**, m. *somé.* Cumbre, cima, remate, pináculo, copa, corona, coronilla, punta, cresta, la parte mas elevada de un monte, de una roca, de una torre, etc.; y segun fuere la cosa, se aplican estas voces. || met. Pináculo, cumbre, cima, ápice del favor, de la fortuna, de las riquezas, etc. || Geom. *Le sommet d'un angle*, la punta de un ángulo. || *Le sommet d'une courbe*, el vértice de una curva. || Poét. *Le double sommet* ó *la montagne au double sommet*, se entiende por el Parnaso.

**SOMMIER**, m. *somié.* Libro de asiento en que se inscriben las cantidades ingresadas en tesorería. || Acémila, caballería de carga. || Colchon de cerda que sirve de jergon. || Secreto, cajon de los órganos para recibir el viento de los fuelles. || Viga de prensa ó de molino. || Clavijero, madero en que entran las clavijas de un piano. || Director de los carruajes en la casa real. || Arq. Sotabanco, piedra que recibe la caida de una bóveda. || Dintel, madero que se atraviesa sobre la entrada de una puerta ó ventana. || *Sommier d'un pont-levis*, asiento de un puente levadizo. || *Sommier d'un ceintre* [illegible] bóvedas. || Mar. [illegible] forma el canto superior de las [illegible] baterías.

**SOMMIÈRE**, f. *somiér.* [illegible] tejido que se fabrica en [illegible] miéres), ciudad del Languedoc.

**SOMMISTE**, m. *somíst.* [illegible] las en Roma.

**SOMMITÉ**, f. *somité.* Cima, [illegible] ó parte mas elevada de ciertas [illegible] torre, de un tejado, etc. || Copa, [illegible] superior de un árbol. || Bot. Copa, [illegible] tallo florido de algunas plantas.

**SOMNAMBULE**, adj. [illegible] námbulo ó sonámbulo, el que [illegible] obra estando dormido sin despertar [illegible] con frecuencia como [illegible]

**SOMNAMBULISME**, m. [illegible] Somnambulismo ó [illegible] una persona que se levanta [illegible] da, responde á lo que se le [illegible] durmiendo como si estuviera [illegible]

**SOMNIFÈRE**, adj. [illegible] narcótico, que adormece, [illegible] sueño. Úsase tambien como [illegible]

**SOMNILOQUE**, adj. [illegible] cuo, que habla estando dormido.

**SOMNOLENCE**, f. [illegible] lencia, estado intermedio entre [illegible] la vigilia. || Somnolencia, [illegible] tual para dormir.

**SOMNOLENT, E**, adj. [illegible] liento, que padece de somnolencia [illegible] se á dormir. || met. Soñoliento, [illegible] sin vigor.

**SOMPTUAIRE**, adj. [illegible] que prohibe la suntuosidad en [illegible] festines, que se concretiene [illegible] supresion de gastos. Se dice de las [illegible] tienen este objeto.

**SOMPTUEUSEMENT**, adv. [illegible] mán. Suntuosamente, con [illegible]

**SOMPTUEUX, EUSE**, adj. [illegible] eus. Suntuoso, magnífico, [illegible] dice de personas y de cosas.

**SOMPTUOSITÉ**, f. [illegible] tuosidad, magnificencia, [illegible] en el gasto.

**SON**, m. *són.* Salvado, parte la [illegible] sera del trigo molido. || Sonido, [illegible] hiere el tímpano, que se deja oir. [illegible] *cloches*, tañido de las campanas. [illegible] *trompettes*, son, toque de las [illegible]

**SON, SA, SES**, adj. pos. [illegible] pers. sing. y plur. *són, sá, sé.* [illegible] *père*, su padre; *son orgueil*, su [illegible] *enfants*, sus hijos.

**SONAT**, m. *soná.* Badana, piel [illegible] curtida, ó zurrada en la tenería.

**SONATE**, f. *sonát.* Sonata, [illegible] particular de música instrumental.

**SONATINE**, f. dim. de sonate. [illegible] Mús. Sonatilla.

**SONDAGE**, m. *sondáge.* Sondeo, [illegible] cion de sondear un terreno, [illegible] dear una llaga.

**SONDE**, f. *sónd.* Mar. Sonda, [illegible] para averiguar la profundidad [illegible] mar. || Sondaleza de la bomba [illegible] con que se mide la cantidad de [illegible] encuentra en la sentina. || [illegible] usan los pescadores. || Aguja [illegible] pincho que usan los dependientes [illegible] guardo para reconocer si entre [illegible] de paja ó cosa semejante se [illegible] nos géneros de ilícito comercio. [illegible] da, tienta de que usan los [illegible] da, accion y efecto de sondar.

**SONDER**, a. *sondé.* Sondar, [illegible] conocer con una sonda la [illegible] lugar, de una costa, un rio [illegible] da al mar para averiguar la [illegible] allí tiene el agua. || Cir. Sondar, [illegible] la sonda ó la tienta en una [illegible] etc. || met. *Sonder quelqu'un*, [illegible] dear á alguno, tratar de [illegible] piensa, cuáles son sus disposiciones [illegible] mo, etc. || *Sonder le gué*, sondear [illegible] tentar el vado, el terreno.

**SONDEUR**, m. *sondeur.* Sondador, [illegible] deador, el que sonda ó sondea.

**SONGE**, m. *sónge.* Sueño, ensueño, [illegible]

del que duerme. || met. Sueño, di- loda cosa vana, transitoria ó imagi- *En songe*, loc. adv. En sueños, en- nos. || *Pas même en songe*, ni por ni por pienso. V. RÊVE.

**-CREUX**, m. *songecreu*. Medita- pensativo, hombre que aparenta ir ó pre ocupado de pensamientos pro- de ideas quiméricas ó irrealizables.

**-MALICE**, m. *songemalís* Perver- icioso, maligno, que no tiene buena e juega malas pasadas (en frances *ais tours*).

**ER**, n. *songé*. Soñar durmiendo. V. || Pensar, tener el pensamiento en cosa. *A quoi songez-vous?* ¿en qué Vd.? || *Songez que*, considere Vd. nsar, tener cuidado, no olvidar lo hacerse. || Tener ánimo, intencion, de hacer alguna cosa. || Algunas ve- a como activo, pero solo hablando mente; v. gr. *j'ai songé une chose*; *songé que fûtes et combats*.

**EUR**, m. *songeur*. Soñador, el que s familiar. || Soñador, el que cuenta os. Se dice principalmente hablando con referencia á la Escritura.

**CA**, adv. fam. *sonicá*. A punto, jus- a mejor ocasion.

**AILLE**, f. *sonáll*. Cencerro, cam- que llevan las caballerías.

**AILLER**, n. *sonallé*. Cencerrear, ear, campanillear, tocar ó tañer las s á menudo y sin necesidad. Es voz recio.

**ANT, E**, adj. *sonán*. Sonante, so- ue suena, que tiene un sonido claro . || *Horloge sonnante, montre son-* reloj que da la hora. || *Espèces son-* moneda contante y sonante, dinero . || *Payer en espèces sonnantes*, pa- moneda efectiva, en moneda contan- *l'heure sonnante* — ... la hora, á la punto, á la hora precisa. *Soyez* ... á midi sonnant, hállese Vd. en á las doce en punto.

**ER**, n. *soné*. Sonar, tocar, produ- onido: *les cloches sonnent*. || Tocar umento, y en frances se dice *sonner* strument, como tambien *sonner de* pette, etc. || *Faire sonner une lettre*, nar una letra, pronunciarla de mo- se oiga. || met. y fam. *Faire sonner* ... une action, exagerar una cosa infinito, ponerla en las nubes, pon- mucho. *Faire sonner bien haut une* , *une conquête*, *un service*, *un bon* hacer mucho ruido: ponderar una , etc. || a. Tocar, tañer, hacer sonar osas. *Sonner les cloches*, tocar las as. || Tocar, anunciar alguna funcion glesia por medio de las campanas. *la messe*, tocar á misa. || *Sonner pour* le, clamorear, tañer ó tocar á muerto. *r ses gens*, tocar la campanilla, lla- os criados. || *Sonner à la porte*, lla- a puerta. || Mont. Tocar algun toque cornetas de caza. || *Sonner le débu-* nar la salida al salto de la fiera. || Mil. *la charge*, tocar á degüello; *le* ille, el botasillas ó generala; *à che-* ballo ó á montar, etc. || *Sonner la* , tocar la retirada, ó la retreta.

**ERIE**, f. *sonerí* (e muda). Campa- pique de varias campanas á un tiem- go de campanas de una torre. || Sone- go de piezas que forman la parte so- un reloj.

**ET**, m. *soné*. Soneto, composicion de catorce versos.

**ETTE**, f. *sonét*. Campanilla para advertir. *Être assujetti à la son-* tar sujeto á la campanilla, á la vo- del amo. || Cascabel (*grelot* en fran- sirve de adorno á varios animales. lo, campanita pequeña. || Mar. Mar- quina para clavar estacas. || Zool. *à sonnettes*, serpiente de cascabel. ENT.

**ETTIER**, m. *sonetié*. Campanille- ante ó vendedor de campanillas.

**EUR**, m. *soneur*. Campanero, el las campanas. || prov. *Boire comme* *un sonneur*, beber como un suizo: beber mucho y hasta emborracharse.

**SONNEZ**, m. *soné*. Senas, parejas de seis en el juego de chaquete.

**SONOMÈTRE**, m. *sonomètr*. Sonómetro, instrumento que sirve para medir y compa- rar los sonidos.

**SONORE**, adj. *sonór*. Sonoro, que produ- ce sonidos. || Sonoro, que tiene un sonido dulce y agradable. || Sonoro, que devuelve los sonidos, que tiene eco.

**SONOREMENT**, adv. *sonormán*. Sonora- mente, de una manera sonora.

**SONORITÉ**, f. *sonorité*. Sonoridad, cua- lidad de lo que es sonoro.

**SOPEUR**, m. *sopeur*. Med. Sopor, ador- mecimiento, soñolencia. V. SOPOR.

**SOPHA**, m. V. SOFA.

**SOPHIE**, f. *sofí*. Bot. Arnacho, gatuña, planta llamada sabiduría de los cirujanos.

**SOPHISME**, m. *sofism*. Sofisma, argu- mento capcioso ó falso.

**SOPHISTE**, m. *sofist*. Sofista, el que ar- guye con sofismas ó hace argumentos cap- ciosos. || Sofista, los antiguos daban este nombre á los filósofos y retóricos.

**SOPHISTICATION**, f. *sofisticasión*. So- fisticacion, operacion que tiene por objeto alterar la naturaleza de un remedio, de una droga, licor ú otra sustancia.

**SOPHISTIQUE**, adj. *sofistic*. Sofistico, que participa de la naturaleza del sofisma, que contiene algun sofisma. || Sofistico, que emplea los sofismas.

**SOPHISTIQUER**, a. *sofistiqué*. Sofisti- car, sutilizar las cosas hasta lo sumo. || So- fisticar, falsificar, alterar la naturaleza de un remedio, de una droga ó licor, mezclando con él una sustancia extraña

**SOPHISTIQUERIE** f. *sofistiqu* mu- da). ...ería, sutileza de razones aparen- tes. || Med. y Farm. V. SOPHISTICATION.

**SOPHISTIQUEUR**, m. *sofistiqueur*. Fal- sificador de drogas, remedios ó licores.

**SOPHOMANE**, adj. y s. m. *sofomán*. Fil. Sofómano, atacado de sofomanía.

**SOPHOMANIE**, f. *sofomaní*. Sofomanía, prurito extremado por la filosofía.

**SOPHRONISTES**, m. pl. *sofronist*. So- fronistas, magistrados de Aténas cuyas fun- ciones eran análogas á las de los censores romanos.

**SOPOR**, m. *sopór*. Med. Sopor, sueño pe- sado, especie de letargo.

**SOPORATIF, IVE**, adj. *soporatif, iv*. So- porífero, narcótico, que adormece ó causa sueño. Es tambien sust. masculino.

**SOPOREUX, EUSE**, adj. *soporeu*, *eus*. Med. Soporoso, que ocasiona el sopor.

**SOPORIFÈRE** ó **SOPORIFIQUE**, adj. y s. m. *soporifér*, *soporific*. V. SOPORATIF. Es mas usado *soporifique* que *soporifère*. || met. *Discours soporifique*, discurso soporífico, que causa sueño.

**SOPRANO**, m. *sopráno*. Soprano, tiple. Dícese de la voz llamada así y de la persona que la tiene; es una voz aguda que general- mente poseen las mujeres, los niños y los capones. || Capon, castrado.

**SOR**, adj. m. V. SAUR.

**SOQUET**, m. *soqué*. Derecho antiguo que se cobraba sobre el vino.

**SORA**, m. *sóra*. Especie de cerveza.

**SORBE**, f. *sórb*. Serba ó serva, fruta que produce el serval. Llámase tambien *corme*.

**SORBET**, m. *sorbé*. Sorbete, composi- cion que se hace con jugo de limon, azúcar, ámbar, etc. || Sorbete, especie de bebida que se hace con esta composicion mezclada con agua. Tambien se da este nombre á varios licores medio helados.

**SORBETIÈRE**, f. *sorbetiér* (e muda). Sorbetera, vasija donde se hielan los sorbe- tes.

**SORBIER**, m. *sorbié*. Bot. Serbal, géne- ro de plantas rosáceas que contiene tres es- pecies, cuyo tipo principal es el serbal do- méstico ó cultivado, que se llama tambien *cormier*. || *Sorbier des chasseurs* o *des oise- leurs*, serbal silvestre.

**SORBONIQUE**, f. *sorbonic*. Sorbónica, una de las conclusiones que se defendian por los bachilleres en teología en la Sorbona. || adj. Sorbónico, que concierne á la Sorbona.

**SORBONNE**, f. *sorbón*. Sorbona, célebre escuela de teología que fué fundada en Paris por Roberto Sorbon en 1252.

**SORCELLERIE**, f. *sorselrí*. Brujería, he- chicería, arte mágico. || met. y fam. Bruje- ría, encanto, accion sorprendente que pare- ce sobrenatural.

**SORCIER, ÈRE**, m. y f. *sorsié*, *ér*. Bru- jo, hechicero. || prov. *N'être pas grand sor- cier*, no ser un gran diablo: no ser muy as- tuto, muy hábil. || met. y fam. *C'est un vieux sorcier*, es un zorrastron, un mal viejo, que tiene mala intencion y es muy astuto.

**SORDIDE**, adj. *sordíd*. Sórdido, sucio, que causa repugnancia. || Se usa mucho y casi únicamente en sentido figurado, hablan- do de los avaros y de la avaricia.

**SORDIDEMENT**, adv. *sordidmán*. Sór- didamente, de una manera sórdida; ruin- mente, con tacañería.

**SORDIDITÉ**, f. poco us. *sordidité*. Sor- didez, avaricia, mezquindad.

**SORER**, a. V. SAURER.

**SORET**, m. *soré*. Red de mallas muy pe- queñas. || adj. m. V. SAURET.

**SORIE**, m. *sorí*. Lana de Segovia ó lana segoviana.

**SORITE**, f. *sorít*. Lóg. Sorites, especie de raciocinio compuesto de muchas proposi- ciones encadenadas.

**SORNE**, f. *sórn*. Miner. Escoria de hierro.

**SORNETTE**, f. *sornét*. Patarata, chilin- drina, frusleria, cuentecillo, palabra frívo- la. Se usa comunmente en plural.

**SORORAL** ó **SORORIAL, E**, adj. *sororál*, *sororiál*. Sororal que ... concerniente á la hermana.

**SORORIANT, E**, adj. *sororián*. Didáct. Sororiante, que crece, que se hincha pro- gresivamente. || Fisiol. Se dice de los pechos de las mujeres cuando son muy jóvenes é doncellas.

**SORORICIDE**, adj. y s. *sororisíd*. Sorori- cida, el que mata á su hermana. V. FRATRI- CIDE.

**SORRER** ó **SORRETER**, a. *sorré*, *sorté*. Ahumar los arenques.

**SORT**, m. *sór*. Suerte, fortuna, hablando de las personas. || Suerte, destino, hado, ha- blando de las cosas y segun el caso. V. DES- TIN. || Sortilegio, agüero, entre los antiguos. || *Tirer au sort*, echar suertes. || *Le sort en est jeté*, está determinado, es asunto con- cluido. || For. *Le sort principal d'une rente*, el capital, la cantidad principal.

**SORTABLE**, adj. *sortábl*. Conveniente, correspondiente, adecuado, que conviene al estado ó condicion de una persona.

**SORTANT, E**, adj. *sortán*. Saliente, que sale: *numéros sortants*. || *Député sortant*, diputado saliente, que cesa, que ha conclui- do su mision. || m. pl. *Les entrants et les sortants*, los entrantes y salientes, los que entran y salen de alguna parte.

**SORTE**, f. *sórt*. Especie, género, hablan- do de las cosas. || Calaña, condicion, género, especie, calidad de una persona, tomado en buena ó en mala parte. || *Un homme de la sorte*, un hombre semejante, un hombre de tal condicion, de tal categoría, de esa cala- ña: se traduce así segun los casos, y segun se tome en buena o en mala parte. || Modo, manera de hacer una cosa, lo mismo que *façon*, *manière*. || *Parler de la bonne sorte à quelqu'un*, decir á uno las tres verdades del barquero, decirle cuántas son cinco: ha- blarle claro, sin rodeos; y tambien, darle una reprension. || *De telle sorte*, loc. adv. De tal modo, de tal manera. || *De la sorte*, ... esa manera, de este modo. || *En quelq sorte*, en cierto modo. || *De sorte que*, ... *sorte que*, de modo que.

**SORTIE**, f. *sortí*. Salida, accion de salir. || Salida, exportacion de mercaderías, fru- tos, etc., á paises extranjeros. *Droits de sor- tie*, derechos de exportacion. || Salida, lugar por donde se sale de una iglesia, teatro, etc. || Salida, terminacion de un negocio em- barazoso. || Salida, carta que echa en la mesa el primer jugador ó el que quiere descartarse. || Mil. Salida, ataque de los sitiados contra los sitiadores. || met. y fam. *Faire une sortie à quelqu'un ó sur quelqu'un*, echarse encima de alguno: darle una reprension ó decirle palabras fuertes, duras. || loc. prov. *Faire danser un branle de sortie à quelqu'un*, echar á uno de alguna parte.

**SORTILÈGE**, m. *sortilég*. Sortilegio, maleficio, hechizo.

**SORTIR**, n. *sortir*. Salir, pasar de dentro afuera. Tiene los mismos usos y significaciones en ambas lenguas. || Mús. *Sortir de mesure*, perder el compas. *Sortir du ton*, desentonarse. || Esgr. *Sortir de mesure*, perder la posicion, no poder tirar á pié firme. || Proceder, descender, tener su descendencia. *Il sort d'une bonne race*, desciende, viene de buena casta. || a. Sacar, poner fuera. || fam. Sacar, retirar á uno de un peligro, de un apuro. || For. Sortir efecto, obtener, tener, producir el resultado, el éxito que se esperaba: *cette sentence sortira son plein et entier effet*. || Se usa tambien sustantivamente. *Au sortir de*, á la salida de, al salir de: *au sortir de la messe, du conseil; au sortir de l'enfance*.

**SORY**, m. *sori*. Miner. Sori, cuerpo metálico, tierra ó sal vitriólica de los antiguos.

**SOT, TE**, adj. *só, sót*. Bobo, tonto, necio, fatuo, mentecato, sin talento, sin juicio. || Tambien se aplica á las cosas. *Une sotte entreprise*, una empresa descabellada. || Algunas veces significa aturdido, confuso. *Être tout sot, demeurer tout sot*, quedarse uno cortado, confuso, etc. || Se usa como sustantivo, hablando de personas: *c'est un sot; vous êtes une petite sotte*.

**SOTARD**, m. *sotar*. Nombre vulgar de la becada, ave.

**SOTIE ó SOTTISE**, f. *soti*. Gangarilla, nombre que se dió á las primitivas piezas que se representaron en el teatro frances.

**SOT-L'Y-LAISSE**, m. *solilés*. Palabra que en sentido literal equivale á decir: «el tonto lo deja,» pero cuyo significado es el de un pedazo de ave asada que corresponde á la rabadilla ó parte superior del avispillo ó cola, y es exquisito.

**SOTTEMENT**, adv. *sotmán*. Tontamente, neciamente, de una manera tonta.

**SOTTISE**, f. *sotis*. Necedad, tontería, bobería, fatuidad. V. BÊTISE. || Necedad, tontería, simplicidad, accion que se hizo sin juicio ni reflexion. || Indecencia, obscenidad, accion ó palabra obscena, libre, que ofende el pudor.

**SOTTISIER**, m. *sotisié*. Coleccion de cuentos, canciones y versos libres. || fam. Fresco de lengua, el que dice cosas indecentes, que usa un lenguaje libre.

**SOU**, m. *sú*. Sueldo, moneda de cobre que vale unos siete maravedís. || *Une pièce de cent sous*, un napoleon, cinco francos. || fam. *N'avoir pas le sou, pas un sou, ni sou ni double, ni sou ni maille, être sans le sou*, no tener un cuarto, estar sin blanca, sin cruz: estar sin dinero. || For. ant. *Au sou la livre*, á prorata, proporcion guardada. || *Jusqu'au dernier sou*, hasta el último cuarto ó maravedí.

**SOUBAB**, m. *subáb*. Subab, príncipe indiano que gobierna en el Mogol.

**SOUBABIE**, f. *subabí*. Subabía, dignidad, funciones de un subab; territorio sometido á su autoridad.

**SOUBARBE**, f. V. SOUS-BARBE.

**SOUBARDIERS**, m. pl. *subardié*. Art. Estays principales en los aparejos de sacar la piedra de las canteras.

**SOUBASSEMENT**, m. *subasmán*. Arq. Basamiento, parte inferior ó pié sobre el cual parece elevarse un edificio. || Rodapié de una cama.

**SOUBRESAUT**, m. *subresó*. Salto súbito é inopinado que da una persona. || Salto, brinco, repullo, sobresalto que da un caballo. || met. Sobresalto, repullo, susto repentino, viva ó grande emocion que causa una noticia, etc. || Traqueteo ó vuelco que da un carruaje.

**SOUBRETTE**, f. *subrét*. Confidenta, doncella ó criada á quien la señora ó señorita de una casa confia sus secretos é intrigas. || Graciosa ó confidenta que acompaña en el teatro á la primera dama.

**SOUBREVESTE**, f. *subrevést*. Sobrevesta, sayo sin mangas que usaban los guerreros antiguos debajo de la coraza.

**SOUBUSE**, f. *subús*. Zool. Pigargo, ave de rapiña.

**SOUCHE**, f. *súche*. Cepa, tronco, espigon, la parte de un árbol que está mas próxima á las raices. || met. Tronco, cepa, el primero, el que es cabeza de una casta ó linaje. || met. y fam. Tronco, zoquete, el hombre ignorante, estúpido é insensible. *C'est une souche*, es un tronco, un mazorral, una persona estúpida y pesada. || Jurisp. *Succéder par souche*, suceder por representacion; es lo contrario de la *succession par tête*, sucesion por cabezas. || La mas gruesa mitad de una tarja ó pedazo de palo dividido á lo largo que sirve á los panaderos y carniceros para rayar el género que dan fiado. || Tronco, matriz, hoja de papel que queda para confrontar otra que se corta en zicsac, como sucede en los cupones del banco ó otros documentos semejantes. || Chimenea ó cañon de chimenea que se eleva sobre el tejado para dar salida al humo.

**SOUCHET**, m. *suché*. Piedra yesera ó solera que se saca debajo del último escalon de una cantera. || Bot. Juncia, junco oloroso, género de plantas. || *Souchet d'Inde*, cúrcuma. || *Souchet long*, esquinanto ó paja de meca. || Zool. Nombre de un ave anfibia parecida al pato.

**SOUCHETAGE**, m. *suchetáge*. Visita de talas y cortes de maderas en los montes, la cual consiste en contar los troncos de los árboles que se han cortado. || Marca que se pone á los árboles que se han de cortar.

**SOUCHETEUR**, m. *suchetéur*. Perito, el que hace la visita llamada *souchetage*.

**SOUCHEVER**, a. *suchevé*. Socavar, quitar en las canteras las piedras soleras que sirven de base á las grandes.

**SOUCHEVEUR**, m. *suchevéur*. Sacador de piedras soleras en una cantera.

**SOUCHON**, m. *suchón*. Barron, barrote, barra de hierro corta y gruesa.

**SOUCI**, m. *susí*. Cuidado, zozobra, inquietud, desasosiego de ánimo. || fam. *C'est le moindre de mes soucis, le cadet de mes soucis*, es el último de mis cuidados. || *C'est un sans-souci*, es hombre que se rie del mundo, que por nada se inquieta, á quien nada le da cuidado. || Bot. Caléndula, género de plantas corimbíferas.

**SOUCIER (SE)**, r. *susié*. Tener cuidado ó pena, inquietarse por alguna cosa. || Hacer caso, tomarse interes en alguna cosa ó por alguno.

**SOUCIEUX, EUSE**, adj. *susieu, eus*. Inquieto, cuidadoso, receloso; pensativo, triste, desazonado.

**SOUCOUPE**, f. *sucúp*. Platillo en que se sirven las copas, jícaras ó tazas. || Salvilla, especie de bandeja en que se sirven los vasos y botellas.

**SOUDAIN, E**, adj. *sudén, én*. Súbito, pronto, repentino, instantáneo. || SOUDAIN, adv. De repente, al instante, en el mismo momento.

**SOUDAINEMENT**, adv. *sudenmán*. Súbitamente, repentinamente, de repente.

**SOUDAINETÉ**, f. *sudenté*. Instantaneidad, cualidad de lo que es repentino, instantáneo.

**SOUDAN**, m. *sudán*. Soldan, título que se daba antiguamente á los príncipes mahometanos, y principalmente al soberano de Egipto.

**SOUDARD ó SOUDART**, m. *sudár*. Soldadon, militaron, veterano, soldado viejo, que ha servido mucho tiempo. *Un vieux soudard*, un soldado viejo, un veterano. Es voz familiar.

**SOUDE**, f. *súd*. Bot. Sosa ó salsosa, género de plantas que crecen á orillas del mar y de cuya ceniza se extrae la sosa. En algunas partes la llaman barrilla. || Quím. Sosa, óxido de sodio ó álcali mineral, sustancia sólida que tiene las mismas propiedades físicas que la potasa. || *Soude aérée*, subcarbonato de sosa. || *Soude à l'alcool*, sosa pura. || [illegible] carbónica, ó sin gas [illegible]

**SOUDER**, a. *sudé*. [illegible] de metal [illegible] derretido.

**SOUDOYER** [illegible] V. [illegible]

**SOUDOIR**, m. *sudoár*. [illegible] mento para hacer [illegible] instrumento que sirve para [illegible] de cuatro [illegible]

**SOUDOYER**, a. *sudoayé*. [illegible] gar, mantener á sueldo [illegible]

**SOUDRE**, a. ant. *súdr*. [illegible] solucion á un problema [illegible] se usaba en el infinitivo. [illegible]

**SOUDRILLAR**, m. ant. [illegible] malrero, estafador, [illegible]

**SOUDURE**, f. *sudúr*. [illegible] racion ó mezcla que se [illegible] tales para soldar. [illegible] de soldar; paraje por donde [illegible] una pieza de metal.

**SOUE**, f. *sú*. Especie de [illegible] ó gordera que se [illegible]

**SOUFFLAGE**, m. *su*[illegible] dera, accion de soplar el [illegible] bon ó embono, [illegible] manga que se da á un [illegible] de tablones que lo [illegible]

**SOUFFLE**, m. *súfl*. [illegible] piracion, aire que se arroja [illegible] do se respira. || Soplo, [illegible] haciéndolo salir [illegible] bios. || fam. *On le renverserait* [illegible] se le derribaría ó haría [illegible] se dice de un hombre que [illegible] *Souffle de vent*, soplo, [illegible] met. Influencia, inspiracion [illegible] *d'un souffle divin*. || met. [illegible] *vie*, la inocencia, las [illegible] dia. || *Le souffle de la vie*. [illegible] *homme n'a qu'un souffle de vie* [illegible] *souffle, n'a plus que le souffle* [illegible] no tiene mas que un soplo de [illegible] mas que la respiracion [illegible] se está muriendo.

**SOUFFLEMENT**, m. [illegible] cion de soplar.

**SOUFFLER**, a. *suflé*. [illegible] rojar aire por la boca. [illegible] lles. || Respirar, arrojar [illegible] que sale de los pulmones. [illegible] pirar con fuerza. || met. [illegible] dicar á otro lo que ha de [illegible] buir, sugerir. || met. y fam. [illegible] hurtar ó birlar alguna cosa [illegible] Soplar la pieza en el juego [illegible] retirarla del tablero. || met. [illegible] *souffle où il veut*, Dios [illegible] á quien es su voluntad. || [illegible] *cette race impie, et en a* [illegible] *cine*, un soplo del Omnipotente [illegible] nado esta raza impía. || met. [illegible] *souffler, ne pas souffler*, [illegible] pirar, á resollar, á decir [illegible] esto es, á quejarse ó [illegible] etc. || *Souffler une chandelle* [illegible] luz. || *Souffler un cheval* [illegible] soplarle por un garron [illegible] para desollarlo con mas [illegible] *l'orgue*, manchar, entonar el [illegible] *la discorde*, excitar la discordia [illegible] *fler un canon*, dar fuego á [illegible] rarle con pólvora sola para [illegible] y met. *Souffler le chaud et le froid* [illegible] dos palos: alabar y vituperar [illegible] ó cosa. || Mar. Embonar, [illegible] tablones sobre los del forro [illegible] toda la parte inferior de un [illegible] á fin de aumentar su [illegible] mas estabilidad.

**SOUFFLERIE**, f. *suflerí*. [illegible] lles de un órgano.

**SOUFFLET**, m. *suflé*. [illegible] to para soplar. || Fuelle, [illegible] que se pliega hácia atras. [illegible] ton que se da con la mano [illegible] ves. || met. y fam. Bofetada, [illegible] || prov. y met. *Donner un soufflet* [illegible] *lus*, cometer una falta grosera [illegible] gua francesa. Es como decir, [illegible] la lengua española, dar una [illegible] tántea. || *Donner un soufflet à quelqu'un sur la joue d'un autre*, á ti te lo digo, mi suegra, entiéndelo tú, mi nuera.

**SOUFFLETADE**, f. *suflitád*. Bofeteo, abofeteadura, descarga de sopapos ó bofetones que se alcanzan los unos á los otros. Es poco usado.

**SOUFFLETER**, a. *suflité*. Abofetear, dar de bofetadas á uno.

**SOUFFLETEUR, EUSE**, adj. y s. *suflteur*, eus. Abofeteador, el que da de bofetadas.

**SOUFFLEUR, EUSE**, adj. y s. *sufleur*, eus. Soplador, el que sopla con los fuelles. En términos de cerrajería, es sonador. || Apuntador, consueta, el que apunta á otro las palabras que debe decir en público. || Alquimista, el que busca la piedra filosofal. || *Souffleur d'orgues*, entonador, el que hace tomar aire á los fuelles del órgano.

**SOUFFLURE**, f. *suflúr*. Art. Venteadura, fallo hueco que se encuentra en una pieza fundida. || Venteadura, defecto que tienen algunas maderas por haberlas cortado fuera de sazon.

**SOUFFRABLE**, adj. *sufrábl*. Sufrible, que puede ó debe sufrirse.

**SOUFFRANCE**, f. *sufráns*. Dolor, tormento, pena, trabajo que sufre ó padece una persona. || For. Tolerancia que se tiene por una cosa que podria impedirse. || Suspension del pago de una cuenta interin no se presentan los documentos justificativos que la acrediten. || Espera, plazo que concede el señor al vasallo ó enfiteuta.

**SOUFFRANT, E**, adj. *sufrán*. Doliente, paciente, enfermo, que sufre alguna dolencia ó incomodidad. || *La partie souffrante*, la parte doliente, en la que se encuentra el mal. || Paciente, sufrido, tolerante, que aguanta, que sufre.

**SOUFFRE-DOULEUR**, m. *sufrduleur*. Súfrelo-todo, el burro, el macho de carga, el tropiezo de todo, el que lleva el trabajo, la fatiga de una casa. || Yunque, la persona que está continuamente expuesta á sufrir la impertinencia de los demas. || Se dice tambien de las cosas que se sacrifican ó se destinan á toda suerte de usos.

**SOUFFRETEUX, EUSE**, adj. y s. *sufreteu*, eus. Lazdrado, lacerado, pobre, miserable, que se encuentra en la indigencia. || El que sufre un dolor ó mal momentáneo.

**SOUFFRIR**, n. *sufrir*. Padecer, sufrir, experimentar algun mal que atormenta el espíritu ó el cuerpo : *souffrir beaucoup, souffrir cruellement*. || a. Sufrir, padecer dolores, tormentos, la muerte. || Aguantar, sufrir, sobrellevar alguna cosa que cuesta trabajo. || Aguantar, sufrir, tolerar una cosa que pudiera impedirse. || Permitir, dar su consentimiento : *souffrez que je vous dise la vérité*. || Admitir, ser susceptible de. *Cette raison ne souffre point de réplique*, esta razon no admite réplica. *Affaire qui ne souffre point de retardement, de délai*, negocio que no permite ó no admite retraso, dilacion, etc.

**SOUFRAGE**, m. *sufrágе*. Azuframiento, accion y efecto de azufrar. V. **SOUFRER**.

**SOUFRE**, m. *súfr*. Azufre, cuerpo simple, no metálico, amarillo, duro y quebradizo, electrizable por la frotacion.

**SOUFRER**, a. *sufré*. Azufrar, impregnar de azufre : *soufrer des allumettes*. || Azufrar, dar ó sahumar con azufre las sedas con el objeto de blanquearlas. || *Soufrer le vin*, azufrar el vino, darle olor con el azufre. Dícese tambien *mécher* ó *muter les vins*.

**SOUFRIÈRE**, f. *sufriér*. Mina de azufre.

**SOUFROIR**, m. *sufruár*. Especie de estufa donde se blanquea la lana por medio del humo ó vapor de azufre.

**SOUGARDE**, f. *sugárd*. Guardamonte de una arma de fuego.

**SOUGORGE**, f. *sugórge*. Ahogadero, la correa del freno que pasa por el pescuezo del caballo.

**SOUHAIT**, m. *sué*. Deseo, anhelo de una cosa que no se posee. V. **DÉSIR**. || *Les souhaits de bonne année*, felicitaciones de año nuevo. || *A vos souhaits*, Jesus, Dios le ayude á Vd., especie de salutacion familiar que se hacia antiguamente á una persona cuando estornudaba, y que aun se usa en algunas partes. || *A souhait*, loc. adv. A pedir de boca, á medida del deseo. || prov. fam. *Vin sur lait, c'est souhait* ó *un souhait*, dijo la leche al vino : bien venido seas, amigo.

**SOUHAITABLE**, adj. *suetábl*. Deseable, que es de desear, que debe ó puede desearse.

**SOUHAITER**, a. *sueté*. Desear, apetecer, anhelar lo que no se posee. || Se usa en las fórmulas de salutaciones y cumplimientos. *Souhaiter le bonjour, le bonsoir*, dar los buenos dias, las buenas tardes. || *Souhaiter la bonne année*, felicitar, cumplimentar ó dar las pascuas el dia de año nuevo.

**SOUHAITEUR**, m. *sueteur*. Apetecedor, el que apetece ó desea.

**SOUILLARD**, m. *suiliár*. Pieza por medio de la cual se unen las estacas de un puente. || Especie de mortaja ó hueco que se abre para sentar pilares.

**SOUILLARDURE**, f. *suillardúr*. Mar. Rollo de redes viejas que ocupan el lugar del lastre.

**SOUILLE**, f. *súil*. Caz. Bañil, baña, revolcadero, el charco donde se revuelca el jabalí. || Mar. Cama, hoyo que forma en la arena una embarcacion varada.

**SOUILLER**, a. *suillé*. Manchar, ensuciar, emporcar alguna cosa. Se usa casi siempre en sentido figurado; como *souiller sa conscience par une mauvaise action; souiller son honneur, etc.* || Manchar, mancillar, marchitar, hablando en sentido moral. || *Souiller le lit nuptial*, mancillar el lecho nupcial, cometer un adulterio. || *Se souiller*, r. Ensuciarse, mancillarse, mancharse, tiznarse, en sentido moral.

**SOUILLON**, m. fam. *suillon*. Porcallon, puerco, sucio, el que lleva siempre manchados los vestidos. || *Souillon de cuisine*, fregona, marmiton, galopin de cocina.

**SOUILLONNER**, a. *suilloné*. Emporcar, ajar, rozar, arrugar una tela, carta, etc.

**SOUILLURE**, f. *suillúr*. Mancha, mancilla, borron, lunar. Dícese casi siempre en sentido moral : *la souillure du péché, les souillures de l'âme; faire une souillure à son honneur, à sa réputation*.

**SOÛL, E**, adj. *sú, súl*. Satisfecho, repleto, harto, saciado de comida ó de bebida. En este sentido se usa poco. || vulg. *Être soûl de quelque chose*, estar harto de una cosa. || met. y fam. *Être soûl de musique, de vers*, estar cansado de música, de versos, fastidiado, lleno hasta los ojos. || Absol. Borracho, beodo, atestado de vino. Este es el sentido mas comun || Se usa sustantivamente con los pronombres *mon, ton, son, etc. Boire et manger son soûl, tout son soûl*, comer y beber hasta la saciedad, cuanto se quiere, etc. || met. *Pleurer, chanter tout son soûl*, llorar, cantar hasta quedar satisfecho.

**SOULAGER**, a. *sulage*. Aliviar, aligerar el peso, la carga, el trabajo de una persona. || Aligerar, disminuir el peso de una cosa. || met. Aliviar, consolar á uno en sus penas, en sus trabajos. || *Se soulager*, r. Aliviarse, descargarse de una parte de los cuidados, del trabajo, de las obligaciones que pesan sobre uno. || Descargarse, satisfacer una necesidad corporal.

**SOULANT, E**, adj. vulg. *sulán*. Que sacia, que harta, que llena, hablando de los manjares suculentos.

**SOULARD, E**, adj. vulg. *sulár, árd*. Tragaldabas y cureñas, gran comilon. || Tonel, pellejo, borrachon. Se dice por *gourmand* é *ivrogne*.

**SOULAS**, m. ant. *sulá*. Solaz, consuelo, alivio.

**SOULAUD, E**, adj. y s. vulg. *suló, ód*. Gomia, comilon, gloton, tragon y borrachon. Se dice en vez de *ivrogne*.

**SOÛLER**, a. *sulé*. Hartar, saciar, llenar de comida ó de bebida. || Embriagar, emborrachar. || *Se soûler*, r. Hartarse, llenarse hasta la saciedad. || Emborracharse, embriagarse. || met. *Soûler ses yeux de sang, de carnage*, saciarse de ver correr sangre.

**SOULEUR**, f. *suleur*. Susto, sobresalto, miedo repentino. Es familiar y poco usado.

**SOULÈVEMENT**, m. *sulevmán*. Levantamiento, agitacion ó alteracion tumultuosa que ocurre en las cosas, como el mar, el viento, los humores, etc. || *Soulèvement de cœur*, náuseas, arcadas, ganas de vomitar. || met. Rebelion, sublevacion, levantamiento, insurreccion.

**SOULEVER**, a. *sulvé*. Solevantar, levantar un peso. || *Soulever un malade dans son lit*, incorporar á un enfermo en la cama. || Levantar, agitar, mover, poner en movimiento. *La tempête soulève les flots*, la tempestad agita los mares, levanta las olas. || Levantar, alzar ó descorrer el velo que cubre alguna cosa en sentido recto y en el figurado. || Sublevar, levantar, excitar á la rebelion, al tumulto. || Indignar, excitar la ira, la indignacion. || Excitar, promover una cuestion, una disputa, etc. || Levantar, revolver el estómago, dar ganas de vomitar. || n. Tener náuseas, levantarse el estómago, dar ganas de vomitar; y en este sentido se dice : *le cœur lui soulève*. || *Se soulever*, r. Sublevarse, rebelarse, levantarse un pueblo contra su gobierno.

**SOULIER**, m. *sulié*. Zapato, género de calzado. || met. y fam. *N'avoir pas de souliers*, no tener camisa, estar muy pobre. || *Il ne gagne pas de quoi avoir des souliers*, no gana para zapatos. || Mar. Orza de deriva. || Zapata del ancla. || Bot. *Soulier de Notre-Dame*, zapatito de la Vírgen, género de plantas cuya especie principal es el cipripedo.

**SOULIGNER**, a. *suliñé*. Rayar por debajo una palabra ó renglon, echar una raya por debajo de una ó de varias palabras.

**SOULIGNEUX, EUSE**, adj. *suliñeu*, eus. Bot. Semi-leñoso ó sub-leñoso, que es menos duro que la madera.

**SOULOIR**, n. inus. *suluár*. Soler, tener costumbre, acostumbrar.

**SOUMETTRE**, a. *sumétr*. Someter, sujetar, tener, poner en estado de dependencia. || *Se soumettre*, r. Someterse, sujetarse, ponerse debajo; someterse á la autoridad de la Iglesia, á la dominacion extranjera, etc. || For. Consentir la sentencia, la condena.

**SOUMIS, E**, adj. *sumí, ís*. Sometido, sumiso, sujetado, sujeto.

**SOUMISSION**, f. *sumisión*. Sumision, deferencia, obediencia; y en plural, respetos, rendimientos. || Demostraciones respetuosas que usa un inferior para con su superior con objeto de aplacar su indignacion. En este sentido tambien se dice en plural. || Satisfacciones, excusas : *son père reçut ses soumissions avec bonté*. || Acto, escrito por el que se declara haber hecho una adquisicion, ó haberse encargado de una obra, de un abastecimiento, de una empresa, etc. || For. *Faire sa soumission*, obligarse á ejecutar lo que está mandado o juzgado. || Sumision, obligacion, promesa de pagar alguno por su parte cierta cantidad; y en este sentido se dice : *il a fait sa soumission pour mille francs dans le paiement de la contribution*.

**SOUMISSIONNAIRE**, m. y f. *sumisionér*. El que hace la oferta de pagar cierta cantidad por una obra, por un empleo, etc.

**SOUMISSIONNER**, a. *sumisioné*. Proponer, ofrecer un pago, ofrecer la provision de bastimentos o municiones á tal precio, la adquisicion de una propiedad á tales condiciones, etc.

**SOUPAPE**, f. *supáp*. Mec. Válvula, chapaleta, lengüeta de cuero que se pone en las bombas y otras máquinas de agua y de viento.

**SOUPATOIRE**, adj. fam. *supatuár*. Se dice familiarmente de una larga comida ó merienda, despues de la cual se puede uno pasar sin cenar : *dîner soupatoire*.

**SOUPÇON**, m. *supsón*. Sospecha, recelo, opinion desventajosa acompañada de duda. || Simple conjetura, simple opinion que se tiene de alguna cosa. || met. y fam. Pizca, pequeña porcion de una cosa : *donnez-moi un soupçon de cette liqueur*.

**SOUPÇONNABLE**, adj. *supsonábl*. Sospechoso, que se puede sospechar, que da algun fundamento ó motivo para sospechar.

**SOUPÇONNER**, a. *supsoné*. Sospechar, recelar, conjeturar, tener una creencia desventajosa, acompañada de duda, de alguno ó de alguna cosa.

**SOUPÇONNEUX, EUSE**, adj. *supsoneu, eus*. Suspicaz, desconfiado, receloso, inclinado á sospechar.

**SOUPE**, f. *súp*. Sopa, especie de alimento que generalmente se hace con caldo y rajitas de pan. || *Soupe au vin*, sopa en vino. || Sopa, pedazo de pan muy delgado. || prov. y fam. *Ivre comme une soupe*, borracho como una sopa. || *Trempé, mouillé comme une soupe*, mojado como una sopa, hecho una sopa de agua. || *Tremper, dresser la soupe*, mojar la sopa. || *S'emporter comme une soupe au lait*, enfadarse, encolerizarse fácilmente.

**SOUPÉ**, m. *V.* SOUPER.

**SOUPEAU**, m. *supó*. Esteva del arado.

**SOUPENTE**, f. *supánt*. Sopanda, conjunto de correones ó correas anchas que sostienen la caja del coche. || Sobradillo, camaranchon, género de entresuelo de tablas suspendido.

**SOUPER**, n. *supé*. Cenar, hacer la comida de la noche. || m. Cena, la comida ordinaria de la noche.

**SOUPESER**, a. *supesé* (e muda). Sompesar, tomar ó levantar con la mano alguna cosa para saber el peso que tiene poco mas ó ménos.

**SOUPEUR**, m. *supeur*. Cenador, el que tiene la costumbre de cenar; el que cena con exceso.

**SOUPIER, ÈRE**, adj. y s. fam. *supié, ér*. Sopero, aficionado á la sopa.

**SOUPIÈRE**, f. *supiér*. Sopera, vasija ancha y profunda para servir la sopa.

**SOUPIR**, m. *supir*. Suspiro, respiracion fuerte y mas larga que de ordinario, causada las mas veces por alguna pena ú otro afecto del ánimo. || *Le dernier soupir*, el último suspiro, el último aliento de la vida. *Rendre le dernier soupir, les derniers soupirs*, dar el último suspiro, el postrer aliento. || Mús. Suspiro, aspiracion, pausa. || En el plural á veces significa amor. *C'est l'objet de mes soupirs*, es el blanco de mi amor, de mis ansias.

**SOUPIRAIL**, m. *supiráil*. Lumbrera, respiradero, cercera, abertura que se hace en la parte inferior de un edificio para que se ventile ó reciba luz una bodega ú otro lugar subterráneo.

**SOUPIRANT**, m. *supirán*. Amante, el que aspira á hacerse amar de una mujer. *Avoir beaucoup de soupirants*, tener muchos adoradores. Solo se usa en lenguaje familiar.

**SOUPIRER**, n. *supiré*. Suspirar, dar suspiros. || Suspirar por, desear, ansiar, anhelar alguna cosa. || *Soupirer pour une femme*, suspirar por, penar, morirse por una dama.

**SOUPIREUR**, m. inus. *supireur*. Suspirador, el que da suspiros. || Suspirador, enamorado, requebrador.

**SOUPLE**, adj. *súpl*. Flexible, manejable, suave, que se deja doblar con facilidad. Se usa tambien hablando de las personas y de algunos animales que pueden moverse con mucha facilidad. || met. Flexible, dócil, obediente, deferente, que se amaña á las circunstancias y al carácter de los demas.

**SOUPLEMENT**, adv. *suplmán*. Con agilidad, con flexibilidad. || Con humildad, con agrado. Se usa poco.

**SOUPLESSE**, f. *suplés*. Flexibilidad, agilidad, facilidad para moverse, para doblarse. || met. Flexibilidad, condescendencia; arte, manejo en el trato humano. || *Tours de souplesse*, artificios, ardides, trampas, engaños disimulados. || Vueltas, suertes de volatines.

**SOUQUENILLE**, f. *sucnill*. Casacon, chamarreta que llevan los cocheros, mozos de caballos y arrieros para no emporcarse cuando les dan pienso ó los limpian.

**SOUQUER**, a. *suqué*. Mar. Asocar, apretar la amarradura de una cuerda.

**SOURBASSIE**, f. *surbasí*. Seda muy buena de Persia.

**SOURCE**, f. *súrs*. Fuente, manantial, nacimiento de agua. || met. Fuente, origen, principio, raiz de donde procede alguna cosa. || Teol. *Les sources de la grâce*, las fuentes de la gracia, los sacramentos.

**SOURCIL**, m. *sursí*. Ceja, el pelo que forma un arco encima del ojo. || met. *Froncer les sourcils*, fruncir, arrugar las cejas, tener entrecejo, ceño: mostrarse descontento.

**SOURCILIER, ÈRE**, adj. *sursilié, ér*. Que tiene relacion con las cejas.

**SOURCILLER**, n. *sursillé*. Mover, arquear, fruncir las cejas.

**SOURCILLEUX, EUSE**, adj. *sursilleu, eus*. Soberbio, hablando de los montes, rios, y peñascos muy altos. Solo se usa en el estilo poético. || met. Altivo, altanero: *front sourcilleux*.

**SOURCILLON**, m. *sursillón*. Manantial pequeño.

**SOURD, E**, adj. *súr, súrd*. Sordo, que no puede oir por defecto natural ó accidental. || met. Sordo, que no quiere oir ó hacer lo que se le pide. || *Être sourd aux prières de quelqu'un*, hacerse el sordo, ser inexorable, inflexible, no dejarse mover por los ruegos, por las súplicas, por los clamores de alguno. || Sordo, apagado, que no hace el ruido que deberia hacer, que no suena, que no es sonoro. || *Bruit sourd*, ruido sordo, que suena poco. || *Douleur sourde*, dolor sordo, interno, que no es agudo. || *Voix sourde*, voz apagada. || *Lanterne sourde*, farol de ronda. || met. *Sourdes pratiques, sourdes menées*, maniobras secretas, ocultos manejos.

**SOURDAUD, E**, adj. fam. *surdó, ód*. Sordastro, teniente de oido, que es un poco sordo.

**SOURDEMENT**, adv. *surdemán*. Sordamente. || Secretamente, ocultamente.

**SOURDINE**, f. *surdín*. Sordina, instrumento músico. || Sordina, lo que se pone á los instrumentos de cuerda y de viento para apagarles la voz. || *A la sourdine*, loc. adv. fam. A la sordina, á cencerros tapados: secretamente, sin rumor.

**SOURDON**, m. *surdón*. Zool. Especie de almeja bivalva.

**SOURDRE**, n. *súrdr*. Saltar, salir, brotar, nacer una fuente de la tierra. || met. Resultar, salir.

**SOURICEAU**, m. *surisó*. Ratoncillo, raton pequeño.

**SOURICIÈRE**, f. *surisiér*. Ratonera, trampa para coger ratones.

**SOURICIN, E**, adj. *surisén, ín*. Ratonino, que pertenece á los ratones.

**SOURIQUOIS, E**, adj. joc. *suricuá, uás*. Ratonesco, ratonero, que pertenece á los ratones, que participa de la naturaleza de los ratones.

**SOURIRE**, n. *surír*. Sonreirse, reirse sin hacer ruido y solamente por un ligero movimiento de la boca y de los ojos. || met. *La fortune lui sourit*, la fortuna le sonríe ó le es risueña: la fortuna le favorece.

**SOURIRE** ó **SOURIS**, m. *surír, surí*. Sonrisa, accion de sonreir.

**SOURIS**, f. *surí*. Zool. Raton, cuadrúpedo de la familia de los roedores, del mismo género que la rata, pero mas pequeño. || *Couleur souris*, color gris, color de rata. || Fort. *Pas de souris*, escalera estrecha y derecha que se hace á la embocadura de una obra avanzada. || Zool. Raton, especie de marisco univalvo. || Músculo carnoso adherente al hueso de la pierna de carnero. || Ternilla de la ventana de la nariz del caballo. || Geme, la distancia que hay en la mano entre el dedo pulgar y el índice. || Bot. Vellorilla, género de plantas.

**SOURNOIS, E**, adj. *surnuá, ás*. Cazurro, callado, disimulado, que sabe disimular. || Úsase tambien como sustantivo y corresponde á socarron, solapado.

**SOURSOMMEAU**, m. *sursomó*. Especie de canasta con piés.

**SOUS**, prep. *sú*. Bajo, debajo. || *Tout ce qui est sous le ciel*, todo lo que está debajo del cielo. || *Sous prétexte de*, con pretexto de; *sous silence*, en silencio; *sous peine*, so pena de. || *Être sous clé*, estar debajo de llave, estar encerrado con llave. || *Sous peu* [illegible] [illegible] y tal condicion.

**SOUS-AFFERMER** [illegible] arrendar, arrendar á otro [illegible] arrendado.

**SOUS-AMENDEMENT** [illegible] más. Sub-enmienda, [illegible] mienda.

**SOUS-ARBRISSEAU** [illegible] Bot. Sub-arbusto, planta [illegible] elevacion y que no [illegible] que es un medio entre el [illegible]

**SOUS-BAIL**, m. [illegible] arrendamiento que uno [illegible] uno tiene arrendado.

**SOUS-BANDE**, f. [illegible] que se pone en las [illegible] y la que se pone debajo [illegible]

**SOUS-BARBE**, f. [illegible] posterior de la [illegible] llo, sobre la que lleva la [illegible] la correa del freno [illegible] pico del caballo. || fam. [illegible] bajo de la barba. || [illegible]

**SOUS-BARQUE**, f. [illegible] barca de rio.

**SOUS-BERME**, f. [illegible] rio por aguas ó por [illegible]

**SOUS-BIBLIOTHÉCAIRE** [illegible] tequér. Sotabibliotecario ó [illegible] gundo.

**SOUS-CARRIER**, m. [illegible] rero segundo.

**SOUS-CHANTRE**, m. [illegible] tre, dignidad eclesiástica.

**SOUS-CLAVIER, ÈRE**, adj. [illegible] Anat. Sub-clavio, que está [illegible] vícula.

**SOUS-CLERC**, m. [illegible] viente de una iglesia bajo [illegible] clérigo.

**SOUS-COMMIS**, m. [illegible] en una oficina. V. COMMIS.

**SOUSCRIPTEUR**, m. [illegible] critor, el que toma parte [illegible] Se dice generalmente [illegible] lanta el precio para la [illegible]

**SOUSCRIPTION**, f. [illegible] cricion, firma que se pone [illegible] ú otro escrito. || Suscricion [illegible] hace por escrito de [illegible] para la publicacion de una [illegible] veces se dice por la [illegible] adelanta. || Suscricion, [illegible] brero al que se suscribe.

**SOUSCRIRE**, a. *suscrír*. [illegible] mar, poner su firma debajo [illegible] met. Suscribir, consentir, [illegible] otro dice. En este sentido [illegible] preposicion á. *Je souscris* [illegible] *vous dites*, apruebo cuanto [illegible] siento en ello. || Suscribir, [illegible] terse á dar cierta suma para [illegible] sa ó gasto comun. || Suscribir [illegible] suma adelantada para la [illegible] libro, con objeto de tener [illegible] plares.

**SOUSCRIVANT, E**, s. m. y f. [illegible] El que suscribe, el que firma [illegible]

**SOUS-DÉLÉGUER**, a. V. [illegible] mas usado.

**SOUS-DIACONAT**, m. [illegible] diaconado ó subdiaconato, el [illegible] diácono ó de epístola.

**SOUS-DIACRE**, m. [illegible] el que está ordenado de epístola.

**SOUS-DOMINANTE**, f. [illegible] Mús. Subdominante, cuarta [illegible]

**SOUS-DOUBLE**, adj. [illegible] duplo, dícese de la cantidad [illegible] zon de mitad con el todo.

**SOUS-DOUBLÉ, ÉE**, adj. [illegible] Solo se usa en esta frase [illegible] *doublée*, en razon de las [illegible]

**SOUS-DOYEN**, m. [illegible]

**SOUS-ENTENDRE**, a. [illegible] brentender, no expresar en [illegible] cosa que se tiene en el [illegible] brentender, suponer, [illegible] aunque no se exprese. || [illegible] Entenderse, [illegible]

**SOUS-ENTENDU, E**, adj. *susantandú*. Tácito, supuesto, entendido aunque se calle.

**SOUS-ENTENTE**, f. *susantánt*. Solapa, segunda intencion en lo que se calla ó omite artificiosamente.

**SOUS-FAÎTE**, m. *suféi*. Carp. Par, viga alma.

**SOUS-FERME**, f. *suférm*. Subarriendo, arrendamiento hecho á otro de lo que uno tiene arrendado.

**SOUS-FERMER**, a. V. SOUS-AFFERMER.

**SOUS-FERMIER, ÈRE**, m. y f. *sufermié, er*. Subarrendador, el que toma bienes á subarriendo.

**SOUS-FRÉTER**, a. *sufreté*. Fletar á otro el navío que se tenia fletado.

**SOUS-GOUVERNANTE**, f. *suguvernánt*. Tenienta de aya.

**SOUS-GOUVERNEUR**, m. *suguverneur*. Teniente de ayo.

**SOUS-GARDE**, f. *sugárd*. Guardamonte de una arma de fuego.

**SOUS-LIEUTENANCE**, f. *sulieutnáns*. Grado de subteniente.

**SOUS-LIEUTENANT**, m. *sulieutnán*. Subteniente, grado militar inferior al teniente.

**SOUS-LOCATAIRE**, m. y f. *sulocatér*. Subinquilino, el que arrienda de un inquilino.

**SOUS-LOCATION**, f. *sulocasión*. Accion de alquilar un cuarto del inquilino principal.

**SOUS-LOUER**, a. *sulué*. Alquilar un cuarto ó vivienda del inquilino principal.

**SOUS-MAÎTRE, ESSE**, m. y f. *sumétr, és*. Maestro en segundo lugar; en muchos oficios le llaman sota.

**SOUS-MARIN, E**, adj. *sumarén, ín*. Submarino, que está en el fondo del mar.

**SOUS-MULTIPLE**, adj. *sumultipl*. Mat. Sumúltiplo, dícese de la parte alícuota que mide cabalmente á su todo.

**SOUS-NORMALE**, f. *sunormál*. Geom. Parte del eje de una curva.

**SOUS-OFFICIER**, m. *suzofisié*. Subalterno, inferior á oficial. Se dice de los sarjentos y furrieles.

**SOUS-ORDRE**, m. *suzórdr*. Sub-órden, distribucion de la suma adjudicada á un acreedor en cierto órden, cuya suma se reparte entre él y los demas acreedores. || Subordinado, el que está á las órdenes de otro. || *En sous-ordre*, loc. adv. Bajo las órdenes de otro.

**SOUS-PÉNITENCERIE**, f. *supenitanserí*. Vice-penitenciaria.

**SOUS-PÉNITENCIER**, m. *supenitansié*. Vice-penitenciario.

**SOUS-PERPENDICULAIRE**, f. Geom. V. SOUS-NORMALE.

**SOUS-PRÉCEPTEUR**, m. *supresepteur*. Sub-preceptor, vice-preceptor.

**SOUS-PIED**, m. *supié*. Trabilla, tira de cuero ó de tela que pasa por debajo del pié, y se sujeta á los dos lados de la boquilla del pantalon, para que siente bien é impedir que se suba.

**SOUS-PRÉFECTURE**, f. *suprefectúr*. Sub-prefectura, parte de un departamento de Francia, que comprende muchos cantones divididos en comunes, y está administrada por un sub-prefecto. || Sub-prefectura, casa destinada para las oficinas y habitacion del sub-prefecto.

**SOUS-PRÉFET**, m. *supref*é. Sub-prefecto, funcionario público encargado de administrar una parte de un departamento bajo las órdenes del prefecto.

**SOUS-PRIEUR**, m. *suprieur*. Sub-prior de una comunidad.

**SOUS-PRINCIPAL**, m. *suprensipál*. Vice-rector de un colegio.

**SOUS-RÉFECTORIER**, m. *surefectorié*. Refitolero segundo, ayuda de refitolero.

**SOUS-RENTE**, f. *suránt*. Renta que se saca de un subarriendo.

**SOUS-RENTIER**, m. *surantié*. Subarrendador ó rentero en segundo lugar.

**SOUS-SACRISTAIN**, m. *susacristén*. Sota-sacristan, teniente de sacristan.

**SOUS-SCAPULAIRE**, adj. *suscapulér*. Anat. Sub-escapular, que está debajo de la escápula ó del omoplato.

**SOUS-SECRÉTAIRE**, m. *susecretér* (e muda). Sota-secretario, segundo secretario.

**SOUSSIGNÉ, ÉE**, adj. *susiñé*. Infrascripto ó infraescrito, el abajo firmado. Se aplica á las personas que firman ó se nombran al fin de algun escrito.

**SOUSSIGNER**, a. *susiñé*. Firmar ó echar la firma al pié de un escrito.

**SOUS-TANGENTE**, f. *sutanjánt*. Geom. Sotangente ó subtangente, parte del eje de una curva que está comprendida entre la ordenada y la tangente correspondiente.

**SOUS-TENDANTE**, f. *sutandánt*. Geom. Sub-tenesa, línea derecha que, colocada de un punto al otro de la curva, forma la cuerda del arco.

**SOUSTRACTION**, f. *sustracsion*. Sustraccion, accion de sustraer, de quitar ó hurtar papeles, efectos. || Arit. Sustraccion, operacion por la que se quita un número de otro; regla de restar, la segunda de la aritmética.

**SOUSTRAIRE**, a. *sustrér*. Sustraer, quitar á alguno alguna cosa con maña ó disimulo. || Arit. Restar, quitar un número de otro. || *Se soustraire*, r. Sustraerse, librarse, salir de una cosa incómoda ó peligrosa; sustraerse ó salir del poder de alguno, etc.

**SOUS-TRAITANT, E**, m. y f. V. SOUS-FERMIER.

**SOUS-TRAITÉ**, m. V. SOUS-FERME.

**SOUS-TRAITER**, n. *sutreté*. Tomar un subarriendo de un inquilino principal. Se dice generalmente del que toma una empresa, un negocio de segunda mano.

**SOUS-TRIPLE**, adj. *sutrípl*. Mat. Subtriplo, se dice de un número que está comprendido tres veces en otro.

**SOUSTYLAIRE**, f. *sustilér*. Línea subestilar. Es voz de la gnomónica.

**SOUS-VENTRIÈRE**, f. *suvantriér*. Cincha barriguera, correa sujeta por sus dos extremidades á las dos varas de un carruaje, y que pasa por debajo del vientre de la caballería de varas.

**SOUTANE**, f. *sután*. Sotana, vestidura clerical. || met. Sotana, estado eclesiástico.

**SOUTANELLE**, f. *sutanél*. Sotanilla, sotana mas corta que la regular.

**SOUTE**, f. *sút*. Jurisp. V. SOULTE. || Mar. Pañol, cualquiera de los dos compartimientos ó divisiones que se hacen á proa y popa en la bodega y sollado de un buque para encerrar la pólvora, el bizcocho, etc.

**SOUTENABLE**, adj. *sutnábl*. Defendible, que se puede sostener ó defender. || Aguantable, resistible, soportable.

**SOUTENANT**, m. *sutnán*. Sustentante, el que defiende conclusiones.

**SOUTENELLE**, f. *sutnél*. Bot. Armuelle, género de plantas.

**SOUTÈNEMENT**, m. *sutenmán*. Arq. Apoyo, sustentáculo. || For. Documentos justificativos.

**SOUTENEUR**, m. *sutneur*. Rufian, macareno, el que sostiene una casa de juego ó es defensor de casas públicas.

**SOUTENIR**, a. *sutnír*. Sostener un peso, apoyar una cosa. || met. Sostener, sustentar, hacer subsistir una familia, ayudar, patrocinar. || Sostener, mantener una opinion, defenderla. || Sostener, afirmar, afianzar, asegurar una cosa. || *Se soutenir*, r. Sostenerse, tenerse firme. || met. Sostenerse, tenerse firme ó tieso, resistir, conservarse.

**SOUTENU, E**, adj. *sutnú*. Sostenido. || *Style soutenu*, estilo sostenido, elevado, grave, oratorio, etc.

**SOUTERRAIN, E**, adj. *suterrén, én*. Subterráneo, que está debajo de tierra. || met. Secreto, oculto. *Employer des voies souterraines*, emplear medios ocultos, vias secretas para conseguir alguna cosa. || SOUTERRAIN, m. Sótano, cueva subterránea. || irón. Via secreta, mina oculta.

**SOUTERRÉ, ÉE**, adj. *suterré*. Bot. Soterrado, dícese de los frutos que se crian debajo de tierra, como la batata, el cacahuete, etc.

**SOUTIEN**, m. *sutién*. Estribo, estribo de un arco de obra. || met. Apoyo, sosten, báculo, amparo. || Bot. Consistencia.

**SOUTIRAGE**, m. *sutirágé*. Trasiego de los vinos y otros licores.

**SOUTIRER**, a. *sutiré*. Trasegar el vino y otros licores.

**SOUTRAIT**, m. *sutré*. Tabla inferior de una prensa.

**SOUVENANCE**, f. ant. V. SOUVENIR.

**SOUVENIR (SE)**, r. *suvenir* (e muda). Acordarse, hacer memoria. || Acordarse, guardar en la memoria, tener presente un beneficio, un favor, una ofensa.

**SOUVENIR**, m. *suvenir* (e muda). Memoria, recuerdo, idea que la memoria conserva de alguna cosa. || Recuerdo, la facultad de acordarse. || Recuerdo, lo que trae á la memoria alguna cosa. || Recuerdo, librito de memoria.

**SOUVENT**, adj. *suván*. Frecuentemente, muchas veces, á menudo.

**SOUVENTE FOIS** ó **SOUVENTES FOIS**, loc. adv. ant. *suvantfuá*. Muchas veces, repetidas veces.

**SOUVERAIN, E**, adj. *suverén, én* (e muda). Soberano, sumo, supremo, superior á todo en su género ó clase. || Soberano, que está revestido de la autoridad suprema. || Supremo, hablando de jueces y tribunales que juzgan sin apelacion. || m. y f. Soberano, príncipe soberano, el que ó la que posee la autoridad suprema. || *Souverain*, m. Soberano, moneda de oro en Austria, Milan, etc. || *Souveraine*, f. Bot. Castellar, toda buena, especie de planta.

**SOUVERAINEMENT**, adv. *suverenmán* (e muda). Sumamente, en sumo grado. || Independientemente. || Sin apelacion: *juger souverainement*. || Con autoridad suprema: *commander souverainement*.

**SOUVERAINETÉ**, f. *suverenté* (e muda). Soberanía, autoridad suprema. || Soberanía, cualidad y autoridad de un príncipe. || Soberanía, el territorio en que un príncipe ejerce la soberanía.

**SOYÈRE**, adj. f. *suayér*. Se usa solo en esta expresion: *industrie soyère*, industria de la seda.

**SOYETEUR**, m. *suayeteur*. Tejedor de telas de seda.

**SOYEUX, EUSE**, adj. *suayeu, eus*. Suave como la seda. || Bien cargado de seda, hablando de una tela.

**SPACIEMENT**, m. *spasimán*. Espaciamiento, el paseo de los cartujos en sus huertas y campos vecinos.

**SPACIEUSEMENT**, adv. *spasieusmán*. Espaciosamente, anchamente, anchurosamente, con anchura.

**SPACIEUX, EUSE**, adj. *spasieu, eus*. Espacioso, capaz, extenso, que tiene grande extension.

**SPADILLE**, f. *spadill*. Espadilla ó la espada, el as de espadas en el juego del hombre.

**SPADASSIN**, m. *spadasín*. Espadachin, pendenciero, amigo de desafíos.

**SPAGIRIE**, f. *spagirí*. Espagiria, ciencia química medical. || Espagiria, arte de separar y combinar los principios constituyentes de los cuerpos. Es sinón. de *chimie*.

**SPAGIRIQUE**, adj. *spagiric*. Espagírico, que pertenece á la espagiria.

**SPAGIRISTE**, m. *spagirist*. Espagirista, el que se ocupa del estudio de la espagiria.

**SPAHI**, m. *spái*. Spahi, soldado de caballería entre los Turcos.

**SPALMER**, a. *spalmé*. Mar. Despalmar, limpiar, dar sebo á los fondos de las embarcaciones que están forradas en cobre. Tambien se dice *espalmer*.

**SPALT**, m. *spált*. Miner. Espalto, piedra luciente parecida al espejuelo, que se usa mucho en la fundicion de metales.

**SPARADRAP**, m. *sparadrá*. Esparadrapo, pedazo de lienzo curado con varios ingredientes.

**SPARAILLON**, m. *sparallon*. Zool. Esparallon, género de pescados.

**SPARE**, m. *spár*. Zool. Esparo, género de pescados que comprende los dorados y otras muchas especies.

**SPARGANE**, f. *spargán*. Esparganeo, banda ó faja con que envolvian los antiguos á los niños. || Bot. Esparganeo, género de plantas algáceas.

**SPARGANOSE**, f. *sparganós*. Med. Esparganosis, dilatacion excesiva de las tetas por la mucha leche.

**SPARSILE**, adj. *sparsil*. Astr. Se dice de las estrellas diseminadas en el cielo, indeterminadas, informes. V. ÉPARS.

**SPARTAIRE**, m. *spartér*. Espartero, sitio plantado de espartos. || Espartero, el que fabrica cosas de esparto. || Zool. Espartero, género de aves de rapiña.

**SPARTE**, m. *spárt*. Bot. Esparto, género de plantas gramíneas.

**SPARTERIE**, f. *sparterí* (e muda). Espartería, manufactura de tejidos de esparto; las obras hechas de esparto.

**SPARTIATE**, adj. y s. *sparsiát*. Espartano, de Esparta.

**SPARTON**, m. *spartón*. Soga de esparto.

**SPASMATIQUE**, adj. y s. *spasmatic*. Espasmático, que tiene ó está atacado de espasmo.

**SPASME**, m. *spásm*. Med. Espasmo, contraccion involuntaria, movimiento convulsivo de los músculos ó de los nervios.

**SPASMODIQUE**, adj. *spasmodic*. Espasmódico, que tiene relacion con el espasmo. || Espasmódico, que predispone al espasmo.

**SPASMOLOGIE**, f. *spasmologí*. Espasmologia, tratado de los espasmos.

**SPASMOLOGIQUE**, adj. *spasmologic*. Espasmológico, que tiene relacion con la espasmologia.

**SPATAGUE** ó **SPATANGUE**, m. *spatág*. *spatáng*. Zool. Espátago, marisco del género de los equinos.

**SPATH**, m. *spát*. Miner. Espato, nombre dado á diferentes sustancias petrosas que se encuentran las mas veces unidas á los minerales. *Spath calcaire*, espato calcáreo, el carbonato de cal.

**SPATHIQUE**, adj. *spatic*. Espático, que es de la naturaleza del espato. Mejor se dice *fluorique*.

**SPATULE**, f. *spatúl*. Espátula, instrumento de cirugía y farmacia que sirve para extender los ungüentos y emplastos. || Zool. Espátula, género de aves. || Bot. Giris, espátula fétida, planta.

**SPATULÉ, ÉE**, adj. *spatulé*. Espatulado, que tiene la forma de una espátula.

**SPÉ**, m. *spé*. Nombre que se da al infante de coro mas antiguo en la catedral de Paris.

**SPÉCIA**, f. *spésia*. Com. Cuenta con finiquito.

**SPÉCIAL, E**, adj. *spesial*. Especial, particular, que está exclusivamente determinado para una cosa.

**SPÉCIALEMENT**, adv. *spesialman*. Especialmente, particularmente, de una manera especial.

**SPÉCIALISER**, a. *spesialisé*. Indicar, determinar especialmente.

**SPÉCIALITÉ**, f. *spesialité*. Especialidad, cualidad de lo que es especial. || Especialidad, designacion de una cosa especial. || Especialidad, ramo de las ciencias ó artes á que se dedica alguno exclusivamente. || Especialidad, aplicacion exclusiva de algun fondo á un gasto particular.

**SPÉCIEUSEMENT**, adv. *spesieusman*. Especiosamente, de una manera especiosa, con apariencia de verdad.

**SPÉCIEUX, EUSE**, adj. *spesieu, eus*. Especioso, que tiene apariencia ó viso de verdad y de justicia. || sust. m. Especioso, lo que hay de aparente en una cosa.

**SPÉCIFICATIF, IVE**, adj. *spesificatif, iv*. Especificativo, que sirve para especificar.

**SPÉCIFICATION**, f. *spesificasion*. Especificacion, expresion, determinacion de las cosas en particular.

**SPÉCIFIER**, a. *spesifié*. Especificar, determinar, expresar en particular.

**SPÉCIFIQUE**, adj. *spesific*. Específico, que especifica. || Que tiene virtud ó eficacia especial para producir algun efecto. || m. Específico, remedio propio para alguna enfermedad.

**SPÉCIFIQUEMENT**, adv. *spesificmán*. Específicamente, de un modo específico.

**SPÉCIMEN**, m. *spesimén*. Espécimen, prueba, ensayo, modelo. Se dice generalmente hablando de las ediciones nuevas de obras científicas.

**SPÉCIOSITÉ**, f. *spesiosité*. Especiosidad, perfeccion, hermosura perfecta. || Especiosidad, cualidad de lo que es especioso.

**SPECTACLE**, m. *spectácl*. Espectáculo, vista, objeto que llama ó atrae la atencion del público. *Etre en spectacle*, estar expuesto á la atencion pública. || Espectáculo, representacion teatral. || Espectáculo, fiestas, funciones, regocijos, festejos públicos. || *Se donner en spectacle*, ponerse á los ojos del mundo, á la censura pública. || *Servir de spectacle*, ser la risa ó burla del público.

**SPECTATEUR, TRICE**, m. y f. *spectateur, tris*. Espectador, el que es testigo ocular de un acontecimiento, de una accion de cualquier género que sea. || Espectador, el que asiste á las representaciones teatrales ó alguna ceremonia ó festejo público.

**SPECTRE**, m. *spéctr*. Espectro, fantasma, vision, figura fantástica. || met. y fam. Estantigua, esqueleto, la persona alta, flaca y macilenta. *C'est un spectre*, parece un espectro.

**SPÉCULAIRE**, adj. *speculér*. Miner. Especulario, se dice de varios minerales que tienen láminas brillantes. || *Science speculaire*, ciencia especularia, arte de hacer espejos. || *Pierre speculaire*, espejuelo, talco, cierta clase de yeso.

**SPÉCULATEUR, TRICE**, m. y f. *speculateur, tris*. Especulador, el que especula, el que observa los astros y los fenómenos del cielo. || Especulador, el que especula, el que hace cálculos y tentativas en materia de giro, comercio, asientos, etc.

**SPÉCULATIF, IVE**, adj. *speculatif, iv*. Especulativo, que observa con atencion. || Especulativo, teórico, que se dedica á la teórica sin tener la práctica por objeto. || sust. m. Especulativo, el hombre que razona bien ó mal sobre materias políticas; y en este sentido se usa en plural: *les spéculatifs croient que cette négociation n'aboutira à rien*.

**SPÉCULATION**, f. *speculasión*. Especulacion, accion de especular, de observar atentamente. || Especulacion, observacion hecha ó escrita por un especulador. || Especulativa, teórica, por oposicion á la práctica en las artes y ciencias. || Especulacion, proyectos, cálculos, empresas que se hacen en materias de comercio, de banco, etc.

**SPÉCULATIVEMENT**, adv. *speculativmán*. Especulativamente, de una manera especulativa.

**SPÉCULATOIRE**, f. *speculatuár*. Especulatoria, ciencia que tiene por objeto la interpretacion ó explicacion de los meteoros y demas fenómenos celestes.

**SPÉCULER**, a. ant. *speculé*. Especular, considerar, contemplar, observar, sea con anteojos, sea con la simple vista los objetos celestes ó terrestres. En esta acepcion ahora se dice *observer*. || n. Especular, meditar atentamente sobre alguna materia. || Formar proyectos, razonamientos, cálculos en materias de comercio, de industria.

**SPECULUM**, m. *spéculom*. Espéculo, palabra latina con que se designan varios instrumentos de cirugía que sirven para abrir ó dilatar ciertas cavidades, para facilitar el exámen que de ellas se quiere hacer; y así se dice *speculum oculi*, *speculum nasi*, *speculum oris*, *speculum uteri*, instrumento para tener el ojo abierto, para dilatar la vagina, etc., tomando cada uno el nombre de la parte para que se le emplea.

**SPÉE**, f. *spé*. Tallar de uno ó de dos años sin cortar.

**SPERGULE**, f. *spergúl*. Bot. Espérgula, planta buena para forraje.

**SPERMACRASIE**, f. *spermacrasí*. Med. Espermacrasia, derrame involuntario de semen.

**SPERMATIQUE**, adj. [illegible] mático, seminal, que tiene [illegible] sémen.

**SPERMATOCÈLE**, f. [illegible] Espermatocele, tumor ó [illegible] vasos espermáticos causado por [illegible] cia de sémen.

**SPERMATOLOGIE**, f. [illegible] permatologia, tratado ó [illegible] esperma.

**SPERMATOLOGIQUE**, adj. [illegible] *gic*. Espermatológico, que [illegible] espermatologia.

**SPERMATOPÉ, ÉE**, adj. [illegible] Med. Espermatópeo, dícese de [illegible] muy nutritivos y [illegible] sémen ó esperma y [illegible] m. Espermatópeo, remedio [illegible] el sémen.

**SPERMATOSE**, f. [illegible] permatosis, produccion, [illegible] en los testículos.

**SPERME**, m. *spérm*. Esperma. [illegible] *Sperme ó blanc de baleine*, [illegible] llena.

**SPERMIOSE**, f. [illegible] rana.

**SPERNOLLE**, f. [illegible]

**SPERONELLE**, f. [illegible] de caballero, género de plantas, [illegible] tambien conocido [illegible]

**SPHACÈLE**, m. *sfasél*. Cir. [illegible] gangrena total de una parte del [illegible]

**SPHACÉLÉ, ÉE**, adj. *sfaselé* [illegible] do, que está atacado de [illegible]

**SPHÉNOÏDAL, E**, adj. [illegible] Esfenoidal, que tiene relacion con [illegible] noide.

**SPHÉNOÏDE**, adj. *sfenoíd*. [illegible] noides, basilar, se dice de un [illegible] beza que forma una parte de la [illegible] neo. Es tambien sustantivo [illegible] *sphénoïde*, el esfenoide.

**SPHÈRE**, f. *sfér*. Esfera, [illegible] sólido en el cual todas las [illegible] centro á la superficie son [illegible] máquina redonda y móvil [illegible] ferentes círculos que representan [illegible] astrónomos piensan existir en [illegible] fera, disposicion del cielo [illegible] imaginados por los astrónomos [illegible] diariamente *sphère armillaire* [illegible] lar. || Esfera, conocimientos de [illegible] astronómicos que se aprenden en [illegible] ra. || Esfera, espacio en el que [illegible] cluye su curso. || met. Esfera, [illegible] tension de conocimientos [illegible] clase, estado ó condicion de [illegible] *Sortir de sa sphère*, salir de su [illegible] de su estado.

**SPHÉRICITÉ**, f. *sfericité*. [illegible] estado de lo que es esférico. [illegible] globosidad, rotundidad.

**SPHÉRIQUE**, adj. *sferic*. [illegible] tiene la forma de una esfera. [illegible] pertenece á la esfera.

**SPHÉRIQUEMENT**, adv. [illegible] féricamente, de una manera [illegible] forma de esfera, de figura [illegible]

**SPHÉRISTE**, m. *sferíst*. [illegible] ta, el que enseñaba los diferentes [illegible] pelota.

**SPHÉRISTÈRE**, m. *sferistér*. [illegible] lugar en que los antiguos jugaban [illegible] lota.

**SPHÉRISTIQUE**, adj. [illegible] tico, que pertenece á la [illegible] ferística, parte de la gimnástica [illegible] guos que comprendia los diferentes [illegible] de pelota.

**SPHÉROÏDAL, E**, adj. [illegible] roidal, que tiene la forma de [illegible]

**SPHÉROÏDE**, m. *sferoíd*. [illegible] roide, esfera que tiene un [illegible] que el otro; ó bien, sólido [illegible] aproxima á la de una esfera.

**SPHÉROLOBE**, m. *sferolób*. [illegible] lobo, género de plantas de la [illegible] leguminóceas.

**SPHÉROMACHIE**, f. [illegible] Esferomaquia, ejercicio con la [illegible] viento.

**SPHÉROMACHIQUE**, adj. *sferomaquic.* Esferomáquico, que pertenece á la esferomaquia.

**SPHÉROMÈTRE**, m. *sferomètr.* Ópt. Esferómetro, instrumento que sirve para medir la curvatura de las superficies esféricas.

**SPHÉROMÉTRIQUE**, adj. *sferometric.* Esferométrico, que tiene relacion con el esferómetro.

**SPHINCTER**, m. *sfenctér.* Anat. Esfinter, músculo circular que constriñe y cierra las aberturas naturales.

**SPHINX**, m. *sfénce.* Mit. Esfinge, monstruo fabuloso que dicen los poetas tenia cara y tetas de mujer, el cuerpo de un leon y las alas de águila. || Esc. Esfinge, figura que tiene la cara y tetas de mujer y lo restante del cuerpo de leon.

**SPHYGMIQUE**, adj. *sfigmic.* Med. Esfígmico, que tiene relacion con el pulso.

**SPHYGMOMÈTRE**, m. *sfigmomètr.* Med. Esfigmómetro, instrumento para medir el pulso.

**SPIC**, m. *spic.* Bot. Nombre vulgar del espliego ó alucema, planta.

**SPICA**, m. *spica.* Cir. Espica, especie de vendaje que tambien se llama *épi*. Se denomina así por la figura que tiene.

**SPICANARD**, m. *spicanár.* Bot. Espicanardi ó espique, planta que viene de las Indias.

**SPICIFORME**, adj. *spisifórm.* Espiciforme, que tiene la forma de espiga.

**SPICILÈGE**, m. *spisiléje.* Espicilegio, coleccion, recopilacion de diplomas, privilegios, etc.

**SPINAL**, **E**, adj. *spinál.* Anat. Espinal, que pertenece al espinazo.

**SPINA-VENTOSA**, m. *spinaventosa.* Med. Espina-ventosa, caries interna de un hueso. Algunos lo explican de otro modo.

**SPINELLE**, adj. m. *spinél* Espinela, se dice de un rubí de un color rojo pálido : *rubis spinelle*. Se usa tambien sustantivamente : *un spinelle*.

**SPINESCENT**, **E**, adj. *spinesán.* Bot. Espinescente, que concluye ó termina en espina, en punta; que tiende á volverse espina.

**SPINGARDE**, f. *spengárd.* Mil. ant. Espingarda, antigua pieza de artillería.

**SPINOSISME**, m. *spinosism.* Fil. Espinosismo, doctrina de Espinosa.

**SPINOSISTE**, adj. y s. *spinosist.* Espinosista, el que admite los principios del espinosismo.

**SPINTHÉROMÈTRE**, m. *spenteromètr.* Espinterómetro, instrumento para medir la fuerza de las chispas eléctricas.

**SPIRACANTHE**, m. *spiracánt.* Bot. Espiracanto, planta sinantérea.

**SPIRAL**, **E**, adj. *spirál.* Espiral, que pertenece á la espira, que tiene la forma de una espira.

**SPIRAL**, m. *spirál.* El espiral ó resorte espiral de un reloj.

**SPIRALE**, f. *spirál.* Espiral, linea curva que va dando vueltas en forma de caracol || *En spirale*, en forma de espira, en forma espiral.

**SPIRALEMENT**, adv. *spiralmán.* Espiralmente, en espira.

**SPIRATION**, f. *spirasión.* Espiracion, palabra solamente usada en teología para significar cómo el Espíritu Santo procede del Padre y del Hijo.

**SPIRE**, f. *spir.* Geom. Espira, linea espiral en general, y mas exactamente una de sus vueltas.

**SPIRITUALISATION**, f. ant. *spiritualisasión.* Quím. Espiritualizacion, accion de extraer de los licores espirituosos cuerpos sólidos y líquidos. || Espiritualizacion, accion de espiritualizar, de convertir el sentido literal de un pasaje en sentido alegórico.

**SPIRITUALISER**, a. ant. *spiritualisé.* Quím. Espiritualizar, extraer los espíritus de los cuerpos mixtos. || met. Espiritualizar, convertir el sentido literal de alguna cosa en un sentido espiritual, alegórico.

**SPIRITUALISME**, m. *spiritualism.* Fil. Espiritualismo, sistema de filosofía que establece otros seres que los cuerpos, seres que se llaman espíritus. || Espiritualismo, doctrina mística, abuso, exceso de espiritualidad.

**SPIRITUALISTE**, adj. y s. *spiritualist.* Fil. Espiritualista, partidario del espiritualismo.

**SPIRITUALITÉ**, f. *spiritualité.* Espiritualidad, cualidad, naturaleza de lo que es espiritual. || Espiritualidad, vida interior ó mística.

**SPIRITUEL**, **LE**, adj. *spirituél.* Espiritual, incorpóreo. || Espiritual, que mira á la conducta del alma, á lo interior de la conciencia. || Espiritual, místico, retirado del mundo. || Espiritual, alegórico, por oposicion á literal. || Ingenioso, que tiene ingenio, talento, agudeza; y en este sentido se dice *homme spirituel*, *femme spirituelle*. Hablando de cosas, agudo, ingenioso : *réponse spirituelle*. || m. *Le spirituel*, lo espiritual, por oposicion á lo temporal.

**SPIRITUELLEMENT**, adv. *spirituelmán.* Ingeniosamente, con ingenio, con talento. || Espiritualmente, en espíritu, con el pensamiento : *communier spirituellement*.

**SPIRITUEUX**, **EUSE**, adj. *spiritueu*, *eus.* Espirituoso, se dice de los licores que tienen espíritu de vino. || Hablando de personas, espirituoso, vivo; pero no en el sentido de *spirituel*. V. esta palabra.

**SPIROÏDE**, adj. *spiroíd.* Espiroide, que está en forma de espiral.

**SPIRULE**, f. *spirúl.* Zool. Espirula, género de moluscos.

**SPLANCHNIQUE**, adj. *splancnic.* Anat. Esplánico, que tiene relacion con las vísceras.

**SPLANCHNOGRAPHE**, m. *splancnográf.* Esplanógrafo, el que se dedica al estudio de la esplanografía.

**SPLANCHNOGRAPHIE**, f. *splancnografí.* Esplanografía, descripcion de las vísceras.

**SPLANCHNOGRAPHIQUE**, adj. *splancnografic.* Esplanográfico, que pertenece á la esplanografía.

**SPLANCHNOLOGIE**, f. *splancnologí.* Esplanología, parte de la anatomía que trata de las vísceras.

**SPLANCHNOLOGIQUE**, adj. *splancnologic.* Esplanológico, que pertenece á la esplanología.

**SPLANCHNOTOMIE**, f. *splancnotomí.* Anat. Esplanotomía, anatomía ó diseccion de las vísceras.

**SPLANCHNOTOMIQUE**, adj. *splancnotomic.* Esplanotómico, que pertenece á la esplanotomía.

**SPLEEN**, m. *splin.* Esplin. Es palabra inglesa, usada para designar una especie de melancolía ó enfermedad mental que consiste en el disgusto de la vida.

**SPLÉNALGIE**, f. *splenalgí.* Med. Esplenalgia, dolor del bazo.

**SPLÉNALGIQUE**, adj. *splenalgic.* Esplenálgico, que ataca al bazo.

**SPLENDEUR**, f. *splandeur.* Esplendor, rayo de luz de un cuerpo luminoso. || met. Esplendor, lustre del nombre, prosapia, fama. || Esplendidez, lucimiento, magnificencia en el porte, en el trato.

**SPLENDIDE**, adj. *splandíd.* Espléndido, magnífico, suntuoso, ostentoso.

**SPLENDIDEMENT**, adv. *splandidmán.* Espléndidamente, de una manera espléndida.

**SPLÉNÉTIQUE**, adj. *splenetic.* Esplenético, que tiene esplin. || Med. Esplenético, se dice de los que padecen de obstrucciones en el bazo.

**SPLÉNIQUE**, adj. *splenic.* Esplénico, que pertenece ó tiene relacion con el bazo. || Esplénico, se dice tambien de los medicamentos propios para las enfermedades del bazo.

**SPLÉNITE**, f. *splenít.* Med. Esplenitis, inflamacion del bazo.

**SPLÉNOCÈLE**, f. *splenosél.* Cir. Esplenocele, hernia del bazo.

**SPLÉNOGRAPHIE**, f. *splenografí.* Esplenografía, descripcion del bazo.

**SPLÉNOGRAPHIQUE**, adj. *splenografic.* Esplenográfico, que pertenece á la esplenografía.

**SPLÉNOLOGIE**, f. *splenologí.* Esplenología, tratado sobre el bazo.

**SPLÉNOLOGIQUE**, adj. *splenologic.* Esplenológico, que concierne á la esplenología.

**SPLÉNOTOMIE**, f. *splenotomí.* Esplenotomía, diseccion del bazo.

**SPLÉNOTOMIQUE**, adj. *splenotomic.* Esplenotómico, que pertenece á la esplenotomía.

**SPODE**, f. *spód.* Quím. Espodio, nombre antiguo del óxido de zinc.

**SPOLIATEUR**, **TRICE**, m. y f. *spoliateur*, *tris* Despojador, desposeedor, el que despoja. || Robador, ladron. || Es tambien adjetivo : *acte spoliateur*, *mesure spoliatrice*.

**SPOLIATION**, f *spoliasión.* For. Despojo, expoliacion de bienes.

**SPOLIER**, a. *spolié.* Despojar, desposeer, quitar por fuerza ó con violencia.

**SPONDAÏQUE**, adj. *spondaic.* Espondáico, se dice del verso exámetro que tiene el quinto pié espondeo, en lugar de un dáctilo segun la regla general. Se usa tambien algunas veces como sustantivo.

**SPONDÉE**, m. *spondé.* Espondeo, pié de verso griego y latino que consta de dos sílabas largas.

**SPONDYLE**, m. *spondíl.* Anat. Espondilo, vértebra, particularmente la segunda vértebra del cuello.

**SPONGIEUX**, **EUSE**, adj. *spongieu*, *eus.* Esponjoso, poroso, que es de la naturaleza de la esponja.

**SPONSALIES**, f. pl. *sponsalí.* Esponsales, desposorios, entre los Romanos.

**SPONTANÉ**, **ÉE**, adj. *spontané.* Espontáneo, que es libre, voluntario, que lo hace uno de su propio movimiento. || Espontáneo, natural, dícese de los movimientos que se ejecutan sin causa exterior aparente, como los movimientos del corazon, de las arterias, etc. || Espontáneo, natural ó sin cultivo : dícese de los frutos y producciones que da la tierra de suyo ó por sí misma. || Med. *Evacuation spontanée*, evacuacion espontánea, la que no es producida por un remedio.

**SPONTANÉITÉ**, f. *spontaneité.* Espontaneidad, cualidad de lo que es espontáneo.

**SPONTANÉMENT**, adv. *spontanemán.* Espontáneamente, de una manera espontánea. || Indeliberadamente, de sí mismo. || Sin cultivo, sin arte.

**SPONTON**, m. V. ESPONTON.

**SPORADE**, adj. *sporád.* Astr. Se dice de las estrellas indeterminadas, informes, que andan dispersas en el cielo sin formar parte de las constelaciones. V. SPARSILE.

**SPORADIQUE**, adj. *sporadic.* Med. Esporádico, se dice de las enfermedades que provienen de causas particulares y no de epidemia, que acometen en todo tiempo y en todo lugar indiferentemente.

**SPORE**, m. *spór.* Zool. Esporo, género de pescados. || Bot. Esporo, corpúsculo reproductor de los musgos.

**SPORTE**, f. *spórt.* Esportilla, especie de cesta de paja para nadar.

**SPORTULE**, f. *sportúl.* Regalo que distribuian los antiguos Romanos al pueblo, y consistia en pan, vino y dinero. || Esportilla, especie de cesto.

**SPUMEUX**, **EUSE**, adj. *spumeu*, *eus.* Espumoso, lleno ó cubierto de espuma.

**SPUMOSITÉ**, f. *spumosité.* Espumosidad, cualidad ó estado de lo que se halla lleno de espuma.

**SPURCILOQUE**, adj. ant. *spursilóc.* Espurcílocuo, sucio, deshonesto en las palabras.

**SPUTATION**, f. *sputasión.* Med. Salivacion, accion de salivar.

**SPUTER**, m. *sputèr.* Metal blanco, duro y quebradizo.

**SQUADRONISTE**, m. *scuadronist.* Cardenal que no pertenece en los conclaves á ningun partido.

**SQUALE**, m. *scuál.* Zool. Lija, género de pescados cartilaginosos. || Tollo, gato marino, pez parecido á la lija.

**SQUAMEUX**, **EUSE**, adj. *scuameu*, *eus.*

Escamoso, que está cubierto de escamas, ó que tiene la forma de una escama.

**SQUAMIFÈRE**, adj. *scuamifér*. Escamífero, que tiene escamas.

**SQUAMULES**, f. pl. *scuamúl*. Escamillas, escamas pequeñas.

**SQUARE**, m. *scuár*. Zool. Género de pescados de mar. || Plaza pública de Lóndres.

**SQUELETTE**, m. *squelét* (e muda). Esqueleto, armazon entera de los huesos de un cadáver descarnado en su situacion natural. || met. y fam. *Squelette ambulant*, esqueleto ambulante: dícese hablando de una persona muy flaca.

**SQUELETTOLOGIE**, f. *squeletologí* (e muda). Esqueletología, tratado del esqueleto.

**SQUENÉE**, f. *squené* (e muda). Antig. Capotillo sin mangas. || Chal de señora para el estío.

**SQUILLE**, f. *squil*. Zool. Esquila, pescado de mar pequeño. || Esquila, especie de cangrejo. || Bot. Cebolla albarrana, planta. V. SCILLE.

**SQUILLITIQUE**, adj. *squilitic*. Esquilítico, epíteto que se da al remedio hecho con la cebolla albarrana.

**SQUINANCIE**, f. V. ESQUINANCIE.

**SQUINE**, f. *squín*. Bot. China, planta exótica del género de la zarzaparrilla. Tambien se dice *esquine* y *china*. V. esta última voz.

**SQUIRRHE**, m. *squír*. Cir. Cirro, tumor duro y sin dolor que se forma en alguna parte del cuerpo.

**SQUIRRHEUX, EUSE**, adj. *squireu*, *eus*. Cirroso, que es de la naturaleza del cirro.

**SQUIRRHOSITÉ**, f. *squirosité*. Dureza semejante al cirro.

**ST! ST!** interj. *st*, *st*, ó *sit*, *sit*, tocando apénas la *i*. Sirve para llamar á alguno en voz baja. || *St!* chito, silencio, punto en boca.

**STABILISER**, a. *stabilisé*. Estabilizar, hacer estable.

**STABILISME**, m. *stabilism*. Estabilismo, sistema de inmutabilidad en las instituciones.

**STABILISTE**, adj. y s. *stabilist*. Estabilista, partidario del estabilismo.

**STABILITÉ**, f. *stabilité*. Estabilidad, cualidad de lo que es estable. || met. Estabilidad, constancia, firmeza, permanencia. || Estabilidad de las leyes, de un Estado.

**STABLAT**, m. *stablá*. Tinglado hecho en los corrales de ganado para guarecerse del frio.

**STABLE**, adj. *stábl*. Estable, firme, permanente.

**STACHYDE ó STACHIS**, f. *staquid*, *staquis*. Bot. Estaquei ó estaquida, género de plantas de la familia de las labiadas.

**STADE**, m. *stád*. Estadio, entre los Griegos, terreno en que se ejecutaban las carreras públicas. || Estadio, medida de 125 pasos geométricos. || Med. Estadio, curso de una enfermedad.

**STAGE**, m. *stáge*. Tiempo de la residencia de un canónigo en su catedral para poder cobrar sus rentas. || Tiempo que tienen que asistir los abogados al tribunal ántes de empezar á abogar.

**STAGIAIRE**, adj. *stagiér*. Solo se usa en *avocat stagiaire*, abogado que asiste al tribunal sin poder abogar. || Tambien se usa como sustantivo: *les stagiaires du palais*.

**STAGIER**, m. *stagié*. Prebendado con obligacion de residencia para ganar la gruesa.

**STAGNANT, E**, adj. *stagnán*. Estancado, detenido: se dice principalmente hablando de las aguas que no corren, ó de los humores que no circulan.

**STAGNATION**, f. *stagnasión*. Estagnacion, estado de lo que está estancado ó detenido. || met. Estagnacion, suspension de los negocios del comercio ó de la bolsa que están detenidos.

**STAIMBOUC**, m. *stembúc*. Zool. Sarrio, especie de rebeco.

**STALACTITE**, f. *stalactít*. Miner. Estalactita, concrecion petrosa que se forma en las subterráneos.

**STALAGMITE**, f. *stalagmít*. Miner. Estalagmita, concrecion petrosa que se forma en el piso de las cavidades subterráneas por la caida de los jugos lapidíficos.

**STALLE**, f. *stál*. Silla de coro cuyos asientos se suben y bajan. || En algunos teatros, unas sillas que están próximas á la orquesta y cuyos asientos se suben y se bajan como las sillas de coro.

**STAMETTE**, f. *stamét*. Tela de lana de Holanda.

**STAMINAL, E**, adj. *staminál*. Bot. Estaminal, que tiene relacion con los estambres.

**STAMINEUX, EUSE**, adj. *stamineu*, *eus*. Bot. Estaminoso, que tiene los estambres largos.

**STAMINIFÈRE**, adj. *staminifér*. Bot. Estaminífero, que tiene uno ó mas estambres.

**STAMPE**, f. *stánp*. Sello para marcar á los negros.

**STANCE**, f. *stáns*. Poét. Estancia, division ó estrofa de una cancion ó poema. *Stance de huit vers*, *de cinq vers*, *de trois vers*, *etc.*, estancia de ocho versos ú octava, quintilla, terceto, etc.

**STANGUE**, f. *stángue*. Blas. La caña ó barra del áncora.

**STANHOPE**, f. *stanóp*. Tipog. Prensa de bronce inventada por el inglés Stanhope.

**STANNEUX, EUSE**, adj. *staneu*, *eus*. Estañoso, relativo al estaño.

**STAPHISAIGRE**, f. *stafiségr*. Bot. Estafisagria, género de plantas. Tambien se llama *herbe aux poux* ó *herbe aux pouilleux*, paparraz, habarraz ó yerba piojera, porque sirve para matar los piojos.

**STAPHYLIN**, m. *stafilén*. Zool. Gorgojo, género de coleópteros que dañan á los granos.

**STAPHYLÔME**, m. *stafilóm*. Med. Estafiloma, tumor que se forma en el globo del ojo, y se parece á un grano de uva.

**STAROSTE**, m. *staróst*. Estaroste, noble de Polonia que tiene una estarostía.

**STAROSTIE**, f. *starostí*. Estarostía, feudo que concedia el rey de Polonia á un noble, para que le ayudase en las expediciones militares.

**STASE**, f. *stás*. Med. Estagnacion de algun humor, sin alteracion de líquidos.

**STATÈRE**, m. *statér*. Estater ó estatera, nombre de una moneda antigua. || f. Antig. Estatera, balanza, peso ó romana.

**STATHOUDER**, m. *statudér*. Estatuder, título que se daba al jefe de la república de las Provincias Unidas.

**STATHOUDÉRAT**, m. *statuderá*. Estatuderato, dignidad del estatuder.

**STATICE ó STATICÉE**, f. *statis*, *statisé*. Bot. Estatice, género de plantas que comprende muchas especies.

**STATION**, f. *stasión*. Estacion, parada, estada corta que se hace en algun paraje. || *Faire ses stations*, andar las estaciones, visitar las iglesias designadas para ganar indulgencias. || Astr. Estacion, el estado de un planeta que aparenta no avanzar ni retroceder en el zodíaco. || Mar. Estacion, apostadero de navíos de guerra que navegan. || Fisiol. Estacion, accion de estar de pié.

**STATIONNAIRE**, adj. *stasionér*. Astr. Estacionario, dícese de un planeta que aparenta no avanzar ni retroceder en el zodíaco. || Antig. rom. *Soldats stationnaires*, soldados estacionarios, los que estaban distribuidos en diferentes sitios para dar parte á su jefe de lo que allí pasaba. || Med. *Fièvres stationnaires*, calenturas estacionarias, que se fijan en ciertos paises y se alargan de una estacion á otra. || Estacionario, que permanece en el mismo punto, sin hacer progresos, hablando de las artes, etc. || Apostado, dícese de un navío ó escuadra que cruza sobre un punto determinado. En esta acepcion es tambien sust. masculino, y significa un pequeño navío de guerra destinado á vigilar.

**STATIONNALE**, adj. f. *stasionál*. Estacional, se dice de las iglesias en donde se rezan las estaciones en tiempo de jubileo. Úsase tambien como sustantivo.

**STATIONNEMENT**, m. *stasionmán*. Estacion, accion de estacionar. Solo se usa hablando de carruajes.

**STATIONNER**, a. [illegible]. [illegible], hacer una estacion, pararse en [illegible]. Solo se usa hablando de carruajes.

**STATIQUE**, f. *static*. [illegible], [illegible] la mecánica que tiene por [illegible] brio de los cuerpos sólidos.

**STATISTICIEN**, m. [illegible] tico, el que se ocupa de la [illegible].

**STATISTIQUE**, f. [illegible]. [illegible], ciencia que da á conocer la [illegible] blacion, la agricultura, la [illegible] mercio de un Estado, de un país. || adj. [illegible] tadístico, que pertenece á la [illegible].

**STAT[illegible]**, m. [illegible] tre, nombre que se da en [illegible] de Alemania al noble que [illegible] gobierno, sin ser [illegible].

**STATUAIRE**, m. [illegible]. [illegible] cultor que hace estatuas. || adj. [illegible] *tuaire*, mármol estatuario, el [illegible] para hacer estatuas. || f. [illegible] hacer estatuas.

**STATUE**, f. *statú*. [illegible], [illegible] bulto que representa un hombre, [illegible] jer, etc. || met. *C'est une statue*, es [illegible] tatua: se dice hablando de una [illegible] movimiento, sin accion. De una [illegible] mosa sin talento ni gracia, se dice [illegible] *belle statue*.

**STATUER**, a. [illegible]. [illegible] declarar, determinar la ley, el juez, [illegible] asamblea.

**STATUETTE**, f. [illegible]. [illegible] tua pequeña.

**STATURE**, f. [illegible]. [illegible] una persona.

**STATUT**, m. [illegible]. Estatuto, [illegible] mento, ordenanza. || [illegible] cida para gobernar una [illegible] munidad, etc.

**STÉATITE**, f. [illegible]. [illegible], especie de greda que [illegible] espuma como el jabon.

**STÉATOCÈLE**, f. [illegible]. [illegible] tocele, tumor del escroto, [illegible] materia parecida al sebo.

**STÉATÔME**, m. [illegible]. [illegible] mo, tumor que contiene una [illegible] da al sebo.

**STÉCHAS**, m. [illegible]. [illegible] género de plantas.

**STÉGANOGRAPHE**, m. [illegible] teganógrafo, el que se dedica al [illegible] la esteganografía.

**STÉGANOGRAPHIE**, f. [illegible] Esteganografía, arte de [illegible], y de explicar esta escritura.

**STÉGANOGRAPHIQUE**, adj. [illegible] *grafic*. Esteganográfico, que [illegible] esteganografía.

**STÉGNOTIQUE**, adj. [illegible] Estegnótico, se dice de un [illegible] ejerce una accion astringente.

**STÉRIOSE**, f. [illegible]. Med. [illegible], esterilidad del hombre ó de la [illegible].

**STELLAGE**, m. [illegible] que cobraban los señores de [illegible] didos en los mercados de su [illegible].

**STÉLÉOGRAPHE**, m. [illegible] légraf, el que posee la [illegible].

**STÉLÉOGRAPHIE**, f. [illegible] legrafía, arte de hacer [illegible] columnas.

**STÉLÉOGRAPHIQUE**, adj. [illegible] Estelegráfico, que pertenece á la [illegible] grafía.

**STELLAIRE**, adj. *stelér*. Astr. [illegible] que tiene relacion con las estrellas. [illegible] Grama estrellada, yerba.

**STELLION**, m. [illegible]. Zool. [illegible], género de lagartos.

**STELLIONAT**, m. [illegible]. [illegible] Estelionato, toda especie de [illegible] tenia denominacion particular.

**STELLIONATAIRE**, m. [illegible] telionatario, el que comete un [illegible].

**STÉNOGRAPHE**, m. [illegible] grafo, el que posee y ejerce el [illegible] tenografía.

**STÉNOGRAPHIE**, f. [illegible]

grafía, arte de escribir por abreviaturas tan pronto como se habla.

**STÉNOGRAPHIER**, a. *stenografié*. Estenografiar, escribir con abreviaturas por medio de la estenografía.

**STÉNOGRAPHIQUE**, adj. *stenografic*. Estenográfico, que pertenece á la estenografía.

**STÉNOPTÈRE**, adj. *stenoptér*. Estenóptero, que tiene alas estrechas, hablando de insectos.

**STÉNOSE**, f. *stenóz*. Med. Estenosis, estrechez de una parte del cuerpo.

**STÉNOSTOME**, adj. *stenostóm*. Hist. nat. Estenóstomo, de boca ó opérculo angosto.

**STENTÉ, ÉE**, adj. *stanté*. Pint. Forzado, trabajoso, se dice de un cuadro en que se echa de ver el trabajo que ha costado al pintor.

**STENTORÉ, ÉE**, adj. *stantoré*. Estentóreo, fuerte, estruendoso, hablando de la voz. Se dice así de un capitan griego llamado Stentor, de quien se habla en la Iliada.

**STEPPE**, m. *stép*. Nombre dado en el imperio de Rusia á unas llanuras inmensas.

**STERCORAIRE**, adj. *stercorér*. Bot. Estercorario, que crece en los excrementos.

**STERCORATION**, f. *stercorasión*. Estiércol, excremento de los animales. || Med. Materia fecal.

**STÈRE**, m. *stér*. Esterio, medida cúbica para la leña segun el nuevo sistema.

**STÉRÉOBATE**, m. *stereobát*. Arq. Estereobato, parte saliente de la base de una columna.

**STÉRÉOGRAPHE**, m. *stereográf*. Estereógrafo, el que practica, el que sabe la estereografía.

**STÉRÉOGRAPHIE**, f. *stereografí*. Estereografía, arte de representar los sólidos sobre un plano.

**STÉRÉOGRAPHIQUE**, adj. *stereografic*. Estereográfico, que pertenece á la estereografía.

**STÉRÉOMÈTRE**, m. *stereométr*. Estereómetro, instrumento para representar los sólidos sobre un plano.

**STÉRÉOMÉTRIE**, f. *stereometrí*. Estereometría, ciencia que trata de la medida de los sólidos.

**STÉRÉOMÉTRIQUE**, adj. *stereometric*. Estereométrico, que pertenece á la estereometría.

**STÉRÉOTOMIE**, f. *stereotomí*. Estereotomía, ciencia que trata del corte de los cuerpos sólidos y particularmente del corte de las piedras.

**STÉRÉOTOMIQUE**, adj. *stereotomic*. Estereotómico, que pertenece á la estereotomía.

**STÉRÉOTYPAGE**, m. *stereotipáge*. Estereotipado, accion de estereotipar.

**STÉRÉOTYPE**, adj. *stereotip*. Estereótipo ó estereotípico, que pertenece á la estereotipía.

**STÉRÉOTYPER**, a. *stereotipé*. Estereotipar, consolidar los moldes de imprenta, imprimir con estos moldes.

**STÉRÉOTYPEUR**, m. *stereotipeur*. El que estereotipa.

**STÉRÉOTYPIE**, f. *stereotipí*. Estereotipía, arte de imprimir con moldes sólidos, y el arte de prepararlos. || Estereotipía, imprenta en donde se estereotipa.

**STÉRILE**, adj. *steríl*. Estéril, infecundo, infructífero. || *Arbre stérile*, árbol estéril, que no da fruto. || *Femme stérile*, mujer estéril, que no es propia para la generacion. || Estéril, que no trae ninguna ventaja: *travail stérile*. Se dice en otros varios sentidos. || met. *Un auteur stérile*, un autor estéril, que no produce nada por sí mismo.

**STÉRILEMENT**, adv. *sterilmán*. Estérilmente, de un modo estéril.

**STÉRILISER**, a. *sterilisé*. Esterilizar, hacer estéril.

**STÉRILITÉ**, f. *sterilité*. Esterilidad, calidad de lo que es estéril.

**STERLING**, m. *sterlén*. Esterlina, moneda de Inglaterra de valor de seis pesos. Se usa con *livre*; como *une livre sterling*, una libra esterlina.

**STERNALGIE**, f. *sternalgí*. Med. Esternalgia, angina de pecho.

**STERNUM**, m. *stérnom*. Anat. Esternon, el hueso que forma la caja del pecho.

**STERNUTATOIRE**, adj. *sternutatuár*. Estornutatorio, dícese de los remedios que hacen estornudar. Úsase tambien como sustantivo: *le tabac et la bétoine sont des sternutatoires*.

**STERTOREUX, EUSE**, adj. *stertoreu, eus*. Med. Estertoroso, se dice de la respiracion acompañada de ronquido.

**STÉTHOSCOPE**, m. *stetoscóp*. Estetóscopo, instrumento de acústica para inspeccionar el estado del pecho.

**STÉTHOSCOPIE**, f. *stetoscopí*. Med. Estetoscopia, arte de servirse del estetóscopo.

**STÉTHOSCOPIQUE**, adj. *stetoscopic*. Estetoscópico, que tiene relacion con el estetóscopo ó con la estetoscopia.

**STIBIÉ, ÉE**, adj. *stibié*. Quím. Estibiado, que contiene antimonio.

**STICHOMÉTRIE**, f. *sticometrí*. Esticometría, division de una obra por versículos.

**STICHOMÉTRIQUE**, adj. *sticometric*. Esticométrico, que pertenece á la esticometría.

**STIGMATE**, m. *stigmát*. Estigmato, marca, señal de una herida, cicatriz. || met. Marca, sello de la infamia. || Las señales que se hacen á los ladrones en las espaldas con un hierro hecho ascua. || Bot. Estigmato, la parte superior del pistilo en las flores. || *Stigmates de saint François*, señales semejantes á las de las cinco llagas de Jesucristo, que san Francisco tenia en los piés, manos y costado.

**STIGMATIQUE**, adj. *stigmatic*. Estigmático, que pertenece al estigmato.

**STIGMATISATION**, f. *stigmatisasión*. Estigmatizacion, accion de estigmatizar y resultado de esta accion.

**STIGMATISER**, a. *stigmatisé*. Estigmatizar, sellar á alguno con un hierro hecho ascua. || met. Disfamar, criticar, decir mal de alguno públicamente.

**STIGMITE**, m. *stigmít*. Miner. Piedra con manchitas como puntos.

**STIL-DE-GRAIN**, m. *stildegrén* (e muda). Nombre de un color amarillo que sirve para pintar.

**STILAGE**, m. V. STELAGE.

**STILLATION**, f. *stillasión*. Destilacion, accion de un líquido que cae gota á gota.

**STILLATOIRE**, adj. *stillatuár*. Que cae gota á gota.

**STIMULANT, E**, adj. *stimulán*. Estimulante, excitativo, que es propio para excitar. Es término muy usado en la medicina, y se emplea tambien como sustantivo.

**STIMULATEUR, TRICE**, adj. *stimulateur, tris*. Estimulante, que estimula, que excita.

**STIMULER**, a. *stimulé*. Estimular, excitar. Solo se usa en sentido figurado. || Med. Estimular, excitar, animar.

**STIPENDIAIRE**, adj. *stipandiér*. Estipendiario, que está á sueldo de alguno, que recibe sueldo de alguno: *des troupes stipendiaires*.

**STIPENDIER**, a. *stipandié*. Estipendiar, pagar, tomar á sueldo: *stipendier des troupes*. Se toma á menudo en mala parte, hablando de personas que se pagan para ejecutar algun mal designio.

**STIPULACÉ, ÉE**, adj. *stipulasé*. Bot. Estipuláceo, que se parece á las estípulas; que tiene grandes estípulas.

**STIPULAIRE**, adj. *stipulér*. Bot. Estipulario, que participa de la estípula.

**STIPULANT, E**, adj. *stipulán*. For. Estipulante, que estipula.

**STIPULATION**, f. *stipulasión*. Estipulacion, toda cláusula, condicion ó convencion que entra en un contrato.

**STIPULE**, f. *stipúl*. Bot. Estípula, apéndices membranosos ó foliáceos, que en muchas plantas acompañan la base del peciolo ó de la hoja.

**STIPULER**, a. *stipulé*. Estipular, contratar mutuamente. || Pedir, exigir, hacer prometer algo contratando, obligar á uno á tal ó tal cosa.

**STIPULEUX, EUSE**, adj. *stipuleu, eus*. Bot. Estipuloso, que está guarnecido de grandes estípulas.

**STOECHIOLOGIE**, f. *stoequiologí*. Estoequiología, descripcion, tratado sobre los elementos. Es sinón. de *stoechiogénie*.

**STOECAS**, m. V. STÉCHAS.

**STOECHIOGÉNIE**, f. *stequiogení*. Didáct. Estoquiogenia, indagacion del origen de los elementos.

**STOÏCIEN, NE**, adj. *stoisién, én*. Estóico, que sigue la doctrina de Zenon; que pertenece á esta doctrina ó á sus partidarios. || sust. Estóico, filósofo que sigue la doctrina de Zenon. || Por exten., estóico, hombre firme, severo, inalterable, inmutable.

**STOÏCISME**, m. *stoisism*. Fil. Estoicismo, filosofía de los estóicos, sistema de filosofía fundado por Zenon al principio del siglo III ántes de Jesucristo. || Por exten., estoicismo, firmeza, austeridad.

**STOÏCITÉ**, f. *stoisité*. Estoicidad, firmeza, constancia, cualidad de lo estóico.

**STOÏQUE**, adj. *stoic*. Estóico, que participa de la firmeza ó insensibilidad que afectaban los estóicos.

**STOÏQUEMENT**, adv. *stoicmán*. Estóicamente, como estóico.

**STOÏSME**, m. *stoism*. Estoismo, cualidad de lo estóico.

**STOKFICHE ó STOCK-FISCH**, m. *stocfich*. Zool. Pejepalo, especie de merluza seca y salada. || Pescado cecial.

**STOLE**, f. *stol*. Antig. Estola, especie de túnica que usaban las damas romanas.

**STOLIDITÉ**, f. *stolidité*. Estolidez, fatuidad, estupidez grande.

**STOLON**, m. *stolón*. Bot. Estolon, mamones, chupones, hijuelos, renuevos que echan los árboles al pié.

**STOMACACE**, f. *stomacás*. Med. Ulceracion y fetidez de la boca.

**STOMACAL, E**, adj. *stomacál*. Estomacal, que pertenece al estómago. || Estomacal, que fortifica el estómago.

**STOMACHIQUE**, adj. *stomachic*. Estomáquico, que pertenece al estómago. (Algunos dicen estomático, y tal vez seria mejor decir estomacal.) || Estomáquico, corroborante, que es bueno para el estómago. || sust. Tónico: *un bon stomachique*.

**STOMALGIE**, f. *stomalgí*. Med. Estomalgia, dolor de la boca.

**STOMALGIQUE**, adj. *stomalgic*. Estomálgico, que pertenece á la estomalgia.

**STOMOXE**, m. *stomócs*. Zool. Estomoxo, mosca de otoño, género de insectos dípteros.

**STOQUER**, a. *stoqué*. Atizar, alimentar, conservar el fuego. Es voz de los purificadores de azúcar.

**STOQUEUR**, m. *stoqueur*. Hurgonero, instrumento de hierro para revolver y hurgonar la lumbre en los hornos de los purificadores de azúcar.

**STORAX ó STYRAX**, m. *storács, stirács*. Estoraque, especie de resina odorífica que destila un árbol de las Indias.

**STORE**, m. *stór*. Cortina de resorte que se pone en las ventanillas de los carruajes.

**STRABIQUE ó STRABITE**, adj. y s. *strabic, strabít*. Estrabon, bisco, el que tuerce los ojos, el que está atacado de estrabismo.

**STRABISME**, m. *strabism*. Estrabismo, disposicion viciosa de los ojos que no se dirigen simultáneamente al mismo objeto.

**STRAMOINE**, f. Bot. V. STRAMONIUM.

**STRAMONIUM**, m. *stramóniom*. Bot. Estramonio, género de plantas soláneas y exóticas.

**STRANGULATEUR**, m. *strangulateur* Estrangulador, el que estrangula.

**STRANGULATION**, f. *strangulasión*. Estrangulacion, accion de estrangular.

**STRANGULER**, a. *strangulé*. Estrangular, ahogar, apretar el gaznate.

**STRANGURIE**, f. *strangurí*. Med. Estranguria, emision de orina acompañada de dolor y tenesmo, salida de la orina gota á gota y con esfuerzo.

**STRAPASSER**, a. ant. y fam. *strapasé*. Estrapacear, zapatear, poner á uno como un estropajo, maltratarle de obra ó de palabra. ||Pint. Trabajar de prisa y mal, pintorrear, pintarrajear

**STRAPASSONNER**, a. V. STRAPASSER.

**STRAPONTIN**, m. *strapontén*. Bigotera, empanadilla, banquillo ó asiento de quita y pon que tienen algunos coches.

**STRAS**, m. *strás*. Estras, composicion que imita al diamante. Toma su nombre del inventor.

**STRASSE**, f. *strás*. Borra, desecho de la seda. || Estopeña.

**STRATAGÉMATIQUE**, adj. *stratagema-*. Estratagemático, que está lleno de estratagemas.

**STRATAGÈME**, m. *stratagém*. Estratagema, ardid de guerra. || met. Estratagema, astucia, invencion.

**STRATÉGIE**, f. *strategí*. Estrategia, ciencia de los movimientos de un ejército, ó parte del arte militar que se aplica á las grandes operaciones militares.

**STRATÉGIQUE**, adj. *strategic*. Estratégico, que pertenece á la estrategia.

**STRATÉGISTE**, m. *strategist*. Estratégico, el que conoce la estrategia.

**STRATÈGUE** ó **STRATÈGE**, m *stratégue* *stratége*. Estratego, general de ejército entre los Atenienses.

**STRATIFICATION**, f. *stratificasión*. Quím. Estratificacion, disposicion de varias sustancias puestas por capas en una vasija.

**STRATIFIER**, a. *stratifié*. Quím. Estratificar, poner por capas en una vasija varias sustancias.

**STRATIOME**, m. *strasióm*. Zool. Mosca que tiene dos picos.

**STRATIOTE**, f. *strasiót*. Bot. Estraciote, género de plantas acuáticas.

**STRATOCRATIE**, f. *stratocrasí*. Estratocracia, gobierno militar.

**STRATOCRATIQUE**, adj. *stratocratic*. Estratocrático, que pertenece á la estratocracia.

**STRATOGRAPHE**, m. *stratográf*. Estratógrafo, el que escribe sobre la estratografía.

**STRATOGRAPHIE**, f. *stratografí*. Estratografía, descripcion de todo lo que compone un ejército.

**STRATOGRAPHIQUE**, adj. *stratografic*. Estratográfico, que pertenece á la estratografía.

**STRATONIQUE**, adj. *stratonic*. Antig. Estratónico, victorioso, vencedor.

**STRATOPÉDARCHIE**, f. *stratopedarchí*. Antig. Estratopedarquía, cargo, funciones del estratopedarca.

**STRATOPÉDARCHIQUE**, adj. *stratopedarchic*. Estratopedárquico, relativo al estratopedarca ó á la estratopedarquía.

**STRATOPÉDARQUE**, m. *stratopedárc*. Antig. Estratopedarca, jefe de la guardia lacedemonia. || Estratopedarca, intendente de ejército.

**STRÉLITS**, m. pl. *strelits*. Antig. Cuerpo de infantería moscovita.

**STRIBORD**, m. *stribór*. Mar. Estribor, el lado derecho de un navío de popa á proa; es la parte opuesta á babor.

**STRICT**, E, adj. *strict*. Estricto, riguroso, estrecho: solo se usa en sentido moral.

**STRICTEMENT**, adv. *strictemen* (e muda). Estrictamente, rigurosamente, de una manera exacta.

**STRIDENT**, E, adj. *stridán*. Estridente, que causa un ruido agudo y desagradable, como el que produce la lima ó la sierra.

**STRIDER**, n. *stridé*. Gritar con estridor, dar un grito agudo, como el del grillo y otros animales.

**STRIDEUR**, f. *strideur*. Estridor, ruido, grito agudo.

**STRIÉ, ÉE**, adj. *strié*. Hist. nat. Estriado, que tiene la superficie en forma de estrías. || Arq. Estriado, que está formado de cuernos semejantes á agujas.

**STRIE**, f. *strí*. Arq. Estría, mediacaña que tienen las columnas ó pilastras á lo largo. || Hist. nat. Estría, pequeñas briznas ó filetes separados por rayas hundidas que se encuentran en las conchas y en los troncos de algunas plantas.

**STRIGILE**, m. *strigíl*. Antig. Estrigil, escobilla, raedera, instrumento que tenian los antiguos para raerse y limpiar el cuerpo cuando estaban en el baño. Se servian principalmente de dicho instrumento los gladiadores despues de sus ejercicios.

**STRIGILIFORME**, adj. *strigiliform*. Estrigiliforme, que tiene la forma de un estrigil.

**STRIURES**, f. pl. *striúr*. Arq. Estrías de las columnas. || Hist. nat. Surcos ó briznas que se encuentran en las plantas y conchas.

**STROMATECHNIE**, f. *stromatecní*. Estromatecnia, arte de hacer tapices.

**STROMATECHNIQUE**, adj. *stromatecnic*. Estromatécnico, que pertenece á la estromatecnia.

**STRONGLE**, m. *strángl*. Zool. Lombriz larga y redonda que se cria en las entrañas.

**STRONTIANE**, f. *strontián*. Quím. Estronciana, óxido metálico alcalino, formado de oxígeno y de estroncio.

**STRONTIANITE**, f. *strontianít*. Quím. Estroncianita, carbonato de estronciana.

**STRONTIUM**, m. *stróntiom*. Estroncio, cuerpo metálico, principio de la estronciana.

**STROPHE**, f. *stróf*. Estrofa, estancia en las poesías líricas.

**STRUCTURE**, f. *structúr*. Estructura, construccion de un edificio; y por analogía, del cuerpo animal. || met. Estructura, órden, disposicion, arreglo de un discurso, de un poema, etc.

**STRUMES**, f. pl. *strúm*. Med. Lamparones, enfermedad. V. SCROFULE.

**STRUMEUX, EUSE**, adj. *strumeu*, *eus*. Estrumoso, que tiene escrófulas ó lamparones. || Estrumoso, que tiene papada ó buche (*goître* en francés).

**STRUMOSITÉ**, f. *strumosité*. Med. Inflamacion de la garganta ó de las glándulas linfáticas.

**STRUTHIOPHAGE**, adj. *strutiofág* Zool. Estrutiófago, que come langostas.

**STRYGE**, m. V VAMPIRE.

**STUC**, m. *stúc*. Estuco, composicion ó argamasa hecha con cal y polvo de alabastro.

**STUCATEUR**, m. *stucateur*. Estuquero ó estuquista, el que trabaja en estuco.

**STUDIEUSEMENT**, adv. *studieusmán*. Estudiosamente, con aplicacion, con cuidado.

**STUDIEUX, EUSE**, adj. *studieu*, *eus*. Estudioso, aplicado al estudio.

**STUPÉFACTIF, IVE**, adj. *stupefactif*, *iv*. Med. Estupefactivo ó narcótico, se dice de los remedios que embotan ó entorpecen las partes doloridas. Es sinón. poco us. de *stupéfiant*.

**STUPÉFACTION**, f. *stupefacsión*. Med. Estupefaccion, estupor, espasmo, entorpecimiento de una parte del cuerpo. || met. Estupor, asombro, pasmo, grande admiracion.

**STUPÉFAIT**, E, adj. *stupefé*. Estupefacto, atónito, pasmado, asombrado.

**STUPÉFIANT**, E, adj. V. STUPÉFACTIF, aunque se usa mas *stupefiant*.

**STUPÉFIÉ**, E, adj. *stupefié*. Estupefacto, hecho una pieza, yerto, aturdido.

**STUPÉFIER**, a. *stupefié*. Dejar estupefacto, aturdido, yerto, hecho una pieza, inmoble ó inmóbil. || En sentido moral, causar una grande sorpresa.

**STUPEUR**, f. *stupeur*. Estupor, atolondramiento, entorpecimiento de las facultades intelectuales. || Úsase tambien en sentido figurado ó moral.

**STUPIDE**, adj. *stupid*. Estúpido, estólido, bolo, tonto. Se usa tambien como sustantivo.

**STUPIDEMENT**, adv. *stupidmán*. Estúpidamente, de una manera estúpida.

**STUPIDITÉ**, f. *stupidité*. Estupidez, estolidez, privacion de talento y de juicio. || Estupidez, palabra ó accion estúpida.

**STUPRE**, m. *stupr*. [illegible] gítima entre personas libres.

**STYGIEN, NE**, adj. [illegible] tigio, de la laguna Estigia, [illegible] á la laguna Estigia: *les eaux* [illegible] Quím. *Eau stygienne*, agua [illegible]

**STYLE**, m. *stíl*. Estilo, [illegible] se servian los antiguos para [illegible] lo, gnómon que señala las horas [illegible] tilo, manera de expresar por [illegible] samientos. || Estilo, manera de obrar. || Estilo, uso de contar los meses. || Estilo, modo de proceder [illegible] mente. || Bot. Estilo, la parte [illegible] está entre el ovario y el [illegible] plantas.

**STYLÉ, ÉE**, adj. fam. [illegible] mado, diestro.

**STYLER**, a. fam. *stilé*. [illegible] acostumbrar.

**STYLET**, m. *stilé*. [illegible] de puñal ó estoque pequeño [illegible] tres cortes.

**STYLIDIE**, f. [illegible] planta lobeliácea.

**STYLITE**, adj. y s. [illegible] ce de los anacoretas ó solitarios [illegible] colocado sus celdas en las [illegible] nales en ruinas.

**STYLOBATE**, m. [illegible] to, pedestal de columnas.

**STYLOMÈTRE**, m. [illegible] lómetro, instrumento para medir [illegible] nas.

**STYLOMÉTRIE**, f. [illegible] tilometría, arte de medir las columnas.

**STYLOMÉTRIQUE**, adj. [illegible] tilométrico, que pertenece á la [illegible]

**STYPTICITÉ**, f. [illegible] ticidad, calidad astringente.

**STYPTIQUE**, adj. [illegible] co, que tiene virtud de [illegible]

**STYRAX**, m. V. [illegible]

**STYX**, m. *stics*. Mit. [illegible] Estigia, rio de los infiernos. [illegible] Estigia, la tumba.

**SU**, E, adj. y part. pas. de [illegible] Sabido. || SU, m. Conocimiento [illegible] *Au vu et au su de tout le monde*, [illegible] cia de todo el mundo.

**SUAGE**, m. [illegible] teros. || Rosca, entre estañeros. || [illegible] calderero.

**SUAIRE**, m. *suér*. Sudario, [illegible] que se envuelve un difunto. [illegible] *Suaire*, el santo Sudario, [illegible]

**SUANT**, E, adj. [illegible]

**SUASIF, IVE**, adj. [illegible] vo, propio para persuadir.

**SUAVE**, adj. [illegible] agradable á los sentidos y particularmente [illegible] olfato.

**SUAVEMENT**, adv. [illegible] mente, con suavidad.

**SUAVITÉ**, f. [illegible] dad de lo que es suave, dulzura. [illegible] moral, dulzura ó consuelo que [illegible] el alma en la oracion.

**SUBALPIN**, E, adj. [illegible] pino, que está colocado al pié de [illegible]

**SUBALTERNE**, adj. [illegible] terno, que es inferior respecto [illegible] rior. || Subalterno, dependiente, [illegible] diano, limitado, de segundo órden [illegible] *genies*, *les esprits subalternes* [illegible] bien como sustantivo, hablando de [illegible]

**SUBALTERNEMENT**, adv. [illegible] mán. Subalternamente, de una manera [illegible] alterna.

**SUBALTERNISATION**, f. [illegible] sión. Subalternacion, accion de [illegible] nar.

**SUBALTERNISER**, a. [illegible] alternar, hacer subalterno.

**SUBALTERNITÉ**, f. [illegible] alternidad, estado de lo que es [illegible]

**SUBDÉLÉGATION**, f. [illegible] Subdelegacion, comision por la cual [illegible] sona está autorizada para ejercer [illegible] de otro. || Subdelegacion, distrito [illegible] ejercen su autoridad los subdelegados [illegible] ministradores.

**SUBDÉLÉGUER**, a. *subdelegué*. Subdelegar, dar á uno el poder de obrar ó negociar; dar ó trasladar el delegado su jurisdiccion á otro.

**SUBDIVISER**, a. *subdivisé*. Subdividir, dividir alguna parte de las ya divididas ó de un todo ya dividido.

**SUBDIVISION**, f. *subdivisión*. Subdivision, division de las partes ya divididas.

**SUBDUPLE** ó **SOUS-DOUBLE**, adj. *subdúpl*, *sudúbl*. Mat. Subduplo, de la mitad ó que tiene relacion con la mitad.

**SUBGRONDE**, f. *subgrónd*. Arq. Tejaroz.

**SUBHASTATION**, f. *subastasión*. For. Subastacion, venta pública al mayor postor.

**SUBHASTER**, a. *subasté*. For. Subastar, vender por pregon al mayor postor.

**SUBINTRANTE**, adj. f. *subentránt*. Med. Subintrante, se dice de la fiebre cuyo segundo acceso comienza ántes que el primero acabe.

**SUBIR**, a. *subír*. Sufrir, recibir, llevar la pena, el castigo, la correccion impuesta por la ley ó por el superior. || *Subir un examen*, sufrir un exámen. || *Subir son jugement*, sufrir uno la pena á que ha sido condenado.

**SUBIT**, **E**, adj. *subí*, *it*. Súbito, repentino, improviso, que sucede de repente.

**SUBITEMENT**, adv. *subitmán*. Súbitamente, repentinamente, de repente.

**SUBITO**, adv. V. SUBITEMENT.

**SUBJECTIF**, **VE**, adj. *subjectif*, *iv*. Fil. Subjetivo, que pertenece al sujeto.

**SUBJECTION**, f. *subjecsión*. Sujecion, figura retórica que consiste en preguntarse y responderse uno á sí mismo.

**SUBJONCTIF**, m. *subjonctif*. Gram. Subjuntivo, uno de los modos en la conjugacion de los verbos.

**SUBJUGATION**, f. *subjugasión*. Subyugacion, accion de subyugar, de someter.

**SUBJUGUER**, a. *subjugué*. Subyugar, sojuzgar, sujetar por fuerza. || Dominar, manejar á alguno, tomar superioridad sobre él.

**SUBLIMATION**, f. *sublimasión*. Quím. Sublimacion, operacion química por la que las partes volátiles de un cuerpo, elevadas por el calor del fuego, se pegan en lo alto de la vasija.

**SUBLIMATOIRE**, m. *sublimatuár*. Quím. Sublimatorio, vasija para sublimar.

**SUBLIME**, adj. *sublím*. Sublime, excelso, hablando de cosas morales ó intelectuales. || m. Sublime, lo que hay de grande y de excelente en los sentimientos, en las acciones virtuosas, en el estilo.

**SUBLIMÉ**, **ÉE**, part. pas. de SUBLIMER y adj. *sublimé*. Sublimado. || SUBLIMÉ, m. Sublimado, producto ó resultado de la sublimacion.

**SUBLIMEMENT**, adv. *sublimmán*. Sublimemente, de una manera sublime.

**SUBLIMER**, a. *sublimé*. Quím. Sublimar, extraer lo mas sublime por medio del fuego.

**SUBLIMITÉ**, f. *sublimité*. Sublimidad, alteza, elevacion, cualidad de lo que es sublime.

**SUBLINGUAL**, **E**, adj. *sublengual*. Anat. Sublingual, que está colocado debajo de la lengua.

**SUBLUNAIRE**, adj. *sublunér*. Sublunar, que está entre la tierra y la órbita de la luna.

**SUBMERGEMENT**, m. *submergemán*. Sumersion, accion y efecto de sumergir.

**SUBMERGER**, a. *submergé*. Sumergir, inundar, anegar, cubrir de agua. || Sumergir, zambullir, meter debajo del agua.

**SUBMERSIBLE**, adj. *submersibl*. Sumergible, que puede ser sumergido. || Bot. Que vuelve á entrar en el agua despues de la fecundacion.

**SUBMERSION**, f. *submersión*. Sumersion, inundacion grande que cubre totalmente el terreno inundado. || Sumersion, estado de lo que está sumergido.

**SUBODORER**, a. *subodoré*. Olfatear desde lejos.

**SUBORDINATION**, f. *subordinasión*. Subordinacion, obediencia de una persona á otra. || Subordinacion, dependencia en que está alguna cosa, alguna ciencia ó arte con respecto á otra.

**SUBORDINÉMENT**, adv. *subordinemán*. Subordinadamente, con subordinacion.

**SUBORDONNÉ**, **ÉE**, part. pas. de SUBORDONNER y adj. *subordoné*. Subordinado. || m. Subordinado, dependiente de otro.

**SUBORDONNÉMENT**, adv. *subordonemán*. Bajo las órdenes de otro, con dependencia de otro, como subalterno.

**SUBORDONNER**, a. *subordoné*. Subordinar, sujetar á una persona bajo su órden, disposicion ó mandato. || Subordinar, hacer depender una cosa de otra.

**SUBORNATEUR**, **TRICE**, m. y f. *subornateur*, *tris*. Sobornador, cohechador de testigos ó jueces.

**SUBORNATION**, f. *subornasión*. Soborno, cohecho, seduccion por la que se compromete alguno á hacer una cosa contra su deber.

**SUBORNER**, a. *suborné*. Sobornar, seducir á alguno para que haga una mala accion, alguna cosa contra su deber.

**SUBORNEUR**, **EUSE**, m. y f. *suborneur*, *eus*. Sobornador, el que soborna.

**SUBRÉCARGUE**, m. *subrecárgue*. Sobrecarga, encomendero, el que se embarca en un navío como comisionado de la venta de todo el cargamento ó de parte de él por su respectivo dueño.

**SUBRÉCOT**, m. *subrecó*. Sobre escote, lo que se paga ademas del escote.

**SUBREPTICE**, adj. *subreptís*. Subrepticio, se dice de las gracias, concesiones, etc., que se obtienen suponiendo hechos falsos.

**SUBREPTICEMENT**, adv. *subreptismán*. Subrepticiamente, de una manera subrepticia, con subrepcion.

**SUBREPTION**, f. *subrepsión*. Subrepcion, ocultacion de algun hecho ó circunstancia para alcanzar lo que se pretende. || Subrepcion, sorpresa que se hace á un superior para obtener alguna cosa suponiendo hechos falsos.

**SUBROGATEUR**, m. *subrogateur*. For. Subrogador, segundo relator.

**SUBROGATION**, f. *subrogasión*. Subrogacion, accion de subrogar, sustitucion.

**SUBROGATIS**, f. *subrogátis*. For. Especie de subrogacion por auto del presidente de un tribunal, nombrando un relator en lugar de otro.

**SUBROGATUR**, m. *subrogátur*. For. El acto de subrogar á un relator por otro.

**SUBROGÉ**, **ÉE**, adj. *subrogé*. Subrogado, sustituido. || Úsase tambien como sustantivo masculino. || *Subrogé tuteur*, tutor en segundo lugar, nombrado por el juez y los parientes.

**SUBROGER**, a. *subrogé*. Subrogar, sustituir, poner una persona en lugar de otra. || Subrogar, transferir su derecho.

**SUBSÉCUTIF**, **IVE**, adj. *subsecutif*, *iv*. Posterior, que viene despues. V. SUBSÉQUENT.

**SUBSÉQUEMMENT**, adv. *subsecamán*. Subsecuentemente, subsiguientemente.

**SUBSÉQUENT**, **E**, adj. *subsecán*. Subsecuente, subsiguiente, que sigue, que va despues.

**SUBSIDE**, m. *subsíd*. Subsidio, impuesto que paga el pueblo para las necesidades del Estado. || Subsidio, socorro, ayuda, auxilio extraordinario.

**SUBSIDIAIRE**, adj. *subsidiér*. For. Subsidiario, que sirve de apoyo en un negocio contencioso.

**SUBSIDIAIREMENT**, adv. *subsidiermán*. Subsidiariamente, en segundo lugar.

**SUBSISTANCE**, f. *subsistans*. Subsistencia, sustento, comida. || pl. Víveres, vituallas, mantenimientos para la subsistencia de un ejército.

**SUBSISTER**, n. *subsisté*. Subsistir, existir, continuar siendo. || Subsistir, permanecer, durar alguna cosa, conservarse en su vigor, hablando de leyes, tratados, etc. || met. Subsistir, vivir de un modo conveniente á su estado y calidad.

**SUBSTANCE**, f. *substáns*. Fil. Sustancia, ser que subsiste por sí mismo. || Sustancia, toda especie de materia. || Sustancia, lo mejor, lo mas suculento, lo mas nutritivo de alguna cosa. || met. Sustancia, la parte esencial en un discurso, en un acto, en un negocio. || *En substance*, loc. adv. En sustancia, en resúmen, en compendio; por mayor.

**SUBSTANTIEL**, **LE**, adj. *substansiél*. Sustancioso, suculento, nutritivo. || met. Sustancial, principal de un libro, de un discurso, de un contrato, etc.

**SUBSTANTIELLEMENT**, adv. *substansielmán*. Sustancialmente, de un modo sustancial, en cuanto á la sustancia.

**SUBSTANTIF**, **IVE**, adj. *substantif*, *iv*. Sustantivo, se dice de todo nombre que designa una sustancia, como hombre, ave, etc. || m. Sustantivo, lo mismo que nombre sustantivo.

**SUBSTANTIFIER**, a. *substantifié*. Sustantificar, hacer de una palabra un sustantivo, emplearla como sustantivo. || Lóg. Sustantificar, presentar en sustancia ideas, pensamientos.

**SUBSTANTIVEMENT**, adv. *substantivmán*. Sustantivamente, como sustantivo.

**SUBSTANTIVER**, a. *substantivé*. Sustantivar, dar el valor de sustantivo á una palabra que no lo es.

**SUBSTITUER**, a. *substitué*. Sustituir, poner una cosa, una persona en lugar de otra. || For. Sustituir, nombrar á uno heredero despues ó á falta de otro. || Sustituir, vincular.

**SUBSTITUT**, m. *substitú*. Sustituto, el que ejerce un oficio ó empleo en lugar de otro.

**SUBSTITUTION**, f. *substitusión*. Sustitucion, accion de poner una persona ó cosa en lugar de otra. || Sustitucion, disposicion por la que se llama á la sucesion á uno ó muchos herederos.

**SUBSTRUCTION**, f. *substrucsión*. Fábrica, construccion subterránea, antigua y de mal gusto; edificio antiguo sobre el cual se ha levantado otro moderno.

**SUBTERFUGE**, m. *subterfúge*. Subterfugio, efugio, escapatoria, medio artificioso.

**SUBTERRANÉ**, **ÉE**, adj. V. SOUTERRAIN.

**SUBTIL**, **E**, adj. *subtíl*. Sutil, delgado, delicado, fino. || met. Sutil, agudo, perspicaz, ingenioso.

**SUBTILEMENT**, adv. *subtilmán*. Sutilmente, de una manera sutil.

**SUBTILISATION**, f. *subtilisasión*. Quím. Sutilizacion, el acto de sutilizar ciertas sustancias por medio del fuego.

**SUBTILISER**, a. *subtilisé*. Sutilizar, adelgazar alguna cosa. || n. Sutilizar, discurrir ingeniosamente: se toma por lo regular en mala parte.

**SUBTILITÉ**, f. *subtilité*. Sutileza, cualidad de lo que es sutil. || Sutileza, astucia, agudeza.

**SUBTRIPLE**, adj. Geom. V. SOUS-TRIPLE.

**SUBURBAIN**, **E**, adj. *suburbén*, *én*. Suburbano, arrabaleño, que habita en los arrabales.

**SUBURBICAIRE**, adj. *suburbiquér*. Suburbicario, se dice de las provincias de Italia que componian la diócesis de Roma.

**SUBVENIR**, n. *subvenir* (e muda). Subvenir, socorrer, ayudar. || Subvenir, proveer.

**SUBVENTION**, f. *subvensión*. Subsidio extraordinario que se exige para atender á un gasto imprevisto del Estado.

**SUBVENTIONNER**, a. *subvensioné*. Dar socorros en dinero; dar subsidios, recursos: *subventionner un théâtre*.

**SUBVERSIF**, **IVE**, adj. *subversif*, *iv*. Subversivo, que es capaz de subvertir, de destruir. Solo se usa en sentido figurado.

**SUBVERSION**, f. *subversión*. Subversion, ruina, estrago, destruccion, trastorno.

**SUBVERTIR**, a. *subvertir*. Subvertir, destruir, arruinar, trastornar, destruir. Solo se usa en sentido figurado.

**SUC**, m. *súc*. Jugo, licor que se exprime de una sustancia animal ó vegetal, y que contiene la parte mas sustanciosa. || met. Jugo, sustancia de un libro, de un discurso.

**SUCCÉDER**, n. *sucede*. Suceder, entrar en lugar de otro. || Suceder, heredar. || Suceder, ocurrir, salir bien ó mal de un asun *n : tout ce qu'il entreprend lui succède*, lo mismo que *lui réussit*.

**SUCCÈS**, m. *suceś*. Suceso, éxito, salida, efecto, fin bueno ó malo de algun negocio, proyecto ó pretension.‖ Dicho absolutamente *succès* se toma por bueno, esto es, buen resultado, buen éxito. ‖ Suceso, oportunidad.

**SUCCESSEUR**, m. *sucesseur*. Sucesor, el que sucede ó entra en lugar de otro.‖ Heredero.

**SUCCESSIBILITÉ**, f. *sucesibilité*. El derecho de suceder. ‖ Cualidad de lo que es sucesible. ‖ Órden de sucesion.

**SUCCESSIBLE**, adj. *sucessibl*. Sucesible, que puede suceder ó es hábil para suceder.

**SUCCESSIF, IVE**, adj. *sucsesif, iv*. Sucesivo, que sigue ó va despues de otra cosa. ‖ For. *Droits successifs*, derechos sucesivos, los que se tienen á una herencia.

**SUCCESSION**, f. *sucsesión*. Sucesion, serie ó continuacion de cosas no interrumpida. ‖ Sucesion, herencia. ‖ met. *Aboyer après une succession*, hipar, aperrearse tras una herencia.

**SUCCESSIVEMENT**, adv. *sucesivemán*. Sucesivamente, uno despues de otro, por órden sucesivo.

**SUCCESSORAL ó SUCCESSORIAL, E**, adj. *sucesorál*, *sucesoriál*. Ejercido sobre una sucesion.

**SUCCIN**, m. *sucsén*. Miner. Succino, ámbar amarillo.

**SUCCINATE**, m. *sucsinát*. Quím. Succinato, nombre genérico de las sales formadas con el ácido succínico.

**SUCCINCT, E**, adj. *sucsén, ént*. Sucinto, breve, por oposicion á prolijo.

**SUCCINCTEMENT**, adv. *sucsentmán*. Sucintamente, lacónicamente.‖ fam. *Déjeuner, dîner, souper succinctement*, almorzar, comer, cenar lijeramente, una cosa lijera.

**SUCCINIQUE**, adj. *sucsinic*. Quím. Succínico, se dice del ácido que se saca del succino.

**SUCCION**, f. *sucsión*. Succion, accion de chupar.

**SUCCOMBER**, n. *suconbé*. Sucumbir, no poder resistir, ser vencido. ‖ Ceder, rendirse, someterse. ‖ Morir, perecer.

**SUCCUBE**, m. *sucúb*. Súcubo, demonio que, segun la opinion del vulgo, toma la forma de una mujer para tener comercio con el hombre. V. INCUBE, que es lo opuesto.

**SUCCULEMMENT**, adv. *suculamán*. Suculentamente, de un modo suculento ó sustancioso.

**SUCCULENT, E**, adj. *suculán*. Suculento, sustancioso, hablando de alimentos.

**SUCCURSALE**, adj. f. *sucursál*. Sucursal, se dice de una iglesia que sirve de ayuda á la parroquial. ‖ Sust. *Une succursale*, una iglesia sucursal. ‖ Establecimiento sujeto á otro y creado para el mismo fin : *la succursale d'un hôpital*.

**SUCEMENT**, m. *susmán*. Chupadura, accion de chupar.

**SUCER**, a. *susé*. Chupar, sacar algun licor ó jugo con los labios.‖ Bot. Chupar, embeber las plantas el agua que recogen en sí. ‖ met. y fam. Chupar, ir consumiendo el caudal de otro con engaños.‖ met. *Sucer avec le lait*, mamarlo ó aprenderlo en ó con la leche ; esto es, aprender alguna cosa en la niñez.

**SUCEUR, EUSE**, m. y f. *suseur, eus*. Chupador, el que chupa llagas para curarlas.

**SUÇOIR**, m. *susuár*. Hist. nat. Chupador, órgano propio de la succion. ‖ Chupador, boca de un gran número de insectos que la tienen construida propiamente para chupar.‖ Chupador, juguete de los niños para chupar.

**SUÇON**, m. *susón*. Chupon, señal que se deja en el cútis con la boca.

**SUÇOTER**, a. *susoté*. Chupetear, tirar chupetones.

**SUCRE**, m. *súcr*. Azúcar, jugo que se saca de muchos vegetales y principalmente de la caña dulce. *Sucre brut*, azúcar terciado, el que no está refinado. *Sucre royal*, azúcar de pilon. *Sucre candi*, azúcar de piedra ó cande. *Sucre blanc*, azúcar blanco, refinado. *Canne à sucre*, caña dulce ó azúcar. ‖ *Pain de sucre*, pilon de azúcar ó azúcar en pan. ‖ *Moulin à sucre*, trapiche, ingenio de azúcar. ‖ *Sucre de Saturne*, azúcar de plomo ó acetato de plomo cristalizado.

**SUCRÉ, ÉE**, adj. *sucré*. Azucarado, almibarado. ‖ met. y fam. *Faire la sucrée*, hacer la melindrosa ó la dengosa : se dice sustantivamente hablando de una mujer.

**SUCRER**, a. *sucré*. Azucarar, almibarar, confitar, bañar de azúcar. ‖ met. Azucarar, endulzar, suavizar.

**SUCRERIE**, f. *sucrerí* (e muda). Ingenio, trapiche en donde se trabaja el azúcar. ‖ El refino ú oficina en donde se refina.‖ pl. Toda especie de dulce ó confituras. *Les enfants et les femmes aiment beaucoup les sucreries*, los dulces gustan mucho á los niños y á las mujeres.

**SUCRIER**, m. *sucrié*. Azucarero, vasija para tener el azúcar en la mesa. ‖ Azucarero, el que trabaja en azúcar. ‖ Es tambien adjetivo : *colon sucrier*, *industrie sucrière*.

**SUCRIN**, adj. m. *sucrén*. Dulce como el azúcar : dícese de los melones. Tambien es sustantivo : *un bon sucrin*.

**SUCRION**, m. *sucrión*. Especie de cebada que suelta el zurron ó vaina.

**SUD**, m. *súd*. Sud ó Sur, la parte meridional de la esfera que en el uso comun se llama mediodía. ‖ Mar. *Faire le sud*, caminar hácia el Sud. ‖ Sud, viento que viene de esta parte. ‖ adj. Meridional : *le pôle sud*, *latitude sud*.

**SUDATOIRE**, adj. *sudatuár*. Med. Sudatorio, acompañado de sudor. ‖ m. Sudadero, el lugar destinado en el baño para sudar.

**SUD-EST**, m. *sudést*. Sudeste, la parte del mundo que está entre el Sud y el Este.‖ Sudeste, el viento que viene de esta parte.

**SUDORIFÈRE ó SUDORIFIQUE**, adj. *sudoriférr*, *sudorific*. Sudorífero, sudorífico, que provoca ó excita el sudor.

**SUD-OUEST**, m. *suduést*. Sudoeste, parte del mundo que está entre el Sud y el Oeste. ‖ Sudoeste, viento que viene de esta parte.

**SUÉDOIS, E**, adj. y s. *suedua, dss*. Sueco, de Suecia.

**SUÉE**, f. vulg. *sué*. Tártago ó tartago, mal trago, chasco pesado, mal rato. *On lui donna une fameuse suée*, *il eut une terrible suée*, le hicieron pasar un mal rato ó le dieron un mal trago.

**SUER**, n. *sué*. Sudar, echar por los poros un humor acuoso. ‖ Sudar, destilar los árboles y plantas.‖ Sudar, rezumarse una pared, una vasija porosa.‖ met. Sudar, trabajar con afan para conseguir una cosa. ‖ met. y fam. *Faire suer*, hacer sudar : hacer miedo, causar á uno inquietud, algun disgusto, etc.‖ a. fam. *Suer sang et eau*, sudar sangre y agua : trabajar con desvelo. ‖ *Suer les grosses gouttes*, sudar mucho, con abundancia.

**SUERIE**, f. *suerí* (e muda). Accion de sudar.

**SUETTE**, f. *suét*. Med. Cierta enfermedad contagiosa que consiste en un sudor abundante con fiebre maligna.

**SUEUR**, f. *sueur*. Sudor, humor acuoso que sale por los poros. ‖ pl. met. Sudores, fatigas, penas, afanes para conseguir alguna cosa.

**SUFFIRE**, n. *sufir*. Bastar, ser suficiente.‖ *Cela suffit* ó *cela me suffit* ó simplemente *suffit*, eso me basta, basta, no mas, está bien, no hablemos mas de ello. ‖ Se usa con frecuencia como impersonal. *Il suffit de vous dire*, basta decir ó con decir á Vd. *Il suffit d'un calomniateur pour perdre un honnête homme*, un calumniador basta para perder á un hombre de bien. ‖ Se usa tambien como pronominal : *la vertu se suffit à elle-même*.

**SUFFISAMMENT**, adv. *sufisamán*. Bastantemente, suficientemente.

**SUFFISANCE**, f. *sufisáns*. Lo suficiente, bastante, lo que basta, lo que es menester.‖ Suficiencia, capacidad, idoneidad para alguna cosa. ‖ Suficiencia, presuncion, arrogancia, alto concepto de sí mismo. ‖ *A suffisance*, *en suffisance*, loc. adv. En suficiente cantidad.

**SUFFISANT, E**, adj. *sufisán*. Suficiente, bastante, que basta ‖ Suficiente, que tiene capacidad para alguna cosa. ‖ Presumido, orgulloso, arrogante, pagado de sí.

**SUFFOCANT, E**, adj. *sufocán*. Sufocante, que sofoca, que hace perder la respiracion.

**SUFFOCATION**, f. [illegible] cion, ahogo, pérdida de la [illegible]

**SUFFOQUER**, a. [illegible] gar, hacer perder la respiracion [illegible] car, ahogarse, perder la [illegible] Sufocar, reventar de [illegible]

**SUFFRAGANT**, E, adj. [illegible] su sufragio ó voto. ‖ [illegible] fragáneo, y se dice de un [illegible] to al metropolitano. [illegible]

**SUFFRAGE**, m. [illegible] por escrito ó de palabra [illegible] deliberacion. ‖ Voto, [illegible] *suffrage*, vino de [illegible] las oraciones y [illegible] universal por sus fieles. ‖ [illegible] ciones que se dicen en [illegible] del purgatorio.‖ [illegible] nos pueres, provechos que [illegible] gun empleo.

**SUFFUMIGATION**, f. [illegible]

**SUFFUSION**, f. [illegible] efusion de los humores [illegible] *Suffusion de l'œil*, [illegible]

**SUGGÉRER**, a. [illegible] nuar, inspirar á una [illegible]

**SUGGESTION**, f. [illegible] instigacion, [illegible] siempre en mala parte.

**SUGILLATION**, f. [illegible] cardenal, señal en la piel.

**SUICIDE**, m. [illegible] mata á sí mismo. ‖ [illegible] tarse á sí mismo.

**SUICIDER (SE)**, r. [illegible] quitarse la vida á sí mismo.

**SUIE**, f. *suí*. [illegible] posa que deja el humo [illegible]

**SUIF**, m. *suif*. [illegible] saca de algunos animales [illegible] ‖ *Suif branche*, [illegible] derretir. ‖ Bot. *Arbre à* [illegible] árbol de la China cuyo [illegible] de las cualidades del [illegible]

**SUIFFER**, a. V. [illegible]

**SUINT**, m. [illegible] espeso que cria el [illegible] animales lanudos.

**SUINTEMENT**, m. [illegible] accion de rezumar.

**SUINTER**, n. [illegible] salir un líquido por los [illegible]

**SUISSE**, adj. [illegible] á la Suiza : *femme* [illegible] usa tambien sust. [illegible] *suisse*, un suizo, un [illegible] m. Suizo, portero de [illegible] particularmente, criado [illegible] las iglesias abre y cierra [illegible] sacristía, y va delante [illegible] cesiones. ‖ Zool. [illegible] pescados. ‖ [illegible] Indias.

**SUISSESSE**, f. [illegible] ha nacido en Suiza, y [illegible] *femme suisse*, una suiza.

**SUISSERIE**, f. [illegible] cho ó habitacion del [illegible]

**SUITE**, f. *suít*. [illegible] los que van despues. ‖ [illegible] cesion de unas [illegible] quito, comitiva, [illegible] acompañan á una [illegible] continuacion de lo [illegible] cia, resulta. ‖ *De suite* [illegible] uno tras de otro, [illegible] *suite*, de seguida, [illegible]

**SUITES**, f. pl. [illegible]

**SUIVABLE**, adj. [illegible] guirse. ‖ *Fil* [illegible]

**SUIVANT**, E, adj. [illegible] sigue, que va despues [illegible] se usa hablando de [illegible] nante, corriente, [illegible] ‖ Adherente, [illegible] da, doncella que [illegible] Casi no se dice ya [illegible] dramáticos de [illegible] acompañan á la [illegible] bien adjet. : [illegible]

**SUIVANT**, prep. [illegible]

me. || A proporcion de, en razon de. || *Suivant que*, loc. conj. Segun como, conforme.

**SUIVER**, a. *suivé*. Ensebar, untar con sebo.

**SUIVRE**, a. *suivr*. Seguir, ir ó venir despues. || Seguir, observar, espiar. || Seguir, acompañar, escoltar. || Seguir, imitar. Tiene otras acepciones, y son las mismas que en español.

**SUJET, TE**, adj. *sujé, ét*. Sujeto, que está bajo el mando ú obediencia de un superior. || Sujeto, que está obligado á pagar ciertos derechos, á ciertas cargas. || Sujeto, expuesto á alguna enfermedad. || Dominado de, propenso á alguna pasion ó vicio. || Sujeto, atado, reducido á cierto género de vida. || Susceptible: *passage sujet à plusieurs interprétations*. || m. y f. Súbdito, vasallo de un soberano.

**SUJET**, m. *sujé*. Causa, razon, motivo, ocasion para hacer alguna cosa. || Materia, asunto, argumento, tema de lo que se habla ó escribe. *Sujet fécond*, materia abundante, que da mucho de sí. *Sujet stérile, aride*, materia estéril, árida, que no da nada de sí. || Materia, objeto de una ciencia ó arte. || Mús. Tema de una composicion música. || Sujeto, en lógica es el término de una proposicion sobre el que se afirma ó niega alguna cosa. || Sugeto, persona con relacion á sus malas ó buenas cualidades, á su capacidad, etc. || *Mauvais sujet*, mal sugeto. *C'est un bon sujet*, es buen sugeto, buen hombre. En este sentido el masculino *sujet* sirve para el hombre y para la mujer: *cette jeune fille pourra devenir un sujet distingué*.

**SUJÉTION**, f. *sujesión*. Sujecion, dependencia, yugo, servidumbre. || Sujecion, cuidado, aplicacion, asiduidad, asistencia continua.

**SULFATE**, m. *sulfát*. Quím. Sulfato, nombre genérico de las sales formadas por la combinacion del ácido sulfúrico con una base.

**SULFATÉ, ÉE**, adj. *sulfaté*. Quím. Sulfatado, que es de la naturaleza del sulfato.

**SULFITE**, m. *sulfit*. Quím. Sulfito, nombre genérico de las sales formadas por la combinacion del ácido sulfuroso con una base.

**SULFURE**, m. *sulfúr*. Quím. Sulfuro, nombre genérico de las combinaciones del azufre con los álcalis, las tierras y los metales.

**SULFUREUX, EUSE**, adj. *sulfureu, eus*. Quím. Sulfúreo, sulfuroso, azufroso, que participa de la naturaleza del azufre.

**SULFURIQUE**, adj. *sulfuric*. Quím. Sulfúrico, epíteto que se da al ácido de azufre el mas oxidoso.

**SULPICIEN**, m. *sulpisién*. Sulpiciano, seminarista de San Sulpicio. Úsase tambien como adjetivo.

**SULTAN**, m. *sultan*. Sultan, título que se da al emperador de los Turcos. || met. y fam. Sultan, hombre absoluto, déspota, tirano.

**SULTANE**, f. *sultán*. Sultana, la mujer ó esposa legítima del sultan. || Sultana, título que se da á las mujeres del sultan. || *Sultane Validé*, sultana validea, la madre del sultan reinante.

**SUMAC**, m. *sumác*. Bot. Zumaque, géne-

**SUPERFÉTATION**, f. *superfetasión*. Fisiol. Superfetacion, concepcion de un feto, despues de haber ya otro en el vientre de la madre || met. Superfetacion, redundancias, superfluidades.

**SUPERFICIAIRE**, adj. *superfisiér*. Superficiario, que pertenece á la superficie.

**SUPERFICIALITÉ**, f. *superfisialité*. Superficialidad, cualidad de lo que es superficial.

**SUPERFICIE**, f. *soperfisí*. Superficie, parte exterior de los cuerpos. || met. Superficie, corteza, lijero conocimiento de las cosas.

**SUPERFICIEL, LE**, adj. *superfisiél*. Superficial, que está en la superficie. || Superficial, lijero, que no profundiza, hablando de personas. || met. Superficial, lijero, insustancial, poco profundo, hablando de cosas.

**SUPERFICIELLEMENT**, adv. *superfisielmán*. Superficialmente, por encima, de una manera superficial.

**SUPERFIN, E**, adj. *superfén, in*. Superfino, superior, de primera clase: se dice hablando de géneros y ropas. || Úsase tambien como sustantivo. *C'est du superfin*, es de lo superior, de lo mas selecto, es la flor.

**SUPERFLU, E**, adj. *superflú*. Superfluo, sobrante, que está demas, que es inútil. Úsase tambien como sust. masculino.

**SUPERFLUITÉ**, f. *superfluité*. Superfluidad, abundancia viciosa.

**SUPÉRIEUR, E**, adj. *superieur*. Superior, que está situado encima, por oposicion á inferior. || Superior, que tiene ventaja sobre los demas por su posicion, por su mérito, por su dignidad, etc. || m. y f. Superior, el que tiene autoridad sobre otro. || Superior, el que dirige ó gobierna un monasterio.

**SUPÉRIEUREMENT**, adv. *superieurmán*. Superiormente, de un modo superior, soberanamente.

**SUPÉRIORITÉ**, f. *superiorité*. Superioridad, autoridad, dominio sobre los demas. || Superioridad, excelencia, preeminencia de una cosa respecto á otra. || Superiorato, empleo de superior en una comunidad religiosa.

**SUPERLATIF, IVE**, adj. *superlatif, iv*. Gram. Superlativo, que expresa el mas alto grado de comparacion, la cualidad de la cosa, buena ó mala, en el mas alto grado. || Es tambien sustantivo masculino. || *Au superlatif*, loc. adv. En grado superlativo, en el último grado, á mas no poder. || *Chose bonne ou mauvaise au superlatif*, cosa buena ó mala en grado superlativo, esto es, sumamente buena ó mala. || *Cette femme est laide au superlatif*, esta mujer es fea en grado superlativo, cuanto cabe, á mas no poder, etc.

**SUPERLATIVEMENT**, adv. *superlativmán*. Superlativamente, en grado superlativo, en el mas alto grado; extremadamente, sobre manera.

**SUPERNUMÉRAIRE**, adj. *supernumerér*. Se ha dicho por *surnuméraire*. V. este.

**SUPERPOSER**, a. *superposé*. Sobreponer, poner sobre ó encima; poner una línea, un plano, un cuerpo sobre otro para ver si

en que hay supersticion. Úsase tambien como sustantivo, aplicándose á las personas.

**SUPERSTITION**, f. *superstisión*. Supersticion, falsa idea que se tiene de las prácticas religiosas, á las que se une ó demasiado temor ó demasiada confianza || Supersticion, prácticas supersticiosas. || Supersticion, vano presagio que se saca de algunos acontecimientos enteramente fortúitos || met. Supersticion, nimia exactitud y vano esmero en el cumplimiento y observancia de alguna cosa, sobre todo en lo moral.

**SUPERSTITIOSITÉ**, f. *superstitiosité*. Supersticiosidad, tendencia al espiritualismo á la contemplacion.

**SUPERSTRUCTURE**, f. *superstructúr*. Superstructura, adicion inútil á una obra.

**SUPIN**, m. *supén*. Gram. Supino, parte del verbo latino.

**SUPINATEUR**, adj. y s. m. *supinateur*. Anat. Supinador, que contribuye á la supinacion. Se dice de dos músculos que hacen mover el antebrazo y la mano, de modo que contrayéndose se vuelve hácia afuera la palma de la mano.

**SUPINATION**, f. *supinasión*. Supinacion, movimiento que los músculos supinadores hacen ejecutar al antebrazo y á la mano.

**SUPPLANTATEUR**, m. *suplantateur*. Suplantador, el que suplanta.

**SUPPLANTATION**, f. *suplantasión*. Suplantacion, accion y efecto de suplantar.

**SUPPLANTER**, a. *suplanté*. Suplantar, derribar á uno de su empleo, fortuna ó valimiento para ponerse en su lugar. || *Se supplanter*, r. Suplantarse, derribarse unos á otros.

**SUPPLÉANT, E**, m. y f. *supleán*. Suplente, sustituto, el que reemplaza, el que está para sustituir ó suplir por otro. || fam. Suplefaltas. || adj. *Professeur suppléant, juge suppléant*.

**SUPPLÉER**, a. *supleé*. Suplir, completar, llenar lo que falta en alguna cosa. || Gram. Suplir, añadir á una frase lo que está sobrentendido. || Suplir, hacer las veces ó reparar la falta de otro, poniéndose en lugar de él. || n. Suplir ó reparar la falta de alguna cosa: *suppléer à tout; la valeur supplée au nombre*.

**SUPPLÉMENT**, m. *suplemán*. Suplemento, la parte que se añade al todo || Suplemento, lo que se da para suplir, y muchas veces lo que se da demas. || Gram. Suplemento, palabras que se añaden para completar el sentido de las que forman la frase usual ó elíptica.

**SUPPLÉMENTAIRE**, adj. *suplemantér*. Suplementario, que sirve de suplemento.

**SUPPLÉMENTAIREMENT**, adv. *suplemantermán*. Suplementariamente.

**SUPPLÉTOIRE**, adj. *supletuár*. Supletorio, que suple. V. SUPPLÉTIF.

**SUPPLÉTIF, IVE**, adj. *supletíf, iv*. Suplente, que suple.

**SUPPLIANT, E**, adj. *suplián*. Suplicante, que suplica con instancia. || Suplicante, humilde, rendido, deprecatorio, hablando de cosas. || Se usa tambien como sustantivo en los pedimentos, memoriales, etc., y

**SUPPORT**, m. *supór*. Sostenimiento, sustentáculo, lo que sostiene una cosa. ‖ met. Apoyo, amparo, proteccion, sosten. ‖ Blas. Soporte, dícese de las figuras de los animales que sostienen el escudo; y se usa regularmente en plural.

**SUPPORTABLE**, adj. *suportábl*. Soportable, aguantable, llevadero, que se puede soportar. ‖ Soportable, tolerable, pasadero, que se puede disimular ó perdonar.

**SUPPORTABLEMENT**, adv. *suportablmán*. Tolerablemente, pasaderamente, de un modo soportable, tolerable.

**SUPPORTANT**, **E**, adj. *suportán*. Blas. Cargada, somada, hablando de piezas del escudo, como banda ó faja.

**SUPPORTER**, a. *suporté*. Sostener, mantener un peso, mole ó carga. ‖ met. Sufrir, aguantar trabajos, dolores, males, etc. ‖ Soportar, tolerar, llevar con paciencia las injurias ó los defectos ajenos.

**SUPPOSABLE**, adj. *suposábl*. Suponible, que se puede suponer.

**SUPPOSER**, a. *suposé*. Suponer, dar ó tener por cierto. ‖ Suponer, presuponer, fingir. ‖ Suponer, conjeturar, presumir bien ó mal. ‖ Suponer, sustituir, poner una cosa en lugar de otra. ‖ *Se supposer*, r. Suponerse, darse por norma. ‖ Suponerse en lugar de otro.

**SUPPOSITIF**, **IVE**, adj. *supositif*, *iv*. Supositivo, que incluye suposicion ó sirve para suponer.

**SUPPOSITION**, f. *suposisión*. Suposicion, supuesto, principio, proposicion que se sienta como verdadera ó como posible. ‖ Suposicion, conjetura, opinion favorable ó desventajosa que no resulta de pruebas positivas. ‖ Suposicion, alegacion falsa ó hecho fingido. ‖ For. *Supposition d'enfant* ó *de part*, suposicion ó sustitucion de un niño ó de parto.

**SUPPOSITOIRE**, m. *supositudr*. Med. Supositorio, cala, todo medicamento sólido y en forma de cono prolongado, que se introduce en el recto por el ano, para facilitar las evacuaciones, etc.

**SUPPÔT**, m. *supó*. Dependiente, miembro subalterno, ayudante de ciertos cuerpos ú oficinas. ‖ Fautor, partidario, secuaz de algun partido de nota.

**SUPPRESSIF**, **IVE**, adj. *supresif*, *iv*. Supresivo, que causa una supresion.

**SUPPRESSION**, f. *supresión*. Supresion, abolicion, accion de suprimir. ‖ Med. Supresion, suspension de orina ó de una evacuacion. ‖ Jurisp. *Suppression de part*, supresion de parto, crímen que consiste en provocar el aborto de una mujer, en ejecutar el infanticidio al momento de parir ó en ocultar el nacimiento de una criatura.

**SUPPRIMABLE**, adj. *suprimábl*. Suprimible, que puede ó debe suprimirse.

**SUPPRIMER**, a. *suprimé*. Suprimir, omitir, callar de propósito lo que se debia escribir ó decir en alguna materia. ‖ Suprimir, retener, recoger un libro, escrito, cartel, etc., para que no se publique. ‖ Suprimir, extinguir empleos, establecimientos, oficios, etc. ‖ Suprimir, abolir, anular.

**SUPPURANT**, **E**, adj. *supurán*. Med. Supurante, que supura, que se halla en un estado de supuracion.

**SUPPURATIF**, **IVE**, adj. *supuratif*, *iv*. Med. Supurativo, que hace supurar. Úsase tambien como sust. masculino.

**SUPPURATION**, f. *supurasión*. Med. Supuracion, secrecion del pus ó de la materia.

**SUPPURER**, n. *supuré*. Supurar, echar pus ó materia un tumor, una herida.

**SUPPUTATION**, f. *suputasión*. Suputacion, cómputo, cálculo.

**SUPPUTER**, a. *suputé*. Suputar, calcular, computar, contar, sacar el cómputo, la cuenta, etc.

**SUPRÉMATIE**, f. *supremasí*. Supremacía, derecho que los reyes y aun las reinas de Inglaterra se han atribuido de ser los jefes de la religion anglicana. ‖ Superioridad, ó, como se decia antiguamente, supremidad; supereminencia ó grado superior en cualquier línea.

**SUPRÊME**, adj. *suprém*. Supremo, superior á todo en su genero, en su especie. ‖ Poét. Supremo, último. *Le moment, l'heure suprême*, el momento, la hora suprema, la última hora, la hora de la muerte.

**SUR**, prep. *súr*. Sobre, encima. *Sur la table, sur le lit*, sobre ó encima de la mesa, de la cama. ‖ Algunas veces corresponde en español á preposiciones diferentes, como en, con, etc. Ejemplos. *La foire est sur le pont*, la feria está en el puente. ‖ *Comptez sur moi*, cuente Vd. conmigo. ‖ *Sur cent personnes il se trouve à peine un honnête homme*, entre cien personas apénas ha de hallarse un hombre de bien. ‖ *Coucher sur la dure*, dormir en el suelo. ‖ Sobre, señala superioridad. *L'emporter sur*, sobresalir, aventajar á alguno en talentos, en fuerzas, etc.; vencer á su enemigo, etc. ‖ Sobre, hácia, al rededor. *Il vint sur le midi*, vino hácia al medio dia, al rededor del medio dia. ‖ *Maison qui a vue sur un jardin*, casa que da vista á un jardin. ‖ Junto. *Les villes qui sont sur le Rhin*, los pueblos de junto al Rhin, de orillas del Rhin. ‖ Acerca. *Sur cette matière*, acerca de esta materia ó sobre esta materia. ‖ Con. *Sur le bruit de sa venue*, con la noticia de su venida. Son muchísimas las modificaciones de la preposicion *sur*, sobre. ‖ *Sur et tant moins*, loc. adv. A cuenta de una deuda, en descuento. Esta locucion ya no se usa.

**SUR**, **E**, adj. *súr*. Ácido ó acedo, que tiene un sabor agrio. Se dice hablando de frutas.

**SÛR**, **E**, adj. *súr*. Seguro, cierto, indudable, verdadero. ‖ Seguro, infalible, efectivo: dícese hablando de remedios, de recursos, etc. ‖ Seguro, infalible, que tiene que suceder. ‖ Seguro, firme, sentado, hablando del pulso, de la mano, del pié, del paso, etc. ‖ *A coup sûr*, loc. adv. Infaliblemente. ‖ *Pour sûr*, ciertamente, por cierto.

**SURABONDAMMENT**, adv. *surabondamán*. Superabundantemente, sobradamente.

**SURABONDANCE**, f. *surabondáns*. Superabundancia, abundancia grande.

**SURABONDANT**, **E**, adj. *surabondán*. Superabundante, que abunda con exceso. ‖ Sobrado, superfluo, mas de lo que es menester.

**SURABONDER**, n. *surabondé*. Superabundar, abundar con exceso.

**SURACHETER**, a. *surachté*. Comprar ó pagar una cosa mas de lo que vale.

**SURAIGU**, **Ë**, adj. *suregú*. Muy agudo. ‖ Mús. Sobreagudo, dícese de la nota ó del tono dos octavas mas alto que el grave.

**SURAJOUTER**, a. *surajuté*. Añadir á lo que se ha añadido ya.

**SURALLER**, n. *suralé*. Cetr. Pasar el perro sobre la pista ó huella del ciervo sin ladrar.

**SURANDOUILLER**, m. *surandullé*. Cetr. Cerceta de la cuerna del ciervo, mas larga que las regulares.

**SURANNATION**, f. *suranasión*. For. Cesacion del efecto de un acto que no ha sido renovado en su tiempo y lugar. ‖ *Lettres de surannation*, cédula ó sobrecarta que se obtiene para revalidar y dar nuevo vigor á las que estaban sin uso por antiguas.

**SURANNÉ**, **ÉE**, adj. *surané*. Anticuado, añejo, que no tiene uso, hablando de leyes y voces. ‖ Añejo, rancio, que no es de moda, que no se usa. ‖ Añejo, antiguo, se dice de las cédulas ó licencias que no tienen vigor por haber espirado el tiempo concedido.

**SURANNER**, n. *surané*. Dejar que pase un año para una cosa.

**SUR-ARBITRE**, m. *surarbítr*. Tercero en discordia, tercer árbitro, el que se elige cuando los primeros no están acordes.

**SURARD**, adj. m. *surár*. Solo se usa en *vinaigre surard*, vinagre preparado con flor de saúco.

**SURBAISSÉ**, **ÉE**, adj. *surbesé*. Arq. Rebajado de medio punto, se dice del arco ó bóveda que no forma la curva del círculo entero. ‖ Abocinado.

**SURBAISSEMENT**, m. *surbesmán*. Arq. Rebajo de un arco total. ‖ Abocinamiento.

**SURBAISSER**, a. *surbesé*. Arq. Rebajar el arco ó bóveda de medio punto. ‖ Abocinar.

**SURBANDE**, f. *surbánd*. Cir. Sobrevenda, venda que se pone sobre otras en una fractura.

**SURCASE**, f. *surcás*. Casilla con [illegible] cuatro damas en el juego de chaquete.

**SURCENS**, m. *surcáns*. For. Sobre[illegible] primera renta dominical que se añade á [illegible] non enfitéutico.

**SURCHARGE**, f. *surchárge*. Sobrecarga, sobrepeso, carga nueva añadida á [illegible] ‖ met. Sobrecarga, recargo, nuevo gravámen. ‖ Enmienda.

**SURCHARGER**, a. *surcharjé*. Sobrecargar, recargar con exceso, imponer una carga excesiva. ‖ Enmendar una palabra. ‖ *Se surcharger*, r. Sobrecargarse, recargarse, imponerse una carga excesiva; sobrecargarse de alimentos, de trabajo, etc.

**SURCHAUFFER**, a. *surchofé*. Quemar el hierro, darle demasiado fuego.

**SURCHAUFFURE**, f. *surchofúr*. Defecto del hierro quemado. ‖ pl. Hojuelas, [illegible] que se hallan en el hierro y acero.

**SURCILIAIRE** ó **SURCILIER**, **ÈRE**, adj. Anat. V. SOURCILIER.

**SURCOMPOSÉ**, **ÉE**, adj. [illegible] Gram. Se dice de los tiempos de un verbo en que se duplica el auxiliar *avoir*, [illegible] haber. ‖ SURCOMPOSÉ, m. Quím. Compuesto, el cuerpo que resulta de la combinacion de otros.

**SURCOUPER**, a. *surcupé*. Cortar en el juego por segunda vez despues de haber cortado la primera.

**SURCROISSANCE**, f. *surcruasáns*. [illegible] crecencia, bulto que crece en el cuerpo, y es preternatural.

**SURCROÎT**, m. *surcruá*. Acrecentamiento, colmo, aumento.

**SURCROÎTRE**, n. *surcruátr*. Crecer en bulto ó tumor, aumentarse. ‖ a. [illegible] aumentar sin medida; es lo mismo que *accroître, augmenter au-delà des bornes*.

**SURDÂTRE**, adj. *surdátr*. Sordillo, que es algo teniente de oidos.

**SURDEMANDE**, f. *surdemánd*. [illegible] For. Peticion, demanda fuera de la regla.

**SURDENT**, f. *surdán*. Sobrediente, diente que cabalga á otro.

**SURDITÉ**, f. *surdité*. Sordera, [illegible] diminucion considerable del sentido del oido.

**SURDORER**, a. *surdoré*. Sobredorar, dorar sólidamente.

**SURDOS**, m. *surdó*. Sobrecincho, [illegible] que pasa por encima de los caballos y sostiene los tirantes del coche.

**SUREAU**, m. *suró*. Bot. Saúco, árbol de la familia de las madreselvas. *Petit sureau*, yèble ó *hièble*, sauquillo, yezgo.

**SURÉCOT**, m. *surecó*. Sobre[illegible]

**SURELLE**, f. *surél*. Bot. Acedera, [illegible] de plantas.

**SÛREMENT**, adv. *surmán*. Seguramente, con seguridad. ‖ Seguramente, [illegible]

**SURÉMINENT**, **E**, adj. *sureminán*. Supereminente, supremo, sumo, [illegible] en grado supremo.

**SURENCHÈRE**, f. *suranchér*. Puja que se hace sobre otra puja en una venta, arrendamiento ó subasta.

**SURENCHÉRIR**, n. *suranchérir*. Pujar la postura hecha sobre una venta ó arriendo en subasta.

**SURENCHÉRISSEUR**, m. *suranchérisseur*. Pujador, el que hace puja en lo que se vende ó arrienda.

**SURÉROGATION**, f. *surerogasión*. Supererogacion, lo que se hace sin tener obligacion: *œuvres de surérogation*.

**SURÉROGATOIRE**, adj. *surerogatuár*. Supererogatorio, que pasa ó excede lo que debe uno hacer por obligacion.

**SURET**, **TE**, adj. dim. de **SUR**. *suré*, *t*. Agrillo, que está un poco ácido.

**SÛRETÉ**, f. *surté*. Seguridad, [illegible] de riesgo. ‖ Seguridad, [illegible] fianza, responsabilidad de [illegible] ‖ *En sûreté*, en salvo, á salvo. *Mettre en sûreté*, poner en salvo, á salvo. ‖ [illegible] *en lieu de sûreté*, poner á alguno en [illegible] seguro, esto es, en la cárcel. || *Places de sûreté*, plazas de guerra dadas ó retenidas para la seguridad ó la ejecucion de un tratado. || Seguridad, firmeza.

**SUREXCITATION**, f. *surecsitasión*. Med. Sobrexcitacion, aumento de la accion vital en un tejido, en un órgano.

**SUREXCITER**, a. *surecsité*. Sobrexcitar, causar una sobrexcitacion.

**SURFACE**, f. *surfás*. Superficie, faz, parte exterior de los cuerpos físicos. || met. Superficie, apariencia, exterioridad de las cosas.

**SURFAIRE**, a. *surfér*. Encarecer, pedir muy caro, subir de precio las cosas. || met. Encarecer, ponderar.

**SURFAIX**, m. *surfé*. Sobrecincha, cincha que se echa sobre la jalma ó silla de una cabalgadura.

**SURFEUILLE**, f. *surfeuil*. Escama ó película que cubre la yema de los árboles.

**SURFLEURIR**, n. *surfleurir*. Reflorecer, florecer despues de haber dado el fruto.

**SURGARDE**, m. *surgárd*. Nueva guardia establecida ó puesta cerca de otras.

**SURGE**, adj. *súrge*. Solo se dice en *laine surge*, lana sucia ó con juarda segun se corta ó pela de la res.

**SURGEON**, m. *surjón*. Sierpe que sale de la raiz, barbado, vástago que echa el árbol. || met. Vástago, descendiente de una casa ilustre. || *Surgeon d'eau*, grifo de agua, que brota de la tierra ó de una peña.

**SURGIR**, n. *surgír*. Surgir, dar fondo la nave. || met. Salir, levantarse: *de nouvelles difficultés surgirent*.

**SURGLACER**, a. *surglasé*. Dar un color brillante, trasparente á alguna cosa.

**SURHAUSSEMENT**, m. *surosmán*. Sobreprecio, alza, aumento de precio.

**SURHAUSSER**, a. *surosé*. Alzar, levantar, subir el precio á las cosas.

**SURHUMAIN**, E, adj. *surumén*, *én*. Sobrehumano, que excede á lo humano.

**SURIER**, m. *surié*. Bot. Alcornoque.

**SURIN**, m. *surén*. Bot. Manzano jóven, en algunas partes.

**SURINTENDANCE**, f. *surentandáns*. Superintendencia, inspeccion y direccion principal. || Comision, empleo del superintendente.

**SURINTENDANT**, m. *surentandán*. Superintendente, el que tiene la intendencia de alguna cosa. Antiguamente se daba este nombre al administrador de las haciendas del rey.

**SURINTENDANTE**, f. *surentandánt*. Superintendenta, la mujer del superintendente. || *Surintendante de la maison de la reine*, camarera mayor.

**SURJET**, m. *surjé*. Repulgo, costura á punto por encima. || Jurisp. Puja, aumento de precio.

**SURJETANT**, m. *surjetán* (e muda). Jurisp. ant. Pujador, el que hace la puja en las ventas ó arrendamientos.

**SURJETER**, a. *surjeté* (e muda). Repulgar, coser á punto por encima. || Pujar, alzar el precio.

**SURLENDEMAIN**, m. *surlandemén*. El dia despues de pasado mañana.

**SURLIURE**, f. *surliúr*. Mar. Falcaceo.

**SURLONGE**, f. *surlónge*. Solomo de vaca.

**SURLOUER**, a. *surlué*. Alquilar, dar en alquiler por un precio excesivo.

**SURLUNAIRE**, adj. *surlunér*. Sobrelunar, que habita mas allá de la luna.

**SURMARCHER**, n. *surmarché*. Mont. Volver la res sobre sus pasos. || met. Notar, criticar, censurar.

**SURMENER**, a. *surmené* (e muda). Reventar, rendir, estropear una caballería ó por lo largo del viaje ó por lo vivo del paso.

**SURMESURE**, f. *surmesúr* (e muda). Lo que sobra ó está demas de la medida.

**SURMONTABLE**, adj. *surmontábl*. Superable, que se puede superar.

**SURMONTER**, a. *surmonté*. Sobrepujar, pasar por encima. || met. Superar, vencer, domar. || n. Subir arriba, nadar encima: se dice hablando del aceite ú otro líquido que se echa en otro mas grave: *l'huile mise avec du vinaigre surmonte toujours*. || *Se surmonter*, r. Vencerse á sí mismo. || Excederse á sí propio.

**SURMOULE**, m. *surmúl*. Molde que se hace por otro molde.

**SURMOULER**, a. *surmulé*. Sacar un molde de una figura amoldada.

**SURMOÛT**, m. *surmú*. Mostillo que se saca de la cuba sin estar hecho.

**SURMULET**, m. *surmulé*. Zool. Mulo, barbo, género de pescados.

**SURNAGER**, n. *surnagé*. Sobrenadar, nadar encima.

**SURNATUREL, LE**, adj. *surnaturél*. Sobrenatural, que excede ó pasa los límites de la naturaleza. || Sobrenatural, extraordinario, singular.

**SURNATURELLEMENT**, adv. *surnaturelmán*. Sobrenaturalmente, de una manera sobrenatural.

**SURNEIGÉES**, f. pl. *surnegé*. Mont. Huellas de las reses grabadas en la nieve.

**SURNOM**, m. *surnón*. Sobrenombre, renombre, epíteto ó dictado que se añade al apellido ó nombre de familia, para designar alguna calidad ó circunstancia particular. Escipion tuvo el sobrenombre de Africano.

**SURNOMMER**, a. *surnomé*. Apellidar, nombrar, denominar, dar algun nombre ó título á alguno.

**SURNUMÉRAIRE**, adj. *surnumerér*. Supernumerario, que está ó se pone sobre el número señalado ó establecido: *employé surnuméraire*. || Úsase tambien como sustantivo: *un surnuméraire*.

**SURNUMÉRARIAT**, m. *surnumerariá*. Tiempo que se está empleado como supernumerario.

**SURON**, m. *surón*. Zurron, coracha, especie de saco de cuero.

**SUROS**, m. *suró*. Vet. Sobrehueso, tumor duro que está sobre los huesos, el cual suele causar grandes dolores. || Sobrecaña, tumor duro que se cria en el tercio de la caña del caballo.

**SURPASSABLE**, adj. *surpasábl*. Sobrepujable, que puede ser sobrepujado.

**SURPASSER**, a. *surpasé*. Sobrepujar, descollar, exceder. || Úsase tambien en sentido figurado. || *Se surpasser*, r. Excederse. *Il s'est surpassé lui-même*, se ha excedido á sí mismo.

**SURPAYE**, f. *surpé*. Sobrepaga, paga ó gratificacion ademas de la paga.

**SURPAYER**, a. *surpeyé*. Sobrepagar, pagar una cosa mas de lo que vale.

**SURPEAU**, f. *surpó*. Sobrecútis, pellejo de encima ó primer pellejo, como se dice vulgarmente por cutícula ó epidérmis. V. ÉPIDERME.

**SURPLIS**, m. *surplí*. Sobrepelliz, traje clerical.

**SURPLOMB**, m. *surplón*. Desplomo, estado, defecto de lo que no está á plomo.

**SURPLOMBER**, n. *surplombé*. Desplomarse, vencerse, perder una pared la rectitud perpendicular.

**SURPLUÉES**, f. pl. *surplué*. Mont. Huellas de las reses en los barrizales y parajes llovedizos; ó, huellas lavadas por la lluvia despues de haber pasado el animal.

**SURPLUS**, m. *surplú*. Demasía, sobra, exceso, lo que hay, se da ó se toma demas en cualquiera línea. || *Au surplus*, loc. adv. Ademas de esto, por lo demas, finalmente. || *Pour le surplus*, por lo demas. Esta locucion no se usa.

**SURPOINT**, m. *surpuén*. Raspa, bruza de los cueros que se saca al rebajarlos.

**SURPRENANT, E**, adj. *surprenán*. Sorprendente, maravilloso, admirable, extraordinario.

**SURPRENDRE**, a. *surprándr*. Sorprender, sobrecoger descuidado ó de improviso. || Sorprender, dejar admirado, maravillado. || Sorprender, engañar con arte. || Sorprender, coger, pillar en el hecho. || *La nuit nous surprit*, nos cogió la noche. *La pluie nous a surpris*, nos ha cogido la lluvia.

**SURPRISE**, f. *surprís*. Sorpresa, accion por la que se sorprende. || Sorpresa, admiracion, maravilla. || Sorpresa, superchería, ardid, engaño. || Sorpresa, error, alucinacion, descuido. || Sorpresa, rebato, acometimiento repentino ó inesperado.

**SURQUÉRIR**, a. inus. *surquerír*. Preguntar indiscretamente, hacer preguntas indiscretas.

**SURSAUT**, m. *sursó*. Sobresalto, movimiento brusco ocasionado por alguna sensacion repentina y violenta. Solo se usa en esta frase: *s'éveiller en sursaut*, despertarse sobresaltado, sobresaltadamente.

**SURSÉANCE**, f. *surseáns*. Sobreseimiento, cesacion, interrupcion.

**SURSEMAINE**, f. inus. *sursemén* (e muda). La semana que precede y la que sigue.

**SURSEMER**, a. *sursemé* (e muda). Sobresembrar, sembrar sobre lo ya sembrado.

**SURSEOIR**, a. *sursuár*. Sobreseer, suspender el curso ó los efectos de algun litigio ó pretension.

**SURSIS**, E, part. pas. de SURSEOIR y adj. *sursí*, *ís*. Sobreseido; diferido, prorogado. || SURSIS, m. Prorogacion de término en los pleitos.

**SURSOLIDE**, s. y adj. *sursolíd*. Álg. Supersólido, sursólido.

**SURTAUX**, m. *surtó*. Recargo, agravacion, hablando de derechos, pesos ó tasas. || *Se plaindre en surtaux*, acudir á la autoridad competente quejándose de haber sido gravado, etc. Tambien se dice *présenter*, *former une plainte en surtaux*.

**SURTAXE**, f. *surtács*. Tasa, impuesto añadido á otros, nuevo impuesto, nueva tasa ó gravámen.

**SURTAXER**, a. *surtacsé*. Gravar, cargar, echar impuestos excesivos ó arbitrarios.

**SURTONDRE**, a. *surtóndr*. Art. Desmochar, cortar la lana mas basta del vellon, despuntarla.

**SURTOUT**, adv. *surtú*. Sobre todo, especialmente, principalmente. || SURTOUT, m. Sobretodo, sobreropa, especie de casacon que se pone encima de la demas ropa. || Surtú, pieza de la vajilla de plata que se pone en el deser (esto es, en los postres) en medio de una grande mesa, y en el que se colocan figuras, jarros de flores, frutas, etc. || met. Apariencia, exterior.

**SURVEILLANCE**, f. *survelláns*. Vigilancia, accion de vigilar.

**SURVEILLANT, E**, m. y f. *survellán*. Celador, el que tiene á su cuidado y vigilancia algun encargo.

**SURVEILLE**, f. *survéll*. Antevíspera, el dia que precede á la víspera.

**SURVEILLER**, n. *survellé*. Vigilar, celar ó velar sobre alguna cosa ó atender cuidadosamente á ella: *surveiller à tout ce qui se passe*. || Úsase tambien como activo. *Surveiller quelqu'un*, observar á alguno, no perderle de vista.

**SURVENANCE**, f. *survenáns* (e muda). For. Supervencion, accion de sobrevenir nuevo derecho. || Superveniencia ó sobreveniencia, venida repentina ó imprevista. Se dice de los hijos que sobrevienen despues de haberse hecho una donacion.

**SURVENANT, E**, s. y adj. *survenán* (e muda). El que llega ó viene de nuevo é impensadamente.

**SURVENDRE**, a. *survándr*. Vender á mas del justo valor ó precio.

**SURVENIR**, n. *survenír* (e muda). Sobrevenir, acaecer ó suceder alguna cosa de nuevo ó de repente. || Sobrevenir, venir de repente ó impensadamente.

**SURVENTE**, f. *survánt*. Sobreprecio, exorbitancia en el precio de lo que se vende. || Mar. Aumento del aire ó del viento.

**SURVENTER**, n. *survanté*. Arreciarse de repente el viento.

**SURVÊTEMENT**, m. *survetmán*. Sobrevestido, vestido puesto encima de otro.

**SURVÊTIR**, a. *survetír*. Sobrevestir, poner un vestido sobre otro.

**SURVIDER**, a. *survidé*. Vaciar de un vaso en otro, ó de un saco en otro todo lo que haya de mas.

**SURVIE**, f. *survi.* For. Supervivencia, el acto de sobrevivir una persona á otra; y mejor, estado del que sobrevive á otro.

**SURVIVANCE**, f. *survivâns.* Futura, facultad, derecho, privilegio de suceder á alguno en el empleo despues de su muerte.

**SURVIVANCIER**, m. *survivansié.* Futurario, el que tiene la futura de un empleo.

**SURVIVANT, E**, adj. *surviván.* Sobreviviente, que sobrevive á otro. Úsase con frecuencia como sustantivo.

**SURVIVRE**, n. *survívr.* Sobrevivir, vivir despues de muerto otro. || met. *Survivre à son honneur, à sa fortune*, morir despues de haber perdido la honra, la hacienda ó el caudal. || *Survivre à soi-même*, estar como un tronco, no ver ni oir : haber perdido los sentidos ántes de morir.

**SUS**, prep. *sús.* Sobre. || *Courir sus à quelqu'un*, ir tras de uno, correrle, irle ó andarle á los alcances. || *En sus*, loc. adv. Encima, mas, de mas : *toucher des gratifications en sus.* = Se dice en el lenguaje ordinario : *la moitié, le tiers, etc., en sus*, y una mitad ó un tercio mas, ó mas una mitad, ó con una mitad ó un tercio encima. || *Sus*, interj. fam. que sirve para animar, exhortar, etc. Ea! sus! arriba! vamos! ánimo! || *Or sus*, ea pues.

**SUSAIN**, m. *susén.* Mar. Puente del alcázar, desde la entrada de la cámara hasta el palo mayor.

**SUSCEPTIBILITÉ**, f. *susceptibilité.* Susceptibilidad, suma delicadeza, propension á incomodarse, á enojarse fácilmente.

**SUSCEPTIBLE**, adj. *susептíbl.* Susceptible, capaz de recibir alguna cualidad, alguna modificacion. || Susceptible, sensible ó sentido, delicado, expuesto á enojarse, á alterarse.

**SUSCEPTION**, f. *susepsión.* Suscepcion, el acto de recibir las órdenes sagradas.

**SUSCES**, m. *sús.* Com. Tafetan de Bengala.

**SUSCITATION**, f. *susitasión.* Sugestion, instigacion.

**SUSCITER**, a. *susité.* Suscitar, hacer salir, hacer parecer ó nacer. Dícese principalmente hablando de los hombres extraordinarios que Dios inspira y conduce para ejecutar su voluntad : *Dieu suscita les libérateurs de son peuple.* || Suscitar, mover, incitar, excitar.

**SUSCRIPTION**, f. *suscripsión.* Sobrescrito, sobre de una carta. || Rótulo de un fardo ó paquete.

**SUSDIT, E**, adj. *susdi, it.* Sobredicho, susodicho, arriba dicho.

**SUS-DOMINANTE**, f. *susdominánt.* Mús. Nota que sigue á la dominante.

**SUSERAIN, E**, m. y f. V. SUZERAIN.

**SUSERAINETÉ**, f. V. SUZERAINETÉ.

**SUSIN**, m. V. SUSAIN.

**SUSPECT, E**, adj. *suspé, ècl.* Sospechoso, de fe dudosa, que no inspira confianza.

**SUSPECTER**, a. *suspecté.* Sospechar, tener sospecha.

**SUSPENDRE**, a. *suspándr.* Suspender, colgar, poner pendiente una cosa en el aire. || met. Suspender, diferir, cesar por algun tiempo. || Suspender, privar temporalmente á un eclesiástico del ejercicio de su ministerio, á un magistrado, á un empleado cualquiera de sus funciones.

**SUSPENS**, adj. m. *suspán.* Suspenso, hablando de algun ejercicio ó ministerio. || *En suspens*, loc. adv. En suspension, en la incertidumbre, en la indecision. || *Affaire demeurée en suspens*, negocio todavía indeciso, no decidido, no resuelto.

**SUSPENSE**, f. *suspáns.* Suspension, privacion canónica de algun ministerio eclesiástico. || Suspension, estado de un eclesiástico que tiene privacion canonica.

**SUSPENSEUR**, adj. m. *suspanseur.* Anat. Suspensor, que sostiene, que suspende : *ligament suspenseur.*

**SUSPENSIF, IVE**, adj. *suspansif, ív.* Suspensivo, que tiene virtud ó fuerza para suspender. || Gram. *Points suspensifs*, puntos suspensivos.

**SUSPENSION**, f [illegible] nsion, accion de suspe[illegible] cosa suspendida. || Suspension, detencion, parada, interrupcion de algun trabajo, de una operacion durante algun tiempo. || Suspension de un funcionario público de su empleo por algun tiempo.

**SUSPENSOIR**, adj. m. *suspansuár.* Anat. Suspensorio. Es sinón. de *suspenseur.*

**SUSPENSOIRE**, m. *suspansuár.* Suspensorio, lo que sirve para sostener ó tener suspendido. || Cir. Suspensorio, especie de braguero ó vendaje que sirve para sostener el aparato aplicado al escroto.

**SUSPICION**, f. *suspisión.* Presuncion, sospecha.

**SUSPIED**, m. *suspié.* Estribera, correa de la espuela que ciñe al pié.

**SUSSEYEMENT**, m. *suseimán.* Caceo, pronunciacion viciosa de *j* como *z*, ó de *ch* como *ç* ó *s*.

**SUSSEYER**, n. *suseyé.* Cecear, pronunciar la *j* como *z*, ó la *ch* como *ç* ó *s*.

**SUSTENTATION**, f. *sustantasión.* Sustentacion, sustento, alimento suficiente. || Sustentacion, accion de sustentar.

**SUSTENTER**, a. *sustanté.* Sustentar, alimentar.

**SUSURRATEUR**, m. *susurrateur.* Susurrador, el que susurra.

**SUSURRATION**, f. *susurrasión.* Susurracion, murmuracion suave. || Cuchicheo, accion de cuchichear, de hablar al oido.

**SUSURRE**, m. neol. *susúr.* Susurro, especie de silbido suave y lijero.

**SUSURRER**, n. *susurré.* Susurrar, hablar quedo, pero con un leve ruido. Se ha dicho por *chuchoter, murmurer.*

**SUTURAL, E**, adj. *sutarál.* Sutural, que pertenece á las suturas.

**SUTURE**, f. *sutúr.* Anat. Sutura, modo de articulacion propia á los huesos del cráneo y de la cara. || Cir. Sutura, costura que se hace en las heridas para tener sus labios aproximados, á fin de que el jugo nutritivo pueda reunirlas. || Bot. Sutura, el sitio en que las valvas que forman la cubierta de algunos frutos se unen entre sí por los bordes.

**SUZERAIN, E**, m. y f. *suzrén, én.* Señor feudal, el que poseia un feudo dependiente inmediatamente del rey. || adj. *Seigneur suzerain, dame suzeraine*, señor feudal, etc.

**SUZERAINETÉ**, f. *suzrenté* (e muda). Dominio eminente, hablando de los feudos ; derecho del señor feudal.

**SVELTE**, adj. *svélt.* Esbelto, lijero, suelto, cenceño.

**SYBARITE**, adj. y s. *sibarít.* Geog. ant. Sibarita, de Sibaris, ciudad en otro tiempo de la Italia meridional. || met. Sibarita, hombre voluptuoso, que tiene una vida llena de delicias.

**SYBARITIQUE**, adj. *sibaritíc.* Sibarítico, concerniente á los Sibaritas.

**SYBARITISME**, m. *sibaritism.* Sibaritismo, sistema de los Sibaritas, carácter del sibarita.

**SYBILLE**, f. V. SIBYLLE.

**SYCÉPHALE**, m. *sisefál.* Sicéfalo, monstruo con dos cabezas confundidas.

**SYCÉPHALIE**, f. *sisefalí.* Sicefalia, monstruosidad del sicéfalo.

**SYCÉPHALIEN, NE**, adj. *sisefalién, én.* Sicefaliano, se dice del monstruo que tiene dos cabezas confundidas.

**SYCOMANCIE**, f. *sicomansí.* Sicomancia, adivinacion por las hojas de la higuera.

**SYCOMANCIEN, NE**, adj. y s. *sicomansién, én.* Sicomántico, que practica la sicomancia. || adj. Sicomántico, que se refiere á la sicomancia.

**SYCOMORE**, m. *sicomór.* Bot. Sicómoro ó higuera moral. || Arce blanco, planta.

**SYCOPHAGE**, adj. *sicofáge.* Sicófago, que se alimenta de higos.

**SYCOPHANTE**, m. *sicofánt.* Sicofanta, calumniador, delator, chismoso.

**SYCOSE**, f. *sicós.* Med. Sicosis, tumor en forma de higo.

**SYLLABAIRE**, m. *silabér.* Silabario, cartilla, libro de sílabas en que los niños aprenden á leer. || adj. Se dice algunas veces por *syllabique.*

**SYLLABE**, f. *silláb.* [illegible]

**SYLLABER**, a. *silabé.* [illegible] nunciando separadamente [illegible]

**SYLLABIQUE**, adj. *sil*[illegible] que tiene relacion con las síl[illegible]

**SYLLABISATION**, f. [illegible] bizacion, accion de [illegible]

**SYLLABISER**, a. [illegible] locar, dividir por sílabas.

**SYLLEPSE**, f. *silléps.* Gra[illegible] gura por la que se expresa [illegible] nuestro pensamiento, [illegible] glas gramaticales. || [illegible] la que una palabra se [illegible] tiempo en sentido propio y [illegible]

**SYLLOGISER**, a. *silogi*[illegible] putar, argüir con silogismos[illegible]

**SYLLOGISME**, m. *silogi*[illegible] argumento compuesto de tres [illegible] á saber : mayor, menor y [illegible]

**SYLLOGISTIQUE**, adj. [illegible] gístico, que pertenece al silo[illegible]

**SYLPHE**, m. ó **SYLPHIDE** [illegible] *fíd.* Silfo, sílfide, nombre que [illegible] dan á los duendes ó espíritus [illegible] aire.

**SYLVAINS**, m. pl. *silvén.* [illegible] semidioses que presidian en [illegible] ques.

**SYLVATIQUE**, adj. *silvat*[illegible] Selvático, que crece, que [illegible] vas y bosques.

**SYLVESTRE**, adj. *silvést*[illegible] tre, que se cria naturalmente [illegible] en las selvas y bosques.

**SYLVICOLE**, adj. y s. *silvi*[illegible] que habita en las selvas.

**SYLVIE**, f. *silví.* Bot. [illegible] anémona. || Zool. Silvia, ave [illegible] gracioso canto.

**SYMBOLE**, m. *senból.* [illegible] emblemático ó imágen [illegible] bolo, formulario que contiene [illegible] artículos de fe : *le symbole d*[illegible] *symbole de Nicée.*

**SYMBOLIQUE**, adj. *senbol*[illegible] que sirve de símbolo.

**SYMBOLISATION**, f. *senbol*[illegible] bolizacion, accion de represent[illegible] bolos.

**SYMBOLISER**, n. *senbol*[illegible] ser muy parecida una cosa á [illegible] mucha semejanza.

**SYMÉTRIE**, f. *simetrí.* Si[illegible] porcion y correspondencia de [illegible] con otras, y de estas con el [illegible] metría, órden, disposicion [illegible] denada de las partes de un [illegible]

**SYMÉTRIQUE**, adj. *simetrí*[illegible] que guarda simetría.

**SYMÉTRIQUEMENT**, adv. [illegible] Simétricamente, con simetría.

**SYMÉTRISER**, n. *simetri*[illegible] metría una cosa con otra.

**SYMPATHIE**, f. *senpatí.* [illegible] respondencia natural ó [illegible] cuerpos, aptitud que tienen [illegible] para unirse. || Simpatía, conform[illegible] nios é inclinaciones entre las p[illegible]

**SYMPATHIQUE**, adj. *senpat*[illegible] co, que pertenece á la [illegible] de la simpatía.

**SYMPATHIQUEMENT**, [illegible] mán. Simpáticamente, de un [illegible] tico.

**SYMPATHISER**, n. *senpati*[illegible] zar, tener simpatía : [illegible]

**SYMPATHISTE**, m. [illegible] tista, partidario de la simpatía[illegible]

**SYMPHONIE**, f. *senfoní.* [illegible] cierto de instrumentos [illegible] truzo de música compuesta [illegible] con instrumentos [illegible]

**SYMPHONISTE**, m. *senfon*[illegible] ta, el que compone ó ejecuta [illegible]

**SYMPHYSE**, f. *senfís.* An[illegible] union de dos huesos entre sí [illegible]

**SYMPHYSIEN, NE**, adj. [illegible] Sinfisiano, que pertenece á la [illegible]

**SYMPIÉSOMÈTRE**, m. [illegible] Simpiesómetro, instrumento [illegible] vez del barómetro [illegible]

**SYMPOSIARQUE**, m. *senposiarc*. Simposiarca, rey ó director de un banquete entre los Griegos.

**SYMPOSIE**, f. *senposí*. Antig. gr. Banquete, festin.

**SYMPTOMATIQUE**, adj. *senptomatic*. Med. Sintomático, que es efecto ó síntoma de alguna otra afeccion.

**SYMPTOMATOLOGIE**, f. *senptomatologí*. Sintomatologia, tratado sobre los síntomas.

**SYMPTOMATOLOGIQUE**, adj. *senptomatologic*. Sintomatológico, que tiene relacion con la sintomatologia.

**SYMPTÔME**, m. *senptóm*. Med. Síntoma, nombre que se da á todo cambio ó alteracion de algunas partes del cuerpo, ó de algunas de sus funciones, producida por una causa morbosa y perceptible á los sentidos. || met. Síntoma, indicio, presagio, señal de lo que debe suceder, ya sea bueno ó malo.

**SYNAGOGUE**, f. *sinagógue*. Sinagoga, reunion de los fieles segun la ley antigua. || Sinagoga, lugar en donde los Judíos se reunian para celebrar las juntas de religion; y en el dia, templo en que se reunen para el ejercicio público de la misma religion. || met. Sinagoga, se dice despues de la publicacion del Evangelio por oposicion á Iglesia. || met. y fam. Sinagoga, sociedad de gentes ridículas que raciocinan y deciden á troche y moche. || prov. *Enterrer la synagogue avec honneur*, terminar algun negocio con alguna accion sobresaliente ó notable, mantenerse firme hasta el fin á pesar de los obstáculos, etc.

**SYNALÈPHE**, f. *sinaléf*. Gram. Sinalefa, figura por la que se suprime ó calla la última vocal de una diccion, si la siguiente empieza por vocal, como en *entr'eux* por *entre eux*.

**SYNALLACTIQUE**, adj. *sinalactic*. Sinaláctico, conciliador.

**SYNALLAGMATIQUE**, adj. *sinalagmatic*. For. Sinalagmático, se dice de los contratos en que se obligan las dos partes.

**SYNANCIE**, f. V. ESQUINANCIE.

**SYNANTHÉRÉ, ÉE**, adj. *sinanteré*. Bot. Sinantéreo, dícese de las plantas cuyos estambres están reunidos por las anteras. || *Synanthérées*, f. pl. Sinantéreas, familia de plantas que contiene varias especies.

**SYNANTHÉRIQUE**, adj. *sinanteric*. Sinantérico, que tiene las anteras reunidas.

**SYNANTHÉROGRAPHE**, m. *sinanterográf*. Sinanterógrafo, el que se ocupa de sinanterografía, que describe las plantas sinantéreas.

**SYNANTHÉROGRAPHIE**, f. *sinanterografí*. Sinanterografía, descripcion de las plantas sinantéreas.

**SYNANTHÉROGRAPHIQUE**, adj. *sinanterografic*. Sinanterográfico, que pertenece á la sinanterografía.

**SYNARTHROSE**, f. *sinartrós*. Med. Sinartrosis, articulacion inmóbil de los huesos.

**SYNAXAIRE**, m. *sinacsér*. Sinaxario, compendio de la vida de los santos.

**SYNAXE**, f. *sinács*. Sinaxa, congregacion de los primeros cristianos para celebrar la cena.

**SYNCHONDROSE**, f. *sencondrós*. Anat. Sincondrosis, union de los huesos por medio del cartílago.

**SYNCHRÈSE**, f. *sencrés*. Gram. Sincresis, reunion de dos vocales en un diptongo.

**SYNCHRONE**, adj. *sencrón*. Med. Síncrono, dícese de los movimientos que se hacen á un mismo tiempo. || Síncrono, contemporáneo.

**SYNCHRONIE**, f. *sencroní*. Sincronía, arte de conciliar las fechas.

**SYNCHRONIQUE**, adj. *sencronic*. Sincrónico, se dice de un cuadro en el que se reunen ó aproximan los sucesos acaecidos en diferentes y en la misma época.

**SYNCHRONISME**, m. *sencronism*. Sincronismo, identidad del tiempo durante el cual se hacen ó acaecen dos ó varias cosas.

**SYNCHRONISTE**, adj. y s. *sencronist*. Sincronista, que ha vivido en el mismo tiempo, contemporáneo.

**SYNCHRONISTIQUE**, adj. *sencronistic*. Sincronístico, que pertenece al sincronismo.

**SYNCHRONOLOGIE**, f. *sencronologí*. Sincronologia, tratado sobre los sincronismos.

**SYNCHYSE**, f. *senquís*. Gram. Sinquisis, confusion, trasposicion de palabras que descompone el órden de una frase, de un período.

**SYNCOPAL, E**, adj. *sencopál*. Med. Sincopal, dícese de la calentura que va acompañada de síncopes.

**SYNCOPE**, f. *sencóp*. Med. Síncope, desfallecimiento, desmayo, pérdida repentina de los sentidos y movimientos por la que los enfermos quedan frios y pálidos. || Gram. Síncopa, figura que consiste en suprimir una sílaba ó letra en medio de diccion. || Mús. Síncopa, nota que pertenece al fin de un tiempo y al principio de otro.

**SYNCOPER**, a. *sencopé*. Gram. Sincopar, quitar alguna sílaba ó letra de en medio de una diccion. || n. Mús. Sincopar, expresar una nota que está entre dos de ménos valor.

**SYNCRASE**, f. *sencrás*. Fil. Sincrasis, mezcla, fusion.

**SYNCRÈSE**, f. *sencrés*. Quím. Sincresis, concrecion, coagulacion.

**SYNCRÉTISME**, m. *sencretism*. Sincretismo, reconciliacion de diversas sectas de comunion diferente. || Fil. Mezcla confundida de opiniones que adopta una escuela filosófica sin cuidar de conciliarlas.

**SYNCRÉTISTE**, m. *sencretist*. Sincretista, el que procura unir ó reconciliar diversas sectas ó diferentes comuniones.

**SYNDÉRÈSE**, f. *senderés*. Sindéresis, operacion de la conciencia para recordar al hombre la moralidad en sus obras. En español sindéresis se toma por discrecion, capacidad natural para juzgar rectamente.

**SYNDESMOGRAPHIE**, f. *sendesmografí*. Sindesmografía, parte de la anatomía que da la descripcion de los ligamentos.

**SYNDESMOLOGIE**, f. *sendesmologí*. Sindesmologia, tratado sobre el uso de los ligamentos.

**SYNDESMOTOMIE**, f. *sendesmotomí*. Sindesmotomía, diseccion de los ligamentos.

**SYNDIC**, m. *sendic*. Síndico, el que tiene á su cargo los negocios y caudales de una religion observante ó de una sociedad á la que pertenece.

**SYNDICAL, E**, adj. *sendicál*. Sindical, que pertenece al síndico.

**SYNDICAT**, m. *sendicá*. Sindicato, oficio de síndico y el tiempo que dura.

**SYNDIQUER**, a. ant. *sendiqué*. Sindicar, criticar las acciones de alguno.

**SYNECDOCHE** ó **SYNECDOQUE**, f. *sinecdóc*. Ret. Sinécdoque, figura de retórica que consiste en tomar la parte por el todo ó el todo por la parte, el género por la especie ó la especie por el género.

**SYNÉRÈSE**, f. *sinerés*. Gram. Sinéresis, contraccion, reunion de dos sílabas en una.

**SYNÉVROSE**, f. *sinevrós*. Anat. Sinevrosis, union de los huesos mediante un ligamento.

**SYNGÉNÉSIE**, f. *sengenesí*. Bot. Singenesia, clase del sistema sexual de Lineo que comprende las plantas cuyas flores tienen los estambres reunidos por las anteras.

**SYNGRAPHE**, m. *sengráf*. Billete papel ó escritura privada entre el deudor y el acreedor, y que guardan los dos.

**SYNGULTUEUX, EUSE**, adj. *sengultueu, eus*. Hiposo, que promueve ó causa hipo.

**SYNODAL, E**, adj. *sinodal*. Sinodal, que pertenece al sínodo.

**SYNODALEMENT**, adv. *sinodalmán*. Sinodalmente, en sínodo.

**SYNODATIQUE**, adj. *sinodatic*. Sinodático, que pertenece al sínodo ó tiene relacion con él.

**SYNODE**, m. *sinód*. Sínodo, el concilio que congrega el obispo con los eclesiásticos de su diócesis. || Astr. Sínodo, conjuncion de los planetas.

**SYNODIES**, f. pl. *sinodí*. Sinodías, renta que paga el cura á su obispo.

**SYNODIQUE**, adj. *sinodic*. Sinódico, perteneciente al sínodo. || Astr. Sinódico, perteneciente á la conjuncion de los planetas. || m. La coleccion de las actas de un sínodo.

**SYNODITE**, m. *sinodít*. Sinodita, persona que vive en comunidad.

**SYNONYME**, adj. *sinoním*. Sinónimo, se dice de una palabra que tiene la misma significacion que otra, ó una significacion muy semejante. || Úsase tambien como sustantivo.

**SYNONYMIE**, f. *sinonimí*. Sinonimia, cualidad de las palabras sinónimas. || Ret. Figura que expresa una misma cosa con palabras sinónimas. || Hist. nat. Sinonimia, coleccion de los diferentes nombres que se han dado á los mismos objetos, al mismo animal ó vegetal.

**SYNONYMIQUE**, adj. *sinonimic*. Sinonímico, que pertenece á la sinonimia. || f. Sinonimica, arte ó ciencia de los sinónimos y de su distincion.

**SYNONYMIQUEMENT**, adv. *sinonimicmán*. Sinonímicamente, de un modo sinonímico.

**SYNONYMISER**, a. *sinonimisé*. Sinonimizar, hacer sinónimo. || n. Sinonimizar, hacer sinónimos.

**SYNONYMISTE**, m. *sinonimist*. Sinonimista, el que se dedica al estudio de los sinónimos.

**SYNOPLE**, f. Bot. V. SINOPLE.

**SYNOPSIS**, m. *sinópsis*. Sinópsis, estudio de una ciencia presentada en conjunto ó un golpe de vista.

**SYNOPTIQUE**, adj. *sinoptic*. Sinóptico, que permite de un golpe de vista, de una mirada abrazar todas las partes de un todo, que ofrece una vista general: *tableau synoptique*.

**SYNOQUE**, adj. f. *sinóc*. Med. *Sinocal*, dícese de una fiebre continua.

**SYNOSTHÉOGRAPHIE**, f. *sinosteografí*. Sinosteografía, parte de la anatomía que trata de las articulaciones de los huesos.

**SYNOSTHÉOLOGIE**, f. *sinosteologí*. Sinosteologia, tratado sobre las articulaciones de los huesos.

**SYNOVIAL, E**, adj. *sinoviál*. Med. Sinovial, que tiene relacion con la sinovia: *glandules synoviales*.

**SYNOVIE**, f. *sinoví*. Med. Sinovia, licor viscoso y mucilaginoso que se encuentra en las articulaciones de los huesos.

**SYNTAGME**, m. *sentágm*. Sintagma, tratado metódico, sistema.

**SYNTAXE**, f. *sentács*. Sintáxis, coordinacion, construccion de las palabras y de las frases segun las reglas de la gramática. || Sintáxis, las mismas reglas que enseñan la construccion de las palabras y de las frases. || Sintáxis, libro que comprende estas reglas.

**SYNTAXIQUE**, adj. *sentacsic*. Sintáxico ó sintáctico, que pertenece á la sintáxis.

**SYNTHÈSE**, f. *sentés*. Lóg. Síntesis, método de composicion que desciende de los principios á las consecuencias, de las causas á los efectos. || Mat. Síntesis, demostracion de las proposiciones sucesivas por la sola composicion de las que han sido probadas anteriormente. || Cir. Síntesis, operacion por la que se reunen las partes separadas, como los labios de una herida, etc. || Farm. Síntesis, composicion de los remedios.

**SYNTHÉTIQUE**, adj. *sentetic*. Sintético, que pertenece á la síntesis.

**SYNTHÉTIQUEMENT**, adv. *senteticmán*. Sintéticamente, de una manera sintética.

**SYNTHÉTISME**, m. *sentetism*. Cir. Sintetismo, conjunto de las operaciones propias para reducir una fractura.

**SYPHILIS**, f. *sifilís*. Med. Sífilis, enfermedad venérea.

**SYPHILITIQUE**, adj. *sifilitic*. Sifilítico, que pertenece á la sífilis.

**SYPHON**, m. V. SIPHON.

**SYRÈNE**, f. *sirén*. Mit. Sirena, nombre dado á las hijas del rio Arqueloo y de la musa Calíope. Las sirenas eran tres, Ligia, Leucosia y Partenope, las cuales fijaban su mansion en Sicilia, cerca del cabo Peloro, atraian á los navegantes seduciéndolos para arrojarlos en los escollos.

**SYRIAQUE**, adj. *siriác*. Sirio ó siriaco.

se dice de la lengua que hablaban los antiguos pueblos de la Siria.

**SYRIEN, NE**, adj. y s. *sirién, én*. Sirio ó Siríaco, de la Siria.

**SYRINGA**, m. *sirengá*. Bot. Siringa ó jeringuilla, especie de planta. Tambien se escribe *seringa* y *seringat*.

**SYRINGOTOME**, m. *sirengotóm*. Cir. Siringótomo, especie de bisturí circular para cortar las fístulas.

**SYRINGOTOMIE**, f. *sirengotomí*. Cir. Siringotomía, operacion de la fístula.

**SYRTES**, f. pl. V. SIRTES.

**SYSSARCOSE**, f. *sisarcós*. Anat. Sisarcosis, union de los huesos por medio de los músculos.

**SYSTALTIQUE**, adj. *sistaltic*. Anat. Sistáltico, se dice de los movimientos de contraccion.

**SYSTÉMATIQUE**, adj. *sistematic*. Sistemático, que pertenece al sistema. || Sistemático, que pertenece á un sistema imaginario, que se apoya en este sistema mas que en los hechos y en la razon. || Sistemático, que es partidario de los sistemas, que es inventor de sistemas.

**SYSTÉMATIQUEMENT**, adv. *sistematicmán*. Sistemáticamente, de un modo sistemático.

**SYSTÉMATISER**, a. *sistematisé*. Sistematizar, reducir á sistema. || n. Sistematizar, entregarse á sistemas, formar sistemas.

**SYSTÉMATOLOGIE**, f. *sistematologí*. Sistematología, historia de los sistemas.

**SYSTÉMATOLOGIQUE**, adj. *sistematologic*. [illegible], sistematológico.

**SYSTÈME**, m. *sistém*. [illegible] de principios [illegible] con cierto órden, de [illegible] sacar algunas consecuencias [illegible] ellas para establecer una [illegible] trina, un dogma, etc. || [illegible] ó hipótesis. || Anat. Sistema, [illegible] ganos compuestos de los [illegible] destinados á funciones [illegible] nerveux. || Sistema, plan que [illegible] seguir para lograr alguna cosa.

**SYSTOLE**, f. *sistól*. Anat. [illegible] miento del corazon y de las [illegible] se contraen y estrechan.

**SYZYGIE**, f. *sisigí*. Astr. [illegible] juncion y oposicion de un planeta [illegible] Dícese principalmente de la luna [illegible]

# T.

**T**, m. T, vigésima letra del alfabeto frances y décimasexta de las consonantes. *Un grand T, un petit t*, una T mayúscula, una t minúscula. || La *t* conserva el sonido que le es natural en principio de diccion, aunque vaya seguida de dos vocales, como *tiare, tiédeur, le tiers, etc.*, que se pronuncian *tiár, tiedeur, tiér*; pero en medio de diccion su pronunciacion es varia. Se conserva la natural de *ti*: 1°. en los sustantivos terminados en *tié* ó en *tier*, como *amitié, pitié, entier*; 2°. en las voces terminadas en *tie*, como *partie, dynastie*; 3°. en las palabras que acaban en *tien* y *tienne*, como *soutien, entienne*; 4°. en el verbo *châtier* y en los tiempos de otros que hacen en *tions*, como *nous portions, nous mettions*; 5°. en todas las voces en que la *t* va precedida de una *s* ó una *x*, como *bastion, bestial, mixtion*. Pero *ti* se pronuncia *si*: 1°. en *patient* y sus derivados, en las voces terminadas en *tial, tiel, tion* y las derivadas de ellas, como *partial, essentiel, perfection*; 2°. en los nombres propios acabados en *tien*, como *Gratien, Dioclétien*, y en algunos adjetivos que indican un país, como *Vénitien*; en algunas voces terminadas en *tie*, tales como *ineptie, prophétie*, ó en *atie*, como *primatie, démocratie*; 4°. en las palabras *subtilité, insatiable*, y en los verbos *initier* y *balbutier*. Estas son las reglas generales; pero es necesaria mucha práctica para distinguir todos los casos en este punto y pronunciar acertadamente. || En general, no se hace sentir la *t* en fin de diccion, á no ser que vaya seguida de una vocal ó *h* muda; pero suena en cierto número de voces, esencialmente monosílabas ó sacadas del latin, como *object, accessit, brut, chut, contact, dot, direct, déficit, exact, infect, indult, lest, luth, net, prétérit, rapt, suspect, tact, toast, zénith* y otros varios. Suena tambien la *t* siempre que está seguida de una vocal ó *h* no aspirada; y así en *un savant homme, s'il vient à partir, je suis tout à vous*, se pronuncia *un savantóm, s'il vientapartir, je suis tutavú*. || Cuando la *t* es doble, v. gr. *attendre*, no se pronuncia mas que una; excepto en *atticisme, attique, battologie, guttural* y algunos otros. || T en el calendario republicano frances designaba *tridi*, el tercer dia de la década. || T. F. es abreviatura de *travaux forcés*, trabajos públicos, y T. P. trabajos perpetuos (*travaux à perpétuité*). || Impr. y Encuad. Indica el vigésimo pliego de un volúmen. || En las inscripciones y medallas romanas y en otros monumentos antiguos, T ocupa el lugar del nombre propio *Titus*, y tambien de *Titius, Tullus* ó *Tullius*, y representaba asimismo diferentes palabras: T. F. I. *testamento fieri jussit*; T. P. *tribunitia potestate*. Omitimos otras abreviaturas y significaciones de esta letra por ser muchas y no ofrecer grande utilidad.

**TA**, adj. pos. f. *tá*. Tu. *Ta mère*, tu madre; *ta sœur*, tu hermana; *ta maison*, tu casa. V. TON. || Delante de los nombres femeninos que empiezan por vocal ó *h* muda, por razon de eufonía, que suaviza siempre el lenguaje, se pone *ton* en lugar de *ta*, como *ton adresse, ton ignorance, ton épée*.

**TABAC**, m. *tabá*. Tabaco, planta de América que se prepara de diversos modos, y se usa de diferentes maneras, ya en masticacion, ya en humo por la boca ó en polvo por las narices. Los botánicos le llaman nicociana. || *Tabac à fumer*, tabaco de hoja ó de humo. || *Tabac à priser*, tabaco de polvo ó rapé. || *Une prise de tabac*, un polvo de tabaco, ó simplemente un polvo. || *Preneur de tabac*, tabaquista, el que toma mucho tabaco. || *La ferme du tabac*, la renta de tabacos.

**TABAGIE**, f. *tabagí*. Fumadero, cuarto ó sitio público donde se entra á fumar. || Petaca, caja, tabaquero, bote ó botecillo en que guarda el tabaco el fumador.

**TABARD**, m. *tabár*. Especie de fraque, casaca ó capa pequeña usada antiguamente.

**TABARET**, m. *tabaré*. Zool. Pardillo, género de aves.

**TABARIN**, m. *tabarén*. Titiritero, moharrillo, truhan, farsante.

**TABARINAGE**, m. ant. *tabarinádge*. Farsa, entremes, mojiganga. || Truhanería. || Cobertizo para la cria de gusanos de seda.

**TABATIÈRE**, f. *tabatiér*. Tabaquera, caja de tabaco de polvo.

**TABELLAIRE**, m. *tabelér*. Antig. rom. Tabelario, esclavo encargado de llevar las cartas ó tablillas misivas. || adj. Tabelario, decíase de ciertas leyes concernientes á los sufragios ó votaciones.

**TABELLION**, m. *tabelión*. Tabelion, escribano cartulario. Solo se usaba en estilo forense ó de cancillería.

**TABELLIONAGE**, m. *tabelionádge*. Oficio, ejercicio del tabelion.

**TABELLIONER**, a. *tabelioné*. Jurisp. ant. Extender un acto, expedirlo.

**TABERNACLE**, m. *tabernácl*. Tabernáculo, tienda, pabellon, hablando de las tiendas de los Hebreos. || Tabernáculo, entre los católicos obra de carpintería, de platería, etc., para encerrar el Santísimo Sacramento. || *Tabernacle de galère*, chopeta de galera.

**TABIDE**, adj. *tabíd*. Med. Tábido, macilento, flaco, extenuado.

**TABIFIQUE**, adj. *tabific*. Tabífico, consuntivo, que hace morir de consuncion y languidez.

**TABIS**, m. *tabí*. Tabí ó [illegible]

**TABISÉ, ÉE**, adj. *tabisé*. [illegible] que hace aguas, [illegible]

**TABISER**, a. *tabisé*. [illegible] aguas á una tela de seda.

**TABLATURE**, f. *tablatúr*. [illegible] papel notado de música. || met. [illegible] *tablature à quelqu'un*, [illegible] no, darle con qué entretenerse.

**TABLE**, f. *tábl*. Mesa, [illegible] mento de madera, compuesto [illegible] chas tablas, que sirve para [illegible] || Mesa, hablando absolutamente [illegible] la mesa de comer. || met. [illegible] manjares que se sirven en ella. [illegible] *table*, sentarse á la mesa [illegible] bla, plancha, hoja plana y [illegible] metal ó piedra, que sirve [illegible] culpir ó pintar en ella. || [illegible] instrumentos de cuerda. || [illegible] juego del chaquete los lados [illegible] go. || *Tenir table*, tener mesa, [illegible] dar de comer diariamente á [illegible] de convidados. || *Tenir table ouverte*, [illegible] mesa franca, recibir á su mesa [illegible] presentan. || *Réformer sa table*, [illegible] gasto de la mesa, esto es, [illegible] met. y fam. *Tenir bonne table*, [illegible] mesa ó buen ordinario, comer [illegible] *rir les tables*, piquer les [illegible] gorra, de pegote, correr las [illegible] *Diamant en table*, diamante [illegible] que la superficie es llana. || [illegible] *d'hôte*, comer á un tanto [illegible] en mesa redonda, en las posadas [illegible] etc. || *Table de marbre*, [illegible] *d'attente* ó *rase*, tabla en blanco [illegible] la que aun no hay nada grabado [illegible] delineado, etc. || *Table des chapitres, etc.*, tabla de un libro, [illegible] etc. || *Table d'autel*, [illegible] *sainte table*, la sagrada mesa, [illegible] se comulga; y met., la [illegible]

**TABLEAU**, m. *tabló*. [illegible] madera, metal ó lienzo. [illegible] buena tabla en el primer [illegible] lámina en el segundo y un [illegible] tercero. || met. Cuadro, [illegible] que hieren la vista, [illegible] impresion grande. || Cuadro, [illegible] cion de las cosas. || [illegible] personas que componen una [illegible] pañía, etc. || met. Pintura, [illegible] cion viva y natural de una [illegible] ó por escrito. || *Fond d'un tableau*, [illegible] campo de un cuadro.

**TABLÉE**, f. *tablé*. [illegible] sentados en una misma mesa. [illegible] personas sentadas al [illegible] *une tablée de parents*, [illegible] poco usado. || [illegible]

**TABLER**, n. ant. *tablé*. Entablar, armar el tablero, poner las piezas en el ajedrez, las damas, el chaquete || met. Contar con algo ó con alguno. *Vous pouvez tabler là-dessus*, puede Vd. contar con ello, ir bajo de este seguro, caminar bajo de este pié, etc.

**TABLETIER, ÈRE**, m. y f. *tabltié*, *ér*. Tornero, cajero, el que trabaja juegos de chaquete, de ajedrez, de damas, que hace bolas para jugar al billar y toda cosa de torno.

**TABLETTE**, f. *tablét*. Tablilla, estante para poner libros. || Anaquel, vasar, divisiones en forma de armario. || Ladrillo de chocolate || pl. Tablillas, pastillas, compuestos de materias medicinales. || Librito de memoria.

**TABLETTERIE**, f. *tabletri* (e muda). Oficio y comercio de tornero.

**TABLIER**, m. *tablié*. Delantal, pedazo de gasa de muselina, de tafetan, etc., que se ponen delante las mujeres para adorno. || Mandil que usan ciertos artífices para no ensuciarse. || Tablero, cualquiera de las dos hojas del chaquete. || Tablero del ajedrez, de las damas. En este sentido es anticuado; hoy se dice del primero *échiquier*, y del segundo *damier*. || Tablero, haz ó cara de un pedestal con alguna labor ó escultura. || Alero de los coches. || *Tablier de timbale*, funda de timbal.

**TABLOIN**, m. *tabluén*. Esplanada para colocar una batería de cañones.

**TABOURET**, m. *taburé*. Taburete, taburetillo, camoncillo, sitial de estrado sin brazos ni respaldo. || *Avoir le tabouret*, tener derecho de asiento en palacio las señoras, así como en España habia grandes con derecho de cubrirse en presencia del rey. || *Envoyer au tabouret*, condenar un reo á la vergüenza. || Bot. *Tabouret* ó *bourse-à-pasteur*, bolsa de pastor, género de plantas que se llama tambien pan y quesillo.

**TABOURIN**, m. *taburén*. Mar. Tamboreta, el espacio que hay en las galeras para cargar la artillería.

**TABUST y TABUT**, m. ant. *tabú*. Pelotera, camorra, suiza ó contienda entre varias personas.

**TABUSTER y TABUTER**, a. ant. *tabusté*, *tabuté*. Significaba lo mismo que *inquiéter*, *quereller*.

**TAC**, m. *tác*. Morriña, enfermedad contagiosa del ganado lanar.

**TACAMAQUE**, m. *tacamác*. Bot. Árbol y goma resinosa medicinal.

**TACET**, m. *tacét*. Compases mudos en la música. Solo se usa en estas frases: *tenir le tacet*, *faire le tacet*, callar miéntras los demas cantan. || met. y fam. *Garder le tacet*, coserse la boca: no hablar ó no responder palabra.

**TACHE**, f. *táche*. Mancha que cae ó queda en alguna cosa. || Mancha, lunar, señal que sale en la cara ó otra parte del cuerpo humano. || Mancha, señal que tienen en la piel los animales. || met. Mancha, mácula en la estimacion, honra, sangre, etc. || Manchas, partes oscuras que se notan con un telescopio en el disco del sol y de la luna. || Mancha, tacha, defecto en las cualidades morales. || Mancha, poca, hablando del cútis.

**TÂCHE**, f. *táche*. Tarea, trabajo que se da á hacer á una persona con ciertas condiciones y en cierto espacio de tiempo. || Tarea, obra que señalan los maestros á sus discípulos. || *Travailler à la tâche*, trabajar á destajo || met. *Prendre à tâche*, tomar á su cuenta, empeñarse en hacer una cosa. || *En bloc et en tâche*, loc. adv. Á bulto, por mayor, todo de una vez. Se usa poco esta locucion.

**TACHÉOGRAPHE**, m. **TACHÉOGRAPHIE**, f. **TACHÉOGRAPHIQUE**, adj. V. TACHYGRAPHE, etc.

**TACHER**, a. *taché*. Manchar, hacer ó echar una mancha en alguna cosa.

**TÂCHER**, n. *tache*. Procurar, hacer esfuerzos para conseguir alguna cosa. || *Tâcher à*, tirar á, pretender, pensar en. || *Tâcher de*, tratar de.

**TÂCHERON**, m. *tacherón*. Destajero ó destajista, el que trabaja á destajo.

**TACHETÉ, ÉE**, adj. *tachté*. Manchado, salpicado de manchas, remendado, hablando de la piel de los animales por la diversidad de colores.

**TACHETER**, a. *tachté*. Manchar, salpicar de manchas de diverso color. Se dice propiamente hablando de las manchas que tienen los animales en la piel.

**TACHYGRAPHE**, m. *taquigráf*. Taquígrafo, el que ejerce la taquigrafía, el que se ocupa de taquigrafía.

**TACHYGRAPHIE**, f. *taquigrafí*. Taquigrafía, arte de escribir con abreviaturas.

**TACHYGRAPHIQUE**, adj. *taquigrafic*. Taquigráfico, que pertenece á la taquigrafía.

**TACHYGRAPHIQUEMENT**, adv. *taquigraficmán*. Taquigráficamente, por medio de la taquigrafía.

**TACITE**, adj. *tasit*. Tácito, que sin expresarse se supone ó infiere.

**TACITEMENT**, adv. *tasitmán*. Tácitamente, de un modo tácito, sin estar expresado.

**TACITURNE**, adj. *tasitúrn*. Taciturno, cazurro, callado, de pocas palabras.

**TACITURNITÉ**, f. *tasiturnité*. Taciturnidad, humor, temperamento, estado de una persona taciturna.

**TACON**, m. *tacón*. Impr. Tamborilete, tablita sobre la cual se golpea para igualar las letras en la forma. V. TAQUOIR. || Remiendo que se echa á un zapato.

**TACQUE**, f. V. TAQUE.

**TACT**, m. *táct*. Tacto, uno de los cinco sentidos corporales y el acto de tocar ó palpar. || met. Tacto, tino en las cosas de gusto y en el juicio de ellas.

**TAC-TAC**, *tactác*. Onomatopeya para expresar el ruido de golpes repetidos. Taque taque, tras tras. || Es tambien sustantivo: *le tac-tac d'un moulin*; *ce tac-tac est insupportable*.

**TACTICIEN**, m. *tacticién*. Táctico, el que posee la táctica.

**TACTICOGRAPHE**, m. *tacticográf*. Tacticógrafo, autor de una tacticografía, de un tratado de táctica.

**TACTICOGRAPHIE**, f. *tacticografí*. Tacticografía, delineacion de las maniobras militares; plano de las evoluciones de guerra.

**TACTICOGRAPHIQUE**, adj. *tacticografic*. Tacticográfico, concerniente á la tacticografía.

**TACTILE**, adj. *tactil*. Didáct. Tangible, tocable, que se puede tocar.

**TACTION**, f. poco us. *tacsión*. Didáct. Accion de tocar, de palpar.

**TACTIQUE**, f. *tactic*. Táctica, arte de las formaciones y evoluciones de las tropas. || met. Táctica, marcha que se sigue y medios que se emplean para conseguir alguna cosa.

**TACTUEL, LE**, adj. *tactuél*. Fil. Tactual, que pertenece al tacto.

**TADORNE**, m. *tadórn*. Zool. Tadorno, ave del género ánade.

**TAEL**, m. *taél*. Moneda de la China que vale unos veinte reales.

**TÆNIA**, m. V. TÉNIA.

**TAFFETAS**, m. *tafetá*. Tafetan, tela de seda lisa. || *Taffetas d'Angleterre*, tafetan inglés, negro ó de color de carne, que se pone en las cortaduras para unir las partes separadas.

**TAFFETATIER**, m. *taftatié*. Tafetanero, fabricante de tafetanes.

**TAFIA**, m. *tafiá*. Tafia, aguardiente de azúcar; en las Indias se llama cachaza.

**TAGUAN**, m. *taguan*. Zool. Ardilla grande.

**TAÏAUT**, *taió*. Mont. Grito que da el cazador cuando percibe la res.

**TAIE**, f. *té*. Funda de almohada. || Tela, nube, catarata en el ojo. || Zurron, telilla que cubre el feto.

**TAIL**, m. ant. *táll*. Tajo, corte que se da á las plumas y el modo de darlo. V. TAILLE.

**TAILLABILITÉ**, f. *tallabilité*. Feud. Estado del que se halla sujeto á impuestos.

**TAILLABLE**, adj. *tallabl*. Pechero, sujeto á impuestos.

**TAILLABLIER**, m. *tallablié*. Pechero, contribuyente; y segun otros, señor que tenia el derecho de exigir la talla ó tributo.

**TAILLADE**, f. *tallád*. Tajo, sajadura ó segadura, cortadura hecha en las carnes. || Cuchillada, corte hecho en una tela ó vestido.

**TAILLADER**, a. *talladé*. Tajar, hacer cortaduras en las carnes. || Acuchillar, hacer cortes en una tela ó vestido.

**TAILLAGE**, m. ant. *talláge*. Impuesto, imposicion, tributo. Se decia por *taxe*, *impôt*.

**TAILLANDERIE**, f. *tallandri* (e muda). Herrería de corte: tómase por el oficio y por los artefactos.

**TAILLANDIER**, m. *tallandié*. Herrero de corte, el que trabaja herramientas gruesas cortantes, como hachas, hoces, guadañas, azadones, etc.

**TAILLANT**, m. *tallán*. Tajo, corte, filo de una espada, sable, cuchillo, etc.

**TAILLE**, f. *táll*. Corte, el modo de cortar. || Corte, corta, poda en los árboles. || Tajo, corte que se da á las plumas de escribir. || Talla, labor de escultura. || Talla, estatura del cuerpo. || Talle, parte del cuerpo de la cintura arriba; tambien se llama así en los vestidos. || Cir. Corte ó talla, operacion quirúrgica para extraer la piedra. || Talla, pecho, tributo repartido por cabezas á los que no son nobles. || Tarja, palito en que se marca lo que se saca ó se compra fiado. || Tallar, monte nuevo que retoña. || Mús. Tenor, parte de la música en el canto. || *Basse taille*, bajete, bajo atenorado. *Haute taille*, tenor acontraltado. || Esc. *Basse taille*, bajo relieve. Ahora se dice *bas-relief*, en esta acepcion. || Grab. *Taille-douce*, grabado en dulce ó de láminas y con las estampas grabadas con rayas, con referencia á *taille de bois*, que es la lámina ó estampa de madera. || Corte de una espada. En este sentido solo se usa en la frase: *frapper d'estoc et de taille*, dar estocadas y cuchilladas, dar de punta y de corte. || met. *Frapper d'estoc et de taille*, tirar tajos y reveses.

**TAILLÉ, ÉE**, adj. *tallé*. Tajado, cortado. || Blas. Tajado, cortado: se dice del escudo que está partido de izquierda á derecha.

**TAILLE-CRAYON**, m. *tallcreyón*. Cortalápiz, instrumento propio para cortar los lapiceros.

**TAILLE-DOUCE**, m. *talldus*. Grabado hecho con el buril solo, en una lámina de cobre. V. TAILLE.

**TAILLE-DOUCIER**, m. *talldusié*. Grabador, el que hace grabados en cobre con el buril solo.

**TAILLE-MÈCHE**, m. *tallméch*. Cercadero, corta-mechas, instrumento de cerero.

**TAILLE-MER**, m. *tallmér*. Mar. Tajamar de una embarcacion.

**TAILLE-PLUME**, m. *tallplúme*. Cortaplumas que de un solo tajo deja cortada la pluma.

**TAILLER**, a. *tallé*. Tajar, cortar lo superfluo de una cosa. || Cortar, partir en pedazos. || Impr. Cortar la frasqueta. || Cortar, podar las cepas, los árboles. || Imponer contribuciones. || Cir. Hacer la operacion de la talla. || Dar á las monedas la talla convenida. || met. *Tailler en pièces une armée*, hacer pedazos, destrozar, destruir enteramente un ejército. || met. y fam. *Tailler des croupières à quelqu'un*, dar en que entender á alguno, darle que rascar: suscitarle dificultades y obstáculos. || *Tailler les morceaux à quelqu'un*, acortar, limitar el gasto á alguno; ó, prescribirle exactamente lo que debe hacer. || n. Tallar, llevar la baraja en el juego.

**TAILLERESSE**, f. *tallerés*. Cortadora en las casas de moneda.

**TAILLEUR**, m. *tailleur*. Sastre, el que corta y hace vestidos. || Tallador, el que talla en el juego de la banca y el monte. || *Tailleur de pierres*, picapedrero, cantero. || *Tailleur de diamants*, abrillantador. || *Tailleur et graveur*, entallador en las casas de moneda.

**TAILLEUSE**, f. *talleus*. Modista, mujer que corta y trabaja en vestidos de señora.

**TAILLIS**, adj. m. *talli*. Se dice del bosque que se corta de cuando en cuando. *Bois taillis*, soto, monte tallar. Úsase tambien como sustantivo : *un taillis*, *un jeune taillis*. || *Gagner le taillis*, tomar las de villadiego : ponerse en lugar seguro. || *Hauts taillis*, tallares altos.

**TAILLOIR**, m. *talluár*. Tajador, tajo que sirve para partir la carne. || Arq. Abaco, parte superior del capitel de las columnas, sobre la que descansa el arquitrabe.

**TAILLON**, m. *tallón*. Aumento del pecho anual llamado talla, que se pagaba en Francia y era el recargo de un tercio.

**TAILLURE**, f. *tallúr*. Recamado de piezas sueltas que juegan juntas.

**TAIN**, m. *tén*. Alindo, hoja de estaño que se pone detras de la luna de los espejos. || pl. Mar. Picaderos, maderos ó vigas para colocar la quilla de un navío que se fabrica de nuevo. En algunos diccionarios solo se halla *tin* en este sentido. V. TIN.

**TAIRE**, a. *tér*. Callar, guardar silencio, abstenerse de hablar. || *Faire taire*, hacer callar. || met. Callar, disimular, pasar en silencio. || *Se taire*, r. Callarse ó callar, guardar silencio. || met. Callar, sufrir, padecer. || Callar, no hacer ruido.

**TAISSON**, m. *tesón*. Zool. Tejon, cuadrúpedo salvaje. || Tejon, pescado muy delicado de Chile.

**TALAMASQUE**, m. *talamásc*. Figura espantosa de un demonio, que se usaba en ciertas fiestas públicas.

**TALANCHE**, m. *talánche*. Cierto droguete de Borgoña.

**TALAPOIN**, m. *talapuén*. Talapuino, sacerdote idólatra de Siam y de Pegú.

**TALARO**, m. *taláro*. Moneda veneciana que vale 20 reales ; en Ragusa vale 13 reales solamente.

**TALC**, m. *tálc*. Talco, especie de piedra trasparente que se saca en hojas.

**TALED**, m. *taléd*. Taled, velo con que los judíos se cobren la cabeza en la sinagoga.

**TALENT**, m. *talán*. Talento, peso ó suma de moneda entre los antiguos. || Talento, capacidad, don natural para ciertas cosas. || *Faire valoir le talent*, servirse de su ingenio ó capacidad. || *Enterrer*, *enfouir son talent*, *ses talents*, tener enterradas sus prendas, su capacidad, su talento : hacer inútiles las prendas ó dones recibidos de la Providencia. Se dice con alusion á una parábola del Evangelio.

**TALER** ó **THALER**, m. *talér*. Taler, moneda de Alemania que vale unas tres pesetas.

**TALINGUER**, a. *talengué*. Mar. Entalingar, amarrar el cable al ancla para dar fondo.

**TALION**, m. *talión*. Talion, castigo igual al delito cometido.

**TALISMAN**, m. *talismán*. Talisman, pedazo de metal fundido, grabado bajo el aspecto de algunos planetas ó de ciertas constelaciones, al que se atribuyen virtudes extraordinarias. Tambien se da este nombre á algunas figuras y á ciertas piedras llenas de caracteres, á las que se atribuyen las mismas virtudes. || met. Talisman, todo lo que produce un efecto repentino, maravilloso, extraordinario.

**TALISMANIQUE**, adj. *talismanic*. Talismánico, que pertenece al talisman.

**TALLE**, f. *tál*. Vástago, rama que un árbol arroja por el pié.

**TALLER**, n. *talé*. Brotar ó arrojar los árboles por el pié vástagos ó ramas.

**TALLEVANE**, f. *talván*. Orza, tarro en que llevan la manteca de Isigni á Paris.

**TALLIPOT**, m. *talipó*. Talipo, especie de palmera de las Indias.

**TALMOUSE**, f. *talmús*. Quesadilla, pasta hecha con harina, queso, huevos, manteca y azúcar.

**TALMUD**, m. *talmúd*. Talmud, libro que contiene la doctrina y tradiciones de los judíos.

**TALMUDIQUE**, adj. *talmudic*. Talmúdico, que pertenece al Talmud.

**TALMUDISTE**, m. *talmudist*. Talmudista, adicto á las opiniones del Talmud.

**TALNACHE**, m. *talnáche*. Mascaron, carátula, especie de máscara que se usaba entre los antiguos.

**TALOCHE**, f. vulg. *talóche*. Tabalada, tabanazo, tantarantan, golpe dado con la mano en la cabeza.

**TALON**, m. *talón*. Talon, calcañal ó calcañar, la parte posterior del pié. || Talon, parte de un zapato ó bota. || Zancajo, calcañal descubierto por la rotura del calzado. || Recaton de una lanza, birola, pica ó asta. || Baceta ó monte, los naipes que quedan despues de haber dado. || *Talon de bois*, tacon de madera. || met. *Etre sans cesse aux talons ó sur les talons de quelqu'un*, ir pegado siempre á alguno, irle al rabo: ir siempre tras de él. *Marcher sur les talons de quelqu'un*, seguir á alguno de cerca. || *Avoir l'esprit aux talons*, tener el seso en los calcañales. || *Montrer les talons*, volver el hopo, tomar el portante : huir || *La peur lui a mis des ailes aux talons*, el miedo le ha dado alas para huir. || *Se donner du talon*, *des talons dans le derrière*, ciscarse en el mundo, reirse del qué dirán ; y tambien, divertirse, alegrarse, darse buen tiempo ; saltar de gozo.

**TALONNÉ, ÉE**, adj. fam. *taloné*. Acosado, perseguido.

**TALONNER**, a. fam. *taloné*. Ir á los alcances, perseguir de cerca. || met. Hostigar, traer acosado, perseguir.

**TALONNIER**, m. *talonié*. Taconero, el que hace tacones de madera.

**TALONNIÈRES**, f. pl. *talonièr*. Mit. Talares, las alas del calzado de Mercurio. || Taloneras, las de las sandalias de los religiosos descalzos.

**TALUS**, m. *talú*. Escarpa, declive, caida que se da á un muro, á una pared, etc. || *En talus*, loc. adv. En escarpa, en declive. *Couper*, *tailler une chose en talus*, cortar una cosa en declive, oblicuamente.

**TALUDER**, a. *taludé*. Disponer en talud ó talus, esto es, en escarpa ó declive. Ahora solo se dice *taluter*.

**TALUTER**, a. *talutó*. Construir en escarpa ó en declive.

**TAMARIN**, m. *tamarén*. Tamarindo, fruto de un árbol de la India que tiene el mismo nombre.

**TAMARINIER**, m. *tamarinié*. Tamarindo, árbol cuyo fruto consiste en una vaina gruesa y larga como un dedo, que encierra una pulpa purgativa.

**TAMARIS, TAMARISC** ó **TAMARIX**, m. *tamarís*, *tamarisc*, *tamarics*. Bot. Tamarisco, taray, tamariz, especie de arbusto.

**TAMBOUR**, m. *tanbúr*. Tambor, caja de guerra para la infantería. *Battre du tambour*, tocar el tambor. *Le tambour appelle*, el tambor toca llamada, llama á la tropa. *Tambour de basque*, pandero, pandereta. || Tambor, el soldado que toca el tambor. *Tambour-major*, tambor mayor, el jefe de los tambores. || Cancel puesto delante de las puertas de las casas grandes y de los aposentos para cortar el aire. || Fort. Tambor, atrincheramiento que cubre y defiende la puerta de una ciudad, de un fuerte, etc. || Tambor, especie de rueda colocada al rededor de un eje, y encima de la que hay dos palancas para poder volver mas fácilmente el eje y levantar el peso. || Tambor, cilindro que recoge la cuerda ó la cadena que sirve para hacer andar un reloj. || Anat. *Caisse de tambour*, caja de tambor, cavidad del oido interno. || prov. y met. *Ce qui vient de la flûte s'en va par le tambour* ó *s'en retourne au tambour*, y mejor *retourne au tambour*, los dineros del sacristan cantando se vienen y cantando se van. || *Mener quelqu'un tambour battant*, traer á mal traer, tratar á alguno con dureza ; y tambien ganarle muchas veces consecutivas, obtener sobre él muchas ventajas en el juego, en una discusion, etc.

**TAMBOURIN**, m. *tamburén*. Tamboril, especie de tambor para la danza. || Tamborilero, el que toca por oficio el tamboril.

**TAMBOURINER**, n. *tamburiné*. Tamborilear, tocar el tamboril. || fam. Panderetear, tabalear, hacer ruido con los piés ó manos tocando mucho á una puerta. || a. Pregonar

á son de caja, [illegible]
da : *tambouriner* [illegible]

**TAMBOURINEUR**, m. [illegible]
Tamborilero, el que toca [illegible]

**TAMIER** ó **TAMINIER**, [illegible]
*nié*. Bot. Taminero, [illegible]

**TAMIS**, m. *tamí*. [illegible]
para pasar las cosas [illegible]

**TAMISAGE**, m. [illegible]
sar por el tamiz.

**TAMISE**, f. *tamís*. [illegible]
Instrucc. || Geog. Támesis, [illegible]

**TAMISER**, a. *tamisé*. [illegible]
el tamiz.

**TAMISEUR**, m. [illegible]
que hace pasar por el tamiz [illegible]
ricadas ó líquidas. || [illegible]
fábricas de vidrio [illegible]
se hace.

**TAMPLON**, m. [illegible]
tejedor.

**TAMPON**, m. *tanpón*. [illegible]
pedazo de corcho ó madera [illegible]
tapar. || Taco de [illegible]
estampadores. || [illegible]
grabadores para limpiar las [illegible]
*pons*, pl. Mar. [illegible]

**TAMPONNER**, a. [illegible]
herméticamente. || Dar [illegible]
res.

**TAM-TAM**, m. [illegible]
instrumento de percusion [illegible]
China y de la India, y que [illegible]
nuestras músicas [illegible]

**TAN**, m. *tán*. Casca, [illegible]
molida para el curtido de [illegible]
*tin* ó *tan*, molino para [illegible]
para las tenerías.

**TANAISIE**, f. [illegible]
naceto, especie de planta.

**TANCER**, a. fam. *tansé*. [illegible]
zurra, echar una reprension [illegible]
*vertement*, le han [illegible]
le han dado una buena [illegible]

**TANCERESSE**, f. [illegible]
mujer que está siempre [illegible]
mas el masculino [illegible]

**TANCHE**, f. *tánche*. [illegible]
agua dulce.

**TANDIS QUE**, loc. [illegible]
Miéntras que, entretanto, [illegible]

**TANDOUR**, m. [illegible]
cubierta de un paño que [illegible]
para guardar el calor del [illegible]
debajo. Se usa en Turquía y [illegible]
Tambien se usa en algunos [illegible]
paña.

**TANGAGE**, m. [illegible]
arfada, balanceo de proa á [illegible]

**TANGENCE**, f. [illegible]
cia, contacto. *Point de* [illegible]
contacto, punto en que [illegible]
sin dividirse.

**TANGENT, E**, adj. [illegible]
gente, que toca una línea [illegible]
solo punto. || **TANGENTE**, f. [illegible]
recta que toca una curva [illegible]
sus puntos sin dividirla.

**TANGUER**, n. Mar. V. [illegible]

**TANGIBILITÉ**, f. [illegible]
lidad, calidad de lo que se [illegible]

**TANGIBLE**, adj. [illegible]
se puede tocar.

**TANGUER**, n. [illegible]
far, hablando del movimiento [illegible]
navegando.

**TANIÈRE**, f. *tanièr*. [illegible]
rida, parage escondido donde [illegible]
animales monteses. || met. [illegible]
*dans sa tanière*, [illegible]
da : se dice de un hombre [illegible]
su casa.

**TANIN**, m. Quím. V. [illegible]

**TANNAGE**, m. [illegible]
con corteza las pieles. || [illegible]
sacion.

**TANNE**, f. *tán*. [illegible]
por el sol en la cara y [illegible]
tarrera.

**TANNÉ, ÉE**, part. [illegible]

sate. || adj. Atabacado, que tiene el color atezado.

**TANNÉE**, f. *tané*. Casca, corteza menuda del roque despues de haber servido.

**TANNER**, a. *tané*. Curtir con corteza las pieles, combinando la gelatina que ellas contienen con el curtiente para dejarlas sólidas é impermeables, sin quitarles su flexibilidad. || met. y fam. Molestar, importunar, fastidiar.

**TANNERIE**, f. *taneri* (e muda). Tenería, fábrica de curtidos.

**TANNEUR**, m. *taneur*. Curtidor, el que curte y adoba cueros.

**TANNIN**, m. *tanén*. Quim. Curtiente, sustancia particular que se encuentra en la corteza del roble, y en otras materias propias para curtir las pieles.

**TANQUEUR**, m. *tanqueur*. Mar. Demandadero, ganapan, mozo de cuerda en los puertos de mar, el que carga y descarga los buques.

**TANRAC ó TANREC**, m. *tanrác, tanréc*. Zool. Erizon ó erizo de Indias.

**TANT**, adv. *tán*. Tanto, tan. || *Tous tant que nous sommes*, tantos como somos ó tantos cuantos somos. || *Tant à tant*, tantos á tantos. Se dice en el juego. *Nous sommes tant à tant*, estamos tantos á tantos, nuestro juego es igual. || *Tant plus que moins*, en si es no es, poco mas ó ménos. Se usa poco. || *Tant mieux*, tanto mejor, mucho mejor. *Tant pis*, tanto peor, mucho peor. || *Tant s'en faut que*, tanto dista que, tan léjos está que ó de... *Tant s'en faut qu'il y consente, qu'au contraire il répugne*, tan léjos está ó está tan distante de consentir en ello, que al contrario repugna ó se opone. || *Tant que*, miéntras que ó miéntras. *Je me souviendrai de ce bienfait tant que je vivrai*, me acordaré de este favor miéntras viva ó toda mi vida. || vulg. *Il pleut tant qu'il peut*, llueve á mas y mejor, de firme, fuertemente. || *Tant plein que vide*, tanto lleno como vacío. *Tant bon que mauvais*, tanto bueno como malo, entre bueno y malo. || Algunas veces se emplea por *autant*, como en este ejemplo: *rien ne m'a tant fâché que cette nouvelle*, nada me ha disgustado tanto como esta noticia. || Se usa tambien por manera de exclamacion. *Tant le monde est crédule!* tan crédulos son los hombres! || *Sur et tant moins*, loc. fam. A cuenta. Es anticuada esta locucion; ahora se dice *à compte, à valoir*.

**TANTALE**, m. *tantál*. Mit. Tántalo, hijo de Júpiter y de la ninfa Plota ó Pletone, condenado á morir de sed y de hambre en los infiernos en medio de las aguas que huian de sus labios, y de las frutas que tambien se apartaban de sus manos. || Zool. Tántalo, ave de América. || met. *Supplice de Tantale*, suplicio de Tántalo, tormento que consiste en tener una cosa á la vista y no poderla tocar. || Miner. Nombre dado al colombio. V. COLOMBIUM. || met. Tántalo, hombre consumido por los deseos y la ambicion.

**TANTALISER**, a. *tantalisé*. Hacer sufrir los suplicios de Tántalo. Esta expresion ha sido sacada del inglés.

**TANTE**, f. *tánt*. Tia, hermana del padre ó de la madre. || *Grand'tante*, hermana del abuelo ó abuela. || *Tante à la mode de Bretagne*, prima hermana del padre ó de la madre.

**TANTET**, m. fam. *tanté*. Tantico, un poquito, una pizca: *donnez-moi un tantet de pain*.

**TANTINET**, m. dim. de TANTET. *tantiné*. Pizquillo, una migajuela, un poquitito. Es muy familiar.

**TANTÔT**, adv. *tantó*. Luego, de aquí á poco, dentro de poco tiempo. *À tantôt*, hasta luego, hasta despues, hasta la tarde. || Tambien se refiere á tiempo pasado, pero siempre hablando del mismo dia, y entónces significa, hace un instante, hace muy poco tiempo, poco há; por ejemplo: *on m'a dit que vous étiez venu tantôt chez moi*. || *Tantôt* repetido es una especie de conjuncion disyuntiva, y significa ya... ya, ora... ora, unas veces... otras veces, tan pronto, etc., segun los casos. *Tantôt l'un, tantôt l'autre*, unas veces el uno, otras veces el otro, ya uno, ya otro, etc. || *Tantôt il fait chaud, tantôt il fait froid*, tan pronto hace calor como frio.

**TAON**, m. *tán*. Zool. Tábano, matabuey, moscarda, género de insectos dípteros.

**TAPABOR**, m. *tapabór*. Especie de montera ó pasamontaña que sirve para abrigarse las orejas bajando los bordes.

**TAPAGE**, m. fam. *tapáge*. Alboroto, ruido, zipizape, donde se dan muchas voces acompañadas de desórden. || *Faire du tapage*, alborotar, dar voces, etc.

**TAPAGEUR, EUSE**, adj. y s. *tapageur, eus*. Alborotador, camorrista, pendenciero, buscaruidos.

**TAPE**, f. fam. *táp*. Manotón, palmada, sopapo, mojicon, soplamocos, golpe que se da con la mano cerrada ó abierta. || Tapadera, tapa que se pone sobre una cuba en las fábricas de cerveza. || Mar. Tapabalazo, zoquete de madera que se pone para cubrir el agujero que ha hecho una bala en el casco de un buque. || Corcha que tapa la boca de un cañon de navío.

**TAPE-CUL**, m. *tapcú*. Fort. Viga que da movimiento á la báscula de un puente levadizo. || Bolsillo que llevan los religiosos descalzos en la túnica, detras de la espalda. || Carraca, matraca, quebranta-costillas, carruaje que está mal montado y tiene peor movimiento y traqueo que una tartana española.

**TAPEMENT**, m. *tapmán*. Ruido que produce un golpe; el golpe mismo.

**TAPER**, a. fam. *tapé*. Golpear, dar golpes, acachetear. || ant. *Taper les cheveux*, atusar los cabellos, arreglarlos con arte para que favorezcan al rostro todo lo posible. En este sentido se dice *crêper*. || Mar. Taper, poner un tapon á la boca de una pieza: *taper les canons, taper les écubiers*. || n. Golpear, dar golpes. || *Taper du pied*, patear, dar patadas. || met. y fam. Subirse á predicar, hablando del vino que se sube á la cabeza: *ce vin tape fort; il tape à la tête*. || *Se taper*, r. Darse de sopapos ó mojicones recíprocamente: *ils se sont tapés sérieusement*.

**TAPETTE**, f. *tapét*. Es diminutivo de TAPE. V. esta palabra.

**TAPIÈRE**, f. *tapiér*. Mar. Coston, pieza que se pone en los pantoques de un navío.

**TAPIN**, m. vulg. *tapén*. Mal tambor, entre los de una banda. || *En tapin*, se decia antiguamente en vez de *en tapinois*. V. TAPINOIS.

**TAPIOCA ó TAPIOKA**, m. *tapióca*. Tapioca, fécula de raiz de yuca que sirve para potajes y otros usos por ser muy sustanciosa.

**TAPION**, m. *tapión*. Mar. Tablazo, manchon liso en el mar. || Mancha blanca en un peñasco.

**TAPIR**, m. *tapír*. Zool. Tapir, cuadrúpedo parecido al cerdo y con trompa como el elefante.

**TAPIR (SE)**, r. *tapír*. Agazaparse, esconderse agachado en alguna parte.

**TAPIS**, m. *tapí*. Alfombra, especie de tejido que sirve para cubrir el suelo de una habitacion. || Tapete, pedazo de tela con que se cubre una mesa. || *Tapis vert ó de verdure*, la verde alfombra, hablando de un sitio cubierto de céspedes en los huertos ó jardines. || met. *Mettre une question, une affaire sur le tapis*, pasar á exámen un negocio, entablar una cuestion. || met. y fam. *Tenir quelqu'un sur le tapis*, estar mulléndo los huesos á uno: hablar de él criticándole. || *Amuser le tapis*, entretener el tiempo, gastar saliva: divertir á los concurrentes con dicharachos y trivialidades. || *Tapis de billard*, paño de billar, el que cubre la mesa en dicho juego.

**TAPISSENDIS**, f. pl. *tapisandí*. Com. Especie de tejidos de algodon de dos caras.

**TAPISSER**, a. *tapisé*. Entapizar, adornar, revestir las paredes de una habitacion de tapices, damascos, etc. || met. Entapizar, cubrir una superficie en cualquier forma y manera. *Cette vigne tapisse de ses rameaux l'entrée de la grotte*, la entrada de la gruta está entapizada de frondosos pámpanos de viña.

**TAPISSERIE**, f. *tapisrí*. Tapicería ó tapiz, especie de bordado que se hace con la aguja cubriendo de lana, seda ó seta los hilos del cañamazo. || Art. Tapicería, arte de hacer tapices. || Colgadura ó entapizado de una habitacion. || met. *Figure de tapisserie*, arrancado de tapiz: la persona ridícula en su figura y vestido. || *Tenture de tapisserie*, tapicería, esto es, el juego entero, la colgadura completa de tapices que componen una historia, un pasaje, etc. || met. *Faire tapisserie*, estar de mirón en un baile, en una grande reunion, no tomar parte en la fiesta; equivale á la frase española dar tormento á una silla.

**TAPISSIER, ÈRE**, m. y f. *tapisié, ér*. Tapicero, el ó la que trabaja en tapicería, en guarnecer muebles, hacer colgaduras, entapizar habitaciones, etc. || *Tapissière*, bordadora al cañamazo, que hace algunas piezas de tapicería con la aguja.

**TAPISSIÈRE**, f. *tapisiér*. Especie de carruaje muy cómodo para trasladar muebles. || Zool. Especie de araña.

**TAPON**, m. fam. *tapón*. Envoltorio, rebujo ó rebujo que se hace con una tela, con la ropa blanca, etc.

**TAPOTER**, a. fam. *tapoté*. Aporrear, cascar, zurrar, sacudir á uno el polvo: darle algunos golpes no muy recios, aunque menudos: *tapoter des enfants*.

**TAPURE**, f. *tapúr*. Mechas de cabellos atusados. || Tocado, adorno, compostura de la cabeza; rizado del cabello, encrespado.

**TAQUER**, a. *taqué*. Impr. Tamborilear una forma, dar con el tamborilete para igualar las letras.

**TAQUET**, m. *taqué*. Mar. Pedazo de madera de diversas figuras que sirve para amarrar cabos, apoyar puntales ú otros objetos, contener ó sujetar efectos, etc. Se designa con los nombres de tojino, cornamusa, castañuela, taco, maniqueta, guardainfante, cuña, calzo, etc., segun el caso en que se aplica ó en la clase de servicio que hace. || Estaca ó piquete que se clava con algun fin. || Cetr. Especie de planchilla de metal con que se llama al pájaro.

**TAQUIN, E**, adj. *taquén, ín*. Revoltoso, inquieto, taravilla, quisquilloso, que gusta de incomodar á los demas. || ant. Tacaño, avaro, roñoso, ruin. || Terco, rebelde.

**TAQUINEMENT**, adv. poco us. *taquinmán*. Inquietamente, de un modo revoltoso. || Roñosamente, con ruindad, con tacañería. || Tercamente, con pesadez, con importunidad.

**TAQUINER**, n. *taquiné*. Impacientar, incomodar. || Terquear, porfiar pesadamente, contrariar á uno sobre alguna cosa. || *Se taquiner*, r. Darse vaya, matraca, tratar de incomodarse ó impacientarse dos ó mas personas recíprocamente.

**TAQUINERIE**, f. fam. *taquinrí*. Terquedad, porfía de una persona que procura impacientar á otra con pesadas sandeces.

**TAQUOIR**, m. *tacuar*. Impr. Tamborilete, tablita de madera del grandor de una página en octavo para igualar las letras de la composicion.

**TAQUON**, m. *tacón*. Impr. Alza, pedazo de papel pastoso que se pone sobre el patron donde no imprime bien para igualar la impresion. || Taco, alza ó suplemento que se pone debajo de una letra ó marmosete para que iguale con la forma.

**TAQUONNER**, a. *taconé*. Impr. Calzar, meter alzas ó tacos debajo de una forma, de una letra, etc.

**TARABÉ**, m. *tarabé*. Zool. Tarabe, papagayo del Brasil.

**TARABUSTER**, a. fam. *tarabusté*. Perturbar, azuzar, incomodar, importunar á uno haciendo ruido, interrumpiéndole en sus trabajos, etc. || Tratar á uno con brusquería, de mala manera.

**TARANCHE**, f. *taráncha*. Art. Especie clavija de prensa.

**TARANTISME**, m. V. TARENTISME.

**TARANTULE**, f. V. TARENTULE.

**TARARE**, interj. fam. *tarár*. Tararira mamola, expresion por medio de la que se manifiesta indirectamente que lo que se ha oido no se cree. *Il m'a voulu faire croire cela, mais tarare*, me quiere hacer cumplagarzon ruedas de molino, pero *nequaquam*, ó mamola. || m. Especie de máquina que sirve para aventar ó limpiar los granos.

**TARASQUE**, f. ant. *tarásc*. Tarasca, dragon figurado que salia en las procesiones del Córpus.

**TARAUD**, m. *tord*. Terraja, macho que sirve para abrir la hembra de los tornilloo.

**TARAUDER**, a. *torodé*. Taladrar, terrajar, abrir la hembra ó las roscas de un tornillo para que pueda agarrar el macho.

**TARD**, adv. *tár*. Tarde, pasado el tiempo necesario, determinado, conveniente, pasado el tiempo ordinario, acostumbrado. || *Tôt ou tard*, tarde ó temprano. || Es tambien adjetivo masculino. *Il est bien tard pour commencer*, es muy tarde para empezar. *Il se fait tard*, se hace tarde. || sust. masculino. *Arriver sur le tard*, llegar cuando ya es tarde, cuando ya está cerca la noche.

**TARDER**, n. *tardé*. Tardar, detenerse, atrasarse, no llegando á tiempo oportuno ó señalado. || Tardar, detenerse en hacer alguna cosa. || impers. *Il me tarde de partir*, estoy deseando marcharme. *Il me tarde que cet ouvrage soit terminé*, deseo con ansia que, etc.

**TARDIF, IVE**, adj. *tardif, iv*. Tardío, que tarda, que llega tarde, que sucede despues del tiempo oportuno. || *Fruits tardifs*, frutos tardíos, los que tardan en madurar. || Tardo, lento, torpe, pesado.

**TARDIVEMENT**, adv. *tardivmán*. Tardíamente, lentamente.

**TARDIVETÉ**, f. *tardivité*. Crecimiento tardío: se dice hablando de los frutos y de las plantas. || Retardo, lentitud en moverse.

**TARE**, f. *tár*. Tara, rebaja que se hace de un peso. || Desfalco, merma en la cantidad ó en la calidad. || Deterioro, avería. || met. Maca, tacha, defecto, vicio.

**TARÉ, ÉE**, adj. *taré*. Averiado, deteriorado. || Viciado, degenerado, hablando en sentido moral.

**TARENTIN, E**, adj. y s. *tarantén, in*. Tarentino, de Tarento.

**TARENTISME**, m. *tarantism*. Tarantismo, tarantela, enfermedad causada por la mordedura de la tarántula.

**TARENTULE**, f. *tarantûl*. Zool. Tarántula, araña grande y venenosa que se cria principalmente en las cercanías de Tarento. || Tarántula, lagartija de Provenza.

**TARER**, a. *taré*. Destarar, pesar un costal, pellejo ó vasija ántes de llenarla. || met. Causar perjuicio.

**TARGE**, f. *tárge*. Mil. ant. Tarja, tablachina, cierto broquel de los antiguos tiempos.

**TARGET**, m. *targé* Broquel de los montañeses de Escocia.

**TARGETTE**, f. *targét*. Pestillo, pasador para cerrar.

**TARGUER (SE)**, r. fam. *targué*. Engreirse, prevalerse de alguna ventaja.

**TARGUM**, m. *tárgom*. Targo, comentario caldáico del texto hebreo del antiguo Testamento.

**TARGUMIQUE**, adj. *targumic*. Targúmico, que pertenece al targo.

**TARGUMISTE**, m. *targumist*. Targumista, autor de un targo.

**TARI**, m. *tarí*. Licor que se saca de la palmera y del coco, especie de aguardiente.

**TARIER**, m. *tarié*. Zool Collalba, género de aves.

**TARIÈRE**, f. *tariér*. Carp. Taladra, barrena grande que usan los carpinteros y carreteros. || Aguijon que tienen las hembras de algunos insectos.

**TARIF**, m. *tarif*. Tarifa, arancel que marca los precios de algunos géneros, ó los derechos de entrada, de salida, de paso, etc., que debe pagar cada clase de mercancías.

**TARIFER**, a. *tarifé*. Tarifar, poner tarifa, fijar los derechos que deben pagar las cosas que comprende la tarifa.

**TARIN**, m. *tarén*. Zool. Verderon, pájaro pequeño parecido al canario.

**TARIR**, a. *tarír*. Agotar, apurar, secar, consumir el agua || met. Apurar, agotar otra cualquier cosa. || n. Secarse, quedar seco, agotarse las fuentes, los pozos, etc. || met. Cesar, parar de llorar, de hablar, etc. || Agotarse, acabarse. *C'est une source de grâces qui ne tarit point*, es un manantial de gracias que nunca se agota. || *Ne point tarir sur un sujet*, no cesar de hablar de una materia, volver á ella continuamente.

**TARISSABLE**, adj. *tarisábl*. Agotable, que se puede agotar, que puede ser agotado.

**TARISSEMENT**, m. *tarismán*. Agotamiento, estado de lo que está seco.

**TARLATANE**, f. *tarlatán*. Especie de muselina muy clara.

**TAROT**, m. *taró*. Piporro, bajon, instrumento músico. V. BASSON. || Cierto juego de naipes. V. TAROTS.

**TAROTÉ, ÉE**, adj. *taroté*. Pintado, dícese de los naipes pintados al modo de los que llaman en Francia *tarots*.

**TAROTS**, m. pl. *taró*. Unos naipes mas grandes que los de la baraja francesa, de figuras diferentes y con pintas por el reves. Como tales se toman los de España, Alemania, etc.

**TAROUPE**, f. *tarúp*. Entrecejo, pelo que crece entre las cejas.

**TARPÉIEN, NE**, adj. *tarpeién, én*. Tarpeyo, que pertenece al monte Tarpeyo ó roca Tarpeya en Roma. || Tarpeyo, epíteto de muchos dioses y diosas entre los antiguos Romanos. || *Jeux tarpéiens*, juegos tarpeyos, celebrados en Roma en honor de Júpiter Tarpeyo.

**TARRAGONAIS, E**, adj. y s. *tarragoné, és*. Tarragones, de Tarragona.

**TARSE**, m. *társ*. Anat. Tarso, la parte del pié ántes de los dedos, ó lo que vulgarmente se llama garganta del pié.

**TARSIEN, NE**, adj. *tarsién, én*. Anat. Tarsiano, que pertenece al tarso.

**TARSO**, m. *tarsó*. Tarso, mármol muy duro de Toscana, que entra en la composicion del vidrio.

**TARTAN**, m. *tartán*. Com. Tartan, escocesa, tela de lana con cuadros de diferentes colores.

**TARTANE**, f. *tartán*. Mar. Tartana, embarcacion menor con vela latina.

**TARTARE**, m. *tartár*. Tártaro, nombre que dan los poetas á los infiernos. || Tártaro, nombre que se daba á los mozos que servian á las tropas de la casa real en campaña. || adj. y s. Tártaro, de la Tartaria. || met. Tártaro, se dice de un pueblo bárbaro cualquiera.

**TARTAREUX, EUSE**, adj. *tartareu, eus*. Quim. Tartáreo, tartaroso, que tiene la cualidad del tártaro *(tartre)*, especie de sal. || *Acide tartareux*, ácido tartaroso, el que se extrae del tártaro.

**TARTARIQUE**, adj. Quim. V. TARTRIQUE.

**TARTARISER**, a. *tartarisé*. Quim. ant. Tartarizar, purificar con sal de tártaro. || neol. Tartarizar, hacer ó volver Tártaro, hacer adoptar las costumbres de los Tártaros.

**TARTE**, f. *tart*. Tarta, especie de torta de pastelería.

**TARTELETTE**, f. dim. de TARTE. *tartlét*. Tarta pequeña.

**TARTINE**, f. fam. *tartín*. Rebanada de pan con manteca, dulce, etc.

**TARTRATE**, m. *tartrat*. Quim. Tartrato, nombre genérico de las sales formadas por la combinacion del ácido tartaroso con diferentes bases.

**TARTRE**, m. *tártr*. Tártaro, sal que se cria dentro de las cubas del vino. || *Sel de tartre* ó *crême de tartre*, crémor de tártaro. || *Tartre émétique* ó *stibié*, tártaro emético, vomitivo compuesto del crémor de tártaro y de antimonio.

**TARTRIQUE**, adj. *tartríc*. Tartárico ó tartaroso, epíteto que se da al ácido de tártaro.

**TARTRITE**, m. Quim. V. TARTRATE.

**TARTUFE**, m. *tartúf*. Tartufo, gazmoño, hipócrita.

**TARTUFERIE**, f. *tartuferí* (e muda). Gazmoñería, carácter ó accion del tartufo.

**TARTUFIER**, n. *tartufié*. Gazmoñar ó gazmoñear, hacerse el tartufo, el hipócrita.

**TARUGA**, m. *tarúga*. Zool. Taruga, animal cuadrúpedo especie de alpaca.

**TAS**, m. *tá*. Pila, [illegible] miento hecho de algunas [illegible] cie de bigorneta. || *Tas de* [illegible] ro. || met. *Tas de coquins*, [illegible] de picaros, de holgazanes. || [illegible] gavilla de ladrones.

**TASSE**, f. *tás*. Taza, [illegible] Taza, licor que contiene la [illegible] *café*, taza de café. *Tasse de chocolat* [illegible] de chocolate.

**TASSEAU**, m. *tasó*. [illegible] donde cargan las cabezas de [illegible] edificio. || Listoncillo de [illegible] molde para unir las tablas ó [illegible] tarra, violin, etc.

**TASSÉE**, f. *tasé*. Taza llena, [illegible] es una taza, ó un vaso ó [illegible]

**TASSEMENT**, m. *tasmán*. [illegible] to, efecto de las construcciones [illegible] ras que se hunden, que se [illegible] por su propio peso.

**TASSER**, a. *tasé*. Apilar, [illegible] cer un monton ó montones de [illegible] n. Jard. Amacollarse, crecer, [illegible] haciendo macolla las plantas. || [illegible] Amontonarse, ponerse en [illegible] tarse, hundirse las tierras, [illegible]

**TASSETTE**, f. *tasét*. [illegible] de una armadura antigua.

**TATARE, E**, adj. y s. *tatár* [illegible] lia de pueblos de la Tartaria [illegible]

**TÂTEMENT**, m. *tatmán*. [illegible] accion de tentar.

**TÂTE-POULE**, m. *tatpúl*. [illegible] hombre que se ocupa en las [illegible] nudas de la casa, propias de las [illegible]

**TÂTER**, a. *taté*. Tentar, [illegible] || Catar, gustar, probar. || met. [illegible] un tiento, sondear, querer [illegible] ó saber de otro. || *Tâter le pouls*, [illegible] pulso. || Mil. *Tâter l'ennemi*, [illegible] tencion del enemigo, [illegible] nes por medio de alguna [illegible] falso. || *Tâter le terrain*, [illegible] Equit. *Ce cheval tâte le terrain*, [illegible] llo recela, no marcha con [illegible] solucion. || *Cheval qui tâte* [illegible] que se siente de los cascos. || [illegible] Probarse, experimentarse, [illegible] fuerzas ántes de entrar en un [illegible] || Cuidar demasiadamente de [illegible]

**TÂTEUR, EUSE**, m. y f. [illegible] Tanteador, el que tantea y [illegible] ses ántes de hacerlas. Se [illegible] to, tímido, cobarde, que [illegible] cion, con timidez. Se dice [illegible] *tâtonneur*.

**TÂTE-VIN**, m. *tatván*. [illegible] de bomba para extraer de [illegible] por el agujero de [illegible] vino á fin de probarlo.

**TATI**, m. *tatí*. Zool. [illegible] mosca, género de pajarillos de [illegible]

**TATIGNON**, m. *tatiñón*. [illegible] mueblecillo de los herbolarios [illegible] despabiladeras.

**TATIGUÉ**, interj. *tatigué*. [illegible] cho, caracio, especie de [illegible] que usan los lugareños.

**TATILLON, NE**, m. y f. [illegible] ón. Minucioso, nimio, el que [illegible] minuciosidades que no [illegible] Marica, hombre nimio, [illegible] V. TATILLONNER.

**TATILLONNAGE**, m. [illegible] Reparo, nimiedad del que se [illegible] lillos, en minuciosidades que [illegible] pena.

**TATILLONNER**, n. [illegible] en pelillos y minuciosidades, [illegible] res inútiles.

**TÂTONNEMENT**, m. [illegible] de tentar, de andar á tientas, [illegible] en un paraje oscuro. || met. [illegible] de titubear, de obrar con [illegible] timidez ó incertidumbre. || [illegible] *thode de tâtonnement*, [illegible] se adopta haciendo varias [illegible] con objeto de obtener un [illegible] cido.

**TÂTONNER**, n. *tatoné*. [illegible] tientas en algun paraje [illegible] *en tâtonnant*, andar á tientas para evitar un golpe ó tropiezo. || met. Tantear, proceder con incertidumbre por medio de algunos ensayos; hacer probaturas, tentativas. || Titubear, obrar con timidez é irresolucion.

**TÂTONNEUR, EUSE**, m. y f. *tatoneur, eus*. El que anda á tientas || met. Tanteador, el que prueba, el que hace ensayos para ver el resultado de alguna cosa. || El que anda tanteando ó titubeando en lo que ha de hacer.

**TÂTONS (À)**, loc. adv. *atatón*. Á tientas, tentando con las manos y con los piés en un paraje oscuro. || met. Á tientas, á tiento, á oscuras, titubeando, sin las luces ó conocimientos necesarios.

**TATOU**, m. *tatú*. Zool. Tato ó armadillo, género de animales cuadrúpedos de la India, que tiene el cuerpo cubierto de conchas.

**TATOUAGE**, m. *tatuáge*. Picadura, accion y efecto de picarse el cuerpo los salvajes con agujas, ó de pintárselo con diferentes colores.

**TATOUER**, a. *tatué*. Picarse, pintarse el cuerpo los salvajes de América con alfileres ó agujas, con almagre, etc.

**TATOUETTE**, f. *tatuét*. Zool. Especie de tato ó armadillo pequeño.

**TAU**, m. *tó*. Blas. Tao ó cruz de la órden de San Antonio Abad.

**TAUDION**, m. vulg. V. TAUDIS.

**TAUDIS**, m. fam. *todí*. Chiribitil, zaquizamí, covacha, choza, habitacion pequeña y que se encuentra en mal estado.

**TAUGOUR**, m. *togúr*. Palanqueta para mantener el eje y varas de una carreta.

**TAULET** ó **TOLET**, m. *tolé*. Mar. Tolete, escálamo á que se ata el remo. V. TOLET.

**TAUMALIN**, m. *tomalén*. Materia crasa que se encuentra en los cangrejos y en otros varios mariscos.

**TAUPE**, f. *tóp*. Zool. Topo, género de animales mamíferos que viven debajo de tierra. || met. Topo, ciego, el que ve muy poco, que en lenguaje familiar se llama cegato. || Escobilla ó cepillo hecho de tripe para limpiar los sombreros. || Vet. Talparia, especie de tumor que se forma en la cabeza de las personas y en la de las caballerías. || prov. *Ne voir pas plus clair qu'une taupe*, parecer un topo: no ver con claridad. || met. y fam. *C'est une taupe, une vraie taupe*, es un zorro, obra con suma astucia, con sagacidad. || *Il marche comme un preneur de taupes*, anda que no se le siente: se dice del que anda sin hacer ruido. || met. *Preneur de taupes*, hombre astuto ó sagaz. || fam. *Il est allé au royaume des taupes*, se fué al otro barrio, para decir que murió.

**TAUPE-GRILLON**, m. *topgrillón*. Zool. Topo-grillo, zarandeja ó brillo-talpa, insecto de la familia de los grillos. V. COURTILIÈRE.

**TAUPIER**, m. *topié*. Cazador de topos.

**TAUPIÈRE**, f. *topiér*. Trampa para coger topos.

**TAUPIN**, m. *topén*. Zool. Nombre de un insecto de la familia de los escarabajos. || *Francs taupins*, m. pl. Nombre dado á un cuerpo de infantería que existió en tiempo de Carlos VII.

**TAUPIN, E**, adj. y s. fam. *topén, in*. Negro como un topo.

**TAUPINIÈRE** ó **TAUPINÉE**, f. *topinier, topené*. Topinera ó topera, montoncillo de tierra que forma hozando el topo. || Ratonera, casucha, tabuco, pequeño albergue que se encuentra en el campo.

**TAURAILLE**, f. poco us. *torall*. Novillada, hato de novillos.

**TAURE**, f. poco us. *tor*. Novilla, vaca jóven que aun no ha parido.

**TAURÉADOR**, m. V. TORÉADOR.

**TAUREAU**, m. *toró*. Zool. Toro, el macho de la vaca. || *Une course de taureaux*, una corrida de toros || met. y fam. *C'est un taureau*, es un roble, un hombre muy robusto y que indica tener mucha fuerza. || *Une voix de taureau*, una voz de becerro, gruesa y ronca. || Astr. Tauro, uno de los doce signos del zodiaco. || *Taureau sauvage*, toro bravo. || *Taureau domestique*, toro manso. || *Jeune taureau*, novillo. || *Troupeau de taureaux*, torada. || *Taureau banal*, toro de concejo, del señor del lugar. En sentido met., verraco de concejo se dice del hombre vicioso, muy aficionado á las mujeres de toda clase.

**TAURILLON**, m. dim. de TAUREAU. *torillón*. Torete, torillo, novillo, toro que no ha padreado.

**TAUROBOLE**, m. *toroból*. Tauróbolo, sacrificio de un toro á Cibéles. || Tauróbolo, altar sobre el que se hacia dicho sacrificio.

**TAUROBOLISER**, n. *torobolisé*. Sacrificar un toro en honor de alguna divinidad del paganismo.

**TAUROCOLLE**, f. *torocól*. Especie de cola hecha con los nervios, la piel y las uñas de toro ó vaca.

**TAUROMACHIE**, f. *toromaquí*. Tauromaquia, arte de lidiar los toros.

**TAUTOGRAMME**, m. *totográm*. Lit. Tautógrama, composicion poética cuyas palabras empiezan todas con una misma letra. || TAUTOGRAMME ó TAUTOGRAMMATIQUE, adj. Tautógramo ó tautogramático, dícese de los versos ó composicion indicada.

**TAUTOLOGIE**, f. *totologí*. Tautología, repeticion inútil de una misma idea en términos diferentes.

**TAUTOLOGIQUE**, adj. *totologic*. Tautológico, que pertenece á la tautología.

**TAUTOMÉTRIE**, f. *totometrí*. Tautometría, repeticion servil del mismo metro en la poesía.

**TAUX**, m. *tó*. Tasa, postura, precio establecido sobre una alhaja ó mueble que se vende en almoneda. || Tasa, interes legal que se exige sobre una cantidad ó dinero puesto á réditos. || Tasa, impuesto ó contribucion segun el catastro de los bienes que se llama encabezamiento. En este sentido se dice comunmente *taxe*. || Tasa, en toda su extension es el valor fijo, establecido sobre cualquier cosa.

**TAVAÏOLLE**, f. *tavaiól*. Toalla grande, guarnecida de blondas ó encajes, usada en las iglesias para varias ceremonias.

**TAVÈLE** ó **TAVELLE**, f. *tavél*. Espiguilla, encaje estrecho. || Art. Nombre de un hueso que usan los tejedores para igualar la tela.

**TAVELER**, a. poco us. *tavelé* (e muda). Manchar, motear, hacer manchas ó motas sobre una tela ó piel. || *Se taveler*, r. Mancharse, mosquearse la piel de cualquier animal.

**TAVELURE**, f. *tavelür* (e muda). Lo manchado ó salpicado de una piel, la variedad de colores.

**TAVERNAGE**, m. *tavernáge*. Jurisp. ant. Patente que se pagaba al señor por el derecho de tener taberna. || Escrito, permiso concedido por el señor.

**TAVERNE**, f. *tavérn*. Taberna, lugar ó tienda donde se vende vino por menor. Es lo mismo que *cabaret*. || En Inglaterra, lugar donde se da de comer y beber por cierto precio.

**TAVERNIER, IÈRE**, m. y f. *tavernié, ér*. Tabernero, el que tiene taberna. Es poco usado; se dice *cabaretier*.

**TAXATEUR**, m. *tacsateur*. Tasador, el que tasa. || Tasador, el que pone el precio en los sobres de las cartas en una administracion de correos. || For. Tasador de derechos y gastos en los pleitos. || adjetiv. *Juge taxateur*.

**TAXATION**, f. *tacsasión*. Tasacion, accion de tasar. || Repartimiento, reparto, imposicion de contribuciones. || *Taxations*, pl. Emolumentos anejos á un empleo ó cargo.

**TAXE**, f. *tacs*. Tasa, postura, precio señalado sobre los comestibles y otros géneros. || Tarifa, precio establecido por arancel en calidad de costas ó indemnizacion de ciertas actuaciones judiciales. || Contingente, cuota correspondiente á cada individuo para cubrir el total de una cantidad que se exige ó se necesita. || Cuota, parte de un impuesto ó reparto conforme al reglamento de imposiciones. || Jurisp. *Taxe de depens*, tasacion de las costas de unos autos.

**TAXER**, a. *tacsé*. Tasar, señalar un precio limitado á los géneros y efectos que se venden públicamente. || Hacer un reparto, imponer á cada individuo la cuota que le corresponde en metálico y en efectos. || Acusar, tachar, atribuir á uno un vicio ó defecto. || *Se taxer*, r. Imponerse uno á sí mismo la cantidad que quiere pagar para algun objeto, para un gasto comun á varias personas. || Tacharse, acusarse recíprocamente.

**TAXIARQUE**, m. *tacsiárc*. Taxiarca, el jefe de infantería de una tribu entre los Atenienses.

**TAXOLOGIE**, f. *tacsologí*. Taxología, ciencia de las clasificaciones.

**TAXOLOGIQUE**, adj. *tacsologic*. Taxológico, que pertenece á la taxología.

**TAXOLOGUE** ó **TAXOLOGISTE**, m. *tacsológue, tacsologíst*. Taxólogo ó taxologista, autor de una clasificacion, de un tratado sobre las clasificaciones.

**TAXONOMIE**, f. *tacsonomí*. Taxonomía, teoría de las clasificaciones.

**TE**, pron. pers. V. TU.

**TÉ**, m. *té*. Fort. Nombre dado á los hornillos que se hacen en una mina en figura de una T para volar una fortificacion. || Cir. Vendaje que imita la forma de esta letra.

**TECHNIQUE**, adj. *tecnic*. Técnico, facultativo, artístico ó científico, que es propio, que pertenece á una facultad, arte ó ciencia.

**TECHNIQUEMENT**, adv. *tecnicmán*. Técnicamente, de un modo técnico, en términos técnicos.

**TECHNOLOGIE**, f. *tecnologí*. Tecnología, arte de designar una cosa con el nombre propio que tiene en la facultad, oficio, arte ó ciencia á que pertenece.

**TECHNOLOGIQUE**, adj. *tecnologic*. Tecnológico, que pertenece á la tecnología, á las artes en general.

**TE DEUM**, m. *tedéum*. Te Deum, cántico eclesiástico que empieza por estas palabras. Se canta algunas veces públicamente para dar gracias á Dios por una victoria ú otro acontecimiento próspero. || Te Deum, ceremonia que acompaña esta accion de gracias: *assister au Te Deum*, asistir al Te Deum.

**TÉDIEUX, EUSE**, adj. inus. *tedieu, eus*. Importuno, molesto, cansado.

**TÉGUMENT**, m. *tegumán*. Anat. Tegumento, membrana exterior que cubre el cuerpo del hombre. || Bot. Tegumento, membrana que cubre la carne de una fruta cualquiera.

**TEIGNASSE**, f. V. TIGNASSE.

**TEIGNE**, f. *téñ*. Med. Tiña, erupcion crónica que se presenta en la piel de la cabeza en forma de escamas, costras ó postillas apiñadas. || Polilla, animalejo que se introduce en el paño y tejidos de lana. || Polilla ó sarna que padecen algunos vegetales. || prov. *Tenir comme teigne*, estar agarrado como una lapa: ser difícil de desprender ó separar. || Vet. Arestin, enfermedad que padecen las caballerías en la cuartilla ó en la ranilla.

**TEIGNERIE**, f. *teñrí*. Hospital destinado á los tiñosos.

**TEIGNEUX, EUSE**, adj. *teñeu, eus*. Tiñoso, que tiene tiña. || vulg. *Il n'y avait que trois teigneux et un pelé*, no habia mas que cuatro pelagatos: se decia antiguamente, como se dice ahora, *il n'y avait que trois tondus et un pelé*. || Impr. *Balles teigneuses*, bala calva, cuyo casco no toma la tinta por demasiado húmedo.

**TEILLAGE** ó **TILLAGE**, m. *telláge, tilláge*. Agramacion, accion de agramar.

**TEILLE**, f. *téll*. Tasco, la arista que suelta el cáñamo ó lino cuando se agrama.

**TEILLER** ó **TILLER**, a. *tellé, tillé*. Agramar, quebrantar el cáñamo machacándolo.

**TEILLEUR**, m. *telleur*. Agramador, el que agrama.

**TEINDRE**, a. *téndr*. Teñir, dar á una cosa un color distinto del que ántes tenia. || *Teindre en bleu, en vert, etc.*, teñir de azul, de verde. || *Drap teint en laine*, paño teñido en rama, cuya lana se tiñó ántes de emplearse en su fabricacion.

**TEINT**, m. *tén*. Tinte, tintura, arte, modo de teñir. || Tez, color del rostro.

**TEINTE**, f. *tént*. Tinta, el grado de fuerza que dan los pintores á los colores. || *Demi-teinte*, media tinta. || Mata que se forma de la variedad de colores. || met. Tintura, apariencia lijera.

**TEINTER**, a. *tenté*. Pint. y Arq. Colorar chabacanamente.

**TEINTURE**, f. *tentúr*. Tinte, accion de teñir, y tambien el licor con que se tiñe. || Tintura, tinte, color de la cosa teñida. || Quím. y Farm. Tintura, disolucion de una sustancia colorada, simple ó compuesta, en el espíritu de vino ó en otro cualquier licor. || met. Tintura, conocimiento superficial de alguna ciencia ó arte. || met. Tintura, impresion que deja en el alma la buena ó mala educacion.

**TEINTURERIE**, f. *tenturerí* (e mudo). Tinte, arte, oficio de teñir. || Tinte, tintorería, la casa ó taller donde se tiñe.

**TEINTURIER, ÈRE**, m. y f. *tenturié, ér*. Tintorero, el que ejerce el arte de teñir. || met. y fam. Llámase *teinturier*, el autor que revisa, corrige ó retoca las obras de otro.

**TEL, LE**, adj. *tél*. Tal, semejante, igual, que es de la misma calidad. || *Il n'y a pas de tels animaux*, no hay tales ó semejantes animales. || *Je ne vis jamais rien de tel*, nunca he visto cosa semejante ó cosa igual. || *Tel maître, tel valet*, tal amo, tal criado. || *Tels et tels s'y trouvèrent*, fulano y zutano se hallaron allí. || *Tel quel, telle quelle*, tal cual, es decir, tan bueno como malo; y tambien, de poco valor: *un diner tel quel*. Esta locucion y *tel que* significan tambien sin cambio, en el mismo estado: *je vous rends votre livre tel quel, je vous rends votre somme d'argent telle que*, devuelvo á Vd. un libro tal cual ó tal como me lo prestó, en el mismo estado, etc. || *Sa capacité est telle quelle*, su capacidad es tal cual, así así, mediana. || *Un tel*, un cierto sugeto, fulano; un quidam, etc. || met. y fam. *À telles enseignes*, en prueba de ello, la prueba de esto es que, y por señas diré que, etc. *Je reviens des Tuileries, à telles enseignes que j'y ai rencontré votre frère*, vuelvo de las Tullerías, y en prueba de ello diré á Vd. que, etc.

**TÉLAMON**, m. *telamón*. Arq. Telamon ó atlante, estatua de hombre ó mujer que se pone en lugar de columnas, en el órden atlántico, y sustentan con sus hombros ó cabezas los arquitrabes.

**TÉLÉGRAPHE**, m. *telegráf*. Telégrafo, máquina que ejecuta ciertos movimientos convenidos para transmitir desde léjos en poco tiempo una noticia, un aviso.

**TÉLÉGRAPHIE**, f. *telegrafí*. Telegrafía, arte de construir, de dirigir, de servirse de los telégrafos.

**TÉLÉGRAPHIER**, a. *telegrafié*. Telegrafiar, transcribir, transmitir una noticia por medio del telégrafo.

**TÉLÉGRAPHIQUE**, adj. *telegrafíc*. Telegráfico, que tiene relacion con el telégrafo.

**TÉLÉGRAPHIQUEMENT**, adv. *telegraficmán*. Telegráficamente, por medio del telégrafo.

**TÉLÉOLOGIE**, f. *teleologí*. Teleología, arte de conversar desde léjos, á grande distancia.

**TÉLÉOLOGUE**, m. *teleológue* Teleólogo, instrumento para comunicarse de léjos.

**TÉLESCOPE**, m. *telescóp*. Telescopio, nombre genérico de todos los instrumentos ópticos que sirven para observar los astros y los objetos apartados que están en el globo terrestre.

**TÉLESCOPIQUE**, adj. *telescopíc*. Telescópico, que se ve con ayuda de telescopio.

**TÉLÉSIE**, f. *telesí*. Miner. Telesia, piedra preciosa, especie de zafiro.

**TELLEMENT**, adv. *telmán*. De tal suerte, de tal manera. || *Tellement que*, loc. conj. De modo que, de manera que. || *Tellement quellement*, loc. adv. fam. Tal cual, así así, pasaderamente, medianamente.

**TELLINE**, f. *telín*. Telina, género de almejas muy sabrosas.

**TELLURE**, m. *telúr*. Miner. Telurio, metal de un blanco azulado, muy brillante, descubierto en 1797.

**TELLURÉ, ÉE**, adj. *teluré*. Teluriado, que contiene telurio.

**TÉMÉRAIRE**, adj. *temerér*. Temerario, osado, atrevido con imprudencia. || *Jugement téméraire*, juicio temerario, el que se hace sin fundamento, sin tener pruebas suficientes.

**TÉMÉRAIREMENT**, adv. *temerermán*. Temerariamente, con temeridad, inconsideradamente. || Temerariamente, sin fundamento.

**TÉMÉRITÉ**, f. *temerité*. Temeridad, arrojo imprudente. || Temeridad, concepto formado sin fundamento.

**TÉMOIGNAGE**, m. *temuañáge*. Testimonio, testificacion, atestacion, declaracion de palabra ó por escrito. || *Le témoignage de la conscience, le témoignage des sens*, el testimonio de la conciencia, el testimonio de los sentidos. || Testimonio, muestra, prueba de alguna cosa. || *Porter un faux témoignage*, levantar un falso testimonio.

**TÉMOIGNER**, a. *temuañé*. Atestiguar, testificar, asegurar como testigo en justicia. || Atestiguar, mostrar, descubrir, manifestar lo que uno sabe, lo que siente, lo que piensa. || Atestiguar, aseverar.

**TÉMOIN**, m. *temuán*. Testigo, el que afirma y declara lo que ha visto ú oido. || Testigo, el que presencia algun acto. || Testigo, el que sirve de padrino en un desafío. || Testigo, testimonio, se dice hablando de las cosas inanimadas que son muestras ó señales de algun suceso. || *Témoin oculaire*, testigo ocular ó de vista. || *Témoin auriculaire*, testigo auricular ó de oidas. || *Dieu m'est témoin que*, Dios sabe que, ó bien sabe Dios que. || *Faux témoin*, testigo falso. || Por. ant. *En témoin de quoi*, loc. adv. En testimonio de lo cual, en fe de lo cual. Ahora se dice *en foi de quoi*. || pl. Hitos, señales que se dejan debajo de los mojones de término para conocer si los mudan. || Damas, mogotes de tierra que dejan los trabajadores en un terreno que se rebaja.

**TEMPE**, f. *tánp*. Sien, parte de la cabeza desde la oreja hasta la frente.

**TEMPÉRAMENT**, m. *tanperamán*. Temperamento, complexion, constitucion y disposicion proporcionada de los humores del cuerpo. || Temperamento, carácter ó genio de una persona. || met. Temperamento, medio, arbitrio para componer un negocio. || *Avoir du tempérament*, ser algo enamorado, esto es, ser aficionado á los placeres del amor.

**TEMPÉRANCE**, f. *tanperáns*. Templanza, una de las cuatro virtudes cardinales, la que templa y modera las pasiones y los deseos. || Templanza, sobriedad en el comer y beber.

**TEMPÉRANT, E**, adj. *tanperán*. Templado, que tiene la virtud de la templanza. || Úsase tambien como sustantivo.

**TEMPÉRATURE**, f. *tanperatúr*. Temperatura, estado sensible del aire que afecta nuestros órganos, segun fuere frio ó caliente, seco ó húmedo.

**TEMPÉRÉ, ÉE**, adj. *tanperé*. Templado, moderado, se dice en lo físico y lo moral. || *Climats tempérés*, climas templados, en donde no hace ni frio ni calor. || *Zone tempérée*, zona templada. || Ret. *Style tempéré, genre tempéré*, estilo mediano.

**TEMPÉRER**, a. *tanperé*. Moderar, atemperar, disminuir el exceso de una cualidad buena ó mala. || met. Moderar, reprimir.

**TEMPESTATIF, IVE**, adj. inus. *tanpestatíf, ív*. Tumultuoso, impetuoso, colérico.

**TEMPÊTE**, f. *tanpét*. Tempestad, tormenta, temporal. || met. Tempestad, persecucion grande. || Tempestad, zambra, algazara, alboroto.

**TEMPÊTER**, n. *tanpeté*. Echar tempestades, pestes, votos, alborotar el cotarro.

**TEMPÊTUEUX, EUSE**, adj. *tanpetueu, eus*. Tempestuoso, que está sujeto á tempestades, que causa tempestades.

**TEMPLE**, m. *tánpl*. Templo, edificio público dedicado al culto religioso. || Templo, el que construyó Salomon en Jerusalen por órden de Dios. || Templo, lugar en que los protestantes se reunen para el ejercicio de su religion. || En estilo elevado y en poesía, se dice tambien templo hablando de las iglesias de los católicos.

**TEMPLET**, m. *tanplé*. Encuad. Palo del telar de coser libros que entra en la mortaja hecha en la tabla del telar.

**TEMPLIER**, m. [illegible] caballero del Temple, órden [illegible] instituida al principio [illegible] fender de los infieles á los [illegible] iban á visitar la Tierra Santa [illegible] los templarios fué abolida [illegible] en 1312. || prov. vulg. *Boire* [illegible] *plier*, beber como un [illegible] desco: beber con exceso.

**TEMPORAIRE**, adj. [illegible] rio, temporal, que dura un [illegible]

**TEMPORAIREMENT**, adv. [illegible] Temporalmente, por un tiempo [illegible]

**TEMPORAL, E**, adj. [illegible] Temporal, que pertenece á las [illegible]

**TEMPORALITÉ**, f. [illegible] diccion del dominio temporal [illegible] de una abadía, de un cabildo.

**TEMPOREL, LE**, adj. [illegible] ral, transitorio, perecedero [illegible] lar, por oposicion á espiritual [illegible] en punto á jurisdiccion [illegible] testad temporal, autoridad [illegible] nómica de los príncipes [illegible] Temporalidades, rentas á [illegible] ben los eclesiásticos de sus [illegible]

**TEMPORELLEMENT**, adv. [illegible] mán. Temporalmente [illegible] cese por oposicion á eternamente [illegible] mente.

**TEMPORISATION**, f. [illegible] Temporizacion, accion de [illegible]

**TEMPORISEMENT**, m. [illegible] Dilacion, espacio para [illegible] mucho mas temporizacion.

**TEMPORISER**, n. [illegible] zar, diferir, ganar tiempo [illegible] coyuntura ú ocasion.

**TEMPORISEUR**, m. [illegible] porizador, el que temporiza [illegible] tiempo.

**TEMPS**, m. *tán*. Tiempo [illegible] mas acepciones que en [illegible] ocasion, sazon, estacion [illegible] del aire, etc. || *À temps*, loc. [illegible] en ocasion, con oportunidad [illegible] *temps, de temps à autre* [illegible] tiempo, de cuando en cuando [illegible] das. || *De tout temps*, en todos [illegible] *même temps*, en mismo tiempo [illegible] tiempo ó en el mismo [illegible] tiempo. || *Tout d'un temps*, [illegible] á la vez. || *Les Quatre-Temps* [illegible] poras. || met. y fam. *Tuer le temps* [illegible] tiempo, hacer alguna [illegible] diarse. || *Prendre son temps* [illegible] ocasion. || Esgr. y Danz. [illegible] precisos en los que se [illegible] los movimientos. || Mús. [illegible] principales del compás. || [illegible] inflexiones diferentes que [illegible] notan el tiempo á que se [illegible] el estado de que se habla [illegible] reunion de dos ó mas [illegible] se ejecuta el manejo del arma [illegible] giros, etc. || *Laps de temps* [illegible]

**TÉMULENCE**, f. [illegible] Temulencia, delirio de la [illegible]

**TENABLE**, adj. *tenábl* [illegible] sable, que puede [illegible] dice hablando de un [illegible] militar. || met. [illegible] fica desabrigado, [illegible] dios de un sitio ó [illegible] parar ni mantenerse. *Il* [illegible] *fait trop chaud ici, la* [illegible] *ble*, hace tanto frio [illegible] puede aguantar ó [illegible]

**TENACE**, adj. *tenás* [illegible] glutinoso, pegajoso. || [illegible] || Tenaz, terco.

**TENACEMENT**, adv. [illegible] Tenazmente, de un [illegible] dad.

**TÉNACITÉ**, f. *tenacité* [illegible] lidad de lo que es [illegible] piedad por lo que [illegible] una presion, una [illegible] romperse. || met. [illegible] ser agarrado, [illegible] terquedad, porfía.

**TENAILLE**, f. *tenáll* [illegible] instrumento de [illegible]

...cosa. Se usa ordinariamente en plu-
...naza, fortificacion exterior con dos
...ángulos retirados sin flancos. || Carp.

...ILLÉE, f. tenaillé (e muda). Tena-
...ntidad de objetos que se coge á la
... las tenazas.

...AILLER, a. tenaillé (e muda). Ata-
... atormentar á un criminal sacándole
... de carne con unas tenazas calientes.

...AILLON, m. tenallión (e muda). Te-
...nallon, género de fortificacion.

...ANCIER, ÈRE, m. y f. tenansié, ér
... Señor útil de una posesion, ó sea
... || Terrateniente, propietario de

...ANT, m. tenán (e muda). Mantene-
...que en un torneo solia mantener la
...contra los combatientes. || met. y fam.
...ador, el que en una discusion sostie-
...opinion contra aquellos que la com-
... El que defiende á una persona en
...versacion. || Tout en un tenant, tout
...ant, loc. adv. Sin interrupcion, todo
...todo seguido: dícese hablando de
... heredades contiguas ó seguidas en
...e terreno. || met. Connaître, savoir
... tenants et aboutissants d'une af-
...nocer todos los entresijos de un ne-
... Les tenants et aboutissants d'un
..., los aledaños, los linderos y confi-
...una heredad. || pl. Blas. Tenantes, fi-
...on manos que sostienen el escudo. ||
..., E, adj. Que tiene. Casi no se usa
... en la locucion séance tenante, du-
... sesion.

...ARE, m. ténár. Poét. Averno, in-
... los paganos.

...DANCE, f. tandáns. Tendencia, es-
...fuerza por la que un cuerpo tiende á
... hácia un lado impeliendo á otro
...que le impide ó se le opone. || Ten-
... la simple direccion del movimiento.
...Tendencia, direccion sensible hácia

...DANT, E, adj. tandán. Tendiente,
...dirige, que se encamina hácia algun

...DELET, m. tandlé. Mar. Tendal de

...DERIE, f. tanderí (e muda). Caz. Ten-
...lazos para coger pájaros.

...DEUR, m. tandeur. Tendedor, el que
...alguna cosa.

...NEUX, EUSE, adj. tandineu, eus.
...tendinoso, que pertenece al tendon,
...a su naturaleza.

...DOIRES, f. pl. tanduár. Tendede-
...e largas donde se tienden los paños
...nidos.

...DON, m. tandón. Anat. Tendon, todo
...de fibra que une un músculo á un

...DRE, a. tándr. Tender, estirar una
... fuerza. || Tendre un piége, armar
...nas, tender redes, poner lazos. Dí-
...sentido propio y figurado. || Tender,
...tapices, cortinajes, etc. || Tendre la
...tender la mano: mendigar ó pedir
... || n. Ir ó venir á parar, dirigirse
...ú tendent vos pas? où tend ce che-
...met. Tirar á, aspirar á.

...DRE, adj. tándr. Tierno, que se
...rtar ó dividir con facilidad; es lo
... dur. || Tierno, blando, dícese del
... las carnes, etc., cuando se pueden
... mascar con facilidad. || Tierno, sen-
...licado. || Ce cheval est tendre à l'é-
...ste caballo siente la espuela. Il a
... tendre, es tierno de boca, tiene la
...licada. || Fresco, suave delicado,
... del cielo, del color. || met. Tierno,
..., afectuoso, sensible. || TENDRE, m.
...dicho familiarmente por tendresse,
... cariño, afecto: avoir du tendre
... femme.

...DRELET, TE, adj. dim. de TENDRE.
...lét. Tiernecillo. || Suavecillo, fres-

...DREMENT, adv. tandremán. Tierna-
...cariñosamente, con ternura. || Pein-
...rement, pintar con delicadeza, con

...DRESSE, f. tandrés. Ternura, cua-
lidad de lo que es tierno. || Ternura, sensi-
bilidad, cariño, amor. || pl. Ternezas, cari-
cias, pruebas de afecto.

TENDRETÉ, f. tandreté. Terneza, cualidad de lo que es tierno: dícese hablando de
las carnes, frutas, etc.

TENDRON, m. tandrón. Pimpollo, tallo
nuevo, renuevo tierno de un árbol, de una
planta. || met. y fam. Un tendron, un jeune
tendron, pimpollito, chaborra, una jóven de
15 á 20 años. || Ternilla, huesecillo de los
animales de poca edad. || Tendron de chou,
breton, nuevo tallo de la berza.

TENDUE, f. tandú. Caz. Lugar en que se
han armado asechanzas, ó tendido lazos, re-
des. || Accion de tender lazos.

TÉNÈBRES, f. pl. tenébr. Tinieblas, os-
curidad, privacion de luz. || met. En sentido
moral, las tinieblas de la ignorancia, del
pecado, etc. || Liturg. Tinieblas, maitines
que se cantan por la tarde el miércoles, juéves y viérnes de la Semana Santa.

TÉNÉBREUSEMENT, adv. tenebreus-
man. Tenebrosamente. Se usa poco.

TÉNÉBREUX, EUSE, adj. tenebreu, eus.
Tenebroso, oscuro, sombrío. || Poét. Le sé-
jour ténébreux, el reino, la mansion de las
tinieblas, el infierno. || met. Les temps téné-
breux de l'histoire, los tiempos oscuros de
la historia. || Être sombre et ténébreux, avoir
l'air sombre et ténébreux, estar sombrío,
triste y melancólico.

TÉNÉBROSITÉ, f. tenebrosité. Tenebro-
sidad, cualidad de lo que es tenebroso.

TENEMENT, m. tenemán (e muda). Feud.
Posesion ó terrazgo en enfitéusis, esto es, de
que solo se tiene el dominio útil pagando un
cánon al señor directo. || Feudo, tierra, do-
minio en general.

TENESME, m. tenésm (e muda). Med. Tenesmo, pujos, continuas ganas de hacer cámara con dificultad de lograrlo.

TENETTE, f. tenét (e muda). Cir. Tenaci-
lla, instrumento que sirve para extraer la
piedra de la vejiga. La Academia francesa
solo lo pone en plural.

TENEUR, f. teneur (e muda). Tenor, el
contenido, lo que contiene un escrito.

TENEUR, m. teneur (e muda). Tenedor,
el que tiene. Solo se usa en esta acepcion:
teneur de livres, tenedor de libros, el que
en casa de un negociante lleva las cuentas. ||
Cetr. Tercer, ave de rapiña que acomete á la
garza y le corta el vuelo.

TENGA, m. tenga. Bot. Tenga ó coco,
especie de árbol.

TÉNIA, m. ténia. Zool. Ténia, gusano ó
lombriz solitaria.

TÉNIE, f. tení. Arq. Listel ó listelo del
órden dórico. Se dice mas comunmente ban-
delette. V. esta voz.

TENIR, a. tenir (e muda). Tener asido ó
cogida con la mano ó en la mano alguna co-
sa. || Tener, poseer. || Tener ocupado, ocupar
un sitio, un espacio. || Tener, juntar, cele-
brar congreso, córtes, consejo. || Tener guar-
dada ó puesta una cosa en alguna parte. || Te-
ner, contener, tener tanto de cabida. || Tener,
contener, tener contenido, sujeto, asegura-
do. || Tener, dícese hablando de algunos si-
tios que se ocupan para ejercer alguna profesion ú oficio: tenir pension, école; tenir
café, cabaret. || Tener, hacer estar en cierta
postura ó situacion. || Tener, ocupar el tiem-
po á alguno. || Tener, mantener, conservar.
|| Tener, detener, parar. || Tener, reprimir,
impedir de decir ó hacer. || Tener, tener por,
juzgar por, reputar, creer. || Tenir quelque
chose de son père et de sa mère, parecerse en
algo á su padre y á su madre. Tenir de son
père et sa mère, parecérseles en lo físico ó en
lo moral. || Tenir quelque chose, une nou-
velle de quelqu'un, saber algo, una noticia
de alguno, haberla sabido por él: lo mismo
que avoir appris de quelqu'un. || Tenir lieu
de père, de mère à quelqu'un, hacer á uno
las veces de padre ó de madre. || Tenir le lit,
guardar cama. Tenir la chambre, no salir
de su cuarto. || Tenir les livres, llevar la
contabilidad. || Tenir compagnie, hacer com-
pañía. || Tenir en bride, tener enfrenado ó
sujeto. || Tenir au collet, tener por los ca-
bezones á alguno || Tenir sa parole, sa pro-
messe, cumplir su palabra. || Tenir maison,
tener casa puesta. || Tenir table, tener mesa,
esto es, dar mesa, dar de comer. || Tenir
table, tambien se dice por comer despacio. ||
Tenir un enfant, hablándose de bautizo, ó
tenir un enfant sur les fonts du baptême, sacar á un niño ó criatura de pila, ser su padri-
no. || met. Tenir l'épée aux reins à quelqu'un,
poner á uno un puñal á los pechos, apre-
miarle, forzarle. || Tenir registre de quelque
chose, llevar cuenta ó asiento de alguna co-
sa. || n. Tener, estar pegado, asido, ser di-
fícil de arrancar ó desagarrar. || Estar pega-
do, contiguo, tocándose dos cosas. || Durar,
resistir, mantenerse. || Depender, resultar,
provenir de. || Caber en algun espacio. || Sub-
sistir sin ningun cambio, sin ninguna alteracion, hablando de un tratado, de una con-
vencion. || Tenir bon, tenir ferme, sostener-
se con teson, defenderse, mantenerse fir-
me. || Tenir de quelqu'un, parecerse á algu-
no, tener algo de él. || Tenir à une personne,
ser muy afecto á una persona, quererla; desear conservarla por interes, por amistad,
etc. || Tenir à une chose, à l'argent, à la
vie, tener aficion ó apego á una cosa, al di-
nero, á la vida. || Ne tenir qu'à un fil, no
tenerse mas que por un hilo. || Se tenir, r.
Tenerse, agarrarse á alguna parte para no
caer, para mantenerse firme. || Tenerse, po-
nerse, estarse en cierta postura firme. || Te-
nerse, permanecer, hacer mansion, vivir
por algun tiempo en alguna parte. || Se tenir
à genoux, estar de rodillas. || Se tenir les
bras croisés, estar mano sobre mano. || S'en
tenir à, atenerse á, contentarse con.

TENON, m. tenón (e muda). Carp. Espiga, la punta de algun madero ó palo por
donde entra ó se encaja en una muesca he-
cha en otra pieza. || Cruz, en la fundicion de
campanas. || Triquete en las relojerías. ||
Tijeretas en la vid. || Punto de una escopeta.

TÉNOR, m. tenór. Mús. Tenor, voz entre
contralto y bajo. || Tenor, cantante ó persona
que tiene esta voz.

TENSIF, IVE, adj. tansíf, ív. Acompañado de tension: douleur tensive.

TENSION, f. tansion. Tension, tirantez,
estado de lo que está tirante. || met. Tension
d'esprit, aplicacion, atencion muy grande.

TENSON, f. ant. tansón. Disputa cabal-
leresca entre dos poetas, antigua composicion de los poetas ó trovadores franceses
sobre el amor.

TENTACULE, m. tantacúl. Zool. Tentá-
culo, palpo, especie de filamentos que tienen algunos animales, que los dirigen hácia
adelante para tentar la tierra ó para coger
presa.

TENTANT, E, adj. tantán. Que tienta,
que incita, que convida á desear ó hacer alguna cosa.

TENTATEUR, TRICE, m. y f. tantateur,
tris. Tentador, el que tienta. || Absol. en la
Escritura. Le tentateur, el tentador, el de-
monio. || adj. L'esprit tentateur, el espíritu
tentador.

TENTATIF, IVE, adj. tantatíf, ív. Se
dice familiarmente por tentant, que tienta.

TENTATION, f. tantasión. Tentacion,
movimiento interior que induce á hacer al-
guna cosa. || Tentacion, movimiento inte-
rior que excita al hombre al mal.

TENTATIVE, f. tantatív. Tentativa,
prueba, ensayo. || Tentativa, primer acto de
conclusiones para obtener algun grado en
teología.

TENTE, f. tánt. Tienda de campaña, especie de pabellon de tela, de cutí, etc., para
ponerse á cubierto. || Cir. Lechino, clavo de
hilas que se pone en una llaga. || Red de cazar
pájaros. || Dresser une tente, armar una tienda
de campaña.

TENTEMENT, m. tantmán. Esgr. Pru
ba, exámen, tentando la espada del contrario con la suya.

TENTER, a. tanté. Tentar, probar, ensayar, poner algun medio en uso para lograr
alguna cosa. || Probar, aventurar. Tenter
fortune, probar fortuna. || Tentar, probar la
fidelidad. || Tentar, dar envidia, provocar al
deseo.

TENTURE, f. tantúr. Tapicería, colgadura, todo el juego de tapices, damascos,
terciopelo, etc., para una sala ó templo.

**TÉNU, E**, adj. *tenú*. Tenue, delicado, delgado.

**TENUE**, f. *tenú* (e muda). Permanencia, duracion, celebracion, todo el tiempo que dura un congreso, unas córtes, etc. || Asiento, firmeza del que monta á caballo. || Mús. Suspension, continuacion de un mismo tono por algunos compases. || met. Asiento, subsistencia, permanencia. || *La tenue de la plume*, modo de tomar la pluma para escribir. || *Être en grande tenue*, ó solo *être en tenue*, estar vestido con elegancia, con lujo. || Mar. *Être en bonne ou en mauvaise tenue*, tener bueno ó mal anclaje un puerto, rada, etc. || met. *Le temps n'a point de tenue*, el tiempo no está sentado, no es estable. || met. *Cet homme n'a point de tenue*, este hombre es veleidoso, variable. || *Tout d'une tenue*, loc. adv. todo seguido, de un tiro, sin interrupcion. Es lo mismo que *tout d'un tenant*. V. TENANT.

**TÉNUIROSTRE**, adj. *tenuiróstr*. Ornit. Que tiene el pico delgado. || *Ténuirostres*, m. pl. Tenuirostros, género de aves.

**TÉNUITÉ**, f. *tenuité*. Tenuidad, delgadez, sutileza.

**TENURE**, f. *tenúr* (e muda). Dependencia, enfitéusis en el distrito de un señor directo.

**TÉORBE**, m. V. THÉORBE.

**TÉRATOSCOPIE**, f. *teratoscopí*. Teratoscopia, ciencia que examina los prodigios. || Teratoscopia, adivinacion por los espectros, los fantasmas, los prodigios.

**TÉRATOSCOPIQUE**, adj. *teratoscopic*. Teratoscópico, que pertenece á la teratoscopia.

**TERCER ó TERSER**, a. *tersé*. Terciar las viñas, darles la tercera labor.

**TERCET**, m. *tersé*. Terceto, composicion ó estancia de tres versos.

**TÉRÉBENTHINE**, f. *terebantín*. Trementina, goma del terebinto y de otros árboles gomosos.

**TÉRÉBINTHACÉ, ÉE**, adj. *terebentasé*. Bot. Terebintáceo, parecido al terebinto. || *Térébinthacées*, f. pl. Terebintáceas, familia de plantas.

**TÉRÉBINTHE**, m. *terebínt*. Bot. Terebinto, cornicabra, árbol resinoso.

**TÉRÉBRATION**, f. *terebrasión*. Taladro, accion de taladrar los árboles para sacarles la resina.

**TÉRÉBRER**, a. *terebré*. Taladrar, perforar, hacer o ejecutar el taladro.

**TÉRÉMINTHE**, m. *teremínt*. Med. Divieso pequeño.

**TÉRÉNIABIN ó TÉRÉNIUBIN**, m. *tereniabén*, *tereniubén*. Maná líquido de Persia.

**TERGIVERSATEUR**, m. *tergiversateur*. Tergiversador, el que tergiversa, el que usa de tergiversaciones.

**TERGIVERSATION**, f. *tergiversasión*. Tergiversacion, accion de tergiversar

**TERGIVERSER**, n. *tergiversé*. Tergiversar, buscar rodeos, circunloquios ó efugios para eludir una cuestion, no tomar las palabras en su verdadero sentido ó los hechos conforme al espíritu que encierran.

**TERME**, m. *térm*. Término, cabo, fin, límite de las acciones y de las cosas que tienen alguna extension de lugar ó de tiempo. || Gram. Término, diccion, vocablo, palabra. || Término, plazo, tiempo determinado para verificar un pago, cumplir una promesa, etc. || prov. *Qui a terme ne doit rien*, hasta cumplido el plazo no empieza la deuda. || Término, tiempo natural en que una mujer debe concluir el curso de su embarazo. *Elle est accouchée avant terme*, ha parido ántes de tiempo. || Hastial, poste que tiene la figura de un busto o de una cabeza humana. || Mit. Término, divinidad que adoraban los Romanos. || TERMES, pl. Términos, estado de un negocio ó posicion de una persona respecto á otra ó á un asunto cualquiera. || Log. Términos, palabras que componen un silogismo sustancialmente. || Términos, cantidades que componen una comparacion ó proporcion. || Mar. Figuras humanas que por adorno se suelen poner en la popa ó en cualquier otra parte de una embarcacion.

**TERMINAISON**, f. *terminesón*. Terminacion, estado de una cosa que termina, que concluye: *la terminaison d'un procès, d'une affaire*. || Gram. Terminacion, sílaba ó sílabas que terminan una palabra.

**TERMINAL, E**, adj. *terminál*. Bot. Terminal, que termina, que forma una extremidad: *anthère terminale, fleurs terminales*. || Antig. rom. Terminal, concerniente á los límites ó términos.

**TERMINATIF, IVE**, adj. *terminatif*, *iv*. Terminativo, que termina.

**TERMINER**, a. *terminé*. Terminar, poner término, límite, fin á una cosa. || Terminar, poner fin, acabar, concluir: *terminer un ouvrage*. || Terminar, componer una diferencia ó disputa. || *Se terminer*, r. Terminarse, acabarse, concluirse. || Terminar, acabar: dícese del modo de finalizar la última ó últimas sílabas de las palabras. || Terminar, resolverse, acabarse una enfermedad por su curso regular.

**TERMINOLOGIE**, f. *terminologí*. Terminologia, ciencia de las palabras técnicas.

**TERMINTHE**, m. *termínt*. Med. ant. Tumor inflamatorio que los antiguos comparaban al fruto del terebinto.

**TERNAIRE**, adj. *ternér*. Ternario, que está compuesto de tres unidades.

**TERNE**, m. *térn*. Terno, reunion de tres números que se juegan á la lotería, cuyo valor es solamente valedero en el caso de salir todos tres en el sorteo. || *Ternes*, pl. Ternas ó treses, parejas de tres puntos en el juego de dados. || *Terne*, f. ant. Terna, reunion de tres personas.

**TERNE**, adj. *térn*. Empañado, tomado, deslucido, descolorido, que no tiene el brillo ó lustre que debe tener. || *Un coloris terne*, un colorido bajo, sin brillo. || met. *Un style terne*, un estilo frio, que carece de viveza, de energía.

**TERNIR**, a. *ternír*. Oscurecer, empañar, deslucir, deslustrar, quitar ó disminuir el brillo. || met. *Ternir sa réputation*, oscurecer, empañar su reputacion. || *Se ternir*, r. Oscurecerse, empañarse, deslustrarse alguna cosa, perder todo ó parte de su brillo.

**TERNISSURE**, f. *ternisúr*. Empañadura, deslucimiento, estado de una cosa empañada, que ha perdido su brillo.

**TERRAGE**, m. *terrága*. Derecho que tenian ciertos señores de tomar una parte de los frutos que se criaban en sus terrazgos ó señoríos.

**TERRAGEAU ó TERRAGEUR**, m. *terrajó*, *terrageur*. Señor que gozaba del derecho de terrazgo.

**TERRAGER**, a. *terragé*. Cobrar el derecho de terrazgo. V. TERRAGE.

**TERRAIN ó TERREIN**, m. *terrén*. Terreno, sitio ó espacio de tierra. || *Ménager le terrain*, economizar el terreno. En sentido figurado es emplear con prudencia los medios de que se puede disponer para obtener un buen éxito en un negocio. || met. *Connaître bien le terrain*, conocer bien á las personas con quienes se trata. || *Gagner du terrain*, ganar terreno, adelantar en algun negocio. || met. *Tâter ó sonder le terrain*, reconocer el terreno, tentar el vado: explorar, sondear á prevencion el ánimo de las personas ó el estado de las cosas. || Equit. Terreno, pista que deja el caballo en el picadero. || Terreno, se dice de la calidad buena ó mala de la tierra.

**TERRAL**, m. *terrál*. Mar. Terral, que viene de tierra, hablando de los vientos. Es poco usado.

**TERRAQUÉ, ÉE**, adj. *terraqué*. Terráqueo, que se compone de tierra y agua. Solo se usa en esta expresion: *le globe terraqué*, el globo terráqueo, es la tierra que habitamos.

**TERRASSE**, f. *terrás*. Terraplen, terreno que se forma artificialmente echando mucha tierra en un paraje con objeto de levantar el piso ó de igualar alguna superficie. || Terrado, azotea de una casa. || Especie de galeria descubierta que tienen algunos edificios. || Agr. Bancal de una huerta. || Pint. Terrazo, primer plano de un paisaje. || Hornillo entre los tiradores de oro. || Parte endeble de una piedra preciosa que no se puede batir. || Arq. *Terrasse* de sculpture, [illegible] || *Terrasses de marbre*, [illegible] mármol.

**TERRASSEMENT**, m. [illegible] de terraplenar. [illegible] hondonada ó desigualdad [illegible]

**TERRASSER**, a. *terrasé*. [illegible] nar de tierra una [illegible] del terreno. || Terraplenar, [illegible] plen delante ó detras de [illegible] darle mayor consistencia. || [illegible] bar, tumbar, echar al suelo [illegible] otro. || met. Abatir, [illegible] cer perder el ánimo. || Se [illegible] rarse en el suelo. || [illegible] terraplenes.

**TERRASSEUR**, m. V. T[illegible]

**TERRASSEUX**, [illegible] Terroso, que tiene [illegible] hablando de mármoles.

**TERRASSIER**, m. [illegible] que ajusta la formacion de [illegible] bajador que lleva [illegible] punto á otro.

**TERRE**, f. *ter*. Tierra, [illegible] nica ó fósil, árida, [illegible] sible, de que se compone [illegible] la superficie del globo que [illegible] el orbe, el mundo. || Tierra, [illegible] cion á agua ó mar. || Tierra [illegible] para el cultivo. || Tierra, [illegible] ra, dominio ó [illegible] || [illegible] posesion campestre. || Tierra [illegible] pecto del mar. || *La Terre* [illegible] Santa, la Palestina. || *Terre à* [illegible] ra de pan llevar. || *Terre à* [illegible] alfarero. || *Terre de bon* [illegible] gña, feraz. || Pint. *Terre* [illegible] sombras. || Agr. *Terre en friche*, [illegible] inculta. || *Terre en jachère*, [illegible] ra de barbecho. || *Terre légère* [illegible] || *Terre forte*, tierra fuerte, [illegible] *sablonneuse*, tierra arenisca [illegible] arcilla ó tierra de arcilla. || [illegible] tierra de miga. || *Terre de* [illegible] ra. || *Terres labourables*, [illegible] || *Terre en valeur*, tierra [illegible] vada. || *Pomme de terre*, [illegible] *de terre*, choza, especie de [illegible] muy pequeña. || Com. *Terre* [illegible] sigilada ó tierra de Lemnos, [illegible] Egipto preparada se [illegible] sello del Gran Señor. || *Terre* [illegible] cho, en la corte de [illegible] *animale*, subfosfato de [illegible] cal y sub-carbonato de cal. || [illegible] alúmina. || *Terre foliée* [illegible] de barita. || *Terre foliée* [illegible] cal. || *Terre foliée* [illegible] sa. || *Terre foliée* [illegible] mercurio. || *Terre foliée* [illegible] de sosa. || *Terre foliée de* [illegible] potasa. || *Terre* [illegible] y sub-carbonato de [illegible] *sante*, barita. || *Terre* [illegible] carbonato de barita. || *Terre* [illegible] cloruro de bario ó [illegible] *sigillées*, sílice. || prov. [illegible] *les terres d'autrui*, [illegible] otro. || *Cela n'a pas* [illegible] cando se saca nada: se [illegible] sion ó proposicion que [illegible] apercibida. || Mar. *Prendre terre* [illegible] ra, aproximarse á la costa, [illegible] || met. *Faire perdre terre à* [illegible] *une discussion*, [illegible] disputa, reducirlo á no [illegible] || Mar. *Aller terre à terre*, [illegible] ra á tierra, sin perder de [illegible] met., ir con tiento, con [illegible] gocios. || *Raser la terre*, [illegible] dice cuando un barco [illegible] tierra cuanto es posible.

**TERREAU**, m. [illegible] ciada de estiércol podrido [illegible] y las huertas.

**TERREAUTER ó T**[illegible] *roté*, *terrotá*. Derramar [illegible] tiércol en las tierras [illegible] abonar la tierra con [illegible]

**TERRE-FERME**, f. [illegible] me, continente en [illegible] isla. || Cualquiera parte del [illegible] las aguas, sea continente, [illegible] firme, la Castilla-Negra, [illegible] América meridional.

**TERREIN**, m. V. TERRAIN.

**TERRE-NEUVIER**, m. *terrneuvié*. Pescador de bacalao en los bancos de Terra-Nova. || Navío de la pesca de Terra-Nova. En esta acepcion se usa tambien como adjetivo : vaisseau *terre-neuvier*.

**TERRE-NOIX**, f. *terrnuá*. Bot. Castaña de tierra, género de plantas umbelíferas.

**TERRE-PLEIN**, m. *terrplén* Fort. Terraplen.

**TERRER**, a. *terré* Agr. *Terrer les vignes*, estercolar las vides. || *Terrer une étoffe*, dar al paño con greda para batanarle. || *Terrer du sucre*, blanquear el azúcar con la arcilla. || Poner tierra nueva al pié de una planta. || n. Soterrarse, se dice en general de los animales que viven debajo de la tierra, como los topos. || *Se terrer*, r. Soterrarse, esconderse debajo de la tierra. || Cubrirse, atrincherarse, parapetarse, ponerse á cubierto del fuego del enemigo, hablando de los soldados en campaña.

**TERRESTRE**, adj. *terréstr*. Terrestre, que pertenece á la tierra, que participa de la naturaleza de la tierra, que viene de ella. || Terreno, terrenal, mundano, por oposicion á espiritual.

**TERRESTRÉITÉ**, f. *terrestreité*. Terrestridad, cualidad de lo que es terrestre. || pl. Quím. Las partes térreas ó las mas groseras de una sustancia.

**TERRETTE**, f. *terrét*. Bot. Yedra ó hiedra terrestre, género de plantas.

**TERREUR**, f. *terreur*. Terror, espanto, susto, miedo grande.

**TERREUX, EUSE**, adj. *terreu*, *eus*. Terroso, que tiene mezcla de tierra. || Terroso, que es de color de tierra. || Terroso, puerco, sucio, que tiene tierra ó polvo.

**TERRIBLE**, adj. *terríbl*. Terrible, que causa terror, que da miedo. || met. Terrible, extremado, grandísimo, extraordinario en su clase. || Terrible, formidable, inexorable.

**TERRIBLEMENT**, adv. *terriblemán*. Terriblemente, de una manera terrible.

**TERRIEN, NE**, m. y f. *terrién*. Grande hacendado, poseedor de muchas tierras ó haciendas.

**TERRIER**, adj. m. *terrié*. Feud. Se llama *papier terrier*, un libro becerro ó registro de apeos de las tierras de un señor. || m. Madriguera, conejera, gazapera, huronera, agujero en la tierra en donde se ocultan ciertos animales. || Úsase tambien en sentido figurado. || fam. *Aller mourir dans son terrier*, ir á morir en su casa, en su pais nativo.

**TERRIFICATION**, f. *terrificasión*. Quím. Terrificacion, reunion de las partes terrosas en la fermentacion.

**TERRIFIER**, a. *terrifié* Quím. Terrificar ó terrificar, convertir en tierra. || neol. Amedrentar, poner espanto ó terror.

**TERRINE**, f. *terrín*. Barreño, lebrillo, cuenco, vasija de tierra. || Cazuela, tartera.

**TERRINÉE**, f. *terriné* Sopera, tartera ó fuente llena, todo lo que contiene dentro.

**TERRIR**, n. *terrír* Salir las tortugas del mar para poner sus huevos en la arena. || Se dice tambien de los peces cuando se acercan á tierra en tiempo de calor. || Mar. Tomar tierra despues de una travesía, de un viaje por mar.

**TERRITOIRE**, m. *territuár*. Territorio, extension de un imperio, de un principado, de un señorío, de una provincia, de una jurisdiccion, etc. || *Donner, prêter territoire*, dícese de un obispo que permite á otro en su territorio ejercer algunas funciones episcopales.

**TERRITORIAL, E**, adj. *territoriál*. Territorial, que comprende, que pertenece á un territorio ó distrito.

**TERROIR**, m. *terruár*. Terruño, tierra considerada en su buena ó mala calidad para los frutos.

**TERRORIFIER**, a. *terrorifié*. Aterrorizar, aterrecer, amedrentar, espantar, infundir terror. Mejor se dice *terrifier*.

**TERRORISER**, a. y n. *terrorisé*. Establecer el sistema del terror.

**TERRORISME**, m. *terrorism*. Terrorismo, sistema, régimen del terror en Francia en 1793 y 94.

**TERRORISTE**, m. *terrorist*. Terrorista, agente ó partidario del terrorismo, del sistema del terror.

**TERSER**, a. V. TERCER.

**TERTIANAIRE**, adj. *tersianér*. Med. Tercianero, relativo á la calentura llamada terciana.

**TERTIAIRE**, adj. *tersiér*. Que pertenece á la tercera clase ó al tercer órden.

**TERTRE**, m. *tértr*. Otero, terromontero, cerro, colina.

**TES**, plural del adjet. pos. *ton, ta*. V. TON.

**TESSEAUX**, m. pl. *tesó*. Mar. Cacholas de gavia.

**TESSELÉ, ÉE**, adj. *teselé*. Que es de forma cuadrada, que tiene cuadros como un juego de damas.

**TESSELLE**, f. *tesél*. Mármol cuadrado de cuatro caras para el suelo de las habitaciones.

**TESSON**, m. *tesón*. Tiesto, casco, pedazo de vasija de barro rota, ó pedazo de botella ó vaso.

**TEST**, m. *tést*. Escudilla ó vasija de tierra en la que se hace la operacion de la copela. || La parte mas dura que forma el cuerpo de una concha.

**TESTACÉ, ÉE**, adj. *testasé*. Hist. nat. Testáceo, dícese de los animales que tienen concha. || *Testacés*, m. pl. Testáceos, clase de moluscos.

**TESTACITE**, f. *testasít*. Zool. Testacita, concha fósil en general.

**TESTAMENT**, m. *testamán*. Testamento, acto auténtico por el que se declara la última voluntad. || *Testament olographe*, testamento ológrafo, escrito y firmado de mano del testador. || *Ancien Testament*, viejo ó antiguo Testamento, los libros santos que han precedido á Jesucristo. || *Le Nouveau Testament*, el nuevo Testamento, los libros santos posteriores al nacimiento de Jesucristo.

**TESTAMENTAIRE**, adj. *testamantér*. Testamentario, que pertenece al testamento. || *Exécuteur testamentaire*, testamentario, albacea.

**TESTAMENTER**, a. *testamanté*. Hacer testamento. Se usa poco. V. TESTER.

**TESTATEUR, TRICE**, m. y f. *testateur*, *trís*. Testador, el que hace testamento.

**TESTER**, n. *testé*. Testar, hacer testamento. || a. Restablecer ó recomponer un peine de tejedor.

**TESTICULAIRE**, adj. *testiculér*. Anat. Testiculario, que pertenece á los testículos.

**TESTICULE**, m. *testicúl*. Anat. Testículo, nombre de dos órganos glandulosos, contenidos en el escroto, destinados para la secrecion del sémen. || Bot. *Testicule de chien*, testículo de fraile, planta.

**TESTIF**, m. *testíf*. Com. Pelo de camello.

**TESTIMONIAL, E**, adj. *testimoniál*. Testimonial, que da testimonio.

**TESTON**, m. *testón*. Teston, moneda de plata que hubo antiguamente en Francia, en tiempo de Luis XII.

**TESTONNER**, a. inus. *testoné*. Componer, rizar el pelo. || Zurrar, sacudir una paliza á alguno.

**TÊT**, m. *té*. V. TESSON. || ant. Casco de cabeza, cráneo. V. CRANE.

**TÉTANIQUE**, adj. *tetanic*. Med. Tetánico, que pertenece al tétano.

**TÉTANOS**, m. *tetanós*. Med. Tétano, rigidez espasmódica de todo el cuerpo.

**TÊTARD**, m. *tetár*. Zool. Renacuajo, animalejo que se cria en agua parada. || Agr. Planton desmochado.

**TÉTASSES**, f. pl. *tetás*. Tetas flojas y pendientes. Se dice por desprecio.

**TÊTE**, f. *tét*. Cabeza, la parte en donde reside el cerebro y los principales órganos de los sentidos. || Cabeza, cráneo, parte de la cabeza que comprende el cerebro. || met. Cabeza, testa, entendimiento, talento. || Cabeza, individuo, persona. || Cabeza, el primero de cada cosa. || Cabeza, superior, el que gobierna ó preside. || Cabeza, pelo, cabellera de una persona. || Copa, cima de alguna cosa, particularmente de los árboles. || Bot. Cabeza, punta ó cabo de las plantas || *La tête d'un clou*, cabeza de un clavo. || *Il y va de sa tête*, en esto le va la vida. || *Aller tête levée*, ir con la cara descubierta, sin empacho ni miedo. || *Rompre la tête*, descalabrar, romper la cabeza. || met. y fam. *Rompre la tête à quelqu'un*, romper la cabeza, los cascos : molestar ó importunar mucho á alguno. || *Porter, monter à la tête*, subirse á predicar, subir el vino á la cabeza. || *Mettre une tête à prix*, poner precio á la cabeza de un delincuente. || *Meubler la tête*, poblar la memoria. || Cabeza, principio de un libro. || Cabeza, vanguardia, la parte de un ejército que va delante. || *À tue tête*, á grito herido, aturdiendo á voces. || *Faire tête à l'ennemi*, arrostrar, hacer cara al enemigo. || *Homme de tête*, hombre de testa, de cabeza. || *Payer tant par tête*, pagar á tanto por cabeza, por barba ó por persona. || *Être à la tête des affaires*, gobernar ó dirigir los negocios. || met. *Avoir la tête dure*, ser duro de mollera : ser rudo para aprender. || met. *Donner dedans tête baissée*, entrarse, meterse de hoz y de coz. || met. *Se mettre quelque chose en tête*, encajarse una cosa en la cabeza. || *Tête de mort*, calavera. || *Tête ó forme de chapeau*, cabeza ó copa de sombrero. || *Tête sans cervelle*, descabezado, tronera. || *Pot en tête*, casquete, morrion. || *Casse-tête*, rompe-cabezas, dícese comunmente del vino fuerte que se sube á la cabeza. || *Coup de tête*, cabezada, testerada. || *Avoir un coup de hache dans la tête*, tener vena de loco, tener rama de locura.

**TÊTE-À-TÊTE**, m. *tetatét*. Conversacion ó conferencia á solas de una persona con otra. *Avoir un long tête-à-tête avec quelqu'un*, tener una larga conversacion con alguno.

**TÊTE-CHÈVRE**, m. *tetchévr*. Zool. Chotacabras, ave nocturna, especie de zumaya.

**TÊTE-CORNUE**, f. *tetcorné*. Bot. Cierta planta.

**TÉTER**, a. *teté*. Mamar, tetar, chupar la leche de la teta de una mujer, de una cabra, etc.

**TÉTHYS**, f. *tetís*. Mit. Tétis, hija del Cielo y de la Tierra, mujer y hermana del Océano.

**TÊTIÈRE**, f. *tetiér*. Gorra de lienzo que se pone á los niños recien nacidos en la cabeza. || Testera, parte de la brida de un caballo. || Mar. Gratil.

**TÉTIN**, m. *tetén*. Tetilla, pezoncillo que tienen las personas sobre el pecho.

**TÉTINE**, f. *tetín*. Ubre, teta de vaca, de cerdo, de carnero. || Abolladura, bolladura, hueco que forma una bala, cuando al salir del arma pega en una coraza sin traspasarla. || Pezonera, instrumento que se ponen las mujeres sobre el pecho para extraer la leche por medio de un tubo que les llega hasta la boca.

**TÊTOIR**, m. *tetuár*. Art. Especie de punzon con que se abre el ojo de la aguja en la fábrica.

**TÉTON**, m. *tetón*. Mama, pecho, teta de mujer.

**TÉTONNIÈRE**, f. vulg. *tetoniér*. Tetona, mujer que tiene grandes tetas, muy abultadas. || Tetonera, especie de faja ó venda que llevan las mujeres para sostener los pechos

**TÉTRACORDE**, m. *tetracórd*. Tetracordio, especie de lira que tiene cuatro cuerdas.

**TÉTRADRACHME**, m. *tetradrácm*. Tetradracma, moneda griega que valia cuatro dracmas ó unos 12 rs.

**TÉTRADYNAME** y **TÉTRADYNAMIQUE**, adj. *tetradinám*, *tetradinamic*. Bot. Tetradínamo, que pertenece á la tetradinamia.

**TÉTRADYNAMIE**, f. *tetradinamí*. Bot. Tetradinamia, quincuagésima clase de plantas del sistema de Lineo.

**TÉTRAÈDRE**, m. *tetraédr*. Geom. Tetraedro, pirámide ó figura piramidal terminada por cuatro triángulos equiláteros.

**TÉTRAGONE**, adj. *tetragon*. Geom. Tetrágono, que tiene cuatro ángulos ó cuatro lados.

**TÉTRAGRAMMATIQUE**, adj. *tetragramatic*. Filol. Tetragramático, que se compone de cuatro letras.

**TÉTRAGRAMME**, adj. *tetragrám*, Filol

Lo mismo que *tétragrammatique*. Es tambien sustantivo. *Un tétragramme*, un tetragrama, una palabra que no tiene mas que cuatro letras. || Teol. Tetragrama, locucion mística bajo la cual se designa, sin pronunciarlo, el santo nombre de Dios. En hebreo, en griego, en latin, en frances, en español, en aleman se compone de cuatro letras.

**TÉTRAGYNE**, adj. *tetragín*. Bot. Tetragino, que tiene cuatro pistilos en cada flor. Dícese tambien á veces *tétragynique*.

**TÉTRAGYNIE**, f. *tetraginí*. Bot. Tetraginia, nombre dado, en el sistema sexual de Lineo, á muchos órdenes de plantas que tienen cuatro pistilos.

**TÉTRAMÈTRE**, adj. y s. m. *tetramétr*. Tetrámetro, se dice de un verso griego ó latino que consta de cuatro piés.

**TÉTRANDRE**, adj. *tetrándr*. Bot. Tetrándico, que tiene cuatro estambres.

**TÉTRANDRIE**, f. *tetrandrí*. Bot. Tetrandria, clase del sistema sexual de Lineo, que comprende las plantas cuyas flores tienen cuatro estambres.

**TÉTRAPÉTALE**, adj. *tetrapetál*. Bot. Tetrapétalo, que tiene cuatro pétalos.

**TÉTRAPHYLLE**, adj. *tetrafil*. Bot. Tetráfilo, que tiene cuatro hojas.

**TÉTRARCHAT**, m. *tetrarcá*. Tetrarquía, autoridad, dignidad de un tetrarca. || Duracion de sus funciones.

**TÉTRARCHIE**, f. *tetrarchí*. Tetrarquía, cuarta parte de un reino ó estado dividido.

**TÉTRARQUE**, m. *tetrárc*. Tetrarca, príncipe ó jefe de una tetrarquía.

**TÉTRASTIQUE**, adj. *tetrastíc*. Lit Tetrástico, que está compuesto de cuatro versos. || Antig. Tetrástico, que tiene cuatro órdenes de columnas.

**TÉTRASTROPHE**, adj. *tetrastróf*. Lit. Tetrastrofo, que consta de cuatro estrofas.

**TÉTRASTYLE**, m. *tetrastíl*. Arq. ant. Tetrástilo, templo que presenta cuatro columnas de frente. Es tambien adjetivo.

**TÉTRASYLLABE**, adj. *tetrasiláb*. Gram. Tetrasílabo, se dice de una palabra que consta de cuatro sílabas. Es tambien sustantivo.

**TÉTRASYLLABIQUE**, adj. *tetrasilabíc*. Tetrasílabo, que consta de cuatro sílabas. Es tambien sustantivo.

**TETTE**, f. *tét*. Teta ó la punta de la teta de los animales

**TÊTU, E**, adj. *tetú*. Cabezudo, testarudo, obstinado. || TÊTU, m. Alb. Piquete, herramienta que sirve para derribar. || Zool. Cabezudo, especie de pescado.

**TEUGUE ó TUGUE**, *teugue, túgue* Mar. Chupeta, cubichete, cubierta de armazon que sirve para preservar de la intemperie y muy principalmente de la lluvia.

**TEUTONIQUE**, adj. *teutoníc*. Teutónico, que pertenece, que se refiere á los Teutones, antiguo pueblo de la Germania. || *Ordre teutonique*, órden teutónica, órden religiosa y militar fundado por caballeros alemanes en tiempo de las cruzadas.

**TEXTE**, m. *técst*. Parte original de un asunto tratado por un autor primitivamente. || *Restituer un texte*, restablecer un texto, restablecer sus palabras, el órden, la puntuacion. || Texto, palabras de la sagrada Escritura sobre las cuales un predicador forma su sermon. || *Revenir à son texte*, volver al tema, al asunto principal de una cuestion. || Impr. *Gros texte*, texto lectura, cierto grado de letra. || *Petit texte*, glosilla, otro grado de letra.

**TEXTILE**, adj. *tecstíl*. Hilable, susceptible de ser hilado, que puede reducirse á hebras.

**TEXTILITÉ**, f. *tecstilité*. Hilabilidad, cualidad de lo que es hilable.

**TEXTUAIRE**, m. *tecstuér*. Textual, libro que contiene el texto puro, sin comentarios. || Textualista, el que se fija en el texto de las leyes sin atender á comentarios ni glosas.

**TEXTUEL, LE**, adj. *tecstuél*. Textual, que se halla en el texto.

**TEXTUELLEMENT**, adv. *tecstuelmán*. Textualmente, conforme con el texto, con arreglo ó sujecion al texto.

**TEXTURE**, f. *tecstúr*. Textura, tejido, estado de una cosa tejida. || met. Tejido, disposicion de las partes de una obra intelectual ó de ingenio.

**THALASSOMÈTRE**, m. *talasométr*. Mar. Sonda. V. SONDE.

**THALER**, m. *talér*. Taler, moneda alemana que vale 16 reales.

**THALIE**, f. *talí*. Mit. Talía, una de las nueve Musas. || Talía, nombre de una de las tres Gracias.

**THAUMATURGE**, adj. *tomatúrge*. Taumaturgo, que hace milagros, hacedor de milagros. Es tambein sustantivo.

**THAUMATURGIE**, f. *tomaturgí* Taumaturgia, poder de los taumaturgos.

**THÉ**, m. *té*. Bot. Té, género de plantas de la China y del Japon, con la cual se hace una infusion agradable de mucho uso. || Té, la infusion que se hace con dicha planta.

**THÉANDRIE**, f. *teandrí*. Teol. Teandria, union de la naturaleza divina con la humana

**THÉANDRIQUE**, adj. *teandríc*. Teol. Teándrico, que es divino y humano juntamente.

**THÉANTHROPE**, m. *teantróp*. Teol. Teántropo, Jesucristo Dios y hombre, ó sea el hombre Dios.

**THÉANTHROPIE**, f. *teantropí*. Se ha dicho por *anthropomorphisme*. V. esta palabra.

**THÉATIN**, m. *teatén*. Teatino, religioso de la órden de San Cayetano.

**THÉÂTRAL, E**, adj. *teatrál*. Teatral, que pertenece al teatro; que es propio del teatro ó para el teatro.

**THÉÂTRE**, m. *teátr*. Teatro. Tiene en el sentido recto y en el figurado las mismas acepciones en ambas lenguas. || *Pièce de théâtre*, pieza teatral ó de teatro, una ópera, una tragedia, una comedia, etc. || *Coup de théâtre*, escenario imprevisto, mutacion de teatro. || *Habits de théâtre*, trajes de teatro. || *Ecrire, travailler pour le théâtre*, escribir ó componer piezas teatrales. || *Mettre un sujet au théâtre*, hacer una tragedia ó comedia sobre un tema. || *Mettre une pièce au théâtre*, poner en escena alguna pieza. || *Monter sur le théâtre*, subir á las tablas: hacerse cómico. || met. *Un roi de théâtre*, un rey de comedia, un rey de copas: un rey sin autoridad, débil, sin carácter ni firmeza para gobernar. || prov. *Marcher en roi de théâtre*, andar con gravedad, afectando un aire majestuoso. || Mar. Ciragía, division formada en los entrepuentes con bastidores y lonas, para la curacion de los heridos y enfermos.

**THÉBAÏDE**, f. *tebaíd*. Tebaida, una de las tres grandes provincias de Egipto. || met. Desierto, profunda soledad.

**THÉBAIN, E**, adj. y s. *tebén, én*. Tebano, de Tébas en Beocia, ó de Tébas en Egipto.

**THÉBAÏQUE**, adj. *tebaíc*. Tebano, que pertenece á Tébas, á la Tebaida.

**THÉIÈRE**, f. *teiér*. Tetera, especie de jarro donde se pone el té en infusion.

**THÉIFORME**, adj. *teifórm*. Bot. Teiforme, que se parece al té. || *Infusion théiforme*, infusion teiforme, preparada como la del té.

**THÉISME**, m. *teísm*. Fil. Teismo, creencia en la existencia de Dios. Es lo contrario de *athéisme*.

**THÉISTE**, adj. y s. *teíst*. Fil. Teista, que cree en la existencia de Dios, por oposicion á ateo. No deben confundirse los deistas con los teistas.

**THÈME**, m. *tém*. Tema, asunto, materia ó proposicion que se trata de probar, de aclarar, de dilucidar. || Tema, texto, lugar que escoge un orador por asunto de su discurso. Ya no se dice en este sentido. || Tema, composicion que hace un discípulo traduciendo de su lengua á otra que quiere aprender. Es lo contrario de *version*. || Tema, se dice de lo que se da á traducir al discípulo: *thème aisé, difficile*. || Mús. Tema, asunto sobre el cual se forman algunas variaciones. || met. y fam. *Il a mal pris son thème*, ha cometido un renuncio, se le ha ido la mula, ha dado una pifia: ha dicho un desaropósito. || met. *Faire son thème de deux* [illegible]

[illegible] maneras, escribir ó hablar [illegible] tambien, tendencias [illegible] dios diferentes.

**THÉMIS**, f. *témis*. Mit. [illegible] la justicia.

**THÉOGNOSIE**, m. [illegible] nombre que se ha dado al [illegible]

**THÉOCRATE**, m. [illegible] miembro de una teocracia [illegible] poder teocrático.

**THÉOCRATIE**, f. [illegible] gobierno de un pueblo [illegible] se consideran como [illegible]

**THÉOCRATIQUE**, adj. [illegible] crático, que pertenece á la [illegible]

**THÉOGONIE**, f. [illegible] neracion ó genealogía [illegible] nismo. || Teogonía, [illegible] existió durante el paganismo [illegible]

**THÉOLOGAL**, m. [illegible] lectoral, canónigo [illegible] de una iglesia catedral [illegible] gía y predicar en [illegible] *logale*, f. La teologal, la [illegible] lectoral. || adj. f. Teologal, [illegible] virtudes que tienen [illegible] por objeto, y son la fe, [illegible]

**THÉOLOGIE**, f. [illegible] cia que tiene por objeto [illegible] los dogmas y preceptos [illegible] la religion cristiana. || [illegible] preceptos que constituyen [illegible] quiera religion. || Teología [illegible] lar mas ó ménos recibida [illegible] eclesiásticos. || Teología, [illegible] teológicas escritas por un [illegible]

**THÉOLOGIEN**, m. [illegible] que sabe ó enseña teología, [illegible] sobre esta ciencia. || Teólogo, [illegible] teología.

**THÉOLOGIQUE**, adj. [illegible] co, que concierne ó pertenece [illegible]

**THÉOLOGIQUEMENT**, adv. [illegible] mán. Teológicamente, de una [illegible] gica.

**THÉOLOGISER**, n. [illegible] zar, hablar, raciocinar sobre [illegible] gicas.

**THÉOMANCIE**, f. [illegible] adivinacion por [illegible] Dios.

**THÉOMANIE**, f. [illegible] nía, manía de creerse Dios, ó [illegible] Dios.

**THÉOPHILANTHROPE**, m. [illegible] Teofilántropo, miembro de [illegible] giosa y filosófica que [illegible]

**THÉOPHILANTHROPIE**, [illegible] pí. Teofilantropía, doctrina [illegible] tropos; sistema que [illegible] hombres deben tenerse [illegible]

**THÉOPHILANTHROPIQUE**, [illegible] *lantropíc*. Teofilantrópico, [illegible] la teofilantropía, á los [illegible]

**THÉOPHILE**, adj. [illegible] ama á Dios.

**THÉOPHOBE**, m. [illegible] migo de Dios.

**THÉOPHOBIE**, f. [illegible] contra Dios; odio contra [illegible]

**THÉORBE**, m. *teórb*. [illegible] trumento de cuerdas que [illegible]

**THÉORÈME**, m. *teorém*. [illegible] posicion de una verdad [illegible] puede demostrar. || Mat. [illegible] cion que anuncia y demuestra [illegible]

**THÉORÉTIQUE**, adj. [illegible] rético, que pertenece á la [illegible] cia ó especulativa.

**THÉORICIEN**, m. [illegible] que conoce los principios [illegible] mente por el estudio, ó [illegible] práctica.

**THÉORIE**, f. *teorí*. Teoría, [illegible] culativa, conocimiento [illegible] simple especulacion [illegible]

**THÉORIQUE**, adj. [illegible] pertenece, que tiene [illegible] teórica

**THÉORIQUEMENT**, adv. [illegible] Teóricamente, de una manera [illegible]

**THÉORISER**, a. y n. *teorisé*. Teorizar, establecer una teoría ó teorías.

**THÉOSOPHE**, m. *teosóf*. Teósofo, especie de iluminados que creen tener comunicacion directa con Dios.

**THÉOSOPHIE**, f. *teosofí*. Teosofía, sistema, doctrina de los teósofos.

**THÉRAPEUTES**, m. pl. *terapeut*. Terapeutas, especie de monjes del judaismo

**THÉRAPEUTIQUE**, adj. *terapeutic*. Terapéutico, que pertenece ó tiene relacion con los terapeutas. || f. Terapéutica, parte de la medicina que trata del modo de curar las enfermedades.

**THÉRAPEUTISTE**, m. *terapeutist*. Terapéutico, el que se dedica especialmente á la terapéutica.

**THÉRIACAL**, **E**, adj. *teriacál*. Med. Teriacal ó triacal, que contiene triaca ó tiene sus propiedades.

**THÉRIAQUE**, f. *teriác*. Teriaca ó triaca, medicamento en forma de opiata, el cual se compone de varias sustancias estomacales y sirve de antídoto contra toda especie de venenos.

**THÉRIOTOMIE**, f. *teriotomí*. Zootomía ó teriotomía, anatomía de los animales. Es sinón. inus. de *zootomie*.

**THERMAL**, **E**, adj. *termál*. Termal, se dice principalmente de las aguas minerales calientes.

**THERMANTIQUE**, adj. *termantic*. Med. Termántico, se dice de los remedios que excitan, que calientan, que aumentan el calor natural. Úsase tambien como sustantivo.

**THERMES**, m. pl. *térm*. Termas, nombre dado por los antiguos á las casas de baños.

**THERMIDOR**, m. *termidór*. Termidor, undécimo mes del calendario republicano frances, que empezaba en 19 de julio y concluia en 17 de agosto.

**THERMOMÈTRE**, m. *termométr*. Termómetro, instrumento que señala los grados de calor ó de frio que existen en la atmósfera.

**THERMOMÉTRIQUE**, adj. *termometríc*. Termométrico, que pertenece al termómetro.

**THERMOSCOPE**, m. *termoscóp*. Termóscopo, instrumento que señala los cambios que sobrevienen en el aire con respecto al frio y al calor. Se diferencia del termómetro en que este mide las variaciones que representa y marca solamente el termóscopo.

**THÉSAURISER**, n. *tesorisé*. Atesorar, juntar y guardar mucho dinero.

**THÉSAURISEUR**, **EUSE**, s. y adj. *tesoriseur*, eus. Atesorador, el que atesora.

**THÈSE**, f. *tés*. Tésis, conclusion, proposicion que se establece ó se sienta ántes de un discurso con objeto de defenderla en caso de ser atacada. || Cuestion, proposicion que se sienta en conversacion particular. || Tésis, conclusion, proposicion que se sostiene públicamente en las universidades, en las escuelas de filosofía, teología, medicina, leyes, etc. || Tésis, cuaderno ó pliego impreso en que están escritas las conclusiones.

**THESMOTHÈTE**, m. *tesmotét*. Antig. gr. Tesmoteto, nombre que daban los Atenienses á los magistrados encargados de la custodia de las leyes.

**THÉURGIE**, f. *teurgí*. Teurgia, especie de magia por medio de la cual se creia estar en contacto con las divinidades benéficas.

**THÉURGIQUE**, adj. *teurgic*. Teúrgico, que pertenece á la teurgia.

**THIBAUDE**, f. *tibód*. Especie de tejido hecho con pelo de vaca que se emplea para forrar las alfombras.

**THLASIE**, f. ó **THLASMA**, m. *tlasí*, *tlásma*. Med. Tlasia ó tlasis, tlasma, especie de lesion de los huesos planos.

**THLASPI**, m. *tlaspí*. Bot. Tlaspi ó tláspeos, mostaza silvestre, género de plantas.

**THLASPIDIUM**, m. *tlaspidióm*. Bot. Pan y quesillo, especie de plantas.

**THOLUS** ó **THOLE**, m. *tolus*, *tól*. Carp. Cervera, parte en donde cargan los arcos ó curvas de una bóveda de madera.

**THOMISME**, m. *tomísm*. Tomística, doctrina, escuela de santo Tomas.

**THOMISTE**, m. *tomíst*. Tomista, el que sigue la doctrina ó escuela de santo Tomas.

**THON**, m. *tón*. Zool. Atun, pescado de mar, cuya carne es muy estimada. || *Petit thon*, chicharro ó atun pequeño.

**THONAIRE**, m. *tonér*. Atunera, especie de red ó anzuelo para pescar atunes.

**THONINE**, f. *tonín*. Tonina, atun salado.

**THORACHIQUE** ó **THORACIQUE**, adj. *torachíc*, *torasíc*. Anat. Torácico, que corresponde al tórax ó al pecho.

**THORAX**, m. *torácz*. Anat. Tórax, la cavidad del pecho.

**THROMBUS**, m. *trónbus*. Cir. Trumbo ó aporisma, tumor formado por la sangre derramada en la circunferencia de la abertura de una vena.

**THURIFÉRAIRE**, m. *turiferér*. Turiferario, acólito que lleva el incensario en las ceremonias religiosas.

**THUYA**, m. *túya*. Bot. Tuya ó árbol de la vida, planta conífera.

**THYM**, m. *tén*. Bot. Tomillo, planta aromática, tónica y estimulante. || *Lieu planté de thym*, tomillar.

**THYMALLE**, m. *timál*. Zool. Timalo, pescado de agua dulce, del género coregon.

**THYMBRE**, m. *ténbr*. Bot. Sarrilla, mejorana silvestre, nombre de una planta.

**THYMÉLÉE**, f. *timelé*. Bot. Torvisco, planta.

**THYMIATECHNIE**, f. *timiatecní*. Timiatecnia, arte de componer los perfumes y de emplearlos.

**THYMIATECHNIQUE**, adj. *timiatecníc*. Timiatécnico, que pertenece á la timiatecnia.

**THYROÏDE**, adj. *tiroíd*. Anat. Tiróides, dícese de un cartílago y de una glándula situados en la laringe.

**THYROÏDIEN**, **NE**, adj. *tiroidién*, *én*. Anat. Tiroídeo, que pertenece al cartílago ó á la glándula tiróides.

**THYRSE**, m. *tirs*. Tirso, vara ó lanza cubierta de pámpanos y hiedra, terminándose por una piña de pino, que llevaban los gentiles en las fiestas bacanales.

**THYRSIFLORE**, adj. *tirsiflór*. Bot. Tirsiflor, que tiene las flores formando piña, como sucede en las lilas.

**THYRSOÏDE**, adj. *tirsoíd*. Bot. Tirsoídeo, que tiene las flores en forma de tirso.

**TIARE**, f. *tiár*. Tiara, especie de turbante que llevaban, entre los Medos, los Persas y otros pueblos de Oriente, los príncipes y sacrificadores. || Tiara, especie de mitra adornada de tres coronas que lleva el Sumo Pontífice en ciertas ceremonias. || met. Tiara, la dignidad de sumo pontífice.

**TIBIA**, m. *tibía*. Anat. Tibia ó canilla mayor, hueso situado entre el muslo y el pié al lado interno del peroné, con el cual forma la pierna.

**TIBIAL**, **E**, adj. *tibiál*. Anat. Tibial, que pertenece ó tiene relacion con la tibia.

**TIBURON**, m. *tiburón*. Zool. Tiburon, marrajo, pez grande y voraz del Océano y del Mediterráneo.

**TIC**, m. *tic*. Vet. Tiro, enfermedad de los caballos que les hace morder el pesebre. || Med. Se da este nombre á la contraccion de los músculos, de la cara principalmente, cuando obliga á gesticular y hacer muecas.

**TIÈDE**, adj. *tiéd*. Tibio, que no está caliente ni frio, hablando de las cosas líquidas. || met. Tibio, que carece de actividad, de energía, de fervor, de celo.

**TIÈDEMENT**, adv. *tiedmán*. Tibiamente, con tibieza.

**TIÉDEUR**, f. *tiedeur*. Tibieza, en lo físico y en lo moral.

**TIÉDIR**, n. *tiedir*. Entibiarse, ponerse tibio. || met. *Sa dévotion commence à tiédir*, su devocion empieza á entibiarse.

**TIEN**, **NE**, adj. poses. *tién*, *én*. Tuyo, tuya. *Voilà mon épée*, *cherche la tienne*, hé ahí mi espada, busca la tuya. || sust. *Le tien*, lo tuyo, lo que te pertenece. *Tu veux le tien*, *et moi je veux le mien*, tú quieres lo tuyo, y yo lo mio. || m. pl. *Les tiens*, los tuyos, tus parientes y allegados, tus domésticos, partidarios, etc.

**TIERÇAIRE**, **TERCIAIRE** ó **TIERTIAIRE**, adj. V. TERTIAIRE.

**TIERCE**, f. *tiérs*. Mús. Tercera, intervalo de un tono entre dos sonidos segun el órden de la escala. || Tercera, tres cartas de un mismo palo en el juego de los cientos. || Esgr. Tercera, cierta posicion de la espada. || Litúrg. Tercia, una de las horas canónicas. || Impr. Última prueba que se saca del pliego en prensa. || Med. Terciana, calentura que repite un dia sí y otro no. || Astr. Tercia, sexagésima parte de un segundo.

**TIERCÉ**, adj. m. *tiersé*. Blas. Terciado, se dice del escudo dividido en tres partes iguales.

**TIERCE-FEUILLE**, f. *tiersfeuil*. Blas. Trébol con cabillo.

**TIERCE-DOUBLÉE**, f. *tiersdublé*. Med. Calentura intermitente que repite dos veces cada tercer dia.

**TIERCELET**, m. *tierselé* (e muda). Cetr. Sacre macho, ave de altanería. || *Un tiercelet de faucon*, halcon terzuelo. || *Un tiercelet de lanier*, alcotan terzuelo. || *Un tiercelet d'autour*, azor terzuelo. || met. *Un tiercelet de gentilhomme*, *de docteur*, un hidalguillo, un doctorzuelo, un doctor de mala muerte.

**TIERCELINE** ó **TIERSELINE**, f. *tierselín* (e muda). Tercera, hermana de la órden de San Francisco.

**TIERCE-MAJEURE**, f. *tiersmajeur*. Mús. Tercera mayor, intervalo de un tono y dos semitonos, uno mayor y otro menor. || Tercera mayor, en el juego de los cientos, es la que empieza por el as. V. TIERCE en la segunda acepcion.

**TIERCEMENT**, m. *tiersmán*. Puja de un tercio en una subasta. || Aumento de un tercio en el precio de los asientos del teatro.

**TIERCER**, a. *tiersé*. Terciar, pujar el tercio en el precio de una renta ó venta despues de rematada, así como en España se cuartea ó se puja una cuarta parte. || Terciar, dar la tercera reja ó labor á una tierra. V. TERCER. || n. Subir la tercera parte del precio que ántes tenian los asientos en un teatro. || Terciar, hacer un tercio en el juego de pelota.

**TIERCERON**, m. *tierserón* (e muda). Arq. Bragueton, fajas en las aristas de los cinchos ó planos en las bóvedas góticas.

**TIERCEUR**, m. *tierseur*. Pujador del tercio en una venta ó renta despues de rematada; en España es pujador del cuarto.

**TIERCIÈRE**, f. *tiersiér*. Pesc. Especie de malla de una red.

**TIERÇON**, m. *tiersón*. Tercera parte del tipo de una medida para líquidos, segun el sistema antiguo. En España tenemos cuartillo, cuartilla y cuarta, que son cuartas partes. || Cajon para llevar jabon.

**TIERS**, **ERCE**, adj. *tiér*, *érs*. Tercer, tercero. Ya no se usa mas que en algunas frases, como *un tiers parti*, *tiers ordre*, *etc.* || *Le tiers ordre de Saint-François*, *des Carmes*, *etc.*, la órden tercera, los religiosos sometidos á la regla tercera. || *Le tiers état*, el estado llano (*la classe bourgeoise*), por oposicion á la nobleza y al clero. || TIERS, m. Tercero, árbitro que tercia, que interviene como tercera persona. || Tercio, tercera parte de un todo. || fam. *Hanter le tiers et le quart*, hacer á blancos y á negros: tratar con toda casta de gentes, con todo el mundo.

**TIERS-POINT**, m. *tierpuán*. Arq. Triángulo, punto de seccion que se encuentra en la cima de un triángulo equilátero. || Curvatura de una bóveda gótica que se compone de dos arcos de círculo. || Movimiento tercero en una mecánica.

**TIERS-POTEAU**, m. *tierpotó*. Arq. Cuarton, vigueta, viga mediana.

**TIGE**, f. *tig*. Tronco, pié de un vegetal; tallo, troncho, la parte que sale de la tierra y sostiene las ramas. || Tronco, estirpe, orígen de una familia. || Caña, tallo, espiga, parte que tiene cierta analogía con el pié ó tallo de una planta, como la caña de una columna, la espiga de una llave. || Caña, parte de una bota. || *Tige de chou*, troncho de berra. || *Tige de blé*, caña de trigo. || Reloj. Árbol, virola de una rueda.

**TIGÉ, ÉE**, adj. *tigé*. Blas. Fustado, dícese del árbol ó planta cuyo pié ó tronco tiene un esmalte distinto.

**TIGETTE**, f. *tigét*. Arq. Especie de caña adornada de hojas que tienen los chapiteles en el órden corintio.

**TIGNASSE**, f. *tiñás*. Peluca muy mal hecha, vieja ó sucia. Mejor se dirá *teignasse*.

**TIGNOL**, m. *tiñól*. Especie de palangrero, barco de pescar.

**TIGNON**, m. *tiñón*. Moño, castaña, porcion de cabellos que las mujeres se recogen detras de la cabeza. || Madeja, mata de pelo, hablando de las mujeres de estado llano.

**TIGNONNER**, a. *tiñoné*. Rizar, trenzar el pelo por detras, hacer un moño ó castaña segun la moda. || *Se tignonner*, r. Agarrarse al moño dos mujeres, tirarse del moño, repelarse, escarmenarse, despeluzarse. Es vulgar.

**TIGRE**, m. *tigr*. Zool. Tigre, animal mamífero, cuadrúpedo, del género félix. || met. *C'est un tigre*, es un tigre, un hombre cruel, fiero, inhumano.

**TIGRER**, a. *tigré*. Atigrar, manchar ó pintar imitando la piel del tigre ó leopardo.

**TIGRESSE**, f. *tigrés*. Tigra, la tigre, la hembra del tigre. || Úsase tambien á veces en sentido met., significando mujer ruin, cruel.

**TILBURY**, m. *tilburí*. Tilburí, especie de carruaje descubierto y sumamente lijero. Es palabra inglesa.

**TILDE**, m. *tild*. Gram. Tilde, línea horizontal que se pone sobre la *n* para darle el valor de *ñ* en español. En frances *gn* equivale á la *ñ* española, como en *régne*.

**TILDÉ, ÉE**, adj. *tildé*. Gram. Tildado, que tiene un tilde encima.

**TILIACÉ, ÉE**, adj. *tiliasé*. Bot. Tiliáceo, que se parece al tilio. || *Tiliacées*, f. pl. Tiliáceas, familia de plantas.

**TILLAC**, m. *tillác*. Mar. Combes, cubierta de la nave. || *Franc tillac*, el entrepuente.

**TILLANDSIE**, f. *tillandsí*. Bot. Tillansia, género de plantas.

**TILLE**, f. *till*. Corteza de tilo, especie de telilla que se encuentra en la corteza y la madera de dicho árbol. || Pajuzo que suelta el cáñamo, que tambien se llama *teille*. || Especie de hachuela que tiene una boca de martillo. || Mar. Pedazo de cubierta que tienen los barcos pequeños á popa y proa.

**TILLER ó TEILLER**, a. *tillé*, *telié*. Escarmenar el cáñamo.

**TILLEUL**, m. *tilleul*. Bot. Tilo, género de plantas dicotiledóneas. || *Tilleul des bois*, tilo silvestre.

**TILLEUR, EUSE**, m. y f. *tilleur*, *eus*. Escarmenador de cáñamo.

**TILLOTER**, a. *tilloté*. Agramar el cáñamo.

**TIMAR**, m. *timár*. Especie de beneficio que se concede á los soldados turcos para su manutencion y la de algunos compañeros de armas.

**TIMARIOT**, m. *timarió*. Nombre que dan los Turcos al soldado que disfruta un timar.

**TIMBALE**, f. *tenbál*. Mús. Timbal, especie de tambor. || Tembladera, vaso de metal que tiene la forma de un timbal. || Especie de raqueta ó pala cubierta de pergamino con que se pega al volante. || met. y vulg. Marmita. *Faire bouillir la timbale*, hacer cocer el puchero, la marmita.

**TIMBALIER**, m. *tenbalié*. Timbalero, el que toca los timbales.

**TIMBRAGE**, m. *tenbrág*. Blas. Timbramiento, accion de timbrar ó poner en el escudo un timbre, corona, yelmo, mitra, etc. || Timbramiento, sello, accion de sellar el papel.

**TIMBRE**, m. *ténbr*. Campana que no tiene movimiento y cuyos sonidos los produce el golpe del martillo colocado exteriormente. || Sonido que da una campana herida por un martillo. || met. Metal ó eco de la voz humana. || Sello que se pone en el papel que debe usarse en autos y escrituras públicas. || *Bureau de timbre*, estanco donde se vende el papel sellado. || *Timbre sec*, sello que se señala solamente por presion. || Blas. Timbre, casco, yelmo que se encuentra sobre el escudo. || met. y fam. Cholla, cascos, por meollo ó juicio. || *Avoir le timbre fêlé*, *brouillé*, ser algo loco.

**TIMBRÉ, ÉE**, adj. *tenbré*. Timbrado. || *Papier timbré*, papel sellado. || met. y fam. *Avoir un cerveau*, *une tête*, *une cervelle mal timbrée*, tener los cascos á la jineta, ser un casquivano, un loco. || Blas. Timbrado, se dice del escudo que tiene un casco encima.

**TIMBRER**, a. *tenbré*. Sellar el papel ó pergamino segun está mandado por la ley. || Poner el sello sobre las cartas en la administracion de correos. || Blas. Timbrar, poner sobre un escudo un yelmo, una mitra, una corona ó otra señal de dignidad.

**TIMBREUR**, m. *tenbreur*. Sellador, el que sella.

**TIMIDE**, adj. *timíd*. Tímido, encogido, apocado, corto, cobarde, miedoso. || met. *Marche timide*, conducta tímida, circunspecta, cautelosa. || Lit. *Style timide*, estilo que no tiene energía.

**TIMIDEMENT**, adv. *timidmán*. Tímidamente, con timidez.

**TIMIDITÉ**, f. *timidité*. Timidez, encogimiento, cortedad, apocamiento.

**TIMON**, m. *timón*. Lanza de coche ó de otro carruaje. || *Timon d'une charrue*, lanza, pértigo ó espiga del arado. || Mar. Caña del timon; el mismo timon. || met. Timon, el gobierno del Estado, de los negocios. *Prendre le timon de l'Etat*, *le timon des affaires*, encargarse de la direccion del Estado, de los negocios.

**TIMONIER**, m. *timonié*. Mar. Timonel, el que tiene á su cargo la direccion de la caña del timon. || Caballo ó mula de tronco en un carruaje.

**TIMORÉ, ÉE**, adj. *timoré*. Timorato, que es sumamente escrupuloso en cuanto puede ofender á Dios.

**TIN**, m. *tén*. Mar. Picadero, cada una de las piezas cortas y gruesas que se colocan en medio de la anchura y á lo largo de un dique ó grada para sostener en la altura conveniente la quilla del buque que se carena ó construye.

**TINCTORIAL, E**, adj. *tenctoriál*. Dícese de lo que sirve para teñir ó hacer tinte.

**TINE**, f. *tín*. Cuba, especie de tonel que sirve para trasportar agua. || Aportadera, cuévano, tina, cubeto que sirve para llevar la vendimia al lagar.

**TINET**, m. *tiné*. Palo ó garrote que se mete por entre las asas de una cubeta para trasportarla de un lugar á otro. || Especie de balancin donde se meten los garrones de un buey muerto para suspenderlo en el aire.

**TINETTE**, f. *tinét*. Cubeta, especie de barril cerrado, hecho de duela, que sirve para trasportar varias cosas.

**TINKAL**, m. *tencál*. Atincar, nombre que algunos dan al bórax.

**TINTAMARRE**, m. fam. *tentamár*. Algazara, batahola, zambra, gresca, grande bulla.

**TINTAMARRER**, n. vulg. *tentamaré*. Armar algazara, zambra ó gresca.

**TINTEMENT**, m. *tentmán*. Retintin, eco que deja el sonido de una campana cuando se toca. || Med. Chillido, zumbido ó ruido que se experimenta en los oidos.

**TINTENAGUE**, f. V. TOUTENAGUE.

**TINTER**, a. *tenté*. Repicar una campana, tocarla á badajadas de modo que el badajo no hiera sino un lado del borde. || *Tinter la messe*, tocar el cimbanillo ó cimbalillo, indicar que la misa se empezará inmediatamente. || Mar. Colocar los picaderos, apoyar sobre ellos la quilla de un buque. || n. Sonar las campanas. || *La cloche tinte*, toca ó llama la campana, tocan la campana. || *La messe*, *le sermon tinte*, tocan á misa, al sermon. || *Faire tinter un verre*, hacer sonar un vaso como una campana. || Zumbar, silbar ó chillar los oidos: *l'oreille lui tinte*, *les oreilles lui tintent*. || met. y fam. *Le cerveau lui tinte*, se le va la cabeza á pájaros, no está en su juicio.

**TINTIN**, *tentén*. Tintin, onomatopeya que imita el sonido de la campana, ó de los vasos cuando se echa un brindis.

**TINTOUIN**, m. [illegible] bido de los oidos. [illegible] sozobra, inquietud, [illegible] imaginacion.

**TINTOUINER**, a. [illegible] cer zumbar; hacer oir un [illegible]

**TIPHON**, m. [illegible] de viento fuerte. || [illegible] rina. V. SIPHON.

**TIPULAIRE**, adj. [illegible] rio, que se parece á una tipula.

**TIPULE**, f. [illegible] Zool. [illegible] de mosca.

**TIQUE**, f. *tic*. Zool. [illegible] parásito con ocho patas, que [illegible] mente agarrado á las orejas de [illegible] otros animales.

**TIQUER**, n. [illegible] fermedad llamada tiro. V. TIC.

**TIQUETÉ, ÉE**, adj. [illegible] manchado, salpicado de colores.

**TIQUEUR, EUSE**, adj. [illegible] Vet. Se dice del animal que [illegible] esto es, del vicio de morder [illegible]

**TIR**, m. *tir*. Tiro, accion de [illegible] de disparar un arma de [illegible] cion determinada. || Tiro, [illegible] cion que se da á una [illegible] donde se aprende á tirar [illegible] pistola.

**TIRADE**, f. [illegible] de literatura, en prosa ó en [illegible] ma parte de una obra y [illegible] asunto. || En el teatro, [illegible] sos que recita un actor sin [illegible] || fam. *Une tirade d'injures*, [illegible] una sarta ó retahila de injurias [illegible] un tiron. || Mús. [illegible] notas intermedias que [illegible] instrumento al pasar de una á [illegible] fam. *Tout d'une tirade*, de un [illegible] guida, sin parar.

**TIRAGE**, m. [illegible] de una cuerda que [illegible] Seca de piedra en una [illegible] cion de tirar una [illegible] un aparejo ó cuerda, [illegible] un rio, hacer andar una [illegible] jante. || Andén, [illegible] malecon ó orilla de un rio, [illegible] chan las caballerias que [illegible] Impr. Tirada, [illegible] los pliegos en la prensa. || [illegible] pasar un metal por la [illegible] *tirage*, caballos de [illegible] en tirar de los barcos y [illegible] se conocen por los [illegible] solo *tirage*, sorteo [illegible] *rage d'une loterie*, [illegible] teria.

**TIRAILLEMENT**, m. [illegible] estiron, estirajon. || [illegible] *mac*, ahilos de estómago, [illegible] retortijones. || met. [illegible] dad dimanada de [illegible]

**TIRAILLER**, a. [illegible] tirones ó estirones, [illegible] seiendola por los [illegible] se dice vulgarmente [illegible] súplicas, con repetidas [illegible] tear, tirar con un arma de [illegible] nudo y con poco acierto, [illegible] nada el paisanaje [illegible] rilla.

**TIRAILLERIE**, f. [illegible] roteo, accion de hacer fuego [illegible] acierto, sin puntería.

**TIRAILLEUR**, m. [illegible] el que no tira con acierto [illegible] guerra. || Mil. Tirador ó [illegible] fuego en guerrilla.

**TIRANT**, m. *tirán*. [illegible] sirve para cerrar una bolsa [illegible] del zapato, tira de cuero [illegible] tario al pié por medio de [illegible] rante, cada una de las dos [illegible] ponen en la parte [illegible] bota, para meter los [illegible] y calzarsela con [illegible] dera, cada uno de los [illegible] dados que sirven para [illegible] un tambor. || Arq. Tirante, [illegible] de madera ó de hierro que sirve [illegible] dir la separacion del [illegible] red, de una bóveda, etc. || Cabello de ángel, pedazo de nervio de color amarillento que se encuentra entre la carne guisada ó cocida. || Cordel con que se atan las piezas de autos ó escrituras en las escribanías. || Mar. Cala, cantidad de agua que es necesaria á un buque para fluctuar, ó el número de piés que entra en el agua cuando está descargado.

**TIRASSE**, f. *tirás.* Especie de red para coger pájaros.

**TIRASSER**, n. *tirasé.* Cazar pájaros con red. || *Tirasser des cailles*, cazar codornices con red. Algunas veces se usa como activo, y se dice *tirasser des cailles, des alouettes, etc.*

**TIRE**, f. *tir.* Com. Tira, pedazo largo de batista que contiene cortes ó cupones juntos. || Tiron, tirada, vuelo ó tirada de una cosa. || Se usa principalmente en la expresion *tire-d'aile.* V. esta palabra. || *Tout d'une tire*, loc. adv. y fam. De un tiron, de una sentada, sin descansar: *faire un ouvrage tout d'une tire.*

**TIRÉ, ÉE**, adj. *tiré.* Tirado, sacado. || *Un visage tiré*, una cara consumida, desmirriada. || prov. *En être à couteaux tirés*, *aux couteaux tirés*, estar á matar, ser enemigos de muerte, enemigos declarados.

**TIRÉ**, m. *tiré.* Cacería á la escopeta. || *Le roi fit hier un beau tiré*, el rey hizo ayer una buena cacería á la escopeta.

**TIRE-BALLE**, m. *tirbál.* Sacabalas, especie de sacatacos para sacar la bala que queda atascada en medio del cañon de un arma de fuego. || Cir. Sacabalas, instrumento en forma de tenazas para extraer la bala de la herida hecha por un arma de fuego.

**TIRE-BOTTE**, m. *tirbót.* Sacabotas, tabla que tiene un calzo por una de sus extremidades y en el medio vaciada la figura de la planta del pié, donde se introduce para sacar la bota cómodamente. || Tirador de botas, cada uno de los ganchos que se introducen en los tirantes cuando uno se calza las botas. || Tirantes, cada una de las dos especies de asas que tiene una bota en la extremidad superior de la caña.

**TIRE-BOUCHON**, m. *tirbuchón.* Sacacorcho, sacatapos, tirabuzon, especie de sacatacos ó instrumento con dos puntas que se enroscan en forma de tornillo para destapar botellas. || *Cheveux en tire-bouchon*, *frisés en tire-bouchon*, tirabuzones, especie de rizos ó bucles que se dejan las mujeres caer sobre la cara.

**TIRE-BOUCLER**, m. *tirbuclé.* Art. Nombre de cierta herramienta que se usa para vaciar una mortaja.

**TIRE-BOURRE**, m. *tirbúrr.* Sacatacos ó sacatrapos, instrumento compuesto de dos hilos de hierro enroscados en espiral, que sirven para sacar los tacos del cañon de un arma de fuego.

**TIRE-BOUTON**, m. *tirbutón.* Abotonador, instrumento para abrochar los botones.

**TIRE-BRAISE**, m. *tirbrés.* Especie de pala que sirve para sacar la brasa del horno.

**TIRE-CLOU**, m. *tirclú.* Especie de martillo con orejas para arrancar clavos. || Desclavador, instrumento para el mismo objeto.

**TIRE-D'AILE**, m. *tirdél.* Volada, vuelo rápido sin interrupcion que da una ave; aletada. || adverbial. *Voler à tire-d'aile*, volar con la mayor rapidez posible.

**TIRE-FOND**, m. *tirfón.* Sacasuelos, sacafondo ó sacafondon, instrumento que usan los toneleros para levantar las duelas del fondo ó suelo de una cuba y colocarlas en su mortaja.

**TIRE-LAINE**, m. *tirlén.* Capeador, ladron que roba capas ú otros efectos durante la noche.

**TIRE-LAISSE**, m. ant. fam. *tirlés.* Chasco, petardo, accion que frustra las esperanzas ó deseos de alguno. *Donner un tire-laisse*, dejar á uno con un palmo de narices, tomado tabletas.

**TIRE-LARIGOT (À)**, loc. adv. *atirlarigó.* Solo se usa en esta expresion vulgar: *boire à tire-larigot*, beber á pote, esto es, sin medida. V. LARIGOT.

**TIRE-LIGNE**, m. *tirlíñ.* Tira-líneas, instrumento de metal con puntas en su extremidad inferior, que sirve para tirar líneas mas ó ménos gruesas. || met. y fam. Se da este nombre á un mal arquitecto.

**TIRELIRE**, f. *tirlír.* Alcancía, hucha, vasija de barro con una sola abertura larga y estrecha por donde se meten los cuartos que se ahorran. || Cepo ó cepillo de las limosnas.

**TIRE-LISSES ó CONTRE-LAMES**, f. pl. *tirlís, contrlám.* Varas de los lizos en los telares.

**TIRE-MOELLE**, m. *tirmuál.* Saca-tuétano, utensilio correspondiente al servicio de una mesa que sirve para sacar el tuétano de los huesos cuando se come carne.

**TIRE-MONDE**, f. vulg. *tirmónd.* Comadre de parir.

**TIRE-PIÈCE**, m. *tirpiés.* Especie de espumadera que se usa en los ingenios de azúcar.

**TIRE-PIED**, m. *tirpié.* Tirapié, correa con que los zapateros aseguran la horma sobre la rodilla.

**TIRE-PLOMB**, m. *tirplón.* Tirador de plomo, máquina de vidriero.

**TIRE-PUS**, m. *tirpú.* Cir. Especie de jeringuilla que sirve para absorber las materias que se encuentran en el tumor ó llaga.

**TIRER**, a. *tiré.* Tirar, traer hácia sí. || Tirar, disparar, arrojar. || Tirar, quitar las botas, las medias, etc. || Tirar, trazar, echar una línea. || Sacar un retrato, un modelo, un plano. || *Tirer l'épée*, sacar la espada. *Tirer du sang*, sacar sangre, sangrar. || Impr. Tirar, imprimir un pliego, etc. || Sacar, extraer, exprimir. || Sacar de una prision, de un peligro, de la miseria, del error. || Sacar, extraer géneros de un reino, de un país. || *Tirer une vache*, lo mismo que *traire une vache*, ordeñar una vaca. || *Tirer un oiseau, un lièvre*, tirar á un pájaro, á una liebre. || *Tirer avantage*, sacar partido, ventaja. || *Tirer raison*, *tirer satisfaction d'une injure*, hacer reparar una injuria recibida, obtener una explicacion ó satisfaccion de ella. || *Tirer des sons d'un instrument*, hacer sonar un instrumento. || *Tirer le verrou*, correr el cerrojo. || *Tirer une affaire en longueur*, entretener, alargar un negocio, ir dando largas. || *Tirer quelqu'un de l'étude, de dessus les livres*, sacar ó quitar á alguno del estudio, de encima de los libros. || *Tirer le plan d'une maison*, trazar el plano de una casa. || *Tirer une lettre de change*, librar, girar una letra de cambio. || *Tirer des armes*, esgrimir. || met. *Tirer les vers du nez de quelqu'un*, sonsacar á uno con maña. || Alargar, estirar una correa, una tela. || *Tirer l'or*, estirar el oro, reducirlo á hebras. || n. Tirar, disparar una arma de fuego. || met. y fam. *Tirer sur quelqu'un*, injuriar á uno en ausencia, cortarle un sayo: murmurar de él. || *Tirer à bout portant*, decir las cosas en su cara, sin esconderse. || prov. y met. *Tirer sur ses troupes*, tirar cantos á su tejado: obrar contra sus propios intereses. || Com. *Tirer sur quelqu'un*, librar contra uno, encargarle del pago de una cantidad en virtud de libranza, letra ó carta-órden. || *Le canon tire*, suena el cañon, hace fuego la artillería. || *Tirer au sort*, echar suertes. || *Tirer à la courte paille*, echar pajas. || fam. Tirar, echar, dirigirse, tomar una direccion. *De quel côté tirez-vous*, hácia dónde se dirige Vd.? *La flotte tire vers l'Océan*, la flota se encamina al Océano. || met. *Tirer de long*, dilatar, prolongar, dar espera á un negocio. || met. y fam. *Tirer de long, tirer de large*, largarse, guillárselas, escaparse. || *Ce malade tire à sa fin*, este enfermo va de remate, se muere por instantes. || *Cette pierre tire sur le vert*, esta piedra tira á verde. || *Se tirer*, r. Salirse, zafarse, escapar del peligro. || *Se tirer d'affaire, d'embarras*, salir de apuro, de su embarazo. || *Se tirer du pair*, elevarse sobre sus iguales. || Absol. *S'en tirer, s'en bien tirer*, salir felizmente de una enfermedad, de una dificultad, de un negocio embarazoso. || Mont. *Tirez, tirez chiens*, za, sal de aquí: voz que se da á los perros para echarlos de alguna parte.

**TIRET**, m. *tiré.* Agujeta, tirilla de pergamino arrollado que sirve para coser papeles ú otra cosa. || Guion, division, línea horizontal que se pone en medio de una palabra compuesta, como *Tout puissant*, y se llama mas comunmente *trait d'union*. || Guion, línea horizontal que se pone al fin de renglon cuando una palabra se divide en aquella parte.

**TIRETAINE**, f. *tirtén.* Tiritaña, especie de tejido de lana grosero y con mezcla de hilo.

**TIRE-TÊTE**, m. *tirtét.* Cir. Nombre de varios instrumentos que sirven para extraer la cabeza del feto en los partos difíciles.

**TIRETOIRE**, f. *tirtuár.* Herramienta de cubero para apretar los aros.

**TIREUR**, m. *tireur.* Tirador, el que tira. Dícese del que caza con escopeta. || *Tireur d'or*, tirador de oro. || Librador, girante, el que libra una letra ó carta-órden. || Tirador, el que está en la palestra. || Maestro de esgrima. || *Tireur de laine*, ratero que se dedica á robar capas y otros efectos á los transeuntes durante la noche. Es anticuado. || Mil. Tirador, cazador, soldado que sale en guerrilla á romper el fuego sobre el enemigo.

**TIRE-VEILLE**, m. *tirvéll.* Mar. Guardamancebo de escala.

**TIROIR**, m. *tiruár.* Cajon, cajoncillo de mesa, de cómoda, etc. || met. *Pièce à tiroir*, folla, representacion compuesta de varias escenas inconexas. || Art. Nombre de la herramienta de que se sirven los toneleros para apretar los aros.

**TIROLE**, f. *tiról.* Especie de red para el pescado menudo.

**TIRONIEN, NE**, adj. *tironién, én.* Tironense, tironiano, que pertenece á Tiron. Se dice únicamente de las abreviaturas inventadas por el esclavo á quien Cicéron dió libertad.

**TIRTOIR**, m. V. TIRETOIRE.

**TISAGE**, m. *tiságe.* Accion de calentar el horno en las fábricas de cristal.

**TISANE**, f. *tisán.* Tisana, agua cocida con alguna yerba ó sustancia medicinal. || *Tisane purgative*, tisana purgante.

**TISANERIE**, f. *tisanrí.* Lugar destinado en ciertos hospitales para la decoccion de yerbas ó fabricacion de tisanas.

**TISARD**, m. *tisár.* Bravera, abertura por donde se mete el combustible en un horno de vidrio.

**TISER**, a. *tisé.* Atizar, avivar el fuego.

**TISEUR**, m. *tiseur.* Atizador, el que atiza la lumbre, que está encargado de caldear el horno en las fábricas de vidrio.

**TISIPHONE**, f. *tisifón.* Mit. Tisífone, una de las tres Furias.

**TISON**, m. *tisón.* Tizon, pedazo de leña á medio quemar. || fam. *Garder les tisons*, *avoir toujours le nez sur les tisons*, estar siempre sobre los tizones, no apartarse del hogar. || prov. y met. *Tison de la discorde*, tea de la discordia. || *Tison d'enfer*, dícese de una persona muy viciosa y mala.

**TISONNÉ**, adj. m. *tisoné.* Vet. Tiznado, que tiene manchas pardas, hablando del pelo de un caballo tordo.

**TISONNER**, a. *tisoné.* Atizar, hurgar la lumbre sin necesidad.

**TISONNEUR, EUSE**, m. y f. *tisoneur, eus.* Atizador, hurgador, el que siempre está atizando la lumbre.

**TISONNIER**, m. *tisonié.* Atizador, especie de espeton que sirve para remover la lumbre en un horno de vidrio, en una fragua, etc.

**TISSAGE**, m. *tiságe.* Tejido, accion y efecto de tejer.

**TISSER**, a. *tisé.* Tejer, hacer una tela por medio del telar.

**TISSERAND**, m. *tisrán.* Tejedor, artesano que teje, que hace profesion de tejer telas.

**TISSERANDERIE**, m. *tisranderí* (e muda). Tejeduría, profesion de los que tejen ó hacen el comercio de tejidos.

**TISSÉ, ÉE**, part. pas. de TISSER y adj. *tisé.* Tejido.

**TISSU, E**, part. pas. de TISTRE y adj. *tisú.* Tejido. *Une étoffe bien tissue*, una tela bien tejida. || TISSU, m. Tejido ó bordado que se hace en el bastidor. || Tejido ó tela fabricada en telar. || Tejido, accion y efecto de tejer. || Anat. Tejido, combinacion ó reunion de varios elementos orgánicos, ó de las sustancias que constituyen las diversas fibras. || met. Tejido, encadenamiento, enlace de las diferentes partes que componen un discurso, una obra, etc. || *Tissu de soie et or*, alfolla, especie de tela de gran valor.

**TISSURE**, f. ant. *tisùr*. Tejido, textura, trabazon ó enlazamiento que constituye la calidad ó la forma de una tela. || met. Contextura, trabazon, trama, disposicion de una obra de ingenio.

**TISSUTIER**, m. *tisutié*. Pasamanero, tejedor de cintas y gasas.

**TISTRE**, a. *tístr*. Tejer: es sinónimo de *tisser*; solo se usa en el participio *tissu* y en los tiempos compuestos.

**TITAN**, m. *titán*. Mit. Titan, hijo del Cielo y de Vesta. || pl. Titanes, gigantes que, según la fábula, acometieron al cielo con intencion de destronar á Júpiter.

**TITANE**, m. *titán*. Quím. Titanio, metal quebradizo, oxidable y muy poco conocido.

**TITANITE**, m. *titanit*. Quím. Titánito, especie de chorlo encarnado.

**TITHYMALE**, m. V. EUPHORBE.

**TITILLANT, E**, adj. V. CHATOUILLEUX.

**TITILLATION**, f. V. CHATOUILLEMENT.

**TITILLER**, a. *titilé*. Cosquillear, producir una lijera agitacion interior que algunos llaman titilacion ó picazon suave y agradable.

**TITRE**, m. *titr*. Título, inscripcion que se pone en la portada de un libro para manifestar la materia de que trata. || Título ó resúmen que se pone en cabeza de cada capítulo de una obra. || Título ó subdivision de un tratado ó recopilacion de leyes. || Tildo que se pone encima de ciertas abreviaturas. || Título, calidad honorífica aneja á una dignidad. || Tratamiento, calificacion honorífica que se da á una persona. || Propiedad, efectividad de un empleo ó cargo. || Título, nombramiento, diploma, despacho, patente para ejercer una profesion, un empleo. || Título, escritura, documento auténtico que acredita algun derecho ó calidad. || Título, derecho de poseer, de pedir ó de hacer alguna cosa. || Título, derecho adquirido sobre una cosa en virtud de servicios hechos. || Ley, calidad que debe tener la moneda. || met. y fam. *C'est un fripon, un escroc en titre d'office* ó solo *en titre*, es un pícaro de profesion, estafador consumado. || *A titre de*, loc. prep. A título de, en calidad de; en razon de, con pretexto de. || *A juste titre*, ó *bon titre*, con justo título. || *A titre d'office*, en virtud de su empleo ó cargo.

**TITRER**, a. *titré*. Titular, conceder un título honorífico á una persona.

**TITRIER**, m. ant. *titrié*. Religioso encargado de la conservacion de los títulos pertenecientes á un monasterio. || Forjador ó falsificador de títulos.

**TITUBATION**, f. poco us. *titubasión*. Bamboleo, accion de bambolear en general. || Astr. Trepidacion, movimiento del eje de la tierra.

**TITUBER**, n. poco us. *titubé*. Bambolear un edificio. || Titubear, dar traspiés ó hacer eses un beodo.

**TITULAIRE**, adj. *titulér*. Titular, que tiene el título de una dignidad ú oficio sin la posesion. || m. Propietario, el que posee realmente una dignidad ú oficio, por oposicion al que tiene la futura, ó la ejerce como sustituto ó por comision.

**TOAST**, m. *tóst*. Brindis, invitacion á beber por la salud de alguno, por la memoria de un suceso, por el cumplimiento ó la realizacion de un deseo, etc.

**TOASTER**, a y n. *tosté*. Echar un brindis. Se escribe tamb en *toster*. V. este.

**TOC**, m. *tóc*. Especie de campana que no deja eco. || Chaquete. V. TRICTRAC.

**TOCANE**, m. *tocán*. Vino nuevo, hecho con el vino de lágrima *(mère-goutte)*. V. MERE.

**TOCCATE**, f. *tocat*. Tocata, pieza de música para piano, órgano, etc.

**TOCSIN**, m. *tocsén*. Somaten, toque á rebato, especie de campaneo que indica la alarma, el fuego ó un acontecimiento extraordinario. || met. *Sonner le*
escitar ó conmov

**TOF**, m. *tóf*. Cir. Tofo, excrecencia huesosa.

**TOGE**, f. *tógs*. Toga, traje talar que usaban los Romanos.

**TOI**, pron. pers. *tuá*. Tú, te, ti. *C'est toi*, tú eres. || *On parle de toi*, se habla de tí. || *Souviens-toi*, acuérdate.

**TOILE**, f. *tuál*. Tela, tejido de hilo, de algodon, de estambre ó de cualquier otra materia semejante. || Telon que cubre el escenario en un teatro. || *Toile cirée*, hule, encerado, tela embadurnada que el agua no puede penetrar. || Com. *Toile peinte*, tela estampada ó indiana. || *Toile à matelas*, terliz y cutí. || *Toile crue* ó *écrue*, lienzo crudo, sin curar ni blanquear. || *Toile de Rouen, de Troyes, de Hollande, etc.*, son los ruanes, los truès, las holandas, como comunmente se dice. || *Toile d'or, toile d'argent*, tela, tisú de oro, de plata, tejido en que la trama es dorada ó plateada y la urdimbre de seda. || *Toile d'araignée*, telaraña. || *Toile d'emballage*, arpillera. || Mar. *Toile à voile*, lona, loneta y vitre. || *Toiles*, pl. Toldo ó telones que cubren la parte superior en los juegos de pelota. || Redes ó recinto que se hace con lienzo para coger jabalíes. || Especie de redes que se tienden para coger la caza mayor. || *Toiles d'un moulin à vent*, velas de las aspas en un molino de viento. || fam. *Se mettre dans les toiles* ó *dans ses toiles*, meterse entre dos sábanas, esto es, en la cama, acostarse.

**TOILERIE**, f. *tualerí* (e muda). Lencería, comercio de lienzos.

**TOILÉ**, m. *tualé*. Campo de encaje ó punta, ó sea el fondo.

**TOILETTE**, f. *tualét*. Holandilla, lienzo en que los mercaderes envuelven sus géneros y los sastres la ropa que llevan á casa de los parroquianos. || Servilleta ó paño de seda, etc., que ponen las señoras en su tocador. || Tocador, todos los objetos y utensilios que usan las mujeres cuando se componen, todo aquello que se considera como necesario para su peinado, adorno, compostura, afeite, etc.; y tambien el mueble que lo encierra. || Compostura, adorno esmerado en la persona, principalmente hablando de las mujeres. || *Cabinet de toilette*, pieza de tocador, en que se peinan y componen las señoras. || prov. *Plier la toilette*, cargar con las alhajas ó vestidos de alguno, esto es, robárselos.

**TOILIER, ÈRE**, m. y f. *tualié, ér*. Lencero, el que vende lienzos y telas.

**TOISE**, f. *tuás*. Toesa, medida de seis piés franceses y siete castellanos. || prov. y met. *Mesurer les autres par sa toise*, juzgar del corazon ajeno por el propio, pensar uno que todos son como él.

**TOISÉ, ÉE**, adj. *tuasé*. Medido con la toesa. || met. y vulg. *Cette affaire est toisée*, este negocio está concluido; y con frecuencia se dice por negocio perdido. || TOISÉ, m. Cubicacion, vareo, medicion por toesas, por varas, etc. || *Ce toisé n'est pas juste*, este vareo no está justo.

**TOISER**, a. *tuasé*. Medir con la toesa; como si dijéramos, varear ó medir con la vara. || *Toiser le bois*, codear la madera. || met. y fam. *Toiser quelqu'un*, mirar á uno de alto abajo, examinarle con atencion.

**TOISEUR**, m. *tuaseur*. Medidor, el que hace profesion de medir con toesa.

**TOISON**, f. *tuasón*. Vellon, toda la lana que sale junta al esquilar un carnero, una oveja. || *La toison d'or*, el vellocino de oro de que habla la fábula. || *Ordre de la toison d'or*, la órden del toison de oro establecida por Felipe el Bueno, duque de Borgoña.

**TOIT**, m. *tuá*. Techo, parte superior que cubre un edificio. || Miner. Capa, parte que cubre la vena. || *Habiter sous le même toit*, vivir bajo el mismo techo, en una misma casa. || *Un humble toit*, una humilde cabaña, una triste choza, un modesto albergue. || *Toit à cochons*, pocilga, cochiquera, chiquero, zahurda para los puercos. || met. *Monter sur les toits pour dire une chose*, decir una cosa á voz en grito, publicarla á voz de pregonero. || prov. y met. *Servir un homme sur les deux toits*, servir á uno á dos manos, con sumo gusto: facilitarle los medios para conseguir lo que desea.

[illegible]

lluvia, del granizo, etc. *Il tombe de la pluie, de la grêle*, cae agua, llueve, está lloviendo, cae granizo, etc. *Il est tombé de la neige quatre jours de suite*, ha nevado cuatro dias seguidos ó consecutivos.

**TOMBEREAU**, m. *tonberó* (emuda). Chirrion, especie de carro cerrado en forma de cajon que sirve para trasportar tierra, basura, etc. || Lo que constituye la carga de un carro, lo que contiene dicho carro, una carretada.

**TOME**, m. *tóm*. Tomo, libro que forma parte de una obra impresa ó manuscrita. V. VOLUME.

**TOMENTEUX, EUSE**, adj. *tomanteu, eus*. Bot. Velloso, velludo, que tiene vello ó pelusa.

**TOMENTUM**, m. *toméntom*. Bot. Tomento, vello de ciertas plantas.

**TOMER**, a. *tomé*. Impr. Dividir en tomos una obra. || Indicar la cifra de los tomos al principio de cada pliego.

**TOMOTOCIE**, f. *tomotosí*. Cir. Tomotocia, operacion cesárea. || Todo parto por medio de la incision.

**TON**, adj. poses. m. *tón*. Tu. *Ton Dieu*, tu Dios; *ton père*, tu padre, etc. Júntase tambien, por eufonía, con el sustantivo ó adjetivo femenino que empieza por vocal ó *h* muda. *Ton épée*, tu espada; *ton horloge*, tu reloj. || *Tes*, pl. Tus, así para el femenino como para el masculino: *tes parents, tes amis, tes affaires*.

**TON**, m. *tón*. Tono, el sonido de la voz de una persona ó de cualquier instrumento. || Tono, modo de hablar relativamente al metal de la voz. || Tono, modo, manera con que se habla á uno. *Parler d'un ton fier*, hablar con altanería, con arrogancia. *Parler d'un ton de maître*, hablar con magisterio ó con tono magistral, con superioridad. || Carácter, género, estilo de una obra de imaginacion. || Mús. Tono, intervalo de nueve comas en la escala. || Tono, sonido dominante en cualquiera composicion. || met. y fam. *Faire baisser le ton à quelqu'un*, hacer bajar la voz á uno: obligarle á guardar mas moderacion ó cortesía. || *Prendre un ton*, darse tono, tomar cierto aire de superioridad. || *Le bon ton*, el buen tono, el lenguaje y las maneras de la gente distinguida. || met. *Sa maison est montée sur ce ton-là*, su casa está montada bajo ese pié, ese es el método que se observa en ella, el modo con que se vive. || Mar. Calces, pedazo de palo ó mastelero que media entre el asiento de los baos y el tamborete.

**TONALCHILE**, m. *tonalchil*. Pimienta de Guinea.

**TONDAGE**, m. *tondáge*. Tundidura, accion de tundir los paños en la fábrica.

**TONDAILLE**, f. *tondáil*. Esquilo, lana esquilada, la que resulta del esquileo. || Esquileo, accion y tiempo que se emplea en esquilar el ganado. En este sentido equivale á *tonte*, y así se dice comunmente.

**TONDAISON**, f. *tondesón*. Esquileo. V. TONTE.

**TONDEUR, EUSE**, m. y f. *tondeur, eus*. Esquilador, el que esquila.

**TONDRE**, a. *tóndr*. Esquilar, cortar la lana á las ovejas y carneros. || Tundir, cortar el pelo á los paños ó tejidos de lana ó seda. || Recortar, igualar con la tijera las murtas y bojes de los jardines. || fam. Esquilar, cortar el pelo. || met. y fam. *Il est tondu*, está arruinado, perdido. || *Se laisser tondre la laine sur le dos*, dejarse pisar, dejarse poner la albarda: sufrir con resignacion los mayores ultrajes. || *Je veux être tondu si je fais cela*, si yo hago eso que me capen, no lo haré por vida mia. || prov. *Il tondrait sur un œuf*, es la miseria misma: se dice de un avaro que quiere ahorrar ó economizar en todo.

**TONICITÉ**, f. *tonisité*. Fisiol. Tonicidad, facultad que determina el tono general de los sólidos orgánicos.

**TONIQUE**, adj. *tonic*. Fisiol. Tónico, que tiene la facultad de excitar lentamente la accion orgánica de los diversos sistemas de la economía animal. || Mús. *Note tonique*, nota tónica, la nota principal ó fundamental de un tono, de un modo. Se usa comunmente como sust. f. en esta acepcion.

**TONLIEU**, m. *tonlieu*. Derecho que se pagaba antiguamente por el sitio ó puesto que ocupa uno en una feria ó mercado.

**TONNAGE**, m. *tonáge*. Mar. Tonelaje, capacidad que tiene un buque. || *Droit de tonnage*, derecho de tonelaje, impuesto que debe pagar todo buque mercante en razon de su capacidad.

**TONNANT, E**, adj. *tonán*. Tonante, tronador, que truena. || met. *Une voix tonnante*, una voz de trueno, atronadora, que atruena, que aturde. || Poét. *L'airain tonnant*, el cañon. || Mit. *Jupiter tonnant*, Júpiter tonante.

**TONNE**, f. *tón*. Cuba ó barrica, especie de vasija de duela en forma de tonel que sirve para medir los caldos ó líquidos. || *Tonne d'or*, cantidad de metálico que en Holanda consta de cien mil florines y en Alemania de cien mil thalers. || met. *Tonne d'or*, una grande fortuna, un gran patrimonio. || Tonelada, medida de peso equivalente á mil quilógramos. || met. *Cette affaire a coûté des tonnes d'or*, este negocio ha costado talegas, mucho dinero.

**TONNEAU**, m. *toné*. Tonel, bota, pipa, vasija de madera. || Tonel, el contenido en dicha vasija. || Tonel, suerte de medida que contiene dos, tres ó mas moyos de líquido, conforme el país. || Mar. Tonelada, peso de dos mil libras ó el espacio de cuarenta piés cúbicos franceses. || met. y fam. *C'est un tonneau*, es una cuba, un hombre que bebe mucho vino. || Juego que consiste en una especie de cajon agujereado por seis ó siete partes, en donde el jugador procura introducir los discos de metal que tira desde léjos.

**TONNÉE**, adj. f. *toné*. Se dice de la piel picada ó roida por insectos.

**TONNELAGE**, m. *tonláge*. Mar. Tonelería, provision de toneles ó pipas que se hace á bordo de las embarcaciones para llevar el agua. || Todo lo perteneciente á la pipería.

**TONNELER**, a. *tonlé*. Mont. Cazar ó coger con una especie de red en forma de manga. || met. y fam. Meter en la trampa, engañar á uno con falsas apariencias.

**TONNELET**, m. dim. de TONNEAU. *tonlé*. Barrilito ó tonelillo que sirve para contener vino ú otro líquido. || Cantimplora. || Tonelete, parte inferior de un traje á la romana.

**TONNELEUR**, m. *tonleur*. Mont. Chuchero, cazador de alforja, que coge las perdices con red que forma manga.

**TONNELIER**, m. *tonlié*. Tonelero, cubero, pipero, el que fabrica toneles, cubas, barriles, etc.

**TONNELLE**, f. *tonél*. Especie de pabellon ó emparrado que se forma en los jardines. || Bóveda ó techado en cingla ó cimbra || Mont. Especie de red en forma de manga. || Boca del horno de vidrio. || Especie de toga romana.

**TONNELLERIE**, f. *tonelrí*. Tonelería, arte de hacer toneles, cubas, pipas, etc. || Tonelería, fábrica ó taller de los toneleros.

**TONNER**, n. *toné*. Tronar, hacer ó sonar truenos. || met. Tronar, dar estampidos, estallidos, sonar los tiros de la artillería. || Tempestear, atronar, aturdir á voces, vocear. || *Tonner en chaire* ó *du haut de la chaire, tonner contre le vice*, levantar la voz ó el grito desde el púlpito, hablar con vehemencia contra el vicio.

**TONNERRE**, m. *tonérr*. Trueno, ruido que produce la explosion de las nubes eléctricas. || Rayo, centella, exhalacion que se desprende de una nube. || Recámara, lugar en que asienta la carga de un arma de fuego. || met. Estampido, trueno, estruendo que produce un cañon al dispararse. || *Un coup de tonnerre*, un trueno. *Frappé du tonnerre*, herido de un rayo. || Poét. *Le séjour du tonnerre*, el Olimpo, la region de Júpiter tonante. || prov. y met. *Toutes les fois qu'il tonne, le tonnerre ne tombe pas*, conforme de Dios la ira da la templanza, todas las amenazas no se cumplen, prometer no es dar.

**TONNES**, f. pl. *tón*. Zool. Trompas, bocinas, conchas ó caracoles univalvos de forma redonda.

**TONNITES**, f. pl. *tonit*. Hist. nat. Bocinas ó caracoles petrificados.

**TONON**, m. *tonón*. Zool. Tonon, lagarto de América.

**TONOTECHNIE**, f. *tonotecní*. Tonotecnia, arte de notar aires musicales, tonadas ó tocatas en los cilindros de los organillos.

**TONSILLE**, f. *tonsil*. Tonsila ó amígdala. V. AMYGDALE.

**TONSURE**, f. *tonsúr*. Tonsura, el primero de los grados clericales. || Corona de clérigo. || *Prendre la tonsure*, tonsurarse, entrar en el estado eclesiástico. || *Bénéfice à simple tonsure*, capellanía que puede disfrutar un clérigo que solo está tonsurado. || prov. y met. *Un docteur à simple tonsure*, un doctor de secano, que tiene poco profundizada la ciencia.

**TONSURER**, a. *tonsuré*. Tonsurar, conferir el primer grado de las órdenes eclesiásticas. || Tonsurar, abrir la tonsura ó corona á un sacerdote.

**TONTE**, f. *tónt*. Esquilo, lana que se saca del esquileo de un ganado. || Esquileo, accion de esquilar un ganado. || Esquileo, tiempo que se considera como propio para esquilar los ganados lanares. || Tundo, tundido de los paños.

**TONTINE**, f. *tontín*. Fondo vitalicio ó renta de supervivencias, empresa que aumenta el situado de los capitalistas á medida que muere alguno de sus consociados.

**TONTINIER, ÈRE**, m. y f. *tontinié, ér*. Accionista que tiene rentas del fondo vitalicio llamado *tontine*.

**TONTISSE**, adj. *tontís*. Que se hace con el tundizno de los paños. || *Papier tontisse*, papel apañado ó de tapicería, que se hace con el tundizno del paño. || f. Especie de tapicería que se hace con el tundizno de los paños.

**TONTURE**, f. *tontúr*. Tundizno, borra ó pelusa que sale del paño cuando se tunde. || Carda, la obra, accion de cardazar los paños. || Escamonda, monda, ramaje y hoja que se quita á los árboles y arbustos cuando se esquilan á tijera.

**TOPARCHIE**, f. *toparchí*. Toparquía, nombre de las provincias de la Palestina en tiempo de los Romanos.

**TOPARQUE**, m. *topárc*. Toparca, gobernador de una toparquía.

**TOPAZE**, f. *topás*. Miner. Topacio, piedra preciosa de color pajizo, azul ó rojo.

**TOPER**, n. *topé*. Querer, admitir el envite de un jugador en el juego de dados. || met. y fam. Consentir, decir amen, adherir á una proposicion ú oferta.

**TOPINAMBOUR**, m. *topinanbúr*. Bot. Cotufa, planta originaria del Brasil y del Canadá, que se cultiva en Europa.

**TOPIQUE**, adj. *topíc*. Farm. Tópico, se dice del remedio que se aplica exteriormente, como las cataplasmas, los emplastos, etc. || m. Apósito, remedio exterior. || *Topiques*, m. pl. Lit. Tópicos, tratados acerca de los lugares comunes de donde se sacan argumentos: *les topiques d'Aristote, les topiques de Cicéron*.

**TOPOGRAPHE**, m. *topográf*. Topógrafo, el que se ocupa de topografía.

**TOPOGRAPHIE**, f. *topografí*. Topografía, descripcion detallada de un paraje ó sitio particular.

**TOPOGRAPHIQUE**, adj. *topografíc*. Topográfico, que pertenece á la topografía.

**TOPORISTIQUE**, f. *toporistíc*. Toporística, ciencia que determina la posicion de los diferentes lugares de la tierra.

**TOPOTHÉSIE**, f. *topotesí*. Ret. ant. Topotesia, descripcion de un lugar supuesto.

**TOQUE**, f. *tóc*. Toca, especie de gorra ó cachucha que se pone en la cabeza. || Bot. Escutelaria, género de plantas. || *Toque des Alpes*, yerba de la celada. || *Toque des marais*, yerba tercianaria ó tercianera.

**TOQUER**, a. ant. *toqué*. Se decia por *toucher, frapper*. || Picar una baraja para hacer trampas. || n. Impr. Reemplazar un cajista con otro por breve tiempo.

**TOQUET**, m. *toqué*. Cofia, especie de tocado que usan las mujeres en varias provincias. || Gorra ó cachucha que llevaban los niños antiguamente.

**TOQUEUX**, m. *toqueu*. Art. Furgon del refinador de azúcar.

**TORAILLE**, f. *tordil*. Coral en bruto de inferior calidad.

**TORCHE**, f. *tórche*Tea, especie de hachon que se hace con cera y resina ó con resina sola. || Antorcha, hacha ó hachon para alumbrar. || Resina de pez. || Tomiza, la que se aplica sobre la madera para que agarre el yeso. || Paquete de alambre. || Pedazo de estera para resguardar las piedras de silleria. || Albardon ó basto para asnos. || met. *Les torches de la discorde*, las teas de la discordia.

**TORCHE-CUL**, m. *torchecú*. Servilleta del culo, limpia-culo, trapo ó papel para limpiarse el trasero. || met. y vulg. Paño de bacin, servilleta de comun, escrito muy despreciable.

**TORCHE-NEZ**, m. *torchené*. Vet. Acial, instrumento para sujetar las caballerías por las narices.

**TORCHE-PINCEAU**, m. *torchepensó*. Pint. Paiito para limpiar los pinceles.

**TORCHE-POT**, m. Zool. V. GRIMPEREAU.

**TORCHER**, a. *torché*. Limpiar, frotar con una rodilla ó estropajo. || Hacer de tapia ó de adobe alguna obra; cubrir una pared con argamasa. || Chafallar, hacer las cosas sin arte ni aseo. || met. y vulg. *Torcher quelqu'un*, sacudir el polvo á uno, cascarle las liendres.

**TORCHÈRE**, f. *torchér*. Especie de hachon de resina. || Tedera, vaso de hierro en forma de copa ó taza destinada á sostener las teas ó el combustible con que se alumbra en algunas partes. || Blandon ó candelabro que sostiene una bujía ó hachon para alumbrar una escalera, un vestíbulo, etc.

**TORCHETTE**, f. *torchét*. Rodete que forma el suelo de una cesta ó canastillo. || Trapo, rodilla pequeña. || Puñadito de paja.

**TORCHIS**, m. *torchí*. Argamasa hecha de barro y paja para hacer tapiales. || *Mur de torchis*, pared formada de tapias, tapia.

**TORCHON**, m. *torchón*. Rodilla, pedazo de lienzo grosero para limpiar. || met. y vulg. Mujer gorrina, que no tiene aseo. || Pedazo de estera vieja.

**TORCINER**, a. *torsiné*. Art. Torcer el vidrio cuando está caliente.

**TORCOL** ó **TORCOU**, m. *torcól*, *torcú*. Zool. Torcecuello, nombre de un ave.

**TORDAGE**, m. *tordáge*. Art. Torcedura, accion de torcer la seda; torcido de la seda en la rueda.

**TORDEUR, EUSE**, m. y f. *tordeur*, *eus*. Torcedor, el que tuerce seda, hilo, etc.

**TORDILE** ó **TORDYLE**, m. *tordil*. Bot. Séseli crético ó hinojo de Creta, planta.

**TORDOIR**, m. *torduár*. Rueda que usan los cabestreros ó tejedores para torcer.

**TORDRE**, a. *tordr*. Torcer, hacer girar los dos extremos de una cosa larga y flexible, de modo que quede replegada en espiral. || *Tordre de la laine, du fil, des cordes, tordre une branche*, torcer seda, hilo, cuerdas, el ramo de un árbol. || *Tordre la bouche*, torcer ó volver la boca. || met. *Tordre une loi, un passage*, tergiversar una ley, un pasaje, interpretarlos mal y contra el sentido natural. || prov. y vulg. *Ne faire que tordre et avaler*, zampar, tragar sin mascar, comer como un lobo.

**TORE**, m. *tór*. Arq. Toro, moldura redonda de la base de una columna ó de un pedestal circular.

**TORÉADOR**, m. *toreadór*. Torero, picador, el que pica á los toros en la plaza segun las reglas de la tauromaquia.

**TOREUMATOGRAPHE**, m. *toreumatográf*. Toreumatógrafo, el que sabe ó se dedica á la toreumatografía.

**TOREUMATOGRAPHIE**, f. *toreumatografí*. Toreumatografía, arte de describir los bajos relieves de la antigüedad.

**TOREUMATOGRAPHIQUE**, adj. *toreumatografic*. Toreumatográfico, concerniente á la toreumatografía.

**TOREUTIQUE**, f. *toreutic*. Toréutica, arte de tallar, cincelar y fundir.

**TORGNIOLE**, f. vulg. *torñiól*. Estacazo, garrotazo ó torniscon seco y bien sentado.

**TORMENTILLE**, f. *tormantill*. Bot. Tormentilla ó sietenrama, género de plantas.

**TORON**, m. *torón*. Arq. Especie de moldura que figura un toro muy grueso. || Mar. Cordon, cada uno de los ramales que forman un cable ó cuerda.

**TORPEUR**, f. *torpeur*. Entorpecimiento. V. ENGOURDISSEMENT. || met. Embotamiento del alma que ocasiona inaccion.

**TORPILLE**, f. *torpíll*. Zool. Torpedo, tremielga, género de pescados.

**TORQUE**, f. *tórc*. Blas. Rodete ó entorchado que se pone sobre el yelmo ó casco.

**TORQUER**, a. *torqué*. Hilar el tabaco.

**TORQUET**, m. *torqué*. Engaño. Dícese en estilo vulgar: *donner un torquet, donner le torquet*, pillar, coger á uno, embromarle. *Donner dans le torquet*, caer en el lazo.

**TORQUETTE**, f. *torquét*. Torca ó rollo de marisco ó de pescado fresco que se envía envuelto entre paja larga desde un punto á otro.

**TORQUEUR, EUSE**, m. y f. *torqueur*, *eus*. Torcedor, el que hila el tabaco en las fábricas.

**TORRÉFACTION**, f. *torrefacsión*. Didáct. Torrefaccion, tostadura, accion de tostar. || Quím. Torrefaccion, operacion que consiste en poner al fuego un mineral ó vegetal con el objeto de oxidarlo, de extraer de él alguna sustancia volátil ó dar origen á una nueva produccion.

**TORRÉFIER**, a. *torrefié*. Torrar, tostar alguna sustancia mineral, vegetal ó animal.

**TORRENT**, m. *torrán*. Torrente, corriente impetuosa de agua que procede de una avenida. || met. Torrente, abundancia de palabras, de injurias, de lágrimas. || Torrente de las pasiones, de los vicios. || Corriente. *Suivre le torrent*, irse con la corriente, con el viento que corre: hacer lo que hacen los demas.

**TORRENTUEUX, EUSE**, adj. *torrantueu*, *eus*. Impetuoso, que se precipita con la violencia de un torrente.

**TORRIDE**, adj. *torríd*. Tórrido, ardiente, cálido con exceso. Solo se usa en *zone torride*, zona tórrida, parte de la tierra que está entre los dos trópicos.

**TORS, E**, adj. *tór*, *tórs*. Torcido. *De la soie torse, du fil tors*, seda torcida, hilo torcido. || Torcido, que no está derecho. *Jambes torses*, patas torcidas. En el femenino vulgarmente se dice *torte*, como *jambes tortes*, *bouche torte*. || *Tortu* supone un defecto, y así se dice de una hombre contrahecho que es *tortu*. Se dice *tordu* de lo que se ha torcido con fuerza. || met. y fam. *Un cou tors*, un hipócrita.

**TORS**, m. *tór*. Art. Accion de torcer hilos: *donner le tors*. || Mar. Colcha, colchadura ó colche, torcido de todo género de cabos.

**TORSADE**, f. *torsád*. Franja en espiral que se pone como adorno en las colgaduras y cubiertas de cama. || Mil. Canelones de las charreteras que llevan los oficiales superiores en el ejército.

**TORSE**, m. *tórs*. Esc. Tronco, figura que representa un cuerpo sin cabeza, sin brazos ó sin piernas. || Tronco, busto de una estatua ó de una persona. || f. Palo torneado, entre torneros.

**TORSER**, a. *torsé*. Tornear una pieza de mármol, piedra, etc.

**TORSION**, f. *torsión*. Torsion, accion y efecto de torcer. || Torcedura, estado de una cosa que está torcida.

**TORT**, m. *tór*. Injusticia, agravio, perjuicio ó sinrazon que se ocasiona á otro. || Culpa, sinrazon, lo que es opuesto á lo justo ó razonable. || *Il a tort*, no tiene razon. || *A tort*, loc. adv. Sin razon, injustamente. || *A tort et à travers*, loc. adv. A diestro y á siniestro, á troche y moche, sin consideracion ni discernimiento. || *A tort ou à droit*, *à tort ou à raison*, con razon ó sin ella. || *Parler à tort et à travers*, hablar á tontas y á locas, echar por esos cerros: hablar sin comedimiento ni reflexion.

**TORTELLE**, f. *tortél*. Uno de los nombres vulgares del erisemo ó yerba de San Alberto. V. ERYSIME ó VELAR.

**TORTICOLIS**, m. [illegible] colis, especie de [illegible] obliga á llevar la [illegible] m. Que lleva el cuello [illegible] Torticolis, hipócrita, [illegible] bien se llama colitorcido.

**TORTIL**, m. *tortíl*. Blas. [illegible] que ciñe una cabeza de moro.

**TORTILE**, adj. *tortíl*. Bot. [illegible] espontáneamente.

**TORTILLAGE**, m. [illegible] rodeo, modo de expresarse [illegible] con ambigüedad.

**TORTILLANT, E**, adj. [illegible] Enroscado, que [illegible] de la culebra enroscada en el [illegible]

**TORTILLE**, f. *tortíll*. [illegible] camino ó paseo tortuoso [illegible] un bosque ó jardin.

**TORTILLÉ, ÉE**, adj. *tortillé*, [illegible] Envuelto, enredado.

**TORTILLEMENT**, m. [illegible] cedura, torcimiento, accion de [illegible] cedura, torcido, estado de lo [illegible] met. y fam. Rodeo, [illegible] se busca en los negocios.

**TORTILLER**, a. *tortillé*. [illegible] cer, enroscar, dar muchas vueltas [illegible] cosa. || n. met. Cabecear, [illegible] regates, buscar subterfugios en [illegible] cios. || fam. *Tortiller des* [illegible] nearse, llevar un meneo de [illegible] es natural. || *Se tortiller*, r. [illegible] cerse una rosca, como las serpientes.

**TORTILLÈRE**, f. V. [illegible]

**TORTILLON**, m. ant. [illegible] ó moño que se hacen en el pelo [illegible] Tambien se da este nombre á una [illegible] criadita lugareña. || Rodete para [illegible] peso sobre la cabeza.

**TORTIS**, m. *tortí*. [illegible] hace de lana torcida.

**TORTIONNAIRE**, adj. [illegible] lento, inicuo, contra derecho; en [illegible] antiguo, torticero.

**TORTIONNER**, a. [illegible] el texto de un autor.

**TORTIONNAIREMENT**, adv. [illegible] mén. Torticeramente, contra derecho.

**TORTIS**, m. *tortí*. [illegible] hecho de muchos hilos. || [illegible] ó guirnalda de flores.

**TORTU, E**, adj. *tortú*. [illegible] que no está derecho ó recto; [illegible] nez tortu. V. TORS, para [illegible] entre estos adjetivos. || fam. [illegible] la vid ó la viña. || *Faire des* [illegible] *tortus*, raciocinar ó razonar [illegible] TORTU, adv. *Aller tortu*, ir de [illegible]

**TORTUE**, f. *tortú*. Zool. Tortuga, [illegible] de reptiles. || fam. *A pas de tortue*, [illegible] de buey, muy despacio. || Mil. ant. [illegible] abrigo que formaban los soldados [illegible] con sus mismos escudos puestos [illegible] beza. || Testudo ó galápago, [illegible] guerra que se usaba antiguamente [illegible] der estar á cubierto al pié de las [illegible] enemigas.

**TORTUER**, a. *tortué*. Torcer, [illegible] ner torcido lo que estaba derecho. [illegible] *tuer*, r. Torcerse, ponerse torcido.

**TORTUEUSEMENT**, adv. [illegible] Tortuosamente, de una manera [illegible] con vueltas y revueltas. || met. [illegible] *tortueusement*, hablar, obrar [illegible] con rodeos.

**TORTUEUX, EUSE**, adj. [illegible] Tortuoso, sinuoso, que da vueltas [illegible] tas || met. Se dice una [illegible] *duite tortueuse*.

**TORTUOSITÉ**, f. poco us. [illegible] Tortuosidad, estado de lo que es [illegible]

**TORTURE**, f. *tortúr*. Tortura, [illegible] que se hacía sufrir á los reos, [illegible] tormento. || met. Tortura, tormento, [illegible] ó inquietud que tiene el alma en [illegible] violenta. || met. *Mettre son esprit* [illegible] *ture*, atormentarse por buscar la [illegible] la causa de alguna cosa.

**TORTURER**, a. *torturé*. Atormentar, [illegible] tormento. || met. *Torturer un texte*, [illegible] *d'un mot*, violentar, forzar el sentido [illegible] texto, de una palabra.

**TOSCAN, E**, adj. y s. *toscán, án*. Toscano, de la Toscana. || Arq. Toscano, dícese del mas sólido y mas sencillo de los cinco órdenes de arquitectura.

**TOST, TOSTE ó TOAST**, m. *tost*. Brindis á la salud de una persona, etc. V. TOASTE. || TOSTE, f. Mar. Banco de remeros en una barca ó chalupa.

**TOSTER**, a. *tosté*. Brindar, echar un brindis á la salud de una persona ó por la realizacion de alguna cosa. Es tambien neutro. V. TOASTER.

**TOSTION**, f. V. TORRÉFACTION.

**TÔT**, adv. *tó*. Pronto, presto, luego, sin tardanza. || *Tôt ou tard*, tarde ó temprano. || *Sitôt que*, desde que, luego que, así que. V. SITÔT, AUSSITÔT.

**TOTAL, E**, adj. *totál*. Total, entero, completo. *Somme totale*, suma total. || TOTAL, m. Total, el todo, la suma ó reunion de muchas partes. || *Au total, en total*, loc. adv. En total, calculado todo, uno con otro.

**TOTALEMENT**, adv. *totalmán*. Totalmente, enteramente.

**TOTALISER**, a. poco us. *totalisé*. Totalizar, formar un total.

**TOTALITÉ**, f. *totalité*. Totalidad, el total, el conjunto de todas las cosas que deben formar un cuerpo.

**TOTON**, m. *totón*. Especie de perinola con que juegan los muchachos.

**TOUAGE ó TOUC**, m. *tuáge, túc*. Espía, accion de espiarse ó la de mudar de puesto halándose por un cabo fijo en cualquier parte. Antiguamente se decia atoaje. V. TOUER.

**TOUAILLE**, f. *tuáll*. Toalla, paño de manos.

**TOUCAN**, m. *tucán*. Zool. Tucan, picaza del Brasil, ave. || Astr. Tucan, una de las doce constelaciones australes.

**TOUCHANT, E**, adj. *tuchán*. Tierno, sensible, patético, afectuoso, lastimero, atractivo, persuasivo, que mueve el corazon, las pasiones, etc.: *discours touchant, paroles touchantes, musique touchante*.

**TOUCHANT**, prep. *tuchán*. Tocante ó por lo tocante á, por lo concerniente á, en cuanto á, en órden á, acerca de. *Touchant vos affaires*, por lo concerniente ó tocante á los negocios de Vd., en cuanto á los negocios de Vd., etc.

**TOUCHAUX**, m. pl. *tuchó*. Puntas ó barritas aquilatadas que sirven para comparar. || Puntas, toques del oro en la piedra.

**TOUCHE**, f. *túche*. Tecla, cada una de las piezas que componen el teclado de un órgano, piano, clave, etc. || Traste de guitarra y de algunos otros instrumentos. || Toque, prueba que se hace de un metal frotándolo en la piedra. || Puntero que usan los niños para señalar las letras que han de nombrar. || Especie de varilla de hueso ó marfil con que juegan los muchachos. || Pint. Toque, modo particular con que cada artista expresa el carácter de los objetos que representa. || Impr. Accion de dar tinta á la forma con el rodillo.

**TOUCHER**, a. *tuché*. Tocar, palpar una cosa con la mano. || Tocar, ponerse en contacto con un objeto por cualquier modio. || Tocar, colocarse muy cerca de una persona ó de una cosa. || Tocar, mudar, cambiar, corregir, innovar algo en un escrito, ley, etc. || Impr. Dar tinta á la forma con el rodillo. || Tocarse, estar muy inmediata una cosa á otra. *Ma maison touche la sienne*, mi casa está junto á la suya. || Recibir, cobrar, percibir, hablando de una cantidad de dinero. || Tocar el piano, el órgano, la lira. || Tocar, provocar, suscitar una cuestion, un asunto, mencionar, hacer mencion de él. || met. Expresar, caldear, excitar los sentimientos, las pasiones. || Enternecer, mover á piedad, á compasion, á ternura, etc. || Conmover, llegar al corazon la impresion de un consejo, de una lástima. || Tocar, concernir, interesar, incumbir alguna cosa. || Tocar, ser pariente, pertenecer á una misma familia. || n. Tocar. || *Ne point toucher à une somme*, no tocar nada ó no tomar nada de una cantidad. || *Ne touchez pas à cela*, no se llegue Vd. á eso, nada toque Vd. de eso. || *Il ne veut pas toucher à cet article*, nada quiere tocar, esto es, mudar, innovar en este punto. || *Il touche au toit*, toca ó llega al techo. || *Cet orateur touche*, este orador conmueve, mueve los afectos. || Mar. Tocar, encallar un navío. || *Toucher de près à quelqu'un*, tocar de cerca á alguno, ser pariente suyo. || *Il n'a pas l'air d'y toucher*, parece que en su vida ha roto un plato. || Mont. *Toucher au bois*, frotarse el venado en los árboles para despojarse de la piel. || *Se toucher*, r. Tocarse, estar contiguas dos cosas. || *Se toucher dans la main*, tocar uno la mano de otro ó ponerla dentro de ella en señal de reconciliacion. || TOUCHER, m. Tacto, uno de los cinco sentidos. || Modo de tocar ciertos instrumentos. *Ce pianiste, ce toucheur de guitare, etc., a un beau toucher, un toucher délicat*, este pianista, este guitarrista toca con mucha finura, de un modo muy agradable.

**TOUCHEUR**, m. *tucheur*. Se da este nombre en los pizarrales al individuo encargado de guiar y arrear el caballo de la máquina.

**TOUE**, f. *tú*. Especie de barca chata que sirve para pasar rios, y suele llamarse bombo.

**TOUÉE**, f. *tué*. Mar. Espía, cabo ó ajuste de cabos que sirven para espiarse un buque. || Espía, accion de espiarse un buque.

**TOUER**, a. *tué*. Mar. Espiar (antiguamente se decia atoar), halar ó tirar de una embarcacion, hacerla caminar tirando de ella por la espía que se ha alargado de antemano.

**TOUEUX**, m. *tueu*. Mar. El que hala ó tira de una espía para hacer andar el buque.

**TOUFFE**, f. *túf*. Espesura de árboles en una floresta. || Copa ó reunion de las ramas de un árbol ó planta. || Mazorca, gavilla, puñado, monton de yerbas, de flores, etc. || Mechon, pellazgon, peloton de cabellos, etc. || Copo ó porcion de lana junta.

**TOUFFER**, a. *tuffé*. Amontonar, arracimar, agavillar, poner en monton, en mazorca ó copete un manojo de pelos, de yerbas, de flores, etc. || n. Acoparse, amanojarse, amontonarse ó formar espesura un bosque, un plantío, etc.

**TOUFFEUR**, f. fam. *tufeur*. Tufo, vapor, olor incómodo que exhala un aposento ó lugar donde el calor es excesivo.

**TOUFFU, E**, adj. *tufú*. Espeso, cerrado, poblado, muy cubierto de árboles, hablando de un monte, bosque ó floresta. || Copetudo, acopado, frondoso, bien enramado, si se trata de un árbol. || *Une barbe touffue*, una barba cerrada, espesa, bien poblada.

**TOUG ó TOUC**, m. *túc*. Tuc, especie de pendon formado de una cola de caballo atada á la punta de una alabarda, que llevan los Turcos delante de sus visires, bajaes ó bajás, gobernadores, etc.

**TOUJOURS**, adv. *tujúr*. Siempre, en todo tiempo, continuamente, sin cesar, sin fin. *Se dire adieu pour toujours*, decirse á Dios para siempre jamas, separarse para siempre, para no volver á verse mas. || Algunas veces significa entretanto, sin embargo, no obstante; como en estas frases: *je vais sortir, travaillez toujours; prenez toujours cela en attendant, etc.*

**TOULET**, m. Mar. V. TOLET.

**TOULONAIS, E**, adj. y s. *tuloné, és*. Tolones, de Tolon, ciudad y puerto de Francia.

**TOULOUSAIN, E**, adj. y s. *tulusén, én*. Tolosano, de Tolosa, ciudad de Francia.

**TOUPE**, f. poco us. *túp*. Mechon de cabellos.

**TOUPET**, m. *tupé*. Tupé, melena, mechon de cabellos. || Vedija de lana. || Mechon de crin. || Tupé, mechon de cabellos que se encuentran sobre la frente. || Melena, porcion de crin que cae sobre la frente del caballo. || fam. *Se prendre au toupet*, agarrarse de las greñas. || met. y fam. *Avoir du toupet*, tener atrevimiento, tener chispa.

**TOUPIE**, f. *tupí*. Trompo, peon, juguete de muchachos.

**TOUPILLER**, n. fam. *tupillé*. Andar como una devanadera, dar vueltas al rededor.

**TOUPILLON**, m. *tupillón*. Mechoncillo de cabellos. || Ramajo inútil de un naranjo.

**TOUQUE**, f. *túc*. Pesc. Palangrero, barco de pesca.

**TOUR**, f. *túr*. Torre, torreon, parte de una fortificacion. || Torre de iglesia, ó campanario. || Roque, castillo, una de las piezas en el juego del ajedrez. || *Tour à feu*, faro. || *Tour de moulin à vent*, molino de viento. || TOUR, m. Vuelta, giro, movimiento circular. || Vuelta, revuelta ó rodeo que da un camino, un rio, etc. || Mano, tanda, partida en el juego de cientos y en algunos de naipes. || Circúlo, circunferencia de una casa, de un jardin, etc. || Contorno, alrededor, circúito, perfil que describe el rostro de una persona. || Juego de manos, movimiento que exige agilidad, prontitud en la ejecucion. || Rasgo de habilidad. || Giro en el lenguaje. || Chasco, pasada, mala pasada ó mala pieza, burla, morisqueta, petardo que se da á uno. || Tanda, vez, turno, alternativa en algun repartimiento, servicio ó goce. || Art. Torno, instrumento ó máquina para tornear madera, marfil ó metales. || *Aller faire un tour, aller faire un tour de promenade*, ir á dar una vuelta, un paseo corto. || *Tour de lit*, colgadura de cama, cortinaje de cama. || *Tour de reins*, derrengadura, deslomadura. || *Tour du bâton*, manos puercas, provecho ilícito que se saca de un empleo. || *Fermer à double tour*, echar la doble ó segunda vuelta á la llave. || *Jouer un tour, jouer un mauvais tour*, jugar una pieza, una mala pasada. || *Tour à tour*, loc. adv. Uno despues de otro, alternativamente. || *En un tour de main*, en un periquete, en un decir Jesus.

**TOURANGEAU, GELLE**, adj. y s. *turanjó, gél*. Turenes, de Torena.

**TOURANGETTE**, f. *turangét*. Sarguilla que se fabricaba en Orleans.

**TOURBE**, f. *túrb*. Miner. Turba ó césped de tierra, sustancia combustible. || Turba, caterva, multitud de gente del pueblo bajo.

**TOURBEUX, EUSE**, adj. *turbeu, eus*. Turboso, que contiene porcion de turba.

**TOURBIER**, m. *turbié*. Hornaguero, el obrero que saca la turba; el que la transporta en carros. || Propietario de algun terreno donde hay turba.

**TOURBIÈRE**, f. *turbiér*. Hornaguera, terreno en que se encuentra ó de donde se saca turba.

**TOURBILLON**, m. *turbillón*. Torbellino de viento. || Remolino que hace el agua; olla, en los rios. || met. Tráfago mundano, todo lo que arrastra á los hombres.

**TOURBILLONNEMENT**, m. *turbillonmán*. Remolineo, movimiento que lleva un remolino de agua ó de viento.

**TOURBILLONNER**, n. *turbilloné*. Remolinear, hacer remolino.

**TOURD**, m. *túr*. Nombre de cierto pescado marino. || Ornit. V. TOURDELLE.

**TOURDELLE**, f. *turdél*. Especie de tordo, del tamaño de la calandria, que tiene algunas pintas blancas.

**TOURDILLE**, adj. *turdíll*. Tordillo, dícese del pelo de ciertos caballos, y solo se usa en la locucion *gris tourdille*.

**TOURELLE**, f. dim. de TOUR. *turél*. Torrecilla.

**TOURER**, a. *turé*. Heñir ó sobar la pasta.

**TOURET**, m. *turé*. Esalanco, rueda pequeña, cuyo movimiento se efectúa al impulso de otra mayor. || Pieza de metal que tiene por objeto estirar ó aflojar una cuerda. || Especie de devanadera como la que usan los cabestreros. || Rodete de un torno de hilar. || Anillo de un peso ó balanza. || Clavija, especie de clavo redondo.

**TOURIE**, f. *turí*. Castaña forrada de esparto para cierta clase de líquidos.

**TOURIÈRE**, f. *turiér*. Tornera, monja encargada del cuidado del torno en un convento. || Mandadera de un convento.

**TOURILLON**, m. *turillón*. Eje, gozne, gorron, quicio, etc., sobre que gira una puerta cochera, una verja ó cosa semejante. || pl. Muñones en los cañones de artillería.

**TOURMALINE**, f. *turmalín*. Miner. Turmalina, piedra cristalizada electrizable con el calor.

**TOURMENT**, m. *turman*. Tormento, pena, dolor agudo que sufre el cuerpo. || Tormento, cuestion, suplicio de un reo. || met. Pena, tormento, afliccion del ánimo.

**TOURMENTANT, E,** adj. *turmantán.* Penoso, doloroso, que causa tormento.‖met. Pesado, importuno, que causa fastidio.

**TOURMENTE,** f. *turmánt.* Tormenta, borrasca, temporal en el mar.‖Huracan que se levanta en las altas montañas. ‖ met. Borrasca, turbulencia política que agita á una nacion.

**TOURMENTER,** a. *turmanté.* Atormentar, martirizar, hacer sufrir algun tormento, hacer padecer al cuerpo. ‖ met. Atormentar, martirizar, afligir el ánimo. ‖ Atormentar, importunar, perseguir con instancias. ‖ *Se tourmenter,* r. Atormentarse, afligirse, física ó moralmente hablando. ‖ Agitarse, inquietarse, desasosegarse sobre cualquier cosa. ‖ Hablando de la madera, torcerse, alabearse.

**TOURMENTEUX, EUSE,** adj. poco us. *turmanteu, eus.* Mar. Borrascoso, dícese de ciertos parajes muy expuestos á borrascas.

**TOURMENTIN,** m. *turmantén.* Mar. Contrafoque, vela triangular que se enverga en el contra-estay de velacho.

**TOURNAGE,** m. inus. *turnáge.* Mar. Barraganete ó maniqueta donde se toma vuelta y se amarran los cabos. ‖ Accion de labrar ó redondear una cosa al torno.

**TOURNAILLER,** n. fam. *turnaillé.* Dar vueltas, andar rodeando sin apartarse de un sitio.

**TOURNANT, E,** adj. *turnán.* Que rueda, gira ó da vueltas al rededor. ‖ TOURNANT, m. Vuelta, recodo que hace una calle, un camino, un rio. ‖ Vuelta, espacio que necesita un carruaje para volverse. ‖ Mar. Rebeza, curso que toma en el mar un hilo de agua contra el de la corriente ó marea; en un rio es la olla ó remolino que hacen las aguas dando vueltas al rededor de un punto céntrico. ‖ En el molino, rueda que hace andar la piedra. ‖ met. y fam. Vuelta, rodeo, medio oblicuo que se emplea para llegar á un fin.

**TOURNASSAGE,** m. *turnaságe.* Torneado de las piezas de alfarería.

**TOURNASSER,** a. *turnasé.* Tornear las piezas de alfarería.

**TOURNÉ, ÉE,** adj. *turné.* Vuelto. ‖ met. y fam. *Un homme bien tourné,* un hombre bien hecho, bien formado, de buena planta. ‖ met. *C'est un esprit mal tourné,* es hombre que toma las cosas al reves. ‖ *Une maison bien ou mal tournée,* una casa que está en buena ó mala posicion.

**TOURNE-À-GAUCHE,** m. *turnagóche.* Especie de gancho que sirve para dar vuelta á la terraja. ‖ Atornillador, instrumento para atornillar.

**TOURNEBOUT,** m. *turnbú.* Especie de oboé antiguo; ó torloroto, especie de flauta.

**TOURNEBRIDE,** m. *turnbríd.* Especie de ventorrillo que se encuentra cerca de un palacio ó quintería donde se hospedan las personas de baja esfera que van á ella con objeto de evacuar algun negocio.

**TOURNEBROCHE,** m. *turnbróche.* Máquina que sirve para dar vueltas al asador. ‖ Tambien se entiende por la persona que cuida del asador, y por el perro que suele meterse en la rueda para hacerle dar vueltas.

**TOURNÉE,** f. *turné.* Visita que hace en su distrito ó jurisdiccion un funcionario público con objeto de inspeccionar la marcha de los asuntos que á él incumben. ‖ Vuelta, viaje que suelen hacer ciertos comerciantes para sus negocios. ‖ fam. Correría, viaje ó expedicion de poco trecho que hace una persona.

**TOURNE-FEUILLET,** m. *turnfeuillé.* Registro ó cinta que sirve para abrir un libro en la página que se busca.

**TOURNE-FIL,** m. *turnfíl.* Afiladera, instrumento que sirve para afilar algunas herramientas.

**TOURNELLE,** f. ant. *turnél.* Torreoncillo, torreta, torre pequeña. ‖ Nombre que se daba en Paris al tribunal criminal, que era una de las salas del parlamento; sala de Alcaldes.

**TOURNEMAIN,** m. ant. *turnemén.* Usábase solo en esta frase familiar: *en un tournemain,* en un abrir y cerrar de ojos, en un decir Jesus, en un santiamen. Ahora se dice *en un tour de main.*

**TOURNER,** a. *turné.* Voltear, dar vueltas, hacer girar en rededor. ‖ Volver, girar la cabeza, los ojos, etc. ‖ Volver, tomar una direccion diferente. ‖ met. Volver, hacer que uno cambie de conducta ó que se manifieste dócil á los consejos de otro. ‖ Volver, manejar á una persona como se quiera. ‖ Tomar cierto aspecto, hablando de un negocio. ‖ Interpretar, dar á una palabra ó discurso un sentido diferente del que encierra. ‖ Art. Tornear, trabajar á torno una pieza de madera, marfil ó metal. ‖ *Tourner casaque,* mudarse, desdecirse. ‖ *Tourner le dos,* volver las espaldas, huir. ‖ *Tourner bride,* volver atras, volver caras. ‖ *Tourner les souliers,* torcer los zapatos al pisar. ‖ *Tourner une difficulté,* eludir una dificultad. ‖ met. *Tourner l'esprit à quelqu'un,* volver á uno el juicio, volverle loco. ‖ n. Volver, rodar, girar á derecha ó á izquierda. ‖ Alterarse, volverse, echarse á perder alguna cosa, fermentar, agriarse ó acedarse el vino. ‖ met. *Tourner court,* abreviar. ‖ met. y fam. *Tourner à tout vent,* ser un veleta, cambiar á todo viento. ‖ *La tête lui tourne,* se le va la cabeza, se le anda todo al rededor. Tambien se entiende por volverse loco, ó del que se halle en una situacion difícil y embarazosa, sin saber qué partido tomar. ‖ met. *Tourner du côté de quelqu'un,* tomar partido con alguno. ‖ met. *Cela tournera à sa honte,* eso resultará en descrédito suyo.

**TOURNESOL,** m. *turnsól.* Bot. Girasol, planta y flor. V. HÉLIANTHE.

**TOURNETTE,** f. *turnét.* Devanadera de rueda. V. DÉVIDOIR. ‖ Especie de jaula de la ardilla. ‖ Rueda en que se trabaja el barro.

**TOURNEUR,** m. *turneur.* Tornero, el que tornea. ‖ Torneador, el que anda la rueda de un estañero, ó la de un cuchillero para afilar.

**TOURNE-VENT,** m. *turnván.* Calaviento, especie de cañon de chimenea que se vuelve al impulso del aire.

**TOURNEVIRE,** f. *turnvír.* Mar. Virador de combes ó de cubierta.

**TOURNEVIS,** m. *turnvís.* Desarmador, destornillador, instrumento con que se sacan los tornillos.

**TOURNILLE,** f. *turnill.* Instrumento que sirve para coger los puntos que caen en las fábricas de medias, etc.

**TOURNIOLE,** f. *turniól.* Med. Panadizo, inflamacion flemónica de los dedos.

**TOURNIQUET,** m. *turniqué.* Molinete, especie de cruz formada de dos gruesos palos vuelta sobre un pié, para impedir el paso por ciertos parajes á las caballerías y carruajes. ‖ Palillo de barquillero. ‖ Taravilla de madera ó de hierro para sostener un bastidor ó cosa semejante, cuando se levanta. ‖ Cir. Torniquete, instrumento para comprimir los vasos en ciertas operaciones. ‖ Mar. Molinete, especie de cabrestante horizontal con que se suspenden las ancias en los buques pequeños y en la mayor parte de los mercantes.

**TOURNIS,** m. *turní.* Vet. Especie de modorra que acomete al ganado lanar.

**TOURNISSES,** m. pl. *turnís.* Albañ. Maderos ó piés derechos que forman el encajonamiento de los tabiques en la construccion de un edificio.

**TOURNOI,** m. *turnuá.* Torneo, ejercicio y fiesta militar de los antiguos caballeros.

**TOURNOIEMENT ó TOURNOÎMENT,** m. *turnuamán.* Rodeo, vuelta, recodo de un camino, calle ó rio. ‖ Remolino de agua. ‖ Vahido, vértigo, atolondramiento de cabeza.

**TOURNOIR,** m. *turnuár.* Alf. Volteador, palo redondo que hace dar vueltas á la rueda.

**TOURNOIRE,** f. *turnuár.* Especie de molino que tienen los fabricantes de carbon.

**TOURNOIS,** adj. *turnuá.* Tornesa, nombre que se daba á la moneda acuñada en Tours. Tambien se decia de varias otras monedas cuyo valor era inferior á las que se acuñaban en Paris. ‖ *Livre tournois,* libra tornesa; *sou tournois,* sueldo tornes.

**TOURNON,** m. *turnón.* Palabra que solo se usaba en la frase de: *être dans la rue de Tournon,* estar atascado, no poder ir adelante ni atras. Es una especie de juego de palabras. Tournon es una ciudad de Francia.

**TOURNOYER,** n. *turnuayé.* Rodear, dar vueltas al rededor [illegible] dar rodeos [illegible] Andar con [illegible] ir directamente [illegible] cio.

**TOURNURE,** f. [illegible] planta, presencia [illegible] gracia, modo de [illegible] met. Giro, sesgo [illegible] negocio. ‖ Gram. [illegible] de lola que contiene [illegible]

**TOURTE,** f. [illegible] pecie de pastelería. ‖ [illegible] rollos. ‖ pl. Orujos [illegible] quedan de las nueces [illegible] despues de sacado el aceite [illegible]

**TOURTEAU,** m. [illegible] tel. V. GATEAU. ‖ Torta [illegible] queda del orujo [illegible] tas ó frutas cuando se [illegible] pieza redonda en el escudo.

**TOURTEREAU,** m. [illegible] Tortolilla.

**TOURTERELLE,** f. [illegible] Zool. Tórtola, especie de [illegible] á la paloma. Cuando se [illegible] manjar, se llama [illegible] ger des tourtres, un plato de [illegible] *Ils s'aiment comme deux* [illegible] quieren como las tórtolas.

**TOURTIÈRE,** f. [illegible] silio de cocina.

**TOURTOIRE,** f. [illegible] lo con que se sacuden los [illegible]

**TOURTOUSE,** f. [illegible] se pasaba al rededor del [illegible] á ser ahorcado.

**TOURTRE,** f. ant. [illegible] á la tórtola considerada como [illegible] TOURTERELLE.

**TOUSELLE,** f. [illegible] chamorro.

**TOUSSAINT,** f. [illegible] de todos Santos, fiesta que se [illegible] mer dia de noviembre.

**TOUSSER,** n. *tusé.* Toser, [illegible] ser, fingir ó imitar la tos para [illegible] cion ó con otro fin determinado [illegible]

**TOUSSERIE,** f. [illegible] ra ó tosidura, accion de toser y [illegible] nacidad de tos.

**TOUSSEUR, EUSE,** m. y f. [illegible] eus. Tosedor, el que tose á [illegible]

**TOUT, E,** adj. [illegible] prende la integridad de una [illegible] *est dicitrable,* el bien es [illegible] *hasard,* á todo riesgo. ‖ *A* [illegible] *tout moment,* á cada [illegible] mento. ‖ *Tous les deux jours* [illegible] *ans, toutes les deux heures* [illegible] dias, cada dos años, cada dos [illegible] m. Todo, compuesto de [illegible] constituyen un cuerpo. ‖ Todo [illegible] de cosas. ‖ *Le tout,* el [illegible] principal, lo mas importante [illegible] loc. adv. Por último, finalmente [illegible] considerado. ‖ *Par-dessus* [illegible] cosas. ‖ *Rien du tout,* nada [illegible] te. ‖ *Point du tout,* por de [illegible] modo, ni por pienso. [illegible] pero da mas fuerza á la [illegible] *et partout,* en todo y por [illegible] te. ‖ prov. *Argent fait tout* [illegible] gue con el dinero. ‖ *Il y a* [illegible] *tout au tout,* hay una diferencia [illegible] *C'est un bon homme, et* [illegible] un buen hombre y nada [illegible] *tout,* no es solo eso. ‖ [illegible] puede todo. ‖ fam. [illegible] tumbrarse á todo. ‖ El todo [illegible] es el desquite de dos partidas [illegible] perdido. ‖ *A tout,* loc. adv. [illegible] la que se juega del palo de [illegible] adv. Enteramente, absolutamente [illegible] tamente, sin excepcion. ‖ *Être* [illegible] estar muy malo. ‖ *Être tout* [illegible] ser muy adicto ó afecto á [illegible] *vous,* muy de Vd. ‖ *Tout* [illegible] á pesar de su sabiduría [illegible] riéndose. ‖ *Tout à coup,* de [illegible] pento. ‖ *Tout au haut,* á lo [illegible] *au moins,* á lo ménos, por lo [illegible] *au plus,* á lo mas. ‖ *Tout* [illegible] callandito. ‖ *Tout beau* [illegible] à paso, pasito á paso. || *Tout de bon*, de veras. || *Tout de suite*, de seguida, inmediatamente. || *Tout du long*, *tout au long*, á lo largo, de un cabo á otro, desde el principio hasta el fin. || *Tout haut*, ó *haute voix*, alto, en voz alta. || *Tout d'un coup*, de un golpe, de una vez. *Tout nu*, desnudo enteramente, en cueros.

**TOUTE-BONNE**, f. *tutbón*. Bot. Amaro, especie de salvia. || Variedad de pera.

**TOUTE-ÉPICE**, f. *tutepís*. Bot. Ajenuz ó neguilla, planta.

**TOUTEFOIS**, adv. *tutfuá*. Todavía, con todo eso, sin embargo, no obstante.

**TOUTENAGUE**, f. *tutenágue*. Quím. Metal hecho con la mezcla del estaño y bismut.

**TOUTE-PRÉSENCE**, f. *tutpresáns*. Inmensidad, la presencia de Dios en todo lugar.

**TOUTE-PUISSANCE**, f. *tutpuisáns*. Omnipotencia, poder infinito de Dios.

**TOUTE-SAINE**, f. *tutsén*. Bot. Castellar, toda buena, especie de planta que se considera como vulnerario en medicina.

**TOUTE-SCIENCE**, f. *tutsiáns*. Teol. Omnisciencia, infinita sabiduría.

**TOUTOU**, m. *tutú*. Nombre que los niños dan á los gatos y á los perros.

**TOUT-PUISSANT**, **TOUTE-PUISSANTE**, adj. *tupuisán*, *tutpuisánt*. Omnipotente, todopoderoso, que lo puede todo. || **TOUT-PUISSANT**, m. El Todopoderoso, Dios.

**TOUX**, f. *tú*. Med. Tos, movimiento convulsivo del pecho. || *Toux de renard*, tos perruna.

**TOXICODENDRON**, m. *tocsicodandrón*. Bot. Tosiguero, arbusto, especie de zumaque.

**TOXICOGRAPHE**, m. *tocsicográf*. Toxicógrafo, el que se ocupa de la toxicografía.

**TOXICOGRAPHIE**, f. *tocsicografí*. Toxicografía, descripcion de los venenos.

**TOXICOLOGIE**, f. *tocsicologí*. Toxicología, ciencia que trata de los venenos. || Toxicología, tratado ó descripcion de los venenos.

**TOXIQUE**, m. *tocsíc*. Tósigo, nombre genérico de toda especie de veneno. || adj. Tóxico, que contiene veneno.

**TOYÈRE**, f. *tuayér*. Espiga de un hacha que entra en el mástil.

**TRABAN**, m. *trabán*. Traban, alabardero de la guardia imperial en Alemania.

**TRABE**, f. *tráb*. Vara de luz, metéoro que tiene la forma de un asta-bandera. || Blas. Asta-bandera, vara larga que sostiene el estandarte ó la bandera.

**TRABÉE**, f. *trabé*. Antig. rom. Trabea, manto talar que usaban los Romanos segun la categoría de cada uno.

**TRAC**, m. ant. *trác*. Paso natural de una caballería. V. **ALLURE**. || Pista, rastro, huella que deja á su paso la caza mayor. V. **PISTE**.

**TRACAS**, m. fam. *tracá*. Tráfago, barahunda, bullicio: *il y a bien du tracas dans cette maison*. || Se dice tambien en sentido moral: *le tracas des affaires*.

**TRACASSER**, n. fam. *tracasé*. Afanar, forquiñar, andar atareado por poca cosa. || Alborotar, revolver, enredar, ocasionar desazones, inquietudes. || a. Incomodar, atormentar, marear, importunar á uno.

**TRACASSERIE**, f. *tracaserí* (*e* muda). Enredo, chisme, incidente desagradable, incomodidad que ocasiona una persona ó un negocio. En esta acepcion se dice tambien *perrada*, mala pasada. || Incomodidad que proviene de algun enredo ó chisme, de algun embrollo ó mala voluntad.

**TRACASSIER**, **ÈRE**, m. y f. *tracasié*, *ér*. Quisquilloso, puntilloso, el que pone dificultades en todo. || Enredador, embrollon, chismoso.

**TRACE**, f. *trás*. Traza, vestigio, rastro que deja un animal por donde ha pasado. || Huella, pisadas, señal que deja el hombre donde sienta la planta. || Rodada de un carruaje. || Indicio, señal que sirve de antecedente para venir en conocimiento de alguna cosa. || Señal, traza, delineacion del dibujo de un jardin, de la direccion de un muro, etc. || met. Huella, pasos ó pisadas, ejemplo que se da ó que se sigue.

**TRACÉ**, **ÉE**, adj. *trasé*. Trazado, delineado, diseñado. Se usa tambien como sustantivo: *le tracé d'un ouvrage de fortification*.

**TRACELET**, m. *traslé*. Especie de punzon que sirve para trazar divisiones.

**TRACEMENT**, m. *trasmán*. Trazo, delineacion, diseño.

**TRACER**, a. *trasé*. Trazar, delinear, sacar un diseño. || Dibujar, señalar, trazar los contornos ó perfil de una figura. || Trazar, señalar las figuras sobre la tela conforme se deben bordar. || met. Trazar, indicar, señalar el camino que uno debe seguir, darle el ejemplo. || n. Arrojar las raíces someras ó rastreras, hablando de ciertos árboles.

**TRACERET**, m. *trasré*. Carp. Gramil, instrumento para señalar y tirar líneas en la madera.

**TRACEUR**, **EUSE**, m. y f. *traseur*, *eus*. Trazador, el que traza un dibujo, una figura.

**TRACHÉAL**, **E**, adj. *tracheál*. Anat. Traqueal, que corresponde á la traquearteria.

**TRACHÉE** ó **TRACHÉE-ARTÈRE**, f. *trachê*, *trachearter*. Anat. Tráquea, traquearteria, conducto que lleva el aire á los pulmones. || Se llaman *trachées*, tráqueas, los vasos destinados á conducir el aire al interior del cuerpo de los insectos. || Los vegetales tambien tienen tráqueas.

**TRACHÉITIS**, f. *tracheitis*. Med. Traqueitis, angina traqueal, inflamacion de la traquearteria.

**TRACHÉORRHAGIE**, f. *tracheorragí*. Med. Traqueorragia, flujo ó salida de sangre por la traquearteria.

**TRACHÉORRHAGIQUE**, adj. *tracheorragíc*. Traqueorrágico, concerniente á la traqueorragia.

**TRACHÉOTOMIE**, f. *tracheotomí*. Cir. Traqueotomía, operacion que consiste en abrir la traquearteria.

**TRAÇOIR**, m. *trasuár*. Trazador, punzon para dibujar en metal lo que se ha de grabar. || Puntero.

**TRACTABILITÉ**, f. *tractabilité*. Se decia ántes por *amabilité*. || Cualidad de lo que es manejable, fácil de poner en obra.

**TRACTATION**, f. poco us. *tractasión*. Modo de tratar una materia, un asunto.

**TRACTION**, f. *tracsión*. Mec. Traccion, accion de la fuerza que tira hácia sí.

**TRACTRICE**, f. *tractrís*. Geom. Tractriz, curva que describe la cuerda con que se arroja un cuerpo pesado.

**TRADITEUR**, m. *traditeur*. Traditor, nombre que se dió á los que entregaron los libros sagrados á los gentiles en tiempo de la persecucion contra los cristianos.

**TRADITION**, f. *tradisión*. Tradicion, entrega de una cosa. || Tradicion, via por medio de la cual se trasmite de siglo en siglo el conocimiento de ciertas cosas relativas á la religion ó historia. || Tradicion, conocimiento adquirido, habiendo pasado de unos á otros.

**TRADITIONNAIRE**, m. *tradisionér*. Tradicionario, el que explica la Escritura entre los judíos por tradicion del Talmud.

**TRADITIONNEL**, **LE**, adj. *tradisionél*. Tradicional, comunicado por la tradicion, fundado en la tradicion.

**TRADITIONNELLEMENT**, adv. *tradisionelmán*. Tradicionalmente, segun la tradicion, por la tradicion.

**TRADUCTEUR**, m. *traducteur*. Traductor, el que traduce ó vierte de un idioma á otro.

**TRADUCTION**, f. *traducsión*. Traduccion, version de una lengua á otra.

**TRADUIRE**, a. *traduír*. Trasladar, llevar á una persona de un lugar á otro. Mejor se dice *transférer*. || Citar, hacer comparecer ante un juez. || Traducir, verter de un idioma á otro. || Interpretar, explicar, aclarar alguna cosa.

**TRADUISIBLE**, adj. *traduisíbl*. Traducible, que puede traducirse.

**TRAFIC**, m. *trafíc*. Tráfico, comercio ó negociacion de géneros mercantiles. || met. Tráfico, monopolio que se hace de alguna cosa.

**TRAFIQUANT**, m. *trafícán*. Traficante, negociante, tratante, el que comercia, que trata en géneros y mercaderías.

**TRAFIQUER**, n. *trafiqué*. Traficar, negociar, comerciar en géneros ó mercaderías. || met. Hacer comercio de alguna cosa, como del honor, de la probidad, etc., sacando algun provecho ilícito, vergonzoso. || Úsase alguna vez como activa, y equivale á negociar: como *trafiquer des billets*, *une lettre de change*, negociar vales, una letra.

**TRAFIQUEUR**, m. *trafiqueur*. Traficante, el que trafica.

**TRAGACANTHE**, f. *tragacánt*. Bot. Tragacanto, tragacanta ó granévano, planta y la goma que produce. V. **ADRAGANT**.

**TRAGÉDIE**, f. *tragedí*. Tragedia, pieza cuya representacion ofrece una accion interesante, que excita el terror ó la piedad, terminándose ordinariamente de un modo funesto. || met. Tragedia, suceso fatal, infausto, desgraciado.

**TRAGÉDIEN**, **NE**, m. y f. *tragedién*, *én*. Trágico, actor ó actriz que se dedica á la representacion de tragedias, actor trágico. || Autor de tragedias ó poemas dramáticos.

**TRAGI-COMÉDIE**, f. *tragicomedí*. Tragicomedia, drama cuya accion es característica, así como los personajes que figuran en ella, pero que no tiene un desenlace trágico.

**TRAGI-COMIQUE**, adj. fam. *tragicomíc*. Tragicómico, que excita á la vez á risa y compasion, hablando de un lance ó cosa.

**TRAGIQUE**, adj. *tragíc*. Trágico, que pertenece á la tragedia. || met. Trágico, funesto. || m. Trágico, nombre dado á un género de poemas dramáticos; el género trágico, como dicen los Franceses: *avoir du talent pour le tragique*. || Trágico, autor ó escritor de tragedias. || met. *Cette affaire a tourné au tragique*, *tourne au tragique*, este negocio ha tenido ó amenaza que tendrá un éxito funesto. || *Prendre les choses au tragique*, tomar las cosas por lo peor, en un sentido triste, alarmante.

**TRAGIQUEMENT**, adv. *tragicmán*. Trágicamente, de un modo trágico, desgraciadamente.

**TRAGOPAN**, m. *tragopán*. Zool. Tragopana ó tragopanado, ave de Indias.

**TRAGORIGAN**, m. *tragorigán*. Bot. Tragorígano, planta.

**TRAHIR**, a. *traír*. Vender, hacer traicion, ser traidor á alguno. || Vender, descubrir, engañar, cometer alguna perfidia, faltar al secreto, á la confianza, á la amistad, á la fe. || met. *Trahir la vérité*, hacer traicion á la verdad, ocultarla. || *Trahir ses sentiments*, hacer traicion á sus sentimientos: obrar de un modo contrario á lo que se piensa. || *Se trahir*, r. Faltarse recíprocamente á la fe, á la amistad, etc. || *Se trahir soi-même*, obrar alguno contra sus propios intereses.

**TRAHISON**, f. *traisón*. Traicion, alevosía, falta de la fidelidad y realidad debida. V. **TRAHIR**. || *Haute trahison*, alta traicion, se dice de los crímenes cometidos directamente contra la seguridad ó los intereses de una nacion, de los atentados contra la persona del rey, etc. Entre nosotros es lo mismo que crimen de lesa majestad || *En trahison*, loc. adv. Traidoramente, con alevosía.

**TRAHISSEUR**, m. neol. *traiseur*. Traidor, lo que hace traicion.

**TRAILLE**, f. *tráll*. Ponton, barcaza para pasar rios. Llámase tambien *pont-volant*.

**TRAILLER**, a. *tralli*. Pesc. Tirar bruscamente del aparejo de una red.

**TRAIN**, m. *trén*. Paso, marcha, modo de andar de una caballería ó de un carruaje. *Aller bon train*, ir á buen paso. || Cuartos de una caballería ó parte de donde proceden sus movimientos. || Juego delantero de un carruaje. || Tren, boato, séquito ó comitiva de una persona de rango. || Manada, piara de ganado, conjunto de muchos animales de silla, de carga ó de tiro que conduce un cabañil ó un tratante. || Ruido, alboroto, escándalo, zumbra que mueve la gente que no tiene educacion. || met. Curso, marcha ó rumbo que llevan los negocios. || Método de vida que observa una persona. || Impr. *Train de la presse*, tablon de la prensa sobre la cual se coloca la forma que entre y sale por medio de la manija. *Mise en train*, accion de disponerlo todo para la tirada de una forma. || *Train d'artillerie*, tren de artillería. *Soldat du train*, artillero. || *Faire du train*, mover gresca, divertirse haciendo mucho ruido. || Balsa, sátara para trasportar por los rios. || *Train de bois flotté*, almadía. || met. y fam. *Aller son train*, continuar su marcha. || *Mettre en train*, animar, excitar, poner á uno en disposicion de. || *Etre en train*, estar dispuesto, estar con gana, con humor de. || *N'être pas en train de rire*, no estar en disposicion de reir. || *Mettre une affaire en train*, poner un negocio en la vía, entablar las primeras diligencias. || *Tout d'un train*, de un tiron, de una vez. || Mar. *Train de bateau*, rastra de barquillas amarradas unas á otras por la popa que se conducen á remolque por algun rio. || *Train de bois*, armadía ó almadía.

**TRAÎNAGE**, m. *trenáge*. Rastra, accion de arrastrar.

**TRAÎNANT, E**, adj. *trenán*. Talar, rozagante, que arrastra, que llega al suelo. || met. *Discours, style traînant*, estilo rastrero, lánguido, con muchas palabras y pocas ideas. || *Voix traînante*, voz lánguida, monótona y lenta.

**TRAÎNARD**, m. *trenár*. Rezagado, que se queda atras, hablando de un soldado en marcha. Dícese tambien *traîneur*. V. este. || fam. Negligente, lento, que carece de actividad, de energía.

**TRAÎNASSE**, f. *trenás*. Bot. Centinodia, sanguinaria mayor, planta. V. RENOUÉE.

**TRAÎNE**, f. *trén*. Solo se usa en estas locuciones: *perdreaux qui sont en traîne*, perdigones que siguen á la madre en manada, que no vuelan todavía. || Mar. *Bateau à la traîne*, barco que va á la rastra, al remolque de otro; barco de reata, en los rios.

**TRAÎNEAU**, m. *trenó*. Rastra, narria, especie de trineo ó carreton sin ruedas para andar sobre la nieve ó sobre el hielo. || Rastra, especie de red para cazar ó para pescar.

**TRAÎNÉE**, f. *trené*. Rastro, reguero que hace una cosa cuando se derrama por el camino ó tránsito. || Reguero de pólvora que se hace para botar fuego á una mina ó barreno. || Mont. Rastro que se hace con pedazos de carnada para atraer al lobo á la trampa. || *Traînée de communication*, traque, guia que hacen los polvoristas para conducir el fuego á una parte del castillo ó artificio.

**TRAÎNE-MALHEUR**, m. *trenmaleur*. Desgraciado, pobre arrastrado, hombre que trae la miseria, la fatalidad consigo.

**TRAÎNE-POTENCE**, m. fam. *trenpoténs*. Racimo de horca, hombre que debe parar en manos del verdugo por su mal modo de vivir.

**TRAÎNE-RAPIÈRE**, m. fam. *trenrapiér*. Espadachin, pendenciero, perdonavidas, valenton, maton. || Jaque, el que no tiene mas oficio que llevar la espada.

**TRAÎNER**, a. *trené*. Arrastrar, tirar, llevar tras sí alguna cosa. || *Cet oiseau traîne l'aile*, esa ave vuela alicaida, lo que prueba que está herida ó enferma. || met. Arrastrar, llevar una vida desgraciada. || Prolongar, dilatar, hacer durar ó entretener un negocio. || *Traîner ses paroles*, hablar con lentitud. || *Traîner une corniche*, amoldar una cornisa. || n. Arrastrar, llegar una cosa hasta el suelo. || Arrastrar, andar una cosa tirada por el suelo, en distinto lugar del que le corresponde. || Durar, dilatarse, no ir adelante un negocio. || *Cela traîne dans tous les livres*, es muy comun, es un pensamiento, una palabra excesivamente traqueada. || Mil. Hacer rola, rezagarse algun soldado ó un cuerpo de tropas. || Mar. Arrastrar, llevar á la rastra || Ir tirando, no mejorarse un enfermo. || Arrear la bola en el juego de billar, no tocarla con limpieza. || *Discours qui traîne*, discurso largo y frio. || *Se traîner*, r. Arrastrarse, andar á gatas ó arrastrando. || Ir tirando, tirar, andar con trabajo.

**TRAÎNEUR**, m. *treneur*. Arrastrador, el que arrastra alguna cosa. || El que caza con cierta red llamada rastra (*traîneau*). || Rezagado, el que no sigue la marcha de su regimiento y se queda atras. En un sentido análogo se dice en marina de los buques que se quedan atras en la marcha de una escuadra, y en montería de los perros que no siguen como los demas. || fam. *Traîneur d'épée*, vagabundo, paseante, tuno.

**TRAIRE**, a. *trér*. Ordeñar, sacar la leche de la teta de ciertos animales.

**TRAIT, E**, adj. y part. pas. de TRAIRE. *tré, ét*. Ordeñado. || Tirado, hablando del oro ó plata.

**TRAIT**, m. *tré*. Flecha, dardo, saeta que se arroja. || Tiro, ataque directo ó indirecto que tiende á burlarse de una persona, á calumniarla: *les traits de l'envie, de la calomnie*. || Tiro, tirante, cada una de las cuerdas, cintas ó correas con que se arrastra un carruaje. *Cheval de trait*, caballo de tiro. || *Gens de trait*, flecheros, soldados antiguos. || Trago, bocanada de agua, vino, etc. *Il a vidé son verre tout d'un seul trait*, ha vaciado su vaso de un tiron, de un trago. || *Avaler tout d'un trait*, tragar de un bocado, de una zampada, ó beber de una sentada, sin descansar. || *Boire à longs traits*, beber poco á poco, saboreándose. || Rasgo, trazo ó línea que se describe con la pluma, plumada. || Faccion ó facciones del rostro de una persona. En esta acepcion se usa siempre en plural. || Delineamiento, arte de delinear edificios, etc. || met. Rasgo, accion que indica una intencion favorable ó no á una persona. || Rasgo, accion notable, por buena ó mala. || Rasgo, hecho, página que queda consignada en la historia. || Rasgo, pasaje selecto, pensamiento sobresaliente que se encuentra en un discurso, en una obra. || Tracto, los versículos que se cantan ó se recitan en el gradual de la misa. || Mano, ventaja que tiene el que juega primero al ajedrez ó á las damas. || Semejanza, analogía que guarda una cosa con otra. || Trampazo, trazo de cuerda. || Tiro, trecho, distancia. *Il n'y a qu'un trait d'arbalète*, está á un tiro de piedra ó de ballesta; esto es, dista poco de aquí. || *Trait d'union*, division, rayita que se pone en medio de una palabra compuesta, etc.; la que está al fin de la línea se llama *division*, guion. || Caida de la balanza saliendo el fiel del marco. || *Trait de scie*, marca, señal que se hace para serrar alguna cosa, y el corte que deja la sierra despues de hecha la operacion. || Mar. *Trait de vent*, direccion del viento. || *Trait de carré*, barco redondo ó de cruz.

**TRAITABLE**, adj. *tretábl*. Tratable, afable. || Dócil, laborable, hablando de metales. || Transitable, si se trata de un camino.

**TRAITANT**, m. *tretán*. Arrendador de rentas y contribuciones públicas, empresario. V. PUBLICAIN.

**TRAITE**, f. *trét*. Tirada, trecho de camino que se anda sin parar. || Saca, extraccion, tráfico, comercio de ciertos géneros ó efectos. || Tráfico, comercio, cambio de géneros que se hace con una nacion extranjera. || Tráfico, comercio de negros que se hace en las costas de Africa || Comercio entre banqueros. || Letra de cambio que se gira ó endosa en favor de una persona. || Derecho ó renta de sacas y entradas de géneros de comercio. || *Tout d'une traite*, de una tirada ó tiron, sin pararse.

**TRAITÉ**, m. *treté*. Tratado, convenio entre soberanos, entre dos ó mas Estados. || Tratado, libro ó obra que trata de una ciencia ó materia. || Contrata, trato ó ajuste que hace un particular con el gobierno sobre un ramo de administracion. || Contrato, trato, convenio entre particulares.

**TRAITEMENT**, m. *tretmán*. Procedimiento, modo de tratar ó portarse con una persona. || Trato, acogida que se hace á uno. || Sueldo, salario asignado á un empleo. V. APPOINTEMENT. || Mesa de Estado, costeada por la corte en el recibimiento de un embajador. || Cura, curacion, método ó modo de conducirse en una enfermedad; y tambien asistencia que da un médico ó cirujano á un enfermo. || Tambien se dice del modo de curar á los animales.

**TRAITER**, a. *treté*. Tratar, ocuparse de un asunto, discutir. || [illegible] á una persona [illegible] tar, ejercer [illegible] sugeto. || Tratar, dar [illegible] que le corresponde [illegible] || Tratar, [illegible] *Traiter quelqu'un de* [illegible] alguno con vilipendio, con [illegible] *ter de turc à maure*, [illegible] ó dar un trato infame. || [illegible] dinero. || Regalar, dar [illegible] dicios. || n. Tratar, hablar, [illegible] materia. || Tratar, [illegible] ajuste ó [illegible] tar, arreglar una cuenta, [illegible] mas favorable [illegible] trar en negociacion [illegible] vente ó arriendo. || *Se traiter* [illegible] ó mal dos ó mas personas [illegible] *ter soi-même*, curarse [illegible] carse los remedios, etc. [illegible]

**TRAITEUR**, m. *treteur*. [illegible] rero, el que da de comer [illegible] tante, trafecante, en [illegible] que comercian con [illegible]

**TRAITOIRE**, f. [illegible] fondo, instrumento que [illegible] guran la madera. Se dice [illegible]

**TRAÎTRE, ESSE**, adj. [illegible] que comete una traicion. || [illegible] pérfido. || Falso, se dice [illegible] de, que araña ó tira [illegible] alevoso, hablando de las [illegible] sustantivo. *C'est un traître*, [illegible] *En traître*, loc. adv. Traidoramente [illegible] cion, alevosamente.

**TRAÎTREUSEMENT**, adv. [illegible] *mán*. Traidoramente, [illegible] cion.

**TRAJANE**, adj. f. *trajáne*. [illegible] Trajana, que pertenece á Trajano. [illegible] *trajane*.

**TRAJECTILE**, adj. [illegible] que sirve para hacer una [illegible]

**TRAJECTOIRE**, f. [illegible] Trayectoria, nombre de [illegible]

**TRAJET**, m. *trajé*. Travesía [illegible] es necesario atravesar por [illegible] de un punto á otro. || [illegible] tancia que separa por [illegible] otro. || Cir. *Le trajet d'une* [illegible] ra que forma una llaga.

**TRAMAIL**, m. *tramáil*. [illegible] mallo, especie de red.

**TRAMAILLON**, m. [illegible] de trasmallo ó red pequeña. [illegible] bien *tramail*.

**TRAME**, f. *trám*. Trama, [illegible] la lanzadera á traves de la [illegible] cer telas. || met. y poét. *La* [illegible] *la trame de ses jours*, [illegible] esto es, el curso, la duracion [illegible] sus dias. || met. Trama, conspiracion contra alguno.

**TRAMER**, a. *tramé*. Tramar, [illegible] la lanzadera por entre los hilos [illegible] bre para tejer telas. || met. [illegible] nar, urdir, formar alguna conspiracion.

**TRAMEUR, EUSE**, m. y f. [illegible] Tejedor, el que hace [illegible] la trama.

**TRAMONTAIN, E**, adj. y [illegible] *én*. Tramontano, de allende [illegible] Se dice mas comunmente [illegible]

**TRAMONTANE**, f. *tramontán*. [illegible] tana, maestral, aquilon, [illegible] en el Mediterráneo al [illegible] del Norte. || met. y fam. *Perdre la tramontane*, perder la tramontana, [illegible] juicio. || Tramontana, la parte [illegible]

**TRANCHANT, E**, adj. *tranchán*. [illegible] te, que corta. *Couteau tranchant* [illegible] que corta, afilado. || met. [illegible] *gument tranchant*, [illegible] *tes*. || Decisivo, que decide [illegible] ficultades con resolucion y [illegible] to, hablando de personas y [illegible] *chant*, *esprit tranchant*. || [illegible] *tranchantes*, colores vivos [illegible] mucho resaltan los unos al [illegible] || *Ecuyer tranchant*, trinchante, [illegible] encargado de trinchar las [illegible] debe sacarse á la mesa [illegible] TRANCHANT, m. Corte, tajo, [illegible]

vado por los cantos de las hojas. || Cordoncillo que tienen las monedas ó canto donde se pone una leyenda. || Especie de herramienta en forma de bisel. || Pico ó puntero que usan los canteros. || Coc. *Morceau de tranche*, pedazo de pierna de vaca.

**TRANCHÉ, ÉE**, adj. *tranché*. Cortado. || Partido. || Trinchado. || Blas. Partido en banda, que está dividido de izquierda á derecha. || Vetiseñgado, hablando de las maderas.

**TRANCHÉE**, f. *tranché*. Zanja, excavacion larga y profunda que se hace en la tierra. || Mil. Trinchera. || *Tranchées*, pl. Med. Dolores cólicos, algunas veces acompañados de inflamaciones. || *Tranchées utérines*, dolores uterinos que padecen algunas mujeres despues de parir. || Vet. *Tranchées rouges*, torozon, retortijones de tripas que padecen las caballerías.

**TRANCHEFIL**, m. *tranchefíl*. Cortahilo, herramienta que usan los tapiceros ó tejedores de tapices.

**TRANCHEFILE**, f. *tranchefíl*. Encuad. Cabezada, rollito de papel ó de pergamino que se pone en cada una de las extremidades de un libro. || Zap. Barreta, pedazo de cuero que se pone á los lados de la pala en guisa de refuerzo. || Cadenilla barbada, que está sujeta al alacran de la cama derecha del bocado de un caballo. || Gamarra, correa que se engancha por un extremo á la muserola, y por el otro á las cinchas horcadas con el fin de evitar que el animal despape.

**TRANCHEFILER**, a. *tranchefilé*. Encuad. Cabecear, cubrir las cabezadas de un libro, hacer cierto cordoncillo en cada uno de los dos remates que aseguran la encuadernacion.

**TRANCHELARD**, m. *trancheldr*. Cuchillo de cocina que tiene la hoja muy delgada y sirve para cortar el tocino en lonjas.

**TRANCHE-MONTAGNE**, m. fam. *tranchemontáñ*. Rompe-esquinas, matasiete, perdonavidas, fanfarron.

**TRANCHER**, a. *tranché*. Cortar, partir, tajar, dividir una cosa con una herramienta cortante. || met. *Trancher une difficulté*, cortar, resolver pronto una dificultad. || *Trancher le mot*, abreviar de razones, decir las cosas con claridad, terminantemente. || *Trancher un discours*, terminar un discurso, una conversacion. || n. Partir por medio, decidir en tono magistral sobre una materia. || *Trancher dans le vif*, cortar por lo sano: cortar pronto relaciones que perjudican; y tambien, tomar medidas enérgicas en un negocio. || *Trancher net*, echar por medio, abreviar de razones, decir lo que se siente claro y en pocas palabras. || *Trancher du grand seigneur*, echarla de grande, afectar grandeza. || Contraponerse, resaltar, diferir notablemente un color de otro.

**TRANCHET**, m. *tranché*. Tranchete ó trinchete de los zapateros y guarnicioneros para cortar el cuero.

**TRANCHIS**, m. *tranchí*. Arq. Pizarras ó tejas cortadas diagonalmente que vierten sobre las mismas hojas. || Mil. ant. Trinchera, lo mismo que *retranchement*.

**TRANCHOIR**, m. *tranchoar*. Tajadero, plato de madera en que se corta la carne en la cocina.

**TRANGLES**, f. pl. *trángl*. Blas. Frangles, burelos, fajas angostas de un tercio del ancho ordinario, y de un número impar.

**TRANLER**, a. *tranlé*. Mont. Rastrear la res sin haberla descubierto ni cercado.

**TRANQUILLE**, adj. *tranquíl*. Tranquilo, pacífico, quieto, sosegado, física y moralmente hablando. || Tranquilo, sereno, hablando del ánimo.

**TRANQUILLEMENT**, adv. *tranquil*-quilidad, sosiego, reposo.

**TRANS**, *tráns*. Prep. tomada del latin, que entra en la composicion de varias palabras francesas para añadir á su significacion natural la de *au-delà*, *à travers*, *entre*, mas allá, á traves, entre.

**TRANSACTION**, f. *transaccsión*. Transaccion, accion y efecto de transigir sobre cualquier diferencia.

**TRANSACTIONNEL, LE**, adj. *transaccsionél*. Transaccional, que contiene una transaccion.

**TRANSALPIN, E**, adj. *transalpén*, *in*. Transalpino, que está mas allá ó al otro lado de los Alpes.

**TRANSATLANTIQUE**, adj. *transatlantíc*. Transatlantico, que está mas allá ó al otro lado del Atlántico, por la parte de allende del Atlántico.

**TRANSBORDEMENT**, m. *transbordemán*. Mar. Trasborde, accion de trasbordar algunos géneros ó efectos.

**TRANSBORDER**, a. *transbordé*. Mar. Trasbordar, pasar el todo ó parte del cargamento de un buque á otro.

**TRANSCENDANCE**, f. *transcendáns*. Trascendencia, relevancia, eminencia, superioridad conocida de una persona ó de una cosa sobre otra. Es poco usado.

**TRANSCENDANT, E**, adj. *transcendán*. Relevante, eminente, superior en su género. || Excelente, eximio. || Geom. Trascendente, que lleva su cálculo hasta lo infinito.

**TRANSCENDANTAL, E**, adj. *transcendantál*. Fil. Trascendental, que trata las cuestiones mas elevadas de una ciencia.

**TRANSCENDANTALISME**, m. *transcendantalísm*. Fil. Trascendentalismo, sistema filosófico que desprecia la observacion y los análisis.

**TRANSCRIPTION**, f. *transcripsión*. Trasunto, traslado, copia que se saca de algun documento. || Trascripcion, accion de transcribir ó copiar algun escrito.

**TRANSCRIRE**, a. *transcrír*. Trascribir, trasladar, copiar un escrito.

**TRANSE**, f. *tráns*. Angustia, ansia, zozobra, inquietud, sobresalto que causa la idea de un mal que se considera próximo.

**TRANSEAT** (palabra latina), *tránseat*. Pase, adelante, sea, concedido, etc. Se decia en las escuelas, tratándose de una proposicion que importaba poco conceder ó negar. Se usa tambien en la lengua española.

**TRANSFÉRABLE**, adj. *transferábl*. For. Trasferible, que puede ser trasferido.

**TRANSFÈREMENT**, m. *transfermán*. Traslado, traspaso, accion de trasladar, trasferir ó traspasar una cosa.

**TRANSFÉRER**, a. *transferé*. Trasladar, trasferir, trasportar una cosa de un lugar á otro. || For. Trasladar, trasmitir, trasferir un derecho, el dominio de una cosa, etc. || Trasladar de un tiempo á otro.

**TRANSFERT**, m. *transfér*. Traspaso, acto por el cual se declara la trasmision de la propiedad de una renta que se disfruta, ó otro derecho, en favor de segunda persona.

**TRANSFIGURATION**, f. *transfigurasión*. Trasfiguracion, cambio instantaneo de una en otra figura. || Solo se usa hablando de la trasfiguracion de nuestro Señor Jesucristo en el monte Tabor.

**TRANSFIGURER**, a. *transfiguré*. Trasfigurar, mudar de una figura ó forma en otra. || Úsase como recíproco hablando de Jesucristo sobre el monte Tabor.

**TRANSFORMATION**, f. *transformasión*. Trasformacion, metamórfosis, cambio de una forma en otra distinta.

**TRANSFORMER**, a. *transformé*. Tras-piente á otro. || Med. Trasfundir, hacer pasar la sangre de un animal á los vasos de otro, como medio terapéutico.

**TRANSFUSION**, f. *transfusión*. Quím. Trasvase, accion de trasvasar algun líquido de uno á otro recipiente. || Med. Trasfusion, operacion que consiste en hacer pasar la sangre de uno á otro cuerpo como medio terapéutico.

**TRANSGRESSER**, a. *transgresé*. Transgredir, contravenir, quebrantar, violar una ley, un precepto.

**TRANSGRESSEUR**, m. *transgresseur*. Infractor, trasgresor, contraventor á una ley ó mandato, el que infrige una ley ó precepto.

**TRANSGRESSION**, f. *transgresión*. Infraccion, accion de infrigir una ley, un precepto.

**TRANSHUMANT, E**, adj. *transumán*. Trashumante, se dice de los ganados que se llevan á pacer á los montes para veranear.

**TRANSI, E**, adj. *transí*. Transido, aterido, pasmado de frio ó de miedo. || met. y joc. *Un amoureux transi*, un amante tímido, frio, tibio galan.

**TRANSIGER**, n. *transigé*. Jurisp. Transigir, ajustarse ó convenirse dos litigantes acerca de los derechos ó diferencias que han motivado un pleito.

**TRANSIGIBLE**, adj. *transigíbl*. Transigible, que puede ser objeto de una transaccion.

**TRANSIR**, a. *transír*. Transir, pasmar, aterir, penetrar á uno el frio, el miedo. || n. Estar aterido, yerto, pasmado, transido de frio ó de miedo.

**TRANSISSEMENT**, m. poco us. *transismán*. Aterimiento, temblor, pasmo, sensacion que producen el frio y el miedo.

**TRANSIT**, m. *transit*. Franquicia, autorizacion que concede el gobierno á un comerciante para exportar sus géneros ó trasportarlos de un lugar á otro sin pagar derechos. Es lo mismo que *passavant*.

**TRANSITER**, a. *transité*. Pasar mercaderías sin pagar derechos de entrada.

**TRANSITIF, IVE**, adj. *transitíf*, *ív*. Gram. Transitivo, dícese de los verbos cuya accion pasa á otra persona ó cosa.

**TRANSITION**, f. *transisión*. Transicion, modo de pasar de un razonamiento á otro, de ligar entre sí las partes de un discurso, de una obra, etc. || met. Transicion, paso de un régimen político á otro, de un órden de cosas á otro distinto. || Mús. Transicion, paso de uno á otro tono, de un modo á otro diferente.

**TRANSITOIRE**, adj. *transituár*. Transitorio, pasajero, que es de corta duracion.

**TRANSITOIREMENT**, adv. *transituarmán*. Transitoriamente, de un modo transitorio.

**TRANSLATER**, a. ant. *translaté*. Traducir de una lengua á otra. V. TRADUIRE.

**TRANSLATEUR**, m. ant. *translateur*. Traductor, intérprete. V. TRADUCTEUR.

**TRANSLATIF, IVE**, adj. *translatíf*, *ív*. Traslativo, que trasmite ó trasfiere una cosa, un derecho á alguno: *acte translatif de propriété*.

**TRANSLATION**, f. *translasión*. Traslacion, accion de trasladar una cosa de un punto á otro. || Se dice tambien de las personas, como la traslacion de un obispo, la traslacion de las reliquias de un santo, etc. || Traslacion de una fiesta.

**TRANSLIMITATION**, f. *translimitasión*. Traslimitacion, se dice en frances del envío de tropas al teatro de la guerra.

**TRANSLUCIDE**, adj. *translusíd*. Fa-

Traslúcido, que deja pasar la luz sin que se distingan los colores ni la forma de los objetos.

**TRANSLUCIDITÉ**, f. *translusidité*. Traslucidez, propiedad que tienen ciertos cuerpos de dejarse penetrar por los rayos del sol, pero en tan corta cantidad que no permiten percibir los objetos ni aun confusamente al traves de su masa.

**TRANSMARIN**, **E**, adj. *transmarin*, *ín*. Ultramarino, que es de allende del mar.

**TRANSMETTRE**, a. *transmétr*. Trasmitir, traspasar, ceder á otro un derecho ó propiedad. || Trasmitir, comunicar, hacer pasar una órden, una noticia, etc. || met. Trasmitir, hacer pasar su nombre, su gloria á la posteridad.

**TRANSMIGRATION**, f. *transmigrasión*. Trasmigracion, accion de abandonar el pais natal para ir á establecerse en otro extraño.

**TRANSMISSIBILITÉ**, f. *transmisibilité*. Trasmisibilidad, cualidad de lo que es trasmisible.

**TRANSMISSION**, f. *transmisión*. Trasmision, traspaso, accion y efecto de trasmitir.

**TRANSMUABLE**, adj. *transmuábl*. Trasmutable, que puede trasmutarse.

**TRANSMUABILITÉ**, f. V. TRANSMUTABILITÉ.

**TRANSMUER**, a. *transmué*. Trasmutar, convertir, mudar el ser de una cosa en otra.

**TRANSMUTABILITÉ**, f. *transmutabilité*. Trasmutabilidad, propiedad de lo que es trasmutable.

**TRANSMUTABLE**, adj. V. TRANSMUABLE.

**TRANSMUTATEUR**, m. *transmutateur*. Trasmutador, el que se precia de trasmudar los metales.

**TRANSMUTATIF**, **IVE**, adj. *transmutatif*, *ív*. Trasmutativo, que cambia.

**TRANSMUTATION**, f. *transmutasión*. Trasmutacion, cambio de una cosa en otra.

**TRANSPADANE**, adj. f. *transpadán*. Traspadano, que está á la otra parte del Po, rio de Italia.

**TRANSPARENCE**, f. *transparáns*. Trasparencia, diafanidad, cualidad de lo que es trasparente.

**TRANSPARENT**, **E**, adj. *transparán*. Trasparente, diáfano, perlúcido, que da paso á la luz. || TRANSPARENT, m. Falsilla, pauta ó regla, hoja de papel rayado que se pone debajo del blanco para llevar los renglones derechos cuando se escribe. || Trasparente, papel dado de aceite que se pone en las decoraciones de los teatros para que la luz penetre á traves de él. || Trasparente, lienzo ó cuadro barnizado detras del cual se ponen algunas luces en ciertas iluminaciones á fin de hacer ver los objetos que se representan en él.

**TRANSPERCER**, a. *transpersé*. Traspasar, pasar de parte á parte. || met. *Transpercer le cœur de quelqu'un*, traspasar el corazon á alguno, causarle un profundo dolor. Se usa poco.

**TRANSPIRABLE**, adj. poco us. *transpirábl*. Traspirable, que puede salir ó expelerse por medio de la traspiracion.

**TRANSPIRATION**, f. *transpirasión*. Traspiracion, expulsion casi insensible de los humores del cuerpo por sus partes porosas. || Bot. Traspiracion, efluvios que exhalan los vegetales.

**TRANSPIRER**, n. *transpiré*. Traspirar, exhalarse los humores, salir del cuerpo por los poros de una manera imperceptible á la vista. || Traspirar, se dice del mismo cuerpo. || met. Traspirar, traslucirse, empezar á divulgarse una cosa que estaba oculta.

**TRANSPLANTATION**, f. *transplantasión*. Trasplantacion, accion de trasplantar un árbol ó una planta.

**TRANSPLANTEMENT**, m. *transplantmán*. Se decia por *transplantation*. V. este.

**TRANSPLANTER**, a. *transplanté*. Trasplantar, arrancar una planta, un árbol del lugar donde está y plantarlo en otro. || met. Trasplantar, trasladar ó trasportar á una persona ó cosa de un pais á otro. || *Se transplanter*, r. Trasplantarse, trasladarse una persona ó una familia de un punto á otro para establecerse en él.

**TRANSPONTIN**, **E**, adj. *transpontén*, *ín*. Traspontino, que está mas allá de los puentes. Se dice jocosamente en Paris de los habitantes de los dos lados del Sena.

**TRANSPORT**, m. *transpór*. Trasporte, conduccion, acarreo, accion de conducir ó trasportar una cosa de un lugar á otro. || met. Traspaso, trasmision, cesion jurídica de un derecho, de una propiedad á favor de otro. || Arrebatamiento, rapto, enajenamiento que ocasiona el ímpetu de una pasion violenta. || Entusiasmo, trasporte, todo movimiento que revela la enajenacion de una persona. || *Transport au cerveau*, delirio, desvarío, trastorno de las facultades mentales.

**TRANSPORTABLE**, adj. *transportábl*. Trasportable, que puede trasportarse.

**TRANSPORTANT**, **E**, adj. poco us. *transportán*. Admirable, que excita la admiracion, el entusiasmo.

**TRANSPORTER**, a. *transporté*. Trasportar, conducir, llevar de un paraje á otro. || Traspasar, trasferir, ceder un derecho ó propiedad á alguno. || met. Arrebatar, enajenar, sacar de sí ó de quicio, hablando de una pasion. || Trasladar, pasar, extender, dar á una cosa el nombre que llevaba otra. || *Se transporter*, r. Trasladarse, pasar á casa de alguno, á un pais. Se dice principalmente de los que se trasladan á un lugar ó sitio en virtud de mandato judicial. || En sentido moral. *Se transporter en imagination dans l'avenir, dans le passé*, trasportarse con el entendimiento ó mentalmente á, etc. || Dejarse llevar de alguna pasion, como de alegría, amor, etc.

**TRANSPOSABLE**, adj. *transposábl*. Gram. Trasponible, que puede trasponerse.

**TRANSPOSER**, a. *transposé*. Trasponer, poner una cosa en distinto lugar del que ántes ocupaba, sea ó no con fin determinado: *transposer des mots, des phrases, des chiffres*. || Mús. Trasponer, mudar la clave ó el tono de una pieza ejecutándola en otro diferente del en que está escrita. || Trasponer, trastrocar ó mudar la puesta de una en otra carta, en ciertos juegos.

**TRANSPOSITEUR**, adj. m. *transpositeur*. Mús. Traspositor, se dice de instrumentos en que se puede cambiar el tono por medio de una simple operacion mecánica.

**TRANSPOSITIF**, **IVE**, adj. *transpositif*, *ív*. Traspositivo, que admite las trasposiciones. El griego y el latin son lenguas traspositivas.

**TRANSPOSITION**, f. *transposisión*. Trasposicion, accion y efecto de trasponer. || Gram. Trasposicion, inversion del órden que deben tener las palabras en la oracion. || Impr. Trasposicion, inversion en las páginas de una obra, en el diccioneo de las palabras de un diccionario. || Mús. Trasposicion, accion de ejecutar una pieza en diferente tono del en que está escrita.

**TRANSPYRÉNÉEN**, **NE**, adj. *transpirenéen*, *én*. Traspirenáico, que está allende ó al otro lado de los Pirineos respecto de los Franceses.

**TRANSRHÉNANE**, adj. f. *transrenán*. Trasrenano, que habita ó está situado al otro lado del Rhin.

**TRANSSUBSTANTIATION**, f. *transubstansiasión*. Teol. Transustanciacion, conversion total de una sustancia en otra. Se usa hablando de la conversion de las sustancias del pan y del vino en el cuerpo y sangre de Nuestro Señor Jesucristo, en el augusto sacramento de la Eucaristía.

**TRANSSUBSTANTIER**, a. *transubstansié*. Teol. Transustanciar, convertir una sustancia en otra. Dícese hablando de la Eucaristía.

**TRANSSUDATION**, f. *transudasión*. Accion de trasudar.

**TRANSSUDER**, n. *transudé*. Trasudar, exhalarse ó pasar á traves de los poros de un cuerpo, hablando de un humor.

**TRANSTIBÉRIN**, **E**, adj. *transtiberén*, *ín*. Trastiberino, que habita ó está situado del otro lado del Tiber.

**TRANSVASEMENT**, m. *transvasmán*. Trasvasamiento [illegible] vasar ó [illegible]

**TRANSV**[illegible] trasegar los licores [illegible] ja en otra.

**TRANSVERSAL**[illegible] Trasversal, que [illegible] traves de alguna [illegible]

**TRANSVERS**[illegible] sal*mán*. Trasversalmente [illegible] versal, oblicuamente.

**TRANSVERSE**, adj. [illegible] verso, oblicuo, [illegible] *muscle transverse* [illegible]

**TRANSV**[illegible] un vaso lo que otro [illegible]

**TRANSYLVAIN**, **E** [illegible] *én*. Transilvano, de la [illegible]

**TRANTRAN**, m. [illegible] ga, endergue, [illegible] las oficinas y tribunales [illegible] los negocios.

**TRANTRANER**, a. [illegible] sergar, seguir la [illegible]

**TRAPAN**, m. *trapán*. [illegible] descansillo, descanso [illegible]

**TRAPER**, n. *trapé*. [illegible] lones.

**TRAPÉZAÏQUE**, adj. [illegible] záico, que tiene [illegible] que tiene la figura de un [illegible] mejor *trapézoïdal*.

**TRAPÈZE**, m. *trapéz*. [illegible] figura cuadrilátera que tiene [illegible] lelos y dos no. || Anat. [illegible] un hueso del cuerpo humano.

**TRAPÉZIEN**, **NE**, adj. [illegible] Trapeciano, que pertenece [illegible] tiene la figura de un trapecio.

**TRAPÉZIFORME**, adj. [illegible] peciforme, que tiene la forma [illegible] cio.

**TRAPÉZOÏDAL**, **E**, adj. [illegible] Trapeciforme, que tiene la [illegible] pecio.

**TRAPÉZOÏDE**, m. [illegible] Trapezoide, cuadrilátero [illegible] ningun lado paralelo á otro, [illegible] de, que se parece á un [illegible] dice de un hueso y de [illegible] usa tambien como [illegible]

**TRAPPE**, f. *tráp*. [illegible] especie de puerta que [illegible] hecha en la superficie del [illegible] so á una cueva ó subterráneo [illegible] ce de la misma abertura. || [illegible] ó ventanilla que se alza [illegible] de abrirse y cerrarse. || [illegible] fieras. || Trapa, órden de [illegible] tera.

**TRAPPISTE**, adj. y s. [illegible] religioso del órden ó instituto [illegible]

**TRAPU**, **E**, adj. *trapú*. [illegible] es bajo y grueso de cuerpo. || [illegible] caballo corto.

**TRAQUE**, f. *trák*. Mont. [illegible] accion de batir el monte.

**TRAQUENARD**, m. [illegible] pasitrote, paso que tienen [illegible] rias entre el castellano y el [illegible] dado á un género de baile. [illegible] cio para coger lobos y zorras.

**TRAQUER**, a. *traqué*. [illegible] un monte después de [illegible] palos en las matas para [illegible] Por exten. *Traquer des* [illegible] *bandiers*, cercar, rodear á [illegible] ladrones, á los contrabandistas [illegible] los.

**TRAQUET**, m. *traqué*. [illegible] pa, cepo ó artificio para [illegible] y met. *Donner dans le* [illegible] trampa, dejarse engañar. [illegible] tola de molino harinero. [illegible] villa, persona que habla [illegible] bre vulgar del collalba, [illegible] llaman tambien [illegible]

**TRAQUEUR**, m. [illegible] dor, batidor, el que bate [illegible] compañía de otros, el que [illegible] un ojeo.

**TRASS**, m. *trás*. Bot. [illegible] planta.

**TRASTRAVAT**, adj. y s. m. *trastravá*. Calzado de ambas patas, hablando de un caballo ó mula.

**TRAULET**, m. *trolé*. Mat. Especie de punzon que sirve para hacer puntos en un plano.

**TRAVADE**, f. *travád*. Mar. Chubasco, especie de viento acompañado de truenos y agua, el cual sopla sucesivamente y con fuerza de todos los puntos del horizonte.

**TRAVAIL**, m. *travál*. Trabajo, tarea, aplicacion física ó mental que se dedica á una cosa con el fin de sacar alguna utilidad. || Trabajo, obra que se hace ó debe hacerse. || *Homme de travail*, trabajador, jornalero que gana su vida en alguna ocupacion dura, penosa. || Cir. *Travail d'enfant* ó solo *travail*, esfuerzos que hace una mujer para parir. *Être en travail*, *en travail d'enfant*, hallarse una mujer en los dolores del parto. || Vet. Potro, máquina que sirve para sujetar las caballerías falsas cuando se curan ó se hierran. || *Travaux*, pl. Mil. Trabajos, las obras que se hacen para atacar ó defender una plaza sitiada. || Trabajos, todo género de obras que se hacen para hermosear ó dar ensanche á una poblacion. || *Travaux forcés*, trabajos forzados, pena aflictiva é infamante, especie de presidio. || *Travaux publics*, presidio, pena aflictiva que se aplica á los desertores del ejército sin causa agravante. || *Les travaux d'Hercule*, los doce trabajos de Hércules.

**TRAVAILLER**, n. *travallé*. Trabajar, ocuparse en algun ejercicio, ya sea con el cuerpo ó con el entendimiento. || Trabajar, hacer esfuerzos para ejecutar alguna cosa. || Trabajar, estar ocupado un menestral en el ejercicio de su oficio. || *Ce bois travaille*, esta madera se alabea. || *Ce mur travaille*, esta pared se comba, se pandea, se abre. || *L'estomac travaille*, el estómago digiere con dificultad. || *Le vin travaille*, el vino fermenta. || met. Trabajar, tener agitado el ánimo ó pensar mucho: *son esprit travaille*, *sa tête travaille*. || Trabajar, padecer resistiendo algun peso, fuerza ó empuje. || Mar. Trabajar, hacer ó resistir esfuerzos mas ó ménos violentos, hablando de un buque, de un aparejo, de la arboladura de un cable. || a. Trabajar, ejecutar una cosa con cuidado. || Trabajar, labrar, dar forma ó hechura, hablando del hierro, del mármol, etc. || Trabajar, componer obras de ingenio. || Atormentar, aquejar, mortificar, causar dolor: *fièvre qui travaille cruellement*. || Equit. Trabajar, picar, aleccionar un caballo. || *Se travailler*, r. Atormentarse, inquietarse. || Atormentarse, esforzarse por conseguir alguna cosa.

**TRAVAILLEUR, EUSE**, m. y f. *travalleur, eus*. Trabajador, el que es muy aficionado al trabajo. || Trabajador, jornalero, el que se ocupa en las faenas del campo. || *Travailleurs*, m. pl. Mil. Zapadores, gastadores, soldados empleados en algunos trabajos de zapa.

**TRAVAT**, adj. y s. m. *travá*. Trabado, se dice del caballo que tiene las manos blancas.

**TRAVATES**, f. pl. *travát*. Mar. Huracanes violentos en las costas de Guinea; chubasco ó torbellino de viento acompañado de agua y truenos.

**TRAVÉE**, f. *travé*. Carp. Bovedilla, espacio entre viga y viga de un techo. || Arq. Galería superior que se construye sobre los arcos de la nave de una iglesia. || Tramo, el trozo de paso que média entre dos pilastras ó puntos de apoyo. || *Les travées d'un pont-levis*, las vigas puestas entre los machones, formando el arco en un puente levadizo. || *Travée de balustres*, balaustrada. || *Travée de grille*, travesaños, barrotes de una reja.

**TRAVERS**, m. *travér*. El ancho, latitud de un cuerpo. *Deux travers de doigt*, el ancho de dos dedos ó dos dedos de ancho. || Sesgo, irregularidad que presenta un plano, un jardin, una plaza, etc. || met. Extravagancia, capricho, ridiculez ó irregularidad en el carácter, en el genio de una persona. || fam. *Donner dans le travers*, desarreglarse, relajarse alguno en su conducta. || *En travers*, loc. adv. A lo ancho, de un lado á otro, de parte á parte. || *De travers*, loc. adv. Oblicuamente, de medio lado, al sesgo. || met. *Il entend tout de travers*, todo lo entiende al revés. || *A travers*, *au travers de*, loc. prep. De parte á parte. *Se faire jour à travers les ennemis* ó *au travers des ennemis*, abrirse paso por en medio de los enemigos. || *Faire tout de travers*, hacerlo todo al revés. || met. y fam. *Aller tout au travers des choux*, echar por esos trigos: hablar sin consideracion, sin tino ni juicio. || *A tort et à travers*, á troche y moche, sin concierto. || met. *Regarder quelqu'un de travers*, mirar á alguno con ceño, con aversion. V. REGARDER. || Mar. Través, direccion perpendicular al costado del buque. || *En travers*, en facha, atravesado, con el costado perpendicular á una direccion.

**TRAVERSABLE**, adj. *traversábl*. Atravesable, que se puede atravesar.

**TRAVERSAL, E**, adj. *traversál*. Que es de travesía ó encrucijada, hablando de caminos.

**TRAVERSANT**, m. *traversán*. Fiel de peso, balanza ó romana.

**TRAVERSE**, f. *travérs*. Travesaño, madero que atraviesa de un lado á otro. || Cruceros, barrotes que se atraviesan en una reja. || Fort. Traves, corte ó abertura que se hace en un foso seco con el objeto de franquearlo ó de hacerlo impracticable. || Atajo, trocha, camino por donde se acorta la distancia que média de un punto á otro. || Travesía, callejuela que cruza de una calle á otra. || met. Contratiempo, contrariedad, reves, obstáculo. || Cerco, travesero, liston de madera que cruza por lo ancho de una puerta ó ventana. || Blas. Traversa. || Art. Antepecho, pedazo de madera que atraviesa un telar. || *Traverses de scie*, codales de una sierra. || *Pari de traverse*. V. PARI. || *A la traverse*, loc. adv. Poniéndose de por medio, atravesándose, saliendo al encuentro, al atajo, á cortar los pasos. Se dice met. de lo que sobreviene impensadamente y trae obstáculos. *Il est venu se jeter à la traverse*, se atravesó, vino á frustrarlo todo, á descomponerlo.

**TRAVERSÉE**, f. *traversé*. Mar. Travesía, pasaje de un puerto á otro ó de una banda á otra.

**TRAVERSER**, a. *traversé*. Atravesar, pasar de un extremo á otro. || Atravesar, cruzar, encontrarse dividiendo un terreno, un bosque, etc., hablando de un camino, de una calle ó fila de árboles, etc. || Atravesar, pasar, calar de parte á parte. || met. Frustrar, impedir el éxito de alguna cosa, promoviendo obstáculos y dificultades. || *Se traverser*, r. Equit. *Ce cheval se traverse*, este caballo se vierte, saca una espalda ó un anca fuera de la línea regular. || Mar. Atravesarse, acoderarse, situarse un buque con el costado perpendicular á una direccion cualquiera.

**TRAVERSIER, ÈRE**, adj. *traversié, ér*. Travesero, que atraviesa. || Mar. *Vent traversier*, viento de travesía, que favorece la salida de un buque de un punto y la entrada de otro que viene de la parte opuesta. || *Barque traversière*, barca de cabotaje que sirve para pasar de un punto á otro que está inmediato. || Mús. *Flûte traversière*, flauta travesera, que exige ponerla casi horizontalmente sobre los labios para tomar la embocadura. || TRAVERSIER, m. Falucho, barco de vela, pequeño barco para la pesca, travesías cortas ó otros usos.

**TRAVERSIN**, m. *traversén*. Travesero, cabecera, almohadon largo, de forma cilíndrica, que atraviesa todo el ancho de una cama. || Duelas largas para cubas. || Mar. Codaste, parte de la quilla. || *Traversin de barres de hune ó de perroquet*, cruceta de los palos. *Traversin des bittes*, cruz de las bitas. *Traversin de chaloupe*, cadena de la lancha. *Traversin d'écoutille* ó *gatiole*, galeota de escotilla. *Traversin d'élinguets*, galápago de linguete ó especie de taco en que se apoya. *Traversin de taquets* ó *d'oreille d'âne*, mesota de las manigüetas.

**TRAVESTIR**, a. *travestír*. Disfrazar, poner el vestido de una persona de otro sexo ó condicion para engañar, para ocultar, etc. || met. Disfrazar, vestir, dar otro color ó exterior á las cosas. || *Travestir un auteur*, *un ouvrage*, trovar un autor, traducir una obra séria de un modo burlesco. || *Se travestir*, r. Disfrazarse, cambiar de traje para no darse á conocer de ciertas personas. || Disfrazarse, cambiar de conducta, de humor, etc., disimular con algun fin.

**TRAVESTISSEMENT**, m. *travestismán*. Disfraz.

**TRAVURE**, f. *travúr*. Travesaño de la popa de un buque.

**TRAYON**, m. *treyón*. Pezon de la teta de las hembras que se ordeñan, como vacas, cabras, etc.

**TRÉBELLIANIQUE** ó **TRÉBELLIENNE**, adj. f. *trebelianíc*, *trebelién*. Der. rom. Se dice *quarte trébellianique* ó *trébellienne*, trebeliánica, la parte que pertenece al heredero fideicomisario. V. QUARTE.

**TRÉBUCHANT, E**, adj. *trebuchán*. Trabucante, que tiene el peso corrido, hablando de las monedas de oro y de plata. || *Toutes ces pistoles sont trébuchantes*, todos estos doblones son corridos.

**TRÉBUCHEMENT**, m. poco us. *trebuchemán*. Traspié, caida, tropezon.

**TRÉBUCHER**, n. *trebuché*. Tropezar, titubear cuando se anda, dar un traspié. || Caer, dar de hocicos en el suelo || Correr el peso, caer ó inclinarse la balanza. *La balance trébuche*, se corre el peso. || met. *Trébucher dans une affaire*, dar una piña, un traspié en un negocio: errar el cálculo. || met. *Trébucher du faîte des grandeurs*, caer desde el pináculo de la grandeza, de los honores.

**TRÉBUCHET**, m. *trebuché*. Armadijo, trampa que se pone para coger pájaros. || prov. y met. *Prendre quelqu'un au trébuchet*, coger á uno en el anzuelo, en el garlito. || Pesillo que sirve para pesar moneda.

**TRÉCHEUR** ó **TRESCHEUR**, m. *trecheur*. Blas. Trechor ó contrafilete, orla de la mitad del ancho.

**TRÉFILER**, a. *trefilé*. Art. Pasar el alambre por la hilera.

**TRÉFILERIE**, f. *trefileri* (e muda). Fábrica de alambre.

**TRÉFILEUR**, m. *trefileur*. Artesano que pasa el alambre por la hilera.

**TRÈFLE**, m. *tréfl*. Bot. Trébol, género de plantas leguminosas. || *Trèfle d'eau*, trébol acuático. || Bastos, uno de los cuatro palos en el juego de naipes. || Arq. Ornato que tiene la forma de un trébol. || Hornillo de mina con tres cámaras.

**TRÉFLÉ, ÉE**, adj. *treflé*. Blas. Trebolado, en forma de trébol: dícese de las cruces cuyos cuatro cabos rematan en tres hojas, como la de Calatrava y la de Alcántara. || Bot. Trebolado, que tiene tres foliolas como el trébol. || Miner. *Mine tréflée*, mina con tres cámaras.

**TRÉFONCIER**, m. *trefonsié*. Feud. Señor directo de un bosque ó monte, que posee la tierra y el derecho de la corta.

**TRÉFOND**, m. *trefón*. Propiedad de lo que está debajo de una heredad. || met. *Savoir le fond et le tréfond d'une affaire*, saber los entresijos de una cosa, conocer por menor un negocio, saber cuánto en él se contiene.

**TREILLAGE**, m. *trelláge*. Enrejado, encañado, enverjado de un jardin.

**TREILLAGER**, a. *trellagé*. Enrejar, hacer enrejados ó enverjados en los jardines.

**TREILLAGEUR**, m. *trellageur*. Enverjador, el que hace enverjados, enrejados, encañados para los jardines.

**TREILLE**, f. *tréll*. Parral ó emparrado. || Nombre de una especie de red. || ant. Reja de un locutorio de monjas. V. GRILLE. Tambien se decia por la celosía ó enverjado del coro. || fam. *Jus de la treille*, zumo de parras ó de cepas; esto es, vino.

**TREILLIS**, m. *trellí*. Enrejado ó celosía hecha de madera ó hierro. || Bocací, especie de lienzo de lustre ó engomado. || Arpillera, lienzo grosero de estopa. || *Treillis de fil d'archal*, alambrera ó enrejado de hilo de alambre grueso.

**TREILLISSER**, a. *trellisé*. Enrejar, enverjar, poner enverjado ó celosía en una ventana, claraboya, etc.

**TREIZAIN**, m. *tresén*. Treceno, moneda antigua francesa.

**TREIZAINE**, f. fam. *tresén*. Trecena, reunion de trece cosas homogéneas; como *une treizaine d'oranges*, trece naranjas. || Agr. Reunion ó monton de trece gavillas. || Trecano, conjunto de trece naipes en varios juegos.

**TREIZE**, adj. num. *trés*. Trece, una decena y tres unidades. || *Treize cent francs*, mil trescientos francos. || *Chapitre treize*, capítulo trece ó capítulo décimotercio. || Se dice tambien décimotercio hablando de papas ó reyes, v. gr. en *Grégoire XIII*, *Louis XIII*. || m. Trece, el número trece. || El dia trece del mes.

**TREIZIÈME**, adj. num. *tresiém*. Décimotercio, treceno. || m. Cada parte de un todo dividido en trece partes.

**TREIZIÈMEMENT**, adv. *tresiemmán*. En décimotercio lugar.

**TRÉLINGAGE**, m. *trelengáge*. Mar. Jareta de las arraigadas.

**TRÉLINGUER**, a. *trelengué*. Mar. Dar ó hacer jaretas falsas á obencadura.

**TRÉMA**, adj. *tréma*. Trema, se dice de las vocales que tienen dos puntos encima, como *Noël*, *naïf*, *Saül* : *un i tréma*, un ü *tréma*. || m. Trema, crema ó diéresis, se dice de estos dos puntos : *mettre un tréma sur une voyelle*.

**TREMBLAIE**, f. *tranblé*. Pobeda, arboleda de pobos ó álamos blancos.

**TREMBLANT**, E, adj. *tranblán*. Tembloroso, tembloso, trémulo, temblante, que tiembla. || TREMBLANT, m. Tembleque, adorno de oro ó pedrería que llevaban las señoras en el tocado. || Temblequeo, cierta modificacion de las flautas del órgano.

**TREMBLANTE**, f. V. ANGUILLE.

**TREMBLE**, m. *tránbl*. Bot. Pobo, álamo blanco. Se llama así porque sus hojas se mueven al menor impulso del aire.

**TREMBLÉ, ÉE**, adj. *tranblé*. Trémulo. *Écriture tremblée*, letra trazada por una mano trémula, vacilante. || *Lignes tremblées*, líneas que no son derechas.

**TREMBLEMENT**, m. *tranblemán*. Temblor, agitacion de una persona ó de algun miembro que tiembla, ya sea de frio, ó de miedo ó por otra causa. || Mús. Trino, picado, en el que canta ó toca algun instrumento. || met. Tremor ó temblor, grande miedo, respeto.

**TREMBLER**, n. *tranblé*. Temblar, moverse con cierta agitacion. || *La main lui tremble*, le tiembla la mano. || Temblar, moverse, carecer de seguridad, de firmeza ó sujecion una cosa. || *Trembler de froid*, tiritar, temblar de frio. || *Trembler de la fièvre*, tener el frio de la calentura. || Estremecerse, sufrir un movimiento convulsivo ó violento. || Temblar, temer, tener respeto, temor. || *Trembler le grelot*, dentellar, dar diente con diente de frio. || *Trembler de faiblesse*, temblar de debilidad. || *Faire trembler*, espantar, asustar, dar miedo. || Mús. Trinar, vibrar la voz ó un instrumento.

**TREMBLEUR, EUSE**, m. y f. *tranbleur, eus*. Temblon, tembloroso ó tembloso, el que tiembla. || met. Temblon, medroso, miedoso. || *Trembleurs*, m. pl. Cuáqueros, secta de entusiastas religiosos procedentes de Inglaterra. || Tambien se dió este nombre á los moderados durante la revolucion francesa.

**TREMBLIN**, m. V. TREMPLIN.

**TREMBLOT**, m. *tranbló*. Zool. Temblon, cierta ave.

**TREMBLOTANT**, E, adj. *tranblotán*. Tiritador, tiritante, que tirita de frio.

**TREMBLOTER**, a. dim. de TREMBLER. *tranbloté*. Temblar un poco de frio, tiritar. Es familiar.

**TRÉMEAU**, m. *tremó*. Fort. Merlon, parte del parapeto que se encuentra entre las embrazaduras.

**TRÉMIE**, f. *tremí*. Tolva de molino. || Especie de medida para la sal. || Gamella para dar de comer á los faisanes.

**TRÉMIÈRE**, adj. f. *tremiér*. Bot. Solo se usa en *rose trémière*, especie de malva rosa, planta.

**TRÉMION**, m. *tremión*. Armadura de la tolva de un molino.

**TRÉMOIS**, m. *tremuá*. Tremes ó tremesino, dícese del trigo, centeno y cebada que se siembra por el mes de marzo.

**TRÉMOUSSEMENT**, m. *tremusmán*. Accion de removerse, de zarandearse ó agitarse con viveza. || Aleteo de los pájaros.

**TRÉMOUSSER**, n. *tremusé*. Aletear, tener cierto temblor los pájaros. || Tener cierto temblor las personas. Hablando de estas se usa poco. || a. *Trémousser quelqu'un*, dar á alguno movimiento y actividad. || *Se trémousser*, r. Agitarse, removerse, zarandearse con viveza. || met. y fam. Zarandearse, menearse, darse movimiento para obtener alguna cosa.

**TRÉMOUSSOIR**, m. *tremusuár*. Bamba, tamba, sillon para mecerse ó columpiarse.

**TREMPE**, f. *tránp*. Temple, modo de templar el acero y el hierro. || Temple, cualidad que adquiere el hierro ó el acero cuando se templa. || met. Temple, temperamento, carácter, constitucion física. || Impr. Remojo, accion y modo de remojar el papel ántes de meterlo en prensa.

**TREMPER**, a. *tranpé*. Mojar, remojar, echar algo dentro de un líquido ó licor. || Calar, mojar la sopa en el caldo del puchero. || Templar, dar temple á una herramienta de hierro ó de acero. || *Tremper son vin*, aguar el vino, echar en él gran cantidad de agua. || met. *Tremper ses mains dans le sang*, ensangrentar sus manos, cometer ó ser cómplice en algun asesinato. || Impr. Mojar, empapar el papel en agua para que agarre la tinta en la prensa. || n. Estar en agua alguna cosa, estar empapándose, en remojo. || met. *Tremper dans un crime, dans une conspiration*, ser cómplice, tener parte en algun crimen, en una conspiracion.

**TREMPERIE**, f. *tranperí* (e muda). Pila donde se moja el papel en las imprentas.

**TREMPEUR**, m. *tranpeur*. El oficial ú obrero que templa el acero.

**TREMPIS**, m. *tranpí*. Agua en que se moja el bacalao. || Taller ó fábrica de almidon. || Nombre de cierto licor que sirve para limpiar metales.

**TREMPLIN**, m. *tranplín*. Trampolin, tabla inclinada ó algo elevada por un lado, sobre la cual corren los volatines para dar el salto mortal. || met. *Être sur le tremplin*, hallarse en una situacion peligrosa.

**TREMPOIR**, m. *tranpuár*. Primera tina que se necesita en la preparacion del añil. || Tina en que mojan el paño los bataneros.

**TREMPOIRE**, f. *tranpuár*. Tina para mojar ó remojar cualquier cosa.

**TREMPURE**, f. *tranpúr*. Aliviadero, máquina para apretar ó aflojar la piedra del molino.

**TRÉMUE**, f. *tremú*. Mar. Carroza de camareta en los barcos pequeños.

**TRENTAIN**, *trantén*. Palabra que usan los jugadores en el juego de pelota para indicar que ambos partidos están iguales en el tanteo, es decir, que cada uno tiene treinta. *Nous sommes trentain*, estamos treinta á treinta. || m. Com. Treinteno, clase de paño.

**TRENTAINE**, f. *trantén*. Treintena, reunion de treinta cosas; como *une trentaine de francs*, una treintena de francos, unos treinta francos. || absol. y fam. Treintena, la edad de treinta años.

**TRENTE**, adj. num. *tránt*. Treinta, tres decenas. || Se dice por *trentième*; por ejemplo, *page trente*, página treinta ó trigésima. || m. Treinta, el número treinta. *Le trente du mois*, el treinta del mes. || Treinta, la mitad de los puntos en el juego de pelota ó sea medio juego. || *Le trente et quarante*, la treinta y una, especie de juego.

**TRENTIÈME**, adj. num. *trantiém*. Trigésimo. || m. Trigésimo, cada una de las partes de un total dividido en treinta partes iguales.

**TRENTIN, E**, adj. y s. *trantén, in*. Trentino ó trentino, de Trento, ciudad de Italia.

**TRÉON**, m. *treón*. Mar. Treo, vela cua-

drada que [illegible] temporal.

**TRÉPAN**, m. *trepán*. [illegible] trumento para atravesar [illegible] palmente los del cráneo [illegible] cion que se hace con dicho [illegible]

**TRÉPANATION**, f. [illegible] Trepanacion, operacion [illegible] pano.

**TRÉPANER**, a. [illegible] hacer la operacion del [illegible]

**TRÉPAS**, m. *trepá*. [illegible] to. Solo se usa en [illegible] vado. || fam. met. [illegible] sar de esta vida á la otra [illegible]

**TRÉPASSÉ, ÉE**, adj. [illegible] finado, difunto. || m. [illegible] *Être pâle comme un trépassé* [illegible] lio como un difunto.

**TRÉPASSEMENT**, m. [illegible] Tránsito, fallecimiento. [illegible]

**TRÉPASSER**, n. *trepasé*. [illegible] Se usa poco, y solo en [illegible] || Se ha dicho por *transgresser* [illegible] *outrepasser*, *transgresser*.

**TRÉPELU**, E, adj. [illegible] demasiado [illegible] do de un libro.

**TRÉPHINE**, f. *trefín*. Cir. [illegible] al trépano inglés.

**TRÉPIDATION**, f. [illegible] Temblor que se observa [illegible] en los nervios, en las [illegible] Trepidacion, movimiento [illegible] atribuian los antiguos [illegible] el Septentrion al Mediodia [illegible]

**TRÉPIED**, m. *trepié*. [illegible] lio de cocina. || Trípode [illegible] met. *Il est sur le trépied* [illegible] sopla la musa.

**TRÉPIGNEMENT**, m. [illegible] taleo, pateamiento, [illegible] pataleer.

**TRÉPIGNER**, n. [illegible] patadas en el suelo [illegible] *d'impatience*. || Se dice [illegible] ballos. || Se ha usado en [illegible] *ser*, danzar ó bailar. || a. [illegible] *terre*, pisar ó apretar la [illegible] al pié de un árbol, etc.

**TRÉPOINT**, m. ó [illegible] pada, del. Vira ó [illegible] pateros y guarnicioneros [illegible] que se cosen juntas.

**TRÈS**, adv. *tré*. [illegible] á un adjetivo ó adverbio [illegible] superlativo, como en [illegible] muy bueno; *très-éloquent* [illegible] elocuentísimo. || *Très*- [illegible] dentemente, ó [illegible]

**TRÉSEAU**, m. [illegible] Gavilla compuesta de [illegible] algunos, reunion de trece [illegible] juban en el campo hasta [illegible] rificado el diezmo y recogido [illegible] las que le pertenecian.

**TRÉ-SEPT**, m. [illegible] cie de juego de naipes.

**TRÈS-HAUT**, m. [illegible] Omnipotente, el Todopoderoso.

**TRÉSILLON**, m. [illegible] ó tortor.

**TRÉSILLONNER**, a. [illegible] Atorar, trincar con [illegible]

**TRÉSOR**, m. [illegible] se juntan y se tienen [illegible] lugar donde se [illegible] quezas. || met. [illegible] grande estimacion. [illegible] cual se han designado [illegible] tienen una gran [illegible] *L'Église ouvre ses trésors* [illegible] sus tesoros. Se dice de las [illegible] concede la Iglesia. || [illegible] erario, la tesorería [illegible] *le trésor de l'État* [illegible] tas del Estado.

**TRÉSORERIE**, f. [illegible] Erario, tesorería, lugar [illegible] das y administradas [illegible] público ó del Estado. || [illegible] da en Inglaterra [illegible] ue en Francia. || ant. Tesorería, benef[icio] ... á un tesorero en un capítulo. || [Tesor]ería, casa destinada para habitacion [del t]esorero de una iglesia.

[TR]ÉSORIER, m. *tresorié.* Tesorero, el [que] está encargado de recibir y dar salida á [los cau]dales de un rey, de una nacion, de una [corpo]racion ó comunidad, etc. || Tesorero, [canó]nigo que estaba provisto de la digni[dad e]clesiástica llamada tesorería, y era la [prime]ra en algunos cabildos.

[TR]ÉSORIÈRE, f. *tresoriér.* Tesorera de [una c]omunidad, asociacion, etc.

[TR]ESSAILLEMENT, m. *tresallmán.* Es[treme]cimiento, agitacion, temblor, movi[mient]o convulsivo en los nervios. || *Tressail[lemen]t d'un nerf*, acaballamiento de un ten[don].

[TR]ESSAILLI, E, adj. *tresallí.* Estreme[cido] || *Nerf tressailli*, tendon que se ha sa[lido d]e su lugar á consecuencia de algun [esfuer]zo.

[TR]ESSAILLIR, n. *tresallír.* Estreme[cerse], conmoverse súbitamente, esperimen[tar un]a agitacion viva y pasajera.

[TR]ESSE, f. *trés.* Trenza, enlace ó union [de do]s ó mas ramales de cuerda, pelo, etc., [en]tejidos. || Ristra de cebollas, de ajos, || *Tresse de jonc*, pleita. || *Tresse de che[veux]*, trenza de pelo. || Mar. Cajeta, trincia, [espec]ie de trenza que se hace con filásticas ó [me]coliar para diferentes usos.

[TR]ESSER, a. *tresé.* Trenzar, hacer [trenzas].

[TR]ESSEUR, EUSE, m. y f. *tresseur, eus.* [Trenz]ador, el que trenza los cabellos. || Tren[zador], el que trenza los cabellos para hacer [peluc]as.

[TR]ESSION, f. ó TRESSOT, m. *tresión*, [...] Salvado desprovisto completamente [de ha]rina.

[TR]ESSOIR, m. *tresuár.* Telar de pelu[quero] para trenzar los cabellos que deben [servir] á las pelucas.

[TR]ESTOIRE, f. *trestuár.* Tenazas de [q]ue usan los cesteros.

[TR]ÉTEAU, m. *treió.* Caballete, asnillo, [ban]quillo que sirve para sostener un tablado [ú otra cos]a semejante. || Tijera de mesa. || *Tré[teaux]*, pl. Tablado que se eleva sobre caba[lletes] portátiles, donde los saltimbánquis y [charla]tanes se ponen á representar sus pan[tomim]as. || met. *Monter sur les tréteaux*, su[bir á l]as tablas, hacerse cómico. || prov. *Il dit [des me]rveilles quand il est entre deux tré[teaux]*, habla que es un portento cuando está [embria]gado, esto es, achispado.

[TR]ÉTOIRE ó TRESTOIRE, f. *tretuár.* [...] ó caballetes de aserrador.

[TR]EUIL, m. *treull.* Cabria, trucha, má[quina] para subir peso.

[TR]EUILLE, f. *treull.* Mont. Especie de [red pa]ra cazar roses mayores.

[TR]ÊVE, f. *trév.* Tregua, suspension de [armas], cesacion de toda hostilidad durante [cierto] tiempo. || *Trève marchande*, permiso [que se c]onceden dos naciones ó partidos en [guerr]a para que el comercio continúe. || met. [Treg]ua, descanso, interrupcion de algun [trabaj]o, de un dolor del cuerpo, etc. || met. || *Trève de cérémonie*, *trève de compli[ments]*, basta de etiqueta, basta de cumpli[mientos], fuera cumplimientos, etc. || *Trève de [raille]rie*, no mas chanzas, no mas burlas.

[TR]ÉVIER, m. *trevié.* Mar. Gabiero, el [que hoy] el dia se llama maestro de velas.

[TR]ÉVIRER, a. Mar. V. CHAVIRER.

[TR]EZALÉ, ÉE, adj. *tresalé.* Cuarteado, [lleno d]e quebraduras ó cuarteaduras, hablan[do de l]a porcelana ó de un cuadro.

[TR]EZALER, a. *tresalé.* Cuartear, que[brar], resquebrajar ó hacer grietas al vi[driado]. || *Se tresaler*, r. Cuartearse, grie[tarse], quebrajarse, henderse el vidriado, [del cua]dro, etc.

[TRI], m. *trí.* Tresillo, juego de naipes. || [Apart]ado que se hace de la correspondencia [en las] oficinas de correos. En este sentido se [dice p]or *triage.*

[TR]IACLEUR, m. *triacleur.* Curandero, [charla]tan, saltimbánquis.

[TR]IAGE, m. *triáge.* Escogimiento, apar[tado q]ue se hace de aquello que mas merece la atencion ó el cuidado. || Escogimiento, accion de escoger. || Eleccion, señalamiento de los árboles que se deben [cort]ar en un monte. Tambien se entiende por [nive]l en el mismo sentido.

TRIAIRES, m. pl. *trié.* Triarios, soldados de infantería de los antiguos Romanos.

TRIANDRIE, f. *triandrí.* Bot. Triandria, tercera clase de plantas en el sistema de Lineo, la cual comprende aquellas cuyas flores tienen tres estambres.

TRIANGLE, m. *triángl.* Triángulo, figura que se compone de tres líneas y tres ángulos. || Astr. Triángulo, constelacion del hemisferio boreal. || Mús. Hierrecillos ó triángulo, instrumento de hierro que produce cierto sonido por repercusion. || Tenebrario, especie de candelero que sostiene las trece velas durante las tinieblas en la Semana santa. || Mar. Guindola de arboladura.

TRIANGULAIRE, adj. *trianguliér.* Triangular, que tiene tres ángulos.

TRIANGULATION, f. *triangulasión.* Geom. Triangulacion, accion y efecto de hacer operaciones trigonométricas.

TRIANGULÉ, ÉE, adj. *triangulé.* Triangulado, que tiene tres ángulos.

TRIBADE, f. *tribád.* Mujer que abusa de su sexo con otra mujer.

TRIBOMÈTRE, m. *tribométr.* Fís. Tribómetro, máquina para medir la fuerza del rozamiento.

TRIBORD, m. V. STRIBORD.

TRIBORDAIS, m. *tribordé.* Mar. Guardia de estribor ó el conjunto de la mitad del equipaje que la compone.

TRIBOULET, m. *tribulé.* Art. Lastra, bolo grueso de madera para redondear las piezas de plata.

TRIBRAQUE, m. *tribrác.* Tribaquio ó tribraquio, verso griego ó latino que consta de tres sílabas breves.

TRIBU, f. *tribú.* Tribu, una de las partes en que se dividia el pueblo en algunas naciones antiguas. || Tribu, cada una de las doce que fundaron los patriarcas de Israel. || met. *La tribu sacrée, la tribu sainte*, el órden eclesiástico, aludiendo á la tribu de *Levi*, que estaba consagrada al culto. || Tribu, poblacion ó distrito pequeño relativamente á una grande nacion de que hace parte. || Hist. nat. Tribu, sub-familia de animales ó de plantas.

TRIBULATION, f. *tribulasión.* Tribulacion, afliccion, adversidad. || Se entiende con particularidad de las adversidades que experimentan los justos ó siervos de Dios: *Dieu éprouve ses élus par des tribulations.*

TRIBULE, m. *tribúl.* Bot. Tríbulo, abrojo, planta perjudicial que crece en los sembrados.

TRIBUN, m. *tribeun.* Tribuno, entre los Romanos nombre de ciertos magistrados encargados de representar los intereses del pueblo. || Tribuno, miembro de un cuerpo político creado en Francia por la revolucion de 1793, para examinar las leyes propuestas por el gobierno, y dar cuenta al senado de los actos inconstitucionales.

TRIBUNAL, m. *tribunál.* Tribunal, asiento de un juez ó magistrado. || Juzgado, tribunal que constituyen uno ó varios magistrados. || *Le tribunal de la pénitence*, el confesonario. || met. *Le tribunal de la conscience*, el tribunal de la conciencia, la conciencia misma.

TRIBUNAT, m. *tribuná.* Tribunado, dignidad y cargo de un tribuno. || Tribunado, duracion de este cargo ó tiempo durante el cual un tribuno desempeñaba sus funciones. || Tribunado, asamblea legislativa establecida en Francia en tiempo de la revolucion.

TRIBUNE, f. *tribún.* Tribuna, lugar elevado desde donde arengaban al pueblo los oradores griegos y romanos. || Tribuna, lugar donde pasan á peroral los miembros de una asamblea deliberante. || Tribuna, lugar mas ó menos elevado que ocupan ciertas personas en las iglesias y asambleas públicas. || *La tribune sacrée*, la cátedra sagrada, el púlpito. || *Tribune d'orgues*, coro, sitio en donde está colocado el órgano en una iglesia.



TRIBUNITIEN, NE, adj. *tribunisién.* Tribunicio, que pertenece á la dignidad de tribuno; que pertenece al tribunado.

TRIBUT, m. *tribú.* Tributo, estipendio que paga un Estado á otro en señal de dependencia. || *Enfants de tribut*, tributo que deben pagar los cristianos establecidos en ciertos parajes al emperador de Turquía, dándole un número de hijos. || Tributo, pecho, impuestos que exigen los reyes á los pueblos. || met. *Payer le tribut á la nature*, pagar la deuda ó el tributo á la naturaleza, morir. || *Payer le tribut á la mer*, marearse la primera vez que uno se embarca.

TRIBUTAIRE, adj. *tributér.* Tributario, que paga un tributo á un soberano. Se usa tambien como sustantivo. || met. *Nous sommes tous tributaires de la mort*, todos debemos pagar nuestro tributo á la muerte, debemos morir.

TRICAPSULAIRE, adj. *tricapsulér.* Bot. Tricapsular, se dice de los frutos que tienen tres cápsulas.

TRICHER, a. fam. *trichó.* Entrampar, hacer trampas ó fullerías en el juego. || met. Hacer trampas, engañar en cosas de poca monta valiéndose de medios poco delicados.

TRICHERIE, f. *tricherí.* Trampa, engaño, fullería en el juego. Por exten., se dice de toda especie de engaño.

TRICHEUR, EUSE, m. y f. *tricheur, eus.* Tramposo, fullero, el que hace trampas en el juego. Es tambien adjetivo.

TRICHIASE ó TRICHIASIS, f. *triquiás, triquiasís.* Med. Triquiásis, enfermedad de los párpados. || Mal de riñones. || Pelo, enfermedad en los pechos de las mujeres.

TRICHOCARPE, adj. *tricocárp.* Bot. Tricocarpo, que tiene los frutos velludos.

TRICHOMA, m. Med. V. PLIQUE.

TRICHOSIS, f. Med. V. TRICHIASE.

TRICHORDE, m. *tricórd.* Mús. ant. Tricor, instrumento compuesto de tres cuerdas.

TRICHOPTÈRE, adj. *tricoptér.* Zool. Tricóptero, de alas vellosas.

TRICHOSPERME, adj. *tricospérm.* Bot. Tricospermo, de semilla velluda.

TRICHOTOMIE, f. *tricotomí.* Fil. Tricotomía, division por tres.

TRICOISES, f. pl. *tricuás.* Tenazas de herrador. || Se da este mismo nombre á unas tenazas de que usan los carpinteros.

TRICOLOR, m. *tricolór.* Bot. Amaranto de tres colores, planta.

TRICOLORE, adj. *tricolér.* Tricolor, de tres colores. || Tricolor, se aplica principalmente al pabellon frances á causa de tener un tercio blanco, otro azul y otro encarnado.

TRICON, m. *tricón.* Parejas en el juego, tres cartas iguales.

TRICORNE, adj. *tricórn.* Tricórneo, que tiene tres cuernos ó tres picos. || m. fam. Tricornio, sombrero de tres picos.

TRICOT, m. *tricó.* Garrote corto y grueso. || *Donner des tricots* ó *des coups de tricot* á quelqu'un, sacudir á alguno el polvo, darle unos garrotazos. || Toda obra de punto que se hace con aguja ó en telar.

TRICOTAGE, m. *tricotáge.* Punto de aguja, obra de punto de aguja. || Randaje, punto de randa, de encaje.

TRICOTER, a. *tricoté.* Hacer média ó punto de média, trabajar á punto de aguja. || Hacer randas ó encajes, trabajar con los palillos ó con los bolillos. || n. vulg. Hacer calcota con los piés, andar de modo que las puntas se miren casi por la parte de adentro, y pasen sucesivamente la una por encima de la otra. || Equit. Se dice tambien de cierto paso del caballo.

TRICOTETS, m. pl. *tricoté.* Especie de baile antiguo.

TRICOTEUR, EUSE, m. y f. *tricoteur, eus.* Calcetero, el que hace calceta ó otras obras á punto de aguja. || Randero, el que hace randa ó encaje.

TRICTRAC, m. *trictrác.* Chaquete, juego que tiene dos dados y treinta peones como los de las damas. Dícese del juego y del tablero en que se juega.

TRICUSPIDAL, E, y TRICUSPIDE

**TRICUSPIDÉ, ÉE**, adj. *tricuspidé*, *tricuspid*, *tricuspidé*. Tricuspidal, que tiene tres puntas, tres cúspides ó tres eminencias.

**TRICYCLE**, m. *trisicl*. Triciclo, especie de carruaje de tres ruedas.

**TRIDACTYLE**, adj. *tridactíl*. Tridáctilo, que tiene tres dedos ó tres articulaciones.

**TRIDE**, adj. *tríd*. Equit. Vivo, pronto, rápido, hablando de los movimientos de un caballo.

**TRIDENT**, m. *tridán*. Tridente, cetro con que se pinta á Neptuno. || Arpon, fitora, fisga, asta larga con tres ó mas puntas para matar pescado recio.

**TRIDENTÉ, ÉE**, adj. *tridanté*. Tridentado, que tiene tres dientes ó espinas.

**TRIDI**, m. *tridí*. Tridí, el dia tercero de cada década en el calendario republicano francés.

**TRIE**, m. *trí*. Bacalao terciado ó de tercera clase.

**TRIÈDRE**, adj. *triédr*. Geom. Triedro, que tiene tres faces ó caras.

**TRIENNAL, E**, adj. *triennál*. Trienal, que dura tres años.

**TRIENNALITÉ**, f. *triennalité*. Trienalidad, cualidad de un cargo, de una dignidad, de una comision que dura tres años.

**TRIENNAT**, m. *triennà*. Trienio, espacio de tres años. || Trienio, duracion de un empleo, cargo ó comision por espacio de tres años.

**TRIER**, a. *trié*. Escoger, entresacar, elegir con preferencia una cosa entre varias otras.

**TRIÉRARCHIE**, f. *trierarchí*. Trierarquía, cargo del trierarca.

**TRIÉRARQUE**, m. *trierárc*. Trierarca, ciudadano á quien la ley obligaba en Aténas á armar una galera á su costa, al ménos de todo lo mas necesario para formar parte de la flota.

**TRIÉTÉRIDE**, f. *trieterid*. Trienio, trascurso de tres años.

**TRIÉTÉRIQUE**, adj. *trieteric*. Trietérico, que tiene lugar cada tres años.

**TRIEUR, EUSE**, m. y f. *trieur*, *eus*. Escogedor, entresacador, el que ó la que en varios oficios hace la operacion llamada *triage*. V. esta palabra.

**TRIGAME**, adj. y s. *trigám*. Jurisp. Trígamo, el que se ha casado tres veces sin haber enviudado ántes ó haber quedado libre para contraer nuevas nupcias. || Trigamo, el que ha estado casado tres veces.

**TRIGAMIE**, f. *trigamí*. Trigamia, estado, crímen del trígamo.

**TRIGAUD, E**, adj. y s. fam. *trigó*, *ód*. Embrollon, trapacero, que anda siempre con enredos y astucias, que no obra con lealtad.

**TRIGAUDER**, n. fam. *trigodé*. Embrollar, trapacear, enredar, andar con embustes y marañas, no obrar con franqueza y lealtad.

**TRIGAUDERIE**, f. fam. *trigoderí* (e muda). Embrolla, enredo, maraña, trapacería.

**TRIGLOTTISME**, m. *triglotism*. Filol. Triglotismo, palabra híbrida, sacada de tres lenguas diferentes. || Triglotismo, frase que se compone de palabras sacadas de tres lenguas diferentes.

**TRIGLYPHE**, m. *triglíf*. Arq. Triglifo, ornato del friso dórico.

**TRIGONE**, m. *trigón*. Astr. Trígono, aspecto de un planeta respecto de otros cuando á la distancia de ciento veinte grados forman un triángulo entre sí. || Trígono, especie de lira triangular á modo de salterio ó arpa. || adj. Hist. nat. Trígono, que presenta tres ángulos.

**TRIGONOMÉTRIE**, f. *trigonometrí*. Trigonometría, parte de la geometría que enseña el modo de calcular triángulos.

**TRIGONOMÉTRIQUE**, adj. *trigonométric*. Trigonométrico, que pertenece á la trigonometría.

**TRIGONOMÉTRIQUEMENT**, adv. *trigonometricmán*. Trigonométricamente, segun las reglas de la trigonometría.

**TRIGRAMME**, m. *trigrám*. Trigrama, palabra de tres letras.

**TRIGYNIE**, f. *triginí*. Bot. Triginia, tercer órden de plantas de las trece primeras clases en que Linneo divide aquellas que tienen tres pistilos.

**TRILATÉRAL, E**, adj. *trilaterál*. Geom. Trilateral, que tiene tres costados.

**TRILATÈRE**, m. Geom. V. TRIANGLE.

**TRILINGUE**, adj. *trilengue*. Trilingüe, que sabe tres lenguas; que está escrito en tres lenguas.

**TRILIX**, m. *trílics*. Bot. Trilix, arbusto de América.

**TRILLE**, m. *trill*. Trino, gorjeo, vibracion de la voz.

**TRILLIACÉES**, f. pl. *triliasé*. Bot. Triliáceas, familia de plantas cuyo tipo es el trillon.

**TRILLION**, m. *trilion*. Arit. Trillon. || Los franceses llaman *trillion* á lo que los españoles llaman *billon*.

**TRILOGIE**, f. *trilogí*. Antig. gr. Trilogía, reunion de tres tragedias que presentaban en la Grecia los poetas dramáticos que aspiraban á obtener la corona. || Por exten., todo poema dividido en tres partes distintas.

**TRILOGIQUE**, adj. *trilogic*. Trilógico, que pertenece á una trilogía.

**TRIMACULÉ, ÉE**, adj. *trimaculé*. Zool. Trimaculado, que tiene tres manchas.

**TRIMBALER**, a. *trenbolé*. Llevar, arrastrar, conducir por todas partes.

**TRIMER**, n. vulg. *trimé*. Zancajear, patear, andar mucho, andar de prisa y fatigándose.

**TRIMESTRE**, m. *trimestr*. Trimestre, espacio de tres meses de tiempo. || Trimestre, paga de tres meses, lo que se paga á alguno al fin de cada trimestre.

**TRIMESTRIEL, LE**, adj. *trimestriél*. Trimestral, que se verifica cada tres meses.

**TRIMÈTRE**, m. *trimétr*. Trímetro, verso yambo de seis piés.

**TRIN, E**, adj. *trén*, *in*. Astr. Trino, se dice del aspecto que presentan dos planetas cuando estan apartados uno de otro la tercera parte del zodiaco.

**TRINCADOUR**, m. ó **TRINCADOURE**, f. *trencadúr*. Mar. Trincadura, especie de buque.

**TRINGLE**, f. *tréngl*. Varilla de hierro delgada para sostener un cortinaje. || Carp. Regla larga de madera para tirar líneas. || Arq. Especie de tirante de madera que se pone en alguna moldura ó vacío. || Reglas que usan los encuadernadores para cortar ó dorar. || Mar. Liston de madera largo y plano.

**TRINGLER**, a. *trenglé*. Carp. Trazar una linea recta en una pieza de madera con una cuerda untada de almagre.

**TRINGLETTE**, f. *trenglét*. Tringle, instrumento de hueso que usan los vidrieros para abrir los plomos de las vidrieras. || Remiendo, pieza de vidrio que se pone en un panel.

**TRINITAIRE**, m. *trinitér*. Trinitario, religioso de la órden de la Trinidad, fundada en 1198 para la redencion de cautivos. || f. Bot. Hepática noble, planta.

**TRINITÉ**, f. *trinité*. Trinidad, un solo Dios en tres personas, Padre, Hijo y Espíritu Santo. || Trinidad, fiesta en honor de la Santísima Trinidad, que se celebra en el primer domingo que sigue á la Pascua de Pentecostes.

**TRINÔME**, m. *trinóm*. Álg. Trinomio, cantidad compuesta de tres términos.

**TRINQUART**, m. *trencár*. Embarcacion pequeña para la pesca de arenques.

**TRINQUEBALLER**, a. y n. *trencbalé*. Echar á vuelo las campanas. Es palabra usada por Rabelais.

**TRINQUENIN**, m. *trencnén*. Mar. Postiza, obra muerta ó exterior en las bandas de las galeras.

**TRINQUER**, n. fam. *trenqué*. Trincar, chocar los vasos al echar un brindis.

**TRINQUERIN**, m. *trencrén*. Mar. Trancanil, madero fuerte que une las cubiertas de las galeras por una y otra banda.

**TRINQUET**, m. *trenqué*. Mar. Trinquete, nombre dado en el Mediterráneo al palo de mesana de los barcos de vela latina.

[illegible] pequeño [illegible]

**TRIOLET** [illegible] queta, vela [illegible] del estay [illegible] queños de vela [illegible] trafiquer en los [illegible] Mesana, vela que en los [illegible] pequeños.

**TRIO**, m. *trio*. [illegible] posicion para [illegible] un bajo trío [illegible] se dice de tres personas [illegible] por unos mismos [illegible] opiniones, etc.

**TRIOECIE**, f. [illegible] órden de la 23.ª clase de [illegible] tema de Linneo.

**TRIOLET**, m. [illegible] francesa [illegible] Tresillo, signo [illegible] encierran el valor de [illegible] Trébol de prado, [illegible]

**TRIOMPHAL, E**, adj. [illegible] perteneciente al triunfo.

**TRIOMPHALEMENT** [illegible] Triunfalmente, en [illegible]

**TRIOMPHANT, E**, adj. [illegible] fante, que triunfa. || Triunfante [illegible] vencedor, glorioso. || met. [illegible] bio, magnífico.

**TRIOMPHANTE**, f. [illegible] bre de cierta tela de [illegible] en Tours.

**TRIOMPHATEUR**, m. [illegible] fador, general romano que [illegible] res del triunfo despues de [illegible] ria. || Triunfador, victorioso [illegible] una victoria sobre sus [illegible] sentido se usa también [illegible] *trice*, triunfadora. || [illegible] emplea algunas veces [illegible]

**TRIOMPHE**, m. [illegible] concedido entre los Romanos [illegible] del ejército que [illegible] pleta sobre los enemigos [illegible] una entrada solemne [illegible] ta triunfal. || Triunfo [illegible] la guerra. Se dice [illegible] señalada que se obtiene [illegible] TRIOMPHE, f. Triunfo, juego [illegible] tiene grande analogía con [illegible] en frances. Algunos dicen [illegible] se llama el burro. || Triunfo [illegible] ca el palo predominante en [illegible] juego.

**TRIOMPHER**, n. [illegible] trar en triunfo, [illegible] romanos. || Triunfar, [illegible] las armas. || met. Triunfar [illegible] taja notable sobre alguno [illegible] ral, triunfar, vencer [illegible] || Saltar de alegría. || [illegible] de alguna cosa: [illegible] *la perfidie*.

**TRIOPTÈRE**, f. [illegible] planta malpigiácea de [illegible]

**TRIPAILLE**, f. [illegible] dongo, bandullo de [illegible]

**TRIPARTI, E**, adj. [illegible] dividido en tres partes.

**TRIPARTIBLE**, adj. [illegible] puede dividirse en tres [illegible]

**TRIPARTITE**, adj. [illegible] ta, que está dividida en [illegible] do de la historia en [illegible] de Sócrates y de Sozomeno [illegible] *partite*.

**TRIPARTITION**, f. [illegible] Triparticion, accion de dividir [illegible] ó secciones.

**TRIPE**, f. *trip*. Tripa [illegible] res. Se usa casi siempre [illegible] revoltillos guisados [illegible] *tripe*, pana, especie de [illegible] terciopelo.

**TRIPE-MADAME**, f. [illegible]

**TRIPERIE**, f. *triperí* [illegible] lugar donde se venden [illegible] pas de las reses.

**TRIPÉTALE**, adj. [illegible] talo, que tiene tres pétalos.

**TRIPÉTALÉ, ÉE**, adj. [illegible]

**TRIPETTE**, f. dim. de TRIPE. *tripét.* Tripilla, tripita, tripa pequeña. || vulg. *Cela ne vaut pas tripette*, eso no vale un comino, un pito, un bledo.

**TRIPHTHONGUE**, f. *triftóngue* Gram. Triptongo, silaba que se compone de tres vocales que producen otros tantos sonidos distintos. En este sentido no hay triptongos en la lengua francesa.

**TRIPIER**, adj. m. *tripié.* Cetr. Tripera, se dice del ave de altanería que no se puede amaestrar ó enseñar.

**TRIPIER, ÈRE**, m. y f. *tripié, er.* Tripero, mondonguero, tripicallero, el que vende tripas y mondongos. || fam. *Tripière* ó *grosse tripière*, mondongona, mujer muy gruesa y tripuda. || *Couteau de tripière*, cuchillo jifero; y met., hombre de dos caras, que es de dos partidos, que habla mal ó bien de todos segun la ocasion, etc.

**TRIPLE**, adj. *tripl.* Triple, triplo, triplicado, que contiene una misma porcion ó cantidad tres veces. || m. Triple, triplo, tres veces otro tanto, tres veces mas.

**TRIPLÉ, ÉE**, adj. *triplé.* Triplicado. || Mat. *Raison triplée*, razon triplice, la que hay entre dos cubos.

**TRIPLEMENT**, m. *triplmán.* Triplicacion, accion de triplicar. || Triple ó triplo, aumento de tres partes. || adv. Triplicadamente, de tres modos, por tres conceptos ó razones.

**TRIPLER**, a. *triplé.* Triplicar, multiplicar por tres. || n. Triplicarse, aumentarse una cosa hasta valer dos veces mas.

**TRIPLETER**, a. *tripleté* (e muda). Art. Triplicar el hilo, disponerlo en tres cabos.

**TRIPLICATA**, m. *triplicáta.* Triplicado, tercera copia de un escrito ó documento. *Délivrer un triplicata*, expedir ó entregar un documento por triplicado.

**TRIPLICATION**, f. *triplicasión.* Triplicacion, accion de triplicar.

**TRIPLICITÉ**, f. *triplisité.* Triplicidad, cualidad de lo que es triple ó que está triplicado.

**TRIPLINERVÉ, ÉE**, adj. *triplinervé.* Bot. Triplinervado, que tiene tres nervaduras.

**TRIPLIQUE**, f. *triplic.* For. Tercera peticion y respuesta á la segunda de la parte contraria.

**TRIPLIQUER**, n. *tripliqué.* Triplicarse, aumentarse tres veces otro tanto. || For. Responder ó pedir en tercera instancia alguna cosa contra la parte contraria.

**TRIPLOÈDRE**, m. *triploédr.* Miner. Tripleedro, forma cristalina producida por la combinacion de tres romboedros.

**TRIPOLI**, m. *tripolí.* Trípol, especie de piedra gredosa ó cuarzo aluminífero que sirve para limpiar el cristal, los metales, etc.

**TRIPOLIR**, a. *tripolír.* Bruñir, limpiar con el trípol.

**TRIPOLISSER**, a. *tripolisé.* Afilar ó bruñir con una piedra.

**TRIPOT**, m. ant. *tripó.* Trinquete, juego de pelota, lugar preparado para jugar á la pelota ó á la raqueta. || Garito, casa de juego; y por exten., casa donde se reunen vagos ó gente de mal vivir. || *Maître de tripot*, garitero. || Especie de tina que se emplea en las salinas. || Dícese algunas veces por *tripotage*.

**TRIPOTAGE**, m. fam. *tripotáge.* Baturrillo, revoltillo, mescolanza, miscelánea de cosas que causan asco ó desórden. || met. Baturrillo, reunion ó mescolanza de varias cosas heterogéneas, contrarias, que no se avienen juntas. || fam. Barullo, embrollo, intrigas y enredos.

**TRIPOTER**, n. *tripoté.* Hacer un baturrillo, mezclar unas cosas con otras de modo que causen asco. || met. Embrollar, enredar, revolver un asunto, un negocio de manera que no se pueda entender. || Intrigar, embrollar, indisponer, calumniar: *aimer à tripoter.* || a. fam. *Tripoter une affaire*, embrollar un negocio. || Barajar, manejar, trastear, andar en alguna cosa.

**TRIPOTIER, ÈRE**, m. y f. fam. *tripotié, er.* Enredador, chismoso, intrigante. || *Tripotier*, ó adjetiv. *maître tripotier*, garitero; y tambien, dueño de un juego de pelota.

**TRIPS**, m. *trips.* Zool. Insecto pequeño que se cria entre las flores y cortezas de los árboles viejos.

**TRIPUDIER**, n. ant. *tripudié.* Bailotear, danzar mal.

**TRIQUE**, f. *tric.* Garrote. V. TRICOT.

**TRIQUE-BALLE**, f. *tricbál.* Afuste ó carro para trasportar las piezas de artillería.

**TRIQUE-MADAME**, f. *tricmadám.* Bot. Especie de yerba puntera. || Siempreviva menor. || Uvas de gato, planta.

**TRIQUER**, a. *triqué.* Hacer garrotes ó palos cortos y gruesos. || Entresacar de la leña los palos mas gruesos para hacer estacas; separar la leña segun sus clases ó calidad. V. TRIER. || fam. Apalear, dar algunos garrotazos.

**TRIQUET**, m. *triqué.* Pala de raqueta para jugar á la pelota. || Andamio que hacen los albañiles para retejar y no romper las pizarras que están colocadas.

**TRIQUÈTRE**, adj. *triquétr.* Hist. nat. Triquetro, que presenta tres caras ó faces. || f. Numism. Triqueira, figura simbólica de tres piernas, que representaba á la Sicilia.

**TRIRÈGNE**, m. *trirég.* Nombre dado á la tiara del sumo pontífice.

**TRIRÈME**, f. *trirém.* Trireme, galera de los antiguos con tres órdenes de remos.

**TRISAGIUM** ó **TRISAGION**, m. *trisagiom, trisagión.* Liturg. Trisagio, himno en que se repite tres veces en cada versículo la palabra *santo*.

**TRISAÏEUL, E**, m. y f. *trisaieul.* Tatarabuelo, tercer abuelo ó padre del bisabuelo ó de la bisabuela.

**TRISANNUEL, LE**, adj. *trisanuél.* Bot. Trisanual, dícese de una planta que dura ó vive tres años.

**TRISARCHIE**, f. *trisarchí.* Trisarquía, gobierno de tres jefes.

**TRISECTEUR, TRICE**, adj. y s. *trisecteur, tris.* Didáct. Trisector, que corta en tres partes.

**TRISECTION**, f. *trisecsión.* Geom. Triseccion, division en tres partes iguales. Se dice principalmente de la division de un ángulo en tres ángulos iguales.

**TRISME**, m. *trism.* Med. Cerramiento ó compresion convulsiva de las mandíbulas.

**TRISMÉGISTE**, m. *trismegist.* Impr. Trismegista ó peticánon, carácter de letra que tiene treinta puntos.

**TRISPERME**, adj. *trispérm.* Bot. Trisperma, que tiene tres granos de semilla.

**TRISPLANCHNIQUE**, adj. *trisplancnic.* Anat. Trisplánico, que se refiere, que pertenece á los tres órdenes de vísceras, ó las tres principales cavidades del cuerpo, la cabeza, el pecho y el abdómen.

**TRISSE**, f. Mar. V. DROSSE.

**TRISSEMENT**, m. *trismán.* Canto de la golondrina.

**TRISSER**, n. *trisé.* Cantar la golondrina.

**TRISSOTIN**, m. *trisotén.* Autor rampion, escritor público de la clase de los que se llaman emborrona papel.

**TRISSYLLABE**, adj. *trisiláb.* Trisílabo, que se compone de tres sílabas. || m. Trisílabo, palabra de tres sílabas.

**TRISTACHIÉ, ÉE**, adj. *tristaquié.* Bot. Tristaquiado, cuyas flores forman tres espigas.

**TRISTE**, adj. *trist.* Triste, afligido, abatido por la tristeza, por algun pesar que mortifica el ánimo. || Triste, melancólico, tétrico, funesto, penoso, incómodo, demasiado pesado, etc., segun los casos. || Triste, oscuro, opaco, sombrío, hablando de una habitacion, de un jardin, de una tela ó paño, etc. Esta voz tiene otros muchos sentidos, segun á que se aplique, pero casi siempre ha de traducirse por triste, como, por ejemplo, en estas expresiones: *triste souvenir, chant triste, triste repas, triste personnage, triste demeure, mener une triste vie, faire une triste fin, etc., etc.* || *Le temps est triste*, el tiempo está triste, nublado, etc. || m. Triste, lo que es triste; *vous m'apprenez là du triste.* || *Les Tristes d'Ovide*, los Tristes de Ovidio, las elegías de Ovidio que en forma de epístolas escribió durante su destierro á sus amigos de Roma y al emperador Augusto.

**TRISTEMENT**, adv. *tristmán.* Tristemente, de un modo triste; lastimosamente.

**TRISTESSE**, f. *tristés.* Tristeza, afliccion, melancolía, pena ó congoja del ánimo. || Tristeza, melancolía, vicio de temperamento que generalmente procede de la acritud de humores.

**TRISULCE**, adj. *trisúls.* Hist. nat. Trisulco, que tiene en el pié tres divisiones ó separaciones.

**TRITÉOPHYE**, f. *triteofí.* Med. Especie de terciana ó calentura intermitente que repite cada tercer dia.

**TRITHÉISME**, m. *triteism.* Triteismo, sistema herético que supone la existencia de tres esencias, tres sustancias, tres dioses, en las tres personas de la Santísima Trinidad.

**TRITHÉITE** ó **TRITHÉISTE**, m. *triteít, triteist.* Triteista, partidario, adicto, defensor del triteismo.

**TRITICÉ, ÉE**, adj. *tritisé.* Bot. Triticeo, que se parece al trigo. || *Triticées*, f. pl. Triticeas, familia de gramíneas, cuyo tipo es el trigo.

**TRITICITE**, f. *tritisít.* Miner. Triticites, piedra que tiene la figura de una espiga de trigo.

**TRITOME**, m. *tritóm.* Cir. Tritoma, instrumento que antiguamente se usaba en las operaciones de los oidos. || Bot. Tritomo, planta asfodélica del Cabo.

**TRITON**, m. *tritón.* Mit. Triton, dios marino, hijo de Neptuno y de la ninfa Salacia, el cual tenia la mitad superior del cuerpo de figura humana y la inferior de pescado. || Mús. Tritono, intervalo disonante compuesto de tres tonos enteros. || Triton, especie de máquina inventada en 1811, que sirve para andar y respirar debajo del agua.

**TRITONIE**, f. *tritoní.* Bot. Tritonia, planta írides del Cabo. || Zool. Género de moluscos. || Mit. Tritonia, sobrenombre de Minerva.

**TRITOXYDE**, m. *tritocsíd.* Quím. Tritóxido, óxido tercero de un metal.

**TRITURABLE**, adj. *triturábl.* Triturable, que se puede triturar, moler ó quebrantar.

**TRITURATION**, f. *triturasión.* Trituracion, accion de triturar. || Trituracion, accion de moler, de deshacer los alimentos como primera via de la digestion.

**TRITURER**, a. *trituré.* Triturar, moler, quebrantar, reducir una sustancia á partes muy menudas y aun á polvo.

**TRIUMVIR**, m. *triomvír.* Triunviro, entre los Romanos magistrado que con otros dos estaba encargado de una parte de la administracion pública.

**TRIUMVIRAL, E**, adj. *triomvirál.* Triunviral, que pertenece á los triunviros.

**TRIUMVIRAT**, m. *triomvirá.* Hist. rom. Triunvirato, gobierno de los triunviros, y el tiempo de su duracion.

**TRIURE**, adj. *triúr.* Triuro, que tiene ó parece tener tres colas. || m. Triuro, género de pescados.

**TRIVALVÉ, ÉE**, y **TRIVALVE**, adj. *trivalvé, triválv.* Bot. Trivalvúleo ó trivalvo, que tiene tres válvulas.

**TRIVELIN**, m. poco us. *trivlén.* Nombre de un cómico de la antigua compañía italiana, que despues se aplicó á todo bufon, gracioso ó farsante.

**TRIVELINADE**, f. poco us. *trivlinád.* Chocarrería, gesto ridículo, mueca, bufonada.

**TRIVENTRE**, adj. V. TRIGASTRIQUE.

**TRIVIAIRE**, adj. *triviér.* Que pertenece al trivio ó encrucijada de tres caminos ó calles.

**TRIVIAL, E**, adj. *triviál.* Trivial, vulgar, muy comun.

**TRIVIALEMENT**, adv. *trivialmán.* Trivialmente, de un modo trivial.

**TRIVIALITÉ**, f. *trivialité.* Trivialidad, cualidad de lo que es trivial.

**TROC**, m. *tróc.* Trueque, cambio de alguna cosa. || *Troc pour troc*, pelo á pelo, ma vuelias. || *Défaire un troc*, destrocar, descambiar, volver á tomar cada uno lo suyo. || *Troc ridicule*, trocamundana.

**TROCART**, m. *trocár*. Cir. Trocar ó troicard, instrumento incisivo. Llámase tambien *trois-quarts*.

**TROCHAÏQUE**, adj. *trocaic*. Trocáico, se dice del verso griego y latino que consta de siete piés, en el cual los unos son troqueos, y los demas espondeos ó yambos. Es tambien sust. masculino.

**TROCHANTER**, m. *trocantér*. Anat. Trocánter, nombre de dos apófisis del fémur. || *grand trochanter*, el trocánter mayor. *Le petit trochanter*, el trocánter menor.

**TROCHÉE**, m. *troqué*. Troqueo, pié de verso de la poesía griega y latina que consta de una sílaba larga y otra breve. || Agr. Retoño ó conjunto de ramitas que brota un árbol desmochado cuando se corta á la altura de algunas pulgadas.

**TROCHES**, f. pl. *tróche*. Mont. Frezas de invierno ó médio formadas, excremento de las fieras.

**TROCHEREAU**, m. *trocheró* (e muda). Bot. Pino de los pantanos.

**TROCHET**, m. *troché*. Jard. Gajo, racimo, magolla de frutas ó de flores que nacen agrupadas. || *Trochet de dattes*, támaras, racimo de dátiles. || Art. Tajo que usan los toneleros para cortar las duelas.

**TROCHILE**, m. *trochil*. Arq. Tróquilo, escocia, moldura. V. SCOTIE.

**TROCHISQUES**, m. pl. *trochisc*. Farm. Trociscos, medicamentos que se administran en forma de píldoras, de pastillas.

**TROCHITE**, m. *trochit*. Miner. Troquítes, especie de piedra que tiene la figura de un peon ó trompo.

**TROCHOLIQUE**, f. *trocolic*. Trocólica, parte de la mecánica que trata de los movimientos circulares.

**TROCHURE**, f. *trocúr*. Mont. Cuarto piton del asta del ciervo; ó, segun algunos, asta de ciervo con tres ó cuatro puntas.

**TROÈNE**, m. *troén*. Bot. Ligustro, alheña, arbusto indígena de la familia de las jazmíneas.

**TROGLODYTES**, m. pl. *troglodít*. Trogloditas, habitantes del África que vivian en cuevas ó cavernas. Por analogía se dió el mismo nombre á los que trabajan debajo de tierra, como mineros, etc.

**TROGNE**, f. joc. *troñ*. Mascaron, carantamaula, cara gorda, ridícula; ó bien, cara ó fisonomía que anuncia la pasion de la gula. || *Rouge trogne, trogne enluminée*, cara de borracho.

**TROGNON**, m. *troñón*. Agr. Corazon de una pera ó de una manzana. || *Trognon de chou*, troncho de col cuando se le quitan las hojas. || met. y vulg. *Voilà un joli petit trognon*, hé ahí un hermoso pimpollito, una pichona, una chuburrita, una jóven que presenta buen talante.

**TROGOSITE**, m. *trogosit*. Zool. Especie de gorgojo.

**TROGUE**, f. *trógue* Urdimbre del paño de mezcla.

**TROIS**, adj. *truá*. Tres, número cardinal compuesto de dos y uno. || fam. *Les trois quarts du temps*, la mayor parte del tiempo. || Se dice por *troisième*, tercero. *Charles III, Henri III*, Cárlos III, Henrique III, esto es, tercero. *Page trois*, página tres ó tercera. || m. Tres, el número tres; el signo que indica este número. || *Le trois du mois*, el tres ó el dia tres del mes. || Tres, naipe que tiene tres puntos señalados en la parte interior. || *Un trois*, un tres, en el juego de dados.

**TROISIÈME**, adj. *truasiém*. Tercio, tercero. || Se usa tambien como sustantivo. *J'étais le troisième, la troisième*, yo era el tercero, la tercera. || La tercera clase en los colegios. *Cet écolier est en troisième*, este estudiante está en tercera clase.

**TROISIÈMEMENT**, adv. *truasiemmán*. Tercero, en tercer lugar.

**TROIS-MÂTS**, m. *truamá*. Mar. Buque de tres palos.

**TROIS-QUARTS**, m. Cir. V. TROCART.

**TROIS-SIX**, m. *truasís*. Aguardiente de treinta y seis grados.

**TRÔLER**, a. vulg. *trolé*. Trajinar, [illegible], agetrear, pasear, hacer andar á uno, llevar á uno de acá para allá, llevarle rodando de una parte á otra: *trôler continuellement sa femme partout*. || n. Zancajear, corretear, callejear, andar corriendo veredas.

**TROLLE**, f. *tról*. Mont. Suelta, accion de destraillar los perros para batir un largo trecho de monte con objeto de hacer saltar el venado cuando no se ha tenido la precaucion de hacerlo ventear por el sabueso. || Zarzo hecho con ramas de árbol. || Bot. Trollio, género de plantas poliandrías polipínias de la familia de las ranunculáceas.

**TROLLER**, a. *trolé*. Hacer zarzos con ramas de árboles. || Mont. Destraillar los perros.

**TROMBE**, f. *trónb*. Mar. Bomba marina, especie de manga de forma conoídea que se desprende de las nubes y llega hasta la superficie del agua para absorber la necesaria hasta llenar aquellas. Tambien hay trompas ó bombas *(trombes)* terrestres. V. SIPHON ó TYPHON. || Mús. Instrumento de percusion.

**TROMBLON**, m. *tronblon*. Boscha, arma de fuego llamada vulgarmente trabuco naranjero, que calza bala de á libra.

**TROMBONE**, m. *tronbón*. Mús. Trombon, especie de trompeta que vulgarmente se llama saca-buche. || El que toca dicho instrumento.

**TROMPE**, f. *trónp*. Trompa, corneta de caza. || Trompeta, corneta. En esta acepcion solo se usa en la frase: *publier une chose à son de trompe*, pregonar alguna cosa con trompetas ó á son de trompeta; y met., hacerla saber, contarla á mucha gente para que se divulgue. || Trompa, prolongacion del hocico del elefante en forma de tubo. || Trompetilla del mosquito y otros insectos. || Zool. Corneta, concha de forma espiral. || Anat. *Trompe d'Eustache*, trompa de Eustaquio, conducto cónico, extendido oblicuamente desde la caja del tambor de la oreja hasta la parte superior y lateral de la faringe. || Arq. Pechina, parte de una bóveda voleada que tiene por objeto sostener cualquier parte de un edificio que supone estar al aire. || Especie de instrumento llamado mas comunmente *guimbarde*. V. esta voz.

**TROMPE-L'ŒIL**, m. *tronpleuil*. Pint. Cuadro de engañifa, esto es, ciertos cuadros en que se hallan pintados algunos objetos inanimados con tal propiedad que engañan á la vista.

**TROMPER**, a. *tronpé*. Engañar, inducir á error. || Engañar, no decir la verdad. || Engañar, burlar á uno con falsas apariencias. || Burlar, dar chasco. || *Tromper la vigilance*, burlar la vigilancia; *tromper la loi*, eludir la ley. || *Tromper la bonté, la crédulité de quelqu'un*, abusar de la bondad, de la credulidad de alguno para engañarle. || met. *Tromper ses peines*, distraer, divertir sus penas. || *Tromper le temps*, matar el tiempo, hacer algo por pasar el rato. || *Se tromper*, r. Engañarse, equivocarse, errar sus cálculos, etc. || *Si je ne me trompe*, si no me engaño.

**TROMPERIE**, f. *tronperí* (e muda). Engaño, embuste, fraude, dolo.

**TROMPETER**, a. *tronpeté* (e muda). Pregonar, publicar con trompetas ó á son de trompeta. || met. y fam. Pregonar, publicar á son de trompeta, divulgar una cosa que debería tenerse oculta. || n. fam. Tocar la trompeta.

**TROMPETEUR**, m. Anat. V. BUCCINATEUR.

**TROMPETTE**, f. *tronpét*. Trompeta, clarin, instrumento marcial que usa la caballería del ejército. || Corneta, especie de clarin sin roscas y de un sonido bronco que usa la infantería. || Mar. *Trompette parlante*. V. PORTE-VOIX. || met. y fam. Pregonero, trompeta, la persona que publica ó divulga cuanto sabe. || *Trompette marine*, trompa marina, instrumento músico que no tiene mas de una cuerda. || Zool. Bocina, género de moluscos de concha univalva y vuelta en espiral. || TROMPETTE, m. Trompeta, músico de plaza en un regimiento de caballería, destinado á tocar los toques de ordenanza. || Corneta, individuo de la banda en un batallon ó regimiento de infantería que tiene las mis-

[illegible] llaje.

[illegible] Engañosa, falaz, [illegible] bien de las cosas [illegible] ó hace [illegible] se usa [illegible] fica [illegible] peur, [illegible] medio, á la [illegible]

**TROMPILLON**, [illegible] vela circular que [illegible] que forman las [illegible]

**TRONC**, m. *trón*. [illegible] árbol, comprendido [illegible] tierra hasta el [illegible] co, busto del cuerpo [illegible] piernas, los brazos y la [illegible] de colonne, [illegible] lumna. || Tronco, [illegible] cepos de quinta [illegible] milia. || Cepillo, [illegible] se echa la limosna [illegible]

**TRONCATULE**, [illegible] Hist. nat. [illegible]

**TRONCHE**, f. [illegible] labrar. || Nochebuena [illegible] ña que se pone en el [illegible] vidad. V. Bûche de Noël [illegible]

**TRONCHET**, m. [illegible] tronco de madera [illegible]

**TRONÇON**, m. *tronsón*. [illegible] tarugo, fragmento de [illegible] *Tronçon de poisson*, [illegible] da de pescado. || *Tronçon de* [illegible] pedazo ó astilla de lanza.

**TRONÇONNER**, a. *tronsoné* [illegible] ó pedazos una cosa.

**TRÔNE**, m. *trón*. Trono [illegible] elevado donde se sientan [illegible] circunstancias solemnes [illegible] testad, majestad, soberanía [illegible] no. || *Discours du trône*, [illegible] rona, el que pronuncia el [illegible] ra de las asambleas legislativas [illegible] lla pontifical desde [illegible] *épiscopal*, silla episcopal [illegible] los obispos en las iglesias [illegible] *nes*, pl. Tronos, uno de [illegible] ángeles.

**TRÔNER**, n. *troné*. [illegible] cho, ocupar el trono. || [illegible] nar: *l'erreur trône à* [illegible]

**TRONIÈRE**, f. *troniér*. [illegible] abertura que se deja en [illegible]

**TRONQUÉ**, ÉE, adj. [illegible] tronchado. || Arq. *Colonne* [illegible] na desmochada, á la que [illegible] purior. || Bot. Troncado, [illegible]

**TRONQUER**, a. *tronqué*. [illegible] char, cortar una parte de [illegible] cialmente la parte [illegible] un libro, un texto ó [illegible] alguna de sus partes [illegible]

**TROP**, adv. *tró*. Demasiado [illegible] mente, con demasía, [illegible] negativas significa no [illegible] *Il n'a pas trop d'argent*, [illegible] nero, tiene poco. *Il n'a* [illegible] *dence*, no es muy prudente [illegible] demasía. || *Trop peu*, [illegible] tante: *avoir trop peu* [illegible] no mucho. *Je ne voudrais* [illegible] no quisiera llamar [illegible] me mucho de ó en [illegible] en este ó aquello. || [illegible] *trop*, no está Vd. de [illegible] de quedarse aquí [illegible] miento. || Se usa [illegible] tivo, y significa el [illegible] de mas: *ôter le trop*, [illegible]

**TROPE**, m. *tróp*. [illegible] expresion en sentido [illegible] voilés por cent [illegible]

**TROPÉES**, f. pl. [illegible] tos fuertes de mar que [illegible] tierra.

**TROPHÉE**, m. *trofé*. [illegible] de un enemigo vencido [illegible] colgaban en un tronco [illegible] cortarle las ramas. || [illegible] blico para conservar la [illegible] hecho de armas. || [illegible] fo, victoria. || met. irón. *Faire trophée d'une chose*, hacer alarde de una cosa, vanagloriarse de ella. || *Trophées*, pl. Trofeos, las armas é insignias militares que se pintan por adorno en los escudos.

**TROPHIDE**, f. *trofíd*. Bot. Trofida, planta urtícea de las Indias, cuyas bayas son comestibles.

**TROPHIQUE**, adj. *trofic*. Didáct. Trófico, concerniente al alimento.

**TROPHOLOGIE**, f. *trofologí*. Trofologia, régimen alimenticio arreglado. || Tratado sobre este régimen.

**TROPICAL**, **E**, adj. *tropicál*. Tropical, que pertenece al trópico ó á los trópicos.

**TROPIQUE**, m. *tropic*. Trópico, cada uno de los dos círculos de la esfera, paralelos al ecuador, que pasan por los puntos solsticiales. || adj. Trópico, que pertenece á los trópicos. || Bot. *Plantes tropiques*, las plantas que se abren por la mañana y se cierran de noche.

**TROPOLOGIE**, f. *tropologí*. Tropologia, estilo metafórico, figurado. || Tropologia, ciencia ó conocimiento de las costumbres, tratado sobre las costumbres.

**TROPOLOGIQUE**, adj. *tropologic*. Tropológico, que pertenece á la tropologia.

**TROP-PLEIN**, m. *troplén*. Derrame de una vasija, exceso del líquido que puede contener.

**TROQUER**, a. *troqué*. Trocar, cambiar, cambalachar. V. ECHANGER.

**TROQUEUR**, **EUSE**, m. y f. *troqueur*, *eus*. Cambalachero, chalan, el que es amigo de hacer trueques, cambios, cambalaches.

**TROT**, m. *tró*. Trote, uno de los aires ó andaduras de las cabalgaduras. || met. y fam. *Mener une affaire au trot*, *au grand trot*, llevar un negocio por la posta, con suma precipitacion. Se dice mas comunmente *mener une affaire grand train*.

**TROTTADE**, f. fam. *trotád*. Trotada, trote, carrerita ó pequeña corrida á caballo ó en coche.

**TROTTE**, f. vulg. *trót*. Tirada, carrerita, corto trecho de camino.

**TROTTE-MENU**, adj. invar. *trotmenú* (*e* muda). Que anda ó trota muy menudo, que lleva un trote gorrinero, que trota como los ratones. La Fontaine llama *la gent trotte-menu* á las ratas y ratones.

**TROTTER**, n. *troté*. Trotar, ir al trote. || fam. Corretear, andar mucho á pié por cualquier motivo. || met. y fam. *Cette idée lui trotte dans la tête*, *par la tête*, esta idea le anda por las mientes.

**TROTTEUR**, m. *troteur*. Trotador, troton, caballo que toma bien el trote. || met. Azotacalles.

**TROTTIER**, **ÈRE**, adj. *trotié*, *ér*. Amigo de corretear, de pasear.

**TROTTIN**, m. *trotén*. Espolique, lacayuelo. Es voz de desprecio. || prov. *Aller chercher les pardons de saint Trottin*, aunta María la mas léjos es mas devota. Dícese por las mujeres que, con pretexto de visitar iglesias, corretean todo el dia.

**TROTTINER**, n. *trotiné*. Trotar corto y alto un caballo. || fam. Se dice tambien de una persona que anda de prisa á pasitos menudos ó cortos.

**TROTTOIR**, m. *trotuár*. Andito, anden, acera, embaldosado que se pone á los lados de la calle, de un puente, etc., para mayor comodidad de la gente que transita á pié. || met. y fam. *Être sur le trottoir*, ir viento en popa, estar en la via de la fortuna.

**TROU**, m. *trú*. Agujero, abertura redonda ó que se aproxima á serlo. || Agujero, hoyo que hacen en tierra para guarecerse ciertos animales. || Hoyo donde se mete la ficha cuando un jugador ha ganado doce puntos al juego de chaquete. || Tronera de la mesa de trucos. || met. y fam. Agujero, tabuco, ratonera, chiribitil, vivienda sumamente reducida. || vulg. *Trou de chou*, troncho de col. || *Trou d'aiguille*, ojo de una aguja. || *Boire comme un trou*, beber como una cuba, como un cesto: beber mucho. || *Faire un trou à la lune*, huir sin pagar á los acreedores. || Mar. *Trou d'amure*, ojo de la amura. = *Trou d'écoutes*, escotera. = *Trous de civadière* ojos desaguaderos de la cebadera. = *Trou de chat*, boca de lobo de una cofa.

**TROUBADOUR**, m. *trubadúr*. Trovador, nombre dado á los antiguos poetas provenzales.

**TROUBLE**, m. *trúbl*. Turbacion, desórden, confusion. || Disension, mala inteligencia que reina en una familia, sociedad, etc. || Turbacion, perturbacion, desórden, inquietud, agitacion del ánimo. || *Troubles*, pl. Turbulencias, asonadas, revueltas, tumultos populares, guerras civiles. || adj. Turbio, empañado, confuso. El primero se dice hablando del agua, el segundo de un cristal ó cosa semejante, y el tercero de las cosas morales. || *L'air*, *le temps est trouble*, el aire, el tiempo está revuelto. || *Avoir la vue trouble*, tener turbia la vista, no ver bien los objetos.

**TROUBLE** ó **TRUBLE**, f. V. TRUBLE.

**TROUBLÉ**, **ÉE**, adj. *trublé*. Enturbiado, turbio. || Confuso. || Revuelto.

**TROUBLEAU**, m. *trubló*. Mediomundo, refuelle, rifol, especie de red para pescar.

**TROUBLE-FÊTE**, m. fam. *trublfét*. Tarasca, destripa-meriendas: dícese del que descompone ó perturba una diversion ó funcion.

**TROUBLER**, a. *trublé*. Enturbiar, poner turbio. || Turbar, causar una viva agitacion, un desasosiego contínuo. || met. Perturbar, desordenar, revolver, alborotar, alterar el órden, la paz, la tranquilidad. || Desazonar, causar desasosiego á alguno, inquietarle en la posesion, en el goce de algun bien. || Perturbar, ofuscar, embotar los sentidos. || Turbar, interrumpir, cortar, hacer cesar una conversacion. || Perturbar, confundir, dejar confuso ó cortado á alguno. || met. y fam. *On dirait qu'elle ne sait pas troubler l'eau*, parece que no ha roto un plato jamas. || *Se troubler*, r. Enturbiarse, ponerse turbio algun líquido. || Oscurecerse, revolverse el tiempo. || Turbarse, ponerse turbia la vista. || Turbarse, perder una persona la serenidad ó presencia de espíritu, confundirse, extraviarse en las ideas. || Turbarse, cortarse, perderse en un discurso, confundirse en una respuesta, etc. || *Sa mémoire se trouble*, se le embrolla la memoria, no se acuerda ya de lo que debe decir.

**TROUÉE**, f. *trué*. Portillo, boquete, abertura que se hace en un vallado ó cerca. || Espacio de terreno que se deja abierto á traves de un bosque ó monte. || Mil. Boquete, zafarrancho que abre un cañon ó una carga de caballería en las filas enemigas. || Brecha que abre una tropa al atravesar la línea enemiga.

**TROUELLE**, f. *truél*. Horquillas que se ponen para mantener una red abierta.

**TROUER**, a. *trué*. Agujerear, horadar.

**TROU-MADAME**, m. *trumadam*. Especie de juego que algunos llaman boliche. Se juega con bolitas que procuran meterse en agujeros hechos al intento.

**TROUPE**, f. *trúp*. Cuadrilla, tropel, monton de gente reunida. || Bandada, conjunto de aves. || Compañía, hablando de cómicos. || Tropa, cuerpo de ejército á las órdenes de un jefe. || Mil. Tropa, clase de soldados, cabos y sarjentos, por oposicion á la oficialidad. || *En troupe*, *par troupe*, loc. adv. En tropel, en bandada, en manada, juntos. || *Troupes*, pl. Tropas, nombre colectivo de los diferentes cuerpos que componen un ejército. || *Faire des troupes*, *lever des troupes*, levantar tropas, levantar gente.

**TROUPEAU**, m. *trupó*. Rebaño, manada, piara de ganado de una misma especie. Absolutamente se entiende por rebaño de ovejas ó de carneros. || met. Rebaño, grey, congregacion de los fieles respecto del obispo ó del párroco. || met. Multitud, grande reunion de hombres. || *Troupeau de brebis*, *de chèvres*, hato de ovejas, de cabras. || *Troupeau de pourceaux*, piara de cerdos. || *Troupeau de bœufs*, *de vaches*, vacada. || *Troupeau d'ânes*, recua de borricos. || *Troupeau de taureaux*, torada. || *Troupeau de mules* ó *de mulets*, muletada. || *Troupeau de moutons*, carnerada ó rebaño de carneros. || *Troupeau d'agneaux*, corderada, borregada.

**TROUPIER**, m. fam. *trupié*. Soldado. || *Un vieux troupier*, un veterano.

**TROUSSE**, f. *trús*. Lio, haz, atado de varias cosas juntas. || ant. Aljaba, carcaj para llevar las flechas. || Estuche de barbero, donde lleva las navajas, las lancetas, tijeras, peines, etc. || Grupa, efectos que tiene un jinete en la maleta, en una almohada, etc., puestos sobre la grupera del caballo. || *En trousse*, loc. adv. En las ancas, en ancas, en grupa, montado detras del jinete que va en el aparejo. || *Trousses*, pl. Follados, género de calzon afollado del tiempo antiguo. || *Aux trousses de*, loc. prep. En persecucion. *Être aux trousses des ennemis*, seguir el alcance de los enemigos, ir á sus alcances persiguiéndolos. || *Être aux trousses de quelqu'un*, ir siempre tras de alguno, seguirle sin dejarle nunca.

**TROUSSÉ**, **ÉE**, adj. *trusé*. Arremangado, recogido, levantado. || met. y fam. *C'est un petit homme bien troussé*, es un hombrecito muy bien proporcionado. || *Un compliment bien troussé*, un cumplimiento hecho con gracia, con garbo. || *Un cheval bien troussé*, un bonito caballo, de buena anca. || met. y fam. *Cela est troussé à la diable*, eso está hecho á la diabla, del peor modo posible.

**TROUSSEAU**, m. *trusó*. Manojo, lio, atado pequeño de alguna cosa. || *Trousseau de clés*, manojo, atado de llaves. || *Trousseau de flèches*, manojo de flechas. || Atillo, ajuar, conjunto de ropa que lleva una jóven cuando se casa ó cuando entra en algun convento. Se dice tambien de la ropa y demas efectos que se exigen á una educanda cuando entra en un colegio. || Anat. Fascículo, manojo, hacecillo de partes que se ligan.

**TROUSSE-ÉTRIERS**, m. V. PORTE-ÉTRIERS.

**TROUSSE-GALANT**, m. *trusgalán*. Especie de enfermedad llamada vulgarmente cólera-morbo. V. CHOLÉRA-MORBUS.

**TROUSSE-PÈTE**, f. vulg. *truspét*. Mocosilla, mocosuela, niña de corta edad.

**TROUSSE-QUEUE**, m. *trusqueu*. Atacola, pedazo de cuero guarnecido de hebillas suficientes para recoger la cola á un caballo. Si es con bolsa de cuero, se llama codon.

**TROUSSEQUIN**, m. *trusquén*. Borren de la silla de montar, fuste del arzon de atras.

**TROUSSER**, a. *trusé*. Arremangar, recoger, levantar, alzar lo que cuelga, como los vestidos de una mujer, un cortinaje, etc. || met. y fam. Causar la muerte: *la fièvre l'a troussé en trois jours*. || *Trousser une volaille*, recoger las patas y los alones de un ave para meterla en el asador. || *Trousser une affaire*, liar un negocio, despabilarlo, despacharlo con precipitacion. || *Trousser bagage*, liar el hato, recoger velas, tomar las de villadiego.

**TROUSSIS**, m. *trusí*. Alforza que se coge á un vestido que está largo para impedir que arrastre.

**TROUSSOIRE**, f. *trusuár*. Pinzas de esmaltador.

**TROUVABLE**, adj. *truvábl*. Hallable, que se puede encontrar.

**TROUVAILLE**, f. *truváll*. Hallazgo, ventura, fortuna, cosa que se encuentra impensadamente. || Ganga, lo que se adquiere sin trabajo ó se compra por poco dinero.

**TROUVÉ**, **ÉE**, adj. *truvé*. Hallado, encontrado. || *Enfant trouvé*, niño expósito.

**TROUVER**, a. *truvé*. Hallar á una persona ó alguna cosa que no se buscaba. || Encontrar aquello que se buscaba. || Encontrar, sorprender. || Encontrar, descubrir con el discurso ó ingenio. || Encontrar, estimar, formar un juicio sobre alguna cosa. || *Aller*, *venir trouver quelqu'un*, ir, venir en busca de alguno con intencion de verle. || met. fam. *Trouver le temps long*, parecer largo el tiempo, fastidiarse. || *Trouver bon*, tener á bien; *trouver mauvais*, tener, tomar á mal, desaprobar. || *Trouver à dire*, echar de ménos alguna cosa, encontrar un defecto en ella. || *Trouver à redire*, desaprobar, condenar. || *Trouver le nœud d'une affaire*, dar con el punto de la dificultad de un negocio. || *Trouver quelqu'un en faute*, pillar á uno en falta. || impers. *Il se trouva un homme assez* *hardi*, hubo un hombre asaz atrevido.|| Existir, haber. || Suceder. *Il se trouve que*, sucedo, acontece que. || *Se trouver*, r. Encontrarse, hallarse en algun lugar, posicion ó circunstancia particular. || Hallarse, juntarse, concurrir varias personas á un paraje determinado.|| *Se trouver bien de quelqu'un*, hallarse bien con alguno, no tener de él motivo de queja.

**TROUVÈRE**, m. *truvér*. Romancero, nombre dado á los poetas antiguos del norte de la Francia, principalmente á los que habitaban la Picardía.

**TROUVEUR**, m. *truveur*. Se dice algunas veces por *trouvère*. || fam. Hallador, el que halla ó inventa. || Pequeño cristal dióptrico del telescopio.

**TROYEN, NE**, adj. y s. *truayén, én*. Troyano, de Troya.

**TRU**, m. *trú*. Feud. Carga, tributo que se pagaba al señor en Borgoña.

**TRUAND, E**, m. y f. vulg. *truán, ánd*. Truhan, vago, vagabundo, holgazan, pillo, guiton, el que no quiere trabajar y anda mendigando. || m. Art. Travesaño del telar.

**TRUANDAILLE**, f. vulg. *truandáil*. Pillería, galería, gente que anda á la briba, á la tuna.

**TRUANDER**, n. vulg. *truandé*. Tunear, vagar, andar pidiendo limosna por no trabajar.

**TRUANDERIE**, f. vulg. *truanderí* (e muda). fam. Tunería, truhanería, profesion del vagabundo.

**TRUARDIÈRE**, f. *truardiér*. Especie de az.da de tres picos.

**TRUBLE ó TROUBLE**, f. *trúbl, trúbl*. Buitron, red para pescar.

**TRUBLEAU**, m. *trubló*. Buitron pequeño, especie de red de pescar.

**TRUC**, m. *trúc*. Truco, especie de billar. || vulg. *Avoir le truc*, hallar el secreto, el modo de hacer alguna cosa.

**TRUCHEMENT ó TRUCHEMAN**, m. *truchemán*. Intérprete, trujaman, dragoman.

**TRUCHER**, n. ant. *truché*. Guitonear, andar pidiendo limosna por holgazanería.

**TRUCHEUR, EUSE**, m. y f. fam. *trucheur, eus*. Guiton, vagabundo, el que mendiga por holgazanería.

**TRUCULENT, E**, adj. *truculán*. Cruel, brutal, violento.

**TRUELLE**, f. *truél*. Paleta, trulla, llana de albañil. || *Truelle brettée*, raspadera, especie de llana con dientes. || fam. *Aimer la truelle*, tener aficion á levantar edificios, á hacer obras ó casas.

**TRUELLÉE**, f. *truelé*. Palotada ó pellada de yeso ó cal.

**TRUELLETTE**, f. dim. de **TRUELLE**. *truelét*. Paleta, herramienta que usan los albañiles.

**TRUFFE**, f. *trúf*. Bot. Criadilla de tierra, género de vegetales de la familia de los hongos, muy gustoso. || *Truffe d'eau*, abrojo, castaña de agua, tribulo acuático, planta de la familia de las náyades.

**TRUFFER**, a. *trufé*. Guarnecer, rellenar con criadillas de tierra el ave ó manjar. || fam. Engañar.

**TRUFFIÈRE**, f. *trufiér*. Terreno donde se encuentran criadillas de tierra.

**TRUFFEUR, EUSE**, m. y f. vulg. *trufeur, eus*. Engañador, embustero, mentiroso.

**TRUIE**, f. *truí*. Zool. Marrana, cerda, gorrina, lechona, la hembra del cerdo. || vulg. *Grosse truie*, gran vacona, mondonga, mujer gruesa y mal hecha que parece un morcon. || prov. *Tourner la truie au foin*, volver la burra á la cuadra : desistir de una empresa; y mas propiamente, mudar de bisiesto, de conversacion.

**TRUITE**, f. *truít*. Zool. Trucha, clase de peces de agua dulce. || *Truite de mer*, baila, trucha de mar. *Truite saumonée*, trucha asalmonada, de carne colorada. || Especie de cajon que usan los fabricantes de cerveza.

**TRUITÉ, ÉE**, adj. *truíté*. Jaspeado de encarnado ó de manchas coloradas, semejantes á las que tiene la trucha. Se dice del pelo de ciertos caballos y perros.

**TRUITELLE**, f. dim. de **TRUITE**. *truitél*. Truchilla, truchita, trucha pequeña.

**TRUITON**, m. V. **TRUITELLE**.

**TRULLE**, f. *trúl*. Especie de red. || Cámara del consejo que tienen los emperadores griegos.

**TRULLISATION**, f. *trulisasión*. Arq. Accion de trabajar con la llana.

**TRUMEAU**, m. *trumó*. Arq. Entrepaño, pedazo de pared entre dos ventanas. || Trumó, que algunos llaman tremó, espejo de cuerpo entero, colocado en el entrepaño de una sala por la parte interior ó sobre la repisa de una chimenea. || Muslo, pedazo de carne que tienen las vacas y los bueyes sobre el corvejon, cuando se corta para comerlo.

**TRUSION**, f. *trusión*. Med. Movimiento de la sangre cuando desde el corazon pasa á las arterias.

**TRUSQUIN**, m. *trusquén*. Gramil, cierta herramienta de carpintería.

**TRUSQUINER**, a. *trusquiné*. Agramilar, trazar líneas paralelas con el gramil.

**TU**, pron. de la 2ª. pers. sing. *tú*. Tú. *Tu es heureux*, eres dichoso. || *Tu y étais*, tú estabas allí. || *Qu'apportes-tu de nouveau?* qué traes de nuevo? Casi siempre se traduce *tu*, aunque en frances varía segun el caso ó el lugar que ocupa en el discurso. || *Toi, tu oserais le défier!* ¡osarias tú desafiarle! || *Toi me trahir!* ¡serias tú capaz de venderme! || *Tais-toi*, calla! *Retire-toi*, retírate. || *Va-t-en*, véte. || fam. *Etre à tu et à toi avec quelqu'un*, tutearse con alguno, tener suma franqueza con él.

**TU, E**, part. pas. del verbo **TAIRE**. Callado.

**TUABLE**, adj. fam. *tuábl*. Que se puede matar ó está bueno para matar, hablando de un cerdo, de una gallina, etc.

**TUAGE**, m. *tuáge*. Matanza, accion de matar un animal, como cerdo, etc.

**TUAL**, m. *tuál*. Tual, licor espirituoso que se saca de la palmera en las Molucas.

**TUANT, E**, adj. *tuán*. Muy penoso, fatigoso, que mata, hablando del trabajo. || Majadero, pesado, importuno, fastidioso, hablando de personas. Dícese mas comunmente *assommant*.

**TU-AUTEM**, m. fam. *tuótem*. El quid, expresion tomada del latin en ambas lenguas para significar el punto esencial, la dificultad de un negocio. *C'est là le tu autem*, ahí está el tu autem, el quid, etc.

**TUBAIRE**, adj. *tubér*. Anat. Tubario, que tiene relacion ó analogía con las trompas de Falopio.

**TUBE**, m. *túb*. Tubo, cañon de hoja de lata, de cristal, que sirve para dar paso á los líquidos y flúidos ó cuerpos aeriformes. || Fis. *Tube capillaire*, tubo capilar, cuya cavidad es tan estrecha que solo puede caber un cabello.

**TUBÉRAIRE**, f. *tuberér*. Bot. Tuberaria, planta medicinal.

**TUBERCULE**, m. *tubercúl*. Bot. Tubérculo, excrecencia en forma de joroba que nace en una hoja, en una raíz ó en una planta. || Tubérculo, fruto que produce la raíz de ciertas plantas, como la patata y otras. || Med. Tubérculo, toda especie de tumor duro, poco voluminoso. || Anat. Tubérculo, toda eminencia natural, poco considerable, que presenta una parte cualquiera del cuerpo.

**TUBERCULEUX, EUSE**, adj. *tuberculeu, eus*. Bot. y Med. Tuberculoso, que participa de la naturaleza del tubérculo.

**TUBERCULISATION**, f. *tuberculisasión*. Med. Conversion en tubérculos.

**TUBÉREUSE**, f. *tubereus*. Bot. Tuberosa, amigo de noche, vara de José, planta originaria de la India.

**TUBÉREUX, EUSE**, adj. *tubereu, eus*. Bot. Tuberoso, se dice de una planta ó raíz carnosa y con excrecencias, como la patata y otras.

**TUBÉROSITÉ**, f. *tuberosité*. Anat. Tuberosidad, eminencia mas ó ménos voluminosa, cuya superficie es desigual y llena de arrugas donde se asen varios músculos ó ligamentos. || Med. Tuberosidad, especie de

se da á los paños. || La tabla ó instrumento con que se hace esta operacion, y se llama tambien *tuile*.

**TUILE**, f. *tuil*. Teja, pieza de barro cocido para cubrir los edificios. *Un coup de tuile*, un tejazo. || fam. *Etre logé près des tuiles*, vivir en el primer piso bajando de las estrellas. || Plancheta que sirve para sentar el pelo al paño.

**TUILEAU**, m. *tuiló*. Tejo, tejuelo, cascote, pedazo de teja.

**TUILER**, a. *tuilé*. Sentar el pelo del paño con una especie de plancheta.

**TUILERIE**, f. *tuileri* (e muda). Tejar, horno ó fábrica de tejas y de ladrillos. || TUILERIES, pl. Tullerías, palacio que habita el rey en Paris. || *Le cabinet des Tuileries*, el gabinete de las Tullerías, el gobierno frances, considerado en sus relaciones con las potencias extranjeras.

**TUILIER**, m. *tuilié*. Tejero, trabajador que hace tejas y ladrillos.

**TULA**, m. *túla*. Bot. Tula, planta rubiácea del Perú.

**TULBAGIE**, f. *tulbagí*. Bot. Tulbagia, género de plantas del Cabo.

**TULIPE**, f. *tulíp*. Bot. Tulipa, género de plantas de la familia de las liliáceas. || Tulipan, flor producida por la tulipa.

**TULIPIER**, m. *tulipié*. Bot. Tulipero, tulipífero, liriodendron, árbol de América.

**TULIPOMANIE**, f. *tulipomaní*. Tulipomanía, gusto apasionado por los tulipanes.

**TULLE**, m. *túl*. Tul, especie de tejido claro que usan las señoras como adorno en sus vestidos, sirviendo de velo, de guarnicion, etc.

**TUMÉFACTION**, f. *tumefacsión*. Cir. Tumefaccion, aumento de volúmen de alguna parte del cuerpo humano, aparicion de algun tumor.

**TUMÉFIER**, a. *tumefié*. Cir. Tumefacer, provocar una hinchazon en alguna parte del cuerpo. || *Se tuméfier*, r. Hincharse, abotagarse alguna parte del cuerpo.

**TUMESCENCE**, f. *tumesáns*. Tumescencia, estado de lo que empieza á entumecerse.

**TUMEUR**, f. *tumeur*. Cir. Tumor, eminencia mas ó ménos notable que se presenta en alguna parte del cuerpo. || *Tumeur blanche*. V. HYDRARTHOSE. || *Tumeur enkystée*, tumor enquistado ó formado por los quistos. || *Tumeur fongueuse*, tumor fungoso, formado por el fungo. V. FONGUS.

**TUMIDE**, adj. *tumíd*. Túmido, hinchado, inflado, abotagado.

**TUMULAIRE**, adj. *tumulér*. Sepulcral, que pertenece á los sepulcros, á las tumbas.

**TUMULTE**, m. *tumúlt*. Tumulto, alboroto, desórden, bullicio. || met. *Le tumulte des passions*, el tumulto, el desórden que excitan las pasiones en el alma. || *En tumulte*, loc. adv. Desordenadamente, tumultuosamente, en desórden, en confusion.

**TUMULTUAIRE**, adj. *tumultuér*. Tumultuario, que se ejecuta en tumulto, con precipitacion, en medio de la confusion, del desórden.

**TUMULTUAIREMENT**, adv. *tumultuermán*. Tumultuariamente, de un modo tumultuario.

**TUMULTUEUSEMENT**, adv. *tumultueusmán*. Tumultuosamente, de una manera tumultuosa, amotinadamente, con alboroto.

**TUMULTUEUX, EUSE**, adj. *tumultueu, eus*. Tumultuoso, que se hace con desórden, con tumulto y confusion. || Sedicioso, que excita al desórden.

**TUNA Ó FIGUIER DU MEXIQUE**, m. *túna*. Bot. Nopal, higuera chumba ó tuna, que tambien se llama higuera de pala. El fruto se llama higo chumbo, higo de tuna ó de pala.

**TUNGA**, m. *tónga*. Especie de pulga americana.

**TUNGSTATE**, m. *tongstát*. Quím. Tungstato, combinacion del ácido túngstico con una base salificable.

**TUNGSTÈNE**, m. *tongstén*. Quím. Tungsteno, metal blanco que es casi infusible.

**TUNGSTIQUE**, adj. y s. m. *tongstíc*. Quím. Túngstico, se dice del ácido que resulta de la combinacion del oxígeno con el tungsteno.

**TUNICELLE**, f. *tunisél*. Pequeña túnica. || Tunicela, túnica blanca de los agustinos descalzos y de otras religiones.

**TUNIQUE**, f. *tunic*. Túnica, hábito ó vestido talar que usaban los antiguos. || Túnica, especie de saco que usaban las mujeres. || Túnica, especie de dalmática que se ponen los obispos debajo de la casulla. || Dalmática, parte de la vestidura de los diáconos y subdiáconos. || Túnica, especie de ropaje que se ponian los reyes de Francia el dia de su consagracion debajo del manto real. || Anat. Túnica, nombre de las membranas que envuelven ciertas partes del cuerpo. || Bot. Túnica, película, telilla, membrana sutil que envuelve ciertas partes de las plantas.

**TUNIQUÉ, ÉE**, adj. *tuniqué*. Hist. nat. Cubierto de una película ó membrana.

**TUNNEL**, m. *tunél*. Pasaje subterráneo á traves de un rio ó de un camino. Es célebre el *tunnel* de Lóndres practicado debajo del Támesis, el cual dió orígen á esta palabra, que algunos creen haberse tomado de la francesa *tonnelle*.

**TUORBE**, m. *tuórb*. Tiorba, cierto instrumento de cuerdas. V. THÉORBE.

**TUPINAMBIS**, m. *tupinanbís*. Zool. Tupinambis, lagarto muy ágil y anfibio.

**TUPINET**, m. *tupiné*. Zool. Paro, especie de ave.

**TURBAN**, m. *turbán*. Turbante, género de tocado de los Turcos y de varios otros pueblos orientales. || *Prendre le turban*, renegar, hacerse mahometano. *Porter le turban*, profesar el mahometanismo.

**TURBE**, f. *túrb*. For. ant. Solo se usaba en esta locucion: *enquête par turbes*, discusion de un punto de costumbre omitido por la ley municipal; ó sea, informacion hecha por medio de las atestiguaciones de algunos habitantes para probar los usos y costumbres de un pueblo ó comarca.

**TURBÉ**, m. *turbé*. Sepulcro redondo ó especie de capilla sepulcral que hacen los Turcos, y en que se halla la tumba de un sultan ó de los grandes señores y su familia.

**TURBIER**, m. *turbié*. Testigo á quien se interroga acerca de los usos y costumbres establecidos ó inveterados en una comarca. V. TURBE.

**TURBINE**, f. *turbín*. Mec. Turbina, rueda helicoide y horizontal que gira sumergida en el agua. || Tribuna del órgano en una iglesia. || Tribuna ó coro donde se reunian para cantar ciertos religiosos ó penitentes que no querian ser vistos.

**TURBINÉ, ÉE**, adj. *turbiné*. Bot. Turbinado, que tiene la figura de un peon, de un trompo ó cono vuelto. || Turbinado, se dice de las conchas univalvas que tienen la forma de un cono vuelto en espiral.

**TURBINELLE**, f. *turbinél*. Zool. Turbinela, concha univalva.

**TURBINITE**, f. *turbinít*. Zool. Turbinita, concha en forma de espiral, de figura cónica.

**TURBITH**, m. *turbít*. Bot. Turbit, nombre dado á la raiz del alboholí, bigorda ó campanilla que crece en la India oriental. || *Turbith blanc de Montpellier*, raiz de globularia. || Quím. *Turbith minéral*, sub-deuto-sulfato de mercurio. || *Turbith nitreux*, sub-deuto-nitrato de mercurio. || Bot. *Turbith bâtard*, candileja, zumillo, especie de planta.

**TURBOT**, m. *turbó*. Zool. Rombo, rodaballo, especie de pescado.

**TURBOTIN**, m. dim. de TURBOT. *turbotín*. Rombo pequeño.

**TURBULEMMENT**, adv. *turbulamán*. Turbulentamente, de un modo turbulento.

**TURBULENCE**, f. *turbuláns*. Turbulencia, carácter, defecto del que es turbulento, revoltoso.

**TURBULENT, E**, adj. *turbulán*. Turbulento, impetuoso, ruidoso, revoltoso.

**TURC, TURQUE**, adj. y s. *túrc*. Turco, de Turquía. || met. *Cet homme est un vrai turc*, este hombre es un caribe, un Neron, un hombre cruel, sin piedad, inhumano. || *Se faire turc*, renegar, hacerse mahometano. || *Chien turc*, especie de perro sin lana, que vulgarmente se llama perro chino. || *Le Grand Turc*, el Gran Señor. || prov. *Fort comme un turc*, fuerte como un roble. || *A la turque*, loc. adv. A la turca, segun el uso de los Turcos; rigurosamente, inhumanamente. || vulg. *Traiter quelqu'un à la turque*, tratar á uno sin consideracion. || prov. *Traiter quelqu'un de Turc à Maure*, tratar á alguno como un hereje, esto es, con sumo rigor. || TURC, m. Zool. Nombre de un gusano que se cria entre la corteza de los árboles, y se chupa la savia. || Turco, la lengua turca.

**TURCARET**, m. *turcaré*. Estafador, manipulante que se ha enriquecido escandalosamente á expensas de la miseria pública.

**TURCIE**, f. *turcí*. Malecon, calzada que se construye sobre las márgenes de un rio para impedir las inundaciones.

**TURCOMANE**, s. y adj. poco us. *turcomán*. Partidario, admirador de los Turcos.

**TURCOMANIE**, f. poco us. *turcomaní*. Turcomanía, aficion á las cosas de los Turcos, á sus leyes, gobierno, etc.

**TURCOPHILE**, m. *turcofíl*. Turcófilo, adicto á los Turcos, amigo de los Turcos.

**TURELURE**, f. *turlúr*. Tiroriro, estribillo, retornelo, adagio de una cancion. || met. Estribillo, retornelo, cantinela, palabra que se repite muchas veces en el discurso por vicio ó por distraccion. Solo se usa en esta frase familiar: *c'est toujours la même turelure*, siempre tenemos la misma cancion, la misma cantinela.

**TURGESCENCE**, f. *turgesáns*. Didáct. Hinchazon. V. GONFLEMENT y ORGASME.

**TURGESCENT, E**, adj. *turgesán*. Turgescente, que sube ó se hincha.

**TURGIDE**, adj. *turgíd*. Túrgido, hinchado.

**TURLUPIN**, m. *turlupén*. Chocarrero, bufon sin gracia.

**TURLUPINADE**, f. *turlupinád*. Chocarrería, bufonada sin gracia.

**TURLUPINER**, n. fam. *turlupiné*. Hacerse el gracioso, asnear, decir chanzas ó chocarrerías sin gracia. || a. Burlarse de alguno, ponerlo en ridículo por medio de dicharachos y pullas.

**TURLURETTE**, f. ant. *turlurét*. Especie de guitarrilla que llevaban los pordioseros en Francia.

**TURLUT**, m. *turlú*. Zool. Especie de cogujada. V. ALOUETTE.

**TURLUTER**, n. *turluté*. Imitar el canto de la alondra, de la cogujada.

**TURNEPS**, m. *turnéps*. Bot. Especie de nabo que se da á las vacas como un excelente pienso.

**TURPITUDE**, f. *turpitúd*. Ignominia, infamia que resulta de una accion indecente, baja, vergonzosa. || Torpeza, fealdad, indecencia, bajeza, proceder infame.

**TURQUERIE**, f. *turqueri* (e muda). Perrería, accion cruel, inhumana.

**TURQUET**, m. *turqué*. Zool. Perro chino, especie de perro que no tiene pelo. || Bot. Trigo morisco, cuya espiga usaleo.

**TURQUETTE**, f. *turquét*. Bot. Yerba turca, mil en grana, herniaria, planta medicinal.

**TURQUIN**, adj. m. *turquén*. Turquí, oscuro, hablando de colores. Solo se usa con *bleu*; y así se dice: *taffetas bleu turquin*, *drap bleu turquin*, tafetan, paño azul turquí.

**TURQUOISE**, f. *turcuás*. Miner. Turquesa, piedra preciosa de color azul celeste. || Com. Nombre dado á un tejido de cadeneta.

**TURRICULE**, f. *turricúl*. Zool. Turrícula, especie de concha cónica.

**TURRICULÉ, ÉE**, adj. *turriculé*. Bot. Turricúleo, que tiene la forma de un cono muy prolongado.

**TURRILITE**, f. *turrilít*. Zool. Turrilita, especie de concha fósil.

**TURRITELLE**, f. *turritél*. Zool. Turritela, concha univalva.

**TURSITE**, f. *tursít*. Bot. Nombre dado á cierta planta que se cria en terreno breñoso.

**TUSCULAN, E**, adj. y s. *tusculán*, *án*.

Tusculano, de Túsculo. || *Tusculanes*, Tusculanas, nombre dado á las obras filosóficas que escribió Ciceron en su casa de campo, llamada Tusculano.

**TUSSILAGE**, m. *tusiláge* Bot. Tusilago, fárfara, uña de caballo, planta medicinal.

**TUTÉLAIRE**, adj. *tutelér*. Tutelar, que ampara, que protege.

**TUTELLE**, f. *tutél*. Tutela, autoridad conferida en forma para dirigir y gobernar á una persona de menor edad ó que se halla en la impotencia. || Tutoría, cargo, deberes de un tutor. || met. Tutela, proteccion, amparo.

**TUTEUR, TRICE**, m. y f. *tuteur, tris*. Tutor, el que está encargado del cuidado, direccion, educacion y gobierno de una persona impotente ó menor de edad. || fam. *Il n'a pas besoin de tuteur*, ya puede andar solo, que no se perderá, no es fácil que le engañen, ya sabe dónde le aprieta el zapato. || Rodrigon, tentemozo que se pone á un árbol para que se mantenga derecho.

**TUTIE**, f. *tutí*. Quím. Tutía, óxido de zinc que se pega á las chimeneas de los hornos donde se funde el metal.

**TUTOIEMENT** ó **TUTOÎMENT**, m. *tutuamán*. Tuteamiento, tuteo, accion de tutear ó tutearse.

**TUTOYER**, a. *tutuayé*. Tutear, tratar á otro de tú. || *Se tutoyer*, r. Tutearse recíprocamente dos personas.

**TUYAU**, m. *tuyó*. Tubo, especie de cañon ó caño de metal, de cristal, de madera, etc., que sirve para facilitar el paso á los líquidos y flúidos. || Cañon de garita. || Tallo ó caña de ciertas plantas. || *Tuyau de cheminée*, cañon de chimenea. || *Tuyau d'orgue*, cañon de órgano. || *Tuyau de plume*, cañon ó casco de pluma. || *Tuyau de blé, de chanvre, etc.*, caña de trigo, de cáñamo, etc.

**TUYÈRE**, f. *tuyér*. Tobera, abertura que se hace en los hornos y fraguas para introducir el cañon de los fuelles.

**TYDOLOGIE**, f. *tidologí*. Tidología, ciencia de los cálculos relativos á las mareas.

**TYDOLOGIQUE**, adj. *tidologíc*. Tidológico, que tiene relacion con la tidología.

**TYMPAN**, m. *tenpán*. Anat. Tímpano, el instrumento principal del sentido del oido, que es una membrana extendida y tensa como la de un tambor. || Impr. Tímpano, pieza de la prensa que se compone de tres listones de madera y uno de hierro, forrado de baldes y algunos paños para dar mas elasticidad al papel cuando cae sobre el molde al tiempo de imprimirlo. || Arq. Tímpano, especie que se encuentra en medio de las tres cornisas, un frontispicio donde se colocan los bajos relieves, algunas figuras ú ornatos. || Tímpano, hueco liso que se encuentra entre algunas molduras. || Reloj. Tambor, pieza que recoge la cuerda de un reloj. || Mec. Tambor, especie de rodillo que gira sobre un eje y se encaja en los dientes de una rueda.

**TYMPANIQUE**, adj. *tenpanic*. Anat. Timpánico, que pertenece ó tiene relacion con el tímpano de la oreja.

**TYMPANISER**, a. fam. *tenpanisé*. Disfamar, quitar á uno el crédito públicamente.

**TYMPANITE**, f. *tenpanít*. Med. Timpanitis, hinchazon del vientre producida por la acumulacion de los gases en el canal digestivo ó en el peritoneo.

**TYMPANUM**, m. *tínpanom*. Mús. Tímpano, salterio, especie de instrumento de música.

**TYPE**, m. *típ*. Tipo, modelo, figura original. || Hablando del antiguo Testamento, se dice de lo que se considera como la figura, el símbolo que representa los misterios de la nueva *Ley*. || Tipo, figura simbólica que se imprime en alguna medalla.

**TYPHIE**, f. *tifí*. Zool. Tifia, especie de culebra.

**TYPHIQUE**, adj. *tific*. Med. Tífico, relativo al tifus.

**TYPHLOSE**, f. *tiflós*. Med. Ceguera.

**TYPHOÏDE**, adj. *tifoid*. Tifoideo, que presenta el carácter del tifus.

**TYPHOMANE**, adj. y s. *tifomán*. Tifómano, que padece de tifomanía.

**TYPHOMANIE**, f. *tifomaní*. Tifomanía, especie de delirio que acompaña á la calentura llamada tifus en Europa.

**TYPHON**, m. *tifón*. Tifon, torbellino, remolino de viento; el viento que ordinariamente se llama *trombe*. V. esta voz.

**TYPHUS**, m. *tifus*. Tifus, nombre dado á varias enfermedades pestilenciales, especialmente á la peste del continente europeo.

**TYPIQUE**, adj. *típic*. Típico, alegórico, simbólico. V. SYMBOLIQUE.

**TYPOCHROMIE**, f. *tipocromí*. Tipocromía, impresion tipográfica en colores.

**TYPOGRAPHE**, m. *tipográf*. Tipógrafo, el que ejerce, que entiende ó conoce el arte de la tipografía.

**TYPOGRAPHIE**, f. *tipografí*. Tipografía, el arte de la imprenta.

**TYPOGRAPHIER**, a. y n. *tipografié*. Se ha dicho por *imprimer*, imprimir. Se usa poco.

**TYPOGRAPHIQUE**, adj. *tipografíc*. Tipográfico, [illegible] fía, [illegible]

**TYPOGRA**[illegible] *[illegible]*fomán. [illegible] ó [illegible]

**TYPOLI**[illegible] Tipolitografía, [illegible] componer [illegible] portar después los [illegible] una prueba de *[illegible]* [illegible] fica.

**TYPOLITHE**, f. *[illegible]* dendrita, piedra [illegible] que [illegible] la figura de plantas ó [illegible]

**TYRAN**, m. *tirán*. Tirano, [illegible] mas aplicaciones [illegible] do recto y figurado. [illegible] *ran des langues*, [illegible] *langue* : el que [illegible] las reglas de la gramática.

**TYRANNEAU**, m. fam. *[illegible] tiranó*. Tiranuelo, un [illegible] dinado á otro mayor.

**TYRANNICIDE**, adj. [illegible] ranicida, el que mata á un [illegible]

**TYRANNIE**, f. *tiraní*. [illegible] mismas aplicaciones [illegible]

**TYRANNIQUE**, adj. [illegible] tirano, injusto, violento, [illegible] razon.

**TYRANNIQUEMENT**, adv. [illegible] Tiránicamente, tirana[illegible]

**TYRANNISER**, a. *tira*[illegible] tratar con tiranía. || [illegible] cosas morales : *les passions* [illegible] *l'âme*.

**TYRIEN, NE**, adj. y s. [illegible] ant. Tirio, del reino de Tiro.

**TYROÏDE**, adj. *tiroid*. [illegible] roco al queso, que tiene [illegible]

**TYROLIEN, NE**, adj. y [illegible] Tirolés, del Tirol.

**TYROLITHE**, f. V. [illegible] parece que debe decirse.

**TYROMANCIE**, f. *tiroman*[illegible] cia, adivinacion que se hacía [illegible] queso.

**TYROMANCIEN, NE**, [illegible] *sién, én*. Tiromántico, el que [illegible] mancia. || adj. Tiromántico, [illegible] á la tiromancia.

**TYROMORPHITE**, f. *tiro*[illegible] Tiromórfita, piedra que [illegible] dazo de queso.

**TZAR**, m. V. CZAR.

**TZÉRAN**, m. *[illegible]* [illegible] gacela.

# U.

U, m. U, vigésima primera letra del alfabeto frances y quinta de las vocales, cuyo sonido se forma poniendo los labios recogidos en ademan de silbar y la lengua en medio del agujero que forman por la parte interior de los dientes. || Algunas veces se emplea la u sin pronunciarla, como sucede cuando está despues de *g*, v. gr. *langue, oblongue, prodigue*. Tampoco se pronuncia ordinariamente despues de *q*, como en *qualité, quantité, querelle, quolité, etc.*, cuya pronunciacion es *calité, cantité, colité*; pero se hace sentir la u, y suena como en español, en algunas voces derivadas del latin, como *équateur, aquatique, quadrature, etc.*, que se pronuncian *ecuateur, acuatic, cuadratúr*. En *quinquagésime, quinquagénaire* y en otras voces semejantes la primera u es muda como en español, y la segunda se pronuncia del mismo modo que en *équateur, etc.* || *Eu*, participio pasado del verbo *avoir*, tiene el sonido de u francesa.

**UARANE**, m. *uarán*. Zool. Uarano, género de serpientes.

**UBERTÉ**, f. ant. *uberté*. Se decia por *abondance, fertilité*.

**UBIQUISME**, m. *ubicuism*. Hist. rel. Ubicuismo, doctrina de los ubicuistas.

**UBIQUISTE**, m. *ubicuist*. Ubicuista, miembro de cierta secta luterana. || Ubicuista, teólogo que no pertenece á ningun colegio. || fam. Ubicuista, hombre que vive contento en todas partes.

**UBIQUITAIRE**, f. *ubicuitér*. Ubicuitario, miembro de una secta protestante que difiere de las demas en punto á la Eucaristía.

**UBIQUITÉ**, f. *ubicuité*. Didáct. Ubicuidad, estado de lo que se encuentra en todas partes.

**UDOMÈTRE**, m. *[illegible]* instrumento para medir la [illegible] que cae en un lugar. [illegible] *bromètre*.

**UDORE**, f. *udór*. Bot. [illegible] ricea.

**UDOTÉE**, f. *udoté*. Zool. [illegible] de políperos flexibles.

**UGÈNE**, f. *ugén*. Bot. [illegible] helechos exóticos.

**UGNA** ó **UGNO**, m. *[illegible]* nero de uva sibilia.

**UKASE**, m. *ucás*. Ukase, [illegible] expedido por el emperador [illegible]

**UKRANIEN, NE**, adj. y [illegible] Ucranio, de la Ucrania.

**ULCÉRATION**, f. *ulcera*[illegible] racion, formacion de una [illegible] la corrosion de las [illegible] miento que se concibe contra una persona: *il y avait un ton d'ulcération dans son discours.*

**ULCÈRE**, m. *ulsér*. Cir. Úlcera, llaga que se forma interior ó exteriormente por la accion mórbida de algun humor.

**ULCÉRÉ, ÉE**, adj. *ulseré*. Ulcerado. ‖ met. Ulcerado, enconado, irritado, que guarda un profundo resentimiento contra alguno. ‖ *Conscience ulcérée*, conciencia roida, cargada de crímenes y que padece crueles remordimientos.

**ULCÉRER**, a. *ulseré*. Ulcerar, producir, causar una úlcera. ‖ met. Ulcerar, enconar, irritar, agriar, causar un profundo resentimiento en el corazon de alguno. ‖ *S'ulcérer*, Ulcerarse, convertirse en úlcera.

**ULCÉREUX, EUSE**, adj. *ulsereu, eus*. Cir. Ulceroso, lleno de úlceras. ‖ Ulceroso, que presenta el carácter de una úlcera.

**ULÉMA ó OULÉMAH**, m. *ulėma, ulėma*. Nombre que dan los Turcos á los doctores de la ley.

**ULIGINAIRE**, adj. *uliginér*. Hist. nat. Uliginario, que crece en los parajes pantanosos.

**ULIGINEUX, EUSE**, adj. *uliginew, eus*. Uliginoso, pantanoso, muy húmedo. ‖ Hist. nat. Uliginoso, que crece ó vive en los parajes pantanosos.

**ULITE**, f. *ulit*. Med. Ulitis, inflamacion de la membrana mucosa de las encías.

**ULMA**, f. *ülma*. Bot. Ulma, planta que crece en medio de otra.

**ULMACÉ, ÉE**, adj. *ulmasé*. Ulmáceo, que se parece al olmo. ‖ *Ulmacées*, f. pl. Ulmáceas, familia de plantas cuyo tipo es el olmo.

**ULMAIRE**, f. *ulmér*. Bot. Ulmaria, reina de los valles, *reine des prés*. V. SPIRÉE.

**ULMATE**, m. *ulmát*. Quím. Ulmato, sal producida por la combinacion del ácido úlmico con una base.

**ULMÉ, ÉE**, adj. *ulmé*. Bot. Úlmeo, parecido al olmo. ‖ *Ulmées*, f. pl. Úlmeas, tribu de la familia de las urticeas, cuyo tipo es el olmo.

**ULORRHAGIE**, f. *ulorragí*. Med. Ulorragia, hemorragia por las narices.

**ULORRHAGIQUE**, adj. *ulorragic*. Ulorrágico, que tiene relacion con la ulorragia.

**ULTÉRIEUR, E**, adj. *ulterieur*. Ulterior, que está por la parte de allá. ‖ met. Ulterior, que se hace despues, que viene ó ha de tratarse despues.

**ULTÉRIEUREMENT**, adv. *ulterieurmán*. Ulteriormente, por la parte de allá, de la otra banda ó del otro lado. No se usa en este sentido. ‖ met. Ulteriormente, despues de lo que se ha dicho ó hecho; posteriormente, despues.

**ULTIMATUM**, m. *ultimátom*. Diplom. Ultimátum, últimas condiciones que se sientan en un tratado de un modo irrevocable.

**ULTRA**, m. *últra*. Ultra, el que lleva su opinion hasta el último extremo, que no cede en sus principios políticos.

**ULTRAÏSME**, m. *ultraism*. Exageracion en las opiniones políticas, especialmente en órden á realismo.

**ULTRAMÉDIAIRE**, adj. *ultramediér*. Que pasa la mitad de su justo precio. Dícese de la lesion en compra y venta.

**ULTRAMONDAIN, E**, adj. *ultramondén, én*. Fis. Ultramundano, que está mas allá del mundo.

**ULTRAMONTAIN, E**, adj. *ultramontén, en*. Ultramontano, que está del otro lado de los Alpes, allende los Alpes ‖ Ultramontano, que procede del otro lado de los Alpes. Se dice de las pretensiones de la corte romana respecto á la soberanía eclesiástica.

**ULTRAMONTANISME**, m. *ultramontanism*. Ultramontanismo, sistema que profesan aquellos que están interesados en la soberanía omnímoda del papa.

**ULULER**, n. *ululé*. Aullar gimiendo.

**UMBILIC**, m. V. NOMBRIL y OMBILIC.

**UMBLE**, m. *ónbl*. Zool. Especie de trucha asalmonada, pez de agua dulce.

**UN**, m. *eun*. Uno, el primero de todos los números. ‖ Uno el guarismo que indica dicho número. ‖ *L'un portant l'autre, l'une portant l'autre*, uno por otro, chico con grande, bueno con mediano, haciendo compensacion de lo que es menor con lo que es mayor ó mas considerable. ‖ vulg. *Il m'en a donné d'une*, me la ha pegado, me ha pegado un petardo. ‖ *Un, une*, adj. Uno, solo, único. *Un homme*, un hombre; *une femme*, una mujer. ‖ Uno, lo mismo que alguno indeterminadamente. *Pour bâtir une maison*, para edificar ó hacer una casa, alguna casa. ‖ Uno, lo mismo que todo ó cualquiera. *Un chrétien doit faire cela*, un cristiano, todo cristiano, cualquier cristiano lo debe hacer.

**UNANIME**, adj. *unaním*. Unánime, de un mismo parecer ó voto.

**UNANIMEMENT**, adv. *unanimemán*. Unánimemente, de comun acuerdo.

**UNANIMITÉ**, f. *unanimité*. Unanimidad, conformidad en el modo de pensar, en los sentimientos, etc. ‖ Unanimidad, conformidad en una votacion.

**UNAU**, m. *unó*. Zool. Bradipo, cuadrúpedo del género de los mamíferos que se mueve con suma lentitud y no tiene cola.

**UNCINÉ, ÉE**, adj. *onsiné*. Bot. Que se termina en forma de garabato ó garfio.

**UNCINIE**, f. *onsiní*. Bot. Uncinia, género de plantas de América.

**UNCIPENNE**, adj. *onsipén*. Zool. Uncipenne, de alas espinosas.

**UNDÉCIMO**, adv. *ondésimo*. En undécimo lugar.

**UNDÉCIMVIR**, m. *ondesimvir*. Undecimviro, uno de los once magistrados atenienses que conducian á los delincuentes al suplicio.

**UNDICULATION**, f. *ondiculasión*. Pint. Undiculacion, imitacion de la ondulacion de las aguas en un cuadro.

**UNDINA**, f. *ondina*. Bot. Undina, planta criptógama, especie de alga.

**UNGUÉAL, E**, adj. *ongueál*. Anat. Ungueal, que pertenece á las uñas, que tiene relacion con las uñas.

**UNGUICULÉ, ÉE**, adj. *onguiculé*. Unguiculado, que tiene uñas; que se termina en forma de uña.

**UNGUIS**, m. *óngüis*. Anat. Unguis, el hueso mas pequeño de la cara, el cual tiene la figura de una uña. Algunos le llaman tambien hueso lacrimal.

**UNI, E**, adj. *uní*. Igual, seguido, liso, hablando de hilo, tela, papel, etc. ‖ Equit. *Galop uni*, galope igual. ‖ *Toile unie*, tela bien tupida, donde no se encuentran nudos, trabillas ni hilos desiguales. ‖ *Fil uni*, hilo igual, que no tiene tropiezos. ‖ Igual, liso, llano, hablando de una superficie. ‖ Liso, igual, que carece de bordados, de adornos y de otra cosa sobrepuesta. ‖ met. *Style, chant uni*, estilo, canto sencillo y sin adornos. ‖ *Vie, conduite unie*, vida, conducta igual, metódica, uniforme. ‖ *Homme tout uni*, hombre sencillo y sin etiqueta, sin dobles ni disfraz. ‖ Es tambien sust. masculino: *aimer l'uni*. ‖ *A l'uni*, loc. adv. A nivel, á un andar. *Mettre tout à l'uni*, nivelar, allanar, poner igual. Esta locucion adverbial es anticuada.

**UNICAPSULAIRE**, adj. *unicapsulér*. Bot. Unicapsular, que solo tiene una cápsula.

**UNICITÉ**, f. *unisité*. Cualidad de lo que es único.

**UNICORNE**, adj. *unicórn*. Zool. Unicornio, que tiene un cuerno solamente.

**UNIÈME**, adj. *uniém*. Uno, número ordinal que solo se emplea con decenas, centenas, etc. *Le vingt et unième*, el veinte y uno ó el vigésimo primero. *Quatre vingt et unième*, ochenta y uno ú octogésimo primero.

**UNIÈMEMENT**, adv. *uniemmán*. Solo se usa como el adjetivo *unième* con *vingtième, trentième, etc. Vingt et unièmement*, en vigésimo primo lugar.

**UNIFICATION**, f. *unificasión*. Unificacion, accion de unir, de unirse, de formar un todo con otro ser.

**UNIFLORE**, adj. *uniflór*. Bot. Uniflor ó unifloreo, que solo produce una flor.

**UNIFORME**, adj. *unifórm*. Uniforme, conforme, que es semejante. ‖ Uniforme, igual, semejante, sin ninguna variedad. ‖ *Style uniforme*, estilo uniforme, sin variedad. ‖ *Habit uniforme*, uniforme, casaca conforme al reglamento adoptado para un cuerpo de ejército.

**UNIFORMÉMENT**, adv. *uniformemán*. Uniformemente, con uniformidad.

**UNIFORMER**, a. *uniformé*. Uniformar, hacer uniforme.

**UNIFORMISER**, a. *uniformisé*. Uniformar, hacer uniforme. Este verbo ha tenido poca aceptacion.

**UNIFORMITÉ**, f. *uniformité*. Uniformidad, cualidad de lo que es uniforme.

**UNIGAME**, m. y f. *unigám*. Unígamo, el que solo se ha casado una vez.

**UNIGAMIE**, f. *unigamí*. Unigamia, estado del que solo se ha casado una vez.

**UNIGÈNE**, adj. *unigén*. Mit. Unigeno, nacido de uno solo. ‖ Sobrenombre de Minerva, que no habia tenido madre. ‖ Bot. Unigeno, que no produce hojas mas que una vez al año.

**UNILATÉRAL, E**, adj. *unilaterál*. Bot. Unilateral, que está situado de un lado solo. ‖ Jurisp. Unilateral, se dice de ciertos contratos.

**UNILOQUE**, adj. *unilóc*. Unílocuo. Se dice hablando de una comedia, *acte uniloque*, acto unílocuo, acto en que habla uno solo, ó que explica la voluntad de uno solo. ‖ m. Soliloquio, conversacion consigo mismo.

**UNIMENT**, adv. *unimán*. Igualmente, sin variedad ni cosa sobrepuesta. ‖ Sencillamente, sin dobles ni disfraz. ‖ Lisa y llanamente, sin rodeos.

**UNION**, f. *unión*. Union, reunion, junta, adhesion de dos ó mas cosas. ‖ met. Union, concordia, buena armonía que reina entre dos ó mas personas. ‖ Union, en sentido absoluto es el matrimonio. ‖ Union, tambien en sentido absoluto, la confederacion de los Estados Unidos de América. ‖ Union, perla semejante en tamaño, color y figura á las demas. ‖ Estampa, presencia de un caballo relativamente á sus proporciones físicas. ‖ *Esprit d'union*, espíritu de paz y de concordia.

**UNIONISTES**, m. pl. *unioníst*. Unionistas, sectarios que negaban la Trinidad. ‖ Unionistas, partidarios de la union belga en 1830.

**UNIPENNE**, adj. *unipén*. Ictiol. Unipenne, que solo tiene una aleta.

**UNIPERSONNEL, E**, adj. *unipersonél*. Gram. Unipersonal, que no tiene sino una persona. Se dice de los verbos que no se usan sino en la 3ª. persona del singular. Tambien se dice *impersonnel*.

**UNIPERSONNELLEMENT**, adv. *unipersonelmán*. Unipersonalmente, á la manera de un verbo unipersonal.

**UNIPÉTALE**, adj. *unipetál*. Bot. Unipétalo, que no tiene mas que un pétalo.

**UNIQUE**, adj. *unic*. Único, solo. ‖ Único, singular, raro, excelente en su género. ‖ Original, raro, singular, por ridículo y extravagante. ‖ fam. *C'est unique, voilà qui est unique*, cosa extraña, no podia ó no debia esperarse. ‖ *L'unique nécessaire, l'unique affaire*, lo único necesario, el único negocio importante: en la sagrada Escritura se dice de la salvacion.

**UNIQUEMENT**, adv. *unicmán*. Únicamente, exclusivamente. ‖ Sobre todo, con preferencia á todo lo demas.

**UNIR**, a. *unír*. Unir, juntar, poner juntas dos ó mas cosas que estaban separadas. ‖ Unir, agregar, incorporar. ‖ *Unir un cheval*, recoger un caballo. ‖ met. Unir, establecer relaciones de parentesco ó de amistad entre dos ó mas personas. ‖ Unir, concordar las voluntades, los pareceres. ‖ Unir, casar un hombre con una mujer. ‖ Igualar, allanar una superficie. ‖ *S'unir*, r. Unirse dos personas con el vínculo de la amistad ó del matrimonio. ‖ Unirse, convenirse, concordarse para alguna obra ó empresa.

**UNISEXÉ, ÉE**, adj. Bot. V. UNISEXUEL.

**UNISEXUEL, LE**, adj. *unisexuél*. Bot. Unisexual, dícese de las flores que no reunen los dos sexos, que no tienen mas que pétalos ó pistilos.

**UNISPERME**, adj. *unispérm*. Bot. Unispermo, que solo tiene una semilla.

**UNISSON**, m. *unisón*. Unísono, acorde de varias voces ó instrumentos que producen un mismo tono ó sonido. || met. y fam. *Se mettre, se monter à l'unisson de tout le monde*, hacer como los demas, bailar al son que tocan.

**UNISTRIÉ, ÉE**, adj. *unistrié*. Unistriado, que solo tiene una estría.

**UNITAIRE**, s. y adj. *unitér*. Unitario, miembro de una secta que, admitiendo la revelacion, no reconocia en Dios mas que una sola persona. Se dice mas particularmente de los socinianos.

**UNITÉ**, f. *unité*. Unidad, principio indivisible del número. || Unidad, cualidad de lo que es uno por oposicion á pluralidad. Tiene otras acepciones comunes á entrambas lenguas.

**UNITIF, IVE**, adj. *unitif, iv*. Unitivo, que une. Solo se usa en la mística; como en *vie unitive*, vida unitiva.

**UNIVALVE**, adj. *univálv*. Univalvo, que no tiene mas que una válvula, hablando de los moluscos que se componen de una sola pieza. Úsase tambien como sust. masculino.

**UNIVERS**, m. *univér*. Universo, conjunto de todas las cosas creadas por Dios. || Mundo, el globo terrestre.

**UNIVERSALISER**, a. *universalisé*. Universalizar, hacer una cosa universal.

**UNIVERSALISME**, m. *universalism*. Universalismo, opinion de los que no reconocen mas autoridad que el asentimiento universal.

**UNIVERSALISTE**, m. *universalist*. Universalista, partidario del universalismo. || Hist. rel. Universalista, el que cree en la gracia universal.

**UNIVERSALITÉ**, f. *universalité*. Universalidad, cualidad de lo que es universal. || Generalidad, lo que contiene diferentes especies. || Jurisp. Totalidad. || *Lóg.* Universalidad, cualidad de una proposicion universal.

**UNIVERSAUX**, m. pl. *Lóg.* V. UNIVERSEL, m.

**UNIVERSEL, E**, adj. *universél*. Universal, general, que lo comprende todo y se extiende por todas partes. || UNIVERSEL, m. *Lóg.* Universal, término ó razon comun que comprende á todos los individuos de una misma especie, de un mismo género. El plural es *universaux*.

**UNIVERSELLEMENT**, adv. *universelmán*. Universalmente, generalmente.

**UNIVERSITAIRE**, adj. *universitér*. Universitario, que pertenece á la universidad. || m. Universitario, miembro ó individuo de la universidad.

**UNIVERSITÉ**, f. *université*. Universidad, cuerpo de profesores establecido por la autoridad pública para enseñar las bellas letras, las lenguas, la filosofía y otras ciencias.

**UNIVOCATION**, f. *univocasión*. *Lóg.* Univocacion, conformidad de cosas distintas bajo una misma razon.

**UNIVOQUE**, adj. *univóc*. *Lóg.* Unívoco, que es aplicable á varias cosas, sean ó no de la misma especie. || Gram. Unívoco, se dice de las voces que tienen el mismo sonido, y significaciones diferentes.

**UNZAINE**, f. *onsén*. Especie de barco usado en el Loira para trasportar la sal.

**URACRASIE**, f. *uracrasí*. Med. Uracrasia, incontinencia de orina.

**URAGOGUE**, adj. *uragógue*. Med. Uragogo, diurético.

**URANE**, m. *urán*. Quím. Uranio, especie de metal descubierto en 1789.

**URANIE**, f. *uraní*. Mit. Urania, una de las nueve musas, y es la de la astronomía.

**URANIQUE**, adj. m. *uraníc*. Quím. Uránico, se dice del segundo óxido de uranio.

**URANOGRAPHE**, m. *uranográf*. Uranógrafo, el que se ocupa de uranografía.

**URANOGRAPHIE**, f. *uranografí*. Uranógrafia, descripcion del cielo.

**URANOGRAPHIQUE**, adj. *uranografíc*. Uranográfico, que pertenece á la uranografía.

**URANOLOGIE**, f. *uranologí*. Uranologia, discurso que tiene por objeto el cielo.

**URANOMÈTRE**, m. *uranométr*. Uranómetro, instrumento para medir los astros y los movimientos celestes.

**URANOMÉTRIE**, f. *uranometrí*. Uranometría, ciencia que enseña á medir los astros.

**URANOSCOPE**, m. *uranoscóp*. Zool. Uranóscopo, pescado que tiene los ojos en lo alto de la cabeza mirando al cielo.

**URANUS**, m. *uránus*. Astr. Urano, planeta que fué descubierto por Herschell en 1781.

**URATE**, m. *urát*. Quím. Urato, nombre genérico de las sales que se forman por la combinacion del ácido úrico con diferentes bases.

**URBAIN, E**, adj. *urbén, én*. Urbano, que pertenece á la ciudad, á la poblacion, por oposicion á rural.

**URBANITÉ**, f. *urbanité*. Urbanidad, cortesía, cortesanía, buenos modales.

**URBÈRE**, m. *urbér*. Zool. Caquillo, revolton, insecto, especie de pulgon. Llámase tambien *urbée*.

**URCÉE**, f. *ursé*. Zool. Urcea, especie de concha.

**URE**, m. *úr*. Zool. Uro, especie de toro cerril, silvestre.

**URÉE**, f. *uré*. Quím. Urea, sustancia hallada en la orina, compuesta de oxígeno, de hidrógeno, de carbono y de ázoe.

**URÉTÉRALGIE**, f. *ureteralgí*. Med. Ureteralgia, dolor en la urétera ó en el urétere.

**URÉTÈRE**, m. *uretér*. Anat. Urétera ó urétere, cada uno de los dos canales que llevan la orina de los riñones á la vejiga.

**URÉTÉRITE**, f. *ureterít*. Med. Ureteritis, inflamacion de las uréteras. Dícese tambien *urétéritis* y *uréthritis*.

**URÉTIQUE**, adj. *uretíc*. Urético, concerniente á la uretra. || Se dice en el sentido de *diurétique*, diurético, hablando de remedios. || *Malade urétique*, enfermo que orina con facilidad.

**URÉTRAL, E**, adj. *uretrál*. Anat. Uretral, que pertenece ó tiene relacion con la uretra.

**URÉTRALGIE**, f. *uretralgí*. Med. Uretralgia, dolor en la uretra.

**URÈTRE**, m. *urétr*. Anat. Uretra, canal que da salida á la orina.

**URÉTRITE**, f. *uretrít*. Med. Uretritis, inflamacion de la uretra.

**URÉTRORRHAGIE**, f. *uretrorragí*. Med. Uretrorragia, hemorragia de la uretra.

**URGENCE**, f. *urjáns*. Urgencia, cualidad de lo que urge. || Urgencia, necesidad, precision de hacer alguna cosa, de tomar una resolucion, etc.

**URGENT, E**, adj. *urján*. Urgente, preciso, perentorio, que no sufre demora ni dilacion.

**URINAIRE**, adj. *urinér*. Anat. Urinario, que se refiere á la orina.

**URINAL**, m. *urinál*. Especie de orinal de vidrio, de barro ó de metal de una forma particular para que los enfermos puedan orinar con comodidad.

**URINATEUR**, m. *urinateur*. Buzo, buzano, somormujador, pescador de perlas.

**URINE**, f. *urín*. Orina, líquido secretado por los riñones, trasmitido á la vejiga por las uréteras, de donde sale despues de un reposo mas ó ménos largo por el canal de la uretra. || *Urine cuite*, orin hecho. || *Urine crue*, orina cruda, que es trasparente y de poco olor. || *Urine épaisse*, orina mucilaginosa. || *Urine floconneuse*, orina turbia en que se observan unas partículas semejantes á vedijillas de lana. || *Urine huileuse*, orina que forma en la superficie una telilla como grasienta. || *Urine* se dice ordinariamente hablando del hombre; los orines ó meados de los animales tienen el nombre de *pissat*.

**URINER**, n. *uriné*. Orinar, evacuar la orina. Casi solo se dice de los enfermos. V. PISSER.

**URINEUX, EUSE**, adj. *urineu, eus*. Orinoso, que es de la naturaleza del orin, que se parece al orin.

**URIQUE**, adj. *uríc*. Quím. Úrico, epíteto

[illegible]

Término de treinta dias, hablando de letras de cambio. *A usance*, á uso, á estilo, término de treinta dias.

**USANTE**, adj. f. *usánt*. Solo se usa en esta fórmula forense: *fille majeure usante et jouissante de ses droits*, moza ó jóven mayor de edad, que ha entrado en el uso y goce de sus derechos, que no vive bajo el dominio de nadie.

**USÉ, ÉE**, adj. *usé*. Usado, gastado, consumido. || fam. *Homme usé*, hombre muy gastado, muy debilitado por el trabajo, las enfermedades ó los vicios. || met. *Pensée usée*, idea muy gastada, muy usada, que todo el mundo conoce. || *Passion usée*, pasion entibiada, disminuida por el tiempo. || met. *Avoir le goût usé*, tener el paladar embotado por el uso frecuente de los picantes ó licores fuertes.

**USER**, n. *usé*. Usar, hacer uso de alguna cosa, servirse de ella. || *En user bien* ó *mal avec quelqu'un*, tener buenas ó malas partidas con alguno. || *En user*, obrar de tal ó cual manera. || a. Gastar, deteriorar las cosas á fuerza de usarlas. || Usar un vestido. || Adelgazar el cristal con el asperon. || Cir. Consumir, desgastar, comerse, hablando de algun remedio, cáustico ó corrosivo. || Consumir, acabar con alguna cosa. || met. *User ses ressources*, acabar con los medios ó recursos que se poseen prodigándolos. || *User sa jeunesse*, perder su juventud, pasar los mejores dias de la vida. || *User ses yeux*, desgastarse la vista, cansarla. || *S'user*, r. Gastarse, consumirse las cosas á fuerza de uso, deteriorarse, desgastarse. || Acabarse, consumirse una persona á fuerza de trabajar ó de sufrir pesadumbres.

**USER**, m. *usé*. Uso, duracion mas ó ménos prolongada de las cosas que hacen algun servicio. || *Cette etoffe est d'un bon user*, esta tela es de buen uso, es de dura ó duracion. || met. y fam. Trato, conversacion. *Cet homme est bon à l'user*, este hombre es excelente tratándole ó en el trato; cuanto mas se lo trata, mas honrado y amable se le encuentra.

**USINE**, f. *usín*. Ingenio ó fábrica de azúcar. || Herrería, fragua ó martinete donde se forja el hierro. || Fábrica ó molino de papel. || Horno de vidrio y todo establecimiento del mismo género ó análogo á los expresados.

**USINIER**, m. *usinié*. Propietario de una fábrica de las llamadas *usine*.

**USITÉ, ÉE**, adj. *usité*. Usado, que está en práctica, en uso en un país

**USNE**, m. *ásn*. Mar. Nombre de un cable grueso.

**USNÉE**, f. *usné*. Bot. Úsnea, orchilla, género de plantas criptógamas de la familia de los líquenes.

**USQUEBAC**, m. V. SCUBAC.

**USTENSILE**, m. *ustansil*. Utensilio, todo mueble destinado al menaje, y principalmente á la cocina. || Utensilio, nombre de varias herramientas propias para algunos oficios y artes. || Utensilios, lo que da el patron al soldado alojado en su casa.

**USTENSILER**, a. *ustansilé*. Guarnecer ó proveer de muebles, de utensilios.

**USTILAGO**, m. *ustilágo*. Med. Gangrena causada por el trigo atizonado.

**USTION**, f. *ustión*. Quemadura, accion y efecto de quemar. || Cir. Ustion, efecto que produce el cauterio. || Quím. Ustion, especie de calcinacion que se hace sufrir á ciertas sustancias.

**USTULATION**, f. *ustulasión*. Farm. Ustulacion, operacion que consiste en hacer secar una sustancia por medio del calor del fuego.

**USUALITÉ**, f. *usualité*. Usualidad, cualidad de lo usual.

**USUCAPION**, f. *usucapión*. Jurisp. Usucapion, modo de adquirir la propiedad de alguna cosa por la posesion de ella durante el tiempo prescrito por la ley.

**USUEL, LE**, adj. *usuél*. Usual, que se usa, que sirve comunmente.

**USUELLEMENT**, adv. *usuelmán*. Usualmente, comunmente.

**USUFRUCTUAIRE**, adj. *usufructuér*. Jurisp. Usufructuario, que concede el derecho del usufructo.

**USUFRUIT**, m. *usufruí*. Usufructo, goce de los frutos ó rentas de una herencia ó fincas que pertenece á otro.

**USUFRUITIER, ÈRE**, m. y f. *usufruitié, ér*. Usufructuario, el que tiene el usufructo de alguna cosa.

**USURAIRE**, adj. *usurér*. Usurario, que encierra usura.

**USURAIREMENT**, adv. *usurermán*. Usurariamente, de una manera usuraria, con usura.

**USURE**, f. *usúr*. Usura, interes excesivo que se exige sobre una cantidad ó cosa prestada, ganancia ilegítima. || met. *Rendre, payer avec usure*, volver, pagar con creces: hacer un mal ó un bien mayor que el que se ha recibido. || fam. Deterioro, desgaste de la ropa, de los muebles con el uso.

**USURIER, ÈRE**, m. y f. *usurié, ér*. Usurero, logrero, el que presta con usura.

**USURPATEUR, TRICE**, m. y f. *usurpateur, tris*. Usurpador, el que se apodera de alguna cosa que no le pertenece por medio de la astucia ó de la violencia. || Usurpador, en sentido absoluto, el que usurpa una soberanía.

**USURPATION**, f. *usurpasión*. Usurpacion, accion y efecto de usurpar. || Usurpacion, soberanía, propiedad ó cosa usurpada.

**USURPER**, a. *usurpé*. Usurpar, apoderarse con artificio ó con violencia de lo que pertenece á otro. || n. Usurpar, apropiarse, arrogarse los derechos, la propiedad de alguno. Será neutro el verbo en este caso equivaliendo á *empiéter*, puesto que debe decirse *usurper* ó *empiéter sur les droits de quelqu'un*.

**UT**, m. *út*. Mús. Ut, primer signo del pentágrama ó gama; ó sea primera nota del diapason. || Primera palabra del bríndis que echaban antiguamente los impresores, que eran casi todos hombres de letras: *Ut tibi prosit meri potio*. Despues para abreviar, se contentaron con decir *ut* solo.

**UTÉRIN, E**, adj. *uterén, in*. Jurisp. Uterino, dícese de los hermanos nacidos de una misma madre y de distinto padre. || *Fureur utérine*, furor uterino, insaciable deseo de cóito que padecen algunas mujeres. V. NYMPHOMANIE. || Anat. Uterino, que pertenece á la matriz.

**UTÉRINITÉ**, f. *uterinité*. Uterinidad, derecho, estado, posicion de una persona uterina.

**UTÉROTOME**, m. *uterotóm*. Cir. Uterótomo, instrumento para la seccion del útero.

**UTÉROTOMIE**, f. *uterotomí*. Cir. Uterotomía, seccion del útero.

**UTÉRUS**, m. *úterus*. Anat. Útero, nombre latino de la matriz.

**UTILE**, adj. *util*. Útil, provechoso, que sirve para alguna cosa. || Útil, hábil, oportuno, hablando del tiempo prescrito por la ley. || UTILE, m. Lo que es útil. *Joindre l'agréable à l'utile*, juntar lo agradable á lo útil.

**UTILEMENT**, adv. *utilmán*. Útilmente, con utilidad.

**UTILISATION**, f. *utilisasión*. Aprovechamiento, utilizacion, accion de utilizar.

**UTILISER**, a. *utilisé*. Aprovechar, utilizar, sacar partido, utilidad, provecho de alguna cosa.

**UTILITAIRE**, adj. *utilitér*. Utilitario, que se encamina á la utilidad.

**UTILITÉ**, f. *utilité*. Provecho, utilidad, ventaja que se saca ó puede sacarse de alguna cosa. || *Utilités*, pl. Empleo de algunas personas que desempeñan papeles de cualquier género, aunque de poca importancia, en el teatro.

**UTINET**, m. ant. *utiné*. Macito de mango largo que usan algunos artesanos.

**UTOPIE**, f. *utopí*. Utopia, gobierno imaginario en el que se supone felices á gobernantes y gobernados, como Tomas Morus supone en su reino de Utopia.

**UTOPISTE**, m. *utopíst*. Utopista, el que se entrega á ilusiones utópicas.

**UTRICULAIRE**, m. *utriculér*. Gaitero, el que toca la gaita. || f. Bot. Utricularia, género de plantas acuátiles. || adj. Utricular, que presenta la forma ó figura de un botillo. || *Utriculaires*, m. pl. Utricularios, nombre dado por los antiguos á los que ejecutaban ciertos juegos ó evoluciones en el agua sobre pellejos llenos de aire.

**UTRICULE**, f. inus. *utricúl*. Pellejito botillo, odrecillo pequeño para echar líquidos.

**UTRICULEUX, EUSE**, adj. *utriculeu, eus*. Utriculoso, que tiene la forma de un odrecillo.

**UVAGE**, m. *uváge*. Encajonamiento ó borde de una cuba de refinador.

**UVA-OVASSOURA**, m. *uvaovasuéra*. Bot. Especie de peral de las Indias occidentales.

**UVA-PYRUP**, m. *uvapirúp*. Bot. Árbol espinoso de las Indias occidentales.

**UVAURE**, m. *uvór*. Zool. Vaca marina, especie de pescado que vive en el golfo de San Lorenzo.

**UVA-URSI**, m. *uvaúrsí*. Bot. Gayuba, arbusto. V. BUSSEROLE ó ARBOUSIER.

**UVÉE**, f. *uvé*. Anat. Uvea, segunda túnica del ojo.

**UVULAIRE**, adj. *uvulér*. Anat. Uvular, que pertenece, que tiene relacion ó analogía con el gallillo ó campanilla.

**UVULE**, f. Anat. V. LUETTE.

**UXORICIDE**, m. *ucsorisíd*. Uxoricida, asesino de su mujer.

**UZIFIR** ó **UZIFUR**, m. *uzifír, uzifúr*. Quím. Cinabrio hecho de azufre y de mercurio.

# V.

**V**, m. *vé*, v. [illegible] segunda letra del alfabeto frances y la décimaséptima de las consonantes. La *v* se sustituye á la *f* final de la vocea del género masculino en la terminacion femenina que se les de; y así *plaintif*, *excessif*, *naïf*, *juif*, *etc.*, en el femenino hacen *plaintive*, *excessive*, *naïve*, *juive*. Para la pronunciacion la *v* se sustituye tambien á la *f* en la palabra *neuf* unida á otra, en la mayor parte de los casos; así *neuf hommes*, *neuf arbres*, *neuf ans*, se pronuncian *neuvóm*, *neuvárbr*, *neuván*. Pero bien puede hacerse sentir la *f* en *neuf écus*, *neuf étrangers*, *neuf années*, *neuf invités*. || V, como abreviatura francesa, tiene mucho uso. Significa *votre* en los títulos siguientes: *V. A. Votre Altesse*; *V. E. Votre Excellence*; *V. E. Votre Eminence*; *V. G. Votre Grandeur*; *V. H. Votre Honneur*; *V. M. Votre Majesté*; *V. S. Votre Seigneurie*. *VV. ees*; *VV. MM. Vos Majestés*. || *V/C* en el comercio significa *votre compte*. || *V* ó *V̸* en los libros eclesiásticos ó de liturgia indica *verset*, versículo. || En el comercio y en la administracion en general *V* ó *V°* significa *verso*. || *V* en las monedas indica que han sido acuñadas en Amiens. || En los calendarios es abreviatura de *vendredi*, viérnes. || *V.* es un signo de remision, usado con frecuencia en todos los diccionarios, que en francés equivale á *voyez* y en español á *véase*. || *A. S. L. V. Assurance sur la vie*. || *W* en la marina significa *variation*, variacion. || Como letra numeral la *V* vale cinco, y si tiene un tilde encima cinco mil. || Omitimos las muchas abreviaturas latinas que se indicaban por la letra *V*, porque en rigor no deben ser objeto de este Diccionario.

**VA**, 3ª. pers. del sing. del pres. de indic. y 2ª. del imper. del verbo *aller*. || adv. Bien está, está bien, bueno, en hora buena, pase, sea, me conformo. Algunas veces es una especie de interjeccion, y da mas fuerza á la frase. || m. Térm. de juego. Cantidad que se pone á mas de la polla. V. VADE. || *Sept et le va*, una de los envites que se hacen en el juego de la baceta que equivale á siete levar. || *Quinze et le va*, quince levá, en la banca, etc., la cuarta suerte en que se va á ganar quince tantos.

**VACANCE**, f. *vacáns*. Vacancia, vacante, tiempo que está sin proveerse una dignidad ó empleo. || *Vacances*, pl. Vacaciones, tiempo durante el cual están cerrados los tribunales y se interrumpe el curso de los negocios. || Vacaciones, interrupcion temporal de los estudios en un colegio, universidad ó casa de enseñanza.

**VACANT**, E, adj. *vacán*. Vacante, que no está provisto. || Vacío, que no está ocupado. || Jurisp. *Succession vacante*, sucesion que nadie ha reclamado en calidad de heredero, ó á la cual se ha renunciado. *Curateur aux biens vacants*, curador de bienes mostrencos. || VACANT, m. En la órden de Malta eran las rentas de una encomienda.

**VACARME**, m. *vacárm*. Batahola, zambra, alboroto, gran ruido.

**VACATION**, f. ant. *vacasión*. Oficio, profesion de una persona. || Espacio de tiempo que emplea un funcionario público para despachar un negocio. || *Vacations*, pl. Dietas, honorarios, retribuciones que se pagan á la gente de curia ó á los funcionarios públicos. || Vacaciones, dias feriados ó tiempo en que los tribunales se cierran.

**VACCIN**, m. *vacsén*. Med. Vacuna, pus que se extrae de unas postillas que se forman en las tetas de las vacas, para inocularlo en los niños y preservarlos de las viruelas. El mismo nombre se da á la materia que arrojan las viruelas inoculadas.

**VACCINABLE**, adj. *vacsinábl*. Vacunable, que se puede vacunar.

**VACCINAL**, E, adj. *vacsinál*. Vacunal, que tiene relacion con la vacuna.

**VACCINATEUR**, m. *vacsinateur*. Vacunador, el que vacuna.

**VACCINATION**, f. *vacsinasión*. Vacunacion, inoculacion de la vacuna.

**VACCINE**, f. *vacsín*. Med. Vacuna, enfermedad natural en las vacas que se trasmite al hombre por medio de la inoculacion del pus extraido de las postillas que se forman al rededor de las tetas de dichos animales.

**VACCINER**, a. *vacsiné*. Med. Vacunar, inocular por medio de lanceta el pus que se ha sacado de las viruelas de una vaca ó de una persona.

**VACCINIQUE**, adj. *vacsinic*. Med. Vacínico, que pertenece á la vacuna.

**VACCINOÏDE**, f. *vacsinoid*. Med. Vacunóides, vacuna falsa.

**VACHE**, f. *vách*. Vaca, la hembra del toro. || Vaqueta, piel de buey despues de curtida. || Vaca, canasto forrado de cuero que se pone encima del cielo de un carruaje cuando se va de viaje. || Impr. Vaca, cuerda gorda de cáñamo, que sirve para hacer andar el tablon de la prensa. || Especie de pirámide que se hace de sal en las salinas. || met. *Poil de vache*, pelo rojo. || prov. y met. *Parler français comme une vache espagnole*, hablar muy mal la lengua francesa. || prov. y vulg. *C'est une vache*, parece una vaca, una marrana de once tetas: se dice de una mujer mondongona, muy gorda y tripuda. || met. y fam. *C'est une vache à lait*, es una cucaña, una ganga, una cosa ó una persona de que se saca algun provecho. || *Manger de la vache enragée*, comer pan de muchos hornos: pasar trabajos. || *Le plancher des vaches*, el santo suelo; esto es, la tierra firme, por oposicion al agua. || prov. *Il n'est rien tel, rien de tel que le plancher des vaches*, mas seguro es ir por tierra que por agua.

**VACHER**, ÈRE, m. y f. *vaché*, *ér*. Vaquero, el que cuida ó guarda vacas. || met. y fam. Hombre rústico, grosero.

**VACHELIN**, m. *vachelen*. Nombre vulgar del queso de Gruyere.

**VACHERIE**, f. *vacherí*. Casa de vacas, lugar donde se tienen algunas reses vacunas; establo ó corral de vacas. || Sitio donde se ordeñan las vacas y se hace el queso.

**VACHETTE**, f. *vachét*. Vaqueta, cuero de vaca.

**VACHIN**, m. *vachén*. Becerro, piel curtida, pellejo que se quita á los novillos y terneros.

**VACILLANT**, E, adj. *vasilián*. Vacilante, que vacila. || met. Vacilante, perplejo, dudoso.

**VACILLATION**, f. *vasilasión*. Vacilacion, bamboleo, tambaleo, movimiento de lo que vacila, como el de una barca, de la luz, etc. || met. Vacilacion, incertidumbre, irresolucion.

**VACILLATOIRE**, adj. *vasilatuár*. Vacilatorio, que es de la naturaleza de la vacilacion. || met. Vacilante, incierto, dudoso.

**VACILLER**, n. *vasilié*. Vacilar, temblar, tambalearse ó moverse alguna cosa que no tiene firmeza ó seguridad. *Sa main vacille*, su mano tiembla, está trémula. || met. Vacilar, titubear, no estar cierto ni seguro en una idea, en una palabra. || Vacilar, titubear, obrar con irresolucion.

**VACUISME**, m. *vacuísm*. Fís. Vacuismo, doctrina de los partidarios del vacío.

**VACUISTE**, m. *vacuíst*. Fís. Vacuista, el que cree en el vacío absoluto en la naturaleza; el que admite ó profesa el vacuismo.

**VACUITÉ**, f. poco us. *vacuité*. Vacuidad, estado de una cosa vacía.

**VADE**, f. *vád*. [illegible] cantidad con que uno [illegible] el juego. Segun cierta [illegible] cada uno pone [illegible] parte que un [illegible] presa por la cantidad [illegible] pital total [illegible] como los dividendos [illegible] corresponden á cada [illegible].

**VADEMANQUE**, f. [illegible] minucion de [illegible] ro, es decir, de un [illegible]

**VADE-MECUM**, m. [illegible] mecum, libro ó cosa que [illegible] cómodamente consigo.

**VA-ET-VIENT**, m. [illegible] parte de una máquina que [illegible] ne un movimiento [illegible] dola de un reloj, [illegible] de la máquina. || Mar. [illegible] se da á un buque ó á [illegible] fondeadero. || Especie de [illegible] ó manga, que sirve para [illegible] poca anchura.

**VAFOLADE**, m. *vafolád*. [illegible] fial.

**VAGABOND**, E, adj. y s. [illegible] gabundo, vagamundo, vago, [illegible] oficio, beneficio ó ocupacion y [illegible] por el mundo. || met. [illegible] entendimiento ó de la [illegible] arreglado, sin órden, [illegible] vie vagabonde, [illegible] bundo, que anda de aquí para [illegible] residencia fija.

**VAGABONDAGE**, m. [illegible] gancia, holgazanería, [illegible] costumbre de vagamundear.

**VAGABONDER**, n. fam. [illegible] gabundear ó vagamundear, [illegible] vago, zanganear.

**VAGANT**, E, adj. *vagán*. [illegible] anda de aquí para allí. || [illegible] Mar. Charranes, pillos de [illegible] ran á que salga ó caiga [illegible] pescado que se escapa [illegible] de la red, y no desperdician [illegible] pillar cuanto pueden [illegible] naufragio.

**VAGIN**, m. *vagén*. Anat. [illegible] ducto membranoso situado [illegible] la pélvis, entre la vejiga y el [illegible]

**VAGINAL**, E, adj. *vaginál*. [illegible] nal, que tiene relacion con la [illegible]

**VAGINANT**, E, adj. [illegible] Vaginante, que envuelve [illegible]

**VAGINULE**, f. dim. de la [illegible] VAGINA, que significa vaina, [illegible] nita, pequeña vaina.

**VAGIR**, n. *vagir*. [illegible] ños recien nacidos. || [illegible] liebre.

**VAGISSEMENT**, m. [illegible] especie de llanto propio de los [illegible] nacidos.

**VAGON**, m. *vagón*. Vagon, [illegible] ferrocarril. Tambien se dice [illegible] gon. Es palabra inglesa. V. W[illegible]

**VAGUE**, f. *vágue*. Ola, onda, [illegible] cion que presenta la superficie [illegible] mar, de un lago, etc., agitada [illegible] tos.

**VAGUE**, adj. *vágue*. Vago, indefi[illegible] terminado. || met. Vago, [illegible] que no tiene fijeza ni [illegible] encierra en sí una cosa [illegible] minada, que no puede [illegible] *vaines et vagues*, tierras [illegible] ciales. || *Espaces vagues*, [illegible] narios. || *Bruit vague*, [illegible] vaga. || *Vaisseaux vagues*, [illegible] || m. Vago, lo que es vago [illegible]

…s promesses. || Espacio vacío, ó que …idera como tal. || met. Se perdre dans …s, perderse en largos razonamientos …recen de trabazon, de solidez y de …uencia.

…UEMENT, m. veguemán. Vagamente, …modo vago.

…UEMESTRE, m. veguemèstr. Nombre …l oficial encargado de la conduccion …equipajes del ejército. || Título que …uno de los empleados de la casa real.

…UER, n. vegué. Vagar, andar er… de una parte á otra. V. ERRER. || a. …r la cerveza.

…UESSE, f. vegués. Pint. Vaguedad, …á en las tintas que producen un efecto …

…UETTE, f. veguét. Art. Redillera de …que se ponen los operarios.

…ETTE, f. vaét. Jard. Espacio de para …ano.

…GRAGE, m. vegrágr. Mar. Empañado, …to de piezas que ligan un buque inte… …nte de popa á proa ó en sentido de su …d.

…GRE, f. végr. Mar. Nombre dado á …ñas de tablas y tablones que forman …y la ligacion interior de un buque, …ó conjunto entre los palmejares, dur…s y otras.

…GRER, a. vegré. Mar. Forrar y ligar …rmente un buque con los palmejares.

…LLAMMENT, adv. vallamán. Valien…e, con bravura, con valor.

…LLANCE, f. valláns. Valentía, valor, …des de una persona animosa, arrojada.

…LLANT, E, adj. vallán. Valiente, …, arrojado, animoso. || m. Valor, ca… fondo que constituye los bienes de …oilà tout mon vaillant, ahí está todo …aro, todo mi caudal, todo lo que ten… …la palabra es familiar. || También se …dverbialmente. N'avoir pas un sou …nt, no tener el valor de un sueldo, no … nada. || Il a dix mille écus vaillant, …diez mil escudos en valor, es decir, el …lente á dicha suma.

…LLANTISE, f. vallantís. Valentía, …intrépida. Ya no se usa en este senti… …se era equivalente á vaillance. Ahora …comunmente en sentido irónico, por …temeraria, ó sea guapeza, valentonada.

…LLE QUE VAILLE, loc. adv. vall… …(e muda). Salga lo que saliere. || …lo que valiere.

…N, E, adj. vén, én. Vano, inútil, que …duce resultado ni provecho alguno. || …frívolo, fútil, quimérico, de ninguna …ancia ó valor. || Vano, orgulloso, alta… …Vano, instable, hablando de personas. || …gloire, vanagloria, jactancia. || Vaines …, pastizas, terreno sin yerba ni cultu… …En vain, loc. adv. En vano, inútil… …, en balde, sin utilidad, sin fruto.

…NCRE, a. véner. Vencer, triunfar, …r alguna ventaja sobre sus enemigos, …ó políticamente hablando. || Vencer …stáculos, allanar las dificultades que …sentan en la ejecucion de cualquier …to. Este verbo tiene otras significacio… …munes á entrambas lenguas. || Se vain… …Vencerse, reprimir el genio, sujetar …r las pasiones.

…NEMENT, adv. venmán. Vanamente, …o, en balde, inútilmente, sin resulta… …provecho.

…NQUEUR, m. venqueur. Vencedor, …, triunfante. Se emplea en las di… …acepciones del verbo vaincre.

…R, m. ant. vér. Cierta tela que se em… …en forros. || Blas. Vero, uno de los …e del escudo como pieza honorífica.

…RÉ, ÉE, adj. veré. Blas. Verado, …ado de veros.

…RE, m. vére. Bot. Vaira, planta ó yerba …menuda que se cria en las rocas.

…RON, adj. m. verón. Ojizarco, que …un ojo de un color y otro de otro, ha… …de los caballos. Este adjetivo se apli… …bien á otros animales, y aun á las per… …|| Variolado, que tiene variedad de co… …|| m. Zool. Vario, pez.

…SSEAU, m. vesó. Vaso, vasija, uten…silio destinado á contener líquidos. || Embarcacion, buque, barco, bajel, navío. En los puertos de mar solo se da este nombre á los buques del Estado. || Vaisseau de guerre, navío ó buque de guerra. || Vaisseau marchand, navío mercante ó mercantil. || Nave, cada una de las partes de una iglesia ó edificio que forma bóveda. || Anat. Vaso, cada uno de los canales que dan paso á un líquido ó flúido en el cuerpo humano. || Bot. Vaso, cada uno de los tubos, canales ó conductos por donde circula la savia de las plantas.

VAISSELET, m. dim. de VAISSEAU. veslé. Vaso pequeño. || Buque pequeño.

VAISSELLE, f. vesél. Vajilla, los platos, vasos, tazas y demas piezas destinadas al servicio de mesa. || Vaisselle d'étain, vajilla de estaño ó de peltre. || Vaisselle montée, vajilla hecha de varias piezas, como candeleros, aguaderas, etc. || Vaisselle plate, platos, fuentes, etc. Ahora se dice particularmente de toda la vajilla de plata.

VAL, m. vál. Se usa solamente en los nombres propios, como l'abbaye du Val, la abadía del Valle; Grandval, Val-de-Grâce, etc. || À val de, loc. prep. Al fondo de. || À val, loc. adv. Descendiendo. || À val l'eau, se decia por à vau l'eau. V. esta última locucion en la palabra VAU. || El plural de val es vaux, y se usa en esta frase: par monts et par vaux, por montes y valles.

VALABLE, adj. valábl. Valedero, válido, legítimo, admisible, que puede ó debe admitirse: une raison valable, acte valable, caution valable.

VALABLEMENT, adv. valablemán. Válidamente, legítimamente. Se usa poco fuera del lenguaje forense.

VALAQUE, s. y adj. valác. Valaquense, de la Valaquia.

VALÉRIANE, f. valerián. Bot. Valeriana, género de plantas dividido en muchas especies.

VALÉRIANELLE, f. valerianél. Bot. Valerianela, género de plantas de la familia de las valerianas.

VALÉSIENS, m. pl. valesién. Valesios, sectarios que consideraban la continencia como la mayor de las virtudes, y se hacian eunucos para observarla mejor.

VALET, m. valé. Criado, sirviente, el que está al servicio de alguna persona. || Valet de chambre, ayuda de cámara. || Valet de garde-robe, mozo de retrete en palacio. || Valet de pied, lacayo en la casa real; espolique, el que va delante de un particular viajando. || Sota en el juego de naipes. || Pesa ó saquillo de arena que se pone pendiente de una cuerda con objeto de tener cerrada alguna mampara ó puerta. || Carp. Barrilete, instrumento que sirve para asegurar los maderos sobre el banco. || Valet de miroir, especie de tenemoso, zanca que tienen algunos espejos para sostenerse. || Mar. Valet de canon, taco de filástica para el cañon. || Cir. Valet-à-Patin, especie de pinzas de charnela. || fam. Recevoir, traiter comme un valet de carreau, tratar á uno como un esportillero, como á un trapero.

VALETAGE, m. ant. valetáge. Servidumbre, servicio, hablando de sirvientes y criados.

VALETAILLE, f. irón. valetáll. Chusma, turba de criados ó gente de librea, como si se dijera lacayería.

VALETER, n. fam. valté. Hacer el criado, besar la correa, dedicarse al servicio de alguno por interes. || Andar besando manos, hacer ciertas cosas que exigen humillacion y paciencia, con objeto de conseguir alguna ventaja.

VALETON, m. ant. dim. de VALET. valtón. Criadillo, famulillo, criado pequeño.

VALÉTUDINAIRE, adj. y s. valetudinér. Valetudinario, enfermizo, que goza poca salud.

VALÉTUDINARITÉ, f. poco us. valetudinarité. Estado del valetudinario.

VALEUR, f. valeur. Valor, mérito, estimacion de una cosa en sí. || Valeur nominale, valor nominal en una moneda es el que la ley le da arbitrariamente; así como por valeur réelle ó intrinsèque, valor real ó intrínseco, se entiende el que conserva el metal en sí mismo. || Com. Cette marchandise est en valeur, este género tiene estimacion, se vende con ventaja. || Agr. Terre en valeur, tierra beneficiada, en estado de producir. || Valor, todo el caudal que está depositado en un banco. || Mús. Valor, tiempo determinado para la duracion del sonido de cada nota. || Com. Valeur reçue, valor recibido, fórmula que indica en una letra de cambio el recibo de la cantidad expresada en ella; como valeur en compte, á cuenta, denota que la casa que gira tiene cuenta pendiente con la que debe realizar el pago. || Valor, intrepidez, arrojo, aliento, brío para arrostrar el peligro.

VALEUREUSEMENT, adv. valeureusmán. Valerosamente, con valor.

VALEUREUX, EUSE, adj. valeureu, eus. Valeroso, animoso, esforzado, bravo, valiente, intrépido.

VALIDATION, f. validasión. Validacion, accion de hacer valedero un acto ó escritura.

VALIDE, adj. valíd. Válido, valedero, legal, que tiene las condiciones requeridas por la ley. || Sano, robusto, que puede trabajar ó hacer algun servicio, hablando de las personas. Se usa en esta locucion: mendiants valides. || Se emplea en algunos casos como sustantivo.

VALIDEMENT, adv. validmán. Válidamente, legalmente.

VALIDER, a. validé. Validar, dar fuerza y valor á una cosa, hacerla válida.

VALIDITÉ, f. validité. Validez ó valor, firmeza de un acto ó escritura que es válida.

VALISE, f. valís. Maleta, especie de baul de cuero propio para llevarse en la grupa de un caballo.

VALLAIRE, adj. f. valér. Valar, que pertenece al vallado ó trinchera. || Couronne vallaire, corona que, entre los Romanos, se concedia al que penetraba el primero en las trincheras enemigas.

VALLÉE, f. valé. Valle, llanura que se encuentra entre dos ó mas montañas. || La Vallée, especie de mercado donde se vende la caza y las aves en Paris. || Valle, hondonada de tierra al pié de una montaña. || Cuesta, bajada de una montaña. En este sentido solo se usa en esta frase proverbial: il n'y a point de montagne sans vallée, no hay subida que no tenga su bajada, ni atajo sin trabajo.

VALLON, m. valón. Valle, vallecito, cañada, espacio de tierra llano que se encuentra entre dos cuestas ó ribazos. Esta palabra se usa mucho en poesía.

VALOIR, n. valuár. Valer, tener cierto valor ó mérito una cosa. || Se faire valoir, sostener sus derechos, su dignidad, no ceder de sus prerogativas; y tambien, darse importancia, atribuirse cualidades que no se tienen. || prov. Un homme averti en vaut deux, hombre prevenido vale por dos. || prov. y met. Autant vaut, tanto monta, lo mismo es, es igual; y en este sentido se dice proverbialmente: autant vaut être mordu du chien que de la chienne. || a. Valer, producir, rendir alguna utilidad ó provecho: cette terre me vaut dix mille francs de rente. || Valer, proporcionar, hacer conseguir. || loc. adv. y fam. Vaille que vaille, tout coup vaille, valga lo que valiere, salga lo que salga, al azar. || Valoir son pesant d'or, valer el oro que pesa. || Com. À valoir, á cuenta.

VALOMBREUSE, f. valombreus. Valumbrosa, nombre de una órden religiosa.

VALSE, f. vals. Vals, baile que ejecuta una pareja dando vueltas á compas. || Vals, tocata que sirve para este baile.

VALSER, n. valsé. Valsar, bailar el vals.

VALSEUR, EUSE, m. y f. valseur, eus. Valsador, el que valsa.

VALUE, f. valú. For. Plus value, aumento del valor en que una cosa ha sido justipreciada ó comprada.

VALVE, f. valv. Valva, cada una de las piezas que componen una concha. || Bot. Valva, cada uno de los segmentos de un pericarpo.

**VALVULAIRE**, adj. *valvulér*. Valvular, que tiene muchas valvas.

**VALVULE**, f. dim. de VALVE. *valvúl*. Anat. Válvula, membranas y repliegues membranosos que impiden la refluxion de los líquidos, favoreciendo su curso por los conductos ó vasos del cuerpo. || Válvula, ventalla en los instrumentos neumáticos.

**VAMPIRE**, m. *vanpír*. Vampiro, nombre dado en Alemania á unos seres quiméricos que, segun la supersticion popular, salian de los sepulcros para chupar la sangre de los vivos. || met. Vampiro, individuo que se enriquece ilegítimamente á expensas del pueblo. || Zool. Murciélago monstruoso de Indias.

**VAMPIRISME**, m. *vanpírism*. Vampirismo, estúpida creencia en la existencia de los vampiros. || Estado, cualidad de un vampiro. || met. Vampirismo, sistema de aquellos que viven á costa de la sangre de los pobres; codicia desmedida.

**VAN**, m. *van*. Harnero, criba para aechar los granos.

**VANDALE**, m. *vandál*. Vándalo, nombre de una de las naciones bárbaras del Norte que invadieron el imperio romano en su decadencia, y se estableció en Andalucía, á la cual dió su nombre. || met. Vándalo, destructor, devastador de monumentos y artes, partidario del barbarismo.

**VANDALISME**, m. *vandalism*. Vandalismo, sistema de los enemigos de las artes y de las luces, de los que prefieren el barbarismo á la ilustracion.

**VANDOISE**, f. *vanduás*. Zool. Gobio, albur, yáculo, dardo, género de peces de agua dulce.

**VANILLE**, f. *vaníll*. Bot. Vainilla, fruto que produce el árbol que lleva el mismo nombre, el cual tiene un sabor agradable y olor aromático, empleándose á menudo como ingrediente para el chocolate. || Vainilla, planta parásita sarmentosa, que crece en América, en Méjico y en el Perú.

**VANILLIER**, m. Bot. V. VANILLE, segunda acepcion.

**VANITÉ**, f. *vanité*. Vanidad, futilidad de las cosas humanas. || Vanidad, orgullo, presuncion, exceso de amor propio. *Faire vanité d'une chose*, hacer alarde de una cosa. || Vanidad, inutilidad, vaciedad de una cosa que carece de sustancia, en sentido recto y en el figurado.

**VANITEUX, EUSE**, adj. y s. *vaniteu, eus*. Vanidoso, que hace ostentacion de las cosas mas frívolas y triviales por exceso de amor propio.

**VANNE**, f. *ván*. Paradera, compuerta del caz de un molino, acequia, etc.

**VANNEAU**, m. *vanó*. Zool. Avefría, frailecillo, ave del órden de los zancudos. || *Vanneaux*, pl. Aguaderas, las cuatro plumas mas anchas que están despues de los seis cuchillos en las aves de altanería.

**VANNER**, a. *vané*. Aechar, abalear, pasar los granos por la criba para limpiarlos. || n. vulg. Tomar viento fresco, guillárselas, esto es, huir.

**VANNERIE**, f. *vanrí*. Cestería, arte de trabajar el mimbre.

**VANNET**, m. *vané*. Blas. Concha ó venera que se representa en el escudo por el interior.

**VANNETTE**, f. *vanét*. Zaranda, especie de criba hecha de mimbre para pasar la avena ántes de darla á las caballerías.

**VANNEUR**, m. *vaneur*. Aechador, el que echa los granos.

**VANNIER**, m. *vanié*. Cestero, el que ce todo género de obra de mimbre.

**VANTAIL**, m. *vantáil*. Hoja de una puerta ó de una ventana que se abre á derecha ó izquierda. El plural es *vantaux*.

**VANTARD, E**, adj. fam. y poco us. *vantár, árd*. Alabancioso, jactancioso, que tiene la costumbre de alabarse. Úsase de ordinario como sustantivo: *faire le vantard, il n'est qu'un vantard, une vantarde*.

**VANTER**, a. *vanté*. Alabar, ensalzar, ponderar el mérito de una persona ó de una cosa. || *Se vanter*, r. Alabarse á sí mismo, jactarse, encarecer su valor, su mérito, etc.

**VANTERIE**, f. fam. *vanterí* (*o* moda). Jactancia, vanagloria.

**VANTEUR**, m. fam. *vanteur*. Jactancioso, vanaglorioso, el que se jacta ó alaba.

**VANTILLER**, a. *vantillé*. Contener el agua por medio de tablones muy ajustados. Tambien se escribe *ventiller*.

**VA-NU-PIEDS**, m. *vanupié*. Sin camisa, persona sumamente miserable. V. VAGABOND.

**VAPEUR**, f. *vapeur*. Vapor, sustancia líquida ó sólida que queda reducida á gas. || Vulgarmente se entiende por vapor el vaho ó humo que se levanta de cuerpos húmedos. || *Bateau à vapeur*, barco de vapor. || *Bain de vapeur*, baño de vapor. || Quím. *Bain de vapeur*, destilacion por medio del vapor del agua caliente. || VAPEURS, pl. Vapores, nombre dado á los flúidos elásticos y á los gases que no son permanentes cuando se reducen á líquidos por medio de la compresion ó la frialdad. || Med. Flato, enfermedad histérica que ataca á varias personas.

**VAPORANT, E**, adj. *vaporán*. Vaporante, que exhala perfumes.

**VAPORATION**, f. *vaporasion*. Vaporacion, accion que ejercen los vapores sobre ciertos cuerpos.

**VAPOREUX, EUSE**, adj. *vaporeu, eus*. Vaporoso, que causa ó echa de sí vapor. || Vaporoso, cubierto de vapores, hablando del cielo ó de la atmósfera. || Med. Flatulento, que es propenso á padecer flato. || Flatulento, que participa de la naturaleza del flato.

**VAPORISATION**, f. *vaporisasión*. Vaporizacion, reduccion á vapor de una sustancia.

**VAPORISER**, a. *vaporisé*. Vaporizar, hacer pasar una sustancia del estado de líquido al de vapor. || *Se vaporiser*, r. Vaporizarse, reducirse á vapor una sustancia.

**VAQUER**, n. *vaqué*. Vacar, estar vacante un empleo, una dignidad, etc. || Estar desocupada una casa ó habitacion. || Vacar, estar en vacaciones algun tribunal de justicia. || *Vaquer à*, estar ocupado en alguna cosa, aplicado ó dedicado á algun ejercicio. || *Vaquer à ses affaires*, ocuparse de ó en sus negocios.

**VAQUETTES**, f. pl. *vaquét*. Vaquetas, pieles de buey curtidas. V. VACHETTE.

**VARAIGNE**, f. *varéñ*. Compuerta, ladron por donde pasa el agua del mar en algunas salinas.

**VARANDER**, a. *varandé*. Pesc. Escurrir y secar los arenques.

**VARANGUE**, f. *varángue*. Mar. Varenga, primera pieza curva que se pone atravesada perpendicularmente de babor á estribor en la quilla para formar la cuaderna.

**VARE**, f. *vár*. Vara, medida española que vale algo ménos de un metro; tiene cuatro cuartas ó tres piés de rey.

**VAREC ó VARECH**, m. *varéc*. Bot. Fuco, género de plantas de la familia de las algas. || Mar. Despojos que arroja el mar sobre la playa. || Nombre dado al buque que se sumerge.

**VARENNE**, f. *varén*. Baldíos que se destinan para pasto, dehesa. || Coto real para la caza.

**VAREUSE**, f. *vareus*. Especie de blusa que llevan los marineros.

**VARIABILITÉ**, f. *variabilité*. Variabilidad, inconstancia, disposicion natural á variar ó cambiar.

**VARIABLE**, adj. *variábl*. Variable, instable, vario, inconstante. || Med. *Pouls variable*, pulso vario, que tan pronto se regulariza como se altera. || Vario, se dice del grado del barómetro que marca un tiempo inconstante, vario, propenso á cambiar: *le baromètre est au variable*.

**VARIANT, E**, adj. *varián*. Vario, inconstante, veleidoso, mudable, hablando de personas.

**VARIANTE**, f. *variánt*. Variante, se dice de las diversas lecciones de un mismo texto. Se usa en plural generalmente. *Les variantes de la Bible*, las variantes de la Biblia.

**VARIATION**, f. *variasión*. Variacion, cambio, accion y efecto de cambiar. || Mar. Variacion, desvío de la direccion de la aguja magnética del verdadero punto del Norte.

**…TITÉ**, f. *vastité*. Vastedad, dilata… …tension, anchura ó grandeza de una…

**…TITUDE**, f. poco us. *vastitúd*. Gran… …nsion: *la vastitude de leurs projets*.

**…ICAN**, m. *vaticán*. Vaticano, pala… …ificio donde reside el papa habitual… || met. Vaticano, la corte de Roma. || …dres du Vatican, las excomuniones …ras que lanza el papa en ciertas oca…

**…ICINATEUR**, m. *vatisinateur*. Vati…, el que vaticina, que predice el por…

**…ICINATION**, f. ant. *vatisinasión*. …io, prediccion de las cosas futuras.

**…ICINER**, a. *vatisiné*. Vaticinar, pre… pronosticar lo que debe suceder.

**…TOUT**, m. *vatú*. El resto, especie de …que se hace en el juego sobre toda la… *faire va-tout, perdre son va-tout*.

…, m. ant. *vó*. Se ha dicho por *vallon*, valle. || *A vau l'eau*, loc. adv. Si… …la corriente del agua. Antiguamente …á val l'eau, como se advierte en la …VAL.

**…CLUSIEN, NE**, adj. y s. *voclusién*, …clusiano, del Vaucluse (Vaucluse), … de un departamento de Francia.

**…-DE-ROUTE (À)**, loc. adv. *avoderút* …). A rota batida, en derrota, hablando …migo que huye.

**…DEVILLE**, m. *vodvil*. Jácara, roman… …cion popular de fácil ejecucion y cu… …verso sobre algun asunto chistoso, …alguna ocurrencia reciente. || Zarzuela, … de drama cómico interpolado de can…

**…DEVILLISTE**, m. *vodvilíst*. Roman… …á que compone canciones chistosas, … y todo lo que se llama *vaudeville*.

**…DOIS, E**, adj. y s. *vodud*, de. Van… …Vaux en Suiza.

**…-L'EAU (À)**, loc. adv. V. VAU.

**…RIEN**, m. *vorién*. Tuno, pillo, hol… vicioso y libertino. En lenguaje mé… …ero, persona que no vale para nada, …del todo inútil.

**…TOU**, m. *votú*. Mar. Especie de bro… …alquitranar.

**…TOUR**, m. *votúr*. Zool. Buitre, ave …ra. || met. Hombre cruel, duro, in…

**…TRAIT**, m. *votré*. Mont. Trea para …del jabalí.

**…TRER (SE)**, r. *votré*. Revolcarse en …. || met. Revolcarse, encenagarse en…

**…VODAT**, m. *vevodá*. Vaivodía, dig… …gobierno de un vaivoda. || Vaivodía, …metido á la autoridad de un vaivoda.

**…VODE** ó **VAÏVODE**, m. *vevód*, *vai…* …ivoda, principal soberano ó goberna… …la Valaquia, de la Moldavia y de otros…

**…BLE**, adj. inus. V. AGRÉABLE.

**…U**, m. *vó*. Zool. Ternero, becerro, …la vaca. || *Veau marin*, buey marino, …cuadrúpedo que vive en el mar. || Ter… …arne de becerro que se vende en la …ría. || Becerro, piel adobada de terne… …de veau, caldo de ternera sin sal. …ad. *Veau fauve*, leonada, epíteto dado … que no se jaspea. || *Noix de veau*, …lla. || Bot. *Pied de veau*, yaro, planta. *Veau, grand veau*, marica, mandria, …. || pruv. *Faire le pied de veau à quel…* …lavar á uno los cascos: adularle con … || *Tuer le veau gras*, echar el bode… …la ventana, tener arroz y gallo …. || met. *Adorer le veau d'or*, adular, …r á alguna persona. || vulg. *Pleurer …un veau*, llorar desmesuradamente.

**…TEUR**, adj. m. *vecteur*. Astr. Vector, …del radio que se tira desde el sol á un …ó de este á un cometa, etc. || Es tam… …de la geometría.

**…ASSE**, f. *vedás*. Quím. Potasa de ce…

**…ILET**, m. *vedlé*. Pastor de novillos.

**…ETTE**, f. *vedét* (e muda). Centinela …lería. || Garita donde se guarecen los …las en tiempo de lluvia ó frio. || *Etre* *en vedette*, estar de centinela. || *Mettre en vedette*, apostar de centinela. || En las cartas, el lugar ó puesto que ocupa el título de la persona á quien se escribe, en medio de la página ántes de la primera línea. El *Monsieur*, equivalente á nuestro Muy señor mio, se escribe *en vedette*.

**VÉGÉTABLE**, adj. *vegetábl*. Vegetable, que vegeta, que puede vegetar.

**VÉGÉTAL**, m. *vegetál*. Vegetal, ser viviente, insensible, que se alimenta de la tierra. || *Les végétaux*, pl. Los vegetales, los árboles y las plantas. || **VÉGÉTAL, E**, adj. Vegetal, que pertenece, que se refiere á los vegetales; que proviene de los vegetales. || *Terre végétale*, tierra vegetal, que es propicia á la vegetacion.

**VÉGÉTALISATION**, f. *vegetalisasión*. Vegetalizacion, conversion, trasformacion en vegetal.

**VÉGÉTANT, E**, adj. *vegetán*. Vegetante, que vegeta, que tiene la propiedad de vegetar.

**VÉGÉTATIF, IVE**, adj. *vegetatíf, ív*. Vegetativo, que hace vegetar, que contribuye á la vegetacion. || Vegetativo, que se encuentra en estado de vegetacion.

**VÉGÉTATION**, f. *vegetasión*. Vegetacion, accion de vegetar.

**VÉGÉTER**, n. *vegeté*. Vegetar, vivir, crecer por un principio interior los árboles y demas seres del reino vegetal. || met. Vegetar, vivir en la inaccion, en la oscuridad, en la miseria, etc.

**VÉHÉMENCE**, f. *veemáns*. Vehemencia, fuerza, impetuosidad. Se dice en sentido moral, hablando de las pasiones, de los deseos, del amor, etc.

**VÉHÉMENT, E**, adj. *veemán*. Vehemente, impetuoso, que obra con ardimiento, con vehemencia. || *Orateur véhément*, orador vehemente, que habla con energía y una elocuencia que convence y arrebata.

**VÉHÉMENTEMENT**, adv. *veemantmán*. For. Vehementemente. Solo se usa en estas locuciones: *être véhémentement suspect, véhémentement soupçonné d'avoir fait telle chose*, haber indicios ó sospechas fundadas, vehementes sospechas contra alguno de haber hecho tal cosa, cometido tal crimen, etc.

**VÉHICULE**, m. *veicúl*. Didáct. Vehículo, lo que sirve para hacer pasar ó conducir una cosa mas fácilmente: *l'air est le véhicule du son*. || Úsase tambien en sentido figurado: *les langues sont le véhicule des sciences*.

**VEILLAME**, m. *velliám*. Bot. Quitameriendas, especie de planta.

**VEILLANT, E**, adj. *vellán*. Vigilante, que vela, que vigila.

**VEILLAQUE**, adj. y s. ant. *velliác*. Bellaco, hombre de mala fe.

**VEILLE**, f. *vell*. Vigilia, vela, privacion del sueño en las horas destinadas para el descanso. || *Chandelle de veille*, bujía de velada, que es bastante larga para durar toda la noche. || Víspera, el dia precedente: *la veille de Pâques, de Noël*. || Vigilia, vela, velada, una de las cuatro partes en que los antiguos dividian la noche. || *Faire la veille des armes*, velar las armas, ceremonia usada por los antiguos caballeros. || met. *Etre à la veille de*, estar en vísperas de, estar á punto de, próximo á. || *Veilles*, pl. met. Vigilias, tareas, hablando de estudios y letras. || met. Desvelos, diligencia y aplicacion del que tiene un cargo.

**VEILLÉE**, f. *vellé*. Velada, vela ó tiempo que emplean los artesanos en trabajar con luz artificial. || Velada, espacio de tiempo que pasan varias personas juntas hasta la hora de acostarse. || Vela, accion de velar un enfermo.

**VEILLER**, n. *vellé*. Velar, abstenerse de dormir en las horas destinadas al descanso. || Estar despierto, no dormir. || met. Velar, tener cuidado, poner su atencion en alguna cosa. || a. Velar, cuidar un enfermo durante la noche. || Velar, pasar la noche en guarda de un difunto. || Vigilar, tener cuidado de alguna cosa, observar la conducta de alguno.

**VEILLEUR**, m. *vellour*. Eclesiástico, religioso que se dedica á velar los muertos de noche.

**VEILLEUSE**, f. *velleus*. Lamparilla lar… se enciende durante la noche para tener l… en una habitacion. || Cama de reposo.

**VEILLOIR**, m. *velluár*. Velador, mesa redonda sobre la cual se pone la luz cuando se trabaja en ciertos oficios mecánicos.

**VEILLOTTE**, f. *vellót*. Montoncillo ó pequeño monton de heno que se forma en los prados.

**VEINE**, f. *vén*. Anat. Vena por la cual la sangre pasa al corazon. || *Ouvrir la veine*, picar la vena, sangrar, hacer una sangría. || met. *Veine poétique*, númen poético, facilidad para componer versos. || *Il est en veine*, está inspirado, en disposicion de hacer cualquier cosa. || Veta de tierra, de metal. || *Veine de houille*, vena, veta de ulla. || *Veine d'eau*, hilo ó venero de agua que corre debajo de tierra. || Veta, vena, rayas ó señales distintas que se perciben en la madera, en la piedra, etc. || *Veines*, pl. Venas, conjunto de los vasos que corresponden al sistema vascular.

**VEINER**, a. *vené*. Vetear, imitar las vetas ó venas que tienen las maderas ó las piedras.

**VEINEUX, EUSE**, adj. *venou, eus*. Venoso, que está lleno de venas, ya sea hablando del cuerpo, ya de la madera, mármol. || Anat. Venoso, que pertenece á las venas, que tiene relacion con ellas.

**VEINULE**, f. dim. de **VEINE**. *venúl*. Anat. Vena pequeña.

**VÉLAR**, m. *velár*. Bot. Irion, jaramago, erisimo, género de plantas.

**VELAUT**, interj. *veló* (e muda). Mont. Especie de interjeccion con que se anima á los perros.

**VELCHE**, m. *vélche*. Nombre de un antiguo pueblo bárbaro. || met. y fam. Vándalo, hombre ignorante, bárbaro, enemigo de las letras y de las artes.

**VELCHERIE**, f. *velcherí*. Vandalismo, barbarie, accion contraria á las leyes.

**VELCOURS**, f. *velcúr*. Especie de gubilete ó cubilete.

**VÊLER**, n. *velé*. Parir las vacas.

**VÉLÈZE**, f. *velés*. Bot. Nombre de cierta planta.

**VÉLIN**, m. *velén*. Vitela, pergamino que se saca de la piel de terneras. || Nombre dado á las blondas de punto de garbeta. || adj. *Papier vélin*, papel vitela ó avitelado, que es muy terso y blanco.

**VÉLITES**, m. pl. *velít*. Vélites, soldados romanos armados á la lijera.

**VELLÉITÉ**, f. *veleité*. Veleidad, voluntad imperfecta ó ineficaz.

**VELLICATION**, f. *velicasión*. Med. Vellicacion, irritacion, movimiento convulsivo de las fibras. || Arrancadura, extraccion, accion de arrancar, de arrastrar, de extraer.

**VÉLOCE**, adj. poco us. *velós*. Veloz, rápido.

**VÉLOCIFÈRE**, m. *velosifér*. Velocífero, nombre dado á un carruaje público sumamente lijero.

**VÉLOCITÉ**, f. *velosité*. Velocidad, lijereza, rapidez en el movimiento.

**VELOURS**, m. *velúr* (e muda). Terciopelo, tejido de seda. || *Velours ras*, rizo. || *Velours en dorure*, terciopelo fondo tisú. || *Velours de coton*, pana. || *Ouvrier en velours*, terciopelero, tejedor de terciopelo. || met. *Marcher sur le velours*, andar sobre alfombras. || met. y fam. *Jouer sur le velours*, jugar ganando. || met. *Faire patte de velours*, ocultar con exterior halagüeño y cariñoso la intencion de dañar. || *Chemin de velours*, camino alfombrado de césped.

**VELOUTÉ, ÉE**, adj. *veluté* (e muda). Afelpado. || *Membrane veloutée de l'estomac*, membrana mucosa del estómago. || *Membrane veloutée des intestins*, membrana mucosa de los intestinos. || *Vin velouté*, vino de buena boca y de buen color. || *Crême veloutée*, especie de crema. || **VELOUTÉ**, m. Cinta de terciopelo.

**VELOUTER**, a. *veluté* (e muda). Afelpar, imitar el terciopelo.

**VELTAGE**, m. *veltáge*. Especie de medicion que se hace con la velte.

**VELTE**, f. *velt*. Velta, medida de líquidos que contiene unas dos azumbres y tres cuartillos. || Instrumento que sirve para aforar las pipas.

**VELTER**, a. *velté*. Medir con la velta.

**VELTEUR**, m. *velteur*. Medidor que mide con velta.

**VELU, E**, adj. *velú* (e muda). Velludo, que tiene mucho vello, que está cubierto de vello. || Bot. Velloso, que tiene cierta pelusilla ó vellosidad.

**VELUE**, f. *velú* (e muda). Mont. Pellejo del testuz del ciervo ó del gamo.

**VELVOTE**, f. *velvót*. Bot. Antirrino espurio, planta.

**VENADE**, m. *venád* (e muda). Zool. Ciervo del Perú.

**VENAISON**, f. *venesón* (e muda). Carne del venado, de jabalí, de ciervo, etc. || Carne de monte ó montesina. || *Être en venaison*, estar en sebo ó gordas las reses monteses, como venados, jabalíes y otras.

**VÉNAL, E**, adj. *venál*. Venal, que se vende ó puede venderse. Se dice principalmente hablando de los empleos que se compran con dinero. || met. Venal, que se deja sobornar con facilidad, que vende su conciencia, sus opiniones. *Âme vénale*, alma venal, alma vil. || pl. m. *Vénaux*.

**VÉNALEMENT**, adv. *venalmán*. Venalmente, de una manera venal; sórdidamente, interesadamente.

**VÉNALITÉ**, f. *venalité*. Venalidad, cualidad de lo que es venal.

**VENANT**, adj. m. *venán* (e muda). Viniente, que viene. No suele usarse sino en la locucion *bien venant*, que crece bien: *enfant bien venant; jeunes arbres bien venants*. || Seguro, que no falta. *Il a cinq mille, dix mille francs, etc., de rente bien venants*, tiene cinco mil francos de renta bien pagados, seguros. Algunos con la Academia francesa escriben *venant* en dichas frases, como si fuese adverbio ó participio presente. || m. Viniente, el que viene, que llega. Se usa principalmente con *allant*; y así se dice: *les rues sont pleines d'allants et de venants*. || *À tout venant*, al primero que venga.

**VENDABLE**, adj. *vandábl*. Vendible, que puede venderse.

**VENDANGE**, f. *vandánge*. Vendimia, recoleccion de la uva para hacer el vino. || prov. *Prêcher sur la vendange*, hablar y charlar con el vaso en la mano sin pensar en beber. || met. y fam. *Faire vendange*, hacer su agosto: tener alguna ganancia de consideracion. || *Vendanges*, pl. Vendimias, tiempo de la recoleccion de la uva.

**VENDANGEOIR**, m. *vandanjuár*. Lagar ó casa donde se deposita la vendimia.

**VENDANGEOIRE**, f. *vandanjuár*. Cuévano, cesto para vendimiar.

**VENDANGER**, a. *vandangé*. Vendimiar, recolectar, coger la uva. || met. Vendimiar, destruir, arruinar, devastar, hablando de toda especie de frutos. *L'orage, la grêle a tout vendangé*, el temporal, la piedra lo ha arrasado todo.

**VENDANGETTE**, f. *vandangét*. Zool. Tordo, especie de ave.

**VENDANGEUR, EUSE**, m. y f. *vandangeur, eus*. Vendimiador, el que vendimia.

**VENDÉEN, NE**, adj. y s. *vandeén, én*. Vendeano, de la Vendé.

**VENDÉMIAIRE**, m. *vandemiér*. Vendimiario, primer mes del calendario republicano frances, que empezaba el 21 ó 22 de setiembre y concluia en 21 de octubre.

**VENDEUR, DERESSE**, m. y f. *vandeur, drés*. Vendedor, vendedora, el que ó la que vende, que ha vendido, relativamente al que adquiere ó compra. El femenino solo se usa en estilo forense.

**VENDEUR, EUSE**, m. y f. *vandeur, eus*. Vendedor, vendedora, el que ó la que hace profesion de vender. || *Vendeur d'orviétan, de mithridate*, charlatan que despacha públicamente alguna droga medicinal. || *Faux vendeur*, estafador, el que pesa ó mide con falta; y tambien, el que vende lo que no es suyo.

**VENDICATION**, f. V. **REVENDICATION** y sus derivados.

**VENDITION**, f. poco us. *vandisión*. For. Venta, accion de vender.

**VENDRE**, a. *vándr*. Vender, ceder la propiedad de una cosa por dinero. || Vender, despachar géneros de comercio. || Vender, hacer traicion. || met. Vender, sacrificar por el dinero una prenda moral, como el honor, la probidad, etc. || *Vendre en gros*, vender por mayor; *vendre en détail*, vender por menor. || *Vendre à prix de revient*, vender sin ganancia. || prov. *Vendre bien ses coquilles*, vender bien sus agujetas, valerse de sus puntadas: vender caro, hacer pagar bien su trabajo, etc. || *À qui vendez-vous vos coquilles? À ceux qui reviennent de Saint-Michel*. ¿A quién viene Vd. con esas? ¿á mí que las vendo? ¿A mi coleto grajea, y no le pasan puñales? || *Se vendre*, r. Venderse, entregarse por dinero. || Venderse, hacerse traicion involuntariamente: *le coupable s'est vendu*. || *Se vendre à un parti*, venderse á un partido, abrazarlo con alguna mira interesada.

**VENDREDI**, m. *vandredí* (e muda). Viérnes, sexto dia de la semana.

**VENÉ, ÉE**, adj. *vené* (e muda). Corrido, hablando de reses. || Manido, si se trata de carnes.

**VÉNÉFICE**, m. ant. *venefís*. For. Veneficio, maleficio, hechizo, especie de envenenamiento en que se cree haber sortilegio.

**VÉNÉFIQUE**, adj. ant. *venefic*. Venéfico, venenoso.

**VENELLE**, f. ant. *venél* (e muda). Callejon. || prov. y met. *Enfiler la venelle*, tomar las de villadiego: huir, escapar.

**VÉNÉNEUX, EUSE**, adj. *veneneu, eus*. Venenoso, que tiene veneno, hablando de las plantas.

**VÉNÉNIFIQUE**, adj. *venenifíc*. Venenífico, ponzoñoso, que produce ó forma el veneno.

**VENER**, a. *vené* (e muda). Correr, cansar las reses ántes de matarlas, para que la carne esté mas tierna. || *Faire vener de la viande*, manir la carne ántes de guisarla, guardándola de un dia para otro.

**VÉNÉRABLE**, adj. *venerábl*. Venerable, que merece veneracion y respeto.

**VÉNÉRABLEMENT**, adv. *venerablemán*. Venerablemente, con veneracion.

**VÉNÉRATION**, f. *veneración*. Veneracion, respeto que se tiene á las cosas sagradas. || Veneracion respetuosa, deferencia que se tiene por ciertas personas.

**VÉNÉRER**, a. *veneré*. Venerar, reverenciar, tener veneracion ó respeto á las cosas santas. || Se dice tambien relativamente á las personas.

**VÉNERIE**, f. *venerí* (e muda). Montería, caza mayor, como de venados, jabalíes, etc. || Montería, se toma por el arte. || Montería, cuerpo de monteros, ojeadores, etc., con lo demas necesario para la caza mayor. || Montería, lugar destinado en palacio para vivir los monteros, ojeadores y demas empleados de esta clase.

**VÉNÉRIEN, NE**, adj. *venerién, én*. Venéreo, que pertenece, que se refiere á Vénus. Solo se dice hablando del acto carnal entre un hombre y una mujer. || *Mal vénérien, maladie vénérienne*, mal venéreo, gálico. Es sinón. de *syphilitique*. || m. Galicoso, el que tiene gálico ó mal venereo.

**VENETTE**, f. vulg. *venét* (e muda). Miedo, pavor, inquietud.

**VENEUR**, m. *veneur* (e muda). Montero, empleado en la casa real que acompaña al rey en la caza. || *Grand veneur*, montero mayor en palacio.

**VENGEANCE**, f. *vanjáns*. Venganza, accion de vengarse. || Venganza, deseo de vengarse. || *Prendre, tirer vengeance de*, vengarse.

**VENGER**, a. *vangé*. Vengar, tomar satisfaccion de un agravio, de una injuria. || *Se venger*, r. Vengarse, tomar venganza de un agravio recibido.

**VENGEUR, ERESSE**, m. y f. *vangeur, rés*. Vengador, el que toma venganza. || adj. *Un Dieu vengeur*, un Dios vengador.

**VENIAT**, m. *veniát*. For. Mandamiento de comparecencia que expide un juez superior á otro subalterno.

[illegible]

ad. || Prov. Bert tanto, no [illegible] con-
un cosa. || Equit. Porter au vent,
rs au vent, despapar un cabe-
cabeza muy levantada. || Le vent
ento se cambia. || Le vent mol-
o amolla, afloja, cede. || Flotter
des vents, andar á merced de los
rov. Jeter la plume au vent, to-
solucion aventurada. || Moulin á
de viento. Instruments á vent,
de viento ó de aire. || Vent
colado, cascillejonado. || Avoir
, tener viento en popa. || Aller
du vent, cerrarse con el viento.
et et marée, ir con viento y ma-
ies. || Aller selon le vent, irse
ente; dícese en ambos sentidos,
gurado. || Mar. Aller tout d'un
même vent, no tener que tocar á
cer un viaje teniendo siempre el
to. = Avoir le vent sur un na-
vent d'un navire, estar á bar-
un buque = L'île était au vent
llamos la isla por la parte de bar-
Être au-dessus du vent, estar á
, sous le vent, á sotavento. =
dessus du vent ó gagner le vent,
rlovento. = Vent d'aval, venda-
to. = Vent grec, gregal, sudoes-
Mediterráneo. = Mettre sous le
enter, ganar el barlovento sobre
= Prendre vent devant, venir al
les des vents, rosa de los vientos,
na. || Com. Donner vent á une
, hacer un oido á un barril para
el aire miéntras se trasiega el vi-
r vent au vin, hacer entrar el
tonel de vino. || met. Tourner á
her veleta, moverse á todos vien-
lée de vent, ventarron, ventolera.
, m. ventáil. Blas. Ventalla,
la visera en la celada.
, f. vant. Venta, enajenacion de
mediante el precio convenido. ||
plaza pública donde se vende. Es
en este sentido. || Venta, el despa-
gücros. || Cuartel, terreno donde
do cierto número de árboles. || Il
ere ventes dans cette forêt, hay
rtas en este monte. || Acheter du
la vente, comprar madera en la
ier, nettoyer les ventes, levantar
adera que se ha cortado. || Jeunes
uevos ó retoños que salen en don-
echo una corta. || Ventes, pl. Cierto
venta que se pagaba al señor di-
ador una tierra ó solar. Les lods
los laudemios. || Tranzones, cuar-
orta en un monte. || Ventes par
ment, entresaca de árboles en un

AU, m. vantó. Maderámen que se
formar una esclusa.
LET, m. dim. de VENT. Vientе-

R, n. impers. vanté. Ventear, ven-
el viento. Il a venté toute la nuit,
che ha hecho viento. || n. Quelque
vente, cualquier viento que su-
, suceda lo que suceda.
UX, EUSE, adj. vantéu, eus.
ominado de los vientos, expuesto
ellos. || Flatulento, ventoso, que
, que hace ventosear.
IER, m. vantié. Tratante que com-
onte ó bosque para cortarlo y ex-
r su madera.
LATEUR, m. ventilateur. Venti-
quina que sirve para renovar el
a habitacion, en una mina, etc.
LATION, f. ventilasión. Ventila-
on de ventilar, de renovar el aire
bitacion. || For. Tasacion, valuacion
ve de algunos bienes y efectos.
LER, a. vantilé. Ventilar, reno-
por cualquier medio. || For. Tasar,
ó varias porciones de un todo
relativamente á su valor total. ||
Discutir un negocio ántes de deli-
re él.
OLIER, m. vantolié. Cetr. Vento-
al viento: se dice del ave de alta-
resiste al viento.
SE, m. vantós. Ventoso, sexto
alendario republicano frances, que

comenzaba el 19 de febrero y concluia en 21 de marzo.

VENTOSITÉ, f. vantosité. Ventosidad, flatulencia, flatos.

VENTOUSE, f. vantúse. Cir. Ventosa, especie de vaso de cristal ó de metal cuya entrada es mas estrecha que el fondo, y que se aplica sobre la piel con objeto de producir una ampolla por medio del fuego, etc. || Ventosa, espiral, abertura que se deja en las cañerías para dar paso al aire por medio de un tubo ó respiradero.

VENTOUSER, a. vantusé. Echar, aplicar ventosas.

VENTRAL, E, adj. vantrál. Ventral, que pertenece al vientre.

VENTRE, m. vántr. Vientre, barriga, la mayor de las tres cavidades del cuerpo, que encierra las principales vísceras. || Nombre de las tres grandes capacidades que contienen las vísceras. Le ventre supérieur, el cerebro; le ventre moyen, el pecho; le ventre inférieur, el abdómen. || Avoir mal au ventre, tener dolor de tripas. || Le petit ventre, el estómago. || Se coucher sur le ventre, echarse boca abajo. || prov. y met. Demander pardon ventre á terre, pedir humildemente perdon. || Cheval qui va ventre á terre, caballo que corre á todo escape. || Être sujet á son ventre, no tener mas Dios que su barriga. || Ce cheval n'a point de ventre, este caballo no tiene barriga. || Cette muraille fait le ventre, esta pared hace panza, bambea. || Le ventre d'une bouteille, la tripa de una botella. || Bas-ventre, empeine. || Ventre de son, robe de velours, vanidad y pobreza todo en una pieza. || Boire et manger á ventre déboutonné, comer y beber como un descosido: comer con exceso. || En lo legal ventre se toma por la madre.

VENTRÉE, f. vantré. Lechigada, ventregada, todos los hijuelos que pare una perra, una gata ú otra clase de animal.

VENTRICOLE, adj. vantricól. Ventrícola, que hace un dios de su vientre, que gusta en extremo de la buena comida.

VENTRICULE, m. vantricúl. Ventrículo, nombre dado á diversas cavidades del cuerpo humano. || Ventrículo, el estómago de los animales rumiantes.

VENTRIÈRE, f. vantriér. Barriguera, cincha de cuero que atraviesa por debajo de la barriga de las caballerías de tiro.

VENTRILOQUE, adj. y s. vantrilóc. Ventrílocuo, que tiene la voz sorda ó cavernosa como si saliese del vientre.

VENTRILOQUIE, f. vantriloquí. Ventriloquía, facultad de hablar con el vientre; arte del ventrílocuo.

VENTRIPOTENT, adj. m. vantripotán. Ventrudo, que tiene mucho vientre.

VENTROSITÉ, f. vantrosité. Med. Desarrollo excesivo del vientre.

VENTROUILLER (SE), r. vantruillé. Revolcarse en el cieno ó lodo.

VENTRU, E, adj. y s. vantrú. Barrigudo, ventrudo, panzudo, panzon, que tiene mucha barriga.

VENU, E, adj. vené (e muda). Venido, llegado. Être nouveau venu, ser recien venido. En esta acepcion tambien se usa como sustantivo: un nouveau venu, une nouvelle venue. || met. Le premier venu, la primera persona que se encuentra, que se presenta, un individuo cualquiera. || Le dernier venu, el último que ha llegado.

VENUE, f. vené (e muda). Venida, llegada, arribo de una persona á cualquier parte. || La venue du Messie, la venida del Mesías, el santo advenimiento. || Allées et venues, idas y venidas. || Il est d'une belle venue, es de buen medro, hablando de un árbol descollado y de buen pié; y tambien se dice de una persona alta y derecha. || fam. Être tout d'une venue, ser todo igual, no tener ni caderas ni espaldas, hablando de una persona.

VÉNUS, m. vénus. Mit. Vénus, madre del amor y diosa de la belleza. || met. C'est une Vénus, es una Vénus, es muy hermosa. || Astr. Vénus, uno de los siete planetas, el mas próximo al sol despues de Mercurio. || Quím. ant. Nombre dado al cobre. || Vitriol de Vénus, sulfato de cobre. || Cristaux de Vénus, acetato de cobre.

VÉNUSTÉ, f. poco us. venusté. Venustidad, belleza, gracia consumada.

VÊPRES, m. ant. vépr. Tarde, [illegible]. Donner, souhaiter le bon vêpre, dar las buenas tardes. V. SOIR. Ya no se usa sino hablando jocosamente.

VÊPRES, f. pl. vépr. Vísperas, parte del oficio divino. || Vêpres siciliennes, vísperas sicilianas, degüello general de los franceses en Sicilia; comenzó al toque de vísperas, el dia de Pascua del año de 1282.

VER, m. vér. Gusano en general, animal generalmente de forma cilíndrica, largo y delgado, sin vértebras ni [illegible]. || Lombriz que se cria en la tierra, ó se engendra en el cuerpo animal. || Polilla que se cria en la ropa. || Carcoma que se cria en la madera. || Gusano que se cria en el queso, frutas, etc. || Coco que se cria en las legumbres y semillas; en los granos es gorgojo. || met. Gusano de la conciencia, el remordimiento. || Ver á soie, gusano de seda. || Ver-coquin, pulgon en las viñas. V. VER-COQUIN. || Ver luisant, luciérnaga. || Ver solitaire, lombriz solitaria. || prov. Tirer les vers du nez á quelqu'un. V. NEZ.

VÉRACITÉ, f. verasité. Veracidad, hábito constante de decir la verdad. || Veracidad, uno de los atributos de Dios, que significa que no puede engañar.

VÉRATRE ó VÉRATRUM, m. verátr, verátrom. Bot. Veratro, [illegible], género de plantas que comprende el eléboro blanco entre las demas especies.

VERBAL, E, adj. verbál. Verbal, que se deriva de un verbo. || Verbal, que se dice de viva voz ó de palabra y no por escrito.

VERBALEMENT, adv. verbalmán. Verbalmente, de palabra, de viva voz.

VERBALISATION, f. verbalisasión. Verbalizacion, accion de verbalizar. V. VERBALISER.

VERBALISER, n. verbalisé. Exponer las razones ó los hechos que deben constituir un juicio verbal. || Formar un juicio verbal. || fam. Charlar, chacharear, hablar mucho inútilmente.

VERBE, m. vérb. Verbo, una de las partes de la oracion gramatical. || Metal de voz de una persona. || Avoir le verbe haut, tener la voz subida; y met., hablar con orgullo, con altanería, alzar el gallo. || Verbo, segunda persona de la Santísima Trinidad.

VERBÉNACÉ, ÉE, adj. verbenasé. Bot. Verbenáceo, que se parece á la verbena. || Verbénacées, f. pl. Verbenáceas, familia de plantas que tiene por tipo la verbena.

VERBÉRATION, f. ant. verberasión. Fís. Verberacion, vibracion del aire que produce el sonido.

VERBEUX, EUSE, adj. verbeu, eus. Verboso, abundante de palabras.

VERBIAGE, m. fam. verbiáge. Presa, chachareria, charla, parlería. || Profusion de palabras inútiles.

VERBIAGER, n. fam. verbiagé. Chacharear, gastar mucha prosa, muchas palabras para decir poca cosa.

VERBIAGEUR, EUSE, m. y f. fam. verbiageur, eus. Chacharero, parlero, el que gasta muchas palabras para decir poca cosa.

VERBOSITÉ, f. verbosité. Verbosidad, locuacidad, profusion de palabras.

VER-COQUIN, m. vercoquén. Nombre vulgar de un gusanillo ú oruga que roe las copas de viña. || Especie de frenesí ó vértigo que se atribuye a la introduccion de cierto gusano en el cerebro. || met. y fam. Capricho, fantasía, rareza de que adolece una persona.

VERD, E, adj. ant. V. VERT.

VERDÂTRE, adj. verdátr. Verdoso, que tira á verde.

VERDÉE, f. verdé. Verdea, vino blanco de Florencia.

VERDELET, TE, adj. dim. de VERT. verdelé, et (e muda). Verdino, verdico, que tiene algo de verde, que sabe á verde. Vin verdelet, vino un poco verde, ácido. || met. y fam. Ce vieillard est encore verdelet, este viejo aun hace pinos, aun tiene vigor.

VERDERIE, f. verderí (e muda). Jurisdicdiccion de aguas y bosques, y la extension de terreno sujeto á la misma.

**VERDET**, m. *verdé*. Verdete, cardenillo, sal de cobre impuro.

**VERDEUR**, f. *verdeur*. Jugo, savia que vivifica los árboles y plantas. || Gusto, sabor verde, ácido que da el vino. || met. Verdor, vigor, lozanía de una persona jóven. || Acritud, aspereza en las palabras.

**VERDICT**, m. *verdíct*. Verdicto, declaracion del jurado.

**VERDIER**, m. *verdié*. Guarda mayor de un bosque de maestrazgo. || Zool. Verderon, pájaro del órden de los jilgueros. || Verdacho, especie de lagarto. || Rubeta ó rana sarsal.

**VERDILLON**, m. *verdillón*. Lengüeta, entre tapiceros.

**VERDIR**, a. *verdír*. Dar de verde, pintar de verde. || n. Verdear, ponerse ó volverse verdes los árboles, las plantas. || Verdear, enverdecerse el cobre, cubrirse de cardenillo.

**VERDON**, m. *verdón*. Zool. Curruca, pájaro.

**VERDOYANT**, E, adj. *verduayán*. Verde, que verdea, hablando de la campiña.

**VERDOYER**, n. *verduayé*. Verdear, ponerse verde, cubrirse el campo de verdura.

**VERDUNOIS**, E, adj. y s. *verdunuá*, *ás*. Verdunense, de Verdun.

**VERDURE**, f. *verdúr*. Verdor, color verde que tienen las yerbas, las plantas y los árboles. || *Un tapis de verdure*, una alfombra de césped || Verdura, plantas que se emplean como condimento ó comestibles.

**VERDURIER**, m. *verdurié*. Regalero, el que está encargado de proveer de legumbres á la casa real.

**VÉRÉCOND**, E, adj. inus. *verecón*, *ónd*. Vergonzoso, púdico. Viene de la palabra latina *verecundus*. || Simple, tímido, tonto.

**VÉRETTE**, f. *verét*. Med. Viruelas locas.

**VÉREUX**, EUSE, adj. *vereu*, *eus*. Cocoso, aguanoso, hablando de las frutas. || met. y fam. Macado, que tiene coco, en que hay gato encerrado, si se trata de asuntos. || prov. *Son cas est véreux*, tiene mala causa.

**VERGADELLE**, f. *vergadél*. Merluza muy dura.

**VERGE**, f. *vérge*. Vara, junco, varita delgada y flexible. || Junco, vara de alguacil. || Vara de ballena que llevan los pertigueros en algunas iglesias. || Pértiga, medida que servia para medir las telas; y tambien para la agrimensura ó para medir las tierras. || Anillo liso que da el novio á la novia al tiempo de desposarse. || Anat. Verga, miembro genital. || met. Férula, dominio, ascendiente, autoridad. || Azote, castigo. || Astil de romana. || *Verge de fer*, verga férrea. || Reloj. *Verge du balancier*, pigote de la rueda. || Bot. *Verge dorée* ó *d'or*, virga áurea, vaso de oro, planta radiada que tiene una espiga de flores amarillas. || *Verges*, pl. Azotes de mimbres, de esparto, etc., para castigar á los muchachos. || met. Azotes, castigos, trabajos que Dios envia. || prov. *Donner des verges pour se faire fouetter*, dar armas á su enemigo. || Mar. *Verge d'ancre*, caña de ancla. || *Verge de girouette*, hierro de grímpola. || *Verge d'hameçon*, caña del anzuelo.

**VERGÉ**, ÉE, adj. *vergé*. Acanillada, dícese de una tela cuando sale con velas por defecto del telar ó del tinte.

**VERGEAGE**, m. *verjáge*. Medicion con la pértiga. || Vareo, modo de medir las telas con vara.

**VERGENCE**, f. *verjáns*. Med. ant. Tendencia de los humores hácia una parte.

**VERGEOISE**, f. *verjuás*. Conf. Azúcar de ciertos jarabes ó conservas.

**VERGER**, a. *vergé*. Medir las telas con una vara particular; medir el terreno con la pértiga. V. VERGE.

**VERGER**, m. *vergé*. Verjel, huerto, jardin de árboles frutales.

**VERGETÉ**, ÉE, adj. *vergeté* (e muda). Vareado, cepillado, limpiado con una escobilla. || Veteado, que tiene rayas ó vetas de diferente color, hablando del cútis. || Blas. Vergetado, dícese del escudo partido en palos angostos.

**VERGETER**, a. *vergeté* (e muda). Varear, sacudir, limpiar la ropa con una vara.

**VERGETIER**, m. *vergetié* (e muda). Plumero, brucero, especie de bastonero que hace y vende bastones, brozas, cepillos, plumeros y otras menudencias.

**VERGETTE**, f. *vergét*. Limpiadera, escobilla para sacudir el polvo de las ropas y muebles. || Aros para estirar las pieles ó parches de los tambores.

**VERGEURE**, f. *verjúr*. Art. Corondeles, hilos de alambre que se ponen en la forma para señalar las venas en el papel al cuajarse la pasta. || Las venas ó rayas que presenta el papel despues de fabricado.

**VERGLACÉ**, ÉE, adj. *verglasé*. Helado, cuajado, cubierto de hielo.

**VERGLACER**, n. impers. *verglasé*. Congelarse la lluvia cuando cae en invierno.

**VERGLAS**, m. *verglá*. Escarcha, hielo, aguanieve, neviza, lluvia que cae helada ó que se congela luego de caida.

**VERGNE**, m. *vérñ*. Nombre antiguo del árbol llamado *aune*, aliso, chopo. V. AUNE.

**VERGOGNE**, f. *vergóñ*. Vergoña (ahora vergüenza). V. HONTE. Se usa poco y solo en lenguaje familiar.

**VERGOGNEUSEMENT**, adv. inus. *vergoñeusmán*. Vergonzosamente, cobardemente.

**VERGOGNEUX**, EUSE, adj. poco us. *vergoñeu*, *eus*. Vergonzoso, tímido. || Casto, reservado.

**VERGUE**, f. *vérgue*. Mar. Verga, todo palo en que se enverga una vela colgándolo y sujetándolo á cualquiera de los de la arboladura. || *Vergue à corne*, cangrejo. || *Ces deux bâtiments sont vergue à vergue*, esos dos buques están acostados, se tocan con las vergas.

**VÉRICLE**, f. *vericl*. Piedra falsa ó contrahecha de cristal, etc.

**VÉRIDICITÉ**, f. *veridisité*. Veracidad, carácter de verdad que domina en una narracion, en un discurso, etc. || Se dice algunas veces por *véracité*.

**VÉRIDIQUE**, adj. *veridic*. Verídico, veraz, sincero, que siempre habla con verdad.

**VÉRIFICATEUR**, m. *verificateur*. Examinador, perito nombrado para comprobar una cuenta, examinar si un escrito es verdadero ó falso, etc.

**VÉRIFICATION**, f. *verificasión*. Verificacion, comprobacion, exámen, accion de comprobar, de examinar.

**VÉRIFIER**, a. *verifié*. Verificar, justificar, probar, hacer ver la exactitud, la verdad de una cosa. || Comprobar, examinar si una cosa es tal cual se ha dicho ó se ha manifestado.

**VÉRIN**, m. *verín*. Mec. Gato, cierta máquina compuesta de un tornillo y una tuerca para levantar cuerpos de gran peso.

**VÉRINE**, f. *verín*. Verina, la mejor clase de tabaco que se fabrica en América, en la provincia de Venezuela. || Mar. Lámpara de cristal que se suspende encima de la aguja para uso del timonel durante la noche.

**VÉRISIMILITUDE**, f. ant. V. VRAISEMBLANCE.

**VÉRITABLE**, adj. *veritábl*. Verdadero, puro, que no es falsificado ni supuesto. || Verdadero, que está conforme con la verdad. || Verdadero, real, efectivo. || Verdadero, bueno, cumplido, como debe ser, excelente en su género: *c'est un véritable chrétien*, *un véritable capitaine*, etc.

**VÉRITABLEMENT**, adv. *veritablmán*. Verdaderamente, en verdad, con toda verdad. || Verdaderamente, realmente, de hecho.

**VÉRITÉ**, f. *verité*. Verdad, cualidad de lo que es realmente; conformidad de la idea con su objeto, de una relacion con un hecho, de lo que se dice con lo que se piensa, etc. || Verdad, máxima que se opone al error, axioma, principio cierto. || Verdad, sinceridad, buena fe. || fam. *Dire à quelqu'un ses vérités*, decir á uno las cuatro verdades del barquero: echarle en cara francamente sus faltas, sus defectos. || *En vérité*, loc. adv. En verdad, ciertamente. || *A la vérité*, verdad es que, es verdad que... *A la vé-*

[illegible] carcoma, polvo que hace el animal [illegible] se introduce en la madera, etc.

[illegible], m. vernadó. Vino con ajen-[illegible]

[VER]NACULAIRE, adj. vernaculér. Ver-[illegible], que es del país.

[VER]NAL, E, adj. vernál. Vernal, que [illegible] á la primavera.

[VER]NATION, f. vernasión. Bot. Verna-[illegible] disposicion de las hojas en un capullo [illegible] abrirse.

[VER]NE, f. vérn. Bot. Aliso, árbol. V. [illegible]

[VER]NIR, a. vernír. Barnizar, dar bar-[illegible]

[VER]NIS, m. verní. Barniz, especie de lí-[illegible] que se emplea para dar un gran brillo [illegible] superficie ó para preservar de la hu-[illegible] || Barniz, goma de enebro. || Barniz, [illegible] que usan los alfareros. *Vernis de la* [illegible] charol. || met. Barniz, brillo aparente [illegible] una falta, un defecto.

[VER]NISSAGE, m. vernisage. Barnizado, [illegible] de barnizar.

[VER]NISSÉ, ÉE, adj. vernisé. Barnizado. [illegible] [charo]lado. || Vidriado.

[VER]NISSER, a. vernisé. Barnizar, dar [illegible] || Charolar, dar charol. || Vidriar, em-[illegible], dar barniz á la loza.

[VER]NISSEUR, m. vernisseur. Barniza-[illegible] que barniza. || Charolista, el que hace [illegible] el charol. || El trabajador que da el vi-[illegible] á la loza.

[VER]NISSIER, m. vernisié. Bot. Vernis [illegible], árbol de la China, de cuyo jugo [illegible] charol.

[VER]NISSURE, f. vernisúr. Embarniza-[illegible] embarnizado, encharolado, accion y [illegible] de barnizar ó de charolar.

[VER]NONIE, f. vernoní. Bot. Vernonia, [illegible] de la América meridional.

[VÉR]OLE, f. veról. Viruela. Dicho abso-[illegible] vérole ó *grosse vérole*, y vulgar-[illegible] mal napolitain ó *mal de Naples*, se [illegible] bubas, mal venéreo ó especie de [enferm]edad sifilítica; y si se dice *petite vé-[role]*, viruelas, enfermedad cutánea. V. [illegible] || *Petite vérole volante*, viruelas [illegible] || *Grain de petite vérole*, viruela ó [illegible] de viruela. || *Marqué de petite vérole*, [illegible], picado de viruelas. || *Creusé de [petite] vérole*, hoyoso de viruelas.

[VÉR]OLÉ, ÉE, adj. y s. verolé. Buboso, [illegible], que tiene gálico.

[VÉR]OLIQUE, adj. verolic. Sifilítico, gáli-[illegible] venéreo, perteneciente á una especie [illegible] llamada verrugas.

[VÉR]ON, m. verón. Zool. Vario, pez de [illegible] VAIRON.

[VÉR]ONICÉ, ÉE, adj. veronisé. Bot. Ve-[illegible], parecido á la verónica.

[VÉR]ONIQUE, f. veronic. Bot. Verónica ó [illegible], género de plantas. || *Véronique fe-[melle]* V. VELVOTE. || Liturg. Verónica, la [illegible]; ó sea el lienzo con que una santa [illegible] de Jerusalen limpió el sudor del ros-[tro de] Jesucristo, y en que quedó impresa la [faz del] Salvador.

[VER]OTER, n. verotė. Rebuscar gusanos [para] pesca.

[VER]OTIER, m. verotié. El que busca gusanos para pescar.

[VER]OTIS, m. verotí. Cebo de lombrices [para] pesca.

[VER]RAILLE, f. verráll. Vidrio viejo; y [illegible], cristalería, objetos ó cosas peque-[illegible] de vidrio ó cristal.

[VER]RAT, m. verrá. Zool. Verraco, mar-[illegible], que no está castrado. || vulg. [illegible] comme un verrat, echa espumara-[jos por] la boca, está muy colérico; y vulgar-[mente] hablando, está emberrenchinado.

[VER]RE, m. vérr. Vidrio, cuerpo traspa-[rente] y frágil. || Vaso de cristal para beber; [illegible], lo contenido dentro de él. *Un [verre d'] eau*, un vaso de agua. || Fanal, es-[illegible] cilindro de cristal para cubrir flo-[res,] relojes. || *Verre de lunette*, lente. || [illegible] *piccolon*, vidrio ordinario para obje-[tos de] poco precio. || *Petit verre*, copa. || Fís. [*Verre a*]*rdent*, vidrio ustorio, cristal con-[illegible] || *Châssis de verre*, vidriera. || *Verre dormant*, *châssis à verre dormant*, ó solo un dormant, cristal ó vidrio inmóbil que está colocado en una vidriera fija. || fam. *Choquer le verre*, trincar con los vasos, tocar unos con otros, en signo de buena amistad. || vulg. *Entre les verres et les pots*, estando en medio de la comida. || prov. *Qui casse les verres les paie*, quien rompe paga.

VERRÉE, f. poco us. verré Vaso lleno de algun líquido, lo que está contenido dentro de un vaso.

VERRERIE, f. verrerí (e muda). Horno, fábrica de vidrio ó de cristal. || Cristalería, arte de trabajar el vidrio. || Cristalería, toda especie de cosas de vidrio ó cristal.

VERRIER, m. verrié. Vidriero, el que trabaja el vidrio. || Vasero, vidriero, el que vende toda clase de obras de vidrio y de cristal. || Vasera, utensilio donde se colocan los vasos y las botellas. || adj. *Peintre verrier*, el que pinta en obras de cristalería.

VERRIÈRE, f. verriér. Vasera, especie de cubeta llena de agua donde se meten los vasos. || ant. Vidrio, cristal que se pone delante de una pintura, estampa, relicario, etc. Se dice tambien *verrine*.

VERRILLON, m. verrillón. Mús. Solitario, instrumento músico compuesto de laminitas de vidrio.

VERRIN, m. verrén Gruesa rosca de madera.

VERRINE, f. V. VERRIÈRE.

VERROT, m. V. VERROTERIE.

VERROTERIE, f. verroterí (e muda). Bujerías de vidrio, como cuentas, abalorios, etc.

VERROU, m. verru Cerrojo, aldaba, pieza de hierro para asegurar una puerta. || *Tenir quelqu'un sous les verrous*, tener á uno encerrado. || *Etre sous les verrous*, estar en chirona, preso. || fam. *Tirer les verrous sur soi*, echar la aldaba tras sí: encerrarse, quedarse solo.

VERROUILLER, a. verrullé. Echar el cerrojo ó la aldaba á una puerta, cerrar con cerrojo. || *Se verrouiller*, r. Encerrarse echando el cerrojo ó la aldaba.

VERRUCAIRE, f. verruquér. Bot. Verruguera, planta de la familia de las algas.

VERRUCULEUX, EUSE, adj. verruculeu, eus. Hist. nat. Verruculoso, que tiene pequeñas verrugas.

VERRUE, f. verrú. Med. Verruga, especie de tumorcillo.

VERRUQUEUX, EUSE, adj. verruqueu, eus. Verrugoso, que tiene verrugas; que es de la naturaleza de las verrugas.

VERS, m. vér. Verso, metro, combinacion de palabras sujetas en su número y cadencia á reglas determinadas. || prov. iron. *Faire des vers à la louange de quelqu'un*, hablar mal de uno, criticarle. || VERS, prep. Hácia, con direccion á alguna parte. *Vers l'Orient*, hácia el Oriente. *Vers la frontière*, hácia la frontera. || Es tambien prep. de tiempo. *Vers les quatre heures*, á eso de las cuatro. *Vers la fin du règne de Louis XIV*, hácia el fin del reinado de Luis XIV.

VERSADE, f. versád. Vuelco, accion de volcar un carruaje.

VERSAL, E, adj. ant. versál. Concerniente á los versos. || *Lettres versales*, las letras mayúsculas, como las que empiezan los versos.

VERSANT, m. versán. Vertiente, bajada, caida, descenso de una cadena de montañas, de un cerro, etc.

VERSANT, E, adj. versán. Volcable, sujeto, expuesto á volcar, hablando de carruajes.

VERSATILE, adj. versatíl. Versátil, voluble, variable, que cambia con facilidad. || *Esprit versatile*, genio voleidoso.

VERSATILITÉ, f. versatilité. Versatilidad, volubilidad, cualidad de lo que es voluble.

VERSE (À), loc. adv. avérs. Á chaparrones, á cántaros. Solo se usa en esta locucion: *pleuvoir à verse*, llover á cántaros, esto es, con abundancia.

VERSE, adj. m. vérs. Geom. *Sinus verse d'un angle*, seno verso de un ángulo, la parte del radio del círculo comprendida entre el arco y el pié del seno.

VERSÉ, ÉE, adj. versé. Volcado. || Vertido, derramado. || Versado, práctico, ejercitado en una materia ó cosa; ducho, avezado, amaestrado en los negocios.

VERSEAU, m. versó. Astr. Acuario, undécimo signo del zodíaco.

VERSEMENT, m. versmán. Entrega de dinero en una caja ó depósito. *Faire un versement*, hacer una entrega de dinero.

VERSER, a. versé. Verter, derramar, vaciar un líquido de una vasija en otra. || Verter, echar granos, harinas, etc. || Echar de beber, poner vino, agua, licor en algun vaso. || Verter, derramar lágrimas, la sangre, etc. || Entregar, depositar, hacer una entrega de dinero. || n. Volcar, dar un vuelco un carruaje. || Acostarse, encamarse, tenderse, echarse los sembrados á efecto del agua ó del viento. En estas dos últimas acepciones tambien se usa como activo: *ce cocher versa sa voiture, nous a versés; l'orage, les vents ont versé les blés.*

VERSET, m. versé. Versículo: dícese hablando de los capítulos de la Biblia y del rezo del oficio divino.

VERSEUR, m. verseur. Volcador, el que vuelca, hablando de carreteros.

VERSICULE ó VERSICULET, m. versicúl, versiculé. Copla, especie de versos de poco gusto. Es fam. y poco usado.

VERSIFICAILLEUR, m. irón. versificailleur. Coplero, mal poeta, que no versifica bien.

VERSIFICATEUR, m. versificateur. Versificador, versista, el que hace versos.

VERSIFICATION, f. versificasión. Versificacion, arte, modo de hacer versos. || Arte que enseña las reglas de hacer bien los versos.

VERSIFIER, a. versifié. Versificar, hacer, componer versos.

VERSION, f. versión. Version, traduccion de un idioma á otro. || Version, traduccion que hacen los estudiantes en las escuelas. || Version, modo de relatar, de referir un hecho.

VERSO, m. vérso. Vuelta, verso, dorso, segunda cara en una hoja de un libro, de un escrito.

VERSOIR, m. versuár. Orejera del arado.

VERT, E, adj. vér, ért. Verde, que es del color de las yerbas, de las hojas de los árboles. || Verde, no maduro, sin sazon. || Verde, que aun tiene jugo, hablando de los vegetales. || met. Verde, lozano, que tiene el vigor, la arrogancia juvenil. *Cet homme est encore vert*, aun está verde este hombre, todavía tiene vigor. || *Pierres vertes*, piedras recien sacadas de la cantera. || *Cuir vert*, piel sin adobar. || *Morue verte*, bacalao adobado. || *Vin vert*, vino verde, que no está bien cocido. || met. y fam. *La verte jeunesse*, los primeros verdores de la juventud. || *Verte vieillesse*, vejez robusta, sin achaques. || *Avoir la tête verte*, tener los cascos á la jineta. || *Une verte réprimande*, una reprension agria, dura. *Une réponse bien verte*, una respuesta ó contestacion muy seca, muy dura. || VERT, m. Verde, el color verde. || Verde, el de las plantas y campos. || El sabor á verde del vino. || Verde, alcacer, forraje que se da á las caballerías. || *Vert-gai*, verdegay. || *Vert-brun*, verde oscuro. || *Vert-de-pré*, verde claro. || *Vert-de-gris*, cardenillo, verdete. || *Vert-de-terre*, atincar, bórax. || met. *Prendre quelqu'un sans vert*, coger á uno sin iglesia, esto es, desprevenido. || prov. y met. *Employer le vert et le sec*, emplear toda especie de medios para conseguir alguna cosa.

VERTÉBRAL, E, adj. vertebrál. Anat. Vertebral, que pertenece, que tiene relacion con las vértebras.

VERTÈBRE, f. vertébr. Anat. Vértebra cada uno de los huesos que forman la columna vertebral.

VERTÉBRÉ, ÉE, adj. vertebré. Zool. Vertebrado, se dice de los animales que tienen vértebras.

VERTÉBRITE, f. vertebrít. Vertebrita, vértebra fósil.

VERTELLE, f. vertél. Compuerta para cerrar el canal por donde entra el agua en las salinas.

VERTEMENT, adv. vertmán. Crudamente, reciamente, con fuerza, con brío.

**VERTENELLES** ó **VERTEVELLES**, f. pl. *vertenél*, *vertevél* (e muda). Mar. Bisagras que sostienen el timon ó una compuerta.

**VERTERELLES**, f. pl. *verterél* (e muda). Mar. V. VERTENELLES. || Art. Hembras que sostienen un cerrojo.

**VERTEX**, m. *vertécs*. Anat. Vértice, la parte mas elevada de la cabeza. V. SINCIPUT.

**VERTICAL, E**, adj. *verticál*. Vertical, que está perpendicular al horizonte.

**VERTICALEMENT**, adv. *verticalmán*. Verticalmente, de un modo vertical.

**VERTICALITÉ**, f. *verticalité*. Verticalidad, estado de un cuerpo vertical colocado perpendicularmente al horizonte.

**VERTICILLÉ, ÉE**, adj. *vertisilé*. Bot. Verticíleo, verticilado, anulo[illegible], que forma verticilos ó anillos al rededor de su tallo.

**VERTICILLE**, m. *vertisíl*. Bot. Verticilo, anillo que forman ciertas flores ó hojas en torno de un tallo ó pedúnculo comun.

**VERTICITÉ**, f. *vertisité*. Fís. Verticidad, propiedad de un cuerpo que se inclina á un lado naturalmente. || Verticidad, tendencia del iman hácia el Norte.

**VERTIGE**, m. *vertíge*. Med. Vértigo, vahido, estado de la cabeza en que parece que todo gira al rededor. || Vértigo, desvarío, extravío de la razon.

**VERTIGINEUX, EUSE**, adj. poco us. *vertiginéu*, *eus*. Vertiginoso, que padece vértigos ó vahidos, que es propenso á sufrir esta enfermedad.

**VERTIGO**, m. *vertígo*. Vet. Vértigo, vena, especie de locura ó vahidos de cabeza que padecen los caballos. || met. y fam. Manía, locura, arrebato de una persona caprichosa.

**VERTIQUEUX, EUSE**, adj. poco us. *vertiquéu*, *eus*. Vertigoso, que va dando vueltas.

**VERTU**, f. *vertú*. Virtud. Tiene en ambas lenguas las mismas significaciones. || Virtud, cualidad de una cosa que puede producir cierto efecto. || *Les vertus des plantes*, las virtudes de las plantas. || prov. *Faire de nécessité vertu*, hacer de tripas corazon. || *En vertu de*, loc. prep. En virtud, en fuerza de... || *Vertus*, pl. Virtudes, quinto coro de los espíritus celestiales.

**VERTUEUSEMENT**, adv. *vertueusmán*. Virtuosamente, de una manera virtuosa.

**VERTUEUX, EUSE**, adj. *vertuéu*, *eus*. Virtuoso, que practica la virtud. || Virtuoso, que es inspirado por la virtud.

**VERTUGADIER, ÈRE**, m. y f. *vertugadié*, *ér*. Artesano que hace polisones ó almohadillas para las señoritas.

**VERTUGADIN**, m. *vertugadén*. Almohadilla ó polison que llevaban las mujeres al rededor de la cintura para sostener el zagalejo ó aumentar el bulto de las caderas. || Jard. Anfiteatro hecho de céspedes.

**VERVE**, f. *vérv*. Númen, fuerza de imaginacion que entusiasma al poeta, al orador, al artista en la composicion de una obra. || fam. Capricho, humor, fantasía de una persona.

**VERVEINE**, f. *vervén*. Bot. Verbena, género de plantas dicotiledóneas, entre cuyas especies se distingue la verbena oficinal. La virtud que se le atribuia antiguamente le valió el nombre de *herbe à tous les maux*, yerba para todos los males.

**VERVELLE**, f. *vervél*. Cetr. Anillo de la pihuela donde se graban las armas ó las iniciales del dueño.

**VERVEUX**, m. *vervéu*. Garlito, red en forma de nasa para pescar en los rios. || Cuévano, cesto en que se echa la fruta.

**VÉSANIE**, f. *vesaní*. Med. Vesania, enajenacion mental.

**VESCE**, f. *vés*. Bot. Algarroba, arveja, planta de la familia de las leguminosas. || Algarroba, semilla de la misma planta.

**VESCERON**, m. *vesrón*. Bot. Alverja, alfica, planta.

**VÉSICAIRE**, f. *vesiquér*. Bot. Vesicaria, género de plantas.

**VÉSICAL, E**, adj. *vesicál*. Anat. Vejigal, que pertenece á la vejiga.

**VÉSICANT, E**, adj. Med. Véase VÉSICA-

**VÉSICATION**, f. *vesicasión*. Med. Vejigacion, formacion de vejigas á efecto de una cantárida. || Accion ó efecto de los vejigatorios.

**VÉSICATOIRE**, m. *vesicatuár*. Med. Vejigatorio, emplasto ó parche de cantáridas ú otra cosa que se pone para levantar vejigas. || Vejigatorio, llaga que hace un vejigatorio. || adj. Vejigatorio, dícese de los indicados emplastos ó medicamentos exteriores.

**VÉSICULAIRE**, adj. *vesiculér*. Vesicular, que tiene vejiguillas pequeñas.

**VÉSICULE**, f. *vesicúl*. Anat. Vejiguilla ó zurron membranoso semejante á la vejiga de la hiel, etc.

**VÉSICULEUX, EUSE**, adj. *vesiculéu*, *eus*. Avejigado, que forma á manera de vejigas.

**VESOU**, m. *vesú* (e muda). Jugo que sale al exprimir la caña dulce.

**VESPASIENNE**, f. *vespasién*. Especie de letrina ambulante. || En el dia, meadero en forma de garita como los hay en Paris.

**VESPÉRAL, E**, adj. *vesperál*. Astr. Vespertino, relativo á la tarde. || VESPÉRAL, m. Liturg. Libro de vísperas, especie de breviario.

**VESPÉRIE**, f. *vesperí*. La última tésis que sostenia un licenciado en teología ó en medicina ántes de recibirse de doctor. || met. y fam. poco us. Repasata, reprimenda, carda ó reprension.

**VESPÉRISER**, a. ant. *vesperisé*. Dar una carda ó repasata, reprender á uno.

**VESPERTILION**, m. *vespertilión*. Zool. Murciélago.

**VESPÉTRO**, m. *vespétro*. Especie de ratafía que se emplea como estomacal y carminativo.

**VESSE**, f. *vés*. Zullon, follon, pedo sin ruido. || Bot. *Vesse-loup* ó *vesse-de-loup*, pedo de lobo ó licoperdon, especie de planta ú hongo, que se llama tambien bejin.

**VESSER**, n. *vesé*. Zullarse, follarse, peer sin hacer ruido.

**VESSEUR, EUSE**, m. y f. *vesear*, *eus*. Zullon, follon, el que se pee sin hacer ruido.

**VESSIE**, f. *vesí*. Vejiga, receptáculo que sirve para contener la orina. || Vejiga, especie de ampolla que se levanta en la piel.

**VESSIGON**, m. *vesigón*. Vet. Alifafe que les sale á los caballos en los corvejones.

**VESTA**, f. *vésta*. Mit. Vesta, hija de Saturno y de Rea, mujer de Jano, númen de la pureza y del fuego elemental. || Astr. Vesta, planeta muy pequeño, descubierto en 1807 por Olbers.

**VESTALE**, f. *vestál*. Vestal, nombre dado por los Romanos á las vírgenes que se consagraban á Vesta. || met. Vestal, mujer de una pureza ejemplar.

**VESTE**, f. *vést*. Chupa, pieza de vestido que se usaba en lugar de chaleco. || Chaqueta ó casaquilla que se usa actualmente.

**VESTIAIRE**, m. *vestiér*. Vestuario, especie de guardaropa donde se encierran los vestidos de una comunidad religiosa. || Gasto que se hace en el vestuario de los religiosos y de las religiosas; dinero que se les da con este objeto.

**VESTIBULAIRE**, adj. *vestibulér*. Anat. Vestibular, que pertenece al vestíbulo del oido.

**VESTIBULE**, m. *vestíbúl*. Vestíbulo, entrada, portal, pórtico de un edificio. || Anat. Vestíbulo, cavidad que se encuentra entre la caja del tambor y el conducto auditivo interno.

**VESTIGE**, m. *vestíge*. Vestigio, huella, señal que deja un hombre al pasar por alguna parte. || Pista, rastro que hace un animal marchando. || met. Pisada, huella, ejemplo que se sigue imitando á otro. || Vestigio, rastro, indicio, señal que queda de alguna cosa que desapareció. || Úsase regularmente en plural.

**VESTIMENTAL, E**, adj. poco us. *vestimantal*. Didáct. Vestimental, que concierne á los vestidos. || *Essence vestimentale*, esencia propia para quitar las manchas de los vestidos.

**VÊTEMENT**, m. *vetmán*. Vestido, vesti-

dura, ropa, [illegible] el cuerpo.

**VÉTÉRAN**, m. [illegible] los Romanos el [illegible] ber servido [illegible] y al premio de [illegible] Francia es el soldado [illegible] cierto tiempo de [illegible] en algun cuerpo [illegible] decia por jubilado, [illegible] bre á los magistrados, [illegible] los colegios se llama [illegible] estudiar el mismo año [illegible] tórica.

**VÉTÉRANCE**, f. [illegible] retiro que disfruta [illegible] nuevas anejas á su [illegible] térance, cédula de [illegible]

**VÉTÉRINAIRE**, [illegible] nario, que pertenece [illegible] de curar los animales. [illegible] béitar, herrador, [illegible] terinaria.

**VÉTILLARD, E**, m. [illegible]

**VÉTILLE**, f. *vetíl*. [illegible] cosa de poca importancia. [illegible] especie de máquina [illegible] por donde pasa el hilo. [illegible] retilla, busca-pié, [illegible]

**VÉTILLER**, n. *vetillé*. [illegible] tiempo en bagatelas [illegible] rias. || Disputar sobre [illegible] sas que no merecen la pena.

**VÉTILLEUR, EUSE**, [illegible] eus. El que se detiene [illegible] taratas, el que para la [illegible] nas insignificantes.

**VÉTILLEUX, EUSE**, [illegible] Minucioso, meticuloso [illegible] que exigen mucho cuidado [illegible] || Dícese tambien [illegible] mismo sentido que [illegible]

**VÊTIR**, a. *vetír*. [illegible] que alguno se vista. || [illegible] nifica, á mas de vestir, [illegible] vestido de corte á un [illegible] ponerse un vestido. || [illegible] ponerse los vestidos.

**VETO**, m. *véto*. Antig. [illegible] empleaban los tribunos [illegible] nores á los decretos del [illegible] Inglaterra tiene tambien [illegible] esto es, de oponerse á la [illegible] adoptada por las cámaras. [illegible]

**VÊTU, E**, adj. *vetú*. [illegible] *est bien vêtu* [illegible] senta muy cubierta la [illegible] hojas. || Blas. Vestido, [illegible] ocupado con una [illegible]

**VÊTURE**, f. *vetúr*. [illegible] blando de religiosas. [illegible] *d'habit*. || Hongo, [illegible]

**VÉTUSTÉ**, f. [illegible] antigüedad de una cosa [illegible] perece con el decurso del [illegible]

**VEUF, VEUVE**, adj. [illegible] da, que ha perdido su [illegible] vuelto á casar. || [illegible] *veuf*, *une veuve*. El [illegible] mas que el masculino.

**VEULE**, adj. ant. [illegible] sin fuerza ni firmeza. || [illegible] ble, hablando de tierras [illegible] tante lozanía, si no habla [illegible] árboles. || Com. [illegible] jos, flacos, que han sido [illegible]

**VEUVAGE**, m. [illegible] de una persona viuda.

**VEXATEUR, TRICE**, [illegible] *tris*. Agraviante, que [illegible] causa vejaciones.

**VEXATION**, f. [illegible] vio, hostigamiento.

**VEXATOIRE**, adj. [illegible] perjudicial, gravoso, [illegible]

**VEXER**, a. *vecsé*. [illegible] molestar, oprimir, [illegible] [illegible]

**VEXILLAIRE**, m. [illegible] dario. || adj. [illegible] bandera ó [illegible] *laires*, [illegible]

**ABILITÉ**, f. *viabilité*. Med. Viabil- ... estado del feto cuando da indicios de posibilidad de vivir.

**ABLE**, adj. *viábl*. Med. Viable, que ... vivir. ‖ Transitable, hablando de un ... *Non viable*, intransitable. No se ... esta acepcion.

**ADUC**, m. *viadúc*. Viaducto, especie ... puente ó construccion formada de arcos ... sostienen un trozo de camino.

**AGÈREMENT**, adv. ant. *viagermán*. ... su vida.

**AGER, ÈRE**, adj. *viagé, ér*. Vitalicio, ... vida, de por vida, hablando de una ... ó renta. ‖ Es tambien sustantivo, y ... los bienes que uno puede disfrutar ... su vida, sin que pueda dejarlos á ... herederos : *n'avoir que du viager*.

**ALES**, m. pl. *viál*. Mit. Viales, divi- ... que los antiguos consideraban como ... de los caminos.

**ANDE**, f. *viánd*. Carne de los animales ... que se matan para servir de sus- ... al hombre, esté ó no guisada. ‖ *Grosse* ... ó *viande de boucherie*, carne de car- ... el carnero, la vaca y la ternera. ‖ ... *viande*, las aves, la caza. ‖ *Viande* ... *hasardée*, carne manida, carne ... á podrirse ó que se echa á per- ... *Viande blanche*, carne de aves, de ... de ternera, etc. ‖ *Viande noire*, car- ... la de liebre, jabalí, becada, ... met. y fam. *Viande creuse*, golosinas, ... apetitillos; y met., quimera, es- ... vanas y mal fundadas. ‖ Deseo vehe- ... de hacer alguna cosa, segun aparece ... evangelio.

**ANDER**, n. *viandé*. Mont. Pacer, co- ... los ciervos y los gamos.

**ANDIS**, m. *viandí*. Mont. Pastura, co- ... de las fieras.

**ATIQUE**, m. *viatíc*. Viático, provi- ... dinero que se da á alguno para un ... anticuado, y solo se decia entre re- ... ‖ Viático, el Sacramento de la Euca- ... que se administra á un enfermo cuan- ... en peligro de muerte.

**BORD**, m. *vibór*. Mar. Antepecho, ... de obra muerta superior á la última ...

**BRANT, E**, adj. *vibrán*. Vibrante, que ... que produce vibraciones.

**BRATILE**, adj. *vibratil*. Vibrátil, que ... ó es susceptible de vibrar.

**BRATILITÉ**, f. *vibratilité*. Vibratili- ... cualidad de las cosas vibrátiles, facul- ... producir vibraciones.

**BRATION**, f. *vibrasión*. Vibracion, ... oscilatorio que hace un cuerpo ... en el aire, una luz agitada por el ... ó una cuerda á efectos de la percu- ...

**BRATOIRE**, adj. *vibratuár*. Vibrato- ... concerniente á la vibracion, que vibra.

**BRER**, a. *vibré*. Vibrar, producir vi- ...

**BREUX, EUSE**, adj. *vibreu, eus*. Se ... por *pénétrant*. *Voix vibreuse*, voz vi- ... que vibra.

**CAIRE**, m. *viquér*. Vicario, el que re- ... á un superior en ciertos casos. ‖ ... teniente, el que sustituye al cura ... ó ejerce bajo sus órdenes las funcio- ... eclesiásticas. *Le grand-vicaire, le vi-* ... *général d'un évêque*, el vicario gene- ... provisor de un obispo. ‖ *Le vicaire de* ... *Christ*, el vicario de Jesucristo, el ...

**CAIRIE**, f. *viquerí*. Vicaria, dignidad, ... funciones de un vicario en una parroquia. ... que está servido por un vicario per- ...

**CARIAL, E**, adj. *vicariál*. Vicarial, ... perteneciente al vicario ó á la vicaría.

**CARIAT**, m. *vicariá*. Vicariato, fun- ... anejas á la vicaría; tiempo de su du- ... territorio sometido á la autoridad de ... vicario.

**CARIER**, n. *vicarié*. Ejercer las fun- ... de vicario en una parroquia. ‖ met. y ... Ocupar un empleo subalterno.

**CE**, m. *vis*. Vicio, defecto, falta, im- ... ‖ Vicio, inclinacion al mal. ‖ Vi- cio, libertinaje, desórden, abandono, des- arreglo de costumbres.

**VICE-AMIRAL**, m. *visamirál*. Mar. Vi- ce-almirante, jefe ó cabo principal que man- da en lugar del almirante.

**VICE-AMIRAUTÉ**, f. *visamiroté*. Vice- almirantazgo, empleo, cargo del vice-al- mirante.

**VICE-BAILLI**, m. *visbaïí*. Vicebaile ó vicebailío, juez criminal que entendia en ciertos casos correspondientes al preboste en Francia.

**VICE-CHANCELIER**, m. *vischanselié* (e muda). Vice-canciller, dignatario que reemplaza al canciller en el ejercicio de sus funciones.

**VICE-CONSUL**, m. *visconsúl*. Vice-cón- sul, el que reemplaza al cónsul en el ejerci- cio de sus funciones.

**VICE-CONSULAT**, m. *visconsulá*. Vice- consulado, empleo del vice-cónsul.

**VICE-GÉRANT**, m. *visgerán*. Sub-inter- ventor ó sub-administrador, el que represen- ta al administrador principal en caso de au- sencia.

**VICE-GÉRENT**, m. *visgerán*. Teniente de vicario general ó de provisor.

**VICE-LÉGAT**, m. *vislegá*. Vice-legado, prelado establecido por el papa para ejercer las funciones del legado apostólico interina- mente.

**VICE-LÉGATION**, f. *vislegasión*. Vice- legacion, dignidad, cargo de un vice-legado.

**VICENNAL, E**, adj. *visennál*. Vicenal, que dura veinte años, que sucede cada vein- te años.

**VICE-PRÉSIDENCE**, f. *vispresidáns*. Vi- ce-presidencia, atribuciones, cargo, digni- dad de un vice-presidente.

**VICE-PRÉSIDENT**, m. *vispresidán*. Vi- ce-presidente, el que ocupa el lugar del pre- sidente en su ausencia.

**VICE-REINE**, f. *visrén* Vireina, mujer, esposa del virey.

**VICE-ROI**, m. *visruá*. Virey, goberna- dor de un Estado con autoridad real.

**VICE-ROYAUTÉ**, f. *visruayoté*. Virei- nato, dignidad, autoridad de un virey. ‖ Vi- reinato, terreno sometido á la autoridad de un virey.

**VICE-SÉNÉCHAL**, m. *vis-senechál*. Vice- senescal, juez que servia de preboste de los mariscales en Francia.

**VICE VERSA**, *visevérsa*. Vice versa, pa- labras latinas que significan al reves, al contrario.

**VICIABLE**, adj. *visiábl*. Corruptible, que puede corromperse y viciarse.

**VICIER**, a. *visié*. Viciar, corromper, al- terar, echar á perder. ‖ For. Viciar, anular, invalidar algun acto ó documento.

**VICIEUSEMENT**, adv. *visieusmán*. Vi- ciosamente, de una manera viciosa.

**VICIEUX, EUSE**, adj. *visieu, eus*. Vi- cioso, que tiene algun vicio, defecto ó imper- feccion. ‖ Vicioso, falso, hablando de los ani- males que tiran coces, muerden, etc. ‖ Vi- cioso, relajado, entregado al vicio. Se usa tambien como sustantivo.

**VICINAL, E**, adj. *visinál*. Vecino, cer- cano ó contiguo : *terre vicinale*. ‖ *Chemin vi- cinal*, camino vecinal, que establece cierta comunicacion entre dos poblaciones inme- diatas.

**VICISSITUDE**, f. *visisitúd*. Vicisitud, cambio, mudanza de las cosas que se suce- den las unas á las otras. ‖ Vicisitud, insta- bilidad de las cosas humanas. ‖ *Éprouver, subir des vicissitudes*, experimentar vici- situdes, desgracias, contrariedades.

**VICOMTE**, m. *vicont*. Vizconde, señor de un vizcondado. ‖ Vizconde, título honorí- fico que es ménos que el de conde y mayor que el de baron. En algunas provincias, co- mo en Normandía, significa lo mismo que *prévôt royal* en otras. V. PRÉVÔT.

**VICOMTÉ**, f. *vicouté*. Vizcondado, título de nobleza fundado sobre una tierra. ‖ Juris- diccion de ciertos jueces criminales ó pre- bostes de los mariscales de Francia.

**VICOMTESSE**, f. *vicontés*. Vizcondesa, mujer que posee un vizcondado. ‖ Vizconde- sa, mujer de un vizconde, ó del juez de un vizcondado.

**VICTIMAIRE**, m. *victimér*. Antig. Vic- timario, el que preparaba las víctimas y todo lo necesario para el sacrificio. ‖ adj. Victi- mario, relativo á las víctimas, á los sacrifi- cios.

**VICTIME**, f. *victim*. Víctima, animal que, en la ley antigua, se inmolaba en el ára. ‖ Víctima, ser viviente que se ofrecia á los dioses en holocausto entre los paganos. ‖ met. Víctima, el que es sacrificado á los in- tereses ó á las pasiones de alguno. ‖ Vícti- ma, el que padece trabajos ó males de re- sultas de haber servido á otro, etc.

**VICTIMER**, a. *victimé*. Inmolar, sacrifi- car, hacer á uno víctima de una pasion, de un interes. ‖ Mortificar, martirizar á uno con sátiras ó indirectas.

**VICTOIRE**, f. *victuár*. Victoria, triunfo que se consigue sobre los enemigos en el campo de batalla. ‖ Victoria, toda ventaja que se obtiene sobre un rival, sobre un ad- versario, etc. ‖ met. Victoria, triunfo que se consigue sobre las pasiones. ‖ *Il ne faut pas chanter victoire avant le temps*, al fin se canta la gloria : no hay que lisonjearse hasta conseguir.

**VICTORIAL, E**, adj. *victoriál*. Victo- rial, perteneciente á la victoria.

**VICTORIEUSEMENT**, adv. *victorieus- mán*. Victoriosamente, de una manera vic- toriosa. Se usa ordinariamente en sentido figurado.

**VICTORIEUX, EUSE**, adj. *victorieu, eus*. Victorioso, que ha obtenido una victo- ria. ‖ Se dice tambien en sentido figurado.

**VICTORIN**, m. *victorén*. Victorio, re- ligioso de San Vitorio, de la regla de San Benito. Se llamaban tambien canónigos re- gulares de San Víctor.

**VICTUAILLE**, f. poco us. *victuáll*. Vi- tualla, provisiones de boca. ‖ Mar. Vitualla, provisiones de víveres para una nave. Ahora se dice *vivres*.

**VICTUAILLEUR**, m. ant. *victualleur*. Proveedor, abastecedor. ‖ Mar. Proveedor de víveres en una embarcacion; maestre de raciones.

**VIDAGE**, m. *vidáge*. Vaciado, accion de vaciar.

**VIDAME**, m. *vidám*. Vidame, nombre ó título dado al que antiguamente gozaba de algunas tierras procedentes de un obispo, á condicion de defenderlas á mano armada en caso necesario. ‖ Tambien habia vidames en las abadías tanto de hombres como de mu- jeres.

**VIDAMÉ**, m. **VIDAMIE**, f. *vidamé, vi- damí*. Vidamía, dignidad del vidame.

**VIDANGE**, f. *vidánge*. La operacion de desocupar ó vaciar lo que está lleno; como desmonte de un terreno, desagüe de un es- tanque, limpia de un pozo, entresaca de un bosque, etc. ‖ El estado de un tonel de que se está sacando vino, de un tonel que no es- tá lleno. ‖ *Vidanges*, pl. Vaciaduras, basura, inmundicias que se sacan de un pozo, zanja, letrina, etc. ‖ Med. Evacuacion, purgacion de las paridas, etc.

**VIDANGEUR**, m. *vidangeur*. Privadero, pocero, limpia-letrinas. V. GADOUARD.

**VIDE**, adj. *vid*. Vacío, que no está lleno, que solo contiene aire. ‖ Vacío, hueco, desocu- pado, descargado, segun el caso. ‖ met. Va- cío, insustancial, que carece de sentido, de razon, de lógica. ‖ m. Vacío, espacio que se encuentra desocupado. ‖ met. y en sentido moral. *La mort du prince fait un grand vide à la cour*, la falta del príncipe deja un gran vacío en la corte. ‖ met. Vanidad, la nada de las cosas humanas. *Le vide des grandeurs humaines*, la vanidad, el vacío, la futilidad de las cosas humanas. ‖ Vacío, hueco, abertura que queda entre dos postes ó maderos en un lienzo de pared. ‖ Fís. Va- cío, espacio que no contiene aire. ‖ *A vide*, loc. adv. De vacío, sin carga, hablando de viaje de caballerías, carruajes : *la diligence est partie à vide*. ‖ *Toucher, jouer à vide*, tocar ó herir la cuerda de un instrumento sin pisarla.

**VIDÉ, ÉE**, adj. *vidé*. Vaciado. ‖ *Cheval qui a les jarrets bien vidés*, caballo cantiavado, de canillas delgadas. || Vacío, desocupado. || Evacuado.

**VIDE-BOUTEILLE**, m. *vidbutéll*. Casilla con jardin que se encuentra cerca de una poblacion.

**VIDELLE**, f. *vidél*. Rodaja, instrumento con que dividen la masa los pasteleros, y sirve á los confiteros para vaciar ciertas frutas.

**VIDER**, a. *vidé*. Vaciar, dejar vacío un costal, un cántaro, un pellejo, etc. || Vaciar, limpiar, quitar las inmundicias de algun lugar. || Desocupar, evacuar. || met. Evacuar, despachar algun negocio. || met. y fam. *Vider une bouteille*, vaciar una botella, beberse el licor que contiene. *Vider son coffre-fort*, desembolsar una gran cantidad. || Art. *Vider une clef*, taladrar una llave. || Med. Purgar, limpiar el estómago.

**VIDIMER**, a. *vidimé*. For. ant. Cotejar, confrontar una copia con su original y legalizarla.

**VIDIMUS**, m. *vídimus*. For. Está conforme, concuerda con su original: fórmula que se ponia sobre la copia que se legaliza despues de confrontada.

**VIDRECOME**, m. *vidrcóm*. Vaso grande para beber que se usa en Alemania en los brindis.

**VIDUAL, E**, adj. *vidudl*. Se dice de lo que es propio del estado de viudo.

**VIDUITÉ**, f. *viduité*. Viudez, viudedad, estado de un viudo ó de una viuda.

**VIDURE**, f. *vidúr*. Calado, obra calada ó vaciada en cualquier arte ú oficio. || Vaciadura, lo que se saca haciendo un calado ó un hueco en cualquier obra.

**VIE**, f. *vi*. Vida, estado de los seres animados, esto es, el uso y ejercicio de las facultades vitales, como sentir, moverse, etc. || Vida, existencia de un ser viviente, desde que nace hasta que muere. || Vida, espacio largo de tiempo que uno pasa en cualquiera parte. || Vida, género de ocupaciones ó profesion de una persona. || Vida, historia que refiere los hechos y virtudes de una persona. || Bot. Vida, principio vegetal que anima á los árboles y plantas de toda especie. || *Etre en vie*, vivir, gozar de las propiedades vitales. || fam. *Revenir de mort à vie*, volver á la vida, salir de una enfermedad peligrosa. || Pint. *Ce portrait est plein de vie*, este retrato está hablando, tiene mucha expresion y naturalidad. || *Mendier sa vie*, pedir limosna. || fam. *La vie est chère dans ce pays*, en este pais están los comestibles muy caros. || *Eau-de-vie*, aguardiente. V. EAU. || *Faire bonne vie*, darse buena vida. || fam. *Faire la vie*, comer bien, divertirse y no pasar penas por nada. || prov. *Telle vie, telle fin*, ó *telle vie, telle mort*, segun es la vida es la muerte. || *Gens de mauvaise vie*, gente de mal vivir. || *Femme de mauvaise vie*, mujer de la vida airada, prostituta. || *Pour la vie, à la vie et à la mort*, loc. adv. Para siempre jamas. || *A vie*, durante la vida, para toda la vida. || *De la vie, de sa vie, de ma vie*, nunca jamas.

**VIÉDASE**, m. vulg. *viedás*. Voz injuriosa que en su origen significaba cara de burro, y equivale á decir gaznápiro, pudenco, zoquete, avestruz y á otros epítetos de este género.

**VIEIL ó VIEUX, VIEILLE**, adj. *viéll, vieu*. Viejo, que tiene mucha edad. || Antiguo, que cuenta mucho tiempo de existencia. || Rancio, antiguo, viejo, que está en oposicion con lo fresco, con lo moderno, con lo nuevo. || Viejo, por muy usado, traido ó desechado. || *Un vieux chapeau*, un sombrero viejo; *un vieil habit*, un vestido viejo. || *Vieux magistrat*, magistrado antiguo, esperimentado. || *Vieux ivrogne*, borracho consumado, enranciado en el vicio. || *Vieille fille, vieux garçon*, solteron, solterona. || *Vieille sorcière*, bruja machucha. || *Un homme de la vieille roche*, un hombre chapado á la antigua, un hombre probo. || *Se faire vieux*, hacerse viejo, envejecer. || *Se faire plus vieux qu'on n'est*, hacerse pasar uno por mas viejo de lo que es. || *Etre vieux comme les rues*, ser muy viejo.

**VIEILLARD**, m. *viellár*. Viejo, anciano, hombre que tiene mucha edad. || *Vieillards*, pl. Ancianos, nombre que comprende á los viejos de ambos sexos.

**VIEILLE**, f. *viéll*. Vieja, anciana, mujer de mucha edad. V. VIEUX.

**VIEILLEMENT**, adv. *viellmán*. Como los viejos ó como las viejas. || Ranciamente, de un modo antiguo.

**VIEILLERIE**, f. *viellrí*. Trapería, vestidos viejos, muebles y enseres viejos, que en español suelen llamarse anidaderos de chinches. || met. y fam. Vejeces, chocheces, sandeces y cuentos de viejos.

**VIEILLESSE**, f. *viellés*. Senectud, vejez, última edad de la vida. || Vejez, antigüedad, hablando de las cosas. || Vejez, ancianidad, la gente vieja, todos los viejos y viejas en general.

**VIEILLIR**, n. *viellir*. Envejecer, hacerse viejo. || Envejecer, perder la frescura, el vigor, la fuerza, el mérito, hablando de ciertas cosas. || Caducar, pasar de moda, de uso, ser antiguo. || Aviejarse, avejentarse, ponerse viejo sin serlo en la edad. *Il a bien vieilli depuis deux ans*, se ha avejentado ó aviejado mucho de dos años á esta parte. || *Laisser vieillir du vin*, dejar que se haga el vino, que sea viejo. || a. Envejecer, avejar ó aviejar, avejentar, poner viejo ó hacer parecer viejo ántes de tiempo. *Les chagrins l'ont bien vieilli*, las pesadumbres le han avejentado mucho. || *Se vieillir*, r. Aviejarse, hacerse parecer alguno mas viejo de lo que es; darse ó hacerse pasar por mas viejo de lo que es realmente. En el sentido propio de envejecerse ó hacerse viejo se usa poco, y solo familiarmente.

**VIEILLISSANT, E**, adj. *viellisán*. Que envejece, que empieza á ser viejo.

**VIEILLISSEMENT**, m. poco us. *viellismán*. Envejecimiento, vejez, estado de lo que se envejece.

**VIEILLOT, TE**, adj. y s. *vielló, ót*. Vejete, que tiene traza de viejo sin serlo: *avoir l'air vieillot; commencer à être un peu vieillot*. Se dice por chanza, y ordinariamente de personas de corta talla y poco brio.

**VIELLE**, f. *viél*. Viola ó gaita zamorana, instrumento de cuerda.

**VIELLÉ, ÉE**, adj. *vielé*. Llamábase *bœuf viellé* el buey que los carniceros paseaban en Paris y en otras partes el juéves lardero, adornado con cintas y al son de gaitas. Ahora se dice *bœuf gras*.

**VIELLER**, n. *vielé*. Tocar la viola ó gaita zamorana. || met. y vulg. Tocar el violon, dar larga espera en un negocio, ser largo y pesado en cualquier trabajo. Es anticuado.

**VIELLEUR, EUSE**, m. y f. *vieleur, eus*. Tocador de viola ó gaita zamorana.

**VIENNOIS, E**, adj. y s. *vienuá, as*. Vienes, de Viena.

**VIÉNUSE**, f. *vienús*. Bot. Nombre vulgar de la berengena.

**VIERGE**, f. *viérg*. Virgen, doncella, mujer que ha vivido en una continencia perfecta. || Virgen, por excelencia es la madre de Dios. || Astr. Virgo, sexto signo del zodiaco. || adj. Virgen, que ha vivido en continencia absoluta, sea hombre ó mujer. || Virgen, se aplica á ciertas cosas que están en su primitivo y natural ser, sin que el arte ni el uso las haya alterado. || Agr. *Terre vierge*, tierra virgen, que nunca ha sido cultivada. || Miner. *Metaux vierges*, metales vírgenes, que se encuentran sin mezcla en el seno de la tierra. || *Cire vierge*, cera virgen, que no está purificada. || *Huile vierge*, aceite virgen, que sale naturalmente al moler la aceituna. || Bot. *Vigne vierge*, especie de arbusto sarmentoso trepador.

**VIEUX**, adj. V. VIEIL.

**VIEUX-OING**, m. *vieusuán*. Unto de coche.

**VIF, IVE**, adj. *vif, iv*. Vivo, que vive, que respira, que tiene existencia. || Vivo, ardiente, activo, que tiene mucho brio. Se dice en otros varios sentidos como en español, en sentido propio y figurado. || *Avoir l'imagination vive*, ser vivo de imaginacion. *Couleur vive*, color subido, vivo, que resalta. *Teint vif*, color animado. *Une attaque vive*, un fuerte ataque. || *Foi vive*, fe viva, ardiente. || *Propos vifs*, palabras pi-

…, m. *viguié*. Veguer, juez real …aguedoc y en Provenza, el cual tenia …as atribuciones que el llamado *pre-* …oste provinciale.

…, adj. *vil*. Vil, bajo, abyecto, des… Une chose de vil prix, una cosa …valor. *Vendre à vil prix*, vender á …io ó á ínfimo precio.

…, m. ant. *vilén*. Villano, plebeyo, …nece á la baja clase, lo mismo que … *roturier*. Antiguamente se escribia

…, E, adj. *vilén*, *én*. Feo, ruin, …, que desagrada á la vista. || Incó… se habla del tiempo; malo, relativa… juego; pésimo, segun el caso en …ecesaire. || *Vilain chemin*, camino …, malo. || adv. fam. *Il fait vilain*, … tiempo. || met. Indecente, desho…nesto, feo, torpe, hablando de pa…acciones. || Miserable, mezquino, …sto es, avaro.

…, f. *vilén*. Se decia por mujer … que no es noble. V. VILAIN, m. || …rra, gamberra ó ganforra, mujer …ida.

…EMENT, adv. *vilenmán*. Vilmen…te, indignamente. || Miserablemente, …, mezquinamente. || Suciamente, …ente. || Vergonzosamente. || Grose…

…REQUIN, m. *vilbrequén* (e muda). …, especie de barrena ó taladro.

…MENT, adv. *vilmán*. Vilmente, con … con vileza.

…É, adj. m. *vilné*. Blas. Dícese del … descubre el sexo.

…NIE, f. *vilni*. Suciedad, porquería, …cia. || Injuria, ofensa, desvergüenza …ce á uno. || Desvergüenza, obsceni…decencia. || Avaricia, ambicion de una …ruin. || Villanía, bajeza, accion vil.

…TÉ, f. *vilté*. Futilidad, poco valor, …cio de una cosa. || Envilecimiento, …cio á que se vende la misma cosa. || …portancia de una cosa: *la vileté de* …re.

…ENDER, a. *vilipandé*. Vilipendiar, …, ajar, tratar á alguno con mucho …. || Vilipendiar, menospreciar una … mercadería.

…É, f. V. VILETÉ.

…ACE, f. *vilás*. Poblachon, ciudad … mal poblada y mal construida; como …re, corral de vacas.

…AGE, m. *világé*. Lugar, pueblecillo … vecindario. || prov. *Cet homme est* …son *village*, este hombre vive en las …: está bien escaso de noticias.

…AGEOIS, E, m. y f. *vilajuá*, *ás*. …, aldeano, el que habita en un lugar. …gareño, que pertenece á un lugar.

…ANELLE, f. *vilanél*. Villanella, cier… rústica. || Villano, música que ser… acompañar el baile de este nombre.

…ARÉSIE, f. *vilarési*. Bot. Villare… … del Brasil.

…ARSIE, f. *vilarsi*. Bot. Villarsia, … plantas.

…E, f. *vil*. Ciudad, reunion de mu… … colocadas con órden formando …gulares, y generalmente rodeadas …erca comun. || *Etre en ville*, no es… …esualmente en su casa, haber salido … *Etre à la ville*, estar en la ciudad, … campo. || *Diner*, *souper en ville*, …enar fuera de casa, por estar con… … Ciudad, los habitantes de una ciu… *…te la ville parle de cette nouvelle*. … *de ville*, casa de ayuntamiento.

…GIATURE, f. *vilegiatúr*. Veraneo, … en el campo durante el verano.

…ETTE, f. inus. *vilét*. Ciudadita, …pequeña.

…EUX, EUSE, adj. *vileu*, *eus*. Hist. …oso, que tiene vello.

…ORITE, f. *vilorit*. Bot. Villorita, … planta.

…OSITÉ, f. *vilosité*. Vellosidad de …, de una hoja, etc. que está cu… … vello.

VIMAIRE, f. *vimér*. For. Daño causado en los montes por los huracanes.

VIMINAL, E, adj. *viminál*. Viminal, se dice de una colina de la antigua Roma, de una puerta y de un campo ó valle.

VIN, m. *vén*. Vino, líquido que resulta de la fermentacion del mosto ó jugo de la uva. || *Vin coupé*, vino mezclado. || *Vin d'absinthe*, vino de ajenjos. || *Vin de deux*, *de trois feuilles*, vino de dos, de tres años. || *Vin de liqueur*, vino generoso. || *Vin piquant*, vino de agujas, que franco. || *Vin paillé*, vino de ojo de gallo. || *Vin trempé*, vino aguado. || *Vin tourné*, *éventé*, vino repuntado, torcido. || *Vin du marché*, alboroque, refresco, agasajo entre los que han celebrado una venta. || *Vin doux*, mosto. || *Pot de vin*, agujetas, propina, adehala. || prov. y met. *Mettre de l'eau dans son vin*, bajar la cólera, moderarse. || *Pièce de vin*, tonel de vino. || *Noyer sa raison dans le vin*, privarse con el vino, emborracharse. || *Se mettre en pointe de vin*, apuntarse, achisparse, alegrarse con el vino.

VINAGE, m. *vinágé*. Feud. Tributo que se pagaba sobre el vino al señor del terreno.

VINAIGRE, m. *vinégr*. Vinagre, el vino acedo ó agrio natural ó artificialmente. || *Vinaigre rouge*, vinagre tinto. || *Vinaigre de toilette*, vinagre aromático. || met. y joc. *Habit de vinaigre*, vestido de tela de cebolla, sumamente delgado.

VINAIGRER, a. *vinegré*. Echar vinagre en alguna ensalada ú otra cosa, aderezarla con vinagre.

VINAIGRERIE, f. *vinegreri* (e muda). Fábrica de vinagre.

VINAIGRETTE, f. *vinegrét*. Salpicon, aderezo de sal, vinagre, aceite, perejil y cebolletas que se echa en la carne fiambre. || Especie de carreton con dos ruedas del que tiraba un hombre.

VINAIGRIER, m. *vinegrié*. Vinagrero, el que vende vinagre y mostaza. || Vinagreras, vasija en que se echa el vinagre.

VINAIRE, adj. *vinér*. Propio para contener vino. || Com. Que pertenece al vino: *industrie vinaire*.

VINASSE, f. *vinás*. Vino ó vinagre muy flojo.

VINDAS, m. *vendás*. Argüe, máquina para levantar cuerpos ó fardos muy pesados. || Mar. Cabrestante volante. V. CABESTAN.

VINDICATIF, IVE, adj. *vendicatif*, *iv*. Vengativo, que respira venganza, inclinado á la venganza.

VINDICATION, f. ant. V. VENGEANCE. || For. ant. V. REVENDICATION.

VINDICTE, f. *vendict*. For. Vindicta. *Vindicte publique*, vindicta pública, persecucion del crímen en nombre de la sociedad.

VINÉE, f. *viné*. Cosecha de vino, recogida ó que se espera recoger.

VINEUX, EUSE, adj. *vineu*, *eus*. Fuerte, hablando de un vino. || Vinoso, que sabe ó huele á vino. || Vinoso, que tiene color de vino tinto.

VINGT, adj. num. *vén*. Veinte, dos decenas. *Vingt hommes*, *vingt chevaux*, veinte hombres, veinte caballos. || *Je vous l'ai déjà répété vingt fois*, se lo he dicho á Vd. veinte veces. || Se dice por *vingtième*, vigésimo; como *chapitre vingt*, *page vingt*. || m. Veinte, el número veinte. || El dia veinte del mes. || *Vingt-et-un*, veinte y una, especie de juego de naipes.

VINGTAINE, f. *ventén*. Veintena, número de veinte poco mas ó ménos.

VINGTIÈME, adj. *ventiém*. Vigésimo. *Vingtième jour*, dia vigésimo. || m. Veinteno, la veintena ó vigésima parte de un todo: *être pour un vingtième dans une affaire*. *Vingtième* es lo mismo que *la vingtième partie*. || Vigésima, tributo sobre los bienes raíces que era la vigésima parte de su producto.

VINICULTURE, f. *vinicultúr*. Vinicultura, cultivo de la viña.

VINIFÈRE, adj. *vinifér*. Vinífero, que produce vino.

VINIFICATION, f. *vinificasión*. Vinificacion, arte de hacer, de conservar, de clarificar el vino.

VIOL, m. *viól*. Violencia, fuerza hecha á una mujer para gozarla. Si es virgen, esta fuerza se llama estupro.

VIOLACÉ, ÉE, adj. *violasé*. Violáceo, que tira á morado.

VIOLAT, adj. m. *violá*. Violado, que contiene ó está mezclado con violetas. || *Sirop violat*, jarabe de violeta.

VIOLATEUR, TRICE, m. y f. *violateur*, *tris*. Violador, el que viola, que infringe las leyes, los derechos, los tratados, etc. || Violador, el que profana una iglesia. || El que comete el delito llamado *viol*.

VIOLATION, f. *violasión*. Violacion, accion de violar, de infringir un tratado, una ley, etc.

VIOLÂTRE, adj. *violátr*. Azul oscuro, que tira á morado.

VIOLE, f. *viól*. Viola, especie de gran violin que tiene siete cuerdas y se toca con un arco. Tambien se llama alto.

VIOLEMENT, m. *violmán*. Violacion, infraccion, contravencion de un tratado, ley, etc. || Violacion, violencia hecha á una mujer para gozarla. Se dice mas comunmente *viol*.

VIOLEMMENT, adv. *violamán*. Violentamente, con violencia, con fuerza.

VIOLENCE, f. *violáns*. Violencia, fuerza que se emplea para conseguir alguna cosa. || Violencia, cualidad de lo que es violento. || *Faire violence à une fille*, forzar, estuprar á una doncella. || met. *Faire violence à la loi*, *à un texte*, violentar el espíritu de la ley, de un texto: darles un sentido forzado y contrario á su espíritu.

VIOLENT, E, adj. *violán*. Violento, impetuoso, que obra con fuerza, con impetuosidad. Se dice de las personas y de las cosas, física y moralmente hablando. || *Mort violente*, muerte violenta. || *Couleur violente*, color muy vivo.

VIOLENTER, a. *violanté*. Violentar, obligar por fuerza.

VIOLER, a. *violé*. Violar, infringir, quebrantar el juramento, la ley, los derechos, etc. || Violar, profanar las cosas sagradas. || Violar, forzar á una mujer.

VIOLET, TE, adj. *violé*, *ét*. Violado, de color de violeta. Se usa tambien como sustantivo.

VIOLETTE, f. *violét*. Bot. Violeta, género de plantas que comprende un gran número de especies. || *Bois de violette*, especie de madera que tiene un color violado.

VIOLIER, m. *violié*. Bot. Especie de alhelí, planta que produce una flor amarilla olorosa.

VIOLIR, n. *violir*. Amoratarse ó ponerse morado. || a. Amoratar, poner morado.

VIOLISTE, m. y f. *violist*. Violista, el que toca la viola.

VIOLON, m. *violón*. Violin, instrumento que tiene cuatro cuerdas y se toca con arco. || Violin, músico que toca dicho instrumento. || fam. *Donner les violons*, pagar la fiesta, pagar los gastos de una diversion por todos los que disfrutan de ella. || met. y fam. *Se donner les violons de quelque chose*, alabarse, jactarse de una cosa. || Reten ó arresto inmediato á un cuerpo de guardia.

VIOLONCELLE, m. *violonsel*, *violonchél*. Violon, violoncelo, bajo de una orquesta.

VIOLONCELLISTE, m. y f. *violonselist*, *violonchelist*. Bajo, músico que toca el violon.

VIOLONISTE, m. y f. *violonist*. Violinista, el que toca el violin.

VIORNE, f. *viórn*. Bot. Viborno, pierno, sauquillo, especie de arbolillo.

VIPÈRE, f. *vipér*. Zool. Víbora, género de reptiles ofidianos. || met. *Langue de vipère*, lengua de víbora ó viperina, y tambien lengua de escorpion: dícese del maldiciente.

VIPEREAU, m. dim. de VIPÈRE. *viperó* (e muda). Sierpecilla, viborezno, víbora pequeña, engendro de la víbora.

VIPÉRINE, f. *viperin*. Bot. Equio, lengua de víbora ó viborera, género de plantas.

VIRAGE, m. *virágé*. Mar. Espacio necesario para el cabrestante. || Operacion de virar en el cabrestante.

**VIRAGO**, f. fam. *virágo*. Marimacho, mujer que tiene el cuerpo y las acciones hombrunas.

**VIRELAI**, m. *virlé*. Especie de poesía antigua francesa.

**VIREMENT**, m. *virmán*. Mar. Virada, accion de virar. || Com. Giro de letras de una mano á otra.

**VIRER**, n. fam. *viré*. Dar vueltas en redondo. || Mar. Virar, cambiar de rumbo ó de bordada, pasando de una amura á otra. || met. y fam. *Virer de bord*, mudar la direccion de su conducta. || a. *Virer le cabestan*, dar vuelta al cabrestante. || met. *Tourner et virer quelqu'un*, meter á uno los dedos en la boca para hacerle hablar y decir lo que piensa.

**VIRES**, f. pl. *vír*. Blas. Birolas, anillos concéntricos.

**VIREVEAU**, m. *viveó*. Mar. Molinete para levar las anclas.

**VIREVOLTE**, f. *virevólt*. Equit. Torno, vuelta y revuelta dada con prontitud, vueltas que se dan á un caballo en el picadero.

**VIREVOUSSE** ó **VIREVOUSTE**, f. ant. *virevús*, *virevúst*. met. y fam. Vuelta, rodeo, caracoleo de una persona para conseguir alguna cosa. Tambien se dice *virevoulé*.

**VIRGILIEN, NE**, adj. *virgilién*, *én*. Virgiliano, que pertenece á Virgilio, que procede de Virgilio; que imita el estilo de Virgilio.

**VIRGINAL, E**, adj. *virginál*. Virginal, que pertenece á las vírgenes.

**VIRGINITÉ**, f. *virginité*. Virginidad, estado de una persona virgen.

**VIRGOULEUSE**, f. *virguleus*. Especie de pera de agua que se come en invierno.

**VIRGULE**, f. *virgúl*. Gram. Coma, inciso, signo de puntuacion.

**VIRGULER**, a. *virgulé*. Poner en un escrito las comas necesarias.

**VIRIDITÉ**, f. *viridité*. Verdor, verdosidad, cualidad de lo verde.

**VIRIL, E**, adj. *viril*. Viril, que pertenece al hombre como varon. || *Age viril*, edad viril. || met. Varonil, animoso, fuerte. || For. *Portions viriles*, partes iguales.

**VIRILEMENT**, adv. *virilmán*. Varonilmente, de un modo varonil, con vigor.

**VIRILITÉ**, f. *virilité*. Virilidad, edad viril. || Virilidad, potencia, capacidad de engendrar. || met. Vigor, fuerza, energía.

**VIROLE**, f. *viról*. Birola, especie de anillo ó rodaja de metal que sirve de remate ó de refuerzo al mango de una herramienta.

**VIROLÉ, ÉE**, adj. *virolé*. Blas. Torneado, dícese de las cornetas, trompas, etc., que tienen la boquilla de diferente color.

**VIROLET**, m. *virolé*. Mar. Nuez de madera que se mete en el cigüeñal del timon.

**VIROLEUR**, m. *viroleur*. Artesano que hace birolas.

**VIRONNER**, n. *vironé*. Dar vueltas al rededor.

**VIRTUALITÉ**, f. *virtualité*. Virtualidad, cualidad de lo que es virtual.

**VIRTUEL, LE**, adj. *virtuél*. Virtual, que solamente tiene la fuerza ó virtud de obrar, pero que en efecto no obra.

**VIRTUELLEMENT**, adv. *virtuelmán*. Virtualmente, de un modo virtual, por oposicion á formalmente ó actualmente.

**VIRTUOSE**, m. y f. *virtuós*. La persona dotada de talento ó buena disposicion para ejercer las bellas artes y con particularidad la música. Es voz tomada del italiano *virtuoso*.

**VIRULENCE**, f. *virulénz*. Med. Virulencia, cualidad de lo que es virulento; la podre ó virus de una llaga ó úlcera. || Tambien se usa en sentido figurado: *virulence d'un discours*.

**VIRULENT, E**, adj. *virulán*. Med. Virulento, que tiene virus ó participa de su naturaleza. || met. Virulento, que respira ó tiene acrimonia, veneno, mordacidad, hablando de discursos, escritos, del estilo, etc.

**VIRURE**, f. *virúr*. Mar. Traca, hilada ó fila de tablones, de planchas de cobre, etc., que se ponen en los forros y cubiertas de un buque.

**VIRUS**, m. *virús*. Med. Veneno, humor maligno de ciertos males, y especialmente del mal venéreo.

**VIS**, f. *vís*. Tornillo, espigon ó clavo abierto en muescas espirales, que sirve para unir ó armar alguna máquina ó sus piezas. || Mec. Rosca, máquina cilíndrica para levantar pesos. || *Vis d'Archimède* ó *linace*, rosca cilíndrica ó de Arquímedes, que sirve para hacer subir las aguas. || *Escalier à vis*, escalera de caracol. || Impr. *Vis de presse*, husillo de la prensa. || *Vis de pressoir*, husillo de la prensa del lagar ó de almazara.

**VISA**, m. *visa*. Refrendo, fórmula que se pone sobre un documento bajo la autorizacion ó firma del mismo que lo hace auténtico. || For. Visto bueno, aprobacion que un magistrado ó juez pone en un documento. || Testimoniales de un diocesano para varios efectos.

**VISAGE**, m. *viságe*. Cara, rostro, faz, parte anterior de la cabeza de una persona, que comprende la frente, los ojos, las narices, la boca, la barba, las orejas y las mejillas. || *Tourner visage aux ennemis*, volver la cara, dar frente al enemigo. || Cara, semblante, la fisonomía de una persona. *Il a un visage de déterré, d'excommunié*, tiene cara de desenterrado, de excomulgado. || prov. *Paraître au milieu du visage*, *paraître comme le nez au milieu du visage*, ser una cosa muy visible, saltar á los ojos. || *A visage découvert*, loc. adv. A cara descubierta, sin máscara, sin disfraz.

**VIS-À-VIS DE**, loc. prep. *visavide* (e muda). Enfrente, frente por frente, en la parte opuesta: *être logé vis-à-vis des fenêtres de quelqu'un*. A veces se suprime el *de*, como en *vis-à-vis l'église*; pero es ménos correcto. || met. y fam. *Se trouver vis-à-vis de rien*, encontrarse con un palmo de narices, aspérges, sin utilidad ni recompensa despues de haber trabajado. || VIS-A-VIS, m. Persona que está enfrente de otra en el baile ó en la mesa. || fam. *Elle était mon vis-à-vis*, estaba sentada en la mesa frente á frente conmigo, ó era mi pareja en el baile. || Especie de berlina con dos asientos, uno enfrente de otro.

**VISCÉRAL, E**, adj. *viserál*. Anat. Visceral, que pertenece ó tiene relacion con las vísceras.

**VISCÈRE**, m. *visér*. Anat. Víscera, cada uno de los órganos que se encierran en las grandes cavidades del cuerpo.

**VISCOSITÉ**, f. *viscosité*. Viscosidad, cualidad de lo que es viscoso.

**VISÉE**, f. *visé*. Mira, punto de mira, direccion ó puntería de la vista dirigiéndose á un objeto. || met. Intencion, designio, fin. || met. y fam. *Changer de visée*, cambiar de modo de pensar, de idea.

**VISER**, n. *visé*. Apuntar, asestar, tomar la puntería. || met. Tener la vista fija en un empleo ó cosa que se quiere alcanzar: *ne pas viser à un emploi*. || a. *Viser un homme au cœur*, apuntar al pecho de un hombre. || Visar, rubricar, confirmar un auto ó despacho despues de examinado. || Refrendar, hablando de pasaportes.

**VISIBILITÉ**, f. *visibilité*. Visibilidad, cualidad de lo que hace á una cosa visible.

**VISIBLE**, adj. *visíbl*. Visible, que se ve, que puede ser visto. || Visible, patente, manifiesto. || *Etre visible*, *n'être pas visible*, querer ó no querer recibir visitas.

**VISIBLEMENT**, adv. *visiblemán*. Visiblemente, de un modo visible. || Evidentemente, patentemente.

**VISIÈRE**, f. *visiér*. Visera, parte del casco que cubria el rostro á los antiguos guerreros. || Visera, pedazo de suela acharolada que se pone en los morriones y cascos. || Mira, punto ó botoncillo del cañon de una escopeta para dirigir la puntería. || *Rompre en visière à quelqu'un*, chocar de frente con alguno, insultarle á sus barbas. || met. y fam. *Donner dans la visière à quelqu'un*, entrarle á alguno por el ojo derecho, peterle, caerle en gracia; y tambien, inspirarle amor ó una pasion amorosa.

**VISIGOTH, E**, adj. y s. *visigó*, *ót*. Visigodo, nombre de una de las dos grandes naciones de los Godos. Los Visigodos eran los Godos occidentales. || met. Alarbe, brutal, de

**VITEMENT**, adv. fam. *vitmán.* Ligero, riendo, presto, con viveza. Es lo mismo *vite.*

**VITESSE**, f. *vités.* Celeridad, prontitud, velocidad en el movimiento. || *Gagner quelqu'un de vitesse*, ganarle á uno por la mano: ganarle delante, concluir ántes una empresa, un trabajo, etc., para que le salga bien un proyecto. En sentido recto es llegar ántes que otro á alguna parte por haber ido mas de prisa.

**VITEX**, m. Bot. V. GATTILIER.

**VITICOLE**, adj. *vitic*ó*l.* Bot. Vitícola, que vive en las viñas.

**VITICULEUX, EUSE**, adj. *viticuleu*, *eus.* Bot. Viticuloso, parecido á las zarcillas de la vid.

**VITICULTURE**, f. *viticultúr.* Viticultura, cultura de la vid.

**VITIFEUILLE**, f. *vitifeull.* Bot. Estafisagra, planta.

**VITILIGE ó VITILIGO**, f. *vitilige*, *vitiligo.* Med. Especie de lepra blanca.

**VITIS-IDÆA**, m. *vitisidéa.* Bot. Arándano, arbusto.

**VITONNIÈRES**, f. pl. *vitoniér.* Mar. Imbornales ó groeras de las varengas.

**VITRAGE**, m. *vitrág*e. El conjunto de vidrios ó cristales que contiene una casa, un templo, etc.

**VITRAIL**, m. ant. *vitráll.* Ventana grande de iglesia.

**VITRAUX**, m. pl. *vitró.* Vidrieras de las claraboyas ó ventanas de una iglesia.

**VITRE**, f. *vitr.* Vidrio que forma parte en la composicion de una vidriera. || Vidriera, reunion de vidrios que se ponen en un bastidor de madera para colocarlo en una ventana ú otra abertura.

**VITRÉ, ÉE**, adj. *vitré.* Guarnecido de vidrios, con vidrieras. || Anat. Vitroso, vítreo, que tiene la apariencia del vidrio. || VITRÉ, m. Cola muy clara y trasparente que se fabrica en Vitray, ciudad de Francia.

**VITREC**, m. *vitréc.* Uno de los nombres del oenante, pájaro mayor que el gorrion. V. MOTTEUX, CUL-BLANC.

**VITRER**, a. *vitré.* Poner vidrieras ó vidrios á una puerta ó ventana.

**VITRERIE**, f. *vitrerí* (e muda). Vidriería, cristalería, arte y comercio del vidriero. || Com. Cristalería, objetos de cristal y de vidrio.

**VITRESCIBILITÉ**, f. *vitresibilité.* Vitrescibilidad, cualidad de lo que es vitrificable.

**VITRESCIBLE**, adj. V. VITRIFIABLE.

**VITREUX, EUSE**, adj. *vitreu*, *eus.* Vítreo, vidrioso, que tiene alguna semejanza con el vidrio. || *Œil vitreux*, ojo cristalino, vidrioso, que tiene el aspecto del vidrio ó cristal.

**VITRIER**, m. *vitrié.* Vidriero, el que trabaja en vidriería, que pone vidrieras ó vidrios en las ventanas, etc.

**VITRIÈRE**, f. *vitriér.* Vidriera, la mujer del vidriero; la que hace el comercio de vidriería. || Barra de hierro plana.

**VITRIFIABLE**, adj. *vitrifiábl.* Vitrificable, que puede vitrificarse.

**VITRIFICATION**, f. *vitrificasión.* Vitrificacion, accion de vitrificar ó de vitrificarse alguna sustancia; estado de lo que se ha vitrificado.

**VITRIFIER**, a. *vitrifié.* Fís. Vitrificar, fundir una sustancia de modo que quede trasformada en vidrio.

**VITRIOL**, m. *vitriól.* Vitriolo, caparrosa, nombre dado á los sulfatos ó sales compuestas de óxidos metálicos y del ácido sulfúrico ó vitriólico.

**VITRIOLÉ, ÉE**, adj. *vitriolé.* Sulfatado, mezclado con vitriolo ó sea sulfato.

**VITRIOLIQUE**, adj. *vitriolic.* Sulfúrico, que tiene vitriolo ó sea caparrosa.

**VITRIOLISATION**, f. *vitriolisasión.* Vitriolizacion, formacion del hierro sulfatado.

**VITRIOLISER**, a. *vitriolisé.* Vitriolizar, convertir en vitriolo.

**VITULICOLE**, adj. *vitulicól.* Vitulícola, que adora un ternero ó toro.

**VITUPÈRE**, m. ant. V. BLAME.

**VITUPÉRER**, a. ant. V. BLAMER.

**VIVACE**, adj. *vivác.* Vivaz, que contiene principios de larga duracion ó existencia. || Bot. Vivaz, que dura mas de tres años, aun cuando los tallos se renueven anualmente.

**VIVACITÉ**, f. *vivasité.* Vivacidad, actividad, viveza de genio. || Vehemencia, actividad, fogosidad de las pasiones. || *Avoir de la vivacité dans les yeux*, tener los ojos vivos, que centellean. || met. *La vivacité de l'imagination*, la viveza de la imaginacion. || *La vivacité des couleurs*, el brillo de los colores. || Prontitud, rapidez, ardimiento con que se ejecuta alguna cosa. || *Vivacités*, p. Repentes, arrebatos de cólera pasajeros. || Vivezas, acciones ó palabras que revelan la poca reflexion.

**VIVANDIER, ÈRE**, m. y f. *vivandié*, *ér.* Vivandero, el que sigue al ejército ó á un cuerpo de tropa para vender víveres.

**VIVANT, E**, adj. *vivdn.* Viviente, vivo, que vive. || *Ce jeune homme est le portrait vivant, l'image vivante de son père*, este jóven es un vivo retrato de su padre. || *Langue vivante*, lengua viva, lengua que toda una nacion habla actualmente. || *Quartier vivant*, barrio de una ciudad donde hay mucho movimiento, grande animacion, barrio muy concurrido. || m. y f. Viviente, vivo, el que vive. || *Dieu viendra juger les vivants et les morts*, Dios vendrá á juzgar á los vivos y á los muertos. || Vida, el tiempo que uno vive. *Il hérita du vivant de son père*, heredó en vida de su padre ó viviendo su padre. *De mon vivant*, en mi vida, ó miéntras yo viva. *De son vivant*, cuando él vivia, durante su vida; si se habla de dos ó mas personas, se dirá *de leur vivant*, *etc.* || fam. *Un bon vivant*, un buen natural y alegre con todos, buen compañero.

**VIVAT**, interj. *vivat.* Viva, víctor, vítor. Se usa para aplaudir en algunos casos. || Esta palabra es tambien un sustantivo masculino, usada en lenguaje familiar: *des vivat répétés.*

**VIVE**, f. *viv.* Zool. Araña ó dragon marino, pez. || Esta palabra es tambien una especie de interjeccion que expresa la alegría ó un deseo; y así se dice: *vive le roi! vive la France!* ¡viva el rey! ¡viva la Francia!

**VIVE-ARÊTE**, f. *vivarét.* Mar. Esquina viva, la que forman las caras de las piezas que no tienen falla.

**VIVELLE**, f. *vivél.* Zool. Sierra, nombre de un pescado. || Calado, enrejado, la labor hecha con aguja, en forma de randa, en algun lienzo quemado ó roto, por no echar pieza en el agujero.

**VIVEMENT**, adv. *vivmán.* Vivamente, con viveza, con energía, con vigor. || Vivamente, de un modo muy sensible.

**VIVEUR, EUSE**, m. y f. *viveur*, *eus.* Vividor, el que es aficionado á gozar de los placeres de la vida.

**VIVIDE**, adj. *vivid.* Vívido, vivo, que tiene brillo.

**VIVIER**, m. *vivié.* Vivero, pieza de agua parada ó corriente, donde se cria ó se conserva el pescado.

**VIVIFIANT, E**, adj. *vivifián.* Vivificante, que vivifica, que reanima.

**VIVIFICATION**, f. *vivificasión.* Vivificacion, accion de vivificar.

**VIVIFIER**, a. *vivifié.* Vivificar, dar la vida y conservarla. || Vivificar, reanimar, dar fuerza, vigor. || Vivificar, comunicar movimiento, actividad en la industria, en el comercio, en las artes, etc.

**VIVIFIQUE**, adj. poco us. V. VIVIFIANT.

**VIVIPARE**, adj. *vivipár.* Vivíparo, dícese de los animales que paren sus hijos, á diferencia de los que ponen huevos. Úsase tambien como sust. masculino.

**VIVOTER**, n. fam. *vivoté.* Trampear, ir viviendo, ir tirando, vivir con escasez, con trabajo.

**VIVRE**, n. *vivr.* Vivir, existir, estar en vida. || Vivir, existir, durar, subsistir, pasar á la posteridad. || Subsistir, mantenerse, atender á la subsistencia por medio de los alimentos. || Vivir, estar en buena ó mala inteligencia con alguno. || fam. Vivir, habitar en compañía de alguno. Tiene otras acepciones, iguales en ambas lenguas. || *Vivre à table d'hôte*, comer en mesa redonda en alguna casa de huéspedes ó en una posada. || fam. *Vivre de ménage*, vivir con economía; y en sentido met. y fam., vivir vendiendo sus muebles ó enseres. || met. y fam. *Vivre de la grâce de Dieu*, mantenerse del aire: se dice de una persona que subsiste sin saberse con qué medios, ó que se mantiene con muy poco alimento. || Vivir, estar bajo la autoridad de un gobierno. *Vivre sous un mauvais régime*, vivir bajo un mal sistema de gobierno. || *Savoir vivre*, saber vivir, portarse bien, ser urbano y cortés con todo el mundo. || *Vive!* V. VIVE. || *Qui vive.* V. QUI-VIVE. || VIVRE, m. Manutencion, subsistencia, alimento. Úsase comunmente en plural *vivres*, significando víveres, vituallas, comestibles.

**VIVRÉ, ÉE**, adj. *vivré.* Blas. Vibrado tortuoso, que tiene sinuosidades.

**VIVRIER**, m. *vivrié.* Mil. Empleado en la provision del pan y de la carne.

**VISIR**, m. *visír.* Visir, nombre de los principales ministros del consejo del Gran Señor. || *Grand visir*, gran visir, el primer ministro en el imperio otomano.

**VIZIRAT ó VISIRIAT**, m. *visirá*, *visirió.* Visirato, empleo, atribuciones de un visir, y el tiempo que está en el ejercicio de ellas.

**VOCABLE**, m. *vocábl.* Gram. Vocablo, palabra de un idioma.

**VOCABULAIRE**, m. *vocabulér.* Vocabulario, diccionario compendiado de una lengua. || Vocabulario, coleccion de las palabras técnicas de un arte ó ciencia.

**VOCABULISTE**, m. poco us. *vocabulíst.* Vocabulista, autor de un vocabulario.

**VOCAL, E**, adj. *vocál.* Vocal, que se expresa con la voz. || Mús. Vocal, que se ejecuta con la voz. || VOCAL, m. ant. Vocal, el que tenia derecho de votar en un capítulo, junta, etc. En plural se decia *vocaux.*

**VOCALE**, f. *vocál.* Gram. Se ha dicho por *voyelle.*

**VOCALEMENT**, adv. *vocalmán.* Vocalmente, con la voz, de boca; es lo contrario de *mentalement*, mentalmente.

**VOCALISATION**, f. *vocalisasión.* Vocalizacion, accion de vocalizar.

**VOCALISER**, a. *vocalisé.* Mús. Solfear sin nombrar las notas, ó articulando solamente el monosílabo A.

**VOCATIF**, m. *vocatíf.* Gram. Vocativo, el quinto caso de la declinacion.

**VOCATION**, f. *vocasión.* Vocacion, inspiracion divina que impele al hombre á abrazar un género de vida. Comunmente se entiende del estado de perfeccion. || Vocacion, inclinacion natural á un estado ó profesion. || Disposicion, talento para alguna cosa.

**VOCAUX**, m. pl. *vocó.* Vocales, en las comunidades religiosas los que tienen derecho de votacion. V. VOCAL.

**VOCIFÉRATEUR, TRICE**, m. y f. *vociferateur*, *tris.* Vociferador, el que vocifera. Es tambien adjetivo.

**VOCIFÉRATIONS**, f. pl. *vosiferasión.* Vociferaciones, palabras acompañadas de clamores, de quejas.

**VOCIFÉRER**, n. *vosiferé.* Hablar en tono de despecho, de cólera; dar gritos ó clamores.

**VODANIUM**, m. *vodanióm.* Miner. Vodanio, nombre de cierto metal recientemente descubierto.

**VŒU**, m. *veu.* Voto, promesa que se hace á Dios de una cosa que se cree serle agradable. || Voto, promesa hecha á sí mismo, firme resolucion de llevar á cabo lo que uno se propone. || Voto, ofrenda que se hizo, es decir, la cosa prometida. En este mismo sentido se dice *ex-voto.* || Deseo. *C'est mon vœu le plus cher*, este es mi mayor deseo. Se usa mas comunmente en plural. *Les vœux du public*, los deseos del público. || *Combler mes vœux*, llenar, cumplir mis deseos. || *Tous mes vœux sont de ó que*, todos mis deseos son de ó que... || Ruego, súplica, usándose regularmente en plural. *Exaucer les vœux*, oir los votos, las plegarias, las súplicas. || *Vœux*, pl. Votos, promesas que hace á Dios un religioso al tiempo de profesar. || *Renou-*

*nouvellement des vœux*, renovacion de los votos.

**VOGLIE**, f. *voglí*. Se decia por *volonté*, voluntad. V. BONNEVOGLIE.

**VOGUE**, f. *vógue*. Mar. Boga, accion y efecto de bogar; y segun otros, movimiento de un buque causado por la fuerza de los remos. || met. Fama, reputacion que goza una persona. || Boga, curso, aceptacion de las cosas; estimacion, despacho. *Avoir la vogue*, *être en vogue*, tener despacho una cosa, estar muy acreditada, extenderse su uso, ser de moda, etc.

**VOGUE-AVANT**, m. *voguedn*. Mar. Bogavante, el primer remero que se colocaba por la parte de la proa en una galera.

**VOGUER**, n. *vogué*. Mar. Bogar, hacer andar un buque á fuerza de remos. || Navegar, cualquiera que sea el modo ó manera, ir á la vela. || Bogar, remar, mover los remos. *Voguer contre le vent*, *contre un courant*, proejar, remar contra el viento ó contra la corriente. || *Voguer à reculons*, ciar, andar hácia atras. || Art. *Faire voguer l'étoffe*, tundir la tela los sombrereros.

**VOGUEUR**, m. ant. *vogueur*. Bogador, remador, el que rema, que boga.

**VOICI**, prep. *vuasí*. Hé aquí, ve aquí. *Nous voici tous rassemblés*, vednos aquí á todos juntos, aquí estamos, ya estamos todos juntos. *Voici le temps*, ahora es tiempo, esta es la ocasion, hé aquí el momento. *Le voici*, hélo aquí, aquí está, este es. *Voici la preuve*, aquí está la prueba. *Voici ce qu'on peut répondre*, hé aquí ó esto es lo que se puede responder.

**VOIE**, f. *vuá*. Via, camino por donde se va de un lugar á otro. || Carrilada, carril, rodada, anchura del eje de un carruaje ó espacio que queda entre una y otra rueda. || Rodada, carril que señala un carruaje por donde pasa. || Carretada ó carro, lo que puede contener de materias áridas, como carbon, leña, arena, etc. || Mont. Traza, pista, via, vientos que deja una res al pasar por alguna parte. || Via, conducto, modo de trasportar una cosa de un lugar á otro. || met. Conducto, via, medio que se emplea ó determinacion que se toma en algun caso. || *Par la voie d'un tel*, por conducto ó medio de fulano. || *Prendre la voie de la poste*, valerse del conducto del correo. || *Suivre la voie du cerf*, seguir la pista ó las huellas del venado. || *Suivre la voie*, seguir el carril. || *La voie Appienne*, *Flaminienne*, *Aurélienne*, la via Apia, Flaminia, Aurelia. || *Une voie d'eau*, un viaje de agua. || *Une voie de bois*, *de pierre*, *etc.*, una carretada de leña, de piedra, etc. || Anat. *Les premières voies*, *les secondes voies*, las primeras y las segundas vias de las excreciones del cuerpo. *Les voies digestives*, las vias digestivas; *les voies urinaires*, las vias urinarias. || met. *Les voies du Seigneur*, las vias del Señor. || met. *La voie du salut*, *du ciel*, *etc.*, el camino de la salvacion, del cielo, etc. || Ascét. *Voie purgative*, *illuminative*, via purgativa, iluminativa. || *Voie lactée*, via láctea. || *Voies et moyens*, arbitrios. || *Être en voie de*, estar en disposicion de, estar dispuesto ó pronto á; como *être en voie de s'arranger*, *etc.* || met. *Ouvrir la voie à quelqu'un*, abrir camino á alguno, darle luces. || *Mettre quelqu'un sur la voie*, poner á alguno en camino, en vereda: darle instrucciones, indicaciones para conseguir lo que se propone.

**VOILÀ**, prep. *vualá*. Ve ahí, hé allí, allí está. *Le voilà qui vient*, allí viene, ya viene. || *Le voilà qui court*, míralo cómo corre. || *Voilà le fait*, hé ahí, ese es el hecho ó el caso. || *Voilà qui est bien*, basta, está bien.

**VOILE**, m. *vuál*. Velo, pedazo de tela destinada á cubrir algun objeto. || met. *Avoir un voile devant les yeux* tener vendados los ojos. || Poét. *Les voiles de la nuit*, el manto de la noche. || Velo, toca, pedazo de tela con que se cubren el rostro las religiosas. || Com. Crespon, espumilla ó cualquier otro tejido delgado y claro. || met. Velo, pretexto, subterfugio, apariencia. || Velo, misterio que envuelve alguna cosa. || VOILE, f. Mar. Vela de un buque ó embarcacion. || Vela, el mismo buque ó embarcacion; como *une flotte de cent voiles*, una armada de cien velas ó navios. || *Voile latine*, vela latina ó triangular. || *Voile carrée*, vela cuadra, redonda ó cuadrangular. || *Mettre à la voile*, darse ó hacerse á la vela. || *Faire voile*, hacer vela, hacer rumbo, caminar. || *Faire voile vers*, navegar, llevar el rumbo hácia. || *À toute voile*, á toda vela, á todo trapo. || met. y fam. *Mettre toutes les voiles au vent*, echar alas y arrastraderas: hacer todos los esfuerzos posibles para alcanzar lo que se desea.

**VOILÉ, ÉE**, adj. *vualé*. Cubierto de un velo, etc. V. VOILER. || Que ha tomado el velo: *religieuse voilée*. || Oscuro, tapado, escondido: *le soleil est voilé d'un nuage*. || met. *Voix voilée*, voz tomada, que suena ronca ó cascada.

**VOILER**, a. *vualé*. Velar, cubrir con un velo. || Dar el velo á una religiosa. || met. Encubrir, ocultar, disfrazar, disimular.

**VOILERIE**, f. *vualrí*. Mar. Fábrica de velas, obrador de velería, donde se construyen ó hacen velas.

**VOILETTE**, f. *vualét*. Mar. Velita, velilla, vela pequeña de un buque. || Velito, velo pequeño que las señoras llevan en el sombrero.

**VOILIER**, m. *vualié*. Mar. Velero, el que hace velas. || Velero, buque que admite mucha vela, ó que tiene la cualidad de andar mucho.

**VOILURE**, f. *vualúr*. Mar. Velámen, el conjunto de velas que necesita un buque.

**VOIR**, a. *vuár*. Ver, apercibir los objetos con la vista. || Ver, ser testigo ocular. || Mirar, hablando de las cosas. || Ver, probar, ensayar, hacer alguna probatura. || Tiene en ambas lenguas otras acepciones fáciles de conocer. || *Voir clair*, tener buena vista. || *Cette hauteur voit la place*, desde esta altura se descubre la plaza. || *Voir une femme*, conocer á una mujer, tener trato ilícito con ella. || *Faire voir*, enseñar.

**VOIRE**, adv. ant. *vuar*. Se decia por *vraiment*, *certes*, *même*. || *Tout le monde fut de son avis*, *voire sa femme*, todos fueron de su parecer, aun su mujer, hasta su mujer.

**VOIREMENT**, adv. ant. *vuarmán*. Se ha dicho por *à la vérité*.

**VOIRIE**, f. *vuarí*. Inspeccion de caminos y canales; cargo del veedor. V. VOYER. || Inspeccion de caminos y carreteras. *La grande voirie*, la superintendencia de caminos y carreteras. || Muladar ó sitio destinado para arrojar las inmundicias de una poblacion.

**VOISIN, E**, adj. *vuasén*. Vecino, que vive inmediato, que vive junto á otro, en la vecindad. || Vecino, próximo, inmediato, que está cerca. || met. Próximo, inmediato, cercano, que se acerca. || Es tambien sustantivo: *mon voisin*, *ma voisine*. || *Être mauvais voisins*, hacer mala vecindad.

**VOISINAGE**, m. *vuasinága*. Vecindad, conjunto de personas que viven inmediatas las unas á las otras. || Vecindad, proximidad de un lugar con relacion á otro cercano, cercanía, inmediacion.

**VOISINER**, n. *vuasiné*. Comadrear, andar por la vecindad visitando á los vecinos. || Visitar familiarmente á los vecinos.

**VOITURE**, f. *vuatúr*. Carruaje, se entiende por todo carro, coche, berlina, etc., que sirve para trasportar gente ó géneros de un lugar á otro. || Asientos ó personas que van dentro de un carruaje. *Il a voiture complète*, lleva todos los asientos ocupados. || Lo que contiene un carruaje. *Acheter une voiture de charbon*, comprar un carro, una carretada de carbon. || Porte, lo que se paga por la conducion ó trasporte de una cosa en un carruaje.

**VOITURER**, a. *vuaturé*. Carretear, portear, conducir ó trasportar géneros ó efectos en carruaje. || Llevar, conducir gente en coche, calesa, etc. || Trasportar, portear en carga, por agua, etc.

**VOITURIER**, m. *vuaturié*. Carretero, el que carretea. || Carruajero, trajinero, arriero que lleva á porte géneros y personas de un punto á otro.

**VOITURIN**, m. *vuaturén*. Calesero, que alquila y conduce un coche ó calesa, una berlina ó tartana de un punto ó lugar á otro.

Volcan, conmocion violenta que entusiasma, conspiracion, etc.

**VOLCANIQUE**, adj. *volcanic*. Volcánico, que pertenece á los volcanes. || *Tête, imagination volcanique*, cabeza, imaginacion volcánica, ardiente, fogosa.

**VOLCANISER**, a. *volcanisé*. Volcanizar, fogear, exaltar.

**VOLCANISTE**, m. Es sinón. de *plutoniste*. V. esta voz y PLUTONISME.

**VOLE**, f. *vól*. Bola, se dice en el juego de naipes cuando un jugador levanta todas las bazas. *Faire la vole*, hacer todas las bazas.

**VOLÉE**, f. *volé*. Volada, vuelo, accion de volar un ave. || Bandada, multitud de aves que vuelan juntas. || Cria, nidada de pichones y otras aves semejantes. || *La volée de mars, d'août*, la cria de marzo, la de agosto, se entiende por la saca de pichones que hacen las palomas en dichos meses. || met. y fam. Bandada, reunion de jóvenes de una edad y de un mismo sexo y profesion. || Rango, categoría. *C'est une personne de la haute volée*, es una persona de alto copete, de campanillas. || *Une volée de canons*, una descarga de artillería. *La volée d'une pièce de canon*, último tercio de una pieza, ó sea la parte que concluye en la boca. || *Tirer à toute volée ó de toute volée*, poner la puntería lo mas alta posible. || Volteo, vuelo de las campanas. || Voleo, golpe que se da á la pelota ántes que llegue á tierra despues del bote. || Tiro delantero, y tambien guias, hablando de los caballos de un coche. || Bolea, balancin que se sujeta á la lanza de un carruaje para enganchar en él un par de caballerías. || met. y fam. *Une volée de coups de bâton*, una paliza, una tunda de palos. || *À la volée*, loc. adv. Al vuelo, en el aire. Dícese tambien en sentido met., y equivale á precipitadamente, sin reflexion, de volin de volan, de trompon. || *Tirer une boule de volée*, tirar golpe en bola. || *Sonner à toute volée*, tocar ó echar á vuelo las campanas. || Agr. *Semer à la volée*, sembrar á puño, arrojando la semilla con la mano.

**VOLER**, n. *volé*. Volar, moverse, sostenerse en el aire con las alas. || met. Volar, andar ó correr con suma velocidad. || Volar, pasar el tiempo rápidamente. || Volar, extenderse, la fama ó reputacion de alguno. || Volar, ser lanzado al aire algun proyectil. || Volar, revolotear: se dice por extension de cualquier cosa que anda por el aire. || Cetr. Usado como activo significa dar caza al ave de altanería; y tambien cazar con halcon ó con otra ave de rapiña. || a. Robar, hurtar. || *Voler un nom, un titre*, robar un nombre, un título, apropiárselo injustamente. || Robar, cometer un plagio, apropiarse una idea, una palabra que pertenece á otro autor.

**VOLEREAU**, m. fam. dim. de VOLEUR. *volró*. Ladronzuelo.

**VOLERIE**, f. *volrí*. Cetr. Volatería, caza de aves que se hace con el halcon. || *Haute volerie*, altanería ó caza de grullas, de milanos, etc. || *Basse volerie*, cetrería, caza de la perdiz, de la paloma y de otras aves semejantes. || fam. Ladronicio ó latrocinio, robo, rapiña.

**VOLET**, m. *volé*. Cada una de las maderas de una ventana que sirve de custodia á las vidrieras y para cerrar y abrir segun convenga. || Palomar doméstico, palomera ó pequeño palomar. || Tabla corredera que se pone en el salidero del palomar. || Tabla de cocina para limpiar ó escoger las legumbres. || met. *Trier sur le volet*, escoger á mano, con sumo cuidado, uno por uno.

**VOLETER**, n. *volté*. Revolotear, dar vuelos ó voladitas pequeñas un pajarillo, una mariposa, etc.

**VOLETTE**, f. *volét*. Especie de zarco ó cañizo que se pone sobre las rodillas para escarmenar la lana. || *Volettes*, pl. Flequecillos que tienen las redes mosqueras que se ponen á los caballos.

**VOLEUR, EUSE**, m. y f. *voleur, eus*. Ladron, el que roba ó es inclinado á robar. || Ladron, estafador, el que hace pagar una cosa mas de lo que vale. || *Voleur de troupeaux*, cuatrero, ladron de ganados. || *Voleur de grand chemin*, ladron del camino real, salteador de caminos. || *Au voleur!* al ladron! ladrones!.. modo de pedir auxilio contra algun malhechor.

**VOLIÈRE**, f. *voliér*. Pajarera, lugar donde se crian pájaros. || Pajarera, especie de jaula grande con separaciones, para meter diversas clases de pájaros. || Palomar casero, donde se crian algunas palomas.

**VOLIGE**, f. *volíge*. Tabla de chilla, que es muy delgada. || Lata para empizarrar.

**VOLIN**, m. *volén*. Agr. Podon, herramienta para cortar las ramas de los árboles.

**VOLIS ó VOLNIS**, m. *volís, volnís*. Bot. Árbol que ha desgajado algun huracan.

**VOLITION**, f. *volisión*. Fil. escolást. Volicion, acto en virtud del cual se decide la voluntad por alguna cosa.

**VOLONTAIRE**, adj. *volontér*. Voluntario, espontáneo, que nace de la voluntad. || Independiente, voluntarioso, que no quiere sujetarse á otra voluntad que la suya. || m. Voluntario, el que sirve en un ejército espontáneamente. || Voluntario, el que se presta á hacer un servicio sin corresponderle.

**VOLONTAIREMENT**, adv. *volontermán*. Voluntariamente, espontáneamente.

**VOLONTÉ**, f. *volonté*. Voluntad, una de las potencias del alma, que tiene por objeto el bien conocido. || Voluntad, facultad de obrar una persona con arreglo á su gusto ó á su deseo. Tiene otras acepciones, y son las mismas en ambas lenguas. || *Avoir une volonté forte*, tener firmeza de carácter para hacerse obedecer, constancia en lo que se emprende, etc. || *Faire sa volonté*, hacer su gusto, salirse con la suya. || *Que la volonté de Dieu soit faite!* hágase la voluntad de Dios! || *Les dernières volontés d'une personne*, la última voluntad de una persona, sus últimas disposiciones. || *À volonté*, loc. adv. Cuando se quiere, al arbitrio, al gusto de uno. || Com. *Billet payable à volonté*, carta de pago ó pagaré que se debe satisfacer á su presentacion. || *Volontés*, pl. caprichos, antojos de una persona.

**VOLONTIERS**, adv. *volontié*. De buena gana, con gusto, desde luego. || *Volontiers, soit, je le veux bien*, me place, paso, lo concedo.

**VOLSQUES**, m. pl. *vólsc*. Volscos, antiguos habitantes del Lacio.

**VOLTAÏQUE**, adj. *voltaic*. Voltáico, que pertenece al famoso Volta. || *Pile voltaïque*, pila voltáica, aparato inventado por Volta para desarrollar la electricidad ó el galvanismo.

**VOLTAIRIEN, NE**, adj. y s. *volterién, én*. Volteriano, de Voltaire, relativo á Voltaire. || Volteriano, partidario de Voltaire ó de sus doctrinas.

**VOLTE**, f. *vólt*. Vuelta, círculo que describe un caballo en el picadero. || *Demi-volte*, media vuelta. || Esgr. Quite que se hace describiendo un medio círculo con el florete. || Especie de baile. || Cetr. Grito que se da al halcon al descubrir la caza. || *Faire volte-face*, volver caras, dar frente al enemigo. || Mar. Vuelta, rumbo ó direccion hácia alguna parte.

**VOLTÉ, ÉE**, adj. *volté*. Blas. Volteado ó doble.

**VOLTE-FACE**, f. *voltfás*. Mil. Média vuelta que ejecuta una tropa al volver caras dando frente al enemigo.

**VOLTER**, n. *volté*. Esgr. Girar, cambiar de posicion para evitar con mas ventaja los golpes del adversario.

**VOLTIGE**, f. *voltíge*. Cuerda floja sobre la que ejecutan sus habilidades los volatineros. || Volteo, danza ó ejercicio de volatinero. || Equit. Salto de un jinete que monta sin estribos.

**VOLTIGEMENT**, m. *voltigemán*. Revoloteo, accion de revolotear, de dar vueltas por el aire. || Ondeo, movimiento de una bandera agitada por el viento.

**VOLTIGER**, n. *voltigé*. Revolotear, dar vueltas volando una mariposa ó cosa semejante. || Ondear una bandera, un velo, etc. || Voltear, bailar, saltar, andar en la cuerda floja haciendo volatines. || Equit. Dar torno á un caballo, hacerle dar vueltas en el circo. || Saltar, salpicar, andar de una parte á otra sin fijarse en ninguna.

**VOLTIGEUR**, m. *voltigeur*. Volatinero, el que ejecuta saltos y habilidades en la cuerda floja. || Mil. Tirador, cazador, soldado que forma parte en una compañía de preferencia.

**VOLUBILIS**, m. *volubilís*. Bot. Volubilis, nombre dado á varias plantas enredaderas ó que se enroscan.

**VOLUBILITÉ**, f. *volubilité*. Volubilidad, facilidad de moverse al rededor alguna cosa. || met. Desparpajo, locuacidad, facultad de hablar mucho y con rapidez. *Volubilité de langue*, volubilidad, expedicion de lengua ó en el hablar.

**VOLUBLE**, adj. *volúbl*. Voluble, que da vueltas fácilmente al rededor. || Voluble, inconstante.

**VOLUE**, f. *volú*. Broca que meten los tejedores en la lanzadera.

**VOLUME**, m. *volúm*. Volúmen, extension, bulto de un cuerpo cualquiera. || Volúmen, tomo, libro encuadernado ó sin encuadernar.

**VOLUMINEUX, EUSE**, adj. *voluminea, eus*. Voluminoso, que hace mucho bulto, que ocupa grande espacio. || Voluminoso, que se compone de muchos tomos ó volúmenes, hablando de una obra literaria.

**VOLUPTÉ**, f. *volupté*. Deleite, placer sensual. || Algunas veces significa placer espiritual, placeres del alma: *l'âme a ses voluptés*.

**VOLUPTUAIRE**, adj. *voluptuér*. Jurisp. Se dice de las obras que se hacen para el adorno, por lujo ó capricho: *dépenses voluptuaires*.

**VOLUPTUOSITÉ**, f. *voluptuosité*. Se ha dicho por *volupté*.

**VOLUPTUEUSEMENT**, adv. *voluptueusemán*. Voluptuosamente, sensualmente, con deleite ó placer sensual.

**VOLUPTUEUX, EUSE**, adj. *voluptueu, eus*. Voluptuoso, sensual, que gusta de los placeres y apetitos sensuales. || Voluptuoso, deleitoso, delicioso, que inspira ó causa deleite, placer sensual. Se usa tambien como sustantivo, hablando de personas.

**VOLUTE**, f. *volút*. Arq. Voluta, roleo, adorno hecho en forma de espiral. || Zool. Voluta, especie de concha univalva que tiene la figura de un cono piramidal.

**VOLUTER**, a. *voluté*. Art. Devanar el hilo en carretes. || n. Arq. Hacer volutas ó roleos.

**VOLVA**, m. ó **VOLVE**, f. *vólva, vólv*. Bot. Volva ó túnica de la seta ú hongo.

**VOLVÉ, ÉE**, adj. *volvé*. Bot. Envuelto en una túnica ó volva.

**VOLVULUS**, m. *vólvulus*. Med. Vólvulo, miserere, enfermedad de los intestinos. V. ILEUS.

**VOMER**, m. *vomér*. Anat. Vomer, hueso que divide la nariz en dos partes.

**VOMIQUE**, f. *vomíc*. Med. Vómica, reunion de pus formado en el pecho que suele expectorarse por una especie de vómitos. || adj. *Noix vomique*, nuez vómica, especie de haba que es un veneno para varios animales, en particular para el perro.

**VOMIR**, a. y n. *vomír*. Vomitar, restituir por la boca los alimentos que contenia el estómago. || *Envie de vomir*, gana de vomitar, náuseas, arcadas. || Se usa tambien en sentido figurado: *vomir des injures, des blasphèmes*.

**VOMISSEMENT**, m. *vomismán*. Vómito, accion de vomitar.

**VOMITIF, IVE**, adj. *vomitif, iv*. Vomitivo, que provoca el vómito, que hace vomitar. Úsase tambien como sust. masculino.

**VOMITOIRE**, m. *vomituár*. Es lo mismo que *vomitif*, y no se usa. || Vomitorio, entre los Romanos las salidas ó grandes puertas por donde salia el pueblo del teatro.

**VORACE**, adj. *vorás*. Voraz, que devora, que come con voracidad.

**VORACITÉ**, f. *vorasité*. Voracidad, ansia ó deseo insaciable de comer.

**VORTICULE**, m. *vorticúl*. Torbellino poco considerable.

**VOS**, adj. poses. plural de *votre*. V. VOTRE.

**VOTANT**, m. *votán*. Votante, el que vota.

**VOTATION**, f. *votasión*. Votacion, accion de votar.

**VOTE**, m. *vót*. Voto. V. **SUFFRAGE**.

**VOTER**, a. *voté*. Votar, dar su voto.

**VOTIF, IVE**, adj. *votif, iv*. Votivo, que pertenece al voto. || *Messe votive*, misa que se dice en virtud de un voto ó promesa.

**VOTRE**, adj. poses. *votr*. Vuestro, vuestra. || *Vos*, pl. Vuestros, vuestras. || *Un de vos parents*, un pariente vuestro, ó un pariente de Vd., de Vds. || Se escribe *vôtre*, y en plural *vôtres*, con referencia á una cosa de que ya se ha hablado; por ejemplo: *écoutez mes raisons, j'écouterai les vôtres après*, oid mis razones, y yo despues oiré las vuestras. Este adjetivo posesivo y relativo *vôtre*, *vôtres*, va siempre precedido de uno de los artículos *le, la, les, du, des, au, aux*. || **VÔTRE**, m. Lo vuestro, lo que pertenece á vosotros, á Vd., á Vds. || *Le vôtre et le nôtre*, lo vuestro y lo nuestro. || *C'est un des vôtres*, es uno de los vuestros. || fam. *Vous faites des vôtres*, haceis de las vuestras, hace Vd., hacen Vds. de las suyas. || Este sustantivo va tambien precedido siempre del artículo *le, les, du, des, au, aux*, y señalado con el acento circunflejo.

**VOUÈDE**, m. *vuéd*. Especie de pastel ó glasto para teñir.

**VOUER**, a. *vué*. Consagrar alguna cosa á Dios ó á la Vírgen. || Hacer un voto, prometer con voto. || Prometer, ofrecer de una manera particular. || Consagrar, dedicar, emplear exclusivamente una cosa. || *Se vouer*, r. Consagrarse, dedicarse á Dios, al servicio de Dios. || Ofrecerse al servicio de la patria, del soberano. || Entregarse, dedicarse al estudio, al trabajo, etc. Entregarse enteramente dos personas la una á la otra. || prov. y met. *Ne savoir à quel saint se vouer*, no saber á quién recurrir, no saber qué medio tomar para salir de un apuro.

**VOUGE**, m. *vúge*. Mont. Especie de venablo ó cuchillo de monte. || Agr. Podadera con un mango largo.

**VOULOIR**, a. *vuluár*. Querer, tener intencion ó voluntad de hacer alguna cosa. || Querer, mandar, ordenar, exigir con autoridad. || Querer, desear, tener algun deseo. || *Il ne sait ce qu'il veut*, no sabe lo que quiere. || *Dieu le veuille*, quiéralo Dios. || *En vouloir à quelqu'un*, querer mal á uno, guardarle rencor. || *En vouloir à sa vie*, atentar contra su vida. || *Vouloir du bien, du mal à quelqu'un*, desear bien ó mal á alguno, tenerle afecto ú odio. || fam. *En vouloir à une personne*, querer, pretender alguna cosa de una persona, desear hablarle, etc. || *Veuillez*, tened la bondad, tenga Vd. ó tengan Vds. la bondad. || *Oui, je le veux* ó *je le veux bien*, sea, estoy conforme, consiento en ello, lo apruebo. || *Cela veut du temps*, eso pide tiempo. || Poder ó querer, hablando de las cosas inanimadas. *Cela ne veut pas aller*, eso no quiere andar, es decir, no puede andar, está descompuesto. || *Se vouloir*, r. Desearse, ser deseada una cosa. || *S'en vouloir*, echarse en cara ó reprocharse uno á sí mismo alguna cosa. || Tenerse odio ó rencor dos personas recíprocamente. || **VOULOIR**, m. El querer, acto de la voluntad, accion de querer. || *Bon vouloir, mauvais vouloir*, buena voluntad, mala voluntad. || fam. *Malin vouloir*, mala intencion, un ánimo dañado.

**VOURGE** ó **VOURSTE**, m. *vúrge, vúrst*. Vourst, especie de carruaje de caza.

**VOURINE**, f. *vurín*. Especie de seda de Persia.

**VOUS**, pron. pers. *vú*. Vos, vosotros; usted ó ustedes. || *Taisez-vous*, callad, calle Vd. ó callen Vds.

**VOUSSOIRS** ó **VOUSSEAUX**, m. pl. *vusuár, vusó*. Arq. Claves de los arcos de una bóveda.

**VOUSSOYER**, n. *vusuayé*. Usar del pronombre *vous*, al hablar. || *Voussoyer son père*, hablar de vos ó usted á su padre.

**VOUSSURE**, f. *vusúr*. Arq. Arco avialado que forma una bóveda.

**VOÛTE**, f. *vút*. Bóveda, parte superior que cubre un edificio en forma de arco. || Por anal. *Une voûte de feuillage*, una bóveda de verdura formada con ramas de árboles. || Poét. *La voûte du ciel, la voûte des cieux, la voûte céleste, la voûte azurée, la voûte étoilée*, la bóveda celeste, la bóveda cerúlea, el estrellado techo, el cielo. || *La voûte du fer d'un cheval*, el arco de una herradura.

**VOÛTÉ, ÉE**, adj. *vuté*. Abovedado. || met. Agobiado, encorvado, inclinado hácia adelante.

**VOÛTER**, a. *vuté*. Abovedar, hacer una bóveda. || *Se voûter*, r. Encorvarse, inclinarse hácia adelante una persona por ser muy alta ó por tener mucha edad.

**VOUTURE**, f. *vutúr*. Anat. Especie de fractura en el cráneo.

**VOYAGE**, m. *vuayáge*. Viaje, el camino que se anda para ir de un paraje á otro algo distante. || Viaje, ida ó venida de una calle ó casa á otra en la misma poblacion. || Viaje, comision que desempeña un mandadero ó mozo de esquina en virtud de encargo especial. || Viaje, estancia, parada que se hace en una parte distinta de la en que se tiene fijada la residencia.

**VOYAGER**, n. *vuayagé*. Viajar, hacer algun viaje, ir de un país á otro.

**VOYAGEUR, EUSE**, m. y f. *vuayageur, eus*. Viajero, viajante, el que va de viaje.

**VOYAGISTE**, m. inus. *vuayagíst*. Viajero, el que hace la descripcion de un viaje.

**VOYANT, E**, adj. *vuayán*. Chillon, alegre, subido, vivo, que resalta demasiado, hablando de colores. || Vidente, que ve. || *Frères voyants*, hermanos del hospicio de *Quinze-vingts* (casa de refugio para los ciegos en Paris) que tienen buena vista y están casados con mujeres ciegas. || *Sœurs voyantes*, hermanas que tambien se encuentran en el hospicio de *Quinze-vingts*, pero que tienen vista y están casadas con maridos ciegos. || **VOYANT**, m. Vidente, nombre antiguo aplicado á los profetas.

**VOYELLE**, f. *vuayél*. Gram. Vocal, letra que produce un sonido por sí misma.

**VOYER**, m. *vuayé*. Veedor, encargado de la conservacion de los caminos y de las calles en las poblaciones. || *Grand voyer*, intendente general de caminos. || Úsase tambien como sust. masculino: *commissaire voyer*.

**VRAI, E**, adj. *vré*. Verdadero, que está conforme á la verdad. || Verdadero, verídico, que contiene verdad. || Verdadero, cierto. || Verdadero, real, que no es imaginario. || Ingenuo, sincero. || Verdadero, que es lo que debe ser: *un vrai capitaine, un vrai savant*. || Único, principal, esencial. || Conveniente. || **VRAI**, m. Verdad. || *Voilà le vrai*, esto es la verdad ó la realidad. || *Au vrai*, loc. adv. A la verdad, de verdad, en realidad, ciertamente. || *À dire vrai, à parler vrai, à vrai dire*, si he de decir la verdad, si va á decir verdad.

**VRAIMENT**, adv. *vremán*. Verdaderamente, ciertamente, efectivamente.

**VRAISEMBLABLE**, adj. *vresanblábl*. Verosímil, que tiene apariencia de verdad.

**VRAISEMBLABLEMENT**, adv. *vresanblablmán*. Verosímilmente, segun las apariencias.

**VRAISEMBLANCE**, f. *vresanbláns*. Verosimilitud, apariencia de verdad.

**VREDER**, n. ant. *vredé* (e muda). Ir y venir sin objeto, corretear, callejear.

**VRILLE**, f. *vrill*. Barrena, herramienta que sirve para hacer agujeros en la madera. || Bot. Pámpano, tallo que echa la vid. || pl. Tijeretas, zarcillos de las vides.

**VRILLER**, n. *vrillé*. Encordar un cohete. || Hacer roscas en forma de espiral. || Mont. V. **VERMILLER**.

**VRILLERIE**, f. *vrillrí*. Arte de hacer barrenas; taller donde estas se hacen.

**VRILLIER**, m. *vrillié*. Artífice que hace barrenas y otros pequeños instrumentos de hierro ó acero.

**VRILLON**, m. *vrillón*. Barrenita, barrena pequeña.

**VU, E**, adj. *vú*. Visto. || *Être bien vu, être mal vu*, ser bienquisto ó malquisto, esto es, estimado ó aborrecido. || Algunas veces se usa de un modo invariable y absoluto en estilo forense; como *vu par la Cour les pièces mentionnées, vu les arrêts énoncés*, etc. Tambien se usa así en el lenguaje ordinario, y equivale á visto, atendido, respecto á, en atencion á [illegible] *compense sa* [illegible] mio es cierto [illegible] dido su mérito. || [illegible] en atencion á las [illegible] tan. || *Vu que*, visto que [illegible] que. || m. For. Vista de [illegible] *vu d'un arrêt* [illegible] una providencia. || *Cela s'est* [illegible] *vu de tout le monde*, se [illegible] presencia de todo el mundo.

**VUE**, f. *vú*. Vista, uno de [illegible] dos, cuyo órgano son los [illegible] cultad de ver, modo [illegible] rar. || Pint. Vista, representacion [illegible] ficio, de un sitio, etc. [illegible] cado con la cámara negra. || [illegible] del terreno que se alcanza [illegible] cualquier punto. || Vista, cada [illegible] tana que tiene un edificio [illegible] met. Mira, designio [illegible] pone en cualquier empresa [illegible] miento, penetracion [illegible] contra las eventualidades [illegible] *la vue*, dar en ojos [illegible] bien dar en ojos [illegible] eso. || *Avoir la vue sur quelqu'* [illegible] vista sobre alguno [illegible] *Lettre payable à vue* [illegible] vista. || *Cette maison a des vues* [illegible] *vibre*, esta casa tiene vistas [illegible] rio. || *Il s'est dérobé à ma vue* [illegible] de mi vista, de mi presencia [illegible] á ojos vistos, visiblemente [illegible] *d'œil, à vue de pays*, á ojo [illegible] á salga lo que saliere [illegible] *vues pour quelqu'un* [illegible] por uno, tener ánimo de [illegible] guna ventaja. || *Avoir des vues* [illegible] *qu'un*, tener intencion de [illegible] alguna cosa. || *Avoir des vues* [illegible] *chose*, poner la mira en [illegible] los ojos puestos en ella [illegible] || *Porter ses vues trop haut* [illegible] mientos muy altos, poner [illegible] tos, rayar muy alto. || *À perte de* [illegible] alcanza la vista.

**VULCAIN**, m. *vulquén*. [illegible] hijo de Júpiter y de Juno. || [illegible] mariposa diurna.

**VULCANAL, E**, adj. [illegible] cano, que pertenece á Vulcano [illegible] *nales*, f. pl. Vulcanales [illegible] braban en honor de Vulcano.

**VULCANISER**, a. ant. [illegible] los cuernos, hacer cabrones.

**VULCANISME**, m. [illegible] canismo, hipótesis que atribuye [illegible] formacion del globo. || ant. [illegible] tado de un hombre cornudo.

**VULCANISTE**, m. [illegible] nista, partidario del vulcanismo.

**VULGAIRE**, adj. *vulguér*. [illegible] es comun, de un uso general [illegible] *gaire*, lengua vulgar, la [illegible] tica. || *Langues vulgaires*, lenguas [illegible] los diferentes idiomas que [illegible] blan hoy dia. || Vulgar, comun [illegible] *sées vulgaires*, sentimientos [illegible] Vulgo, el pueblo, el comun de [illegible] || *Le vulgaire des auteurs*, de [illegible] autores, los artistas [illegible] distinguen, que no salen del [illegible]

**VULGAIREMENT**, adv. [illegible] Vulgarmente, comunmente. || [illegible] de un modo vulgar.

**VULGARISER**, a. *vulgarisé*. [illegible] hacer vulgar.

**VULGARISME**, m. [illegible] dad, cosa vulgar.

**VULGARITÉ**, f. *vulgarité*. [illegible] cualidad de lo que es vulgar.

**VULGATE**, f. *vulgát*. [illegible] latina de la sagrada Escritura [illegible] la Iglesia católica. Dícese [illegible] *la version vulgate*.

**VULNÉRABLE**, adj. [illegible] Vulnerable, que puede ser [illegible]

**VULNÉRAIRE**, adj. [illegible] nerario, se dice de los [illegible] pios para curar las llagas [illegible] *vulnéraires*, aguas [illegible] curar heridas, y [illegible] generarias. Se usa tambien como sust. masculino: un bon vulnéraire.

**VULNÉRAIRE**, f. *vulnerér*. Bot. Vulneraria, especie de planta recomendada para las llagas y heridas.

**VULPIN, E**, adj. *vulpén*, *in*. Vulpino, que participa de la naturaleza de la zorra. || m. Bot. Vulpino, género de plantas gramíneas.

**VULPINADES**, f. pl. *vulpinád*. Vulpinadas, fiestas que celebraban los antiguos Romanos.

**VULPINE**, f. Bot. V. VULPIN, 2ª. acepcion.

**VULSONADE**, f. *vulsonád*. Muerte de una mujer cometida por su marido cuando la sorprende en adulterio.

**VULTUEUX, EUSE**, adj. *vultueu*, *eus*. Med. y Cir. Que tiene la cara abultada y muy encarnada, como sucede en las enfermedades inflamatorias.

**VULTURIDE**, adj. *vulturid*. Vultórido, que se parece al buitre. || *Vulturides*, m. pl. Zool. Vultúridos, familia de aves cuyo tipo es el buitre.

**VULTURNAL, E**, adj. *vulturnál*. Antig. rom. Vulturnal, concerniente al dios Vulturno.

**VULVAIRE**, f. *vulvér*. Bot. Quenopodio, sardinera, mea perro, especie de planta de mucho uso en medicina. || adj. Anat. Vulvar, que pertenece á la vulva.

**VULVE**, f. *vúlv*. Anat. Vulva, segun unos es el conjunto de las partes genitales de la mujer, y segun otros la abertura longitudinal extendida desde la parte inferior y media del púbis hasta cerca del ano.

# W.

**W**, m. W, letra que pertenece al alfabeto de los pueblos del Norte y se usa únicamente en la lengua francesa para las voces extranjeras que se han adoptado en ella, no habiendo regla fija para su pronunciacion. Así es que unas veces equivale á *v*, como en *Newton*, *New-York*, que se pronuncian *Nevtón*, *Nevyórc*; otras suena como *ou*, esto es, *u* española, como en *wig*, que se pronuncia *uig*; y otras *v*, como en *wauxhall*, *wagon*, *etc*. Es muda en *paw*, *law*, *etc*. || Mar. En las giraldillas, en la brújula ó roseta de los vientos, etc., de los pueblos del Norte W significa *West*, en frances *Ouest*, y en español *Oeste*. || Mús. La W sirve algunas veces para señalar la parte del violin.

**WACKENDORFIE**, f. *vaquendorfí*. Bot. Vaquendorfia, género de plantas del cabo de Buena Esperanza.

**WAGGON, WAGON ó VAGON**, m. *vagón*. Wagon, cada uno de los coches ó furgones que forman parte en un convoy del ferro-carril.

**WAGUEMESTRE**, m. V. VAGUEMESTRE.

**WAHABIS**, m. pl. *vuabí*. Wahabis, secta de Árabes que no admiten otra doctrina sino la pura del Coran.

**WALAN**, m. *ualán*. Bot. Walan, árbol de Amboina, cuyo polvo emborracha al pescado, echándolo en el agua.

**WALLÉRITE**, f. *ualerít*. Walerita, alúmina hidratada de los Pirineos.

**WALLON, E**, adj. y s. *valón*, *ón*. Walon, se dice de los habitantes de la Bélgica que son de orígen galo, ó que hablan la lengua francesa. || m. Walon ó flamenco, idioma que se habla en los Paises Bajos.

**WALTHÉRIANE**, f. *valteridn*. Bot. Valteriana, género de plantas.

**WALTHÉRIE**, f. *valterí*. Bot. Valteria, planta de las dos Indias.

**WARANDEUR**, m. *uarandeur*. Especie de sobrestante ó inspector que, en Dunkerque, interviene en la salazon de los arenques.

**WARNETTEUR**, m. *uarneteur*. Especie de barca pescadora de Dieppe.

**WARRANT**, m. *uarran*. Legis. ingl. Mandamiento de prision.

**WARRETÉE**, f. *uarrié*. Hilo de que se sirven los pescadores para unir varias piezas de red.

**WATERGANK**, m. *uatergánc*. Canal ó foso que está lleno de agua, en los Paises Bajos.

**WATERMAN**, m. *uatermán*. Waterman, especie de máquina para cavar la tierra debajo del agua.

**WAUXHALL**, m. *vocsál*. Sala de espectáculo, de reunion, de baile, juego, etc., en Inglaterra.

**WESTPHALIEN, NE**, adj. y s. *vesfalién*, *én*. Westfaliano, de Westfalia.

**WHIG**, s. m. y adj. *uig*. Whig, partido político en Inglaterra que hace profesion de defender la libertad y está en oposicion con los toris.

**WHIGGISME**, m. *uiguism*. Partido, opinion de los whigs.

**WHIST**, m. *uist*. Wist, especie de juego de naipes de orígen inglés.

**WICLÉFISME**, m. *uiclefism*. Wicleñismo, sistema, doctrina, herejía de Wiclef, que no admitia la transustanciacion, el purgatorio ni la invocacion de los santos.

**WICLÉFISTE**, m. *uiclefist*. Wicleñista, partidario de Wiclef ó de su doctrina.

**WIGANDIE**, f. *uigandí*. Bot. Vigandia, planta de América.

**WIGWAM**, m. *uiguám*. Vigvam, choza indiana, aldea, pueblo de chozas.

**WILLIA**, m. *uilia*. Bot. Vilia, planta umbelífera.

**WILSONIE**, f. *uilsoní*. Bot. Vilsonia, arbusto trepador de Nueva Holanda.

**WIMBE**, m. *uénb*. Zool. Nombre dado á un pescado.

**WINTÉRANE**, f. *uenterán*. Bot. Vinterania, árbol originario de la América meridional que produce la corteza llamada en el comercio canela blanca.

**WISK**, m. V. WHIST.

**WISKEY**, m. *uisquí*. Wiskey, especie de aguardiente que se bebe en el Norte.

**WISKI**, m. *uisquí*. Especie de cabriolé muy alto y lijero que estaba en uso antiguamente y era de orígen inglés.

**WODANIUM**, m. *vodaniúm*. Miner. Vodanio, metal que se creyó puro, y que es una mescla de níquel con otros metales.

**WOLFRAMIUM ó WOLFRAM**, m. *volframióm*, *volfrám*. Quím. Volfran, mineral que contiene túnstico ó tunsteno.

**WORMIEN**, adj. m. *vormién*. Anat. Vermiano, se dice de unos huesecillos que algunos designan con el nombre de llaves del cráneo, y están colocados en las suturas del mismo.

# X.

**X**, m. X, letra vigésimatercera del alfabeto frances y la décimaoctava de las consonantes, cuya pronunciacion es varia. Se pronuncia como *cs* en *extrême*, *axe*, *maxime*, *luxe*; como *gz* ó *gs* suave en *Xercès*, *Xerxès*, *Xavier*, *Ximenès*, *exercice*, *examen*; como *s* española fuerte en *Auxerre*, *Bruxelles*, *soixante*; como *z*, ó sea *s* llamada suave ó dulce por los Franceses, en *deuxième*, *sixième*, *etc*. || X como signo numeral vale 10, con un tilde encima 10,000, y puesta así *x* representa 1,000. || En las antiguas cifras ó abreviaturas latinas X. MILL. significaba *decem millia*, diez mil; X. P. *decem pondo*, diez libras, ó *decem pedes*, diez piés; X. V. *decemvir*, decenviro; XV. V. *quindecemvir*, quindecenviro, nombre de ciertos magistrados ó empleados romanos. || X letra dominical en el cómputo eclesiástico. || X en álgebra indica una cantidad no conocida.

**XAGUA**, m. *gsaguá*. Bot. Jagua, árbol y fruta de la isla de Cuba.

**XALAPE ó XALAPA**, f. *gsaláp*, *gsalápa*. Bot. Jalapa, raiz purgativa procedente de América. V. JALAP.

**XANTHATE**, m. *gsantát*. Quím. Xantato, combinacion del ácido xántico con una base salificable.

**XANTHE**, m. *gsánt*. Xanto, famoso rio de la Natolia.

**XANTHIUM**, m. *gsantióm*. Bot. Xantium planta acuática.

**XANTHOCARPE**, adj. *gsantocárp*. Bot. Xantocarpo, que tiene frutas amarillas.

**XANTHOCÉPHALE**, adj. *gsantocefál*. Zool. Xantocéfalo, que tiene la cabeza amarilla.

**XANTHOGNATE**, adj. *gsantognát*. Zool. Xantognato, que tiene las mandíbulas amarillas.

**XANTHOLINE**, f. Bot. V. SANTOLINE.

**XÉNÉLASIE**, f. *gsenelasí*. Antig. Xenelasia, prohibicion impuesta á los extranjeros de permanecer en las ciudades.

**XÉNIE**, f. *gsení*. Antig. gr. Regalo que los amigos se enviaban en ciertas épocas del año. || Regalos que hacian los Griegos á sus huéspedes para renovar la amistad y el derecho de hospedaje.

**XÉNODOCHION**, m. *gsenodoquión*. Antig. Xenodoquion, hospicio en que se daba hospitalidad gratúita á los extranjeros.

**XÉNOGRAPHIE**, f. *gsenografí*. Xenografía, conocimiento, estudio de los idiomas extranjeros. || Xenografía, ciencia que se ocupa de todas las lenguas extranjeras escritas, antiguas ó modernas, vivas ó muertas, y de los caractéres que emplean. || Tratado sobre esta ciencia.

**XÉNOMANIE**, f. *gsenomaní*. Xenomanía, manía de viajar.

**XÉRANTHÈME**, m. *gserantém*. Bot. Especie de siempreviva de color encarnado.

**XÉRASIE**, f. *gserasí*. Vet. Enfermedad que padecen los caballos, cuyo síntoma principal es la consuncion.

**XÉROPHAGE**, m. y f. *gserofág*. Xerófago, el que solo vive de frutas secas y pan.

**XÉROPHAGIE**, f. *gserofagí*. Xerofagia, nombre dado en la primitiva Iglesia á la abstinencia de los primeros cristianos, los cuales se mantenian de pan y frutas secas durante la Cuaresma.

**XÉROPHTHALMIE**, f. *gseroftalmí*. Med. Xeroftalmía, enfermedad que consiste en una comezon y rubicundez en los ojos sin inflamacion ni secrecion de humor.

**XÉROTRIBIE**, f. *gserotribí*. Med. Friccion ó friegas secas que se dan con la mano.

**XILOALOÈS**, m. V. XYLOALOÈS.

**XILOPHAGE**, adj. *gsilofág*. Zool. Xilófago, que roe la madera.

**XIMÉNIE**, f. *gsimení*. Bot. Ximenia, género de plantas.

**XIPHIAS**, m. *gsifiás*. Zool. Pez espada. || Astr. Xifias, constelacion del hemisferio austral.

**XIPHION**, m. *gsifión*. Bot. Xifion, planta.

**XIPHOÏDE**, m. *gsifoid*. Anat. Xifóides, nombre dado á un cartílago ó apéndice que forma la extremidad inferior del esternon. Es tambien adjetivo masculino: *appendice ó cartilage xiphoïde*.

**XIPHOÏDIEN**, **NE**, adj. *gsifoidién*, *én*. Anat. Xifoídeo, relativo al cartílago xifóides.

**XYLOALOÈS**, m. *gsiloaloés*. Bot. Xiloáloes, madera de áloe.

**XYLOBALSAME**, m. *gsilobalsám*. Bot. Xilobálsamo, rama pequeña que brota la terebentina de Judea. || Xilobálsamo, bosquecillo de árboles olorosos.

**XYLOCARPE**, m. *gsilocárp*. Bot. Xilocarpo, árbol que produce un fruto duro y de hueso.

**XYLOCORDÉON**, m. *gsilocordeón*. Mús. Xilocordeon, instrumento músico de madera ó paja.

**XYLOGLYPHE**, m. *gsiloglíf*. Xiloglifo, escultor en madera.

**XYLOGLYPHIE**, f. *gsiloglifí*. Xiloglifia, arte de grabar caractéres en madera.

**XYLOGRAPHE**, m. *gsilográf*. Xilógrafo, el que graba en madera.

**XYLOGRAPHIE**, f. *gsilografí*. Xilografía, arte de grabar en [illegible] grafía, arte de imprimir por [illegible] téres de madera ó de [illegible] bados.

**XYLOÏDE**, adj. *gsiloid*. [illegible] deo, que tiene [illegible]

**XYLOLÂTRE**, m. *gsilolátr*. [illegible] que adora ídolos de madera.

**XYLOLÂTRIE**, f. *gsilolatrí*. [illegible] culto, adoracion que se rinde á íd[olos de ma]dera.

**XYLOLOGIE**, f. *gsilologí*. [illegible] tado de las maderas.

**XYLON**, m. *gsilón*. Bot. [illegible] produce el algodon.

**XYLOPHAGE**, adj. *gsilofág*. [illegible] que come la madera. || [illegible] Zool. Xilófagos, familia de [illegible] ros.

**XYLOPHILE**, adj. *gsilofíl*. [illegible] vive en la madera.

**XYLORGANON**, m. *gsilorg*[illegible] Xilorganon, cilindro de [illegible] con pedacitos de madera.

**XYLOSTEUM**, m. *gsilosteóm*. [illegible] losteo, madreselva de los [illegible]

**XYSTARQUE**, m. *gsistárc*. [illegible] Xistarca, director de los ejercicios [atlé]ticos.

**XYSTE**, m. *gsist*. Antig. [illegible] sa cubierta, destinada por [illegible] rios ejercicios.

**XYSTIQUE**, adj. *gsistíc*. Ant[ig.] [illegible] que pertenece á la plaza ó [illegible] *xyste*. || m. Xistico, atleta ó [illegible] combatia en campo raso.

# Y.

**Y**, m. Y, vigésimacuarta letra del alfabeto francés. Se emplea para escribir las voces que dimanan del griego, como *hymen*, *hymne*, *étymologie*, *physique*, *etc.*, y tambien para los nombres propios y algunas palabras sacadas de lenguas extranjeras, como *York*, *yacht*. En estos casos se pronuncia del mismo modo que la *i*; pero en otros tiene el valor de dos *ii*, formando la primera de ellas parte de una sílaba, y sirviendo la segunda para el principio de otra, como en *citoyen*, *employé*, *royal*, *pays*, *etc.*, que se pronuncian como si se escribiera *citoi-ien*, *emploi-ier*, *etc.*, es decir, *situayén*, *anpluayé*, *ruayál*, *pei*. || Y, en álgebra indica una cantidad desconocida. || En las muestras de las tiendas de Paris sirve para indicar que se vende á precio fijo. || Tiene ademas esta letra otras significaciones que omitimos por considerarlas de poca importancia.

**Y**, adv. relativo. *i*. Allí, allá, en ó á aquel lugar. *Y est-il?* ¿está allí? Si se pregunta por alguna persona á quien se desea hablar, *y est-il* se traduce por: ¿está ó está en casa? *Rendez-vous-y*, acuda Vd. ó vaya Vd. allí. *Je n'y vais pas*, no voy allí ó allá. *N'allez pas là, il y fait trop chaud*, no vaya Vd. allí ó allá, pues hace (allí) demasiado calor. || Y es algunas veces pronombre relativo á personas ó cosas de que ya se ha hablado, y significa á él ó en él, á ella ó en ella, á ello ó en ello, á esto ó en esto, á eso ó en eso, á ellos ó en ellos, etc. *Cette raison est forte, je m'y rends*, esta razon es fuerte, me rindo á ella, esto es, me convenzo. *Qu'y peut-il faire?* ¿qué puede hacer á esu? *J'y pense*, pienso en ello. = Tambien se refiere á personas. *Fiez-vous-y* ó *ne vous y fiez pas*, fiese Vd. no se fie Vd. de él ó en él. || Y sirve para formar los galicismos *il y a*, *il y avait*, *il y eut*, *il y aura*, hay, habia, hubo, habrá, etc., en donde, como se ve, la y no se traduce ni tiene significacion alguna.

**YABAG**, m. *iabág*. Bot. Yabag, planta leguminosa.

**YACHT**, m. *iác*. Mar. Yate, embarcacion lijera de vela y remo.

**YACK**, m. *iác*. Zool. Especie de búfalo que tiene cola de caballo.

**YACONDA**, m. *iacónda*. Zool. Especie de pescado.

**YACOS**, m. *iacós*. Med. Yacos, enfermedad endémica que se padece en Africa.

**YACOU**, m. *iacú*. Zool. Yacú, ave del Brasil.

**YAHA**, m. *iaá*. Zool. Yaa, ave del Brasil.

**YAK ó YAC**, m. *iác*. Mar. Yac, el pabellon real de Inglaterra.

**YALOTECHNIE**, f. *ialotecní*. Yalotecnia, arte de trabajar el vidrio. Deberia escribirse *hyalotechnie*.

**YALOTECHNIQUE**, adj. *ialotecníc*. Yalotécnico, que se refiere á la yalotecnia. Deberia escribirse *hyalotechnique*.

**YAPPÉ**, m. *iapé*. Bot. Nombre de una mala yerba que crece en las sabanas de la Guyana y las infesta.

**YAPU**, m. *iapú*. Zool. Marica ó picaraza del Brasil.

**YARD**, m. *iár*. Yarda, medida inglesa que tiene algo mas que la vara castellana.

**YATAGAN**, m. *iatagán*. Yatagan, especie de puñal ó sable corvo que usan los Turcos.

**YAW**, m. *ió*. Med. Enfermedad cutánea que se padece y es endémica en las costas de la Guinea.

**YÈBLE**, m. Bot. V. HIÈBLE.

**YÉNITE**, m. *ienít*. Miner. Yenito, mineral negro.

**YÉOMAN**, m. *ioman*. [illegible] Inglaterra. Tambien se da [illegible] una guardia particular de los [illegible] glaterra.

**YEUSE**, f. *ieus*. Bot. [illegible] de encina verde en todo tiempo [illegible] razon se llama tambien [illegible]

**YEUX**, m. pl. de œil. *ieu*. [illegible] *clos*, loc. adv. A ciegas y sin [illegible] cosas. V. en su lugar el [illegible] || *Yeux d'écrevisses*, ojos de [illegible] cie de medicina. *Yeux de peuplier*, yemas de álamo negro.

**YO**, m. *ió*. Especie de [illegible] Chinos.

**YOLATOT**, m. *iolató*. Zool. [illegible] pez de las Indias orientales.

**YOLE**, f. *iól*. Mar. Canoa. V. [illegible]

**YOLITE**, f. *iolít*. Yólita, piedra [illegible]

**YPRÉAU**, m. *ipreó*. Bot. [illegible] mo de Ypres ó álamo de Flandes [illegible] así por ser muy comun en la [illegible] Ypres, y haber venido de allí.

**YSIR**, m. *isír*. Ysir, [illegible] forma árida.

**YTTRIA**, f. *itriá*. Quim. Ytria, [illegible] terrosa que se cree ser formad[a] [illegible] de oxígeno. Se llama así de la [illegible] terby en Suecia, donde se encuentra [illegible]

**YTTERBY ó YTTERBYTE**, [illegible] *iterbít*. Quim. Yterbita, piedra [illegible]

**YTTRIUM**, m. *itrióm*. [illegible] tal que se cree hallarse en la [illegible]

**YU**, m. *iú*. Yu, piedra [illegible] cen tambores y flautas los Chinos. [illegible] yerba de la China.

**YUCCA**, m. *iúca*. Bot. Yuca, [illegible] tica de la familia de las [illegible] el aspecto del áloe y produce [illegible] res blancas.

# Z.

**Z**, m. Z, última letra del alfabeto y la décimasesta de las consonantes. El modo de pronunciar esta letra es igual al de la *s* sencilla puesta entre dos vocales; y así en *maison*, *misère*, *usage*, *etc.*, cuya pronunciacion se figura en los diccionarios franceses escribiendo *méson*, *misère*, *usage*, hemos conservado la *s* (es decir, la s de redondo), cuyo sonido conocen los Catalanes, siendo el mismo que tienen los Italianos y que hace tan suave su lengua; consiste en un silbido que debe oirse de la viva voz, por no ser el mismo que naturalmente tiene toda *s* al principio de las palabras que empiezan con ella. Por regla general, el sonido de la *s* es el mismo en principio de diccion, como *sépbyre*, que al fin, como *gaz*, y tambien va representado en este Diccionario con la *s* de redondo (s), siendo en todos los casos muy diferente del sonido ó modo de pronunciar la *s* castellana, el cual es desconocido á los Franceses. || La Z, como letra numeral, antiguamente valia 2,000, y con un tilde ó rayita horizontal 2,000,000.

**ZABELLE**, f. V. ZIBELINE.

**ZACCON**, m. *sacón*. Bot. Ciruelo de Jericó, de cuya fruta se extrae un aceite medicinal.

**ZACYNTHE**, f. *sasént*. Bot. Jacinto, planta cuyo fruto se aplica como remedio en las verrugas.

**ZAGAIE**, f. *sagué*. Zagaya, especie de venablo ó chuzo que usan los habitantes del Senegal y otros pueblos salvajes.

**ZAGUAIE**, f. V. ZAGAIE.

**ZAGU**, m. *sagú*. Bot. Zagú, árbol parecido á la palma.

**ZAHORIE**, f. *saorí*. Zahoria, facultad de ver las cosas muy lejanas ú ocultas, aunque estén debajo de tierra.

**ZAÏM**, m. *saím*. Zaim, soldado turco que es algo mas atendido que el timariot.

**ZAIN**, adj. m. *sén*. Zaino, se dice de un caballo cuyo pelo no tiene mezcla, lunar ni mancha de color diferente.

**ZAMBRE** ó **ZAMBO**, m. *sánbr*, *sánbo*. Zambo, hijo nacido de negro y de mulata.

**ZAMPOGNE**, f. *sanpóñ*. Zampoña, instrumento pastoril.

**ZANI**, m. *sani*. Especie de gracioso del teatro italiano.

**ZANTHOXYLE**, m. *santocsil*. Bot. Zantóxilo, género de plantas terebintáceas.

**ZARATHAN**, m. *saratán*. Med. Zaratan, especie de cáncer del pecho.

**ZÈBRE**, m. *sébr*. Cebra, animal cuadrúpedo del África de casi igual forma y alzada que la mula. || Cebra, especie de pescado.

**ZÉBRÉ, ÉE**, adj. *sebré*. Cebrino, parecido ó semejante al pelo de la cebra.

**ZÉBU**, m. *sebú*. Cebú, especie de buey doméstico, que tiene uno ó dos bultos carnosos sobre el corvejon.

**ZÉDOAIRE**, f. *sedoér*. Bot. Cedoaria, género de plantas de las Indias que se usa en medicina.

**ZÉINE**, f. *sein*. Quím. Zeina, glúten ó sustancia semejante á la cera que se extrae del maiz.

**ZÉLANDAIS, E**, adj. y s. *selandé*, *és*. Zelandes, de Zelandia.

**ZÉLATEUR, TRICE**, m. y f. *selateur*, *tris*. Celador, el que obra celosamente en favor de la religion ó de la patria.

**ZÈLE**, m. *sél*. Celo, fervor con que se procura el éxito ó conservacion de alguna cosa.

**ZÉLÉ, ÉE**, adj. *selé* Celoso, activo, diligente, que toma interes por el éxito ó conservacion de alguna cosa, que tiene celo por alguna cosa, que obra con fervor. Úsase algunas veces como sustantivo.

**ZÉLOTYPIE**, f. *selotipí*. Celotipia, envidia excesiva ó celo desmesurado.

**ZÉLOTYPE**, adj. *selotip*. Med. Celótipo, que está atacado de celotipia.

**ZEND-AVESTA** ó **ZEND**, m. *sendavésta*. Zend Avesta, libro sagrado del fuego ó de la vida, código religioso de la Persia.

**ZÉNITH**, m. *senít*. Astr. Cenit, punto perpendicular desde la esfera á la superficie terrestre.

**ZÉNONIQUE**, adj. *senonic*. Zenónico, conforme á la doctrina de Zenon. || *Points zénoniques*, puntos zenónicos, puntos indivisibles, segun la filosofía de Zenon de Elea.

**ZÉNONISME**, m. *senonism*. Zenonismo, sistema filosófico de Zenon.

**ZÉNONISTE**, m. y f. *senonist*. Zenonista, partidario de la doctrina de Zenon.

**ZÉOLITHE**, f. *seolit*. Miner. Zeolita, piedra que disuelta en los ácidos, toma una consistencia gelatinosa.

**ZÉPHYR**, m. *sefir*. Céfiro, viento suave, blando y agradable.

**ZÉPHYRE**, m. *sefir*. Céfiro, nombre que daban los antiguos al viento de Occidente. || Mit. Céfiro, personificacion del viento de Occidente, segun la fábula.

**ZÉRO**, m. *séro*. Arit. Cero, signo en forma de *o* que por sí no tiene valor alguno, mas puesto despues de los números hace que crezcan segun la cantidad de ellos á decena, centena, etc. || met. y fam. Hombre nulo, sin mérito ni representacion. *C'est un zéro*, *un vrai zéro*, *un zéro en chiffre*, es un cero á la izquierda: es un hombre nulo, etc. || *Sa fortune est réduite à zéro*, sus bienes se reducen á nada.

**ZEST**, m. *sést*. Úsase en esta frase fam. y proverbial: *être entre le zist et le zest*, estar entre el sí y el no, en una irresolucion absoluta. || *Cela est entre le zist et le zest*, no huele ni hiede, está entre la *b* y la *m*: dícese de una cosa que ni es buena ni mala. Tambien se dice de una persona que ni está enferma ni con buena salud, ó que no prospera ni deja de prosperar en sus negocios. || Interj. que se usa por burla ó desprecio. *Il se vante de faire telle chose*, *zest!* se jacta de hacer tal cosa, pero ¡ya baja! esto es, ni por sueño. || Indica tambien la prontitud con que uno corre ó desaparece. *A ces mots*, *zest! il s'échappa*, á estas palabras, zas, se escapó.

**ZESTE**, m. *sést*. Bizna, membrana que separa los cuatro piernas ó cachos de una nuez. || Luquete, cortecita de limon, de naranja, etc. || fam. *Cela ne vaut pas un zeste*, *je n'en donnerais pas un zeste*, eso no vale un comino, un bledo.

**ZESTER**, a. *sesté*. Pelar, mondar un limon cortando la cáscara ó corteza de alto abajo en pedazos delgados.

**ZÊTA**, m. *séta*. Gram. Zeta, nombre de la sexta letra del alfabeto griego. || Antig. Zeta, nombre que daban los antiguos á ciertos aposentos donde se refugiaban contra los ardores del estío.

**ZÉTÉTIQUE**, adj. *setetic*. Didáct. Cetético, dícese de cierto modo de resolver problemas buscando la razon y la naturaleza de las cosas.

**ZEUGME**, m. *seugm*. Ret. Ceugma, especie de elipsis por la cual una palabra que se ha dicho en una proposicion se entiende en otra.

**ZÉZAYER**, n. *seseyé*. Cecear, pronunciar la *z* en lugar de la *j* ó de la *g*, como hacen las personas que pronuncian *pizon* por *pijón* (*pigeon*, pichon).

**ZIBELINE**, f. *sibelín* (e muda). Cibelina, especie de marta de Siberia. || Cibelina, piel de dicho animal. Tambien se usa como adjetivo: *martre* ó *marte zibeline*.

**ZIBET**, m. *sibé*. Zool. Especie de gato de Algalia, que se cria en Asia.

**ZIGZAG**, m. *sigság*. Zicsac, serie de líneas consecutivas que forman alternativamente un ángulo saliente y otro entrante. || Cigüeña, ginebra ó máquina que se hace de madera generalmente, cerrándose y replegándose en un solo punto al abrir los puños el que la tiene en la mano, y estirándose al apretar las dos puntas de uno de sus extremos. || Fort. Especie de camino cubierto que se practica por medio de ángulos en zicsac. || *Cet ivrogne fait des zigzags*, ese borracho va haciendo eses. || *Broderie en zigzag*, bordado haciendo eses, ó á la greca. || *En zigzag*, loc. adv. En forma de zicsac, formando angulos alternativamente entrantes y salientes.

**ZIMMER**, m. *simé*. Com. Diez pares de pieles para forro.

**ZINC**, m. *sinc*. Quím. Zinc, metal blanco, fácil de fundir y muy inflamable.

**ZINCOGRAPHIE**, f. *sencografí*. Art. Zincografía, especie de estampacion en que se reemplaza la piedra litográfica por una plancha de zinc.

**ZINCOGRAPHIER**, a. *sencografié*. Zincografiar, imprimir por medio del zinc.

**ZINZOLIN**, m. *sensolén*. Cinzolino, color morado que tira á rojo. || Úsase tambien como adjetivo: *taffetas zinzolin*.

**ZINZOLINER**, a. *sensoliné*. Teñir de azul.

**ZIRARME**, m. *sirárm*. Antig. Alabarda, lanza.

**ZIRCON**, m. *sircón*. Miner. Circon, piedrecita que imita al diamante.

**ZIRCONE**, f. *sircón*. Circonia, una de las ocho tierras que se consideraban antiguamente como primitivas.

**ZIRCONIUM**, m. *sirconióm*. Quím. Circonio, metal que se extrae de la circonia.

**ZIST**, m. *sist*. Solo se usa con *zest* y en esta locucion, *entre le zist et le zest*, para decir ni bien ni mal. V. ZEST.

**ZIZANIE**, f. *sisaní*. Zizaña, yerba que crece entre el trigo. Se usa poco en sentido propio. V. IVRAIE. || met. Zizaña, desunion, discordia. *Semer la zizanie parmi les amis*, *entre les amis*, sembrar zizaña, esto es, la discordia entre los amigos.

**ZIZEL**, m. *sisel*. Zool. Citelo, raton del Norte, de color gris.

**ZIZI**, m. *sisí*. Zool. Especie de verderon, ave.

**ZIZIPHE**, m. Bot. V. JUJUBIER.

**ZOANTHAIRE**, adj. *soantér*. Zool. Zoantario, parecido á un zoanto.

**ZOANTHE**, m. *soánt*. Zoól. Zoanto, especie de pólipo.

**ZODIACAL, E**, adj. *sodiacál*. Astr. Zodiacal, que pertenece al zodíaco.

**ZODIAQUE**, m. *sodiác*. Astr. Zodíaco, zona ideal paralela á la eclíptica, que comprende las doce constelaciones ó signos principales de la esfera que se encuentran en la marcha aparente del sol.

**ZOGONES**, m. pl. *sogón*. Mit. Zogones, dioses de los antiguos Griegos.

**ZOÏLE**, m. *soíl*. Zoilo, nombre propio de uno que en la antigüedad quiso criticar las obras de Homero, y que por ironía se aplica á todo pedante que quiere criticar lo que no entiende.

**ZONAIRE**, adj. *sonér*. Zonario, que está circunvalado de fajas ó bandas, hablando de minerales.

**ZONE**, f. *són*. Zona, cada una de las cinco partes en que se divide el globo terrestre suponiéndolas particularmente separadas del ecuador por medio de círculos paralelos. || Zona, cada una de las cinco partes del cielo que corresponden á las otras cinco en que se divide el globo terrestre. *Zone torride*, zona tórrida. *Zones tempérées*, *zones glaciales*, zonas templadas, zonas glaciales. || Zona, se dice por bandas ó señales circulares, especialmente en la historia natural.

**ZONÉ, ÉE**, adj. *soné*. Didáct. Circunvalado ó señalado con fajas ó bandas en forma de zona.

**ZONULE**, f. dim. de ZONE. *sonúl*. Zona, banda ó faja pequeña en cualquier cuerpo.

**ZOOBIOLOGIE**, f. *soobiologí*. Zoobiología, ciencia de la vida animal.

**ZOOCARPE**, m. *soocárp*. Zool. Zoocarpo, animalillo producido por un ser zoocárpeo.

**ZOOCARPÉ, ÉE**, adj. *soocarpé*. Zool. Zoocárpeo, se dice de los seres que son vegetales durante una parte de su existencia y luego producen animales en vez de yemas.

**ZOOGLYPHITE**, f. *sooglifít*. Zooglifita, piedra que conserva ciertas señales ó vestigios de animales.

**ZOOGRAPHIE**, f. *soografí*. Zoografía, descripcion de los animales.

**ZOOÏATRIE**, f. *sooiatrí*. Zooiatria, medicina de los animales.

**ZOOLÂTRE**, adj. y s. *sooldtr*. Zoólatra, que rinde culto á los animales.

**ZOOLÂTRIE**, f. *soolatrí*. Zoolatría, culto, adoracion que se rinde á los animales.

**ZOOLÂTRIQUE**, adj. *soolatríc*. Zoolátrico, que se refiere á la zoolatría.

**ZOOLITHE**, m. *soolít*. Zoolito, parte de algun animal que se ha trasformado en piedra.

**ZOOLOGIE**, f. *soologí*. Zoología, parte de la historia natural que tiene por objeto la descripcion de los animales.

**ZOOLOGIQUE**, adj. *soologíc*. Zoológico, que pertenece á la zoología.

**ZOOLOGISTE** ó **ZOOLOGUE**, m. *soologíst*, *soológue*. Zoólogo, el que se ocupa de zoología de un modo particular, que entiende dicha ciencia.

**ZOOMORPHITE**, m. *soomorfít*. Miner. Zoomórfita, piedra que tiene semejanza con un animol conocido.

**ZOOMYE**, adj. *soomí*. Zoomio, parecido á una mosca.

**ZOONATE**, m. *soonát*. Quím. Zoonato, sal formada del ácido zoónico.

**ZOONIQUE**, adj. *sooníc*. Quím. Zoónico, que se ha extraido de alguna sustancia animal.

**ZOONOMIE**, f. *soonomí*. Zoonomía, estudio que tiene por objeto descubrir la naturaleza del principio vital.

**ZOONOMIQUE**, adj. *soonomíc*. Zoonómico, que pertenece á la zoonomía.

**ZOOPHAGE**, adj. y s. *soofáge*. Zoófago, que chupa la sangre de los animales.

**ZOOPHORE**, m. *soofór*. Arq. ant. Friso del encornisamiento de un edificio.

**ZOOPHORIQUE**, adj. *sooforíc*. Arq. Zoofórico, que está adornado con la figura de un animal.

**ZOOPHYTE**, m. *soofít*. Zoófito, nombre dado á ciertos animales que en su figura y organizacion tienen analogía con las plantas.

**ZOOPHYTOLOGIE**, f. *soofitologí*. Zoofitología, parte de la zoología que trata de los zoófitos.

**ZOOSPERME**, m. *soospérm*. Zoospermo, género de animalillos que viven en el esperma de los animales.

**ZOOTAXIE**, f. *sootacsí*. Zootaxia, disposicion metódica de los animales.

**ZOOTOMIE**, f. *sootomí*. Zootomía, preparacion, anatomía de los animales.

**ZOOTYPOLITHE**, f. *sootipolít*. Miner. Zootipólita, piedra que [illegible] señales ó vestigios de un animal [illegible] de sus partes.

**ZOPISSA**, f. *sopísa*. Mar. [illegible] que se rae de los navíos.

**ZOROCHE**, m. *soróche*. [illegible] mineral plateado semejante al [illegible]

**ZOTHÈQUE**, f. *sotéc*. Antig. [illegible] queño aposento retirado.

**ZOUAVE**, m. *suáv*. Zuavo, [illegible] un cuerpo africano ó en parte [illegible] sirve á la Francia.

**ZOUCET** ó **ZOUCHET**, m. [illegible] Zool. Castañero, ave, [illegible] mujo.

**ZYGODACTYLE**, adj. *sigodá*[illegible] Cigodáctilo, que tiene los dedos [illegible] par.

**ZUINGLIANISME**, m. V. [illegible]NISME.

**ZWINGLIANISME**, m. [illegible] Zuinglianismo, doctrina de Zui[illegible] zuinglianos.

**ZWINGLIANISTE**, adj. [illegible] Zuinglianista, que pertenece á l[illegible] de Zwinglio, de los zuinglianos.

**ZWINGLIEN**, m. *zuenglién*. [illegible] miembro de una secta fundada [illegible] glo XVI, en Suiza, por Zuinglio [illegible] roco de Zurich y contemporáneo [illegible]

**ZYGOMA**, m. *sigóma*. Anat. [illegible] á cada uno de los pómulos ó [illegible] mejilla.

**ZYGOMATIQUE**, adj. *sigom*[illegible] mático, que pertenece á los póm[illegible]

**ZYMOLOGIE**, f. V. ZYMOTECHNIE.

**ZYMOSIMÈTRE**, m. *simosi*[illegible] símetro, instrumento para medir [illegible] de fermentacion.

**ZYMOTECHNIE**, f. *simotecn*[illegible] nia, parte de la química que tra[illegible] mentacion.

**ZYTHOGALA**, m. *sitogála*. [illegible] bida compuesta de leche y cerve[illegible]

**ZYTHUM**, m. *sitóm*. Antig. [illegible] con cebada.

FIN DEL DICCIONARIO FRANCES-ESPAÑOL.

BREVE

# DICCIONARIO GEOGRÁFICO

Ó SEA

## DENOMINACION DE LOS PAÍSES MAS NOTABLES DEL GLOBO.

## A.

**ABRUZZE**, f. ó **ABRUZZES**, m. pl. *abrús*. Abruzo, parte del país de los antiguos Samnitas, en el reino de Nápoles.

**ABYSSINIE**, f. *abisiní*. Abisinia, país de África.

**ACHAÏE**, f. *acáy*. Geog. ant. Acaya, region del Peloponeso, en Grecia.

**ACHEM**, m. *aquém*. Achem, reino de la isla de Sumatra, en el Archipiélago índico.

**AÇORES**, f. pl. *asór*. Azores, grupo de islas del océano Atlántico.

**ACRE** ó **SAINT-JEAN-d'ACRE**, m. *sen jan dácr*. San Juan de Acre, la antigua Tolemáida ó Ptolemáida en Siria.

**ADRIATIQUE (MER)**, f. *mer adriatic*. Mar Adriático.

**AFGHANISTAN**, m. *afganistán*. Afganistan, país del Asia.

**AFRIQUE**, f. *afric*. África, una de las tres partes del antiguo continente.

**AGEN**, m. *agén*. Agen, ciudad de Francia.

**AIN**, m. *én*. Ain, rio y departamento de Francia.

**AISNE**, m. *én*. Aisne, rio y departamento de Francia.

**AIX**, m. *és*. Aix, ciudad de Francia.

**AIX-LA-CHAPELLE**, m. *es la chepél*. Aquisgrana ó Aquisgran, ciudad de Prusia.

**AJACCIO**, m. *ajásio*. Ajaccio, cabeza del departamento de la Córcega.

**ALBANIE**, f. *albaní*. Albania, region de Turquía.

**ALBARACIN**, m. *albarasén*. Albarracin, ciudad de España.

**ALENÇON**, m. *alansón*. Alenzon, ciudad de Francia.

**ALEXANDRIE**, f. *alecsandrí*. Alejandría, nombre de muchas ciudades.

**ALGARVE** ó **LES ALGARVES**, m. pl. *algárv*. Los Algárbes, provincia de Portugal.

**ALGER**, m. *algé*. Argel, país y ciudad de África.

**ALICANTE**, m. *alicánt*. Alicante, ciudad de España.

**ALLEMAGNE**, f. *almáñ*. Alemania, país de Europa.

**ALLIER**, m. *alié*. Allier, rio y departamento de Francia.

**ALPES**, f. pl. *álp*. Alpes, montañas que separan la Francia de Italia.

**ALSACE**, f. *alsás*. Alsacia, provincia de Francia.

**AMAZONES (RIVIÈRE DES)**, f. pl. *riviér desamasón*. Amazónas, grande rio de la América meridional.

**AMBERG**, m. *anbérg*. Amberg, ciudad de Baviera.

**AMBOINE**, f. *anbuán*. Amboina, una de las islas Molucas.

**AMÉRIQUE**, f. *americ*. América, una de las cinco partes del globo terrestre.

**AMIENS**, m. *amién*. Amiens, ciudad de Francia.

**AMSTERDAM**, m. *amsterdám*. Amsterdam, ciudad de Holanda.

**ANCÔNE**, f. *ancón*. Ancona, ciudad de Italia.

**ANDALOUSIE**, f. *andalusí*. Andalucía, provincia de España.

**ANDES**, f. pl. *ánd*. Andes, gran cordillera de montañas de América.

**ANDORRE**, m. *andór*. Andorra, valle situado entre España y Francia.

**ANDRINOPLE**, f. *andrinópl*. Andrinópolis, ciudad de Turquía.

**ANGERS**, m. *angé*. Angers, ciudad de Francia.

**ANGLETERRE**, f. *anglitér*. Inglaterra, reino de Europa.

**ANGOULÊME**, f. *angulém*. Angulema, ciudad de Francia.

**ANJOU**, m. *anjú*. Anjou, antigua provincia de Francia.

**ANTILLES**, f. pl. *antíll*. Antillas, islas del océano Atlántico.

**ANTIOCHE**, f. *antióche*. Antioquía, ciudad de Siria.

**ANVERS**, f. *anvér*. Ambéres, ciudad de la Bélgica.

**APENNINS**, m. pl. *apennén*. Apeninos, célebre cordillera de montañas de Europa.

**APULIE**, f. *apulí*. Apulia ó Polla, provincia de Italia.

**AQUILÉE**, f. *aquilé*. Aquilea ó Aquileia ciudad de Iliria.

**AQUITAINE**, f. *aquitén*. Aquitania, antigua provincia de Francia.

**ARABIE**, f. *arabí*. Arabia, vasta península entre el Asia y África.

**ARAGON**, m. *aragón*. Aragon, provincia de España.

**ARANJUEZ**, m. *aranjués*. Aranjuez, ciudad y real sitio de España.

**ARCADIE**, f. *arcadí*. Geog. ant. Arcadia, país del Peloponeso.

**ARCHANGEL**, m. *arcangél*. Arcangel, país perteneciente á Rusia.

**ARDENNES**, f. pl. *ardén*. Ardenas, departamento de Francia.

**ARGOLIDE**, f. *argolíd*. Argólide, país del Peloponeso.

**ARGOS**, f. *argós*. Árgos, capital de la Argólide.

**ARIÉGE**, m. *ariége*. Ariege departamento de Francia.

**ARLES**, f. *árl*. Árles, ciudad de Francia.

**ARMÉNIE**, f. *armení*. Armenia, vasto país de Asia.

**ARRAS**, m. *arrás*. Arras, ciudad de Francia.

**ARTOIS**, m. *artuá*. Artois, antigua provincia de Francia.

**ASIE**, f. *así*. Asia, la mayor y la mas poblada de las cinco partes del mundo.

**ASSYRIE**, f. *asirí*. Geog. ant. Asiria, region del Asia.

**ASTURIES**, f. pl. *asturí*. Astúrias, provincia de España.

**ATHÈNES**, f. *atén*. Aténas, ciudad célebre de la Grecia.

**ATLANTIQUE (OCÉAN)**, m. *oseán atlantic*. Océano Atlántico.

**ATTIQUE**, f. *atíc*. Ática, provincia de la Acaya en Grecia.

**AUGSBOURG**, m. *ogsbúr*. Ausburgo, ciudad de Baviera.

**AUSTERLITZ**, m. *osterlits*. Austerlitz, ciudad de la Bohemia.

**AUSTRALIE**, f. *ostralí*. Australia, nombre con que se designa la Oceanía central, ó sea Nueva Holanda.

**AUSTRASIE**, f. *ostrasí*. Austrasia, antigua division de la Francia, que comprendia la Lorena, etc.

**AUTRICHE**, f. *otríche*. Austria, grande imperio de Europa.

**AUTUN**, m. *otcun*. Autun, ciudad de Francia.

**AUVERGNE**, f. *overñ*. Auvernia, antigua provincia de Francia.

**AUXERRE**, f. *océrr* Auxerra, ciudad de Francia.

**AUXONNE**, f. *osón*. Auxona, ciudad de Francia.

**AVEYRON**, m. *averón*. Aveyron, rio y departamento de Francia.

**AVIGNON**, m. *aviñón*. Aviñon, ciudad de Francia.

## B.

**BABYLONE**, f. *babilón*. Geog. ant. Babilonia, ciudad célebre del Oriente.

**BADAJOZ**, m. *badajós*. Badajoz, ciudad de España.

**BADE** ó **BADEN**, f. *bád*, *badén*. Baden, gran ducado de Alemania, que hace parte de la Confederacion germánica.

**BAGDAD**, m. *bagdád*. Bagdad, ciudad de la Turquía asiática.

**BÂLE**, f. *bál*. Basilea, ciudad de Suiza, capital del canton del mismo nombre.

**BALÉARES**, f. pl. *baleár*. Baleares, islas del Mediterráneo.

**BALTIQUE (MER)** ó **LA BALTIQUE**, f. *mer baltic*. Mar Báltico.

**BARBADE (LA)**, f. *la barbád*. La Barbada, isla del archipiélago de las Antillas.

**BARBARIE**, f. *barbarí*. Berbería, vasto país de África.

**BARBOUDE (LA)**, f. *la barbúd*. La Barbuda, isla de las Antillas.

**BARCELONNE**, f. *barslón*. Barcelona, ciudad de España.

**BAVIÈRE**, f. *bavier*. Baviera, reino de Alemania.

**BAYONNE**, f. *bayón*. Bayona, ciudad de Francia.

**BEAUCAIRE**, m. *boquér*. Beaucaire ó Belcaire, ciudad de Francia.

**BEAUVAIS**, m. *bové*. Bovés ó Beauvais, ciudad de Francia.

**BELGIQUE**, f. *belgic*. Bélgica, reino de Europa.

**BÉNÉVENT**, m. *beneván*. Benevento, ciudad de los Estados Pontificios.

**BENGALE**, m. *bengál*. Bengala, país de Asia.

**BERGAME**, f. *bergám*. Bérgamo, ciudad del reino Lombardo-Véneto.

**BERLIN**, m. *berlén*. Berlin, capital de los Estados de Prusia.

**BERMUDES**, f. pl. *bermúd*. Bermudas, nombre de un grupo de islas de la América septentrional.

**BERNE**, f. *bérn*. Berna, canton de la Suiza.

**BERRY**, m. *bérri* Berry ó Berri, antigua provincia de Francia.

**BESANÇON**, m. *besansón*. Besanzon, ciudad de Francia.

**BESSARABIE**, f. *besarabí*. Besarabia, provincia de la Turquía europea.

**BÉTIQUE**, f. *betíc*. Bética, antigua provincia de España, llamada hoy Andalucía.

**BÉZIERS**, m. *besié*. Beziers, ciudad de Francia

**BISCAYE**, f. *biscáy*. Vizcaya, provincia de España.

**BITHYNIE**, f. *bitiní*. Bitinia, país del Asia Menor.

**BLOIS**, m. *blud*. Blois, ciudad de Francia.

**BOHÊME**, f. *boém*. Bohemia, reino de Europa que hace parte del imperio de Austria.

**BOLOGNE**, f. *bolóñ*. Bolonia, ciudad de los Estados Pontificios.

**BORDEAUX**, m. *bordó*. Burdeos, ciudad de Francia.

**BOSNIE**, f. *bosní*. Bosnia, país de la Turquía europea.

**BOTHNIE**, f. *botní*. Botnia, provincia de la Suecia.

**BOULOGNE**, f. *bulóñ*. Boloña, ciudad de Francia.

**BOURBONNAIS**, m. *burboné*. Borbonés, antigua provincia de Francia.

**BOURGES**, f. *búrge*. Burges, ciudad de Francia.

**BOURGOGNE**, f. *burgóñ*. Borgoña, antigua provincia de Francia.

**BRABANT**, m. *brabán*. Brabante, ducado de este nombre.

**BRAGANCE**, f. *bragáns*. Braganza, ciudad de Portugal.

**BRANDEBOURG**, m. *brandbúr*. Brandeburgo, antiguo Estado del imperio germánico.

**BRÊME**, f. *brém*. Brema, una de los cuatro ciudades libres de Alemania.

**BRÉSIL**, m. *bresíl*. Brasil, vasto país de la América meridional.

**BRETAGNE**, f. *bretáñ* (e muda). Bretaña, antigua provincia de Francia.

**BRETAGNE (GRANDE-)**, f. *grandebretáñ* (e muda). Gran Bretaña ó imperio Británico.

**BRINDES**, m. *brénd*. Brindes, Brindisi ó Brindis, ciudad de Nápoles.

**BRUGES**, f. *brúge*. Brújas, ciudad de Bélgica.

**BRUXELLES**, f. *brusél*. Bruselas, capital de la Bélgica.

**BUÉNOS-AYRES**, m. *buenosér*. Buenos-Ayres, Estado de la América meridional.

**BULGARIE**, f. *bulgarí*. Bulgaria, país de la Turquía europea.

**BYZANCE**, f. *bisáns*. Bizancio, hoy Constantinopla.

## C.

**CACHEMIRE**, **CACHEMYR** ó **KACHMYR**, *cachemír*. Cachemira, país del Indostan, de clima delicioso y suelo sumamente fértil, donde se crian cabras con cuya lana se fabrican los chales tan nombrados.

**CADIX**, f. *cadícs*. Cádiz, ciudad de España.

**CAEN**, m. *cán*. Caen, ciudad de Francia.

**CAFRERIE**, f. *cafrerí* (e muda). Cafrería, vasto país del África meridional.

**[illegible]** [illegible] Egipto.

**CALABRE**, f. [illegible] del reino de Nápoles.

**CALAIS**, m. [illegible] de Francia.

**CALCUTTA**, m. [illegible] de las posesiones inglesas [illegible] tales.

**CALÉDONIE (NOUVELLE-)** [illegible] *ledoní*. Nueva Caledonia [illegible] Pacífico.

**CALIFORNIE**, f. [illegible] vasta península de la Amé[rica]

**CAMBRAI** ó **CAMBRAY** [illegible] Cambray, ciudad de Francia

**CANARIES (ILES)**, f. pl. [illegible] Canarias, grupo de islas [illegible] tico.

**CANDIE**, f. *candí*. Can[dia] [illegible] las islas del archipiélago [illegible]

**CANNES**, f. *cán*. Cán[nas] [illegible] Pulla, célebre por la batalla [illegible] tagineses y los Romanos.

**CANTORBÉRY**, m. [illegible] bery, ciudad de Inglaterra

**CAPITANATE**, f. *capitá*[illegible] provincia del reino de Nápo[les]

**CAPOUE**, f. *capú*. Ca[pua] [illegible] reino de Nápoles.

**CAPPADOCE**, f. *capadó*[illegible] padocia, reino del Asia Me[nor]

**CARAMANIE**, f. *caram*[illegible] provincia de la Turquía asiá[tica]

**CARINTHIE**, f. *carent*[illegible] gua provincia de Austria.

**CARMEL**, m. *carmél*. [illegible] taña célebre de la Palestina

**CARNIOLE**, f. *carnióll*. [illegible] vincia de Austria.

**CAROLINE**, f. *carolín*. [illegible] los Estados Unidos de Amé[rica]

**CARTHAGE**, f. *cartág*[illegible] ciudad de África.

**CARTHAGÈNE**, f. *cartá*[illegible] ciudad de España.

**CASPIENNE (MER)**, f. [illegible] Caspio.

**CASTILLE**, f. *castíll*. [illegible] España, que se divide en [illegible] y Castilla la Vieja.

**CATALOGNE**, f. *cata*[illegible] provincia de España.

**CAUCASE**, m. *cocás*. C[áucaso] [illegible] de montañas y provincia d[e] [illegible]

**CELTIBÉRIE**, f. *seltib*[illegible] comarca de la provincia T[arraconense] [illegible] bitada por los Celtíberos.

**CÉPHALONIE**, f. *sefaló*[illegible] mayor de las islas Jónicas [illegible] ráneo.

**CERDAGNE**, f. *serdáñ* [illegible] situado cerca de los Pirineo[s]

**CÉSARÉE**, f. *sesaré*. C[esarea] [illegible] de varias ciudades del imp[erio] [illegible] mas célebre era Cesarea [illegible]

**CÉVENNES**, f. pl. *sevén*[illegible] dillera de montañas de Fran[cia]

**CEYLAN**, m. *selán*. Ceil[an] [illegible] de la India inglesa.

**CHALCÉDOINE**, f. *calse*[illegible] nia, antigua ciudad de Bit[inia]

**CHALDÉE**, f. *caldé*. Cal[dea] [illegible] dional de Babilonia, en [illegible]

**CHAMPAGNE**, f. *champáñ*. Champaña, antigua provincia de Francia.

**CHAONIE**, f. *caoní*. Geog. ant. Caonia, país del Epiro.

**CHÉRONÉE**, f. *cheroné*. Queronea, ciudad de Beocia en Asia.

**CHERSONÈSE**, f. *querson*é. Quersoneso, nombre que se da á ciertas peninsulas.

**CHILI**, m. *chili*. Chile, estado de la América meridional.

**CHINE**, f. *chin*. China, imperio muy vasto situado en el Asia oriental.

**CHILOÉ**, m. *chiloé*. Chiloe, archipiélago de 87 islas, situado al extremo meridional de Chile.

**CILICIE**, f. *silisí*. Geog. ant. Cilicia, país del Asia Menor.

**CIRCASSIE**, f. *sircasí*. Circasia, país de Asia, situado entre el mar Caspio y el mar Negro.

**CHYPRE (ÎLE DE)**, f. *il de chipr*. Chipre, isla del Mediterráneo.

**COCHINCHINE**, f. *cochenchín*. Cochinchina, país del Asia oriental.

**COIMBRE**, f. *coénbr*. Coimbra, ciudad de Portugal.

**COLCHIDE**, f. *colchid*. Geog. ant. Cólquide, país del Asia.

**COLOGNE**, f. *colóñ*. Colonia, ciudad de Prusia.

**COLOMBIE**, f. *colonbí*. Colombia, país de la América septentrional.

**CONSTANCE**, f. *constáns*. Constanza ó Constantz, ciudad del gran ducado de Baden.

**CONSTANTINOPLE**, f. *constantinópl*. Constantinopla, capital del imperio de Turquía.

**COPENHAGUE**, f. *copendgue*Copenhague capital del reino de Dinamarca.

**CORDOUE**, f. *cordú*. Córdoba, ciudad de España.

**CORFOU**, f. *corfú*. Corfú, la mas importante de las islas Jónicas.

**CORINTHE**, f. *corént*. Corinto, ciudad de Grecia en el Peloponeso.

**CORNOUAILLES**, f. *cornuáll*. Cornualla, condado de Inglaterra.

**COROGNE (LA)**, f. *la coróñ*. La Coruña, ciudad de España.

**CORSE**, f. *cors*. Córcega, isla y departamento de Francia.

**CÔTE-D'OR**, f. *cotdór*. Costa de Oro, departamento de Francia.

**COURLANDE**, f. *curlánd*. Curlandia, gobierno de la Rusia europea.

**CRACOVIE**, f. *cracoví*. Cracovia, ciudad que era la capital de la Polonia.

**CRÉMONE**, f. *cremón*. Cremona, ciudad del reino Lombardo-Véneto.

**CRÈTE**, f. *crét*. Geog. ant. Creta, hoy Candia, la mayor de las islas de la Grecia.

**CRIMÉE**, f. *crimé*. Crimea, península de la Rusia europea.

**CROATIE**, f. *croasí*. Croacia, provincia ó reino del imperio de Austria.

**CUMES**, f. *cúm*. Geog. ant. Cúmas, ciudad del Asia Menor. — Ciudad de la Campania.

**CURAÇAO**, m. *curasáo*. Curazáo, una de las islas Antillas.

**CYRÈNE**, f. *sirén*. Geog. ant. Cirene, ciudad de África, capital de la Cirenáica.

**CYTHÈRE**, f. *sitér*. Geog. ant. Citera, hoy Cerigo, isla del Mediterráneo.

## D.

**DACIE**, f. *dasí*. Dacia, país de la Germania.

**DALMATIE**, f. *dalmasí*. Dalmacia, provincia que linda con el mar Adriatico, con la Bosnia y la Croacia.

**DALÉCARLIE**, f. *dalecarlí*. Dalecarlia, provincia de la Suecia.

**DAMAS**, m. *damá*. Damasco, bajalato (pachalik) de Turquía.

**DAMIETTE**, f. *damiét*. Damieta, ciudad del Bajo Egipto.

**DANEMARK**, m. *danmárc*. Dinamarca, reino de Europa.

**DANUBE**, m. *danúb*. Danubio, rio caudaloso, uno de los mayores de Europa.

**DARDANIE**, f. *dardaní*. Dardania, país del Asia Menor.

**DAUNIE**, f. *doní*. Daunia, país marítimo de Italia.

**DAUPHINÉ**, m. *dofiné*. Delfinado, antigua provincia de Francia.

**DEHLY**, m. *delí*. Dehli, provincia considerable del Indostan.

**DELPHES**, f. *délf*. Délfos, antigua ciudad de la Fócide.

**DIJON**, m. *dijón*. Dijon, ciudad de Francia.

**DOMINGUE (SAINT-) ó HAITI**, *sen domingueshaití*.Santo Domingo, la isla mayor de las Antillas.

**DOMINIQUE (LA)**, f. *la dominíc*. La Dominica, una de las Antillas.

**DORDOGNE**, f. *dordóñ*. Dordoña, departamento de Francia.

**DORIDE**, f. *doríd*. Geog. ant. Dóride, país del Asia Menor.

**DOUVRES**, f. *dúvr*. Duvre ó Dóvres, ciudad marítima de Inglaterra.

**DRESDE**, f. *drésd*. Dresde, ciudad de Alemania.

**DUBLIN**, m. *dublén*. Dublin, capital de Irlanda.

**DUNKERQUE**, m. *donquérc*. Dunquerque, ciudad y puerto de Francia.

## E.

**ÈBRE**, m. *ébr*. Ebro, rio de España.

**ECBATANE**, f. *ecbatán*. Geog. ant. Ecbatana, ciudad de la Média.

**ÉCOSSE**, f. *ecós*. Escocia, reino de la Gran Bretaña.

**ÉDIMBOURG**, m. *edenbúr*. Edimburgo, ciudad de Escocia.

**ÉGYPTE**, f. *egípt*. Egipto, vasto país de África.

**ELBE**, m. *élb*. Elba, rio de Alemania. — Isla del Mediterráneo.

**ÉLIDE**, f. *elíd*. Élide, país célebre del Peloponeso.

**ÉOLIE**, f. *eolí*. Geog. ant. Eolia, provincia del Asia Menor.

**ÉPHÈSE**, f. *efés*. Geog. ant. Éfeso, ciudad del Asia Menor.

**ÉPIDAURE**, f. *epidór*. Geog. ant. Epidauro, nombre de tres ciudades griegas.

**ÉPIRE**, f. *epír* Geog. ant. Epiro, país de la Grecia.

**ESPAGNE**, f. *espáñ*. España, vasta península de la Europa meridional.

**ESCLAVONIE**, f. *esclavoní*. Esclavonia, uno de los Estados de la monarquía austriaca.

**ÉTHIOPIE**, f. *etiopí*. Etiopia, país de África.

**ÉTOLIE**, f. *etolí*. Etolia, país de la Grecia.

**ÉTRURIE**, f. *etrurí*. Etruria, provincia de Italia, comprendida hoy en la Toscana.

**ESTRÉMADURE**, f. *estremadúr*. Extremadura, provincia de España. — Provincia de Portugal.

**EUBÉE**, f. *eubé*. Geog. ant. Eubea, isla que linda con la Beocia.

**EUPHRATE**, m. *eufrát*. Eufrátes, rio de la Turquía asiática.

**EURE**, m. *eur*. Eure, rio de Francia.

**EURE-ET-LOIR**, m. *eureluár*. Eure y Loir, rios y departamento de Francia.

**EUROPE**, f. *eurόp*. Europa, una de las partes del mundo.

**ÉVREUX**, m. *evreu*. Evreux, ciudad de Francia.

## F.

**FALERNE**, f. *falérn*. Geog. ant. Falerno, villa de la Campania, célebre por sus vinos.

**FERNAMBOUC**, m. *fernanbúc*. Fernambuco, ciudad y provincia del Brasil.

**FERRARE**, f. *ferár*. Ferrara, ciudad de los Estados Pontificios.

**FEZ**, m. *fés*. Fez, reino de África.

**FINLANDE**, f. *fenlánd*. Finlandia, vasta region de la Rusia europea.

**FIONIE**, f. *fioní*. Fionia, isla de Dinamarca á la entrada del mar Báltico.

**FLANDRE**, f. *flándr*. Flándes, antigua provincia de los Paises Bajos.

**FLESSINGUE**, f. *flesingue*.Flesinga, ciudad fuerte de la isla de Walcheren en Holanda.

**FLORENCE**, f. *florâns*. Florencia. (*Firenza*, *Firenze*), ciudad de Italia.

**FLORIDE**, f. *floríd*. Florida, vasto país perteneciente en el dia á los Estados-Unidos de América.

**FONTARABIE**, f. *fontarabí*. Fuenterrabía, ciudad de la provincia de Guipúzcoa.

**FONTAINEBLEAU**, *fontenbló*. Fontainebleau, ciudad de Francia, notable por un soberbio palacio en el cual Napoleon abdicó en el mes de abril de 1814.

**FRANCE**, f. *fráns*. Francia, reino de la Europa occidental.

**FRANCHE-COMTÉ**, f. *franchecomté*Franco Condado, antigua provincia de Francia.

**FRANCONIE**, f. *franconí*. Franconia, parte de la Alemania que forma hoy la Baviera.

**FRIBOURG**, m. *fribúr*. Friburgo, canton de la Suiza.

**FRIOUL**, m. *friúl*. Friul, provincia del reino Lombardo-Véneto.

**FRISE**, f. *frís*. Frisia, provincia de Holanda.

**FRONTIGNAN**, m. *frontiñán*. Frontiñan ciudad de Francia.

## G.

**GAËTE ó GAIÈTE**, f. *gaét, gaiét.* Gaeta, ciudad del reino de Nápoles.

**GALATIE**, f. *galasí.* Galacia, provincia del Asia Menor.

**GALICE**, f. *galis.* Galicia, provincia de España.

**GALICIE**, f. *galisí.* Galitcia, provincia de la monarquía austriaca.

**GALLES**, f. *gál.* Gáles, provincia de Inglaterra.

**GALILÉE**, f. *galilé.* Galilea, país de la Palestina.

**GAMBIE**, f. *ganbí.* Gambia, rio caudaloso del África occidental.

**GANGE**, m. *gáng.* Gánges, rio célebre del Indostan.

**GAND**, m. *gán.* Gante, ciudad de Bélgica.

**GALL (SAINT-)**, m. *sengál.* San Gall, canton de Suiza.

**GARONNE**, f. *garón.* Garona, rio de Francia.

**GASCOGNE**, f. *gascóñ.* Gascoña, antigua provincia de Francia.

**GAULE**, f. ó **GAULES**, f. pl. *gól.* Galia ó Galias, antiguo país que comprendia el que ocupa hoy la Francia, Suiza, etc.

**GÊNES**, f. *gén.* Génova, ciudad marítima de Italia.

**GENÈVE**, f. *genév* (e muda). Ginebra, ciudad de Suiza.

**GÉORGIE**, f. *georgí.* Georgia, gobierno de la Rusia asiática.

**GERMANIE**, f. *germaní.* Germania, vasto país de la Europa que comprendia varias regiones del Norte.

**GIRONDE**, f. *girónd.* Gironda, rio y departamento de Francia.

**GIRONE ó GIRONNE**, f. *girón.* Gerona, ciudad de España.

**GLOCESTER ó GLOUCESTER**, m. *glosestér, glusestér.* Glocester ó Gloucester, condado de Inglaterra.

**GOTHEMBOURG**, m. *gotenbúr.* Gotenbergo, provincia de la Gothia en Suecia.

**GOTHIE**, f. ó **GOTHLAND**, m. *gotí, gotlán.* Gothia ó Gotland, provincia meridional de la Suecia.

**GOTTINGUE ó GŒTTINGEN**, f. *goténgue getengén.* Gotinga ó Gœttingen, principado de Hanover.

**GRÈCE**, f. *grés.* Grecia, país de Europa.

**GRENADE**, f. *grenád* (e muda). Granada, ciudad de España.

**GROENLAND**, m. *groenlán.* Groenlandia (La), vasta region septentrional, cuyos límites no son bien conocidos.

**GRONINGUE**, f. *gronéng.* Groninga, provincia del reino de Holanda.

**GUADELOUPE**, f. *guadlúp.* Guadalupe (La), isla de las Antillas.

**GUELDRE**, f. *guéldr.* Guéldres, provincia de los Países Bajos.

**GUIANE**, f. *guián.* Gayana ó Guayana, vasto país de la América meridional.

**GUINÉE**, f. *guiné.* Guinea, vasto país del África occidental.

**GUIPUSCOA**, f. *guipuscoá.* Guipúscoa, provincia de España, una de las Vascongadas.

**GUYENNE ó GUIENNE**, f. *guyén, guién.* Guiena, antigua provincia de Francia.

**GUZARATE**, m. *gusarát.* Guzerate, provincia de la India oriental, perteneciente á los Ingleses.

## H.

**HAINAUT (LE)**, m. *le henó.* El Hainaut ó Henao, provincia de los Países Bajos.

**HAÏTI ó HAYTI**, f. *haití.* Haití, grande isla de América.

**HALICARNASSE**, m. *alicarnás.* Geog. ant. Halicarnaso, ciudad del Asia Menor.

**HAMBOURG**, m. *hanbúr.* Hamburgo, la mas considerable de las ciudades libres de Alemania.

**HANOVRE**, m. *hanóvr.* Hanover, estado de Alemania.

**HAVANNE (LA)**, f. *la haván.* La Havana ó Habana, capital de la isla de Cuba.

**HAYE (LA)**, f. *la hé.* La Haya, ciudad de los Países Bajos.

**HEIDELBERG**, m. *hedelbér.* Heidelberg, ciudad del gran ducado de Baden.

**HELÈNE (SAINTE-)**, f. *sentelén.* Santa Helena, isla del océano Atlántico.

**HELVÉTIE**, f. *elvesí.* Helvecia, hoy la Suiza.

**HÉRACLÉE**, f. *eraclé.* Geog. ant. Heraclea, ciudad del Asia Menor.

**HÉRAULT**, m. *eró.* Herault, rio y departamento de Francia.

**HESPÉRIE**, f. *esperí.* Geog. ant. Hesperia, nombre que se daba á España.

**HIBERNIE**, f. *iberní.* Geog. ant. Hibernia, nombre que llevaba la Irlanda.

**HINDOUSTAN**, m. *endustán.* Hindostan ó Indostan, vasto país de Asia.

**HOLLANDE**, f. *holánd.* Holanda, provincia de los Países Bajos.

**HONGRIE**, f. *hongrí.* Hungría, reino de Europa dependiente del imp. de Austria.

**HOLSTEIN**, m. *holstén.* Holstein, estado de Dinamarca, que hace parte de la Confederacion germánica.

## I.

**IBÉRIE**, f. *iberí.* Iberia, nombre que los antiguos daban á España y Portugal.

**IDUMÉE**, f. *idumé.* Idumea, antiguo país de la Palestina.

**ILLYRIE**, f. *ilirí.* Iliria, reino perteneciente al imperio de Austria.

**IMIRÉTIE ó IMÉRETH**, f. *imiresí, imerét.* Imirecia ó Imerettia, antiguo reino de la Georgia, y hoy provincia rusa en Asia.

**INDE**, f. *énd.* India, país meridional de Asia.

**INGRIE**, f. *engrí.* Ingria, antigua provincia de Rusia.

**IONIE**, f. *ioní.* Jonia, provincia del Peloponeso.

**IRLANDE**, f. *irlánd.* Irlanda, Hibernia de los antiguos, una de las grandes islas Británicas

**ISENBOURG**, m. *isanbúr.* Isenburgo, pequeño principado de Alemania.

**ISÈRE**, m. *isér.* Isere, rio y departamento de Francia.

**ISLANDE**, f. *islánd.* Islandia, grande isla dependiente de Dinamarca.

[illegible] Estados austriacos. [illegible]

**ITALIE**, f. [illegible] de Europa.

**ITHAQUE**, f. [illegible] islas Jónicas.

**IVOGA**, f. [illegible] rineo, una de las [illegible]

## J.

**JAEN**, m. *jaén.* Jaen, prov[illegible] lucía.

**JAMAÏQUE**, f. [illegible] las islas Antillas.

**JAPON**, m. *japón.* Japon, [illegible] insular de Asia.

**JAVA**, f. *jáva.* Java, [illegible] del mar de las Indias.

**JÉRICHO**, m. *jericó.* Geo[illegible] ciudad de la tribu de [illegible]

**JÉRUSALEM**, f. [illegible] antigua capital de la [illegible]

**JOURDAIN**, m. *jurdén.* [illegible] Palestina.

**JUDÉE**, f. *judé.* Geog. [illegible] tiguo reino de Judá.

**JURA**, m. *jurá.* Jurá, [illegible] tañas de Francia.

## L.

**LACÉDÉMONE**, f. [illegible] Lacedemonia, ciudad de la [illegible] conia.

**LACONIE**, f. *laconí.* [illegible] país de la Grecia en el [illegible]

**LAMPSAQUE**, f. [illegible] Lampsaco, ciudad de la [illegible] póntide.

**LANCASTER**, m. [illegible] condado de Inglaterra.

**LANGUEDOC**, m. [illegible] Languedoc, vasto país del [illegible] cia.

**LAODICÉE**, f. *laodisé.* [illegible] dicea, capital de la Frigia.

**LAPONIE**, f. *laponí.* [illegible] mas occidental de Europa.

**LAUSANNE**, f. [illegible] de Suiza.

**LÉPANTE**, m. [illegible] de Grecia, y hoy puerto de [illegible]

**LESBOS**, f. [illegible] Egeo.

**LEUCADE**, f. [illegible] cadia, isla del mar Jonio.

**LEYDE**, f. [illegible] ses Bajos.

**LIBAN**, m. [illegible] lebre de la Siria cerca de [illegible]

**LIBYE**, f. [illegible] del África occidental.

**LIÉGE**, f. [illegible]

**LILLE**, f. [illegible] cabeza del departamento [illegible]

**LIMBOURG**, m. [illegible] dad de Bélgica.

**LIMOGES**, f. [illegible] Francia.

**LIMOUSIN**, m. *limusén*. Limosin, antigua provincia de Francia.

**LISBONNE**, f. *lisbón*. Lisboa, capital de Portugal.

**LITHUANIE**, f. *lituaní*. Lituania, país ántes del reino de Polonia, y ahora perteneciente á la Rusia.

**LIVADIE**, f. *livadí*. Livadia, ciudad de Grecia.

**LIVONIE**, f. *livoní*. Livonia, provincia de Rusia.

**LOCRIDE**, f. *locríd*. Lócride, país de la Grecia.

**LOIR-ET-CHER**, m. *luarechér*. Loir y Cher, nombre de dos rios y de un departamento de Francia.

**LOIRE**, f. *luár*. Loira, rio y departamento de Francia.

**LOMBARDIE**, f. *lonbardí*. Lombardía, país de Italia.

**LONDRES**, m. *lóndr*. Lóndres, capital de la monarquía británica, la cuidad mas grande de Europa.

**LORETTE**, f. *lorét*. Loreto, ciudad de los Estados Pontificios.

**LORRAINE**, f. *lorrén*. Lorena, antigua provincia de Francia.

**LOT-ET-GARONNE**, m. *lotegarón*. Lot y Garona, departamento de Francia.

**LOUISIANE**, f. *luisián*. Luisiana, uno de los Estados unidos de la América septentrional.

**LOUVAIN**, m. *luvén*. Lovaina, ciudad del Brabante en los Países Bajos.

**LUCANIE**, f. *lucaní*. Lucania, antigua provincia de Italia.

**LUCAYES**, f. pl. *luqué*. Lucayas, grupo de islas de la América septentrional, cerca de la Florida.

**LUCQUES**, f. *lúc*. Luca, ciudad de Italia.

**LUSITANIE**, f. *lusitaní*. Lusitania, antiguo nombre de Portugal.

**LUXEMBOURG**, m. *lucsanbúr*. Luxemburgo, grande ducado de la Confederacion germánica.

**LYCAONIE**, f. *licaoní*. Licaonia, pequeña region del Asia Menor.

**LYCIE**, f. *lisí*. Licia, region del Asia Menor.

**LYDIE**, f. *lidí*. Lidia, region del Asia Menor.

**LYON**, m. *lión*. Lyon ó Leon, ciudad de Francia.

## M.

**MACÉDOINE**, f. *masedoán*. Macedonia, provincia de la Grecia.

**MADAGASCAR**, m. *madagascár*. Madagascar, isla de las costas orientales de África.

**MADÈRE**, f. *madér*. Madera, isla del océano Atlántico.

**MADRID**, m. *madrí*. Madrid, capital de España.

**MAJORQUE ó MAIORQUE**, f. *majórc*, *maiórc*. Mallorca, la mas grande de las islas Baleares.

**MALABAR**, m. *malabár*. Malabar, país de las Indias orientales.

**MALDIVES**, f. pl. *maldív*. Islas Maldivas, en el mar de las Indias.

**MALINES**, f. *malín*. Malinas, ciudad de los Países Bajos.

**MALTE**, f. *mált*. Malta, isla del Mediterráneo.

**MANCHE**, f. *mánche*. Mancha, país de España. — Parte del océano Atlántico llamada así.

**MANILLE**, f. *manill*. Manila, una de las islas Filipinas.

**MANTOUE**, f. *manlú*. Mantua, ciudad del reino Lombardo-Véneto.

**MAROC**, m. *maróc*. Maroc, país de África.

**MARSEILLE**, f. *marséll*. Marsella, ciudad de Francia.

**MARTINIQUE (LA)**, f. *la martinic*. La Martinica, una de las Antillas.

**MAURICE (ÎLE) ó DE FRANCE**, f. *il morís*. La isla Mauricio ó de Francia, isla del océano Índico.

**MAURITANIE**, f. *moritaní*. Mauritania, la parte del África que forma hoy el reino de Fez en el imperio de Marruecos.

**MAYENNE**, f. *mayén*. Maguncia, ciudad de Alemania. — Ciudad de Francia.

**MECKLEMBOURG**, f. *meclenbúr*. Mecklenburgo, país de Alemania.

**MECQUE ó MEKKE (LA)**, f. *la méc*. La Meca, la ciudad santa de los musulmanes.

**MÉDIE**, f. *medí*. Geog. ant. Media, país de Asia.

**MÉGARE**, f. *megár*. Megara, ciudad de la Grecia.

**MELUN**, m. *meleun* (e muda). Melun, ciudad de Francia.

**METZ**, f. *més*. Metz, ciudad de Francia.

**MÉSIE**, f. *mesí*. Mesia, provincia del Imperio romano.

**MÉSOPOTAMIE**, f. *mesopotamí*. Geog. ant. Mesopotamia, vasto país de Asia.

**MEUSE**, f. meus. Mosa, rio de Francia.

**MEXIQUE**, m. *mecsic*. Méjico, república federativa de la América del Norte.

**MILAN**, m. *milán*. Milan, capital del reino Lombardo-Véneto.

**MILANAIS**, m. *milané*. Milanesado ó ducado de Milan, país de Italia.

**MILET**, m. *milé*. Geog. ant. Mileto, ciudad de la Jonia.

**MINGRÉLIE**, f. *mengrelí*. Mingrelia, provincia de Asia.

**MINORQUE**, f. *minórc*. Menorca, isla del Mediterráneo, una de las Baleares.

**MISNIE**, f. *misní*. Misnia, círculo del reino de Sajonia.

**MISSISSIPI**, m. *misisipí*. Misisipí, rio caudaloso de la América septentrional.

**MITYLÈNE**, f. *mitilén*. Mitilene ó Metelin, capital de la isla de *Lésbos*.

**MODÈNE**, f. *modén*. Módena, ciudad de Italia.

**MOGOL**, m. *mogól*. Mogol, antiguo imperio del Indostan.

**MOLDAVIE**, f. *moldaví*. Moldavia, provincia de la Turquía europea.

**MOLUQUES**, f. pl. molúc. Molucas, islas de la Oceanía, en la Notasia.

**MONTPELLIER**, m. *monpelié*. Montpellier, ciudad de Francia.

**MORAVIE**, f. *moraví*. Moravia, provincia de Austria.

**MORÉE**, f. *moré*. Morea, península de la Grecia.

**MORLAQUIE**, f. *morlaquí*. Morlaquia, país de la Croacia.

**MOSCOU**, m. *moscú*. Moscou, capital del gobierno de su nombre

**MOSCOVIE**, f. *moscoví*. Moscovia, antiguo nombre de la Rusia.

**MOULINS**, m. *mulén*. Malins ó Moulins, ciudad de Francia.

**MUNSTER**, m. *meunstér*. Munster, ciudad de los Estados Prusianos.

**MURCIE**, f. *mursí*. Murcia, ciudad de España, capital de la provincia del mismo nombre.

**MYCÈNES**, f. *misén*. Geog. ant. Micénas, ciudad de la Argólide.

**MYSIE**, f. *misí*. Geog. ant. Misia, ciudad del Asia Menor.

**MYSORA ó MAÏSSOUR**, f. *misóra*, *maisúr*. Misora, país de la India meridional.

## N.

**NANCY**, m. *nansí*. Nancy, ciudad de Francia.

**NANTES**, f. *nánt*. Nántes, ciudad de Francia.

**NAPLES**, m. *nápl*. Nápoles, capital del reino de este nombre.

**NARBONNE**, f. *narbón*. Narbona, ciudad de Francia.

**NATOLIE ó ANATOLIE**, f. *natolí*, *anatolí*. Natolia, provincia del Asia Menor.

**NAVARRE**, f. *navár*. Navarra, provincia de España.

**NÉGREPONT**, m. *negrpón*. Negroponto, la mayor de las islas de la Grecia, en el Archipiélago.

**NEUBOURG**, m. *neubúr*. Neuburgo, ciudad de la Baviera.

**NICE**, f. *nís*. Niza, ciudad de los Estados Sardos.

**NICÉE**, f. *nisé*. Nicea, ciudad de la Bitinia.

**NICOMÉDIE**, f. *nicomedí*. Nicomedia, capital de la Bitinia.

**NIGRITIE**, f. *nigrisí*. Nigricia, vasto país del interior del África.

**NIL**, m. *níl*. Nilo, rio caudaloso de África.

**NÎMES**, f. *ním*. Nimes, ciudad de Francia.

**NINIVE**, f. *niniv*. Geog. ant. Nínive, capital de la Asiria.

**NORMANDIE**, f. *normandí*. Normandía antigua provincia de Francia.

**NORWÉGE**, f. *norvége*. Noruega, reino del norte de Europa.

**NOTTINGHAM**, m. *notengám*. Nottingham, ciudad de Inglaterra.

**NUBIE**, f. *nubí*. Nubia, país de África.

**NUMANCE**, f. *numáns*. Geog. ant. Numancia, ciudad de la España tarraconense.

**NUMIDIE**, f. *numidí*. Numidia, antiguo reino de África.

## O.

**OCÉANIE**, f. *oseaní*. Oceanía, una de las cinco partes del mundo.

**ODESSA**, f. *odésa*. Odesa, ciudad de la Rusia europea.

**OLDENBOURG**, m. *oldenbúr*. Oldenburgo, Estado de la Confederacion germánica.

**OLYMPIE**, f. *olenpí*. Geog. ant. Olimpia, ciudad de la Élide en el Peloponeso.

Lightning Source UK Ltd.
Milton Keynes UK
UKHW02f1822210818
327592UK00012B/454/P